DICTIONNAIRE GÉNÉRAL

DE LA

LANGUE FRANÇAISE

DU COMMENCEMENT DU XVIIᵉ SIÈCLE JUSQU'A NOS JOURS

PRÉCÉDÉ D'UN

TRAITÉ DE LA FORMATION DE LA LANGUE

ET CONTENANT :

1° LA PRONONCIATION FIGURÉE DES MOTS ;

2° LEUR ÉTYMOLOGIE ; LEURS TRANSFORMATIONS SUCCESSIVES, AVEC RENVOI AUX CHAPITRES DU TRAITÉ
QUI LES EXPLIQUENT, ET L'EXEMPLE LE PLUS ANCIEN DE LEUR EMPLOI ;

3° LEUR SENS PROPRE, LEURS SENS DÉRIVÉS ET FIGURÉS DANS L'ORDRE A LA FOIS HISTORIQUE ET LOGIQUE
DE LEUR DÉVELOPPEMENT ;

4° DES EXEMPLES TIRÉS DES MEILLEURS ÉCRIVAINS, AVEC INDICATION DE LA SOURCE
DES PASSAGES CITÉS

PAR MM.

Adolphe HATZFELD

PROFESSEUR DE RHÉTORIQUE AU LYCÉE LOUIS-LE-GRAND

ET

Arsène DARMESTETER

PROFESSEUR DE LITTÉRATURE FRANÇAISE DU MOYEN AGE ET D'HISTOIRE DE LA LANGUE FRANÇAISE
A LA FACULTÉ DES LETTRES DE PARIS

AVEC LE CONCOURS DE

M. Antoine THOMAS

PROFESSEUR DE LITTÉRATURE DU MOYEN AGE, PHILOLOGIE ROMANE A LA FACULTÉ DES LETTRES DE PARIS

Ouvrage ayant obtenu le prix Jean REYNAUD, d'une valeur de 10.000 francs

PARIS

LIBRAIRIE CH. DELAGRAVE

15, RUE SOUFFLOT, 15

DICTIONNAIRE GÉNÉRAL

DE LA

LANGUE FRANÇAISE

DU COMMENCEMENT DU XVIIᵉ SIÈCLE JUSQU'A NOS JOURS

———

Tome Second (G-Z)

DICTIONNAIRE GÉNÉRAL

DE LA

LANGUE FRANÇAISE

DU COMMENCEMENT DU XVII⸱ SIÈCLE JUSQU'A NOS JOURS

PRÉCÉDÉ D'UN

TRAITÉ DE LA FORMATION DE LA LANGUE

ET CONTENANT :

1° LA PRONONCIATION FIGURÉE DES MOTS ;

2° LEUR ÉTYMOLOGIE ; LEURS TRANSFORMATIONS SUCCESSIVES, AVEC RENVOI AUX CHAPITRES DU TRAITÉ QUI LES EXPLIQUENT, ET L'EXEMPLE LE PLUS ANCIEN DE LEUR EMPLOI ;

3° LEUR SENS PROPRE, LEURS SENS DÉRIVÉS ET FIGURÉS, DANS L'ORDRE A LA FOIS HISTORIQUE ET LOGIQUE DE LEUR DÉVELOPPEMENT ;

4° DES EXEMPLES TIRÉS DES MEILLEURS ÉCRIVAINS, AVEC INDICATION DE LA SOURCE DES PASSAGES CITÉS

PAR MM.

Adolphe HATZFELD

PROFESSEUR DE RHÉTORIQUE AU LYCÉE LOUIS-LE-GRAND

ET

Arsène DARMESTETER

PROFESSEUR DE LITTÉRATURE FRANÇAISE DU MOYEN AGE ET D'HISTOIRE DE LA LANGUE FRANÇAISE A LA FACULTÉ DES LETTRES DE PARIS

AVEC LE CONCOURS DE

M. Antoine THOMAS

CHARGÉ DU COURS DE PHILOLOGIE ROMANE A LA FACULTÉ DES LETTRES DE PARIS

———

Ouvrage ayant obtenu le prix Jean Reynaud
d'une valeur de 10.000 francs.

PARIS

LIBRAIRIE CH. DELAGRAVE

15, RUE SOUFFLOT, 15

G

G [jé; selon la nouvelle épellation, je] *s. m.*
[ÉTYM. Emprunté du lat. g, *m. s.* || XIIᵉ s. Plus que nule letre que j'ose Signifie G la gole Qui par feme revient au monde, *Senefiance de l'A B C,* dans JUBINAL, *Nouv. Rec.* 11, 278.]
|| La septième lettre et la cinquième consonne de l'alphabet français. Se prononce avec le son guttural qui lui est propre, devant une autre consonne, devant les voyelles vélaires a, o, u (gare, gosier, guttural), et à la fin des mots où il se fait entendre (grog); avec le son du j devant les voyelles palatales e, i, y (gerbe, girouette, gynécée); avec le son de l mouillée dans certains mots venus de l'italien où il est suivi de la syllabe li (imbroglio); avec le son de n mouillée quand il est suivi de n (régner), excepté dans quelques mots venus du grec et du latin où il garde le son guttural distinct du son de l'n (igné); généralement muet à la fin des mots, même devant un mot commençant par une voyelle (étang); mais, le plus souvent, muet devant un autre mot qui commence par une consonne, il devient sonore et prend le son du k devant un autre mot commençant par une voyelle ou une h muette (Un long hiver).
|| Un petit g ou g minuscule. Un grand G ou G majuscule.

ˈGABAN [gà-ban]. *V.* caban.

GABARE [gà-bàr] *s. f.*
[ÉTYM. Emprunté du provenç. gabarra, *m. s.* mot d'origine inconnue qui se retrouve dans l'ital. et l'espagn. gabarra, etc. § 11. || 1338. Nefs, gabarres... sur la rivière de Garonne, *Compte,* dans DU C. gabbarus.]
I. (Marine.) Bateau à voiles ou à rames, pour charger et décharger les navires. || Bâtiment de transport.
II. *P. anal.* (Pêche.) Seine (filet) de grande dimension.

1. GABARIER [gà-bà-ryé] *s. m.*
[ÉTYM. Dérivé de gabare, d'après le provenç. gabarrier, *m. s.* §§ 11 et 115. || 1478. Gabarrier, dans DU C. gabarotus. Admis ACAD. 1835.]
|| (Marine.) Patron, matelot d'une gabare. || Ouvrier qui charge et décharge une gabare.

2. ˈGABARIER [gà-bà-ri-yé] *v. tr.*
[ÉTYM. Dérivé de gabari, § 154. || 1764. Gabarier les bois, DUHAMEL DU MONCEAU, *Expl. des bois,* p. 642.]
|| (Marine.) Façonner sur le gabarit. — l'étambot d'un navire.

ˈGABARIT ou GABARI [gà-bà-ri] *s. m.*
[ÉTYM. Emprunté du provenç. moderne gabarrit, *m. s.* qui paraît sorti d'une confusion du radical de gabare avec celui de galbe, §§ 11 et 509. || 1678. Le gabari du vaisseau, COLBERT, *Lett. à Arnoul,* 10 sept. Admis ACAD. 1762.]
|| (Marine.) Modèle en bois mince, en tôle, etc., ayant les dimensions, le calibre des membres d'un navire à construire, d'un gabion, etc., à fabriquer. — de l'étrave, de l'étambot. || *P. ext.* | 1. Forme, dimension réglementaire des caissons de vivres, de munitions, qui suivent une armée. | 2. Arceau sous lequel on essaie les wagons chargés pour s'assurer qu'ils peuvent passer sous les tunnels.

ˈGABAROT [gà-bà-ró] *s. m.* et ˈGABAROTTE [gà-bà-rŏt'] *s. f.*
[ÉTYM. Dérivé de gabare, d'après le provenç. moderne gabarrot, gabarroto, *m. s.* §§ 11 et 136. || 1562. Ung guabarrot, texte bordelais, dans GODEF. | 1757. Gabarote, ENCYCL.]
|| (Marine.) Petite gabare non pontée.

ˈGABATINE [gà-bà-tin'] *s. f.*
[ÉTYM. Emprunté de l'ital. gabbatina, *m. s.* de gabbare, gaber, § 12. || XVIᵉ-XVIIᵉ s. Tu m'as bien baillé de la gabatine et fait un tour de femme, A. DE MONLUC, *Comédie des proverbes.* Admis ACAD. 1694; suppr. en 1878.]
|| *Anciennt.* Sorte de tour de cartes. *Fig. Vieilli.* Mystification. Donner à qqn la —. Notre nation Donne souvent la —, SARRAZIN, *Poés.* p. 35, édit. 1656. Un donneur de —, un mystificateur.

GABEGIE [găb'-ji; *en vers,* gà-be-ji] *s. f.*
[ÉTYM. Mot du patois bourguignon, d'origine incertaine, peut-être apparenté à grabuge, § 16. (*Cf.* le provenç. moderne gabugio, *m. s.* et l'anc. franç. gabuser, tromper.) || *Néolog.* Admis ACAD. 1878.]
|| *Pop.* Fraude.

GABELAGE [găb'-lâj'; *en vers,* gà-be-...] *s. m.*
[ÉTYM. Dérivé de gabeler, § 78. || XVᵉ s. Droict de gabellage ordinaire, dans GODEF. gabellage.]
|| *Anciennt.* || 1º Action de gabeler le sel.
|| 2º *P. ext.* Pailles que les commis mettaient dans le sel de la gabelle, pour le distinguer de celui des faux-sauniers.

GABELER [găb'-lé; *en vers,* gà-be-lé] *v. tr.*
[ÉTYM. Dérivé de gabelle, §§ 65 et 154. || 1389. Avoir vendu a leur profit ledit sel sans gabeler, dans DU C. gablum.]
|| *Anciennt.* Déposer (le sel) dans la gabelle (grenier public) pour le sécher avant de le vendre. Sel gabelé.

GABELEUR [găb'-leûr; *en vers,* gà-be-...] *s. m.*
[ÉTYM. Dérivé de gabeler, § 112. (*Cf.* gabelou.) || XVIᵉ s. Guabelleur, RAB. IV, 66.]
|| *Anciennt.* Commis de la gabelle.

GABELLE [gà-bèl] *s. f.*
[ÉTYM. Emprunté du provenç. gabela, *m. s.* mot d'origine incertaine (*cf.* l'arabe kabala, impôt, § 22), qui existe aussi en espagn. et en ital. § 11. || 1342. Greniers ou gabelles, *Ordonn.* 11, 179.]
|| *Anciennt.* || 1º Impôt sur le sel. Pays de — (soumis à cet impôt). Portant l'argent de la —, LA F. *Fab.* 1, 4.
|| 2º Administration chargée de percevoir cet impôt.

frauder la —. Entrer dans les gabelles? LA BR. 14. || *P. anal.* Impôt analogue sur d'autres denrées. — du vin, des draps.

|| 3° Grenier public pour déposer et faire sécher le sel avant de le vendre.

GABELOU [găb'-lou ; *en vers,* gà-be-...] *s. m.*

[ÉTYM. Pour gabeloux, prononciation dialectale de gabeleux, § 16, dérivé de gabelle, §§ 65 et 116. || XVI° s. Gabeloux, N. DU FAIL, *Eutrapel,* 23. Admis ACAD. 1878.]

|| (En mauvaise part.) | 1. *Anc.iennt.* Commis de la gabelle. | 2. *De nos jours.* Employé de l'octroi, de la douane.

'GABER [gà-bé] *v. tr.*

[ÉTYM. Mot d'origine scandinave, § 9 : anc. nordique gabb, raillerie. || XIᵉ s. Devant ses pers vait il ore gabant, *Roland,* 1781. Admis ACAD. 1694 ; suppr. en 1718.]

|| *Anc,iennt.* Se moquer de. — qqn, et, *v. réfl.* Se — de qqn.

1. 'GABET [gà-bè] *s. m.*

[ÉTYM. Dérivé d'un radical gab qui paraît apparenté à l'angl. gable, pignon, §§ 8 et 133. D'après TH. CORN. gabet au sens de « girouette » n'est usité que sur la Manche. || 1694. TH. CORN. Admis ACAD. 1762 ; suppr. en 1798.]

|| (Marine.) || 1° Girouette placée au sommet d'un mât. || 2° Pinnule d'un instrument à prendre les hauteurs.

2. 'GABET [gà-bè] *s. m.*

[ÉTYM. Origine inconnue. || 1795. ENCYCL. MÉTH. *Chasses.*]

|| (Vénerie.) Ver parasite qui se loge dans la peau du cerf, du daim, du chevreuil.

'GABIE [gà-bî] *s. f.*

[ÉTYM. Emprunté du provenç. gabi, anciennement gabia, *m. s.* propr, « cage », § 11. (*Cf.* geôle.) || XVI° s. Trinquet de gabie, RAB. IV, 22.]

|| (Marine.) Demi-hune au sommet des mâts à antennes.

GABIER [gà-byé] *s. m.*

[ÉTYM. Dérivé de gabie, d'après le provenç. gabier, *m. s.* §§ 11 et 115. || 1690. FURET. Admis ACAD. 1835.]

|| (Marine.) Matelot qui se tient dans les hunes.

GABION [gà-byon ; *en vers,* -bi-on] *s. m.*

[ÉTYM. Emprunté de l'ital. gabbione, *m. s.* propr, « grande cage », § 12. || 1543. Gabions pour estre en seureté, dans MONTAIGLON, *Anc. Poés. franç.* IV, 62.]

|| (T. milit.) Grand panier cylindrique rempli de terre qui sert à protéger les soldats et les travailleurs dans la tranchée. || *Fig.* Mˡˡᵉ de Lillebonne mit ce — devant elle de peur de se brouiller avec Chamillart, ST-SIM. VI, 420.

GABIONNADE [gà-byò-nàd' ; *en vers,* -bi-ò-...] *s. f.*

[ÉTYM. Dérivé de gabionner, d'après l'ital. gabbionata, *m. s.* §§ 12 et 120. || XVI° s. LA NOUE, dans GODEF. *Compl.* Admis ACAD. 1878.]

|| (T. milit.) Ouvrage de défense formé de gabions.

GABIONNER [gà-byò-né ; *en vers,* -bi-ò-...] *v. tr.*

[ÉTYM. Dérivé de gabion, § 154. || XVI° s. Les autres gabionnaient defenses, RAB. III, prol.]

|| (T. milit.) Protéger au moyen de gabions. || *Fig.* De vertu s'arme et gabionne, ST-AMANT, *Épit. à Melay,* p. 458, Bibl. elzév.

'GABORD [gà-bòr] *s. m.*

[ÉTYM. Paraît composé de bord et d'un premier élément d'origine et de sens incertains, § 173. || 1538. Quille et gabortz d'icelle galere, dans JAL, *Gloss. naut.*]

|| (Marine.) Partie basse du bordage extérieur d'un navire, au-dessus de la quille. (*Cf.* ribord.)

'GABURON [gà-bu-ron] *s. m.*

[ÉTYM. Origine inconnue. || 1642. Gaburron, OUD.]

|| (Marine.) Jumelle appliquée à un mât pour le fortifier.

'GABURONNER [gà-bu-rò-né] *v. tr.*

[ÉTYM. Dérivé de gaburon, § 154. || 1771. TRÉV.]

|| (Marine.) Fortifier à l'aide de gaburons.

'GÂCHAGE [gá-chàj'] *s. m.*

[ÉTYM. Dérivé de gâcher, § 78. || 1807. OPPENHEIM, *Art de fabr. la poterie,* p. 19.]

|| 1° (Technol.) Action de gâcher (le plâtre). || 2° *Fig.* Action de perdre qqch faute de soin, d'ordre. — de l'ouvrage. — des provisions.

1. GÂCHE [gàch'] *s. f.*

[ÉTYM. Origine inconnue. || 1294. Un millier de cramponchiaus a la gaiche, dans GODEF. *Compl.*]

|| (Technol.) Pièce de fer où s'engage le pêne d'une serrure pour fermer. || Pièce de fer qui maintient des tuyaux de descente.

2. 'GÂCHE [gàch'] *s. f.*

[ÉTYM. Subst. verbal de gâcher, § 52. || 1376. Un aviron nommé gaiche, dans DU C. gachum.]

|| (Technol.) Outil avec lequel le maçon gâche le plâtre, le détrempe. || *P. anal.* Spatule de pâtissier.

GÂCHER [gá-ché] *v. tr.*

[ÉTYM. Emprunté du german. waskon (allem. moderne waschen), laver, détremper, devenu guaschier, gaschier, §§ 498 et 499, gascher, § 634, gâcher, § 422. || XIII° s. Qui s'ame pert por tel gaschié, Guaschie est, *De monacho pericl.* 622, dans BENEEIT, *Ducs de Norm.* t. III.]

|| 1° Délayer le plâtre avec de l'eau. *Spéciall.* — du plâtre. *Absolt.* — lâche, en pâte un peu liquide. — serré, en pâte un peu consistante. || *P. ext.* — une meule de paille, la recouvrir de terre délayée. — le blé, recouvrir de terre les racines de la plante.

|| 2° *Fig.* Perdre faute de soin, d'ordre. (*Cf.* bousiller.) — un ouvrage, une affaire.

'GACHET [gà-chè] *s. m.*

[ÉTYM. Origine inconnue. || XVIII° s. BUFF. *Gachet.*]

|| (Hist. nat.) Hirondelle de mer à tête noire.

GÂCHETTE [gá-chĕt'] *s. f.*

[ÉTYM. Dérivé de gâche 1, § 133. || XVᵉ s. Une gaschette pour la serrure, dans DELB. *Rec.* Admis ACAD. 1798.]

|| (Technol.) || 1° Pièce de fer fixée sous la queue du pêne d'une serrure, servant à le maintenir dans la position où la clef l'a placé. || 2° Pièce de l'intérieur de la platine d'un fusil d'ancien modèle, tenant le chien bandé, ou au repos.

GÂCHEUR, 'GÂCHEUSE [gá-cheŭr, -cheŭz'] *s. m. et f.*

[ÉTYM. Dérivé de gâcher, § 112. || 1292. Gascheeurs, *Rôle de la taille,* dans DELB. *Rec.* Admis ACAD. (au masc.) 1835.]

|| 1° *S. m.* Manœuvre qui gâche le plâtre. || *P. ext.* Aide d'un ouvrier menuisier, charpentier, etc. || 2° *Fig. S. m. et f.* Celui, celle qui perd qqch faute de soin, d'ordre.

GÂCHEUX, EUSE [gá-cheŭ, -cheŭz'] *adj.*

[ÉTYM. Dérivé de gâcher, § 116. || XVI° s. Temps gacheux, LIÉBAULT, *Mais. rust.* p. 479, édit. 1597.]

|| *Vieilli.* Détrempé d'eau. La route est gâcheuse.

GÂCHIS [gá-chi] *s. m.*

[ÉTYM. Pour gâchels, dérivé de gâcher, § 82. || 1611. COTGR.]

|| Mortier fait de plâtre, de chaux, de ciment et de sable, détrempé avec de l'eau. || *P. anal.* Boue détrempée. || *Fig. Famil.* Désordre dans les affaires. Être dans le —.

'GÂCHOIR [gá-chwàr] *s. m.*

[ÉTYM. Dérivé de gâcher, § 113. || *Néolog.*]

|| (Technol.) Caisse dans laquelle on mélange les matériaux de la pâte pour poterie.

GADE [gàd'] *s. m.*

[ÉTYM. Emprunté du grec γάδος, morue. || 1788. ENCYCL. MÉTH. Admis ACAD. 1835.]

|| (Hist. nat.) Genre de poissons (morue, merlan, etc.).

GADOUARD [gà-dwàr ; *en vers,* -dou-àr] *s. m.*

[ÉTYM. Dérivé de gadoue, § 147. || XVI° s. Marmiton de la gadouarde, CHOLIÈRES, *Après-disnées,* p. 380.]

|| *Vieilli.* Vidangeur.

GADOUE [gà-dou] *s. f.*

[ÉTYM. Origine inconnue. || XVI° s. La gadoue d'Égypte, RIVAUDEAU, dans GODEF. *Compl.*]

|| Engrais formé de matières fécales et d'immondices. || *Fig. Trivial.* Prostituée de bas étage.

GAFFE [găf'] *s. f.*

[ÉTYM. Origine inconnue. (*Cf.* le provenç. gaf, *m. s.*) || 1455. Un baston nommé gaffe ayant un crocq de fer au bout, dans DU C. gafare. Admis ACAD. 1762.]

I. Perche à pointe de fer garnie d'un crochet latéral pour pousser une barque, tirer qqch à bord, sonder, etc || Croc pour tirer à terre les gros poissons.

II. *Fig. Trivial.* Maladresse. Faire une —.

GAFFER [gà-fé] *v. tr. et intr.*

[ÉTYM. Dérivé de gaffe, § 154. || 1694. TH. CORN. gaffe, Admis ACAD. 1762.]

I. *V. tr.* (Technol.) Pousser, tirer avec une gaffe.

II. *Fig. Trivial. V. intr.* Commettre une maladresse.

GAGE [gàj'] *s. m.*

[ÉTYM. Emprunté du german. 'wadjo (goth. wadi), *m. s.* (*cf.* allem. mod. wette, gageure), devenu guage, gage, §§ 498 et 499. || XIᵉ s. Il dura wage e truvera plege, *Lois de Guill. le Conq.* 6.]

I. || **1°** Objet déposé pour garantir le paiement d'une somme due. Prêter, emprunter sur —. Mettre qqch en —. Une chose laissée en —. — vif, —-mort (dit aussi mort-—), qui vient, ou ne vient pas en déduction de la dette. *P. plaisant.* Demeurer pour —, pour les gages, être pris pendant que les autres s'échappent. Pour — il y laissa sa queue (sa queue resta sur le champ de bataille), LA F. *Fab.* v, 5. || *Fig.* | 1. Garantie. La première victoire fut le — de beaucoup d'autres, BOSS. *Condé.* Vous en aviez déjà sa parole pour —, CORN. *Hor.* v, 2. De votre obéissance elle ne veut qu'un —, RAC. *Ath.* III, 4. Donner des gages à un parti, faire qqch de décisif qui garantit qu'on y adhère. | 2. Témoignage. Ce fils, que de sa flamme il me laissa pour —, RAC. *Andr.* III, 8. Épée que Laërte lui avait donnée comme — de sa tendresse, FÉN. *Tél.* 16.

|| **2°** Dans les jeux de société, objet que dépose le joueur qui a fait une faute, et qu'il ne peut retirer qu'en faisant une pénitence. Jouer au — touché.

|| **3°** Enjeu déposé dans une contestation par les deux parties, en convenant que les enjeux appartiendront à celui qui aura raison.

|| **4°** *Anciennt.* — de bataille, de combat, signe de défi, gant que jetait celui qui portait le défi.

II. Prix convenu dont on paie un serviteur, par an, par mois, etc. Ne me paierait-il pas mes gages de cinq ans? REGNARD, *Joueur*, III, 7. Je le rabattrai sur vos gages, MOL. *Av.* III, 1. Être aux gages de qqn. Avoir, tenir qqn à ses gages. Un faquin orgueilleux qui vous tient à ses gages, BOIL. *Sat.* 1. Un homme à gages, qui est payé pour faire ce qu'il fait. *Rare au sing.* Notre souffleur à —, LA F. *Fab.* VI, 3. Casser aux gages (un serviteur, un employé), lui retirer brusquement son emploi.

GAGE-MORT [gàj'-mòr; *en vers*, gà-je-...]. *V.* gage.

GAGER [gà-jé] *v. tr.*

[ÉTYM. Dérivé de gage, § 154. || XIIᵉ-XIIIᵉ s. Par mon cief, dist Aiols, ains est molt bien gagié, *Aiol*, 8073.]

I. *Vieilli.* (Droit.) Saisir (des meubles) comme gage d'une dette. (*Cf.* gagerie.)

II. Dans une contestation avec qqn, déposer (qqch) comme gage. (*Syn.* parier.) Vous auriez encore raison de — en pour avoir deux, PASC. *Pens.* X, 1. Je gage cent pistoles que c'est toi, MOL. *Impr.* sc. 3. *Absolt.* Parier. Gageons, dit celle-ci, que vous n'atteindrez point sitôt que moi ce but, LA F. *Fab.* VI, 10. *Ellipt.* Gage (je gage) qu'il se dédit, MOL. *Ét.* III, 3. Et moi je gage qu'il ne saurait être approuvé, ID. *Av.* I, 4.

III. Payer (un serviteur) par an, par mois, etc., d'un prix convenu. Je suis auprès de lui gagé pour serviteur, MOL. *Ét.* I, 7. || *P. anal.* Payer pour qq fonction, qq service. (La royauté) Enrichit le marchand, gage le magistrat, LA F. *Fab.* III, 2. *P. ext.* Nos Phrynés dont ils gagent les vices, GILBERT, *Dix-huitième Siècle.*

GAGERIE [gàj'-rî; *en vers*, gà-je-rî] *s. f.*

[ÉTYM. Dérivé de gager, § 69. || XIIIᵉ s. Guagerie, *Ass. de Jérus.* I, 550. Admis ACAD. 1762.]

|| (Droit.) Acte par lequel le créancier s'assure un gage. *Spécialt.* Saisie-—, saisie d'objets mobiliers, sans transport, pour assurer un gage au créancier.

GAGEUR, EUSE [gà-jeùr, -jeùz'] *s. m. et f.*

[ÉTYM. Dérivé de gager, § 112. || XIIIᵉ s. Des wageurs, *Bans d'Hénia*, dans GODEF. gageor.]

|| Celui, celle qui fait une gageure.

GAGEURE [gà-jùr] *s. f.*

[ÉTYM. Dérivé de gager, § 111. || XIIIᵉ s. La gagure count il affermee, MONTAIGLON et RAYNAUD, *Rec. de fabliaux*, II, 195.]

|| Convention entre parties contestantes de déposer un enjeu devant revenir à celle qui aura raison. Juge-nous un peu sur une — que nous avons faite, MOL. *Impr.* sc. 4. Faire, soutenir, accepter une —. *Loc. prov.* Gager sa tête à couper est la — d'un fou. Ce n'est point la coutume d'en venir aux gageures que lorsque les preuves nous manquent, [DESC. *Rép. aux 6ᵉˢ object.* 5. Payer une —. *P. hyperb.* En parlant d'un acte étrange qui semble ne pouvoir s'expliquer que par une gageure faite d'agir ainsi. Cela ressemble à une —, c'est une —.

GAGISTE [gà-jìst'] *s. m.*

[ÉTYM. Dérivé de gage, § 265. || 1680. RICHEL. Admis ACAD. 1718.]

I. Celui qui est gagé. — de théâtre. *Spécialt.* Musicien non lié par le service militaire, engagé et payé dans une musique de régiment.

II. (Droit.) Celui qui détient qqch à titre de gage.

GAGNAGE [gà-ñàj'] *s. m.*

[ÉTYM. Dérivé de gagner, § 78. || XIIᵉ s. Mult resunt boen li gaagnage, BENEEIT, *Ducs de Norm.* 6532. Admis ACAD. 1718.]

|| (Agricult.) Pâturage pour les bestiaux. || *P. ext.* (Chasse.) Nourriture que vont prendre hors du bois, dans les champs voisins, certains animaux, comme faisans, lièvres, etc. (*Syn.* viandis.)

GAGNANT, ᵗGAGNANTE [gà-ñan, -ñant'] *adj.*

[ÉTYM. Adj. particip. de gagner, § 47. || XIIIᵉ s. Anfanz... sages et bien gueaignanz, *Établissem. de St Louis*, I, 143, Viollet. Admis ACAD. 1718.]

|| Qui gagne (au jeu, dans une loterie, une course). La carte gagnante. Le billet, le numéro —. La personne gagnante, et, *substantivt*, Le —, la gagnante, celui, celle qui gagne.

ᵗGAGNE [gàñ'] *s. f.*

[ÉTYM. Subst. verbal de gagner, § 52. (*Cf.* gain.) || XIIᵉ s. Ge ne vif pas de tel guaaigne, *Énéas*, 7122.]

|| *Dialect.* Action de gagner. Acheter qqch à la —, en s'acquittant à mesure qu'on gagnera.

GAGNE-DENIER [gàñ'-de-nyé; *en vers*, gà-ñe-...] *s. m.*

[ÉTYM. Composé de gagne (du verbe gagner) et denier, § 209. || 1522. Des crocheteurs gaignedeniers de Paris, NIC. VERSORIS, *Journal*, dans DELB. *Rec.*]

|| *Vieilli.* Homme de peine.

GAGNE-PAIN [gàñ'-pin; *en vers*, gà-ñe-...] *s. m.*

[ÉTYM. Composé de gagne (du verbe gagner) et pain, § 209. Le mot désignait en anc. franç. une sorte de gantelet. || XIIIᵉ s. Brasuès, wagnepans, escolieres, J. BRETEL, *Tourn. de Chauvency*, 3804.]

|| Ce qui sert à gagner sa vie, instrument de travail. Un bûcheron perdit son —, C'est sa cognée, LA F. *Fab.* v, 1.

GAGNE-PETIT [gàñ'-pe-ti; *en vers*, gà-ñe-...] *s. m.*

[ÉTYM. Composé de gagne (du verbe gagner) et petit, au sens de « peu », § 209. || 1597. *Édit*, dans LITTRÉ.]

|| Rémouleur qui va par les rues pour aiguiser les couteaux, les ciseaux, etc.

GAGNER [gà-ñé] *v. intr. et tr.*

[ÉTYM. Emprunté de l'anc. haut allem. waidanjan, forme allongée de weidon (allem. moderne weiden), paître, latinisé sous la forme vuadaniare, d'où le franç. guadagnier, guaagnier, gaagnier, §§ 498 et 499, gagnier, gagner, §§ 358 et 634. || XIIᵉ s. Et ne fu onkes abitee, Guaaigniee ne laboree, *Énéas*, 6575.]

I. *Anc. franç. V. intr.* || **1°** Paître. (*Cf.* gagnage.) (S'emploie encore en vénerie.) Les bêtes sortent la nuit du bois pour aller — dans les champs.

|| **2°** *P. ext.* Faire du butin. Ils ne surent où plus avant aller pour —, FROISS. *Chron.* II, 158.

II. *P. ext. V. tr.* || **1°** Conquérir (un territoire, une ville). Avoir ville gagnée. *Fig.* Croyant ville gagnée (se croyant maîtres de la position), LA F. *Contes, Rémois.*

|| **2°** *P. ext.* Occuper (un lieu). Ils gagnent leurs vaisseaux, CORN. *Cid*, IV, 3. J'ai gagné doucement la porte sans rien dire, BOIL. *Sat.* 3. *P. anal.* Le feu a gagné la maison voisine. Le froid gagne les extrémités. — le large. — les champs, le taillis, la guérite (*vieilli*), atteindre un lieu de sûreté. J'en serai moins léger à — le taillis, MOL. *Dép. am.* v, 1. *Dans le même sens.* — le haut, — au haut. Le galant... gagne au haut, LA F. *Fab.* II, 15. *Absolt.* — au pied (avec le pied), prendre de l'espace, partir rapidement. || *Fig.* La nuit nous gagne. Le sommeil me gagne. L'inquiétude le gagne.

III. *P. ext. V. tr.* || **1°** Acquérir (un profit). Ce que gagne un ouvrier, son salaire. Ce que gagne un marchand, son bénéfice. Que gagnez-vous par an? LA F. *Fab.* VIII, 2. — gros (faire de gros bénéfices), ID. *ibid.* VII, 15. On hasarde de perdre en voulant trop —, ID. *ibid.* VII, 4. Je n'y gagne pas, je n'y ai pas de bénéfice. Il a bien gagné son argent, il a bien mérité son salaire. *P. anal.* Un cheval qui a bien gagné son avoine. *Ironiqt.* Il l'a bien gagné (en parlant de qqch de fâcheux), il a ce qu'il mérite. — de quoi vivre, — sa vie, son pain. — de l'argent au jeu. Je mets sur moi tout l'argent que je gagne, MOL. *Av.* I, 4. — l'enjeu de la partie, et, *ellipt*, — la partie. — les cartes, faire plus de levées que son adversaire. *Absolt.* Celui qui a gagné, le gagnant. Jouer à qui perd gagne, au rebours de la partie ordinaire, la convention étant que l'enjeu appartient au perdant. Donner partie gagnée, et, *el-*

lipt, Donner gagné, reconnaître qu'on a perdu avant la fin de la partie. *P. ext.* — qqn au jeu. | — l'enjeu d'un pari, et, *ellipt,* — un pari, une gageure. — un lot à la loterie, et, *absolt,* — à la loterie. Celui qui a gagné, et, *p. ext.* Le billet qui a gagné. ǁ **2°** Conquérir (un succès). Un fils... Qui fait triompher Rome et lui gagne un empire, CORN. *Hor.* IV, 2. Alors l'Espagne perdit ce que nous gagnions, BOSS. *Marie-Thérèse.* Travailler à — le ciel, l'éternité bienheureuse. — des indulgences (en remplissant les conditions imposées). | En parlant d'une femme, dont la main doit être le prix de quelque action. Rodrigue t'a gagnée, et tu dois être à lui, CORN. *Cid,* V, 7. | — une victoire. La victoire était périlleuse et souvent mortelle à ceux qui la gagnaient contre les ordres, BOSS. *Hist. univ.* III, 6. — une bataille, remporter la victoire. S'ils gagnent des batailles, CORN. *Tois.' d'or,* prol. | — un procès, une cause, obtenir un jugement favorable. PASC. — le prix dans une lutte, une joute, une course. Le coureur, le cheval qui a gagné le prix. *Absolt.* — d'une longueur, avec une avance égale à la longueur du cheval. *P. ext.* — qqn de vitesse, le devancer, et, *fig.* le prévenir. | — barre sur qqn, au jeu de barres, avoir prise sur un coureur de l'autre camp, et, *fig.* prendre avantage sur qqn. — le dessus du vent, en parlant d'un navire, se placer le plus près du côté d'où vient le vent. *Fig.* — le dessus, l'emporter. Ces raisons, qui flattent nos sens, gagneront aisément le dessus, BOSS. *Yol. de Monterby. Dans le même sens. Vieilli.* Le — sur qqn, contre qqn. Ne pouvant le — contre toi, CORN. *Clit.* V, 3, var. | — les devants. — du terrain, du pays, et, *vieilli,* — pays, prendre de l'avance. — du terrain, avancer, s'étendre. L'incendie gagne du terrain, et, *ellipt,* L'incendie gagne. Les sociniens gagnent sensiblement du pays parmi vous, BOSS. *1er Avert. aux protest.* 47. | Un cheval qui gagne à la main, qui reprend sur les rênes. | *Absolt. Fig.* Être en progrès. Son style a gagné en précision, en élégance. Ce vin gagne en vieillissant.

ǁ **3°** Obtenir (un avantage). — du temps, obtenir, se ménager un délai dont on a besoin. ǁ — l'estime, la confiance, le suffrage de qqn. Songeons plutôt à — sa tendresse, RAC. *Mithr.* IV, 5. — le cœur, l'âme de qqn, et, *ellipt,* — qqn. Dois-je irriter les cœurs au lieu de les — ? RAC. *Baj.* II, 1. Son maintien honnête et sa douceur m'ont gagné l'âme, MOL. *Av.* I, 4. Commençons, je vous prie, par — votre mère, ID. *ibid.* IV, 1. Tous les soldats sont gagnés par les largesses, FÉN. *Tél.* 13. Les uns... se laissaient — par des spectacles et des jeux, BOSS. *Hist. univ.* II, 26. Les geôliers avaient été gagnés. — qqn à sa cause. Ceux qui le voient sont gagnés au peuple romain, BOSS. *Hist. univ.* I, 8. — qqch sur qqn, par l'esprit de qqn, avec qqn, auprès de qqn, réussir à obtenir de lui qqch. Il ne gagnera rien sur ce juge irrité, BOIL. *Sat.* 9. J'ai gagné sur lui qu'il ne me verra plus, CORN. *Poly.* II, 4. Quand on a pu — sur soi de n'y plus penser, PASC. *Prov.* 4. | — à qqch, y trouver un avantage. Il n'y a rien à — à cela. *Avec un infinitif pour complément.* Il gagne à être connu. Il y a des gens qui gagnent à être extraordinaires, LA BR. 11. Ce tableau gagne à être vu de loin. *Absolt.* — près de qqn, être mieux apprécié de lui. Bertrand gagnerait près de certains esprits, LA F. *Fab.* XII, 3. ǁ *Ironiqt.* En parlant de ce qui est le contraire d'un avantage. Il n'y a que des coups à —. Il y a gagné une bonne fluxion de poitrine. Il a gagné ce rhume à la chasse. Il a gagné cette maladie en soignant son frère. Une maladie qui se gagne, contagieuse.

GAGNEUR, **'GAGNEUSE** [gâ-ñeûr, -ñeûz'] *s. m. et f.* [ÉTYM. Dérivé de gagner, § 112. ǁ XIIᵉ s. Li marchant gaaigneor, BENEEIT, *Ducs de Norm.* 3075. Admis ACAD. 1878.]

ǁ Celui, celle qui gagne, qui fait un profit. Les cris des gagneurs d'argent, J.-J. ROUSS. *Lett. à Silhouette,* 2 déc. 1759. ǁ *P. anal.* — de batailles, VOLT. *Lett. à d'Argenson,* 25 juin 1745.

'GAGUI [gâ-ghi] *s. f.* [ÉTYM. Origine inconnue. ǁ 1642. Une grosse gagui, OUD. Admis ACAD. 1694 ; suppr. en 1878.]

ǁ *Pop.* Fille réjouie. Une grosse —. Une bonne grosse gaguie (sic), GHERARDI, *Th. ital.* I, 570.

GAI, GAIE [ghé] *adj.* [ÉTYM. Origine incertaine ; le rapprochement avec l'anc. haut allem. gahi, « prompt », soulève des difficultés phonétiques. ǁ XIIᵉ s. Donc ja n'arez a nul jor le cuer gai, *Raoul de Cambrai,* 5038.]

ǁ **1°** Qui est d'humeur riante. Triste ou —, je veux faire des vers, BOIL. *Sat.* 7. — comme un pinson. ǁ *Famil.* Une personne un peu gaie, que le vin a mise en belle humeur. Un cheval —, qui gambade un peu. ǁ *P. ext.* Où règne la gaieté. Le repas fut —. L'entretien libre et — de la dame, LA F. *Contes, Rémois.* Un — refrain. ǁ Qui a un aspect riant, inspire la gaieté. Un appartement —. Des couleurs gaies. Avoir le vin —, être de belle humeur quand on a bu. ǁ (Hist. littér.) Le — savoir, la gaie science (par opposition à la théologie, à la philosophie, etc.), la poésie des troubadours. ǁ *Pris comme interjection.* — ! (que l'on soit gai !) Allons, — ! Vous a-t-on donné votre congé ? REGNARD, *Joueur,* III, 2.

ǁ **2°** (Technol.) Qui joue, est à l'aise dans la place où il est ajusté. Resserrer un boulon trop —. *P. ext.* ǁ (Pêche.) Hareng —, qui a rendu ses œufs ou sa laitance. ǁ *Substantivt.* Le grand —, la pucelotte, petit poisson (qui frétille dans l'eau).

GAÏAC ou **GAYAC** [gà-yăk'] *s. m.* [ÉTYM. Emprunté des langues indigènes de l'Amérique centrale, § 30. ǁ 1532. RAB. *Pantagr. prognostic.* Admis ACAD. 1762.]

ǁ (Botan.) Arbre exotique à bois dur et résineux. Un jeu de boules en bois de —. — officinal. Une décoction de bois de —. — du commerce, dit bois saint, bois de vie.

'GAÏACOL ou **'GAYACOL** [gà-yà-kòl] *s. m.* [ÉTYM. Dérivé de gaïac, § 282 *bis.* ǁ *Néolog.*]

ǁ (Chimie.) Éther extrait de la résine de gaïac.

GAIEMENT ou **GAÎMENT** [ghé-man] *adv.* [ÉTYM. Composé de gaie et ment, § 724. ǁ XIVᵉ s. Et d'autres paremens si gaiement pareis, *Brun de la Montagne,* 2374.]

ǁ D'une manière gaie. Vivre —. Un mort s'en allait tristement S'emparer de son dernier gîte ; un curé s'en allait — Enterrer ce mort au plus vite, LA F. *Fab.* VII, 11.

GAIETÉ ou **GAÎTÉ** [ghé-té] *s. f.* [ÉTYM. Dérivé de gai, § 122. ǁ XIIᵉ s. Jelz vers et pleins de gaieté, BEN. DE STE-MORE, *Troie,* 5377.]

ǁ Humeur riante. Les hommes mêmes n'ont pas en Perse la — qu'ont les Français, MONTESQ. *Lett. pers.* 34. Ta muse Me rend la sœur de la santé, La —, MUSSET, *Stances à Nodier.* ǁ *Famil.* Être en —, être mis en belle humeur par le vin. ǁ Un cheval qui a de la —, qui gambade. *P. hyperb. Loc. adv.* De — de cœur, de bonne volonté, sans y être obligé. C'est une licence que prennent Messieurs les poètes de mentir de — de cœur, MOL. *Escarb.* sc. 1. ǁ *P. ext.* | 1. Une —, un acte de gaieté. Ce sont des jeux de mains et des gaietés incroyables, SÉV. 520. | 2. *Spécialt.* Petite composition littéraire amusante.

GAILLARD, ARDE [gà-yăr, -yàrd'] *adj.* [ÉTYM. Origine incertaine ; peut-être dérivé du même radical que galant, § 147. ǁ XIᵉ s. Cors ad gaillart, *Roland,* 2895.]

I. *Vieilli.* Solidement établi. Château —, château fort. ǁ *Spécialt.* (Marine.) Château —, et, *ellipt,* —, château qu'on élevait à l'avant et à l'arrière des grands vaisseaux. *De nos jours.* Parties extrêmes du pont supérieur d'un navire, en arrière du mât d'artimon (— d'arrière), en avant et un peu en arrière du mât de misaine (— d'avant). Batterie de —, la batterie d'artillerie du pont supérieur. ǁ *Substantivt, au fém.* Gaillarde. Caractère d'imprimerie dont la force est de huit points, intermédiaire entre le petit texte et le petit romain.

II. Vif et réjoui. Le — savetier, LA F. *Fab.* VIII, 2. Frais, — et dispos, MOL. *Amph.* II, 1. Une personne gaillarde, et, *substantivt,* Un —, une gaillarde. Elle a l'esprit —, CORN. *Suite du Ment.* I, 3. D'une assez vigoureuse et gaillarde manière, MOL. *Mis.* III, 1. Le carnaval ne prend pas le train d'être bien —, SÉV. 1114. ǁ *P. ext.* Voici de nouveau quelque conte — (d'une gaieté un peu libre), MOL. *Éc. des f.* I, 4. ǁ *Substantivt, au fém.* Gaillarde. Ancienne danse française, à trois temps, d'un mouvement animé, composé d'un assemblé, d'un pas marché et d'un pas tombé. Or y avait-il là des violons ; Achon demanda une —, D'AUB. *Sa Vie,* ann. 1562. ǁ Air sur lequel on dansait cette danse.

GAILLARDEMENT [gà-yàr-de-man] *adv.* [ÉTYM. Composé de gaillarde et ment, § 724. ǁ XIᵉ s. Gaillardement tuz les unt encensez, *Roland,* 2959.]

ǁ D'une manière gaillarde. Je travaille — à l'« Extrême-Onction », POUSSIN, *Lett.* avril 1644.

GAILLARDISE [gà-yàr-diz'] *s. f.* [ÉTYM. Dérivé de gaillard, § 124. ǁ XVIᵉ s. Il le fera paroistre avec quelque gaillardise, LA NOUE, *Disc. polit.* 5.]

|| Manière d'être, propos, écrit d'une gaieté un peu libre. Ce n'est pas que les gens d'esprit ne puissent faire... quelques gaillardises, FURET. *Rom. bourg.* I, 128.

GAILLET [gà-yè] *s. m.*

[ÉTYM. Dérivé du lat. galium, grec γάλιον, *m. s.* §§ 133 et 462. On s'est longtemps servi de la forme lat. galium.|| 1786. ENCYCL. MÉTH.]

|| (Botan.) Plante de la famille des Rubiacées, dite caille-lait, dont les feuilles passent pour faire cailler le lait.

'GAILLETERIE [gà-yĕt'-ri; *en vers*, -yè-te-ri] *s. f.*

[ÉTYM. Dérivé de gaillette, § 69. || *Néolog.*]

|| (Technol.) Houille en gaillettes.

'GAILLETEUX, EUSE [gày'-teu, -teuz'; *en vers*, gà-ye-...] *adj.*

[ÉTYM. Dérivé de gaillette, §§ 65 et 116. || *Néolog.*]

|| (Technol.) Qui contient de la gaillette. Charbons —.

'GAILLETTE [gà-yĕt'] *s. f.*

[ÉTYM. Mot dialectal (Nord), d'origine inconnue, § 16. On trouve aussi gaillette. || *Néolog.*]

|| (Technol.) Morceau de houille de taille moyenne.

GAÎMENT. *V.* gaiement.

GAIN [ghin] *s. m.*

[ÉTYM. Pour gaain, subst. verbal de gagner, § 52. (*Cf.* gagne.) Distinct de l'anc. franç. gaïn, conservé dans regain. (*V.* ce mot.)|| XIIe s. Ou del gain (corr. gaain) ou de la perte, ÉT. DE FOUGÈRES, dans DELB. *Rec.*]

|| 1° Action de gagner. Ne devoir qu'à soi le — d'une bataille, CORN. *Cid*, I, 3. Le — d'un procès. Avoir — de cause. Le — d'un pari.

|| 2° Ce qu'on gagne. Emporter son —. Et sans cela nos gains seraient assez honnêtes, LA F. *Fab.* VIII, 2. L'espérance du — n'est pas ce qui me flatte, MOL. *Ét.* I, 8. || (Droit.) — de survie, avantage stipulé pour le survivant des deux époux.

GAINE [ghèn] *s. f.*

[ÉTYM. Du lat. vagina, *m. s.* devenu de bonne heure 'guaina, d'où le franç. guaine, gaîne, §§ 443, 394 et 291, gaine, § 858. ACAD. 1798-1835 écrit gaîne.]

|| 1° Étui de la lame d'un instrument tranchant ou aigu. Des ciseaux dans leur —. || *P. anal.* (Marine.) — d'une voile, ourlet autour du bord d'une voile, pour la rendre plus forte. — de flamme, coulisse où passe le bâton de la flamme.

|| 2° (Architect.) Support d'un buste, dont celui-ci semble sortir.

|| 3° (Anat.)| 1. Enveloppe de tendons, de muscles, etc. | 2. (Entomol.) Tube qui renferme l'appareil suceur de certains insectes. | 3. (Botan.) Expansion du pétiole qui embrasse la tige.

'GAINERIE [ghèn'-ri; *en vers*, ghè-ne-ri] *s. f.*

[ÉTYM. Dérivé de gainier, §§ 65 et 68. || 1412. Gaynerie, dans DU C. gaynerius.]

|| Industrie, commerce du gainier.

GAINIER, 'GAINIÈRE [ghè-nyé, -nyèr'] *s. m. et f.*

[ÉTYM. Dérivé de gaine, § 115. || XIIIe s. Gaîniers, tabletiers, brodeurs, *Queue de Renart*, dans JUBINAL, *Nouv. Rec. de fabliaux*, II, 92.]

I. *S. m.* et *f.* Celui, celle qui fabrique, qui vend des gaines, des étuis, des écrins, etc.

II. || 1° *S. m.* Arbre de la famille des Légumineuses, dit arbre de Judée, dont la gousse rappelle une gaine.

|| 2° *S. f.* Gainière. Variété d'abeille, dite faiseuse d'étuis.

GAÎTÉ. *V.* gaieté.

GALA [gà-là] *s. m.*

[ÉTYM. Emprunté de l'ital. gala, *m. s.* § 12. Sur le genre, *V.* § 551. L'ital. gala correspond à l'anc. franç. gale, réjouissance; le même radical se retrouve dans galant. (*V.* ce mot.) || Admis ACAD. 1762.]

|| Apparat d'une fête. Habits de —. Voiture de —. Représentation de —. Dîner en grand —. Il y a — à la cour.

'GALACTITE [gà-lăk'-tĭt'] *s. f.*

[ÉTYM. Emprunté du lat. galactitis, grec γαλακτῖτις, nom donné à une pierre précieuse, de γάλα, lait. || XIVe s. Galactide, J. CORBICHON, dans DELB. *Rec.* | XVIe s. Galactite, DU PINET, *ibid.* Admis ACAD. 1762; suppr. en 1798.]

I. (Minéral.) Argile qui, délayée dans l'eau, lui donne l'apparence du lait et sert au dégraissage des laines.

II. (Botan.) Plante cotonneuse dite chardon laiteux.

GALACTOMÈTRE [gà-lăk'-tò-mètr'] *s. m.*

[ÉTYM. Composé avec le grec γάλα, -ακτος, lait, et μέτρον, mesure, § 279. || 1796. ENCYCL. MÉTH. *Agricult.* Admis ACAD. 1878.]

|| (T. scientif.) Pèse-lait.

GALAMMENT [gà-là-man] *adv.*

[ÉTYM. Pour galantment, composé de galant et ment, § 724. On trouve souvent galantement au XVIe s. et encore dans RÉGNIER, *Sat.* 11 : Galantement payé d'une cassade. || 1611. Galemment, COTGR.]

|| D'une manière galante.

|| 1° Avec bonne grâce. Quand les vers sont tournés —, MOL. *F. sav.* III, 2. || *Fig.* De bonne grâce. Faites les choses — et sans vous faire tirer l'oreille, MOL. *Mar. forcé*, sc. 9. || Vous venez d'en user si — que je ne veux point vous le cacher, HAMILT. *Gram.* 5.

|| 2° En cherchant à plaire. Je suis trop heureux, Madame, d'avoir pu vous rendre ce petit service, lui répondis-je le plus — du monde, MARIV. *Pays. parv.* 4.

'GALANDAGE [gà-lan-dăj'] *s. m.*

[ÉTYM. Pour garlandage. (*V.* ce mot.) || 1785. ENCYCL. MÉTH. *Arts et mét. Maçon.*]

|| (Technol.) Cloison construite en briques de chant.

GALANGA [gà-lan-gà] *s. m.*

[ÉTYM. Emprunté du lat. du moyen âge galanga, *m. s.* d'origine arabe, § 22. Du même radical l'anc. franç. a tiré garingal, nom d'une sorte d'épice.|| XIVe s. Galanga chaulde et seiche, *Simples medicines*, mss franç. Bibl. nat. 1288, fo 135, ro. Admis ACAD. 1878.]

|| (Pharm.) Rhizome de plantes de la famille des Amomées, employé comme stimulant. — officinal ou petit —.

GALANT, ANTE [gà-lan, -länt'] *adj.*

[ÉTYM. Adj. particip. de l'anc. franç. galer, être vif, joyeux, s'amuser, § 47. On trouve qqf au XVIIe s. le fém. galande, par confusion de suffixe, § 62. L'anc. verbe galer paraît dérivé du radical german. qui se trouve dans l'allem. moderne wallen, « bouillonner, s'agiter, voyager », §§ 6, 498 et 499. (*Cf.* gaillard et gala.) || XIVe s. Un gallant levrier, GACE DE LA BIGNE, *Déduits de la chasse*, dans LA C.]

I. *Anciennt.* Vif, entreprenant. Frère Jean au château-gaillard monta — et bien délibéré, RAB. IV, 33. *Substantivt.* Le — en eût fait volontiers un repas, LA F. *Fab.* III, 11. Déjà dans son esprit la galande le croque, ID. *ibid.* IV, 11. || *Vieilli.* Verts galants, galants de la feuillée, voleurs qui se tenaient dans les bois. *P. ext. Fig.* Un vert —, un homme entreprenant avec les femmes. Et nous étions, ma foi, tous deux de verts galants, MOL. *F. sav.* II, 2.

II. Qui a bonne grâce. Jamais un lourdaud, quoi qu'il fasse, Ne saurait passer pour —, LA F. *Fab.* IV, 5. Vous allez faire pic, repic et capot tout ce qu'il y a de — dans Paris, MOL. *Préc. rid.* sc. 9. Je voudrais que cela fût mis d'une manière galante, ID. *B. gent.* II, 4. Cela a un tour spirituel et —, ID. *Préc. rid.* sc. 9. Un déshabillé —. Le Mercure —, recueil littéraire, anecdotique. || *Substantivt.* Ce goût (du siècle) se porte au —, LA F. *Psyché*, préf. || *Avec l'adj. avant le subst.* Qui a des procédés délicats. Ce ne serait pas agir en — homme, MOL. *B. gent.* IV, 1. Mécénas fut un — homme, LA F. *Fab.* I, 15.

III. Empressé à plaire aux femmes. Peindre Caton — et Brutus dameret, BOIL. *Art p.* 3. Un homme —. Monsieur Jourdain est — plus que je ne pensais, MOL. *B. gent.* IV, 1. || *P. ext.* Faire, dire qqch de —. La déclaration est tout à fait galante, MOL. *Tart.* III, 3. Cela sera —, ID. *B. gent.* II, 4. *P. ext.* Une intrigue galante, une intrigue amoureuse. Une femme galante, qui a des intrigues amoureuses. || *Substantivt.* Un —, celui qui courtise une femme. Les galants n'obsèdent jamais que quand on le veut bien, MOL. *G. Dand.* II, 2. || *P. ext.* Un amoureux. Une femme qui n'a qu'un — croit n'être point coquette, LA BR. 3. || *Fig.* Un —, nœud, cocarde de ruban ou de dentelle. Vous vendez dix rabats contre moi deux galants, CORN. *Gal. du Pal.* IV, 12. Voilà Ton beau — de neige, MOL. *Dép. am.* IV, 4.

GALANTERIE [gà-lant'-ri; *en vers*, -lan-te-ri] *s. f.*

[ÉTYM. Dérivé de galant, § 69. || XVIe s. Quand on leur rapportoit ces galanteries, AMYOT, *Démétr.* 31.]

|| 1° Caractère de ce qui a bonne grâce. Que ce bout de ruban a de — | CORN. *Suite du Ment.* II, 6. || *P. ext.* Acte qui a ce caractère. Ceux... qui... font — de se déchirer l'un l'autre, MOL. *Impr.* sc. 4. Ces galanteries ingénieuses à qui le vulgaire ignorant donne le nom de fourberies, ID. *Scap.* I, 2.

|| 2° Empressement à plaire à une femme. Messieurs les Français ont un fonds de — qui se répand partout, MOL. *Sicil.* sc. 11. || *P. ext.* Compliments flatteurs à une femme. Voilà ce que c'est que de ne pas répondre aux galanteries que je vous

écris, VOIT. *Lett.* 25. || Pièce de ce caractère. Soit dans leurs galanteries, soit dans leurs discours sérieux, PASC. *Prov.* 11. || *P. ext.* Intrigue amoureuse. Il est une saison pour la —, MOL. *Mis.* III, 4. On peut trouver des femmes qui n'ont jamais eu de —, mais il est rare d'en trouver qui n'en aient eu qu'une, LA ROCHEF. *Réflex.* 73.

GALANTIN [gà-lan-tin] *s. m.*
[ÉTYM. Dérivé de galant, § 100. || 1555. Un beau et galantin cheval de service, DE LA BOUTHIÈRE, *Prodiges*, dans DELB. *Rec.* Admis ACAD. 1798.]
|| Celui qui veut faire le galant auprès des femmes.

GALANTINE [gà-lan-tin'] *s. f.*
[ÉTYM. Altération par étymologie pop. (*V.* § 509) de galatine, mot d'origine incertaine, qui désignait autrefois une préparation, une sauce spéciale pour le poisson. On trouve en anc. provenç. galareia, en anc. allem. galreide (allem. moderne gallerte) dans le même sens. (*Cf.* gélatine.) || XII°-XIII° S. E galatines et sirop, *Guill. Le Maréchal*, 9666.]
|| Mets de chair de volaille, de veau, etc., cuite avec des épices, qu'on sert froid avec une gelée. Une — truffée.

GALANTISER [gà-lan-ti-zé] *v. tr.*
[ÉTYM. Dérivé de galant, à l'imitation de l'ital. galanteggiare, *m. s.* §§ 12 et 267. || XVII° S. *V.* à l'article.]
|| *Vieilli.* Traiter avec galanterie. Pour me —, il ne faut qu'un miroir; J'y vois en un moment tout ce que vous me dites, CORN. *Gal. du Pal.* II, 1, 1re édit.

GALAXIE [gà-lǎk'-si] *s. f.*
[ÉTYM. Emprunté du lat. galaxias, grec γαλαξίας, *m. s.* de γάλα, lait. Sur le genre (le lat. et le grec sont masc.), *V.* § 550. || 1584. J. DES CAURRES, *Œuvres mor.* dans DELB. *Rec.* Admis ACAD. 1762.]
|| (Astron.) La voie lactée.

GALBANUM [gǎl-bà-nòm'] *s. m.*
[ÉTYM. Emprunté du lat. galbanum, *m. s.* || XII°-XIII° S. Galbanen de bone odor, *Job*, dans *Rois*, p. 447.]
|| (Pharm.) Gomme-résine balsamique tirée d'un arbre de Syrie. || *Fig. Vieilli.* Donner du — à qqn, l'amadouer.

GALBE [gàlb'] *s. m.*
[ÉTYM. Emprunté de l'ital. garbo, *m. s.* § 12. RETZ emploie encore garbe en parlant du gabari d'un navire, IV, 329; mais R. EST. signale déjà la prononciation galbe au lieu de garbe, *Nouv. Lang. franç. italian.* I, 39. (*Cf.* le provenç. moderne galbe ou galbi, *m. s.*) L'ital. garbo paraît se rattacher au radical german. qui se trouve dans l'allem. moderne gerben, préparer, §§ 6, 498 et 499. || XVI° S. Tant la garbe de peinture au visage il avoit, RONS. *Bocage royal.*]
|| **1°** Contour, profil qui détermine la forme d'un membre d'architecture, d'un vase, etc. || *P. ext.* Contour, profil qui détermine une figure, un corps humain. Une tête d'un — élégant.
|| **2°** Profil chantourné d'une pièce de menuiserie.

GALBÉ, ÉE [gǎl-bé] *adj.*
[ÉTYM. Dérivé de galbe, § 118. || *Néolog.*]
|| (Architect.) || **1°** Qui a un galbe spécial. Colonne galbée, dont le fût n'est pas rectiligne, mais renflé au milieu.
|| **2°** Dont le galbe seul est indiqué. Feuille galbée, qui n'est qu'ébauchée dans un ornement.

GALBULE [gǎl-bul] *s. m.*
[ÉTYM. Emprunté du lat. galbulus, pomme de cyprès. || 1801. BOISTE, *Dict. univ.*]
|| (Botan.) Fruit en cône écailleux (cyprès, genévrier).

GALE [gàl] *s. f.*
[ÉTYM. Origine incertaine; peut-être galle pris au sens figuré. || 1539. Galle, R. EST.]
|| Maladie contagieuse de la peau que cause la présence d'un insecte nommé acarus. *Loc. famil.* Méchant comme la —, et, *p. ext.* en parlant d'une personne, C'est une méchante —. *P. anal.* — du porc, la rogne. — des végétaux, rugosités, protubérances sur l'écorce, sur les feuilles. — du bois, trous de vers, qui en rendent la surface inégale.

GALÉ [gà-lé] *s. m.*
[ÉTYM. Emprunté de l'angl. gale, *m. s.* qui, introduit par J. BAUHIN (1541-1613) dans le lat. des botanistes, a été prononcé à la façon latine, § 8. || Admis ACAD. 1762.]
|| (Botan.) Arbrisseau odorant, qui croît dans les terrains humides, dit aussi **myrte bâtard**, **myrte des marais**, **piment aquatique**.

GALÉACE ou **GALÉASSE** [gà-lé-às'] *s. f.*
[ÉTYM. Emprunté de l'ital. galeazza, augmentatif de galea, galère, § 12. || XV° S. Tant galliaces, gallees que galiotes, BERRY, *Chron.* dans A. CHARTIER, *Œuvres*, p. 163, édit. 1617. Admis ACAD. 1718.]
|| (Marine.) Galère de grande dimension, à rames et à voiles, garnie de canons sur les côtés ou à la proue.

GALÉE [gà-lé] *s. f.*
[ÉTYM. Emprunté du bas grec γαλαία, *m. s.* § 5. (*Cf.* galère.) L'anc. franç. dit plutôt galie que galee. (*Cf.* galion, galiote.) || XI° S. Eschiez e barges e galies e nefs, *Roland*, 2625. Galees curanz, *ibid.* 2729. Admis ACAD. 1762.]
|| **1°** *Anciennt.* Galère, petit navire de guerre.
|| **2°** *P. anal.* (Technol.) Planchette rectangulaire à rebords sur laquelle le compositeur typographe place les lignes assemblées dans le composteur.

***GALEFRETIER** [gǎl-fre-tyé; *en vers*, gà-le-...] *s. m.*
[ÉTYM. Origine incertaine; peut-être même radical que calfeutrer (*V.* ce mot), § 115. || XVI° S. RAB. II, 30. Admis ACAD. 1718; suppr. en 1835.]
|| *Vieilli.* Va-nu-pieds. Elle n'était jamais lasse de deviser spécialement avec des galefretiers, SOREL, *Francion*, p. 59.

GALÉGA [gà-lé-gà] *s. m.*
[ÉTYM. Emprunté de l'ital. galega, *m. s.* d'origine incertaine, § 12. Sur le genre, *V.* § 551. || 1694. TOURNEFORT, *Élém. de botan.* I, 317. Admis ACAD. 1762.]
|| (Botan.) Espèce de plante légumineuse. — officinal, dit rue de chèvre. — tinctorial, dit indigo bâtard.

GALÈNE [gà-lèn'] *s. f.*
[ÉTYM. Emprunté du grec γαλήνη, plomb. || 1556. La galene, espece de terre, RICH. LEBLANC, *Subtilité*, dans DELB. *Rec.* Admis ACAD. 1762.]
|| (Minéral.) Sulfure de plomb natif. (*Cf.* alquifoux.)

***GALÉOPITHÈQUE** [gà-lé-ò-pi-tĕk'] *s. m.*
[ÉTYM. Composé avec le grec γαλῆ, belette, et πίθηκος, singe, § 279. || 1799. AUDEBERT, *Hist. nat. des singes*, pl. 1.]
|| (Hist. nat.) Genre de quadrumanes cheiroptères, dits aussi singes volants.

GALÉOPSIS [gà-lé-òp'-sis] *s. m.*
[ÉTYM. Emprunté du lat. galeopsis, grec γαλίοψις, *m. s.* proprt, « œil de belette ». || 1545. Galeopsis est une herbe semblable à l'ortie, G. GUÉROULT, *Hist. des plantes*, dans DELB. *Rec.* Admis ACAD. 1762.]
|| Plante labiée dite vulgairement chanvre bâtard.

***GALER** [gà-lé] *v. tr.*
[ÉTYM. Peut-être dérivé de gale, § 154. L'anc. franç. possède un autre verbe galer dont le part. prés. a formé l'adj. galant. (*V.* ce mot.) || 1360. Un oisel qui se gale en la cuisse, dans GODEF. galer 1. Admis ACAD. 1762; suppr. en 1878.]
|| *Vieilli.* Gratter, frotter. (*Cf.* galis.) || *Fig.* Battre. Çà, çà, galons-le, LA F. *Contes, Diable de Papefig.*

GALÈRE [gà-lèr] *s. f.*
[ÉTYM. Emprunté de l'ital. galera, altération de galea, galée, § 12. || XV°-XVI° S. Gallere, SEYSSEL, dans DELB. *Rec.*]
I. || **1°** Navire de guerre des anciens, à un ou à plusieurs rangs de rames, et à voiles.
|| **2°** Navire de guerre à rames, ponté, avec deux mâts et deux voiles latines, employé surtout dans la Méditerranée. || *Loc. prov.* Vogue la — ! laissons aller les choses. Qu'allait-il faire dans cette — ? pourquoi s'est-il engagé dans cette mauvaise affaire? (allusion aux *Fourberies de Scapin* de Molière, où Géronte croit avoir à racheter son fils emmené sur une galère turque). || Ramer sur les galères du roi, peine établie sous François 1er et remplacée par celle des travaux forcés. *Ellipt.* Être condamné aux galères. || *P. ext.* Bagne. J'ai vu les galères de Livourne et de Venise, je n'y ai pas vu un seul homme triste, MONTESQ. *Pens. div. Fig.* Une vie de —, très pénible.
II. *Fig.* (Technol.) || **1°** Sorte de tombereau que les maçons traînent eux-mêmes.
|| **2°** Gros rabot à deux poignées pour dégrossir le bois de charpente, de menuiserie.
|| **3°** Ratissoire à roulettes pour allées de parc, de jardin.
|| **4°** Long fourneau où chauffent à la fois plusieurs vases. || Fourneau rond à réverbère, autour duquel on place les vases à chauffer.

GALERIE [gǎl-ri; *en vers*, gà-le-ri] *s. f.*
[ÉTYM. Emprunté du bas lat. galeria, *m. s.* mot attesté dès le IX° S. et dont l'origine est inconnue. || XIV° S. Guerrerie (1328), dans DELB. *Rec.* | Galerie, BERSUIRE, dans LITTRÉ.]

|| **1°** Espace couvert qui règne autour d'un bâtiment, d'un appartement, d'une salle, ou dans sa longueur, et sert de lieu de promenade, de passage, d'exposition pour des collections, etc. Allez l'entretenir dans cette —, CORN. *Cid*, I, 2. Des fossés du château faisant leurs galeries (leur lieu de promenade), LA F. *Fab*. III, 12. Une — de tableaux. Les galeries du Louvre. Une — d'histoire naturelle. Les galeries du Muséum. || *Spéciall*. Dans un jeu de paume, allée d'où l'on regarde les joueurs. *P. ext*. Ceux qui regardent jouer. Les gens qui forment la —, et, *ellipt*, Ceux qui font —. Consulter la — sur un coup. *Fig. Famil*. S'inquiéter de la —, de l'opinion.

|| **2°** *P. ext*. Sorte de balcon en saillie qui couronne l'arrière d'un navire. || Balcon en saillie qui règne autour d'une salle de théâtre et contient une ou plusieurs rangées de spectateurs. || *P. anal*. Ornement en rebord d'un meuble, d'une lampe, d'une étoffe. Châle à —. || Bande de cuivre qui se met devant le foyer d'une cheminée. || Passage souterrain pratiqué dans une mine (de siège) ou servant à l'exploitation des mines de charbon, de fer, etc. || Passage souterrain voûté pour l'écoulement des eaux.

GALÉRIEN [gà-lé-ryin ; *en vers*, -ri-in] *s. m.*
[ÉTYM. Dérivé de galère, § 244. || 1611. COTGR.]
|| Celui qui a été condamné à ramer sur les galères du roi. || *P. ext*. Forçat. || *Fig*. Mener une vie de —, très pénible.

GALERNE [gà-lèrn'] *s. m.*
[ÉTYM. Origine incertaine ; se rattache peut-être au radical de l'angl. gale, vent violent. || XIᵉ s. Se galerne ist de mer, *Voy. de Charl. à Jérus*. dans DELB. *Rec*.]
|| (Marine.) Vent du nord-ouest.

GALET [gà-lè] *s. m.*
[ÉTYM. Dérivé de l'anc. franç. gal, *m. s.* d'origine inconnue, § 133. || XIIᵉ s. Li canivés et li fuisius Et li tondres od le galet, *Partenopeus*, 5067.]
|| **1°** Caillou déposé par la mer sur le rivage et généralement arrondi et poli par le frottement. Marcher sur les galets, sur le —. Une plage où il y a du —.
|| **2°** (Technol.) Disque de bois, de métal, d'ivoire, servant à divers usages. Les galets d'un lit, d'un fauteuil, disques polis sur lesquels on fait rouler un grand lit, un fauteuil. Les galets d'un pont tournant, d'une plaque de chemin de fer, disques sur lesquels on fait tourner le pont, la plaque. || *P. ext*. Bouée indiquant la position d'un filet.

GALETAS [gà-tá ; *en vers*, gà-le-tá] *s. m.*
[ÉTYM. Nom propre, § 36 : la tour de Galata, à Constantinople, dont le nom a été donné au XIVᵉ s. au haut de tout édifice important. || XIVᵉ-XVᵉ s. Galatas grans et adrois, EUST. DESCH. I, 156.]
|| **1°** Logement sous les toits. Il se retire au — de son palais, LA BR. 13.
|| **2°** Logement misérable. L'oracle était logé dedans un —, LA F. *Fab*. VII, 15.

GALETTE [gà-lĕt'] *s. f.*
[ÉTYM. Tiré de galet, § 37. || XIIIᵉ s. Chanestians et galetes, dans BARBAZAN, *Fabliaux et contes*, IV, 92, Méon.]
I. Sorte de gâteau, d'ordinaire rond et plat, fait de pâte ferme ou feuilletée, étendue sous le rouleau et cuite au four. — de plomb, trop compacte. Une — de maïs, de sarrasin. || *P. ext*. Biscuit dur et plat qu'on donne aux marins.
II. *P. anal.* (Technol.) || **1°** Pâte de charbon et de salpêtre battue pour la préparation de la poudre de guerre.
|| **2°** Carcasse en carton, en toile ou en poil de lapin destinée à recevoir la peluche pour chapeaux d'homme.
|| **3°** — de cocon, et, *absolt*, —, filoselle qu'on tire des cocons percés qui ne peuvent plus se dévider.

GALEUX, EUSE [gà-leú, -leûz'] *adj.*
[ÉTYM. Dérivé de gale, § 116. || XVIᵉ s. Gualous, verollez jusqu'à l'ous, RAB. I, 54.]
|| Atteint de la gale. Une personne galeuse, et, *substantivt*, Un —, une galeuse. Ce pelé, ce —, LA F. *Fab*. VII, 1. Loc. prov. Qui se sent — se gratte, que celui qui se sent coupable s'applique le reproche. (*Cf*. Qui se sent morveux se mouche.) Un chien —. Une brebis galeuse. *Fig*. Brebis galeuse, personne corrompue dont le contact est dangereux. Loc. prov. Il suffit d'une brebis galeuse pour gâter tout un troupeau. || *P. ext*. Bois —, sur lequel se sont formées des rugosités, des protubérances. Verre —, sur lequel se sont formés des grains, dont la vitrification n'est pas pure.

GALHAUBAN [gà-ló-ban] *s. m.*
[ÉTYM. Composé avec hauban et un mot gal dont le sens et l'origine sont inconnus, § 196. On écrit aussi galauban et même galeban. || 1681. Texte dans JAL, *Gloss. naut*. Admis ACAD. 1835.]
|| (Marine.) Longue corde tendue de chaque côté des mâts de hune, de perroquet, et fixée à la muraille du navire, pour les soutenir contre l'effort du vent.

'GALIETTE [gà-lyĕt']. *V*. gaillette.

GALIMAFRÉE [gà-li-má-fré] *s. f.*
[ÉTYM. Origine inconnue. || XIVᵉ s. Calimafree ou saulce paresseuse, *Ménagier*, II, 233.]
|| Restes de viande en ragoût. || *P. ext*. Mets qui présente un mélange peu appétissant.

GALIMATIAS [gà-li-mà-tyà] *s. m.*
[ÉTYM. Origine inconnue. || XVIᵉ s. L'on n'y entend que du galimatias, *Sat. Ménipp*. I, 15.]
|| Discours, écrit, offrant un mélange confus, inintelligible. Votre — ne m'a pas tantôt ébloui, MOL. *G. Dand*. II, 2. Qui songe à votre argent, dont vous me faites un —? ID. *Av*. V, 5.. || *Adjectivt*. Un langage le plus — et une prononciation la plus mauvaise que l'on se puisse figurer, SOREL, *Francion*, p. 225.

GALION [gà-lyon ; *en vers*, -li-on] *s. m.*
[ÉTYM. Dérivé de galie, anc. forme de galée, § 104. || XIIIᵉ-XIVᵉ s. Lors vint messires Phelippes de Montfort en un galion, JOINV. 389.]
|| **1°** Bâtiment de charge employé surtout autrefois par les Espagnols, pour le commerce avec l'Amérique, et spécialement pour rapporter l'or des mines du Pérou. || *Fig*. Les galions sont arrivés, il est arrivé de l'argent.
|| **2°** (Technol.) Traverse de bois qui supporte les panneaux qui ferment une écoutille. (*Syn*. galiote.)

GALIOTE [gà-lyŏt' ; *en vers*, -li-ŏt'] *s. f.*
[ÉTYM. Dérivé de galie, anc. forme de galée, § 136. || 1418. Pour erres de la dite galiocte, dans GODEF. *Compl*. Admis ACAD. 1718.]
|| **1°** Petite galère à rames et à voiles. || Long bateau couvert avec lequel on voyageait sur les rivières.
|| **2°** (Technol.) Traverse de bois qui supporte les panneaux qui ferment une écoutille. (*Syn*. galion.)

GALIPOT [gà-li-pó] *s. m.*
[ÉTYM. Origine inconnue. (*Cf*. garipot.) || 1701. FURET. Admis ACAD. 1762.]
|| (Technol.) Matière résineuse qui s'écoule, après la récolte, des incisions faites au pin. || *P. ext*. Sorte de mastic de résine et de matières grasses, dont on se sert en marine.

'GALIS [gà-li] *s. m.*
[ÉTYM. Dérivé de galer, § 82. || 1627. Le masle fait aussi du gallis, RENÉ DE MARICOURT, *Chasse du lièvre*, dans DELB. *Rec*.]
|| (Vénerie.) Trace laissée par le chevreuil à l'endroit où il a gratté la terre du pied.

'GALLATE [gàl'-lắt'] *s. m.*
[ÉTYM. Dérivé de galle, § 282 *bis*. || 1805. ENCYCL. MÉTH.]
|| (Chimie.) Sel formé par la combinaison de l'acide gallique avec une base.

GALLE [gàl] *s. f.*
[ÉTYM. Emprunté du lat. galla, *m. s.* || XIIIᵉ s. De nois de gales Escrire letres toutes pales, *Clef d'amour*, dans DELB. *Rec*.]
|| Excroissance que produit sur les feuilles, sur la tige des végétaux, la sève extravasée, par la piqûre de certains insectes qui viennent déposer là leurs œufs. — du chêne, dite aussi noix de —, qui sert à fabriquer l'encre et à teindre en noir. — du rosier. (*V*. bédegar.)

GALLICAN, ANE [gàl'-li-kan, -kàn'] *adj.*
[ÉTYM. Emprunté du lat. gallicanus, gaulois, français. || XVᵉ-XVIᵉ s. Concile de l'eglise gallicane, J. LE MAIRE, dans DELB. *Rec*.]
|| (Hist.) Relatif à l'Église de France, considérée comme indépendante en certains points de l'autorité du pape. Ces précieuses libertés de l'Église gallicane, ST-SIM. XI, 265. || *P. ext*. Partisan de ces libertés. Cet évêque était —. *Substantivt*. Les gallicans et les ultramontains.

GALLICANISME [gàl'-li-kà-nĭsm'] *s. m.*
[ÉTYM. Dérivé de gallican, § 265. || *Néolog*. Admis ACAD. 1878.]
|| Doctrine gallicane. || Attachement à cette doctrine.

GALLICISME [gàl'-li-sĭsm'] *s. m.*
[ÉTYM. Dérivé du lat. gallicus, gaulois, français, § 265.

|| XVIᵉ s. La coustume est de quitter icy notre gallicisme et user de l'italianisme, H. EST. *Nouv. Lang. franç. italian.* II, 177.]

|| **1°** Forme de langage propre à la langue française.
|| **2°** Forme française introduite abusivement dans une autre langue. Ce thème latin contient des gallicismes.

GALLINACÉS [gǎl'-li-nà-sé] *s. m. pl.*
[ÉTYM. Emprunté du lat. *gallinaceus, m. s.* || 1817. CUVIER, *Règne animal*, I, 436. Admis ACAD. 1835.]
|| (Hist. nat.) Ordre de la classe des Oiseaux comprenant les poules, dindons, perdrix, cailles, faisans.

***GALLINE** [gǎl'-lin'] *adj. f.*
[ÉTYM. Dérivé du lat. *gallus*, coq, § 245. || *Néolog.*]
|| (T. didact.) Qui est de la nature du coq, de la poule. L'espèce —.

GALLIQUE [gǎl'-lǐk] *adj.*
[ÉTYM. Dérivé de *galle*, § 229. || 1805. ENCYCL. MÉTH. Admis ACAD. 1835.]
|| (Chimie.) Produit par la noix de galle. Acide —.

***GALLIUM** [gǎl'-lyòm'; en vers, -li-òm'] *s. m.*
[ÉTYM. Dérivé de *Gallus*, traduction lat. du nom de l'inventeur, § 282. || *Néolog.*]
|| (Chimie.) Corps simple découvert par M. Lecoq de Boisbaudran, en 1875.

GALLON [gà-lon] *s. m.*
[ÉTYM. Mot anglais qui est lui-même emprunté de l'anc. franç. *galon* ou *gallon*, d'origine inconnue, § 8. || Admis ACAD. 1835.]
|| Mesure anglaise de capacité, pour les liquides, contenant environ quatre litres et demi.

GALOCHE [gà-lǒch'] *s. f.*
[ÉTYM. Du lat. pop. *galŏpia*, dérivé de *galopus, podos,* transcription du grec καλόπους, ποδος (*cf.* calopodes soteæ, galoches, dans un scoliaste d'Horace), *m. s.* proprt, « pied de bois », §§ 497, 426 et 291. || 1292. Se déduit de galochier. (*V.* ce mot.)]
I. Chaussure à dessus de cuir et à semelle de bois, qui sert à préserver de l'humidité. || *P. ext.* Seconde chaussure de cuir fort qu'on met par-dessus la première. || *Fig.* Menton de —, qui avance.
II. (Technol.) || **1°** Poulie à moufle plat dont la chape est ouverte transversalement sur une de ses faces, et qu'on applique sur les grandes vergues pour y faire passer les boulines.
· || **2°** Coin de la presse du doreur.

***GALOCHIER** [gà-lò-chyé] et ***GALOCHER** [gà-lò-ché] *s. m.*
[ÉTYM. Dérivé de *galoche*, § 115. || 1292. Galochiers, *Rôle de la taille*, dans DELB. *Rec.*]
|| Marchand, fabricant de galoches.

GALON [gà-lon] *s. m.*
[ÉTYM. Subst. verbal de *galonner*, § 52. || 1611. COTGR.]
|| Tissu (de laine, de soie, d'argent, d'or) en forme de ruban dont on orne des uniformes, des costumes, des chapeaux, des rideaux, des meubles, etc. || *Spécialt.* Bande de laine, d'argent, d'or, qui, placée sur la manche de l'uniforme, sert à distinguer le grade des sous-officiers. Les galons de caporal, de sergent, de sergent-major. || *Loc. prov.* Quand on prend du —, on n'en saurait trop prendre, quand on s'attribue un rang élevé, il faut se le donner aussi élevé que possible. Acheter de vieux galons (pour en retirer l'or, l'argent qu'ils contiennent). Vieux habits, vieux galons, cri des fripiers qui courent les rues pour acheter de vieux habits, de vieux uniformes. || (Marine.) Bande de toile qu'on coud sur une couture de voile pour la fortifier.

GALONNER [gà-lò-né] *v. tr.*
[ÉTYM. Origine inconnue. Le subst. galon, qu'on serait porté à considérer comme primitif de galonner, ne se trouve qu'à une époque récente, tandis que le verbe est fréquent dès les premiers siècles de la langue au sens de « tresser les cheveux ». || XIIᵉ s. A un fil d'or ert galonee, *Énéas*, 1473.]
|| Orner de galon. Un chapeau, un habit galonné.

GALOP [gà-lô] *s. m.*
[ÉTYM. Subst. verbal de *galoper*, § 52. || XIᵉ s. Uns veltres avalat que vint a Carle les galops e les salz, *Roland*, 730.]
|| **1°** L'allure la plus rapide du cheval, suite de bonds qu'il fait successivement en trois temps ou battues, posant d'abord une des jambes de derrière, puis une jambe de devant et l'autre jambe de derrière, enfin la jambe de devant qui reste. Mettre son cheval au —. Aller le —, au —, au grand —. — désuni, où les battues sont irrégulières. — faux, où le cheval galopant en cercle ne porte pas en avant le pied placé du côté où il se penche pour tourner. Branle de —, mouvement par lequel le cheval s'enlève pour galoper. Faire un temps de —, galoper qqs instants. — de course, très allongé. Un cheval de —, qui est surtout propre à cette allure. || *Fig.* Chassez le naturel, il revient au —, DESTOUCHES, *Glor.* III, 5. Prendre, courir le grand —, aller trop vite. Il dit fort posément ce dont on n'a que faire Et court le grand — quand il est à son fait, RAC. *Plaid.* III, 3.
|| **2°** *P. anal.* Danse à deux temps d'un mouvement rapide consistant en une suite de chassés.
|| **3°** *Fig. Pop.* Vive réprimande. Donner, recevoir un —.

GALOPADE [gà-lò-pàd'] *s. f.*
[ÉTYM. Dérivé de *galoper*, § 120. || 1611. COTGR. Admis ACAD. 1718.]
|| Action de galoper. || *Spécialt.* Galop d'école, raccourci et cadencé. *P. anal.* La danse du galop.

GALOPANT, ANTE [gà-lò-pan, -pànt'] *adj.*
[ÉTYM. Adj. particip. de *galoper*, § 47. || *Néolog.* Admis ACAD. 1878.]
|| Qui va au galop. *Fig.* (Médec.) Phtisie galopante, dont la marche est très rapide.

***GALOPE** [gà-lǒp'] *s. f.*
[ÉTYM. Subst. verbal de *galoper*, § 52. (*Cf.* galop.) || *Néolog.*]
|| **1°** Danse rapide à deux temps, dite plus ordinairement galop.
|| **2°** (Technol.) Instrument de relieur pour tracer rapidement de petites raies sur une couverture avant de la glairer.
|| **3°** *Fig. Trivial. Loc. adv.* A la —, avec précipitation.

GALOPER [gà-lò-pé] *v. intr. et tr.*
[ÉTYM. Origine incertaine ; la terminaison -loper (en provenç. -laupar) fait songer au goth. hlaupan, allem. moderne laufen, courir ; mais la première syllabe ga fait difficulté, §§ 6, 498 et 499. || XIIIᵉ s. Lors c'et li Turs vers Bernier galopes, *Raoul de Cambrai*, 6960.]
I. *V. intr.* || **1°** Aller au galop. Exercer les chevaux à — alternativement sur le pied gauche aussi bien que sur le droit, BUFF. *Cheval.* Un cheval qui galope sur le bon pied, qui porte en avant le pied placé du côté où il doit tourner, c.-à-d. en dedans du cercle. || *Fig.* Le chagrin monte en croupe et galope avec lui, BOIL. *Ép.* 5. Je vois déjà comme le temps galopera, SÉV. 253.
|| **2°** *P. anal.* Danser le galop.
II. *Famil. V. tr.* Faire aller au galop. — un cheval rapide. || *Fig.* Mener qqch grand train. [*P. ext.* (Le duc) galope vos filles d'honneur, HAMILT. *Gram.* 10. La fièvre le galope.

GALOPIN [gà-lò-pin] *s. m.*
[ÉTYM. A l'origine, nom propre tiré de *galoper*, §§ 36 et 100. || XIVᵉ-XVᵉ s. Queux, escuiers, li galopin, EUST. DESCH. VIII, 104.]
|| Petit garçon que l'on envoie faire les courses, les commissions. || *P. ext.* Gamin qui court les rues. || *P. plaisant. Ancient.* Demi-setier de vin bu avant de partir en course. Il boit tous les matins son — avant que de sortir, RICHEL. *Dict.* || *Adjectivt.* Les dames de Paris aiment les airs galopins, et elles s'habillent déjà à la galopine ou à la gourgandine, c'est tout un, GHERARDI, *Th. ital.* V, 212.

GALOUBET [gà-lou-bé] *s. m.*
[ÉTYM. Emprunté du provenç. moderne galoubet, *m. s.* mot d'origine incertaine, § 11. || 1791. ENCYCL. MÉTH. Admis ACAD. 1835.]
|| Sorte de flûte à trois trous.

GALUCHAT [gà-lu-chà] *s. m.*
[ÉTYM. Nom propre d'inventeur, § 36. || 1790. ENCYCL. MÉTH. *Arts et manuf.* gainier. Admis ACAD. 1835.]
|| (Technol.) Peau de certains squales, lissée et colorée, dont on fait des étuis, des gaines, etc.

GALVANIQUE [gǎl-và-nik'] *adj.*
[ÉTYM. Dérivé du radical de *galvanisme*, § 229. || 1801. Propriété galvanique, FOURCROY, *Syst. des connaiss. chimiques*, I, 211. Admis ACAD. 1835.]
|| (Physique.) Relatif au galvanisme.

***GALVANISATION** [gǎl-và-ni-zà-syon ; en vers, -si-on] *s. f.*
[ÉTYM. Dérivé de *galvaniser*, § 247. || 1802. SUE, *Hist. du galvanisme*, I, 326.]

|| (Physique.) Action de galvaniser.

GALVANISER [găl-và-ni-zé] *v. tr.*

[ÉTYM. Dérivé du radical de galvanisme, § 267. || 1799. HUMBOLDT, *Exp. sur le galvanisme*, trad. par Jadelot, p. 13, 278, etc. Admis ACAD. 1878.]

|| (Physique.)|| **1°** Faire contracter (des muscles inertes) par l'électricité qu'y développe le contact de deux corps hétérogènes. || *Fig.* Redonner à qqch une animation factice.

|| **2°** Électriser par la pile galvanique (ou voltaïque).

|| **3°** Recouvrir (le fer) d'une légère couche de zinc, pour empêcher l'oxydation.

GALVANISME [găl-và-nĭsm'] *s. m.*

[ÉTYM. Dérivé de Galvani, physicien italien qui a découvert l'électricité animale en 1780, §§ 36 et 265. || 1797. *Annales de chimie et de phys.* XXI, 3. Admis ACAD. 1835.]

|| (Physique.) Électricité qui se développe par le contact de deux corps hétérogènes.

GALVANOMÈTRE [găl-và-nò-mètr'] *s. m.*

[ÉTYM. Composé avec le radical de galvanisme et le grec μέτρον, mesure, § 284. || 1802. SUE, *Hist. du galvanisme*, I, 299. Admis ACAD. 1878.]

|| (Physique.) Instrument qui sert à mesurer l'intensité d'un courant galvanique. (*Syn.* rhéomètre.)

GALVANOPLASTIE [găl-và-nò-plăs'-tí] *s. f.*

[ÉTYM. Composé avec le radical de galvanisme et le grec πλάσσειν, former, § 284. || *Néolog.* Admis ACAD. 1878.]

|| (Technol.) Application d'une couche d'or, d'argent, etc., par l'action de la pile galvanique.

GALVAUDER [găl-vó-dé] *v. tr.*

[ÉTYM. Origine inconnue. || 1690. FURET.]

|| **1°** *Vieilli.* Humilier par des reproches.

|| **2°** Avilir. Il s'est galvaudé dans cette affaire. — son nom.

***GALVAUDEUX, EUSE** [găl-vó-deú, -deúz'] *s. m.* et *f.*

[ÉTYM. Pour galvaudeur, § 62, dérivé de galvauder, §§ 112 et 116. || *Néolog.*]

|| *Pop.* Propre à rien, qui vagabonde dans les rues.

***GAMACHE** [gà-măch'] *s. f.*

[ÉTYM. Emprunté, par l'intermédiaire du provenç. garamacha, galamacha, *m. s.* de l'espagn. guadamaci, sorte de cuir, proprt, « cuir de Gadamès », §§ 11, 13 et 22. || XVIᵉ-XVIIᵉ s. D'AUB. *Fœneste*, IV, 1.]

|| *Dialect.* Guêtre.

GAMBADE [gan-bàd'] *s. f.*

[ÉTYM. Emprunté de l'ital. gambata, *m. s.* de gamba, jambe, § 12. || XVᵉ s. Faire la gambade, COQUILLART, *Monologue des perruques*.]

|| Saut où l'on agite les jambes. Faire des gambades. Le mulet fait sur l'herbette —, LA F. *Contes, Lunettes*. || *Fig.* Payer en gambades (allusion aux bateleurs qui, pour se dispenser d'acquitter le péage, faisaient danser leur singe devant le péager), éluder le paiement d'une dette.

GAMBADER [gan-bà-dé] *v. intr.*

[ÉTYM. Dérivé de gambade, § 154. On trouve gambadir dès 1425 dans un texte de la Suisse romande. (*V.* DELB. *Rec.*) ·|| 1526. CH. DE BOURDIGNÉ, *Pierre Faifeu*.]

|| Faire des gambades. Le cheval mutin a gambadé de plus belle, LA F. *Ragotin*, I, 10.

***GAMBE** [gănb'] *s. f.*

[ÉTYM. Emprunté au sens **1°** de l'ital. et au sens **2°** du provenç. gamba, jambe, §§ 11 et 12. || 1771. Gambes de hune, TRÉV.]

|| **1°** (Musique.) Viole de —, grand violon (le violoncelle d'aujourd'hui) qu'on tenait entre les jambes, quand on en jouait. || *P. anal.* Un des jeux composés de l'orgue.

|| **2°** (Marine.) Chacun des cordages tendus de chaque bord des haubans à chaque mât des haubans.

***GAMBIER** [gan-byé] et ***GAMBIR** [gan-bîr] *s. m.*

[ÉTYM. Emprunté du malais gambir, *m. s.* § 28. || *Néolog.*]

||(Technol.) Substance astringente analogue au cachou, qu'on tire d'une plante sarmenteuse d'Océanie.

GAMBILLER [gan-bi-yé] *v. intr.* et *tr.*

[ÉTYM. Pour gambeyer (par substitution de suffixe, §62), emprunté de l'ital. gambeggiare, *m. s.* qui correspond à l'anc. franç. jambeier, § 12. || XVIᵉ s. Se guambayoit, penadoit et paillardoit parmy le lict, RAB. I, 21. | 1642. Gambiller, OUD.]

I. *V. intr.* || **1°** Agiter les jambes pendantes. — les pieds en haut devant tout le monde, MOL. *Pourc.* III, 3.

|| **2°** (Marine.) S'avancer à la force des poignets sur un cordage tendu en laissant pendre les jambes.

II. *V. tr.* (Marine.) Changer (une voile à bourcet) de bord, en faisant passer sur l'avant la partie longue de la vergue et de la voile.

***GAMBIR.** *V.* gambier.

GAMBIT [gan-bi] *s. m.*

[ÉTYM. Pour gambet, emprunté de l'ital. gambetto, diminutif de gamba, jambe, *m. s.* proprt, « croc-en-jambe » (*cf.* jambette), § 12. || 1752. TRÉV. Admis ACAD. 1762.]

|| (T. de jeu d'échecs.) Coup où l'on fait prendre au début de la partie le pion du fou du roi (— du roi) ou le pion du fou de la reine·(— de la reine).

GAMELLE [gà-mèl] *s. f.*

[ÉTYM. Emprunté de l'ital. gamella, *m. s.* qui est le lat. camella, vase en bois, § 12. || 1611. COTGR.]

|| **1°** Grande écuelle dans laquelle plusieurs matelots, plusieurs soldats, mangent ensemble. Manger à la —. || *P. ext.* | **1.** Vase de fer-blanc dans lequel chaque soldat reçoit sa ration. | **2.** (Marine.) Table commune des officiers, des élèves, des chirurgiens.

|| **2°** (Technol.) Écuelle qui sert à puiser l'eau salée dans les poêles des salines, pour vérifier l'état de la muire.

***GAMELON** [găm'-lon ; *en vers*, gà-me-...] *s. m.*

[ÉTYM. Dérivé de gamelle, §§ 65 et 104. || *Néolog.*]

|| Petite gamelle en usage dans les hôpitaux militaires.

GAMIN, INE [gà-min, -min'] *s. m.* et *f.*

[ÉTYM. Origine incertaine ; peut-être emprunté de l'allem. gemeiner, simple soldat, § 7. || 1801. BOISTE, *Dict. univ.* Admis ACAD. 1835.]

|| **1°** *S. m.* Petit garçon qui sert d'aide aux ouvriers fumistes, maçons, etc.

|| **2°** *S. m.* et *f.* Petit garçon, petite fille qui joue dans les rues, qui fait des espiègleries. Un — de Paris.

***GAMINER** [gà-mi-né] *v. intr.*

[ÉTYM. Dérivé de gamin, § 154. || *Néolog.*]

|| Faire le gamin.

***GAMINERIE** [gà-mĭn'-ri ; *en vers*, -mi-ne-ri] *s. f.*

[ÉTYM. Dérivé de gamin, § 69. || *Néolog.*]

|| Espièglerie de gamin.

***GAMMARE** [găm'-măr] *s. m.*

[ÉTYM. Emprunté du lat. gammarus, grec γάμμαρος, écrevisse. || XVIᵉ s. Gammares et escrevices, RAB. I, 39.]

|| (Hist. nat.) Crustacé amphipode, dit crevette des ruisseaux.

***GAMMA-UT** [găm'-mà-ŭt]. *V.* gamme.

GAMME [găm'] *s. f.*

[ÉTYM. Emprunté du grec γάμμα, nom de la lettre Γ employée au moyen âge par GUI D'AREZZO pour désigner la première note de la gamme. On a dit aussi gamma-ut et gamm'ut (TRÉV.). || XIIᵉ s. Par la game chante Musique, *Thèbes*, dans DELB. *Rec.* | XIIIᵉ s. Toz tens revient en gamaüs (var. gameüs), G. DE COINCY, dans GODEF. gamauz 2.]

|| **1°** Série des sept notes de l'échelle musicale, disposées dans leur succession naturelle ascendante ou descendante, par tons et demi-tons dans l'intervalle d'une octave. La — diatonique. La — diatonique majeure, où le premier demi-ton est du 3ᵉ au 4ᵉ degré. — diatonique mineure, où le premier demi-ton est du 2ᵉ au 3ᵉ degré. || *P. ext.* — chromatique, où les notes se succèdent par demi-tons. || Gammes enharmoniques, deux gammes où les degrés qui se correspondent sont en rapport enharmonique. || *Fig.* Chanter à qqn sa —, lui défiler tous les griefs qu'on a contre lui. Je m'en vais le trouver et lui chanter sa —, MOL. *Éc. des m.* II, 7. Être au bout de sa —, avoir tout dit. Changer de —, de ton. Force lui fut qu'elle changeât de —, LA F. *Contes, Mari confess.* 4. *Vieilli.* Crier à haute —, très haut. *P. ext.* Un fou de haute —, un fou achevé. Mettre hors de —, déconcerter. C'est une bizarrerie qui met hors de —, PASC. *Pens.* VII, 14.

|| **2°** *P. anal.* — des couleurs, série de couleurs graduées.

GANACHE [gà-năch'] *s. f.*

[ÉTYM. Emprunté de l'ital. ganascia, *m. s.* qui paraît se rattacher au grec γνάθος, mâchoire, §§ 5 et 12. || 1642. Ganaches de cheval, OUD.]

|| **1°** Mâchoire inférieure du cheval. *P. ext.* Région située au contour de l'os maxillaire inférieur. Écartement de la —, angle que forment les deux os de la ganache. Cheval chargé de —, qui a cette partie épaisse. || *Fig.* Un homme qui a la — pesante, dont la physionomie annonce un esprit lourd. || *P. ext.* Une —, personne incapable. || (Théâtre.) Rôle de barbon imbécile. Jouer les ganaches. || *P. plaisant.* Fauteuil —, grand fauteuil pour personnes âgées.

|| **2°** Proéminence de la lèvre inférieure des insectes.
|| **3°** Cachexie aqueuse dont un des symptômes est un gonflement sous le menton.

˙GANCETTE. *V.* gansette.

˙GANDIN [gan-din] *s. m.*
[ÉTYM. Paraît venir du boulevard de Gand, à Paris, nom porté autrefois par le boulevard actuel des Italiens, § 100 : Ces hommes en corset, ces visages de femmes, Héros du boulevard de Gand, A. BARBIER, *Iambes, Curée.*]
|| *Néolog.* Jeune dandy.

˙GANELONNERIE [găn'-lŏn'-ri ; *en vers*, gà-ne-lò-ne-ri] *s. f.*
[ÉTYM. Dérivé de Ganelon, traître célèbre de nos anciennes chansons de geste, § 69. Le mot est propre à Sév. et paraît être un emprunt au provenç., ganeloun étant encore employé dans le midi de la France comme synonyme de « traître », § 11. || XVIIᵉ s. *V.* à l'article.]
|| *Inusité.* Trahison. Si je doute de la sincérité de votre conduite et de la — de la sienne, SÉV. 262.

GANER [gà-né] *v. intr.*
[ÉTYM. Dérivé de gano, § 154. || 1771. TRÉV. Admis ACAD. 1878.]
|| (Jeu d'hombre.) Inviter son partenaire à laisser la main. || Laisser la main qui est demandée.

GANGLION [gan-gli-yon] *s. m.*
[ÉTYM. Emprunté du lat. ganglion, grec γάγγλιον, *m. s.* || XVIᵉ s. PARÉ, v, 6. Admis ACAD. 1762.]
|| (Anat.) Organe globuleux formé par un nœud de fibres nerveuses ou de vaisseaux lymphatiques. Ganglions nerveux, lymphatiques. || Tumeur globuleuse développée sur le trajet des tendons.

GANGLIONNAIRE [gan-gli-yò-nèr] *adj.*
[ÉTYM. Dérivé de ganglion, § 248. || *Néolog.* Admis ACAD. 1878.]
|| (Anat.) Qui se rapporte aux ganglions. Système —, le système nerveux de la vie organique. || Affection —.

GANGRÈNE [gan-grèn' ; *vieilli* et *pop.* kan-...] *s. f.*
[ÉTYM. Emprunté du lat. gangræna, grec γάγγραινα, pourriture. || XVIᵉ s. PARÉ, x, 11.]
|| (Médec.) Désorganisation putride des tissus animaux. — humide, où la partie gangrenée est engorgée de liquide. — sèche. — sénile, gangrène sèche qui affecte qqf les extrémités chez les vieillards. — des os, nécrose. || *Fig.* Corruption morale. Cette — du monde avait gagné même des ducs, ST-SIM. XI, 422. || *P. anal.* Maladie des arbres.

GANGRENER [gan-gre-né] *v. tr.*
[ÉTYM. Dérivé de gangrène, § 154. || XVIᵉ s. PARÉ, préf.]
|| (Médec.) Affecter de la gangrène. Voilà tout son corps gangrené, BOIL. *Ép.* 3. || *Fig.* Corrompre moralement. Une âme que vous avez gangrenée, FÉN. *Dial. des morts,* 48.

GANGRENEUX, EUSE [gan-gre-neū, -neūz'] *adj.*
[ÉTYM. Dérivé de gangrène, §§ 65 et 116. ACAD. 1762-1835 écrit gangréneux, § 65. || XVIᵉ s. RAB. III, 28.]
|| (Médec.) Qui est de la nature de la gangrène.

GANGUE [găng'] *s. f.*
[ÉTYM. Emprunté de l'allem. gang, chemin, filon de mine, § 7. || 1701. FURET. Admis ACAD. 1762.]
|| (Technol.) Matière étrangère où se trouve engagé un minéral ou une pierre précieuse. || *P. ext.* (Anat.) Substance amorphe enveloppant un élément anatomique.

GANO [gà-nó] *s. m.*
[ÉTYM. Emprunté de l'espagn. gano, je gagne, § 13. || XVIIᵉ s. *V.* à l'article. Admis ACAD. 1762.]
|| (Jeu d'hombre.) Terme par lequel un joueur demande à son partenaire de lui laisser la main. (*Cf.* ganer.) Se plaindre d'un — qu'on n'a point écouté, BOIL. *Sat.* 10.

GANSE [găns'] *s. f.*
[ÉTYM. Emprunté du provenç. mod. ganso, *m. s.* proprt, « boucle d'un lacet, d'une corde, etc. », d'origine incertaine (*cf.* ital. gancio, espagn. gancho, crochet), § 11. || 1611. Gance, ganse, COTGR.]
|| Cordonnet rond qui sert à border, à faire des attaches tenant lieu de boutonnières, etc. || *P. ext.* Cette attache. || *P. ext.* Premier enroulement d'un fil, d'un cordage qu'on noue.

˙GANSER [gan-sé] *v. tr.*
[ÉTYM. Dérivé de ganse, § 154. || *Néolog.*]
|| Border d'une ganse. Une robe gansée.

˙GANSETTE [gan-sĕt'] *s. f.*

[ÉTYM. Dérivé de ganse, § 133. || 1811. Gancette, MOZIN, *Dict. franç.-allem.*]
|| (Technol.) || **1°** Petite maille de certains filets.
|| **2°** Ficelle d'aboutement de la chaîne du tisserand.

GANT [gan] *s. m.*
[ÉTYM. Emprunté de l'anc. haut allem. want, *m. s.* devenu guant, gant, §§ 6, 498 et 499. || XIᵉ s. Livrez m'en ore le guant e le bastun, *Roland,* 247.]
|| Enveloppe de peau ou d'un tissu de fil, de laine, de soie, etc., qui recouvre la paume de la main et chaque doigt séparément, de manière à protéger les mains en les laissant libres. Prendre ses gants (pour sortir). L'autre... Prend fort honnêtement ses gants et son manteau, MOL. *Éc. des f.* I, 1. *Vieilli.* Gants de jasmin, de frangipane, parfumés au jasmin, à la frangipane. || — d'oiseau, pour la main dont on portait le faucon — d'escrime, gant rembourré pour la main dont on tient le fleuret. Jeter le —, jeter à qqn son gant, en signe de défi. Relever le —, le ramasser en signe qu'on accepte le défi. *Fig.* Jeter le —, relever le —, faire, accepter un défi, une provocation. || *Loc. prov.* Cela vous va comme un —, très bien. Être souple comme un —, d'un caractère docile. *Ironiqt.* C'est comme cela qu'on donne les gants au roi, en parlant à qqn qui présente qqch d'une manière peu convenable. || *P. plaisant.* Perdre ses gants, son innocence (en parlant d'une fille). Mainte fille a perdu ses gants, Et femme au partir s'est trouvée, LA F. *Contes, F. du roi de Garbe.* || *Spécialt.* Bonne main. Avoir les gants de qqch, en avoir le profit. (*Cf.* l'espagn. para guantes, pour avoir des gants, pour boire.) J'ai grand regret de n'en avoir les gants, LA F. *Contes, Troqueurs. P. ext.* Se donner les gants de qqch, s'en attribuer le mérite. || *P. anal.* — de Notre-Dame, nom donné à diverses fleurs en forme de doigt de gant (gantelée, ganteline, digitale, ancolie).

GANTELÉE [gant'-lé ; *en vers*, gan-te-lé] *s. f.*
[ÉTYM. Dérivé de gant, §§ 63, 118. || 1545. L'herbe... que les Francoys nomment gantelee, G. GUÉROULT, *Hist. des plantes,* dans DELB. *Rec.* Admis ACAD. 1762.]
|| (Botan.) Campanule en forme de doigt de gant.

GANTELET [gant'-lè ; *en vers*, gan-te-lè] *s. m.*
[ÉTYM. Dérivé de gant, §§ 63, 134. || XIIIᵉ s. Gantelès de baleine, *Ordonn.* dans E. BOILEAU, *Livre des mest.* p. 371, Depping.]
|| Gant, recouvert de lames d'acier, faisant partie de l'armure d'un chevalier. || *P. anal.* Morceau de cuir dont les chapeliers, les cordonniers, les bourreliers, se couvrent la paume de la main. || Bandage de chirurgie couvrant la main et chaque doigt.

˙GANTELINE [gant'-lin' ; *en vers*, gan-te-...] *s. f.*
[ÉTYM. Dérivé de gant, §§ 63 et 100. || 1820. *Dict. des sciences nat.*]
|| (Botan.) Espèce de campanule.

GANTER [gan-té] *v. tr.*
[ÉTYM. Dérivé de gant, § 154. || XVIᵉ s. Main... laquelle estoit gantee, MARG. DE VALOIS, *Heptam.* 57.]
|| Recouvrir d'un gant (la main). Avoir une main gantée et l'autre nue. *P. ext.* — qqn, lui mettre des gants. Une personne bien gantée, et, *absolt,* Des gants qui gantent bien. || *Famil.* — six, sept, mettre des gants dont la pointure est six, sept. || *Fig. Famil.* Cela me gante, c'est juste ce qu'il me faut.

GANTERIE [gant'-ri ; *en vers*, gan-te-ri] *s. f.*
[ÉTYM. Dérivé de gantier, §§ 65 et 68. || XIVᵉ s. En la fourmagerie Assez près de la guanterie, *Mir. de Notre-Dame,* dans DELB. *Rec.* Admis ACAD. 1762.]
|| Commerce, fabrique, magasin de gants.

GANTIER, IÈRE [gan-tyé, -tyèr] *s. m.* et *f.*
[ÉTYM. Dérivé de gant, § 115. || 1292. Gantiers, gantieres, *Rôle de la taille,* dans DELB. *Rec.*]
|| Celui, celle qui fabrique, qui vend des gants.

GARAGE [gà-rāj'] *s. m.*
[ÉTYM. Dérivé de garer, § 78. || 1802. *Ordonn.* dans GOUJON, *Mémorial forestier,* II, 86. Admis ACAD. 1878.]
|| (Technol.) Action de garer. Bassin de — (pour garer les bateaux). Voie de — (pour garer les wagons).

˙GARANÇAGE [gà-ran-sāj'] *s. m.*
[ÉTYM. Dérivé de garancer, § 78. || 1750. Garençage, HELLOT, *Art de teinture,* p. 521.]
|| (Technol.) Action de garancer.

GARANCE [gà-răns'] *s. f.*
[ÉTYM. Origine inconnue. || XIIᵉ s. La teste ot plus ver-

melle que n'est tains de warance, *Alexandre*, dans GODEF. *Compl.*]

|| Plante de la famille des Rubiacées dont la racine séchée et pulvérisée fournit une teinture rouge.|| *P. ext.* Teinture qu'on tire de cette plante. || *P. ext.* Couleur de cette teinture. **Teindre en —.** *P. appos.* Le rouge —. **Un** drap —, rouge garance. **Pantalon —,** celui que porte en France l'infanterie de ligne. :

GARANCER [gà-ran-sé] *v. tr.*

[ÉTYM. Dérivé de garance, § 154. || 1388. **Couleur appelee garancie, dans** DU C. garaneus.]

|| (Technol.) Teindre en garance.

'GARANCEUR [gà-ran-seùr] *s. m.*

[ÉTYM. Dérivé de garance, § 112. || 1671. *Instr. génér. pour la teinture,* dans LITTRÉ.]

|| (Technol.) Ouvrier qui teint en garance.

'GARANCIÈRE [gà-ran-syèr] *s. f.*

[ÉTYM. Dérivé de garance, § 115. || (Au sens **1**°.) 1700. LIGER, *Nouv. Mais. rust.* dans DELB. *Rec.*]

|| **1°** Champ de garance.

|| **2°** Atelier de garançage.

GARANT, ANTE [gà-ran, -rànt'] *s. m.* et *f.*

[ÉTYM. Emprunté de l'anc. haut allem. wĕrento, *m. s.* subst. particip. de wĕren, garantir (allem. moderne gewæhren), devenu *guerent, guarant, garant,* §§ 6, 498 et 499. || XI° s. J'i puis aler, mais n'i avrai guarant, *Roland*, 290.]

|| Personne, chose qui assure qqch à qqn. **Moyens dont ils se rendront les garants,** PASC. *Prov.* 5. Il est mort, et j'en ai pour garants trop certains Son courage et son nom, RAC. *Mithr.* v, 1. **Dieux garants de la foi que Jason m'a donnée,** CORN. *Méd.* I, 4. **La singularité des faits, la nouveauté même des découvertes, ne sont pas de sûrs garants de l'immortalité,** BUFF. *Style.* **Prendre qqn à —,** lui demander d'être garant. **Elle (la fortune) est prise à — de toutes aventures,** LA F. *Fab.* v, 11. || *Adjectivt.* Qui assure qqch à qqn. **S'il n'était pas — de tout ce qu'il m'a dit,** MOL. *Ét.* III, 3. **Vous me rendez — du reste de sa vie,** RAC. *Brit.* I, 2. **Les dieux en sont garants,** VOLT. *Mér.* IV, 5.

GARANTIE [gà-ran-ti] *s. f.*

[ÉTYM. Dérivé de garant, § 68. || XII° s. **Ne guarantie ne socors,** *Énéas*, 1335.]

|| Action de garantir.

|| **1°** Engagement par lequel on assure qqch à qqn. **Vendre un objet avec —. Être breveté sans — du gouvernement. — de droit,** due en vertu de la nature des choses. **— formelle,** qui a lieu en matière réelle, hypothécaire. **Le vendeur est tenu de la — à raison des défauts cachés de la chose vendue,** *Code civil*, art. 1641. **Un emprunt fait sous la — de qqn.** || Appeler qqn en —, le citer pour qu'il tienne l'engagement qu'il a pris. || *P. anal.* **Ils appelaient des lois odieuses en — des actions les plus lâches,** MONTESQ. *Lett. pers.* 145. **Bureau de —,** où l'on contrôle, pour en certifier le titre, les matières d'or, d'argent. || *P. ext.* Ce qui sert de gage. **Donner des garanties à qqn. Prêter sous bonnes garanties.**

|| **2°** Moyen par lequel on assure contre ce qui peut arriver de fâcheux. **Les garanties constitutionnelles,** qui protègent les droits de la nation. **Garanties individuelles,** qui protègent la sécurité de chaque citoyen.

GARANTIR [gà-ran-tir] *v. tr.*

[ÉTYM. Dérivé de garant, § 154. || XI° s. Jo ne vos puis tenser ne guarantir, *Roland*, 1864.]

|| **1°** Assurer (une chose) à qqn sous sa responsabilité. **— une créance. Une montre garantie pour dix ans. Le contrôle garantit le titre des matières d'or et d'argent. Les dieux... Garantiront la foi de mes saintes promesses,** RAC. *Phèd.* v, 1. || *P. ext.* Certifier sous sa responsabilité. **Pour homme de bien je garantis le maître,** MOL. *Tart.* I, 1. **Je la garantis (la pièce) détestable,** ID. *Crit. de l'Éc. des f.* sc. 5.

|| **2°** Assurer (une personne, une chose) contre qq événement fâcheux. **— qqn contre les poursuites. En vain d'un sort si triste on les veut —,** CORN. *Hor.* III, 2. **Ce sang qui tant de fois garantit vos murailles,** ID. *Cid*, II, 8. **Prendre des précautions pour se — du froid. Un vêtement qui garantit bien de la pluie.**

'GARBE [gàrb'] *V. gabarit et galbe.*

GARBURE [gàr-bùr] *s. f.*

[ÉTYM. Emprunté du gascon garburo, *m. s.* qui paraît apparenté à l'espagn. garbias, sorte de ragoût, § 11. || Admis ACAD. 1798.]

|| (Cuisine.) Soupe de pain de seigle, aux choux et au lard.

GARCE [gàrs'] *s. f.*

[ÉTYM. Féminin de gars, § 37. || XIII° s. Si leur soit tost la garce et errant delivree, ADENET, *Berte*, 492.]

|| *Anciennt.* Fille. | *P. ext.* Fille de mauvaise vie.

1. GARCETTE [gàr-sèt'] *s. f.*

[ÉTYM. Dérivé de garce, § 133. || (Au sens **I**.) XIII° s. Simple guarcete, G. DE COINCY, dans GODEF. garcete. | (Au sens **II**.) Admis ACAD. 1835.]

I. *Anciennt.* Petite fille. (*V.* garce.)

II. *Fig.* (Marine.) Petite corde faite de vieux cordages détressés. **Châtier un matelot à coups de —.**

2. 'GARCETTE [gàr-sèt'] *s. f.*

[ÉTYM. Emprunté de l'espagn. garceta, héron (à aigrette) et, p. ext. « bouquet de cheveux », § 13. || XVI°-XVII° s. V. à l'article.]

|| *Anciennt.* Coiffure de femme où les cheveux sont rabattus sur le front. **La Volupté n'avait couverture que ses cheveux qui lui couvraient tout le front, et de là la mode a pris son modèle pour la — de ce temps,** D'AUB. *Fœneste*, IV, 17.

3. 'GARCETTE [gàr-sèt'] *s. f.*

[ÉTYM. Emprunté de l'ital. garzetta, diminutif de garza, chardon, carde, § 12. || *Néolog.*]

|| (Technol.) Petite pince pour épincer le drap.

GARÇON [gàr-son] *s. m.*

[ÉTYM. Origine inconnue ; le mot se retrouve dans l'ital. garzone, l'espagn. garzon, etc. (*Cf.* gars.) || XI° s. Que n'i adeist esquiers ne garçun, *Roland*, 2437.]

I. || **1°** Enfant du sexe masculin. **Elle a eu deux filles et un —. Un petit —.** *Fig.* **Être traité par qqn en petit —. Être pétit — auprès de qqn,** sur un pied d'infériorité. **Un grand —.** || *P. ext.* Jeune homme. **Un beau —.** *Fig. Ironiqt.* **Vous êtes un joli —. Un bon, un brave —. Enfonce ton bonnet en méchant —,** MOL. *Scap.* I, 5.

|| **2°** Personne du sexe masculin non mariée. **Rester —. Un vieux —. Dire adieu à la vie de —,** se marier. **Un logement de —.** (*Syn.* garçonnière.) **Un déjeuner de garçons,** d'hommes non mariés, ou d'hommes sans leurs femmes. || **— d'honneur,** chargé, dans un mariage, d'aller chercher les invités en voiture, d'assister les mariés pendant la cérémonie, etc.

II. Jeune ouvrier travaillant pour le compte de son maître. **— tailleur. — serrurier.** || *P. ext.* Employé subalterne. **Un — de bain. Un — de café. Un — de bureau.**

'GARÇONNER [gàr-sò-né] *v. intr.*

[ÉTYM. Dérivé de garçon, § 154. || XIII° s. Il n'a... Garçon qui ne l'ait garçonee, *Renart*, VII, 485.]

|| *Famil.* Jouer avec les garçons, en parlant d'une fille.

'GARÇONNET [gàr-sò-nè] *s. m.*

[ÉTYM. Dérivé de garçon, § 133. || XIII° s. Un garsonnet apelé, *Renart*, IX, 748.]

|| Petit garçon. **Vêtements pour enfants et garçonnets.**

GARÇONNIÈRE [gàr-sò-nyèr] *adj.* et *s. f.*

[ÉTYM. Dérivé de garçon, § 115. || XII° s. A toute gent communax garsoniere, *Raoul de Cambrai*, 1331.]

I. *Adj. fém.* Qui aime à jouer avec les garçons. || *Substantivt.* **Cette fille est une —.**

II. *Famil. Néolog. S. f.* Logement de garçon.

1. GARDE [gàrd'] *s. f.*

[ÉTYM. Subst. verbal de garder, § 52. || XI° s. Malvais t'ai fait soz mon degret guarde, *St Alexis*, 393.]

I. Action de garder.

|| **1°** Action de veiller à ce qu'une personne, une chose ne parte pas, ne se perde pas, n'éprouve pas de dommage. **Être mis sous bonne —. Un enfant que Dieu même à ma — confie,** RAC. *Ath.* v, 2. **Et je viens vous chercher pour vous prendre en ma —,** CORN. *Nicom.* v, 6. **Les soldats chargés de la — du souverain.** *Fig.* **L'amour de ses sujets est une sûre —,** ROTROU, *Antig.* II, 4. || **La — de deux filles est une charge un peu trop pesante pour un homme de mon âge,** MOL. *Préc. rid.* sc. 4. **Avoir la — d'un enfant.** | *Spécialt.* (Féodal.) **—** noble, bourgeoise (ACAD. écrit garde-noble, garde-bourgeoise) jouissance par le survivant de deux époux de condition noble, bourgeoise, du bien des enfants jusqu'à l'âge fixé par la loi, à charge de les entretenir et de les élever. **Ce que nos coutumes appellent la — noble, laquelle est fondée sur d'autres principes que ceux de la tutelle,** MONTESQ. *Espr. des lois,* XXXI, 33. | **Avoir la — d'un malade. L'interne de —,** qui est de garde dans un hôpital. **La — d'une maison. Un chien

de —. Avoir la — d'un poste. Faites doubler la — aux murs, CORN. *Cid*, II, 6. Monter la —, se rendre au poste pour le garder, et, *p. ext.* être de garde. Descendre la —, revenir après avoir été de garde, et, *fig. trivial*, mourir. || Un corps de —, un corps de soldats chargés de la garde d'un poste, et, *p. ext.* le bâtiment où ils se tiennent. Mettre qqn au corps de —, l'y enfermer sous les verrous. Ces princesses fumaient avec des pipes qu'elles avaient envoyé chercher au corps de — suisse, ST-SIM. I, 286. || Prendre en — des tapis, des fourrures. *P. ext.* Les gardes, les fourrures prises en garde. Des fruits de —, qui se gardent sans se gâter.

|| **2º** (Escrime.) Action d'éviter un coup. Être en —, se mettre en —. En —, Monsieur! MOL. *B. gent.* II, 3. Tenir la — haute, basse. || *Fig.* Se mettre en — contre qqn, contre qqch, se tenir sur ses gardes, veiller à ne pas se laisser surprendre. *P. plaisant. Fig.* Ils (vos yeux) se mettent sur leur — meurtrière, MOL. *Préc. rid.* sc. 9. Être hors de —, hors d'état de se défendre ou d'attaquer. Léandre pour nous nuire est hors de — enfin, MOL. *Ét.* III, 4. Se donner —, prendre —, et, *vieilli*, Se donner de —, faire attention à ne pas se laisser surprendre. Donnez-vous de — des faux Christs et des faux prophètes, BOSS. *Hist. univ.* II, 22. Prenez — à vous, et, *ellipt*, — à vous! commandement aux soldats de se tenir immobiles, prêts à exécuter un commandement. || *P. ext.* Prendre — à qqn, à qqch, faire attention à qqn, à qqch. Je n'aurais pas pris — à elle, MARIV. *Pays. parv.* 3. *Avec à, de et un infin.* Prenez bien — au moins à ne lui point parler du diamant, MOL. *B. gent.* III, 16. Prenez — de tomber. || N'avoir — de faire qqch, ne pas y songer, en être éloigné. Il n'a — d'aller avouer cela, MOL. *Scap.* I, 4. Cette pièce... n'a — d'être dans les règles, CORN. *Mél.* Exam.

II. Ce qui sert à garder.

|| **1º** Personnes qui gardent. | **1.** Ceux qui montent la garde dans un poste. La — montante, descendante, qui va prendre, qui quitte le service. Relever la —, remplacer ceux qui ont fait leur temps de faction. *Spécialt.* La —, soldats ou agents de police placés dans un lieu de la ville, pour la sûreté publique. Appeler la —. | *P. ext.* Patrouille. La — passe. | **2.** Grand —, petit corps de troupe placé en avant d'un campement pour prévenir une surprise. — avancée, dite autrefois — folle, placée, pour plus de sûreté, en avant de la grand garde. | **3.** Soldats chargés plus particulièrement du service auprès d'un souverain. La — qui veille aux barrières du Louvre, MALH. *Poés.* 11. Les archers de la —. La — française, chargée de garder les avenues des lieux où le roi était logé. *Ellipt.* Un — française (un soldat de la garde française), et, *au plur. abusivt*, Des gardes françaises. La — royale, impériale, et, *ellipt*, La —. Les cuirassiers de la — (sous Napoléon). La vieille —, composée des plus anciens soldats. La jeune —. | **4.** — nationale, milice composée des citoyens armés pour le maintien de l'ordre. — nationale mobile, troupe levée dans certaines circonstances pour seconder la troupe de ligne. — municipale (dite plus tard — républicaine, — de Paris), sorte de gendarmerie créée pour le service de Paris. | **5.** — d'honneur, troupe chargée du service de l'escorte, de la garde d'un personnage auquel on rend les honneurs militaires.

|| **2º** Choses qui gardent. Les gardes d'un livre, feuillets blancs placés entre les pages du livre et la couverture. || La — d'une épée, d'un poignard, partie qui sert à couvrir la main. Il lui enfonça son épée dans le sein jusqu'à la —. || Les gardes d'une serrure, pointes de fer destinées à entrer dans le panneton de la clef, pour qu'une autre clef ne puisse tourner dans la serrure. || (T. de jeu.) Avoir une — à carreau, à trèfle, etc., une carte basse de carreau, de trèfle, etc., qui en protège une de valeur. || *Fig.* Elle mit une — de prudence sur ses lèvres, FLÉCH. *Aiguillon.*

2. GARDE [gàrd'] *s. m. et f.*

[ÉTYM. Tiré de garde 1, § 37. || XIIᵉ s. Sonious gardes de sa povreteit, *Dial. Gregoire*, p. 133.]

|| Celui, celle qui a la garde de qqn, de qqch.

|| **1º** *S. m.* Soldat de la garde d'un souverain. Ses gardes affligés imitaient son silence, autour de lui rangés, RAC. *Phèd.* V, 6. || — royal, — municipal, — national, soldat de la garde royale, municipale, nationale. || Gardes nobles, chargés de la garde de la personne du pape. || Gardes du corps, cavaliers de maison noble chargés de garder la personne du roi. || — champêtre, agent préposé à la garde des propriétés rurales. || — forestier, agent préposé à la conservation des forêts de l'État. || — du commerce, agent

chargé de mettre à exécution les contraintes par corps. || Les gardes de la marine, et, *ellipt*, Les gardes-marine, officiers de marine (créés par Colbert) remplacés aujourd'hui par les aspirants. || — des sceaux, le ministre de la justice, auquel sont confiés les sceaux de l'État. (*Cf.* garde-scel.)

|| **2º** *S. f.* Une —, femme qui garde les malades. (*Cf.* garde-malade.) M. de Savoie la servit durant cette maladie comme aurait fait une —, ST-SIM. II, 357.

GARDE-BARRIÈRE [gàr-de-bá-ryěr] *s. m.*

[ÉTYM. Composé de garde (du verbe garder) et barrière, § 209. || *Néolog.* Admis ACAD. 1878.]

|| Employé chargé de garder une barrière (pour percevoir l'octroi, interdire l'accès d'une voie ferrée, etc.).

GARDE-BOIS [gàr-de-bwà] *s. m.*

[ÉTYM. Composé de garde (du verbe garder) et bois, § 209. || 1617. *Thresor des trois langues*, dans DELB. *Rec.* Admis ACAD. 1694.]

|| Agent chargé de garder les bois d'un domaine.

GARDE-BOURGEOISE [gàrd'-bour-jwàz']. *V.* garde 1.

GARDE-BOUTIQUE [gar-de-bou-tĭk'] *s. m.*

[ÉTYM. Composé de garde (du verbe garder) et boutique, § 209. || 1642. OUD. Admis ACAD. 1718.]

|| **1º** *Vieilli.* Objet que le marchand garde parce qu'il n'est pas de vente. (*Syn.* garde-magasin.) || *P. ext. Fig.* Un fidèle miroir est un —, DUFRESNY, *Poésies, Étr. de Mercure.* || **2º** Nom donné au martin-pêcheur, oiseau dit aussi drapier, parce que sa dépouille passe pour éloigner les teignes, les mites.

GARDE-CANAL [gàr-de-kà-nàl] *s. m.*

[ÉTYM. Composé de garde (du verbe garder) et canal, § 209. || *Néolog.*]

|| Agent chargé de surveiller un canal.

GARDE-CENDRE [gàr-de-sǎndr'] *s. m.*

[ÉTYM. Composé de garde (du verbe garder) et cendre, § 209. || *Néolog.*]

|| Galerie placée en avant du foyer d'une cheminée, pour retenir la cendre, les charbons. (*Cf.* garde-feu.)

GARDE-CHASSE [gàr-de-chàs'] *s. m.*

[ÉTYM. Composé de garde (du verbe garder) et chasse, § 209. || 1690. FURET. Admis ACAD. 1694.]

|| Agent chargé de garder une chasse réservée.

GARDE-CHIOURME [gàr-de-chyourm'] *s. m.*

[ÉTYM. Composé de garde (du verbe garder) et chiourme, § 209. || *Néolog.*]

|| Surveillant de la chiourme, des galériens.

GARDE-CORPS [gàr-de-kòr] *s. m.*

[ÉTYM. Composé de garde (du verbe garder) et corps, § 209. Désigne une sorte de vêtement en anc. franç. || (Au sens actuel.) 1690. FURET. Admis ACAD. 1835.]

|| (Marine.) Balustrade qui garnit le bord d'un navire. (*Cf.* garde-fou.) || Faux —, cordage fixé à la tête du beaupré pour diriger ce mât quand on le met en place.

GARDE-CÔTE [gàr-de-kòt'] *s. m.*

[ÉTYM. Composé de garde (du verbe garder) et côte, § 209. || 1617. Vaisseaux de guerre garde costes, *Mercure franç.* dans DELB. *Rec.* Admis ACAD. 1762.]

|| **1º** Vaisseau chargé de garder les côtes.

|| **2º** Soldat chargé de la surveillance, de la garde des côtes. Valets à qui Pontchartrain donnait les emplois de garde-côtes, ST-SIM. XII, 285.

GARDE-CROTTE [gàr-de-krŏt'] *s. m.*

[ÉTYM. Composé de garde (du verbe garder) et crotte, § 209. || *Néolog.*]

|| (Technol.) Bande de cuir fixée au-dessus des roues pour garantir de la crotte, de la boue, ceux qui sont dans une voiture.

GARDE-ÉTALON [gàr-dé-tà-lon] *s. m.*

[ÉTYM. Composé de garde (du verbe garder) et étalon, § 209. || 1700. LIGER, *Nouv. Mais. rust.* dans DELB. *Rec.* Admis ACAD. 1798.]

|| Agent chargé de garder les étalons dans les haras.

GARDE-FEU [gàr-de-feü] *s. m.*

[ÉTYM. Composé de garde (du verbe garder) et feu 1, § 209. || 1680. RICHEL. Admis ACAD. 1740.]

|| Grille, toile métallique qu'on met devant une cheminée ou foyer, pour préserver du feu. (*Cf.* garde-cendre.)

GARDE-FOU [gàr-de-fou] *s. m.*

[ÉTYM. Composé de garde (du verbe garder) et fou 2, § 209. || 1611. COTGR.]

|| Balustrade, parapet dont on garnit le bord d'un fossé,

d'un pont, etc., pour empêcher qu'on ne tombe. (*Cf.* garde-corps.)

***GARDE-FRAISIL** [gàr-de-frè-zi] *s. m.*
[ÉTYM. Composé de **garde** (du verbe **garder**) et **fraisil**, § 209. || *Néolog.*]
|| (Technol.) Plaque de fer qui entoure l'âtre d'une forge et retient le fraisil.

GARDE-MAGASIN [gàr-de-mà-gà-zin] *s. m.*
[ÉTYM. Composé de **garde** (du verbe **garder**) et **magasin**, § 209. || 1690. FURET. Admis ACAD. 1762.]
|| **1°** Employé chargé de garder un magasin.
|| **2°** *P. ext. Vieilli.* Objet que le marchand garde, parce qu'il n'est pas de vente. (*Syn.* garde-boutique.)

***GARDE-MAIN** [gàr-de-min] *s. m.*
[ÉTYM. Composé de **garde** (du verbe **garder**) et **main**, § 209. || *Néolog.*]
|| Papier qu'on met sous sa main en écrivant, en dessinant, en brodant, etc., pour ne pas ternir l'ouvrage auquel on travaille. (*Cf.* sous-main.)

GARDE-MALADE [gàr-de-mà-làd'] *s. m. et f.*
[ÉTYM. Composé de **garde** (du verbe **garder**) et **malade**, § 209. || Admis ACAD. 1835.]
|| Celui, celle qui garde les malades.

GARDE-MANCHE [gàr-de-mănch'] *s. m.*
[ÉTYM. Composé de **garde** (du verbe **garder**) et **manche**, § 209. || 1642. **Garde-manches**, OUD. Admis ACAD. 1835.]
|| Fausse manche qu'on met par-dessus les manches du vêtement pour les préserver pendant qu'on travaille.

GARDE-MANGER [gàr-de-man-jé] *s. m.*
[ÉTYM. Composé de **garde** (du verbe **garder**) et **manger** (subst.), § 209. || 1285. Li gardemengiers fera la paie, dans GODEF. gardemangier. | 1397. Un estuy... pour mettre un gardemengier, dans LABORDE, *Émaux*, p. 327.]
|| Lieu où l'on conserve les aliments. || *Spécialt.* Petite armoire formée de châssis tendus de toile métallique, laissant passer l'air, et où l'on conserve les aliments. Des —.

GARDE-MARINE [gàr-de-mà-rin']. *V.* garde 2.

GARDE-MARTEAU [gàr-de-màr-tó] *s. m.*
[ÉTYM. Composé de **garde** (du verbe **garder**) et **marteau**, § 209. || 1669. *Ordonn.* dans ISAMBERT, *Rec. gén. des anc. lois franç.* XVIII, 257. Admis ACAD. 1718.]
|| *Anciennt.* Officier de la maîtrise des eaux et forêts, dépositaire du marteau avec lequel on marquait les arbres destinés à être coupés.

GARDE-MEUBLE [gàr-de-meubl'] *s. m.*
[ÉTYM. Composé de **garde** (du verbe **garder**) et **meuble**, § 209. || 1680. RICHEL.]
|| **1°** Bâtiment où l'on garde des meubles. *Spécialt.* — de la couronne, — national, où l'on garde les meubles du souverain, de l'État.
|| **2°** Officier chargé de la garde des meubles de la couronne.

***GARDE-MINE** [gàr-de-min'] *s. m.*
[ÉTYM. Composé de **garde** (du verbe **garder**) et **mine**, § 209. || *Néolog.*]
|| Agent, dit autrefois **conducteur des mines**, servant d'auxiliaire aux ingénieurs.

***GARDÉNIA** [gàr-dé-nyà] *s. m.*
[ÉTYM. Emprunté du lat. des naturalistes **gardenia**, *m. s.* nom donné par LINNÉ à cette plante en l'honneur du botaniste écossais **Garden** (1728-1792). On trouve qqf **gardène** (ENCYCL. MÉTH. 1786). || 1777. ENCYCL. *Suppl.*]
|| (Botan.) Arbrisseau de la famille des Rubiacées.

GARDE-NOBLE [gàr-de-nôbl']. *V.* garde 1 et 2.

GARDE-NOTE et mieux ***GARDE-NOTES** [gàr-de-nôt'] *s. m.*
[ÉTYM. Composé de **garde** (du verbe **garder**) et **note**, § 209. || 1611. **Notaires et gardenotes du roy**, dans DELB. *Rec.*]
|| *Vieilli.* Celui qui a la garde des minutes des contrats, des rôles, des pièces de procès. Notaire, conseiller —.

GARDE-PÊCHE [gàr-de-pêch'] *s. m.*
[ÉTYM. Composé de **garde** (du verbe **garder**) et **pêche**, § 209. || Admis ACAD. 1762.]
|| Agent chargé de la police des rivières, des fleuves.

***GARDE-PLATINE** [gàr-de-plà-tin'] *s. m.*
[ÉTYM. Composé de **garde** (du verbe **garder**) et **platine**, § 209. || 1751. ENCYCL. bas.]
|| (Technol.) Pièce de métier à bas qui garantit les platines du contact de la presse. || Morceau de cuir ou d'étoffe qui sert à garantir la platine d'un fusil.

***GARDE-PORT** [gàr-de-pòr] *s. m.*
[ÉTYM. Composé de **garde** (du verbe **garder**) et **port**, § 209. || *Néolog.*]
|| Agent chargé de recevoir et de placer les marchandises déposées par bateau dans le port d'une rivière.

GARDER [gàr-dé] *v. intr., tr.* et *pron.*
[ÉTYM. Emprunté du german. **wardon** (allem. moderne **warten**), veiller, être sur ses gardes, devenu **guarder, garder**, §§ 6, 498 et 499. || XI° s. Sit guarder al por amor Alexis, *St Alexis*, 152.]
I. *V. intr.* Éviter que qqch ait lieu. Garde bien qu'on te vole, CORN. *Cid*, III, 4. Gardez qu'avant le coup votre dessein n'éclate, RAC. *Andr.* III, 1. Gardons d'être surpris, MOL. *Pourc.* I, 1. || *P. ext.* Veiller à éviter de faire qqch. A ces honteux moyens gardez de recourir, CORN. *Rodog.* III, 2. Et gardez de rien dire, MOL. *Éc. des f.* V, 1.
II. *V. pron.* Se — de. | **1.** Éviter de faire qqch. Gardez-vous, leur dit-il, de vendre l'héritage, LA F. *Fab.* V, 9. Gardez-vous de la quitter des yeux, MOL. *Éc. des f.* V, 5. | **2.** Veiller à se préserver de qqch, de qqn. De ses fureurs songer à vous —, RAC. *Mithr.* IV, 2.
III. *V. tr.* Préserver de qqch. Des roses que sa main gardera de vieillir, RAC. *Poés.* 3. Ce qui est nécessaire pour nous — de toute injure, PASC. *Prov.* 14. || *Absolt.* Que Dieu vous garde, et, *vieilli*, Dieu vous gard (veille à vous préserver de tout mal). Dieu vous gard, mon frère! MOL. *F. sav.* II, 2. Dieu te gard, Nicodème, HAUTEROCHE, *Deuil*, sc. 16. Grand Dieu, gardez donc son innocence, MASS. *Tentat. des grands*, 3. || *Absolt.* Préserver (qqn, qqch). — un dépôt, des enjeux. Le bâtiment où sont gardées les archives. Donner des fourrures à —. Du vin, des fruits qui ne se gardent pas. Être chargé de — la maison. — les bois, la chasse. — les troupeaux. *Loc. prov. Trivial.* Nous n'avons pas gardé les cochons ensemble (pour reprocher à qqn une familiarité choquante). — les manteaux, les cannes, les parapluies. — les balles (au jeu de paume). *Fig.* — les manteaux, les balles, et, *vieilli*, — le mulet, attendre à la porte pendant que qqn se divertit. Et moi, durant ce temps, je garderai les balles, CORN. *Place Royale*, II, 7. *P. ext.* En donner à — à qqn, lui en faire accroire. Ne m'en donnes-tu point à — ? MOL. *B. gent.* III, 10. || — un malade. || Les soldats chargés de — la personne du souverain. || — les remparts, — un poste, — les côtes. | (Jeu de cartes.) Se — à carreau, à trèfle, etc., préserver une grosse carte de carreau, de trèfle, etc., à l'aide d'une petite. *Fig. Famil.* Se — à carreau, prendre ses précautions. || *P. ext.* Empêcher de partir. — un prisonnier. Il est gardé à vue. Il suffira de trois à me —, CORN. *Poly.* IV, 1. — qqn à dîner. — longtemps un fournisseur, un serviteur, un employé. — un objet en gage. — de l'eau dans la bouche. — la minute d'un acte. — copie d'une lettre. Il garde pour lui les meilleurs morceaux. || Ne pas quitter. — son chapeau sur sa tête. — son manteau, ses gants. || *Fig.* — son innocence. — ses illusions. — sa fraîcheur. — son rang. — le souvenir de qqn, de qqch. — un secret. Qu'il te souvienne De — ta parole, CORN. *Cinna*, V, 1. Crains Dieu et garde ses commandements, BOSS. *D. d'Orl.* || — rancune à qqn. — une dent contre qqn, lui garder rancune. *Ellipt.* J'en parlai au comte de Toulouse, qui abhorrait Pontchartrain et qui la lui gardait bonne, ST-SIM. XII, 285. — le silence. || *P. ext.* Réserver. On lui a gardé son dîner. — une poire pour la soif, et, *fig.* réserver qqch pour les circonstances qui pourraient se présenter. Il a vu quel accueil lu gardait ma colère, CORN. *Hor.* V, 3. C'est le prix que vous gardait l'ingrate, RAC. *Andr.* II, 5. || Ne pas quitter (un lieu). — la chambre. — le lit. *P. anal.* — les rangs. — les arrêts.

***GARDERIE** [gàrd'-ri ; *en vers*, gàr-de-ri] *s. f.*
[ÉTYM. Dérivé de **garder**, § 69. || XVI° s. Salles, chambres et garderies, VIGENÈRE, dans DELB. *Rec.*]
|| Asile où l'on garde les enfants en bas âge pendant que la mère va travailler. (*Cf.* crèche.)

***GARDE-RIVIÈRE** [gàrd'-ri-vyèr ; *en vers*, gàr-de-...] *s. m.*
[ÉTYM. Composé de **garde** (du verbe **garder**) et **rivière**, § 209. || *Néolog.*]
|| Agent chargé de la police d'une rivière.

1. GARDE-ROBE [gàrd'-ròb' ; *en vers*, gàr-de-...] *s. f.*
[ÉTYM. Composé de **garde** (du verbe **garder**) et **robe**, § 209. || Sur le genre, *V.* § 211. || XIII° s. Cil fet prendre toute sa robe Et mettre en une garderobe, dans MONTAIGLON et RAYNAUD, *Rec. de fabliaux*, I, 247.]
|| **I.** Chambre, armoire où l'on serre les robes, les ha-

bits. ANDRÉE : Est-ce, Madame, qu'à la cour une armoire s'appelle une — ? — LA COMTESSE : Oui, butorde, on appelle ainsi le lieu où l'on met les habits, MOL. *Escarb.* sc. 2. || *P. ext.* Les robes, les habits d'une personne. Avoir une — riche. Officier, valet de la —, préposé à la garde des vêtements du roi. || *P. anal.* Plante odorante qui garantit les vêtements des mites. (*Cf.* garde-boutique.)

II. Cette même chambre où l'on mettait une chaise percée. Il demanda ma — et y monta en grande hâte, ST-SIM. I, 151. || *P. ext.* | **1.** Cabinet d'aisances. Aller à la —. | **2.** Évacuation. Il a eu plusieurs garde-robes abondantes.

2. GARDE-ROBE [gàrd'-ròb'; *en vers*, gàr-de-...] *s. m.*
[ÉTYM. Composé de garde (du verbe garder) et robe, § 209. || XVIᵉ s. Garderobes et tabliers, J. DE MONTLYARD, dans DELB. *Rec.* Admis ACAD. 1798.]
|| *Vieilli.* Tablier à manches. Un — gras, RÉGNIER, *Sat.* 11.

GARDE-RÔLE [gàrd'-rôl; *en vers*, gàr-de-...] *s. m.*
[ÉTYM. Composé de garde (du verbe garder) et rôle, § 209. || 1690. Garde-rolle, FURET.]
|| *Ancienn.* Officier de la chancellerie chargé de garder les rôles des oppositions faites à la résignation des offices.

GARDE-SACS [gàr-de-sàk] *s. m.*
[ÉTYM. Composé de garde (du verbe garder) et sac, § 209. || 1690. FURET. Admis ACAD. 1798.]
|| *Ancienn.* Celui qui avait la garde des sacs contenant les pièces des procès. Greffier —.

GARDE-SCEL [gàr-de-sèl] *s. m.*
[ÉTYM. Composé de garde (du verbe garder) et scel, ancienne forme de sceau, § 209. || 1637. *Mercure franç.* dans DELB. *Rec.* Admis ACAD. 1878.]
|| *Ancienn.* Officier chargé de sceller les expéditions des actes de chancellerie.

*GARDE-SCELLÉS** [gàr-de-sè-lé] *s. m.*
[ÉTYM. Composé de garde (du verbe garder) et scellé, § 209. || *Néolog.*]
|| Celui à qui est confiée la garde des scellés.

GARDEUR, EUSE [gàr-deùr, -deùz] *s. m. et f.*
[ÉTYM. Dérivé de garder, § 112. || XIIᵉ s. Teus gardeors Que il conut a des meillors, BENEEIT, *Ducs de Norm.* 34795.]
|| Celui, celle qui garde (qqch). || *Spécialt.* | **1.** Celui, celle qui garde des animaux. Un — de troupeaux. Une gardeuse de dindons. | **2.** Aux halles de Paris, employé préposé à la garde, au chargement des voitures, qui perçoit le droit de stationnement sur les voitures, marchandises, etc.

GARDE-VAISSELLE [gàr-de-vè-sèl] *s. m.*
[ÉTYM. Composé de garde (du verbe garder) et vaisselle, § 209. || XVIᵉ s. Escuyer de cuisine et gardevaisselle, LOUIS GUYON, dans DELB. *Rec.*]
|| Officier qui a la garde de la vaisselle (d'un prince).

GARDE-VENTE [gàr-de-vànt] *s. m.*
[ÉTYM. Composé de garde (du verbe garder) et vente, § 209. || 1669. *Ordonn.* dans ISAMBERT, *Rec. gén. des anc. lois franç.* XVIII, 238. Admis ACAD. 1835.]
|| Celui qui est chargé de l'exploitation des coupes de bois, pour l'adjudicataire. Chaque adjudicataire sera tenu d'avoir un facteur ou — assermenté, *Code forestier*, art. 31.

GARDE-VUE [gàr-de-vu] *s. m.*
[ÉTYM. Composé de garde (du verbe garder) et vue, § 209. || 1788. SALMON, *Art du potier d'étain*, p. 131. Admis ACAD. 1878.]
|| Visière pour garantir de la lumière. || Sorte d'abat-jour.

GARDIEN, IENNE [gàr-dyin, -dyèn] *s. m. et f.*
[ÉTYM. Anc. franç. gardenc, dérivé de garde, § 142, devenu gardien par substitution de suffixe, §§ 62 et 97. || XIIᵉ s. Et tot entor mist ses guardens Ki veillassent la nuit toz tens, *Énéas*, 4893. || XIVᵉ s. Se li gardien A ce tuit assentoient bien, GUILL. DE MACHAULT, p. 30.]
|| Celui, celle qui a la garde, la surveillance intérieure d'un bâtiment, d'un lieu public, etc. Les gardiens d'un musée. | — des scellés. | *Fig.* — de la paix, agent de police. || *Spécialt.* Supérieur de certains couvents, grand maître de l'ordre de la Jarretière, etc. || *P. appos.* (Théol.) Ange —, qui veille sur chaque homme de sa naissance à sa mort.

GARDON [gàr-don] *s. m.*
[ÉTYM. Origine inconnue. || XIIIᵉ s. Cil qui mangue les gardons, G. DE COINCY, dans GODEF. *Compl.*]
|| (Hist. nat.) Petit poisson d'eau douce dont la chair est estimée. *Loc. prov. Vieilli.* Frais comme un —.

1. GARE [gàr] *interj.*
[ÉTYM. Tiré de l'impératif de garer, § 50. || XVIᵉ s. Guare, voy le ci! RAB. IV, 33.]
|| *Famil.* Avertissement d'avoir à se garer. — qu'aux carrefours on ne vous tympanise, MOL. *Éc. des f.* I, 1. — la cage ou le chaudron! LA F. *Fab.* I, 8. Un cocher qui pousse ses chevaux sans crier —. *Fig.* Sans leur dire — elle (la mort) abat les humains, MOL. *Ét.* II, 3.

2. GARE [gàr] *s. f.*
[ÉTYM. Subst. verbal de garer, § 52. || 1690. FURET. Admis ACAD. 1762.]
|| **1°** Bassin naturel ou artificiel qui sert de port dans les rivières. (*Cf.* garage.)
|| **2°** *P. ext.* Emplacement ménagé sur un chemin de fer pour charger et décharger les marchandises ; pour abriter un convoi pendant qu'un autre convoi passe ; pour embarquer et débarquer les voyageurs. — militaire, pourvue d'un grand nombre de quais, pour servir en cas de guerre ou de mobilisation. Un chef de —.

GARENNE [gà-rèn; *ancienn*, -ràn'] *s. f.*
[ÉTYM. Du bas lat. warenna, *m. s.* dérivé du même radical german. que guérir, §§ 6, 99, 498 et 499. || XIIIᵉ s. Tant chevauche bois et garanne Qu'en la cit vint de Theroane, *Renart*, X, 283.]
|| **1°** *Vieilli.* Lieu de réserve pour la pêche, la chasse. || *P. anal.* — à poisson, réservoir pour le poisson dans les étangs. || *P. ext.* Tabacs en —, en entrepôts.
|| **2°** *Spécialt.* Lieu entouré de murs, de fossés ou de treillages, et peuplé de lapins. || *P. ext.* Bois, bruyère, où le lapin abonde. Un lapin de —.

GARENNIER [gà-rè-nyé; *ancienn*, -rà-...] *s. m.*
[ÉTYM. Dérivé de garenne, § 115. || XIIᵉ-XIIIᵉ s. Des forestiers et de warenniers, *Charte de Jean sans Terre*, dans GODEF. garenier.]
|| Celui qui garde une garenne.

GARER [gà-ré] *v. tr.*
[ÉTYM. Autre forme de guérir (anciennement garir), qui paraît être un infinitif refait par erreur d'après le futur garrai, contraction de garirai, § 627. || 1564. Garrer un bateau, J. THIERRY, *Dict. franç.-lat.*]
|| **1°** Mettre hors de l'atteinte de qqch. Se —, — qqn des voitures. L'abbé voulait tuer Arnaud, qui s'en gara bien, ST-SIM. I, 58.
|| **2°** *Spécialt.* Mettre (un bateau) à l'abri dans un bassin. || Mettre (un convoi) à l'abri dans un emplacement ménagé sur la voie ferrée.

*GARGAMELLE** [gàr-gà-mòl] *s. f.*
[ÉTYM. Emprunté du provenç. gargamela, *m. s.* mot de formation obscure, mais dont le premier élément se retrouve dans l'anc. franç. gargate (*V.* gargoter), § 11. || 1468. La gargamele ou gosier, dans DU C. gargalio.]
|| *Pop.* Gosier. Je vais me rafraîchir un peu la —, HAUTEROCHE, *l'Amant qui ne flatte point*, IV, 9.

GARGARISER [gàr-gà-ri-zé] *v. tr.*
[ÉTYM. Emprunté du lat. gargarizare, grec γαργαρίζειν, *m. s.* || XIVᵉ s. Gargarizier, *Somme* Mᵉ Gautier, mss franç. Bibl. nat. 1288, fᵒ 49, vᵒ.]
|| Humecter (l'entrée de la gorge) avec un liquide qu'on y laisse séjourner un moment, en l'agitant par un mouvement d'aspiration. Se — la gorge, et, *ellipt*, Se —.

GARGARISME [gàr-gà-rîsm] *s. m.*
[ÉTYM. Emprunté du lat. gargarisma, grec γαργάρισμα, *m. s.* || XIIIᵉ s. *Livre de fisique*, dans GODEF. *Compl.*]
|| Liquide préparé pour gargariser la gorge.

GARGOTAGE [gàr-gò-tàj'] *s. m.*
[ÉTYM. Dérivé de gargoter, §§ 69 et 78. || 1642. Gargotterie, OUD. | 1690. Gargottage, FURET. ACAD. admet gargotage en 1718.]
|| Cuisine semblable à celle qu'on fait dans une gargote.

GARGOTE [gàr-gòt'] *s. f.*
[ÉTYM. Subst. verbal de gargoter, au sens I, § 52. || 1680. RICHEL.]
|| Restaurant de bas étage.

GARGOTER [gàr-gò-té] *v. intr.*
[ÉTYM. Pour gargater, dérivé de l'anc. franç. gargate, gosier, §§ 62, 154 et 167. (*Cf.* gargamelle.) Le sens **II** a été tiré après coup de gargote, § 154. || XIVᵉ s. En garguetant dedens leur gueule, GAST. PHÉBUS, *Chasse*, dans GODEF. garqueter.]

I. *Vieilli et dialect.* Faire du bruit en bouillonnant.

Pourvu que nous ayons de quoi faire — la marmite, *Caquets de l'accouchée*, 7. || *P. anal.* Boire, manger malproprement.

II. Fréquenter les gargotes.

***GARGOTERIE** [gàr-gŏt'-ri ; *en vers*, -gŏ-te-ri] *s. f.*
[ÉTYM. Dérivé de gargotier, §§ 65 et 68. || XVIIᵉ s. *V.* à l'article.]
|| *Vieilli.* Gargote. **Dans les collèges et dans les gargoteries,** FURET. *Rom. bourg.* II, 110.

GARGOTIER, IÈRE [gàr-gò-tyé, -tyèr] *s. m.* et *f.*
[ÉTYM. Dérivé de gargote, § 115. || 1642. OUD.]
|| Celui, celle qui tient une gargote. **Fils de paysan ou de —,** FURET. *Rom. bourg.* II, 79. || *Fig.* Celui, celle qui fait la cuisine comme on la fait dans une gargote.

***GARGOUILLADE** [gàr-gou-yàd'] *s. f.*
[ÉTYM. Dérivé de gargouille, § 120. (*Cf.* gargouillée.) || 1757. ENCYCL. Admis ACAD. 1762 ; suppr. en 1878.]
|| **1°** Trait de chant confus qui rappelle le bruit de l'eau tombant d'une gargouille.
|| **2°** *P. ext.* Pas de danse en pirouette. (*Cf.* tortillé.) **Quoiqu'un peu pesant, tenez, je fais presque la —,** FAGAN, *Orig.* sc. 15.

GARGOUILLE [gàr-goŭy'] *s. f.*
[ÉTYM. Origine incertaine. Peut-être apparenté à l'espagn. gargol, provenç. gargalh, jable, rainure. || 1295. **Pro lapidis vocatis gargoules quadrigandis,** dans DU C. gargoula.]
|| **1°** Dégorgeoir en saillie par lequel l'eau des gouttières, des chéneaux, tombe à distance des murs, et qui, dans certains édifices, a la forme d'un serpent, d'un dragon à gueule béante. || *Fig.* Figure d'un dragon portée en procession à Rouen, le jour de la fête de saint Romain, qui passe pour avoir délivré la ville d'un dragon. **Douter de la — de Rouen,** VOLT. *Mél. littér. Lett. chin.* 2. (*Cf.* gringole.)
|| **2°** *P. anal.* Ouverture par laquelle se déchargent les eaux d'une gouttière. Cordon de pierre sur lequel sont établis des tuyaux de conduite. || Tuyau de fonte logé dans les trottoirs, pour l'écoulement de l'eau des maisons. || Conduit qui assemble les produits de la combustion et les amène dans la cheminée d'un haut fourneau.
|| **3°** *P. ext.* Anneau qui termine les branches d'un mors de cheval. || Entaille pratiquée au pied du poteau d'une cloison pour recevoir le bout d'une solive.

***GARGOUILLÉE** [gàr-gou-yé] *s. f.*
[ÉTYM. Dérivé de gargouille, § 119. (*Cf.* gargouillade.) || 1732. TRÉV.]
|| *Vieilli.* Chute d'eau d'une gargouille.

GARGOUILLEMENT [gàr-gouy'-man ; *en vers*, -gou-ye-...] *s. m.*
[ÉTYM. Dérivé de gargouiller, § 145. || 1542. R. EST. dans GODEF. *Compl.* Admis ACAD. 1740.]
|| **1°** Bruit que fait l'eau en tombant d'une gargouille.
|| **2°** *P. anal.* Bruit que produit le déplacement de certains liquides dans l'estomac, dans les intestins, etc.

GARGOUILLER [gàr-gou-yé] *v. intr.* et *tr.*
[ÉTYM. Dérivé de gargouille, § 154. || XIVᵉ s. **Les mets gargouillent,** ÉVRART DE CONTY, dans GODEF. *Compl.* Admis ACAD. 1718.]
I. *V. intr.* Produire un bruit semblable à celui de l'eau qui tombe d'une gargouille. *Spécialt.* En parlant du canal digestif, où certains liquides se déplacent.
II. *V. tr.* (Technol.) Dresser (un fût de colonne) en le faisant passer avec du grès dans un marbre creusé.

GARGOUILLIS [gàr-gou-yi] *s. m.*
[ÉTYM. Dérivé de gargouiller, § 82. || 1581. **Au gargouillis d'une source écartée,** BIRAGUE, dans GODEF. *Compl.* Admis ACAD. 1718.]
|| Bruit semblable à celui de l'eau tombant d'une gargouille.

***GARGOULETTE** [gàr-gou-lèt'] *s. f.*
[ÉTYM. Semble dérivé de gargouille d'après l'anc. forme gargoule, § 133. || 1397. **Couppe d'argent dorée a trois gargoulettes par desseure,** dans DELB. *Rec.*]
|| Vase poreux à long col étroit où l'eau se rafraîchit par évaporation.

GARGOUSSE [gàr-goŭs'] et, *vieilli*, ***GARGOUCHE** [gàr-goŭch'] *s. f.*
[ÉTYM. Altération de cartouche, §§ 12 et 509. || 1643. Gargouche, FOURNIER, *Hydrogr.* Admis ACAD. 1718.]
|| (T. milit.) Charge d'une bouche à feu, dans son enveloppe.

***GARIDELLE** [gà-ri-dèl] *s. f.*
[ÉTYM. Emprunté du lat. des naturalistes garidella (TOURNEFORT), du botaniste provençal P.-J. Garidel (1658-1737), §§ 36 et 47. || 1752. TRÉV. Admis ACAD. 1762, et écrit par erreur gavidelle ; suppr. en 1798.]
|| (Botan.) Ancien nom d'une plante de la famille des Renonculacées.

GARIGUE [gà-rig'] *s. f.*
[ÉTYM. Emprunté du provenç. garriga, *m. s.* d'origine inconnue, qui correspond à l'anc. franç. jarrie, conservé comme nom de lieu, § 11. || XVIᵉ s. **Claires guariques et belles bruyères,** RAB. III, 2. Admis ACAD. 1798.]
|| *Dialect.* (Midi). Terre inculte.

***GARIPOT** [gà-ri-pó] *s. m.*
[ÉTYM. Origine inconnue. (*Cf.* galipot.) || XVIᵉ s. **Le garipot et le pinastre,** DU PINET, *Dioscoride,* dans DELB. *Rec.*]
|| *Vieilli.* Épicéa, variété de pin.

***GARITE** [gà-rĭt']. *V.* guérite.

***GARLANDAGE** [gàr-lan-dâj'] *s. m.*
[ÉTYM. Dérivé de garlande, anc. forme de guirlande, § 78. (*Cf.* galandage.) || *Néolog.*]
|| (Marine.) Rebord que présente le tour de la hune.

GARNEMENT [gàr-ne-man] *s. m.*
[ÉTYM. Dérivé de garnir, § 145. || XIᵉ s. **De vaissels, de deniers et d'altre guarnement,** *Voy. de Charl. à Jérus.* 84.]
I. *Anc. franç.* Ce qui garnit, protège.
II. *P. ext.* Un mauvais, un méchant —, et, *ellipt,* Un —, un mauvais sujet. **Que vous preniez tout l'air d'un méchant —,** MOL. *Tart.* I, 1. **Un étrange —,** ST-SIM. III, 430.

GARNIR [gàr-nir] *v. tr.*
[ÉTYM. Emprunté du german. warnian (allem. moderne warnen, avertir), dont le sens primitif est « refuser », par extension « protéger » (qqch contre qqn), devenu guarnir, garnir, §§ 6, 498 et 499. || XIᵉ s. **Tant aprist letres que bien en fut guarniz,** *St Alexis,* 34.]
|| **1°** Entourer de qqch qui protège. **Les remparts étaient garnis de leurs défenseurs. Garnissez l'Aventin,** VOLT. *Catil.* IV, 2. **Un navire garni de canons. Un gantelet garni de lames d'acier.** || *Absolt.* — des bas, les renforcer au talon, au bout du pied. Se —, être garni contre le froid, bien couvert. || *Spécialt.* Se —, en parlant d'une femme, s'entourer de linges, lorsqu'elle a ses règles, lorsqu'elle est en couches.
|| **2°** Compléter (une chose) en y mettant ce qu'elle est destinée à contenir. — le four (du bois nécessaire pour la fournée). — une quenouille (de laine). — une bibliothèque (de livres), un buffet (de vaisselle). — un nécessaire (des pièces qui le composent). Avoir la bourse, le gousset garni (d'argent). Une maison, un hôtel garni, un appartement garni (qui se loue meublé). **C'est un logis garni que j'ai pris tout à l'heure,** MOL. *Ét.* V, 4. *Au part. passé employé substantivt.* Un garni, maison, chambre qu'on loue meublée. Tenir un garni. Loger en garni. || *Spécialt.* (Technol.) Garnir de pierre les intervalles des assises dans une construction. *Au part. passé pris substantivt.* Un garni, remplissage fait avec des pierres. || **La salle se garnit de spectateurs,** et, *ellipt,* **Les loges ne sont pas garnies. Les branches commencent à se —** (de leurs feuilles). **Une bouche bien garnie** (qui a de belles dents).
|| **3°** Compléter (une chose) en y ajoutant certaines parties comme accessoire, ornement. — des fauteuils, en rembourrant de crin, de laine, le siège, le dossier, les bras. *Spécialt.* — du drap, en faire ressortir le poil. — une épée (de sa garde). (Blason.) **Épée garnie, dont la garde est d'un autre émail.** || **Un manteau garni de fourrures. Une robe garnie de dentelles,** etc. || (Cuisine.) **Une choucroute garnie, accompagnée de jambon, de saucisson,** etc. **Une assiette garnie** (de charcuterie assortie). **Bouilli garni de persil.**

GARNISAIRE [gàr-ni-zèr] *s. m.*
[ÉTYM. Dérivé du radical de garnison, § 248. A remplacé garnisonnaire (TRÉV.). || Admis ACAD. 1798, suppl.]
|| **1°** Celui qu'on établissait dans le domicile d'un débiteur pour garder les meubles saisis.
|| **2°** Soldat qu'on établissait dans le domicile des parents dont le fils ne s'était pas présenté à la conscription, ou chez les contribuables en retard, pour les contraindre.

GARNISON [gàr-ni-zon] *s. f.*
[ÉTYM. Dérivé de garnir, § 108. || XIIIᵉ s. **Aux garnisons qu'il dépendoit,** RUTEB. p. 91, Kressner.]
I. (Technol.) Action de garnir de qqch. **Pièce de —,** fixée par la soudure au corps d'une pièce d'orfèvrerie. **Ouvrage doré par —,** dans certaines parties.

. **II.** Ce qui garnit, protège.

|| *Spéciall.* || **1°** Ensemble des troupes qui occupent une place de guerre pour la défendre. Mettre — dans une place. La — fut forcée de capituler || *P. ext.* Ensemble des troupes qui sont casernées dans une ville. Une ville de —, et, *ellipt, famil.* Une —. Changer de —. La vie de —.

|| **2°** Celui ou ceux qui sont établis chez un débiteur pour garder les meubles saisis. Ses associés sont venus mettre —, LES. *Turcaret*, v, 14.

*GARNISONNAIRE [gàr-ni-zò-nér]. *V.* garnisaire.

*GARNISSAGE [gàr-ni-sàj'] *s. m.*
[ÉTYM. Dérivé de garnir, § 78. || 1785. ENCYCL. MÉTH. *Arts et manuf.* crins.]
|| (Technol.) Action de garnir.

*GARNISSEUR, EUSE [gàr-ni-seùr, -seùz'] *s. m.* et *f.*
[ÉTYM. Dérivé de garnir, § 112. || XIIIe s. Garnisieres a espees, E. BOILEAU, *Livre des mest.*. I, LXVI, 1.]
|| (Technol.) Ouvrier, ouvrière qui a pour emploi de garnir les robes, les chapeaux, les meubles, etc.

GARNITURE [gàr-ni-tûr] *s. f.*
[ÉTYM. Dérivé de garnir, § 250. A remplacé l'anc. franç. garneture, garnesture. || 1539. R. EST.]
|| Ensemble des accessoires qui complètent une chose ou servent à la décorer. Une — de cheminée (pendule, candélabres, vases, etc., placés sur le dessus de la cheminée). Une — de foyer (chenets, pelle, pincettes, etc.). || Une — de comble, lattes, tuiles, ardoises, etc. || Une — de robe, rubans, dentelles, passementeries, etc. || *P. ext.* Une — de boutons, l'assortiment des boutons qui doivent être posés sur un vêtement. || La — d'un plat, les accessoires qui accompagnent la pièce principale. Une poularde avec une — de champignons. Une — de vol-au-vent, crêtes, quenelles, etc. || La — d'un mât, les cordages, les agrès. || La — d'une forme d'imprimerie, les pièces de bois ou de métal qui servent à séparer les pages dans la forme.

1. GAROU [gà-rou] *s. m.*
[ÉTYM. *V.* loup-garou.]
|| *Vieilli.* Loup-garou. *P. plaisant. Fig.* Courir le —, aller en quête d'aventures nocturnes, de débauche. (*Cf.* garouage.)

2. GAROU [gà-rou] *s. m.*
[ÉTYM. Origine inconnue. || 1700. LIGER, *Nouv. Mais. rust.* dans DELB. *Rec.* Admis ACAD. 1762.]
|| (Botan.) Nom vulgaire de plusieurs variétés de daphné.

GAROUAGE [gà-rou-àj'] *s. m.*
[ÉTYM. Dérivé de garou 1, § 78. || XVIe s. Si vous povez garder ma femme d'aller en guarrouage, *Farce d'ung mary jaloux*, dans *Anc. Th. franç.* I, 136.]
|| *Vieilli.* Quête d'aventures nocturnes. Il avait été tué de nuit allant en —, PEIRESC, *Lett. aux Dupuy*, 77.

*GARRON [gà-ron] *s. m.*
[ÉTYM. Emprunté du provenç. mod. garroun, *m. s.* d'origine incertaine (*cf.* jars, mâle de l'oie), § 11. Qqs dictionnaires donnent par erreur garbon. || 1620. La perdrix ou le garron, c'est à dire le masle, E. BINET, dans DELB. *Rec.*]
|| (Fauconn.) Mâle de la perdrix.

1. GARROT [gà-rô] *s. m.*
[ÉTYM. Origine inconnue. (*Cf.* espagn. garrote, *m. s.*) || XIIIe-XIVe s. Li garroz qui lors de la ïst, G. GUIART, *Roy. lign.* 17633.]
|| Bâton (*vieilli au sens général*). On dit en menaçant qqn qu'on lui donnera cent coups de —, pour dire qu'on lui donnera cent coups de baston, FURET. *Dict.* || *Spéciall.* | **1.** *Vieilli.* Bois d'une flèche, trait d'arbalète. Le flanc mortellement d'un — traversé, RÉGNIER, *Dial.* | **2.** Bâton que le jardinier dispose pour forcer une branche à changer de direction. | **3.** Morceau de bois qu'on passe dans une corde pour la serrer en tordant. | **4.** Instrument dont se sert le chirurgien pour comprimer une artère. | **5.** Supplice du — (en Espagne), strangulation à l'aide d'un collier de fer (autrefois d'un garrot).

2. GARROT [gà-rô] *s. m.*
[ÉTYM. Origine inconnue. || XIIIe s. Copper les gerrotz, dans GODEF. *Compl.*]
|| Chez le cheval, le bœuf, etc., partie saillante située au-dessus des épaules, entre l'encolure et le dos. || *P. anal.* — de l'arçon, partie correspondante de la selle.

3. *GARROT [gà-rô] *s. m.*
[ÉTYM. Origine inconnue. || 1757. ENCYCL.]

|| (Hist. nat.) Sorte de canard des régions arctiques.

GARROTTER [gà-rò-té] *v. tr*
[ÉTYM. Dérivé de garrot 1, § 154. || XIIIe s. Que il soit guerotiez, *Parise la Duchesse*, dans GODEF. *Compl.*]
|| **1°** (Jardin.) — un arbre, y placer un garrot.
|| **2°** Serrer fortement (un fardeau) à l'aide d'un garrot. *P. ext.* Serrer fortement (qqn) avec des liens. || *Fig.* Être garrotté par un contrat, lié de manière à ne pouvoir agir.

GARS [gàr ; *famil.* gá] *s. m.*
[ÉTYM. Ancien cas sujet de garçon, § 538. || Admis ACAD. 1798.]
|| Garçon. C'est un beau —.

*GARUM [gà-ròm'] *s. m.*
[ÉTYM. Emprunté du lat. garum, grec γάρον, *m. s.* || 1545. Huile, garum et vinaigre, G. GUÉROULT, dans DELB. *Rec.*]
|| (Antiq.) Saumure de poissons salés et aromatisés que les Romains employaient comme assaisonnement.

GARUS [gà-rûs'] *s. m.*
[ÉTYM. Nom propre d'inventeur, § 36. || 1757. ENCYCL. garium. Admis ACAD. 1762.]
|| (Pharmacie.) Alcoolat stomachique.

GASCON, ONNE [gàs'-kon, -kòn'] *s. m.* et *f.*
[ÉTYM. Nom propre, § 36 : habitant de la Gascogne, ancienne province de la France.]
|| *Famil.* Hâbleur (comme certains Gascons). Se tirer en — d'une semblable affaire, LA F. *Fab.* VIII, 10. || *Adjectivt.* Tout à l'humeur gasconne en un auteur —, BOIL. *Art* p. 3.

GASCONISME [gàs'-kò-nism'] *s. m.*
[ÉTYM. Dérivé de Gascon, § 265. || 1584. *V.* à l'article. Admis ACAD. 1718.]
|| (Gramm.) Façon incorrecte de parler, d'écrire (le français, le latin, etc.), due à l'influence du dialecte gascon. J'avais prié le sieur Estienne de corriger les gasconismes, JOS. SCALIGER, *Lett.* (1584), dans DELB. *Rec.*

GASCONNADE [gàs'-kò-nàd'] *s. f.*
[ÉTYM. Dérivé de Gascon, nom des habitants de la Gascogne, § 120. || XVIe-XVIIe s. P. DE L'ESTOILE, dans GODEF. *Compl.* Admis ACAD. 1694.]
|| *Famil.* Hâblerie de Gascon.

GASCONNER [gàs'-kò-né] *v. tr.* et *intr.*
[ÉTYM. Dérivé de Gascon, nom des habitants de la Gascogne, § 154. || XVIe s. Gasconnant leurs jargons, VAUQ. DE LA FRESN. dans GODEF. *Compl.* Admis ACAD. 1798.]
I. *Anciennt.* V. tr. Voler, dérober. Il me gasconna mes plumes, mon canif et mon écritoire, SOREL, *Francion*, p. 172.
II. *V. intr.* | **1.** *Vieilli.* Hâbler. | **2.** Parler français avec l'accent, les articulations des Gascons.

GASPILLAGE [gàs'-pi-yàj'] *s. m.*
[ÉTYM. Dérivé de gaspiller, § 78. || Admis ACAD. 1740.]
|| Action de gaspiller.

GASPILLER [gàs'-pi-yé] *v. tr.*
[ÉTYM. Peut-être pour gaspailler, dérivé de l'anc. franç. gaspail, criblure du blé, § 154. Gaspail semble apparenté au provenç. gaspa, petit-lait. La conservation de l's indique une origine dialectale, § 16. (*Cf.* le poitevin gapailler.) || XVIe s. Gapiller, LA BODERIE, dans GODEF. *Compl.*]
|| Consommer, dépenser inutilement par une profusion désordonnée. — l'argent, les provisions. || *Fig.* — le temps.

GASPILLEUR, EUSE [gàs'-pi-yeùr, -yeùz'] *s. m.* et *f.*
[ÉTYM. Dérivé de gaspiller, § 112. || XVIe s. Vastadours et gaspilleurs, J. DE MAUMONT, *Zonare*, dans DELB. *Rec.* Admis ACAD. 1762.]
|| Celui, celle qui gaspille.

GASTÉROPODES [gàs'-té-rò-pòd'] *s. m. pl.*
[ÉTYM. Emprunté avec le grec γαστήρ, ventre, et πούς, ποδός, pied, § 279. || 1795. CUVIER, dans *Magasin encyclop.* II, 448. Admis ACAD. 1878.]
|| (Hist. nat.) Ordre de mollusques à ventre en forme de disque, sur lequel ils rampent, se traînent.

GASTRALGIE [gàs'-tràl-ji] *s. f.*
[ÉTYM. Composé avec le grec γαστήρ, estomac, et ἄλγος, douleur, § 279. || *Néolog.*]
|| (Médec.) Affection nerveuse de l'estomac.

*GASTRALGIQUE [gàs'-tràl-jïk'] *adj.*
[ÉTYM. Dérivé de gastralgie, § 229. || *Néolog.*]
|| (Médec.) Qui appartient à la gastralgie.

GASTRIQUE [gàs'-trïk'] *adj.*
[ÉTYM. Dérivé du grec γαστήρ, estomac, § 229. || Admis ACAD. 1762.]

|| (Anat.) Qui appartient à l'estomac. **Les sucs gastriques.**
GASTRITE [găs'-trĭt'] *s. f.*
[ÉTYM. Dérivé du grec γαστήρ, estomac, § 282. || 1811. **Gastrite ou gastritis, MOZIN,** *Dict. franç.-allem.* Admis ACAD. 1835.]
|| (Médec.) Maladie inflammatoire de l'estomac.
'GASTROCÈLE [găs'-trò-sèl] *s. f.*
[ÉTYM. Composé avec le grec γαστήρ, estomac, et κήλη, tumeur, § 279. || 1772. **BOISSIER DE SAUVAGES,** *Nosologie,* II, 3, trad. Gouvion.]
|| (Médec.) Hernie de l'estomac.
GASTRO-ENTÉRITE [găs'-trò-an-té-rĭt'] *s. f.*
[ÉTYM. Composé avec le grec γαστήρ, estomac, et entérite, § 279. ||*Néolog.* Admis ACAD. 1878.]
|| (Médec.) Inflammation de l'estomac et des intestins.
'GASTRO-HÉPATITE [găs'-trò-é-pà-tĭt'] *s. f.*
[ÉTYM. Composé avec le grec γαστήρ, estomac, et hépatite, § 279. || *Néolog.*]
|| (Médec.) Inflammation de l'estomac et du foie.
'GASTRO-INTESTINAL, ALE [găs'-trò-in-tĕs'-ti-nàl] *adj.*
[ÉTYM. Composé avec le grec γαστήρ, estomac, et intestinal, § 284. || 1808. **BROUSSAIS,** *Hist. des phlegmasies,* II, 73.]
|| (Médec.) Qui a rapport à l'estomac et à l'intestin.
'GASTRO-LARYNGITE [găs'-trò-là-rin-jĭt'] *s. f.*
[ÉTYM. Composé avec le grec γαστήρ, estomac, et laryngite, § 279. || *Néolog.*]
|| (Médec.) Inflammation de l'estomac et du larynx.
GASTRONOME [găs'-trò-nòm'] *s. m.*
[ÉTYM. Tiré de gastronomie, § 37. || 1803. **Le Gastronome à Paris, CROZE-MAGNAN,** titre. Admis ACAD 1835.]
|| Celui qui est expert dans l'art de faire bonne chère.
GASTRONOMIE [găs'-trò-nò-mi] *s. f.*
[ÉTYM. Emprunté du grec γαστρονομία, *m. s.* || 1800. **La Gastronomie, BERCHOUX,** titre. Admis ACAD. 1835.]
|| Art de faire bonne chère. **Le poème de la Gastronomie de Berchoux.**
GASTRONOMIQUE [găs'-trò-nò-mĭk'] *adj.*
[ÉTYM. Dérivé de gastronomie, § 229. || *Néolog.* Admis ACAD. 1835.]
|| Relatif à la gastronomie.
'GASTRO-PÉRITONITE [găs'-trò-pé-ri-tò-nĭt'] *s. f.*
[ÉTYM. Composé avec le grec γαστήρ, estomac, et péritonite, § 279. || *Néolog.*]
|| (Médec.) Inflammation de l'estomac et du péritoine.
GASTRORAPHIE [găs'-trò-rà-fi] *s. f.*
[ÉTYM. Emprunté du grec γαστρορῥαφία, *m. s.* de γαστήρ, ventre, et ῥάπτειν, coudre. || 1611. COTGR. Admis ACAD. 1798.]
|| (Médec.) Suture pour réunir les plaies du bas-ventre.
GASTROTOMIE [găs'-trò-tò-mi] *s. f.*
[ÉTYM. Composé avec le grec γαστήρ, ventre, et τομή, incision, § 279. || 1611. COTGR.]
|| (Médec.) Ouverture de l'abdomen pour réduire une hernie, débrider un étranglement intestinal, extraire le fœtus. || *P. anal.* (Art vétérin.) Ponction du rumen.
'GASUEL [gà-zu-èl]. *V.* **casoar.**
GÂTEAU [gá-tó] *s. m.*
[ÉTYM. Pour gasteau, gastel, § 422, d'origine incertaine : le moyen haut allem. wastel, *m. s.* paraît emprunté du français. ||XIIIᵉ s. **Gastiel, PH. MOUSKET,** dans GODEF. *Compl.*]
|| **1°** Mélange de farine, de beurre, d'œufs, réduit en pâte, cuit au four, et qqf sucré, aromatisé, garni de crème, etc. **— des rois,** gâteau mangé le jour des Rois, et contenant une fève qui fait roi du festin celui des convives qui la trouve dans sa part. || *Fig.* **Avoir part au —,** au profit. **Se partager le —.** || *P. anal.* **— au riz, — de pommes de terre, etc.,** entremets sucré fait avec du riz, des pommes de terre, etc. || *Fig. Famil.* (Par jeu de mots sur gâteau et gâter.) **Un père —,** qui gâte ses enfants.
|| **2°** *P. ext.* Masse d'une substance analogue à de la pâte. | **1.** Masse de cire formée d'alvéoles où les abeilles déposent leur miel. | **2.** Masse de cire ou de terre dont les sculpteurs remplissent les creux du moule. | **3.** Masse de résine qui sert à isoler les corps qu'on veut électriser. | **4.** Masse de charpie disposée en couches. | **5.** Masse de métal qui s'est figée dans le fourneau après la fusion. | **6.** (Anat.) **— placentaire,** la masse du placenta.
'GÂTE-BOIS [gát'-bwá; *en vers,* gá-le-...] *s. m.*

[ÉTYM. Composé de gâte (du verbe gâter) et bois, § 209. || 1397. **Perrin Gasteboys,** dans GODEF. **gastebois.**]
|| **1°** *Famil.* Celui qui gâte le bois, mauvais menuisier.
|| **2°** (Hist. nat.) Papillon dont la larve ronge les arbres.
'GÂTE-CUIR [gát'-kuïr; *en vers,* gá-le-...] *s. m.*
[ÉTYM. Composé de gâte (du verbe gâter) et cuir, § 209. || 1690. **Gaste-cuirs, FURET.**]
|| *Famil.* Celui qui gâte le cuir, mauvais cordonnier.
GÂTE-ENFANT [gá-tan-fan] *s. m. et f.*
[ÉTYM. Composé de gâte (du verbe gâter) et enfant, § 209. || Admis ACAD. 1798.]
|| *Famil.* Personne qui gâte les enfants, qui est trop indulgente pour eux. **Cette bonne est une —.**
'GÂTE-MAISON [gát'-mè-zon; *en vers,* gá-le-...] et
'GÂTE-MÉNAGE [gát'-mé-náj; *en vers,* gá-le-...] *s. m. et f.*
[ÉTYM. Composé de gâte (du verbe gâter) et maison, ménage, § 209 || XVIIᵉ-XVIIIᵉ s. *V* à l'article.]
|| *Famil.* Domestique qui (aux yeux de ses camarades) gâte le service (en le faisant trop bien). **Vous êtes un vrai gâte-maison, LES.** *Gil Blas,* VII, 15.
GÂTE-MÉTIER [gát'-mé-tyé] *s. m.*
[ÉTYM. Composé de gâte (du verbe gâter) et métier, § 209. || 1615. **Gaste-mestier, MONTCHRESTIEN,** *Œcon. polit.* dans DELB. *Rec.*]
|| Celui qui (aux yeux de ses confrères) gâte le métier (en donnant son travail, sa marchandise à trop bas prix).
'GÂTE-PAPIER [gát'-pà-pyé; *en vers,* gá-le-...] *s. m.*
[ÉTYM. Composé de gâte (du verbe gâter) et papier, § 209. || XIIIᵉ s. **Gatepapiers et plaidiers. J. DE VITRY,** dans DELB. *Rec.*]
|| *Famil.* Mauvais écrivain.
GÂTE-PÂTE [gát'-pât'; *en vers,* gá-le-...] *s. m.*
[ÉTYM. Composé de gâte (du verbe gâter) et pâte, § 209. || 1690. **Gaste-paste, FURET.** Admis ACAD. 1798.]
|| *Famil.* Ouvrier qui gâte la pâte, mauvais boulanger, pâtissier. || *P. ext.* Celui qui ne sait pas son métier.
'GÂTE-PLÂTRE [gát'-plâtr'; *en vers,* gá-le-...] *s. m.*
[ÉTYM. Composé de gâte (du verbe gâter) et plâtre, § 209. || 1690. **Gaste-plastre, FURET.**]
|| *Famil.* Ouvrier qui gâte le plâtre, mauvais maçon.
GÂTER [gá-té] *v. tr.*
[ÉTYM. Du lat. vastare, dévaster, devenu * **wastare** sous l'influence de l'ancien haut allem. **wastan,** ravager, d'où guaster, gaster, §§ 443, 499, 295 et 291, gâter, § 422. ||XIᵉ s. **Carles li magnes ad Espaigne guastee,** *Roland,* 703.]
I. *Vieilli.* Dévaster. (*Cf.* **dégât.**) **La maudite engeance Eut le temps de — en cent lieux le jardin, LA F.** *Fab.* IX, 5.
II. Détériorer (une chose, une personne), en l'altérant. **La pluie a gâté les chemins. On se gâte l'estomac par les excès de table. Le temps se gâte. C'est le vrai moyen de — les affaires, MOL.** *Tart.* III, 1. **La richesse ne gâte rien. — le métier,** rendre le métier moins avantageux. (*Cf.* **gâte-métier.**) || *Spécialt.* Détériorer en salissant. (*Cf.* **gâteux.**) **Fi ! cela sent mauvais, et je suis tout gâté, MOL.** *Ét.* III, 9. || Détériorer en pourrissant. **Des fruits gâtés,** et, *au part. passé employé substantivt,* **Oter le gâté,** la partie pourrie d'un fruit. **Des œufs gâtés. De la viande gâtée.** *P. anal.* **Avoir le sang gâté,** vicié par quelque maladie. || En parlant de l'esprit, du cœur. **Je hais seulement La science et l'esprit qui gâtent les personnes, MOL.** *F. sav.* IV, 3. **Ne vous gâtez pas sur l'exemple d'autrui, ID.** *Éc. des f.* III, 2. **Les princes gâtés par la flatterie, FÉN.** *Tél.* 14. || *P. hyperb.* **— qqn,** le traiter avec une faiblesse qui encourage ses exigences. **Une femme que son mari gâte. Un enfant gâté par ses parents,** et, *absolt,* **Un enfant gâté.** (*Cf.* **gâte-enfant.**) *Fig.* **C'est l'enfant gâté de la fortune,** la fortune n'a pour lui que des faveurs.
'GÂTERIE [gát'-ri; *en vers,* gá-le-ri] *s. f.*
[ÉTYM. Dérivé de gâter, § 69. || *Néolog.*]
|| Acte par lequel on gâte, on choie à l'excès (qqn).
GÂTE-SAUCE [gát'-sôs'; *en vers,* gá-le-...] *s. m.*
[ÉTYM. Composé de gâte (du verbe gâter) et sauce, § 209. || 1811. **MOZIN,** *Dict. franç.-allem.* Admis ACAD. 1878.]
|| *Famil.* Mauvais cuisinier. || *P. ext.* Marmiton.
'GÂTEUR, EUSE [gá-teûr, -teûz'] *s. m. et f.*
[ÉTYM. Dérivé de gâter, § 112. (*Cf.* **gâteux.**) || XIIIᵉ s. **Li gasterres ne set riens garder,** *Chastoiement,* dans GODEF. **gasteor.**]
|| *Famil.* Celui, celle qui gâte (qqn, qqch). *Spécialt.* **— de papier,** mauvais écrivain. (*Cf.* **gâte-papier.**)
GÂTEUX, EUSE [gá-teú, -teûz'] *s. m. et f.*

[ÉTYM. Pour gâteur, dérivé de gâter, §§ 62, 112 et 116. || *Néolog.* Admis ACAD. 1878.]

|| Malade qui en est venu à faire sous lui sans en avoir conscience, par paralysie, affaiblissement mental, etc. || *P. ext.* Personne qui a l'intelligence presque éteinte.

'GÂTINE [gá-tin'] *s. f.*

[ÉTYM. Dérivé de gâter, § 100. || XIIe s. Foresz l a granz e gastines, BENEEIT, *Ducs de Norm.* 18336.]

|| (Vénerie.) Partie d'une forêt où le bois a été abattu.

'GÂTIS [gá-ti] *s. m.*

[ÉTYM. Dérivé de gâter, § 82. || 1786. ENCYCL. MÉTH. *Agricult.*]

|| *Vieilli.* (Droit.) Dégât causé par les bestiaux.

'GATTE [gãt'] *s. f.*

[ÉTYM. Emprunté du provenç. gata, *m. s.* proprt, « jatte », § 12. || XVIe s. L'arbre du haut de la guatte, RAB. IV, 18.]

|| (Marine.) Cloison transversale élevée à l'avant du navire, au-dessus du pont de la batterie basse, pour recevoir l'eau qui pénètre par les écubiers et l'empêcher de se répandre dans l'entrepont.

GATTILIER [gà-ti-lyé] *s. m.*

[ÉTYM. Origine inconnue. || 1755. DUHAMEL DU MONCEAU, *Arbres et arbustes*, II, 358. Admis ACAD. 1835.]

|| (Botan.) Agnus-castus, plante formant un genre de la famille des Verbénacées.

GAUCHE [gôch'] *adj.*

[ÉTYM. Adj. verbal de gauchir, § 53. Au sens 3°, gauche est substitué à senestre comme droit à destre, vers le XVe s. || 1471. La main gaulche, dans DU C. dodus.]

|| 1° Qui présente une déviation. Cette règle est —. Une planche dont la surface est —. (Géom.) Surfaces gauches, surfaces réglées, mais où deux génératrices voisines ne sont jamais dans le même plan. (Architect.) Appareil réglé —, voûte biaise. || *Fig.* Je trouve ce raisonnement un peu —, CH. DE SÉV. dans SÉV. 924. Les lois des Visigoths sont puériles, gauches, MONTESQ. *Espr. des lois*, XXVIII, 1.

|| 2° *P. anal.* Qui s'y prend de travers. Vous croyez que je suis — et embarrassée de mes mains, SÉV. 565. Malgré mon air —, J.-J. ROUSS. *Confess.* 5. || *P. ext.* Maladroit, embarrassé. Un maintien —. Sa taille est assez —, MOL. *Av.* IV, 3. Voilà des révérences bien gauches, DESTOUCHES, *Fausse Agnès*, II, 6.

|| 3° *P. ext.* En parlant du bras qui est du côté du cœur, et qui est moins adroit que l'autre, parce qu'on s'en sert moins habituellement. Le bras, la main —, et, *p. ext.* L'oreille —, le côté — du corps. Le cœur est du côté —, MOL. *Méd. m. l.* II, 4. Suivre la main —, et, *loc. adv.* Aller à main —, dans la direction qui est du côté de la main gauche. Par le flanc —! commandement militaire de tourner du côté gauche. *P. anal.* Le côté — d'un objet, celui qui est situé par rapport à la partie antérieure de l'objet comme le bras gauche par rapport à la face de l'homme. L'aile — d'un édifice, d'une armée. La rive — d'un fleuve, qu'on a à sa gauche en descendant le courant. Le centre — d'une assemblée, les membres du centre les plus rapprochés de ceux qui siègent du côté gauche. || *Spécialt.* (Chimie.) Qui dévie à gauche de la lumière polarisée. Acide tartrique —. || *Fig.* Mariage de la main —, où l'époux d'un rang supérieur à la femme lui donne la main gauche au lieu de la droite pendant la bénédiction nuptiale, marquant par là que ce mariage ne doit communiquer son rang ni à la femme ni aux enfants qui peuvent survenir. *P. ext.* Mariage de la main —, concubinage, *Vieilli.* Être sur le pied —, dans une position embarrassante. Visages pour la plupart fort sur le pied — avec elle, ST-SIM. III, 32. || *Substantivt.* La —, la partie du côté gauche. La — d'une armée, l'aile gauche. La — de la scène, la partie qui est du côté gauche des spectateurs. La — d'une assemblée, les membres qui siègent du côté gauche du président. La — d'une personne, d'une chose, l'espace qui s'étend à partir du côté gauche de la personne, de la chose. Suivre, prendre sa —. Placer un chiffre à la — d'un nombre. || *Loc. adv.* A —, du côté gauche. Tourner à —. A —! et, *ellipt*, —! commandement militaire de tourner à gauche. *P. ext.* Recevoir, prendre à droite et à —, de toutes mains. || *Fig.* Un jugement à —, MOL. *Ét.* II, 11. Donner à —, aller de travers (dans sa conduite, etc.). Tu prends mon sens à —, CORN. *Ment.* I, 1.

GAUCHEMENT [gôch'-man; *en vers*, gô-che-...] *adv.*

[ÉTYM. Composé de gauche et ment, § 724. || 1787. FÉRAUD, *Dict. crit.* Admis ACAD. 1835.]

|| D'une manière gauche, maladroite.

GAUCHER, ÈRE [gô-ché, -chèr] *adj.*

[ÉTYM. Dérivé de gauche, § 115. || XVIe s. Raquette gauchiere, RAB. IV, 7.]

|| Qui se sert de la main gauche là où les autres se servent de la droite. Un homme —. *Substantivt.* Un —.

GAUCHERIE [gôch'-ri; *en vers*, gô-che-ri] *s. f.*

[ÉTYM. Dérivé de gauche, § 69. || XVIIIe s. V. à l'article. Admis ACAD. 1762.]

|| Manière d'agir gauche. Avoir de la —. La — de la campagne et les ridicules de la province, PICARD, *Manie de briller*, I, 3. || *P. ext.* Action gauche. Il fait des gaucheries partout dans sa charge, D'ARGENSON, dans DELB. *Rec.*

GAUCHIR [gô-chîr] *v. intr.*

[ÉTYM. Altération de ganchir, § 509, plus anciennement guenchir, emprunté du german. wenkjan, céder, fléchir, §§ 6, 498 et 499. (*Cf.* allem. moderne wanken, *m. s.*) || XIIe s. Que Latinus li guenchisseit Et sa fille li retoleit, *Énéas*, 3393.]

|| Se détourner de la position qu'on a, du chemin qu'on suit. *Fig.* De ce qu'elle s'y met (dans la tête) rien ne la fait —, MOL. *Éc. des f.* III, 4. || *P. anal.* Subir une déviation. Cette règle a gauchi. || *Vieilli. Transitivt.* — un obstacle, l'éviter. Ce grand péril se peut —, CORN. *Imit.* I, 23. || *Fig.* Biaiser. J'en ai déjà parlé, mais il a su —, CORN. *Pomp.* IV, 2. Contre son insolence on ne doit point —, MOL. *Tart.* V, 2.

GAUCHISSEMENT [gô-chîs'-man; *en vers*, -chi-se-...] *s. m.*

[ÉTYM. Dérivé de gauchir, § 145. || 1547. Gauchissement a la semblance d'un genouil ployé, J. MARTIN, dans DELB. *Rec.* Admis ACAD. 1752.]

|| (Technol.) Action de gauchir; résultat de cette action.

GAUDE [gôd'] *s. f.*

[ÉTYM. Emprunté du german. walda (allem. moderne waude), *m. s.* devenu gualde, guaude, gaude, §§ 6, 498 et 499. || XIIIe s. Semence de garence ne de gaude, E. BOILEAU, *Livre des mest.* II, II, 76. Admis ACAD. 1762.]

|| 1° (Botan.) Espèce de réséda qui fournit une teinture jaune.

|| 2° *P. anal.* Bouillie de maïs, de couleur jaunâtre.

'GAUDÉ [gô-dé] *s. m.*

[ÉTYM. Emprunté du lat. gaude, gaudete, impératif du verbe lat. gaudere, se réjouir, § 216. (*Cf.* gaudéamus.) || XVIe s. Ladicte bonne femme disant ses gaudez, RAB. II, 11.]

|| Prière de l'Église commençant par le mot lat. gaudete. Tous les gaudés qui farcissaient sa tête, GRESSET, *Vert-Vert*, 3.

'GAUDÉAMUS [gô-dé-à-mûs'] *s. m.*

[ÉTYM. Emprunté du lat. gaudeamus, impératif de gaudere, se réjouir, § 216. (*Cf.* gaudé.) || XVe s. Ses grans chieres, ses gaudeamus, COQUILLART, I, 25.]

|| *Famil.* Chanson de réjouissance.

'GAUDER [gô-dé] *v. tr.*

[ÉTYM. Dérivé de gaude, § 154. || 1690. FURET.]

|| (Technol.) Teindre en jaune à l'aide de la gaude.

GAUDIR (SE) [gô-dîr] *v. pron.*

[ÉTYM. Emprunté du lat. gaudere, se réjouir. (*Cf.* jouir.) || XIIIe s. Çaus... Qu'avarise faisoit gaudir, MOUSKET, *Chron.* 30010. Admis ACAD. 1762.]

|| *Vieilli.* S'égayer. *P. ext.* Se — de qqn, s'égayer à ses dépens. || Il se plaisait à aller quelquefois voir les chartreux pour se — d'avoir quitté leur froc, ST-SIM. III, 206.

GAUDRIOLE [gô-dri-yòl] *s. f.*

[ÉTYM. Paraît dérivé plaisamment de gaudir, sur le modèle de babiole, cabriole, etc. § 86. || 1781. Jour des gaudrioles, MERCIER, *Tabl. de Paris*, II, 311. Admis ACAD. 1835.]

|| *Famil.* Propos d'une gaieté un peu libre.

'GAUDRON, 'GAUDRONNER, 'GAUDRONNOIR. V. godron, godronner, godronnoir.

GAUFRAGE [gô-frâj'] *s. m.*

[ÉTYM. Dérivé de gaufre, § 78. || 1806. DESMAREST, dans *Mém. de l'Institut, Sc. math. et phys.* VII, II, 157. Admis ACAD. 1878.]

|| (Technol.) Action de gaufrer.

GAUFRE [gôfr'] *s. f.*

[ÉTYM. Emprunté du bas allem. wafel, diminutif de wafe, qui correspond au haut allem. et allem. moderne wabe, « gâteau de cire des abeilles », §§ 10, 498 et 499. || XIIe s. Wafres et simenels, H. DE ROTELANDE, *Protesilaus*, dans GODEF. *Compl.*]

|| 1° Gâteau de cire des abeilles formé d'alvéoles.

|| **2°** Pâtisserie faite dans un moule à plaques divisées en cellules semblables à des alvéoles. *Fig.* Être la — dans une affaire, être la victime, par allusion à la gaufre prise entre deux plaques. Fort en — entre ces deux camps, ST-SIM. I, 253.

|| **3°** *Fig.* Disposition présentant des dessins variés, empreinte à l'aide de fers sur du papier, etc.

GAUFRER [gô-fré] *v. tr.*
[ÉTYM. Dérivé de gaufre, § 154. || XVIᵉ s. Ruchetes gaufrees, R. BELLEAU, dans GODEF. *Compl.*]
|| (Technol.) Marquer d'un gaufrage. Une reliure gaufrée. — des pétales de roses artificielles.

GAUFRETTE [gô-frĕt'] *s. f.*
[ÉTYM. Dérivé de gaufre, § 133. || 1536. Oublies et gaufrectes, dans GODEF.]
|| Petite gaufre (pâtisserie). Gaufrettes fourrées à la framboise.

GAUFREUR, EUSE [gô-freŭr, -freŭz'] *s. m. et f.*
[ÉTYM. Dérivé de gaufrer, § 112. || 1723. SAVARY, *Dict. du comm.* Admis ACAD. 1762.]
|| (Technol.) Ouvrier, ouvrière qui gaufre le papier, le cuir, les étoffes.

GAUFRIER [gô-fri-yé] *s. m.*
[ÉTYM. Dérivé de gaufre, § 115. || 1377. Un fer de waffier, dans GODEF. *Compl.*]
|| (Technol.) Moule de fer formé de deux plaques entre lesquelles on verse la pâte pour faire cuire les gaufres.

GAUFROIR [gô-frwàr] *s. m.*
[ÉTYM. Dérivé de gaufrer, § 113. || 1785. ENCYCL. MÉTH. *Arts et manuf.* passementier.]
|| (Technol.) Fer à gaufrer le papier, le cuir, les étoffes.

GAUFRURE [gô-frür] *s. f.*
[ÉTYM. Dérivé de gaufrer, § 111. || XVᵉ s. Gaufrure quarelee comme machonnerie, O. DE LA MARCHE, dans DELB. *Rec.*]
|| (Technol.) || **1°** Empreinte présentant des dessins variés qu'on applique à l'aide de fers sur du papier.
|| **2°** Façon que l'on donne aux fleurs artificielles.

GAULADE [gô-làd'] *s. f.*
[ÉTYM. Dérivé de gaule, § 120. || XVIᵉ-XVIIᵉ s. D'AUB. *Sancy*, I, 1.]
|| *Vieilli.* Coup de gaule. (*V.* gaulée.)

GAULAGE [gô-làj'] *s. m.*
[ÉTYM. Dérivé de gauler, § 78. || *Néolog.*]
|| Action de gauler.

GAULE [gôl] *s. f.*
[ÉTYM. Origine incertaine : le rapport du mot soit avec le lat. vallum, pieu, soit avec le goth. valus, bâton, est douteux. || 1278. As wuulles et as oisieres, dans GODEF. *Compl.*]
|| Longue perche. Abattre des noix avec une —. Il ne me fallait pas payer en coups de gaules, MOL. *Ét.* II, 7. || *P. ext.* | 1. Houssine. Et tenant une —, Ainsi qu'à leurs chevaux nous en flattant l'épaule, RÉGNIER, *Sat.* 4. | 2. Bâton du pavillon d'un navire. — d'enseigne. | 3. Manche d'une ligne à pêcher. | 4. Levier du piston d'une pompe.

GAULÉE [gô-lé] *s. f.*
[ÉTYM. Dérivé de gaule, § 119. (*Cf.* gaulade.) || 1611. COTGR.]
|| **1°** Ce qu'on a abattu à l'aide de la gaule. Ramasser à terre une — de noix.
|| **2°** *Pop.* Coups de gaule ou de bâton. Recevoir une —.

GAULER [gô-lé] *v. tr.*
[ÉTYM. Dérivé de gaule, § 154. || 1360. Un ouvrier qui waulle le pariel, dans GODEF. *Compl.*]
|| Battre avec une gaule. — des noyers (pour faire tomber les noix), et, *p. ext.* — des noix. || *Fig. Vieilli.* Ravager. La campagne est gaulée, RICHEL. *Dict.*

GAULETTE [gô-lĕt'] *s. f.*
[ÉTYM. Dérivé de gaule, § 133. || 1451. Une waulette, dans GODEF. *Compl.*]
|| Petite gaule.

GAULIS [gô-li] *s. m.*
[ÉTYM. Dérivé de gaule, § 82. || 1392. Un gaulich pour renclore, dans GODEF. *Compl.*]
|| (Technol.) Grande branche, jeune brin d'un taillis. Des — aussi gros que les bras, MOL. *Fâch.* II, 6. Une bourriche de lames de — (gaulis refendus).

GAULOIS, OISE [gô-lwà, -lwàz'] *adj.*
[ÉTYM. Tiré du nom propre Gaulois, habitant de la Gaule, § 143.]
|| **1°** Qui appartient au vieux temps (de la France),

simple, grave. Tout était grossier, ignorant, —, FÉN. *Dial. des morts*, L. XII et Fr. Iᵉʳ. || *Substantivt.* Passer pour — ridicules, FÉN. *Éduc. des filles*, 10.
|| **2°** *P. ext.* Qui a la gaieté un peu libre du vieux temps. L'esprit —. Un trait un peu trop —.

GAULOISEMENT [gô-lwà-ze-man] *adv.*
[ÉTYM. Composé de gauloise et ment, § 724. || XVIIᵉ-XVIIIᵉ s. *V.* à l'article.]
|| *Vieilli.* Simplement. Comme nous parlons tous à lui —, DUFRESNY, *Faux Sincère*, I, 1.

GAULOISERIE [gô-lwàz'-ri ; *en vers*, -lwà-ze-ri] *s. f.*
[ÉTYM. Dérivé de gaulois, § 69. || *Néolog.*]
|| *Famil.* Acte, langage un peu libre.

GAULT [gôlt'] *s. m.*
[ÉTYM. Emprunté de l'angl. dialect. gault, sorte d'argile, qui a été introduit en 1812 par WILLIAM SMITH dans la langue scientifique, § 8. || *Néolog.*]
|| (Géologie.) Marne bleue qui, dans les terrains crétacés, se trouve d'ordinaire au-dessus d'une couche de sables verts.

GAUMINE [gô-min'] *s. f.*
[ÉTYM. Tiré du nom propre de Michel Gaumin ou Gaulmin, intendant sous Louis XIII et Louis XIV, dont le mariage fit grand bruit, §§ 36 et 37. || XVIIIᵉ s. *Mém. sur le mar. des protest.* dans LA C.]
|| *Anciennt.* Mariage à la —, contracté devant le curé ou le ministre, sans sa bénédiction et même malgré lui.

GAUPE [gôp'] *s. f.*
[ÉTYM. Origine inconnue. || 1401. Tu as appelé Agnès, qui est ici, gauppe, dans DU C. gausape.]
|| *Vieilli.* Souillon. Marchons, —, MOL. *Tart.* I, 1. *Adjectivt.* Plus vilaine encore et plus — Que le plus sale marmiton, CH. PERRAULT, *Contes, Peau d'Ane.*

GAUSSE [gôs'] *s. f.*
[ÉTYM. Subst. verbal de gausser, § 52. || 1611. Gosse, COTGR.]
|| *Famil.* Conte par lequel on se gausse de qqn.

GAUSSER (SE) et **GAUSSER** [gô-sé] *v. pron. et tr.*
[ÉTYM. Origine inconnue. || XVIᵉ s. Te moquer de mes vers Et, te gauchant, les lire de travers, RONS. *Églogues*, 4.]
|| *Famil.* Se moquer de qqn à sa barbe. D'un homme on se gausse Quand sa femme, chez lui, porte le haut-de-chausse, MOL. *F. sav.* V, 3. Ils ne laissèrent pas de le — sur la musique; SOREL, *Francion*, p. 159. || *Absolt.* Vous vous gaussez, Monsieur, DANCOURT, *Vend. de Suresnes*, sc. 1.

GAUSSERIE [gôs'-ri ; *en vers*, gô-se-ri] *s. f.*
[ÉTYM. Dérivé de gausser, § 69. || XVIᵉ s. Tout plein de gosserie, VAUQ. DE LA FRESN. dans GODEF. *Compl.*]
|| *Famil.* Acte par lequel on se gausse de qqn.

GAUSSEUR, EUSE [gô-seŭr, -seŭz'] *s. m. et f.*
[ÉTYM. Dérivé de gausser, § 112. || XVIᵉ s. Volontaires et gosseurs, N. DU FAIL, *Eutrapel*, 33.]
|| *Famil.* Celui, celle qui aime à se gausser. Deux bourgeoises des plus gausseuses, SOREL, *Francion*, p. 152.

GAVACHE [gà-vàch'] *s. m.*
[ÉTYM. Emprunté de l'espagn. gavacho, terme de mépris appliqué surtout aux montagnards des Pyrénées, § 13. (*Cf.* gavotte.) || XVIᵉ s. Couillon guavasche, RAB. III, 28.]
|| *Vieilli.* Lâche. Il vous traiterait de gavaches, SCARR. *Virg. trav.* 10.

GAVER [gà-vé] *v. tr.*
[ÉTYM. Emprunté du provenç. moderne gava, *m. s.* dérivé du radical qui se trouve dans le franç. gavion, § 11. || 1642. Se gaver, OUD. Admis ACAD. 1878.]
|| Gorger de nourriture (la volaille qu'on veut engraisser). — des pigeons, des poulets. | *P. ext.* Se —, manger avec excès.

GAVETTE [gà-vĕt'] *s. f.*
[ÉTYM. Emprunté de l'ital. gavetta, *m. s.* § 12. || 1757. ENCYCL.]
|| (Technol.) Barre d'or préparée pour passer à la filière.

GAVIAL [gà-vyàl ; *en vers*, -vi-àl] *s. m.*
[ÉTYM. Emprunté des dialectes de l'Inde, § 25. || 1789. Se trouve dans les grandes Indes, où on l'a nommé gavial, LACÉPÈDE, *Hist. nat. des rept.*]
|| (Hist. nat.) Espèce de crocodile à museau allongé, de la région du Gange, qui vit de poisson.

GAVION [gà-vyon ; *en vers*, -vi-on] *s. m.*
[ÉTYM. Dérivé de l'anc. franç. gave, gosier, § 106. Le maintien du son guttural du g initial indique que le mot

est d'origine. dialectale, § 16. (*Cf.* jabot.) || xiiiᵉ s. Une areste de poisson Li aresta el gavion, dans MONTAIGLON et RAYNAUD, *Rec. de fabliaux*, iii, 161.]

|| *Vieilli. Famil.* Gosier. En avoir jusqu'au —, être gorgé.

'GAVITEAU [gà-vi-tó] *s. m.*

[ÉTYM. Emprunté du provenç. moderne gaviteu (*cf.* l'ital. gavitello), *m. s.* § 11. || 1690. FURET.]

|| (Marine.) Bouée.

GAVOTTE [gà-vŏt'] *s. f.*

[ÉTYM. Emprunté du provenç. moderne gavoto, *m. s.* proprt, « danse des gavots », sobriquet, en Provence, des montagnards des Alpes, mot qui n'a rien à voir avec la ville de Gap, mais qui est plutôt apparenté à gavache, §§ 11 et 36. || 1611. Gauote, COTGR.]

|| Danse à deux temps, avec deux reprises de quatre à huit temps. Un air de —, et *ellipt*, Clymène chante cette — que toute la troupe danse, LA F. *Daphné*, 1, 2.

GAYAC. *V.* gaïac.

GAZ [gáz'] *s. m.*

[ÉTYM. Mot créé arbitrairement par VAN HELMONT (1577-1644), peut-être d'après le flamand geest, esprit, pour désigner une substance subtile qu'il considérait comme unie aux corps, § 217. || 1690. Gas, FURET. Admis ACAD. 1762.]

|| (Chimie.) Fluide aériforme (à la température ordinaire). La pesanteur, l'élasticité, la dilatation des —. || *Spécialt.* Le — d'éclairage, et, *ellipt*, Le —, hydrogène bicarboné qu'on extrait de la houille par la distillation en vase clos, et qu'on emploie pour l'éclairage. Bec de —, par lequel on donne issue au gaz distribué dans les conduits, quand on veut l'allumer. Un magasin éclairé au —. La compagnie du —, et, *ellipt*, Un employé du —. || *P. ext.* Vapeurs qui se développent dans l'estomac, dans les intestins. Avoir des —.

'GAZAGE [gá-zàj'] *s. m.*

[ÉTYM. Dérivé de gazer 2, § 78. || *Néolog.*]

|| (Technol.) Action de passer à la flamme du gaz.

GAZE [gáz'] *s. f.*

[ÉTYM. Origine incertaine ; le rapport de ce mot avec le nom de la ville de Gaza, en Palestine, est très douteux. || xviᵉ s. Sur la gaze peinte, RONS. *Bocage royal.*]

|| Étoffe d'un tissu léger, transparent. — de soie. — argentée. — de Chambéry. Une robe de —. || *P. anal.* Travail pour remplir l'intérieur des fleurs dans la dentelle réseau. || *Fig.* Ce qui voile légèrement la pensée, sous une forme transparente. Tout y sera voilé, mais de —, LA F. *Contes, Tableau.*

GAZÉIFIER [gá-zé-i-fyé ; *en vers*, -fi-é] *v. tr.*

[ÉTYM. Dérivé de gaz, § 274. || 1811. Se déduit de gazéifiable, dans MOZIN, *Dict. franç.-allem.* Admis ACAD. 1835.]

|| (Chimie.) Qui fait passer à l'état gazeux.

GAZÉIFORME [gá-zé-i-fòrm'] *adj.*

[ÉTYM. Composé avec gaz et le lat. forma, forme, §§ 271 et 284. || 1811. MOZIN, *Dict. franç.-allem.* Admis ACAD. 1835.]

|| (Chimie.) Qui est à l'état gazeux.

GAZELLE [gà-zèl] *s. f.*

[ÉTYM. Emprunté de l'arabe ghazâl, *m. s.* § 22. || xiiiᵉ-xivᵉ s. Une beste sauvage que l'on appelle gazel, JOINV. 181. | Une gasele, *Livre de Marc Pol*, dans GODEF. *Compl.*]

|| Espèce d'antilope qui habite l'Afrique et l'Asie.

1. GAZER [gá-zé] *v. tr.*

[ÉTYM. Dérivé de gaze, § 154. || Admis ACAD. 1762.]

|| **1°** Couvrir d'une gaze, d'une étoffe légère et transparente. || *P. anal.* Remplir l'intérieur des fleurs dans la dentelle réseau.

|| **2°** *Fig.* Voiler (ce qu'on dit, ce qu'on écrit) sous une forme transparente. — des détails trop libres. *Absolt.* — en racontant qqch.

2. 'GAZER [gá-zé] *v. tr.*

[ÉTYM. Dérivé de gaz, § 154. || *Néolog.*]

|| (Technol.) Passer à la flamme du gaz ou de l'alcool les fils, soies, cotons, etc.), pour en enlever le duvet.

GAZETIER [gàz'-tyé ; *en vers*, gà-ze-...] *s. m.*

[ÉTYM. Dérivé de gazette, § 115. || 1633. Le gazettier a continué de m'envoyer sa gazette, PEIRESC, *Lett.* dans DELB. *Rec.*]

|| *Vieilli.* Celui qui compose, publie une gazette. (*Syn.* journaliste.) Un — de modes, FURET. *Rom. bourg.* I, 53. || *Fig.* Colporteur de nouvelles. — scandaleux, DELILLE, *Conversat.* 2.

'GAZETIN [gàz'-tin ; *en vers*, gà-ze-...] *s. m.*

[ÉTYM. Dérivé de gazette, à l'imitation de l'ital. gazzettino, *m. s.* §§ 12 et 100. || 1725. *Merc. de France*, p. 1900. Admis ACAD. 1762 ; suppr. en 1878.]

|| *Vieilli.* Petite gazette. Les gazetins infideles dont l'Europe est inondée, VOLT. *Lett.* 30 mars 1740.

GAZETTE [gà-zèt'] *s. f.*

[ÉTYM. Emprunté de l'ital. gazzetta, *m. s.* proprt, nom d'une monnaie vénitienne, les premières publications périodiques ayant été faites au milieu du xviᵉ s. à Venise, où il en coûtait une gazzetta pour en prendre connaissance, § 12. || xviᵉ-xviiᵉ s. A ce que nous dit la gazette, D'AUB. *Épigr.*]

|| Publication périodique, généralement quotidienne, donnant les nouvelles politiques, littéraires, etc. (*Syn.* journal.) Mon valet de chambre est mis dans la —, MOL. *Mis.* iii, 7. La Gazette de France. La Gazette de Hollande. || *Fig.* Colportage de nouvelles. Deux personnes chargées de faire la — de la cour, MONTESQ. *Espr. des lois*, xii, 7. *P. ext.* Cet homme est une — vivante (un colporteur de nouvelles).

'GAZEUSE [gá-zeûz'] *s. f.*

[ÉTYM. Dérivé de gaze, § 112. (*Cf.* gazier 1.) || *Néolog.*]

|| (Technol.) Ouvrière qui remplit l'intérieur des fleurs dans la dentelle réseau.

GAZEUX, EUSE [gá-zeû, -zeûz'] *adj.*

[ÉTYM. Dérivé de gaz, § 116. || 1775. Vin gazeux, GRIGNON, *Mém.* p. 503. Admis ACAD. 1798.]

|| Chimie.) || **1°** Qui est de la nature du gaz. Fluide —. Émanations gazeuses. || Air —, nom qu'on donnait à l'acide carbonique.

|| **2°** Qui contient du gaz. Des boissons gazeuses. De la limonade gazeuse.

1. 'GAZIER, IÈRE [gá-zyé ; -zyèr] *s. m. et f.*

[ÉTYM. Dérivé de gaze, § 115. || 1723. SAVARY, *Dict. du comm.* Admis ACAD 1762 ; suppr. en 1878.]

|| *Vieilli.* (Technol.) Ouvrier, ouvrière qui fabrique les étoffes de gaze. (*Cf.* gazeuze.)

2. GAZIER, 'GAZIÈRE [gá-zyé, -zyèr] *adj. et s. m.*

[ÉTYM. Dérivé de gaz, § 115. || *Néolog.* Admis ACAD. 1878.]

|| **1°** *Adj.* Relatif au gaz. L'industrie gazière.

|| **2°** *S. m.* Ouvrier qui travaille dans une usine à gaz. || Celui qui vend, qui pose des appareils à gaz (*Cf.* appareilleur.)

'GAZOGÈNE [gá-zò-jèn'] *s. m.*

[ÉTYM. Composé avec gaz et le grec γεννᾶν, engendrer, § 284 *bis.* || *Néolog.*]

|| (Technol.) || **1°** Appareil portatif qui sert à fabriquer de l'eau gazeuse (eau de Seltz artificielle).

|| **2°** Mélange d'alcool et d'essence pour l'éclairage.

GAZOMÈTRE [gá-zò-mètr'] *s. m.*

[ÉTYM. Composé avec gaz et le grec μέτρον, mesure, § 279. Mot dû à LAVOISIER. (*V. Traité élém. de chimie* [1789], ii, 347.) Admis ACAD. 1835.]

|| (Technol.) Appareil pour mesurer le volume des gaz. *Spécialt.* Appareil qui règle l'écoulement du gaz d'éclairage, en mesurant la quantité fournie.

GAZON [gá-zon] *s. m.*

[ÉTYM. Emprunté de l'anc. haut allem. waso (allem. moderne wasen), *m. s.* devenu guason, gason, écrit arbitrairement gazon, §§ 6, 498 et 499. || 1258. Couvers de vers wasons, A. DUPONT, *Mahomet*, dans DELB. *Rec.*]

|| Herbe menue de diverses graminées, qui forme sur le sol comme un tapis de verdure. Tondre le —, couper cette herbe court. Être couché sur le —. Sur un lit de —, de faiblesse étendu, CORN. *Rodog.* v, 4. Un talus revêtu de —. || *Au plur.* Lever des gazons (des mottes de terre couvertes de gazon) pour en couvrir un terrain. || *P. anal.* (Botan.) — anglais, ivraie vivace ou ray-grass. — de Mahon, julienne de Chio, dite aussi giroflée de Mahon. — de chat, germandrée maritime. || *Fig. Trivial.* Perruque courte. Votre — vous rend l'air triste, *Chanson des disgrâces de porter perruques* (xviiiᵉ s.).

GAZONNANT, ANTE [gá-zò-nan, -nànt'] *adj.*

[ÉTYM. Adj. particip. de gazonner, § 47. || 1338. Prez gazonnants, dans GODEF. *Compl.* Admis ACAD. 1878.]

|| (Hortic.) Qui forme gazon. Plantes gazonnantes.

GAZONNEMENT [gá-zòn'-man ; *en vers*, -zò-ne-...] *s. m.*

[ÉTYM. Dérivé de gazonner, § 145. || Admis ACAD. 1762.]

|| (Technol.) Action de revêtir un terrain de gazon. Le — des montagnes.

GAZONNER [gâ-zô-né] *v. tr.* et *intr.*
[ÉTYM. Dérivé de gazon, § 154. || 1295. Wassonner, dans GODEF. *Compl.*]
|| (Technol.) || **1°** *V. tr.* Revêtir de gazon. — un talus.
|| **2°** *V. intr.* Pousser en gazon. Herbe qui gazonne. || Se couvrir de gazon. Pré qui gazonne.

GAZOUILLEMENT [gà-zouy'-man ; *en vers*, -zou-ye-...] *s. m.*
[ÉTYM. Dérivé de gazouiller, § 145. || xive s. Le gasouillement des oyseaulx, ORESME, dans GODEF. *Compl.*]
|| Action de gazouiller. On entendait le — des oiseaux, FÉN. *Tél.* 2.

GAZOUILLER [gà-zou-yé] *v. intr.*
[ÉTYM. Peut-être dérivé du même radical que jaser, § 161. || 1316. L'enfant aussi comme par leesse Gazouille et rit, J. MAILLARD, *Comtesse d'Anjou*, dans LITTRÉ.]
|| En parlant des petits oiseaux, faire entendre un chant léger. || *P. anal.* Produire un murmure. Un ruisseau qui gazouille sous les saules. || *P. ext. Famil.* Un enfant qui commence à —, à parler.

GAZOUILLIS [gà-zou-yi] *s. m.*
[ÉTYM. Dérivé de gazouiller, § 82. || xvie s. Gasouillis des ruisseaux, VAUQ. DE-LA FRESN. dans GODEF. *Compl.*]
|| Bruit d'oiseaux qui gazouillent. D'autres oiseaux... font entendre à la fois Le — de leurs confuses voix, VOLT. *Ép.* 64. *Fig.* Murmure. Au — des ruisseaux de ces bois, LA F. *Contes, Purgatoire.*

GEAI [jè] *s. m.*
[ÉTYM. Origine inconnue. || xiie s. Le gai Qui siet sor l'arbre, *Raoul de Cambrai*, 5031.]
|| Oiseau formant un genre des Passereaux conirostres, voisin des corbeaux. Un paon muait, un — prit son plumage, LA F. *Fab.* iv, 9.

GÉANT, ANTE [jé-an, -änt'] *s. m.* et *f.*
[ÉTYM. Du lat. gigantem, *m. s.* devenu par assimilation (*V.* § 360) *gagante dans le lat. pop., d'où gaiant, jaiant, jéant, et, par restauration orthographique (*V.* § 502), géant, §§ 393, 394, 346 et 291.]
|| Personnage d'une taille démesurée.
|| **1°** (Mythol.) Les Géants, êtres fabuleux, fils de la Terre, qui essayèrent de détrôner Jupiter et furent foudroyés. Et les os dispersés du — d'Épidaure, RAC. *Phèd.* i, 1.
|| **2°** (T. biblique.) Les Géants, êtres monstrueux nés du commerce des anges avec des femmes.
| **3°** Homme, femme qui dépasse la taille ordinaire. Une statue de —. David tua le — Goliath. || *Fig.* Marcher à pas de —, faire des progrès rapides. Le roi avait de rien formé plusieurs géants de grandeur, ST-SIM. VIII, 37.
|| **4°** *P. anal. Adjectivt.* (Hist. nat.) Un arbre —, une fougère géante.

GECKO [jè-kó] *s. m.*
[ÉTYM. Onomatopée, § 32. (*Cf.* malais goké, *m. s.* § 28.) || 1784. ENCYCL. MÉTH. Admis ACAD. 1878.]
|| (Hist. nat.) Genre de sauriens qui ont la configuration du lézard avec les formes du crapaud.

GÉHENNE [jé-hèn'] *s. f.*
[ÉTYM. Emprunté du lat. gehenna, grec γέεννα, hébreu ghêhinnom, *m. s.* qui a d'abord désigné une vallée (ghé) près de Jérusalem, où les Juifs idolâtres faisaient passer leurs enfants par le feu en l'honneur de Molok, §§ 21 et 216. || xiiie s. La paor dou feu de jehenne, BRUN. LATINI, *Trésor*, p. 462. Admis ACAD. 1835.]
|| (T. biblique.) Enfer. Le feu de la —.

1. GEINDRE [jindr'] *v. intr.*
[ÉTYM. Du lat. gĕmere, *m. s.* devenu giembre, geimbre, §§ 305, 290, 472 et 271, puis, par substitution de désinence, geindre, § 648. (*Cf.* le doublet gémir.)]
|| *Famil.* Se lamenter à plaisir.

2. 'GEINDRE, *V.* gindre.

'GEL [jèl] *s. m.*
[ÉTYM. Du lat. gĕlu, *m. s.* devenu giel, gel, §§ 305, 307 et 291. (*Cf.* dégel.)]
|| *Vieilli et dialect.* Froid qui produit la gelée. Au premier —.

GÉLATINE [jé-là-tin'] *s. f.*
[ÉTYM. Dérivé du lat. gelatus, gelé, § 245. || 1611. COTGR. Admis ACAD. 1835.]
|| (T. scientif.) Substance azotée qu'on extrait des os, des cartilages, des animaux, et qui forme avec l'eau une gelée.

GÉLATINEUX, EUSE [jé-là-ti-neú, -neŭz'] *adj.*
[ÉTYM. Dérivé de gélatine, § 251. || 1743. Matière gélatineuse, QUESNAY, dans *Mém. de l'Acad. roy. de chirurg.* i, 91. Admis ACAD. 1762.]
|| (T. scientif.) Qui a la nature de la gélatine. Substance gélatineuse.

GELÉE [je-lé] *s. f.*
[ÉTYM. Du lat. pop. *gelata, *m. s.* subst. particip. de gelare, geler (*V.* § 45), devenu gelede, gelee, §§ 295, 402 et 291. || viiie s. Pruina : gelata, *Gloss. de Reichenau*, dans FOERSTER, *Uebungsbuch*, p. 19, n° 809. | xie s. Altresi blanche cume neif sur gelee, *Roland*, 3319.]
|| **1°** État de la température où l'eau se solidifie. Le temps est à la —. Il y a eu de fortes gelées. || — blanche, congélation de la rosée, avant le lever du soleil, par les nuits sereines. (*Syn.* givre.)
|| **2°** Suc de substance animale qui a pris de la consistance en refroidissant. — de veau, de poisson. Du jambon entouré de —. *Absolt.* Le roi prit de temps en temps un peu de —, ST-SIM. XI, 456. || *P. anal.* Suc de fruits congelé. — de pomme. — de groseille. || *P. ext.* — de mer, sorte de méduse.

GELER [je-lé] *v. tr.* et *intr.*
[ÉTYM. Du lat. gelare, *m. s.* §§ 295 et 291.]
I. *V. tr.* Transformer en glace. L'eau est gelée dans les fontaines. L'huile s'est gelée dans la lampe. || *P. anal.* Durcir par la gelée. La terre est gelée. || *P. ext.* Altérer (un corps organisé) par l'action d'un froid excessif. La vigne a été gelée. Il eut les pieds gelés dans la campagne de Russie. || *P. hyperb.* Être gelé, avoir très froid. Je me gèle ici à vous attendre. || *Fig.* Rendre contraint. Son accueil gèle les gens. Il vous gèle le sang, RÉGNIER, *Sat.* 16.
II. *V. intr.* Se transformer en glace. La Seine a gelé cette nuit. || *Impersonnellt.* Il a gelé cette nuit, il gèle à pierre fendre. || Il a gelé blanc, la rosée est congelée. || *P. ext.* S'altérer par un froid excessif. La vigne a gelé. || *P. hyperb.* Avoir très froid. On gèle dans cette chambre.

'GELEUR, EUSE [je-leúr, -leŭz'] *s. m.* et *f.*
[ÉTYM. Dérivé de geler, § 112. || xvie s. Saints gresleurs, geleurs et gasteurs de bourgeons, RAB. dans DELB. *Rec.*]
|| *Rare.* Qui fait geler. *P. plaisant. Spécialt.* Les geleurs de vignes, saints dont la fête tombe dans la saison des gelées blanches.

GÉLIF, IVE [jé-lif', -liv'] *adj.*
[ÉTYM. Dérivé de geler, §§ 65 et 125. (*Cf.* gélis.) || 1519-1528. Gelif, tortu ou contrefaict, *Chants roy. du puy de Rouen*, dans GODEF. gelif. Admis ACAD. 1835.]
|| (Technol.) Qui se fend par le gel. Arbres gélifs.

GELINE [je-lin'] *s. f.*
[ÉTYM. Du lat. gallina, *m. s.* §§ 393, 346, 366 et 291.]
|| *Vieilli.* Poule. (*Cf.* morgeline.)

GELINOTTE [je-li-nŏt'] *s. f.*
[ÉTYM. Dérivé de geline, § 136. || xvie s. Le franc coq... avec sa gelinotte, MAROT, *Épigr.* 36.]
|| **1°** Oiseau du genre Tétras, dit coq de marais.
|| **2°** Poule d'eau.

'GÉLIS, ISSE [jé-li, -lis'] *adj.*
[ÉTYM. Dérivé de geler, §§ 65 et 82. (*Cf.* gélif.) || xvie s. Telles pierres sont gelisses ou venteuses, B. PALISSY, p. 319.]
|| (Technol.) Qui se fend par le gel. Pierres gélisses, BUFF. *Minéraux.*

'GÉLISSURE [jé-li-sûr] et **GÉLIVURE** [jé-li-vûr] *s. f.*
[ÉTYM. Dérivé de gélis, gélif, § 111. || 1762. Gélivure, ACAD. | 1771. Gélivure ou gélissure, TRÉV.]
|| (Technol.) Fente que fait le gel dans le bois, dans la pierre.

GÉMEAU, 'GÉMELLE [jé-mó, -mèl] *s. m.* et *f.*
[ÉTYM. Emprunté du lat. gemellus, *m. s.* (*Cf.* jumeau.) || xvie s. *V.* à l'article.]
|| *Vieilli.* Jumeau. De deux princes gémeaux nous déclarer l'aîné, CORN. *Rodog.* i, 1. Deux filles gémelles, PARÉ, xix, 4. || *Spécialt. De nos jours.* (Astron.) Les Gémeaux, Castor et Pollux, un des douze signes du zodiaque.

GÉMINÉ, ÉE [jé-mi-né] *adj.*
[ÉTYM. Emprunté du lat. geminatus, *m. s.* || Admis ACAD. 1762.]
|| (T. didact.) Qui a un double. || *Spécialt.* | **1.** (Architect.) Colonnes géminées, groupées deux à deux. | **2.** (Botan.) Parties géminées, parties des plantes disposées deux à deux ou par paires. | **3.** (Épigr.) Lettre géminée, redoublée à la fin

d'un mot pour indiquer le nombre deux. Pour désigner les deux consuls on écrit, avec une S géminée, COSS.

GÉMIR [jé-mîr] *v. intr.*
[ÉTYM. Tiré de geindre, anciennement giembre, par changement de conjugaison, d'après le lat. gemere, § 629. ‖ XIIIᵉ s. Se gemirai tot mon aage Les granz pechiez, G. DE COINCY, dans *Zeitschrift für roman. Philologie*, VI, 343.]
‖ Pousser une plainte inarticulée. Quel tourment... De l'entendre —, RAC. *Brit.* III, 7. Et les princes et les peuples gémissaient en vain, BOSS. *D. d'Orl.* ‖ *P. anal.* La tourterelle gémit. ‖ *P. ext. Poét.* Faire entendre un bruit plaintif. La rive au loin gémit, RAC. *Iph.* V, 6. Les marteaux faisaient — les cavernes de la terre, FÉN. *Tél.* 2. Le vent gémit dans la cheminée. ‖ *Fig.* Se sentir oppressé. Le royaume gémissait sous la tyrannie, FÉN. *Tél.* 13. J'ai fait taire les lois et — l'innocence, RAC. *Esth.* III, 1. ‖ *Poét.* Son corps... Fait — les coussins sous sa molle épaisseur, BOIL. *Lutr.* 1. *Famil.* Faire — la presse, donner beaucoup à imprimer.

GÉMISSANT, ANTE [jé-mi-san, -sänt'] *adj.*
[ÉTYM. Adj. particip. de gémir, § 47. ‖ XVᵉ-XVIᵉ s. Povres enfans gemissans et plorans, O. DE ST-GELAIS, *Énéide*, dans DELB. *Rec.*]
‖ Qui gémit. Gémissante et presque inanimée, RAC. *Phèd.* V, 6. Ces gémissantes voix, LA F. *Fab.* VIII, 14.

GÉMISSEMENT [jé-mîs'-man; *en vers,* -mi-se-...] *s. m.*
[ÉTYM. Dérivé de gémir, § 145. ‖ XIIᵉ s. Le gemissement del lied, *Psaut. de Cambridge*, dans DELB. *Rec.*]
‖ Plainte de qqn qui gémit. Il tire de son cœur de profonds gémissements, FÉN. *Tél.* 2 Quels seront nos gémissements à la vue de ce tombeau, BOSS. *Marie-Thérèse.* Les gémissements des chrétiens effrayés, ID. *R. d'Angl.* ‖ *P. anal.* Le — de la tourterelle. ‖ *P. ext.* Bruit d'une chose qui gémit. Le — du vent dans les bois. ‖ *Poét.* L'orgue même en pousse un long —, BOIL. *Lutr.* 3.

**GEMMAL, ALE* [jĕm'-màl] *adj.*
[ÉTYM. Dérivé du lat. gemma, § 238. ‖ *Néolog.*]
‖ (Botan.) Qui tient au bourgeon d'une plante. Écailles gemmales.

GEMMATION [jĕm'-mà-syon; *en vers,* -si-on] *s. f.*
[ÉTYM. Emprunté du lat. gemmatio, *m. s.* ‖ 1798. L.-C.-M. RICHARD, *Dict. de botan. de Bulliard.* Admis ACAD. 1835.]
‖ (Botan.) Formation et développement du bourgeon dans les plantes. ‖ *P. anat.* (Zoologie.) Reproduction par gemmes.

GEMME [jĕm'] *s. f.*
[ÉTYM. Emprunté du lat. gemma, qui signifie à la fois « pierre précieuse » et « bourgeon ». A remplacé l'anc. franç. gemme (prononcé et écrit souvent jamme; *cf.* femme), qui est de formation pop. § 502. ‖ Admis ACAD. 1762.]
I. Pierre précieuse. — orientale, corindon hyalin. ‖ *Adjectivt.* Pierre —. Sel —, sel qu'on trouve en couches solides dans le sein de la terre (par opposition au sel marin).
II. (Botan.) Bourgeon. ‖ *P. anal.* (Zoologie.) Saillie charnue sur le corps de certains animaux (annélides, polypes, etc.), rudiment d'un nouvel individu.

**GEMMIPARE* [jĕm'-mi-pàr] *adj.*
[ÉTYM. Composé avec le lat. gemma, bourgeon, et parere, enfanter, § 273. ‖ 1771. TRÉV.]
‖ (T. didact.) ‖ **1.** (Botan.) Qui produit des bourgeons. ‖ **2.** (Zoologie.) Qui se reproduit par gemme.

**GEMMULE* [jĕm'-mul] *s. f.*
[ÉTYM. Emprunté du lat. gemmula, petite gemme. ‖ 1808. L.-C.-M. RICHARD, *Analyse du fruit*, p. 54.]
‖ (Botan.) Rudiment de la tige, qui apparaît dans la germination. (*Syn.* plumule.) ‖ *P. ext.* Petit corps ovoïde qui, se séparant de la plante, sert à la reproduire. Les gemmules des algues.

GÉMONIES [jé-mò-ni] *s. f. pl.*
[ÉTYM. Emprunté du lat. gemoniæ, *m. s.* ‖ 1611. DELB. *Rec.* Admis ACAD. 1762.]
‖ (Antiq.) Escalier où l'on exposait, à Rome, le corps des suppliciés. ‖ *Fig.* Traîner qqn aux —, l'accabler d'outrages.

GÉNAL, ALE [jé-nàl] *adj.*
[ÉTYM. Dérivé du lat. gena, joue, § 238. ‖ 1757. ENCYCL. Admis ACAD. 1762.]
‖ (Anat.) Qui appartient aux joues. Muscles génaux.

GÊNANT, ANTE [jè-nan, -nänt'] *adj.*
[ÉTYM. Adj. particip. de gêner, § 47. ‖ Admis ACAD. 1694.]
‖ Qui gêne. Une personne, une chose gênante.

GENCIVE [jan-sîv'] *s. f.*
[ÉTYM. Du lat. gingiva, *m. s.* devenu par dissimilation (*V.* § 360) *gincīva, d'où gencive, §§ 342 et 291.]
‖ Tissu charnu qui garnit les arcades dentaires et le tour des dents, en adhérant à leur collet.

GENDARME [jan-dàrm'] *s. m.*
[ÉTYM. Pour gens d'armes, composé de gens, de et armes, § 176; le mot ne s'est d'abord employé qu'au pluriel. ‖ XIVᵉ s. Chevaucheurs estoient ceulx que nous appelons maintenant gensdarmes, BERSUIRE, dans LITTRÉ.]
‖ **1°** *Vieilli.* Homme d'armes. Tous les dards, tous les traits, tous les chars des gendarmes, CORN. *Office de la Vierge*, ps. 45. Tous vos romains gendarmes Ont au camp de César couru, LA F. *Ragotin*, IV, 4. ‖ *Spécialt. De nos jours.* Un —, soldat appartenant à un corps chargé de veiller à la sûreté publique. Un voleur arrêté par des gendarmes. ‖ *Fig.* | **1.** Personne qui contrôle tout. | **2.** Femme qui a l'air viril.
‖ **2°** *P. anal.* (Technol.) Pièce de fer de la charrue servant à arrêter les herbes qui pourraient se prendre dans les jambettes. ‖ *P. plaisant.* Bluettes qui sortent du feu. ‖ Parcelles de lie dans le vin. ‖ Tache dans l'œil. Paillette dans un diamant.

GENDARMER (SE) [jan-dàr-mé] *v. pron.*
[ÉTYM. Dérivé de gendarme, § 154. ‖ XVIᵉ s. Pour se vouloir eslever et gendarmer, MONTAIGNE, I, 24.]
‖ Se mettre sur la défensive contre qqn, qqch. Je ne vois pas contre eux de quoi se —, TH. CORN. *Inconnu*, I, 5. Votre esprit Se gendarme toujours contre tout ce qu'on dit, MOL. *Mis.* II, 4. Cet homme, gendarmé d'abord contre mon teu, ID. *Éc. des f.* III, 4. ‖ *Rare. Transitivt.* — sa vertu, GHERARDI, *Th. ital.* III, 388.

GENDARMERIE [jan-dàr-me-ri] *s. f.*
[ÉTYM. Dérivé de gendarme, § 69. ‖ 1539. R. EST.]
‖ Corps de gendarmes. ‖ *P. ext.* Caserne de gendarmes.

GENDRE [jändr'] *s. m.*
[ÉTYM. Du lat. generum, *m. s.* devenu gen're, gendre, §§ 290 et 484.]
‖ Celui qui a épousé une fille, par rapport au père ou à la mère de celle qu'il a épousée. Une belle-mère aime son —, n'aime point sa bru, LA BR. 5.

GÊNE [jên'] *s. f.*
[ÉTYM. Pour geîne, § 368, plus anciennement gehine, dérivé de l'anc. verbe gehir, avouer, § 100. Le verbe gehir est d'origine german. (anc. haut allem. jehan, déclarer), §§ 6, 498 et 499. Le subst. gehine a été de bonne heure confondu avec gehenne, § 509. ‖ XIIIᵉ s. Il le mistrent a gehine, si leur connut la verité, *Trad. de Guill. de Tyr*, III, 4.]
I. *Anc. franç.* Aveu. *Spécialt.* Aveu arraché par la torture. ‖ *P. ext. Vieilli.* Torture. (*Cf.* question.) Préparez seulement des gênes, des bourreaux, CORN. *Méd.* V, 5. J'en ai souffert la — sur mon corps, MOL. *Ét.* IV, 4. ‖ *Fig.* Sont-ils d'accord tous deux pour me mettre à la —? RAC. *Phèd.* V, 4. ‖ Tourment. L'enfer n'a point de — Qui ne soit pour ton crime une trop douce peine, MOL. *Sgan.* sc. 16.
II. Malaise qu'on éprouve quand on est serré, oppressé. Sentir de la — dans la respiration, être oppressé. ‖ *Fig.* | **1.** Embarras où l'on met qqn. Je ne voudrais pas vous causer de la —. | **2.** Embarras où met le manque d'argent. Vivre dans la —. | **3.** Contrainte qu'on s'impose. La — de souffrir et de se déguiser, CORN. *Oth.* I, 4. Être sans —, ne s'imposer aucune contrainte pour les autres.

GÉNÉALOGIE [jé-né-à-lò-ji] *s. f.*
[ÉTYM. Emprunté du lat. genealogia, grec γενεαλογία, *m. s.* ‖ XIIᵉ s. Ce dit la genealogie, EVRAT, *Bible*, dans DELB. *Rec.*]
‖ Filiation d'une ou de plusieurs personnes, établie par la succession de leurs ancêtres. Faire, dresser la — d'un individu, d'une famille. Je fais faire une assez sotte chose, c'est ma —, MONTESQ. *Pens. div.* La — de David. ‖ *P. ext.* Science de la généalogie des familles. Être savant en —. ‖ *P. anal.* La — d'un cheval de race. ‖ *Fig.* Ces généalogies ridicules d'opinions inutiles, MALEBR. *Rech. de la vérité*, p. 159.

GÉNÉALOGIQUE [jé-né-à-lò-jîk'] *adj.*
[ÉTYM. Dérivé de généalogie, § 229. ‖ 1480. Poetes genealogiques, *Baratre infernal*, dans DELB. *Rec.*]
‖ Relatif à la généalogie. Arbre —, tableau de la généalogie d'une famille, sous la forme d'un arbre dont les

premiers parents sont la tige, et les descendants les ra-
meaux. | *P. anal.* Arbre — des sciences, qui présente les
diverses ramifications des connaissances humaines.

GÉNÉALOGISTE [jé-né-à-lò-jïst'] *s. m.*
[ÉTYM. Dérivé de généalogie, § 265. || 1690. FURET.]
|| Celui qui s'occupe de dresser la généalogie des fa-
milles. Il est —, et il espère que son art rendra, si les fortunes continuent, MONTESQ. *Lett. pers.* 132.

GÉNÉPI [jé-né-pi] ou **GÉNIPI** [jé-ni-pi] *s. m.*
[ÉTYM. Emprunté du savoyard génépi, *m. s.* d'origine
inconnue, § 11. || XVIIIᵉ s. *V.* à l'article. Admis ACAD. 1878.]
|| (Botan.) Plante officinale des Alpes, variété d'armoise.
|| *P. ext.* Vulnéraire fait avec cette plante. Une pleurésie
dont le génépi ne put le sauver, J.-J. ROUSS. *Confess.* 5.

GÊNER [jô-né] *v. tr.*
[ÉTYM. Dérivé de gêne, § 154. || 1381. Les demendeurs fu-
rent gehinez, dans GODEF. gehiner.]
I. Mettre à la torture. Et les mêmes tourments dont vous
gênez les âmes, CORN. *Méd.* I, 4. || Tourmenter. Ah! que vous
me gênez! RAC. *Andr.* I, 4.
II. Mettre mal à l'aise, en serrant, en oppressant. Cette
chaussure me gêne. J'ai la respiration gênée. Nous étions gênés
dans cette voiture. *Fig.* Embarrasser, contraindre. Britannicus le gêne, Albine, RAC. *Brit.* I, 1. N'allons point les — d'un
soin embarrassant, ID. *Ath.* II, 5. Être gêné vis-à-vis de qqn.
Absolt. Être gêné, avoir des embarras d'argent. Se —, s'imposer une contrainte. Vous ne vous gênez pas. Ne pas savoir
se — (pour les autres). C'est un homme qui ne se gêne pas.

GÉNÉRAL, ALE [jé-né-ràl] *adj.*
[ÉTYM. Emprunté du lat. generalis, *m. s.* || XIIᵉ s. Un ge-
neral est de tot le munde, *Serm. de St Bern.* p. 146.]
I. Qui se rapporte à un ensemble de personnes, de choses. Un concile —. Les états généraux (sous l'ancien régime).
Les conseils généraux des départements, et, *p. ext.* Un conseiller —, un membre d'un conseil général. Une donation
générale de tous ses biens, LA BR. 13. L'opinion générale.
L'intérêt — Le combat — aujourd'hui se hasarde, CORN. *Hor.*
I, 2. L'assemblée générale, et, *substantivt,* Battre la générale,
battre le tambour pour avertir les soldats de s'assembler
et de se tenir prêts à marcher. Une vue générale des choses.
Des idées générales. Ces principes sont si simples et si généraux,
DESC. *Méth.* 6. Les règles générales. Les termes généraux. ||
Substantivt. (Logique.) Le —, ce qui convient au genre
tout entier. On ne peut conclure du particulier au —. || *Loc.
adv.* En —. | 1. Au point de vue général. Je ne vous ai parlé
de la piété qu'en —, PASC. *Prov.* 9. | 2. *P. ext. Famil.* D'une
manière générale. En —, on juge sur les apparences.
II. Qui embrasse l'ensemble d'un service, d'une administration, d'un commandement. État-major —. Quartier
—. Direction générale des postes. Le procureur —, l'avocat —.
Le vicaire — d'un évêque. Inspecteur — de l'instruction publique, etc. Trésoriers généraux. *Substantivt.* Les généraux des
finances, fonctionnaires chargés, sous l'ancien régime, de
centraliser la perception des aides et tailles. || Père — d'un
ordre religieux, et, *substantivt,* Le — des jésuites. Commandant —, et, *substantivt,* Le — des galères du roi. L'inspecteur —, et, *substantivt,* Le — des vivres militaires. Officiers
généraux, officiers supérieurs qui ont le commandement
d'une partie plus ou moins considérable d'une armée.
Substantivt. Un —, chef militaire d'une armée, d'un corps
d'armée. Ce qu'un sage — doit le mieux connaître, c'est ses
soldats et ses chefs, BOSS. *Condé.* || *Spécialt.* — de division
(autrefois lieutenant —), celui qui commande une division. — de brigade (autrefois maréchal de camp), celui qui
commande une brigade. Un — d'infanterie, d'artillerie, du
génie. || *Famil. Au fém.* La générale, la femme du général.
Madame la générale.

GÉNÉRALAT [jé-né-rà-là] *s. m.*
[ÉTYM. Dérivé de général, § 254. A remplacé générauté
(*cf.* amirauté), encore donné par OUD. || XVIIᵉ s. PATRU,
Plaidoy. 1.]
|| 1° Grade de général d'armée.
|| 2° Dignité de général d'un ordre religieux. || *P. ext.*
Durée des fonctions de général.

GÉNÉRALE. *V.* général.

GÉNÉRALEMENT [jé-né-rál-man; *en vers,* -rà-le-...]
adv.
[ÉTYM. Composé de générale et ment, § 724. || XIIᵉ s. En
tens estaulit s'asemblet toz li empeires generalment en ost,
Serm. de St Bern. p. 146.]
|| 1° Au point de vue général. Traiter une question —.
— parlant, tout homme a souverainement le don de me déplaire,
DESTOUCHES, *Fausse Agnès,* I, 1.
|| 2° D'une manière générale. Cette opinion est — ad-
mise.

GÉNÉRALISATEUR, TRICE [jé-né-rà-li-zà-teur,-trïs']
adj.
[ÉTYM. Dérivé de généraliser, § 249. || *Néolog.* Admis
ACAD. 1878.]
|| Qui généralise. Un esprit —.

GÉNÉRALISATION [jé-né-rà-li-zà-syon] *s. f.*
[ÉTYM. Dérivé de généraliser, § 247. || 1779. Une faible
généralisation, DELUC, *Lett. phys. et mor.* I, p. 295. Admis
ACAD. 1798.]
|| 1° Action de se généraliser. La — d'une doctrine, d'une
opinion. La — d'une maladie.
|| 2° (Logique.) Action de généraliser. L'abstraction et
la —.

GÉNÉRALISER [jé-né-rà-li-zé] *v. tr.*
[ÉTYM. Dérivé de général, § 267. || XVIIᵉ-XVIIIᵉ s. *V.* à
l'article. Admis ACAD. 1762.]
|| 1° Rendre général, applicable à l'ensemble. — une
doctrine, une opinion. La seule bonne manière de diminuer le
nombre des lois est de les —, L'ABBÉ DE ST-PIERRE, *Mém.
sur les procès,* p. 31. La maladie se généralise (de locale,
devient générale).
|| 2° (Logique.) Réunir sous une idée une expression
générale, ce qui est commun à divers termes, en éliminant
les différences. *Absolt.* L'art de —.

GÉNÉRALISSIME [jé-né-rà-li-sim'] *s. m.*
[ÉTYM. Emprunté de l'ital. generalissimo, *m. s.* § 12. ||
XVIᵉ-XVIIᵉ s. Generalissime des armees chrestienes, D'AUB.
Hist. univ. III, IV, 27.]
|| (T. milit.) Général chargé du commandement en chef,
qui a sous ses ordres les autres généraux.

GÉNÉRALITÉ [jé-né-rà-li-té] *s. f.*
[ÉTYM. Dérivé de général, d'après le lat. generalitas, § 255.
On a dit d'abord générauté, mot qui s'est maintenu jus-
qu'au XVIIᵉ s. au sens spécial de généralat. || XIIIᵉ s. Qu'il
aint en generalité, J. DE MEUNG, *Rose,* 5465.]
I. || 1° Caractère de ce qui est général. Cette proposition
a trop de —. || *P. ext.* Idée générale. Je ne puis entrer avec
elle dans des généralités, BOSS. *Lett. abbat.* 160.
|| 2° *Néolog.* Le plus grand nombre. La — des hommes
pense ainsi.
II. *Anciennt.* || 1° Circonscription administrative du
royaume de France placée sous l'autorité d'un intendant.
|| 2° État-major général d'une armée. Nous rencontrâ-
mes toute la — qui revenait, ST-SIM. I, 84.

GÉNÉRATEUR, TRICE [jé-né-rà-teur, -trïs'] *adj.*
[ÉTYM. Emprunté du lat. generator, *m. s.* || 1519. GUILL.
MICHEL, *Georgiques,* dans DELB. *Rec.* Admis ACAD. 1762.]
|| 1° Qui sert à la génération. Les organes générateurs.
|| 2° *Fig.* Qui sert à la formation de qqch. Son —, le son
principal que fait entendre un corps sonore mis en vibration, par opposition aux sons harmoniques. Rectangle,
triangle —, dont la révolution autour d'un de ses côtés
engendre un cylindre, un cône. **Ligne génératrice,** et, *substantivt,* Génératrice, ligne formant l'axe autour duquel a
lieu cette révolution. La génératrice d'un cylindre, d'un cône.
|| *Substantivt.* Le — (d'une machine à vapeur), la chau-
dière où se produit la vapeur qui fait mouvoir la machine.
— d'électricité.

GÉNÉRATIF, IVE [jé-né-rà-tïf, -tïv'] *adj.*
[ÉTYM. Dérivé du lat. generare, engendrer, § 257. ||
XIIIᵉ-XIVᵉ s. Medecine generative de char, *Chirurg. de Mondeville,* fº 63.]
|| (T. didact.) Relatif à la génération. Faculté générative.

GÉNÉRATION [jé-né-rà-syon; *en vers,* -si-on] *s. f.*
[ÉTYM. Emprunté du lat. generatio, *m. s.* || XIIᵉ s. Guar-
deras nus de ceste generatiun en parmanableté, *Psaut. de
Cambridge,* XI, 7.]
I. || 1° Production d'un être vivant, par des êtres de
même nature chez lesquels il était en germe. Nous nom-
mons improprement — le commencement d'un développement
qui nous rend visible ce que nous ne pouvions auparavant aper-
cevoir, CH. BONNET, *Œuvres,* V, 304. || *Spécialt.* Action d'en-
gendrer, de féconder la femelle. L'acte de la —. *P. ext.* —
spontanée, production d'êtres organisés qui, suivant cer-
tains naturalistes, viendraient sans germe. || (Philos.) La

—, le mouvement par lequel les êtres finis naissent dans le temps. || (Théol.) La — du Fils, sa production directe par le Père (par opposition au Saint-Esprit, qui procède du Père et du Fils). || La — d'un monastère, création d'une nouvelle maison par la maison mère.

|| 2° *Fig.* La — d'un nombre, sa formation par l'unité ou par d'autres nombres. || La — d'une surface, sa formation par une ligne supposée en mouvement. La — d'un cylindre, par la révolution d'un rectangle autour d'un de ses côtés pris pour axe. || La — d'un accord, par le son fondamental que produit la corde et les sons harmoniques qui l'accompagnent. La — des idées.

II. *P. ext.* Ceux qui descendent de qqn par filiation directe. Puissiez-vous voir vos fils jusqu'à la troisième et la quatrième —, SACI, *Bible, Tobie,* IX, 11. || *P. anal.* Ceux qui vivent dans le même temps (évalué à la durée moyenne de la vie humaine). La — présente. Que les hommes goûtent les fruits de la paix, de — en —, FÉN. *Tél.* 11.

GÉNÉREUSEMENT [jé-né-reûz'-man ; *en vers,* -reû-ze-...] *adv.*

[ÉTYM. Composé de généreuse et ment, § 724. || 1630. Genereusement, MONET, *Abrégé du parallèle.*]

|| D'une manière généreuse.

|| 1° Avec noblesse de sentiments. Secourons l'innocence et —, ROTROU, *Antig.* V, 3. Je crois qu'il n'agit pas moins —, CORN. *Nicom.* III, 8.

|| 2° En donnant plus qu'on n'est tenu de le faire. Payer, récompenser —.

GÉNÉREUX, EUSE [jé-né-reû, -reûz'] *adj.*

[ÉTYM. Emprunté du lat. generosus, m. s. || XIVᵉ s. Ne se n'est genre genereus, J. LE FÈVRE, *Vieille,* dans DELB. *Rec.*]

|| 1° *Vieilli.* Qui est de noble race. Il est d'un sang —. || *P. anal.* Des coursiers —.

|| 2° *P. ext.* Qui a de nobles sentiments. Une âme généreuse Trouve dans sa vertu de quoi se rendre heureuse, CORN. *Pulch.* II, 5. Et si l'on n'est barbare, on n'est point —, ID. *Hor.* IV, 4. || *Substantivt.* Sottement faire le —, BOIL. *Sat.* 8. || *P. ext.* Un dessein si beau, si —, RAC. *Andr.* I, 4. Cet orgueil —, ID. *Phèd.* II, 1. Un — sacrifice.

|| 3° Qui donne plus qu'il n'est tenu de le faire. Les plus riches ne sont pas toujours les plus —. || *P. ext.* Un don —. || *Fig.* Un sol —, très productif. Un vin —, très réconfortant.

GÉNÉRIQUE [jé-né-rik'] *adj.*

[ÉTYM. Dérivé du lat. genus, eris, genre, § 229. || XVIIᵉ s. V. à l'article. Admis ACAD. 1718.]

|| (T. didact.) Qui tient à un genre. Terme, caractère —. L'unité —, DESC. *Rép. aux sec. object.* 21. Les chevaux, mules et mulets ne sont pas compris dans l'expression — de bestiaux, *Arrêt de la Cour de cassation,* 17 juin 1806.

GÉNÉROSITÉ [jé-né-ró-zi-té] *s. f.*

[ÉTYM. Emprunté du lat. generositas, m. s. || 1512. De tres antique generosité, J. LE MAIRE, dans DELB. *Rec.*]

|| 1° Noblesse de sentiments. La — suit la belle naissance, CORN. *Hér.* V, 2. Ma — doit répondre à la tienne, ID. *Cid,* III, 4.

|| 2° Disposition à donner plus qu'on n'est tenu de le faire. Tous ont reçu des marques de sa —. || *P. ext.* Une —, acte de générosité. Faire des générosités.

ᵒGENÈSE [je-nèz'] et, *vieilli,* **ᵒGÉNÉSIE** [jé-né-zi] *s. f.*

[ÉTYM. Emprunté du grec γέννησις, m. s. transcrit avec un seul n par confusion avec γένεσις, naissance. || 1611. Genesie, COTGR. | 1732. Genèse en géométrie, TRÉV.]

|| (T. didact.) Génération. | 1. (Géom.) *Vieilli.* La — d'une surface. | 2. (Hist. nat.) Production des êtres organisés. L'ordre successif de la génésie ou foliation des matières minérales, BUFF. *Époq. de la nat. Gen. des minéraux.* || *Fig. Néolog.* La — d'un livre, d'une œuvre dramatique.

ᵒGENESTROLE [je-nès'-tròl] *s. f.*

[ÉTYM. Emprunté du provenç. moderne genestrolo, m. s. dérivé de genestro, genêt, §§ 11 et 86. A remplacé genétrole, § 422. || XVᵉ-XVIᵉ s. Geneterole, *Journal de botan.* 1894. Admis ACAD. 1762 et écrit avec deux l.]

|| (Botan.) Espèce de genêt qui fournit une matière tinctoriale jaune.

GENESTROLLE. *V.* genestrole.

GENÊT [je-nè] *s. m.*

[ÉTYM. Pour genest, § 422, du lat. pop. *genistum* (class. genista), m. s. §§ 308, 291 et 556. (*Cf.* genestrole.)]

|| Arbrisseau à fleur jaune, de la famille des Légumineuses. — d'Espagne. — à balais. — des teinturiers.

GENET [je-nè] *s. m.*

[ÉTYM. Emprunté de l'espagn. jinete, m. s. d'origine incertaine, § 13. || XIVᵉ s. Vingt mile Genevois sur genez chevauchant, CUVELIER, *Duguesclin,* 11114.]

|| Petit cheval de race espagnole. (*Cf.* genette 2.)

GÉNÉTHLIAQUE [jé-nêt'-li-ăk'] *adj.* et *s. m.*

[ÉTYM. Emprunté du lat. genethliacus, grec γενεθλιακός, m. s. || XVIᵉ s. RAB. III, 37. Admis ACAD. 1762.]

|| 1° *Adj.* Relatif à la naissance (d'un enfant). Poème —.

|| 2° *S. m.* Astrologue qui dresse un horoscope.

ᵒGENÊTIÈRE [je-nè-tyèr] *s. f.*

[ÉTYM. Dérivé de genêt, § 115. || 1611. Genestrière, COTGR.]

|| Lieu couvert de genêts.

ᵒGÉNÉTIQUE [jé-né-tĭk'] *adj.*

[ÉTYM. Pour gennétique, emprunté du grec γεννητικός, m. s. de γεννᾶν, engendrer. (*Cf.* genèse.) || *Néolog.*]

|| (Anat.) Qui a rapport aux fonctions de génération. (*Cf.* génital.) Facultés génétiques.

1. GENETTE [je-nĕt'] *s. f.*

[ÉTYM. Emprunté de l'espagn. jineta, arabe djerneit, m. s. §§ 13 et 22. || XIIIᵉ s. Piaus de martrine, piaus de genetes, E. BOILEAU, *Livre des mest.* II, xxx, 11.]

|| (Hist. nat.) Petit mammifère du genre des Carnivores digitigrades, dont la peau est utilisée comme fourrure.

2. GENETTE [je-nĕt'] *s. f.*

[ÉTYM. Tiré de genet, § 37. || XVᵉ s. Sarrazins qui chevauchent a la genette, CHASTELL. *Chron.* dans DELB. *Rec.*]

|| (Manège.) Mors, dit à la turque, dont la gourmette a la forme d'un anneau. || *Loc. adv.* Monter à la —, avec les étriers courts et l'éperon près du flanc du cheval.

ᵒGENÉVRETTE [je-né-vrĕt'] et **ᵒGENEVRETTE** [jĕn-vrĕt' ; *en vers,* je-ne-...] *s. f.*

[ÉTYM. Dérivé de genièvre, §§ 65 et 133. || 1780. Boisson appelée genevrette, dans *Journal de l'agricult.* IV, p. 163, décembre.]

|| Boisson faite avec des baies de genièvre.

GENÉVRIER [je-né-vri-yé] et **ᵒGENEVRIER** [je-ne-...] *s. m.*

[ÉTYM. Dérivé de genièvre, §§ 63 et 115. || 1372. Genevrier, J. CORBICHON, *Propr. des choses,* dans DELB. *Rec.* Admis ACAD. 1740 et écrit genevrier, puis en 1878 genévrier.]

|| Arbuste de la famille des Cupressinées, à baies aromatiques.

ᵒGÉNI [jé-ni]. *V.* génien.

ᵒGÉNIAL, ALE [jé-nyàl ; *en vers,* -ni-àl] *adj.*

[ÉTYM. Dérivé de génie, § 238. L'anc. franç. genial vient du lat. genialis, et a un sens tout différent. || *Néolog.*]

|| Qui est inspiré par le génie. Une idée géniale.

GÉNIE [jé-ni] *s. m.*

[ÉTYM. Emprunté du lat. genius, « génie tutélaire », m. s. influencé par ingenium, « talent ». || 1611. COTGR.]

I. || 1° Esprit bon ou mauvais, être surnaturel qui, dans les croyances des païens, présidait à la destinée des individus, des familles, des nations. Le bon —, le — tutélaire de Socrate. Le mauvais — des Atrides. Le — de Rome. || *Fig.* Être le bon, le mauvais — de qqn, exercer sur lui une bonne, une mauvaise influence.

|| 2° *P. anal.* Être surnaturel doué d'un pouvoir magique (dans les contes de fées).

|| 3° *P. ext.* Être allégorique personnifiant en poésie, en sculpture, en peinture, une idée abstraite, etc. Le — des arts, du commerce. Le — de la Liberté. || *P. ext.* Représentation de cette allégorie. Le Génie de la Bastille.

II. || 1° Disposition, talent naturel. Ceux en qui on remarque le — de la guerre, FÉN. *Tél.* 14. Dans son — étroit il est toujours captif, BOIL. *Art p.* 1. Pauvre —. Petit —. Il a le — de l'intrigue. Avoir le — de la destruction. Je sens que mon esprit travaille de — (d'inspiration), BOIL. *Sat.* 8. || *P. ext.* Tendance propre. S'écarter du — de notre langue. Du Ciel la prudence infinie Départ à chaque peuple un différent —, CORN. *Cinna,* II, 1. J'ai tâché de faire connaître le — de son siècle (de Louis XI), DUCLOS, *L. XI,* préf.

|| 2° Aptitude supérieure que tiennent de la nature les esprits créateurs. Un homme de —, et, *ellipt,* Un — sublime.

III. *P. ext.* (Sous l'influence du mot ingénieur, constructeur d'engins, engin venant du lat. ingenium.) Application des sciences à la fortification des places, à la construction des navires, des ponts, etc. Le — militaire. || *P. ext.* Le corps des officiers, des soldats qui y sont employés. **Officier, soldat du —. ‖ Le — maritime. Le — civil,** l'ensemble des ingénieurs civils.

'GÉNIEN, IENNE [jé-nyin, -nyèn'; *en vers*, -ni-...] *adj.*
[ÉTYM. Dérivé du grec γένειον, menton, § 244. ‖ 1811. MOZIN, *Dict. franç.-allem.*]
‖ (Anat.) Qui tient au menton. **Apophyse génienne (dite apophyse géni)**, située en arrière de la symphyse du menton.

GENIÈVRE [je-nyèvr'] *s. m.*
[ÉTYM. Du lat. jūniperum, qui a donné régulièrement en anc. franç. **geneivre, genoivre**, §§ 397, 349, 309, 431, 290 et 291. La forme **genièvre** (ACAD. 1694) est une altération inexpliquée, § 509 : RICHEL. et FURET. ne connaissent que **genèvre**.]
‖ Genévrier. ‖ Fruit du genévrier. **Vin de —, genévrette.** ‖ *P. ext.* Eau-de-vie distillée sur des baies de genièvre.

'GÉNIOGLOSSE [jé-nyò-glôs'; *en vers*, -ni-ò-...] *adj.*
[ÉTYM. Composé avec le grec γένειον, menton, et γλῶσσα, langue, § 279. ‖ 1630. **Muscles génioglosses**, ROLAND DE BELEBAT, *Aglossostomographie*, p. 14.]
‖ (Anat.) Qui tient au menton et à la langue. **Muscle —.**

GÉNISSE [jé-nĭs'] et **'GENISSE** [je-nĭs'] *s. f.*
[ÉTYM. Du lat. pop. *jūnĭcia, adj. tiré du lat. class. jūnĭcem, *m. s.* § 67, puis employé substantivement à la place de ce dernier, §§ 397, 349, 378 et 291.]
‖ Jeune vache qui n'a point porté. **Ai-je besoin du sang des boucs et des génisses?** RAC. *Ath.* I, 1.

GÉNITAL, ALE [jé-ni-tàl] *adj.*
[ÉTYM. Emprunté du lat. genitalis, *m. s.* ‖ XIV° s. **Membres geniteulx**, J. LE FÈVRE, *Vieille*, dans DELB. *Rec.*]
‖ (T. scientif.) Qui sert à la génération. (*Cf.* **génétique**.) **Les parties génitales de l'homme, de la femme, du mâle, de la femelle.**

GÉNITIF [jé-ni-tĭf'] *s. m.*
[ÉTYM. Emprunté du lat. genitivus (s.-ent. casus), *m. s.* proprt, « qui engendre ». ‖ XIV° s. **Monstre de grammaire... Quant il de genitif n'a point**, J. LE FÈVRE; dans DELB. *Rec.*]
‖ (Gramm.) Cas auquel on met un mot déclinable pour exprimer son rapport à un autre mot désignant une chose qui lui appartient. **Mettre au — un nom et l'adjectif qui s'y rapporte.**

GÉNITOIRES [jé-ni-twàr] *s. m. pl.*
[ÉTYM. Emprunté du lat. genitalia (s.-ent. membra), *m. s.* devenu génitalies, génitaries, génitaires, puis, par substitution de suffixe, génitoires, § 62. ‖ XII° s. **Bon sunt si genitaire... A metre en medicine**, PH. DE THAUN, *Best.* p. 94.]
‖ *Vieilli.* Organes génitaux du mâle.

'GÉNITO-URINAIRE [jé-ni-tò-u-ri-nèr] *adj.*
[ÉTYM. Composé avec le radical de **génital** et **urinaire**, § 280. ‖ *Néolog.*]
‖ (T. scientif.) Qui a rapport à la génération et à la sécrétion urinaire. **Organes génito-urinaires.**

GÉNITURE [jé-ni-tûr] *s. f.*
[ÉTYM. Emprunté du lat. genitura, *m. s.* ‖ XV° s. **Eternelle et vraye geniture**, *Actes des Ap.* dans GODEF.]
‖ *Vieilli.* Progéniture. **La mère, apaisant sa chère —,** LA F. *Fab.* IV, 16.

GENOU [je-nou] *s. m.*
[ÉTYM. Pour **genouil**, § 463, du lat. pop. *genŭculum *genŭclum (class. genĭculum), diminutif de genu, *m. s.* §§ 88, 324, 390, 290 et 291.]
‖ 1° Articulation de la jambe avec la cuisse, à la partie antérieure. **Avoir les genoux portés en dedans, en dehors. Plier les genoux. Mettre un — en terre.** (*V.* **agenouiller.**) **Mettre un enfant à genoux (par punition). Se mettre à genoux (pour prier Dieu, pour supplier qqn). Demander une chose à genoux, à deux genoux (les deux genoux à terre). Votre Rome à genoux vous parle par ma bouche,** CORN. *Cinna*, II, 1. **Plier, fléchir le — devant qqn,** s'incliner humblement devant lui. **Il n'a devant Aman pu fléchir les genoux,** RAC. *Esth.* III, 4. **Embrasser les genoux de qqn (chez les anciens),** se prosterner devant lui en suppliant. **C'est donc à moi d'embrasser vos genoux,** RAC. *Iph.* III, 5. ‖ *Fig.* **Être à genoux devant qqn,** être aux genoux de qqn, lui montrer une soumission, une dépendance absolue. **Un peuple obéissant vous attend à genoux,** RAC. *Mithr.* I, 3. **Être aux genoux d'une femme. L'orgueilleuse m'attend encore à ses genoux,** RAC. *Andr.* II, 5. ‖ *P. anal.* En parlant de certains animaux. **Les genoux d'un cheval, d'un éléphant. Le chameau se met à genoux.** ‖ *Fig. Famil.* **Sa tête est comme un —,** chauve. **Ce couteau coupe comme un —,** ne coupe pas.

‖ 2° *P. anal.* (Technol.) Partie articulée d'un instrument. **— d'une lunette, d'un graphomètre,** pièce articulée placée au haut du pied de l'instrument, pour lui permettre de tourner. ‖ **— d'aviron,** partie comprise entre la poignée et le point d'appui. ‖ **— de varangue,** pièce de bois coudée qui consolide la coque d'un navire. ‖ *P. ext.* (Anat.) **— du corps calleux,** partie du corps calleux qui forme l'inflexion antérieure.

'GENOUILLADE [je-nou-yàd'] *s. f.*
[ÉTYM. Dérivé de **genouil**, anc. forme de genou, § 119. ‖ XVII° s. *V.* à l'article.]
‖ *Vieilli.* Génuflexion. **Le grand Amphitryoniade Lui fit profonde —,** SCARR. *Typhon*, 4.

GENOUILLÈRE [je-nou-yèr] *s. f.*
[ÉTYM. Dérivé de **genouil**, anc. forme de genou, § 115. ‖ XII° s. **Et ensement les genoillieres D'or et d'argent furent partieres**, *Énéas*, 4425.]
‖ 1° Ce qu'on attache sur le genou pour le préserver. | Pièce de l'armure des chevaliers qui était entre les jambards et les cuissards. | Partie d'une botte à l'écuyère qui emboîte et protège le genou. | Enveloppe de cuir que les couvreurs, les ramoneurs, mettent aux genoux pour monter dans les cheminées, sur les toits. | Enveloppe de cuir qu'on met aux genoux d'un cheval pour l'empêcher de se couronner. | Enveloppe de flanelle, de tricot, que l'on met au genou pour éviter, combattre les rhumatismes.
‖ 2° *P. anal.* (Technol.) | 1. Charnière mobile qui sert à monter les instruments de mathématiques. | 2. Cartouche coudé des fusées qu'on tire sur l'eau. | 3. Partie basse de l'embrasure d'une batterie de canons.

GENRE [jänr] *s. m.*
[ÉTYM. Emprunté du lat. genus, generis, *m. s.* § 503. ‖ XII°-XIII° s. **Salverat humaine genre**, *Veng. de J.-C.* dans GODEF. *Compl.* | XIV° s. **Choses qui different en genre**, ORESME, *Éth.* VI, 1.]
‖ 1° Groupe naturel d'êtres qui se ressemblent par certains traits essentiels. **Le — et l'espèce. Les divers genres du règne animal, végétal.** ‖ *P. ext.* **Le — humain.**
‖ 2° Idée générale sous laquelle l'esprit réunit ce qui est commun à divers termes, en éliminant les différences. **Dans la scolastique, les genres prenaient le nom d'universaux. Tout objet se définit par le — et la différence.**
‖ 3° Ensemble des caractères essentiels d'une chose. **Des ornements d'un — recherché.** *Famil.* **Avoir bon, mauvais —, de bonnes, de mauvaises manières.** *Ellipt.* **Se donner des genres,** avoir des manières affectées. **Avoir du —,** une manière d'être élégante, distinguée. ‖ **C'est un personnage illustre dans son —,** LA BR. 11. **Inventer un nouveau — de supplice. Les divers genres de style. Le — badin, familier. Les divers genres de littérature, d'architecture. Le — didactique, lyrique, épique, dramatique. Un bâtiment du — gothique. Peinture de —,** qui traite des sujets de fantaisie (par opposition à la peinture d'histoire, au paysage).
‖ 4° (Gramm.) Forme spéciale employée dans certaines langues pour distinguer les êtres masculins, les êtres féminins et les choses qui n'ont pas de sexe. **Le — masculin, féminin, neutre. Un adjectif des deux genres, qui n'a qu'une terminaison pour le masculin et le féminin. Un substantif des deux genres.**

1. GENS [jan ; l's se lie avec la valeur de z] *s. m.* et *f. pl.*
[ÉTYM. Ancien pluriel de **gént 1**, § 560. Féminin à l'origine, conformément à l'étymologie ; devenu masculin sous l'influence de l'idée d'homme, il garde pourtant le genre féminin dans quelques cas où l'adjectif lui est étroitement uni par le sens ou la construction. ‖ XI° s. **La gent qui enz fregondent**, *St Alexis*, 299. | XII° s. **Granz est li duels que sa (var. ses) genz font**, *Énéas*, 2012.]
‖ 1. Nombre indéterminé de personnes prises collectivement. **Avant que de songer à condamner les —,** MOL. *Mis.* III, 4. **Donner la chasse aux — Portant bâtons,** LA F. *Fab.* I, 5. **Une hôtellerie où on loge bêtes et —, chevaux et voyageurs.** ‖ *Famil.* **Les —,** pour désigner, sans la nommer, une certaine personne, souvent la même qui parle. **Mais on entend les — au moins sans se fâcher,** MOL. *Mis.* I, 1. **Regardez un peu les — sans nulle haine,** ID. *Tart.* II, 4. ‖ **Gens veut au féminin les qualificatifs et les déterminatifs qui le précèdent,** lorsque le qualificatif ou le déterminatif qui le précède immédiatement n'a pas une forme unique pour le masculin et pour le féminin. **Quelles — êtes-vous?**

RAC. *Plaid.* II, 8. Certaines —. Toutes — d'esprit scélérat, LA F. *Fab.* VIII, 22. De telles —. Les petites —, gens de condition inférieure. De bonnes —, de méchantes —. Toutes les vieilles —. Quelles sottes — ! Il y a de sottes — qui me veulent dire qu'il a été marchand, MOL. *B. gent.* IV, 3. || Gens veut au masculin les qualificatifs et les déterminatifs qui le précèdent lorsque le qualificatif ou le déterminatif qui le précède immédiatement a une forme unique pour le masculin et pour le féminin, ou lorsque le qualificatif est séparé de gens par un membre de phrase. Tous ces —. Quels honnêtes — ! Ces courageux jeunes —. Instruits par l'expérience, les vieilles — agissent prudemment. || Gens veut au masculin les qualificatifs ou déterminatifs qui le suivent. — fort sensés. L'un dit : Ces — sont fous! LA F. *Fab.* III, 1. Des — fades, oisifs, LA BR. 7. Plus telles — sont pleins, moins ils sont importuns, LA F. *Fab.* XII, 13.

II. Une certaine catégorie de personnes. Les — de lettres, d'épée, de robe. Les — d'armes. (*Cf.* gendarme.) Les — du monde. Les — de l'art, du métier. Les — de chez nous. Au sommet De la salle, où l'on met Les — de Lantriguet (Tréguier), MOL. *B. gent.* ballet. Les — de bien, Tous deux pour leur pays sont morts en — d'honneur, CORN. *Hor.* IV, 2. Si tant de — de cœur font des vœux pour ta mort, ID. *Cinna*, IV, 2. Des — de sac et de corde. Les vagabonds ou — sans aveu sont ceux qui n'ont ni domicile certain..., *Code pénal*, art. 270. || *Absolt.* Ceux qui sont sous les ordres de qqn. La moitié de tes — doit occuper la porte, CORN. *Cinna*, V, 1. Dites aux — de Monsieur qu'ils aillent quérir des violons, MOL. *Préc. rid.* sc. 11.

2. *GENS [jîns'] *s. f.*
[ÉTYM. Emprunté du lat. gens, *m. s.* || *Néolog.*]
|| (Antiq. rom.) Famille ou réunion de familles d'une souche commune, patricienne. La — Fabia, Cornelia.

1. GENT [jan] *s. f.*
[ÉTYM. Du lat. gentem, *m. s.* § 291. (*Cf.* gens **1** et **2**.) || XIe s. Les Turcs et les Persans et cele gent haïe, *Voy. de Charl. à Jérus.* 105.]
|| **1°** *Vieilli.* Nation. La — noircie Dont le Nil arrose les champs, LA F. *Odes*, 5. || *Spécialt.* De nos jours. *Au plur.* Droit des gens. | 1. Droit naturel commun à toutes les nations. | 2. Droit international, qui règle les rapports de nation à nation.
|| **2°** *Famil.* Race. La — ailée. La — trotte-menu (rats, souris) s'en vient chercher sa perte, LA F. *Fab.* III, 18.

2. GENT, GENTE [jan, jânt'] *adj.*
[ÉTYM. Emprunté du lat. pop. *gentum, *m. s.* contraction de genitum, participe de gignere, engendrer, §§ 290 et 291; proprt, « né »; par extension, « bien né ». || XIe s. Donc le font gentement, *St Alexis*, 47. Gent ad le cors e le cuntenant fier, *Roland*, 118.]
|| *Vieilli.* Gentil. Cette gente assassine ? MOL. *Ét.* I, 5.

GENTIANE [jan-syàn' ; *en vers*, -si-àn'] *s. f.*
[ÉTYM. Emprunté du lat. gentiana, *m. s.* || XIIIe s. *Antidotaire*, Mss franç. Bibl. nat. 25327. Admis ACAD. 1762.]
- || (Botan.) Plante type de la famille des Gentianées, à suc amer, qui croît dans les montagnes. La — bleue. La grande — ou — jaune. *P. ext.* Tisane, sirop, vin, où entre la racine de cette plante. Boire de la —.

***GENTIANÉES** [jan-syà-né ; *en vers*, -si-à-...] *s. f. pl.*
[ÉTYM. Dérivé de gentiane, § 223. || 1811. MOZIN, *Dict. franç.-allem.*]
- || (Botan.) Famille de plantes dicotylédones, dont la gentiane est le type.

***GENTIANELLE** [jan-syà-nèl ; *en vers*, -si-à-...] *s. f.*
- [ÉTYM. Dérivé de gentiane, § 258. || 1791. ENCYCL. MÉTH.]
- || (Botan.) Espèce de gentiane originaire des Canaries.

1. GENTIL [jan-ti] *s. m.*
[ÉTYM. Emprunté du lat. ecclés. gentilis, *m. s.* § 216. Les Juifs appelaient goyim les nations (en grec τὰ ἔθνη), les peuples étrangers à leur culte ; les chrétiens latins appelèrent de même gentiles les païens. || XVIe s. Sur les Gentilz exercera justice, MAROT, *Ps.* 110.]
|| Celui qui appartient aux nations païennes. (S'emploie surtout au pluriel.) La conversion des gentils. || *Adjectivt.* Fils d'un père — et d'une mère chrétienne, ACAD.

2. GENTIL, ILLE [jan-ti, -tiy' ; *l* finale se lie avec la valeur d'un *y* : gentil enfant] *adj.*
[ÉTYM. Du lat. gentilem, de race, de « famille », par extension « de bonne race, de noble famille », § 291. Autrefois des deux genres. (*Cf.* gentiment.) Sur le son mouillé

pris à une époque récente par l finale, V. § 464. || XIe s. Donc prist moillier... Des mielz gentilz de tote la contrede, *St Alexis*, 20.]
I. *Anciennt.* Noble. (*Cf.* gentilhomme.) Gentille femme, gentille dame. || *P. anal.* — pays de France. || *Fig.* Généreux.
II. *P. ext.* Qui a un agrément délicat. Un — costume. Une gentille enfant. Il... me disait des mots les plus gentils du monde, MOL. *Éc. des f.* II, 5. Faire le —, affecter cet agrément. || *Ironiqt.* Vous êtes —, vous êtes un — garçon. Vous me traitez là de gentille personne, MOL. *Mis.* II, 1. || *Fig.* Bois —, daphné, garou, plante odorante.

GENTILHOMME [jan-ti-yòm' ; *au plur.* -ti-zòm'] *s. m.*
[ÉTYM. Composé de gentil et homme, § 173. || XIe s. Franc sunt mult gentil hume, *Roland*, 377.]
|| **1°** Homme de naissance noble. Qui se dit — et ment comme tu fais, Il ment quand il le dit, CORN. *Ment.* V, 3. Qu'avez-vous fait dans le monde pour être —? Croyez-vous qu'il suffise d'en porter le nom et les armes? MOL. *D. Juan*, IV, 4. — de nom et d'armes, noble de race. — de parchemin, roturier anobli. || *Loc. prov.* Vivre en —, sans travailler. *P. plaisant.* De travailler pour lui les membres se lassant Chacun d'eux résolut de vivre en —, LA F. *Fab.* III, 2. || *Spécialt.* Gentilshommes de la chambre, attachés au service particulier du roi. — au bec de corbin. (*V.* bec-de-corbin.)
|| **2°** *Fig.* | 1. (Hist. nat.) Fou blanc, oiseau palmipède. | 2. (Technol.) Pièce de fonte sur laquelle s'écoule le laitier d'un haut fourneau.

***GENTILHOMMEAU** [jan-ti-yò-mó ; *au plur.* -ti-zò-...] *s. m.*
[ÉTYM. Dérivé de gentilhomme, § 126. || XVe-XVIe s. Aulcuns petis gentilshommeaux, ÉT. DE MÉDICIS, dans DELB. *Rec.*]
|| *Vieilli.* Gentillâtre. Ces gentilshommeaux de province aiment les fêtes, BRUEYS et PALAPRAT, *Grondeur*, II, 15.

GENTILHOMMERIE [jan-ti-yòm'-ri ; *en vers*, -yò-me-ri] *s. f.*
[ÉTYM. Dérivé de gentilhomme, § 69. || XVIIe s. *V.* à l'article. Admis ACAD. 1762.]
|| *Famil.* || **1°** Qualité de celui qui est gentilhomme. La — vous tient les bras liés, MOL. *G. Dand.* I, 3.
|| **2°** Réunion de gentilshommes.

GENTILHOMMIÈRE [jan-ti-yò-myèr] *s. f.*
[ÉTYM. Dérivé de gentilhomme, § 115. || XVIe s. Gentilhomme ayant une gentilhommière, VAUQ. DE LA FRESN. dans DELB. *Matér.*]
|| *Famil.* Petit domaine de gentilhomme. Sa —, qu'il avait travestie en château, ST-SIM. IV, 136.

GENTILITÉ [jan-ti-li-té] *s. f.*
[ÉTYM. Emprunté du lat. ecclés. gentilitas, *m. s.* § 217. || XIVe s. Retourner a la gentilité, J. DE VIGNAY, *Miroir hist.* dans DELB. *Rec.*]
|| Ensemble de gentils. Afin que la —, aussi bien que le judaïsme, rendit hommage à ce Dieu, BOURD. *Myst. Résurrect.* 1.

GENTILLÂTRE [jan-ti-yâtr'] *s. m.*
[ÉTYM. Dérivé de gentil 2, § 151. || XIVe s. Il font trop le gentillastre, *Fauvel*, dans GODEF. *Compl.*]
|| *En mauvaise part.* Gentilhomme de petite noblesse.

GENTILLESSE [jan-ti-yès'] *s. f.*
[ÉTYM. Dérivé de gentil 2, § 124. A remplacé l'anc. franç. gentelise (jadis). || XIIe s. De vostre enor vos resovaingne Et de vostre grant jantillesse, CHRÉTIEN DE TROYES, *Cheval. au lion*, dans DELB. *Rec.*]
I. *Anciennt.* Noblesse. — de nature, grandeur de courage, AMYOT, *Caton d'Ut.* 15.
II. Agrément délicat. — d'un enfant. Le prix de ses présents est en leur —, CORN. *Suite du Ment.* II, 3. Ce sont brutaux, ennemis de la — et du mérite, MOL. *Pourc.* III, 2. || *P. ext.* Action, parole qui a un agrément délicat. Il lui a fait mille gentillesses. *Ironiqt.* Je te dispense de me parler des gentillesses de ton enfance, HAMILT. *Gram.* 3. Où prend mon esprit toutes ces gentillesses? MOL. *Amph.* I, 1.

***GENTILLET, ETTE** [jan-ti-yè, -yèt'] *adj.*
[ÉTYM. Dérivé de gentil, § 133. Fréquent comme nom propre au moyen âge. || *Néolog.*]
|| *Famil.* Assez gentil.

GENTIMENT [jan-ti-man] *adv.*
[ÉTYM. Pour gentilment, composé de gentil et ment, § 724. || XIIe-XIIIe s. Gentiment la saluai, dans BARTSCH, *Rom. und Pastour*, p. 149.]
|| D'une manière gentille. Je voudrais... que cela fût tourné —, MOL. *B. gent.* II, 4.

*GENTLEMAN [jant'-le-màn'] s. m.
[ÉTYM. Emprunté de l'angl. gentleman, m. s. proprt, « gentilhomme », § 8. || 1788. ENCYCL. MÉTH. Écon. polit. III, 17.]
|| Homme comme il faut. Deux parfaits gentlemen.

GÉNUFLEXION [jé-nu-flěk'-syon ; en vers, -si-on] s. f.
[ÉTYM. Emprunté du lat. genuflexio, m. s. || XIVe s. Genuflection, J. GOLEIN, Trad. du Rational, dans GODEF. Compl.]
|| Action de fléchir le genou, en signe d'adoration, de respect, de soumission. (Cf. genouillade.) Faire des génuflexions. Le duc de Guyenne... fit encore une — en entrant dans la loge, DUCLOS, L. XI, II, 209. Fig. Famil. Civilités exagérées.

GÉOCENTRIQUE [jé-ò-san-trĭk'] adj.
[ÉTYM. Composé avec le grec γῆ, terre, κέντρον, centre, et le suffixe ique, § 279. || 1732. TRÉV. Admis ACAD. 1762.]
|| (Astron.) Mesuré par rapport à la terre considérée comme centre de la sphère céleste (par opposition à héliocentrique). Latitude —. Mouvement — d'une planète.

*GÉODE [jé-òd'] s. f.
[ÉTYM. Emprunté du lat. geodes, grec γεώδης, m. s. proprt, « terreux ». Sur le genre, V. § 550. || 1694. TH. CORN. Admis ACAD. 1762; suppr. en 1798.]
|| (Minéral.) Pierre naturellement creuse contenant des cristaux, des matières terreuses, etc. La belle — qui est au cabinet du roi, BUFF. Minéraux.

GÉODÉSIE [jé-ò-dé-zi] s. f.
[ÉTYM. Emprunté du grec γεωδαισία, m. s. de γῆ, terre, et δαίειν, diviser. || 1647. Longimetrie ou geodesie, BOBYNET, dans DELB. Rec. Admis ACAD. 1762.]
|| Science de la mesure du globe ou de ses parties.

GÉODÉSIQUE [jé-ò-dé-zĭk'] adj.
[ÉTYM. Dérivé de géodésie, § 229. || 1742. Hist. de l'Acad. des sc. p. 90. Admis ACAD. 1762.]
|| Qui se rapporte à la géodésie. Opérations géodésiques.

GÉOGNOSIE [jé-ŏg'-nò-zi] s. f.
[ÉTYM. Composé avec le grec γῆ, terre, et γνῶσις, connaissance, § 279. || 1802. WERNER, Nouv. Théorie de la form. des filons, p. 9, préf. Admis ACAD. 1835.]
|| Science de la composition minéralogique du globe.

GÉOGRAPHE [jé-ò-grăf'] s. m.
[ÉTYM. Emprunté du lat. geographus, grec γεωγράφος, m. s. || XVIe s. Nos geographes, MONTAIGNE, II, 12.]
|| Celui qui s'occupe de géographie.

GÉOGRAPHIE [jé-ò-grà-fi] s. f.
[ÉTYM. Emprunté du lat. geographia, grec γεωγραφία, m. s. proprt, « description de la terre ». || XVe-XVIe s. Geografie, J. LE MAIRE, dans GODEF. Compl.]
|| Science qui a pour objet la description de la surface du globe. — physique, description des montagnes, des bassins, etc. — politique, description des peuples, des villes. — historique, description des changements que les événements ont amenés. Une carte, un traité de —, et, ellipt, Une —.

GÉOGRAPHIQUE [jé-ò-grà-fĭk'] adj.
[ÉTYM. Emprunté du lat. geographicus, grec γεωγραφικός, m. s. || 1555. Description geographique, JACQUINOT, Astrolabe, fo 51, vo.]
|| Qui se rapporte à la géographie. Dictionnaire, carte —.

*GÉOGRAPHIQUEMENT [jé-ò-grà-fĭk'-man ; en vers, -fi-ke-...] adv.
[ÉTYM. Composé de géographique et ment, § 724. || XVIe s. Pourtrait geografiquement, dans GODEF. Compl.]
|| D'une manière géographique.

GEÔLAGE [jó-làj'] s. m.
[ÉTYM. Dérivé de geôle, § 78. || 1306. Ils ne paieront point de geolaige, dans GODEF. jaiole.]
|| Ancienn. Droit payé au geôlier par le prisonnier.

GEÔLE [jól] s. f.
[ÉTYM. Pour geôle, plus anciennement jaiole, § 358, du lat. pop. caveŏla, diminutif de cavea, cage, § 86, altéré de bonne heure en *gaveŏla, *gaviŏla, § 379, d'où *gaiola, § 445, jaiole, §§ 393 et 291. (Cf. gable.) || XIIe s. Fu trovez morz en la gaole Grimout, WACE, Rou, III, 4233.]
|| 1o Ancienn. Cage. (Cf. engeoler.)
|| 2o Prison. || P. ext. Logement du geôlier.

GEÔLIER, IÈRE [jó-lyé, -lyèr'] s. m. et f.
[ÉTYM. Dérivé de geôle, § 115. || 1298. Le jeolier du chastelet de Paris, DELB. Rec.]
|| Gardien, gardienne d'une prison.

GÉOLOGIE [jé-ò-lò-ji] s. f.
[ÉTYM. Composé avec le grec γῆ, terre, et λόγος, discours, § 279. || 1779. DELUC, Lett. phys. et mor. I, p. 5, disc. Admis ACAD. 1835.]
|| Science qui étudie les terrains dont est formée l'écorce terrestre, leur état actuel et leur formation.

GÉOLOGIQUE [jé-ò-lò-jĭk'] adj.
[ÉTYM. Dérivé de géologie, § 229. || 1798. DELUC, Lett. sur l'hist. phys. de la terre, p. 122, disc. Admis ACAD. 1835.]
|| Qui se rapporte à la géologie.

*GÉOLOGIQUEMENT [jé-ò-lò-jĭk'-man ; en vers, -ji-ke-...] adv.
[ÉTYM. Composé de géologique et ment, § 724. || Néolog.]
|| D'une manière géologique.

GÉOLOGUE [jé-ò-lòg'] s. m.
[ÉTYM. Tiré de géologie, § 37. || 1798. Deux géologues célèbres, DELUC, Lett. sur l'hist. phys. de la terre, p. 13. Admis ACAD. 1835.]
|| Celui qui s'occupe de géologie.

*GÉOMANCE [jé-ò-màns] et GÉOMANCIE [jé-ò-man-si] s. f.
[ÉTYM. Emprunté du lat. geomantia, grec γεωμαντεία, m. s. || XIVe s. Devinement fait en terre est appelé geomancie, J. DE VIGNAY, Miroir hist. dans DELB. Rec. ACAD. 1694-1762 ne donne que géomance; suppr. en 1878.]
|| Art de deviner l'avenir d'après les figures que forme une poignée de terre jetée au hasard.

GÉOMANCIEN, IENNE [jé-ò-man-syin, -syèn'; en vers, -si-...] s. m. et f.
[ÉTYM. Dérivé de géomancie, § 244. || XVIe s. PARÉ, XIX, 31. Admis ACAD. 1762.]
|| Celui, celle qui s'occupe de géomancie.

GÉOMÉTRAL, ALE [jé-ò-mé-tràl] adj.
[ÉTYM. Dérivé de géomètre, § 238. || 1680. RICHEL.]
|| (Architect.) Qui reproduit la forme et la dimension géométrique d'un ouvrage construit ou à construire. Plans géométraux. Coupe, élévation géométrale.

GÉOMÉTRALEMENT [jé-ò-mé-tràl-man ; en vers, -trà-le-...] adv.
[ÉTYM. Composé de géométrale et ment, § 724. || 1547. Toiles geometralement proportionnees, A. MIZAULD, Mir. du temps, dans DELB. Rec. Admis ACAD. 1835.]
|| (Architect.) D'une manière géométrale.

GÉOMÈTRE [jé-ò-mètr'] s. m.
[ÉTYM. Emprunté du lat geometres, grec γεωμέτρης, m. s. L'anc. franç. dit ordinairement geometrien, qui est encore dans OUD. || XIIIe-XIVe s. Ensi com font li geometre, Boèce, dans GODEF. Compl.]
|| Celui qui est versé dans la géométrie. Il n'y a point de — qui ne croie l'espace divisible à l'infini, PASC. Espr. géom. 1. P. appos. Arpenteur —, géomètre chargé d'opérations d'arpentage. Fig. Cette sphère du monde que Platon appelle... l'ouvrage de l'éternel —, VOLT. Mémoires, 3. || Vieilli. Adjectivt. Avoir l'esprit —, VOLT. Dict. philos. Locke.

GÉOMÉTRIE [jè-ò-mé-tri] s. f.
[ÉTYM. Emprunté du lat. geometria, grec γεωμετρία, m. s. de γῆ, terre, et μέτρον, mesure. || XIIe s. L'une i portrait geometrie, Si com ele esgarde et mesure, CHRÉTIEN DE TROYES, Érec, dans DELB. Rec.]
|| Science qui a pour objet la mesure de l'étendue et des parties qu'on y peut concevoir. — plane, qui mesure les figures tracées dans un même plan. — dans l'espace, qui mesure les volumes. — descriptive, qui étudie les lois de la représentation graphique des figures, et, spéciall, la projection des solides sur un plan. — analytique, qui applique à la géométrie le calcul algébrique. — transcendante, qui applique à la géométrie le calcul infinitésimal. Un traité de —, et, ellipt, Une —. || P. ext. Toute science mathématique. La —... ne peut définir ni le mouvement, ni les nombres, ni l'espace ; et cependant ces trois choses sont celles qu'elle considère particulièrement et selon la recherche desquelles elle prend ces trois différents noms de mécanique, d'arithmétique, de —, ce dernier mot appartenant au genre et à l'espèce, PASC. Espr. géom. 1. || Fig. Il y a... en nous une — naturelle, c'est-à-dire une science des proportions, BOSS. Conn. de Dieu, I, 8.

GÉOMÉTRIQUE [jé-ò-mé-trĭk'] adj.
[ÉTYM. Emprunté du lat. geometricus, grec γεωμετρικός,

m. s. || XIV° s. Proportionalité geometrique, ORESME, *Éth.*
v, 8.]

|| Relatif à la géométrie. Science, démonstration, construction —. L'exactitude —. || *Spécialt.* Proportion, progression —, proportion, progression par quotient.

GÉOMÉTRIQUEMENT [jé-ò-mé-trik'-man ; *en vers,*
-tri-ke-...] *adv.*
[ÉTYM. Composé de géométrique et ment, § 724. || XIV° s.
Geometricment ponctué, *Traité d'alch.* dans LITTRÉ.]
|| D'une manière géométrique. Démontrer qqch —.

'GÉORAMA [jé-ò-rà-mà] *s. m.*
[ÉTYM. Composé avec le grec γῆ, terre, et ὅραμα, spectacle, § 279. || *Néolog.*]
|| Représentation en relief de l'ensemble ou d'une partie de la terre, à une échelle plus ou moins grande.

GÉRANCE [jé-räns'] *s. f.*
[ÉTYM. Dérivé de gérant, § 146. || *Néolog.* Admis ACAD.
1878.]
|| Fonction de gérant.

GÉRANIUM [jé-rà-nyòm'; *en vers,* -ni-òm'] *s. m.*
[ÉTYM. Emprunté du lat. geranium, grec γεράνιον, *m. s.*
proprt, « bec de grue ». || 1545. Le geranium ou la viole noire,
G. GUÉROULT, dans DELB. *Rec.* Admis ACAD. 1762.]
|| (Botan.) Plante de jardin à feuilles arrondies, à
fleurs en ombelle.

GÉRANT, ANTE [jé-ran, -ränt'] *s. m. et f.*
[ÉTYM. Subst. particip. de gérer, § 47. || *Néolog.* Admis
ACAD. 1835.]
|| Celui, celle qui administre, pour le compte d'un autre, un domaine, une entreprise industrielle, etc. *Spécialt.* Le — responsable d'un journal, d'une revue.

'GERBAGE [jèr-bàj'] *s. m.*
[ÉTYM. Dérivé de gerber, § 78. || *Néolog.*]
|| Action de mettre (le blé) en gerbes.

GERBE [jèrb'] *s. f.*
[ÉTYM. Pour jarbe, § 302, emprunté de l'anc. haut allem. garba, allem. moderne garbe, *m. s.* §§ 6, 498 et 499.
|| XIII° s. Par vos perdi ge mon froment Ou j'avoie la quarte
jarbe, *Renart*, XXII, 657.]
|| Faisceau d'épis coupés, où les têtes sont disposées
d'un même côté, qui va s'élargissant. Lier les gerbes. *Anciennt.* Dîmer à la dixième, à la vingtième —, prendre une
gerbe sur dix, sur vingt, en vertu du droit de dîme. Un
curé qui court la —, qui va lever la dîme en personne. |
Loc. prov. Faire — de fouarre à Dieu, donner au curé, pour
la dîme, la gerbe où il y a le plus de fouarre, le moins
de grain. (*Cf.* barbe.) || *P. anal.* Une — de fleurs, botte
de fleurs coupées où les têtes sont disposées du même
côté. Une — d'osier, botte de branches d'osier (pour la
vannerie). || *Fig.* Une — de feu, flammes qui s'élancent
en forme de gerbe. *Spécialt.* Dans un feu d'artifice, fusées qui s'élancent en gerbe. Une — d'eau, eaux jaillissantes en gerbe.

GERBÉE [jèr-bé] *s. f.*
[ÉTYM. Dérivé de gerbe, § 119. || 1553. Deux chariots...
chargez de gerbes, B. DE SALIGNAC, *Siège de Metz*, p. 526,
Michaud.]
|| 1° Botte de paille où il reste qqs épis.
|| 2° Botte de fanes, de tiges de céréales, de légumineuses, coupées avant la maturité pour servir de fourrage. || *P. anal.* — de sarments, sarments mis en botte.

GERBER [jèr-bé] *v. tr. et intr.*
[ÉTYM. Dérivé de gerbe, § 154. || XIII° s. Cilz qui gerbet et
vet moxonnant, *Cartul. de St-Vinc. de Metz*, dans GODEF.
Admis ACAD. 1718.]
|| 1° *V. tr.* Mettre en gerbe. — les javelles. || *P. anal.*
Mettre en tas. — des fûts, des obus.
|| 2° *V. intr.* Se mettre en gerbe. *Fig.* Un jet d'eau qui gerbe.

'GERBO [jèr-bò] *s. m.* et **GERBOISE** [jèr-bwàz'] *s. f.*
[ÉTYM. Emprunté de l'arabe yerbo ou djerbou (*cf.* l'espagn. gerbasia), *m. s.* §§ 13 et 22. || 1700. Un petit animal
nommé gerbo, CORNELIS DE BRUYN, *Voy. au Levant*, p. 406.
Admis ACAD. 1835.]
|| (Hist. nat.) Petit mammifère rongeur. — du Cap.

GERCE [jèrs'] *s. f.*
[ÉTYM. Subst. verbal de gercer, §.52. ACAD. ne donne
que le sens 2°, dont le rapport avec le sens 1° n'est pas
sûr. L'anc. franç. jarce signifie « lancette à scarifier ». ||
(Au sens 2°.) XVI° s. Tignes, gerces et chenilles, A. MIZAULD,
Mais. champ. dans DELB. *Rec.*]

|| 1° Fente légère que produit la dessiccation dans le
bois. || *P. ext.* Planche ainsi fendillée.
|| 2° Teigne qui ronge les étoffes.

GERCER [jèr-sé] *v. tr.*
[ÉTYM. Pour jarcer, § 302, du lat. pop. *carptiare (tiré
du lat. class. carpere, déchirer, comme *captiare, chasser,
de capere); *m. s.* altéré de bonne heure en *garptiare,
§ 379, d'où jarcier, §§ 393, 429, 406, 297 et 291, jarcer,
§ 634. Le mot signifie souvent « scarifier » en anc. franç.
|| XII°-XIII° s. Chil ki si griement se garsa, RENCL. DE MOILIENS,
Miserere, CXXXVII, 10.]
|| Fendiller. Avoir la peau, les lèvres gercées par le froid.
|| Les chaleurs ont gercé la terre. || La sécheresse a fait —
cette planche.

GERÇURE [jèr-sür'] *s. f.*
[ÉTYM. Dérivé de gercer, § 111. || XV° s. Par seignees ou
par gerseures, *Traité de tribulation*, dans GODEF. gerseure.]
|| Fente légère que le froid produit sur la peau, la sécheresse sur le bois, sur un enduit, etc.

GÉRER [jé-ré] *v. tr. et pron.*
[ÉTYM. Emprunté du lat. gerere, porter, administrer. ||
1611. COTGR.]
|| 1° *V. tr.* Administrer pour le compte d'un autre
(un domaine, une entreprise industrielle, etc.). Un homme
chargé de — les propriétés de qqn. || *P. anal.* — une tutelle.
|| *P. ext.* Il a mal géré ses affaires.
|| 2° *Rare. V. pron.* (Droit.) Se — créancier, se porter
créancier.

GERFAUT [jèr-fó] *s. m.*
[ÉTYM. Pour gerfauc, composé avec l'anc. haut allem.
gir (allem. moderne geier), vautour, et fauc, anc. nominatif de faucon, §§ 6, 199, 498 et 499. || XII° s. Osturs, girfaus e espervers, *Vie de St Gilles*, 1553.]
|| Oiseau de proie, sorte de faucon de grande taille,
hardi et très agile.

GERMAIN, AINE [jèr-min, -mên'] *adj.*
[ÉTYM. Du lat. germanum, *m. s.* §§ 300 et 291.]
|| 1° Né du même père et de la même mère. Frère —,
sœur germaine. (*Cf.* consanguin et utérin.) || *Substantivt.*
Des frères, des germains, CORN. *Pomp.* IV, 1.
|| 2° *P. ext.* Cousins germains, nés de parents frères ou
sœurs l'un de l'autre. Elle est ma cousine germaine. || *Substantivt.* Cousins issus de —, issus de parents qui sont cousins germains. Cousin issu de — de Mme de Maintenon, ST-
SIM. I, 28.

GERMANDRÉE [jèr-man-dré] *s. f.*
[ÉTYM. Altération (*V.* § 509) du lat. chamædrys, yos, grec
χαμαίδρυς, *m. s.* proprt, « chêne terrestre », || XII°-XIII° s.
Camedreos : gemandree, *Gloss.* dans GODEF. *Compl.*]
|| (Botan.) Plante formant un genre de la famille des
Labiées, à fleurs purpurines ou jaunes. — aquatique.

GERMANISME [jèr-mà-nïsm'] *s. m.*
[ÉTYM. Dérivé du lat. Germanus, nom propre des Germains, anciens habitants de l'Allemagne, § 265. || 1752.
TRÉV. Admis ACAD. 1798.]
|| (Gramm.) Façon de parler propre à la langue allemande.

GERME [jèrm'] *s. m.*
[ÉTYM. Du lat. germen, *m. s.* §§ 291 et 473.]
I. || 1° Rudiment de l'embryon destiné à reproduire
la plante, l'animal. Faux —, produit informe d'une conception imparfaite. Accoucher d'un faux —. Préexistence des
germes, système d'après lequel le germe préexisterait à la
fécondation.
|| 2° *P. ext.* Rudiment de certaines parties organiques. Le — des dents, des cheveux.
II. *Fig.* Principe, élément du développement d'une
chose. Avoir le — d'une maladie. Étouffer la rébellion dans son
—. Le — des vertus, des vices. Une idée qui contient en — tout
un système. Qui croirait que le — de Pyrrhus et d'Andromaque
est dans Pertharite? VOLT. *Mél. littér. Lett. à d'Olivet.*

GERMER [jèr-mé] *v. intr. et tr.*
[ÉTYM. Du lat. germinare, *m. s.* devenu *germner, germer,
§§ 336, 472, 295 et 291.]
I. *V. intr.* || 1° En parlant de la semence, faire paraître
le germe. Des graines qui commencent à —. || *Fig.* Voyez —
à l'œil les semences du monde, RÉGNIER, *Sat.* 9.
|| 2° *P. ext.* En parlant de la plante, se montrer en
germe. Les blés sont germés. On fabrique la bière avec de l'orge
qu'on a fait —. || *Fig.* Commencer à se développer. Les idées

qui germent dans les esprits. Les vertus qui germent dans le cœur d'un enfant.

II. *V. tr.* Produire en développant le germe. Que la terre germe l'herbe verte, FÉN. *Exist. de Dieu*, I, 2. *Fig.* Qui de nouveaux martyrs germe une ample moisson, CORN. *Hymne St Victor.*

GERMINAL, *GERMINALE [jèr-mi-nàl] *adj.* et *s. m.*

[ÉTYM. Dérivé du lat. germen, inis, germe, § 238. Au sens **II** le mot est dû à FABRE D'ÉGLANTINE. Admis ACAD. 1798, suppl.]

I. *Adj.* (T. didact.) Relatif au germe.

II. *S. m.* Septième mois du calendrier républicain (du 21 mars au 19 avril).

GERMINATIF, IVE [jèr-mi-nà-tif, -tīv'] *adj.*

[ÉTYM. Dérivé du lat. germinare, germer, § 257. || XVIᵉ s. Il y en a une autre (eau) germinative, B. PALISSY, p. 267. Admis ACAD. 1878.]

|| (T. didact.) Qui a rapport à la germination.

GERMINATION [jèr-mi-nà-syon ; *en vers,* -si-on] *s. f.*

[ÉTYM. Emprunté du lat. germinatio, *m. s.* || XVᵉ-XVIᵉ s. Germination de David, FOSSETIER, dans GODEF. *Compl.* Admis ACAD. 1762.]

|| (T. didact.) Production, accroissement du germe, de l'embryon végétal. || *P. ext.* Premier développement de la plante.

***GERMOIR** [jèr-mwăr] *s. m.*

[ÉTYM. Dérivé de germer, § 113. || 1700. LIGER, *Nouv. Mais. rust.* dans DELB. *Rec.*]

|| (Technol.) || **1°** Caisse, pot, trou creusé pour recevoir certaines graines qu'on veut semer plus tard.

|| **2°** Cellier où l'on fait germer l'orge pour la fabrication de la bière.

***GERMURE** [jèr-mûr] *s. f.*

[ÉTYM. Dérivé de germer, § 111. || XVᵉ s. Ces gernures tendoient a maturité, J. VAUQUELIN, dans GODEF. gernure.]

|| *Vieilli.* Germination. Les germures faites à l'air, DODART, dans *Mém. de l'Acad. des sc.* ann. 1700, p. 55.

GÉROFLE [jé-ròll']. *V.* girofle.

GÉRONDIF [jé-ron-dif] *s. m.*

[ÉTYM. Emprunté du lat. gerundivum (mieux gerundium), *m. s.* de gerere, faire. || 1520. Signification deponente ou gerundive, FABRI, dans GODEF. *Compl.*]

|| (Gramm. lat.) Sorte d'infinitif déclinable à trois désinences, indiquant que l'idée exprimée par le verbe se fait, va se faire. Le — en di, en do, en dum. La forme du — s'est confondue en français avec celle du participe présent.

GÉRONTE [jé-rónt'] *s. m.*

[ÉTYM. Nom d'un personnage de comédie, emprunté du grec γέρων, οντος, vieillard, § 36. || *Néolog.* Admis ACAD. 1878.]

|| *Famil.* Vieillard débonnaire, crédule. Pour quel — me prend-on? CH. DE BERNARD, *Homme sérieux*, 17.

***GERSEAU** [jèr-só] *s. m.*

[ÉTYM. Semble pour herseau, § 126. (*Cf.* herse.) || 1690. FURET.]

|| (Marine.) Corde qui sert à suspendre ou à renforcer une poulie.

GERZEAU [jèr-zó] *s. m.*

[ÉTYM. Même radical que l'anc. franç. jargerie (var. garzerie, jergerie, etc.), ivraie, d'origine inconnue. || XIIᵉ s. Quant nos augom et aragom le jarzeu de tous froment, *Sermons poitevins*, dans GODEF. jarzeu. Admis ACAD. 1798.]

|| (Agricult.) Nielle, plante qui croît dans les blés.

GÉSIER [jé-zyé] *s. m.*

[ÉTYM. Du lat. gigerium, qui en lat. classique désigne les entrailles des volailles et qui paraît avoir pris dans le lat. pop. le sens de « gésier » et être devenu par dissimilation *gicerium, d'où gisier, §§ 382, 305 et 291, puis, par une seconde dissimilation, jesier, gésier, § 360. || XIIᵉ-XIIIᵉ s. Jecur : giser, *Gloss. de Glasgow*, dans GODEF. *Compl.*]

|| Second estomac des oiseaux, qui vient après le jabot, et où les aliments sont broyés et réduits en pâte.

GÉSINE [jé-zin'] *s. f.*

[ÉTYM. Dérivé de gésir, § 100. || XIIᵉ s. En sa gesine, BENEEIT, *Ducs de Norm.* 10763.]

|| *Vieilli.* Couches (d'une femme).

GÉSIR [jé-zir] *v. intr.*

[ÉTYM. Du lat. jacēre, *m. s.* §§ 397, 346, 382, 316 et 291. Le mot n'est plus usité qu'au présent et à l'imparfait de l'indicatif et au participe présent.]

|| Être couché, étendu. C'est là que du lutrin gît la machine énorme, BOIL. *Lutr.* 3. A l'endroit où gisait cette somme enterrée, LA F. *Fab.* IV, 20. *Spéciall.* Être couché dans la tombe. Sous ce tombeau gisent Plaute et Térence, LA F. *Épit. de Molière.* Ici gît, ci-gît un tel, une telle, formule des épitaphes. || *P. ext.* S'étendre. [1. (Marine.) La côte gît nord et sud. | 2. (Minéral.) L'endroit où gisent les meilleurs filons. Les mines d'étain de Saxe... gisent comme celles d'Angleterre dans les montagnes à couches, DUFF. *Minéraux, Étain. Fig.* Se trouver. C'est là que gît la difficulté. C'est là encore où gît la gloire, LA BR. 12.

GESSE [jès'] *s. f.*

[ÉTYM. Emprunté du provenç. geissa, geicha, *m. s.* d'origine inconnue, § 11. || 1400. Un quartaul que taives que poix que jaisses, dans GODEF. *Compl.*]

|| (Botan.) Plante légumineuse formant un genre de la famille des Papilionacées. — cultivée ou domestique, pois breton, dit aussi lentille d'Espagne. — chiche. — odorante, pois de senteur. — de la Chine, pois vivace.

GESTATION [jès'-tà-syon ; *en vers,* -si-on] *s. f.*

[ÉTYM. Emprunté du lat. gestatio, action de porter. || Admis ACAD. 1762.]

|| (Hist. nat.) Séjour du fœtus dans le sein de la mère depuis le moment où elle a conçu. *Fig.* La — d'un poème.

1. GESTE [jěst'] *s. f.*

[ÉTYM. Emprunté du lat. gesta, participe passé au pluriel neutre de gerere, faire, accomplir. Qqns font le plur. gestes du masc. sous l'influence de geste 2, ou du premier terme de la locution faits et gestes. || XIᵉ s. Il est escrit en la geste Francur, *Roland*, 1443.]

|| **1°** *Anciennt.* Action mémorable. (Vitres) Où peintes sont les gestes authentiques, MAROT, I, 177. Grand chroniqueur des gestes d'Alexandre, BOIL. *Ép.* 11. || *Spéciall.* Chanson de —, poème épique français du moyen âge.

|| **2°** *De nos jours.* Les faits et gestes de qqn, toute sa conduite. (S'emploie en mauvaise part.) On ne parle ici que des discours et des faits et gestes de la Brinvilliers, SÉV. 530.

2. GESTE [jěst'] *s. m.*

[ÉTYM. Emprunté du lat. gestus, *m. s.* || XVᵉ s. Sa geste et parolle estoit aspre, COMM. II, 3.]

|| Mouvement du bras, de la main, de la tête, etc., qui exprime certaines pensées, certains sentiments, ou rend plus expressif le langage. Les muets se font comprendre par gestes. Faire un — d'assentiment, de dénégation. Laisser échapper un — d'impatience. Je réponds d'un — de tête, MOL. *Amph.* III, 1. J'approuvais tout pourtant de la mine et du —, BOIL. *Sat.* 3. Un orateur qui a de beaux gestes. Une personne qui fait beaucoup de gestes en parlant.

GESTICULATEUR, *GESTICULATRICE [jěs'-ti-ku-là-teŭr, -trīs'] *s. m.* et *f.*

[ÉTYM. Emprunté du lat. gesticulator, *m. s.* || 1583. Gesticulateur des mains, F. BRETIN, *Lucien*, dans DELB. *Rec.*]

|| Celui, celle qui gesticule.

GESTICULATION [jěs'-ti-ku-là-syon ; *en vers,* -si-on] *s. f.*

[ÉTYM. Emprunté du lat. gesticulatio, *m. s.* || XIVᵉ s. Gesticulation des espaules, J. DE VIGNAY, *Miroir hist.* dans DELB. *Rec.*]

|| Action de gesticuler.

GESTICULER [jěs'-ti-ku-lé] *v. intr.*

[ÉTYM. Emprunté du lat. gesticulare, *m. s.* || XVIᵉ s. Gesticuler en faisant des exclamations, H. EST. *Nouv. Lang. franç. italian.* dans DELB. *Rec.*]

|| Faire beaucoup de gestes. Ils gesticulent, ils crient, ils s'agitent, LA BR. 9.

GESTION [jěs'-tyon ; *en vers,* -ti-on] *s. f.*

[ÉTYM. Emprunté du lat. gestio, *m. s.* || XVᵉ-XVIᵉ s. Par les gestions duquel les choses futures devinent precognoissoit, FOSSETIER, *Chron. margar.* dans GODEF.]

|| **1°** Action de gérer. Confier à qqn la — d'une entreprise.

|| **2°** Manière de gérer. Demander compte à qqn de sa —.

GEYSER [ghèy'-zèr] *s. m.*

[ÉTYM. Emprunté de l'islandais geyser, *m. s.* propri, « furieux », § 9. || 1812. BRUN NEERGAARD, dans *Journal des mines,* XXXI, 6. Admis ACAD. 1878.]

|| (Géologie.) Source d'eau bouillante qui jaillit à une grande hauteur.

GIBBEUX, EUSE [jib'-beú, -beŭz'] *adj.*

[ÉTYM. Emprunté du lat. gibbosus, *m. s.* || XVᵉ s. Faulcon gibbeux ou bossu, dans DELB. *Rec.* Admis ACAD. 1762.]

|| (T. didact.) || **1°** En parlant d'une personne, qui a une bosse (au dos).

|| **2°** En parlant d'une chose, qui est en bosse. Partie gibbeuse du foie. Les parties gibbeuses de la lune.

'GIBBIE [jĭb'-bĭ] *s. f.*

[ÉTYM. Dérivé du lat. gibba, bosse, à cause de la forme globuleuse de l'abdomen de cet insecte, § 124. || 1815. ENCYCL. MÉTH. *Insectes.*]

|| (Hist. nat.) Insecte coléoptère à abdomen renflé, sorte de grosse puce qui ronge les plantes chez les herboristes, dans les herbiers.

GIBBON [jĭb'-bon] *s. m.*

[ÉTYM. Paraît emprunté des dialectes de l'Inde, § 25. DUPLEIX a fait connaître en France le mot et l'animal qu'il désigne. || XVIII° S. BUFF. *Gibbon.* Admis ACAD. 1878.]

|| (Hist. nat.) Grand singe de l'Inde.

GIBBOSITÉ [jĭb'-bó-zi-té] *s. f.*

[ÉTYM. Dérivé du lat. gibbosus, gibbeux, § 255. || XIII°-XIV° S. La gibbosité du foie, *Chirurg. de Mondeville*, f° 22. Admis ACAD. 1762.]

|| (T. didact.) || **1°** Bosse de l'épine dorsale.

|| **2°** Proéminence en forme de bosse.

GIBECIÈRE [jĭp'-syèr; *en vers*, ji-be-...] *s. f.*

[ÉTYM. Dérivé de l'anc. verbe gibecer, aller à la chasse (*cf.* gibier), § 115. || 1350. Six gibecieres broudees, dans DU C. giboçaria.]

|| Grand sac en cuir où les chasseurs mettent le menu gibier. || P. anal. Sac où les pêcheurs mettent le menu poisson. Mettons-le en notre —, LA F. *Fab.* v, 3. || Sac où les bergers, les écoliers, mettent leurs provisions. || *Spéciall.* Sac d'escamoteur. Faire des tours de —. *Fig.* Il a plus d'un tour dans sa —, il sait trouver plus d'une ruse.

GIBELET [jĭb'-lè; *en vers*, ji-be-lè] *s. m.*

[ÉTYM. Altération de guibelet, guimbelet (formes encore employées par MÉNAGE). Le mot est apparenté à l'angl. wimble, vilebrequin, d'origine incertaine, § 8 ; quant à gimblet, qui a le même sens en anglais, il est emprunté du français guimbelet. || 1412. Un guimbelet ou foret, dans DU C. vigiliæ.]

|| Foret que les tonneliers, les marchands de vin, enfoncent d'un seul coup dans un fût pour le mettre en perce. || *Fig.* Cet homme a un coup de —, il est un peu fou.

'GIBELOT [jĭb'-ló; *en vers*, ji-be-ló] *s. m.*

[ÉTYM. Peut-être altération de l'allem. gabelholz, *m. s.* proprt, « bois (holz) qui fait la fourche (gabel) », § 7. || 1694. TH. CORN.]

|| (Marine.) Pièce de bois courbe fixée entre l'étrave et les plats bords d'un navire.

GIBELOTTE [jĭb'-lŏt'] *s. f.*

[ÉTYM. Même radical que l'anc. franç. gibelet, façon d'accommoder les oiseaux, lequel paraît se rattacher à gibler, § 136. || 1708. Laissez cuire vostre gibelotte, *École des officiers de bouche*, p. 341. Admis ACAD. 1762.]

|| (Cuisine.) Ragoût de lapin.

GIBERNE [ji-bèrn'] *s. f.*

[ÉTYM. Emprunté de l'ital. giberna, *m. s.* § 12. (*Cf.* lat. zaberna, *m. s.* dans un édit de DIOCLÉTIEN.) || 1752. TRÉV. Admis ACAD. 1762.]

|| (T. milit.) Boîte recouverte de cuir que les soldats portent au ceinturon ou en bandoulière et où ils mettent les cartouches. || *Fig.* Il a le bâton de maréchal dans sa —, de simple soldat, il peut devenir maréchal de France.

GIBET [ji-bè] *s. m.*

[ÉTYM. Origine inconnue. Le sens le plus ancien paraît être celui de « bâton en forme de crosse ». || XIII° S. Et il le gibet saisi Qui a son destre braz pendi, WACE, *Rou*, III, 8349.]

|| **1°** Potence pour les criminels condamnés à être pendus. Un scélérat qui sera par Géronte envoyé au —, MOL. *Scap.* III, 3. || P. ext. Bois sur lequel on mettait en croix, chez les anciens. Jésus-Christ suspendu à l'infâme —.

|| **2°** Fourches patibulaires. Corps exposés au — de Montfaucon.

GIBIER [ji-byé] *s. m.*

[ÉTYM. Dérivé d'un radical gib, d'origine inconnue, § 115. || XII° S. Me requist Que jou alaisse en gibier aveuc lui, *Huon de Bord.* 1372.]

|| **1°** *Anc. franç.* Chasse. Aller en —, à la chasse.

|| **2°** P. ext. Animaux qu'on prend à la chasse. Une pièce de —. Du — à plume (perdrix, cailles, etc.), à poil (lièvres, lapins, chevreuils, etc.). Menu — (perdrix, cailleslièvres, etc.). Gros — (chevreuil, sanglier, etc.). Le — du lion, ce ne sont pas moineaux, LA F. *Fab.* II, 19. || *Fig.* Personne qu'on cherche à prendre, à gagner. Ce n'est point là — à des gens comme moi, CORN. *Menl.* I, 1. — de potence, celui qui est fait pour la potence. Vrai — de potence, MOL. *Av.* I, 3. Apparemment, Monsieur nous prend pour du — à commissaire, GHERARDI, *Th. ital.* III, 320.

GIBOULÉE [ji-bou-lé] *s. f.*

[ÉTYM. Origine inconnue. || 1548. Giboulee ou undee, A. MIZAULD, *Miroer de l'air*, dans DELB. *Rec.*]

|| Coup de vent accompagné d'averse, qqf de grêle, et même de neige, et bientôt suivi d'une éclaircie. Une — de mars, de printemps.

GIBOYER [ji-bwà-yé] *v. intr.*

[ÉTYM. Dérivé du radical de gibier, § 163. || XII° S. Ez voz Girart qui vient de giboier, *Amis et Amiles*, 3391.]

|| *Vieilli.* Chasser, prendre du gibier.

GIBOYEUR [ji-bwà-yeùr] *s. m.*

[ÉTYM. Dérivé de giboyer, § 112. || 1583. A la mode des giboyeurs, D. SAUVAGE, *P. Jove*, dans DELB. *Rec.*]

|| *Vieilli.* Celui qui prend du gibier. C'est un grant, un petit —. || Celui qui vend du gibier.

GIBOYEUX, EUSE [ji-bwà-yeù, -yeùz'] *adj.*

[ÉTYM. Dérivé de giboyer, § 116. || 1700. Une terre giboyeuse, LIGER, *Nouv. Mais. rust.* dans DELB. *Rec.* Admis ACAD. 1798.]

|| Qui abonde en gibier. Une chasse giboyeuse.

GIFLE [jifl'] *s. f.*

[ÉTYM. Peut-être emprunté du moyen haut allem. kivel (allem. moderne kiefer), mâchoire, § 8. || XIII° S. Qui borse a dure et giffes moles, G. DE COINCY, dans MÉON, *Fabliaux et contes*, I, 306. Admis ACAD. 1878.]

|| **1°** *Vieilli.* Joue. Ce qui fait leurs gifles enfler, SCARR. *Virg. trav.* 2.

|| **2°** *Famil.* Tape donnée sur la joue de qqn avec la main. Donner, recevoir une —.

GIFLER [ji-flé] *v. tr.*

[ÉTYM. Dérivé de gifle, § 154. || *Néolog.* Admis ACAD. 1878.]

|| *Famil.* Frapper (qqn) sur la joue avec la main. Il s'est fait —.

'GIGADOU [ji-gà-dou] *s. m.*

[ÉTYM. Origine inconnue. || *Néolog.*]

|| (Technol.) Instrument de menuisier, de charpentier, de maçon, servant à prendre la mesure des angles, des courbes suivant lesquelles il faut tailler le bois, la pierre, etc.

GIGANTESQUE [ji-gan-tĕsk'] *adj.*

[ÉTYM. Emprunté de l'ital. gigantesco, *m. s.* de gigante, géant, § 12. || XVII° S. V. à l'article.]

|| Qui passe de beaucoup la grandeur ordinaire. Un animal, un arbre —. Être d'une taille —. M. de Trichateau, dont vous haïssez la — figure, SÉV. 654. || *Fig.* Qui passe de beaucoup la mesure commune. Un projet, un plan —. (Lois) frivoles dans le fond et gigantesques dans la forme, MONTESQ. *Espr. des lois*, XXVIII, 1.

'GIGANTESQUEMENT [ji-gan-tĕs'-ke-man] *adv.*

[ÉTYM. Composé de gigantesque et ment, § 724. || *Néolog.*]

|| D'une manière gigantesque.

GIGOT [ji-gó] *s. m.*

[ÉTYM. Origine inconnue. (*Cf.* giguer, ginguer.) || XV° S. Pastés de gigos de mouton, dans TAILLEVENT, *Viandier*, p. 47, Pichon et Vicaire.]

|| **1°** Cuisse des membres postérieurs d'un mouton, d'un agneau, etc., préparée pour être cuite. Un — rôti, braisé. Un émincé de —. Un — de chevreuil. (*Syn.* cuissot.) || Manche du —, partie de l'os par laquelle on peut le prendre. Manche à —, poignée qui emboîte cet os et par laquelle on le tient pour découper à table. || *P. plaisant.* Jambe d'une personne. Il faut ici remuer le —, REGNARD, *Bal*, sc. 16. Il n'allait plus que d'un —, SCARR. *Gigantomachie*, 4. || *P. ext. Vieilli.* Celui qui fait des rondes, archer du guet. Les pauvres gigots de justice crièrent merci, SOREL, *Francion*, p. 344.

|| **2°** *Fig.* Partie renflée de la manche des robes de femme. Des manches à —.

GIGOTÉ, ÉE [ji-gò-té] *adj.*

[ÉTYM. Dérivé de gigot, § 118. || 1680. RICHEL.]

|| *Famil.* Fortement membré. Cheval, chien, bien, mal —.

GIGOTER [ji-gò-té] *v. intr.*
[ÉTYM. Dérivé de gigot, § 154. || Admis ACAD. 1718 et écrit avec deux t jusqu'en 1835.]
|| *Famil.* Agiter les jambes. || *P. plaisant.* Danser.

1. GIGUE [jig'] *s. f.*
[ÉTYM. Subst. verbal de giguer, § 52. Le mot n'est dans aucun dictionnaire avant celui de FURET., qui le définit : « fille gaye et enjouée qui saute, qui gambade ». Le sens de « jambe » paraît dû à l'influence de gigot.]
|| *Famil.* Jambe. Il a de longues gigues. *Spéciall.* Une — (cuissot) de chevreuil. || *P. ext. En mauvaise part.* Une grande —, fille grande, maigre et alerte.

2. GIGUE [jig'] *s. f.*
[ÉTYM. Emprunté de l'angl. jig, m. s. § 8. Le mot anglais est lui-même emprunté de l'anc. franç. gigue, qui désigne un instrument à cordes d'origine germanique (anc. haut allem. gîge, allem. moderne geige, violon), § 6. || 1680, RICHEL.]
|| Air de danse, danse d'un mouvement vif. L'on n'entend point une — à la chapelle, LA BR. 14. Danser la —.

***GIGUER** [ji-ghé] *v. intr.*
[ÉTYM. Origine inconnue. (*Cf.* ginguer.) || XVᵉ s. Gigant et jouant, P. DE BEAUVAU, *Troilus*, p. 234. Admis ACAD. 1694; suppr. en 1762.]
|| *Vieilli.* Gambader. S'il faut — et se battre, Elle en donne six pour quatre, GOMBAUD, *Épigr.* I, 48.

GILET [ji-lè] *s. m.*
[ÉTYM. Dérivé de Gille, personnage portant une veste sans manches, §§ 36 et 133. (*V.* gille 2.) || 1736. *Merc. de Fr.* dans TRÉV. Admis ACAD. 1762.]
|| **1º** Partie du costume de l'homme qui recouvre le torse et se porte sans manches sous l'habit ou la redingote. || *P. anal.* Partie du vêtement de la femme qui imite le gilet d'homme. Un — Louis XV.
|| **2º** Sorte de camisole qu'on porte le plus souvent sur la peau. Un — de flanelle, de laine, de coton.

GILETIER, IÈRE [jil-tyé, -tyèr ; en vers, ji-le-...] *s. m. et f.*
[ÉTYM. Dérivé de gilet, § 115. || *Néolog.* Admis ACAD. 1878.]
|| Celui, celle qui confectionne des gilets.

1. *GILLE [jil] *s. f.*
[ÉTYM. Origine inconnue ; paraît être le même mot que gielle, mentionné dans *Modus* (XIVᵉ s.) comme nom d'une des parties constitutives d'un rets. (*V.* GODEF. gielle et guille 1.) || 1669. Engins appelés gilles, *Ordonn. sur la pêche*, dans ISAMBERT, *Rec. des anc. lois franç.* XVIII, 303.]
|| *Vieilli.* Filet pour la pêche, sorte de grand épervier.

2. GILLE [jil] *s. m.*
[ÉTYM. Nom propre correspondant au lat. Ægidius, § 36. || XVIᵉ s. Quand quelqu'un s'en est enfui, on dit : il a fait gilles, BEROALDE DE VERVILLE, *Moyen de parvenir*, chap. général.]
I. Dans le théâtre de la foire, celui qui joue les rôles de niais. || *Fig.* Un —, un niais.
II. *Loc. prov. Vieilli.* Faire —, déloger. Vous sûtes faire — et fendîtes le vent, CORN. *Suite du Ment.* I, 1.

GIMBLETTE [jin-blèt'] *s. f.*
[ÉTYM. Emprunté du provenç. moderne gimbeleto ou gimbleto, m. s. d'origine incertaine, § 11. || 1680. Les bonnes gimbelettes viennent de Languedoc, RICHEL. Admis ACAD. 1740.]
|| Petit gâteau sec.

GINDRE [jindr'] *s. m.*
[ÉTYM. Pour joindre, § 357, du lat. pop. *jūnior (class. jūnior), comparatif de juvenem, jeune, §§ 329, 290 et 484. Pour le sens, *cf.* sire et seigneur. || XIIIᵉ s. Soit joindres soit vallès, E. BOILEAU, *Livre des mest.* I, I, 44.]
|| (Technol.) Ouvrier boulanger qui pétrit le pain.

GINGAS [jin-gá] *s. m.*
[ÉTYM. Origine inconnue. || 1799. Fabrique de gingas, PEUCHET, *Dict. de géogr. commerc.* introd. p. 247. Admis ACAD. 1835.]
|| (Technol.) Toile à carreaux pour matelas.

GINGEMBRE [jin-jänbr'] *s. m.*
[ÉTYM. Emprunté du lat. zingiberi, grec ζιγγίβερις, m. s. devenu par assimilation *gingiberi, *gingimberi, d'où gingembre, §§ 360 et 503. || XIIᵉ s. Gimgibre et mult girofre pur eschalfer mangeit, GARN. DE PONT-STE-MAX. *St Thomas*, 3384.]

|| (Botan.) Plante des Indes, dont la racine aromatique est employée comme condiment. Rapporter de Goa le poivre et le —, BOIL. *Sat.* 8. Confiture de —.

***GINGIVAL, ALE** [jin-ji-vàl] *adj.*
[ÉTYM. Dérivé du lat. gingiva, gencive, § 238. || *Néolog.*]
|| (Anat.) Relatif à la gencive. Muqueuse gingivale.

***GINGIVITE** [jin-ji-vit'] *s. f.*
[ÉTYM. Dérivé du lat. gingiva, gencive, § 282. || *Néolog.*]
|| (Médec.) Inflammation de la gencive.

***GINGLYME** [jin-glim'] *s. m.*
[ÉTYM. Emprunté du grec γίγγλυμος, charnière.|| 1586. J. GUILLEMEAU, *Tables anatom.* p. 6. Admis ACAD. 1762; suppr. en 1798.]
|| (Anat.) Articulation en forme de charnière.

***GINGUER** [jin-gué] *v. intr.*
[ÉTYM. Autre forme de giguer, § 361. || XVᵉ s. Petillans et gingans, MARTIAL D'AUVERGNE, *Amant rendu cordelier*, 1546, Montaiglon.]
|| *Dialect.* Sauter, folâtrer. || Ruer.

GINGUET, ETTE [jin-ghè, -ghèt'] *adj.*
[ÉTYM. Dérivé de ginguer, §§ 16 et 133. || XVIᵉ s. En l'an 1554 nous eusmes des vins infiniment verds que l'on appela ginguets, PASQ. *Rech.* VIII, 43.]
|| **1º** En parlant du vin, suret (*proprt*, qui fait sauter celui qui en boit). Boire du vin —, et, *substantivt*, du —. (*Cf.* guinguette.)
|| **2º** *Fig.* De mince valeur. Ce n'est pas la faute de l'auteur si ce morceau se trouve —, MARQUIS DE MIRABEAU, *l'Ami des hommes*, II, 1. Les « Scythes » (tragédie) sont un peu ginguets, VOLT. *Lett. à d'Argent.* 20 juin 1767.

GINSENG [jin-san] *s. m.*
[ÉTYM. Emprunté du chinois ginsen, m. s. § 27. || 1757. Gins-eng, ENCYCL. Admis ACAD. 1762.]
|| (Botan.) Plante d'Orient dont la racine aromatique est employée comme stimulant. Vers 1750, un commerce nouveau, celui du —, tourna toutes les têtes, *Mémoires de M. de Bouvart* (1758), dans *Collect. de documents*, Québec, 1840.

***GIPON** [ji-pon]. *V.* guipon.

GIRAFE [ji-ràf'] *s. f.*
[ÉTYM. Emprunté de l'arabe zourafa ou zerafa, m. s. par l'intermédiaire de l'ital. giraffa, §§ 12 et 22. JOINV. dit orafle, altération orale de la forme arabe. || XIIIᵉ s. Mul ni asnes ne bues ne chamoux ni giras, *Prise de Jérus.* dans GODEF. *Compl.* | XVᵉ s. Bestes mout estranges...lesquelles sont appelees giraffa, D'ANGLURE, *Voy à Jérus.* dans DELB. *Rec.*]
|| (Hist. nat.) Mammifère à très long cou et à robe mouchetée, dit autrefois caméléopard. *Fig.* Un cou de —, très long.

GIRANDE [ji-ränd] *s. f.*
[ÉTYM. Emprunté de l'ital. giranda, m. s. du verbe girare, tourner, § 12. || 1694. TH. CORN. Admis ACAD. 1762.]
|| (Technol.) Gerbe d'eau, de lumière. (*Syn.* girandole.)

GIRANDOLE [ji-ran-dòl] *s. f.*
[ÉTYM. Emprunté de l'ital. girandola, m. s. diminutif de giranda (*V.* girande), § 12. || 1642. Girandolle, OUD.]
|| **1º** (Technol.) Gerbe d'eau, de lumière.
|| **2º** *P. anal.* Chandelier à plusieurs branches. || Boucle d'oreilles à plusieurs pendants.

GIRASOL [ji-rà-sòl] *s. m.*
[ÉTYM. Emprunté de l'ital. girasole, m. s. § 12. COTGR. et OUD. écrivent encore, conformément à l'orthogr. ital. girasole. || XVIᵉ s. (Au sens **1º**.) DU PINET, dans DELB. *Rec.* | (Au sens **2º**.) E. BINET, *ibid.*]
|| **1º** Pierre précieuse analogue à l'opale.
|| **2º** (Botan.) *Vieilli.* Tournesol.

GIRATOIRE [ji-rà-twàr] *adj.*
[ÉTYM. Dérivé du lat. girare (mieux gyrare), tourner, § 249. || XVIIIᵉ s. Mouvement giratoire, CONDORCET, *Éloges d'Arci.* Admis ACAD. 1835.]
|| (T. didact.) Qui fait tourner. Le mouvement — des cyclones.

GIRAUMONT et **GIRAUMON** [ji-rò-mon] *s. m.*
[ÉTYM. Origine inconnue. || 1732. TRÉV. Admis ACAD. 1762.]
|| (Botan.) Courge d'Amérique.

***GIRIE** [ji-ri] *s. f.*
[ÉTYM. Origine inconnue. || *Néolog.*]
|| *Famil.* || **1º** Plainte affectée.
|| **2º** *P. ext.* Manière affectée. Faire des giries.

GIROFLE [ji-ròfl'] et **GÉROFLE** [jé-ròfl'] s. m.
[ÉTYM. Emprunté du lat. caryophyllon, grec χαρυόφυλλον, devenu de bonne heure *garyophyllon, § 497, *garofolum, § 356, d'où gerofle, girofle, §§ 393, 290 et 291. || XIIᵉ s. Gimgibre et mult girofre pour eschalfer mangeit, GARN. DE PONT-STE-MAX. St Thomas, 3834.]
|| Bouton de la fleur du giroflier, en forme de clou à tête, employé comme épice. Des clous de —.

GIROFLÉ, ÉE [ji-rò-flé] adj. et s. f.
[ÉTYM. Dérivé de girofle, § 118. || XIIIᵉ s. Piument et giroflé, ADENET, dans DELB. Rec. | XVᵉ s. Pour ce qu'elle a oudeur semblable a clous de girofle, l'appelle l'en giroflee, Grant Herbier, 211.]
I. Adj. Qui tient du girofle. Cannelle giroflée, écorce aromatique du giroflier.
II. Giroflée, s. f. Plante formant un genre de la famille des Crucifères, à fleurs blanches, jaunes ou rougeâtres, dont l'odeur rappelle celle du girofle. — double. — à cinq feuilles. || P. plaisant. Fig. Une — à cinq feuilles, un soufflet laissant la marque des cinq doigts sur la joue.

GIROFLIER [ji-rò-fli-yé] s. m.
[ÉTYM. Dérivé de girofle, § 115. || 1372 Ou rosier et ou giroflier, J. CORBICHON, Propr. des choses, dans DELB. Rec. Admis ACAD. 1740.]
|| (Botan.) Arbre des Moluques ou des Antilles, de la famille des Myrtacées, dont la fleur en bouton est employée comme épice sous le nom de clou de girofle.

***GIROLE** [ji-ròl] s. f.
[ÉTYM. Emprunté du provenç. moderne giroulo, m s. d'origine incertaine, §11. || XVIᵉ s. Chervys ou giroles, DU PINET, Hist. nat. de Pline, XIX, 4.]
|| (Botan.) Nom vulgaire de la berle des potagers, dont la racine est comestible et analogue à celle du chervis.

GIROLLE [ji-ròl] s. f.
[ÉTYM. Paraît-être une forme dialectale (V. § 16) pour girelle, dérivé du lat. girare (mieux gyrare), tourner, à cause de la forme arrondie de ce champignon, § 126. || XVIᵉ s. Girolles et champignons, dans GODEF. girole. Admis ACAD. 1878.]
|| Espèce de bolet, champignon comestible dit aussi chanterelle, oreille-de-lièvre, etc.

GIRON [ji-ron] s. m.
[ÉTYM. Emprunté de l'anc. haut allem. gero, m. s. (cf. le holland. geer, gousset, geeren, être de biais), §§ 6, 498 et 499. || XIᵉ s. Sü prent par son geron, Voy. de Charl. à Jérus. dans DELB. Rec.]
I. || 1º Anc. franç. Pan coupé obliquement en forme de triangle.
|| 2º (Blason.) Triangle dont la pointe se termine au cœur de l'écu.
|| 3º P. ext. Surface (triangulaire, en biais) de la marche d'un escalier. || P. ext. — droit, rectangulaire.
II. P. ext. || 1º Anc. franç. Pan du vêtement allant de la ceinture au genou.
|| 2º P. ext. Partie qui s'étend de la ceinture aux genoux chez une personne assise. L'Amour vient se jeter dans le — de sa mère, LA F. Daphné, I, 6, indic. scéniq. || Fig. Le sein. Rester dans le — de l'Église.

GIRONNÉ, *GIRONNÉE [ji-rò-né] adj.
[ÉTYM. Dérivé de giron, § 118. || XIIᵉ s. Et la sorcele d'un riche escarimant De ci a terre geronee pendant, Raoul de Cambrai, 504. Admis ACAD. 1718.]
|| (Technol.) Disposé en giron. (Blason.) Écu —, divisé en parties triangulaires. Marches gironnées, marches triangulaires d'un escalier à vis. || Tuile gironnée, taillée en triangle.

***GIRONNER** [ji-rò-né] v. tr.
[ÉTYM. Tiré de gironné, à cause de la forme de l'écu gironné, § 37. || 1600. Gironner un suage, E. BINET, Merv. de la nat. dans GODEF.]
|| (Technol.) Arrondir (une pièce d'orfèvrerie). || Arrondir le fond (d'une pièce de chaudronnerie).

GIROUETTE [ji-rwêt' ; en vers, -rou-êt'] s. f.
[ÉTYM. Origine incertaine. Semble se rattacher au lat. girare (mieux gyrare), tourner, § 133. || 1549. Un gyrouet, une gyrouette, R. EST.]
|| Flèche, banderole de fer ou de tôle, mobile sur un pivot, au sommet d'un édifice, et qui, tournant au gré du vent, en indique la direction. Jamais légère — Au vent si tôt ne se vira, DESPORTES, Bergeries, 6. || Fig. Personne qui change souvent d'opinion. Une — politique.

GISANT, ANTE [ji-zan, -zânt'] adj.
[ÉTYM. Adj. particip. de gésir, § 47. || 1498. Les gesans du planquier, dans GODEF. gesant.]
|| Étendu sans mouvement. Les blessés gisants sur le sol. Substantivt. Le — (le malade gisant) irait voir ses aïeux, LA F. Fab. V, 12. || P. anal. (Technol.) Navire —, échoué. Bois —, tombé à terre. Les usagers qui n'ont d'autre droit que celui de prendre le bois mort, sec et —, ne pourront se servir de crochets, Code forestier, art. 80. Meule (de moulin) gisante, meule inférieure fixe, sur laquelle vient frotter la meule supérieure. || Substantivt. Le — d'un chariot, d'un tombereau, la partie du brancard qui porte directement sur l'essieu.

GISEMENT [jiz'-man ; en vers, ji-ze-...] et, vieilli, ***GISSEMENT** [jis'-man ; en vers, ji-se-...] s. m.
[ÉTYM. Dérivé de gésir, § 145. || XIIIᵉ s. Vostre gissement faites, Renaud de Montauban, p. 403, Michelant. Admis ACAD. 1740.]
|| 1º (Marine.) Situation d'une côte, relevée par les calculs nautiques.
|| 2º (Mines.) Position qu'affectent les couches de minerai. || P. ext. Filon. On a découvert un — de houille.

GÎTE [jît'] s. m. (fém. comme terme de marine).
[ÉTYM. Subst. verbal de gésir, §§ 52 et 65. || XIIᵉ s. Et s'l prandroit la nuit son giste, CHRÉTIEN DE TROYES, Cheval. au lion, 670.]
|| 1º Lieu où l'on trouve à coucher, à se loger. Vous n'irez pas fort loin pour trouver votre —, MOL. Tart. V, 7. Vieilli. — d'étape, lieu désigné pour étape à des soldats en marche. Bon souper, bon —, LA F. Fab. IX, 2. || Spécialt. Lieu où le lièvre repose. Un lièvre en son — songeait, LA F. Fab. II, 14. P. anal. (Cuisine.) Lièvre au —, en pâté dans une terrine. || Fig. Revenir au —, parmi les siens. Il faut attendre le lièvre au —, il faut attendre les gens chez eux. || P. plaisant. Un mort s'en allait tristement S'emparer de son dernier —, LA F. Fab. VII, 11.
|| 2º P. ext. (Technol.) | 1. (Marine.) Lieu où un navire est échoué. | 2. Gisement de minerai. | 3. (Artill.) Lit de pourrelles qui soutient une plate-forme. | 4. Charpente autour de laquelle pivote un pont tournant. | 5. Poutre de grenier. | 6. Meule gisante d'un moulin. | 7. Table qui reçoit le raisin à presser. | 8. Plaque inférieure d'un soufflet. | 9. (Boucherie.) — à la noix, partie du bœuf où se trouve une pelote graisseuse, dite noix. Ellipt. Un morceau de —.

GÎTER [ji-té] v. intr. et tr.
[ÉTYM. Dérivé de gîte, § 154. || XIIIᵉ s. Trop par estoie loing gités, Rose, dans GODEF. Compl.]
|| 1º V. intr. Avoir son gîte (qqpart). Gîtant, chassant de château en château, J.-J. ROUSS. Nouv. Hél. II, 18. Chez lui (l'aubergiste) rarement on gîtait, LA F. Contes, Berceau. Absolt. Afin qu'il ne m'avienne De mal —, LA F. Contes, Oraison. || Spécialt. | 1. (Chasse.) Le lièvre était gîté dessous un maître chou, LA F. Fab. IV, 4. | 2. (Marine.) Le lieu où gîte un navire, où il est échoué.
|| 2º V. tr. Mettre dans un gîte. Je ne sais où les —. Se — où l'on peut. Nous avons été mal gîtés.

1. GIVRE [jivr'] s. m.
[ÉTYM. Origine inconnue. || XVᵉ s. De joivre et de bruillas, dans GODEF. Compl.]
|| Gelée blanche, congélation de la rosée, ou de la vapeur du brouillard, par les nuits froides d'automne. de printemps. Les arbres sont couverts de —. || P. anal. (Chimie.) Cristaux blancs que dépose à la surface de la vanille l'acide benzoïque qu'elle renferme.

2. GIVRE s. f. V. guivre.

1. *GIVRÉ, ÉE [ji-vré] adj.
[ÉTYM. Dérivé de givre 1, § 118. || Néolog.]
|| Couvert de givre, de gelée blanche. || Fig. Vanille givrée, à la surface de laquelle l'acide benzoïque a déposé des cristaux blancs. Pierre givrée. (V. givreux.)

2. *GIVRÉ, ÉE. V. guivré.

***GIVRÉE** [ji-vré] s. f.
[ÉTYM. Dérivé de givre 1, § 119. || Néolog.]
|| (Technol.) Couche de verre blanc pilé.

***GIVREUX, EUSE** [ji-vreu, -vreûz'] adj.
[ÉTYM. Dérivé de givre 1, § 116. || Néolog.]
|| (Technol.) Pierre givreuse, qui présente des traces d'éclat fait par l'outil du lapidaire. (Syn. glaceux.)

***GIVRURE** [ji-vrür] s. f.

[ÉTYM. Dérivé de givre 1, § 111. || Néolog.]

|| (Technol.) Tache mate produite sur un diamant par un éclat qu'a fait l'outil du mineur, du lapidaire. (Cf. étonnure.)

GLABRE [glåbr'] adj.

[ÉTYM. Emprunté du lat. glaber, m. s. || 1545. Tige glabre, G. GUÉROULT, dans DELB. Rec. Admis ACAD. 1835.]

|| (T. didact.) En parlant de ce qui est pubescent à l'état normal, dépourvu de poils, de duvet. Un menton —. Une plante à feuilles glabres.

GLAÇANT, ANTE [glà-san, -sånt'] adj.

[ÉTYM. Adj. particip. de glacer, § 47. Fréquent en anc. franç. au sens de « glissant ». || (Au sens actuel.) Admis ACAD. 1798.]

|| Qui glace. (Cf. glacial.)

GLACE [glås'] s. f.

[ÉTYM. Du lat. pop. *glacia (class. glaciem), m. s. §§ 378 et 291. (Cf. verglas.) || XIIe s. Car plus blanche est que neis ne glace, Énéas, 3994.]

I. || 1º Eau congelée par le froid. L'été n'a point de feux, l'hiver n'a point de —, BOIL. Lutr. 2. Un temps froid comme —, LA F. Contes, Courtisane amoureuse. La — commence à fondre. Mettre de la — sur la tête d'un malade. Rafraîchir l'eau avec de la —. Par le chaud qu'il faisait, nous n'avions point de —, BOIL. Sat. 3. Casser, rompre la —. Ferrer un cheval à —, et, fig. famil. Être ferré à — sur une question, ne pas avoir à craindre de perdre son aplomb, la connaître parfaitement. Rompre la —, faire cesser la froideur, la contrainte. P. ext. Un médecin d'Angleterre auquel il faut donner la louange d'avoir rompu la — sur cet endroit (circulation du sang), DESC. Méth. 5. Rare au pluriel. Le duc du Maine se chargeait de rompre utilement toutes les glaces, ST-SIM. XI, 9. || Morceau de glace. Les glaces du pôle. || P. ext. Degré de la température, marqué sur le thermomètre, auquel l'eau se congèle. Il y a dix degrés au-dessous de —. Le thermomètre est à —. P. anal. Boire à la —, à la température de la glace. || Ellipt. Une —, crème, sirop congelé dans la glace. Prendre une —.

|| 2º Fig. | 1. Froideur extrême. L'homme est de — aux vérités, Il est de feu pour les mensonges, LA F. Fab. IX, 6. Cette indiscrète ardeur tourne bientôt en —, CORN. Poly. III, 3. Spécialt. En parlant de l'amour. Quand je suis tout de feu, d'où vous vient cette —? RAC. Phèd. V, 1. | 2. Engourdissement de la vieillesse. Il ne sent plus le poids ni les glaces de l'âge, BOIL. Lutr. 5. D'un corps tout de — inutile ornement, CORN. Cid, I, 4. | 3. Contrainte dans l'abord. Essayer de fondre la —, de rendre l'abord plus engageant. Quel accueil! quelle —! RAC. Brit. II, 6.

II. Ce qui rappelle la glace, par le poli, la transparence de sa surface.

|| 1º Plaque de verre d'une grande épaisseur destinée à réfléchir la lumière, à servir de miroir, de vitrage, etc. Une manufacture de glaces. Couler une —. Étamer une —. Un salon qui a des portes, des panneaux de —. || P. ext. | 1. Panneau, miroir de glace. Mettre des glaces dans un salon. Un appartement orné de glaces. Se coiffer devant la —. Les entrées passaient dans les cabinets, par la porte de —, ST-SIM. XI, 438. | 2. Châssis vitré d'une voiture. Lever, baisser les glaces. || P. ext. — blanche, sorte de tache mate dans un diamant. (Syn. givrure.)

|| 2º (Cuisine.) | 1. Couche de blanc d'œuf et de sucre dont on recouvre certaines pâtisseries. | 2. Couche de gelée faite de jus de viande réduit. Un filet de bœuf dans sa —.

GLACÉE [glà-sé] s. f.

[ÉTYM. Subst. particip. de glacer, § 45. || Admis ACAD. 1762.]

|| (Botan.) || 1º Plante ficoïde, dite aussi glaciale. (V. ce mot.)

|| 2º Variété de pomme, dite aussi pomme de glace.

GLACER [glà-sé] v. tr. et intr.

[ÉTYM. Du lat. glaciare, m. s. devenu glacier, §§ 398, 297 et 291, glacer, § 634. Signifie souvent glisser en anc. franç. De là le sens I de glacis.]

|| 1º Refroidir (un liquide) de manière à le convertir en glace. On pourra voir la Seine à la Saint-Jean glacée, BOIL. Sat. 1. || P. ext. Rendre très froid. Boire de l'eau glacée. Avoir les mains glacées. || P. anal. Frapper du froid de la mort, du frisson de la crainte. Entre les mains de la mort, glacés sous ses froides mains, BOSS. Condé. Je sentis dans mon corps tout mon sang se —, RAC. Iph. 1, 1.

|| 2º Fig. | 1. Paralyser par la crainte, l'émotion, etc.

La peur a glacé mes indignes soldats, RAC. Ath. V, 5. Ai-je par un écrit Pétrifié sa veine et glacé son esprit? BOIL. Sat. 9. Sa langue en sa bouche à l'instant s'est glacée, RAC. Ath. II, 2. Spécialt. Rendre sans ardeur, sans passion. Ses froids embrassements ont glacé ma tendresse, RAC. Phèd. IV, 1. Trouverai-je l'amant glacé comme le père? ID. Iph. II, 3. | 2. Engourdir par la vieillesse. Un cœur déjà glacé par le froid des années, RAC. Mithr. IV, 5. | 3. Rendre d'un abord froid. Quel est ce sombre accueil et ce discours glacé? RAC. Baj. III, 6. Faites-lui un accueil glacé, LES. Turcar. I, 1.

|| 3º P. anal. Revêtir d'un vernis poli, transparent, qui a l'apparence de la glace. Des gants glacés, du papier glacé. Du taffetas glacé, et, substantivt, Le glacé des gants, du papier, le vernis qui lui donne cette apparence. — des poteries, les revêtir d'un enduit destiné à se vitrifier au feu. (V. glaçure.) || — une galantine, en la recouvrant d'une couche de gelée faite avec du jus de viande réduit. — un gâteau, avec une couche de blanc d'œuf, de sucre, etc. || — une peinture, appliquer sur une partie déjà peinte une teinte légère, transparente, pour en modifier le ton. (V. glacis.) || P. ext. — une doublure, l'unir, l'empêcher de plisser.

GLACEUX, EUSE [glà-seû, -seûz'] adj.

[ÉTYM. Dérivé de glace, § 116. || 1400. Un balay... glaceux en bende, dans DOUET D'ARCQ, Pièces relat. à Ch. VI, II, 358. Admis ACAD. 1762.]

|| 1º Anciennt. Qui atteint la température où l'eau se convertit en glace. Nuit très obscure et fort glaceuse, D'AUB. Hist. univ. V, p. 12, de Ruble.

|| 2º (Technol.) Qui présente une tache mate, dite glace blanche. Diamant —. (Syn. givreux.)

GLACIAIRE [glà-syèr; en vers, -si-èr] adj.

[ÉTYM. Dérivé du lat. glacies, glace, § 238. (Cf. glacier, glacière.) || Néolog. Admis ACAD. 1878.]

|| (T. didact.) Qui appartient aux glaciers. La période —, dans laquelle se sont formés les glaciers.

GLACIAL, ALE [glà-syàl; en vers, -si-àl] adj.

[ÉTYM. Emprunté du lat. glacialis, m. s. || XIVe s. Humeur cristalline ou glacial, EVRART DE CONTY, Probl. d'Aristote, dans GODEF.]

|| 1º Qui a la température de la glace. Zone glaciale. Les mers glaciales. Un froid, un vent —. || P. ext. (Botan.) Anémone glaciale, qui croît dans la région des glaciers. || Substantivt. La glaciale, plante ficoïde dont les feuilles sont semées de vésicules transparentes comme la glace.

|| 2º Fig. | 1. Qui est sans ardeur, sans passion. Orateur, écrivain, style —. | 2. Qui est d'un accueil sec, contraint. Un homme —. P. ext. Faire à qqn une réception glaciale.

1. GLACIER [glà-syé] s. m.

[ÉTYM. Dérivé de glace, § 115 : le mot paraît emprunté des dialectes de la Savoie, § 11. || 1757. ENCYCL. Admis ACAD. 1762.]

|| Amas de glace permanent, qui se forme dans les hautes vallées de certaines montagnes. Les glaciers du mont Blanc.

2. GLACIER [glà-syé] s. m.

[ÉTYM. Dérivé de glace, § 115. || (Au sens II.) 1784. ENCYCL. MÉTH. Admis ACAD. 1835.]

I. Celui qui fait, qui vend des glaces (crèmes, sirops glacés).

II. Celui qui fabrique, qui vend des glaces (de verre).

GLACIÈRE [glà-syèr] s. f.

[ÉTYM. Dérivé de glace, § 115. || 1642. OUD.]

|| 1º Cavité souterraine où l'on conserve, où l'on produit de la glace à rafraîchir. Fig. Lieu très froid. Cet appartement est une —.

|| 2º Vieilli. Amas de glace. (V. glacier 1.)

GLACIS [glà-si] s. m.

[ÉTYM. Dérivé de glacer, § 82. || 1512. Les haults rochers et glacis inaccessible, J. LE MAIRE, dans DELB. Rec.]

I. || 1º Terrain en pente unie. Spécialt. Pente douce qui, dans une fortification, descend du haut du chemin couvert jusqu'à la campagne.

|| 2º Pente sur la cimaise d'une corniche, dite — de corniche, et servant à l'écoulement des eaux pluviales.

|| 3º Évasement ajouté à la partie supérieure d'une chaudière pour en augmenter la capacité.

|| 4º Tour de la sole d'un sabot de cheval.

|| 5º Plan de maçonnerie sur lequel les raffineurs exposent les pains de sucre pour les faire sécher au soleil.

II. || **1°** Teinte légère, transparente, qu'on applique avec un pinceau délié sur une partie déjà peinte, pour en modifier le ton.

|| **2°** Enduit de plâtre dont on recouvre les lattes voliges d'un faite ou les lattes jointives d'une cloison, la tête d'un mur de clôture, etc.

|| **3°** *P. ext.* Rang de points qui fixe sur une étoffe la doublure, pour qu'elle soit unie et ne se plisse pas.

GLAÇON [glà-son] *s. m.*
[ÉTYM. Dérivé de glace, § 104. || XII° s. Dunc vint l'iver od ses glaçons, BENEEIT, *Ducs de Norm.* II, 1728.]

|| Morceau de glace d'une certaine dimension. La Seine charrie des glaçons. || *Fig.* | **1.** Froideur, défaut d'ardeur. Dissipe mes glaçons, CORN. *Imit.* IV, 16. | **2.** Personne froide, sans ardeur. C'est un —.

**GLAÇURE [glà-sûr] *s. f.*
[ÉTYM. Dérivé de glace, § 111, sous l'influence de l'allem. glasur, *m. s.* § 7. || 1771. Vernis dont on couvre la porcelaine, en allemand « glasur » et que l'on nomme en français converti « glaçure », COMTE DE MILLY, *Porcelaine*, p. 4.]

|| (Technol.) Enduit dont on revêt les poteries, et qui est destiné à se vitrifier au feu.

GLADIATEUR [glà-dyà-teur ; *en vers*, -di-à-...] *s. m.*
[ÉTYM. Emprunté du lat. gladiator, *m. s.* de gladius, glaive. || XIII° s. Gladiators tres cruelx, dans GODEF. *Compl.*]

|| **1°** (Antiq. rom.) Homme qu'on faisait combattre dans le cirque, contre d'autres hommes ou, contre des bêtes féroces, pour l'amusement du peuple. Les sanglants spectacles des gladiateurs, BOSS. *Hist. univ.* II, 16. Spartacus, un esclave, un vil —, RAC. *Mithr.* III, 1.

|| **2°** *P. ext. Vieilli.* Duelliste. N'ont-ils pas flatté la passion de ces malheureux gladiateurs, en enseignant qu'un homme qui est injustement attaqué peut tuer son ennemi en duel? PASC. *Fact. Curés d'Amiens.* || *Fig.* Voilà une belle matière qui se présente aux gladiateurs de plume, MAUCROIX, dans RICHEL. *Dict.*

**GLAI [glè] *s. m.*
[ÉTYM. Du lat. gladium, glaive, qui a été employé en lat. pop. au même sens que gladiolus (*V.* glaïeul), §§ 294, 415 et 291.]

|| *Vieilli.* Glaïeul. Les nymphes... S'y viennent fournir... De pipeaux, de joncs et de glais, ST-AMANT, I, p. 22, Livet.

GLAÏEUL [glà-yéul] *s. m.*
[ÉTYM. Du lat. gladiolum, *m. s.* proprt, « petit glaive », devenu en lat. pop. **gladyolum, § 356, d'où glaïuel, glaïeul, §§ 415, 320 et 291.]

|| (Botan.) Plante voisine de l'iris. (*Syn.* glai.)

**GLAIRAGE [glè-ràj'] *s. m.*
[ÉTYM. Dérivé de glairer, § 78. || *Néolog.*]

|| (Technol.) Action de glairer.

GLAIRE [glér] *s. f.*
[ÉTYM. Du lat. pop. **claria, m. s.* (tiré de clarus, clair, § 67), devenu de bonne heure **glaria (par confusion avec le lat. class. glaria ou glarea, gravier, §§ 377 et 509), §§ 294, 356 et 291. || XII° s. La glaire d'ou, *Lapid. de Marbode*, 652, Pannier.]

|| **1°** Le blanc de l'œuf lorsqu'il n'est pas cuit. (*Syn.* aubin.)

|| **2°** *P. anal.* | **1.** Toute humeur visqueuse du corps. Cracher des glaires. On trouve des glaires dans les excréments. Trois sortes de glaires ou humeurs extrêmement claires, DESC. *l'Homme.* | **2.** Eau qui se trouve dans les diamants imparfaits.

GLAIRER [glè-ré] *v. tr.*
[ÉTYM. Dérivé de glaire, § 154. || 1680. RICHEL. Admis ACAD. 1798.]

|| (Technol.) Frotter de glairure.

GLAIREUX, EUSE [glè-reû, -reûz'] *adj.*
[ÉTYM. Dérivé de glaire, § 116. || XIII° s. Les sansues qui... sont glaireuses, ALEBRANT DE SIENNE, dans LITTRÉ.]

|| Qui est de la nature de la glaire. Matières glaireuses.

**GLAIRURE [glè-rûr] *s. f.*
[ÉTYM. Dérivé de glairer, § 111. || *Néolog.*]

|| (Technol.) Blanc d'œuf battu avec un peu d'alcool, dont on frotte la reliure d'un livre pour le préparer à recevoir la dorure.

GLAISE [glèz'] *s. f.*
[ÉTYM. Anc. franç. gleise, gloise, du lat. pop. **glittia (tiré de glis, glitis, « terre tenace » dans les gloses d'ISIDORE DE SÉVILLE, § 67), §§ 309, 406 et 291. (*Cf.* glette.) On trouve aussi en anc. franç. glise, qui paraît indiquer une forme secondaire glittea. Le mot est peut-être d'origine celtique, § 3 : *cf.* glissomarga, sorte de craie ou de marne, dans PLINE. || XII° s. Mes li mur ne sont pas de glise, BEN. DE STEMORE, *Troie*, 23022. Un palès covert de gloise, CHRÉTIEN DE TROYES, *Perceval*, dans GODEF. *Compl.*]

|| Argile grasse qu'on emploie pour fabriquer des poteries communes. Toutes les glaises se durcissent au feu, BUFF. *Minéraux. Argiles et glaises. P. appos.* De la terre —.

GLAISER [glè-zé] *v. tr.*
[ÉTYM. Dérivé de glaise, § 154. || 1690. FURET.]

|| (Technol.) || **1°** Enduire, corroyer avec de la glaise. || **2°** Amender, fumer avec de la glaise.

GLAISEUX, EUSE [glè-zeû, -zeûz'] *adj.*
[ÉTYM. Dérivé de glaise, § 116. || XIII° s. Terre gloiseuse, dans GODEF. *Compl.* Admis ACAD. 1798.]

|| (Technol.) Qui est de la nature de la glaise. Un terrain —.

GLAISIÈRE [glè-zyèr] *s. f.*
[ÉTYM. Dérivé de glaise, § 115. || Admis ACAD. 1762.]

|| (Technol.) Terrain qui fournit de la glaise.

GLAIVE [glèv'] *s. m.*
[ÉTYM. Emprunté du lat. gladius, *m. s.* devenu gladie, glaie, glavie, glaive, §§ 360 et 415. (*Cf.* le doublet glai, de formation pop.) || X° s. Et a gladies percutan, *St Léger*, 134. | XII° s. Muerent a glaive et a martire, *Énéas*, 3719.]

|| *Poét.* Épée. Tirer le —. J'ignore si de Dieu l'ange se dévoilant Est venu lui montrer un — étincelant, RAC. *Ath.* II, 2. || *Spéciall.* Le — du bourreau, et, *p. ext. fig.* Le — de la justice. *Ellipt.* Qu'à la fureur du — on le livre avec elle, RAC. *Ath.* V, 6. Le — de la justice divine, le châtiment divin. Redoutable est le — que Dieu lui a mis dans la main, mais c'est un — spirituel, BOSS. *Le Tellier.* || *Fig.* Le — de douleur dont Siméon lui prédit que son âme sera percée, BOURD. *1er Purific. de la Vierge*, 2.

GLAMA. *V.* lama.

GLANAGE [glà-nàj'] *s. m.*
[ÉTYM. Dérivé de glaner, § 78. || 1606. NICOT. Admis ACAD. 1740.]

|| Action de glaner.

1. GLAND [glan] *s. m.*
[ÉTYM. Du lat. glandem, *m. s.* § 291. Pour le changement de genre, le mot lat. étant fém. *V.* § 551.]

I. Fruit du chêne, dont le péricarpe uni à la graine est recouvert en partie d'un involucre écailleux. Manger des deux côtés à la fois, comme les cochons mangent les glands, LES. *Guzm. d'Alfar.* I, 5. || — doux, fruit comestible de certaines espèces de chênes. Du café de glands doux, fait avec des glands doux torréfiés. || On dit que les premiers hommes se nourrissaient de glands. Retourne au — des bois pour assouvir ta faim, DELILLE, *Géorg.* 1.

II. *P. anal.* Ce qui rappelle la forme du gland.

|| **1°** (Hist. nat.). — de terre, gesse tubéreuse, terre-noix. || — de mer, balane, sorte de crustacé.

|| **2°** (Anat.) Extrémité de la verge, du clitoris.

|| **3°** (Technol.) Houppe de soie, de laine, etc., qui sert d'ornement dans les ouvrages de passementerie. || Morceau de bois, de métal, de forme analogue. Des glands de rideau.

2. **GLAND [glan] *s. m.*
[ÉTYM. Origine incertaine. Peut-être emprunté (et altéré par étymologie pop. § 509) de l'allem. klemme, étau, § 7. || 1752. TRÉV.]

|| (Technol.) Sorte de tenailles, de mâchoires de bois, à l'usage des parcheminiers et des fabricants de peignes.

GLANDE [glànd'] *s. f.*
[ÉTYM. Emprunté du lat. glandula, *m. s.* devenu **glandle, glandre, glande, § 503. (*Cf.* glandule.) || XIII° s. En col nuees glandres out, *Vie d'Édouard le Conf.* 2612.]

|| **1°** Organe formé de petits utricules, qui effectue dans l'économie animale la sécrétion de certains liquides. Glandes lacrymales, salivaires, rénales, mammaires. La — pancréas. || *P. ext.* La — thyroïde, corps qui couvre en avant la partie inférieure du larynx. La — pinéale, corps situé dans le cerveau. Les glandes lymphatiques, ganglions qui sont sur le trajet des vaisseaux lymphatiques. || *P. anal.* (Botan.) Cellule des végétaux qui se remplit d'un liquide résineux, etc.

|| **2°** *P. ext.* Tumeur formée dans une glande, ou dans un ganglion lymphatique. Il lui est survenu une — au sein.

1. GLANDÉ, ÉE [glan-dé] *adj.*

[ÉTYM. Dérivé de gland, § 118. || XVIe s. Sous un chesne glandé, A. JAMYN, *Iliade*, 18. Admis ACAD. 1762.]

|| (Blason.) Qui porte des glands. Chêne —, figuré sur l'écu avec des glands (d'émail différent).

2. GLANDÉ, ÉE [glan-dé] *adj.*

[ÉTYM. Dérivé de glande, § 118. || 1690. FURET. Admis ACAD. 1694.]

|| (Art vétérin.) Qui a des tumeurs glanduleuses. Cheval —, qui a un gonflement des glandes de la ganache.

GLANDÉE [glan-dé] *s. f.*

[ÉTYM. Dérivé de gland, § 119. || XVe-XVIe s. *Cout. d'Anjou*, dans GODEF. *Compl.*]

|| Récolte de glands. Envoyer les porcs à la —, les mettre dans les bois de chênes pour manger les glands.

GLANDULAIRE [glan-du-lèr] *adj.*

[ÉTYM. Dérivé de glandule, § 238. || 1611. COTGR. Admis ACAD. 1835.]

|| (Anat.) Qui a la nature d'une glande. Organe —.

GLANDULE [glan-dul] *s. f.*

[ÉTYM. Emprunté du lat. glandula, *m. s.* (*Cf.* glande.) || XVIe s. PARÉ, I, 17.]

|| (Anat.) Petite glande. Les glandes salivaires forment une grappe composée de glandules.

GLANDULEUX, EUSE [glan-du-leú, -leúz'] *adj.*

[ÉTYM. Dérivé de glandule, à l'imitation du lat. glandulosus, § 251. || 1372. Chair glanduleuse, J. CORBICHON, dans DELB. *Rec.* Admis ACAD. 1718.]

|| (Anat.) Qui est de la nature des glandes. Tissu —. Organe —.

GLANE [glàn'] *s. f.*

[ÉTYM. Subst. verbal de glaner, § 52. (*Cf.* glène 2.) || XIIIe s. Ces avons nous en nostre glane, *Renart*, 13324, Méon.]

|| Poignée d'épis ramassés dans les champs après la moisson. Accorder le droit de —, et, *ellipt*, la —. || *P. ext.* Une — de poires, de groseilles, bouquet de poires, de grappes de groseilles. || Une — d'oignons, poignée d'oignons attachés à des brins de paille.

GLANER [glà-né] *v. tr.*

[ÉTYM. Pour glener, § 342, du lat. glenare, *m. s.* mot qui se trouve dès le VIe s. et dont l'origine est incertaine, §§ 295 et 291.]

|| Recueillir dans un champ (les épis qui restent après la moisson). — quelques épis. || *Absolt. Fig.* Recueillir ce qui a été laissé par d'autres. L'on ne fait plus que — après les anciens, LA BR. 1. Ce champ (la fable) ne se peut tellement moissonner Que les derniers venus n'y trouvent à —, LA F. *Fab.* III, 1.

GLANEUR, EUSE [glà-neúr, -neúz'] *s. m. et f.*

[ÉTYM. Dérivé de glaner, § 112. || XIIIe s. A moissonneor ne glaneor, *Psaut.* dans GODEF. *Compl.*]

|| Celui, celle qui glane. || *Fig.* Des glaneurs du Parnasse qui font des recueils de pièces, FURET. *Rom. bourg.* II, 108.

GLANURE [glà-nür] *s. f.*

[ÉTYM. Dérivé de glaner, § 111. || XVIe s. La glanure et les autres choses dont les pauvres puissent grapper, CALV. dans GODEF. *Compl.* Admis ACAD. 1762.]

|| Ce qu'on glane. *Fig.* C'est la moisson du savant M. Ménage; voyons si l'on pourra trouver des glanures après lui, BAYLE, *Dict. crit.* Barclai.

GLAPIR [glà-pĭr] *v. intr.*

[ÉTYM. Altération de glatir (*V.* ce mot), peut-être sous l'influence de japper, § 509. D'autre part, glapir est devenu clapir (*V.* clapir 1) en tant qu'il s'applique au lapin; mais même dans ce sens on peut employer glapir. (*V.* à l'article.) || XIIe-XIIIe s. Il ot un brachet glapir, *Perceval*, dans GODEF. *Compl.*]

|| En parlant de certains animaux, faire entendre un cri aigu et précipité. Le renard glapit, BUFF. *Renard.* L'épervier glapit comme le lapin, CHATEAUBR. *Génie*, I, v, 5. || *P. ext.* En parlant de l'homme. Il n'est pas, que je crois, Plus haut que sa seringue, et glapit comme trois, REGNARD, *Légat. univ.* II, 11. || *Fig.* Statue Contre laquelle a tant glapi Des méchants l'énorme cohue, VOLT. *Épît.* 110. || *Transitivt.* Pour avoir glapi parfois Quelque épithalame à la glace, GRESSET, *Épît.* 1.

GLAPISSANT, ANTE [glà-pi-san, -sant'] *adj.*

[ÉTYM. Adj. particip. de glapir, § 47. || XVIIe s. *V.* l'article. Admis ACAD. 1718.]

|| Qui glapit. || *Fig.* L'un traîne en longs fredons une voix glapissante, BOIL. *Sat.* 3. Vingt échos des plus glapissants, GHERARDI, *Th. ital.* II, 27.

GLAPISSEMENT [glà-pĭs'-man; *en vers*, -pi-se-...] *s. m.*

[ÉTYM. Dérivé de glapir, § 145. || 1539. Glappissement, R. EST.]

|| Cri de l'animal qui glapit. Son — (du renard) est une espèce d'aboiement qui se fait par des sons semblables et très précipités, BUFF. *Renard.* || *Fig.* Les glapissements de l'envie.

*****GLARÉOLE** [glà-ré-òl] *s. f.*

[ÉTYM. Emprunté du lat. des naturalistes glareola (BRISSON), qui paraît tiré du lat. glarea, gravier. || 1811. MOZIN, *Dict. franç.-allem.*]

|| (Hist. nat.) Oiseau de l'ordre des Échassiers, qui vit au bord de la mer, dans les marais. — à collier, la perdrix de mer.

GLAS [glá] et, *vieilli*, *****GLAIS** [glè] *s. m.*

[ÉTYM. Du lat. classicum, sonnerie de trompette, devenu *classium, § 381, d'où *clais, glais, §§ 377 et 356, forme plus usitée à Paris au XVIIe s. que glas, qui paraît refait sur le type latin, § 502. || XIe s. Tost fait le glas soner, *Voy. de Charl. à Jérus.* 197. | XIIe s. Sonent li saint trestuit a glais, CHRÉTIEN DE TROYES, *Erec et Enide*, 2363.]

|| 1° *Anciennt.* Sonnerie de toutes les cloches d'une église.

|| 2° Tintement lent de la cloche d'une église, pour annoncer l'agonie ou la mort de qqn. Le — funèbre. || *P. anal.* Coups de canon tirés à intervalle aux funérailles militaires.

*****GLATIR** [glà-tĭr] *v. intr.*

[ÉTYM. Du lat. glattire, *m. s.* §§ 366 et 291. A été remplacé par glapir, au sens général, ou altéré en clatir (*V.* ces mots), § 509. || XIe s. Cume chien i glatissent, *Roland.* 3527.]

|| *Anciennt.* Glapir.

*****GLAUCIER** [glô-syé] *s. m.*

[ÉTYM. Dérivé du lat. glaucium, grec γλαύχιον, *m. s.* § 115. || *Néolog.*]

|| (Botan.) Plante analogue au pavot, qui croît dans le sable au bord des rivières, de la mer. — jaune, pavot cornu.

GLAUCOME [glô-kóm'] *s. m.*

[ÉTYM. Emprunté du lat. glaucoma, grec γλαύχωμα, *m. s.* On s'est servi longtemps de la forme lat. glaucoma (TH. CORN.). || 1732. TRÉV. Admis ACAD. 1762.]

|| (Médec.) Maladie de l'œil où l'humeur vitrée devient opaque et où le fond de l'œil prend une teinte verdâtre.

*****GLAUCONIE** [glô-kò-ni] *s. f.*

[ÉTYM. Dérivé du grec γλαυχός ou du lat. glaucus, glauque, avec intercalation arbitraire du suffixe on, § 224. || *Néolog.*]

|| (Minéral.) Silicate hydraté de fer, d'alumine et de potasse, sorte de craie verdâtre.

GLAUQUE [glôk'] *adj.*

[ÉTYM. Emprunté du lat. glaucus, grec γλαυχός, *m. s.* || 1603. Neptune... Glauque amy des navondes, CHAMPREPUS, *Poésies*, dans DELB. *Rec.* Admis ACAD. 1835.]

|| Qui est de couleur vert de mer. Des yeux glauques.

GLÈBE [glèb'] *s. f.*

[ÉTYM. Emprunté du lat. gleba, *m. s.* || XVe s. Glebes ou globons qui sont proprement lopins ou monceaux de terre, *Hist. sainte et prof.* dans GODEF. globon.]

|| Motte de terre. Écraser les glèbes. || *P. ext. Poét.* Champ, terre. Combien... sont amoureux de la — qu'ils ont remuée! BUFF. *Disc. anim.* || *Spécialt.* (Féodal.) Serf attaché à la —, ne pouvant quitter la terre et changeant de maître quand elle changeait de propriétaire. L'esclavage de la — s'établit quelquefois après une conquête, MONTESQ. *Espr. des lois*, XIII, 3. *Fig.* La Nature... Aura-t-elle à la — attaché les humains? VOLT. *Scythes*, IV, 2.

1. GLÈNE [glèn'] *s. f.*

[ÉTYM. Emprunté du grec γλήνη, cavité. || XVIe s. La dite boette de l'omoplate est appelee glene, PARÉ, IV, 19. Admis ACAD. 1762.]

|| (Anat.) Cavité peu profonde d'un os dans laquelle s'emboîte un autre os.

2. *GLÈNE [glèn'] *s. f.*

[ÉTYM. Emprunté du provenç. glena, *m. s.* mot qui correspond au franç. glane, § 11. || 1786. ENCYCL. MÉTH.]

|| (Marine.) Rond d'un cordage roulé sur lui-même.

GLÉNOÏDAL, ALE [glé-nò-i-dàl] et **GLÉNOÏDE** [glé-nò-id'] *adj.*

[ÉTYM. Composé avec le grec γλήνη, glène, et εἶδος,

forme, §§ 279 et 238. || 1754. BERTIN, *Ostéologie*, 1, 105. Admis ACAD. 1762.]
|| (Anat.) Qui présente une glène. **Cavité glénoïdale** ou **glénoïde de l'omoplate.**
*GLÉNOÏDIEN, ENNE** [glé-nò-i-dyin, -dyèn'; *en vers,* -di-...] *adj.*
[ÉTYM. Dérivé de glénoïde, § 244. || 1813. ENCYCL. MÉTH. *Syst. anat.*]
|| (Anat.) Qui appartient à une glène. **Le ligament —** de l'omoplate, qui entoure la cavité glénoïde de cet os.
GLETTE [glĕt'] *s. f.*
[ÉTYM. Le sens primitif paraît être « substance visqueuse »; peut-être même radical que glaise. L'allem. glætte, litharge, est un emprunt fait au français, qui s'est confondu avec glætte, dérivé de glatt, uni, poli. || XIIe s. La lange li ad delivree Et la glette del puer jetee, H. DE ROTELANDE, *Protesilaus*, dans GODEF. glete. Admis ACAD. 1762.]
|| **1°** *Anc. franç. et dialect.* Écume, bave.
|| **2°** (Technol.) Litharge, matière impure qui coule de la coupelle d'affinage.
*GLETTERON** [glĕt'-ron; *en vers,* glè-te-...]. V. glouteron et grateron.
*GLEUCOMÈTRE** [glèu-kò-mètr'] *s. m.*
[ÉTYM. Composé avec le grec γλεῦχος, moût, et μέτρον, mesure, § 279. || 1796. ENCYCL. MÉTH. *Agricult.*]
|| (Physique.) Aréomètre servant à déterminer la pesanteur spécifique des moûts et la quantité de sucre qu'ils contiennent.
*GLINE** [glin'] *s. f.*
[ÉTYM. Origine inconnue. || 1769. DUHAMEL DU MONCEAU, *Pêches*, I, III, 3.]
|| (Pêche.) Panier couvert où le pêcheur met le poisson qu'il a pris.
GLISSADE [gli-sàd'] *s. f.*
[ÉTYM. Dérivé de glisser, § 120. || 1564. J. THIERRY, *Dict. franç.-lat.*]
|| **1°** Action de se laisser glisser. Faire une —. || *Fig. Famil.* Action de se laisser entraîner insensiblement. Si la présence de son amant lui fait faire quelques faux pas, c'est une — dont elle se relève, CORN. *Cid*, exam.
|| **2°** Action de glisser, de se lancer sur la glace, sur une surface lisse. || *P. anal.* (Danse.) Pas glissé de côté, à droite ou à gauche. || *P. ext.* Surface unie où l'on glisse.
GLISSANT, ANTE [gli-san, -sànt'] *adj.*
[ÉTYM. Adj. particip. de glisser, § 47. || XVe-XVIe s. Rives pendentes et glissantes, SEYSSEL, dans DELB. *Rec.*]
|| Qui fait glisser. **Un terrain —.** Le verglas a rendu la route glissante. || *Fig.* Défiez-vous des rois; Leur faveur est glissante, LA F. *Fab.* X, 9. La finesse est l'occasion prochaine de la fourberie; de l'une à l'autre le pas est —, LA BR. 8.
GLISSÉ [glis-sé] *s. m.* V. glisser.
GLISSEMENT [glis'-man; *en vers,* gli-se-...] *s. m.*
[ÉTYM. Dérivé de glisser, § 145. || 1564. J. THIERRY, *Dict. franç.-lat.* Admis ACAD. 1798.]
|| Action de glisser. **Le —** d'un piston dans un corps de pompe. || (Mécan.) Frottement de — (par opposition à frottement de roulement). || (Géologie.) — d'une couche de terrain, son abaissement là où une faille s'est produite.
GLISSER [gli-sé] *v. intr. et tr.*
[ÉTYM. Anc. franç. glier, emprunté de l'anc. haut allem. glitan (allem. moderne gleiten), m. s. devenu régulièrement glider, glier, §§ 6, 498 et 499. La substitution de glisser (plus anciennement glicier) à glier paraît due à l'influence de glacer (plus anciennement glacier), § 509. || XIIIe s. Les larmes des iex glier, *Mir. de St Eloi*, p. 34. Les yex crues en parfond gliciés, J. DE MEUNG, *Rose*, 10200.]
I. *V. intr.* || **1°** Être mû, se mouvoir d'un mouvement continu sur la surface d'un corps lisse, par une impulsion une fois donnée. Il s'est laissé — le long de la corde. Le pied lui a glissé. *Fig.* Crois-tu que, toujours ferme au bord d'un précipice, Elle pourra marcher sans que le pied lui glisse (sans qu'elle se laisse entraîner à qq faute)? BOIL. *Sat.* 10. || *Spécialt.* Se lancer sur la glace, sur une surface lisse, en se tenant en équilibre. *Au part. passé employé substantivt.* Un glissé, un pas de danse fait en glissant. || *Fig.* Passer légèrement sur qqch. Le coup glissa et n'enfonça guère qu'en fin, FÉN. *Tél.* 13. || *Fig.* | 1. Ne pas faire impression sur qqn. Les reproches glissent sur lui. | 2. Ne pas s'appesantir sur qqch. Il faut — sur tout cela, SÉV. 141.

|| **2°** *P. ext.* En parlant d'un corps lisse, échapper, ne pas être retenu. || *Fig.* Ce Monsieur de Nevers, si extraordinaire, qui glisse des mains (sur qui on ne peut faire fond), SÉV. 119. Quelque terme où nous pensions nous attacher... Il échappe à nos prises, nous glisse, PASC. *Pens.* I, 1.
II. *V. tr.* Faire entrer, sortir, insensiblement. — une lettre dans la main de qqn. Un serpent qui se glisse entre les fleurs, FÉN. *Dial. des morts*, Anc. 17. Nos Grecs dispersés Se sont jusqu'à l'autel dans la foule glissés, RAC. *Andr.* V, 3. || *Fig.* — deux mots à qqn dans l'oreille. Et l'espoir malgré moi s'est glissé dans mon cœur, RAC. *Phèd.* III, 1.
*GLISSETTE** [gli-sĕt'] *s. f.*
[ÉTYM. Dérivé de glisser, § 133. || *Néolog.*]
|| (Géom.) Courbe engendrée par un point lié à une courbe mobile qui roule en glissant sur une courbe fixe.
GLISSEUR, *GLISSEUSE [gli-seur, -seûz'] *s. m. et f.*
[ÉTYM. Dérivé de glisser, § 112. || *Néolog.* Admis ACAD. 1835.]
|| Celui, celle qui glisse sur la glace.
*GLISSIÈRE** [gli-syèr'] *s. f.*
[ÉTYM. Dérivé de glisser, § 115. || *Néolog.*]
|| (Technol.) Coulisse ménagée pour faire glisser une pièce d'un mécanisme. (*Cf.* glissoire.) || *Spécialt.* Châssis sur lequel l'affût d'une pièce de siège est mobile, de manière à se prêter au pointage.
*GLISSOIR** [gli-swàr'] *s. m.*
[ÉTYM. Dérivé de glisser, § 113. Au XVIIIe s. on dit glissoire dans ce sens. (*V.* P. LEROY, *Expl. de la mâture dans les Pyrénées* (1776), p. 49.) || *Néolog.*]
|| (Technol.) Couloir pratiqué dans une montagne pour faire descendre les bois coupés. (*Syn.* lançoir.)
GLISSOIRE [gli-swàr'] *s. f.*
[ÉTYM. Dérivé de glisser, § 113. || 1308. Glichoueres pour essyaver, dans GODEF.]
|| **1°** Surface unie, frayée sur la neige, sur la glace.
|| **2°** (Technol.) Pièce de divers mécanismes (machine à coudre, etc.) maintenue par frottement entre des coulisseaux. (*Cf.* glissière.)
GLOBE [glòb'] *s. m.*
[ÉTYM. Emprunté du lat. globus, *m. s.* || XIVe s. Un globe gros qui soit de drapiaus, *Chirurg. de Brun de Long Borc*, dans GODEF.]
|| Corps de forme sphérique ou sphéroïdale. **Le —** du soleil. **Le — terrestre,** et, *ellipt,* Faire le tour du —, de la terre. Les révolutions du —. Un — terrestre, globe sur lequel on représente la figure du globe terrestre. **— impérial,** boule ronde surmontée d'une couronne, d'une croix, emblème de la puissance souveraine. Le cours silencieux De ces globes brillants (les astres) dispersés dans les cieux, DUCIS, *Abufar*, II, 7. **Le — de l'œil.** || *Spécialt.* Globe de verre, de cristal que l'on place sur les appareils d'éclairage pour disperser la lumière. **Le — de la lampe.** || Globe de verre bombé que l'on place sur certains objets pour les préserver de l'air, de la poussière. **Une pendule, une couronne de mariée sous —.** || **— de compression,** fourneau de mine destiné à détruire une galerie de mine. || **— hystérique,** sensation d'une boule qui semble monter de la poitrine et produit de la suffocation.
*GLOBÉE** [glò-bé] *s. f.*
[ÉTYM. Semble dérivé de globe, § 119. || 1786. ENCYCL. MÉTH.]
|| (Botan.) Plante tropicale de la famille du gingembre. — danseuse, penchée.
GLOBULAIRE [glò-bu-lér] *adj. et s. f.*
[ÉTYM. Dérivé de globule, § 248. || 1701. FURET. Admis ACAD. 1762.]
I. *Adj.* (T. didact.) Qui est de forme sphérique ou sphéroïdale.
II. *S. f.* (Botan.) Plante voisine des labiées, à fleur en capitules et qui contient un principe purgatif.
GLOBULE [glò-bul] *s. m.*
[ÉTYM. Emprunté du lat. globulus, diminutif de globus, globe. || XVIIe s. *V.* à l'article. Admis ACAD. 1694.]
|| (T. didact.) Corpuscule de forme sphérique ou sphéroïdale. Le vif-argent s'échappe en globules. Des globules d'air s'élevaient à la surface de l'étang. Quand on dit que le chaud n'est que le mouvement de quelques globules, PASC. *Pens.* XXV, 10. *Poét.* D'un ciel en feu les globules glacés (la grêle), ST-LAMBERT, *Saisons.* || *Spécialt.* | 1. Globules du sang, du lait, corpuscules plus ou moins arrondis en suspension dans le[s]

liquide. | **2.** **Globules pharmaceutiques,** substance médicinale administrée sous forme de corpuscules arrondis. **Globules de digitaline. Globules homéopathiques,** contenant diverses substances médicinales à doses infiniment petites. | **3. Globules de caléfaction,** gouttes d'eau qui, projetées sur un métal incandescent, prennent la forme d'un petit globe qui s'évapore lentement sans ébullition.

GLOBULEUX, EUSE [glò-bu-leû, -leûz'] *adj.*
[ÉTYM. Dérivé de globule, § 251. || 1611. COTGR. Admis ACAD. 1740.]
|| (T. didact.) Formé de globules. **Selon Descartes, la lumière ne vient point à nos yeux du soleil, mais c'est une matière globuleuse,** VOLT. *Philos. de Newton,* II, 1.

GLOIRE [glwâr] *s. f.*
[ÉTYM. Emprunté du lat. **gloria,** *m. s.* devenu **glorie, gloire,** §§ 356 et 503. || XIᵉ s. Prest est la glorie qued il li vuelt doner, *St Alexis,* 295.]
|| **1°** Éclat de la célébrité. **La douceur de la — est si grande qu'à quelque chose qu'on l'attache, même à la mort, on l'aime,** PASC. *Pens.* II, 2 *bis.* **Tout parle de —,** CORN. *Hor.* V, 3. **Aucun chemin de fleurs ne conduit à la —,** LA F. *Fab.* X, 13. **Dire, publier qqch à la — de qqn. Les chefs les plus braves Mettaient toute leur — à devenir esclaves,** CORN. *Cinna,* I, 3. **On m'appelle soldat : je fais — de l'être,** ID. *D. Sanche,* I, 3. *Vieilli.* **On me croit son disciple, et je le tiens à —,** CORN. *Nicom.* II, 3. **La — de ce choix m'enfle d'un juste orgueil,** ID. *Hor.* II, 1. **La — de vos armes,** ID. *Nicom.* II, 3. **Cette action a tourné à sa —. Il fut la — de son siècle.** || *Poét.* Réputation. **Ma — vous serait moins chère que ma vie? RAC. *Iph.* V, 2.** || *P. ext.* Prix qu'on attache à la réputation. **La —, il est vrai, se défend de quelques faiblesses ; mais la — ne se défend-elle de la — même? BOSS. *D. d'Orl.* | *Famil.* **Mauvaise —, vaine —,** vanité de paraître. **La vaine — est cette petite ambition qui se contente des apparences,** VOLT. *Dict. philos.* **gloire, 1.** *Absolt. Dans le même sens.* **Encore que les philosophes fussent des animaux de —,** BOSS. *2ᵉ Panég. St Franç. de Paule.* **Ce n'est pas par —, par ostentation.**
|| **2°** *P. ext.* Éclat de la grandeur. **Venez dans mon palais, vous y verrez ma —,** RAC. *Ath.* II, 7. **Il vaudrait mieux que Troie fût encore dans toute sa —,** FÉN. *Tél.* 10. || *Spécialt.* Splendeur de la majesté divine. **(Celui) à qui seul appartient la —, la majesté, l'indépendance,** BOSS. *R. d'Angl.* **Rendre — à Dieu, publier sa gloire. *Ellipt.* **— à Dieu, rendons gloire à Dieu. Dire, faire qqch à la — de Dieu. Le Fils de Dieu viendra dans sa —.** || *P. anal.* **Une —,** auréole lumineuse dont on entoure la représentation des personnes divines, des anges, etc. || *P. ext.* **La — éternelle, la — céleste,** participation des élus à la gloire et à la béatitude divine. **Dans ce séjour de — et de lumière,** CORN. *Poly.* IV, 3.

'GLORIA [glò-ryà ; *en vers,* -ri-à] *s. m.*
[ÉTYM. Paraît tiré du lat. ecclés. **gloria, gloire,** premier mot du verset qui termine tous les psaumes, § 216. || *Néolog.*]
|| *Pop.* Café mélangé d'eau-de-vie. **Un —** :

GLORIEUSEMENT [glò-ryeûz'-man ; *en vers,* -ri-eû-ze-...] *adv.*
[ÉTYM. Composé de glorieuse et ment, § 724. || XIIᵉ s. Gloriosement magnifiez est, *Lib. Psalm.* p. 236, Michel.]
|| D'une manière glorieuse. **Mourir — sur le champ de bataille. Fautes... si — réparées,** BOSS. *Condé.*

GLORIEUX, EUSE [glò-ryeû, -ryeuz' ; *en vers,* -ri-...] *adj.*
[ÉTYM. Emprunté du lat. **gloriosus,** *m. s.* || XIᵉ s. En pareis entre les glorius, *Roland,* 2899.]
|| Qui donne de la gloire. **De — exploits. Chercher au bout du monde un trépas —,** RAC. *Mithr.* III, 5. **Tout ce que peuvent donner de plus — la naissance et la grandeur, accumulé sur une tête,** BOSS. *R. d'Angl.* **Un événement — à la sagesse d'un homme d'État,** D'ALEMB. *Éloges, Cardinal de Soubise.* || *P. anal.* Qui se fait gloire de qqch. **Il n'est point de Romain Qui ne soit — de vous donner la main,** CORN. *Hor.* IV, 3. **— d'une charge si belle,** LA F. *Fab.* I, 4. || *En mauvaise part.* Qui a la vanité de paraître. **La nation des auteurs est un peu vaine et glorieuse,** LES. *Gil Blas,* XI, 14. *Substantivt.* **Voyez-vous, dirait-on, cette madame la marquise qui fait tant la glorieuse?** MOL. *B. gent.* III, 12. **Ce n'est qu'un — qui ne dit rien de tendre,** BOIL. *Sat.* 3. || *Ellipt.* **Les trois glorieuses,** les journées des 27, 28 et 29 juillet 1830. || *Spécialt.* Qui participe à la splendeur divine. **La glorieuse Vierge Marie.** *Substantivt.* **Les chérubins, ces —,** P. LEMOINE, cité par

PASC. *Prov.* 11. || **Corps —,** état surnaturel où seront les corps des bienheureux après la résurrection. *P. plaisant.* En parlant de qqn qui semble ne pas avoir de besoins corporels. **C'est un corps —.**

GLORIFICATION [glò-ri-fi-kà-syon ; *en vers,* -si-on] *s. f.*
[ÉTYM. Emprunté du lat. **glorificatio,** *m. s.* || XIVᵉ s. Honnour ou glorificacion, ORESME, *Éth.* I, 18.]
|| Action de glorifier. **La — des héros. La — d'un acte héroïque.** || **La — de Dieu, de son saint nom.** || **La — des élus.**

GLORIFIER [glò-ri-fyé ; *en vers,* -fi-é] *v. tr.*
[ÉTYM. Emprunté du lat. **glorificare,** *m. s.* || XIIᵉ s. Je deliverai tei e tu glorefieras (var. glorifieras) mei, *Psaut. de Cambridge,* XLIX, 15.]
|| **1°** Honorer (qqn, l'œuvre de qqn) en lui donnant une éclatante célébrité. **— les héros, les grandes actions.** || **Se —, se faire honneur de qqch, de qqn. Il put se — d'avoir vaincu un ennemi digne de lui,** BOSS. *Hist. univ.* III, 5. **Se — de sa naissance. Les grands hommes dont notre siècle peut se —.**
|| **2°** *Spécialt.* Honorer Dieu en publiant sa grandeur. **Que Dieu, que le nom de Dieu soit glorifié. Veut-il par mon trépas que je le glorifie? RAC. *Esth.* II, 8. **Dieu se glorifie dans ses saints.** || *P. ext.* Appeler (les élus) à partager la gloire, la béatitude céleste. **Les supplices enfin les ont glorifiés,** CORN. *Imit.* I, 18. || *P. anal.* **C'est mon père qui me glorifie,** SACI, *Bible, St Jean,* VIII, 54.

GLORIOLE [glò-ryòl ; *en vers,* -ri-òl] *s. f.*
[ÉTYM. Emprunté du lat. **gloriola,** *m. s.* diminutif de **gloria, gloire.** || XVIIIᵉ s. Mot mis en usage par l'ABBÉ DE ST-PIERRE. Admis ACAD. 1798.]
|| Vaine gloire qu'on tire des petites choses. **Citoyens... qui méprisent les distinctions de vanité ou les glorioles,** ABBÉ DE ST-PIERRE, *Ann. polit.* (1757), disc. prélim. **Le mot de —, si bien adapté à cette vanité puérile,** D'ALEMB. *Éloges, Abbé de St-Pierre.*

GLOSE [glôz'] *s. f.*
[ÉTYM. Emprunté du lat. **glosa** (mieux **glossa**), grec γλῶσσα, *m. s.* proprt, « langue, idiotisme ». (*Cf.* **glossaire.**) Qqns disent **glosse.** || XIIᵉ s. Bone en est a oïr la glose, EVRAT, *Bible,* dans DELB. *Rec.*]
|| **1°** *Rare.* Mot vieilli ou obscur accompagné d'une explication. **Les gloses d'Hippocrate** (par Érotien).
|| **2°** *P. ext.* Explication des mots vieillis ou obscurs d'un auteur. **La — d'Accurse sur les Pandectes. *Loc. prov. Vieilli.* **La — d'Orléans** (plus obscure que le texte). || *Fig.* Quelques récits Qu'elle déchiffre sans —, LA F. *Fab.* VIII, 13. *P. ext.* Commentaire malveillant. **Un texte où chacun fait sa —,** BOIL. *Sat.* 10.
|| **3°** Parodie rimée où chaque vers d'une poésie donne lieu à une stance qui en est le commentaire burlesque. **La — de Sarrazin sur le Sonnet de Job.**

GLOSER [glô-zé] *v. tr. et intr.*
[ÉTYM. Dérivé de glose, § 154. || XIIᵉ s. Li gloserres dit, qui ce glose, EVRAT, *Bible,* dans GODEF. gloseor.]
|| **1°** *Vieilli. V. tr.* Éclaircir par une glose. || *Fig.* Critiquer. **Un maigre auteur que je glose en passant,** BOIL. *Sat.* 9.
|| **2°** *V. intr.* Donner des explications sur un terme, un passage obscur. **— sur le texte de l'Écriture.** || *Fig.* Faire des critiques. **— sur tous tant que nous sommes,** MOL. *Tart.* I, 2. **Une troisième troupe Trouve encore à —,** LA F. *Fab.* III, 1.

GLOSEUR, EUSE [glô-zeûr, -zeûz'] *s. m. et f.*
[ÉTYM. Dérivé de gloser, § 112. (*Cf.* **glossateur.**) || XIIᵉ s. V. gloser. Admis ACAD. 1762.]
|| Personne qui a la manie de gloser.

GLOSSAIRE [glôs'-sèr] *s. m.*
[ÉTYM. Emprunté du lat. **glossarium,** *m. s.* (*Cf.* **glose.**) || XVIᵉ s. Glosaire, CHOLIÈRES, dans DELB. *Rec.* | 1680. Glossaire, RICHEL.]
|| **1°** Dictionnaire des mots vieillis ou obscurs qui ont besoin de glose. **Le — de la moyenne et de la basse latinité.**
|| **2°** *P. ext.* Nomenclature des mots qui composent une langue. **Le — de la langue grecque est très riche.**

'GLOSSANTHRAX [glôs'-san-tràks'] *s. m.*
[ÉTYM. Composé avec le grec γλῶσσα, langue, et ἄνθραξ, anthrax, § 279. || 1793. Glossantrax, HUZARD, dans *Instr. sur les malad. des anim. domest.* IV, 168.]
|| (Art vétérin.) Affection charbonneuse de la langue (dans la race bovine).

GLOSSATEUR [glôs'-sà-teùr] *s. m.*

[ÉTYM. Dérivé du lat. glossa, glose, § 249. (Cf. gloseur.) || 1426. Glosateur du Decret, Cout. d'Anjou, dans DELB. Rec.]

|| Celui qui fait ou recueille des gloses. Si vous consultez nos auteurs, Législateurs et glossateurs, MOL. Pourc. II, 11. Cette armée effroyable de glossateurs, de commentateurs, MONTESQ. Lett. pers. 101.

*GLOSSE [glŏs']. V. glose.

*GLOSSER, *GLOSSEMENT. V. glousser, gloussement.

*GLOSSIEN, IENNE [glŏs'-syin, -syèn'; en vers, -si-...] et *GLOSSIQUE [glŏs'-sik'] adj.

[ÉTYM. Dérivé du grec γλῶσσα, langue, §§ 244 et 227. || 1811. Glossien, MOZIN, Dict. franç.-allem.]

|| (Anat.) Relatif à la langue.

GLOSSITE [glŏs'-sīt'] s. f.

[ÉTYM. Dérivé du grec γλῶσσα, langue, § 282. || 1811. MOZIN, Dict. franç.-allem. Admis ACAD. 1835.]

|| (Médec.) Maladie inflammatoire de la langue.

GLOSSOPÈTRE [glŏs'-sò-pĕtr'] s. m.

[ÉTYM. Emprunté du lat. glossopetra, m. s. composé avec le grec γλῶσσα, langue, et πέτρα, pierre, § 279. Sur le genre (le mot lat. est fém.), V. § 553. || xvᵒ s. Glosopierre, Hist. sainte, dans GODEF. glosopierre. | 1556. Glossopetre, R. LE BLANC, Subtilité, dans DELB. Rec. Admis ACAD. 1762.]

|| (Hist. nat.) Dent de poisson fossile, qu'on prenait autrefois pour une langue de serpent pétrifiée.

*GLOSSOPHARYNGIEN, IENNE [glŏs'-sò-fà-rin-jyin, -jyèn'; en vers, -ji-...] adj.

[ÉTYM. Composé avec le grec γλῶσσα et pharyngien, § 279. || 1747. Glosso-pharyngien, JAMES, Dict. de médec.]

|| (Anat.) Qui tient à la fois à la langue et au pharynx. Muscles glossopharyngiens.

*GLOSSOTOMIE [glŏs'-sò-tò-mi] s. f.

[ÉTYM. Composé avec le grec γλῶσσα, langue, et τομή, section, § 279. || 1811. MOZIN, Dict. franç.-allem.]

|| (Médec.) Amputation de la langue ou d'une partie de cet organe.

GLOTTE [glŏt'] s. f.

[ÉTYM. Emprunté du grec γλῶττα, forme attique de γλῶσσα, langue. || 1690. FURET. Admis ACAD. 1762.]

|| (Anat.) Fente située à la partie supérieure du larynx, qui sert à l'émission de la voix. || P. ext. — supérieure, orifice supérieur du larynx au fond de la gorge.

GLOUGLOTER [glou-glò-té] et GLOUGLOUTER [glou-glou-té] v. intr.

[ÉTYM. Dérivé de glouglou, § 154. || 1611. Glouglouter, COTGR. | ACAD. admet glouglouter en 1798 et glougloter en 1835.]

|| En parlant du dindon, faire entendre son cri.

GLOUGLOU [glou-glou] s. m.

[ÉTYM. Onomatopée, § 32. (Cf. lat. glutglut, m. s.) || Admis ACAD. 1694.]

|| 1° Bruit que fait le vin quand il sort du goulot d'une bouteille. Qu'ils sont doux, Bouteille jolie, Qu'ils sont doux Vos petits glouglous! MOL. Méd. m. l, I, 5.

|| 2° P. anal. Cri du dindon.

GLOUME. V. glume.

*GLOUSSANT, ANTE [glou-san, -sănt'], et, vieilli, *GLOSSANT, ANTE [glò-...] adj.

[ÉTYM. Adj. particip. de glousser, § 47. || XVIᵉ s. Poules... gloussantes et desireuses de couver, O. DE SERRES, V, 2.]

|| Qui glousse. Les oiseaux nommés par Dampierre poules gloussantes, BUFF. Poule d'eau, Oiseaux étrang.

GLOUSSEMENT [glŏs'-man; en vers, glou-se-...], et, vieilli, *GLOSSEMENT [glŏs'-man; en vers, glò-se-...] s. m.

[ÉTYM. Dérivé de glousser, § 145. || XVIᵉ s. Les glocemens et appeaulx de la poulle, COTEREAU, dans GODEF. Compl.]

|| Cri de la poule.

GLOUSSER [glou-sé] et, vieilli, *GLOSSER [glò-sé] v. intr.

[ÉTYM. Du lat. pop. *glociare (class. glocire), m. s. devenu glocier, §§ 297 et 291, glocer, écrit arbitrairement glosser, glousser, §§ 347 et 348. || XIVᵉ s. Se clouce, se rapiele trestous ces poullonchiaus, GILLES LI MUISIS, dans DELB. Rec.]

|| En parlant de la poule, faire entendre son cri.

*GLOUT, *GLOUTE [glou, glout'] s. m. et f.

[ÉTYM. Anc. cas sujet de glouton, § 538.]

|| Vieilli. Glouton, gloutonne. Donnez-lui, fourrez-lui, le — demande encore, LA F. Florentin, Satire. Adjectiv. Leur gueule gloute, MAROT, Ps. 22.

GLOUTERON [glout'-ron; en vers, glou-te-...] s. m.

[ÉTYM. Altération par étymol. pop. (V. § 509) de l'anc. franç. gleteron, diminutif de gleton, plus anciennement cleton, § 105, qui est emprunté de l'anc. haut allem. chlětto (allem. moderne klette), m. s. §§ 6, 498 et 499. (Cf. grateron.) || XIVᵉ s. Gleteron ou gloton, dans GODEF. gleteron. | XVᵉ s. Gloustron, dans Journal de botan. 1894, p. 351. Admis ACAD. 1762.

|| (Botan.) Nom vulgaire de la bardane et du gaillet.

GLOUTON, ONNE [glou-ton, -tòn'] s. m. et f.

[ÉTYM. Du lat. glŭttōnem, m. s. §§ 348, 366 et 291. Le nominatif glŭtto a donné glout. (V. ce mot.)]

|| 1° S. m. et f. Celui, celle qui engloutit les morceaux, qui mange avec avidité. Nous voulons, dirent-ils, étouffer le —, LA F. Fab. IX, 19. Adjectiv. Un homme, un animal —. P. ext. Satisfaisant mes appétits gloutons, LA F. Fab. VII, 1.

|| 2° S. m. (Hist. nat.) Mammifère carnassier de la famille des martes, dit aussi carcajou.

GLOUTONNEMENT [glou-tŏn'-man; en vers, -tò-ne-...] adv.

[ÉTYM. Composé de gloutonne et ment, § 724. A remplacé à une époque récente gloutement. || XVIIᵉ s. V. à l'article. Admis ACAD. 1694.]

|| D'une manière gloutonne. Les loups mangent —, LA F. Fab. III, 9.

GLOUTONNERIE [glou-tŏn'-ri; en vers, -tò-ne-ri] et, vieilli, *GLOUTONNIE [glou-tò-ni] s. f.

[ÉTYM. Dérivé de glouton, §§ 68 et 69. || XIIIᵉ s. Glutunie, PH. DE THAUN, Comput, 529. Ke tu te gardes bien De glotonerie, EVERARD DE KIRKHAM, Caton, dans DELB. Rec.]

|| Caractère de celui qui est glouton.

GLU [glu] s. f.

[ÉTYM. Du lat. glŭtem (accusatif de glus), m. s. §§ 402 et 291.]

|| Substance visqueuse qu'on extrait de la seconde écorce du houx, des baies du gui, etc. Prendre les petits oiseaux avec de la —, et, fig. Se laisser prendre à la — par qqn (par ses belles paroles, ses caresses, etc.). || P. anal. — marine, composition qui sert au calfatage des navires.

GLUANT, ANTE [glu-an, -ănt'] adj.

[ÉTYM. Adj. particip. de gluer, § 47. || XIIIᵉ s. Boe... si tenans et si gluans, BRUN. LATINI, Trésor, p. 155.]

|| Visqueux et collant comme la glu. La poix est gluante. || P. ext. Avoir des mains gluantes, où il s'est attaché qqch de gluant, et, fig. Il a les mains gluantes, il garde toujours qqch de l'argent qui lui passe par les mains.

GLUAU [glu-ò] et, vieilli, *GLUON [glu-on] s. m.

[ÉTYM. Dérivé de glu, §§ 126 et 100. || XIVᵉ s. Pluseurs lieux ou l'on ne pourroit mettre gluons, Modus, fᵒ 134, rᵒ, Blaze. | XVIᵉ s. Faire des gluaux, R. BELLEAU, II, 273.]

|| Petite branche enduite de glu qui sert à prendre les petits oiseaux. Tendre des gluaux.

*GLUCINE [glu-sin'] s. f.

[ÉTYM. Dérivé du grec γλυκύς, doux, § 245. Mot dû à VAUQUELIN (V. Annales de chimie, XXVI, 169, ann. 1798), et formé d'après la prononciation du grec plutôt que d'après l'analogie, § 496. (Cf. glycine.)]

|| (Chimie.) Oxyde de glucinium.

*GLUCINIUM [glu-si-nyòm'; en vers, -ni-òm'] s. m.

[ÉTYM. Dérivé de glucine, § 224. || Néolog.]

|| (Chimie.) Métal blanc, cassant, voisin du magnésium et de l'aluminium, tiré de différents silicates.

GLUCOSE [glu-kŏz'] et, rare, GLYCOSE [gli-kŏz'] s. f.

[ÉTYM. Dérivé du grec γλυκύς, doux, § 282. || Néolog. Admis ACAD. 1878.]

|| (Chimie.) Principe sucré du raisin, de l'amidon, etc.

GLUER [glu-é] v. tr.

[ÉTYM. Dérivé de glu, § 154. || XIIᵉ s. Ki per sa volenteit solement gluat ensi ensemble lo lum de la terre et l'esprit de vie, Serm. de St Bern. p. 63.]

|| Vieilli. Enduire de glu. Branches gluées. || P. ext. Enduire d'une substance gluante.

*GLUEUX, EUSE [glu-eù, -eùz'] adj.

[ÉTYM. Dérivé de glu, § 116. || XIIIᵉ s. Boche orde et glueuse, G. DE COINCY, dans GODEF. glueus.]

|| Rare. Gluant. Adorateur sacré du parmesan —, A. BARBIER, Il Pianto, Chiaia.

GLUI [glui] s. m.

[ÉTYM. Origine incertaine. Le mot se retrouve en provenç., et la comparaison avec le franç. indique une forme du lat. pop. telle que *glŏdium, peut-être *clŏdium, comme point de départ. || XII° s. Li liz ne fu mie de glui Ne de paille, CHRÉTIEN DE TROYES, *Charrette*, 512.]

|| *Vieilli*. Paille de seigle dont on se sert pour couvrir les toits, attacher la vigne, emballer le poisson, etc.

GLUME [glum'] et, *vieilli*, **GLOUME** [gloum'] *s. f.*
[ÉTYM. Emprunté du lat. glûma, *m. s.* || 1811. Glume, MOZIN, *Dict. franç.-allem.* Admis ACAD. 1835.]
|| (Botan.) Enveloppe florale de chacun des épillets qui forment l'épi des graminées, dite vulgairement balle.

*GLUMELLE** [glu-mèl'] *s. f.*
[ÉTYM. Dérivé de glume, § 258. || *Néolog.*]
|| (Botan.) Enveloppe florale placée sous la glume.

*GLUMELLULE** [glu-mèl'-lul] *s. f.*
[ÉTYM. Dérivé de glumelle, § 240. || *Néolog.*]
|| (Botan.) Enveloppe florale qu'on trouve quelquefois sous la glumelle.

GLUTEN [glu-tèn'] *s. m.*
[ÉTYM. Emprunté du lat. gluten, colle. || XVI° s. Le quatriesme humeur de nourrissement est appelé gluten, PARÉ, *Introd.* 6. Admis ACAD. 1762.]
|| (T. scientif.) || **1°** Substance tenace qui colle, qui lie ensemble les parties divisées des corps solides. Colles ou glutens qui réunissent par interposition les parties de toute matière, BUFF. *Minéraux.*
|| **2°** Substance azotée de la graine des céréales, partie de la farine qui reste lorsqu'on en a enlevé l'amidon. Pain de —, destiné aux malades diabétiques. — granulé, employé en cuisine comme les pâtes d'Italie.

GLUTINATIF, IVE [glu-ti-nà-tif', -tïv'] *adj.*
[ÉTYM. Emprunté du lat. glutinativus, *m. s.* || 1549. Medicaments glutinatifz, TAGAULT, dans GODEF. *Compl.* Admis ACAD. 1835.]
|| (Médec.) Qui a la propriété d'agglutiner. (*Cf.* agglutinatif.)

GLUTINEUX, EUSE [glu-ti-neû, -neûz'] *adj.*
[ÉTYM. Emprunté du lat. glutinosus, *m. s.* || XIII° s. Terre... bien glutinose, BRUN. LATINI, *Trésor*, dans DELB. *Rec.* | XV° s. Substance glutineuse, *Grant Herbier*, dans GODEF. *Compl.*]
|| (T. didact.) Qui est de nature visqueuse et collante.

GLYCÉRINE [gli-sé-rin'] *s. f.*
[ÉTYM. Dérivé de γλυκερός, doux, § 245. || *Néolog.* Admis ACAD. 1878.]
|| (Chimie.) Corps neutre, sirupeux, qu'on obtient par le dédoublement d'un corps gras (stéarine, oléine, etc.).

GLYCINE [gli-sin'] *s. f.*
[ÉTYM. Dérivé du grec γλυκύς, doux, § 245. (*Cf.* glucine.) || 1786. ENCYCL. MÉTH. Admis ACAD. 1878.]
|| (Botan.) Arbuste grimpant de la famille des Papilionacées. — de Chine. — frutescente, à fleurs en grappes.

*GLYCOCOLLE** [gli-kò-kòl] *s. f.*
[ÉTYM. Composé avec le grec γλυκύς, doux, et κόλλα, colle, § 279. || *Néolog.*]
|| (Chimie.) Substance sucrée, cristallisable, qu'on obtient en dédoublant par la saponification les acides qui entrent dans la composition de la bile, ou en traitant la gélatine par l'acide sulfurique.

*GLYCOGÈNE** [gli-kò-jèn'] *adj.*
[ÉTYM. Composé avec le grec γλυκύς, doux, et γεννᾶν, engendrer, § 279. || *Néolog.*]
|| (Physiol.) Qui produit du sucre. Matière —, principe analogue à la dextrine végétale, qui se forme dans le foie.

*GLYCOGÉNIE** [gli-kò-jé-ni] *s. f.*
[ÉTYM. Dérivé de glycogène, § 224. || *Néolog.*]
|| (Physiol.) Production de la matière glycogène dans le foie.

*GLYCOL** [gli-kòl] *s. m.*
[ÉTYM. Composé avec le radical de glycérine et la finale de alcool, § 282 *bis*. || *Néolog.*]
|| (Chimie.) Liqueur à saveur sucrée, incolore, inodore, qui se comporte comme les alcools avec les acides. La série des glycols est parallèle à celle des alcools.

GLYCOSE. *V.* glucose.

*GLYCOSURIE** [gli-kò-zu-ri] *s. f.*
[ÉTYM. Composé avec glycose et οὐρεῖν, uriner, § 279. || *Néolog.*]
|| (Médec.) Excrétion d'urine chargée de matière sucrée.

*GLYPHE** [glif'] *s. m.*
[ÉTYM. Emprunté du grec γλυφή, ciselure, sous l'influence de triglyphe, dont il a pris le genre, quoique γλυφή

soit du fém. § 553. || 1701. FURET. Admis ACAD. 1762; suppr. en 1798.]
|| (Architect.) Rainure, cannelure creusée dans un ornement d'architecture.

GLYPTIQUE [glip'-tïk'] *s. f.*
[ÉTYM. Emprunté du grec γλυπτικός, « relatif à la gravure », employé substantivement. || 1796. *Magasin encyclop.* I, 183. Admis ACAD. 1835.]
|| (Technol.) Art de graver les pierres fines en creux (intailles) ou en relief (camées).

*GNACARE** [ñà-kàr] *s. f.*
[ÉTYM. Emprunté de l'ital. gnaccara, *m. s.* d'origine arabe ou persane, §§ 12, 22 et 24. Le mot est fréquent en anc. franç. sous la forme nacaire. || XVII° s. *V.* à l'article.]
|| *Vieilli*. Cymbale. Quatre jouent de la guitare, quatre des castagnettes, quatre des gnacares, MOL. *Pastorale com.* sc. 15.

*GNAF** [ñàf'] *s. m.*
[ÉTYM. Paraît être une onomatopée imitant le bruit du chégros que tire le savetier, § 32. || *Néolog.*]
|| *Pop.* Savetier.

*GNAN-GNAN** [ñan-ñan] *s. m.* et *f.*
[ÉTYM. Onomatopée, § 32. (*Cf.* BEAUMARCH. *Mar. de Fig.* 1, 4.) || *Néolog.*]
|| *Pop.* Personne qui geint quand il faut faire un effort. *Adjectivt.* Une femme —.

GNEISS [gnèys'] *s. m.*
[ÉTYM. Emprunté de l'allem. gneiss, *m. s.* § 8. || 1779. Gneiss de Werner, DE SAUSSURE, *Voyage dans les Alpes*, III, 159. Admis ACAD. 1878.]
|| (Minéral.) Roche composée (comme le granit) de feldspath, de mica, etc., mais de nature schisteuse.

*GNOGNOTTE** [ñò-ñŏt'] *s. f.*
[ÉTYM. Origine inconnue. || *Néolog.*]
|| *Pop.* Chose de piètre qualité. C'est de la —.

*GNOLE** [ñòl] et *GNON** [ñon] *s. m.*
[ÉTYM. Origine inconnue. || 1701. Gniole, FURET.]
|| *Pop.* Éraflure que reçoit une toupie, d'une autre toupie qui tourne. *P. ext.* Coup, éraflure, qui laisse une marque sur une personne ou sur une chose. (*Cf.* torgnole.)

GNOME [gnôm'] *s. m.*
[ÉTYM. Mot forgé par PARACELSE, et qui paraît reposer sur le grec γνώμη, intelligence. || 1583. Les gnomes ou pygmees, VIGENÈRE, *Tite-Live*, I, p. 1316. Admis ACAD. 1762.]
|| (Mythol.) Petit génie présidant à la terre et à ce qu'elle contient. (*Cf.* sylphe, ondin, salamandre.) || *Adjectivt.* Citoyen du peuple —, GRESSET, *Chartreuse.*

GNOMIDE [gnò-mid'] *s. f.*
[ÉTYM. Dérivé de gnome, § 235. || 1701. FURET. Admis ACAD. 1762.]
|| (Mythol.) Gnome femelle.

GNOMIQUE [gnò-mik'] *adj.*
[ÉTYM. Emprunté du grec γνωμικός, *m. s.* || 1752. TRÉV. Admis ACAD. 1762.]
|| (T. didact.) Qui est sous forme de sentences. Les poètes gnomiques, et, *ellipt*, Les gnomiques, écrivains grecs qui composèrent en vers des maximes morales.

GNOMON [gnò-mon] *s. m.*
[ÉTYM. Emprunté du lat. gnomon, grec γνώμων, *m. s.* || 1547. J. MARTIN, *Vitruve*, dans DELB. *Rec.* Admis ACAD. 1762.]
|| (T. scientif.) Tige verticale dont l'ombre, se projetant sur un plan, fait connaître par sa longueur la hauteur du soleil, et indique l'heure par sa position. || *P. ext.* Méridienne tracée sur le sol, sur laquelle les rayons du soleil, traversant une ouverture circulaire placée en haut d'un édifice, vont tracer l'image de l'astre.

GNOMONIQUE [gnò-mò-nik'] *adj.* et *s. f.*
[ÉTYM. Emprunté du lat. gnomonicus, grec γνωμωνικός, *m. s.* || 1547. Instrumentz organiques et gnomoniques, J. MARTIN, *Vitruve*, dans DELB. *Rec.* Admis ACAD. 1694.]
I. *Adj.* Relatif aux gnomons.
II. *S. f.* Art de construire des gnomons.

GNOSE [gnôz'] *s. f.*
[ÉTYM. Emprunté du grec ecclés. γνῶσις, *m. s.* proprt, « connaissance ». || XVII° s. *V.* à l'article. Admis ACAD. 1878.]
|| (Théol.) || **1°** Perfection de la science chrétienne. C'est là aussi ce qu'on appelle dans les Écritures la science du salut; pour exprimer cette science, saint Paul se sert souvent du mot de —, BOSS. *Nouv. Myst.* III, 1. || *Fig.* J'étais l'unique non initié en leur — (des disciples de Fénelon), ST-SIM. VIII, 427.

‖ **2°** Doctrine (hérétique) suivant laquelle les êtres spirituels, sortis du sein de Dieu, doivent y rentrer.
GNOSTICISME [gnŏs'-ti-sīsm'] *s. m.*
[ÉTYM. Dérivé de **gnostique**, § 265. ‖ *Néolog.* Admis ACAD. 1878.]
‖ (Théol.) Ensemble des doctrines de la gnose.
GNOSTIQUE [gnŏs'-tīk'] *s. m.*
[ÉTYM. Emprunté du grec γνωστικός, *m. s.* ‖ XVIᵉ s. Tertulian contre les gnostiques, ARTH. THOMAS, dans DELB. *Rec.* Admis ACAD. 1798.]
‖ (Théol.) ‖ **1°** Celui qui a la perfection de la science chrétienne. Ceux que saint Paul appelle les parfaits sont les mêmes que saint Clément a appelés les gnostiques, BOSS. *Nouv. Myst.* XVI, 9.
‖ **2°** Adepte de la gnose.
***GNOU** [ñou] *s. m.*
[ÉTYM. Emprunté du hottentot, § 29. ‖ XVIIIᵉ s. *V.* à l'article.]
‖ (Hist. nat.) Espèce de grande antilope d'Afrique. Un quadrupède que les Hottentots appellent —, BUFF. *Du gnou ou niou.*
GO (TOUT DE) et, *vieilli,* ***GOB(TOUT DE)** [toud'-gó; *en vers,* tou-de-gó] *loc. adv.*
[ÉTYM. Subst. verbal du verbe gober, § 52. ‖ XVIᵉ s. *V.* à l'article.]
‖ **1°** *Ancienn.* Tout d'un trait. Il l'avala tout de gob sans mâcher, *Nouv. Fabr. des excell. traits de vérité* (1579), p. 142, Bibl. elzév.
‖ **2°** *Fig.* Tout droit, sans préparation. Il est entré tout de go. Il va seucher tout de go Au signe du Virgo, REGNARD et DUFRESNY, *Chinois*, II, 4.
***GOBE** et, selon ACAD., **GOBBE** [gŏb'] *s. f.*
[ÉTYM. Subst. verbal de gober, § 52. ‖ 1690. Gobe, FURET. Admis ACAD. 1718.]
‖ (Technol.) Bol pour engraisser la volaille. ‖ Bol pour empoisonner les chiens errants, les bêtes malfaisantes.
GOBELET [gŏb'-lè; *en vers,* gò-be-lè] *s. m.*
[ÉTYM. Dérivé de l'anc. franç. gobel, *m. s.* d'origine inconnue, § 133. ‖ XIIIᵉ s. Gubulet, *Ms. St-Jean*, dans LITTRÉ.]
‖ **1°** Vase à boire, haut, de forme ronde, sans anse, et ordinairement sans pied. Un — d'argent, d'étain, de cristal. ‖ *P. anal.* — émétique, gobelet métallique dans la composition duquel il entrait de l'antimoine, et où on laissait séjourner de l'eau, du vin blanc, qui y contractait une vertu émétique. — de quassia, de gaïac, etc., gobelet fait de bois de quassia, de gaïac, où on laisse séjourner de l'eau qui se charge des principes du quassia, du gaïac. ‖ *P. ext. Ancienn.* Office de la maison du roi comprenant la charge du vin et du pain. Le chef du —.
‖ **2°** *P. anal.* Vase de fer-blanc en forme de gobelet dont se servent les escamoteurs pour faire leurs tours. Un joueur de gobelets. Des tours de gobelets.
‖ **3°** *Fig.* Fleur dont la corolle est en forme de gobelet. ‖ Disposition donnée à un arbre à fruit, taillé de manière que le haut ne soit pas plus large que le bas.
***GOBELETERIE** [gŏb'-lĕt'-ri; *en vers,* gò-be-lò-te-ri] *s. f.*
[ÉTYM. Dérivé de gobeletier, §§ 65 et 68. ‖ 1791. ENCYCL. MÉTH. *Verrerie.*]
‖ *Rare.* Fabrication, commerce du gobeletier.
***GOBELETIER, IÈRE** [gob'-le-tyé, -tyèr; *en vers,* gò-be-...] *s. m. et f.*
[ÉTYM. Dérivé de gobelet, §§ 65 et 115. ‖ *Néolog.*]
‖ *Rare.* Celui, celle qui fabrique, qui vend des gobelets, des verres à boire, etc.
***GOBELIN** [gŏb'-lin; *en vers,* gò-be-...] *s. m.*
[ÉTYM. Emprunté du bas lat. gobelinus, qui se rattache au grec κόβαλος, § 5. ‖ XVIᵉ s. Pensant qu'il allast tirer le gobelin de sa manche, BON. DES PER. *Nouv.* 7.]
‖ *Vieilli.* Sorte de lutin.
***GOBELOTER** ou, selon ACAD., **GOBELOTTER** [gŏb'-lò-té; *en vers,* gò-be-...] *v. intr.*
[ÉTYM. Pour gobeleter, § 167, dérivé de gobelet, § 154. ‖ 1680. Gobeloter, RICHEL.]
‖ *Famil.* Prendre souvent du vin, des liqueurs. ‖ *P. ext.* Faire des parties où l'on boit, où l'on mange.
***GOBELOTEUR, EUSE** [gŏb'-lò-teur, -teuz'; *en vers,* gò-be-...] *s. m. et f.*
[ÉTYM. Dérivé de gobeloter, § 512. ‖ *Néolog.*]
‖ *Famil.* Celui, celle qui gobelote.

GOBE-MOUCHES [gŏb'-moŭch'; *en vers,* gò-be-...]. *s. m.*
[ÉTYM. Composé de gobe (du verbe gober) et mouche, § 209. ‖ 1611. Gobe-mouche, moineau de haye, COTGR. Admis ACAD. 1798.]
‖ **1°** (Hist. nat.) Passereau dentirostre qui se nourrit principalement de mouches. ‖ *P. anal.* Attrape-mouche, plante.
‖ **2°** *Fig.* Celui, celle qui accepte crédulement tout ce qu'il entend raconter.
GOBER [gò-bé] *v. tr.*
[ÉTYM. Dérivé du radical de gobet, § 154. ‖ 1549. R. EST.]
‖ Manger, avaler sans prendre le temps de mâcher. — une huître. Nous en savons plus d'un (tour), dit-il en les gobant, LA F. *Fab.* III, 18. L'hirondelle gobe les mouches et les autres insectes. ‖ *P. anal.* (Fauconn.) — les perdrix, les faire happer par le faucon. ‖ *Fig.* — l'appât, le morceau, l'hameçon, se laisser attraper. Ils goberont l'appât, vous serez leur ami, LA F. *Fab.* VIII, 14. Je ne suis pas homme à — le morceau, MOL. *Éc. des f.* II, 1. Propres à — les hameçons qu'on leur veut tendre, ID. *Pourc.* II, 3. *Famil.* — qqn. en être dupe. Se —, être dupe de soi-même. ‖ — les mouches, accepter crédulement tout ce qu'on entend raconter.
1. *GOBERGE [gò-bèrj'] *s. f.*
[ÉTYM. Origine inconnue. ‖ 1135. Pisces sicci qui vocantur gauberges, dans GODEF. gauberge.]
‖ *Dialect.* Morue sèche, merluche.
2. GOBERGE [gò-bèrj'] *s. f.*
[ÉTYM. Semble apparenté à écoperche et camperche (*V.* ces mots), § 509. ‖ 1680. RICHEL. Admis ACAD. 1762.]
‖ (Technol.) Ais qu'on appuie contre un meuble, un placage fraîchement collé, pour le maintenir. Ais qu'on fixe en travers d'un fond de lit. Planchette de layetier pour assembler des caisses.
GOBERGER (SE) [gò-bèr-jé] *v. pron.*
[ÉTYM. Origine inconnue. ‖ XVIᵉ s. Sans qu'il congnust que Faifeu le gauberge, CH. DE BOURDIGNÉ, *Pierre Faifeu*, p. 52, dans LA C. Admis ACAD. 1718.]
‖ **1°** *Vieilli.* S'amuser de (qqn). Gobergeons-nous ensemble de ce cousin de meunier, DANCOURT, *Vacances*, sc. 1.
‖ **2°** Se donner ses aises.
GOBET [gò-bè] *s. m.*
[ÉTYM. Dérivé d'un radical gobb, d'origine celtique, qui se retrouve dans les dialectes actuels avec le sens de « bouche », §§ 3 et 133. Le sens **II** est un développement postérieur dû au verbe gober. ‖ XIIIᵉ s. Tant ama bons gobez et robes, G. DE COINCY, dans GODEF.]
I. Bouchée. Nous en mangerons de bons gobets, HAUTEROCHE, *Crispin médecin*, II, 7.
II. ‖ **1°** Action de gober. *Spécialt.* Chasser au —, en faisant happer (la perdrix) par le faucon. ‖ *Fig.* Prendre qqn au —, par surprise.
‖ **2°** Celui qui gobe. *Fig.* Un bon —, homme crédule.
GOBETER [gŏb'-té; *en vers,* gò-be-té] *v. tr.*
[ÉTYM. Dérivé de gobet, § 154. ‖ XIIIᵉ s. Ainz se leroit com ours beter Gobez lessast a gobeter, G. DE COINCY, dans GODEF. Admis ACAD. 1762.]
‖ (Technol.) Crépir en faisant entrer le plâtre, le mortier, dans les joints avec la main ou le plat de la truelle.
***GOBETIS** [gŏb'-ti; *en vers,* gò-be-ti] *s. m.*
[ÉTYM. Dérivé de gobeter, § 82. ‖ *Néolog.*]
‖ (Technol.) Plâtre, mortier pour gobeter. ‖ Ouvrage fait en gobetant.
***GOBEUR, EUSE** [gò-beur, -beuz'] *s. m. et f.*
[ÉTYM. Dérivé de gober, § 112. ‖ 1554. Voicy venir le beau Gobeur, dans DELB. *Rec.*]
‖ Celui, celle qui gobe qqch. Celui qui le premier a pu l'apercevoir (l'huître) En sera le —, LA F. *Fab.* IX, 9. *Fig.* Un — de mouches, et, *absolt,* Un —, un gobe-mouches.
***GOBILLARD** [gò-bi-yår] *s. m.*
[ÉTYM. Origine inconnue. ‖ 1761. F. DE BONDAROY, *Tonnelier*, p. 66.]
‖ (Technol.) Planche préparée pour faire des douves.
***GOBILLE** [gò-bīy'] *s. f.*
[ÉTYM. Paraît composé de bille et d'un préfixe dont l'origine et le sens sont obscurs, § 196.]
‖ Bille, boule. ‖ *Spécialt.* Bille servant aux jeux d'enfants.
GOBIN [gò-bè] *s. m.*
[ÉTYM. Emprunté de l'ital. gobbino, diminutif de gobbo,

bossu, § 12. || xvie-xviie s. Le duc de Mantoue, qu'on appeloit le gobin, parce qu'il estoit fort bossu, BRANT. IX, 361, Lalanne.]

|| *Vieilli.* Bossu. Maudit —, BOURS. *Ésope à la ville*, v, 2.

*GOBINEAU [gò-bi-nó] s. m.

[ÉTYM. Origine inconnue. || *Néolog.*]

|| (Technol.) Raccord d'un carrelage près du mur.

*GODAGE [gò-dâj'] s. m.

[ÉTYM. Dérivé de goder, § 78. || 1774. Un godage, N. DESMAREST, *Mém. sur les papeteries*, II, 10.]

|| (Technol.) Action de goder.

*GODAILLE [gò-dáy']. V. gogaille.

GODAILLER [gò-dá-yé] v. intr.

[ÉTYM. Paraît être une altération de gogailler, dérivé de gogaille, §§ 184 et 509. L'anc. franç. dit, dans un sens analogue, gogoyer ou gogayer. || 1752. TRÉV. Admis ACAD. 1762.]

|| *Pop.* Se livrer à la boisson.

GODAILLEUR, *GODAILLEUSE [gò-dá-yeur, -yeuz'] s. m. et f.

[ÉTYM. Dérivé de godailler, § 112. || *Néolog.* Admis ACAD. 1878.]

|| *Pop.* Celui, celle qui godaille.

*GODAN ou *GODANT [gò-dan] s. m.

[ÉTYM. Origine inconnue. || xviie-xviiie s. V. à l'article.]

|| *Pop.* Tromperie. Donner dans le —. Cet inepte et hardi godant qu'ils avaient donné à Monseigneur, ST-SIM. VIII, 231.

GODELUREAU [gŏd'-lu-ró ; en vers, gò-de-...] s. m.

[ÉTYM. Pour goguelureau (NICOT, COTGR.), dérivé de goguelu, §§ 63 et 126, et confondu avec galureau, mot de l'anc. franç. d'origine inconnue qui est encore employé par SOREL (*Francion*, p. 330) sous la forme galoureau, § 509. || xvie s. Ho! guodelureau moine, RAB. IV, 65.]

|| Jeune galantin. Le temple de Dieu sert de rendez-vous aux godelureaux et aux coquettes, SCARR. *Rom. com.* I, 9. Ce sont de beaux morveux, de beaux godelureaux, MOL. *Av.* II, 5.

GODENOT [gŏd'-nó ; en vers, gò-de-...] s. m.

[ÉTYM. Origine inconnue. || xviie s. V. à l'article.]

|| *Vieilli.* Figurine qu'escamotent les joueurs de gobelets. Le Mazarin n'est qu'une manière de —, RETZ, *Mém.* IV, 320, ann. 1652. || *Fig.* Vilain petit homme. Il n'est vice si bas Que n'ait le —, BOURS. *Fables d'Ésope*, I, 4.

GODER [gò-dé] v. intr.

[ÉTYM. Semble tiré de godron à une date récente, § 37. || 1771. TRÉV. Admis ACAD. 1762.]

|| (Technol.) Faire des plis. Un vêtement qui gode.

GODET [gò-dè] s. m.

[ÉTYM. Origine inconnue. || xiiie s. Or faut mesures et banas, Voires, godés, *Choses qui faillent en mesnage*.]

I. *Ancient.* Petit bassin sans pied ni anse.

II. *P. anal.* Vase de même forme où l'on délaie les couleurs, où tombe l'huile d'un quinquet, etc. || Récipient fixé de distance en distance à une machine à élever l'eau. Une roue à godets. || Entonnoir par lequel le métal, pour couler une cloche, un canon, etc., tombe dans les jets. || Égout d'un chéneau. || *P. ext.* Capsule du gland de chêne.

GODICHE [gò-dích'] s. m. et f.

[ÉTYM. Dérivé du radical de Godon, forme hypocoristique de Claude, §§ 36, 82 et 509. || 1752. TRÉV. Admis ACAD. 1878.]

|| *Famil.* Nigaud, nigaude.

*GODILLE [gò-diy'] s. f.

[ÉTYM. Origine inconnue. || 1792. Goudille, ROMME, *Dict. de mar.*]

|| (Technol.) Aviron à l'arrière d'un bateau pour manœuvrer seul l'embarcation.

*GODILLER [gò-di-yé] v. intr.

[ÉTYM. Dérivé de godille, § 154. || 1792. Goudiller, ROMME, *Dict. de mar.*]

|| (Technol.) Manœuvrer avec la godille.

*GODINETTE [gò-di-net'] s. f.

[ÉTYM. Paraît dérivé du lat. gaudere, se réjouir, §§ 100 et 133. || xve s. Une godinette Qui vient rire, COQUILLART, II, 208.]

|| *Vieilli.* Fille d'humeur galante.

GODIVEAU [gò-di-vó] s. m.

[ÉTYM. Origine inconnue. || xvie s. Ung boisseau de guodiveaulx, RAB. III, 18.]

|| Sorte d'andouillette. Une tourte de godiveaux, et, *ellipt*, Un —. Un — tout brûlé par dehors, BOIL. *Sat.* 3.

GODRON [gò-dron] s. m.

[ÉTYM. Pour goderon, d'origine inconnue. || 1467. L'un des goderons d'argent, dans L. DE LABORDE, *Émaux*, p. 332.]

|| (Technol.) || 1° Moulure ovale au bord de la vaisselle d'argent.

|| 2° Pli rond fait aux collerettes dites fraises, aux jabots, aux manchettes, etc. || *P. anal.* Guillochure qui rayonne sur le fond d'un cachet, d'un chaton de bague.

GODRONNER [gò-drò-né] v. tr.

[ÉTYM. Dérivé de godron, § 154. || 1385. Un eaubenoistier gouderonné, dans GODEF. *Compl.*]

|| (Technol.) || 1° Border d'une moulure ovale (la vaisselle d'argent). De la belle vaisselle toute neuve, toute godronnée, SÉV. 1232. || *Fig.* (Anat.) Canal godronné, qui borde le tour du cristallin de l'œil, entre le corps ciliaire et le corps vitré. || *P. anal.* Tourner (la tête de l'épingle) sur le moule.

|| 2° Empeser et repasser à gros plis ronds. — une fraise (collerette). || *P. anal.* (Botan.) Feuille godronnée, dont le bord présente des festons séparés par des plis profonds. || *P. ext.* | 1. — un cachet, un chaton de bague, y faire des guillochures qui rayonnent comme les plis d'une fraise. | 2. — une vis, faire sur le tour de la tête de petites entailles pour qu'elle offre plus de prise.

GOÉLAND [gò-é-lan] s. m.

[ÉTYM. Emprunté du bas breton gwélan, m. s. § 4. || xve-xvie s. Gaellans, GARCIE, *Grant Routier*, fo 33. Admis ACAD. 1835 et écrit d'abord goëland.]

|| (Hist. nat.) Espèce de grande mouette, oiseau de mer.

GOÉLETTE [gò-é-lĕt'] s. f.

[ÉTYM. Origine inconnue. || 1752. Goualette, TRÉV. Admis ACAD. 1835 et écrit d'abord goëlette.]

|| 1° (Marine.) Navire léger à deux mâts.

|| 2° *Fig.* Hirondelle de mer.

GOÉMON [gò-é-mon] s. m.

[ÉTYM. Emprunté du bas breton gwémon, m. s. § 4. || xive s. Globum herbe marine vocate goumon, dans DU C. goumon.]

|| Varech, plante marine. || Engrais fait de ce varech.

GOÉTIE [gò-é-si] s. f.

[ÉTYM. Emprunté du lat. goetia, grec γοητεία, sorcellerie, de γόης, sorcier. || xvie s. MAYERNE-TURQUET, dans DELB. *Rec.* Admis ACAD. 1762.]

|| (Antiq.) Évocation des génies malfaisants.

*GOFFE [gŏf'] adj.

[ÉTYM. Emprunté de l'ital. goffo, m. s. § 12. || 1573. Choses goffes et peu honnestes, LARIVEY, *Veuve*, prol. Admis ACAD. 1694 ; suppr. en 1878.]

|| *Vieilli.* Lourd, grossier.

GOGAILLE [gò-gáy'] s. f.

[ÉTYM. Dérivé de gogue, § 95. (*Cf.* godailler.) || 1564. Faire gogaille et ripaille, JUNIUS, dans GODEF. *Compl.*]

|| *Pop.* Joyeux repas. Faire — avec ses voisins, SOREL, *Francion*, p. 58.

1. GOGO (À) [à-gò-gó] loc. adv.

[ÉTYM. Origine inconnue. (*Cf.* gogue.) || xve s. Mieux amassent a gogo Gesir sur molx coissinés, CH. D'ORL. *Chansons*, 123.]

|| *Famil.* Tout son soûl. Laissez-moi, s'il vous plaît, m'en donner à —, TH. CORN. *D. César d'Avalos*, I, 4.

2. *GOGO [gò-gó] s. m.

[ÉTYM. Se rattache peut-être à gober. (*Cf.* go.) || *Néolog.*]

|| *Famil.* Personnage crédule et confiant à l'excès. Les gogos enrichissent les financiers peu scrupuleux.

*GOGUE [gòg'] s. f.

[ÉTYM. Origine inconnue. (*Cf.* gogo 1.) || xiiie s. Tout vient à gogue, *Ysopet*, I, 23, Robert.]

|| *Vieilli.* Liesse.

*GOGUELU, UE [gŏg'-lu ; en vers, gò-ghe-lu] adj.

[ÉTYM. Dérivé de gogue, §§ 63 et 118. (*Cf.* godelureau.) || xve s. Pauvres goguelus, COQUILLART, I, 63. Admis ACAD. 1694 ; suppr. en 1718.]

|| *Vieilli.* Content de lui, suffisant.

GOGUENARD, ARDE [gŏg'-nàr, -nàrd' ; en vers, gò-ghe-...] adj.

[ÉTYM. Dérivé de gogue, § 147. || 1642. OUD.]

|| Qui a l'air de se moquer des gens. Un souris —, FURET. *Rom. bourg.* I, 104. D'Aubigné ne se contraignait pas de prendre un ton —, ST-SIM. I, 479. || *Substantivt.* Un — presque sexagénaire, MOL. *Éc. des m.* I, 2. — dangereux, BOIL. *Art p.* 2.

GOGUENARDER [gŏg'-nàr-dé ; *en vers*, gò-ghe-...] *v. intr.*

[ÉTYM. Dérivé de goguenard, § 154. || XVIᵉ s. Ils se goguenardassent de nous, dans GODEF. *Compl.*]

|| Faire le goguenard. Nous ne faisions que — pendant le voyage, HAMILT. *Gram.* 159.

GOGUENARDERIE [gŏg'-nàrd'-ri ; *en vers*, gò-ghe-nàr-de-ri] *s. f.*

[ÉTYM. Dérivé de goguenard, § 69. A supplanté goguenardie, qui se trouve au commencement du XVIIᵉ s. (*V.* DELB. *Rec.*) || XVIIᵉ s. *V.* à l'article. Admis ACAD. 1798.]

|| Action de goguenarder. Je l'enverrais promener avec ses goguenarderies, MOL. *Méd. m. l.* II, 2. Le roi était fort accoutumé à lui et à ses goguenarderies, ST-SIM. II, 424.

*GOGUENOT [gŏg'-nó ; *en vers*, gò-ghe-...] *s. m.*

[ÉTYM. Origine inconnue. || *Néolog.*]

|| **1º** *Dialect.* Pot à cidre.

|| **2º** (Technol.) Cône de poterie qui soutient de distance en distance un bétonnage.

|| **3º** *P. ext. Trivial.* Latrines.

GOGUETTE [gò-ghĕt'] *s. f.*

[ÉTYM. Dérivé de gogue, § 133. || XVᵉ s. Nous ferons goguettes, *Cent Nouv. nouv.* 93.]

|| *Famil.* Joyeuseté. Conteur de goguettes, GHERARDI, *Th. ital.* v, 22. || *P. ext.* Être en —, ou goguettes, un peu trop gai, pour avoir bu. || *Ironiqt.* Chanter — ou goguettes à qqn, lui faire des reproches. A sa moitié chanta —, LA F. *Contes, Pâté d'anguille.*

GOINFRE [gwinfr'] *s. m.*

[ÉTYM. Origine inconnue. || XVIᵉ s. *V.* à l'article.]

|| **1º** *Anciennt.* Soldat maraudeur. Les grands seigneurs, par émulation, en faisaient plus que les pauvres goinfres, D'AUB. *Fœneste*, IV, 4.

|| **2º** Parasite. Un — en a toute la gloire, BOIL. *Poés. div.* 1.

|| **3º** Goulu.

GOINFRER [gwin-fré] *v. intr.*

[ÉTYM. Dérivé de goinfre, § 154. || 1642. OUD.]

|| Manger goulûment.

GOINFRERIE [gwin-fre-ri] *s. f.*

[ÉTYM. Dérivé de goinfre, § 69. || XVIIᵉ s. *V.* à l'article.]

|| Avidité goulue. Je tâche de me ressouvenir des importantes leçons de —, MAYNARD, *Lett.* 51, édit. 1653. L'attirail de la —, LA F. *Fab.* II, 20.

GOITRE [gwâtr'] *s. m.* (fém. au XVIIᵉ s.).

[ÉTYM. Tiré de goitreux (*V.* ce mot), § 37. L'anc. franç. dit goitron au sens de « gorge », d'après le lat. pop. *gŭttŭriŏnem.* FURET. enregistre encore gouetron comme synonyme de goitre ou gouetre. || 1564. J. THIERRY, *Dict. franç.-lat.*]

|| Tumeur indolente à la partie antérieure du cou. || *P. anal.* | 1. Tumeur qui se forme sous la mâchoire des moutons et qqf des chiens. | 2. Expansion cutanée qui pend sous le cou de certains sauriens, de certains oiseaux (pélican).

GOITREUX, EUSE [gwâ-treû, -treúz'] *adj.*

[ÉTYM. Emprunté du lat. pop. *gŭtturiŏsus*, § 11. || 1411. Goytreux, texte du Forez dans DU C. pecten.]

|| **1º** Qui est de la nature du goitre. Tumeur goitreuse.

|| **2º** Qui a un goitre. Un individu —, et, *substantivt*, Un —, une goitreuse.

GOLFE [gòlf'] *s. m.*

[ÉTYM. Emprunté de l'ital. golfo, *m. s.* qui vient du grec κόλπος, § 12. (*Cf.* gouffre.) || XIIIᵉ s. Et siet sor un goffre de mer, VILLEH. 460. | 1418. Ledit guolf de Lion, CAUMONT, *Voy. à Jérus.* dans DELB. *Rec.* | 1606. Golfe... Aucuns escrivent et prononcent « goulphe »,... autres « gouffre », NICOT.]

|| Partie de mer formant un large enfoncement dans les terres. (Syn. baie.) Le — de Gascogne. || *Fig.* (Anat.) — de la veine jugulaire, partie où cette veine s'élargit.

*GOMÈNE [gò-mên']. *V.* gumène.

*GOMMAGE [gò-mâj'] *s. m.*

[ÉTYM. Dérivé de gommer, § 78. || *Néolog.*]

|| (Technol.) Action de gommer.

GOMME [gòm'] *s. f.*

[ÉTYM. Emprunté du lat. gummis, grec κόμμι, *m. s.* mot d'origine égyptienne, § 26. || XIIᵉ s. Des gomes qui dedens alument Bone est l'olors, BEN. DE STE-MORE, *Troie*, 14829.]

|| **1º** Substance qui découle de certains arbres et dont on se sert pour coller, apprêter, lustrer, ou que l'on emploie comme adoucissant dans des sirops, pâtes, pastilles, etc. — arabique, — du Sénégal, fournie par diverses espèces de mimosa. — adragant, fournie par plusieurs astragales. Boules, sirop de —, bonbon, sirop à base de gomme.

|| **2º** —-résine, substance composée de gomme et de résine (aloès, gaïac, copal, etc.), qui découle de certains arbres. —-gutte, fournie par le guttier de Ceylan. — laque, fournie par des plantes légumineuses de l'Inde. || *P. anal.* — des funérailles, bitume de Judée, servant à embaumer les morts.

|| **3º** — élastique, substance élastique, dite caoutchouc, que donne en se durcissant le suc de diverses plantes lactescentes (euphorbiacées, urticées, etc.). *Spécialt.* Morceau de cette substance préparé pour effacer le crayon.

GOMMER [gò-mé] *v. tr.*

[ÉTYM. Dérivé de gomme, § 154. || XIVᵉ s. Com ce fust de cire gommee, *Mir. de N.-D.* dans DELB. *Rec.*]

|| **1º** Enduire de gomme. Toile, papier gommé. Enveloppes gommées, dont le bord est enduit de gomme, qu'on mouille pour les fermer. || *P. anal.* Taffetas gommé. | 1. Taffetas enduit d'une substance qui le rend imperméable. | 2. Taffetas enduit d'une préparation, qu'on met sur les coupures.

|| **2º** Délayer avec de la gomme. Des couleurs gommées. || Mêler avec de la gomme. Une tisane gommée.

GOMMEUX, EUSE [gò-meú, -meúz'] *adj. et s. m.*

[ÉTYM. Dérivé de gomme, § 116. || XVᵉ s. Substance gommeuse, *Grant Herbier*, dans GODEF. *Compl.* Admis ACAD. 1718.]

I. *Adj.* || **1º** Qui contient de la gomme. Extrait —.

|| **2º** Qui a la nature de la gomme. Substance gommeuse.

II. *Néolog. S. m.* Jeune homme épuisé par les excès, réduit à prendre de la gomme. (*Cf. Tricoche et Cacolet*, comédie, 1875.) || *P. ext.* Jeune homme à la mode.

GOMMIER [gò-myé] *s. m.*

[ÉTYM. Dérivé de gomme, § 115. || 1694. TH. CORN. Admis ACAD. 1798.]

|| (Botan.) Arbre à gomme (acacia, mimosa, etc.).

GOMPHOSE [gon-fóz'] *s. f.*

[ÉTYM. Emprunté du grec γόμφωσις, de γόμφος, cheville. || XVIᵉ s. PARÉ, IV, 43. Admis ACAD. 1762.]

|| (Anat.) Articulation où l'os emboîté est fixe.

GOND [gon] *s. m.*

[ÉTYM. Du lat. gomphum, grec γόμφος, cheville, devenu *gonf, gon, puis écrit arbitrairement gond, §§ 450 et 290.]

|| (Technol.) Fiche de fer sur laquelle s'emboîte et tourne une penture de porte, de persienne, etc. Sceller un —. || *Fig.* Mettre (qqn) hors des gonds, hors de lui-même. Monsieur, hors des gonds, dit au roi..., ST-SIM. III, 24.

GONDOLE [gon-dòl] *s. f.*

[ÉTYM. Emprunté de l'ital. gondola, *m. s.* § 12. Au XIVᵉ s. on trouve gondre (*V.* DELB. *Rec.*), forme où l'accent tonique de l'italien est respecté. || 1550. Galiotes, gondoles et fregates, RAB. *Sciomachie.* Admis ACAD. 1718.]

|| Bateau léger, long et plat, dont la proue élancée se recourbe en dehors et dont on se sert particulièrement à Venise. Une — avec sa proue faite en manche de violon, TH. GAUTIER, *Carn. de Venise.* || *P. anal.* Vase à boire, allongé, sans pied ni anse, dont on se servait autrefois. Deux gondoles de laiton, SCARR. *Virg. trav.* 5. || Soucoupe ovale, pour lotions aux yeux. || Rigole pavée.

GONDOLER [gon-dò-lé] *v. intr.*

[ÉTYM. Dérivé de gondole, § 154. || *Néolog.* Admis ACAD. 1878.]

|| (Technol.) Se recourber dans certaines parties. Une porte qui a gondolé.

GONDOLIER, *GONDOLIÈRE [gon-dò-lyé, -lyèr] *s. m. et f.*

[ÉTYM. Dérivé de gondole, § 115. (*Cf.* ital. gondoliere, *m. s.*) || XVIᵉ s. Gondoliers de Venise, RAB. II, 20. Admis ACAD. 1718.]

|| Batelier, batelière qui conduit une gondole.

GONFALON [gon-fà-lon] et **GONFANON** [gon-fà-non] *s. m.*

[ÉTYM. Emprunté de l'anc. haut allem. guntfano, *m. s.* proprt, « bannière (*V.* fanon) de combat », §§ 6, 498 et 499. Pour la dissimilation de gonfanon en gonfalon, *V.* § 361. || XIᵉ s. El cors li met les pans del gunfanun, *Roland*, 1228.]

|| **1º** Bannière militaire, suspendue à une lance, à un étendard. L'oriflamme fut d'abord le gonfanon royal.

|| **2°** Bannière ecclésiastique sous laquelle se rangeaient les vassaux de l'Église.

GONFALONIER [gon-fà-lò-nyé] et **GONFANONIER** [gon-fà-nò-nyé] *s. m.*

[ÉTYM. Dérivé de gonfalon, § 115. || XIᵉ s. Gefreiz d'Anjou, le rei gunfanuniers, *Roland*, 106.]

|| Celui qui porte le gonfalon. || *Spécialt.* | **1.** Gonfalonier de l'Église, protecteur établi par les papes dans les villes d'Italie. | **2.** Gonfalonier de justice, magistrat suprême de certaines républiques d'Italie au moyen âge.

'GONFLE [gônfl'] *s. f.*

[ÉTYM. Subst. verbal de gonfler, § 52. || 1757. ENCYCL..]

|| (Technol.) Boursouflure dans le fil de métal.

GONFLEMENT [gon-fle-man] *s. m.*

[ÉTYM. Dérivé de gonfler, § 145. || XVIᵉ s. Gonflemens de la poitrine, DU PINET, dans DELB. *Rec.* Admis ACAD. 1718.]

|| État de ce qui est gonflé.

GONFLER [gon-flé] *v. tr.*

[ÉTYM. Emprunté de l'ital. gonflare, *m. s.* qui vient du lat. conflare, proprt, « souffler dans », § 12. || XVIᵉ s. L'uterus gonfle et s'enfle, PARÉ, XVIII, 52.]

|| Distendre en tous sens (un corps élastique) par une pression intérieure. (*Syn.* enfler.) — un ballon, une vessie. Avoir le ventre gonflé. La pâte se gonfle dans la poêle. Les grains de raisin commencent à se —. || *P. ext.* Enfler. Avoir les yeux gonflés. Le vent gonfle les voiles du navire. Un torrent gonflé par la fonte des neiges. || *Fig.* | **1.** Remplir (qqn) du sentiment de son importance. C'est un homme gonflé de l'amour de soi-même, MOL. *Mis.* II, 4. L'autre est gonflé d'audace, CORN. *Attila*, IV, 3. | **2.** Remplir d'un sentiment qu'on a peine à contenir. Avoir le cœur gonflé de joie, de tristesse. *Absolt.* Avoir le cœur gonflé, avoir envie de pleurer.

GONG [gông'] *s. m.*

[ÉTYM. Emprunté du malais gong, *m. s.* § 28. || *Néolog.* Admis ACAD. 1878.]

|| Cymbale d'Orient, plateau de métal sonore sur lequel on frappe avec une baguette à tampon. (*Syn.* tam-tam.)

'GONGYLE [gon-jil] *s. m.*

[ÉTYM. Emprunté du grec γογγύλος, rond. || 1813. DE CANDOLLE, *Théorie de la botan.* p. 348.]

|| (Botan.) Spore reproducteur des algues, lichens, etc.

'GONICHON [gò-ni-chon] *s. m.*

[ÉTYM. Dérivé de l'anc. franç. gone, robe, § 105. || 1764. Cornet nommé gonichon, DUHAMEL DU MONCEAU, *Art de raff. le sucre.*]

|| (Technol.) Cornet couvrant la tête d'un pain de sucre.

'GONIDIE [gò-ni-di] *s. f.*

[ÉTYM. Dérivé du grec γόνος, production, semence, § 235. || *Néolog.*]

|| (Botan.) Tissu cellulaire vert des algues, des lichens.

GONIN [go-nin] *s. m.*

[ÉTYM. Nom propre d'un célèbre faiseur de tours, § 36. || XVIᵉ s. J'ay aussi voulu adjouster a Proteus Maistre Gonin, BON. DES PER. *Nouv.* dans DELB. *Rec.*]

|| *Vieilli.* Maître Gonin (ACAD. écrit gonin sans majuscule), un fourbe. Mˡˡᵉ Dubois a joué à la pauvre Durancy un tour de maître Gonin, VOLT. *Lett.* 16 déc. 1767.

GONIOMÈTRE [gò-nyò-mètr' ; en vers, -ni-ò-...] *s. m.*

[ÉTYM. Composé avec le grec γωνία, angle, et μέτρον, mesure, § 279. || 1783. Le goniomètre ou mesure-angle, ROMÉ DE L'ISLE, *Cristallogr.* p. 34, préf. Admis ACAD. 1835.]

|| (Géom.) Instrument pour mesurer les angles, *spécialt*, les angles des cristaux.

GONIOMÉTRIE [gò-nyò-mé-tri ; en vers, -ni-ò-...] *s. f.*

[ÉTYM. Composé avec le grec γωνία, angle, μέτρον, mesure, et le suffixe ια, § 279. || Mot dû à LAGNY. (*V. Mém. de l'Acad. des sc.* ann. 1724, p. 241.) Admis ACAD. 1762.]

|| (Géom.) Science de la mesure des angles.

'GONNE [gòn'] *s. f.*

[ÉTYM. Origine inconnue. || 1645. A gonne desbondee, DAVID FERRAND, *Muse norm.* dans DELB. *Rec.*]

|| (Marine.) Futaille, baril.

GONORRHÉE [gò-nòr'-ré] *s. f.*

[ÉTYM. Emprunté du lat. gonorrhœa, grec γονόῤῥοια, *m. s.* proprt, « écoulement séminal ». || XIVᵉ s. Gomorree (*sic*), B. DE GORDON, dans GODEF. *Compl.* Admis ACAD. 1762.]

|| (Médec.) Écoulement de la membrane génito-urinaire.

GORD [gòr] *s. m.*

[ÉTYM. Origine incertaine. Le bas lat. gordum, que l'on trouve dès 1111 au sens de « gord », n'appuie pas un rapprochement avec le lat. gurges, gouffre. || Admis ACAD. 1762.]

|| (Pêche.) Rang de perches en angle au fond d'une rivière, fermé par un filet où le poisson vient se prendre.

GORDIEN [gòr-dyin ; en vers, -di-in]. *V.* nœud.

GORET [gò-rè] *s. f.*

[ÉTYM. Dérivé de l'anc. franç. gore, truie, mot d'origine inconnue, § 133. (*Cf.* cochon.) || 1297. Gorret, dans GODEF. *Compl.*]

|| **1°** Petit cochon. || *Fig. Famil.* Enfant malpropre.

|| **2°** *P. plaisant.* (Marine.) Balai plat pour nettoyer, dans un navire, les parties que l'eau a couvertes.

GORGE [gòrj] *s. f.*

[ÉTYM. Du lat. pop. 'gòrga, *m. s.* d'origine obscure, §§ 324 et 291. || XIIᵉ s. Par la gorge li ist l'aleine, *Énéas*, 3654.]

I. || **1°** Partie antérieure du cou. Prendre qqn à la — (pour l'étrangler), et, *fig.* Malgré la vue de toutes nos misères qui... nous tiennent à la —, PASC. *Pens.* II, 4. Mettre le pied sur la — à qqn (pour qu'il ne puisse se relever). Présenter sa — au coup mortel, CORN. *Hor.* IV, 2. Tenir le poignard, le pistolet sur la — à qqn, être prêt à le tuer, s'il résiste, et, *fig.* lui faire violence. Il me tient, le scélérat ! le poignard sur la —! MOL. *Av.* II, 1. Couper la — à qqn. Se couper la —. *Famil.* Se couper la — avec qqn, se battre avec lui. Il faut, si vous le trouvez bon, que nous nous coupions la — ensemble, MOL. *Mar. forcé*, sc. 9. *Fig.* Couper la — à qqn, le perdre. Il ne peut parler à M. Colbert, cela nous coupe la —, SÉV. 247. || *Spécialt.* En parlant des oiseaux. La — d'un pigeon, et, *p. appos.* Couleur —-de-pigeon, à reflets changeants. *P. ext.* Nom de divers oiseaux. Grosse-—, le combattant. —-blanche, variété de mésange. Rouge-—. (*V. ce mot.*) || *Fig.* La — d'une poulie, cannelure où s'enroule la corde. La — d'un éventail, partie où est un clou rivé qui en retient les brins. La — d'un plat à barbe, échancrure où on entre le cou pour se savonner. *Spécialt.* (Architect.) Cannelure, moulure concave.

|| **2°** *P. ext.* Seins de la femme. Avoir la — découverte. Une épigramme sur une belle —, LA BR. *Disc. à l'Acad.* préf.

II. || **1°** Gosier, intérieur de la gorge. Avoir mal à la —. Chanter à pleine —. Rire à — déployée. Chanter de la —, en étranglant le son. Avoir la — sèche, altérée. Il en a menti par la — (il en a menti ouvertement). Le sot ment par sa —, ROTROU, *Sœur*, II, 2. || *P. ext.* (Fauconn.) Ce qui entre dans la gorge de l'oiseau. Donner — chaude, donner à l'oiseau de la chair encore palpitante. Elle en fera — chaude et curée, LA F. *Fab.* IV, 11. *Fig.* Faire — chaude de qqn, s'en donner de plaisanter à ses dépens. Il trouva l'aventure si plaisante qu'il en fit une — chaude au lever du roi, ST-SIM. III, 49. || Voler sur sa —, prendre son vol immédiatement après s'être repu, et, *fig. vieilli*, danser en sortant de table. || Rendre —, vomir les aliments, et, *fig.* restituer par force ce qu'on a pris. Faire rendre — à qqn.

|| **2°** *Fig.* Entrée plus ou moins étroite. | **1.** Entrée d'un ouvrage fortifié. La — d'un bastion, d'une redoute. | **2.** Entrée d'une cheminée à manteau. | **3.** Passage étroit entre deux montagnes. Les gorges du Frioul. | **4.** Entrée du tube d'une corolle, d'un calice de fleur. | **5.** Étranglement à l'orifice d'une fusée. | **6.** — d'amaigrissement, entaille à angle aigu dans une pièce de charpente. | **7.** — d'une serrure, partie du ressort à laquelle répond la barbe du pêne.

GORGE-DE-PIGEON. *V.* gorge.

GORGÉE [gòr-jé] *s. f.*

[ÉTYM. Dérivé de gorge, § 119. || XIIᵉ s. Meis ce me done hardemant De dire tot seûremant Ma volonté et ma gorgiee, CHRÉTIEN DE TROYES, *Cligès*, 6563. Admis ACAD. 1718.]

|| **1°** Ce qu'on peut avaler de liquide en une fois. Boire une —. Boire à petites gorgées.

|| **2°** (Fauconn.) Ce dont on gorge l'oiseau. Donner à l'oiseau bonne — de gibier.

'GORGE-FOUILLÉE [gòr-je-fou-yé] *s. f.*

[ÉTYM. Composé de gorge et fouillée (partic. du verbe fouiller), § 173. Souvent altéré en gorge-fouille. || 1785. ENCYCL. MÉTH.]

|| (Technol.) Instrument de menuisier dont le fer est arrondi à son extrémité et qui fait à la fois l'office de rabot rond de côté et de mouchette. (*Cf.* gorget.)

GORGER [gòr-jé] *v. tr.*

[ÉTYM. Dérivé de gorge, § 154. || XIIIᵉ s. Bien doit haïr et gorjant gorge, G. DE COINCY, dans GODEF. gorgier 1.].

|| Emplir jusqu'à la gorge (de nourriture). Si l'on se gorgeait de boire et de manger, PASC. *Prov.* 9. || *P. ext.* — une volaille (qu'on élève pour l'engraisser). || *P. anal.* — une fusée, remplir la cartouche jusqu'à la gorge. Un terrain gorgé d'humidité. (Art vétérin.) Un cheval qui a les jambes gorgées, gonflées d'humeur. || *Fig.* Un pirate à nos yeux se gorge de butin, LA F. *Contes, F. du roi de Garbe.* Prenait le bien des seigneurs et en gorgeait le fisc, MONTESQ. *Espr. des lois,* XXXI, 1.

***GORGÈRE** [gòr-jèr] *s. f.*
[ÉTYM. Dérivé de gorge, § 115. || 1278. La gorgière et le haubers, J. SARRAZIN, *Ham,* p. 308.]
|| 1° *Anciennt.* Collerette de femme (couvrant la gorge). || Partie de l'armure. (*V.* gorgerin.)
|| 2° *Fig.* (Marine.) Pièce de bois dite aussi coupe-gorge, qui traverse la gorge du navire sous l'éperon.

***GORGERET** [gòr-je-rè] *s. m.*
[ÉTYM. Dérivé de gorge, § 134. || 1732. TRÉV. Admis ACAD. 1762; suppr. en 1798.]
|| (Chirurgie.) Instrument à gorge, à canal étroit, pour opérer qqn de la pierre (par la taille) ou d'une fistule.

GORGERETTE [gòr-je-rĕt'] *s. f.*
[ÉTYM. Dérivé de gorgère, §§ 65 et 133. || XIIIᵉ s. Gorgeretes a bacin, dans E. BOILEAU, *Livre des mest.* p. 371, Depping.]
|| 1° *Vieilli.* Collerette de femme (couvrant une partie de la gorge).
|| 2° Bride qui attache un bonnet d'enfant.

GORGERIN [gòr-je-rin] *s. m.*
[ÉTYM. Dérivé de gorgère, §§ 65 et 100. || 1447. Un gorgerin et un hauscolz, dans GODEF. *Compl.*]
|| 1° *Anciennt.* Pièce de l'armure couvrant le devant du cou.
|| 2° *P. anal.* Collier épais qui protège le cou d'un chien. Mouflar armé d'un —, LA F. *Fab.* x, 8.
|| 3° *Fig.* (Architect.) Partie étroite du chapiteau dorique ou toscan au-dessus de l'astragale de la colonne.

***GORGET** [gòr-jè] *s. m.*
[ÉTYM. Dérivé de gorge, § 133. || 1757. ENCYCL.]
|| (Technol.) || 1° Rabot pour faire les moulures concaves dites gorges.
|| 2° Moulure concave plus petite que la gorge.

GORGONE [gòr-gòn'] *s. f.*
[ÉTYM. Tiré du nom propre Gorgone, monstre de la mythologie grecque, § 36. || *Néolog.* Admis ACAD. 1878.]
|| (Botan.) Sorte de polypier, dont l'aspect rappelle la tête de Méduse (une des Gorgones).

GORILLE [gò-riy'] *s. m.*
[ÉTYM. Emprunté du lat. des naturalistes gorilla (SAVAGES, 1847), *m. s.* nom donné à cet animal parce qu'on le suppose identique aux gorillas (hommes et femmes velus) dont parle le *l'ériple d'Hannon.* || Admis ACAD. 1878.]
|| Singe d'Afrique, voisin du chimpanzé.

GOSIER [gó-zyé] *s. m.*
[ÉTYM. Dérivé d'un radical gos- d'origine inconnue, § 115. (*Cf.* dégoiser, égosiller, etc.) || XIIIᵉ s. L'erbiere et le josier coupez, *la Chace dou cerf,* mss franç. Bibl. nat. 1593, fº 167, vº.]
|| Partie intérieure de la gorge.
|| 1° Prolongement du pharynx (arrière-bouche) qui communique avec l'œsophage. Un os lui demeura bien avant au —, LA F. *Fab.* III, 9. *Famil.* Avoir le — sec, être altéré. Avoir le — pavé, ferré, manger, boire très chaud ou très épicé. || *Fig.* Grand —, nom vulgaire du pélican.
|| 2° Prolongement du pharynx qui communique avec le larynx. Coup de —, mouvement par lequel on jette un son d'une seule émission. || *Fig.* | 1. Tuyau par lequel l'air passe du soufflet de l'orgue dans le porte-vent. | 2. Partie par laquelle l'air entre dans un soufflet de forge.

***GOSILLER** [gó-zi-yé] *v. intr.*
[ÉTYM. Dérivé du radical de gosier (*cf.* égosiller), § 161. || XIIIᵉ s. Il n'est ne pie ne calandre Qui ne seûst pas gosillier Ce qui me fet si merveillier, dans MONTAIGLON et RAYNAUD, *Rec. de fabliaux,* I, 148.]
|| 1° *Anciennt.* Dégoiser, vomir.
|| 2° *De nos jours.* (Technol.) En parlant de l'eau-de-vie qu'on distille, entraîner avec elle des parties de vin.

GOSSAMPIN [gò-san-pin] *s. m.*
[ÉTYM. Emprunté du lat. gossympinus, *m. s.* || XVIᵉ s. Les arbres lanifficques, les gossampines, RAB. III, 51. Admis ACAD. 1762.]

|| (Botan.) Grand arbre exotique, espèce de fromager.

***GOSSE** [gòs']. *V.* cosse, 2°, 2.

GOTHIQUE [gò-tĭk'] *adj.*
[ÉTYM. Nom propre signifiant « relatif aux Goths », § 36. || XVIᵉ s. Escripre gottiquement, RAB. II, 14 (1532). Œuvre gothique, NOGUIER, *Hist. tolosaine* (1556), dans DELB. *Rec.* Admis ACAD. 1718.]
|| Qui appartient au moyen âge, suranné. Les âges gothiques. Fredonner ses idylles gothiques, BOIL. *Art p.* 2. Ces entraves gothiques, J.-J. ROUSS. *Ém.* 5. Une nation moins — que ne l'est encore la nôtre, MARQUIS DE MIRABEAU, *l'Ami des hommes,* I, 17. Affichez la sagesse, on vous trouve —, DESMAHIS, *Impertin.* sc. 3. || Une église bâtie à la —, FÉN. *Dial. sur l'éloq.* 2. || *Spécialt.* | 1. L'écriture —, et, *substantivt,* La —, à caractères de forme droite, ornés de pointes, de crochets, encore employée dans les livres allemands. Inutile ramas de — écriture, BOIL. *Lutr.* 5. Écrire en —. | 2. Architecture —, architecture ogivale qui a succédé à l'architecture dite romane. Le style —, et, *substantivt,* Le —.

1. *GOTON [gò-ton] *s. m.*
[ÉTYM. Origine inconnue. || 1732. TRÉV.]
|| (Marine.) Anneau de fer garni de dents où s'accroche la barre du gouvernail.

2. *GOTON [gò-ton] *s. f.*
[ÉTYM. Nom propre, § 36 : forme hypocoristique de Marguerite, § 509.]
|| *Famil.* Fille de campagne. || *P. ext.* Fille libertine.

GOUACHE [gwàch'] *s. f.*
[ÉTYM. Emprunté de l'ital. guazzo, *m. s.* propr, « détrempe », §§ 12 et 507. || 1752. TRÉV. Admis ACAD. 1762.]
|| (Technol.) Peinture où l'on emploie des couleurs délayées avec de la gomme, et rendues pâteuses à l'aide de miel ou d'autre substance. || *P. ext.* Une —, tableau peint à la gouache.

***GOUACHÉ, ÉE** [gwà-ché] *adj.*
[ÉTYM. Dérivé de gouache, § 113. || *Néolog.*]
|| (Technol.) En manière de gouache. Miniature gouachée.

GOUAILLER [gwà-yé] *v. intr.*
[ÉTYM. Origine inconnue. || *Néolog.* Admis ACAD. 1878.]
|| *Famil.* Se moquer grossièrement.

GOUAILLEUR, EUSE [gwà-yeùr, -yeûz'] *s. m. et f.*
[ÉTYM. Dérivé de gouailler, § 112. || *Néolog.* Admis ACAD. 1878.]
|| *Famil.* Celui, celle qui gouaille.

***GOUAPE** [gwàp'] *s. f.*
[ÉTYM. Subst. verbal de gouaper, § 52. || *Néolog.*]
|| *Trivial.* Conduite de gouapeur. || Bande de gouapeurs.

***GOUAPER** [gwà-pé] *v. intr.*
[ÉTYM. Terme d'argot, § 31. || *Néolog.*]
|| Mener une conduite de gouapeur.

***GOUAPEUR, EUSE** [gwà-peùr, -peûz'] *s. m. et f.*
[ÉTYM. Dérivé de gouaper, § 112. || *Néolog.*]
|| Personne sans aveu, qui vagabonde.

***GOUDRAN** [gou-dran]. *V.* goudron.

GOUDRON [gou-dron] *s. m.*
[ÉTYM. Pour goudran, goutran (peut-être sous l'influence de godron, § 509), qui se rattache, par l'intermédiaire du provenç. catran, à l'arabe gatran ou gitran, *m. s.* §§ 11 et 22. La forme goudran est encore usitée dans les ports de mer, et RICHEL. donne coudran comme un terme des bateliers de la Seine. || 1381, Bray, gotren, suif, dans GODEF. *Compl.*]
|| 1° Mélange de sève et de sucs résineux qu'on extrait des vieux bois de sapin, en les brûlant dans un fourneau. || *P. ext.* | 1. Cette substance mêlée de suif, d'huile, employée pour enduire la carène d'un navire, les cordages, etc. | 2. *Vieilli.* (T. milit.) Fascine enduite de poix noire pour mettre le feu aux ouvrages de défense.
|| 2° Résidu de la distillation de la houille, dit — minéral. (*V.* coaltar.) Des couleurs nouvelles sont tirées du — de gaz.

***GOUDRONNAGE** [gou-drò-nàj'] *s. m.*
[ÉTYM. Dérivé de goudronner, § 78. || *Néolog.*]
|| (Technol.) Action de goudronner.

GOUDRONNER [gou-drò-né] *v. tr.*
[ÉTYM. Dérivé de goudron, § 154. || XVIᵉ s. Diogenes le goudronnait (son tonneau), RAB. III, prol.]
|| 1° Enduire de goudron. Toile goudronnée.
|| 2° Mélanger de goudron. Boire de l'eau goudronnée.

***GOUDRONNERIE** [gou-drŏn'-ri; *en vers,* -drò-ne-ri] *s. f.*

[Étym. Dérivé de goudron, § 69. (*Cf.* goudronnière.) || 1679. Augmenter la fabrique de la potasse, de la goudronnerie, COLBERT, *Lett. à Duchesneau*, 20 avril.]

|| (Technol.) Art de préparer le goudron. || Usine où l'on prépare le goudron.

'GOUDRONNEUR [gou-drò-neùr] *s. m.*

[Étym. Dérivé de goudronner, § 112. || XVIᵉ s. Guoildronneurs de navires, RAB. II, 30.]

|| (Marine.) Ouvrier qui goudronne (les planches, les cordes, les bateaux).

'GOUDRONNIER [gou-drò-nyé] *s. m.*

[Étym. Dérivé de goudron, § 115. || *Néolog.*]

|| (Technol.) Celui qui prépare, qui fabrique le goudron.

'GOUDRONNIÈRE [gou-drò-nyêr] *s. f.*

[Étym. Dérivé de goudron, § 115. (*Cf.* goudronnerie.) || *Néolog.*]

|| (Technol.) Établissement (dans les bois de sapins) où l'on fabrique le goudron.

GOUET [gwè] *s. m.*

[Étym. Mauvaise orthographe pour goi, du lat. pop. 'gŭbium, forme masc. correspondant à gŏbia, gouge (*V.* gouge 1), §§ 324, 434 et 291. || 1376. Un gouy et une sarpe, dans GODEF. goi. | 1764. Le gouet, arum ou pied de veau, DUCHESNE, *Botan.* I, 5. Admis ACAD. 1835.]

|| **1°** *Dialect.* Serpe. || Petit couteau à lame fixe.

|| **2°** *P. anal.* (Botan.) Arum, plante herbacée dite aussi pied-de-veau.

GOUFFRE [goùfr'] *s. m.*

[Étym. Autre forme de golfe. (*V.* ce mot.) || XIIᵉ-XIIIᵉ s. Tout engorges, goufres parfons, RENCL. DE MOILIENS, *Miserere*, CXLV, 3.]

|| Cavité béante où l'on serait englouti. (*Syn.* abîme.) Les gouffres de la mer sont produits par le mouvement de deux ou plusieurs courants contraires, BUFF. *Théorie de la terre*, 15. || *Fig.* Dans ce — infini du néant, BOSS. *Gournay*. En quel — d'horreurs m'as-tu précipité? CORN. *Rodog.* V, 4. Je vais sortir d'un — où triomphent les vices, MOL. *Mis.* V, 4. || *P. ext.* Un — d'argent, dissipateur effréné.

1. GOUGE [goûj'] *s. f.*

[Étym. Du lat. gŭbia, *m. s.* §§ 324, 434 et 291. (*Cf.* gouet.) Admis ACAD. 1762.]

|| (Technol.) Outil de fer à lame demi-circulaire, pour évider le bois. || *P. anal.* Tranchet courbe pour évider les talons des chaussures. || Ciseau de chirurgien demi-circulaire, pour enlever les exostoses.

2. 'GOUGE [goûj'] *s. f.*

[Étym. Emprunté du provenç. moderne goujo, *m. s.* d'origine inconnue, § 11. (*Cf.* goujat.) || XVᵉ s. Sur toutes gouges Elle semblera la plus franche, COQUILLART, *Droits nouveaux*. Admis ACAD. 1694; suppr. en 1740.]

|| *Vieilli. Trivial.* Femme, fille. || *P. ext.* Femme de mauvaise vie.

'GOUGER [gou-jé] *v. tr.*

[Étym. Dérivé de gouge 1, § 154. || 1767. DUHAMEL DU MONCEAU, *Art du serrur.* p. 297.]

|| (Technol.) Évider (du bois) avec l'outil dit **gouge**.

'GOUIN, GOUINE [gwin, gwin'] *s. m. et f.*

[Étym. Semble dérivé du radical de gouge 2, § 100. || XVᵉ s. Ne se pouvoient aider ne tourner leurs chevaulx, tellement estoient goins, RENÉ D'ANJOU, dans GODEF. goin.]

|| **1°** *Dialect. S. m.* Mauvais garnement. || *Spéciall.* (Marine.) Matelot qui se conduit mal.

|| **2°** *S. f.* Gouine. Femme de mauvaise vie.

GOUJAT [gou-jà] *s. m.*

[Étym. Emprunté du provenç. mod. goujat, *m. s.* dérivé de goujo (*V.* gouge 2), § 11. Le sens propre est « garçon ».|| XVᵉ s. Les gougeas de l'hostel, O. DE LA MARCHE, *Chron.* II, 5.]

|| **1°** Valet d'armée. Un soldat, un —, un cuisinier, un crocheteur, se vante, PASC. *Pens.* II, 3. *Loc. prov.* Mieux vaut — debout qu'empereur enterré, LA F. *Matr. d'Éph.*

|| **2°** *Fig.* Homme grossier, mal élevé. C'est un —.

1. GOUJON [gou-jon] *s. m.*

[Étym. Du lat. gobionem, *m. s.* §§ 348, 356, 434 et 291.]

|| Petit poisson comestible du genre cyprin, qui vit en troupes dans le fond des rivières. La tanche rebutée, il trouva du —, LA F. *Fab.* VII, 4. *Fig.* Avaler le —, croire une bourde.

2. GOUJON [gou-jon] *s. m.*

[Étym. Dérivé de gouge 1, § 104. || XIIᵉ-XIIIᵉ s. Li provost clost la porte ou gogons acerés, *Destr. de Rome*, 715. Admis ACAD. 1798.]

|| (Technol.) || **1°** Petite gouge à l'usage des sculpteurs. || **2°** Broche qui unit les deux parties d'une charnière. || Pièce de métal, de bois, qui sert à assembler.

'GOUJONNER [gou-jò-né] *v. tr.*

[Étym. Dérivé de goujon 2, § 154. || 1467. Que icelles trappes soient goujonnees, dans GODEF. *Compl.*]

|| (Technol.) Assembler à l'aide de goujons.

'GOUJURE [gou-jûr] *s. f.*

[Étym. Dérivé de gouger, § 111. On dit aussi engoujure, § 195. || 1694. TH. CORN.]

|| (Marine.) Cannelure, rainure dans une poulie, un chouquet, etc.

GOULE [goul] *s. f.*

[Étym. Emprunté de l'arabe ghoul, qui désigne une espèce de loup-garou, § 22. || *Néolog.* Admis ACAD. 1878.]

|| (Mythol. orientale.) Génie qui dévore les corps morts.

GOULÉE [gou-lé] *s. f.*

[Étym. Dérivé de gueule, §§ 65 et 129. (*Cf.* gueulée.) || XIIᵉ s. Si male goles Ne pois tu doner au monde, CHRÉTIEN DE TROYES, *Cligès*, 5796.]

|| *Famil.* Ce qu'on avale. Ce maudit animal vient prendre sa —, LA F. *Fab.* IV, 4. *Loc. prov.* Brebis qui bêle perd sa —, celui qui parle beaucoup à table ne mange pas.

GOULET [gou-lè] *s. m.*

[Étym. Dérivé de gueule, §§ 65 et 133. || 1358. Le ruissel ou goulet qui est au bout du grand pont, *Ordonn.* III, 311.]

|| **1°** *Vieilli.* Goulot d'une bouteille. Deux bouteilles... Qui disaient, sans — : Nous avons trop vécu, RÉGNIER, *Sat.* 11.

|| **2°** Entrée en entonnoir. Le — d'une rade. || *P. ext.* — de bordigue, qui conduit le poisson dans les tours.

GOULETTE [gou-lèt']. *V.* goulotte.

GOULOT [gou-lò] *s. m.*

[Étym. Dérivé de gueule (cf. goulotte), §§ 65 et 136. || 1611. COTGR.]

|| Col d'une bouteille. Casser le — d'une bouteille. || *P. anal.* Le — d'un arrosoir, partie par laquelle on verse l'eau et à laquelle s'adapte une pomme. Arroser sur le —, en ôtant la pomme.

GOULOTTE [gou-lŏt'] *s. f.*

[Étym. Dérivé de gueule, §§ 65 et 136. (*Cf.* goulot.) On dit aussi goulette, § 133. || 1611. Goulette, COTGR. | 1694. Goulotte, TH. CORN. Admis ACAD. 1762.]

|| (Technol.) Rigole sur la cimaise d'une corniche, sur les dalles d'une cascade, pour l'écoulement des eaux.

GOULU, UE [gou-lu] *adj.*

[Étym. Dérivé de gueule, §§ 65 et 118. || 1539. R. EST.]

|| Qui mange avidement. (*Syn.* glout, glouton.) Être —. Un homme —, une femme goulue, et; *substantivt*, Un —, une goulue. Être —. Un animal très —, et, *substantivt*, Le —, animal dit plus ordinairement glouton. (*V. ce mot.*) || *P. anal.* Cette amitié goulue (avide) Qui n'en veut que pour soi, MOL. *Éc. des f.* II, 3. || *P. ext.* Pois goulus, qu'on mange avec les cosses. || *Fig.* (Technol.) Tenailles goulues, à larges mâchoires.

GOULÛMENT [gou-lu-man] *adv.*

[Étym. Pour gouluement, composé de goulue et ment, § 724. || XVIᵉ s. Un jeune garçon qui mangeoit gouluement, AMYOT, *OEuvr. mor. Comm. il faut nourr. les enf.* 6.]

|| D'une manière goulue. Manger —.

GOUM [goum'] *s. m.*

[Étym. Emprunté de l'arabe goum (mieux qaum), *m. s.* § 22. || *Néolog.* Admis ACAD. 1878.]

|| (T. milit.) Contingent de chaque tribu arabe (d'Algérie).

'GOUMÈNE [gou-mên']. *V.* gumène.

'GOUMIER [gou-myé] *s. m.*

[Étym. Dérivé de goum, § 115. || *Néolog.*]

|| (T. milit.) Cavalier faisant partie d'un goum.

'GOUPIL [gou-pi] *s. m.*

[Étym. Du lat. pop. 'vŭlpīculum (lat. class. vŭlpĕcula, diminutif de vŭlpes, renard, § 62), devenu golpil, goupil, §§ 443, 348, 459, 290, 390 et 291. || XIᵉ s. Ne chevroels ne golpilz, *Voy. de Charl. à Jérus.* 599.]

|| *Vieilli.* Renard.

GOUPILLE [gou-pïy'] *s. f.*

[Étym. Origine inconnue. || 1502. Elle lima la goupille desdits fers, dans DELB. *Rec.* Admis ACAD. 1740.]

|| (Technol.) Cheville qui assemble les pièces des charnières, boucles, etc. || *P. ext.* Clavette qui maintient une cheville.

' GOUPILLER [gou-pi-yé] *v. tr.*

[Étym. Dérivé de goupille, § 154. || 1671. le p. chéru-bin, *Dioptr. ocul.* p. 207.]

|| (Technol.) Assembler à l'aide de goupilles.

GOUPILLON [gou-pi-yon] *s. m.*

[Étym. Altération par étymologie pop. (*V.* § 509) de guipillon, dérivé du radical guip- qui se trouve dans guipon (*V.* ce mot), § 107. Ménage mentionne la forme guépillon, encore usitée de son temps à côté de goupillon. || xiie s. Le guipellon avant porta, g. de st-pair, *St Michel*, dans delb. *Rec.* | xiiie s. Aspergitorium : guipillon, *Pariser Glos.* 149, Hofmann. | xve s. Et ung petit brain d'esglantier, Qui soit tout vert, pour goupillon (var. guypillon), villon, *Gr. Testam.* 1808.]

|| Bâton garni de poils ou surmonté d'une boule percée de trous, pour répandre l'eau bénite. *Fig. Famil.* Donner du — à qqn, lui donner de l'eau bénite de cour. || *P. anal.* (Technol.) Bâton garni de poils pour frotter, nettoyer, etc. — à bouteilles, à verres de lampes, etc. (*Cf.* guipon.)

GOURBI [gour-bi] *s. m.*

[Étym. Emprunté de l'arabe d'Algérie gourbi, *m. s.* § 22. || *Néolog.* Admis acad. 1878.]

|| Hutte arabe (d'Algérie). || Réunion de huttes.

GOURD, GOURDE [goùr, gourd'] *adj.*

[Étym. Du lat. gŭrdum, *m. s.* §§ 324 et 291.]

|| *Vieilli.* Enflé. || *Fig.* Qui ne peut pas se remuer, agir. (*Cf.* engourdir, dégourdir.) Et témoigner qu'il n'avait les bras gourds, la f. *Contes, Rémois.* || *P. anal.* Blé —, gonflé par l'humidité. || Piastre gourde. (*V.* piastre.)

1. GOURDE [gourd'] *s. f.*

[Étym. Du lat. cŭcŭrbita, *m. s.* devenu *cogorbede, *coorbde, coorde, coourde, §§ 348, 380, 439, 440, 291 et 290, courde, § 358 (*Cf.* courge 1.) L'altération de courde en gourde est due soit à la forme provenç. cougourdo, soit à l'influence de l'adj. gourd, § 509. || xiiie s. Semence de citrul, de melons, de cohordes, *Antidotaire*, mss franç. Bibl. nat. 25327.]

|| Espèce de courge. Que ce gland eût été —, la f. *Fab.* ix, 4. || *P. ext.* | 1. Courge séchée et vidée pour y mettre du vin, de l'eau-de-vie, etc. | 2. Bouteille clissée, pour le même usage.

2. *GOURDE [gourd'] *s. f.*

[Étym. Tiré de gourd, § 38. || xviiie s. *V.* à l'article.]

|| *Vieilli.* Coup qui engourdit. Je me suis donné contre la grille une fière —, beaumarch. *Mar. de Fig.* ii, 21.

GOURDIN [gour-din] *s. m.*

[Étym. Emprunté de l'ital. cordino, *m. s.* proprt, « petite corde », § 12. || 1642. oud.]

|| 1° *Anciennt.* Corde servant à amener la voile d'une galère, à frapper les forçats, etc. (*Cf.* garcette.)

|| 2° *P. ext.* Gros bâton.

***GOURDINER** [gour-di-né] *v. tr.*

[Étym. Dérivé de gourdin, § 154. || 1701. furet.]

|| *Vieilli.* Frapper à coups de gourdin.

GOURE [goùr] *s. f.*

[Étym. Subst. verbal de gourer, § 52. || 1752. trév. Admis acad. 1762.]

|| *Vieilli.* || 1° Drogue falsifiée.

|| 2° *Fig.* Duperie.

***GOURER** [gou-ré] *v. tr.*

[Étym. Mot d'argot, § 31. || xve-xvie s. Gueulx gourgourans par qui gueulx sont gourez, *Ball. attribuée à tort à* villon.]

|| *Vieilli.* || 1° Falsifier (des drogues).

|| 2° *Fig.* Duper (qqn). Arlequin gouré, titre d'une pièce jouée à la foire Saint-Laurent en 1750.

GOUREUR, *GOUREUSE [gou-reùr, -reùz] *s. m. et f.*

[Étym. Dérivé de gourer, § 112. || 1752. trév. Admis acad. 1798.]

|| *Vieilli.* || 1° Celui, celle qui falsifie des drogues.

|| 2° *Fig.* Celui, celle qui dupe les gens.

GOURGANDINE [gour-gan-din'] *s. f.*

[Étym. Origine inconnue. || 1642. oud.]

|| Femme de mauvaise vie. *Fig.* Corsage laissant voir la chemise, à la mode vers la fin du xviiie s. En — et en petites mules, biancolelli, *Défenseur du beau sexe* (1694), iii, 4.

GOURGANE [gour-gàn'] *s. f.*

[Étym. Origine inconnue. || 1645. Gobeux de gourgane, david ferrand, *Muse norm.* dans delb. *Rec.* Admis acad. 1762.]

|| (Botan.) Fruit du févier du Canada, dit fève à café.

GOURGOURAN [gour-gou-ran] *s. m.*

[Étym. Origine inconnue. || 1723. savary, *Dict. du comm.* Admis acad. 1762.]

|| *Vieilli.* Sorte d'étoffe de soie, originaire de l'Inde.

GOURMADE [gour-màd'] *s. f.*

[Étym. Dérivé de gourmer 2, § 120. || 1599. A gourmandes (corr. gourmades) et à coups de poing, montlyard, *Mythol.* dans delb. *Rec.*]

|| Coup de poing sur la figure. On se donna des gourmades dans le sanctuaire de la justice, volt. *S. de L.* XIV, 5.

GOURMAND, ANDE [gour-man, -mānd'] *adj.*

[Étym. Origine inconnue. || xive s. Gloutons et gourmans, oresme, *Éth.* iii, 24.]

|| Qui aime les bons morceaux. Un homme —, une femme gourmande, et, *substantivt,* Un —, une gourmande. || *Suivi* d'un complément. Être — de gibier, de fruit. || *P. ext.* Pois gourmands (dits aussi pois goulus), qu'on mange avec la cosse. || Une branche gourmande, un rameau —, et, *substantivt,* Un — (dans les arbres greffés), rameau qui pousse au-dessous de la greffe et prend de la sève sans profit.

GOURMANDER [gour-man-dé] *v. intr. et tr.*

[Étym. Dérivé de gourmand, § 154. || xive s. Que il se gardassent de trop boire et de trop gourmander, g. de la tour-landry, *Enseign.* 89.]

I. *Anciennt.* V. *intr.* Agir en gourmand. Abonder en toutes délices et — à plaisir, calv. *Instit. chr.* III, xii, 21. Que les animaux les plus vastes et les plus voraces qui soient au monde nous cèdent la gloire de —, malh. *Ép. de Sénèq.* 60.

II. *V. tr.* || 1° Consommer. || *Fig.* — leur bien, rons. *Hym.* ii, 7. — ces livres (les lire avidement), montaigne, i, 25. La fièvre, laquelle tient et gourmande l'homme, charron, *Sagesse*, i, 22.

|| 2° *P. ext.* Dominer. Que la chair te gouverne; que dans les plus nobles exercices de ton âme elle vienne te — par un sentiment brutal, bourd. *Impureté*, 1. Je prétends — mes propres sentiments, mol. *Sgan.* sc. 18. Circé... gourmandant la nature au gré de son caprice, volt. *Ép.* 18. *P. ext.* Un cavalier qui gourmande la bouche de son cheval (la manie durement), fén. *Lett. spirit.* 193. Il n'y a point d'homme... qui gourmande une chanterelle comme lui, regnard, *Divorce*, i, 6. Un carré de mouton gourmandé de persil (lardé de persil qui lui donne son goût), mol. *B. gent.* iv, 1.

|| 3° *P. ext.* Reprendre sévèrement. C'est Neptune en courroux qui gourmande les flots, boil. *Art p.* 3. La plume à la main, je gourmande les vices, id. *Disc. au roi.*

GOURMANDISE [gour-man-dîz'] *s. f.*

[Étym. Dérivé de gourmand, § 124. || 1539. r. est.]

|| Caractère de celui qui est gourmand. || *Fig.* Cette — des yeux (l'avarice) n'est jamais contente, boss. *Concupisc.* 9.

GOURME [gourm'] *s. f.*

[Étym. Origine incertaine ; peut-être même radical que morve. (*V.* ce mot.) || xiiie s. Gorme, gourme, dans godef. *Compl.*]

|| 1° Phlegmasie de la muqueuse nasale chez les jeunes chevaux. Jeter sa —.

|| 2° *P. anal.* Exanthème de la face et du cuir chevelu, dit croûtes de lait, chez les jeunes enfants. J'ai Marie qui jette sa —, sév. 441. || *Fig.* Jeter sa —, faire des folies de jeunesse.

GOURMER [gour-mé] *v. tr.*

[Étym. Origine inconnue. || xive s. Ausi bien qu'en un train le gourme, gilles li muisis, dans delb. *Rec.*]

I. Brider (un cheval) en lui mettant la gourmette. *Fig.* Une personne gourmée, qui a des manières raides.

II. *P. ext.* Frapper à poing fermé (sur la figure). Qu'ils s'accordent entre eux ou se gourment, qu'importe! mol. *F. sav.* ii, 6.

GOURMET [gour-mè] *s. m.*

[Étym. Pour groumet (*V.* § 361), mot qui en anc. franç. désigne un garçon marchand de vin, et dérive du même radical que groom (*V.* ce mot), § 133. || 1352. Mauvais grommès, *Du riche et du ladre*, dans du c. gromes.]

|| 1° Dégustateur de vins. Les experts gourmets. || *Vieilli.* Au fém. Cette tavernière est bonne gourmette, furet. *Dict.*

|| 2° *P. ext.* Fin gourmand.

GOURMETTE [gour-mèt'] *s. f.*

[Étym. Dérivé de gourmer, § 133. L'anc. franç. dit gourmel dans le même sens. || xve s. Gromette, coquillart, ii, 56.]

|| Chaînette qui fixe le mors dans la bouche du cheval, en en réunissant les deux branches. *Fig.* Monsieur, dont la — était rompue... (qui n'était plus tenu), st-sim. iii, 24.

***GOURNABLE** [gour-nàbl'] *s. m.*

[ÉTYM. Origine inconnue. || 1694. TH. CORN.]

|| (Marine.) Longue cheville de bois de chêne qui sert à fixer le bordage d'un navire sur la carcasse.

'GOUSPILLER [goŭs'-pi-yé]. V. houspiller.

GOUSSAUT [gou-só] *s. m.*

[ÉTYM. Paraît dérivé de gousse, § 138. La forme goussant donnée parallèlement par ACAD. n'est qu'une faute d'impression. || 1690. FURET.]

|| Cheval trapu. || *P. anal.* Chien, faucon lourd. || *P. ext.* Homme épais. *Adjectivt.* Un petit homme —, ST-SIM. III, 377.

GOUSSE [goŭs'] *s. f.*

[ÉTYM. Origine inconnue. (*Cf.* ital. guscio, provenç. doisa, *m. s.*) || 1539. Gousse de febve, R. EST.]

|| 1° Enveloppe des graines des plantes légumineuses.

|| 2° *P. ext.* Fruit des légumineuses formé de deux cosses auxquelles les graines sont attachées. || *P. anal.* Une — d'ail, d'échalote. || *Fig.* — de plomb, petite masse de plomb qui sert à fixer les filets pour la pêche.

GOUSSET [gou-sè] *s. m.*

[ÉTYM. Semble dérivé de gousse, § 133. || 1278. Lanche roide ne mie mole 0t cascuns mise en son gouchet, J. SARRAZIN, *Itam,* p. 309.]

|| 1° *Anciennt.* Creux de l'aisselle. Sentir le —. || *P. ext.* | 1. Pièce d'une chemise qui unit la manche à l'épaule. | 2. Pièce triangulaire d'une armure qui protège le dessous du bras. | 3. (Blason.) Pièce triangulaire qui se termine en pal à la pointe de l'écu. | 4. Pièce triangulaire formant console pour soutenir une tablette. | 5. Petit siège qui se rabat, à la portière d'un carrosse. | 6. Boucle de fer qui garnit la barre du gouvernail.

|| 2° *Anciennt.* Petite bourse, attachée d'abord sous l'aisselle, et plus tard en dedans de la ceinture de la culotte. || *De nos jours.* Petite poche à la ceinture de la culotte, et, *p. ext.* poche de gilet. Un — de montre. || *Fig.* Avoir le — vide, être sans argent.

GOÛT [gou] *s. m.*

[ÉTYM. Du lat. pop. gŭstum, *m. s.* devenu gost, goust, §§ 324 et 291, goût, § 422.]

I. || 1° Sens par lequel on perçoit les saveurs. L'organe du —. Avoir le — fin, émoussé. Dépravation du —.

|| 2° Saveur. Les moineaux ont un — exquis et délicat, LA F. *Fab.* XII, 2. Que vous semble, a-t-il dit, du — de cette soupe? BOIL. *Sat.* 3. Une sauce de haut —, très épicée.

|| 3° Sensation agréable que produisent certaines saveurs. Prendre — à certains aliments. Mettre en —. || *Trivial.* Faire passer à qqn le — du pain, lui ôter la vie.

II. *Fig.* || 1° Discernement des qualités et des défauts dans une œuvre d'art. Le — naturel et le — acquis, MONTESQ. *Goût.* Il y a dans l'art un point de perfection...; celui qui le sent et qui l'aime a le — parfait, LA BR. 1. Vous avez le — bon, MOL. *Préc. rid.* sc. 9. Le méchant — du siècle en cela me fait peur, ID. *Mis.* I, 2. *Ellipt.* Le —, le bon goût. La décadence du —. || *P. anal.* Observation des convenances. Une plaisanterie de mauvais —. Je vous trouvais de bon — d'avoir fait si peu d'attention à de si petites choses, BOSS. *Quiét.* lett. 510.

|| 2° Manière, style d'une œuvre d'art. Leurs ouvrages sont faits sur le — de l'antiquité, LA BR. 1. Un paysage dans le — de Claude Lorrain. Une pièce composée dans le — du jour.

|| 3° Préférence donnée à certaines choses, certaines personnes. Elle perdait le — des romans et des fades héros, BOSS. *D. d'Orl.* Avoir du — pour les sciences, avoir le — de la science. Ah! tu prends donc, pendard! — à la bastonnade? MOL. *Amph.* I, 2. Je... n'ai de — qu'aux pleurs que tu me vois répandre, RAC. *Esth.* I, 4. M'ayant mis en — des hommes et du monde, RÉGNIER, *Sat.* 14. Les femmes docteurs ne sont point de mon —, MOL. *F. sav.* I, 3. *Spécialt.* Inclination d'un homme pour une femme, d'une femme pour un homme. J'ai pris du — pour Arlequin, MARIV. *Double Inconst.* III, 1. || *Absolt.* Il ne faut point disputer sur les goûts. Si je suivais mon —, je saurais où buter, LA F. *Fab.* III, 1.

GOÛTER [gou-té] *v. tr.* et *intr.*

[ÉTYM. Du lat. gŭstare, *m. s.* devenu goster, gouster, §§ 348, 295 et 291, goûter, § 422.]

I. *V. tr.* || 1° Percevoir la saveur de (qqch). Avaler une chose sans la —. *Spécialt.* Percevoir la saveur, en vue d'apprécier. — une sauce (pour voir s'il y manque qqch). — un vin.

|| 2° *Fig.* Apprécier la saveur de (qqch). Loin du monde et du bruit — l'ombre et le frais, LA F. *Fab.* XI, 4. Aux champs Élyséens, j'ai goûté mille charmes, ID. *ibid.* VIII, 14. Je goûtais en tremblant ce funeste plaisir, RAC. *Phèd.* IV, 6. A longs traits — son amertume, CORN. *Suréna,* I, 3. || *P. ext.* Dieu lui fit — les opprobres de Jésus-Christ, BOSS. *Hist. univ.* II, 3. Ils tâchaient de faire — leur gouvernement aux peuples, ID. *ibid.* III, 6. L'âne, qui goûtait fort l'autre façon d'aller, LA F. *Fab.* III, 1. — les raisons de qqn. Cet acteur est goûté du public. Les hommes ne se goûtent qu'à peine les uns les autres, LA BR. 12.

II. *V. intr.* || 1° — à un mets, n'en prendre qu'une petite quantité pour en sentir la saveur. Goûtez à ce plat. Prenez-en pour y —. || *Absolt.* Faire un léger repas entre le déjeuner et le dîner. Donner à — aux enfants. Il est l'heure de —. *Substantivt.* Le —, ce repas. Avoir une tartine pour son —.

|| 2° — d'un mets, en manger pour la première fois. Je veux vous faire — de ma cuisine. || *Fig.* Faire pour la première fois l'épreuve d'une chose. Il n'eût pas plus tôt... goûté de cette philosophie... qu'il sentit son âme enflammée d'amour pour elle, ROLL. *Traité des études,* V, III, 2.

GOUTTE [goŭt'] *s. f.*

[ÉTYM. Du lat. gŭtta, *m. s.* devenu gote, goute, §§ 324, 366 et 291, écrit plus récemment goutte par réaction étymologique, § 502.]

I. || 1° Petite quantité d'un liquide qui se détache sous forme de globule. Recevoir des gouttes de pluie. Suer à grosses gouttes. Verser — à —, une goutte après l'autre. Mettre dans une potion quelques gouttes de laudanum. || *Spécialt.* Des gouttes d'Angleterre, et, *ellipt,* Des gouttes, médicament liquide, excitant, qu'on emploie contre l'évanouissement. Suzanne, des gouttes à ta maîtresse, BEAUMARCH. *Mère coup.* IV, 18. || *P. ext.* Petite quantité d'un liquide. Boire une — d'eau, une — de vin, d'eau-de-vie. *Absolt.* Boire la —, prendre la —, une petit verre d'eau-de-vie ou d'une autre liqueur spiritueuse. || Mère-—, le premier vin, le premier cidre qui coule de la cuve avant qu'on ait pressé. Vin de —, fait avec du raisin qu'on n'a pas pressé. || *P. hyperb.* Être prêt à verser son sang jusqu'à la dernière —. N'avoir plus une — de sang dans les veines, être saisi d'une horreur qui fait refluer le sang au cœur. || *Famil.* Avoir la — au nez, une mucosité qui s'écoule. || — militaire, reste de blennorrhagie qui se montre au méat urinaire. C'est la dernière — (celle qui fait déborder). Ces deux personnes, ces deux choses se ressemblent comme deux gouttes d'eau, de lait. || Goutte pris comme petite quantité négligeable. C'est une — d'eau dans la mer. Ne voir, n'entendre —, ne pas voir, ne pas entendre le moins du monde. M'aurait-on encavé? Je ne vois —, LA F. *Ragotin,* III, 7. | *Fig.* Je ne vois — en ce raisonnement, CORN. *Nicom.* III, 4. Je n'entends — à ces subtilités.

|| 2° *P. anal.* Petite partie d'une fonte d'or, d'argent, qu'on remet à l'essayeur, pour qu'il détermine le titre. || Ornement de forme conique qui se place dans certains plafonds. || — d'eau, variété de topaze.

II. Nom de diverses maladies (jadis attribuées à l'infiltration de gouttes d'humeur). | 1. Maladie qui attaque d'ordinaire les articulations, se porte de l'une sur l'autre, et quelquefois sur les viscères. | 2. —-crampe, nom qu'on donne à des crampes violentes. | 3. — sciatique, la sciatique. | 4. — sereine, amaurose, paralysie du nerf optique. | 5. — rose, la couperose.

GOUTTELETTE [goŭt'-lĕt'; *en vers,* gou-te-...] *s. f.*

[ÉTYM. Dérivé de goutte, § 134. || XIIIe s. Trois gouteletes de miel, *Unicorne,* dans LITTRÉ.]

|| Petite goutte d'un liquide.

'GOUTTER [gou-té] *v. intr.*

[ÉTYM. Du lat. guttare, *m. s.* §§ 348, 295 et 281.]

|| Laisser tomber des gouttes. Les toits gouttent quand il pleut.

GOUTTEUX, EUSE [gou-teŭ, -teŭz'] *adj.*

[ÉTYM. Dérivé de goutte, § 116. || XIIe s. Gutus, fevrus guarir, GARN. DE PONT-STE-MAX. *St Thomas,* 5793.]

|| 1° Qui a la goutte (maladie des articulations). Un homme —, une femme goutteuse, et, *substantivt,* Un —, une goutteuse.

|| 2° Relatif à la goutte (maladie des articulations). Rhumatisme —.

GOUTTIÈRE [gou-tyér] *s. f.*

[ÉTYM. Dérivé de goutte, § 115. || XIIe s. Gutieres degutanz sur terre, *Psaut. d'Oxford,* LXXI, 6.]

|| **1°** Bord d'un toit par lequel s'égoutte l'eau de pluie. || *P. ext.* Canal demi-cylindrique de fer-blanc, de zinc, fixé au bord du toit, pour recueillir l'eau qui s'égoutte et la conduire vers le sol. || Pièce de bois creusée d'une rainure qui règne autour des ponts d'un navire, et sert à l'écoulement des eaux. || Rainure dans la feuillure d'une pièce d'appui de croisée, pour recevoir la pluie qui s'égoutte.

|| **2°** *P. anal.* Sillon longitudinal d'un os destiné à loger des vaisseaux sanguins, à faciliter le glissement des tendons. || Sillon qui règne le long des bois d'un cerf, d'un chevreuil. || Rainure de certaines coquilles univalves. || Petit canal que le graveur creuse sur la planche pour y faire couler l'eau-forte. || Évidement pratiqué le long des lames dans certaines armes blanches. || Partie de la tranche d'un livre opposée au dos. || Partie pourrie au milieu du bois d'un arbre.

GOUVERNABLE [gou-vèr-nàbl'] *adj.*
[ÉTYM. Dérivé de gouverner, § 93. || *Néolog.* Admis ACAD. 1878.]
|| Qui peut être gouverné.

GOUVERNAIL [gou-vèr-này'] *s. m.*
[ÉTYM. Du lat. gubernaculum, *m. s.* §§ 348, 434, 390 et 290.]
|| **1°** Pièce mobile placée à l'arrière d'un bateau, d'un navire, dont on se sert pour le diriger au moyen d'une barre ou timon. || *Fig.* N'a-t-il pas tenu le — (de l'État) d'une main et la boussole de l'autre? VOIT. *Lett.* 74.
|| **2°** *P. anal.* Queue d'un moulin à vent qui fait tourner les ailes dans la direction du vent. || Fil de fer qu'on rend mobile pour régler la longueur de la partie libre de la languette des tuyaux d'anche, afin de les accorder. || Dans un paquet de barres de fer à forger, celle du milieu, qui dépasse les autres.

GOUVERNANCE [gou-vèr-nàns'] *s. f.*
[ÉTYM. Dérivé de gouverner, § 146. || XIVᵉ s. Chi doivent amoureus prendre leur gouvernanche, *Baudouin de Sebourc*, IX, 5. Admis ACAD. 1762.]
|| *Anciennt.* Gouvernement. Tribunal présidé par un gouverneur. *Spécialt.* La — de Douai, de Lille. A Douai, le roi entendit le matin trois harangues, de l'université, de la — et de la ville, PELLISSON, *Lett. histor.* 17 mai 1670.

'GOUVERNANT, GOUVERNANTE [gou-vèr-nan, -nänt'] *adj.* et *s. m.* et *f.*
[ÉTYM. Adj. et subst. particip. de gouverner, § 47. || XVᵉ s. V. à l'article.]
I. *Adj.* (*rare*). Qui gouverne. Vous êtes repreunante, gouvernante, LA F. *Daphné*, II, 5. *Substantivt.* Les gouvernants et les gouvernés.
II. *S. m.* et *f.* || **1°** *Vieilli.* Celui, celle qui a le gouvernement d'une ville, d'un pays. Le duc de Sombreset, — pour le roi d'Angleterre, BERRY, *Chron.* ann. 1449. Plusieurs princesses d'Autriche ont été gouvernantes des Pays-Bas. || *P. ext.* Madame la gouvernante, la femme d'un gouverneur.
|| **2°** *S. f.* Celle à qui est confiée l'éducation d'un enfant. Donner une gouvernante à ses enfants. La gouvernante des enfants de France.

GOUVERNE [gou-vèrn'] *s. f.*
[ÉTYM. Subst. verbal de gouverner, § 52.|| 1323. A le gouveirne et a le dispensation doudit hospital, dans GODEF. governe. Admis ACAD. 1835.]
|| **1°** Action de diriger (une embarcation). Aviron de —, placé à l'arrière, pour la faire tourner à droite ou à gauche.
|| **2°** Action de se diriger de telle ou telle manière. Je vous dis cela, pour votre —.

GOUVERNEMENT [gou-vèr-ne-man] *s. m.*
[ÉTYM. Dérivé de gouverner, § 145. || XIIᵉ s. Sa sapience apparoit el governement des choses ke creeies estoient, *Serm. de St Bern.* p. 58.]
I. Action de gouverner une embarcation. Le succès d'un voyage dépend... du bon — d'un pilote, FURET. *Dict.*
II. Action de gouverner, de diriger la conduite des choses, des personnes.
|| **1°** Le — d'une maison, d'un ménage. Je vous constitue, pendant le soupé, au — des bouteilles, MOL. *Av.* III, 1. Le — des âmes. Quelle idée aurions-nous de la Providence dans le — de l'univers? MASS. *Jugem. univ.* 1.
|| **2°** Action de gouverner (un pays), d'en avoir la direction politique. Le — des États. Une diligente attention aux moindres besoins de la république est une partie essen-

tielle au bon —, LA BR. 10. L'injustice de son —, VERTOT, *Révol. rom.* 5. Le — est un ouvrage de raison et d'intelligence, BOSS. *Polit.* I, 1. || *Spécialt.* Direction politique et militaire d'une province, d'une ville, exercée au nom du souverain. On lui donna le — de la Bourgogne. *P. ext.* | **1.** La province, la ville ainsi dirigée. Il est allé s'établir dans son —. Les douze grands gouvernements de la France (avant la Révolution). | **2.** Résidence du gouverneur. || *P. ext.* Ceux qui ont la direction politique de l'État. Une proclamation du —. Cette mesure a été prise par le — de la république.
|| **3°** *P. ext.* Forme politique suivant laquelle un État est dirigé. Il y a trois espèces de — : le républicain, le monarchique et le despotique, MONTESQ. *Espr. des lois*, II, 1.

'GOUVERNEMENTAL, ALE [gou-vèr-ne-man-tàl] *adj.*
[ÉTYM. Dérivé de gouvernement, § 238. || *Néolog.*]
|| Relatif au gouvernement. La science gouvernementale.

GOUVERNER [gou-vèr-né] *v. tr.*
[ÉTYM. Du lat. gubernare, *m. s.* §§ 348, 434, 295 et 291.]
I. Diriger à l'aide du gouvernail (une embarcation). On ne choisit pas pour — un vaisseau celui des passagers qui est de meilleure maison, PASC. *Pens.* V, 10. || *Absolt.* — à la roue, en faisant mouvoir la barre par une roue. — dans une direction. — à la lame, fuir vent arrière pour éviter la lame. || *P. ext.* — sur son ancre, être poussé dans tel ou tel sens, par le vent, par le courant, étant au mouillage. || Un bâtiment qui gouverne bien, qui obéit bien au gouvernail. || *P. anal.* La manière dont Itobad gouvernait son cheval, VOLT. *Zadig*, 19. || *Fig.* Il sait — sa barque, diriger ses affaires. || *Poét.* Il semblait à son gré — le tonnerre, RAC. *Esth.* III, 9.
II. *P. ext.* Diriger la conduite des choses, des personnes.
|| **1°** Une personne qui ne sait pas — sa maison, son ménage. Savoir — ses passions. Il faut apprendre à se —, à se maîtriser. || *Spécialt.* Être chargé de — un enfant, de diriger son éducation. *P. anal.* Sa mère, qui le gouvernait, BOSS. *Hist. univ.* I, 10. Prétendrais-tu nous — encor, Ne sachant pas te conduire toi-même? LA F. *Fab.* VI, 6. Il y a autant de paresse que de faiblesse à se laisser —, LA BR. 4. Ces femmes de bien qui se gouvernent mal, CORN. *Ment.* I, 1. Dis-moi comme en ce lieu l'on gouverne les dames? CORN. *Ment.* I, 1. || *Absolt.* Être maître de la direction. C'est elle (sa femme) qui gouverne, MOL. *F. sav.* I, 3. || *P. anal.* (Gramm.) Imposer tel cas, tel mode à un mot. Une préposition qui gouverne le génitif.
|| **2°** Diriger les affaires de l'état. Je gouverne l'empire où je fus acheté, RAC. *Esth.* II, 1. Rome depuis deux ans par ses soins gouvernée, ID. *Brit.* I, 1. || *Absolt.* Le lion, pour bien —, Voulant apprendre la morale, LA F. *Fab.* XI, 5. L'art de —. Le roi règne et ne gouverne pas, laisse gouverner les ministres, seuls responsables.

GOUVERNEUR [gòu-vèr-neür] *s. m.*
[ÉTYM. Dérivé de gouverner, § 112. (*Cf.* lat. gubernator, *m. s.*) || XIIᵉ s. E s'um done a s'espuse malveis governeür, GARN. DE PONT-STE-MAX. *St Thomas*, 4744.]
|| **1°** Celui qui est chargé de la direction politique et militaire d'une province. (*Cf.* gouvernant.) Le roi le nomma — du Languedoc. Maxime, tu me fais — de Sicile, CORN. *Cinna*, II, 1. || *P. anal.* Celui qui est chargé de la direction du commandement, dans une ville, un château. Le — de Paris. || *P. anal.* Celui qui est chargé de la direction de certaines grandes administrations financières. Le — de la Banque de France, du Crédit foncier.
|| **2°** Celui qui est chargé de la direction morale d'un jeune homme. Il (le roi) vous fait — du prince de Castille, CORN. *Cid*, I, 3. Le — des pages.
|| **3°** *P. anal.* (Technol.) Ouvrier chargé de faire pourrir, de couper, de mettre dans les piles les chiffons destinés à faire la pâte pour la fabrication du papier. || *Fig.* Nom donné à un petit poisson qui passe pour servir de conducteur à la baleine.

GOYAVE [gò-yàv'] *s. m.*
[ÉTYM. Emprunté de l'espagn. d'Amérique goyaba, qui est le péruvien gayaba, *m. s.* §§ 13 et 30. || 1654. L'arbre qui porte les gouyaves, LE P. DUTERTRE, *Hist. gén. des isles St-Christophe*, p. 254. Admis ACAD. 1835.]
|| (Botan.) Fruit du goyavier, en forme de poire, à chair sucrée et parfumée.

GOYAVIER [gò-yà-vyé] *s. m.*
[ÉTYM. Dérivé de goyave, § 115. || 1658. ROCHEFORT, *Hist. nat. des Antilles*, p. 48. Admis ACAD. 1762.]

|| (Botan.) Grand arbre exotique, dit poirier des Indes, formant un genre de la famille des Myrtacées.

GRABAT [grà-bà] *s. m.*

[ÉTYM. Emprunté du lat. grabatus, grec χράβατος, *m. s.* Au XIᵉ s. on emploie le mot sous la forme lat. Soz ton degret me fai un grabatum, *St Alexis*, 218. || XVIᵉ s. En son petit grabat, PARÉ, XVIII, 28.]

|| Lit misérable. Coucher sur un —. || *P. ext.* Lit de malade. Saigner, droguer, mettre sur le — toute ma maison, BEAUMARCH. *B. de Sév.* III, 5.

GRABATAIRE [grà-bà-tèr] *adj.*

[ÉTYM. Dérivé de grabat, § 248. Le lat. grabatarius signifie « fabricant de grabats ». || 1732. TRÉV. Admis ACAD. 1762.]

|| Qui garde le lit. Une mère infirme et —, PETIT DE BACHAUMONT, *Mém. secr.* XXXV, 75. *Substantivt.* Un, une —.

'GRABEAU [grà-bó] *s. m.*

[ÉTYM. Subst. verbal de grabeler, §§ 52 et 65. || 1466. L'office de grabel de foyres... en la ville de Lion, dans DELB. *Rec.*]

I. *Anciennt.* Action de grabeler. *Fig.* Remettons à votre retour le — et belutement de ces matières, RAB. III, 16.

II. *P. ext. Spécialt.* (Technol.) Fragment qui reste d'une drogue, d'une substance médicinale passée au crible. Les grabeaux ne peuvent toujours être utilisés.

'GRABELER [grăb'-lé; *en vers*, grà-be-lé] *v. tr.*

[ÉTYM. Pour garbeler, § 361, emprunté de l'ital. garbellare, *m. s.* qui se rattache à l'arabe gharbal, crible, §§ 12 et 22. || XVIᵉ s. *V.* à l'article.]

|| *Vieilli.* Passer au crible. *Fig.* La Court n'a encores bien grabelé toutes les pièces, RAB. I, 20.

GRABUGE [grà-bûj'] *s. m.*

[ÉTYM. Pour garbuge (encore dans OUD.), § 361, emprunté de l'ital. garbuglio, *m. s.* §§ 12 et 507. On trouve aussi au XVIᵉ s. garbouil et grabouil. || XVIᵉ s. Garbuges, quereles et noises, CHOLIÈRES, *Après-disnées*, p. 74.]

|| *Famil.* Dispute. Tout ce petit — Entre vous excité va finir en deux mots, REGNARD, *Ménechmes*, IV, 9. D'où vient tout ce —? LA CHAUSSÉE, *Éc. des mères*, II, 2. Il y a du — dans le ménage.

GRÂCE [grâs'] *s. f.*

[ÉTYM. Emprunté du lat. gratia, *m. s.* || XIIᵉ s. O granz graces l'a receû, *Énéas*, 785.]

I. || 1° Agrément qui réside dans une personne. Je ne trouve qu'en vous je ne sais quelle — Qui me charme toujours et jamais ne me lasse, RAC. *Esth.* II, 7. La — plus belle encor que la beauté, LA F. *Adonis*. Son cœur est épris des grâces d'Henriette, MOL.. *F. sav.* II, 3. Elle est d'une taille parfaite et d'une très bonne — à tout ce qu'elle fait, SÉV. 549. *Ellipt.* Elle a — à tout cela, et ses manières sont engageantes, MOL. *B. gent.* III, 9. *Fig.* Avoir mauvaise — à faire qqch, être mal venu à le faire. Vous avez mauvaise — à vous plaindre. || *P. ext.* Faire qqch de bonne, de mauvaise —, d'un air qui marque la bonne ou la mauvaise volonté. Il a voulu faire les choses de bonne —, MOL. *Mar. forcé*, sc. 10.

|| 2° Agrément répandu dans les choses. Tout reçoit dans ses mains une nouvelle —, BOIL. *Art p.* 3. Vos moindres discours ont des grâces secrètes, RAC. *Esth.* III, 4. Il (son habit) avait une telle — sur elle... LA F. *Psyché*. Cette peinture, cette musique a de la —. Vous puis-je offrir mes vers et leurs grâces légères? LA F. *Fab.* VIII, 4. Que la plaisanterie est de mauvaise — I MOL. *Mis.* I, 1. || *Fig.* Jeu des grâces, où un petit cercle est lancé et reçu avec deux baguettes. || Bonnes grâces, demi-rideaux formant draperie. || Votre Grâce, titre donné en Angleterre à un duc.

|| 3° (Mythol.) Les Grâces, les trois déesses (Aglaé, Thalie, Euphrosine) qui personnifiaient le don de plaire. Ce jeune prince, que les Grâces semblaient avoir elles-mêmes formé de leurs mains, BOSS. *Marie-Thérèse*. Il n'a pas sacrifié aux Grâces, il n'a pas su don de plaire.

II. || 1° Disposition à être agréable. Je puis croire... que je suis en sa —, MOL. *Dép. am.* I, 3. Être en — auprès de qqn. Il est rentré en — auprès du roi. Remettez le fils en — avec le père, MOL. *Tart.* IV, 1. || *P. ext.* En parlant d'une chose. Vous voilà donc en — avec l'argent comptant, REGNARD, *Joueur*, III, 6. || Être dans les bonnes grâces de qqn. Gagner les bonnes grâces du victorieux, CORN. *Pomp.* exam. || *Spécialt.* Gagner, obtenir les bonnes grâces d'une femme, ses faveurs. || *P. ext.* Chose qu'on accorde à qqn pour lui être agréable sans qu'elle lui soit due. Demander,

receyoir une —. Si je puis lui obtenir une — de Votre Majesté, MOL. *Tart.* 3ᵉ placet. Demander qqch comme une —. Je vous le demande en —. Je demande la mort pour — ou pour supplice, CORN. *Hor.* IV, 7. C'est une — qu'on vous fait. De —, achevez, CORN. *Cid*, I, 5. || *P. ext.* La Fortune pour lors distribuait ses grâces, LA F. *Fab.* VII, 12. La — inespérée d'un beau jour d'hiver, BOSS. *Marie-Thérèse*. || *P. hyperb.* Formule de politesse. C'est trop de — que vous me faites, MOL. *Pourc.* I, 3.

|| 2° *Spécialt.* Secours surnaturel que Dieu accorde à l'homme pour l'aider à faire son salut. L'opération de la — se reconnaît dans ses fruits, BOSS. *A. de Gonz.* Sa — (de Dieu) Ne descend pas toujours avec même efficace, CORN. *Poly.* I, 1. La — suffisante, donnée à tout homme, mais qui n'est efficace que s'il y correspond. — prévenante, qui invite l'homme au bien. — justifiante, sanctifiante, qui rend efficace pour le salut ce que nous pouvons faire de bien. Être en état de —, avoir la grâce de Dieu. Par la — de Dieu, formule que les souverains ajoutent à leur titre. | *Vieilli.* Dieu —, par la grâce de Dieu. (*Cf.* Dieu merci.) Ils sont, Dieu —, Madame, en parfaite santé, MOL. *Escarb.* sc. 6. || An de —, compté à partir de l'ère chrétienne. *P. plaisant.* En l'an de — 1880. || — d'état, appropriée par Dieu pour chacun à sa situation spéciale. *P. hyperb. Famil.* Résignation à une situation mauvaise. Bien qu'aveugle, il a conservé sa gaieté; c'est une — d'état.

III. Remise d'une peine accordée bénévolement. Demander, obtenir la — de qqn. Le souverain a le droit de —. J'ai eu ma — de cette affaire, MOL. *D. Juan*, I, 2. Lettres de —, par lesquelles le souverain accorde sa grâce à un condamné. Recours en —, recours au droit de grâce du souverain. Faire —, et, *vieilli*, Donner — à qqn. *Fig.* Que je me fasse un peu — sur votre arrêt (que je me condamne moins sévèrement), MOL. *Mis.* I, 1. Trouver — devant qqn (indulgence). Seigneur, si j'ai trouvé — devant vos yeux, RAC. *Esth.* II, 7. *P. anal.* Coup de —, par lequel on achevait un blessé, un supplicié, pour ne pas le faire souffrir plus longtemps, et, *fig.* C'est le coup de —, celui qui achève de perdre qqn. || Délai de —, jours de —, délai de dix jours accordé, pour payer, à celui qui avait souscrit une lettre de change. || Faire — (remise) de qqch. Il ne m'a pas fait — d'un centime. Faites-moi — de vos observations, c'est assez d'observations. Faites-nous — du reste, et, *ellipt*, — I en voilà assez.

IV. Action de reconnaître un bienfait reçu. Je vous rends —, ou grâces. Je rends grâces aux dieux de n'être pas Romain, CORN. *Hor.* II, 3. Action de grâces, acte par lequel on rend grâces. L'armée commença l'action de grâces, BOSS. *Condé.* || *P. anal.* Rendre — à qqch, lui attribuer un résultat favorable. Rendez — au seul nœud qui retient ma colère, RAC. *Iph.* IV, 6. *Spécialt.* Les grâces, prière catholique après le repas, pour rendre grâces à Dieu d'avoir donné le pain quotidien. Dire les grâces. *Loc. prov. Famil.* Dire les grâces avant le bénédicité, avoir une femme pour maîtresse avant de l'épouser. || *Ellipt.* — à (grâce soit rendue à). — à Dieu. — au Ciel. Grâces au Ciel, mes mains ne sont point criminelles, RAC. *Phèd.* I, 3. — à vous, j'ai réussi. || *P. anal.* — à une chose, à la faveur de cette chose. — aux préventions de son esprit jaloux, RAC. *Brit.* V, 1.

GRACIABLE [grà-syàbl'; *en vers*, -si-àbl'] *adj.*

[ÉTYM. Dérivé de gracier, § 93. Se trouve en anc. franç. au sens de « qui rend grâces, reconnaissant ». (*V.* GODEF.) || (Au sens actuel.) 1690. FURET.]

|| Qu'on peut pardonner. Dans les cas les plus graciables, MONTESQ. *Espr. des lois*, VI, 13.

GRACIER [grà-syé; *en vers*, grà-si-é] *v. tr.*

[ÉTYM. Dérivé de grâce, § 266. Fréquent au moyen âge au sens de « rendre grâces, remercier ». || (Au sens actuel.) 1336. Avons gracié et remis dès maintenant pour lors la dite amande, dans DU C. gratificare 2.]

|| Exempter (qqn) de la peine à laquelle il a été condamné. Il a été gracié par le roi.

GRACIEUSEMENT [grà-syeûz'-man; *en vers*, -si-eû-ze-...] *adv.*

[ÉTYM. Composé de gracieuse et ment, § 724. || 1302. Briefment et gracieusement, *Lett. de Ph. le Bel*, dans DELB. *Rec.*]

|| D'une manière gracieuse.

GRACIEUSER [grà-syeû-zé; *en vers*, -si-eû-...] *v. tr.*

[ÉTYM. Dérivé de gracieux, § 154. || Signalé en 1692 comme étant du bel usage par CAILLIÈRES, *Mots à la mode*; admis ACAD. dès 1694.]

|| *Vieilli*. Traiter gracieusement. J'eus le malheur de la — sans réflexion, MARIV. *Spectateur franç.* p. 3. || *P. ext.* Féliciter. Après l'en avoir gracieusé, LA GARDE-CHAMBONAS, *Lett.* 15 mars 1706, dans *Annales du Midi*, 1894, p. 442.

GRACIEUSETÉ [grà-syeûz'-té; *en vers*, -si-eû-ze-té] *s. f.*

[ÉTYM. Dérivé de gracieux, § 122. || xv⁰ s. Se vous m'avez donné aucune courtoisie ou gracieuseté, *Cent Nouv. nouv.* 18.]

|| Acte par lequel on traite gracieusement qqn. Faire à qqn des gracieusetés.

GRACIEUX, EUSE [grà-syeû, -syeûz'; *en vers*, -si-...] *adj.*

[ÉTYM. Emprunté du lat. gratiosus, *m. s.* || xii⁰ s. D'aveir riches et gracios, BEN. DE STE-MORE, *Troie*, 5132.]

|| 1° Qui a de la grâce (agrément). Une personne gracieuse. Un — sourire. Une composition dans le genre —, et, *substantivt*, Le —, le genre gracieux.

|| 2° Qui témoigne de la grâce (disposition à être agréable) à qqn. L'accueil — qu'il recevait de vous, CORN. *Hor.* i, 3.

|| 3° Qui fait une grâce à qqn (lui accorde une chose qui ne lui est pas due). La plupart des peuples du Nord disent : notre — souverain ; apparemment qu'ils entendent bienfaisant, VOLT. *Dict. philos.* gracieux. Accorder qqch à titre —, bénévolement. Juridiction gracieuse (administrative ou ecclésiastique), qui décide officieusement d'une affaire.

GRACILITÉ [grà-si-li-té] *s. f.*

[ÉTYM. Emprunté du lat. gracilitas, *m. s.* || 1528. La gracilité qui est en lui (l'orge), DESDIER, *Honn. Volupté*, dans GODEF. Admis ACAD. 1762.]

|| Caractère de ce qui est grêle. La — des membres. || *Fig.* La — de la voix.

GRADATION [grà-dà-syon; *en vers*, -si-on] *s. f.*

[ÉTYM. Emprunté du lat. gradatio, *m. s.* || 1520. L'en doibt user de repetition et de gradation, J. FABRI, *Rhétor.* dans DELB. *Rec.*]

|| Progrès vers un terme dont on se rapproche en passant par tous les intermédiaires. Une — croissante, décroissante. La — des couleurs, des sons. La — des idées.

GRADE [gràd'] *s. m.*

[ÉTYM. Emprunté du lat. gradus, *m. s.* (*Cf.* degré.) || 1611. COTGR.]

I. || 1° *Vieilli*. Degré de dignité. Il est mille douceurs dans un — si haut (le trône), CORN. *Oth.* iii, 5.

|| 2° Degré de commandement dans l'armée. Le — de sergent. Les grades supérieurs.

|| 3° Degré de mérite littéraire, scientifique, etc., constaté par un diplôme conféré après examen. Il a pris tous ses grades (de bachelier, de licencié et de docteur).

II. (Syst. métrique.) Division centésimale substituée au degré dans la division de la circonférence.

GRADÉ [grà-dé] *adj.*

[ÉTYM. Dérivé de grade, § 118. (*Cf.* graduer.) || 1811. MOZIN, *Dict. franç.-allem.* Admis ACAD. 1835.]

|| Qui a un grade (inférieur) dans l'armée. Un militaire non —, un simple soldat. *Substantivt*. Un —.

'GRADILLE [grà-dîy'] *s. f.*

[ÉTYM. Dérivé du radical de gradine, § 95. || *Néolog.*]

|| (Technol.) Sorte de sculpture en forme de dentelle.

GRADIN [grà-din] *s. m.*

[ÉTYM. Emprunté de l'ital. gradino, *m. s.* diminutif de grado, degré, § 12. || 1680. RICHEL.]

|| Degré d'un support en étages. Les gradins d'un amphithéâtre. || (Minéral.) Exploitation par gradins droits ou renversés, où l'on taille le minerai en dessus ou en dessous d'escalier.

'GRADINE [grà-din'] *s. f.*

[ÉTYM. Emprunté de l'ital. gradina, *m. s.* dérivé de grado, degré, § 12. || 1690. FURET.]

|| (Technol.) Ciseau dentelé pour sculpter sur le marbre les stries qui imitent la barbe, les cheveux, etc.

GRADUATION [grà-duà-syon; *en vers*, -du-à-si-on] *s. f.*

[ÉTYM. Dérivé de graduer, § 249. || xiv⁰ s. Le livre de graduacion, *Des passions*, mss franç. Bibl. nat. 1288, f⁰ 140, v⁰. Admis ACAD. 1718.]

I. (T. scientif.) Détermination d'une série de degrés, de divisions égales, sur une longueur. || Échelle graduée.

II. (Technol.) Action exercée par degrés. *Spécialt*. Bâtiments de —, où l'on concentre l'eau de mer pour obtenir le sel marin.

GRADUEL, ELLE [grà-duèl; *en vers*, -du-è-èl] *adj.* et *s. m.*

[ÉTYM. Emprunté du lat. scolastique gradualis, *m. s.* dérivé de gradus, degré, §§ 217 et 238. Comme terme de liturgie, graduel a remplacé l'anc. franç. grael, doublet de formation pop. || xiv⁰ s. Psalmes graduales, PH. DE MAIZIÈRES, dans GODEF. *Compl.*]

|| 1° Relatif aux degrés (du temple). *Spécialt*. Psaumes graduels des Hébreux, chantés sur les degrés du temple. || *Fig.* Qui a lieu par degrés. Augmentation graduelle.

|| 2° *P. ext. S. m.* (Liturgie cathol.) Portion de l'office entre l'épître et la prose, avant l'Évangile, qu'on disait autrefois sur les degrés du jubé ou de l'ambon. || *P. ext.* Livre contenant ce qui se chante au lutrin pendant la messe.

GRADUELLEMENT [grà-duèl-man; *en vers*, -du-è-le-...] *adv.*

[ÉTYM. Composé de graduelle et ment, § 724. || xiv⁰ s. Graduelment, J. GOLEIN, dans GODEF. *Compl.* Admis ACAD. 1835.]

|| *Fig.* D'une manière graduelle.

GRADUER [grà-dué; *en vers*, -du-é] *v. tr.*

[ÉTYM. Emprunté du lat. scolast. graduare, *m. s.* § 117. (*Cf.* gradé.) || 1404. S'ilz n'estoient graduez en science, NIC. DE BAYE, *Journal*, dans DELB. *Rec.*]

I. (T. scientif.) Marquer d'une série de degrés. — un thermomètre. Une règle graduée, un cercle gradué.

II. *Fig.* Soumettre à une gradation. — les difficultés, les exercices. Cours de thèmes gradués. — l'emploi d'un remède. Chambre graduée (*V.* graduation), dans les salines.

III. Élever à un grade universitaire. Gradué en théologie. *Substantivt.* Un gradué, celui qui a pris ses grades.

GRAFFITE [grà-fît'] *s. m.*

[ÉTYM. Emprunté de l'ital. graffito, *m. s.* dérivé de graffio, poinçon, § 12. (*Cf.* graphite et sgraffite.) || *Néolog.* Admis ACAD. 1878.]

|| (Archéol.) Ce qu'on trouve écrit, dessiné, sur les murs des édifices des villes antiques. Les graffites de Pompéi.

'GRAILLE [gráy'] *s. f.*

[ÉTYM. Du lat. gracula, fém. de graculus, geai ou choucas, devenu 'gracla, graille, §§ 290, 390 et 291. (*Cf.* grole.)]

|| *Dialect*. Corneille.

GRAILLEMENT [gráy'-man; *en vers*, grà-ye-...] *s. m.*

[ÉTYM. Dérivé de grailler, § 145. || 1701. FURET. Admis ACAD. 1798.]

|| Son de voix rauque.

GRAILLER [grà-yé] *v. intr.*

[ÉTYM. Dérivé de graille, § 154. (*Cf.* ital. gracchiare, *m. s.* de gracchia, corneille.) || xv⁰ s. Grailler a la maniere de corneille, *Gloss. lat.-franç.* dans DU C. creticare 2. | 1606. Grailler, c'est corner cas et enroué, NICOT.]

|| Faire entendre un son rauque. *Spécialt*. (Vénerie.) Sonner sur la trompe le rappel des chiens.

1. GRAILLON [grà-yon] *s. m.*

[ÉTYM. Origine incertaine; qqns le dérivent de graille, anc. forme de grille, qui signifie « gril » en vieux français, § 104. La date récente de graillon, qui n'est même pas dans COTGR., rend peu vraisemblable cette étymologie. || 1642. OUD.]

|| 1° Odeur de graisse brûlée. Sentir le —. || *Fig. Pop.* Marie Graillon, —, femme malpropre, tachée de graisse.

|| 2° *P. ext*. Rognure de viande. || Restes d'un repas. Une tétine de vache et dix livres de pain, sans parler des graillons, LES. *Guzm. d'Alfar.* i, 3. || Rognure de marbre.

2. 'GRAILLON [grà-yon] *s. m.*

[ÉTYM. Dérivé de grailler, § 104. || *Néolog.*]

|| Mucosité expulsée avec un raclement guttural.

1. 'GRAILLONNER [grà-yò-né] *v. intr.*

[ÉTYM. Dérivé de graillon 1, § 154. || *Néolog.*]

|| Prendre en cuisant une odeur de graillon.

2. 'GRAILLONNER [grà-yò-né] *v. intr.*

[ÉTYM. Dérivé de graillon 2, § 154. || *Néolog.*]

|| Expulser des mucosités avec un raclement guttural.

1. GRAIN [grin] *s. m.*

[ÉTYM. Du lat. granum, *m. s.* §§ 299 et 291. (*Cf.* graine.)]

I. || 1° Chacun des fruits contenus dans l'épi des céréales. Un — de blé, de riz, de maïs. Le moindre — de mil Serait bien mieux mon affaire, LA F. *Fab.* i, 20. || Le commerce des grains. Poulets de —, nourris de grain dans la basse-cour, non engraissés dans une épinette. || *Fig. Vieilli*.

Dans le —, dans l'abondance. Étant là, je n'étais dans le —, RÉGNIER, *Sat.* 10. || *Spécialt.* Ce fruit devenu semence. Arrachez brin à brin Ce qu'a produit ce maudit —, LA F. *Fab.* I, 8.

|| **2°** *P. ext.* Fruit ou semence grenue de certaines plantes. Des grains de raisin, de groseille. || *P. anal.* Petit —, les fruits de l'orange tombés avant leur maturité. — de Zelim, poivre long de l'Inde. — de mûre, clavaire ponctuée, champignon. || *Fig.* — d'avoine, — d'orge, nom donné à diverses coquilles. Toile — d'orge, à semis de points ressemblant à des grains d'orge. || *Spécialt.* — d'orge. | 1. Petit furoncle, dit aussi orgelet, qui vient à la paupière. | 2. Petit morceau de bois taillé en prisme qu'on enfonce dans une fente que présente une pièce de bois. Assemblage à grains d'orge. | 3. Outil de menuisier, de tourneur, de serrurier, qui sert à évider, à percer.

II. *P. anal.* || **1°** Morceau grenu d'une substance quelconque. || Cromwell allait ravager toute la chrétienté... sans un — de sable (calcul) qui se mit dans son uretère, PASC. *Pens.* III, 7. Un — de tabac. Un — de poivre, de sel. *Fig.* Je n'ai pas trouvé le moindre — de sel dans tout cela (le moindre esprit), MOL. *Crit. de l'Éc. des f.* sc. 3. || — de verroterie, d'ambre, verroterie, ambre taillé en forme de perle. Un collier de grains d'ambre. Les grains d'un chapelet. *Loc. famil. Vieilli.* Catholique à gros grains, peu scrupuleux (qui sur le chapelet passe les dizaines, les petits grains). || Grains de vie, grains de santé, etc., pilules de forme globuleuse. || (Technol.) Cube de cuivre ou d'acier qui sert de pivot à un tourillon.

|| **2°** Aspérité grenue d'une surface. Grains de petite vérole, traces des pustules. Un — de beauté, petite saillie, et, *p. ext.* petite tache sur la peau qui donne quelquefois du piquant à la physionomie. || Grains de lèpre, aspérités à la gorge des pourceaux ladres. || *Absolt.* Le — d'une pierre, d'un métal, d'une peau, d'un tissu, caractère grenu de la surface. Le — de l'ardoise, de l'acier. Peau en — du Levant (sorte de chagrin). Une étoffe de soie gros —. || *Spécialt.* Effet du croisement des tailles de la gravure.

III. *Fig.* || **1°** Très petite quantité de qqch. Ai-je un — de ce métal qui procure toutes choses? LA BR. 12. Elle a un — de coquetterie. Quelque petit — de folie mêlé à leur science, MOL. *Méd. m. l.* 1, 4. || *Vieilli.* Employé pour renforcer la négation (comme goutte, etc.). Ce cierge ne savait — de philosophie, LA F. *Fab.* IX, 12.

|| **2°** Petit poids, soixante-douzième partie du gros. || *Fig.* Nous ne nous prisons pas... D'un — moins que les éléphants, LA F. *Fab.* VIII, 15. Cela ne pèse pas un — (n'a pas d'importance), SÉV. 589. Il ne pèse pas un —, il se sent léger.

2. GRAIN [grin] *s. m.*
[ÉTYM. Origine incertaine; qqns considèrent ce mot comme étant simplement un sens figuré de grain **1.** || XVIᵉ s. Le pilot prevoiant un tyrannicque grain, RAB. IV, 17.]

|| (Marine.) — de vent, —, bourrasque soudaine avec pluie, grêle. Pare au —, veille au —! commandement nautique lorsqu'on est menacé d'un grain. || *Fig.* Veiller au —, se précautionner contre ce qu'on craint.

¹GRAINAGE [grè-nàj'], **¹GRAINAILLE** [grè-nây'], etc. *V.* grenage, grenaille, etc.

GRAINE [grèn'] *s. f.*
[ÉTYM. Du lat. pop. grạna, pluriel du neutre grạnum, grain, devenu fém. sing. §§ 299, 291 et 546.]

|| **1°** Partie du fruit de la plante qui sert à la reproduire. Une plante venue de —. Semer de la — de réséda, de melon, de salade. *Spécialt.* — de perroquet, semence du carthame tinctorial. — de canard, semence du millet et de l'alpiste. — joyeuse, semence du fenugrec. — perlée, semence du grémil des champs. Une plante qui monte en —, qu'on laisse grandir jusqu'à ce qu'elle porte sa graine. *Fig.* Une fille montée en —, arrivée à maturité sans se marier. Une fille qui... commençait à monter en —, ST-SIM. II, 91. — d'épinard, torsade imitant la graine d'épinard. Épaulettes à — d'épinard, qui marquent un grade supérieur dans l'armée. Une mauvaise —, enfant qui ne promet rien de bon. || *P. anal.* — de vers à soie, œufs qui servent à les reproduire.

|| **2°** Cette partie du fruit considérée comme servant de nourriture. Donner de la — aux oiseaux. *Fig.* C'est de la — de niais, c'est bon pour des niais.

¹GRAINER [grè-né]. *V.* grener.

¹GRAINETERIE, GRAINETIER. *V.* grèneterie, grènetier.

¹GRAINETTE [grè-nèt']. *V.* grenette.

1. GRAINIER, IÈRE [grè-nyé, -nyèr] *s. m.* et *f.*
[ÉTYM. Dérivé de graine, §§ 65 et 115. (*Cf.* grènetier **2.**) || 1680. Grainier, grénier, RICHEL. Admis ACAD. 1798.]
|| (Technol.) Celui, celle qui vend des graines à semer.

2. ¹GRAINIER [grè-nyé] *s. m.*
[ÉTYM. Dérivé de graine, §§ 65 et 115. || 1789. ENCYCL. MÉTH.]
|| (Botan.) Collection de graines classées méthodiquement.

¹GRAINOIR [grè-nwàr]. *V.* grenoir.

GRAISSAGE [grè-sàj'] *s. m.*
[ÉTYM. Dérivé de graisser, § 78. || XVIᵉ s. Un bon graissage, J. LE CLERQ, dans GODEF. *Compl.* Admis ACAD. 1798.]
|| (Technol.) || **1°** Action de graisser. Le — des roues.
|| **2°** Action de tourner en graisse. Le — du sucre, du vin.

GRAISSE [grès'] *s. f.*
[ÉTYM. Du lat. pop. ¹crạssia, m. s. (dérivé de crassus, gras, § 68), devenu craisse, graisse, §§ 356 et 291. || XIIᵉ s. Par lur craisse (var. greisse) enclostrent, *Psaut. de Cambridge*, XVI, 10.]

|| **1°** Substance onctueuse, répandue dans le tissu cellulaire du corps de l'homme et des animaux. || *Spécialt.* Cette substance devenue abondante. Prendre de la —. Être noyé dans la —, envahi par la graisse. Monseigneur, tout noyé qu'il fût dans la — et dans l'apathie..., ST-SIM. II, 392. *P. plaisant.* La — ne l'étouffe pas, il, elle est très maigre. || Vivre de sa —, de sa propre substance (en parlant des animaux engourdis pendant l'hiver).

|| **2°** Cette substance enlevée du corps des animaux, et employée en cuisine, en industrie, etc. De la — de porc. (*V.* saindoux.) De la — d'oie. Se servir de — fondue pour la friture. Étoiles de —, points graisseux, dits aussi yeux, à la surface du bouillon. Une tache de —. Il y a de la — (des taches de graisse) sur son habit.

|| **3°** *P. anal.* | **1.** (T. biblique.) La — de la terre, les biens qu'elle produit. | **2.** La — du vin, altération qui le rend huileux. | **3.** — de bitume, le bitume purifié.

GRAISSER [grè-sé] *v. tr.* et *intr.*
[ÉTYM. Dérivé de graisse, § 154. || 1539. R. EST.]
I. *V. tr.* || **1°** Oindre de graisse. — un essieu. — les chaussures, pour qu'elles soient souples. || *Fig.* — ses bottes, se préparer à partir. — la patte à qqn, lui mettre de l'argent dans la main pour le corrompre. Ne vous laissez pas — la patte, au moins, MOL. *Éc. des m.* III, 4. — le marteau, gagner le portier avec de l'argent. On n'entrait point chez nous sans — le marteau, RAC. *Plaid.* I, 1.
|| **2°** Tacher de graisse. — ses vêtements.
II. *V. intr.* Tourner en graisse, devenir huileux. Du vin qui graisse.

¹GRAISSET [grè-sè] *s. m.*
[ÉTYM. Origine inconnue. || XVIᵉ s. Gresset, RONS. I, 358, Blanchemain.]
|| Rainette commune, dite grenouille d'arbre.

¹GRAISSEUR [grè-seûr] *s. m.*
[ÉTYM. Dérivé de graisser, § 112. || XVIᵉ s. Gresseur de bottes, RAB. II, 30.]
|| (Technol.) Celui qui graisse. *Spécialt.* Ouvrier qui graisse les essieux, les organes des machines. || *Adjectivt.* Palier —, qui graisse automatiquement l'arbre qu'il supporte.

GRAISSEUX, EUSE [grè-seû, -seûz'] *adj.*
[ÉTYM. Dérivé de graisse, § 116. || XVIᵉ s. Substances graisseuses, L. JOUBERT, dans GODEF. *Compl.*]
|| **1°** Qui est de la nature de la graisse. Tissu —.
|| **2°** Taché de graisse. Un vêtement —.

¹GRAISSIN [grè-sin] *s. m.*
[ÉTYM. Dérivé de graisse, § 96. || 1611. COTGR.]
|| (Pêche.) Écume visqueuse sur la surface de l'eau, à l'endroit où les poissons fraient.

GRAMEN [grà-mèn'] *s. m.*
[ÉTYM. Emprunté du lat. gramen, m. s. || XIVᵉ s. Ceste herbe est en latin appellee gramen, J. CORBICHON, *Propr. des choses*, dans DELB. *Rec.* Admis ACAD. 1762.]
|| (T. scientif.) Herbe à gazon.

GRAMINÉES [grà-mi-né] *s. f. pl.*
[ÉTYM. Emprunté du lat. gramineus, de gramen. || 1732. TRÉV. Admis ACAD. 1762.]

‖ (Botan.) Famille de plantes monocotylédones ayant pour tige un chaume creux coupé de nœuds, à fleurs en épi.

GRAMMAIRE [gram'-mèr ; *vieilli*, gran-mèr] *s. f.*

[ÉTYM. Emprunté du lat. grammatica, grec γραμματική, *m. s.* de γράμμα, lettre, devenu *gramadie, *gramalye, *gramarye, gramaire*, §§ 389, 405 et 358, écrit avec deux m par réaction étymologique, § 502. (*Cf.* grimoire.) ‖ xiiᵉ s. Philippe de Taun En francise raisun Ad estrait Bestiaire, Un livre, de gramaire, PH. DE THAUN, *Best.* début.]

‖ **1°** Science des règles du langage. La —, du verbe et du nominatif… Nous enseigne les lois, MOL. *F. sav.* ii, 6. — de la langue française, et, *ellipt*, — française. — générale, science des règles communes à toutes les langues. — particulière, science des règles propres à chaque langue. — comparée, science qui étudie les rapports et les différences des différentes langues comparées entre elles. — historique, qui étudie l'histoire de la formation des règles. ‖ **2°** Livre où ces règles sont exposées. Une — latine, française. ‖ *P. anal.* Livre où sont exposées les règles d'un art, d'une science. La — du dessin.

GRAMMAIRIEN, *GRAMMAIRIENNE* [gram'-mèryin, -ryèn' ; *en vers*, -ri-…] *s. m. et f.*

[ÉTYM. Dérivé de grammaire, § 247. ‖ xiiiᵉ s. Bons livres anciens Les meillors aus grammairiens, H. D'ANDELI, *Bat. des set arts*, 95.]

‖ Celui, celle qui s'occupe de grammaire.

GRAMMATICAL, ALE [gram'-mà-ti-kàl] *adj.*

[ÉTYM. Emprunté du lat. grammaticalis, *m. s.* ‖ 1536. Questions grammaticales, G. CHRESTIAN, *Philalethes*, fᵒ 25, vᵒ.]

‖ **1°** Relatif à la grammaire. *Spéciall.* Analyse grammaticale, analyse des parties du discours. ‖ **2°** Conforme à la grammaire. Ce tour n'est pas —.

GRAMMATICALEMENT [gram'-mà-ti-kàl-man ; *en vers*, -kà-le-…] *adv.*

[ÉTYM. Composé de grammaticale et ment, § 724. ‖ 1529. On ne parloit ne escripvoit encores regulierement ne grammaticalement, G. TORY, DELB. *Rec.*]

‖ D'une manière grammaticale.

GRAMMATISTE [gram'-mà-tïst'] *s. m.*

[ÉTYM. Emprunté du lat. grammatista, grec γραμματιστής, *m. s.* ‖ 1575. Ce grammatiste Denys, D'ESPENCE, *Deux notables Traictez*, fᵒ 46, rᵒ. Admis ACAD. 1798.]

‖ **1°** (Antiq. grecque.) Celui qui enseignait à lire et à écrire. ‖ **2°** *P. ext.* Grammairien à idées étroites.

GRAMMATITE [gram'-mà-tït'] *s. f.*

[ÉTYM. Dérivé du grec γράμμα, ατος, lettre, confondu avec γραμμή, ligne, à cause d'une ligne transversale que présente la cassure des prismes de cette pierre, § 282. ‖ 1801. HAUY, *Traité de minéral.* iii, 227.]

‖ (Minéral.) Amphibole dépourvue de fer et d'alumine.

GRAMME [gram'] *s. m.*

[ÉTYM. Emprunté du lat. gramma, grec γράμμα, « lettre », et « poids d'un scrupule ». ‖ 1790. ENCYCL. MÉTH. *Antiq.* ACAD. 1798, suppl.]

‖ **1°** (Antiq.) Vingt-quatrième partie de l'once. ‖ **2°** Unité de poids du système métrique, poids d'un centimètre cube d'eau distillée, au maximum de densité.

GRAND, ANDE [gran, grand' ; le *d* final se lie avec la valeur de *t*] *adj.*

[ÉTYM. Du lat. grandem, *m. s.* devenu grant, §§ 291 et 412, écrit plus récemment grand par réaction étymologique, § 502. A l'origine, grand est des deux genres, comme le lat. grandem ; la forme grande, formée par analogie, apparaît dès le xiᵉ s. (*Roland*, 302) et a supplanté la forme traditionnelle, maintenue seulement dans certaines expressions (grand faim, grand peine, grand peur, grand merci, grand chose, etc.) et dans quelques mots composés (grand-bande, grand-mère, etc.). ACAD., suivant un fâcheux usage, écrit grand'chose, grand'mère, etc.]

I. ‖ **1°** Qui passe les dimensions ordinaires (particulièrement en hauteur ou en longueur). Un homme —. Dessiner un personnage plus — que nature. De grandes mains, de grands pieds, de grands yeux. *Loc. prov.* Avoir les yeux plus grands que le ventre, convoiter plus qu'on ne peut manger, boire, etc. *Loc. adv.* En —, en grande dimension. Reproduire en — un miniature. Un — arbre. Un — fleuve. Un — salon. Une grande ville. ‖ *P. anal.* Qui a atteint toute sa dimension. Petit poisson deviendra —, LA F. *Fab.* v, 3. Une grande fille, un — garçon. Les grandes personnes. *Famil.*

Dans un lycée, dans une pension. Les grands, les écoliers les plus âgés. ‖ *P. ext.* Les grandes eaux, la crue d'un fleuve. *P. anal.* Les grandes eaux de Versailles, tous les jets d'eau et les cascades qu'on fait jouer à la fois. La fenêtre est grande ouverte. Une grande heure. Deux grandes lieues. Marcher à grandes journées. Il fait — jour. Aller au — air. *Substantivt.* Le — de l'eau, le plus haut point où monte la marée.

‖ **2°** Qui passe la mesure ordinaire en quantité, en qualité. Un — nombre. Une grande fortune. Un — âge. De grands obstacles. *Loc. prov.* Petite pluie abat — vent, il faut souvent peu de chose pour calmer une grande effervescence. Aux grands maux les grands remèdes. Frapper à grands coups. Faire un — effort. Un — bruit. Un — silence. De grands talents. De grandes et de terribles leçons, BOSS. *R. d'Angl.* *Substantivt.* Aller du petit au —, commencer par de petites choses pour arriver à de plus grandes. *Loc. adv.* En —, dans de grandes proportions. On veut que l'univers ne soit en — que ce qu'une montre est en petit, FONTEN. *Plur. des mondes*, 1ʳᵉ soir. Faire les choses en —, travailler en —. *Spéciall.* (Marine.) Gouverner en —, mettre le cap en plein dans une direction. ‖ *P. anal.* Un — savant, un — artiste. Un — fou. Une grande coquette. *Spéciall.* (Théâtre.) Jouer les grandes coquettes, les rôles de jeune femme coquette.

II. ‖ **1°** Qui passe le niveau ordinaire, quant au rang, à la condition. Un — personnage. Une grande dame. Un — seigneur. Pour grands que soient les rois, ils sont ce que nous sommes, CORN. *Cid*, i, 3. Le — monde, la haute société. ‖ Terme honorifique. Le Grand Seigneur, le Grand Turc. Le Grand Mogol. Le —-duc, la grande-duchesse de Russie. *P. anal.* Un —-duché. — juge, — chambellan, — chancelier. Le — maître de l'université. Le — prêtre de Jupiter. — officier de la Légion d'honneur. Le — veneur. Le — écuyer, et, *ellipt*, M. le Grand. ‖ *Substantivt.* Personnage élevé en dignité. Ce seraient paroles exquises Si c'était un — qui parlât, MOL. *Amph.* ii, 1. De tout temps Les petits ont pâti des sottises des grands, ID. *ibid.* ii, 4. *Spéciall.* Un — d'Espagne, seigneur qui a le droit de rester couvert devant le roi. ‖ *Vieilli.* *Loc. adv.* A la grande, à la manière des grands. On ne peut voyager… ni plus agréablement ni plus à la grande, SÉV. 1172.

‖ **2°** Qui passe le niveau ordinaire quant aux mérites, aux qualités de l'esprit ou du cœur. Dieu seul est —, MASS. *Louis le Grand.* — Dieu ! Un — roi. Grande reine, est-ce ici votre place ? RAC. *Ath.* ii, 5. Un — capitaine, un — écrivain, un — peintre. Un — homme. ‖ Avec un nom propre. Le — Condé. Le — Corneille. Alexandre le Grand, Louis le Grand (Louis XIV). Saint Grégoire le Grand. ‖ *Spéciall.* Qui a de l'élévation morale. Les grandes âmes. Attale a le cœur —, CORN. *Nicom.* ii, 3. De grands sentiments. ‖ *Substantivt.* Le —, ce qui est élevé. La fausse gloire ne le tentait pas ; tout tendait au vrai et au —, BOSS. *Condé.*

GRANDAT [gran-dà] *s. m.*

[ÉTYM. Dérivé de grand, § 254. ‖ 1690. FURET. Admis ACAD. 1694 ; suppr. en 1718.]

‖ *Vieilli.* Dignité de grand d'Espagne. (*Syn.* grandesse.)

GRAND-BANDE [gran-band']. V. bande 2.

GRAND-CHAMBRE [gran-chànbr']. V. chambre.

GRAND-CROIX [gran-krwà]. V. croix.

GRAND-DUC [gran-dük'], **GRAND-DUCAL** [gran-dukàl], **GRANDE-DUCHESSE** [grand'-du-chès' ; *en vers*, gran-de-…]. V. duc, ducal, duchesse.

GRAND-DUCHÉ [gran-du-ché]. V. grand.

GRANDELET, ETTE [grand'-lè, -lèt' ; *en vers*, grande-…] *adj.*

[ÉTYM. Dérivé de grand, § 134. ‖ xivᵉ s. Si le brochet… est plus grandelet, *Ménagier*, ii, 174.]

‖ Qui commence à devenir grand. On devient grandelette, LA F. *Contes, Coupe enchantée.*

GRANDEMENT [grand'-man ; *en vers*, gran-de-…] *adv.*

[ÉTYM. Composé de grande et ment, § 724. A remplacé l'anc. forme grantment, gramment. ‖ xiiᵉ s. Puis ne demoura pas granment Qu'il tint concile, BENEEIT, *Ducs de Norm.* 7088. | xivᵉ s. Bien loin et grandement arriere, ORESME, *Éth.* dans LITTRÉ.]

‖ Au delà de la mesure ordinaire. Il s'est — trompé. Faire les choses —, au delà de l'exigé. Avoir — de quoi vivre, plus qu'il ne faut. Il est — temps.

GRANDESSE [gran-dès'] *s. f.*

[ÉTYM. Emprunté de l'espagn. grandeza, *m. s.* § 13. A

remplacé grandat. L'anc. franç. a aussi grandesse, au sens de « grandeur », dérivé de grand, § 124. || 1694. TH. CORN. grandat. Admis ACAD. 1694.]

|| Dignité de grand d'Espagne. La — qui lui est échue, ST-SIM. III, 100.

GRANDEUR [gran-deur] s. f.
[ÉTYM. Dérivé de grand, § 110. || XII° s. Ta poesté et ta grandurs, BENEEIT, Ducs de Norm. II, 2165.]

|| Caractère de ce qui est grand. La — de Goliath. La — d'un animal. Globes de feu d'une — inexprimable, LA BR. 16. Tel astre, qui ne nous paraît qu'un point dans le ciel, surpasse sans proportion toute la — de la terre, BOSS. Conn. de Dieu, III, 13. || (Astron.) Étoiles de première, de troisième —, ainsi dites proportionnellement à leur éclat. Se placer au-dessus des nues et des étoiles de la première —, BOURD. Ambition, 1. || P. ext. Dimension dans tel ou tel sens. Deux vases de la même —. Spécialt. Hauteur, stature. Deux tours de même —. Fig. Regarder qqn du haut de sa —, avec dédain. || Absolt. (Mathém.) Quantité continue susceptible d'accroissement ou de décroissement. Euclide définit ainsi les grandeurs homogènes, PASC. Espr. géom. 1. || La — de sa fortune. La — du péché, de l'offense. || J'entends chanter de Dieu les grandeurs infinies, RAC. Ath. II, 7. On ne partage point la — souveraine, ID. Théb. I, 5. Ni l'or ni la — ne nous rendent heureux, LA F. Phil. et Baucis. Cette — périt, j'en veux une immortelle, CORN. Poly. IV, 3. || Considérations sur les causes de la — des Romains, MONTESQ. Rom. titre. Nul n'éleva si haut la — ottomane, RAC. Baj. II, 1. || — et sublimité de génie, BOSS. Condé. La — de l'homme est grande en ce qu'il se connaît misérable, PASC. Pens. I, 3. La — des idées. S'ils (mes vers) osent quelquefois prendre un air de grandeur, LA F. Fab. VIII, 4. || Spécialt. Élévation morale. — d'âme. || Spécialt. Titre honorifique. Proposez cet hymen vous-même à Sa Grandeur, CORN. Nicom. II, 4. Titre donné aux évêques depuis le XVII° siècle. Votre Grandeur.

GRAND-GARDE [gran-gàrd']. V. garde.

GRANDIOSE [gran-dyôz' ; en vers, -di-ôz'] adj.
[ÉTYM. Emprunté de l'ital. grandioso, m. s. || 1798. ENCYCL. MÉTH. Beaux-Arts. Admis ACAD. 1835.]

|| Qui a un caractère de grandeur imposant. Une œuvre —.

GRANDIR [gran-dîr] v. intr. et tr.
[ÉTYM. Dérivé de grand, § 154. || XIII° s. Adès aloit en grandissant, ADENET, Cléomadès, 17918.]

I. V. intr. Devenir plus grand. Cet enfant a grandi. Les blés grandissaent. || Fig. — en sagesse. Son mérite a grandi.

II. V. tr. Rendre plus grand. Se hausser pour se —. L'imagination grandit les choses. || Fig. Rendre plus élevé (moralement). Les épreuves l'ont grandi.

'GRANDIROSTRES [gran-di-ròstr'] s. m. pl.
[ÉTYM. Composé avec le lat. grandis, grand, et rostrum, bec, § 271. || Néolog.]

|| (Hist. nat.) Famille d'oiseaux grimpeurs, à long bec.

GRANDISSIME [gran-dîs'-sim'] adj.
[ÉTYM. Emprunté de l'ital. grandissimo, superlatif de grande, grand, § 12. L'anc. franç. emploie qqf grandisme et même grandissime au même sens, d'après le lat. grandissimus. || 1530. DAIGUE, Propr. des tortues, Au lecteur. Admis ACAD. 1762.]

|| Très grand. En — doute, POUSSIN, Lett. janv. 1638.

'GRAND-MAMAN [gran-mà-man]. V. maman.

GRAND-MÈRE [gran-mèr]. V. mère.

GRAND-MESSE [gran-mês']. V. messe.

GRAND-ONCLE [gran-tônkl']. V. oncle.

GRAND-PÈRE [gran-pèr]. V. père.

GRAND-RUE [gran-ru]. V. rue.

GRAND-TANTE [gran-tänt']. V. tante.

GRANGE [gränj'] s. f.
[ÉTYM. Du lat. pop. grania, m. s. dérivé de granum, grain, §§ 67, 356 et 291. On trouve concurremment en anc. franç. granche et grange, ce qui semble indiquer l'existence en lat. pop. de *granica (V. § 77) à côté de *grania. || XII° s. Borc ne vile, maison ne grange, BENEEIT, Ducs de Norm. dans DELB. Rec.]

|| Lieu où on serre les gerbes, où on bat le blé. Battre en —.

GRANIT [grà-nïl' ; selon qqns, grà-ni] s. m.
[ÉTYM. Emprunté de l'ital. granito, m. s. proprt, « à grains », § 12. || 1690. FURET. Admis ACAD. 1762.]

|| (Géologie.) Roche ignée, de feldspath, de mica, de quartz, réunis en masse compacte. (Cf. gneiss.) || P. appos. Fig. Papier de tenture —, à grains imitant le granit.

GRANITELLE [grà-ni-tèl] s. m.
[ÉTYM. Emprunté de l'ital. granitello, m. s. diminutif de granito, granit, § 12. || 1732. TRÉV. Admis ACAD. 1762 et considéré à tort comme adj.]

|| (Technol.) Variété de granit à petit grain.

'GRANITER [grà-ni-té] v. tr.
[ÉTYM. Dérivé de granit, § 154. || Néolog.]

|| (Technol.) Moucheter de manière à imiter le granit.

'GRANITIER [grà-ni-tyé] s. m.
[ÉTYM. Dérivé de granit, § 115. || Néolog.]

|| (Technol.) Ouvrier qui travaille le granit.

GRANITIQUE [grà-ni-tïk'] adj.
[ÉTYM. Dérivé de granit, § 229. || XVIII° s. BUFF. Aimant. Admis ACAD. 1835.]

|| (Géologie.) Qui est de la nature du granit. Terrain —.

GRANIVORE [grà-ni-vòr] adj.
[ÉTYM. Composé avec le lat. granum, grain, et vorare, dévorer, § 273. || XVIII° s. BUFF. Nat. des oiseaux. Admis ACAD. 1878.]

|| (T. didact.) Qui se nourrit de grains. Les oiseaux granivores, et, substantivt, Les granivores.

GRANULAIRE [grà-nu-lér'] adj.
[ÉTYM. Dérivé du lat. granulum, petit grain, § 248. || Néolog. Admis ACAD. 1878.]

|| (T. didact.) Qui est en petits grains. (Cf. granuleux.)

GRANULATION [grà-nu-là-syon ; en vers, -si-on] s. f.
[ÉTYM. Dérivé de granuler, § 247. || 1690. FURET. Admis ACAD. 1762.]

|| (T. didact.) || 1° Agglomération en petits grains.
|| 2° P. anal. | 1. Saillies des follicules hypertrophiés du pharynx et du larynx. — de la gorge. | 2. Petites tumeurs à la surface des membranes séreuses irritées.

GRANULE [grà-nul] s. m.
[ÉTYM. Emprunté du lat. granulum, m. s. || Néolog. Admis ACAD. 1878.]

|| (T. didact.) Petit grain. Spécialt. | 1. (Botan.) Corps reproducteur (chez les cryptogames). | 2. (Pharm.) Pilule extrêmement petite. Granules homéopathiques.

GRANULER [grà-nu-lé] v. tr.
[ÉTYM. Dérivé du lat. granulum, petit grain, § 266. || 1611. COTGR. Admis ACAD. 1762.]

|| (Technol.) Réduire en granules. | 1. En divisant. — du plomb. | 2. En agglomérant. — la poudre de guerre.

GRANULEUX, EUSE [grà-nu-leû, -leûz'] adj.
[ÉTYM. Dérivé du lat. granulum, petit grain, § 251. || XVI° s. Tubercules granuleux, PARÉ, XXII, 10. Admis ACAD. 1835.]

|| 1° (T. didact.) Qui présente de petits grains. (Cf. granulaire.)
|| 2° (Médec.) Qui produit des granulations.

'GRAPELLE. V. grappelle.

'GRAPHIE [grà-fi] s. f.
[ÉTYM. Dérivé du grec γράφειν, écrire, décrire, § 282. || Admis ACAD. 1762 ; suppr. en 1835.]

|| (T. didact.) Description, représentation graphique.

GRAPHIQUE [grà-fïk'] adj.
[ÉTYM. Emprunté du grec γραφικός, de γράφειν, dessiner, écrire. || Admis ACAD. 1762.]

|| (T. didact.) || 1° Qui trace au moyen du dessin. Représentation — d'un plan. L'art —, et, substantivt, | 1. Le —, l'art du dessin appliqué aux sciences. | 2. La —, le dessin. || P. ext. Procédés graphiques, système de tracés pour représenter des plans, des coupes de machines, etc. Un dessin —, et, substantivt, Un —, tracé d'une coupe, d'un plan, etc. Spécialt. Tracé décrit par un appareil enregistreur.
|| 2° Néolog. Qui a rapport à la représentation des sons par l'écriture. Signes, caractères graphiques.

GRAPHIQUEMENT [grà-fïk'-man ; en vers, -fi-ke-...] adv.
[ÉTYM. Composé de graphique et ment, § 724. || Admis ACAD. 1762.]

|| (T. didact.) Par procédés graphiques.

GRAPHITE [grà-fït'] s. m.
[ÉTYM. Dérivé du grec γράφειν, dessiner, écrire, § 282. (Cf. graffite.) || 1801. HAUY, Traité de minéral. IV, 98. Admis ACAD. 1878.]

|| (Minéral.) Substance, dite aussi mine de plomb, plombagine, dont on fait des crayons.

***GRAPHOLOGIE** [grà-fò-lò-gi] *s. f.*
[ÉTYM. Composé avec le grec γράφειν, écrire, et λόγος, discours, § 275. || Mot dû à l'abbé MICHON (1868).]
|| (T. didact.) Étude du caractère des gens d'après leur écriture.

GRAPHOMÈTRE [grà-fò-mêtr'] *s. m.*
[ÉTYM. Composé avec le grec γραφή, ligne, et μέτρον, mesure, § 279. || 1597. Declaration de l'usage du graphometre, PH. DANFRIE, titre. Admis ACAD. 1762.]
|| (Technol.) Demi-cercle à pinnules et alidade, pour mesurer les angles dans l'arpentage, le lever des plans.

***GRAPIGNAN** [grà-pi-ñan] *s. m.*
[ÉTYM. Nom propre (tiré plaisamment du radical de grappin, grappiller) d'un procureur mis à la scène dans *la Matrone d'Éphèse* (1682), comédie du répertoire des Italiens, § 36. || 1683. Les procureurs ne passent aujourd'hui que pour des Grapignans, *Arlequin Prothée*.]
|| *P. plaisant. Vieilli.* Procureur. Insigne — ou fripon, c'est tout un, PH. POISSON, *Proc. arb.* sc. 1.

GRAPIN. *V.* grappin.

1. GRAPPE [gràp'] *s. f.*
[ÉTYM. Paraît d'origine german. §§ 6, 498 et 499. *Cf.* l'allem. moderne krapf, anc. haut allem. chrapfo, crochet. Le mot a été emprunté avant le changement de pp en pf dans les langues germaniques. Le picard et le champenois ont conservé la gutturale forte et disent crappe. || XIIᵉ s. La u la grape vait, PH. DE THAUN, *Best.* p. 105.]
I. (Technol.) Crochet, crampon. || *Spécialt.* Crampon soudé aux fers d'un cheval pour l'empêcher de glisser.
II. *P. anal.* || **1°** Assemblage de fleurs, de fruits étagés sur un pédoncule commun. Grappes de glycine, de raisin. || Vin de —, qui sort de la grappe non foulée. Mordre à la —, à même, sans détacher les grains, et, *fig.* accepter en bloc tout ce qu'on propose.
|| **2°** Ce qui est en forme de grappe. — marine, variété d'algue. Glandes en —. (Art vétérin.) Grappes, excroissances autour du paturon chez le cheval, le mulet. (*Cf.* râpes.) || Grappes d'œufs (d'oiseau, de seiche, etc.). || Sachet de balles, pour tirer à mitraille.

2. *GRAPPE [gràp'] *s. f.*
[ÉTYM. Emprunté du holland. krap, garance, § 10. || 1784. ENCYCL. MÉTH. *Arts et manuf.*]
|| (Technol.) Racine de garance réduite en poudre, dite — de Hollande, et, *p. appos.* Garance —.

***GRAPPELLE** [grà-pèl] *s. f.*
[ÉTYM. Dérivé de grappe, crampon, § 126. || XVIᵉ s. Petite bardane ou grappelle, DU PINET, *Dioscoride*, dans DELB. *Rec.*]
|| *Dialect.* Nom vulgaire du grateron, de la lampourde, etc., plantes qui s'accrochent.

GRAPPILLAGE [grà-pi-yàj'] *s. m.*
[ÉTYM. Dérivé de grappiller, § 78. || 1537. De ceste vendange prens ce grappillage, DE LA GRISE, *Lett. de Marc-Aurèle*, dans DELB. *Rec.* Admis ACAD. 1878.]
|| Action de grappiller. *P. anal.* (Technol.) Exploitation d'une mine (de plomb) en recueillant seulement le minerai qui vient à la surface.

GRAPPILLER [grà-pi-yé] *v. intr. et tr.*
[ÉTYM. Dérivé de grappe, § 161. || 1564. J. THIERRY, *Dict. franç.-lat.*]
|| **1°** *V. intr.* Cueillir les grappillons laissés par les vendangeurs. || *Fig.* Faire de petits profits sur ce dont on a la gestion. L'aînée se mêlait tant qu'elle pouvait de la dépense, grappillait dessus, ST-SIM. II, 293.
|| **2°** *V. tr.* Prendre en grappillant. L'argent qu'il a grappillé. *Fig.* Grappillant les endroits plaisants, SÉV. 1245.

GRAPPILLEUR, EUSE [grà-pi-yeùr, -yeûz'] *s. m. et f.*
[ÉTYM. Dérivé de grappiller, § 112. || 1611. COTGR.]
|| Celui, celle qui grappille.

GRAPPILLON [grà-pi-yon] *s. m.*
[ÉTYM. Dérivé de grappe, § 207. || 1611. COTGR.]
|| Partie de grappe ou petite grappe. Un — de raisin.

GRAPPIN ou **GRAPIN** [grà-pin] *s. m.*
[ÉTYM. Paraît emprunté du provenç. moderne grapin ou grapil, *m. s.* dont le radical est le même que celui de grappe, § 12. COTGR. donne concurremment grappil et grappin. || 1382. Grappins a quatre amares, dans DELB. *Rec.*]
|| **1°** (Marine.) Crochet d'abordage. Jeter, mettre le — sur un bâtiment. || *Fig.* Mettre le — sur qqn, l'accaparer.
|| **2°** (Marine.) Ancre de chaloupe à plusieurs pointes recourbées. Nœud de —. Mouiller le —.

|| **3°** (Technol.) Instrument pour séparer, dans le pressoir, le grain de raisin de la rafle. || Instrument pour enlever les impuretés du verre en fusion. || Fer recourbé du ramoneur pour racler la suie. || Crochet qu'on fixe aux pieds pour monter sur les arbres.

***GRAPPINER** [grà-pi-né] *v. tr.*
[ÉTYM. Dérivé de grappin, § 154. L'anc. franç. a grapiner (tiré directement de grappe) au sens de grappiller. || 1722. DE BACQUEVILLE DE LA POTRERIE, *Hist. de l'Amérique sept.* I, 70.]
|| **1°** (Marine.) Saisir (un vaisseau) avec le grappin.
|| **2°** (Technol.) Oter les bavures du verre en fusion.

***GRAPPINEUR** [grà-pi-neùr] *s. m.*
[ÉTYM. Dérivé de grappiner, § 112. || 1765. ENCYCL. verrerie.]
|| (Technol.) Ouvrier qui grappine le verre en fusion.

***GRAPPU, UE** [grà-pu] *adj.*
[ÉTYM. Dérivé de grappe, § 118. || XVIᵉ s. Grappu comme un raisin, DU PINET, *Dioscoride*, I, 108, édit. 1605.]
|| (Agricult.) Chargé de grappes. Vigne grappue.

GRAS, ASSE [grà, grâs'] *adj.*
[ÉTYM. Du lat. crassum, *m. s.* devenu cras, § 291, puis gras, sous l'influence de gros, § 509. Beaucoup de patois conservent la forme cras, quoique le lat. pop. ait de bonne heure dit grassum pour crassum.]
|| **I.** || **1°** Qui renferme de la graisse. Les parties grasses du corps de l'homme, des animaux. Les corps —. || *Spécialt.* Aliments —, la viande et ce qui est accommodé avec du jus de viande ou de la graisse. Choux —, accommodés à la graisse. *Fig. Famil.* Faire ses choux — de qqch, s'en accommoder volontiers. Régime —, composé d'aliments gras. Soupe grasse, bouillon —, fait avec de la viande. L'usage des aliments — est interdit par l'Église à certains jours. Eaux grasses, eaux de vaisselle qui contiennent des restes de graisse, de jus. || *Substantivt.* Le —. | **1.** La partie grasse de la viande. Le — et le maigre de la viande. | **2.** Les aliments gras. Préférer le — au maigre. *Adverbt.* Manger —. Faire —. | **3.** Manière d'accommoder les aliments avec du jus de viande, de la graisse. Du riz au —. || *P. ext.* Jours —, où il est permis de faire gras. *Spécialt.* Les jours —, qui précèdent immédiatement le carême. Samedi, dimanche, lundi, mardi —. Une cause grasse (dite autrefois cause de carême-prenant), réservée pour les jours gras, et, *p. ext.* cause graveleuse.
|| **2°** *P. ext.* Qui a de la graisse en abondance. Un homme —, une femme grasse. Être — à lard. *P. plaisant.* — comme un moine, comme un chanoine. Il devint gros et —, LA F. *Fab.* VII, 3. Un chapon —. Un bœuf —. *Spécialt.* Le bœuf —, bœuf engraissé qui figurait dans le cortège du carnaval. || *Fig.* Tuer le veau — (par allusion à la parabole de l'Enfant prodigue), servir ce qu'on a de meilleur pour fêter le retour de qqn. || *Substantivt.* Tourner au —, commencer à prendre de la graisse. || — de cadavre, corps gras qui se forme par la décomposition des substances animales.
|| **3°** Oint de graisse. Avoir les cheveux —. Frotter avec un linge —. || Taché de graisse. Le col de son habit est —.
|| **II.** *P. anal.* || **1°** Qui a une consistance onctueuse. Fromage —, fait avec le lait non écrémé. Terre grasse, terre forte, tenace. Une boue grasse. *P. ext.* Le pavé est —, couvert d'une boue grasse. *Famil.* Il fait — à marcher. Vin —, devenu huileux. || *Substantivt.* Le —. | **1.** État d'altération du vin. Ce vin tourne au —. | **2.** Maladie des vers à soie, qui rend la chenille onctueuse et l'empêche de filer. || *P. ext.* Avoir la poitrine grasse, expectorer beaucoup de mucosités. Toux grasse, où l'on expectore beaucoup de mucosités. Avoir la langue grasse, le parler —, et, *adverbt.* Parler —, parler d'une manière pâteuse. *Spécialt.* Grasseyer. (*V.* ce mot.)
|| **2°** *P. ext.* Épais. Plantes grasses, à feuilles charnues. Pièce de bois grasse, épaisse. (*Cf.* amaigrir, démaigrir, délarder.) Bois —, dont le tissu est mou. Peinture, couleur grasse, en couches épaisses. || *Substantivt.* Le — de la jambe, la partie charnue, le mollet. || *Fig.* | **1.** Abondant. Lessive grasse, où il y a beaucoup d'alcali. Chaux grasse, qui foisonne. De grasses moissons, de — pâturages. Dormir la grasse matinée, fort avant dans la matinée. *Trivial. Adverbt.* Il y aura —, il y aura large profit. | **2.** Libre, grossier. Avoir le parler —, grasseyer. *Adverbt.* Parler —, dire des mots trop libres. Des contes —.

GRAS-DOUBLE [grà-doubl'] *s. m.*

[ÉTYM. Composé de gras et double, § 173. || 1611. COTGR. Admis ACAD. 1762.]

|| (Boucherie.) Membrane de l'estomac du bœuf. Un plat de —.

GRAS-FONDU [grá-fon-du] *adj.* et *s. m.*
[ÉTYM. Composé de gras et fondu, § 195. (*Cf.* l'anc. verbe se graisse-fondre, COTGR.) || 1664. Chevaux gras-fondus, SOLLEYSEL, *Parf. Mareschal*, p. 391. Admis ACAD. 1798.]
|| *Adj.* (Art vétérin.) Atteint de gras-fondure. || *Abusivt.* S. m. Gras-fondure. C'était un homme. . qui... précisément, comme un cheval, mourut de —, ST-SIM. VI, 165.

GRAS-FONDURE [grá-fon-dür] *s. f.*
[ÉTYM. Dérivé de gras-fondu, § 111. || 1664. SOLLEYSEL, *Parf. Mareschal*, p. 390. Admis ACAD. 1762.]
|| (Art vétérin.) Entérite du cheval qui produit l'amaigrissement. || *P. ext.* Embonpoint maladif.

GRASSEMENT [grás'-man ; *en vers*, grá-se-...] *adv.*
[ÉTYM. Composé de grasse et ment, § 724. || XIVᵉ s. Ils deussent avoir en plus grassement, BERSUIRE, fᵒ 22, dans LITTRÉ.]
|| *Famil.* D'une manière grasse, large. Vivre, payer —.

GRASSET, ETTE [grà-sè, -sĕt'] *adj.* et *s. m.* et *f.*
[ÉTYM. Dérivé de gras, § 133. || XIIᵉ s. Tant l'a trové plain et craset, *Partenopeus*, I, p. 44, Crapelet.]
I. *Adj. Famil.* Un peu gras.
II. || **1°** *S. m.* (Art vétérin.) Chez le cheval, le bœuf, partie molle qui entoure la rotule. || (Boucherie.) Chez le bœuf, maniement graisseux (dit aussi hampe) entre le bas du ventre et l'extrémité antérieure de la cuisse.
|| **2°** *S. f.* Grassette. Plante herbacée qui croit dans les terrains marécageux et qui contient un principe purgatif.

GRASSEYEMENT [grà-sèy'-man] *s. m.*
[ÉTYM. Dérivé de grasseyer, § 145. || 1701. FURET. Admis ACAD. 1718.]
|| Manière de prononcer de celui qui grasseye.

GRASSEYER [grà-sè-yé] *v. intr.*
[ÉTYM. Dérivé de gras, § 163. || 1530. Il grassie un petit, PALSGR. p. 612. Admis ACAD. 1718.]
|| Prononcer de la gorge la lettre r.

'GRASSEYEUR, EUSE [grà-sè-yœ̆r, -yeŭz'] *s. m.* et *f.*
[ÉTYM. Dérivé de grasseyer, § 112. || 1752. TRÉV.]
|| Celui, celle qui grasseye.

GRASSOUILLET, ETTE [grà-sou-yè, -yĕt'] *adj.*
[ÉTYM. Dérivé de gras, § 134. || 1680. RICHEL.]
|| *Famil.* Qui a un léger embonpoint.

'GRAT [grà] *s. m.*
[ÉTYM. Subst. verbal de gratter, § 52. || XVᵉ s. Au grat, la terre est degelée, *Dial. de Baillevent et Malepaie.*]
|| *Anciennt.* Endroit où les poules grattent et picorent.
|| *Fig. Vieilli.* Envoyer qqn au —, l'éconduire.

GRATERON [grăt'-ron ; *en vers*, grà-te-...] *s. m.*
[ÉTYM. Altération, par étymologie pop. (*V.* § 509), de gleteron. (*V.* ce mot et *cf.* glouteron.) || XVᵉ s. Spargula, c'est une herbe commune que l'on appelle ruelle en aucuns païs, en autres grateron, *Grant Herbier*, 452.]
|| Nom vulgaire de plusieurs plantes accrochantes.

'GRATICULE [grà-ti-kul] *s. f.*
[ÉTYM. Emprunté du lat. graticola, m. s. qui est le lat. craticula, « petit gril », § 12. On dit aussi craticule, sous l'influence du lat. || 1701. FURET. graticuler.]
|| (Technol.) Châssis préparé pour réduire un tableau.

GRATICULER [grà-ti-ku-lé] *v. tr.*
[ÉTYM. Emprunté de l'ital. graticolare, m. s. § 12. On dit aussi craticuler. || 1671. Craticuler, LE P. CHÉRUBIN, *Dioptr. ocul.* p. 238. Admis ACAD. 1798.]
|| (Technol.) Diviser (une peinture, un dessin) en carrés, et former un même nombre de carrés sur une toile, pour y reproduire l'original.

GRATIFICATION [grà-ti-fi-kà-syon ; *en vers*, -si-on] *s. f.*
[ÉTYM. Emprunté du lat. gratificatio, m. s. || 1362. Gratification a des compagnons qui l'aiderent, dans DELB. *Rec.*]
|| Argent donné à qqn, comme témoignage de satisfaction, en dehors de ce qui lui est dû pour son travail.

GRATIFIER [grà-ti-fyé ; *en vers*, -fi-é] *v. tr.*
[ÉTYM. Emprunté du lat. gratificare, m. s. || XVIᵉ s. Pour gratifier a sa tendre espousee, BON. DES PER. *Nouv.* 123.]
|| Enrichir d'une libéralité. *Fig.* Des titres d'honneur dont il vient de — quelques grands, LA BR. *Disc. à l'Acad.* || *Absolt.* Gens que le Ciel chérit et gratifie, LA F. *Fab.* IV, 5.

GRATIN [grà-tin] *s. m.*
[ÉTYM. Dérivé de gratter, § 96. || 1606. NICOT. Admis ACAD. 1718.]
|| **1°** Partie de certains mets qui s'attache et rissole sur les parois du vase en cuisant. Le — de la bouillie.
|| **2°** *P. anal.* Cuisson de certains mets recouverts de chapelure, qu'on fait rissoler. Sole *ou* —. || *P. ext.* Mets ainsi préparé. Un — de pommes de terre.

'GRATINER [grà-ti-né] *v. intr.*
[ÉTYM. Dérivé récent de gratin, §§ 64 et 154. || *Néolog.*]
|| **1°** Rissoler et s'attacher en cuisant sur les parois du vase. La bouillie a gratiné.
|| **2°** Faire rissoler. Une sole gratinée.

GRATIOLE [grà-syòl ; *en vers*, -si-òl] *s. f.*
[ÉTYM. Emprunté du lat. gratiola, diminutif de gratia, grâce ; la gratiole est appelée au moyen âge gratia Dei, grace-Dieu (*Grant Herbier*, 220). || XVIᵉ s. La graciolle, CL. DARIOT, dans DELB. *Rec.* Admis ACAD. 1762.]
|| (Botan.) Plante de marais de la famille des Scrofulariées, légèrement purgative, dite herbe à pauvre homme.

GRATIS [grà-tis'] *adv.*
[ÉTYM. Emprunté du lat. gratis, m. s. || XVᵉ s. La court... en auroit son gratis pour clore ses yeux, CHASTELL. *Chron.* III, 95, Buchon.]
|| Sans avoir rien à payer. (*Syn.* gratuitement.) La justice, dit-on, devait se rendre —, VOLT. *Lett. à Richel.* 25 janv. 1775. || *Ellipt.* Un spectacle —, où l'on entre sans payer. || *P. plaisant. Fig.* — est mort, plus d'amour sans payer, LA F. *Contes, A femme avare.* || *Vieilli. Substantivt.* | 1. Collation gratuite d'un bénéfice par le saint-siège. | 2. Enseignement gratuit dans les anciennes universités.

GRATITUDE [grà-ti-tud] *s. f.*
[ÉTYM. Emprunté du lat. gratitudo, m. s. || 1445. Pour reconnoissance et gratitude d'un si haut bien, dans GODEF. *Compl.*]
|| Sentiment affectueux pour celui dont on est l'obligé. (*Syn.* reconnaissance.) Ce n'était, après tout, que bonne intention, —, LA F. *Contes, F. du roi de Garbe.*

'GRATTAGE [grà-tăj'] *s. m.*
[ÉTYM. Dérivé de gratter, § 78. || 1788. Pratique générale du grattage, SALMON, *Art du potier d'étain*, p. 140.]
|| Action de gratter. Le — de la façade d'une maison.

'GRATTE [grăt'] *s. f.*
[ÉTYM. Subst. verbal de gratter, § 52. || 1786. ENCYCL. MÉTH.]
|| **1°** (Marine.) Plaque de fer triangulaire adaptée à un manche pour gratter (le pont d'un navire, la carène).
|| **2°** *Fig. Famil.* Ce que recueillent des ouvriers, des domestiques, en grappillant, en faisant de petits profits.

'GRATTEAU [grà-tó] *s. m.*
[ÉTYM. Dérivé de gratter, § 126. || 1752. TRÉV.]
|| (Technol.) Instrument d'acier du doreur, du fourbisseur, pour gratter les pièces avant de les dorer.

'GRATTE-BOESSE [grăt'-bwĕs' ; *en vers*, grà-te-...] *s. f.*
[ÉTYM. Composé de gratte (du verbe gratter) et boesse, forme dialectale de brosse, § 209. || XVIᵉ-XVIIᵉ s. Gratte-bosse pour gratte-boisser l'ouvrage, E. BINET, *Merv. de la nat.* p. 115.]
|| (Technol.) Espèce de pinceau fait avec des fils de laiton déliés, dont se sert le doreur, pour étendre l'amalgame d'or et de mercure, pour nettoyer une pièce, etc.

'GRATTE-BOESSER [grăt'-bwè-sé ; *en vers*, grà-te-...] *v. tr.*
[ÉTYM. Dérivé de gratte-boesse, § 154. || *V.* gratte-boesse.]
|| (Technol.) Frotter avec la gratte-boesse.

GRATTE-CUL [grăt'-ku ; *en vers*, grà-te-...] *s. m.*
[ÉTYM. Composé de gratte (du verbe gratter) et cul, § 209. || XVIᵉ s. La rose à la parfin devient un gratecu, RONS. I, 191, Blanchemain.]
I. Nom vulgaire du fruit de l'églantier (rosier sauvage), garni d'une bourre piquante. *Fig.* Ses beautés s'étaient tournées en —, ST-SIM. III, 346.
II. *Vieilli.* Nom vulgaire du muscle qui fait mouvoir le bras de haut en bas.

GRATTELEUX, EUSE [grăt'-leŭ, -leŭz' ; *en vers*, grà-te-...] *adj.*
[ÉTYM. Dérivé de grattelle, §§ 65 et 116. || XIIIᵉ s. Rongneux et grateleux, J. DE MEUNG, *Test.* 181.]
|| *Famil.* Qui a la grattelle.

GRATTELLE [grà-tèl] *s. f.*

[ÉTYM. Dérivé de gratter, § 126. || 1545. Rougnes blanches et autres gratelles, G. GUÉROULT, dans DELB. Rec.]

|| Famil. Gale légère.

'GRATTEMENT [grăt'-man ; en vers, grà-te-...] s. m.

[ÉTYM. Dérivé de gratter, § 145. || XVIᵉ s. Gratement d'oreilles, N. DU FAIL, dans GODEF. Compl.]

|| Rare. Action de gratter.

GRATTE-PAPIER [grăt'-pà-pyé ; en vers, grà-te-...] s. m.

[ÉTYM. Composé de gratte (du verbe gratter) et papier, § 209. || 1622. Une infinité de gratte-papiers, SOREL, Francion, p. 171. Admis ACAD. 1835.]

|| Famil. Expéditionnaire, copiste. (Cf. fesse-cahier.)

GRATTER [grà-té] v. tr.

[ÉTYM. Mot d'origine germanique, §§ 6, 498 et 499 ; cf. l'allem. moderne kratzen, m. s. qui remonte à une forme antérieure *kratton. (Cf. égratigner.) || XIIᵉ s. S'i grate tant qu'il s'i anserre, CHRÉTIEN DE TROYES, Cheval. au lion, 5612.]

|| Frotter en raclant la superficie. — la façade d'une maison (pour la nettoyer). — le métal, le décaper. — ce qui est écrit, l'effacer. (Agricult.) — la terre, labourer superficiellement. P. hyperb. Fig. J'aimerais mieux — la terre avec mes ongles, faire le travail le plus pénible. || — un endroit qui démange (avec ses ongles). Se — l'oreille, la tête (pour se donner une contenance). Je lui disais donc, en me grattant la tête, Que je voulais dormir, RAC. Plaid. I, 2. Fig. Famil. Il le gratte par où il se démange (il caresse ses faiblesses), MOL. B. gent. III, 4. — l'épaule à qqn, — qqn, le flatter. Ses contrôles perpétuels... ne sont rien que pour vous — et vous faire sa cour, MOL. Av. III, 1. || Loc. prov. Un âne gratte l'autre, deux ignorants se flattent l'un l'autre. Ces ânes, non contents de s'être ainsi grattés, LA F. Fab. XI, 5. Un cheval qui gratte la terre du pied (par impatience), et, absolt, fig. M. de Grignan... commence à — du pied (à montrer de l'ardeur), SÉV. 235. || Une poule qui gratte dans le fumier. || Famil. — de la guitare, pincer les cordes. || — à la porte, pour faire entendre qu'on désire entrer. Grattez du peigne à la porte De la chambre du roi, MOL. Remerc. au roi. || Famil. Il trouve à — sur tout, à grappiller. (Cf. gratte.)

'GRATTEUR, EUSE [grà-teúr, -teúz'] s. m. et f.

[ÉTYM. Dérivé de gratter, § 112. || XIIIᵉ s. Ne trovission un grateor, MONTAIGLON et RAYNAUD, Rec. de fabliaux, III, 375, var.]

|| Celui, celle qui gratte. Le — répondit, ST-SIM. II, 264. Des gratteurs de papier, A. BARBIER, dans Rev. des Deux Mondes, mai 1865, p. 499.

GRATTOIR [grà-twâr] s. m.

[ÉTYM. Dérivé de gratter, § 113. (Cf. gratteau.) || 1611. COTGR. Admis ACAD. 1762.]

|| Instrument qui sert à gratter. Spécialt. | 1. Canif à lame arrondie qui sert à gratter l'écriture. | 2. Grille pour gratter les chaussures au seuil d'une maison.

'GRATTOIRE [grà-twâr] s. f.

[ÉTYM. Dérivé de gratter, § 113. || XVIᵉ s. DU PINET, Dioscoride, dans GODEF.]

|| (Technol.) Outil de serrurier pour dresser, pour arrondir les anneaux des clefs et autres pièces de relief.

'GRATTURE [grà-tûr] s. f.

[ÉTYM. Dérivé de gratter, § 111. || XIIIᵉ s. Le letre est gratee et rescrite el lieu que la grature fu, BEAUMAN. XXXV, 9.]

|| (Technol.) Ce qui tombe d'une surface qu'on gratte.

GRATUIT, UITE [grà-lui, -lui't' ; beaucoup prononcent -lui't' au masc. comme au fém.] adj.

[ÉTYM. Emprunté du lat. gratuitus, m. s. || XVIᵉ s. Liberalité gratuite, AMYOT, OEuvr. mor. Mauv. honte, 9.]

|| Dont on jouit sans payer. École gratuite. L'enseignement — et obligatoire. Consultations gratuites. || P. ext. Donné bénévolement. Accorder des dons gratuits au roi pour les besoins de l'État, VOLT. S. de L. XIV, 25. Loc. adv. A titre —, sans avoir rien à payer. || Fig. Non motivé. Supposition, méchanceté gratuite.

GRATUITÉ [grà-tui-té] s. f.

[ÉTYM. Emprunté du lat. gratuitas, m. s. || XIVᵉ s. Chil ont gratuités et de debtes s'aquitent, GILLES LI MUISIS, dans DELB. Rec. Admis ACAD. 1762.]

|| Caractère de ce qui est gratuit. — de l'enseignement.

GRATUITEMENT [grà-lui't'-man ; en vers, -tui-te-...] adv.

[ÉTYM. Composé de gratuite et ment, § 724. || 1400. Servir gratuitement, dans DELB. Rec.]

|| D'une manière gratuite. Il a été élevé —. Un malade soigné —. || Fig. Sans motif. Supposer — le mal.

GRAVATIER [grà-và-lyé] s. m.

[ÉTYM. Dérivé de gravats, § 115. || Admis ACAD. 1762.]

|| (Technol.) Charretier qui enlève les gravats.

GRAVATIF, IVE [grà-và-tĭf', -tĭv'] adj.

[ÉTYM. Dérivé du lat. gravare, peser, § 257. || XIVᵉ s. Se la douleur est gravative, Trad. de B. de Gordon, dans GODEF. Admis ACAD. 1835.]

|| (Médec.) Qui produit un sentiment de pesanteur.

GRAVATS [grà-vá] et **GRAVOIS** [grà-vwá] s. m. pl.

[ÉTYM. Dérivé de grève, §§ 65, 121 et 131. (Cf. gravelle, gravier.) || XIIᵉ s. Fors issirent sor le gravoi, Melion, 447, dans Zeitschr. für roman. Philol. 1882, p. 100. ACAD. admet gravois en 1694, gravas en 1718 et gravats en 1798.]

|| (Technol.) || 1° Partie du plâtre qui reste quand on l'a tamisé. Battre les —, pour les écraser, et, fig. manger les restes.

|| 2° P. anal. Plâtras, pierres provenant de démolitions.

GRAVE [gràv'] adj.

[ÉTYM. Emprunté du lat. gravis, m. s. (Cf. le doublet grief, de formation pop.) || XVᵉ s. De acu en grave, Fauconnerie d'Albert le Grand, dans DELB. Rec.]

I. Vieilli. Qui tend vers le centre de la terre, en vertu de la pesanteur. (Syn. pesant.) Les corps graves, et, ellipt, Les graves. Les lois de la chute des graves.

II. Fig. || 1° Qui a de l'importance. Un auteur —. Pour me servir des paroles fortes du plus — des historiens, BOSS. D. d'Orl. Une — autorité. Parmi plusieurs graves avertissements, BOSS. Justice, 2. Le cas est —. Une faute —. Une blessure —.

|| 2° Qui donne de l'importance aux choses. (Syn. sérieux.) Toujours — dans les affaires, BOSS. Le Tellier. Un — magistrat, PASC. Pens. III, 11. Parler d'un ton —. Garde-toi de rire en ce — sujet, BOIL. Lutr. 1. Substantivt. Le —, le genre grave. Passer du — au doux, du plaisant au sévère, BOIL. Art p. 1.

III. P. anal. || 1° (Musique.) Qui appartient aux degrés inférieurs de l'échelle musicale (par opposition à aigu). Un son —. Substantivt. Aller du — à l'aigu.

|| 2° (Gramm.) Accent — (tourné de gauche à droite), qui donne à la voyelle e un son ouvert (grève), ou sert à distinguer certains mots homonymes (la article et là adv.).

'GRAVELAGE [gràv'-làj' ; en vers, grà-ve-...] s. m.

[ÉTYM. Dérivé de graveler, § 78. || Néolog.]

|| (Technol.) Action de graveler.

GRAVELÉE [gràv'-lé ; en vers, grà-ve-lé] adj.

[ÉTYM. Dérivé de gravelle, §§ 65 et 118. On trouve anciennement clavelée, altération inexpliquée. || XIIIᵉ s. Cendre clavelée, E. BOILEAU, Livre des mest. II, 1, 21. | 1585. Cendres gravelees, Ordonn. dans LITTRÉ.]

|| (Technol.) Cendre —, et, substantivt, —, cendre provenant de la lie de vin brûlée, carbonate brut de potasse.

'GRAVELER [gràv'-lé ; en vers, grà-ve-lé] v. tr.

[ÉTYM. Dérivé de gravelle, §§ 65 et 154. || Néolog.]

|| (Technol.) Sabler. — une allée.

GRAVELEUX, EUSE [gràv'-leú, -leúz' ; en vers, grà-ve-...] adj.

[ÉTYM. Dérivé de gravelle, §§ 65 et 116. || XIVᵉ s. Noire pierre graveleuse, JEH. DE LE MOTE, Regret Guillaume, 1448.]

|| 1° Qui contient du gravier. Les (terres) argileuses et les graveleuses, FÉN. Exist. de Dieu, I, 2. || P. anal. Urine graveleuse, chargée de concrétions, et, p. ext. substantivt, Un —, une graveleuse, celui, celle dont l'urine est graveleuse. (V. gravelle.)

|| 2° Fig. Qui contient des choses licencieuses. Un conte —.

GRAVELLE [grà-vèl] s. f.

[ÉTYM. Dérivé de grève, §§ 65 et 126. || XIIᵉ s. Gravele de mer, Psaut. d'Oxf. LXXVII, 28.]

|| 1° Anciennt. Gravier.

|| 2° P. ext. Concrétion qui se forme dans les reins. || P. ext. Maladie où ces concrétions chargent l'urine.

|| 3° P. anal. Tartre, lie de vin desséchée, dite en certaines provinces vimpierre. (Cf. gravelée.)

GRAVELURE [gràv'-lûr ; en vers, grà-ve-...] s. f.

[ÉTYM. Dérivé de graveleux, § 111. || XVIIᵉ-XVIIIᵉ s. V. à l'article. Admis ACAD. 1718.]

|| Propos graveleux. Comédies pleines de gravelures et de gros sel, LES. Diable boit. 13.

GRAVEMENT [gràv'-man ; *en vers*, grà-ve-...] *adv.*
- [ÉTYM. Composé de *grave* et *ment*, § 724. || 1539. R. EST.]
|| D'une manière grave. (*Syn.* **sérieusement**.) Cydias...
débite — ses pensées quintessenciées, LA BR. 5. || Il est — compromis. Il a été — blessé.

GRAVER [grà-vé] *v. tr.*
[ÉTYM. Emprunté de l'anc. haut allem. *graban*, allem. moderne *graben*, *m. s.* §§ 6, 448 et 499. Signifie spécialement en anc. franç. « tracer une raie dans les cheveux ».
|| XIIᵉ s. Au mireour s'est gravee et pignie, *Bovon de Hanstone*, dans GODEF.]
I. Tracer sur une matière dure, au moyen d'un burin, d'un ciseau (une figure, une inscription, etc.). Il grava sur leur marbre Ce que je viens de raconter, LA F. *Fab.* XI, 8.
|| *Spécialt.* Tracer sur une planche de métal ou de bois une copie d'un tableau ou d'un dessin, de la musique, etc., pour la reproduire à un certain nombre d'exemplaires. Un portrait gravé au burin, à l'eau-forte. || *Absolt.* — en creux, en relief. — sur bois, sur cuivre. Une pierre gravée. *Fig.* Avoir la figure gravée (marquée) de petite vérole. || *P. anal.* Les fibres du cerveau sur lesquelles ces images doivent être gravées, MALEBR. *Rech. de la vérité*, II, I, 1.
II. *Fig.* || **1°** Rendre manifeste dans qqch l'idée d'une personne, d'une chose. La nature ayant gravé son image et celle de son auteur dans toutes choses, PASC. *Pens.* I, 1. Ses rides sur son front ont gravé ses exploits, CORN. *Cid*, I, 1.
|| **2°** Rendre qqch durable dans l'esprit, dans le cœur. Les traits dont l'amour l'a gravé dans votre âme, RAC. *Iph.* II, 5. Ces paroles se gravaient dans son cœur, FÉN. *Tél.* 22. Elles portent toutes dans leur cœur un certain caractère de vertu qui y est gravé, MONTESQ. *Lett. pers.* 26.

GRAVEUR [grà-vœr] *s. m.*
[ÉTYM. Dérivé de *graver*, § 112. || XIVᵉ s. Contrefaicteresse De faux signetz et graveresse, G. DE DIGULLEVILLE, *Pèlcrinage*, dans GODEF. graveresse. Geuffroy,... graveur de seaulx, dans DELB. *Rec.*]
|| Celui dont la profession est de graver. — sur métaux, sur bois.

GRAVIER [grà-vyé] *s. m.*
[ÉTYM. Dérivé de *grève*, §§ 65 et 115. (*Cf.* gravats.) || XIIᵉ s. Les feus alument el gravier, *Énéas*, 289.]
|| Sable à gros grains qui provient de la désagrégation des roches pierreuses. *Spécialt.* Gros sable que l'on étale dans les allées d'un jardin. Les graviers en marchant me restaient au talon, MUSSET, *Dupont et Durand.* || *P. anal.* Concrétion qui se forme dans les reins. Ce petit — s'étant mis là, il est mort, PASC. *Pens.* III, 7.

'GRAVIÈRE [grà-vyèr] *s. f.*
[ÉTYM. Dérivé de *gravier*, § 115. || *Néolog.*]
|| (Technol.) Lieu d'où l'on extrait le gravier.

'GRAVIMÈTRE [grà-vi-mêtr'] *s. m.*
[ÉTYM. Composé avec le lat. *gravis*, lourd, et le grec μέτρον, mesure, § 284. || Mot dû à G. DE MORVEAU : Je propose donc de lui donner le nom de gravimètre, *Annales de chimie* (1797), XXI, 7.]
|| (Physique.) Aréomètre dont on modifie le poids à volonté en y ajoutant un lest dit plongeur.

GRAVIR [grà-vîr] *v. intr. et tr.*
[ÉTYM. Origine inconnue : le rapprochement avec le radical lat. *grad* qui se trouve dans *grade*, *degré*, etc. et dans l'ital. *gradire* n'est pas satisfaisant. || XIIIᵉ s. Escoirious Qui par ces arbres gravissoient, G. DE LORRIS, *Rose*, 1384.]
|| S'élever avec effort sur une pente escarpée. | **1.** *Vieilli.* *V. intr.* — jusqu'au sommet du rocher. On gravit sur les monts, CORN. *Imit.* III, 3. | **2.** *V. tr.* — une montagne. *Fig.* — rapidement les grades inférieurs.

'GRAVITANT, ANTE [grà-vi-tan, -tänt'] *adj.*
[ÉTYM. Adj. particip. de *graviter*, § 47. || XVIIIᵉ s. *V.* à l'article.]
|| (T. didact.) Qui gravite. Il n'y a dans toutes les planètes aucune partie moins gravitante qu'une autre, VOLT. *Philos. de Newton*, III, 7.

GRAVITATION [grà-vi-tà-syon ; *en vers*, -si-on] *s. f.*
[ÉTYM. Emprunté du lat. scientif. *gravitatio* (NEWTON), *m. s.* dérivé du lat. *gravitas*, gravité. || 1722. *Journal des sav.* p. 465. Admis ACAD. 1762.]
|| (T. didact.) Force par laquelle les molécules s'attirent en raison de leur masse. (*Syn.* attraction.) Les lois de la —.

GRAVITÉ [grà-vi-té] *s. f.*
[ÉTYM. Emprunté du lat. *gravitas*, *m. s.* Le sens **I**, qui est le sens propre, a été repris du lat. classique à une époque relativement récente. || XIIᵉ-XIIIᵉ s. Nos savons de quelle veriteit et de quelle graviteit il est, *Dial. Gregoire*, p. 269.]
I. Tendance des corps vers le centre de la terre. Centre de —, point par lequel passe la résultante des poids des molécules qui composent un corps, quelle que soit sa position. Avoir, du point fixe, écarté Ce que nous appelons centre de — ? MOL. *F. sav.* III, 2.
II. *Fig.* || **1°** Caractère de ce qui a de l'importance. La — des circonstances. Sa maladie a de la —.
|| **2°** Manière d'être de celui qui attache aux choses de l'importance. Je parle de la perte de la — de notre sénateur, PASC. *Pens.* III, 3. || *P. ext.* Maintien sérieux. Des familles où, de père en fils, personne n'a ri : cette — des Asiatiques..., MONTESQ. *Lett. pers.* 34. Garder, perdre sa —. La — est un mystère du corps, LA ROCHEF. 257. || *P. ext.* La — du maintien, du langage, du style.

GRAVITER [grà-vi-té] *v. intr.*
[ÉTYM. Emprunté du lat. scientif. *gravitare* (NEWTON), *m. s.* dérivé du lat. *gravitas*, gravité. || XVIIIᵉ s. *V.* à l'article. Admis ACAD. 1762.]
|| (T. didact.) Obéir à la gravitation. Celui qui fait — des corps innombrables les uns vers les autres, VOLT. *Oreilles*, 4. || *P. ext.* La terre gravite autour du soleil. || *Fig.* Le monarque est le centre autour duquel gravitent tous les courtisans.

'GRAVOIR [grà-vwàr] *s. m.*
[ÉTYM. Dérivé de *graver*, § 113. Le fém. gravoire est plus fréquent en anc. franç. que le masc. || XVᵉ s. Deus gravoirs d'ivoire, dans GODEF. *Compl.*]
|| (Technol.) Instrument à graver. || *Spécialt.* | **1.** Instrument avec lequel le lunetier trace la rainure de la châsse des lunettes. | **2.** Instrument avec lequel le cirier trace les filets des cierges. | **3.** Instrument avec lequel le charron fend les cercles de fer. | **4.** Marteau avec lequel le maréchal ferrant marque différentes pièces.

GRAVOIS. *V.* gravats.

GRAVURE [grà-vür] *s. f.*
[ÉTYM. Dérivé de *graver*, § 111. || XIIᵉ s. Sor la graveure ai un quarrel assis, *Girbert de Metz*, 542, Stengel.]
|| **1°** Sillon fait en gravant. || *Spécialt.* | **1.** (Architect.) Sculpture peu profonde. | **2.** (Technol.) Raie pratiquée autour de la semelle d'un soulier pour y cacher le point. *P. anal.* Écusson d'une vache. (*V.* écusson.)
|| **2°** Action de graver. Soigner la — d'une planche. La — d'une inscription. || *Absolt.* Art de graver. La — sur bois, sur acier, au burin, en taille-douce. L'invention de la —, qui a rendu les cartes géographiques si communes, MONTESQ. *Rom.* 21. || *P. ext.* Estampe tirée sur une planche gravée. Une collection de gravures. Une — avant la lettre.

GRÉ [gré] *s. m.*
[ÉTYM. Du lat. *gratum*, proprt, « chose agréable », devenu gret, §§ 295 et 291, gré, § 402. || XIᵉ s. Un fil lor donet, si l'en sourent bon gret, *St Alexis*, 28.]
|| **1°** Satisfaction qu'on trouve dans qqn ou qqch. Prendre, avoir qqch en —. Trouver une personne à son —. Un lion... Rencontra bergère à son —, LA F. *Fab.* IV, 1. Se marier contre le — de ses parents. Le sang, à votre —, coule trop lentement, RAC. *Ath.* II, 5. || *P. ext.* Trouver une femme au — de mon désir, MOL. *Éc. des m.* II, 7. Au — de mon amour, RAC. *Iph.* III, 3. *Fig.* Ses crins flottaient au — du vent, FÉN. *Tél.* 17. Au — de la fortune, et de l'onde, et du vent, CORN. *Pomp.* II, 2.
|| **2°** Satisfaction avec laquelle qqn se porte à faire qqch. Faire qqch de plein —. Faire qqch de — ou de force. Bon mal —, de bon ou de mauvais vouloir. (*Cf.* malgré.) Bon mal —, il faut fermer l'œil, BOSS. *Conn. de Dieu*, V, 3. De — à —, par un arrangement qui satisfait les deux parties.
|| **3°** *Vieilli.* Satisfaction que qqn témoigne à celui qui a fait qqch pour lui. Cette suite de travaux Pour récompense avait... Force coups, peu de —, LA F. *Fab.* X, 1. Le — des soins qu'ils se rendaient, ID. *Phil. et Baucis.* Savoir — à qqn de qqch. Le — que lui sut le prince d'avoir été si soigneux, BOSS. *Condé.* La belle se sut — de tous ces sentiments, LA F. *Fab.* VII, 5. Savoir bon, mauvais — à qqn, reconnaître qu'on lui doit d'être, de ne pas être satisfait. Je ne vous sais pas mauvais — de m'avoir abusée, MOL. *Princ. d'Él.* V, 2.

'GRÉAGE [gré-àj'] *s. m.*
[ÉTYM. Dérivé de *gréer*, § 78. || *Néolog.*]
|| (Marine.) Action de gréer (un navire). (*Cf.* grément.)

GRÈBE [grèb] *s. m.*
[ÉTYM. Emprunté du patois savoyard grebe ou griaibo, *m.*

s. d'origine inconnue, § 11. L'allemand grebe paraît venir du français. Le vrai genre est le féminin (J.-J. ROUSS.); mais l'usage actuel est pour le masc. § 553. || XVIᵉ s. En Savoye elle est nommée grebe ou griaibe, P. BELON, *Portr. d'oyseaux*, fᵒ 35, rᵒ, édit. 1557. Admis ACAD. 1762.]

|| (Hist. nat.) Oiseau aquatique à plumage blanc argenté. Un manchon de plumes de —, et, *ellipt*, Un manchon de —.

GREC, GRECQUE [grĕk'] *adj.* et *s. m.* et *f.*
[ÉTYM. Nom propre de peuple, emprunté du lat. Græcus, *m. s.* (*Cf.* grégeois, grègue, grièche, grive.)]
|| **1º** *Adj.* Relatif à la Grèce, aux Grecs. Calotte grecque. (*V.* calotte.) Calendes grecques. (*V.* calendes.) Y —. (*V.* Y **1**.) Profil —, où le front et le nez sont en ligne droite.
|| **2º** *S. m.* La langue grecque. *Fig.* C'est du —, je n'y entends rien. || *P. ext. Vieilli.* Celui qui sait le grec, et, *p. ext.* qui est très savant en qqch. *Adjectivt.* L'amour,... j'y suis —, TH. CORN. *Am. à la mode*, IV, 1. Une femme un peu grecque doit verser des larmes sans s'attendrir, MONCHESNAY, *Phénix*, II, 1. || *De nos jours.* Celui qui triche au jeu.
|| **3º** *S. f.* Grecque. | 1. Ornement formé de lignes brisées à angle droit symétriquement entrelacées. | 2. Suite d'encoches au dos d'un livre, pour loger les ficelles ou nerfs. (*Cf.* grecquer.) *P. ext.* Scie pour faire ces encoches.

'GRECQUER [grè-ké] *v. tr.*
[ÉTYM. Dérivé de grecque, § 154. || 1701. FURET.]
|| (Technol.) Entailler (le dos d'un livre) d'une suite d'encoches où on loge les ficelles ou nerfs.

1. GREDIN, INE [gre-din', -din'] *s. m.* et *f.*
[ÉTYM. Origine inconnue; peut-être emprunté de l'angl. greedy, affamé (d'où le dérive greediness, avidité), § 8. || 1642. OUD.]
|| **1º** *Vieilli.* Mendiant, mendiante. || *Fig.* Auteur famélique. Il semble à trois gredins, dans leur petit cerveau, Que, pour être imprimés et reliés en veau, Les voilà dans l'État d'importantes personnes, MOL. *F. sav.* IV, 3.
|| **2º** Mauvais garnement. Un —, une gredine.

2. GREDIN, 'GREDINE [gre-din, -din'] *s. m.* et *f.*
[ÉTYM. Origine inconnue. || Admis ACAD. 1762.]
|| Petit épagneul à longs poils.

GREDINERIE [gre-din'-ri; *en vers*, -di-ne-ri] *s. f.*
[ÉTYM. Dérivé de gredin, § 69. || 1690. FURET.]
|| Action de gredin, de mauvais garnement.

GRÉEMENT. *V.* grément.

GRÉER [gré-é] *v. tr.*
[ÉTYM. Paraît emprunté de l'anc. holland. gereiden, préparer, dont le radical (reid) se retrouve dans arroi, corroi, etc., § 10. L'existence du composé agréer (*V.* agréer 2) dès le XIIᵉ s. parle en faveur de l'antiquité de gréer; mais ce mot ne s'est introduit dans l'usage général qu'au XVIIIᵉ s. || 1716. Nous greames aussitost un petit hunier, FRÉZIER, *Relat. du voy. de la mer du Sud*, p. 259. Admis ACAD. 1798.]
|| Garnir (un navire) de mâts, vergues, cordages, etc. (*Syn.* agréer.) || *P. ext.* Garnir (un mât, une vergue) de cacatois, de bonnettes.

GRÉEUR [gré-eùr] *s. m.*
[ÉTYM. Dérivé de gréer, § 112. || Admis ACAD. 1835.]
|| (Marine.) Ouvrier employé au grément d'un navire.

'GREFFAGE [grè-fàj'] *s. m.*
[ÉTYM. Dérivé de greffer, § 78. || *Néolog.*]
|| Action de greffer.

1. GREFFE [grĕf'] *s. f.*
[ÉTYM. Emprunté du lat. graphium, grec γραφίον, poinçon à écrire, stylet, devenu 'grafye, graife, grefe, greffe, § 356. || XIIᵉ s. Un grafe a trait de son grafier, *Floire et Blancheft.* I, 787. | XIIIᵉ s. Bon greffe quant de bon cep crest, *Vie d'Édouard le Conf.* 97.]
I. *Anciennt.* Stylet.
II. *P. anal.* Pousse d'arbre. || *Spécialt.* Pousse d'une plante qu'on insère sur une autre pour que celle-ci porte la fleur, le fruit de la première. (*Syn.* ente, scion.)

2. GREFFE [grĕf'] *s. m.*
[ÉTYM. Tiré du radical de greffier, § 37. || XIVᵉ-XVᵉ s. Le graffe criminel, NIC. DE BAYE, dans GODEF. *Compl.*]
|| **1º** Lieu où l'on dépose les minutes des actes de procédure d'une justice de paix, d'un tribunal, d'une cour d'appel, où l'on délivre les expéditions certifiées des jugements et arrêts, où l'on acquitte les droits de justice et les amendes. Mettre un arrêt au —. Produire au —.
|| **2º** Charge de celui qui est préposé au greffe.

3. GREFFE [grĕf'] *s. f.*
[ÉTYM. Subst. verbal de greffer, § 52. || XVIIᵉ s. *V.* à l'article. Admis ACAD. 1835.]
|| **1º** Action de greffer. La — est le triomphe de l'art sur la nature, LIGER, *Nouv. Mais. rust.* dans DELB. *Rec.* — par approche, où l'on ne détache la partie greffée que quand la soudure est effectuée. — par scions, où l'on implante le rameau de manière que son liber soit en contact avec le liber de l'arbre où il est greffé, sur une grande étendue. — en couronne, en fente, en écusson, en flûte, etc. (*V.* ces *mots.*)
|| **2º** *P. anal.* — animale, autoplastie. (*V. ce mot.*)

GREFFER [grè-fé] *v. tr.*
[ÉTYM. Dérivé de greffe 1, § 154. On trouve grafier au XVᵉ-XVIᵉ s. (*V.* GODEF. grafier 2.) || 1538. Deux pommiers graffez, dans GODEF. *Compl.*]
|| Soumettre à l'opération de la greffe. — un sauvageon. Des églantiers greffés. *P. ext.* Insérer (un rameau, un bourgeon) sur une autre tige. || *Fig.* Un procès se greffe sur un autre.

GREFFEUR [grè-feùr] *s. m.*
[ÉTYM. Dérivé de greffer, § 112. || XVᵉ-XVIᵉ s. Le bon greffeur et bening plantateur, dans GODEF. Admis ACAD. 1835.]
|| Celui qui greffe.

GREFFIER [grè-fyé] *s. m.*
[ÉTYM. Emprunté du lat. du moyen âge graphiarius, *m. s.* dérivé de graphium, greffe (stylet), § 115. On trouve greffier dès le XIIIᵉ s. au sens de « fabricant de greffes ». (*V.* DELB. *Rec.* et GODEF. greffier 1.) || (Au sens actuel.) 1395. Graffier du parlement, dans GODEF. *Compl.*]
|| Officier public préposé au greffe. Cette émancipation s'opérera par la seule déclaration du père ou de la mère, reçue par le juge de paix assisté de son —, *Code civil*, art. 477. Le — d'une justice de paix, d'un tribunal, d'une cour. — en chef. Acheter une charge de —. *Famil. Au fém.* La greffière, femme du greffier. Je vous trouve admirable, Madame la greffière, DANCOURT, *Bourgeoises de qualité*, I, 3. || *Vieilli.* — à la peau, qui écrivait sur parchemin. Veuve d'un — à la peau, DANCOURT, *Fête de village*, I, 3. — de l'écritoire, qui expédiait les rapports des experts.

GREFFOIR [grè-fwàr] *s. m.*
[ÉTYM. Dérivé de greffer, § 113. || 1700. Greffoirs ou entoirs, LIGER, *Nouv. Mais. rust.* dans DELB. *Rec.* Admis ACAD. 1762.]
|| (Technol.) Couteau à greffer.

'GREFFON [grè-fon] *s. m.*
[ÉTYM. Dérivé de greffe, § 104. || *Néolog.*]
|| (Technol.) Petite branche coupée pour être greffée.

GRÈGE [grèj'] *adj.*
[ÉTYM. Emprunté de l'ital. greggia, *m. s.* d'origine incertaine, § 12. || 1690. FURET. Admis ACAD. 1762.]
|| Soie —, telle qu'elle sort du cocon dévidé, ayant encore sa gomme. *Substantivt.* Des grèges de Syrie.

GRÉGEOIS [gré-jwà] *adj.*
[ÉTYM. Altération de grézois (*V.* § 509), emprunté du provenç. grezesc, *m. s.* § 11. Le mot provenç. représente le lat. barbare 'græciscum, formé par l'addition du suffixe isk (*V.* § 149) au radical lat. græcum, grec. (*Cf.* grègue, grièche, grive.) || XIIᵉ s. Trestot destruirent li Grezeis, *Énéas*, 1174. Le feu grezois lors fet leans jolir, *Loherains*, dans DU C. ignis.]
|| *Anciennt.* Grec. *Spécialt.* Feu —. (*V.* feu **1**, I, **3º**.)

GRÉGORIEN, IENNE [gré-gò-ryin, -ryèn'; *en vers*, -ri-...]. *V.* calendrier et chant **1**.

GRÈGUE [grèg'] *s. f.*
[ÉTYM. Autre forme de grecque. (*Cf.* grégeois, grièche, grive.) Il est difficile de considérer grègue comme une abréviation de greguesque ou garguesque (ital. grechesca), qui s'est dit au XVIᵉ s. La forme indique un emprunt au provenç. grega ou à l'espagn. griega, § 11 et 13. (*Cf.* COTGR., qui définit gregues par « grand haut-de-chausses gascon ou espagnol », et le mot angl. actuel galligaskins, *m. s.* dans COTGR. gallogascoines.) || XVᵉ s. Parmi leurs cuisses et parmi leur gregues, *Trahis. de France*, dans GODEF. *Compl.*]
|| *Anciennt.* Culotte sans braguette. (S'emploie surtout au pluriel.) *Loc. prov.* Tirer ses grègues, se retirer. Le galant aussitôt Tire ses grègues, LA F. *Fab.* II, 15.

'GRÉGUER [gré-ghé] *v. tr.*
[ÉTYM. Dérivé de grègue, § 154. || Admis ACAD. 1694; suppr. en 1718.]

|| *Vieilli. Trivial.* Empocher. Il a gregué cent pistoles.

1. GRÊLE [grèl] *adj.*

[ÉTYM. Du lat. gracilem, *m. s.* devenu graisle, gresle, §§ 382, 291 et 290, grêle, § 422.]

|| Trop mince. (*Syn.* fluet.) Un corps —. Immobilé sur son pied —, L'ibis..., TH. GAUTIER, *Obélisque.* || (Anat.) L'intestin — (par opposition au gros intestin). Une voix —. || *Adverbt.* Sonner —, et, *substantivt,* Sonner le —, sonner de la trompette dans le ton le plus aigu.

2. GRÊLE [grèl] *s. f.*

[ÉTYM. Pour gresle, § 422, d'origine inconnue. (*Cf.* grésil.) || XIIᵉ s. Pesle mesle Con feit la pluie avuec la gresle, CHRÉTIEN DE TROYES, *Cligès,* 1527.]

|| **1°** Pluie congelée qui tombe en grains, particulièrement en temps d'orage. La — a ravagé les champs. Dru comme —. Méchante comme la —, GHÉRARDI, *Th. ital.* I, 301. *Fig.* Une — de coups, une — de pierres.

|| **2°** *P. anal.* Petite tumeur à la paupière analogue à un grain de grêle. || Houille en fragments menus.

3. ʼGRÊLE [grèl] *s. f.*

[ÉTYM. Subst. verbal de grêler 2, § 52. || 1757. ENCYCL..]

|| (Technol.) Instrument pour amincir. || *Spécialt.* | **1.** Lame d'acier pour grêler les dents d'un peigne. | **2.** Sorte d'écoine, dite aussi grêlette, à l'usage du tourneur.

1. ʼGRÊLER [grê-lé] *v. tr.*

[ÉTYM. Dérivé de grêle 1, § 154. || 1757. ENCYCL.]

|| (Technol.) Rendre grêle, amincir.

|| *Spécialt.* || **1°** Diminuer sur le bord (les dents d'un peigne) à l'aide de l'instrument dit grêle.

|| **2°** Faire passer (la cire) à travers le grêloir pour la mettre en lanières. (*Syn.* rubanner.)

2. GRÊLER [grê-lé] *v. intr.* et *tr.*

[ÉTYM. Dérivé de grêle 2, § 154. || XIIᵉ s. La tormante Qui pluet et nege et gresle et vante, CHRÉTIEN DE TROYES, *Chevalier au lion,* 775.]

I. *V. intr.* Faire de la grêle. Il a beaucoup grêlé ce matin. *Fig.* — sur le persil, perdre ses efforts sur une chose sans importance.

II. *V. tr.* Frapper de la grêle. Ce canton a été grêlé. || *P. anal.* Être grêlé, couvert de marques de petite vérole. || (Blason.) Couronne grêlée, chargée d'un rang de perles rondes. *Fig.* Être grêlé, maltraité par la fortune. Sa médisante humeur... Avait de ce galant souvent grêlé l'espoir, LA F. *Contes, F. du roi de Garbe.*

1. ʼGRELET [gre-lè]. *V.* grelot et grillon.

2. ʼGRELET [gre-lè] et **ʼGURLET** [gur-lè] *s. m.*

[ÉTYM. Origine inconnue. || 1732. TRÉV.]

|| (Technol.) Marteau de maçon, dit têtu à limousin, pointu par un bout et dont la tête a deux faces aiguës.

ʼGRÊLETTE [grê-lèt'] *s. f.*

[ÉTYM. Dérivé de grêler 2, § 133. || 1792. SALIVET, *Man. du tourneur,* II, 324.]

|| (Technol.) Écoine à l'usage du tourneur. (*V.* grêle 3.)

ʼGRÊLIER [grê-lyé] *s. m.*

[ÉTYM. Dérivé de grêle 2, § 115. Se trouve comme adjectif en anc. franç. || 1752. TRÉV.]

|| *Anciennt.* Pièce d'artillerie qu'on charge à mitraille.

GRELIN [gre-lin] et **ʼGUERLIN** [ghèr-lin] *s. m.*

[ÉTYM. Origine incertaine ; l'allem. greling, *m. s.* paraît emprunté du franç. || 1634. Guerlin ou chableau, *Termes de marine,* dans DELB. *Rec.* Admis ACAD. 1762.]

|| (Marine.) Cordage plus petit que le câble.

ʼGRÊLOIR [grê-lwàr] *s. m.* et **ʼGRÊLOIRE** [grê-lwàr] *s. f.*

[ÉTYM. Dérivé de grêler 2, § 113. Qqns écrivent grêloué, d'après la prononciation du patois. || 1700. Le greloué, une espèce de vaisseau de fer-blanc, LIGER, *Nouv. Mais. rust.* dans DELB. *Rec.*]

|| (Technol.) Vase à grêler la cire.

GRÊLON [grê-lon] *s. m.*

[ÉTYM. Dérivé de grêle, § 104. || XVIᵉ s. De gros greslons, texte dans GODEF. *Compl.* Admis ACAD. 1740.]

|| Grain de grêle.

GRELOT [gre-lò] *s. m.*

[ÉTYM. Origine incertaine. MELIN DE ST-GELAIS dit trembler le grelet au sens de trembler le grelot, ce qui peut faire considérer grelot comme une variante dialectale de grelet, grillon, § 136. (*Cf.* grillet 1, dont le sens paraît confirmer ce rapprochement.) || 1392. Griloz d'estain, dans GODEF. *Compl.*]

|| Petite boule de métal creuse, renfermant un battant mobile qui la fait résonner au moindre mouvement. Les grelots d'une mule, d'un cheval. || Leur doyen (des rats)... Opina qu'il fallait... Attacher un — au cou de Rodilard, LA F. *Fab.* II, 2. La difficulté fut d'attacher le —, ID. *ibid. P. allusion à cette fable. Fig.* Attacher le —, se charger d'une tentative périlleuse. Quand ce fut à attacher le —, (Richelieu) avec toute sa puissance et son crédit, demeura court, ST-SIM. II, 239. On représentait le dieu de la folie avec des grelots. || *Fig. Famil. Vieilli.* Trembler le —, grelotter. || *P. anal.* Vertèbres caudales du serpent à sonnettes, qui font ce bruit lorsqu'il s'agite. || Fleurs en —, qui ont la forme d'un grelot.

GRELOTTANT, ANTE [gre-lò-tan, -tànt'] *adj.*

[ÉTYM. Adj. particip. de grelotter, § 47. || *Néolog.* Admis ACAD. 1878.]

|| Qui grelotte.

GRELOTTER [gre-lò-té] *v. intr.*

[ÉTYM. Dérivé de grelot, d'après l'expression trembler le grelot, § 154. || XVIᵉ s. Ouïr grillotter les perles à leurs oreilles, DU PINET, dans GODEF. *Compl.*]

|| Trembler de froid. Ce pauvre diable Qui rôde en grelottant sous un mince habit noir, MUSSET, *Dupont et Durand.* || *Transitivt.* — la fièvre, avoir le frisson de la fièvre.

ʼGRELUCHON [gre-lu-chon] *s. m.*

[ÉTYM. Origine inconnue; ne paraît pas antérieur au XVIIIᵉ s. || Admis ACAD. 1762; suppr. en 1878.]

|| *Vieilli.* Amant de cœur d'une femme entretenue. On pourrait bien à l'aventure Choisir un autre —, VOLT. *Ép.* 26.

ʼGRELUCHONNE [gre-lu-chòn'] *s. f.*

[ÉTYM. Paraît tiré plaisamment de greluchon, peut-être sous l'influence de grelet 2, § 37. || *Néolog.*]

|| (Technol.) Petite truelle de maçon, à bout arrondi.

GRÉMENT et **GRÉEMENT** [gré-man] *s. m.*

[ÉTYM. Dérivé de gréer, § 145. (*Cf.* gréage.) || 1752. TRÉV. Admis ACAD. 1798.]

|| (Marine.) Action de gréer. || Ensemble des agrès.

GRÉMIAL [gré-myàl] *; en vers,* -mi-àl] *s. m.*

[ÉTYM. Emprunté du lat. ecclés. gremiale, *m. s.* de gremium, giron, § 216. || 1542. Ung gremyal bleu et rouge, dans DELB. *Rec.* Admis ACAD. 1762.]

|| (Liturgie.) Morceau d'étoffe qu'on met sur les genoux d'un prélat officiant, lorsqu'il s'assied, pour préserver la chasuble.

GRÉMIL [gré-mïy'] *s. m.*

[ÉTYM. Paraît composé de mil (millet) et d'un premier élément de sens incertain. || XIIIᵉ s. Decocciun de gromil, *Antidotaire,* mss franç. Bibl. nat. 25327. Admis ACAD. 1762.]

|| (Botan.) Plante à graines lisses et dures, de la famille des Borraginées. — officinal. — tinctorial.

GRENADE [gre-nàd'] *s. f.*

[ÉTYM. Emprunté du lat. granatum, *m. s.* dérivé de granum, grain. || XIIᵉ s. S'est de jus de pume grenate, CHRÉTIEN, *Roi Guillaume,* 355. | 1532. Grenades de feu d'artifice, dans GAY, *Gloss. archéol.*]

|| **1°** Fruit du grenadier, sphéroïdal, contenant des graines rouges renfermées dans de petites cellules.

|| **2°** *P. anal.* Projectile en forme de grenade, boule de fer remplie d'étoupe et de poudre, dont on allumait la mèche pour la lancer avec la main. *Fig.* Ornement de costume militaire figurant une grenade enflammée.

|| **3°** *Vieilli.* Étoffe à mouchetures en forme de graines. || Soie torse, grenue, pour franges, dentelle. (*V.* grenadine, II, 1°.)

1. GRENADIER [gre-nà-dyé] *s. m.*

[ÉTYM. Dérivé de grenade, § 115. || 1425. Pommes d'aigres grenadiers, O. DE LA HAYE, dans DELB. *Rec.*]

|| Arbuste de la famille des Myrtacées, qui produit la grenade.

2. GRENADIER [gre-nà-dyé] *s. m.*

[ÉTYM. Dérivé de grenade, § 115. || 1680. RICHEL.]

|| Soldat qui lançait à la main des grenades (projectiles). || *P. ext.* Soldat d'élite, de taille élevée, qui formait la première compagnie du bataillon d'infanterie. Les grenadiers de la garde. Jurer comme un —. *Fig. Famil.* Femme de haute taille et de manières viriles. *Loc. adv.* À la grenadière, à la façon des grenadiers.

GRENADIÈRE [gre-nà-dyèr] *s. f.*

[ÉTYM. Dérivé de grenadier 2, § 37. || 1680. RICHEL. Admis ACAD. 1762.]

|| **1°** Gibecière où les grenadiers portaient les grenades. || **2°** Seconde capucine d'un fusil de munition, à laquelle s'attache la bretelle. || *P. ext.* Mettre le fusil à la —, lâcher la bretelle pour le porter suspendu à l'épaule.

GRENADILLE [gre-nà-diy'] *s. f.*
[ÉTYM. Emprunté de l'espagn. granadilla, *m. s.* § 13. Le mot se trouve dans COTGR. aux sens de « fleur du grenadier, petite grenade ». || 1694. TH. CORN. Admis ACAD. 1762.]
|| (Botan.) Plante d'Amérique, dite fleur de la Passion, dont les graines ont le goût de celles de la grenade.

GRENADIN [gre-nà-din] *s. m.*
[ÉTYM. Dérivé de grenade, § 100. || XVIIIᵉ BUFF. *Grenadin*. Admis ACAD. 1798 au sens 3°.]
|| **1°** (Ornithol.) Variété de fringille d'Afrique.
|| **2°** (Botan.) Variété d'œillet.
|| **3°** (Cuisine.) Sorte de fricandeau.

GRENADINE [gre-nà-din'] *s. f.*
[ÉTYM. Dérivé de grenade, § 100. || *Néolog*. Admis ACAD. 1835 au sens II, 1°.]
I. || **1°** Principe cristallisable extrait de l'écorce et de la racine du grenadier.
|| **2°** Jus de grenade. Sirop de —.
II. || **1°** Soie torse, grenue. (*V.* grenade.)
|| **2°** Barège, étoffe faite de cette soie.

***GRENAGE** [gre-nàj'] *s. m.*
[ÉTYM. Dérivé de grener, § 78. L'anc. franç. grenage est un mot différent, qui dérive de grain. || 1752. TRÉV.]
|| (Technol.) Action de grener. Le — de la poudre de guerre, du sel, du tabac à priser. | *P. ext.* Le — du sucre.

GRENAILLE [gre-này'] *s. f.*
[ÉTYM. Dérivé de grain, graine, § 95. || 1354. Quantité de ruaux et grenailles (var. greignailles), dans DU C. ruere.]
|| **1°** Graine de rebut qui sert à nourrir les volailles. Pour la vente en détail des graines, grenailles, farines, etc., *Décret sur les poids et mesures*, 28 mars 1812.
|| **2°** *P. anal.* Plomb réduit en grains fins. Charger un fusil avec de la —. || Charbon de bois en menus morceaux. || Cire réduite en grains pour la blanchir. (*Cf.* grêler.)

GRENAILLER [gre-nà-yé] *v. tr.*
[ÉTYM. Dérivé de grenaille, § 154. || 1757. ENCYCL. Admis ACAD. 1762.]
|| (Technol.) Réduire (le plomb) en grenaille.

GRENAT [gre-nà] *s. m.*
[ÉTYM. Même mot que grenade (fruit), par comparaison de la couleur du grenat avec celle des grains de la grenade. || XIIᵉ s. Un jagonce grenat, *Énéas*, 7682.]
|| **1°** Pierre fine, d'un rouge vineux, qui raie le quartz. Une parure de grenats.
|| **2°** Couleur de cette pierre. *Ellipt.* Une robe de soie —. *Substantivt.* Le — lui sied bien.

GRENELER [grĕn'-lé ; *en vers*, grè-ne-lé] *v. tr.*
[ÉTYM. Dérivé de graine, §§ 65 et 162. (*Cf.* grener, greneter.) || 1611. Encens plus grenelé... que celuy d'Arabie, ARTUS THOMAS, dans DELB. *Rec.* Admis ACAD. 1762.]
|| Rendre grenu. — la peau de chagrin.

GRENER [gre-né] *v. intr. et tr.*
[ÉTYM. Dérivé de grain, graine, §§ 65 et 154. || XIIᵉ-XIIIᵉ s. Et li rosier en mai florist et graine, LE CHAT. DE COUCY, p. 55, Michel.]
|| **1°** *V. intr.* Produire de la graine. Une plante qui grène tard. || *P. anal.* Faire — le ver à soie, laisser la chrysalide devenir papillon et produire ses œufs.
|| **2°** *V. tr.* Réduire en grains. — la poudre (de guerre), le tabac à priser. || *P. anal.* Rendre grenu. — une peau.

***GRENETER** [grĕn'-té] *v. tr.*
[ÉTYM. Dérivé de grain, §§ 65 et 167. || 1380. Hanap greneté, dans LABORDE, *Émaux*, p. 335.]
|| (Technol.) Rendre grenu à la surface. — le cuir avec un fer chaud. || Une vignette grenetée.

1. *GRÈNETERIE [grĕn'-tri ou grò-nĕt'-ri ; *en vers*, grè-nè-te-ri] *s. f.*
[ÉTYM. Dérivé de grènetier 1, §§ 65 et 68. || 1344. La greneterie de Agurande, dans GODEF. chape.]
|| *Anciennt.* Office de juge au grenier à sel.

2. GRÈNETERIE [grĕn'-tri ou grè-nĕt'-ri ; *en vers*, grè-nè-te-ri] *s. f.*
[ÉTYM. Dérivé de grèneter 2, §§ 65 et 68. || 1680. RICHEL. Admis ACAD. 1740.]
|| Commerce de grains, fourrages, etc.

1. GRÈNETIER [grĕn'-tyé ; *en vers*, grè-ne-...] *s. m.*
[ÉTYM. Dérivé de grenier, §§ 63, 65 et 115. || XIIIᵉ s. Voz provosts et vos gerneters, *Traité d'écon. rurale*, 17, Lacour.]
|| *Anciennt.* Officier, juge au grenier à sel.

2. GRÈNETIER, IÈRE [grĕn'-tyé, -tyèr ; *en vers*, grò-ne-...] *s. m. et f.*
[ÉTYM. Dérivé de grain, sous l'influence du mot précédent, §§ 63 et 115. ACAD. écrit aussi grainetier. || (Au sens actuel.) 1680. RICHEL.]
|| Celui, celle qui vend des grains, fourrages, etc.

GRÈNETIS [grĕn'-ti ; *en vers*, grè-ne-ti] *s. m.*
[ÉTYM. Dérivé de grain, §§ 63, 65 et 82. On trouve dans le même sens greneis au moyen âge, grenatier (*sic;* corr. grenatis?), dans COTGR. || 1690. FURET.]
|| (Technol.) Bordure de grains qui entoure la légende d'une monnaie, d'une médaille. || *P. ext.* Poinçon qui sert à faire le grènetis.

GRENETTE [gre-nĕt'] *s. f.*
[ÉTYM. Dérivé de graine, à l'imitation du provenç. moderne graneto, *m. s.* §§ 11, 65 et 133. || 1752. TRÉV. Admis ACAD. 1762.]
|| *Proprt.* Petite graine. *Spéciall.* (Technol.) Baie du nerprun des teinturiers, dite aussi graine ou — d'Avignon. || *P. ext.* Argile colorée en jaune avec des baies de nerprun.

GRENIER [gre-nyé] *s. m.*
[ÉTYM. Du lat. granarium, *m. s.* dérivé de granum, grain, §§ 346, 298 et 291. (*Cf.* grainier.)]
|| **1°** Partie d'un bâtiment destinée à conserver les grains, les gerbes, le foin, la paille, etc. Un — à blé, à foin. — d'abondance, grenier public où l'on mettait en réserve le superflu des années d'abondance. || *P. anal.* — à sel, lieu où l'on débitait le sel de la gabelle. || *P. ext.* Juridiction des affaires relatives à la gabelle. (*Cf.* grènetier 1.) || *P. anal.* Charger en — (un bateau), y mettre à même le blé, le sel, le charbon qu'il doit transporter. Sardines salées en —. || Un cheval qui fait —, qui conserve des aliments mâchés entre les joues et les arcades dentaires. || La Sicile était le — de Rome, fournissait Rome de blé.
|| **2°** Partie la plus haute d'une maison, destinée à servir de débarras. Oter, pour faire bien, du — de céans Cette longue lunette à faire peur aux gens, MOL. *F. sav.* II, 7. Chercher de la cave au —, depuis le bas de la maison jusqu'au haut. || *Fig.* Le vaisseau, malgré le nautonier, Va tantôt à la cave et tantôt au —, MOL. *Dép. am.* IV, 2. Aller de la cave au —. | **1.** Ne pas écrire droit. | **2.** Parler d'une manière incohérente. || *Pop.* — à puces, chien, chat malpropre. Va-t'en, — à puces ! Souffrirez-vous, Messieurs, qu'une femme devienne un — à coups de poing? REGNARD, *Divorce*, sc. dernière.

***GRENOIR** [gre-nwàr] *s. m.*
[ÉTYM. Dérivé de grener, § 113. || 1697. DE ST-REMY, *Mém. d'artill.* II, 110.]
|| (Technol.) Crible pour grener la poudre, la pâte. || Atelier où l'on fait cette opération.

GRENOUILLE [gre-noûy'] *s. f.*
[ÉTYM. Du lat. pop. *ranūcula* (class. ranunculus, § 88; *cf.* renoncule), diminutif de rana, *m. s.* (*V.* rainette), devenu régulièrement renouille, §§ 346, 324, 291, 390 et 290, puis altéré en grenouille, §§ 360 et 509. || XIIᵉ s. Reinoille, MARIE DE FRANCE, *Fab.* 26. | 1532. Grenoîlle, RAB. I, 2.]
|| **1°** Batracien anoure qui recherche le voisinage des eaux, les lieux humides. Grenouilles aussitôt de sauter dans les ondes, LA F. *Fab.* II, 14. || Faire des expériences de vivisection sur des grenouilles. Ayant ouvert une autre —, nous ne remarquâmes pas non plus de mouvement péristaltique, MONTESQ. *Observ. sur l'histoire naturelle.* || *P. plaisant. Fig.* Faire sauter, manger la —, voler la caisse d'une association, *spéciall.* l'argent de l'ordinaire d'un régiment.
|| **2°** (Technol.) Pièce d'une machine sur laquelle frotte le pivot. (*Cf.* crapaudine.)

***GRENOUILLER** [gre-nou-yé] *v. intr.*
[ÉTYM. Dérivé de grenouille, § 154. || XVIᵉ s. Un bruit grenouillant, PARÉ, *Introd.* 6. Admis ACAD. 1694; suppr. en 1878.]
|| *Pop.* Barboter dans l'eau. || *P. ext.* Aimer à boire. Nous voit-on comme eux — dans les cabarets (1693), D. DE MONCHESNAY, *Souhaits*, sc. contre les hommes.

GRENOUILLÈRE [gre-nou-yèr] *s. f.*

[ÉTYM. Dérivé de grenouille, § 115. || xvie s. Mon ame s'enfuyra en quelque grenoillere, RAB. 1, 5.]

|| Lieu marécageux que fréquentent les grenouilles. || *Fig.* | **1.** Terrain humide. | **2.** *P. plaisant.* Petit bain d'eau courante où barbotent ceux qui ne savent pas nager.

GRENOUILLET [gre-nou-yè] *s. m.*

[ÉTYM. Dérivé de grenouille, § 133. || 1732. TRÉV. Admis ACAD. 1762.]

|| (Botan.) Renoncule aquatique à fleurs blanches dite aussi grenouillette. || Muguet sauvage, dit sceau de Salomon.

GRENOUILLETTE [gre-nou-yèt'] *s. f.*

[ÉTYM. Dérivé de grenouille, § 133. || 1549. Grenoillete, J. MEIGNAN, dans DELB. *Rec.* Admis ACAD. 1762.]

I. Petite grenouille. || *Spécialt.* Rainette verte.

II. Tumeur sous la langue.

III. Renoncule aquatique, dite grenouillet, bassinet.

GRENU, UE [gre-nu] *adj.*

[ÉTYM. Dérivé de grain, §§ 65 et 118. || xiiie s. Que cil blé sont creü en haut Et espié et tuit grenu, *Renart*, xxii, 122.]

|| **1°** Riche en grains. Épis grenus.

|| **2°** Parsemé de petits grains. Une peau grenue. Un marbre —, et, *substantivt*, Le — du marbre, de la pierre. || Racine grenue, formée de petits tubercules.

'GRENURE [gre-nûr] *s. f.*

[ÉTYM. Dérivé de grenu, § 111. || *Néolog.*]

|| État de ce qui est grenu. || *Spécialt.* Croisement des tailles du graveur qui a l'apparence de petits grains.

GRÈS [grè] *s. m.*

[ÉTYM. Emprunté de l'anc. haut allem. grioz, allem. moderne gries, *m. s.* §§ 6, 498 et 499. || xiie s. Ne se muevent Nient plus que feïssent dui gres, CHRÉTIEN DE TROYES, *Cheval. au lion*, 836.]

|| **1°** Roche composée de grains de sable quartzeux. Le — houiller. Le — rouge. Le — vosgien. — molaire, qui sert à fabriquer des meules à aiguiser. *Famil.* (Technol.) — paf, propre au pavage; — pif, trop dur pour cet usage; — pouf, trop mou. || *Loc. famil. Vieilli.* Casser du — à qqn, l'envoyer promener.

|| **2°** Pavé fait avec cette roche. Lui jetant, s'il se heurte, un — par la fenêtre, MOL. *Éc. des f.* ii, 5. || *Fig.* (Vénerie.) Grosse dent qui se trouve près des défenses du sanglier.

|| **3°** Sable à récurer fait de cette pierre pulvérisée.

|| **4°** Terre sablonneuse dont on fait de la poterie. Un pot de —. *P. ext.* Poterie faite avec cette terre. (*Cf.* gresserie.)

'GRÉSER [gré-zé] *v. tr.*

[ÉTYM. Autre forme de gruger. (*V.* ce mot.) On dit aussi groiser, griser et grésiller. || 1676. Groizer les pointes de verre, A. FÉLIBIEN, *Princ. de l'architect.* p. 263.]

|| (Technol.) Rogner avec le grésoir.

'GRÉSIER [gré-zyé] *s. m.*

[ÉTYM. Dérivé de grès, § 115. || *Néolog.*]

|| (Technol.) Ouvrier qui tire le grès de la carrière.

'GRÉSIÈRE [gré-zyèr] *s. f.*

[ÉTYM. Dérivé de grès, § 115. || 1801. |ENCYCL. MÉTH. *Architect.*]

|| (Technol.) Carrière de grès. (*Cf.* gresserie.)

GRÉSIL [gré-ziy] *s. m.*

[ÉTYM. Dérivé de grès, proprt, menu fragment, § 88. || xie s. Pluie et gresilz, *Roland*, 1425.]

|| **1°** Brouillard, pluie fine qui se congèle. (*Syn.* givre.)

|| **2°** *P. anal.* Verre pilé, dit aussi groisil.

GRÉSILLEMENT [gré-ziy'-man ; *en vers*, -zi-ye-...] *s. m.*

[ÉTYM. Dérivé de grésiller, § 145. || 1732. TRÉV. Admis ACAD. 1762.]

|| Crépitation de ce qui est saisi par un feu vif.

1. GRÉSILLER [gré-zi-yé] *v. impers.*

[ÉTYM. Dérivé de grésil, § 154. || xiie s. Pluet, gresille, *Tristan*, dans DELB. *Rec.*]

|| Faire du grésil. Il grésille.

2. GRÉSILLER [gré-zi-yé] *v. tr.*

[ÉTYM. Altération (par confusion avec grésiller 1, § 509) de l'anc. franç. grediller, *m. s.* d'origine incertaine. || xive s. Tant qu'elle devient gredelie et recroquillée, *Ménagier*, ii, 206.]

|| Faire crépiter et racornir sous l'action d'un feu vif qui saisit. Parchemin, fer grésillé.

3. 'GRÉSILLER [gré-zi-yé] *v. tr.*

[ÉTYM. Dérivé de gréser, § 161. || 1752. TRÉV.]

|| (Technol.) Gréser le verre.

'GRÉSILLIN [gré-si-yin] *s. m.*

[ÉTYM. Dérivé de grésil, § 96. || *Néolog.*]

|| Gouttes de pluie gelées en tombant.

1. 'GRÉSILLON [gré-zi-yon] *s. m.*

[ÉTYM. Dérivé de grésiller 1, § 104. || xiie s. Et des oiseaux oïst les sons Et haut et bas les gresillons, *Floire et Blanchefl.* i, 1775.]

|| *Vieilli et dialect.* Grillon, insecte.

2. 'GRÉSILLON [gré-si-yon] *s. m.*

[ÉTYM. Dérivé de grésil, § 104. || 1811. MOZIN, *Dict. franç.-allem.*]

|| (Technol.) Verre cassé, pilé. || Charbon en menus morceaux. || Farine grossière.

'GRÉSOIR [gré-zwàr] *s. m.*

[ÉTYM. Dérivé de gréser, § 113. || 1676. Un grezoir pour groizer les pointes du verre, A. FÉLIBIEN, *Princip. de l'architect.* p. 263.]

|| (Technol.) || **1°** Outil avec lequel les vitriers rognent le verre après l'avoir rayé avec le diamant.

|| **2°** Égrisoir. (*V. ce mot.*)

GRESSERIE [grès'-ri ; *en vers*, grè-se-ri] *s. f.*

[ÉTYM. Pour grèserie, dérivé de grès, § 69. (*Cf.* grésière.) || 1690. FURET.]

|| **1°** Carrière de grès. || *P. ext.* Travail fait en pierres de grès.

|| **2°** Poterie de grès.

'GRESSET. *V.* graisset.

GRÈVE [grèv'] *s. f.*

[ÉTYM. Du lat. pop. *grava*, *m. s.* d'origine celtique, §§ 3, 295 et 291. (*Cf.* gravier, etc.) || xiie s. Il ourent un vaslet en la greve trové, GARN. DE PONT-STE-MAX. *St Thomas*, 2041.]

|| **1°** Terrain uni, sablonneux, au bord de la mer ou d'un fleuve. La — de Quiberon. || *P. ext.* | **1.** Banc de sable mobile. Les grèves de la Loire. | **2** Gros sable pour mortier.

|| **2°** *Spécialt.* La Grève, place sur le bord de la Seine, à Paris, où se faisaient autrefois les exécutions, et où certains ouvriers sans travail se réunissaient en attendant l'ouvrage. Décapité en place de Grève. Ces jeux que l'athéisme élève Conduisent tristement le plaisant à la Grève, BOIL. *Art* p. 2. *P. plaisant.* Anges de Grève, portefaix. Embaucher un maçon à la Grève. || *P. ext. Néolog.* Être en —, sans travail. Se mettre en —, faire —, cesser le travail en vue d'obtenir des patrons quelque avantage.

GREVER [gre-vé] *v. tr.*

[ÉTYM. Du lat. pop. *grevare* (class. *gravare* ; *V.* grief), *m. s.* §§ 295 et 290. || xiie s. Molt se pena de lui grever, *Énéas*, 184.]

|| **1°** *Vieilli.* Oppresser par qqch de pénible. D'un fardeau si pesant ayant l'âme grevée, RÉGNIER, *Sat.* 8. *Impersonnt.* Il lui grève fort d'être contraint à payer, TRÉV.

|| **2°** Charger de qqch d'onéreux. Le peuple était grevé d'impôts. (Droit.) Personne grevée de substitution, héritière ou légataire à titre de substitution. Une propriété grevée d'hypothèques. Gens grevés par ses arrêts, LA F. *Fab.* x, 9.

'GRÉVISTE [gré-vìst'] *s. m.*

[ÉTYM. Dérivé de grève, § 265. || *Néolog.*]

|| Ouvrier qui s'est mis en grève.

GRIANNEAU [gri-yà-nó] *s. m.*

[ÉTYM. Diminutif de grian, § 126, mot du patois de la Suisse française, emprunté de l'allem. dialectal grigelhahn, *m. s.* de grigeln, crier, et hahn, coq (*cf.* hanneton), § 17. || 1757. *V.* à l'article. Admis ACAD. 1798.]

|| *Dialect.* Petit coq de bruyère. Des gelinottes et des grianneaux que vous ne connaissez guère, VOLT. *Lett.* 6 mars 1757.

'GRIBANE [gri-bàn'] *s. f.*

[ÉTYM. Origine inconnue. || xve s. Deux batiaulx nommés gabannes (corr. gribannes), MONSTRELET, *Chron.* ii, p. 206.]

|| *Dialect.* (Nord). Embarcation à voiles d'une cinquantaine de tonneaux. Sitôt que j'aurai lié Ma — au plus prochain havre, CHAPELLE, *Lett. à M*me *de Valentiné*, p. 165, Bibl. elzév.

GRIBLETTE [gri-blèt'] *s. f.*

[ÉTYM. Origine inconnue. || 1611. COTGR.]

|| (Cuisine.) Petit morceau de viande, de volaille, qu'on fait griller après l'avoir bardé de lard.

GRIBOUILLAGE [gri-bou-yàj'] et **'GRIBOUILLIS** [gri-bou-yi] *s. m.*

[ÉTYM. Dérivé de gribouiller, §§ 78 et 82. || 1611. Gribouillis, COTGR. | 1752. Gribouillage, TRÉV. Admis ACAD. 1798.]
|| *Famil.* Ce qui est écrit, dessiné, peint confusément.
GRIBOUILLE [gri-bou'y'] *s. m.*
[ÉTYM. Nom propre qui parait tiré plaisamment de gribouiller, §§ 37 et 52. || 1548. Toute femme fllant quenouille Est plus sotte que n'est Gribouille, *Sermon des foulx.* Admis ACAD. 1878.]
|| *Famil.* Type de naïveté. Fin comme Gribouille qui se jette à l'eau crainte de pluie, court ou mal qu'il veut fuir.
GRIBOUILLER [gri-bou-yé] *v. tr.*
[ÉTYM. Origine inconnue. COTGR. ne donne gribouiller qu'au sens de « gargouiller ». || XVIIᵉ s. Filez-vouz, cousez-vouz, gribouillez-vous? GHÉRARDI, *Th. ital.* v, 377. Admis ACAD. 1835.]
|| *Famil.* Écrire, dessiner, peindre (qqch) d'une manière confuse. *Absolt.* Il ne fait que —.
GRIBOUILLETTE [gri-bou-yĕt'] *s. f.*
[ÉTYM. Dérivé de gribouiller, § 133. || 1690. FURET. Admis ACAD. 1762.]
|| *Famil.* Jeu d'enfants où l'on jette qqch au milieu des joueurs, qui se poussent et se disputent à qui l'aura. || *Fig. Famil.* Jeter son cœur à la —, à l'aventure.
'GRIBOUILLEUR, EUSE [gri-bou-yĕur, -yĕuz'] *s. m. et f.*
[ÉTYM. Dérivé de gribouiller, § 112. || *Néolog.*]
|| *Famil.* Celui, celle qui gribouille.
'GRIBOUILLIS. *V.* gribouillage.
'GRIBOURI [gri-bou-ri] *s. m.*
[ÉTYM. Origine inconnue. || XVIᵉ s. Gribouri d'allegresse, *Anc. Th. franç.* IX, 501.]
|| 1° *Anciennt.* Lutin.
|| 2° (Agricult.) Nom vulgaire de l'insecte dit coupe-bourgeon, bêche-lisette, etc.
'GRIDELIN, INE [grid'-lin, -lin'; *en vers,* gri-de-...] *adj.*
[ÉTYM. Pour gris de lin, § 179. (*Cf.* l'angl. gridelin, *m. s.* qui est emprunté du français.) || XVIIᵉ s. *V.* à l'article.]
|| *Vieilli.* De la couleur grise du lin. Mores rouges, noirs, bleus..., gridelins, GHÉRARDI, *Th. ital.* I, 364. Fleurs blanches ou gridelines, LEMERY, dans TRÉV.
GRIÈCHE [gri-èch'] *adj. fém.*
[ÉTYM. Fém. de l'anc. franç. griois, dérivé de griu, grec (lat. græcum), par l'addition du suffixe -isk, § 140. (*Cf.* grégeois, grègue, grive.) || XIIᵉ s. Chevalerie De la grezesche (var. griesche) compagnie, *Énéas,* 2686.]
|| *Anciennt.* Grecque. || *De nos jours.* Usité seulement dans ortie-grièche et pie-grièche. (*V. ces mots.*)
1. GRIEF, IÈVE [gri-yĕf', -yèv'] *adj.*
[ÉTYM. Du lat. pop. *grèvem* (altération du lat. class. gravem, due à l'influence de levem, léger, et de brevem, bref, § 509), *m. s.* §§ 305, 446 et 291. || XIᵉ s. Li quinz après lur est pesanz e griefs, *Roland,* 1687.]
|| *Vieilli.* Grave. Les péchés les plus monstrueux ne lui paraîtront plus si griefs, BOURD. *Impureté,* 1. Sous des peines très grièves, VOLT. *Ch. XII,* 3.
2. GRIEF [gri-yĕf'] *s. m.*
[ÉTYM. Subst. verbal de grever, §§ 52 et 65. || XIIIᵉ s. Il estoit ses hom... et ne lui faisoit on nul griet, *Récits d'un ménestrel de Reims,* 275, var.]
|| 1° *Vieilli.* Dommage qui grève. Redresser les griefs. *P. ext.* (Droit.) Mémoire exposant le préjudice causé par un jugement dont on faisait appel. Griefs d'appel.
|| 2° *P. ext.* Grave sujet de plainte. Avoir des griefs contre qqn.
GRIÈVEMENT [gri-yòv'-man; *en vers,* -yò-ve-...] *adv.*
[ÉTYM. Composé de grièa et ment, § 724. A remplacé l'anc. franç. griefment, § 584. || 1539. R. EST.]
|| *Vieilli.* D'une manière grième. Une personne — blessée.
GRIÈVETÉ [gri-yòv'-té; *en vers,* -yè-ve-té] *s. f.*
[ÉTYM. Dérivé de grief 1, § 122. A remplacé l'anc. franç. grieflé, qui vient du lat. pop. *grevitatem.* || XVᵉ s. De quelconque griefveté que le soie grevé, *Intern. consol.* II, 29.]
|| *Vieilli.* Gravité. La — de la faute, de l'offense. Les fautes étaient punies moins sur leur — que sur leurs conséquences, DUCLOS, *L. XI,* I, 424.
GRIFFADE [gri-fàd'] *s. f.*
[ÉTYM. Dérivé de griffe, § 120. || 1564. J. THIERRY, *Dict. franç.-lat.* Admis ACAD. 1762.]
|| Coup de griffe.

GRIFFE [grif'] *s. f.*
[ÉTYM. Tiré du radical de l'anc. haut allem. grîfan, allem. moderne greifen, saisir, §§ 6, 52, 498 et 499. L'anc. franç. emploie plutôt la forme masc. grif (*Renart,* XV, 452). || XVᵉ-XVIᵉ s. Lyon rampant jetant ses griffes fieres, J. MAROT, v, 107, édit. 1731.]
|| 1° Ongle aigu et recourbé de certains carnassiers (chat, tigre, etc.), de certains oiseaux de proie. (*Syn.* ongle.) Garreaux rayés par la — Des chauves-souris, TH. GAUTIER, *Inès.* Donner un coup de — à qqn. Jouer des griffes. || *Fig.* Montrer les griffes et les dents, menacer. Il n'y avait que lui qui eût des griffes assez aiguës pour monter sur la croupe du Parnasse, SOREL, *Francion,* 231. Loc. prov. On connaît le diable à ses griffes. || *P. ext.* La —, les griffes de qqn, sa méchanceté, sa rapacité. Tomber sous la — de qqn. On voit la —, on aperçoit en lui qqch de menaçant. Si j'avais le malheur de tomber dans les griffes de la justice, LES. *Diable boit.* 7.
|| 2° Appendice au moyen duquel s'accrochent certaines plantes grimpantes. || Racines tubéreuses divisées en forme de doigts. Les griffes de la renoncule, de l'asperge.
|| 3° Instrument en forme de griffe d'animal. | 1. Outil dont le doreur se sert pour tenir un petit objet à brunir. | 2. Outil de tapissier pour saisir un grand tapis. | 3. Morceau de bois à crochets pour maintenir l'outil du tourneur. || Instrument à cinq pointes pour marquer la place des portées musicales. || Outil de serrurier pour tracer les pannetons des clefs. || Instrument avec lequel le forestier marque les baliveaux dans une coupe de bois.
|| 4° Empreinte qui reproduit la signature d'une personne. Exemplaires revêtus de la — de l'éditeur (pour éviter la contrefaçon). || *P. ext.* Instrument qui sert à faire cette empreinte. || *P. anal.* — d'oblitération, instrument dont se sert l'administration pour oblitérer les timbres mobiles.
GRIFFER [gri-fé] *v. tr.*
[ÉTYM. Dérivé de griffe, § 154. || 1386. Lequel bailli fu griffez au visage, dans DU C. griffare.]
|| 1° Frapper de la griffe. Le chat l'a griffé. || *P. anal.* En parlant de l'homme. Frapper de l'ongle. Vous m'avez griffé.
|| 2° (Technol.) Marquer de l'empreinte d'une griffe.
1. GRIFFON [gri-fon] *s. m.*
[ÉTYM. Dérivé du lat. gryphus, grec γρύψ, *m. s.* § 104. || XIIᵉ s. Li rois a dous gripons ki ont de force tant Li menres porteroit dous homes a arpant, dans P. MEYER, *Alexandre le Grand,* I, p. 130.]
I. || 1° Nom donné à divers grands oiseaux de proie. || *P. ext.* Nom vulgaire du martinet noir.
|| 2° Animal fabuleux, moitié aigle et moitié lion. || *P. ext.* Papier marqué de cette figure. || Ancien canon orné de la figure d'un griffon.
II. Petit chien barbet, à longs poils hérissés sur la tête et le devant du corps.
2. 'GRIFFON [gri-fon] *s. m.*
[ÉTYM. Dérivé de griffe, § 104. || 1690. FURET.]
|| (Technol.) Hameçon double pour pêcher le brochet. || Lime à bord dentelé dont se servent les tireurs d'or.
3. 'GRIFFON [gri-fon] *s. m.*
[ÉTYM. Emprunté du provenç. moderne grifoun, dérivé de grifo ou grifoul, source jaillissante, d'origine incertaine, § 11. || *Néolog.*]
|| (Technol.) Endroit où jaillit une source minérale. Température de l'eau prise au —.
GRIFFONNAGE [gri-fò-nàj'] *s. m.*
[ÉTYM. Dérivé de griffonner, § 78. || XVIIᵉ s. Un griffonnage ridicule, GOMBAUD, *Épigr.* II, 75.]
|| Écriture dont les lettres sont mal formées, peu lisibles. || *Fig.* Écrit composé à la hâte. A l'approche Du — affreux qu'il a toujours en poche, PIRON, *Métrom.* I, 3.
GRIFFONNER [gri-fò-né] *v. tr.*
[ÉTYM. Dérivé de griffer, § 168. || 1611. COTGR.]
|| Écrire en formant mal les lettres. || *P. ext.* Écrire avec précipitation. Je t'ai vu là griffonnant sur ton genou, BEAUMARCH. *B. de Sév.* I, 2. || *Fig.* Composer à la hâte. Je me sais bon gré d'avoir griffonné dans ma vie tant de prose et tant de vers, VOLT. *Lett. en vers et en prose,* 41.
GRIFFONNEUR, 'GRIFFONNEUSE [gri-fò-neur, -neùz'] et, *vieilli,* **'GRIFFONNIER, IÈRE** [gri-fò-nyé, -nyèr'] *s. m. et f.*
[ÉTYM. Dérivé de griffonner, §§ 112 et 115. || XVIᵉ s. Griffonneurs qui brouillassent beaucoup de papier, THEVET, *Hommes illustres,* dans DELB. *Rec.* Admis ACAD. 1835.]

|| Celui, celle qui griffonne. Sire, répondit le griffonnier, VOLT. *Lett. à d'Argent.* 8 mars 1763.

'GRIFFONNIS [gri-fò-ni] *s. m.*
[ÉTYM. Dérivé de **griffonner**, § 82. || 1642. OUD.]
|| (Technol.) Esquisse à la plume.

'GRIFFU, UE [gri-fu] *adj.*
[ÉTYM. Dérivé de **griffe**, § 118. || XVIᵉ s. Un soing griffu, RONS. I, 438, Bibl. elzév.]
|| Armé de griffes. Le vautour, l'aigle, tous les brigands griffus, MICHELET, *Oiseau*, p. 143.

'GRIFFURE [gri-fûr] *s. f.*
[ÉTYM. Dérivé de **griffer**, § 111. || *Néolog.*]
|| *Famil.* Égratignure.

'GRIGNARD [gri-ñàr] *s. m.*
[ÉTYM. Semble dérivé de **grigner**, § 147. Se trouve en anc. franç. au sens de « rechigné ». || (Au sens actuel.) 1821. *Dict. des sciences nat.*]
|| (Technol.) Gypse cristallisé qu'on rencontre dans la pierre à plâtre. || Pierre de construction de qualité inférieure.

'GRIGNE [griñ'] *s. f.*
[ÉTYM. Subst. verbal de **grigner**, § 52. || 1718. On dit a Paris la grigne de pain, LEROUX, *Dict. com.* grignon.]
|| (Technol.) Plissement. || *Spéciall.* | 1. Crispation du feutre. | 2. Fente dans la croûte du pain bien cuit. | 3. Inégalité qu'offre une terre forte, argileuse, que ne divise pas bien le soc de la charrue. || *P. ext.* Couleur dorée du pain bien cuit. Cette couleur dorée et appétissante connue sous le nom de —, ENCYCL. MÉTH. *Boulanger* (1782).

'GRIGNER [gri-ñé] *v. intr.*
[ÉTYM. Mot d'origine germanique, §§ 6, 498 et 499 : anc. haut allem. grinan, allem. mod. greinen, *m. s.* || XIIᵉ s. Il grigne les grenons, *Fierabras*, 2629.]
|| 1° *Anciennt.* Plisser les lèvres en montrant les dents.
|| 2° (Technol.) Goder. Cette étoffe grigne.

GRIGNON [gri-ñon] *s. m.*
[ÉTYM. Semble dérivé de **grigner**, § 104. || XVIᵉ-XVIIᵉ s. Un grignon, un fromage, D'AUB. *Fœneste*, III, 3.]
|| Morceau croquant, pris sur le côté le plus cuit du pain. || *P. anal.* Morceau de biscuit qu'on distribue en ration aux matelots.

GRIGNOTER [gri-ñò-té] *v. tr.*
[ÉTYM. Semble dérivé de **grigner**, § 167. || XVIᵉ s. Grignoter, gringnoter, RAB. dans DELB. *Rec.*]
|| Ronger par petites parcelles, du bout des dents. — un morceau de pain. || *Absolt.* Il ne mange pas, il grignote.

GRIGNOTIS [gri-ñò-ti] *s. m.*
[ÉTYM. Dérivé de **grignoter**, § 82. || 1788. ENCYCL. MÉTH. *Beaux-arts.* Admis ACAD. 1835.]
|| (Technol.) Tailles courtes que fait le graveur pour rendre les objets rugueux, troncs d'arbres, rochers, etc.

GRIGOU [gri-gou] *s. m.*
[ÉTYM. Origine inconnue. || XVIIᵉ s. *V.* à l'article.]
|| *Pop.* Ladre, avare sordide. Maudite soit l'heure que vous avez choisi ce —, MOL. *Jal. du Barb.* sc. 5. Petit vilain — raccourci, REGNARD, *Coquette*, III, 6.

GRIL [gri] *s. m.*
[ÉTYM. Pour **greil, grail**, § 358, du lat. pop. *gratjculum* (class. cratjculum), *m. s.* §§ 377, 346, 402, 390, 290 et 291. A souvent le sens de **grille** en anc. franç. || XIIᵉ s. Auquanz en vit arz et bruiz Qui sur grail erent rostis, MARIE DE FRANCE, *Purg. de St Patrice*, 1095.]
|| 1° Ustensile de cuisine formé de petites tiges de fer parallèles, sur lesquelles on place de la viande, du poisson, pour les faire saisir par un feu vif. Une côtelette sur le —. || Le — de saint Laurent, instrument de supplice du martyr saint Laurent, condamné à mourir sur des charbons ardents. || *Fig. Famil.* Être sur le —, anxieux.
|| 2° (Technol.) Treillis de fer sur lequel les doreurs exposent les pièces au feu. || Machine sur laquelle l'imprimeur en taille-douce fait chauffer la planche avant d'y mettre l'encre. || Chantier à claire-voie destiné à supporter les navires dans les bassins de radoub. || Claire-voie en amont d'une vanne d'écluse, pour arrêter les bois, les immondices. || Cintre à claire-voie du plafond de la scène pour le passage de certains décors.

GRILLADE [gri-yàd] *s. f.*
[ÉTYM. Dérivé de **griller**, § 120. || 1680. RICHEL.]
|| 1° Cuisson sur le gril. De la viande en —.

|| 2° Aliment cuit sur le gril. *Spéciall.* Viande grillée. Une — de porc.

1. GRILLAGE [gri-yàj'] *s. m.*
[ÉTYM. Dérivé de **grille**, § 78. || 1739. Ecluses, pilotis, grillages, dans DELB. *Rec.* Admis ACAD. 1798.]
|| Ouvrage en forme de grille légère.
|| 1° Garniture de fil de fer à mailles plus ou moins serrées, qu'on met devant une fenêtre, une cheminée, etc.
|| 2° Barreaux pour retenir le poisson d'un étang.
|| 3° Charpente à claire-voie pour soutenir des fondations dans l'eau ou dans la glaise.

2. GRILLAGE [gri-yàj'] *s. m.*
[ÉTYM. Dérivé de **griller**, § 78. || 1753. *Hist. de l'Acad. des sc.* p. 201. Admis ACAD. 1762.]
|| (Technol.) Action de griller. *Spéciall.* Le — du minerai.

'GRILLAGER [gri-yà-jé] *v. tr.*
[ÉTYM. Dérivé de **grillage** 1, § 154. || *Néolog.*]
|| (Technol.) Garnir d'un grillage.

'GRILLAGEUR [gri-yà-jeur] *s. m.*
[ÉTYM. Dérivé de **grillager**, § 112. || *Néolog.*]
|| Ouvrier qui fabrique des grillages.

GRILLE [griy'] *s. f.*
[ÉTYM. Pour **greille, graille**, § 358, du lat. pop. *gratjcula* (class. cratjcula), *m. s.* §§ 377, 346, 402, 390, 290 et 291. A souvent le sens de **gril** en anc. franç. || XIIIᵉ s. Ou sur charbons ou sur greilles, J. DE MEUNG, *Rose*, 19477.]
|| 1° Assemblage à claire-voie de barreaux de fer ou de bois, servant de clôture. La — d'un parc. Forcer la — d'un château, les grilles d'une prison, aux portes, aux fenêtres. Être sous les grilles, retenu prisonnier. Les verrous et les grilles Ne font pas la vertu des femmes ni des filles, MOL. *Éc. des m.* I, 2. La — d'un couvent, clôture de la partie réservée aux religieux et aux religieuses. || *P. anal.* Barreaux de la visière d'un heaume, pour garantir les yeux. || *P. ext.* (T. de jeu de paume.) Fenêtre carrée placée sous le bout du toit hors du service. Un coup de — vaut quinze.
|| 2° Support formé de barres de fer sur lequel on place le bois, le charbon, au-dessus du cendrier, dans un fourneau, dans un poêle. || Corbeille formée de barres de fer, où l'on brûle de la houille, du coke dans une cheminée. || *P. ext.* Châssis de fer qui supporte le massif où est établi le moule pour la fonte d'une cloche, d'un canon, etc. || Treillis sur lequel le doreur expose les ouvrages au feu. || Ouvrage de charpente à claire-voie pour soutenir des fondations dans l'eau ou dans la glaise. || Plaque de fer trouée sur une râpe, pour réduire le tabac en poudre.
|| 3° *P. anal.* | 1. Parafe en forme de barreaux croisés que les secrétaires du roi mettaient au-devant de leur signature officielle. | 2. Carton présentant des jours dans lesquels on écrit les mots d'un message secret, remplissant ensuite les intervalles par des mots insignifiants, et dont celui qui reçoit le message a un double pour distinguer les mots significatifs. (*V.* châssis.) | 3. Entrecroisement des ficelles en tête des hautes lices du métier à rubans, pour faciliter le passage des rames.

1. GRILLER [gri-yé] *v. tr.*
[ÉTYM. Dérivé de **gril**, § 154. || XIIᵉ s. Les nonnains fist ardoir et graailler, *Raoul de Cambrai*, 1542.]
|| Saisir par un feu vif un aliment (viande, poisson, pain) mis sur le gril. De la viande grillée. Une tranche de pain grillé. || *P. anal.* Saisir brusquement par le feu. Se — les cheveux. || *Spéciall.* | 1. Faire passer le minerai au feu pour le rendre plus friable. | 2. Faire passer les toiles de coton à la flamme, après le tissage, pour enlever le duvet. || *P. ext.* Des plantes grillées par le soleil, et, *p. anal.* La gelée a grillé les jeunes pousses. *Au participe passé pris substantivt.* Le grillé, altération de la vigne causée par l'excès de la chaleur. || *P. hyperb.* Être grillé du soleil, éprouver une chaleur excessive. || *Fig. Famil.* — d'impatience, se consumer d'impatience. *Dans le même sens.* — dans sa peau, et, *absolt,* —. L'autre grille déjà de conter la nouvelle, LA F. *Fab.* VIII, 6.

2. GRILLER [gri-yé] *v. tr.*
[ÉTYM. Dérivé de **grille**, § 154. || 1572. Une chambre grillée, YVER, *Print. 4ᵉ j.*]
|| 1° Garnir d'une grille (une ouverture). On a fait — les fenêtres. Loge grillée, qu'on peut fermer du côté de la salle par une grille. Dentelle grillée, et, *substantivt,* Un grillé, dentelle dont les fils, peu serrés, se croisent en diagonale.
|| 2° *Vieilli.* Enfermer dans un lieu garni d'une grille.

1. GRILLET [gri-yè] *s. m.* et **GRILLETTE** [gri-yèt'] *s. f.*

[ÉTYM. Paraît être le même mot que l'anc. franç. grillet, grillon. (*Cf.* grelot.)] || 1600. Sonnetes et grillets, A. COLIN, *Hist. des drogues*, dans DELB. *Rec.* Admis ACAD. 1762.]
|| (Fauconn.) Sonnette qu'on attache aux jambes des oiseaux de proie dressés pour la chasse, au cou d'un chien.

2. 'GRILLET [gri-yè] *s. m.*
[ÉTYM. Dérivé de griller, § 133. || *Néolog.*]
|| *Famil.* Ampoule causée par une légère brûlure.

GRILLETÉ, ÉE [griy'-té ; *en vers*, gri-ye-té] *adj.*
[ÉTYM. Dérivé de grillet 1, § 118. || 1611. COTGR. Admis ACAD. 1762.]
|| *Vieilli.* Muni d'un grillet, d'une grillette. *Spécialt.* (Blason.) Faucon d'argent perché et — de même.

'GRILLOIR [gri-ywàr] *s. m.*
[ÉTYM. Dérivé de griller 1, § 113. || *Néolog.*]
|| (Technol.) Fourneau pour griller les toiles.

1. GRILLON [gri-yon] *s. m.*
[ÉTYM. Du lat. pop. 'grîllîonem (lat. class. grillus, § 106), *m. s.* devenu greillon, grillon, §§ 342, 463 et 290. L'anc. franç. dit plus souvent greillon, grelet ou grésillon. || XIVᵉ s. La grille et le grillon, J. CORBICHON, *Propr. des choses*, dans DELB. *Rec.*]
|| Insecte de l'ordre des Orthoptères dit vulgairement cri-cri, à cause du bruit aigu produit (chez le mâle) le frottement des élytres, et qui recherche le soleil, les endroits chauds. Le — des champs. Le — du foyer. Adieu, voisin —, LA F. *Fab.* V, 4. || *P. ext.* -taupe, la courtilière.

2. 'GRILLON [gri-yon] *s. m.*
[ÉTYM. Dérivé de grille, § 104. || 1355. Greillon (d'un étang), dans DU C. grata.]
|| (Technol.) Pile carrée qui sert à étayer les bûches empilées en travers.

GRIMAÇANT, ANTE [gri-mà-san, -sànt'] *adj.*
[ÉTYM. Adj. particip. de grimacer, § 47.|| XVIIᵉ s. *V.* à l'article. Admis ACAD. 1835.]
|| Qui grimace. Une figure grimaçante.|| *Fig.* Qui fait des plis irréguliers. Ses souliers grimaçants, BOIL. *Sat.* 10.

GRIMACE [gri-màs'] *s. f.*
[ÉTYM. Dérivé d'un radical grim, d'origine incertaine, § 81. || XIVᵉ s. Grimache, JEH. DES PREIS, *Geste de Liege*, II, 1643. | XVᵉ s. Jehan leur fist une grimace, GUILL. DE ST-ANDRÉ, *Livre du bon Jehan*, 2217.]
|| Contorsion de la figure. Son visage faisait des grimaces hideuses, FÉN. *Tél.* 8. Faire la — en signe de mécontentement. et, *fig.* être mécontent. Je fis une — intérieure, SÉV. 1240. Faire la — (pour le narguer). Vous n'avez que faire de hocher la tête et de me faire la —, MOL. *G. Dand.* II, 2. *Fig.* Faire la — à qqn, lui faire mauvais visage. || *Fig.* Mine par laquelle on singe des sentiments qu'on n'éprouve pas. Avec des doigts levés en l'air et des grimaces Il prétendait guérir malades et blessés, V. HUGO, *Paroles d'un conservateur.* Les grimaces ne sont point nécessaires, MOL. *Mal. im.* II, 6. L'honnêteté d'une femme n'est pas dans les grimaces, ID. *Crit. de l'Éc. des f.* sc. 3. Tout le secret ne gît qu'en un peu de —, CORN. *Ment.* I, 6.

GRIMACER [gri-mà-sé] *v. intr.*
[ÉTYM. Dérivé de grimace, § 154. || 1611. COTGR.]
|| (T. de peint., de sculpt.) Faire des grimaces. Une tête qui grimace. || *Fig.* Il (Molière) n'eût point fait souvent — ses figures, BOIL. *Art p.* 3.|| *P. ext. Fig.* Un vêtement qui grimace, qui fait des plis irréguliers.

'GRIMACERIE [gri-màs'-ri ; *en vers*, -mà-se-ri] *s. f.*
[ÉTYM. Dérivé de grimacer, § 69. || XVIIᵉ s. *V.* à l'article.]
|| *Rare.* Action de grimacer. Il fit autour force grimaceries, LA F. *Fab.* VI, 6.

GRIMACIER, IÈRE [gri-mà-syé, -syèr] *adj.*
[ÉTYM. Dérivé de grimace, § 115. || 1611. COTGR.]
|| Qui fait habituellement des grimaces. Les enfants sont grimaciers. *Substantivt.* Un —, une grimacière. || *Fig.* Qui singe un sentiment. *Substantivt.* Ils donnent hautement dans le panneau des grimaciers et appuient aveuglément les singes de leurs actions, MOL. *D. Juan*, V, 2.

GRIMAUD [gri-mô] *s. m.*
[ÉTYM. Origine incertaine. Peut-être dérivé du radical de grimoire, § 138. || XVIᵉ s. La première classe des petits grimaulx, RAB. II, 8.]
|| Écolier qui en est aux éléments. || *P. ext.* Pédant de collège. (Vers) des moindres grimauds chez Ménage sifflés, BOIL. *Sat.* 4. Allez, petit —, barbouilleur de papier, MOL. *F. sav.* III, 3. Il sait le grec, c'est un —, LA BR. 12.

'GRIMAUDAGE [gri-mó-dàj'] *s. m.*
[ÉTYM. Dérivé de grimaud, § 78. || XVIIᵉ s. *V.* à l'article.]
|| *Vieilli.* Verbiage. Otez-vous donc de l'esprit tout ce —, SÉV. 951.

'GRIMAUDERIE [gri-mód'-ri ; *en vers*, -mó-de-ri] *s. f.*
[ÉTYM. Dérivé de grimaud, § 69. || XVIᵉ s. Pour avoir étudié en grimaulderie, BON. DES PER. dans GODEF. *Compl.*]
|| *Vieilli.* Action de dire du verbiage. Grimauderies pédantesques, SOREL, *Francion*, p. 168.

1. GRIME [grim'] *s. m.*
[ÉTYM. Tiré de grimaud, § 36.|| 1680. RICHEL. Admis ACAD. 1718.]
|| *Vieilli.* Méchant écolier.

2. GRIME [grim'] *s. m.*
[ÉTYM. Emprunté de l'ital. grimo, *m. s.* proprt, « ridé », § 12. || *Néolog.* Admis ACAD. 1835.]
|| (Théâtre.) Personnage de vieillard ridicule. Jouer les grimes.

GRIMELIN [grim'-lin ; *en vers*, gri-me-...] *s. m.*
[ÉTYM. Dérivé du radical de grimaud, §§ 62 et 100. || XVIᵉ s. Petits grimelins, TABOUROT, *Bigarr.* préf.]
|| *Vieilli.* Petit écolier. || *P. anal.* Celui qui joue petit jeu. || *P. plaisant. Adjectivt.* Mesquin. Votre sublime dos près de son dos voûté N'a qu'une bosse grimeline, GHERARDI, *Th. ital.* III, 301.

'GRIMELINAGE [grim'-li-nàj' ; *en vers*, gri-me-...] *s. m.*
[ÉTYM. Dérivé de grimeliner, § 78. || Admis ACAD. 1694 ; suppr. en 1878.]
|| *Vieilli.* Action de grimeliner.

'GRIMELINER [grim'-li-né ; *en vers*, gri-me-...] *v. intr.*
[ÉTYM. Dérivé de grimelin, § 154. || 1651. LORET, *Muse histor.* 24 sept. Admis ACAD. 1694 ; suppr. en 1878.]
|| *Vieilli.* Jouer petit jeu. Je ne puis pas — davantage, DUFRESNY, *Néglig.* II, 1. || *P. anal.* Faire de petits profits.

GRIMER [gri-mé] *v. tr.*
[ÉTYM. Dérivé de grime 2, § 154. || *Néolog.* Admis ACAD. 1835.]
|| (Théâtre.) Marquer (qqn) de rides, pour lui donner l'air vieux. Un acteur bien grimé. Il se grime bien.

GRIMOIRE [gri-mwàr] *s. m.*
[ÉTYM. Pour gramoire, § 509, variante dialectale de grammaire, qui, au moyen âge, désigne spécialement la grammaire latine, inintelligible pour le vulgaire. Le changement de genre est dû à une ellipse : un gramoire, pour un livre de grimoire, § 554. || XIIᵉ s. Par artimaire Et par la force de gramaire, *Thèbes*, app. II, 9323. | XIIIᵉ s. Et font parroistre par lur grymoire Voir comme mençonge, MONTAIGLON et RAYNAUD, *Rec. de fabliaux*, II, 242.]
|| Livre en caractères mystérieux dont se servaient les sorciers. On appelait ces livres grimoires en France, et ailleurs l'alphabet du diable, VOLT. *Dict. philos.* houc. || *Fig.* Ce qui est indéchiffrable. C'est, mon ami, un — et des mots Dont tous les courtisans endorment les plus sots, RÉGNIER, *Sat.* 4. Sans tant... de fatras et de grimoires, LA F. *Fab.* I, 21.

GRIMPANT, ANTE [grin-pan, -pànt'] *adj.*
[ÉTYM. Adj. particip. de grimper, § 47. || XVIIᵉ s. *V.* à l'article. Admis ACAD. 1835.]
|| Qui aime à grimper. Rien ne peut arrêter cet animal —, LA F. *Fab.* XII, 4. || *P. anal.* Plante grimpante, qui monte en s'accrochant aux corps voisins.

GRIMPER [grin-pé] *v. intr.*
[ÉTYM. Forme nasalisée de gripper, s'accrocher (en montant), § 361. || XVᵉ s. Encontre remper ou gripper, *Gloss. franç.-lat.* mss lat. Bibl. nat. 7684, f° 50. | 1532. Grimper dessus les murailles, P. DESREY, *Mer des cron.* dans DELB. *Rec.*]
|| S'élever en s'accrochant à ce qui peut aider. Voyez — sur ces roches Ces athlètes belliqueux, BOIL. *Od.* 1. Sentier solitaire et rude où il grimpe plutôt qu'il ne marche, BOSS. *R. d'Angl.* || *P. ext.* Monter péniblement. Nous grimpons à une cinquième étage, MONTESQ. *Lett. pers.* 15. Un enfant grimpé sur une chaise. || En parlant d'une plante, monter en s'accrochant aux corps voisins.

GRIMPEREAU [grinp'-ró ; *en vers*, grin-pe-...] *s. m.*
[ÉTYM. Dérivé de grimper, § 126. || 1555. Le torchepot, aussi nommé grimpereau, P. BELON, *Nature des oiseaux*, p. 304. Admis ACAD. 1835.]
|| Passereau ténuirostre qui grimpe le long des arbres.

GRIMPEUR [grin-peùr] *s. m.*

[ÉTYM. Dérivé de grimper, § 112. || 1611. COTGR. Admis ACAD. 1835.]

|| Qui a l'habitude de grimper. Les animaux grimpeurs, et, *substantivt*, Les grimpeurs, nom d'un ordre d'oiseaux, d'une famille de rongeurs, et d'un genre de reptiles.

GRINCEMENT [grins'-man ; *en vers*, grin-se-...] *s. m.*
[ÉTYM. Dérivé de grincer, § 154. || XVe s. Gemissemens et gricemens, dans GODEF. *Compl.*]

|| Action de grincer. Le — de la scie, de la lime. Le — d'un essieu. *Spécialt.* — de dents, action de frotter les dents d'en bas contre celles d'en haut, de manière à produire un bruit aigre.

GRINCER [grin-sé] *v. intr.*
[ÉTYM. Origine incertaine ; le mot paraît trop récent pour pouvoir se rattacher à l'anc. haut allem. gremizzon, *m. s.* (*Cf.* crisser et l'anc. franç. croissir, qui ont un sens analogue.) || XVe-XVIe s. Grisser les dens, *Roman des deux amans*, dans GODEF. *Compl.* | 1539. Grincer, R. EST.]

|| Frotter de manière à produire un son aigre. (*Cf.* crisser.) Une porte qui grince. La clef grince dans la serrure. Quand sur toi leur scie a grincé, MUSSET, *Trois marches*. — des dents, et, *vieilli*, *transitivt*, — les dents, en frottant les dents d'en bas contre celles d'en haut.

GRINCHEUX, EUSE [grin-cheù, -cheùz'] *adj.*
[ÉTYM. Paraît être une forme dialectale pour grinceur (COTGR.), celui qui grince facilement des dents, §§ 16 et 391. || *Néolog.* Admis ACAD. 1878.]

|| *Famil.* Qui est d'humeur désagréable. *Substantivt.* Un —, une grincheuse.

GRINGALET [grin-gà-lè] *s. m.*
[ÉTYM. Mot d'origine inconnue qui apparaît en français dès le XIIe s. et désigne une sorte de cheval. || (Au sens actuel.) 1611. COTGR.]

|| *Famil.* Homme de corps grêle, chétif.

'GRINGOLE [grin-gòl] *s. f.*
[ÉTYM. Semble une autre forme de gargouille ; dans ce cas, le verbe dégringoler, anciennement gringoler, signifierait « tomber de la gargouille », en parlant de l'eau.]

|| (Blason.) Tête de serpent qui termine certaines croix.

GRINGOLÉ, ÉE [grin-gò-lé] *adj.*
[ÉTYM. Dérivé de gringole, § 118. || 1644. Croix gringollee d'or, VULSON DE LA COLOMBIÈRE, *Science héroïque*, p. 138. Admis ACAD. 1762.]

|| (Blason.) Terminé en gringole. Croix gringolée d'or.

GRINGOTTER [grin-gò-té] *v. intr.*
[ÉTYM. Origine inconnue. || XVe s. Gringotez et croquez vos notes, GREBAN, *Passion*, 3845.]

|| 1° Gazouiller.
|| 2° Fredonner. *Transitivt.* Vous ordonnez que je gringotte Quelques vers sur la ravigotte, LE P. DUCERCEAU, *Poés. div.*

GRINGUENAUDE [gring'-nôd' ; *en vers*, grin-ghe-...] *s. f.*
[ÉTYM. Origine inconnue. || XVIe s. V. à l'article.]

|| 1° Ordures qui restent autour du fondement. Un monceau De gringuenaudes de pourceau Grosses comme grosses fumées, D'AUB. *Printemps*, 20.
|| 2° Parcelle d'aliments qui remonte dans le nez.

'GRIOT [gri-yó]. V. gruau.

GRIOTTE [gri-yòt'] *s. f.*
[ÉTYM. Pour agriote, § 360, dérivé de aigre, §§ 65 et 136. || XVIe s. Griotes, R. EST. (1539). Les agriotes ou cerizes aigres, O. DE SERRES, VIII, 2.]

|| 1° Cerise aigre, à courte queue.
|| 2° P. ext. Marbre d'un rouge cerise tacheté de brun.

GRIOTTIER [gri-yò-tyé] *s. m.*
[ÉTYM. Dérivé de griotte, § 115. || XVIe s. Gruotiers, bigarreaux, merisiers, CL. GAUCHET, *Plaisir des champs*, dans DELB. *Rec.*]

|| Cerisier qui produit la griotte.

'GRIP [grip'] *s. m.*
[ÉTYM. Subst. verbal de gripper, § 527. (*Cf.* grippe.) || 1611. COTGR.]

|| (Fauconnerie.) Rapine. Oiseau de —, oiseau de proie.

'GRIPPAGE [gri-pàj'] *s. m.*
[ÉTYM. Dérivé de gripper, § 78. || *Néolog.*]

|| (Technol.) Frottement des pièces d'une machine qui, au lieu de glisser, s'accrochent et s'arrêtent.

GRIPPE [grip'] *s. f.*
[ÉTYM. Subst. verbal de gripper, § 52. (*Cf.* grip.) || XIIIe-XIVe s. El tens duquel je vous parole, Que Richard commença ces grippes, G. GUIART, *Roy. lign.* 786, Buchon. Admis ACAD. 1740.]

|| 1° *Vieilli.* Fantaisie soudaine. C'est un homme de —, de fantaisie, d'impétuosités successives, ST-SIM. IX, 150. Voilà la — des femmes d'aujourd'hui, REGNARD, *Mezzetin aux enfers*, sc. 1. || *Spécialt.* De nos jours. Prévention soudaine. Prendre qqn en —.
|| 2° *Fig.* Sorte de catarrhe épidémique. Avoir la —.

GRIPPÉ, ÉE [gri-pé] *adj.*
[ÉTYM. Dérivé de grippe, § 118. || *Néolog.* Admis ACAD. 1878.]

|| Atteint de la grippe (catarrhe épidémique).

'GRIPPE-CHAIR [grip'-chèr ; *en vers*, gri-pe-...] *s. m.*
[ÉTYM. Composé de grippe (du verbe gripper) et chair, § 209. || XVIIe s. V. à l'article.]

|| P. *plaisant.* Vieilli. Agent de police, archer. (*Cf.* grippe-coquin.) Vous et vos grippe-chairs (*sic*), vous pouvez disparaître, BOURS. *Mots à la mode*, sc. 15.

'GRIPPE-COQUIN [grip'-kò-kin ; *en vers*, gri-pe-...] *s. m.*
[ÉTYM. Composé de grippe (du verbe gripper) et coquin, § 209. || XVIIIe s. LE PÈRE DUCHESNE, *Lett.* 43.]

|| *Vieilli.* Piège pour saisir la main du voleur dans les poches. || P. *plaisant.* Gendarme, agent de police. (*Cf.* grippe-chair.)

'GRIPPE-FROMAGE [grip'-frò-màj' ; *en vers*, gri-pe-...] *adj.*
[ÉTYM. Composé de grippe (du verbe gripper) et fromage, § 209. || XVIIe s. V. à l'article.]

|| *Famil.* Qui grippe le fromage. Le chat —, LA F. *Fab.* VIII, 22.

'GRIPPELER [grip'-lé ; *en vers*, gri-pe-lé] *v. tr.*
[ÉTYM. Dérivé de grippe, § 162. || 1752. TRÉV.]

|| (Technol.) Froncer. Les étoffes se grippellent.

'GRIPPEMENT [grip'-man ; *en vers*, gri-pe-...] *s. m.*
[ÉTYM. Dérivé de gripper, § 145. || 1611. COTGR.]

|| *Famil.* Froncement. *Spécialt.* (Médec.) — de la face.

GRIPPER [gri-pé] *v. tr.*
[ÉTYM. Emprunté du bas allem. gripan, *m. s.* forme qui correspond au haut allem. grifan (d'où griffe, griffer), §§ 10, 498 et 499. || 1454. Texte dans DELB. *Rec.*]

I. || 1° Saisir avec les griffes. || P. *anal.* Saisir violemment. (*Syn.* agripper.) La bête fut grippée, LA F. *Fab.* V, 6. Quand au collet on l'est venu —, TH. CORN. *Galant double*, IV, 8.
|| 2° P. *anal.* Froncer. Cette étoffe se grippe. *Spécialt.* (Médec.) Face grippée (dans certaines douleurs aiguës).
II. *Anciennt.* Accrocher. Se — à qqch. Commencèrent à eux — aux cordes (d'une galère) et monter à l'abordage, J. D'AUTHON, *Annales de Louis XII*, fo 27, dans LA C. (*Cf.* grimper.) || *De nos jours. Absolt.* (Technol.) S'accrocher, en parlant des pièces d'une machine. (*Cf.* grippage.)

GRIPPE-SOU [grip'-sou ; *en vers*, gri-pe-...] *s. m.*
[ÉTYM. Composé de grippe (du verbe gripper) et sou, § 209. || 1680. RICHEL. Admis ACAD. 1718.]

|| 1° *Anciennt.* Celui qui se chargeait de toucher les rentes des particuliers, moyennant un sou par livre.
|| 2° *Famil.* Celui qui fait misérablement de petits profits.

GRIS, ISE [gri, grīz'] *adj.*
[ÉTYM. Emprunté de l'anc. haut allem. gris, allem. moderne greis, *m. s.* §§ 6, 498 et 499. || XIIe s. La vendeit on le vair, le gris, *Énéas*, 450.]

|| Qui est d'une couleur intermédiaire entre le blanc et le noir. Cheveux —, qui commencent à blanchir. Avoir la tête grise, être —, avoir les cheveux qui commencent à blanchir. Porter tête grise, MOL. *Ét.* II, 4. La substance grise de l'encéphale. Une robe grise, un manteau —. Sœurs grises, sœurs de charité qui portent un costume gris. *Loc. prov.* La nuit tous les chats sont — (paraissent gris), la nuit le beau ne se distingue pas du laid. Bois —, ayant encore son écorce grise. Papier —. Papier — pour filtrer, papier gris non collé. Lettres grises, lettres gravées contenant des parties vides qui les font paraître grises. Un temps —, couvert, sombre. Faire grise mine à qqn, lui faire médiocre accueil. || *Fig.* Être —, à demi ivre. || *Substantivt.* La couleur grise. Le — est une couleur solide. P. *appos.* Une robe —-brun. Des chevaux —-pommelé. Un habit —-de-souris. Une étoffe —-de-lin. (*Cf.* gridelin.) Des gants —-de-perle, ou —-perle. Renard —-de-fer, etc. || *Ellipt.* Être vêtu de —, porter

du —, un habillement gris. ǁ Petit-—, variété d'écureuil qui a le dessus du corps gris et le ventre blanc. *P. ext.* La fourrure de cet animal. *Spécialt.* La fourrure du dos. Ventre de —, la fourrure du ventre, qui est plus blanche. Un manteau doublé de petit-—, de ventre de —.

GRIS (VERT-DE-) *V.* vert-de-gris.

GRISAILLE [gri-zǎy'] *s. f.*
[ÉTYM. Dérivé de gris, § 95. ǁ 1676. A. FÉLIBIEN, *Princip. de l'architect.* p. 247.]
ǁ **1°** Peinture grise, où l'on n'emploie d'autre couleur que le blanc et le noir, et qui imite le bas-relief.
ǁ **2°** Mélange de cheveux blancs et de cheveux bruns pour perruques. ǀ Étoffe mélangée de noir et de blanc, ou à petits carreaux noirs et blancs.
ǁ **3°** *Dialect.* Peuplier blanc.

GRISAILLER [gri-zà-yé] *v. tr.* et *intr.*
[ÉTYM. Dérivé de grisaille, § 154. ǁ 1690. FURET.]
ǁ (Technol.) ǁ **1°** *V. tr.* Peindre en gris. *Spécialt.* Peindre en grisaille.
ǁ **2°** *V. intr.* Prendre une teinte grise.

'GRISARD, ARDE [gri-zǎr, -zàrd'] *adj.* et *s. m.*
[ÉTYM. Dérivé de gris, § 147. ǁ 1351. Palefroy grisart, dans GODEF. grisart.]
ǁ **1°** *Vieilli. Adj.* Qui est d'un gris foncé. La palombe grisarde, DU BARTAS, *Semaine*, 15.
ǁ **2°** *S. m.* Nom vulgaire donné au goéland, au blaireau, au peuplier blanc, à un grès très dur. (*Cf.* grison.)

GRISÂTRE [gri-zâtr'] *adj.*
[ÉTYM. Dérivé de gris, § 151. ǁ XVᵉ-XVIᵉ s. Grisatre basanné, J. LE MAIRE, dans DELB. *Rec.*]
ǁ Qui tire sur le gris. Une teinte —.

1. GRISER [gri-zé]. *V.* gréser.

2. GRISER [gri-zé] *v. intr.* et *tr.*
[ÉTYM. Dérivé de gris, § 154. ǁ 1539. R. EST. Admis ACAD. 1762 au sens II, 2°.]
I. *Vieilli. V. intr.* Devenir de couleur grise. (*Cf.* grisonner.) *Spécialt.* (Technol.) Les bleus célestes... ne feront que — et perdre l'éclat du bleu, *Instr. pour les teintures de laine* (1671), art. 13.
II. *V. tr.* ǁ **1°** (Technol.) Faire devenir de couleur grise. L'addition du noir grise ou rabat la couleur, CHEVREUL, dans *Compte rendu de l'Acad. des sc.* I., 884.
ǁ **2°** *Fig.* Rendre gris, à demi ivre. On l'a grisé. Il s'est grisé à souper. ǁ *P. anal. Famil.* Étourdir en excitant. Grisé par l'odeur de la poudre. ǁ *Fig.* Le succès l'a grisé. Il se grise de ses propres paroles.

'GRISERIE [griz'-ri ; *en vers*, gri-ze-ri] *s. f.*
[ÉTYM. Dérivé de griser, § 69. ǁ *Néolog.*]
ǁ Légère ivresse.

GRISET, ETTE [gri-zò, -zĕt'] *adj.* et *s. m.* et *f.*
[ÉTYM. Dérivé de gris, § 133. ǁ XIIᵉ-XIIIᵉ s. Cape grisets, *Perceval*, 40062.]
I. *Anciennt. Adj.* Qui tire sur le gris. (*V.* grisâtre.)
II. ǁ **1°** *S. m.* Nom donné au jeune chardonneret (dont les plumes sont encore grises), à l'hirondelle de mer, à l'argousier, etc.
ǁ **2°** *S. f.* ǀ **1.** Étoffe grise commune. Un haut-de-chausses de grisette, SCARR. *Virg. trav.* 6. ǀ *P. ext.* Fille de petite condition, vêtue de cette étoffe. *Spécialt.* Jeune ouvrière de mœurs faciles. ǀ **2.** Nom donné à des variétés de fauvettes, de macreuses, de râles, de papillons de nuit, d'agarics, etc.

'GRISOIR [gri-zwàr']. *V.* grésoir.

GRISOLER [gri-zò-lé] *v. intr.*
[ÉTYM. Onomatopée, § 32. ǁ 1718. Texte dans TRÉV. Admis ACAD. 1798 et écrit arbitrairement avec deux l.]
ǁ En parlant de l'alouette, faire entendre son cri.

GRISOLLER. *V.* grisoler.

GRISON, ONNE [gri-zon, -zòn'] *adj.* et *s. m.*
[ÉTYM. Dérivé de gris, § 104. ǁ 1493. Pierre de grison, dans DELB. *Rec.*]
I. *Adj.* Qui est un peu gris. (Ne se dit guère que de la barbe, des cheveux.) Folâtre à la tête grisonne, RÉGNIER, *Sat.* 8. ǁ *Substantivt.* ǀ **1.** Un —, homme qui grisonne. ǀ **2.** Le —, la teinte grisonne. Un homme de moyen âge, Et tirant sur le —, LA F. *Fab.* I, 17.
II. *S. m.* ǁ **1°** Domestique sans livrée, habillé de gris, pour commissions secrètes. Son — va venir pour prendre la réponse, BARON, *Homme à bonnes fort.* 1, 6. Bientôt grisons furent en campagne, HAMILT. *Gram.* 112. Je t'ai vu autrefois

le plus adroit — qu'il y eût en France, REGNARD, *Sérén.* sc. 10. ǁ *P. plaisant.* Moine vêtu de gris. Suivaient de loin deux grisons bien dispos, PIRON, *Moine bridé.*
ǁ **2°** *Famil.* Anc. Et le — se rue Au travers de l'herbe menue, LA F. *Fab.* VI, 8. ǁ (Zoologie.) Petit mammifère de l'Amérique du Sud, carnassier, et voisin du glouton.
ǁ **3°** (Technol.) Grès pour auges, etc. (*Cf.* grisard.)

GRISONNANT, ANTE [gri-zò-nan, -nänt'] *adj.*
[ÉTYM. Adj. particip. de grisonner, § 47. ǁ XVIᵉ s. Poil grisonnant, RAB. III, 28. Admis ACAD. 1878.]
ǁ Qui grisonne. Cheveux noirs grisonnants, J.-J. ROUSS. *Confess.* 2.

GRISONNER [gri-zò-né] *v. intr.* et *tr.*
[ÉTYM. Dérivé de grison, § 154. ǁ XVIᵉ s. Je vois ton poil grisonner en teste, RAB. III, 28.]
ǁ **1°** *V. intr.* Commencer à devenir gris (en parlant des cheveux, de la barbe). Une personne dont les cheveux grisonnent, et, *p. ext.* Une personne qui grisonne. Rufin commence à —, LA BR. 11.
ǁ **2°** *V. tr.* (Technol.) Teindre en gris. (*Cf.* griser.)

GRISOU [gri-zou] *s. m.*
[ÉTYM. Emprunté du patois wallon brisou ou grisou, *m. s.* d'origine incertaine, § 16. ǁ 1769. Feu brisou, MORAND, *Art d'expl. les mines*, p. 87. ǀ 1796. Veines de houille dites à grisou, *Journal des mines*, an IV, nᵒ 18, p. 1. Admis ACAD. 1835.]
ǁ (Technol.) Hydrogène protocarboné, gaz inflammable qui se dégage dans les mines, surtout dans les houillères, et devient explosible quand il est mêlé avec l'air. Un coup de —. Le feu —.

'GRISOUTEUX, EUSE [gri-zou-tĕu, -tĕuz'] *adj.*
[ÉTYM. Dérivé de grisou, §§ 63 et 116. ǁ *Néolog.*]
ǁ (Technol.) Qui contient du grisou.

GRIVE [griv'] *s. f.*
[ÉTYM. Paraît être l'anc. adj. grive, fém. de griu, grec, § 38. (*V.* griéche.) ǁ XIVᵉ s. Mangez la grive au disner, GAUT. DE BIBLESWORTH, dans PALSGR. p. 28.]
ǁ Oiseau de l'ordre des Passereaux dentirostres, formant une espèce du genre merle, à plumage mêlé de blanc et de brun. Les grives se gorgent de raisin. *Loc. prov.* Être soûl comme une — (gorgée de raisin). Faute de grives, on prend, on mange des merles, faute de mieux on prend ce qu'on trouve.

GRIVELÉ, ÉE [griv'-lé ; *en vers*, gri-ve-lé] *adj.*
[ÉTYM. Dérivé de grive, §§ 62 et 118. ǁ XIIIᵉ s. Palefroi griolé, BEAUMAN. *Jehan et Blonde*, 3133.]
ǁ Mêlé de blanc et de brun. Plumage —.

GRIVELÉE [griv'-lé ; *en vers*, gri-ve-lé] *s. f.*
[ÉTYM. Subst. particip. de griveler, § 45. ǁ XVIᵉ-XVIIᵉ s. Vous et moy couperons bras et jambes à Madame Grivelee, SULLY, *OEcon. roy.* ann. 1596.]
ǁ *Vieilli.* Profit illicite.

GRIVELER [griv'-lé ; *en vers*, gri-ve-lé] *v. intr.*
[ÉTYM. Semble dérivé de grive, § 162, proprt, « vivre comme la grive ». ǁ 1620. Griveler sur les pauvres, *Chron. bordel.* dans DELB. *Rec.*]
ǁ *Vieilli.* Faire des profits illicites. Monsieur, le roi entend que vous vous absteniez de... et en disant cela il faisait avec la main la patte de chapon rôti, lui voulant dire qu'il ne fallait pas —, T. DES RÉAUX, *Histor.* 1, 219.

GRIVÈLERIE [gri-vĕl-ri ; *en vers*, -vè-le-ri] *s. f.*
[ÉTYM. Dérivé de griveler, § 69. ǁ XVIᵉ s. Ennemy de toutes les griveleries, *Mém. sur Duguesclin*, 16. Admis ACAD. 1762.]
ǁ *Vieilli.* Action de griveler, de faire des profits illicites.

GRIVELEUR, 'GRIVELEUSE [griv'-lĕur, -lĕuz' ; *en vers*, gri-ve-...] *s. m.* et *f.*
[ÉTYM. Dérivé de griveler, § 112. ǁ 1642. OUD.]
ǁ *Vieilli.* Celui, celle qui fait des profits illicites.

'GRIVELURE [griv'-lür ; *en vers*, gri-ve-...] *s. f.*
[ÉTYM. Dérivé de grivelé, § 111. ǁ 1545. Grivolures rouges entremeslees, G. GUÉROULT, dans DELB. *Rec.*]
ǁ Nuance mi-partie brune et grise.

'GRIVETTE [gri-vĕt'] *s. f.*
[ÉTYM. Dérivé de grive, § 133. ǁ 1611. COTGR.]
ǁ Petite grive. ǁ Espèce de merle.

'GRIVIÈRE [gri-vyér'] *s. f.*
[ÉTYM. Dérivé de grive, § 115. ǁ XVIIIᵉ s. BUFF. *Grive*.]
ǁ *Rare.* Volière où on élève des grives.

GRIVOIS, OISE [gri-vwá,-vwâz'] *s. m.* et *f.* et *adj*
[ÉTYM. Tiré de grivoise (*V.* ce mot), § 37. || 1690. Vive la pipe, c'est le salut du grivois, DOMINIQUE, *Fille sav.* sc. de l'enrôlement. Admis ACAD. 1718.]
I. *S. m.* et *f.* | **1.** *S. m.* Soldat allemand au service de la France, et, *p. ext.* soldat. Son adversaire choisit pour le sien un — de ses amis, LES. *Estev. Gonzalez*, 46. | **2.** *S. f.* Grivoise, femme qui va avec les soldats. | **3.** *P. anal.* Homme, femme d'humeur hardie.
II. *Adj.* Qui est d'une gaieté immodeste. Une personne grivoise. Des propos —. Une chanson grivoise.

***GRIVOISE** [gri-vwâz'] *s. f.*
[ÉTYM. Pour rivoise, § 360, altération de l'allem. reibeisen, fer à râper, § 7. Le mot est venu en français par Strasbourg, après la prise de cette ville (1681). || 1701. FURET.]
|| *Anciennt.* Tabatière munie d'une râpe à tabac, portée surtout par les soldats.

GROG [gròg'] *s. m.*
[ÉTYM. Emprunté de l'angl. grog, *m. s.* sobriquet de l'amiral Vernon, qui obligea les marins anglais à mettre de l'eau dans leur rhum, § 8. || *Néolog.* Admis ACAD. 1835.]
|| Boisson d'eau froide ou chaude, où l'on met du sucre, de l'eau-de-vie ou un autre spiritueux et du citron.

***GROGNANT, ANTE** [grò-ñan, -ñânt'] *adj.*
[ÉTYM. Adj. particip. de grogner, § 47. || *Néolog.*]
|| Qui grogne. *Spéciall.* Vache grognante, nom vulgaire d'une espèce de bison.

GROGNARD, ARDE [grò-ñàr, -ñàrd'] *adj.*
[ÉTYM. Dérivé de grogner, § 147. || XIIIᵉ s. Vilein jelos groinart, dans DELB. *Rec.* Admis ACAD. 1798.]
|| Qui a la manie de grogner. *Substantivt.* Un —, une grognarde. *Spéciall.* Nom donné, sous Napoléon Iᵉʳ, aux soldats de la vieille garde. Trois fantômes de vieux grognards En uniforme de l'ex-garde, TH. GAUTIER, *Vieux de la vieille.*

***GROGNE** [gròñ'] *s. f.*
[ÉTYM. Subst. verbal de grogner, § 52. || XIVᵉ s. Si qu'il ne feront jamais grongne, GUILL. DE MACHAULT, dans GODEF. groingne.]
|| *Famil.* Mécontentement qu'on témoigne en grognant.

GROGNEMENT [gròñ'-man ; *en vers*, grò-ñe-...] *s. m.*
[ÉTYM. Dérivé de grogner, § 145. || XVᵉ s. Les grognemens des porcs, dans GODEF. *Compl.* Admis ACAD. 1762.]
|| Action de grogner. Le — d'un pourceau. || *Fig.* Murmure par lequel qqn exprime son mécontentement.

GROGNER [grò-ñé] *v. intr.*
[ÉTYM. Anc. franç. gronir, qui vient régulièrement du lat. grūnnīre, *m. s.* §§ 348, 366 et 291. La substitution de grogner à gronir paraît due à l'influence de grigner, qui a un sens voisin, § 509. || XIIᵉ s. N'aveit breit ne gruni ne crié ne huchié, GARN. DE PONT-STE-MAX. *St Thomas*, 5523. | XVᵉ s. Fortune tousjours me groingne, CH. D'ORL. 137.]
|| **1°** En parlant de certains animaux, pousser un petit cri sourd. Le cochon grogne.
|| **2°** *P. anal.* En parlant des personnes, murmurer en signe de mécontentement. *Famil. Transitivt.* — qqn, lui exprimer son mécontentement. (*Cf.* gronder.)

GROGNEUR, EUSE [grò-ñeùr, -ñeùz'] *adj.*
[ÉTYM. Dérivé de grogner, § 112. || 1680. RICHEL.]
|| Qui a l'habitude de grogner. *Substantivt.* Un —, une grogneuse.

GROGNON [grò-ñon] *s. m.* et *f.*
[ÉTYM. Dérivé de grogner, § 104. || XVIIIᵉ s. *V.* à l'article. Admis ACAD. 1835.]
|| Celui, celle qui est toujours disposé à grogner. Les petites pensionnaires appellent entre elles la mère — celle qui est chargée du soin de leur éducation, TRÉV. (1752). Un, une —. *P. appos.* Un homme, une femme —.

***GROGNONNER** [grò-ñò-né] *v. intr.*
[ÉTYM. Dérivé de grognon, § 154. || XVIIᵉ-XVIIIᵉ s. *V.* à l'article.]
|| **1°** En parlant de certains animaux, pousser habituellement de petits cris sourds. J'aime mieux —, FÉN. *Dial. des morts*, Anc. 6.
|| **2°** *P. anal.* En parlant des personnes, grogner habituellement.

GROIN [grou-in ; *ancient*, grwin] *s. m.*
[ÉTYM. Du lat. pop. *grūnnium (tiré de grunnire, grogner, § 71), §§ 324, 329, 483 et 291. || XIIᵉ s. Gruing de porc, GARN. DE PONT-STE-MAX. *St Thomas*, p. 71, Bekker.]

|| Museau du cochon, du sanglier.

***GROISER** [grwá-zé]. *V.* gréser.

***GROISIL** [grwà-zïy'] et **GROISILLON** [grwà-zi-yon]. *V.* grésil, grésillon.

***GROLE** [gròl] *s. f.*
[ÉTYM. Du lat. grăcula, *m. s.* devenu *grăgula, *graula, §§ 290 et 381, d'où grole, §§ 333 et 291. (*Cf.* le doublet graille.) Admis ACAD. 1762 et écrit arbitrairement avec deux l.]
|| *Dialect.* Corbeau, freux, choucas.

GROLLE. *V.* grole.

GROMMELER [gròm'-lé ; *en vers*, grò-me-lé] *v. intr.*
[ÉTYM. Emprunté de l'anc. allem. grummeln, *m. s.* §§ 6, 498 et 499. || XIIIᵉ s. Se déduit de grumetlement, dans *Ysopet*, I, 62, Robert.]
|| Murmurer entre ses dents. || *Transit.* Grommelant entre mes dents ces tristes paroles, VOLT. *Homme aux quarante écus.*

***GRONDANT, ANTE** [gron-dan, -dänt'] *adj.*
[ÉTYM. Adj. particip. de gronder, § 47. || XVIᵉ s. Les vens grondans, BIRAGUE, dans GODEF. *Compl.*]
|| Qui gronde. || *Fig.* Des flots grondants les montagnes liquides, CORN. *Poës.* 81.

GRONDEMENT [grond'-man ; *en vers*, gron-de-...] *s. m.*
[ÉTYM. Dérivé de gronder (anc. franç. grondir), § 145. || XIIIᵉ s. Grondement que li uns hom fait, *Serm. de Maurice de Sully*, dans GODEF. *Compl.*]
|| Son menaçant sourd et prolongé que font entendre certains animaux irrités. || *Fig.* Le — de la foudre.

GRONDER [gron-dé] *v. intr.*
[ÉTYM. Anc. franç. grondir, du lat. grŭndīre, variante de grŭnnīre, grogner, §§ 348 et 291. Pour le changement de déclinaison, *V.* § 627. || XIIIᵉ s. Roche... Contre qui la mer gronde et tance, J. DE MEUNG, *Rose*, 5946.]
|| **1°** En parlant de certains animaux irrités, faire entendre un son menaçant, sourd et prolongé. || *Fig.* Le tonnerre gronde. La mer grondait sourdement, FÉN. *Tél.* 6.
|| **2°** *P. anal.* En parlant de l'homme. | **1.** Se plaindre entre ses dents. Dans un coin, en grondant, je m'essuie, BOIL. *Sat.* 6. || *Vieilli. Transit.* Murmurer entre ses dents (qqch). Grondant quelques paroles, RÉGNIER, *Sat.* 10. Grondant une petite chanson entre vos dents, MOL. *Impr.* sc. 3. | **2.** Se plaindre avec humeur. — pour un potage mal assaisonné, FÉN. *Éduc. des filles*, 11. Laisse ici — quelques censeurs, BOIL. *Ép.* 7. || *Transit.* Réprimander avec humeur. — un enfant.

GRONDERIE [grond'-ri ; *en vers*, gron-de-ri] *s. f.*
[ÉTYM. Dérivé de gronder, § 69. || XVIᵉ s. A cause de sa gronderie (du porc), G. BOUCHET, *Serées*, III, 101.]
|| **1°** *Vieilli.* Action de gronder (*au propre*).
|| **2°** *Famil.* Plainte, réprimande faite avec humeur.

GRONDEUR, EUSE [gron-deùr, -deùz'] *adj.*
[ÉTYM. Dérivé de gronder, § 112. || 1611. COTGR.]
|| Qui a l'habitude de gronder. Les gens grondeurs, et, *substantivt*, Un —, une grondeuse. L'on n'a vu jamais un amour si —, MOL. *Mis.* II, 1. || *Fig.* (*rare*). Le ciel brillait d'éclairs, la mer était grondeuse, LA F. *Parodie de Cléopâtre*, dans *Ragotin*, IV, 2.

GRONDIN [gron-din] *s. m.*
[ÉTYM. Dérivé de gronder, § 100 : le rouget gronde quand il est pris. Grondin s'est dit, en argot, du cochon. (*V.* G. BOUCHET, *Serées*, III, 129.) || 1777. DUHAMEL DU MONCEAU, *Pêches*, III, V, 106. Admis ACAD. 1835.]
|| *Dialect.* Rouget commun, poisson.

GROOM [groum'] *s. m.*
[ÉTYM. Emprunté de l'angl. groom, *m. s.* § 8. (*Cf.* gourmet.) || *Néolog.* Admis ACAD. 1878.]
|| Jeune laquais dont on se fait suivre, à cheval, à qui l'on donne les rênes quand on descend d'une voiture que l'on conduit, etc.

GROS, OSSE [gró, -gròs'] *adj.* et *s. m.* et *f.*
[ÉTYM. Du lat. grŏssum, *m. s.* § 291. (*Cf.* grosse.)]
I. *Adj.* || **1°** Qui dépasse le volume ordinaire. Un — homme, une grosse femme. Te voilà grand et — comme père et mère, MOL. *Scap.* I, 2. Chat bien fourré, — et gras, LA F. *Fab.* VII, 16. Faire le — dos (en parlant d'un chat), relever son dos en bosse. *Fig.* S'enfler de vanité. *Loc. prov.* Il a coûté plus qu'il n'est —. Un — arbre, une grosse souche. Les — murs d'un bâtiment, ceux qui forment l'enceinte, portent

les combles, les voûtes. Écrire en — caractères, et, *ellipt*, Écrire —. Laisse de la marge, écris —, REGNARD, *Filles errantes*, III, 5. — canon, caractère d'imprimerie en usage dans les affiches. Un — livre. Une grosse corde. Verser de grosses larmes. De la grosse toile. || *Fig.* Du — vin, du — miel. | Le — bon sens. Des principes si —, PASC. *Pens.* VII, 1. Une grosse gaieté. Un — rire. En venir aux — mots, aux paroles violentes. Aux grosses paroles On en vient sur un rien plus des trois quarts du temps, LA F. *Fab.* XII, 8. || *P. anal.* Qui dépasse la mesure ordinaire, en quantité, en intensité, etc. Une grosse escorte. De — bataillons. Un — escadron des Parthes, CORN. *Rodog.* 1, 4. || Une grosse somme d'argent, de — capitaux. Payer une grosse amende. Faire de — bénéfices. Jouer — jeu. *P. ext.* Un — joueur, qui joue gros jeu. | Faire la grosse voix, parler fort pour intimider. La grosse chaleur, celle du milieu du jour. Avoir un — rhume, une grosse fièvre. Avoir une grosse querelle avec qqn. Une grosse affaire. *Spécialt.* Prêt, contrat à la grosse aventure, et, *ellipt*, à la grosse, prêt à gros intérêt à un armateur, sous condition que la somme sera perdue si le navire vient à périr. De grosses difficultés. Un — péché.

|| **2°** Qui dépasse le volume d'une autre chose. Les grosses dents, les molaires (par opposition aux incisives, aux canines). Des — pois. Le — bout d'un œuf (par opposition à celui qui est plus menu). Le — bagage, le plus volumineux. La grosse artillerie. La grosse cavalerie, pesamment armée. *Loc. prov.* Les — poissons mangent les petits, les faibles sont à la merci des puissants. Elle, qui n'était pas grosse en tout comme un œuf, LA F. *Fab.* I, 3. Le gland, qui n'est pas — comme mon petit doigt, ID. *ibid.* IX, 4. *Fig. Famil.* — comme le bras, largement. « Monsieur de Petit Jean, » ah ! — comme le bras ! RAC. *Plaid.* I, 1. || *P. anal.* En parlant des personnes, considérable. Elle prenait le train de devenir bientôt une grosse madame, J.-J. ROUSS. *Confess.* 6. Quelque — partisan m'achètera bien cher, LA F. *Fab.* V, 3. — messieurs, ID. *ibid.* XII, 17. Vous vous ferez séparer et vous vivrez après cela en grosse madame, GHERARDI, *Th. ital.* 1, 144. Un — négociant, LES. *Diable boit.* 12. Les — bonnets de l'endroit. *Vieilli.* Un — général. Un — major. Une grosse bête. Un — lourdaud.

|| **3°** Qui dépasse son volume habituel. L'eau grosse et rapide, CORN. *Cinna*, IV, 1. Une grosse mer, soulevée en grosses vagues par le vent. *P. anal.* Un — temps, où le vent est fort et soulève de grosses vagues. || Avoir le cœur — (gonflé) de soupirs, et, *absolt*, Avoir le cœur —. Le cœur — de soupirs, CORN. *Cinna*, IV, 1. || *Spécialt.* Une femme grosse, enceinte. Elle est grosse de cinq mois (depuis cinq mois). Elle était grosse de son premier enfant (elle le portait alors dans son sein). L'homme de qui une femme est grosse (du fait duquel elle est grosse). || *Fig.* Cette nuée grosse de foudre et d'éclairs, VOIT. *Lett.* 74. Le présent, né du passé, est — de l'avenir. La princesse d'Orléans et moi étions comme on dit, — (désireux) de nous voir, ST-SIM. VIII, 240.

II. *S. m.* || **1°** La partie la plus grosse d'une chose. Le — de l'arbre, le tronc. *Fig.* Se tenir au — de l'arbre, s'attacher à ce qui est le plus sûr. Couper au —, élaguer jusqu'à la grosse branche. || Poutre de dix centimètres de —, dont chaque face a cette dimension. || Le —, écriture en grosses lettres. Écrire en —. || Le — de l'eau, la pleine mer au temps des fortes marées. || (Boucherie.) — de langue, maniement impair du bœuf dans la région inférieure de l'arrière-bouche. || (Reliure.) Cahier de seize pages dans la feuille in-12. || Du — de Naples, de Tours, étoffe de soie à gros grain.

|| **2°** La plus grande quantité d'une chose. Le — du peuple, BOSS. *Hist. univ.* II, 5. Dans le — de son peuple, CORN. *Nicom.* II, 1. Les bagages suivaient le — de l'armée. *Absolt.* Donax, prends ce bélier et marche avec le —, LA F. *Eunuque*, V, 5. Le — de la nation, VOLT. *Lett. à Mme du Deff.* 5 déc. 1770. || Grande quantité. Un — de courtisans en foule l'accompagne, CORN. *Poly.* I, 4. Un — de mutinés, ID. *Hér.* I, 2. *Fig.* Un — d'amertume, CORN. *Imit.* II, 8. || *Adverbt.* Gagner —, faire un gros bénéfice. Coucher —, mettre un gros enjeu, risquer beaucoup. Il y a — à parier que, il est très probable que. || *Spécialt.* (Commerce.) Le — (par opposition au détail), marchandises vendues, achetées par grande quantité. Le commerce de —. Vendre, acheter en —. *P. plaisant.* Les hommes fripons en détail sont en — de très honnêtes gens, MONTESQ. *Espr. des lois*, XXV, 2. || *Fig.* La partie la plus considérable d'une chose. Le — de l'histoire, LA BR.

5. || *Loc. adv.* En —, en prenant le principal sans s'attacher au détail. Voilà l'histoire en —, MOL. *Ét.* IV, 1. Les autres péchés dont on s'accuse en —, PASC. *Prov.* 10. || Tout en —, tout réuni. Il a dépensé vingt sous tout en —.

|| **3°** Dans les anciennes mesures de poids, la huitième partie de l'once. || Ancienne monnaie de valeur variable. — royal, en or. — tournois, en argent.

III. *S. f.* Grosse. || **1°** Écriture en gros caractères. *Spécialt.* — de fonte, gros caractère d'imprimerie pour affiches. || *P. ext.* Expédition d'un acte, d'un jugement. La — d'un contrat.

|| **2°** Quantité de certaines marchandises livrées par douze douzaines. Une — de boutons. || *P. ext.* L'ensemble d'une chose. Moudre en —, en mettant le grain en farine par une seule mouture à l'aide de meules serrées.

GROS-BEC [gró-bĕk'] *s. m.*
[ÉTYM. Composé de gros et bec, § 173. || 1555. P. BELON, *Hist. de la nat. des ois.* p. 373.]
|| (Hist. nat.) Oiseau formant un genre de l'ordre des Passereaux conirostres, à bec court, gros et dur.

GROSEILLE [grò-zĕy'] *s. f.*
[ÉTYM. Dérivé de l'allem. kraus, frisé, §§ 6, 498, 499 et 88. La groseille à maquereau se dit en allem. krausbeere, proprt, « baie frisée ». || XIIe s. L'effort le roi ne prise une grozele, *Loherains*, dans GODEF. *Compl.*]
|| Fruit du groseillier. Des groseilles blanches, rouges. Une grappe de groseilles. Confiture, gelée de groseilles. Du sirop de —, et, *ellipt*, De la —. Un ruban de couleur —, et, *ellipt*, Un ruban —. || — à maquereau, fruit plus gros que la groseille ordinaire, ainsi dit parce qu'on l'emploie, quand il est encore vert et acide, dans une sauce pour le maquereau.

GROSEILLIER [grò-zè-yé] *s. m.*
[ÉTYM. Dérivé de groseille, § 115. || XIIe s. Devant ceo que creisent vos espines en groseiller, *Psaut. de Cambridge*, LVII, 9.]
|| Arbuste formant un genre de la famille des Grossulariées. — ordinaire, à fruits rouges et blancs. — à maquereau, à fruit rougeâtre ou vert.

'GROS-GUILLAUME [gró-ghi-yŏm'] *s. m.*
[ÉTYM. Nom propre, composé de gros et Guillaume, §§ 39 et 173. || 1642. OUD.]
|| *P. plaisant. Vieilli.* Pain grossier pour la nourriture des valets de ferme.

GROSSE [grôs'] *s. f. V.* gros.

'GROSSEMENT [grós'-man ; *en vers*, gró-se-...] *adv.*
[ÉTYM. Composé de grosse et ment, § 724. || 1315. Grossement deceux et laidement, dans GODEF.]
|| En gros, sans s'attacher au détail. (*Syn.* grosso-modo.)

GROSSERIE [grós'-ri ; *en vers*, gró-se-ri] *s. f.*
[ÉTYM. Dérivé de gros, § 69. Souvent synonyme de « grossièreté » au XVIe s. || (Au sens actuel.) 1611. COTGR. Admis ACAD. 1762.]
|| **1°** (Technol.) Grosses pièces que fabriquent les taillandiers.
|| **2°** *Rare.* Commerce en gros.

GROSSESSE [gró-sĕs'] *s. f.*
[ÉTYM. Dérivé de gros, § 124. Employé en anc. franç. au sens général de « grosseur ». || XIIe s. La groixece des racines, *Serm. de St Bern.* p. 149. | XIIIe s. Quant la grossesse (d'une femme grosse) apert a lui, BEAUMAN. VII, 12.]
|| État d'une femme qui est grosse (enceinte). Une — avancée, qui approche du terme. Simuler une —.

'GROSSET, ETTE [gró-sè, -sĕt'] *adj.*
[ÉTYM. Dérivé de gros, § 133. || XIIe s. Bouche petite, auques grossete, *Partenopeus*, dans GODEF.]
|| *Famil.* Un peu gros. La Vrillière était un homme dont la taille différait peu d'un nain, —, monté sur de hauts talons, ST-SIM. XI, 290.

GROSSEUR [gró-seur] *s. f.*
[ÉTYM. Dérivé de gros, § 110. || XIIe s. La groissur dimi unce avra, *Lapid. de Marbode*, 869. Deux arbres qui cent piés ont de haut et de grossor sont per, *Alexandre*, p. 351, Michelant.]
|| **1°** Volume qui passe la mesure ordinaire. Son corps, ramassé dans sa courte —, BOIL. *Lutr.* 1. || *P. ext.* Enflure. Il a une — à l'aine.
|| **2°** Volume considéré par comparaison. Pour égaler l'animal en —, LA F. *Fab.* I, 3. Fruit en —, qui a atteint toute sa dimension. La — apparente du soleil, de la lune.

GROSSIER, IÈRE [gró-syé, -syèr] *adj.*

[ÉTYM. Dérivé de gros, § 115. || XIII° s. Nus ne puet estre... hiaumiers, veilliers, grossiers, que il n'achate le mestier, E. BOILEAU, *Livre des mest.* I, XV, 1. Il ne sera jamès se grossier non, *Artur*, dans GODEF. *Compl.*]

I. Fait d'une matière commune ou façonné imparfaitement. On ne parle pas ici de ces parties les plus grossières de l'air, MALEBR. *Rech. de la vérité*, II, II, 3. Aliments, vêtements grossiers. Des meubles d'un travail —. || *Fig.* Grossière ébauche. Osez-vous recourir à ces ruses grossières ? MOL. *Mis.* IV, 3. L'artifice est —, RAC. *Phèd.* IV, 2. Ces grossières amorces, CORN. *Cinna*, V, 3.

II. Dont la rudesse n'a pas été adoucie par la culture. La religion des peuples grossiers, MONTESQ. *Espr. des lois*, XV, 2. Ame basse et grossière, CORN. *Rodog.* II, 2. Dans ces siècles grossiers, BOIL. *Art p.* 1. || *P. anal.* Des appétits grossiers. || *P. ext.* Un homme —, qui parle ou agit comme s'il était sans culture. C'est un — personnage. *Famil.* Il est — comme du pain d'orge. Être — dans ses propos, dans son langage. || *P. ext.* Manières, paroles grossières. Que ce discours — terriblement assomme! MOL. *F. sav.* II, 7. || *P. anal.* Ignorance grossière, erreur grossière.

III. *Vieilli.* Qui vend en gros. Marchand —.

GROSSIÈREMENT [grô-syèr-man ; *en vers*, -syè-re-...] *adv.*

[ÉTYM. Composé de grossière et ment, § 724. || XIV° s. Parler figuralment et grossierement, ORESME, *Éth.* dans LITTRÉ.]

|| D'une manière grossière.

|| **1°** En parlant de ce qui est fait d'une matière commune ou façonné imparfaitement. Un homme — vêtu. Un meuble — fabriqué. *Fig.* Content d'avoir — esquissé mon plan, J.-J. ROUSS. *Confess.* 9.

|| **2°** En parlant de celui qui parle, agit comme s'il était sans culture. Il s'est conduit —. Répondre — à qqn. || Se tromper —.

GROSSIÈRETÉ [grô-syèr-té ; *en vers*, -syè-re-té] *s. f.*

[ÉTYM. Dérivé de grossier, § 122. || 1642. OUD.]

|| Caractère de ce qui est grossier, de celui qui est grossier. La — d'une étoffe. La — du travail. La — des peuples sauvages. *P. anal.* La — des mœurs. L'amitié peut subsister entre gens de différent sexe, exempte même de — (de pensées charnelles), LA BR. 3. Se conduire, parler avec —. || *Famil.* Faire, dire une —, un acte grossier, une parole grossière.

GROSSIR [grô-sir] *v. intr. et tr.*

[ÉTYM. Dérivé de gros, § 154. || XII° s. E grossir et enfler, *Fierabras*, dans GODEF. *Compl.*]

I. *V. intr.* Devenir gros. Ses bras ont grossi. L'épi commence à —. *Spécialt.* Les rivières grossissent à la fonte des neiges. La mer grossit. || *P. anal.* Devenir plus considérable. Leur nombre grossit. Nous verrons notre camp — à chaque pas, RAC. *Mithr.* III, 1.

II. *V. tr.* Rendre gros. L'âge grossit les traits. *P. anal.* — sa voix, lui donner plus de volume, parler plus fort. *Spécialt.* Les pluies ont grossi le fleuve. Des travaux Qui des torrents grossis arrêtent le ravage, LA F. *Fab.* IX, 20, *Disc. à Mme de la Sablière.* || *P. anal.* Faire paraître gros. Les verres, selon qu'ils sont colorés ou taillés, en changent les couleurs (de l'objet), les grandeurs et les figures : l'objet ou se grossit ou s'apetisse, BOSS. *Conn. de Dieu*, III, 4. Notre imagination nous grossit si fort le temps présent, PASC. *Pens.* III, 6. Que vous prenez de peine à — vos ennuis, CORN. *Illus. com.* IV, 2. || *P. anal.* Rendre plus considérable. De leur dépouille enfin grossissez vos trésors, RAC. *Esth.* II, 1. Ses troupes, malgré lui, grossirent votre armée, CORN. *Sertor.* II, 2. || *Fig.* Cela ne fait que — les difficultés. *P. ext.* Exagérer. On a grossi la chose.

GROSSISSANT, ANTE [grô-si-san, -sant'] *adj.*

[ÉTYM. Adj. particip. de grossir, § 47. || XVIII° s. V. à l'article. Admis ACAD. 1878.]

|| **1°** Qui devient gros. Les vagues grossissantes. Une dette toujours grossissante, TARGE, *Hist. d'Anglet.* (1763), XVI, 404.

|| **2°** Qui fait paraître gros. Un verre —.

GROSSISSEMENT [grô-sis'-man ; *en vers*, -si-se-...] *s. m.*

[ÉTYM. Dérivé de grossir, § 154. || XVI° s. Crossissement de nerfs, *Alector* (1560), dans GODEF. *Compl.*]

|| Accroissement de volume. *Spécialt.* Accroissement apparent de volume. Le — des objets vus au microscope.

GROSSO-MODO [grôs'-só-mò-dó] *loc. adv.*

[ÉTYM. Emprunté du lat. scolast. grosso modo, d'une manière grosse, § 217. || XVI° s. Le vulgaire de Paris dit aussi grosso modo, dans GODEF. *Compl.* Admis ACAD. 1878.]

|| *Famil.* En gros. (*Syn.* grossement.)

GROSSOYER [grô-swà-yé] *v. tr.*

[ÉTYM. Dérivé de gros, § 163. || 1335. Grossoier et doubler un compte, dans GODEF. *Compl.*]

|| Expédier (un acte), en faire la grosse.

'GROSSULARIÉES [grôs'-su-là-ryé ; *en vers*, -ri-é] *s. f. pl.*

[ÉTYM. Dérivé du latin des botanistes grossularia, groseillier, § 248. || *Néolog.*]

|| (Botan.) Plante à fruits globuleux, formant une famille dont le groseillier est le type.

GROTESQUE [grò-tĕsk'], et, *vieilli*, **'CROTESQUE** [krò-tĕsk'] *s. f. et adj.*

[ÉTYM. Emprunté de l'ital. grottesca, *m. s.* de grotta, grotte, § 12. || 1532. Ces gentilles crotesques nouvellement inventees, dans GAY, *Gloss. arch.* buffet.]

I. *Vieilli.* S. f. Ornement capricieux, imitation de ceux qui ont été trouvés dans certains édifices anciens mis à découvert par des fouilles.

II. *Fig. Adj.* Risible par son apparence bizarre. Imaginations aussi grotesques que les vôtres, PASC. *Prov.* 11. Un accoutrement —. Un homme —, et, *substantivt*, Un —. C'est un poète, et le — du genre humain, MONTESQ. *Lett. pers.* 48. Des figures qui font de cet homme un —, LA BR. 12.

GROTESQUEMENT [grò-tĕs'-ke-man] *adv.*

[ÉTYM. Composé de grotesque et ment, § 724. || 1652. Ils sont faits crotesquement, BERTHOD, dans DELB. *Rec.*]

|| D'une manière grotesque.

GROTTE [grŏt'] *s. f.*

[ÉTYM. Emprunté de l'ital. grotta, *m. s.* qui est le lat. crypta, crypte, § 12. A fini par remplacer l'anc. franç. crote, croute, qui représente régulièrement le lat. crypta, et qui, s'étant maintenu jusqu'à la fin du XVI° s., a agi sur l'adj. grotesque, presque toujours écrit crotesque avant la fin du XVII° s. || XVI° s. Au coin De quelque grotte sauvage, RONS. *Odes*, V, 16.]

|| Excavation pittoresque, naturelle ou de main d'homme. Cette — était taillée dans le roc en voûtes pleines de rocailles et de coquilles, FÉN. *Tél.* 1. || — préhistorique, habitation des premiers hommes.

GROUILLANT, ANTE [grou-yan, -yant'] *adj.*

[ÉTYM. Adj. particip. de grouiller, § 47. || XVI°-XVII° s. Areines bouillantes De jambes et de bras et de testes grouillantes, D'AUB. dans DELB. *Rec.*]

|| Qui grouille.

GROUILLEMENT [grouy'-man ; *en vers*, grou-ye-...] *s. m.*

[ÉTYM. Dérivé de grouiller, § 145. || 1793. ENCYCL. MÉTH.] *Médecine.* Admis ACAD. 1798.]

|| **1°** Mouvement de ce qui grouille.

|| **2°** Bruit de ce qui grouille. Le — des intestins.

GROUILLER [grou-yé] *v. intr.*

[ÉTYM. Mot tout à fait distinct de crouler, se rattachant peut-être au même radical que le provenç. moderne groua, qui signifie à la fois « grouiller » et « couver, frayer, engendrer », § 161. || 1480. Ung monstre pullulant et grouillant de serpens, *Baratre infernal*, dans DELB. *Rec.*]

|| **1°** Présenter une agitation confuse. Un fromage qui grouille de vers. Est-ce que madame Jourdain est décrépite, et la tête lui grouille-t-elle déjà? MOL. *B. gent.* III, 5. || *P. ext.* Remuer. Elle grouille aussi peu qu'une pièce de bois, MOL. *Mis.* II, 5.

|| **2°** Produire un bruit confus. Ses boyaux grouillent.

GROUP [group'] *s. m.*

[ÉTYM. Emprunté de l'ital. gruppo, *m. s.* variante de groppo, groupe, § 12. || 1723. SAVARY, *Dict. du comm.* Admis ACAD. 1835.]

|| (Commerce.) Sac d'argent expédié d'une ville à une autre.

'GROUPADE [grou-pàd']. V. croupade.

'GROUPAGE [grou-pàj'] *s. m.*

[ÉTYM. Dérivé de grouper, § 78. || *Néolog.*]

|| (Technol.) Action de grouper. Le — des colis.

GROUPE [group'] *s. m.*

[ÉTYM. Emprunté de l'ital. groppo, *m. s.* § 12. (*Cf.* croupe.) || 1676. A. FÉLIBIEN, *Princ. de l'architect.* 614.]

|| **1°** (T. d'art.) Ensemble de personnages. Le — de Lao-

coon. *P. anal.* Un — d'animaux. || *P. ext.* Un — de colonnes, réunion de colonnes accouplées. Toute classification se compose de groupes plus ou moins étendus.|| (Musique.)| **1.** — de notes, notes réunies par leur queue au moyen d'une ou plusieurs barres. | **2.** Ornement composé de trois ou quatre petites notes qui amènent une note de plus longue durée. || (Gramm.) Réunion de lettres qui se présente fréquemment. Les groupes br, cr, eau, etc.

|| **2°** Un certain nombre de personnes, de choses que qqch de commun rapproche. Il se forme des groupes dans la rue. Des groupes d'enfants qui jouent. || *Fig.* Réunion de personnages ayant des vues communes ou un intérêt commun. Les groupes politiques de la chambre des députés.

'**GROUPEMENT** [group'-man; *en vers,* grou-pe-...] *s. m.*
[ÉTYM. Dérivé de grouper, § 145. || *Néolog.*]
|| Action de grouper.

GROUPER [grou-pé] *v. tr.*
[ÉTYM. Dérivé de groupe, § 154. (*Cf.* agrouper.) || 1694. TH. CORN. Admis ACAD. 1718.]
|| Rapprocher en vertu de qqch de commun et mettre à part des autres (un certain nombre de personnes, de choses). — des colis à destination de Calais. Les membres de l'assemblée sont groupés suivant leurs opinions. Ses partisans se groupent autour de lui. || — les personnages d'un tableau, d'un bas-relief. Des colonnes groupées, accouplées. — des lettres, des notes de musique.

'**GRU** [gru] *s. m.*
[ÉTYM. Mot d'origine german. §§ 6, 498 et 499 ; allem. grütze, angl. groats, *m. s.* moyen haut allem. gruz, grain de de blé, etc. (*Cf.* gruger.) || XIIIᵉ s. Avoc le bran, avoc le gruis, G. DE COINCY, dans GODEF. gruis.]
|| *Vieilli et dialect.* Gruau, bouillie de gruau. La Fanchon me servit des grus, J.-J. ROUSS. *Nouv. Hél.* VI, 10.

1. GRUAU [gru-ó] *s. m.*
[ÉTYM. Pour grueau, gruel, dérivé de gru, § 126. || XIIIᵉ s. Orge piled pur faire gruel, *Rois,* II, 17.]
|| **1°** Partie du froment la plus riche en gluten, qui enveloppe le germe du grain et, plus dure que le reste, est broyée imparfaitement sous la meule. Farine de —, gruau converti en farine sous l'action de meules de plus en plus rapprochées. Pain de —, fait de farine de gruau.
|| **2°** Avoine, orge séchée au four, dépouillée de son enveloppe et grossièrement moulue. De la bouillie de —. De la tisane de —, et, *ellipt,* Du —, boisson rafraîchissante faite avec une décoction de gruau.

2. 'GRUAU [gru-ó] *s. m.*
[ÉTYM. Pour grueau, gruel, dérivé de grue, § 126. || 1547. Gruyau, G. HAUDENT, *Fables,* dans DELB. *Rec.*]
|| **1°** Petit de la grue, oiseau.
|| **2°** *Fig.* (Technol.) Petite grue pour soulever des fardeaux.

GRUE [gru] *s. f.*
[ÉTYM. Du lat. pop. 'grŭa (class. grŭem), *m. s.* §§ 328 et 291. || XIᵉ s. Et ont grues et gantes et poons empevrez, *Voy. de Charl. à Jérus.* 411.]
|| **1°** Grand oiseau voyageur, de l'ordre des Échassiers. Se tenir sur un pied comme une —. *P. anal. Fig.* Faire le pied de —, attendre longtemps sur ses jambes. Avoir un cou de —, avoir le cou long. || *Fig. Famil.* Une —, personne sotte. Me prends-tu pour une — ? BRUEYS, *Important,* 1, 6.
|| **2°** *P. assimilation de formes. Fig.* (*Cf.* crône 2.) Appareil pour soulever des fardeaux. Une — à vapeur. Une — flottante, montée sur un ponton. || Ancienne machine de guerre dite aussi corbeau. || Sorte de carcan, instrument de punition pour les soldats.

'**GRUER** [gru-é] *v. tr.*
[ÉTYM. Dérivé de gru, § 154. || 1274. Sont tenus de morre et gruer, dans GODEF. gruer 1.]
|| (Technol.) Réduire en gruau.

GRUERIE [gru-ri] *s. f.*
[ÉTYM. Dérivé de gruyer 2, §§ 65 et 68. || 1486. Iz ont plusieurs usaiges et bois de gruierie de la conté d'Aucerre, dans GODEF. gruierie.]
|| *Anciennt.* || **1°** Juridiction relative aux bois du domaine. || Office de gruyer.
|| **2°** Droit de justice que le roi avait dans les bois d'un particulier.

'**GRUGEOIR** [gru-jwàr]. *V.* grésoir.

GRUGER [gru-jé] *v. tr.*
[ÉTYM. Paraît être pour 'gruiser (*cf.* gréser, égriser), emprunté du holland. gruizen, écraser, dont le radical est gruis, grain, § 10. (*Cf.* gru.) || 1482. Toutes les graines desdits lins et chanvres je les doys grugier a mes despens, dans GODEF. grugier.]
|| **1°** *Anciennt.* Égruger. — du sel.
|| **2°** *Specialt.* Briser avec les dents. || *P. anal.* Croquer. — du sucre. Il lui reste encore de quoi —, *Comédie des souffleurs,* dans LEROUX, *Dict. comiq.* Perrin, fort gravement, ouvre l'huître et la gruge, LA F. *Fab.* IX, 9. || *Fig.* — qqn, dévorer ce qu'il possède. On nous mange, on nous —, LA F. *Fab.* I, 21. *Specialt. Vieilli.* — une maison (de chanoine), la vendre et en partager le prix après la mort du possesseur.
|| **3°** *P. anal.* (Technol.) Diminuer en enlevant des éclats. — le verre. — une pierre de taille.

'**GRUGERIE** [grüj'-ri; *en vers,* gru-je-ri] *s. f.*
[ÉTYM. Dérivé de gruger, § 69. || 1752. TRÉV.]
|| *Vieilli.* Action de gruger. *Specialt. Fig.* Vente et partage du prix d'une maison de chanoine après sa mort.

GRUME [grum'] *s. f.*
[ÉTYM. Peut-être pour glume, § 361, dù lat. gluma, peau, pellicule. (*Cf.* le diminutif grumula, au lieu de glumula, employé par ST AMBROISE.) || Admis ACAD. 1762.]
|| (Technol.) Écorce restée sur le bois coupé, débité, mais non encore équarri. Du bois en —.

GRUMEAU [gru-mó] *s. m.*
[ÉTYM. Du lat. pop. 'grūmellum, diminutif de grūmum, *m. s.* § 126, devenu grumel, grumeau, §§ 456 et 291. || XIIIᵉ s. Faites cuire a maniere de grumiel, ALEBRANT DE SIENNE, dans LITTRÉ.]
|| Petite masse de substance pulvérulente agglomérée, ou de substance liquide coagulée. Des grumeaux de sel. Le lait caillé forme des grumeaux.

GRUMELER [grŭm'-lé; *en vers,* gru-me-lé] *v. tr.*
[ÉTYM. Dérivé de grumeau, §§ 65 et 154. (*Cf.* engrumeler.) || XIIIᵉ s. Del vent et de la pluie ont la char grumelee, *Conq. de Jérus.* 1782, Hippeau. Admis ACAD. 1740.]
|| Mettre en grumeaux. Lait grumelé.

GRUMELEUX, EUSE [grŭm'-leú, -leúz'; *en vers,* gru-me-...] *adj.*
[ÉTYM. Dérivé de grumeau, §§ 65 et 116. || 1549. R. EST.]
|| Qui a des grumeaux. || *P. ext.* Fruit —, qui contient des parties pierreuses.

'**GRUMELURE** [grŭm'-lür; *en vers,* gru-me-...] *s. f.*
[ÉTYM. Dérivé de grumeau, §§ 65 et 111. || 1788. SALMON, *Art du potier d'étain,* p. 33.]
|| **1°** (Vénerie.) Petite fiente qui, mêlée aux autres fumées, annonce la présence d'un vieil animal.
|| **2°** (Technol.) Soufflure dans une pièce de métal fondu.

'**GRUMILLON** [gru-mi-yon] *s. m.*
[ÉTYM. Dérivé de grumeau, § 107. || 1545. Grumillons de sang caillé, G. GUÉROULT, *Hist. des plantes,* dans DELB. *Rec.*]
|| (Technol.) Parcelle qui se détache du fer qu'on forge.

1. GRUYER, ÈRE [gru-yé, -yèr] *adj.*
[ÉTYM. Dérivé de grue, § 115. || XIIIᵉ s. Cel bon cheval et cel ostor gruier, *Gaydon,* 3872.]
|| (Fauconn.) Qui vole la grue. Faucon —. || *P. ext.* Qui tient de la grue. Faisan —.

2. GRUYER [gru-yé] *s. m.*
[ÉTYM. Semble dérivé du radical german. qui se trouve dans l'allem. grün, vert, le holland. groeien, croître, etc., §§ 6, 115, 498 et 499. (*Cf.* verdier.) || XIIIᵉ s. Tousdis n'est mie gruiers maire, BAUDE FASTOUL, *Congés,* 480, Méon.]
|| *Anciennt.* || **1°** Officier connaissant des affaires relatives aux forêts du domaine.
|| **2°** Seigneur ayant un droit d'usage dans les bois d'un vassal.

GRUYÈRE [gru-yèr; *pop.* gru-èr] *s. m.*
[ÉTYM. Nom propre, § 36 : Gruyère, ville de Suisse, renommée par la fabrication de ce fromage. || Admis ACAD. 1762.]
|| Fromage sec préparé par cuisson. Râper du — pour préparer le macaroni.

GUANO [gwà-nó] *s. m.*
[ÉTYM. Emprunté de l'espagn. guano, *m. s.* mot d'origine péruvienne, §§ 13 et 30. Au XVIIIᵉ s. FRÉZIER emploie guana comme subst. fém. || 1805. ENCYCL. MÉTH. *Chimie.* Admis ACAD. 1878.]

|| Engrais puissant produit par des amas de fiente d'oiseaux de mer sur les côtes. Un sac de —.

GUÉ [ghé] *s. m.*
[ÉTYM. Du lat. vadum, *m. s.* §§ 443, 295, 412 et 291. Le changement de v en gu paraît dû à l'influence d'un radical german. wad, de même sens. || xiᵉ s. Il ne vienent a eve n'en partissent li guet, *Voy. de Charl. à Jérus.* 256.]
|| Endroit d'un cours d'eau où l'eau est assez basse pour qu'on puisse le traverser à pied. Passer à —. || *Fig.* Sonder le —, bien examiner une affaire avant de s'y engager.

GUÉABLE [ghé-àbl'] *adj.*
[ÉTYM. Dérivé de guéer, § 93. || xiiᵉ s. Ne cele eve n'est pas gaable, BENEEIT, *Ducs de Norm.* 19308.]
|| Qu'on peut passer à gué. La rivière n'est pas —.

GUÈBRE [ghèbr] *s. m.*
[ÉTYM. Emprunté du persan ghebr, *m. s.* § 24. || Admis ACAD. 1762.]
|| Nom donné à ceux qui suivent la religion de Zoroastre. Les persécutions faites aux guèbres, MONTESQ. *Lett. pers.* 86.

GUÉDE [ghèd'] *s. f.*
[ÉTYM. Emprunté du german. *waida (allem. moderne waid), *m. s.* §§ 6, 498 et 499. || xiiiᵉ s. Waide, dans MONTAIGLON et RAYNAUD, *Rec. de fabliaux*, II, 126. | Gaide, E. BOILEAU, *Livre des mest.* I, I, 19.]
|| (Botan.) Plante tinctoriale, dite aussi pastel. || *P. ext.* (Technol.) Couleur bleue extraite de la guède.

'GUÉDER [ghé-dé] *v. tr.*
[ÉTYM. Dérivé de guède, § 154. || 1546. Vostre ventre estoit plein et guédé, dans MONTAIGLON, *Anc. Poés. franç.* XI, 70. Admis ACAD. 1694 ; suppr. en 1878.]
|| (Technol.) Saturer (une étoffe) avec la guède. || *Fig.* Saturer, rassasier. Si je n'étais pas guédé de vers, VOLT. *Lett. à Chauvelin*, oct. 1761.

GUÉER [ghé-é] *v. tr.*
[ÉTYM. Du lat. vadare, passer à gué, devenu guaer, gaer, §§ 443, 411, 295 et 291, puis gueer, guéer, sous l'influence de gué, § 65. || xiᵉ s. La gent le rei Hugon et moillier et guaer, *Voy. de Charl. à Jérus.* 559.]
|| 1° Passer à gué. — une rivière.
|| 2° *P. ext.* Baigner (un cheval) dans un gué, là où il a pied. || *P. anal.* — du linge, le rincer à la rivière.

'GUELTE [ghèlt'] *s. f.*
[ÉTYM. Emprunté de l'allem. geld, argent, § 7. || *Néolog.*]
|| (Commerce.) Part proportionnelle sur le produit des ventes accordée, en sus de leurs appointements, aux commis de certains magasins.

GUENILLE [ghe-nîy'] *s. f.*
[ÉTYM. Origine inconnue. || 1611. COTGR.]
|| Vêtement en lambeaux. Il me tarde déjà que je n'aie des habits raisonnables pour quitter vite ces guenilles, MOL. *Mar. forcé*, sc. 2. Être en —. || Troussez vos guenilles (pour aller plus vite), allez-vous-en. || *P. plaisant. Fig.* Le corps, cette — (cette partie vile et périssable), MOL. *F. sav.* II, 7.

GUENILLON [ghe-ni-yon] *s. m.*
[ÉTYM. Dérivé de guenille, § 104. || xviiᵉ s. V. à l'article. Admis ACAD. 1694.]
|| Petite guenille. Il n'est guenille et guenillons Que de rue en rue il n'amasse, FR. COLLETET, dans DELB. *Rec.* De sales guenillons Dont la femme aux bons jours composait sa parure, BOIL. *Sat.* 10.

GUENIPE [ghe-nîp'] *s. f.*
[ÉTYM. Origine incertaine ; le rapport de ce mot avec le holland. knip, mauvais lieu, est douteux. || xvᵉ-xviᵉ s. On se dissipe Apres telle guenippe, J. MAROT, p. 200, Coustelier.]
|| *Famil.* Femme de mauvaise vie. Taisez-vous, — I R. POISSON, *Zig-zag*, sc. 4.

GUENON [ghe-non] *s. f.*
[ÉTYM. Origine inconnue. || 1505. Guenons et perroquets, GONNEVILLE, dans *Annales des Voyages*, 1869, juill., p. 53.]
|| 1° Femelle du singe. Vous ai-je demandé des nouvelles de votre —? D. DE MONCHESNAY, *Le grand Sophy*, sc. du substitut. *Fig. Famil.* Femme laide. Il a épousé une —.
|| 2° Genre de singes à longue queue.

GUENUCHE [ghe-nûch'] *s. f.*
[ÉTYM. Dérivé du radical de guenon, § 84. On trouve gueniche, guenichon au xviᵉ s. || xviᵉ-xviiᵉ s. Guenuches, éléfans, RÉGNIER, *Sat.* 11.]
|| Petite guenon. Plus laide qu'une —, FÉN. *Fab.* 1. || *Fig. Famil.* Petite femme laide.

'GUÉPARD [ghé-pàr] *s. m.*
[ÉTYM. Paraît une altération de l'angl. leopard (prononcé lé-pard), léopard, § 8. || xviiiᵉ s. BUFF. *Guépard.*]
|| (Hist. nat.) Animal carnassier des Indes, du genre chat, à crinière et à ongles non rétractiles.

GUÊPE [ghèp'] *s. f.*
[ÉTYM. Du lat. vespa, *m. s.* devenu guespe, §§ 443 et 29i, guêpe, § 422. Le changement de v en gu paraît dû à l'influence de l'allem. wespe, anc. haut allem. wafsa, *m. s.*]
|| Insecte formant un genre de la tribu des Hyménoptères, dont la femelle, armée d'un aiguillon, comme l'abeille, construit comme elle des alvéoles. (*Cf.* frelon.) — maçonne ou souterraine, qui construit son nid dans la terre. *Fig.* L'armée aurait beaucoup souffert de ces cruelles guêpes (les miquelets espagnols), ST-SIM. IV, 437. Une taille de — (chez une femme), ronde et fine.

1. 'GUÊPIER [ghè-pyé] *s. m.*
[ÉTYM. Dérivé de guêpe, § 115. || xivᵉ s. Le heron, la poche, le guespier, *Modus*, mss franç. Bibl. nat. 1297, fᵒ 48, rᵒ.]
|| (Hist. nat.) Oiseau analogue au martin-pêcheur, qui se nourrit surtout de guêpes.

2. GUÊPIER [ghè-pyé] *s. m.* et, *vieilli*, **'GUÊPIÈRE** [-pyèr] *s. f.*
[ÉTYM. Dérivé de guêpe, § 115. ACAD. donne d'abord guespière, puis le remplace par guêpier en 1762. (*Cf.* fourmilière.) || 1611. Guespiere, COTGR.]
|| Nid de guêpes, formé d'alvéoles en étages. || *Fig.* Tomber, donner dans un —, au milieu de personnes ou de choses menaçantes. Ils étaient tous contre moi ; je me suis fourré la tête dans un —, BEAUMARCH. *B. de Sév.* IV, 8.

GUERDON [ghèr-don] *s. m.*
[ÉTYM. Emprunté de l'anc. haut allem. widarlon, altéré de bonne heure en widardon, soit par assimilation, soit sous l'influence du lat. donum, don, et devenu guedredon, gueredon, guerdon, §§ 6, 498 et 499. || xiᵉ s. Bien le conois que gueredun vus dei, *Roland*, 3409.]
|| *Vieilli.* Récompense. Aucun labeur n'y manque de —, LA F. *Songe de Vaux.*

GUERDONNER [ghèr-dô-né] *v. tr.*
[ÉTYM. Dérivé de guerdon, § 154. || xiᵉ s. Deus son service li volt gueredoner, *St Alexis*, 277.]
|| *Vieilli.* Récompenser.

GUÈRE et **GUÈRES** [ghèr] *adv.*
[ÉTYM. Emprunté de l'anc. haut allem. weigaro, *m. s.* devenu guaire, guère, et, avec l's adverbiale, guaires, guères, §§ 6, 498 et 499. La forme guères s'emploie surtout en poésie. || xiᵉ s. Li quenz Rollanz ne li est guaires loign, *Roland*, 1897.]
|| Beaucoup. Je ne crois pas que Rodogune en demande — davantage (de temps), CORN. *3e Disc. Trag.* || S'emploie surtout, avec la négation ne, au sens de pas beaucoup. Quiconque ne voit — N'a — à dire aussi, LA F. *Fab.* IX, 2. On ne trouve — d'ingrats tant qu'on est en état de faire du bien, LA ROCHEF. *Max.* 313. L'émulation et la jalousie ne se rencontrent — qu'entre personnes du même art, ne se rencontrent pas beaucoup, si ce n'est dans les personnes, etc. Il n'est — plus riche que moi. Le pauvre Segrais ne tient à —, SÉV. 147. L'un fait beaucoup de bruit qui ne lui sert de guères, MOL. *Éc. des f.* I, 1. Il ne s'en faut de —, il ne s'en est — fallu. Il ne servira plus à — de gens, PASC. *Prov.* 4.

GUÉRET [ghé-rè] *s. m.*
[ÉTYM. Du lat. pop. *varactum (class. vervactum, § 360), *m. s.* devenu guarait, guaret, guéret, §§ 443, 346, 386, 357 et 291. || xiᵉ s. Mort le tresturnent tres en mi un guaret, *Roland*, 1385.]
|| Terre labourée non ensemencée. Nos brillants guérets et nos sombres forêts, LA F. *Vers pour des bergers.* Plus d'un — s'engraissa Du sang de plus d'une bande, ID. *Fab.* IV, 6. || *P. anal.* Terre laissée en jachère. Lever, relever les guérets, labourer une terre qu'on a laissée reposer. Ce lieu saint (Port-Royal) réduit en —, ST-SIM. XII, 143. || *P. ext. Poét.* Champ cultivé. La fourmi tous les ans, traversant les guérets, Grossit ses magasins des trésors de Cérès, BOIL. *Sat.* 8.

GUÉRIDON [ghé-ri-don] *s. m.*
[ÉTYM. Nom propre d'un personnage de farce donné arbitrairement à un meuble d'introduction récente, § 36. || 1626. Vers pour les gueridons et les chansons nouvelles, SONNET DE COURVAL, dans DELB. *Rec.*]
|| 1° Table ronde à un seul pied, servant de support à un flambeau, un vase, etc.
|| 2° (Marine.) Écope pour épuiser l'eau, mouiller les voiles, etc.

GUÉRILLA [ghé-ri-yà] *s. f.*

[ÉTYM. Emprunté de l'espagn. guerrilla, *m. s.* proprt, petite guerre, § 13. || *Néolog.* Admis ACAD. 1878.]

|| (T. milit.) Bande de partisans.

GUÉRIR [ghé-rîr] *v. tr. et intr.*

[ÉTYM. Pour garir (forme qui lutte encore avec guérir pendant la plus grande partie du XVII° s.), § 346, plus anciennement guarir, emprunté du german. warjan (allem. mod. wehren), *m. s.* §§ 6, 498 et 499. (*Cf.* garer.) || XI° s. Tant en retient dont son cors puet guarir, *St Alexis*, 99.]

I. *V. tr.* || **1°** Délivrer d'une maladie. Je ne vois rien de plus ridicule qu'un homme qui se veut mêler d'en — un autre, MOL. *Mal. im.* III, 3. — qqn d'une pleurésie. Ce remède l'a guéri. Il s'est guéri. *Loc. prov. Fig.* Médecin, guéris-toi même, profite d'abord des avis que tu donnes aux autres. || *P. ext.* — une maladie. Le sulfate de quinine guérit la fièvre. || *Absolt.* L'art de —. *Poët.* Tu frappes et guéris, RAC. *Ath.* III, 7.

|| **2°** *Fig.* Délivrer d'un mal. Une larme à regret épandue M'aurait déjà guéri de vous avoir perdue, CORN. *Poly.* II, 2. Vous — D'une erreur dangereuse, ID. *Nicom.* IV, 5. || *P. ext.* — un mal, le faire cesser. Le trépas vient tout —, LA F. *Fab.* I, 16. N'ayant pu — la mort, la misère, l'ignorance, PASC. *Pens.* IV, 2.

II. *V. intr.* || **1°** Être délivré d'une maladie. Je ne sais s'il guérira de cette blessure. *Absolt.* Il m'ordonne des remèdes, je ne les fais pas et je guéris, MOL. *Tart.* 3° placet, note. || Cette blessure guérira,

|| **2°** *Fig.* Être délivré d'un mal. Je veux — des miens (de mes maux); ils souilleraient ma gloire, CORN. *Poly.* II, 2. Ses erreurs qui parurent si douces qu'elle ne voulut pas en —, MONTESQ. *Rom.* 8. || *Absolt.* Mon espérance est morte, et mon esprit guéri, CORN. *Cid*, I, 2.

GUÉRISON [ghé-ri-zon] *s. f.*

[ÉTYM. Dérivé de guérir, § 106. || XI° s. El par noz Deus voelt aveir guarisun, *Roland*, 3271.]

|| Action de guérir. La — d'un malade. Il n'y eut qu'un miracle qui pût opérer la —, MASS. *Tiédeur*, 2. || *Fig.* Action de délivrer d'un mal. Dieu lui inspire (au pécheur) le désir de sa —, PASC. *Prov.* 4. Dans son mal Rome est trop obstinée; Son peuple, qui s'y plaît, en fuit la —, CORN. *Cinna*, II, 1.

GUÉRISSABLE [ghé-ri-sàbl'] *adj.*

[ÉTYM. Dérivé de guérir, § 93. || XIV° s. Non guerissable ou incurable, ORESME, *Éth.* VII, 13.]

|| Qui peut être guéri.

GUÉRISSEUR, *GUÉRISSEUSE* [ghé-ri-seûr, -seûz'] *s. m. et f.*

[ÉTYM. Dérivé de guérir, § 112. || XV° s. Gariseors a terme, *Cout. d'Anjou*, dans GODEF. gariseor. Admis ACAD. 1878.]

|| Celui, celle qui guérit.

GUÉRITE [ghé-rît'] *s. f.*

[ÉTYM. Pour garite, guarite, qui paraît se rattacher à guarir (guérir), protéger, bien que le suffixe de dérivation soit obscur. Au commencement du XIII° s. GUILL. LE BRETON emploie déjà le lat. garita dans le même sens. || XIII° s. A la garite, G. DE COINCY, dans GODEF. *Compl.*]

|| **1°** Logette de bois ou de pierre où une sentinelle se met à couvert. || *Fig. Vieilli.* Refuge. Enfiler la — (se mettre en lieu de sûreté), RÉGNIER, *Sat.* 10.

|| **2°** *P. ext.* (Marine.) Rebord de la hune d'un navire. || Entourage du fanal de la soute aux poudres. || Bouche d'une manche à vent pour ventiler un navire.

GUERLANDE [ghèr-länd']. *V.* guirlande.

GUERLIN. V. grelin.

GUERRE [ghèr] *s. f.*

[ÉTYM. Emprunté de l'anc. haut allem. werra, querelle, déjà latinisé en guerra par un scoliaste de Lucain, §§ 6, 498 et 499. || XI° s. Ceste grant guerre ne deit monter a plus, *Roland*, 242.]

|| Lutte à main armée entre deux peuples. Ces deux peuples étaient en — pour des terres que chacun d'eux prétendait, BOSS. *Hist. univ.* III, 6. Pyrrhus vint faire la — aux Romains, MONTESQ. *Rom.* 4. Cela donne aux Romains la pensée de porter la — en Afrique, ID. *ibid.* 5. Le roi déclare la —, fait les traités de paix, *Charte de 1830*, art. 13. Une — déclarée, une — ouverte, faite franchement. Entreprendre une —. Les guerres puniques. La — de Cent ans, Trente ans. — sainte, où l'on appelle les peuples à la défense de leur religion. || Une — à mort, à outrance, une — d'extermination, où l'on

ne fait aucun quartier. Une — de partisans, d'escarmouche. (*Cf.* guérilla.) Les fléaux de la —. *Loc. prov.* La — nourrit la —, une armée vit aux dépens du pays ennemi. A la — comme à la —, en se contentant de ce qu'on trouve. || Faire la — avec qqn, sous qqn, sous son commandement. Un soldat qui a fait les guerres de l'Empire. Aller, partir en —. Une ruse de —. *Fig.* Un tour de vieille —, qui est depuis longtemps pratiqué. C'est tour de vieille —, LA F. *Fab.* III, 18. C'est de bonne —, c'est un moyen auquel on a le droit de recourir. De — lasse (étant las de la guerre), à bout de résistance. Scipion et César, les deux premiers hommes de — et les plus vaillants qui aient été parmi les Romains, BOSS. *Hist. univ.* III, 6. *Poët.* Un foudre de —, guerrier redoutable. Je suis donc un foudre de —! LA F. *Fab.* II, 14. Obtenir les honneurs de la —, pouvoir garder ses armes, ses drapeaux, en rendant une place, et, *fig.* sortir honorablement d'une affaire scabreuse. L'art de la —. Le ministère de la —. Conseil de —. | **1.** Réunion des officiers généraux d'une armée pour discuter les opérations militaires. | **2.** Tribunal composé d'officiers, et chargé d'exercer la justice militaire. Exercice de —, petite —, simulacre de combat pour exercer les troupes; au XVII° s. course de maraudeurs. Un oison qui avait la mine d'avoir été pris à la petite —, SCARR. *Rom. com.* I, 1. || Un nom de —, surnom que prenaient des soldats en s'enrôlant, qu'on donnait à ceux qui s'étaient distingués à la guerre. *Fig.* Prendre un nom de —, un nom de fantaisie. Cette actrice a pris un nom de —. || *P. ext.* — civile, intestine, entre citoyens d'un même État. — de religion, née de querelles religieuses. || Hobbes demande pourquoi, si les hommes ne sont pas naturellement en état de —, ils vont toujours armés, MONTESQ. *Espr. des lois*, I, 2. || *P. anal.* Je vais faire la — aux habitants de l'air, BOIL. *Ép.* 6. Deux coqs vivaient en paix : une poule survient. Et voilà la — allumée, LA F. *Fab.* VII, 13. || *Fig.* État de lutte. Être en — avec ses voisins. *Loc. prov.* Qui terre a, — a, une propriété est une source de débats, de procès. Une — de plume, débat au moyen d'écrits. Faire la — à une personne, à une chose, être en lutte avec elle. Il faut faire aux méchants — continuelle, LA F. *Fab.* III, 13. Cette Église, à laquelle il avait fait une si longue et si cruelle —, BOSS. *Hist. univ.* III, 1. Elle ne cessait de lui faire la — sur sa méchante humeur, HAMILT. *Gram.* 4. La peste... Faisait aux animaux la —, LA F. *Fab.* VII, 1. Plaisirs, qui me livrez la —, CORN. *Poly.* IV, 2. Faire la — aux vices, PASC. *Prov.* 10.

GUERRIER, IÈRE [ghè-ryé, -ryèr] *adj. et s. m. et f.*

[ÉTYM. Dérivé de guerre, §.115. || XI° s. Li quens Rollanz fut noble (corr. nobilius) guerriers, *Roland*, 2066.]

I. *Adj.* Relatif à la guerre. Blanchi dans les travaux guerriers, CORN. *Cid*, I, 4. Qu'à l'instant la trompette guerrière Dans le camp ennemi jette un subit effroi, RAC. *Ath.* V, 3. || Porté à la guerre. Je ne veux pas dire pourtant que l'Égypte ait été guerrière, BOSS. *Hist. univ.* III, 3. Une âme guerrière est maîtresse du corps qu'elle anime, ID. *Condé.* Une ardeur guerrière. Une mine guerrière.

II. *S. m. et f.* Celui, celle qui fait la guerre. Un — fameux. La guerrière Bradamante. *Spécialt.* La caste des guerriers (dans l'Inde), la caste de ceux qui portent les armes.

GUERROYANT, ANTE [ghè-rwa-yan, -yânt'] *adj.*

[ÉTYM. Adj. particip. de guerroyer, § 47. || 1539. R. EST. Admis ACAD. 1878.]

|| Qui guerroie. Humeur guerroyante. La fureur guerroyante, MIRABEAU, *Lett. à Sophie*, 20.

GUERROYER [ghè-rwa-yé] *v. tr. et intr.*

[ÉTYM. Dérivé de guerre, § 163. || XI° s. En France irai pur Carle guerreier, *Roland*, 2681.]

|| **1°** *V. tr.* Faire une guerre de partisan à (qqn). Je veux — le roi mon Seigneur, VOLT. *Mœurs*, 50.

|| **2°** *V. intr.* Faire la guerre. On a guerroyé trois mois.

GUERROYEUR [ghè-rwa-yeur] *s. m.*

[ÉTYM. Dérivé de guerroyer, § 112. || XIII° s. Li Turc sont sage et bon guerrrier, *Récits d'un ménestrel de Reims*, 379.]

|| Celui qui aime à guerroyer.

GUET [ghè] *s. m.*

[ÉTYM. Subst. verbal de guetter, § 52. || XIII° s. Quar li siens guez valoit un mur, RUTEB. p. 92, Kressner.]

|| Action de guetter. Faire le —. Être au —. Avoir l'œil, l'oreille au —. Tout le jour il avait l'œil au —, LA F. *Fab.* VIII, 2. || *Spécialt.* Surveillance de nuit dans une ville, dans une place de guerre. Milice chargée de faire le —. || *Vieilli.* — de mer, surveillance des côtes. || *P. ext.* Le —,

ceux qui font le guet. **Rosser le —. Polichinelle rosse encore le — sur les théâtres de marionnettes. Les archers du —. Chevalier du —, chef des archers du guet. Mot du —, mot de passe donné à ceux qui étaient du guet. Pour enseigne et mot du —,** LA F. *Fab.* IV, 15.

GUET-APENS [ghè-tà-pan] *s. m.*
[ÉTYM. Tiré de l'anc. franç. guet-apensé, plus souvent aguet-apensé, § 37 : proprt, « aguet prémédité ». Apensé est le part. de l'anc. verbe apenser. (*Cf.* NICOT : Guet appensé, ou à pensé, qu'on dit guet appens ou à pens par apocope.) || XVIᵉ s. En trahison, de guet à pens, tuarent Abecé, RAB. III, 44.]
|| Embûche dressée pour tuer, voler, par surprise. **Tomber dans un —. Le — consiste à attendre, dans un ou divers lieux, un individu, soit pour lui donner la mort, soit pour exercer sur lui des actes de violences,** *Code pénal,* art. 298.

GUÊTRE [ghètr'] *s. f.*
[ÉTYM. Origine inconnue. (*Cf.* **guette 2.**) || XVᵉ s. Guietres en leurs jambes, *Journ. d'un bourg. de Paris*, p. 282, Tuetey.]
|| Enveloppe de drap, de cuir, bouclée, boutonnée sur le dessus du soulier et le bas de la jambe. || *Loc. famil.* **Tirer ses guêtres,** s'en aller. (*Cf.* **grègue.**) *Fig. Vieilli.* **Il est venu en guêtres à Paris** (la guêtre étant, surtout autrefois, une chaussure de paysan), il n'avait rien en commençant. (*Cf.* **sabot.**)

GUÊTRER [ghè-tré] *v. tr.*
[ÉTYM. Dérivé de guêtre, § 154. || 1549. Guestré, R. EST.]
|| Munir de guêtres.

***GUÊTRIER** [ghè-tri-yé] *s. m.*
[ÉTYM. Dérivé de guêtre, § 115. || 1597. Guestrier, dans LITTRÉ.]
|| Celui qui fabrique, qui vend des guêtres.

1. *GUETTE, et mieux ***GUÈTE** [ghèt'] *s. f.*
[ÉTYM. Subst. verbal de guetter, § 52. (*Cf.* **guet.**) || XIIᵉ s. As herberges s'en retorna Et ses guaites apareilla, *Énéas*, 5587.]
|| *Vieilli et dialect.* Action de guetter. **Un chien de bonne —.** || *P. ext.* Personne qui fait le guet. **Cette ville n'avait pour habitant que la — du clocher.** (*Cf.* **échauguette.**)

2. *GUETTE, et mieux ***GUÈTE** [ghèt'] *s. f.*
[ÉTYM. Paraît être une prononciation pop. de guêtre, à en juger par le dérivé guettron. || 1690. FURET.]
|| (Technol.) Pièce en contre-fiche dans une charpente.

GUETTER [ghè-té] *v. tr.*
[ÉTYM. Du bas lat. wactare (dérivé de wacta, qui est l'anc. haut allem. wahte, substantif tiré de wahhen, allem. moderne wachen, veiller), devenu guaitier, guetier, gueter, écrit arbitrairement avec deux t, §§ 6, 498 et 499. || XIᵉ s. La noit la guaitent entresqu'a l'ajurnee, *Roland*, 3731.]
|| Surveiller patiemment pour surprendre (qqn, qqch). **— des maraudeurs. Certes, je t'y guettais,** MOL. *Tart.* II, 2. || Un animal guettant sa proie. **Une souris craignait un chat Qui dès longtemps la guettait au passage,** LA F. *Fab.* XII, 25. || — l'occasion, le moment favorable. **Le voleur tourne tant qu'il entre au lieu guetté,** LA F. *Fab.* XI, 3. **— le passage, l'arrivée de qqn.** || (Vénerie.) — le relevé, le moment où la bête sort de son abri pour aller chercher sa nourriture.

GUETTEUR [ghè-teur] *s. m.*
[ÉTYM. Dérivé de guetter, § 112. || XIIIᵉ s. Larrons et guetteors de voies, *Introd. d'astron.* dans GODEF. gaiteor. Admis ACAD. 1835.]
|| Celui qui guette. *Spécialt.* | 1. Celui qui se tient dans le beffroi pour sonner l'alarme en cas d'incendie, d'attaque, etc. | 2. Celui qui, dans un sémaphore, surveille ce qui passe en mer.

***GUETTRON,** et mieux ***GUÈTRON** [ghè-tron] *s. m.*
[ÉTYM. Dérivé de guette 2, § 104. || 1690. FURET.]
|| (Technol.) Petite guette de charpenterie.

GUEULARD, ARDE [gheu-làr, -làrd'] *adj.* et *s. m.* et *f.*
[ÉTYM. Dérivé de gueule, §§ 64, 65 et 147. || 1395. Deus gheulars de laiton, dans GODEF. *Compl.* Admis ACAD. (au sens **II**) 1798.]
I. *Adj.* Qui tient la bouche ouverte. *Spécialt.* (Manège.) **Cheval —,** qui tient la bouche ouverte pour se soustraire à l'action du mors. *P. anal.* **Pistolet —,** et, *substantivt,* **—,** pistolet à gueule évasée. || *Substantivt.* (Technol.) **Le — d'un haut fourneau,** l'ouverture supérieure, par laquelle on le charge.
II. *Fig. Trivial. S. m.* et *f.* Celui, celle qui aime à manger beaucoup. || Celui, celle qui a l'habitude de parler fort, de gueuler.

GUEULE [gheul] *s. f.*
[ÉTYM. Du lat. gŭla, *m. s.* devenu gole, goule, gueule, §§ 325 et 291.]
I. La bouche de certains animaux. **La — du lion.** *Fig.* **Venir se mettre dans la — du lion,** se mettre imprudemment au milieu du danger. || *Trivial.* En parlant d'une personne, grande bouche. **Il a la — fendue jusqu'aux oreilles.** *P. ext.* La face. **Donner à qqn sur la —,** le frapper à la figure. **Il va se faire casser la —.** || **Venir la — enfarinée** (le visage couvert de farine, comme les anciens faiseurs de parade), et, *fig.* montrer une confiance téméraire.
|| *Spécialt.* || 1° La bouche de ces animaux, considérée comme servant à crier. **Un chien qui chasse de —,** en aboyant. *Poét.* **Il entend de loin, d'une — infernale, La Chicane en fureur mugir dans la grand salle,** BOIL.. *Sat.* 8. **Un coup de — sonore.** || *Trivial.* En parlant d'une personne. **Garder toujours un homme et l'entendre crier? Quelle —!** RAC. *Plaid.* I, 2. **Il n'a que de la —,** il ne sait que crier. **Une fille suivante Un peu trop forte en —,** MOL. *Tart.* I, 1. **— ferrée,** personne qui parle grossièrement. *Vieilli.* **Des mots de —,** paroles grossières. (*Cf.* **gueulée.**)
|| 2° La bouche de ces animaux, considérée comme servant à dévorer. **Un lion affamé, la — béante. Les chiens du lieu n'ayant en tête Qu'un intérêt de —,** LA F. *Fab.* X, 14. || *Trivial.* En parlant d'une personne. **Certain hâbleur, à la — affamée,** BOIL. *Sat.* 3. *Fig.* **De Mesmes avait tourné vers cette première charge de la robe une — béante,** ST-SIM. X, 203. **C'est une fine —,** une personne qui apprécie les bons morceaux. **Une personne qui a la — pavée,** qui mange très chaud ou très épicé. *Loc. prov.* **La — (gloutonnerie) tue plus de gens que le glaive.** || *Fig.* **— noire,** fruit qui noircit la bouche, baie de l'airelle.
II. *P. anal.* || 1° Ouverture par laquelle entre ou sort qqch. **La — d'un four. La — d'une cruche. La — d'un canon. Futaille à — bée,** défoncée par un bout. **— bée,** vanne d'un bassin ouverte.
|| 2° Moulure à double courbure (doucine, cimaise, talon).
|| 3° Ce qui rappelle le museau d'un animal. **— de loup.** | 1. Muflier des jardins, plante. | 2. Tuyau coudé qui surmonte une cheminée et tourne sur un pivot, de sorte que la fumée soit dans la direction du vent.

GUEULÉE [gheu-lé] *s. f.*
[ÉTYM. Dérivé de gueule, §§ 64, 65 et 119. (*Cf.* **goulée.**) || XIIᵉ s. Cescune fait tel brait et jete tel goulée Que oïr le puet on d'une grant liuee, *Alexandre*, fᵒ 45, vᵒ, Michelant.]
|| *Trivial.* | 1. Grosse bouchée. (*Syn.* **goulée.**) | 2. Gros mots, paroles grossières. **Dire des gueulées. Exciter leurs gueulées et leurs impiétés,** ST-SIM. XVI, 280.

GUEULER [gheu-lé] *v. intr.* et *tr.*
[ÉTYM. Dérivé de gueule, §§ 64, 65 et 154. || Admis ACAD. 1694.]
|| 1° *Trivial. V. intr.* Crier fort.
|| 2° *V. tr.* (Chasse.) Saisir avec la gueule. **Chien qui gueule le lièvre.**

GUEULES [gheul] *s. m. pl.*
[ÉTYM. Emprunté du persan ghul, rose, § 24. || XIIIᵉ s. A cinq liblaus de gueules l'ainsnés fils le porta, ADENET, *Berte,* 3222.]
|| (Blason.) Une des six couleurs de l'écu, la rouge, figurée, à défaut de couleur, par des hachures verticales.

***GUEULETON** [gheu-ton ; *en vers,* gheu-le-...] *s. m.*
[ÉTYM. Dérivé de gueule, §§ 63, 64, 65 et 104. || *Néolog.*]
|| *Trivial.* Partie de table.

***GUEULETTE** [gheu-lèt'] *s. f.*
[ÉTYM. Dérivé de gueule, §§ 64, 65 et 133. (*Cf.* **goulette.**) || 1784. ENCYCL. MÉTH. *Glacerie.*]
|| (Technol.) Petite gueule. *Spécialt.* Ouverture des fours à recuire le verre, pour manœuvrer les outils.

GUEUSAILLE [gheu-zày'] *s. f.*
[ÉTYM. Dérivé de gueux, § 95. || 1642. OUD.]
|| *Trivial.* Métier de gueux.

GUEUSAILLER [gheu-zà-yé] *v. intr.*
[ÉTYM. Dérivé de gueusaille, § 154. || 1642. OUD.]
|| *Trivial.* Faire le métier de gueux.

GUEUSANT, ANTE [gheu-zan, -zànt'] *adj.*
[ÉTYM. Adj. participe. de gueuser, § 47. || 1611. COTGR.]
|| Qui gueuse. **Frères gueusants,** LES. *Guzm. d'Alfar.* II, 3.

GUEUSARD, *GUEUSARDE [gheu-zàr, -zàrd'] *s. m.* et *f.*
[ÉTYM. Dérivé de gueux, § 147. || Admis ACAD. 1835.]

|| Celui, celle qui vit de gueuserie.

GUEUSE [gheŭz'] *s. f.*

[ÉTYM. Emprunté de l'allem. *guss*, fonte, de *giessen*, couler, § 7. || 1564. Gueuse est une grande, grosse et lourde masse de fer fondu, J. THIERRY, *Dict. franç.-lat.*]

|| (Technol.) Masse de fer fondu, telle qu'on la coule dans le sable au sortir du four de fusion. || *Spécialt.* Masse de fonte destinée à servir de lest dans un navire. || *P. ext.* Moule fait dans le sable pour recevoir le métal en fusion.

GUEUSER [gheŭ-zé] *v. intr. et tr.*

[ÉTYM. Dérivé de gueux, § 154. || 1606. Gueuser ou gueuer, NICOT.]

|| **1°** *V. intr.* Faire le gueux. Moi qui l'ai reçu gueusant et n'ayant rien, MOL. *Tart.* V, 1. (*Cf.* gueusailler.)

|| **2°** *V. tr.* Mendier (qqch). || *Fig.* Un auteur qui partout va — des encens, MOL. *F. sav.* III, 3. Faquins sans courage Gueusant quelques bouts de galons, A. BARBIER, *Iambes, Curée.*

GUEUSERIE [gheŭz'-ri ; *en vers*, gheŭ-ze-ri] *s. f.*

[ÉTYM. Dérivé de gueux, § 69. || 1606. NICOT.]

|| Métier de gueux. Pays où la —, la mendicité, est une profession, VOLT. *Dict. philos.* gueux. La — en ce pays-là est d'une grande ressource, LES. *Guzm. d'Alfar.* III, 2. || *Fig.* La fête de Pan... Auprès de ce spectacle est une — (un pauvre spectacle), MOL. *Mélic.* I, 3.

***GUEUSETTE** [gheŭ-zĕt'] *s. f.*

[ÉTYM. Semble dérivé de gueux, § 133. || 1680. RICHEL..]

|| (Technol.) Petit godet où le cordonnier met son noir.

GUEUX, EUSE [gheŭ, gheŭz'] *s. m. et f.*

[ÉTYM. Mot d'argot, § 31. || XVᵉ s. Les plus rouges gueux Y sont surprins, *Chansons du quinz. s.* p. 129, G. Paris.]

I. || **1°** Vil mendiant. Un — qui, quand il vint, n'avait pas de souliers, MOL. *Tart.* I, 1. Si le maître veut que vous contrefassiez le —, PASC. *Entret. avec Saci.* L'avare... comme lui vit en —, LA F. *Fab.* IV, 20. Voilà un plaisant — pour une fille comme Angélique, LES. *Crisp. riv.* sc. 2. P. *plaisant.* Un — fieffé, mendiant attitré à une place. Un — revêtu, qui est enrichi. *Fig.* En parlant d'un écrivain. Un — revêtu des dépouilles d'Horace, BOIL. *Sat.* 9. || *Adjectivt.* Choisir un gendre —? MOL. *Tart.* II, 2. *Loc. prov.* — comme un rat d'église. Montchevreuil était sans esprit aucun et — comme un rat d'église, ST-SIM. I, 34. La plupart sont — comme des rats, MOL. *Av.* III, 4. || *Fig.* Mesquin. Non de ces — d'avis, MOL. *Fâch.* III, 3.

|| **2°** *P. ext.* (Technol.) Pot de terre percé de trous où l'on met des charbons allumés.

II. *P. ext.* Vil personnage. Le —, dès ce soir, quittera ma maison, DESTOUCHES, *Glor.* III, 8. Une fille coureuse, De qui le noble emploi n'est qu'un métier de gueuse, MOL. *Él.* IV, 3. La querelle était venue pour du cabaret et des gueuses, ST-SIM. I, 396.

1. GUI [ghi] *s. m.*

[ÉTYM. Du lat. vỉscum, *m. s.* devenu *wỉscum sous l'influence de l'anc. haut allem. *wiz* (allem. moderne *weiss*), blanc, d'où guis, §§ 443, 308, 419 et 291, écrit par erreur gui. (*Cf.* guimauve.)|| XIVᵉ s. Vist de pommier, *Modus*, f° LXXI.]

|| Plante ligneuse qui vit en parasite sur certains arbres. Le — du chêne, du pommier, du frêne, etc.

2. *GUI [ghi] *s. m.*

[ÉTYM. Emprunté du provenç. *gui*, *m. s.* proprt, « guide », § 11. || 1694. TH. CORN.]

|| (Marine.) Vergue apiquée sur laquelle se développe la ralingue du bas de la brigantine, et dont un bout est fixé au mât d'artimon et l'autre saillant hors du navire. (*Syn.* bôme.)

***GUIBELET** [ghĭb'-lè ; *en vers*, ghi-be-lè]. *V.* gibelet.

***GUIBOLE** [ghi-bòl] *s. f.*

[ÉTYM. Terme d'argot qui paraît être pour guibone, la forme guibon se trouvant fréquemment au XVIIIᵉ s. dans le même sens, § 31. || *Néolog.*]

|| *Pop.* Jambe.

***GUICHE** [ghĭch'] *s. f.*

[ÉTYM. Du lat. pop. *vitica, tiré de vitis, vigne (*V.* § 77), proprt, « chose qui s'enroule comme les vrilles de la vigne », devenu guiche, guige, guinche (formes usitées concurremment en anc. franç.), §§ 443, 290, 389 et 291. Le changement de v en g et la forme guinche paraissent dus à l'influence de l'allem. *winden*, s'enrouler. || XIIᵉ s. La guige (var. guice) fu tote orfreis, *Thèbes*, 6584.]

|| **1°** *Anciennt.* Courroie du bouclier, du cor, etc. (*Cf.* enguiché.)

|| **2°** *P. ext.* Bande d'étoffe attachée à chaque côté de la robe des chartreux pour en joindre les deux parties.

GUICHET [ghi-chè] *s. m.*

[ÉTYM. Paraît être d'origine scandinave, § 9, dérivé du radical qui se trouve dans l'island. *vikja*, suédois *vicka*, mouvoir, tourner, § 133. || XIIᵉ s. Ne passereit pas al guichet, *Énéas*, 8575.]

|| **1°** Petite porte pratiquée dans une grande. — d'une prison. Les guichets du Louvre.

|| **2°** Petite ouverture pratiquée dans une porte à hauteur. d'appui, et par laquelle on peut parler, faire passer qqch sans ouvrir la porte. | *P. anal.* | **1.** Ouverture grillée du confessionnal par laquelle le prêtre écoute le pénitent et lui parle. | **2.** Petite ouverture par laquelle on communique avec les employés dans les bureaux de postes, avec les caissiers des maisons de banque ou de commerce. Les affranchissements se font au — n° 3. Les guichets ferment à 8 heures. Rembourser à — ouvert. *P. ext.* Caisse (avec ou sans guichet). Les guichets du Trésor. La banque ouvre ses guichets à cette émission.

GUICHETIER [ghĭch'-tyé ; *en vers*, ghi-che-...] *s. m.*

[ÉTYM. Dérivé de guichet, §§ 65 et 115. || 1611. COTGR.]

|| Celui qui garde le guichet d'une prison. Voilà mes guichetiers en défaut, RAC. *Plaid.* I, 3.

***GUIDAGE** [ghi-dâj] *s. m.*

[ÉTYM. Dérivé de guider, § 78. A remplacé l'anc. franç. guiage. || 1611. COTGR.]

|| (Technol.) Action de guider, ce qui sert à guider. *Spécialt.* Dans certains puits de mine, appareil consistant en poutres, tiges perpendiculaires, etc., pour guider dans la descente et l'ascension les cages, bennes, etc.

GUIDE [ghid] *s. m. et f.*

[ÉTYM. Subst. verbal de guider, § 52. L'anc. franç. dit gui, cas régime guion. (*Cf.* gui 2 et guidon.) Sur la présence du d dans la forme actuelle, *V.* guider. || 1370. Pour plusieurs guides prinses entre Bourdeaux et Pampelune, dans DELB. *Rec.*]

I. *S. m.* (et, *vieilli*, *f.*). Personne qui accompagne qqn pour lui montrer le chemin. Un — fidèle, sûr. Les voyageurs sans — assez souvent s'égarent, BOIL. *Sat.* 4. La — nouvelle, Qui ne voyait, au grand jour, Pas plus clair que dans un four, LA F. *Fab.* VII, 17. || *Spécialt.* (T. milit.) | **1.** Celui qui accompagne une troupe, un détachement en marche, pour lui montrer le chemin. | **2.** Soldat, sous-officier sur lequel les autres doivent régler leurs mouvements. Le — d'un peloton. — à droite! à gauche! commandement militaire de suivre le guide du côté droit ou du côté gauche. *P. ext.* Les guides, corps de cavaliers organisés pour servir d'escorte. Le régiment des guides. || *Fig.* Celui qui met (qqn) dans une certaine direction intellectuelle, morale, etc. Pour me faire chrétien, sers-moi de — à l'être. || *P. anal.* En parlant d'une chose. L'étoile qui servit de — aux rois mages. Dans ces parages le navire n'a pas d'autre — que la boussole. | *Fém.* (*rare*). Toujours le médecin s'attache au battement : C'est sa —, LA F. *Quinquina*, 1. | *Fig.* Consulte ta raison, prends sa clarté pour ;—, MOL. *D. Garcie*, II, 4. Prenant toutes deux leur passion pour —, CORN. *Cinna*, V, 2. || *Spécialt.* Titre donné à certains manuels. La Guide des pêcheurs est encore un bon livre, MOL. *Sgan.* sc. 1. *P. plaisant. Fig.* — des pêcheurs, fiacre à volets servant à des promenades galantes. || Le Guide du voyageur en Suisse.

II. *P. ext.* Objet servant à diriger un mouvement.

|| **1°** *S. m.* Balise établie sur une rivière, dans un passage difficile, pour indiquer le véritable cours de l'eau. || Cordage qui hale un palan. | Perche qui tient le filet d'un oiseleur. || Morceau de bois saillant qu'on fixe contre un outil à fût pour en assurer la marche dans une direction donnée. || Outil d'horloger qui conduit le foret pour percer droit dans une platine. || Armature qui tient le coulisseau du piston d'une cuvette de garde-robe. || Organe qui dirige dans sa marche une pièce d'une machine, la tige du piston d'une machine à vapeur, le châssis d'une scie, etc.

|| **2°** *S. f.* Lanière de cuir ou cordelette qui sert à diriger des chevaux attelés. Grandes guides, qui servent à conduire les chevaux placés en tête, dans un attelage à quatre chevaux. Conduire à grandes guides, et, *fig.* Mener la vie à grandes guides, mener la vie grand train. || *P. ext.* Payer les guides à un postillon, le droit fixé pour chaque poste. Payer doubles guides, le double de ce droit, pour que le postillon aille plus vite.

GUIDE-ÂNE [ghi-dân'] *s. m.*
[ÉTYM. Composé de guide (du verbe guider) et âne, § 209.
|| 1732. Guid'asne, TRÉV. Admis ACAD. 1798.]
|| *Famil.* Ce qui sert à diriger dans un travail, de telle
façon que le plus ignorant ou le plus maladroit puisse s'en
acquitter. | 1. Petit livre contenant l'ordre des offices pour
chaque fête. | 2. Transparent réglé dont on se sert pour
écrire droit. | 3. Sorte de couteau à deux lames dont l'une
trace et l'autre découpe les dents du peigne.

***GUIDEAU** [ghi-dô] *s. m.*
[ÉTYM. Semble dérivé de guider, § 126. Souvent altéré
en diguiau, diguiau, dideau, etc. § 360. || 1322. Un essuy a
guideaus pour la pescherie sur l'arche, dans GODEF. guidel.]
|| 1° (Technol.) Plate-forme en planches qu'on échoue
à l'entrée d'un port, en la tenant inclinée à l'aide de che-
valets pour diriger un courant de chasse.
|| 2° Filet en forme de sac placé au sommet de l'angle
que forment en amont deux rangées de perches garnies
de claies. (*V.* gord.)

***GUIDE-MAIN** [ghîd'-min ; *en vers*, ghi-de-...] *s. m.*
[ÉTYM. Composé de guide (du verbe guider) et main,
§ 209. || *Néolog.*]
|| (Technol.) Barre fixée en avant du clavier d'un piano
pour aider les commençants à tenir les mains bien placées.

GUIDER [ghi-dé] *v. tr.*
[ÉTYM. Anc. franç. guier, emprunté du gothique vitan,
propr!, « remarquer », §§ 6, 498 et 499. Guider s'est substitué
à guier sous l'influence du provenç. guidar et de l'ital. gui-
dare, *m. s.* §§ 11 et 12. || XIᵉ s. Tant com li jorz li duret, l'at
conduit et guiet, *Voy. de Charl. à Jérus.* 245. | 1367. Jehan
Le Sec qui guida et mena Estiennot, dans DELB. *Rec.*]
|| 1° Accompagner (qqn) pour lui montrer le chemin.
— un voyageur, un étranger. On le guida à travers le bois. ||
P. anal. Que, pour comble de gloire,... Un seigneur... Par la
bride guidât son superbe coursier, RAC. *Esth.* II, 5. || *P. ext.*
— les pas, la marche de qqn. Aveugle guidé par un caniche.
Gusman ne connaît plus d'obstacle, C'est un dieu qui guide ses
pas, *Romance de Gusman.* || *Fig.* Mettre (qqn) dans une
certaine direction intellectuelle, morale, etc. Mon esprit
timide Dans sa course élevée a besoin qu'on le guide, BOIL.
Lutr. 6.
|| 2° Aider (qqn) à reconnaître le chemin. A peine un
faible jour vous éclaire et me guide, RAC. *Iph.* I, 1. Se — à
l'aide d'un bâton. || *Fig.* Aider (qqn) à choisir une direction.
Dieu, dont l'intérêt me guide, RAC. *Ath.* IV, 3. Ces truffes que
je portais me guidaient merveilleusement, BARON, *Coquette*,
IV, 11. Les marins se guident sur l'étoile polaire.

GUIDON [ghi-don] *s. m.*
[ÉTYM. Emprunté de l'ital. guidone, *m. s.* qui corres-
pond à l'anc. franç. guiton (*V.* guide), § 12. || XVIᵉ s. Es-
tendars et guydons, MAROT, *Élég.* 1.]
|| 1° *Anciennt.* Étendard d'une compagnie de grosse
cavalerie. || Cornette de la cavalerie légère. || *De nos jours.*
Petit drapeau carré dont la hampe entre dans le canon
d'un fusil, et qui sert à l'alignement. (*V.* fanion.) *P. ext.*
Le porteur de ce drapeau. || *P. anal.* | 1. Banderole plus
courte que la flamme, qui sert aux signaux sur un navire.
| 2. Bannière des anciens corps de métier, des confré-
ries, etc. || *Fig.* Titre donné à certains manuels. Prends,
au lieu de Platon, le Guidon des finances, BOIL. *Sat.* 8.
|| 2° Point de mire. | 1. Bouton de métal qui est au bout
du canon de l'arme à feu et sert à viser. | 2. Collier de
bois qui entourait le collet d'une pièce de canon et mettait la ligne de mire de niveau avec la ligne de tir. (*Cf.*
fronteau.)
|| 3° Marque indicative. | 1. (Plain-chant.) Signe placé
au bout d'une portée pour indiquer qu'il faut chercher
sur la portée correspondante la note qui commence la
ligne suivante. | 2. Signe de renvoi, dans un écrit ou un
imprimé. | 3. Marque faite à une carte pour tricher.

***GUIGE** [ghij']. *V.* guiche.

GUIGNARD [ghi-ñár] *s. m.*
[ÉTYM. Mot du patois de Chartres, où ces oiseaux sont
abondants, § 16. Peut-être dérivé de guigner, au sens dialectal de « remuer », § 147 : cf. le nom de guigne-queue
donné par COTGR. à une variété de branlequeue, et gui-
gnette 1. || 1690. Guignar, FURET.]
|| (Hist. nat.) Le petit pluvier, oiseau de passage.

1. GUIGNE [ghiñ'] *s. f.*

[ÉTYM. Paraît être pour *guisle, § 509, emprunté de l'anc.
haut allem. wihsila, allem. mod. weichsel, *m. s.* §§ 6, 498
et 499. || XIVᵉ s. Cerises, merises, guines, *Ménagier*, dans
LITTRÉ.]
|| Cerise de la forme du bigarreau, d'un rouge foncé.

2. *GUIGNE [ghiñ'] *s. f.*
[ÉTYM. Tiré de guignon, § 37. || *Néolog.*]
|| *Pop.* Mauvais sort qui poursuit qqn. (*Syn.* guignon.)
Avoir la —. *Spécialt.* Être poursuivi au jeu par la —.

***GUIGNEAU** [ghi-ñô] *s. m.*
[ÉTYM. Paraît dérivé de guigner, l'ouverture laissée par
les guigneaux étant comparée à un œil qui guigne, § 126.
|| 1690. Guignaux, FURET.]
|| (Technol.) Pièce de bois qui, dans une toiture, sou-
tient les chevrons entre lesquels passe un tuyau de cheminée.

GUIGNER [ghi-ñé] *v. tr.*
[ÉTYM. Origine inconnue. Plusieurs patois donnent à
ce mot le sens de « remuer ». (*Cf.* guignard, guignette 1.)
|| XIIᵉ s. Que s'il me guigne sol de l'ueil, *Partenopeus*, dans
LA C.]
|| *Famil.* Regarder à la dérobée (une chose que l'on
convoite). (*Syn.* lorgner.) J'ai guigné ceci tout le jour, MOL.
Av. IV, 6. Il guigne cet héritage.

***GUIGNES** [ghiñ'] *s. f. pl.*
[ÉTYM. Peut-être altération de l'angl. gill, *m. s.* § 8. ||
Néolog.]
|| (Pêche.) Ouïes ou branchies des poissons.

1. *GUIGNETTE [ghi-ñĕt'] *s. f.*
[ÉTYM. Paraît dérivé de guigner, au sens dialectal de
« remuer », § 133. (*Cf.* guignard.) || XVIIIᵉ s. BUFF. Gui-
gnette.]
|| Oiseau de passage du genre vanneau, dit alouette de
mer.

2. *GUIGNETTE [ghi-ñĕt'] *s. f.*
[ÉTYM. Origine inconnue. (*Cf.* guigne, traduit par depi-
latorium dans un anc. glossaire.) || 1796. ENCYCL. MÉTH.
Agricult.]
|| (Technol.) | 1. *Dialect.* (Ouest). Petit sarcloir. | 2.
(Marine.) Outil de calfat pour ouvrir les joints.

GUIGNIER [ghi-ñyé] *s. m.*
[ÉTYM. Dérivé de guigne, § 115. || 1549. Guisnier, R. EST.]
|| Variété de cerisier qui produit la guigne.

***GUIGNOLE** [ghi-ñôl] *s. f.*
[ÉTYM. Semble dérivé de guigner au sens dialectal de
« remuer », § 86. || 1690. FURET.]
|| (Technol.) Bâtonnet auquel on suspend les trébuchets.

***GUIGNOLET** [ghi-ñô-lè] *s. m.*
[ÉTYM. Dérivé de guigne, §§ 63, 86 et 133. || *Néolog.*]
|| Liqueur faite avec des guignes.

GUIGNON [ghi-ñon] *s. m.*
[ÉTYM. Dérivé de guigner, § 104. (*Cf.* guigne 2 et œil.)
|| XVIᵉ-XVIIᵉ s. *V.* à l'article.]
|| *Famil.* Mauvaise chance qui poursuit qqn. Avoir du
— au jeu. Porter — à qqn. Toi qui me portes —, RÉGNIER,
Sat. 11.

***GUIGNONNANT, ANTE** [ghi-ñô-nan, -nänt'] *adj.*
[ÉTYM. Dérivé de guignon, § 146. || *Néolog.*]
|| *Famil.* Qui porte guignon, mauvaise chance. Guignon
—, mauvaise chance persistante.

***GUILANDINE** [ghi-lan-din'] *s. f.*
[ÉTYM. Emprunté du lat. des botanistes guilandina, *m.
s.* nom donné à cette plante en l'honneur de Guilandino,
botaniste italien du XVIᵉ s. §§ 36 et 245. || *Néolog.*]
|| (Botan.) Plante de la famille des Légumineuses, dite
aussi bonduc.

GUILDIVE [ghîl-div'] *s. f.*
[ÉTYM. Origine inconnue. || 1722. Guildine, LE P. LABAT,
Voy. aux îles de l'Amér. I, 404. Guildive, ID. *ibid.* III,
410. Admis ACAD. 1762.]
|| (Technol.) Eau-de-vie qu'on tire des sirops de sucre
aux colonies, sorte de tafia.

***GUILÉE** [gui-lé] *s. f.*
[ÉTYM. Origine inconnue. || 1539. R. EST.]
|| *Dialect.* Giboulée.

GUILLAGE [ghi-yàj'] *s. m.*
[ÉTYM. Dérivé de guiller 2, § 78. || 1757. ENCYCL. Admis
ACAD. 1762.]
|| (Technol.) Fermentation de la bière qui guille.

GUILLAUME [ghi-yôm'] *s. m.*

[ÉTYM. Nom propre d'homme, d'origine germanique (Wilhelm), § 36. (*Cf.* gros-guillaume, guillemet, guillemot, guillot.) || 1690. FURET. Admis ACAD. 1762.]

|| (Technol.) || **1°** Rabot à fer étroit, échancré, pour faire les rainures, pousser les moulures, etc. || *P. anal.* Outil de maçon pour ébarber, planchette armée d'un fer qui enlève ce qui n'est pas à l'alignement dans un enduit.

|| **2°** Tamis à gros trous où l'on fait passer la poudre encore humide pour commencer à la grener.

***GUILLEDIN** [ghiy'-din ; *en vers*, ghi-ye-...] *s. m.*
[ÉTYM. Emprunté de l'angl. gelding, proprt, « cheval hongre », § 8. || XVIᵉ s. Guildin, RAB. I, 12.]
|| *Vieilli.* Cheval qui va l'amble, d'allure rapide. Les courses pour des prix se font sur des guilledins, FURET. *Dict.*

GUILLEDOU [ghiy'-dou ; *en vers*, ghi-ye-...] *s. m.*
[ÉTYM. Origine inconnue. || XVIᵉ-XVIIᵉ s. Courir le guilldrou, D'AUB. *Hist. univ.* dans LITTRÉ.]
|| Mot qui ne s'emploie que dans la locution Courir le —, aller en quête d'aventures galantes. Je ne veux pas qu'une fille coure le —, REGNARD, *Filles errantes*, I, 1.

GUILLEMET [ghiy'-mè ; *en vers*, ghi-ye-...] *s. m.*
[ÉTYM. Nom propre, diminutif de Guillaume, §§ 36, 65 et 133. || 1690. FURET. Admis ACAD. 1718.]
|| (Technol.) Petit crochet double qu'on met au commencement d'une citation dans ce sens («), et à la fin dans le sens opposé (»), pour la distinguer du texte ordinaire. Une citation entre guillemets.

GUILLEMETER [ghiy'-me-té ; *en vers*, ghi-ye-...] *v. tr.*
[ÉTYM. Dérivé de guillemet, § 154. || *Néolog.* Admis ACAD. 1835.]
|| (Technol.) Marquer de guillemets. On guillemette le commencement et la fin d'une citation.

***GUILLEMOT** [ghiy'-mó ; *en vers*, ghi-ye-...] *s. m.*
[ÉTYM. Nom propre, diminutif de Guillaume, §§ 36, 65 et 136. || 1555. P. BELON, *Hist. de la nat. des ois.* p. 260.]
|| (Hist. nat.) Oiseau palmipède plongeur à démarche lente.

1. *GUILLER [ghi-yé] *v. tr.*
[ÉTYM. Altération de l'anc. franç. guiler, § 509, dérivé du subst. guile, emprunté de l'anglo-saxon vile, angl. moderne wile, *m. s.* § 8. || XIIIᵉ s. Li deable qui tot guile, G. DE COINCY, dans GODEF. guiler.]
|| *Anciennt.* Tromper. *Loc. prov.* Tel croit — Guillot que Guillot guille.

2. *GUILLER [ghi-yé] *v. intr.*
[ÉTYM. Emprunté de l'anc. holland. ghilen, *m. s.* § 10. || XVᵉ s. Le brasseur dont les retraits ne sont pas suffisamment ghillés, dans GODEF. guiler.]
|| (Technol.) En parlant de la bière, jeter sa levure.

GUILLERET, ETTE [ghiy'-rè, -rèt' ; *en vers*, ghi-ye-...] *adj.*
[ÉTYM. Semble dérivé de guiler 1, § 134. || XVᵉ s. Gente, guillerette, attinctee, *Monologue de l'amoureux*, dans *Romania*, 1887, p. 481. Admis ACAD.1762.]
|| Qui est en gaieté. Adieu ; tenez-vous —, MOL. *Bouts-rimés.*

GUILLERI [ghiy'-ri ; *en vers*, ghi-ye-ri] *s. m.*
[ÉTYM. Paraît être une onomatopée, § 32. || 1771. Guillery, TRÉV. Admis ACAD. 1798.]
|| Le chant du moineau.

***GUILLOCHAGE** [ghi-yò-chàj'] *s. m.*
[ÉTYM. Dérivé de guillocher, § 78. || 1792. SALIVET, *Man. du tourneur*, II, 372.]
|| (Technol.) Action de guillocher. (*Cf.* guilloche.)

***GUILLOCHE** [ghi-yò'ch'] *s. f.*
[ÉTYM. Subst. verbal de guillocher, § 52. || *Néolog.*]
|| (Technol.) Outil qui sert à guillocher.

***GUILLOCHÉ** [ghi-yò-ché] *s. m.*
[ÉTYM. Subst. particip. de guillocher, § 45. || *Néolog.*]
|| (Technol.) Action de guillocher. (*Cf.* guillochage.) || Ouvrage de guillochis. (*Cf.* guillochure.)

GUILLOCHER [ghi-yò-ché] *v. tr.*
[ÉTYM. Origine inconnue. Peut-être dérivé du nom propre Guilloche, qui est attesté dès la fin du XVᵉ s. § 154. || 1757. ENCYCL. Admis ACAD. 1762.]
|| (Technol.) Orner d'un entrecroisement de traits gravés en creux. Une boîte de montre guillochée. || *P. anal.* (Marine.) Poulie guillochée, dont le milieu a une plaque de cuivre percée d'un trou circulaire, pour recevoir l'axe.

***GUILLOCHEUR** [ghi-yò-cheùr] *s. m.*

[ÉTYM. Dérivé de guillocher, § 112. || 1792. Les guillocheurs en or, SALIVET, *Man. du tourneur*, II, 380.]
|| (Technol.) Ouvrier qui guilloche.

GUILLOCHIS [ghi-yò-chi] *s. m.*
[ÉTYM. Dérivé du radical de guillocher, § 82. || XVIᵉ s. Festons, gillochis et ovalles, RONS. *Églog.* 3. Admis ACAD. 1762.]
|| (Technol.) Ornement formé d'un entrecroisement de traits gravés en creux. (*Cf.* guilloché, guillochure.)

***GUILLOCHURE** [ghi-yò-chūr] *s. f.*
[ÉTYM. Dérivé de guillocher, § 111. || *Néolog.*]
|| (Technol.) Entrecroisement de traits gravés en creux. (*Cf.* guilloché, guillochis.)

***GUILLOIRE** [ghi-ywàr] *adj. fém.*
[ÉTYM. Dérivé de guiler 2, § 113. || 1700. Cuve appelée guilloire, LIGER, *Nouv. Mais. rust.* dans DELB. *Rec.*]
|| (Technol.) Où s'opère le guillage. Cuve —.

***GUILLOT** [ghi-yó] *s. m.*
[ÉTYM. Nom propre, forme hypocoristique de Guillaume, §§ 36 et 509. || 1680. RICHEL.]
|| *Vieilli.* Ver de fromage.

GUILLOTINE [ghi-yò-lin'] *s. f.*
[ÉTYM. Tiré de Guillotin, médecin qui préconisa dès 1789 l'usage d'un instrument de supplice analogue, §§ 36 et 37. || 1790. La machine Qui simplement nous tuera Et que l'on nommera Guillotine, PELTIER, *Actes des Apôtres*, t. Iᵉʳ, p. 16. Admis ACAD. 1798, suppl.]
|| Instrument pour trancher la tête des condamnés à mort, lourde lame qui, glissant entre deux poteaux, tombe de tout son poids sur le cou du patient. || *P. anal.* Fenêtre à —, à châssis qui glisse dans des rainures.

GUILLOTINER [ghi-yò-ti-né] *v. tr.*
[ÉTYM. Dérivé de guillotine, § 154. || 1790. Être guillotiné, PELTIER, *Actes des Apôtres*, t. III, p. 14. Admis ACAD. 1798, suppl.]
|| Décapiter au moyen de la guillotine.

GUIMAUVE [ghi-mòv'] *s. f.*
[ÉTYM. Du lat. pop. *viscomalva (corruption par étymologie pop. de *hibiscomalva, mot hybride composé avec le grec ἰβίσκος et le lat. malva, mauve, § 509), devenu guismauve, guimauve. (*Cf.* gui 1 et mauve.) || XIIᵉ s. Widmalve, *Gloss.* dans GODEF. *Compl.*]
|| (Botan.) Plante mucilagineuse de la famille des Malvacées. Infusion de fleurs de —. Décoction de racine de —. Pâte, sirop de —, fait avec cette racine mondée.

GUIMBARDE [ghin-bàrd'] *s. f.*
[ÉTYM. Origine inconnue. || 1625. V. à l'article. Admis ACAD. 1798.]
|| **1°** Danse en usage au XVIIᵉ s. Qui dansent la — au son des charlatans, *Musc normande* (1625), dans DELB. *Rec.*
|| **2°** Instrument de musique, demi-cercle d'acier ou de laiton terminé par deux branches parallèles entre lesquelles est une languette d'acier qu'on agite avec le doigt tandis qu'on tient l'instrument entre les dents. || *P. ext.* Mauvaise guitare.
|| **3°** Outil de menuisier, de sculpteur, pour unir le fond des creux.
|| **4°** Long chariot dont l'avant et l'arrière sont garnis de prolongements inclinés pour le transport des gerbes, des bottes de paille, de foin. || *P. ext.* Mauvaise voiture.
|| **5°** *Fig. Vieilli.* Nom injurieux donné à une femme. Taisez-vous, —, BOURS. *Mots à la mode*, sc. 12. || *P. plaisant.* Nom donné (au jeu de la mariée) à la dame de cœur. || *P. ext.* Nom donné à ce jeu. Jouer à la —.

GUIMPE [ghinp'] *s. f.*
[ÉTYM. Anc. franç. guimple, emprunté de l'anc. haut allem. wimpal, allem. moderne wimpel, *m. s.* §§ 6, 498 et 499. || XIIᵉ s. O se li eüsse enveié Ma guimple, *Énéas*, 9334.]
|| **1°** Pièce de toile qui, dans le costume des religieuses, couvre le sein, le cou, et encadre le visage.
|| **2°** Chemisette sans manches (de tulle, de dentelle, etc.), que portent les dames avec une robe décolletée.

***GUIMPER** [ghin-pé] *v. tr.*
[ÉTYM. Dérivé de guimpe, § 154. (*Cf.* aguimpé.) || XIIᵉ s. Bel se guimplad, *Rois*, IV, 9.]
|| **1°** *Vieilli.* Vêtir de la guimpe (des religieuses). || *P. ext. Famil.* Mettre au couvent.
|| **2°** *Fig.* (Technol.) Doucine guimpée, dont la baguette est plus haute que le bas du talon.

***GUIMPERIE** [ghinp'-ri ; *en vers*, ghin-pe-ri] *s. f.*
[ÉTYM. Dérivé de guimpe, § 69. || *Néolog.*]

|| (Technol.) Fabrique de guimpes. || Fil à faire des galons, des épaulettes. (*Cf.* guipure.)

'GUINCHE [ghínch'] *s. f.*

[ÉTYM. Origine inconnue. (*Cf.* guinche, qui paraît signifier « tasseau » dans un texte de 1463 cité par GODEF. guinche 1.) || 1790. ENCYCL. MÉTH. *Manuf. et arts, Cord.*]

|| (Technol.) Outil de bois qui sert à polir le talon des chaussures.

GUINDAGE [ghin-dâj'] *s. m.*

[ÉTYM. Dérivé de guinder, § 78. || 1517. Si le tonneau se perdoit par defaulte de guindage ou de cordaige, dans DELB. *Rec.* Admis ACAD. 1762.]

|| (Technol.) || **1°** Action de guinder. Le — d'un mât de hune. || Apparaux (cordages, etc.) qui servent à guinder. || **2°** *P. ext.* Élévation nécessaire pour enlever le fardeau à la hauteur voulue. Il n'y a pas assez de —. || **3°** Longueur donnée au tour d'un écheveau de soie. Le — de ces écheveaux est de 1 mètre. (*V.* guindre.)

'GUINDAL [ghin-dàl]. *V.* guindas.

GUINDANT [ghin-dan] *s. m.*

[ÉTYM. Subst. particip. de guinder, § 47. || 1690. FURET. Admis ACAD. 1762.]

|| (Marine.) Hauteur à laquelle s'élève un mât de hune guindé sur un bas mât, un mât de perroquet guindé sur un mât de hune, etc. || *P. anal.* | **1.** La plus grande hauteur d'une voile hissée à la tête d'un mât ou sur un étai, une traille. | **2.** La hauteur d'un pavillon du côté fixé à la hampe.

'GUINDAS [ghin-dá] *s. m.*

[ÉTYM. Mot d'origine scandinave, § 9 : island. vindass, anc. angl. windas (aujourd'hui, par corruption, windlas), *m. s.* proprt, « barre (ass) qui tourne (wind) ». Souvent altéré par étymologie pop. en guindal, guindeau, § 509. || XIIᵉ s. Li un s'esforcent al vindas, WACE, *Brut*, 11490.]

|| **1°** (Marine.) Cabestan horizontal, plus petit que le virevau, dont on se sert surtout pour lever l'ancre. || **2°** Petite presse à moulinet pour catir à froid les étoffes de laine. (*V.* guinde.)

'GUINDE [ghind'] *s. f.*

[ÉTYM. Emprunté de l'allem. winde, *m. s.* §§ 6, 498 et 499. (*Cf.* guindre.)]

|| (Technol.) Petite presse à moulinet, dite aussi guindas, pour catir à froid les étoffes de laine.

'GUINDEAU [ghin-dó]. *V.* guindas.

GUINDER [ghin-dé] *v. tr.*

[ÉTYM. Tiré du radical de guindas, §§ 37 et 154. || XIIIᵉ s. Celes qui puent guinder a lor mast un tonel de vin, dans GODEF.]

|| **1°** Élever avec effort (un fardeau) au moyen d'une machine. (*Syn.* hisser.) — un mât de hune sur un bas mât. — un canon sur le pont. Guindé la hart au col (au gibet), LA F. *Fab.* VI, 19. || *P. anal.* Nous nous guindons à un sixième, MONTESQ. *Lett. pers.* 45. || *Fig.* Les machines qui l'avaient guindé si haut par l'applaudissement et les éloges, LA BR. 8. || **2°** *Fig.* Hausser artificiellement (qqn) à un niveau intellectuel, moral, qui le dépasse. Se — sur de grands sentiments, MOL. *Crit. de l'Éc. des f.* sc. 6. Il est guindé et outré en tout, FÉN. *Dial. Anc.* 24. Un style guindé.

'GUINDERESSE [ghind'-rès' ; *en vers*, ghin-de-...] *s. f.*

[ÉTYM. Dérivé de guinder, § 82. || 1606. NICOT.]

|| (Marine.) Gros cordage qui sert à guinder un mât de hune, de perroquet, et aussi à l'amener le long du mât.

'GUINDRE [ghindr'] *s. f.*

[ÉTYM. Emprunté du provenç. mod. guindre, ital. guindolo, *m. s.* dont le radical est le même que celui de guindas, § 11. || XVIᵉ s. Roues ou tours nommés à Paris desvidoirs et à Tours guindres, O. DE SERRES, dans GODEF. *Compl.*]

|| (Technol.) Petit métier pour doubler les soies filées.

GUINÉE [ghi-né] *s. f.*

[ÉTYM. Nom propre de pays, § 36 : le sens **I** est emprunté de l'angl. guinea, monnaie frappée par la compagnie de Guinée, § 8 ; le sens **II** vient de ce que la toile dite guinée servait au trafic avec les nègres de Guinée. || XVIIᵉ-XVIIIᵉ s. *V.* à l'article. Admis ACAD. 1740.]

I. Ancienne monnaie anglaise, valant environ 26 fr. 50. Sept à huit mille guinées du plus bel or du monde, HAMILT. *Gram.* p. 154. Jouer une pièce pour attraper mille guinées ! MONTESQ. *Notes sur l'Angleterre.*

II. Toile bleue de coton.

GUINGAN [ghin-gan] *s. m.*

[ÉTYM. Origine inconnue ; l'étoffe dite guinguan n'a rien à voir avec la ville de Guingamp, en Bretagne. || 1723. SAVARY, *Dict. du comm.* Admis ACAD. 1835.]

|| (Technol.) Étoffe de coton fine, percale lustrée pour robes, cravates, etc., tirée primitivement du Bengale.

GUINGOIS [ghin-gwá] *s. m.*

[ÉTYM. Origine inconnue. || XVᵉ s. Ung riz gecta tout de gingois, *Chanson*, dans DELB. *Rec.*]

|| *Famil.* Position de travers. Son bonnet est de —.

GUINGUETTE [ghin-ghèt'] *s. f.*

[ÉTYM. Origine inconnue ; paraît être une sorte de nom propre ayant désigné d'abord un quartier de Paris, § 36. || 1697. Le bord de l'eau, les Guinguettes, les Tuilleries, le Jardin du Palais-Royal, etc., *Gongam ou l'Homme prodigieux*, III, 2. Admis ACAD. 1718.]

|| *Famil.* Cabaret de barrière où l'on va manger, danser. Aller à la —. Nous faisons cinq noces à la fois : voilà comment on achalande les guinguettes, DANCOURT, *Impr. de Suresnes*, sc. 19. || *P. ext.* Pied-à-terre à la campagne.

'GUIORANT, ANTE [ghi-yò-ran, -rãnt'] *adj.*

[ÉTYM. Adj. particip. de guiorer, § 47. || XVIIᵉ s. *V.* à l'article.]

|| Qui guiore. Les rats qui craignent leur patte, D'une guiorante voix, A regret quittent les noix, ANONYME, dans RICHEL. (1680).

'GUIORER [ghi-yò-ré] *v. intr.*

[ÉTYM. Paraît être une onomatopée (*cf.* guilleri), § 32. || *V.* guiorant.]

|| En parlant de la souris, faire entendre son cri.

'GUIPER [ghi-pé] *v. tr.*

[ÉTYM. Mot d'origine germanique : goth. weipan, allem. moderne weifen, tourner, §§ 6, 498 et 499. Le radical paraît être le même que celui qui se trouve dans guipon, goupillon. (*V.* ces mots.) || 1350. La tige estoit guipee d'or de Chypre, dans GODEF. guipé.]

|| (Technol.) Dans la passementerie, recouvrir de soie, de laine, etc. Frange guipée.

'GUIPOIR [ghi-pwâr] *s. m.*

[ÉTYM. Dérivé de guiper, § 113. || 1723. SAVARY, *Dict. du comm.*]

|| (Technol.) Outil de passementier pour faire des franges torses.

'GUIPON [ghi-pon] *s. m.*

[ÉTYM. Dérivé d'un radical bas allemand et scandinave wipp-, qui signifie « mouvoir », §§ 9, 10, 104, 498 et 499 : proprt, ce qu'on agite (pour asperger, frotter, etc.). Parfois altéré en gipon. (*Cf.* goupillon.) || 1342. Quatre guippons a yaue benoite, dans GODEF. guippon.]

|| **1°** *Ancienn.* Goupillon. || **2°** *P. anal.* (Technol.) Pinceau formé d'un tampon de laine dont le calfat se sert pour étendre le brai. || Sorte de houppe de laine, de linge, etc., avec laquelle le corroyeur donne le suif aux peaux tannées.

GUIPURE [gui-pür] *s. f.*

[ÉTYM. Dérivé de guiper, § 111. || 1393. Une diasprure de ghippure d'argent, dans DELB. *Rec.*]

|| (Technol.) Dentelle en fil fort et tors dont les dessins enlacés forment le tissu, sans réseau distinct des ornements.

GUIRLANDE [ghir-lând'] *s. f.*

[ÉTYM. Emprunté de l'ital. ghirlanda, *m. s.* § 12. A remplacé l'anc. forme garlande, gallande, qui s'est maintenue dans quelques mots techniques. (*V.* galandage et garlandage.) L'origine de l'ital. ghirlanda et de l'anc. franc. garlande est incertaine. || XVIᵉ s. Roses et liz et guirlandes, RONS. *Amours*, I, 113.]

|| **1°** Chaîne de fleurs, de feuillages tressés, que l'on suspend comme ornement. (*Syn.* teston.) || *Fig.* La Guirlande de Julie, recueil de madrigaux composés pour Mᴵˡᵉ de Rambouillet, dont chacun avait le nom d'une fleur pour titre. || **2°** *P. ext.* Des guirlandes de gaz (de becs de gaz). || **3°** *P. anal.* Bande de métal qui entoure le bord du pavillon d'une trompette, d'un cor. || **4°** (Marine.) Ensemble de pièces de bois qui lient horizontalement les membrures de l'avant d'un navire, en dedans de la contre-étrave.

GUISE [ghíz'] *s. f.*

[ÉTYM. Emprunté de l'anc. haut allem. wisa, allem. moderne weise, *m. s.* §§ 6, 498 et 499. || XIᵉ s. Des or vivrai en guise de tortrele, *St Alexis*, 149.]

‖ Manière d'être, d'agir, propre à une personne, à une chose. Chacun selon sa —, LA F. *Fab.* v, 19. Les poètes font à leur —, MOL. *Amph.* prol. ‖ *Loc. adv.* En — de, et, *vieilli,* A — de, en manière de. Brandissant un bâton en — de lance. A — d'un poignard, CORN. *Clit.* argum. *Vieilli. Loc. conj.* De — que, de manière que. De — Qu'on le pourra, LA F. *Fab.* x, 15.

GUITARE [ghi-tàr] *s. f.*

[ÉTYM. Emprunté de l'espagn. guitarra, *m. s.* qui est le lat. cithara, *m. s.* § 13. (*Cf.* cithare, cistre et guiterne.) ‖ XVI° s. La vieille guitarre, qu'on souloit nommer guiterne, N. DU FAIL, dans GODEF. *Compl.* ∣ 1642. Guitarre, guiterne, guiterre, OUD.]

‖ 1° Instrument analogue au violon, à six cordes, qu'on joue en les pinçant de la main droite, et à manche divisé en demi-tons par de petites touches marquant l'endroit où doivent se poser les doigts de la main gauche. Jouer, pincer de la —. L'art de faire jurer une discordante —, MONTESQ. *Lett. pers.* 78. ‖ *Fig.* Redite monotone. C'est toujours la même —.

‖ 2° *P. anal.* (Technol.) Charpente courbe destinée à soutenir les toits des lucarnes. (*Cf.* guiterne.)

GUITARISTE [ghi-tà-rìst'] *s. m.* et *f.*

[ÉTYM. Dérivé de guitare, d'après le lat. citharista, joueur de cithare, § 265. ‖ *Néolog.* Admis ACAD. 1835.]

‖ Celui, celle qui joue de la guitare. La petite —, Maigre sous son mince tartan, TH. GAUTIER, *Carn. de Venise.*

'**GUITERNE** [ghi-tèrn'] *s. f.*

[ÉTYM. Altération inexpliquée du lat. cithara, *m. s.* § 509. ‖ XIII° s. Guiternes et leûs, J. DE MEUNG, *Rose,* 21287.]

‖ 1° *Anciennt.* Guitare. Manche de luth, corps de —, RÉGNIER, *Odes,* 2.

‖ 2° *P. anal.* (Marine.) Arc-boutant qui soutient en arrière une machine à mâter.

GUIT-GUIT [ghi-ghi] *s. m.*

[ÉTYM. Onomatopée, § 32. ‖ 1760. BRISSON, *Ornithol.* III, 628. Admis ACAD. 1878.]

‖ (Hist. nat.) Passereau ténuirostre de l'Amérique du Sud. Les guits-guits ont un riche plumage, ACAD.

GUIVRE [ghìvr'] *s. f.*

[ÉTYM. Du lat. vipera, vipère, §§ 443, 290, 426 et 291. Le changement du v en gu paraît dû à l'influence de l'anc. haut allem. wipera, *m. s.* On trouve aussi vivre. La forme givre est une erreur des dictionnaires pour guivre. ‖ XI° s. Serpenz e guivres, *Roland,* 2543.]

‖ (Blason.) Serpent. La — des Visconti.

'**GUIVRÉ, ÉE** [ghi-vré] *adj.*

[ÉTYM. Dérivé de guivre, § 118. On trouve aussi vivré et givré. (*Cf.* guivre.) ‖ 1611. Vivré, COTGR. Admis ACAD. 1762 ; suppr. en 1798.]

‖ (Blason.) Orné de guivres.

'**GULPE** [gulp'] *s. m.*

[ÉTYM. Paraît emprunté de l'allem. kolbe ou kolben, dont le sens primitif, apparenté au lat. globus, globe, est « masse ronde », §§ 7, 498 et 499. ‖ 1611. COTGR.]

‖ (Blason.) Tourteau ou besant de couleur pourpre.

GUMÈNE [gu-mèn'] *s. f.*

[ÉTYM. Emprunté de l'ital. gumena, qui vient de l'arabe gommal, *m. s.* §§ 12 et 22. Anc. franç. gume (*V.* DELB. *Rec.*), d'après le provenç. guma, § 11. ‖ XVI° s. Nos gumenes sont presque tous roupts, RAB. IV, 18. Admis ACAD. 1762.]

‖ (Marine.) *Vieilli.* Câble d'une ancre. *Spécialt.* (Blason.) D'azur à l'ancre d'or, la — de gueules.

'**GURLET** [gur-lè]. *V.* grelet.

GUSTATIF, IVE [güs'-tà-tìf', -tìv'] *adj.*

[ÉTYM. Dérivé du lat. gustare, goûter, § 257. ‖ XVI° s. Faculté gustative, PARÉ, I, 1. Admis ACAD. 1798.]

‖ (T. didact.) Relatif au sens du goût. Les gustatifs.

GUSTATION [güs'-tà-syon ; *en vers,* -si-on] *s. f.*

[ÉTYM. Emprunté du lat. gustatio, *m. s.* ‖ 1530. Gustations concupiscibles, LEF. D'ÉTAPLES, *Bible,* dans DELB. *Rec.*]

‖ (T. didact.) Perception des saveurs par le goût.

GUTTA-PERCHA [güt'-tà-pèr-kà] *s. f.*

[ÉTYM. Emprunté de l'angl. gutta percha, *m. s.* transcription du malais gatah Pertcha, proprt. « gomme (gatah) de Pertcha (Sumatra) », §§ 8 et 28. (*Cf.* gomme-gutte.) ‖ *Néolog.* Admis ACAD. 1878.]

‖ Matière gommeuse flexible, plastique, employée comme substance imperméable.

GUTTE [güt']. *V.* gomme-gutte.

GUTTIER [gu-tyé] *s. m.*

[ÉTYM. Dérivé de gutte, § 115. ‖ 1811. ENCYCL. MÉTH. *Botan.* suppl. Admis ACAD. 1878.]

‖ (Botan.) Arbre de l'Inde qui produit une gomme-résine analogue à la gomme-gutte.

GUTTIFÈRE [güt'-ti-fèr] *adj.*

[ÉTYM. Composé avec gutte et le lat. fero, je porte, § 273. ‖ 1811. ENCYCL. MÉTH. *Botan.* suppl. Admis ACAD. 1878.]

‖ Qui produit de la gomme-gutte. Les plantes guttifères, et, *substantivt,* Les guttifères.

GUTTURAL, ALE [güt'-tu-ràl] *adj.*

[ÉTYM. Dérivé du lat. guttur, gosier, § 238. ‖ 1578. Lettres qu'ils nomment gutturales, J. DE LÉRY, *Voy. au Brésil,* dans DELB. *Rec.* Admis ACAD. 1718.]

‖ (T. didact.) Qui appartient au gosier. Fosse gutturale, enfoncement situé entre le trou occipital et les fosses nasales. Conduit — du tympan, la trompe d'Eustache, qui fait communiquer la cavité du tympan avec le gosier. ‖ *Spécialt.* Dont le son semble partir du gosier. Toux gutturale. Les consonnes gutturales, et, *substantivt,* Les gutturales, consonnes produites par le contact de la langue contre le palais, telles que le k, le c et le g durs.

'**GUZLA** (guz'-là, et mieux, gouz'-là) *s. f.*

[ÉTYM. Emprunté du croate guzla, *m. s.* § 20. ‖ 1791. ENCYCL. MÉTH. *Musiq.*]

‖ (Musique.) Instrument à archet des Slaves méridionaux, sorte de violon à une seule corde de crins tressés.

GYMNASE [jìm'-nàz'] *s. m.*

[ÉTYM. Emprunté du lat. gymnasium, grec γυμνάσιον, *m. s.* de γυμνός, nu. ‖ XIV° s. Es gynaises les mectoient, J. LE FÈVRE, *Vieille,* dans DELB. *Rec.*]

‖ 1° (Antiq.) Endroit public où les anciens se livraient à des exercices, à des luttes destinées à assouplir ou à fortifier le corps. (*Syn.* palestre.) ‖ *P. anal.* Chez les modernes, lieu où l'on fait des exercices propres à assouplir et à fortifier le corps et où sont établis des appareils pour ces exercices.

‖ 2° *P. anal.* Lieu d'exercice intellectuel. *Spécialt.* Nom donné en Allemagne aux collèges où l'on reçoit l'éducation classique.

GYMNASIARQUE [jìm'-nà-zyàrk'] *s. m.*

[ÉTYM. Emprunté du lat. gymnasiarcha, grec γυμνασιάρχης, *m. s.* ‖ 1530. A maistre Estienne Proust, gymnasiarque du Grand-Precigny, J. SERRE, *Venue de la reine,* préf. Admis ACAD. 1762.]

‖ (Antiq.) Celui qui a la direction et la surveillance des gymnases publics.

GYMNASTE [jìm'-nàst'] *s. m.*

[ÉTYM. Emprunté du grec γυμναστής, *m. s.* ‖ XVI° s. L'escuyer Gymnaste, lequel montrait l'art de chevalerie, RAB. I, 23. Admis ACAD. 1762.]

‖ 1° (Antiq.) Celui qui dirige les exercices de ceux qui fréquentent le gymnase.

‖ 2° *De nos jours.* ∣ 1. Professeur de gymnastique. ∣ 2. Celui qui fait en public des tours de force et d'agilité.

GYMNASTIQUE [jìm'-nàs'-tìk'] *adj.* et *s. f.*

[ÉTYM. Emprunté du lat. gymnasticus, grec γυμναστικός, *m. s.* ‖ XIV° s. Travaillemens gymnastiques, ORESME, dans MEUNIER, *Essai sur Oresme.* Admis ACAD. 1740.]

I. *Adj.* Qui sert à assouplir et à fortifier le corps. Exercices gymnastiques. ‖ *P. ext.* Pas —, pas de course cadencé, qui fait partie des exercices gymnastiques. Aller au pas —.

II. *S. f.* ‖ 1° Ensemble des exercices propres à assouplir et à fortifier le corps. Les exercices de la —, chez les Grecs, ne dépendirent pas moins de la bonté du principe du gouvernement, MONTESQ. *Rom.* VIII, 11. ‖ *Fig.* Ensemble des exercices propres à fortifier et à assouplir les facultés intellectuelles. La — de l'esprit.

‖ 2° *P. ext.* Lieu où l'on fait des exercices propres à assouplir et à fortifier le corps, et où sont établis des appareils pour ces exercices. Aller à la —.

GYMNIQUE [jìm'-nìk'] *adj.*

[ÉTYM. Emprunté du lat. gymnicus, grec γυμνικός, *m. s.* ‖ 1542. Jeux gymniques, E. DOLET, dans DELB. *Rec.* Admis ACAD. 1762.]

‖ (Antiq.) Qui se rapporte aux travaux, aux luttes des athlètes. Exercices gymniques. Jeux gymniques. *Substantivt,* au fém. La —, l'athlétique.

GYMNOSOPHISTE [jìm'-nò-sò-fìst'] *s. m.*

[ÉTYM. Emprunté du lat. gymnosophista, grec γυμνοσοφιστής, *m. s.* || XVᵉ-XVIᵉ s. **Gymnosophistes estoient philoso-phes indois**, FOSSETIER, dans GODEF. *Compl.* Admis ACAD. 1762.]

|| (Antiq.) Philosophe d'une ancienne secte indienne qui ne portait pas de vêtements, s'abstenait de viande, et menait une vie contemplative.

GYMNOSPERME [jĭm'-nŏs'-pèrm'] *adj.*

[ÉTYM. Tiré de **gymnospermie**, § 279. || *Néolog.* Admis ACAD. 1835.]

|| (Botan.) Dont les graines semblent être à nu.

GYMNOSPERMIE [jĭm'-nŏs'-pèr-mi] *s. f.*

[ÉTYM. Emprunté du lat. des botanistes **gymnospermia**, (LINNÉ), *m. s.* composé avec le grec γυμνός, nu, et σπέρμα, graine, § 279. || 1798. L.-C.-M. RICHARD, *Dict. de botan. de Bulliard.* Admis ACAD. 1835.] .

|| (Botan.) Dans la classification de Linné, ordre com-prenant le genre gymnosperme.

'**GYMNOTE** [jĭm'-nŏt'] *s. m.*

[ÉTYM. Emprunté du lat. des naturalistes **gymnotus**, *m. s.* (ARTEDI), pour **gymnonotus**, composé avec le grec γυμνός, nu, et νῶτος, dos, à cause de l'absence de nageoire dor-sale. || 1787. ENCYCL. MÉTH.]

|| (Hist. nat.) Poisson des régions tropicales de l'Amé-rique, nommé vulgairement **anguille électrique**, sans na-geoire dorsale, et qui a de chaque côté de la queue des lames membraneuses qui déchargent de l'électricité.

'**GYNANDRE** [ji-nãndr'] *adj.*

[ÉTYM. Tiré de **gynandrie**, § 279. || *Néolog.*]

|| (Botan.) Qui a les étamines insérées sur le pistil ou l'ovaire.

GYNANDRIE [ji-nan-dri] *s. f.*

[ÉTYM. Emprunté du lat. des naturalistes **gynandria** (LINNÉ), *m. s.* composé avec le grec γυνή, femme, et ἀνήρ, homme, § 279. || 1798. L.-C.-M. RICHARD, *Dict. de botan. de Bulliard.* Admis ACAD. 1835.]

|| (Botan.) Dans la classification de Linné, classe de végétaux à étamines insérées sur le pistil ou l'ovaire.

GYNÉCÉE [ji-né-sé] *s. m.*

[ÉTYM. Emprunté du lat. **gynæceum**, grec γύναικεῖον, *m. s.* de γυνή, femme. ||1701. FURET. Admis ACAD. 1762.]

|| (Antiq.) Partie de la maison réservée aux femmes. || *Fig. De nos jours.* Lieu où travaillent, où se tiennent habituellement qqs femmes.

GYNÉCOCRATIE [ji-né-kò-krà-si] *s. f.*

[ÉTYM. Emprunté du grec γυναικοκρατία, *m. s.* || XVIᵉ s. **Si la royne demeure sans mari, qui est le cas de la vraye gy-necocratie**, J. BODIN, *Republ.* VI, 5. Admis ACAD. 1762.]

|| État gouverné par des femmes.

GYNÉCOCRATIQUE [ji-né-kò-krà-tĭk'] *adj.*

[ÉTYM. Dérivé de gynécocratie, § 229. || XVIᵉ-XVIIᵉ s. **Gou-vernemens gynecocratiques**, FAVYN, dans GODEF. *Compl.* Admis ACAD. 1762.]

|| (T. didact.) Relatif à la gynécocratie.

GYPAÈTE [ji-pà-èt'] *s. m.*

[ÉTYM. Emprunté du grec γυπαίετος, *m. s.* composé de γύψ, γυπός, vautour, et ἀετός, aigle. || 1800. Gypaète, DAUDIN, *Ornith.* II, 23. Admis ACAD. 1878.]

|| (Hist. nat.) Le plus grand des oiseaux de proie de l'ancien continent, dit vulgairement vautour des agneaux.

GYPSE [jĭps'] *s. m.*

[ÉTYM. Emprunté du lat. **gypsum**, grec γύψος, plâtre. Le lat. pop. paraît avoir dit *gipum, d'où l'anc. franç. gif, encore dans OUD. sous la forme gy. || 1464. Gips, *Catholi-con*, dans GODEF. gip. Admis ACAD. 1762.]

|| (Minéral.) Pierre à plâtre, sulfate de chaux le plus souvent hydraté.

GYPSEUX, EUSE [jĭp'-seù, -seùz'] *adj.*

[ÉTYM. Dérivé de gypse, § 251. || XVIᵉ s. Eaux gypseuses, PARÉ, XXV, 41. Admis ACAD. 1762.]

|| (Minéral.) Qui est de la nature du gypse. Rocher —.

GYRATOIRE. *V.* giratoire.

GYROMANCIE [ji-rò-man-si] *s. f.*

[ÉTYM. Composé avec le grec γῦρος, cercle, et μαντεία, divination, § 279. || XVIᵉ s. Gyromantie, RAB. III, 25. Admis ACAD. 1762.]

|| (T. didact.) Divination consistant à tourner autour d'un cercle, jusqu'à ce qu'on tombe étourdi sur des lettres semées au hasard, dont on fait des mots pris comme pré-sages.

'**GYROSCOPE** [ji-rŏs'-kŏp'] *s. m.*

[ÉTYM. Composé avec le grec γῦρος, cercle, et σκοπεῖν, examiner, § 279. || Mot créé en 1852 par LÉON FOUCAULT (1819-1868).]

|| (Physique.) Appareil pour démontrer la rotation diurne de la terre autour de son axe au moyen de la dé-viation, par rapport à des points fixes pris sur le globe, d'un corps librement suspendu par son centre de gravité et tournant autour d'un axe.

GYROVAGUE [ji-rò-vàg'] *adj.*

[ÉTYM. Emprunté du lat. ecclés. **gyrovagus**, *m. s. (Cf.* girouette.) || 1732. TRÉV. Admis ACAD. 1762.]

|| *Rare.* Vagabond. *Spécialt.* Les moines gyrovagues, et, *substantivt*, Les gyrovagues, moines errant de province en province et vivant d'aumônes.

H

H [âch'] *s. f.* ou, suivant la nouvelle épellation, **H** [he] *s. m.*

[ÉTYM. Emprunté du lat. h, *m. s.* || XIIIᵉ s. Li uns dit ache, l'autre ha, *Senefiance de l'A B C*, dans JUBINAL, *Nouv. Rec.* II, 278.]

|| La huitième lettre de l'alphabet français. Un, une H ma-juscule. Des h minuscules. H muet ou muette, qui ne se pro-nonce pas, comme dans l'homme. H aspiré ou aspirée, qui empêche l'élision de la voyelle ou la liaison de la con-sonne qui précède, comme dans : le héros, les héros. || Le groupe ph se prononce comme f. || Le groupe ch, dans les mots de formation populaire, a un son spécial correspondant à celui de j.

HA [hà] *interj.*

[ÉTYM. Onomatopée, § 32. Se confond souvent avec ah. (*V.* ce mot.) A été remplacé par hé dans hélas, autre-fois ha! las!]

|| 1° Interjection de surprise. Ha! ha! le voilà. || *Subs-tantivt.* Elle n'a point fait faire tant de ha! ha! dans l'hôtel de Bourgogne que votre lettre dans mon cabinet, CORN. *Lett.* 23. A tous les beaux endroits qui méritent des has! MOL. *Mis.* III, 1.

|| 2° Interjection exprimant le soulagement. Ha! me voilà débarrassé. || *Substantivt.* Le roi fit un grand ha! comme un homme oppressé et qui, tout d'un coup, respire, ST-SIM. III, 47.

HABILE [à-bil] *adj.*

[ÉTYM. Emprunté du lat. **habilis**, *m. s.* A remplacé l'anc. français able (*cf.* l'angl. able), forme fidèle à l'ac-cent tonique du latin. (*Cf.* habiller.) || XIVᵉ s. De tous les langages du monde, le latin est le plus abille pour mieux expri-mer..., ORESME, *Éth.* prol.]

|| 1° Propre à qqch. Mais demain, du matin, il vous faut être — A vider de céans jusqu'au moindre ustensile, MOL. *Tart.* V, 4. || *Spécialt.* (Droit.) Être — à contracter mariage, à suc-céder, à se porter héritier, avoir la capacité légale de con-tracter mariage, de succéder, d'hériter. L'héritier présomptif est — à se porter héritier.

|| 2° P. ext. Propre à réussir dans ce qu'il fait. Un — ouvrier. C'est Saint-Donat (un médecin) qui la traite; je ne sais s'il est bien — à ces sortes de maux, SÉV. 1374. Du plus — chan-tre un bouc était le prix, BOIL. *Art p.* 3. L'honnête homme tient le milieu entre l'— homme et l'homme de bien, LA BR. 12. Un — flatteur. Un — fripon. *Substantivt.* L'on ne fait que glaner

après les anciens et les habiles d'entre les modernes, LA BR. 1.
‖ En parlant de la manière d'agir. Sa conduite a été fort —.

HABILEMENT [à-bĭl-man ; *en vers*, -bi-le-...] *adv.*
[ÉTYM. Composé de habile et ment, § 724. ‖ XIVᵉ s. J. GO-LEIN, dans GODEF. *Compl.*]
‖ D'une manière habile.
‖ **1°** *Vieilli.* Diligemment, promptement. Cette folle est venue à tel point qu'il a fallu ôter le corps — de la chapelle, SÉV. 280.
‖ **2°** De manière à réussir. *Négociation* — conduite.

HABILETÉ [à-bĭl-té ; *en vers*, -bi-le-té] *s. f.*
[ÉTYM. Dérivé de habile, § 122. (*Cf.* habilité.) Le P. BOU-HOURS le qualifie de « terme assez nouveau ». ‖ 1539. R. EST.]
‖ **1°** Qualité de celui qui est propre à qqch. L'— de suc-céder à la couronne, ST-SIM. XIII, 375.
‖ **2°** Qualité de celui qui est propre à réussir dans ce qu'il fait. Avoir une grande — de mains. Agir avec —. Le savoir-faire et l'— ne mènent pas jusqu'aux énormes richesses, LA BR. 6.

***HABILITATION** [à-bi-li-tà-syòn ; *en vers*, -si-on] *s. f.*
[ÉTYM. Dérivé de habiliter, § 247. ‖ 1373. Abilitacion ou mandement, dans GODEF. *Compl.*]
‖ (Droit.) Action d'habiliter qqn.

HABILITÉ [à-bi-li-té] *s. f.*
[ÉTYM. Emprunté du lat. habilitas, *m. s.* (*Cf.* habileté.) ‖ XIIIᵉ-XIVᵉ s. Tournoyemens et esbatemens d'abilité, *Rom. des sept sages*, p. 88, G. Paris. Admis ACAD. 1718.]
‖ (Droit.) Capacité légale de faire qqch. — à succéder, à contracter mariage. | *Vieilli.* L'— de succéder à la couronne, ST-SIM. III, 375.

HABILITER [à-bi-li-té] *v. tr.*
[ÉTYM. Emprunté du lat. habilitare, *m. s.* ‖ XIIIᵉ-XIVᵉ s. Mes ne furent abilleté A si bone loquence avoir, MACÉ DE LA CHARITÉ, *Bible*, dans GODEF. Admis ACAD. 1718.]
‖ (Droit.) Rendre légalement capable de faire qqch. — une femme à ester en justice.

***HABILLABLE** [à-bi-yåbl'] *adj.*
[ÉTYM. Dérivé de habiller, § 93. ‖ *Néolog.*]
‖ *Famil.* Qu'on peut bien habiller.

HABILLAGE [à-bi-yåj'] *s. m.*
[ÉTYM. Dérivé de habiller, § 78. (*Cf.* habillure.) ‖ XVIᵉ s. Puis par dessus print ung aultre abillage, P. BOURDIGNÉ, *Pierre Faifeu*, 38. Admis ACAD. 1762.]
‖ (Technol.) Action d'habiller, de mettre en état pour une destination. — d'une volaille, d'un poisson, d'une bête de boucherie. — de la morue. — d'une montre.

***HABILLANT, ANTE** [à-bi-yan, -yānt'] *adj.*
[ÉTYM. Adj. particip. de habiller, § 47. ‖ *Néolog.*]
‖ *Famil.* Qui habille bien. Étoffe habillante.

HABILLEMENT [à-biy'-man ; *en vers*, -bi-ye-...] *s. m.*
[ÉTYM. Dérivé de habiller, § 145. ‖ 1374. Forge, souflés et tous autres habillemens... necessaires aux ouvrages des canons, dans GODEF.]
‖ **1°** Action d'habiller (vêtir). L'— des troupes. Capitaine d'—. L'— des élèves d'un collége. Frais d'—.
‖ **2°** Ce qui sert à habiller. Un — complet. — d'homme, de femme. ‖ *Anciennt.* — de tête, chapeau, casque.

HABILLER [à-bi-yé] *v. tr.*
[ÉTYM. Origine incertaine. Semble tiré du lat. habilis, habile, par l'intermédiaire d'une forme du bas lat. *habi-liare, pour habilitare. Qqns y voient un composé de à et de bille 1. En tout cas, le sens **II** s'est développé sous l'influence de habit. ‖ XIIIᵉ-XIVᵉ s. Par devers Tibaut de Ce-poi En reveïssiez abillier Maint cent charchié, G. GUIART, *Roy. lign.* 21028.]
I. Mettre en état pour une destination. (*Cf.* rhabiller.) — une volaille, un poisson, les dépouiller, les vider pour les accommoder. — une bête de boucherie, l'écorcher, la vider et la mettre en état pour la cuisine. — la morue, en arra-cher les ouïes et l'arête et la fendre avant de la saler. — un arbre, en écourter les branches, en rafraîchir les racines en les taillant, en retrancher les racines endommagées avant de le planter. — une pièce de poterie, y ajouter un manche, une anse, une oreille, un pied, etc. — une montre, disposer convenablement les diverses pièces du méca-nisme. — le chanvre, le passer au peigne pour séparer les brins de la chènevotte. — un train de bois, en accoupler les coupons. — des cartes à jouer, les enluminer. — des cardes, les monter sur les pièces de bois. — un cuir, le préparer à être mis au tan.

II. ‖ **1°** Couvrir (qqn) de ses vêtements habituels. — un enfant. Un valet de chambre qui habille son maître. ‖ *P. anal.* (T. d'art.) — une figure, peindre, sculpter les dra-peries qui recouvrent le nu.
‖ **2°** Couvrir (qqn) de ses vêtements de cérémonie. S'— pour un dîner, pour une soirée. *P. ext.* Un vêtement, un cos-tume habillé, de grande toilette. *Fig.* On y trouve (dans une lettre) la réflexion de M. de Grignan admirable ; on l'a pensée quelquefois, mais vous l'avez habillée pour paraître devant le [monde, SÉV. 253. Souvent j'habille en vers une ma-ligne prose, BOIL. *Sat.* 7.
‖ **3°** Couvrir (qqn) d'un vêtement d'une forme, d'une nature déterminée. Être bien, mal habillé. Cette femme ne sait pas s'—. ‖ *P. ext.* Un costume qui habille bien. Le faste et le luxe dans un souverain, c'est le berger habillé d'or et de pierreries, LA BR. 10. Un homme habillé de noir, et, *substan-tivt*, Un habillé de noir. *Fig. Pop.* Un habillé de soie, un porc. | *P. ext.* Vous devez en guerre être habillés de fer, LA BR. 12. — une fille en garçon, lui mettre des habits de garçon. Il (le loup) s'habille en berger, endosse un hoqueton, LA F. *Fab.* III, 3. ‖ *Fig.* — à la moderne les héros de l'antiquité, en leur prêtant une manière de penser et d'agir propre aux mo-dernes. En vain certains rêveurs nous l'habillent en reine (la raison), BOIL. *Sat.* 4. ‖ *Ironiqt. Famil.* — qqn de toutes pièces, l'arranger de la belle manière, en dire du mal. Eschyle... D'un masque plus honnête habilla les visages, BOIL. *Art p.* 3. ‖ *P. anal.* En parlant d'un livre dont on fait des cornets. — chez Francœur le sucre et la cannelle, BOIL. *Ép.* 1. — un meuble (d'une housse). — de paille une fon-taine, en hiver. ‖ — son visage, le farder. Elle trouve bien plus aimable son visage habillé, SÉV. 1221.

III. Fournir de vêtements. — des pauvres. — des trou-pes, des domestiques. Il se fait — par le premier tailleur de l'endroit. *Absolt.* Ce tailleur habille bien, fournit ses clients de vêtements bien faits.

***HABILLEUR, HABILLEUSE** [à-bi-yeùr, -yeùz'] *s. m. et f.*
[ÉTYM. Dérivé de habiller, § 112. (*Cf.* rhabilleur.)‖ (Au sens spécial de « rebouteur ».) XVIᵉ s. G. BOUCHET, *Serées*, I, 129. Admis ACAD. (au fém.) 1878.]
I. (Technol.) Celui qui habille la morue, etc.
II. Celui, celle qui habille qqn. *Spécialt.* Habilleuse, femme chargée au théâtre d'habiller les actrices subal-ternes, les figurantes.

***HABILLOT** [à-bi-yò] *s. m.*
[ÉTYM. Dérivé de habiller, §§ 133 et 136. ‖ 1765. ENCYCL.]
‖ (Technol.) Morceau de bois qui sert à accoupler entre elles les diverses parties dont se compose un train de bois flotté.

***HABILLURE** [à-bi-yür] *s. f.*
[ÉTYM. Dérivé de habiller, § 111. (*Cf.* habillage.) ‖ 1769. Cette diminution se nomme habillure, ROUBO fils, *Menuisier*, p. 1117.]
‖ (Technol.) Jonction des bouts de fil de fer qui entou-rent les lattes d'un treillage à leur entrecroisement.

HABIT [à-bi] *s. m.*
[ÉTYM. Emprunté du lat. habitus, manière d'être, et, p. ext. vêtement. ‖ XIIᵉ s. Tolons li l'abit, WACE, *Brut*, 6642.]
‖ Vêtement qu'on met par-dessus le linge de corps. Un — d'homme, de femme. Un — de fête, de deuil. Mettre de beaux habits. A cinq cents louis d'or tout au plus, chaque an-née, Sa dépense (d'une femme) en habits n'est-elle pas bor-née? BOIL. *Sat.* 10. Dans une avare et sordide famille Cher-cher un monstre affreux sous un — de fille, ID. *ibid.* Quelles traces de sang vois-je sur vos habits? RAC. *Théb.* I, 3. C'est trop que de nous supplanter, et de nous supplanter avec nos propres habits, MOL. *Préc. rid.* sc. 15. Mettre — bas, quitter les vê-tements de dessus pour se mettre plus à l'aise en faisant qqch, et, *fig.* Mettre ses habits bas pour jamais, mourir. Un marchand d'habits, de vieux habits. Habits à vendre, vieux habits! cri des marchands fripiers ambulants. ‖ *Fig.* L'ai-gle, reine des airs, avec Margot la pie, Différentes d'humeur, de langage, et d'esprit Et d'—, LA F. *Fab.* XII, 11.
‖ *Spécialt.* ‖ **1°** Vêtement d'homme qui recouvre les bras et le buste, dessine la taille, se termine par des bas-ques. Passer un —. C'est un chef-d'œuvre que d'avoir inventé un — sérieux qui ne fût pas noir, MOL. *B. gent.* II, 5.
‖ **2°** Vêtement de religieux, de religieuse. L'évêque persista à vouloir un ordre et un — particulier, RAC. *P.-Royal*, 1. Habits de chœur, que les ecclésiastiques, les religieux,

portent en assistant aux offices. — long, la soutane des ecclésiastiques. — court, sorte de redingote que les ecclésiastiques portent quand ils n'ont pas la soutane. Prendre l' — des Dominicains. *Absolt.* Prendre l'—, entrer en religion. Quatre de ces filles prirent l'— le lendemain, RAC. *P.-Royal*, 2. Prise d'—, entrée en religion. *Loc. prov.* L'— ne fait pas le moine, il ne faut pas juger les gens sur l'apparence.

HABITABLE [à-bi-tàbl'] *adj.*
[ÉTYM. Dérivé de habiter, d'après le lat. habitabilis, *m. s.* § 93. || XII⁰ s. Non habitable, BENEEIT, *Ducs de Norm.* dans DELB. *Rec.*]
|| Où l'on peut habiter. Ce logement n'est pas —. Les régions habitables du Nord. Toute la terre —.

HABITACLE [à-bi-tàkl'] *s. m.*
[ÉTYM. Emprunté du lat. habitaculum, *m. s.* || XII⁰ s. Je amai l'abitacle de ta maisun, *Psaut. de Cambridge*, XXV, 8.]
|| **1⁰** (Style biblique.) Habitation. L'arche était l'— du Très-Haut. Un bourg était autour, ennemi des autels, Gens barbares, gens durs, — d'impies, LA F. *Phil. et Baucis.*
|| **2⁰** (Marine.) Armoire placée sur le gaillard d'arrière, devant la roue du gouvernail, où l'on enferme la boussole, l'horloge et la lumière.

HABITANT, ANTE [à-bi-tan, -tànt'] *adj. et s. m. et f.*
[ÉTYM. Adj. et subst. particip. de habiter, § 47. || XII⁰-XIII⁰ s. Tu dones a tes habitans Vie que mors ne puet quasser, RENCL. DE MOILIENS, dans DELB. *Rec.*]
|| **1⁰** *Vieilli. Adj.* Qui habite. *Spécialt.* (Droit.) Cette femme est encore habitante au lieu où elle avait établi sa résidence.
|| **2⁰** *S. m. et f.* Celui, celle, qui habite en un lieu. Les habitants de la campagne. Les habitants d'une ville, d'un quartier, d'une maison. Tous les habitants furent passés au fil de l'épée. || *Spécialt.* Celui qui possède un domaine dans une colonie. Les habitants de la Martinique. || *Poét.* Les habitants des forêts, des eaux, de l'air, les animaux sauvages, les poissons, les oiseaux. Les habitants de l'Olympe, les dieux.

***HABITAT** [à-bi-tà] *s. m.*
[ÉTYM. Dérivé de habiter, § 254. || *Néolog.*]
|| (Hist. nat.) Lieu spécialement habité par une espèce végétale ou animale.

HABITATION [à-bi-tà-syon ; *en vers,* -si-on] *s. f.*
[ÉTYM. Emprunté du lat. habitatio, *m. s.* || XII⁰ s. Habitatiuns felenesses, *Psaut. de Cambridge*, LXXIII, 20.]
|| **1⁰** Action d'habiter dans un lieu, séjour à demeure. Faire son — dans tel ou tel endroit. L'— de cette maison est malsaine. || *P. anal.* En parlant des animaux. Le tigre fait son — dans les régions tropicales.
|| **2⁰** Endroit, maison où l'on habite. Une — agréable, bien située. Une — malsaine. || *P. anal.* (Hist. nat.) Région particulièrement occupée par une espèce animale ou végétale.

HABITER [à-bi-té] *v. intr. et tr.*
[ÉTYM. Emprunté du lat. habitare, *m. s.* || XII⁰ s. Seür me fesis habiter, *Psaut. de Cambridge*, IV, 10.]
I. *V. intr.* Faire un séjour à demeure (dans un lieu). — dans un palais, dans une chaumière. Il habite chez son père. Il habite avec moi. Plus loin que le quartier où ils habitent, LA BR. 7. — à Paris, à la campagne, en Italie. Les peuples qui habitent à l'équateur, aux antipodes. || *P. anal.* Les régions où habitent les éléphants. Les roseaux habitent près des marécages. || *Fig.* La raison d'ordinaire N'habite pas longtemps chez les gens séquestrés, LA F. *Fab.* VIII, 10. Dieu descend et revient — parmi nous, RAC. *Esth.* III, 9. L'esprit de Dieu habite en vous, SACI, *St Paul, 1ʳᵉ Corinth.* III, 16.
II. *V. tr.* || **1⁰** Faire un séjour à demeure dans (un lieu). — un palais, une chaumière. Le pays qu'il habite. Il habite Paris. La nature n'est que pour ceux qui habitent la campagne, LA BR. 12. Une maison mal habitée. || *P. anal.* En parlant des animaux, des végétaux. Le tigre habite les régions tropicales. Le bouleau habite les hautes montagnes. *Famil.* En parlant de la vermine. Ce fromage est habité. La tête de cet enfant est habitée.
|| **2⁰** *P. ext. Famil.* Ne pas bouger d'un endroit qu'on occupe. Il habite son fauteuil. *Fig.* La paix habite ce séjour. Lieux habités par l'innocence.

HABITUDE [à-bi-tud'] *s. f.*
[ÉTYM. Emprunté du lat. habitudo, *m. s.* || XIV⁰ s. Habitudes de corps, ORESME, dans GODEF. *Compl.*]
I. Disposition générale du corps. Semblant se moquer de

l'— de son corps, AMYOT, *Philop.* 3. La maladie a changé son — extérieure, l'— de son corps. Cette — du corps, menue, grêle, noire et velue, MOL. *Pourc.* I, 8.
II. *P. ext.* || **1⁰** Disposition, manière d'être usuelle contractée par qqn. Bonne, mauvaise —. Une vieille —. Former, contracter, prendre, quitter, perdre une —. Cela devient une —, tourne en —. L'— est une seconde nature. La force indomptable de l'—[LA BR. 15. La grâce de la nouveauté et la longue —, quelque opposées qu'elles soient, nous empêchent également de sentir les défauts de nos amis, LA ROCHEF. *Max.* 448. C'est un homme d'—, qui tient à ses habitudes. *Fig. Famil. Dans le même sens.* C'est un animal d'—. Je suis animal d'—, GRESSET, *Méchant,* I, 1. Faire une chose par —. D'—, sa conduite est autre. | Avoir l'—, être dans l'— de faire une chose. Avoir l'—, faire — d'une chose. L'— du crime. Ah ! Narcisse, tu sais si de la servitude Je prétends faire encore une longue —, RAC. *Brit.* I, 4. Si le péché dont on s'accuse est un péché d'—, PASC. *Prov.* 10. | *Vieilli.* L'— qu'il a à la flatterie, LA BR. 5.
|| **2⁰** Relation avec qqn qu'on fréquente. Cet homme a de bonnes habitudes à la cour. J'avais autrefois quelque — avec les gens dont vous parlez, RAC. *P.-Royal*, 1. L'ambassadeur ne se soucia pas trop de faire — avec lui, ID. *Not. histor.* t. V, p. 166. Cultiver, entretenir ses habitudes.

HABITUEL, ELLE [à-bi-tu-èl ; *en vers,* -tu-èl] *adj.*
[ÉTYM. Emprunté du lat. scolastique habitualis, *m. s.* §217. || XIV⁰ s. Se déduit de l'exemple cité à habituellement.]
|| Passé en habitude chez qqn. Péché —. Mal —. Mouvements habituels. || Qui se trouve le plus souvent, presque toujours en qqn, en qqch. Les caractères habituels d'une espèce végétale, minérale. Les qualités habituelles du style sont la clarté et la correction. (Théol.) Grâce habituelle, celle qui réside toujours dans le sujet.

HABITUELLEMENT [à-bi-tuèl-man ; *en vers,* -tu-è-le-...] *adv.*
[ÉTYM. Composé de habituelle et ment, § 724. || XIV⁰ s. Rendant graces a Dieu habituelement, PII. DE MAIZIÈRES, dans GODEF. *Compl.*]
|| D'une manière habituelle.

HABITUER [à-bi-tué ; *en vers,* -tu-é] *v. tr.*
[ÉTYM. Emprunté du bas lat. habituare, *m. s.* || XIV⁰ s. Habitué en vertu, ORESME, *Éth.* III, 20.]
|| **1⁰** Amener à une disposition, à une manière d'être usuelle. — qqn au travail. S'— au froid, à la fatigue. | Suivi de la préposition à (ou, *vieilli,* de la préposition de) et d'un infinitif. Il faut — les enfants à obéir. S'— à souffrir. Habitué à vivre de peu. | *Substantivt.* C'est un habitué de la maison. Les habitués de ce théâtre. || *Spécialt.* Un prêtre habitué, et, *substantivt,* Un habitué, prêtre attaché au service d'une paroisse sans y avoir charge ni dignité.
|| **2⁰** *Vieilli.* Établir à demeure dans un lieu. Ils s'allèrent — aux extrémités de la Libye, P. D'ABLANC. *Tacite, Hist.* V, 1. Sion qui les voit tous s'— chez elle, CORN. *Off. de la Ste Vierge,* ps. 86.

HÂBLER [há-blé] *v. intr.*
[ÉTYM. Emprunté de l'espagn. hablar, parler, qui a pris en passant en français un sens défavorable, comme le français parler en passant en espagnol, sous la forme parlar, a pris le sens de « bavarder », § 13. || 1542. Que peult tant hâbler la pucelle peu sçavante avec le jeune imbecille? P. DE CHANGY, dans DELB. *Rec.*]
|| Se vanter avec emphase.

HÂBLERIE [há-ble-ri] *s. f.*
[ÉTYM. Dérivé de hâbler, § 69. || XVII⁰ s. *V.* à l'article.]
|| Langage de celui qui hâble. Sa — lui avait acquis quelque réputation, FURET. *Rom. bourg.* II, 46.

HÂBLEUR, EUSE [há-bleur, -bleuz'] *s. m. et f.*
[ÉTYM. Dérivé de hâbler, § 112. On trouve qqf au XVI⁰ s. habladour, d'après l'espagn. hablador (J. PREVOT, *Subt. et plais. invent.* [1584], p. 81, r⁰.) || 1611. COTGR.]
|| Celui, celle qui aime à hâbler. Certain — à la gueule affamée, BOIL. *Sat.* 3. Médecin, Savant —, dit-on, et célèbre assassin, ID. *Art p.* 4. — comme un Gascon.

***HACHAGE** [hà-chàj'] *s. m.*
[ÉTYM. Dérivé de hacher, § 78. || *Néolog.*]
|| Action de hacher, résultat de cette action.

***HACHARD** [hà-chàr] *s. m.*
[ÉTYM. Dérivé de hache, § 147. || *Néolog.*]
|| (Technol.) Cisailles de forgeron à couper le fer.

HACHE [hàch'] *s. f.*

[Étym. Emprunté du bas allem. hacke, *m. s.* dont le radical paraît être le même que celui qui se trouve dans houe (*V.* ce mot), §§ 10, 498 et 499. ‖ XIIᵉ s. Si tenoit chascuns une hache, CHRÉTIEN DE TROYES, *Charrette*, 1091.]

‖ **1°** Instrument de fer servant à couper et à fendre, sorte de large lame en forme de triangle curviligne, convexe par la base, qui est tranchante, concave par les côtés, et qui est fixée à un manche. Fendre du bois avec une —. Abattre une porte, équarrir une poutre à coups de —, et, *fig. famil.* Ouvrage fait à coups de —, fait grossièrement et à la hâte. Une — de bûcheron. *Loc. prov. Vieilli.* Aller au bois sans —, entreprendre une chose sans se munir de ce qui est nécessaire pour la mener à bonne fin. Avoir un coup de — à la tête, et, *absolt,* Avoir un coup de —, avoir la tête fêlée, être un peu fou. | — à main, petite hache à manche court. — de pierre, dont le tranchant est de silex taillé, et non de fer. — de sapeur. | — de charpentier, de marin. *Vieilli.* Maître de —, charpentier du bord. ‖ — d'armes. | 1. Forte hache à très long manche, dont on se servait autrefois comme d'arme offensive. | 2. (Marine.) Petite hache pour les combats d'abordage. ‖ Les haches des licteurs, que les licteurs, à Rome, portaient avec les faisceaux devant certains magistrats, dans les cortèges publics. | — de bourreau, avec laquelle la tranche la tête. *Fig.* La — était suspendue sur sa tête, il était menacé de mourir de la main du bourreau. Périr sous la —, mourir sur l'échafaud. ‖ *P. ext.* | 1. (Blason.) — danoise, hache d'argent au manche d'or arrondi ou ployé. | 2. (Technol.) Marteau en forme de hache pour briser les blocs d'ardoise.

‖ **2°** *Fig.* | 1. Disposition en forme de hache. Imprimer en —, dans un texte à deux colonnes, donner la largeur de la page entière à une colonne qui dépasse l'autre en longueur. Pièce de terre en —, qui pénètre par un côté dans une autre pièce de terre. | 2. (Art vétérin.) Coup de —, creux situé chez le cheval à la jonction du cou et du garrot et qui rappelle l'entaille faite par un coup de hache. | 3. (Botan.) — royale, l'asphodèle blanc et l'asphodèle rameux, ou bâton royal.

*HACHÉE [à-ché]. V. achée.

*HACHE-ÉCORCE [hà-ché-kòrs'] *s. m.*
[Étym. Composé de hache (du verbe hacher) et écorce, § 209. ‖ *Néolog.*]
‖ (Technol.) Hachoir de tanneur pour couper en petits fragments l'écorce de chêne.

*HACHE-LÉGUMES [hâch'-lé-gum'; *en vers,* hà-che-...] *s. m.*
[Étym. Composé de hache (du verbe hacher) et légume, § 209. ‖ *Néolog.*]
‖ (Cuisine.) Instrument pour hacher menu les légumes.

*HACHEMENT [hâch'-man; *en vers,* hà-che-...] *s. m.*
[Étym. Dérivé de hacher, § 145. (*Cf.* hachure.) ‖ 1349. Qu'adonc leur hachementz soient offerts, *Hist. de l'ordre de St-Georges,* dans GODEF.]
‖ **1°** (Technol.) Action de hacher. Le — d'une planche.
‖ **2°** *P. ext.* Ce qui est haché. *Fig.* (Blason.) Cordon à longs bouts flottants dont on lie les lambrequins (surtout dans les blasons allemands).

HACHE-PAILLE [hâch'-pây'] *s. m.*
[Étym. Composé de hache (du verbe hacher) et paille, § 209. ‖ 1780. ENCYCL. MÉTH. *Agricult. Prairies.* Admis ACAD. 1835.]
‖ (Technol.) Instrument qui sert à hacher la paille avec laquelle on nourrit le bétail.

HACHER [hà-ché] *v. tr.*
[Étym. Dérivé de hache, § 154. On trouve dès le XIIᵉ siècle dehachier (CHRÉTIEN DE TROYES, *Chevalier au lion*, 827), qui s'est maintenu jusqu'au XVIIᵉ s. sous la forme dehacher, employée à plusieurs reprises par ST-AMANT. (*V.* GODEF. dehachier.) ‖ XIIIᵉ-XIVᵉ s. Puis les hagiez bien menus, *Chirurg. de Mondeville,* fᵒ 49.]
‖ **1°** Couper en morceaux avec une hache, un couperet, etc. — des herbes, de la paille. — de la viande. *Loc. prov.* — menu comme chair à pâtés, mettre en mille petits morceaux. Vous les hachez menu comme chair à pâtés, CORN. *Ment.* IV, 3. ‖ — qqn en pièces (supplice usité en Asie). *Fig.* Il se ferait — en pièces, il se ferait —, il persisterait au risque de sa vie. L'escadron s'est fait — en pièces, s'est défendu jusqu'à ce qu'il ait été entièrement détruit. ‖ *P. anal.* | 1. Découper grossièrement et maladroitement. Cet écuyer tranchant ne découpe pas les viandes, il les hache. | 2. Détruire

en coupant, en brisant en menus morceaux. La grêle a haché les moissons.
‖ **2°** Entailler à l'aide d'une hache, d'un ciseau. — une pierre, une planche, dégrossir le parement de la pierre avec une hache, de la planche avec un ciseau.
‖ **3°** Sillonner de petits traits qui se croisent les uns les autres. — avec le burin. — avec le crayon, avec la plume. Une estampe bien hachée. (*Cf.* hachure.)
‖ **4°** *Fig.* — son style, couper les phrases à l'excès.

HACHEREAU [hâch'-ró; *en vers,* hà-che-...] *s. m.*
[Étym. Dérivé de hache, § 126. ‖ XVᵉ s. *Myst. de la Passion,* dans GODEF. *Compl.* Admis ACAD. 1762.]
‖ Petite cognée.

HACHETTE [hà-chèt'] *s. f.*
[Étym. Dérivé de hache, § 133. ‖ 1380. Se déduit du bas lat. hacheta, dans DU C. Admis ACAD. 1762.]
‖ **1°** Petite hache.
‖ **2°** *P. anal.* Variété d'ablette, poisson. ‖ Variété de papillon de nuit.

HACHIS [hà-chi] *s. m.*
[Étym. Dérivé de hacher, § 78. ‖ 1539. R. EST.]
‖ (Cuisine.) Mets de viande, de poisson cuit, haché menu. Un — de mouton, de carpe. Il mangea deux perdrix Avec une moitié de gigot en —, MOL. *Tart.* I, 4.

HACHISCH ou HASCHISCH [hà-chìch'] *s. m.*
[Étym. Emprunté de l'arabe hachich, proprt, « herbe, foin », appliqué spécialement au chanvre indien, § 22. ‖ 1556. Jus noir et espais, lequel ilz appellent aschy, SALIAT, dans DELB. *Rec.* Admis ACAD. 1878.]
‖ **1°** Chanvre indien dont la feuille séchée se mâche ou se fume.
‖ **2°** *P. ext.* Préparation enivrante faite avec cette feuille.

HACHOIR [hà-chwàr] *s. m.*
[Étym. Dérivé de hacher, § 113. ‖ 1471. Deux petiz hachoueurs, dans GODEF. *Compl.* Admis ACAD. 1718.]
‖ **1°** Sorte de couperet pour hacher les viandes. ‖ Petite table de chêne, grosse planche, sur lesquelles on les hache.
‖ **2°** (Technol.) Lieu où l'on hache la graisse en petits morceaux avant de la fondre pour faire les chandelles.

*HACHOTTE [hà-chòt'] *s. f.*
[Étym. Forme dialectale de hachette, §§ 16, 133 et 136. ‖ 1789. ENCYCL. MÉTH. *Couvreur.*]
‖ (Technol.) Petite hache de charpentier, de tonnelier, pour couper les lattes, les cercles. ‖ Ciseau de couvreur pour couper les lattes, les ardoises.

HACHURE [hà-chür] *s. f.*
[Étym. Dérivé de hacher, § 111. ‖ XVᵉ s. Timbres et lambequins que on appelle en Flandres et en Brabant... hacheures ou hachemens, RENÉ D'ANJOU, *OEuvres,* II, 10. Admis ACAD. 1718.]
‖ **1°** Traits employés dans le dessin et la gravure pour marquer les demi-teintes et les ombres; en topographie, pour indiquer les accidents de terrain; dans le blason, pour distinguer les émaux et les métaux.
‖ **2°** Traits dont on couvre les métaux avant de les dorer ou de les argenter.
‖ **3°** Traits que l'on fait à la roue du lapidaire.

*HADOT [hà-dó] *s. m.*
[Étym. Emprunté de l'angl. haddock, *m. s.* § 8. ‖ XIIIᵉ s. Hados et oitres, *Bat. de karesme et de charnage,* dans GODEF.]
‖ *Dialect.* (Pêche.) Aigrefin, poisson.

HAGARD, ARDE [hà-gàr, -gàrd'] *adj.*
[Étym. Forme normanno-picarde (*V.* § 16) pour haiard, dérivé de haie 1, § 147 : proprt, « de haie ». ‖ XIVᵉ s. Esprevier hagart, *Ménagier,* II, 317.]
‖ **1°** (Fauconn.) Qui, ayant subi plusieurs mues à l'état sauvage, est devenu trop vieux pour s'apprivoiser et reste farouche. Faucon, épervier —.
‖ **2°** *Fig.* Dont l'aspect a qqch de farouche et d'étrange. Visage —. Mine hagarde. Les yeux hagards.

HAGIOGRAPHE [à-jyò-gràf'; *en vers,* -ji-ò-...] *adj.* et *s. m.*
[Étym. Emprunté du grec ἁγιόγραφος, *m. s.* de ἅγιος, saint, et γράφειν, écrire. ‖ XVᵉ-XVIᵉ s. Les agiographes, FOSSETIER, dans GODEF. *Compl.* Admis ACAD. 1762.]
‖ (T. didact.) ‖ **1°** *Adj.* Qui traite des choses saintes. Les livres hagiographes, et, *substantivt,* Les hagiographes,

troisième partie de l'Ancien Testament, contenant tous les livres autres que le Pentateuque et les livres des Prophètes. **Les écrivains hagiographes, et,** *substantivt,* **Les hagiographes, écrivains qui ont écrit les livres dits hagiographes.**

‖ **2°** *S. m.* Auteur qui raconte la vie et les actions des saints.

HAGIOGRAPHIE [à-jyò-grà-fi; *en vers,* -ji-ò-...] *s. f.*
[ÉTYM. Dérivé de **hagiographe,** § 282. ‖ *Néolog.* Admis ACAD. 1878.]
‖ (T. didact.) Science qui traite des choses saintes, de l'histoire des saints.

*****HAGIOGRAPHIQUE** [à-jyò-grà-fík'; *en vers,* -ji-ò-...] *adj.*
[ÉTYM. Dérivé de **hagiographie,** § 229. ‖ *Néolog.*]
‖ (T. didact.) Qui concerne l'hagiographie.

*****HAGIOLOGIE** [à-jyò-lò-ji; *en vers,* -ji-ò-...] *s. f.*
[ÉTYM. Composé avec le grec ἅγιος, saint, et λόγος, discours, § 279. ‖ *Néolog.*]
‖ (T. didact.) Discours sur les choses saintes.

HAGIOLOGIQUE [à-jyò-lò-jík'; *en vers,* -ji-ó-...] *adj.*
[ÉTYM. Composé avec le grec ἅγιος, saint, et λόγος, discours, § 279. ‖ 1732. TRÉV. Admis ACAD. 1762.]
‖ (T. didact.) Qui concerne les choses saintes. Le Vocabulaire — de Chastelain (liste des noms de saints).

*****HAGLURE** [à-glür]. *V.* **aiglure, égalure.**

HAHA [hà-à] *s. m.* et *f.*
[ÉTYM. Onomatopée, § 32. (*Cf.* **hahé.**) ‖ xviie s. *V.* à l'article. Admis ACAD. 1762.]
I. *S. m.* Obstacle interrompant brusquement et désagréablement le chemin qu'on suit. | *Spéciall.* Saut de loup, fossé derrière une ouverture de mur, au bout d'une allée.
II. *Vieilli. S. f.* Femme d'une laideur étonnante. **Vieille** —, SCARR. dans LEROUX, *Dict. comiq.*

HAHÉ [hà-é] *s. m.*
[ÉTYM. Onomatopée, § 32. (*Cf.* **haha.**) ‖ xiiie s. Trop grant hahai apres aus oient, G. DE COINCY, dans GODEF. hahai. Admis ACAD. 1762.]
‖ (Vénerie.) Cri pour arrêter les chiens qui prennent le change ou s'emportent trop.

HAI [hé]. *V.* **hé.**

HAIE [hò] *s. f.*
[ÉTYM. Emprunté du german. **haga,** *m. s.* §§ 6, 498 et 499 : allem. mod. **hag,** anglo-saxon **haga,** etc. (*Cf.* **age** et **hagard.**) ‖ xiie s. D'autre part une haie, en un bois cler, *Aiol,* 1300.]
‖ **1°** Clôture d'un champ, d'un jardin, faite d'arbrisseaux entrelacés. — **vive,** faite d'arbrisseaux en végétation. — **morte** ou **sèche,** faite de branches mortes. **Course de haies,** où les chevaux ont à franchir des haies et autres obstacles. ‖ **Corvée de la** —, qui consistait à réparer les haies du domaine seigneurial. ‖ *P. anal.* **Briques en** —, qu'on dispose les unes sur les autres pour les faire sécher, en laissant entre elles des vides.
‖ **2°** *Fig.* Obstacle formé d'une file de choses empêchant d'avancer. — de rochers, d'écueils, long banc de rochers, d'écueils en pleine mer, sur les côtes. ‖ *Spéciall.* File de personnes bordant une voie pour laisser la place libre à un cortège. **Une — de soldats bordait la voie des deux côtés. Il passa entre deux haies de troupes. Border la** —, **faire former la** —, **être rangé en** —, se dit des soldats ainsi disposés en file pour contenir la foule. ‖ *P. anal.* **Une — de baïonnettes, de boucliers.**
‖ **3°** *P. ext.* (Technol.) La pièce la plus longue de la charrue, qui reçoit l'attelage, dite aussi **age** et **flèche.**

HAIE [hày'] *interj.*
[ÉTYM. Onomatopée, § 32. ‖ xviie s. *V.* à l'article. Admis ACAD. 1694 avec l'orthographe haye.]
‖ Cri du charretier pour animer son cheval. ‖ *Fig. Vieilli. Loc. prov.* **Et — au bout,** et quelque chose en plus. Aimable comtesse Pour qui tout le monde a partout Tant de respect, et — au bout, SCARR. *Epit. à* Mme *la comtesse de Fiesque.*

HAILLON [hà-yon] *s. m.*
[ÉTYM. Semble dérivé de l'anc. haut allem. **hadil,** lambeau, §§ 6, 104, 498 et 499. ‖ xve s. Les prinsonniers... chascun ung povre haillon vestu, *Journal d'un bourg. de Paris,* p. 363, Tuetey.]
‖ Vieux lambeau d'étoffe, de toile. Vêtu de haillons.

*****HAIN** [in] *s. m.*
[ÉTYM. Du lat. **hamum,** *m. s.* devenu **ain,** §§ 372, 299, 469 et 291, écrit **hain** par réaction étymologique, § 502.]

‖ *Vieilli et dialect.* Hameçon.

HAINE [hĕn'] *s. f.*
[ÉTYM. Pour haïne, § 358, dérivé de **haïr,** § 100. ‖ xiie s. Mout grant haïne et mout grant guerre, *Thèbes,* 2198.]
‖ **1°** Malveillance profonde. **Une — mortelle.** Oui, j'ai conçu pour elle une effroyable —, MOL. *Mis.* i, 1. Et n'avoir pas pour eux (pour les méchants) ces haines vigoureuses Que doit donner le vice aux âmes vertueuses, ID. *ibid.* Combien je vais sur moi faire éclater de haines ! RAC. *Andr.* iii, 7. Cet amour, source de tant de —, ID. *Brit.* v, 1. Cette — des rois (pour les rois) que, depuis cinq cents ans, Avec le premier lait sucent tous ses enfants, CORN. *Cinna,* ii, 1. Pour détourner sur eux la — d'un mauvais succès (que causerait un mauvais succès), LA BR. 2. La France sous Louis XIV s'était attiré la — de l'Europe.
‖ **2°** Répugnance profonde pour qqch. **La — du mal.** J'ai pris la vie en — et ma flamme en horreur, RAC. *Phéd.* i, 3. Cet ouvrage a été écrit en — de la religion.

*****HAINEUSEMENT** [hè-neùz'-man; *en vers,* -neùze-...] *adv.*
[ÉTYM. Composé de **haineuse** et **ment,** § 724. ‖ xive-xve s. Parlez... haineusement A juif, EUST. DESCH. viii, 167.]
‖ D'une manière haineuse.

HAINEUX, EUSE [hè-neù, -neùz'] *adj.*
[ÉTYM. Dérivé de **haine,** § 116. ‖ xiie s. Nos sunt cruel e haïnos, BENEEIT, *Ducs de Norm.* dans DELB. *Rec.*]
‖ Porté à la haine. **Caractère** —. **Ame haineuse. Gens** —, et, *substantivt, vieilli,* Et si tout au rebours nos — nous en piquent, RÉGNIER, *Sat.* 5. ‖ Inspiré par la haine. **Paroles haineuses. Colère, joie haineuse.**

HAÏR [hà-īr] *v. tr.*
[ÉTYM. Emprunté du german. **hatan** ou **hatjan,** *m. s.* (*cf.* allem. moderne **hassen,** angl. **hate,** etc.), §§ 6, 498 et 499. ‖ xie s. Les Turs et les Persanz et cele gent haïe, *Voy. de Charl. à Jérus.* 105.]
‖ **1°** Avoir (qqn) en haine. — son prochain. — qqn à mort, à la mort. **Un ennemi qu'il hait mortellement.** Dans le fond de ton cœur, je sais que tu me hais, RAC. *Brit.* v, 6. Cet acte odieux le fit — de tous, et, *vieilli,* à tous. **Vous lui faites** — tous ceux qu'il aimait. **Il se fait — des siens. Ils se haïssent l'un l'autre.** Un malheureux... Que tout le monde hait et qui se hait lui-même, RAC. *Andr.* iii, 1. *Spéciall.* (Théol.) **Se** —. Nulle autre religion (que la chrétienne) n'a proposé de se —, PASC. *Pens.* xi, 4. | *Absolt.* Il hait à cœur ouvert, RAC. *Brit.* v, 1.
‖ **2°** Avoir (qqch) en haine. — le mal, le vice. — qqch comme la peste, comme la mort. Je hais et méprise les fausses nouvelles, SÉV. 272. — le travail. — le froid, le chaud. ‖ *Suivi d'un verbe.* — **que,** avec le subjonctif. Je hais toujours que les hommes aient mal au derrière, SÉV. 589. — **de** ou **à,** avec l'infinitif. Je hais toujours de vous déplaire, SÉV. t. X, p. 544. Je hais mortellement à vous parler de tout cela, ID. 831. ‖ **Ne pas** —, aimer assez. **Il ne hait pas la bonne chère.** *Suivi de l'infinitif avec à ou de.* Ne haïssant pas à se faire de fête, RAC. *P.-Royal,* t. IV, p. 60. Elles ne haïssent pas de primer dans ce nouveau genre de vie, LA BR. 3.

HAIRE [hèr] *s. f.*
[ÉTYM. Emprunté de l'anc. haut allem. *****haria,** *m. s.* (*cf.* allem. mod. **haar,** chevelure), §§ 6, 498 et 499. ‖ xe s. Vestelent haires, *Fragm. de Valenciennes.*]
‖ **1°** Petite chemise faite d'une grossière étoffe de crin ou de poils de chèvre, qu'on porte sur la peau pour se mortifier. Le pâle solitaire, Couché sur le cilice et blanchi sous la —, L. RACINE, *Grâce,* 4. Laurent, serrez ma — avec ma discipline, MOL. *Tart.* iii, 2.
‖ **2°** (Technol.) Etoffe d'un tissu grossier dont les brasseurs se font des vêtements de travail. | Première forme que présente le drap quand les poils ne sont pas encore serrés et égalisés par le foulage. **Drap en** —.

*****HAIREUX, EUSE** [hò-reù, -reùz'] *adj.*
[ÉTYM. Dérivé de **haire,** § 116. ‖ xvie s. En hyver et quant le temps est haireux, LIÉBAULT, *Mais. rust.* fo 63, vo, édit. 1564.]
‖ *Vieilli.* Qui incommode à la manière d'une haire. *Spéciall. Fig.* Un temps —, froid et humide.

HAÏSSABLE [hà-i-sàbl'] *adj.*
[ÉTYM. Dérivé de **haïr,** § 93. ‖ 1611. COTGR.]
‖ Qui mérite d'être haï. **Personne, caractère** —. Le moi est —, PASC. *Pens.* vi, 20. Sa barbarie est fort —, SÉV. 279.

*****HAÏSSEUR, EUSE** [hà-i-seur, -seùz'] *s. m.* et *f.*
[ÉTYM. Dérivé de **haïr,** § 112. A remplacé l'anc. franç. **haere, haeor.** ‖ xvie s. Haïsseur de songes, G. BOUCHET, *Sérées,* iii, 146.]

|| *Rare.* Celui, celle qui hait.

HALAGE [hà-làj'] *s. m.*
[ÉTYM. Dérivé de haler, § 78. || 1488. Halage ou boutage, dans GODEF. *Compl.*]
|| (Technol.) Action de haler. — à bras d'hommes. Chevaux de —. Chemin de —, que suivent les hommes ou les chevaux, en tirant le bateau. Cheville de —, qui sert d'axe de rotation aux rouets du cordier.

HALBRAN [hàl-bran] *s. m.*
[ÉTYM. Emprunté du moyen allem. halberent, *m. s.* proprt, « demi-canard », §§ 6, 498 et 499. || XIVᵉ S. Halebrans sont les petits canets qui ne peuvent voler, *Ménagier*, II, 236.]
|| Jeune canard sauvage.

HALBRENÉ, ÉE. *V.* halbrener.

***HALBRENER** [hàl-bre-né] *v. intr.* et *tr.*
[ÉTYM. Dérivé de halbran, §§ 64 et 154. ACAD. ne donne que le partic. passé employé adjectivement. || XVIᵉ S. Trois chevrons hallebrenez de canabasserie, RAB. II, 13.]
I. *V. intr.* Chasser aux halbrans. || *P. ext. Transitivt.* Faucon halbrené, qui s'est cassé des plumes en chassant le halbran. *Fig. Famil.* Éreinter, excéder de fatigue.
II. *V. tr.* Rendre halbran. — des canards domestiques (par des couvées libres au bord d'étangs voisins).

***HALDE** [hàld] *s. f.*
[ÉTYM. Emprunté de l'allem. halde, *m. s.* § 7. || 1779. Hald, MORAND, *Art d'expl. les mines*, p. 1433.]
|| (Technol.) Résidu de la gangue ou du minerai de rebut.

HÂLE [hàl] *s. m.*
[ÉTYM. Subst. verbal de **hâler**, § 52. || XIIᵉ S. Toz jorz la feit garder en chambre Plus por peor que por le hasle, CHRÉTIEN DE TROYES, *Cligès*, 6778.]
|| Action de l'air et du soleil qui dessèche, brunit et flétrit. Le — avait fait tort A son visage, LA F. *Contes, Jument.* Des plantes que le — a fanées.

***HALE-À-BORD** [hà-là-bòr] *s. m.* (fém. TH. CORN.).
[ÉTYM. Composé de hale (du verbe haler), à et bord, § 209. || 1694. Hale à bord, TH. CORN. haler.]
|| (Marine.) Cordage pour haler quelque objet à bord.

***HALE-AVANT** [hà-là-van] *s. m.*
[ÉTYM. Composé de hale (du verbe haler 1) et avant, § 209. || 1772. Des mitaines ou hale-avant, DUHAMEL DU MONCEAU, *Pêches*, II, III, 390.]
|| (Pêche.) Grosse mitaine de pêcheur.

***HALE-BAS** [hàl-bá; *en vers*, hà-le-...] *s. m.*
[ÉTYM. Composé de hale (du verbe haler 1) et bas, § 209. || 1732. TRÉV.]
|| (Marine.) Cordage fixé sur le point de drisse d'un foc, d'une voile d'étai, etc., pour les faire descendre.

***HALE-BOULINE** [hàl-bou-lin'; *en vers*,-hà-le-...] *s. m.*
[ÉTYM. Composé de hale (du verbe haler 1) et bouline, § 209. || 1621. On ne trouve que trop de hale-boulines, LE P. RENÉ FRANÇOIS, dans JAL, *Gloss. naut.*]
|| (Marine.) Mauvais matelot qui ne sait faire que des manœuvres faciles, comme de haler les boulines.

***HALE-BREU** [hàl-breú; *en vers*, hà-le-...] *s. m.*
[ÉTYM. Paraît être pour hale-breuil, composé de hale (du verbe haler 1) et breuil 2, § 205. || 1786. ENCYCL. MÉTH.]
|| (Marine.) Petit cordage employé en sens inverse du hale-bas.

***HALECRET** [hàl-krè; *en vers*, hà-le-...] *s. m.*
[ÉTYM. Origine incertaine; peut-être altération de l'allem. halskragen, tour de cou, § 7. || XVᵉ-XVIᵉ S. Tous armez de leurs allecretz (var. halcretz), J. D'AUTHON, dans GODEF. Admis ACAD. 1694; suppr. en 1762.]
|| *Anciennt.* Corselet formé de deux pièces de fer battu. Le — sur le dos, le casque en la tête, SULLY, *Œcon. roy.* 38.

***HALE-CROC** [hàl-kró; *en vers*, hà-le-...] *s. m.*
[ÉTYM. Composé de hale (du verbe haler 1) et croc, § 209. || *Néolog.*]
|| (Marine.) Croc à haler à bord le gros poisson.

***HALE-DEDANS** [hàl-de-dan; *en vers*, hà-le-...] *s. m.*
[ÉTYM. Composé de hale (du verbe haler 1) et dedans, § 209. || *Néolog.*]
|| (Marine.) Cordage pour haler le foc en dedans.

***HALE-DEHORS** [hàl-de-òr; *en vers*, hà-le-...] *s. m.*
[ÉTYM. Composé de hale (du verbe haler 1) et dehors, §209. || *Néolog.*]
|| (Marine.) Cordage pour haler le foc en dehors.

HALEINE [à-lèn'] *s. f.*
[ÉTYM. Du lat. pop. *halēna, *m. s.* (dérivé de halare, souffler, sous l'influence de anhelare, respirer, §§ 99 et 509), devenu aleine, §§ 372, 310 et 291, écrit plus récemment haleine par réaction étymologique, § 502. || XIᵉ S. Tant par iert forz m'aleine, *Voy. de Charl. à Jérus.* 473.]
|| **1°** Air qui s'échappe des poumons, dans l'expiration. Un homme remue la langue, pousse son —, DESC. *Monde*, 1. Ternir une glace par son —. La douceur de son —, J.-J. ROUSS. *Confess.* 7. Avoir l'— forte. Leur brûlante — (des taureaux), CORN. *Tois. d'or*, 1, 4.
|| **2°** *P. ext.* Respiration. Courir à perdre —, à perte d'—. Tout hors d'—, il prend pourtant sa place, CORN. *Hor.* IV, 2. Prendre —, respirer à l'aise. Prenons un peu d'—, BOIL. *Sat.* 7. J'ai pu reprendre —, CORN. *Rodog.* II, 2. Tout d'une —, sans reprendre haleine. Avoir l'— courte, longue. || *Fig.* Capacité de soutenir un effort. Un ouvrage de longue —. Pour me remettre en —, MOL. *Amph.* I, 2. Toutes ces considérations tenaient tout le monde en —, PASC. *Prov.* 3.

***HALEMENT** [hàl-man; *en vers*, hà-le-...] *s. m.*
[ÉTYM. Dérivé de haler 1, § 145. || 1680. RICHEL.]
|| (Technol.) Action de haler. || *P. ext.* Ce qui sert à haler. *Spécialt.* Nœud passé autour d'un fardeau pour le haler.

HALENÉE [àl-né; *en vers*, à-le-...] *s. f.*
[ÉTYM. Dérivé de haleine, §§ 65 et 119. || XIIᵉ S. Il sonne un cor a molt grant alenee, *Raoul de Cambrai*, 1806.]
|| Bouffée avec odeur qui sort par la bouche. Une — de vin.

HALENER [àl-né; *en vers*, à-le-...] *v. intr.* et *tr.*
[ÉTYM. Dérivé de haleine, §§ 65 et 154. || XIVᵉ S. Il... alenvient a demeurer la, FROISS. *Chron.* II, p. 154.]
I. *Vieilli. V. intr.* Exhaler son haleine.
II. *V. tr.* || **1°** Exhaler. Moi... Qui n'halène que feu, ne respire qu'amour, RÉGNIER, *Sat.* 7.
|| **2°** Sentir l'haleine de qqn. Je ne l'eus pas plus tôt halené que je fus saisi d'un dégoût. || *P. anal.* (Chasse.) En parlant des chiens, flairer la bête. || *Fig.* Éventer (qqch). Ils halènent ton dessein.

1. HALER [hà-lé] *v. tr.*
[ÉTYM. Emprunté du scandinave, suédois hala, *m. s.* § 9. || XIIᵉ S. Ne n'i out halé bagordinge, *Vie de St Gilles*, 887.]
|| (Technol.) || **1°** Tirer à soi au moyen d'une corde. — une bouée à bord. — un bateau (pour le faire avancer le long d'une rivière, d'un canal). || *Absolt.* — sur une manœuvre, faire effort sur elle pour la tirer.
|| **2°** *P. ext.* Se — dans le vent, et, *ellipt*, — le vent, se tirer, se diriger dans le sens du vent. || *Absolt.* Le vent hale de l'avant, le vent tire, souffle de l'avant.

2. HALER [hà-lé] *v. tr.*
[ÉTYM. Altération de l'anc. franç. harer (*V.* § 361 et 509), dérivé de hare, § 154. || 1380. Harerent et firent courir les-dis-chiens, dans DU C. harela. | XVᵉ S. Je haloye mes chiens apres le sanglier, *Myst. du siège d'Orl.* 2875.]
|| (Vénerie.) Exciter par des cris. — des chiens.

HÂLER [hà-lé] *v. tr.*
[ÉTYM. Pour haster, § 422, d'origine incertaine. Peut-être du lat. pop. *assulare (class. assare), faire rôtir, qui aurait donné régulièrement aster, §§ 336, 295 et 291 : l'aspiration serait due à l'influence du german. hal, desséché, §§ 6, 498 et 499. || XIIᵉ S. Autresi le caupa comme un baston halé, *Fierabras*, 4837.]
|| **1°** Dessécher (les plantes). L'air sec et chaud a hâlé la campagne. — le chanvre. (*V.* haloir.)
|| **2°** Brunir (le teint). Le soleil a hâlé son visage. Des mains hâlées. Il est tout hâlé.

HALETANT, ANTE [hàl-tan, -tânt'; *en vers*, hà-le-...] *adj.*
[ÉTYM. Adj. particip. de haleter, § 47. || 1539. R. EST.]
|| Qui respire avec des mouvements précipités. Des chevaux tout haletants. | *P. ext.* Respiration haletante. Quelques restes de feu sous la cendre épandus D'un souffle — par Baucis s'allumèrent, LA F. *Phil. et Baucis.* || *Fig.* Qui aspire vivement à qqch. Haletants vers le gain, les honneurs, la richesse, A. CHÉNIER, *Élég.* 32, Latouche.

HALETER [hàl-té; *en vers*, hà-le-té] *v. tr.*
[ÉTYM. Pour aleter, dérivé de aile, §§ 65 et 167; proprt, « battre de l'aile », puis « palpiter ». L'aspiration paraît due à une sorte d'onomatopée, § 32. || XIIᵉ S. La dame... Cui li cuers haletoit el ventre, CHRÉTIEN, *Roi Guillaume*, 136.]
|| Respirer précipitamment. Sa poitrine halette. | *Fig.* Sans cesse poursuivant ces fugitives fées On voit sous les lauriers — les Orphées, BOIL. *Ép.* 11.

‖ **2°** *P. ext. Fig.* Aspirer vivement à qqch. **Haletant après** l'ombrage, CHATEAUBR. *Atala*, le drame.
HALEUR, **'HALEUSE** [hà-leùr, -leùz'] *s. m.* et *f.*
[ÉTYM. Dérivé de haler 1, § 112. ‖ 1680. RICHEL. Admis ACAD. 1798.]
‖ (Technol.) Homme, femme, qui hale un bateau.
HALIEUTIQUE [à-lyéu-tïk'; *en vers*, -li-éu-...] *adj.*
[ÉTYM. Emprunté du lat. **halieuticus**, grec ἁλιευτικός, *m. s.* ‖ 1732. TRÉV. Admis ACAD. 1878.]
‖ (T. didact.) Qui concerne la pêche. ‖ *Substantivt.* | 1. *Au masc.* Les Halieutiques (les poèmes halieutiques) d'Oppien. | 2. *Au fém.* L'—, l'art de la pêche.
'HALIN [hà-lin] *s. m.*
[ÉTYM. Dérivé de haler 1, §§ 96 et 100. ‖ 1769. Bras ou halins, DUHAMEL DU MONCEAU, *Pêches*, I, II, 147.]
‖ (Technol.) Cordage pour haler.
HALITUEUX, EUSE [à-li-tueù,-tueùz'; *en vers*, -tu-...] *adj.*
[ÉTYM. Dérivé du lat. **halitus**, haleine, § 252. ‖ XVIᵉ s. PARÉ, I, 35. Admis ACAD. 1835.]
‖ (Médec.) Qui a une douce moiteur. **Peau halitueuse.** | *P. ext.* Chaleur halitueuse.
HALLAGE [hà-làj'] *s. m.*
[ÉTYM. Dérivé de halle, § 78. ‖ XIIIᵉ s. Deux deniers de halage, E. BOILEAU, *Livre des mest.* II, IX, 1.]
‖ (Commerce.) Droit d'étaler de la marchandise dans une halle, un marché. ‖ Redevance payée pour ce droit.
HALLALI [hà-là-li] *s. m.*
[ÉTYM. Onomatopée, § 32. ‖ Admis ACAD. 1762.]
‖ (Chasse.) Cri que pousse le veneur pour exciter les chiens, quand la bête est sur le point de se rendre. ‖ Sonnerie du cor indiquant que la bête vient de se rendre.
HALLE [hàl] *s. f.*
[ÉTYM. Emprunté de l'anc. saxon halla, *m. s.* §§ 6, 498 et 499. ‖ XIIIᵉ s. Il aportent leur pain es hales, E. BOILEAU, *Livre des mest.* I, I, 19.]
‖ **1°** Grande place couverte où se tient le marché des objets de consommation. — aux blés. — au poisson. Aller aux halles, à la —. | *Spécialt.* Les halles centrales, et, *absolt*, Les halles, la —, vaste marché des denrées alimentaires établi au centre de Paris. Les dames, les marchandes de la —. Le langage des halles, langage grossier. ‖ Magasin public servant d'entrepôt pour tel ou tel commerce. La — aux cuirs. La — aux vins. La — aux draps. ‖ *Fig.* En mauvaise part, grande salle vide, ouverte à tous les vents. Cette chambre est une —.
‖ **2°** (Technol.) Vaste atelier.
HALLEBARDE [hàl-bàrd'; *en vers*, hà-le-...] *s. f.*
[ÉTYM. Emprunté du moyen haut allem. **helmbarte**, *m. s.* proprt, « hache (barte) capable de fendre un heaume (helm) », §§ 6, 498 et 499. ‖ 1333. Alabarde, dans GODEF. *Compl.*]
‖ Arme d'hast, à long manche, à fer tranchant et pointu, ayant en outre deux fers latéraux (ailes) affectant le plus souvent l'un la forme d'un croissant, l'autre celle d'une pointe. Dans l'infanterie, les sergents portaient la —. Donner la — à qqn, le faire sergent. Les suisses d'église portent la —. ‖ *Fig. Famil.* Ces mots riment comme — et miséricorde (imparfaitement). Il pleut des hallebardes, il pleut à verse.
HALLEBARDIER [hàl-bàr-dyé; *en vers*, hà-le-...] *s. m.*
[ÉTYM. Dérivé de hallebarde, § 115. ‖ XVᵉ-XVIᵉ s. A. DE LA VIGNE, *Voy. de Naples*, dans LA C.]
‖ Garde à pied portant la hallebarde.
'HALLEBREDA [hàl-bre-dà; *en vers*, hà-le-...] *s. m.* et *f.*
[ÉTYM. Origine inconnue. ‖ 1611. COTGR. Admis ACAD. 1694; suppr. en 1878.]
‖ *Vieilli.* Personne de grande taille, au corps mal bâti. Un grand —. C'est une grande —.
1. HALLIER [hà-lyé] *s. m.*
[ÉTYM. Dérivé de halle, § 115. ‖ XIIIᵉ s. Le haller de Paris, E. BOILEAU, *Livre des mest.* I, LIX, 11. Admis ACAD. 1798.]
‖ **1°** (Commerce.) Marchand qui étale dans une halle.
‖ Gardien chargé de veiller aux marchandises dans une halle.
‖ **2°** (Technol.) Ouvrier qui range et garde les tuiles dans la halle d'une tuilerie.
2. HALLIER [hà-lyé] *s. m.*
[ÉTYM. Dérivé du radical **hal**, qui se retrouve dans l'anc. franç. **halot**, « bûche », qqf « hallier », et qui paraît être d'origine germanique, §§ 6, 115, 498 et 499. ‖ XVᵉ s. Quelque beste en quelque haillier, *Myst. du Vieil Testam.* dans GODEF. *Compl.*]
‖ Réunion de buissons serrés et touffus. Dans les dédales verts que formaient les halliers, LA F. *Capt. de St Malc.*
3. 'HALLIER [à-lyé]. *V.* allier 2.
'HALLOPE [hà-lŏp'] *s. m.*
[ÉTYM. Origine inconnue. ‖ 1803. L'usage des filets appelés hallopes est défendu... à la côte de Terre-Neuve, *Ordonn.* dans LITTRÉ.]
‖ (Pêche.) Vaste filet de pêche qu'on traîne sur le fond.
HALLUCINATION [àl'-lu-si-nà-syon; *en vers*, -si-on] *s. f.*
[ÉTYM. Emprunté du lat. **hallucinatio**, *m. s.* ‖ Admis ACAD. 1835.]
‖ (Médec.) Sorte d'aliénation passagère dans laquelle on perçoit une sensation alors qu'il n'y a là aucun objet extérieur capable de la produire. (*Syn.* illusion.)
'HALLUCINATOIRE [àl'-lu-si-nà-twàr] *adj.*
[ÉTYM. Dérivé du radical de hallucination, § 249. ‖ *Néolog.*]
‖ (Médec.) Qui a rapport à l'hallucination.
HALLUCINÉ, ÉE [àl'-lu-si-né] *adj.*
[ÉTYM. Emprunté du lat. **hallucinatus**, part. de hallucinari, être en état d'hallucination. ‖ 1611. Halluxinés et deceus en l'explication des maladies, J. DUVAL, dans DELB. *Rec.* Admis ACAD. 1878.]
‖ (Médec.) Qui est en état d'hallucination. Une personne hallucinée, et, *substantivt*, Un halluciné, une hallucinée.
HALO [hà-ló] *s. m.*
[ÉTYM. Emprunté du lat. **halos**, grec ἅλως, *m. s.* ‖ XVIᵉ s. Les halotz et les turbines, RAB. I, 19. Admis ACAD. 1762.]
‖ **1°** (Astron.) Cercle lumineux, le plus souvent coloré, qui apparaît qqf autour du disque du soleil, de la lune, et des autres planètes, lorsqu'ils brillent à travers une atmosphère vaporeuse.
‖ **2°** *P. anal.* (Médec.) Petit cercle rouge qui entoure le mamelon du sein.
HALOIR [hà-lwàr] et mieux **'HÀLOIR** [hà-lwàr] *s. m.*
[ÉTYM. Dérivé de hâler, § 113. ‖ 1752. TRÉV. Admis ACAD. 1762.]
‖ (Technol.) Lieu où l'on fait sécher le chanvre, à un grand feu, avant de le teiller.
HALOT [hà-ló] *s. m.*
[ÉTYM. Origine inconnue; le rapport avec l'angl. **hole**, cavité, est très douteux. (*Cf.* hallier 2.) ‖ 1669. Halots ou raboullieres, dans DELB. *Rec.* Admis ACAD. 1762.]
‖ (Chasse.) Trou de lapin.
HALOTECHNIE [hà-lò-tĕk'-ni] *s. f.*
[ÉTYM. Composé avec le grec ἅλς, ἁλός, sel, et τέχνη, art, § 279. ‖ Admis ACAD. 1762.]
‖ *Rare.* (T. didact.) Partie de la chimie qui traite de la composition des sels. (*Cf.* halurgie.)
HALTE [hàlt'] *s. f.*
[ÉTYM. Emprunté de l'allem. **halt**, *m. s.* de halten, s'arrêter, § 7. Souvent écrit alte au XVIᵉ et au XVIIᵉ s. d'après l'ital. alta, *m. s.* qui est lui-même d'origine allemande, § 12. ‖ 1578. Faire alte, H. EST. *Nouv. Lang. franç. italian.* I, 36.]
‖ Station que des gens de guerre, des chasseurs, des voyageurs, font pour se reposer. Faire —. Une longue —. Grande —, la halte la plus longue d'une troupe en marche, celle où elle prend le repas du milieu du jour. Faire faire —. —! ou —-là! commandement de s'arrêter. *Fig.* —-là donc, ma plume, BOIL. *Sat.* 12. —-là, mon beau frère, MOL. *Tart.* I, 5. ‖ *P. ext.* | 1. Endroit où se fait la halte. Nous arrivâmes à notre — avant la nuit. | 2. Repas que l'on fait pendant une halte. Il fit préparer une bonne —. — de chasse.
‖ *Fig.* Interruption momentanée dans ce qu'on fait. Cette — (le ralentissement de la guerre) ne fut pas un temps qu'on accorda à la paix, mais qui fut donné à la préméditation du carnage, SÉGUR, *Hist. de Napol.* XII, 11.
'HALTER [hàl-té] *v. tr.*
[ÉTYM. Dérivé de halte, § 154. ‖ XVIIᵉ s. *V.* à l'article.]
‖ *Vieilli.* Faire faire halte. — des troupes. Se —, faire halte. L'infanterie... n'ayant pas eu hier le temps de se —, PELLISSON, *Lett. histor.* 169.
HALTÈRE [àl-tèr] *s. m.*
[ÉTYM. Emprunté du lat. **halter**, grec ἁλτήρ, proprt, « balancier pour sauter, danser, etc. ». ‖ XVIᵉ s. Deux grosses saulmones de plomb lesquelles il nommoit alteres, RAB. I, 23. Admis ACAD. 1878.]

‖ **1°** (Gymnastique.) Courte tige terminée à chaque extrémité par une boule de fer, qu'on élève et qu'on abaisse pour exercer les muscles des bras.
‖ **2°** *P. anal.* (Hist. nat.) Balancier des insectes diptères, appendice placé derrière leurs ailes.

***HALTÉRÉ, ÉE** [ăl-té-ré] *adj.*
[ÉTYM. Dérivé de haltère, § 118. ‖ 1821. *Dict. des sc. nat.*]
‖ (Hist. nat.) Muni d'haltère ou balancier.

HALURGIE [hà-lur-jì] *s. f.*
[ÉTYM. Composé avec le grec ἅλς, ἁλός, sel, et ἔργον, travail, § 279. ‖ Admis ACAD. 1762.]
‖ *Rare.* (T. didact.) Art d'extraire les sels. (*Cf.* halotechnie.)

HAMAC [hà-măk] *s. m.*
[ÉTYM. Emprunté de l'espagn. hamaca, *m. s.* qui est un mot de la langue des Caraïbes, §§ 13 et 30. ‖ 1555. Sorte de licts qu'ils appellent hamaca, J. POLEUR, *Hist. nat. des Indes* (trad. de l'espagn.), fº 71, vº. | 1658. Amac, DE ROCHEFORT, *Hist. nat. et mor. des Antilles*, p. 485. Admis ACAD. 1762.]
‖ Toile ou filet suspendu horizontalement, par ses deux extrémités, de manière à former un lit portatif où l'on couche, où l'on se balance. Sara, belle d'indolence, Se balance Dans un —, V. HUGO, *Orient.* 19. — de matelot, suspendu dans l'entrepont et servant de lit aux matelots.

***HAMADE** [hà-màd]. *V.* amade.

HAMADRYADE [à-mà-dri-yàd] *s. f.*
[ÉTYM. Emprunté du lat. hamadryas, adis, grec ἁμαδρυάς, άδος, *m. s.* de ἅμα, avec, et δρῦς, arbre. ‖ xvᵉ s. Les amadriades, MARTIN LE FRANC, *Champion des Dames*, dans GODEF. kalade. Admis ACAD. 1762.]
‖ (Mythol.) Nymphe des bois dont le sort est attaché à celui d'un arbre, et qui naît et meurt avec lui. (*Cf.* dryade.)

***HAMBOURG** [han-bour] *s. m.*
[ÉTYM. Nom propre, § 36 : Hambourg, port d'Allemagne qui expédiait beaucoup de saumon en barils. ‖ 1403. Caques et hambours de poissons salez, *Ordonn.* VIII, 614.]
‖ (Commerce.) Petite futaille où l'on met le saumon salé. ‖ *P. anal.* Baril de bière.

HAMEAU [hà-mó] *s. m.*
[ÉTYM. Pour hamel, § 126, dérivé du radical german. qui se trouve dans le goth. haims, ferme, allem. moderne heim, angl. home, maison, etc. §§ 6, 498 et 499. ‖ xiiiᵉ s. Lor bordetes et lor hamiaus, J. DE MEUNG, *Rose*, 8432.]
‖ Petit groupe de maisons rustiques, écarté du village. Un petit —. C'est un petit village ou plutôt un —, Bâti sur le penchant d'un long rang de collines, BOIL. *Ép.* 6.

HAMEÇON [àm'-son ; *en vers*, à-me-...] *s. m.*
[ÉTYM. Dérivé de hain, §§ 65 et 107. ‖ xiiiᵉ s. Toz jors sera en souspeçon Que ce ne soient ameçon, THIBAUD, *Poire*, 535.]
‖ **1°** Crochet de fer armé de pointes que l'on adapte au bout d'une ligne et qu'on munit d'un appât pour prendre le poisson. — armé (pour la pêche du brochet), gros hameçon attaché à la ligne par un fil de fer que le poisson ne peut briser ou couper. Mordre à l'— (en parlant du poisson), s'accrocher à l'hameçon en saisissant l'appât, et, *fig. famil.* se laisser séduire par une apparence trompeuse. Tous deux également sont propres à gober les hameçons qu'on leur veut tendre, MOL. *Pourc.* II, 3.
‖ **2°** (Technol.) Outil de serrurier, dit aussi archet.

***HAMEÇONNÉ, ÉE** [àm'-sò-né ; *en vers*, à-me-...] *adj.*
[ÉTYM. Dérivé de hameçon, § 118. ‖ xviᵉ s. Atomes durs, aspres, hameçonnez, A. JAMYN, II, p. 242, Brunet.]
‖ (Technol.) Pourvu d'hameçon. ‖ Disposé en forme d'hameçon. Pointe hameçonnée.

***HAMÈDE** [hà-mèd]. *V.* amade.

***HAMÉE** [hà-mé] *s. f.*
[ÉTYM. Origine inconnue. ‖ 1459. Pour faire une hamee ou manche a sa faulx, dans DU C. hamatile.]
‖ (Technol.) Hampe. *Spécialt.* — d'écouvillon.

***HAMÉIDE** [hà-mé-id] *V.* amade.

1. HAMPE [hănp] *s. f.*
[ÉTYM. Altération de l'anc. franç. hanste, *m. s.* §§ 6 et 509. (*V.* ante 2, hanse 2 et hante.) ‖ xviᵉ s. La hampe du javelot, AMYOT, *Marcell.* 44.]
‖ Long manche de bois sur lequel on monte un fer de lance, de hallebarde, de pertuisane, un drapeau. ‖ Long manche d'un pinceau de peintre, d'un écouvillon, etc. ‖ *P. anal.* (Botan.) Pédoncule allongé partant du centre d'un bulbe ou du collet d'une racine, et portant une ou plusieurs fleurs. La — du narcisse.

2. *HAMPE [hănp] *s. f.*
[ÉTYM. Pour vampe, § 509, emprunté de l'anc. haut allem. wampa, allem. moderne wampe, sein, §§ 6, 498 et 499. ‖ xiiiᵉ s. Empeynes, wampes, J. DE GARLANDE, *Dict.* La hampe et la queue, *Chace dou cerf*, p. 25, Pichon.]
‖ (Vénerie.) Poitrine du cerf. ‖ (Boucherie.) Maniement pair ou double, dit encore grasset, qui se trouve à la partie postérieure et latérale du ventre, vers l'extrémité antérieure et inférieure de la cuisse.

***HAMPÉ, ÉE** [han-pé] *adj.*
[ÉTYM. Dérivé de hampe 1, § 118. ‖ 1597. Deux ou trois tireboures... hampez, DAVELOURT, *Brieve Instr. sur le faict d'artill.* p. 20.]
‖ Muni de hampe. Fer de lance —.

***HAMSTER** [hăm-stèr] *s. m.*
[ÉTYM. Emprunté de l'allem. hamster, *m. s.* § 7. ‖ xviiiᵉ s. BUFF. *Hamster.*]
‖ (Hist. nat.) Petit mammifère rongeur de l'Allemagne du Nord et de la Russie.

HAN [han] *s. m.*
[ÉTYM. Onomatopée, § 32. ‖ Admis ACAD. 1835.]
‖ Cri sourd et guttural de celui qui frappe un coup avec effort. (*Cf.* hein.)

HANAP [hà-năp] *s. m.*
[ÉTYM. Mot d'origine germanique, §§ 6, 498 et 499 : *cf.* allem. napf, plus anciennement hnapf, anglo-saxon hnæp, *m. s.* ‖ xiiᵉ s. Et a son hanap l'abevrot, *Énéas*, 3535.]
‖ *Ancienn.* Grande coupe à boire.

HANCHE [hănch] *s. f.*
[ÉTYM. Emprunté du bas allem. hancke, *m. s.* qui se rattache au moyen haut allem. hinken, boiter, et est différent de ancha, anche, §§ 10, 498 et 499. ‖ xiiᵉ s. Trestot le cors desl as hanches, *Énéas*, 1469.]
‖ Chacune des deux parties symétriques du corps formant saillie à l'extérieur, entre la cuisse et les côtes, et produites par l'évasement de l'os iliaque, à l'endroit où il s'articule avec le fémur. Avoir de fortes hanches, et, *dans le même sens*, Avoir de la —. Cette femme n'a pas de —. Se luxer la —, faire sortir de la cavité de la hanche la tête du fémur. Appuyer la main sur la —. Mettre les poings sur la —, dans une attitude provocatrice. | (Escrime.) Se mettre sur la —, se mettre en garde, en appuyant la main gauche sur la hanche. ‖ *Spécialt.* (Manège.) Le train de derrière d'un cheval. Cheval qui va, qui est, qui est paré sur les hanches, qui baisse la croupe, les hanches, en marchant. Rabaisser les hanches de son cheval, le forcer à baisser la croupe, à lever les épaules. Mettre un cheval sur les hanches, le dresser de manière qu'il se soutienne sur les hanches en galopant. ‖ *P. anal.* | 1. Partie de la région inférieure de la poitrine et du corselet des insectes, qui reçoit la cuisse. | 2. Partie arrondie du bordage d'un navire, qui s'étend du flanc à l'arrière. | 3. Partie arrondie d'un vase, d'une marmite, qui unit le fond aux parois.

***HANDICAP** [han-di-kăp] *s. m.*
[ÉTYM. Emprunté de l'angl. handicap, *m. s.* § 8. ‖ *Néolog.*]
‖ (Courses.) Course où l'on admet des chevaux de tout âge et de toute qualité, mais où l'on charge certains concurrents de poids qui varient suivant leur âge, leur force, pour égaliser les chances de succès.

***HANDICAPER** [han-di-kà-pé] *v. tr.*
[ÉTYM. Dérivé de handicap, § 154. ‖ *Néolog.*]
‖ (Courses.) Charger (les chevaux) d'un poids variable suivant leur âge, leur force.

HANEBANE [hăn'-bàn' ; *en vers*, hà-ne-...] *s. f.*
[ÉTYM. Emprunté de l'anglais henbane, *m. s.* proprt, « poison (bane) de poule (hen) ». ‖ xivᵉ s. Juscarime (corr. jusquiame) ou henvebonne (corr. hennebanne), J. DE BRIE, *Bon Berger*, dans DELB. *Rec.* Admis ACAD. 1762.]
‖ (Botan.) Autre nom de la jusquiame.

HANGAR [han-gàr] *s. m.*
[ÉTYM. Origine inconnue. ‖ 1611. Angar, COTGR.]
‖ Remise, faite de piliers ou de poteaux soutenant un toit, pour abriter des voitures, du bois, etc.

HANNETON [hăn'-ton ; *en vers*, hà-ne-...] *s. m.*
[ÉTYM. Dérivé de l'allem. hahn, proprt, « coq », et dans l'allem. dialectal « hanneton », §§ 6 et 105. (*Cf.* le nom de poule d'arbre donné au hanneton en Limousin.) Le

même radical se retrouve dans grianneau. || xɪɪᵉ s. Ne valent mais ti colp un haneton, *Couronn. de Louis,* 1059.]

|| **1°** Insecte coléoptère qui paraît vers la fin d'avril, et dont la larve dévore les racines des plantes. *Loc. prov.* Étourdi comme un — (le hanneton, dans son vol, allant donner contre les obstacles). *Fig.* C'est un —, un étourdi.

|| **2°** (Technol.) Sourcil de —, et, *abusivt*, Souci d'— (ACAD.), frange à houppes imitant les cornes des hannetons.

***HANNETONNAGE** [hăn'-tò-nàj' ; *en vers,* hà-ne-...] *s. m.*

[ÉTYM. Dérivé de **hannetonner**, § 78. || *Néolog.*]

|| (Agricult.) Action de hannetonner.

***HANNETONNER** [hăn'-tò-né ; *en vers,* hà-ne-...] *v. tr.*

[ÉTYM. Dérivé de **hanneton**, § 154. || 1796. ENCYCL. MÉTH. *Art aratoire.*]

|| (Agricult.) Secouer (un arbre) pour faire tomber et détruire les hannetons.

1. HANSE [hăns'] *s. f.*

[ÉTYM. Emprunté de l'anc. haut allem. **hansa**, allem. moderne **hanse**, §§ 6, 498 et 499. || xɪɪɪᵉ s. Lor covendra paier la hanse, G. DE CÓINCY, dans GODEF. Admis ACAD. 1762.]

|| *Anciennt.* Corporation, compagnie de marchands. *Spécialt.* La Hánse teutonique.

2. *HANSE [hăns'] *s. f.*

[ÉTYM. Altération de **hanste**, § 509. (*V.* **hante**.) Qqs dictionnaires donnent, par suite d'une faute d'impression, **hause**.]

|| (Technol.) Tige de l'épingle, non garnie de sa tête.

HANSÉATIQUE [han-sé-à-tĭk'] *adj.*

[ÉTYM. Emprunté du lat. du moyen âge **hanseaticus**, *m. s.* dérivé de **hansea**, forme latinisée de l'allem. hanse, hanse, § 229. || Admis ACAD. 1762.]

|| Qui fait partie de la Hanse teutonique. Ville —.

HANSIÈRE [han-syĕr]. *V.* **haussière**.

***HANTE** [hānt'] *s. f.*

[ÉTYM. Du lat. **hasta**, proprt, « lance », devenu de bonne heure *hansta sous l'influence du german. hand, main, d'où **hanste, hante**, §§ 6, 422, 498 et 499. (*Cf.* ante 2, ente 2, hampe 1, hanse 2, haste, hâte 1.)]

|| *Vieilli et dialect.* Hampe d'une hallebarde, d'une lance, d'un pinceau, etc.

HANTER [han-té] *v. tr.*

[ÉTYM. Origine incertaine ; peut-être emprunté de l'anc. nordique **heimta**, rechercher, qui se rattache au radical de **hameau** (*V.* ce mot), § 9. L'anglais to haunt vient du français. || xɪɪᵉ s. Veiz ci l'entree Del grant enfer la plus hantee, *Énéas,* 2297.]

|| Fréquenter familièrement. — qqn. Il hante les mauvaises compagnies. *Loc. prov.* Dis-moi qui tu hantes, je te dirai qui tu es, on peut juger de qqn par ceux qu'il fréquente. Lorsque je hante la noblesse, je fais paraître mon jugement, et cela est plus beau que de — votre bourgeoisie, MOL. *B. gent.* ɪɪɪ, 3. || Il hante les cabarets, les mauvais lieux. *Absolt.* Ne saurait-il souffrir qu'aucun hante céans ? MOL. *Tart.* ɪ, 1. || *P. ext.* (Sens venu récemment de l'anglais to haunt.) En parlant des esprits, des visions. Les esprits qui hantent cette maison. Un bois hanté. Les visions qui hantent sa pensée.

HANTISE [han-tĭz'] *s. f.*

[ÉTYM. Dérivé de **hanter**, § 124. || xɪvᵉ s. Car n'est tresors d'or ne d'argent Qui vaille hantise a bonne gent, WATRIQUET DE COUVIN, p. 71.]

|| *Vieilli.* Action de hanter. *Spécialt.* Isabelle pourrait perdre dans ces hantises Les semences d'honneur qu'avec nous elle a prises, MOL. *Éc. des m.* ɪ, 2.

***HAPPANT, ANTE** [hà-pan, -pānt'] *adj.*

[ÉTYM. Adj. particip. de **happer**, § 47. || *Néolog.*]

|| Qui happe, adhère à la langue. Argile happante.

HAPPE [hăp'] *s. f.*

[ÉTYM. Subst. verbal de **happer**, § 52. || xɪɪɪᵉ s. Li cinc cenz de hapes, E. BOILEAU, *Livre des mest.* II, ɪv, 20. Admis ACAD. 1762.]

|| (Technol.) Crampon pour lier deux pièces de bois, de pierre. | Tenaille avec laquelle le fondeur retire le creuset du feu. | Outil du luthier pour tenir les pièces qu'il travaille. | Anse pour saisir une chaudière. | Cheville du timon de la charrue, tenant la chaine qui la joint aux roues. | Demi-cercle de fer dont on garnit les essieux d'une voiture.

***HAPPE-CHAIR** [hăp'-chĕr ; *en vers,* hà-pe-...] *s. m.*

[ÉTYM. Composé de **happe** (du verbe **happer**) et **chair**, § 209. || xvɪɪᵉ s. *V.* à l'article.]

|| *Pop.* Nom donné aux gens de police qui arrêtent les débiteurs, les voleurs. Sans toi ces — M'allaient faire danser un entrechat en l'air, LA F. *Ragotin.*

HAPPELOURDE [hăp'-lourd' ; *en vers,* hà-pe-...] *s. f.*

[ÉTYM. Composé de **happe** (du verbe **happer**) et **lourd**, § 209 ; proprt, « attrape-nigaud ». || xvɪᵉ s. Grande sterilité de happelourdes, RAB. II, 11.]

|| **1°** Pierre qu'on fait passer pour pierre fine. Tout est fin diamant aux mains d'un habile homme, Tout devient — entre les mains des sots, LA.F. *Epit.* 25.

|| **2°** Cheval sans vigueur qu'on achète sur sa belle apparence.

|| **3°** Personne qui n'a que l'apparence.

***HAPPEMENT** [hăp'-man ; *en vers,* hà-pe-...] *s. m.*

[ÉTYM. Dérivé de **happer**, § 145. || 1611. COTGR.]

|| Action de happer.

HAPPER [hà-pé] *v. tr.* et *intr.*

[ÉTYM. Emprunté du hollandais **happen**, mordre, saisir, § 10. || xɪɪᵉ s. Il cluinge de l'orelge, si l'a hapé, *Aiol,* 1043.]

|| **1°** *V. tr.* Saisir brusquement, d'un coup de mâchoire. A ces mots, le premier il (le chien) vous happe un morceau, LA.F. *Fab.* vɪɪɪ, 7. Mon galant (le loup) ne songeait qu'à bien prendre son temps Afin de — son malade, ɪD. *ibid.* v, 8. || *P. ext.* Saisir brusquement. On vous happe notre homme, LA F. *Fab.* xɪɪ, 22. || *Fig.* Accidents Qui nous viennent — en dépit de nos dents, MOL. *Sgan.* sc. 17.

|| **2°** *V. intr.* Adhérer à la surface. L'argile happe à la langue.

HAQUENÉE [hăk'-né ; *en vers,* hà-ke-...] *s. f.*

[ÉTYM. Origine incertaine ; l'angl. hackney et le holland. hakkenei viennent du français. || xɪvᵉ s. Petites haquenees, J. LE BEL, *Chron.* dans DELB. *Rec.*]

|| *Vieilli.* Cheval ou jument qui va ordinairement l'amble et sert de monture aux dames. Monter une —. *P. ext.* Un cheval qui va la —, qui a l'allure de la haquenée. || *Fig. Loc. prov.* Aller sur la — des cordeliers, à pied. || *Fig. Pop.* Une grande —, une femme dégingandée.

HAQUET [hà-kè] *s. m.*

[ÉTYM. Origine inconnue ; paraît distinct de l'anc. franç. **haquet**, « cheval ». (*Cf.* **haquenée**.) || (Au sens actuel.) 1481. Se déduit de **hacquetier**. (*V.* **haquetier**.)]

|| (Technol.) Charrette longue et étroite, sans ridelles, qui sert au transport des tonneaux, des ballots. || *P. anal.* Voiture pour transporter les bateaux des équipages de ponts militaires.

HAQUETIER [hăk'-tyé ; *en vers,* hà-ke-...] *s. m.*

[ÉTYM. Dérivé de **haquet**, §§ 65 et 115. || 1481. Hacquetiers et voituriers, dans DELB. *Rec.* Admis ACAD. 1798.]

|| (Technol.) Celui qui conduit un haquet.

HARANGUE [hà-răng'] *s. f.*

[ÉTYM. Emprunté du lat. du moyen âge **harenga**, *m. s.* lequel paraît formé d'après l'anc. haut allem. **hring**, cercle, assemblée. (*Cf.* **anneau**.) || xɪvᵉ-xvᵉ s. Si notable arenge, CHR. DE PISAN, *Ch. V,* ɪɪɪ, 43.]

|| Discours solennel devant une assemblée, un prince, un dignitaire, etc. Une belle —. Une courte —. Le député vint donc et fit cette — : Romains, et vous, sénat, assis pour m'écouter, LA F. *Fab.* xɪ, 7. Un loup, quelque peu clerc, prouva par sa —..., ɪD. *ibid.* vɪɪ, 1.

HARANGUER [hà-ran-ghé] *v. tr.*

[ÉTYM. Dérivé de **harangue**, § 154. || xvᵉ-xvɪᵉ s. Parler et haranguer en jugement, SEYSSEL, *Appien,* dans DELB. *Rec.*]

|| Adresser une harangue à (qqn). — le peuple, des troupes. Il harangua le roi. Après qu'ils (mes parents) m'eurent très longtemps harangué, LES. *Gil Blas,* ɪ, 1. *Absolt.* Il a harangué devant une nombreuse assemblée.

HARANGUEUR, *HARANGUEUSE [hà-ran-gheur, -gheuz'] *s. m.* et *f.*

[ÉTYM. Dérivé de **haranguer**, § 112. || 1539. Harangueur, R. EST.]

|| Celui, celle qui harangue.

1. HARAS [hà-râ] *s. m.*

[ÉTYM. Origine incertaine ; se rattache peut-être à l'arabe **faras**, cheval, § 22. || xɪɪᵉ s. Poltreis orent... D'un merveillos haraz de mer, *Énéas,* 3935.]

|| **1°** Troupe d'étalons et de cavales réunis dans un lieu pour la procréation et l'élève des chevaux. — parqués

réunis dans des parcs. — sauvages, abandonnés à eux-mêmes (dans les plaines de la Russie et de la Pologne).

|| 2° Établissement où l'on tient réunis ces étalons et ces cavales. Établir, peupler un —. L'administration des —. || *P. ext.* — de mulets, où l'on fait des croisements d'ânes et de juments.

2. HARAS. *V.* ara.

˙HARASSE [hà-rǎs'] *s. f.*
[ÉTYM. Origine inconnue. || 1358. Cordes de kavene (corr. aneve?) a faire haraces, dans GODEF. harace 2.]
|| (Technol.) Cage d'osier, pour le transport du verre, de la porcelaine.

HARASSER [hà-rà-sé] *v. tr.*
[ÉTYM. Origine incertaine; peut-être dérivé de harer, ancienne forme de haler 2, § 169. || 1562. Maigre et harassee, dans GODEF. *Compl.*]
|| Accabler de fatigue.

˙HARCÈLEMENT [hàr-sěl-man; *en vers,* -sè-le-...] *s. m.*
[ÉTYM. Dérivé de harceler, §§ 65 et 145. || *Néolog.*]
|| *Rare.* Action de harceler.

HARCELER [hàr-se-lé] *v. tr.*
[ÉTYM. Pour berseler, § 312, dérivé de berser, souvent employé au figuré en anc. franç. § 162. || xvᵉ s. Tant harceller, COQUILLART, dans GODEF. *Compl.*]
|| Tourmenter par des attaques réitérées. — l'ennemi. Un avorton de mouche en cent lieux le harcèle, LA F. *Fab.* ii, 9. | *Fig.* — qqn dans la conversation. Il le harcèle de ses critiques.

˙HARD. *V.* hart.

1. HARDE [hàrd'] *s. f.*
[ÉTYM. Pour herde, emprunté du bas allem. herde (gothique hairda), *m. s.* §§ 10, 498 et 499. || xiiᵉ s. Une herde de biches vinrent, *Énéas,* 3585.]
|| (Vénerie, Fauconn.) Troupe de bêtes, d'oiseaux.

2. HARDE [hàrd'] *s. f.*
[ÉTYM. Tiré de hart, § 37. || 1391. Une harde de charrete, dans DU C.]
|| (Vénerie.) Lien pour tenir plusieurs chiens en laisse à la fois. *P. ext.* Les chiens ainsi attachés.

˙HARDÉ [hàr-dé] *adj. m.*
[ÉTYM. Origine inconnue. || xviᵉ s. Œuf hardré, LIÉBAULT, *Mais. rust.* i, 10, édit. 1564.]
|| Œuf —, pondu sans coquille.

˙HARDEAU [hàr-dó] *s. m.*
[ÉTYM. Dérivé de hart, §§ 64 et 126. || xiiᵉ s. Et pendu erent andoi en un hardiel, *Loherains,* dans GODEF. hardel.]
|| Petite hart. || *Speciall.* | 1. (Technol.) Corde pour tirer le frein du rouet d'un moulin à vent. | 2. *Fig.* (Botan.) Variété de viorne, plante.

˙HARDÉE [hàr-dé] *s. f.*
[ÉTYM. Dérivé d'un radical hard d'origine incertaine (*cf.* hardois), § 119. || 1690. FURET.]
|| (Vénerie.) Rupture de branches que font les biches dans les jeunes taillis où elles vont viander. (S'emploie surtout au pluriel.)

1. ˙HARDER [hàr-dé] *v. tr.*
[ÉTYM. Dérivé de hardes, § 154. || 1606. Harder est proprement trocquer hardes à hardes, NICOT. Admis ACAD. 1694; suppr. en 1718.]
|| *Vieilli.* Troquer, échanger. Voulez-vous — votre cheval contre cette épée d'argent? FURET. *Dict.*

2. HARDER [hàr-dé] *v. tr.*
[ÉTYM. Dérivé de hart, §§ 64 et 154. || 1655. Faites harder les chiens, SALNOVE, *Vénerie roy.* p. 139.]
I. (Vénerie.) Attacher (les chiens) à la harde. || *P. ext.* En parlant des chiens, Se —, s'embarrasser dans la harde.
II. (Technol.) Étirer (les peaux) sur la cheville dite hart.

˙HARDERIC [hàrd'-rìk'; *en vers,* hàr-de-...] *s. m.*
[ÉTYM. Origine inconnue. TH. CORN. et TRÉV. donnent harderic, *s. m.* altéré plus tard par ENCYCL. et tous les dictionnaires contemporains en harderie, *s. f.* || 1694. TH. CORN.]
|| (Technol.) Sulfate de fer à l'usage des émailleurs, dit chaux de Mars.

HARDES [hàrd'] *s. f. pl.*
[ÉTYM. Anc. franç. fardes, d'origine incertaine. (*V.* fardeau.) || xiiᵉ s. De povres fardres (var. fardes) se vesti, WACE, *Rou,* iii, 1655. | 1539. Hardes, R. EST.]
|| Effets d'habillement. Un paquet de —. De vieilles —.

HARDI, IE [hàr-di] *adj.*
[ÉTYM. Dérivé du radical german. qui se trouve dans l'allem. mod. hart, gothique hardus, dur, §§ 6, 118, 498 et 499. || xiᵉ s. Sire cumpainz, tant mar fustes hardiz, *Roland,* 2028.]
|| Qui ne se laisse pas intimider. Qui te rend si — de troubler mon breuvage? LA F. *Fab.* i, 10. Ce — suborneur, BOIL. *Sat.* 11. Plus — à faire qu'à parler, BOSS. *Condé.* Un traître qui n'est — qu'à m'offenser, RAC. *Mithr.* ii, 4. Ces femmes hardies Qui... Ont su se faire un front qui ne rougit jamais, ID. *Phèd.* iii, 3. Un — coquin. || *P. ext.* Une démarche hardie. Burrhus ose sur moi porter ses mains hardies, RAC. *Brit.* iv, 2. Des doctrines hardies. Un style —. Par les traits hardis d'un bizarre pinceau, BOIL. *Lutr.* 4.

HARDIESSE [hàr-dyěs'; *en vers,* -di-ěs'] *s. f.*
[ÉTYM. Dérivé de hardi, § 124. || xiiᵉ-xiiiᵉ s. Juenes est et plains d'ardiesce, *Ysopet de Lyon,* 3432.]
|| Manière d'être hardie. Dût l'empereur punir ma —, RAC. *Brit.* v, 5. Les gens qui ont la — de dire la vérité, FÉN. *Tél.* 21. La — française, BOSS. *Marie-Thérèse.* Fortune aveugle suit aveugle —, LA F. *Fab.* x, 13. Cette — que vous prenez de me traiter d'hérétique, PASC. *Prov.* 17. || *Fig.* Des plus beaux vers la noble —, BOIL. *Art p.* 4. La — du style. La — d'une construction. || Action, parole hardie. Il y a des hardiesses dans cet ouvrage.

˙HARDILLIER [hàr-di-yé] *s. m.*
[ÉTYM. Dérivé de hart par l'intermédiaire d'une forme hardille non usitée, §§ 88 et 115. (*Cf.* ardillon.) || 1732. TRÉV.]
|| (Technol.) Fiche de fer à crochet soutenant certaines parties du métier à hautes lisses.

HARDIMENT [hàr-di-man] *adv.*
[ÉTYM. Pour hardiement, composé de hardie et ment, § 724. || xiiᵉ s. Assaillent les hardiement, *Énéas,* 3729.]
|| D'une manière hardie. Contre la fortune aller tête baissée, La choquer —, CORN. *Méd.* i, 5. Niez —.

˙HARDOIS [hàr-dwá] *s. m. pl.*
[ÉTYM. Pour hardoir, dérivé d'un radical hard d'origine incertaine (*cf.* hardée), § 113. (*Cf.* frayoir.) || 1611. Hardouer, COTGR. | 1655. Hardoüer ou hardoir, SALNOVE, *Vénerie roy.* p. 19. | 1700. Hardois, petits brins de bois que le cerf écorche de sa teste, LIGER, *Nouv. Mais. rust.* dans DELB. *Rec.*]
|| (Vénerie.) Branches froissées où le cerf a frotté sa tête quand il refait son bois.

˙HARE [hàr] *s. m.*
[ÉTYM. Onomatopée, § 32. (*Cf.* harlou.) || 1214. Texte dans GODEF. hare 1.]
|| (Vénerie.) Cri pour exciter les chiens. (*Cf.* haler 2.)

HAREM [hà-rèm'] *s. m.*
[ÉTYM. Emprunté de l'arabe harem ou haram, *m. s.* propr, « chose défendue », § 22. || 1697. Haram, D'HERBELOT, *Bibl. orient.* haram. Admis ACAD. 1835.]
|| Chez les musulmans, appartement des femmes. *P. ext.* La réunion de ces femmes.

HARENG [hà-ran] *s. m.*
[ÉTYM. Emprunté de l'anc. haut allem. haring, allem. moderne hæring, hering, *m. s.* §§ 6, 498 et 499. || xiiᵉ s. Hareng, dans GODEF. *Compl.*]
|| Poisson de mer de la famille des Clupes, qui descend tous les ans par troupes innombrables de la mer glaciale. La pêche du —. — frais, fumé, salé. — blanc, salé, mais non fumé. — bouffi, légèrement salé et fumé et non mis en caque. — saur, hareng fumé. — pec, qui se mange cru après avoir été dessalé. — plein, qui n'a pas encore frayé. — gai, qui n'a plus de laitance ou d'œufs. — foncier ou — franc, qui ne voyage pas. — en vrac, en caque.

HARENGAISON [hà-ran-ghè-zon] *s. f.*
[ÉTYM. Dérivé de hareng, § 108. Le son dur du g décèle un mot d'origine normanno-picarde, § 16. On trouve aussi harengeson, harengeaison. || 1357. En harengueson, dans GODEF. harenguaison. Admis ACAD. 1762.]
|| (Technol.) Pêche du hareng.

HARENGÈRE [hà-ran-jěr] *s. f.*
[ÉTYM. Dérivé de hareng, § 115. (*Cf.* harenguière.) || xiiiᵉ s. Toutes poisonnieres de mer ne harengeres, dans E. BOILEAU, *Livre des mest.* p. 441, Depping.]
|| Vendeuse au détail de harengs et autres poissons.

˙HARENGERIE [hà-ranj'-ri; *en vers,* -ran-je-ri] *s. f.*
[ÉTYM. Dérivé de hareng, § 69. || 1297. La draperie, la harengerie, dans DU C. harengeria.]
|| *Dialect.* Marché aux harengs.

'HARENGUIÈRE [hà-ran-ghyèr] *s. f.*
[ÉTYM. Dérivé de hareng, § 115. Le son dur du g décèle un mot d'origine normanno-picarde, § 16. (*Cf.* harengère.) || 1727. *Ordonn.* dans ENCYCL.]
|| (Technol.) Filet pour prendre le hareng.
'HARET [hà-rè] *adj. m.*
[ÉTYM. Origine inconnue. || 1690. Chats harets, FURET. chat.]
|| (Chasse.) Chat —, qui vit à l'état sauvage.
'HARFANG [hàr-fan] *s. m.*
[ÉTYM. Emprunté du suédois harfang, *m. s.* § 9. || 1760. Les Suédois l'appellent harfaong, BRISSON, *Ornithol.* I, 522.]
|| (Hist. nat.) Sorte de chouette, de très grande taille.
'HARGNE [hàrñ'] et **'HERGNE** [hèrñ'] *s. f.*
[ÉTYM. Du lat. hernia, *m. s.* devenu régulièrement hergne, §§ 372, 482 et 291, hargne, § 312. ACAD. 1694 admet le mot, qu'elle écrit herne ou hergne, et le suppr. en 1718.]
|| *Anciennt.* Hernie. Incommodé D'une —, SCARR. *Virg. trav.* 6.
'HARGNER [hàr-ñé] *v. intr.*
[ÉTYM. Dérivé de l'anc. franç. hargne, mauvaise humeur, dont l'identification avec le mot précédent n'est pas sûre, § 154. || 1426. Plouroit et hergnoit par force de maladie, dans DU C. harnascha.]
|| *Vieilli.* Être de méchante humeur. Mariage... fait murmurer, gronder, bouder, —, DUFRESNY, *Mal. sans maladie,* v, 2. || *Avec pron. personnel.* En parlant de chien et chat. A les voir se —, VERGIER, dans *Merc. de France,* mai 1725.
HARGNEUX, EUSE [hàr-ñeû, -neûz'] *adj.*
[ÉTYM. Dérivé de l'anc. franç. hargne (*V.* hargner), § 116. || XIVe s. Qui a a faire a hargneux, douleur luy croist, *Ménagier,* II, 56.]
|| D'humeur agressive. Un homme —. Qu'une femme hargneuse est un mauvais voisin! CORN. *Gal. du Pal.* IV, 12. Caractère —. Une critique hargneuse. || *P. anal.* Cheval —, qui mord, qui rue. *Loc. prov.* Chien — a toujours l'oreille déchirée, les querelleurs s'attirent de mauvais coups.
HARICOT [hà-ri-kó] *s. m.*
[ÉTYM. Origine inconnue. Paraît être un subst. verbal de l'anc. mot harigoter, haligoter, couper en morceaux, § 52. || XIVe s. Hericoq de mouton, TAILLEVENT, *Viandier,* p. 4, Pichon et Vicaire. | 1642. Haricot, febves de haricot, OUD.]
I. — (de mouton), ragoût de mouton coupé en morceaux, de pommes de terre et de navets. Quelque bon — bien gras, MOL. *Av.* III, 1. | *Fig.* Quel —, morbleu! de jambes et de bras! GHERARDI, *Th. ital.* 1, 224.
II. Fève de — (*vieilli*), et, *ellipt,* —, plante légumineuse, dite autrefois fève riolée.
HARIDELLE [hà-ri-dèl] *s. f.*
[ÉTYM. Origine inconnue. || XVIe s. Montant sur son aridelle, TABOUROT, *Bigarr.*]
|| **1°** Méchante rosse. Une vieille —.
|| **2°** *Fig.* (Technol.) — ou héridelle, ardoise très étroite qui sert surtout pour la couverture des clochers.
'HARLE [hàrl'] *s. m.*
[ÉTYM. Emprunté du patois du Nivernais barle ou herle, *m. s.* mot d'origine inconnue, § 16. || 1555. Un oyseau... que les habitans des orées sur la rivière de Loire, comme est Cosne, la Charité, Nevers, ont constamment nommé un barle ou herle, P. BELON, *Nature des oiseaux,* p. 164.]
|| (Hist. nat.) Oiseau palmipède, voisin du canard, qui se nourrit de poissons. Le grand —, le — huppé.
'HARLOU [hàr-lou] *interj.*
[ÉTYM. Pour hare-loup, composé de hare et loup, § 212. || XVIe s. *V.* à l'article.]
|| (Vénerie.) Cri pour exciter les chiens à poursuivre le loup. *Substantivt.* Le — se redouble, CL. GAUCHET, *Plaisir des champs,* p. 138, édit. 1604.
'HARMALE [àr-màl] *s. f.*
[ÉTYM. Emprunté du lat. des botanistes harmala (GESSNER), qui est l'arabe harmal, *m. s.* § 22. (*Cf.* harmala ou hermala, dans APULÉE.) || 1694. TH. CORN. Admis ACAD. 1762; suppr. en 1835.]
|| (Botan.) Variété de rue, dite rue sauvage ou de Syrie.
HARMONICA [àr-mò-ni-kà] *s. m.*
[ÉTYM. Emprunté de l'allem. harmonika, *m. s.* tiré du lat. harmonica, fém. de harmonicus, harmonieux, § 7. Sur le genre, *V.* § 551. || 1785. ENCYCL. MÉTH. Admis ACAD. 1835.]
|| **1°** Ancien instrument de musique composé de cou-

pes de verre inégalement remplies d'eau, qu'animait un mouvement de rotation, et qui par le frottement des doigts mouillés contre les bords des coupes produisait des sons vibrants. || *P. ext.* Instrument de musique où les cordes sont remplacées par des lames de verre de longueurs inégales. || *P. ext.* — chimique, fiole terminée par un tube effilé que recouvre un autre tube de verre, et d'où se dégage un courant d'hydrogène qui, en brûlant à l'air, fait vibrer le second tube.
|| **2°** — à corde, sorte de piano, épinette.
|| **3°** Jeu d'orgue qui sert à produire des effets d'écho.
'HARMONICORDE [àr-mò-ni-kòrd'] *s. m.*
[ÉTYM. Composé avec harmonium et corde, § 272. || Mot créé par DEBAIN (1809-1877).]
|| (Musique.) Instrument à cordes et à hanches.
HARMONIE [àr-mò-ni] *s. f.*
[ÉTYM. Emprunté de l'ital. harmonia, grec ἁρμονία, *m. s.* || XIIe s. Trestotes les armonies, GAUT. D'ARRAS, dans DELB. *Rec.*]
I. || **1°** Accord de sons agréables à l'oreille. Des chants pleins d'—. Apprenez à tous ces bergers les charmes de l'—, FÉN. *Tél.* 2. || *Spécialt.* Série de sons simultanés dont on accompagne les sons correspondants d'une phrase musicale, pour en augmenter la valeur. La science de l'—. Des trois harmonies, dorienne, phrygienne et lydienne, la dorienne ou la dorique était la plus grave, RAC. *Rem. sur Pindare.* || *Spécialt.* Ensemble des instruments à vent et de percussion qui composent un orchestre. Musique, concert d'—.
|| **2°** *P. ext.* Succession de sons agréables à l'oreille. Ma voix avait une — divine, FÉN. *Tél.* 2. Table d'— d'un piano, d'un violon, etc., table sur laquelle sont tendues les cordes et qui en augmente la sonorité.
|| **3°** *Spécialt.* Succession de mots formant des sons agréables à l'oreille. L'— d'un vers, d'une période. — imitative, où le son des mots rappelle le bruit que fait la chose qu'ils représentent. || *Spécialt.* Le son des vers. Le dieu de l'—, Apollon. Harmonies poétiques.
II. Disposition entre les diverses parties d'un ensemble, de manière que chacune d'elles s'accorde avec les autres. L'— des diverses parties d'un organisme. L'— du corps humain. — préétablie, dans le système proposé par Leibnitz pour expliquer les rapports de l'âme et du corps, concordance établie par Dieu, avant leur naissance, entre les âmes et les corps. De l'opposition des contraires naît la discorde, et de leur réunion l'—, B. DE ST-P. *Ét. de la nat.* 10. Le froid est opposé au chaud, la lumière aux ténèbres, la terre à l'eau, et l'— de ces éléments contraires produit des effets ravissants, ID. *ibid.* L'— des parties d'une composition littéraire. *Spécialt.* — évangélique, ouvrage où l'on établit l'accord des diverses parties des Évangiles. || *Fig.* Bon accord entre plusieurs personnes. L'— d'un ménage. Rois, chassez la calomnie; Ses criminels attentats Des plus paisibles États Troublent l'heureuse —, RAC. *Esth.* III, 3.
III. (Anat.) Articulation présentant des dents qui s'emboîtent dans des creux correspondants.
'HARMONIER. *V.* harmoniser.
HARMONIEUSEMENT [àr-mò-nyeûz'-man ; en vers, -ni-eû-ze-...] *adv.*
[ÉTYM. Composé de harmonieuse et ment, § 724. || 1510. Cymbales armonieusement sonnans, J. LE MAIRE, dans DELB. *Rec.*]
|| D'une manière harmonieuse.
HARMONIEUX, EUSE [àr-mò-nyeû, -nyeûz' ; en vers, -ni-...] *adj.*
[ÉTYM. Dérivé de harmonie, § 251. || XIVe s. Voix armonieuse, FROISS. *Poés.* dans DELB. *Rec.*]
|| Qui a de l'harmonie. Sons —. D'— accords. Voix harmonieuse. Langage —. Vers —. Il est un heureux choix de mots —, BOIL. *Art p.* 1. || *P. ext.* Poète, écrivain —. Les couleurs harmonieuses de ce tableau.
'HARMONIFLÛTE [àr-mò-ni-flût'] *s. m.*
[ÉTYM. Composé avec harmonie et flûte, § 272. || *Néolog.*]
|| (Musique.) Sorte d'harmonium avec clavier faisant résonner des tuyaux à biseau, comme la flûte.
HARMONIQUE [àr-mò-nĭk'] *adj.*
[ÉTYM. Emprunté du lat. harmonicus, grec ἁρμονικός, *m. s.* || XIVe s. Voix armonique, ORESME, dans MEUNIER, *Essai sur Oresme.*]
|| (T. didact.) Qui a rapport à l'harmonie.
|| **1°** (Musique.) Marche —. Sons harmoniques, sons pro-

duits par la division naturelle d'une corde vibrante en sections plus petites qui vibrent en même temps que la corde entière. Des sons harmoniques, et, *substantivt, au masc.* Un son fondamental et ses harmoniques. Échelle —, échelle diatonique de la gamme.

‖ **2°** *Fig.* (Mathém.) Proportion —, formée de trois nombres tels que l'excès du premier sur le second est à l'excès du second sur le troisième comme le second au troisième. Division — d'une droite.

HARMONIQUEMENT [àr-mó-nĭk'-man ; *en vers, -ni-ke-...*] *adv.*

[ÉTYM. Composé de harmonique et ment, § 724. ‖ 1579. P. DE LOSTAL, dans DELB. *Rec.* Admis ACAD. 1762.]

‖ (T. didact.) D'une manière harmonique.

HARMONISER [àr-mò-ni-zé] *v. tr.*

[ÉTYM. Dérivé de harmonie, §§ 266 et 267. Fréquent au XVIᵉ s., presque inconnu aux XVIIᵉ et XVIIIᵉ, harmoniser a été repris au commencement de ce siècle, a supplanté harmonier (souvent employé par B. DE ST-P.) et a été admis par ACAD. 1878. ‖ XVᵉ-XVIᵉ s. Oiseaux... Harmonisans tant doulx soir et matin, J. JORET, dans DELB. *Rec.*]

‖ Mettre en harmonie. *Spécialt.* Mettre un chant en parties harmoniques.

HARMONISTE [àr-mò-nĭst'] *s. m.*

[ÉTYM. Dérivé de harmonie, § 265. ‖ XVIIIᵉ s. J.-J. ROUSS. *Dict. de mus.* Admis ACAD. 1798.]

‖ Musicien versé dans la science de l'harmonie.

HARMONIUM [àr-mò-nyòm' ; *en vers, -ni-òm'*] *s. m.*

[ÉTYM. Dérivé de harmonie, § 224. ‖ Mot créé par DEBAIN (1809-1877). Admis ACAD. 1878.]

‖ Petit orgue portatif.

***HARMOTOME** [àr-mò-tòm'] *s. m.*

[ÉTYM. Composé avec le grec ἁρμός, joint, et τομή, section, § 279. ‖ 1801. HAUY, *Traité de minéral.* III, 191.]

‖ (Minéral.) Silicate d'alumine et de baryte, à cristaux formant des angles rentrants.

HARNACHEMENT [hàr-nâch'-man ; *en vers, -nà-che-...*] *s. m.*

[ÉTYM. Dérivé de harnacher, § 145. ‖ 1611. COTGR. Admis ACAD. 1878.]

‖ Action de harnacher. ‖ *P. ext.* Ensemble de harnais. ‖ *Fig. Famil.* Accoutrement lourd.

HARNACHER [hàr-nà-ché] *v. tr.*

[ÉTYM. Pour harnescher, §§ 344 et 422, dérivé de harnais, §§ 64 et 154. ‖ XIIᵉ-XIIIᵉ s. Ne metent pas mout lons respis Aba[r]neschier, *Cheval. as deus espees*, 8246.]

‖ Couvrir du harnais. — un cheval. Chevalier harnaché de fer. ‖ *Fig. Famil.* Accoutré lourdement.

***HARNACHEUR** [hàr-nà-cheur] *s. m.*

[ÉTYM. Dérivé de harnacher, § 112. ‖ 1402. Harnicheur et gourmet de vins, dans DU C. harnascha.]

‖ **1°** *Vieilli.* Ouvrier qui fabrique des harnais.

‖ **2°** Valet qui harnache les chevaux.

HARNAIS [hàr-nè] et, *vieilli,* **HARNOIS** [hàr-nwá] *s. m.*

[ÉTYM. Dérivé d'un radical harn-, d'origine inconnue, à l'aide du suffixe -isk, devenu successivement -eis, -ois, -ais, § 149. L'allem. harnisch et l'angl. harness viennent du français. ‖ XIIᵉ s. Lor herneis faites et saisir et baillier, *Couronn. de Louis*, 1638.]

‖ **1°** *Ancient.* Armure, équipage d'un homme d'armes. (S'emploie encore dans quelques locutions toutes faites.) Endosser le harnois, embrasser la profession des armes. Suer dans son harnois, être mal à l'aise sous ses vêtements. ‖ Blanchir sous le harnois, vieillir dans le métier des armes, et, *p. ext.* dans une profession quelconque. Ces cheveux blanchis sous le harnois, CORN. *Cid*, II, 8.

‖ **2°** *P. anal.* Équipage d'un cheval de selle ou d'attelage. Une paire de — de carrosse. — de charrette. ‖ Chevaux de — (pour charrette, grosse voiture). Le chemin est trop étroit pour les — (pour l'attelage).

‖ **3°** *P. ext.* (Technol.) ‖ 1. Attirail de pêche, de chasse. ‖ 2. Ensemble des pièces d'un métier à tisser.

HARO [hà-ró] *interj.*

[ÉTYM. Origine incertaine ; peut-être simple onomatopée, § 32. (*Cf.* hare.) Qqns y voient un appel à Rou (Rollon), ancien duc de Normandie ; mais l'anc. forme hareu ne favorise pas cette opinion. ‖ XIIᵉ s. Harou ! harou ! hé ! aidiez-moi, MARIE DE FRANCE, *Fab.* 16.]

‖ *Ancient.* Exclamation pour appeler à l'aide. *Spécialt.*

Clameur de — (en Normandie), qui rendait obligatoire la comparution immédiate de celui sur lequel on avait crié haro, ou suspendait l'exécution d'un jugement sur réclamation de celui qui prétendait avoir des moyens de défense. ‖ *De nos jours. Fig. Famil.* Crier — sur qqn, exprimer de l'indignation pour ses actes, ses paroles. A ces mots on cria — sur le baudet, LA F. *Fab.* VII, 1.

***HAROUELLE** [hà-rwèl ; *en vers, -rou-èl*] *s. f.*

[ÉTYM. Origine inconnue. ‖ 1769. DUHAMEL DU MONCEAU, *Pêches*, I, I, 65.]

‖ (Pêche.) Corde tendue sur deux piquets et portant de distance en distance de petites lignes garnies d'hameçons qui flottent sur la mer.

HARPAGON [àr-pà-gon] *s. m.*

[ÉTYM. Nom propre, § 36 : Harpagon, personnage de la comédie de Molière intitulée *l'Avare*. ‖ Admis ACAD. 1878.]

‖ *Famil.* Homme d'une avarice âpre.

***HARPAIL** [hàr-pày'] *s. m.*

[ÉTYM. Dérivé d'un primitif harp- d'origine inconnue, § 88. La forme fém. harpaille est qqf employée abusivement pour harpail. ‖ XIVᵉ s. GAST. PHÉBUS, *Chasse*, dans DELB. *Rec.*]

‖ (Vénerie.) Harde, troupe de cerfs ou de biches.

HARPAILLER (SE) [hàr-pà-yé] *v. pron.*

[ÉTYM. Dérivé de harper 2, § 161. (*Cf.* harpigner, harpiller.) ‖ Admis ACAD. 1718.]

‖ *Famil.* S'empoigner (dans une discussion), se dire de gros mots.

1. HARPE [hàrp'] *s. f.*

[ÉTYM. Emprunté du german. harpa (déjà latinisé par FORTUNAT), allem. mod. harfe, *m. s.* §§ 6, 498 et 499. ‖ XIIᵉ s. Je chanteral a tei en harpe, *Psaut. de Cambridge*, LXX, 23.]

‖ **1°** Instrument de musique triangulaire, portant des cordes verticales qu'on pince des deux mains et qu'on fait vibrer. Jouer, pincer de la —. Clef de —. Les pédales d'une —. Au son de la —. La — du roi David. ‖ *Fig. Famil.* Il est parent du roi David et joue de la — (jeu de mots sur harpe, action de harper, de saisir), c'est un filou. ‖ — éolienne. (*V.* éolien.)

‖ **2°** *P. anal.* (Hist. nat.) Mollusque gastéropode, à coquille univalve, munie de côtes qui rappellent les cordes d'une harpe.

2. HARPE [hàrp'] *s. f.*

[ÉTYM. Paraît se rattacher au grec ἅρπη, tout objet recourbé, latinisé en harpe, puis confondu dans la prononciation avec le german. harpa, harpe (instrument de musique), § 6. ‖ 1485. Toutes jambes ou membrures de pierre de taille... ou il y a harpes, *Ordonn.* dans LITTRÉ.]

‖ **1°** (Vénerie.) Griffe de chien.

‖ **2°** (Technol.) Équerre de métal pour attacher les pans de bois aux murs. ‖ Pierre d'attente pour servir d'attache à un mur à construire sur le prolongement du premier. ‖ Dans les assises d'un mur, pierre plus large que celle sur laquelle elle repose, de manière à saisir et à emboîter les pierres voisines.

HARPÉ, ÉE [hàr-pé] *adj.*

[ÉTYM. Dérivé de harpe 1, § 118 ; proprt, « arrondi comme le côté d'une harpe ». ‖ 1655. Chien harpé, SALNOVE, *Vénerie roy.* p. 17. Admis ACAD. 1718.]

‖ (Vénerie, Manège.) Dont l'estomac est bas et dont le ventre remonte haut. Un lévrier, un cheval bien —.

1. HARPER [hàr-pé] *v. intr.*

[ÉTYM. Dérivé de harpe 1, § 154. ‖ XIIᵉ s. Cum l'asnes al harper, PH. DE THAUN, *Comput*, 145. Admis ACAD. 1762 (au sens **II**).]

‖ **I.** *Ancient.* Jouer de la harpe.

‖ **II.** *Fig.* En parlant du cheval, lever une des jambes de derrière plus haut que l'autre, sans plier le jarret.

2. HARPER [hàr-pé] *v. tr.*

[ÉTYM. Dérivé de harpe 2, § 154. ‖ XVIᵉ s. D'autant que je me harpe avec si grande faim, MONTAIGNE, III, 3.]

‖ *Famil.* Empoigner. Ils se harpèrent. Sitôt qu'il eut, s'essuyant d'une main, Harpé de l'autre, avec un ris humain, La pièce blanche, ST-AMANT, *Ép. à Melay*, p. 452, Bibl. elzév.

***HARPEUR, EUSE** [hàr-peur, -peuz'] *s. m. et f.*

[ÉTYM. Dérivé de harper, § 112. ‖ XIIᵉ s. Amphyon, vostre harpierres, *Thèbes*, append. II, 9322.]

‖ *Ancient.* Harpiste.

HARPIE [hàr-pī ; *vieilli*, àr-pī] *s. f.*

[ÉTYM. Emprunté du lat. harpya, grec ἅρπυιχ, *m. s.* || XIVᵉ s. Arpes sont oisiax de corsaige Et sont pucelles de visage, *Orfeus*, dans DELB. *Rec.*]

|| **1°** (Mythol.) Être qu'on représentait avec un visage de femme et un corps de vautour. Ce plumage noir Est celui qu'une — en fuyant laissa choir, CORN. *Méd.* IV, 1. || *Fig. Famil.* | 1. Personne rapace. | 2. Femme acariâtre. Cette princesse d'Harcourt était une furie blonde, et de plus une —, ST-SIM. III, 346.

|| **2°** (Hist. nat.) Genre de chauves-souris.

***HARPIGNER (SE)** [hàr-pi-ñé] ou ***HARPILLER (SE)** [hàr-pi-yé] *v. pron.*

[ÉTYM. Dérivé de harper 2, §§ 161 et 168. (*Cf.* harpailler.) || XVIIᵉ s. *V.* à l'article.]

|| *Pop.* S'empoigner et se donner des coups l'un à l'autre. || *Fig.* Se battre à coups de langue. La comtesse et elle se harpignèrent, T. DES RÉAUX, *Histor.* VII, 141.

***HARPIN** [hàr-pin] *s. m.*

[ÉTYM. Dérivé de harpe 2, § 100. || 1690. Harpes, harpins ou harpons, FURET. harpes.]

|| (Technol.) Croc à l'usage des bateliers.

HARPISTE [hàr-pīst'] *s. m.* et *f.*

[ÉTYM. Dérivé de harpe, § 265. || *Néolog.* Admis ACAD. 1835.]

|| Celui, celle qui joue de la harpe.

HARPON [hàr-pon] *s. m.*

[ÉTYM. Dérivé du radical de harpe 2, § 104. || (Au sens **2°**.) 1611. COTGR.]

|| **1°** Instrument en fer qui sert à accrocher, à piquer. | 1. Anciennement, grappin tranchant pour couper les cordages du vaisseau ennemi. | 2. Crochet de fer pour harper, saisir un navire ennemi. | 3. Large fer de flèche attaché à un manche en bois qu'on lance contre la baleine et les autres cétacés. || *P. anal.* (Médec.) — de Middeldorpf, trocart à fente latérale qu'on enfonce dans un muscle pour en retirer des fibres musculaires et reconnaître s'il y a trichinose.

|| **2°** Équerre de métal pour relier deux pièces de construction.

|| **3°** Scie munie d'une poignée à chaque bout, dont le menuisier se sert pour refendre. (*Cf.* arpon.)

***HARPONNAGE** [hàr-pò-nàj'] *s. m.*

[ÉTYM. Dérivé de harponner, § 78. || 1769. DUHAMEL DU MONCEAU, *Pêches*, I, III, 12.]

|| (Pêche.) Action de harponner.

HARPONNER [hàr-pò-né] *v. tr.*

[ÉTYM. Dérivé de harpon, § 154. || 1634. Les mariniers harponnent à l'occasion, *Termes de marine*, dans DELB. *Rec.* Admis ACAD. 1694.]

|| (Pêche.) Atteindre avec le harpon. — une baleine.

HARPONNEUR [hàr-pò-neúr] *s. m.*

[ÉTYM. Dérivé de harponner, § 112. || 1671. L'harponneur qui est d'ordinaire le plus robuste, *Us et cout. de la mer*, dans DELB. *Rec.* Admis ACAD. 1762.]

|| (Pêche.) Celui qui lance le harpon sur la baleine.

***HARPONNIER** [hàr-pò-nyé] *s. m.*

[ÉTYM. Dérivé de harpon, § 115. || (Au sens 2.) 1796. ENCYCL. MÉTH. *Agricult.*]

|| (Hist. nat.) | 1. Héron crabier. | 2. Plante qui accroche, *spéciall*, rosier des haies.

***HARRE.** *V.* hart.

HART [hàr] *s. f.*

[ÉTYM. Origine inconnue ; la forme primitive est hard, comme le montrent les dérivés hardeau, harder, ardillon, etc. || XIIᵉ s. Le hart el col, *Rois*, III, 20.]

|| **1°** Lien d'osier, de bois pliant, pour lier des fagots. || **2°** *Vieilli.* Corde servant à étrangler un condamné. Guindé la — au col, LA F. *Fab.* VI, 19. Sous peine de la —. || **3°** *P. ext.* (Technol.) Cheville de fer en demi-cercle, sur laquelle le gantier et le peaussier étirent les peaux. (Souvent écrit à tort harre.)

HASARD [hà-zàr] *s. m.*

[ÉTYM. Origine incertaine ; d'après GUILL. DE TYR, du nom (El Azar) d'un château de Palestine, § 36. || XIIᵉ s. Se joer volez, Au toupet juez E ne mie a hasart, EVERARD DE KIRKAM, *Caton*, dans LER. DE LINCY, *Prov. franç.* II, 360.]

|| **1°** *Anciennt.* Sorte de jeu de dés. || A certains jeux de dés, nombres de points qui font gagner celui qui tient

le dé. || Jeux de —, où les combinaisons n'ont aucune part. *Fig.* Corriger le —, tricher au jeu.

|| **2°** *P. ext.* Risque. Pourquoi mettre au — ce que la mort assure? CORN. *Poly.* II, 6. Je vois dans le — tous les biens que j'espère, ID. *Rodog.* I, 2. Mon bonheur, qui m'est cher, y court trop de —, MOL. *Éc. des m.* III, 2. | Au — de, au risque de. Au — d'un semblable refus, LA F. *Fab.* XII, 1. || *P. ext.* Occasion. Vendue au — (d'occasion), BOIL. *Sat.* 5. Des marchandises de —, et, *ellipt,* J'aurai tantôt un bon —, LES. *Turcar.* IV, 12. || *P. anal.* Aventure, chance bonne ou mauvaise. De la bataille éprouver le —, RAC. *Baj.* I, 2. Les hasards de la guerre. Vous ne vous trouvez au monde que par une infinité de hasards, PASC. *Condition des grands.* C'est — si je les conserve, LA F. *Fab.* V, 18. Un heureux —. Pour quelque bon —, LA F. *Fab.* XII, 4. Par —, et, *vieilli*, Au —, par aventure. Un regard Que vous aurez sur eux fait tomber au —, RAC. *Brit.* II, 2. Au —, à l'aventure. Chacun s'arme au — du livre qu'il rencontre, BOIL. *Lutr.* 5. On marche au — pendant toute la vie, FÉN. *Tél.* 24. A tout —, quoi qu'il arrive.

|| **3°** *Absolt.* Cause aveugle assignée aux faits dont la cause réelle nous échappe. Ce que nous appelons — n'est et ne peut être que la cause ignorée d'un effet connu, VOLT. *Dict. philos.* athéisme. Ce qui est — à l'égard des hommes est dessein à l'égard de Dieu, BOSS. *Polit.* V, III, 1.

HASARDER [hà-zàr-dé] *v. tr.* et *intr.*

[ÉTYM. Dérivé de hasard, § 154. || 1407. Hazarder, taverner et bordeler, dans DU C. hazardor.]

I. *V. tr.* || **1°** Livrer au hasard. Je n'ai point voulu les — (deux paquets) par une route incertaine, SÉV. 806. || *P. ext.* Exposer à un risque. L'exemple est dangereux et hasarde nos vies, CORN. *Nicom.* IV, 2. Un sang hasardé pour Chimène, ID. *Cid*, V, 6. *Loc. prov.* Qui ne hasarde rien n'a rien. Mon père défend que le roi se hasarde, RAC. *Ath.* V, 1. | *Fig.* Il y a un mot dans votre ouvrage qui est bien hasardé, LA BR. 1. Une explication hasardée. || — à. L'ardeur de vous revoir l'a hasardée aux flots, CORN. *Tois. d'or*, II, 1. Voyez les périls où vous me hasardez, ID. *Poly.* I, 4. | Se — à. On se hasarde à tout, CORN. *Œdipe*, II, 1. Se — à faire qqch. Je veux bien toutefois encor m'y —, CORN. *Pomp.* V, 2. | *Vieilli.* — de. Si qqn se hasarde de lui emprunter, LA BR. *Théophr. Défiance.*

|| **2°** Tenter avec risque. Au lieu de — contre les Grecs une bataille générale, BOSS. *Hist. univ.* III, 5. Ils vont — encor Même vent, même naufrage, LA F. *Fab.* X, 15.

II. *V. intr.* S'exposer à un risque. Chacun peut — à ses périls, CORN. *Agés.* préf. | *Vieilli.* — de. Quelques soldats hasardaient d'aller puiser de l'eau, VOLT. *Hist. de Russie*, II, 1.

HASARDEUSEMENT [hà-zàr-deúz'-man ; *en vers,* -deú-ze-...] *adv.*

[ÉTYM. Composé de hasardeuse et ment, § 724. || 1564. J. THIERRY, *Dict. franç.-lat.*]

|| D'une manière hasardeuse.

HASARDEUX, EUSE [hà-zàr-deú, -deúz'] *adj.*

[ÉTYM. Dérivé de hasard, § 116. A remplacé hasardeur, fréquent de la fin du XIIᵉ siècle au XVIᵉ, § 62. || XVIᵉ s. Personnage hasardeux, AMYOT, *Pélop.* 1.]

|| **1°** Qui expose à un risque. Que le sort de tels esprits est —, BOSS. *R. d'Angl.* Il sait bien se tirer d'un pas si —, CORN. *Hor.* IV, 2, édit. 1641. | *Fig.* Traiter tout noble mot de terme —, BOIL. *Ép.* 10.

|| **2°** Qui s'expose à un risque. Un caractère —. Si vous étiez moins hasardeuse, j'aurais plus de repos, SÉV. 270. | *Fig.* Rimeurs —, BOIL. *Sat.* 12.

HASCHISCH. *V.* hachisch.

HASE [hàz'] *s. f.*

[ÉTYM. Forme féminine tirée de l'allem. hase, lièvre, §§ 7 et 37. || 1556. SALIAT, *Hérodote*, fᵒ 84, vᵒ.]

|| (Chasse.) Femelle du lièvre. || Femelle du lapin de garenne.

HAST [ăst'] *s. m.*

[ÉTYM. Altération de haste, dont l'h était autrefois indifféremment muette ou aspirée, §§ 37 et 509. TRÉV. recommande de dire arme de hast ; mais FURET. imprime arme d'hast, et COTGR. armes d'ast, d'haste ou d'hante. || XVIᵉ s. Armes d'ast, DU PINET, *Hist. nat. de Pline*, dans DELB. *Rec.* Admis ACAD. 1718.]

|| *Rare.* Bois de lance, de pique, etc. L'— enflammé de deux piques rompues, CHATEAUBR. *Martyrs*, II, 2. || *Spéciall.* Armes d'—, toute arme emmanchée au bout d'un long bâton (pique, hallebarde, etc.).

HASTAIRE [ăs'-tĕr] *s. m.*
[ÉTYM. Emprunté du lat. hastarius, *m. s.* (*Cf.* le doublet hâtier de formation pop.) || 1584. Les hastaires faisoient le front, L. LEROY, *Vicissit. des choses*, dans DELB. *Rec.* Admis ACAD. 1798.|
|| (Antiq. rom.) Soldat armé d'un javelot.

HASTE [hăst'] *s. f.*
[ÉTYM. Emprunté du lat. hasta, *m. s.* (*Cf.* hâte 1 et hante.) Admis ACAD. 1835.]
|| **1°** (Antiq.) Longue lance, pique, javelot. *Spéciall.* Javelot sans fer qui est représenté, sur certaines monnaies, comme l'attribut des divinités bienfaisantes.
|| **2°** *P. anal.* Barre verticale de certaines lettres. Les hastes de l'E, de l'F, de l'H, de l'M, etc.

HASTÉ, ÉE [ăs'-té] *adj.*
[ÉTYM. Dérivé de baste, § 253. || 1789. ENCYCL. MÉTH. Admis ACAD. 1835.]
|| (Botan.) Qui s'élargit en lobes aigus divergents. Les feuilles de l'oseille sont hastées.

1. 'HÂTE [hât'] *s. f.*
[ÉTYM. Du lat. hasta, proprt, « lance », qui aurait dû donner régulièrement aste, âte, §§ 372, 292 et 422. L'aspiration est peut-être due à l'influence de l'anc. haut allem. harsta, gril, § 6. (*Cf.* hante.) || XIIᵉ s. Deus hastes de porc, *Aiol*, 4041.]
|| *Vieilli et dialect.* Broche de bois pour faire rôtir. (*Cf.* hâtelet, etc.) || *P. ext.* Viande rôtie, hâtereau.

2. HÂTE [hât'] *s. f.*
[ÉTYM. Emprunté du radical german. qui se trouve dans le gothique haifsts, lutte, l'allem. moderne heftig, impétueux, etc. §§ 6, 498 et 499. L'allem. moderne hast vient du français. || XIIᵉ s. Tresqu'al chancel en est venuz en haste, *Couronn. de Louis*, 1762.]
|| Vivacité à faire qqch. La — avec laquelle il travaille est cause qu'il ne réussira pas. Vous mettez trop de —. Faire une chose à la —. || Avoir —, avoir grande — (ou, *anciennt*, grand —). Avoir une grande —, avoir extrêmement — de faire qqch, désirer d'en venir à bout le plus tôt possible. Il a — d'en finir. || Faire —. Faire une chose en —, avec —, la commencer tout de suite, sans perdre de temps. Il partit en grande —.

'HÂTELET [hât'-lè ; *en vers*, há-te-lé] *s. m.*
[ÉTYM. Dérivé de hâte 1, § 134. (*Cf.* attelle.) || 1789. ENCYCL. MÉTH.]
|| (Technol.) Petite broche pour faire rôtir les menus morceaux, rognons, mauviettes. || Petite broche pour assujettir une grosse pièce de viande sur la broche principale. || Petite broche des métiers à tisser.

'HÂTELETTE [hât'-lĕt' ; *en vers*, há-te-...] *s. f.*
[ÉTYM. Tiré de hâtelet, § 37. || 1611. COTGR.]
|| (Cuisine.) Menu morceau de viande qu'on fait rôtir avec un hâtelet.

HÂTER [hâ-té] *v. tr.*
[ÉTYM. Dérivé de hâte 2, § 154. || XIᵉ s. De curre se hastet, *Roland*, 2277.]
|| Faire arriver vivement. — son départ, son retour. | Une raison secrète Me fait quitter ces lieux et — ma retraite, RAC. *Mithr.* IV, 4. Hâtant son voyage, ID. *ibid.* IV, 1. Les fleuves, mal sûrs dans leurs grottes profondes, Hâtent vers l'Océan la fuite de leurs ondes, CORN. *Poés. div.* 126. Les dieux impatients ont hâté son trépas, RAC. *Phèd.* v, 6. Hâtez la besogne. Il faut — le dîner. — des plantes, des fruits, en rendre le développement précoce. || — son pas, sa marche, marcher plus rapidement. (Chasse.) Le cerf hâte son erre (sa marche). *P. ext.* — qqn, le faire aller, venir vite. Que l'on coure avertir et — la princesse, RAC. *Théb.* I, 1. || Suivi d'un infinitif et de la prép. de. *Vieilli.* Ses impiétés hâtent ce monstre de paraître, CORN. *Dess. d'Andromède* (III, 3). — d'aller, faire aller plus vite. Si elle donnait... les dix mille écus... elle le hâterait bien d'aller, SÉV. 432. Les morceaux trop hâtés se pressent dans sa bouche, BOIL. *Lutr.* 1. || Se —, ne pas perdre de temps (pour faire qqch). Ils se hâtent d'accourir. Hâtez-vous d'embrasser ma sœur qui vous attend, RAC. *Brit.* v, 2. Elle (la tortue) se hâte avec lenteur, LA F. *Fab.* VI, 10. Hâtez-vous lentement. || *Fig.* Hâtons-nous aujourd'hui de jouir de la vie, RAC. *Ath.* II, 9. || Au participe passé. Gardez qu'une voyelle à courir trop hâtée Ne soit d'une voyelle en son chemin heurtée, BOIL. *Art p.* 1. *P. ext.* Qui a hâte. Vous êtes bien hâtés de me laisser ainsi! CORN. *Mélite*, v, 6. *P. ext.* Ouvrage hâté, affaire hâtée, qu'on a .hâte de faire.

'HÂTEREAU [hât'-ró ; *en vers*, há-te-ró] *s. m.*
[ÉTYM. Dérivé de hâte 1, § 126. || XVIᵉ s. Hastereaulx, RAB. IV, 59.]
|| (Cuisine.) *Vieilli.* Tranche de foie de porc sur le gril.

HÂTEUR [hâ-teŭr] *s. m.*
[ÉTYM. Dérivé de hâte 1, § 112. || 1285. Hasteeurs quatre, dans GODEF. hasteeur.]
|| *Anciennt.* Officier des cuisines chargé des rôtis.

HÂTIER [hâ-tyé] *s. m.*
[ÉTYM. Dérivé de hâte 1, § 115. || XIIᵉ s. Un escuier Qui en sa main tenoit un grant hastier, *Loherains*, dans GODEF. hastier.]
|| Grand chenet sur lequel on pose les broches.

HÂTIF, IVE [hâ-tif' -tiv'] *adj.*
[ÉTYM. Dérivé de hâte 2, § 125. || XIᵉ s. De sa parole ne fut mie hastifs, *Roland*, 140.]
|| Qui vient tôt. Croissance hâtive. *P. ext.* Plantes hâtives, fruits hâtifs, qui viennent avant le temps.

'HÂTILLE [hâ-tiy'] *s. f.*
[ÉTYM. Dérivé de hâte 1, § 95. || XVIᵉ s. De la hastille et des boudins, RAB. III, 41.]
|| *Vieilli et dialect.* Tranche de porc frais, foie, etc., qu'on fait rôtir. || *Fig. Ironiqt.* Donner de la — à qqn (des coups de bâton).

HÂTIVEAU [hâ-ti-vó] *s. m.*
[ÉTYM. Dérivé de hâtif, § 126. || XIIIᵉ-XIVᵉ s. Poires de hastivel, *Crierie de Paris*, dans CRAPELET, *Prov. et dict.* p. 142. Admis ACAD. 1694.]
|| (Agricult.) Fruit hâtif, plante hâtive. *Spéciall.* Variété de poire, de pois.

HÂTIVEMENT [hâ-tiv'-man ; *en vers*, -ti-ve-...] *adv.*
[ÉTYM. Composé de hâtif et ment, § 724. || XIᵉ s. Hastivement li dist, *Voy. de Charl. à Jérus.* 622.]
|| D'une manière hâtive.

HÂTIVETÉ [hâ-tiv'-té ; *en vers*, -ti-ve-té] *s. f.*
[ÉTYM. Dérivé de hâtif, § 122. || XIIIᵉ s. Par sa folie ou par hastiveté, BEAUMAN. XXIX, 3.]
|| *Vieilli.* Développement hâtif.

'HÂTURE [hâ-tûr] *s. f.*
[ÉTYM. Semble dérivé de hâte 1, § 111. || 1761. Ce pêne a une hasture, DUHAMEL DU MONCEAU, *Art du serrur.* p. 183.]
|| (Technol.) Morceau de fer en forme d'équerre, fixé sur une serrure, pour arrêter un pêne, un verrou.

HAUBAN [hó-ban] *s. m.*
[ÉTYM. Pour hoband, § 509, plus anciennement hobent, mot composé d'origine germanique, proprt, « lien (*V.* bande 1) pour la tête (allem. haupt, holland. hoofd, etc.) du mât », §§ 9, 498 et 499. || XIIᵉ s. Fort ert l'estai et li hobent, *Vie de St Gilles*, 893. Admis ACAD. 1762.]
|| **1°** (Marine.) Gros cordage en échelle qui assujettit un mât et le maintient vertical. Haubans du grand mât, de misaine, d'artimon. Faux haubans, qu'on ajoute par un gros temps.
|| **2°** *P. anal.* (Technol.) Gros cordage qui sert à tenir dans la position verticale une grue, une chèvre, etc.

'HAUBANER [hó-bà-né] *v. tr.*
[ÉTYM. Dérivé récent de hauban, §§ 64 et 154. || 1690. FURET.]
|| (Technol.) Assujettir à l'aide de haubans.

HAUBERGEON [hó-bèr-jon] *s. m.*
[ÉTYM. Dérivé de haubert, §§ 64 et 104. || XIIᵉ s. Un haubergeon petit, *Loherains*, dans GODEF. *Compl.*]
|| *Anciennt.* Petit haubert sans manches.

HAUBERT [hó-bèr] *s. m.*
[ÉTYM. Pour haubere, plus anciennement halberc, emprunté du german. halsberg, *m. s.* proprt, « protection (bergen, protéger ; *cf.* héberge) pour le cou (hals) », §§ 6, 498 et 499. (*Cf.* hausse-col 1.) || XIᵉ s. Dous halbers et dous helmes fermez, *Voy. de Chart. à Jérus.* 456.]
|| *Anciennt.* Tunique de mailles des chevaliers.

HAUSSE [hós'] *s. f.*
[ÉTYM. Subst. verbal de hausser, § 52. || XIIIᵉ s. Et les deux hausses d'autre part, *Chace dou cerf*, p. 25, Pichon.]
|| **1°** Action de hausser. || *Fig.* | **1.** *Vieilli.* Enchère. | **2.** Élévation de la valeur des effets publics, des denrées et marchandises dont les prix varient suivant le cours au marché. Spéculer sur la — des fonds publics.
|| **2°** (Technol.) Objet qui sert à hausser qqch, à le porter plus haut. Mettre une — à des chaussures, à des échasses, aux pieds d'un meuble. || *Spéciall.* | **1.** Support d'une ruche

d'abeilles. | **2.** Feuille de papier qu'on colle sur le tympan d'une presse typographique, aux endroits où il faut renforcer la pression. | **3.** Petite pièce que le fondeur en caractères ajoute au manche à fondre, pour rendre certaines lettres plus hautes que les autres. | **4.** Petite clavette qu'on place sous l'attache des crins d'un archet, pour les éloigner de la baguette. | **5.** Planchette mobile et graduée adaptée à un canon, un fusil, pour augmenter plus ou moins l'angle de mire. | **6.** Planche mobile qu'on ajoute aux vannes pour élever le niveau de l'eau.

1. HAUSSE-COL [hós'-kòl; *en vers*, hó-se-...] *s. m.*
[ÉTYM. Semble une altération par étymol. pop. (*V.* §509) de **hauscot**, proprt, « colle pour le cou », composé avec l'allem. **hals**, cou, et **cotte 1**, §§ 6, 498 et 499. (*Cf.* **haubert**.) || XVe s. Bachinet a hochecol (1419), dans GODEF. *Compl.* Un gorgerin et un hauscolz (1447), *ibid.* Un houscot de mailles, J. LE FEVRE DE ST-REMY, *Jacq. de Lalain*, dans CHASTELL. VIII, 216, Kervyn.]
|| **1°** *Ancienn.* Pièce de fer protégeant le cou à la jonction du bassinet et de la cuirasse.
|| **2°** *De nos jours.* Ornement de cuivre ou d'argent doré, en forme de croissant, porté par les officiers d'infanterie de service ou en grande tenue. Le — a été supprimé en 1881 dans l'armée française.

2. *HAUSSE-COL [hós'-kòl ; *en vers*, hó-se-...] *s. m.*
[ÉTYM. Composé de **hausse** (du verbe **hausser**) et **col**, anc. forme de cou, § 209. || *Néolog.*]
|| (Hist. nat.) Nom donné à diverses espèces d'oiseaux, à cause des bandes colorées qu'ils portent autour du cou (colibri, alouette, grive, etc.).

HAUSSEMENT [hós'-man ; *en vers*, hó-se-...] *s. m.*
[ÉTYM. Dérivé de **hausser**, §§ 65 et 145. || 1465. Haulsement de gaiges, dans GODEF. *Compl.*]
|| Action de hausser. *Spécialt.* — d'épaules, mouvement par lequel on lève les épaules, par dédain, mépris, impatience. || *Fig. Vieilli.* | 1. — des monnaies, du prix des denrées, augmentation de leur valeur. | 2. — de la voix, action d'élever la voix en parlant.

***HAUSSEPIED** [hós'-pyé ; *en vers*, hó-se-...] *s. m.*
[ÉTYM. Composé de **hausse** (du verbe **hausser**) et **pied**, §§ 209, 210. Souvent par corruption, **hochepied**, § 509. || 1336. Un hauchepiez, dans L. DELISLE, *Actes norm. de la Chambre des comptes*, p. 152.]
I. Proprement, ce qui fait lever le pied.
|| **1°** *Vieilli.* Marchepied. *Fig.* Si cette proposition n'était point le — de quelque négociation souterraine, RETZ, *Mém.* III, 386, ann. 1651.
|| **2°** (Technol.) Pièce de fer fixée près de la douille d'une bêche, et sur laquelle on appuie le pied pour faire entrer l'outil dans la terre.
|| **3°** *P. ext.* (Vénerie.) Sorte de piège à loup.
|| **4°** *P. ext.* (Vénerie, Fauconn.) Oiseau de proie qui attaque le premier le héron. *Fig.* Nous résolûmes de donner à Mazarin ce que M. de Bouillon appelait un —, c'est-à-dire de l'attaquer encore personnellement, RETZ, *Mém.* II, 466, ann. 1649.
II. Proprement, ce qui lève le pied. (Fauconn.) Espèce de sacre, oiseau qui se tient une patte en l'air.

***HAUSSEQUEUE.** V. **hochequeue.**

HAUSSER [hó-sé] *v. tr. et intr.*
[ÉTYM. Du lat. pop. *altiare, m. s.* devenu *haltiare (cf. **haut**), d'où halcier, §§ 406, 297 et 291, haucier, § 455, haucer, écrit plus récemment hausser, § 634. || XIIe s. Halça le colp por lui ferir, *Énéas*, 5221.]
I. *V. tr.* Rendre plus haut.
|| **1°** Rendre de dimension plus haute. — un mur, une maison.|| *P. ext.* —la voix, lui donner plus d'intensité. Haussant un peu la voix, LA F. *Filles de Minée.*
|| **2°** Mettre à un niveau plus haut. — la visière d'un casque. Se — sur la pointe des pieds. — le bras. — les épaules (en signe de dédain), et, *vieilli*, — le dos. Pourquoi — le dos? MOL. *Éc. des f.* IV, 2. | *Famil.* — le coude, boire. || *Fig.* — les impôts. — le prix d'une marchandise. Plus vous haussez le prix des trésors que je quitte..., CORN. *Tois. d'or*, III, 3. Quand la capacité de son esprit se hausse A connaître un pourpoint d'avec un haut-de-chausse, MOL. *F. sav.* II, 7. — le cœur, l'élever. Se —, vouloir paraître au-dessus de ce qu'on est.
|| — le ton d'un morceau de musique. *Fig.* — le ton, prendre un ton de supériorité.
II. *V. intr.* Devenir plus haut. La rivière a haussé. Le fond du lac hausse toujours.

***HAUSSET** [hó-sè] *s. m.*
[ÉTYM. Dérivé de **hausse**, § 133. || *Néolog.*]
|| (Technol.) Petite hausse. *Spécialt.* Pièce qui retient le chevalet du coutelier.

HAUSSIER [hó-syé] *s. m.*
[ÉTYM. Dérivé de **hausse**, § 115. || *Néolog.* Admis ACAD. 1878.]
|| Celui qui joue à la hausse sur les fonds publics.

HAUSSIÈRE [ó-syèr] *s. f.*
[ÉTYM. Peut-être dérivé du german. **hals**, cou (l'haussière étant à l'origine la corde que tire le haleur en l'appuyant sur son épaule), §§ 6 et 115. (*Cf.* l'angl. **hawser**, **halser**, *m. s.*) On écrit aussi aussière et, par corruption, hansière, § 509. Le radical german. **hals** se retrouve dans **haubert** et **hausse-col 1.** || 1382. Une pièce de haussiere, dans DELB. *Rec.* Admis ACAD. 1835.]
|| (Marine.) Cordage à trois ou quatre torons qui n'est commis qu'une fois.

***HAUSSOIR** [hó-swàr] *s. m.* et ***HAUSSOIRE** [hó-swàr] *s. f.*
[ÉTYM. Dérivé de **hausser**, § 113. || 1752. Haussoire, TRÉV.]
|| (Technol.) Clôture mobile d'une écluse de moulin.

HAUT, HAUTE [hó, hôt'] *adj., adv. et s. m.*
[ÉTYM. Du lat. **altum**, devenu *haltum sous l'influence du haut allem. **hoh** (gothique **hauhs**, allem. mod. **hoch**), *m. s.* d'où holt, §§ 6 et 291, haut, § 455. || XIe s. Fut la pulcele de molt halt parentet, *St Alexis*, 41.]
I. *Adj.* Qui dépasse un certain niveau pris pour terme de comparaison.
|| **1°** Qui dépasse le niveau ordinaire. Une haute montagne. Un siège —. Un arbre de haute futaie. Être — sur jambes. Les eaux sont hautes. A marée haute. Porter la tête haute. Les hautes herbes. Marcher sur qqn l'épée haute. Tenir la dragée haute à un chien, le forcer à sauter pour l'attraper, et, *fig.* Tenir la dragée haute à qqn, être très exigeant pour lui. Tenir la bride haute à un cheval, la tenir courte; *dans le même sens*, Avoir la main haute, et, *vieilli*, Être — à la main. *Fig.* Tenir la main haute à qqn, le tenir sévèrement. Être — à la main, arrogant. Leur autorité démesurée les avait rendus si hauts à la main, MALH. *Tite Live*, 33. Avoir la haute main, dominer. || *P. ext.* Avoir le verbe —, parler fort. L'armée à haute voix se déclare contre elle, RAC. *Iph.* V, 6. Être — en couleur, très coloré. Le — mal, l'épilepsie. Une haute température. Un mets de — goût. Le — style, le style relevé. || *Fig.* Avoir une haute idée de qqn, de qqch. Une âme haute. Il a le bras fort, le cœur —, MOL. *Amph.* II, 1. Une personne de haute mine. Être né en — lieu. Être de haute naissance. Une haute antiquité. Cette haute vertu qui règne dans votre âme, CORN. *Cid*, II, 5. Parmi tes hauts faits sois-lui toujours fidèle, ID. *ibid.* V, 7. Emporter qqch de haute lutte. Un crime de haute trahison. Tenir qqn en haute estime. Le Très-Haut, Dieu.
|| **2°** Qui dépasse le niveau d'un autre objet. Les hauts mâts. Les hautes voiles. Les hauts lieux, sommets où l'on sacrifiait à Baal. Sur les hauts lieux enfin osant offrir Un téméraire encens, RAC. *Ath.* III, 6. La haute Égypte. Les hautes Alpes. | (Musique.) Chanter la partie haute. | Le — bout de la table. *Fig.* Peu de gens en leur estime Lui refusent le — bout, LA F. *Fab.* VIII, 13. Les hautes régions de l'air. || *Fig.* Supérieur aux choses de même espèce. Les hautes classes de la société. Les hautes puissances contractantes. La chambre haute (chambre des lords, sénat). Une haute cour de justice. Le droit de haute justice. Exécuteur des hautes œuvres, le bourreau. Le — clergé. Le — commerce. La haute bourgeoisie. Il n'est pas toujours bon d'avoir un — emploi, LA F. *Fab.* I, 4. Les hautes classes, dans un établissement d'instruction. Le — enseignement, l'enseignement supérieur. Les hautes mathématiques. A des partis plus hauts ce beau fils doit prétendre, CORN. *Cid*, I, 3.
|| **3°** Qui a une certaine dimension du pied au sommet. Une Victoire haute de près de quatre coudées, BARTHÉLEMY, *Anacharsis*, 12.
II. *Adv.* A une place haute. Un tableau placé trop —. Les hirondelles volent —. Il est logé très —. Je monte là—, REGNARD, *Distr.* III, 14. Porter — la tête. — le pied, en levant le pied. — la main, en tenant la main haute, et, *fig.* Il a gagné sa cause — la main, d'autorité. (*Cf.* **haut-le-cœur, haut-le-corps.**) || *P. ext.* Parler —. Dire qqch tout —. Un violon accordé trop —. *Fig.* Le prendre —, avec arrogance. Vous le prenez bien —, BEAUMARCH. *B. de Sév.* III, 5. | Reprendre les choses de plus —, du commencement.

III. *S. m.* || **1°** La partie haute de qqch. Le — du toit. Tomber de son —. Regarder qqn de — en bas, et, *fig.* Traiter qqn de — en bas, avec dédain. Voir de —. Le — d'une tour, d'une montagne. Le — du corps. Du — des cieux. Dieu tonne du plus — des cieux, BOSS. *A. de Gonz.* Il faut du — et du bas dans la vie, MOL. *Scap.* III, 1. Tenir le — du pavé. Crier du — de sa tête, très fort. Une voix faible dans le —, dans les notes hautes. (*Loc. adv.* En —. Il est en — de la page. Regarder en —. Cette sagesse qui vient d'en —, BOSS. *Le Tellier.*

|| **2°** Dimension d'un corps du pied au sommet. Celui (le temple) de Jupiter a cent vingt pieds de —, BARTHÉLEMY, *Anacharsis,* 12.

HAUT-A-BAS [hó-là-bá] *s. m.*

[ÉTYM. Composé de haut, à et bas, § 201; proprt, « qui est obligé de mettre sa charge de haut à bas (pour déballer) ». || Admis ACAD. 1740.]

|| *Vieilli.* Petit marchand ambulant, porte-balle.

1. HAUTAIN, AINE [hó-tin, -tèn'] *adj.*

[ÉTYM. Dérivé de haut, § 97. || XIIᵉ s. La bataille altaine Qui plus dura d'une semaine, BEN. DE STE-MORE, *Troie,* dans GODEF. altain.]

|| **1°** *Vieilli.* Qui s'élève haut. *Spécialt.* (Fauconn.) Faucon —. *Fig.* En parlant de l'âme, des sentiments. Ces conseils ne plairont qu'à des âmes hautaines, RAC. *Alex.* I, 2. Et ce — désir qui te fait mépriser Plaisirs, grandeurs, trésors pour t'immortaliser, RÉGNIER, *Sat.* 5.

|| **2°** *P. ext.* D'une hauteur d'âme apparente, qui se témoigne par des manières arrogantes, dédaigneuses. (*Syn.* altier.) Caractère —. Un homme —. Les enfants sont hautains, dédaigneux, colères, LA BR. 11. Elle les vint un jour visiter... avec une mine hautaine, BOSS. *Panég. St Bernard,* 2. Conduite hautaine. Paroles hautaines.

2. *HAUTAIN. *V.* hautin.

HAUTAINEMENT [hó-tèn'-man; *en vers,* -tè-ne-...] *adv.*

[ÉTYM. Composé de hautaine et ment, § 724. || XVIᵉ s. Parler hautainement, AMYOT, *Pyrrhus,* 15. Admis ACAD. 1762.]

|| D'une manière hautaine.

HAUTBOIS [hó-bwá] *s. m.*

[ÉTYM. Composé de haut et bois, § 173. || XVᵉ-XVIᵉ s. Firent sonner et jouer les auxboys, ÉTIENNE DE MÉDICIS, *Chron.* dans DELB. *Rec.*]

|| (Musique.) || **1°** Instrument à vent et à anche, sans bec, de forme conique, terminé par un petit pavillon, et qui donne des sons clairs d'une grande douceur. Basse de —, le basson. Quinte de —, le cor anglais. || *P. plaisant.* Jouer du —, abattre une haute futaie qu'il ne faudrait pas encore couper. || *Poét.* Poésie pastorale. Un rimeur aux abois Jette là, de dépit, la flûte et le —, BOIL. *Art p.* 2. || *P. ext.* Celui qui joue du hautbois. Ce musicien est un excellent —. (*Syn.* hautboïste.)

|| **2°** *P. anal.* Jeu d'orgue faisant partie des jeux d'anches, qui a pour basse le jeu de basson.

***HAUTBOÏSTE** [hó-bò-ìst'] *s. m. et f.*

[ÉTYM. Dérivé irrégulier de hautbois, § 265. || *Néolog.*]

|| (Musique.) Celui, celle qui joue du hautbois.

HAUT-DE-CHAUSSE ou, *mieux,* **HAUT-DE-CHAUSSES** [hód'-chôs'; *en vers,* hó-de-...] *s. m.*

[ÉTYM. Composé de haut, de et chausse, § 176. || XVIᵉ s. Sans hault de chausses, RAB. III, 7.]

|| *Anciennt.* Partie du vêtement de l'homme allant de la ceinture jusqu'aux genoux. (*Syn.* culotte.) Connaître un pourpoint d'avec un —, MOL. *F. sav.* II, 7. || *Fig. Famil.* Une femme qui porte le —, maîtresse dans son ménage.

HAUTE-CONTRE [hót'-kòntr'; *en vers,* hó-te-...] *s. f.*

[ÉTYM. Composé de haute et contre (*cf.* contralto), § 202. || 1553. Le rossignol y tient la haute-contre, dans DELB. *Rec.*]

|| (Musique.) Voix entre le dessus et la taille ou ténor. (*Cf.* basse-contre.) || *P. ext.* Celui qui a cette voix.

HAUTEMENT [hót'-man; *en vers,* hó-te-...] *adv.*

[ÉTYM. Composé de haute et ment, § 724. || XIᵉ s. Munjoie escriet e haltement e cler, *Roland,* 1974.]

|| **1°** A haute voix. Parler —. Ledit Hiérome avoura — Qu'il la tient pour sensée, RAC. *Plaid.* II, 4. || *Fig.* Deux sceptres en ma main, Albe à Rome asservie, Parlent bien — en faveur de sa vie, CORN. *Hor.* V, 3.

|| **2°** D'une façon supérieure. Ma main bientôt sur eux m'eût vengé —, CORN. *Hor.* III, 5. Son moindre vouloir (de Dieu) — s'exécute, ID. *Vêpr. et Compl.* ps. 113. A remplir — son illustre destin, ID. *Poés. div.* 69.

|| **3°** Avec hauteur. L'homme de sa nature pense — et superbement de lui-même, LA BR. 11.

HAUTESSE [hó-tĕs'] *s. f.*

[ÉTYM. Dérivé de haut, § 124. (*Cf.* altesse.) || XIIᵉ s. La haltesce de tes piez, *Psaut. de Cambridge,* LXXIII, 3.]

I. *Anciennt.* Hauteur, élévation.

II. *De nos jours.* Titre honorifique. Petits hommes... qui vous donnez sans pudeur de la — et de l'éminence, LA BR. 12. || *Spécialt.* Sa Hautesse, le sultan. Un firman de Sa Hautesse.

HAUTE-TAILLE [hót'-tày'; *en vers,* hó-te-...] *s. f.*

[ÉTYM. Composé de haute et taille, § 173. || Admis ACAD. 1762.]

|| (Musique.) *Vieilli.* Voix de ténor. (*Cf.* basse-taille.)

HAUTEUR [hó-tĕur] *s. f.*

[ÉTYM. Dérivé de haut, § 110. || XIIᵉ s. De grant haltor vendront en bas, *Adam,* p. 60.]

|| **1°** Qualité de ce qui est haut. Elle est (cette statue) d'une — prodigieuse, BOSS. *Honneur du monde,* préamb. Mes bois qui sont d'une — et d'une beauté merveilleuses, SÉV. 460. Vous avez raison de préférer tant de bonnes qualités à la — de sa taille, ID. 1135. Ses obélisques (de l'Égypte) font encore aujourd'hui, autant par leur beauté que par leur —, le principal ornement de Rome, BOSS. *Hist. univ.* III, 3. L'aigle vole à une grande —. Un chemin que sa — et son âpreté rendent... difficile, BOSS. *R. d'Angl.* || *Fig.* Les vérités dont la — les étonne, BOSS. *A. de Gonz.* Cette — d'estime où vous êtes de vous, MOL. *Mis.* III, 4. De l'art des vers atteindre la —, BOIL. *Art p.* 1. | Caractère de celui qui a des sentiments élevés. Elle donnait avec... une — d'âme..., BOSS. *D. d'Orl.* Une — et une majesté qui n'avaient jamais paru si grandes en lui, FÉN. *Tél.* 15. | Caractère de celui qui regarde les autres de haut. Il rejeta avec — toute communication, SÉGUR, *Hist. de Napol.* VIII, 10. *P. ext.* Trait de hauteur. Les hauteurs d'un maître, CORN. *Oth.* III, 3. | *Vieilli. Loc. adv.* De —, avec autorité. On s'en vient de — Me traiter de faquin, MOL. *Ét.* I, 8. || *P. ext.* Une —, une éminence de terrain. L'armée s'empara des hauteurs voisines. J'approche d'une petite ville et je suis déjà sur une — d'où je la découvre, LA BR. 5.

|| **2°** Dimension d'un corps du pied au sommet. Mesurer la — d'une montagne. Celui (le temple) de Jupiter à Olympie a... soixante-huit pieds de —, BARTHÉLEMY, *Anacharsis,* 12. Tomber de sa —. || *P. ext.* | **1.** (Astron.) La — d'un astre, quantité dont il est élevé au-dessus de l'horizon. (*Cf.* hauturier.) Prendre la — du soleil. | **2.** (Géom.) La — d'un triangle, d'une pyramide, longueur de la perpendiculaire abaissée du sommet sur la base. | **3.** (Physique.) — barométrique, longueur de la colonne de mercure dans le tube, selon la pression atmosphérique. | **4.** (Marine.) Être à la — d'une île, dans le même parallèle.

HAUT-FOND [hó-fon]. *V.* fond.

***HAUTIN** [hó-tin] *s. m.*

[ÉTYM. Dérivé de haut, § 100. Souvent écrit hautain, par confusion avec hautain 1, § 62. || XVIᵉ s. Maintenant nous les appelions hautins, DU PINET, *Hist. nat. de Pline,* dans DELB. *Rec.*]

|| (Agricult.) Vigne cultivée en hauteur, que l'on appuie sur de grands échalas, des arbres, etc. || *P. ext.* Échalas, arbre destiné à supporter la vigne ainsi cultivée.

***HAUT-LE-CŒUR** [hól-keùr; *en vers,* hó-le-...] *s. m.*

[ÉTYM. Composé de haut, le et cœur, § 178. || *Néolog.*]

|| *Famil.* Soulèvement du cœur, nausée.

HAUT-LE-CORPS [hól-kôr; *en vers,* hó-le-...] *s. m.*

[ÉTYM. Composé de haut, le et corps, § 178. || Admis ACAD. 1835.]

|| Brusque mouvement qui soulève le corps. La surprise lui fit faire un —. || *Spécialt.* (Manège.) Bond que fait un cheval.

HAUTURIER, IÈRE [hó-tu-ryé, -ryèr] *adj.*

[ÉTYM. Dérivé de haut, d'après le provenç. moderne auturié, *m. s.* dérivé de auturo, hauteur, §§ 11 et 115. || 1671. Pilotes hauturiers, *Us et cout. de la mer,* dans DELB. *Rec.* Admis ACAD. 1835.]

|| *Vieilli.* (Marine.) Qui sait diriger dans la haute mer. Pilote — (par opposition à pilote routier ou cotier). || *P. ext.* Navigation hauturière, navigation au long cours (par opposition à cabotage).

HÂVE [hâv'] *adj.*

[ÉTYM. Origine inconnue. (*Cf.* havir.) || XIIᵉ s. De m'amor seroiz maz et haves, CHRÉTIEN DE TROYES, *Chevalier au lion,* 2576.]

‖ Pâle et décharné. *Une vieille fort* —, MOL. *Ét.* IV, 7.

*HAVENEAU [hàv'-nó; *en vers,* hà-ve-...] et *HAVENET [hàv'-nè; *en vers,* hà-ve-...] *s. m.*

[ÉTYM. Mot d'origine scandinave, §§ 9, 126 et 133 : norois hafr, norvég. haav, etc., sorte de filet. ‖ 1752. TRÉV.]

‖ (Pêche.) Filet tendu sur deux perches croisées.

*HAVERON [hàv'-ron; *en vers,* hà-ve-...] *s. m.*

[ÉTYM. Emprunté du haut allem. habaro, allem. moderne haber, avoine (*cf.* havresac), §§ 6, 498 et 499. ‖ 1536. Avron, J. RUEL, *De nomin. stirpium,* p. 420.]

‖ (Agricult.) Avoine sauvage. (*Syn.* aveneron.)

*HAVET [hà-vè] *s. m.*

[ÉTYM. Mot d'origine germanique, dérivé du radical hab, haf, qui se trouve dans haben, avoir, heben, soulever, §§ 6, 133, 498 et 499. ‖ XIIIᵉ s. J. DE GARLANDE, *Dict.* p. 66, Scheler.]

‖ *Anciennt.* Crochet. ‖ *Specialt.* ‖ 1. Crochet d'ardoisier, de cloutier. ‖ 2. Grande fourchette de cuisinier.

HAVIR [hà-vir] *v. tr.*

[ÉTYM. Paraît dérivé de hâve, d'après l'anc. forme have, § 154. ‖ XIIIᵉ-XIVᵉ s. Par guerre follement havie, G. GUIART, *Roy. lign.* 13797.]

‖ *Vieilli.* Dessécher, brûler à la surface. *Un trop grand feu havit la viande. La viande se havit,* et, *intransitivt,* havit.

HAVRE [hàvr'] *s. m.*

[ÉTYM. Pour havne, mot d'origine german. §§ 6, 498 et 499 : moyen haut allem. habene, allem. moderne hafen, holland. haven, etc. *m. s.* ‖ XIIᵉ s. Al havene vint, nef i trova, *Mélion,* 197.]

‖ *Anciennt.* Port de mer. *Gagner le* —. *Sortir du* —. ‖ *Specialt.* Petit port qui reste à sec à marée basse.

HAVRESAC [hà-vre-sàk'] *s. m.*

[ÉTYM. Emprunté de l'allem. haber-sack, *m. s.* proprt, « sac à avoine (haber; *cf.* haveron) », § 7. ‖ 1680. Havresac, RICHEL..]

‖ 1° *Vieilli.* (T. milit.) Sac que le fantassin porte au dos à l'aide de bretelles et où il renferme ses effets.

‖ 2° *P. anal.* Sac que les gens de métier portent au dos et où ils mettent leurs outils, provisions, etc.

*HAYER [hè-yé] *v. tr.*

[ÉTYM. Dérivé de haie, § 154. ‖ XIIᵉ s. Hayyeré (futur), *Gloss. hébr.-franç.* dans *Romania,* 1872, p. 169.]

‖ (Agricult.) Entourer d'une haie. — *un pré. Absolt.* *Faire une haie. La saison de* — *est sur la fin de l'hiver,* TRÉV.

*HAYETTE [hè-yèt'] *s. f.*

[ÉTYM. Dérivé de haye, § 133. ‖ XIIIᵉ s. Une haiete clouze entour, G. DE LORRIS, *Rose,* 1626, var. dans GODEF.]

I. *Ancient.* Petite haie.

II. *P. ext.* (Agricult.) Bêche pour biner une haie.

*HAYON [hè-yon] *s. m.*

[ÉTYM. Dérivé de haie, § 104. (*Cf.* layon 2.) ‖ XIIIᵉ s. Banc, haions, estaus et hourdes, dans DELB. *Rec.*]

‖ (Technol.) ‖ 1. Claie derrière laquelle le berger se met à l'abri. ‖ 2. Pièces de bois fermant l'avant et l'arrière d'une charrette. ‖ 3. Tente pour abriter les marchands étalagistes. ‖ 4. Râtelier double à longues chevilles pour étaler les chandelles enfilées sur la broche.

HÉ [é] *interj.*

[ÉTYM. Onomatopée, § 32. ‖ XIᵉ s. Et reis celestes, *St Alexis,* 24.]

‖ Interjection pour appeler, avertir, attirer l'attention, exprimer la pitié, la douleur. (*Cf.* hélas.) *Hé! l'ami, viens ici. Hé! prenez donc garde! Hé! qu'allez-vous faire? Hé! par provision, mon père, couchez-vous,* RAC. *Plaid.* I, 4. *Hé! repoussez, Madame, une injuste terreur,* ID. *Phèd.* IV, 6. *Hé! mon Dieu! Hé! que je suis misérable!* ‖ *Hé bien!* sert à appuyer sur ce qu'on va dire ou à exprimer l'interrogation. *Hé bien! vous triomphez, et mon fils est sans vie,* RAC. *Phèd.* V, 7. *Hé bien! quoi de nouveau? Hé quoi!... De mon inimitié vous plaindrez-vous toujours?* RAC. *Andr.* II, 2.

HEAUME [hôm'] *s. m.*

[ÉTYM. Emprunté de l'anc. haut allem. helm, *m. s.* devenu helme, healme, heaume, §§ 6, 498 et 499. ‖ XIᵉ s. Trencherai les halbers et les helmes gemmez, *Voy. de Charl. à Jérus.* 460.]

‖ *Anciennt.* Casque en pointe couvrant la tête et le visage, avec une ouverture aux yeux. ‖ *Specialt.* (Blason.) Pièce marquant par ses dispositions les divers degrés de noblesse. *La distinction des casques et des heaumes,* LA BR. 14.

*HEAUMIER [hô-myé] *s. m.*

[ÉTYM. Dérivé de heaume, § 115. ‖ XIIIᵉ s. Greffiers, hiaumiers, E. BOILEAU, *Livre des mest.* I, XV, 1.]

‖ *Anciennt.* Fabricant, marchand de heaumes.

HEBDOMADAIRE [èb'-dò-mà-dèr] *adj.*

[ÉTYM. Emprunté du lat. hebdomadarius, *m. s.* (*Cf.* le doublet hebdomadier.) ‖ XVIIᵉ s. Nouvelles hebdomadaires, SARRAZIN, dans FURET.]

‖ Qui se renouvelle chaque semaine. *Journal, chronique* —. *Compte rendu* —. *Notes hebdomadaires.*

HEBDOMADIER, *HEBDOMADIÈRE [èb'-dò-mà-dyé, -dyèr] *s. m.* et *f.*

[ÉTYM. Emprunté du lat. ecclés. hebdomadarius, *m. s.* (*Cf.* le doublet hebdomadaire.) ‖ 1511. *Vie des saints Pères,* dans DELB. *Rec.*]

‖ Religieux, religieuse qui est de semaine.

HÉBERGE [é-bèrj] *s. f.*

[ÉTYM. Pour herberge, § 360, emprunté de l'anc. haut allem. heriberga, *m. s.* proprt, « tente de campement », de heri, armée, et bergan, protéger (*cf.* haubert), §§ 6, 498 et 499. ‖ XIᵉ s. En ta povre herberge, *St Alexis,* 419. Admis ACAD. 1762.]

‖ *Anciennt.* Logis. (*Cf.* auberge, héberger.) *Specialt.* (Droit.) Construction appuyée à un mur mitoyen. ‖ *P. ext. De nos jours.* Endroit où se séparent deux constructions contiguës d'inégale hauteur.

*HÉBERGEMENT [é-bèr-je-man] *s. m.*

[ÉTYM. Dérivé de héberger, § 145. ‖ XIIIᵉ s. Mult i out bels herbergemenz, BENEEIT, *Ducs de Norm.* 11001.]

‖ Action d'héberger qqn.

HÉBERGER [é-bèr-jé] *v. tr.*

[ÉTYM. Dérivé de héberge, § 154. ‖ XIᵉ s. Quer me herberge por Deu en ta maison, *St Alexis,* 217.]

‖ 1° Loger chez soi (qqn de passage). — *un ami.* Être *hébergé chez qqn,* et, *vieilli, intransitivt,* — *chez qqn.*

‖ 2° *P. ext.* (Technol.) Appuyer (une construction) à un mur mitoyen. *Une maison qui s'héberge sur une autre.*

*HÉBÉTATION [é-bé-tà-syon; *en vers,* -si-on] *s. f.*

[ÉTYM. Emprunté du lat. hebetationem, *m. s.* ‖ XVᵉ s. Ebettacion de cuer, P. DE LANOY, *St Antoine,* dans DELB. *Rec.*]

‖ *Rare.* État de ce qui est hébété. *L'* — *des sens du goût et du toucher,* BUFF. *Cochon.*

HÉBÉTER [é-bé-té] *v. tr.*

[ÉTYM. Emprunté du lat. hebetare, *m. s.* ‖ XIVᵉ s. Mes sens... sont hebetez, BERSUIRE, dans LITTRÉ, *Suppl.*]

‖ Rendre émoussé. *L'ivrognerie hébète l'intelligence. Une éducation qui hébète l'esprit. Il s'hébète dans l'oisiveté. Un homme hébété,* et, *substantivt,* il agit comme un hébété.

*HÉBÉTUDE [é-bé-tud'] *s. f.*

[ÉTYM. Emprunté du lat. hebetudo, *m. s.* ‖ 1535. Hebetude d'esprit, G. DE SELVE, *Plutarque,* dans DELB. *Rec.*]

‖ (Médec.) Anémie cérébrale émoussant l'intelligence.

*HÉBICHET [é-bi-chè] *s. m.*

[ÉTYM. Mot créole, § 18. ‖ 1812. MOZIN, *Dict. franç.-allem.*]

‖ (Technol.) Crible fait de roseaux, dont on se sert dans la fabrication du sucre de canne, du roucou.

HÉBRAÏQUE [é-brà-ïk'] *adj.*

[ÉTYM. Emprunté du lat. hebraicus, grec ἑβραϊκός, *m. s.* ‖ XVᵉ s. Lectre grecque et hebraïque, PIERRE DE LANOY, dans DELB. *Rec.* Admis ACAD. 1718.]

‖ Qui appartient aux Hébreux. *Mœurs hébraïques. Histoire* —. *Langue* —. *Caractères hébraïques.*

HÉBRAÏSANT [é-brà-i-zan] *s. m.*

[ÉTYM. Dérivé du radical de hébraïsme, § 262. ‖ 1699. Doctes hebraïsans, VIGNEUL-MARVILLE, *Mél. d'hist.* I, 238. Admis ACAD. 1762.]

‖ Celui qui s'adonne à l'étude de l'hébreu.

HÉBRAÏSME [é-brà-ism'] *s. m.*

[ÉTYM. Dérivé de hébraïque, § 265. ‖ 1567. GENTIAN HERVET, *Cité de Dieu,* dans DELB. *Rec.* Admis ACAD. 1718.]

‖ Idiotisme hébraïque. ‖ *Fig. Le manège du monde est un* — *qu'il faut lire de travers,* BOYER, *Nouv. Démocr.* dans TRÉV.

HÉBREU [é-breu] *adj. m.*

[ÉTYM. Emprunté du lat. hebræus, grec ἑβραῖος, *m. s.* ‖ XIIᵉ s. N'Hebreus ne Angevins, PH. DE THAUN, *Comput,* 100. Admis ACAD. 1718.]

‖ Relatif aux Hébreux. *Substantivt. L'* —, la langue hébraïque. *Fig. C'est de l'* —, on n'y comprend rien.

HÉCATOMBE [é-kà-tonb'] *s. f.*

[ÉTYM. Emprunté du lat. hecatombe, grec ἑκατόμβη, *m.*

s. de ἑκατόν, cent, et βοῦς, bœuf. || XVe-XVIe s. La ou Xerxes feit son grand hecatombe, J. LE MAIRE, dans DELB. *Rec.*]

|| (Antiq.) Sacrifice de cent victimes, d'un grand nombre de victimes. Offrir une — aux dieux. || *Fig.* Massacre. Les hécatombes révolutionnaires.

HECTARE [ĕk'-tàr] *s. m.*

[ÉTYM. Composé avec le grec ἑκατόν, cent, et are, § 284. || Admis ACAD. 1798, suppl.]

|| Mesure agraire de cent ares.

HECTIQUE [ĕk'-tĭk'] *adj.*

[ÉTYM. Emprunté du lat. hecticus, grec ἑκτίκος, *m. s.* (*Cf.* étique.) || Admis ACAD. 1835.]

|| (Médec.) Continu. *Spécialt.* Fièvre —, fièvre caractérisée par une consomption progressive.

HECTISIE [ĕk'-li-zi] *s. f.*

[ÉTYM. Emprunté du lat. médical hectisis, *m. s.* dérivé barbare de hecticus, hectique, d'après le modèle de phthisis, phtisie, § 282. (*Cf.* étisie.) || 1752. TRÉV. Admis ACAD. 1835.]

|| (Médec.) État de celui que consume la fièvre hectique.

HECTO [ĕk'-tó] *s. m.*

[ÉTYM. Tiré de hectogramme, § 37. || *Néolog.* Admis ACAD. 1878.]

|| *Famil.* Hectogramme.

HECTOGRAMME [ĕk'-tò-gràm'] *s. m.*

[ÉTYM. Composé avec le grec ἑκατόν, cent, et gramme, § 284. || 1795. *Loi du 18 germinal an III, Bullet. des lois,* IV, 17. Admis ACAD. 1798, suppl.]

|| Poids de cent grammes.

HECTOLITRE [ĕk'-tò-lĭtr'] *s. m.*

[ÉTYM. Composé avec le grec ἑκατον, cent, et litre, § 284. || 1795. *Loi du 18 germinal an III, Bullet. des lois,* IV, 17. Admis ACAD. 1798, suppl.]

|| Mesure de capacité de cent litres.

'HECTOMÈTRE [ĕk'-tò-mĕtr'] *s. m.*

[ÉTYM. Composé avec le grec ἑκατόν, cent, et mètre, § 284. || 1795. *Loi du 18 germinal an III, Bullet. des lois,* IV, 17. Admis ACAD. 1798, suppl.; suppr. en 1835.]

|| Mesure de longueur de cent mètres.

HÉGÉMONIE [é-jé-mò-ni] *s. f.*

[ÉTYM. Emprunté du grec ἡγεμονία, *m. s.* || *Néolog.* Admis ACAD. 1878.]

|| Suprématie d'un peuple. Athènes et Sparte se disputèrent l'— de la Grèce. L'— de la Prusse en Allemagne.

HÉGIRE [é-jīr] *s. f.*

[ÉTYM. Emprunté de l'arabe hedjra, fuite, § 22. || 1584. Le commencement de l'algiere de Mahumed, L. LEROY, *Vicissit. des choses,* dans DELB. *Rec.* Admis ACAD. 1694.]

|| Ère des mahométans, qui date de l'époque où Mahomet s'enfuit de la Mecque (622 après J.-C.).

HEIDUQUE [è-dŭk'] *s. m.*

[ÉTYM. Emprunté (par l'intermédiaire de l'allem. heiduck, § 7) du hongrois hajduk, fantassin, garde à pied, qui est le turc hajdud, brigand, § 23. D'AUB. parle des hidouques, qui sont gens de pied de la Croacie (*Hist. univ.* III, IV, 24). || Admis ACAD. 1762.]

|| *Anciennt.* Valet de pied vêtu à la hongroise, le sabre au côté. Un —, un coureur, Sont plus fêtés, chéris que n'est un précepteur, CAILHAVA, *Égoïsme,* III, 7.

HEIN [hin] *interj.*

[ÉTYM. Onomatopée, § 32. (*Cf.* hem.) || Admis ACAD. 1835.]

|| Interjection familière exprimant l'interrogation, l'étonnement. — ! que dites-vous ?

HÉLAS [é-lás'; *vieilli,* é-lá] *interj.*

[ÉTYM. Composé de hé et las, qui signifiait souvent « malheureux » en anc. franç. § 182. || XIIe s. Ha ! las ! dist il, com or sui engeigniez, *Couronn. de Louis,* 90. Hé ! las ! dolens, je ne sai tant canter, CONON DE BÉTHUNE, II, 4, Wallenskœld.]

|| Interjection exprimant la douleur. BÉR. Pour la dernière fois adieu, seigneur. — ANT. — ! RAC. *Bér.* V, 7. | Je suis Romaine, — ! puisque Horace est Romain, CORN. *Hor.* I, 1. || *Famil. Substantivt.* Il fit de grands —. Que cet — a de peine à sortir ! CORN. *Poly.* IV, 3.

HÉLER [hé-lé] *v. tr.*

[ÉTYM. Paraît emprunté de l'angl. hail, *m. s.* § 8. || 1527. Hau ! de la nef, héla hau ! Qui nous helle ! PARMENTIER, dans JAL, *Gloss. naut.* Admis ACAD. 1762.]

|| (Marine.) Appeler à l'aide d'un porte-voix. — un na-

vire. Les deux bâtiments se hèlent. || *P. ext.* Appeler (qqn) en se servant de ses mains comme de porte-voix.

HÉLIANTHE [é-lyànt'; *en vers,* -li-ănt'] *s. m.*

[ÉTYM. Emprunté du lat. des botanistes helianthus, *m. s.* composé avec le grec ἥλιος, soleil, et ἄνθος, fleur, § 279. PLINE applique le nom de helianthes à une plante inconnue. || 1789. ENCYCL. MÉTH. Admis ACAD. 1835.]

|| (Botan.) Genre de plantes de la famille des Composées, auquel appartiennent le tournesol et le topinambour.

HÉLIANTHÈME [é-lyan-têm'; *en vers,* -li-an-...] *s. m.*

[ÉTYM. Emprunté du lat. des botanistes helianthemum, *m. s.* composé avec le grec ἥλιος, soleil, et ἄνθεμον, fleur. § 279. || 1752. TRÉV. Admis ACAD. 1762.]

|| (Botan.) Genre de plantes dont une espèce, aux fleurs jaunes en épi, est connue sous le nom d'herbe d'or.

HÉLIAQUE [é-lyăk'; *en vers,* -li-ăk'] *adj.*

[ÉTYM. Emprunté du grec ἡλιακός, *m. s.* de ἥλιος, soleil. || XVIe s. Levant et couchant heliaque, J. BODIN, *Démonoman.* dans DELB. *Rec.* Admis ACAD. 1762.]

|| (T. didact.) Relatif au soleil. *Spécialt.* Lever, coucher —, lever ou coucher d'un astre qui se lève un peu avant le lever du soleil, ou peu après son coucher, de sorte que sa lumière n'est pas effacée par celle du soleil.

HÉLICE [é-lĭs'] *s. f.*

[ÉTYM. Emprunté du lat. helix, grec ἕλιξ, *m. s.* (*Cf.* hélix.) || XVIe s. Sur la queue d'helice (la grande Ourse) espandant sa lumiere, R. BELLEAU, III, p. 244, Bibl. elzév. Admis ACAD. 1762.]

|| (T. scientif.) || 1° Ligne à double courbure tracée en forme de vis autour d'un cylindre. Les spires d'une —. Escalier en —, dont les marches tournent autour d'une colonne faisant axe. || *P. anal.* Petite volute du chapiteau corinthien.

|| 2° Appareil en forme de vis. — propulsive, ou, *simplement,* —, appareil en forme d'hélice qui, mû par la vapeur, fait marcher des bateaux.

|| 3° Coquillage en forme de spirale (genre escargot). || Ancien nom de la grande Ourse, constellation qui semble tourner autour du pôle.

'HÉLICIN, INE [é-li-sin, -sin'] *adj.*

[ÉTYM. Dérivé de hélice, § 245. || *Néolog.*]

|| (Anat.) Qui est en forme de spire ou de vrille. Artères hélicines.

'HÉLICOÏDE [é-li-kò-id'] *adj.*

[ÉTYM. Emprunté du grec ἑλικοειδής, *m. s.* || 1704. *Mém. de l'Acad. des sc.* p. 105.]

|| (T. scientif.) Qui est en forme d'hélice. *Spécialt.* Parabole —, courbe engendrée par une parabole dont l'axe s'enroule autour de la circonférence d'un cercle. || *Substantivt.* Un —, surface engendrée par une droite perpendiculaire à l'axe vertical d'un cylindre droit et tournant le long de l'hélice tracée sur ce cylindre.

'HÉLINGUE [é-ling']. *V.* élingue.

HÉLIOCENTRIQUE [é-lyò-san-trĭk'; *en vers,* -li-ò-...] *adj.*

[ÉTYM. Composé avec le grec ἥλιος, soleil, centre et le suffixe ique, §§ 229 et 284. || 1732. TRÉV. Admis ACAD. 1835.]

|| (Astron.) Relatif au centre du soleil. Lieu, point — d'une planète, lieu, point de l'écliptique où aboutit la ligne passant par le centre du soleil et cette planète.

'HÉLIOCHROMIE [é-lyò-krò-mi; *en vers,* -li-ò-...] *s. f.*

[ÉTYM. Composé avec le grec ἥλιος, soleil, χρῶμα, couleur, et le suffixe ie, §§ 224 et 279. || *Néolog.*]

|| (T. didact.) Production d'images photographiques avec les couleurs.

HÉLIOGRAPHIE [é-lyò-grà-fi; *en vers,* -li-ò-...] *s. f.*

[ÉTYM. Composé avec le grec ἥλιος, soleil, γράφειν, décrire, et le suffixe ie, §§ 224 et 279. || *Néolog.* Admis ACAD. 1878.]

|| (T. didact.) Fixation des images que donne la chambre noire. || Gravure où l'on s'aide de la photographie.

HÉLIOGRAPHIQUE [é-lyò-grà-fĭk'; *en vers,* -li-ò-...] *adj.*

[ÉTYM. Dérivé de héliographie, § 229. || *Néolog.* Admis ACAD. 1878.]

|| (T. didact.) Relatif à l'héliographie. Gravure —, où l'on s'aide de la photographie pour tracer le dessin sur la planche.

'HÉLIOMÈTRE [é-lyò-mètr'; *en vers,* -li-ò-...] *s. m.*

[ÉTYM. Composé avec le grec ἥλιος, soleil, et μέτρον,

mesure, § 279. || Mot dû à P. BOUGUER, inventeur de l'instrument (1747).]

|| (Astron.) Instrument qui sert à mesurer le diamètre apparent du soleil, des planètes.

HÉLIOSCOPE [é-lyŏs'-kŏp'; *en vers*, -li-ŏs'-...] *s. m.*

[ÉTYM. Composé avec le grec ἥλιος, soleil, et σκοπεῖν, examiner, § 279. || 1671. LE P. CHÉRUBIN, *Dioptr. ocul.* p. 303. Admis ACAD. 1762.]

|| (Astron.) Verre coloré permettant de regarder le soleil.

'HÉLIOSTAT [é-lyŏs'-tà; *en vers*, -li-ŏs'-tà] *s. m.*

[ÉTYM. Composé avec le grec ἥλιος, soleil, et στατός, arrêté, § 279. || 1764. S'-GRAVESANDE, *Élém. de physiq.* V, 2, trad. Jaucourt.]

|| (Technol.) Appareil d'optique maintenant dans une direction constante un rayon solaire introduit dans la chambre obscure.

1. HÉLIOTROPE [é-lyò-trŏp'; *en vers*, -li-ò-...] *s. m.*

[ÉTYM. Emprunté du lat. heliotropium, grec ἡλιοτρόπιον, m. s. proprt, « qui se tourne vers le soleil ». (*Cf.* héliotrope 2 et tournesol.) || XIVᵉ s. Soussie est en grec appellee eliotropie, J. CORBICHON, *Propr. des choses*, dans DELB. *Rec.* | XVIᵉ s. Heliotropes, c'est souleil, qui suyt le soleil, RAB. III, 50.]

|| (Botan.) Plante de la famille des Borraginées, dont une espèce, l'héliotrope du Pérou, a des fleurs suaves.

2. 'HÉLIOTROPE [é-lyò-trŏp'; *en vers*, -li-ò-...] *s. m.*

[ÉTYM. Composé avec le grec ἥλιος, soleil, et τρέπειν, détourner, § 279. (*Cf.* héliotrope 1.) || *Néolog.*]

|| (Technol.) Instrument qui, renvoyant le rayon solaire à distance, sert dans certaines opérations géodésiques.

HÉLIX [é-lĭks'] *s. m.*

[ÉTYM. Emprunté du grec ἕλιξ, m. s. (*Cf.* hélice.) || Admis ACAD. 1835.]

|| (Anat.) Le tour de l'oreille externe.

HELLÉBORE, etc. *V.* ellébore, etc.

HELLÉNIQUE [ĕl'-lé-nĭk'] *adj.*

[ÉTYM. Emprunté du grec ἑλληνικός, m. s. || Admis ACAD. 1762.]

|| (Antiq.) Qui appartient à l'ancienne Grèce. Peuples helléniques. Langue —, le grec ancien.

HELLÉNISME [ĕl'-lé-nĭsm'] *s. m.*

[ÉTYM. Emprunté du grec ἑλληνισμός, m. s. || Admis ACAD. 1762.]

|| **1°** Gramm.) Idiotisme propre à la langue grecque. || **2°** (Antiq.) L'ensemble des idées des anciens Grecs.

HELLÉNISTE [ĕl'-lé-nĭst'] *s. m.*

[ÉTYM. Emprunté du grec ἑλληνιστής, m. s. || 1651. La secte des hellenistes du Port-Royal, LE P. LABBE, dans DELB. *Rec.* Admis ACAD. 1762.]

I. (Antiq.) Celui qui aime, qui imite les Grecs. *Adjectivt.* Les Juifs hellénistes d'Alexandrie.

II. (Gramm.) Celui qui s'adonne à l'étude de la langue et de la littérature grecques.

HELMINTHE [ĕl-mĭnt'] *s. m.*

[ÉTYM. Emprunté du grec ἕλμις, ινθος, m. s. || Admis ACAD. 1878.]

|| (Médec.) Ver intestinal.

HEM [hèm'] *interj.*

[ÉTYM. Onomatopée, § 32. (*Cf.* hein, hom.) Le lat. dit aussi hem. || XVIIᵉ s. *V.* à l'article.]

|| **1°** Interjection dont on se sert pour appeler ou pour interroger. — ! — ! venez donc ici. — ! vous ne dites mot? REGNARD, *Bal*, sc. 7.

|| **2°** Onomatopée imitant le bruit que l'on fait en essayant de se dégager la gorge. La, la... —, — ! écoute avec soin, je te prie, MOL. *Fâch.* I, 3. || *Substantivt.* Sa façon de tousser, son —, HAUTEROCHE, *Bourg. de qual.* II, 2.

'HÉMATEUX, EUSE [é-mà-teu, -teuz'] *adj.*

[ÉTYM. Dérivé du grec αἷμα, αἵματος, sang, § 251. || *Néolog.*]

|| (Médec.) Relatif au sang. Dermatose hémateuse.

'HÉMATIE [é-mà-ti] *s. f.*

[ÉTYM. Dérivé du grec αἷμα, αἵματος, sang, § 282. || *Néolog.*]

|| (Physiol.) Globule rouge du sang.

'HÉMATINE [é-mà-tin'] *s. f.*

[ÉTYM. Dérivé du grec αἷμα, αἵματος, sang, § 245. || Mot dû à M.-E. CHEVREUL (1823).]

|| (Physiol.) Principe colorant du sang.

HÉMATITE [é-mà-tĭt'] *s. f.*

[ÉTYM. Emprunté du lat. hematites, grec αἱματίτης, m. s.

de αἷμα, αἵματος, sang. || XVIᵉ s. Pierre hœmatiste, PARÉ, XVIII, 66. Admis ACAD. 1762.]

|| (Minéral.) Sanguine, minerai de fer d'un rouge brun.

HÉMATOCÈLE [é-mà-tò-sèl] *s. f.*

[ÉTYM. Composé avec le grec αἷμα, αἵματος, sang, et κήλη, humeur, § 279. || 1732. TRÉV. Admis ACAD. 1762.]

|| (Médec.) Tumeur produite par un épanchement de sang dans le tissu cellulaire des organes génitaux.

HÉMATOSE [é-mà-tôz'] *s. f.*

[ÉTYM. Emprunté du grec αἱμάτωσις, m. s. || 1690. FURET. Admis ACAD. 1762.]

|| (Physiol.) Conversion du chyle en sang et du sang veineux en sang artériel dans les poumons.

HÉMATURIE [é-mà-tu-ri] *s. f.*

[ÉTYM. Emprunté du grec αἱμάτουρια, m. s. || 1817. ENCYCL. MÉTH. Admis ACAD. 1835.]

|| (Médec.) Pissement de sang.

HÉMÉROCALLE [é-mé-rò-kàl] *s. f.*

[ÉTYM. Emprunté du grec ἡμεροχαλλίς, m. s. proprt, « beauté d'un jour ». || XVIᵉ-XVIIᵉ s. *V.* à l'article. Admis ACAD. 1762.]

|| (Botan.) Plante liliacée, dont l'espèce principale est l'hémérocalle jaune, dite belle de jour. *Fig.* Toutes les faveurs humaines Sont hémérocalles d'un jour, MALH. *Poés.* 105.

HÉMICYCLE [é-mi-sikl'] *s. m.*

[ÉTYM. Emprunté du lat. hemiciclium, grec ἡμιχύχλιον, m. s. de ἡμι, demi, et χύχλος, cercle. (*Cf.* cycle.) || 1557. Deux hemicicles ou mi-cercles, P. DE MESMES, *Instit. astron.* dans DELB. *Rec.* Admis ACAD. 1762.]

|| (Technol.) Salle demi-circulaire, gradins pour recevoir des spectateurs. || Banc à dossier demi-circulaire. || Trait d'une voûte demi-circulaire. || Cintre de bois soutenant les pierres des arcs pendant la construction.

'HÉMIÈDRE [é-mi-èdr'] *adj.*

[ÉTYM. Composé avec le grec ἡμι, demi, et ἕδρα, face, § 279. || *Néolog.*]

|| (Minéral.) A demi-face. (*V.* hémiédrie.)

'HÉMIÉDRIE [é-mi-é-dri] *s. f.*

[ÉTYM. Composé avec le grec ἡμι, demi, et ἕδρα, face, § 279. || *Néolog.*]

|| (Minéral.) Altération des cristaux, qui au lieu de présenter complètement les faces que réclame leur forme géométrique, n'en ont que la moitié.

HÉMINE [é-min'] *s. f.*

[ÉTYM. Emprunté du lat. hemina, grec ἡμίνα, m. s. (*Cf.* mine 3.) || Admis ACAD. 1718.]

|| (Antiq.) Mesure de capacité d'environ 28 centilitres.

'HÉMIONE [é-myòn'; *en vers*, -mi-òn'] *s. m.*

[ÉTYM. Emprunté du lat. des naturalistes hemionus, m. s. du grec ἡμι, demi, et ὄνος, âne, § 279. Le grec ἡμίονος signifie « mulet ». || *Néolog.*]

|| (Zoologie.) Espèce du genre cheval qui tient du cheval et de l'âne, et qu'on trouve dans l'Hindoustan.

HÉMIPLÉGIE [é-mi-plé-ji] et, *vieilli*, **HÉMIPLEXIE** [é-mi-plĕk'-si] *s. f.*

[ÉTYM. Emprunté du grec ἡμιπληγία, ἡμιπληξία, m. s. || 1573. L'apoplexie et l'hemiplexie, J. LIÉBAULT, *Secr. de médec.* dans DELB. *Rec.* | 1752. Hemiplegie, TRÉV. Admis ACAD. 1762.]

|| (Médec.) Paralysie d'une moitié latérale du corps.

HÉMIPTÈRE [é-mĭp'-tèr] *adj.*

[ÉTYM. Composé avec le grec ἡμι, demi, et πτερόν, aile, § 279. || Admis ACAD. 1835.]

|| (Hist. nat.) Caractérisé par des demi-élytres qui couvrent la partie antérieure des ailes. Insectes hémiptères, et, *substantivt, au masc.* Les Hémiptères.

HÉMISPHÈRE [é-mĭs'-fèr] *s. m.*

[ÉTYM. Emprunté du lat. hemisphærium, grec ἡμισφαίριον, m. s. || XIIIᵉ-XIVᵉ s. Nostre emispere, *Métam. d'Ovide*, dans GODEF. *Compl.*]

|| (T. didact.) Moitié de sphère. Les hémisphères de Magdebourg, instrument de physique, inventé par Otto de Guerick, bourgmestre de Magdebourg (1654), pour démontrer la pression de l'air, et composé de deux demi-sphères creuses, de métal, qui, quand la machine pneumatique y a fait le vide, ne peuvent être séparées l'une de l'autre que par une très grande force. || *Spécialt.* Moitié de la sphère terrestre ou de la sphère céleste. L'— austral. L'— boréal. Les deux hémisphères. Le soleil éclaire tour à tour l'un et l'autre —. || *P. ext.* (Anat.) — du cerveau, du cervelet, les deux moitiés symétriques du cerveau et du cervelet.

HÉMISPHÉRIQUE [é-mĭs'-fé-rĭk'] *adj.*
[ÉTYM. Dérivé de hémisphère, § 229. || 1576. Forme hemis-phérique, NIC. DE NICOLAY, *Navig.* p. 106. Admis ACAD. 1835.]
|| (T. didact.) Qui a la forme d'un hémisphère.

***HÉMISPHÉROÏDE** [é-mĭs'-fé-rò-id'] *s. m.*
[ÉTYM. Composé avec le grec ἡμισφαίριον, hémisphère, et εἶδος, forme, § 279. || 1732. Hemi-spheroïde, TRÉV.]
|| (T. didact.) Corps dont la forme se rapproche de celle d'un hémisphère.

HÉMISTICHE [é-mĭs'-tĭch'] *s. m.*
[ÉTYM. Emprunté du lat. hemistichium, grec ἡμιστίχιον, m. s. de ἥμι, demi, et στίχος, ligne, vers. || XVIᵉ s. J. DU BELLAY, *Déf. et illustr.* dans DELB. *Rec.*]
. || (Prosodie.) Moitié de vers, marquée par un repos ap-pelé césure. Les deux hémistiches d'un vers alexandrin. | P. ext. Chacune des deux parties d'un vers coupé par la césure.

***HÉMITROPE** [é-mi-trŏp'] *adj.*
[ÉTYM. Composé avec le grec ἥμι, demi, et τροπή, tour, § 279. || Mot dû à HAUY, *Traité de minéral.* (1801), I, 107.]
|| (Minéral.) Formé de moitiés dont l'une semble avoir fait une demi-révolution sur l'autre. Feldspath —.

***HÉMITROPIE** [é-mi-trò-pi] *s. f.*
[ÉTYM. Composé avec le grec ἥμι, demi, τροπή, tour, et le suffixe ie, § 279. || Mot dû à HAUY, *Traité de minéral.* (1801), I, 106.]
|| (Minéral.) Caractère des cristaux hémitropes.

HÉMOPTOÏQUE [é-mŏp'-tò-ĭk'] et ***HÉMOPTYIQUE** [é-mŏp'-ti-ĭk'] *adj.*
[ÉTYM. Emprunté du lat. hæmoptyicus, grec αἱμοπτυικός, m. s. (Cf. hémoptysie.) Les auteurs de la basse époque ont employé de bonne heure αἱμοπτοικός, hæmoptoicus, for-mes altérées qui expliquent hémoptoïque, plus usité de nos jours que hémoptyique. || 1752. Hemoptyique, TRÉV. ACAD. écrit hémoptyique en 1762 et hémoptoïque en 1835.]
|| (Médec.) Relatif à l'hémoptysie.

HÉMOPTYSIE [é-mŏp'-ti-zi] *s. f.*
[ÉTYM. Emprunté du lat. hæmoptysis, grec αἱμόπτυσις, m. s. de αἷμα, sang, et πτύειν, cracher. || 1694. TH. CORN. Admis ACAD. 1762.]
|| (Médec.) Crachement de sang.

HÉMORRAGIE et ***HÉMORRHAGIE** [é-mò-rà-ji] *s. f.*
[ÉTYM. Emprunté du lat. hæmorrhagia, grec αἱμορραγία, m. s. de αἷμα, sang, et ῥαγῆναι, éclater. || XVIᵉ s. Grande hémorrhagie, PARÉ, VIII, 34.]
. || (Médec.) Écoulement du sang hors des vaisseaux, avec ou sans rupture des parois. — cérébrale, épanche-ment du sang dans le tissu cérébral.

***HÉMORRAGIQUE** et ***HÉMORRHAGIQUE** [é-mò-rà-jĭk'] *adj.*
[ÉTYM. Dérivé de hémorragie, § 229. || *Néolog.*]
|| (Médec.) Relatif à l'hémorragie.

HÉMORROÏDAL et ***HÉMORRHOÏDAL, ALE** [é-mò-rò-i-dàl] *adj.* et *s. f.*
[ÉTYM. Dérivé de hémorroïde, § 238. || XVIᵉ s. Veines he-morrhoïdales, PARÉ, I, 21.]
|| 1º *Adj.* Relatif aux hémorroïdes. Vaisseaux hémorroï-daux. Veines, artères hémorroïdales, qui se trouvent à l'ex-trémité anale du rectum, siège des hémorroïdes. Tumeurs hémorroïdales, tumeurs de ces vaisseaux. Flux —, flux de sang sorti de ces tumeurs.
. || 2º *S. f.* (Botan.) Hémorroïdale, ficaire, dite aussi herbe aux hémorroïdes, dont les racines tubéreuses ont quelque analogie avec les tumeurs hémorroïdales.

HÉMORROÏDE ou ***HÉMORRHOÏDE** [é-mò-rò-id'] *s. f.*
[ÉTYM. Emprunté du lat. hæmorrhois, idis, grec αἱμορροΐς, ίδος, m. s. de αἷμα, sang, et ῥεῖν, couler. || XIIIᵉ s. Emoroyde, J. DE GARLANDE, *Dict.* dans GODEF. *Compl.*]
|| (Médec.) Tumeur des veines de l'anus, d'où s'échappe de temps à autre une certaine quantité de sang. Hémorroï-des internes, externes. Hémorroïdes sèches, qui ne laissent pas échapper de sang. || *Fig.* Herbe aux hémorroïdes. (*V.* hémorroïdal.)

HÉMORROÏSSE et ***HÉMORRHOÏSSE** [é-mò-rò-ĭs'] *s. f.*
[ÉTYM. Emprunté du lat. ecclés. hæmorrhoissa, m. s. fé-minin barbare tiré du grec αἱμόρροος, m. s. § 129. || XVIᵉ-XVIIᵉ s. Hemorroïsse, FR. DE SALES, dans DELB. *Rec.* Admis ACAD. 1694.]

|| (T. biblique.) Femme affectée d'un flux de sang. La guérison de l'— est un des miracles de Jésus-Christ.

***HÉMOSPASIE** [é-mŏs'-pà-zi] *s. f.*
[ÉTYM. Composé avec le grec αἷμα, sang, et σπάσις, attraction, § 279. || *Néolog.*]
|| (Médec.) Procédé thérapeutique qui consiste à dé-tourner l'afflux de sang d'un organe en l'attirant, à l'aide d'appareils spéciaux, sur une autre partie du corps.

***HÉMOSTASE** [é-mŏs'-táz'] et ***HÉMOSTASIE** [é-mŏs'-tà-zi] *s. f.*
[ÉTYM. Emprunté du grec αἱμόστασις, m. s. de αἷμα, sang, et στάσις, pause, arrêt. (*Cf.* stase.) || 1748. JAMES, *Dict. de médec.* VI, 1425.]
|| (Médec.) | 1. *Vieilli.* Stagnation du sang due à la pléthore. | 2. Opération qui a pour but d'arrêter une hé-morragie.

HÉMOSTATIQUE [é-mŏs'-tà-tĭk'] *adj.*
[ÉTYM. Emprunté du grec αἱμοστατικός, m. s. || 1748. JAMES, *Dict. de médec.* VI, 1425. Admis ACAD. 1762.]
|| (Médec.) Qui arrête les hémorragies. Les remèdes hé-mostatiques, et, *substantivt*, Les hémostatiques.

***HENDÉCAGONAL, ALE** [in-dé-kà-gò-nàl] *adj.*
[ÉTYM. Dérivé de hendécagone, § 238. || *Néolog.*]
|| (Géom.) Qui a onze angles et onze côtés. Pyramide hendécagonale.

HENDÉCAGONE [in-dé-kà-gòn'] *s. m.*
[ÉTYM. Emprunté du lat. hendecagonus, m. s. composé avec le grec ἕνδεκα, onze, et γῶνος, angle. || 1732. TRÉV. Admis ACAD. 1762.]
|| (Géom.) Polygone qui a onze angles et onze côtés.

HENDÉCASYLLABE [in-dé-kà-sĭl'-làb'] *adj.*
[ÉTYM. Emprunté du lat. hendecasyllabus, grec ἑνδεκα-σύλλαβος, m. s. de ἕνδεκα, onze, et συλλαβή, syllabe. || 1550. Mignars hendecasyllabes, J. DU BELLAY, *Déf. et illustr.* dans DELB. *Rec.* Admis ACAD. 1740.]
|| (Métriq.) Qui a onze syllabes. Un vers —.

***HENDÉCASYLLABIQUE** [in-dé-kà-sĭl'-là-bĭk'] *adj.*
[ÉTYM. Dérivé de hendécasyllabe, § 229. || *Néolog.*]
|| (Métriq.) Qui a onze syllabes. Vers —.

***HENNÉ** [hĕn'-né] *s. m.*
[ÉTYM. Emprunté de l'arabe hinna, m. s. § 22. || 1789. EN-CYCL. MÉTH.]
|| (Botan.) Arbuste d'Afrique et d'Asie dont les feuilles séchées et réduites en poudre servent à teindre en jaune.

HENNIR [hà-nir] *v. intr.*
[ÉTYM. Du lat. hinnire, m. s. §§ 372, 342, 481 et 291. L'as-piration de l'h est due à une sorte d'onomatopée, § 32.]
|| En parlant du cheval, pousser le cri particulier à son espèce. Un cheval qui hennit après l'avoine.

***HENNISSANT, ANTE** [hà-ni-san, -sànt'] *adj.*
[ÉTYM. Adj. participe de hennir, § 47. || 1673. Les chevaux hennissants, ABBÉ DE MAROLLES, *Géorg.* dans DELB. *Rec.*]
|| Qui hennit. Des cavales hennissantes.

HENNISSEMENT [hà-nĭs'-man; *en vers*, -ni-se-...] *s. m.*
[ÉTYM. Dérivé de hennir, § 145. || XIVᵉ s. Grans innissemens Des fors destriers, *Girard de Roussillon*, 3773.]
|| Cri particulier au cheval. Le — des chevaux.

HÉPATIQUE [é-pà-tĭk'] *adj.* et *s. f.*
[ÉTYM. Emprunté du lat. hepaticus, grec ἡπατικός, m. s. de ἧπαρ, ατος, foie. || XIIIᵉ-XIVᵉ s. La basilique que l'en appele la epatique, LANFRANC, *Chirurg.* fº 30, dans LITTRÉ.]
I. *Adj.* || 1º Relatif au foie. Vaisseaux hépatiques. Coli-ques hépatiques.
|| 2º Qui rappelle le foie par sa couleur. (Chimie anc.) Soufre —, sulfure. Air —, hydrogène sulfuré.
II. *S. f.* (Botan.) | 1. Genre de renonculaires dont une espèce, l'hépatique commune, a été recommandée contre les maladies du foie. | 2. Famille de plantes acotylédones intermédiaires entre les lichens et les mousses.

1. HÉPATITE [é-pà-tĭt'] *s. f.*
[ÉTYM. Emprunté du lat. hepatites, grec ἡπατίτης (s.-ent. λίθος, pierre), m. s. Sur le genre (le grec et le lat. sont du masc.), *V.* § 550. || XVIᵉ s. DU PINET, dans DELB. *Rec.* Admis ACAD. 1762.]
|| (Minéral.) Pierre précieuse de la couleur du foie.

2. HÉPATITE [é-pà-tĭt'] *s. f.*
[ÉTYM. Emprunté du lat. médical hepatitis, m. s. du grec ἧπαρ, ατος, foie, § 282. || 1752. TRÉV. Admis ACAD. 1798.]
.|| (Médec.) Inflammation du foie.

HEPTACORDE [ĕp'-tà-kòrd'] *adj.* et *s. m.*
[ÉTYM. Emprunté du lat. heptacordus, grec ἑπτάχορδος, *m. s.* de ἑπτά, sept, et χορδή, corde. ‖ xvi° s. Eptacorde, LA BODERIE, dans GODEF. *Compl.* Admis ACAD. 1798.]
‖ **1°** *Adj.* A sept cordes. La lyre — des anciens.
‖ **2°** *S. m.* Lyre heptacorde. ‖ *P. ext.* Système de sons comprenant sept notes. (*Cf.* gamme.)
'HEPTAÈDRE [ĕp'-tà-èdr'] *s. m.*
[ÉTYM. Composé avec le grec ἑπτά, sept, et ἕδρα, face, § 279. ‖ 1772. ROMÉ DE L'ISLE, *Essai de cristallographie,* p. 29, préf.]
‖ (Géom.) Solide à sept faces.
'HEPTAGONAL, ALE [ĕp'-tà-gò-nàl] *adj.*
[ÉTYM. Dérivé de heptagone, § 238. ‖ 1633. Une forteresse hexagonale, heptagonale, RENÉ LE NORMANT, *Disc. milit.* dans DELB. *Rec.*]
‖ (Géom.) Qui a sept angles et sept côtés. Figure heptagonale. Pyramide heptagonale, dont la base est un heptagone. Prismes heptagonaux.
HEPTAGONE [ĕp'-tà-gòn'] *adj.* et *s. m.*
[ÉTYM. Emprunté du lat. heptagonus, grec ἑπτάγωνος, *m. s.* de ἑπτά, sept, et γωνία, angle. ‖ 1542. Heptagone regulier, BOVELLES, *Géom. prat.* f° 26, v°. Admis ACAD. 1798.]
‖ **1°** *Adj.* (Géom.) Qui a sept côtés et sept angles.
‖ **2°** *S. m.* (Géom.) Polygone qui a sept côtés et sept angles. ‖ (T. milit.) Place défendue par sept bastions.
'HEPTAMÈTRE [ĕp'-tà-mètr'] *s. m.*
[ÉTYM. Emprunté du lat. heptametrum, *m. s.* composé avec le grec ἑπτά, sept, et μέτρον, mesure, § 279. ‖ *Néolog.*]
‖ (Métr. anc.) Vers de sept pieds.
'HEPTANDRE [ĕp'-tāndr'] *adj.*
[ÉTYM. Tiré de heptandrie, § 279. ‖ 1798. L.-C.-M. RICHARD, *Dict. de botan. de Bulliard,* p. 196.]
‖ (Botan.) Qui a sept étamines.
HEPTANDRIE [ĕp'-tan-dri] *s. f.*
[ÉTYM. Emprunté du lat. des naturalistes heptandria (LINNÉ), *m. s.* composé avec le grec ἑπτά, sept, et ἀνήρ, ἀνδρος, mâle, § 279. ‖ 1798. L.-C.-M. RICHARD, *Dict. de botan. de Bulliard.* Admis ACAD. 1835.]
‖ (Botan.) Dans la classification de Linné, classe comprenant toutes les plantes qui ont sept étamines.
HÉRALDIQUE [é-răl-dĭk'] *adj.*
[ÉTYM. Dérivé de héraut, d'après la forme latinisée heraldus, § 229. ‖ xv° s. L'art de l'heraldique, dans GODEF. *Compl.* Admis ACAD. 1718.]
‖ (T. didact.) Relatif au blason. La science —, et, *substantivt,* L'—, la science du blason, et, *p. ext.* l'ensemble des emblèmes qu'étudie cette science. L'art —. Graveur —.
'HÉRALDISTE [é-răl-dĭst'] *s. m.*
[ÉTYM. Dérivé de héraut, d'après la forme latinisée heraldus, § 265. ‖ *Néolog.*]
‖ (T. didact.) Celui qui est versé dans la science du blason.
HÉRAUT [é-ró] *s. m.*
[ÉTYM. Origine incertaine ; peut-être dérivé de l'anc. haut allem. haren, crier, appeler, § 138. LA F. *Fab.* II, 9, a employé héros, à la rime, pour héraut. ‖ xii°-xiii° s. Hiraut de armes releveor, *Guillaume Le Maréchal,* 977.]
‖ *Ancienut.* Officier chargé de porter les messages (défis, sommations, déclarations de guerre, etc.), de faire les proclamations, de régler les fêtes de chevalerie, de veiller aux armoiries. Les hérauts d'armes portaient le nom des seigneuries auxquelles ils appartenaient. ‖ *Fig.* Messager. Le — du printemps (le rossignol) lui demande la vie, LA F. *Fab.* IX, 18.
HERBACÉ, ÉE [èr-bà-sé] *adj.*
[ÉTYM. Emprunté du lat. herbaceus, *m. s.* ‖ xvi° s. Celuy qui est dit herbacee, DU PINET, *Hist. nat. de Pline,* dans DELB. *Rec.* Admis ACAD. 1762.]
‖ (Botan.) Qui se rapproche de la nature de l'herbe. Plantes herbacées.
HERBAGE [èr-bàj'] *s. m.*
[ÉTYM. Dérivé de herbe, § 78. ‖ xii° s. Quant ge le vi ui main en cest erbage, *Couronn. de Louis,* 925.]
‖ **1°** L'herbe des prés. ‖ *Spécialt.* Pré où l'on fait paître les bestiaux à engraisser. Les herbages de Normandie.
‖ **2°** Réunion d'herbes cueillies. Vivre d'herbages.
'HERBAGEMENT [èr-bàj'-man ; *en vers,* -bà-je-...] *s. m.*
[ÉTYM. Dérivé de herbager, § 145. ‖ *Néolog.*]
‖ (Agricult.) Action d'herbager (les bestiaux).
1. 'HERBAGER [èr-bà-jé] *v. tr.*
[ÉTYM. Dérivé de herbage, § 154. ‖ 1420. Ceulx qui herbagent leurs bestes, dans GODEF. herbagier.]
‖ (Agricult.) Mettre (les bestiaux) à l'herbage.
2. 'HERBAGER [èr-bà-jé] *s. m.*
[ÉTYM. Dérivé de herbage, § 115. ‖ 1796. ENCYCL. MÉTH.]
‖ (Agricult.) Celui qui nourrit, engraisse des bestiaux.
'HERBAGEUX, EUSE [èr-bà-jeu, -jeŭz'] *adj.*
[ÉTYM. Dérivé de herbage, § 116. ‖ 1611. COTGR.]
‖ *Rare.* Couvert d'herbage. Les plaines herbageuses du Kouban, VOLNEY, *Ruines,* 12.
HERBE [èrb'] *s. f.*
[ÉTYM. Du lat. herba, *m. s.* devenu erbe, §§ 372 et 291, puis écrit herbe, par retour à l'orthographe latine, § 502.]
‖ **1°** Plante à tige non ligneuse et le plus souvent verte. Herbes potagères, vulnéraires, médicinales. Bouillon d'herbes. Jus d'herbes, suc de persil, cerfeuil, etc. Fines herbes (persil, cerfeuil, etc.), employées comme assaisonnement. Mauvaise —, qui n'a par elle-même aucune utilité et nuit au développement des plantes au milieu desquelles elle pousse. *P. plaisant. Fig. Famil.* Mauvaise — croit toujours, en parlant d'un enfant qui grandit vite. Il a marché sur une mauvaise —. Sur quelle — a-t-il marché? en parlant de celui qui est de méchante humeur. ‖ *Spécialt.* Nom donné à diverses plantes : — aux chats, — aux coupures, — aux goutteux, — flottante, etc. ‖ Herbes de la Saint-Jean, herbes odoriférantes qu'on cueille le jour de la Saint-Jean pour en joncher les planchers, et auxquelles on attribue des propriétés merveilleuses. *Fig. Famil.* Employer toutes les herbes de la Saint-Jean, mettre en œuvre tous les moyens possibles. ‖ Herbes filées, tissu fait de diverses sortes d'herbes.
‖ **2°** *P. ext.* Végétation verte qui couvre les prés, les lieux peu fréquentés, et qu'on emploie pour la nourriture des bestiaux. L'— verte. — fraîche, tendre, nouvelle. Mettre un cheval à l'—. L'— tendre et fleurie, FÉN. *Fab. Loup et Jeune Mouton.* Courir dans l'—. Être étendu sur l'—. Un brin d'— dans l'eau par elle étant jeté, LA F. *Fab.* II, 12. L'— poussait entre les pavés de la cour. *Fig. Famil.* L'— croit chez eux, leur maison est abandonnée.
‖ **3°** État de certaines plantes (céréales, chanvre, etc.) quand elles ne sont pas encore à maturité. Les alouettes font leur nid Dans les blés quand ils sont en —, LA F. *Fab.* IV, 22. *Fig.* Manger son blé en —, manger d'avance son revenu. Un savant en —, qui promet de devenir savant. Et ne l'être (trompé) qu'en —, MOL. *Éc. des m.* III, 9. Couper l'— sous le pied à qqn, le supplanter.
HERBEILLER [èr-bè-yé] *v. intr.*
[ÉTYM. Dérivé de herbe, § 161. ‖ 1279. Il poent herbillier en leur chenseus, *Cartul. de Ponthieu,* dans GODEF. herbillier. Admis ACAD. 1762.]
‖ (Vénerie.) Brouter l'herbe. *Spécialt.* Le sanglier a herbeillé ici.
HERBER [èr-bé] *v. tr.*
[ÉTYM. Dérivé de herbe, § 154. Signifie surtout « herbager (*V.* herbager 1) » et « aromatiser avec des herbes » en anc. franç. ‖ xii° s. Trop ont beû del vin herbé, *Vie de St Gilles,* 615. Admis ACAD. 1762.]
‖ **1°** Exposer au soleil sur l'herbe. — de la toile, de la cire (pour la blanchir). — des cheveux (pour les faire changer de couleur).
‖ **2°** Traiter par l'herbe. *Spécialt. Vieilli.* (Art vétérin.) — un cheval, un bœuf, lui appliquer sur le poitrail de la racine d'ellébore pour faire suppurer la partie.
'HERBERIE [èrb'-ri ; *en vers,* èr-be-ri] *s. f.*
[ÉTYM. Dérivé de herbe, § 69. ‖ xiii° s. Li diz de l'Erberie, RUTEB. titre, p. 115, Kressner.]
‖ *Vieilli.* ‖ **1°** Marché aux herbes.
‖ **2°** Lieu où l'on herbe la cire.
HERBETTE [èr-bĕt'] *s. f.*
[ÉTYM. Dérivé de herbe, § 133. ‖ xiv°-xv° s. Qui sechera soubz le pié com l'erbette, EUST. DESCH. II, 131.]
‖ *Poét.* Herbe courte et menue des champs. Danser sur l'—
HERBEUX, EUSE [èr-beu, -beŭz'] *adj.*
[ÉTYM. Du lat. herbosum, *m. s.* §§ 372, 325, 418 et 291. Admis ACAD. 1762.]
‖ Où il pousse de l'herbe. Rives herbeuses.
HERBIER [èr-byé] *s. m.*
[ÉTYM. Dérivé de herbe, § 115. En latin herbarium si-

gnifie « traité de botanique ». || XIIᵉ s. Plaine sa lance l'abat en l'erbier, *Raoul de Cambrai*, 2730. Admis ACAD. 1740.]

|| **1°** Banc d'herbes qui se forme au milieu des eaux et sert de refuge au poisson. || Endroit, dans une ferme, où l'on conserve l'herbe pour la nourriture du bétail. || Panse des ruminants.

|| **2°** *Spécialt.* Collection de plantes desséchées et conservées entre des feuilles de papier. || *P. ext.* | **1.** La peau de l'oiseau desséchée et conservée en — (entre deux feuilles de papier), BUFF. *Oiseaux, Guêpier du Sénégal.* | **2.** Collection de dessins représentant des plantes. | **3.** Ouvrage qui traite des plantes et en donne des descriptions et des dessins.

HERBIÈRE [èr-byèr] *s. f.*
[ÉTYM. Dérivé de herbe, § 115. En lat. herbarius signifie « botaniste ». || XIIIᵉ s. Aelais ot non li erbiere, PH. MOUSKET, *Chron.* 28938.]
|| Celle qui vend des herbes au marché. || Celle qui va cueillir de l'herbe dans les champs.

HERBIVORE [èr-bi-vòr] *adj.*
[ÉTYM. Composé avec le lat. herba, herbe, et vorare, manger, § 273. || 1748. JAMES, *Dict. de médec.* Admis ACAD. 1835.]
|| (T. didact.) Qui se nourrit d'herbes. Les animaux herbivores, et, *substantivt*, Les herbivores, groupes de mammifères qui se nourrissent exclusivement ou le plus ordinairement de matières végétales.

HERBON [èr-bon] *s. m.*
[ÉTYM. Origine inconnue. || 1790. ENCYCL. MÉTH. *Manuf. et arts*, tanneur.]
|| (Technol.) Couteau à lame mousse dont le tanneur se sert pour débourrer les cuirs. (*Syn.* boutoir.)

HERBORISATEUR, TRICE [èr-bò-ri-zà-teur, -trïs'] *s. m. et f.*
[ÉTYM. Dérivé de herboriser, § 249. || *Néolog.*]
|| (T. didact.) Celui, celle qui fait des herborisations. (*Cf.* herboriseur.)

HERBORISATION [èr-bò-ri-zà-syon ; *en vers*, -si-on] *s. f.*
ÉTYM. Dérivé de herboriser, § 247. || 1720. *Journal des sav.* p. 285. Admis ACAD. 1762.]
|| (T. didact.) || **1°** Action d'herboriser.
|| **2°** *Anciennt.* Arborisation. (*V. ce mot.*)

HERBORISÉ, ÉE [èr-bo-ri-zé]. *V.* arborisé.

HERBORISER [èr-bò-ri-zé] *v. intr.*
[ÉTYM. Dérivé de herbe, par confusion avec le radical du lat. arbor, arbre, §§ 267 et 509. (*Cf.* arboriser.) || 1611. COTGR. Admis ACAD. 1694.]
|| (T. didact.) Aller dans la campagne recueillir des plantes pour les étudier et les collectionner.

HERBORISEUR [èr-bò-ri-zeur] *s. m.*
[ÉTYM. Dérivé de herboriser, § 112. || Admis ACAD. 1798.]
|| (T. didact.) Celui qui fait des herborisations. (*Cf.* herborisateur.)

HERBORISTE [èr-bò-rïst'] *s. m.*
[ÉTYM. Dérivé de herbe, par confusion avec le radical du lat. arbor, arbre, §§ 265 et 509. (*Cf.* arboriste.) || 1530. Plusieurs ignorans herbolistes, DAIGUE, *Propr. des tortues*, 13. | 1545. Le commun des herboristes, G. GUÉROULT, dans DELB. *Rec.*]
|| Celui qui tient le commerce des plantes médicinales.

HERBORISTERIE [èr-bò-rïst'-ri ; *en vers*, -rïs'-te-ri] *s. f.*
[ÉTYM. Dérivé de herboriste, § 69. || *Néolog.*]
|| Commerce d'herboriste.

HERBU, UE [èr-bu] *adj.*
[ÉTYM. Dérivé de herbe, § 118. || XIIᵉ s. En une place vert, erbue, BENEEIT, *Ducs de Norm.* dans DELB. *Rec.*]
|| Couvert d'herbe. Campagnes herbues.

HERBUE [èr-bu] *s. f.*
[ÉTYM. Tiré de herbu, § 38. Souvent écrit erbue, par oubli de l'étymologie, et, par altération, harbue, arbue. || 1761. Harbue, DE COURTIVRON et BOUCHU, *Art des forges*, p. 56.]
|| (Technol.) Terre végétale de pâturage qu'on emploie comme amendement dans les vignes. || Terre légère bonne pour pâturages. || *P. ext.* Fondant d'argile qu'on ajoute à la gangue pour en dégager le minerai.

HERCHAGE [èr-chàj'] *s. m.*
[ÉTYM. Dérivé de hercher, § 78. || 1769. Herchage, tirage des hiercheux, MORAND, *Art d'expl. les mines*, p. 1434.]
|| (Technol.) Action de hercher.

HERCHE [hèrch'] *s. f.*
[ÉTYM. Subst. verbal de hercher, § 52. || *Néolog.*]
|| (Technol.) Dans une mine, wagon qu'on charge de minerai.

HERCHER [hèr-ché] *v. intr.*
[ÉTYM. Forme normanno-picarde de herser (*V.* ce mot), §§ 16 et 391. || (Au sens actuel.) 1769. Hiercher, tirer le sployon, MORAND, *Art d'expl. les mines*, p. 1434.]
|| (Technol.) Pousser, faire circuler dans les mines les wagons chargés de minerai.

HERCHEUR, EUSE [hèr-cheur, -cheuz'] *s. m. et f.*
[ÉTYM. Dérivé de hercher, § 112. || 1769. Quelquefois il n'y a qu'un hiercheur, MORAND, *Art d'expl. les mines*, p. 211.]
|| (Technol.) Celui, celle qui herche.

HERCOTECTONIQUE [èr-kò-těk'-tò-nïk'] *s. f.*
[ÉTYM. Composé avec le grec ἕρκος, enceinte, et τεκτονική, art de construire (*cf.* architecte), § 279. || 1694. TH. CORN.]
|| (T. didact.) Art des fortifications.

HERCULE [èr-kul] *s. m.*
[ÉTYM. Nom propre, § 36, grec Ἡρακλῆς, lat. Hercules, personnage mythologique célèbre par sa force. || Admis ACAD. 1762.]
|| *Famil.* Homme d'une très grande force physique. *Spécialt.* Un Hercule de foire, qui accomplit des tours de force.

HERCULÉEN, ENNE [èr-ku-lé-in, -èn'] *adj.*
[ÉTYM. Dérivé de Hercule, § 244. || XVIᵉ s. Force herculeane, LA BODERIE, dans GODEF. *Compl.* Admis ACAD. 1878.]
|| Digne d'un Hercule. Taille, force herculéenne. Travaux herculéens.

HÈRE [hèr] *s. m.*
[ÉTYM. Origine incertaine; qqns le croient emprunté de l'allem. herr, seigneur, employé par dénigrement, § 7. (*Cf.* sire.) || XVIᵉ s. Et lui avoit on fait couper la queue (au renard), et pour ce on l'appeloit le here, BON. DES PER. *Nouv.* 31.]
I. *Famil.* Homme sans considération, sans fortune. Cancres, hères et pauvres diables, LA F. *Fab.* I, 5.
II. Jeu de cartes dit aussi l'as qui court.
III. (Vénerie.) Jeune cerf qui n'est plus faon et qui n'est pas encore daguet.

HÉRÉDITAIRE [é-ré-di-tèr] *adj.*
[ÉTYM. Emprunté du lat. hereditarius, *m. s.* (*Cf.* le doublet, de formation populaire, héritier.) || XVᵉ-XVIᵉ s. Eus disans hereditaires du dit lieu, P. DESREY, *Chron.* dans LA C.]
|| **1°** Qui se transmet par droit d'hérédité. Biens, titres héréditaires. Charges, fonctions héréditaires. La pairie était —.
|| *P. ext.* Prince —, celui qui doit hériter du pouvoir.
|| **2°** En parlant des dispositions physiques ou mentales, qui se transmet des ascendants aux descendants. Maladies héréditaires. Folie —. || Vertus, vices héréditaires.

HÉRÉDITAIREMENT [é-ré-di-tèr-man ; *en vers*, -tè-re-...] *adv.*
[ÉTYM. Composé de héréditaire et ment, § 724. || 1323. A tousjours hereditairement, dans GODEF. *Compl.*]
|| D'une façon héréditaire.

HÉRÉDITÉ [é-ré-di-té] *s. f.*
[ÉTYM. Emprunté du lat. hereditas, atis, *m. s.* || XIᵉ s. O filz, cui ierent mes granz ereditez? *St Alexis*, 401.]
I. || **1°** Pouvoir de recueillir (en totalité ou en partie) les biens qu'une personne laisse à son décès. Accepter l'—. Renoncer à l'—. || *Spécialt.* Pouvoir de succéder à qqn dans sa charge, ses fonctions. L'— de la couronne, de la pairie.
|| **2°** *Vieilli.* Héritage. La loi des Saxons veut que le père et la mère laissent leur — à leur fils, MONTESQ. *Espr. des lois*, VIII, 22. — jacente, héritage non encore accepté.
II. Transmission des ascendants aux descendants de certaines particularités d'organisation physique, d'aptitude morale.

HÉRÉSIARQUE [é-ré-zyàrk' ; *en vers*, -zi-àrk'] *s. m.*
[ÉTYM. Emprunté du lat. ecclés. hæresiarches, grec αἱρεσιάρχης, *m. s.* || 1524. Tous les erarsiarges (*sic*), P. GRINGORE, *Blason des hérétiq.*]
|| Auteur d'une doctrine, chef d'une secte hérétique. Les hérésiarques des premiers siècles de l'Église.

HÉRÉSIE [é-ré-zi] *s. f.*
[ÉTYM. Emprunté du lat. ecclés. hæresis, grec αἵρεσις, *m. s.* proprt, « opinion de choix », de αἱρεῖν, prendre,

choisir. || xiie s. Ne creum lur folie, Laissum lur eresie, PH. DE THAUN, *Best.* p. 91.]

|| **1°** Doctrine de certains dogmes chrétiens contraires à la foi catholique et condamnés par l'Église. Les hérésies avaient eu le temps de se multiplier; on en comptait plus de cinquante dès le cinquième siècle, VOLT. *Dict. philos.* hérésie. Cet homme ne fera pas d'—, *loc. prov.* qui se dit d'un homme de peu d'esprit.

|| **2°** *P. ext. Famil.* Opinion, théorie qui est en opposition avec les idées reçues. — littéraire. Ce que vous dites là est une — en médecine.

HÉRÉTICITÉ [é-ré-ti-si-té] *s. f.*

[ÉTYM. Dérivé du lat. hereticus, hérétique, § 255. || xviie-xviiie s. Mot attribuée à FÉNELON. Admis ACAD. 1740.]

|| Caractère hérétique (d'une doctrine). L'— d'une proposition.

HÉRÉTIQUE [é-ré-tĭk'] *adj.*

[ÉTYM. Emprunté du lat. hæreticus, grec αἱρετικός, *m. s.* L'anc. franç. a la forme erege, de formation populaire, à côté de herite, altération inexpliquée. || xive s. Pires que Vaudois ou hereticques, *Récits d'un bourg. de Valenciennes*, dans DELB. *Rec.*]

|| **1°** Qui soutient une hérésie. Un roi —. *Substantivt.* Un, une —. La conversion des hérétiques. || *P. ext.* Entaché d'hérésie. Doctrine, proposition —.

|| **2°** *P. ext. Famil.* Qui soutient une opinion qui est en opposition avec les idées reçues. Il est —, et, *substantivt*, C'est un — en littérature.

HÉREUX, EUSE. V. haireux.

HERGNE. V. hargne.

HÉRIDELLE [hé-ri-dèl]. *V.* haridelle.

HÉRIGOTÉ [hé-ri-gò-té]. *V.* ergoté.

HÉRISSEMENT [hé-rĭs'-man; *en vers,* -ri-se-...] *s. m.*

[ÉTYM. Dérivé de hérisser, § 145. || xve s. Cris, plours, herissemens, A. CHARTIER, *Quatre Dames*, p. 648, édit. 1617.]

|| Le fait de se hérisser, d'être hérissé.

HÉRISSER [hé-ri-sé] *v. tr.*

[ÉTYM. Du lat. pop. *hericiare, m. s.* tiré de herictus, hérisson, devenu héricier, §§ 372, 297 et 291, hericer (écrit arbitrairement herisser, hérisser), § 634. || xiie s. Le gaignon Qui se herice et regringne, CHRÉTIEN DE TROYES, *Cheval. au lion*, 646.]

|| **1°** En parlant de l'homme ou des animaux, dresser (ses cheveux, son poil, ses plumes). L'oiseau hérissait ses plumes. Ses cheveux se hérissent. Des coursiers attentifs le crin s'est hérissé, RAC. *Phèd.* v, 6. L'œil farouche, l'air sombre et le poil hérissé, ID. *Iph.* v, 6. Se —, dresser son poil, ses plumes. Le sanglier furieux se hérisse. *Intransitivt* (*rare*). Ses cheveux lui hérissent sur la tête. || *Au part. passé employé substantivt. Hérissé,* nom spécifique de divers poissons dits aussi hérissons. Hérissée, chenille au corps velu, qui se tient sur l'artichaut. || *Fig.* Se —, être hérissé, montrer une résistance irritée à ce que propose qqn. A cette proposition il se hérissa. C'est un homme hérissé, d'un commerce difficile et qu'on ne sait comment prendre.

· || **2°** *P. anal.* Garnir (un objet) de choses piquantes, pointues, qui empêchent de le toucher. — un bastion de pieux. Un autel hérissé de dards, de javelots, RAC. *Iph.* iii, 1. Les glaçons qui hérissent la fontaine. Rose hérissée d'épines. Tige hérissée, couverte de poils rudes et fort apparents. || *Fig.* Le chemin de la vie est hérissé de ronces. | — son style d'archaïsmes. Des ouvrages tout hérissés de grec, de latin. Un pédant tout hérissé d'algèbre. Texte hérissé de difficultés.

HÉRISSON [hé-ri-son] *s. m.*

[ÉTYM. Du lat. pop. *hericiônem* (class. hericium), *m. s.* devenu hericon, écrit arbitrairement herisson, hérisson, §§ 372, 382 et 291. || xiie s. Taisniere as heriçuns, *Psaut. de Cambridge*, ciii, 18.]

|| **1°** Mammifère insectivore dont la peau du dos est couverte de piquants longs et raides composés de poils agglomérés, qu'il dresse en se roulant en boule quand on l'approche. — d'Amérique, de Malacca, variété de hérisson. — de Madagascar, genre voisin du hérisson. || *Fig. Famil.* C'est un —, un homme d'humeur difficile, qu'on ne sait comment prendre. Une humeur hérissonne. *Adjectivt.*

· || **2°** *P. ext.* (Hist. nat.) Nom de divers animaux dont le corps est armé de piquants. — de mer, oursin. | Nom de poissons du genre diodon et tétrodon. | Nom de plusieurs coquilles du genre rocher. — blanc, larve de coc-

cinelle. | *Au fém.* **Hérissonne**, chenille velue du genre bombyx. || *P. ext.* (Botan.) Champignon comestible, de forme rameuse. | Enveloppe épineuse de la châtaigne. | Corossol, sorte de poire recouverte d'une écorce hérissée d'épines.

|| **3°** *P. anal.* (Technol.) Nom donné à divers objets portant des pointes. | **1.** Roue motrice verticale dont les dents sont des chevilles implantées sur la circonférence extérieure. | **2.** Poutre garnie de pointes de fer pour barrer l'entrée d'une porte de ville. — roulant, poutre garnie de pointes de fer et munie d'une roue à chaque extrémité pour barrer l'entrée d'une brèche, d'un port. | — foudroyant, bombe allongée, armée de piquants de fer, et traversée par un essieu, que les assiégés faisaient rouler sur les assiégeants et qui éclatait comme les autres bombes. | **3.** Assemblage de pointes de fer qu'on met aux grilles fermant l'entrée d'une habitation, pour en empêcher l'escalade. | **4.** Tige garnie de chevilles pour recevoir des bouteilles qu'on laisse égoutter. | **5.** Morceau de bois sur lequel on fait égoutter la vaisselle après qu'on l'a lavée. | **6.** Rouleau garni de chevilles pour écraser les mottes de terre dans un champ labouré. | **7.** Tige garnie de lames flexibles qu'on fait ramoner à la corde les cheminées étroites. | **8.** Disposition des briques, moellons plats dressés de chant sur la ligne supérieure d'un mur. | **9.** *Anciennt.* Coiffure de femme où les cheveux sont au sommet de la tête. Avec leur maudit — ils me firent une tête monstrueuse, Mme DE GENLIS, *Colombe*, sc. 3.

HÉRISSONNÉ, ÉE [hé-ri-sò-né] *adj.*

[ÉTYM. Dérivé de hérisson, § 118. || 1690. FURET. Admis ACAD. 1762.]

|| (Blason.) Dont le corps est ramassé sur lui-même. *Spécialt.* Chat —.

HÉRISSONNER [hé-ri-sò-né] *v. tr.*

[ÉTYM. Dérivé de hérisson, § 154. || xiie s. Heriçoné sunt li destrier De saettes, BENEEIT. *Ducs de Norm.* 21728. Admis ACAD. 1762; suppr. en 1798.]

|| *Vieilli.* Hérisser. *Spécialt.* (Vénerie.) Le faucon se hérissonne. || *Fig.* (Technol.) — un mur, le recouvrir d'une couche de mortier ou de plâtre qu'on n'égalise pas et qu'on laisse rude au toucher.

HÉRITAGE [é-ri-tâj'] *s. m.*

[ÉTYM. Dérivé de hériter, § 78. || xiie s. Laisse mei Rome, que c'est mes eritages, *Couronn. de Louis*, 2379.]

|| **1°** Ce qui échoit à qqn par voie de succession. Il a fait un grand —. Il faudra... faire saisir tous ses biens et ses héritages, SÉV. 999. Quand mes mains de tout mon — Aux pauvres feraient le partage, RAC. *Cantiq. spirit.* 1. Recueillir l'— de ses pères. L'— royal. || *Spécialt.* Immeuble réel reçu par voie de succession. Gardez-vous, leur dit-il, de vendre l'— Que nous ont laissé nos parents : Un trésor est caché dedans, LA F. *Fab.* v, 9. Sinon envers celui dont vous achetez l'—, au moins envers ceux aux dépens de qui vous le payez, BOURD. *Richesses*, 1. | *P. ext.* Immeuble réel, terres, maisons. Acheter un —. Bail d'—, bail à rente perpétuelle ou à très long terme. || *Fig. Loc. prov.* Promesse des grands n'est pas —, il ne faut pas compter sur les promesses des grands comme sur une chose qui vous revient de droit par héritage. Service des grands n'est pas —, le service des grands n'apporte pas toujours la fortune.

|| **2°** *Fig.* Condition, situation que qqn reçoit d'un autre. Il tient cette maladie de son père, c'est un triste —. Pour mes tristes enfants quel affreux — ! RAC. *Phèd.* iii, 3. Un — de gloire, d'honneur. || *Spécialt.* (Style. bibliq.) L'— du Seigneur. | **1.** Les biens renfermés dans le temple. | **2.** La terre sainte. | **3.** *Fig.* La vie céleste, la gloire éternelle.

HÉRITER [é-ri-té] *v. intr.* et *tr.*

[ÉTYM. Du lat. pop. hereditare, *m. s.* devenu régulièrement ereter, §§ 372, 336, 369, 295 et 291, puis ireter ou ériter par une sorte de dissimilation, § 360, écrit ensuite hériter par retour à l'orthographe du latin, § 502. || xiie s. La semence de lui heriterad la terre, *Psaut. de Cambridge*, xxiv, 12.]

· || **1°** *V. intr.* Devenir possesseur par héritage de qqch. Il a hérité d'une maison. *Absolt.* Théramène était riche et avait du mérite; il a hérité, il est donc très riche et est d'un très grand mérite, LA BR. 7. || *Fig.* Dix femmes dont il était le tyran héritent par sa mort de la liberté, LA BR. 3. De votre injuste haine il n'a pas hérité, RAC. *Phèd.* v, 3. Il a hérité des vertus, de la gloire de son père.

|| 2° *V. tr.* Posséder (qqch) par héritage. Il a hérité cette maison de son père. Héritant son sceptre et sa couronne, CORN. *D. Sanche*, I, 3. *Absoll.* Il a hérité de son oncle. Vous ne pourrez — de lui. || *Fig.* Il avait hérité ces sentiments de son père, RAC. *Fragm. et notes histor.* 1. Vous avez hérité ce nom de vos aïeux, CORN. *Sertor.* III, 1. J'en dois compte (de mon sang) aux aïeux dont il est hérité, ID. *D. Sanche*, III, 4. C'est une maladie qu'il a héritée de sa mère.

HÉRITIER, IÈRE [é-ri-tyé, -tyèr] *s. m. et f.*

[ÉTYM. Du lat. pop. hereditarium, *m. s.* devenu eretier, éritier, héritier, § 298. (*V.* hériter; *cf.* le doublet héréditaire.) || XII° s. Et Loois remest ses eritiers, *Couronn. de Louis*, 243.]

|| Personne que la loi appelle à hériter de qqn. Les enfants sont les héritiers naturels des parents. Héritiers directs, légitimes. — bénéficiaire d'inventaire. — fidéi-commissaire. Se porter —. L' — qui renonce est censé n'avoir jamais été —, *Code civil*, art. 785. Avec de et le nom de la chose dont on hérite comme complément. — d'une grande fortune. L'— présomptif de la couronne. Elle était l'héritière du trône. | *Absoll.* Enfant. Il est mort sans laisser d'—. *Famil.* Comment se porte votre —? L'empire vainement demande un —, RAC. *Brit.* II, 2. Une riche héritière, fille unique qui doit recueillir un riche héritage. || *Fig.* — d'un grand nom, de la gloire des ancêtres. Conserve l'— de tes saintes promesses, RAC. *Ath.* I, 2.

***HERLE** [hèrl']. *V.* harle.

HERMAPHRODISME [èr-mà-frò-dïsm'] *s. m.*

[ÉTYM. Dérivé de hermaphrodite, § 265. On trouve qqf hermaphroditisme, de formation plus régulière. || 1781. FALCONET, *Œuvres*, V, 427. Admis ACAD. 1835.]

|| (T. scientif.) Réunion des organes des deux sexes dans un seul individu.

HERMAPHRODITE [èr-mà-frò-dït'] *s. m. et adj.*

[ÉTYM. Emprunté du lat. Hermaphroditus, grec Ἑρμαφρόδιτος, nom d'un personnage mythologique, fils de Ἑρμῆς (Mercure) et de Ἀφροδίτη (Vénus), représenté comme androgyne. PLINE emploie déjà le mot adjectivement. || XIII° s. Li hermefrodis, *Digeste*, dans GODEF. *Compl.* | XVI° s. Et sembloyt hermaphrodite, RAB. V, 9.]

|| 1° *S. m.* (T. scientif.) Etre humain auquel on attribue les deux sexes. (*Syn.* androgyne.) || *Fig.* Du langage français bizarre —, De quel genre te faire, équivoque maudite Ou maudit? BOIL. *Sat.* 12.

|| 2° *Adj.* (Hist. nat.) Qui réunit les organes des deux sexes. Plante, fleur —. Animaux hermaphrodites.

***HERMELINE** [èr-me-lin']. *V.* armeline.

HERMÉNEUTIQUE [èr-mé-néu-tĭk'] *adj.*

[ÉTYM. Emprunté du grec ἑρμενευτικός, *m. s.* || 1777. ENCYCL. *Suppl.* Admis ACAD. 1835.]

|| (T. didact.) Qui a pour objet l'interprétation des textes. La science —, et, *substantivt*, L'—. L'— des sources du droit. *Spéciall.* L'— sacrée, et, *absolt*, L'—, l'interprétation de l'Écriture sainte.

HERMÈS [èr-mès'] *s. m.*

[ÉTYM. Emprunté du lat. hermes, grec ἑρμῆς, nom d'une divinité grecque, correspondant au Mercure latin. || Admis ACAD. 1835.]

|| (Antiq., Architect.) Statue de Mercure. *Spéciall.* Tête de Mercure sortant d'une gaine. (*Cf.* hermétique 2.)

1. HERMÉTIQUE [èr-mé-tĭk'] *adj.*

[ÉTYM. Dérivé irrégulier du nom propre Hermes Trismegistus, Ἑρμῆς Τρισμέγιστος, personnage légendaire de l'Égypte auquel on attribuait au moyen âge la fondation de l'alchimie, § 229. || Admis ACAD. 1762.]

|| (T. didact.) Relatif à l'alchimie. *Spéciall.* Fermeture —, fermeture parfaite d'un vase, mise en usage par les alchimistes, qu'on obtient en faisant fondre les bords de l'orifice et en les tordant. *P. ext.* Clôture —, parfaite.

2. HERMÉTIQUE [èr-mé-tĭk'] *adj.*

[ÉTYM. Dérivé irrégulier de hermès, § 229. || 1694. Colonne hermetique, TH. CORN. Admis ACAD. 1798.]

|| (Architect.) Colonne —, terminée par une tête de Mercure, une tête d'homme, en guise de chapiteau.

HERMÉTIQUEMENT [èr-mé-tĭk'-man; *en vers*, -tike-...] *adv.*

[ÉTYM. Composé de hermétique 1 et ment, § 724. || 1615. Vase clos hermetiquement, BEGUIN, *Élém. de chimie*, dans DELB. *Rec.*]

|| Par une fermeture hermétique. Un vase fermé —.

HERMINE [èr-min'] *s. f.*

[ÉTYM. Pour ermine, armine, § 346, proprt, « arménienne », la martre blanche étant particulièrement abondante en Arménie (les écrivains latins l'appelaient mus Ponticus, « rat du Pont »), § 38. Armine est le fém. de l'anc. franç. armin, emprunté du lat. Armenius, d'Arménie. || XI° s. Vestut de pailles et de hermines blans, *Voy. de Charl. à Jérus.* 268.]

|| 1° Martre blanche, mammifère digitigrade, dont la peau, couverte sous le ventre d'un poil blanc très fin, constitue une fourrure de grand prix. Peau d'—. La blancheur de l'— a été prise pour le symbole de l'innocence, de la pureté de l'âme.

|| 2° *P. ext.* Fourrure que l'on fait avec la peau de cet animal. Robe fourrée d'—. Sans sortir de leurs lits, plus doux que leurs hermines, BOIL. *Lutr.* 1. *Spéciall.* Bande de cette fourrure dans le costume de certains magistrats d'un ordre élevé. Porter l'—. || *P. ext.* (Blason.) L'un des deux émaux de l'écu, représentant une fourrure blanche chargée de mouchetures noires. Contre-—, fourrure noire chargée de mouchetures blanches.

|| 3° *P. anal.* Nom donné à un coquillage du genre cône, et à un papillon blanc (dit aussi queue-fourchue).

HERMINÉ, ÉE [èr-mi-né] *adj.*

[ÉTYM. Dérivé de hermine, § 118. || XII° s. CHRÉTIEN DE TROYES, *Perceval*, dans GODEF. *Compl.*]

|| Fourré d'hermine. *Spéciall.* (Blason.) Pièces herminées, dont le fond est d'argent avec moucheture de noir. || *P. anal.* (Manège.) Balzane herminée, balzane mouchetée de noir.

HERMINETTE et ERMINETTE [èr-mi-nèt'] *s. f.*

[ÉTYM. Dérivé de hermine, par comparaison du tranchant recourbé de l'instrument avec le museau de la martre, § 133. || XVI° s. L'un r'aiguise la plane, un autre l'erminette, CL. GAUCHET, *Plaisir des champs*, dans DELB. *Rec.* Admis ACAD. 1835.]

|| (Technol.) Hachette de charpentier à tranchant recourbé, pour atteindre, former des parties concaves.

***HERMINITE** [èr-mi-nĭt'] *s. f.*

[ÉTYM. Dérivé de hermine, § 284. || 1765. ENCYCL.]

|| (Blason.) Fond blanc chargé de moucheture noires mêlées de rouge.

HERMITAGE, HERMITE. *V.* ermitage, ermite.

***HERMODACTE** [èr-mò-dăkt'] et ***HERMODATTE** [èr-mò-dăt'] *s. f.*

[ÉTYM. Emprunté du lat. médical hermodactylus, grec ἑρμοδάκτυλος, *m. s.* proprt, « doigt de Mercure ». (*Cf.* datte.) Qqns disent hermodactyle et font le mot masc. d'après le lat. et le grec. || XIII°-XIV° s. Poudre de litargire ou de hermodactyle, *Chirurg. de Mondeville*, f° 57. Admis ACAD. 1762; suppr. en 1835.]

|| (Pharm.) Tubercule d'une plante qu'on croit être une espèce de colchique et qu'on emploie en pharmacie comme purgatif.

***HERMODACTYLE** [èr-mò-dăk'-til]. *V.* hermodacte.

***HERMODATTE.** *V.* hermodacte.

HERNIAIRE [hèr-nyèr; *en vers*, -ni-èr] *adj. et s. f.*

[ÉTYM. Dérivé de hernie, § 248. || (Au sens II.) 1611. COTGR.]

I. *Adj.* (Médec.) Qui a rapport aux hernies. Sac —, partie du péritoine qui est entraînée en avant de l'intestin dans les hernies. Tumeur —. Bandage —. Chirurgien —, qui traite les hernies.

II. *S. f.* (Botan.) Herniole. (*V. ce mot.*)

HERNIE [hèr-ni] *s. f.*

[ÉTYM. Emprunté du lat. hernia, *m. s.* A remplacé hargne, de formation pop. (*V. ce mot.*) || 1561. Relaxation ou hernie, P. FRANCO, dans DELB. *Rec.*]

|| 1° Tumeur produite par une partie des viscères abdominaux qui sort par un orifice quelconque, en entraînant avec elle une partie du péritoine, qui forme une sorte de sac où elle se loge. Réduire une —, faire rentrer dans leur place les viscères sortis. — étranglée, où la partie du viscère sortie est serrée par les bords de l'orifice par où elle s'est échappée.

|| 2° *P. ext.* Tumeur produite par la sortie d'un viscère, d'une partie de viscère, hors de sa cavité naturelle par une ouverture quelconque, accidentelle ou naturelle. — du cerveau, du poumon.

***HERNIÉ, ÉE** [hèr-nyé; *en vers*, -ni-é] *adj.*

[ÉTYM. Dérivé de hernie, § 253. || *Néolog.*]

|| (Médec.) Sorti par hernie. **Faire rentrer les parties herniées.**

HERNIOLE [hèr-nyòl; *en vers*, -ni-òl] *s. f.*

[ÉTYM. Dérivé de **hernie**, § 238. || XVIᵉ S. Herbe au Turc, appelée aussi hermole (corr. herniole), O. DE SERRES, VI, 15. Admis ACAD. 1762.]

|| (Botan.) Plante herbacée de la famille des Caryophyllées, dite aussi herniaire, qu'on employait jadis en cataplasme contre les hernies.

*HERNIOTOMIE [her-nyò-tò-mi; *en vers*,-ni-ò-...]*s. f.*

[ÉTYM. Composé avec **hernie**, le grec τομή, incision, et le suffixe ie, §§ 279 et 282. || 1766. *Collect. académiq.* VII, 524.]

|| (Chirurgie.) Opération qui consiste à ouvrir une hernie étranglée.

HÉROÏ-COMIQUE [é-rò-i-kò-mĭk'] *adj.*

[ÉTYM. Pour héroïco-comique, composé de héroïque et comique, § 280. || XVIIᵉ S. Venons a l'argument de nostre caprice heroï-comique, ST-AMANT, *Pass. de Gibraltar*, préf. Admis ACAD. 1762.]

|| (T. didact.) Qui tient à la fois de l'héroïque et du comique. **Poème —.**

HÉROÏDE [é-rò-id'] *s. f.*

[ÉTYM. Emprunté du lat. herois, idis, grec ἡρωΐς, ίδος, adj. fém. signifiant « de héros », employé substantivement. || XVIᵉ S. Philostrate en ses Héroïdes, MARCOUVILLE, *Rec. memor.* dans DELB. Rec. Admis ACAD. 1762.]

||(Hist. littér.) Épître en vers que le poète suppose écrite par une femme, une maîtresse de héros, à son mari, à son amant. **Le genre de l'— a été créé par Ovide.**

HÉROÏNE [é-rò-in'] *s. f.*

[ÉTYM. Emprunté du lat. heroine, grec ἡρωίνη, *m. s.* || XVIᵉ S. Heroïne grace, *Entrée de Henri II à Rouen*, fᵒ 61, dans GODEF. Les heros pres de nous avec les heroïnes, RONS. I, 383, Blanchemain.]

|| **1ᵒ** Femme qui se distingue par le courage, la grandeur du caractère et l'élévation des sentiments. **Une — chrétienne.**

|| **2ᵒ** *Fig.* Femme qui joue le principal rôle dans l'action d'une œuvre littéraire, drame, poème, roman. **L'— du roman.** || *P. ext.* Femme qui joue le principal rôle dans une aventure réelle.

HÉROÏQUE [é-rò-ĭk'; qqf au XVIIᵉ s. hé-...] *adj.*

[ÉTYM. Emprunté du lat. heroicus, grec ἡρωϊκός, *m. s.* || XVᵉ S. Le heroyke... excede en vertu, ORESME, *Éth.* VII, 1.]

I. Qui appartient aux héros, aux demi-dieux mythologiques. **Les âges, les temps héroïques.** | *Fig.* M. de Coulanges ne trouva pas assez de haut goût (à ce souper) ;... cela était trop — (trop primitif) pour lui, SÉV. 951. || **Poésie —**, poésie qui chante les héros. *P. ext.* **Poème —**, le poème épique. **Vers —**, chez les Grecs et les Latins, le vers hexamètre ; chez les Français, l'alexandrin ou, plus rarement, le décasyllabe. **Le genre —**, et, *substantivt*, **L'—**. Je me suis résolu de repasser du — au naïf, CORN. *Ment.* épît.

II. Qui montre de l'héroïsme. **Action —. Un courage —.** De ce même front l'— fierté, RAC. *Alex.* III, 3. || *P. ext.* En parlant d'un médicament, qui opère avec une grande énergie. **Remède —.** | *Fig. Famil.* Il faut recourir dans cette circonstance à un remède —, il faut prendre une grande résolution qui tranche la difficulté. **Il prit un parti —.**

HÉROÏQUEMENT [é-rò-ĭk'-man ; *en vers*, -i-ke-...] *adv.*

[ÉTYM. Composé de héroïque et ment, § 724. || 1552. A quoy il respondit heroïquement, G. GUÉROULT, *Chron. des empereurs*, dans DELB. Rec.]

|| D'une manière héroïque. **Il s'est conduit —.**

HÉROÏSME [é-rò-ĭsm'] *s. m.*

[ÉTYM. Dérivé de **héros**, § 265. || Mot du XVIIᵉ siècle, employé en premier lieu, à ce qu'il semble, par le P. RAPIN, *Disc. acad. sur la compar. entre Virg. et Hom.* (1668), p. 7 : Le vice opposé à l'héroïsme, s'il est permis d'user de ce terme. Admis ACAD. 1694.]

|| Vertu supérieure qui fait les héros. **Un acte d'—. L'— que la morale avoue ne touche que peu de gens**, MONTESQ. *Pensées diverses, Variétés.*

HÉRON [hé-ron] *s. m.*

[ÉTYM. Pour hairon, de *hagirōnem, forme latinisée de l'anc. haut allem. heigir, *m. s.* §§ 6, 498 et 499. L'anc. franç. a aussi la forme haigron, aigron. (*Cf.* aigrette.) || XIIᵉ S. Oies et grues et hairons, *Thèbes*, dans DELB. Rec.]

|| Grand oiseau de l'ordre des Échassiers, au bec très long, aux jambes maigres très hautes, qui se nourrit principalement de poissons. **Un jour, sur ses longs pieds, allait je ne sais où Le — au long bec emmanché d'un long cou,** LA F. *Fab.* VII, 4. **La chasse au —. Plumes de —. Masse de —**, le bouquet des plumes de la queue du héron.

HÉRONNEAU [hé-rò-nó] *s. m.*

[ÉTYM. Dérivé de **héron**, § 126. || XVIᵉ S. Herons, heronneaux, RAB. dans DELB. Rec.]

|| Jeune héron.

*HÉRONNER [hé-rò-né] *v. intr.*

[ÉTYM. Dérivé de **héron**, § 154. || XIVᵉ S. Qui veut faire son faulcon haironner, c'est qu'il prenne hairon, *Modus*, fᵒ 86, vᵒ, Blaze.]

|| (Fauconn.) Chasser le héron. **Faucon bon à —.**

HÉRONNIER, IÈRE [hé-rò-nyé, -nyèr] *adj.*

[ÉTYM. Dérivé de **héron**, § 115. || XIVᵉ S. Faulcon haironnier, *Modus*, fᵒ 87, rᵒ, Blaze.]

|| *Vieilli.* Relatif au héron. **Faucon —**, dressé à la chasse du héron. || *P. ext.* Qui ressemble au héron par ses membres longs, secs et maigres. **Oiseau —. Cuisse héronnière,** sèche et maigre. **Femme héronnière,** grande femme, sèche et maigre, aux longues jambes.

HÉRONNIÈRE [hé-rò-nyèr] *s. f.*

[ÉTYM. Dérivé de **héron**, § 115. || XIVᵉ-XVᵉ S. Ne nulz ne vit plus belle heronniere, EUST. DESCH. III, 168.]

|| Lieu où se retirent les hérons. || Lieu où on élève des hérons.

HÉROS [hé-ró] *s. m.*

[ÉTYM. Emprunté du lat. heros, grec ἥρως, *m. s.* || XIVᵉ S. Telz sont comme Dieux et sont diz en grec heroas, c'est a dire divins, ORESME, *Éth.* VII, 1.]

|| **1ᵒ** (Mythol.) Demi-dieu. **Les — de la Fable.**

|| **2ᵒ** *P. ext.* Celui qui se distingue par ses exploits, sa haute valeur, son dévouement. **Les — de l'antiquité. Un vaillant —. La vie des — a enrichi l'histoire, et l'histoire a embelli les actions des —,** LA BR. 1. **Je chante ce — qui régna sur la France Et par droit de conquête et par droit de naissance,** VOLT. *Henriade*, 1. **Le scélérat et le — étaient en quelque sorte de la même étoffe, de la direction desquels un rien a souvent décidé,** MARQUIS DE MIRABEAU, *l'Ami des hommes*, I, 1. **On peut être — sans ravager la terre,** BOIL. *Ép.* 1. **C'est un — de dévouement, de charité, de sagesse. Les — de la science.** || *P. ext.* **Des pécheurs qu'on regardait comme des — dans l'impiété,** MASS. *Évid.* **Un — du vice.** || *P. hyperb. Famil.* **Le — du jour,** celui qui en ce moment accapare l'attention, l'admiration de tous. *Loc. prov.* **Il n'y a point de — pour son valet de chambre,** ceux qui vivent auprès des grands hommes aperçoivent en eux des misères qui échappent au public.

|| **3ᵒ** *P. ext.* Personnage principal d'une légende, d'un récit, etc. **Les auteurs ne nous peuvent pas bien dire les mouvements de l'amour de leurs —, il faudrait qu'ils fussent eux-mêmes,** PASCAL, *Amour.* **Oh ! le plaisant projet d'un poète ignorant Qui de tant de — va choisir Childebrand !** BOIL. *Art p.* 3. **Des — de roman.** *Fig.* **C'est un — de roman,** un homme à qui il est arrivé des aventures comme on en conte dans les romans. || *P. ext.* **Le — d'une fête, d'une solennité,** celui pour qui on donne cette fête, cette solennité. **Il a été le — de l'aventure,** celui qui y a eu la part principale.

*HERPAIL [hèr-pȧy']. V. harpail.

HERPE [hèrp'] *s. f.*

[ÉTYM. Origine inconnue. || 1671. Herpes marines que l'on appelle gaymon, *Us et cout. de la mer*, dans DELB. Rec. Admis ACAD. 1762.]

|| (Anc. droit.) **Herpes marines,** objets que la mer rejette, corail, ambre gris, goémon, etc.

*HERPÉ, ÉE [hèr-pé]. V. harpé.

HERPÈS [èr-pés'] *s. m.*

[ÉTYM. Emprunté du lat. herpes, etis, grec ἕρπης, ητος, dartre, de ἕρπειν, ramper. || XVᵉ S. Herpes est apostume, *Grant Herbier*, dans GODEF. *Compl.* Admis ACAD. 1878.]

|| (Médec.) Éruption de vésicules à la surface de la peau.

HERPÉTIQUE [èr-pé-tĭk'] *adj.*

[ÉTYM. Dérivé d'après le grec ἑρπητικός, dartreux, § 229. || *Néolog.* Admis ACAD. 1878.]

|| (Médec.) Qui est de la nature de l'herpès. **Éruption —.**

HERPÉTOLOGIE [èr-pé-tò-lò-ji] *s. f.*

[ÉTYM. Composé avec le grec ἑρπετόν, reptile, λόγος,

discours, et le suffixe ie, §§ 279 et 282. ACAD. écrit erpétologie en 1835; en 1878, elle admet concurremment herpétologie. || 1789. Erpetologie, BONNATERRE, *Trois Regnes de la nature*, titre. Admis ACAD. 1835.]

|| (T. didact.) Partie de l'histoire naturelle qui étudie les reptiles.

HERSAGE [èr-sàj'] *s. m.*

[ÉTYM. Dérivé de herser, § 78. (*Cf.* herchage.) || XIIIᵉ-XIVᵉ s. Trois corvees de herchage, texte normand dans GODEF. herchage. Admis ACAD. 1762.]

|| Action de herser.

HERSE [hèrs'] *s. f.*

[ÉTYM. Du lat. hĭrpicem, *m. s.* devenu régulièrement erce, §§ 372, 308, 290, 370 et 291, écrit arbitrairement erse, herse. L'origine de l'aspiration est inconnue. (*Cf.* herche.)]

I. Instrument à dents de fer ou de bois qu'on promène sur le sol après le labour pour briser les mottes, après les semailles pour couvrir la semence, etc. || Instrument de pêche de forme analogue, qu'on promène sur le rivage à la marée basse, pour faire sortir le poisson du sable.

II. *P. anal.* | **1.** Grille de fer ou de bois, munie par le bas de fortes pointes, qu'on lève ou qu'on baisse à volonté à l'entrée d'une porte fortifiée. *Spéciall.* (Blason.) — sarrasine, pièce de l'écu figurant une herse, réunion de six pals alaisés réunis par des traverses horizontales. | **2.** Poutre munie de pointes placée en travers d'une route pour en interdire le passage. (*Cf.* hersillon.) | **3.** Barrière en planches, en treillis, etc., devant une grande maison, en amont d'une école de natation sur une rivière, etc. | **4.** Chandelier d'église en forme de triangle, sur les pointes duquel on pose des cierges. | **5.** Tablette sur laquelle, au théâtre, on mettait des lampions pour éclairer certaines parties des décors. *P. ext. De nos jours.* Appareil d'éclairage d'une scène de théâtre, dissimulé au public par les décors, le ciel, etc. **Baisser la —.** | **6.** Cadre en bois sur lequel le mégissier tend les peaux pour les faire sécher et les travailler. | **7.** Herses de la croupe, pièces de bois qui se croisent dans la charpente d'un pavillon carré.

III. *P. ext.* (Marine.) Corde servant à suspendre une poulie ou à la renforcer. (*Syn.* gerseau, étrope.) — du gouvernail, qui attache le gouvernail à l'étambot.

HERSÉ, ÉE [èr-sé] *adj.*

[ÉTYM. Dérivé de herse, § 118. || 1690. FURET. Admis ACAD. 1718.]

|| (Blason.) Garni d'une herse. Château d'or — de sable.

HERSER [hèr-sé] *v. tr.*

[ÉTYM. Dérivé de herse, § 154. (*Cf.* hercher.) || XIIᵉ s. SI l'ont point et hersé En trente lieus li ont le cors navré, *Aliscans*, 5813.]

|| Travailler (la terre) avec la herse.

HERSEUR, *HERSEUSE [hèr-seùr, -seùz'] *s. m. et f.*

[ÉTYM. Dérivé de herser, § 112. (*Cf.* hercheur.) || XIIᵉ s. Erceeurs... Qui aes tieres li ahanoient, CHRÉTIEN DE TROYES, *Perceval*, 1296. Admis ACAD. 1762.]

|| Celui, celle qui herse. *Fig.* Araignée herseuse, qui a le bout des tarses garni d'une espèce de brosse.

***HERSILLON** [hèr-si-yon] *s. m.*

[ÉTYM. Dérivé de herse, § 107. || 1701. FURET.]

|| (T. milit.) Table de charpente garnie de clous, avec la pointe en dehors, qu'on plaçait sur le chemin de la cavalerie ennemie.

***HÉSITANT, ANTE** [é-zi-tan, -tänt'] *adj.*

[ÉTYM. Adj. particip. de hésiter, § 47. || *Néolog.*]

|| Qui hésite. **Caractère —.** Personne hésitante. Voix, prononciation hésitante.

HÉSITATION [é-zi-tà-syon ; *en vers,* -si-on] *s. f.*

[ÉTYM. Emprunté du lat. hæsitatio, *m. s.* || XIVᵉ-XVᵉ s. Ostant toute cause de hesitacion, *De Vita Christi*, dans GODEF. *Compl.*]

|| Action d'hésiter. Son — le perdit. Il y eut chez les assaillants un moment d'—. Il prit sans — son parti. || *P. ext.* Parler, réciter avec —, d'une manière incertaine.

HÉSITER [é-zi-té; au XVIIᵉ s. hé-...] *v. tr.*

[ÉTYM. Emprunté du lat. hæsitare, *m. s.* || 1535. Il estoit contrainct de hesiter, G. DE SELVE, *Vies de Plutarque*, dans DELB. *Rec.*]

|| Ne pas se décider à prendre un parti. Ne — jamais, CORN. *Ment.* III, 4, édit. 1644-60. J'hésite à mon tour pour

savoir si je dois le faire, FÉN. *Fab.* 2. La plupart des gens sur cette question n'hésitent pas beaucoup, MOL.. *B. gent.* III, 12. *Absolt.* Elle flotte, elle hésite, RAC. *Ath.* III, 3. || Avec un infinitif. — à. Elle ne hésita plus à leur montrer son pouvoir, ST-SIM. III, 464. La vieille... hésitait à me parler, LES. *Gil Blas*, VII, 16. *Vieilli.* — de. Ils n'hésitent pas de critiquer des choses qui sont parfaites, LA BR. 11. Il n'a jamais hésité de les rendre, D'ALEMB. *Éloges, Segrais.* || *P. ext.* Parler, réciter d'une manière incertaine. || Il hésite, il bégaie, BOIL. *Lutr.* 6.

***HÉTAÏRE** [é-tà-ïr] *s. f.*

[ÉTYM. Emprunté du grec ἑταίρα, *m. s.* transcrit d'après la prononciation, § 504. || 1799. On n'y parlera que des femmes d'Athènes et surtout des hétaires, *Magasin encyclop.* II, 51.]

|| (Antiq. grecque.) Courtisane.

HÉTÉROCLITE [é-té-rò-klĭt'] *adj.*

[ÉTYM. Emprunté du lat. heteroclitus, grec ἑτερόκλιτος, *m. s.* de ἕτερος, autre, et κλίνειν, fléchir. || XVᵉ s. Douleurs etroclites, MARTIAL D'AUVERGNE, dans DELB. *Rec.*]

|| **1°** (T. didact.) Qui s'écarte des règles ordinaires. Orgue est un substantif —, masculin au singulier, féminin au pluriel. || *P. anal.* Maladie —, dont la marche est irrégulière. || **2°** *P. ext.* D'un aspect étrange, bizarre. Voilà une figure bien — ! DESTOUCHES, *Tambour nocturne*, III, 6.

HÉTÉRODOXE [é-té-rò-dŏks'] *adj.*

[ÉTYM. Emprunté du grec ecclés. ἑτερόδοξος, *m. s.* || Admis ACAD. 1694.]

|| (T. didact.) Qui s'écarte de l'orthodoxie. Doctrine —. Auteur —.

HÉTÉRODOXIE [é-té-rò-dŏk-si] *s. f.*

[ÉTYM. Emprunté du grec ἑτεροδοξία, *m. s.* || Admis ACAD. 1740.]

|| (T. didact.) Doctrine qui s'écarte de l'orthodoxie.

HÉTÉROGÈNE [é-té-rò-jèn'] *adj.*

[ÉTYM. Emprunté du lat. scolast. heterogeneus, grec ἑτερογενής, *m. s.* § 217. D'AUB. emploie la forme heterogénée. || XVIIᵉ s. *V.* à l'article. Admis ACAD. 1718.]

|| (T. didact.) Qui est d'une nature autre que ce à quoi il est uni. (*Cf.* homogène.) Roche —. Nombre —, composé d'entiers et de fractions. *Rare.* Avec à et un complément. Toutes ces choses sont hétérogènes à leurs grandeurs, PASC. *Espr. géom.* 1. || *Fig.* Une société formée d'éléments hétérogènes.

HÉTÉROGÉNÉITÉ [é-té-rò-jé-né-i-té] *s. f.*

[ÉTYM. Emprunté du lat. scolast. heterogeneitas, *m. s.* dérivé de heterogeneus, hétérogène, §§ 217 et 255. || 1641. Aucune impureté ni heterogeneité, E. DE CLAVE, *Principes de nature*, p. 40. Admis ACAD. 1762.]

|| (T. didact.) Caractère de ce qui est hétérogène. (*Cf.* homogénéité.)

HÉTÉROSCIENS [é-té-rŏs'-syin ; *en vers,* -si-in] *s. m. pl.*

[ÉTYM. Emprunté du grec ἑτερόσκιοι, *m. s.* de ἕτερος, autre, et σκία, ombre. || 1584. Eterosciens habitans es zones temperees, L. LEROY, *Vicissit. des choses*, dans DELB. *Rec.* Admis ACAD. 1762.]

|| (Géogr.) Habitants des zones tempérées, australes ou boréales, dont les uns ont leur ombre portée vers le nord, les autres vers le sud, à l'heure de midi. (*Cf.* antisciens.)

***HÉTOUDEAU** [hé-tou-dó] *s. m.*

[ÉTYM. Pour hestaudeau, hastaldel, dérivé (§ 126) de l'anc. haut allem. hagustalt, qui signifie proprt « possesseur de haie » et s'est appliqué au fils cadet (par opposition au fils aîné, possesseur du manoir de la famille), puis à un célibataire, et par plaisanterie à un chapon, §§ 6, 498 et 499. Hétoudeau est souvent altéré en étourdeau, § 509. || XIVᵉ s. Poucins gros comme hetoudeaux, *Ménagier*, II, 180.]

|| *Vieilli.* Poulet assez gros pour être chaponné.

HÊTRE [hêtr'] *s. m.*

[ÉTYM. Pour hestre, § 422, emprunté du néerlandais heester, *m. s.* § 10. || 1210. Se déduit de hestrum dans un texte lat. cité dans GODEF. fou 1.]

|| Grand arbre de la famille des Amentacées, à écorce grisâtre, à feuillage épais, dont le fruit est appelé faîne. (*Cf.* fou 1.) Meubles de cuisine en bois de —, et, *ellipt,* en —.

HEUR [eùr] *s. m.*

[ÉTYM. Du lat. augŭrium, présage, devenu en lat. pop. par dissimilation *agŭrium, § 360, puis *agŭrium, d'où *aùir, aùr, eùr, §§ 346, 394, 329 et 291, eur, § 358, écrit heur par fausse étymologie sous l'influence de heure, § 505. || XII° s. N'avra de lui meillor eür, *Énéas*, 3316.]

|| **1°** *Anciennt.* Chance qui arrive à qqn. Bon —, chance heureuse. (*V.* bonheur.) Mal —, chance mauvaise. (*V.* malheur.)

|| **2°** *Spécialt. Vieilli.* Chance heureuse. Puisse le juste Ciel, content de ma ruine, Combler d'— et de jours Polyeucte et Pauline! CORN. *Poly.* II, 2. O paix, Toi que tout — accompagne, LA F. *Odes*, 2. Votre Clitandre a l'— de vous plaire, MOL. *Mis.* II, 1. *Loc. prov.* Il a plus d'— que de sagesse, que de science. Il n'y a qu'— et malheur dans ce monde.

HEURE [eür] *s. f.*

[ÉTYM. Du lat. hǫra, *m. s.* devenu ore, eure, §§ 372, 325 et 291, écrit plus tard heure par réaction étymologique, § 505.]

I. Division du jour.

|| **1°** La vingt-quatrième partie du jour. Une horloge qui sonne, qui marque les heures. On compte les heures de un à douze à partir de minuit, puis de un à douze après la douzième — ou midi. — de Paris, telle qu'on la compte selon le méridien de Paris. — astronomique, que l'on compte de midi à midi, de un à vingt-quatre, et qui est réglée sur le jour astronomique. Prendre une potion d'— en —. Vous saurez Que je n'ai demeuré qu'un quart d'— à le faire, MOL. *Mis.* I, 2. | *P. ext.* Une grande, une petite —, un peu plus, un peu moins qu'une heure. Une — d'horloge, une heure bien complète. || D'une manière indéterminée. Une —. | **1.** Un temps assez long. Il y a une — que je vous écoute, MOL. *Pourc.* I, 8. | **2.** Un temps assez court. Dans une — il nous réconcilie, RAC. *Iph.* III, 3. L'empereur... trouva en une — par leur moyen ce qu'il n'aurait pas eu en six mois, VOLT. *Babouc*.

|| **2°** Division du jour, déterminée au moyen d'une horloge, d'une montre, etc. Demander l'—. Quelle — est-il? Il s'est levé à quatre heures du matin. Regarder l'— à sa montre. Savoir l'— par la hauteur du soleil sur l'horizon. Avoir l'—, avoir une montre qui marque l'heure exacte. La pendule marque huit heures et demie. | *Fig.* Chercher midi à quatorze heures, chercher des difficultés où il n'y en a pas. Il est une — avancée, une — indue. | *P. ext.* A l'— qu'il est, en ce moment. Sur l'—, à cette —, à ce moment même. A toute —, à chaque moment. Dieu veut-il qu'à toute — on prie, on le contemple? RAC. *Ath.* II, 7. Tout à l'—, dans un moment. De bonne —, matin. Se lever de bonne —. *P. ext.* Tôt. L'avertir de bonne —, quand ils verraient sa mémoire vaciller, BOSS. *Le Tellier*. L'enfant que le Seigneur aime, Qui de bonne — entend sa voix, RAC. *Ath.* II, 9.

II. Moment du jour.

|| **1°** Moment de faire qqch. Il est l'— de partir. Venir à l'— dite, convenue, et, *ellipt*, Venir à l'—. Il est l'—. L'— du dîner. Prendre l'— de qqn, le moment qui lui est le plus commode. Prendre — avec qqn, fixer le moment d'un rendez-vous. En public, à mon — on me donne audience, RAC. *Brit.* I, 1. A l'— marquée, il fallut réveiller d'un profond sommeil cet autre Alexandre, BOSS. *Condé*. Enfin l'— est venue Qu'il faut que mon secret éclate à votre vue, RAC. *Mithr.* III, 1. Les heures d'audience. Les heures de loisir. L'— du dîner. Les heures des repas. Il vivait de régime et mangeait à ses heures (au moment qu'il avait fixé pour son repas), LA F. *Fab.* VII, 4. La chose viendra à son —. L'— du berger, l'heure favorable pour l'amant. Le quart d'— de Rabelais, par allusion à un trait attribué à Rabelais, le moment de payer la dépense faite. L'— fatale, suprême, la dernière —, l'heure de la mort. Peut-être nous touchons à notre — dernière, RAC. *Ath.* V, 1. *Ellipt.* Son — a sonné, son — est venue, le moment de mourir. Si votre — est une fois marquée, RAC. *Phèd.* I, 1. Votre — est arrivée, ID. *Iph.* IV, 4. || *Spécialt.* La bonne —, moment propice pour faire qqch. Je meurs à la bonne —, RÉGNIER, *Élég.* 1. | *P. ext.* A la bonne —, locution exprimant l'approbation. La mauvaise —, moment défavorable. A la male —, formule de malédiction. A la male — est-il venu d'Espagne? MOL. *Ét.* II, 10. || Heures canoniales, où l'on récite telle ou telle partie du bréviaire, et, *p. ext.* ces parties mêmes du bréviaire. Livre d'heures, et, *ellipt*, Heures, livre contenant les offices liturgiques.

|| **2°** Temps que l'on met à faire qqch. | **1.** Temps que l'on met à faire un chemin. Ce village est à trois heures de Paris. | **2.** Temps pendant lequel on emploie une voiture louée. Prendre une voiture à l'—. Payer au cocher une — et demie. L'— est de deux francs. | **3.** Temps pendant lequel

un ouvrier travaille. Certains ouvriers sont à l'—, d'autres à la tâche. Les huit heures, durée de la journée de travail réclamée par certains ouvriers.

III. *Poét. Au plur.* Le temps. La fuite des heures, le cours rapide du temps. Aussitôt qu'on cesse pour nous de compter les heures, BOSS. *D. d'Orl.* Trouver les heures longues.

IV. (Mythol.) Les Heures, divinités de la Fable.

HEUREUSEMENT [eu-reuz'-man ; *en vers*, -reû-ze-...] *adv.*

[ÉTYM. Composé de heureuse et ment, § 724. || 1539. R. EST.]

|| D'une manière heureuse. Ainsi finit — la bataille, BOSS. *Condé*. Son épée en vos mains — laissée, RAC. *Phèd.* III, 3. Elle est — accouchée d'un garçon. || Une personne — douée. Une œuvre — conçue. Ces couleurs contrastent —.

HEUREUX, EUSE [eu-reû, -reûz'] *adj.*

[ÉTYM. Dérivé de heur, § 116. (*Cf.* bienheureux, malheureux.) || XIV° s. Qui che biau bacheler aroit en sa baillie Eüreuse seroit, *Baudouin de Sebourc*, VIII, 667.]

I. || **1°** Dont l'âme est pleinement satisfaite. Tous les hommes recherchent d'être —, cela est sans exception, PASC. *Pens.* VIII, 2. Roi, père, époux —, RAC. *Iph.* I, 1. Ni l'or ni la grandeur ne nous rendent —, LA F. *Phil. et Baucis.* Il y a une espèce de honte d'être — à la vue de certaines misères, LA BR. 11. — le peuple qui est conduit par un sage roi, FÉN. *Tél.* 11. | *P. ext.* Avoir l'air —. Un visage —. || *Substantivt.* Un —, celui qui est heureux. Voyez un —, LA BR. 8. Faire un —. L'homme aime la malignité... contre les — superbes, PASC. *Pens.* I, 9. Les — de la terre, du monde, ceux qui ont en partage les biens d'ici-bas. Alors j'avais pitié des — de ce monde, LA F. *St Malc.*

|| **2°** Qui satisfait pleinement l'âme. Nos désirs nous figurent un état —, PASC. *Pens.* XIV, 6. Le plus — jour de la vie, BOSS. *Le Tellier*. O jour — pour moi! RAC. *Ath.* I, 1.

II. || **1°** Qui est favorisé par le sort. Être — au jeu. Je joue; et comme je suis fort —..., MOL. *Av.* I, 4. — en amour. Allez, vous êtes plus — qu'un honnête homme, LES. *Estev. Gonzalez*, 36. Quand on dit un — scélérat, on n'entend par ce mot que ses succès, VOLT. *Dict. philos.* heureux. Je ne fus pas plus — en cette question, PASC. *Prov.* 1. Trop — d'avoir encore assez de vie pour témoigner au roi sa reconnaissance, BOSS. *Condé*.

|| **2°** Qui favorise. Un hasard —. Un — destin le conduit en ces lieux, RAC. *Andr.* II, 3. Avoir la main heureuse. Être né sous une heureuse étoile. Faire un choix —. Dans un temps plus —, RAC. *Brit.* III, 7. Une heureuse rencontre. || La situation de Tyr est heureuse pour le commerce, FÉN. *Tél.* 3. Son heureuse fécondité, BOSS. *R. d'Angl.* Une physionomie heureuse. Une expression heureuse. Quelques autres m'ont fourni des sujets assez —, LA F. *Fab.* VII, avert.

HEURT [heur] *s. m.*

[ÉTYM. Subst. verbal de heurter, § 52. || 1369. Au premier hurt de primes, *Ordonn.* V, 253.]

I. Coup donné en heurtant contre un corps. Un — survient : adieu le char! LA F. *Fab.* VII, 11. Le — d'un vaisseau contre les rochers. || *P. ext.* Marque laissée par le coup. Ce cheval a un — au pied de devant.

II. *P. ext.* || **1°** *Anciennt.* Éminence de terre (qui fait obstacle sur le chemin).

|| **2°** *P. ext.* Point le plus élevé d'une rue, d'un pont, d'une conduite d'eau, où aboutissent les deux pentes en sens contraire.

|| **3°** *Dialect.* — public, dépotoir, endroit où l'on décharge les tombereaux de décombres, d'ordures, etc.

HEURTEMENT [heur-te-man] *s. m.*

[ÉTYM. Dérivé de heurter, § 145. || XIII° s. Al esmovoir est tes li hurtemens Ke..., *Macchab.* 47, dans *Riv. di filolog. rom.* II, 85. Admis ACAD. 1878.]

|| Action de heurter, de se heurter. || *Fig.* Rencontre de voyelles qui produit un son désagréable.

***HEURTEQUIN** [heur-te-kin] *s. m.*

[ÉTYM. Paraît être un dérivé flamand du radical de heurter, §§ 10 et 100. || 1597. DAVELOURT, *Brieve Instr. sur le faict d'artill.* p. 17.]

|| (Artill.) Saillie d'un essieu, contre laquelle bute le moyeu de la roue.

HEURTER [heur-té] *v. tr.*

[ÉTYM. Anciennement hurter, mot d'origine incertaine, probablement germanique, qui se retrouve dans la plupart des langues romanes, §6. || XIIᵉ s. Hurter le vait, *Énéas,* 5743.]

|| **1°** Venir frapper d'un coup brusque. Il l'a heurté en passant. L'un me heurte d'un ais, dont je suis tout froissé, BOIL. *Sat.* 6. Il s'est heurté contre le mur. Les deux béliers se heurtaient de front. || *P. anal.* Présenter une rencontre, une opposition rude. Gardez qu'une voyelle... Ne soit d'une voyelle en son chemin heurtée, BOIL. *Art p.* 1. Un style heurté. Sa manière (d'un peintre) est pénible et heurtée, DIDER. *Salon de 1767.* || *Absolt. Au sens intrans.* Le navire heurta contre le rocher. Il sera une pierre d'achoppement à laquelle plusieurs heurteront, PASC. *Pens.* xx, 9. — à la porte, pour avertir qu'on veut entrer. J'ai beau —, crier, aucun ne se présente, REGNARD, *Légat. univ.* III, 2. *Fig.* Il n'y a qu'à — à la porte, il suffit de s'adresser à lui. Il n'y a qu'à — à la porte sur tout ce qu'on veut, il y répond parfaitement, SÉV. 1210. *Fig.* — à toutes les portes, aller chez tout le monde solliciter.

|| **2°** Venir contrecarrer. — de front ses sentiments, MOL. *Av.* I, 5. Cette grande raideur des vertus des vieux âges Heurte trop notre siècle et les communs usages, ID. *Mis.* I, 1.

HEURTOIR [heur-twăr] *s. m.*
[ÉTYM. Dérivé de heurter, § 113. || 1302. Le hurtoir de chel arbre, dans GODEF.]

|| **1°** *Vieilli.* Marteau de la porte extérieure d'une maison. || Figure à laquelle ce marteau est attaché.

|| **2°** (*Technol.*) | **1.** Pièce de fer ou de fonte placée sur le seuil, en saillie au-dessus du sol, pour arrêter les battants d'une porte. | **2.** Coin de bois plus placé sous la roue d'une pièce d'artillerie, pour arrêter le recul. | **3.** Face verticale d'une écluse, contre laquelle viennent s'appuyer les portes. | **4.** Obstacle formé de massifs de terre ou de tampons fixés sur des charpentes et contre lequel viennent s'arrêter les locomotives à la fin de leur course.

***HEUSE** [heŭz'] et, *mieux,* ***HEUSSE** [beŭs'] *s. f.*
[ÉTYM. Origine inconnue. || 1340. Heussez et maillaux, dans GODEF. heusse.]

|| **1°** *Anciennt.* Cheville, en général.
|| **2°** *P. ext.* (*Marine.*) Piston de pompe.

***HÉVÉE** [é-vé] *s. f.*
[ÉTYM. Emprunté du lat. des botanistes hevea, *m. s.* dérivé de hévé, nom que porte cet arbre dans la Guyane, §30. || 1812. MOZIN, *Dict. franç.-allem.*]
|| (*Botan.*) Arbre de la Guyane dont on tire le caoutchouc.

HEXAÈDRE [ěg'-zà-èdr'] *adj.*
[ÉTYM. Composé avec le grec ἕξ, six, et ἕδρα, face, § 279. || 1701. FURET. Admis ACAD. 1762.]
|| (*Géom.*) Qui a six faces. Prisme —. *Substantivt.* Le cube est un — régulier.

***HEXAGONAL, ALE** [ěg'-zà-gò-năl] *adj.*
[ÉTYM. Dérivé de hexagone, § 238. On trouve hexagonique au XVIᵉ s. dans BOVELLES. || 1633. Une forteresse hexagonale, RENÉ LE NORMANT, *Disc. milit.* dans DELB. *Rec.*]
|| (*Géom.*) Qui a six angles et six côtés. Figure hexagonale. || *P. ext.* Dont la base a six angles et six côtés. Pyramide hexagonale.

HEXAGONE [ěg'-zà-gòn'] *adj. et s. m.*
[ÉTYM. Emprunté du lat. hexagonus, grec ἑξάγωνος, *m. s.* || XVIᵉ s. Le bastiment feut en figure exagone, RAB. 1, 53.]
|| (*Géom.*) || **1°** *Adj.* Qui a six angles et six côtés.
|| **2°** *S. m.* Figure composée de six angles et de six côtés. Chacune (des ruches) forme cet — aussi exactement la première fois que la dernière, PASC. *Vide.* || *Spécialt.* (T. milit.) Ouvrage de fortification composé de six bastions.

***HEXAGYNE** [ěg'-zà-jin'] *adj.*
[ÉTYM. Emprunté du lat. des naturalistes hexagynus, *m. s.* composé avec le grec ἕξ, six, et γυνή, femelle, § 279. || 1798. L.-C.-M. RICHARD, *Dict. de botan. de Bulliard.*]
|| (*Botan.*) Qui a six pistils. (*Cf.* hexandre.)

HEXAMÈTRE [ěg'-zà-mètr'] *adj.*
[ÉTYM. Emprunté du lat. hexametrus, grec ἑξάμετρος, *m s.* || 1511. Juvencus melt les evangiles en vers hexametres, *Vies des saints Pères,* dans DELB. *Rec.*]
|| (*Métriq.*) Qui a six pieds. Un vers —, et, *substantivt,* Un —.

***HEXANDRE** [ěg'-zăndr'] *adj.*
[ÉTYM. Tiré de hexandrie, § 279. || 1798. L.-C.-M. RICHARD, *Dict. de botan. de Bulliard,* p. 196.]
|| (*Botan.*) Qui a six étamines.

HEXANDRIE [ěg'-zan-dri] *s. f.*
[ÉTYM. Emprunté du lat. des naturalistes hexandria

(LINNÉ), *m. s.* composé avec le grec ἕξ, six, et ἀνήρ, ἄνδρος, mâle, § 279. || 1798. L.-C.-M. RICHARD, *Dict. de botan. de Bulliard.* Admis ACAD. 1835.]

|| (*Botan.*) Dans la classification de Linné, classe composée des plantes qui ont six étamines.

HIATUS [yà-tüs'; en vers, i-à-...] *s. m.*
[ÉTYM. Emprunté du lat. hiatus, *m. s.* proprt, « ouverture ». || 1521. Hyatus se faict quand e feminin termine les motz, FABRI, *Rhetor.* dans GODEF. *Compl.* Admis ACAD. 1718.]
|| **1°** (*Gramm.*) Son produit par la rencontre de deux voyelles, l'une finissant un mot, l'autre commençant le mot suivant. Ne devrait-on pas dire que c'est une puérilité... que le soin minutieux d'éviter les — dans la prose? D'ALEMB. *Lett.* 11 mars 1770.
|| **2°** *Fig.* Solution de continuité entre les scènes d'une pièce de théâtre, les degrés d'une généalogie, etc.

***HIBERNAL, ALE** [i-bèr-năl] *adj.*
[ÉTYM. Emprunté du lat. hibernalis, *m. s.* (*Cf.* hivernal.) || 1567. La froidure hybernale des antipodes, *Chresme philosophale.*]
|| (T. didact.) Qui a lieu en hiver. Germination hibernale. Plantes hibernales, qui fleurissent en hiver.

***HIBERNANT, ANTE** [i-bèr-nan, -nànt'] *adj.*
[ÉTYM. Adj. particip. de hiberner, § 47. || *Néolog.*]
|| (T. didact.) Qui hiberne. Animaux hibernants.

***HIBERNER** [i-bèr-né] *v. intr.*
[ÉTYM. Emprunté du lat. hibernare, passer l'hiver. (*Cf.* hiverner.) || *Néolog.*]
|| (T. didact.) En parlant de certains animaux, passer l'hiver dans un état d'engourdissement.

HIBOU [hi-bou] *s. m.*
[ÉTYM. Origine inconnue. || 1539. R. EST.]
|| **1°** Dans le langage commun, oiseau de proie nocturne. On abattit un pin pour son antiquité, Vieux palais d'un —, LA F. *Fab.* XI, 9. Triste comme un —. Il vit seul dans son trou comme un —. Le regard de —, L'entretien discourtois et l'accueil loup-garou, REGNARD, *Bal,* sc. 7. Nid de hiboux, vieille masure abandonnée. || *Fig.* Un —, un homme qui fuit la société. Un très vieux —, près de mourir dans sa mesure entre le mont Jura et les Alpes, VOLT. *Lett. à M. le prince de Ligne,* 13 déc. 1776.
|| **2°** Dans le langage scientifique, genre d'oiseaux de proie nocturnes, à aigrettes de plume dressées sur les deux côtés de la tête.

HIC [hĭk'] *s. m.*
[ÉTYM. Mot lat. signifiant « ici », § 217 : hic (est quæstio), c'est ici qu'est la question, la difficulté. (*Cf.* hoc.) || Admis ACAD. 1718.]
|| *Famil.* Le point difficile d'une chose. Voilà le —. C'est pourtant le — de l'affaire, REGNARD et DUFRESNY, *Baguette de Vulcain,* sc. dern.

HIDALGO [i-dăl-gò] *s. m.*
[ÉTYM. Emprunté de l'espagn. hidalgo, *m. s.* pour hijo de algo, « fils de quelque chose », § 13. ACAD. donne d'abord hidalgue (1762), puis hidalgo (1798). || XVIᵉ s. Ces Indalgos marranisez, RAB. I, 8.]
|| Noble espagnol qui prétend descendre d'une ancienne famille chrétienne. Fier comme un —. L'orgueil des hidalgos.

***HIDEUR** [hi-deur] *s. f.*
[ÉTYM. Dérivé du radical de hideux, § 110. || XIIᵉ s. Hisdur pursist eals, *Psaut. de Cambridge,* XLVII, 6.]
|| *Vieilli.* État de ce qui est hideux. Cette — effroyable (du lion), MALH. *Ép. de Sénèq.* XLI, 2. Dans ces préséances de —, CHATEAUBR. *Mém. d'outre-tombe,* III, 13.

HIDEUSEMENT [hi-deŭz'-man ; en vers, -deŭ-ze-...] *adv.*
[ÉTYM. Composé de hideuse et ment, § 724. || XIIᵉ s. Mais n'i vint pas hisdosement Anz i entrat mut belement, *Vie de Ste Jul.* dans GODEF. hidosement.]
|| D'une manière hideuse.

HIDEUX, EUSE [hi-deŭ, -deŭz'] *adj.*
[ÉTYM. Dérivé de l'anc. franç. hide, hisde, frayeur, d'origine incertaine, § 116. || XIᵉ s. Molt fut gries li orages et hisdos et costis, *Voy. de Charl. à Jérus.* 384.]
|| Dont la laideur est repoussante. Il est — à voir. Spectacle —. Faire de qqn un portrait —. | Crimes —. Conduite hideuse.

HIE [hi] *s. f.*
[ÉTYM. Emprunté du bas allemand heie, holland. hei, *m. s.* § 10. || 1539. R. EST.]

ǁ (Technol.) Lourde masse de bois pour enfoncer les pavés, les pilotis.

HIÈBLE ou **YÈBLE** [yèbl'] *s. m.* et *f.*
[ÉTYM. Du lat. **ĕbulum**, *m. s.* devenu **ièble**, §§ 305, 290 et 291, écrit **hièble** pour éviter la confusion de l'**i** initial avec **j**. Sur le genre, *V.* §§ 550 et 555.]
ǁ Espèce de sureau à tige herbacée.

HIÉMAL, ALE [yé-màl ; *en vers*, i-é-...] *adj.*
[ÉTYM. Emprunté du lat. **hiemalis**, *m. s.* de **hiems**, hiver. ǁ XVIᵉ s. Le tropique hyemal, AMYOT, dans DELB. *Rec.* Admis ACAD. 1835 et écrit d'abord hyémal, d'après une autre orthographe du mot latin.]
ǁ (T. didact.) Qui appartient à l'hiver. Plantes hiémales.

'HIÉMENT ou **'HIMENT** [hi-man] *s. m.*
[ÉTYM. Dérivé de hier 2, § 145. ǁ 1549. Hiement, R. EST.]
ǁ 1° (Technol.) Action de hier. (*V.* hier 2.)
ǁ 2° *P. ext.* Ébranlement produit dans une construction par le vent, la sonnerie des cloches, etc.

1. HIER [i-yèr ; *vieilli*, yèr] *adv.*
[ÉTYM. Du lat. **hĕri**, *m. s.* devenu ier, §§ 372, 305 et 291, écrit hier soit par réaction étymologique, soit pour indiquer la prononciation vocalique de l'i, § 502.]
ǁ Le jour qui précède immédiatement celui où l'on est. Il est parti —, le jour d'hier. — matin, hier au matin. — soir. Parti d' — au soir. Avant—, le jour qui précède celui d'hier. D'— en huit, en quinze, dans huit jours, dans quinze jours à partir d'hier. ǁ *P. ext.* Il y a peu de temps. Ils ne se connaissent que d'—. Notre amitié ne date pas d'—, elle est ancienne. Il me semble que tout cela s'est passé —. ǁ *Fig. Famil.* Il est né d'—, il n'a encore aucune expérience de la vie.

2. 'HIER [hi-yé] *v. tr.* et *intr.*
[ÉTYM. Dérivé de hie, § 154. ǁ XIIIᵉ s. Ja en feroi cheïr plus de cent un hiant, *Doon de Mayence*, 11223.]
ǁ (Technol.) ǁ 1° *V. tr.* Enfoncer avec la hie.
ǁ 2° *V. intr.* Produire un bruit qui indique l'effort. Les nouvelles machines hient la première fois qu'on s'en sert, TRÉV.

HIÉRARCHIE [hyé-ràr-chi ; *en vers*, hi-é-...] *s. f.*
[ÉTYM. Emprunté du lat. ecclés. **hierarchia**, grec ἱεραρχία, *m. s.* de ἱερός, sacré, et ἄρχειν, commander. ǁ XIVᵉ s. Ierarchie est une ordre divine, J. CORBICHON, *Propr. des choses*, dans DELB. *Rec.*]
I. Ordre de subordination des chœurs célestes, des anges. La sainte subordination des puissances ecclésiastiques, image des célestes hiérarchies, BOSS. *Le Tellier.* ǁ *P. ext.* Ordre de subordination des divers degrés de l'état ecclésiastique. La — de l'Église.
II. Ordre de subordination de ceux qui occupent des rangs inégaux. La — des pouvoirs. La — sociale. La — militaire.

HIÉRARCHIQUE [hyé-ràr-chĭk' ; *en vers*, hi-é-...] *adj.*
[ÉTYM. Emprunté du lat. ecclés. **hierarchicus**, *m. s.* ǁ XVᵉ s. L'ordre hierarchique de saincte Eglise, TH. BASIN, *Hist. de Ch. VII*, IV, 76, Quicherat.]
ǁ Propre à une hiérarchie. Ordre —.

HIÉRARCHIQUEMENT [hyé-ràr-chĭk'-man ; *en vers*, hi-é-ràr-chi-ke-...] *adv.*
[ÉTYM. Composé de hiérarchique et ment, § 724. ǁ 1690. FURET.]
ǁ Dans un ordre hiérarchique.

HIÉRATIQUE [yé-rà-tĭk' ; *en vers*, i-é-...] *adj.*
[ÉTYM. Emprunté du lat. **hieraticus**, grec ἱερατικός, *m. s.* de ἱερός, sacré. ǁ XVIᵉ s. Feuilles de papyrus sacrees ou hieratiques, DU PINET, dans DELB. *Rec.* Admis ACAD. 1835.]
ǁ (T. didact.) Qui concerne les choses sacrées. Écriture —, chez les anciens Égyptiens, l'écriture cursive du langage hiéroglyphique. ǁ Style —, dans la peinture, la sculpture, formes religieuses traditionnelles observées par l'artiste d'un art plus libre.

HIÉROGLYPHE [yé-rò-glìf' ; *en vers*, i-é-...] *s. m.*
[ÉTYM. Tiré de hiéroglyphique, § 37. ǁ 1576. Tres ancien hieroglyphe, G. CHAPPUIS, *Comm. hieroglyp.* dans DELB. *Rec.*]
ǁ (Archéol.) Dans l'écriture des anciens Égyptiens, caractère sacré exprimant symboliquement les idées par la représentation de certains objets naturels. Le déchiffrement des hiéroglyphes. ǁ *Fig. Famil.* Chose énigmatique. Ce sont ici hiéroglyphes tout purs, LA F. *Fab.* IX, 8.

HIÉROGLYPHIQUE [yé-rò-gli-fĭk' ; *en vers*, i-é-...] *adj.*
[ÉTYM. Emprunté du lat. **hieroglyphicus**, grec ἱερογλυφικός, *m. s.* de ἱερός, sacré, et γλύφειν, graver. ǁ 1529.

Ung resbus et chose hieroglyphique, G. TORY, *Champfleury*, dans DELB. *Rec.*]
ǁ (Archéol.) Propre à l'hiéroglyphe. L'écriture —, et, *substantivt, au fém.* L'— des Égyptiens. Ces quatre lettres hiéroglyphiques vous embarrassent, CORN. *Andromède*, dédic. Caractères hiéroglyphiques.

HIÉROPHANTE [yé-rò-fãnt' ; *en vers*, i-é-...] *s. m.*
[ÉTYM. Emprunté du lat. **hierophantes**, grec ἱεροφάντης, *m. s.* ǁ 1535. Theodore le hierophante, G. DE SELVE, *Vies de Plut.* dans DELB. *Rec.* Admis ACAD. 1762.]
ǁ (Antiq.) Prêtre présidant aux mystères d'Éleusis et instruisant les initiés.

HILARANT, ANTE [i-là-ran, -rãnt'] *adj.*
[ÉTYM. Emprunté du lat. **hilarans**, part. de hilarare, égayer. ǁ 1805. FOURCROY, dans ENCYCL. MÉTH. *Chimie*, gaz. Admis ACAD. 1878.]
ǁ (T. didact.) Qui excite à la gaieté. *Spéciall.* Gaz —, protoxyde d'azote qui produit une sorte d'exaltation.

'HILARE [i-lar] *adj.*
[ÉTYM. Tiré de hilarité, d'après le lat. **hilaris**, *m. s.* § 37. Se trouve qqf en anc. franç., mais n'a été repris que de nos jours.]
ǁ *Famil.* Qui a une douce gaieté.

HILARITÉ [i-là-ri-té] *s. f.*
[ÉTYM. Emprunté du lat. **hilaritas**, *m. s.* ǁ XIVᵉ-XVᵉ s. Jocondité, hilarité, GERSON, dans DOCHEZ, *Dict.* Admis ACAD. 1798.]
ǁ Douce gaieté. Prospérité, —, succès en tout, VOLT. *Lett.* 20 mai 1769.

HILE [hil] *s. m.*
[ÉTYM. Emprunté du lat. **hilum**, petit point noir au bout de la fève. ǁ 1600. Un grant hile ou poinct noir, A. COLIN, *Hist. des simples de l'Amériq.* dans DELB. *Rec.* Admis ACAD. 1835.]
ǁ (T. didact.) ǁ 1° (Botan.) Marque du point d'attache de la graine au funicule. — de la fève.
ǁ 2° *P. anal.* (Anat.) Point, généralement déprimé, où un vaisseau s'attache à un viscère. — du foie, du poumon.

'HILOIRE [hi-lwàr] *s. f.*
[ÉTYM. Emprunté de l'espagn. **esloria** ou **eslora**, *m. s.* d'origine inconnue, § 13. ǁ 1690. FURET.]
ǁ (Marine.) Fort bordage qui va de l'avant à l'arrière d'un navire, cloué de chaque côté sur les baux.

'HIPPIATRIE [ĭp'-pyà-tri ; *en vers*, -pi-à-...] et **HIPPIATRIQUE** [ĭp'-pyà-trĭk' ; *en vers*, -pi-à-...] *s. f.*
[ÉTYM. Emprunté et dérivé du grec ἱππιατρία, *m. s.* de ἵππος, cheval, et ἰατρός, médecin, § 229. ǁ XVIᵉ s. Hippiatrie, RAB. 1, 36. | 1762. Hippiatrique, ACAD.]
ǁ (T. didact.) Médecine des chevaux.

HIPPIQUE [ĭp'-pĭk'] *adj.*
[ÉTYM. Emprunté du grec ἱππικός, *m. s.* de ἵππος, cheval. ǁ *Néolog.* Admis ACAD. 1878.]
ǁ Relatif aux chevaux. Concours —.

HIPPOCAMPE [ĭp'-pò-kãnp'] *s. m.*
[ÉTYM. Emprunté du lat. **hippocampus**, grec ἱππόκαμπος, *m. s.* de ἵππος, et κάμπος, sorte de poisson. ǁ XVIᵉ s. Hippocampes ou chevaux marins, DU PINET, *Dioscoride*, dans DELB. *Rec.* Admis ACAD. 1878.]
ǁ 1° (Mythol.) Cheval marin.
ǁ 2° (Hist. nat.) Syngnathe, poisson.

HIPPODROME [ĭp'-pò-dròm'] *s. m.*
[ÉTYM. Emprunté du lat. **hippodromus**, grec ἱππόδρομος, *m. s.* de ἵππος, cheval, et δρόμος, course. ǁ XIIIᵉ s. Teatres de la ville que il apelent ypodromes, *Trad. de Guill. de Tyr*, dans DELB. *Rec.* Admis ACAD. 1762.]
ǁ 1° (Antiq.) Cirque disposé pour les courses de chevaux et de chars.
ǁ 2° *De nos jours.* | 1. Cirque, théâtre où se font des exercices équestres. | 2. Champ pour les courses de chevaux. L'— de Longchamp.

HIPPOGRIFFE [ĭp'-pò-grĭf'] *s. m.*
[ÉTYM. Emprunté de l'ital. **ippogrifo**, *m. s.* mot imaginé par Arioste et composé avec le grec ἵππος, cheval, et l'ital. grifo, griffon, § 12. ǁ XVIᵉ s. En escailles armée, ainsi qu'un hippogrife, RONS. V, 24, Blanchemain. Admis ACAD. 1762.]
ǁ (Littér.) Animal fantastique, moitié cheval, moitié griffon, issu de l'accouplement d'un griffon et d'une jument. Si j'avais l'— à mon commandement, SÉV. 380.

HIPPOLITHE [ĭp'-pò-lĭt'] *s. m.* (fém. ACAD. 1762-1835).

[ÉTYM. Composé avec le grec ἵππος, cheval, et λίθος, pierre, § 279. || 1752. TRÉV. Admis ACAD. 1762.]

|| (Hist. nat.) Pierre jaune qu'on trouve parfois dans les intestins et la vessie du cheval.

HIPPOMANE [ĭp'-pò-màn'] *s. m.*

[ÉTYM. Emprunté du lat. hippomanes, grec ἱππόμανες, *m. s.* de ἵππος, cheval, et μαίνεσθαι, être en fureur. || 1519. Poison lubrique... Selon les Grecs yppomane nuisant, GUILL. MICHEL, *Georgiques*, dans DELB. *Rec.* Admis ACAD. 1835.]

|| (Antiq.) Mucosité de la vulve des cavales en rut, employée dans la confection des aphrodisiaques.

HIPPOPOTAME [ĭp'-pò-pò-tàm'] *s. m.*

[ÉTYM. Emprunté du lat. hippopotamus, grec ἱπποπόταμος, *m. s.* de ἵππος, cheval, et ποταμός, fleuve. || XIIᵉ s. Ypotame (sic), BRUN. LATINI, *Trésor*, p. 189. Admis ACAD. 1762.]

|| (Hist. nat.) Mammifère pachyderme au corps énorme, couvert d'une peau glabre très épaisse, bas sur jambes, qu'on trouve dans les grands fleuves de l'Afrique.

***HIRONDEAU** [i-ron-dó] *s. m.*

[ÉTYM. Pour arondeau, arondel, § 502, dérivé de aronde, § 126. || XIIᵉ s. Je ne me pris vaillant un arondel, *Raoul de Cambrai*, 4662.]

|| Petit de l'hirondelle.

HIRONDELLE [i-ron-dèl] *s. f.*

[ÉTYM. Pour arondelle, § 502, dérivé de aronde, § 126. Au XVIIᵉ s. la langue hésite encore entre arondelle, hérondelle et hirondelle. || XVIᵉ s. Ils gazouillent comme hirondelles, PARÉ, *Anim.* 25.]

|| Oiseau de passage, de l'ordre des Passereaux, qui paraît au printemps, fait son nid dans les cheminées, sous les combles, et à l'automne émigre dans les pays chauds. Au retour des hirondelles, au printemps. Pierre d'—, pierre trouvée dans un nid d'hirondelle et qu'on croyait bonne pour les yeux. Nid d'—, nid d'une espèce d'hirondelle (salangane), que les Chinois mangent. *Fig. Loc. prov.* Une — ne fait pas le printemps, on ne peut rien conclure d'un seul exemple. || *P. anal.* — de mer, sterne, oiseau palmipède qui habite au bord de la mer. || *Fig. Famil.* — d'hiver, nom donné à Paris au ramoneur, au marchand de marrons, qui fait son apparition au commencement de l'hiver. || *P. ext.* Nom donné à certains bateaux à marche rapide. La compagnie des Hirondelles parisiennes.

***HIRSUTE** [ir-süt'] *adj.*

[ÉTYM. Emprunté du lat. hirsutus, *m. s.* || 1812. MOZIN, *Dict. franç.-allem.*]

|| (T. didact.) Garni de poils longs non alvéolés. || *P. ext. Famil.* Hérissé. Une chevelure, une barbe —.

HISPIDE [ĭs'-pĭd'] *adj.*

[ÉTYM. Emprunté du lat. hispidus, *m. s.* || XIVᵉ s. Membres hispides, J. DE VIGNAY, *Miroir hist.* dans DELB. *Rec.* Admis ACAD. 1835.]

|| (Botan.) Qui a des poils rudes. Tige —.

HISSER [hi-sé] *v. tr.*

[ÉTYM. Emprunté des idiomes scandinaves : suédois hissa, danois hisse, *m. s.* § 9. || XVIᵉ s. Inse! inse! inse! RAB. IV, 20. Admis ACAD. 1762.]

|| (Marine.) Élever, tirer en haut. — une voile, un tonneau. || *P. anal.* Se —, s'élever avec effort. Il se hissa jusqu'au haut du mur.

HISTIOLOGIE [ĭs'-tyò-lò-ji ; *en vers*, -ti-ò-...]. *V.* histologie.

HISTOIRE [ĭs'-twàr] *s. f.*

[ÉTYM. Emprunté du lat. historia, *m. s.* Se présente ordinairement sous la forme estoire en anc. franç., § 502. || XIIᵉ s. E les estoires lire as festes, WACE, *Rou*, III, 6.]

|| **1°** Récit des événements de la vie d'un peuple. Les histoires particulières représentent la suite des choses qui sont arrivées à un peuple, BOSS. *Hist. univ.* avant-propos. L'— de France, d'Angleterre. L'— grecque, romaine. Il avait fait toute l'—du siège, BOSS. *Hist. univ.* II, 21. — universelle, qui montre le rapport de chaque histoire avec les autres. La philosophie de l'—, recherche des causes premières des événements. Les histoires seront abolies avec les empires, BOSS. *Condé.* || Ouvrage contenant ce récit. L'— de Thucydide, de Tite-Live. || *P. anal.* L'— de l'Église. L'— de la littérature. L'— de l'art, de l'esprit humain. L'— de la civilisation. || *P. ext.* Etude des divers êtres qui sont dans la nature. L'— naturelle. L'— des animaux, des végétaux. || *Absolt.* L'—, l'ensemble des témoignages historiques. Si j'apprenais l'hébreu,

les sciences, l'— ! LA F. *Fab.* VIII, 25. Quand l'— serait inutile aux autres hommes, il faudrait la faire lire aux princes, BOSS. *Hist. univ.* avant-propos. Le tribunal de l'—, l'histoire considérée comme juge des actions des hommes. Ces gens-là lisent toutes les histoires en ignorant l'—, LA BR. 13. Des guerres cruelles, des peuples opprimés, des traités jurés et violés, voilà l'—, DUCLOS, *L. XI*, préface. Rossinante... qui... Galopa, dit l'—, une fois en sa vie, BOIL. *Poés. div.* 25.

|| **2°** Récit des événements de la vie d'un individu. Il lira seulement l'— de ma vie, CORN. *Cid*, I, 3. Tu me contais alors l'— de mon père, RAC. *Phéd.* I, 1. Télémaque lui fit l'— de son départ de Tyr, FÉN. *Tél.* 8. Valincour fut choisi pour travailler à l'— du roi, ST-SIM. II, 195. || Ce qui arrive à qqn. Ce n'est pas le plus beau de son —. C'est mon —. C'est l'— de ceux qui sont trop confiants. || Récit de qq aventure. Une plaisante —. Une — scandaleuse. Ces histoires de morts lamentables, tragiques, BOIL. *Sat.* 10. C'est toute une —. Voilà le plaisant de l'—. Une — à plaisir, et, *ellipt*, Une —, un récit mensonger. On vous a fait une —. Vous nous contez une plaisante —, MOL. *Tart.* II, 2. | Faire une — de ce qui ne vaut pas la peine d'être dit, et, *p. ext.* Faire des histoires, donner de l'importance à des choses qui n'en valent pas la peine. Cette chanson qui fit une si belle —, GRESSET, *Méchant*, I, 1. C'est une autre —, c'est une autre affaire. Voilà bien une autre —. — de rire, affaire de rire. — de s'amuser, de plaisanter.

HISTOLOGIE [ĭs'-tò-lò-ji] *s. f.*

[ÉTYM. Composé avec le grec ἱστός, tissu, λόγος, discours, et le suffixe ie, §§ 279 et 282. Qqns disent histiologie, d'après le grec ἱστίον, qui a un sens analogue à celui de ἱστός. || *Néolog.* Admis ACAD. 1878.]

|| (T. didact.) Partie de l'anatomie qui traite des tissus organiques.

HISTORIAL, ALE [ĭs'-tò-ryàl ; *en vers*, -ri-àl] *adj.*

[ÉTYM. Emprunté du lat. historialis, *m. s.* || 1291. Les livres hystoriaus de la Bible, G. DES MOULINS, dans S. BERGER, *La Bible franç. au moyen âge*, p. 160.]

|| *Vieilli.* Relatif à l'histoire. *Spécialt.* Le Miroir — de Vincent de Beauvais. La Bible historiale de Guyard des Moulins.

HISTORIEN [ĭs'-tò-ryin ; *en vers*, -ri-in] *s. m.*

[ÉTYM. Dérivé de histoire, d'après le type lat. historia, § 244. || XIVᵉ-XVᵉ s. Roys qui scet et est hystoriens, EUST. DESCH. dans GODEF. *Compl.*]

|| Celui qui écrit une histoire, des histoires. — peu digne de foi. Les historiens anciens, modernes. Dans les monarchies extrêmement absolues, les historiens trahissent la vérité, MONTESQ. *Espr. des lois*, XIX, 27. || *P. ext.* Celui qui raconte un événement. Un froid — d'une fable insipide, BOIL. *Art p.* 3. || *Au fém. (rare).* Je suis historienne, Mᵐᵉ L'HÉRITIER, dans TRÉV.

HISTORIER [ĭs'-tò-ryé ; *en vers*, -ri-é] *v. tr.*

[ÉTYM. Emprunté du lat. scolast. historiare, *m. s.* § 217. || XIVᵉ s. Je ai ce livre croniziet et historyet, FROIS. I, 2, Kervyn.]

|| **1°** *Vieilli.* Raconter en détail. Sans — le tout par le menu, RÉGNIER, *Sat.* 10. || *P. ext.* Représenter (un fait, un événement) par un tableau, une miniature, etc.

|| **2°** *P. ext.* Enjoliver d'ornements. Les moindres meubles sont d'ivoire Historiés d'ébène noire, SCARR. *Virg. trav.* 1. Lettres, frontispices historiés.

HISTORIETTE [ĭs'-tò-ryĕt' ; *en vers*, -ri-ĕt'] *s. f.*

[ÉTYM. Dérivé de histoire, d'après le type lat. historia, § 133. || 1675. Nous avons fait depuis quelques années « historiette », LE P. BOUHOURS, *Rem. nouv.* p. 292. Admis ACAD. 1694.]

|| Récit d'une petite aventure. Un conteur d'historiettes. Les Historiettes de Tallemant des Réaux.

HISTORIOGRAPHE [ĭs'-tò-ryò-gràf' ; *en vers*, -ri-ò-...] *s. m.*

[ÉTYM. Emprunté du lat. historiographus, grec ἱστοριογράφος, *m. s.* de ἱστορία, histoire, et γράφειν, écrire. || XIVᵉ s. Uns anciens hystoriografes, BERSUIRE, fº 22, dans LITTRÉ.]

|| Celui qui est chargé officiellement par un prince d'écrire l'histoire de son règne. Le titre d'— de France, ST-SIM. X, 40.

HISTORIQUE [ĭs'-tò-rĭk'] *adj.*

[ÉTYM. Emprunté du lat. historicus, grec ἱστορικός, *m. s.* || 1480. Poetes moraulx...., hystoriques, *Baratre infernal*, dans DELB. *Rec.*]

|| Qui a rapport à l'histoire. Narration —. Recueil, dic-

tionnaire, tableau —. *Temps historiques*, dont le récit est confirmé par des documents (par opposition aux *temps fabuleux* ou *préhistoriques*). *Ce que je vous dis là est* —, *a eu lieu réellement.* **Personnage** —, *qui a existé.* **Roman, drame** —, *dont le sujet, les personnages, sont tirés de l'histoire, quoique la plupart des détails soient inventés.* **Nom** —, *qui a une célébrité dans l'histoire.* **Il porte un nom** —. ‖ *Substantivt, au masc.* **L'** —, *la suite des faits qui ont amené un événement.* **L'** — *d'une guerre, d'un procès, d'une science.* **L'** — *d'un mot, l'exposition des formes et des significations diverses qu'il a prises.*

HISTORIQUEMENT [ĭs'-tŏ-rĭk'-man; *en vers*, -ri-ke-...] *adv.*
[ÉTYM. Composé de *historique* et *ment*, § 724. ‖ 1653. V. à l'article.]
‖ D'une manière historique. *Ceci ne peut se soutenir* —. *Vous le lui savez* —, BALZ. *Lett.* IV, 17, 21 juillet 1653.

HISTRION [ĭs'-tri-yon] *s. m.*
[ÉTYM. Emprunté du lat. *histrio*, *m. s.* ‖ 1570. **Histrions et joueurs**, GENTIAN HERVET, *Cité de Dieu*, dans DELB. *Rec.*]
‖ **1°** (Antiq.) Acteur jouant des farces grossières, avec accompagnement de flûte.
‖ **2°** *De nos jours.* | 1. Baladin de foire. | 2. *En mauvaise part.* Comédien.

HIVER [i-vèr] *s. m.*
[ÉTYM. Du lat. **hibernum**, *m. s.* proprt, « d'hiver », adj. employé substantivt (*cf.* jour), devenu *ivern*, §§ 372, 434 et 291, *iver*, § 485, écrit *hiver*, par réaction étymologique, § 502. ‖ XIIᵉ s. Cest tens d'iver sejort o nos, *Énéas*, 1378.]
‖ **1°** La plus froide des saisons de l'année, celle où les jours sont les plus courts, qui suit l'automne et précède le printemps. *Un* — *rigoureux. Au milieu, au cœur de l'* —. *Je me couchais sans feu dans le cœur de l'* —, MOL. *Sgan.* sc. 2. *Vêtements, appartement d'* —. *Fruits d'* —, *qui achèvent de mûrir et qu'on ne mange qu'en hiver.* (T. milit.) **Quartier d'** —, *lieu où l'on cantonne les troupes pendant l'hiver, entre deux campagnes.* Il fait semblant de mettre ses troupes en quartier d'— aux environs de Schélestat, RAC. *Campagnes de L. XIV*, v, 285, Grands Écriv. L'armée se mit dans les quartiers de fourrages en attendant ceux d'—, ST-SIM. I, 102. ‖ *Fig.* **L'** — *de l'âge, de la vie, la vieillesse.*
‖ **2°** *P. ext.* Froid de l'hiver. *Cette année il n'y a pas eu d'* —. *L'* — *est ici perpétuel.*
‖ **3°** *Fig. Poét.* Vieillesse. *S'effaroucher de l'* — *de mes ans*, VOLT. *Mér.* 1, 3. | *P. ext.* Année qui apporte la vieillesse. *Cinquante hivers ont passé sur sa tête. Près d'un siècle d'hivers n'a pu l'éteindre encor (son zèle)*, LA F. *St Malc.*

HIVERNAGE [i-vèr-nàj'] *s. m.*
[ÉTYM. Dérivé de *hiver*, *hiverner*, §§ 64 et 78. En anc. franç. le mot est souvent adjectif : *temps hivernage, blé hivernage*, etc. Le sens **II** représente cet anc. adj. employé substantivt. ‖ XIIᵉ-XIIIᵉ s. De chest oscur val yvrenage, RENCL. DE MOILIENS, *Miserere*, CCLXXIII, 8. Fort hyvernage, J. DE MEUNG, *Rose*, 4344. Admis ACAD. 1835.]
I. ‖ **1°** (Marine.) Temps de la mauvaise saison que les navires passent en relâche, et, *spécialt*, la saison pluvieuse (de mai à octobre) dans les régions équinoxiales. *Passer son* — *dans tel port.* ‖ *P. ext.* Port bien abrité où les navires relâchent durant la mauvaise saison.
‖ **2°** (Agricult.) | 1. Séjour dans les étables durant l'hiver pour les bestiaux qui passent la belle saison dans les pâturages. | 2. Labour qu'on donne avant l'hiver aux terres aux vignes.
II. *Dialect.* Semailles que l'on fait en automne et qui passent l'hiver dans la terre (par opposition à *mars*). *Spécialt.* Mélange de seigle, de froment, d'orge et d'avoine servant de fourrage aux chevaux.

HIVERNAL, ALE [i-vèr-nàl] *adj.*
[ÉTYM. Dérivé de **hiver**, §§ 64 et 90. (*Cf.* **hibernal.**) ‖ XIIᵉ s. Li uns est estivals, Li autres hivernals, PH. DE THAUN, *Comput*, 3255. Admis ACAD. 1762.]
‖ Qui appartient à l'hiver. *Froids hivernaux. La partie hivernale du bréviaire.*

HIVERNER [i-vèr-né] *v. intr. et tr.*
[ÉTYM. Dérivé de **hiver**, §§ 64 et 154. (*Cf.* **hiberner.**) ‖ XIIᵉ-XIIIᵉ s. En Auverne, Es mons ou en esté yverne, RENCL. DE MOILIENS, *Carité*, XXIII, 4.]
I. *V. intr.* Passer l'hiver à l'abri. *Le port n'était pas propre pour* —, SACI, *Bible, Actes des Ap.* XXVII, 12. *L'armée a pris ses quartiers pour* —, TRÉV.

II. *V. tr.* ‖ **1°** (Agricult.) | 1. — *une terre*, la labourer pour qu'elle passe l'hiver dans de bonnes conditions. | 2. — *le bétail*, le nourrir à l'étable pendant l'hiver.
‖ **2°** *P. ext. Vicilli.* Aguerrir contre l'hiver en exposant aux premiers froids. *Les femmes croient qu'il faut s'* — *pour avoir le teint plus blanc*, TRÉV. **hiverner.**

HO [hó] *interj.*
[ÉTYM. Onomatopée, § 32. (*Cf.* **oh.**)]
‖ Interjection servant : | 1. A appeler. **Ho ! l'ami ! un petit mot, s'il vous plaît**, MOL. *D. Juan*, III, 1. (*Cf.* **holà.**) | 2. A exprimer l'indignation ou l'étonnement. **Ho ! que vois-je ?** (On écrit aussi **oh !**)

HOBEREAU [hŏb'-ró; *en vers*, hò-be-...] *s. m.*
[ÉTYM. Pour *hoberel*, dérivé de l'anc. franç. *hobe*, qui a le même sens, § 126. **Hobe** paraît se rattacher à l'anc. verbe **hober**, se remuer, d'origine germanique, § 10. (*Cf.* holland. **hobbelen**, anc. holland. **hobben**, *m. s.*) Qqns écrivent **hobreau**. Le même radical se trouve dans **aubin** 2. ‖ 1555. P. BELON, *Hist. de la nat. des Ois.* p. 118. Admis ACAD. 1762.]
‖ **1°** (Fauconn.) Espèce de petit faucon, dit aussi *falquet*, qui ne chasse que les petits oiseaux.
‖ **2°** *Fig. En mauvaise part.* Petit gentilhomme campagnard. Il n'y a que des hobereaux dans le voisinage. Des francs hobereaux conservent les manières (1678), HAUTEROCHE, *Nobles de province*, V, 1.

HOBIN. V. **aubin.**

HOC [hŏk'] *s. m.*
[ÉTYM. Semble emprunté du lat. *hoc*, cela. ‖ 1642. OUD.]
‖ Jeu où certaines cartes privilégiées donnent à celui qui les joue le droit de leur attribuer la valeur qu'il veut. On te tient inventeur du —, SCARR. *Poésies div., à Mazarin.* ‖ *Fig.* Ce qui est attribué à qqn. Eh ! que n'es-tu mouton, car tu me serais — ! LA F. *Fab.* V, 8. Mon congé cent fois me fût-il —, MOL. *F. sav.* V, 3.

HOCA [hò-kä; *au* XVIIᵉ *s.* ò-kä] *s. m.*
[ÉTYM. D'après Richel. (1680) le jeu de *hoca* serait venu de Catalogne, d'après d'autres de Rome ; mais ni l'italien ni le catalan ne connaissent le mot *hoca*. Serait-ce *oca*, oie, jeu de l'oie ? ‖ XVIIᵉ s. V. à l'article. Admis ACAD. 1718.]
‖ (XVIIᵉ-XVIIIᵉ s.) Jeu de hasard, analogue au loto. Perdre deux cents à ce chien d'—, SÉV. 255.

1. HOCHE [hŏch'] *s. f.*
[ÉTYM. Pour *oche*, plus anciennement *osche*, correspondant au provenç. *osca, m. s.* d'origine inconnue ; l'aspiration est due à une confusion avec le verbe **hocher** 1, § 509. ‖ XIIᵉ s. Se déduit de **hocher** 2.]
‖ (Technol.) Entaille. (*Syn.* **coche** 1.) ‖ *Spécialt.* | 1. Marque sur une taille, indiquant chaque fois le pain, la viande qu'on fournit à crédit. | 2. Brèche sur une lame.

2. *HOCHE [hŏch'] *s. f.*
[ÉTYM. Paraît se rattacher à l'angl. **hook**, crochet, § 8. (*Cf.* **hocher** 1.) ‖ 1765. ENCYCL.]
‖ (Technol.) Montant de bois scellé pour tendre des cordeaux servant à régler l'épaisseur d'un mur.

HOCHEMENT [hŏch'-man; *en vers*, hò-che-...] *s. m.*
[ÉTYM. Dérivé de **hocher**, § 145. ‖ XVIᵉ s. Hochement de teste, AMYOT, *Œuvr. mor. Comment refr. la colère*, 6.]
‖ Action de hocher (la tête, le corps).

HOCHEPIED. V. **hausse-pied.**

HOCHEPOT [hoch'-pó; *en vers*, hò-che-...] *s. m.*
[ÉTYM. Composé de **hoche** (du verbe **hocher** 1) et *pot*, § 209. On trouve **Ouchepot** comme sobriquet dès 1264. ‖ XIVᵉ s. Hochepot de poulaille, TAILLEVENT, *Viandier*, p. 6, Pichon et Vicaire.]
‖ (Cuisine.) Ragoût fait de hachis de bœuf, d'oie grasse ou de canard cuit sans eau dans un pot, avec des marrons, navets, etc.

HOCHEQUEUE [hŏch'-keu; *en vers*, hò-che-...] *s. m.*
[ÉTYM. Composé de **hoche** (du verbe **hocher** 1) et *queue*, § 209. Souvent altéré en **hausse-queue.** On trouve **hochecu** dans J. et R. PARMENTIER, *Voyage*, p. 55, Schefer. ‖ 1549. R. EST.]
‖ *Dialect.* Bergeronnette, oiseau qui remue la queue en marchant.

1. HOCHER [hò-ché] *v. tr.*
[ÉTYM. Origine incertaine. Peut-être dérivé du radical german. qui se trouve dans l'angl. **hook**, anglo-sax. **hoc**, crochet, §§ 8 et 154. (*Cf.* **hoche** 2.) ‖ XIIᵉ s. Bien li avient cis pestiaus a hocier, *Aliscans*, 3627.]

‖ Secouer. — la tête (en signe de dénégation). La bergeronnette hoche la queue en marchant. (*Cf.* hochequeue.) — le mors, la bride, les secouer fréquemment pour exciter le cheval, et, *fig.* — le mors à qqn, chercher à l'animer. Pas un n'osait — le mors au prince, ST-SIM. XII, 194. ‖ *Absolt.* — de la tête, du nez (en signe de mécontentement). (Manège.) Un cheval qui hoche du mors, qui le secoue.

2. *HOCHER [hô-ché] *v. tr.*

[ÉTYM. Dérivé de hoche 1, § 154. ‖ XII° s. Oschee et fraite estoit s'espee, BENEEIT, *Ducs de Norm.* II, 22188.]

‖ (Technol.) Marquer d'une hoche, d'une entaille. — une taille de bois. *Absolt.* Si je ne sais écrire, je hocherai, FURET. *Rom. bourg.* II, 48.

HOCHET [hô-chè] *s. m.*

[ÉTYM. Dérivé de hocher 1, § 133. ‖ (Au sens actuel.) 1391. Un hochet d'argent pour jouer et esbattre madame Jehanne de France, dans L. DE LABORDE, *Émaux*, p. 341.]

‖ Jouet qu'on met entre les mains d'un petit enfant pour qu'il s'amuse à le secouer. Un — d'ivoire. ‖ *Fig.* Chose futile qui amuse l'esprit. La plupart des hommes meurent le — à la main, DIDER. *Claude et Néron*, II, 1.

***HOCHEUR** [hô-cheur] *s. m.*

[ÉTYM. Dérivé de hocher 1, § 112. ‖ 1799. AUDEBERT, *Hist. nat. des singes*, IV, I, p. 9.]

‖ (Hist. nat.) Singe d'Afrique qui a l'habitude de hocher continuellement la tête.

HOGNER [hô-ñé] *v. intr.*

[ÉTYM. Origine inconnue. ‖ XIII° s. Usler ne braire ne vuingnier, MONTAIGLON et RAYNAUD, *Rec. de fabliaux*, IV, 36. Admis ACAD. 1762.]

‖ *Vieilli.* Gronder entre ses dents.

HOIR [wàr] *s. m.*

[ÉTYM. Du lat. pop. *hęrem (class. herędem), *m. s.* devenu eir, oir, §§ 372, 309 et 291, écrit plus récemment hoir, par réaction étymologique, § 502.]

‖ *Vieilli.* (Droit.) Héritier. Ses hoirs et ayants cause. La Bourgogne retournait de plein droit à la couronne faute d'hoirs mâles, DUCLOS, *L. XI*, III, 63.

HOIRIE [wà-ri] *s. f.*

[ÉTYM. Dérivé de hoir, §§ 65 et 68. ‖ XIV° s. Droite hoirie de succession, FROISS. *Chron.* IX, 45, Kervyn.]

‖ *Vieilli.* (Droit.) Héritage. Accepter l'—. Droit d'—. Cet étrange avancement d'—, ST-SIM. I, 324.

HOLÀ [hò-là] *interj.*

[ÉTYM. Composé de ho et là, §§ 182 et 726.]

‖ Interjection qui sert : ‖ 1° A appeler. —! quelqu'un! —! ho! cocher, petit laquais! MOL. *Pourc.* III, 2. —! ho! l'homme! ID. *D. Juan*, I, 1.

‖ 2° A arrêter. —! ne pressez pas si fort la cadence, MOL. *Préc. rid.* sc. 12. Après l'Agésilas, Hélas! Mais après l'Attila, —! BOIL. *Épigr.* 7. ‖ *Substantiv.* Mettre le —, arrêter des gens qui se querellent, se battent.

***HÔLEMENT** [hôl-man ; *en vers*, hô-le-...] *s. m.*

[ÉTYM. Dérivé de holer, § 145. ‖ XVIII° s. *V.* à l'article.]

‖ Cri propre au hibou et autres oiseaux de nuit. Un — (plutôt) qu'un grincement, BUFF. *Chat-Huant.*

***HÔLER** [hô-lé] *v. intr.*

[ÉTYM. Onomatopée, § 32. ‖ XIII° s. Et ne holloit ne ne chantoit, *Renart*, IX, 1475.]

‖ En parlant du hibou, etc., pousser son cri.

HOLLANDÉ, ÉE [hò-lan-dé] *adj.*

[ÉTYM. Dérivé de Hollande, nom propre de pays, §§ 36 et 118. ‖ 1723. SAVARY, *Dict. du comm.* Admis ACAD. 1878.]

‖ (Technol.) Qui rappelle la toile de Hollande. Batiste hollandée, plus forte et plus serrée que la batiste ordinaire.

HOLLANDER [hò-lan-dé] *v. tr.*

[ÉTYM. Dérivé de Hollande, §§ 36 et 154 : le procédé pour hollander les plumes est venu de Hollande. ‖ 1642. OUD. Admis ACAD. 1762.]

‖ (Technol.) Passer (les plumes d'oie à écrire) dans la lessive, la cendre chaude pour enlever la graisse et l'humidité qui empêcheraient l'encre de couler.

HOLOCAUSTE [ò-lò-kôst'] *s. m.*

[ÉTYM. Emprunté du lat. holocaustum, grec ὁλόκαυστον, *m. s.* de ὅλος, tout, et καυστός, brûlé. ‖ XII° s. Cele maniere de sacrifice ke Job offrit, si avoit nom holocaustes, *Job*, dans *Rois*, p. 443.]

‖ Chez les Hébreux, sacrifice où la victime était entièrement consumée par le feu. Offrir un — au Seigneur. Offrir un —. L'autel des holocaustes. ‖ *P. ext.* ‖ 1. La victime ainsi offerte. L'— fut brûlé sur l'autel. ‖ 2. Sacrifice sanglant. Est-ce qu'en — aujourd'hui présenté Je dois, comme autrefois la fille de Jephté, Du Seigneur par ma mort apaiser la colère? RAC. *Ath.* IV, 1. Jésus-Christ s'est offert en — pour nos péchés. ‖ 3. *Fig.* Offrande complète de soi-même. Offrir à Dieu son cœur en —. L'— est mon cœur, l'amour le sacrifice, D'AUB. *Printemps*, 97.

***HOLOÈDRE** [ò-lò-èdr'] *s. m.*

[ÉTYM. Composé avec le grec ὅλος, entier, et ἕδρα, face, § 279. ‖ *Néolog.*]

‖ (Minéral.) Cristal qui présente le caractère de l'holoédrie.

***HOLOÉDRIE** [ò-lò-é-dri] *s. f.*

[ÉTYM. Composé avec le grec ὅλος, entier, ἕδρα, face, et le suffixe ie, §§ 279 et 282. ‖ *Néolog.*]

‖ (Minéral.) Forme régulière d'un cristal dont toutes les faces symétriques sont physiquement identiques et géométriquement égales.

HOLOGRAPHE. *V.* olographe.

***HOLOMÈTRE** [ò-lò-mètr'] *s. m.*

[ÉTYM. Emprunté du lat. scientifique holometrum (A. TULLO, 1564), *m. s.*, composé avec le grec ὅλος, au sens abusif de « tout », et μέτρον, mesure, § 279. ‖ 1690. FURET.]

‖ (Astron.) Instrument qui sert à prendre la hauteur angulaire d'un point au-dessus de l'horizon.

***HOLOTHURIE** [ò-lò-tu-ri] *s. f.*

[ÉTYM. Emprunté du lat. holothuria, grec ὁλοθούριον, *m. s.* ‖ 1572. Esponges, orties, holoturies, J. DES MOULINS, *Comm. sur Matthiole*, dans DELB. *Rec.* Admis ACAD. 1762; suppr. en 1835.]

‖ (Hist. nat.) Genre de radiaire échinoderme dont certaines espèces sont connues sous les noms de cornichon, priape de mer.

HOM [hòm'] *interj.*

[ÉTYM. Onomatopée, § 32. (*Cf.* hem, hon.) Qqns écrivent hum. ‖ Admis ACAD. 1798.]

‖ Interjection exprimant la défiance, le doute. —! est-ce bien vrai? —! lui donner des pilules! HAUTEROCHE, *Crispin médecin*, II, 37. —! le vilain homme que ce joli homme! DUFRESNY, *Malade sans maladie*, I, 3.

***HOMALOGRAPHIQUE** [ò-mà-lò-grà-fik'] *adj.*

[ÉTYM. Composé avec le grec ὁμάλος, plan, et γράφειν, décrire, § 279. ‖ *Néolog.*]

‖ (Géogr.) Projection —, projection de la sphère dont les parallèles sont des lignes droites et les méridiens des ellipses, et qui reproduit exactement les rapports réels des diverses régions entre elles.

HOMARD [hò-màr] *s. m.*

[ÉTYM. Pour homar, §§ 62 et 509, emprunté de l'anc. nordique humarr (*cf.* danois et allem. hummer), *m. s.* § 9. ‖ 1547. Un hommar est faché d'estre en l'eau, G. HAUDENT, *Fables*, dans DELB. *Rec.*]

‖ Genre de crustacé décapode, dont les deux premières pattes sont énormes et ont la forme de pinces. Les pêcheries, les parcs de homards. Conserve de —. *Loc. prov.* Rouge comme un — (cuit), le homard devenant rouge par la cuisson.

HOMBRE [ónbr'] *s. m.*

[ÉTYM. Emprunté de l'espagn. hombre, *m. s.* propri, « homme », du lat. hominem, § 13. ‖ XVII° s. *V.* à l'article. Admis ACAD. 1718.]

‖ (T. de jeu.) Celui qui mène la partie (au jeu dit de l'hombre). Qui est l'—? ‖ *P. ext.* Jeu de cartes très compliqué, venu d'Espagne, qui se joue généralement à trois joueurs, avec 40 cartes (jeu complet d'où on a tiré les huit, les neuf et les dix), chaque joueur ayant neuf cartes. Pour un tiers ou pour un cinquième à l'— ou au reversis, LA BR. 7.

***HOMBRÉE** [on-bré] *adj. fém.*

[ÉTYM. Dérivé de hombre, § 118. ‖ 1792. ENCYCL. MÉTH. *Jeux.*]

‖ (T. de jeu.) Bête —, jeu de cartes qui tient de la bête et de l'hombre.

HOMÉLIE [ò-mé-li] *s. f.*

[ÉTYM. Pour homilie, § 360, emprunté du lat. ecclés. homilia, grec ὁμιλία, *m. s.* ‖ XII° s. Ce nos dit l'omelie Bede, EVRAT, *Bible*, dans DELB. *Rec.*]

‖ (Liturg. cathol.) Instruction familière faite au peuple sur l'Évangile ou sur les matières de la religion. Les homélies de saint Jean Chrysostome. Le temps des homélies n'est plus;... le commun des hommes aime les phrases et les périodes, LA BR. 15. || *P. ext.* Leçon du bréviaire extraite des homélies des Pères de l'Église. || En mauvaise part, morale, leçon ennuyeuse.

HOMÉOPATHE [ò-mé-ò-păt'] *adj.*

[ÉTYM. Tiré de homéopathie. || 1827. BIGEL, *Exam. de la méth. curative de Hahnemann*, III, 215. Admis ACAD. 1878.]

|| (Médec.) Qui suit le système de l'homéopathie. Un médecin —, et, *substantivt*, Un —.

HOMÉOPATHIE [ò-mé-ò-pà-ti] *s. f.*

[ÉTYM. Pour homœopathie, composé avec le grec ὅμοιος, semblable, πάθος, maladie, et le suffixe ie, §§ 279 et 282. || 1827. BIGEL, *Exam. de la méth. curative de Hahnemann*, I, 100. Admis ACAD. 1878.]

|| (Médec.) Système thérapeutique (inauguré par S. Hahnemann, 1755-1843) qui consiste à traiter les maladies à l'aide de médicaments à doses infinitésimales, produisant sur l'individu sain les symptômes d'une maladie analogue à celle qu'on veut combattre. (*Cf.* allopathie.)

HOMÉOPATHIQUE [ò-mé-ò-pà-tĭk'] *adj.*

[ÉTYM. Dérivé de homéopathie, § 229. || 1827. Doctrine homéopathique, BIGEL, *Exam. de la méth. curative de Hahnemann*, I, 19. Admis ACAD. 1878.]

|| (Médec.) Qui appartient à l'homéopathie. Dose —.

HOMÉRIQUE [ò-mé-rĭk'] *adj.*

[ÉTYM. Emprunté du lat. Homericus, grec Ὁμηρικός, dérivé de Homerus, Ὅμηρος, Homère. || Admis ACAD. 1878.]

|| *Famil.* Rire —, rire inextinguible (qu'Homère, à la fin du premier chant de l'*Iliade*, attribue aux dieux).

1. HOMICIDE [ò-mi-sid'] *s. m. et f. et adj.*

[ÉTYM. Emprunté du lat. homicida, *m. s.* de homo, homme, et cædere, tuer. || XIIe s. Li reis Joram fiz a homicide, *Rois*, IV, 6.]

|| 1º *S. m. et f.* Celui, celle qui tue un être humain. (*Syn.* assassin, meurtrier.) — point ne seras, *Command. de Dieu*. Des enfants de son fils détestable —, RAC. *Ath.* I, 1. De leurs plus chers parents saintement homicides, ID. *ibid.* IV, 3. *P. appos.* Sur le point d'attaquer une reine —, RAC. *Ath.* I, 2. Une mère intrépide, Qui défendra son sang (sa fille) contre un père —, ID. *Iph.* IV, 8. || — de soi-même, qui se tue lui-même. || *Fig.* Celui, celle qui cause la perte, la mort morale de qqn. — devant Dieu de toutes les âmes qu'il scandalise, BOURD. *Scand. de la Croix*, 1.

|| 2º *Poét. Adj.* Qui sert à tuer qqn. Les lances homicides, RAC. *Ath.* III, 8. Un — acier, ID. *ibid.* II, 5. Projets homicides. || *Fig.* Rois, prenez soin de l'absent Contre sa langue — (de la calomnie), RAC. *Esth.* III, 3.

2. HOMICIDE [ò-mi-sid'] *s. m.*

[ÉTYM. Emprunté du lat. homicidium, *m. s.* || XIIe s. Qu'omicides par lui seit fait, *Vie de St Grég.* p. 20, Luzarche.]

|| Action de tuer un être humain. — volontaire. L'— commis volontairement est qualifié meurtre, *Code pénal*, art. 295. — par imprudence.

*HOMICIDER [ò-mi-si-dé] v. tr.

[ÉTYM. Dérivé de homicide, § 266. || XVIe s. Crocodiles qui avoient tué, mangé et homicidé plusieurs hommes, vaches, bœufs et chameaux, THEVET, *Cosmogr. univ.* fo 213, vº. Admis ACAD. 1762; suppr. en 1878.]

|| *Vieilli.* Tuer (un être humain). || S'—, se donner la mort. S'— est chose défendue, SCARR. *D. Japh. d'Arménie*, IV, 5.

HOMMAGE [ò-măj'] *s. m.*

[ÉTYM. Du lat. du moyen âge hominaticum, *m. s.* devenu *omnage, ommage, §§ 372, 336, 472 et 78, écrit plus récemment hommage par réaction étymologique, § 502. || XIIe s. Et les homages des barons, *Énéas*, 3858.]

|| 1º (Féodal.) Acte du vassal se déclarant l'homme de son seigneur, et lui promettant service fidèle et dévoué. Recevoir l'— d'un vassal. — lige. (*V. ce mot.*) Remettre, amortir l'—, dégager le vassal des obligations qu'il a prises par l'hommage. Rendre à son seigneur foi et. || *Fig.* Rendre à qqn l'— d'une chose, la rapporter à celui de qui on la tient, en exprimant hautement ses sentiments de reconnaissance.

|| 2º *Fig.* Acte de soumission et de respect. Adresser des hommages à la Divinité. Aux feux inanimés dont se parent les cieux Il rend de profanes hommages, RAC. *Esth.* II, 8. Rendre des hommages à qqn. Elle reçoit les hommages de mille adorateurs. A sa vertu vous rendiez quelque —, RAC. *Brit.* II,

6. || *P. ext.* | 1. *Spécialt. Au plur.* Humbles respects. Présenter, offrir à qqn ses hommages. Veuillez agréer, Madame, mes hommages respectueux, formule de politesse. | 2. Don respectueux d'une chose. Faire à qqn — d'un livre.

HOMMAGÉ, ÉE [ò-mà-jé]. *V.* hommager 1.

1. HOMMAGER [ò-mà-jé] *v. tr.*

[ÉTYM. Dérivé de hommage, § 154. ACAD. ne donne que le part. passé hommagé, ée, employé comme adjectif. || XVe s. Quant je a vous me allay hommager, *Perceforest*, II, fo 80, édit. 1528.]

|| (Féodal.) Tenir en hommage. *Spécialt.* Au part. passé employé adjectivt. Une terre hommagée.

2. HOMMAGER [ò-mà-jé] *adj.*

[ÉTYM. Dérivé de hommage, § 115. || 1552. Courber les hommagers genoux, JODELLE, *Cléop.* dans *Anc. Th. franç.* IV, 122.]

|| (Féodal.) Qui doit l'hommage (à son seigneur). Un vassal —, et, *substantivt*, Un —.

HOMMASSE [ò-mâs'] *adj.*

[ÉTYM. Dérivé de homme, § 81. || XIVe s. Se déduit de hommassement, dans *Ménagier*, I, p. 14.]

|| *En mauvaise part.* Qui tient de l'homme. Une femme —. Une tournure —. Des manières, des traits hommasses. Hé! Madame, je vous estimerais moins, si vous aviez les traits moins hommasses, GHERARDI, *Th. ital.* III, 430.

HOMME [òm'] *s. m.*

[ÉTYM. Du lat. hŏminem, *m. s.* devenu *omne, omme, §§ 372, 290, 472 et 291, écrit plus récemment homme, par réaction étymologique, § 502. (*Cf.* on.)]

I. L'homme en général.

|| 1º Cet être considéré au point de vue de l'espèce : mammifère bimane, que la raison met au-dessus de tous les autres animaux. Quand l'apôtre distingue l'— animal d'avec l'— spirituel, il distingue celui qui agit par les sens d'avec celui qui agit par l'entendement, BOSS. *Conn. de Dieu*, V, 13. Le corps de l'—, qui paraît le chef-d'œuvre de la nature, n'est point comparable à sa pensée, FÉN. *Exist. de Dieu*, I, 2. L'— n'est ni ange ni bête, PASC. *Pens.* VII, 13. *Loc. prov.* L'— propose et Dieu dispose, II. EST. *Nouv. Lang. franç. italian.* II, 141. L'— de la nature est le chef et le roi, BOIL. *Sat.* 8. L'— est un dieu tombé qui se souvient des cieux, LAMART. *Médit.* I, 2. L'— est, je vous l'avoue, un méchant animal, MOL. *Tart.* V, 6. Il n'en est pas de même (que pour l'animal) de l'—, qui n'est produit que pour l'infinité, PASC. *Vide*. L'— n'est qu'un roseau, le plus faible de la nature, mais c'est un roseau pensant, ID. *Pens.* I, 6. Le fils de l'—, Jésus-Christ. L'— innocent, Adam et Ève avant le péché. Si l'— n'avait jamais été corrompu, il jouirait dans son innocence de la vérité et de la félicité, PASC. *Pens.* VIII, 1.

|| 2º Cet être considéré au point de vue des variétés de race. Les différentes races d'hommes. Les hommes de couleur, les mulâtres. Les hommes du Nord, du Midi. || *P. ext.* L'— des bois, l'orang-outang.

|| 3º Cet être considéré au point de vue de son développement. Un jeune —. Un — fait. Il devient —. C'est un petit —. Devant ce temps (vingt ans) l'on est un enfant, et un enfant n'est pas un —, PASC. *Amour.*

|| 4º Cet être considéré au point de vue de son sexe, le mâle dans l'espèce humaine. L'— et la femme. Le premier —, Adam. Il faut, des présents des hommes, Qu'elle se défende bien, MOL. *Éc. des f.* III, 2. L'— avant dix-huit ans révolus ne peut contracter mariage, *Code civil*, art. 144. Une femme qui s'habille en —. Seule, tu (Charlotte Corday) fus un —, A. CHÉN. *Odes*, 9. || *P. ext. Famil.* Mari. Elle aime son —.

|| 5º L'homme considéré comme ayant la qualité essentielle à la nature humaine. Pour être Romain, je n'en suis pas moins —, CORN. *Sertor.* IV, 1. Pour être dévot, je n'en suis pas moins —, MOL. *Tart.* III, 3. Il suffit qu'il soit — et qu'il soit malheureux, VOLT. *Mér.* II, 2. Ils (les rois) sont comme nous sommes, Véritablement hommes, MALH. *Poésies*, 100. On s'attendait de voir un auteur et on trouve un —, PASC. *Pens.* VII, 28. J'ai le cœur aussi bon, mais enfin je suis —, CORN. *Hor.* II, 3. Si l'on doit le nom d'— à qui n'a rien d'humain, ID. *Cinna*, I, 3.

II. L'homme individuel.

|| 1º Individu considéré comme membre de l'espèce humaine. De quelque superbe distinction que se flattent les hommes, ils ont tous une même origine, BOSS. *D. d'Orl.* Loin du commerce des affaires et de la société des hommes, ID. *ibid.*

Ils (les rois) peuvent se tromper comme les autres hommes, CORN. *Cid*, I, 3. Et je hais tous les hommes, MOL. *Mis.* I, 1. Devant Dieu et devant les hommes, formule de serment. Il entend raillerie autant qu'— de France, MOL. *F. sav.* IV, 3. Il y a une grande différence entre la connaissance de l'— et la connaissance des hommes, DUCLOS, *Consid. Mœurs*, introd.

‖ 2° Individu considéré comme ayant telle ou telle manière d'être, qualités, défauts, etc. Tu n'as fait le devoir que d'un — de bien, CORN. *Cid*, III, 4. Un honnête —. Un grand —. Un — d'esprit. Un — de cœur. Un — d'honneur. Un — de sac et de corde. Un — de goût, de courage. Un — intelligent. Il ne fuyait qu'en — Qui savait ménager la fortune de Rome, CORN. *Hor.* IV, 2. Un — de mérite. C'est un — à pendre. Des hommes rares, exquis, qui brillent par leur vertu, LA BR. 2. C'est le dernier des hommes. Avec l'air d'— sage, MOL. *Tart.* II, 2. C'est un —, entre nous, à mener par le nez, ID. *ibid.* IV, 5. ‖ Être l'— de qqn. ‖ 1. L'homme qui lui convient. Monsieur, vous êtes mon —, LEGRAND, *Métamorph. amour.* sc. dern. Il n'est roi que pour être l'— du peuple, FÉN. *Tél.* 5. *P. anal.* L'— de la circonstance. ‖ 2. L'homme capable de lui tenir tête. Chevalier,... tu as trouvé ton —, MOL. *Crit. de l'Éc. des f.* sc. 6. ‖ 3. L'homme dont il est question. Il ne se battait jamais sans avoir le malheur de tuer son —, HAMILT. *Gram.* 4. ‖ *Spécialt.* Individu considéré selon l'état de son âme, au point de vue religieux. Un — de péché. Un — de Dieu. Un — intérieur. Il a tué en lui le vieil —, les inclinations de la nature corrompue. ‖ *P. ext.* L'Homme-Dieu, Jésus-Christ qui s'est fait homme.

‖ 3° Individu considéré comme ayant telle ou telle profession, condition, etc. Un — de robe, d'épée, d'Église. Un — de loi. Un — de guerre. Un — d'affaires. Un — d'État. Un — d'armes. Un — de peine. Un — de lettres. Un — de qualité. Un — du monde. Le premier — de cheval de son siècle, ST-SIM. I, 326. On y fait l'— d'importance, LA F. *Fab.* VIII, 15. Un — à la mode. *Vieilli.* Un — de chambre, domestique, valet de chambre. Il lui écrivit un cartel et l'envoya porter par son — de chambre, SOREL, *Francion*, 287.

‖ 4° Individu considéré comme dépendant d'un autre. ‖ 1. Vassal. — lige. (*Cf.* hommage.) ‖ 2. Soldat. Le capitaine fit prendre aux hommes des vivres pour deux jours. Il rassembla ses hommes. Une armée de trente mille hommes. ‖ 3. Ouvrier. L'entrepreneur a amené ses hommes.

HOMOCENTRIQUE [ò-mò-san-trĭk'] *adj.*
[ÉTYM. Emprunté du lat. scientif. homocentricus, dérivé du grec ὁμοκέντρος, *m. s.* § 229. RAB. emploie l'adv. homocentricalement, III, 22. ‖ 1690. FURET. Admis ACAD. 1762.]
‖ (Géom.) Qui a le même centre. (*Cf.* concentrique.)

·HOMŒOPATHE, etc. *V.* homéopathe, etc.

HOMOGÈNE [ò-mò-jèn'] *adj.*
[ÉTYM. Emprunté du grec ὁμογενής, *m. s.* de ὁμός, semblable, et γένος, genre. Autrefois homogénée, d'après le lat. scolastique homogeneus. (*Cf.* homogénéité.) La forme actuelle n'apparaît qu'au XVII° s. ‖ 1550. Corps homogenees, PICCOLOMINI, *Sphere du monde*, p. 30, trad. Goupil.]
‖ (T. didact.) Dont les éléments constitutifs sont de même nature. Substances homogènes. ‖ *Spécialt.* (Mathém.) Quantités homogènes, quantités algébriques qui sont de même degré. Équations homogènes, dont les variables sont au même degré dans tous les termes.

HOMOGÉNÉITÉ [ò-mò-jé-né-i-té] *s. f.*
[ÉTYM. Emprunté du lat. scolast. homogeneitas, *m. s.* § 217. ‖ XVI° s. VIGENÈRE, *Traité du feu et du sel* (1608), p. 253. Admis ACAD. 1762.]
‖ (T. didact.) Qualité de choses homogènes.

·HOMOLOGATIF, IVE [ò-mò-lò-gà-tĭf', -tĭv'] *adj.*
[ÉTYM. Dérivé de homologuer, § 257. ‖ *Néolog.*]
‖ (Droit.) Qui produit une homologation. Arrêt —.

HOMOLOGATION [ò-mò-lò-gà-syon ; *en vers*, -si-on] *s. f.*
[ÉTYM. Dérivé de homologuer, § 247. ‖ XVI° s. Au regard des emologations des edicts, PASQ. *Rech.* II, 6.]
‖ (Droit.) Action d'homologuer. Jugement d'—.

HOMOLOGUE [ò-mò-lòg'] *adj.*
[ÉTYM. Emprunté du grec ὁμόλογος, semblable. ‖ 1585. Termes homologues, STEVIN, *Arithm.* p. 66. Admis ACAD. 1762.]
‖ (T. didact.) En parlant de deux ou plusieurs termes, qui se correspondent. *Spécialt.* ‖ 1. (Géom.) Côtés homologues, côtés de figures semblables opposés à des angles correspondants égaux. ‖ 2. (Anat.) Parties homologues, qui

sont les mêmes d'une espèce à l'autre, malgré les différences.

HOMOLOGUER [ò-mò-lò-ghé] *v. tr.*
[ÉTYM. Emprunté du lat. du moyen âge homologare, fait d'après le grec ὁμολογεῖν, *m. s.* Souvent altéré, jusqu'au XVII° s., en émologuer, § 360. ‖ 1539. R. EST.]
‖ (Droit.) Confirmer par un acte spécial (des actes émanés de simples particuliers ou d'une autorité de juridiction inférieure).

HOMONYME [ò-mò-nim'] *adj.* et *s. m.* et *f.*
[ÉTYM. Emprunté du lat. homonymus, grec ὁμώνυμος, *m. s.* de ὁμός, semblable, et ὄνομα, nom. ‖ 1611. COTGR.]
‖ 1° *Adj.* (Gramm.) Mots homonymes, qui sont les mêmes pour les yeux ou pour l'oreille, mais diffèrent quant au sens. Ceint, sain, saint, sein ; poids, pois, poix et pouah sont des homonymes. *P. ext.* Rime —, de mots homonymes. *Substantivt.* Un traité, un dictionnaire d'homonymes.
‖ 2° *S. m.* et *f.* Celui, celle qui porte le même nom qu'un autre. Cet écrivain est souvent confondu avec son —.

HOMONYMIE [ò-mò-ni-mi] *s. f.*
[ÉTYM. Emprunté du lat. homonymia, grec ὁμωνυμία, *m. s.* ‖ 1606. Les homonymies et ambiguités des sophistes, P. MATHIEU, *Hist. de France*, dans DELB. *Rec.* Admis ACAD. 1835.]
‖ (T. didact.) Caractère de ce qui est homonyme.

·HOMOPHONE [ò-mò-fòn'] *adj.*
[ÉTYM. Emprunté du grec ὁμόφωνος, *m. s.* de ὁμός, semblable, et φωνή, voix, son. ‖ *Néolog.*]
‖ (Gramm.) Qui a le même son. (*Cf.* homonyme.) En français, les syllabes au, eau et o sont homophones.

HOMOPHONIE [ò-mò-fò-ni] *s. f.*
[ÉTYM. Emprunté du grec ὁμοφωνία, *m. s.* ‖ (Au sens I.) 1752. TRÉV. Admis ACAD. 1762.]
I. *Vieilli.* (Musique.) Union de voix ou d'instruments concertants.
II. (Gramm.) Caractère de ce qui est homophone.

·HON [hon] *interj.*
[ÉTYM. Onomatopée, § 32. (*Cf.* hom.) ‖ XVI° s. Hon! hon! COQUILLART, *Droits nouveaux*, I, 63, Bibl. elzév.]
‖ Onomatopée marquant le mécontentement. — I chienne ! MOL. *Éc. des f.* III, 4. — I — I il a remis là à payer ses créanciers ? ID. *Pourc.* II, 3.

HONCHET [hon-chè ; selon d'autres, on-...]. *V.* jonchet.

HONGRE [hôngr'] *adj.*
[ÉTYM. Proprement hongrois, l'usage de châtrer les chevaux étant venu de Hongrie, § 36. ‖ (Au sens actuel.) 1549. R. EST.]
‖ Châtré (en parlant du cheval). Un cheval —, et, *substantivt*, Un —. ‖ *P. plaisant.* En parlant de l'homme. Huit faussets et douze dessus, moitié entiers et moitié hongres, REGNARD, *Sérén.* II, 11.

·HONGRELINE [hon-gre-lin'] *s. f.*
[ÉTYM. Paraît dérivé de hongre, au sens primitif de « hongrois », §§ 63 et 100 : On l'appelle ainsi parce qu'il est venu de Hongrie, TRÉV. ‖ XVII° s. V. à l'article. Admis ACAD. 1694 ; suppr. en 1798.]
‖ *Ancienn.* Justaucorps à grandes basques. Sa frayeur étant passée, Et sa — endossée, SCARR. *Virg. trav.* 4.

HONGRER [hon-gré] *v. tr.*
[ÉTYM. Dérivé de hongre, § 154. ‖ XVII° s. V. à l'article.]
‖ Châtrer (un cheval). *P. ext.* Les Africains qui veulent avoir de bons chameaux de charge les hongrent, P. D'ABLANC. *L'Afrique de Marmol*, I, p. 49, édit. 1667.

·HONGREUR [hon-greur] *s. m.*
[ÉTYM. Dérivé de hongrer, § 112. ‖ *Néolog.*]
‖ Celui qui hongre.

HONGRIEUR [hon-gri-yeur]. *V.* hongroyeur.

·HONGROIERIE [hon-grwà-ri] *s. f.*
[ÉTYM. Dérivé de hongroyeur, § 68. ‖ 1790. Hongroyerie, ENCYCL. MÉTH. *Arts et manuf.*]
‖ (Technol.) Industrie, commerce du hongroyeur.

·HONGROYER [hon-grwà-yé] *v. tr.*
[ÉTYM. Pour hongrier, § 62, dérivé de Hongrie, § 154. ‖ 1734. Cuirs, soit tannés soit hongroyés, *Statuts*, dans DE LA LANDE, *Art de l'hongroyeur*, p. 26.]
‖ (Technol.) Préparer (le cuir) à la façon du cuir de Hongrie.

HONGROYEUR [hon-grwà-yeur] *s. m.*
[ÉTYM. Dérivé de hongroyer, § 112. ‖ 1734. Tanneur hongroyeur, *Statuts*, dans DE LA LANDE, *Art de l'hongroyeur*, p. 26. Admis ACAD. 1762.]

|| (Technol.) Ouvrier qui hongroie le cuir.

HONNÊTE [ò-nèt'] *adj.*

[ÉTYM. Pour honeste, § 422, emprunté du lat. honestus, *m. s.* || XIIe s. Les meins honestes membres deit um plus onurer, GARN. DE PONT-STE-MAX. *St Thomas*, 3344.]

|| **1°** Qui se conforme à la probité, au devoir. Un — homme. Les honnêtes gens. Je suis le langage commun qui fait différence entre les choses utiles et les honnêtes, MONTAIGNE, III, 1. L'argent en — homme érige un scélérat, BOIL. *Ép.* 5. Il n'est rien de plus aisé, quand on est riche, que d'être — homme, BRUEYS, *Av. Pat.* I, 11. || *Substantivt.* L'—, ce qui est honnête. Quitter l'utile pour l'—, CORN. *Méd.* I, 1. || Une — femme, une femme vertueuse. Comment voulez-vous... qu'une bête Puisse jamais savoir ce que c'est qu'être —? MOL. *Éc. des f.* I, 1. Ces honnêtes diablesses Se retranchant toujours sur leurs sages prouesses, ID. *ibid.* IV, 8.

|| **2°** Qui se conforme aux convenances. || *Spécialt.* (Au XVIIe s.) Un — homme, accompli selon le monde. C'étaient (Platon et Aristote) des gens honnêtes et comme les autres, riant avec leurs amis, PASC. *Pens.* VI, 62. La lecture de tous les bons livres est comme une conversation avec les honnêtes gens des siècles passés, DESC. *Méth.* 1. Ce procédé n'est pas —. || *P. ext.* | 1. Poli. Il est — avec tout le monde. *Famil.* Vous êtes trop —, formule de réponse à une politesse. | 2. Convenable. Un habit —, BOSS. *Panég. St Franç. d'Assise*, 1. Une récompense —. Une — aisance. Prendre un prétexte —.

HONNÊTEMENT [ò-nèt'-man ; *en vers*, -nè-te-...] *adv.*

[ÉTYM. Composé de honnête et ment, § 724. || XIIe s. Honestement faiseit a Dampnedeu mestier, GARN. DE PONT-STE-MAX. *St Thomas*, 3819.]

|| D'une manière honnête. Il s'est conduit —. | Ils traitaient — les rois vaincus, BOSS. *Hist. univ.* III, 5. Il en use, ma foi, Le plus — du monde avecque moi, MOL. *Mis.* I, 2. | Je n'en vivrais, Monsieur, que trop —, RAC. *Plaid.* I, 7.

HONNÊTETÉ [ò-nèt'-té ; *en vers*, -nè-te-té] *s. f.*

[ÉTYM. Dérivé de honnête, § 122. A remplacé l'anc. franç. honesté, emprunté du lat. honestatem, *m. s.* || XVe s. Honnesteté de linge, *Débat des hérauts d'armes*, p. 117.]

|| **1°** Conformité à la probité, au devoir. Les règles de l'—. Une — scrupuleuse. Après avoir connu l'— de ma flamme, MOL. *Av.* V, 3. L'— d'une femme n'est pas dans les grimaces, ID. *Crit. de l'Éc. des f.* sc. 3. L'— des femmes est souvent l'amour de leur réputation et de leur repos, LA ROCHEF. *Max.* 205.

|| **2°** Conformité aux convenances. *Spécialt.* (Au XVIIe s.) Caractère d'un homme accompli selon le monde. Pour leur inspirer la bonté, l'—, LA BR. 9. | *P. ext.* | 1. Politesse. Son sexe et l'hospitalité... Lui faisaient espérer beaucoup d'—, LA F. *Fab.* X, 7. *Famil.* Une —, acte, parole de politesse. Pour faire... une — au premier président, SÉV. 1207. Je vous prie de lui faire bien des honnêtetés de ma part, BOSS. *Quiét.* lett. 224. | 2. Convenance. L'— de son procédé.

HONNEUR [ò-neùr] *s. m.*

[ÉTYM. Du lat. honôrem, *m. s.* devenu onor, onneur, §§ 372, 474, 325 et 291, écrit plus récemment honneur par réaction étymologique, § 502.]

|| **1°** Dignité morale qui naît du besoin de l'estime des autres et de nous-même. Faire ce que l'— commande. Je vois que votre — demande tout mon sang, CORN. *Hor.* II, 3. Les affronts à l'— ne se réparent point, ID. *Cid*, II, 3, édit. 1637-1656. J'ai vengé mon — et mon père, ID. *ibid.* III, 4. L'— parle, il suffit, RAC. *Iph.* I, 2. Le sort qui de l'— nous ouvre la barrière, CORN. *Hor.* II, 3. Mourir au champ d'—, au lit d'—, les armes à la main. Non pas au lit d'—, mais sur un échafaud, CORN. *Cid*, IV, 5. Et tout homme d'— s'en doit scandaliser, MOL. *Mis.* I, 1. Il en est sorti à son —. L'— est sauf. Tout est perdu fors l'—. Être perdu d'—. Le code de l'—. Se piquer d'—. Le point d'—, ce qui pique d'honneur. Martyr glorieux d'un point d'— nouveau, BOIL. *Lutr.* 3. Une affaire d'—, une affaire où l'on considère l'honneur comme engagé, et, *p. ext.* un duel. Faire à qqn réparation d'—. Sages du monde... qui s'imaginent avoir rempli les devoirs de la vertu, lorsqu'ils vivent en gens d'—, BOSS. *Comédie.* Me puis-je avec — dérober avec vous? RAC. *Phèd.* V, 1. En tout —, en respectant entièrement l'honneur. Je le jure sur mon —, sur l'—. Donner sa parole d'—. | *Spécialt.* Pureté d'une femme. Notre — est, Monsieur, bien sujet à faiblesse, S'il faut qu'il ait besoin qu'on le garde sans cesse, MOL. *Éc. des m.* I, 2. Une femme d'—, CORN. *Poly.* I, 3. Une fille d'—, MOL. *Éc. des m.* II, 3. Une femme qu'on recherche en tout bien, tout —, dans des intentions pures.

|| **2°** Distinction avec laquelle on traite qqn. Faire — à qqn. Vous leur fîtes, Seigneur, En les croquant beaucoup d'—, LA F. *Fab.* VII, 1. On nous reçut avec —, FÉN. *Tél.* 5. Un tel — a trop d'excès pour moi, CORN. *Hor.* V, 2. Je n'ai mérité Ni cet excès d'— ni cette indignité, RAC. *Brit.* II, 3. Cette marque d'— qu'il met dans ma famille, CORN. *Cid*, I, 3. Il respecte en Pyrrhus l'— du diadème, RAC. *Andr.* V, 2. Il me faut sans — retourner sur mes pas, ID. *Iph.* II, 5. Le reste ne vaut pas l'— d'être nommé, CORN. *Cinna*, V, 1. Se faire — de qqch. Je... tiens son alliance à singulier —, MOL. *F. sav.* II, 4. Le sénat se faisait un — de défendre les dieux, BOSS. *Hist. univ.* III, 1. || Donner une fête en l'— de qqn. || *P. ext.* Faire — à son pays, et, *fig.* Faire — à un repas, bien manger. | (Marine.) Faire — à une roche, passer devant à distance respectueuse. Elle est l'— de son sexe. Corbulon fit tout l'— de ce règne, par les victoires..., BOSS. *Hist. univ.* I, 10. Toutes les sciences ont été en grand — parmi eux, ID. *ibid.* III, 3. || Une garde d'—. Chevalier d'—, dame d'—, personnes de qualité attachées au service d'une princesse. Garçon, demoiselle d'—, celui, celle qui font cortège à la mariée. Cour d'—, cour principale d'une maison. | Légion d'—, ordre institué en France pour donner une marque d'honneur à la valeur militaire, au talent, etc. La croix d'—, insigne de cet ordre.

|| **3°** Marque de distinction flatteuse. Bel... reçoit de ces peuples les honneurs divins, BOSS. *Hist. univ.* I, 4. Recevoir les honneurs militaires. Que l'on porte ailleurs les honneurs qu'on m'envoie, RAC. *Phèd.* III, 1. Il a les honneurs du Louvre par sa charge (privilège d'entrer en carrosse dans la cour du Louvre, etc.), SÉV. 421. Rendre les derniers honneurs à qqn, célébrer ses funérailles. Obtenir les honneurs de la guerre (dans la reddition d'une place), sortir avec armes et bagages. Faire les honneurs d'une maison, la rendre aussi agréable que possible aux invités. Je vais faire pour vous, mon père, les honneurs de votre logis, MOL. *Av.* III, 9. *Fig.* Faisons bien les honneurs au moins de notre esprit, ID. *F. sav.* III, 3.

HONNIR [hò-nïr] *v. tr.*

[ÉTYM. Emprunté du german. haunjan, allem. moderne hohnen, *m. s.* §§ 6, 498 et 499. (*Cf.* honte.) || XIe s. Ja mais ne serai liee se vos me honireiz, *Voy. de Charl. à Jérus.* 721.]

|| Couvrir de honte publiquement. Sa conduite l'a fait —. Honni soit qui mal y pense, devise de l'ordre anglais de la Jarretière. Ne tient-il qu'à — des familles? LA F. *Contes, Berceau.* Plein d'attention au rang, à la naissance, à l'âge, choses depuis si longtemps honnies, ST-SIM. VIII, 433.

HONORABILITÉ [ò-nò-rà-bi-li-té] *s. f.*

[ÉTYM. Dérivé de honorable, d'après le lat. honorabilitas, § 255. Correspond à l'anc. franç. honorableté. || *Néolog.* Admis ACAD. 1878.]

|| Caractère de celui qui est honorable. L'— de cette personne.

HONORABLE [ò-nò-ràbl'] *adj.*

[ÉTYM. Emprunté du lat. honorabilis, *m. s.* || XIIe s. Honurable le num de els, *Psaut. d'Oxf.* LXXI, 14.]

|| **1°** Digne d'honneur. Famille —. Un — commerçant. — homme, qualité que prenaient autrefois les notables bourgeois. Veut-on... qu'il fasse de son père un noble homme, et peut-être un — homme, lui qui est messire? LA BR. 6. || Par politesse, dans le langage parlementaire. L'— préopinant. Mon — collègue. *Famil. Substantivt.* Un —, un membre de la chambre des députés.

|| **2°** Qui fait honneur. Action, conduite, vie, caractère —, Pièces honorables de l'écu. Une pièce —, des supports, un cimier. LA BR. 14. Sa maison est tenue d'une manière —. La condition des comédiens était infâme chez les Romains et — chez les Grecs, LA BR. 12. Il m'est sans doute très — de me voir à la tête de cette célèbre compagnie, RAC. *Disc. acad. Réception de l'abbé Colbert.* Amende —, obligation pour le condamné de faire réparation de son crime en le confessant publiquement. *Fig.* Confession, réparation du tort. Va-t'en faire amende — au Parnasse, MOL. *F. sav.* III, 5.

HONORABLEMENT [ò-nò-rà-ble-man] *adv.*

[ÉTYM. Composé de honorable et ment, § 724. || XIIe-XIIIe s. Ke tes hostes puist honoravlement demorer avoec ti, *Serm. de St Bern.* p. 21.]

|| D'une manière honorable. Il a été reçu —. Se conduire, agir —. || Richement. Il a été enterré —.

HONORAIRE [ò-nò-rér] *adj. et s. m.*

[ÉTYM. Emprunté du lat. honorarius, honorarium, *m. s.* || 1496. Tuteur honoraire, dans DELB. *Rec.*]

I. *Adj.* Qui, n'exerçant plus une fonction, en garde le titre honorifique. **Professeur —**. || *P. ext.* Qui, n'exerçant pas une charge, en a le titre honorifique. **Président — d'une société. Chanoine —**. || *Fig.* (*rare*). **Une femme se fait quelquefois à elle-même des reproches honoraires** (stériles), MARIV. *Spectateur franç.* p. 146.

II. *S. m.* (S'emploie surtout au pluriel.) Rétribution des services de celui qui a une profession honorable (avocat, médecin, prêtre, etc.). **L'— d'un prêtre. Les honoraires d'un avocat, d'un médecin.**

*****HONORARIAT** [ò-nò-rà-ryà ; *en vers*, -ri-à] *s. m.*
[ÉTYM. Dérivé de **honoraire**, d'après le type lat. *honorarius*, § 253. || *Néolog.*]
|| **1°** Condition de celui qui a le titre honoraire d'une fonction.
|| **2°** *Rare.* Ce qui est dû à titre d'honoraires.

HONORER [ò-nò-ré] *v. tr.*
[ÉTYM. Emprunté du lat. **honorare**, *m. s.* || XIᵉ s. **Moillier vaillant et onorede**, *St Alexis*, 19.]
I. || **1°** Traiter avec honneur. **— Dieu. Il veut, pour m'—, la tenir de ma main**, RAC. *Andr.* III, 1. **Auguste votre aïeul honora moins Livie**, ID. *Brit.* I, 1. **Je puis — Rome en son ambassadeur**, CORN. *Nicom.* III, 1. **Tes père et mère honoreras**, *Command. de Dieu.* || *P. ext.* **C'est ainsi que le roi Honore le mérite**, RAC. *Esth.* II, 5. **— la mémoire de qqn.** || Suivi d'un complément. **Les deux que j'honorais d'une si haute estime**, CORN. *Cinna*, IV, 1. **Présents dont la nature a voulu l'—**, RAC. *Phèd.* II, 1. **Quand il est honoré du nom de son ami**, CORN. *Nicom.* III, 2. **Cet homme qu'il ne daignait pas... — d'un de ses regards**, FÉN. *Tél.* 14. **S'— d'un regard Que vous aurez sur eux fait tomber au hasard**, RAC. *Brit.* II, 2. **Et qui de ma faveur se voudrait —?** ID. *Iph.* V, 2. || Formule de politesse. **J'honore de tout mon cœur madame votre sœur**, BOSS. *Lett. abbat.* 171. **Mon honoré maître. J'ai reçu votre honorée lettre.**
|| **2°** Mettre en honneur. **Plus d'une Pénélope honora son pays**, BOIL. *Sat.* 10. **Un nom qui nous honore**, M.-J. CHÉN. *Gracques*, I, 4. **Cette conduite vous honore.**
II. *Rare.* Payer (qqn) des honoraires qui lui sont dus. **— son avocat.**

HONORIFIQUE [ò-nò-ri-fîk'] *adj.*
[ÉTYM. Emprunté du lat. **honorificus**, *m. s.* || 1507. **Office tant honorifique**, NIC. DE LA CHESNAYE, dans DELB. *Rec.*]
|| Qui procure des honneurs (sans avantages matériels). **Titres honorifiques. Privilèges purement honorifiques. Droits honorifiques**, droits de places d'honneur qui appartenaient aux seigneurs et aux patrons dans les églises.

*****HONORIFIQUEMENT** [ò-nò-ri-fîk'-man ; *en vers*, -fike-...] *adv.*
[ÉTYM. Composé de **honorifique** et **ment**, § 724. || XVᵉ s. **Honorifiquement oygnit et ensevelist le corps de Jesus**, *Mer des histoires*, dans GODEF.]
|| D'une manière honorifique.

HONTE [hònt'] *s. f.*
[ÉTYM. Emprunté du german. **haunita**, *m. s.* §§ 6, 498 et 499. (*Cf.* **honnir**.) || XIᵉ s. **Que ja por vostre honte ne fut dit ne penset**, *Voy. de Charl. à Jérus.* 38.]
|| **1°** Déshonneur humiliant. **Une mort qui nous couvre de —**, CORN. *Pomp.* II, 2. **Se plaindre est une —**, ID. *Hor.* IV, 4. **O — qui jamais ne peut être effacée!** RAC. *Esth.* III, 1. **Être la — des siens. Les hontes que j'essuie**, LA BR. 8. **Combien pour moi de hontes!** CORN. *D. Sanche*, II, 1. **Réserver sa tête aux hontes du supplice**, ID. *Pomp.* V, 3, édit. 1644-56. | *Famil.* **C'est une —, c'est grand —.**
|| **2°** Humiliation du déshonneur. **La —, compagne de la conscience du mal**, J.-J. ROUSS. *Confess.* 3. **Voir son désordre et jouir de sa —**, RAC. *Baj.* IV, 6. **Épargnez-moi des pleurs qui coulent à ma —**, CORN. *Poly.* II, 2. **J'aurais — à la prendre**, MOL. *Dép. am.* I, 2. **J'aurais toutes les hontes du monde**, ID. *Préc. rid.* SC. 9. **Vous devriez mourir de pure —**, ID. *Mis.* I, 1. **Faire — à qqn. Toute autre alliance Fera — aux Césars**, RAC. *Brit.* II, 3. *Famil.* **Il ne peut digérer sa —. Il a toute — bue. Ils en avaient toute — bue**, ST-SIM. I, 23. **Mauvaise —, fausse —, qu'on ressent pour ce qui n'a rien de déshonorant. La mauvaise — est le mal le plus dangereux**, FÉN. *Éduc. des filles*, 9. **Courte —, qui ne se fait pas attendre. Il en sera pour sa courte —.**

HONTEUSEMENT [hon-teùz'-man ; *en vers*, -teùze-...] *adv.*
[ÉTYM. Composé de **honteuse** et **ment**, § 724. || XIIᵉ s. **Enz el lit repundra son vis E cuntendrat huntusement**, *Lapid. de Marbode*, 478.]
|| D'une manière honteuse.

HONTEUX, EUSE [hon-teù, -teùz'] *adj.*
[ÉTYM. Dérivé de **honte**, § 116. || XIIᵉ s. **Dois et humies et hontos**, *Partenopeus*, 545.]
|| **1°** Qui cause de la honte. **Et cet aveu — où vous m'avez forcée**, RAC. *Mithr.* IV, 4. **Je te laisse trop voir mes honteuses douleurs**, ID. *Phèd.* I, 3. **A ces — moyens gardez de recourir**, CORN. *Rodog.* III, 2. **Toute excuse est honteuse aux esprits généreux**, ID. *Cid*, III, 3. || *Spécialt.* **Parties honteuses** (qu'on voile), organes de la génération. **Maladies honteuses**, qui attaquent ces organes.
|| **2°** Qui éprouve de la honte. **Le corbeau, — et confus**, LA F. *Fab.* I, 2. **Honteuse, méprisée**, RAC. *Bér.* IV, 5. **Être — de soi-même.** || *P. ext.* Timide. **Il faut que les jeunes gens qui entrent dans le monde soient — ou étourdis**, LA ROCHEF. *Max.* 495. | *Substantivt.* **Pauvre honteuse, prends!** MOL. *Dép. am.* I, 2. *Loc. prov.* **Il n'y a que les — qui perdent.**

HÔPITAL [ò-pi-tàl] *s. m.*
[ÉTYM. Pour **hospital**, § 422 (*cf.* **hospitalier**), emprunté du lat. **hospitale**, *m. s.* proprt, « lieu pour recevoir des hôtes ». (*Cf.* le doublet **hôtel**, de formation pop.) || XIIᵉ s. **Juste Cantorbire unt leprus un hospital**, GARN. DE PONT-STE-MAX. *St Thomas*, p. 159, Bekker.]
|| Établissement hospitalier où l'on recevait les pauvres, les pèlerins et aussi les infirmes, les malades. **Un — de fous. S'ils (Platon et Aristote) ont écrit de politique, c'était comme pour régler un — de fous**, PASC. *Pens.* VI, 52. *Loc. prov.* **Envoyer qqn à l'—**, le réduire à la misère. **Ton libraire à l'— réduit**, MOL. *F. sav.* III, 3. || *Spécialt.* De nos jours. (Par opposition à **hospice**.) Établissement hospitalier où l'on reçoit des malades indigents. **Entrer à l'—. Il est mort à l'—.** || **— militaire**, où l'on reçoit les militaires malades. **Vaisseau-—**, vaisseau d'une flotte où l'on reçoit les marins malades. || *Fig. Famil.* **Cette maison est un —**, il y a plusieurs personnes malades.

HOPLITE [ò-plit'] *s. m.*
[ÉTYM. Emprunté du lat. **hoplites**, grec ὁπλίτης, *m. s.* || 1732. TRÉV. Admis ACAD. 1878.]
|| (Antiq. grecque.) Fantassin pesamment armé.

HOQUET [hò-kè] *s. m.*
[ÉTYM. Origine incertaine ; selon les uns, dérivé de **hoc**, qui serait une onomatopée ; selon d'autres, dérivé du verbe **hoquer**, forme normanno-picarde de **hocher** 2, §§ 16 et 133. Le verbe **hoqueter** se trouve dès la fin du XIIᵉ s. (*Ysopet de Lyon*, 2439). || XVᵉ s. LAGADEUC, *Catholicon*, dans GODEF. *Compl.*]
|| **1°** Contraction spasmodique qui secoue le diaphragme et est accompagnée d'un bruit inarticulé spécial. **Fait entendre de sales hoquets**, LA BR. *Théophr. Impudent.* **Avoir le —. Le — de la mort**, qui survient souvent dans le râle, chez les agonisants.
|| **2°** *Fig. Vieilli.* Coup, choc. **L'un contre l'autre jetés Au moindre — qu'ils treuvent**, LA F. *Fab.* V, 2.

HOQUETON [hŏk'-ton ; *en vers*, hò-ke-...] *s. m.*
[ÉTYM. Pour **auqueton, aucoton, alcoton**, même mot que **coton**, précédé de l'article arabe **al**, § 22. || XIIᵉ s. **Blanche et la barbe ausi comme auqueton**, *Roncev.* tir. 291.]
|| **1°** *Anciennt.* Coton, étoffe de coton.
|| **2°** *P. ext.* Casaque de coton. **Il s'habille en berger, endosse un —**, LA F. *Fab.* III, 3. || *Spécialt.* Casaque brodée que portaient les archers du grand prévôt, du chancelier, les gardes de la manche. *P. ext.* Archer (revêtu du hoqueton). **Les hoquetons du chancelier de France. Les hoquetons d'un parlement de province.**

HORAIRE [ò-rèr] *adj.* et *s. m.*
[ÉTYM. Emprunté du lat. **horarius**, *m. s.* de **hora**, heure. Le sens **II** est récent et emprunté de l'ital. **orario**, *m. s.* § 12. RAB. met le mot dans la bouche de l'écolier limousin : **precules horaires**, II, 6. || 1680. **Cercle horaire**, RICHEL. Admis ACAD. (au sens **I**) 1762.]
I. *Adj.* (T. didact.) Relatif aux heures. **Les lignes horaires d'un cadran solaire**, qui marquent les heures. **Mouvement —**, mouvement apparent d'un astre, en longitude ou en latitude, dans l'espace d'une heure. **Cercles horaires**, grands cercles de la sphère céleste, passant par les pôles, et marquant les heures du temps vrai. **Angle — d'un astre**, formé au pôle par le méridien de l'observateur et le cercle horaire de l'astre. **Plans horaires**, plans des cercles horaires.
II. *S. m.* Règlement, tableau des heures de départ et d'arrivée des trains, bateaux, omnibus, etc.

HORDE [hòrd'] *s. f.*
[ÉTYM. Emprunté du tartare ordou, camp, § 23. || 1559. Une horde des dits Tartares, G. POSTEL, *Républ. des Turcs*, dans DELB. *Rec.*]
|| **1°** Tribu errante, nomade (chez les Tartares). Grande —, — d'or, la plus puissante de ces tribus.
|| **2°** *P. ext.* Troupe errante d'hommes vivant en société, mais sans établissement fixe. Une — de Bédouins, de bohémiens. || *Fig.* Troupe d'hommes qui se livrent à toutes sortes de désordres. Une — de brigands, d'aventuriers. Une — infâme d'usuriers. Que veut cette — d'esclaves? ROUGET DE LISLE, *Marseillaise*.

*HORDÉATION [òr-dé-à-syon ; *en vers*, -si-on] *s. f.*
[ÉTYM. Emprunté du lat. scientif. hordeatio, dérivé de hordeum, orge, § 247. || *Néolog.*]
|| (Art vétérin.) Fourbure produite chez le cheval par une alimentation exclusivement composée d'orge.

HORION [hò-ryon ; *en vers*, -ri-on] *s. m.*
[ÉTYM. Origine inconnue. || XIII° s. Les dens rompus d'un horion, *Sept Sages*, dans DELB. *Rec.*]
|| *Famil.* Coup violent dont on frappe qqn. Recevoir des horions. Mimas d'un puissant — Fit sauter la rondache à Mars, SCARR. *Virg. trav.* 10.

HORIZON [ò-ri-zon] *s. m.*
[ÉTYM. Emprunté du lat. horizon, ontis, grec ὁρίζων, οντος, *m. s.* de ὁρίζειν, borner. || XIII° s. Orizonte, *Introd. d'astron.* dans GODEF. | XIV° s. Le cercle ou elle fine est appelé orizon, J. CORBICHON, *Propr. des choses*, dans DELB. *Rec.*]
|| **1°** Limite de la vue en tous sens pour l'observateur, ligne circulaire dont il est le centre, et où la terre semble rejoindre le ciel. L'— s'éloigne à mesure qu'on veut en approcher. || *Spécialt.* (Astron.) — apparent, cette ligne considérée comme l'intersection avec la sphère céleste du plan tangent à la surface de la terre au point où est l'observateur. — rationnel, intersection avec la sphère céleste d'un plan parallèle au précédent et qui passe par le centre de la terre. Le soleil se lève sur l'—. Prendre la hauteur d'un astre sur l'—.
|| **2°** Partie de la surface terrestre et de la sphère céleste que borne cette ligne circulaire. Un — étendu, borné. Un — chargé de nuages. Une voile parut à l'—. | *P. ext.* (T. de peinture.) Partie d'un tableau où, selon l'ordre des plans, le ciel succède à la terre. || *Fig.* Le cercle où se meut l'esprit, où porte le regard de l'intelligence. L'— des connaissances humaines s'étend de jour en jour. Cette découverte ouvre de nouveaux horizons à l'esprit humain. L'espérance me montrait le bonheur dans un vague —, LAMART. *Médit.* I, 18. L'— politique se rembrunit.

HORIZONTAL, ALE [ò-ri-zon-tàl] *adj.*
[ÉTYM. Dérivé de horizon, § 238. || 1545. Lignes orizontales, J. MARTIN, *Trad. de Sébast. Serlio*, dans DELB. *Rec.*]
|| (Géom.) Parallèle au plan de l'horizon et par suite perpendiculaire à la verticale du lieu. Plan —. Ligne horizontale. Terrains horizontaux. || *P. ext. Famil.* Se mettre dans la position horizontale, se coucher de son long.

HORIZONTALEMENT [ò-ri-zon-tàl-man ; *en vers*, -tà-le-...] *adv.*
[ÉTYM. Composé de horizontale et ment, § 724. || 1632. Horisontalement, PEIRESC, *Lett.* dans DELB. *Rec.* Admis ACAD. 1718.]
|| (Géom.) Dans une direction horizontale.

*HORIZONTALITÉ [ò-ri-zon-tà-li-té] *s. f.*
[ÉTYM. Dérivé de horizontal, § 255. || 1790. FOURCROY, dans *Mém. de l'Acad. des sc.* p. 494.]
|| (Géom.) Direction horizontale.

HORLOGE [òr-lòj'] *s. f.* et, *vieilli*, *m.*
[ÉTYM. Emprunté du lat. horologium, grec ὡρολόγιον, *m. s.* de ὥρα, heure, et λέγειν, dire, indiquer. Sur le genre, V. § 550. || XII° s. Uns orloges par unt l'um veeit cume l'ure del jur veneit, *Rois*, IV, 20.]
|| Instrument qui sert à marquer les heures. — solaire ou — au soleil, cadran solaire ou gnomon. — d'eau, clepsydre. — de sable, sablier. || *Spécialt.* Machine placée dans un endroit apparent de quelque édifice pour indiquer les heures. L'— d'une église. L'— sonne midi. Monter, remonter une —, en en bandant les ressorts, ou en en haussant les poids. Régler une —, en corriger les variations. *Fig. Famil.* Il est réglé comme une —, il est régulier dans ses habitudes. || *P. anal. et fig.* | 1. — de Flore, collection de fleurs qui s'épanouissent ou se ferment successivement aux différentes heures du jour, et qui, disposées en cadran, donnent une sorte d'horloge. | 2. — de la mort, pou de bois, insecte qui ronge le bois avec un bruit semblable au tic tac d'une montre.

HORLOGER [òr-lò-jé] *s. m.*
[ÉTYM. Dérivé de horloge, § 115. On dit ordinairement horloger au moyen âge et encore au XVII° s. (FURET.), § 112. || XIV° s. Un orlogier, FROISS. *Poés.* dans GODEF. *Compl.*]
|| Fabricant, marchand d'horloges, pendules et montres. || *Au fém.* Horlogère, la femme d'un horloger. || *Adjectivt.* L'industrie horlogère.

HORLOGERIE [òr-lòj'-ri ; *en vers*, -lò-je-ri] *s. f.*
[ÉTYM. Dérivé de horloger, §§ 65 et 68. || 1680. RICHEL.]
|| Fabrication, commerce de l'horloger. Maison d'—. || Ouvrage d'—. Mouvement d'—.

*HORLOGEUR [òr-lò-jeur]. V. horloger.
*HORMIN [hòr-min]. V. ormin.

HORMIS [òr-mi ; l's se lie avec le son d'un z] *adv.*
[ÉTYM. Composé de hors et mis (participe de mettre), §§ 184 et 726 ; proprt, « étant mis hors ». || XIII° s. Les amendes... de clameur, hors mise la clameur de propriété, E. BOILEAU, *Livre des mest.* I, 1, 21.]
|| Excepté. Bêtes mieux pourvues de tout que l'homme, — de la raison, RAC. *Livres annotés, Plutarq.* VI, p. 308, Grands Écriv. On connaît, — vous, quiconque en serait digne, CORN. *D. Sanche*, IV, 3. Tout, — l'irriter; Tout, — lui déplaire, ID. *Andromède*, V, 1. *Loc. conjonct.* — que. Enfant très bien doué, — qu'il est étourdi. — quand on vous hait, on vous aime extrêmement, SÉV. 381.

HOROGRAPHIE [ò-rò-grà-fi] *s. f.*
[ÉTYM. Composé avec le grec ὥρα, heure, et γράφειν, tracer, § 279. || 1644. L'horographie curieuse, P. ROBINET, titre. Admis ACAD. 1762.]
|| (T. didact.) Art de tracer les cadrans solaires, dit aussi gnomonique.

*HOROPTÈRE [ò-ròp'-tèr] *s. m.* (fém. TRÉV.).
[ÉTYM. Composé avec le grec ὅρος, limite, et ὀπτήρ, qui voit, § 279. || 1694. TH. CORN.]
|| (Optique.) Droite passant par le point d'intersection des deux axes optiques et parallèle à la droite qui joint les centres des deux pupilles. Plan de l'—, qui passe par l'horoptère, perpendiculairement aux axes optiques, et forme la limite de la vision distincte.

HOROSCOPE [ò-ròs'-kòp'] *s. m.* et, *vieilli*, *f.*
[ÉTYM. Emprunté du lat. horoscopus, grec ὡροσκόπος, *m. s.* de ὥρα, heure, et σκοπεῖν, examiner. Sur le genre, V. § 550. || 1530. Soubz bon et prospere horoscope, G. TORY, *Champfleury*, dans DELB. *Rec.* Admis ACAD. 1762.]
|| Observation de la situation de certaines planètes, de certaines constellations, à l'heure de la naissance d'un enfant, d'après laquelle les astrologues prétendaient prédire la destinée de l'enfant. Tirer, dresser, faire l'— de qqn. Dès qu'il fut né, on fit son —, suivant la superstition de ces temps-là, DUCLOS, *L. XI*, 1, 16. Fâcheux —. Ceux qui font l'— et qui tirent la figure, LA BR. 14. || *Fig. Famil.* Ce que l'on conjecture comme devant arriver à qqn, à qqch. L'— de ce libertin n'est pas difficile à dresser.

*HOROSCOPIQUE [ò-ròs'-kò-pik'] *adj.*
[ÉTYM. Emprunté du lat. horoscopicus, grec ὡροσκοπικός, *m. s.* || *Néolog.*]
|| (T. didact.) Relatif à l'horoscope. Calcul —.

HORREUR [òr'-reur] *s. f.*
[ÉTYM. Emprunté du lat. horrorem, *m. s.* || XII° s. Quant de l'orror sis cuers s'esfreie, BENEEIT, *Ducs de Norm.* 12380.]
I. || **1°** Frémissement de répulsion et d'effroi que cause la vue d'un objet affreux. D'une subite — leurs cheveux se hérissent, BOIL. *Lutr.* 3. || *Absolt. Famil.* Ce qui cause cet effet. Ce que vous nous montrez est une —. Fi! l'—!
|| **2°** Sentiment de répulsion profonde que l'âme éprouve à la vue d'une personne, d'une chose. Burrhus pour le mensonge eut toujours trop d'—, RAC. *Brit.* I, 2. Avoir — du crime. Que d'horreurs vous me jetez dans l'âme! CORN. *Suréna*, V, 4. Il nous croit en — à toute la nature, RAC. *Esth.* I, 3. David m'est en —, ID. *Ath.* II, 7. Tu frémiras d'— si je romps le silence, ID. *Phèd.* I, 3. De joie et d'— pénétrée, ID. *Esth.* I, 1. || *Absolt.* La personne, la chose qui inspire ce sentiment. Héliogabale devint... l'— du genre humain, BOSS. *Hist. univ.* I, 10. L'— de la Grèce, Pour prix de ses forfaits, épouse sa princesse, CORN. *Méd.* II, 5.
|| **3°** Caractère de ce qui inspire ce sentiment. L'— des

cachots, du danger. Toute l'— d'un combat ténébreux, RAC. *Mithr.* II, 3. L'— du supplice. Les horreurs de la mort. Moi, nourri dans la guerre aux horreurs du carnage, RAC. *Ath.* II, 5. Un tel excès d'— rend mon âme interdite, ID. *Phèd.* IV, 2. Quelle — dans ces lieux répandue Fait fuir devant mes yeux ma famille éperdue? ID. *ibid.* III, 5. Tu vas ouïr le comble des horreurs, ID. *ibid.* I, 3. ‖ *Absolt.* Conduite, acte, opinion qui inspire ce sentiment. Le fer a de sa vie expié les horreurs, RAC. *Ath.* V, 8. Toutes les horreurs que l'Église a condamnées de nos jours dans Molinos, ID. *Port-Royal,* IV, p. 399, Grands Écriv. *Spéciall. Famil.* Discours outrageant. On a dit des horreurs à son sujet. M. le Grand lui disait quelquefois les dernières horreurs, ST-SIM. III, 350.

‖ **II.** Sentiment de respect et d'effroi qu'inspire un spectacle. Le ciel brille d'éclairs, s'entr'ouvre et parmi nous Jette une sainte — qui nous rassure tous, RAC. *Iph.* V, 6.

HORRIBLE [òr'-rïbl'] *adj.*
[ÉTYM. Emprunté du lat. horribilis, *m. s.* ‖ XII° s. Leiz e horribles, *Vie de St Gilles,* 108.]
‖ **1°** Qui fait horreur. Spectacle —. Crime —. Conduite —. Une guerre —.
‖ **2°** *P. exag. Famil.* Ce chemin est —. Une — inquiétude. Il fait un froid —. Une écriture —.

HORRIBLEMENT [òr'-ri-ble-man] *adv.*
[ÉTYM. Composé de horrible et ment, § 724. ‖ XII° s. Li apostre... Pecherent mut horriblement, *Vie de St Gilles,* 2801.]
‖ D'une manière horrible. Un cadavre — défiguré. ‖ *P. exag. Famil.* Elle est — laide.

* **HORRIFIQUE** [òr'-ri-fïk'] *adj.*
[ÉTYM. Emprunté du lat. horrificus, *m. s.* ‖ 1532. La Vie tres horrificque du grand Gargantua, RAB. titre.]
‖ *Famil.* Qui cause de l'horreur. L'— récit de ses exploits. (S'emploie surtout dans le style marotique.)

* **HORRIPILANT, ANTE** [òr'-ri-pi-lan, -lànt'] *adj.*
[ÉTYM. Adj. particip. de horripiler, § 47. ‖ *Néolog.*]
‖ Qui horripile.

HORRIPILATION [òr'-ri-pi-là-syon; *en vers,* -si-on] *s. f.*
[ÉTYM. Emprunté du lat. horripilatio, *m. s.* ‖ XIV° s. Horripilation de la teste, J. DU VIGNAY, *Miroir hist.* dans DELB. *Rec.* Admis ACAD. 1835.]
‖ (Médec.) Frissonnement de la peau accompagné de froid qui fait hérisser les poils et produit l'état qu'on appelle chair de poule.

* **HORRIPILER** [òr'-ri-pi-lé] *v. tr.*
[ÉTYM. Tiré de horripilation; le lat. horripilare signifie « être en proie à l'horripilation ». ‖ *Néolog.*]
‖ *Famil.* Agiter par un léger frisson d'horreur. Ce propos l'horripila.

HORS [hòr] *prép.* et *adv.*
[ÉTYM. Autre forme de fors, avec changement irrégulier de f en h, §§ 441 et 726. ‖ XI° s. Hors del sacrarie, *St Alexis,* 293.]
‖ Préposition, adverbe marquant le rapport de situation d'une chose avec le lieu, l'objet à l'extérieur duquel elle est placée.
I. *Prép.* A l'extérieur de. — la ville, MONTAIGNE, I, 17. Nulle des sœurs ne faisait long séjour — le logis, LA F. *Contes, Mazet.* (Technol.) Mettre (le minerai) — le fourneau, vider le fourneau. Construire — œuvre. (*V.* hors-d'œuvre.) ‖ *P. anal.* Être — rang, — classe, — concours. Mettre qqn — la loi. ‖ *Fig.* Excepté. (*Cf.* hormis.) Nul n'aura de l'esprit — nous et nos amis, MOL. *F. sav.* III, 2. Vous commandez à tout ici, — à vous-même, BEAUMARCH. *Mar. de Fig.* V, 12.
II. *Adv.* A l'extérieur. Mettez-le —. Mettre vos meubles — et faire place à d'autres, MOL. *Tart.* V, 4.
III. *Loc. prép.* — de, à l'extérieur (d'un lieu). — de la maison. — d'ici tout à l'heure et qu'on ne réplique pas! MOL. *Av.* I, 3. — de Paris il n'y a point de salut pour les honnêtes gens, ID. *Préc. rid.* sc. 9. — de l'Église, point de salut. Un escalier — d'œuvre, en dehors de la construction, en saillie. *Fig.* J'écris ceci — d'œuvre pour vous divertir, SÉV. 629. Celles (les scènes) de l'infante sont détachées et paraissent — d'œuvre, CORN. *Hor. exam.* (*V.* hors-d'œuvre.) *P. anal.* Nous cherchons — de nous nos vertus et nos vices, BOIL. *Ép.* 3. ‖ *Fig.* Être — de soi, ne plus pouvoir se contenir. Mettre — de cour, — de procès, renvoyer les parties. *Vieilli. Substantivt.* Un — de cour, un jugement qui met hors de cour. Mettre qqn — de cause, déclarer qu'il ne doit pas être partie au procès. Une chose — d'u-

sage, qui ne peut plus servir. Être — de danger, ne plus être en danger. Être — d'affaire, être tiré d'affaire. Un objet — de prix, qui dépasse le prix ordinaire. Être — de combat, n'être plus en état de combattre. Être — de page, avoir fini son temps de service comme page, et, *fig.* n'être plus en tutelle. *Substantivt.* Le — de page, la récompense accordée jadis à celui qui avait fini son service de page.
‖ **IV.** *Loc. conj.* — que, à moins que. — qu'un commandement exprès du roi ne vienne, MOL. *Mis.* II, 6. (*Cf.* hormis que.)

HORS-D'ŒUVRE [hòr-dèuvr'] *s. m.*
[ÉTYM. Composé de hors, d' et œuvre, § 176.]
‖ Ce qui est en dehors de l'œuvre, du sujet, ce qui lui est accessoire. Cet épisode est un — dans le poème. Il y a du — dans la Henriade. ‖ *Spéciall.* (Cuisine.) Le — (*vieilli*), réunion de petits plats accessoires (beurre, radis, etc.), qu'on offre ordinairement après le potage et avant le premier service. Il n'oublie pas le —, le fruit, LA BR. 11. ‖ *P. ext.* Chacun de ces plats. Servir des —.

HORTENSIA [òr-tan-syà; *en vers,* -si-à] *s. m.*
[ÉTYM. Emprunté du lat. des botanistes hortensia (COMMERSON), *m. s.* nom donné à cette plante en l'honneur d'Hortense, femme de l'horloger Lepaute (1723-1788), §§ 36 et 224. Sur le genre, *V.* § 551. ‖ Admis ACAD. 1835.]
‖ (Botan.) Arbrisseau de la famille des Saxifragées, dit aussi rose du Japon, cultivé comme plante d'agrément.

HORTICOLE [òr-ti-kòl] *adj.*
[ÉTYM. Tiré de horticulture, d'après agricole, § 273. ‖ *Néolog.* Admis ACAD. 1878.]
‖ (T. didact.) Relatif à l'horticulture.

HORTICULTEUR [òr-ti-kül-tèur] *s. m.*
[ÉTYM. Tiré de horticulture d'après agriculteur, § 273. ‖ *Néolog.* Admis ACAD. 1835.]
‖ (T. didact.) Celui qui s'occupe de l'art de cultiver les jardins. (*Syn.* jardinier.)

HORTICULTURE [òr-ti-kül-tür] *s. f.*
[ÉTYM. Composé avec le lat. hortus, jardin, et cultura, culture, d'après agriculture, § 273. ‖ *Néolog.* Admis ACAD. 1835.]
‖ (T. didact.) Art de cultiver les jardins.

HOSANNA [ò-zăn'-nà] *interj.* et *s. m.*
[ÉTYM. Emprunté du lat. hosanna, qui est l'hébreu hoscha na, « sauve (nous) maintenant », § 21. ‖ 1276. Le lundi emprès l'osanne, dans GODEF. *Compl.* Admis ACAD. 1878.]
‖ (Liturg. hébr.) Refrain d'un hymne de la synagogue. Ceux qui marchaient devant... criaient : —, salut et gloire, SACI, *Bible, St Marc,* XI, 9. ‖ *P. anal.* (Liturg. cathol.) Hymne chanté le jour des Rameaux, qui commence par le mot hosanna. *P. appos. Vieilli.* Le dimanche —, le dimanche des Rameaux.

HOSPICE [òs'-pïs'] *s. m.*
[ÉTYM. Emprunté du lat. hospitium, *m. s.* de hospes, hôte. ‖ XIII° s. Glise Ou il prendoit la nuit hospise, *Mir. de St Éloi,* p. 45.]
‖ **1°** *Vieilli.* Lieu où l'on reçoit l'hospitalité. Intentions du grand prince qui m'a donné cet —, J.-J. ROUSS. *Lett.* 12 août 1767.
‖ **2°** Demeure hospitalière ouverte par des religieux pour les religieux étrangers, les pèlerins, les voyageurs. L'— du mont Saint-Bernard.
‖ **3°** Maison hospitalière pour des infirmes, des malades. Un — d'aliénés. ‖ *Spéciall.* (Par opposition à hôpital.) Établissement hospitalier où l'on reçoit des enfants, des infirmes, des vieillards. L'— des enfants trouvés. L'— des incurables.

1. HOSPITALIER, IÈRE [òs'-pi-tà-lyé, -lyèr] *adj.*
[ÉTYM. Emprunté du bas lat. hospitalarius, *m. s.* dérivé de hospitale, hôpital. (*Cf.* le doublet hôtelier.) ‖ XII°-XIII° s. Molt revi les hospitaliers Outre mer orguellous et fiers, GUIOT DE PROVINS, *Bible,* 1792.]
‖ Relatif aux hospices et hôpitaux. Établissements hospitaliers. Frères hospitaliers, sœurs hospitalières, et, *substantivt,* Hospitaliers, hospitalières, ordres religieux fondés originairement pour recevoir et soigner les pèlerins, les malades et les infirmes. Les frères hospitaliers de Saint-Jean de Jérusalem, de Saint-Jacques du Haut-Pas, d'Aubrac, etc. Les hospitalières de Saint-Joseph, de Sainte-Marthe. ‖ *Spéciall.* Sœurs hospitalières, les filles de la Charité. ‖ *Vieilli. Substantivt.* Un —, un directeur, administrateur d'hôpital. Les hospitaliers sont comparés aux tuteurs, *Rem. du droit* (1622), p. 352. Les malades... Donnaient de l'exercice au pauvre —, LA F. *Fab.* XII, 25.

2. HOSPITALIER, IÈRE [ŏs'-pi-tà-lyé, -lyèr] *adj.*

[ÉTYM. Dérivé du radical de hospitalité, § 115. || XVIᵉ s. Moy qui suis si hospitalier, MONTAIGNE, III, 12.]

|| Qui aime à exercer l'hospitalité. Peuple —. Demeure hospitalière, humble et chaste maison, LA F. *Phil. et Baucis.* || *P. anal.* Les dieux hospitaliers, qui favorisent, protègent l'hospitalité. O dieux hospitaliers ! que vois-je ici paraître ? Dit l'animal chassé du paternel logis, LA F. *Fab.* VII, 16.

ᵒHOSPITALIÈREMENT [ŏs'-pi-tà-lyèr-man ; *en vers,* -lyè-re-...] *adv.*

[ÉTYM. Composé de hospitalière 2 et ment, § 724. || XVIᵉ s. Alcinous qui receut si hospitallierement Ulysses, VIGENÈRE, dans DELB. *Rec.*]

|| D'une manière hospitalière.

ᵒHOSPITALISATION [ŏs'-pi-tà-li-zà-sion] *s. f.*

[ÉTYM. Dérivé de hospitaliser, § 247. || *Néolog.*]

|| (T. d'admin.) Action d'hospitaliser.

ᵒHOSPITALISER [ŏs'-pi-tà-li-zé] *v. tr.*

[ÉTYM. Dérivé de hôpital, d'après le type lat. hospitalis, § 267. || *Néolog.*]

|| (T. d'admin.) | 1. Faire entrer (qqn) dans un établissement hospitalier. La Ville de Paris hospitalise ses mendiants et vagabonds à Nanterre. | 2. Transformer (un bâtiment) en hôpital provisoire. — une caserne.

HOSPITALITÉ [ŏs'-pi-tà-li-té] *s. f.*

[ÉTYM. Emprunté du lat. hospitalitas, *m. s.* || XIIᵉ-XIIIᵉ s. La ou il n'a charité Ne voirez hospitalité, GUIOT DE PROVINS, *Bible,* 1818.]

|| 1ᵒ (Antiq.) Droit réciproque de loger, quand on voyageait, les uns chez les autres, s'exerçant, d'après des conventions établies, de particulier à particulier, de famille à famille, de ville à ville. Il y avait — entre ces deux familles. Violer les droits de l'—. Il y avait droit d'— entre Athènes et Sparte.

|| 2ᵒ *P. ext.* Libéralité ou charité qu'on exerce en hébergeant gratuitement un étranger. Exercer l'—. *Famil.* Une — écossaise, donnée très largement.

HOSTIE [ŏs'-ti] *s. f.*

[ÉTYM. Emprunté du lat. hostia, *m. s.* L'anc. franç. dit, conformément à l'accent lat., oiste. || XIVᵉ s. Hosties greigneurs, BERSUIRE, fᵒ 2, dans LITTRÉ.]

|| 1ᵒ Victime offerte en sacrifice à Dieu. Immoler des hosties à Dieu. — de paix. || *Fig. Poét.* Victime (en général). Cette seconde — est digne de ta rage ; Joins ta fille à ton gendre, CORN. *Poly.* V, 5. Du céleste courroux tous furent les hosties, LA F. *Phil. et Baucis.*

|| 2ᵒ (Liturg. chrét.) Pain mince, sans levain, destiné au sacrifice de la messe. || La sainte —, le pain consacré et changé au corps de Jésus-Christ.

HOSTILE [ŏs'-til] *adj.*

[ÉTYM. Emprunté du lat. hostilis, de hostis, ennemi (*cf.* ost), *m. s.* || XVᵉ-XVIᵉ s. Manière hostile De perdre gens, G. CRÉTIN, *Poés.* p. 122, dans LITTRÉ. Admis ACAD. 1798.]

|| Qui est inspiré par un ennemi. Entreprise, action, projet —. Les journaux hostiles au ministère.

HOSTILEMENT [ŏs'-til-man ; *en vers,* -ti-le-...] *adv.*

[ÉTYM. Composé de hostile et ment, § 724. || XVᵉ-XVIᵉ s. Après pilla la cité hostilement, CL. DE SEYSSEL, *Appian,* dans DELB. *Rec.*]

|| En ennemi. Les troupes furent reçues — par les habitants.

HOSTILITÉ [ŏs'-ti-li-té] *s. f.*

[ÉTYM. Emprunté du lat. hostilitas, *m. s.* || XVᵉ-XVIᵉ s. Tant d'hostilitez, O. DE ST-GELAIS, *Énéide,* dans DELB. *Rec.*]

|| 1ᵒ Acte d'ennemi exercé par les troupes d'un État sur un autre avec lequel il est en guerre. Les hostilités ont commencé. Des actes d'—.

|| 2ᵒ Disposition hostile. L'— de l'Allemagne contre la Russie. L'— des partis contre le gouvernement.

HÔTE, HÔTESSE [ôt, ô'tĕs'] *s. m.* et *f.*

[ÉTYM. Du lat. hŏspitem, *m. s.* devenu ᵒosp'te, oste, §§ 372, 290, 291 et 370, écrit plus récemment hoste par réaction étymologique, § 502, et enfin hôte, § 422.]

I. || 1ᵒ Celui, celle qui donne l'hospitalité. Nous remerciâmes notre — du bon accueil qu'il nous avait fait. || *Loc. prov.* Bon visage d'—, bon accueil. || *Fig.* Beaux corps, hôtes d'une belle âme, LA F. *Fab.* VII, 2.

|| 2ᵒ Celui, celle qui tient une hôtellerie, une auberge. L'hôtesse de l'Écu de France. Table d'— (dans un hôtel), table commune servie à heure fixe. Manger à table d'—. Compter sans son —, faire son compte sans celui qui tient l'hôtel-

lerie, et, *p. ext.* avoir une déception. Quand j'y veux demeurer, je compte sans mon —, HAUTEROCHE, *Apparences trompeuses,* I, 3.

|| 3ᵒ *Vieilli.* Celui, celle qui donne à loyer tout ou partie de sa maison, propriétaire.

II. || 1ᵒ Celui, celle qui reçoit l'hospitalité. Régaler ses hôtes. || *P. anal.* Les hôtes des bois, des forêts, les animaux sauvages. Vous êtes le phénix des hôtes de ces bois, LA F. *Fab.* I, 2. || *Fig.* Les soucis dévorants,... Hôtes infortunés de sa triste demeure, LA F. *Élég.* 1, *aux Nymphes de Vaux.*

|| 2ᵒ Celui, celle qui vient loger, manger dans une hôtellerie. Ce cabaretier traite bien ses hôtes.

|| 3ᵒ *Vieilli.* Celui, celle qui prend à loyer tout ou partie d'une maison, locataire.

HÔTEL [ô-tèl] *s. m.*

[ÉTYM. Du lat. hospitale, chambre, lieu pour recevoir les hôtes, devenu ᵒosp'tel, ostel, §§ 372, 336, 370, 295 et 291, écrit plus récemment hostel par réaction étymologique, § 502, et enfin hôtel, § 422.]

I. *Proprt.* Maison où l'on trouve l'hospitalité.

|| 1ᵒ Hôtel-Dieu (c.-à-d. hôtel de Dieu), nom donné dans plusieurs villes à l'hôpital principal.

|| 2ᵒ Maison garnie où les voyageurs trouvent la table et le logement. Descendre, loger à l'—. Le maître d'un —. Tenir un —. L'— du Grand-Cerf.

II. *P. ext.* Maison où l'on habite.

|| 1ᵒ Demeure importante d'une personne considérable par la situation, la fortune, etc. Acheter, louer, avoir un —. L'— du président de la chambre. Un — entre cour et jardin. Maître d'—, officier qui dirige le service de table dans un hôtel, chez un riche particulier. (Cuisine.) Sauce à la maître d'—, sauce au beurre. *Ellipt.* Pommes de terre à la maître d'—. | *Absolt.* La maison du roi. Grand prévôt, maître des requêtes de l'—.

|| 2ᵒ *P. anal.* Grand édifice servant à un établissement public. L'— de ville, où siège l'autorité municipale. L'— des monnaies. L'— du ministre des finances.

HÔTELIER, IÈRE [ô'-lyé, -lyèr ; *en vers,* ô-te-...] *s. m.* et *f.*

[ÉTYM. Dérivé de hôtel, §§ 65 et 115. (*Cf.* hospitalier.) || XIIᵉ s. L'ostelers est a eus alez, *Vie de St Gilles,* 2409.]

|| 1ᵒ Celui, celle qui tient une hôtellerie.

|| 2ᵒ *S. m.* Moine chargé de recevoir et d'héberger les étrangers de passage.

HÔTELLERIE [ô-tèl-ri ; *en vers,* -tè-le-ri] *s. f.*

[ÉTYM. Dérivé de hôtelier, §§ 65 et 69. || XIIᵒ s. Hostelerie et refreitur, *Vie de St Gilles,* 2207.]

|| 1ᵒ Maison où les voyageurs trouvent, moyennant argent, dans les petites villes et villages, la table et le logement, avec des écuries pour les chevaux. On loge à pied et à cheval à l'— du Lion d'Or.

|| 2ᵒ Corps de bâtiment d'une abbaye destiné à recevoir et héberger les étrangers.

HOTTE [hŏt'] *s. f.*

[ÉTYM. Mot d'origine germanique, §§ 6, 498 et 499. *Cf.* allem. dialectal (Suisse) butte, *m. s.* || XIIIᵒ s. Porter loig (corr. loing) a hotes, *Merlin,* fᵒ 37, vᵒ, dans LITTRÉ.]

|| 1ᵒ Long et large panier qu'on porte sur le dos à l'aide de bretelles. — à porter du pain. — de chiffonnier. — poissée, qui sert à porter le vin du pressoir dans les tonneaux, et qu'on enduit de poix pour empêcher le vin de fuir.

|| 2ᵒ *P. ext.* | 1. Cuvette qui reçoit les eaux ménagères et les égouts des toits. | 2. Louchet d'une drague.

|| 3ᵒ *P. anal.* | 1. Pente intérieure d'une cheminée de cuisine, en forme de hotte renversée. | 2. Partie inférieure d'une cheminée de forge ou de fourneau, généralement évasée pour faciliter la sortie du gaz.

HOTTÉE [hŏ-té] *s. f.*

[ÉTYM. Dérivé de hotte, § 119. || XVIᵒ s. Trente mille hottées de diables, RAB. III, 22.]

|| Quantité que peut contenir une hotte.

ᵒHOTTER [hŏ-té] *v. tr.*

[ÉTYM. Dérivé de hotte, § 154. || 1412-1414. Deux a charger et deux a hotter, dans GODEF. hoter. Admis ACAD. 1694 ; suppr. en 1718.]

|| *Dialect.* Porter avec une hotte.

ᵒHOTTEREAU [hŏt'-rô ; *en vers,* hô-te-rô] et **ᵒHOTTERET** [hŏt'-rè ; *en vers,* hô-te-rè] *s. m.*

[ÉTYM. Dérivé de hotte, §§ 63, 126 et 134. || 1359. Sis hoteraus, dans GODEF. hotterel. | 1752. Hotteret, TRÉV.]

|| *Dialect.* Petite hotte grossière.

HOTTEUR, EUSE [hŏ-teùr, -teùz'] *s. m.* et *f.*

[Étym. Dérivé de hotte, § 112; l'anc. franç. dit plutôt hottier. || 1366. Chargeurs et hosteurs, dans GODEF. *Compl.*]

|| Celui, celle qui porte la hotte.

*****HOUACHE** ou *****HOUAICHE**. *V.* ouaiche.

*****HOUAGE** [hou-âj'] *s. m.*

[Étym. Dérivé de houer, §78. || 1336. Fouage, houage, dans GODEF.]

|| (Technol.) Action de houer la terre.

HOUBLON [hou-blon] *s. m.*

[Étym. Pour houbelon, dérivé du néerland. hop, anciennt hoppe, *m. s.* §§ 10 et 107. || 1495. Sans y mettre que bon grain, eau et houbillon, *Ordonn.* dans LITTRÉ.]

|| Plante de la famille des Urticées, dont la fleur sert à fabriquer la bière.

HOUBLONNER [hou-blŏ-né] *v. tr.*

[Étym. Dérivé de houblon, § 154. || Admis ACAD. 1694.]

|| Remplir (une boisson) de houblon. — de la bière.

HOUBLONNIÈRE [hou-blŏ-nyèr] *s. f.*

[Étym. Dérivé de houblon, § 115. || 1680. RICHEL. Admis ACAD. 1718.]

|| Plantation de houblon.

HOUE [hou] *s. f.*

[Étym. Emprunté de l'anc. haut allem. houwa, allem. mod. haue, proprt, « hache », §§ 6, 498 et 499. || XIIᵉ s. La cuignee et la houe, *Rois*, I, 13.]

|| (Technol.) || **1º** Outil de labourage composé d'une lame tranchante terminée d'un côté en pointe ou en fourche, et de l'autre ajustée à angle aigu à un manche de bois. (*Cf.* hoyau.)

|| **2º** *P. anal.* | **1.** Fer, droit ou courbe, avec lequel le faïencier agite, dans le baquet, la couverte. | **2.** Rabot pour corroyer le mortier.

HOUER [hou-é] *v. tr.*

[Étym. Dérivé de houe, § 154. || XIIᵉ s. Si j'en devoie ou foir ou hauer, *Loherains*, dans GODEF.]

|| (Technol.) Travailler (le sol) avec la houe.

*****HOUETTE** [hou-ĕt'] *s. f.*

[Étym. Dérivé de houe, § 133. || 1335. Un hewel et une hewette, dans GODEF.]

|| (Technol.) Petite houe à houer la terre. (*Cf.* hoyau.)

HOUILLE [hoùy'] *s. f.*

[Étym. Mot du dialecte wallon, d'origine inconnue, §16. || XVIᵉ s. Ils appellent charbon ouille, GUY COQUILLE, *Œuvres*, I, 503, édit. 1665. Admis ACAD. 1718.]

|| Charbon fossile, dit vulgairement charbon de terre, qui brûle avec flamme et fumée et qui, distillé, fournit le gaz d'éclairage, des huiles bitumineuses, du coke, etc. — compacte, chargée d'hydrogène. — grasse, maigre.

HOUILLER, ÈRE [hou-yé, -yèr] *adj.*

[Étym. Dérivé de houille, § 115. || *Néolog.* Admis ACAD. 1835.]

|| (T. didact.) Qui contient des couches de houille. Terrains houillers. Les formations houillères. (*Cf.* houilleux.)

HOUILLÈRE [hou-yèr] *s. f.*

[Étym. Dérivé de houille, § 115. || XVIᵉ s. Ouillières, GUY COQUILLE, *Œuvres*, I, 503, édit. 1665. Admis ACAD. 1835.]

|| (Technol.) Mine de houille.

HOUILLEUR [hou-yeùr] *s. m.*

[Étym. Dérivé de houille, § 112. || XVIᵉ s. Mineur et houilleur, FROISS. *Chron.* IX, 83, Kervyn. Admis ACAD. 1835.]

|| (Technol.) Ouvrier qui travaille à l'extraction de la houille.

HOUILLEUX, EUSE [hou-yeù, -yeùz'] *adj.*

[Étym. Dérivé de houille, § 116. || *Néolog.* Admis ACAD. 1835.]

|| (T. didact.) Qui contient de la houille. (*Cf.* houiller.) Roche houilleuse.

HOULAN. *V.* uhland.

HOULE [houl] *s. f.*

[Étym. Origine inconnue. || XVIᵉ s. Cap en houlle! RAB. IV, 20.]

|| (Marine.) Forte ondulation de la mer agitée, précédant ou suivant une tempête.

HOULETTE [hou-lĕt'] *s. f.*

[Étym. Dérivé de l'anc. verbe houler, lancer, d'origine inconnue, § 133. || XIIIᵉ s. Ceste panetiere, Ceste houlete et cet coustel, ADAM DE LA HALLE, *Robin et Marion*, début.]

|| **1º** Bâton de berger terminé à un bout par une petite

pelle de fer pour lancer des mottes de terre aux moutons qui s'écartent du troupeau. Il (le loup) s'habille en berger, endosse un hoqueton, Fait sa — d'un bâton, LA F. *Fab.* III, 3. *Fig. Poét.* La condition de berger. Le sceptre et la —, REGNARD, *Démocr.* III, 2.

|| **2º** *P. anal.* | **1.** Ustensile en forme de houlette pour lever de terre les oignons de fleurs. | **2.** Longue cuillère à l'usage des glaciers pour préparer les glaces et les sorbets. | **3.** Pelle de fer à long manche du fondeur de monnaies. | **4.** Outil du fabricant de chandelles, pour hacher le suif. | **5.** Genre d'acéphale à coquille bivalve.

HOULEUX, EUSE [hou-leù, -leùz'] *adj.*

[Étym. Dérivé de houle, § 116. || 1716. Mer fort houleuse, FRÉZIER, *Relat. du voy. de la mer du Sud*, p. 36. Admis ACAD. 1762 et écrit d'abord houlleux.]

|| (Marine.) Agité par la houle. Mer houleuse. *Fig.* Une foule, une assemblée houleuse.

*****HOULQUE** [houlk'] et *****HOUQUE** [houk'] *s. f.*

[Étym. Emprunté du lat. des botan. holcus, *m. s.* qui est le lat. holcus, grec ὁλκός, sorte d'orge sauvage. Sur le genre (le lat. et le grec sont masc.), *V.* § 550. || 1789. Houque, ENCYCL. MÉTH.]

|| (Botan.) Plante graminée dont plusieurs espèces, le sorgho, le millet de Cafrerie, etc., sont comestibles.

HOUPER [hou-pé] *v. tr.*

[Étym. Dérivé de houp, onomatopée servant à appeler, §§ 32 et 154. || XIIᵉ s. Et glatir et huper, *Aliscans*, 5624. Admis ACAD. 1762.]

|| (Manège, Vénerie.) Appeler, exciter (un chien, un cheval) en criant houp!

HOUPPE [houp'] *s. f.*

[Étym. Origine incertaine, mais distincte de celle de huppe. || 1409. Viez chesnes... secs en houppe, dans GODEF. houppe 2.]

|| **1º** Cime, faîte d'un arbre s'épanouissant en bouquet. || *P. anal.* | **1.** Touffe de plumes que certains oiseaux portent sur la tête. (*Cf.* huppe.) | **2.** Touffe de cheveux sur le devant de la tête. Riquet à la Houppe. | **3.** Touffe de poils sur une partie du corps d'un animal. | **4.** Touffe de poils sur certaines graines. | **5.** Papilles nerveuses terminant certains nerfs.

|| **2º** *Fig.* Assemblage de bouts de fil, de laine, de soie, en touffe, en bouquet. || *Spécialt.* | **1.** (Blason.) Touffe, bouquet de soie terminant chaque bout des entrelacements de cordons. | **2.** Petite touffe dont on se sert pour poudrer les cheveux, mettre de la poudre de riz sur le visage, etc. | **3.** Bout de fil d'or, d'argent, ruban effilé qui déborde le fer de l'aiguillette. | **4.** Toison lavée et peignée pour être filée.

HOUPPÉ, ÉE [hou-pé] *adj.*

[Étym. Dérivé de houppe, § 118. || XVIᵉ s. Ceinture houppée, MAROT, I, 29, Bibl. elzév.]

|| (Technol.) Qui a une houppe. *Spécialt.* (Botan.) Graine houppée.

*****HOUPPÉE** [hou-pé] *s. f.*

[Étym. Dérivé de houppe, § 119, touffe d'écume. || XVIᵉ s. Les espandant (les cheveux) sur ton front par houppées, JULYOT, *Élég.* dans DELB. *Rec.*]

|| (Marine.) Écume légère à la crête des vagues qui s'entre-choquent. Prendre la —, saisir le moment où la vague est haute et soulève la chaloupe pour y descendre d'un navire, ou pour monter de la chaloupe dans le navire.

HOUPPELANDE [houp'-länd'; *en vers,* hou-pe-...] *s. f.*

[Étym. Origine inconnue. || 1281. Une hoppelande de brun gris, dans DELB. *Rec.*]

|| Long vêtement ouaté, sans taille, à manches, à col plat, que les hommes mettaient par-dessus leurs habits, et que les prêtres portent encore par-dessus leur soutane.

HOUPPER [hou-pé] *v. tr.*

*[Étym. Dérivé de houppe, § 154. || 1765. ENCYCL. Admis ACAD. 1798.]

|| (Technol.) Mettre en houppes. — de la soie.

*****HOUPPETTE** [hou-pĕt'] *s. f.*

[Étym. Dérivé de houppe, § 133. || 1421. Une autre selle... a houpectes de soye, dans DOUET D'ARCQ, *Pièces relat. à Ch. VI*, II, 407.]

|| Petite houppe.

*****HOUPPIER** [hou-pyé] *s. m.*

[Étym. Dérivé de houppe, § 115. || 1343. Les branches et les houpiers, dans GODEF.]

|| (T. forest.) || **1°** Arbre ébranché auquel on ne laisse que la cime, dite **houppe**. *P. ext.* La cime elle-même.

|| **2°** Maladie qui attaque la cime des arbres.

*HOUQUE. *V.* **houlque**.

*HOUR. *V.* **hourd**.

HOURA [hou-rà] *interj.* et *s. m.*

[ÉTYM. Emprunté du russe **ura** (prononcé **oura**), *m. s.* § 20. Souvent écrit **hourra** par confusion avec un autre mot. (*V.* **hourra**.) || *Néolog.* Admis ACAD. 1835.]

|| (T. milit.) Cri de guerre des soldats russes. || *P. ext.* Alerte causée par une attaque subite de troupes légères.

HOURAILLER [hou-rà-yé] *v. intr.*

[ÉTYM. Dérivé du radical de **houret**, § 161. || Admis ACAD. 1798.]

|| (Vénerie.) Chasser avec des hourets.

HOURAILLIS [hou-rà-yi] *s. m.*

[ÉTYM. Dérivé de **hourailler**, § 82. || 1690. FURET. Admis ACAD. 1798.]

|| (Vénerie.) Meute où il y a beaucoup de hourets.

*HOURD [hoūr] *s. m.*

[ÉTYM. Emprunté de l'anc. haut allem. **hurt** (allem. mod. **hürte**, claie), qui désigne tout ouvrage fait par entrelacement de branches, assemblage de poutres, etc. §§ 6, 498 et 499. || XIIIᵉ s. **Ains ne se mut nient plus c'uns hors**, MONTAIGLON et RAYNAUD, *Rec. de fabliaux*, II, 38.]

|| * Anciennt.* Palissade, échafaud. || *Spécialt. De nos jours.* (Technol.) | **1.** Tréteau du scieur de long. (Souvent écrit **hour**.) | **2.** Échafaud de l'ardoisier. (Souvent écrit **houre**.) | **3.** Hangar servant d'atelier au sabotier.

HOURDAGE [hour-dàj'] *s. m.*

[ÉTYM. Dérivé de **hourder**, § 78. || XVᵉ s. **A chascun costé du hourdage**, J. MOLINET, *Chron.* 49. Admis ACAD. 1762.]

|| (Technol.) Action de hourder. || *P. ext.* Ouvrage fait en hourdant, hourdis.

HOURDER [hour-dé] *v. tr.*

[ÉTYM. Dérivé de **hourd**, § 154. || XIIᵉ s. **Molt ricement fu la porte hordee**, RAIMBERT DE PARIS, *Chevalerie Ogier*, 6634. Admis ACAD. 1762.]

I. *Anciennt.* Munir, fortifier par des retranchements.

II. *P. ext.* (Technol.) — un plancher, latter les solives et relier le lattis avec une couche de plâtre, de mortier, etc. — une cloison, un mur, construire en matériaux grossiers, tels que plâtras, démolitions. *Absolt.* — à bain, en employant le mortier, le plâtre, en grande quantité. || *Fig. Vieilli.* Un homme crotté et hourdé, qui a reçu beaucoup d'éclaboussures.

HOURDIS [hour-di] *s. m.*

[ÉTYM. Dérivé de **hourder**, § 82. Signifie « échafaudage » en anc. franç. || XIIᵉ s. **Es hordeïs firent le feu bouter**, *Loherains*, dans GODEF. **hourdeis**. Admis ACAD. 1762.]

|| **1°** (Marine.) **Lisse de** —, dernière pièce de bois qui, placée à l'arrière d'un navire, sert à consolider la poupe.

|| **2°** (Maçonn.) Maçonnage grossier fait en hourdant.

*HOURE. *V.* **hourd**.

HOURET [hou-rè] *s. m.*

[ÉTYM. Origine inconnue. || XVIIᵉ s. *V.* à l'article. Admis ACAD. 1718.]

|| (Vénerie.) Mauvais chien de chasse. **Suivis de dix hourets galeux**, MOL. *Fâch.* II, 6.

HOURI [hou-ri] *s. f.*

[ÉTYM. Emprunté du turc **houri**, qui est lui-même emprunté de l'arabe **haura**, *m. s.* §§ 22 et 23. || 1654. DULOIR, *Voy.* p. 178. Admis ACAD. 1762.]

|| Femme d'une beauté céleste promise par le Coran au musulman fidèle, dans la vie future.

HOURQUE [hourk'] *s. f.*

[ÉTYM. Emprunté du holland. **hulk**, anciennement **hulke**, qui paraît se rattacher au grec ὁρκάς, *m. s.* § 10. || XVᵉ s. **Le roy d'Angleterre issit de sa hulke**, MONSTRELET, 242. Admis ACAD. 1762.]

|| (Marine.) Bâtiment de transport à fond plat, en usage dans les mers du nord.

HOURRA [hour'-rà] *interj.* et *s. m.*

[ÉTYM. Emprunté de l'angl. **hurrah**, *m. s.* § 8. Souvent confondu avec **houra**. (*V.* ce mot.) || *Néolog.* Admis ACAD. 1835.]

|| **1°** Cri que poussent les marins anglais en l'honneur d'un chef, d'un grand personnage qui descend à bord. **L'amiral fut salué par trois hourras**. || *P. ext.* Cri d'acclamation en l'honneur de qqn.

|| **2°** *P. anal.* Cri que les matelots poussent en cadence, en halant ensemble sur un cordage.

HOURVARI [hour-và-ri] *s. m.*

[ÉTYM. Origine inconnue. || XVIᵉ s. **Les veneurs... leur orient : horvari l chiens**, BUDÉ, *Vénerie*, dans GODEF. *Compl.* **Si le cerf avoit fait quelques ruses et hourvaries**, DU FOUILLOUX, *Vénerie*, dans DELB. *Rec.*]

|| (Vénerie.) || **1°** Ruse de la bête qui met le chien en défaut en revenant à l'endroit d'où elle est partie. **Le cerf a fait un** —. || *Fig. Famil.* Contre-temps qui déroute.

|| **2°** *P. ext.* Cri que pousse le chasseur pour ramener sur la bonne voie le chien tombé en défaut. || *Fig. Famil.* Grand tapage. (*Cf.* **boulevari**.)

HOUSARD [hou-zàr]. *V.* **hussard**.

HOUSÉ, ÉE. *V.* **houser**.

HOUSEAU [hou-zó] *s. m.*

[ÉTYM. Dérivé de l'anc. franç. **huese**, botte, §§ 65 et 126, emprunté de l'anc. haut allem. **hosa**, allem. moderne **hose**, *m. s.* §§ 6, 498 et 499. || XIIIᵉ s. **L'en ne feroit ouan housel Ne chaucemente de ta pel**, *Renart*, VIII, 233.]

|| *Vieilli.* Sorte de guêtre en cuir contre la pluie et la boue, simulant la botte. || *Fig.* **Mais le pauvret, ce coup, y laissa ses houseaux**, LA F. *Fab.* XII, 23.

*HOUSER [hou-zé] *v. tr.*

[ÉTYM. Dérivé de l'anc. franç. **huese**, botte, §§ 65 et 118. (*V.* **houseau**.) ACAD. ne donne que le part. **housé, ée**, employé comme adjectif. || XIIᵉ s. **De cortes hoses ert hosez**, WACE, *Rou*, III, 9373.]

|| *Vieilli.* Chausser de bottes. || *P. plaisant. Fig.* Être housé, avoir les pieds couverts de boue.

*HOUSETTE [hou-zèt'] *s. f.*

[ÉTYM. Dérivé de l'anc. franç. **huese**, §§ 65 et 133. (*V.* **houseau**.) Souvent altéré en **houssette**, § 509. || 1465. **Quatro paires de housetes**, dans GODEF.]

|| *Vieilli et dialect.* Bottine, guêtre. *Spécialt.* (Blason.) D'argent à trois housettes de gueules.

HOUSPILLER [hoŭs-pi-yé] *v. tr.*

[ÉTYM. Altération de **houspigner**, plus anciennement **houssepignier**, composé de **housse** et **pignier** pour peigner. § 203 : proprt, « peigner le manteau, battre ». Souvent altéré en **gouspiller** aux XVIᵉ et XVIIᵉ s. || XIIIᵉ s. **Ne fu si bien houcepigniez Con Renars fu**, *Renart*, V, 37.]

|| *Famil.* Maltraiter (qqn) en le secouant. || *Fig.* Malmener (qqn) en lui faisant des reproches.

1. HOUSSAGE [hou-sàj'] *s. m.*

[ÉTYM. Dérivé de **housser**, § 78. || 1752. TRÉV. Admis ACAD. 1762.]

|| (Technol.) Action de nettoyer avec une housse. || **Nitre ou salpêtre de** —, qu'on recueille en houssant légèrement les pierres sur lesquelles on le trouve.

2. *HOUSSAGE [hou-sàj'] *s. m.*

[ÉTYM. Dérivé de **housse**, § 78. || 1690. FURET.]

|| (Technol.) Fermeture d'un moulin à vent, faite de bardeaux.

HOUSSAIE [hou-sè] *s. f.*

[ÉTYM. Dérivé de **houx**, § 121. || XIIIᵉ s. **Delez une hulseie**, *Quatre Fils Aymon*, dans GODEF. **houssole**.]

|| Lieu planté de houx.

HOUSSARD [hou-sàr]. *V.* **hussard**.

HOUSSE [hoŭs'] *s. f.*

[ÉTYM. Anc. franç. **houce**, peut-être emprunté, à l'époque des croisades, de l'arabe **ghouchia**, *m. s.* § 22. || XIIIᵉ s. **Ou une de tes vie[ille]s houces Dont tu fais tes chevax couvrir**, MONTAIGLON et RAYNAUD, *Rec. de fabliaux*, II, 4.]

|| **1°** *Anciennt.* Sorte de mantelet couvrant le cou et les épaules.

|| **2°** Couverture d'étoffe légère dont on revêt les meubles de prix pour les abriter de la poussière, etc. — de lit, de piano, de fauteuil. || Étoffe légère qui préserve un canapé, un fauteuil, à l'endroit où s'appuie la tête.

|| **3°** Couverture qui protège la croupe d'un cheval, d'une mule. *P. ext.* **En** —, sur une monture ayant une housse. **Il voit... Courir chez un malade un assassin en** — (un médecin), BOIL. *Sat.* 8. || *P. anal.* — du collier, peau de mouton dont on garnit le collier des chevaux de trait.

|| **4°** Couverture du siège du cocher.

|| **5°** Couverture d'étoffe riche (velours, écarlate, etc.) dont on couvrait le haut d'un carrosse.

1. HOUSSER [hou-sé] *v. tr.*

[ÉTYM. Dérivé de houx, § 154. || XIIIᵉ s. As dens le pigne et house et hape, *Renart*, XI, 1310.]

|| Épousseter avec un balai de houx. — une tapisserie. || *P. ext. Vieilli.* — qqn, le battre.

2. HOUSSER [hou-sé] *v. tr.*

[ÉTYM. Dérivé de housse, § 154. || XIIIᵉ s. Sels houchie de nulle maniere de houcheure, E. BOILEAU, *Livre des mest.* I, LXXVIII, 6.]

|| Couvrir d'une housse. Cette belle voiture houssée, ST-SIM. IV, 202. *Speciall.* (Blason.) Cheval de sable houssé d'argent.

1. ˙HOUSSETTE [hou-sĕt'] *s. f.*

[ÉTYM. Semble dérivé de housse, § 133. || XVᵉ s. Nul ne fera houchette qu'elle n'ait rouet, ressort et contreressort, AUG. THIERRY, *Mon. Tiers État*, IV, 309.]

|| (Technol.) Serrure de coffre qui se ferme d'elle-même quand on laisse retomber le couvercle.

2. ˙HOUSSETTE. *V.* housette.

˙HOUSSIÈRE [hou-syĕr] *s. f.*

[ÉTYM. Dérivé de houx, § 115. || 1341. Le houssiere, dans GODEF. houssiere 1.]

|| (Vénerie.) Fourré de houx et arbrisseaux analogues.

HOUSSINE [hou-sin'] *s. f.*

[ÉTYM. Dérivé de houx, § 100. || XVᵉ s. En lieu de hussine tint une verge de fin ambre, *Perceval*, dans GODEF. *Compl.*]

|| Verge de houx (ou de tout autre arbre) pour faire aller un cheval, battre des meubles, des vêtements.

HOUSSINER [hou-si-né] *v. tr.*

[ÉTYM. Dérivé de houssine, § 154. || 1611. COTGR. Admis ACAD. 1798.]

|| Battre avec une houssine. — des habits. || *P. ext. Vieilli.* — qqn, le battre.

HOUSSOIR [hou-swàr] *s. m.*

[ÉTYM. Dérivé de housser, § 113. || XVᵉ s. Housseurs a cheminees, *Grant Herbier*, 82.]

|| Balai de houx, et, *p. ext.* de branchages, de plumes, de crin, pour épousseter.

HOUSSON [hou-son] *s. m.*

[ÉTYM. Dérivé de houx, § 104. || XVIᵉ s. Bruscs ou houssons, O. DE SERRES, dans DELB. *Rec.* Admis ACAD. 1835.]

|| (Botan.) Arbrisseau voisin du houx, dit aussi petit houx, houx-frelon, fragon.

˙HOUSURE [hou-zûr] *s. f.*

[ÉTYM. Dérivé de houser, au sens de « crotter », § 111. || 1795. Houzures, ENCYCL. MÉTH.]

|| (Vénerie.) Fange que le sanglier laisse aux arbres contre lesquels il se frotte, et qui fait connaître sa taille.

HOUX [hou] *s. m.*

[ÉTYM. Emprunté de l'anc. haut allem. huls (allem. moderne hulst), *m. s.* §§ 6, 498 et 499. || XIIIᵉ s. Un haston en sa mein Qui ert grant et gros et de hos, *Renart*, XI, 114.]

|| Arbre de la famille des Ilicinées, toujours vert, à feuilles luisantes, armées de piquants. — panaché, à feuilles tachetées de jaune. — maté, dont les feuilles se prennent en infusion. Une branche, un bâton de —, et, *p. ext.* Un —, une canne de houx. || *P. ext.* Petit —, —-frelon, housson.

HOYAU [hwà-yó] *s. m.*

[ÉTYM. Pour hoyel, hoel, dérivé de houe, § 126. || 1335. Un hewel et une hewette, dans GODEF. houette.]

|| (Technol.) Petite houe à lame forte, aplatie et taillée en biseau, à manche recourbé, qui sert généralement à défoncer les terrains. Le rustique a toujours un héritage sûr à laisser à ses enfants, qui est son —, MONTESQ. *Lett. pers.* 123.

˙HUAGE [hu-àj'] *s. m.*

[ÉTYM. Dérivé de huer, § 78. || 1732. TRÉV.]

|| (Technol.) Action de huer le gibier, le poisson. (*Cf.* chantage.)

HUARD [hu-àr] *s. m.*

[ÉTYM. Dérivé de huer, § 147. || XIVᵉ s. Le huart qui agaitte pour ravir les entrailles des bestes, ORESME, *Éth.* dans GODEF. huart. Admis ACAD. 1762.]

|| (Hist. nat.) Aigle de mer. || *P. ext.* Plongeon arctique.

˙HUAU [hu-ó] *s. m.*

[ÉTYM. Anc. franç. hua, onomatopée d'après le cri du milan, § 32. || XIIᵉ s. Le fils a l'escoufle Que aucuns appellent le hua, *Ysopet*, I, 24, Robert.]

|| 1º *Vieilli et dialect.* Milan.

|| 2º *P. ext.* (Chasse.) Épouvantail fait des ailes d'un milan ou d'une buse.

HUBLOT [hu-bló] *s. m.*

[ÉTYM. Altération récente de hulot, mot qui est donné dans le même sens dès 1694 par TH. CORN. § 509. Hulot paraît apparenté à l'allem. hohl, creux, §§ 7, 698 et 699. || Admis ACAD. 1835.]

|| (Marine.) Petit sabord pour donner de l'air, pour laisser passer les câbles, la barre du gouvernail, etc.

HUCHE [hŭch'] *s. f.*

[ÉTYM. Du bas lat. hŭtica, employé dès le XIᵉ s. au sens de « buche » et qui paraît dérivé du radical german. qui se trouve dans l'allem. hut, garde, hûten, garder, etc. §§ 6, 77, 498 et 499. || XIIᵉ-XIIIᵉ s. Sauvé Noé dedens sa huge, GUILL. LE CLERC, *Besant*, 3016.]

|| 1º Grand coffre de bois dans lequel on pétrit le pain ou dans lequel on le serre. La — au pain. Se niche et se blottit dans une — ouverte, LA F. *Fab.* III, 18. || *Fig.* (Marine.) Navire en —, à poupe très élevée. (*Cf.* enhuché.)

|| 2º Coffre où tombe la farine de dessous la meule.

|| 3º Sorte d'auge qui reçoit les minerais bocardés.

|| 4º Réservoir à poisson, forte caisse percée de trous qu'on établit dans l'eau.

1. HUCHER [hu-ché] *v. tr.*

[ÉTYM. Du lat. pop. ˙hūccare, tiré de l'adverbe huc, ici, devenu huchier, §§ 372, 349, 385, 297 et 291, hucher, § 634. L'aspiration provient d'une sorte d'onomatopée, § 32. || XIIᵉ s. Ele le huche et aceine, *Énéas*, 1967.]

|| *Vieilli.* Appeler (qqn) en criant, en sifflant.

2. ˙HUCHER [hu-ché] *s. m.*

[ÉTYM. Pour huchier, dérivé de huche, § 115. || 1226. Adans li huichiers, dans GODEF. huchier.]

|| *Vieilli.* Fabricant de huches, menuisier.

HUCHET [hu-chè] *s. m.*

[ÉTYM. Dérivé de hucher, § 133. || XVᵉ s. Je feray un huchet De sa corne, *Actes des Apostres*, dans GODEF.]

|| (Vénerie, Blason.) Cornet de chasse, pour avertir à distance.

HUE [hu] *interj.*

[ÉTYM. Onomatopée, § 32. On trouve aussi huhau et hurhau. || XVIᵉ s. Un chartier Qui ne dit dia ne hurehau, R. DE COLLERYE, *Poés.* p. 112, Bibl. elzév.]

|| Cri que pousse le charretier pour faire avancer ses chevaux, et, *speciall*, pour les faire tourner à droite.

HUÉE [hu-é] *s. f.*

[ÉTYM. Dérivé de huer, § 119. || XIIᵉ s. Li cris et la huee, *Roncev.* tir. 319.]

|| 1º Cri des chasseurs pour faire lever le loup, annoncer que le sanglier est pris, etc. || Cri des pêcheurs pour faire tomber le poisson dans les filets. (*Cf.* huage.)

|| 2º *P. ext.* Cri de dérision contre qqn. Il fut accueilli par des huées.

HUER [hu-é] *v. tr. et intr.*

[ÉTYM. Semble être une onomatopée, § 32. || XIIᵉ s. Vos huez la vostre gent O vos ne volez aler pas, *Énéas*, 6891.]

|| 1º *V. tr.* Poursuivre en criant (à la chasse, à la pêche). — le loup (pour le faire lever). — le poisson (pour le pousser dans les filets). || *Fig.* Accueillir par des cris de dérision. Il se fit —. Sa pièce fut sifflée et huée.

|| 2º *V. intr.* En parlant d'un oiseau de nuit, pousser son cri. La chouette hue. (*Cf.* chat-huant, huette.)

HUETTE [hu-ĕt'] *s. f.*

[ÉTYM. Dérivé de huer, § 133. || 1611. COTGR.]

|| (Hist. nat.) Chouette noire, dite aussi hulotte.

HUGUENOT, OTE [hŭg'-nó, -nŏt'; *en vers*, hu-ghe-...] *s. m. et f.*

[ÉTYM. Altération par étymologie pop. (sous l'influence du nom propre Hugues) de l'allem. eidgenossen, confédéré, §§ 7 et 509. || 1550. Et alloient les enfans criant : Vive les eiguenots! BONIVARD, *Chron. de Genève.*]

|| *En mauvaise part.* Partisan de l'hérésie de Calvin. *Adjectivt.* Le parti —, la faction huguenote. Marmite huguenote, et, *ellipt*, Huguenote. [1. Marmite de terre, sans pieds (ainsi nommée, dit-on, parce que les huguenots se faisaient apporter leur diner dans ces sortes de marmites, les jours de prêches et d'assemblées). | 2. Petit fourneau avec la marmite qu'il reçoit.

HUGUENOTISME [hŭg'-nò-tĭsm'; *en vers*, hu-ghe-...] *s. m.*

[ÉTYM. Dérivé de huguenot, § 265. || 1587. Texte dans DELB. *Rec.* Admis ACAD. 1762.]

|| Attachement au parti huguenot. Le — avait fait ce mariage, ST-SIM. XIII, 246.

HUHAU [hu-hó]. *V.* hue.

HUI [ui] *adv.*

[ÉTYM. Du lat. hŏdie, devenu ui, §§ 372, 329, 445 et 291, écrit de bonne heure hui, tant pour indiquer la prononciation vocalique de l'u initial, que par réaction étymologique, § 502.]

‖ *Vieilli.* Le jour où l'on est. (*Syn.* aujourd'hui; *cf.* méshui.) Ce n'est pas d'— que ce proverbe court, LA F. *Ball. à Fouquet. Spéciall.* (Droit.) Ce jour d'—, d'— en un mois.

HUILAGE [ui-lầj'] *s. m.*

[ÉTYM. Dérivé de huiler, § 78. ‖ *Néolog.* Admis ACAD. 1878.]

‖ Action d'huiler. L'— d'une mèche. L'— d'un pivot.

HUILE [uil] *s. f.*

[ÉTYM. Emprunté du lat. ŏleum, devenu olie, oile, uile, écrit huile pour indiquer la prononciation vocalique de l'u initial, § 329. Sur le genre, *V.* § 550. ‖ XIIᵉ s. La lampe ki fut pleine D'un chier oile, *Énéas*, 7674.]

‖ Substance grasse, liquide, végétale, animale ou minérale, employée pour l'alimentation, la médecine, l'éclairage, les arts, certaines cérémonies religieuses.

‖ **1°** Alimentation. — d'olive, d'arachide, d'œillette, de noix, etc. — vierge, l'huile d'olive qui sort la première du pressoir. Cuisine à l'—. Poisson frit à l'—. Mettre de l'— dans la salade. ‖ *P. plaisant.* — de cotret, coups de bâton.

‖ **2°** Médecine. — de ricin, purgatif. — de foie de morue, tonique. — d'amandes douces, pour onctions.

‖ **3°** Éclairage. — à brûler. — à quinquet. *Fig.* Cet ouvrage sent l'—, les longues veilles. Il n'y a plus d'— dans la lampe, la vie s'éteint. ‖ *P. anal.* — minérale, liquide combustible provenant des schistes, des sources de pétrole, etc.

‖ **4°** Arts. ‖ 1. Mélange d'huile et d'une substance colorante pour peindre. Un plafond peint à l'—. Peinture à l'—, qu'on emploie pour tableaux. Un portrait à l'—. ‖ 2. — pour graisser des rouages. — de poisson. — de pied de mouton, etc.

‖ **5°** Cérémonies religieuses. Saintes huiles, dont se sert l'Église pour le chrôme, l'extrême-onction, etc.

HUILER [ui-lé] *v. tr.* et *intr.*

[ÉTYM. Dérivé de huile, § 154. ‖ XVIᵉ s. PARÉ, VIII, 20.]

‖ **1°** *V. tr.* Enduire d'huile. — une serrure. Papier huilé. ‖ **2°** *V. intr.* Suinter l'huile. Des plantes qui huilent.

***HUILERIE** [uil-ri; *en vers,* ui-le-ri] *s. f.*

[ÉTYM. Dérivé de huilier 1, § 68. ‖ 1611. COTGR.]

‖ (Technol.) Fabrique, magasin, commerce d'huile.

HUILEUX, EUSE [ui-leú, -leúz'] *adj.*

[ÉTYM. Dérivé de huile, § 116. ‖ 1539. R. EST.]

‖ **1°** Qui est de la nature de l'huile. Substance huileuse. ‖ **2°** Qui semble frotté d'huile. Des cheveux —. Une peau huileuse. Le premier président n'avait que deux filles : l'une était noire, huileuse, laide à effrayer, ST-SIM. XI, 149.

1. *HUILIER [ui-lyé] *s. m.*

[ÉTYM. Dérivé de huile, § 115. ‖ XIIIᵉ s. Huiliers de Paris, E. BOILEAU, *Livre des mest.* I, XLIII, 1.]

‖ (Technol.) Fabricant, marchand d'huile.

2. HUILIER [ui-lyé] *s. m.*

[ÉTYM. Dérivé de huile, § 115. ‖ Admis ACAD. 1718.]

‖ Ustensile contenant les burettes où l'on met l'huile et le vinaigre sur la table. Un — d'argent, d'ébène.

***HUILIÈRE** [ui-lyèr] *s. f.*

[ÉTYM. Dérivé de huile, § 115. (*Cf.* salière.) ‖ XVIᵉ-XVIIᵉ s. Cela avient comme une huilière à coiffer une reine, BEROALDE DE VERVILLE, *Moyen de parvenir*, p. 167, dans LA C.]

‖ (Marine.) Burette contenant l'huile des lampes.

***HUILURE** [ui-lür] *s. f.*

[ÉTYM. Dérivé de huiler, § 111. ‖ *Néolog.*]

‖ (Agricult.) Suintement qui attaque certains arbres, et particulièrement le poirier.

HUIS [ui; hui, dans huis clos] *s. m.*

[ÉTYM. Du lat. ŏstium, devenu de bonne heure *ŏstium, d'où uis, §§ 329, 406 et 291, écrit huis pour indiquer la prononciation vocalique de l'u.]

‖ *Vieilli.* Porte extérieure de maison. On frappe à l'—, LA F. *Contes, Rémois.* — coupé, divisé à mi-hauteur en deux demi-battants. *Spéciall.* (Droit.) Juger à — clos, le public n'étant pas admis. Demander le — clos.

HUISSERIE [uis'-ri; *en vers,* ui-se-ri] *s. f.*

[ÉTYM. Dérivé de huis, § 69. ‖ XIIᵉ s. Es uiseries, es volsures, *Énéas*, 512. Admis ACAD. 1762.]

‖ (Technol.) Boiserie de l'ouverture d'une porte.

HUISSIER [ui-syé] *s. m.*

[ÉTYM. Dérivé de huis, § 115. ‖ XIIᵉ s. Charlemaine apele un uisser E feit la chapele voider, *Vie de St Gilles*, 2789.]

I. ‖ **1°** *Anciennt.* Portier, gardien de l'huis. *Au fém.* (*rare*). Huissière. *Fig.* Deux portes sont au cœur; chacune a sa valvule; Le sang, source de vie, est par l'une introduit : L'autre huissière permet qu'il sorte, LA F. *Quinquina*, 1. ‖ **2°** *Spéciall.* Officier chargé d'introduire chez un prince un haut fonctionnaire. Se faire annoncer par l'—.

II. ‖ **1°** *P. ext.* Employé chargé du service des séances de certains corps, de certaines assemblées. — de la chambre des députés. Les huissiers de l'Institut. ‖ **2°** *P. ext.* Officier de justice chargé de signifier les actes de procédure (ainsi nommé parce qu'il était et est parfois encore chargé du service des audiences au tribunal). L'— qui appelle les causes. Acte signifié par —. ‖ *Anciennt.* — à verge, sergent royal au Châtelet. — à cheval, exploitant à la campagne. Huissiers à la chaîne, huissiers du conseil du roi, portant au cou une chaîne d'or avec la médaille du roi.

HUIT [huit'; devant une consonne, hui] *adj.* et *s. m.*

[ÉTYM. Du lat. ŏcto, m. s. devenu uit, §§ 329, 386 et 291, écrit huit pour indiquer la prononciation vocalique de l'u.]

‖ **1°** Adjectif numéral cardinal indéclinable. Sept plus un. (*Cf.* dix-huit.) — mois. Il a — ans. Tous les — jours. *Ellipt.* D'aujourd'hui en —, au huitième jour, en comptant aujourd'hui. ‖ Au sens ordinal. Huitième. Page —. Chapitre —. Henri — (Henri VIII). Le — du mois, le huitième jour de ce mois. Le — février.

‖ **2°** Nom de nombre indéclinable. Le nombre —. Le numéro —. Deux fois quatre font —. ‖ Le chiffre qui représente ce nombre (8). Le chiffre —. Écrire un —. ‖ *P. ext.* ‖ 1. Carte marquée de huit points. Le — de carreau. Il lui est rentré les quatre —. ‖ 2. Bandage où les bandes s'entre-croisent en forme de huit. ‖ 3. Chignon de femme figurant un huit.

HUITAIN [hui-tin] *s. m.*

[ÉTYM. Dérivé de huit, § 99. Signifie ordinairement « huitième » en anc. franç. ‖ XIIᵉ s. N'en est pas repairiez l'uitains, BENEEIT, *Ducs de Norm.* II, 39174. ‖ XVᵉ-XVIᵉ s. Vers witain, FOSSETIER, *Chron. margar.* dans GODEF. oitain.]

‖ (T. didact.) Stance de huit vers.

HUITAINE [hui-tên'] *s. f.*

[ÉTYM. Dérivé de huit, § 99. ‖ 1549. Huictaine, R. E T.]

‖ Réunion de huit objets de même espèce. Une — d'œufs. ‖ *Spéciall.* Durée de huit jours. Il a promis de payer dans la —. La cause a été remise à —.

HUITIÈME [hui-tyèm'] *adj.* et *s. m.*

[ÉTYM. Dérivé de huit, § 96 *ter.* ‖ XIIIᵉ s. L'uitisme aage, dans L. PANNIER, *Lapid. franç.* p. 276.]

‖ **1°** Adjectif numéral ordinal. Qui vient immédiatement après le septième. (*Cf.* dix-huitième.) Le — régiment de ligne, et, *substantivt*, Le — de ligne. La — classe d'un lycée (en descendant à partir de la rhétorique), et, *substantivt*, La —. Un élève de —. La — partie d'un objet.

‖ **2°** *S. m.* Une des parties d'un tout divisé en huit parties égales. Donner aux pauvres le — de sa fortune. Avoir les trois huitièmes. Droit de —, et, *absolt*, —, impôt perçu autrefois sur le vin vendu au détail.

HUITIÈMEMENT [hui-tyèm'-man; *en vers,* -tyè-me-...] *adv.*

[ÉTYM. Composé de huitième et ment, § 724. ‖ 1552. Huittiesmement, J. PELLETIER, *Arithm.* fº 77, vº. Admis ACAD. 1718.]

‖ En huitième lieu (dans une énumération).

HUÎTRE [uitr'] *s. f.*

[ÉTYM. Emprunté du lat. ŏstrea, m. s. devenu (*cf.* angl. oyster) oistre, forme ordinaire de l'anc. franç., puis uistre, §§ 329 et 356, écrit huistre pour indiquer la prononciation vocalique de l'u initial, puis huître, § 422. ‖ XIIIᵉ s. La montance d'une oistre, J. DE MEUNG, *Test.* 1168.]

‖ Mollusque acéphale qui vit dans la mer, renfermé dans une coquille bivalve irrégulière, grossièrement feuilletée à l'extérieur, nacrée à l'intérieur. Pêcher des huîtres. Banc d'huîtres. Une bourriche, une cloyère d'huîtres. Huîtres à perles ou perlières, sur la nacre desquelles on recueille les perles fines. Parmi tant d'huîtres toutes closes Une s'était ouverte, LA F. *Fab.* VIII, 9. *Vieilli.* — à l'écaille, l'huître comestible. ‖ *Fig.* Personne stupide.

***HUÎTRIER, IÈRE** [ui-tri-yé, -yèr] *s. m.* et *f.*

[ÉTYM. Dérivé de huître, § 115. ‖ 1472. Ouestrier, trameilleur, dans GODEF. oistrier.]

‖ *Rare.* Marchand, marchande d'huîtres. ‖ *Fig. S. m.* (Hist. nat.) Huîtrier, genre d'oiseau, de l'ordre des Échassiers, qui vit surtout de coquillages. ‖ *Adjectivt. Néolog.* L'industrie huîtrière, qui a pour objet la pêche, l'élève et la vente des huîtres. (*Cf.* ostréiculture.)

*HUÎTRIÈRE [ui-tri-yèr] *s. f.*
[ÉTYM. Dérivé de huître, § 115. ‖ 1552. CH. EST. dans DELB. *Rec.*]
‖ (Technol.) Lieu où se trouve un banc d'huîtres. — naturelle, artificielle.

HULAN [hu-lan]. *V.* uhlan.
HULOT [hu-lô]. *V.* hublot.
HULOTTE [hu-lŏt'] *s. f.*
[ÉTYM. Paraît se rattacher à l'allem. eule, anc. haut allem. uwila, *m. s.* altéré sous l'influence du verbe huer, §§ 6, 136, 498 et 499. ‖ 1530. Les hulotes et les arondelles, LEF. D'ÉTAPLES, *Bible*, dans DELB. *Rec.*]
‖ (Hist. nat.) Chouette noire, dite aussi huette.

*HUM [hèum']. *V.* hom.
HUMAIN, AINE [u-min, -mèn'] *adj.* et *s. m.*
[ÉTYM. Emprunté du lat. humanum, *m. s.* ‖ XIIᵉ s. Ce nen est pas humains convers, *Énéas*, 2516.]
I. *Adj.* Qui caractérise l'homme en général. La vie, la nature humaine. Le genre —, l'ensemble des hommes. P. ext. *Famil.* L'ami du genre —, celui qui prodigue à tout le monde une amitié banale. Et, pour le trancher net, L'ami du genre — n'est pas du tout mon fait, MOL. *Mis.* I, 1. Le corps —. Il n'a pas une figure humaine. La voix humaine, un des jeux d'orgue. Les passions, les faiblesses humaines. Une vertu plus qu'humaine. *Absolt. S. m.* Dans doute vos chrétiens... Ont quelque chose en eux qui surpasse l'—, CORN. *Poly.* V, 6. ‖ *Spéciali.* (Par opposition à divin.) Les voies humaines, les moyens humains. *Vieilli.* Les lettres humaines, les lettres profanes. Les jésuites qui leur enseignaient les lettres humaines (1688), ST-VALLIER, *État présent du Canada.* Le respect —, égard que l'on a pour l'opinion des hommes. ‖ *Spéciali.* Qui montre de la sympathie pour les hommes. Le seigneur Harpagon est de tous les humains l'— le moins —, MOL. *Av.* II, 4. Ah! mon père! prenez des sentiments un peu plus humains, ID. *ibid.* V, 4. Si l'on doit le nom d'homme à qui n'a rien d'—, CORN. *Cinna*, I, 3. | *Fig.* Il faisait un temps — (doux), SÉV. 1475.
II. *S. m.* Dans le style élevé, au pluriel. Les humains, les hommes en général. Minos juge aux enfers tous les pâles humains, RAC. *Phèd.* IV, 6. *Au sing.* (*rare*). Éden aimé des cieux, Et du premier — berceau délicieux, A. CHÉN. *Élég.* 14. *Spéciali.* C'était un de ces humains débonnaires..., LES. *Estev. Gonzalez*, 55.

HUMAINEMENT [u-mèn'-man ; *en vers*, -mè-ne-...] *adv.*
[ÉTYM. Composé de humaine et ment, § 724. ‖ XIIᵉ s. Humeinement de li nasquis, *Vie de St Gilles*, 2109.]
‖ D'une manière humaine. Il fit tout ce qui était — possible. — parlant, les choses doivent arriver ainsi. ‖ Le vainqueur les traita —.

HUMANISER [u-mà-ni-zé] *v. tr.*
[ÉTYM. Dérivé de humain, d'après le lat. humanus, § 267. ‖ XVIᵉ s. L'humanisee sapience de Dieu le pere, J. DE BARRAUD, *Ép. de Guevara*, fᵒ 99, vᵒ, édit. 1584. Admis ACAD. 1718.]
I. ‖ 1º Revêtir de la nature humaine. Ce maître des dieux Aime à s'— pour des beautés mortelles, MOL. *Amph.* prol. Le sacrement de l'eucharistie humanise le verbe dans l'hostie. Le péché est humanisé en lui (le pécheur), BOSS. *Pens. chrét.* 9.
‖ 2º Mettre à la portée de l'homme. Je ne suis plus dans ce dialogue-là le divin Platon, ou du moins je me suis bien humanisé, FONTEN. *Jug. de Plat.* Son mérite s'est fort humanisé, SÉV. 569. Humanisez votre discours, et parlez pour être entendu, MOL. *Crit. de l'Éc. des f.* sc. 6.
II. Animer de sentiments humains. Que d'un peu de pitié ton âme s'humanise, MOL. *Amph.* III, 6.

*HUMANISME [u-mà-nism'] *s. m.*
[ÉTYM. Dérivé du radical de humaniste, § 265, d'après l'allem. humanismus, *m. s.* § 7. ‖ *Néolog.*]
‖ Ensemble des doctrines des humanistes (de la Renaissance).

HUMANISTE [u-mà-nîst'] *s. m.*
[ÉTYM. Dérivé du radical de humanité, § 265. ‖ 1539. Pontan, grand humaniste, CL. GRUGET, *Leç. de P. Messie*, dans DELB. *Rec.* Admis ACAD. 1718.]
‖ Celui qui enseigne ou étudie les humanités. Un bon —.

HUMANITAIRE [u-mà-ni-tèr] *adj.*
[ÉTYM. Dérivé de humanité, § 248. ‖ *Néolog.* Admis ACAD. 1878.]
‖ Qui intéresse le bien-être de l'humanité. Les théories humanitaires de Fourier. Doctrines humanitaires. Ruminant de Fourier le rêve —, MUSSET, *Dupont et Durand.*

HUMANITÉ [u-mà-ni-té] *s. f.*
[ÉTYM. Emprunté du lat. humanitas, *m. s.* ‖ XIIᵉ s. Suluno la humeineté, *Psaut. d'Oxf.* p. 258, Michel. | Suluno s'humanitet, PH. DE THAUN, *Comput*, 1533.]
I. La nature humaine. Les faiblesses de l'—. Qu'un Dieu fait homme embrasse la pauvreté, le mépris, les souffrances, la croix, ce sont les suites et comme les engagements de l'— dont il s'est revêtu, BOURD. *Retraite spirit.* 5ᵉ jour. Il s'élève au-dessus de l'—, BOSS. *Hist. univ.* II, 6. C'est un chef-d'œuvre de l'esprit, l'— ne va pas plus loin, LA BR. 1. ‖ Payer le tribut à l'—. | 1. Succomber à quelque faiblesse. | 2. Mourir.
II. Le genre humain. Les maux qui accablent l'—. Je te le donne pour l'amour de l'—, MOL. *D. Juan*, III, 2.
III. Sympathie pour les malheurs des hommes. Traiter, accueillir qqn avec —. Loin de nous les héros sans —, BOSS. *Condé.* L'— envers les peuples est le premier devoir des grands, MASS. *Humanité des grands*, préamb.
IV. Étude des lettres classiques (considérées comme instrument d'éducation morale). Les classes d'humanités (de la troisième à la classe de philosophie, par opposition aux classes de grammaire). Faire ses humanités.

*HUMANTIN [u-man-tin] *s. m.*
[ÉTYM. Origine inconnue. ‖ 1780. BROUSSONET, dans *Mém. de l'Acad. des sc.* p. 676.]
‖ (Hist. nat.) Genre de squale, caractérisé par un aiguillon très dur à chaque nageoire dorsale.

HUMBLE [ŭnbl'] *adj.*
[ÉTYM. Emprunté du lat. humilis, *m. s.* de humus, terre, devenu hum'le, humble, § 472. ‖ XIᵉ s. Vers Sarrazins reguardet fierement Et vers Franceis humele e doulcement, *Roland*, 1162.]
‖ 1º Qui s'abaisse volontairement. Être — devant Dieu. Si nous étions humbles et humbles de cœur, nous serions à couvert de tous ces chagrins, BOURD. *1er Nativité*, 2. *Substantivt.* Heureux les humbles de cœur. ‖ En parlant des choses, qui marque l'abaissement volontaire. D'humbles prières. Sa confession fut —, pleine de componction, BOSS. *Condé.* Une contenance —. ‖ *P. ext.* Qui s'abaisse volontairement devant les autres. Il était — et soumis devant lui. ‖ Formule de politesse. Votre très — et très obéissant serviteur.
‖ 2º De condition inférieure. Né dans une — famille. Ses parents étaient d'humbles ouvriers. ‖ *Substantivt.* Il entend les soupirs de l'— qu'on outrage, RAC. *Esth.* III, 4. Réduit à l'— condition de valet. L'— cabane du laboureur. L'— toit devient temple, LA F. *Phil. et Baucis.* Mais si sur votre front je (la violette) puis me voir un jour, La plus — des fleurs sera la plus superbe, DESMARETS, *Guirlande de Julie, Violette.*

HUMBLEMENT [un-ble-man] *adv.*
[ÉTYM. Composé de humble et ment, § 724. ‖ XIᵉ s. *V.* humble.]
‖ D'une manière humble. Prier — Dieu. Recevoir, souffrir — les injures. Elle a vécu —. S'incliner — devant un supérieur. Je vous salue très —, formule de politesse.

HUMECTANT, ANTE [u-mĕk'-tan, -tânt'] *adj.*
[ÉTYM. Adj. particip. de humecter, § 47. ‖ XVIᵉ s. Bouillons et coulis humectans, PARÉ, VII, 10. Admis ACAD. 1718.]
‖ (Médec.) Qui humecte les organes. Tisanes humectantes. Médicaments humectants, et, *substantivt*, Des humectants.

HUMECTATION [u-mĕk'-tà-syon ; *en vers*, -si-on] *s. f.*
[ÉTYM. Emprunté du lat. humectatio, *m. s.* ‖ XIIIᵉ-XIVᵉ s. Oignemens, humectations, *Chirurg. de Mondeville*, fᵒ 96, dans LITTRÉ. Admis ACAD. 1798.]
‖ (T. didact.) Action d'humecter ; résultat de cette action.

HUMECTER [u-mĕk'-té] *v. tr.*
[ÉTYM. Emprunté du lat. humectare, *m. s.* ‖ XVIᵉ s. Je mouille, je humecte (var. humette), je boy, RAB. I, 5.]
‖ (T. didact.) Rendre humide. La rosée humecte la terre. Des larmes humectèrent ses paupières. ‖ *Spéciali.* (Médec.) Un petit clystère insinuatif, préparé et remollient, pour amollir, — et rafraîchir les entrailles de Monsieur, MOL. *Mal. im.* I, 1. On ne l'eût jamais soupçonné (l'air de Grignan) de restaurer, de rafraîchir et d'— une jeune personne, SÉV. 643. ‖ *Pop.* Rafraîchir en buvant. S'— le gosier.

HUMER [hu-mé] *v. tr.*

[ÉTYM. Origine inconnue. || XIII° s. L'un après l'autre les huma, *Renart*, XIII, 1414.]

|| Aspirer pour avaler. — un œuf, un bouillon. — l'air, en le faisant entrer dans ses poumons. || *P. anal.* Aspirer pour sentir. — l'odeur d'un mets. — une prise de tabac. || *Fig.* — l'encens de la flatterie.

HUMÉRAL, ALE [u-mé-ràl] *adj.*

[ÉTYM. Emprunté du bas lat. humeralis, *m. s.* || 1541. La veine humerale, J. CANAPPE, *Tables anatom.* dans DELB. *Rec.* Admis ACAD. 1835.]

|| (Anat.) Qui a rapport à l'humérus. Artère humérale. Ligaments huméraux.

HUMÉRUS [u-mé-rùs'] *s. m.*

[ÉTYM. Emprunté du lat. humerus, *m. s.* || XVI° s. L'os de l'espaule qu'on dit humerus, PARÉ, IV, 43. Admis ACAD. 1835.]

|| (Anat.) Os du bras, depuis l'épaule jusqu'au coude.

HUMEUR [u-meùr] *s. f.*

[ÉTYM. Emprunté du lat. humor, *m. s.* (*Cf.* humour.) || XII° s. Par l'humur entendum L'amur qu'aveir devum, PH. DE THAUN, *Comput*, 1033.]

I. *Anciennt.* Liquide. *Spécialt. De nos jours.* (Tannerie.) Faire prendre — aux peaux, les humecter.

II. Liquide qui se trouve dans un corps organisé. Il découle de cet arbre une — visqueuse. Les humeurs du corps humain. L'— vitrée de l'œil. Mes yeux toujours mouillés d'une — contenue (les larmes), RÉGNIER, *Plainte*. La circulation des humeurs. || *Spécialt.* (Médec. anc.) Les quatre humeurs ou humeurs cardinales, celles qui influent d'une manière notable sur la santé (sang, pituite, bile jaune et bile noire), et dont l'une ou l'autre prédomine suivant le tempérament, l'âge, le sexe, le climat, etc. Les humeurs de notre corps ont un cours ordinaire et réglé et qui tourne imperceptiblement notre volonté, LA ROCHEF. *Réflex. et Max.* 297. || *P. ext.* Ces humeurs considérées comme viciées et comme causes de certaines maladies. — Acre, maligne. Humeurs peccantes. Une bonne médecine,... pour... chasser dehors les mauvaises humeurs de Monsieur, MOL. *Mal. im.* I, 1. Humeurs froides, écrouelles.

III. *P. ext.* Tempérament, caractère. Le bonheur et le malheur des hommes ne dépend pas moins de leur — que de la fortune, LA ROCHEF. *Réflex.* 61. Je saurai bien rabattre une — si hautaine, CORN. *Cid*, II, 6. Les climats font souvent les diverses humeurs, BOIL. *Art* p. 3. Mon — ne dépend guère du temps; j'ai mes brouillards et mon beau temps au dedans de moi, PASC. *Pens.* IV, 47. Incompatibilité d'humeurs. Mon père est d'une — à consentir à tout, MOL. *F. sav.* I, 3. J'entre en une — noire, ID. *Mis.* I, 1. Je ne suis pas en — de parler bien, SÉV. 915. Mauvaise —, qui se manifeste par des manières, des paroles brusques, maussades. Il est d'une — massacrante. || *Absolt.* Prendre de l'— (de la mauvaise humeur). Cela lui donne de l'—. Hier, dans sa belle —, elle entretint Valère, CORN. *Hor.* I, 1. || *Spécialt. Vieilli.* Gaieté originale. (*Cf.* humour.) CLÉANDRE : Cet homme a de l'humeur. — DORANTE : C'est un vieux domestique, Qui, comme vous voyez, n'est pas mélancolique, CORN. *Suite du Ment.* III, 1.

HUMIDE [u-mid'] *adj.*

[ÉTYM. Emprunté du lat. humidus, *m. s.* || XV° s. Humid, *Myst. de St Christophe*, dans GODEF. *Compl.*]

|| **1°** Qui tient de la nature de l'eau. L'— élément, l'eau. L'— empire, la mer. Cependant sur le dos de la plaine liquide S'élève à gros bouillons une montagne —, RAC. *Phéd.* V, 6. || *Substantivt, au masc.* | 1. (Physique anc.) Principe actif d'un des quatre éléments. Le sec et l'—. | 2. (Médec. anc.) L'— radical, le liquide considéré comme le principe de vie des corps organisés.

|| **2°** Chargé de substance aqueuse. Linge —. Murs humides. Air, saison —. L'œil — de pleurs, RAC. *Phéd.* III, 3.

HUMIDEMENT [u-mïd'-man ; *en vers*,-mi-de-...] *adv.*

[ÉTYM. Composé de humide et ment, § 724. || 1558. P. BELON, *Remonstr. sur le defaut de labour*, f° 18, r°.]

|| D'une manière humide. Être logé —.

HUMIDITÉ [u-mi-di-té] *s. f.*

[ÉTYM. Emprunté du lat. humiditas, *m. s.* || XIV° s. Moisteur ou humidité, ORESME, dans MEUNIER, *Essai sur Oresme*.]

|| État de ce qui est humide. L'— du sol. L'— d'une maison. || *Spécialt. Vieilli.* Humeurs du corps. Les humidités du cerveau.

HUMILIANT, ANTE [u-mi-lyan, -lyânt' ; *en vers*,-li-...] *adj.*

[ÉTYM. Adj. particip. de humilier, § 47. Signifie ordinairement « qui s'humilie » en anc. franç. || XII° s. Les cous baissiez, humilianz, BENEEIT, *Ducs de Norm.* 30778.]

|| Qui humilie. Aveux humiliants. Réprimande humiliante.

HUMILIATION [u-mi-lyà-syon ; *en vers*, -li-à-si-on] *s. f.*

[ÉTYM. Emprunté du lat. humiliatio, *m. s.* || XIV° s. Profonde humiliation de cuer, J. DE VIGNAY, *Miroir hist.* dans DELB. *Rec.*]

|| Action d'humilier. La reine aimait tout dans la vie religieuse, jusqu'à ses austérités et ses humiliations, BOSS. *Marie-Thérèse*. Mon Dieu,... imprimez dans nos esprits une haute estime de vos humiliations, BOURD. *Scand. de la Croix*, 2.

HUMILIER [u-mi-lyé ; *en vers*, -li-é] *v. tr.*

[ÉTYM. Emprunté du lat. humiliare, *m. s.* || XII° s. Forment s'humiliat, PH. DE THAUN, *Comput*, 1670.]

|| **1°** Rendre humble. L'histoire de l'esprit humain ne devrait servir qu'à l'—, DUCLOS, *L. XI*, I, 302. Nous ne nous connaissons pas nous-mêmes, et de là vient que nous avons tant de peine à nous —, BOURD. *Pens. Humil. et org.*

|| **2°** Rabaisser d'une manière blessante. Ne puis-je pas d'Achille — l'audace ? RAC. *Iph.* IV, 8. Vous voulez que le roi s'abaisse et s'humilie ? ID. *Mithr.* III, 1.

HUMILITÉ [u-mi-li-té] *s. f.*

[ÉTYM. Emprunté du lat. humilitas, *m. s.* || XI° s. Tant li preierent par grant umilitet, *St Alexis*, 26.]

|| Abaissement volontaire. Le miracle de l'— évangélique,... c'est d'avoir pu former de la sorte des hommes supérieurs à toutes les vanités du siècle et à ses frivoles idées, BOURD. *Pens. Humil. et org.* Faire des actes d'—. || *Famil.* En toute —, en se montrant aussi humble que possible.

HUMORAL, ALE [u-mò-ràl] *adj.*

[ÉTYM. Emprunté du lat. scolast. humoralis, *m. s.* §§ 217 et 138. || 1555. Semence humorale des femelles, P. BELON, *Nature des oiseaux*, p. 27. Admis ACAD. 1762.]

|| (Médec.) Qui a rapport aux humeurs du corps. Maladies humorales.

HUMORISME [u-mò-rïsm'] *s. m.*

[ÉTYM. Dérivé du radical de humoriste, § 265. || *Néolog.* Admis ACAD. 1835.]

|| (T. didact.) Ancienne doctrine médicale attribuant les maladies à l'altération des humeurs.

HUMORISTE [hu-mò-rïst'] *s. m.*

[ÉTYM. Dérivé du lat. humor, humeur, adopté en français d'après l'ital. humorista (sens **I**), § 12, d'après le lat. de VAN HELMONT humorista (sens **II**), § 217, et enfin de nos jours d'après l'anglais humorist (sens **III**), § 8. || XVI° s. On dit aussi en termes escorchez : c'est un humoriste, en un mot, il est capricieux, H. EST. *Nouv. Lang. franç. italian.* I, 287. Admis ACAD. 1762.]

I. *Vieilli.* Celui qui est d'humeur fâcheuse. Cet —, Dont la hargneuse déraison..., DELILLE, *Conversat.* 2. || *Adjectivt.* Son amour est comme lui : sauvage, —, grondeur, DESFAUCHERETS, *Mar. secret*, II, 3.

II. (T. didact.) Médecin partisan de l'humorisme.

III. *Néolog.* Celui qui a de l'humour. (*V. ce mot.*)

HUMORISTIQUE [u-mò-rïs'-tïk] *adj.*

[ÉTYM. Dérivé de humoriste, d'après l'angl. humoristic, *m. s.* §§ 8 et 229. || *Néolog.* Admis ACAD. 1878.]

|| Qui est caractérisé par l'humour. Écrivain —.

*HUMOUR [u-moûr] *s. m.*

[ÉTYM. Emprunté de l'angl. humour, humeur, § 8. || *Néolog.*]

|| Gaieté flegmatique parfois assaisonnée d'ironie.

HUMUS [hu-mùs'] *s. m.*

[ÉTYM. Emprunté du lat. humus, *m. s.* Sur le genre, V. § 551. || Admis ACAD. 1835.]

|| (T. didact.) Terre végétale.

HUNE [hun'] *s. f.*

[ÉTYM. Paraît être d'origine scandinave, § 9 : *cf.* island. hun, *m. s.* || XII° s. Le tref windé tresk'a la hune, *Vie de St Gilles*, 902.]

|| **1°** (Marine.) Plate-forme élevée en saillie autour et à l'extrémité supérieure d'un bas mât qui la traverse. Grande —, hune du grand mât. — d'artimon. Mâts de —, qui surmontent les bas mâts au-dessus de la hune.

|| **2°** *P. ext.* (Technol.) Grosse poutre terminée par deux tourillons et à laquelle une cloche est suspendue.

HUNIER [hu-nyé] *s. m.*

[ÉTYM. Dérivé de hune, § 115. || 1690. FURET.]

‖ (Marine.) Mât portant une hune. ‖ *P. ext.* Voile du mât de hune.

1. HUPPE [hŭp'] *s. f.*

[ÉTYM. Du lat. pop. ŭpupa (class. ŭpupa), *m. s.* devenu uppe, §§ 290 et 291, puis (peut-être sous l'influence de l'anc. haut allem. wituhopfo, *m. s.*) huppe, § 6. ‖ XII° s. Huppe oisel apellum, PH. DE THAUN, *Best.* p. 119.]

‖ Genre de passereau de la famille des Ténuirostres, qui porte sur la tête une touffe formée d'une double rangée de plumes rousses bordées de noir.

2. HUPPE [hŭp'] *s. f.*

[ÉTYM. Altération de houppe (*V.* ce mot), sous l'influence de huppe 1, § 509. ‖ XVI° s. Huppe de froc, RAB. IV, 27.]

‖ Touffe de plumes sur la tête de certains oiseaux. La — d'une alouette. (*Cf.* houpe.) ‖ *Fig.* Rabattre la — à qqn, rabattre son toupet, le mortifier. Ce coup inopiné vous rabattra la —, TH. CORN. *Comtesse d'Orgueil,* V, 7.

HUPPÉ, ÉE [hu-pé] *adj.*

ÉTYM. Dérivé de huppe 2, § 118. ‖ XV° s. Les plus huppés, *Chron. de Boucicaut,* II, 22.]

‖ **1°** Qui porte une huppe. Alouette huppée.

‖ **2°** *Fig. Famil.* Haut placé. D'un prince ou d'un héros Des plus huppés et des plus hauts, LA F. *Fab.* XII, 12. Il trouve à se fourrer parmi les plus huppés, HAUTEROCHE, *Bourgeoises de qualité,* II, 4.

HURE [hŭr] *s. f.*

[ÉTYM. Origine inconnue. ‖ XII° s. Et la hure abati et granment entama, GARN. DE PONT-STE-MAX. *St Thomas,* 5496.]

‖ **1°** Tête hérissée. *P. anat.* — de sanglier, de cochon. *Spécialt.* Galantine farcie de morceaux de hure.

‖ **2°** Grosse brosse ronde adaptée à un long manche, dite aussi tête de loup.

HURHAU [hu-ró]. *V.* hue.

***HURLANT, ANTE** [hur-lan, -länt'] *adj.*

[ÉTYM. Adj. particip. de hurler, § 47. ‖ XVII°-XVIII° s. *V.* à l'article.]

‖ Qui hurle. Une foule hurlante, ST-SIM. XV, 471.

HURLEMENT [hur-le-man] *s. m.*

[ÉTYM. Dérivé de hurler, § 145. ‖ XII° s. Od cris, od uslemenz, BENEEIT, *Ducs de Norm.* 12465.]

‖ Action de hurler. Les hurlements des loups dans les bois. ‖ Cet homme poussait des hurlements de rage.

HURLER [hur-lé] *v. intr.*

[ÉTYM. Anc. franç. uller, urler, du lat. ŭlŭlāre, *m. s.* §§ 336, 361, 295 et 291. On s'attendait, d'après le latin, à oller, orler, ourler; la présence de l'u et de l'aspiration est peut-être due à huer. ‖ XII° s. Aussi li prist talant d'usler, BENEEIT, *Ducs de Norm.* dans GODEF. *Compl.*]

‖ **1°** En parlant du loup, du chien, etc., pousser des cris stridents. Les loups hurlant dans l'ombre épouvantent nos murs, DELILLE, *Géorg.* 1. ‖ *Loc. prov.* — avec les loups, faire comme ceux avec qui on vit. On apprend à —, dit l'autre, avec les loups, RAC. *Plaid.* I, 1.

‖ **2°** *P. ext.* En parlant de l'homme. — de rage, de douleur. Il ne crie pas, il hurle. *Transitivt.* — des chants affreux, des injures. ‖ *Fig.* Des choses qui hurlent d'être accouplées, qui font un contraste criant.

HURLEUR, *HURLEUSE [hur-leur, -leuz'] *s. m.* et *f.*

[ÉTYM. Dérivé de hurler, § 112. ‖ XVIII° s. BUFF. *Alouate.* Admis ACAD. 1878.]

‖ Qui hurle. Singes hurleurs. ‖ *P. ext.* Derviches hurleurs.

HURLUBERLU [hur-lu-bèr-lu] et, *vieilli,* ***HURLUBRELU** [-bre-lu] *s. m.*

[ÉTYM. Origine incertaine : *cf.* l'angl. hurly-burly, tumulte, § 8. ‖ XVI° s. Mon grant hurluberlu, RAB. V, prol.]

‖ Personne extravagante. Mademoiselle, grand — qui se trouvait partout avec son imagination, CHATEAUBR. *Vie de Rancé,* p. 167, édit. 1844. *Adjectivt.* Les coiffures — m'ont fort diverție, SÉV. 150.

***HURON** [hu-ron] *s. m.*

[ÉTYM. Dérivé de hure, § 104. Mot de l'anc. franç. signifiant « personne à la tête hérissée, sauvage », appliqué au XVII° s. à une peuplade indienne du Canada, puis considéré comme nom propre de cette peuplade, § 36.]

‖ *Famil.* Individu grossier et malotru.

***HURRAH** [hour'-rà]. *V.* hourra.

HUSSARD [hu-sàr] *s. m.*

[ÉTYM. Emprunté du hongrois huszar, *m. s.* § 23, qui paraît se rattacher, par l'intermédiaire du serbe et du bas grec, au lat. cursarius. (*Cf.* corsaire.) On a dit autrefois housard et houssard. ‖ 1630. Cavalerie qu'ils appellent hufares (corr. husares), WALHAUSEN, *Art milit. pour l'infant.* p. 140. ‖ 1694. Hussart, FURET. Admis ACAD. 1762.]

‖ **1°** Cavalier hongrois. *Loc. adv.* A la hussarde, à la manière des hussards. Danse à la hussarde, et, *ellipt,* Hussarde, sorte de danse hongroise. Pantalon à la hussarde, très ample sur les cuisses et très étroit sur les chevilles.

‖ **2°** *P. ext.* Soldat de cavalerie légère, dont l'uniforme ressemble à celui des cavaliers hongrois. *Loc. adv.* A la hussarde, d'une manière brusque.

HUTTE [hŭt'] *s. f.*

[ÉTYM. Emprunté de l'allem. hütte, *m. s.* §§ 7, 498 et 499. On trouve dès le XIV° s. le diminutif hutelette dans FROISS. (*V.* GODEF.) ‖ XVI°-XVII° s. Je me mets à hutte plus viste que le vent, D'AUB. *Fœneste,* II, 10.]

‖ Petite cabane, grossièrement faite de bois, de branchages, de paille, de terre. Une — de berger. ‖ Loge ambulante où l'oiseleur se cache pour la pipée.

HUTTER [hu-té] *v. tr.*

[ÉTYM. Dérivé de hutte, § 154. ‖ XVI°-XVII° s. Vous estiez fort commodément hutté, SULLY, *Œcon. roy.* ann. 1594.]

‖ *Vieilli.* Abriter sous une hutte. (*Cf.* baraquer.) Les soldats se huttèrent comme ils purent. A Spire, ce qu'il y avait d'habitants était hutté sous des ruines, ST-SIM. I, 187.

***HUTTEUR** [hu-teur] *s. m.*

[ÉTYM. Dérivé de hutte, § 112. ‖ *Néolog.*]

‖ (Technol.) Oiseleur qui se cache dans une hutte, pour prendre les oiseaux à la pipée.

HYACINTHE [yà-sĭnt'; *en vers,* 1-à-...] *s. m.* et *f.*

[ÉTYM. Emprunté du lat. hyacinthus, grec ὑάκινθος, *m. s.* du nom d'un personnage mythologique changé en fleur par Apollon. (*V.* jacinthe.)]

‖ *Vieilli.* Jacinthe (fleur et pierre précieuse). *Spécialt.* (Pharm.) Confection d'—, électuaire où il entrait autrefois de la poudre d'hyacinthe (pierre précieuse). ‖ *P. ext.* Étoffe couleur de jacinthe. Un drap d'—, SACI, *Bible, Nombr.* IV, 11.

***HYALIN, INE** [i-à-lin, -lin'] *adj.*

[ÉTYM. Emprunté du lat. hyalinus, grec ὑάλινος, *m. s.* ‖ XV° s. Si est le plain champ tout ialin, J. MILET, *Destr. de Troie,* 7809.]

‖ (Minéral.) Qui rappelle le verre par sa transparence. *Spécialt.* Quartz —, cristal de roche.

HYBRIDE [i-brid'] *adj.*

[ÉTYM. Emprunté du lat. hybrida, *m. s.* ‖ Admis ACAD. 1798.]

‖ (T. didact.) Qui provient de deux espèces différentes. Le mulet est un animal —. Plantes hybrides, produites par des végétaux fécondés par des espèces différentes. ‖ *Fig.* (Gramm.) Mot —, formé d'éléments dont l'un appartient à une langue, et l'autre à une langue différente.

HYDATIDE [i-dà-tid'] *s. f.*

[ÉTYM. Emprunté du grec ὑδατίς, ίδος, *m. s.* de ὕδωρ, eau. ‖ 1680. ST-HILAIRE, *Anat.* I, 114. Admis ACAD. 1762; suppr. en 1835; repris en 1878.]

‖ **1°** (Médec.) Petite tumeur enkystée contenant un liquide aqueux transparent.

‖ **2°** *P. anal.* (Hist. nat.) Espèce d'entozoaire, vésicule libre de toutes parts, renfermant quelquefois un animal.

HYDATISME [i-dà-tism'] *s. m.*

[ÉTYM. Emprunté du grec ὑδατισμός, *m. s.* ‖ 1752. TRÉV. Admis ACAD. 1762.]

‖ (Médec.) Bruit produit par la fluctuation d'un liquide dans un abcès, dans une cavité quelconque du corps.

HYDRAGOGUE [i-drà-gôg'] *adj.*

[ÉTYM. Emprunté du lat. hydragogos, grec ὑδραγωγός, *m. s.* ‖ XVI° s. Medicamens hydragogues, PARÉ, XVI, 12.]

‖ (Médec.) Qui fait sortir les sérosités épanchées dans les cavités, dans les tissus. Les médicaments hydragogues, et, *substantivt,* Les hydragogues.

HYDRATE [i-dràt'] *s. m.*

[ÉTYM. Dérivé du radical du grec ὕδωρ, eau, § 282 *bis.* ‖ 1805. ENCYCL. MÉTH. Admis ACAD. 1835.]

‖ (Chimie.) Combinaison d'un oxyde métallique avec l'eau jouant le rôle d'acide. ‖ Combinaison d'un acide avec l'eau jouant le rôle de base.

HYDRATÉ, ÉE [i-drà-té] *adj.*

[ÉTYM. Dérivé de hydrate, § 253. ‖ 1805. ENCYCL. MÉTH. Admis ACAD. 1835.]

‖ (Chimie.) Contenant de l'eau, combinée ou non. *Spécialt.* Chaux hydratée.

HYDRAULIQUE [i-drô-lïk'] *adj.*
[ÉTYM. Emprunté du lat. hydraulicus, grec ὑδραυλιχός, *m. s.* ‖ XVᵉ-XVIᵉ s. Orgues hydrauliques, BOUCHARD, dans GODEF. *Compl.*]
‖ (T. didact.) Relatif aux mouvements de l'eau dans des tuyaux, dans des corps de pompe. Machine —, machine à élever l'eau. Presse —, où l'eau, ayant subi une certaine pression dans un corps de pompe, la transporte et la multiplie proportionnellement aux surfaces. Orgue —, mû par l'eau. ‖ *Substantivt, au fém.* Partie de la physique qui traite des lois du mouvement des liquides. (*Cf.* hydrodynamique, hydrostatique.) ‖ *P. ext.* Relatif à l'eau. Architecture —, qui a pour objet les constructions sous l'eau. Mortier, chaux —, qui ont la propriété de durcir dans l'eau.

HYDRE [ïdr'] *s. f.* et, *vieilli, m.*
[ÉTYM. Emprunté du lat. hydrus ou hydra, grec ὕδρος ou ὕδρα, *m. s.* de ὕδωρ, eau. ‖ XIIIᵉ s. Une beste ert idres clamee, GERVAISE, *Best.* dans GODEF. *Compl.*]
I. (Mythol.) — de Lerne, serpent qui avait sept têtes, et à qui il en renaissait plusieurs quand on lui en avait coupé une. ‖ *Fig.* Rome a pour ma ruine une — trop fertile, Une tête coupée en fait renaître mille, CORN. *Cinna*, IV, 2. L'— de l'anarchie.
II. (Hist. nat.) Serpent d'eau, reptile ophidien.

***HYDROCARBONATE** [i-drô-kàr-bô-nàt'] *s. m.*
[ÉTYM. Composé avec le radical du grec ὕδωρ, eau, et carbonate, § 284 *bis.* ‖ *Néolog.*]
‖ (Chimie.) Carbonate qui contient de l'eau en combinaison chimique.

HYDROCÈLE [i-drô-sèl] *s. f.*
[ÉTYM. Emprunté du lat. hydrocele, grec ὑδροϰήλη, *m. s.* ‖ XVIᵉ s. PARÉ, VI, 11.]
‖ (Médec.) Tumeur du tissu cellulaire du scrotum, d'une des enveloppes testiculaires, ou du cordon des vaisseaux spermatiques.

1. HYDROCÉPHALE [i-drô-sé-fàl] *s. f.*
[ÉTYM. Emprunté du grec ὑδροϰέφαλον, *m. s.* de ὕδωρ, eau, et ϰεφαλή, tête. Sur le genre, *V.* § 550. ‖ XVIᵉ s. PARÉ, *Introd.* 2. Admis ACAD. 1762.]
‖ (Médec.) Hydropisie de la tête.

2. *HYDROCÉPHALE [i-drô-sé-fàl] *adj.*
[ÉTYM. Emprunté du grec ὑδροϰέφαλος, *m. s.* ‖ *Néolog.*]
‖ (Médec.) Atteint d'hydropisie à la tête. Un enfant —.

HYDROCHLORATE [i-drô-klò-ràt'], **HYDROCHLORIQUE** [i-drô-klò-rïk']. *V.* chlorhydrate, chlorhydrique.

HYDROCOTYLE [i-drô-kò-til] *s. f.*
[ÉTYM. Composé avec le radical du grec ὕδωρ, eau, et ϰοτύλη, écuelle, § 279. ‖ 1752. Admis ACAD. 1762.]
‖ (Botan.) Plante aquatique de la famille des Ombellifères, dite écuelle d'eau, à cause de la forme des feuilles.

HYDRODYNAMIQUE [i-drô-di-nà-mïk'] *s. f.*
[ÉTYM. Composé avec le radical du grec ὕδωρ, eau, et dynamique, § 279. ‖ 1766. *Hist. de l'Acad. des sc.* p. 149. Admis ACAD. 1798.]
‖ (T. didact.) Partie de l'hydraulique qui traite des mouvements et des pressions des fluides. (*Cf.* hydrostatique.)

HYDROGÈNE [i-drô-jèn'] *s. m.*
[ÉTYM. Composé avec le radical du grec ὕδωρ, eau, et celui de γεννᾶν, engendrer, § 279. Mot dû à G. DE MORVEAU : Nous l'avons appelé hidrogene (sic), c'est-à-dire « engendrant l'eau », *Nomencl. chim.* (1787), p. 33. Admis ACAD. 1835.]
‖ (Chimie.) Corps simple, gazeux, dont la combinaison avec l'oxygène produit l'eau. *P. appos.* Gaz —. ‖ — bicarboné, combinaison d'hydrogène et de carbone qui forme en grande partie le gaz d'éclairage.

HYDROGÉNÉ, ÉE [i-drô-jé-né] *adj.*
[ÉTYM. Dérivé de hydrogène, § 253. ‖ Admis ACAD. 1835.]
‖ (Chimie.) Combiné avec l'hydrogène.

HYDROGRAPHE [i-drô-gràf'] *s. m.*
[ÉTYM. Tiré de hydrographie, sur le modèle de géographe. ‖ 1548. Hydrographes... qui chartes marines composent, A. MIZAULD, *Miroer de l'air*, dans DELB. *Rec.* Admis ACAD. 1762.]
‖ (T. didact.) Celui qui est versé dans la science de l'hydrographie. ‖ *P. appos.* Ingénieur —.

HYDROGRAPHIE [i-drô-grà-fî] *s. f.*
[ÉTYM. Composé avec le radical du grec ὕδωρ, eau, γράφειν, décrire, et le suffixe ie, §§ 279 et 282. ‖ 1551. ORONCE FINÉ, *Sphère du monde*, titre.]
‖ (T. didact.) Science qui a pour objet l'étude et la description des cours d'eau et des mers.

HYDROGRAPHIQUE [i-drô-grà-fïk'] *adj.*
[ÉTYM. Dérivé de hydrographie, § 229. ‖ 1551. Cartes hydrographiques, ORONCE FINÉ, *Sphère du monde*, fᵒ 57, vᵒ.]
‖ (T. didact.) Relatif à l'hydrographie. Carte —, indiquant les côtes, les sondages, les rhumbs des vents, etc.

HYDROLOGIE [i-drô-lò-ji] *s. f.*
[ÉTYM. Composé avec le radical du grec ὕδωρ, eau, λόγος, traité, et le suffixe ie, §§ 279 et 282. ‖ 1753. D'HOLBACH, *Minéralog.* p. 13, préf. Admis ACAD. 1835.]
‖ (T. didact.) Partie de l'histoire naturelle qui traite des eaux et, *spécialt*, des eaux minérales.

***HYDROMANCIE** [i-drô-man-si] *s. f.*
[ÉTYM. Emprunté du lat. hydromantia, grec ὑδρομαντεία, *m. s.* ‖ XIVᵉ s. Et est nommée ydromancie, G. DE DIGULLEVILLE, *Pèlerinage*, dans GODEF.]
‖ (T. didact.) Divination par le moyen de l'eau. Voulez-vous que je vous dise cela par les règles d'astrologie, —...? REGNARD, *Homme à bonnes fortunes*, III, 1.

HYDROMEL [i-drô-mèl] *s. m.*
[ÉTYM. Emprunté du lat. hydromeli, grec ὑδρόμελι, *m. s.* ‖ XVᵉ-XVIᵉ s. Ydromelle, *Jardin de santé*, dans GODEF. *Compl.*]
‖ (Technol.) Breuvage fait de miel dissous dans l'eau. — vineux, fermenté.

HYDROMÈTRE [i-drô-mètr'] *s. m.*
[ÉTYM. Composé avec le radical du grec ὕδωρ, eau, et μέτρον, mesure, § 279. ‖ 1768. M. Clarke l'a nommé hydromètre, DE MONTIGNY, dans *Mém. de l'Acad. des sc.* p. 442. Admis ACAD. 1835.]
‖ (T. scientif.) Instrument qui sert à mesurer, dans un lieu donné, l'épaisseur de la couche d'eau qui tombe pendant une année. (*Syn.* pluviomètre.) ‖ Instrument qui sert à mesurer la densité, la vitesse des liquides.

HYDROMÉTRIE [i-drô-mé-tri] *s. f.*
[ÉTYM. Composé avec le radical du grec ὕδωρ, eau, μέτρον, mesure, et le suffixe ie, §§ 279 et 282. ‖ 1752. TRÉV. Admis ACAD. 1835.]
‖ (T. didact.) Partie de la physique qui a pour objet de mesurer la densité, la vitesse des liquides.

***HYDROPHANE** [i-drô-fàn'] *adj.*
[ÉTYM. Composé avec le radical du grec ὕδωρ, eau, et φαίνειν, briller, § 279. ‖ 1792. HAUY, dans *Journal d'hist. nat.* I, 295.]
‖ (T. didact.) Translucide dans l'eau. *Spécialt.* Pierre —, variété d'opale, translucide quand elle est imbibée d'eau.

HYDROPHOBE [i-drô-fòb'] *adj.*
[ÉTYM. Emprunté du lat. hydrophobus, grec ὑδροφόϐος, *m. s.* ‖ Admis ACAD. 1762.]
‖ (Médec.) Qui est atteint d'hydrophobie. *Substantivt.* Un, une —, une personne atteinte d'hydrophobie.

HYDROPHOBIE [i-drô-fò-bi] *s. f.*
[ÉTYM. Emprunté du lat. hydrophobia, grec ὑδροφοϐία, *m. s.* ‖ XIIIᵉ-XIVᵉ s. Ydroforbie (sic), *Chirurg. de Mondeville*, dans GODEF. *Compl.* Admis ACAD. 1762.]
‖ (Médec.) Horreur des liquides qui caractérise certaines maladies, entre autres la rage. ‖ *P. ext.* Rage.

***HYDROPHOBIQUE** [i-drô-fò-bïk'] *adj.*
[ÉTYM. Emprunté du lat. hydrophobicus, grec ὑδροφοϐιϰός, *m. s.* ‖ XIIIᵉ-XIVᵉ s. Ydroforbique (sic), *Chirurg. de Mondeville*, dans GODEF. *Compl.*]
‖ (Médec.) Relatif à l'hydrophobie.

HYDROPIQUE [i-drô-pïk'] *adj.*
[ÉTYM. Emprunté du lat. hydropicus, grec ὑδρωπιϰός, *m. s.* ‖ XIIᵉ s. A la manière de l'hydropike, *Serm. de St Bern.* p. 47.]
‖ (Médec.) Qui est atteint d'hydropisie. *Substantivt.* Un, une —, une personne atteinte d'hydropisie.

HYDROPISIE [i-drô-pi-zi] *s. f.*
[ÉTYM. Emprunté du lat. hydropisis, grec ὑδρώπισις, *m. s.* ‖ XIIᵉ s. D'idropisie le ventre mult enflé, GARN. DE PONT-STE-MAX. *St Thomas*, 3578.]
‖ (Médec.) Accumulation morbide de liquide séreux dans une cavité du corps, ou dans le tissu cellulaire. — du ventre, de la tête, des yeux. — générale.

HYDROPNEUMATIQUE [i-drôp'-nèu-mà-tïk'] *adj.*
[ÉTYM. Composé avec le radical du grec ὕδωρ, eau, et pneumatique, § 279. ‖ *Néolog.* Admis ACAD. 1835.]

|| (T. didact.) Qui sert à recueillir les gaz insolubles dans l'eau.

HYDROSCOPE [i-drŏs'-kŏp'] *s. m.*
[ÉTYM. Emprunté du grec ὑδροσκόπος, *m. s.* de ὕδωρ, eau, et σκοπεῖν, examiner. || Admis ACAD. 1798.]
|| (T. didact.) Celui qui fait profession d'hydroscopie.

HYDROSCOPIE [i-drŏs'-kò-pi] *s. f.*
[ÉTYM. Dérivé de hydroscope, § 282. || 1732. TRÉV. Admis ACAD. 1798.]
|| (T. didact.) Art de découvrir les sources.

HYDROSTATIQUE [i-drŏs'-tà-tĭk'] *s. f.* et *adj.*
[ÉTYM. Composé avec le radical du grec ὕδωρ, eau, et statique, § 279. || 1695. D. PAPIN, *Rec. de div. pièces*, p. 70. Admis ACAD. 1718.]
|| (T. didact.) || **1°** *S. f.* Partie de l'hydraulique qui traite de l'équilibre des liquides et des gaz, et des pressions qu'ils exercent sur les parois des vases qui les contiennent. (*Cf.* hydrodynamique.)
|| **2°** *Adj.* Relatif à l'hydrostatique. Balance —, fondée sur le principe d'Archimède. Lampe —, où l'huile arrive à la mèche par la pression d'une colonne d'eau.

HYDROSULFATE [i-drò-sŭl-fàt'], **HYDROSULFURE** [i-drò-sŭl-fûr], **HYDROSULFURIQUE** [i-drò-sŭl-fu-rĭk']. *V.* sulfhydrate, sulfhydrique.

HYDROTHÉRAPIE [i-drò-té-rà-pi] *s. f.*
[ÉTYM. Composé avec le radical du grec ὕδωρ, eau, et θεραπεία, traitement, § 279. || *Néolog.* Admis ACAD. 1878.]
|| (Médec.) Traitement de certaines maladies par l'application de l'eau sur le corps, bains, douches, vapeur, etc.

HYDROTHÉRAPIQUE [i-drò-té-rà-pĭk'] *adj.*
[ÉTYM. Dérivé de hydrothérapie, § 229. || *Néolog.* Admis ACAD. 1878.]
|| (Médec.) Relatif à l'hydrothérapie. Un établissement —.

HYDRURE [i-drûr] *s. m.*
[ÉTYM. Dérivé du radical du grec ὕδωρ, eau, § 282 *bis*. || 1806. ENCYCL. MÉTH. Admis ACAD. 1835.]
|| (Chimie.) Composé de l'hydrogène avec un corps simple autre que l'oxygène. — de potassium.

HYÉMAL. *V.* hiémal.

HYÈNE [yèn'; *en vers*, i-èn'] *s. f.*
[ÉTYM. Emprunté du lat. hyæna, grec ὕαινα, *m. s.* || XIIᵉ-XIIIᵉ s. Yenne, GUILL. LE CLERC, *Best. divin*, dans GODEF. *Compl.* Admis ACAD. 1762.]
|| (Hist. nat.) Mammifère carnassier digitigrade, voisin du loup. L'— se repaît de la chair des cadavres.

HYGIÈNE [i-jyèn'; *en vers*, -ji-èn'] *s. f.*
[ÉTYM. Emprunté du grec ὑγιεινά, *m. s.* proprt, pluriel neutre de l'adj. ὑγιεινός, « relatif à la santé ». || XVIᵉ s. La seconde partie de la medecine qui se nomme hygiaine, PARÉ, *Introd.* 3. Admis ACAD. 1762.]
|| (T. didact.) Partie de la médecine qui traite du régime à suivre pour la conservation de la santé. — privée, — publique.

HYGIÉNIQUE [i-jyé-nĭk'; *en vers*, -ji-é-...] *adj.*
[ÉTYM. Dérivé de hygiène, § 229. || 1812. MOZIN, *Dict. franç.-allem.* Admis ACAD. 1835.]
|| (T. didact.) Qui a rapport à l'hygiène.

*****HYGIÉNIQUEMENT** [i-jyé-nĭk'-man; *en vers*, -ji-é-ni-ke-...] *adv.*
[ÉTYM. Composé de hygiénique et ment, § 724. || *Néolog.*]
|| (T. didact.) D'une manière hygiénique.

HYGROMÈTRE [i-grò-mètr'] *s. m.*
[ÉTYM. Composé avec le grec ὑγρός, humide, et μέτρον, mesure, § 279. || 1666. Un nouvel hygrometre par M. Amontons, *Mém. de l'Acad. des sc.* II, 13. Admis ACAD. 1762.]
|| (Physique.) Appareil qui mesure la quantité de vapeur d'eau qui est dans l'air, à l'aide d'un corps que l'humidité fait changer de poids, de volume. L'— à cheveu.

HYGROMÉTRIE [i-grò-mé-tri] *s. f.*
[ÉTYM. Composé avec le grec ὑγρός, humide, μέτρον, mesure, et le suffixe ie, §§ 279 et 282. || Admis ACAD. 1835.]
|| (T. didact.) Partie de la physique qui mesure la quantité de vapeur d'eau contenue dans l'air.

HYGROMÉTRIQUE [i-grò-mé-trĭk'] *adj.*
[ÉTYM. Dérivé de hygrométrie, § 229. || 1804. HASSENFRATZ, *Art du charpent.* p. 76. Admis ACAD. 1835.]
|| (T. didact.) Relatif à l'hygrométrie. Substance —, changeant de poids, de volume, suivant la quantité de vapeur d'eau que l'air contient. État — d'un corps.

*****HYLOZOÏSME** [i-lò-zò-ism'] *s. m.*
[ÉTYM. Composé avec le grec ὕλη, matière, ζώειν, vivre, et le suffixe isme, §§ 265 et 279. || 1768. *Collect. académ.* VIII, p. 37, appendice.]
|| (T. didact.) Doctrine qui attribue à la matière une vie propre.

1. HYMEN [i-mèn'; selon qqns, i-min] *s. m.*
[ÉTYM. Emprunté du lat. Hymen, grec Ὑμήν, *m. s.* || Admis ACAD. 1694.]
|| (Mythol.) Divinité qui préside aux mariages. (*Syn.* hyménée.) || *P. ext. Poét.* Mariage. Le flambeau de l'—. J'ai vu beaucoup d'hymens, aucun d'eux ne me tente, LA F. *Fab.* VII, 2. Par moi seule, éloigné de l'— d'Octavie, RAC. *Brit.* I, 1. L'— chez les Romains n'admet qu'une Romaine, ID. *Bér.* I, 5. Les fruits de l'—, les enfants. (*Syn.* hyménée.)

2. HYMEN [i-mèn'; selon qqns, i-min] *s. m.*
[ÉTYM. Emprunté du grec ὑμήν, membrane, mot qui paraît distinct de Ὑμήν, hyménée. (*V.* hymen 1.) || XVIᵉ s. PARÉ, I, 34. Admis ACAD. 1718.]
|| (Anat.) Membrane qui ferme partiellement le vagin chez les vierges. || *P. anal.* (Botan.) Pellicule de la corolle, qui se déchire au moment de l'épanouissement.

HYMÉNÉE [i-mé-né] *s. m.*
[ÉTYM. Emprunté du lat. Hymenæus, grec Ὑμέναιος, *m. s.* || 1559. CL. DE BUTTET, dans DELB. *Rec.*]
|| (Mythol.) Divinité qui préside au mariage. (*Syn.* hymen 1.) — et l'Amour, par des désirs constants, Avaient uni leurs cœurs dès leur plus doux printemps, LA F. *Phil. et Baucis.* || *P. ext. Poét.* Mariage. Souverains protecteurs des lois de l'—, CORN. *Méd.* 1, 4. Mille soins fâcheux accurrent le deuil de ce court —, LA F. *Eunuque*, I, 2.

HYMÉNOPTÈRE [i-mé-nŏp'-tèr] *adj.*
[ÉTYM. Composé avec le grec ὑμήν, membrane, et πτερόν, aile, § 279. || 1791. ENCYCL. MÉTH. Admis ACAD. 1835.]
|| (T. didact.) Qui a des ailes membraneuses. Insecte —, et, *substantivt, au masc.* Les hyménoptères, famille d'insectes, comprenant les abeilles, guêpes, fourmis, etc.

HYMNE [imn'] *s. m.* et *f.*
[ÉTYM. Emprunté du lat. hymnus, grec ὕμνος, *m. s.* Sur le genre, *V.* § 550. || XIIᵉ s. Oi le ymne e la preiere que jo te faz, *Rois*, III, 8.]
|| Poème religieux en l'honneur des dieux, des héros. Un — à Apollon. Les hymnes de Callimaque. || *P. ext.* Poème lyrique en l'honneur de la Divinité. Nos chœurs aujourd'hui Font résonner un — et des vœux à sa gloire, CORN. *Hymn.* 14. || *Spécialt.* Cantique latin qui se chante ou se récite à l'église. Une belle —. L'— de Santeuil.

HYOÏDE [i-ò-id'] *adj.*
[ÉTYM. Emprunté du grec ὑοειδές (ὀστοῦν), *m. s.* proprt, « qui ressemble à la lettre Υ ». || XVIᵉ s. PARÉ, IV, 11. Admis ACAD. 1762.]
|| (Anat.) Os —, et, *substantivt, au masc.* L'—, situé horizontalement entre la base de la langue et le larynx.

HYPALLAGE [i-păl'-lăj'] *s. f.*
[ÉTYM. Emprunté du lat. hyppallage, grec ὑπαλλαγή, *m. s.* proprt, « interversion ». || XVIᵉ s. La figure d'hypallage, VIGENÈRE, *Traité du feu et du sel*, dans DELB. *Rec.* Admis ACAD. 1762.]
|| (Rhétor.) Figure de style qui attribue à un mot ce qui convient à un autre (rendre qqn à la vie, pour rendre la vie à qqn).

HYPERBATE [i-pèr-băt'] *s. f.*
[ÉTYM. Emprunté du lat. hyperbaton, grec ὑπερβατόν, *m. s.* Sur le genre, *V.* § 550. || XVIᵉ s. VIGENÈRE, *Apoll. Thyan.* dans DELB. *Rec.* Admis ACAD. 1762.]
|| (Rhétor.) Figure qui consiste à intervertir l'ordre naturel de certains mots dans une proposition.

HYPERBOLE [i-pèr-bòl] *s. f.*
[ÉTYM. Emprunté du lat. hyperbole, grec ὑπερβολή, *m. s.* || XIIIᵉ s. Yperbole est chose non voire Qui ne fu et qui n'est a croire, *Rom. de la Table ronde*, dans DELB. *Rec.*]
I. (Rhétor.) Figure de style qui consiste à exagérer l'expression. Juvénal, élevé dans les cris de l'école, Poussa jusqu'à l'excès sa mordante —, BOIL. *Art p.* 2. L'— aux longues échasses, GRESSET, *Ombres.*
II. (Mathém.) Courbe qui est le lieu des points dont les distances à deux points fixes ont une différence constante.

HYPERBOLIQUE [i-pèr-bò-lĭk'] *adj.*
[ÉTYM. Emprunté du lat. hyperbolicus, grec ὑπερβολικός, *m. s.* || XVIᵉ s. Foi hyperbolicque, RAB. III, 38.]

I. (Rhétor.) Relatif à l'hyberbole, figure de style. Un langage —. Des louanges hyperboliques.

II. (Mathém.) Relatif à l'hyperbole, courbe géométrique. Figure —. Miroir —, formé par la révolution d'une branche d'hyperbole autour de son axe.

HYPERBOLIQUEMENT [i-pèr-bò-lĭk'-man ; *en vers*, -li-ke-...] *adv.*

[ÉTYM. Composé de hyperbolique et ment, § 724. || XVIᵉ s. Parler hyperboliquement, CALVIN, dans GODEF. *Compl.*]

|| (Rhétor.) D'une manière hyperbolique.

HYPERBORÉE [i-pèr-bò-ré] et, *vieilli*, **HYPERBORÉEN, ÉENNE** [i-pèr-bò-ré-in, -èn'] *adj.*

[ÉTYM. Emprunté et dérivé du lat. hyperboreus, grec ὑπερβόρεος, *m. s.* || 1372. Ung pays qui est appellé yperboree, J. CORBICHON, *Propr. des choses*, dans DELB. *Rec.* Admis ACAD. 1762.]

|| (T. didact.) Qui est situé à l'extrême septentrion. Les régions hyperboréennes. Peuples hyperboréens.

HYPERCRITIQUE [i-pèr-kri-tĭk'] *s. m.*

[ÉTYM. Composé avec le grec ὑπέρ, au-dessus, et critique, § 279. || 1703. *V.* à l'article. Admis ACAD. 1835.]

|| (T. didact.) Critique très sévère. M. Patru était... un très violent —, BOIL. *Lett.* 2 août 1703.

HYPERDULIE [i-pèr-du-li] *s. f.*

[ÉTYM. Emprunté du lat. ecclés. hyperdulia, *m. s.* composé avec le grec ὑπέρ, au-dessus, et dulie, § 279. || XVIᵉ s. Adoration de latrie ou de — pour le moins, RAB. IV, 52. Admis ACAD. 1762.]

|| (Liturgie cathol.) Adoration de la sainte Vierge. Culte d'— (par opposition au culte de dulie, culte des saints).

HYPERTROPHIE [i-pèr-trò-fi] *s. f.*

[ÉTYM. Composé avec le grec ὑπέρ, au-dessus, τροφή, nutrition, et le suffixe ie, §§ 279 et 282. || *Néolog.* Admis ACAD. 1878.]

|| (T. didact.) Accroissement excessif d'un organe ou d'une partie d'organe, sans altération. — du cœur.

HYPERTROPHIÉ, ÉE [i-pèr-trò-fyé ; *en vers*, -fi-é] *adj.*

[ÉTYM. Dérivé de hypertrophie, § 253. || *Néolog.* Admis ACAD. 1878.]

|| (T. didact.) Qui est atteint d'hypertrophie. Organe —.

HYPÈTHRE [i-pètr'] *adj.*

[ÉTYM. Emprunté du grec ὕπαιθρος, *m. s.* de ὑπό, sous, et αἰθή, ciel. || 1694. TH. CORN. Admis ACAD. 1762.]

|| (Archéol.) A ciel découvert. Les temples de Jupiter étaient hypèthres. *Substantivt.* Un —, édifice hypèthre.

HYPNOTIQUE [ip'-nò-tĭk'] *adj.*

[ÉTYM. Emprunté du lat. hypnoticus, grec ὑπνοτικός, *m. s.* de ὕπνος, sommeil. || XVIᵉ s. Juleps hypnotiques, PARÉ, XXI, 3. Admis ACAD. 1762.]

|| **1°** (T. didact.) *Vieilli.* Qui endort. (*Syn.* narcotique.)
|| **2°** Qui est relatif à l'hypnotisme. Sommeil —.

HYPNOTISER [ip'-nò-ti-zé] *v. tr.*

[ÉTYM. Dérivé du radical de hypnotique, § 267. || *Néolog.*]

|| (T. didact.) Plonger dans un sommeil hypnotique.

HYPNOTISME [ip'-nò-tĭsm'] *s. m.*

[ÉTYM. Dérivé du radical de hypnotique, § 265. || *Néolog.*]

|| (T. didact.) Sommeil produit artificiellement par la vue prolongée d'un objet brillant.

1. HYPOCONDRE [i-pò-kŏndr'] *s. m.*

[ÉTYM. Emprunté du lat. hypochondrium, grec ὑποχόνδριον, *m. s.* de ὑπό, sous, et χόνδρος, cartilage des côtes. || XIVᵉ s. Partiez de corps que l'en appelle hypocondrez, *Somme Mᵉ Gautier*, mss franç. Bibl. nat. 1788, fᵒ 48, vᵒ.]

|| (Anat.) Chacune des deux parties latérales de la région épigastrique placées sous les fausses côtes.

2. HYPOCONDRE [i-pò-kŏndr'] *adj.*

[ÉTYM. Tiré de hypocondriaque, § 37. || XVIIᵉ s. *V.* à l'article. Admis ACAD. 1718.]

|| Qui est atteint d'hypocondrie. Un malade —, et, *substantivt*, Un, une —. || *P. ext.* Déraisonnable. Est-ce par goût — que cette femme aime un valet? LA BR. 3. L'homme —, BOIL. *Sat.* 8.

HYPOCONDRIAQUE [i-pò-kon-dri-åk'] *adj.*

[ÉTYM. Emprunté du grec ὑποχονδριακός, *m. s.* || XVIᵉ s. PARÉ, V, 19.]

|| **1°** (Médec.) Qui a rapport aux hypocondres. Affections hypocondriaques.
|| **2°** Qui est atteint d'hypocondrie.

HYPOCONDRIE [i-pò-kon-dri] *s. f.*

[ÉTYM. Tiré de hypocondriaque, parce qu'on croyait que l'hypocondrie venait d'un trouble des hypocondres, § 282. || 1812. MOZIN, *Dict. franç.-allem.* Admis ACAD. 1835.]

|| (Médec.) État maladif qui rend atrabilaire.

***HYPOCORISTIQUE** [i-pò-kò-rĭs'-tĭk'] *adj.*

[ÉTYM. Emprunté du grec ὑποκοριστικός, *m. s.* || *Néolog.*]

|| (Gramm.) Qui atténue. (Fifille pour fille.)

HYPOCRAS [i-pò-krăs'] *s. m.*

[ÉTYM. Altération par fausse étymologie (de ὑπό, sous, et κρᾶσις, mélange) de Hippocras, au moyen âge forme du nom du médecin Hippocrate, auquel on attribua l'invention de ce breuvage, § 36. || XVᵉ s. Ypocras ne claré, GREBAN, *Passion*, 25950, dans GODEF. *Compl.*]

|| Vin sucré où l'on a fait infuser de la cannelle.

HYPOCRISIE [i-pò-kri-zi] *s. f.*

[ÉTYM. Emprunté du lat. hypocrisis, grec ὑπόκρισις, *m. s.* proprt, « rôle joué ». || XIIᵉ s. Sanz ypocrisie et sanz guile, *Perceval*, I, p. 308, Potvin.]

|| Vice de l'hypocrite. L'— est un hommage que le vice rend à la vertu, LA ROCHEF. *Max.* 218. Il ne lui manquait que l'— pour avoir tous les vices, DUCLOS, *L. XI*, II, 170. L'— est un vice privilégié, MOL. *D. Juan*, V, 2.

HYPOCRITE [i-pò-krĭt'] *s. m.* et *f.*

[ÉTYM. Emprunté du lat. hypocrita, grec ὑποκριτής, *m. s.* proprt, « personne qui joue un rôle ». || XIIᵉ s. Cist maus don n'est il ipocrites, Qui douz me sanble et si m'angoisse? CHRÉTIEN DE TROYES, *Cligès*, 3086.]

|| Personne qui affecte des sentiments religieux. L'— renoncerait à ce qu'il est s'il ne s'assurait qu'il y aura toujours des esprits faciles à tromper, BOURD. *Hypocrisie*, 3. Je suis... le contraire d'une — d'amitié, SÉV. 1151. || *Adjectivt.* La feinte douceur de cette âme —, MOL. *Tart.* III, 6. Minois — (du chat), LA F. *Fab.* VI, 5.

HYPOCRITEMENT [i-pò-krĭt'-man ; *en vers*, -krite-...] *adv.*

[ÉTYM. Composé de hypocrite et ment, § 724. || 1611. COTGR. Admis ACAD. 1878.]

|| D'une manière hypocrite.

HYPOGASTRE [i-pò-gàstr'] *s. m.*

[ÉTYM. Emprunté du grec ὑπογάστριον, *m. s.* de ὑπό, sous, et γαστήρ, ventre. (*Cf.* épigastre.) || XVIᵉ s. PARÉ, I, 1. Admis ACAD. 1762.]

|| (Anat.) Partie inférieure du ventre.

HYPOGASTRIQUE [i-pò-gàs'-trĭk'] *adj.*

[ÉTYM. Dérivé de hypogastre, § 229. || XVIᵉ s. PARÉ, I, 11. Admis ACAD. 1762.]

|| (Anat.) Qui est propre à l'hypogastre. Région —.

HYPOGÉE [i-pò-jé] *s. m.*

[ÉTYM. Emprunté du lat. hypogeum, grec ὑπόγειον, *m. s.* de ὑπό, sous, et γῆ, terre. || XVIᵉ s. Cestuy hypogée, RAB. V, 36. Admis ACAD. 1835.]

|| (Archéol.) Construction, sépulture souterraine.

HYPOGLOSSE [i-pò-glŏs'] *adj.*

[ÉTYM. Emprunté du grec ὑπογλώσσιος, *m. s.* de ὑπό, sous, et γλῶσσα, langue. || 1752. TRÉV. Admis ACAD. 1762.]

|| (Anat.) Qui est sous la langue. *Spéciall.* Nerf —, et, *substantivt, au masc.* nerf de la langue et du pharynx.

***HYPOGYNE** [i-pò-jin'] *adj.*

[ÉTYM. Composé avec le grec ὑπό, sous, et γύνη, femelle, ovaire, § 279. || 1801. FOURCROY, *Syst. des connaiss. chimiq.* IV, 12.]

|| (Botan.) Qui s'insère au-dessous de l'ovaire. (*Cf.* épigyne.) Corolle —.

***HYPOSTAMINÉ, ÉE** [i-pŏs'-tà-mi-né] *adj.*

[ÉTYM. Composé avec le grec ὑπό, sous, et le lat. stamina, étamines, § 284. || *Néolog.*]

|| (Botan.) Dont les étamines s'insèrent sous l'ovaire. (*Cf.* épistaminé.)

HYPOSTASE [i-pŏs'-tàz'] *s. f.*

[ÉTYM. Emprunté du lat. hypostasis, grec ὑπόστασις, *m. s.* proprt, « ce qui est placé dessous ». || XIVᵉ s. (Au sens **I.**) Ypotasie ainsi que sanguine, *Somme Mᵉ Gautier*, mss franç. Bibl. nat. 1288, fᵒ 125, rᵒ. | (Au sens **II.**) CALV. *Instit. chr.* I, XIII, 2.]

I. (Médec.) Dépôt qui se produit au fond d'un liquide. || *Spéciall.* Dépôt dans les urines.

II. (Théol.) Suppôt, substance. Les hypostases divines.

HYPOSTATIQUE [i-pŏs'-tà-tĭk'] *adj.*

[ÉTYM. Emprunté du grec ὑποστατικός, *m. s.* ACAD. ne

donne que le sens **II.** || 1474. Ypostatique Union, *Myst. de l'Incarnation*, dans DELB. *Rec.*]

I. Relatif à l'hypostase médicale. Congestion — (par accumulation du sang dans les vaisseaux capillaires).

II. Relatif à l'hypostase divine. Union — de la nature divine et de la nature humaine en la personne de Jésus-Christ.

HYPOSTATIQUEMENT [i-pŏs'-là-tĭk'-man; *en vers*, -ti-ke-...] *adv.*

[ÉTYM. Composé de hypostatique et ment, § 724. || XVIᵉ-XVIIᵉ s. FLORIMOND DE RÉMOND, *Naiss. de l'hérésie*, dans DELB. *Rec.*]

|| (Théol.) D'une manière hypostatique.

HYPOSTYLE [i-pŏs'-til] *adj.*

[ÉTYM. Emprunté du grec ὑπόστυλος, *m. s.* de ὑπό, sous, et στύλος, colonne. || *Néolog.* Admis ACAD. 1878.]

|| (Archéol.) Dont le plafond est soutenu par des colonnes. Salle —.

HYPOTÉNUSE [i-pò-té-nŭz'] *s. f.*

[ÉTYM. Emprunté du lat. hypotenusa, grec ὑποτείνουσα, *m. s.* proprt, « sous-tendante ». (*V.* ce mot.) || 1520. Du nombre carré de l'ypothenuse, ÉT. DE LA ROCHE, *Arithm.* fᵒ 221, rᵒ. Admis ACAD. 1762.]

|| (Géom.) Côté d'un triangle rectangle opposé à l'angle droit. Pythagore immola cent bœufs pour avoir découvert la propriété du carré de l'—, DIDER. *Anc. philos. Égypt.*

*HYPOTHÉCABLE [i-pò-té-kàbl'] *adj.*

[ÉTYM. Dérivé de hypothèque, § 93. || XVIIᵉ-XVIIIᵉ s. *V.* à l'article.]

|| (Droit.) Qui peut être hypothéqué. C'est un héritage —, REGNARD et DUFRESNY, *Chinois*, IV, 2.

HYPOTHÉCAIRE [i-pò-té-kèr] *adj.*

[ÉTYM. Emprunté du lat. hypothecarius, *m. s.* || 1316. Action hypothecaire, dans GODEF. *Compl.*]

|| (Droit.) | 1. Qui a, qui donne droit à une hypothèque. Créancier —. Dette —, qui donne hypothèque. | 2. Qui a rapport aux hypothèques. Caisse —, qui prête aux propriétaires moyennant hypothèque sur leurs immeubles.

HYPOTHÉCAIREMENT [i-pò-té-kèr-man; *en vers*, -kè-re-...] *adv.*

[ÉTYM. Composé de hypothécaire et ment, § 724. || XVIᵉ s. Personnellement chascun pour sa part et hypothicairement pour le tout, LOYSEL, p. 327. Admis ACAD. 1718.]

|| (Droit.) Par hypothèque.

*HYPOTHÉNAR [i-pò-té-nàr] *s. m.*

[ÉTYM. Emprunté du grec ὑποθέναρ, *m. s.* (*Cf.* thénar.) || XVIᵉ s. PARÉ, IV, 29. Admis ACAD. 1762; suppr. en 1878.]

|| (Anat.) Saillie à la paume de la main, sous le petit doigt.

HYPOTHÈQUE [i-pò-tèk'] *s. f.*

[ÉTYM. Emprunté du lat. hypotheca, grec ὑποθήκη, *m. s.* proprt, « mise en gage ». Le rapport du sens **I** avec le sens **II**, qui apparaît pour la première fois en 1680 dans RICHEL., reste inexpliqué. || XIVᵉ s. Lettres selon le droit civil appellees hypotheques, BOUTEILL. *Somme rural*, dans GODEF. *Compl.*]

I. (Droit.) Droit d'un créancier sur un immeuble affecté par le débiteur à l'acquittement de son obligation, qui suit cet immeuble en quelques mains qu'il passe. — légale, qui résulte de la loi. — judiciaire, qui résulte d'acte judiciaire. — conventionnelle, qui résulte d'une convention, d'un contrat. Immeuble grevé d'hypothèques. Être premier en —. *Fig.* J'avais — spéciale sur votre cœur, REGNARD, *Académie des dames*, I, 6.

II. (XVIIᵉ-XVIIIᵉ s.) Eau-de-vie aromatisée.

HYPOTHÉQUER [i-pò-té-ké] *v. tr.*

[ÉTYM. Dérivé de hypothèque, § 154. || 1386. Ad ce nom estoient obligez et hypothequez tous ses biens, dans DELB. *Rec.*]

|| (Droit.) Grever d'une hypothèque. — un immeuble. || *Fig.* Il est hypothéqué à mes consultations, MOL. *Pourc.* II, 1. || *Fig. Pop.* Être mal hypothéqué, très malade.

HYPOTHÈSE [i-pò-tèz'] *s. f.*

[ÉTYM. Emprunté du lat. hypothesis, grec ὑπόθεσις, *m. s.* || 1585. Probleme, theoreme et hypothese, qui, autant en langue françoise et latine que en la grecque, sont par les mathematiciens en usage, STEVIN, *Arithm.* p. 75.]

|| (T. didact.) Supposition dont on tire des conséquences à vérifier. Faire, établir une —. Dans cette —. L'— des tourbillons de Descartes. || *P. ext. Famil.* Supposition. Je prends mes dispositions dans l'— qu'il viendra.

HYPOTHÉTIQUE [i-pò-té-tĭk'] *adj.*

[ÉTYM. Emprunté du lat. hypotheticus, grec ὑποθετικός, *m. s.* || XVᵉ s. Ypotetique, *Gloss. lat.-franç.* dans GODEF. *Compl.*]

|| (T. didact.) Qui repose sur une hypothèse. Raisonnement —. || *Famil.* Douteux. Cela est bien —.

HYPOTHÉTIQUEMENT [i-pò-té-tĭk'-man; *en vers*, -ti-ke-...] *adv.*

[ÉTYM. Composé de hypothétique et ment, § 724. || XVIᵉ s. Promettre hypothetiquement, LE P. COTON, dans GODEF. *Compl.*]

|| (T. didact.) D'une manière hypothétique.

HYPOTYPOSE [i-pò-ti-pôz'] *s. f.*

[ÉTYM. Emprunté du lat. hypotyposis, grec ὑποτύπωσις, *m. s.* || XVIᵉ s. Prosopopeies, hypotyposes, VIGENÈRE, *Tabl. de Philostrate*, dans DELB. *Rec.* Admis ACAD. 1762.]

|| (Rhétor.) Description vive qui frappe l'imagination.

*HYPSOMÈTRE [ĭp'-sò-mètr'] *s. m.*

[ÉTYM. Composé avec le grec ὕψος, haut, et μέτρον, mesure, § 279. || *Néolog.*]

|| (Physique.) Appareil qui détermine l'altitude d'un lieu, d'après la température à laquelle l'eau entre en ébullition.

*HYPSOMÉTRIE [ĭp'-sò-mé-tri] *s. f.*

[ÉTYM. Composé avec le grec ὕψος, hauteur, μέτρον, mesure, et le suffixe ie, §§ 279 et 282. || *Néolog.*]

|| (Physique.) Détermination de l'altitude d'un lieu par des observations barométriques ou géodésiques.

HYSOPE [i-zŏp'] et, *vieilli*, *HYSSOPE [i-sŏp'] *s. f.*

[ÉTYM. Emprunté du lat. hysopus (mieux hyssopus), grec ὕσσωπος, hébreu izob, *m. s.* § 21. || XIIIᵉ s. Ysopes d'umilitei, RUTEB. p. 204, Kressner.]

|| **1ᵒ** Plante inconnue, mentionnée dans la Bible comme très petite. *Loc. prov.* Depuis le cèdre jusqu'à l'—, du plus grand au plus petit. Les auteurs, depuis le cèdre jusqu'à l'—, sont diablement animés contre lui, MOL. *Impr.* sc. 5.

|| **2ᵒ** (Botan.) Plante de la famille des Labiées.

HYSTÉRIE [ĭs'-té-ri] *s. f.*

[ÉTYM. Tiré de hystérique, § 282. || 1812. MOZIN, *Dict. franç.-allem.* Admis ACAD. 1835.]

|| (Médec.) Affection nerveuse caractérisée par des suffocations, des convulsions, etc., considérée à tort comme particulière à la femme.

HYSTÉRIQUE [ĭs'-té-rĭk'] *adj.*

[ÉTYM. Emprunté du lat. hystericus, grec ὑστερικός, *m. s.* de ὑστέρα, matrice. || 1568. Hystericque, J. GREVIN, *Venins*, dans DELB. *Rec.* Admis ACAD. 1762.]

|| (Médec.) || **1ᵒ** Qui est atteint d'hystérie. Un homme, une femme —, et, *substantivt*, Un, une —.

|| **2ᵒ** Relatif à l'hystérie. Suffocation —. Boule —, sensation de boule remontant de l'épigastre à la gorge.

HYSTÉRITE [ĭs'-té-rĭt'] *s. f.*

[ÉTYM. Dérivé du grec ὑστέρα, matrice, § 282. || *Néolog.* Admis ACAD. 1835.]

|| *Vieilli.* (Médec.) Inflammation de la matrice. (*Syn.* métrite.)

HYSTÉROCÈLE [ĭs'-té-rò-sèl] *s. f.*

[ÉTYM. Composé avec le grec ὑστέρα, matrice, et κήλη, tumeur, § 279. || 1752. TRÉV. Admis ACAD. 1762.]

|| (Médec.) Hernie de la matrice.

HYSTÉROTOME [ĭs'-té-rò-tòm'] *s. m.*

[ÉTYM. Composé avec le grec ὑστέρα, matrice, et τομή, section, § 279. || 1812. MOZIN, *Dict. franç.-allem.* Admis ACAD. 1835.]

|| (Chirurgie.) Instrument pour pratiquer l'hystérotomie vaginale.

HYSTÉROTOMIE [ĭs'-té-rò-tò-mi] *s. f.*

[ÉTYM. Composé avec le grec ὑστέρα, matrice, τομή, section, et le suffixe ie, §§ 279 et 282. || 1732. TRÉV. Admis ACAD. 1762.]

|| (Chirurgie.) Dissection de la matrice. || Opération césarienne.

I

I [i] *s. m.*

[ÉTYM. Emprunté du lat. i, *m. s.* Les anciens manuscrits et imprimés ne distinguent pas i de j. ‖ xiiiᵉ s. Après vous conterai de l'i : N'i a meillor lettre de li, *Senefiance de l'ABC,* dans JUBINAL, *Nouv. Rec.* ii, 278.]

‖ La neuvième lettre et la troisième voyelle de l'alphabet français. Un I majuscule. Des i minuscules. Un î circonflexe. Un ï tréma. Droit comme un i, d'une taille très droite. Mettre le point sur l'i. *Fig. Famil.* Mettre les points sur les i, entrer dans les détails les plus minutieux. ‖ *Anciennt.* I consonne, le j. I grec, l'y.

ÏAMBE [yänb'; *en vers,* i-änb'] *s. m.*

[ÉTYM. Emprunté du lat. iambus, grec ἴαμβος, *m. s.* ‖ xviᵉ s. Les petits grimaulx les appellent en grammaire iambus, RAB. ii, 1.]

I. (Métriq. anc.) ‖ **1°** Pied composé de deux syllabes, la première brève, la seconde longue.

‖ **2°** Vers satirique, composé primitivement de six iambes. L'épode, l'antipode et le tragique —, DESMARETS, *Visionnaires,* i, 2. ‖ *P. appos. Vieilli.* Vers —. (*V.* iambique.)

II. *P. ext.* Pièce de vers satirique. L'auteur a compris sous la dénomination générale d'iambes toute satire d'un sentiment amer et d'un mouvement lyrique, A. BARBIER, *Iambes,* note.

ÏAMBIQUE [yan-bïk'; *en vers,* i-an-...] *adj.*

[ÉTYM. Emprunté du lat. iambicus, grec ἰαμβικός, *m. s.* ‖ 1529. Metres iambiques, G. TORY, *Champfleury,* fᵒ 3, rᵒ. Admis ACAD. 1718.]

‖ (Métriq. anc.) Composé d'iambes. Un vers —, et, *substantivt,* Un —.

*ÏBÉRIDE** [i-bé-rid'] *s. f.*

[ÉTYM. Emprunté du lat. iberis, idis, grec ἰβηρίς, ίδος, sorte de cresson. ‖ 1789. ENCYCL. MÉTH.]

‖ (Botan.) Plante crucifère à fleurs en grappes. — ombellifère, thlaspi des jardiniers.

IBIDEM [i-bi-dèm'] *adv.*

[ÉTYM. Emprunté du lat. ibidem, *m. s.* (*Cf.* idem.) ‖ Admis ACAD. 1835.]

‖ (T. didact.) Au même passage (d'un texte déjà cité). (Souvent abrégé, dans l'écriture, en ibid. ou ib.)

IBIS [i-bìs'] *s. m.*

[ÉTYM. Emprunté du lat. ibis, grec ἶβις, *m. s.* Au xiiᵉ s. PH. DE THAUN dit ybex, par confusion entre le lat. ibis, ibis, et ibex, bouquetin; au xiiiᵉ s. BRUN. LATINI ibe; au xviᵉ s. RAB. ibide, v, 40. ‖ 1537. Ibis, oiseau d'Égypte, SALIAT, *Man. d'instruire les enf.* fᵒ 13, rᵒ.]

‖ Oiseau échassier longirostre dont une espèce était sacrée chez les anciens Égyptiens.

*ICAQUE** [i-käk'] *s. m.*

[ÉTYM. Emprunté de l'espagn. icaco, *m. s.* lui-même emprunté des langues américaines, § 30. Qqns disent icaquier, § 126. ‖ 1658. L'icaque est une espece de petit prunier, DE ROCHEFORT, *Hist. nat. et mor. des Antilles,* p. 56.]

‖ Arbrisseau de la Guyane de la famille des Rosacées, sorte de prunier. Prune d'—.

*ICAQUIER** [i-kä-kyé] *V.* icaque.

ICELUI [is'-lui; *en vers,* i-se-lui], **ICEUX** [i-seû], **ICELLE, ICELLES** [i-sèl'] *pron. et adj. dém.*

[ÉTYM. *V.* celui.]

‖ Ancienne forme de celui, etc., employée qqf, soit comme adjectif, soit comme pronom démonstratif, dans la langue du droit ou dans le style marotique. L'idée universelle De ma cause, et des faits renfermés en icelle, RAC. *Plaid.* iii, 3. Témoins trois procureurs dont icelui Citron A déchiré la robe, ID. *ibid.* Je me suis résolu à vous en importuner de quelques morceaux, pour vous supplier par iceux de juger de la pièce, ST-SIM. *Lett.* 29 mars 1699.

ICHNEUMON [ïk'-neu-mon] *s. m.*

[ÉTYM. Emprunté du lat. ichneumon, grec ἰχνεύμων, *m. s.* proprt, « fureteur ». ‖ xviᵉ s. Ichneumone, RAB. iv, 44. Ichneumon, P. BELON, *Observ. de quelq. singul.* (1553), fᵒ 97, rᵒ. Admis ACAD. 1762.]

‖ **1°** Mangouste, mammifère digitigrade, dit rat de Pharaon, que les anciens Égyptiens adoraient, parce qu'il détruit les œufs de crocodile.

‖ **2°** Insecte hyménoptère qui perce la peau des chenilles pour y déposer ses œufs.

ICHNOGRAPHIE [ïk'-nò-grà-fi] *s. f.*

[ÉTYM. Emprunté du lat. ichnographia, grec ἰχνογραφία, *m. s.* de ἴχνος, trace, et γράφειν, décrire. ‖ 1547. J. MARTIN, dans DELB. *Rec.* Admis ACAD. 1762.]

‖ (Architect.) Plan horizontal et géométral d'un édifice (par opposition à la stéréographie, qui le représente sur un plan perpendiculaire à l'horizon).

ICHNOGRAPHIQUE [ïk'-nò-grà-fïk'] *adj.*

[ÉTYM. Dérivé de ichnographie, § 229. ‖ 1752. TRÉV. Admis ACAD. 1762.]

‖ (Architect.) Relatif à l'ichnographie. Plan —.

ICHOR [i-kòr] *s. m.*

[ÉTYM. Emprunté du grec ἰχώρ, *m. s.* ‖ xviᵉ s. PARÉ, viii, 39. Admis ACAD. 1878.]

‖ (Médec.) Sanie aqueuse qui sort des plaies de mauvaise nature.

ICHOREUX, EUSE [i-kò-reù, -reûz'] *adj.*

[ÉTYM. Dérivé de ichor, § 251. ‖ xviᵉ s. PARÉ, v, 27. Admis ACAD. 1762.]

‖ (Médec.) Qui est de la nature de l'ichor. Pus —.

*ICHTHYOLITHE** et **ICHTYOLITHE** [ïk'-tyò-lït'; *en vers,* -ti-ò-...] *s. m.*

[ÉTYM. Composé avec le grec ἰχθύς, poisson, et λίθος, pierre, § 279. ‖ Admis ACAD. 1762; écrit ichtyolithe en 1878.]

‖ (Hist. nat.) Poisson fossile.

*ICHTHYOLOGIE** et **ICHTYOLOGIE** [ïk'-tyò-lò-ji; *en vers,* -ti-ò-...] *s. f.*

[ÉTYM. Emprunté du lat. scientif. ichthyologia, *m. s.* du grec ἰχθύς, poisson, et λόγος, discours, § 279. Le grec ancien possède le verbe ἰχθυολογεῖν, s'occuper d'ichthyologie, et ἰχθυολόγος, ichthyologiste. ‖ 1748. Ictiologie, LA METTRIE, *Ouvrage de Pénélope,* i, 19. Admis ACAD. 1762; écrit ichtyologie en 1878.]

‖ (T. didact.) Partie de l'histoire naturelle qui traite des poissons.

*ICHTHYOLOGIQUE** et **ICHTYOLOGIQUE** [ïk'-tyò-lò-jïk'; *en vers,* -ti-ò-...] *adj.*

[ÉTYM. Dérivé de ichthyologie, § 229. ‖ 1770. Philosophie ichtiologique, A. GOUAN, *Hist. des poissons,* p. 1. Admis ACAD. 1835; écrit ichtyologique en 1878.]

‖ (T. didact.) Relatif à l'ichthyologie.

*ICHTHYOLOGISTE** et **ICHTYOLOGISTE** [ïk'-tyò-lò-jïst'; *en vers,* -ti-ò-...] *s. m.*

[ÉTYM. Dérivé de ichthyologie, § 265. ‖ 1770. GUETTARD, *Mémoires,* i, 293. Admis ACAD. 1835; écrit ichtyologiste en 1878.]

‖ (T. didact.) Celui qui est versé dans l'ichthyologie.

*ICHTHYOPHAGE** et **ICHTYOPHAGE** [ïk'-tyò-fàj'; *en vers,* -ti-ò-...] *adj.*

[ÉTYM. Emprunté du lat. ichthyophagus, grec ἰχθυοφάγος, *m. s.* de ἰχθύς, poisson, et φάγειν, manger. ‖ xivᵉ s. Lesquelles gens les Yndois appellent ycciofages, J. DE VIGNAY, *Miroir hist.* dans DELB. *Rec.* Admis ACAD. 1762; écrit ichtyophage en 1878.]

‖ (T. didact.) Qui se nourrit de poisson. Peuplade —.

*ICHTHYOPHAGIE** [ïk'-tyò-fà-ji; *en vers,* -ti-ò-...] *s. f.*

[ÉTYM. Emprunté du grec ἰχθυοφαγία, *m. s.* ‖ xviᵉ s. Paouvres haires extraictz de ichthyophagie, RAB. iii, 22.]

‖ (T. didact.) Habitude de se nourrir de poisson.

*ICHTHYOSAURE** et **ICHTYOSAURE** [ïk'-tyò-sòr; *en vers,* -ti-ò-...] *s. m.*

[ÉTYM. Emprunté du lat. scientif. ichthyosaurus, *m. s.*

composé avec le grec ἰχθύς, poisson, et σαῦρος;, lézard, § 279. ‖ *Néolog.* Admis ACAD. 1878.]

‖ (Hist. nat.) Reptile fossile à vertèbres de poisson.

ˈICHTHYOSE [ĭk'-tyŏz' ; *en vers,* -tĭ-ŏz'] *s. f.*

[ÉTYM. Emprunté du lat. médical ichthyosis, *m. s.* dérivé du grec ἰχθύς, poisson, § 282. ‖ *Néolog.*]

‖ (Médec.) Maladie cutanée où l'épiderme a des écailles.

ICI [i-si] *adv.*

[ÉTYM. Du lat. pop. ˈecce-hĭc, *m. s.* proprt, « voici ici », §§ 182 et 726. (*Cf.* ci 1, voici.) ‖ XIᵉ s. Si tei ploŭst, ici ne voisisse estre, *St Alexis,* 202.]

‖ **1°** Dans le lieu où se trouve celui qui parle (par opposition à là, lieu éloigné). Demeurez ici. Ici nos gens se campèrent, MOL. *Amph.* I, 1. Fort à propos, Messieurs, vous vous trouvez ici, ID. *Mis.* V, 4. Venez ici. Hors d'ici. Le plus tôt que vous pourrez sortir d'ici sera le meilleur, MOL. *D. Juan,* II, 5. D'ici là, de ce lieu-ci jusqu'à cet endroit-là. Par ici, par ce lieu-ci. Passez par ici. Ici dessous. ‖ *P. ext.* Dans ce pays. Les gens d'ici. Et ses roulements d'yeux et son ton radouci N'imposent qu'à des gens qui ne sont point d'ici, MOL. *Mis.* I, 1. Ici-bas, sur terre (par opposition à là-haut, au ciel). Ici-bas il n'est point de bonheur parfait. Les choses d'ici-bas ne me regardent plus, LA F. *Fab.* VII, 3. Dans le même sens. Ici-haut (par opposition à là-bas, aux enfers). Diogène là-bas est aussi riche qu'eux (les thésauriseurs), Et l'avare ici-haut comme lui vit en gueux, LA F. *Fab.* IV, 20.

‖ **2°** *P. ext.* Dans cet endroit du discours. Ici, l'auteur commence une digression. Je finis ici ma lettre. Jusqu'ici il n'a été question que de vous.

‖ **3°** Dans le temps présent. D'ici à huit jours. d'ici à demain. D'ici là les choses s'arrangeront. Des choses qui ne s'étaient jamais vues jusqu'ici.

ICONOCLASTE [i-kò-nò-klàst'] *s. m.* et *f.*

[ÉTYM. Emprunté du grec εἰκονοκλάστης, *m. s.* de εἰκών, image, et κλάειν, briser. (*Cf.* iconolâtre.) ‖ XVIIᵉ s. *V.* à l'article. Admis ACAD. 1762.]

‖ (Hist. relig.) Hérétique qui brise les saintes images, qui n'admet pas la représentation figurée des personnes divines. (*Cf.* iconomaque.) La secte des iconoclastes. Le concile des iconoclastes fut condamné, BOSS. *Hist. univ.* I, 11. ‖ *Adjectivt.* La guerre que les empereurs iconoclastes déclarèrent aux moines, MONTESQ. *Rom.* 22.

ICONOGRAPHE [i-kò-nò-gràf'] *s. m.* et *f.*

[ÉTYM. Tiré de iconographie, § 279. Le grec εἰκονογράφος signifie « peintre de portraits ». ‖ 1812. MOZIN, *Dict. franç.-allem.* Admis ACAD. 1835.]

‖ (T. didact.) Personne versée dans l'iconographie.

ICONOGRAPHIE [i-kò-nò-grà-fi] *s. f.*

[ÉTYM. Composé avec le grec εἰκών, image, et γράφειν, décrire, § 279. Le lat. iconographia et le grec εἰκονογραφία signifient « peinture de portraits ». (*Cf.* iconographe.) ‖ 1701. FURET. Admis ACAD. 1762.]

‖ (T. didact.) **1°** Science des monuments figurés, peintures, statues, médailles, etc.

‖ **2°** *P. ext.* Collection de portraits d'hommes célèbres.

ICONOGRAPHIQUE [i-kò-nò-grà-fìk'] *adj.*

[ÉTYM. Dérivé de iconographie, § 229. ‖ Admis ACAD. 1762.]

‖ (T. didact.) Relatif à l'iconographie.

ICONOLÂTRE [i-kò-nò-làtr'] *s. m.* et *f.*

[ÉTYM. Emprunté du grec ecclés. εἰκονολάτρης, *m. s.* de εἰκών, image, et λατρεύειν, adorer. (*Cf.* iconoclaste.) ‖ 1701. FURET. Admis ACAD. 1762.]

‖ (Hist. relig.) Celui, celle qui adore les images, nom que les iconoclastes donnent aux catholiques.

ICONOLOGIE [i-kò-nò-lò-ji] *s. f.*

[ÉTYM. Composé avec le grec εἰκών, image, et λόγος, discours, § 279. Le grec εἰκονολογία signifie « langage figuré ». ‖ 1690. FURET. Admis ACAD. 1762.]

‖ (T. didact.) Explication des monuments figurés.

ICONOMAQUE [i-kò-nò-màk'] *s. m.* et *f.*

[ÉTYM. Emprunté du grec ecclés. εἰκονομάχης, *m. s.* de εἰκών, image, et μάχεσθαι, combattre. ‖ 1564. Leon empereur, surnommé iconomache, MARCOUVILLE, dans DELB. *Rec.* ‖ 1609. Opuscules qu'il a escript contre les iconomaques, J. GAULTIER, *Estal du christ. ibid.* Admis ACAD. 1762.]

‖ (Hist. relig.) Hérétique qui combat le culte des saintes images. (*Cf.* iconoclaste.)

ICOSAÈDRE [i-kò-zà-èdr'] *s. m.*

[ÉTYM. Emprunté du lat. icosaedrum, grec εἰκοσάεδρον, *m. s.* de εἴκοσι, vingt, et ἕδρα, face. ‖ 1542. Icocedron, BO-

VELLES, *Géom. prat.* fᵒ 41, vᵒ. ‖ 1587. Icosahedre, DUCHESNE, *Grand miroir du monde,* p. 162. Admis ACAD. 1762.]

‖ (Géom.) Solide à vingt faces.

ˈICOSANDRE [i-kò-zàndr'] *adj.*

[ÉTYM. Tiré de icosandrie, § 279. ‖ 1799. L.-C.-M. RICHARD, *Dict. de botan. de Bulliard,* p. 196.]

‖ (Botan.) Qui a vingt étamines (ou plus).

ICOSANDRIE [i-kò-zan-dri} *s. f.*

[ÉTYM. Emprunté du lat. scientif. icosandria (LINNÉ), *m. s.* du grec εἴκοσι, vingt, et ἀνήρ, homme, mâle, § 279. ‖ 1799. L.-C.-M. RICHARD, *Dict. de botan. de Bulliard.* Admis ACAD. 1835.]

‖ (Botan.) Dans la classification de Linné, groupe de plantes qui ont vingt étamines (ou plus).

ICTÈRE [ĭk'-tèr] *s. m.*

[ÉTYM. Emprunté du lat. icterus, grec ἴκτερος, *m. s.* ‖ 1611. COTGR. Admis ACAD. 1762.]

‖ (Médec.) Jaunisse.

ICTÉRIQUE [ĭk'-té-rĭk'] *adj.*

[ÉTYM. Emprunté du lat. ictericus, grec ἰκτερικός, *m. s.* ‖ XIIIᵉ s. Itheriques met en santé, *Lapidaire,* dans DELB. *Rec.* Admis ACAD. 1762.]

‖ (Médec.) Qui tient de l'ictère. Affection —. ‖ *P. ext.* Atteint d'ictère. Un, une malade —, et, *substantivt,* Un, une —.

ˈICTUS [ĭk'-tŭs'] *s. m.*

[ÉTYM. Emprunté du lat. ictus, *m. s.* proprt, « coup ». ‖ *Néolog.*]

‖ (Métriq.) Coup frappé en marquant le temps fort d'un pied. ‖ *P. anal.* Temps fort marqué sur une syllabe.

IDE [id'] *s. m.*

[ÉTYM. Origine inconnue. ‖ 1789. ENCYCL. MÉTH. Admis ACAD. 1835.]

‖ (T. de jeu.) Chacun des deux coups qui décident d'un pari dans le jeu du piquet à écrire.

IDÉAL, ALE [i-dé-àl] *adj.*

[ÉTYM. Emprunté du lat. idealis, *m. s.* ‖ XVIᵉ-XVIIᵉ s. Leur forme ideale, DESPORTES, *Cléonice,* 20.]

I. Qui n'a d'existence que dans l'esprit. Les abstractions n'ont qu'une existence idéale. Êtres, types idéaux. Ce cercle d'inconvénients idéaux et fictifs peut aisément devenir réel pour nos neveux, MARQUIS DE MIRABEAU, *l'Ami des hommes,* I, 7. ‖ Richesses idéales.

II. Qui répond à l'idée que nous concevons du parfait. Beauté, perfection idéale. Formes idéales. ‖ *Substantivt, au masc.* L'— de la beauté. L'— rêvé par le poète.

IDÉALISER [i-dé-à-li-zé] *v. tr.*

[ÉTYM. Dérivé de idéal, § 267. ‖ 1794. VILLETERQUE, *Veillées philos.* dans MERCIER, *Néolog.* Admis ACAD. 1878.] ‖ Revêtir d'un caractère idéal.

IDÉALISME [i-dé-à-lĭsm'] *s. m.*

[ÉTYM. Dérivé de idéal, § 265. ‖ 1752. TRÉV. Admis ACAD. 1878.]

I. (Philos.) Doctrine de ceux qui ne considèrent comme réel que ce qui ne tombe pas sous les sens.

II. Poursuite de l'idéal (dans les œuvres d'art).

IDÉALISTE [i-dé-à-lĭst'] *adj.*

[ÉTYM. Dérivé de idéal, § 265. ‖ XVIIIᵉ s. DIDEROT, *Lett. sur les aveugles.* Admis ACAD. 1878.]

‖ Qui appartient à l'idéalisme. Système —. Un philosophe —, et, *substantivt,* Un —.

IDÉE [i-dé] *s. f.*

[ÉTYM. Emprunté du lat. idea, grec ἰδέα, *m. s.* ‖ XIIIᵉ s. Et lor promet en ses idées Des oevres qu'il avront ovrees Sauvement ou damnacion, J. DE MEUNG, *Rose,* 17685.]

I. Représentation dans l'esprit de qq être ou de qq manière d'être.

‖ **1°** Conception d'un être ou d'une manière d'être. Nous avons des idées très claires non seulement de notre liberté, mais encore de toutes les choses qui la doivent suivre, BOSS. *Libre Arb.* 2. Au lieu de recevoir les idées de ces choses pures, nous les teignons de nos qualités, PASC. *Pens.* I, 1. Une — vraie, fausse, juste, inexacte, claire, obscure. Comment pourrais-je connaître... que je ne suis pas tout parfait, si je n'avais en moi aucune — d'un être plus parfait que le mien? DESC. *Méth.* 3. L'— de corps, d'arbre. L'— de Dieu. ‖ *P. ext.* ‖ 1. Conception élémentaire, aperçu d'une chose. Il ne sera pas hors de propos de donner une — de la cour d'Angleterre, HAMILT. *Gram.* 6. Il n'en a pas —. *Famil.* J'ai —, moi, qu'il l'a tirée (la lettre) de la sienne (de sa poche),

BEAUMARCH. *B. de Sév.* II, 15. | **2.** Conception d'un être ou d'une manière d'être qui n'existe que dans l'esprit. *Ces sortes d'honneurs en* —, SÉV. 431. *L'autre femme est une pure* — *de mon esprit*, CORN. *Sertor. au lecteur. De pareils lieutenants n'ont des chefs qu'en* —, ID. *ibid.* III, 1. *Ce ne sont plus rien que des idées ou des fantômes, des façons de chevaux*, MOL. *Av.* III, 1. | **3.** Conception à réaliser. *Mais à effet entier je veux pousser l'*—, MOL.. *F. sav.* III, 2. *C'est dans Tacite que Racine a pris l'*— *de Britannicus. L'*— *première d'un tableau.*

|| **2°** Manière de concevoir un être ou une manière d'être. *Il y a de certains biens que l'on désire avec emportement, et dont l'*— *seule nous enlève et nous transporte*, LA BR. 11. *Nous avons une si grande* — *de l'âme de l'homme que nous ne pouvons souffrir d'en être méprisés*, PASC. *Pens.* I, *extraordinaire mérite*, SÉV. 930. *Elle avait grand tort en effet 5. Il n'y a que ce mot qui puisse remplir l'*— *que j'ai de votre de ne pas ressembler à l'*— *qu'il s'en était faite*, ID. 1221.

|| **3°** *P. ext.* L'esprit qui conçoit. *Et n'avait rien que Pinuce en l'*—, LA F. *Contes, Berceau. Ce songe, Hydaspe, est donc sorti de son* —? RAC. *Esth.* II, 1. *J'ai dans l'*— *qu'il ne reviendra pas. Cela ne vient pas même dans l'*—, MONTESQ. *Espr. des lois*, V, 4.

II. Représentation d'un être ou d'une manière d'être par l'imagination.

|| **1°** Image. *De ce souvenir mon âme possédée A deux fois en dormant revu la même* —, RAC. *Ath.* II, 5. *Le sommeil n'oserait me peindre une autre* —, CORN. *Suiv.* I, 3. *Ne me rappelez point une trop chère* —, RAC. *Bér.* V, 5.

|| **2°** Type qu'on imagine. *Le stoïcisme est un jeu d'esprit, une* —, *semblable à la République de Platon*, LA BR. 1. *De ce sont venus nos universaux et ce que nous appelons idées de Platon*, LA F. *Sur les Dialogues de Platon. Il sera votre* —, *et vous serez la sienne*, CORN. *Suite du Ment.* II, 1. *Il est mon* — *sur la perfection de l'amour*, SÉV. 848.

IDEM [i-dèm'] *adv.*
[ÉTYM. Emprunté du lat. idem, la même chose. (*Cf.* ibidem.) || Admis ACAD. 1835.]
|| De même. *Famil.* La mère est laide, la fille — . *Spéciall.* Dans un inventaire, une carte de restaurateur, etc. *Un lit en acajou, une armoire* —. *Un poulet rôti, un* — *au blanc.*

IDENTIFICATION [i-dan-ti-fi-kà-syon; *en vers*, -si-on] *s. f.*
[ÉTYM. Dérivé de identifier, § 247. || XVIII° s. VOLT. *Jenny*, 3. Admis ACAD. 1878.]
|| (T. didact.) Action d'identifier.

IDENTIFIER [i-dan-ti-fyé; *en vers*, -fi-é] *v. tr.*
[ÉTYM. Emprunté du lat. scolast. identificare, *m. s.* § 217. || 1752. TRÉV. Admis ACAD. 1762.]
|| (T. didact.) Rendre identique. *La définition doit être identifiée avec le défini. La législation avait fini par s'*— *avec les mœurs. P. ext. L'acteur doit s'*— *avec le personnage qu'il joue.* || *P. ext.* — *un nom de lieu, trouver le nom moderne qui correspond au nom ancien.*

IDENTIQUE [i-dan-tìk'] *adj.*
[ÉTYM. Emprunté du lat. scolast. identicus, *m. s.* dérivé du radical de identité, § 229. || 1690. FURET. Admis ACAD. 1878.]
|| (T. didact.) Dont la nature est absolument la même que celle d'une autre chose. *Une proposition* — *à une autre. Le premier membre de cette équation est* — *au second. Ces deux choses sont identiques. Substantivt, au masc. Le principe des identiques.*

IDENTIQUEMENT [i-dan-tìk'-man; *en vers*, -ti-ke-...] *adv.*
[ÉTYM. Composé avec identique et ment, § 726. || XVII°-XVIII° s. ELLIES DUPIN, dans TRÉV. Admis ACAD. 1762.]
|| D'une manière identique.

IDENTITÉ [i-dan-ti-té] *s. f.*
[ÉTYM. Emprunté du lat. identitas, *m. s.* || XIV° s. La identité ou unité que il ont a leur parens, ORESME, *Éth.* VIII, 17.]
|| Caractère de ce qui est identique. *Il y a* — *entre ces deux choses.* — *de pensées.* (Mathém.) *L'*— *de deux membres dans une équation.* || (Jurispr.) Le fait qu'un individu est bien celui qu'il dit être ou qu'on présume être. *Établir l'*— *d'un prévenu. Prouver son* — *par la production d'une pièce authentique.* || (Philos.) Conscience de la persistance du moi. *La notion d'*—.

IDÉOGRAPHIE [i-dé-ò-grà-fi] *s. f.*
[ÉTYM. Composé avec le grec ἰδέα, signe, et γράφειν, décrire, § 279. || *Néolog.* Admis ACAD. 1878.]
|| (T. didact.) Représentation des idées par des signes qui en figurent l'objet.

IDÉOGRAPHIQUE [i-dé-ò-grà-fìk'] *adj.*
[ÉTYM. Dérivé de idéographie, § 229. || *Néolog.* Admis ACAD. 1878.]
|| Relatif à l'idéographie. *Les hiéroglyphes constituent un langage* —.

IDÉOLOGIE [i-dé-ò-lò-ji] *s. f.*
[ÉTYM. Composé avec le grec ἰδέα, idée, et λόγος, discours, § 279. || Mot dû à DESTUTT DE TRACY (1796). Admis ACAD. 1835.]
|| (Philos.) Science de l'origine, la formation des idées.

IDÉOLOGIQUE [i-dé-ò-lò-jìk'] *adj.*
[ÉTYM. Dérivé de idéologie, § 229. || 1801. Sciences idéologiques, DESTUTT DE TRACY, *Idéologie*, préf. p. 12. Admis ACAD. 1835.]
|| (Philos.) Relatif à l'idéologie.

IDÉOLOGISTE [i-dé-ò-lò-jìst'] ou **IDÉOLOGUE** [i-dé-ò-lòg'] *s. m.*
[ÉTYM. Dérivé de idéologie, § 265. || XVIII°-XIX° s. *V.* à l'article. Admis ACAD. 1835.]
|| **1°** (Philos.) Celui qui s'occupe d'idéologie. *Nos idéologistes modernes sont tombés dans l'athéisme*, B. DE ST-P. *Harm. de la nat.* V, 6.
|| **2°** *En mauvaise part.* Celui qui, dans la pratique, se laisse diriger par les théories plutôt que par les faits.

IDES [id'] *s. f. pl.*
[ÉTYM. Emprunté du lat. idus, *m. s.* || XII° s. Des kalendes, des ides, PH. DE THAUN, *Comput*, 185.]
|| (Chronol. anc.) Le quinzième jour des mois de mars, mai, juillet et octobre, le treizième des huit autres mois. *Le quatrième, le cinquième jour des* — *(qui précède les ides).*

IDIOME [i-dyôm'; *en vers*, -di-ôm'] *s. m.*
[ÉTYM. Emprunté du lat. idioma, grec ἰδίωμα, *m. s.* || XVI° s. Ydiomat italique (1527), F. DASSY, *Peregrin*, dans DELB. *Rec.* Tant de sortes d'idiomes, MONTAIGNE, I, 56.]
|| **1°** *Anciennt.* Particularité propre à une langue. (*Syn.* idiotisme.) *Selon les divers idiomes de chaque langue*, BOSS. *Hist. univ.* I, 7.
|| **2°** *P. ext.* Langue propre à une nation. *Les idiomes de l'Europe orientale. Les idiomes germaniques.* || *P. anal.* Dialecte spécial d'une province. *L'*— *bourguignon.*

IDIOPATHIE [i-dyò-pà-ti; *en vers*, -di-ò-...] *s. f.*
[ÉTYM. Emprunté du grec ἰδιοπάθεια, *m. s.* de ἴδιος, propre, et πάθος, maladie. || 1690. FURET. Admis ACAD. 1762.]
|| (Médec.) Maladie qui existe par elle-même et non comme dépendance d'une autre.

IDIOPATHIQUE [i-dyò-pà-tìk'; *en vers*, -di-ò-...] *adj.*
[ÉTYM. Dérivé de idiopathie, § 229. || 1732. TRÉV. Admis ACAD. 1762.]
|| (Médec.) Qui a le caractère de l'idiopathie.

IDIOSYNCRASIE [i-dyò-sin-krà-zi; *en vers*, -di-ò-...] *s. f.*
[ÉTYM. Emprunté du grec ἰδιοσυγκρασία, *m. s.* de ἴδιος, propre, et σύγκρασις, mélange, tempérament. On trouve souvent au XVIII° s. idiosyncrase (TRÉV. 1732), d'après une forme secondaire ἰδιοσύγκρασις. || 1783. POMME, *Traité des aff. vaporeuses*, p. 589. Admis ACAD. 1878.]
|| (Médec.) Tempérament personnel.

IDIOT, OTE [i-dyó, -dyòt'; *en vers*, -di-...] *adj.*
[ÉTYM. Emprunté du lat. idiotes, grec ἰδιώτης, *m. s.* || XIII° s. Qui touz est soz et idiotes, G. DE COINCY, *Miracles*, col. 318. | XIV° s. Un ignorant ou ydiot, ORESME, *Éth.* III, 18.]
|| Dont le cerveau est insuffisamment développé. *Tant il était bègue et paraissait* —, LA F. *Ésope. Substantivt. Un* —, *une idiote.* || *P. hyperb. Famil.* Qui a l'esprit très borné. *Pauvres gens, idiots, couple ignorant et rustre*, LA F. *Fab.* III, 1.

*****IDIOTIE** [i-dyò-si; *en vers*, -di-ò-si] *s. f.*
[ÉTYM. Dérivé de idiot, § 282. || *Néolog.*]
|| Manière d'être de l'idiot. || *P. hyperb.* État d'un esprit très borné.

1. IDIOTISME [i-dyò-tìsm'; *en vers*, -di-ò-...] *s. m.*
[ÉTYM. Emprunté du lat. idiotismus, grec ἰδιωτισμός, *m. s.* || XVI° s. Caillette respondoit bien en son idiotisme, BON. DES PER. *Nouv.* 2.]
|| (Gramm.) Construction particulière à telle ou telle langue. *Les idiotismes français s'appellent « gallicismes ».*

2. IDIOTISME [i-dyò-tìsm'; *en vers*, -di-ò-...] *s. m.*
[ÉTYM. Dérivé de idiot, § 265. || 1611. COTGR. Admis ACAD. 1835.]

|| *Rare.* Idiotie. L'— est l'état d'un idiot, comme le pédantisme est l'état d'un pédant, VOLT. *Lett.* 28 juin 1773.

IDOINE [i-dwàn'] *adj.*
[ÉTYM. Emprunté du lat. idoneus, *m. s.* On trouve aoine, forme à demi pop., au XIIe s. || XIIIe s. En lui ot chevalier ydone, *Richars li Biaus*, 3140.]
|| *Vieilli.* (Droit.) Propre à qqch. Apte et —.

IDOLÂTRE [i-dò-lâtr'] *adj.*
[ÉTYM. Pour idololâtre, § 360, emprunté du lat. idololatres, grec εἰδωλολάτρης, *m. s.* L'allongement de l'a est dû à une confusion avec le suffixe -âtre, §§ 62 et 151. || XIIIe s. Diex... les dampne comme idolastres, J. DE MEUNG, *Rose*, 5267.]
|| **1°** Qui rend un culte divin aux idoles. Les peuples idolâtres. *P. ext.* En parlant du culte, des objets du culte. Offrir à Baal un encens —, RAC. *Ath.* I, 2. || *Substantivt.* Convertir les idolâtres. Mon père... De l'— impur fuit l'aspect criminel, RAC. *Ath.* III, 2. L'— a frémi quand il l'a vu paraître, LEFR. DE POMP. *Ps.* 67.
|| **2°** *Fig.* Qui a une sorte de culte pour qqn, pour qqch. Une mère — de ses enfants. Idolâtres de nous-mêmes, BOURD. *Concept.* 1. Je rendrai de ton nom l'univers —, CORN. *Poés. div.* 65. Un avare, — et fou de son argent, BOIL. *Sat.* 4. || *Substantivt* (*rare*). C'est ce que nous avons à dire aux idolâtres de l'amour du monde, BOSS. *Honn. du monde*, 3.

IDOLÂTRER [i-dò-lá-tré] *v. intr.* et *tr.*
[ÉTYM. Dérivé de idolâtre, § 266. || XIVe-XVe s. En ydolatrant, EUST. DESCH. VIII, 89.]
I. *Vieilli.* *V. intr.* Adorer les idoles. — est rendre à la créature les honneurs divins, BOSS. *Avert. sur le reproche d'idolâtrie.*
II. *V. tr.* Avoir une sorte de culte pour (qqn, qqch). J'aime! que dis-je aimer? j'idolâtre Junie, RAC. *Brit.* II, 2. Celles (les femmes) qui ne voudraient être au monde que pour y être adorées et idolâtrées, BOURD. *Carême, Cendres.* Une femme qui s'idolâtre. Ces deux époux s'idolâtrent l'un l'autre. Chacun en liberté l'y blâme (mon œuvre) ou l'idolâtre, CORN. *Poés. div.* 22.

IDOLÂTRIE [i-dò-lá-tri] *s. f.*
[ÉTYM. Pour idololâtrie, § 360, emprunté du lat. idololatria, grec εἰδωλολατρεία, *m. s.* || XIIe s. Le ydolatrie que Jeroboam out faite, *Rois*, IV, 23.]
|| **1°** Adoration des idoles. Tous les peuples se précipitaient dans l'—, BOSS. *Hist. univ.* II, 2.
|| **2°** *Fig.* Culte pour une personne, une chose. Créuse est le sujet de mon —, CORN. *Méd.* I, 1. Antoine qui l'aima jusqu'à l'—, RAC. *Bér.* II, 2. Aimer avec —. La prévention du peuple en faveur des grands est si aveugle... que s'ils s'avisaient d'être bons, cela irait à l'—, LA BR. 9.

IDOLE [i-dòl] *s. f.* (des deux genres au XVIIe s.).
[ÉTYM. Emprunté du lat. idolum, grec εἴδωλον, *m. s.* proprt, « image ». Sur le genre, V. § 550. L'anc. franç. dit idele, idle, conformément à l'accentuation du mot grec. || XIe s. Et tuz ses ydeles que il soelt adorer, *Roland*, 2619. | XIIIe s. Ou tex ydoles ont lor estre, J. DE MEUNG, *Rose*, 18460.]
|| **1°** Statue, figure, représentant une fausse divinité. Une — d'or, d'argent, de pierre, de bois. Adorer les idoles. Un — sacré, CORN. *Oth.* III, 1. Peux-tu penser que d'un zèle frivole Je me laisse aveugler pour une vaine —? RAC. *Ath.* III, 3. Tout était dieu, excepté Dieu lui-même, et le monde, que Dieu avait fait pour manifester sa puissance, semblait être devenu un temple d'idoles, BOSS. *Hist. univ.* II, 3. || *Fig.* | 1. Fléchir le genou devant l'—, s'incliner devant les puissants. | 2. Le second de mes fils n'est qu'une franche — (inerte comme une statue), DESTOUCHES, *Irrésolu*, I, 1. | 3. *Vieilli.* Image, fantôme. Pallas lui envoie l'— d'Iphthime, son amie, pour la consoler, RAC. *Rem. sur l'Odyssée.*
|| **2°** *Fig.* Personne, chose qui est l'objet d'un culte. Quelle créature fut jamais plus propre à être l'— du monde! Mais ces idoles que le monde adore, à combien de tentations délicates ne sont-elles pas exposées? BOSS. *D. d'Orl.* Ainsi une femme mondaine est-elle l'— de je ne sais combien d'hommes..., BOURD. *Am. et cr. de la vérité*, 2. (Arnauld) me dit que j'étais une jolie païenne; que je faisais de vous une — dans mon cœur, SÉV. 163. Sa fille (à Mme de Sévigné), qui était son — et qui le méritait médiocrement, ST-SIM. I, 308.

IDYLLE [i-dil] *s. f.* (des deux genres au XVIIe s.).
[ÉTYM. Emprunté du lat. idyllium, grec εἰδύλλιον, petite pièce. Sur le genre, V. § 550. || XVIe s. Petites idillies, Marchez de pieds soudains, VAUQ. DE LA FRESN. II, 446, Travers.]
|| (Hist. littér.) Petit poème pastoral. Les idylles de Théocrite. Les idylles de Gessner. || *Spécialt.* Récit d'amour pastoral. Les auteurs des idylles plaisent aux gens de cour par l'idée qu'ils leur donnent d'une certaine tranquillité qu'ils n'ont pas, MONTESQ. *Lett. pers.* 137.

IF [if] *s. m.*
[ÉTYM. Mot qui se retrouve à la fois dans les langues celtiques (irland. eo, breton ivin, etc.) et dans les langues germaniques (anc. haut allem. iwa, allem. mod. eibe, anglo-sax. iw, anglais yew, etc. *m. s.*), §§ 3 et 6 : il est difficile de savoir si le franç. l'a emprunté du celtique ou du germanique. (*Cf.* iveteau.) || XIe s. En Sarraguce descendent suz un if, *Roland*, 406.]
|| **1°** Arbre vert de la famille des Conifères. On tond, on taille les ifs en boule, en pyramide.
|| **2°** *P. anal.* (Technol.) Support triangulaire sur lequel on pose des lampions. || If à bouteilles, support à branches sur lesquelles on met égoutter des bouteilles.

IGNAME [i-ñàm'] *s. m.*
[ÉTYM. Emprunté de l'anc. espagn. iñame (auj. ñame), *m. s.* qui est lui-même emprunté de la langue des Caraïbes, § 30. || 1575. Une racine qu'ils nomment igname, THEVET, *Cosmogr. de Levant*, f° 90, r°. Admis ACAD. 1835.]
|| (Botan.) Plante tropicale à tige grimpante, de la famille des Smilacées, dont la racine est alimentaire.

IGNARE [i-ñàr] *adj.*
[ÉTYM. Emprunté du lat. ignarus, ignorant. || 1512. Cil qui est ignare, non sçavant, P. GRINGORE, *Obst. des Suisses.*]
|| *Famil.* Qui ne sait rien. Gens ignares. || *Vieilli.* Avec un complém. Un homme — de toute bonne discipline, MOL. *Mar. forcé*, sc. 6, édit. 1697.

IGNÉ, ÉE [ig'-né] *adj.*
[ÉTYM. Emprunté du lat. igneus, *m. s.* de ignis, feu. || XVe s. L'astre irradiant dont les ignees pointes..., J. ROBERTET, dans DELB. *Rec.* Admis ACAD. 1694.]
|| (T. didact.) Qui a la propriété du feu. Substance ignée. Matière ignée. || *P. ext.* Qui est produit par l'action du feu. Couche de terrain de formation ignée (par opposition aux couches de formation aqueuse).

IGNICOLE [ig'-ni-kòl] *adj.*
[ÉTYM. Composé avec le lat. ignis, feu, et colere, adorer, § 273. || 1752. Admis ACAD. 1762.]
|| (Hist. relig.) Qui adore le feu. Les Guèbres ignicoles.

IGNITION [ig'-ni-syon; *en vers*, -si-on] *s. f.*
[ÉTYM. Dérivé du lat. ignis, feu, § 247. || XVIe s. Forte et aspre ignition, VIGENÈRE, dans DELB. *Rec.* Admis ACAD. 1835.]
|| (T. didact.) État d'un corps en combustion. || *P. ext.* État d'un corps chauffé au rouge sans se fondre. Brique en —.

IGNOBLE [i-ñòbl'] *adj.*
[ÉTYM. Emprunté du lat. ignobilis, *m. s.* || XIVe-XVe s. Innobles povres, EUST. DESCH. dans DELB. *Rec.* Faucon... qui n'est pas de pere totalement ynoble, *Traité de fauconnerie*, p. 39, Martin-Dairvault.]
I. *Vieilli.* Non noble. La femme noble qui épouse un roturier est —, *Remarq. du droit* (1622), p. 529. || *Fig.* (Fauconn.) Oiseaux ignobles, oiseaux de proie qui ne peuvent être dressés à la chasse.
II. Qui est d'une bassesse repoussante. Langage —. Conduite —. || *P. anal.* Un bouge —.

IGNOBLEMENT [i-ñò-ble-man] *adv.*
[ÉTYM. Composé de ignoble et ment, § 724. || Admis ACAD. 1762.]
|| D'une manière ignoble. Il s'est conduit —.

IGNOMINIE [i-ñò-mi-ni] *s. f.*
[ÉTYM. Emprunté du lat. ignominia, *m. s.* || XVe s. Depuis menta... de ignominie a grant gloire, CHASTELL. dans DELB. *Rec.*]
|| Avilissement public. Exposés aux outrages, aux ignominies, BOURD. *Exhort. J.-C. portant sa croix.* Un Dieu qui, nous aimant d'une amour infinie, Voulut mourir pour nous avec —, CORN. *Poly.* V, 3. Mourir dans l'opprobre et dans l'—, VOLT. *Alzire*, II, 1.

IGNOMINIEUSEMENT [i-ñò-mi-nyeuz'-man; *en vers*, -ni-eu-ze-...] *adv.*
[ÉTYM. Composé de ignominieuse et ment, § 724. || XIVe-XVe s. Il mourut depuis tres ignominieusement, GERSON, mss franç. Bibl. nat. 936, f° 91, r°.]
|| Avec ignominie. Il a été chassé —.

IGNOMINIEUX, EUSE [i-ñŏ-mi-nyeŭ, -nyeŭz'; *en vers*, -ni-...] *adj.*
[ÉTYM. Emprunté du lat. *ignominiosus*, m. s. || XIVe-XVe s. Se déduit du composé ignominieusement. (*V.* ce mot.)]
|| Qui cause de l'ignominie. Supplice, traitement —.

IGNORAMMENT [i-ñŏ-rà-man] *adv.*
[ÉTYM. Pour *ignorantment*, composé de ignorant et ment, § 724. || XIIIe s. Tout ce qui fu fet ignoramment, BEAUMAN. XXXIX, 20.]
|| *Vieilli.* Avec ignorance.

IGNORANCE [i-ñŏ-rāns'] *s. f.*
[ÉTYM. Emprunté du lat. *ignorantia*, m. s. || XIIe s. Mes ignorances ne remembres, *Ps. d'Oxford*, XXIV, 6.]
|| État de celui qui est ignorant. L'— d'un fait. Vivre dans l'— du mal. *Spécialt.* (Droit.) Prétendre cause d'—, alléguer pour excuse son ignorance de tel ou tel fait. || *Absolt.* Une — crasse. L'— vaut mieux qu'un savoir affecté, BOIL. *Ép.* 9. C'est la profonde — qui inspire le ton dogmatique, LA BR. 5. Il est dans l'— au premier âge de sa vie, PASC. *Vide.*

IGNORANT, ANTE [i-ñŏ-ran, -rānt'] *adj.*
[ÉTYM. Emprunté du lat. *ignorans, antis*, m. s. || XIIIe s. Se déduit de l'exemple cité à ignoramment.]
|| Qui n'a pas la connaissance de telle ou telle chose. Il est fort — des choses du monde. O mortels ignorants de leurs destinées! BOSS. *D. d'Orl. Spécialt.* (Droit.) Il est — du fait. Faire l'—, faire semblant d'ignorer ce qu'on demande. || *Absolt.* D'un magistrat — C'est la robe qu'on salue, LA F. *Fab.* v, 14. Une ignorante stupidité pour les images, MONTESQ. *Rom.* 22. || *Substantivt.* Un —, une ignorante.

IGNORANTIN [i-ñŏ-ran-tin] *s. m.*
[ÉTYM. Dérivé de ignorant (sur le modèle de jacobin, capucin, etc.), § 100. || 1752. TRÉV. Admis ACAD. 1835.]
|| Nom que se sont donné, par modestie, les frères de Saint-Jean-de-Dieu destinés à soigner les pauvres malades. || *P. ext.* Nom donné en mauvaise part aux frères des Écoles chrétiennes.

***IGNORANTISSIME** [i-ñŏ-ran-tis'-sim'] *adj.*
[ÉTYM. Superlatif de ignorant, imité de l'ital. *ignorantissimo*, m. s. § 12. || XVIIe s. *V.* à l'article.]
|| *Famil.* Très ignorant. Mazarin, — en toutes ces matières, RETZ, *Mém.* I, 297, ann. 1647.

IGNORER [i-ñŏ-ré] *v. tr.*
[ÉTYM. Emprunté du lat. *ignorare*, m. s. || XIVe s. Et il ont entendu tout senz rien ignorer, *Girard de Roussillon*, 2564.]
|| Ne pas connaître. Nul n'est censé — la loi. Ils connaissent le monde... ils ignorent la nature, LA BR. 7. J'ignore le destin où tête si chère, RAC. *Phèd.* I, 1. Leur amour ne peut être ignorée, ID. *Brit.* I, 1. — l'avenir — le mal. J'ignore ce grand art qui gagne une maîtresse, BOIL. *Sat.* 1. C'est ma mère, et je veux — ses caprices, RAC. *Brit.* II, 1. || Avec une proposition pour complément. Il n'ignore pas être haï, et, *vieilli,* d'être haï. J'ignore de quel crime on a pu me noircir, RAC. *Brit.* IV, 2. J'ignore si cela vous plaira. J'ignorais qu'il fût arrivé. Je n'ignorais pas, ignoriez-vous qu'il était arrivé? || *Absolt.* Incapables de savoir certainement et d'— absolument, PASC. *Pens.* I, 1. Vivre ignoré du monde. Avec un grand mérite et une plus grande modestie l'on peut être longtemps ignoré, LA BR. 2. Mener une vie ignorée. || — les hommes, le cœur humain. S'— soi-même, ne pas avoir conscience de ce qu'on est. Un auteur... Méconnaît son génie et s'ignore soi-même, BOIL. *Art p.* 1. || *Vieilli. Intransitivt.* — de qqch. Afin que nul n'en ignore (formule juridique). En sortant du couvent vous n'ignorez de rien, HAUTEROCHE, *Apparences trompeuses*, III, 7.

IGUANE [i-gwàn'] *s. m.*
[ÉTYM. Emprunté de la langue des Caraïbes, § 30. || 1694. Iguana, TH. CORN. Admis ACAD. 1878.]
|| (Hist. nat.) Grand saurien de l'Amérique tropicale.

IL [il; *famil.* devant une consonne, i], *au plur.* **ILS** [il; *famil.* devant une consonne i; l's se lie avec le son d'un z] *pron. pers.*
[ÉTYM. Du lat. *ille*, pron. démonstratif transformé en pron. personnel et employé à la fois comme masc. sing. et comme masc. plur. Le plur. ils a été forgé vers le XIVe s. par l'addition analogique d'une s à l'anc. forme il, § 592. || 842. In o quid il mi altresi fazet, *Serments de Strasbourg.*]
|| Pronom personnel masculin de la troisième personne qui s'emploie comme sujet du verbe, la forme régime étant lui, eux. Il accourt; ils viennent. J'ai lu ces livres; ils sont intéressants. || Que dit-il? Que font-ils? Pierre est-il venu? Ses projets ont-ils réussi? Est-il sot! Sont-ils insolents! || Non, ré-
pondit-il. A peine était-il arrivé. Aussi se trouvèrent-ils heureux. || *P. pléonasme. Vieilli.* Les Romains se destinant à la guerre et la regardant comme le seul art, ils mirent tout leur esprit... à le perfectionner, MONTESQ. *Rom.* 2. Un noble, s'il vit libre, il vit chez lui dans sa province, il vit libre, LA BR. 8. || *Vieilli. Antécédent de qui.* Bel esprit, il ne l'est pas qui veut, MOL. *F. sav.* III, 2. || Sujet apparent d'un verbe impersonnel ou employé impersonnellement. Il était un roi. Il est six heures. Savez-vous ce qu'il y a? Il a fait de grands froids. Il a plu, il neige. Il importe peu. Il m'en souvient parfaitement. Il était temps. || *Vieilli. Cela.* On ne saurait rien imaginer de si étrange et si peu croyable qu'il n'ait été dit par quelque philosophe, DESC. *Méth.* 2. Cela ne convient qu'à nous. Il ne convient pas à vous-mêmes, Repartit le vieillard, LA F. *Fab.* XI, 8. « Diseurs de bons mots, mauvais caractère », je le dirais, s'il n'avait été dit, LA BR. 8. || *De nos jours.* Il est vrai. Il se peut. Il suffit. Se peut-il que...?

ÎLE [îl] *s. f.*
[ÉTYM. Pour *isle*, § 423, du lat. *insula*, m. s. §§ 485, 290 et 291. (*Cf.* insulaire.)]
|| Espace de terre entouré d'eau de tous côtés. Les îles de la mer Méditerranée. Les îles Britanniques. Un groupe d'îles. || *Spécialt.* Les Îles, les îles qui forment l'archipel du Mexique. Bois des Îles.

ILÉON [i-lé-on] ou **ILÉUM** [i-lé-òm'] *s. m.*
[ÉTYM. Emprunté du lat. du moyen âge *ileon* ou *ileum*, m. s. qui paraît dérivé du grec εἰλεῖν, enrouler, à cause des circonvolutions de cette partie de l'intestin. || XIVe s. Es intestins que l'en appelle yleon, *Somme Me Gautier*, mss franç. Bibl. nat. 1288, fo 87, vo. Admis ACAD. 1762.]
|| (Anat.) La dernière et la plus longue partie de l'intestin grêle.

ILES [il] *s. m. pl.*
[ÉTYM. Emprunté du lat. *ilia*, m. s. (*Cf.* ilion.) L'anc. franç. dit ilier. || XIIIe s. Les deux reins dont les illes sount couvers, *Bible*, dans GODEF. illes. Admis ACAD. 1762.]
|| (Anat.) Nom scientifique des flancs. Os des —, os iliaque, qui forme la hanche.

ILÉUS [i-lé-ûs'] *s. m.*
[ÉTYM. Emprunté du lat. *ileus*, grec ἰλεός ou εἰλεός, m. s. || 1798. ENCYCL. MÉTH. Admis ACAD. 1835.]
|| (Médec.) Obstruction de l'intestin.

1. ILIAQUE [i-lyăk'; *en vers*, -li-ăk'] *adj.*
[ÉTYM. Emprunté du lat. *iliacus*, m. s. || XVIe s. La partie superieure des iliaques, PARÉ, I, 11. Admis ACAD. 1762.]
|| (Anat.) Qui a rapport aux flancs. Os iliaques.

2. ILIAQUE [i-lyăk'; *en vers*, -li-ăk'] *adj.*
[ÉTYM. Dérivé de ileus, confondu avec ilium, § 227. (*Cf.* le lat. ileaticus.) || XIIIe-XIVe s. A yliaque et a colique, *Antidotaire*, 37, Dorveaux. Admis ACAD. 1762.]
|| (Médec.) Passion —, souffrance causée par l'obstruction de l'intestin.

ILION [i-li-on] et ***ILIUM** [i-li-òm'] *s. m.*
[ÉTYM. Emprunté du lat. *ilium*, singulier peu usité de ilia (*V.* îles), pris pour un mot grec. || XVIe s. L'os ilion, PARÉ, I, 11. Admis ACAD. 1835.]
|| (Anat.) Le plus grand des trois os iliaques.

***ILLEC** [i-lĕk'] *adv.*
[ÉTYM. Pour *illuec* (*cf.* avec), du lat. pop. *illŏque* (class. illo, illoc), m. s. § 726. || XIe s. Iluec arrivet sainement la nacele, *St Alexis*, 82.]
|| *Vieilli.* En ce lieu. Illec, avec deux autres femmes, Du gros bourgeois l'épouse était aussi, LA F. *Contes, D'une chose arrivée à Château-Thierry.* Avoir — porté ses pas, COLLETET, *Tracas de Paris*, dans LE BIBLIOPH. JACOB, *Paris burl.* p. 246.]

ILLÉGAL, ALE [il'-lé-gàl] *adj.*
[ÉTYM. Emprunté du bas lat. *illegalis*, m. s. || XIVe s. Celui est dit injuste qui est illegal, ORESME, *Éth.* v, 1.]
|| Qui n'est pas légal. Mesure illégale. Actes illégaux.

ILLÉGALEMENT [il'-lé-gàl-man; *en vers*, -gà-le-...] *adv.*
[ÉTYM. Composé de illégale et ment, § 724. || 1810. *Code pénal*, art. 196. Admis ACAD. 1835.]
|| D'une manière illégale. Agir —.

ILLÉGALITÉ [il'-lé-gà-li-té] *s. f.*
[ÉTYM. Dérivé de illégal, § 255. || XIVe s. Illegalité ou inequalité, ORESME, *Éth.* v, 1. Admis ACAD. 1835.]
|| Caractère de ce qui est illégal. L'— d'une mesure. || *P. ext.* Acte illégal. Commettre une —.

ILLÉGITIME [il'-lé-ji-tim'] *adj.*

[ÉTYM. Emprunté du lat. illegitimus, m. s. || XVᵉ s. Frere naturel illegitime, J. CHARTIER, Chron. de Ch. VII, dans DELB. Rec.]

|| Qui n'est pas légitime. Union —. Enfant —. Prétention, demande —.

ILLÉGITIMEMENT [Il'-lé-ji-tîm'-man ; en vers, -ti-me-...] adv.

[ÉTYM. Composé de illégitime et ment, § 724. || XVᵉ s. Ceux mesmes qui parvenus sont par force illégitimement a regne, CHASTELL. dans DELB. Rec.]

|| D'une manière illégitime.

ILLÉGITIMITÉ [Il'-lé-ji-ti-mi-té] s. f.

[ÉTYM. Dérivé de illégitime, § 255. || 1752. TRÉV. Admis ACAD. 1762.]

|| Caractère de ce qui est illégitime. L'— de sa naissance. L'— d'une mesure.

ILLETTRÉ, ÉE [Il'-lé-tré] adj.

[ÉTYM. Composé avec la particule négative lat. in et lettré, d'après le lat. illitteratus, m. s. § 275. || 1560. Estant ce dernier illetré et homme de bien, PASQ. Pourparler du prince.]

|| Qui n'est pas lettré. Un homme —. || P. ext. Qui ne sait pas lire. Un conscrit —.

*****ILLIBÉRAL, ALE** [Il'-li-bé-ràl] adj.

[ÉTYM. Emprunté du lat. illiberalis, m. s. || XIVᵉ s. Celuy qui est illiberal, ORESME, Éth. II, 9.]

|| Qui n'est pas libéral.

ILLICITE [Il'-li-sît'] adj.

[ÉTYM. Emprunté du lat. illicitus, m. s. || XIVᵉ s. Chose damnable et illicite, Songe du vergier, dans LITTRÉ, Suppl.]

|| Qui n'est pas licite. Action —. Amour —.

ILLICITEMENT [Il'-li-sît'-man ; en vers, -si-te-...] adv.

[ÉTYM. Composé de illicite et ment, § 724. || 1570. En jouyr illicitement, GENTIAN HERVET, Cité de Dieu, dans DELB. Rec.]

|| D'une manière illicite.

*****ILLICO** [Il'-li-kó] adv.

[ÉTYM. Emprunté du lat. illico, m. s. employé fréquemment dans la chancellerie de l'ancien régime. || 1549. Ilico, R. EST.]

|| Famil. Sur-le-champ, immédiatement.

ILLIMITÉ, ÉE [Il'-li-mi-té] adj.

[ÉTYM. Emprunté du lat. illimitatus, m. s. || 1611. COTGR.]

|| Qui n'est pas limité. Espace —. Congé —. Pouvoir —.

ILLISIBLE [Il'-li-zibl'] adj.

[ÉTYM. Composé avec la particule négative lat. in et lisible, § 275. || XVIIIᵉ s. V. à l'article. Admis ACAD. 1798.]

|| Qui n'est pas lisible. Écriture —. || P. ext. Dont on ne peut supporter la lecture. Le livre — de Jansénius, CONDORCET, Vie de Voltaire.

ILLISIBLEMENT [Il'-li-zi-ble-man] adv.

[ÉTYM. Composé de illisible et ment, § 724. || Néolog. Admis ACAD. 1878.]

|| D'une manière illisible.

ILLOGIQUE [Il'-lò-jîk'] adj.

[ÉTYM. Composé avec la particule négative lat. in et logique, § 275. || Néolog. Admis ACAD. 1878.]

|| Qui n'est pas logique.

ILLUMINATEUR [Il'-lu-mi-nà-teur] s. m.

[ÉTYM. Emprunté du lat. illuminator, m. s. (Cf. enlumineur.) || 1547. Des tenebres vray illuminateur, MARG. DE VALOIS, dans DELB. Rec.]

|| Celui qui illumine. Céleste — (le soleil), BOSS. Concupisc. 32. || Fig. L'— des antiquités (celui qui les explique clairement), BOSS. Panég. St Sulpice, 1.

ILLUMINATIF, IVE [Il'-lu-mi-nà-tîf', -tîv'] adj.

[ÉTYM. Dérivé de illuminer, § 257. || XVᵉ s. Vertu illuminative, GERSON, dans DOCHEZ, Dict.]

|| (T. didact.) Qui illumine (de la lumière céleste). La vie illuminative, BOSS. États d'orais. II, 2.

ILLUMINATION [Il'-lu-mi-nà-syon ; en vers, -si-on] s. f.

[ÉTYM. Emprunté du lat. illuminatio, m. s. || XIVᵉ s. Vision et illumination sont faiz sodainnement, ORESME, dans MEUNIER, Essai sur Oresme.]

|| Action d'illuminer. Cette — par cinq mille fanaux, VOLT. S. de L. XIV, 29. || Spécialt. Éclairage des monuments, etc., pour célébrer une fête. L'— des Champs-Élysées. Les illuminations du 14 juillet. Absolt. Il y a eu — et feu d'artifice. || Fig. Action de recevoir la lumière de la vérité. Par une soudaine — elle se sentit si éclairée, BOSS. A. de Gonz. L'un paraît agir par des vues profondes, et l'autre par de soudaines illuminations, BOSS. Condé.

ILLUMINER [Il'-lu-mi-né] v. tr.

[ÉTYM. Emprunté du lat. illuminare, m. s. || XIIᵉ-XIIIᵉ s. Tu illumines les avogles, Dial. Gregoire, p. 48.]

|| 1º Éclairer tout à coup d'une vive lumière. Il (le soleil) illuminait de ses feux les plus doux la chaîne des montagnes de Salerne, CHATEAUBR. Martyrs, 5. || Spécialt. Éclairer des monuments, des maisons, des places publiques, etc., pour célébrer une fête. La ville est illuminée. Absolt. On a illuminé. — a giorno (de façon à donner l'illusion du jour). || P. ext. En illuminant les aveugles (en leur rendant la vue), BOSS. Divinité de la relig. préamb.

|| 2º Fig. Éclairer de la lumière de la vérité. Docteurs illuminés par son Saint-Esprit, BOSS. A. de Gonz. | Absolt. Que toujours le Ciel vous illumine, MOL. Tart. III, 2. P. ext. Au part. passé employé substantivt. Un illuminé, une illuminée, celui, celle qui croit avoir des visions célestes. Secte des illuminés, de ceux qui se croient éclairés par Dieu de lumières spéciales. (Cf. illuminisme.) || P. ext. Rendre très brillant. L'éclat de telles actions semble — un discours, BOSS. P. Bourgoing, préamb.

ILLUMINISME [Il'-lu-mi-nîsm'] s. m.

[ÉTYM. Dérivé de illuminer, § 265. || Admis ACAD. 1835.]

|| Doctrine des illuminés. L'— de Swedenborg, de Saint-Martin.

ILLUSION [Il'-lu-zyon ; en vers, -zi-on] s. f.

[ÉTYM. Emprunté du lat. illusio, m. s. || XIIᵉ s. Fait sumes reproce a nos veisins et illusion, Psaut. d'Oxford, LXXVIII, 4.]

|| Erreur des sens ou de l'esprit qui fait prendre l'apparence pour la réalité. — d'optique. L'— théâtrale. Faire —. Se faire — sur soi-même. croire posséder des qualités qu'on ne possède pas. Aucune — ne te doit plus flatter, CORN. Cinna, IV, 6. Il était dans l'— d'un songe, FÉN. Tél. 9. Un esclave qui jouissait dans le sommeil d'une liberté imaginaire... craint de se réveiller et conspire avec ces illusions agréables, DESC. Médit. 1. || P. ext. Fausse apparence attribuée à une puissance surnaturelle. Les illusions du démon.

ILLUSOIRE [Il'-lu-zwàr] adj.

[ÉTYM. Emprunté du lat. illusorius, m. s. || 1416. Chose delusoire et illusoire, dans DELB. Rec.]

|| 1º Qui cherche à faire illusion. Proposition —.

|| 2º Qui n'est qu'une illusion. Promesse —. Espérance —.

ILLUSOIREMENT [Il'-lu-zwàr-man ; en vers, -zwà-re-...] adv.

[ÉTYM. Composé de illusoire et ment, § 724. || 1609. Certains breuvages enchantez faisant illusoirement apparoistre des couleurs, J. GAULTIER, Estat du christ. dans DELB. Rec. Admis ACAD. 1718.]

|| D'une manière illusoire.

ILLUSTRATION [Il'-lûs'-trà-syon ; en vers, -si-on] s. f.

[ÉTYM. Emprunté du lat. illustratio, m. s. || XIIIᵉ s. Epyphaine vaut autant comme illustracions, Bible, dans GODEF.]

|| 1º Action de rendre illustre. Les victoires qui contribuèrent à l'— de son règne. La Défense et Illustration de la langue française (titre d'un ouvrage de Joachim du Bellay). || P. ext. Néolog. Personnage illustre. Les illustrations du siècle.

|| 2º Action de rendre plus clair. || Spécialt. | 1. (Théol.) Les illustrations de l'entendement et les pieuses affections de la volonté, BOSS. États d'orais. VII, 3. | 2. (Philol.) Les décades de Tite-Live publiées avec des illustrations de tel savant. | 3. Enluminures, gravures qui ornent un manuscrit, un ouvrage imprimé.

ILLUSTRE [Il'-lustr'] adj.

[ÉTYM. Emprunté du lat. illustris, m. s. || XVᵉ s. Le plus illustre et le plus fameux, CHASTELL. dans DELB. Rec.]

|| Dont le renom est éclatant. Six frères, quel espoir d'une — maison! RAC. Phèd. II, 1. Les hommes illustres de l'antiquité. Substantivt (rare). Madame, voilà un —, MOL. Pourc. I, 2. La salle des Illustres (où sont les statues, portraits des hommes illustres) du Capitole de Toulouse. || — hyménée, RAC. Iph. IV, 4. D'illustres malheurs, LA F. Fab. X, 9. Ironiqt. Et vous vous signalez par d'illustres leçons, RAC. Brit. III, 3.

ILLUSTRER [Il'-lûs'-tré] v. tr.

[ÉTYM. Emprunté du lat. illustrare, m. s. || 1508. Barons de vertus illustrez, MAXIMIEN, Arrest du roy des Romains.]

|| 1º Rendre illustre. C'en serait assez pour — une autre vie que celle du prince de Condé, BOSS. Condé. — son nom, sa famille.

|| 2º Rendre plus clair. || Spécialt. | 1. (Théol.) Éclai-

rer (l'esprit) d'une lumière divine. | **2.** (Philol.) Éclaircir (un texte) par des commentaires. | **3.** Örner (un manuscrit, un ouvrage imprimé) de miniatures, de gravures. (*Cf.* enluminer.)

ILLUSTRISSIME [il'-lŭs'-trĭs'-sim'] *adj.*
[ÉTYM. Superlatif de illustre, imité de l'ital. **illustrissimo**, *m. s.* § 12. || 1513. MONTAIGLON, *Anc. Poés. franç.* VI, 91.]
|| Très illustre, titre donné à certains personnages.

ÎLOT [i-lô] *s. m.*
[ÉTYM. Dérivé de île, § 136. || 1529. Le prochain islot, J. et R. PARMENTIER, *Disc. de la navig.* dans DELB. *Rec.* Admis ACAD. 1798.]
|| **1°** Très petite île.
|| **2°** *Fig.* Petit groupe de maisons, isolé des autres maisons voisines par des rues, des terrains vagues.

ILOTE [i-lŏt'] *s. m.*
[ÉTYM. Emprunté du lat. **ilota**, grec εἱλώτης, *m. s.* || Admis ACAD. 1798.]
|| (Antiq.) Esclave des Spartiates. Les ilotes étaient soumis à tous les travaux hors de la maison, et à toutes sortes d'insultes dans la maison, MONTESQ. *Espr. des lois*, XV, 10. || *Fig.* Celui qui, dans une société, est réduit au dernier état d'abjection.

***ILOTIE** [i-lŏ-sî]. *V.* ilotisme.

***ÎLOTIER** [i-lŏ-tyé] *s. m.*
[ÉTYM. Dérivé de îlot, § 115. || *Néolog.*]
|| Agent de police qui est chargé de la surveillance d'un îlot de maisons.

ILOTISME [i-lŏ-tîsm'] *s. m.*
[ÉTYM. Dérivé de ilote, § 265. MONTESQ. emploie ilotie, d'après le grec εἱλωτεία, *m. s.* || Admis ACAD. 1835.]
|| Condition d'ilote.

IMAGE [i-mâj'] *s. f.*
[ÉTYM. Emprunté du lat. **imaginem**, *m. s.* devenu **imagene**, **image**. || XIᵉ s. Por une imagene dont il odit parler, *St Alexis*, 87.]
|| **1°** Apparence visible d'un objet éclairé, formée par les rayons lumineux qui s'en échappent. L'— formée sur la rétine de l'œil. L'— réfléchie par un miroir. || (Physique.) — réelle, formée par la convergence de rayons lumineux et qu'on peut recevoir sur un écran. — virtuelle, qui semble formée au delà de la surface du miroir, par le prolongement des rayons lumineux. La chambre noire reproduit les images renversées.
|| **2°** Apparence visible d'un objet, imitée par le dessin, la peinture, la sculpture. | *Famil.* Estampe, gravure. Une — d'Épinal. Amuser un enfant avec des images. Sage comme une —, se dit d'un enfant fort retenu, fort posé. || *Spécialt.* Représentation de la divinité. Tout son palais est plein de leurs images (des faux dieux), RAC. *Esth.* II, 8. L'— de Jésus-Christ, de la Vierge, des saints, etc. Les Moscovites poussent l'adoration des images jusqu'à l'idolâtrie, SÉGUR, *Hist. de Napol.* VI, 1. (*Cf.* iconoclaste, iconolâtre.) || *Fig.* Ressemblance. Dieu créa l'homme à son —. Ces exercices sont une — de la guerre. Partout du désespoir je rencontre l'—, RAC. *Bér.* V, 7.
|| **3°** Apparence visible d'un objet conçue par l'imagination. Dans le fond des forêts votre — me suit, RAC. *Phèd.* II, 2. Cette — cruelle (Hippolyte mourant) Sera pour moi de pleurs une source éternelle, ID. *ibid.* V, 6. Je me fais de sa peine une — charmante, ID. *Brit.* II, 8. || *Spécialt.* Idée rendue sensible à l'esprit par qq analogie matérielle. Moïse, Homère, Platon, Virgile, Horace, ne sont au-dessus des autres écrivains que par leurs expressions et leurs images, LA BR. 1. Cela fait —.

1. IMAGER, ÈRE [i-mà-jé, -jèr] *s. m. et f.*
[ÉTYM. Pour imagier, dérivé de image, § 115. || XIIᵉ s. Li ymagier paintre sont quite del guet, E. BOILEAU, *Livre des mest.* I, LXII, 4.]
|| Celui, celle qui fait, vend des images, des estampes, etc.

2. *IMAGER [i-mà-jé] *v. tr.*
[ÉTYM. Dérivé de image, § 154. || XIIIᵉ-XIVᵉ s. Pourtrait et hymaigié, J. DE LONGUYON, *Vœux du Paon*, dans GODEF. imagié.]
|| Orner d'images. || *Fig. Néolog.* Style imagé.

IMAGERIE [i-mâj'-ri; *en vers*, -mà-je-rî] *s. f.*
[ÉTYM. Dérivé de image, § 69. || XIIIᵉ s. Crucefix et ymagerie, *Dit des marcheans*, dans DELB. *Rec.*]
|| Fabrication, commerce d'images. — d'Épinal.

IMAGINABLE [i-mà-ji-nàbl'] *adj.*
[ÉTYM. Emprunté du lat. imaginabilis, *m. s.* || 1579. Toutes choses imaginables, F. DE FOIX, *Pimandre*, dans DELB. *Rec.*]
|| Qui peut être imaginé. Nous avons beau enfler nos conceptions au delà des espaces imaginables, PASC. *Pens.* I, 1. Le roi et la reine furent reçus avec toutes les marques de joie imaginables, DUCLOS, *L. XI*, II, 83.

IMAGINAIRE [i-mà-ji-nèr] *adj.*
[ÉTYM. Emprunté du lat. imaginarius, *m. s.* || XVIᵉ s. Un masque imaginaire de foy, CALV. *Instit. chr.* III, XVII, 12.]
|| Qui n'existe que dans l'imagination. Nous voulons vivre dans l'idée des autres d'une vie —, PASC. *Pens.* II, 1. (Algèbre.) Quantité —, n'ayant qu'une existence fictive, comme la racine carrée d'une quantité négative. Malade —, qui n'est malade qu'en imagination. Les sages imaginaires, PASC. *Pens.* III, 3.

IMAGINATIF, IVE [i-mà-ji-nà-tif', -tîv'] *adj.*
[ÉTYM. Emprunté du lat. imaginativus, *m. s.* || XIVᵉ s. Dont j'estoie tout amatis Et forment ymaginatis, FROISS. *Poés.* I, 283.]
|| Capable d'imaginer. Esprit —. Faculté imaginative, et, *substantivt, vieilli*, L'imaginative, puissance d'imaginer.

IMAGINATION [i-mà-ji-nà-syon; *en vers*, -si-on] *s. f.*
[ÉTYM. Emprunté du lat. imaginatio, *m. s.* || XIIᵉ s. Certes imaginacions, BENEEIT, *Ducs de Norm.* 19729.]
|| **1°** Faculté que possède l'esprit de se représenter les images des objets. L'— consiste dans la force qu'a l'âme de se former des images des objets en les imprimant pour ainsi dire dans son cerveau, MALEBR. *Rech. de la vérité*, p. 97.
|| **2°** Faculté de concevoir des combinaisons que ne fournit pas la réalité. L'— créatrice. Un poète, un peintre qui manque d'—. Être la dupe de son —. L'— dispose de tout, elle fait la beauté, la justice et le bonheur, PASC. *Pens.* III, 3. L'— grossit les petits objets, ID. *ibid.* III, 11. Il n'a jamais eu l'— bien vive, MOL. *Mal. im.* II, 5. || *P. ext.* Ce que qqn imagine. Ses imaginations ont qqch d'invraisemblable. | *Spécialt.* Chose imaginaire. POLY. : C'est peu d'aller au ciel, je vous y veux conduire. — PAULINE : Imaginations ! — POLY. : Célestes vérités ! CORN. *Poly.* IV, 3.

IMAGINER [i-mà-ji-né] *v. tr.*
[ÉTYM. Emprunté du lat. imaginare, *m. s.* (*Cf.* imager 2.) || 1297. Une coupe… ymaginee de rois, dans GODEF.]
|| **1°** Se représenter (qqch) dans l'esprit. Cela passe tout ce qu'on peut —. N'en imaginez rien qu'à son désavantage, CORN. *Hor.* I, 2. A l'infin. employé substantivt. (Poètes) froids à l'—, RÉGNIER, *Sat.* 9.
|| **2°** Concevoir, inventer (qqch). Il a imaginé une machine curieuse. On ne sait qu'— pour le distraire. S'— qqch. Et je m'imaginais dans la Divinité Beaucoup moins d'injustice et bien plus de bonté, CORN. *Hor.* III, 5. Cela n'est pas aussi difficile qu'on se l'imagine. Il s'imagine être un grand savant.

IMAN [i-man] *s. m.*
[ÉTYM. Emprunté de l'arabe imam, *m. s.* § 22. || 1559. Le prestre dit iman ou docteur, G. POSTEL., *Républ. des Turcs*, dans DELB. *Rec.* Admis ACAD. 1762.]
|| Ministre de la religion de Mahomet, attaché à une mosquée. || *P. ext. En mauvaise part.* Prêtre. Les imans et les muphtis de toutes les sectes, D'ALEMB. *Lett.* 14 juin 1771.

IMBÉCILE [in-bé-sil] *adj.*
[ÉTYM. Emprunté du lat. imbecillus, *m. s.* || XVᵉ-XVIᵉ s. Peuple imbecille de Sens, J. LE MAIRE, dans GODEF.]
|| **1°** *Vieilli.* Faible. Bras imbéciles, R. GARNIER, *Hippolyte*, III, 2. Le sexe — (les femmes), CORN. *Œdipe*, I, 3. L'homme… — ver de terre…, PASC. *Pens.* VIII, 1.
|| **2°** *P. ext.* Faible d'esprit. L'— Ibrahim… Traîne, exempt de péril, une éternelle enfance, RAC. *Baj.* I, 1. *Substantivt.* Me prenez-vous pour un, une —?

IMBÉCILEMENT [in-bé-sîl-man; *en vers*, -si-le-…] *adv.*
[ÉTYM. Composé de imbécile et ment, § 724. || 1542. Imbecillement, E. DOLET, dans DELB. *Rec.* Admis ACAD. 1798.]
|| Avec imbécillité.

IMBÉCILLITÉ [in-bé-si-li-té] *s. f.*
[ÉTYM. Emprunté du lat. imbecillitas, *m. s.* || XIVᵉ s. Par autrui imbecillité, BERSUIRE, fᵒ 22, dans LITTRÉ.]
|| **1°** *Vieilli.* Faiblesse. L'— de la nature humaine.
|| **2°** *P. ext.* Faiblesse d'esprit. Le majeur qui est dans un état habituel d'—, de démence ou de fureur doit être interdit, *Code civil*, art. 489. || *P. hyperb.* Esprit borné. Il est d'une rare —.

IMBERBE [in-bèrb'] *adj.*

[ÉTYM. Emprunté du lat. *imberbis*, *m. s.* || xvᵉ s. Adolescent imberbe, O. DE ST-GELAIS, *Énéide*, dans DELB. *Rec.* Admis ACAD. 1798.]

|| Qui est sans barbe. Menton —. Certaines races de l'Amérique sont imberbes. Jeune homme —, qui n'a pas encore de barbe. (*Cf.* blanc-bec.) || (Hist. nat.) Poissons imberbes, qui n'ont point de barbillons. Oiseaux imberbes, qui ont le bec glabre à la base.

IMBIBER [in-bi-bé] *v. tr.*

[ÉTYM. Emprunté du lat. *imbibere*, absorber, confondu avec *imbuere*. (*Cf.* emboire, imbu.) || xvıᵉ s. Afin que l'urine et autres excremens s'y imbibent, PARÉ, XV, 47.]

|| (T. didact.) Mouiller en faisant absorber la plus grande quantité possible de liquide. — une éponge, une compresse, un terrain. La terre s'imbibe d'eau. Le cirier imbibe la mèche de suif fondu. L'eau a imbibé la terre.

IMBIBITION [in-bi-bi-syon; *en vers*, -si-on] *s. f.*

[ÉTYM. Dérivé du lat. *imbibere*, § 247. || xıvᵉ s. Froides imbibicions, dans GODEF. *Compl.* Admis ACAD. 1798.]

|| (T. didact.) Action d'imbiber.

***IMBOIRE** [in-bwâr] *v. tr.*

[ÉTYM. Forme refaite de emboire, § 502. || 1507. De vertues imbut, N. DE LA CHESN. *Condamn. de Bancquet*, 352.]

|| *Rare.* Imbiber. (*Cf.* emboire.) || *Fig.* Un solitaire qui, vivant peu avec les hommes, a moins d'occasion de s'— de leurs préjugés, J.-J. ROUSS. *Ém.* 2. *Spécialt. Au part. passé.* Imbu, ue. On les a imbus (pénétrés) de cette doctrine. Être imbu de bons, de mauvais principes.

IMBRIQUÉ, ÉE [in-bri-ké] *adj.*

[ÉTYM. Emprunté du lat. *imbricatus*, *m. s.* || xvıᵉ s. Somptueuse maison... imbriquee de belles pierres de diverses couleurs, THEVET, *Hommes illustres*, dans DELB. *Rec.* Admis ACAD. 1835.]

|| (T. didact.) Disposé comme les tuiles d'un toit.

IMBROGLIO [in-brò-yó] *s. m.*

[ÉTYM. Emprunté de l'ital. *imbroglio*, *m. s.* subst. verbal de *imbrogliare*, qui correspond au franç. embrouiller, § 12. ACAD. 1798-1835 admet aussi la forme francisée imbroille, aujourd'hui inusitée. || xvııᵉ s. *V.* à l'article. Admis ACAD. 1798.]

|| Embrouillement. Le détail causerait un — qui ferait tout abandonner, BOSS. *Quiét.* lett. 160. || *Spécialt.* Pièce de théâtre à intrigue embrouillée. Les imbroglios italiens. Ce n'est pas ainsi que Beaumarchais construit un —, LAHARPE, *Lycée*, III, ı, 5.

IMBU, UE [in-bu]. *V.* imboire.

IMBUVABLE [in-bu-vàbl'] *adj.*

[ÉTYM. Composé de in négatif et buvable, § 275. || xvıᵉ s. Le vin se rend imbuvable, O. DE SERRES, ııı, 8. Admis ACAD. 1878.]

|| Qui n'est pas buvable.

IMITABLE [i-mi-tàbl'] *adj.*

[ÉTYM. Dérivé de imiter d'après le lat. *imitabilis*, *m. s.* (*Cf.* inimitable.) || 1549. R. EST.]

|| *Rare.* Qui peut être imité.

IMITATEUR, TRICE [i-mi-tà-tœ̈ır, -trïs'] *s. m. et f.*

[ÉTYM. Emprunté du lat. *imitator, trix*, *m. s.* || xvᵉ s. Loingtain imitateur des orateurs, A. CHARTIER, *Quadriloge*.]

|| Celui, celle qui imite. Ils sont ravis de trouver dans leurs imitateurs l'apologie de leurs vices, MASS. *Ex. des grands.* Imitatrice des vertus de sa mère. || *Spécialt.* Écrivain, artiste, qui imite la manière, le style d'un autre, qui lui emprunte des détails. Les imitateurs de Virgile. Quelques imitateurs, sot bétail, je l'avoue, Suivent en vrais moutons le pasteur de Mantoue, LA F. *Poés. diverses, épît.* 22. *Adjectivt.* Le singe est un animal —.

IMITATIF, IVE [i-mi-tà-tïf', -tïv'] *adj.*

[ÉTYM. Emprunté du lat. *imitativus*, *m. s.* || xvıııᵉ s. *V.* à l'article. Admis ACAD. 1798.]

|| (T. didact.) Qui imite. Harmonie imitative (en poésie, en musique), qui imite les sons de la nature. C'est un de ces mots imitatifs qu'on trouve dans toutes les langues, VOLT. *Dict. philos.* genèse.

IMITATION [i-mi-tà-syon; *en vers*, -si-on] *s. f.*

[ÉTYM. Emprunté du lat. *imitatio*, *m. s.* || xıvᵉ s. Imitacion, *Miracles de Notre-Dame*, dans DELB. *Rec.*]

|| Action d'imiter, résultat de cette action. On suppose que ceux qui méritent nos hommages ne sont pas indignes de notre —, MASS. *Ex. des grands.* Cet artiste excelle dans l'—, dans les imitations. || *P. ext.* Action de prendre pour modèle. Ces vicieuses imitations de ce qu'il y a de plus parfait ont été de tout temps la matière de la comédie, MOL. *Préc. rid.* préf. L'Imitation de Jésus-Christ, ouvrage de piété célèbre où l'on propose au fidèle Jésus-Christ pour modèle. L'— de la nature. Les arts d'—, la peinture, la sculpture. Dessin d'— (par opposition au dessin d'après nature). || *Spécialt.* Action de prendre pour modèle l'œuvre de qqn. Mon — n'est point un esclavage, LA F. *Poés. diverses, épît.* 22. L'— de Virgile, de la poésie homérique. || Action de présenter l'apparence d'une chose. L'— de la signature, de l'écriture. || Faire des imitations, imiter la manière de tel ou tel acteur. | Bijoux en —, en métal, en matière qui imite un métal, une matière précieuse. *Ellipt.* Fabriquer, vendre de l'—, des bijoux en imitation.

IMITER [i-mi-té] *v. tr.*

[ÉTYM. Emprunté du lat. *imitari*, *m. s.* || 1539. R. EST.]

|| Faire la même chose que qqn. Le singe imite l'homme. Heureux le peuple qui... peut — ceux qu'il est obligé de respecter, MASS. *Ex. des grands.* || *P. ext.* Prendre pour modèle. Imite mon exemple, BOIL. *Ép.* 7. *Spécialt.* Prendre pour modèle l'œuvre de qqn. — Virgile, Cicéron. — les tableaux des grands maîtres. Cet ouvrage est imité de tel auteur. || Présenter l'apparence de qqch. — l'écriture, la signature de qqn. || — des diamants avec du strass. Le strass imite le diamant.

IMMACULÉ, ÉE [ĭm'-mà-ku-lé] *adj.*

[ÉTYM. Emprunté du lat. *immaculatus*, *m. s.* || xıvᵉ-xvᵉ s. Immaculee, sans ordure, *Myst. de la passion d'Arras*, dans DELB. *Rec.*]

|| Qui est sans tache. *Spécialt.* (Théol.) L'immaculée mère de Dieu. La Vierge immaculée. Des flancs immaculés d'une mortelle mère, J.-B. ROUSS. *Épod.* 4. L'immaculée conception de la Vierge. L'agneau —, Jésus-Christ.

IMMANENT, ENTE [ĭm'-mà-nan, -nänt'] *adj.*

[ÉTYM. Emprunté du lat. *immanens*, qui réside en. || 1570. Immaneus et imminens, GENTIAN HERVET, dans DELB. *Rec.* Admis ACAD. 1762.]

|| (T. didact.) Qui exerce une action constante au lieu d'agir d'une manière transitoire. Dieu est la cause immanente des choses.

IMMANGEABLE [ĭm'-man-jâbl' ou in-man-...] *adj.*

[ÉTYM. Composé avec la particule négative lat. in et mangeable, §§ 242 et 275. || 1611. COTGR. Admis ACAD. 1798.]

|| Qui ne peut être mangé. Un plat —.

IMMANQUABLE [ĭm'-man-kâbl' ou in-man-...] *adj.*

[ÉTYM. Composé avec in négatif et manquer, §§ 242 et 275. || 1680. Immancable, RICHEL.]

|| Qui ne peut manquer. Son succès est —.

IMMANQUABLEMENT [ĭm'-man-kà-ble-man ou in-man-...] *adv.*

[ÉTYM. Composé de immanquable et ment, § 724. || 1680. Immancablement, RICHEL.]

|| D'une manière immanquable. L'affaire réussira —.

IMMARCESCIBLE [ĭm'-màr-sès'-sïbl'] *adj.*

[ÉTYM. Emprunté du lat. *immarcescibilis*, *m. s.* || Vers 1520. Gloire immarcessible, dans MONTAIGLON, *Anc. Poés. franç.* x, 250. Admis ACAD. 1762.]

|| (T. didact.) Qui ne peut se flétrir.

IMMATÉRIALITÉ [ĭm'-mà-té-ryà-li-té; *en vers*, -rià-...] *s. f.*

[ÉTYM. Emprunté du lat. scolast. *immaterialitas*, *m. s.* || xvııᵉ s. *V.* à l'article. Admis ACAD. 1762.]

|| (Philos.) Caractère de ce qui est immatériel. — de l'âme, PASC. *Pens.* xxv, 31.

IMMATÉRIEL, ELLE [ĭm'-mà-té-ryèl; *en vers*, -ri-èl] *adj.*

[ÉTYM. Emprunté du lat. scolast. *immaterialis*, *m. s.* || xıvᵉ s. Les dyables sont immaterielz, J. DE VIGNAY, dans GODEF. *Compl.*]

|| (Philos.) Qui n'est pas matériel. Les esprits immatériels. L'âme est immatérielle.

IMMATÉRIELLEMENT [ĭm'-mà-té-ryèl-man; *en vers*, -ri-è-le-...] *adv.*

[ÉTYM. Composé de immatérielle et ment, § 724. || 1752. TRÉV. Admis ACAD. 1835.]

|| (Philos.) D'une manière immatérielle.

IMMATRICULATION [ĭm'-mà-tri-ku-là-syon; *en vers*, -si-on] *s. f.*

[ÉTYM. Dérivé de immatriculer, § 247. || 1701. FURET. Admis ACAD. 1762.]

|| Action d'immatriculer ; état de ce qui est immatriculé.

IMMATRICULE [ĭm'-mà-tri-kul] *s. f.*

[ÉTYM. Subst. verbal de immatriculer, § 52. || 1701. FURET. Admis ACAD. 1762.]

|| *Vieilli.* Insertion au registre matricule. — de rentes sur l'hôtel de ville. *Spéciall. De nos jours.* Inscription d'un huissier parmi ceux qui ont le droit d'instrumenter près d'un tribunal. Un exploit d'ajournement doit contenir les noms, demeure et — de l'huissier.

IMMATRICULER [ĭm'-mà-tri-ku-lé] *v. tr.*

[ÉTYM. Emprunté du lat. scolast. immatriculare, *m. s.* § 217. || 1564. J. THIERRY, *Dict. franç.-lat.*]

|| Insérer au registre matricule.

IMMÉDIAT, ATE [ĭm'-mé-dyà, -dyăt' ; *en vers,* -di-...] *adj.*

[ÉTYM. Emprunté du lat. immediatus, *m. s.* || 1382. En la partie immediate precedente, dans DELB. *Rec.*]

|| **1°** Qui se produit sans intermédiaire. Cause immédiate. Effet —. La vue immédiate des choses. Toutes choses étant causées et causantes, médiates et immédiates, PASC. *Pens.* 1, 1. || *Spéciall.* (Féodal.) Fief —, relevant directement du souverain.

|| **2°** Qui a lieu sans intervalle, soit avant, soit après qqch. Prédécesseur —. Le successeur — de Louis XIV fut son arrière-petit-fils. Son départ fut —.

IMMÉDIATEMENT [ĭm'-mé-dyăt'-man ; *en vers,* -di-à-te-...] *adv.*

[ÉTYM. Composé de immédiate et ment, § 724. || 1537. Ceste cité est imperiale, subjecte immediatement a l'empereur, dans *Rev. histor.* 1, 133.]

|| D'une manière immédiate. Une cause qui agit —. C'est le lieu où notre âme réside —, MALEBR. *Rech. de la vérité,* II, 1, 1. || *Spéciall.* Avant ou après qqch sans intermédiaire, sans intervalle. Le capitaine est — au-dessus du lieutenant. Louis XV régna — après son arrière-grand-père Louis XIV. || Partez —.

IMMÉMORIAL, ALE [ĭm'-mé-mò-ryàl ; *en vers,* -ri-àl] *adj.*

[ÉTYM. Emprunté du lat. du moyen âge immemorialis, *m. s.* || 1549. R. EST.]

|| Dont l'origine est sortie de la mémoire. Usages immémoriaux. Temps —.

IMMENSE [ĭm'-mäns'] *adj.*

[ÉTYM. Emprunté du lat. immensus, *m. s.* || 1360. Immense... donation, dans GODEF.]

|| **1°** Dont la grandeur échappe à toute mesure. L'univers est —. Celle (la nature) de Dieu est —, incompréhensible, DESC. *Médit.* 4.

|| **2°** Dont la grandeur est difficilement mesurable. La distance de la terre aux étoiles est —. L'— étendue de la mer. || *P. ext.* Très considérable. Un commerce —. D'immenses richesses. Attaché à ton propre bien avec un amour —, BOSS. *Impén. fin.* 1.

IMMENSÉMENT [ĭm'-man-sé-man] *adv.*

[ÉTYM. Pour immensement, composé de immense et ment, § 724. || XVIIᵉ-XVIIIᵉ s. *V.* à l'article. Admis ACAD. 1762.]

|| *Famil.* D'une manière immense. *Spéciall.* D'une manière très considérable. Il est — riche. Un palais si immense et si — cher, ST-SIM. XII, 81.

IMMENSITÉ [ĭm'-man-si-té] *s. f.*

[ÉTYM. Emprunté du lat. immensitas, *m. s.* || XIVᵉ s. L'immensité des creatures, J. DE VIGNAY, *Miroir hist.* dans DELB. *Rec.*]

|| État de ce qui est immense. | 1. Grandeur qui échappe à toute mesure. L'— qu'on peut concevoir de la nature, PASC. *Pens.* 1, 1. | 2. Étendue trop grande pour être facilement mesurée. L'— des déserts, des mers. | 3. Étendue très considérable. L'— de ses richesses. L'— de nos désirs. Il y a dans cette — de Bretons des gens qui ont de l'esprit, SÉV. 195.

IMMERGER [ĭm'-mèr-jé] *v. tr.*

[ÉTYM. Emprunté du lat. immergere, *m. s.* || 1783. Malade immergé, POMME, *Traité des aff. vaporeuses,* p. 371. Admis ACAD. 1878.]

|| (T. didact.) Plonger (un corps) dans un liquide. — des blocs de béton pour construire une digue. || *Fig.* Planète immergée, qui, plongée dans l'ombre d'un astre, est éclipsée.

IMMÉRITÉ, ÉE [ĭm'-mé-ri-té] *adj.*

[ÉTYM. Composé de in négatif et mérité, participe de mériter, pour rendre le lat. immeritus, *m. s.* || XVᵉ-XVIᵉ s.

L'immeritee perdition de son regne, FOSSETIER, dans GODEF. *Compl.* Semble inusité aux XVIIᵉ et XVIIIᵉ s. Admis ACAD. 1878.]

|| Qui n'est pas mérité. Reproches immérités. Récompenses imméritées.

IMMERSION [ĭm'-mèr-syon ; *en vers,* -si-on] *s. f.*

[ÉTYM. Emprunté du lat. immersio, *m. s.* || XIVᵉ s. Les trois immersions que l'on fait au baptesme, J. GOLEIN, *Trad. du Rational,* dans GODEF. *Compl.*]

|| (T. didact.) Action d'immerger. Dans l'usage des premiers siècles du christianisme, on baptisait par —, BOURD. *Myst. Pentecôte,* 2. L'— d'un câble sous-marin. | *P. ext.* — des terres, état des terres recouvertes par le débordement des eaux. || *Fig.* — d'une planète, son entrée dans l'ombre d'un astre.

IMMEUBLE [ĭm'-meubl'] *adj.*

[ÉTYM. Emprunté du lat. immobilis, *m. s.* rendu par immeuble d'après meuble. (*Cf.* le doublet immobile.) || 1275. Biens mobles et immobles, dans GODEF. *Compl.*]

|| (Droit.) Qui ne peut être transporté d'un lieu à un autre. Les fonds de terre et les bâtiments sont immeubles par nature. Les animaux attachés à la culture, les instruments aratoires, etc., sont immeubles par destination. Les servitudes ou services fonciers, l'usufruit des choses immobilières, etc., sont immeubles par l'objet auquel ils s'appliquent. *Substantivt.* Vendre un —.

IMMIGRANT, ANTE [ĭm'-mi-gran, -grănt'] *adj.*

[ÉTYM. Adj. particip. de immigrer, § 47. || *Néolog.* Admis ACAD. 1878.]

|| Qui immigre. *Substantivt.* Un —, une immigrante. (*Cf.* émigrant.)

IMMIGRATION [ĭm'-mi-grà-syon ; *en vers,* si-on] *s. f.*

[ÉTYM. Dérivé de immigrer, § 247. || *Néolog.* Admis ACAD. 1878.]

|| Action d'immigrer. L'— des Chinois aux États-Unis. (*Cf.* émigration.)

IMMIGRER [ĭm'-mi-gré] *v. intr.*

[ÉTYM. Emprunté du lat. immigrare, *m. s.* || *Néolog.* Admis ACAD. 1878.]

|| Aller s'établir dans un pays autre que son pays d'origine. Les Irlandais qui ont immigré en Amérique. (*Cf.* émigrer.)

***IMMINEMMENT** [ĭm'-mi-nà-man] *adv.*

[ÉTYM. Pour imminentment, composé de imminent et ment, § 724. || XVIIᵉ-XVIIIᵉ s. *V.* à l'article.]

|| *Rare.* D'une manière imminente. Malédictions sous lesquelles il (Louis XIV) s'est vu si — près du dernier précipice, ST-SIM. XII, 85.

IMMINENCE [ĭm'-mi-năns'] *s. f.*

[ÉTYM. Emprunté du lat. imminentia, *m. s.* || *Néolog.* Admis ACAD. 1835.]

|| Menace d'un mal prochain.

IMMINENT, ENTE [ĭm'-mi-nan, -nănt'] *adj.*

[ÉTYM. Emprunté du lat. imminens, entis, *m. s.* || XIVᵉ s. Peril imminent, *Chron. de Flandre,* dans DELB. *Rec.*]

|| Qui menace d'un mal prochain. Chute, disgrâce imminente. Péril —.

IMMISCER [ĭm'-mĭs'-sé] *v. tr.*

[ÉTYM. Emprunté du lat. immiscere, *m. s.* || 1482. Avant que soy immisce audit office, dans GODEF. *Compl.*]

|| Mêler (qqn) dans une affaire. S'— dans une affaire, s'y mêler sans y avoir droit. S'— de faire qqch. S'— d'une chose. *Spéciall.* (Droit.) S'— dans une succession, faire acte de propriétaire en jouissant des biens ou de partie de biens qui la composent.

IMMIXTION [ĭm'-mĭks'-tyon ; *en vers,* -ti-on] *s. f.*

[ÉTYM. Emprunté du lat. immixtio, *m. s.* || 1701. FURET. Admis ACAD. 1762.]

|| Action d'immiscer, de s'immiscer. L'— des étrangers dans nos affaires. || *Spéciall.* (Droit.) Action de s'immiscer dans une succession.

IMMOBILE [ĭm'-mò-bil] *adj.*

[ÉTYM. Emprunté du lat. immobilis, *m. s.* (*Cf.* le doublet immeuble.) || XIIIᵉ s. De neant fit realité, D'immobil mutabilité, J. DE MEUNG, *Test.* 380.]

|| Qui reste sans se mouvoir. Les spectateurs restaient immobiles. Je me tais et demeure —, RAC. *Iph.* III, 6. On a cru longtemps que la terre était —. Je le rends — (le soleil), et la terre chemine, LA F. *Fab.* VII, 18. Et la rame inutile Fatigua vainement une mer —, RAC. *Iph.* I, 1. || *Fig.* Inébranlable. — à leurs coups, CORN. *Pomp.* II, 2.

ˑIMMOBILEMENT [ĭm'-mò-bĭl-man; *en vers*, -bi-le···] *adv.*

[ÉTYM. Composé de immobile et ment, § 724. || xvᵉ s. Diversement mobile et immobilement diversifiee, MARTIN LE FRANC, *Estrif de fort.* dans GODEF.]

|| D'une manière immobile. — affermis, PASC. *Pens.* XXIV, 33.

IMMOBILIER, IÈRE [ĭm'-mò-bi-lyé, -lyèr] *adj.*

[ÉTYM. Composé de in négatif et mobilier, § 275. || 1453. Chose immobiliaire, *Cout. de Touraine*, dans DELB. *Rec.*]

|| (Droit.) Qui ne peut être transporté d'un lieu à un autre. (*Syn.* immeuble.) Biens immobiliers. Succession immobilière. *Au sens collectif. Vieilli.* L'— d'une succession. || *P. ext.* Qui a pour objet un immeuble. Saisie, vente immobilière. *Vieilli.* Héritier —, héritant des immeubles.

IMMOBILISATION [ĭm'-mò-bi-li-zà-syon ; *en vers*, -si-on] *s. f.*

[ÉTYM. Dérivé de immobiliser, § 247. || *Néolog.* Admis ACAD. 1835.]

|| Action d'immobiliser. *Spéciallᵗ.* (Droit.) L'— des rentes.

IMMOBILISER [ĭm'-mò-bi-li-zé] *v. tr.*

[ÉTYM. Composé de in négatif et mobiliser, § 275. || *Néolog.* Admis ACAD. 1835.]

|| Rendre immobile. — un corps d'armée. || *P. ext.* (Droit.) Faire considérer comme immeuble. — des rentes sur l'État.

IMMOBILITÉ [ĭm'-mò-bi-li-té] *s. f.*

[ÉTYM. Emprunté du lat. immobilitas, *m. s.* || xiiiᵉ-xivᵉ s. *Chirurg. de Mondeville*, f° 67.]

|| État de ce qui est immobile. On a cru longtemps à l'— du soleil. Le médecin lui recommande l'—. || *Spéciallᵗ.* (Art vétérin.) Maladie particulière au cheval, caractérisée par l'immobilité indéfinie des membres croisés les uns sur les autres en équilibre instable.

IMMODÉRATION [ĭm'-mò-dé-rà-syon ; *en vers*, -si-on] *s. f.*

[ÉTYM. Emprunté du lat. immoderatio, *m. s.* || xvᵉ s. Intemperance et immoderacion de l'yver, *Jardin de santé*, dans GODEF. Admis ACAD. 1878.]

|| *Peu usité.* Manque de modération.

IMMODÉRÉ, ÉE [ĭm'-mò-dé-ré] *adj.*

[ÉTYM. Emprunté du lat. immoderatus, *m. s.* || xvᵉ s. Douleur immoderee, J. ROBERTET, dans DELB. *Rec.*]

|| Qui manque de modération. Homme — dans les plaisirs. Passions immodérées. || Qui dépasse la mesure, la moyenne. Chaleurs immodérées. Prix immodérés.

IMMODÉRÉMENT [ĭm'-mò-dé-ré-man] *adv.*

[ÉTYM. Pour immodéréement, composé de immodérée et ment, § 724. || xiiiᵉ-xivᵉ s. User des delectations de jeu immoderement, H. DE GAUCHY, *Gouv. des princes*, dans GODEF. *Compl.*]

|| D'une manière immodérée.

IMMODESTE [ĭm'-mò-dĕst'] *adj.*

[ÉTYM. Emprunté du lat. immodestus, *m. s.* || 1549. R. EST.]

|| Qui manque à la modestie. Il y avait là une — Sabine, décolletée..., REGNARD, *Retour impr.* sc. 17. Ajustements immodestes, BOSS. *Obligat. de l'état religieux*, 3.

IMMODESTEMENT [ĭm'-mò-dĕs'-te-man] *adv.*

[ÉTYM. Composé de immodeste et ment, § 724. || 1549. R. EST.]

|| D'une manière immodeste.

IMMODESTIE [ĭm'-mò-dĕs'-ti] *s. f.*

[ÉTYM. Emprunté du lat. immodestia, *m. s.* || 1564. J. THIERRY, *Dict. franç.-lat.*]

|| **1°** *Rare.* Manque de modestie.

|| **2°** Manque de pudeur. Ces femmes... dont la beauté était choquante à cause de leur —, FÉN. *Tél.* 7. || Parole, action contraire à la pudeur. Vous ne me persuaderez point de souffrir les immodesties de cette pièce, MOL. *Crit. de l'Éc. des f.* sc. 6.

IMMOLATION [ĭm'-mò-là-syon ; *en vers*, -si-on] *s. f.*

[ÉTYM. Emprunté du lat. immolatio, *m. s.* || xiiiᵉ s. L'immolation de Jesus Christ, *Trad. de J. Beleth*, dans GODEF. *Compl.*]

|| Action d'immoler (dans un sacrifice). Toutes les fois qu'ils assistaient à l'— de ces victimes, BOURD. *Sacrif. de la messe*, 2. || *P. anal.* Massacre. Les immolations de la Terreur.

IMMOLER [ĭm'-mò-lé] *v. tr.*

[ÉTYM. Emprunté du lat. immolare, *m. s.* || xvᵉ s. Apres y fut Jesus Christ immolé, J. JORET, *Jardin salutaire*, p. 129.]

|| **1°** Tuer en sacrifice pour satisfaire la Divinité. (*Syn.* sacrifier.) — une victime. Ces peuples infidèles qui... immolaient leurs enfants à leurs idoles, BOURD. *Scand. de la Croix*, 2. Dieu lui commanda de l'— (Isaac), BOSS. *Hist. univ.* II, 2. || *Spécial.* (Théol.) Jésus s'est immolé pour les fautes des hommes. Cette hostie divine qui devait être immolée pour nous, BOURD. *Sacrif. de la messe*, 2. || *P. ext.* Faire périr. Près de ce champ fatal Jézabel immolée, RAC. *Ath.* I, 1.

|| **2°** *Fig.* Perdre (qqn, qqch) pour satisfaire un intérêt, une passion, etc. La mort de Virginie, immolée par son père à la pudeur et à la liberté, MONTESQ. *Espr. des lois*, XI, 15. Je m'immole à ma gloire et non pas à ma sœur, CORN. *Hor.* V, 2. On l'immole à ma haine et non pas à l'État, RAC. *Andr.* IV, 4. S'— pour son nom (de Dieu) et pour son héritage, ID. *Esth.* I, 3. La princesse Benedicte fut la première immolée à ces intérêts de famille, BOSS. *A. de Gonz.* Qu'il doit — tout à sa grandeur suprême, RAC. *Ath.* IV, 3.

IMMONDE [ĭm'-mônd'] *adj.*

[ÉTYM. Emprunté du lat. immundus, *m. s.* || xiiiᵉ s. Priez por ceste lasse immonde, G. DE COINCY, *Mir. de Notre-Dame*, col. 652, Poquet.]

I. *Vieilli.* Impur. Qui veut la conscience monde, Il doit fuir le monde —, COTGR. *Dict.* || *Spéciallᵗ.* Dans certains cultes. impur selon la loi religieuse. Ils (les Égyptiens) tenaient le pourceau pour —, FLEURY, *Mœurs des Israél.* II, 8. || *Fig.* Le péché —, le péché de la chair. L'esprit —, le démon.

II. D'une saleté repoussante. Un bouge —.

IMMONDICE [ĭm'-mon-dĭs'] *s. f.*

[ÉTYM. Emprunté du lat. immunditia, *m. s.* || xiiiᵉ s. Qu'il n'ait nul immondice, BRUN. LATINI, *Trésor*, p. 173. | xivᵉ-xvᵉ s. D'immondices qu'om art, EUST. DESCH. VII, 38.]

|| Ordure d'une saleté repoussante. Cette —, LA F. *Contes, On ne s'avise jamais de tout.* || *Spéciallᵗ. Au plur.* Ordures entassées provenant des usages domestiques ou de la voie publique. Chaque jour les boueurs enlèvent les immondices des rues. || *P. ext.* (*rare*). Impureté selon la loi religieuse. Les immondices légales qu'elle (la sainte Vierge) n'avait nullement contractées, BOSS. *3ᵉ Purific.* 1.

IMMORAL, ALE [ĭm'-mò-rà̀l] *adj.*

[ÉTYM. Composé de in négatif et moral, § 275. || xviiiᵉ s. *V.* à l'article. Admis ACAD. 1798.]

|| Qui viole les lois de la morale. Homme —, RAYNAL, *Hist. philos.* XIX, 6. Caractère —. Conduite immorale. Doctrines immorales. Livres immoraux.

IMMORALITÉ [ĭm'-mò-rà-li-té] *s. f.*

[ÉTYM. Dérivé de immoral, § 255. || 1795. JULLIAN et MÉCHIN, *Rapp. sur le Midi*, p. 40. Admis ACAD. 1798.]

|| Caractère de ce qui est immoral. Un homme d'une — révoltante. L'— de la conduite, des doctrines. | *P. ext.* Chose immorale. Ce livre est un tissu d'immoralités.

IMMORTALISER [ĭm'-mòr-tà-li-zé] *v. tr.*

[ÉTYM. Dérivé du lat. immortalis, immortel, § 267. || xviᵉ s. Ont immortalizé leur gloire, RONS. II, 115, Bibl. elzév.]

|| Rendre immortel. L'alchimie se proposait de rajeunir ou d'— le corps. || *Fig.* — son nom par ses victoires, ses exploits. Bourdaloue, ce fameux jésuite que ses admirables sermons doivent —, ST-SIM. I, 222. S'— par une belle mort, CORN. *Cid*, IV, 5. || Les œuvres qui l'ont immortalisé. Homère a immortalisé Achille.

IMMORTALITÉ [ĭm'-mòr-tà-li-té] *s. f.*

[ÉTYM. Emprunté du lat. immortalitas, *m. s.* || xiiᵉ-xiiiᵉ s. La immortaliteit de l'espir, *Dial. Gregoire*, p. 196.]

|| Qualité de ce qui est immortel. L'— de l'âme est une chose qui nous importe si fort, PASC. *Pens.* IX, 1. L'— des bienheureux. || *Fig.* Homère respecté Est jeune encor de gloire et d'—, M.-J. CHÉN. *Épître à Voltaire.* Les grands poètes donnent l'—.

IMMORTEL, ELLE [ĭm'-mòr-tèl] *adj.*

[ÉTYM. Emprunté du lat. immortalis, *m. s.* || xiiiᵉ-xivᵉ s. Dieus immorteux, *Ovide moralisé*, dans GODEF. impassible.]

|| **1°** Qui n'est pas sujet à la mort. Dieu est —. (Dieu) dont notre âme est... une portion comme esprit et comme immortelle, LA BR. 16. Ton âme est immortelle, et tes maux vont finir, MUSSET, *Rolla.* La vie immortelle. || Les dieux immortels, et, *substantivt*, Les immortels, dieux du paganisme. Grâces aux immortels, CORN. *Nicom.* II, 3. Une haine immortelle, RAB. *Alex.* IV, 4. Vous qu'il prit à témoins d'une immortelle ardeur, CORN. *Méd.* I, 4. Nous jurer, malgré nous, un amour —, RAC. *Andr.* IV, 5.

|| **2°** *P. ext.* Qui a une durée très longue. L'immortelle

vie de M. d'Angers (vieillard de 92 ans passés), sév. 1153. *Substantivt, au fém.* L'immortelle, plante de la famille des Composées dont la fleur ne se fane pas et est employée pour orner les tombes. **Une couronne d'immortelles.** || *P. anal.* En parlant de certains corps, de certaines compagnies dont les membres sont remplacés dès qu'ils meurent. **Les immortels. | 1.** Chez les anciens Perses, corps d'élite composé de dix mille hommes. **| 2.** Les membres de l'Académie française.

|| **3°** *Fig.* Dont le souvenir demeure dans la mémoire des hommes. **Les immortels poëmes d'Homère. Sa mort seule a rendu votre père —,** RAC. *Andr.* I, 4.

IMMORTELLE [ĭm'-mòr-tèl] *s. f.* V. immortel, 2°.

IMMORTELLEMENT [ĭm'-mòr-tèl-man ; *en vers,* -tè-le-...] *adv.*

[ÉTYM. Composé de immortelle et ment, § 724. || XVᵉ s. Seoir immortelement, MARTIN LE FRANC, dans GODEF. *Compl.* Admis ACAD. 1878.]

|| D'une manière immortelle.

IMMORTIFICATION [ĭm'-mòr-ti-fi-kà-syon ; *en vers,* -si-on] *s. f.*

[ÉTYM. Emprunté du lat. ecclés. immortificatio, m. s. || XVIᵉ-XVIIᵉ s. Un petit trait de notre immortification, FR. DE SALES, dans DELB. *Rec.* Admis ACAD. 1718.]

|| (T. relig.) État d'une personne qui n'est pas mortifiée.

IMMORTIFIÉ, ÉE [ĭm'-mòr-ti-fyé ; *en vers,* -fi-é] *adj.*

[ÉTYM. Emprunté du lat. ecclés. immortificatus, m. s. || XVIIᵉ s. V. à l'article. Admis ACAD. 1718.]

|| (T. relig.) Qui n'est pas mortifié. **Vie immortifiée. Détruisons tout ce qu'il y a encore d'—,** BOSS. *Ouvert. d'une visite,* 1ʳᵉ exhort.

IMMUABLE [ĭm'-muàbl' ; *en vers,* -mu-àbl'] *adj.*

[ÉTYM. Composé de in négatif et muable, à l'imitation du lat. immutabilis, m. s. § 275. A la fin du XIIᵉ s. le trad. de ST BERNARD dit niantmuavle. || XIVᵉ s. Leur nature est immuable, ORESME, V, 15.]

|| **1°** Qui ne peut pas changer. **Dieu est —. Les décrets immuables de la Divinité. Les lois immuables de la nature. Ainsi sont séparés les jours des nuits prochaines Par d'immuables lois,** RAC. *Poés. div.* 10.

|| **2°** Qui ne change pas. **Homme — en sa volonté. Son attachement — à la religion de ses ancêtres,** BOSS. *R. d'Angl.*

IMMUABLEMENT [ĭm'-muà-ble-man ; *en vers,* -muà-...] *adv.*

[ÉTYM. Composé de immuable et ment, § 724. || XVIᵉ s. Il persevera toujours immuablement, AMYOT, *Démosth.* 19. Admis ACAD. 1718.]

|| D'une manière immuable.

IMMUNITÉ [ĭm'-mu-ni-té] *s. f.*

[ÉTYM. Emprunté du lat. immunitas, m. s. || 1389. En immunité et franchise, dans DU C. immunitas.]

|| **1°** Droit (naturel ou acquis) en vertu duquel une classe de personnes est affranchie d'une charge, d'une obligation. **L'— ecclésiastique, parlementaire. Les immunités dont jouissaient certaines communes au moyen âge.**

|| **2°** Avantage (naturel ou acquis) en vertu duquel le corps est à l'abri de certaines maladies. **Le vaccine procure, le plus souvent, l'— contre la variole.**

IMMUTABILITÉ [ĭm'-mu-tà-bi-li-té] *s. f.*

[ÉTYM. Emprunté du lat. immutabilitas, m. s. || 1544. L'immutabilité de la parole de Dieu, MATHÉE, *Theodorite,* dans DELB. *Rec.*]

|| Caractère de ce qui est immuable. **L'— des conseils de Dieu,** BOSS. *Hist. univ.* II, 27. || **C'est (la cour) un pays bien opposé à l'—,** SÉV. 584.

'IMPACT [in-păkt'] *s. m.*

[ÉTYM. Emprunté du lat. impactus, part. passé de impingere, heurter. || *Néolog.*]

|| (T. didact.) Choc. **Point d'—,** où la trajectoire du centre d'un projectile rencontre la cible.

'IMPACTION [in-păk'-syon ; *en vers,* -si-on] *s. f.*

[ÉTYM. Emprunté du lat. impactio, choc, de impingere, heurter. || *Néolog.*]

|| (T. didact.) Rupture d'un os avec enfoncement d'un côté et saillie de l'autre.

IMPAIR, AIRE [in-pêr] *adj.*

[ÉTYM. Emprunté du lat. impar, m. s. rendu par impair, d'après pair. || 1484. Tout nombre est par ou impar, N. CHUQUET, *Triparty,* 67.]

|| **1°** (Arithm.) Qui ne peut être divisé en deux nom-

bres entiers égaux. **Cinq, sept, sont des nombres impairs. Les jours impairs de la semaine, le premier, le troisième et le cinquième.** || *Absolt.* (T. de jeu.) **Jouer à pair ou —,** à deviner si des objets qu'on tient cachés dans la main fermée sont en nombre pair ou impair. *Collectivt.* **L'—,** l'ensemble des nombres impairs. **Faire un double —,** prendre deux fois l'impair (par erreur). || *Fig. Néolog.* **Commettre, faire un double —, un —, une maladresse.**

|| **2°** (Hist. nat.) Qui est unique, n'a pas de double. **Organe —,** qui n'a pas son semblable de l'autre côté du corps. **Le cœur est un organe —. Foliole impaire,** foliole unique qui termine la feuille composée.

'IMPALPABILITÉ [in-păl-pà-bi-li-té] *s. f.*

[ÉTYM. Dérivé de impalpable, § 255. || 1812. MOZIN, *Dict. franç.-allem.*]

|| (T. didact.) Caractère de ce qui est impalpable.

IMPALPABLE [in-păl-pàbl'] *adj.*

[ÉTYM. Emprunté du lat. impalpabilis, m. s. || 1517. Immortelle est nostre ame et impalpable, J. BOUCHET, dans DELB. *Rec.*]

|| (T. didact.) Qui ne peut être palpé à cause de sa ténuité. **Poudre —.**

IMPANATION [in-pà-nà-syon ; *en vers,* -si-on] *s. f.*

[ÉTYM. Emprunté du lat. ecclés. impanatio, m. s. || XVIᵉ s. Prescrire a Dieu une impanation, BUDÉ, *Messe en françois,* dans DELB. *Rec.* Admis ACAD. 1718.]

|| (Théol.) Coexistence de la substance du pain avec le corps de Jésus-Christ, dans l'eucharistie. **L'— de Luther est nouvelle, et elle est fausse,** MALEBR. *Rech. de la vérité,* p. 152.

IMPARDONNABLE [in-pàr-dò-nàbl'] *adj.*

[ÉTYM. Composé de in négatif et pardonnable, § 275. || XIVᵉ s. Et seroit cil fourfais impardonnables, FROISS. IX, 282, Kervyn.]

|| Qui ne peut être pardonné. **Faute, affront —.** || **Votre ami est — d'avoir manqué à sa parole.**

IMPARFAIT, AITE [in-pàr-fè, -fèt'] *adj.*

[ÉTYM. Composé de in négatif et parfait, d'après le lat. imperfectus, m. s. || 1372. La panthere aussi et la lyonnesse mettent hors leurs faons imparfais, J. CORBICHON, *Propr. des choses,* XVIII, 1, mss franç. Bibl. nat. 217.]

|| **1°** Qui n'est pas achevé. **Laisser son ouvrage —. Cette construction est demeurée imparfaite.**

|| **2°** Qui n'est pas complet. **Accord —. Ma victoire à vos yeux semblait-elle imparfaite?** RAC. *Alex.* V, 1. **L'autre âme imparfaite et grossière,** LA F. *Fab.* IX, 20, *Disc. à Mᵐᵉ de la Sablière.*

|| **3°** Qui n'est pas parfait. **Les êtres imparfaits ne seraient pas, s'il n'y en avait un parfait pour leur donner l'être,** BOSS. *Libre Arb.* 4. || *Substantivt, au masc.* Ce qui est imparfait. **Le parfait est le premier,... l'— n'en est qu'une dégradation,** BOSS. *Élévat.* 1ʳᵉ sem. 2.

|| **4°** *P. ext.* (Gramm.) **Prétérit, passé —,** et, *substantivt,* **—,** temps du mode indicatif et du mode subjonctif servant à indiquer une action passée considérée comme ayant eu lieu en même temps qu'une autre également passée.

IMPARFAITEMENT [in-pàr-fèt'-man ; *en vers,* -fè-te-...] *adv.*

[ÉTYM. Composé de imparfaite et ment, § 724. || 1372. Enfans qui prononcent leurs paroles imparfaitement, J. CORBICHON, *Propr. des choses,* V, 21, mss franç. Bibl. nat. 217.]

|| D'une manière imparfaite.

IMPARISYLLABIQUE [in-pà-ri-sĭl'-là-bĭk'] *adj.*

[ÉTYM. Composé de in négatif et parisyllabique, § 275. ENCYCL. MÉTH. 1784 emploie imparisyllabe. || Admis ACAD. 1835.]

|| (Gramm.) Qui a une ou deux syllabes de plus aux cas obliques qu'au nominatif. **Déclinaison —. Nom, adjectif —.**

IMPARITÉ [in-pà-ri-té] *s. f.*

[ÉTYM. Emprunté du lat. imparitas, m. s. || XIIIᵉ-XIVᵉ s. Telle imparité est souvent cause de noise, H. DE GAUCHY, *Gouv. des princes,* dans GODEF. Admis ACAD. 1878.]

|| **1°** Caractère de ce qui est impair.
|| **2°** *Vieilli.* Défaut de parité. **Une — choquante entre conjoints.**

IMPARTAGEABLE [in-pàr-tà-jàbl'] *adj.*

[ÉTYM. Composé de in négatif et partageable, § 275. || 1752. TRÉV. Admis ACAD. 1835.]

|| *Rare.* Qui ne peut être partagé.

IMPARTIAL, ALE [in-pàr-syàl ; *en vers,* -si-àl] *adj.*

[ÉTYM. Composé de in négatif et partial, § 275. || 1732. TRÉV. Admis ACAD. 1740.]

|| Qui n'est pas partial. Juge, historien, arbitre —. Examen, jugement —.

IMPARTIALEMENT [in-pàr-syâl-man ; *en vers*, -si-à-le-...] *adv.*

[ÉTYM. Composé de impartiale et ment, § 724. || Admis ACAD. 1740.]

|| D'une manière impartiale.

IMPARTIALITÉ [in-pàr-syà-li-té ; *en vers*, -si-à-...] *s. f.*

[ÉTYM. Dérivé de impartial, § 255. || 1725. *Mercure de France*, sept. p. 2255. Admis ACAD. 1740.]

|| Caractère de celui qui est impartial. L'— du juge, du critique, de l'historien. Juger avec —.

*****IMPARTIR** [in-pàr-tîr] *v. tr.*

[ÉTYM. Emprunté du lat. impartire, m. s. || 1374. Que nous sur ce leur vueillons faire et impartir nostre grace, dans GODEF. empartir 2.]

|| (Droit.) Accorder (un droit, une faveur).

IMPASSE [in-pás'] *s. f.* (masc. VOLT.).

[ÉTYM. Composé avec in négatif et passer, §§ 52 et 275. || Mot dû à VOLT. (*V. Dict. philos.* langues : Un honnète homme aurait pu appeler ces sortes de rues des impasses.) Admis ACAD. 1835.]

|| Petite rue ouverte seulement à l'une de ses extrémités. (*Syn.* cul-de-sac.) || *Fig.* Situation où l'on ne peut avancer. *Spécialt.* (T. de jeu de cartes.) Faire une —, jouer de manière à placer une carte de l'adversaire entre deux cartes dont l'une lui est inférieure et l'autre supérieure, ce qui le réduit à l'impuissance.

IMPASSIBILITÉ [in-pás-si-bi-li-té] *s. f.*

[ÉTYM. Emprunté du lat. impassibilitas, m. s. || XIIIᵉ s. Impasibilitelz, dans GODEF. *Compl.*]

|| Caractère impassible. Une certaine apathie ou —, BOSS. *Déf. de la tradit. sur la comm.* II, 29.

IMPASSIBLE [in-pás'-sibl'] *adj.*

[ÉTYM. Emprunté du lat. impassibilis, m. s. || XIIIᵉ-XIVᵉ s. Dieus impesibles, *Ovide moralisé*, dans GODEF.]

I. || **1°** Qui ne peut pas souffrir. Jésus-Christ — et immortel, BOURD. *J.-C. naissant dans l'euchar.* 2. Les corps glorieux sont impassibles.

|| **2°** *Rare.* Qui ne peut pas s'altérer. Le diamant est plus — qu'aucune autre substance, BUFF. *Minéraux.*

II. || **1°** Insensible à la douleur physique ou morale. — au milieu des tortures.

|| **2°** Insensible aux émotions. Juge —. Il écouta, —, mes prières.

*****IMPASSIBLEMENT** [in-pás'-si-ble-man] *adv.*

[ÉTYM. Composé de impassible et ment, § 724. || *Néolog.*]

|| D'une manière impassible.

IMPASTATION [in-pás'-tà-syon ; *en vers*, -si-on] *s. f.*

[ÉTYM. Composé avec le lat. in, en, et pasta, pâte, §§ 247 et 281 ; ou peut-être dérivé de l'ital. impastare, pétrir, § 12. || 1690. FURET. Admis ACAD. 1762.]

|| (Technol.) Mise en pâte d'une ou plusieurs substances. Le stuc est une —.

IMPATIEMMENT [in-pà-syà-man ; *en vers*, -si-à-...] *adv.*

[ÉTYM. Pour impatientment, composé de impatient et ment, § 724. || XIVᵉ s. Dame malade qui impatiemment soustenoit sa maladie, *Evaste et Blaquerne,* dans GODEF. *Compl.*]

|| D'une manière impatiente. Attendre —, LA BR. 4. Néron porta — la mort de Narcisse, RAC. *Brit.* 2ᵉ préf.

IMPATIENCE [in-pà-syàns' ; *en vers*, -si-àns'] *s. f.*

[ÉTYM. Emprunté du lat. impatientia, m. s. || XIIᵉ s. Per son impacience et per son murmure, *Serm. de St Bern.* p. 116.]

|| Manque de patience.

|| **1°** Pour supporter. Depuis longtemps le peuple supportait avec — les privilèges de la noblesse.

|| **2°** Pour attendre. Que ton retour tardait à mon — ! RAC. *Baj.* I, 1. L'— de ne se point rencontrer, LA BR. 7. J'ai de l'— qu'il soit auprès de votre fils, SÉV. 1159. *Vieilli. Au plur.* J'attends avec des impatiences vives des nouvelles de votre santé, SÉV. 165. || *Famil.* Irritation nerveuse. Avoir des impatiences dans les jambes.

IMPATIENT, ENTE [in-pà-syan, -syànt' ; *en vers,* -si-...] *adj.*

[ÉTYM. Emprunté du lat. impatiens, m. s. || XIIᵉ-XIIIᵉ s. Impatient es aversiteiz, *Dial. Gregoire*, p. 361.]

|| Qui manque de patience.

|| **1°** Pour supporter. — du joug. — du dieu dont le souffle invincible Agite tous ses sens, J.-B. ROUSS. *Odes*, III, 1. Coursier — du frein. || *Absolt.* L'— Néron cesse de se contraindre, RAC. *Brit.* I, 1. Votre vertu âpre et impatiente ne sait pas assez supporter le vice d'autrui, FÉN. *Dial. des morts, Socrate, Timon et Alcibiade.*

|| **2°** Pour attendre. Il est — de partir, de combattre. Je suis fort — de savoir ce qui en arrivera. Ton cœur, — de revoir ta Troyenne, RAC. *Andr.* IV, 5. || *Absolt.* D'un peuple — vous entendez la voix, RAC. *Iph.* V, 3. La reine impatiente attend votre réponse, ID. *Ath.* III, 4. | *Poét.* Impatients désirs d'une illustre vengeance, CORN. *Cinna*, I, 1.

IMPATIENTANT, ANTE [in-pà-syan-tan, -tànt' ; *en vers,* -si-an-...] *adj.*

[ÉTYM. Adj. particip. de impatienter, § 47. || XVIIᵉ-XVIIIᵉ s. V. à l'article. Admis ACAD. 1835.]

|| *Famil.* Qui impatiente. Rien n'est plus — que la sottise, Mᵐᵉ DE MAINT. *Lett.* 4 sept. 1704.

IMPATIENTER [in-pà-syan-té ; *en vers*, -si-an-té] *v. tr.*

[ÉTYM. Dérivé de impatient, § 266. || XVIIᵉ s. V. à l'article.]

|| Rendre impatient. Un verre cassé nous impatiente, NICOLE, *Essais de morale*, I, 67. Nous nous impatientons contre Dieu des moindres disgrâces qui nous arrivent, BOSS. 2ᵉ *Panég. St Franç. de Paule*, 2. Il s'impatiente de ne pas avoir de vos nouvelles.

IMPATRONISER [in-pà-trò-ni-zé] *v. tr.*

[ÉTYM. Composé avec la particule lat. in, dans, et patron, à l'imitation de l'ital. impatronare, m. s. §§ 12, 267 et 275. || XVIᵉ s. Les Romains aisément s'impatronizerent des Gaules, PASQ. *Rech.* I, 5.]

|| Établir en maître (dans une maison). (S'emploie surtout avec le pron. réfléchi.) Un inconnu céans s'impatronise, MOL. *Tart.* I, 1.

IMPAYABLE [in-pò-yàbl'] *adj.*

[ÉTYM. Composé avec in négatif et payer, §§ 242 et 275. || XIVᵉ s. Exactions impayables, *Songe du vergier*, dans GODEF. *Compl.* Admis ACAD. 1740.]

|| Qu'on ne peut payer assez cher. Dieu me préserve de vouloir jamais vendre cet animal — ! VOLT. *Taureau*, 2. | *Fig.* C'est, à mon sentiment, un endroit —, MOL. *F. sav.* III, 2. Le trait est —, DORAT, *Feinte par amour*, II, 3.

IMPAYÉ, ÉE [in-pò-yé] *adj.*

[ÉTYM. Composé de in négatif et payé, § 275. || *Néolog.* Admis ACAD. 1878.]

|| (Commerce.) Qui n'a pas été payé. Billet — à l'échéance.

IMPECCABILITÉ [in-pĕk'-kà-bi-li-té] *s. f.*

[ÉTYM. Dérivé de impeccable, § 255. || 1609. Bienheureuse impeccabilité, J. GAULTIER, *Estat du christ.* dans DELB. *Rec.*]

|| (Théol.) État de celui qui est impeccable.

IMPECCABLE [in-pĕk'-kàbl'] *adj.*

[ÉTYM. Emprunté du lat. impeccabilis, m. s. || XVᵉ s. Droicture impeccable, *Trad. de F. Ximenez*, dans GODEF. *Compl.*]

|| **1°** (Théol.) Incapable de pécher. Dieu seul est — de nature. Les saints sont impeccables.

|| **2°** *P. ext.* Incapable de faillir. Je me suis trompé ; je ne suis pas —.

IMPÉNÉTRABILITÉ [in-pé-né-trà-bi-li-té] *s. f.*

[ÉTYM. Dérivé de impénétrable, § 255. || XVIIᵉ s. V. à l'article. Admis ACAD. 1718.]

|| État de ce qui est impénétrable. || *Spécialt.* (Physique.) Impossibilité que deux molécules occupent en même temps le même espace. L'— est une propriété des corps, PASC. *Pens.* XXV, 190. || *Fig.* État de ce qui ne peut être pénétré par l'intelligence. L'— des conseils de Dieu.

IMPÉNÉTRABLE [in-pé-né-tràbl'] *adj.*

[ÉTYM. Emprunté du lat. impenetrabilis, m. s. || XIVᵉ s. Chair impenetrable, J. DE VIGNAY, *Mir. hist.* dans DELB. *Rec.*]

|| Où l'on ne peut pénétrer. Cuirasse — aux boulets. Forêt — aux rayons du soleil. *Spécialt.* (Physique.) Toute molécule est — à une autre. || *P. ext.* Inaccessible. Ame — aux bons sentiments. Vois-tu, comme le sien, des cœurs impénétrables? CORN. *Poly.* V, 4. || *Fig.* Dont l'intelligence ne peut pénétrer le sens. Le cœur des rois est —, BOSS. *Le Tellier.* || *P. ext.* Qui ne laisse pas pénétrer ses sentiments. Seul il savait épancher et retenir son discours ; —, il pénétrait tout, BOSS. *Le Tellier.* Homme — dans ses desseins.

IMPÉNÉTRABLEMENT [in-pé-né-trà-ble-man] *adv.*

[ÉTYM. Composé de impénétrable et ment, § 724. || 1630. MONET, *Abrégé du parallèle.* Admis ACAD. 1762.]

|| *Rare.* D'une manière impénétrable.

IMPÉNITENCE [in-pé-ni-tâns'] s. f.
[ÉTYM. Emprunté du lat. impœnitentia, m. s. || 1630. Impenitance, MONET, Abrégé du parallèle.]
|| (Théol.) État de celui qui n'est pas pénitent. Mourir dans l'— finale, sans s'être repenti de ses péchés. Un aveuglement d'esprit et un endurcissement de cœur qui... les conduisent à l'— finale, BOURD. Exhort. Jug. du peuple contre J.-C. || P. hyperb. Famil. Je mourrai dans l'— finale, on ne me fera pas changer de sentiment.

IMPÉNITENT, ENTE [in-pé-ni-tan, -tânt'] adj.
[ÉTYM. Emprunté du lat. impœnitens, entis, m. s. || 1570. G. HERVET, Cité de Dieu, dans DELB. Rec.]
|| (Théol.) Qui ne se repent pas de ses péchés. Vivre et mourir —. Les hommes impénitents, et, substantivt, Les impénitents. || P. ext. Mort impénitente. Pénitence impénitente, BOSS. Impénit. finale, 1.

IMPENSE [in-pâns'] s. f.
[ÉTYM. Emprunté du lat. impensa, dépense. || XVᵉ s. Impenses faictes pour la Vierge Marie, MARTIAL D'AUVERGNE, dans GODEF. Compl. Admis ACAD. 1718.]
|| (Droit.) Dépense faite pour entretenir, embellir, améliorer un immeuble. (S'emploie surtout au plur.) Impenses nécessaires, utiles, voluptuaires.

IMPÉRATIF, IVE [in-pé-rä-tif', -tiv'] adj.
[ÉTYM. Emprunté du lat. imperativus, m. s. || XIIIᵉ s. Supins et imperatis, H. D'ANDELI, Bat. des set ars, 387.]
I. Qui impose un ordre, un commandement. Parler d'un air —. || Loi, disposition impérative. Mandat —, par lequel les électeurs prétendent dicter ses votes à celui qui les représente. Substantivt. (Philos.) L'— moral, l'— catégorique, règle d'action absolue et non conditionnelle.
II. (Gramm.) Qui exprime le commandement. Phrase impérative. Mode —, et, substantivt, Un verbe à l'—.

IMPÉRATIVEMENT [in-pé-rä-tiv'-man ; en vers, -tive-...] adv.
[ÉTYM. Composé de impérative et ment, § 724. || 1584. Lesquels privileges ils vouloient imperativement faire conferrer, THEVET, Hommes illustres, dans DELB. Rec. Admis ACAD. 1762.]
|| D'une manière impérative. Agir —, HAUTEROCHE, Crispin music. IV, 5.

IMPÉRATOIRE [in-pé-rä-twâr'] s. f.
[ÉTYM. Emprunté du lat. du moyen âge imperatoria, m. s. proprt, « impériale », à cause des vertus souveraines qu'on attribuait à la racine de cette plante. || XVIᵉ s. Imperatoire ou benjoin françois, DU PINET, Dioscoride, dans DELB. Rec. Admis ACAD. 1762.]
|| (Botan.) Plante ombellifère dont une espèce est dite angélique française.

IMPÉRATRICE [in-pé-rä-trîs'] s. f.
[ÉTYM. Emprunté du lat. imperatrix, m. s. A remplacé l'anc. franç. empereriz, de formation pop. || XVIᵉ s. L'imperatrice est une femme, J. LE BON, Adages, dans LEROUX DE LINCY, Prov. franç. II, 66.]
|| Femme d'un empereur. Marie-Louise, — des Français. || Femme qui possède un empire. La reine d'Angleterre, — des Indes. || Fig. Prendre, se donner des airs d'—.

IMPERCEPTIBLE [in-pèr-sèp'-tîbl'] adj.
[ÉTYM. Emprunté du lat. scolast. imperceptibilis, m. s. || 1425. Influence est une qualité celestiele imperceptible de soy, OL. DE LA HAYE, dans DELB. Rec.]
|| Qui ne peut être perçu. Une tache —. Tout ce monde visible n'est qu'un trait — dans l'ample sein de la nature, PASC. Pens. I, 1. Fantômes d'un moment Dont l'être — est voisin du néant, VOLT. Loi natur. 2. Changement —.

IMPERCEPTIBLEMENT [in-pèr-sèp'-ti-ble-man] adv.
[ÉTYM. Composé de imperceptible et ment, § 724. || XIVᵉ s. Les vers destruisent imperceptiblement, J. GOLEIN, Trad. du Rational, dans GODEF. Compl.]
|| D'une manière imperceptible. Cette dépense exorbitante que vous faites —, HAMILT. Gram. p. 107.

IMPERDABLE [in-pèr-dâbl'] adj.
[ÉTYM. Composé avec in négatif et perdre, §§ 242 et 275. || 1732. TRÉV. Admis ACAD. 1740.]
|| Qui ne peut être perdu, dont le gain est assuré. Procès —. Partie —.

IMPERFECTIBILITÉ [in-pèr-fěk'-ti-bi-li-té] s. f.
[ÉTYM. Dérivé de imperfectible, § 255. || Néolog. Admis ACAD. 1878.]

|| (T. didact.) Manière d'être de ce qui est imperfectible.

IMPERFECTIBLE [in-pèr-fěk'-tibl'] adj.
[ÉTYM. Composé de in négatif et perfectible, § 275. || Néolog. Admis ACAD. 1878.]
|| (T. didact.) Qui n'est pas perfectible.

IMPERFECTION [in-pèr-fěk'-syon ; en vers, -si-on] s. f.
[ÉTYM. Emprunté du lat. imperfectio, m. s. || XIIᵉ s. La mele imperfectiun virent li tuen oil, Psaut. d'Oxf. CXXXVIII, 15.]
|| 1° État de ce qui n'est point achevé. L'état d'— dans lequel a été laissé cet ouvrage.
|| 2° État de ce qui n'est pas complet. || Spécialt. Vieilli. Imperfections, feuilles imprimées qui ne suffisent pas pour former un exemplaire complet. (Syn. défet.)
|| 3° État de ce qui n'est pas parfait. J'étais assuré qu'aucune de celles (manières d'être) qui marquaient quelque — n'était en lui (Dieu), DESC. Méth. 4. || P. ext. Défaut. La vertu imparfaite succombe dans le support des imperfections d'autrui, FÉN. Dial. des morts, 8. Les imperfections que l'on remarque dans ce poème.

IMPERFORATION [in-pèr-fò-rä-syon; en vers, -si-on] s. f.
[ÉTYM. Composé de in négatif et perforation, § 275. || 1611. COTGR. Admis ACAD. 1835.]
|| (T. didact.) État de ce qui est imperforé. — de l'anus.

IMPERFORÉ, ÉE [in-pèr-fò-ré] adj.
[ÉTYM. Composé de in négatif et perforer, §§ 44 et 275. || 1748. Femme imperforée, LA METTRIE, Homme-plante, p. 10. Admis ACAD. 1835.]
|| (T. didact.) Qui présente une occlusion anormale. Anus —. Bouche imperforée.

IMPÉRIAL, ALE [in-pé-ryàl; en vers, -ri-àl] adj.
[ÉTYM. Emprunté du lat. imperialis, m. s. Ordinairement emperial en anc. franç. (Cf. empire, empereur.) || XIIᵉ s. Vols fu de porpre imperial, Énéas, 4032. Porpre enperial, ibid. 7483.]
I. Qui appartient à un empereur ou à un empire. L'autorité impériale. Décrets impériaux. Couronne, aigle impériale. Garde impériale. Les troupes impériales, et, substantivt, Les Impériaux, les soldats de l'empereur d'Allemagne. (Blason.) Couronne impériale, couronne figurée sous la forme d'une mitre abaissée que surmontent le globe et la croix. || (Botan.) Couronne impériale, et, substantivt, Impériale, espèce de fritillaire panachée. (Architect.) Comble —, et, substantivt, —, sorte de dôme dont la coupe représente deux s unies par le haut et s'éloignant par le bas. Barbe à l'impériale, et, substantivt, Impériale, touffe de poils qu'on laisse pousser sous la lèvre inférieure, en rasant le reste du menton (mode venue de l'empereur Napoléon III).
II. Fig. || 1° Qui est supérieur aux autres par sa qualité. (Cf. impératoire.) Papyrus —. Eau impériale, cordial fait d'eau-de-vie distillée sur des plantes et des épices. Prune impériale, et, substantivt, Impériale, grosse prune longue. Serge impériale, serge de laine fine. (T. de jeu.) Série impériale, et, substantivt, Impériale, série de l'as, du roi, de la dame et du valet de même couleur, et, p. ext. nom d'un jeu de cartes où cette série a un grand rôle.
|| 2° Qui est placé au-dessus. Substantivt, au fém. Impériale, le dessus d'une voiture, disposé à recevoir des voyageurs. L'impériale d'un omnibus. Monter sur l'impériale. || L'impériale d'un lit, le dessus d'un lit à colonnes. || (Marine.) L'impériale d'une tente, la partie supérieure.

IMPÉRIALE [in-pé-ryàl; en vers, -ri-àl] s. f. V. impérial.

IMPÉRIALISTE [in-pé-ryà-list'; en vers, -ri-à-...] s. m.
[ÉTYM. Dérivé de impérial, § 265. || 1642. OUD. Admis ACAD. 1878.]
|| Partisan de l'empire. || Adjectivt. Le parti —.

IMPÉRIEUSEMENT [in-pé-ryeůz'-man; en vers, -rieú-ze-...] adv.
[ÉTYM. Composé de impérieuse et ment, § 724. || 1512. Parler imperieusement, J. LE MAIRE, dans DELB. Rec.]
|| D'une manière impérieuse. Comme ils (les Romains) agissaient — avec les rois leurs alliés, CORN. Nicom. exam. || Ce que les circonstances exigent —.

IMPÉRIEUX, EUSE [in-pé-ryeů, -ryeůz'; en vers, -ri-...] adj.
[ÉTYM. Emprunté du lat. imperiosus, m. s. || XVᵉ s. Effort imperieux, A. CHARTIER, dans DOCHEZ, Dict.]
|| 1° Qui commande en maître. Sous la loi du riche —, RAC. Esth. III, 3. Caractère —. Il (l'amour-propre) est —

et obéissant, sincère et dissimulé, LA ROCHEF. *Max.* 565. Parler d'un ton —. Ces mots — n'ont point trouvé d'obstacle, RAC. *Théb.* III, 3.

‖ **2°** Qui force à céder. Une impérieuse nécessité. Un besoin —.

IMPÉRISSABLE [in-pé-ri-sàbl'] *adj.*
[ÉTYM. Composé de in négatif et périssable, § 275. ‖ XVIᵉ-XVIIᵉ s. Imperissable solidité, FR. DE SALES, dans DELB. *Rec.* Admis ACAD. 1740.]
‖ Qui ne peut périr. La matière est —. ‖ *P. ext.* Qui est d'une très longue durée. Monument —. Gloire —.

IMPÉRITIE [in-pé-ri-si] *s. f.*
[ÉTYM. Emprunté du lat. imperitia, *m. s.* On trouve qqf imperice en anc. franç. ‖ XVᵉ s. L'impericie... de leur medecin, G. TARDIF, *Facéties de Pogge*, dans DELB. *Rec.* Admis ACAD. 1762.]
‖ Défaut d'habileté. L'— du général en chef.

***IMPERMÉABILISER** [in-pèr-mé-à-bi-li-zé] *v. tr.*
[ÉTYM. Dérivé de imperméable, § 267. ‖ *Néolog.*]
‖ (T. didact.) Rendre imperméable. Toile imperméabilisée.

IMPERMÉABILITÉ [in-pèr-mé-à-bi-li-té] *s. f.*
[ÉTYM. Dérivé de imperméable, § 255. ‖ 1783. FAUJAS DE ST-FOND, *Expér. aérostatiques de MM. Montgolfier*, p. 214. Admis ACAD. 1798.]
‖ (T. didact.) Qualité de ce qui est imperméable.

IMPERMÉABLE [in-pèr-mé-àbl'] *adj.*
[ÉTYM. Emprunté du lat. impermeabilis, *m. s.* ‖ XVIᵉ s. Nations... absconses, impermeables et incongueues, RAB. III, 51. Admis ACAD. 1758.]
‖ (T. didact.) Qui ne se laisse point traverser. Un sol glaiseux, — à la pluie. ‖ *Spéciall.* En parlant de tissus, préparés pour ne pas être traversés par l'eau. Cuir —. Chaussures, vêtements imperméables.

IMPERMUTABILITÉ [in-pèr-mu-tà-bi-li-té] *s. f.*
[ÉTYM. Dérivé de impermutable, § 255. ‖ *Néolog.* Admis ACAD. 1878.]
‖ (T. didact.) Qualité de ce qui est impermutable.

IMPERMUTABLE [in-pèr-mu-tàbl'] *adj.*
[ÉTYM. D'une impermutabilis, *m. s.* On trouve au XIVᵉ s. impermuable, dans G. DE DIGULLEVILLE et dans ORESME. ‖ *Néolog.* Admis ACAD. 1878.]
‖ (T. didact.) Qui ne peut être permuté.

IMPERSONNALITÉ [in-pèr-sò-nà-li-té] *s. f.*
[ÉTYM. Dérivé de impersonnel, § 255. ‖ 1784. ENCYCL. MÉTH. *Gramm.* Admis ACAD. 1878.]
‖ (T. didact.) Qualité de ce qui est impersonnel. L'— de la raison, de la loi. ‖ L'— d'un verbe.

IMPERSONNEL, ELLE [in-pèr-sò-nèl] *adj.*
[ÉTYM. Emprunté du lat. impersonalis, *m. s.* ‖ XIIᵉ s. Tel ki fist personal de verbe impersonal, GARN. DE PONT-STE-MAX. *St Thomas*, 2209.]
‖ (T. didact.) ‖ **1°** (Philos.) ‖ **1.** Qui ne constitue pas une personne. Le Dieu des panthéistes est —. ‖ **2.** Qui n'appartient pas à une personne. La raison est impersonnelle (commune à tous les hommes).
‖ **2°** (Gramm.) Qui exprime une action sans l'attribuer à une personne déterminée. Verbe —, usité seulement à l'infinitif et à la 3ᵉ personne du singulier des différents temps. (*Cf.* unipersonnel.) Verbes essentiellement impersonnels (comme il neige, il pleut, etc.). Verbes accidentellement impersonnels (comme il se peut, il sied, etc.). Conjugaison impersonnelle. ‖ Modes impersonnels, l'infinitif et le participe, qui ne rapportent pas ordinairement l'action à un sujet.

IMPERSONNELLEMENT [in-pèr-sò-nèl-man ; en vers, -nè-le-...] *adv.*
[ÉTYM. Composé de impersonnelle et ment, § 724. ‖ XVᵉ s. Impersonelement, dans GODEF. *Compl.*]
‖ D'une manière impersonnelle. La raison décide —. ‖ Verbes transitifs conjugués —.

IMPERTINEMMENT [in-pèr-ti-nà-man] *adv.*
[ÉTYM. Pour impertinentment, composé de impertinent et ment, § 724. ‖ XIVᵉ-XVᵉ s. Parole impertinemment dicte, L. DE PREMIERFAIT, dans GODEF. *Compl.*]
‖ D'une manière impertinente. Fort — vous me jetez les vôtres (vos qualités), MOL. *F. sav.* III, 3.

IMPERTINENCE [in-pèr-ti-nàns'] *s. f.*
[ÉTYM. Dérivé de impertinent, § 264. ‖ XVᵉ s. L'impertinence du temps, MARTIAL D'AUVERGNE, *Arrêts d'amour*, 53. Admis ACAD. 1762.]
‖ **1°** *Vieilli.* Caractère de ce qui est déplacé. On a bien

vu dans a suite l'— de ces calomnies, RAC. *P.-Royal.* N'avoir pas assez d'esprit pour bien parler, ni assez de jugement pour se taire, voilà le principe de toute —, LA BR. 5. ‖ *P. ext.* Parole, action déplacée. Dire, faire, commettre des impertinences. J'ai offensé la géographie... je vous demande excuse de mon —, SÉV. 591. Trève donc, je vous prie, à vos impertinences, MOL. *Sgan.* sc. 1.
‖ **2°** Irrévérence malséante. Ces mots remplis d'— Eurent le sort qu'ils méritaient, LA F. *Fab.* VIII, 19. ‖ *P. ext.* Parole, action d'une irrévérence malséante. Il m'a fait cent impertinences.

IMPERTINENT, ENTE [in-pèr-ti-nan, -nänt'] *adj.*
[ÉTYM. Emprunté du lat. impertinens, qui n'a pas rapport à. ‖ XIVᵉ s. En negatif, suppositif ou impertinent, BOUTEILLER, *Somme rur.* II, 2.]
‖ **1°** *Vieilli.* Qui est déplacé. Façon de parler à mon avis impertinente et pourtant en usage, LA BR. *Lett.* 18. L'— auteur! L'ennuyeux écrivain! BOIL. *Sat.* 9. ‖ *Substantivt.* L'— rebute, aigrit et irrite, LA BR. 12.
‖ **2°** *P. ext.* Qui montre une irrévérence malséante. Je vous trouve tous trois fort impertinents de parler devant moi avec cette arrogance, MOL. *B. gent.* II, 3. Manières impertinentes. Discours impertinents. Une conduite impertinente. ‖ *Substantivt.* Un —, une impertinente.

IMPERTURBABILITÉ [in-pèr-tur-bà-bi-li-té] *s. f.*
[ÉTYM. Dérivé de imperturbable, § 255. ‖ 1701. FURET. Admis ACAD. 1740.]
‖ Caractère de ce qui est imperturbable.

IMPERTURBABLE [in-pèr-tur-bàbl'] *adj.*
[ÉTYM. Emprunté du lat. imperturbabilis, *m. s.* ‖ 1486. Imperturbable intention, *Règle de St-Benoit*, dans GODEF. *Compl.* Admis ACAD. 1718.]
‖ Dont rien ne peut troubler la continuité. Il est — dans ses résolutions. Une mémoire —. Un — sang-froid.

IMPERTURBABLEMENT [in-pèr-tur-bà-ble-man] *adv.*
[ÉTYM. Composé de imperturbable et ment, § 724. ‖ Admis ACAD. 1740.]
‖ D'une manière imperturbable.

IMPÉTRABLE [in-pé-tràbl'] *adj.*
[ÉTYM. Emprunté du lat. impetrabilis, *m. s.* ‖ 1406. Non impetrables, dans DOUET D'ARCQ, *Pièces relat. à Ch. VI*, I, 296.]
‖ (Droit.) Qu'on peut impétrer. Bénéfices ecclésiastiques déclarés vacants et impétrables.

IMPÉTRANT, ANTE [in-pé-tran, -tränt'] *s. m.* et *f.*
[ÉTYM. Subst. particip. de impétrer, § 47. ‖ 1468. Parties impetrantes, dans GODEF. *Compl.*]
‖ (Droit.) Celui, celle qui impètre qqch. Les patentes contiennent l'érection en grandesse d'une terre de l'—, ST-SIM. III, 95.

IMPÉTRATION [in-pé-trà-syon ; en vers, -si-on] *s. f.*
[ÉTYM. Emprunté du lat. impetratio, *m. s.* ‖ 1345. Mettez au neant icelles impetracions, dans GODEF. *Compl.*]
‖ (Droit.) Action d'impétrer. L'— d'un bénéfice.

IMPÉTRER [in-pé-tré] *v. tr.*
[ÉTYM. Emprunté du lat. impetrare, obtenir, *m. s.* et employé d'abord sous la forme empetrer, § 503. ‖ XIIIᵉ s. Letres... faussement empetrees, BEAUMAN. II, 29. ‖ XIVᵉ s. Et absolution vous irai impetrer, CUVELIER, *Duguesclin*, 7287.]
‖ Obtenir de l'autorité compétente (qq privilège, bénéfice, titre, etc.).

IMPÉTUEUSEMENT [in-pé-tueuz'-man ; en vers, -tueú-ze-...] *adv.*
[ÉTYM. Composé de impétueuse et ment, § 724. ‖ XIVᵉ s. Se boutent es perils de guerre impetueusement sans paour, ORESME, *Éth.* III, 16.]
‖ D'une manière impétueuse.

IMPÉTUEUX, EUSE [in-pé-tuçù, -tueúz' ; en vers, -tu-...] *adj.*
[ÉTYM. Emprunté du lat. impetuosus, *m. s.* ‖ XIIIᵉ s. Mors est si impetueuse..., G. DE COINCY, dans DOCHEZ, *Dict.*]
‖ Qui a un élan violent et rapide. Torrent —. Une course impétueuse. Dragon —, RAC. *Phéd.* V, 6. ‖ *Fig.* Homme d'un caractère —. Le bien-disant Ulysse, Ajax l'—, LA F. *Songe de Vaux.* Qu'aura servi ce zèle —? RAC. *Baj.* II, 3.

IMPÉTUOSITÉ [in-pé-tuó-zi-té ; en vers, -tu-ó-...] *s. f.*
[ÉTYM. Emprunté du lat. impetuositas, *m. s.* ‖ XIIIᵉ s. En l'impetuosité de sa face, G. DES MOULINS, *Bible hist.* dans GODEF. *Compl.*]
‖ Caractère de ce qui est impétueux. L'— des vents,

des flots. L'— d'un torrent. Le sang jaillit avec —. || *Fig.* L'—
du caractère. L'— d'un premier mouvement, CORN. *Rodog.* I,
5. Parler, attaquer qqn avec —.

IMPIE [in-pi] *adj.*
[ÉTYM. Emprunté du lat. *impius, m. s.* || 1611. COTGR.]
|| Qui montre du mépris pour la religion. Nation, race
—. Rions, chantons, dit cette troupe —, RAC. *Ath.* II, 9.
Substantivt. Un, une —. Je n'admirai jamais la gloire de l'—,
RAC. *Esth.* II, 8. || *P. ext.* En parlant des choses. | 1. Qui
appartient à l'impie. Il osa porter sur le prêtre une main —.
Les blasphèmes qu'ont vomis leurs bouches impies. | 2. Qui
marque le mépris de la religion. Pensées, sentiments impies.
Paroles, discours, ouvrages, écrits impies Actions impies. Culte
—. || *Fig.* Qui offense ce que tout le monde respecte. Qu'ils
viennent donc sur moi prouver leur zèle —! RAC. *Iph.* V, 3.

IMPIÉTÉ [in-pyé-té; *en vers*, -pi-é-té] *s. f.*
[ÉTYM. Emprunté du lat. *impietas, m. s.* || XIIe s. A noz
impietez tu seras propicius, *Psaut. d'Oxf.* LXIV, 3.]
|| Mépris pour la religion. Ce temple l'importune, et son
— Voudrait anéantir le Dieu qu'il a quitté, RAC. *Ath.* I, 1.
Rompez, rompez tout pacte avec l'—, ID. *ibid.* L'— de sa con-
duite. || *P. ext.* Commettre, faire, dire une —. || *Fig.* Mépris
de ce que tout le monde respecte. Et quelle — de haïr un
époux Pour avoir bien servi les siens, l'État et vous? CORN.
Hor. V, 3.

IMPITOYABLE [in-pi-twà-yàbl'] *adj.*
[ÉTYM. Composé de in négatif et pitoyable, § 275. A remplacé impiteux, qui se trouve encore qqf au commence-
ment du XVIe s. || XVe-XVIe s. Hommes cruels et impitoia-
bles, J. BOUCHET, dans GODEF. *Compl.*]
|| **1o** Qui est sans pitié. Ennemi, bourreau —. Aussi bar-
bare époux qu'— père, Venez, si vous l'osez, la ravir à sa mère,
RAC. *Iph.* IV, 4. — Dieu, toi seul as tout conduit, ID. *Ath.* V,
6. Le Ciel s'est donc lassé de m'être —! CORN. *Sertor.* V, 2.
|| Triste jouet d'un sort —, RAC. *Phèd.* II, 1.
|| **2o** *P. ext. Famil.* Qui ne fait grâce de rien. Elle est —
sur les fautes les plus légères, MASS. *Évid.* Sa critique est —.

IMPITOYABLEMENT [in-pi-twà-yà-ble-man] *adv.*
[ÉTYM. Composé de impitoyable et ment, § 724. || 1658. DE
ROCHEFORT, *Hist nat. et mor. des Antilles*, p. 266.]
|| D'une manière impitoyable. Homme que la vengeance
divine poursuit —, FÉN. *Tél.* 18. || *Famil.* Il les lit (ses vers),
les relit,... s'acharne —, PIRON, *Métrom.* I, 3.

IMPLACABLE [in-plà-kàbl'] *adj.*
[ÉTYM. Emprunté du lat. *implacabilis, m. s.* || XVe-XVIe s.
Implacable ennemi, FOSSETIER, dans GODEF. *Compl.*]
|| Qu'on ne peut apaiser. — ennemi, RAC. *Mithr.* III, 1;
Phèd. I, 1. Poursuivie par des ennemis implacables, BOSS. *R.
d'Angl.* Implacables à l'égard d'un valet qui aura laissé tomber un pot de terre, LA BR. *Théophr. Épargne sordide.* Une
haine —, RAC. *Esth.* III, 5.

IMPLACABLEMENT [in-plà-kà-ble-man] *adv.*
[ÉTYM. Composé de implacable et ment, §,724. || *Néolog.*
Admis ACAD. 1878.]
|| D'une manière implacable.

IMPLANTATION [in-plan-tà-syon; *en vers*, -si-on] *s. f.*
[ÉTYM. Dérivé de implanter, § 247. || 1541. Les implanta-
tions de plusieurs et grandes arteres, J. CANAPPE, *Tables anatom.* dans DELB. *Rec.* Admis ACAD. 1835.]
|| (T. didact.) Action d'implanter.

IMPLANTER [in-plan-té] *v. tr.*
[ÉTYM. Emprunté du lat. *implantare, m. s.* || XVIe s. Ces
muscles ne s'implantent sur l'os, PARÉ, I, 8. Admis ACAD.
1835.]
|| (T. didact.) Faire prendre racine à (qqch). S'—, pren-
dre racine dans qqch. || *Fig.* — une idée dans le cerveau
de qqn.

IMPLEXE [in-plèks'] *adj.*
[ÉTYM. Emprunté du lat. *implexus, m. s.* || XVIIe s. V.
à l'article. Admis ACAD. 1762.]
|| *Rare.* (T. didact.) Dont l'intrigue est compliquée. Piè-
ces embarrassées qu'en termes de l'art on nomme implexes, par
un mot emprunté du latin, telles que sont Rodogune et Héra-
clius, CORN. *Cinna*, exam.

'**IMPLICANCE** [in-pli-kàns']. V. implication.

IMPLICATION [in-pli-kà-syon; *en vers*, -si-on] *s. f.*
[ÉTYM. Emprunté du lat. *implicatio, m. s.* || Au sens **1o**
DESC. traduit le lat. *implicatio* par implicance, inusité. ||
XVe s. Quelque implication terrienne, *Intern. consol.* II, 5.]
|| **1o** (Logique.) État de ce qui implique contradiction.

|| **2o** (Droit.) Action d'impliquer (dans une affaire cri-
minelle).

IMPLICITE [in-pli-sìt'] *adj.*
[ÉTYM. Emprunté du lat. *implicitus*, enveloppé. (*Cf.* le
doublet emplette, de formation pop.) || XVIe s. Une fantaisie
de toi qu'ils appellent implicite ou enveloppée, CALV. *Instit.
chr.* III, II, 5.]
|| (T. didact.) Enveloppé dans le sens sans être for-
mellement exprimé. Clause, condition —. Conséquence contenue dans l'énoncé du problème d'une manière —. Volonté —,
que suppose la conduite de la personne.

IMPLICITEMENT [in-pli-sìt'-man; *en vers*, -si-te-...]
adv.
[ÉTYM. Composé de implicite et ment, § 724. || XVIe s. Si
quelqu'un croit implicitement ce qu'il n'entend pas, CALV. *Instit. chr.* III, II, 5.]
|| D'une manière implicite.

IMPLIQUER [in-pli-ké] *v. tr.*
[ÉTYM. Emprunté du lat. *implicare*, envelopper. (*Cf.* le
doublet employer, de formation pop.) || XIVe s. Ce que j'ai
dit ne repugne ne implique, dans DELB. *Rec.*]
|| (T. didact.) || **1.** *Vieilli.* Enchevêtrer, compliquer. No-
nobstant ses douleurs et tant de maladies impliquées, TH. DE
BÈZE, *Vie de Calvin.* Les preuves de Dieu métaphysiques sont
si éloignées du raisonnement des hommes et si impliquées
qu'elles frappent peu, PASC. *Pens.* X, 5.
|| **II.** (Logique.) Envelopper, contenir. L'idée d'ordre impli-
que l'idée d'une intelligence ordonnatrice. || *Spéciall.* — con-
tradiction, et, *ellipt*, Ces deux propositions impliquent. Mariage
à défaut de paiement : les deux impliqueraient, BEAUMARCH.
Mar. de Fig. III, 5. *Impersonnellt.* Il implique de dire...
|| **III.** Engager dans qqch. Il s'est trouvé souvent impliqué
dans les dangereux intérêts des princes et des potentats, BOSS.
2e *Quinquag.* préamb. Il est impliqué dans le procès.

IMPLORER [in-plò-ré] *v. tr.*
[ÉTYM. Emprunté du lat. *implorare, m. s.* proprt, « prier
en pleurant ». || 1549. R. EST.]
|| Supplier d'une manière touchante. — Dieu. J'ose vous
— et pour ma propre vie Et pour les tristes jours d'un peuple
infortuné, RAC. *Esth.* III, 4. || *P. ext.* Demander en suppliant
d'une manière touchante. Seigneur, je viens pour elle — votre
appui, RAC. *Iph.* III, 5. — le secours, l'aide de qqn.

IMPOLI, IE [in-pò-li] *adj.*
[ÉTYM. Composé de in négatif et poli, § 275. Rare au
XVIIe s. Gregoire n'est qu'un impoli (Mot nouveau que je viens
d'apprendre), SENECÉ, dans DELB. *Rec.* || XVIe s. Regles de
vivre, rudes, neufves, impolies, MONTAIGNE, III, 9.]
|| Qui n'est pas poli. Homme —. Des manières impolies.
Langage —.

IMPOLIMENT [in-pò-li-man] *adv.*
[ÉTYM. Pour impoliement, composé de impolie et ment,
§ 724. || 1782. MERCIER, *Tabl. de Paris*, V, 235. Admis ACAD.
1835.]
|| D'une manière impolie. Répondre —.

IMPOLITESSE [in-pò-li-tès'] *s. f.*
[ÉTYM. Composé de in négatif et politesse, § 275. || Mot
du XVIIe s. qui n'a d'abord été usité que dans la conversation : En parlant, on sçait bien qu'il y a de certains mots que
l'on peut former sur le champ, comme « brusqueté, inaction,
impolitesse », VAUGEL. *Rem.* (1640). Je m'apperçoy qu' « impolitesse » commence fort à s'établir, TH. CORN. *Notes sur
Vaugelas* (1690). Admis ACAD. 1718.]
|| Manque de politesse. Homme d'une — choquante. L'—
de ses procédés. || *P. ext.* Je n'ai reçu de lui que des impoli-
tesses.

IMPOLITIQUE [in-pò-li-tìk'] *adj.*
[ÉTYM. Composé de in négatif et politique, § 275. || 1750.
Rien n'a été plus impolitique, D'ARGENSON, *Mém.* dans DELB.
Rec. Admis ACAD. 1835.]
|| Contraire à la bonne politique. Mesure, conduite, dé-
marche —.

IMPOLITIQUEMENT [in-pò-li-tìk'-man; *en vers*, -ti-
ke-...] *adv.*
[ÉTYM. Composé de impolitique et ment, § 724. || *Néolog.*
Admis ACAD. 1835.]
|| D'une manière impolitique. Agir —.

'**IMPOLLU, UE** [in-pòl'-lu] *adj.*
[ÉTYM. Emprunté du lat. *impollutus, m. s.* || 1508. Vais-
seau impolut, dans GODEF. impolu.]
|| *Vieilli.* Non souillé. Sortir impollus hors d'une noire

fange, D'AUB. *Trag. Princes.* Je saurai conserver d'une âme résolue A l'époux sans macule une épouse impollue, CORN. *Théod.* III, 1.

IMPONDÉRABLE [in-pon-dé-ràbl'] *adj.*
[ÉTYM. Composé de in négatif et pondérable, § 275. || *Néolog.* Admis ACAD. 1835.]
|| (T. didact.) Qui échappe à l'action de la pesanteur. Fluide —, la lumière, l'électricité, fluides auxquels on ne trouve pas de poids.

IMPOPULAIRE [in-pò-pu-lèr] *adj.*
[ÉTYM. Composé de in négatif et populaire, § 275. || Admis ACAD. 1835.]
|| État de ce qui n'est pas populaire. Prince, ministre —. || Actes, mesures, lois impopulaires.

IMPOPULARITÉ [in-pò-pu-là-ri-té] *s. f.*
[ÉTYM. Composé de in négatif et popularité, § 275. || 1789. L'impopularité de nos lois, MIRABEAU, *Comm. des États américains* (trad. de l'anglais), p. 42. Admis ACAD. 1835.]
|| État de ce qui n'est pas populaire. L'— du prince. || L'— du nouvel impôt.

IMPORTANCE [in-pòr-tàns] *s. f.*
[ÉTYM. Dérivé de importer 1, § 262. || 1539. R. EST.]
|| 1° Caractère de ce qui est important. L'— d'une affaire, d'un secret. L'affaire est d'—, CORN. *Cid*, II, 8. Cet avantage que les autres ont sur vous (au jeu) blesse et déplaît, quoique ce ne soit point dans les occasions d'—, SÉV. 255. Cela est de peu d'—, de nulle —. Mettre, attacher de l'— à une chose. *Vieilli.* L'— (l'important) est de... L'—, Messieurs, est de bien choisir un chef, FLÉCH. *Lamoignon.* || P. ext. Famil. Loc. adv. D'—, en mettant de l'importance à ce qu'on fait. Traiter, étriller qqn d'—. Si je prends un bâton, je vous rosserai d'—, MOL. *Av.* III, 2.
|| 2° Autorité que qqn retire d'une situation considérable. Cette place lui donne beaucoup d'—. Des gens d'—. Il vint des partis d'—, La belle les trouva trop chétifs de moitié, LA F. *Fab.* VII, 5. *Absolt.* L'— lui tournait la tête, son ver rongeur était de n'être point ministre, ST-SIM. IX, 12. || P. ext. *En mauvaise part.* Vanité de celui qui veut se faire paraître plus considérable qu'il n'est. Voyez un peu l'homme d'—! MOL. *B. gent.* II, 2. C'est bien à vous, infâme que vous êtes, à vouloir faire l'homme d'—! ID. *Préc. rid.* sc. 13.

IMPORTANT, ANTE [in-pòr-tan, -tànt] *adj.*
[ÉTYM. Adj. particip. de importer 1, § 47. || XVIe s. Chose tres importante à leurs affaires, MONTAIGNE, I, 3.]
|| 1° Qui est de conséquence sérieuse pour qqn. La question est importante. La moindre action importe pour ses suites à tout : donc tout est —, PASC. *Pens.* XXIV, 79. Dans les occasions importantes. Il est — qu'on sache à quoi s'en tenir. || *Substantivt.* L'—, ce qui est important. L'— serait de savoir quel talisman vous employez pour dominer tous les esprits, BEAUMARCH. *Mère coup.* IV, 4.
|| 2° A qui sa situation donne une autorité considérable. Des personnages importants. Tout ce que Rome eut de chefs importants, RAC. *Mithr.* I, 1. Il a su se rendre —. || P. ext. *En mauvaise part.* Qui, par vanité, se fait paraître plus considérable qu'il n'est. O homme — et chargé d'affaires! LA BR. 6. Se donner des airs importants. Parler d'un ton —. || *Substantivt.* Faire l'—. Un grain d'esprit et une once d'affaires plus qu'il n'en entre dans la composition du suffisant font l'—, LA BR. 12.|

IMPORTATEUR [in-pòr-tà-teûr] *s. m.*
[ÉTYM. Dérivé de importer 2, § 249. || 1771. TRÉV. Admis ACAD. 1878.]
|| (Commerce.) Celui qui fait le commerce d'importation. || P. anal. Voltaire fut l'— du théâtre de Shakespeare.

IMPORTATION [in-pòr-là-syon ; *en vers,* -si-on] *s. f.*
[ÉTYM. Emprunté de l'angl. importation, m. s. § 8. || 1748. V. à l'article. Admis ACAD. 1762.]
|| (Commerce.) Action d'importer, de faire entrer dans un pays les productions, etc., d'un pays étranger. L'objet du commerce est l'exportation et l'— des marchandises en faveur de l'État, MONTESQ. *Espr. des lois*, XX, 13. La Rochelle faisait autrefois un grand commerce d'—. Marchandises frappées d'un droit à l'—. || P. ext. Ce qui est importé. La race des moutons mérinos est une —. || P. anal. L'— de la peste par les pèlerins de la Mecque. || Fig. — des modes anglaises. On craint l'exportation de blé et l'— des idées, VOLT. *Lett.* 28 sept. 1770.

1. IMPORTER [in-pòr-té] *v. tr. et intr.*
[ÉTYM. Forme refaite de emporter (*V.* ce mot), soit d'a-

près le lat. importare « porter dans », et au fig. « causer », § 502, soit d'après l'ital. importare, être d'importance, § 12. || XVIe s. Assieger places qui importent, LA NOUE, *Disc. polit.* 22.]
|| 1° *Vieilli.* V. tr. Entraîner avec soi (une conséquence grave). Ma venue n'importait rien moins que la conservation de cette armée à mon service, HENRI IV, *Lettres missives*, III, 382.
|| 2° V. intr. (Le complément direct devenant complément indirect.) Être de conséquence grave pour qqn. Une nouvelle qui ne lui importait pas moins que de sa ruine, ACAD. *Sentiments sur le Cid.* Sa perte quelquefois importe d'un royaume, CORN. *Attila*, I, 2. || *Impersonnellt.* Quand l'effet est certain, il n'importe des causes, CORN. *Sophon.* V, 4. Et que m'importe, hélas! de ces vains ornements? RAC. *Bér.* IV, 2. Qu'importe de mon cœur, si je sais mon devoir! CORN. *Sertor.* I, 3. Si, en général, le caractère est bon, qu'importe de quelques défauts qui s'y trouvent? MONTESQ. *Espr. des lois*, XIX, 5. || *Absolt.* Le moindre mouvement importe à toute la nature, PASC. *Pens.* XXIV, 79. Et mon trépas importe à votre sûreté, CORN. *Cinna*, V, 1. Cet ordre importe au salut de l'empire, RAC. *Brit.* II, 1. Cela importe peu. Peu m'importe ce qu'il dira. Que m'importe, Seigneur, sa haine ou sa tendresse? RAC. *Andr.* II, 2. || *Impersonnellt.* Il n'importe à la république Que tu fasses ton testament, LA F. *Fab.* VIII, 1. Il m'importe peu de savoir ce qu'on pense de moi. Qu'importe-t-il aux morts de savoir...? D'ALEMB. *Dialog. Reine Christ. et Descartes.* Mais il n'importe, PASC. *Prov.* 17. || *Ellipt. Vieilli.* Épouses ou Didyme, ou Cléante, ou quelque autre, Ne m'importe pas qui, CORN. *Théod.* II, 4. || *De nos jours.* N'importe. Qu'importe? Peu importe. Dans huit jours, dans un mois, n'importe, RAC. *Bér.* III, 4. Vous ne courez donc pas Où vous voulez? Pas toujours, mais qu'importe? LA F. *Fab.* I, 5.

2. IMPORTER [in-pòr-té] *v. tr.*
[ÉTYM. Emprunté de l'angl. to import, m. s. qui est le lat. importare, porter dans, § 8. || Admis ACAD. 1762.]
|| (Commerce.) Faire entrer dans un pays (les productions, l'industrie d'un pays étranger) — des marchandises. Le tabac fut importé en France par Jean Nicot. *Absolt.* — en franchise. || P. anal. — une maladie contagieuse, la peste, le choléra, etc. || Fig. — des mots étrangers, des idées, des modes nouvelles.

IMPORTUN, UNE [in-pòr-tun, -tun'] *adj.*
[ÉTYM. Emprunté du lat. importunus, m. s. || XVe s. Folie importune, CHASTELL. dans DELB. *Rec.*]
|| Qui fatigue en étant mal venu, mal à propos. (*Cf.* fâcheux.) Être, se rendre, devenir —. — à tout autre, à soi-même incommode, BOIL. *Sat.* 8. || *Substantivt.* Un — est celui qui choisit le moment que son ami est accablé de ses propres affaires pour lui parler des siennes, LA BR. *Théophr. Contre-Temps.* Poursuivi par une foule d'importuns. || Une demande importune. Cesse, cesse, et m'épargne un — discours, RAC. *Phèd.* IV, 2. Sa présence à la fin pourrait être importune, ID. *Ath.* II, 7. Plaignez ma grandeur importune, ID. *Bér.* III, 1.

IMPORTUNÉMENT [in-pòr-tu-né-man] *adv.*
[ÉTYM. Pour importunément, composé de importune et ment, § 724. || XIIIe s. Ne voeilles estre eslevez importunement en ta sapience, *Bible*, dans GODEF. *Compl.*]
|| D'une manière importune.

IMPORTUNER [in-pòr-tu-né] *v. tr.*
[ÉTYM. Dérivé de importuner, § 154. || 1512. Si vous ai importuné de ce long discours, dans GODEF. *Compl.*]
|| Fatiguer en venant mal à propos. — qqn de ses demandes, de ses visites. De ma présence encor j'importune vos yeux, RAC. *Bér.* III, 3. On ne le voit guère dans le temple — les dieux et leur faire des vœux ou des sacrifices, LA BR. *Théophr. Brutalité.* || Un entretien dont le cours m'importune, RAC. *Bér.* I, 3. Mon arc, mes javelots, mon char, tout m'importune, ID. *Phèd.* II, 2.

IMPORTUNITÉ [in-pòr-tu-ni-té] *s. f.*
[ÉTYM. Emprunté du lat. importunitas, m. s. || XIVe s. Pour cause des importunitez de ses neuf compaignons, BERSUIRE, fo 72, ro, dans LITTRÉ.]
|| Caractère de ce qui est importun. L'— des demandes, des visites. Aimez-moi si cela ne vous tourne point à l'—, CH. DE SÉV. dans SÉV. 1266. Que d'importunités! RAC. *Brit.* II, 2.

IMPOSABLE [in-pò-zàbl'] *adj.*
[ÉTYM. Dérivé de imposer, § 242. || 1454. Imposables et contribuables au subside, dans GODEF. *Compl.* Admis ACAD. 1878.]

|| Qui peut être soumis à l'impôt. Matières imposables. Les individus exerçant une profession — (1844), *Loi sur les patentes*, art. 23.

IMPOSANT, ANTE [in-pó-zan, -zănt'] *adj.*
[ÉTYM. Adj. particip. de imposer, § 47. || 1732. *V.* à l'article. Admis ACAD. 1740.]
|| Qui impose le respect. Faste — de sa vertu sublime, VOLT. *Zaïre*, IV, 5. Qu'elle est noble et belle, mais qu'elle est imposante! BEAUMARCH. *Mar. de Fig.* I, 7. Un ton —. L'aspect — des cérémonies religieuses. L'ennemi avait des forces imposantes.

IMPOSER [in-pó-zé] *v. tr.*
[ÉTYM. Composé de la particule in, sur, et poser, à l'imitation du lat. imponere, *m. s.* § 275. A remplacé l'anc. franç. emposer, § 502. || 1302. Luy imposa qu'il avait fait les malfaiz dessus ditz, dans GODEF.]
I. Poser sur. (Liturgie.) — les mains, poser les mains sur la tête de qqn pour le bénir. (Technol.) — une feuille d'imprimerie, poser et fixer la composition dans des garnitures. || *P. anal.* — des noms aux objets, les leur donner. || *P. ext.* (Liturgie.) — l'antienne, en chanter tout bas le début au prêtre, qui l'entonne ensuite à voix haute.
II. *Fig.* Faire subir. Sparte imposa les trente tyrans à Athènes. — sa volonté aux autres. — de dures conditions aux vaincus. Les devoirs que cette charge m'impose. S'— une pénitence. Pourquoi vous — la peine de son crime? RAC. *Iph.* IV, 4. || — silence à qqn, le faire taire, et, *fig.* — silence à ses passions, aux médisances, à la calomnie, empêcher qu'elles ne soient écoutées. || — un tribut à un peuple, et, *absolt,* — une ville, la frapper d'un impôt. Être fortement imposé. Les électeurs les plus imposés rempliront les fonctions de scrutateurs, *Ordonn. de juillet 1830*, art. 18. || *P. ext.* — les matières premières. || Ce magistrat dont la vieillesse vénérable impose le respect à tout un peuple, PASC. *Pens.* III, 3. || *Intransitivt.* — ou En — à qqn, lui imposer le respect. La force de vos armes ne leur a pas tant imposé que celle de vos vertus, RAC. *Alex.* épitre. La fausse grandeur... ne se fait voir qu'autant qu'il faut pour — et ne paraître point ce qu'elle est, LA BR. 2. Le cardinal crut en — au peuple en les faisant arrêter en plein midi, VOLT. *S. de L. XIV*, 4.
III. || **1°** *Vieilli.* Attribuer faussement. Le plus sûr était de m'— une folle imagination et de l'adresser tout droit aux ministres, CH. DE SÉV. dans SÉV. 1478. || *Intransitivt.* Il n'est ni calomniateur ni faussaire, et vous ne vous plaignez point qu'il lui impose (à l'auteur qu'il cite), PASC. *Prov.* 11.
|| **2°** Faire croire (qqch de faux). Pour puissant et rusé qu'il soit, il ne me pourra jamais rien —, DESC. *Médit.* I, 11. || *Intransitivt.* — ou En — à qqn, le tromper. Le fourbe qui longtemps a pu vous —, MOL. *Tart.* V, 6. Se farder,... c'est chercher à — aux yeux, LA BR. 3. L'homme ne peut-il pas, selon sa coutume, s'en — à lui-même? BOSS. *A. de Gonz.*

IMPOSITION [in-pó-zi-syon; *en vers,* -si-on] *s. f.*
[ÉTYM. Emprunté du lat. impositio, *m. s.* || 1317. L'imposicion de nostre seel, dans GODEF.]
|| Action d'imposer. | **1.** Action de poser sur. La grâce qu'il (le disciple de saint Paul) avait reçue par l'— de ses mains, BOURD. *Domin. 4e dim. après la Pentecôte.* L'— des pages imprimées. *P. anal.* On ne reconnaît en géométrie que les seules définitions de noms, c'est-à-dire que les seules impositions de noms aux choses, PASC. *Espr. géom.* 1. | **2.** Action de faire subir. L'— d'une pénitence. L'— d'une contribution de guerre. | **3.** Part de la dépense publique fixée pour chacun. Les impositions sur le peuple ont été excessives... pendant ces deux races, RAC. *Not. histor.* t. V, p. 84, Grands Écriv. Sommes inscrites aux rôles de l'— foncière et de l'— personnelle et mobilière, *Ordonn. de juillet 1830*, art. 2.

IMPOSSIBILITÉ [in-pò-si-bi-li-té] *s. f.*
[ÉTYM. Dérivé de impossible, § 255; le lat. impossibilitas signifie « impuissance ». || XIVe s. Romans... qui atraient le lisant souvent a impossibilité, a folie, vanité et pechié, PH. DE MAIZIÈRES, *Songe du vieil pelerin*, dans *Hist. littér. de la France*, XXIV, 224.]
|| Caractère de ce qui est impossible. L'homme est ainsi bâti; quand un sujet m'enflamme, L'— disparaît à son âme, LA F. *Fab.* VIII, 25. Mettre qqn dans l'— de faire qqch. — métaphysique, ce qui est contradictoire. — physique, ce qui est contraire aux lois de la nature. — morale, ce qui est contraire à toute probabilité, à toute vraisemblance. || *P. ext.* Chose impossible. Je ne sais si l'envie de vous voir cet hiver à Paris ne m'aurait pas fait surmonter des impossibilités, SÉV. 1202.

IMPOSSIBLE [in-pò-sibl'] *adj.*
[ÉTYM. Emprunté du lat. impossibilis, *m. s.* || XIIIe-XIVe s. Impossible chose, *Voy. de Marc Pol*, dans GODEF. *Compl.* C'estoit impossible et non creable, BERSUIRE, f° 54, dans LITTRÉ.]
|| Qui n'est pas possible. Il n'y a rien d'— à Dieu. A qui venge son père il n'est rien d'—, CORN. *Cid*, II, 2. Problème dont la solution est —. Homme — à émouvoir. *Absolt. Famil.* Cet homme s'est rendu — dans cette situation. | *P. ext. Famil.* Très difficile. Il m'est — de rester plus longtemps ici. || *Ellipt.* —, cela est impossible. *Substantivt.* L'—, ce qui n'est pas possible. J'espérais l'—, RAC. *Bér.* IV, 5. Vous me demandez l'—, LA BR. 5. A l'— nul n'est tenu. *Famil.* Faire l'—, faire même ce qui semble impossible. La présence du roi faisait faire l'—, ST-SIM. I, 9. | Par —, par une supposition que l'on considère comme impossible. Si, par —, on redevenait jeune.

IMPOSTE [in-pŏst'] *s. f.*
[ÉTYM. Emprunté de l'ital. imposta, *m. s.* subst. verbal de impostare, asseoir, placer, § 12. || 1545. Lequel architrave servira pour imposte d'une arcure, VAN AELST, *Vitruve*, dans DELB. *Rec.*]
|| (Technol.) | **1.** Assise de pierre couronnant un jambage ou pied-droit sur lequel s'élève le cintre d'une arcade. | **2.** Partie supérieure d'une porte, d'une fenêtre, qu'on laisse dormante pour diminuer la hauteur des battants. | **3.** *P. ext.* Partie vitrée dormante d'une porte, d'une cloison, pour donner du jour à une pièce obscure.

IMPOSTEUR [in-pŏs-teùr] *s. m.*
[ÉTYM. Emprunté du lat. impostor, *m. s.* de imponere, imposer. || XVIe s. Tels imposteurs empoisonnent les ames, RAB. I, 45.]
|| Celui qui en impose aux autres.
|| **1°** Par de fausses imputations. Un roi sage, ennemi du langage menteur, Écarte d'un regard le perfide —, RAC. *Esth.* III, 3. || *Fig.* Ces festons... Sont autant d'imposteurs que je ne puis souffrir, RAC. *Bér.* V, 5. || *Adjectivt.* Prêt d'imposer silence à ce bruit —, RAC. *Iph.* III, 1. Elle-même paraît satisfaite de ce mariage —, MONTESQ. *Lett. pers.* 53.
|| **2°** Par de fausses apparences. Ayant considéré d'où vient qu'on ajoute tant de foi à tant d'imposteurs qui disent qu'ils ont des remèdes, PASC. *Pens.* XXIII, 23. On me reproche d'avoir mis des termes de piété dans la bouche de mon —, MOL. *Tart.* préf. Ces imposteurs qui... s'habillent insolemment du premier nom illustre qu'ils s'avisent de prendre, ID. *Av.* V, 5.

IMPOSTURE [in-pŏs'-tûr] *s. f.*
[ÉTYM. Emprunté du lat. impostura, *m. s.* Anc. franç. emposture, § 502. || XIIe s. Bien clere et sans nule emposture, GARN. DE PONT-STE-MAX. *St Thomas*, 4623. | 1549. Imposture, R. EST.]
|| Action d'en imposer.
|| **1°** Par de fausses imputations. Ces titres aux chrétiens sont-ce des impostures? CORN. *Poly.* III, 2. Vous les verrez bientôt, féconds en impostures, Amasser contre vous des volumes d'injures, BOIL. *Sat.* 9. Tout ce qu'il dit sont autant d'impostures, RAC. *Plaid.* II, 9.
|| **2°** Par de fausses apparences. De vos songes menteurs l'— est visible, RAC. *Ath.* II, 7. Je respire à la fois l'inceste et l'—, ID. *Phèd.* IV, 6. Je trouve que toute — est indigne d'un honnête homme, MOL. *B. gent.* III, 12. La simplicité affectée est une — délicate, LA ROCHEF. *Max.* 289. || *Spécialt.* Manœuvre de celui qui cherche à propager une fausse doctrine religieuse; doctrine ainsi propagée. Va, ne présume pas, que, quoi que je te jure, De tes nouveaux docteurs je suive l'—, CORN. *Poly.* V, 2.

IMPÔT [in-pó] *s. m.*
[ÉTYM. Pour impost, § 422, emprunté du lat. impositum, chose imposée. || 1429. Le paiement d'icellui impost, dans DELB. *Rec.*]
|| Part de la dépense publique imposée par l'État à chaque citoyen. — territorial. — foncier. — direct, indirect. — sur le revenu. — proportionnel, progressif. Le vin est si cher à Paris, par les impôts que l'on y met, MONTESQ. *Lett. pers.* 33. Asseoir, établir, lever, percevoir les impôts. || *Absolt.* L'—, l'ensemble des impôts. L'assemblée législative a voté l'—, a refusé de voter l'—. | *Fig.* L'— du sang, l'obligation du service militaire. Ses habitudes de luxe sont un lourd —.

IMPOTENCE [in-pò-tāns'] *s. f.*
[ÉTYM. Emprunté du lat. impotentia, *m. s.* (*Cf.* potence.) || XIIIe s. Par impotence, J. DE MEUNG, *Rose*, 12295.]

|| État de celui qui est impotent.

IMPOTENT, ENTE [in-pò-tan, -tänt'] *adj.*

[ÉTYM. Emprunté du lat. impotens, entis, proprt, « impuissant ». || 1319. Tant comme il sera malade ou impotent, dans DELB. *Rec.*]

|| Privé de l'usage d'un membre. Il est — de la jambe gauche. La goutte a rendu sa jambe impotente. Vieillard —. || *Substantivt.* Une pauvre impotente.

***IMPOURVU, UE** [in-pour-vu] *adj.*

[ÉTYM. Composé de in négatif et pourvu, à l'imitation du lat. improvisus, *m. s.* (*Cf.* improviste.) || 1370. Le suppliant, impourveu de conseil, dans GODEF. improveu. Admis ACAD. 1694; suppr. en 1762.]

|| *Vieilli.* A quoi on n'a pas pourvu. (*Cf.* dépourvu.) Cette fuite impourvue, CORN. *Mélite,* II, 5. | A l'—, sans qu'on ait pu y pourvoir, à l'improviste. Il s'avisa un jour de la prendre à l'— pour la mener à la promenade, FURET. *Rom. bourg.* II, 27.

IMPRATICABLE [in-prà-ti-kàbl'] *adj.*

[ÉTYM. Composé de in négatif et praticable, § 275. || XVIᵉ s. Impratiquables et incorruptibles aux surprises des spectacles, RODOLPHUS MAGISTER, *Tacite,* dans DELB. *Rec.*]

|| Qui n'est pas praticable.

|| 1° Pour être exécuté. Projet —. Ils estimaient — à un homme même qui est dans l'habitude de penser et d'écrire ce qu'il pense, l'art de lier ses pensées, LA BR. *Disc. à l'Acad.*

|| 2° Pour être fréquenté. Chemin —. *P. ext.* La Sicile est devenue — à cause des brigands. Ce roi... toujours — comme les rois de l'Orient, FÉN. *Dial. des morts, Mod.* 12.

IMPRÉCATION [in-pré-kà-syon; *en vers,* -si-on] *s. f.*

[ÉTYM. Emprunté du lat. imprecatio, *m. s.* || XIVᵉ s. Loy de horrible imprecacion, BERSUIRE, fᵒ 15, dans LITTRÉ.]

|| Souhait de malheur contre qqn. Ah! dit-il avec —, puisses-tu être pendu, maudit sonneur! LA BR. *Théophr. Peur.* Ils firent mille imprécations contre D. Alvar, LES. *Diable boit.* 13. Les imprécations de Camille contre Rome.

* **IMPRÉGNATION** [in-pré-ñà-syon; *en vers,* -si-on] *s. f.*

[ÉTYM. Dérivé de imprégner, § 247. || XIVᵉ s. Les fausses impregnacions qui se font es marris, EVRART DE CONTY, *Probl. d'Aristote,* dans GODEF. Admis ACAD. 1762; suppr. en 1835.]

|| (T. didact.) Le fait d'être imprégné. L'— de l'ovule, sa fécondation. || L'— des bois, infiltration de certains liquides pour les colorer, les rendre imputrescibles, etc. L'— du sang par l'air.

IMPRÉGNER [in-pré-ñé] *v. tr.*

[ÉTYM. Emprunté du lat. imprægnare, féconder. A remplacé l'anc. franç. empregnier, de formation pop. (*V.* § 502), et usité jusqu'au commencement du XVIIᵉ s. Le sens II paraît dû à l'influence de empreindre. (*V.* ce mot.) || 1690. FURET. Admis ACAD. 1740.]

I. *Vieilli.* (Hist. nat.) Féconder.

II. Pénétrer (un corps) dans toutes ses parties. Une terre imprégnée de nitre. — des bois d'une matière colorante. || *Fig.* Les préjugés dont leur esprit est imprégné.

IMPRENABLE [in-pre-nàbl'] *adj.*

[ÉTYM. Composé de in négatif et prenable, § 275. || XIVᵉ s. Imprenables chasteaulx, J. LE BEL, *Chron.* dans DELB. *Rec.*]

|| Qu'on ne peut prendre, dont on ne peut s'emparer. Ville, place, forteresse —.

* **IMPRESARIO** [in-pré-zà-ryó; *en vers,* -ri-ó] *s. m.*

[ÉTYM. Emprunté de l'ital. impresario, *m. s.* de impresa, entreprise (*cf.* emprise), § 12. || *Néolog.*]

|| Chef d'une entreprise théâtrale.

IMPRESCRIPTIBILITÉ [in-près'-kríp'-tí-bi-li-té] *s. f.*

[ÉTYM. Dérivé de imprescriptible, § 255. || 1732. TRÉV. Admis ACAD. 1762.]

|| (Droit.) Caractère de ce qui est imprescriptible. L'— d'un droit.

IMPRESCRIPTIBLE [in-près'-kríp'-tíbl'] *adj.*

[ÉTYM. Composé de in négatif et prescriptible, § 275. || 1579. Cette action estoit imprescriptible, N. DU FAIL, *Mém. du parlem. de Bretagne,* p. 381.]

|| (Droit.) Qui ne peut être soumis à la prescription.

IMPRESSE [in-près'] *adj. fém.*

[ÉTYM. Emprunté du lat. impressa, part. passé fém. de imprimere, imprimer. (*Cf.* exprès.) || XVIIᵉ s. *V.* à l'article. Admis ACAD. 1762.]

|| (Philos.) Idée —, imprimée en nous par la sensation. Ils appellent ces espèces-là impresses..., MALEBR. *Rech. de la vérité,* III, II, 2.

IMPRESSION [in-prè-syon; *en vers,* -si-on] *s. f.*

[ÉTYM. Emprunté du lat. impressio, *m. s.* || 1259. Par l'impression de nostre seel, dans GODEF. *Compl.*]

|| 1° Pression que l'on subit. Ce corps ne recevra aucune — vers aucun côté, PASC. *Équil. des liq.* 5. Notre bras que l'— commune de toute la machine tire en bas, BOSS. *Libre Arb.* 9. Suivre l'— d'un premier mouvement, CORN. *Hér.* V, 2. || *Fig.* Influence que l'on ressent. L'— se fait; mais comment se fait-elle? LA F. *Fab.* IX, 20, *Disc. à Mᵐᵉ de la Sablière.* Avoir une — de froid. || La jalousie a des impressions Dont bien souvent la force nous entraîne, MOL. *Amph.* II, 6. Des étranges impressions qu'on nous donne depuis si longtemps des jansénistes, PASC. *Prov.* 3. Charles XII n'avait encore donné de lui que de mauvaises —, VOLT. *Ch. XII,* 2. Ce discours ne lui fit alors qu'une légère —, SÉV. 12.

|| 2° Empreinte laissée par la pression. L'— d'un cachet sur de la cire. On voit dans les ardoises... des impressions de poissons et de plantes, BUFF. *Époq. de la nat.* 1. L'— sur étoffes. || *Spécialt.* Empreinte sur une surface, papier, etc., de planches gravées, de lettres enduites d'encre. L'— d'un livre. Des fautes d'—. L'— (d'un ouvrage) est l'écueil, LA BR. 1. || *P. ext.* Édition. Montaigne a augmenté son livre dans les dernières impressions qu'il en a fait faire, MALEBR. *Rech. de la vérité,* II, III, 5. || *Fig.* Recueillir (sur le crucifix) les impressions de constance et de piété que cette reine... y avait laissées avec les derniers soupirs, BOSS. *D. d'Orl.* L'— de Dieu y reste encore, ID. *La Vall.*

* **IMPRESSIONNABILITÉ** [in-prè-syò-nà-bi-li-té; *en vers,* -si-ò-...] *s. f.*

[ÉTYM. Dérivé de impressionnable, § 255. || *Néolog.*]

|| Qualité de ce qui est impressionnable. L'— d'une personne. || L'— d'une plaque photographique.

IMPRESSIONNABLE [in-prè-syò-nàbl'; *en vers,* -si-ò-...] *adj.*

[ÉTYM. Dérivé de impressionner, § 93. || 1780. Plus ou moins impressionnable, THOUVENEL, *Mém. sur les eff. de l'air,* p. 26. Admis ACAD. 1878.]

|| Susceptible d'être impressionné. || *Fig.* Nature, esprit —.

IMPRESSIONNER [in-prè-syò-né; *en vers,* -si-ò-...] *v. tr.*

[ÉTYM. Dérivé de impression, § 154. || Admis ACAD. 1878.]

|| 1° Affecter d'une impression matérielle. La lumière impressionne l'iode.

|| 2° Affecter d'une impression morale. Il a été impressionné par cette mort.

* **IMPRESSIONNISTE** [in-prè-syò-níst'; *en vers,* -si-ò-...] *s. m.*

[ÉTYM. Dérivé de impression, § 265. || *Néolog.*]

|| (T. didact.) Peintre d'une école qui prétend, en éliminant le détail, rendre l'impression que font les objets à première vue.

IMPRÉVOYANCE [in-pré-vwà-yäns'] *s. f.*

[ÉTYM. Composé de in négatif et prévoyance, § 275. || 1611. COTGR. Admis ACAD. 1798.]

|| Manque de prévoyance.

IMPRÉVOYANT, ANTE [in-pré-vwà-yan, -yänt'] *adj.*

[ÉTYM. Composé de in négatif et prévoyant, § 275. || 1787. FÉRAUD, *Dict. crit.*]

|| Qui manque de prévoyance. Le plus — des hommes, MARMONTEL, *Mém.* 9.

IMPRÉVU, UE [in-pré-vu] *adj.*

[ÉTYM. Composé de in négatif et prévu, de prévoir, § 275. (*Cf.* impourvu.) || 1573. Coup impreveu, DESPORTES, *Imitations de l'Arioste.*]

|| Qui n'a pas été prévu, qui arrive lorsqu'on y pense le moins. Malheurs imprévus. D'Ochosias le trépas —, RAC. *Ath.* I, 1. Une dépense imprévue.

IMPRIMER [in-pri-mé] *v. tr.*

[ÉTYM. Emprunté du lat. imprimere, *m. s.* (*Cf.* le doublet empreindre, de formation pop.) || XIVᵉ s. Afin que il peut la creinte et celle meisme terreur imprimer aus Latins, BERSUIRE, fᵒ 24, dans LITTRÉ.]

I. Communiquer l'effet d'une pression. Un ciel de cristal qui imprimait son mouvement aux cieux inférieurs, FONTEN. *Plur. des mondes,* 1ʳᵉ soir. Une forte puissance imprime à la mer un mouvement périodique, BUFF. *Théorie de la terre,* 2. || *Fig.* Communiquer une influence. Le son des flûtes impriment dans l'oreille le mouvement de sa cadence, BOIL. *Longin, Sublime,* 32. Le mouvement que Louis XI avait imprimé à l'autorité royale, DUCLOS, *L. XI,* préf. Monstre imprimant la crainte, LA F. *Filles de Minée.* La haine ordinaire Qu'imprime

À ses pareils le nom de belle-mère, CORN. *Nicom.* IV, 2. L'amour qu'une esclave imprime à votre fils, MOL. *Ét.* I, 7. — du respect à toute l'Italie, CORN. *Sertor.* III, 2. **II.** Laisser la marque d'une pression. — un cachet sur de la cire. Des fossiles imprimés dans la tourbe. — des dessins sur des étoffes, et, *p. ext.* — des étoffes. Des tissus imprimés. || *P. anal.* — le bois, le fer, la toile, d'une première couche de couleur. — les boiseries neuves. — au minium des ferrures. || *Spécialt.* Reproduire à l'aide de planches gravées, de lettres, enduites d'encre. — une partition. — un livre. — un passage en caractères italiques. || *P. ext.* — qqn. livrer son œuvre au public en la faisant imprimer. Je m'imagine que le plaisir est grand de se voir imprimé, MOL. *Préc. rid.* sc. 9. Et qui diantre vous pousse à vous faire — ? ID. *Mis.* I, 2. | *Au part. passé employé substantivt.* Un imprimé, tout ce qui est reproduit par l'imprimerie. Le département des imprimés à la Bibliothèque nationale. || *Fig.* Le Ciel a sur son front imprimé sa noblesse, RAC. *Iph.* III, 4. L'irréprochable affront Que sa fuite honteuse imprime à notre front, CORN. *Hor.* III, 6. Et jusqu'au moindre mot imprimez-vous bien (cet entretien), MOL. *Éc. des f.* III, 2. Sont-ce... les cercles que je trace grossièrement sur le papier qui impriment dans mon esprit leurs proportions? BOSS. *Conn. de Dieu,* IV, 9. || *Vieilli.* Être imprimé d'une chose. La mémoire des choses dont nous nous sommes vus le plus fortement imprimés, LA BR. *Disc. à l'Acad.*

IMPRIMERIE [in-prĭm'-ri ; en vers, -pri-me-ri] *s. f.* [ÉTYM. Dérivé de imprimer, § 69. || XV⁰-XVI⁰ s. L'art d'imprimerie, *Pronostic. d'Habenragel,* dans DELB. *Rec.*] || Art d'imprimer (des livres). L'invention de l'—.| *P. ext.* Établissement où l'on imprime des livres. Les ouvriers d'une —. L'Imprimerie nationale.

IMPRIMEUR [in-pri-meŭr] *s. m.* [ÉTYM. Dérivé de imprimer, § 112. || 1441. Texte dans GODEF. *Compl.*] . || **1°** Celui qui dirige une imprimerie. Brevet d'—. Ouvrage publié sans nom d'auteur ni d'—. || **2°** Ouvrier, qui, dans une imprimerie, travaille à la presse et tire les feuilles. *P. ext.* Tout ouvrier occupé dans une imprimerie. *P. appos.* Ouvrier —.

IMPRIMURE [in-pri-mŭr] *s. f.* [ÉTYM. Dérivé de imprimer, § 111. || 1732. TRÉV.] || (Technol.) Première couche que le peintre étend sur la toile. || Enduit dont l'ouvrier cartier revêt du papier fort. *P. ext.* Ce papier lui-même revêtu de son enduit.

IMPROBABILITÉ [in-prò-bà-bi-li-té] *s. f.* [ÉTYM. Dérivé de improbable, § 255. || 1776. L'improbabilité est donc de part et d'autre, LINGUET, *Mém. et plaid.* VII, 261. Admis ACAD. 1878.] || Caractère de ce qui est improbable. L'— d'un récit. || Chose improbable. Il y a bien des improbabilités dans ce récit.

IMPROBABLE [in-prò-bâbl'] *adj.* [ÉTYM. Composé de in négatif et probable, § 275. || 1611. COTGR. Admis ACAD. 1762.] || Qui n'est pas probable. Éventualité —.

IMPROBATEUR, TRICE [in-prò-bà-teŭr, -trĭs'] *s. m.* et *f.* [ÉTYM. Emprunté du lat. improbator, *m. s.* || XVII⁰ s. V. à l'article. Admis ACAD. 1798.] || Celui, celle qui improuve. Ne croyez pas que je sois de ces improbateurs, BALZ. *Lett. inéd.* 88, Tamizey de Larroque. *Adjectivt.* Qui marque l'improbation. Un silence —.

IMPROBATION [in-prò-bà-syon ; en vers, -si-on] *s. f.* [ÉTYM. Emprunté du lat. improbatio, *m. s.* || 1504. Confirmation ou improbation, J. LE MAIRE, dans DELB. *Rec.* Admis ACAD. 1740.] || Action d'improuver. Marques d'—. Manifester son —.

IMPROBE [in-pròb'] *adj.* [ÉTYM. Emprunté du lat. improbus, *m. s.* || XV⁰ s. Homme improbre (sic), *Trad. de Térence,* dans GODEF. Inusité aux XVII⁰ et XVIII⁰ s. Admis ACAD. 1878.] || *Rare.* Qui manque de probité. Un homme —.

IMPROBITÉ [in-prò-bi-té] *s. f.* [ÉTYM. Emprunté du lat. improbitas, *m. s.* || XIV⁰ s. L'improbité de Zeleucus, PH. DE MAIZIÈRES, dans GODEF. *Compl.* Admis ACAD. 1798.] || Manque de probité.

IMPRODUCTIF, IVE [in-prò-dŭk'-tĭf', -tĭv'] *adj.* [ÉTYM. Composé de in négatif et productif, § 275. || Néolog. Admis ACAD. 1835.] || Qui ne produit, ne rapporte rien. Terrain —. Capitaux improductifs.

IMPROMPTU [in-pronp'-tu] *adv.* [ÉTYM. Pour in promptu, loc. adverbiale lat. qui signifie proprement « en évidence, sous la main ». || Admis ACAD. 1762.] || Sur-le-champ, sans préparation. Parler —, J.-J. ROUSS. *Confess.* 6. || *Adjectivt.* Bal, concert, dîner —. || *Substantivt.* Morceau improvisé, épigramme, chanson, petite pièce de théâtre, etc. L'Impromptu de Versailles (de Molière). Je mettais le matin sur mon agenda de bons mots que je donnais l'après-dînée pour des impromptus, LES. *Gil Blas,* V, 1.

'IMPRONONÇABLE [in-prò-non-sâbl'] *adj.* [ÉTYM. Composé avec in négatif et prononcer, §§ 93 et 275. || XVI⁰ s. Voyelles imprononçables, VIGENÈRE, dans DELB. *Rec.*] || (Gramm.) Qui ne peut être prononcé. Groupe de consonnes —.

IMPROPRE [in-pròpr'] *adj.* [ÉTYM. Emprunté du lat. improprius, m. s. || 1372. Abusion et impropre manière de parler, J. CORBICHON, *Propr. des choses,* V, 28, mss franç. Bibl. nat. 217.] || Qui n'est pas propre à qqch. Il est — à ce genre de travail. Être — au service militaire. || *Spécialt.* Qui n'est pas propre à exprimer exactement l'idée. Si le terme est — ou le tour vicieux, BOIL. *Art p.* 1. || *P. ext.* Diphtongue —, qui n'a que l'apparence d'une diphtongue (comme ou). Dérivation —, qui tire d'un mot d'autres mots sans l'aide de suffixes (comme cri, de crier).

IMPROPREMENT [in-prò-pre-man] *adv.* [ÉTYM. Composé de impropre et ment, § 724. || XIV⁰ s. Incongruement et improprement, ORESME, dans MEUNIER, *Essai sur Oresme.*] . || D'une manière impropre. S'exprimer —.

IMPROPRIÉTÉ [in-prò-pri-yé-té] *s. f.* [ÉTYM. Emprunté du lat. improprietas, *m. s.* || XVI⁰ s. En usant de quelque impropriété, CALV. *Instit. chr.* dans LITTRÉ.] || (T. didact.) Caractère d'un terme impropre. Par l'— d'un mot sauvage et bas, MOL. *F. sav.* II, 6.

IMPROUVER [in-prou-vé] *v. tr.* [ÉTYM. Emprunté du lat. improbare, *m. s.* rendu par improuver d'après approuver, réprouver, etc. § 503. || XIV⁰ s. Aristote ne improuve pas bien ceste opinion, ORESME, *Éth.* dans LITTRÉ.] || Ne pas approuver. (*Cf.* réprouver.) Ils ont raison d'— ce sentiment, PASC. *Prov.* 9. L'on improuve les médecins et... l'on s'en sert, LA BR. 14.

'IMPROVISADE [in-prò-vi-zàd']. V. improvisation.

IMPROVISATEUR, TRICE [in-prò-vi-zà-teŭr, -trĭs'] *s. m.* et *f.* [ÉTYM. Dérivé de improviser, § 249. || 1765. Improvisteur (corr. improvisateur), ENCYCL. Admis ACAD. 1798.] || Celui, celle qui improvise.

IMPROVISATION [in-prò-vi-zà-syon ; en vers, -si-on] *s. f.* [ÉTYM. Dérivé de improviser, § 247. J.-B. ROUSS. emploie improvisade, à l'improvisade, qui n'ont pas passé dans l'usage, § 120. || 1807. V. à l'article. Admis ACAD. 1835.] || Action d'improviser. Il excella dans l'—. J'aime surtout l'— dans les gens du peuple, STAEL, *Cor.* III, 3. || Résultat de cette action. Une brillante —.

IMPROVISER [in-prò-vi-zé] *v. tr.* [ÉTYM. Emprunté de l'ital. improvvisare, *m. s.* dérivé de improvviso, lat. improvisus, imprévu, impourvu, § 12. || 1642. OUD. Admis ACAD. 1798.] || Produire sur-le-champ et sans préparation (un discours, des vers, etc.). Une réponse improvisée. — des variations sur un thème musical. *Absolt.* — sur l'orgue. || *P. ext.* Un dîner, un bal improvisé. (*Cf.* impromptu.)

IMPROVISTE [in-prò-vĭst'] *adj.* [ÉTYM. Emprunté de l'ital. improvvisto, *m. s.* (cf. impourvu, imprévu), § 12. || XVI⁰ s. À l'improviste, RAB. V, 20.] || *Ancienut.* Inattendu. Désastre —, DE LA PORTE, *Épithètes* (1575). || *Spécialt. De nos jours.* Loc. adv. A l'—, d'une manière inattendue. Être attaqué à l'—. Ils résolurent de l'étrangler (le procès) à l'—, ST-SIM. I, 135.

IMPRUDEMMENT [in-pru-dà-man] *adv.* [ÉTYM. Pour imprudentment, composé de imprudent et ment, § 724. || 1539. R. EST.]

‖ D'une manière imprudente.

IMPRUDENCE [in-pru-dãns'] *s. f.*

[ÉTYM. Emprunté du lat. imprudentia, *m. s.* ‖ XIVᵉ s. Par imprudence, ORESME, *Éth.* VII, 3.]

‖ Manque de prudence. Agir avec —. Cet esprit d' — et d'erreur, De la chute des rois funeste avant-coureur, RAC. *Ath.* I, 2. ‖ *P. ext.* Acte qui manque de prudence. Commettre des imprudences.

IMPRUDENT, ENTE [in-pru-dan, -dãnt'] *adj.*

[ÉTYM. Emprunté du lat. imprudens, entis, *m. s.* ‖ XVᵉ-XVIᵉ s. Imprudent en bataille, P. DESREY, *Mer des chron.* dans DELB. *Rec.*]

‖ Qui manque de prudence. Un général —. Une conduite imprudente. Des paroles imprudentes. *Substantivt.* Un —, une imprudente.

IMPUBÈRE [in-pu-bèr] *adj.*

[ÉTYM. Emprunté du lat. impubes, eris, *m. s.* ‖ XVIᵉ s. Fils impuberes, J. LE BLOND, dans GODEF. *Compl.* Admis ACAD. 1762.]

‖ (Droit.) Qui n'a pas l'âge de puberté. *Substantivt.* Les mariages sont interdits entre les impubères, *Remarq. du droit* (1622), p. 471.

IMPUDEMMENT [in-pu-dà-man] *adv.*

[ÉTYM. Pour impudentment, composé de impudent et ment, § 724. ‖ 1461. Impudamment, dans GODEF. *Compl.*]

‖ D'une manière impudente.

IMPUDENCE [in-pu-dãns'] *s. f.*

[ÉTYM. Emprunté du lat. impudentia, *m. s.* ‖ 1539. R. EST.]

‖ Effronterie sans pudeur. Me parler avec cette — ! MOL. *Av.* IV, 4. Ton — excite mon courroux, RAC. *Phèd.* IV, 2.

IMPUDENT, ENTE [in-pu-dan, -dãnt'] *adj.*

[ÉTYM. Emprunté du lat. impudens, entis, *m. s.* ‖ XVIᵉ s. L'œil impudent, RONS. dans GODEF. *Compl.*]

‖ Effronté sans pudeur. Voilà deux impudentes carognes, MOL. *Pourc.* II, 9. *Substantivt.* Un —, une impudente. ‖ *P. ext.* Vous êtes... un coquin et un —, MOL. *Av.* III, 1. ‖ Un langage —.

IMPUDEUR [in-pu-dèur] *s. f.*

[ÉTYM. Composé de in négatif et pudeur, § 275. ‖ Admis ACAD. 1798.]

‖ 1° Manque de pudeur.

‖ 2° *P. ext.* Impudence extrême. Mentir avec —.

IMPUDICITÉ [in-pu-di-si-té] *s. f.*

[ÉTYM. Composé de in négatif et pudicité, § 275. ‖ 1444. Pour son petit gouvernement et impudicité, dans DU C. immurare.]

‖ Caractère impudique. L'— de Messaline. ‖ Acte impudique. Un prêtre que son confesseur même envoie de ses impudicités à l'autel, PASC. *Prov.* 16.

IMPUDIQUE [in-pu-dïk'] *adj.*

[ÉTYM. Emprunté du lat. impudicus, *m. s.* ‖ XIVᵉ s. Matrones folles et impudiques, J. LE FÈVRE, *Vieille*, dans DELB. *Rec.*]

‖ Qui outrage la pudeur. L'une fut —, et l'autre est parricide, CORN. *Cinna*, V, 2. Phèdre seule charmait tes impudiques yeux, RAC. *Phèd.* IV, 2. *Substantivt.* Un, une —.

IMPUDIQUEMENT [in-pu-dïk'-man ; *en vers*, -di-ke-...] *adv.*

[ÉTYM. Composé de impudique et ment, § 724. ‖ XIVᵉ s. J. DE VIGNAY, *Miroir hist.* dans DELB. *Rec.*]

‖ D'une manière impudique.

IMPUGNER [in-pu-ñé] *v. tr.*

[ÉTYM. Emprunté du lat. impugnare, *m. s.* (*Cf.* répugner.) ‖ 1363. Sans... lui dommagier, poursuivre ou impugner sur ce, *Ordonn.* III, 660.]

‖ *Vieilli.* Combattre. — l'opinion de qqn. — un acte.

IMPUISSANCE [in-pui-sãns'] *s. f.*

[ÉTYM. Composé de in négatif et puissance, § 275. ‖ 1361. impuissance et pauvreté, *Ordonn.* III, 488.]

‖ Caractère de celui qui est impuissant. L'— où elle est (l'envie) de nuire, FÉN. *Tél.* 18. Les ayant réduits à l'— de répondre, PASC. *Prov.* 11. De mes efforts je connais l'—, RAC. *Iph.* I, 5. ‖ *Spécialt.* (Médec.) Une demande de cassation de son mariage pour cause d'—, ST-SIM. IX, 311.

IMPUISSANT, ANTE [in-pui-san, -sãnt'] *adj.*

[ÉTYM. Composé de in négatif et puissant, § 275. (*Cf.* impotent.) ‖ XVᵉ s. Oultre plus, il est impuissant, *Myst. du Vieil Testam.* dans DELB. *Rec.*]

‖ 1° Qui n'a pas la puissance de faire qqch. — à trahir, RAC. *Brit.* V, 1. ‖ Des cris impuissants, RAC. *Brit.* IV, 2. En efforts impuissants leur maltre se consume, ID. *Phèd.* V, 6.

‖ 2° *Spécialt.* (Médec.) Incapable de l'acte générateur.

Le marquis de Gesvres prétendit n'être point —, ST-SIM. IX, 311. *Substantivt.* Un —.

IMPULSIF, IVE [in-pŭl-sïf', -sïv'] *adj.*

[ÉTYM. Emprunté du lat. scolast. impulsivus, *m. s.* §§ 217 et 257. ‖ XIVᵉ s. Vertu impulsive, EVRART DE CONTY, *Probl. d'Aristote*, dans GODEF. *Compl.*]

‖ (T. didact.) Qui donne une impulsion.

IMPULSION [in-pŭl-syon ; *en vers*, -si-on] *s. f.*

[ÉTYM. Emprunté du lat. impulsio, *m. s.* ‖ 1315. Les impulsions des undes de la mer, dans GODEF. *Compl.*]

‖ 1° Action de pousser (un corps). Force d'—. Par la douce — d'un vent favorable, BOSS. *Le Tellier.* Une légère — met la machine en mouvement.

‖ 2° *Fig.* Action de pousser (qqn) à faire qqch. Dieu nous donne une — à l'aimer, SÉV. 826. Obéir à l'— de son cœur.

IMPUNÉMENT [in-pu-né-man] *adv.*

[ÉTYM. Pour impuniement, composé de impunie et ment, à l'imitation du lat. impune, *m. s.* § 724. ‖ 1564. impuniment, J. THIERRY, *Dict. franç.-lat.* ‖ 1642. Impunément, impuniment, OUD.]

‖ Sans être puni. Une impie étrangère... Se baigne — dans le sang de nos rois, RAC. *Ath.* I, 1. ‖ Louer les princes des vertus qu'ils n'ont pas, c'est leur dire — des injures, LA ROCHEF. *Max.* 320. — Pensez-vous être saint et juste — ? RAC. *Ath.* I, 1. ‖ *P. ext.* Sans danger. Le malade ne saurait sortir —. On ne vient point — dans mon empire, FÉN. *Tél.* 1. ‖ *Poét.* Sans punir. Néron — ne sera pas jaloux, RAC. *Brit.* II, 2.

IMPUNI, IE [in-pu-ni] *adj.*

[ÉTYM. Emprunté du lat. impunitus, *m. s.* ‖ 1348. Pluseurs maleflees impunis, dans VARIN, *Arch. admin. de Reims*, II, 1235.]

‖ Qui n'est pas puni. Faut-il laisser un affront — ? CORN. *Cid*, I, 6. Redemander Hélène aux Troyens impunis, RAC. *Andr.* III, 3. Pharnace —, ID. *Mithr.* V, 5.

IMPUNITÉ [in-pu-ni-té] *s. f.*

[ÉTYM. Emprunté du lat. impunitas, *m. s.* ‖ XIVᵉ s. Impunité de ses forfaiz, BERSUIRE, fᵒ 27, dans LITTRÉ.]

‖ Caractère de ce qui est impuni. Un coupable assuré de l'—. Inviter Par son — quelque autre à l'imiter, CORN. *Cinna*, II, 2. Juger de travers avec —, BOIL. *Sat.* 9.

IMPUR, URE [in-pûr] *adj.*

[ÉTYM. Emprunté du lat. impurus, *m. s.* ‖ XIIIᵉ s. Impure et tachiee de sanc, *Simples medicines*, fᵒ 6 b.]

‖ 1° Qui n'est pas pur (matériellement). Eaux impures. Repaire affreux de reptiles impurs, RAC. *Esth.* I, 1. Si les corps de ceux qui ne se lavent point ne blessaient ni l'odorat ni la vue, comment aurait-on pu s'imaginer qu'ils étaient impurs? MONTESQ. *Lett. pers.* 17. ‖ *Spécialt.* Dans certaines lois religieuses, souillé. Animaux purs et impurs. Mon père... De l'idolâtre — fuit l'aspect criminel, RAC. *Ath.* III, 2.

‖ 2° Qui n'est pas pur (moralement). Reste — des brigands dont j'ai purgé la terre, RAC. *Phèd.* IV, 2. Qu'un sang — abreuve nos sillons ! R. DE LISLE, *Marseillaise.* Les esprits impurs, les démons. ‖ *Spécialt.* Impudique. Hommes impurs. Mœurs, pensées impures. Du moindre sens — la liberté l'outrage, BOIL. *Art p.* 2.

IMPUREMENT [in-pur-man ; *en vers*, -pu-re-...] *adv.*

[ÉTYM. Composé de impure et ment, § 724. ‖ 1611. COTGR. Admis ACAD. 1878.]

‖ D'une manière impure.

IMPURETÉ [in-pur-té ; *en vers*, -pu-re-té] *s. f.*

[ÉTYM. Emprunté du lat. impuritas, *m. s.* rendu par impureté (on trouve aussi qqf impurité avant le XVIIᵉ s.), d'après pureté, § 503. ‖ XVIᵉ s. Impureté du sang, PARÉ, XV, 2.]

‖ 1° Caractère de ce qui est impur. | 1. Matériellement. L'— des eaux. L'— d'un métal. | *P. anal.* — de sang, altération du sang qui fait qu'on est sujet aux éruptions, aux suppurations, etc. S'il restait des impuretés, les remèdes alors achevaient le surplus, LA F. *Quinquina*, 1. *Spécialt.* Dans certaines lois religieuses, souillure. | 2. Moralement. L'— des mœurs. Vivre dans l'—. L'—, principe de la réprobation, BOURD. *Impureté*, 1.

‖ 2° Acte, discours contraire à la pureté. Un livre qui contient des impuretés.

IMPUTABLE [in-pu-tàbl'] *adj.*

[ÉTYM. Dérivé de imputer, § 93. ‖ XIVᵉ s. Moins volontaire et par consequent moins imputable, ORESME, *Éth.* VII, 11.]

‖ 1° Qui peut être imputé. Abus — à une mauvaise administration. ‖ *Fig.* (Théol.) Les mérites de Jésus-Christ nous sont imputables.

|| **2°** Qui doit être porté en compte. Somme — sur le budget de l'année suivante.

IMPUTATION [in-pu-tà-syon ; *en vers*, -si-on] *s. f.*
[ÉTYM. Emprunté du lat. *imputatio*, *m. s.* || XV° s. Imputation souppechonneuse, CHASTELL. dans GODEF. *Compl.*]
|| Action d'imputer. Une — odieuse. Les imputations abominables dont les païens chargeaient les mystères chrétiens, VOLT. *Dict. philos.* initiation. *Spécialt.* L'— aux hommes des mérites de Jésus-Christ. || *Spécialt.* (Finances.) Action de porter en compte. Déduction d'une somme sur une autre.

IMPUTER [in-pu-té] *v. tr.*
[ÉTYM. Emprunté du lat. *imputare*, *m. s.* Anc. franç. *emputer*, § 503. || XIV° s. Ce que nous faisons par ire... ne nous doit pas estre imputé a mal, ORESME, *Éth.* III, 3.]
I. Attribuer (la responsabilité de qqch à qqn). Ne vous imputez point le malheur qui m'opprime, RAC. *Mithr.* IV, 2. On nous imputerait ce mauvais artifice, CORN. *Hor.* II, 8. La haine des forfaits qu'on ose m'—, RAC. *Phèd.* IV, 2. Nos superbes vainqueurs... Imputent à leurs dieux le bonheur de leurs armes, ID. *Esth.* I, 4. | (Théol.) La justice de Dieu qui nous était imputée (dont les mérites nous étaient attribués), BOSS. *Var.* XII, 27. || *P. ext.* Chacun impute en cas pareil Son bonheur à son industrie, LA F. *Fab.* VII, 14. A l'amour de Pharnace on impute mes pleurs, RAC. *Mithr.* II, 6. || ~ à, et, *vieilli*, — pour, suivi d'un substantif exprimant ce qui est imputé en bien ou en mal. Une action qui fut imputée à grandeur de courage, CORN. *Cid*, avert. Il s'impute à péché la moindre bagatelle, MOL. *Tart.* I, 5. Vous l'imputez à crime, CORN. *Pomp.* III, 2. Et m'imputez pour crime un trop parfait amour, CORN. *Tite et Bér.* III, 5. || Suivi d'un infinitif. Que l'Espagne impute à ma mémoire D'avoir mal soutenu l'honneur de ma maison ! CORN. *Cid*, I, 6. | Suivi d'une proposition. — à de telles gens qu'ils sont soumis par faiblesse, BOSS. *Var.* 5° avert. 16. || *Rare.* Attribuer (qqch à qqn). Vous m'imputez un poème sur la religion naturelle, VOLT. *Lett.* 27 juill. 1767. Ils diront qu'on impute un faux nom à Léonce, CORN. *Hér.* III, 4.
II. Porter en compte, appliquer à un paiement. Cette dépense doit être imputée sur l'exercice de l'année précédente. Les avantages qu'un père fait à un de ses enfants sont imputés sur la quotité disponible.

IMPUTRESCIBLE [in-pu-très-sibl'] *adj.*
[ÉTYM. Emprunté du lat. *imputrescibilis*, *m. s.* || XIV° s. Boys imputrescibles, J. DE VIGNAY, *Miroir hist.* dans DELB. *Rec.* Admis ACAD. 1878.]
|| (T. didact.) Qui ne peut se putréfier.

INABORDABLE [i-nà-bòr-dàbl'] *adj.*
[ÉTYM. Composé de in négatif et abordable, § 275. || 1611. COTGR.]
|| Où l'on ne peut aborder. Côtes, rochers inabordables. || *P. ext.* Inaccessible. La place est — à cause de la foule. Une personne —, jusqu'à laquelle on ne peut arriver. || *Fig.* Marchandise d'un prix —.

INABRITÉ, ÉE [i-nà-bri-té] *adj.*
[ÉTYM. Composé de in négatif et abrité, § 275. || *Néolog.* Admis ACAD. 1878.]
|| Qui n'est pas protégé par quelque abri. Côte inabritée.

***INACCENTUÉ, ÉE** [i-nàk'-san-tué ; *en vers*, -tu-é] *adj.*
[ÉTYM. Composé de in négatif et accentué, § 275. || *Néolog.*]
|| (Gramm.) Qui ne porte pas d'accent tonique. Voyelle, syllabe inaccentuée.

INACCEPTABLE [i-nàk'-sèp-tàbl'] *adj.*
[ÉTYM. Composé de in négatif et acceptable, § 275. || *Néolog.* Admis ACAD. 1835.]
|| Qu'on ne peut accepter. Proposition —.

***INACCESSIBILITÉ** [i-nàk'-sès'-si-bi-li-té] *s. f.*
[ÉTYM. Emprunté du lat. *inaccessibilitas*, *m. s.* || XVII° s. V. à l'article.]
|| (T. didact.) Manière d'être de celui qui est inaccessible. Jésus-Christ ne laisse pas de conserver dans le sacrement son —, PASC. *Prov.* 16.

INACCESSIBLE [i-nàk'-sès'-sibl'] *adj.*
[ÉTYM. Emprunté du lat. *inaccessibilis*, *m. s.* || XIV° s. Lieux inaccessibles, J. DE VIGNAY, *Miroir hist.* dans DELB. *Rec.*]
|| Qui n'est pas accessible. Plage, forteresse —. Une personne —, chez laquelle on n'a pas accès. Médée est — à tous ses domestiques sans son chagrin, RAC. *Livres annotés, Euripide. Absolt.* C'est être faible et timide que d'être — et fier, MASS. *Human. des grands.* || *P. anal.* Forêt — aux rayons du soleil. || *Fig.* Les hauteurs inaccessibles de la science.

Aussi était-il (Dieu) — à notre nature, BOSS. *Hist. univ.* II, 26. Être — à la pitié. Il oppose à l'amour un cœur —, RAC. *Phèd.* III, 1.

INACCOMMODABLE [i-nà-kò-mò-dàbl'] *adj.*
[ÉTYM. Composé de in négatif et accommodable, § 275. || XVII° s. V. à l'article. Admis ACAD. 1718.]
|| *Vieilli.* Qu'on ne peut accommoder. Querelle —. S'il avait bien résolu que les articles fussent inaccommodables, SÉV. 976.

INACCORDABLE [i-nà-kòr-dàbl'] *adj.*
[ÉTYM. Composé de in négatif et accordable, § 275. || Admis ACAD. 1762.]
|| *Rare.* Qu'on ne peut accorder. Les deux parties sont inaccordables. || Demande —.

INACCOSTABLE [i-nà-kòs'-tàbl'] *adj.*
[ÉTYM. Composé de in négatif et accostable, § 275. || 1573. Un vieil sorcier au front inaccostable, RONS. VI, 99, Bibl. elzév. Admis ACAD. 1762.]
|| *Rare.* Qu'on ne peut accoster. (*Syn.* inabordable.)

INACCOUTUMÉ, ÉE [i-nà-kou-tu-mé] *adj.*
[ÉTYM. Composé de in négatif et accoutumé, § 275. || XIV° s. Une vertu excellentement forte et inacoustumee, EVRART DE CONTY, *Probl. d'Aristote*, dans GODEF. inestimablement. Admis ACAD. 1762.]
|| Qui n'est pas accoutumé.
|| **1°** Qui n'a pas coutume d'être fait. Rendre à qqn des honneurs inaccoutumés.
|| **2°** Qui n'est pas accoutumé à faire qqch. Être — à certains travaux. | *P. ext.* Des yeux inaccoutumés à ce spectacle.

INACHEVÉ, ÉE [i-nàch'-vé ; *en vers*, -nà-che-vé] *adj.*
[ÉTYM. Composé de in négatif et achevé, § 275. || 1812. MOZIN, *Dict. franç.-allem.* Admis ACAD. 1835.]
|| Non achevé. Un ouvrage —.

INACTIF, IVE [i-nàk'-tïf', -tïv'] *adj.*
[ÉTYM. Composé de in négatif et actif, § 275. || XVIII° s. Substance inactive, *Mém. de Trévoux*, dans TRÉV. 1771. Admis ACAD. 1878.]
|| Qui n'agit pas. Rester —.

INACTION [i-nàk'-syon ; *en vers*, -si-on] *s. f.*
[ÉTYM. Composé de in négatif et action, § 275. || Mot du XVII° s. qui n'a d'abord été usité que dans la conversation. (*Cf.* impolitesse.) C'est un mot nouveau qui a esté fait par des gens illustres en sçavoir et en pieté, et qui s'en sont servis en homme de devotion, FURET. (1690). Admis ACAD. 1694.]
|| État de celui qui n'agit pas. Être dans l'—. Tirer qqn de son —. L'— et la fainéantise, LA MOTHE LE VAYER, *Soliloques*, dans DELB. *Rec.*

INACTIVITÉ [i-nàk'-ti-vi-té] *s. f.*
[ÉTYM. Composé de in négatif et activité, § 275. || 1790. Leur inactivité, LINGUET, *Ann. polit., civ. et littér.* XVI, 254. Admis ACAD. 1798.]
|| Manque d'activité. || *Spécialt.* Situation d'un fonctionnaire qui n'est pas en activité de service.

INADMISSIBILITÉ [i-nàd'-mïs'-si-bi-li-té] *s. f.*
[ÉTYM. Dérivé de inadmissible, § 255. || *Néolog.* Admis ACAD. 1835.]
|| Caractère de ce qui est inadmissible. L'— d'un témoignage. || L'— d'un candidat.

INADMISSIBLE [i-nàd'-mïs'-sibl'] *adj.*
[ÉTYM. Composé de in négatif et admissible, § 275. || 1475. Excusations... inadmissibles et non recevables, dans *Bibl. de l'Éc. des chartes*, 1856, p. 557.]
|| Qui ne peut être admis. Une demande, une prétention —. || Candidat —.

INADVERTANCE [i-nàd'-vèr-tàns'] *s. f.*
[ÉTYM. Pour inadvertence (*cf.* advertence), emprunté du lat. scolast. *inadvertentia*, *m. s.* de in négatif et adverter, faire attention, §§ 217 et 262. || XIV° s. Par inadvertence, ORESME, *Éth.* VII, 5.]
|| Faute de celui qui ne prend pas garde à ce qu'il fait. (*Syn.* inattention.) Faire une chose par —. Il faut lui pardonner cette —.

INALIÉNABILITÉ [i-nà-lyé-nà-bi-li-té ; *en vers*, -li-é-...] *s. f.*
[ÉTYM. Dérivé de inaliénable, § 255. || 1722. L'inalienabilité du domaine, LA HOUSSAYE, *Mém.* II, 235. Admis ACAD. 1798.]
|| (Droit.) Caractère de ce qui est inaliénable.

INALIÉNABLE [i-nà-lyé-nàbl' ; *en vers*, -li-é-...] *adj.*
[ÉTYM. Composé de in négatif et aliénable, § 275. || XVI° s. Estant le bien de l'Église inaliénable, CONDÉ, *Mém.* ann. 1563. Admis ACAD. 1718.]

|| (Droit.) Qui n'est pas aliénable. Le domaine de la couronno était —.

INALLIABLE [i-nà-lyàbl'; *en vers*, -li-àbl'] *adj.*
[ÉTYM. Composé de in négatif et alliable, § 275. || XVIII° s. *V.* à l'article. Admis ACAD. 1694.]
|| (Technol.) Qui ne peut être allié avec une autre chose. Deux métaux inalliables. || *Fig.* Ces mouvements qui paraissent d'abord contraires et inalliables, NICOLE, *Essais de morale,* II, 3. La tristesse,... chose — et incompatible avec votre santé, SÉV. 1296.

INALTÉRABILITÉ [i-nàl-té-rà-bi-li-té] *s. f.*
[ÉTYM. Dérivé de inaltérable, § 255. || 1724. LE P. CASTEL, *Traité de la pesant. univ. des corps,* II, 145. Admis ACAD. 1878.]
|| (T. didact.) Caractère de ce qui est inaltérable.

INALTÉRABLE [i-nàl-té-ràbl'] *adj.*
[ÉTYM. Composé de in négatif et altérable, § 275. || XIV° s. Parties inalterables et impassibles, ORESME, dans MEUNIER, *Essai sur Oresme.* Admis ACAD. 1718.]
|| Qui n'est pas altérable. Métal — à l'air. || *Fig.* Santé, gaieté —. Une — douceur, BOSS. 5° *Avert. aux protest.* 1.

INAMISSIBILITÉ [i-nà-mìs'-si-bi-li-té] *s. f.*
[ÉTYM. Dérivé de inamissible, § 255. || XVIII° s. *V.* à l'article. Admis ACAD. 1694.]
|| (Théol.) Caractère de ce qui est inamissible. — de la justice, BOSS. *Var.* IX, 5.

INAMISSIBLE [i-nà-mìs'-sìbl'] *adj.*
[ÉTYM. Composé de in négatif et amissible, § 275. || 1617. Les plus inamissibles meubles d'une femme sont les clameurs et les paroles inutiles, J. OLIVIER, dans DELB. *Rec.* Admis ACAD. 1694.]
|| (Théol.) Qui ne peut être perdu. Marie... possédait une grâce —, BOURD. *Myst. Concept.*

INAMOVIBILITÉ [i-nà-mò-vi-bi-li-té] *s. f.*
[ÉTYM. Dérivé de inamovible, § 255. || 1787. LINGUET, *Ann. polit., civ. et littér.* XV, 294. Admis ACAD. 1798.]
|| (Droit.) Caractère de ce qui est inamovible. L'— de la magistrature.

INAMOVIBLE [i-nà-mò-vìbl'] *adj.*
[ÉTYM. Composé de in négatif et amovible, § 275. || XVIII° s. *V.* à l'article. Admis ACAD. 1798.]
|| (Droit.) Qui n'est pas amovible, qui ne peut être déplacé. Les juges nommés par le roi sont inamovibles. *Charte de 1830,* art. 49. Sénateur —. || *Fig.* La vérité dont nous nous regardons comme les possesseurs inamovibles, MIRABEAU, dans MÉJAN, *Collection,* I, 6.

INANIMÉ, ÉE [i-nà-ni-mé] *adj.*
[ÉTYM. Composé de in négatif et animé, § 275. || 1529. Corps materielz et inanimez, G. TORY, *Champfleury,* dans DELB. *Rec.* Admis ACAD. 1762.]
|| **1°** Qui n'est point animé (doué de vie). Les créatures inanimées, les minéraux. || Qui n'est plus animé. Un corps froid et —. Et froide, gémissante et presque inanimée, Aux pieds de son amant elle tombe pâmée, RAC. *Phèd.* V, 6.
|| **2°** *Fig.* Qui manque d'animation.

INANITÉ [i-nà-ni-té] *s. f.*
[ÉTYM. Emprunté du lat. inanitas, m. s. || XIV° s. L'inanité de l'aer, J. DE VIGNAY, *Miroir hist.* dans DELB. *Rec.* Admis ACAD. 1835.]
|| État de ce qui est vide. (Devant Dieu) tout est réputé comme un néant, comme un vide, comme une —, BOSS. *Élévat. Mystèr.* I, 4. || *Fig.* État de ce qui est vain. L'— de leurs efforts.

INANITION [i-nà-ni-syon; *en vers*, -si-on] *s. f.*
[ÉTYM. Emprunté du lat. inanitio, m. s. || XIV° s. Spasme de inanicion, *Chirurg. de Mondeville,* f° 65, dans LITTRÉ.]
|| (Médec.) Épuisement par manque ou insuffisance de nourriture. Mourir, tomber d'—.

INAPERCEVABLE [i-nà-pèr-se-vàbl'] *adj.*
[ÉTYM. Composé de in négatif et apercevable, § 275. || XVI° s. Inappercevable, VIGENÈRE, *Traité du feu et du sel,* dans DELB. *Rec.* Admis ACAD. 1835.]
|| (T. didact.) Non apercevable.

INAPERÇU, UE [i-nà-pèr-su] *adj.*
[ÉTYM. Composé de in négatif et aperçu, § 275. || 1789. Objets inaperçus, NECKER, *Assembl. constituante,* p. 35. Admis ACAD. 1798.]
|| Non aperçu. Ce détail ne pouvait passer —.

INAPPÉTENCE [i-nàp'-pé-tàns'] *s. f.*

[ÉTYM. Composé de in négatif et appétence, § 275. || XVI° s. PARÉ, XX *bis,* 13. Admis ACAD. 1835.]
|| (Médec.) Manque d'appétence.

INAPPLICABLE [i-nà-pli-kàbl'] *adj.*
[ÉTYM. Composé de in négatif et applicable, § 275. || Admis ACAD. 1762.]
|| Qui n'est pas applicable (à ce dont il est question).

INAPPLICATION [i-nà-pli-kà-syon; *en vers*, -si-on] *s. f.*
[ÉTYM. Composé de in négatif et application, § 275. || XVII° s. *V.* à l'article. Admis ACAD. 1718.]
|| Défaut d'application (à ce qu'on a à faire). Incapable d'envie et d'avarice, soit par vertu, soit par —, LA ROCHEF. *Portrait de Retz.*

INAPPLIQUÉ, ÉE [i-nà-pli-ké] *adj.*
[ÉTYM. Composé de in négatif et appliqué, § 275. || Admis ACAD. 1694.]
|| **1°** Qui n'est point appliqué (à ce qu'il a à faire). Un roi faible et —, FÉN. *Tél.* 13.
|| **2°** *Néolog.* Qui n'a pas été appliqué, employé. Un procédé —.

INAPPRÉCIABLE [i-nà-pré-syàbl'; *en vers*, -si-àbl'] *adj.*
[ÉTYM. Composé de in négatif et appréciable, § 275. || XV° s. Chose inapreciable, R. CIBOULE, dans GODEF. *Compl.* Admis ACAD. 1762.]
|| **1°** Qui n'est pas appréciable. Une différence si petite qu'elle est presque —.
|| **2°** Qu'on ne saurait trop apprécier. Un service —.

INAPTITUDE [i-nàp'-ti-tud'] *s. f.*
[ÉTYM. Composé de in négatif et aptitude, § 275. On trouve au XVI° s. ineptitude, d'après le lat. ineptitudo. (*Cf.* inepte.) || XV° s. Ineptia : inaptitude, *Vocabul. brevid.* dans GODEF. *Compl.* Admis ACAD. 1762.]
|| Défaut d'aptitude. Mon — à m'exprimer impromptu, J.-J. ROUSS. *Confess.* 12.

INARTICULÉ, ÉE [i-nàr-ti-ku-lé] *adj.*
[ÉTYM. Composé de in négatif et articulé, § 275. || XVI° s. Voix bien fort subtile et inarticulee, J. BODIN, *Demonomanie,* dans DELB. *Rec.* Admis ACAD. 1740.]
|| (T. didact.) Non articulé. Mots, sons inarticulés.

INASSERMENTÉ, ÉE [i-nà-sèr-man-té] *adj.*
[ÉTYM. Composé de in négatif et assermenté, § 275. On a dit aussi insermenté. || Admis ACAD. 1878.]
|| Qui n'est pas assermenté. *Spécialt.* Prêtre —, ayant refusé de prêter serment à la constitution civile de 1790.

INASSIMILABLE [i-nàs'-si-mi-làbl'] *adj.*
[ÉTYM. Composé de in négatif et assimilable, § 275. || *Néolog.* Admis ACAD. 1878.]
|| (T. didact.) Qui n'est pas assimilable.

INASSOUVI, IE [i-nà-sou-vi] *adj.*
[ÉTYM. Composé de in négatif et assouvi, § 275. || *Néolog.* Admis ACAD. 1878.]
|| Qui n'est pas assouvi. Faim inassouvie. || *Fig.* Désir —.

INATTAQUABLE [i-nà-tà-kàbl'] *adj.*
[ÉTYM. Composé de in négatif et attaquable, § 275. || XVIII° s. *V.* à l'article. Admis ACAD. 1762.]
|| Qui n'est pas attaquable. Retranchements inattaquables. || *Fig.* Droits inattaquables. Ce titre n'a point été attaqué parce qu'il est —, ALEXIS NORMANT, dans TRÉV.

INATTENDU, UE [i-nà-tan-du] *adj.*
[ÉTYM. Composé de in négatif et attendu, § 275. || XVII°-XVIII° s. *V.* à l'article. Admis ACAD. 1762.]
|| Qui n'est pas attendu. Un résultat —. Une impression vive et inattendue, DE LA MOTTE, *Disc. sur la poésie* (1717), p. 57.

INATTENTIF, IVE [i-nà-tan-tìf', -tìv'] *adj.*
[ÉTYM. Composé de in négatif et attentif, § 275. || Admis ACAD. 1762.]
|| Qui n'est pas attentif. Élève —.

INATTENTION [i-nà-tan-syon; *en vers*, -si-on] *s. f.*
[ÉTYM. Composé de in négatif et attention, § 275. || 1701. FURET. Admis ACAD. 1762.]
|| **1°** Manque d'attention (à ce qu'on fait). Faire une faute par —.
|| **2°** *Rare.* Manque d'attention (pour qqn). Méprisant sans dépit les inattentions de Formosante, VOLT. *Princ. de Babyl.* 3.

INAUGURAL, ALE [i-nó-gu-ràl] *adj.*
[ÉTYM. Dérivé de inaugurer, sous l'influence du lat. au-

guralis, augural, § 238. || xviiᵉ s. *V.* à l'article. Admis ACAD. 1798.]

|| Qui a rapport à une inauguration. **Cérémonie inaugurale. Discours —**, que prononce un professeur en prenant possession de sa chaire. **Votre oraison inaugurale,** CHAPELAIN, *Lett.* dans DELB. *Rec.*

INAUGURATION [i-nó-gu-rà-syon ; *en vers,* -si-on] *s. f.*

[ÉTYM. Emprunté du lat. inauguratio, *m. s.* || xivᵉ s. Inauguracion n'est autre chose que consecracion..., BERSUIRE, fᵒ 1, dans LITTRÉ. Admis ACAD. 1740.]

|| Action d'inaugurer. **L'—** des rois de France, MABLY, *Observ. sur l'hist. de Fr.* ii, 62. **L'—** d'un monument. | Discours d'—.

INAUGURER [i-nó-gu-ré] *v. tr.*

[ÉTYM. Emprunté du lat. inaugurare, *m. s.* proprt, « prendre les augures ». || xivᵉ s. Chose inauguree estoit celle... qui aus diex consacree et dediee touz jours perseveroit, BERSUIRE, fᵒ 1, dans LITTRÉ. Admis ACAD. 1835.].

|| Consacrer par une cérémonie solennelle. **Il s'était fait... — roi de Perse,** VOLT. *Mœurs,* 124. **— un monument.** || *Fig.* Marquer (le début d'un ordre de choses). **Le serment du Jeu de paume inaugura l'établissement de la liberté.**

***INAUTHENTICITÉ** [i-nó-tan-ti-si-té] *s. f.*

[ÉTYM. Composé de in négatif et authenticité, § 275. || *Néolog.*]

|| (T. didact.) Caractère de ce qui est inauthentique.

***INAUTHENTIQUE** [i-nó-tan-tîk'] *adj.*

[ÉTYM. Composé de in négatif et authentique, § 275. || *Néolog.*]

|| (T. didact.) Qui n'est pas authentique.

INAVOUABLE [i-nà-vwàbl'; *en vers,* -vou-àbl'] *adj.*

[ÉTYM. Composé de in négatif et avouable, § 275. || *Néolog.* Admis ACAD. 1878.]

|| Qui n'est pas avouable. **Intention, désir —.**

***INCAGUER** [in-kà-ghé] *v. tr.*

[ÉTYM. Emprunté de l'ital. incagare, *m. s.* de même radical que chier, § 12. || xviᵉ s. *V.* à l'article. Admis ACAD. 1694 ; suppr. en 1878.]

|| *Vieilli.* Couvrir d'excréments. **Incaguant ces sacrés livres,** RAB. iv, 52. || *Fig.* Braver avec mépris. **J'incague le prévôt,** MONTFLEURY, *Femme juge et partie,* iii, 8. **Je me ris de tes coups, j'incague ta fureur,** REGNARD, *Joueur,* i, 4.

INCALCULABLE [in-kàl-ku-làbl'] *adj.*

[ÉTYM. Composé de in et calculable, § 275. || xviiiᵉ s. *V.* à l'article. Admis ACAD. 1835.]

|| Qui n'est pas calculable. **Le nombre — des étoiles.** || *P. ext.* Très considérable. **Des maux incalculables. Les effets sont incalculables,** NECKER, *Disc. à l'Assemblée nationale,* 27 août 1789.

INCAMÉRATION [in-kà-mé-rà-syon ; *en vers,* -si-on] *s. f.*

[ÉTYM. Dérivé de incamérer, d'après l'ital. incamerazione, *m. s.* §§ 12 et 247. || 1690. FURET. Admis ACAD. 1762.]

|| (Hist. ecclés.) Action d'incamérer.

INCAMÉRER [in-kà-mé-ré] *v. tr.*

[ÉTYM. Emprunté de l'ital. incamerare, *m. s.* de camera, chambre, trésor de l'Église romaine, § 12. || 1690. FURET. Admis ACAD. 1762.]

|| (Hist. ecclés.) Annexer au domaine de l'Église romaine. **Le pape... incaméra le duché de Castro,** VOLT. *Polit. et législ. Droits des hommes.*

INCANDESCENCE [in-kan-dĕs'-sàns'] *s. f.*

[ÉTYM. Dérivé de incandescent, § 262. || 1781. *V.* à l'article. Admis ACAD. 1798.]

|| (T. didact.) État de ce qui est incandescent. **Une vive —,** MORAND, dans *Mém. de l'Acad. des sc.* 1781, p. 215.

INCANDESCENT, ENTE [in-kan-dĕs'-san, -sänt'] *adj.*

[ÉTYM. Emprunté du lat. incandescens, *m. s.* || 1781. *V.* à l'article. Admis ACAD. 1798.]

|| (T. didact.) Porté à la chaleur blanche. **Partie incandescente,** LAVOISIER, dans *Mém. de l'Acad. des sc.* p. 494.

INCANTATION [in-kan-tà-syon ; *en vers,* -si-on] *s. f.*

[ÉTYM. Emprunté du lat. incantatio, *m. s.* (*Cf.* enchanter.) || xiiiᵉ s. Et dou jus d'elles fist une incantasion, *Livre dou roi Alixandre,* dans GODEF. *Compl.* Admis ACAD. 1718.]

|| Emploi de paroles magiques.

INCAPABLE [in-kà-pàbl'] *adj.*

[ÉTYM. Composé de in négatif et capable, § 275. || 1517. J. BOUCHET, *Chapelet des princes,* dans DELB. *Rec.*]

|| Qui n'est pas capable (de qqch). **Il est — de généreux sentiments. Être — d'attention. Il est — d'une trahison. D'un si lâche dessein mon âme est —,** CORN. *Cinna,* iii, 1. || *P. ext.* **Ces terres trop remuées et devenues incapables de résistance,** BOSS. *R. d'Angl.* **La cause qui les rend (ces vérités) incapables de démonstration,** PASC. *Espr. géom.* 1. **On le croyait — ni de tromper ni d'être trompé,** BOSS. *A. de Gonz.* **Il y a des mots incapables d'être définis,** PASC. *Espr. géom.* 1. || *Absolt.* **Un homme —,** qui n'est capable de rien. || *Spécialt.* (Droit.) Exclu par la loi de certains droits. **Être — de tester. Le mineur est — de disposer de son bien.** *Absolt et substantivt.* **Toute disposition au profit d'un — sera nulle,** *Code civil,* art. 911.

INCAPACITÉ [in-kà-pà-si-té] *s. f.*

[ÉTYM. Composé de in négatif et capacité, § 275. || xviᵉ s. Son incapacité et impuissance, CL. PARADIN, *Chron. de Savoie,* p. 329.]

|| État de celui qui n'est pas capable de qqch. **Cette — de faire cette vie même dans le noviciat,** SÉV. 1001. **L'— où nous sommes d'être heureux. La matière est dans une — naturelle, invincible, de penser,** PASC. *Espr. géom.* 2. || *Absolt.* État de celui qui n'est pas capable de rien. **Son — est reconnue.** || *Spécialt.* (Droit.) État de celui que la loi déclare incapable. **— légale. Être frappé d'—.**

INCARCÉRATION [in-kàr-sé-rà-syon ; *en vers,* -si-on] *s. f.*

[ÉTYM. Dérivé de incarcérer, § 247. || xiiiᵉ-xivᵉ s. Incarceration de porreture, *Chirurg. de Mondeville,* fᵒ 48, dans LITTRÉ. Admis ACAD. 1798.]

|| Action d'incarcérer, état de celui qui est incarcéré.

INCARCÉRER [in-kàr-sé-ré] *v. tr.*

[ÉTYM. Emprunté du lat. du moyen âge incarcerare, *m. s.* de in, dans, et carcer, prison, § 275. || 1392. Encarcerez au pain et eaue, dans DU C. incarceratio. | 1508. Enfermer et incarcerer, MAXIMIEN, *Arrest du roi des Romains.* Admis ACAD. 1798.]

|| Mettre en prison.

INCARNADIN, INE [in-kàr-nà-din, -din'] *adj.*

[ÉTYM. Emprunté de l'ital. dialectal incarnadino (OUD.), pour incarnatino, *m. s.* § 12. || xviᵉ s. Blancs, incarnadins, de couleur de chair, O. DE SERRES, v, 15.]

|| Qui est d'un incarnat pâle. **Ruban —. Moire incarnadine. Anémone incarnadine.** || *Substantivt.* **Ruban d'un bel —.**

INCARNAT, ATE [in-kàr-nà, -nằt'] *adj.*

[ÉTYM. Emprunté de l'ital. incarnato, *m. s.* de carne, chair, § 12. || xviᵉ s. Bresil incarnat, RAB. ii, 19.]

|| Qui est d'un rouge de chair. *Substantivt.* Couleur incarnate. **L'— qui leur monte aussitôt aux joues,** LA F. *Psyché,* 2.

INCARNATION [in-kàr-nà-syon ; *en vers,* -si-on] *s. f.*

[ÉTYM. Emprunté du lat. incarnatio, *m. s.* || xiiᵉ s. Incarnaciun, PH. DE THAUN, *Comput,* 2140.]

|| (Théol.) Action de devenir chair, de prendre la forme humaine. **L'— de Jésus-Christ.** || *P. anal.* **Les incarnations de Vichnou.**

INCARNER [in-kàr-né] *v. tr.*

[ÉTYM. Emprunté du lat. incarnare, *m. s.* de in, dans, et caro, carnis, chair. Anc. franç. encharner, de formation pop. § 503. || 1372. Ceste eaue incarne les fistules et autres playes vieilles, J. CORBICHON, dans DELB. *Rec.*]

I. (Théol.) Revêtir d'un corps de chair, de la forme humaine. **Dieu a fait — son fils pour notre salut. Le Verbe s'est incarné,** BOSS. *Hist. univ.* ii, 25. **Le Verbe incarné.** || *P. anal.* **Selon les Indiens, Vichnou s'est incarné sept fois (dans un corps d'homme ou d'animal).** || *Fig.* **C'est un diable incarné, c'est le vice incarné, le diable, le vice fait homme.**

II. (Médec.) Faire entrer dans la chair. **Un ongle qui s'est incarné.**

INCARTADE [in-kàr-tàd'] *s. f.*

[ÉTYM. Origine inconnue. || xviiᵉ s. *V.* à l'article. Admis ACAD. 1694.]

|| Boutade fâcheuse. **Je t'en crois sans jurer, avec tes incartades,** CORN. *Ment.* i, 4. **Je lui sais mauvais gré d'une telle —,** MOL. *Ét.* ii, 2. **Quittez toutes ces incartades,** ID. *Mis.* i, 1.

INCENDIAIRE [in-san-dyĕr ; *en vers,* -di-ér] *adj.*

[ÉTYM. Emprunté du lat. incendiarius, *m. s.* VAUGEL. constate que « incendiaire » a toujours esté receu, lors mesme qu' « incendie » ne l'estoit pas ». || xiiiᵉ s. Les incendiaires d'eglises, dans GODEF. *Compl.*]

|| Propre à incendier. **Matières, projectiles incendiaires.** ||

Écrits, propos, discours incendiaires. || *Substantivt.* Celui, celle qui allume un incendie. Les incendiaires se tinrent cachés, SÉGUR, *Hist. de Napol.* VIII, 6. *Fig.* Certains yeux qui me portent la mine d'être de grands incendiaires, D. DE MONCHESNAY, *Phénix,* sc. du colonel.

INCENDIE [in-san-di] *s. m.*
[ÉTYM. Emprunté du lat. incendium, *m. s.* On trouve qqf incende au XVIᵉ s. (*V.* DELB. *Rec.*) Incendie apparaît au commencement du XVIIᵉ s. et a eu quelque peine à s'établir. || 1611. COTGR.]
|| Grand feu qui se propage et fait des ravages. L'— d'un édifice. Assurance contre l'—. L'— de Moscou.

INCENDIER [in-san-dyé; *en vers,* -di-é] *v. tr.*
[ÉTYM. Dérivé de incendie, § 266. || Admis ACAD. 1762.]
|| Mettre en feu. Les Russes incendièrent Moscou. — une forêt. Les maisons incendiées. | *P. ext.* Les habitants incendiés, et, *substantivt,* Les incendiés.

INCERTAIN, AINE [in-sèr-tin, -tèn'] *adj.*
[ÉTYM. Composé de in négatif et certain, d'après le lat. incertus, *m. s.* § 275. || XIVᵉ s. Mort... est chose incertaine, ORESME, IX, 13.]
I. Qui ne donne pas la certitude. Le fait est —. D'Amurat le retour —, RAC. *Baj.* I, 1. De nos ans passagers le nombre est —, ID. *Ath.* II, 9. La faveur des rois est incertaine. Le temps est —. || *Substantivt.* L'—, ce qui est incertain. On travaille pour l'—, sur mer, en bataille..., PASC. *Pens.* V, 9. Quitter le certain pour l'—. || *P. anal.* Vague. Une lueur incertaine. Des contours incertains. La lueur incertaine d'une faible lumière. Les contours incertains d'un dessin.
II. Qui n'a pas la certitude. Du choix d'un successeur Athènes incertaine, RAC. *Phèd.* II, 2. — de sa condition entre la mort et la vie, BOSS. *Hist. univ.* II, 10. || — de régner, RAC. *Baj.* II, 1. || *Absolt.* Être — de ce qu'on doit faire. Le trouble semble croître en son âme incertaine, RAC. *Phèd.* V, 5. || *Poét.* J'ai trouvé son courroux chancelant, —, RAC. *Ath.* III, 3.

INCERTAINEMENT [in-sèr-tèn'-man; *en vers,* -tène-...] *adv.*
[ÉTYM. Composé de incertaine et ment, § 724. || 1539. R. EST.]
|| *Rare.* D'une manière incertaine. Il hasarde certainement l'infini pour gagner — le fini, PASC. *Pens.* X, 1.

INCERTITUDE [in-sèr-ti-tud'] *s. f.*
[ÉTYM. Composé de in négatif et certitude, § 275. || XIVᵉ s. L'incertitude de l'heure, J. DE VIGNAY, *Miroir hist.* dans DELB. *Rec.*]
I. État de ce qui est incertain. L'— d'un fait. L'histoire de cette époque n'offre qu'—. L'— qui règne dans les opinions humaines. Mon cœur... Ne peut plus de son sort souffrir l'—, RAC. *Andr.* III, 7.
II. État de celui qui est incertain. Être dans l'—. Je ne respire pas dans cette —, RAC. *Bér.* II, 5. Tout joueur hasarde avec certitude pour gagner avec —, PASC. *Pens.* X, 1. || *Spéciall.* État de celui qui est incertain de ce qu'il doit faire. Inconstant et confus dans son —, CORN. *Pomp.* I, 4.

INCESSAMMENT [in-sè-sà-man] *adv.*
[ÉTYM. Pour incessantment, composé de incessant et ment, § 724. || 1358. Les bons et agreables services que le dit Jaques nous a faiz et fera de jour en jour incessamment, *Bibl. de l'Ec. des chartes,* 1856, p. 424.]
|| D'une manière incessante. La vieillesse chagrine — amasse, BOIL. *Art p.* 3. Voyez-vous à nos pieds fouir — Cette maudite laie? LA F. *Fab.* III, 6. || *P. ext.* Sans délai. On me mande... que le roi revient —, SÉV. 539.

INCESSANT, ANTE [in-sè-san, -sänt'] *adj.*
[ÉTYM. Composé de in négatif et cessant, § 275. || XVIᵉ s. L'assidue et incessante baterie, PARADIN, *Chron. de Savoie,* p. 269.]
|| Qui ne cesse pas. Un bruit, un travail —. Une plainte incessante.

INCESSIBLE [in-sès'-sibl'] *adj.*
[ÉTYM. Composé de in négatif et cessible, § 275. || Admis ACAD. 1718.]
|| (Droit.) Qui n'est pas cessible. Une rente —.

1. INCESTE [in-sèst'] *s. m. et f.*
[ÉTYM. Emprunté du lat. incestus, a, *m. s.* proprt, « non chaste ». || XIVᵉ-XVᵉ s. Incestes en leurs fais, EUST. DESCH. VI, 50.]
|| *Vieilli.* Celui, celle qui a commerce avec une personne parente ou alliée à un degré prohibé par les lois. Autrefois les incestes étaient punis de mort. || *Rare. Adjec-*

tivt. (*Syn.* incestueux.) Désir inceste, CORN. *Œdipe,* III, 5. Flammes incestes, ID. *ibid.* IV, 1.

2. INCESTE [in-sèst'] *s. m.*
[ÉTYM. Emprunté du lat. incestus, us, *m. s.* || XIVᵉ s. Plein de glotonnie et d'inceste, J. DE VIGNAY, *Echecs moralisés,* dans LITTRÉ.]
|| Commerce illicite entre personnes parentes ou alliées à un degré prohibé par les lois. De peur d'un parricide et de peur d'un —, CORN. *Œdipe,* III, 4. Je respire à la fois l'— et l'imposture, RAC. *Phèd.* IV, 6. || *P. ext.* Commerce illicite entre personnes unies par un lien spirituel (comme parrain et filleule, etc.).

INCESTUEUSEMENT [in-sès'-tuèuz'-man; *en vers,* -tu-cu-ze-...] *adv.*
[ÉTYM. Composé de incestueuse et ment, § 724. || XVᵉ-XVIᵉ s. Concevoir incestueusement, FOSSETIER, dans GODEF. *Compl.*]
|| D'une manière incestueuse.

INCESTUEUX, EUSE [in-sès'-tuèu, -tuèuz'; *en vers,* -tu-...] *adj.*
[ÉTYM. Emprunté du lat. incestuosus, *m. s.* || XIIIᵉ s. Luxure incestueuse, dans GODEF. *Compl.*]
|| Coupable d'inceste. Ceux qui présentaient de l'encens à un Jupiter —, BOURD. *Impureté,* 1. Phèdre, malgré soi, perfide, incestueuse, BOIL. *Ép.* 7. || *Substantivt.* Un perfide assassin, un lâche —, RAC. *Phèd.* IV, 2. || *P. ext.* Un amour —. | *Poét.* C'est moi qui sur ce fils chaste et respectueux Osai jeter un œil profane, —, RAC. *Phèd.* V, 7. Ce lien du sang... Écartait Claudius d'un lit —, ID. *Brit.* IV, 2.

INCHOATIF, IVE [in-kò-à-tif', -tiv'] *adj.*
[ÉTYM. Emprunté du lat. inchoativus, *m. s.* || XVᵉ s. Et s'elle en est premier inchoative, dans A. CHARTIER, p. 804, édit. Duchesne.]
|| (Gramm.) Qui exprime un commencement d'action. *Spéciall.* Les verbes inchoatifs (du latin). Suffixe —. *P. ext.* conjugaison inchoative des verbes français en ir (je finis, etc., par opposition à je viens).

INCIDEMMENT [in-si-dà-man] *adv.*
[ÉTYM. Pour incidentment, composé de incident et ment, § 724. || 1310. Principaument ou incidamment, dans GODEF. *Compl.*]
|| D'une manière incidente. Traiter une question —.

INCIDENCE [in-si-däns'] *s. f.*
[ÉTYM. Dérivé de incident, § 262. || XIVᵉ s. *V.* à l'article. Admis ACAD. 1718.]
I. *Anciennt.* Ce qui survient. Plusieurs incidences périlleuses et haineuses avinrent puis en Angleterre, FROISS. *Chron.* IX, 6, Kervyn.
II. (Physique.) Action de ce qui est incident. Le point d'— d'un projectile. L'— d'un rayon lumineux, calorique, d'un son, sa rencontre avec une surface.

INCIDENT, ENTE [in-si-dan, -dänt'] *s. m. et adj.*
[ÉTYM. Emprunté du lat. scolast. incidens, part. de incidere, tomber sur, survenir, employé comme adj. et comme substantif. || XIIIᵉ s. Cest incident, J. DE MEUNG, *Test.* dans GODEF. *Compl.*]
I. *S. m.* Petit événement qui survient. Un — tout frais qui vous surprendra fort, MOL. *Tart.* III, 5. || Dans une œuvre dramatique, un récit, etc., événement accessoire. N'offrez point un sujet d'incidents trop chargé, BOIL. *Art p.* 3. || Dans un procès, difficulté de détail qui naît à côté de la cause principale. L'— a été vidé avec le principal. Multiplier les incidents. || *Fig.* Chicane. L'axiome « Je pense donc je suis », contre lequel je ne crois pas qu'on puisse raisonnablement former d'—, BOULAINVILLIERS, *Réfut. de Spinosa,* p. 3.
II. *Adj.* || **1º** Qui survient accessoirement. | **1.** (Droit.) Question, proposition, demande incidente (dans un procès). | **2.** (Gramm.) Proposition incidente, qui est accessoire dans la phrase. *Substantivt.* Une incidente, une proposition incidente.
|| **2º** (Physique.) Qui vient donner contre qqch. Rayon —, rayon lumineux, calorique, qui vient frapper une surface en un point donné.

INCIDENTAIRE [in-si-dan-tèr] *s. m.*
[ÉTYM. Dérivé de incident, § 248. || 1727. *V.* à l'article. Admis ACAD. 1798.]
|| *Vieilli.* (Droit.) Celui qui fait naître des incidents (dans un procès). *Fig.* Au jeu je suis muet comme en toute autre affaire : je ne suis point —, dans *Merc. de France,* avril 1727, p. 662.

INCIDENTER [in-si-dan-té] *v. intr.*

[ÉTYM. Dérivé de incident, § 266. || Admis ACAD. 1694.]

|| *Vieilli*. (Droit.) Faire naître des incidents. *Fig*. Hérodote... incidente sur les événements les plus frivoles, CARTAUD DE LA VILATE, *Essais sur le goût*, p. 39, édit. 1751. || *Transitivt*. Nous — sur la transsubstantiation est une chicane, BOSS. *Var.* XIV, 122.

INCINÉRATION [in-si-né-rà-syon ; *en vers*, -si-on] *s. f.*
[ÉTYM. Emprunté du lat. du moyen âge incineratio, *m. s.* dérivé de incinerare, incinérer, § 247. || XIVᵉ S. L'incineration de la matiere, EVRART DE CONTY, *Probl. d'Aristote*, dans GODEF. *Compl.* Admis ACAD. 1762.]

|| Réduction en cendres. On obtient la soude par l'— des plantes marines. || *Spécialt*. — des morts, action de brûler le corps des morts. (*V.* crémation.)

INCINÉRER [in-si-né-ré] *v. tr.*
[ÉTYM. Emprunté du lat. incinerare, *m. s.* || 1580. Les ossemens sont incinerez, GRENIER, *Bouclier de la foi*, dans DELB. *Rec.* Admis ACAD. 1835.]

|| Réduire en cendres. — des os.

***INCIPIT** [in-si-pit'] *s. m.*
[ÉTYM. Mot lat., 3ᵉ pers. sing. de l'indic. prés. de incipere, commencer.]

|| (Paléogr.) Premiers mots de telle ou telle partie d'un manuscrit. Reproduire l'— et l'explicit.

INCIRCONCIS, ISE [in-sir-kon-si, -siz'] *adj.*
[ÉTYM. Emprunté du lat. incircumcisus, *m. s.* || XVIᵉ S. Je me venge de ces incirconcis, CALV. *Instit. chr.* III, x, 15.]

|| Qui n'est pas circoncis. *Substantivt*. (T. biblique.) Les —, les peuples infidèles qui n'étaient pas circoncis comme les Hébreux. || *Fig*. Avec des cœurs —, c'est-à-dire avec des cœurs immortifiés, BOURD. *Circonc. de J.-C.* 2.

INCIRCONCISION [in-sir-kon-si-zyon ; *en vers*, -zi-on] *s. f.*
[ÉTYM. Emprunté du lat. incircumcisio, *m. s.* || 1530. Ta circoncision est faicte incirconcision, J. LEF. D'ÉTAPLES, dans DELB. *Rec.* Admis ACAD. 1762.]

|| État de celui qui est incirconcis. || *Fig*. Mondains qui vivent... dans une — générale de leurs passions, BOURD. *Circonc. de J.-C.* 3.

INCISE [in-siz'] *s. f.*
[ÉTYM. Emprunté du lat. incisum, *m. s.* proprt, « coupé », rendu par un féminin à cause de l'idée sous-entendue (phrase ou proposition). || 1771. TRÉV. Admis ACAD. 1798.]

|| (Gramm.) Petit groupe de mots, formant un sens partiel, qui entre dans le sens général de la phrase.

INCISER [in-si-zé] *v. tr.*
[ÉTYM. Dérivé du lat. incisum, supin de incidere, couper, § 266. A remplacé l'anc. franç. enciser, de formation pop. § 502. || XIIᵉ S. Le mantel et les dras tresck'al cuir encisa, GARN. DE PONT-STE-MAX. *St Thomas*, 5499. | XVᵉ S. Branches decouppees et inciseez, *Jardin de santé*, dans GODEF. inciseure.]

|| **1°** (T. didact.) Fendre avec un instrument tranchant. — l'écorce d'un arbre (pour greffer). — un pin (pour recueillir la résine). — le bras d'un malade. — une tumeur. — le verre chaud.

|| **2°** *Vieilli*. Diviser. (Les) eaux de l'estomac... ont la vertu d'— les viandes, et les coupent si menues..., BOSS. *Conn. de Dieu*, II, 10.

INCISIF, IVE [in-si-zif, -ziv'] *adj.*
[ÉTYM. Emprunté du lat. scolast. incisivus, *m. s.* §§ 217 et 257. || XIIIᵉ-XIVᵉ S. Medecines forment attractives et incisives, *Chirurg. de Mondeville*, fᵒ 84.]

|| (T. didact.) Qui incise. Dents incisives, les dents tranchantes placées à la partie antérieure de chaque mâchoire, chez l'homme et chez quelques animaux. *Substantivt*. Une incisive. || (Médec. anc.) Médicaments incisifs, propres à dissoudre les humeurs. || *Fig*. Qui a un caractère tranchant. Paroles incisives. Ton —. Orateur —.

INCISION [in-si-zyon ; *en vers*, -zi-on] *s. f.*
[ÉTYM. Emprunté du lat. incisio, *m. s.* || XIIIᵉ-XIVᵉ S. Grant plaie et incision, *Chirurg. de Mondeville*, fᵒ 43.]

|| (T. didact.) Action d'inciser. Faire une — dans l'écorce d'un arbre. — cruciale, double incision dont les entailles se croisent. Il fallut en venir à plusieurs incisions, ST-SIM. I, 334.

INCITANT, ANTE [in-si-tan, -tant'] *adj.*
[ÉTYM. Adj. particip. de inciter, § 47. || 1539. R. EST. Admis ACAD. 1835.]

|| (T. didact.) Qui augmente l'énergie vitale.

INCITATION [in-si-tà-syon ; *en vers*, -si-on] *s. f.*

[ÉTYM. Emprunté du lat. incitatio, *m. s.* || XIVᵉ S. Les incitations des oncles, FROISS. *Chron.* XII, 252, Kervyn.]

|| **1°** Action d'inciter. *Spécialt*. — à la débauche. *Absolt*. Sans l'— d'un méchant suborneur, MOL. *Dép. am.* III, 4.

|| **2°** (Médec.) Action d'augmenter l'énergie.

INCITER [in-si-té] *v. tr.*
[ÉTYM. Emprunté du lat. incitare, *m. s.* Anc. franç. enciter, § 503. || XIIᵉ S. Enciter puet li anemins lo movement de la temptation, *Serm. de St Bern.* p. 154.]

|| Engager vivement à faire qqch. — qqn à bien faire. Ces pensers incitaient la reine à la vengeance, LA F. *Contes, le Roi Candaule*.

INCIVIL, ILE [in-si-vil] *adj.*
[ÉTYM. Emprunté du lat. incivilis, *m. s.* || XIVᵉ S. Incivil pour la sauvageté de sa nature, ORESME, dans MEUNIER, *Essai sur Oresme*.]

|| **1°** Qui manque de civilité. J'aime mieux être — qu'importun, MOL. *B. gent.* III, 4. || *P. anal*. Ton —. Procédé —.

|| **2°** *Vieilli*. (Droit.) Contraire aux lois civiles. Clause incivile, faite contre la disposition des lois civiles.

INCIVILEMENT [in-si-vil-man ; *en vers*, -vi-le-...] *adv.*
[ÉTYM. Composé de incivile et ment, § 724. || 1462. Ledit mandement estoit incivil et incivilement donné, dans DU C. incivilis.]

|| D'une manière incivile. Ce vieillard m'éconduira peut-être fort —, REGNARD, *Bal*, sc. 1.

INCIVILITÉ [in-si-vi-li-té] *s. f.*
[ÉTYM. Emprunté du lat. incivilitas, *m. s.* || 1426. Surreptions et incivilitez, dans DELB. *Rec.*]

|| Manque de civilité. Il y a de l'— à agir ainsi. || *P. ext*. Action, parole contraire à la civilité. Commettre une —. Villars avait reçu une — très forte du prince de Lichtenstein, ST-SIM. II, 197.

INCIVIQUE [in-si-vik'] *adj.*
[ÉTYM. Composé de in négatif et civique, § 275. || 1794. Imposteurs inciviques, BARRÈRE, dans LALLEMENT, *Choix de rapports*, XV, 276. Admis ACAD. 1798, suppl.]

|| *Vieilli*. Qui n'est pas civique. Conduite, discours —.

INCIVISME [in-si-vism'] *s. m.*
[ÉTYM. Composé de in négatif et civisme, § 275. || 1791. *Journal militaire*, p. 277. Admis ACAD. 1798, suppl.]

|| *Vieilli*. Manque de civisme.

INCLÉMENCE [in-klé-mâns'] *s. f.*
[ÉTYM. Emprunté du lat. inclementia, *m. s.* || 1521. Dejecte d'avec toy telle inclemence, FABRI, *Rhétor*. dans DELB. *Rec.*]

|| Manque de clémence. Pour fléchir l'— des dieux, RAC. *Iph.* I, 2. || *P. ext*. Rigueur. L'— des juges. L'— de la saison.

INCLÉMENT, ENTE [in-klé-man, -mänt'] *adj.*
[ÉTYM. Emprunté du lat. inclemens, *m. s.* RICHEL. 1680 enregistre le mot, mais il ajoute : il n'est pas reçu. || 1564. J. THIERRY, *Dict. franç.-lat.* Admis ACAD. 1835.]

|| Qui n'est pas clément. Juges incléments. Saison inclémente.

INCLINAISON [in-kli-nè-zon] *s. f.*
[ÉTYM. Dérivé de incliner, § 108. (*Cf.* inclination.) || 1694. TH. CORN. Admis ACAD. 1718.]

|| État de ce qui est incliné. L'— du toit, du terrain, facilite l'écoulement des eaux. || *Spécialt*. (Mathém.) — d'une ligne, d'une surface, angle qu'elle fait avec une autre ligne, une autre surface. L'— de l'axe de la terre sur le plan de l'écliptique. — de l'aiguille aimantée, angle que fait avec l'horizon une aiguille aimantée qui se meut librement. Boussole d'—, qui mesure cette inclinaison.

INCLINANT, *INCLINANTE [in-kli-nan, -nänt'] *adj.*
[ÉTYM. Adj. particip. de incliner, § 47. || 1539. R. EST. Admis ACAD. 1762.]

|| (T. didact.) Qui incline. *Spécialt*. Cadran —, cadran solaire tracé sur un plan qui incline vers le midi.

INCLINATION [in-kli-nà-syon ; *en vers*, -si-on] *s. f.*
[ÉTYM. Emprunté du lat. inclinatio, *m. s.* || XIVᵉ S. ORESME, *Éth.* I, 14.]

I. Action d'incliner. (*Cf.* inclinaison.) Une — de tête. Il fit une profonde — devant le roi. || *Vieilli*. Quelle que soit la pente et l'— Dont l'eau par sa course l'emporte, LA F. *Fab.* III, 16.

II. *Fig*. Mouvement de l'âme qui se sent portée vers qqch. Avoir de mauvaises inclinations. Combattre les inclinations de qqn. Suivre son —. || *Spécialt*. Mouvement qui porte à aimer. Du moment que je vous ai vu, je me suis senti pour vous de l'—, MOL. *Pourc.* I, 3. Je donnai par devoir à son affection Tout ce que l'autre avait par —, CORN. *Poly.* I, 3. Mariage d'— (par opposition à mariage de convenance). || *P. ext.* La personne qui est l'objet de cette inclination. N'auriez-vous point quelque secrète — avec qui vous souhaiteriez que votre père vous mariât? *Am. méd.* I, 3.

INCLINER [in-kli-né] *v. tr.* et *intr.*

[ÉTYM. Emprunté du lat. inclinare, *m. s.* A remplacé l'anc. franç. encliner, de formation pop. encore fréquent au commencement du XVII° s. § 502. (*Cf.* enclin.) || XIV° s. Telles petites fortunes ne font pas incliner la vie d'un bon homme en mal, ORESME, *Éth.* I, 16.]

I. *V. tr.* Pencher légèrement. — un vase pour verser. Il inclina la tête en signe de respect. Elle abaisse cette tête auguste devant laquelle s'incline l'univers, BOSS. *Marie-Thérèse.* L'étoile polaire s'incline sur l'horizon à mesure qu'on s'approche de l'équateur. Un plan incliné. Stratification inclinée, dont les couches sont disposées obliquement. || *Fig.* Disposer à se porter vers qqch. Ces penchants heureux qui inclinent notre âme à la miséricorde, MASS. *Œuvres de miséric.* 2. Où le Ciel nous incline, RÉGNIER, *Élég.* 2. La personne où son penchant l'incline, MOL. *Mis.* IV, 1. Nos besoins nous inclinent à adhérer à ce qui est bon, BOSS. *Culte dû à Dieu*, 1. | *Absolt.* — les volontés libres, FÉN. *Lett. au P. Lami, Sur la Grâce.*

II. *V. intr.* Se pencher légèrement. Les arbres inclinent vers la lumière. | *P. ext.* De quel côté incline la victoire? Où le sort inclinait, CORN. *Cid*, IV, 3. || *Fig.* Se sentir porté vers qqch, vers qqn. De quelque côté qu'il incline, c'est sa volonté qui l'y porte, PASC. *Prov.* 8. Rome incline vers l'aristocratie, MONTESQ. *Espr. des lois*, V, 8. Les confesseurs inclinent toujours à la miséricorde, BOSS. *Satisfact.* 3. Le cœur de la fille inclinait trop pour notre jouvenceau, LA F. *Contes, Remède.* Claude incline à l'absoudre, DIDER. *Claude et Néron*, I, 84.

INCLURE [in-klür] *v. tr.*

[ÉTYM. Emprunté du lat. includere, *m. s.* devenu inclure sous l'influence des mots analogues de formation pop. § 503. (*Cf.* enclore.)|| XV° s. Cinquantes lieues inclues, J. MAUPOINT, *Journal*, dans DELB. *Rec.* | ACAD. donne le participe inclus dès 1694, mais n'admet l'infinitif qu'en 1878.]

|| Renfermer. (S'emploie surtout au part. passé.) Le paquet ci-inclus. La lettre ci-incluse, et, *ellipt*, L'incluse.

INCLUSIVEMENT [in-klu-ziv'-man ; *en vers*, -zi-ve-...] *adv.*

[ÉTYM. Composé avec le lat. du moyen âge inclusivus, qui inclut, et ment, § 724. || XV°-XVI° s. J. LE MAIRE, dans DELB. *Rec.*]

|| Y compris. Jusqu'au 30 juin —, y compris le 30 juin.

INCOERCIBLE [in-kò-èr-sibl'] *adj.*

[ÉTYM. Composé de in négatif et coercible, § 275. || XVIII° s. Esprits incoercibles et véloces, DIDEROT, *Salon de 1767.* Admis ACAD. 1798.]

|| (T. didact.) Qu'on ne peut contenir. Une force —. || *Spéciall.* (Physique.) Qu'on ne peut tenir enfermé. Gaz —.

INCOGNITO [in-kò-ñi-tó ; selon d'autres, -kŏg'-ni-tó] *adv.*

[ÉTYM. Emprunté de l'ital. incognito, *m. s.* qui est lui-même un emprunt au bas lat. incognito, *m. s.* de incognitus, inconnu, § 12. VAUGELAS signale le mot comme emprunté « depuis quelques années ». || Admis ACAD. 1694.]

|| Sans être connu. Toutes les ombres sont ici pêle-mêle et —, FÉN. *Dial. des morts, Louis XI et Bessarion.* Pour aller — en des lieux de débauche, PASC. *Prov.* 6. Je sers mon maître sans gages et —, REGNARD, *Sérénade*, sc. 2. || *Substantivt.* Garder l'—. || *P. anal.* Sans être remarqué. Nous disons bien des sottises qui passent —, MONTESQ. *Lett. pers.* 54.

INCOHÉRENCE [in-kò-é-rāns'] *s. f.*

[ÉTYM. Composé de in négatif et cohérence, § 275.||XVIII° s. *V.* à l'article. Admis ACAD. 1798.]

|| Caractère incohérent. L'— de ses paroles, de ses résolutions. L'— des expressions, VOLT. *D. Pèdre*, dédic.

INCOHÉRENT, ENTE [in-kò-é-ran, -rānt'] *adj.*

[ÉTYM. Composé de in négatif et cohérent, § 275. || 1751. *V.* à l'article. Admis ACAD. 1798.]

|| (T. didact.) Qui n'est pas cohérent. (Géologie.) Couches incohérentes, qui n'offrent pas de cohésion entre elles. || *Fig.* Idées incohérentes. Langage, style —. Métaphores incohérentes. Les incohérentes hardiesses de ce Lamettrie, VOLT. *Lett. à Richelieu*, 31 août 1751.

INCOLORE [in-kò-lòr] *adj.*

[ÉTYM. Emprunté du lat. incolor, *m. s.* || *Néolog.* Admis ACAD. 1835.]

|| (T. didact.) Qui n'est pas coloré. L'eau est —. | *Fig.* Style —.

INCOMBER [in-kon-bé] *v. intr.*

[ÉTYM. Emprunté du lat. incumbere, peser sur. || XV° s. A vous ils touchent et incombent, CHASTELL.. *Chron.* dans DELB. *Rec.* Paraît inusité aux XVII° et XVIII° s. Repris de nos jours et admis ACAD. 1878.]

|| (T. didact.) Être imposé (à qqn). Les devoirs qui lui incombent. C'est à vous que cette charge doit —.

INCOMBUSTIBILITÉ [in-kon-bŭs'-ti-bi-li-té] *s. f.*

[ÉTYM. Dérivé de incombustible, § 255. || 1751. *Journal économique*, janv. p. 63. Admis ACAD. 1835.]

|| (T. didact.) Caractère de ce qui est incombustible.

INCOMBUSTIBLE [in-kon-bŭs'-tïbl'] *adj.*

[ÉTYM. Emprunté du lat. scolast. incombustibilis, *m. s.* § 217. || XIV° s. Matiere incombustible, ORESME, dans MEUNIER, *Essai sur Oresme.*]

|| (T. didact.) Qui n'est pas combustible. L'amiante est —.

INCOMMENSURABILITÉ [in-kŏm'-man-su-rà-bi-li-té] *s. f.*

[ÉTYM. Emprunté du lat. scolast. incommensurabilitas, *m. s.* § 217. || XIV° s. Incommensurableté, ORESME, dans MEUNIER, *Essai sur Oresme.* | 1636. Incommensurabilité, LE P. MERSENNE, *Harmon. univ. Utilité de l'harm.* p. 53. Admis ACAD. 1762.]

|| (T. didact.) Caractère de ce qui est incommensurable.

INCOMMENSURABLE [in-kŏm'-man-su-ràbl'] *adj.*

[ÉTYM. Emprunté du lat. incommensurabilis, *m. s.* || XIV° s. Le dyametre et le coté d'une figure carree sont incommensurables, ORESME, *Éth.* III, 7.]

|| (T. didact.) || **1°** Qui n'a point de commune mesure avec une autre grandeur. Le côté d'un carré et sa diagonale sont incommensurables. La racine carrée de 2 est — avec l'unité.

|| **2°** *P. ext.* Qu'on ne peut mesurer. Un espace —.

INCOMMODE [in-kò-mòd'] *adj.*

[ÉTYM. Emprunté du lat. incommodus, *m. s.* || 1549. R. EST.]

|| **1°** Qui cause de la gêne. Outil —. Logement —. Vêtement —. Posture —.

|| **2°** Qui cause du malaise. Chaleur, bruit —. Importun à tout autre, à soi-même —, BOIL. *Sat.* 8.

INCOMMODÉMENT [in-kò-mò-dé-man] *adv.*

[ÉTYM. Pour incommodement, composé de incommode et ment, § 724. || 1549. Incommodeement, R. EST.]

|| D'une manière incommode. Être logé, assis —.

INCOMMODER [in-kò-mò-dé] *v. tr.*

[ÉTYM. Emprunté du lat. incommodare, *m. s.* || XV° s. Les Anglois incommodoient fort les François, JUVÉNAL DES URSINS, dans DOCHEZ, *Dict.*]

|| Mettre mal à l'aise. On incommode souvent les autres quand on croit ne les pouvoir jamais —, LA ROCHEF. *Réflex. mor.* 242. Le respect (à l'égard des grands) est : Incommodez-vous, PASC. *Pens.* V, 11. Être incommodé par le bruit, la chaleur, le soleil. *Absolt.* Je ne viens pas ici pour —, MOL. *Pourc.* I, 7. Cela vous incommodera-t-il de me donner ce que je vous dis? ID. *B. gent.* III, 4. C'est une dépense qui m'incommoderait fort. *Absolt.* Personnes incommodées (gênées du côté de l'argent), PASC. *Prov.* 8. *Fig.* Je me trouve un peu incommodé de la veine poétique pour la quantité des saignées que j'y ai faites ces jours passés, MOL. *Préc. ridic.* sc. 11. || *Spéciall.* Mettre mal à l'aise en ce qui concerne la santé. Ma fille est souvent fort incommodée de son côté, SÉV. 910. || *P. anal.* (Marine.) Bâtiment incommodé, qui a subi des avaries.

INCOMMODITÉ [in-kò-mò-di-té] *s. f.*

[ÉTYM. Emprunté du lat. incommoditas, *m. s.* || 1389. Fumiers et autres incommoditez qui sont parmi les rues, dans DELB. *Rec.*]

|| **1°** Malaise causé par ce qui gêne. L'— d'un vêtement, d'une habitation.

|| **2°** *P. ext.* Malaise causé par ce qui fatigue. L'— de la chaleur, du vent. L'— d'un fâcheux voisinage. || *Spéciall.* Malaise causé par la mauvaise santé. Les incommodités de l'âge, de la vieillesse. Il est retenu au lit par quelque —, LA BR. 11. || *P. anal.* (Marine.) État d'un bâtiment qui a subi des avaries.

INCOMMUNICABLE [in-kò-mu-ni-kàbl'] *adj.*
[ÉTYM. Composé de **in** négatif et **communicable**, § 275. ‖ XVIᵉ s. Propriété incommunicable, CALV. *Instit. chr.* I, XIII, 6.]
‖ (T. didact.) Qui n'est pas communicable. Ce grand nom de Dieu, terrible, mystérieux, —, BOSS. *Hist. univ.* II, 3. Droits, priviléges incommunicables.

INCOMMUTABILITÉ [in-kŏm'-mu-tà-bi-li-té] *s. f.*
[ÉTYM. Dérivé de **incommutable**, § 255. ‖ Admis ACAD. 1718.]
‖ (Droit.) Caractère de ce qui est incommutable.

INCOMMUTABLE [in-kŏm'-mu-tàbl'] *adj.*
[ÉTYM. Emprunté du lat. incommutabilis, *m. s.* On trouve incommuable au moyen âge. ‖ 1381. En heritage perpetuel, parfait et incommutable, dans DELB. *Rec.* Admis ACAD. 1718.]
‖ (Droit.) Qui ne peut passer d'un propriétaire à un autre. Propriété —.

INCOMMUTABLEMENT [in-kŏm'-mu-tà-ble-man] *adv.*
[ÉTYM. Composé de **incommutable** et **ment**, § 724. ‖ 1546. Lesditz heritages demeurent incommutablement audit seigneur censier, *Cout. de Nivernais*, dans DELB. *Rec.* Admis ACAD. 1718.]
‖ (Droit.) D'une manière incommutable.

INCOMPARABLE [in-kon-pà-ràbl'] *adj.*
[ÉTYM. Emprunté du lat. incomparabilis, *m. s.* ‖ XIIᵉ-XIIIᵉ s. V. incomparablement.]
‖ **1°** Qui n'est pas comparable (à autre chose). Une personne d'une beauté —. C'est un homme —, et il mérite toutes les louanges qu'on peut donner, MOL. *Scap.* III, 3.
‖ **2°** Qui n'a pas d'analogue à quoi on puisse le comparer. Nous ne pouvons en acquérir (des connaissances) que par la voie de la comparaison; ce qui est absolument — est entièrement incompréhensible, BUFF. *Homme.*

INCOMPARABLEMENT [in-kon-pà-rà-ble-man] *adv.*
[ÉTYM. Composé de **incomparable** et **ment**, à l'imitation du lat. incomparabiliter, *m. s.* § 724. ‖ XIIᵉ-XIIIᵉ s. Combien incomparablement ele est dessoure, *Dial. Gregoire*, p. 149.]
‖ D'une manière incomparable. Elle est — plus belle.

INCOMPATIBILITÉ [in-kon-pà-ti-bi-li-té] *s. f.*
[ÉTYM. Dérivé de **incompatible**, §255. ‖ XVᵉ s. Par incompatibilité ou autrement, *Reg. du conseil sous Ch. VIII*, p. 132.]
‖ Caractère incompatible. L'— de caractère, d'humeur. Il y a — entre les fonctions de député et de préfet.

INCOMPATIBLE [in-kon-pà-tibl'] *adj.*
[ÉTYM. Composé de **in** négatif et **compatible**, § 275. Au XIVᵉ s. on trouve incompassible dans ORESME, *Éth.* IX, 3. ‖ XVᵉ s. Conditions et meurs incompatibles, CHASTELL. dans DOCHEZ, *Dict.*]
‖ Qui n'est pas compatible (avec une autre chose). Son caractère est — avec le mien. Tant de factions opposées et tant de sectes incompatibles qui se devaient apparemment détruire les unes les autres, BOSS. *H. d'Angl.* Farouche, dédaigneuse, — (avec les autres), FÉN. *Dial. des morts, Anciens*, 17. Le cœur seul concilie les choses contraires et admet les incompatibles, LA BR. 4. *Absolt.* Fonctions incompatibles, qu'une même personne ne peut exercer simultanément.

INCOMPÉTEMMENT [in-kon-pé-tà-man] *adv.*
[ÉTYM. Pour incompétentment, composé de **incompétent** et **ment**, § 724. ‖ 1579. Incompetemment jugé, N. DU FAIL, *Mém. du parlem. de Bretagne*, p. 4.]
‖ D'une manière incompétente.

INCOMPÉTENCE [in-kon-pé-tāns'] *s. f.*
[ÉTYM. Composé de **in** négatif et **compétence**, §275. ‖1549. R. EST.]
‖ Défaut de compétence. L'— d'un tribunal, d'un juge. ‖ *P. ext.* Son — en matière d'art.

INCOMPÉTENT, ENTE [in-kon-pé-tan, -tānt'] *adj.*
[ÉTYM. Emprunté du lat. incompetens, *m. s.*‖1611. COTGR.]
‖ Qui n'a pas la capacité légale pour décider d'une chose. Si le tribunal était — à raison de la matière, le renvoi pourra être demandé en tout état de cause, *Code de procéd. civ.* art. 170. ‖ *P. ext.* Partie incompétente, qui n'a pas capacité pour contester une chose en justice. ‖ *P. ext.* Qui n'a pas les connaissances requises pour décider d'une chose. Il est — en matière d'art.

INCOMPLET, ÈTE [in-kon-plè, -plèt'] *adj.*
[ÉTYM. Emprunté du lat. incompletus, *m. s.* ‖ 1372. Incomplette et imparfaicte, J. CORBICHON, *Propr. des choses*, dans DELB. *Rec.* Admis ACAD. 1762.]
‖ Qui n'est pas complet. Travail —. Recueil —. Somme in-

complète. Effectifs incomplets, et, *absolt*, *s. m.* Les incomplets, terme d'administration militaire. Fleur incomplète, qui n'a pas de calice ou de corolle. ‖ *P. anal.* Renseignements incomplets. Avoir une connaissance incomplète d'une chose.

INCOMPLÈTEMENT [in-kon-plèt'-man ; *en vers*, -plè-te-...] *adv.*
[ÉTYM. Composé de **incomplète** et **ment**, § 724. ‖ *Néolog.* Admis ACAD. 1878.]
‖ D'une manière incomplète.

INCOMPLEXE [in-kon-plèks'] *adj.*
[ÉTYM. Emprunté du lat. incomplexus, *m. s.* ‖ 1732. TRÉV. Admis ACAD. 1762.]
‖ (T. didact.) Qui n'est pas complexe. Proposition —, dont le sujet et l'attribut sont simples. Syllogisme —, composé de propositions simples.

INCOMPRÉHENSIBILITÉ [in-kon-pré-an-si-bi-li-té] *s. f.*
[ÉTYM. Dérivé de **incompréhensible**, § 255. ‖ XVIᵉ s. La volubilité et incomprehensibilité de toute matiere, MONTAIGNE, II, 12.]
‖ (T. didact.) Caractère de ce qui est incompréhensible. L'— de Dieu.

INCOMPRÉHENSIBLE [in-kon-pré-an-sïbl'] *adj.*
[ÉTYM. Emprunté du lat. incomprehensibilis, *m. s.* On trouve souvent incomprenable au XVIᵉ s. ‖ XIIIᵉ-XIVᵉ s. Proportions incomprehensibles a entendement, LANFRANC, *Chirurg.* dans LITTRÉ.]
‖ (T. didact.) Qui n'est pas compréhensible. Jusqu'à ce qu'il (l'homme) comprenne qu'il est un monstre —, PASC. *Pens.* VIII, 5. ‖ *Une phrase* —. Rabelais est surtout —; son livre est une énigme, LA BR. 1.

INCOMPRESSIBILITÉ [in-kon-près'-si-bi-li-té] *s. f.*
[ÉTYM. Dérivé de **incompressible**, § 255. ‖ 1755. *Collect. académique*, I, p. 145. Admis ACAD. 1762.]
‖ (T. didact.) Caractère de ce qui est incompressible. L'— de l'eau.

INCOMPRESSIBLE [in-kon-près'-sïbl'] *adj.*
[ÉTYM. Composé de **in** négatif et **compressible**, § 275. ‖ 1690. FURET. Admis ACAD. 1762.]
‖ (T. didact.) Qui n'est pas compressible.

INCOMPRIS, ISE [in-kon-pri, -prïz'] *adj.*
[ÉTYM. Composé de **in** négatif et **compris**, § 275. ‖ XVᵉ s. Eternelle puissance des dieux... incomprise en tes voyes, CHASTELL. dans DELB. *Rec.* Semble inusité aux XVIIᵉ et XVIIIᵉ s. Repris de nos jours et admis ACAD. 1878.]
‖ Qui n'est point compris. Génie —. Poète —.

INCONCEVABLE [in-kons'-vàbl'; *en vers*, -kon-se-...] *adj.*
[ÉTYM. Composé de **in** négatif et **concevable**, § 275. ‖ 1617. Des fins inconcevables de toute bonne ame, J. OLIVIER, dans DELB. *Rec.*]
‖ Que l'esprit ne peut concevoir. L'essence — de Dieu. ‖ *P. exagér. Famil.* Qu'il est difficile de concevoir. Sa conduite est —.

INCONCILIABLE [in-kon-si-lyàbl'; *en vers*, -li-àbl'] *adj.*
[ÉTYM. Composé de **in** négatif et **conciliable**, § 275. ‖ XVIIIᵉ s. NORMANT, dans TRÉV. 1752. Admis ACAD. 1762.]
‖ Qu'on ne peut concilier.
‖ **1°** Avec une chose. Principes, maximes inconciliables.
‖ **2°** Avec une personne. Deux plaideurs inconciliables.

***INCONDITIONNÉ, ÉE** [in-kon-di-syò-né; *en vers*, -si-ò-...] *adj.*
[ÉTYM. Composé de **in** négatif et **conditionné**, § 275. ‖ *Néolog.*]
‖ (T. didact.) Qui n'est soumis à aucune condition.

INCONDUITE [in-kon-duit'] *s. f.*
[ÉTYM. Composé de **in** négatif et **conduite**, § 275. ‖ 1737. Novateurs qui de leur autorité privée proposent tous les jours au public des composez comme deraison ou inconduite, LE MAITRE DE CLAVILLE, *Traité du vrai mérite*, I, 178. Admis ACAD. 1762.]
‖ Défaut de conduite. Voilà où mène l'—.

INCONGELABLE [in-konj'-làbl'; *en vers*, -kon-je-...] *adj.*
[ÉTYM. Composé de **in** négatif et **congelable**, §275. ‖ 1611. COTGR. Admis ACAD. 1878.]
‖ (T. didact.) Qui ne peut être congelé.

INCONGRU, UE [in-kon-gru] *adj.*
[ÉTYM. Emprunté du lat. incongruus, *m. s.* ‖ XIVᵉ s. Parole

inepte ou incongrue, J. DE VIGNAY, *Miroir hist.* dans DELB. *Rec.*]

|| Qui n'est pas congru. Question incongrue. Réponse incongrue. Façon de parler incongrue. C'est un homme fort —. Le moyen de bien recevoir des gens qui sont tout à fait incongrus en galanterie ? MOL. *Préc. rid.* sc. 4.

INCONGRUITÉ [in-kon-grui-té ; *en vers,* -gru-i-té] *s. f.*
[ÉTYM. Emprunté du lat. incongruitas, *m. s.* || 1529. De paour de y faire incongruité, G. TORY, *Champfleury,* dans DELB. *Rec.*]

|| Caractère de ce qui est incongru. L'— des humeurs opaques, MOL. *Méd. m. l.* III, 6. Des incongruités de bonne chère (dans un dîner) et des barbarismes de bon goût, ID. *B. gent.* IV, 1. || Faute contre la bienséance. Commettre une —.

INCONGRÛMENT [in-kon-gru-man] *adv.*
[ÉTYM. Composé de incongru et ment, § 724. || XIVe s. Incongruement, ORESME, dans MEUNIER, *Essai sur Oresme.*]

|| D'une manière incongrue.

***INCONNAISSABLE** [in-kò-nè-sàbl'] *adj.*
[ÉTYM. Composé de in négatif et connaissable, § 275. || XVIe s. Presque incognoissable, CHARRON, *Sagesse,* I, 1.]

|| (Philos.) Qui échappe à la connaissance humaine. *Substantivt, au masc.* L'—, ce qui est inconnaissable.

INCONNU, UE [in-kò-nu] *adj.*
[ÉTYM. Composé de in négatif et connu, à l'imitation du lat. incognitus, *m. s.* (*cf.* incognito), § 275. || 1484. Nombres incongneuz, N. CHUQUET, *Triparty,* 86.]

|| **1°** Qui n'est point connu. Cette personne m'est tout à fait inconnue. Être — à qqn. Une femme inconnue Qui ne dit point son nom et qu'on n'a point revu, RAC. *Ath.* II, 7. *Substantivt.* Un —, une inconnue. || Terre inconnue. Tant de forfaits divers Et des crimes peut-être inconnus aux enfers, RAC. *Phèd.* IV, 6. Les voies inconnues de la Providence. || La quantité inconnue (en algèbre), quantité que l'on cherche pour résoudre le problème, et, *ellipt,* Dégager l'inconnue d'un problème. || *Substantivt, au masc.* L'—, ce qui est inconnu. Aller du connu à l'—.

|| **2°** *P. ext.* Qu'on n'avait point connu jusque-là. Elle éprouva un trouble —. Déjà jusqu'à mon cœur le venin parvenu Dans ce cœur expirant jette un froid —, RAC. *Phèd.* V, 7.

INCONSCIENCE [in-kon-syâns' ; *en vers,* -si-âns'] *s. f.*
[ÉTYM. Dérivé de inconscient, § 262. || *Néolog.* Admis ACAD. 1878.]

|| État de l'âme accomplissant certains actes sans en avoir conscience.

***INCONSCIEMMENT** [in-kon-syà-man ; *en vers,* -si-à-...] *adv.*
[ÉTYM. Pour inconscientment, composé de inconscient et ment, § 724. || *Néolog.*]

|| D'une manière inconsciente.

INCONSCIENT, ENTE [in-kon-syan, -syânt' ; *en vers,* -si-...] *adj.*
[ÉTYM. Composé de in négatif et conscient, à l'imitation du lat. inconscius, *m. s.* § 275. || *Néolog.* Admis ACAD. 1878.]

|| Qui n'est pas conscient. Le fou est — . Actes inconscients. *Substantivt, au masc.* L'—, ce dont on n'a pas conscience. La philosophie de l'—.

INCONSÉQUENCE [in-kon-sé-kâns'] *s. f.*
[ÉTYM. Emprunté du lat. inconsequentia, *m. s.* || XVIIe s. *V.* à l'article. Admis ACAD. 1762.]

|| Caractère de ce qui est inconséquent. Il y a de l'— dans ses idées, dans ses discours. Une marque de fausseté et d'— dans la doctrine exposée, BOSS. dans TRÉV. || *P. ext.* Les inconséquences de sa conduite. Commettre des inconséquences.

INCONSÉQUENT, ENTE [in-kon-sé-kan, -kânt'] *adj.*
[ÉTYM. Emprunté du lat. inconsequens, entis, *m. s.* || XVIIIe s. *V.* à l'article. Admis ACAD. 1762.]

|| **1°** Qui n'est pas suivi logiquement. Conduite inconséquente. Nos idées sont justes ou inconséquentes, VOLT. *Lett. philos.* 25. || *P. ext.* Qui n'est pas logique dans ce qu'il fait. Il est — dans sa conduite comme dans ses propos. Sylla était —, CREVIER, *Hist. rom.* dans TRÉV.

|| **2°** Dont on n'a pas calculé les suites (fâcheuses). Paroles, démarches inconséquentes. || *P. ext.* Qui ne calcule pas les suites (fâcheuses) de ce qu'il dit ou fait. Vous avez été bien — dans votre conduite.

INCONSIDÉRATION [in-kon-si-dé-rà-syon ; *en vers,* -si-on] *s. f.*
[ÉTYM. Emprunté du lat. inconsideratio, qui a le sens **I**; composé de in négatif et considération au sens **II**, § 275. || XVIe s. Par inconsideration, CALV. *Instit. chr.* IV, XII, 1.]

I. Défaut de celui qui ne considère pas suffisamment les choses. La cause de mal juger est l'—, qu'on appelle autrement précipitation, BOSS. *Conn. de Dieu,* I, 16.

II. Manque de considération d'une personne. Elle eut le plaisir de jouir de la parfaite — où ils tombèrent tous deux, ST-SIM. XI, 163.

INCONSIDÉRÉ, ÉE [in-kon-si-dé-ré] *adj.*
[ÉTYM. Emprunté du lat. inconsideratus, qui a le sens **I**; composé de in et considéré au sens **II**, § 275. || XVe-XVIe s. Le naufrage inconsideré d'offension de voysins, J. LE MAIRE, dans LITTRÉ.]

I. Qui ne considère pas suffisamment les choses. Un jeune homme —.

II. Qui n'a pas été suffisamment considéré. Tenir des propos inconsidérés.

INCONSIDÉRÉMENT [in-kon-si-dé-ré-man] *adv.*
[ÉTYM. Composé de inconsidéré et ment, § 724. || 1504. Inconsidereement, J. LE MAIRE, dans DELB. *Rec.*]

|| D'une manière inconsidérée, en ne considérant pas suffisamment les choses.

INCONSISTANCE [in-kon-sĭs'-tâns'] *s. f.*
[ÉTYM. Composé de in négatif et consistance, § 275. || 1755. Tout ornement introduit dans un portrait aux dépens de l'effet de la tête est une inconsistance, ROUQUET, *État des arts en Anglet.* p. 108. Mot patronné par LAHARPE ; admis ACAD. 1878.]

|| Défaut de consistance. L'— de la glace ne permet pas de patiner. || *Fig.* Défaut de celui dont les pensées, les actes, ne présentent rien de solide. L'— du caractère.

INCONSISTANT, ANTE [in-kon-sĭs'-tan, -tânt'] *adj.*
[ÉTYM. Tiré de inconsistance, §§ 36 et 262. || *Néolog.* Admis ACAD. 1878.]

|| Qui n'a pas de consistance.

INCONSOLABLE [in-kon-sò-làbl'] *adj.*
[ÉTYM. Emprunté du lat. inconsolabilis, *m. s.* || 1611. COTGR.]

|| Qui n'est pas consolable. Elle est — de cette mort. On dit qu'on est —, LA F. *Fab.* VI, 21. Une douleur —.

INCONSOLABLEMENT [in-kon-sò-là-ble-man] *adv.*
[ÉTYM. Composé de inconsolable et ment, § 724. || XVe-XVIe s. ÉT. DE MÉDICIS, *Chron.* dans DELB. *Rec.*]

|| D'une manière inconsolable.

INCONSOLÉ, ÉE [in-kon-sò-lé] *adj.*
[ÉTYM. Composé de in négatif et consolé, § 275. || XVIIIe s. Cette femme... gémit inconsolée dans la retraite, LAHARPE, dans LAVEAUX, *Dict.* Admis ACAD. 1878.]

|| Qui n'est pas consolé. Veuve inconsolée. Douleur inconsolée.

INCONSTAMMENT [in-kons'-tà-man] *adv.*
[ÉTYM. Pour inconstantment, composé de inconstant et ment, § 724. || 1520. Il vacille et inconstamment respond, FABRI, *Rhétor.* dans DELB. *Rec.*]

|| D'une manière inconstante.

INCONSTANCE [in-kons'-tâns'] *s. f.*
[ÉTYM. Emprunté du lat. inconstantia, *m. s.* || XIIIe s. S'il voit en vous point d'inconstance, G. DE COINCY, *Mir. de Notre-Dame,* p. 717, Poquet.]

|| Caractère inconstant. L'— prodigieuse des Français sur leurs modes, MONTESQ. *Lett. pers.* 101. Et, fixant de ses vœux l'— fatale, Phèdre depuis longtemps ne craint plus de rivale, RAC. *Phèd.* I, 1. || *P. ext.* Acte inconstant. D'où viennent nos inconstances, si ce n'est de notre foi chancelante? BOSS. *Marie-Thérèse.* || *P. anal.* L'— de la mode, de la faveur. L'— de la fortune, CARTAUD DE LA VILATE, *Essais sur le goût,* p. 95, édit. 1751.

INCONSTANT, ANTE [in-kons'-tan, -tânt'] *adj.*
[ÉTYM. Emprunté du lat. inconstans, antis, *m. s.* || 1372. Inconstans et instables en faictz, J. CORBICHON, *Propr. des choses,* dans DELB. *Rec.*]

|| Qui n'est pas constant. Esprit, caractère —. Être — dans ses résolutions, dans ses affections. Un amant —. Je t'aimais — ; qu'aurais-je fait fidèle? RAC. *Andr.* IV, 5. || *P. anal.* La fortune est inconstante. D'inconstantes images, CORN. *Poly.* III, 1.

INCONSTITUTIONNALITÉ [in-kons'-ti-tu-syò-nà-li-té] *s. f.*
[ÉTYM. Dérivé de inconstitutionnel, § 255. || *Néolog.* Admis ACAD. 1878.]

|| Caractère de ce qui est inconstitutionnel.

INCONSTITUTIONNEL, ELLE [in-kons'-ti-tu-syò-nèl ; *en vers,* -si-ò-...] *adj.*
[ÉTYM. Composé de in négatif et constitutionnel, § 275. ||

1790, LINGUET, *Ann. polit., civ. et littér.* XVI, 201. Admis ACAD. 1798.]

‖ Contraire à la constitution. **Projet de loi —.**

INCONSTITUTIONNELLEMENT [in-kons'-ti-tu-syò-nêl-man] *adv.*

[ÉTYM. Composé de **inconstitutionnelle** et ment, § 724. ‖ 1792. **Faisant inconstitutionnellement des vœux pour lui,** NECKER, *Pouv. exécutif*, II, 292. Admis ACAD. 1878.]

‖ D'une manière inconstitutionnelle.

INCONTESTABLE [in-kon-tês'-tàbl'] *adj.*

[ÉTYM. Composé de **in** négatif et **contestable**, § 275. ‖ 1611. COTGR.]

‖ Qui n'est pas contestable. **Vérité, principe, fait —.**

INCONTESTABLEMENT [in-kon-tês'-tà-ble-man] *adv.*

[ÉTYM. Composé de **incontestable** et ment, § 724. ‖ 1690. FURET.]

‖ D'une manière incontestable. ‖ *Vieilli.* Sans conteste. **Charles le Bel, qui s'y était opposé** (à la loi salique), **prit — la couronne et exclut les filles,** VOLT. *Mœurs*, 75.

INCONTESTÉ, ÉE [in-kon-tês'-té] *adj.*

[ÉTYM. Composé de **in** négatif et **contesté**, § 275. ‖ XVIIe s. V. à l'article. Admis ACAD. 1762.]

‖ Qui n'est pas contesté. **Droits incontestés. La suite des rois de Navarre est claire et incontestée,** MÉZERAY, *Abrégé de l'hist. de Fr., Louis Ier*.

INCONTINENCE [in-kon-ti-nāns] *s. f.*

[ÉTYM. Emprunté du lat. **incontinentia**, *m. s.* ‖ XIIe s. **Miez est espandre l'anme quam perdre icele par nule incontinance,** *Dial. anime conquer.* dans *Romania*, 1876, p. 307.]

1. Absence de retenue. **— de langue,** défaut de celui qui ne sait pas retenir sa langue. ‖ *Absolt.* Défaut de celui qui ne garde pas la continence.

II. (Médec.) Incapacité de retenir les matières excrémentielles solides ou liquides. **— d'urine.**

1. INCONTINENT [in-kon-ti-nan] *adv.*

[ÉTYM. Emprunté du lat. **in continenti** (s.-ent. tempore), *m. s.* ‖ XIVe s. **Et pourvurent incontinent Christofle,** FROISS. *Chron.* II, 37.]

‖ Tout de suite. **— après que César fut parti d'Alexandrie,** CORN. *Pomp.* exam. **La terre est représentée telle qu'elle était — après le déluge,** LA F. *Daphné*, décor du prol. *Absolt.* **Je partirai —.**

2. INCONTINENT, ENTE [in-kon-ti-nan, -nānt'] *adj.*

[ÉTYM. Emprunté du lat. **incontinens, entis**, *m. s.* ‖ XIVe s. **Celui est incontinent qui...,** ORESME, dans MEUNIER, *Essai sur Oresme*.]

‖ Qui ne garde pas la continence.

INCONVENANCE [in-konv'-nāns'; *en vers*, -kon-ve-...] *s. f.*

[ÉTYM. Composé de **in** négatif et **convenance**, § 275. ‖ 1611. COTGR. Admis ACAD. 1878.]

‖ Manque de convenance.

INCONVENANT [in-konv'-nan; *en vers*, -kon-ve-...] *adj.*

[ÉTYM. Composé de **in** négatif et **convenant**, § 275. (*Cf.* le doublet **inconvénient**.) ‖ 1812. MOZIN, *Dict. franç.-allem.* Admis ACAD. 1835.]

‖ Qui manque aux convenances. **Un procédé —.**

INCONVÉNIENT, *INCONVÉNIENTE [in-kon-vé-nyan', -nyānt'; *en vers*, -ni-...] *adj.* et *s. m.*

[ÉTYM. Emprunté du lat. **inconveniens, entis,** qui ne convient pas. ‖ XIIIe s. **Mout les assaut, mout leur quert sus, Et maine a inconvenient,** G. DE COINCY, p. 87, Poquet.]

I. *Anciennt. Adj.* Qui ne convient pas. **Il n'est pas — que...,** LA F. *Psyché*, 1.

II. *S. m.* Désavantage attaché à une chose, à cause duquel il ne convient pas de la faire. **Cela peut se faire sans —. Les inconvénients attachés à cette charge. Pour éviter les inconvénients dont les grandes entreprises sont contrariées,** BOSS. *Le Tellier.*

INCONVERTIBLE [in-kon-vèr-tĭbl'] *adj.*

[ÉTYM. Composé de **in** négatif et **convertible**, § 275. Le lat. **inconvertibilis** signifie « immuable ». ‖ 1546. **Pour l'inconvertible enseigner,** J. DE GAIGNY, *Serm. de Guerricus*, dans DELB. *Rec.* Admis ACAD. 1878.]

‖ Qui n'est pas convertible. ‖ **1.** *Vieilli.* Qu'on ne peut convertir (à la religion). **Avec une fausse conscience, on est incorrigible et —,** BOURD. *Fausse Consc.* 1er avert. ‖ **2.** Qu'on ne peut convertir en autre chose. **Papier-monnaie — en espèces.**

INCOORDINATION [in-kò-òr-di-nà-syon; *en vers*, -si-on] *s. f.*

[ÉTYM. Composé de **in** négatif et **coordination**, § 275. ‖ *Néolog.* Admis ACAD. 1878.]

‖ (T. didact.) Manque de coordination.

INCORPORALITÉ [in-kòr-pò-rà-li-té] *s. f.*

[ÉTYM. Emprunté du lat. **incorporalitas**, *m. s.* ‖ 1372. J. CORBICHON, *Propr. des choses*, dans DELB. *Rec.* Admis ACAD. 1762.]

‖ (T. didact.) Caractère incorporel.

INCORPORATION [in-kòr-pò-rà-syon; *en vers*, -si-on) *s. f.*

[ÉTYM. Emprunté du lat. **incorporatio**, *m. s.* ‖ XVe s. **Demandant incorporation au temple,** CHASTELL. dans DELB. *Rec.*]

‖ Action d'incorporer. **Mêler des drogues jusqu'à ce que l'— soit parfaite.** ‖ *Fig.* **L'— d'une terre à un domaine. L'— des conscrits dans un régiment.** *Spécialt.* Autorisation qu'un évêque donne à un ecclésiastique de faire partie de son diocèse. (*Cf.* excorporation.)

INCORPOREL, ELLE [in-kòr-pò-rèl] *adj.*

[ÉTYM. Emprunté du lat. **incorporalis**, *m. s.* ‖ XIIe s. **Les incorporeus choses,** dans BENEEIT, *Ducs de Norm.* t. III, p. 518. ‖ XIVe s. **Substances incorporeles,** ORESME, *Éth.* VI, 8.]

‖ (T. didact.) Qui n'est pas corporel. **Dieu est —. Cette vertu qui les rend semblables aux anges et aux puissances incorporelles,** MONTESQ. *Lett. pers.* 48. ‖ *Fig.* (Droit.) Qui n'a qu'une existence morale. **Cession de droits incorporels** (usufruit, etc.).

INCORPORER [in-kòr-pò-ré] *v. tr.*

[ÉTYM. Emprunté du lat. **incorporare**, *m. s.* ‖ XIIe s. **Por estre encorporeit el cors de Crist,** *Serm. de St Bern.* p. 34.]

‖ Faire entrer comme partie dans un tout. **— une substance dans une autre.** ‖ *Fig.* **— une terre à un domaine. Les recrues furent incorporées au régiment. Ses citoyens (d'Albe), incorporés à la ville victorieuse, l'agrandirent et la fortifièrent,** BOSS. *Hist. univ.* I, 7. **Des peuples qui viennent s'— au sien,** FÉN. *Tél.* 13.

INCORRECT, ECTE [in-kòr'-rěkt'] *adj.*

[ÉTYM. Composé de **in** négatif et **correct**, § 275. Le lat. **incorrectus** signifie « non corrigé ». ‖ 1421. **Bonnement ne le sçavroit translater qu'il ne fust moult incorrect,** G. DE LANNOY, dans DELB. *Rec.* Admis ACAD. 1798.]

‖ Qui n'est pas correct. **Texte —. Style —. Écrivain —.** ‖ **Tenue incorrecte.**

INCORRECTEMENT [in-kòr'-rěk-te-man] *adv.*

[ÉTYM. Composé de **incorrecte** et ment, § 724. ‖ 1570. GENTIAN HERVET, *Cité de Dieu*, dans DELB. *Rec.* Admis ACAD. 1878.]

‖ D'une manière incorrecte. **Habitué à écrire très —,** MARQUIS DE MIRABEAU, *l'Ami des hommes*, avert.

INCORRECTION [in-kòr'-rěk'-syon; *en vers*, -si-on] *s. f.*

[ÉTYM. Composé de **in** négatif et **correction**, § 275. ‖ 1512. **A peine savroit on garder les compositeurs de leurs incorrections,** J. LE MAIRE, dans DELB. *Rec.*]

‖ Caractère incorrect. **— du style.** ‖ **— des manières.**

INCORRIGIBILITÉ [in-kòr'-ri-ji-bi-li-té] *s. f.*

[ÉTYM. Dérivé de **incorrigible**, § 255. ‖ Admis ACAD. 1694.]

‖ Caractère incorrigible.

INCORRIGIBLE [in-kòr'-ri-jĭbl'] *adj.*

[ÉTYM. Emprunté du lat. **incorrigibilis**, *m. s.* ‖ 1334. **Pour ce que nous ne vouloiens mie que telz fais demourast incorrigibles,** dans GODEF.]

‖ Qui ne peut être corrigé. **Cet enfant est —.** ‖ (L'erreur) **la plus enracinée et la plus —,** BOSS. *Hist. univ.* II, 3.

INCORRIGIBLEMENT [in-kòr'-ri-ji-ble-man] *adv.*

[ÉTYM. Composé de **incorrigible** et ment, § 724. ‖ 1788. MARQUIS DE MIRABEAU, *Lett.* dans *Journal officiel*, 6 nov. 1874, p. 7416. Admis ACAD. 1878.]

‖ D'une manière incorrigible.

INCORRUPTIBILITÉ [in-kòr'-rüp'-ti-bi-li-té] *s. f.*

[ÉTYM. Emprunté du lat. **incorruptibilitas**, *m. s.* ‖ 1570. GENTIAN HERVET, *Cité de Dieu*, dans DELB. *Rec.*]

‖ Caractère de ce qui est incorruptible. ‖ *P. ext.* Caractère de celui qui ne se laisse pas corrompre.

INCORRUPTIBLE [in-kòr'-rüp'-tĭbl'] *adj.*

[ÉTYM. Emprunté du lat. **incorruptibilis**, *m. s.* ‖ XIVe s. **Choses incorruptibles,** ORESME, dans MEUNIER, *Essai sur Oresme*.]

|| Qui n'est pas corruptible. Bois rendu — par injection. Beautés célestes incorruptibles, BOURD. *Myst. Résurrect. de J.-C.* 2. || *Fig.* Qui ne se laisse pas corrompre. Sois juge —, CORN. *Hér.* III, 2. La justice de l'— avenir, GILBERT, *Ode imitée de plus. psaumes.*

INCRÉDIBILITÉ [in-kré-di-bi-li-té] *s. f.*
[ÉTYM. Emprunté du lat. incredibilitas, *m. s.* || 1690. FURET. Admis ACAD. 1762.]
|| (T. didact.) Caractère incroyable.

INCRÉDULE [in-kré-dul] *adj.*
[ÉTYM. Emprunté du lat. incredulus, *m. s.* || XIVᵉ s. Et menaçoient encores li incredule, FROISS. *Chron.* I, 115.]
|| Qui n'est pas crédule. Esprit —. — à mes paroles. || *Spécialt.* Qui n'a pas la foi religieuse. *Substantivt.* Incrédules, les plus crédules : ils croient les miracles de Vespasien, pour ne pas croire ceux de Moïse, PASC. *Pens.* XXIV, 99. Il manque un sens aux incrédules comme à l'aveugle, BOSS. *A. de Gonz.*

INCRÉDULITÉ [in-kré-du-li-té] *s. f.*
[ÉTYM. Emprunté du lat. incredulitas, *m. s.* || Xᵉ s. Encredulitet, *Fragm. de Valenciennes.*]
|| État de celui qui est incrédule. Je voudrais vaincre enfin mon —, RAC. *Brit.* III, 6. *Spécialt.* Manque de foi religieuse. Esprit d'—.

INCRÉÉ, ÉÉE [in-kré-é] *adj.*
[ÉTYM. Composé de in négatif et créé, d'après le lat. increatus, *m. s.* § 275. || 1474. Bien incrée, *Myst. de la Passion et Nativité,* dans DELB. *Rec.*]
|| (T. didact.) Non créé. Le Créateur, l'être —, BOSS. *Hist. univ.* II, 1. L'atomisme admettait une matière incréée.

INCRIMINABLE [in-kri-mi-nàbl'] *adj.*
[ÉTYM. Dérivé de incriminer, § 93. || *Néolog.* Admis ACAD. 1878.]
|| Que l'on peut incriminer.

INCRIMINER [in-kri-mi-né] *v. tr.*
[ÉTYM. Composé avec le lat. in et crimen, inis, crime, § 275. || 1791. Offenser et incriminer la minorité, MALOUET, *Opinions,* II, 231. Admis ACAD. 1835.]
|| Déclarer criminel. (*Syn.* inculper.) — qqn. || On incrimine sa conduite.

INCROYABLE [in-krwà-yàbl'] *adj.*
[ÉTYM. Composé de in négatif et croyable, § 275. || XVᵉ s. Choses increables, COMM. II, 14.]
|| Qui n'est pas croyable. Tout ce que tu me dis, Euphorbe, est —, CORN. *Cinna,* IV, 1. On sème de sa mort d'incroyables discours, RAC. *Phèd.* II, 1. *Impersonnellement.* Il n'est pas — que cela puisse être, BOSS. *Conn. de Dieu,* III, 14. Montrer une — activité. Il s'est donné une peine —. || *P. ext.* Cet homme est — avec ses prétentions. || *Substantivt.* Un, une — (sous le Directoire), petit-maître, petite-maîtresse, qui affectait une recherche extravagante et une façon particulière de prononcer.

INCROYABLEMENT [in-krwà-yà-ble-man] *adv.*
[ÉTYM. Composé de incroyable et ment, § 724. || XVᵉ-XVIᵉ s. Un souverain maistre qui estoit incroyablement plus que luy, ANDRÉ DE LA VIGNE, *Voy. de Naples,* p. 123, dans LA C. Admis ACAD. 1798.]
|| D'une manière incroyable.

INCROYANT, *INCROYANTE [in-krwà-yan, -yànt'] *s. m. et f.*
[ÉTYM. Composé de in négatif et croyant, § 275. || *Néolog.* Admis ACAD. 1878 (au masc.).]
|| Celui, celle qui n'a pas la foi.

***INCRUSTANT, ANTE** [in-krŭs'-tan, -tànt'] *adj.*
[ÉTYM. Adj. particip. de incruster, § 47. || 1771. Il est des eaux qu'on pourroit nommer incrustantes, dans TRÉV. incruster.]
|| (T. didact.) Qui recouvre (les corps) d'une couche formant croûte. Source incrustante.

INCRUSTATION [in-krŭs'-tà-syon; en vers, -si-on] *s. f.*
[ÉTYM. Emprunté du lat. incrustatio, *m. s.* || XVIᵉ s. Gravures et incrustations, YVER, *Printemps,* p. 522, Buchon.]
|| (T. didact.) Action d'incruster. | **1.** Action de recouvrir un corps d'une couche pierreuse qui forme croûte. | *P. anal.* Dépôt calcaire qui se forme parfois à la surface des tissus organiques. | **2.** Action de rehausser d'ornements qui entrent dans la surface entaillée. La marqueterie se fait par —. | *P. ext.* Les incrustations d'un meuble de Boule.

INCRUSTER [in-krŭs'-té] *v. tr.*
[ÉTYM. Emprunté du lat. incrustare, *m. s.* (*Cf.* le doublet encroûter.) || XVIᵉ s. Ung lieu incrusté et voulté, GUILL.

DU CHOUL, *Traité des thermes,* mss franç. Bibl. nat. 1314, fᵒ 7, rᵒ.]
|| (T. didact.) || **1ᵒ** Couvrir (un objet) d'une couche pierreuse en forme de croûte. Un coquillage incrusté dans une pierre calcaire.
|| **2ᵒ** Rehausser d'ornements qui entrent dans la surface entaillée. Le temple était incrusté de marbre, FÉN. *Tél.* 9. || *P. ext.* Engager dans une surface (des objets d'ornement). || *Fig. Vieilli.* Incrusté (pénétré) d'une ambition extrême, ST-SIM. VIII, 425.

INCUBATION [in-ku-bà-syon ; en vers, -si-on] *s. f.*
[ÉTYM. Emprunté du lat. incubatio, *m. s.* || 1701. FURET. Admis ACAD. 1762.]
|| (T. didact.) Action de couver (des œufs). || *Fig.* Développement sourd d'une maladie. L'— de la rage. La période d'—.

INCUBE [in-kub'] *s. m.*
[ÉTYM. Emprunté du lat. incubus, cauchemar. || 1372. Satires,... et incubes, J. CORBICHON, *Propr. des choses,* dans DELB. *Rec.*]
|| (Théol.) Démon qui s'accouplait en se plaçant sur la personne endormie. (*Cf.* succube.)

INCULPATION [in-kŭl-pà-syon ; en vers, -si-on] *s. f.*
[ÉTYM. Emprunté du lat. inculpatio, *m. s.* || 1752. TRÉV. Admis ACAD. 1762.]
|| (Droit.) Action d'inculper. Une — fausse.

INCULPER [in-kŭl-pé] *v. tr.*
[ÉTYM. Emprunté du lat. inculpare, *m. s.* A remplacé l'anc. franç. encolper, encouper, de formation pop. § 502. || 1611. COTGR. Admis ACAD. 1762.]
|| (Droit.) Croire coupable (d'une faute). — qqn sans preuves. Être inculpé à tort. || *Au part. passé employé substantivt.* L'inculpé, l'inculpée, celui, celle que le juge croit coupable d'un crime, d'un délit.

INCULQUER [in-kŭl-ké] *v. tr.*
[ÉTYM. Emprunté du lat. inculcare, *m. s.* de in, dans, et calcare, fouler. || 1549. R. EST.]
|| Faire entrer avant (dans l'esprit). Il... fallait... leur — par ce moyen la connaissance de Dieu, BOSS. *Hist. univ.* II, 19.

INCULTE [in-kŭlt'] *adj.*
[ÉTYM. Emprunté du lat. incultus, *m. s.* || XVᵉ-XVIᵉ s. Terre demeurée inculte, CL. DE SEYSSEL, *Appien,* dans DELB. *Rec.*]
|| Qui n'est pas cultivé. Terres incultes. || *P. anal.* Barbe, chevelure —. || *Fig.* Esprit —.

INCULTURE [in-kŭl-tûr] *s. f.*
[ÉTYM. Composé de in négatif et culture, § 275. || 1789. Une perpétuelle inculture, BUILLON, *Mém. sur les abus qui s'opposent aux progrès de l'agricult.* p. 30. Admis ACAD. 1798.]
|| *Rare.* Absence de culture. L'— du sol. || *Fig.* L'— de l'esprit.

INCUNABLE [in-ku-nàbl'] *adj.*
[ÉTYM. Emprunté du lat. incunabulum, berceau, et, au figuré, commencement. (*Cf.* l'ouvrage lat. de BEUGHEM intitulé : *Incunabula typographiæ,* Amsterdam, 1688). || *Néolog.* Admis ACAD. 1878.]
|| Qui date des débuts de l'imprimerie. Édition —. || *Substantivt.* Un —, un livre incunable. Collection d'incunables.

INCURABILITÉ [in-ku-rà-bi-li-té] *s. f.*
[ÉTYM. Dérivé de incurable, § 255. || 1707. DIONIS, *Cours d'opér. de chirurg.* p. 386. Admis ACAD. 1762.]
|| (T. didact.) Caractère incurable.

INCURABLE [in-ku-ràbl'] *adj.*
[ÉTYM. Emprunté du lat. incurabilis, *m. s.* || XIIIᵉ-XIVᵉ s. La plaie est incurable, *Chirurg. de Mondeville,* fᵒ 61.]
|| Qui ne peut être guéri. Un malade, une maladie —. *Substantivt.* Hospice d'incurables. *Ellipt.* Les Incurables, l'hospice des incurables. Avoir une place aux Incurables. || *Fig.* Une passion, un vice —. D'un — amour remèdes impuissants, RAC. *Phèd.* I, 3.

INCURABLEMENT [in-ku-rà-ble-man] *adv.*
[ÉTYM. Composé de incurable et ment, § 724. || *Néolog.* Admis ACAD. 1878.]
|| D'une manière incurable.

INCURIE [in-ku-ri] *s. f.*
[ÉTYM. Emprunté du lat. incuria, *m. s.* || 1611. COTGR. Admis ACAD. 1762.]
|| Manque de soin. Une coupable —.

INCURIEUX, EUSE [in-ku-ryeú, -ryeúz'; *en vers*, -ri-...] *adj.*

[ÉTYM. Emprunté du lat. incuriosus, *m. s.* || xve-xvie s. Incurieus des absens, FOSSETIER, *Chron. margar.* dans GODEF.]

|| *Rare.* Qui n'est pas curieux. Un esprit —.

INCURIOSITÉ [in-ku-ryó-zi-té; *en vers*, -ri-ó-...] *s. f.*

[ÉTYM. Emprunté du lat. incuriositas, *m. s.* || xive s. L'incuriosité de la pensee, J. DE VIGNAY, *Miroir hist.* dans DELB. *Rec.* Admis ACAD. 1798.]

|| Caractère de celui qui est incurieux. L'ignorance et l'— sont deux deux oreillers pour une tête bien faite, comme il (Montaigne) le dit lui-même, PASC. *Épict. et Mont.*

INCURSION [in-kur-syon; *en vers*, -si-on] *s. f.*

[ÉTYM. Emprunté du lat. incursio, *m. s.* || xive s. Les incursions des ennemis, BERSUIRE, fo 52, dans LITTRÉ.]

|| Course de gens de guerre en pays ennemi. Les incursions des barbares en Gaule, en Italie. || *Fig.* Un poète qui fait une — dans le domaine des sciences (dans un domaine qui n'est pas le sien).

INCUSE [in-kûz'] *adj. f.*

[ÉTYM. Emprunté du lat. incusa, frappée. || 1692. Nous les appelons incuses, JOBERT, *Science des médailles*, p. 192. Admis ACAD. 1762.]

|| (Numism.) Médaille —, frappée d'un seul côté en creux, ou dont le type est d'un côté en creux, de l'autre en relief. *Substantivt.* Une —, une médaille incuse.

INDE [înd'] *s. m.*

[ÉTYM. Emprunté du lat. indicum, de l'Inde (*cf.* indigo), § 36. Le mot est ordinairement adjectif en anc. franç. || xiiie s. Flors indes et perses, G. DE LORRIS, *Rosc.* 63. Admis ACAD. 1762.]

|| (Technol.) Fécule tirée des feuilles de l'indigotier et donnant une couleur bleue. *P. ext.* Cette couleur bleue, tirée de cette fécule ou d'ailleurs. **Employer de l'—**, et, *abusivt*, **Du bleu d'—**.

INDÉBROUILLABLE [in-dé-brou-yàbl'] *adj.*

[ÉTYM. Composé avec in négatif et débrouiller, §§ 93 et 275. || xviiie s. Chaos indébrouillable, VOLT. *Dict. philos.* bien. Admis ACAD. 1798.]

|| Qu'on ne peut débrouiller.

INDÉCEMMENT [in-dé-sà-man] *adv.*

[ÉTYM. Pour indécentment, composé de indécent et ment, § 724. || 1537. Indecentement, SALIAT, *Man. d'instruire les enfans*, fo 71, vo. | 1611. Indecemment, COTGR.]

|| D'une manière indécente.

INDÉCENCE [in-dé-sâns] *s. f.*

[ÉTYM. Emprunté du lat. indecentia, *m. s.* || xvie-xviie s. Toutes les indescences qu'il avoit remarquees, D'AUB. *Fœneste*, III, 23.]

|| Caractère de ce qui est indécent. | 1. *Vieilli.* Manque de convenance. M. du Maine... lui parla de l'— (de l'affaire) du bonnet, ST-SIM. XI, 3. | 2. Manque de pudeur. Vos mines et vos ombres d'— Que d'un mot ambigu peut avoir l'innocence, MOL. *Mis.* III, 4. *P. ext.* Prenant vos habits, couvrez votre —, LA F. *Ragotin*, III, 7.

INDÉCENT, ENTE [in-dé-san, -sànt'] *adj.*

[ÉTYM. Emprunté du lat. indecens, entis, *m. s.* || xive s. Indecentes paroles, *Récits d'un bourg. de Valenciennes*, dans DELB. *Rec.*]

|| Qui n'est pas décent.

|| **1°** Qui manque de convenance. Les cris sont indécents à la majesté souveraine, LA F. *Fab.* XII, 12. Toutes ces expressions qui le rapportent (Dieu) à quelque temps, qui le fixent à un certain lieu, sont impropres et indécentes, FÉN. *Exist. de Dieu*, II, 5.

|| **2°** Qui manque de pudeur. Un geste, un propos, un costume —.

INDÉCHIFFRABLE [in-dé-chi-fràbl'] *adj.*

[ÉTYM. Composé avec in négatif et déchiffrer, §§ 93 et 275. || 1690. FURET. Admis ACAD. 1718.]

|| Qu'on ne peut déchiffrer. Un cryptogramme —. Une inscription en caractères indéchiffrables. || *P. ext.* Illisible. Je tiens dès à présent la lettre —, REGNARD, *Distr.* IV, 9. || *Fig.* Inintelligible. Un passage —. Son caractère est —.

INDÉCIS, ISE [in-dé-si, -siz'] *adj.*

[ÉTYM. Emprunté du lat. indecisus, non tranché. || 1521. Quant l'en laisse la matiere indecise, FABRI, *Rhétor.* dans DELB. *Rec.*]

|| **1°** Qui n'est pas décidé. Un choix —. La victoire fut longtemps indécise. || *P. ext.* Qui n'est pas bien déterminé. Les traits de cette figure sont —. La lumière indécise du crépuscule.

|| **2°** Qui ne sait pas se décider. Il est — sur ce qu'il a à faire. Caractère —.

INDÉCISION [in-dé-si-zyon; *en vers*, -zi-on] *s. f.*

[ÉTYM. Composé de in négatif et décision, § 275. || 1611. COTGR.]

|| Caractère de celui qui est indécis. L'— est le fond de son caractère. Son — l'a perdu.

INDÉCLINABILITÉ [in-dé-kli-nà-bi-li-té] *s. f.*

[ÉTYM. Dérivé de indéclinable, § 255. || xviie s. *V.* à l'article. Admis ACAD. 1835.]

|| (T. didact.) Caractère de ce qui est indéclinable. L'— ou irrésistibilité de la grâce, *Lett. sur la grâce et la préd.* I, 3.

INDÉCLINABLE [in-dé-kli-nàbl'] *adj.*

[ÉTYM. Emprunté du lat. indeclinabilis, *m. s.* || xve s. Gloire indeclinable, dans GODEF.]

|| (T. didact.) || **1°** (Théol.) Qu'on ne peut décliner (écarter). D'une manière invincible, —, FÉN. *Lettre au P. Lami, Sur la Grâce*.

|| **2°** (Gramm.) Qui ne se décline point. Un adjectif —. L'adverbe, la préposition, la conjonction, etc., sont indéclinables.

INDÉCOMPOSABLE [in-dé-kon-pó-zùbl'] *adj.*

[ÉTYM. Composé avec in négatif et décomposer, §§ 93 et 275. || xviiie s. *V.* à l'article. Admis ACAD. 1835.]

|| (T. didact.) Qui ne peut être décomposé. Toutes ces parties indécomposables à jamais sont des éléments, VOLT. *Philos. de Newton* (1738), I, 8.

INDÉCROTTABLE [in-dé-krò-tàbl'] *adj.*

[ÉTYM. Composé avec in négatif et décrotter, §§ 93 et 275. || 1611. COTGR.]

|| Qu'on ne peut décrotter. Animal —. || *Fig. Famil.* C'est un être —, on ne peut parvenir à le corriger.

INDÉFECTIBILITÉ [in-dé-fèk'-ti-bi-li-té] *s. f.*

[ÉTYM. Dérivé de indéfectible, § 255. || xviie s. *V.* à l'article. Admis ACAD. 1740.]

|| (T. didact.) Caractère de ce qui est indéfectible. L'— de l'Église. L'— de la matière, SÉV. 628. L'— du ministère, BOSS. *Sur un écrit de M. Claude*, 13.

INDÉFECTIBLE [in-dé-fèk'-tibl'] *adj.*

[ÉTYM. Composé de in négatif et défectible, § 275. || 1582. Les corps des bienheureux sont impassibles, indéfectibles, P. DE LA COSTE, *Cathol. Expos.* dans DELB. *Rec.* Admis ACAD. 1740.]

|| (T. didact.) Qui ne peut défaillir. L'Église est —.

INDÉFENDABLE [in-dé-fan-dàbl'] *adj.*

[ÉTYM. Composé avec in négatif et défendre, §§ 93 et 275. || xviie s. *V.* à l'article. Admis ACAD. 1878.]

|| Qui ne peut se défendre. Cette place est —. || *Fig.* Une opinion, une cause —. Cette pièce, à le bien prendre, est tout à fait —, MOL. *Crit. de l'Éc. des f.* sc. 5.

INDÉFINI, IE [in-dé-fi-ni] *adj.*

[ÉTYM. Emprunté du lat. indefinitus, *m. s.* || xvie s. Cognoissance... indefinie, MONTAIGNE, II, 12.]

|| **1°** Qu'on ne peut délimiter. Espace —. Une ligne indéfinie. Toute quantité est indéfinie. *Substantivt.* Un — dans le temps, qui tient quelque chose de l'infini, LA BR. 11.

|| **2°** Qu'on ne peut définir. Terme —. || *Spéciall.* (Gramm.) Qui ne s'applique point à un objet déterminé. Article —. Pronom, adjectif —. Prétérit ou passé —, qui indique une action passée, sans relation à une époque déterminée.

INDÉFINIMENT [in-dé-fi-ni-man] *adv.*

[ÉTYM. Pour indéfiniement, composé de indéfinie et ment, § 724. || xviie s. *V.* à l'article.]

|| **1°** D'une manière indéfinie. | 1. Dans le temps. Ajourner — une affaire. | 2. Dans l'espace. Un espace — étendu en longueur, DESC. *Méth.* IV, 5.

|| **2°** (Gramm.) Dans un sens indéfini. Mot pris —.

INDÉFINISSABLE [in-dé-fi-ni-sàbl'] *adj.*

[ÉTYM. Composé avec in négatif et définir, §§ 93 et 275. || 1731. *V.* à l'article. Admis ACAD. 1740.]

|| Qui ne peut être défini. Le mot être est —. || *Fig.* Dont on ne peut se rendre compte. Cet être — qui n'est ni ecclésiastique ni séculier, VOLT. *Lett. philos.* (1731), 5. Une sensation, un malaise —. C'est un caractère —.

INDÉLÉBILE [in-dé-lé-bil] *adj.*

[ÉTYM. Emprunté du lat. indelebilis, *m. s.* (*Cf.* délébile.) || xvie s. Un caractere... indelebile, CALV. *Instit. chr.* IV, xix, 31. Admis ACAD. 1718.]

|| (T. didact.) Qui ne peut être effacé. Encre —. Tache, marque —. || *Fig.* Caractère — d'un sacrement.

INDÉLIBÉRÉ, ÉE [in-dé-li-bé-ré] *adj.*

[ÉTYM. Composé de in négatif et délibéré, d'après le lat. indeliberatus, m. s. § 275. || XVII° s. V. à l'article.]

|| Qui n'a point été délibéré. Mouvement, acte —. Un attrait — du plaisir sensible, BOSS. *Libre Arb.* 10.

INDÉLICAT, ATE [in-dé-li-kà, -kăt'] *adj.*

[ÉTYM. Composé de in négatif et délicat, § 275. || 1812. MOZIN, *Dict. franç.-allem.* Admis ACAD. 1835.]

|| Qui n'est pas délicat (dans ses sentiments). Homme —. P. ext. Procédé —.

INDÉLICATEMENT [in-dé-li-kăt'-man ; *en vers*, -kà-te-...] *adv.*

[ÉTYM. Composé de indélicate et ment, § 724. || *Néolog.* Admis ACAD. 1878.]

|| D'une manière indélicate.

INDÉLICATESSE [in-dé-li-kà-tĕs'] *s. f.*

[ÉTYM. Composé de in négatif et délicatesse, §275. || 1812. MOZIN, *Dict. franç.-allem.* Admis ACAD. 1835.]

|| Manque de délicatesse (dans les sentiments).

INDEMNE [in-dèmn'] *adj.*

[ÉTYM. Emprunté du lat. indemnis, m. s. || XVe s. Seurez et indamnez, *Jardin de santé*, dans GODEF. Admis ACAD. 1798.]

|| (Droit.) Qui n'a pas éprouvé de dommage. Sortir — d'une affaire.

INDEMNISER [in-děm'-ni-zé ; *vieilli*, -dăm'-ni-...] *v. tr.*

[ÉTYM. Dérivé de indemne, § 267. || 1598. Ilz seront indemnisez par la ville, dans DELB. *Rec.*]

|| (Droit.) Dédommager (qqn) de ses pertes, de ses frais. Le chat et le renard... des frais du voyage... S'indemnisaient à qui mieux mieux, LA F. *Fab.* IX, 14.

INDEMNITÉ [in-děm'-ni-té ; *vieilli*, -dăm'-...] *s. f.*

[ÉTYM. Emprunté du lat. indemnitas, m. s. || 1367. Admortissements et indemnités, dans DELB. *Rec.*]

|| (Droit.) Ce qu'on alloue à qqn pour l'indemniser. L'État peut exiger le sacrifice d'une propriété, mais avec une — préalable, *Charte de 1830*, art. 9. Les conscrits reçoivent une — de route. || *Spéciall.* Émoluments des députés, des sénateurs, de certains maires, etc.

INDÉNIABLE [in-dé-nyàbl' ; *en vers*, -ni-àbl'] *adj.*

[ÉTYM. Composé avec in négatif et dénier, §§ 93 et 275. || *Néolog.* Admis ACAD. 1878.]

|| Qu'on ne peut dénier. Le fait est —.

INDÉPENDAMMENT [in-dé-pan-dà-man] *adv.*

[ÉTYM. Pour indépendantment, composé de indépendant et ment, § 724. || 1630. MONET, *Abrégé du parallèle.*]

|| D'une manière indépendante. Dieu qui nous a créés sans nous et — de nous, ne peut-il pas sans nous et — de nous décider de notre sort? BOURD. *Myst. Purific. de la Vierge.* || P. ext. Je vous aimerai... — de la qualité de gouverneur du marquis de Grignan, SÉV. 1190. || P. ext. En outre... — du traitement, vous aurez une indemnité pour frais de déplacement.

INDÉPENDANCE [in-dé-pan-dàns'] *s. f....*

[ÉTYM. Dérivé de indépendant, § 262. || 1630. MONET, *Abrégé du parallèle.*]

|| État de celui qui est indépendant. Celui... à qui seul appartient la gloire, la majesté et l'—, BOSS. *R. d'Angl.* La fortune qu'il a acquise lui assure l'—. Avoir une grande — de caractère. || *Spéciall.* L'— d'une nation. L'amour de la liberté conserva longtemps la Grèce dans l'—, MONTESQ. *Lett. pers.* 131. La guerre d'— des États-Unis. || P. ext. Au jeu de boston, action de faire seul un certain nombre de levées. Faire une grande, une petite —.

INDÉPENDANT, ANTE [in-dé-pan-dan, -dànt'] *adj.*

[ÉTYM. Composé de in négatif et dépendant, § 275. || XVIe-XVIIe s. V. à l'article.]

|| Qui ne dépend de personne. Ce pays s'est rendu —. Être dans une position indépendante. || P. ext. Nature indépendante. J'aime les âmes indépendantes et vigoureuses, FR. DE SALES, dans DELB. *Rec.* Son âme se maintint toujours libre et indépendante de la fortune, LA F. *Ésope.* Dieu est — par lui-même et par sa nature, BOSS. *5e Avert. aux protest. Var.* 43. Une vérité absolue, indépendante des temps, des lieux.

INDÉRACINABLE [in-dé-rà-si-nàbl'] *adj.*

[ÉTYM. Composé avec in négatif et déraciner, §§ 93 et 275. || 1782. MERCIER, *Tabl. de Paris*, XI, 94. Admis ACAD. 1878.]

|| Qu'on ne peut déraciner. *Fig.* Sentiments indéracinables (qu'on ne peut déraciner du cœur).

INDESCRIPTIBLE [in-dès'-krĭp'-tĭbl'] *adj.*

[ÉTYM. Composé avec in négatif et le lat. describere, décrire, §§ 242 et 275. || *Néolog.* Admis ACAD. 1878.]

|| Qu'on ne peut décrire. Tumulte —.

INDESTRUCTIBILITÉ [in-dès'-trŭk'-ti-bi-li-té] *s. f.*

[ÉTYM. Dérivé de indestructible, § 255. || 1737. Leur indestructibilité, *Mém. de Trév.* avril, p. 700. Admis ACAD. 1762.]

|| Caractère indestructible.

INDESTRUCTIBLE [in-dès'-trŭk'-tĭbl'] *adj.*

[ÉTYM. Composé de in négatif et destructible, § 275. || XVIIe-XVIIIe s. Les ames des bestes sont indestructibles LEIBNIZ, dans TRÉV. Admis ACAD. 1862.]

|| Qui ne peut être détruit. Monument —.

*****INDÉTERMINABLE** [in-dé-tèr-mi-nàbl'] *adj.*

[ÉTYM. Composé avec in négatif et déterminer, §§ 93 et 275. Le lat. indeterminabilis signifie plutôt « infini ». || 1753. Nombre géométriquement indéterminable, SAVÉRIEN, *Hist. du calcul des infin. petits*, p. 14.]

|| (T. didact.) Qu'on ne peut déterminer.

INDÉTERMINATION [in-dé-tèr-mi-nà-syon ; *en vers*, -si-on] *s. f.*

[ÉTYM. Dérivé de indéterminé, § 247. || 1651. V. à l'article. Admis ACAD. 1718.]

|| (T. didact.) Caractère de ce qui est indéterminé. L'— du sens d'un passage. L'— des inconnues d'un problème. || *Rare.* État de celui qui est indéterminé. Je tiens mon âme dans cette indifférence ou — qui lui est naturelle, LA MOTHE LE VAYER, *Hexaméron* (1651), dans DELB. *Rec.*

INDÉTERMINÉ, ÉE [in-dé-tèr-mi-né] *adj.*

[ÉTYM. Composé de in négatif et déterminé, § 275. || XIVe s. Telle vie est variable et indeterminee, ORESME, *Éth.* IX, 13.]

|| 1° (T. didact.) Qui n'est pas déterminé. Espace, temps —. Le sens de ce mot est —. || *Spéciall.* (Mathém.) Problème —, qui comporte un nombre illimité de solutions. Analyse indéterminée, partie de l'algèbre qui a pour objet de résoudre en nombres certains problèmes indéterminés. Quantité indéterminée, introduite pour faciliter une opération sans qu'on en fixe la valeur numérique.

|| 2° *Rare.* Qui ne se détermine pas (à qqch). Ceux qui entrent dans les magasins, indéterminés sur le choix des étoffes qu'ils veulent acheter, LA BR. 16.

INDÉTERMINÉMENT [in-dé-tèr-mi-né-man] *adv.*

[ÉTYM. Pour indéterminéement, composé de indéterminée et ment, § 724. || XVIIe s. V. à l'article.]

|| (T. didact.) D'une manière indéterminée. — et confusément, DESC. *Rép. aux 7es object.* 44.

INDÉVOT, OTE [in-dé-vó, -vŏt'] *adj.*

[ÉTYM. Emprunté du lat. ecclés. indevotus, m. s. || XVe s. Quant le cueur est indevot, GERSON, dans DOCHEZ, *Dict.*]

|| Qui n'est pas dévot. *Substantivt.* Laissez-la, croyez-moi, gronder les indévots, BOIL.. *Sat.* 10.

INDÉVOTEMENT [in-dé-vŏt'-man ; *en vers*, -vò-te-...] *adv.*

[ÉTYM. Composé de indévote et ment, § 724. || 1690. FURET. Admis ACAD. 1718.]

|| D'une manière indévote.

INDÉVOTION [in-dé-vó-syon ; *en vers*, -si-on] *s. f.*

[ÉTYM. Composé de in négatif et dévotion, § 275. || 1584. L'indevotion qu'il avoit à l'égard du pape, THEVET, *Hommes illustres*, dans DELB. *Rec.*]

|| Absence de dévotion. Il scandalise chacun par son —.

INDEX [in-dĕks'] *s. m.*

[ÉTYM. Emprunté du lat. index, icis, m. s. proprt, « indicateur ». La forme indice, dans l'expression indice expurgatoire, vient de l'ital. indice, index, §12. || XVIe s. Au doigt indice, RAB. I, 8. Poulce, index et medius, PARÉ, IV, 21.

I. Le doigt le plus près du pouce de la main. Montrer qqch de l'—. Tenir qqch entre le pouce et l'—.

II. Table indicative. — des noms propres. — historique. || *Spéciall.* Catalogue des livres dont le saint-siège interdit la lecture. Livre mis à l'—. Congrégation de l'—, chargée, à la cour romaine, d'examiner les livres suspects. — (ou, *vieilli*, indice) expurgatoire, liste des livres mis à l'index seulement jusqu'à correction. *Fig.* Mettre à l'—, exclure.

INDICATEUR, *INDICATRICE [in-di-kà-tèur, -trĭs'] *s. m. et f.*

[ÉTYM. Emprunté du lat. indicator, m. s. || 1690. Le second (doigt) s'appelle l'indicateur, DIONIS, *Anat. de l'homme*, p. 115.]

|| 1° *Vieilli.* Celui, celle qui indique (dénonce). Il est naturel qu'ils (les esclaves) puissent être indicateurs, MONTESQ. *Espr. des lois*, XII, 15.

|| 2° Ce qui sert à indiquer. L'—, et, *adjectivt*, Le doigt

—, l'index. Une plaque indicatrice. || Livre, journal contenant des indications, des renseignements divers. L'Indicateur des chemins de fer, des rues de Paris. || (Physique.) L'— de Watt, instrument servant à déterminer la pression de la vapeur dans le cylindre de la locomotive.

INDICATIF, IVE [in-di-kà-tĭf', -tĭv'] *adj.*
[ÉTYM. Emprunté du lat. indicativus, *m. s.* || XIVe s. De prudence politique, une partie ou espece est consiliative et l'autre est indicative, ORESME, *Éth.* VI, 9. | XVe-XVIe s. Le indicatif, *Donait françois*, 3, Stengel.]
|| (T. didact.) Qui indique. Plaque indicative d'une rue. Symptôme — d'une maladie. État — des dépenses. Colonne indicative des marées. || *Spécialt.* (Gramm.) Mode —, et, *substantivt*, —, mode du verbe indiquant l'action d'une manière absolue. Les temps de l'—. Le présent de l'—, et, *ellipt*, L'— présent.

INDICATION [in-di-kà-syon ; *en vers*, -si-on] *s. f.*
[ÉTYM. Emprunté du lat. indicatio, *m. s.* || XVIe s. Toute indication curative, PARÉ, *Introd.* 10.]
|| 1° Action d'indiquer. Il fut arrêté dans la foule sur l'— de qqn. L'— des heures sur un cadran. Demander l'— du chemin à suivre.
|| 2° Ce qui est indiqué. Ceci vous fournira d'utiles indications. Une — fausse. Les indications du médecin.

1. INDICE [in-dĭs'] *s. m.*
[ÉTYM. Emprunté du lat. indicium, *m. s.* || 1501. Veu lesdites conjectures et indices, dans DELB. *Rec.*]
I. Signe qui met sur la trace de qqch. Des indices trompeurs. Qui m'en éclaircira? quels témoins? quel — ? RAC. *Mithr.* III, 4. Cette rougeur est l'— de son trouble. On a trouvé des indices de son crime. Pouls, sûr et fidèle — Des degrés du fiévreux tourment, LA F. *Quinquina*, 1. || *Spécialt.* | **1.** (Algèbre.) Signe distinctif qu'on donne à une lettre représentant dans un calcul plusieurs grandeurs analogues. | **2.** (Physique.) — de réfraction, ce qui indique le rapport du sinus de l'angle d'incidence avec le sinus de l'angle de réfraction.
II. *Vieilli.* Dénonciation. Mes esclaves en sont; apprends de leurs indices L'auteur de l'attentat, CORN. *Pomp.* IV, 4.

2. INDICE [in-dĭs']. *V.* indice.

INDICIBLE [in-di-sĭbl'] *adj.*
[ÉTYM. Composé avec in négatif et le lat. dicere, dire, §§ 242 et 275. || 1480. Peur affreant et indicible, *Baratre infernal*, dans DELB. *Rec.*]
|| Qu'on ne peut exprimer. Plaisir —.

INDICTION [in-dik'-syon ; *en vers*, -si-on] *s. f.*
[ÉTYM. Emprunté du lat. indictio, *m. s.* || XIIe s. Indictiuns, PH. DE THAUN, *Comput*, 202.]
|| Fixation à un jour dit. — d'un jeûne. Depuis l'— du concile de Trente jusqu'à l'ouverture. L'— d'une foire. || *Vieilli.* Évocation. Par le moyen de l'invocation, de l'imprécation, de REGNARD, *Homme à bonnes fortunes*, sc. de la tirade. || *Spécialt.* (Chronol.) Fixation de l'année des cycles de la période julienne pour dater les actes. Première —, la première des quinze années de chaque cycle.

INDICULE [in-di-kul] *s. m.*
[ÉTYM. Emprunté du lat. indiculus, *m. s.* || XVIIe-XVIIIe s. E. DU PIN, dans TRÉV. Admis ACAD. 1798.]
|| *Vieilli.* Petit index (table indicative).

INDIENNE [in-dyòn' ; *en vers*, -di-èn'] *s. f.*
[ÉTYM. Nom propre, dérivé de Inde, §§ 36 et 244. (Cf. inde, indigo.) || XVIIe s. V. à l'article. Admis ACAD. 1762.]
|| (Commerce.) Étoffe de coton peinte qui se fabriquait primitivement aux Indes. *Ellipt.* Je me suis fait faire cette —-ci (robe de chambre d'indienne), MOL. *B. gent.* I, 2.

INDIFFÉREMMENT [in-di-fé-rà-man] *adv.*
[ÉTYM. Pour indifférentment, composé de indifférent et ment, § 724. || XIIIe-XIVe s. Ele cure indifferemment toutes les morsures, *Chirurg. de Mondeville*, fo 83.]
|| 1° Sans faire de différence. Rendre justice — à tous ses sujets, FLÉCH. *Théodose*, II, 2. Il (le phoque) vit — d'herbe, de chair ou de poisson, BUFF. *Phoque.*
|| 2° Avec indifférence. Ils viennent entendre — la parole de Dieu, BOURD. *Parole de Dieu.*

INDIFFÉRENCE [in-di-fé-räns'] *s. f.*
[ÉTYM. Dérivé de indifférent, § 255. || 1629. Ils tiennent le passé dans quelque indifférence, CORN. *Mélite*, V, 6.]
I. État de ce qui est indifférent. L'— de la matière au repos ou au mouvement. || *Spécialt.* | **1.** (Logique.) L'— du genre aux variations spécifiques. | **2.** (Philos.) La liberté d'—, caractère attribué par certaines doctrines au libre arbitre, de n'être porté par aucune raison déterminante dans un sens plutôt que dans un autre. Cette — que je sens lorsque je ne suis emporté vers un côté plutôt que vers un autre par le poids d'aucune raison est le plus bas degré de la liberté, DESC. *Médit.* 4. | **3.** (Physique.) Points d'—, dans une barre de fer aimantée, points sur lesquels ne s'exerce pas l'influence magnétique. | **4.** (Chimie.) État d'un corps dont les affinités chimiques sont satisfaites.
II. État de celui qui est indifférent. L'— qu'ils ont pour la vérité, PASC. *Prov.* 11. Pour son Dieu pleine d'—, Jérusalem se tait, RAC. *Ath.* III, 8. L'— en matière de religion. Il faut avoir perdu tout sentiment pour être dans l'— de savoir ce qui en est (de l'immortalité de l'âme), PASC. *Pens.* IX, 1. || *Spécialt.* État d'une personne qui n'est point sensible à l'amour. Pour tous, dedans l'—, CORN. *Cid*, I, 1, édit. 1637-56.

INDIFFÉRENT, ENTE [in-di-fé-ran, -ränt'] *adj.*
[ÉTYM. Emprunté du lat. indifferens, entis, *m. s.* || XIIIe-XIVe s. Peut se déduire de l'exemple cité à indifféremment.]
I. Qui ne tend pas vers une chose plutôt que vers une autre. La matière est d'elle-même indifférente au repos ou au mouvement. Le genre est — aux variations spécifiques.
II. Qui ne porte pas intérêt à une personne, à une chose, plus qu'à une autre. Prêts à tout, à tout indifférents, LA F. *Fab.* VIII, 14. Ses amis, naguère si dévoués, étaient devenus indifférents pour lui. Vous voyez de quel œil et comme indifférente J'ai reçu de ma mort la nouvelle sanglante, RAC. *Iph.* III, 6. *Substantivt.* Un —. || *Spécialt.* Qui n'est point sensible à l'amour. Et pour tout autre objet ton âme indifférente Dédaignait de brûler d'une flamme innocente, RAC. *Phèd.* IV, 2. *Substantivt.* Une belle indifférente.
III. Qui n'offre pas plus d'intérêt qu'une autre chose. La maladie ou la santé lui deviennent indifférentes, FLÉCH. *Dauphine.* Toutes les religions lui sont indifférentes. Actions qui sont d'elles-mêmes égales et indifférentes, NICOLE, *Essais de morale*, 2e *Traité*, 3. Parler de choses indifférentes. Ses amis lui sont devenus indifférents.

INDIGÉNAT [in-di-jé-nà] *s. m.*
[ÉTYM. Dérivé de indigène, § 274. || 1699. D'ALIIÉRAC, *Anecdotes de Pologne*, II, p. 14. Admis ACAD. 1878.]
|| (Droit.) Droit de citoyen dans un État. En Pologne, où il obtint l'indigénat de la république, ST-SIM. V, 290.

INDIGENCE [in-di-jäns'] *s. f.*
[ÉTYM. Emprunté du lat. indigentia, *m. s.* || XIIIe s. La soufreteuse Que nous apelons indigence, J. DE MEUNG, *Rose*, 8219.]
|| État de celui qui est indigent. (*Syn.* dénuement.) Tomber, être, vivre dans l'—. Réduit à l'—. *Absolt. Au sens concret.* Ceux qui sont dans l'indigence. Secourir l'—. || *Fig.* — d'esprit, d'idées. *P. ext.* Dans le style des précieuses. Un habit qui souffre une — de rubans! MOL. *Préc. rid.* sc. 4.

INDIGÈNE [in-di-jèn'] *adj.*
[ÉTYM. Emprunté du lat. indigena, *m. s.* || XVIe s. L'origine primeve de mes aves et ataves feut indigene des regions Lemovicques, RAB. II, 6 (écolier limousin). Admis ACAD. 1762.]
|| Né dans le pays qu'il habite. Animaux indigènes. Productions, plantes indigènes. || *Spécialt.* Populations indigènes, établies de temps immémorial dans le pays qu'elles habitent. Les tribus indigènes de l'Arabie, de l'Amérique. *Substantivt.* Un, une —. Les indigènes de l'Amérique.

INDIGENT, ENTE [in-di-jan, -jänt'] *adj.*
[ÉTYM. Emprunté du lat. indigens, entis, *m. s.* || XIIIe s. Cum ceus que l'en voit indigens, J. DE MEUNG, *Rose*, 8244.]
|| Qui manque des choses les plus nécessaires à la vie. Un vieillard —. Une famille indigente. || *Substantivt.* Un —, une indigente. Secourir les indigents.

INDIGESTE [in-di-jĕst'] *adj.*
[ÉTYM. Emprunté du lat. indigestus, *m. s.* || XIVe s. *Somme Me Gautier*, fo 19, vo.]
|| 1° *Anciennt.* Non digéré.
|| 2° Difficile à digérer. Aliment —. || *Fig.* Qu'on s'assimile difficilement. Une compilation —. || *P. ext.* Difficile à accepter. L'— composition de tout le nouveau gouvernement, ST-SIM. XII, 225.

INDIGESTION [in-di-jĕs'-tyon ; *en vers*, -ti-on] *s. f.*
[ÉTYM. Emprunté du lat. indigestio, *m. s.* || XIIIe s. Ce valt contre indigestion, *Simples medicines*, fo 4.]
|| Mauvaise digestion. Avoir, se donner une —. || *Fig. Famil.* Avoir une — de qqch, en avoir trop, en être dégoûté. Avoir une — de musique.

INDIGÈTE [in-di-jèt'] *adj.*

[ÉTYM. Emprunté du lat. indiges, etis, *m. s.* || 1570. Les dieux s'appellent indigetes, GENTIAN HERVET, *Cité de Dieu*, dans DELB. *Rec.* Admis ACAD. 1762.]

|| (Antiq. rom.) Dieu —, héros divinisé, demi-dieu, propre à un pays. Les dieux indigètes, MONTESQ. *Rom.* 19.

INDIGNATION [in-di-ñă-syon ; *en vers*, -si-on] *s. f.*

ÉTYM. Emprunté du lat. indignatio, *m. s.* || XIIᵉ s. Indignation, *Psaut. d'Oxf.* XXIX, 5.]

|| Action de s'indigner. Concevoir de l'— contre qqn. Faire éclater son —. A ces mots il se livre Aux transports violents de l'—, LA F. *Fab.* VIII, 16.

INDIGNE [in-diñ'] *adj.*

[ÉTYM. Emprunté du lat. indignus, *m. s.* || XIIᵉ-XIIIᵉ s. Ceste meisme parole ke nos est endigne, *Dial. Gregoire*, p. 141.]

I. Qui n'est pas digne de qqch. Un coupable — de pardon. Vous êtes — de cette faveur. — de vous plaire et de vous approcher, RAC. *Phèd.* III, 4. || *Absolt.* Un bienfait qui tombe sur un —, LA BR. 4. || *Spécialt.* (Droit.) Personne — de succéder, déclarée par la loi déchue de la succession pour avoir manqué à quelque devoir essentiel envers le défunt, de son vivant ou après sa mort. *Substantivt.* Les enfants de l'—, *Code civil*, art. 730. || *Vieilli.* Conduite — de blâme. Si vous daigniez, Seigneur, rappeler la mémoire Des vertus d'Octavie indignes de ce prix, RAC. *Brit.* III, 1.

II. Qui n'est pas digne de qqn. Mais enfin ce Rodrigue est — de vous, CORN. *Cid*, II, 5. Soyons — sœur d'un si généreux frère, ID. *Hor.* IV, 4. || Toute autre place qu'un trône eût été — d'elle, BOSS. *R. d'Angl.* Cette conduite est — de vous. [*Ellipt.* Une action —, qui excite la réprobation. Rebuté de tant d'indignes traitements, BOSS. *R. d'Angl.* J'ai fait l'— aveu d'un amour qui l'outrage, RAC. *Phèd.* III, 3. Ils firent d'Amaleic un — carnage, ID. *Esth.* II, 1. || *Absolt.* Qui n'est pas digne de sa fonction. Seigneur, imposez silence à cet — ministre, BOSS. *A. de Gonz.* Quoi? la peur a glacé mes indignes soldats? RAC. *Ath.* V, 5. P. *ext.* Une communion —.

INDIGNEMENT [in-diñ'-man ; *en vers*, -di-ñe-...] *adv.*

[ÉTYM. Composé de indigne et ment, § 724. || XIIᵉ-XIIIᵉ s. Indignement Deu voisis resembleir, *Dial. Gregoire*, p. 118.]

|| D'une manière indigne. Communier —. || *Spécialt.* De manière à inspirer l'indignation. Un trône — renversé, BOSS. *R. d'Angl.*

INDIGNER [in-di-ñé] *v. tr.*

[ÉTYM. Emprunté du lat. indignari, ressentir de l'indignation. || XIVᵉ s. Nus ne se devoit merveiller ne contre luy sol indigner, BERSUIRE, fᵒ 19, dans LITTRÉ.]

|| Révolter par une conduite indigne. Sa conduite indigne tout le monde. Et les dieux contre moi dès longtemps indignés, RAC. *Iph.* II, 5. || S'— contre qqn. S'— contre l'injustice. Elle s'indignerait de voir, CORN. *Nicom.* I, 2. Mon cœur... S'indignait qu'un chrétien m'égalât en vertu, VOLT. *Zaïre*, IV, 5.

INDIGNITÉ [in-di-ñi-té] *s. f.*

[ÉTYM. Emprunté du lat. indignitas, *m. s.* || XVᵉ-XVIᵉ s. L'indignité des sacrifices, J. LE MAIRE, dans DELB. *Rec.*]

|| Caractère de ce qui est indigne.

|| **1°** En parlant des personnes. Exclure qqn pour cause d'—. Si l'on considère son — (du pécheur), BOSS. *Marie-Thérèse.* || *Spécialt.* — civile, politique. L'héritier exclu de la succession pour cause d'—, *Code civil*, art. 729.]

|| **2°** En parlant des choses. L'— de sa conduite a révolté tout le monde. || *P. ext.* Action, conduite indigne vis-à-vis de qqn. De ces indignités vos juges sont capables ! CORN. *Théod.* III, 1. Je n'ai mérité Ni cet excès d'honneur ni cette —, RAC. *Brit.* II, 3.

INDIGO [in-di-gó] *s. m.*

[ÉTYM. Emprunté de l'espagn. indigo, *m. s.* proprt, « indien », du lat. indicum, §§ 13 et 36. (*Cf.* inde, indienne.) || 1658. Ce marc est la teinture qui est tant estimée et qui porte le nom d'indigo, DE ROCHEFORT, *Hist. nat. et mor. des Antilles*, p. 316. Admis ACAD. 1740.]

|| **1°** Matière tinctoriale bleue qu'on extrait des feuilles et des tiges de l'indigotier.

|| **2°** Couleur bleu foncé analogue à celle que donne l'indigo.

INDIGOTERIE [in-di-gŏt'-ri ; *en vers*, -gò-te-ri] *s. f.*

[ÉTYM. Dérivé de indigo, §§ 63 et 68. || 1658. DE ROCHEFORT, *Hist. des Antilles*, p. 316. Admis ACAD. 1798.]

|| (Technol.) Etablissement où l'on prépare l'indigo.

1. INDIGOTIER [in-di-gò-tyé] *s. m.*

[ÉTYM. Dérivé de indigo, §§ 63 et 115. || 1765. ENCYCL. Admis ACAD. 1835.]

|| (Botan.) Plante de la zone torride qui produit l'indigo.

2. *INDIGOTIER [in-di-gò-tyé] *s. m.*

[ÉTYM. Dérivé de indigo, §§ 63 et 115. || 1765. ENCYCL. indigo.]

|| (Technol.) Ouvrier qui fabrique l'indigo.

INDIQUER [in-di-ké] *v. tr.*

[ÉTYM. Emprunté du lat. indicare, *m. s.* || 1611. COTGR.]

I. Montrer où se trouve (qqn, qqch). — qqn du doigt. — à qqn la personne qu'il doit consulter. — à qqn son chemin. Le thermomètre indique les variations de la température. — l'heure, le jour d'une réunion. Venir à l'heure indiquée. — le remède d'une maladie. La diète est indiquée en pareil cas. Un dessin qui n'est qu'indiqué.

II. *Vieilli.* Assigner à un temps déterminé. (*Cf.* indiction.) (Louis le Débonnaire) avait... indiqué un parlement un jeudi saint, VOLT. *Mœurs*, 23.

INDIRECT, ECTE [in-di-rĕkt'] *adj.*

[ÉTYM. Composé de in négatif et direct, § 275. || 1531. Par indirectz moyens, dans LITTRÉ, *Suppl.*]

|| Qui n'est pas direct. (S'emploie surtout au fig.) Voies indirectes. Preuves indirectes. Des attaques indirectes contre qqn. Blâme —, louange indirecte, qu'on donne à qqn sans avoir l'air de vouloir le blâmer, le louer. || *Spécialt.* Construction grammaticale indirecte, qui ne suit pas l'ordre logique. Complément —, sur lequel l'action du verbe ne porte qu'au moyen d'un intermédiaire. Cas indirects, le génitif, le datif, l'ablatif. Discours —, où l'on rapporte qu'une personne a dit telle ou telle chose, au lieu de le faire dire par la personne qui parle. Avantage —, qu'on fait à qqn en tournant la loi. Contributions indirectes, qui, portant sur les objets de consommation, ne sont pas personnelles.

INDIRECTEMENT [in-di-rĕk'-te-man] *adv.*

[ÉTYM. Composé de indirecte et ment, § 724. || 1507. Directement ou indirectement, *Ordonn.* dans DELB. *Rec.*]

|| D'une manière indirecte. Cette nouvelle ne m'est arrivée qu'—.

***INDISCERNABLE** [in-di-sòr-nàbl'] *adj.*

[ÉTYM. Composé avec in négatif et discerner, §§ 93 et 275. || 1582. L'un sembloit a l'autre indiscernable, R. et A. D'AIGNEAUX, *Virgile*, dans DELB. *Rec.*]

|| (T. didact.) Qu'on ne peut discerner d'une autre chose de même nature. || *Substantivt.* Principe des indiscernables, principe (posé par Leibniz) qu'il ne peut exister deux choses exactement semblables.

INDISCIPLINABLE [in-di-si-pli-nàbl'] *adj.*

[ÉTYM. Composé de in négatif et disciplinable, § 275. || 1580. DAIGUE, *Propr. des tortues*, 12.]

|| Qu'on ne peut discipliner.

INDISCIPLINE [in-di-si-plin'] *s. f.*

[ÉTYM. Composé de in négatif et discipline, § 275. Le lat. indisciplina signifie « manque d'instruction ». || Admis ACAD. 1762.]

|| Manque de discipline. L'— des soldats, des élèves.

INDISCIPLINÉ, ÉE [in-di-si-pli-né] *adj.*

[ÉTYM. Composé de in négatif et discipliné, § 275. || XIVᵉ s. Ilz sont indisciplinez pour ce qu'ils ne daignent apprendre des autres, ORESME, *Éth.* VII, 14.]

|| Qui n'est pas discipliné. Troupes indisciplinées. | *Fig.* Un esprit —.

INDISCRET, ÈTE [in-dĭs'-krè, -krèt'] *adj.*

[ÉTYM. Composé de in négatif et discret, § 275. (*Cf.* lat. indiscretus, qui signifie ordinairement « indistinct » à l'époque classique.) || XVIᵉ s. Je suis opiniastre, indiscret, fantastique, RONS. *Disc. à J. Grevin.*]

|| **1°** Qui manque de réserve. Un — stoïcien, LA F. *Fab.* XII, 20. *Substantivt.* Fut-il jamais inaccessible, Je ne dis pas à mes amis, Je dis aux indiscrets et aux importuns? FLÉCH. *Lamoignon.* || Je ne sais quels prophètes Dont elle avait puni les fureurs indiscrètes, RAC. *Ath.* II, 7. Mon zèle est —, LA F. *Fab.* VIII, 1.

|| **2°** Qui dit ce qu'il doit garder secret. Un confident —. *Substantivt.* Un —, une indiscrète. || *P. ext.* Qui ne savent pas retenir une langue indiscrète, BOSS. *D. d'Orl.* || *Fig.* De peur qu'en le voyant quelque trouble — Ne fasse avec mes pleurs échapper mon secret, RAC. *Ath.* I, 2.

INDISCRÈTEMENT [in-dĭs'-krèt'-man ; *en vers*, -krè-te-...] *adv.*

[ÉTYM. Composé de indiscrète et ment, § 724. || XIVᵉ s. Loy indiscretement mise, ORESME, *Éth.* V, 2.]

|| D'une manière indiscrète.

INDISCRÉTION [in-dĭs'-kré-syon; *en vers*, -si-on] *s. f.*
[ÉTYM. Emprunté du lat. indiscretio, *m. s.* ‖ XIIᵉ-XIIIᵉ s. Laz d'indiscretion, *Dial. Gregoire*, p. 310.]
‖ Manque de discrétion.
I. *Vieilli.* Manque de discernement. A l'âge d'—, PASQ. *Monophile.*
II. Manque de réserve. Une pénitence dure jusqu'à l'—, ST-SIM. II, 121. ‖ Action indiscrète. Son — de sa perte fut cause, LA F. *Fab.* x, 2.
III. Manque de secret. Il n'est point de pays où il y ait plus d'— que celui où tout se fait avec mystère, Mᵐᵉ DE MAINT. *Avis à la duch. de Bourg.* ‖ *P. ext.* Révélation d'un secret. Une — révéla le complot.

INDISCUTABLE [in-dĭs'-ku-tàbl'] *adj.*
[ÉTYM. Composé avec in négatif et discuter, §§ 93 et 275. ‖ *Néolog.* Admis ACAD. 1878.]
‖ Qui n'est pas discutable.

ˈINDISCUTABLEMENT [in-dĭs'-ku-tà-ble-man] *adv.*
[ÉTYM. Composé de indiscutable et ment, § 724. ‖ *Néolog.*]
‖ D'une manière indiscutable.

INDISPENSABLE [in-dĭs'-pan-sàbl'] *adj.*
[ÉTYM. Composé avec in négatif et dispenser, §§ 93 et 275. ‖ XVIIᵉ s. *V.* à l'article.]
I. Dont on ne peut être dispensé (par l'Église). La défense d'épouser la femme de son frère est —, BOSS. *Var.* 7.
II. Dont on ne peut se dispenser. Visite, formalité, précaution —. Il est — que vous veniez. Meuble, outil, livre —. ‖ *Collectivt.* L'—, ce dont on ne peut se passer. *Substantivt.* Un —, petit sac dans lequel les femmes portaient leur sac, leur mouchoir, etc.

INDISPENSABLEMENT [in-dĭs'-pan-sà-ble-man] *adv.*
[ÉTYM. Composé de indispensable et ment, § 724. ‖ XVIIᵉ s. *V.* à l'article.]
‖ D'une manière indispensable. La cléricature était — attachée à leur ministère, PATRU, *Plaidoy.* 15.

INDISPONIBLE [in-dĭs'-pò-nĭbl'] *adj.*
[ÉTYM. Composé de in négatif et disponible, § 275. ‖ 1752. TRÉV. Admis ACAD. 1762.]
‖ (Droit.) Dont la loi ne permet pas de disposer. Des biens indisponibles. ‖ *P. ext.* (Admin. milit.) Dont on ne peut disposer pour le service. Les soldats indisponibles, et, *substantivt*, Les indisponibles.

INDISPOSER [in-dĭs'-pó-zé] *v. tr.*
[ÉTYM. Composé de in négatif et disposer, § 275. Le part. indisposé, créé à l'imitation du lat. indispositus, paraît antérieur au verbe indisposer. ‖ XVᵉ s. Ame indisposee par peché mortel, GERSON, dans DOCHEZ, *Dict.*]
‖ **1°** Mettre dans un état de légère incommodité physique. Elle est un peu indisposée.
‖ **2°** *Fig.* Mettre dans une disposition peu favorable (pour qqn). Vous les indisposez contre votre tyrannie, J.-J. ROUSS. *Ém.*

INDISPOSITION [in-dĭs'-pó-zi-syon; *en vers*, -si-on] *s. f.*
[ÉTYM. Composé de in négatif et disposition, § 275. ‖ XVᵉ s. L'indisposition des personnes, COMM. II, 2.]
‖ **1°** Légère incommodité physique. Il est remis de son —.
‖ **2°** *Vieilli.* Disposition peu favorable. Leur — à mon égard, STAAL, *Mém.* 3.

INDISSOLUBILITÉ [in-dĭs'-sò-lu-bi-li-té] *s. f.*
[ÉTYM. Dérivé de indissoluble, § 255. ‖ 1690. FURET.]
‖ (T. didact.) Propriété de ce qui est indissoluble. L'— de l'or dans l'acide sulfurique. ‖ *Fig.* Caractère de ce qui ne peut être défait. L'— du mariage.

INDISSOLUBLE [in-dĭs'-sò-lŭbl'] *adj.*
[ÉTYM. Emprunté du lat. indissolubilis, *m. s.* ‖ XIVᵉ s. L'union de charité indissoluble, J. DE VIGNAY, *Miroir hist.* dans DELB. *Rec.*]
I. Qui ne peut être dissous. ‖ *Fig.* Qui ne peut être désuni. Le mariage est — dans la religion catholique.
II. *Vieilli.* Qui ne peut être résolu. (*Syn.* insoluble.) Énigme —, BOSS. *Panég. St Franç. d'Assise*, préamb.

INDISSOLUBLEMENT [in-dĭs'-sò-lu-ble-man] *adv.*
[ÉTYM. Composé de indissoluble et ment, § 724. ‖ 1507. *Traicté des quatre degrez d'amour*, dans DELB. *Rec.*]
‖ D'une manière indissoluble. Une religion — liée à la morale, LAHARPE, *Langue révolut.*

INDISTINCT, INCTE [in-dĭs'-tĭnkt'; *vieilli, au masc.* -tin] *adj.*
[ÉTYM. Emprunté du lat. indistinctus, *m. s.* ‖ 1549. R. EST.]
‖ Qui n'est pas distinct. Des sons indistincts. N'avoir qu'une vue indistincte des choses.

INDISTINCTEMENT [in-dĭs'-tink'-te-man] *adv.*
[ÉTYM. Composé de indistincte et ment, § 724. ‖ XIVᵉ s. J. DE VIGNAY, *Miroir hist.* dans DELB. *Rec.*]
‖ Sans distinction. Les Français contribuent —, dans la proportion de leur fortune, aux charges de l'État, *Charte de 1830*, art. 2.

INDIVIDU [in-di-vi-du] *s. m.*
[ÉTYM. Emprunté du lat. scolast. individuus, *m. s.* proprt, « indivisible », § 217. ‖ XIIIᵉ-XIVᵉ s. Selonc le individue, LAN-FRANC, *Chirurg.* dans LITTRÉ.]
‖ (T. didact.) Être formant une unité distincte dans une espèce, un genre. Ce n'est pas dans l'— qu'est la plus grande merveille, c'est dans la succession, dans le renouvellement et dans la durée des espèces, BUFF. *Compar. des anim. et des végét.* ‖ *Spécialt.* Tout membre d'une société humaine. Les individus dont se compose la nation. Le mineur est l'— de l'un ou de l'autre sexe qui n'a point encore l'âge de vingt-un ans accomplis, *Code civil*, art. 388. ‖ *P. ext. Famil.* Personne indéterminée. Un — l'aborda. Quel est cet —-là? ‖ *Famil.* Soigner son —, sa personne. J'aime l'—, RÉGNIER, *Sat.* 6.

INDIVIDUALISER [in-di-vi-duà-li-zé; *en vers*, -duà-...] *v. tr.*
[ÉTYM. Dérivé de individuel, § 267. ‖ 1796. ABBÉ SICARD, dans *Magasin encyclop.* VIII, 46. Admis ACAD. 1835.]
‖ (T. didact.) Rendre individuel.

INDIVIDUALITÉ [in-di-vi-du-à-li-té; *en vers*, -duà-...] *s. f.*
[ÉTYM. Dérivé de individuel, § 255. ‖ 1760. CH. BONNET, *Essai anal. de l'âme*, p. 165. Admis ACAD. 1835.]
‖ (T. didact.) Ce qui constitue l'individu.

INDIVIDUEL, ELLE [in-di-vi-duèl; *en vers*, -du-èl] *adj.*
[ÉTYM. Dérivé de individu, § 238. ‖ XVIᵉ s. Une propriété individuale laquelle nos majeurs nomment pantagruélisme, RAB. III, prol.]
‖ (T. didact.) Qui est propre à l'individu. Qualités individuelles. ‖ Garanties individuelles. Leur liberté individuelle (des Français) est garantie, *Charte de 1830*, art. 4.

INDIVIDUELLEMENT [in-di-vi-duèl-man; *en vers*, -du-è-le-...] *adv.*
[ÉTYM. Composé de individuelle et ment, § 724. ‖ Admis ACAD. 1694.]
‖ (T. didact.) D'une manière individuelle. Ils ont prêté — le serment de fidélité.

ˈINDIVIDUITÉ [in-di-vi-du-i-té] *s. f.*
[ÉTYM. Emprunté du lat. scolast. individuitas, *m. s.* ‖ XVIᵉ-XVIIᵉ s. PASQ. *Lett.* t. I, p. 29.]
‖ *Vieilli.* (T. didact.) Caractère individuel. Tout être, et par conséquent tout corps, doit avoir son unité, et par conséquent son —, BOSS. *Libre Arb.* 4.

INDIVIS, ISE [in-di-vi, -vĭz'] *adj.*
[ÉTYM. Emprunté du lat. indivisus, *m. s.* ‖ 1385. La saisine des deux pars par indevis, *Cout. d'Anjou*, dans DELB. *Rec.*]
‖ (T. didact.) Qui ne se divise pas. ‖ *Spécialt.* (Droit.) Propriété indivise, qui appartient en commun à plusieurs propriétaires. Succession indivise. *Loc. adv.* Par —. (*Syn.* indivisément.) ‖ *P. ext.* Propriétaires —, qui possèdent par indivis.

INDIVISÉMENT [in-di-vi-zé-man] *adv.*
[ÉTYM. Pour indivisement, composé de indivise et ment, § 724. ‖ *Néolog.* Admis ACAD. 1835.]
‖ (Droit.) Par indivis. Posséder des biens —.

INDIVISIBILITÉ [in-di-vi-zi-bi-li-té] *s. f.*
[ÉTYM. Dérivé de indivisible, § 255. Un anc. glossaire donne indivisibleté. (*V.* GODEF.) ‖ XVIIᵉ-XVIIIᵉ s. *V.* à l'article. Admis ACAD. 1718.]
‖ (T. didact.) Caractère de ce qui est indivisible. Épicure admettait l'— des atomes. Pour mieux développer cette — du tout, FÉN. *Exist. de Dieu*, II, 3. ‖ (Droit.) La solidarité stipulée (dans une obligation) ne donne point à l'obligation le caractère d'—, *Code civil*, art. 1219.

INDIVISIBLE [in-di-vi-zĭbl'] *adj.*
[ÉTYM. Emprunté du lat. indivisibilis, *m. s.* ‖ XIIIᵉ-XIVᵉ s. Pannicle continue, indivisible en sol meisme, *Chirurg. de Mondeville*, fº 25.]

|| (T. didact.) Qui n'est pas divisible. Il est faux qu'en divisant un espace on puisse arriver à une partie —, PASC. *Espr. géom.* 1. Quelque petit que soit un espace, on peut encore en considérer un moindre, sans jamais arriver à un —, ID. *ibid.* || *Fig.* La république une et —. || (Droit.) Obligation —, à laquelle chacun des coobligés est tenu pour le tout.

INDIVISIBLEMENT [in-di-vi-zi-ble-man] *adv.*
[ÉTYM. Composé de indivisible et ment, § 724. || 1611. COTGR.]
|| (T. didact.) D'une manière indivisible.

INDIVISION [in-di-vi-zyon ; *en vers,* -zi-on] *s. f.*
[ÉTYM. Composé de in négatif et division, § 275. || XVIᵉ s. L'unité denote indivision, CHAMPEYNAC, *Métaphys.* dans DELB. *Rec.* Admis ACAD. 1835.]
|| (Droit.) Possession par indivis. Rester dans l'—.

IN-DIX-HUIT [in-di-zuit'] *adj.*
[ÉTYM. Composé avec le lat. in, en, et dix-huit, § 284. || 1765. ENCYCL. imprimerie. Admis ACAD. 1835.]
|| (Typogr.) Dont la feuille est pliée en dix-huit feuillets ou trente-six pages. Format — (in-18). Un volume —, et, *substantivt,* Un —.

INDOCILE [in-dò-sil] *adj.*
[ÉTYM. Emprunté du lat. indocilis, *m. s.* || XVᵉ s. Peuple indocille, O. DE ST-GELAIS, *Énéide,* dans DELB. *Rec.*]
|| Qui n'est pas docile. — aux leçons. Nourrir dans notre esprit — la liberté de penser tout ce qu'il nous plaît, BOSS. *Hist. univ.* II, 31. — à ton joug, fatigué de ta loi, RAC. *Ath.* V, 6. || *Absolt.* De Sancho l'— monture, DELILLE, *Trois Règnes,* 3. Une — curiosité et un esprit de révolte, BOSS. *Condé.*

***INDOCILEMENT** [in-dò-sïl-man ; *en vers,* -si-le-...] *adv.*
[ÉTYM. Composé de indocile et ment, § 724. || *Néolog.*]
|| D'une manière indocile.

INDOCILITÉ [in-dò-si-li-té] *s. f.*
[ÉTYM. Dérivé de indocile, § 255. || XVIᵉ s. La moussche est hieroglyphe d'indocilité, J. DE MONTLYARD, dans DELB. *Rec.*]
|| Caractère de celui qui est indocile. L'— d'un élève. Esprit d'— et d'indépendance, BOSS. *R. d'Angl.*

INDOLEMMENT [in-dò-là-man] *adv.*
[ÉTYM. Pour indolentment, composé de indolent et ment, § 724. || XVIIᵉ-XVIIIᵉ s. *V.* à l'article. Admis ACAD. 1878.]
|| D'une manière indolente. Vous traîner tous les jours — de maison en maison, MASS. *Confess. Fuite du monde.*

INDOLENCE [in-dò-làns] *s. f.*
[ÉTYM. Emprunté du lat. indolentia, *m. s.* || XIVᵉ s. *Poème sur les propr. des plantes,* dans DELB. *Rec.*]
I. (Médec.) Caractère d'une lésion organique (tumeur, etc.) qui ne cause pas de douleur. L'— d'une tumeur.
II. *Fig.* || **1º** *Vieilli.* Insensibilité. L'— inséparable des longs attachements, SÉV. 532. Un motif impie de tranquillité et d'— dans les crimes, MASS. *1ᵉʳ Prof. relig.*
|| **2º** *P. ext.* Disposition à éviter de se donner de la peine. Je vous vois dans l'— que vous donne l'impossibilité, SÉV. 198.

INDOLENT, ENTE [in-dò-lan, -lànt'] *adj.*
[ÉTYM. Emprunté du lat. indolens, entis, *m. s.* || XVIᵉ-XVIIᵉ s. Un bon naturel qui ne peut estre indolent en chose si sensible, LE Sᵣ DU MAURIER, dans SULLY, *Œcon. roy.* IV, 286, édit. 1725.]
I. (Médec.) Qui ne cause pas de douleur. Tumeur, goutte indolente.
II. *Fig.* || **1º** Insensible. On n'a aucune prise sur les naturels indolents, FÉN. *Éduc. des filles,* 5. Tu voulais un beau rôle, et tu fais l'indolente, PIRON, *Métrom.* II, 2.
|| **2º** Qui évite de se donner de la peine. Quatre bœufs attelés, d'un pas tranquille et lent, Promenaient dans Paris le monarque —, BOIL. *Lutr.* 2.

INDOMPTABLE [in-don-tàbl'] *adj.*
[ÉTYM. Composé avec in négatif et dompter, §§ 93 et 275. || 1420. L'ennemy seroit indomptable, *Complainte des bons François,* dans DELB. *Rec.*]
|| Qu'on ne peut dompler. — taureau, dragon impétueux, RAC. *Phèd.* V, 6. || *Fig.* Qu'on ne peut maîtriser. Caractère —. Fierté, orgueil —. L'ardeur —, BOSS. *Condé.*

INDOMPTÉ, ÉE [in-don-té] *adj.*
[ÉTYM. Composé avec in négatif et dompter, §§ 44 et 275. || XVᵉ-XVIᵉ s. Toutes bestes indomptees, J. LE MAIRE, dans DELB. *Rec.*]
|| Qui n'a pas été dompté. Cheval —. || Peuple —. || *Fig.* Qui n'a pu être maîtrisé. Courage —, CORN. *Nicom.* III, 1.

IN-DOUZE [in-doûz'] *adj.*

[ÉTYM. Composé avec le lat. in, en, et douze, § 284. || XVIIᵉ s. *V.* à l'article. Admis ACAD. 1740.]
|| (Typogr.) Dont la feuille est pliée en douze feuillets ou vingt-quatre pages. Format — (in-12). Un volume —, et, *substantivt,* Un —. Si... on doit payer davantage la dédicace des livres in-folio que des in-quarto et que des in-octavo, ou des —, FURET. *Rom. bourg.* II, 106.

INDU, UE [in-du] *adj.*
[ÉTYM. Composé de in négatif et dû, § 275. || XIVᵉ s. Temps indeu, ORESME, *Éth.* III, 3.]
|| Contraire à ce qu'on doit. Réclamation indue, non fondée. Heure indue, où il ne convient pas de faire qqch.

INDUBITABLE [in-du-bi-tàbl'] *adj.*
[ÉTYM. Emprunté du lat. indubitabilis, *m. s.* || 1539. R. EST.]
|| Dont on ne peut douter. Succès, victoire —. Vérités indubitables. Il est — qu'il s'est trompé.

INDUBITABLEMENT [in-du-bi-tà-ble-man] *adv.*
[ÉTYM. Composé de indubitable et ment, § 724. || XVᵉ s. G. TARDIF, *Apol. de L. Valla,* dans DELB. *Rec.*]
|| D'une manière indubitable. Tôt ou tard nous romprons —, MOL. *Mis.* II, 1.

***INDUCTEUR** [in-dŭk'-teŭr] *adj. m.*
[ÉTYM. Tiré de induction, § 249. || *Néolog.*]
|| (Physique.) Qui produit l'induction. Courant —.

***INDUCTIF, IVE** [in-dŭk'-tif', -tîv'] *adj.*
[ÉTYM. Emprunté du lat. scolast. inductivus, *m. s.* § 217. || XIVᵉ s. PH. DE MAIZIÈRES, dans GODEF.]
|| (Logique.) Qui procède par induction. Méthode inductive.

INDUCTION [in-dŭk'-syon ; *en vers,* -si-on] *s. f.*
[ÉTYM. Emprunté du lat. inductio, action d'induire. || XIVᵉ s. Et tant fist par ses inductions, que..., BERSUIRE, fº 22, dans LITTRÉ.]
|| (T. didact.) || **I.** || **1º** *Vieilli.* Action d'induire, d'amener (qqn) à qqch. Par molles et douces inductions et persuasions, AMYOT, *Vertu morale,* 5.
|| **2º** Opération qui rattache une chose à une autre par voie de conséquence. L'— est donc la recherche de tout ce qui se rattache à une question donnée, DESC. *Direct. de l'esprit,* règle 7. || *P. ext.* Raisonnement par lequel on remonte des faits à la loi qui les régit, des effets à la cause. Le raisonnement par —.
II. || **1º** Action d'étendre qqch sur la surface d'un objet.
|| **2º** (Physique.) Production d'un courant électrique par l'influence d'aimants ou de conducteurs traversés par des courants. Bobine d'—.

INDUIRE [in-duïr] *v. tr.*
[ÉTYM. Forme refaite, par réaction étymologique, de enduire (*V.* ce mot), § 502. || XIVᵉ s. Sans induire nouvelles devises, *Ménagier,* I, 13.]
I. || **1º** *Vieilli.* Amener (qqn) à qqch. Et mon fils à l'aimer vous devrait tous —, MOL. *Tart.* I, 1. — qqn à mal faire. — qqn en erreur, en tentation.
|| **2º** Établir par voie de conséquence. Le plus dangereux de ce principe est d'— la suppression des actes, BOSS. *États d'orais.* I, 2. || *P. ext.* Raisonner en remontant des faits observés à la loi qu'ils supposent, des effets à la cause.
II. (T. scientif.) Courant induit, déterminé par l'action influente d'aimants ou de conducteurs traversés par un courant. Fil induit, dans lequel passe ce courant. || Contraction induite, que produit un muscle qui se contracte par le contact sur un autre muscle.

***INDULGEMMENT** [in-dŭl-jà-man] *adv.*
[ÉTYM. Pour indulgentment, composé de indulgent et ment, § 724. || XVIᵉ-XVIIᵉ s. G. DU VAIR, dans GODEF. *Compl.* Admis ACAD. 1798 ; suppr. en 1835.]
|| D'une manière indulgente.

INDULGENCE [in-dŭl-jàns'] *s. f.*
[ÉTYM. Emprunté du lat. indulgentia, *m. s.* || XIIᵉ s. K'ensi cum li pechiet habondent habonst assi li indulgence, *Serm. de St Bern.* p. 106.]
|| Facilité à excuser, à pardonner. Voyons sans — l'état de notre conscience, LA F. *Fab.* VII, 1. Avoir de l'— pour qqn. Traiter qqn avec —. D'une mère facile affectez l'—, RAC. *Brit.* I, 2. Vous avez des indulgences qui n'appartiennent qu'à vous, MOL. *G. Dand.* I, 4. || *Spécialt.* Rémission totale ou partielle des peines dues aux péchés que l'Église catholique accorde sous certaines conditions (jeûne, prière, au-

môme, etc.). Gagner des indulgences. Lorsque, ayant égard ou à la ferveur des pénitents ou à d'autres basses œuvres qu'elle (l'Église) leur prescrit, elle relâche quelque chose de la peine qui leur est due, cela s'appelle indulgences, BOSS. *Expos. de la doctr. de l'Église*, 8. Accorder des indulgences. L'Église s'est particulièrement appliquée à bannir ce qui servait de prétexte à l'hérésie pour décrier les indulgences, savoir l'esprit d'intérêt, BOURD. *Ouvert. du jubilé*, 1. Le commerce des indulgences.

INDULGENT, ENTE [in-dŭl-jan, -jànt'] *adj.*
[ÉTYM. Emprunté du lat. indulgens, entis, m. s. ‖ XVI° s. Marier… le severe a l'indulgent, MONTAIGNE, III, 13.]
‖ Qui excuse, pardonne facilement. Sois-lui plus —, et pour toi plus sévère, CORN. *Imit.* II, 3. Mais chacun pour soi-même est toujours —, BOIL. *Sat.* 4. ‖ *P. ext.* Critique indulgente. L'indulgente vertu parle par votre bouche, VOLT. *Alzire*, I, 1. ‖ *Poét.* (Sens repris du lat.) Qui se laisse aller facilement à qqch. — à l'amour, A. CHÉN. *Élég.* 11.

INDULT [in-dult'] *s. m.*
[ÉTYM. Emprunté du lat. ecclés. indultum, m. s. proprt, « chose accordée ». ‖ XV° s. Indoulte, CHASTELL. dans GO-DEF. *Compl.* | XVI° s. Conceder ung indult, RAB. III, 34.]
‖ (Droit canon.) Pouvoir accordé par le pape de nommer à certains bénéfices, ou de tenir ces bénéfices contre le droit commun.

INDULTAIRE [in-dŭl-tèr] *s. m.*
[ÉTYM. Dérivé de indult, § 248. ‖ XVI° s. *Chron. bordel.* dans DELB. *Rec.*]
‖.(Droit canon.) Celui qui a reçu un indult.

INDÛMENT [in-du-man] *adv.*
[ÉTYM. Pour induement, composé de indue et ment, § 724. ‖ XIV° s. Amer et querir honneur non deu ou indeuement, ORESME, *Éth.* II, 11.]
‖ D'une manière indue.

INDURATION [in-du-rà-syon ; *en vers*, -si-on] *s. f.*
[ÉTYM. Emprunté du lat. du moyen âge induratio, m. s. En lat. classique induratio ne s'emploie qu'au fig. ‖ XIV° s. Par s'induration Et sa grant obstination, G. DE DIGULLEVILLE, *Péler. de vie hum.* 2109, Stürzinger. Admis ACAD. 1878.]
‖ (Médec.) Durcissement d'un tissu organique.

INDURÉ, ÉE [in-du-ré]. *V.* indurer.

***INDURER** [in-du-ré] *v. tr.*
[ÉTYM. Emprunté du lat. indurare, m. s. (*Cf.* le doublet du moyen âge endurer.) ACAD. 1878 donne le part. induré, ée, employé comme adjectif. ‖ XV° s. Induré (au figuré), P. MICHAULT, dans GODEF. *Compl.*]
‖ (Médec.) Durcir (un tissu organique). Glande indurée. La tumeur s'est indurée.

INDUSTRIE [in-dŭs'-tri] *s. f.*
[ÉTYM. Emprunté du lat. industria, m. s. ‖ XIV° s. Les sens d'armes, raisons et industries (des Romains), BERSUIRE, dans LITTRÉ, *Suppl.*]
I. Adresse à exécuter qqch. L'— du castor dans la construction de sa demeure. Une machine si composée et où éclate une si grande —, FÉN. *Exist. de Dieu*, I, 2. ‖ *P. ext.* Procédé adroit. Il a mille industries pour faire plaisir à son voisin, FÉN. *Tél.* 14. ‖ *P. ext.* Habileté peu scrupuleuse. Chevalier de l'—, et, *de nos jours*, Chevalier d'—, homme qui vit d'expédients. Vous êtes de ceux dont la chevalerie N'eut jamais à Paris d'ordre que l'—, MONTFLEURY, *la Fille Capitaine*, I, 9.
II. Art, métier que l'on exerce. L'— du laboureur, du charron. ‖ *P. ext.* L'ensemble des arts, des métiers, qui mettent en œuvre les matières premières. L'— agricole, minière, manufacturière. L'— française.

INDUSTRIEL, ELLE [in-dŭs'-tri-yèl] *adj.*
[ÉTYM. Dérivé de industrie, § 238. ‖ 1471. Terres portans fruits industriaux, *Ordonn.* XVII, 454. Admis ACAD. 1835.]
‖ Qui appartient à l'industrie. Les arts, les produits industriels. Centre —, où sont réunies de nombreuses manufactures. Écoles industrielles, qui préparent à l'industrie. ‖ *Substantivt.* Un —, celui qui se livre à l'industrie.

INDUSTRIEUSEMENT [in-dŭs'-tri-yeûz'-man ; *en vers*, -yeû-ze-…] *adv.*
[ÉTYM. Composé de industrieuse et ment, § 724. ‖ XVI° s. Lesquelz (nidz) ilz ont accoustumé industrieusement faire, RAB. IV, 62.]
‖ D'une manière industrieuse.

INDUSTRIEUX, EUSE [in-dŭs'-tri-yeû, -yeûz'] *adj.*
[ÉTYM. Emprunté du lat. industriosus, m. s. ‖ 1503. Ta main industrieuse, J. LE MAIRE, *Plainte du Désiré*.]

‖ Qui fait preuve d'industrie. Un ouvrier —. Homme d'un esprit —. La nécessité industrieuse, féconde en inventions, BOSS. *Dign. des pauvres*, 1. — pour trouver de nouveaux moyens de leur plaire, FÉN. *Tél.* 16. — à se cacher dans les actions éclatantes, BOSS. *Le Tellier.*

INDUT [in-du] *s. m.*
[ÉTYM. Emprunté du lat. ecclés. indutus, m. s. proprt, « habillé ». ‖ 1732. TRÉV. Admis ACAD. 1762.]
‖ (Liturgie cathol.) Ecclésiastique qui, revêtu de l'aube et de la tunique, sert aux messes solennelles le diacre et le sous-diacre.

INÉBRANLABLE [i-né-bran-làbl'] *adj.*
[ÉTYM. Composé avec in négatif et ébranler, §§ 93 et 275. ‖ XVI°-XVII° s. Cœur inesbranlable, FR. DE SALES, dans DELB. *Rec.*]
‖ Qu'on ne peut ébranler. Masse —. Cette redoutable infanterie… dont les gros bataillons serrés… demeuraient inébranlables au milieu de tout le reste en déroute, BOSS. *Condé.* ‖ *Fig.* — aux plus cruels tourments, CORN. *Théod.* v, 3. — dans ses amitiés, BOSS. *A. de Gonz.* Une fermeté —.

INÉBRANLABLEMENT [i-né-bran-là-ble-man] *adv.*
[ÉTYM. Composé de inébranlable et ment, § 724. ‖ Admis ACAD. 1718.]
‖ D'une manière inébranlable.

INÉDIT, ITE [i-né-di, -dit'] *adj.*
[ÉTYM. Emprunté du lat. ineditus, m. s. ‖ 1812. MOZIN, *Dict. franç.-allem.* Admis ACAD. 1835.]
‖ Qui n'a point été édité. Œuvres inédites. Cet ouvrage est demeuré longtemps —. ‖ *P. ext.* Un spectacle —.

INEFFABILITÉ [i-né-fà-bi-li-té] *s. f.*
[ÉTYM. Emprunté du lat. ineffabilitas, m. s. ‖ 1582. Ceste ineffabilité divine, P. DE LA COSTE, *Cathol. Expos.* dans DELB. *Rec.*]
‖ Caractère de ce qui est ineffable.

INEFFABLE [i-né-fàbl'] *adj.*
[ÉTYM. Emprunté du lat. ineffabilis, m. s. de in négatif et effari, dire. ‖ XIV° s. Chose incomprehensible et ineffable, J. DE VIGNAY, *Miroir hist.* dans DELB. *Rec.*]
‖ Que la parole ne peut rendre. (*Syn.* indicible, inexprimable.) Joie —. De ta paix la douceur —, RAC. *Ath.* II, 9.

***INEFFABLEMENT** [i-né-fà-ble-man] *adv.*
[ÉTYM. Composé de ineffable et ment, § 724. ‖ XIV° s. Fauvel, dans GODEF. *Compl.*]
‖ D'une manière ineffable. Il (Dieu) fit naître —, CORN. *Hymne* 4.

INEFFAÇABLE [i-né-fà-sàbl'] *adj.*
[ÉTYM. Composé avec in négatif et effacer, §§ 93 et 275. ‖ 1564. J. THIERRY, *Dict. franç.-lat.*]
‖ Qui ne peut être effacé. (*Syn.* indélébile.) Empreinte, marque —. ‖ *Fig.* Souvenir, honte —.

INEFFICACE [i-né-fi-kàs'] *adj.*
[ÉTYM. Composé de in négatif et efficace, § 275. ‖ XIV° s. EVRART DE CONTY, *Probl. d'Aristote*, dans GODEF. *Compl.*]
‖ Qui ne produit pas l'effet qu'on en attend. Remède —.

INEFFICACEMENT [i-né-fi-kàs'-man ; *en vers*, -kà-se-…] *adv.*
[ÉTYM. Composé de inefficace et ment, § 724. ‖ XVIII° s. *V.* à l'article. Admis ACAD. 1878.]
‖ D'une manière inefficace. Rome… — secourue par les Français, VOLT. *Charles-Quint*, ann. 1528.

INEFFICACITÉ [i-né-fi-kà-si-té] *s. f.*
[ÉTYM. Composé de in négatif et efficacité, § 275. ‖ Admis ACAD. 1694.]
‖ Manque d'efficacité. L'— des moyens, des secours, des remèdes.

INÉGAL, ALE [i-né-gàl] *adj.*
[ÉTYM. Composé de in négatif et égal, à l'imitation du lat. inæqualis, m. s. § 275. ‖ XIV° s. Ceulx qui sont inequals, ORESME, *Éth.* VIII, 11.]
‖ Qui n'est pas égal.
‖ 1° Qui n'est pas égal à une autre chose. Des poids inégaux. Les parts sont inégales. Situations, conditions inégales. — à qqn en force, en courage. *P. ext.* Un partage —, où les parts sont inégales.
‖ 2° Qui n'est pas égal à soi-même. Pouls —. Respiration inégale. Marcher à pas inégaux. ‖ *P. anal.* Terrain —, dont le niveau n'est pas partout le même. La surface inégale d'une feuille de parchemin. ‖ *Fig.* Caractère —. Humeur inégale. Style —.

INÉGALEMENT [i-né-gàl-man ; *en vers*, -gà-le-…] *adv.*

[ÉTYM. Composé de inégale et ment, § 724. || 1520. ÉT. DE LA ROCHE, *Arithm.* f° 145, v°.]

|| D'une manière inégale.

INÉGALITÉ [i-né-gà-li-té] *s. f.*

[ÉTYM. Composé de in négatif et égalité, à l'imitation du lat. inæqualitas, *m. s.* § 275. || XIVᵉ s. *Fauvel*, dans GODEF. *Compl.*]

|| État de ce qui est inégal.

|| **1°** État de ce qui n'est pas égal à autre chose. L'— de deux lignes, de deux triangles. L'— d'âge. L'— des droits. L'— des conditions. Les inégalités sociales. || *Spécialt.* Expression algébrique composée de deux ou plusieurs termes dont l'un est plus grand ou plus petit que l'autre.

|| **2°** État de ce qui n'est pas égal à soi-même. L'— de sa marche. L'— du pouls, de la respiration. L'— du sol. L'— du caractère, de l'humeur. L'— du style.

INÉLÉGANCE [i-né-lé-gâns'] *s. f.*

[ÉTYM. Composé de in négatif et élégance, § 275. || 1525. Ce que plusieurs estiment elegance humaine est inelegance, J. LEF. D'ÉTAPLES, *Bible*, dans LITTRÉ, *Suppl.* Admis ACAD. 1798.]

|| Manque d'élégance. L'— du style.

INÉLÉGANT, ANTE [i-né-lé-gan, -gânt'] *adj.*

[ÉTYM. Composé de in négatif et élégant, à l'imitation du lat. inelegans, *m. s.* § 275. || XVᵉ-XVIᵉ s. Langage rude et inelegant, CL. DE SEYSSEL, *Hist. de L. XII*, dans DELB. *Rec.* Admis ACAD. 1798.]

|| Qui n'est pas élégant. Manières inélégantes.

*** INÉLIGIBILITÉ** [i-né-li-ji-bi-li-té] *s. f.*

[ÉTYM. Composé de in négatif et éligibilité, § 275. || *Néolog.*]

|| Caractère de celui qui est inéligible.

INÉLIGIBLE [i-né-li-gïbl'] *adj.*

[ÉTYM. Composé de in négatif et éligible, § 275. || 1752. TRÉV. Admis ACAD. 1762.]

|| Qui n'est pas éligible.

INÉLUCTABLE [i-né-lük'-tàbl'] *adj.*

[ÉTYM. Emprunté du lat. ineluctabilis, *m. s.* || XVᵉ s. Fortune ineluctable, O. DE ST-GELAIS, *Énéide*, dans DELB. *Rec.* Admis ACAD. 1878.]

|| Contre quoi on ne peut lutter. Nécessité —.

INÉNARRABLE [i-né-nà-ràbl'] *adj.*

[ÉTYM. Emprunté du lat. inenarrabilis, *m. s.* || XIVᵉ s. Gemissemens inenarrables, J. DE VIGNAY, *Miroir hist.* dans DELB. *Rec.* Admis ACAD. 1718.]

|| Qui ne peut être raconté. Aventure —.

INEPTE [i-nĕpt'] *adj.*

[ÉTYM. Emprunté du lat. ineptus, *m. s.* || XIVᵉ s. Parolle inepte et incongrue, J. DE VIGNAY, *Miroir hist.* dans DELB. *Rec.*]

|| **1°** *Vieilli.* Qui n'a pas d'aptitude pour telle ou telle chose. Gens ineptes en affaires d'État, ST-SIM. XI, 350.

|| **2°** *Absolt.* Qui n'a d'aptitude pour rien. *P. ext.* Raisonnement, conduite —.

INEPTEMENT [i-nĕp'-te-man] *adv.*

[ÉTYM. Composé de inepte et ment, § 724. || 1380. Demande ineptement formee, dans GODEF. Admis ACAD. 1878.]

|| D'une manière inepte.

INEPTIE [i-nĕp'-sî] *s. f.*

[ÉTYM. Emprunté du lat. ineptia, *m. s.* || 1549. R. EST.]

|| Caractère de ce qui est inepte. Il a donné des preuves d'—. || *P. ext.* Chose inepte. Son grand mérite était ses inepties, qu'on répétait, et qui se trouvaient quelquefois exprimer quelque chose, ST-SIM. I, 346.

INÉPUISABLE [i-né-pui-zàbl'] *adj.*

[ÉTYM. Composé avec in négatif et épuiser, §§ 93 et 275. || 1564. J. THIERRY, *Dict. franç.-lat.*]

|| Qu'on ne peut épuiser. Source —. Ils boiront dans la coupe affreuse, —, RAC. *Ath.* II, 9. || *P. anal.* Mine —. Richesse, revenus inépuisables. || *Fig.* Cet homme a un fonds de science —. Source — de bonheur. Ce Dieu dans ses bontés toujours —, CORN. *Imit.* II, 9.

INÉPUISABLEMENT [i-né-pui-zà-ble-man] *adv.*

[ÉTYM. Composé de inépuisable et ment, § 724. || XVIIᵉ s. V. à l'article. Admis ACAD. 1878.]

|| D'une manière inépuisable. Continuellement et —, BOSS. 6ᵉ *Avert. aux protest.* 31.

INERME [i-nèrm'] *adj.*

[ÉTYM. Emprunté du lat. inermis, sans arme. || 1798. L.-C.-M. RICHARD, *Dict. de botan. de Bulliard.* Admis ACAD. 1835.]

|| (Botan.) Qui n'a pas d'épine. Tige —.

INERTE [i-nèrt'] *adj.*

[ÉTYM. Emprunté du lat. iners, inertis, *m. s.* || XVIᵉ s. Maistres inerts, RAB. I, 18. Admis ACAD. 1798.]

|| Qui n'a pas d'activité propre. Une masse —. Membres inertes. || *P. anal.* Esprit —. Résistance —.

INERTIE [i-nèr-sî] *s. f.*

[ÉTYM. Emprunté du lat. inertia, *m. s.* || XIVᵉ s. Athonie ou inertie, ORESME, dans MEUNIER, *Essai sur Oresme.* Admis ACAD. 1762.]

|| Caractère de ce qui est inerte. L'— d'un membre. L'— du caractère, de la volonté. || Force d'—, propriété qu'ont les corps de ne pouvoir, d'eux-mêmes et sans cause étrangère, changer d'état. *Fig.* Résistance passive de la volonté.

INESPÉRABLE [i-nĕs'-pé-ràbl'] *adj.*

[ÉTYM. Composé in négatif et espérer, §§ 93 et 275. || 1575. DE LA PORTE, *Épith.* Admis ACAD. 1878.]

|| Que l'on ne peut espérer.

INESPÉRÉ, ÉE [i-nĕs'-pé-ré] *adj.*

[ÉTYM. Composé avec in négatif et espérer, §§ 44 et 275. || 1564. J. THIERRY, *Dict. franç.-lat.* Admis ACAD. 1740.]

|| Que l'on n'espérait pas. Succès, bonheur —.

INESPÉRÉMENT [i-nĕs'-pé-ré-man] *adv.*

[ÉTYM. Pour inespéréement, composé de inespérée et ment, § 724. || XVIᵉ s. La seule chose qui luy avoit defailli... lui estoit inesperement offerte, AMYOT, *Ant.* 67. Admis ACAD. 1740.]

|| D'une manière inespérée.

INESTIMABLE [i-nĕs'-ti-màbl'] *adj.*

[ÉTYM. Composé avec in négatif et estimer, §§ 93 et 275. || XIVᵉ s. Inestimable consolation, *Ménagier*, I, 124.]

|| Qui ne peut être estimé à un assez haut prix. Un diamant d'une valeur —. L'habit de M. de Conti était —, SÉV. 772. Et c'est toujours pour Rome un bien —, CORN. *Cinna*, II, 2.

*** INÉTENDU, UE** [i-né-tan-du] *adj.*

[ÉTYM. Composé avec in négatif et étendre, §§ 44 et 275. || 1765. ENCYCL. Admis ACAD. 1798 ; suppr. en 1835.]

|| Qui n'a pas d'étendue. L'une (des deux substances qui nous composent) est inétendue, immatérielle, BUFF. *Homme*, introd.

INÉVITABLE [i-né-vi-tàbl'] *adj.*

[ÉTYM. Emprunté du lat. inevitabilis, *m. s.* || 1549. R. EST.]

|| Qu'on ne peut éviter. Des maux inévitables, LA F. *Fab.* II, 13. Des embarras du trône effet —! RAC. *Esth.* II, 3. || *Rare.* Avec que et le subjonctif. Il est — qu'elle (l'âme) ne s'y porte avec joie, PASC. *Art de persuader.*

INÉVITABLEMENT [i-né-vi-tà-ble-man] *adv.*

[ÉTYM. Composé de inévitable et ment, § 724. || XVᵉ s. *Eurialus*, dans GODEF. *Compl.* Admis ACAD. 1718.]

|| D'une manière inévitable.

INEXACT, ACTE [i-nĕg'-zàkt'] *adj.*

[ÉTYM. Composé de in négatif et exact, § 275. || 1701. FURET. Admis ACAD. 1762.]

|| Qui n'est pas exact. Un récit —. || Un homme —.

INEXACTEMENT [i-nĕg'-zàk-te-man] *adv.*

[ÉTYM. Composé de inexacte et ment, § 724. || *Néolog.* Admis ACAD. 1835.]

|| D'une manière inexacte.

INEXACTITUDE [i-nĕg'-zàk-ti-tud] *s. f.*

[ÉTYM. Composé de in négatif et exactitude, § 275. || 1701. FURET. Admis ACAD. 1762.]

|| Défaut d'exactitude. L'— d'un récit, d'un calcul. [L'— d'une personne.

INEXCUSABLE [i-nĕks'-ku-zàbl'] *adj.*

[ÉTYM. Composé de in négatif et excusable, à l'imitation du lat. inexcusabilis, *m. s.* § 275. || 1474. Par quoy il est inexcusable, *Myst. de l'Incarnat.* dans DELB. *Rec.*]

|| Qui n'est pas excusable. Marot et Rabelais sont inexcusables d'avoir semé l'ordure dans leurs écrits, LA BR. 1. Des fautes inexcusables contre les mœurs, ID. *ibid.*

INEXÉCUTABLE [i-nĕg'-zé-ku-tàbl'] *adj.*

[ÉTYM. Composé avec in négatif et exécuter, §§ 93 et 275. Se trouve au XVIᵉ s. dans la *Chron. bordel.* (*V.* DELB. *Rec.*) Signalé comme néologisme par l'ABBÉ DESFONTAINES dans son *Dict. néolog.* (1726). Admis ACAD. 1798.]

|| Qu'on ne peut exécuter.

INEXÉCUTÉ, ÉE [i-nĕg'-zé-ku-té] *adj.*

[ÉTYM. Composé avec in négatif et exécuter, §§ 44 et 275. || XVᵉ s. Lettres... inexequtees et comme illusoires, *Reg. du conseil sous Ch. VIII*, p. 193.]

|| Qui n'a pas été exécuté. Projets inexécutés.

INEXÉCUTION [i-nĕg'-zé-ku-syon ; *en vers,* -si-on] *s. f.*
[ÉTYM. Composé de in négatif et exécution, § 275. || XVIe-XVIIe s. Les Reformez se plaignoient des inexecutions de l'edict, D'AUB. *Hist. univ.* III, p. 2, de Ruble.]
|| Manque d'exécution. L'— d'un traité.

INEXERCÉ, ÉE [i-nĕg'-zèr-sé] *adj.*
[ÉTYM. Composé avec in négatif et exercer, §§ 44 et 275. || Admis ACAD. 1798.]
|| Qui n'est pas exercé. Main inexercée.

INEXIGIBLE [i-nĕg'-zi-jibl'] *adj.*
[ÉTYM. Composé de in négatif et exigible, § 275. || Néolog. Admis ACAD. 1835.]
|| Qui n'est pas exigible. Une dette —.

INEXORABLE [i-nĕg'-zò-ràbl'] *adj.*
[ÉTYM. Emprunté du lat. inexorabilis, m. s. || XVe-XVIe s. Commandement inexorable, CL. DE SEYSSEL, *Appien,* dans DELB. *Rec.*]
|| Insensible aux prières. Mithridate revient, peut-être —, RAC. *Mithr.* I, 5. Mon père et mon devoir étaient inexorables, CORN. *Poly.* I, 3. Dur au travail et à la peine, — à soi-même, LA BR. 4. Le rigide et — ministère de la justice, BOSS. *Le Tellier.*

INEXORABLEMENT [i-nĕg'-zò-rà-ble-man] *adv.*
[ÉTYM. Composé de inexorable et ment, § 724. || XVIIe s. V. à l'article. Admis ACAD. 1740.]
|| D'une manière inexorable. Sa grâce lui fut — refusée. Irremédiablement et —, BOSS. *Élévat. sur les myst.* VI, 14.

INEXPÉRIENCE [i-nĕks'-pé-ryäns' ; *en vers,* -ri-äns'] *s. f.*
[ÉTYM. Composé de in négatif et expérience, § 275. || 1460. Leur inexperience des armes, *Droits de la cour. de France,* dans DELB. *Rec.* Admis ACAD. 1762.]
|| Défaut d'expérience.

INEXPÉRIMENTÉ, ÉE [i-nĕks'-pé-ri-man-té] *adj.*
[ÉTYM. Composé de in négatif et expérimenté, § 275. || XVe-XVIe s. Homme inexperimenté de guerre, CL. DE SEYSSEL, *Appien,* dans DELB. *Rec.* Admis ACAD. 1718.]
|| Qui manque d'expérience.

INEXPIABLE [i-nĕks'-pyàbl' ; *en vers,* -pi-àbl'] *adj.*
[ÉTYM. Emprunté du lat. inexpiabilis, m. s. || XVe-XVIe s. FOSSETIER, *Chron. margar.* dans GODEF. *Compl.* Admis ACAD. 1718.]
|| Qui ne peut être expié. Forfait —.

INEXPIÉ, ÉE [i-nĕks'-pyé ; *en vers,* -pi-é] *adj.*
[ÉTYM. Composé avec in négatif et expier, §§ 44 et 275. || Néolog. Admis ACAD. 1878.]
|| Qui n'a pas été expié.

INEXPLICABLE [i-nĕks'-pli-kàbl'] *adj.*
[ÉTYM. Emprunté du lat. inexplicabilis, m. s. || 1486. Texte dans GODEF. *Compl.*]
|| Qui ne peut être expliqué. Est-ce (l'homme) une énigme —? BOSS. *La Vall.* Une conduite —. Les inclinations naissantes, après tout, ont des charmes inexplicables, MOL. *D. Juan,* I, 2.

INEXPLIQUÉ, ÉE [i-nĕks'-pli-ké] *adj.*
[ÉTYM. Composé avec in négatif et expliquer, §§ 44 et 275. || Néolog. Admis ACAD. 1878.]
|| Qui n'a pas été expliqué. Texte obscur et —.

INEXPLOITÉ, ÉE [i-nĕks'-plwà-té] *adj.*
[ÉTYM. Composé avec in négatif et exploiter, §§ 44 et 275. || Néolog. Admis ACAD. 1878.]
|| Qui n'a pas été exploité. Mine inexploitée.

INEXPLORÉ, ÉE [i-nĕks'-plò-ré] *adj.*
[ÉTYM. Composé de in négatif et explorer, à l'imitation du lat. inexploratus, m. s. §§ 44 et 275. || Néolog. Admis ACAD. 1878.]
|| Qui n'est pas encore exploré. Régions inexplorées.

INEXPLOSIBLE [i-nĕks'-plò-zibl'] *adj.*
[ÉTYM. Composé de in négatif et explosible, § 275. || Néolog. Admis ACAD. 1878.]
|| Qui n'est pas explosible. Chaudière —.

INEXPRIMABLE [i-nĕks'-pri-màbl'] *adj.*
[ÉTYM. Composé avec in négatif et exprimer, §§ 93 et 275. || XVIe s. II. EST. dans GODEF. *Compl.*]
|| Qu'on ne peut exprimer par des paroles. Douleur, joie —. Ce charme — Qui rend le dieu des vers sur tous autres aimable, LA F. *Songe de Vaux,* 2.

INEXPUGNABLE [i-nĕks'-pŭg'-nàbl'] *adj.*
[ÉTYM. Emprunté du lat. inexpugnabilis, m. s. || XIVe s. Leurs forteresces artificialles sont inexpugnables, BERSUIRE, fo 98, dans LITTRÉ.]

|| Dont on ne peut s'emparer. Ville, forteresse —. L'— Philisbourg, LA F. *Stances.* | *Fig. Famil.* Une femme, un cœur —.

INEXTENSIBLE [i-nĕks'-tan-sïbl'] *adj.*
[ÉTYM. Composé de in négatif et extensible, § 275. || XVIIIe s. V. à l'article. Admis ACAD. 1878.]
|| Qui n'est pas extensible. Fil —, BUFF. *Essai d'arithm. mor.* 32.

IN EXTENSO [i-nĕks'-tin-só] *loc. adv.*
[ÉTYM. Emprunté du lat. in extenso, m. s. § 217. || Admis ACAD. 1878.]
|| Dans toute son étendue. Le compte rendu — de la séance du sénat.

INEXTINGUIBLE [i-nĕks'-tin-ghuïbl'] *adj.*
[ÉTYM. Emprunté du lat. inextinguibilis, m. s. || 1474. En charité ardant, inextinguible, *Myst. de l'Incarnat.* dans DELB. *Rec.*]
|| Que rien ne peut éteindre. Feux inextinguibles. || *Fig.* Soif —. Rire —.

IN EXTREMIS [i-nĕks'-tré-mïs'] *loc. adv.*
[ÉTYM. Emprunté du lat. in extremis, m. s. § 217. || Admis ACAD. 1835.]
|| A l'extrémité. Mariage —, contracté au lit de mort.

INEXTRICABLE [i-nĕks'-tri-kàbl'] *adj.*
[ÉTYM. Emprunté du lat. inextricabilis, m. s. || XVe s. Inextricable erreur, O. DE ST-GELAIS, dans DELB. *Rec.* Admis ACAD. 1762.]
|| Qu'on ne peut démêler. Embarras, difficulté —.

INFAILLIBILITÉ [in-fà-yi-bi-li-té] *s. f.*
[ÉTYM. Dérivé de infaillible, § 255. || XVIe-XVIIe s. Infaillibilité, FR. DE SALES, dans GODEF. *Compl.*]
|| Caractère de ce qui est infaillible. L'— de son jugement. Avec une telle — de ses institutions, MONTESQ. *Espr. des lois,* IV, 6. C'en serait un étrange (miracle), si l'— était dans un, PASC. *Pens.* XXIV, 85. L'opinion ultramontaine de l'— du pape, ST-SIM. XI, 70.

INFAILLIBLE [in-fà-yïbl'] *adj.*
[ÉTYM. Composé avec in négatif et faillir, à l'imitation du lat. scolast. infaillibilis, §§ 242 et 275. || XVe s. Dieu par amour et union s'entretient infaillible et inremuable, CHASTELL. VI, 313, Kervyn.]
|| 1° Qui ne peut faire défaut. Le succès est —. Mon entreprise est sûre, et sa perte —, CORN. *Nicom.* I, 5. || Et je sais de mes maux l'— remède, MOL. *Tart.* II, 3.
|| 2° Qui ne peut commettre d'erreur. Cette prudence présomptueuse qui se croyait —, BOSS. *R. d'Angl.* Leur instinct (des animaux) est — en beaucoup de choses, FÉN. *Exist. de Dieu,* I, 2. || Nous sommes des juges infaillibles : ne voyez-vous pas que le Saint-Esprit nous éclaire? MONTESQ. *Lett. pers.* 102.

INFAILLIBLEMENT [in-fà-yi-ble-man] *adv.*
[ÉTYM. Composé de infaillible et ment, § 724. || XVe s. Infalliblement, CHASTELL. dans DELB. *Rec.*]
|| D'une manière infaillible.

INFAISABLE [in-fe-zàbl'] *adj.*
[ÉTYM. Composé de in négatif et faisable, § 275. || XVIIe s. Mot reproché à SACI par le P. BOUHOURS. Admis ACAD. 1762.]
|| Qui n'est pas faisable. Sa commission est —, VOLT. *Lett.* 27 nov. 1771.

INFAMANT, ANTE [in-fà-man, -mänt'] *adj.*
[ÉTYM. Adj. particip. de infamer, § 47. || XVIIe s. Condamnation infamante, PATRU, *Plaidoy.* 5.]
|| Qui rend infâme. Une imputation infamante. *Spécialt.* (Jurispr.) Peines infamantes, qui frappent le condamné d'infamie. Les peines en matière criminelle sont ou afflictives et infamantes ou seulement infamantes, *Code pénal,* art. 6.

INFAMATION [in-fà-mà-syon ; *en vers,* -si-on] *s. f.*
[ÉTYM. Emprunté du lat. infamatio, m. s. || 1359. Privacion, suspencion, infamacion, *Ordonn.* III, 348. Admis ACAD. 1762.]
|| *Vieilli.* Flétrissure.

INFÂME [in-fàm'] *adj.*
[ÉTYM. Emprunté du lat. infamis, m. s. || 1356. Infame et parjure, *Complainte sur la bataille de Poitiers.*]
|| Flétri par l'opinion. Qui peut vivre — est indigne du jour, CORN. *Cid,* I, 5. Lorsque nous vivons en infâmes, MOL. *D. Juan,* IV, 4. Une conduite, une vie —. Malgré l'— désertion de la milice, BOSS. *R. d'Angl.* || *Spécialt.* Flétri par la loi. La condition des comédiens était — chez les Romains, LA BR. 12. || *P. exag. Famil.* Indigne. En effet, tous ces soins sont des choses infâmes, MOL. *Éc. des m.* I, 2. Un — taudis. *Subs-*

tantivt. C'est bien à vous, — que vous êtes, à vouloir faire l'homme d'importance! MOL. *Préc. rid.* sc. 13.

***INFAMER** [in-fà-mé] *v. tr.*
[ÉTYM. Emprunté du lat. infamare, *m. s.* (*Cf.* infamant.) || XIII⁰ s. Batus par les quarrefours et infamés publiquement, *Sept Sages de Rome*, p. 18, G. Paris.]
|| *Vieilli.* Rendre infame.

INFAMIE [in-fà-mi] *s. f.*
[ÉTYM. Emprunté du lat. infamia, *m. s.* L'anc. franç. dit ordinairement infame, conformément à l'accentuation du latin. || XIV⁰ s. Pour aucune infamie que il avoient oy dire de lui, BERSUIRE, f⁰ 42, dans LITTRÉ.]
|| Caractère de ce qui est infame. Noter qqn d'—. L'— est pareille, et suit également Le guerrier sans courage et le perfide amant, CORN. *Cid*, III, 6. N'ai-je donc tant vécu que pour cette —? ID. *ibid.* I, 4. || *Spécialt.* Flétrissure imprimée par la loi. Peine qui emporte —. Couronne d'—, couronne de laine qu'on faisait porter autrefois à l'individu condamné à une peine infamante. || *P. ext.* Action, parole infâme. Faire, dire une —. Après cette — es-tu digne de vivre? CORN. *Nicom.* IV, 3.

INFANT, ANTE [in-fan, -fant'] *s. m.* et *f.*
[ÉTYM. Emprunté de l'espagn. infante, *m. s.* proprt, « enfant », § 13. || 1407. Je prins congié de l'infant de Castille, G. DE LANNOY, dans DELB. *Rec.*]
|| En Espagne et en Portugal, nom donné aux princes et princesses puinés. L'— d'Espagne. L'infante était fille de France comme fille du roi d'Espagne et cousine germaine du roi, ST-SIM. XVIII, 375. || *P. ext. Famil.* Princesse, femme aimée. Hé! vous voilà, princesse, infante de ma vie! REGNARD, *Démocr.* IV, 7. || *Fig.* O paix, infante des cieux, LA F. *Ode* 2.

INFANTERIE [in-fant'-ri ; *en vers,* -fan-te-ri] *s. f.*
[ÉTYM. Emprunté de l'ital. infanteria, *m. s.* § 12. (*Cf.* fantassin.) || XVI⁰ s. En quel lieu l'infanterie, RONS. VI, 390, Biblioth. elzévir.]
|| L'ensemble des gens de guerre qui marchent et combattent à pied. Restait cette redoutable — de l'armée d'Espagne, BOSS. *Condé.* — de marine, affectée à la garde des arsenaux, des ports militaires, et au service des colonies.

1. INFANTICIDE [in-fan-ti-sid'] *s. m.* et *f.*
[ÉTYM. Emprunté du lat. infanticida, *m. s.* || XVI⁰ s. Femmes adulteres, venefiques, infanticides, RAB. V, 2. Admis ACAD. 1798.]
|| *Peu usité.* Celui, celle qui tue un enfant, et, *spécialt,* son enfant nouveau-né.

2. INFANTICIDE [in-fan-ti-sid'] *s. m.*
[ÉTYM. Emprunté du lat. infanticidium, *m. s.* || 1611. COTGR. Admis ACAD. 1798.]
|| Meurtre d'un enfant nouveau-né. || *Spécialt.* Meurtre par la mère de son enfant nouveau-né.

***INFANTILE** [in-fan-til] *adj.*
[ÉTYM. Emprunté du lat. infantilis, *m. s.* Rendu d'abord par enfantil (*Serm. de St Bern.* p. 67), puis par infantile, §§ 502 et 503. || XVI⁰ s. Motz infantiles, BONIVARD, *Advis des lang.* p. 60. Inusité aux XVII⁰ et XVIII⁰ s. Repris de nos jours.]
|| (T. didact.) Relatif à l'enfant en bas âge. Choléra —, entérite qui attaque les enfants en bas âge.

INFATIGABLE [in-fà-ti-gàbl'] *adj.*
[ÉTYM. Emprunté du lat. infatigabilis, *m. s.* || XV⁰-XVI⁰ s. Invincible, infatigable, J. LE MAIRE, dans DELB. *Rec.*]
|| Qui ne se fatigue pas. Également actif et — dans la paix comme dans la guerre, BOSS. *R. d'Angl.* Travailleur —. || *Ar-deur,* zèle —. || *P. ext.* Son commerce (avec Pontchartrain) était insupportable par ses infatigables questions, ST-SIM. XI, 11.

INFATIGABLEMENT [in-fà-ti-gà-ble-man] *adv.*
[ÉTYM. Composé de infatigable et ment, § 724. || XIV⁰ s. Par de telz incitemens il estoit infatigablement substanté, J. DE VIGNAY, *Miroir hist.* dans DELB. *Rec.*]
|| D'une manière infatigable.

INFATUATION [in-fà-tuà-syon ; *en vers,* -tu-à-si-on] *s. f.*
[ÉTYM. Dérivé de infatuer, § 247. || XVII⁰-XVIII⁰ s. V. à l'article. Admis ACAD. 1762.]
|| Caractère d'une personne infatuée. Un comble d'—, ST-SIM. II, 58.

INFATUER [in-fà-tué ; *en vers,* -tu-é] *v. tr.*
[ÉTYM. Emprunté du lat. infatuare, *m. s.* || 1529. Salomon... infatué des femmes, L. LASSERE, *Vie de St Hierosme,* dans DELB. *Rec.*]

|| Enchanter ridiculement. Être infatué de soi, LA BR. 5. Des scolastiques s'en infatuérent (d'Aristote), MONTESQ. *Espr. des lois,* XXI, 20. Nous sommes infatués du monde, FÉN. *Manuel de piété.* Afin qu'ils ne se laissent pas — de leur grandeur, BOURD. *Pens. Caract. de l'humilité.*

INFÉCOND, ONDE [in-fé-kon, -kônd'] *adj.*
[ÉTYM. Emprunté du lat. infecundus, *m. s.* || XV⁰ s. Astres infecondes, O. DE ST-GELAIS, *Énéide,* dans DELB. *Rec.*]
|| (T. didact.) Qui n'est pas fécond. Femelle inféconde. || *P. anal.* Champs inféconds. || *Fig.* Esprit —. L'enfance du monde, Simple, sans passions, en désirs inféconde, LA F. *Quinquina,* 2.

INFÉCONDITÉ [in-fé-kon-di-té] *s. f.*
[ÉTYM. Emprunté du lat. infecunditas, *m. s.* || XIV⁰ s. J. LE FÈVRE, *Vieille,* dans DELB. *Rec.*]
|| (T. didact.) Manque de fécondité.

INFECT, ECTE [in-fĕkt'] *adj.*
[ÉTYM. Emprunté du lat. infectus, *m. s.* part. de inficere, gâter. || XIV⁰ s. Celui qui a le gout infect, ORESME, *Éth.* VIII, 3.]
|| Qui dégage des émanations puantes, malfaisantes. Une charogne infecte. Un marécage —. || *P. hyperb. Fig.* Qui excite le dégoût.

INFECTANT, ANTE [in-fĕk'-tan, -tänt'] *adj.*
[ÉTYM. Adj. particip. de infecter, § 47. || *Néolog.* Admis ACAD. 1878.]
|| (T. didact.) Qui infecte. Substance infectante.

INFECTER [in-fĕk'-té] *v. tr.*
[ÉTYM. Dérivé de infect, § 266. || XVI⁰ s. Que la part saine elle n'infecte et gaste, MAROT, *Métam.* 1.]
|| **I.** Imprégner de germes malfaisants. Du sang corrompu infectait l'air, FÉN. *Tél.* 15. L'air n'en est infecté, RAC. *Phéd.* V, 6. | Cette robe empestée Que de tant de poisons vous avez infectée, CORN. *Méd.* IV, 1. Ceux qui étaient infectés de la contagion. || *Fig.* Corrompre par une influence pernicieuse. Les Égyptiens étaient infectés d'idolâtrie et de magie, PASC. *Pens.* XI, 5 *bis.* Un vil amour du gain, infectant les esprits, BOIL. *Art* p. 4. Nous sommes dans le péché et infectés de la corruption de nos parents, MALEBR. *Rech. de la vérité,* II, I, 7. *Absolt.* Infectant cette simple jeunesse, RAC. *Ath.* II, 7.
|| **II.** Remplir d'émanations puantes. Il nous infecte de son haleine, et, *absolt,* Cette charogne infecte.

***INFECTIEUX, EUSE** [in-fĕk'-syou, -syéuz'; *en vers,* -si-...] *adj.*
[ÉTYM. Dérivé du radical de infection, § 251. || *Néolog.*]
|| (T. didact.) Qui produit l'infection. Liquides, tissus —. || Maladies infectieuses.

INFECTION [in-fĕk'-syon ; *en vers,* -si-on] *s. f.*
[ÉTYM. Emprunté du lat. infectio, *m. s.* || XIII⁰-XIV⁰ s. Le sang qui fait l'infection de toute la circonference, *Chirurg. de Mondeville,* f⁰ 95.]
|| **1°** Action d'infecter. Cet hôpital est un foyer d'—. *P. ext.* — purulente, maladie infectieuse. || *Fig.* L'— du péché. || **2°** Odeur infecte. Il répand l'— et la puanteur, MASS. *Lazare.*

INFÉODATION [in-fé-ò-dà-syon ; *en vers,* -si-on] *s. f.*
[ÉTYM. Dérivé de inféoder, § 247. || 1393. Infeudacion, dans DOUET D'ARCQ, *Pièces relat. à Ch. VI,* I, 116.]
|| (Droit.) Action d'inféoder.

INFÉODER [in-fé-ò-dé] *v. tr.*
[ÉTYM. Emprunté du lat. du moyen âge infeodare, *m. s.* (*V.* fief.) || 1411. Cens ou autres devoirs infeudez, *Cout. d'Anjou,* dans DELB. *Rec.*]
|| (Droit.) Aliéner (une terre) et la donner à un vassal pour qu'il la tienne en fief. — un héritage. *P. anal.* Dîmes inféodées, aliénées par l'Église à des laïques. || *P. ext.* — qqn d'une terre, la lui concéder en fief. Vassaux inféodés au seigneur suzerain. || *Fig.* S'— à un parti, à un chef, s'y attacher par un lien étroit.

INFÉRER [in-fé-ré] *v. tr.*
[ÉTYM. Emprunté du lat. inferre, *m. s.* || XVI⁰ s. Vous inferez que gens de peu d'esperit ne sçauroyent beaucoup en brief temps despendre, RAB. III, 2.]
|| (T. didact.) Tirer (une conséquence). J'infère de ce conte Que la plus forte passion C'est la peur, LA F. *Fab.* IX, 15. *Absolt.* Son âme pense, raisonne, infère, LA BR. 11.

INFÉRIEUR, EURE [in-fé-ryŏur; *en vers,* -ri-cŭr] *adj.*
[ÉTYM. Emprunté du lat. inferior, *m. s.* || XV⁰ s. Les autres membres inferiores, J. DE BUEIL, *Jouvencel,* II, p. 77.]
|| **1°** Qui occupe un lieu au-dessous. Le niveau de la Méditerranée est un peu — à celui de la mer Rouge. | *Absolt.* La

partie inférieure d'un mur. Les membres inférieurs. La mâchoire inférieure. || La partie inférieure du cours d'un fleuve, voisine de la mer. Le département de la Seine-Inférieure.

|| **2°** *Fig.* Qui occupe un degré au-dessous. Être — à qqn en science, en vertu. Un ouvrage — à un autre. | *Absolt.* Une étoffe, des marchandises de qualité inférieure. Les classes inférieures de la société. | *Substantivt.* Être l'— de qqn, au-dessous de lui en rang, en dignité. On s'élève fièrement au-dessus de ses inférieurs, LA BR. 6. Les inférieurs doivent du respect aux supérieurs. Il est d'une grande insolence envers ses inférieurs.

INFÉRIEUREMENT [in-fé-ryeur-man ; *en vers*, -ri-eu-re-...] *adv.*

[ÉTYM. Composé de inférieure et ment, § 724. || 1642. OUD.]

|| A une place inférieure.

INFÉRIORITÉ [in-fé-ryò-ri-té ; *en vers*, -ri-ò-...] *s. f.*

[ÉTYM. Dérivé du lat. inferior, inférieur, § 255. || 1642. OUD.]

|| Caractère de ce qui est inférieur. Une — de niveau. || *Fig.* L'— du nombre. — de mérite.

INFERNAL, ALE [in-fèr-nàl] *adj.*

[ÉTYM. Emprunté du lat. infernalis, *m. s.* || XII° s. D'enfer trait les infernals Fuires, *Énéas*, 1919.]

|| Qui appartient à l'enfer. Les dieux infernaux. Les puissances infernales. Fuyons dans la nuit infernale, RAC. *Phèd.* IV, 6. | *Fig. Famil.* Digne de l'enfer. Machine infernale, engin meurtrier. Un vacarme —. C'est encore ce page —, BEAUMARCH. *Mar. de Fig.* V, 6. | *Spécialt.* Pierre infernale (qui brûle), azotate d'argent employé pour cautériser.

***INFERNALEMENT** [in-fèr-nàl-man ; *en vers*, -nà-le-...] *adv.*

[ÉTYM. Composé de infernale et ment, § 724. || XV° s. Feu inestimable qui art et bruit infernalment (var. infernalement), J. DE COURCY, *Bouquechardière*, dans GODEF.]

|| D'une manière infernale.

INFERTILE [in-fèr-til] *adj.*

[ÉTYM. Emprunté du lat. infertilis, *m. s.* || 1488. Pays infertile, *Ordonn.* XX, 104.]

|| Qui n'est pas fertile. Quelque coin de terre —, FÉN. *Tél.* 21. || *Fig.* Esprit —. Laissant de Galien la science —, BOIL. *Art p.* 4. Sujet —, qui fournit peu. Matière — et petite, LA F. *Fab.* I, 14.

INFERTILITÉ [in-fèr-ti-li-té] *s. f.*

[ÉTYM. Emprunté du lat. infertilitas, *m. s.* || XV°-XVI° s. FOSSETIER, *Chron. margar.* dans GODEF. *Compl.*]

|| État de ce qui est infertile.

INFESTER [in-fès'-té] *v. tr.*

[ÉTYM. Emprunté du lat. infestare, *m. s.* || 1390. Pour le infester et exciter a jouer, dans DU C. infestare.]

|| Ravager par des courses hostiles. Les pirates infestaient les côtes. Région infestée de brigands. || *P. anal.* Les sauterelles infestèrent l'Algérie. Cette maison est infestée de rats. Les champs infestés de mauvaises herbes.

INFIBULATION [in-fi-bu-là-syon ; *en vers*, -si-on] *s. f.*

[ÉTYM. Dérivé de infibuler, § 247. || XVI° s. L. JOUBERT, *Erreurs pop.* dans GODEF. *Compl.*]

|| (T. didact.) Action d'infibuler.

INFIBULER [in-fi-bu-lé] *v. tr.*

[ÉTYM. Emprunté du lat. infibulare, *m. s.* (*Cf.* affubler.) || Admis ACAD. 1798.]

|| (T. didact.) Garnir d'un anneau qui empêche l'accouplement.

INFIDÈLE [in-fi-dèl] *adj.*

[ÉTYM. Emprunté du lat. infidelis, *m. s.* || XV°-XVI° s. Grever les infideles, J. LE MAIRE, dans DELB. *Rec.*]

|| Qui n'est pas fidèle. Un sujet — à son souverain. Un époux — à sa femme. Un serviteur — à son maître. | *P. ext.* — à ses engagements. A mon plus doux espoir l'un me rend —, CORN. *Cid*, I, 6. || *Absolt.* Les flots ont englouti cet époux —, RAC. *Phèd.* II, 1. Un caissier —. | *P. ext.* Un témoin, un narrateur —. Sa mémoire est —. Une traduction —, et, *p. plaisant.* (au XVIII° s.), Les belles infidèles, traductions élégantes, mais inexactes. || *Substantivt.* L'— s'est vu partout envelopper, RAC. *Andr.* V, 3. Ainsi puissent périr tous les infidèles à leur roi ! SÉV. 970. || *Spécialt.* Qui n'est pas fidèle à Dieu. Charlemagne... attirait au christianisme les nations infidèles, BOSS. *Hist. univ.* I, 11. Quoi ! vous mêler aux vœux d'une troupe — ! CORN. *Poly.* II, 6. || *Substantivt.* Les infidèles, les peuples qui ne croient pas au vrai Dieu. Pour moi, que tu retiens parmi ces infidèles, RAC. *Esth.* I, 4. Nous ne pouvons convaincre les infidèles, PASC. *Pens.* XX, 7.

INFIDÈLEMENT [in-fi-dèl-man ; *en vers*, -dè-le-...] *adv.*

[ÉTYM. Composé de infidèle et ment, § 724. || XV° s. Aucuns d'icelle ville allerent infidelement ouvrir une porte aux Anglois, J. CHARTIER, *Chron. de Ch. VII*, dans DELB. *Rec.*]

|| D'une manière infidèle.

INFIDÉLITÉ [in-fi-dé-li-té] *s. f.*

[ÉTYM. Emprunté du lat. infidelitas, *m. s.* || XII° s. Par lur granz infidelitez, BENEEIT, *Ducs de Norm.* I, 2079.]

|| **1°** Caractère infidèle. L'— d'un époux, d'une maîtresse. L'un et l'autre (l'amour et la mer) ont une inconstance et une — égales, LA ROCHEF. *Réflex. div.* 6. || L'— d'un ami, d'un caissier. Sont... exclus de la tutelle... ceux dont la gestion attesterait l'incapacité ou l'—, *Code civil*, art. 444. || *P. anal.* L'— d'un témoin, d'un traducteur. | L'— d'une traduction, d'un récit. L'— de ses souvenirs. || *Spécialt.* Manque de fidélité à Dieu. Tous les peuples étaient dans l'—, PASC. *Pens.* XVIII, 5. Des témoignages de leur — (des Juifs), BOSS. *Hist. univ.* II, 27.

|| **2°** Acte infidèle. Les infidélités devraient éteindre l'amour, LA ROCHEF. *Max.* 359. Faire une — à qqn. Un domestique qui a commis des infidélités. Les infidélités d'un traducteur, et, *p. ext.* d'une traduction. || *Spécialt.* Acte infidèle envers Dieu. Prévoyant ses infidélités (du peuple juif), BOSS. *Hist. univ.* II, 3.

INFILTRATION [in-fil-trà-syon ; *en vers*, -si-on] *s. f.*

[ÉTYM. Dérivé de infiltrer, § 247. || XVI° s. L. JOUBERT, *Grande Chirurg.* dans GODEF. *Compl.* Admis ACAD. 1762.]

|| (T. didact.) Action de s'infiltrer. L'— de l'eau dans le bois, dans les terres. || *Spécialt.* (Médec.) Épanchement qui se fait peu à peu. — de sérosités. || *Fig.* L'— des mauvaises doctrines.

INFILTRER (S') [in-fil-tré] *v. pron.*

[ÉTYM. Composé avec le lat. in, dans, et filtre, § 275 ; proprt, « passer comme dans un filtre ». || XVI° s. Infiltré et meslé avec luy, PARÉ, III, 2. Admis ACAD. 1762.]

|| (T. didact.) S'insinuer peu à peu dans les pores, dans les interstices d'un corps solide. L'eau s'infiltre dans la terre. *Spécialt.* (Médec.) Les sérosités qui s'infiltrent dans le tissu cellulaire. || *Fig.* Pénétrer peu à peu dans l'esprit. Les nouvelles doctrines s'infiltraient peu à peu dans les esprits.

INFIME [in-fim'] *adj.*

[ÉTYM. Emprunté du lat. infimus, *m. s.* || 1501. Mort infyme, A. DE LA VIGNE, *Compl. du roy de la Bazoche.* Admis ACAD. 1798.]

|| Qui est au plus bas degré. Les rangs infimes de la société. Une condition —. || *Substantivt.* Les infimes, ceux qui occupent le rang le plus bas.

***INFIMITÉ** [in-fi-mi-té] *s. f.*

[ÉTYM. Dérivé de infime, § 255. || XVII°-XVIII° s. V. à l'article.]

|| *Rare.* Caractère de ce qui est infime. Le cardinal (Fleury) avait passé sa vie d'abord dans l'—, ST-SIM. XV, 319.

INFINI, IE [in-fi-ni] *adj.*

[ÉTYM. Emprunté du lat. infinitus, *m. s.* Le mot lat. a été rendu au XIII° s. par infinite. (*V.* DELB. *Rec.*) || XIII° s. Tresor infinit, *Bible*, dans GODEF. *Compl.*]

|| **1°** Qui n'a point de fin, qui ne finit point. Un supplice — et éternel, BOSS. *A. de Gonz.*

|| **2°** Qui est illimité dans son être. L'Être —. Dieu seul est —. Intelligence infinie de Dieu. L'espace —. La durée infinie. || *Substantivt.* Ce qui est illimité dans son être, sa nature. Le fini s'anéantit en présence de l'—, PASC. *Pens.* X, 1 *bis.* || *P. anal.* (Mathém.) Ce à quoi l'esprit ne conçoit pas de limites, ce qui est plus grand que toute quantité assignable. L'unité jointe à l'— ne l'augmente de rien, PASC. *Pens.* X, 1. Géométrie de l'—, ancien nom du calcul infinitésimal. || *Loc. adv.* A l'—, au delà de toute limite assignable. Les nombres sont divisibles à l'—.

|| **3°** *P. ext. Famil.* Trop considérable pour être mesuré. Une variété infinie d'objets. Des désordres infinis, BOSS. *Hist. univ.* II, 10. Je vous ai des obligations infinies. || *Loc. adv.* A l'—. La licence n'ayant plus de frein, les sectes se multiplieraient jusqu'à l'—, BOSS. *R. d'Angl.*

INFINIMENT [in-fi-ni-man] *adv.*

[ÉTYM. Pour infiniement, composé de infinie et ment, § 724. || 1539. Infiniement, R. EST.]

|| **1°** D'une manière infinie. Dieu est — bon. (Mathém.) Quantité — petite, plus petite qu'aucune quantité assignable. Le calcul des — petits, le calcul différentiel.

‖ **2°** *Famil.* Extrêmement. Un caractère d'original qui plaît —, MALEBR. *Rech. de la vérité*, II, III, 5. Je vous suis — obligé.

INFINITÉ [in-fi-ni-té] *s. f.*
[ÉTYM. Emprunté du lat. infinitas, m. s. ‖ XIIIᵉ s. De la gent une infinité, FRÈRE ANGER, *St Grégoire*, dans DELB. *Rec.*]
‖ Caractère de ce qui est infini. C'est le Seigneur lui-même qui va commencer de mesurer toutes choses par sa propre —, BOSS. *Impén. fin.* 2. (Les passions) ont toutes une — qui se fâche de ne pouvoir être éprouvée, BOSS. *Nécessité de la pénit.* 1. Je ne vois que des infinités de toutes parts, PASC. *Pens.* IX, exorde. ‖ *Famil.* Quantité très considérable. Une — de familles meurent de faim et de désespoir, BOSS. *Impén. fin.* 3. On a dit... qu'il y en a une — qui ont péri, SÉV. 285.

INFINITÉSIMAL, ALE [in-fi-ni-té-zi-màl] *adj.*
[ÉTYM. Dérivé de infinitésime, § 238. ‖ Admis ACAD. 1762.]
‖ (Mathém.) Relatif aux quantités infiniment petites. Le calcul — comprend le calcul différentiel et le calcul intégral. Administrer un remède par doses infinitésimales.

'INFINITÉSIME [in-fi-ni-té-zim'] *adj.*
[ÉTYM. Dérivé du lat. infinitus, § 243 bis. ‖ 1752. TRÉV.]
‖ (Mathém.) Qui est infiniment petit, plus petit que toute quantité assignable.

INFINITIF, 'INFINITIVE [in-fi-ni-tif, -tiv'] *adj.*
[ÉTYM. Emprunté du lat. infinitivus, m. s. ‖ XIVᵉ-XVᵉ s. Muef infinitif, EUST. DESCH. dans DELB. *Rec.*]
‖ (Gramm.) Qui exprime l'action du verbe d'une manière indéterminée. Le mode —, et, *substantivt*, Un verbe à l'—, au mode infinitif. Le présent, le passé de l'—. Proposition infinitive. Construction infinitive.

INFIRMATIF, IVE [in-fir-mà-tif, -tiv'] *adj.*
[ÉTYM. Dérivé de infirmer, § 257. ‖ 1611. COTGR.]
‖ (T. didact.) Qui infirme. Arrêt — d'un jugement.

INFIRMATION [in-fir-mà-syon ; en vers, -si-on] *s. f.*
[ÉTYM. Emprunté du lat. infirmatio, m. s. ‖ 1520. Confirmation ou infirmation d'élections, *Ordonn.* dans DELB. *Rec.* Admis ACAD. 1878.]
‖ (T. didact.) Action d'infirmer. L'— d'un jugement.

INFIRME [in-firm'] *adj.*
[ÉTYM. Emprunté du lat. infirmus, m. s. L'anc. franç. a enfer(m), enferme, de formation pop., au sens général de « malade », § 502. ‖ XVIᵉ-XVIIᵉ s. Nous disons aujourd'hui infirme, infirmité, PASQ. *Rech.* VIII, 34.]
‖ **1°** *Vieilli.* Qui n'est pas ferme, qui n'a pas de force. L'esprit est prompt, et la chair —, PASC. *Myst. de Jésus*, 1. Donner le lait aux infirmes, BOSS. *Le Tellier.*
‖ **2°** Qui est dans une incapacité plus ou moins complète de remplir telle ou telle fonction de l'organisme (sourd, boiteux, etc.). Il est — du bras gauche. | *Absolt.* — et malade comme je suis, MOL. *Mal. im.* 1, 5. ‖ *Substantivt.* Dire merveilles de sa santé devant des infirmes, LA BR. 5.

INFIRMER [in-fir-mé] *v. tr.*
[ÉTYM. Emprunté du lat. infirmare, m. s. ‖ XIVᵉ s. Se leur raisons sont infirmees, ORESME, *Éth.* VII, 15.]
‖ (T. didact.) Affaiblir dans son autorité. — une preuve, un témoignage. ‖ *Spécialt.* (Droit.) — un jugement, l'annuler ou le réformer (en parlant d'un juge supérieur).

INFIRMERIE [in-fir-me-ri] *s. f.*
[ÉTYM. Dérivé de infirmier, §§ 65 et 69. ‖ XIIIᵉ s. Enfermerie, *Mir. de St Louis*, p. 153. | 1642. Infirmerie, OUD.]
‖ **1°** Office d'infirmier, d'infirmière dans un couvent. ‖ **2°** Local destiné aux malades dans un couvent, un collège, un lycée, etc. Il a été envoyé à l'—. ‖ *P. anal.* Local disposé pour les animaux malades dans une oisellerie, un chenil, etc. ‖ Abri pour les plantes faibles ou nouvellement transplantées. ‖ *Fig. Famil.* Cette maison est une —, en parlant d'une maison où il y a plusieurs malades.

INFIRMIER, IÈRE [in-fir-myé, -myèr] *s. m. et f.*
[ÉTYM. Emprunté du lat. du moyen âge infirmarius, m. s. ‖ 1288. Frere Jehan de Roissi, enfermier, dans DELB. *Rec.* | 1642. Infirmier, OUD.]
‖ **1°** Religieux, religieuse ayant charge des malades du couvent. ‖ *P. ext.* Membre du conclave chargé d'aller chercher les bulletins de vote des cardinaux malades pour l'élection du pape. ‖ **2°** Celui, celle qui soigne les malades dans une infirmerie, dans un hôpital.

INFIRMITÉ [in-fir-mi-té] *s. f.*
[ÉTYM. Emprunté du lat. infirmitas, m. s. Anc. franç.

enferté, mot de formation pop., et enfermeté, mot à demi savant, §§ 502 et 503. ‖ XIᵉ s. Molt li engrieget la soe enfermetet, *St Alexis*, 278. | 1413. Leurs forces, leurs infirmitez, J. DE LA FONTAINE, *Font. des amour. de science.*]
‖ **1°** Défaut de fermeté, de force. L'— de notre nature. L'— qui nous environne de toutes parts, BOSS. *Concupisc.* 9. Nous commençons tous notre vie par les infirmités de l'enfance, ID. *Gournay*, 1.
‖ **2°** Incapacité de remplir telle ou telle fonction de l'organisme. Il est atteint d'une — gênante. Avec l'âge arrivent les infirmités. Les infirmités de la vieillesse.

INFLAMMABLE [in-flàm'-màbl'] *adj.*
[ÉTYM. Dérivé du lat. inflammare, enflammer, § 242. ‖ 1611. COTGR.]
‖ Qui s'enflamme facilement. Une substance —. ‖ *Fig. Famil.* Qui prend facilement feu pour qqch. Caractère, cœur —.

INFLAMMATION [in-flàm'-mà-syon] *s. f.*
[ÉTYM. Emprunté du lat. inflammatio, m. s. ‖ XIVᵉ s. Laquelle citacion fut plus inflammacion qui esbahisement du fier engin de lui, BERSUIRE, fᵒ 54, dans LITTRÉ.]
‖ **1°** *Rare.* Action par laquelle une matière combustible s'enflamme. L'— de la poudre, du gaz. ‖ *Fig.* Excitation violente. Qui cause, Seigneur, votre —? MOL. *Dép. am.* II, 6.
‖ **2°** (Médec.) État morbide caractérisé par la chaleur, la douleur et qqf la tuméfaction de la partie malade. — du poumon, de l'intestin.

INFLAMMATOIRE [in-flàm'-mà-twàr] *adj.*
[ÉTYM. Dérivé du lat. inflammare, § 249. ‖ 1722. Maladies inflammatoires, dans *Journal des sav.* p. 42. Admis ACAD. 1762.]
‖ (Médec.) Caractérisé par l'inflammation. Maladie —. Symptômes inflammatoires.

INFLÉCHIR [in-flé-chir] *v. tr.*
[ÉTYM. Composé de la particule lat. in, en, et fléchir, d'après inflexion, § 275. (*Cf.* l'anc. franç. enfléchir.) ‖ 1738. Rayons infléchis, DE MAIRAN, dans *Mém. de l'Acad. des sc.* p. 58. Admis ACAD. 1835.]
‖ (T. didact.) Fléchir insensiblement. La frontière s'infléchit à l'est. Les rayons du soleil nous arrivent infléchis par notre atmosphère. Arc infléchi, formé de deux talons tangents par leurs sommets (⌣). ‖ *Spéciall.* Rameaux infléchis, recourbés du dehors au dedans.

INFLEXIBILITÉ [in-flĕk'-si-bi-li-té] *s. f.*
[ÉTYM. Dérivé de inflexible, § 255. On trouve inflectibilité dans la *Chirurg. de Mondeville*, fᵒ 65 (XIIIᵉ-XIVᵉ s.). ‖ 1611. ARTHUS THOMAS, *Comm. sur Apoll. Thyan.* dans DELB. *Rec.* Admis ACAD. 1718.]
‖ Caractère de ce qui est inflexible. ‖ L'— d'un corps dur. ‖ *Fig.* Caractère de celui qu'aucune considération ne fait fléchir. L'— d'un juge. L'— de son caractère.

INFLEXIBLE [in-flĕk'-sibl'] *adj.*
[ÉTYM. Emprunté du lat. inflexibilis, m. s. ‖ XIIIᵉ-XIVᵉ s. Terre... desechie et endurcie et inflexible par la chaleur du soleil, *Chirurg. de Mondeville*, fᵒ 65.]
‖ **1°** Qu'on ne peut fléchir. Il n'y a point de corps vraiment — dans la nature.
‖ **2°** *Fig.* Qu'on ne peut faire fléchir dans ses volontés. — aux prières. Juge, maître, tyran —. Homme que la nature avait fait bienfaisant et que la raison rendait —, BOSS. *Le Tellier.* ‖ En parlant des choses. Volonté —. Mais de faire fléchir un courage —, RAC. *Phéd.* II, 1. Vertu, opiniâtreté —. La règle est —.

INFLEXIBLEMENT [in-flĕk'-si-ble-man] *adv.*
[ÉTYM. Composé de inflexible et ment, § 724. ‖ XVᵉ-XVIᵉ s. FOSSETIER, *Chron. margar.* dans GODEF. *Compl.*]
‖ D'une manière inflexible.

INFLEXION [in-flĕk'-syon ; en vers, -si-on] *s. f.*
[ÉTYM. Emprunté du lat. inflexio, m. s. ‖ XIVᵉ s. ÉVRART DE CONTY, *Probl. d'Aristote*, dans GODEF. *Compl.*]
‖ (T. didact.) Action d'infléchir.
‖ **1°** Action de fléchir insensiblement. Les inflexions du corps, des bras. Une — de corps. ‖ *P. ext.* L'— des rayons lumineux passant d'un milieu dans un autre plus ou moins dense.
‖ **2°** *Fig.* Changement de ton, d'accent, en parlant ou en chantant. Des inflexions de voix justes. L'abbé de Caumartin répondit d'un ton mesuré et par de légères inflexions de voix, ST-SIM. I, 205. ‖ *Spéciall.* (Gramm.) **1.** Modification du son d'une voyelle sous l'influence d'une autre voyelle placée dans la syllabe suivante. | **2.** *Vieilli.* Flexion. (*V.* ce mot.)

*INFLICTION [in-flik'-syon; *en vers*, -si-on] *s. f.*
[ÉTYM. Emprunté du lat. inflictio, *m. s.* ‖ 1486. *Règle de St-Benoît*, dans GODEF. *Compl.* Admis ACAD. 1762; suppr. en 1835.]
‖ *Vieilli.* Action d'infliger (une peine). Pendant l'inflection (*sic*) du supplice, CHAPELAIN, *Lett.* II, 698, Tamizey de Larroque.

INFLIGER [in-fli-jé] *v. tr.*
[ÉTYM. Emprunté du lat. infligere, *m. s.* (*Cf.* affliger.) ‖ XVᵉ-XVIᵉ s. La peine de mort ne fut infligee au trahystre, P. DESREY, *Mer des hist.* dans DELB. *Rec.*]
‖ Appliquer (une peine). — un châtiment. S'— des privations.

INFLORESCENCE [in-flò-rĕs'-sāns'] *s. f.*
[ÉTYM. Dérivé du lat. inflorescere, fleurir sur, § 262. ‖ 1792. LAMARCK, dans *Journal d'hist. nat.* I, 147. Admis ACAD. 1835.]
‖ (Botan.) Disposition de la fleur sur la tige. ‖ *P. ext.* Ensemble des opérations, des organes de la floraison.

INFLUENCE [in-flu-ăns'] *s. f.*
[ÉTYM. Emprunté du lat. influentia, *m. s.* (*Cf.* influenza.) ‖ XIIIᵉ s. Lor influances ne lor rois (des comètes), J. DE MEUNG, *Rose*, 18745.]
‖ **1°** *Anciennt.* Action par laquelle s'écoule des astres un fluide qui est supposé agir sur la destinée des hommes. Des astres malins corriger l'—, BOIL. *Sat.* 1. S'il ne sent point du ciel l'— secrète, ID. *Art p.* 1. Une — que j'envoie à Paris chargée de rhumatisme, DOMINIQUE, *Arlequin dans la lune.* ‖ *P. ext.* Ce fluide même.
‖ **2°** *Fig.* Action qu'une personne, une chose, exerce sur une autre. L'— de la lune sur les marées, du climat sur le tempérament. L'— des lettres sur la civilisation, du langage sur les idées. L'— des passions. Exercer sur qqn une puissante —, une — salutaire, mauvaise. ‖ *Absolt.* Autorité qui donne cette action. Il a perdu toute —. Il a de l'— à la cour.

INFLUENCER [in-flu-an-sé] *v. tr.*
[ÉTYM. Dérivé de influence, § 266. ‖ 1792. On introduit chaque jour de nouveaux verbes : influencer, utiliser, NECKER, *Pouv. exécutif*, II, 205. Admis ACAD. 1798.]
‖ Soumettre à son influence. — qqn. Il s'est laissé — par ses amis.

INFLUENT, ENTE [in-flu-an, -ănt'] *adj.*
[ÉTYM. Tiré de influence, §§ 37 et 262. ‖ 1791. Si persécutés et si peu influens sur la chose publique, MALOUET, *Opinions*, II, 76. Admis ACAD. 1835.]
‖ Qui a de l'influence, de l'autorité. Personnage —.

*INFLUENZA [in-flu-in'-dzà] *s. f.*
[ÉTYM. Emprunté de l'ital. influenza, *m. s.* proprt, « influence », § 12. ‖ 1803. VOLNEY, *Climat des États-Unis*, p. 304.]
‖ (Médec.) Grippe maligne.

INFLUER [in-flu-é] *v. tr. et intr.*
[ÉTYM. Emprunté du lat. influere, couler dans, sur, qui se construit qqf transitivement. ‖ XIVᵉ-XVᵉ s. Ferme vertu et plus grant que nature ne l'influe communement es hommes, CHR. DE PISAN, *Ch. V*, III, 21.]
I. *Vieilli.* *V. tr.* Faire pénétrer (une action, une force) dans qqch. Inutile au corps qui lui a influé sa vie, PASC. *Pens.* XXIV, 59. Nos membres ne sentent point... le soin que la nature a d'y — les esprits, ID. *ibid.* ‖ *Fig.* (Dieu) qui influe le bien dans tout ce qu'il fait, BOSS. *Libre arb.* 2.
II. *V. intr.* ‖ **1°** *Vieilli.* Couler, pénétrer dans. Avec le lait, les mœurs et les vices de la nourrice influent dans les enfants, PARÉ, XVIII, 24.
‖ **2°** *Spéciall.* En parlant des astres, exercer son action (sur qqn ou qqch). On croyait autrefois que les astres influaient sur la destinée.
‖ **3°** *Fig.* En parlant d'une cause morale, exercer sur une personne, une chose, une action de nature à la modifier. L'éducation influe sur toute la vie. Les mœurs influent sur la littérature. Les lois influent sur les mœurs. Ces motifs ont influé sur sa détermination.

INFLUX [in-flu] *s. m.*
[ÉTYM. Emprunté du lat. influxus, action de couler dans. ‖ 1547. Ou par influx de celeste action, *Blas. de la goutte*, dans GODEF. Admis ACAD. 1878.]
‖ (T. didact.) Mouvement de certains fluides pénétrant dans quelque corps. L'— nerveux.

IN-FOLIO [in-fò-lyó; *en vers*, -li-ó] *adj.*
[ÉTYM. Mots latins signifiant « en feuille ». ‖ XVIIᵉ s. V. à l'article. Admis ACAD. 1835.]
‖ (Typogr.) Dont la feuille d'impression est pliée en deux. Format, livre — (in-1°). La dédicace des livres —, FURET. *Rom. bourg.* II, 106. *Substantivt.* L'—, le format in-folio. Des —, des livres in-folio. Quoique je sois absorbé dans les —, je n'oublie pourtant pas Corneille, VOLT. *Lett.* 13 juill. 1764.

INFORMATION [in-fòr-mà-syon; *en vers*, -si-on] *s. f.*
[ÉTYM. Dérivé de informer, § 247. (*Cf.* le lat. informatio, action de douer d'une forme.) ‖ XIIIᵉ-XIVᵉ s. Ouir bonnes informations, *Miroir des dames*, dans DELB. *Rec.*]
‖ **1°** Le fait de prendre connaissance d'un fait. ‖ *Spéciall.* (Droit.) Instruction d'une affaire criminelle. Procéder à une —. Poursuivre les informations. Convertir les informations en enquête, rendre civil un procès criminel. ‖ *P. ext.* Enquête. — de commodo et incommodo. (*V.* enquête.) — de vie et mœurs, enquête sur la conduite et les mœurs de celui qui doit être admis à certaines dignités.
‖ **2°** *P. ext.* Dans le langage général, ce qu'on cherche à connaître sur qqn, sur qqch. Aller aux informations. Prendre des informations.

INFORME [in-fòrm'] *adj.*
[ÉTYM. Emprunté du lat. informis, *m. s.* ‖ XVᵉ-XVIᵉ s. FOSSETIER, *Chron. margar.* dans GODEF. *Compl.*]
‖ **1°** Dont la forme est mal déterminée. Masse —. Corps —, à peine ébauché. ‖ *Fig.* Ouvrage —. Des vers informes.
‖ **2°** (Droit.) Qui n'est pas dans les formes prescrites. Acte, pièce —.

INFORMER [in-fòr-mé] *v. tr.*
[ÉTYM. Emprunté du lat. informare, douer d'une forme, rendu d'abord par enformer, § 503, puis informer, § 502. ‖ XIIᵉ s. A la pes enformer, GARN. DE PONT-STE-MAX. *St Thomas*, 4219. | 1286. Pour mi informer, dans DELB. *Rec.*]
I. (Philos.) Façonner dans sa forme extérieure. Le principe immatériel était l'être éternel qui informe; la matière était l'être éternel qui est informé, DIDER. *Opin. des anc. philos.* Quand même une âme humaine informerait cette huître, J.-J. ROUSS. *Ém.* 2.
II. Mettre au courant de (qqch). Au nom de l'empereur j'allais vous — D'un ordre qui d'abord a pu vous alarmer, RAC. *Brit.* I, 2. Ils prennent soin que toute la ville soit informée qu'ils font ces emplettes, LA BR. *Théophr. Complaisant.* ‖ S'— de qqn, qqch. Il s'est informé de vous. *Ellipt. Poét.* Ne vous informez point ce que je deviendrai, RAC. *Baj.* II, 5. *Absolt.* Être bien, mal informé. (Droit.) Faire une instruction en matière criminelle. — contre qqn. — d'un assassinat, sur un assassinat. La justice informe. Les juges concluent qu'il serait plus amplement informé, qu'on ferait une plus ample information. *Au part. passé pris substantivt.* Un plus ample informé, une information, une instruction judiciaire plus ample. *Fig.* S'abstenir de tout jugement jusqu'à plus ample informé. ‖ *P. ext.* Faire une enquête. — de commodo et incommodo. ‖ *Fig.* Informons de nos faits sans haine et sans envie, RÉGNIER, *Sat.* 15.

INFORTUNE [in-fòr-tun'] *s. f.*
[ÉTYM. Composé de in négatif et fortune, § 275. (*Cf.* lat. infortunium, *m. s.*) ‖ XVᵉ s. Nous jecter hors de ceste infortune, A. CHARTIER, *Quadriloge.*]
‖ **1°** Mauvaise fortune. Tomber, vivre dans l'—.
‖ **2°** Revers de fortune. Faire le récit de ses infortunes. Les infortunes inouïes d'une grande reine, BOSS. *R. d'Angl.* *Famil.* — conjugale, malheur d'un mari trompé par sa femme.

INFORTUNÉ, ÉE [in-fòr-tu-né] *adj.*
[ÉTYM. Composé de in négatif et fortuné, d'après le lat. infortunatus, *m. s.* § 275. ‖ XIVᵉ s. Quant les infortunez sont tristes, ORESME, *Éth.* IX, 15.]
‖ Qui a une mauvaise fortune. Père —. *P. ext.* Sa vie infortunée, RAC. *Esth.* II, 3. *Substantivt.* Vos bontés pour une infortunée, RAC. *Baj.* II, 5.

INFRACTEUR [in-fràk'-teur] *s. m.*
[ÉTYM. Emprunté du lat. infractor, *m. s.* ‖ 1449. Infracteurs et contempteurs, dans GODEF. *Compl.*]
‖ Celui qui enfreint. — des traités, des lois, des règlements. — de mes ordonnances, MOL. *Pourc.* II, 1.

INFRACTION [in-fràk'-syon; *en vers*, -si-on] *s. f.*
[ÉTYM. Emprunté du lat. infractio, *m. s.* ‖ 1250. S'il avenoit por aventure infractions estre faites, dans DELB. *Rec.*]
I. *Anciennt.* Rupture. — de ban.

II. Violation d'un engagement, d'une loi. C'est une — au droit des gens. Commettre une —. Toute — à la loi sera punie.

INFRANCHISSABLE [in-fran-chi-sàbl'] *adj.*
[ÉTYM. Composé avec in négatif et franchir, §§ 93 et 275. || 1794. MICHAUD D'ARÇON, *Consid. sur les fortific.* p. 200. Admis ACAD. 1878.]
|| Qu'on ne peut franchir. Un obstacle —.

INFRÉQUENTÉ, ÉE [in-fré-kan-té] *adj.*
[ÉTYM. Composé de in négatif et fréquenté, § 275. || 1575. Destroit infrequenté, DE LA PORTE, *Épithètes.* Admis ACAD. 1878.]
|| Qui n'est pas fréquenté. Lieux, chemins infréquentés. Le fleuve —, DELILLE, *Énéide,* 8.

INFRUCTUEUSEMENT [in-frŭk'-tueŭz'-man ; *en vers,* -iu-eŭ-ze-...] *adv.*
[ÉTYM. Composé de infructueuse et ment, § 724. || xve-xvie s. FOSSETIER, *Chron. margar.* dans GODEF. *Compl.*]
|| D'une manière infructueuse.

INFRUCTUEUX, EUSE [in-frŭk'-tucŭ, -tucŭz'; *en vers,* -tu-...] *adj.*
[ÉTYM. Emprunté du lat. infructuosus, *m. s.* || xive s. J. GOLEIN, *Trad. du Rational,* dans GODEF. *Compl.*]
|| Qui n'est pas fructueux.
|| **1°** *Rare.* Qui ne donne pas de fruits. Frappez l'arbre —, BOSS. *Marie-Thérèse.*
|| **2°** *Fig.* Qui ne donne pas ce qu'on en attendait. Travail, effort —.

INFUS, USE [in-fu, -fûz'] *adj.*
[ÉTYM. Emprunté du lat. infusus, *m. s.* || xiiie s. Frotez l'émastiste sur la queulx infuse en dragagant, *Simples medicines,* fo 33 c.]
|| (T. didact.) Répandu dans.
|| **1°** *Vieilli. Au propre.* Ma triste cendre infuse dans ses pleurs, D'AUB. *Printemps,* 12.
|| **2°** *Fig.* Répandu dans l'âme. Peu de gens... Ont le don d'agréer — avec la vie, LA F. *Fab.* iv, 5. L'idée du beau est infuse, LE P. ANDRÉ, *Essai sur le beau,* p. 355. *Famil.* Il croit avoir la science infuse.

INFUSER [in-fu-zé] *v. tr.*
[ÉTYM. Dérivé du lat. infusum (*cf.* infus), supin de infundere, répondre dans, § 266. || xve-xvie s. Ou prendroit-il son influence, Pour infuser telle substance? *Nat. à l'alch. err.* 326.]
|| **1°** Faire pénétrer (un liquide) dans un corps. — un sang nouveau dans un corps affaibli. || *Fig.* — dans toute la nation l'âme des confédérés, J.-J. ROUSS. *Pologne,* 2.
|| **2°** Verser sur (une substance) de l'eau ou un autre liquide bouillant, pour qu'il se charge des principes essentiels qu'elle contient. Faire — le thé. Même on pourrait ne le pas — (le quinquina), LA F. *Quinquina,* 2.

'INFUSIBILITÉ [in-fu-zi-bi-li-té] *s. f.*
[ÉTYM. Dérivé de infusible, § 255. || xviiie s. V. à l'article.]
|| (T. didact.) Caractère de ce qui est infusible. L'—, ou plutôt la résistance à l'action du feu, BUFF. *Minéraux.*

INFUSIBLE [in-fu-zïbl'] *adj.*
[ÉTYM. Composé de in négatif et fusible, § 275. || 1760. CHARAS, *Alliance du règne végétal et du règne anim.* (de Henckel), p. 39. Admis ACAD. 1762.]
|| (T. didact.) Qu'on ne peut fondre. Le charbon est —.

INFUSION [in-fu-zyon ; *en vers,* -zi-on] *s. f.*
[ÉTYM. Emprunté du lat. infusio, *m. s.* || xiiie s. Infusion de dragagant, *Simples medicines,* fo 34 c.]
|| **1°** Action de verser dans, sur qqch. Baptême par —, où l'on verse de l'eau sur la tête. L'— d'un sang nouveau dans un corps usé. || *Fig.* Action de verser dans l'âme. L'— du Saint-Esprit, de la grâce.
|| **2°** Action de faire infuser une plante, une drogue, dans un liquide; résultat de cette action. Une — de thé, de camomille.

INFUSOIRE [in-fu-zwâr'] *s. m.*
[ÉTYM. Emprunté du lat. scientif. infusorius (WRISBERG, De animalculis infusoriis, Gœttingen, 1765), *m. s.* dérivé du radical de infusion, § 249. || 1812. MOZIN, *Dict. franç.-allem.* Admis ACAD. 1835.]
|| (Hist. nat.) Animalcule qui se développe dans les infusions végétales et animales, les eaux corrompues.

INGAMBE [in-gănb'] *adj.*
[ÉTYM. Emprunté de l'ital. in gamba, « en jambe », loc. adv. employée adjectivement, § 12. Au xvie s. MART. DU

BELLAY rend in gamba par en gambe. COTGR. 1611, écrit ingambé. || xviie s. V. à l'article. Admis ACAD. 1740.]
|| Qui a les jambes lestes, alerte. Un vieillard encore —. Quand vos postillons étaient mieux ingambes, CHAPELAIN, *Lett.* i, 407, Tamizey de Larroque.

INGÉNIER (S') [in-jé-nyé ; *en vers,* -ni-é] *v. pron.*
[ÉTYM. Dérivé du lat. ingenium, esprit, § 266. (*Cf.* engeigner.) || xive-xve s. Autres... se ingenierent, CHR. DE PISAN, dans DOCHEZ, *Dict.*]
|| Se travailler l'esprit pour arriver à qqch. S'— pour sortir d'embarras.

INGÉNIEUR [in-jé-nyeŭr ; *en vers,* -ni-eŭr] *s. m.*
[ÉTYM. Dérivé de ingénier, § 249. Anc. franç. engeigniere, engeigneor, § 502. || xiie s. Li engignieres fu moult sage, *Floire et Blanchefl.* i, 1636. | xvie s. Art des ingenieurs, AMYOT, *Marcell.* 21.]
|| **1°** *Vieilli.* Celui qui invente et construit des engins de guerre. || *P. ext.* Celui qui invente, trace et construit des ouvrages pour attaquer ou défendre une place de guerre. — militaire.
|| **2°** *P. ext.* Celui qui construit des machines, conduit des travaux publics, etc. — des ponts et chaussées. — de la marine. — des mines, des chemins de fer. — civil, qui ne relève pas du gouvernement. — géographe, hydrographe. — opticien, qui fabrique des instruments d'optique.

INGÉNIEUSEMENT [in-jé-nyeŭz'-man ; *en vers,* -ni-eŭ-ze-...] *adv.*
[ÉTYM. Composé de ingénieuse et ment, § 724. || xiie-xiiie s. Engeniousement, *Dial. Gregoire,* p. 294. | 1488. Ingenieusement, N. HUEN, *Voy. à Jérus.*]
|| D'une manière ingénieuse.

INGÉNIEUX, EUSE [in-jé-nyeŭ, -nyeŭz'; *en vers,* -ni-...] *adj.*
[ÉTYM. Emprunté du lat. ingeniosus, *m. s.* Anc. franç. engeignos, engeigneus, § 502. || xve s. Ce noble et ingenieux homme Bocace, CHASTELL. vi, 267, Kervyn.]
|| Qui a de l'invention, de l'adresse. Son amitié pour moi le rend —, RAC. *Esth.* i, 1. Nécessité l'ingénieuse Leur fournit une invention, LA F. *Fab.* ix, 20, *Disc. à Mme de la Sablière.* || Où il y a de l'invention, de l'adresse. Un mécanisme —. Une idée ingénieuse. Je n'ai rien rencontré de plus —, MOL. *F. sav.* i, 4. || Suivi de à avec l'infinitif. Il est — à faire le bien. Sois moins — à te tromper toi-même, CORN. *Cinna,* i, 4.

'INGÉNIOSITÉ [in-jé-nyó-zi-té ; *en vers,* -ni-ó-...] *s. f.*
[ÉTYM. Dérivé du lat. ingeniosus, ingénieux, § 255. || xvie s. Nef de santé, dans GODEF. *Compl.*]
|| Caractère d'une personne, d'une chose ingénieuse.

INGÉNU, UE [in-jé-nu] *adj.*
[ÉTYM. Emprunté du lat. ingenuus, *m. s.* || xiiie s. L'ingenue certainement C'est homme franc naturelment, R. D'ANNEBAUT, *Institutes,* dans GODEF.]
I. (Droit.) Né libre (par opposition à esclave ou affranchi). C'est qu'ils naissent libres et ingénus, BOSS. *Polit.* VIII, ii, 2. *Substantivt.* Auguste permit à tous les ingénus d'épouser des affranchies, MONTESQ. *Espr. des lois,* xxiii, 21.
II. Qui a une innocente franchise. Il est — et sans malice, FÉN. *Dial. des morts, Anc.* 6. L'aveu me semble franc, libre, net, —, LA F. *Eunuque,* i, 1. *Substantivt.* Faire l'—, l'ingénue, se faire passer pour ingénu. *Spécialt.* (Théâtre.) Jouer les rôles d'ingénues, de jeunes filles ingénues, et, *absolt,* Jouer les ingénues.

INGÉNUITÉ [in-jé-nui-té ; *en vers,* -nu-i-té] *s. f.*
[ÉTYM. Emprunté du lat. ingenuitas, *m. s.* || xvie s. Si un serf... s'attribue ingenuité, CALV. *Instit. chr.* III, xv, 3.]
I. (Droit.) État d'une personne née libre. Charlemagne leur ôta (aux Saxons) l'—, MONTESQ. *Espr. des lois,* x, 111.
II. Innocente franchise. Cet âge est innocent ; son — N'altère point encor la simple vérité, RAC. *Ath.* ii, 7. Termes... pleins de bonté, De tendresse innocente et d'—, MOL. *Éc. des f.* iii, 4. *Spécialt.* (Théâtre.) Jouer les ingénuités, les rôles d'ingénues.

INGÉNUMENT [in-jé-nu-man] *adv.*
[ÉTYM. Pour ingénuement, composé de ingénue et ment, § 724. || xvie s. Confessons ingenuement que..., MONTAIGNE, ii, 12.]
|| D'une manière ingénue.

INGÉRENCE [in-jé-râns'] *s. f.*
[ÉTYM. Dérivé de ingérer, § 262. || Admis ACAD. 1878.]
|| Action de s'ingérer.

INGÉRER [in-jé-ré] *v. tr.* et *pron.*

[ÉTYM. Emprunté du lat. ingerere, pousser dans. Le sens I a été repris du lat. à une époque récente. (Cf. ingestion.) || XIVᵉ s. Nul ne se doit ingerer pour prendre..., ORESME, Éth. IX, 15.]

I. *V. tr.* (Physiol.) Introduire dans l'estomac. Les aliments qu'il a ingérés. (Cf. digérer.)

II. *V. pron.* S'—, s'introduire indûment. Il (le pécheur) s'ingère dans la troupe des fidèles, BOURD. Pens. Commun. indigne, 1. Pour s'— dans un emploi, ID. Jugem. de Dieu, 1. || Suivi de de avec un subst. ou un verbe. Vous êtes un impertinent, de vous — des affaires d'autrui, MOL. Méd. m. l. I, 2. Ceux qui s'ingèrent de les suivre, LA BR. 1. || Rare. Suivi de à avec un verbe. Nul ne se doit — de son autorité propre à gouverner l'Église, BOSS. Var. 15.

INGESTION [in-jès'-tyon] *s. f.*
[ÉTYM. Emprunté du lat. ingestio, action de pousser dans. || Néolog. Admis ACAD. 1878.]
|| (Physiol.) Action d'introduire dans l'estomac.

*INGLORIEUX, EUSE [in-glò-ryeù, -ryeûz'; en vers, -ri-...] *adj.*
[ÉTYM. Emprunté du lat. ingloriosus, m. s. || XIVᵉ s. Inglorieus et sans honneur, Chron. de France, Ph. le Bel, 39, P. Paris.]
|| Poét. Qui est sans gloire. Jours —, DELILLE, Trois Règnes, 3.

INGOUVERNABLE [in-gou-vèr-nàbl'] *adj.*
[ÉTYM. Composé avec in négatif et gouverner, §§ 93 et 275. || XVIIIᵉ s. V. à l'article. Admis ACAD. 1878.]
|| Qui ne peut être gouverné. Peuple —. Les Français sont donc ingouvernables, GALIANI, Corresp. II, 458.]

INGRAT, ATE [in-grà, -gràt'] *adj.*
[ÉTYM. Emprunté du lat. ingratus, m. s. || XIVᵉ s. Les malvais sont telz et ingras, ORESME, Éth. IX, 9.]
I. Qui n'est pas gracieux. Figure, physionomie ingrate. Age, — l'adolescence, où les formes sont encore indécises. Miroir —, qui reproduit les traits en les déformant. Un petit miroir — qui ne rendait que la moitié de ma figure, MARIV. Marianne, 1.
II. || 1° Qui n'est pas reconnaissant. Justinien... fut — envers ses amis, BOSS. Hist. univ. I, 11. || Vieilli. — à, de. — à mon ami, CORN. Hér. I, 4. Ingrate à vos bontés, RAC. Bér. I, 3. Je... ne veux pas être ingrate des plaisirs qu'il m'a faits, SÉV. 1014. Absolt. Il a été permis aux pères de déshériter les enfants ingrats, Remarq. du droit, p. 363 (1622). Les cœurs les plus ingrats, CORN. Cinna, III, 4.| Substantivt. Vous êtes un —, vous le fûtes toujours, RAC. Brit. IV, 2. Allez, vous êtes une ingrate, LA F. Fab. III, 9.
|| 2° Fig. Qui ne répond pas à la peine qu'on se donne. Sol —. Terre ingrate. Travail —. Un sujet —. Il renonce aux courses ingrates, LA F. Fab. VII, 12.

*INGRATEMENT [in-gràt'-man; en vers, -grà-te-...] *adv.*
[ÉTYM. Composé de ingrate et ment, § 724. || XVᵉ-XVIᵉ s. FOSSETIER, Chron. margar. dans GODEF. Compl. Admis ACAD. 1694; suppr. en 1762.]
|| Rare. D'une manière ingrate.

INGRATITUDE [in-grà-ti-tud'] *s. f.*
[ÉTYM. Emprunté du lat. ingratitudo, m. s. || XIIIᵉ s. Pechié d'ingratitude, J. DE MEUNG, Test. 81.]
|| Caractère de celui qui est ingrat. Payer qqn d'—. Leur triste servitude Devint le juste prix de leur —, RAC. Esth. III, 4. Il vaut mieux s'exposer à l'— que de manquer aux misérables, LA BR. 4. || P. ext. Acte d'ingrat. Un long récit de mes ingratitudes, RAC. Brit. II, 2. || Fig. Caractère de ce qui ne répond pas à la peine qu'on se donne. L'— du sol.

INGRÉDIENT [in-gré-dyan; en vers, -di-an] *s. m.*
[ÉTYM. Emprunté du lat. ingrediens, part. prés. de ingredi, entrer. || 1508. Drogues et ingredients d'icelles recettes, Stat. des apothic. dans DELB. Rec.]
|| (T. didact.) Élément qui entre dans la composition d'un mélange, d'une préparation. Les ingrédients d'un ragoût, d'un médicament. Les ingrédients d'une pommade. Ces eaux, ces blancs, ces pommades, Ces mille ingrédients qui font des teints fleuris, MOL. Éc. des f. III, 2. || Fig. Vos bontés sont un des ingrédients de mon paradis, VOLT. Lett. à Jaucourt, juin 1770.

INGUÉRISSABLE [in-ghé-ri-sàbl'] *adj.*
[ÉTYM. Composé avec in négatif et guérir, §§ 93 et 275. || XVᵉ s. Ingarissable mort, CHASTELL. dans DELB. Rec. Admis ACAD. 1798.]

|| Qui n'est pas guérissable. Je suis —, VOLT. Lett. à d'Argental, 13 avril 1773. Une plaie —. || Fig. Une douleur —.

INGUINAL, ALE [in-gui-nàl] *adj.*
[ÉTYM. Emprunté du lat. inguinalis, m. s. || XVIᵉ s. Hargue... inguinale, PARÉ, VI, 14. Admis ACAD. 1762.]
|| (Anat.) Qui tient à l'aine. Glandes inguinales. Hernie inguinale, qui se produit dans le canal inguinal. Bandage —.

INGURGITATION [in-gur-ji-tà-syon; en vers, -si-on] *s. f.*
[ÉTYM. Emprunté du lat. ingurgitatio, m. s. || 1488. Ce paradis est une taverne de continuelle ingurgitation, N. HUEN, Voy. à Jérus. Admis ACAD. 1878.]
|| (Médec.) Action d'ingurgiter.

INGURGITER [in-gur-ji-té] *v. tr.*
[ÉTYM. Emprunté du lat. ingurgitare, m. s. || 1488. Soy ingurgiter, N. HUEN, Voy. à Jérus. Admis ACAD. 1878.]
|| (Médec.) Introduire en quantité (un liquide) dans l'estomac. Le vin qu'il a ingurgité. Une potion qu'on lui a ingurgitée. Fig. On me faisait de force — l'algèbre, V. HUGO, A propos d'Horace.

INHABILE [i-nà-bil] *adj.*
[ÉTYM. Emprunté du lat. inhabilis, m. s. || XIVᵉ s. Inhabile a bonnes œuvres exercer, ORESME, Éth. III, 25.]
|| 1° Qui n'est pas apte. La vieillesse est — au métier des armes. Spéciall. (Droit.) Qui n'a pas la capacité requise. — à tester.
|| 2° Qui n'a pas d'habileté. Gens... inhabiles à tout, vides de sens commun, MOL. F. sav. IV, 3.

INHABILEMENT [i-nà-bil-man; en vers, -bi-le-...] *adv.*
[ÉTYM. Composé de inhabile et ment, § 724. || 1611. COTGR. Admis ACAD. 1878.]
|| D'une manière inhabile.

INHABILETÉ [i-nà-bil-té; en vers, -bi-le-té] *s. f.*
[ÉTYM. Composé de in négatif et habileté, § 275. (Cf. inhabilité.) || XIVᵉ s. EVRART DE CONTY, Probl. d'Aristote, dans GODEF. Compl. Admis ACAD. 1694; suppr. en 1718 et remplacé par inhabilité; repris en 1798.]
|| Manque d'habileté.

INHABILITÉ [i-nà-bi-li-té] *s. f.*
[ÉTYM. Composé de in négatif et habilité, § 275. (Cf. inhabileté.) || XIVᵉ s. Inhabilité a dignité sacerdotale, ORESME, dans MEUNIER, Essai sur Oresme.]
|| (Droit.) État de celui qui n'a pas la capacité requise pour un acte. — à tester.

INHABITABLE [i-nà-bi-tàbl'] *adj.*
[ÉTYM. Emprunté du lat. inhabitabilis, m. s. || 1372. Ceste ysle est inhabitable, J. CORBICHON, Propr. des choses, dans DELB. Rec.]
|| Qui n'est pas habitable. Une maison —.

INHABITÉ, ÉE [i-nà-bi-té] *adj.*
[ÉTYM. Composé avec in négatif et habiter, §§ 44 et 275. || XVᵉ s. Lieu desert et inhabité, Serm. sur St Antoine, mss franç. Bibl. nat. 970, fº 190, vº.]
|| Qui n'est pas habité. Terres inhabitées. Maison inhabitée.

INHALATION [i-nà-là-syon; en vers, -si-on] *s. f.*
[ÉTYM. Emprunté du lat. inhalatio, m. s. || 1760. Une inhalation, D'HOLBACH, Pyritologie (de Henckel), p. 302. Admis ACAD. 1878.]
|| (T. didact.) Action d'absorber (des vapeurs, des gaz). L'— de l'oxygène. — de chloroforme pour produire l'anesthésie. Salle d'— (d'un établissement hydrothérapique), où l'on respire la vapeur des eaux minérales. || P. anal. Action par laquelle les plantes absorbent les fluides ambiants.

INHÉRENCE [i-né-rāns'] *s. f.*
[ÉTYM. Dérivé de inhérent, § 262. || XIVᵉ-XVᵉ s. Inherence, Gloss. lat.-franç. dans GODEF. Compl. Admis ACAD. 1762.]
|| (T. didact.) État de ce qui est inhérent.

INHÉRENT, ENTE [i-né-ran, -rànt'] *adj.*
[ÉTYM. Emprunté du lat. inhærens, m. s. || 1599. Paction inherente au contract, Cout. de Norm. dans DELB. Rec.]
|| (T. didact.) Qui tient profondément à l'être d'une personne, d'une chose. L'accident est — à la substance. Quoiqu'elle (la mort) nous soit inhérente, BOSS. Sur la mort, 2. Le vice le plus —, si je puis parler de la sorte, et le plus inséparable des choses humaines, ID. Hist. univ. III, 5.

INHIBER [i-ni-bé] *v. intr.*
[ÉTYM. Emprunté du lat. inhibere, m. s. Le mot lat. a été rendu autrefois par inhibir. || XVIᵉ s. Leur inhiber de rien plus Lous apporter, RAB. I, 50.]

|| *Vieilli.* (Droit.) Mettre opposition à.
INHIBITION [i-ni-bi-syon; *en vers*, -si-on] *s. f.*
[ÉTYM. Emprunté du lat. inhibitio, *m. s.* || XIIIᵉ-XIVᵉ s. Inibicion Ont tuit de fornicacion, MACÉ DE LA CHARITÉ, *Bible*, dans LITTRÉ, *Suppl.*]
|| *Vieilli.* (Droit.) Action d'inhiber.
INHOSPITALIER, IÈRE [i-nôs'-pi-tà-lyé, -lyèr] *adj.*
[ÉTYM. Composé de in négatif et hospitalier, d'après le lat. inhospitalis, *m. s.* § 275. || XVIIᵉ s. *V.* à l'article. Admis ACAD. 1798.]
|| Qui n'est point hospitalier. Un peuple —. Terre inhospitalière. Les Syrtes inhospitalières, SCARR. *Virg. trav.* 4.
INHOSPITALITÉ [i-nôs'-pi-tà-li-té] *s. f.*
[ÉTYM. Emprunté du lat. inhospitalitas, *m. s.* || 1530. Inhospitalité detestable, LEF. D'ÉTAPLES, dans DELB. *Rec.* Admis ACAD. 1762.]
|| Caractère inhospitalier.
INHUMAIN, AINE [i-nu-min, -mèn'] *adj.*
[ÉTYM. Emprunté du lat. inhumanus, *m. s.* || XVᵉ s. Guerre inhumaine, JUVÉNAL DES URSINS, dans DOCHEZ, *Dict.*]
|| **1°** Qui est sans humanité. Maître —. Il faut finir ainsi cette guerre inhumaine, RAC. *Théb.* IV, 3. | *Substantivt.* Il faut courir, Olympe, après ces inhumains, RAC. *Théb.* I, 1.
|| **2°** *Spécialt.* Insensible à l'amour. (*Syn.* cruel.) Cette veuve inhumaine N'a payé jusqu'ici son amour que de haine, RAC. *Andr.* I, 1. || *Substantivt.* Mais voici de retour cette aimable inhumaine, CORN. *Cinna*, III, 3.
INHUMAINEMENT [i-nu-mèn'-man; *en vers*, -mè-ne-...] *adv.*
[ÉTYM. Composé de inhumaine et ment, § 724. || XIVᵉ s. Comment aucunes gens... firent de maux inhumainement, J. LE BEL, *Chron.* II, p. 219.]
|| D'une manière inhumaine. Voudriez-vous mettre — mon honneur au pillage, REGNARD, *Bal*, sc. 7.
INHUMANITÉ [i-nu-mà-ni-té] *s. f.*
[ÉTYM. Emprunté du lat. inhumanitas, *m. s.* || XIVᵉ s. Lesquelz firent tant d'inhumanitez et de dommages, *Songe du Vergier*, dans DOCHEZ, *Dict.*]
|| Manque d'humanité. L'— de ces cœurs de vipère, MALH. *Poës.* 103. Traiter des prisonniers avec —. || *P. ext.* Acte inhumain. Souffrant toutes sortes d'inhumanités, BOSS. *Hist. univ.* II, 20.
INHUMATION [i-nu-mà-syon; *en vers*, -si-on] *s. f.*
[ÉTYM. Dérivé de inhumer, § 247. || XVᵉ-XVIᵉ s. Inhumation du corps, J. LE MAIRE, dans DELB. *Rec.*]
|| Action d'inhumer. L'— d'un corps. Frais d'—. — précipitée, faite à la hâte, qui expose à enterrer vivante une personne qu'on croit morte.
INHUMER [i-nu-mé] *v. tr.*
[ÉTYM. Emprunté du lat. inhumare, *m. s.* || 1413. Inhumé en terre sainte, DOUET D'ARCQ, *Pièces relat. à Ch. VI*, I, 365.]
|| Mettre en terre (un corps humain) avec les cérémonies d'usage. — les morts. Il fut inhumé aux frais de l'État.
INIMAGINABLE [i-ni-mà-ji-nàbl'] *adj.*
[ÉTYM. Composé avec in négatif et imaginer, §§ 93 et 275. || XVIᵉ s. Il faut les imaginer inimaginables, MONTAIGNE, II, 12. Admis ACAD. 1718.]
|| Qui dépasse ce qu'on peut imaginer. Un désordre —.
INIMITABLE [i-ni-mi-tàbl'] *adj.*
[ÉTYM. Emprunté du lat. inimitabilis, *m. s.* || XVᵉ-XVIᵉ s. FOSSETIER, *Chron. margar.* dans GODEF. *Compl.*]
|| Qu'on ne saurait imiter. Un héroïsme —. Une grâce —.
INIMITIÉ [i-ni-mi-tyé] *s. f.*
[ÉTYM. Dérivé du radical du lat. inimicitia, *m. s.* à l'aide de la désinence qui se trouve dans amitié; l'anc. franç. dit ennemistié, d'après ennemi, §§ 502 et 503. || XIIᵉ s. Si grant anemistié, GARN. DE PONT-STE-MAX. *St Thomas*, 4141. | 1539. Inimitié, R. EST.]
|| Sentiment hostile. L'— succède à l'amitié trahie, RAC. *Bér.* I, 3. L'— qui règne entre nos deux partis, CORN. *Sertor.* III, 1. — cachée, déclarée. Sa vaine — n'est pas ce que je crains, RAC. *Phèd.* I, 1. | Des bagatelles qui font le sujet de nos inimitiés, BOURD. 2ᵉ *Sainte Trinité*, 3.
ININTELLIGENCE [i-nin-tèl'-li-jàns'] *s. f.*
[ÉTYM. Composé de in négatif et intelligence, § 275. || *Néolog.* Admis ACAD. 1878.]
|| Manque d'intelligence.
ININTELLIGENT, ENTE [i-nin-tèl'-li-jan, -jànt'] *adj.*
[ÉTYM. Composé de in négatif et intelligent, § 275. (*Cf.* lat. inintelligens, *m. s.*) || 1796. Inintelligentes, insensibles et

comme frappées de mort, PETITAIN, *Machine curieuse*, p. 4. Admis ACAD. 1878.]
|| Qui n'est pas intelligent.
ININTELLIGIBLE [i-nin-tèl'-li-jibl'] *adj.*
[ÉTYM. Emprunté du lat. inintelligibilis, *m. s.* || Admis ACAD. 1694.]
|| Qui n'est pas intelligible. Il (Fénelon) fit un livre — qu'il intitula Maximes des Saints, ST-SIM. I, 408.
ININTERROMPU, UE [i-nin-tè-ron-pu] *adj.*
[ÉTYM. Composé avec in négatif et interrompre, §§ 44 et 275. || *Néolog.* Admis ACAD. 1878.]
|| Qui n'est pas interrompu.
INIQUE [i-nik'] *adj.*
[ÉTYM. Emprunté du lat. iniquus, *m. s.* || XIVᵉ s. Si cheurent en lieu inique, BERSUIRE, dans GODEF.]
|| Qui manque à l'équité.
INIQUEMENT [i-nik'-man; *en vers*, -ni-ke-...] *adv.*
[ÉTYM. Composé de inique et ment, § 724. || XIVᵉ s. La bataille iniquement emprise, BERSUIRE, fᵒ 14, dans LITTRÉ.]
|| D'une manière inique.
INIQUITÉ [i-ni-ki-té] *s. f.*
[ÉTYM. Emprunté du lat. iniquitas, *m. s.* || XIIᵉ s. Nen est truvee en mei iniquité, *Psaut. d'Oxf.* XVI, 3.]
|| Manque d'équité. L'— d'un jugement. L'— d'un juge. || *P. ext.* Dépravation. J'aurai droit de pester Contre l'— de la nature humaine, MOL. *Mis.* V, 1. || Acte contraire à l'équité. Une — révoltante. N'entends-tu que la voix de nos iniquités? RAC. *Ath.* IV, 6.
INITIAL, ALE [i-ni-syàl; *en vers*, -si-àl] *adj.*
[ÉTYM. Emprunté du lat. initialis, *m. s.* de initium, commencement. || XIIIᵉ s. *Job*, dans GODEF. *Compl.*]
|| (T. didact.) Qui constitue le commencement (de qqch). Vitesse initiale du boulet, la vitesse qu'il possède au sortir de la pièce. Syllabe initiale d'un mot. Lettre initiale, et, *substantivt*, Initiale d'un nom, d'un chapitre, etc. Signer de ses initiales (des initiales de son nom).
INITIATEUR, TRICE [i-ni-syà-teur, -trïs'; *en vers*, -si-à-...] *s. m.* et *f.*
[ÉTYM. Emprunté du lat. initiator, trix, *m. s.* || *Néolog.* Admis ACAD. 1878.]
|| Celui, celle qui initie. Un — de génie. || *Adjectivt.* Un génie —.
INITIATION [i-ni-syà-syon; *en vers*, -si-à-si-on] *s. f.*
[ÉTYM. Emprunté du lat. initiatio, *m. s.* || XVᵉ s. Iniciacion, *Hist. sainte*, dans GODEF. *Compl.* Admis ACAD. 1762.]
|| Action d'initier. L'— aux mystères d'Éleusis. Chaque secte... recommandait à ses pénitents une nouvelle vie, « initium vitæ novæ », et de là le mot —, VOLT. *Dict. philos.* baptême. Après notre — à l'état ecclésiastique, MARMONTEL, *Mém.* 11. | *Spécialt.* L'— religieuse, cérémonie pour les jeunes garçons israélites correspondant à la première communion des catholiques. || *Fig.* Son — aux procédés secrets de la fabrication.
INITIATIVE [i-ni-syà-tïv'; *en vers*, -si-à-...] *s. f.*
[ÉTYM. Dérivé du lat. initiatum, supin de initiare, commencer, § 257. || 1567. En prenant l'initiative, dans DELB. *Rec.* Admis ACAD. 1835.]
|| Action de celui qui est le premier à proposer, à organiser qqch. Prendre l'— d'une démarche. Droit d'—, droit de proposer qqch. L'— de la proposition des lois. L'— des poursuites criminelles. || *Absolt.* Qualité de celui qui est disposé à entreprendre. Il manque d'—.
INITIER [i-ni-syé; *en vers*, -si-é] *v. tr.*
[ÉTYM. Emprunté du lat. initiare, *m. s.* (*Cf.* commencer.) || XIVᵉ s. Iniciee, BERSUIRE, dans GODEF. *Compl.*]
|| **1°** Admettre à la connaissance, à la participation des mystères religieux. Le reste,... s'empressant aux autels de Baal, Se fait — à ses honteux mystères, RAC. *Ath.* I, 1. *Absolt.* Les personnes initiées, et, *substantivt*, Les initiés. || *Vieilli.* — de. Sans être initié de ses mystères, CORN. *Poly. Abrégé du martyre.*
|| **2°** *Fig.* Admettre à la connaissance de choses secrètes, cachées. Il n'est pas initié au secret de l'affaire. — qqn à la philosophie, à la politique. S'— aux mystères de l'art.
INJECTER [in-jèk'-té] *v. tr.*
[ÉTYM. Dérivé du lat. injectum, supin de injicere, lancer, sous l'influence de injection, § 266. || XVIIIᵉ s. *V.* à l'article. Admis ACAD. 1762.]
|| (T. didact.) || **I.** Lancer (un liquide) dans une substance. — de l'eau dans l'oreille. — un liquide dans les veines.

Il injectait dans les vaisseaux une matière colorée, FONTEN. *Éloges, Ruysch.*

II. *P. ext.* Remplir d'un liquide qu'on lance. — l'oreille. — une plaie. — les veines, les artères d'un cadavre (pour faciliter la dissection). Avoir les yeux injectés (par un afflux de sang). || *Spécialt.* Imprégner (une pièce de bois) d'un liquide organique ou métallique pour la protéger contre les actions destructives. Poteaux télégraphiques en bois injecté.

INJECTION [in-jěk'-syon ; *en vers,* -si-on] *s. f.*
[ÉTYM. Emprunté du lat. injectio, *m. s.* || XIIIᵉ-XIVᵉ s. Injection de oille rosat, LANFRANC DE MILAN, dans LITTRÉ.]
|| (T. didact.) Action d'injecter. | 1. L'— d'un liquide dans l'oreille. *P. anal.* Pénétration d'une roche encore liquide dans une autre roche qui n'est pas entièrement solidifiée. L'— du granit dans le gneiss. | 2. L'— d'une plaie. L'— d'un cadavre (pour faciliter la dissection), *Spécialt.* L'— des poteaux télégraphiques. *P. ext.* Liquide ainsi injecté. Une — de sulfate de fer, de tanin.

INJONCTION [in-jonk'-syon ; *en vers,* -si-on] *s. f.*
[ÉTYM. Emprunté du lat. injunctio, m. s. | 1348. Condampnacion et injunction, dans VARIN, *Arch. admin. de Reims,* II, 1194.]
|| Action d'enjoindre, résultat de cette action.

INJOUABLE [in-jwåbl' ; *en vers,* -jou-åbl'] *adj.*
[ÉTYM. Composé avec in négatif et jouer, §§ 93 et 275. || XVIIIᵉ s. *V.* à l'article. Admis ACAD. 1878.]
|| Qu'on ne peut jouer. Pièce de théâtre —. La pièce est — avec les acteurs que nous avons, VOLT. *Lett. à Damilaville,* 2 janv. 1767. Morceau de musique —. || Partie —.

INJURE [in-jûr] *s. f.*
[ÉTYM. Emprunté du lat. injuria, m. s. || 1266. Pour les injures dessus dites, *Franchises d'Orgelet,* dans GODEF. injuriateur.]
I. *Vieilli.* Injustice. C'est lui faire —. Une extrême justice est souvent une —, RAC. *Théb.* IV, 3. A ma fidélité ne faites point d'—, CORN. *Cid,* III, 6. Par ce faux soupçon vous lui faites —, ID. *Rodog.* I, 5. || *P. ext.* Tort immérité fait à qqn. Enfin nous voyons nos têtes Hors de l'— du sort, MALH. *Poés.* 21. || *P. anal.* Dommage causé à qqn par les éléments, le temps, etc. Il commençait à sentir les injures de la froide vieillesse, FÉN. *Tél.* 10. Une amitié si bien conditionnée ne craint point les injures du temps, SÉV. 1410. Du débris d'un vieux vase, autre — des ans, LA F. *Phil. et Baucis.*
II. || **1°** Action offensante. C'est une — qui ne peut se laver que dans le sang. Je ne cherche point à venger mes injures, RAC. *Ath.* II, 5. Dieu... De son temple détruit vengea sur eux l'—, ID. *Esth.* III, 4. Les époux pourront réciproquement demander le divorce pour excès, sévices ou injures graves de l'un d'eux envers l'autre, *Code civil,* art. 231. || *Vieilli. Loc. adv.* A l'— de. Sectateurs qui, à l'— du fils de Dieu, niaient la virginité de sa mère, BOSS. *Lett. à Leibn.* 33.
|| **2°** Parole offensante. Et ton nom paraîtra, dans la race future, Aux plus cruels tyrans une cruelle —, RAC. *Brit.* V, 6. Sa fureur contre vous se répand en injures, ID. *Phèd.* IV, 4. Un homme sage est au-dessus de toutes les injures qu'on lui peut dire, MOL. *B. gent.* II, 3.

INJURIER [in-ju-ryé ; *en vers,* -ri-é] *v. tr.*
[ÉTYM. Emprunté du lat. injuriare, m. s. || 1266. L'injuriant sera tenu..., *Franchises d'Orgelet,* dans GODEF. injuriant.]
|| **1°** *Anciennt.* Faire du tort à (qqn).
|| **2°** Charger (qqn) d'injures, d'outrages. Vous injuriez toujours votre pauvre siècle, BEAUMARCH. *B. de Sév.* I, 3.

INJURIEUSEMENT [in-ju-ryeuz'-man ; *en vers,* -ri-eü-ze...] *adv.*
[ÉTYM. Composé de injurieuse et ment, § 724. || 1333. Injuriousement, dans DELB. *Rec.*]
|| D'une manière injurieuse.

INJURIEUX, EUSE [in-ju-ryeŭ, -ryeŭz' ; *en vers,* -ri-...] *adj.*
[ÉTYM. Emprunté du lat. injuriosus, *m. s.* || XIVᵉ s. Paroles injurieuses, BERSUIRE, fᵒ 22, dans LITTRÉ.]
I. *Vieilli.* Injuste. C'est pousser trop loin ses droits —, RAC. *Iph.* III, 4. L'ordre des Cieux En me la refusant m'est trop —, CORN. *Poly.* IV, 6. Cruels tyrans Qu'un astre — nous donne pour parents, ID. *Hor.* IV, 4.
II. Offensant. L'— aveu d'une coupable flamme, MOL. *Tart.* III, 5. Crainte... indigne, injurieuse! RAC. *Ath.* V, 1. Fausses clefs (des *Caractères*)... injurieuses aux personnes dont les noms s'y voient déchiffrés, LA BR. *Disc. à l'Acad.* préf.

INJUSTE [in-jŭst'] *adj.*
[ÉTYM. Emprunté du lat. injustus, m. s. || XIVᵉ s. Avaricieux ou injuste, ORESME, dans DELB. *Rec.*]
|| Qui n'est pas juste. La nature envers vous me semble bien —, LA F. *Fab.* I, 22. Mon intérêt ne me rend point —, RAC. *Brit.* I, 1. | *Substantivt.* Celui qui n'est pas juste. Même aux yeux de l'—, BOIL. *Sat.* 11. || Un châtiment, une guerre —. De votre — haine il n'a pas hérité, RAC. *Phèd.* V, 3. D'injustes soupçons. Des prétentions injustes. *Substantivt.* Ce qui n'est pas juste. Le juste et l'—.

INJUSTEMENT [in-jŭs'-te-man] *adv.*
[ÉTYM. Composé de injuste et ment, § 724. || XIIIᵉ s. *Psautier,* dans GODEF. *Compl.*]
|| D'une manière injuste. Il fut — condamné. || D'une manière mal fondée. Se plaindre —.

INJUSTICE [in-jŭs'-tîs] *s. f.*
[ÉTYM. Emprunté du lat. injustitia, m. s. || XIVᵉ s. Mauvaises operations qui sont faites selon injustice, ORESME, *Éth.* V, 3.]
|| Manque de justice. De mes soupçons quelle était l'— ! RAC. *Brit.* V, 7. Je vois que l'— en secret vous irrite, ID. *Ath.* I, 1. *Fig.* L'— du sort. J'ai su de mon destin corriger l'—, RAC. *Esth.* II, 1. *P. ext.* Les gens injustes. Bravant l'orgueil et l'—, BOIL. *Sat.* 9. J'ai vu la ruine élever l'—, RAC. *Brit.* III, 7. || Acte qui manque de justice. Commettre une —. Ariane aux rochers contant ses injustices (de Thésée), RAC. *Phèd.* I, 1. Tu me fais — CORN. *Ment.* IV, 7.

INJUSTIFIABLE [in-jŭs-ti-fyåbl' ; *en vers,* -fi-åbl'] *adj.*
[ÉTYM. Composé avec in négatif et justifier, §§ 93 et 275. || *Néolog.* Admis ACAD. 1878.]
|| Qu'on ne peut justifier. Conduite —. Ses procédés sont injustifiables.

INLISIBLE [in-li-zîbl']. *V.* illisible.

'INNAVIGABILITÉ [in'-nà-vi-gà-bi-li-té] *s. f.*
[ÉTYM. Dérivé de innavigable, § 255. || 1787. ACCARIAS DE SÉRIONNE, *Rich. de la Hollande,* I, 87.]
|| État d'un cours d'eau qui n'est pas navigable. || État d'une embarcation qui ne peut plus naviguer. Hors le cas d'— légalement constatée le capitaine ne peut vendre le navire, *Code de comm.* art. 237.

INNAVIGABLE [in'-nà-vi-gåbl'] *adj.*
[ÉTYM. Emprunté du lat. innavigabilis, *m. s.* || XVIᵉ s. Innavigable gouffre, MAROT, *Leander et Hero.* Admis ACAD. 1798.]
|| Qui n'est pas navigable.

INNÉ, ÉE [în'-né] *adj.*
[ÉTYM. Emprunté du lat. innatus, né dans. On trouve enné au moyen âge. || 1611. COTGR. Admis ACAD. 1718.]
|| (T. didact.) Qui est né avec nous. Vices innés. || *Spécialt.* (Philos.) Idées innées, inhérentes à l'esprit humain, et non acquises par l'expérience.

'INNÉITÉ [în'-né-i-té] *s. f.*
[ÉTYM. Dérivé de inné, § 255. || 1810. GALL et SPURZHEIM, *Anat. du syst. nerv.* II, 92.]
|| (Philos.) Caractère de ce qui est inné. — des idées.

INNERVATION [în'-nèr-và-syon ; *en vers,* -si-on] *s. f.*
[ÉTYM. Composé avec la particule lat. in, en, et nervus, nerf, §§ 247 et 275. || *Néolog.* Admis ACAD. 1878.]
|| (Physiol.) État d'activité des éléments nerveux.

INNOCEMMENT [i-nò-sà-man] *adv.*
[ÉTYM. Pour innocentment, composé de innocent et ment, § 724. || XIVᵉ s. Innocentement, J. GOLEIN, *Trad. du Rational,* dans GODEF. *Compl.* | 1539. Innocemment, R. EST.]
|| D'une manière innocente. Vivre —. Vous en êtes la cause, encor qu'— CORN. *Poly.* IV, 5. —, sans malice, MOL. *Préc. rid.* sc. 9.

INNOCENCE [i-nò-sâns'] *s. f.*
[ÉTYM. Emprunté du lat. innocentia, m. s. || XIIᵉ s. Suluuc la meie innocence, *Psaut. d'Oxf.* VII, 9.]
|| **1°** État de celui qui n'a pas fait le mal. Son — a été reconnue. Que j'ose opprimer et noircir l'— ! RAC. *Phèd.* III, 3. Un roi règne, ami de l'—, ID. *Esth.* III, 4. || *Spécialt.* (Théol.) État de l'homme avant le péché. Si l'homme n'avait jamais été corrompu, il jouirait, dans son —, et de la vérité et de la félicité, PASC. *Pens.* VIII, 1. L'— du baptême, état de l'homme lavé par le baptême du péché originel. Ils sont encore dans l'— du baptême, PASC. *Prov.* 4. || *P. anal.* Qualité de ce qui ne fait point de mal. L'— d'un breuvage. (*Cf.* innocuité.)

‖ **2°** État de celui qui ignore le mal. L'âge d'—, l'enfance. Votre —, Agnès, avait été surprise, MOL. *Éc. des f.* III, 1. *Fig.* Avoir perdu sa robe d'—, n'être plus dans l'état d'innocence. N'y paraissez avec Jésus-Christ que revêtus de la robe d'—, BOURD. *Dominic. 1er Passion*, 2. Il me ravit mon — (ma virginité), MONTESQ. *Lett. pers.* 18.

INNOCENT, ENTE [i-nò-san, -sänt'] *adj.*

[ÉTYM. Emprunté du lat. innocens, *m. s.* ‖ XIe s. As Innocenz vus en serez seant, *Roland*, 1480.]

‖ **1°** Qui ne fait pas de mal. L'agneau est un animal fort —. Ces pauvres filles... qui, comme d'innocents agneaux, perçaient le ciel de leurs cris, RAC. *P.-Royal*, 2. Remède, breuvage —. Écrits, ouvrages innocents. Il... Porte le poing sur l'innocente bête, LA F. *Fab.* VIII, 16. De petits remèdes innocents, RAC. *Lett.* 73. Un — badinage. Jeux innocents, jeux de société où l'on impose à ceux qui se trompent des pénitences qui n'ont rien de pénible.

‖ **2°** Qui n'a pas fait de mal. J'en suis aussi — que vous (de sa mort), FÉN. *Dial. des morts*, 73. De vos malheurs innocente ou coupable, RAC. *Phèd.* III, 1. Mes mains ne sont point criminelles; Plût aux dieux que mon cœur fût — comme elles! ID. *ibid.* I, 3. D'un mot — faire un crime d'État, BOIL. *Sat.* 9. Verser le sang —, le sang des personnes innocentes. *Substantivt.* Condamner un —. ‖ *Spéciall.* (Théol.) Qui n'a pas encore commis le péché. J'ai créé l'homme saint, —, parfait, PASC. *Pens.* XII, 1.

‖ **3°** Qui ignore le mal. Il (l'amour)... donne de l'esprit à la plus innocente, MOL. *Éc. des f.* III, 4. L'innocente pucelle Sans soupçon y descend, LA F. *Contes, Scamandre.* Tout cela n'est parti que d'une Ame innocente, MOL. *Éc. des f.* II, 5. De tendresse innocente et d'ingénuité, ID. *ibid.* III, 4. | *Substantivt.* Contre tant de trompeurs qu'eût fait une innocente? LA F. *Contes, Scamandre.* ‖ *P. ext.* Un —, un simple d'esprit. Un pauvre petit —. ‖ *Spéciall.* Le massacre des Innocents, des petits enfants que le roi Hérode fit égorger. ‖ *Fig.* (Cuisine.) Plat d'innocents, de très jeunes pigeons. Des innocents aux truffes, VOLT. *Taureau blanc*, 6. ‖ *Substantivt. Au fém.* Une innocente, robe de femme ample et sans ceinture à la mode à la fin du XVIIe s. Lequel aimera-t-il mieux, de l'innocente ou de la gourgandine? REGNARD, *Attendez-moi sous l'orme*, sc. 6.

INNOCENTER [i-nò-san-té] *v. tr.*

[ÉTYM. Dérivé de innocent, § 266. ‖ (Au sens actuel.) Admis ACAD. 1762.]

‖ Déclarer (qqn) innocent. L'arrêt qui innocente l'accusé.

INNOCUITÉ [in'-nò-kui-té; *en vers*, -ku-i-té] *s. f.*

[ÉTYM. Dérivé du lat. innocuus, qui n'est pas nuisible, § 255. ‖ 1806. THOUVENEL, *Mém. sur l'aérologie*, p. 134. Admis ACAD. 1835.]

‖ (T. didact.) Qualité de ce qui n'est pas nuisible. L'— d'un breuvage.

INNOMBRABLE [in'-non-bràbl'] *adj.*

[ÉTYM. Composé avec in négatif et nombrer, à l'imitation du lat. innumerabilis, *m. s.* § 275. ‖ 1341. Grands et innumbrables trais, *Ordonn.* XII, 64, dans GODEF. *Compl.*]

‖ De nombre trop considérable pour être compté. Une multitude —. Lui seul... Dissipa devant vous les innombrables Scythes, RAC. *Esth.* III, 4.

INNOMBRABLEMENT [in'-non-brà-ble-man] *adv.*

[ÉTYM. Composé de innombrable et ment, § 724. ‖ XVe s. Maulx par guerre inumbrablement, *Myst. du Vieil Testam.* 42570. Admis ACAD. 1798.]

‖ D'une manière innombrable.

INNOMÉ, ÉE [in'-nò-mé] *adj.*

[ÉTYM. Composé avec in négatif et nom, §§ 253 et 275. Beaucoup écrivent innommé. (*Cf.* innominé.) ‖ XIVe s. De ces choses plusieurs sont innommees, ORESME, *Éth.* II, 10. Admis ACAD. 1762.]

‖ (T. didact.) Qui n'a pas de nom spécial. ‖ *Spéciall.* (Droit rom.) Contrat —. L'engagement d'un domestique est un contrat —.

INNOMINÉ, ÉE [in'-nò-mi-né] *adj.*

[ÉTYM. Emprunté du lat. innominatus, *m. s.* (*Cf.* innomé, innommé.) ‖ XVIe s. Os innominés, PARÉ, IV, 38. Admis ACAD. 1762.] .

‖ Qui n'a pas de nom spécial. *Spéciall.* (Anat.) Os innominés, os iliaques.

'INNOMMÉ, ÉE. V. innomé.

INNOVATEUR, 'INNOVATRICE [in'-nò-và-tèur, -trìs'] *s. m.* et *f.*

[ÉTYM. Dérivé du lat. innovare, innover, § 249. ‖ 1529. Innovateurs et forgeurs de motz nouveaulx, G. TORY, *Champfleury*, dans DELB. *Rec.* Admis ACAD. 1835.]

‖ Celui, celle qui innove.

INNOVATION [in'-nò-và-syon; *en vers*, -si-on] *s. f.*

[ÉTYM. Emprunté du lat. innovatio, *m. s.* ‖ 1297. Par maniere de innovacion, dans DELB. *Rec.*]

‖ Action d'innover, résultat de cette action. Faire une —. C'est une heureuse —.

INNOVER [in'-nò-vé] *v. tr.*

[ÉTYM. Emprunté du lat. innovare, *m. s.* ‖ 1322. Texte dans GODEF. *Compl.*]

‖ Introduire qqch de nouveau dans une chose établie. On n'innovait rien à Constantinople, BOSS. *1er Avert. aux protestants*, 30. N'innovez ni ne faites rien En la langue, MÉN. *Req. des dict.* ‖ *Absolt.* Une démangeaison d'— sans fin, BOSS. *R. d'Angl.*

INOBSERVANCE [i-nòb'-sèr-väns'] *s. f.*

[ÉTYM. Emprunté du lat. inobservantia, *m. s.* ‖ XVIIe-XVIIIe s. Les inobservances (deviennent) une manière d'apostasie, MASS. *2e Prof. relig.* 2. Admis ACAD. 1878.]

‖ Manque à observer des prescriptions religieuses, morales, médicales, etc.

INOBSERVATION [i-nòb'-sèr-và-syon; *en vers*, -si-on] *s. f.*

[ÉTYM. Composé de in négatif et observation, § 275. ‖ 1572. *Lettre*, dans GODEF. *Compl.* Admis ACAD. 1718.]

‖ Action de ne pas observer. L'— des règles.

INOCCUPÉ, ÉE [i-nò-ku-pé] *adj.*

[ÉTYM. Composé de in négatif et occupé, § 275. ‖ Admis ACAD. 1798.]

‖ Qui n'est pas occupé.

‖ **1°** Qui n'a pas d'occupation. Un homme —. Une vie inoccupée.

‖ **2°** Qui n'est pas occupé par qqn. Cette place est inoccupée.

IN-OCTAVO [i-nòk'-tà-vó] *adj.*

[ÉTYM. Mots latins signifiant « en huitième ». ‖ 1707. *Bibl. D. J. Giraud*, p. 1. Admis ACAD. 1835.]

‖ (Typogr.) Dont la feuille, pliée en huit feuillets, forme seize pages. Le format — (in-8°), et, *substantivt*, L'—. Des volumes —, et, *substantivt*, Des —.

INOCULATEUR, TRICE [i-nò-ku-là-tèur, -trìs'] *s. m.* et *f.*

[ÉTYM. Dérivé de inoculer, § 249. ‖ 1752. TRÉV. Admis ACAD. 1762.]

‖ Celui, celle qui pratique l'inoculation.

INOCULATION [i-nò-ku-là-syon; *en vers*, -si-on] *s. f.*

[ÉTYM. Emprunté du lat. inoculatio, action de greffer en écusson. ‖ (Au sens **I.**) 1580. Escusson ou inoculation, LANDRIC, *Advert. et maniere d'enter*, p. 9. | (Au sens **II.**) 1752. TRÉV. Admis ACAD. 1762.]

I. *Anciennt.* Greffe en écusson.

II. *P. anal.* Communication d'un virus. L'— de la peste, du vaccin. ‖ *Spéciall.* Communication artificielle de la petite vérole. (*Cf.* vaccine.) L'— a été remplacée de nos jours par la vaccine.

INOCULER [i-nò-ku-lé] *v. tr.*

[ÉTYM. Emprunté du lat. inoculare, greffer en écusson (et au fig. inculquer), de in, dans, et oculus, œil, bourgeon. ‖ (Au sens **II.**) 1752. TRÉV. Admis ACAD. 1762.]

I. *Anciennt.* Greffer en écusson.

II. *P. anal.* Communiquer à qqn (un virus, un principe de maladie contagieuse). — le charbon. *P. ext.* — qqn. ‖ *Fig.* Pour leur — sa doctrine suspecte, V. HUGO, *Paroles d'un conservateur.* ‖ *Spéciall.* Communiquer artificiellement le virus d'une maladie comme préservatif contre cette même maladie.

INODORE [i-nò-dòr] *adj.*

[ÉTYM. Emprunté du lat. inodorus, *m. s.* ‖ 1765. ENCYCL. Admis ACAD. 1798.]

‖ Sans odeur. Fleurs inodores. Gaz —. Fosses d'aisances inodores (par désinfection), et, *p. ext.* Cabinets inodores, cabinets d'aisance.

INOFFENSIF, IVE [i-nò-fan-sìf', -sìv'] *adj.*

[ÉTYM. Composé de in négatif et offensif, § 275. ‖ *Néolog.* Admis ACAD. 1835.]

‖ Qui ne fait de mal à personne. Homme, animal —. ‖ Livre —. Plaisanterie inoffensive.

INOFFICIEUX, EUSE [i-nò-fi-syeù, -syeûz ; *en vers*, -si-...] *adj.*
[ÉTYM. Emprunté du lat. inofficiosus, *m. s.* || 1495. Donation... inofficieuse et frauduleuse, *Cout. de Sens*, dans DELB. *Rec.* Admis ACAD. 1718.]
|| (Droit.) Qui est au détriment (de qqn). Testament —, où l'héritier légitime est déshérité sans raison. Donation inofficieuse, qui avantage un enfant aux dépens de la légitime des autres.

INOFFICIOSITÉ [i-nò-fi-syó-zi-té ; *en vers*, -si-ó-...] *s. f.*
[ÉTYM. Emprunté du lat. inofficiositas, *m. s.* || 1611. COTGR.]
|| (Droit.) Caractère d'un acte inofficieux.

INONDATION [i-non-dà-syon ; *en vers*, -si-on] *s. f.*
[ÉTYM. Emprunté du lat. inundatio, *m. s.* || XIII° s. Grant inundacion, J. DE MEUNG, *Rose*, 17799.]
|| Action d'inonder, résultat de cette action. L'— des campagnes. Les inondations du Nil. || *Fig.* On voit commencer l'— des barbares, BOSS. *Hist. univ.* I, 10.

INONDER [i-non-dé] *v. tr.*
[ÉTYM. Emprunté du lat. inundare, *m. s.* rendu d'abord par enonder, § 503, puis par inonder, § 502. || XII° s. Li doit enunderent, *Psaut. d'Oxf.* LXXVII, 20. || XIII° s. Inonde la terre d'Egypte, BRUN. LATINI, *Trésor*, p. 153.]
|| Couvrir d'eau. Le Nil inonde ses rivages. On dirait que le ciel, qui se fond tout en eau, Veuille, — ces lieux d'un déluge nouveau, BOIL. *Sat.* 6. *Au part. passé employé substantivt.* Les inondés, les habitants d'une région inondée. *Vieilli.* *Intransitivt.* M. Coeffeteau dit... ; « Le Pô qui avait inondé sur les terres voisines » ; l'usage ordinaire d'aujourd'hui est de faire « inonder » actif, VAUGELAS, *Rem.* 531. || *P. anal.* Un visage inondé de larmes. Être inondé par une averse. Un prince Qui de fleuves de sang inonde sa province, RAC. *Théb.* IV, 3. || *Fig.* Couvrir d'une multitude. Le peuple saint en foule inondait les portiques, RAC. *Ath.* I, 1. Les Turcs, inondant tout ce qui restait à l'empire grec en Asie, MONTESQ. *Rom.* 23. || L'idolâtrie qui inondait tout le genre humain, BOSS. *Hist. univ.* II, 3. L'Angleterre se voit inondée par l'effroyable débordement de mille sectes bizarres, BOSS. *R. d'Angl.*

INOPINÉ, ÉE [i-nò-pi-né] *adj.*
[ÉTYM. Emprunté du lat. inopinatus, *m. s.* ||1549. R. EST.]
|| Qui arrive sans qu'on y ait songé. Accident —. La mort, qui s'avançait pas à pas, arrive imprévue et inopinée, BOSS. *Impén. fin.* préamb.

INOPINÉMENT [i-nò-pi-né-man] *adv.*
[ÉTYM. Pour inopinéement, composé de inopinée et ment, § 724. || 1564. J. THIERRY, *Dict. franç.-lat.*]
|| D'une manière inopinée.

INOPPORTUN, UNE [i-nò-pòr-tun, -tun'] *adj.*
[ÉTYM. Emprunté du lat. inopportunus, *m. s.* || *Néolog.* Admis ACAD. 1835.]
|| Qui n'est pas opportun. Une visite inopportune.

INOPPORTUNITÉ [i-nò-pòr-tu-ni-té] *s. f.*
[ÉTYM. Composé de in négatif et opportunité, § 275. (*Cf.* le bas lat. inopportunitas, *m. s.*) || *Néolog.* Admis ACAD. 1835.]
|| Caractère inopportun d'une chose. — d'une mesure.

INORGANIQUE [i-nòr-gà-nĭk'] *adj.*
[ÉTYM. Composé de in négatif et organique, § 275. || XVIII° s. CH. BONNET, *Consid. sur les corps organisés*, 81. Admis ACAD. 1835.]
|| (T. didact.) Qui n'est point organisé. Les minéraux sont des corps inorganiques. La matière —.

INOUÏ, ÏE [i-nou-i] *adj.*
[ÉTYM. Composé de in négatif et ouï, part. passé de ouïr, à l'imitation du lat. inauditus, *m. s.* § 275. || XV°-XVI° s. Chose inoye, FOSSETIER, *Chron. margar.* dans GODEF. *Compl.*]
|| Qu'on n'a jamais ouï, qui est sans exemple. Est-ce donc un prodige — parmi nous? RAC. *Phèd.* IV, 6. Chanter tant d'illustres merveilles Et de faits inouïs, ID. *Poés. div.* 5. Les infortunes inouïes d'une si grande reine, BOSS. *R. d'Angl.*

INOXYDABLE [i-nòk'-si-dàbl'] *adj.*
[ÉTYM. Composé avec in négatif et oxydable, §§ 93 et 275. || *Néolog.* Admis ACAD. 1878.]
|| (Chimie.) Qui n'est pas sujet à s'oxyder. Métal —.

IN PACE [in'-pá-sé] *s. m.*
[ÉTYM. Mots latins signifiant « en paix ». || Admis ACAD. 1835.]
|| Prison, cachot de couvent.

IN PARTIBUS [in'-pàr-ti-bũs'] *loc. adv.*
[ÉTYM. Emprunté du lat. ecclés. in partibus infidelium,

« dans les parties, les régions des infidèles ». || Admis ACAD. 1762.]
|| (Droit canon.) Évêque —. (*V.* évêque.) || *P. anal. Famil.* Sans fonction réelle. Professeur, administrateur —.

IN PETTO [in'-pĕt'-tó] *loc. adv.*
[ÉTYM. Mots italiens signifiant « dans la poitrine », § 12: || XVIII° s. *V.* à l'article. Admis ACAD. 1835.]
|| (Droit canon.) En parlant du pape, Nommer, réserver un cardinal —, sans le proclamer ni l'instituer. || *Fig.* Dans le secret du cœur, secrètement. Le pape devient mon protecteur —, VOLT. *Lett. à d'Argenson*, 30 mai 1745. Caquet Bonbec nuit et jour — Réfléchissait à ce coquerico, JUNQUIÈRES, *Poule à ma tante*.

IN-PLANO [in-plá-nó] *adj.*
[ÉTYM. Mots latins signifiant « en plan, sans pliage ». || Admis ACAD. 1835.]
|| (Typogr.) Dont la feuille n'est pas pliée. Format —. *Substantivt.* L'— est un format de luxe.

IN-PROMPTU. *V.* impromptu.

INQUALIFIABLE [in-kà-li-fyàbl' ; *en vers*, -fi-àbl'] *adj.*
[ÉTYM. Composé avec in négatif et qualifier, §§ 93 et 275. || *Néolog.* Admis ACAD. 1878.]
|| *En mauvaise part.* Qu'on ne peut qualifier. Conduite, procédé —.

INQUART [in-kär] et **INQUARTATION** [in-kàr-tà-syon; *en vers*, -si-on]. *V.* quartation.

IN-QUARTO [in-kwàr-tó] *adj.*
[ÉTYM. Mots lat. signifiant « en quatrième ». || XVII° s. *V.* à l'article. Admis ACAD. 1835.]
|| (Typogr.) Dont la feuille, pliée en quatre feuillets, forme huit pages. Un Pinchène —, BOIL. *Lutr.* 5. Le format —(in-4°), et, *substantivt,* L'—. Des volumes —, et, *substantivt,* Des —, MONTESQ. *Lett. pers.* 109.

INQUIET, ÈTE [in-kyè, -kyĕt'; *en vers*, -ki-...] *adj.*
[ÉTYM. Emprunté du lat. inquietus, *m. s.* (*Cf.* coi.) || XVI° s. Nostre esprit, instrument brouillon et inquiete, MONTAIGNE, III, 12.]
|| **1°** Qui ne trouve pas le repos. L'on voit des gens brusques, inquiets, LA BR. 5. || *P. ext.* Un sommeil —. Regards inquiets, qui se portent sans cesse d'un côté et d'autre. Avec un visage — et des regards incertains, BOSS. *Le Tellier.*
|| **2°** Qui ne trouve pas la tranquillité. Le désir de voir et l'humeur inquiète, LA F. *Fab.* IX, 2. Je ne sais quoi d'— et d'impatient que nous avons dans le fond du cœur, BOSS. *Vérit. Convers.* 1. || *Spécialt.* Agité par quelque crainte. Être — au sujet de la santé de qqn. | *Absolt.* Je vous trouve aujourd'hui l'âme tout inquiète, BOIL. *Sat.* 3.

INQUIÉTANT, ANTE [in-kyé-tan, -tänt'; *en vers*, -kié-...] *adj.*
[ÉTYM. Adj. particip. de inquiéter, § 47. || XVIII° s. *V.* à l'article. Admis ACAD. 1798.]
|| Qui inquiète. Nouvelles inquiétantes. Situation inquiétante. L'état du malade n'a rien d'—. Des conséquences inquiétantes, VOLT. *Dial. Evhémère*, 2.

INQUIÉTER [in-kyé-té; *en vers*, -ki-é-té] *v. tr.*
[ÉTYM. Emprunté du lat. inquietare, *m. s.* || XII° s. Pur quei m'as inquieted et travailled? *Rois*, I, 28.]
|| Rendre inquiet. (Qu'un hypocrite) trouble par ses entreprises le repos de ceux qu'il lui plaît d'—, BOURD. *Hypocrisie*, 3. La Grèce en ma faveur est trop inquiétée, RAC. *Andr.* I, 2. || *Spécialt.* Être inquiété par la justice. Il inquiétait les assiégeants par des sorties. Frontières inquiétées quelquefois par les voisins, BOSS. *Hist. univ.* III, 6. Me devrais-je — d'un songe? RAC. *Ath.* II, 5. L'avenir l'inquiète, et le présent le frappe, ID. *Esth.* II, 3. Votre zèle pour moi s'est trop inquiété, MOL. *Tart.* III, 3.

INQUIÉTUDE [in-kyé-tud'; *en vers*, -ki-é-...] *s. f.*
[ÉTYM. Emprunté du lat. inquietudo, *m. s.* Anc. franç. enquitume, de formation pop. || XIV° s. Ostons nous des inquiétudes des tourbes et compaignies mondaines, J. DE VIGNAY, *Miroir hist.* dans DELB. *Rec.*]
|| Etat de celui qui est inquiet.
|| **1°** État de celui qui ne trouve pas le repos. Une — du corps et de l'esprit qui empêche de dormir, PARÉ, XX, 13. L'inconstance et l'—, qui me sont si naturelles, m'ont empêché d'achever les trois actes, LA F. *Galatée*, avert. (Le coq) turbulent et plein d'—, ID. *Fab.* VI, 5. || *Spécialt.* Au plur. Agitation nerveuse. Avoir des inquiétudes dans les jambes.
|| **2°** État de celui qui ne trouve pas la tranquillité. L'— naturelle à l'homme. « J'ai l'esprit plein d'—. » « Je suis plein

d'—, » vaut mieux, PASC. *Pens.* XXV, 25. — d'esprit, inégalité d'humeur, inconstance du cœur,... tous vices de l'âme, LA BR. 11. || *Spéciall.* État de l'âme agitée par qq appréhension. Dans quelle —, Esther, vous me jetez! RAC. *Esth.* II, 7. Soyez sans —. Les inquiétudes, les terreurs d'un cœur continuellement agité, BOSS. *Concupisc.* 3.

INQUISITEUR [in-ki-zi-teǔr] *s. m.*
[ÉTYM. Emprunté du lat. inquisitor, *m. s.* (*Cf.* le doublet enquêteur, mot de formation pop.) || 1404. DOUET D'ARCQ, *Pièces relat. à Ch. VI,* I, 261.]
|| **1°** Celui qui se livre à des enquêtes (sur qqn, qqch). Pontchartrain était d'une curiosité insupportable, grand fureteur et —, ST-SIM. VII, 409.
|| **2°** *Spéciall.* — de la foi, et, *absolt,* —, juge du tribunal de l'inquisition. Le grand —. Un doux —, un crucifix en main, Au feu, par charité, fait jeter son prochain, VOLT. *Loi natur.* 3.

INQUISITION [in-ki-zi-syon; *en vers,* -si-on] *s. f.*
[ÉTYM. Emprunté du lat. inquisitio, *m. s.* || XIIe s. L'inquisition De ceo dunt ere en suspeçon, BENEEIT, *Ducs de Norm.* 7797.]
|| **1°** *Vieilli.* Enquête. Une — sommaire du jour et du vrai temps de la mort d'une personne, PATRU, *Plaidoy.* 14.
|| **2°** *Spéciall.* Tribunal de l'—, et, *absolt,* —, juridiction ecclésiastique, dite aussi saint-office, établie pour rechercher et poursuivre ceux qui avaient des sentiments contraires à la foi catholique. Les prisons de l'—.
|| **3°** *P. ext.* Recherche rigoureuse, vexatoire, de la part de l'autorité. Sa conduite fut l'objet de l'— la plus offensante. Le magistrat porte une — sur un genre d'action où elle n'est pas nécessaire, MONTESQ. *Espr. des lois,* XII, 4.

INQUISITORIAL, ALE [in-ki-zi-tò-ryàl; *en vers,* -ri-àl] *adj.*
[ÉTYM. Dérivé du lat. du moyen âge inquisitorius, d'inquisition, § 238. || 1570. Texte dans GODEF. *Compl.* Admis ACAD. 1835.]
|| Relatif à l'inquisition. Juges inquisitoriaux. || *Fig.* Qui a le caractère d'une recherche vexatoire. Mesure inquisitoriale. Une loi plus qu'inquisitoriale, LINGUET, *Ann. polit., civ. et littér.* I, 273, ann. 1777.

INSAISISSABLE [in-sè-zi-sàbl'] *adj.*
[ÉTYM. Composé avec in négatif et saisir, §§ 93 et 275. || 1782. Leurs gages sont insaisissables, MERCIER, *Tabl. de Paris,* XII, 292. Admis ACAD. 1798.]
|| **1°** Qui ne peut être saisi. Un homme —. || *Fig.* Une différence —.
|| **2°** (Droit.) Dont on ne peut faire la saisie. Valeurs insaisissables. Les objets que la loi déclare insaisissables.

INSALUBRE [in-sà-lubr'] *adj.*
[ÉTYM. Emprunté du lat. insalubris, *m. s.* || 1528. DESDIER, *Honn. Volupté,* dans DELB. *Rec.* Admis ACAD. 1798.]
|| Qui n'est pas salubre. Logement, industrie —.

INSALUBRITÉ [in-sà-lu-bri-té] *s. f.*
[ÉTYM. Emprunté du lat. insalubritas, *m. s.* || XVIe s. GUY COQUILLE, *Œuvres,* I, I, 510, édit. 1665.]
|| Caractère de ce qui est insalubre. L'— d'un logement, d'un pays.

INSANITÉ [in-sà-ni-té] *s. f.*
[ÉTYM. Emprunté du lat. insanitas, *m. s.* || *Néolog.* Admis ACAD. 1878.]
|| État d'un esprit qui n'est pas sain. || Action, parole qui n'est pas saine. Dire une —.

INSATIABILITÉ [in-sà-syà-bi-li-té; *en vers,* -si-à-...] *s. f.*
[ÉTYM. Emprunté du lat. insatiabilitas, *m. s.* || XVIe s. En l'officine de ne say quelle insatiabilité, RAB. III, 21.]
|| Caractère de celui qui est insatiable.

INSATIABLE [in-sà-syàbl'; *en vers,* -si-àbl'] *adj.*
[ÉTYM. Emprunté du lat. insatiabilis, *m. s.* rendu par insatiable dès le XIIIe s. par AIMÉ, moine du Mont-Cassin. || 1483. Les insaciables, HARD. DE LA JAILLE, *Gages de bat.* dans DELB. *Rec.*]
|| Qui ne peut être rassasié. Il est —. Un appétit —. || *Fig.* Voyant pour l'or sa soif —, RAC. *Ath.* I, 1.

INSATIABLEMENT [in-sà-syà-ble-man; *en vers,* -si-à-...] *adv.*
[ÉTYM. Composé de insatiable et ment, § 724. || XVIe s. Une nation insatiablement avaricieuse, AMYOT, *Pyrrhus,* 59.]
|| D'une manière insatiable.

INSCIEMMENT [in-syà-man; *en vers,* -si-à-...] *adv.*
[ÉTYM. Composé de in négatif et sciemment, à l'imitation du lat. inscienter, *m. s.* § 275. || XVe-XVIe s. Inscientement, FOSSETIER, *Chron. margar.* dans GODEF. | 1558. Insciemment, BILLON, *Fort inexpugnable,* fo 30, vo. Admis ACAD. 1878.]
|| Non sciemment.

INSCRIPTION [ins'-krĭp'-syon; *en vers,* -si-on] *s. f.*
[ÉTYM. Emprunté du lat. inscriptio, *m. s.* || XVIe s. RAB. I, 54.]
I. Action d'inscrire. L'— d'un acte de mariage, de naissance, sur les registres de l'état civil. L'— d'une personne sur les listes électorales. || *Spéciall.* | **1.** Le fait pour un étudiant de se faire inscrire sur le registre de la faculté dont il suit les cours. Prendre une —. Inscriptions en droit, en médecine. — de licence. | **2.** — maritime, action d'inscrire dans le registre des classes maritimes les jeunes gens requis pour le service de l'État. | **3.** — sur le grand livre de la dette publique, constituant le titre d'une rente perpétuelle due par le trésor. | **4.** — hypothécaire, par laquelle le conservateur des hypothèques inscrit sur son registre l'hypothèque ou le privilège qu'une personne a sur le bien d'une autre. | **5.** — de faux ou en faux, déclaration inscrite au greffe accusant de fausseté une pièce dont veut se servir la partie adverse.
II. Ce qui est inscrit.
|| **1°** Ce qui est inscrit, gravé sur le marbre, la pierre, le bronze, etc., pour conserver la mémoire de qqn, de qqch. Une — tumulaire. Des titres, des inscriptions, vaines marques de ce qui n'est plus, BOSS. *Condé.* L'— d'un arc de triomphe. Recueil des inscriptions de la Gaule. L'Académie des inscriptions et belles-lettres.
|| **2°** Indication écrite dans un lieu apparent, pour servir de renseignement. Les inscriptions placées sur les poteaux indicateurs.

INSCRIRE [ins'-krīr] *v. tr.*
[ÉTYM. Emprunté du lat. inscribere, *m. s.* rendu par inscrire, d'après écrire, § 503. || 1549. R. EST.]
|| **1°** Graver sur la pierre, le marbre, etc., pour conserver le souvenir de qqn, de qqch. — un nom sur le marbre d'une tombe. Ce qui est inscrit au fronton du Panthéon.
|| **2°** Noter sur un registre. S'—, se faire — chez quelqu'un. — ses dépenses. Se faire — sur la liste électorale. Les marins inscrits, et, *substantivt,* Les inscrits, ceux qui font partie de l'inscription maritime. — qqn au rôle des contribuables. Être inscrit sur le grand livre de la dette publique. — un droit d'hypothèque. S'— en faux, faire inscrire en justice la déclaration qu'une pièce produite par la partie adverse est fausse. *P. ext. Fig.* S'— en faux contre une assertion, la déclarer erronée.
|| **3°** (Géom.) Tracer dans l'intérieur d'un cercle un polygone dont tous les sommets soient sur la circonférence; dans l'intérieur d'une sphère, un polyèdre dont tous les sommets soient sur la surface.

INSCRUTABLE [ins'-kru-tàbl'] *adj.*
[ÉTYM. Emprunté du lat. inscrutabilis, *m. s.* || XVe s. Et tes voyes inestimables, inenarrables et inscrutables, dans DELB. *Matér.*]
|| Qu'on ne peut scruter. C'est un point —, LA F. *Quinquina,* 1. Abîme —, CORN. *Imit.* III, 50.

INSÇU [in-su]. *V.* insu.

INSÉCABLE [in-sé-kàbl'] *adj.*
[ÉTYM. Emprunté du lat. insecabilis, *m. s.* || 1570. Petis corps... insecables, GENTIAN HERVET, *Cité de Dieu,* dans DELB. *Rec.* Admis ACAD. 1878.]
|| (T. didact.) Qui ne peut être coupé. Newton croyait aux atomes insécables, VOLT. *Dict. philos.* athéisme.

INSECTE [in-sĕkt'] *s. m.*
[ÉTYM. Emprunté du lat. insectum, *m s.* proprt, « divisé en parties ». || XVIe s. Insectes terrestres, DU PINET, dans DELB. *Rec.*]
|| Petit animal invertébré, de la classe des Articulés. Les insectes passent par diverses métamorphoses. Larves, chrysalides d'insectes. Va-t'en, chétif —, excrément de la terre! LA F. *Fab.* II, 9. | *P. abus de langage.* L'— (le serpent), sautillant, cherche à se réunir, LA F. *Fab.* VI, 13. || *Fig. Famil.* Être vil. L'on marche sur les mauvais plaisants, et il pleut par tout pays de cette sorte d'insectes, LA BR. 5.

INSECTICIDE [in-sĕk'-ti-sid'] *adj.*
[ÉTYM. Composé avec le lat. insectum, insecte, et cædere, tuer, § 273. || *Néolog.* Admis ACAD. 1878.]
|| Qui tue les insectes. Poudre —. *Substantivt, au masc.* Un — énergique.

INSECTIVORE [in-sĕk'-ti-vòr] *adj.*
[ÉTYM. Composé avec le lat. insectum, insecte, et vorare, dévorer, § 273. || 1817. CUVIER, *Règne animal*, I, 131. Admis ACAD. 1878.]
|| (Hist. nat.) Qui se nourrit d'insectes. Les animaux insectivores, et, *substantivt*, Les insectivores.

INSÉCURITÉ [in-sé-ku-ri-té] *s. f.*
[ÉTYM. Composé de in négatif et sécurité, § 275. || *Néolog.* Admis ACAD. 1878.]
|| Défaut de sécurité.

IN-SEIZE [in-sěz'] *adj.*
[ÉTYM. Composé avec le lat. in, en, et seize, § 284. || 1680. Un grand in séze, RICHEL. séze. Admis ACAD. 1835.]
|| (Typogr.) Dont la feuille, pliée en seize feuillets, forme trente-deux pages. Le format — (in-16), et, *substantivt*, L'—. Des volumes —, et, *substantivt*, Des —.

INSENSÉ, ÉE [in-san-sé] *adj.*
[ÉTYM. Composé de in négatif et sensé, à l'imitation du lat. insensatus, *m. s.* § 275. || XVᵉ s. Chose insensee, O. DE ST-GELAIS, *Énéide*, dans DELB. *Rec.*]
|| Qui a perdu le sens. Fallait-il en croire une amante insensée? RAC. *Andr.* V, 3. *Substantivt.* Je me joins avec vous contre cet —, CORN. *Poly.* V, 3. Athée, une espèce particulière d'insensés bien plus rare qu'on ne croit, ST-SIM. XI, 186. || *P. ext.* Une ardeur insensée, CORN. *Hér.* II, 6. Il sait mes ardeurs insensées, RAC. *Phèd.* III, 1.

INSENSIBILITÉ [in-san-si-bi-li-té] *s. f.*
[ÉTYM. Dérivé de insensible, § 255. || XIIIᵉ-XIVᵉ s. Insensibleté, insensibilité, *Chirurg. de Mondeville*, fᵒˢ 9 et 21.]
|| Absence de sensibilité. Le chloroforme produit l'—. || Par une juste punition de leur dédaigneuse —, BOSS. *Condé*. | *Spécialt.* Caractère d'une personne insensible à l'amour.

INSENSIBLE [in-san-sĭbl'] *adj.*
[ÉTYM. Emprunté du lat. insensibilis, *m. s.* || XIIIᵒ s. Les choses insensibles, G. DE COINCY, *Ste Léocade*, dans BARBAZAN-MÉON, I, 278.]
I. Qui ne sent pas. La matière inerte et —. Le chloroforme rend — à la douleur. Attachements qu'on a pour des choses insensibles, SÉV. 1073. Une âme dure et —. On les croit insensibles (les âmes vertueuses) parce que non seulement elles savent faire taire, mais encore sacrifier leurs peines secrètes, BOSS. *Marie-Thérèse.* — à nos plaintes. Être — à l'amour. L'— Hippolyte est-il connu de toi? RAC. *Phèd.* II, 1. *Substantivt.* Par combien de détours L'— a longtemps éludé mes discours! RAC. *Phèd.* III, 1.
II. Qu'on ne sent pas. Le mouvement — des aiguilles d'une horloge. Le chemin descend par une pente —. La chaleur s'est élevée par des degrés insensibles.

INSENSIBLEMENT [in-san-si-ble-man] *adv.*
[ÉTYM. Composé de insensible et ment, § 724. || XIIIᵉ-XIVᵉ s. Membre insensiblement flechissable, *Chirurg. de Mondeville*, fᵒ 8.]
|| Par degrés insensibles. Son enfance, sa grâce, Font — à mon inimitié Succéder..., RAC. *Ath.* II, 7. Elle y perdait — le goût des romans, BOSS. *D. d'Orl.*

***INSÉPARABILITÉ** [in-sé-pà-rà-bi-li-té] *s. f.*
[ÉTYM. Dérivé de inséparable, § 255. || XIV-XVᵒ s. *Gloss. franç.-lat.* dans GODEF. *Compl.*]
|| Caractère de ce qui est inséparable. L'— de toutes les choses qui sont en Dieu, DESC. *Médit.* 3.

INSÉPARABLE [in-sé-pà-ràbl'] *adj.*
[ÉTYM. Emprunté du lat. inseparabilis, *m. s.* || XIIIᵉ-XIVᵒ s. H. DE GAUCHY, *Gouv. des princes*, dans GODEF. *Compl.*]
|| Qui ne peut être séparé. Les faiblesses inséparables de notre nature, BOSS. *Justice*, 3. Les noms sont inséparables des choses, PASC. *Prov.* 2. Nos destins par vos mains rendus inséparables, CORN. *Poly.* V, 3. Deux amis inséparables, et, *substantivt*, Deux inséparables. | *P. anal.* Des inséparables, petites perruches qu'on n'élève que par couples. || (Gramm.) Particules inséparables, prépositions ou adverbes qui ne s'emploient que dans les mots composés.

INSÉPARABLEMENT [in-sé-pà-rà-ble-man] *adv.*
[ÉTYM. Composé de inséparable et ment, § 724. || XIVᵉ s. *Somme Mᵉ Gautier*, fᵒ 87, vᵒ.]
|| D'une manière inséparable. Ce nom (de Grignan) auquel je suis — attachée, SÉV. 1127.

INSÉRER [in-sé-ré] *v. tr.*
[ÉTYM. Emprunté du lat. inserere, *m. s.* || 1319. Il declerera la cause... et la inserera avecques sa demande, *Cout. d'Anjou*, dans DELB. *Rec.*]

|| Introduire (une chose dans une autre) de manière à ce qu'elle fasse corps avec elle. — la greffe sous l'écorce, le vaccin sous la peau, un feuillet dans un livre. || *Spécialt.* (Hist. nat.) L'os sur lequel un muscle est inséré. Étamines insérées sur l'ovaire. *Fig.* — une clause dans un acte, une annonce, un article dans un journal, un nom dans une liste.

INSERMENTÉ, *INSERMENTÉE [in-sèr-man-té]. V. inassermenté.

INSERTION [in-sèr-syon; *en vers*, -si-on] *s. f.*
[ÉTYM. Emprunté du lat. insertio, *m. s.* || XVIᵒ s. PARÉ, I, 8. Admis ACAD. 1718.]
|| Action d'insérer, résultat de cette action. L'— de la greffe sous l'écorce, du vaccin sous l'épiderme. || *Spécialt.* (Hist. nat.) Attache d'une partie sur une autre où elle s'insère. L'— des muscles sur un os, des étamines sur l'ovaire. L'— des étamines. Point d'—. Mode d'—. || *Fig.* L'— d'une note dans un texte, d'un nom dans une liste, d'un article dans un journal. L'— des annonces. Rappel à l'ordre, avec — au procès-verbal.

INSIDIEUSEMENT [in-si-dyeŭz'-man; *en vers*, -di-eŭze-...] *adv.*
[ÉTYM. Composé de insidieuse et ment, § 724. || XVᵒ-XVIᵒ s. Atteint insidieusement d'un raillon, J. LE MAIRE, dans DELB. *Rec.*]
|| D'une manière insidieuse.

INSIDIEUX, EUSE [in-si-dyeŭ, -dyeŭz'; *en vers*, -di-...] *adj.*
[ÉTYM. Emprunté du lat. insidiosus, *m. s.* || 1420. Traictiez insidieux, *Complainte des bons François*, dans DELB. *Rec.*]
|| Qui tend à faire tomber dans un piège. Une question insidieuse. Caresses insidieuses. || *P. ext.* — valet, BEAUMARCH. *Mar. de Fig.* III, 5. || (Médec.) Affection insidieuse, qui se montre bénigne au premier abord.

1. INSIGNE [in-siñ'] *adj.*
[ÉTYM. Emprunté du lat. insignis, *m. s.* || XVᵉ s. Dépouilles insignes, O. DE ST-GELAIS, *Énéide*, dans DELB. *Rec.*]
|| Remarquable entre tous. Cette vertu, cette valeur —, CORN. *Nicom.* II, 3. Prétendre à cette gloire —, RAC. *Théb.* V, 3. D'où nous viendra cette — faveur? ID. *Ath.* III, 7. Une — mauvaise foi. Cet — larron, LA F. *Fab.* VII, 5.

2. INSIGNE [in-siñ'] *s. m.*
[ÉTYM. Emprunté du lat. insignia, *m. s.* (*Cf.* le doublet enseigne, de formation pop.) || 1484. Il a esté receu a Lion avec les insignes de legat, dans D. GODEFROY, *Hist. de Ch. VIII*, observ. p. 441. Admis ACAD. 1835.]
|| Marque distinctive de la dignité, du rang d'une personne. (S'emploie surtout au pluriel.) Les insignes de la royauté. Les insignes d'un grade. Des insignes de député.

INSIGNIFIANCE [in-si-ñi-fyàns'; *en vers*, -fi-àns'] *s. f.*
[ÉTYM. Dérivé de insignifiant, § 262. || Admis ACAD. 1798.]
|| Caractère de ce qui est insignifiant.

INSIGNIFIANT, ANTE [in-si-ñi-fyan, -fyãnt'; *en vers*, -fi-...] *adj.*
[ÉTYM. Composé avec in négatif et signifier, §§ 47 et 275. || 1782. Ouvrages insignifians, MERCIER, *Tabl. de Paris*, II, 51. Admis ACAD. 1798.]
|| Qui ne signifie rien. Un discours —. Un visage —. || *P. ext.* Sans valeur. Un personnage —.

INSINUANT, ANTE [in-si-nuan, -nŭànt'; *en vers*, -nu-...] *adj.*
[ÉTYM. Adj. particip. de insinuer, § 47. || XVIIᵒ s. V. à l'article.]
|| Qui s'insinue. On peut bien les subtiliser (les corps),... par là ils deviendront... plus insinuants, BOSS. *Conn. de Dieu*, V, 13. L'eau si fluide, si insinuante, FÉN. *Exist. de Dieu*, I, 2. || *Fig.* Flatteur —, sachant s'accommoder à tous les goûts, FÉN. *Tél.* 13. Hommes flatteurs, complaisants, insinuants, LA BR. 8. Des manières insinuantes, un langage —. La douceur insinuante de Massillon, LE P. ANDRÉ, *Essai sur le beau*, 125.

***INSINUATIF, IVE** [in-si-nuà-tif' -tiv'; *en vers*, -nu-à-...] *adj.*
[ÉTYM. Dérivé de insinuer, § 257. || XVIIᵒ s. V. à l'article.]
|| (T. didact.) Qui a la propriété de s'insinuer. Un petit clystère —, préparatif et rémollient, MOL. *Mal. im.* I, 1.

INSINUATION [in-si-nu-à-syon; *en vers*, -si-on] *s. f.*
[ÉTYM. Emprunté du lat. insinuatio, *m. s.* || 1319. Sans insinuacion de prince, dans GODEF. insinuation 2.]
I. || 1ᵒ Action de s'insinuer. || *Au propre. Vieilli.* L'— de l'aliment dans les parties qui le reçoivent, BOSS. *Conn. de Dieu*, III, 6. || *Fig.* Adresse à s'insinuer. L'— de son esprit (de Fénelon), ST-SIM. I, 272.

‖ 2° Action d'insinuer qqch. Un exorde par —. Une — adroite.
I. *Vieilli.* (Droit.) Inscription d'un acte sur un registre qui lui donne l'authenticité. L'— d'un testament.

INSINUER [in-si-nué; *en vers*, -nu-é] *v. tr.*
[ÉTYM. Emprunté du lat. insinuare, *m. s.* ‖ 1336. Et celle nostre sauvegarde il facent publier et insignuer, dans GODEF.]
I. Introduire (qqch) doucement, par degrés. Le venin s'insinue dans les veines. Le sommeil s'insinue dans les membres. ‖ *P. ext.* Introduire (qqn) avec adresse. On l'accueille, on lui rit; partout il s'insinue, MOL. *Mis.* I, 1. S'— auprès de qqn, Cette fille s'était insinuée dans sa confiance, HAMILT. *Gram.* 10. N'introduire aucun acteur qui ne fût insinué dès le premier acte, CORN. *D. Sanche*, exam. ‖ *Fig.* Faire pénétrer adroitement dans l'esprit, l'âme. Vous — les belles connaissances, MOL. *F. sav.* III, 4. — à qqn le dégoût du monde. L'espoir s'insinua dans son cœur. ‖ — qqch à qqn, le lui faire entendre adroitement. On ne dit rien, on insinua tout, MONTESQ. *Rom.* 17.
II. *Vieilli.* (Droit.) Faire inscrire un acte dans un registre qui lui donne l'authenticité. Faute d'avoir fait — mon contrat de mariage, BEAUMARCH. *1er Mém. 1er Suppl.* 2.

INSIPIDE [in-si-pid'] *adj.*
[ÉTYM. Emprunté du lat. insipidus, *m. s.* ‖ XVIe s. Phlegme... doux et insipide, PARÉ, XX, 25.]
‖ 1° Qui est sans saveur. Un corps inodore et —.
‖ 2° Désagréable au goût par le manque de saveur. Mets, breuvage —.
‖ 3° *Fig.* Qui rebute l'esprit par sa fadeur. Poème, discours —. Et (mon esprit) ne saurait souffrir qu'une phrase — Vienne à la fin d'un vers remplir la place vide, BOIL. *Sat.* 2. Une plaisanterie, une louange —. Toute ma grandeur me devient —, RAC. *Esth.* II, 1.

INSIPIDITÉ [in-si-pi-di-té] *s. f.*
[ÉTYM. Dérivé de insipide, § 255. ‖ 1572. Une certaine insipidité, J. DES MOULINS, *Comm. sur Matthiole*, dans DELB. *Rec.*]
‖ Caractère de ce qui est insipide.

INSISTANCE [in-sïs'-tãns'] *s. f.*
[ÉTYM. Dérivé de insister, § 262. ‖ Mot dû à MERCIER. Admis ACAD. 1835.]
‖ Action d'insister.

INSISTER [in-sïs'-té] *v. intr.*
[ÉTYM. Emprunté du lat. insistere, poser, appuyer sur. ‖ 1336. Se voudront insister es saisies, dans GODEF.]
‖ Appuyer avec force sur une chose. Il faut — sur ce point. *Vieilli.* — à. En insistant toujours aux mêmes principes, BOSS. *Septuag.* 3. *Spécialt.* Appuyer avec force sur une demande. Il insista pour qu'on lui rendît justice.

INSOCIABILITÉ [in-sò-syà-bi-li-té; *en vers*, -si-à-...] *s. f.*
[ÉTYM. Dérivé de insociable, § 255. ‖ XVIIIe s. *V.* à l'article. Admis ACAD. 1762.]
‖ Caractère de celui qui est insociable. *P. ext.* L'— des humeurs, MONTESQ. *Lett. pers.* 116.

INSOCIABLE [in-sò-syàbl'; *en vers*, -si-àbl'] *adj.*
[ÉTYM. Composé de in négatif et sociable, § 275. ‖ 1564. J. THIERRY, *Dict. franç.-lat.*]
‖ Qui n'est pas sociable.

INSOLATION [in-sò-là-syon; *en vers*, -si-on] *s. f.*
[ÉTYM. Emprunté du lat. insolatio, *m. s.* ‖ XVIe s. PARÉ, XXV, 24. Admis ACAD. 1762.]
‖ Exposition à la chaleur du soleil. ‖ *P. ext.* Maladie cérébrale produite par un coup de soleil. L'— est fréquente sous la zone torride.

INSOLEMMENT [in-so-là-man] *adv.*
[ÉTYM. Pour insolentment, composé de insolent et ment, § 724. ‖ XIVe s. Ces anemis tant orgueilleusement et insolemment les demoquerent, BERSUIRE, fo 43, dans LITTRÉ.]
‖ D'une manière insolente. (Les faux dévots) Couvrent — De l'intérêt du Ciel leur fier ressentiment, MOL. *Tart.* I, 5.

INSOLENCE [in-sò-lãns'] *s. f.*
[ÉTYM. Emprunté du lat. insolentia, *m. s.* ‖ XVe s. En ce monde plein de insolence, *Myst. du Vieil Testam.* 3860.]
I. *Vieilli.* Caractère insolite. Honneurs desquels il blâme l'—, D'AUB. *Sa Vie.*
II. Manque de respect injurieux. L'— d'un parvenu. L'— d'un laquais. Avec quelle — et quelle cruauté Ils se jouaient tous deux de ma crédulité! RAC. *Baj.* IV, 5. ‖ Acte insolent. Après cette —, RAC. *Baj.* IV, 6. Tu prétendais qu'en un lâche silence Phèdre ensevelirait ta brutale —, ID. *Phèd.* IV, 2.

INSOLENT, ENTE [in-sò-lan, -lãnt'] *adj.*
[ÉTYM. Emprunté du lat. insolens, *m. s.* ‖ 1549. R. EST.]
I. *Vieilli.* Insolite. Nouveauté insolente, DE LA PORTE, *Épithètes.* ‖ *P. ext.* Qui choque par un excès insolite. Un bonheur —. Une pompe insolente, BOIL. *Ép.* 9.
II. Qui montre un manque de respect injurieux. Votre coquine de Toinette est devenue plus insolente que jamais, MOL. *Mal. im.* I, 6. Pour un fils — que vous ne verrez plus, RAC. *Mithr.* IV, 4. Tout vainqueur — à sa perte travaille, LA F. *Fab.* VII, 13. ‖ *Substantivt.* L'— devant moi ne se courba jamais, RAC. *Esth.* II, 1. Sur cet — vengez vos dieux et vous, CORN. *Poly.* V, 3. ‖ Tous les compagnons de son insolente entreprise, BOSS. *1er Démons.* 2. L'orgueil — d'un parvenu. Dans ses yeux insolents je vois ma perte écrite, RAC. *Phèd.* III, 3. Leurs cris et leurs menaces insolentes, BOSS. *R. d'Angl.* ‖ *P. ext.* Qui montre une audace coupable. Et jamais — ni cruel à demi, CORN. *Cinna*, 1, 3. ‖ *Substantivt.* L'— de la force empruntait le secours, RAC. *Phèd.* IV, 1.

*****INSOLENTER** [in-sò-lan-té] *v. tr.*
[ÉTYM. Dérivé de insolent, § 266. ‖ XVIIe-XVIIIe s. *V.* à l'article.]
‖ *Vieilli.* Traiter avec insolence. Mme la duchesse se sentit soulagée d'avoir au moins insolenté sa sœur, ST-SIM. VII, 452.

INSOLITE [in-sò-lit'] *adj.*
[ÉTYM. Emprunté du lat. insolitus, *m. s.* ‖ XVIe s. Injures insolites, MART. DU BELLAY, *Mém.* 6.]
‖ Qui étonne par son caractère inaccoutumé. Une façon — de parler, d'agir. Un honneur si —, ST-SIM. IX, 229.

INSOLUBILITÉ [in-sò-lu-bi-li-té] *s. f.*
[ÉTYM. Dérivé du lat. insolubilis, insoluble, § 255. On trouve insolubleté au moyen âge. ‖ 1765. ENCYCL. Admis ACAD. 1798.]
‖ (T. didact.) Caractère de ce qui est insoluble.

INSOLUBLE [in-sò-lùbl'] *adj.*
[ÉTYM. Emprunté du lat. insolubilis, *m. s.* ‖ XIIIe s. D'issolubles, De solubles et de fallaces, H. D'ANDELI, *Bat. des set ars*, 425. Admis ACAD. 1718.]
‖ (T. didact.) ‖ 1° Qui ne peut se dissoudre. Substance —.
‖ 2° Qui ne peut être résolu. Problème —.

INSOLVABILITÉ [in-sòl-và-bi-li-té] *s. f.*
[ÉTYM. Dérivé de insolvable, § 255. ‖ 1671. *Us et coutumes de la mer*, dans DELB. *Rec.*]
‖ État de celui qui est insolvable.

INSOLVABLE [in-sòl-vàbl'] *adj.*
[ÉTYM. Composé de in négatif et solvable, § 275. ‖ 1431. Texte dans GODEF. *Compl.*]
‖ Qui ne peut payer ce qu'il doit. Débiteur —. J'ai beau presser mes fermiers et les accabler de frais de justice, je ne fais que les rendre plus insolvables, MONTESQ. *Lett. pers.* 132.

INSOMNIE [in-sòm'-ni] *s. f.*
[ÉTYM. Emprunté du lat. insomnia, *m. s.* ‖ 1680. RICHEL.]
‖ État de celui qui ne peut dormir. Son — lui a repris, DUFRESNY, *Malade sans maladie*, I, 2.

INSONDABLE [in-son-dàbl'] *adj.*
[ÉTYM. Composé avec in négatif et sonder, §§ 93 et 275. ‖ 1578. Abysmes et gouffres estans du tout insondables, J. DE LÉRY, *Voy. au Brésil*, dans DELB. *Rec.* Admis ACAD. 1878.]
‖ Qu'on ne peut sonder. Un abîme —. ‖ *Fig.* Les jugements insondables de la Providence.

INSOUCIANCE [in-sou-syãns'; *en vers*, -si-ãns'] *s. f.*
[ÉTYM. Dérivé de insouciant, § 262. ‖ XVIIIe s. *V.* à l'article. Admis ACAD. 1798.]
‖ Caractère de celui qui est insouciant. L'— du danger. Son — pour ses intérêts. Vivre dans l'—. L'— des administrateurs, MARIVETZ, *Syst. gén. des navig.* (1788), disc. prélim. p. 21.

INSOUCIANT, ANTE [in-sou-syan, -syãnt'; *en vers*, -si-...] *adj.*
[ÉTYM. Composé avec in négatif et soucier, §§ 47 et 275. ‖ Admis ACAD. 1798.]
‖ Qui ne prend pas souci des choses. (*Syn.* insoucieux.) Être — du danger. — du lendemain. *Absolt.* Un homme d'un caractère —. *Substantivt. Famil.* Un —, une insouciante.

INSOUCIEUX, EUSE [in-sou-syeù, -syeûz'; *en vers*, -si-...] *adj.*
[ÉTYM. Composé de in négatif et soucieux, § 275. ‖ 1802. CATINEAU, *Nouv. Dict.* Admis ACAD. 1878.]
‖ Qui ne prend pas souci d'une chose. (*Syn.* insouciant.) Être — de ses intérêts. — du lendemain.

INSOUMIS, ISE [in-sou-mi, -miz'] *adj.*

[Étym. Composé de in négatif et soumis, § 275. || Admis ACAD. 1798.]

|| Qui n'est pas soumis. Peuples —. || *Spécialt.* Un soldat —, et, *substantivt,* Un —, qui ne s'est pas présenté à son corps au jour prescrit. Fille insoumise, fille publique non inscrite à la police.

INSOUTENABLE [in-sôut'-nàbl'; *en vers,* -sou-te-...] *adj.*

[Étym. Composé avec in négatif et soutenir, §§ 93 et 275. || 1612. Requisitions... insoutenables, *Chron. bordel.* dans DELB. *Rec.* Signalé au XVIIe s. comme mot « assez nouveau » par le P. BOUHOURS. Admis ACAD. 1694.]

|| Qui n'est pas soutenable. Elle fera passer leur opinion pour —, PASC. *Prov.* 2. Les absurdités où ils tombent en niant la religion deviennent plus insoutenables que les vérités dont la hauteur les étonne, BOSS. *A. de Gonz.* || Ce scandale que le roi trouvait — (ce fut son expression), ST-SIM. XI, 6. Voilà le plus cruel et le plus — état où l'on puisse être, SÉV. 1070. || *Famil.* En parlant des personnes. Il est — avec ses prétentions.

'INSPECTATEUR [ins'-pĕk'-tà-tĕur] *s. m.*

[Étym. Emprunté du lat. inspectator, *m. s.* Le mot paraît propre à MOLIÈRE.]

|| *Inusité.* Celui qui inspecte soigneusement. Curieux lecteurs et inspectateurs desdites inscriptions, MOL. *Fâch.* III, 2.

INSPECTER [ins'-pĕk'-té] *v. tr.*

[Étym. Emprunté du lat. inspectare, *m. s.* || 1781. Le régiment qu'il inspecterait, BOHAN, *Ex. crit. du milit. franç.* I, 256. Admis ACAD. 1798.]

|| Examiner attentivement (ce dont on a la surveillance). — un collège, une caserne, des troupes. La ménagère inspecte ses armoires.

INSPECTEUR, TRICE [ins'-pĕk'-tĕur, -tris'] *s. m. et f.*

[Étym. Emprunté du lat. inspector, *m. s.* (*Cf.* inspectateur.) || XVe-XVIe s. Inspecteur du lieu ou ces choses furent faictes, P. DESREY, *Mer des hist.* dans DELB. *Rec.*]

|| Personne chargée d'inspecter. — de l'enseignement primaire, et, *ellipt,* — primaire. Inspectrice des écoles communales, des salles d'asile. — d'académie, chargé de l'inspection des établissements d'instruction publique dans le ressort d'une académie. — général de l'Université, chargé de l'inspection des lycées et collèges par toute la France. — des prisons, des bâtiments publics. — des ponts et chaussées, des mines, des forêts, des finances. — d'infanterie, de cavalerie. — de police, — des mœurs, des garnis, agents attachés à un commissariat ou à la préfecture de police. || Dans certains grands magasins, certaines grandes administrations, employé chargé d'un rôle de surveillance, de police.

INSPECTION [ins'-pĕk'-syon; *en vers,* -si-on] *s. f.*

[Étym. Emprunté du lat. inspectio, *m. s.* || 1290. Texte dans GODEF. *Compl.*]

|| Action d'inspecter.

|| **1°** Examen attentif. L'— des astres, des entrailles des victimes. Faire l'— des lieux. A la première — on voit que l'acte est faux.

|| **2°** Examen attentif de ce dont on a la surveillance. Faire l'— des armes. L'— des troupes. L'— d'une école. || *P. ext.* Fonction d'inspecteur. Obtenir une — générale.

INSPIRATEUR, TRICE [ins'-pi-rà-tĕur, -tris'] *adj.*

[Étym. Emprunté du lat. inspirator, *m. s.* || XIVe s. J. GOLEIN, *Trad. du Rational,* dans GODEF. *Compl.* Admis ACAD. 1798.]

I. (Anat.) Qui sert au mouvement d'inspiration (des poumons). Muscles inspirateurs.

II. *Poét.* Qui donne l'inspiration (de l'esprit). Le souffle — du génie. *Substantivt.* O toi, l'inspiratrice et l'objet de mes chants, DELILLE, *Pitié,* 1.

INSPIRATION [ins'-pi-rà-syon ; *en vers,* -si-on] *s. f.*

[Étym. Emprunté du lat. inspiratio, *m. s.* || XIIe-XIIIe s. Enspiration, inspiration, *Job,* dans *Rois,* p. 478.]

I. (Physiol.) Action de faire pénétrer l'air dans les poumons. L'— et l'expiration.

II. Action d'inspirer (une pensée, une résolution, etc.). Recevoir l'— d'en haut. Il y a trois moyens de croire : la raison, la coutume, l'—, PASC. *Pens.* XXIV, 42. Pape nommé par voie d'—, par un élan unanime inspiré aux cardinaux. Un poète qui se laisse aller à l'—. Comme s'il eût agi par —, BOSS. *Hist. univ.* I, 8. || *P. ext.* Ce qui est inspiré. Ce fut comme une — du Ciel. Les inspirations du génie. C'est là que le poète a puisé ses plus belles inspirations. || Marie... ne se di-

rigeant que par ses inspirations (de Philippe II), VOLT. *Mœurs,* 163. Il a suivi son —. | Écouter les inspirations de la haine et de la vengeance.

INSPIRER [ins'-pi-ré] *v. tr.*

[Étym. Emprunté du lat. inspirare, *m. s.* || XIIe s. Tant furent espiré del felun suzduiant, GARN. DE PONT-STE-MAX. *St Thomas,* 5016.]

I. (Physiol.) Faire aspirer. — de l'air dans la poitrine d'un noyé. || *Absolt.* — de l'air, faire entrer de l'air dans sa poitrine. L'acte de la respiration consiste à — et à expirer. || *P. anal.* — un venin dans la plaie, BOSS. *1er Concept. de la Ste Vierge,* 2. || *Fig.* Vos bontés à leur tour Dans les cœurs les plus durs inspireront l'amour, RAC. *Alex.* III, 6.

II. *Fig.* Faire naître dans le cœur, dans l'esprit (une pensée, une résolution). Ces mêmes dieux à Tulle ont inspiré ce choix, CORN. *Hor.* III, 3. Le Ciel en ce moment m'inspire un artifice, RAC. *Mithr.* III, 4. Des âmes hautaines... ne cessaient de lui — qu'il devait s'en rendre le maître, BOSS. *Le Tellier.* — à qqn le désir de la gloire, l'horreur du vice. L'aspect de ces lieux inspire la mélancolie. || *P. ext.* Animer d'un élan surnaturel. Suivez, suivez, Seigneur, le Ciel qui vous inspire, CORN. *Cinna,* II, 1. Moïse était inspiré par Dieu. Vous qui leur avez persuadé que vous étiez inspiré par la nymphe Égérie, FÉN. *Dial. des morts,* 17. La Pythie inspirée par Phébus. Un poète inspiré par les Muses. D'Apollon un génie inspiré, BOIL. *Ép.* 7. Front inspiré, regards inspirés.

INSTABILITÉ [ins'-tà-bi-li-té] *s. f.*

[Étym. Emprunté du lat. instabilitas, *m. s.* || XVe s. Les instabilitez des choses humaines, CHASTELL. dans LITTRÉ.]

|| Manque de stabilité. Corps placé dans un état d'—. L'— d'un navire à la mer. || *Fig.* L'— de la fortune, des choses humaines. Pour punir l'irréligieuse — de ces peuples, BOSS. *R. d'Angl.* Le sacrement de la pénitence ne fixe pas l'— du cœur humain, MASS. *Rechute,* 1.

INSTABLE [ins'-tàbl'] *adj.*

[Étym. Emprunté du lat. instabilis, *m. s.* || XIVe s. J. GOLEIN, *Trad. du Rational,* dans GODEF. *Compl.* Admis ACAD. 1694 ; suppr. en 1718 ; repris en 1878.]

|| Qui n'est pas stable. Équilibre —, que détruit le moindre déplacement. *P. anal.* Combinaison chimique —. || *Fig.* Un caractère —. Une paix —.

INSTALLATION [ins'-tà-là-syon; *en vers,* -si-on] *s. f.*

[Étym. Dérivé de installer, § 247. || 1349. Texte dans GODEF. *Compl.*]

|| Action d'installer. L'— d'un évêque, d'un juge. || L'— d'une usine, d'un appartement. || Une — commode.

INSTALLER [ins'-tà-lé] *v. tr.*

[Étym. Emprunté du lat. du moyen âge installare, *m. s.* (*Cf.* stalle.) || XVe s. Dame Katherine... fut instituee et installee abbesse, *Cartul. de Flines,* dans DELB. *Rec.*]

|| **1°** Établir solennellement dans sa stalle. — un évêque, un curé. || *P. anal.* Établir solennellement dans sa fonction. — un juge, un président. Louis XIV installait lui-même ces colonels à la tête du régiment, VOLT. *S. de L. XIV,* 29. || *P. ext.* Établir (qqn) dans la demeure, le lieu qui lui est destiné. S'— dans un nouvel appartement. S'— à son bureau. S'— dans un fauteuil. S'— provisoirement, définitivement.

|| **2°** Établir (les objets) à la place qui leur est réservée. — ses livres, ses meubles. | *P. ext.* — une bibliothèque. — une usine.

INSTAMMENT [ins'-tà-man] *adv.*

[Étym. Pour instantment, composé de instant, adjectif, et ment, § 724. || 1378. Requis moult instanment, dans L. DELISLE, *Mandem. de Ch. V,* p. 878.]

|| D'une manière instante.

INSTANCE [ins'-tàns'] *s. f.*

[Étym. Emprunté du lat. instantia, *m. s.* || XIIIe s. Instansce des parties, *Cartul. du Val St-Lambert,* dans GODEF. *Compl.*]

I. || **1°** *Vieilli.* Soin pressant. Et notre plus grand soin, notre première — Doit être à le nourrir (l'esprit) du suc de la science, MOL. *F. sav.* II, 7.

|| **2°** Sollicitation pressante. Faire — auprès de qqn. Demander, prier avec —. (S'emploie surtout au pluriel.) Faire de vives instances.

II. || **1°** (Scolast.) Nouvel argument par lequel on rétorque la réponse faite à un premier argument. Répondre à une —. Les instances de Gassendi contre les Méditations de Descartes.

|| **2°** (Droit.) Acte d'une procédure judiciaire entre de-

mandeur et défendeur. **Former, faire vider une —. Péremption, reprise d'—. L'— est pendante auprés du tribunal. Première
—, poursuite d'une action devant un premier juge. Tribunal de première —**, qui, dans chaque arrondissement,
juge en matière civile et correctionnelle et dont les arrêts
peuvent être déférés aux cours d'appel.

1. INSTANT, ANTE [ins'-tan, -tänt'] *adj.*
[ÉTYM. Emprunté du lat. *instans, instantis*, qui presse.
‖ XIVᵉ s. L'iver qui estoit ystant (var. instant), FROISS. *Chron.*
xv, 296, Kervyn.]
‖ Qui presse vivement. **Sollicitations, prières instantes.** ‖
Péril, besoin —.

2. INSTANT [ins'-tan] *s. m.*
[ÉTYM. Tiré de instant 1, § 38. ‖ XVIᵉ s. Corriger sa teste
folle sus l'instant, RAB. I, 50.]
‖ Court espace de temps immédiat. **A l'—, dans l'—.
Mais sa langue en sa bouche à l'— s'est glacée**, RAC. *Ath.* II,
2. **Si le roi, dans l'—, pour sauver le coupable, Ne lui donne à
baiser son sceptre redoutable**, ID. *Esth.* I, 3. **Dès l'— qu'il la
connut, il l'aima. La pluie n'a duré qu'un —. Il l'a fait en un —.
Attendez un —**, et, *ellipt*, **Un —, ne soyez pas si pressé. A tout
—, à chaque —, sans cesse.**

INSTANTANÉ, ÉE [ins'-tan-tà-né] *adj.*
[ÉTYM. Dérivé de instant 2, § 244. ‖ 1734. Rares et ins-
tantanés, *Journal des sav.* p. 199. Admis ACAD. 1762.]
‖ Qui ne dure qu'un instant. **Éclair —.** ‖ *P. ext.* Qui se
produit soudainement. **Une frayeur instantanée.** *Spécialt.*
Photographie instantanée, dont le cliché est pris en un instant. **Un cliché —**, et, *substantivt*, **Un —.**

INSTANTANÉITÉ [ins'-tan-ta-né-i-té] *s. f.*
[ÉTYM. Dérivé de instantané, § 255. ‖ 1737. DE MAIRAN,
dans *Mém. de l'Acad. des sc.* p. 19. Admis ACAD. 1878.]
‖ (T. didact.) Caractère de ce qui est instantané.

INSTANTANÉMENT [ins'-tan-tà-né-man] *adv.*
[ÉTYM. Pour instantanéement, composé de instantanée et
ment, § 724. ‖ *Néolog.* Admis ACAD. 1878.]
‖ D'une manière instantanée.

INSTAR (A L') [ins'-tàr] *loc. adv.*
[ÉTYM. Emprunté du lat. ad instar, *m. s.*, § 217. ‖ 1581.
A l'instar de celle de Paris, *Déclar. du roi*, dans LITTRÉ.]
‖ A la manière (de). **Établissement à l'— de Paris.**

INSTAURATION [ins'-tó-rà-syon ; *en vers*, -si-on] *s. f.*
[ÉTYM. Emprunté du lat. instauratio, *m. s.* ‖ XVIᵉ s. Propa-
gation et instauration, PARÉ, I, 1. Admis ACAD. 1762.]
‖ *Rare.* Établissement. **L'— du temple de Salomon.**

INSTIGATEUR, TRICE [ins'-ti-gà-teur, -trïs'] *s. m.*
et *f.*
[ÉTYM. Emprunté du lat. instigator, *m. s.* ‖ 1363. Pro-
motteurs et instigateurs, *Ordonn.* III, 645.]
‖ Celui, celle qui instigue. **L'— d'un complot, d'un crime.**

INSTIGATION [ins'-ti-gà-syon ; *en vers*, -si-on] *s. f.*
[ÉTYM. Emprunté du lat. instigatio, *m. s.* ‖ 1332. A l'instigation du dit prestre, dans DELB. *Rec.*]
‖ Action d'instiguer. **Agamemnon fut tué par Clytemnestre
à l'— d'Égisthe. Les instigations de l'esprit du mal.**

INSTIGUER [ins'-ti-ghé] *v. tr.*
[ÉTYM. Emprunté du lat. instigare, *m. s.* ‖ XIVᵉ s. Tant
avoient ja li tribun... instigué et esmeu le pueple, BERSUIRE,
dans GODEF. Admis ACAD. 1694 ; suppr. en 1740 ; repris
en 1762.]
‖ *Vieilli.* Pousser à agir. (Se prend surtout en mauvaise
part.)

INSTILLATION [ins'-tïl'-là-syon ; *en vers*, -si-on] *s. f.*
[ÉTYM. Emprunté du lat. instillatio, *m. s.* ‖ 1542. Par instillation de bons enseignemens, P. DE CHANGY, *Instr. de la
femme chr.* dans DELB. *Rec.* Admis ACAD. 1798.]
‖ (T. didact.) Action d'instiller.

INSTILLER [ins'-tïl'-lé] *v. tr.*
[ÉTYM. Emprunté du lat. instillare, *m. s.* ‖ XVIᵉ s. Le jus
d'icelle exprimé et instillé dedans les aureilles, RAB. III, 51.]
‖ (T. didact.) Verser goutte à goutte. (*Cf.* distiller.)

INSTINCT [ins'-tin] *s. m.*
[ÉTYM. Emprunté du lat. instinctus, *m. s.* ‖ XIVᵉ s. Par
l'instincte et admonestement de Abbon, J. DE VIGNAY, *Miroir
hist.* dans DELB. *Rec.*]
‖ **I.** *Vieilli.* Impulsion. **(Satan) anime les Juifs, et je les
vois avancer par son —**, BOSS. *Médit. sur l'Évang.* 99ᵉ jour.
‖ **II.** Impulsion naturelle. **L'— du bien, du mal. Dans le temple des Juifs un — m'a poussée**, RAC. *Ath.* II, 5. ‖ *Spécialt.*
Impulsion intérieure qui détermine l'être vivant (homme

ou animal) à des actes non raisonnés, pour la conservation de l'individu, de l'espèce. **Il y a un temps où la raison
n'est pas encore, où l'on ne vit que par —, à la manière des
animaux**, LA BR. 2. **La volonté nous détermine, Non l'objet ni
l'—**, LA F. *Fab.* IX, 20, *Disc. à Mᵐᵉ de la Sablière.* **L'—
de l'abeille, du castor, de la fourmi.**

INSTINCTIF, IVE [ins'-tink'-tïf', -tïv'] *adj.*
[ÉTYM. Dérivé de instinct, § 257. ‖ 1803. Facultés instinc-
tives, MAINE DE BIRAN, *Infl. de l'habitude*, p. 385. Admis
ACAD. 1835.]
‖ Qui vient de l'instinct. **Mouvement —.**

INSTINCTIVEMENT [ins'-tink'-tïv'-man ; *en vers*, -ti-
ve-...] *adv.*
[ÉTYM. Composé de instinctive et ment, § 724. ‖ 1802.
CATINEAU, *Dict. de poche.* Admis ACAD. 1835.]
‖ D'une manière instinctive. **Agir —.**

INSTITUER [ins'-ti-tué ; *en vers*, -tu-é] *v. tr.*
[ÉTYM. Emprunté du lat. instituere, *m. s.* ‖ XIIIᵉ-XIVᵉ s.
Le prevost fermier de la dite foire sera et doit estre institué...,
dans E. BOILEAU, *Livre des mest.* p. 439, Depping.]
‖ **I.** Établir d'une manière durable. **— une fête, un ordre.
Les sacrements institués par l'Église. — des tribunaux.** ‖ *P.
anal.* **— des juges. — qqn son héritier. L'héritier institué, et,
absolt, l'institué.**
‖ **II.** *Vieilli.* Établir dans la connaissance, la science de
qqch. (*Cf.* instituteur.) **S'— aux lettres**, LA NOUE, *Disc. polit.*
5. *Absolt.* **Est-il plus important qu'un cheval soit bien dressé
qu'un enfant bien institué ?** PATRU, *Plaidoy.* 10.
‖ **III.** Établir dans certaines lois. **Entreprendre d'— un
peuple**, J.-J. ROUSS. *Contr. soc.* II, 7.

INSTITUT [ins'-ti-tu] *s. m.*
[ÉTYM. Emprunté du lat. institutum, chose instituée.
(*Cf.* institution.) ‖ XVIIᵉ s. *V.* à l'article.]
‖ **I.** *Vieilli.* Ce qui est institué. **Ton saint — (l'eucharistie)**, CORN. *Imit.* IV, 4. ‖ *Spécialt.* Règle d'un ordre religieux établie au moment de sa fondation. **Conserver en
elle (la compagnie de l'Oratoire) l'esprit de son —**, BOSS.
P. Bourgoing. *P. ext.* **L'ordre institué par cette règle. L'—
des jésuites.**
‖ **II.** Corps constitué de gens de lettres, de savants, d'artistes, etc. **L'— de Bologne. L'— Pasteur.** ‖ *Spécialt.* **L'Institut
de France**, et, *absolt*, **L'Institut**, compagnie formée par la
réunion de cinq Académies (française, des inscriptions
et belles-lettres, des sciences, des beaux-arts, et des
sciences morales et politiques). **Les membres de l'Institut.
Entrer, être reçu à l'Institut. Les séances de l'Institut. Le palais
de l'Institut.**

INSTITUTEUR, TRICE [ins'-t-itu-teur,-trïs'] *s. m.* et *f.*
[ÉTYM. Emprunté du lat. institutor, *m. s.* ‖ XIVᵉ s. Celluy
fut instituteur des coustumes, J. DE VIGNAY, *Miroir hist.* dans
DELB. *Rec.*]
‖ **I.** Celui, celle qui institue qqch. **L'— des jeux Olympiques. L'— d'un ordre religieux. Les sacrements dont l'Église
est l'institutrice.**
‖ **II.** Personne chargée de donner l'éducation à un ou
plusieurs enfants. **L'— d'un jeune prince.** ‖ *Spécialt.* Personne qui tient une école, un pensionnat. **Un — primaire.
L'institutrice de la commune.**

INSTITUTION [ins'-ti-tu-syon ; *en vers*, -si-on] *s. f.*
[ÉTYM. Emprunté du lat. institutio, *m. s.* ‖ XIIᵉ s. Seix
institucions ke nostre saint pere commanderent a warder,
Serm. de St Bern. p. 112.]
‖ **I.** Action d'instituer qqch. **L'— des jeux Olympiques. L'—
d'un ordre religieux, d'un parlement. Usages d'—**, institués
par les hommes et non établis naturellement. **— d'héritier**,
action d'instituer son héritier, de le déclarer par testament. ‖ *P. ext.* Chose instituée. **Les hôpitaux, les écoles, sont
des institutions utiles. Les institutions d'un pays, lois fonda-
mentales qui le régissent. Défendre les institutions menacées.**
‖ **II.** Action de former par l'éducation. **La bonne — sert
beaucoup pour corriger les défauts**, DESC. *Pass. de l'âme*, III,
171. **L'— du dauphin. L'— d'un jeune roi**, D'ALEMBERT, *Éloges*,
I, 19. ‖ *P. ext.* Maison d'éducation. **Ouvrir, établir, tenir
une —. Chef d'—. — de jeunes demoiselles.**

INSTRUCTEUR [ins'-trük'-teur] *adj.*
[ÉTYM. Emprunté du lat. instructor, *m. s.* ‖ XIVᵉ s. J. GO-
LEIN, *Trad. du Rational*, dans GODEF. *Compl.*]
‖ **1°** *Vieilli.* Qui instruit qqn. *Spécialt.* **Officier, capitaine
—, chargé d'instruire les jeunes soldats dans le maniement des armes. *Substantivt.* Manuel de l'—.**

|| **2°** Qui instruit un procès, une affaire. Juge —, juge d'instruction.

INSTRUCTIF, IVE [ins'-trŭk'-tĭf', -tĭv'] *adj.*
[ÉTYM. Dérivé du radical de instruction, § 257. || XIVᵉ s. J. GOLEIN, *Trad. du Rational*, dans GODEF. *Compl.*]
|| **1°** Qui instruit qqn. Livre, entretien —.
|| **2°** *Rare*. Qui sert à instruire une affaire. Votre procureur aurait fourni de bons mémoires instructifs à un avocat, BARON, *Coquette*, I, 5.

INSTRUCTION [ins'-trŭk'-syon; *en vers*, -si-on] *s. f.*
[ÉTYM. Emprunté du lat. instructio, *m. s.* || 1348. Certaine instruction ou ordennance faite sur ce, VARIN, *Arch. admin. de Reims*, II, 1169.]
|| **1°** Action d'instruire qqn de qqch. Je vous demande cela pour mon —. Dieu les frappe (les grands) pour nous avertir; il ne craint pas de les sacrifier à l'— du reste des hommes, BOSS. *R. d'Angl.* — sur la manière de se servir d'une chose. || Explication pour la conduite d'une affaire. (S'emploie surtout au pluriel.) Donnez-lui vos instructions là-dessus. Vous recevrez vos instructions, SÉV. 1109. Donner à un ambassadeur des instructions secrètes.
|| **2°** Action d'instruire, de former l'esprit. L'— de la jeunesse. Fais lire au prince, en dépit de l'envie, Pour son — l'histoire de ta vie, CORN. *Cid*, I, 3. *Spécialt.* L'— des nouvelles recrues (éducation militaire des jeunes soldats), et, *absolt*, La période d'—. || *Absolt.* Donner à un enfant l'— religieuse. L'— publique, donnée par l'État. Le ministère de l'— publique. || *P. ext.* | **1.** Résultat de l'action d'instruire. Homme sans —. | **2.** Leçon servant à instruire. On puise dans ce livre d'utiles instructions. Nestor lui donnait des instructions qu'il appuyait de divers exemples, FÉN. *Tél.* 15. — pastorale, mandement d'un évêque sur quelque point de doctrine.
|| **3°** (Droit.) Action d'instruire une cause civile ou criminelle et de la mettre en état d'être jugée. L'— d'un procès. Acte d'—. Le code d'—, magistrat chargé de rechercher les crimes et délits, d'en recueillir les preuves et indices, et de faire arrêter et interroger les prévenus.

INSTRUIRE [ins'-truïr] *v. tr.*
[ÉTYM. Emprunté du lat. instruere, *m. s.* Anc. franç. enstruire, §§ 501 et 502. || XIIᵉ s. Enstruirai tei en ceste veie que tu iras, *Psaut. d'Oxf.* XXXI, 8. | XIVᵉ-XVᵉ s. Li homs qui suffisance instruit, EUST. DESCH. II, 95.]
I. || **1°** Donner à (qqn) connaissance de qqch. Il faut l'— de la conduite de son fils. De nos crimes communs je veux qu'on soit instruit, RAC. *Brit.* III, 3. De Jézabel la fille meurtrière Instruite que Joas voit encor la lumière, ID. *Ath.* IV, 3. Il est bien instruit des affaires de la cour.
|| **2°** Former l'esprit de (qqn) par des leçons, des préceptes. — les jeunes gens. Il ne fut pas, comme Moïse, instruit dans les sciences et la sagesse des Égyptiens, MASS. *Panég. St Fr. de Paule*. C'est ainsi que Dieu instruit les princes, BOSS. *R. d'Angl.* Se faire — des vérités de la foi. — qqn d'exemple, par l'exemple. Pour s'— d'exemple, en dépit de l'envie, Il lira seulement l'histoire de ma vie, CORN. *Cid*, I, 3. — des soldats à manier les armes. Instruits par leurs prophètes à obéir aux rois, BOSS. *Hist. univ.* II, 13. || *Absolt.* Une personne instruite, qui a des connaissances étendues. || *P. ext.* Instruit par le malheur. (Vous) avez instruit mes mains à combattre et mes doigts à tenir l'épée, BOSS. *Condé.* || *P. anal.* En parlant des animaux. — un cheval, le dresser. On les dresse (les animaux), on les instruit, ils s'instruisent les uns les autres, BOSS. *Conn. de Dieu*, V, 1.
II. (Droit.) Mettre (une cause) en état d'être jugée. Son affaire s'instruit en ce moment. *Spécialt.* — le procès de qqn, lui faire son procès en matière criminelle. *Fig.* — le procès de qqn, examiner avec rigueur ce que ses actions, ses paroles, peuvent avoir de coupable. || *Absolt.* — contre qqn.

INSTRUMENT [ins'-tru-man] *s. m.*
[ÉTYM. Emprunté du lat. instrumentum, *m. s.* Anc. franç. estrument, §§ 502 et 503. || XIIIᵉ s. Et tous les autres estrumens Qui sont piliers et argumens A soutenir nature humaine, J. DE MEUNG, *Rose*, 6993.]
|| **1°** Objet fabriqué (outil, machine, appareil, etc.) dont on se sert pour une opération. Instruments de chirurgie, de chimie, de physique, de mathématique. Instruments aratoires. || Instruments de musique. Instruments à vent, où le son est produit par le souffle de la bouche ou par un soufflet. Instruments à cordes, où le son est produit par les vibrations des cordes. Instruments de percussion, qu'on frappe pour marquer le rythme (tambours, cymbales, etc.). || *P. ext.* Tout ce dont on se sert pour produire un effet matériel. Allez, et faites promptement Élever de sa mort le honteux —, RAC. *Esth.* II, 1. J'ai reconnu le fer, — de sa rage, ID. *Phéd.* IV, 1. || (Liturgie.) — de paix, reliquaire, anneau, image, etc., avec lesquels on donne la paix, en les faisant baiser aux fidèles. || *Fig.* Tout ce dont on se sert pour arriver à un résultat. Dieu, dont l'homme n'est que l'—, PASC. *Prov.* 14. Servir d'— à la vengeance de qqn. Persécutez, Et soyez l'— de nos félicités, CORN. *Poly.* V, 2.
|| **2°** (Droit.) Acte, titre public servant à établir des droits. — de mariage. De son joug l'— authentique, BOIL. *Sat.* 10. — authentique de vente. L'— d'un traité.

INSTRUMENTAIRE [ins'-tru-man-têr] *adj.* et *s. m.*
[ÉTYM. Dérivé de instrument, § 248. || XVᵉ-XVIᵉ s. Les peres et meres... ne sont que putatifs, qu'instrumentaires, *Amant ressuscité*, dans LA C. Admis ACAD. 1835.]
I. *Adj.* (Droit.) Qui rédige ou aide à rédiger un instrument (acte public). Officier —, faisant fonction d'officier de l'état civil à bord d'un navire. Témoin —.
II. *Vieilli.* S. m. Celui qui joue d'un instrument (de musique). (*Syn.* instrumentiste.)

INSTRUMENTAL, ALE [ins'-tru-man-tàl] *adj.*
[ÉTYM. Dérivé de instrument, § 238. || XIVᵉ s. Cause instrumentele, ORESME, *Éth.* V, 20.]
I. (T. didact.) Qui sert d'instrument, de moyen. Cause instrumentale. || (Gramm.) Cas —, qui, dans certaines langues, exprime l'instrument, le moyen.
II. Qui se sert d'instruments (de musique). Musique instrumentale. Concert vocal et —.

INSTRUMENTATION [ins'-tru-man-tà-syon; *en vers*, -si-on] *s. f.*
[ÉTYM. Dérivé de instrumenter, § 247. || *Néolog.* Admis ACAD. 1835.]
|| (Musique.) Action d'instrumenter, résultat de cette action. Les règles de l'—. L'— de cet opéra est mauvaise.

INSTRUMENTER [ins'-tru-man-té] *v. intr.* et *tr.*
[ÉTYM. Dérivé de instrument, § 266. || 1440. Et poront lor nos sires instroumenter, dans DELB. *Rec.*]
I. *V. intr.* (Droit.) Dresser un instrument (contrat, procès-verbal, etc.). Officiers publics ayant le droit d'— dans le lieu, *Code civil*, art. 1317.
II. *Vieilli.* V. tr. (Musique.) Écrire (un morceau de musique) pour les différents instruments dont l'ensemble constitue un orchestre. (*Syn.* orchestrer.) *Absolt.* Ce compositeur sait bien —.

'INSTRUMENTISTE [ins'-tru-man-tïst'] *s. m.*
[ÉTYM. Dérivé de instrument, § 265. (*Cf.* instrumentaire.) || *Néolog.*]
|| Celui qui exécute de la musique sur un instrument.

INSU [in-su] *s. m.*
[ÉTYM. Composé de in négatif et su, participe de savoir, §§ 45 et 275. (*Cf.* dessu.) || 1611. A l'insceu de luy, COTGR.]
|| Ignorance où l'on laisse qqn d'un fait qu'il a intérêt à connaître. (Ne s'emploie que dans la locution A l'— de.) A l'— de leurs parents cruels, LA F. *Filles de Minée*. Des gens vous promettent le secret, et ils le révèlent eux-mêmes et à leur —, LA BR. 5.

INSUBMERSIBLE [in-sŭb'-mèr-sĭbl'] *adj.*
[ÉTYM. Composé de in négatif et submersible, § 275. || 1775. Chaloupe insubmersible, DE LA CHAPELLE, *Constr. du scaphandre*, p. 198. Admis ACAD. 1878.]
|| (Technol.) Qui ne peut être submergé. Bateau —. Digue —.

INSUBORDINATION [in-su-bòr-di-nà-syon; *en vers*, -si-on] *s. f.*
[ÉTYM. Composé de in négatif et subordination, § 275. || 1788. L'insubordination parmi les nègres, MALOUET, *Mém. sur l'esclavage*, p. 4. Admis ACAD. 1798.]
|| Manque de subordination. L'esprit d'—.

INSUBORDONNÉ, ÉE [in-su-bòr-dò-né] *adj.*
[ÉTYM. Composé de in négatif et subordonné, § 275. || 1789. Maître d'équipage. insubordonné, MALOUET, *Opin. sur l'aff. de M. le comte d'Albert*, p. 6. Admis ACAD. 1798.]
|| Qui manque à la subordination. Un élève —. Troupes insubordonnées.

INSUCCÈS [in-sŭk'-sè] *s. m.*
[ÉTYM. Composé de in négatif et succès, § 275. || 1802. CATINEAU, *Dict. de poche*. Admis ACAD. 1878.]
|| Manque de succès.

INSUFFISAMMENT [in-su-fi-zà-man] *adv.*

[ÉTYM. Pour insuffisantment, composé de insuffisant et ment, § 724. || 1391. Texte dans GODEF. *Compl.* Admis ACAD. 1762.]

|| D'une manière insuffisante.

INSUFFISANCE [in-su-fi-zàns'] *s. f.*

[ÉTYM. Dérivé de insuffisant, à l'imitation du lat. insufficientia, *m. s.* § 262. || 1337. Texte dans GODEF. *Compl.*]

|| État de ce qui est insuffisant. L'— de son revenu, de ses ressources. L'— du moyen proposé. L'— du talent, des connaissances de qqn, et, *absolt,* Son — est manifeste.

INSUFFISANT, ANTE [in-su-fi-zan, -zànt'] *adj.*

[ÉTYM. Composé de in négatif et suffisant, à l'imitation du lat. insufficiens, *m. s.* § 275. A la fin du XIVᵉ s. EUST. DESCH. dit insufficent. (*V.* DELB. *Rec.*) || 1474. Insuffisant me recongnoy, *Myst. de l'Incarnat. et Nativ.* dans DELB. *Rec.*]

|| Qui ne suffit pas. Somme insuffisante. Connaissances insuffisantes. *Absolt.* Il s'est montré — dans cet emploi.

INSUFFLATION [in-su-flà-syon ; *en vers,* -si-on] *s. f.*

[ÉTYM. Emprunté du lat. insufflatio, *m. s.* || XIVᵉ s. Insufflacion de vent, *Somme Mᵉ Gautier,* mss franç. Bibl. nat. 1288, fᵒ 30, rᵒ. Admis ACAD. 1835.]

|| (T. didact.) Action d'insuffler.

INSUFFLER [in-su-flé] *v. tr.*

[ÉTYM. Emprunté du lat. insufflare, *m. s.* || XIVᵉ-XVᵉ s. Quand Dieu... eust insufflé et mis en toy l'esperit de vie, dans DU C. Insufflare. Admis ACAD. 1835.]

|| (T. didact.) Souffler dans. — de l'air dans la poitrine d'une personne asphyxiée. || *P. ext.* Gonfler en soufflant. — une vessie.

INSULAIRE [in-su-lèr] *adj.*

[ÉTYM. Emprunté du lat. insularis, *m. s.* || 1516. Escossoys sauvages, insulaires, *Miroir hist. de France,* dans DELB. *Rec.*]

|| Qui habite une île. Peuples insulaires. *Substantivt.* Un, une —. Les insulaires conservent plus aisément leurs lois, MONTESQ. *Espr. des lois,* XVIII, 50.

INSULTANT, ANTE [in-sŭl-tan, -tànt'] *adj.*

[ÉTYM. Adj. particip. de insulter, § 47. || XVIIᵉ s. *V.* à l'article. Admis ACAD. 1740.]

|| Qui constitue une insulte. Discours, procédé —. Amère et insultante dérision, BOSS. *Élév. sur les myst.* VI, 14. Sa démence même fut insultante, MONTESQ. *Rom.* 11.

*INSULTATEUR** [in-sŭl-tà-teur] *s. m.*

[ÉTYM. Emprunté du lat. insultator, *m. s.* (*Cf.* insulteur.) || XVIIᵉ s. *V.* à l'article.]

|| Celui qui a l'habitude d'insulter. Au lieu d'un homme soumis, un —, BOSS. *Quiét.* lett. 316.

INSULTE [in-sŭlt'] *s. f.* et, *vieilli, m.*

[ÉTYM. Emprunté du bas lat. insultus, agression, ou tiré de insulter, § 52. || 1416. Insult et cris de gens, dans DU C. insultus.]

I. *Vieilli.* Agression. A couvert de l'— sacré, BOIL. *Lutr.* 5. || *Spéciall.* Attaque militaire. Un endroit si escarpé paraissait hors d'—, VERTOT, *Révol. rom.* 7. Être à l'abri des insultes de l'ennemi.

II. Offense outrageante. Faire — à qqn. Recevoir une —. La raillerie, l'injure, l'—, leur découlent des lèvres comme leur salive, LA BR. 5. || *Fig.* C'est une — au bon sens.

INSULTER [in-sŭl-té] *v. intr.* et *tr.*

[ÉTYM. Emprunté du lat. insultare, faire assaut contre. Rare au XVIIᵉ s. || XIVᵉ s. Insulter et reproucher aux Romains, BERSUIRE, fᵒ 44, dans LITTRÉ.]

I. *Vieilli. V. intr.* Faire acte d'agression. Mieux eût-il fait soi contenir en sa maison, royalement la gouvernant, que — en la mienne, hostilement la pillant, RAB. I, 46. Insultant contre le premier qui s'opposait à son avis, PASC. *Prov.* 2. || *Fig.* Faire (à qqn) une offense outrageante. Ce même Agamemnon à qui vous insultez, RAC. *Iph.* II, 5. Elle regarda le ciel avec mépris et arrogance, comme pour — aux dieux, FÉN. *Tél.* 8. Un fils audacieux insulte à ma ruine? RAC. *Mithr.* II, 5. Nos superbes vainqueurs, insultant à nos larmes, ID. *Esth.* I, 4. — à la misère de qqn. || *P. ext.* Leur faste insulte à la détresse publique.

II. *V. tr.* || **1ᵒ** *Vieilli.* Attaquer, s'attaquer à (qqch). On insulta le chemin couvert du front de la basse ville, VOLT. *S. de L. XV,* 11. || *Fig.* Noyers souvent dú passant insultés, BOIL. *Ép.* 6.

|| **2ᵒ** Offenser d'une manière outrageante. Quoi ! Madame, un barbare osera m'— ! RAC. *Iph.* III, 6.

INSULTEUR [in-sŭl-teur] *s. m.*

[ÉTYM. Dérivé de insulter, § 249. (*Cf.* insultateur.) || *Néolog.* Admis ACAD. 1878.]

|| Celui qui fait métier d'insulter. — public.

INSUPPORTABLE [in-su-pòr-tàbl'] *adj.*

[ÉTYM. Composé avec in négatif et supporter, §§ 93 et 275. || XIVᵉ-XVᵉ s. Insupportable angoesse, *Nouvelles,* dans DELB. *Rec.*]

|| Qu'on ne peut supporter. Douleurs, souffrances insupportables. Le vice rend le pécheur — à lui-même, MASS. *Carême,* prol. Cet homme est d'un orgueil —. O d'une indigne sœur — audace! CORN. *Hor.* IV, 5. Voilà ce qui est — à la nature, BOURD. *Sévérité évang.* 2.

INSUPPORTABLEMENT [in-su-pòr-tà-ble-man] *adv.*

[ÉTYM. Composé de insupportable et ment, § 724. || 1479. Texte dans GODEF. *Compl.*]

|| D'une manière insupportable.

INSURGENT [in-sur-jan] *s. m.*

[ÉTYM. Emprunté du lat. insurgens, tis, part. prés. de insurgere, s'insurger. || Admis ACAD. 1762.]

|| *Vieilli.* Celui qui se soulève. (*Syn.* insurgé.) *Spéciall.* Les insurgents d'Amérique. Nous sommes ici fort occupés des insurgents, D'ALEMB. *Lett. au roi de Prusse,* avril 1777.

INSURGER (S') [in-sur-jé] *v. pron.*

[ÉTYM. Emprunté du lat. insurgere, se lever contre. (*Cf.* surgir et sourdre.) || 1611. COTGR. Admis ACAD. 1798, suppl.]

|| Se soulever contre (l'autorité). Le peuple s'est insurgé contre le gouvernement. || *Absolt.* La plupart des provinces s'insurgèrent. Faire — les villes. Les provinces insurgées. Les citoyens insurgés. *Substantivt.* Un insurgé. Les insurgés de juin (1848). || *Fig.* S'— contre le bon sens. || *Rare. Transitivt.* Les impôts insurgèrent le peuple (firent insurger le peuple).

INSURMONTABLE [in-sur-mon-tàbl'] *adj.*

[ÉTYM. Composé avec in négatif et surmonter, §§ 93 et 275. || 1611. COTGR.]

|| Qu'on ne peut surmonter. Obstacles, difficultés insurmontables.

INSURRECTION [in-sur'-rèk'-syon ; *en vers,* -si-on] *s. f.*

[ÉTYM. Emprunté du lat. insurrectio, *m. s.* || XIVᵉ s. Insurrections, esmeutes ou conspirations, ORESME, dans MEUNIER, *Essai sur Oresme.* Admis ACAD. 1798.]

|| Action de s'insurger. L'— de la Pologne. Le peuple est en pleine —.

INSURRECTIONNEL, ELLE [in-sur'-rèk'-syò-nèl ; *en vers,* -si-ò-...] *adj.*

[ÉTYM. Dérivé de insurrection, § 238. || Admis ACAD. 1798, suppl.]

|| Qui appartient à l'insurrection. Mouvement —.

INTACT, ACTE [in-tàkt'] *adj.*

[ÉTYM. Emprunté du lat. intactus, *m. s.* || XVIIᵉ-XVIIIᵉ s. *V.* à l'article. Admis ACAD. 1798.]

|| Qui n'a pas été touché, endommagé. Le dépôt s'est retrouvé —. Le cachet est —. Les meubles sont arrivés intacts à leur destination. Ce monument est resté presque —. || *Fig.* Réputation, probité intacte, honneur —, à l'abri de tout reproche, de toute attaque. *Vieilli. Avec une prép.* Ses rares vertus intactes au siècle, ST-SIM. VII, 341.

*INTACTILE** [in-tàk'-til] *adj.*

[ÉTYM. Emprunté du lat. intactilis, *m. s.* || XVIᵉ s. *V.* à l'article. Admis ACAD. 1835; suppr. en 1878.]

|| *Vieilli.* (T. didact.) Qui échappe au sens du tact. (*Cf.* intangible.) L'âme est indivisible, —, PARÉ, XVIII, 11.

INTAILLE [in-tày'] *s. f.*

[ÉTYM. Emprunté de l'ital. intaglio, *m. s.* qui correspond à entaille, § 12. || 1808. BRARD, *Traité des pierres préc.* 1, 245. Admis ACAD. 1878.]

|| (T. d'art.) Pierre dure gravée en creux.

INTANGIBLE [in-tan-jibl'] *adj.*

[ÉTYM. Composé de in négatif et tangible, § 275. || 1508. De trois tu es l'une intengible, *Paix faicte a Cambray,* dans GODEF. *Compl.* Admis ACAD. 1878.]

|| (T. didact.) Qu'on ne peut toucher. Quelque chose de plus — qu'un atome d'élément, VOLT. *Dial.* 29.

INTARISSABLE [in-tà-ri-sàbl'] *adj.*

[ÉTYM. Composé avec in négatif et tarir, §§ 93 et 275. || 1611. COTGR.]

|| Qui ne peut être tari. Source —. Pleurs intarissables. || *Fig.* Un sujet de conversation —. Babil —.

INTÉGRAL, ALE [in-té-gràl] *adj.*

[ÉTYM. Dérivé du lat. *integer, gri*, entier, § 238. || XIVᵉ s. Les parties principaulz et integralz de prudence, ORESME, *Éth.* VI, 11. Admis ACAD. 1762.]

|| Dont le total ne subit aucune diminution. Paiement — d'une créance. Renouvellement — du corps législatif. (Mathém.) Calcul —, par lequel on remonte des infiniment petits à la quantité dont ils dérivent. || *Substantivt, au fém.* L'intégrale d'une différentielle, quantité dont la différentielle est un infiniment petit.

INTÉGRALEMENT [in-té-gràl-man; *en vers*, -grà-le-...] *adv.*

[ÉTYM. Composé de intégrale et ment, § 724. || 1550. ROUSSAT, *Estat et mutac. des temps*, dans DELB. *Rec.* Admis ACAD. 1835.]

|| D'une manière intégrale. Sommes payées —.

INTÉGRANT, ANTE [in-té-gran, -grànt] *adj.*

[ÉTYM. Emprunté du lat. *integrans*, qui rend entier. || 1690. FURET.]

|| (T. didact.) Qui est nécessaire à l'intégrité du tout. Les parties intégrantes d'un corps. L'introduction fait partie intégrante de ce livre.

INTÉGRATION [in-té-grà-syon; *en vers*, -si-on] *s. f.*

[ÉTYM. Dérivé de intégrer, § 247. (*Cf.* réintégration.) Le lat. *integratio* signifie « rétablissement ». || 1309. Jusques a plaine integration et perfection de ladite assise, dans GODEF. | (Au sens actuel.) 1700. VARIGNON, dans *Mém. de l'Acad. des sc.* p. 86. Admis ACAD. 1762.]

|| (Mathém.) Action d'intégrer.

INTÈGRE [in-tègr'] *adj.*

[ÉTYM. Emprunté du lat. *integer, gri, m. s.* (*Cf.* entier.) || 1567. Tant que l'hiberne aura son curse integre, *Ep. du Limosin à l'antagruel.*]

|| Dont la probité est entière. Juges intègres, LA BR. 2.

INTÉGRER [in-té-gré] *v. tr.*

[ÉTYM. Emprunté du lat. *integrare*, rendre entier. (*Cf.* réintégrer.) || 1340. Leur avons fait recreance et delivrance de leurs cors... et voulons que de fait leur soit integree et faite, dans GODEF. | (Au sens actuel.) 1752. DE COURTIVRON, *Traité d'opt.* p. 184. Admis ACAD. 1762.]

|| (Mathém.) Remonter d'une différentielle à son intégrale. — une différentielle.

INTÉGRITÉ [in-té-gri-té] *s. f.*

[ÉTYM. Emprunté du lat. *integritas, m. s.* || Vers 1420. Sa virginal integrité, *Myst. de la Passion d'Arras*, dans DELB. *Rec.*]

|| **1°** État d'une chose qui est dans son entier. Le dépôt fut remis dans son —. Conserver l'— du territoire. || *Fig.* Défendre l'— des droits. Garder sa foi dans son —. L'homme... encore chaste et dans la première — de ses mœurs, BOURD. *Impureté*, 1.

|| **2°** *Fig.* Caractère de celui dont la probité est entière. L'— d'un magistrat.

INTELLECT [in-tèl'-lèkt'] *s. m.*

[ÉTYM. Emprunté du lat. *intellectus, m. s.* || XIIIᵉ s. Intellect est chose par cui l'on entent..., BRUN. LATINI, *Trésor*, p. 298.]

|| (Philos.) Faculté de concevoir.

INTELLECTIF, IVE [in-tèl'-lèk'-tif, -tiv'] *adj.*

[ÉTYM. Emprunté du lat. *intellectivus, m. s.* || XIIIᵉ s. Soutil science, haute et intellective, J. DE MEUNG, *Test.* 625.]

|| (Philos.) Qui appartient à l'intellect. Le pouvoir —.

ˋINTELLECTION [in-tèl'-lèk'-syon; *en vers*, -si-on] *s. f.*

[ÉTYM. Emprunté du lat. *intellectio, m. s.* || XIIIᵉ-XIVᵉ s. La nature et condicion De la nostre intelleccion, *Consolat. de Boèce*, dans GODEF.]

|| *Vieilli.* (Philos.) Action par laquelle l'intellect conçoit les idées. La différence qui est entre l'imagination et la pure — ou conception, DESC. *Médit.* 6.

INTELLECTUEL, ELLE [in-tèl'-lèk'-tuèl; *en vers*, -tu-èl] *adj.*

[ÉTYM. Emprunté du lat. *intellectualis, m. s.* || XIIIᵉ s. L'ame intellectuel, BRUN. LATINI, *Trésor*, p. 264. | XIVᵉ s. Habis intellectuels, ORESME, *Éth.* VI, 1.]

|| (Philos.) Relatif à l'intelligence. Les facultés intellectuelles. || *P. ext.* Une personne intellectuelle, qui a du goût pour les choses de l'intelligence.

ˋINTELLECTUELLEMENT [in-tèl'-lèk'-tuèl-man; *en vers*, -tu-è-le-...] *adv.*

[ÉTYM. Composé de intellectuelle et ment, § 724. || 1570. Reluisant intellectuellement, GENTIAN HERVET, *Cité de Dieu*, dans DELB. *Rec.*]

|| (Philos.) D'une manière intellectuelle.

ˋINTELLIGEMMENT [in-tèl'-li-jà-man] *adv.*

[ÉTYM. Pour intelligentment, composé de intelligent et ment, § 724. || 1630. MONET, *Abrégé du parallèle*. Admis ACAD. 1694; suppr. en 1835.]

|| D'une façon intelligente.

INTELLIGENCE [in-tèl'-li-jàns'] *s. f.*

[ÉTYM. Emprunté du lat. *intelligentia, m. s.* || XIIᵉ s. Ciemenz e intelligence, BENEEIT, *Ducs de Norm.* 39810.]

I. Action de comprendre qqch par la pensée. Avoir l'— des affaires. Il a des vieux auteurs la pleine —, MOL. *F. sav.* III, 3. Pour l'— de ce qui va suivre. || *Spécialt.* (T. d'art.) Entente de certains effets. Avoir l'— des effets de lumière, du clair-obscur. Cet auteur a l'— de la scène.

II. *Absolt.* Faculté de comprendre. L'— humaine. Faire preuve d'—. Un enfant qui a l'— prompte. | *Absolt.* C'est une belle —. || *P. anal.* L'— du chien, de l'éléphant. || (Philos.) | **1.** Faculté de connaître. L'— est une des trois facultés de l'âme. | **2.** Substance spirituelle. Dieu est la souveraine —. Les intelligences célestes, les anges.

III. Communication entre personnes qui s'entendent. Avoir des intelligences avec l'ennemi. Il a des intelligences dans la place. Ses intelligences mêmes s'étendent jusques en Afrique et en Asie, MOL. *Escarb.* SC. 1. Tous deux à me tromper sont-ils d'—? RAC. *Baj.* III, 7. | *Vieilli.* Être de l'— de qqn. Célie est quelque peu de notre —, MOL. *Ét.* V, 1. || *P. ext.* En parlant de choses. Vos désirs et les miens seront d'—, CORN. *Rodog.* IV, 6. Que la bouche et le cœur sont peu d'—! RAC. *Brit.* V, 1. || *P. ext.* Accord des sentiments entre plusieurs personnes. Ils sont en parfaite —. Vivre en bonne — avec ses voisins. Notre salut dépend de notre —, RAC. *Brit.* III, 5.

INTELLIGENT, ENTE [in-tèl'-li-jan, -jànt'] *adj.*

[ÉTYM. Emprunté du lat. *intelligens, entis, m. s.* || 1611. COTGR.]

|| **1°** Qui comprend facilement. Un enfant fort —. Il n'est guère — pour son âge. Être — pour les affaires. Un commis, un ouvrier —. || En parlant des animaux. Le chien est un animal —.

|| **2°** (Philos.) Qui a la faculté de connaître. L'âme est une substance intelligente. Je sens en moi certain agent; Tout obéit dans ma machine à ce principe —, LA F. *Fab.* IX, 20, *Disc. à Mᵐᵉ de la Sablière.*

INTELLIGIBLE [in-tèl'-li-jibl'] *adj.*

[ÉTYM. Emprunté du lat. *intelligibilis, m. s.* || XIIIᵉ s. Tel delit... si comme est li sensibles et li intelligibles, BRUN. LATINI, *Trésor*, p. 326.]

|| **1°** Qui se comprend. Texte —. Cet auteur n'est pas —. J'ai cru... que ces endroits étaient clairs et intelligibles pour les acteurs, le parterre, LA BR. 1. Parler d'une manière —. Parler à haute et — voix.

|| **2°** (Philos.) Qui appartient à l'intelligence. Notre intelligence tient dans l'ordre des choses intelligibles le même rang que notre corps dans l'étendue de la nature, PASC. *Pens.* I, 1. Le parfait — récrée l'entendement et le fortifie, BOSS. *Conn. de Dieu*, I, 17.

INTELLIGIBLEMENT [in-tèl'-li-ji-ble-man] *adv.*

[ÉTYM. Composé de intelligible et ment, § 724. || 1521. Declarer bien au long et intelligiblement, FABRI, *Rhétor.* dans DELB. *Rec.*]

|| D'une manière intelligible.

ˋINTEMPÉRAMMENT [in-tan-pé-rà-man] *adv.*

[ÉTYM. Pour intempérantment, composé de intempérant et ment, § 724. || XVIᵉ s. Vin prins intemperamment, RAB. III, 31. Admis ACAD. 1762; suppr. en 1835.]

|| D'une manière intempérante. Boire —.

INTEMPÉRANCE [in-tan-pé-ràns'] *s. f.*

[ÉTYM. Emprunté du lat. *intemperantia, m. s.* || XIVᵉ s. Intemperance est plus contraire a temperance que elle n'est contraire a insensibilité, ORESME, *Éth.* II, 11.]

|| Manque de tempérance. Une — de savoir, LA BR. 13. Ne croyez pas que l'homme ne soit emporté que par l'— des sens; l'— de l'esprit n'est pas moins flatteuse, BOSS. *R. d'Angl.* — de langue, de plume, trop grande liberté qu'on prend de parler ou d'écrire. Par passion ou par une — de langue, LA BR. 11. || *Spécialt.* Manque de tempérance dans le manger et le boire. Leur — (des hommes) change en poisons mortels les aliments destinés à conserver la vie, FÉN. *Tél.* 17.

INTEMPÉRANT, ANTE [in-tan-pé-ran, -rānt'] *adj.*
[ÉTYM. Emprunté du lat. intemperans, *m. s.* || XVIᵉ s. L'intempérant est bien aise et se réjouit d'avoir péché, AMYOT, *Vertu morale*, 13.]
|| Qui n'est pas tempérant. Langue intempérante. || *Spécialt.* Qui manque de modération dans le manger et le boire. *Substantivt.* L'— ruine sa santé.

INTEMPÉRÉ, ÉE [in-tan-pé-ré] *adj.*
[ÉTYM. Composé avec in négatif et tempérer, à l'imitation du lat. intemperatus, *m. s.* §§ 44 et 275. || XVIᵉ s. Air pluvieux et intemperé, RAB. I, 24.]
|| *Vieilli.* Qui manque d'un juste tempérament. Air —, RÉGNIER, *Sat.* 14. Mon corps —, ROTROU, *Hercule mourant*, III, 3.

INTEMPÉRIE [in-tan-pé-ri] *s. f.*
[ÉTYM. Emprunté du lat. intemperies, *m. s.* || XVIᵉ s. L'intempérie humide de l'air, RAB. I, 24.]
|| Manque d'un juste tempérament. | 1. *Vieilli.* Dans l'organisme. L'— de votre sang, SÉV. 782. Je vous abandonne... à l'—... de vos entrailles,... à l'âcreté de votre bile, MOL. *Mal. im.* III, 5. *Fig.* Quel transport, quelle — a causé ces violences et ces agitations? BOSS. *R. d'Angl.* | 2. Dans les conditions atmosphériques. L'— de l'air. Être exposé à toutes les intempéries de l'air, des saisons, et, *absolt*, à toutes les intempéries.

INTEMPESTIF, IVE [in-tan-pĕs'-tif, -tiv'] *adj.*
[ÉTYM. Emprunté du lat. intempestivus, *m. s.* || 1579. Cris intempestifs, L. JOUBERT, *Traité du ris*, p. 345. Admis ACAD. 1835.]
|| Qui se produit à contretemps. Demande, démarche intempestive.

INTEMPESTIVEMENT [in-tan-pĕs'-tiv'-man ; *en vers,* -ti-ve-...] *adv.*
[ÉTYM. Composé de intempestive et ment, § 724. || XVIᵉ s. Pour avoir usé intempestivement de Vénus, PARÉ, XV, 52. Admis ACAD. 1835.]
|| D'une manière intempestive.

'INTENABLE [int'-nàbl' ; *en vers,* in-te-...] *adj.*
[ÉTYM. Composé avec in négatif et tenir, §§ 93 et 275. || XVIIᵉ s. L'ayant reconnue (la place), il la jugea intenable, ROHAN, *Mém.* ann. 1627, p. 286, édit. 1661.]
|| Qui n'est pas tenable. Position, place —.

INTENDANCE [in-tan-dāns'] *s. f.*
[ÉTYM. Dérivé de intendant, § 262. (*Cf.* surintendance.) || XVIᵉ s. L'intendance du monde, MONTAIGNE, II, 12.]
|| Fonction d'intendant. Le roi de Rome... avait l'— des sacrifices, MONTESQ. *Espr. des lois*, XI, 12. Charger qqn de l'— de sa maison, d'une entreprise. || *Spécialt.* Charge d'intendant préposé à un service public. — du commerce, de la marine. — de justice, police et finances. — militaire. || *P. ext.* | 1. Corps des intendants. [2. Division territoriale à laquelle un intendant est préposé. L'— de Languedoc, de Guyenne. | 3. Bureaux d'un intendant. Aller à l'—.

INTENDANT, ANTE [in-tan-dan, -dānt'] *s. m.* et *f.*
[ÉTYM. Emprunté du lat. intendens, entis, qui veille sur. (*Cf.* surintendant.) || 1591. Lettre d'un consul de la ville de Belat à M. de Turquant... intendant de la justice... au pays de Limosin, titre.]
I. *S. m.* || **1°** Celui qui est chargé de gérer les affaires, d'administrer la maison d'une personne riche, d'un grand seigneur, etc. Un — de grande maison. Je n'ai pas dit la principale cause De sa ruine... Et j'oubliais qu'il eut un —, LA F. *Contes, Belphégor.* Voilà monsieur votre — qui vous fera bonne chère pour peu d'argent, MOL. *Av.* III, 1.
|| **2°** Fonctionnaire placé à la tête d'une administration publique. — du commerce, de la marine, des bâtiments. Le Nôtre était — des bâtiments et logeait aux Tuileries, ST-SIM. II, 345. — de province, qui avait l'administration des provinces pour la justice, la police et les finances. Basville, — de Languedoc. || — militaire, officier chargé des services administratifs de l'armée. Intendants généraux. Sous-intendants.
II. *S. f.* Intendante. | **1.** *Famil.* Femme d'un intendant. | **2.** Supérieure de certains couvents de femmes.

INTENSE [in-tāns'] *adj.*
[ÉTYM. Emprunté du lat. intensus, *m. s.* proprt, « tendu ». || XIIIᵉ s. Ceste beauté fut si intense..., J. DE MEUNG, *Test.* 1284.]
|| (T. didact.) Dont l'action a une énergie extrême. Froid, chaleur —. Maladie, fièvre —. Son —.

'INTENSIF, IVE [in-tan-sif', -siv'] *adj.*
[ÉTYM. Dérivé de intense, § 257. || XIVᵉ-XVᵉ s. Accidens de l'ame qui sont trop intensifz, *Pratiq. de B. de Gordon,* dans GODEF.]
|| (T. didact.) Qui a de l'intensité. Culture intensive, qui accumule sur un terrain la plus grande somme de travail et de capital. || *Spécialt.* | **1.** (Philos.) Qui a la plénitude de l'être. (L'infini) est infinité par une totalité d'être qui n'est pas collective, mais intensive, FÉN. *Lett. sur la réfut. de Spinoza.* | **2.** (Gramm.) Qui renforce le sens. Particule intensive.

INTENSITÉ [in-tan-si-té] *s. f.*
[ÉTYM. Dérivé de intense, § 255. || 1743. L'ABBÉ NOLLET, *Physiq. expér.* I, 38. Admis ACAD. 1762.]
|| (T. didact.) Degré plus ou moins considérable d'énergie d'une action. L'— du froid, de la chaleur, de la lumière, du son, d'un courant électrique. | (Gramm.) Accent d'—, qui consiste à appuyer plus fortement sur une syllabe d'un mot.

'INTENSIVEMENT [in-tan-siv'-man ; *en vers,* -si-ve-...] *adv.*
[ÉTYM. Composé de intensive et ment, § 724. || XIVᵉ s. Le fer fait la douleur plus intensivement grande que l'airain, EVRART DE CONTY, *Probl. d'Aristote,* dans GODEF. Admis ACAD. 1798 ; suppr. en 1835.]
|| (T. didact.) D'une manière intensive. En épuisant — la totalité de l'être, FÉN. *Réf. de Spinoza.*

INTENTER [in-tan-té] *v. tr.*
[ÉTYM. Emprunté du lat. intentare, *m. s.* || XIVᵉ s. Devant l'empereur vint son plait entinter (corr. intenter?), *Cheval. au cygne,* 2383.]
|| (Droit.) Diriger contre qqn (une accusation). — une action, un procès, contre qqn, à qqn.

INTENTION [in-tan-syon ; *en vers,* -si-on] *s. f.*
[ÉTYM. Emprunté du lat. intentio, *m. s.* Anc. franç. entencion, § 503. || XIIᵉ s. Entencion, *Troie,* 16382. Intencion, *Serm. de St Bern.* p. 20.]
I. Acte de la volonté qui tend vers un but. Avoir de bonnes, de mauvaises intentions. Dieu seul est juge de nos intentions. *Loc. prov.* L'— est réputée pour le fait. L'enfer est pavé de bonnes intentions. Avoir —, l'— de faire qqch. Les coups portés, mais sans — de donner la mort, *Code pénal,* art. 309. Pourquoi juger si mal de son —? RAC. *Esth.* III, 1. Je vous excusai fort sur votre —, MOL. *Mis.* III, 4. Faire une chose à bonne —. Faire une chose à l'— de qqn, en la lui destinant. Cette lettre a été écrite à votre —. Dire une messe à l'— de qqn. Diriger son — (vers une bonne fin). *En mauvaise part.* Par allusion à la doctrine attribuée aux Jésuites. Direction d'—, manière de sauver ce qu'il y a de mauvais dans un acte, en portant l'intention sur ce qu'il peut y avoir d'innocent. Rectifier le mal de l'action Avec la pureté de notre —, MOL. *Tart.* IV, 5. || *P. ext.* Volonté de qqn. Les intentions du testateur ont été scrupuleusement observées. Vous avez agi contre les intentions de votre père.
II. || **1°** Action de tendre. (Chirurgie.) Réunir une plaie par première, par seconde —, en tendre et rapprocher les bords avant la suppuration, après suppuration.
|| **2°** *Fig. Vieilli.* Intensité. La douleur se doit apaiser selon l'— et rémission d'icelle, PARÉ, IX, 9. *Spécialt.* (Scolast.) Il (Dieu) est l'être infini, mais infini par —, comme dit l'école, et non par collection, FÉN. *Exist. de Dieu,* II, 5.

INTENTIONNÉ, ÉE [in-tan-syò-né ; *en vers,* -si-ò-...] *adj.*
[ÉTYM. Dérivé de intention, § 253. || XVIᵉ s. Ou chascune (armée) estoit intentionnee de se venir loger, LA NOUE, *Disc. polit.* XXVI, 21.]
|| Qui a une certaine intention. *Vieilli.* Fort bien — d'écumer ce qui reste d'argent, SÉV. 867. *Absolt.* Être bien, mal —. Auprès des ministres, même les mieux intentionnés, LA BR. 8.

INTENTIONNEL, ELLE [in-tan-syò-nèl ; *en vers,* -si-ò-...] *adj.*
[ÉTYM. Dérivé de intention, § 238. || 1690. FURET. Admis ACAD. 1762.]
I. Qui tient à l'intention. Question intentionnelle, question soumise au jury, sur l'intention de l'accusé en commettant l'acte incriminé.
II. (Scolast.) Qui tend vers qqch. Images intentionnelles, qu'on supposait envoyées par les corps aux organes des sens.

'INTENTIONNELLEMENT [in-tan-syò-nèl-man ; *en vers,* -si-ò-nè-le-...] *adv.*
[ÉTYM. Composé de intentionnelle et ment, § 724. || *Néolog.*]

|| D'une manière intentionnelle.
*INTENTIONNER [in-tan-syò-né ; *en vers, -si-ò-...*] *v. tr.*
[ÉTYM. Dérivé de intention, § 266. || 1690. *V.* à l'article.]
|| *Vieilli.* Diriger par l'intention. Un homme de bien tâche d'— tout ce qu'il fait à la plus grande gloire de Dieu, FURET. *Dict.*

INTERCADENCE [in-tèr-kà-dāns'] *s. f.*
[ÉTYM. Dérivé de intercadent, § 262. || XVIᵉˢ. CL. DARIOT, *Grande Chirurg.* dans DELB. *Rec.* Admis ACAD. 1762.]
|| (Médec.) Présence d'une pulsation anormale entre deux pulsations régulières, dans certains troubles de la circulation.

INTERCADENT, ENTE [in-tèr-kà-dan, -dānt'] *adj.*
[ÉTYM. Composé avec le lat. inter et cadens, entis, qui tombe, § 275. || 1690. FURET. Admis ACAD. 1762.]
|| (Médec.) Qui offre des intercadences. Pouls —. || *Fig.* (*rare*). Irrégulier. Ma santé est toujours très intercadente, J.-B. ROUSS. *Lett.* 24 juill. 1740.

INTERCALAIRE [in-tèr-kà-lêr] *adj.*
[ÉTYM. Emprunté du lat. intercalaris ou intercalarius, *m. s.* || XIVᵉ s. BERSUIRE, dans GODEF. *Compl.*]
|| (T. didact.) Qui est intercalé.
|| **1°** (Chronol.) Jour —, que l'on ajoute à certaines années pour maintenir l'accord de l'année solaire civile avec l'année astronomique. | *Spéciall.* Dans le calendrier grégorien, le 29 février des années bissextiles. || Année —, année civile contenant un ou plusieurs jours intercalaires. Mois —, treizième mois lunaire ajouté à une année lunaire pour ramener la concordance avec l'année solaire.
|| **2°** (Métriq.) Vers —, sorte de refrain, vers répété à la fin des strophes dans de petits poèmes (ballades, virelais, etc.).
|| **3°** (Médec.) Jour —, jour sans fièvre entre les jours d'accès.

INTERCALATION [in-tèr-kà-là-syon ; *en vers, -si-on*] *s. f.*
[ÉTYM. Emprunté du lat. intercalatio, *m. s.* || XVᵉ s. *Hist. sainte,* dans GODEF. *Compl.*]
|| Action d'intercaler, résultat de cette action. L'— d'un mot, d'une ligne, dans une phrase, un acte. || *Spéciall.* Addition d'un jour dans certaines années solaires, d'un mois dans certaines années lunaires.

INTERCALER [in-tèr-kà-lé] *v. tr.*
[ÉTYM. Emprunté du lat. intercalare, *m. s.* || 1570. Cesar esta ceste confusion d'intercaler ou interposer, GENTIAN HER-VET, *Cité de Dieu,* dans DELB. *Rec.*]
|| Faire entrer après coup dans une série. — un ou plusieurs jours dans l'année civile, pour la faire concorder avec l'année astronomique. — un mois dans l'année lunaire, pour rétablir l'accord avec l'année solaire. || — une demi-feuille dans une feuille d'impression. — une ligne dans une phrase, une glose dans un texte, un article dans un compte.

INTERCÉDER [in-tèr-sé-dé] *v. intr.*
[ÉTYM. Emprunté du lat. intercedere, *m. s.* || XVIᵉ s. Arrius, qui lui requist pardon et intercéda pour plusieurs autres, AMYOT, *Anton.* 103.]
|| Intervenir pour obtenir le pardon, la grâce de qqn. Il a intercédé auprès du roi pour obtenir la grâce du coupable. Jupiter intercède, LA F. *Phil. et Baucis.* || *Absolt.* Les saints intercèdent auprès de Dieu pour les hommes.

*INTERCELLULAIRE [in-tèr-sèl'-lu-lêr] *adj.*
[ÉTYM. Composé avec le lat. inter, entre, et cellule, §§ 238 et 275. || *Néolog.*]
|| (Hist. nat.) Qui est entre les cellules. Substance —.

INTERCEPTER [in-tèr-sèp'-té] *v. tr.*
[ÉTYM. Dérivé du radical de interception, d'après le lat. intercipere, *m. s.* § 266. || 1611. COTGR.]
|| Arrêter au passage. Les nuages interceptent les rayons du soleil. Les communications furent interceptées. || *Spéciall.* Saisir au passage une chose qui est à destination de qqn. — des lettres. La dépêche fut interceptée.

INTERCEPTION [in-tèr-sèp'-syon ; *en vers, -si-on*] *s. f.*
[ÉTYM. Emprunté du lat. interceptio, *m. s.* || XVIᵉ s. L'interception ou glaciation dudit esprit, PARÉ, I, 11. Admis ACAD. 1718.]
|| (T. didact.) Action d'intercepter. L'— des rayons solaires par les nuages. L'— d'une lettre.

INTERCESSEUR [in-tèr-sè-sœur] *s. m.*
[ÉTYM. Emprunté du lat. intercessor, *m. s.* || XIIIᵉ s. Entrecessor, FRÈRE ANGER, *Dial. de St Grég.* dans DELB. *Rec.* | XIVᵉ s. Intercesseresse, BOUTEILL. *Test.* dans GODEF. intercesseresse.]
|| Celui qui intercède. Les Mahométans reconnaissent les besoins qu'ils ont d'un — auprès de Dieu, MONTESQ. *Lett. pers.* 35.

INTERCESSION [in-tèr-sè-syon ; *en vers, -si-on*] *s. f.*
[ÉTYM. Emprunté du lat. intercessio, *m. s.* || XVᵉ-XVIᵉ s. J. LE MAIRE, dans GODEF. *Compl.*]
|| Action d'intercéder. Puissante —. L'— des saints.

INTERCOSTAL, ALE [in-tèr-kòs'-tàl] *adj.*
[ÉTYM. Composé avec le lat. inter, entre, et le lat. costa, côte, §§ 238 et 275. || 1536. Muscles intercostaulx, G. CHRESTIAN, *Philalethes,* fᵒ 31, rᵒ. Admis ACAD. 1762.]
|| (Anat.) Qui est situé entre les côtes. Muscle —. Douleur intercostale.

INTERCURRENT, ENTE [in-tèr-kur'-ran, -rānt'] *adj.*
[ÉTYM. Emprunté du lat. intercurrens, *m. s.* || 1741. COL-DE-VILLARS, *Dict. franç.-lat.* Admis ACAD. 1835.]
|| (T. didact.) Qui survient entre. *Spéciall.* (Médec.) Mal —, qui survient au milieu d'un autre mal qu'il complique.

INTERDICTION [in-tèr-dik'-syon ; *en vers, -si-on*] *s. f.*
[ÉTYM. Emprunté du lat. interdictio, *m. s.* || 1564. J. THIERRY, *Dict. franç.-lat.*]
|| Action d'interdire. L'— de certains aliments. L'— des droits civiques. || *Spéciall.* légale, qui résulte, sans jugement, de la condamnation à certaines peines (travaux forcés, détention, réclusion). || *Absolt.* Action d'ôter à qqn, par autorité de justice, la libre disposition de ses biens, de sa personne, quand il est en état d'imbécillité ou de démence. Provoquer l'— d'une personne. — ecclésiastique (contre un prêtre, une église). (Antiq.) — du feu et de l'eau.

INTERDIRE [in-tèr-dir] *v. tr.*
[ÉTYM. Emprunté du lat. interdicere, *m. s.* devenu en anc. franç. entredire, d'après dire, § 503, plus récemment interdire, § 502. || XIIᵉ s. Se pape u arcevesques nullui entredisist, GARN. DE PONT-STE-MAX. *St Thomas,* 2646. | XVᵉ s. Escharceté est a noble interdite, A. CHARTIER, *Brev. des Nobles.*]
I. Défendre à qqn (l'usage de qqch). — à qqn l'entrée de sa maison. Ces lieux Dont l'accès même était interdit à nos yeux, RAC. *Baj.* I, 1. Le médecin lui a interdit l'usage du vin. Il s'interdit tous les plaisirs. Il lui est interdit de sortir, de parler. — à qqn l'exercice de ses droits civils et politiques. || *Fig.* Cet espoir vous est interdit.
II. || **1°** Priver (qqn) du droit d'exercer ses fonctions. Il a eu raison d'— un prêtre pour toute sa vie qui, pour se défendre, avait tué un voleur d'un coup de pierre, PASC. *Prov.* 14. Le chancelier les interdit des fonctions de leurs charges, VOLT. *Parlem. de Paris,* 35. || *P. anal.* — une église, défendre d'y célébrer les offices. || *Fig.* Les dieux de ce haut rang te voulaient —, RAC. *Théb.* IV, 3.
|| **2°** *P. ext.* Priver (qqn) de la libre disposition de ses biens, de sa personne. Le majeur qui est dans un état habituel d'imbécillité, de démence ou de fureur doit être interdit même lorsque cet état présente des intervalles lucides, *Code civil,* art. 489. Faire — un dément. *Au part. passé pris substantivt.* L'interdit est assimilé au mineur pour sa personne et pour ses biens, *Code civil,* art. 509. || *P. ext. Fig.* Troubler de manière à ôter l'usage de la raison, de la parole. La peur l'avait interdit. M. du Maine devint interdit et pâle comme un mort, ST-SIM. XI, 47. Notre abord le rend tout interdit, CORN. *Sertor.* IV, 3. Elle demeura tout interdite.

INTERDIT [in-tèr-di] *s. m.*
[ÉTYM. Emprunté du lat. ecclés. interdictum, *m. s.* devenu en anc. franç. entredit, § 503, puis interdit, § 502. || XIIIᵉ s. Quant il sera generaus entredit, dans TAILLIAR, *Recueil,* p. 503.]
|| Acte d'interdiction. Mettre un prêtre en —. Mettre une église, une ville, une province en —.

*INTÉRESSANT, ANTE [in-té-rè-san, -sānt'] *adj.*
[ÉTYM. Adj. particip. de intéresser, § 47. || Admis ACAD. 1718.]
|| Qui intéresse. Une nouvelle intéressante. Ses malheurs le rendent —. L'— archevêque de Cambrai, D'ALEMB. *Disc. sur les prix de 1771. Famil.* Une femme dans une position intéressante, enceinte.

INTÉRESSER [in-té-rè-sé] *v. tr.*

[ÉTYM. Dérivé de intérêt, sous l'influence du lat. interesse, importer, § 154. || 1549. R. EST.]

I. Toucher (qqn) par la part qu'il a dans une chose.

|| **1°** Associer (qqn) au profit d'une affaire. — qqn dans son commerce. Être intéressé dans une entreprise. Un employé intéressé. *Au part. passé pris substantivt.* Consulter les intéressés. | *P. anal.* — le jeu, jouer de l'argent.

|| **2°** *Absolt.* Attacher (qqn) à son avantage personnel. On ne veut point d'arbitre intéressé, CORN. *Sophon.* I, 4. Un homme fourbe, injuste, intéressé, MOL. *Mis.* I, 1. | Le véritable amour n'est point intéressé, CORN. *Pulch.* II, 5. Faire valoir leurs soins intéressés, RAC. *Esth.* II, 3.

|| **3°** Impliquer (qqn) dans les conséquences bonnes ou mauvaises de qqch. Dans vos secrets discours étais-je intéressée? RAC. *Bér.* II, 4. Votre avenir y est intéressé. Cela intéresse votre réputation, votre santé. Une ordonnance de police qui intéresse les propriétaires riverains. Cette découverte intéresse la science. Ma conscience n'y est pas intéressée, PASC. *Prov.* 1. Tous sont intéressés à le trouver coupable, VOLT. *Œd.* III, 1. A l'honneur d'un époux vous-même intéressée, RAC. *Iph.* III, 6. J'intéressai sa gloire, ID. *Esth.* II, 1. Augmenter la passion du roi sans — sa vertu par les dernières complaisances, HAMILT. *Gram.* 7. [(Chirurgie.) Un coup d'épée qui a intéressé le poumon.

II. Toucher (qqn) par la part qu'il prend à ce qui concerne les autres.

|| **1°** En le rendant favorable ou défavorable à qqn, à qqch. Il ne voit dans son sort que moi qui s'intéresse, RAC. *Brit.* II, 3. Dans mon procès... Il peut — tout ce qu'il a d'amis, MOL. *Mis.* II, 1. Je sens que pour toi ma pitié s'intéresse, CORN. *Cid*, II, 2. S'— à qqn. *Vieilli.* S'— de. Esprits vulgaires qui s'intéressent de toutes les querelles des princes, BALZ. *Lett.* II, 1. | *Absolt.* Une personne qui intéresse par sa situation, son caractère. | Qu'ai-je fait, que le Ciel contre moi s'intéresse? CORN. *Tois. d'or*, V, 6. Contre mon propre honneur mon amour s'intéresse, ID. *Cid*, I, 6.

|| **2°** En l'attachant à qqch qui excite sa curiosité, son émotion. Cette lecture m'a vivement intéressé. Faites choix d'un héros propre à m'—, BOIL. *Art p.* 3.

INTÉRÊT [in-té-rè] *s. m.*

[ÉTYM. Pour intérest, § 422, emprunté du lat. interest, 3° pers. sing. du prés. de l'indic. de interesse, importer, § 217. Signifie souvent « dommage » en anc. franç. || 1290. Craignant pas après de retomber en telle peine et interestz, dans GODEF. interest.]

I. Ce qui touche qqn par la part qu'il y a.

|| **1°** Par le profit qu'il en retire. Avoir, prendre un — dans une entreprise. Les employés de cette maison ont un — dans les bénéfices. *Spéciall.* — de l'argent, loyer de l'argent qu'on a prêté. Je vous paierai, lui dit-elle,... — et principal, LA F. *Fab.* I, 1. Placer une somme à gros intérêts. — simple, où le capital reste le même pendant toute la durée du placement. — composé, où l'intérêt s'ajoute chaque année au capital et produit lui-même intérêt. | Intérêts civils, dédommagement adjugé en matière criminelle à celui qui a été lésé par le délit ou le crime. Dommages et intérêts, indemnité accordée à qqn pour le dommage qu'on lui a causé.

|| **2°** Par l'avantage qu'il y trouve. Consulter son —. Notre propre — est un merveilleux instrument pour nous crever les yeux agréablement, PASC. *Pens.* III, 3. Parler, agir dans l'— de qqn. Mon — ne me rend point injuste, RAC. *Brit.* I, 1. L'— d'Émilie et celui des Romains, CORN. *Cinna*, I, 3. Il est de votre — de me croire. L'— public. Leurs desseins où je n'ai point d'—, PASC. *Prov.* 1. Il a trop d'— lui-même en ma personne, CORN. *Cid*, II, 1. Ils ont trop d'— à me justifier, RAC. *Phèd.* V, 1. *Vieilli.* Avoir — de. Les hommes peuvent faire des injustices parce qu'ils ont — de les commettre, MONTESQ. *Lett. pers.* 83. Trop de gens ont — qu'ils (les rois) ne sachent pas la vérité, BOSS. *Polit.* VIII, IV, 4. | *Au plur.* L'ensemble des choses avantageuses pour qqn. Je ne puis séparer tes intérêts des miens, RAC. *Baj.* II, 1. L'habile homme est celui qui entend ses intérêts, LA BR. 12. Servir les intérêts de qqn. Être dans les intérêts de qqn. César... mit Rome dans ses intérêts, BOSS. *Hist. univ.* III, 7. Bien qu'il y ait de grands intérêts d'État dans un poëme, CORN. *1er Disc. sur le poëme dram. Spéciall.* Les intérêts, l'ensemble de ce qui constitue la fortune d'un pays. Les intérêts sont menacés. Une révolution alarme tous les intérêts. || *P. anal.* Ce qui est favorable à ne chose. L'— de sa réputation, de sa santé. Prendre l'— de

la religion, PASC. *Prov.* 13. L'— du Ciel est tout ce qui le pousse, MOL. *Tart.* I, 1. || *Absolt.* Attachement égoïste à ce qui est avantageux pour notre personne. Le sang les avait joints, l'— les sépare, LA F. *Fab.* IV, 18. L'—, ce puissant ressort qui donne le mouvement aux choses humaines, BOSS. *Hist. univ.* II, 26. Tout marche par cabale et par pur —, MOL. *Mis.* V, 1. Les vertus se perdent dans l'— comme les fleuves se perdent dans la mer, LA ROCHEF. *Max.* 171. | La morale de l'—, qui fait de l'intérêt la règle des actions humaines. L'— bien entendu.

II. Ce qui touche qqn par la part qu'il y prend.

|| **1°** Par sympathie pour les autres. Qui doit prendre à vos jours plus d'— que moi? RAC. *Iph.* III, 6. Par quelle raison, dans son juste trépas, Prend-il un — qu'un père ne prend pas? CORN. *Hor.* V, 3. Ce cher — est le seul qui m'amène, RAC. *Mithr.* IV, 2. Une affaire où il a su que vous preniez —, LA BR. 9. Et ce grand — que vous prenez pour eux, CORN. *Cid*, I, 2. (Je) prends tant d'— en ce qui leur importe, ID. *Mélite*, IV, 2.

|| **2°** Par l'attrait de ce qui excite sa curiosité, son émotion, etc. Exciter l'—. Une pièce où l'— se soutient jusqu'au bout. L'— le plus vif, le plus attachant, le plus fort, est celui de l'action dramatique, MARMONTEL, *Élém. de littér. Intérêt.* Un récit plein d'—. Il n'y a nulle lecture où je puisse prendre plus d'—, SÉV. 465.

INTERFÉRENCE [in-tèr-fé-rãns'] *s. f.*

[ÉTYM. Dérivé de interférent, § 262. || *Néolog.* Admis ACAD. 1878.]

|| (Physique.) Rencontre de rayons lumineux qui produit une diminution plus ou moins grande de lumière. La théorie de l'—, due à Fresnel, est fondée sur la théorie de l'ondulation de la lumière. || *P. anal.* Phénomène analogue dû à la rencontre d'ondes sonores.

*****INTERFÉRENT, ENTE** [in-tèr-fé-ran, -rãnt'] *adj.*

[ÉTYM. Composé avec le lat. inter, entre, et ferens, qui (se) porte, § 275. || *Néolog.*]

|| (Physique.) En parlant des rayons lumineux, qui produit une interférence. Rayon —.

*****INTERFÉRER** [in-tèr-fé-ré] *v. intr.*

[ÉTYM. Composé avec le lat. inter, entre, et ferre, porter, § 275. || *Néolog.*]

|| (Physique.) En parlant des rayons lumineux, produire une interférence.

INTERFOLIER [in-tèr-fò-lyé; *en vers*, -li-é] *v. tr.*

[ÉTYM. Composé avec le lat. inter, entre, et folium, feuille, § 275. || 1812. MOZIN, *Dict. franç.-allem.* Admis ACAD. 1835.]

|| (Technol.) Relier (un livre) en insérant entre les feuillets des feuilles de papier blanc (pour y écrire des notes). — un dictionnaire.

INTÉRIEUR, EURE [in-té-ryeùr; *en vers*, -ri-eùr] *adj. et s. m.*

[ÉTYM. Emprunté du lat. interior, m. s. || XVᵉ s. Apprends a mespriser ces choses du monde et te donne a tes interiores, *Intern. Consolat.* dans DOCHEZ, *Dict.*]

I. *Adj.* || **1°** Qui est dans l'espace compris entre les limites d'un corps. Une cour intérieure. Tous les points de la circonférence sont équidistants d'un point — nommé centre. || *P. anal.* Les provinces intérieures. Le commerce — d'un pays. Mer intérieure, entourée par des continents. || *P. ext.* Qui regarde cet espace. Les côtés intérieurs d'un parallélipipède. La face intérieure d'un édifice.

|| **2°** *Fig.* Qui se passe dans l'âme. Dans son for —. Jeanne d'Arc entendait des voix intérieures qui lui ordonnaient d'aller sauver la France. Le culte — (par opposition au culte extérieur). La vie intérieure, la vie spirituelle. Un homme —, qui vit de la vie spirituelle. || *P. ext.* Intime. Bontemps,... le plus — des quatre (valets de chambre du roi), ST-SIM. I, 58.

II. *S. m.* || **1°** L'espace compris entre les limites d'un corps. L'— d'un édifice. Tableau d'—, tableau représentant l'architecture et les effets de lumière à l'intérieur d'une maison, d'un édifice. L'— du corps humain. L'— de la ville. L'— d'un omnibus, d'une diligence, par opposition à l'impériale. || *P. anal.* | 1. L'— d'un royaume. Dépêches de l'—. Le ministère de l'—, et, *ellipt*, Il est employé à l'—. | 2. L'— d'une maison, la vie domestique. Se plaire dans son —. L'— calme et paisible d'un ménage heureux. Il a été admis dans l'— de cette famille. Tableau d'—, représentant qq scène de la vie domestique.

|| **2°** *Fig.* L'— de l'âme. Aux avis que je vous ai donnés sur votre —, BOSS. *Lett. à la sœur Cornuau*, 96. || *P. ext.* (T. de dévotion.) Recueillement intérieur. Le cloître où tu t'es enfermé Veut de l'— et de la vigilance, CORN. *Imit.* I, 25.

INTÉRIEUREMENT [in-té-ryèur-man ; *en vers,* -ri-òu-re-...] *adv.*

[ÉTYM. Composé de intérieure et ment, § 724. || xvᵉ s. Interieurement, CHASTELL. dans DELB. *Rec.*]

|| A l'intérieur. | 1. D'un corps. Ce fruit est gâté —. Remède pris —. | 2. De l'âme. Il s'incline devant lui, et s'en moque —.

INTÉRIM [in-té-rim'] *s. m.*

[ÉTYM. Emprunté du lat. interim, adv. signifiant « pendant ce temps », § 217. || xvıᵉ s. L'empereur leur accorda un interim, MART. DU BELLAY, *Mém.* 9.]

. || Intervalle de temps pendant lequel une fonction est vacante. La charge du gouverneur resta vacante pendant trois mois ; un tel administra la province pendant l'—. Gouverner par —. Dubois, par —, continua à faire la leçon (au duc de Chartres), ST-SIM. I, 19. || *P. ext.* Action d'administrer pendant cet intervalle. Être chargé de l'—. Faire l'—.

INTÉRIMAIRE [in-té-ri-mèr] *adj.*

[ÉTYM. Dérivé de intérim, § 238. || *Néolog.* Admis ACAD. 1878.]

|| Qui fait l'intérim. Ministre —. Employé —.

INTERJECTION [in-tèr-jèk'-syon ; *en vers,* -si-on] *s. f.*

[ÉTYM. Emprunté du lat. interjectio, au sens **I.** Au sens **II,** le mot a été refait d'après interjeter, § 247. || xıııᵉ-xıvᵉ s. Une interjection, Qui de douleur fait mencion, MACÉ DE LA CHARITÉ, *Bible,* dans GODEF.]

I. Partie du discours exprimant les mouvements subits de l'âme, et qu'on jette dans le discours (oh ! ah ! hélas !).

II. (Droit.) Action d'interjeter (appel).

INTERJETER [in-tèr-je-té] *v. tr.*

[ÉTYM. Composé avec le lat. inter, entre, et le franç. jeter, à l'imitation du lat. interjicere, § 284. || xvᵉ s. Appel qu'ilz avoient par avant intergetté, dans *Bibl. de l'Éc. des Chartes,* 1854, p. 262.]

|| (Droit.) — appel (entre la sentence et l'exécution), faire intervenir un appel en revision. Le délai pour — appel sera de trois mois, *Code de procédure civ.* art. 443.

INTERLIGNE [in-tèr-liñ'] *s. m.* et *f.*

[ÉTYM. Composé avec le lat. inter, entre, et ligne, §§ 284 (*cf.* entreligne), 502. || xvıᵉ-xvııᵉ s. Gloses et interlignes pedantines, B. DE VERVILLE, *Moyen de parvenir,* p. 31.]

|| **1º** *S. m.* (*fém.* FURET. TRÉV.). Espace blanc entre deux lignes écrites ou imprimées. || Espace entre deux lignes de la portée musicale. || *Fig.* Sous-entendu. (*Cf.* l'expression lire entre les lignes.) Il ne me parut aucun — à tout ce qu'elle disait, SÉV. 411.

|| **2º** *P. ext. S. f.* (Typogr.) Lame servant à séparer deux lignes dans la composition.

INTERLIGNER [in-tèr-li-ñé] *v. tr.*

[ÉTYM. Dérivé de interligne, § 266. || 1800. BOISTE, *Dict. univ.* Admis ACAD. 1835.]

|| (Typogr.) Séparer par des interlignes.

INTERLINÉAIRE [in-tèr-li-né-èr] *adj.*

[ÉTYM. Emprunté du lat. du moyen âge interlinearis, *m. s.* de inter, entre, et linea, ligne, §§ 248 et 275. || xıııᵉ-xıvᵉ s. Entrelinaire, *Chirurg. de Mondeville,* fº 33. Vens interlineaires, PH. DE MAIZIÈRES, *Songe du vieil pelerin,* dans GODEF.]

|| Qui est dans les interlignes. Gloses, notes interlinéaires. Traduction —, où chaque ligne du texte est accompagnée de la traduction.

INTERLOCUTEUR, TRICE [in-tèr-lò-ku-teùr, -trîs] *s. m.* et *f.*

[ÉTYM. Dérivé du radical de interlocution, § 249. || xvıᵉ s. MAROT, *Colloq. d'Érasme.* Admis ACAD. 1718 (masc.) et 1835 (fém.)]

|| Personne qui a un dialogue avec une autre. Les interlocuteurs des Dialogues de Platon. Vous avez là un ennuyeux —.

INTERLOCUTION [in-ter-lò-ku-syon ; *en vers,* -si-on] *s. f.*

[ÉTYM. Emprunté du lat. interlocutio, *m. s.* || 1549. R. EST.]

I. Discours qu'échangent les interlocuteurs dans un dialogue.

II. (Droit.) Jugement par lequel on prononce un interlocutoire.

INTERLOCUTOIRE [in-tèr-lò-ku-twàr] *adj.*

[ÉTYM. Dérivé du radical de interlocution, § 249. || xıııᵉ s. Jugemens interlocutoires, BEAUMAN. LXVII, 26.]

|| (Droit.) Qui, avant de statuer définitivement sur le fond, ordonne une enquête, une instruction préalable.

Jugement, arrêt —. || *Substantivt.* Un —. Sans tant de contredits et d'interlocutoires, LA F. *Fab.* ı, 21.

INTERLOPE [in-tèr-lòp'] *s. m.* et *adj.*

[ÉTYM. Emprunté de l'angl. interloper, *m. s.* mot composé avec le lat. inter, entre, et le holland. looper, coureur, § 8. || 1723. Vaisseaux... que les Anglois et Hollandois appellent interlopres (*sic*), c'est-à-dire qui arment en cachette, SAVARY, *Dict. du comm.* col. 932. Admis ACAD. 1740.]

|| **1º** *Vieilli. S. m.* Navire, marchand qui trafique en fraude dans les pays concédés à une compagnie de commerce, dans les colonies où les navires étrangers ne sont pas admis, dans les ports en état de blocus.

|| **2º** *Adj.* Navire —. Commerce —. || *Fig. Famil.* Maison —, où se réunit une société équivoque, mêlée, qui se livre à des jeux clandestins. *P. ext.* Société, monde —.

INTERLOQUER [in-tèr-lò-ké] *v. tr.*

[ÉTYM. Emprunté du lat. interloqui, interrompre. || xvᵉ s. *Procès de Jacques Cœur,* dans GODEF. *Compl.*]

I. *Vieilli.* (Droit.) Interrompre (la procédure d'une affaire) par une sentence interlocutoire. — une affaire, et, *p. ext.* — qqn, prononcer contre lui un jugement interlocutoire. On plaide, et je me trouve enfin interloquée, REGNARD, *Légat. univ.* ııı, 8.

II. *Fig. Famil.* Rendre tout interdit. Cette plaisanterie l'a interloqué.

INTERMAXILLAIRE [in-tèr-mǎk'-sĭl'-lèr] *adj.*

[ÉTYM. Composé avec le lat. inter, entre, et maxilla, mâchoire, §§ 248 et 275. || 1752. TRÉV. Admis ACAD. 1878.]

|| (Anat.) Qui est placé entre les os maxillaires. Ligament, os —.

INTERMÈDE [in-tèr-mèd'] *s. m.*

[ÉTYM. Emprunté de l'ital. intermedio, *m. s.* qui est le lat. intermedius, intermédiaire, § 12. (*Cf.* entremets.) On trouve aussi intermeze, intermets, au commencement du xvııᵉ s., d'après l'ital. intermezzo, variante de intermedio. || xvıᵉ s. Intermedie, M. DE ST-GELAIS, *Sophon.*]

|| Divertissement (ballet, danse, chant) qu'on place entre les actes d'une pièce de théâtre. — de chant, de danse, de musique. — en musique. Les intermèdes du Malade imaginaire. || *P. ext. Vieilli.* Petit opéra servant d'ordinaire de lever de rideau. || *Fig.* Otez le temps des soins, celui des maladies, — fatal qui partage nos vies, LA F. *Quinquina,* 1.

INTERMÉDIAIRE [in-tèr-mé-dyèr ; *en vers,* -di-èr] *adj.* et *s. m.*

[ÉTYM. Dérivé du lat. intermedius, *m. s.* § 248. || 1678. Jours intermédiaires, PH. BORNIER, *Conf. des nouv. ord. de L. XIV,* art. 7, titre 3, de l'ord. de 1667. Admis ACAD. 1718.]

|| **1º** *Adj.* En parlant des choses, qui, étant placé entre deux termes, sert de transition de l'un à l'autre. Temps —. Corps —. Terrains intermédiaires, en géologie, terrains placés entre les roches de formation primitive et les couches de formation récente. Commerce —, qui consiste à importer des marchandises, non pour les revendre sur place, mais pour les exporter dans un autre pays. *Substantivt, au masc.* Passer d'une idée à une autre sans —.

|| **2º** *S. m.* En parlant des personnes, action d'une personne dont on se sert pour arriver à un certain résultat. Se procurer un objet par l'— d'un ami. || *P. ext.* La personne dont l'action est ainsi utilisée. Il a servi d'— entre les deux marchands. (*Cf.* entremetteur.)

INTERMÉDIAT, ATE [in-tèr-mé-dyà, -dyǎt' ; *en vers,* -di-...] *adj.*

[ÉTYM. Emprunté du lat. du moyen âge intermediatus, *m. s.* dérivé de intermedium (*cf.* intermède), § 254. || 1611. COTGR.]

|| *Vieilli.* Intermédiaire. || *Spécialt.* Congrégation intermédiate, assemblée d'une société religieuse qui se tient entre deux chapitres généraux ou provinciaux. || *Substantivt, au masc.* Lettres d'—, accordées par le roi pour faire jouir des gages d'un office échus entre la mort du titulaire et la nomination du successeur.

INTERMINABLE [in-tèr-mi-nàbl'] *adj.*

[ÉTYM. Emprunté du lat. interminabilis, *m. s.* || xıvᵉ s. Controversies interminables, ORESME, dans MEUNIER, *Essai sur Oresme.* Admis ACAD. 1740.]

|| Dont on ne voit pas le terme. Discours, repas, procès —.

INTERMISSION [in-tèr-mi-syon ; *en vers,* -si-on] *s. f.*

[ÉTYM. Emprunté du lat. intermissio, *m. s.* || 1413. *Ordonn.* x, 129.]

|| (T. didact.) Interruption (d'une chose commencée).
Spécialt. (Médec.) Intervalle entre les accès d'une fièvre
intermittente. **La fièvre a duré trente heures sans —.**
 INTERMITTENCE [in-tèr-mĭt'-täns'] *s. f.*
[ÉTYM. Dérivé de intermittent, § 262. || Admis ACAD. 1740.]
|| Caractère de ce qui est intermittent. L'— de la fièvre.
Dans les intermittences de son mal, il se remettait au travail.
— du pouls, état du pouls dont les battements se produisent à intervalles inégaux.
 INTERMITTENT, ENTE [in-tèr-mĭt'-tan, -tänt'] *adj.*
[ÉTYM. Emprunté du lat. intermittens, part. prés. de in-
termittere, discontinuer. || 1598. L. JOUBERT, dans GODEF.
Compl.]
|| Qui discontinue et reprend par intervalles. **Source in-
termittente,** qui, de temps en temps, coule et s'arrête al-
ternativement. **Fontaine intermittente,** appareil de physique
qui expose le phénomène de ces sources. || **Fièvre, affec-
tion intermittente,** qui cesse et reprend à des intervalles
réglés. **Pouls —,** dont les battements se produisent à des
intervalles inégaux.
 INTERMUSCULAIRE [in-tèr-mŭs'-ku-lèr] *adj.*
[ÉTYM. Composé avec le lat. inter, entre, et musculus,
muscle, §§ 248 et 275. || 1812. MOZIN, *Dict. franç-allem.*
Admis ACAD. 1835.]
|| (Anat.) Qui est placé entre les muscles. **Aponévroses
intermusculaires.**
 INTERNAT [in-tèr-nà] *s. m.*
[ÉTYM. Dérivé de interne, § 254. || *Néolog.* Admis ACAD.
1878.]
|| **1°** État d'un élève interne, logé et nourri dans la
maison d'éducation où il étudie. || **Maison d'éducation**
où les élèves sont nourris et logés.
|| **2°** Fonction d'un élève en médecine, attaché au ser-
vice d'un hôpital civil, et demeurant dans l'hôpital.
 INTERNATIONAL, ALE [in-tèr-nà-syò-nàl; *en vers,*
-si-ò-...] *adj.*
[ÉTYM. Composé avec le lat. inter, entre, et nation,
§§ 238 et 275. || *Néolog.* Admis ACAD. 1878.]
|| Qui a lieu de nation à nation. **Commerce —. Exposition
internationale des produits de l'industrie. Droit —,** qui règle
les rapports des nations entre elles.
 INTERNE [in-tòrn'] *adj.*
[ÉTYM. Emprunté du lat. internus, *m. s.* || XIVᵉ s. Si pour
avoir son interne L'on en separoit son externe, *Traité d'alchimie,* dans LITTRÉ.]
|| **1°** Qui est en dedans. **La face — du crâne. Les organes
internes. Maladie —,** qui a son siège dans un organe interne. **Pathologie —,** qui traite des maladies internes. **Les
angles internes d'un polygone. Angles internes,** formés par
l'intersection d'une sécante avec deux parallèles, et si-
tués à l'intérieur des deux parallèles. || **P. anal.** (Anat.)
(Le corps étant supposé coupé par un plan vertical suivant la ligne médiane.) Qui se rapproche, se tourne du
côté de ce plan (par opposition à externe, qui s'en éloi-
gne). **Le côté — du pied, de la jambe.**
|| **2° Fig.** Qui appartient au dedans. **Causes internes.
Principes internes. Observation —,** observation psychologique de ce qui se passe dans l'âme.
|| **3°** Dans les lycées, collèges, pensions. **Élève —,** et,
substantivt, **Un —,** élève qui habite dans la maison. || **—
des hôpitaux,** et, *absolt,* **—,** élève en médecine attaché à
un hôpital civil, et logé dans l'hôpital.
 'INTERNEMENT [in-tèr-ne-man] *s. m.*
[ÉTYM. Dérivé de interner, § 263. || *Néolog.*]
|| Action d'interner.
 INTERNER [in-tèr-né] *v. tr.*
[ÉTYM. Dérivé de interne, § 266. || XVIIIᵉ s. Un des plus
grands magistrats du royaume, pour dire qu'il s'était lié d'amitié avec une personne, disait que son cœur s'était interné avec
celui de cet ami : l'expression serait énergique si elle était reçue, TRÉV. Admis ACAD. 1878.]
|| Obliger à résider dans une localité déterminée, avec
défense d'en sortir. **On interna dans cette ville plusieurs prisonniers de guerre.**
 INTERNONCE [in-tèr-nóns'] *s. m.*
[ÉTYM. Emprunté du lat. ecclés. internuncius, *m. s.*
proprt, « nonce par intérim ». || XVIᵉ-XVIIᵉ s. PASQ. *Lett.*
XVII, 4.]
|| Celui qui fait fonction de nonce auprès d'un gouver-
nement, lorsqu'il n'y a pas de nonce.

 INTEROSSEUX, EUSE [in-tèr-ŏs'-seú, -seúz'] *adj.*
[ÉTYM. Composé avec le lat. inter, entre, et os, §§ 251
et 275. PARÉ dit entre-osseux, et D'AUB. interossel. || 1690.
FURET. Admis ACAD. 1835.]
|| (Anat.) Qui est placé entre les os. **Muscles, ligaments
—. Veines, artères interosseuses.**
 INTERPELLATION [in-tèr-pĕl'-là-syon; *en vers,* -si-
on; *selon d'autres,* -pè-là-...] *s. f.*
[ÉTYM. Emprunté du lat. interpellatio, *m. s.* || XIVᵉ s.
Sans interpellacion, BERSUIRE, fº 55, dans LITTRÉ.]
|| Action d'interpeller. **Sa brusque — me troubla.** || *Spé-
cialt.* | **1.** (Droit.) Sommation à un témoin, à une des par-
ties. | **2.** (Politiq.) En parlant d'un membre du parlement,
action de demander à un ministre des explications sur ses
actes. **Demande, droit d'—.**
 INTERPELLER [in-tèr-pĕl'-lé; *selon d'autres,* -pè-lé]
v. tr.
[ÉTYM. Emprunté du lat. interpellare, *m. s.* proprt « in-
terrompre ». || XIVᵉ s. Qui interpelloit aide, BERSUIRE, dans
GODEF. fº 84.]
|| Adresser la parole à (qqn) pour lui demander qqch.
**Il m'a interpellé d'une façon assez peu civile. J'interpelle votre
bonne foi, votre conscience.** || *Spécialt.* | **1.** (Droit.) Sommer
(qqn) de s'expliquer sur un fait. **Requis et interpellé de ré-
pondre, de dire la vérité.** | **2.** (Politiq.) En parlant d'un mem-
bre du parlement. **— un ministre,** lui demander de s'expliquer sur ses actes devant le parlement.
 INTERPOLATEUR [in-tèr-pò-là-teúr] *s. m.*
[ÉTYM. Emprunté du lat. interpolator, *m. s.* || 1671. Mes-
quins interpolateurs de vieilles hardes, *Us et cout. de la mer,*
dans GODEF. Admis ACAD. 1702.]
|| (T. didact.) Celui qui fait une interpolation.
 INTERPOLATION [in-tèr-pò-là-syon; *en vers,* -si-on]
s. f.
[ÉTYM. Emprunté du lat. interpolatio, *m. s.* On trouve
en anc. franç. interpollacion au sens de « intermittence »,
sans doute par confusion entre les deux mots lat. inter-
pellatio et interpolatio. || 1611. COTGR. Admis ACAD. 1740.]
|| (T. didact.) Action d'interpoler, résultat de cette ac-
tion.
 INTERPOLER [in-tèr-pò-lé] *v. tr.*
[ÉTYM. Emprunté du lat. interpolare, *m. s.* || Admis ACAD.
1740.]
|| (T. didact.) || **I.** Insérer dans un texte (une phrase qui
n'en fait pas partie). **Un passage interpolé. Glose interpolée
par erreur du copiste.**
 II. (Physique.) Insérer dans une suite d'observations
des termes déterminés par le calcul.
 III. (Algèbre.) Trouver une formule qui, satisfaisant
à un certain nombre de cas observés, peut remplacer
provisoirement la loi du phénomène.
 INTERPOSER [in-tèr-pò-zé] *v. tr.*
[ÉTYM. Composé avec le lat. inter, entre, et poser, à l'i-
mitation du lat. interponere, *m. s.* § 275. (*Cf.* entreposer.) ||
XIVᵉ s. Il... n'interposeroit point de decret, BERSUIRE, fº 65,
dans LITTRÉ.]
|| Poser entre deux choses. **Ce qui est interposé entre l'œil
et l'objet peut changer l'apparence de l'objet. Quand la lune
s'interpose entre le soleil et la terre.** || *Fig.* Placer entre
deux personnes comme médiateur. **— son autorité, son
crédit. Des amis se sont interposés pour les réconcilier. Traiter
par personnes interposées,** en employant leur médiation.
Spécialt. (Droit.) **Personne interposée,** qui reçoit un don
pour le transmettre à un tiers auquel on n'aurait pu le
faire directement. **Toute donation faite à des personnes interposées est nulle.**
 INTERPOSITION [in-tèr-pó-zi-syon; *en vers,* -si-on]
s. f.
[ÉTYM. Emprunté du lat. interpositio, *m. s.* || XIIᵉ s. Mes
por l'interposition Avient ici que le lesson, BEN. DE STE-MORE,
Troie, 16634.]
|| (T. didact.) Action d'interposer. **L'— de la terre entre
le soleil et la lune.** || *Fig.* **L'— de son nom, de son autorité.**
Spécialt. (Droit.) **Une donation nulle parce qu'il y a eu — de
personne. — de décret,** jugement ordonnant que le bien
saisi sera vendu et adjugé par décret.
 INTERPRÉTATIF, IVE [in-tèr-pré-tà-tĭf', -tĭv'] *adj.*
[ÉTYM. Emprunté du lat. interpretativus, *m. s.* || 1752.
TRÉV. Admis ACAD. 1762.]
|| (T. didact.) || **1°** Qui sert à l'interprétation.

‖ **2°** Qui est sujet à interprétation.

INTERPRÉTATION [in-tèr-pré-tà-syon ; *en vers*, -si-on] *s. f.*

[ÉTYM. Emprunté du lat. interpretatio, *m. s.* rendu d'abord par entrepretation, § 503, puis interpretation, § 502. ‖ XII° s. Par signes et par visions Et par interpretacions, BEN. DE STE-MORE, *Troie*, 15209.]

I. Action d'interpréter. L'— de la Bible par les Septante.

II. *Fig.* L'— d'un passage d'un auteur. L'— du texte d'une loi. — d'arrêt, que donnaient les cours souveraines de justice sur ce qu'il pouvait y avoir d'obscur dans un arrêt. — des songes, des augures. ‖ *P. ext.* Cette action peut recevoir, souffrir des interprétations opposées.

INTERPRÈTE [in-tèr-prèt'] *s. m.* et *f.*

[ÉTYM. Emprunté du lat. interpres, etis, *m. s.* ‖ XIV° s. Carmentis qui estoit vraie interprete et divine, BERSUIRE, f° 9, dans LITTRÉ.]

I. Celui, celle qui traduit un texte d'une langue dans une langue étrangère. Les soixante-douze interprètes de la Bible, appelés les Septante. ‖ *Spécialt.* Celui qui a pour fonction de traduire d'une langue dans une autre. Servir à qqn d'—. Parler par —. — du roi pour les langues orientales. — juré près le tribunal. Courtier — de navire. ‖ *P. ext.* Celui, celle qui explique ce qu'un texte présente d'obscur, d'ambigu. Savant — du texte des Écritures. Doctes interprètes des lois, BOSS. *Le Tellier.* Du « Cuisinier français » juridique —, On me trouve au barreau bien moins qu'à la buvette, LA F. *Ragotin*, II, 7. ‖ *P. anal.* — des songes, du vol des oiseaux. ‖ *Fig.* Le temps, fidèle — des prophéties, BOSS. *Var.* 11.

II. Personne chargée de faire connaître les intentions, les volontés d'une autre. Les augures, chez les anciens, étaient considérés comme les interprètes de la volonté des dieux. Polyclète, Des volontés d'Auguste ordinaire —, CORN. *Cinna*, IV, 4. Clitandre auprès de vous me fait son —, MOL. *F. sav.* II, 3. ‖ *P. ext.* En parlant des choses. Mais toujours de mon cœur ma bouche est l'—, RAC. *Brit.* II, 3. Les yeux sont les interprètes du cœur, PASC. *Amour.* Les muets interprètes, dans le langage des précieuses, les regards. Tant que vous vous tiendrez aux muets interprètes, MOL. *F. sav.* I, 4.

INTERPRÉTER [in-tèr-pré-té] *v. tr.*

[ÉTYM. Emprunté du lat. interpretare, *m. s.* ‖ XIII° s. Enterpreter par doubles paroles, BRUN. LATINI, *Trésor*, p. 405.]

I. *Vieilli.* Traduire d'une langue dans une autre. Les Septante ont interprété la Bible de l'hébreu en grec. Le discours de l'ambassadeur fut interprété en français.

II. *P. ext.* ‖ **1°** Expliquer ce qu'un texte présente d'obscur et d'ambigu. — une phrase d'un auteur ancien. — une loi, en expliquer le sens par une loi supplémentaire. *Vieilli.* — un arrêt, l'expliquer par un second arrêt. ‖ *P. anal.* Rendre, représenter selon les intentions d'un auteur. Cet acteur interprète mal l'œuvre de Corneille. Un graveur qui interprète bien un tableau, qui en rend tous les détails, toute l'expression.

‖ **2°** Donner à une chose telle ou telle signification. — un songe, le vol des oiseaux. C'est en contraire sens qu'un songe s'interprète, CORN. *Hor.* I, 2. ‖ *Spécialt.* Prendre en bonne ou en mauvaise part (ce que dit, fait qqn). Je ne sais comment sa conduite sera interprétée. Ce discours peut s'— en bien, en mal, en mauvaise part. *Vieilli.* — à. Je dois — à charitable soin Le désir d'embrasser ma femme! MOL. *Tart.* V, 3.

INTERRÈGNE [in-tèr'-rèñ] *s. m.*

[ÉTYM. Emprunté du lat. interregnum, *m. s.* PASQ. emploie entre-règne. ‖ XIV° s. L'estat de la chose publique estoit apelé interregne, BERSUIRE, f° 2, dans LITTRÉ.]

‖ Intervalle de temps pendant lequel il n'y a pas de roi, de chef dans un État. Après la mort du roi, il y eut un — de trois mois. Du temps des juges d'Israël, il y eut de longs interrègnes.

INTERROGANT, 'INTERROGANTE [in-tè-rò-gan, -gànt'] *adj.*

[ÉTYM. Emprunté du lat. interrogans, part. prés. de interrogare, interroger, employé adjectivement, § 47. ‖ 1611. COTGR.]

‖ **1°** Qui a la manie d'interroger. L'— bailli fit ce jour-là plus de questions qu'il n'en avait fait dans toute la semaine, VOLT. *Ing.* 13.

‖ **2°** *Vieilli.* (Gramm.) Qui sert à marquer l'interrogation. Point —, point d'interrogation (?).

'INTERROGAT [in-tè-rò-gà] *s. m.*

[ÉTYM. Emprunté du lat. interrogatum, part. passé de

interrogare, interroger, employé substantivement, § 45. ‖ XVI° s. Luy faisoit cet interrogat, TABOUROT, *Bigarr.* p. 50, dans LA C. Admis ACAD. 1694 ; suppr. en 1718.]

‖ *Vieilli.* (Droit.) Interrogation. Pousser l'— trop loin, PIRON, *Métrom.* III, 2.

INTERROGATEUR, TRICE [in-tè-rò-gà-teùr, -trîs'] *s. m.* et *f.*

[ÉTYM. Emprunté du lat. interrogator, *m. s.* ‖ 1549. R. EST.]

‖ Celui, celle qui interroge. ‖ *Adjectivt.* Un regard —.

INTERROGATIF, IVE [in-tè-rò-gà-tif', -tîv'] *adj.*

[ÉTYM. Emprunté du lat. interrogativus, *m. s.* ‖ 1507. Iceulx interrogatifs veuz, *Lett. de L. XII*, dans GODEF.]

‖ (Gramm.) Qui exprime l'interrogation. Particule, phrase interrogative.

INTERROGATION [in-tè-rò-gà-syon ; *en vers*, -si-on] *s. f.*

[ÉTYM. Emprunté du lat. interrogatio, *m. s.* ‖ XIII° s. *Bible*, dans GODEF. *Compl.*]

‖ Action d'interroger. Répondre aux interrogations. Point d'—, qui se met à la fin des phrases interrogatives (?). ‖ *Spécialt. Vieilli.* (Droit.) Interrogatoire.

INTERROGATOIRE [in-tè-rò-gà-twàr] *s. m.*

[ÉTYM. Emprunté du lat. interrogatorius, qui interroge, employé substantivement, § 38. ‖ 1422. *Charles VI*, II, 19.]

‖ **1°** (Droit.) Ensemble des questions posées par le juge et des réponses faites par l'accusé. Procéder à un —. Subir un —. L'— sur faits et articles (dans un procès civil), questions adressées par l'une des parties.

‖ **2°** Procès-verbal relatant les questions et les réponses.

INTERROGER [in-tè-rò-jé] *v. tr.*

[ÉTYM. Emprunté du lat. interrogare, *m. s.* (*Cf.* l'anc. franç. enterver, doublet de formation pop.) ‖ 1389. Lequel prisonnier sur ce interrogué, *Registre crim. du Châtelet*, I, 3, Duplès-Agier.]

‖ Questionner avec autorité. Sur ce ton un peu haut je vais l'—, BOIL. *Sat.* 5. (Dieu) du haut de son trône interroge les rois, RAC. *Esth.* III, 4. — sur un fait. Poët. — d'une chose. De l'état de son sort interroge ses dieux, RAC. *Théb.* II, 1. Le juge a interrogé l'accusé. ‖ *Spécialt.* Questionner un candidat dans un examen, pour s'assurer de ses connaissances, de son instruction. Les candidats seront interrogés sur l'histoire. ‖ *Fig.* Observer attentivement (une chose) pour en tirer qq connaissance. Des victimes vous-même interrogez le flanc, RAC. *Iph.* I, 2. — la nature, les faits, l'histoire. — sa conscience, et, *dans le même sens*, S'—. Je me suis interrogé moi-même et ne me suis pas trouvé coupable.

INTERROMPRE [in-tè-rònpr'] *v. tr.*

[ÉTYM. Emprunté du lat. interrumpere, *m. s.* rendu d'abord par entrerompre, forme usitée jusqu'au commencement du XVII° s. § 503, puis interrompre, § 502. ‖ XII° s. Il entrerumpiet la pierre el desert, *Psaut. d'Oxf.* LXXVII, 15. ‖ 1549. Interrompre, R. EST.]

‖ **1°** Rompre dans sa continuité. La route est interrompue par un fossé. Le cours de la rivière est interrompu par un barrage. Épi interrompu qui, par suite de l'allongement d'un ou de plusieurs entre-nœuds, a une partie de son axe nue.

‖ **2°** Suspendre dans sa continuation. Les travaux sont interrompus. Les négociations furent soudainement interrompues. La mort vint — le cours de tant de victoires. Mais un trouble importun vient, depuis quelques jours, De mes prospérités — le cours, RAC. *Ath.* II, 5. (Droit.) — la possession, la prescription, la péremption, empêcher par qq acte de justice que la possession, la prescription, la péremption continue. La citation en justice... interrompt la prescription, *Code civil*, art. 2246. Pour pouvoir prescrire il faut une possession continue et non interrompue, *id.* art. 2229. — le repos de qqn. Prête, sans me troubler, l'oreille à mes discours : D'aucun mot, d'aucun cri, n'en interromps le cours, CORN. *Cinna*, V, 1. Il a une conversation interrompue et des distractions fréquentes, LA BR. 8. Jeu des propos interrompus, jeu de société dans lequel des réponses sont appliquées au hasard à des questions de manière à produire des coq-à-l'âne. ‖ *P. ext.* — qqn dans sa méditation. La mort vient de projet m'a seule interrompu, RAC. *Mithr.* V, 5. — qqn au milieu de son discours. Oh! pourquoi celui-là m'a-t-il interrompu? RAC. *Plaid.* III, 3. Écouter sans —.

INTERRUPTEUR, 'INTERRUPTRICE [in-tè-rüp'-teùr, -trîs'] *s. m.* et *f.*

[ÉTYM. Emprunté du lat. interruptor, *m. s.* ‖ XVII° s. V. à l'article. Admis ACAD. 1835.]

|| 1° Celui, celle qui interrompt qqn qui parle. Faire sortir les interrupteurs. Arrias... prend feu contre l'—, LA BR. 5. || 2° (Physiq.) Appareil destiné à interrompre le passage d'un courant électrique dans un circuit conducteur.
INTERRUPTION [in-tè-rŭp'-syon ; *en vers*, -si-on] *s. f.*
[ÉTYM. Emprunté du lat. interruptio, *m. s.* || 1437. *Cout. d'Anjou*, dans DELB. *Rec.*]
|| Action d'interrompre. Une fontaine qui coule sans —. Travailler sans —. Seize ans d'une prospérité accomplie qui coulèrent sans —, BOSS. *R. d'Angl.* L'— des travaux. — de possession. — civile de la prescription, par citation en justice, commandement, saisie. Il y a — naturelle lorsque le possesseur est privé pendant plus d'un an de la jouissance de la chose, *Code civil*, art. 2243. || *Spéciall.* Action d'interrompre celui qui parle. Une — venue mal à propos. | Paroles prononcées pour interrompre. Bruyantes interruptions.
INTERSECTION [in-tèr-sĕk'-syon ; *en vers*, -si-on] *s. f.*
[ÉTYM. Emprunté du lat. intersectio, *m. s.* || XIVᵉ S. EVRART DE CONTY, *Probl. d'Aristote*, dans GODEF. Admis ACAD. 1740.]
|| (Géom.) Rencontre de deux lignes, de deux surfaces, de deux solides qui se coupent. Le point d'— de deux droites ; la ligne d'— de deux surfaces ; la surface d'— de deux solides. || L'— de deux routes.
INTERSTICE [in-tèrs'-tĭs'] *s. m.*
[ÉTYM. Emprunté du lat. interstitium, *m. s.* || XIVᵉ s. Intertisse de temps, J. DE VIGNAY, *Miroir hist.* dans DELB. *Rec.*]
|| (T. didact.) || 1° Petit espace vide entre les parties d'un corps. Remplir des interstices. Plante qui pousse dans les interstices des rochers.
|| 2° Intervalle de temps. *Spéciall.* Intervalle de temps que l'Église fait observer entre la réception d'un ordre et celle de l'ordre supérieur. Les interstices sont ordinairement de trois mois.
INTERTROPICAL, ALE [in-tèr-trò-pi-kàl] *adj.*
[ÉTYM. Composé avec le lat. inter, entre, et tropique, §§ 233 et 275. || *Néolog.* Admis ACAD. 1878.]
|| (Géogr.) Situé entre les tropiques. Pays intertropicaux. Plantes intertropicales.
INTERVALLE [in-tèr-vàl] *s. m.*
[ÉTYM. Emprunté du lat. intervallum, *m. s.* Anc. franç. entreval. (*Cf.* entrevous.) || XIVᵉ s. Po avoit de intervalle entre les deux os, BERSUIRE, fᵒ 36, dans LITTRÉ.]
|| 1° Distance entre un lieu et un autre. L'— qui sépare les deux maisons. Dans une armée rangée en bataille, on laisse certains intervalles entre les bataillons.
|| 2° Distance entre un temps et un autre. Un — de temps. Cette comète ne reparaît qu'à de longs intervalles. Le plus dangereux — de la vie humaine est celui de la naissance à l'âge de douze ans, J.-J. ROUSS. *Ém.* 1. Après un — de silence. Les fous ont des intervalles de lucidité. Sans —, sans arrêt.
|| 3° Distance qui sépare un son d'un autre en montant du grave à l'aigu ou en descendant de l'aigu au grave. — de tierce, de quarte, de quinte, etc., où l'intervalle entre les deux notes extrêmes est une tierce, une quarte, une quinte. — consonant, dissonant. — simple, qui se renferme dans les bornes d'une octave. — composé, qui s'étend une octave à une autre. || *Fig.* Distance qui sépare les diverses conditions sociales. L'— qui sépare le domestique du maître.
INTERVENANT, ANTE [in-tèr-ve-nan, -nànt'] *adj.*
[ÉTYM. Adj. particip. de intervenir, § 47. || XVIᵉ s. Ferdinand n'y estoit lors entrevenant ne veu n'ony, MART. DU BELLAY, *Mém.* ann. 1533.]
|| (Droit.) Qui intervient. || *Spéciall.* Qui intervient dans un procès. Les parties intervenantes. *Substantivt.* L'— a été condamné.
INTERVENIR [in-tèr-ve-nĭr] *v. intr.*
[ÉTYM. Emprunté du lat. intervenire, *m. s.* rendu d'abord par entrevenir, § 503, puis intervenir, § 502. || 1363. Toutes les doubtes qui interveniroient, dans VARIN, *Arch. admin. de Reims*, III, 276.]
|| Prendre part à qqch. — dans une négociation. — dans un procès. L'autorité royale intervint dans cette affaire. Les Français sont intervenus en Espagne pour rétablir Ferdinand VII. || Faire — la force armée. || En parlant des choses, venir au milieu de. Les incidents qui sont intervenus dans le procès.
INTERVENTION [in-tèr-van-syon ; *en vers*, -si-on] *s. f.*
[ÉTYM. Emprunté du lat. interventio, *m. s.* || XVᵉ s. Inter-

ventions depressive, CHASTELL. dans DELB. *Rec.* Admis ACAD. 1762.]
|| Action d'intervenir. — d'un tiers au procès, dans un procès. Troubles qui nécessitent l'— de la force armée. — d'un État dans les affaires d'un autre État. L'— de la philosophie dans la conduite de la vie.
INTERVERSION [in-tèr-vèr-syon ; *en vers*, -si-on] *s. f.*
[ÉTYM. Emprunté du lat. interversio, *m. s.* || 1611. COTGR.]
|| Renversement d'ordre.
INTERVERTIR [in-tèr-vèr-tĭr] *v. tr.*
[ÉTYM. Emprunté du lat. intervertere, *m. s.* || 1611. COTGR.]
|| Déplacer en renversant l'ordre. — l'ordre des créances. — l'ordre des mots. — les facteurs d'un produit.
'INTERVERTISSEMENT [in-tèr-vèr-tĭs'-man ; *en vers*, -ti-se-...] *s. m.*
[ÉTYM. Dérivé de intervertir, § 263. || XVIIᵉ-XVIIIᵉ s. *V.* à l'article.]
|| Action d'intervertir. L'— de tout ordre, ST-SIM. IX, 35.
'INTERVIEW [in-tèr-vyou] *s. m.*
[ÉTYM. Emprunté de l'angl. interview, *m. s.* qui est lui-même emprunté du franç. entrevue, § 8. || *Néolog.*]
|| Visite à un personnage connu pour l'interroger sur sa vie, ses actes, ses idées, etc.
'INTERVIEWER [in-tèr-vyou-é] *v. tr.*
[ÉTYM. Dérivé de interview, § 154. || *Néolog.*]
|| Action de soumettre (qqn) à un interview.
INTESTAT [in-tĕs'-tà] *adj. invar.*
[ÉTYM. Emprunté du lat. intestatus, *m. s.* || XIIIᵉ s. Intestart (corr. intestat), *Gloss. de Conches*, dans GODEF. *Compl.*]
|| (Droit.) Qui n'a pas fait de testament. Mourir —. Ne voulant pas aussi décéder —, REGNARD, *Légat. univ.* V, 7. || Ab —. (*V.* ab intestat.)
1. INTESTIN, INE [in-tĕs'-tin, -tin'] *adj.*
[ÉTYM. Emprunté du lat. intestinus, *m. s.* || XIVᵉ s. La intestine et privee sedicion, BERSUIRE, fᵒ 39, dans LITTRÉ.]
|| Qui est dans l'intérieur d'un corps, et, *spéciall.*, du corps humain. Mouvements intestins. Douleur, chaleur intestine. Parasites intestins, qui se développent sous l'épiderme des végétaux vivants. || Qui est dans l'intérieur du corps social, d'un État. Discordes, divisions intestines. Quelle guerre intestine avons-nous allumée? RAC. *Esth.* III, 4. || Qui est dans l'intérieur de l'âme. Cette guerre intestine qu'elles excitent au fond de notre cœur, BOURD. *Dévot. à la Vierge*, 3.
2. INTESTIN [in-tĕs'-tin] *s. m.*
[ÉTYM. Emprunté du lat. intestinum, *m. s.* || XIVᵉ-XVᵉ s. Il sont six intestins ou boyaulx, *Chirurg. de Gui de Chauliac*, mss franç. Bibl. nat. 14816, fᵒ 80.]
|| Viscère logé dans la cavité abdominale, tube digestif formé d'enveloppes muqueuses et musculaires qui s'étend de l'estomac à l'anus. (*Cf.* boyau.) — grêle. Gros —. Inflammation des intestins.
INTESTINAL, ALE [in-tĕs'-ti-nàl] *adj.*
[ÉTYM. Dérivé de intestin 2, § 138. || XVIᵉ s. Hargne... intestinale, PARÉ, *Introd.* 23. Admis ACAD. 1762.]
|| (Anat.) Qui appartient aux intestins. Conduit —. Vers intestinaux.
INTIMATION [in-ti-mà-syon ; *en vers*, -si-on] *s. f.*
[ÉTYM. Emprunté du lat. jurid. intimatio, *m. s.* || 1399. Texte dans GODEF. *Compl.*]
|| (Droit.) Action d'intimer.
INTIME [in-tim'] *adj.*
[ÉTYM. Emprunté du lat. intimus, superlatif de interior, intérieur, XIVᵉ s. J. LE FÈVRE, *Respit de la mort*, dans GODEF. *Compl.*]
|| 1° Qui est tout à fait intérieur. Persuasion —. Avoir l'— conviction d'une chose. Le Dauphin, navré de la plus — et amère douleur, ST-SIM. IX, 204. || (Philos.) Sens —, la conscience.
|| 2° Qui atteint le fond des choses. Mélange — de deux corps. Connexion —. || *Fig.* Ces deux doctrines ont entre elles des rapports intimes. *Spéciall.* En parlant d'une étroite union entre deux personnes. Avoir des rapports intimes avec qqn. *l'. ext.* Il est depuis longtemps de mes plus intimes amis, MOL. *Sicil.* sc. 9. *Substantivt.* C'est mon —, MOL. *Éc. des f.* V, 7. Il court chez son —, LA F. *Fab.* VIII, 11.
INTIMEMENT [in-tim'-man ; *en vers*, -ti-me-...] *adv.*
[ÉTYM. Composé de intime et ment, § 724. Qqns disent intimément. || 1611. Intimément, COTGR.]
|| D'une manière intime. Être — persuadé de qqch. || Je suis attaché — à ce qu'on connaît sous le nom de libertés de l'Église gallicane, ST-SIM. IX, 27. | Ils sont — liés l'un l'autre.

INTIMER [in-ti-mé] *v. tr.*

[ÉTYM. Emprunté du lat. jurid. intimare, *m. s.* || 1332. Sos la peine a lui intimee, dans DELB. *Rec.*]

|| Signifier (qqch) à qqn, d'autorité. On lui intima l'ordre de partir. || *Vieilli.* — un concile, assigner le lieu et le temps auxquels il doit se tenir. || (Droit.) — qqn, l'assigner en justice pour un appel. Il m'a fait signifier son appel, mais il ne m'a point intimé. La partie intimée, et, *substantivt*, L'intimé, l'intimée, le défendeur, la défenderesse en cause d'appel. L'appelant et l'intimé.

INTIMIDATION [in-ti-mi-dà-syon ; *en vers*, -si-on] *s. f.*

[ÉTYM. Dérivé de intimider, § 247. || XVIᵉ s. Hors toute intimidation, RAB. IV, dédic. Admis ACAD. 1878.]

|| Action d'intimider.

INTIMIDER [in-ti-mi-dé] *v. tr.*

[ÉTYM. Composé avec le lat. in et timide, § 275. || XVIᵉ s. Intimidant le senat, AMYOT, *Caton d'Utiq.* 35.]

|| Rendre timide à faire qqch. C'est un homme qu'on intimide facilement. A l'aspect du péril si ma foi s'intimide, RAC. *Ath.* I, 2.

INTIMITÉ [in-ti-mi-té] *s. f.*

[ÉTYM. Dérivé de intime, § 255. ||· 1735. Dans l'intimité mesme de leurs parties constitutives, *Merc. de France*, avril, p. 735. Admis ACAD. 1740.]

|| Caractère de ce qui est intime. Dans l'— de la conscience. || L'— de leurs rapports. Vivre dans l'— avec qqn, dans la plus grande —.

INTITULÉ [in-ti-tu-lé] *s. m.*

[ÉTYM. Subst. particip. de intituler, § 45. || Admis ACAD. 1694.]

|| **1°** (Droit.) Formule usitée en tête d'un acte, d'un jugement, d'une loi. Un acte n'est point exécutoire s'il n'y a pas d'—.

|| **2°** Titre d'un livre.

INTITULER [in-ti-tu-lé] *v. tr.*

[ÉTYM. Emprunté du lat. intitulare, *m. s.* rendu d'abord par entituler, § 503, puis intituler, § 502. || XIIIᵉ-XIVᵉ s. Ainsinc est il entitulé..., J. DE MEUNG, *Rose*, 12365. Les notaires qui intitulent les actes, J. DE VIGNAY, *Miroir hist.* dans GODEF.]

|| Désigner par un titre. Le livre intitulé : « Essai sur les mœurs ». || *Spécialt.* Les expéditions des jugements seront intitulées au nom du chef de l'État. || *En mauvaise part.* Il s'intitule prince de...

INTOLÉRABLE [in-tò-lé-ràbl'] *adj.*

[ÉTYM. Emprunté du lat. intolerabilis, *m. s.* || XIIIᵉ s. Puors intolerables, J. DE MEUNG, *Test.* 1938.]

|| Qui n'est pas tolérable. Douleur —. Son insolence est —.

INTOLÉRABLEMENT [in-tò-lé-rà-ble-man] *adv.*

[ÉTYM. Composé de intolérable et ment, § 724. || 1549. R. EST. Admis ACAD. 1878.]

|| D'une manière intolérable.

INTOLÉRANCE [in-tò-lé-ràns'] *s. f.*

[ÉTYM. Composé de in négatif et tolérance, § 275. || 1611. COTGR. Admis ACAD. 1740.]

|| Défaut de tolérance. — politique, religieuse.

INTOLÉRANT, ANTE [in-tò-lé-ran, -ränt'] *adj.*

[ÉTYM. Composé de in négatif et tolérant, § 275. || 1732. TRÉV. Admis ACAD. 1740.]

|| Qui manque de tolérance. || *P. anal.* Une religion intolérante.

INTOLÉRANTISME [in-tò-lé-ran-tïsm'] *s. m.*

[ÉTYM. Dérivé de intolérant, § 365. || 1752. TRÉV. Admis ACAD. 1762.]

|| *Rare.* (T. didact.) Doctrine qui érige en principe l'intolérance religieuse.

INTONATION [in-tò-nà-syon ; *en vers*, -si-on] *s. f.*

[ÉTYM. Dérivé du lat. intonare, entonner, § 247. || XIVᵉ s. J. GOLEIN, *Trad. du Rational*, dans GODEF. *Compl.*]

|| Manière de produire le son. — fausse, par laquelle une note est trop haute ou trop basse. Avoir des intonations justes. || *P. ext.* Manière de réciter le plain-chant sur un ton déterminé. L'— de ce psaume est de tel ton. || *P. ext.* Ton que prend la voix, en parlant, en lisant. Cet acteur a des intonations désagréables. Varier ses intonations.

INTOXICATION [in-tŏk'-si-kà-syon ; *en vers*, -si-on] *s. f.*

[ÉTYM. Dérivé de intoxiquer, § 247. || 1408. Poizons venimeux et intoxcications, J. PETIT, dans DELB. *Rec.* Admis ACAD. 1878.]

|| (T. didact.) Absorption d'un toxique. — paludéenne, saturnine.

'INTOXIQUER [in-tŏk'-si-ké] *v. tr.*

[ÉTYM. Emprunté du bas lat. intoxicare, *m. s.* (*Cf.* anc. franç. entoschier, de formation pop.) || 1521. La beauté des femmes, intoxiquee de ardante libidinité, FABRI, *Rhétor.* I, p. 32, Héron.]

. || (T. didact.) Empoisonner par absorption d'un toxique..

INTRADOS [in-trà-dô] *s. m.*

[ÉTYM. Composé avec le lat. intra, du dedans, et dos,. § 284. || 1704. *Hist. de l'Acad. des sc.* p. 95. Admis ACAD. 1762.]

|| (Technol.) Cuvette intérieure, partie concave d'une voûte. (*Cf.* extrados.)

INTRADUISIBLE [in-trà-dui-zïbl'] *adj.*

[ÉTYM. Composé avec in négatif et traduire, §§ 242 et 275. || Vers 1726. *Mém. de Trév.* dans l'ABBÉ DESFONTAINES, *Dict. néolog.* Admis ACAD. 1798.]

|| Qu'on ne peut traduire. Expression, livre, auteur —.

INTRAITABLE [in-trè-tàbl'] *adj.*

[ÉTYM. Composé avec in négatif et traiter, d'après le lat. intractabilis, *m. s.* §§ 93 et 275. On trouve intractable au XVᵉ s. (*V.* DELB. *Rec.*) || 1537. SALIAT, *Man. d'instruire les enf.* fᵒ 12, vᵒ.]

|| Avec qui on ne peut traiter. Caractère, humeur —. Il sera — avec vous. || *Spécialt.* A qui on ne peut faire entendre raison sur quelque chose. Il est — sur ce point.

INTRANSITIF, IVE [in-tran-zi-tïf', -tïv'] *adj.*

[ÉTYM. Emprunté du lat. intransitivus, *m. s.* || Admis ACAD. 1762.]

|| (Gramm.) Qui ne passe point hors du sujet. Verbe —, exprimant une action qui s'applique au sujet et ne passe pas sur un objet. Dormir est un verbe —.

'INTRANSITIVEMENT [in-tran-zi-tiv'-man ; *en vers*, -ti-ve-...] *adv.*

[ÉTYM. Composé de intransitive et ment, § 724. || 1678. Comme l'on parle dans l'école, intransitivement, P. PARDIES, *Connois. des bestes*, p. 107.]

|| (Gramm.) D'une manière intransitive. Verbe transitif employé —.

INTRANT [in-tran] *s. m.*

[ÉTYM. Emprunté du lat. intrans, antis, entrant. || XVIᵉ s. Ces grimaux artiens et intrans, RAB. II, 18. Admis ACAD. 1762.]

|| *Anciennt.* Délégué choisi par chacune des quatre nations de l'université de Paris pour l'élection du recteur.

IN-TRENTE-DEUX [in-trant'-deû ; *en vers*, -tran-te-...] *adj.*

[ÉTYM. Composé avec le lat. in, en, et trente-deux. || 1755. ENCYCL. Admis ACAD. 1835.]

|| (Typogr.) Dont la feuille est pliée en trente-deux feuillets. Le format — (in-32), et, *substantivt*, L'—. Un volume —, et, *substantivt*, Un —.

INTRÉPIDE [in-tré-pid'] *adj.*

[ÉTYM. Emprunté du lat. intrepidus, *m. s.* (*Cf.* trépidation.) || XVᵉ-XVIᵉ s. A escrire intrepide, J. BOUCHET, dans LITTRÉ.]

|| Qui va sans trembler au-devant du péril. L'— Hippolyte Voit voler en éclats tout son char fracassé, RAC. *Phéd.* V, 6. Il marche à la mort d'un pas —.

INTRÉPIDEMENT [in-tré-pid'-man ; *en vers*, -pide-...] *adv.*

[ÉTYM. Composé de intrépide et ment, § 724. || Admis ACAD. 1694.]

|| D'une manière intrépide.

INTRÉPIDITÉ [in-tré-pi-di-té] *s. f.*

[ÉTYM. Dérivé de intrépide, § 255. || XVIIᵉ s. V. à l'article. Admis ACAD. 1694.]

|| Caractère de celui qui est intrépide. L'— est une force extraordinaire de l'âme qui l'élève au-dessus des troubles, des désordres et des émotions que la vue des grands périls pourrait exciter en elle, LA ROCHEF. *Max.* 217. Combattre avec —. Il soutient par son — le courage des troupes accoutumées à vaincre, MASS. *Dauphin.* || *P. anal. Famil.* Cette — de bonne opinion (de soi-même), MOL. *F. sav.* I, 3.

INTRIGANT, ANTE [in-tri-gan, -gänt'] *adj.*

[ÉTYM. Emprunté de l'ital. intrigante, *m. s.* § 12. || XVIIᵉ s. V. à l'article. Admis ACAD. 1694.]

|| Qui intrigue. (*Cf.* intrigueur.) Des hommes alertes, intrigants, aventuriers, LA BR. 9. Femme intrigante. Caractère —. *Substantivt.* Un —, une intrigante. Intrigante parfaite, REGNARD, *Joueur*, V, 2.

INTRIGUE [in-trig'] *s. f.* (qqf masc. au XVIIᵉ s.).
[ÉTYM. Emprunté de l'ital. intrigo, *m. s.* subst. verbal de intrigare, intriguer, § 12. Sur le genre, *V.* § 550. Souvent intrigue au commencement du XVIIᵉ s. (*Cf.* intriguer.) ‖ XVIᵉ-XVIIᵉ s. Intrique, COTGR. Dans cette intrigue, D'AUB. *Sa Vie*, 39.]
‖ **1°** *Vieilli*. Complication. La joie de vous savoir hors d'—, SÉV. 512. Se tirer d'—, GHERARDI, *Th. ital.* VI, 574.
‖ **2°** Combinaison machinée pour faire réussir ce qu'on souhaite. Ne descendons jamais dans ces lâches intrigues, BOIL. *Art p.* 4. Former, démêler une —. Les intrigues de cour. *Au sens collectif.* Un homme qui a vécu dans l'— un certain temps ne peut plus s'en passer, LA BR. 8. Avoir le génie de l'—. ‖ *Spécialt.* — amoureuse, galante, lien secret de galanterie. Jeune coquette, Friande de l'—, MOL. *Éc. des m.* II, 6. Cette femme a eu plusieurs intrigues.
‖ **3°** (Littérature.) Enchaînement d'événements qui forment le nœud d'une action. Le dénouement de l'—. Débrouillant mal une pénible —, BOIL. *Art p.* 3. Comédie d'—, qui représente des aventures compliquées.

INTRIGUER [in-tri-ghé] *v. tr.*
[ÉTYM. Emprunté de l'ital. intrigare, *m. s.* § 12. L'anc. franç. dit entriquer, intriquer, intrinquer, d'après le lat. intricare, embarrasser, d'où vient aussi le mot italien ; intriquer s'est maintenu jusqu'au commencement du XVIIᵉ s. ‖ XVIᵉ-XVIIᵉ s. Il s'intrique d'un mestier, D'AUB. *Sa Vie*, 34.]
‖ **1°** *Vieilli*. Mettre dans l'embarras. Les dames sont bien intriguées pour leurs ornements, SÉV. 584. Et que le plus petit de la race mortelle, A chaque pas qu'il fait, à chaque bagatelle, Doive — l'Olympe et tous ses citoyens, LA F. *Fab.* VIII, 5. ‖ *P. ext.* Embarrasser l'esprit, exciter une curiosité inquiète. Est-ce quelqu'un de la maison? dit Mˡˡᵉ Hubert, encore plus intriguée que moi, MARIV. *Pays. parv.* 3. — qqn à un bal masqué.
‖ **2°** *Intransitivt*. Machiner une combinaison pour faire réussir qqch. Je vais — pour vous, PICARD, *Alc. de Molor.* V, 3. ‖ *Avec le pron. pers.* S'—, se mettre dans une telle combinaison. M. de Coetlogon... s'est intrigué dans toute cette affaire, SÉV. 1215. L'âge viril... Se pousse auprès des grands, s'intrigue, se ménage, BOIL. *Art p.* 3.
‖ **3°** (Littérature.) Composer avec une action plus ou moins compliquée. Ce n'est pas assez qu'une pièce soit intriguée, elle doit l'être tragiquement, VOLT. *Comment. sur Corneille*, Hér. II, 6. Corneille a voulu — ce qu'il fallait laisser dans sa simplicité majestueuse, ID. *ibid.* ŒEdipe, IV, 1.

*'**INTRIGUEUR, EUSE** [in-tri-gheur, -gheuz'] *s. m. et f.*
[ÉTYM. Dérivé de intriguer, § 112. ‖ XVIIᵉ s. *V.* à l'article. Admis ACAD. 1694; suppr. en 1718.]
‖ *Vieilli*. Celui, celle qui intrigue. (*Cf.* intrigant.) Des fripons, des intrigueuses, SÉV. 633. *Adjectivt.* Cette veuve était une femme vieille,... intrigueuse, médisante, FURET. *Rom. bourg.* II, 44.

INTRINSÈQUE [in-trin-sěk'] *adj.*
[ÉTYM. Emprunté du lat. scolast. intrinsecus, a, *m. s.* tiré de l'adv. intrinsecus, au dedans. ‖ XIIIᵉ-XIVᵉ s. *Chirurg. de Mondeville*, dans GODEF. *Compl.*]
‖ (T. didact.) Qui constitue le fond intime d'une chose. (*Cf.* extrinsèque.) Valeur — d'un objet, indépendante de toute convention. (Logique.) Arguments intrinsèques, tirés du fond même du sujet.

INTRINSÈQUEMENT [in-trin-sěk'-man ; *en vers*, -sè-ke-...] *adv.*
[ÉTYM. Composé de intrinsèque et ment, § 724. ‖ XVIᵉ s. Ils sçavoient plus intrinsequement que les autres..., MART. DU BELLAY, *Mém.* ann. 1536.]
‖ (T. didact.) D'une manière intrinsèque.

INTRODUCTEUR, TRICE [in-trò-dŭk'-teur, -tris'] *s. m. et f.*
[ÉTYM. Emprunté du lat. introductor, *m. s.* ‖ XIVᵉ s. Introduitor, *Cheval. au cygne*, dans DELB. *Rec.* ‖ XVIᵉ s. Introducteur, J. DE MAUMONT, dans GODEF. *Compl.* Admis ACAD. (masc.) et 1740 (fém.).]
‖ Celui, celle qui introduit. Il m'a servi d'—. L'— des ambassadeurs, fonctionnaire chargé d'introduire les ambassadeurs, les princes étrangers, auprès du souverain.

INTRODUCTIF, IVE [in-trò-dŭk'-tif, -tiv'] *adj.*
[ÉTYM. Dérivé du radical de introduction, § 257. ‖ 1520. E. DE LA ROCHE, *Arithm.* fᵒ 1. Admis ACAD. 1762.]
‖ (Droit.) Qui sert à introduire, à commencer. Requête introductive. Exploit — d'instance.

INTRODUCTION [in-trò-dŭk'-syon ; *en vers*, -si-on] *s. f.*
[ÉTYM. Emprunté du lat. introductio, *m. s.* ‖ XIVᵉ s. L'introduction de cest chapitre en cest lieu, *Chirurg. de Mondeville*, fᵒ 87.]
‖ Action d'introduire. L'— de la sonde dans la blessure. L'— de l'eau dans les conduits. L'— de la main dans une ouverture. L'— de la pomme de terre en France. L'— des ambassadeurs auprès du prince. L'— de nouveaux personnages dans un dialogue, dans une pièce de théâtre. L'— de marchandises prohibées (dans un pays, dans une ville). Lettre d'—, par laquelle on recommande à une personne de recevoir, d'accueillir le porteur de la lettre. L'— de nouvelles coutumes, de réformes. ‖ *Spécialt.* (Jurispr.) — d'instance, ensemble des formalités nécessaires pour évoquer une affaire devant une juridiction. ‖ *P. ext.* Ce qui introduit, prépare qqn à la connaissance, à la pratique d'une chose. — à la physique, à la chimie. — à la dévotion, à la vie dévote. ‖ *Spécialt.* ‖ **1.** Discours préliminaire en tête d'un ouvrage. ‖ **2.** Symphonie très courte qui tient lieu d'ouverture à un opéra, ou petit morceau d'un mouvement lent qui précède et prépare le premier allégro d'une symphonie, d'une ouverture.

INTRODUIRE [in-trò-duïr] *v. tr.*
[ÉTYM. Emprunté du lat. introducere, *m. s.* rendu d'abord par entroduire, § 503, puis introduire, § 502. (*Cf.* duire 1 et 2.) ‖ XIIIᵉ s. *Psaut.* dans LITTRÉ.]
I. Faire entrer. — qqn, qqch dans un lieu. Dans ce lieu redoutable oses-tu m'—? RAC. *Esth.* II, 1. Le domestique nous introduisit dans le salon. — des ambassadeurs dans le cabinet du prince. — des témoins. — les ennemis dans la place. ‖ *P. anal.* — des personnages dans un dialogue, dans une pièce de théâtre. ‖ — la main dans une ouverture. — une sonde dans une plaie. — de l'eau dans un conduit. L'air qui s'introduit dans les poumons. Les marchandises introduites en fraude dans la ville. (Procédure.) — une instance devant un tribunal, commencer les formalités requises pour évoquer un procès civil. ‖ *Spécialt.* Faire entrer dans la société de qqn. — qqn à la cour. Et toujours près des grands on doit être introduit. Par des gens qui de nous fassent un peu de bruit, MOL. *Fâch.* III, 2. Certaines gens, faisant les empressés, S'introduisent dans les affaires, LA F. *Fab.* VII, 9. ‖ *Fig.* Faire entrer (qqch) dans l'usage. — de nouvelles coutumes chez un peuple. Au dieu nouveau qu'elle avait introduit, Par les mains d'Athalie un temple fut construit, RAC. *Ath.* III, 3. Les abus, les désordres qui se sont introduits dans l'administration. Un nouvel esprit s'introduit dans les sciences.
II. *Ancienn.* Préparer (par l'éducation) à la pratique de qqch. ‖ *Spécialt.* De nos jours. (Fauconn.) — un oiseau au vol, l'y dresser.

INTROÏT [in-trò-ït'] *s. m.*
[ÉTYM. Emprunté du lat. introïtus, entrée. ‖ XIVᵉ s. L'introïte de la messe, *Ménagier*, I, 16.]
‖ (Liturgie.) Prière que dit le prêtre, à la messe, quand il est monté à l'autel, et que chante le chœur à l'entrée d'une grand messe.

INTROMISSION [in-trò-mi-syon ; *en vers*, -si-on] *s. f.*
[ÉTYM. Dérivé du lat. intromissus, part. de intromittere, faire entrer dans, § 247. ‖ XIVᵉ s. PARÉ, XVIII, 43. Admis ACAD. 1762.]
‖ (T. didact.) Action de mettre dans. L'— d'un liquide dans un tube capillaire.

INTRONISATION [in-trò-ni-zà-syon ; *en vers*, -si-on] *s. f.*
[ÉTYM. Dérivé de introniser, § 247. ‖ XIVᵉ s. J. GOLEIN, *Trad. du Rational*, dans GODEF. *Compl.* Admis ACAD. 1740.]
‖ (T. didact.) Action d'introniser. L'— d'un évêque. ‖ *Fig.* L'— de la philosophie de Descartes.

INTRONISER [in-trò-ni-zé] *v. tr.*
[ÉTYM. Emprunté du lat. ecclés. inthronizare, grec ἐνθρονίζειν, mettre sur le trône. ‖ XIIIᵉ s. Avoir... Boute les siens et intronise, G. DE COINCY, dans DOCHEZ, *Dict.*]
‖ (Liturgie.) Placer solennellement (un évêque) sur le siège épiscopal, (un pape) sur la chaire pontificale, (un souverain) sur le trône. ‖ *Fig.* Établir souverainement. Les doctrines qui se sont intronisées.

INTROUVABLE [in-trou-vâbl'] *adj.*
[ÉTYM. Composé avec in négatif et trouver, §§ 93 et 275. ‖ XVIIᵉ s. Un Gascon diroit que vous estes introuvable; pour

moi, qui ne suis pas si hardi, je me contente de dire que vous estes impossible à trouver, BALZAC, *Lett.* XVI, 25. Admis ACAD. 1762.]

‖ **1°** Qu'on ne peut trouver. Cette édition est —. On vous cherche depuis une heure, vous êtes —.

‖ **2°** Dont on ne peut trouver le pareil. **Chambre** —, nom donné à la chambre des députés de 1815, parce qu'il paraissait impossible d'en trouver une autre aussi royaliste.

***INTRURE** [in-trûr] *v. tr.*
[ÉTYM. Emprunté du lat. intrudere, m. s. § 503. ‖ 1549. Instruz, R. EST.]

‖ *Vieilli.* Introduire sans droit, sans titre. (Ne s'emploie plus guère qu'au participe passé masculin intrus.) Ceux qui se sont intrus dans le sanctuaire, MASS. *Confér. Voc. à l'état ecclés.* 2. Un patriarche qu'on croyait —, MONTESQ. *Rom.* 22. *Substantivt.* C'est un intrus. Chasser les intrus.

INTRUS, USE [in-tru, -trûz']. *V.* intrure.

INTRUSION [in-tru-zion ; *en vers,* -zi-on] *s. f.*
[ÉTYM. Dérivé de intrus, § 247. ‖ 1304. Texte dans GODEF. *Compl.*]

‖ Action par laquelle on s'introduit sans droit dans une société, une fonction. Il n'avait acheté une charge d'aumônier du roi que dans l'esprit de se faire évêque ; c'était là une —, ST-SIM. I, 417.

INTUITIF, IVE [in-tui-tif', -tiv' ; *en vers,* -tu-i-...] *adj.*
[ÉTYM. Dérivé du radical de intuition, § 257. ‖ 1480. Raisons intuitives, *Baratre infernal,* dans DELB. *Rec.*]

‖ (T. didact.) Caractérisé par l'intuition. ‖ **1.** (Théol.) Vision intuitive de Dieu. ‖ **2.** (Philos.) Connaissance intuitive des choses. Certitude intuitive.

INTUITION [in-tui-syon ; *en vers,* -tu-i-si-on] *s. f.*
[ÉTYM. Emprunté du lat. intuitio, action de contempler. ‖ 1551. L'aspect et intuition des estoilles, BOVELLES, *Géom. prat.* fo 66, vo. Admis ACAD. 1762.]

‖ (T. didact.) ‖ **1°** (Théol.) Vision immédiate et directe de Dieu. Les bienheureux ont l'— de Dieu.

‖ **2°** (Philos.) Connaissance immédiate. Il n'y a d'autres voies ouvertes à l'homme pour arriver à la connaissance de la vérité que l'— évidente et la déduction nécessaire, DESC. *Règles pour la direct. de l'esprit,* 12. ‖ *P. ext.* Intelligence rapide des choses. Il avait comme l'— des événements qui se préparaient.

INTUITIVEMENT [in-tui-tiv'-man ; *en vers,* -tu-i-ti-ve-...] *adv.*
[ÉTYM. Composé de intuitive et ment, § 724. ‖ 1599. J. DE MONTLYARD, dans DELB. *Rec.*]

‖ (T. didact.) D'une manière intuitive.

INTUMESCENCE [in-tu-mês'-sāns'] *s. f.*
[ÉTYM. Dérivé du lat. intumescere, se gonfler, § 262. ‖ 1611. COTGR. Admis ACAD. 1762.]

‖ (T. didact.) Action par laquelle un corps s'enfle. L'— de la croûte terrestre. L'— de la mer pendant le flux. L'— des tissus, des chairs.

INTUSSUSCEPTION [in-tŭs'-sŭs'-sĕp'-syon ; *en vers,* -si-on] *s. f.*
[ÉTYM. Composé avec le lat. intus, à l'intérieur, et susceptio, action de prendre, de recevoir, § 275. ‖ 1705. *V.* à l'article. Admis ACAD. 1762.]

‖ (T. didact.) Introduction dans un corps organisé de matières nutritives qu'il absorbe et s'assimile. Les racines prennent leur nourriture par —, ABBÉ DE VALLEMONT, *Curiosités de la nat.* (1705), p. 62.

INULE [i-nul] *s. f.*
[ÉTYM. Emprunté du lat. inula, m. s. Aunée ne vient pas de helenium, comme on l'a dit, mais est une forme allongée (*V.* § 119) de l'anc. franç. eaune, de inula, devenu *ĭuna, § 361, elne, §§ 290 et 291, eaune, §§ 456 et 457. ‖ 1789. ENCYCL. MÉTH. Admis ACAD. 1878.]

‖ (Botan.) Nom scientifique de l'aunée, plante.

INULINE [i-nu-lin'] *s. f.*
[ÉTYM. Dérivé de inule, § 245. ‖ 1815. Le docteur Thomson a proposé de lui donner le nom d'inuline, *Annales de chimie,* XCIV, 201. Admis ACAD. 1878.]

‖ (Chimie.) Sorte d'amidon qu'on extrait de la racine de l'inule ou aunée.

INUSABLE [i-nu-zâbl'] *adj.*
[ÉTYM. Composé avec in négatif et user, §§ 93 et 275. ‖ *Néolog.* Admis ACAD. 1878.]

‖ Qui ne s'use pas. Étoffe —.

INUSITÉ, ÉE [i-nu-zi-té] *adj.*

[ÉTYM. Composé de in négatif et usité, d'après le lat. inusitatus, m. s. § 275. ‖ 1549. R. EST.]

‖ Qui n'est pas usité. Expression inusitée. Ce mot est —. C'était une chose inusitée parmi nous.

INUTILE [i-nu-til] *adj.*
[ÉTYM. Emprunté du lat. inutilis, m. s. ‖ XIIo s. Inuteles fait sunt, *Psaut. d'Oxf.* LII, 4. [XIVo s. Inutile vergoigne, BERSUIRE, fo 75, dans LITTRÉ.]

‖ Qui n'est pas utile. Un meuble —. Travail, peine —. Sacrifice —. Sans s'armer d'un courage —, RAC. *Phèd.* V, 6. *Absolt.* L'—, ce qui ne sert à rien. (Le sage) De ses arbres à fruit retranchait l'—, LA F. *Fab.* XII, 20. Un serviteur —. ‖ *Substantivt.* Les inutiles (les gens inutiles) sont nombreux dans le monde.

INUTILEMENT [i-nu-til-man ; *en vers,* -ti-le-...] *adv.*
[ÉTYM. Composé de inutile et ment, § 724. ‖ 1433. Et sont aucunes foiz les finances moult inutilement despendues, *Bibl. de l'Éc. des Chartes,* 1865, p. 138.]

‖ D'une manière inutile. Travailler, se fatiguer —.

INUTILITÉ [i-nu-ti-li-té] *s. f.*
[ÉTYM. Emprunté du lat. inutilitas, m. s. ‖ 1416. Si conclut a inutilité, N. DE BAYE, *Journal,* dans DELB. *Rec.*]

‖ Caractère de ce qui est inutile. L'— d'un remède. Qui peut avec... le plus excellent mérite n'être pas convaincu de son —, LA BR. 2. ‖ *P. ext.* Ce qui est inutile. (S'emploie surtout au pluriel.) Passer les jours dans les inutilités, MASS. *Petit Nombre des élus.*

INVAINCU, UE [in-vin-ku] *adj.*
[ÉTYM. Composé avec in négatif et vaincre, à l'imitation du lat. invictus, m. s. §§ 44 et 275. ‖ XIVo s. Pacience invaincue, J. DE VIGNAY, *Miroir hist.* dans DELB. *Rec.* Admis ACAD. 1798.]

‖ Qui n'a pas été vaincu. Les cités qui sentirent les coups De ma dextre invaincue, RONS. *Prosopopée du duc de Guise.* Ton bras est —, mais non pas invincible, CORN. *Cid,* II, 2. Leur courage —, ID. *Hor.* III, 6.

INVALIDATION [in-và-li-dà-syon ; *en vers,* -si-on] *s. f.*
[ÉTYM. Dérivé de invalider, § 247. ‖ 1642. OUD. Admis ACAD. 1878.]

‖ Action d'invalider. L'— d'un acte, d'une élection. *P. ext.* L'— d'un député.

INVALIDE [in-và-lid] *adj.*
[ÉTYM. Emprunté du lat. invalidus, m. s. ‖ 1549. R. EST.]

‖ **1°** Qui n'est pas valide. (*Syn.* infirme.) Un ouvrier vieux et —. ‖ *Spécialt.* En parlant des gens de guerre que l'âge ou leurs blessures ont rendus incapables de servir. Des soldats invalides, et, *substantivt,* Un —. L'hôtel des Invalides, où sont entretenus des soldats invalides. *Ellipt.* Les Invalides, l'hôtel des Invalides. Je fus hier aux Invalides : j'aimerais autant avoir fait cet établissement que d'avoir gagné trois batailles, MONTESQ. *Lett. pers.* 85. *P. ext.* Le traitement payé aux pensionnaires de l'hôtel des Invalides. *Fig.* Avoir ses invalides, avoir une retraite honorable, une récompense pour prix de longs services. ‖ *P. plaisant.* (XVIIe-XVIIIe s.) Un —, pièce de monnaie qui valait quatre sous et qui fut ensuite réduite à trois sous et demi. Tiens, prends cet —, à ma santé va boire (1691), LE NOBLE, *les Deux Arlequins,* II, 5.

‖ **2°** (Droit.) Qui n'est pas valable. Donation nulle et —. Acte —. Mariage —.

INVALIDEMENT [in-và-lid'-man ; *en vers,* -li-de-...] *adv.*
[ÉTYM. Composé de invalide et ment, § 724. ‖ 1690. FURET.]

‖ (Droit.) D'une manière invalide, qui n'est pas valable.

INVALIDER [in-và-li-dé] *v. tr.*
[ÉTYM. Dérivé de invalide, § 266. ‖ 1549. R. EST.]

‖ (Droit.) Rendre non valable. Un second testament invalide le premier. — un acte. — une élection. L'élection de ce député a été invalidée par la Chambre. *P. ext.* — un député, invalider son élection.

INVALIDITÉ [in-và-li-di-té] *s. f.*
[ÉTYM. Dérivé de invalide, § 255. ‖ XVIo s. MART. DU BELLAY, dans LITTRÉ. Admis ACAD. 1718.]

‖ (Droit.) Manque de validité. — d'un acte, d'un contrat, d'un mariage, d'une procédure.

INVARIABILITÉ [in-và-ryà-bi-li-té ; *en vers,* -ri-à-...] *s. f.*
[ÉTYM. Dérivé de invariable, § 255. ‖ 1717. *V.* à l'article. Admis ACAD. 1762.]

‖ (T. didact.) Caractère, qualité de ce qui est invariable. L'— des méridiennes, FONTEN. *Éloges, Chazelles* (1717).

INVARIABLE [in-và-ryàbl'; *en vers*, -ri-àbl'] *adj.*
[ÉTYM. Composé de in négatif et variable, § 275.‖ XIVᵉ s. Il est immuable et invariable, ORESME, *Éth.* IX, 5.]
‖ **1°** Qui ne varie pas. Le cours — des astres. Règle —. (Gramm.) Mots invariables, parties du discours qui n'éprouvent aucune modification de genre, de nombre, de personne.
‖ **2°** Qui ne varie pas dans ses résolutions. Être — dans ses principes, ses résolutions.

INVARIABLEMENT [in-và-ryà-ble-man; *en vers*, -ri-à-...] *adv.*
[ÉTYM. Composé de invariable et ment, § 724.‖ XIVᵉ s. J. DE VIGNAY, *Miroir hist.* dans DELB. *Rec.*]
‖ D'une manière invariable.

INVASION [in-và-zion; *en vers*, -zi-on] *s. f.*
[ÉTYM. Emprunté du lat. invasio, *m. s.*‖ XIIᵉ s. Molt i firent invasions, BENEEIT, *Ducs de Norm.* 10078.]
‖ Action d'envahir. L'— des barbares dans l'empire romain. Ce ne fut pas une certaine — qui perdit l'empire, ce furent toutes les invasions, MONTESQ. *Rom.* 19.‖ *P. anal.* L'— du phylloxera. L'— des eaux débordées. Une bande d'enfants fit — dans le jardin. L'— d'une maladie. L'— des fausses doctrines, du mauvais goût.

INVECTIVE [in-věk'-tǐv'] *s. f.*
[ÉTYM. Emprunté du lat. invectiva (s.-ent. oratio, discours), *m. s.* de invehere, s'emporter contre.‖ XIVᵉ-XVᵉ s. Une nouvelle invective en laquelle j'espere traictier..., CHR. DE PISAN, *Ch. V*, prol.]
‖ Discours violent, où l'on s'emporte contre qqn, qqch. Se répandre en invectives, vomir des invectives contre qqn. Une éloquente — contre le vice. Mon Dieu! tout doux : vous allez d'abord aux invectives, MOL. *Mal. im.* I, 5.

INVECTIVER [in-věk'-ti-vé] *v. intr.*
[ÉTYM. Dérivé de invective, § 266.‖ 1611. COTGR.]
‖ Lancer des invectives. — contre le vice. Des hommes de robe... qui invectivent contre le libertinage de la cour, BOURD. *Zèle*, 1.‖ *P. ext. Néolog. Transitivt.* — qqn. Ils se sont invectivés.

INVENDABLE (in-van-dàbl'] *adj.*
[ÉTYM. Composé avec in négatif et vendable, §§ 93 et 275. (*Cf.* lat. invendibilis, *m. s.*)‖ XVIIIᵒ s. Effets invendus ou invendables, VOLT. *Dict. philos.* banqueroute. Admis ACAD. 1798.]
‖ Qu'on ne peut vendre. Marchandises invendables.

INVENDU, UE [in-van-du] *adj.*
[ÉTYM. Composé avec in négatif et vendre, §§ 44 et 275. (*Cf.* lat. invenditus, *m. s.*)‖ 1732. TRÉV. Admis ACAD. 1798.]
‖ Qui n'a pas été vendu. Marchandises restées invendues. *Substantivt.* L'—, ce qui n'a pas été vendu (dans une enchère).

INVENTAIRE [in-van-těr] *s. m.*
[ÉTYM. Emprunté du lat. inventarium, *m. s.* L'anc. franç. dit inventoire. (*Cf.* inventorier.)‖ 1344. Texte dans GODEF. *Compl.*]
‖ **1°** Dénombrement par articles des biens meubles, effets, titres, papiers d'une personne, d'une maison, etc. Faire son —. Faire l'— de ce qu'on a. L'un fait — de ce qu'il a perdu (dans une déroute), comme son étui, sa tasse, son buffle, etc., SÉV. 433.‖ *Spécialt.* | 1. Dénombrement des biens fait par autorité de justice. Procéder à l'— d'une succession. Bénéfice d'—, bénéfice accordé à l'héritier de ne payer les dettes de la succession que jusqu'à concurrence de ce qui est porté dans l'inventaire. Hériter sous bénéfice d'—. *Fig.* Par, sous bénéfice d'—, au cas où l'on y trouve son compte. Et qu'croyait en Dieu, pour user de ce mot, Par bénéfice d'—, LA F. *Fab.* IV, 19.| 2. Dénombrement par articles, et évaluation des marchandises, créances, valeurs, dettes d'un négociant, pour constater ses profits et pertes dans une période de temps déterminée.| 3. État de toutes les pièces qui, sauf le bordage, composent un navire au moment où il entre en armement.| 4. *Anciennt.* (Droit.) — de production, état et description de toutes les pièces produites dans un procès.| 5. *Anciennt.* Vente aux enchères de meubles inventoriés. (*Syn.* encan.)
‖ **2°** *P. anal.* (T. d'art.) Plaque sur laquelle les peintres sur porcelaine mettent les essais de leurs couleurs, par ordre de tons, pour juger de leur effet après la cuisson.

INVENTER [in-van-té] *v. tr.*
[ÉTYM. Dérivé du radical de inventeur, invention, etc., § 266.‖ 1539. R. EST.]
‖ **1°** Créer qqch de nouveau. — des machines, des instruments. Guttenberg a inventé l'imprimerie. *Absolt.* Ceux qui sont capables d'— sont rares, PASC. *Pens.* V, 19.‖ *Loc. prov.* Il n'a pas inventé la poudre (à canon), c'est un esprit borné.
‖ **2°** Imaginer (quelque idée). Inventez des raisons qui puissent l'éblouir, RAC. *Mithr.* II, 6. J'inventai des couleurs, j'armai la calomnie, ID. *Esth.* II, 1.
‖ **3°** Imaginer une chose qu'on donne comme réelle. Quelle histoire inventez-vous là? Ciel! rien de plus cruel peut-il être inventé? MOL. *Mis.* IV, 3. Une pareille chose ne s'invente pas.

INVENTEUR, TRICE [in-van-těur, -trîs'] *s. m.* et *f.*
[ÉTYM. Emprunté du lat. inventor, trix, *m. s.* de invenire, trouver.‖ 1454. Inventeurs et accusateurs, *Ordonn.* XIV, 326.]
‖ Celui, celle qui invente. Les inventeurs de la machine à vapeur, du télégraphe électrique. *Absolt.* Les inventeurs, ceux qui ont le don d'inventer.‖ Cet avis merveilleux dont je suis l'—, MOL. *Fâch.* III, 3. Voilà l'— de cette calomnie.

INVENTIF, IVE [in-van-tif', -tǐv'] *adj.*
[ÉTYM. Dérivé du radical de invention, § 257.‖ XVᵉ-XVIᵒ s. Les inventifs et procureurs de guerre, P. GRINGORE, dans GODEF.]
‖ Qui a le talent d'inventer. Génie —. Devenez inventifs en supplices nouveaux, CORN. *Méd.* V, 5. Imagination inventive. L'amour est —.

INVENTION [in-van-syon; *en vers*, -si-on] *s. f.*
[ÉTYM. Emprunté du lat. inventio, action de trouver.‖ 1521. Tout l'ost se rejouissoit de l'invention des personnes tant nobles, *Violier des hist. rom.* 97.]
I. *Vieilli.* Action de trouver. *Spécialt.* (Liturgie.) — de reliques. L'— de la sainte croix.
II. Action d'inventer.
‖ **1°** Action de créer qqch de nouveau. L'— des arts, LA F. *Fab.* III, 1. L'— de la machine à vapeur. Brevet d'—, délivré par le gouvernement à un inventeur pour lui assurer, moyennant le paiement d'une taxe, l'exploitation exclusive de son invention pendant une période d'années déterminée.‖ *P. ext.* | 1. Chose inventée. Voilà une belle —. | 2. *Absolt.* Faculté d'inventer. Esprit sans —. L'esprit d'—.
‖ **2°** Action d'imaginer, ce qu'on imagine. L'— d'une intrigue dramatique. Les inventions d'un poète, d'un peintre. Le poète s'égaie en mille inventions, BOIL. *Art p.* 3. *Spécialt.* (Rhétor.) Recherche et choix des arguments que l'on doit employer, des idées que le sujet fournit. Cicéron a composé un traité sur l'—. Trouve ruses, détours, fourbes, inventions, Pour frustrer un rival de ses prétentions, MOL. *Ét.* I, 2.
‖ **3°** *Spécialt.* Action d'imaginer une chose que l'on donne pour vraie. Voilà les inventions que vous rapportez. Pure —, Monsieur, BRUEYS, *Avocat Patelin*, III, 2.

INVENTORIER [in-van-tò-ryé; *en vers*, -ri-é] *v. tr.*
[ÉTYM. Dérivé du lat. du moyen âge inventorium (pour inventarium; *cf.* repertorium, répertoire), inventaire, § 266.‖ 1483. Pour les inventorier et faire extimacion, *Bibl. de l'Éc. des Chartes*, 1864, p. 344.]
‖ Dénombrer dans un inventaire. — les meubles d'une maison, les pièces d'un procès.

INVERSABLE [in-věr-sàbl'] *adj.*
[ÉTYM. Composé avec in négatif et verser, §§ 93 et 275.‖ XVIIᵒ s. V. à l'article. Admis ACAD. 1762.]
‖ Qui ne peut verser. Carrosses inversables, GHERARDI, *Th. ital.* III, 571.‖ *P. anal.* Encrier —.

INVERSE [in-věrs'] *adj.*
[ÉTYM. Emprunté du lat. inversus, *m. s.* (*Cf.* le doublet envers, de formation pop.)‖ 1611. Invers, sa, COTGR.]
‖ Qui est ou qui vient dans un sens opposé. Ceux qui suivent une direction —. Les antipodes sont, par rapport à nous, dans une position —.‖ (Mathém.) Raison —, rapport de deux quantités dont l'une augmente à mesure que l'autre diminue, et réciproquement. Les masses s'attirent en raison — du carré de leur distance. | (Logique.) Proposition —, dont les termes sont les mêmes que ceux d'une autre proposition, mais disposés en sens contraire (Dieu est l'être infini; l'être infini est Dieu).‖ *Substantivt, au masc.* L'—, ce qui est l'opposé. La philosophie de M. Rousseau... est presque l'— de celle de Hobbes, DIDER. *Anc. philos. Hobbisme.* Vous faite l'— de ce qu'il faudrait faire.

INVERSEMENT [in-věr-se-man] *adv.*

[ÉTYM. Composé de *inverse* et *ment*, § 724. ‖ 1752. DE COURTIVRON, *Traité d'opt.* p. 164. Admis ACAD. 1878.]

‖ D'une manière inverse. **Nombres — proportionnels.**

INVERSION [in-vèr-syon; *en vers*, -si-on] *s. f.*

[ÉTYM. Emprunté du lat. *inversio, m. s.* ‖ 1570. Allegorie laquelle ils interpretent **inversion**, GENTIAN HERVET, *Cité de Dieu*, dans DELB. *Rec.*]

‖ Action de mettre dans un sens opposé. ‖ *Spécialt.* | **1.** (Gramm.) Transposition des mots d'une proposition, d'une phrase, contraire à l'ordre habituel de la langue. | **2.** (Musique.) Reproduction d'une phrase musicale en prenant les notes dans un ordre renversé ou différent. | **3.** (Marine.) Évolution qui porte en dernière ligne les bâtiments qui étaient en tête. | **4.** (T. milit.) Disposition d'un corps qui a sa première subdivision à sa droite, au lieu de l'avoir à sa gauche. | **5.** (Médec.) Déviation d'un organe de sa position naturelle. — **splanchnique.**

INVERTÉBRÉ, ÉE [in-vèr-té-bré] *adj.*

[ÉTYM. Composé de *in* négatif et *vertébré*, § 275. ‖ 1812. MOZIN, *Dict. franç.-allem.* Admis ACAD. 1835.]

‖ (Hist. nat.) Qui n'a pas de colonne vertébrale. **Les animaux invertébrés**, et, *substantivt*, **Les invertébrés, grande division du règne animal.**

'INVERTIR [in-vèr-tir] *v. tr.*

[ÉTYM. Emprunté du lat. *invertere, m. s.* ‖ *Néolog.*]

‖ (T. milit.) Disposer en inversion. (*Cf.* **désinvertir.**)

INVESTIGATEUR, TRICE [in-vĕs'-ti-gá-téur, -trïs'] *s. m. et f.*

[ÉTYM. Emprunté du lat. *investigator, trix, m. s.* CHR. DE PISAN dit **investigueur.** ‖ XVᵉ-XVIᵉ s. Sophistes investigateurs De l'alkemie, *Alch. err. à nat.* Admis ACAD. 1798.]

‖ Celui, celle qui fait des investigations sur qq objet. **— des secrets de la nature.** ‖ *Adj.* **Génie —. Regards investigateurs.**

INVESTIGATION [in-vĕs'-ti-gà-syon; *en vers*, -si-on] *s. f.*

[ÉTYM. Emprunté du lat. *investigatio, m. s.* ‖ XIVᵉ-XVᵉ s. Quand suffisante investigacion en eut fait, CHR. DE PISAN, dans DOCHEZ, *Dict.* Admis ACAD. 1798.]

‖ Recherche suivie, attentive, d'un objet. **Une — ordonnée par les magistrats. L'— scientifique.**

INVESTIR [in-vĕs'-tir] *v. tr.*

[ÉTYM. Emprunté du lat. *investire*, « entourer », qui a pris au moyen âge le sens **I**; le sens **II** vient de l'ital. plutôt que du lat. classique, § 12. ‖ XIVᵉ-XVᵉ s. Vous... me vintes courir sus et **investir**, *Chron. de Boucicaut*, II, 31.]

I. ‖ **1º** (T. féod.) Mettre solennellement en possession d'un fief, d'une dignité, par la cérémonie allégorique de l'investiture. **— un seigneur** (en lui donnant le vêtement). **Les princes investissaient les évêques en leur donnant la crosse et l'anneau.**

‖ **2º** *P. ext.* Mettre en possession d'un pouvoir, d'une autorité. **A Rome, les dictateurs étaient investis d'une autorité absolue. Le président** (d'une cour d'assises) **est investi d'un pouvoir discrétionnaire**, *Code d'instr. crim.* art. 268.

II. (T. milit.) Entourer de manière à fermer les issues. **Il investit la place avec dix mille hommes. Déjà le sacré mont... D'insolents Tyriens est partout investi**, RAC. *Ath.* IV, 5. **L'armée ennemie était investie dans son camp.** ‖ *P. anal.* **Les portes s'investissent de curieux**, ST-SIM. III, 124.

INVESTISSEMENT [in-vĕs'-tïs'-man; *en vers*, -tïse-...] *s. m.*

[ÉTYM. Dérivé de **investir**, § 263. ‖ Admis ACAD. 1718.]

‖ (T. milit.) Action d'investir. **L'— de la place.**

INVESTITURE [in-vĕs'-ti-tür] *s. f.*

[ÉTYM. Dérivé de **investir**, § 250. ‖ 1564. J. THIERRY, *Dict. franç.-lat.*]

‖ Action d'investir. | **1.** (T. féod.) **L'— des évêques. La querelle des investitures.** | **2.** *Vieilli.* **L'— d'une place de guerre.** (*Syn.* **investissement.**) **La situation ni celle du pays ne demandaient point d'—**, ST-SIM. I, 456.

INVÉTÉRER [in-vé-té-ré] *v. tr.*

[ÉTYM. Emprunté du lat. *inveterare, m. s.* ‖ 1468. LOUIS XI, *Lett.* dans GODEF. *Compl.*]

‖ Fortifier avec le temps. **Un mal, un abus invétéré. Cette passion dont on n'est presque plus le maître depuis qu'elle s'est invétérée**, BOURD. *Pens. Mortific. des passions*, 1.

INVINCIBLE [in-vin-sïbl'] *adj.*

[ÉTYM. Emprunté du lat. *invincibilis, m. s.* ‖ XIVᵉ s. Ignorance invincible, ORESME, *Éth.* III, 3.]

‖ **1º** Qui ne peut être vaincu. **Ton bras est invaincu, mais non pas —**, CORN. *Cid*, II, 2. **— défenseur ou vengeur présent de la majesté violée**, BOSS. *R. d'Angl. Substantivt.* **Vos mains seules ont droit de vaincre un —**, CORN. *Cid*, V, 7. | *P. anal.* **Courage —. Un — héroïsme.** Avec la préposition *à* pour complément. **Bajazet... à tant d'attraits n'était pas —**, RAC. *Baj.* V, 6. **— à la douleur. Ame — à l'amour.** *Absolt. Dans le même sens.* **Pour exciter Néron par la gloire pénible De vaincre une fierté jusqu'alors —**, RAC. *Brit.* III, 6.

‖ **2º** Qu'on ne peut surmonter. **Obstacles, difficultés invincibles. Argument —.** ‖ *Spécialt.* En parlant d'états de l'âme dont l'âme elle-même ne peut triompher. **Il était en proie à une tristesse —. D'un autre amour le penchant —**, RAC. *Mithr.* IV, 4.

INVINCIBLEMENT [in-vin-si-ble-man] *adv.*

[ÉTYM. Composé de **invincible** et *ment*, § 724. ‖ XVᵉ s. G. TARDIF, *Apol. de L. Valla*, dans DELB. *Rec.*]

‖ D'une manière invincible.

INVIOLABILITÉ [in-vyò-là-bi-li-té; *en vers*, -vi-ò-...] *s. f.*

[ÉTYM. Dérivé de **inviolable**, § 255. ‖ 1611. COTGR. Admis ACAD. 1718.]

‖ Caractère inviolable. **L'— d'un ambassadeur, d'un monarque. L'— d'un asile. L'— du droit des gens.**

INVIOLABLE [in-vyò-làbl'; *en vers*, -vi-ò-...] *adj.*

[ÉTYM. Emprunté du lat. *inviolabilis, m. s.* ‖ XIVᵉ s. Se déduit de l'exemple cité à **inviolablement.**]

‖ Qu'il n'est pas permis de violer. **Toutes les propriétés sont inviolables**, *Charte de 1830*, art. 8. **Des lois sacrées et inviolables**, BOSS. *R. d'Angl.* **La majesté des rois... serait demeurée plus —**, ID. *ibid.* ‖ *P. ext.* **La personne du roi est — et sacrée**, *Charte de 1830*, art. 12. **Quoi qu'il** (le souverain) **ait fait ou fasse, il est —**, CORN. *Cinna*, V, 2.

INVIOLABLEMENT [in-vyò-là-ble-man; *en vers*, -vi-ò-...] *adv.*

[ÉTYM. Composé de **inviolable** et *ment*, § 724. ‖ 1371. Bien loyaument et inviolablement, dans VARIN, *Arch. admin. de Reims*, III, 352.]

‖ D'une manière inviolable.

INVISIBILITÉ [in-vi-zi-bi-li-té] *s. f.*

[ÉTYM. Dérivé de **invisible**, § 255. ‖ XVIIᵉ s. *V.* à l'article. Admis ACAD. 1740.]

‖ (T. didact.) Caractère de ce qui est invisible. **Ma diète et mon — continuent**, BALZ. *Lett. inéd.* 142, Tamizey.

INVISIBLE [in-vi-zïbl'] *adj.*

[ÉTYM. Emprunté du lat. *invisibilis, m. s.* ‖ XIIIᵉ s. Coses ki nous sont invisibles, ALEBRANT DE SIENNE, dans LITTRÉ.]

‖ Qui échappe à la vue. | **1.** Par sa nature. **Dieu est —. Anges saints, rangez à l'entour vos escadrons invisibles, et faites la garde autour du berceau**, BOSS. *R. d'Angl.* | **2.** Par sa petitesse, son éloignement. **Les atomes sont invisibles. Des étoiles invisibles à l'œil nu. Filet —** (pour retenir les cheveux des femmes sur le front). | **3.** Par sa position derrière qqch qui le cache. **Une partie de la lune reste — pour nous. Derrière un voile, — et présente, J'étais de ce grand corps l'âme toute-puissante**, RAC. *Brit.* I, 1. ‖ *Spécialt.* Qui ne se laisse point voir. **Cet homme est —. Le ministre est — aujourd'hui** (il ne donne pas audience).

INVISIBLEMENT [in-vi-zi-ble-man] *adv.*

[ÉTYM. Composé de **invisible** et *ment*, § 724. ‖ XIIᵉ-XIIIᵉ s. *Dial. de St Grégoire*, dans GODEF. *Compl.*]

‖ D'une manière invisible.

INVITATION [in-vi-tà-syon; *en vers*, -si-on] *s. f.*

[ÉTYM. Emprunté du lat. *invitatio, m. s.* ‖ 1593. J. BUREL, *Mém.* dans DELB. *Rec.*]

‖ Action d'inviter. **— à un mariage, à un festin, à un bal. Lettre, billet d'—. Se rendre à une —.**

INVITATOIRE [in-vi-tà-twàr] *adj.*

[ÉTYM. Emprunté du lat. *invitatorius, m. s.* ‖ XIIIᵉ s. Ja commençoit l'invitatoire des matines, G. DE COINCY, *Mir. de Notre-Dame*, col. 463, Poquet.]

‖ (Liturgie.) Qui invite. | **1.** **Antienne —**, et, *substantivt, au fém.* **—**, antienne qui se chante à matines. | **2.** **Lettres invitatoires**, par lesquelles le pape invitait les évêques voisins de Rome à venir célébrer le concile romain.

INVITE [in-vït'] *s. f.*

[ÉTYM. Subst. verbal de **inviter**, § 52. ‖ XVIIIᵉ s. *V.* à l'article. Admis ACAD. 1878.]

‖ *Famil.* Ce qui invite à faire qqch. ‖ *Spécialt.* (T. de jeu.) Carte qu'on joue pour faire connaître son jeu à son partenaire, et l'inviter, s'il fait la levée, à jouer dans la même couleur. Une — au roi. Une — qu'il n'a pas répondue, DIDEROT, *Salon de 1767*, XI, 110, Assézat.

INVITER [in-vi-té] *v. tr.*
[ÉTYM. Emprunté du lat. invitare, *m. s. (Cf.* le doublet envier 1, de formation pop.)] || XVᵉ-XVIᵉ s. Invitant l'un l'autre a joye, J. LE MAIRE, dans DELB. *Rec.*]
|| Prier de se rendre à qq endroit. — qqn à un mariage. — à dîner. Il fut invité à assister à la délibération. *Vieilli.* — de. Une galère turque où on les avait invités d'entrer, MOL. *Scap.* III, 3. Les personnes invitées à la fête. *Au part. passé pris substantivt.* Un invité, une invitée. Quel est le nombre des invités? || *P. ext.* Prier de vouloir bien faire qqch. Je vous invite à vous retirer. Il fut invité à s'expliquer, mais il refusa de parler. | *Spécialt.* (T. de jeu.) Jouer une invite. (*V. ce mot.*) || *Fig.* Le beau temps invite à la promenade. Ruisseaux dont le murmure invite au sommeil. La raison, le devoir, vous invitent à tenter cette démarche.

INVOCATION [in-vò-kà-syon; *en vers,* -si-on] *s. f.*
[ÉTYM. Emprunté du lat. invocatio, *m. s.* || XIIᵉ s. Invocaciun K'il fist de cest seintisme nun, MARIE DE FRANCE, *Purg. de St Patrice*, 903.]
|| Action d'invoquer. — à Dieu, aux saints. Le poème commence par une — à la muse. Ceux qui guérissent par l'— du diable, PASC. *Pens.* XXIII, 41. | Église, chapelle consacrée, placée sous l'— d'un saint, de la sainte Vierge, dédiée à un saint, à la sainte Vierge.

INVOLONTAIRE [in-vò-lon-tèr] *adj.*
[ÉTYM. Emprunté du lat. involuntarius, *m. s.* || XIVᵉ s. La chose faite pour ignorance... est involuntaire, ORESME, *Éth.* II, 11.]
|| Qui n'est pas volontaire. Une faute —. | Un mouvement —.

INVOLONTAIREMENT [in-vò-lon-tèr-man; *en vers,* -tè-re-...] *adv.*
[ÉTYM. Composé de involontaire et ment, § 724. || XIVᵉ s. Involuntairement, ORESME, *Éth.* III, 3.]
|| D'une manière involontaire.

INVOLUCRE [in-vò-lukr'] *s. m.*
[ÉTYM. Emprunté du lat. involucrum, enveloppe. || 1545. Un involucre ou petit coquelichon, G. GUÉROULT, *Hist. des plantes*, dans DELB. *Rec.* Admis ACAD. 1835.]
|| (Botan.) Assemblage de bractées formant autour d'une fleur, d'un capitule, une sorte de calice.

INVOLUTIF, IVE [in-vò-lu-tif', -tiv'] *adj.*
[ÉTYM. Dérivé du lat. involutus, roulé dans, § 257. || 1798. L.-C.-M. RICHARD, *Dict. de botan. de Bulliard.* Admis ACAD. 1878.]
|| (Botan.) Qui se roule de dehors en dedans. Feuilles involutives. Préfoliaison involutive, dans laquelle les jeunes feuilles sont involutives.

INVOLUTION [in-vò-lu-syon; *en vers,* -si-on] *s. f.*
[ÉTYM. Emprunté du lat. involutio, enveloppement. || XIIIᵉ-XIVᵉ s. L'involucion des boiaus, *Chirurg. de Mondeville*, fᵒ 26. Admis ACAD. 1762.]
|| *Vieilli.* Complication. Quelle — d'affaires épineuses, BOËS. *Impén. fin.* 2.

INVOQUER [in-vò-ké] *v. tr.*
[ÉTYM. Emprunté du lat. invocare, *m. s.* rendu d'abord par envocher, § 503, puis invoquer, § 502. || XIIᵉ s. Le Seignur ne envocherent, *Psaut. d'Oxf.* XIII, 5.]
|| Appeler à l'aide par une prière. — Dieu, la Divinité, les saints. Ils marchaient au combat en invoquant Jupiter. — les démons. Le nom qu'ont invoqué leurs pères, RAC. *Ath.* I, 1. || *P. anal.* En parlant des poètes. — les muses, Apollon. — le nom de Dieu, en faisant un acte de religion. || *P. ext.* — l'aide, le secours de qqn. Ils invoquèrent la clémence du prince. Dans sa douleur, elle invoqua le trépas. — une loi, le témoignage de qqn.

INVRAISEMBLABLE [in-vrè-san-blàbl'] *adj.*
[ÉTYM. Composé de in négatif et vraisemblable, § 275. (*Cf.* lat. inverisimilis, *m. s.*) || 1782. Rien d'invraisemblable, D'ALBON, *Disc. sur l'histoire*, II, 42. Admis ACAD. 1798.]
|| Qui n'est pas vraisemblable.

INVRAISEMBLANCE [in-vrè-san-blàns'] *s. f.*
[ÉTYM. Composé de in négatif et vraisemblance, § 275. || 1782. D'ALBON, *Disc. sur l'histoire*, III, 283. Admis ACAD. 1798.]
|| Défaut de vraisemblance. L'— d'un récit. || *P. ext.* Chose invraisemblable. Ce roman fourmille d'invraisemblances.

INVULNÉRABLE [in-vül-né-ràbl'] *adj.*
[ÉTYM. Emprunté du lat. invulnerabilis, *m. s.* || XVᵉ-XVIᵉ s. Invulnerable par tout le corps, J. LE MAIRE, dans DELB. *Rec.*]
|| Qui n'est pas vulnérable. Achille était —, excepté au talon. || *Fig.* Un cœur — à l'amour. Une grande âme... serait — si elle ne souffrait pas la compassion, LA BR. 11.

IODE [yòd'; *en vers,* i-òd'] *s. m.*
[ÉTYM. Emprunté du grec ιώδης, de couleur de violette. || 1812. La substance découverte par M. Courtois et à laquelle j'ai proposé de donner ce nom d'iode à cause de la belle couleur violette de sa vapeur, GAY-LUSSAC, dans *Mém. de l'Instit. Sc. math. et phys.* p. 59. Admis ACAD. 1835.]
|| (Chimie.) Corps simple qui se présente en paillettes brillantes d'un gris bleuâtre, d'un éclat métallique, d'une odeur faible rappelant celle du chlore. Teinture d'—.

IODÉ, ÉE [yò-dé; *en vers,* i-ò-dé] *adj.*
[ÉTYM. Dérivé de iode, § 253. || *Néolog.* Admis ACAD. 1878.]
|| (Chimie.) Qui contient de l'iode. Sirop de raifort —. Coton —, ouate imbibée de teinture d'iode.

IODEUX [yò-deû; *en vers,* i-ò-...] *adj. m.*
[ÉTYM. Dérivé de iode, § 251. || *Néolog.* Admis ACAD. 1878.]
|| (Chimie.) Relatif à l'iode. *Spécialt.* Acide —, produit par la combinaison de l'iode avec une quantité d'oxygène inférieure à celle qui se trouve dans l'acide iodique.

IODIQUE [yò-dik'; *en vers,* i-ò-...] *adj.*
[ÉTYM. Dérivé de iode, § 229. || 1812. GAY-LUSSAC, dans *Mém. de l'Instit. Sc. math. et phys.* p. 82. Admis ACAD. 1878.]
|| (Chimie.) Relatif à l'iode. *Spécialt.* Acide —, produit par la combinaison de l'iode avec une grande quantité d'oxygène.

IODURE [yò-dür; *en vers,* i-ò-...] *s. f.*
[ÉTYM. Dérivé de iode, § 282 *bis.* || 1812. GAY-LUSSAC, dans *Mém. de l'Instit. Sc. math. et phys.* p. 60. Admis ACAD. 1878.]
|| (Chimie.) Combinaison de l'iode avec un corps simple. — de potassium.

IODURÉ, ÉE [yò-du-ré; *en vers,* i-ò-...] *adj.*
[ÉTYM. Dérivé de iodure, § 253. || 1812. Hydriodate ioduré, GAY-LUSSAC, dans *Mém. de l'Instit. Sc. math. et phys.* p. 105. Admis ACAD. 1878.]
|| (Chimie.) Qui contient de l'iodure. Potion iodurée.

IONIEN, ENNE [yò-nyin, -nyèn'; *en vers,* i-ò-ni-...] *adj.*
[ÉTYM. Dérivé de Ionie, § 244. || Admis ACAD. 1798.]
|| (Métr. anc.) *V.* ionique.

IONIQUE [yò-nik'; *en vers,* i-ò-...] *adj.*
[ÉTYM. Emprunté du lat. ionicus, grec ιωνικός, *m. s.* propri, « de l'Ionie ». || XIVᵉ s. Lettres ioniques, RAB. IV, 41. Admis ACAD. 1762.]
|| **1°** (Métr. anc.) Pied —, et, *substantivt,* —, composé de deux brèves et de deux longues (petit —) ou de deux longues et de deux brèves (grand —). Vers —, où entre le pied ionique.
|| **2°** (Architect.) Ordre —, le troisième des cinq ordres de l'architecture ancienne, caractérisé par les volutes des chapiteaux. Chapiteau, colonne —.

IOTA [yò-tá; *en vers,* i-ò-tá] *s. m.*
[ÉTYM. La neuvième lettre et la plus petite de l'alphabet grec, qui correspond à l'i latin et français. || XVIᵉ s. Plus n'estois deliberé un escrire un iota, RAB. IV, épître au card. de Châtillon.]
|| Nom d'une lettre grecque. *Fig.* Le plus petit détail. Le ciel et la terre ne passeront point que tout ce qui est écrit dans la loi ne soit accompli jusqu'à un seul — et jusqu'à un seul point, SACI, *Bible, Matth.* V, 18. Il ne s'est pas écarté d'un — des instructions qu'il a reçues. (Médecin) qui... ne démordrait pas d'un — des règles des anciens, MOL. *Pourc.* I, 5. || *P. ext.* Le plus petit espace de temps. Je ne vous y laisserai pas un — davantage, LA F. *Coupe enchantée*, sc. 1.

IPÉCACUANA [i-pé-kà-kwà-nà; *en vers,* -kou-à-nà] et, *p. abrév. famil.* ***IPÉCA** [i-pé-kà] *s. m.*
[ÉTYM. Emprunté de la langue des indigènes du Brésil, § 30. || XVIIᵉ-XVIIIᵉ s. *V.* à l'article. Admis ACAD. 1762.]
|| (Pharm.) Racine d'un arbrisseau du Brésil (famille des Rubiacées) qui jouit de propriétés émétiques. C'est à lui (Helvétius) qu'on est redevable de l'usage... de l'epiquequan (*sic*) (1701), ST-SIM. II, 445.

IRASCIBILITÉ [i-ràs'-si-bi-li-té] *s. f.*

[ÉTYM. Dérivé de irascible, § 255. || 1550. ROUSSAT, *Estat et mutac. des temps*, dans DELB. *Rec*. Admis ACAD. 1878.]

|| Défaut de celui qui est irascible. L'— du caractère.

IRASCIBLE [i-râs'-sïbl'] *adj*.

[ÉTYM. Emprunté du lat. irascibilis, *m. s*. || XIIᵉ s. Nuls ne vit riens meins irascible, BENEEIT, *Ducs de Norm*. 8072. Admis ACAD. 1718.]

|| **1°** Prompt à s'irriter. Homme —. Caractère, tempérament —.

|| **2°** (Philos.) Appétit —, faculté par laquelle l'âme se passionne contre qqch.

IRE [ïr] *s. f*.

[ÉTYM. Du lat. ira, *m. s*. § 291.]

|| *Vieilli*. Colère. Quand quelque dieu... Nous fait sentir son —, LA F. *Filles de Minée*. Le vieillard me paraît un peu sujet à l'—, REGNARD, *Fol. am*. I, 7.

IRIDIUM [i-ri-dyòm'; *en vers*, -di-òm'] *s. m*.

[ÉTYM. Dérivé du lat. iris, iridis, arc-en-ciel. (*V*. iris.) || Nom dû au chimiste anglais TENNANT. Admis ACAD. 1878.]

|| (Chimie.) Corps simple (découvert en 1803), métal cassant, d'un blanc d'argent, qu'on trouve dans certains minerais de platine, et dont les dissolutions présentent les couleurs de l'arc-en-ciel.

IRIS [i-rïs'] *s. m*.

[ÉTYM. Emprunté du lat. iris, idis, grec ἶρις, ιδος ou ιος, *m. s*. || XIIIᵉ s. Iris porte roge flor et ireos blanche, *Simples medicines*, f° 37.]

I. Arc-en-ciel. (*V. ce mot*.) Les couleurs de l'—. || *P. ext*. | **1.** Cercle de couleurs qui entoure les objets quand on les regarde à travers les verres d'une lunette. | **2.** Pierre d'—, et, *absolt*, —, variété de quartz qui, étant fendillé, présente les couleurs de l'arc-en-ciel. | **3.** Espèce de papillon.

II. (Anat.) Partie colorée de l'œil, membrane circulaire placée au-devant du cristallin.

III. (Botan.) Genre de plantes monocotylédones, comprenant un nombre considérable d'espèces. Poudre d'—, lait d'—, qu'on tire de la racine d'iris et qu'on emploie en parfumerie.

IRISATION [i-ri-zà-syon; *en vers*, -si-on] *s. f*.

[ÉTYM. Dérivé de iriser, § 247. || *Néolog*. Admis ACAD. 1878.]

|| (T. didact.) Production des couleurs de l'iris à la surface de certains minéraux, métaux, cristaux, verres, etc. || *P. ext*. Ces couleurs mêmes. De belles irisations.

IRISÉ, ÉE [i-ri-zé]. *V.* iriser.

***IRISER** [i-ri-zé] *v. tr*.

[ÉTYM. Dérivé de iris, arc-en-ciel, § 266. ACAD. ne donne que le part. irisé, 6e, employé comme adjectif, depuis 1835. || XVIIIᵉ s. Reflets de couleurs irisées, BUFF. *Minéraux*.]

|| (T. didact.) Colorer des couleurs de l'iris. Quartz irisé, la pierre d'iris. Verres irisés. Certains cristaux s'irisent au contact de l'air humide.

IRONIE [i-rò-ni] *s. f*.

[ÉTYM. Emprunté du lat. ironia, grec εἰρωνεία, *m. s*. proprt, « interrogation ». || XIVᵉ s. Yronie est quant l'en dit une chose par quoy l'en veult donner a entendre le contraire, ORESME, *Éth*. IV, 7.]

|| **1°** Interrogation que Socrate adressait aux sophistes pour les pousser à des contradictions servant à les convaincre d'erreur. L'— socratique.

|| **2°** *P. ext*. Forme de raillerie qui consiste à dire le contraire de ce qu'on veut faire entendre. Ce compliment n'est qu'une —. Habile à manier l'—. Il dit cela par —. || *Fig*. — du sort, fait qui arrive à qqn et présente un contraste étrange avec ce qu'il était en droit d'attendre.

IRONIQUE [i-rò-nïk'] *adj*.

[ÉTYM. Emprunté du lat. ironicus, grec εἰρωνικός, *m. s*. || 1521. Figure yronicque, FABRI, *Rhétor*. dans DELB. *Rec*.]

|| Qui a de l'ironie. Parole, discours —. Il a dit cela d'un ton —. Sourires, applaudissements ironiques.

IRONIQUEMENT [i-rò-nïk'-man; *en vers*, -ni-ke-...] *adv*.

[ÉTYM. Composé de ironique et ment, § 724. || XVᵉ s. A le prendre ironiquement, *Trad. de Térence*, dans GODEF. facetement.]

|| D'une manière ironique.

IROQUOIS, OISE [i-rò-kwâ, -kwâz'] *s. m. et f*.

[ÉTYM. Nom propre d'une peuplade de l'Amérique du Nord, § 36. || Admis ACAD. 1835.]

|| *Famil*. Individu dont la conduite, les paroles, parais-

sent baroques. *P. ext*. C'est de l'— pour moi, je n'y comprends rien.

IRRACHETABLE [ir'-räch'-tàbl'; *en vers*, -rà-che-...] *adj*.

[ÉTYM. Composé avec in négatif et racheter, §§ 93 et 275. || 1611. COTGR. Admis ACAD. 1835.]

|| Qu'on ne peut racheter. Rente —.

IRRADIATION [ir'-rà-dyà-syon; *en vers*, -di-à-si-on] *s. f*.

[ÉTYM. Emprunté du lat. irradiatio, *m. s*. || XIVᵉ s. EVRART DE CONTY, *Probl. d'Aristote*, dans GODEF. *Compl*.]

|| (T. didact.) || **1°** Rayonnement d'un corps lumineux. L'— du soleil à travers les nuages. || *P. ext*. Effusion de lumière opérée dans l'image d'un corps lumineux, et qui a pour effet d'agrandir en apparence le rayon du corps.

|| **2°** *P. anal*. Dans un corps organisé, rayonnement des fibres, des vaisseaux, des mouvements vitaux d'un point central à la circonférence.

IRRADIER [ir'-rà-dyé; *en vers*, -di-é] *v. intr*.

[ÉTYM. Emprunté du lat. irradiare, rayonner. (*Cf*. le doublet enrayer 2.) || XVᵉ s. Irradiee du Saint Esprit, CHASTELL. dans DELB. *Rec*. Admis ACAD. 1835.]

|| (T. didact.) Se propager en rayonnant.

IRRAISONNABLE [ir'-rè-zò-nàbl'] *adj*.

[ÉTYM. Composé de in négatif et raisonnable, à l'imitation du lat. irrationabilis, *m. s*. § 275. On trouve irrationable au moyen âge. (*V*. GODEF. *Compl*.) || 1372. Volenté irraisonnable, dans DU C. magisterialis.]

|| Qui n'est pas doué de raison. Les animaux irraisonnables.

IRRATIONNEL, ELLE [ir'-rà-syò-nèl; *en vers*, -si-ò-...] *adj*.

[ÉTYM. Emprunté du lat. irrationalis, *m. s*. || XIVᵉ s. La partie irrationelle, ORESME, *Éth*. VI, 1.]

|| (T. didact.) Qui n'est pas rationnel.

|| **1°** Qui n'est pas conforme à la droite raison. Emploi — d'une hypothèse.

|| **2°** (Mathém.) Qui est sans quotient exprimable en nombre entier ou fraction. Le rapport de la circonférence au diamètre est un nombre —.

IRRÉALISABLE [ir'-ré-à-li-zàbl'] *adj*.

[ÉTYM. Composé avec in négatif et réaliser, §§ 93 et 275. || *Néolog*. Admis ACAD. 1878.]

|| Qui ne peut être réalisé.

IRRÉCONCILIABLE [ir'-ré-kon-si-lyàbl'; *en vers*, -li-àbl'] *adj*.

[ÉTYM. Emprunté du lat. irreconciliabilis, *m. s*. || XVIᵉ s. Pour nous rendre irreconciliables avec nostre maistre, *Sat. Ménipp*. I, 150.]

|| Qu'on ne peut réconcilier entre eux. Rivaux, ennemis irréconciliables. Il restait — avec son rival. || *P. anal*. Haine, inimitié —.

IRRÉCONCILIABLEMENT [ir'-ré-kon-si-lyà-ble-man; *en vers*, -li-à-...] *adv*.

[ÉTYM. Composé de irréconciliable et ment, § 724. || XVIᵉ-XVIIᵉ s. Il est fort a craindre que ces voies de rigueur... ne les irritent irreconciliablement, LE CARD. DU PERRON, dans DOCHEZ, *Dict*.]

|| D'une manière irréconciliable.

IRRÉCOUVRABLE [ir'-ré-kou-vràbl'] *adj*.

[ÉTYM. Composé avec in négatif et recouvrer, à l'imitation du lat. irrecuperabilis, *m. s*., qui paraît avoir influencé la prononciation, §§ 93 et 275. || XVIᵉ-XVIIᵉ s. Perte irrecouvrable, PASQ. *Lett*. III, 22. Admis ACAD. 1878.]

|| Qu'on ne peut recouvrer. Impôt, créance —.

IRRÉCUSABLE [ir'-ré-ku-zàbl'] *adj*.

[ÉTYM. Emprunté du lat. irrecusabilis, *m. s*. || 1782. Irrécusables témoins, MERCIER, *Tabl. de Paris*, II, 179. Admis ACAD. 1798.]

|| (Droit.) Qu'on ne peut récuser. Témoignage —.

IRRÉDUCTIBILITÉ [ir'-ré-dük'-ti-bi-li-té] *s. f*.

[ÉTYM. Dérivé de réductible, § 255. || Admis ACAD. 1798.]

|| (T. didact.) Caractère de ce qui est irréductible.

IRRÉDUCTIBLE [ir'-ré-dük'-tïbl'] *adj*.

[ÉTYM. Composé de in négatif et réductible, § 275. || 1752. TRÉV. Admis ACAD. 1762.]

|| **1°** (Chirurgie.) Qu'on ne peut ramener à sa place. Luxation —.

|| **2°** *Fig*. Qu'on ne peut ramener à des éléments plus simples. Fraction, équation, expression —. || Oxyde métallique

—, qu'on ne peut ramener à l'état de métal. || *P. ext.* Qu'on ne peut diminuer. Rente —, dont on ne peut abaisser le taux de revenu. Le trois pour cent —.

IRRÉFLÉCHI, IE [ir'-ré-flé-chi] *adj.*
[ÉTYM. Composé de in négatif et réfléchi, § 275. || Admis ACAD. 1798.]
|| Qui n'est pas réfléchi. Action, propos —. Un homme —, qui parle, agit sans réflexion.

IRRÉFLEXION [ir'-ré-flèk'-syon ; *en vers*, -si-on] *s. f.*
[ÉTYM. Composé de in négatif et réflexion, § 275. || *Néolog.* Admis ACAD. 1835.]
|| Manque de réflexion. Il a dit cela dans un moment d'—.

IRRÉFORMABLE [ir'-ré-fòr-màbl'] *adj.*
[ÉTYM. Composé avec in négatif et réformer, §§ 93 et 275. (*Cf.* le lat. irreformabilis.) || 1725. *Mém. de Trév.* i, 123. Admis ACAD. 1762.]
|| Qui ne peut être réformé. Jugement, arrêt —.

IRRÉFRAGABLE [ir'-ré-frà-gàbl'] *adj.*
[ÉTYM. Emprunté du lat. irrefragabilis, *m. s.* || XVᵉ-XVIᵉ s. Paix irrefragable, J. LE MAIRE, dans DELB. *Rec.*]
|| Qui ne peut être contredit. Proposition, témoignage —. Cette — vérité de Dieu, BOURD. *3ᵉ Jugement dernier*, 1.

IRRÉFUTABLE [ir'-ré-fu-tàbl'] *adj.*
[ÉTYM. Emprunté du lat. irrefutabilis, *m. s.* || *Néolog.* Admis ACAD. 1878.]
|| Qui n'est pas réfutable.

IRRÉFUTÉ, ÉE [ir'-ré-fu-té] *adj.*
[ÉTYM. Composé avec in négatif et réfuter (*cf.* le lat. irrefutatus, *m. s.*), §§ 44 et 275. || *Néolog.* Admis ACAD. 1878.]
|| Qui n'a pas été réfuté.

IRRÉGULARITÉ [ir'-ré-gu-là-ri-té] *s. f.*
[ÉTYM. Emprunté du lat. scolast. irregularitas, *m. s.* § 217. || XIVᵉ s. Inequalité et irregularité de possessions, ORESME, dans MEUNIER, *Essai sur Oresme.*]
|| Caractère irrégulier. | 1. De ce qui n'est point conforme à la règle. L'— d'un bâtiment, d'un poème. L'— des traits du visage. Chose irrégulière. Les irrégularités que l'on constate dans la disposition de ce bâtiment. Des irrégularités de style. L'— des saisons. L'— du pouls. L'— de la déclinaison de certains noms, de la conjugaison de certains verbes. | *P. ext.* Chose irrégulière. Ce verbe présente plusieurs irrégularités. Les irrégularités du mouvement de la lune. | 2. De celui qui ne s'astreint pas à une règle. L'— de sa conduite. L'— de ses procédés à mon égard. Il y a dans votre conduite des irrégularités blàmables. *Spécialt.* (Droit canon.) L'— d'un clerc, d'un prêtre.

IRRÉGULIER, IÈRE [ir'-ré-gu-lyé, -lyèr] *adj.*
[ÉTYM. Emprunté du lat. scolast. irregularis, *m. s.* § 217. || XIIIᵉ s. Cil qui les renderoient seroient irreguler, BEAUMAN. XI, 45.]
|| Qui n'est pas régulier.
|| 1° Qui n'est point conforme à la règle. Bâtiment —. Poème —. Dispositions irrégulières. Le tout offre un ensemble fort —. Avoir des traits irréguliers. Fleurs, corolles irrégulières. || Noms, verbes irréguliers, dont la déclinaison, la conjugaison, ne suit point les règles générales. Pouls —. Marche irrégulière. Mouvement —. Vers irréguliers ou libres, qui ne sont point tous de même mesure, et dont les rimes ne sont pas disposées de même manière. Troupes irrégulières, et, *substantivt, au masc.* Les irréguliers, troupes qui n'appartiennent pas à l'armée régulière (corps francs).
|| 2° Qui ne s'astreint point à une règle. Esprit, génie —. | *Spécialt.* Qui ne s'astreint point à la règle morale ou aux règles de la bienséance. Il est — dans sa conduite, dans ses mœurs. *P. ext.* Conduite, vie irrégulière. Mœurs irrégulières. Ses procédés sont fort irréguliers avec moi. || *Spécialt.* (Droit canon.) Clerc, prêtre —, qui, ayant encouru les censures ecclésiastiques, devient incapable de remplir les fonctions ecclésiastiques.

IRRÉGULIÈREMENT [ir'-ré-gu-lyèr-man ; *en vers*, -lyè-re-...] *adv.*
[ÉTYM. Composé de irrégulière et ment, § 724. || XIVᵉ s. Irregulairement, ORESME, dans MEUNIER, *Essai sur Oresme.*]
|| D'une manière irrégulière.

IRRÉLIGIEUSEMENT [ir'-ré-li-jyeûz'-man ; *en vers*, -ji-eû-ze-...] *adv.*
[ÉTYM. Composé de irréligieuse et ment, § 724. || XVᵉ-XVIᵉ s. FOSSETIER, *Chron. margar.* dans GODEF. *Compl.*]
|| D'une manière irréligieuse.

IRRÉLIGIEUX, EUSE [ir'-ré-li-jyeù, -jyeûz' ; *en vers*, -ji-...] *adj.*

[ÉTYM. Emprunté du lat. irreligiosus, *m. s.* || XVᵉ-XVIᵉ s. FOSSETIER, *Chron. margar.* dans GODEF. *Compl.*]
|| Qui marque l'irréligion. Écrit, discours, sentiment —.

IRRÉLIGION [ir'-ré-li-jyon ; *en vers*, -ji-on] *s. f.*
[ÉTYM. Emprunté du lat. irreligio, *m. s.* || XVIᵉ-XVIIᵉ s. Vous accusez de connivence, lascheté et irréligion..., FR. DE SALES, dans DOCHEZ, *Dict.*]
|| Manque de religion. L'esprit d'—.

IRRÉMÉDIABLE [ir'-ré-mé-dyàbl' ; *en vers*, -di-àbl'] *adj.*
[ÉTYM. Emprunté du lat. irremediabilis, *m. s.* || 1474. Le peché que fist le dyable Est tousjours irremediable, *Myst. de l'Incarnat.* dans DELB. *Rec.*]
|| À quoi on ne peut remédier. Mal —. || *Fig.* Faute —.

IRRÉMÉDIABLEMENT [ir'-ré-mé-dyà-ble-man ; *en vers*, -di-à-...] *adv.*
[ÉTYM. Composé de irrémédiable et ment, § 724. || XVᵉ s. G. TARDIF, *Apolog.* dans DELB. *Rec.* Admis ACAD. 1718.]
|| D'une manière irrémédiable. Le malade est — perdu.

IRRÉMISSIBLE [ir'-ré-mìs'-sìbl'] *adj.*
[ÉTYM. Emprunté du lat. irremissibilis, *m. s.* || 1234. Cas irremissibles, dans AUG. THIERRY, *Mon. Tiers État*, IV, 710.]
|| Qui ne mérite pas de rémission. Et veux-tu rendre seul ton crime — ? CORN. *Poly.* v, 3.

IRRÉMISSIBLEMENT [ir'-ré-mìs'-si-ble-man] *adv.*
[ÉTYM. Composé de irrémissible et ment, § 724. || 1521. FABRI, *Rhétor.* dans GODEF. *Compl.*]
|| D'une manière irrémissible.

IRRÉPARABLE [ir'-ré-pà-ràbl'] *adj.*
[ÉTYM. Emprunté du lat. irreparabilis, *m. s.* || 1234. Choses irreparables, dans AUG. THIERRY, *Mon. Tiers État*, IV, 709.]
|| Qu'on ne peut réparer. Malheur, perte —. L'— affront Que sa honte honteuse imprime à notre front, CORN. *Hor.* III, 6. Pour réparer des ans l'— outrage, RAC. *Ath.* II, 5. || *P. ext.* La fuite — du temps.

IRRÉPARABLEMENT [ir'-ré-pà-rà-ble-man] *adv.*
[ÉTYM. Composé de irréparable et ment, § 724. || 1370. Grevé et dommagié irreparablement, dans L. DELISLE, *Mandem. de Ch. V*, p. 336.]
|| D'une manière irréparable.

IRRÉPRÉHENSIBLE [ir'-ré-pré-an-sìbl'] *adj.*
[ÉTYM. Emprunté du lat. irreprehensibilis, *m. s.* || XIVᵉ s. Celluy qui veult estre ordonné doit estre irreprehensible, J. DE VIGNAY, *Miroir hist.* dans DELB. *Rec.*]
|| Qu'on ne saurait reprendre. Hommes irréprochables dans leur conduite et irrépréhensibles dans leurs mœurs, BOURD. *Amour et crainte de la vérité*, préamb.

'IRRÉPRÉHENSIBLEMENT [ir-ré-pré-an-si-ble-man] *adv.*
[ÉTYM. Composé de irrépréhensible et ment, § 724. || 1611. COTGR. Admis ACAD. 1694 ; suppr. en 1835.]
|| D'une manière irrépréhensible.

IRRÉPRESSIBLE [ir'-ré-près'-sìbl'] *adj.*
[ÉTYM. Composé de in négatif et répressible, § 275. || *Néolog.* Admis ACAD. 1878.]
|| (T. didact.) Qu'on ne peut réprimer. Force —.

IRRÉPROCHABLE [ir'-ré-prò-chàbl'] *adj.*
[ÉTYM. Pour irreprochable, § 503, composé avec in négatif et reprocher, §§ 93 et 275. || XVᵉ s. Inreprochable, CHASTELL. dans DELB. *Rec.*]
|| À qui on ne peut faire de reproche. Hommes irréprochables dans leur conduite, BOURD. *Amour et crainte de la vérité*, préamb. Mais j'en crois des témoins certains, irréprochables, RAC. *Phèd.* v, 3. || En quoi on ne peut trouver matière à aucun reproche. Vie, conduite, action —. Ses mœurs sont irréprochables. Un sonnet —.

IRRÉPROCHABLEMENT [ir'-ré-prò-chà-ble-man] *adv.*
[ÉTYM. Composé de irréprochable et ment, § 724. || 1613. NOSTREDAME, *Hist. de Provence*, dans DELB. *Rec.*]
|| D'une manière irréprochable.

IRRÉSISTIBLE [ir'-ré-zìs'-tìbl'] *adj.*
[ÉTYM. Emprunté du bas lat. irresistibilis, *m. s.* || Admis ACAD. 1762.]
|| À quoi on ne peut résister. L'attaque fut —. || *Fig.* Argument —. Un penchant —. La force — de son raisonnement. || *P. ext. Famil.* Homme —, aux volontés, aux désirs duquel on ne peut résister.

IRRÉSISTIBLEMENT [ir'-ré-zìs'-ti-ble-man] *adv.*

[ÉTYM. Composé de **irrésistible** et **ment**, § 724. || Admis ACAD. 1762.]

|| D'une manière irrésistible.

IRRÉSOLU, UE [ir'-ré-zò-lu] *adj.*

[ÉTYM. Composé de **in** négatif et **résolu**, § 275. || XVIᵉ s. *V.* à l'article.]

I. *Vieilli.* Qui n'a pas été résolu. **Problème laissé —**. (La curiosité) **nous défend de rien laisser —**, MONTAIGNE, I, 26.

II. Qui ne peut se résoudre à qqch. **Homme —. Caractère, esprit —. O rigoureux combat d'un cœur —** | CORN. *Cinna*, IV, 2. **Conscience timide, irrésolue. Elle porte au hasard ses pas irrésolus**, RAC. *Phèd.* v, 5.

IRRÉSOLUMENT [ir'-ré-zò-lu-man] *adv.*

[ÉTYM. Pour **irrésolnement**, composé de **irrésolue** et **ment**, § 724. || XVIᵉ s. **Combien irresoluement elle le pourroit souffrir**, MONTAIGNE, II, 35. Admis ACAD. 1718.]

|| D'une manière irrésolue.

IRRÉSOLUTION [ir'-ré-zò-lu-sion ; *en vers*, -si-on] *s. f.*

[ÉTYM. Composé de **in** négatif et **résolution**, § 275. || XVIᵉ s. **L'ambition, l'avarice, l'irrésolution**, MONTAIGNE, I, 38.]

|| Caractère de celui qui est irrésolu.

IRRESPECTUEUSEMENT [ir'-rĕs'-pĕk'-tueŭz'-man ; *en vers*, -tu-eŭ-ze-...] *adv.*

[ÉTYM. Composé de **irrespectueuse** et **ment**, § 724. || XVIIᵉ-XVIIIᵉ s. *V.* à l'article. Admis ACAD. 1878.]

|| D'une manière irrespectueuse. **Les soubrettes comme moi ne sont pas faites pour être traitées —**, DANCOURT, *Déroute du phar.* sc. 1.

IRRESPECTUEUX, EUSE [ir'-rĕs'-pĕk'-tueŭ, -tueŭz' ; *en vers*, -tu-...] *adj.*

[ÉTYM. Composé de **in** négatif et **respectueux**, § 275. || 1611. COTGR. Admis ACAD. 1835.]

|| Qui n'est pas respectueux. **— envers ses parents. Contenance irrespectueuse.**

IRRESPIRABLE [ir'-rĕs'-pi-ràbl'] *adj.*

[ÉTYM. Composé avec **in** négatif et **respirer**, §§ 93 et 275. || 1779. **Air irrespirable**, VOLTA, dans *Journal de phys.* I, 290. Admis ACAD. 1878.]

|| Qui n'est pas respirable. **Gaz —.**

IRRESPONSABILITÉ [ir'-rĕs'-pon-sà-bi-li-té] *s. f.*

[ÉTYM. Dérivé de **irresponsable**, § 255. || *Néolog.* Admis ACAD. 1878.]

|| Caractère de celui qui est irresponsable. **L'— du souverain.**

IRRESPONSABLE [ir'-rĕs'-pon-sàbl'] *adj.*

[ÉTYM. Composé de **in** négatif et **responsable**, § 275. || *Néolog.* Admis ACAD. 1878.]

|| Qui n'est pas responsable. **Le fou est —. Le souverain est considéré comme —.**

'IRRÉTRACTABLE [ir'-ré-trăk'-tàbl'] *adj.*

[ÉTYM. Emprunté du lat. **irretractabilis**, *m. s.* || XIVᵉ s. **La sentence de Notre Seigneur est irretractable**, J. DE VIGNAY, *Miroir hist.* dans DELB. *Rec.*]

|| Que l'on ne peut rétracter. **La règle de la foi est seule immobile et —**, PASC. *Prov.* 17.

IRRÉVÉREMMENT [ir'-ré-vé-rà-man] *adv.*

[ÉTYM. Pour **irrévérentment**, composé de **irrévérent** et **ment**, § 724. || XIVᵉ-XVᵉ s. **Se jusques a present ay parlé si irreveremment à vous**, *Perceforest*, VI, 17. Admis ACAD. 1798.]

|| D'une manière irrévérente.

IRRÉVÉRENCE [ir'-ré-vé-rãns'] *s. f.*

[ÉTYM. Emprunté du lat. **irreverentia**, *m. s.* || XIIIᵉ s. **Inreverence**, FRÈRE LAURENT, *Somme*, dans GODEF. *Compl.*]

|| Manque de révérence. **Comme avec — Parle des dieux ce maraud!** MOL. *Amph.* I, 2.

IRRÉVÉRENCIEUX, EUSE [ir'-ré-vé-ran-syeŭ, -syeŭz' ; *en vers*, -si-...] *adj.*

[ÉTYM. Dérivé de **irrévérence**, § 251. || *Néolog.* Admis ACAD. 1878.]

|| Qui montre de l'irrévérence. **Parole, action irrévérencieuse.**

IRRÉVÉRENT, ENTE [ir'-ré-vé-ran, -rànt'] *adj.*

[ÉTYM. Emprunté du lat. **irreverens**, *m. s.* || XVᵉ s. **Irreverent aux bons**, CHASTELL. dans DOCHEZ, *Dict.*]

|| Qui manque de révérence. || *Spécialt.* Qui manque de révérence envers les choses saintes. **Discours —. Posture irrévérente.**

IRRÉVOCABILITÉ [ir'-ré-vò-kà-bi-li-té] *s. f.*

[ÉTYM. Dérivé de **irrévocable**, § 255. || 1534. *Cout. de Nivern.* dans DELB. *Rec.* Admis ACAD. 1762.]

|| Caractère de ce qui est irrévocable. **L'— des donations entre vifs**, *Code civil*, III, 2.

IRRÉVOCABLE [ir'-ré-vò-kàbl'] *adj.*

[ÉTYM. Emprunté du lat. **irrevocabilis**, *m. s.* || 1357. Texte dans GODEF. *Compl.*]

|| Qui ne peut être révoqué. || *Fig.* En parlant du temps, qui ne peut pas revenir. **Un moment qui s'enfuit d'une course précipitée et —**, BOSS. *Vol. de Monterby.*

IRRÉVOCABLEMENT [ir'-ré-vò-kà-ble-man] *adv.*

[ÉTYM. Composé de **irrévocable** et **ment**, § 724. || 1266. Texte dans GODEF. *Compl.* Admis ACAD. 1718.]

|| D'une manière irrévocable.

IRRIGABLE [ir'-ri-gàbl'] *adj.*

[ÉTYM. Dérivé de **irriguer**, § 242. || *Néolog.* Admis ACAD. 1878.]

|| (T. didact.) Qui peut être irrigué.

IRRIGATEUR [ir'-ri-gà-teŭr] *s. m.*

[ÉTYM. Dérivé de **irriguer**, § 249. || Admis ACAD. 1878.]

|| (Technol.) *Néolog.* Instrument servant à l'irrigation. | *Spécialt.* Sorte de clysoir.

IRRIGATION [ir'-ri-gà-syon ; *en vers*, -si-on] *s. f.*

[ÉTYM. Emprunté du lat. **irrigatio**, *m. s.* || XVᵉ s. *Nef de santé*, dans GODEF. *Compl.* Admis ACAD. 1798.]

|| **1º** *Vieilli.* (Médec.) Arrosement d'une partie malade du corps à l'aide d'un tuyau. || Injection dans un organe à l'aide d'un irrigateur.

|| **2º** (Agricult.) Arrosement des terres, prairies, etc., par canaux, drains, tuyaux, etc. **Canaux d'—.**

IRRIGUER [ir'-ri-ghé] *v. tr.*

[ÉTYM. Emprunté du lat. **irrigare**, *m. s.* || *Néolog.*]

|| (T. didact.) Arroser. *Rare.* **— une plaie.** || *Spécialt.* **—** une prairie (à l'aide de canaux, drains, tuyaux, etc.).

IRRITABILITÉ [ir'-ri-tà-bi-li-té] *s. f.*

[ÉTYM. Dérivé de **irritable**, § 255. (*Cf.* le bas lat. **irritabilitas**.) || 1756. HALLER, *Mém. sur la nat. du corps anim.* I, 7. Admis ACAD. 1798.]

I. Caractère de celui qui s'irrite facilement. **Cet homme est d'une grande —. — du caractère. La prompte — D'une exigence pointilleuse**, DELILLE, *Conversat.* 2.

II. (Physiol.) Propriété qu'a tout corps organisé vivant de pouvoir être excité par des causes internes ou externes. **L'— des tissus.**

IRRITABLE [ir'-ri-tàbl'] *adj.*

[ÉTYM. Emprunté du lat. **irritabilis**, *m. s.* || 1547. **Quand ce chien faisoit ces irritable**, G. HAUDENT, *Fables*, dans DELB. *Rec.* Admis ACAD. 1798.]

I. || **1º** Qui se met facilement en colère. **Homme, caractère —.**

|| **2º** Qui est vivement affecté par les impressions reçues, physiques ou morales. **Tempérament —. Il a le système nerveux très —.**

II. (Physiol.) Qui a la propriété de pouvoir être excité par des causes internes ou externes.

1. IRRITANT, ANTE [ir'-ri-tan, -tänt'] *adj.*

[ÉTYM. Adj. particip. de **irriter** 1, § 47. || XVIIᵉ s. *V.* à l'article. Admis ACAD. 1835.]

|| Qui se met en colère. **L'embarras — de ne s'oser parler**, RAC. *Baj.* I, 1. || Qui excite vivement. **Par le sel — la soif est allumée**, BOIL. *Lutr.* 5.

2. IRRITANT, ANTE [ir'-ri-tan, -tänt'] *adj.*

[ÉTYM. Adj. particip. de **irriter** 2, § 47. || Admis ACAD. 1762.]

|| (Droit.) *Vieilli.* Qui annule. **Condition, clause irritante.**

IRRITATION [ir'-ri-tà-syon ; *en vers*, -si-on] *s. f.*

[ÉTYM. Emprunté du lat. **irritatio**, *m. s.* || XIVᵉ-XVᵉ s. *Psautier*, dans GODEF. *Compl.*]

|| État d'une personne irritée. || (Physiol.) État d'un organe irrité. **L'— des poumons, des intestins.**

1. IRRITER [ir'-ri-té] *v. tr.*

[ÉTYM. Emprunté du lat. **irritare**, *m. s.* || XIVᵉ s. **Irritez et provoquez contre les Romains**, BERSUIRE, fº 11, dans LITTRÉ.]

I. Mettre en colère. **Vous irritez le plus patient des hommes**, BOSS. *Le Tellier.* **Tout le peuple irrité**, RAC. *Brit.* IV, 2. **Ce n'est pas assez, amis, de s'—**, CORN. *Pomp.* IV, 1. || *Fig.* **Les flots irrités**, BOSS. *Le Tellier.*

II. Exciter vivement. **Ces tristes entretiens Qui ne font qu'— vos tourments et les miens**, CORN. *Poly.* II, 2. **Je vois que mon silence irrite vos dédains**, RAC. *Brit.* III, 3. || *Spécialt.* (Physiol.) Produire une légère inflammation. **Les bronches sont irritées.**

2. *IRRITER [ir'-ri-té] *v. tr.*

[ÉTYM. Emprunté du lat. *irritare, m. s.* (mot différent de **irritare**, d'où **irriter 1**), de *irritus*, vain, nul. || 1314-1316. *Ordonn. de Louis X*, dans GODEF.]

|| *Anciennt.* (Droit.) Annuler. (*Cf.* **irritant 2**.)

IRRORATION [ir'-rò-rà-syon; *en vers*, -si-on] *s. f.*

[ÉTYM. Emprunté du lat. *irroratio, m. s.* || Admis ACAD. 1762.]

|| (Médec.) Arrosement par gouttes, en forme de rosée. *Bain par* —.

IRRUPTION [ir'-rŭp'-syon; *en vers*, -si-on] *s. f.*

[ÉTYM. Emprunté du lat. *irruptio, m. s.* || XIVᵉ S. J. DE VIGNAY, *Miroir hist.* dans DELB. *Rec.*]

|| Invasion subite et violente. *Les ennemis firent — dans le pays.* || *L'— de la foule dans la salle.* || *Les eaux, brisant leurs digues, firent — dans la campagne.*

ISABELLE [i-zà-bèl] *adj.*

[ÉTYM. Nom propre de femme, §36. || 1642. OUD.]

|| Qui est d'un jaune pâle. *Écharpe* —. || *Spécialt.* (Manège.) Dont le pelage est d'un jaune clair. *Un cheval* —, et, *substantivt*, *Un* —.

ISARD [i-zår] *s. m.*

[ÉTYM. Emprunté du gascon *isart, m. s.* d'origine incertaine, peut-être ibérique, § 11. || 1553. *Isard*, P. BELON, *Obs. de qq singul.* fᵒ 54, vᵒ. Admis ACAD. 1878.]

|| Chamois des Pyrénées.

ISCHION [ĭs'-kyon; *en vers*, -ki-on] *s. m.*

[ÉTYM. Emprunté du grec ἰσχίον, *m. s.* || XVIᵉ S. PARÉ, I, 8. Admis ACAD. 1762.]

|| (Anat.) Partie inférieure de l'os coxal où s'emboîte l'os de la cuisse.

ISCHURÉTIQUE [ĭs'-ku-ré-tĭk'] *adj.*

[ÉTYM. Dérivé de **ischurie**, § 282. || 1732. TRÉV. Admis ACAD. 1762.]

|| (Médec.) Relatif à l'ischurie. *Remèdes ischurétiques.*

ISCHURIE [ĭs'-ku-ri] *s. f.*

[ÉTYM. Emprunté du lat. *ischuria*, grec ἰσχουρία, *m. s.* || 1690. FURET. Admis ACAD. 1762.]

|| (Médec.) Rétention d'urine.

ISOCÉLE et ***ISOSCÉLE** [i-zò-sèl] *adj.*

[ÉTYM. Emprunté du lat. *isosceles*, grec ἰσοσκέλης, *m. s.* de ἴσος, égal, et σκέλος, jambe. || 1542. *Isoscele et scalene sont triangles irreguliers*, BOVELLES, *Géom.* fᵒ 14, vᵒ. Admis ACAD. 1762.]

|| (Géom.) Dont deux côtés sont égaux. *Triangle* —.

ISOCHRONE [i-zò-kròn'] *adj.*

[ÉTYM. Emprunté du grec ἰσόχρονος, *m. s.* de ἴσος, égal, et, χρόνος, temps. || 1703. *Mém. de l'Acad. des sc.* p. 286. Admis ACAD. 1762.]

|| (T. didact.) Qui se fait en temps égaux. *Les oscillations isochrones du pendule.*

ISOCHRONISME [i-zò-krò-nĭsm'] *s. m.*

[ÉTYM. Dérivé de **isochrone**, § 265. || 1735. *Mém. de l'Acad. des sc.* p. 167. Admis ACAD. 1835.]

|| (T. didact.) Caractère de ce qui est isochrone. *L'— des oscillations du pendule.*

ISOLANT, ANTE [i-zò-lan, -lànt'] *adj.*

[ÉTYM. Adj. particip. de **isoler**, § 47. || *Néolog.* Admis ACAD. 1878.]

|| (T. didact.) Qui isole. *Spécialt.* (Physique.) *Corps* —, corps mauvais conducteur de l'électricité qui, soutenant ou enveloppant un corps électrisé, isole celui-ci des corps qui pourraient lui soutirer son fluide.

ISOLATION [i-zò-là-syon; *en vers*, -si-on] *s. f.*

[ÉTYM. Dérivé de **isoler**, § 247. || 1791. *Les idées morales tendant à cette isolation*, THOURET, dans LALLEMENT, *Choix de rapports*, VI, 117. Admis ACAD. 1835.]

|| (T. didact.) Action d'isoler.

ISOLÉ, ÉE [i-zò-lé] *adj.*

[ÉTYM. Emprunté de l'ital. *isolato, m. s.* proprt, « qui est comme une île », § 12. || 1642. OUD.]

|| Séparé de toute chose. *Colonne isolée*, qui ne tient pas au mur de l'édifice. || *P. ext.* Éloigné des choses de même nature. *Une maison isolée. P. anal. Un endroit* —, éloigné des habitations. *Homme, soldat* —, qui n'appartient à aucun corps. *Fig. Vivre* —, sans relations de parenté, d'affection, etc.

ISOLEMENT [i-zŏl-man; *en vers*, -zò-le-...] *s. m.*

[ÉTYM. Dérivé de **isoler**, § 145. || 1701. FURET. Admis ACAD. 1835.]

|| État de ce qui est isolé. *L'— d'une maison, d'un village. Vivre dans un — complet.*

ISOLÉMENT [i-zò-lé-man] *adv.*

[ÉTYM. Pour **isoléement**, composé de **isolée** et **ment**, § 724. || 1787. FÉRAUD, *Dict. crit.* Admis ACAD. 1835.]

|| D'une manière isolée. *Considérer chaque chose* —.

ISOLER [i-zò-lé] *v. tr.*

[ÉTYM. Tiré de l'adj. **isolé**, § 154. || 1690. FURET. Admis ACAD. 1718.]

|| Séparer de toute chose. *— un monument.* || *Spécialt.* — *un corps.* | 1. Le mettre hors de contact avec des corps bons conducteurs de l'électricité. | 2. Séparer un corps des éléments chimiques avec lesquels il est combiné. || — *qqn*, le faire vivre loin de la société des autres hommes. *Au moyen âge on isolait les lépreux. — certains malades, pour préserver les autres de la contagion.* || En parlant des choses. — *une phrase du contexte. — l'inconnue d'une équation.*

ISOLOIR [i-zò-lwàr] *s. m.*

[ÉTYM. Dérivé de **isoler**, § 113. || Fin du XVIIIᵉ s. *Poème sur l'électricité*, dans *Presse scientif.* 1861, I, 136. Admis ACAD. 1835.]

|| (T. didact.) Support garni de pieds de verre sur lequel on place les objets qu'on veut électriser, pour les isoler des corps environnants.

ISOMÈRE [i-zò-mèr] *adj.*

[ÉTYM. Emprunté du grec ἰσομερής, composé de parties égales. || *Néolog.* Admis ACAD. 1878.]

|| (Chimie.) Composé d'atomes semblables et en même nombre. *Corps isomères*, qui, composés des mêmes éléments, ont pourtant des propriétés différentes, sans doute parce que ces éléments sont disposés différemment.

***ISOMORPHE** [i-zò-mòrf'] *adj.*

[ÉTYM. Composé avec le grec ἴσος, égal, et μορφή, forme, § 279. || *Néolog.*]

|| (Chimie.) Qui a la même forme cristalline qu'un corps de composition chimique différente.

***ISOSCÈLE.** *V.* **isocèle.**

ISOTHERME [i-zò-tèrm'] *adj.*

[ÉTYM. Composé avec le grec ἴσος, égal, et θερμόν, chaleur, § 279. || 1817. HUMBOLDT, dans *Annales de chimie et de phys.* V, 102. Admis ACAD. 1878.]

|| (T. didact.) Qui a une égale chaleur. *Spécialt.* (Géogr.) *Ligne* —, ligne tracée sur une carte géographique, passant par tous les points de la terre où la température moyenne de l'année est la même.

***ISSANT, ANTE** [i-san, -sànt'] *adj.*

[ÉTYM. Adj. particip. de **issir**, § 47. || 1611. COTGR. Admis ACAD. 1762; suppr. en 1798.]

|| *Vieilli.* Sortant. || *Spécialt.* (Blason.) *Animaux issants*, qui sont représentés au haut de l'écu et dont il ne paraît que la tête, comme s'ils en sortaient. *Un enfant* —, et, *substantivt*, *Un* —, figure d'enfant à mi-corps sortant de la gueule ouverte d'un animal.

***ISSIR** [i-sîr] *v. intr.*

[ÉTYM. Du lat. *exire, m. s.* devenu **eissir**, §§ 387 et 291, puis, sous l'influence des formes accentuées sur le radical, **issir**.]

|| *Anciennt.* Sortir. (*V.* **issant** et **issu**.)

ISSU, UE [i-su] *adj.*

[ÉTYM. Adj. particip. de **issir**, § 44. || XIᵉ s. *Paien d'Arabe des nefs se sunt eissut*, *Roland*, 2810.]

|| *Vieilli.* Sorti. *Fig. Il doit réparer le mal qui en sera* —, PASC. *Prov.* 8. || *Spécialt. De nos jours.* Sorti, né d'une personne, d'une race. *De ce mariage sont issus tant d'enfants. — de la race de..., des princes de...* *Alors soyez issus des plus fameux monarques*, BOIL. *Sat.* 5. *Cousins issus de germains*, enfants de cousins germains.

ISSUE [i-su] *s. f.*

[ÉTYM. Subst. particip. de **issir**, § 45. || XIIᵉ s. *A l'eissue del cors*, MARIE DE FRANCE, *Purg. de St Patrice*, 49.]

I. || **1º** *Anciennt.* Sortie. (Féodal.) *Droits d'*—, droits payés par le vassal sortant de la domination de son seigneur. || *De nos jours. Loc. prép.* A l'— de, à la sortie de, en sortant de. *A l'— du spectacle, du sermon, du conseil. A l'— de son dîner.* || *P. ext. Vieilli. Issues de table*, desserts, plats servis au moment où l'on va sortir de table. (*Cf.* **entrées.**)

|| **2º** Ouverture par où l'on sort. *Cette ville a sous terre une secrète* —, CORN. *Pomp.* IV, 1. *Ce logis a une — sur le der-*

rière. Fermer les issues. On s'empara de toutes les issues. | L'eau
n'a pas d'—. Ménager une — pour la fumée.

‖ 3° Ce qui sort de qqch. ‖ *Spécialt.* | **1.** Ce qui reste des
moutures après la farine, gros et petit son. Des issues de
blé. Vente de grains, issues et fourrages. | **2.** Parties d'une
bête de boucherie qui sont livrées au commerce de triperie et à l'industrie (peau, suif, tête, pieds, viscères, etc.).
Une — d'agneau.

II. *Fig.* Façon dont on sort d'une affaire. Je ne vois point
d'— à cette affaire. Il sait se ménager des issues. L'— a été malheureuse. Attendre l'— du combat, de la guerre.

ISTHME [ism'] *s. m.*
[ÉTYM. Emprunté du lat. isthmus, grec ἰσθμός, *m. s.* ‖
XVIᵉ s. Le isthme (du gosier), RAB. IV, 30.]

‖ **1°** Langue de terre resserrée entre deux mers, et joignant une presqu'île à une terre. L'— de Corinthe. Le percement de l'— de Suez, de Panama.

‖ **2°** *P. anal.* (Anat.) Nom donné à certaines parties
étroites. L'— du gosier.

ˈITAGUE [i-tàg'] *s. f.*
[ÉTYM. Origine inconnue. ‖ XIIᵉ s. Voilles, utages et grans
rans, BEN. DE STE-MORE, *Troie*, dans GODEF. utage.]

‖ (Marine.) Cordage pour hisser des fardeaux à l'aide
d'un palan fixé à l'une de ses extrémités.

ITALIANISME [i-tà-lyà-nIsm' ; *en vers*, -li-à-...] *s. m.*
[ÉTYM. Dérivé de italien, § 265. ‖ XVIᵉ s. H. EST. *Nouv.
Lang. franç. italian.* I, 124. Admis ACAD. 1835.]

‖ (Gramm.) Manière de parler propre à la langue italienne.

ITALIQUE [i-tà-lĭk'] *adj.*
[ÉTYM. Emprunté du lat. italicus, d'Italie, le caractère
« italique » ayant été inventé par l'Italien Alde Manuce,
§ 36. ‖ XVᵉ-XVIᵉ s. Lettres ytalliques, J. LE MAIRE, dans DELB.
Rec.]

‖ (Typogr.) Caractère —, incliné de gauche à droite
comme l'écriture. Mettre un mot en caractère —, et, *ellipt,*
en — (pour attirer l'attention sur lui).

ITEM [i-tèm'] *adv.*
[ÉTYM. Emprunté du lat. item, *m. s.* § 217. (*Cf.* idem.) ‖
1346. Itam, dans GODEF. *Compl.* Admis ACAD. 1694.]

‖ De même. (S'emploie dans les comptes, les états, pour
rappeler une phrase antérieure sous-entendue.) Vingt francs
pour les livres ; — pour les papiers. ‖ *Vieilli. Substantivt.*
Un —, un article de compte. Plusieurs petits —. ‖ *Fig.* Voilà
l'—, le point difficile. (*Cf.* hic.)

ITÉRATIF, IVE [i-té-rà-tlf', -tiv'] *adj.*
[ÉTYM. Emprunté du lat. iterativus, *m. s.* ‖ 1403. *Archives de Tournai*, dans GODEF. *Compl.*]

‖ (T. didact.) ‖ **1°** Répété plusieurs fois de suite. Commandement —. Défenses itératives.

‖ **2°** *Vieilli.* (Gramm.) Qui indique une action répétée
plusieurs fois de suite. (*Syn.* fréquentatif.) Verbe —.

ITÉRATIVEMENT [i-té-rà-tiv'-man ; *en vers*, -ti-ve-...]
adv.
[ÉTYM. Composé de itérative et ment, § 724. ‖ XVIᵉ s.
Sans le charger iterativement d'impudence, MART. DU BELLAY,
Mém. an. 1541. Admis ACAD. 1718.]

‖ D'une manière itérative. On l'a sommé —.

ITHOS [i-tŏs'] *s. m.*
[ÉTYM. Emprunté du grec ἦθος, mœurs (*cf.* éthique),
transcrit d'après la prononciation du moyen âge, § 504.
‖ XVIIᵉ s. *V.* à l'article. Admis ACAD. 1878.]

‖ (T. didact.) Partie de la rhétorique traitant des mœurs
(par opposition à pathos, qui exprime les passions). On voit
partout chez vous l'— et le pathos, MOL. *F. sav.* III, 5. ‖ *Ironiqt.*
Une grosse apologie des Jésuites, pleine d'— et de pathos, VOLT.
Lett. à d'Alembert, 4 févr. 1763.

ITINÉRAIRE [i-ti-né-rêr'] *adj.* et *s. m.*
[ÉTYM. Emprunté du lat. itinerarius, relatif au chemin.
‖ XIVᵉ s. Le ytineraire de la peregrinacion frere Reculd, J. LE
LONG, dans GODEF.]

I. *Adj.* Qui a rapport aux chemins, aux routes. Colonne
—, posée dans un carrefour, avec des inscriptions indi-
catrices des routes. Mesures itinéraires, dont on fait usage
pour mesurer et indiquer la longueur des routes, des
chemins publics. Traité sur les mesures itinéraires des anciens.

II. *S. m.* Indication du chemin à suivre. Voici votre —.
‖ *P. ext.* Indication de tous les lieux par où l'on passe
pour aller d'un pays dans un autre, contenant parfois des
descriptions sur les lieux ou des notes et impressions de

voyage. L'Itinéraire d'Antonin. — en Suisse. L'Itinéraire de Paris
à Jérusalem, de Chateaubriand. ‖ *Spécialt.* — d'un chemin
de fer, indication de toutes les stations qui sont sur le parcours d'un chemin de fer, des divers trains qui y passent
journellement, des heures où ils passent, du prix du transport, etc. ‖ (Liturgie.) Recueil de prières à dire en voyage.

IULE [yul ; *en vers*, i-ul] *s. m.*
[ÉTYM. Emprunté du lat. iulus, grec ἴουλος, *m. s.* ‖ (Au
sens **2°**.) 1611. COTGR. Admis ACAD. 1835.]

‖ **1°** (Botan.) Chaton de certaines fleurs.

‖ **2°** (Entomol.) Genre de mille-pieds, insecte de la
famille des Scolopendres.

IVE [īv'] et **IVETTE** [i-vĕt'] *s. f.*
[ÉTYM. Paraît être la forme féminine et diminutive de
if (*V.* ce mot), §§ 37 et 133. L'ive est aussi dite « germandrée
petit if ». ‖ XVᵉ s. Yve pourte fleur petite, *Grant Herbier*, 248.
Admis ACAD. 1762.]

‖ (Botan.) Espèce de germandrée.

ˈIVETEAU [iv'-tó ; *en vers*, i-ve-tó] *s. m.*
[ÉTYM. Dérivé de if, §§ 63 et 126. ‖ 1690. Iiveteau, FURET.]
‖ *Dialect.* Petit if.

IVOIRE [ivwàr'] *s. m.* (fém. au XVIIᵉ s.).
[ÉTYM. Emprunté du lat. ebŏreum, adj. signifiant « d'i-
voire », employé substantivement à la place de ebur, eboris,
ivoire, § 503. ‖ XIIᵉ s. D'ivoire furent li limon, *Énéas*, 6109.]

‖ **1°** Substance dentaire qui constitue les défenses de
l'éléphant. Morceau d'—. | — vert, arraché sur l'éléphant
vivant ou peu de temps après sa mort, et qui devient du
plus beau blanc. Noir d'—, poudre noire très fine, faite
d'ivoire calciné et pulvérisé, employée en peinture. Travailler l'—. Tourneur en —. Un crucifix d'—. Une table d'—.
Peigne, bille d'—, et, *poét.* L'— (le peigne) trop hâté deux
fois rompt sur sa tête, BOIL. *Lutr.* 5. ‖ Dents, bras, cou, blancs
comme l'—. ‖ *Poét.* L'— de ses dents, de ses bras, de son cou,
de son sein, la blancheur des dents, des bras, etc., qui ressemble à celle de l'ivoire. Un cou d'—, bien fait et d'une
grande blancheur.

‖ **2°** *P. anal.* | **1.** Matière des dents de certains pachy-
dermes ou cétacés (hippopotame, narval, etc.). | **2.** La
partie dure des dents, revêtue à la couronne d'une au-
tre partie dite émail. | **3.** — végétal, substance provenant
des graines d'un palmier dont l'endosperme bleu, très
dur, se polit comme l'ivoire. | **4.** — artificiel, composition
d'invention récente sur laquelle on a obtenu de très belles
épreuves photographiques. | **5.** Coquille du genre buccin.

IVRAIE [i-vrè'] *s. f.*
[ÉTYM. Du lat. pop. ebriaca, proprt, « ivre », cette
plante causant une sorte d'ivresse, devenu evraie, puis
ivraie, d'après ivre, §§ 434, 356, 380 et 291.]

‖ Herbe à graine noire qui croît parmi le froment. Un
champ plein d'—. Arracher l'—. ‖ *Fig. P. allusion à une parabole de l'Évangile.* L'— et le bon grain, les mauvais et
les bons. Séparer l'— du bon grain.

IVRE [īvr'] *adj.*
[ÉTYM. Du lat. pop. ˈebrium (class. ēbrium), *m. s.* devenu ˈieivre, ivre, §§ 309, 305, 356 et 291. ‖ XIᵉ s. Li alquant
furent ivre, *Voy. de Charl. à Jérus.* 685.]

‖ **1°** Qui a le cerveau troublé par le vin ou quelque
autre boisson fermentée. Il chancelle comme un homme —.
—mort, ivre au point de perdre tout sentiment. — comme
une soupe (une tranche de pain trempée de vin).
P. anal. Peuples farouches, Ivres de notre sang, RAC. *Esth.*
I, 4. *P. ext.* — de carnage.

‖ **2°** *Fig.* Qui a l'esprit troublé par le transport d'une
passion. — d'amour, de joie. Cette reine, — d'un fol orgueil,
RAC. *Ath.* V, 3.

IVRER [i-vré] *v. tr.*
[ÉTYM. Dérivé de ivre, § 154. (*Cf.* le bas lat. ebriare, *m.
s.*) ‖ XIIIᵉ s. Qui tant doucement Le cuer soie et yore, RICH.
DE FOURNIVAL, dans GODEF.]

‖ *Dialect.* Rendre ivre. C'est proprement s'— avec de l'eau
froide, CORN. *Rép. à l'ami du Cid.* On nous apporta de l'elle
(ale) qui ivre plus que de l'eau de vie, J. DOUBLET, *Journal*,
p. 156, Charavay.

IVRESSE [i-vrès'] *s. f.*
[ÉTYM. Dérivé de ivre, § 124. ‖ XIIᵉ s. Ele i a pris mortel
ivrece, *Énéas*, 821.]

‖ **1°** Trouble cérébral particulier déterminé par l'abus
du vin ou de quelque autre boisson fermentée. Être plongé
dans l'—. Dissiper l'—. Il est revenu de son —.

|| 2° Trouble produit dans l'âme par le transport d'une passion. De l'absolu pouvoir vous ignorez l'—, RAC. *Ath.* IV, 3. Dans l'— des plaisirs. L'— où la nation était de son roi, D'ALEMB. *Éloges*, I, 53. || *P. ext.* Dans une poétique —.

IVROGNE [i-vròñ'] *s. m.* et **IVROGNESSE** [i-vrò-ñĕs'] *s. f.*

[ÉTYM. Dérivé de ivre, §§ 109 et 129. || XIIᵉ s. Yvroignes, *Serm. de St Bern.* p. 148.]

|| Celui, celle qui a l'habitude de s'enivrer. Un vieil —. C'est un franc —. Une vieille ivrognesse. || *Adjectivt.* Un domestique, une servante —.

IVROGNER [i-vrò-ñé] *v. intr.*

[ÉTYM. Dérivé de ivrogne, § 154. || XVIᵉ s. Passer le temps a yvrongner, AMYOT, *Alcib.* 74.]

|| Se livrer à l'ivrognerie.

IVROGNERIE [i-vròñ'-ri; *en vers*, -vrò-ñe-ri] *s. f.*

[ÉTYM. Dérivé de ivrogne, § 69. || 1539. Yvrongnerie, R. EST.]

|| Habitude de boire et de s'enivrer. Se livrer, s'adonner à l'—.

IXIA [ik'-syà; *en vers*, -si-à] *s. m.* (fém. ACAD.).

[ÉTYM. Emprunté du lat. ixia (PLINE), nom d'une plante analogue. Sur le genre, *V.* § 551. On a dit ixie au siècle dernier (ENCYCL. MÉTH.). || Admis ACAD. 1762.]

|| (Botan.) Plante bulbeuse, de la famille des Iridées, cultivée comme plante d'ornement.

'IXODE [ik'-sòd'] *s. m.*

[ÉTYM. Emprunté du grec ἰξώδης, gluant. || 1806. LATREILLE, *Genera crustaceorum*, I, p. 155.]

|| (Hist. nat.) Arachnide trachéenne dont quelques espèces sont parasites des animaux domestiques. L'— ricin, la tique des chiens.

J

J [ji; *selon la nouvelle épellation*, je] *s. m.*

[ÉTYM. Emprunté du lat. j, autre forme de l'i. || XIIIᵉ s. I se met pour g quant li siet, *Senefiance de l'A B C*, dans JUBINAL, *Nouv. Rec.* II, 278.]

|| La dixième lettre et la septième consonne de l'alphabet français. Un petit j ou j minuscule. Un grand J ou J majuscule.

JA [jà] *adv.*

[ÉTYM. Du lat. jam, *m. s.* § 468. (*Cf.* jaçoit que, jadis, jamais, déjà.)]

|| *Vieilli.* | **1.** Déjà. Ce géant fait jà sur moi, pauvre chétif, Les effets d'une médecine, REGNARD et DUFRESNY, *Baguette de Vulcain*, sc. 1. Je l'ai jà dit, LA F. *Contes*, *Pâté.* | **2.** Certes. Quand tels ribauds seraient pendus, Ce ne serait jà grand dommage, VOIT. *Poés. Rép. à l'ép. écrite à Mᵐᵉ de Montausier.*

JABLE [jäbl'] *s. m.*

[ÉTYM. Origine inconnue. Semble signifier « chanlatte » en anc. franç. (*V.* GODEF.) || (Au sens actuel.) 1564. J. THIERRY, *Dict. franç.-lat.* Admis ACAD. 1762.]

|| (Technol.) Rainure pratiquée au bas des douves d'un tonneau pour recevoir et arrêter le fond. || Rebord circulaire du fond, formé par la partie des douves qui dépasse la rainure. || *P. anal.* Jonction du fond d'un vase avec la partie qui s'élève pour former le corps.

JABLER [jà-blé] *v. tr.*

[ÉTYM. Dérivé de jable, § 154. || 1606. NICOT. Admis ACAD. 1762.]

|| (Technol.) Garnir du jable. — les douves. — un tonneau.

'JABLIÈRE [jà-bli-yèr] et **'JABLOIRE** [jà-blwàr] *s. f.*

[ÉTYM. Dérivé de jabler, §§ 115 et 113. || XVIᵉ s. Jabloere, CL. GAUCHET, *Plaisir des champs*, p. 182, édit. 1604.]

|| (Technol.) Couteau à gaine, servant à jabler un tonneau.

JABOT [jà-bó] *s. m.*

[ÉTYM. Origine inconnue. || XVIᵉ s. L'office descouvre l'homme et met en evidence ce qu'il avoit dedans le jabot, RAB. III, 18.]

|| Poche membraneuse que les oiseaux ont sous la gorge et où les aliments séjournent avant de passer dans l'estomac. Un oiseau qui a le — plein. || *Fig. Famil.* Estomac. Mon — est gonflé, je crève dans ma peau (1684), DOMINIQUE, *Toison d'or*, sc. de Jason.

|| *P. anal.* || **1°** Ornement de mousseline, de dentelle, fixé à l'ouverture de la chemise au-dessous de la gorge et s'étendant sur la poitrine. Un — de dentelle. Chemise à —. Secouer son —. Faire —, tirer en dehors le jabot de sa chemise par coquetterie, et, *fig. famil.* se rengorger.

|| **2°** Hernie ou dilatation anormale de la muqueuse de l'œsophage chez le cheval. || Dilatation anormale de l'œsophage chez l'homme, produite par la présence d'un corps étranger.

'JABOTAGE [jà-bò-tàj'] *s. m*

[ÉTYM. Dérivé de jaboter, § 78. || *Néolog.*]

|| *Famil.* Action de jaboter.

JABOTER [jà-bò-té] *v. intr.*

[ÉTYM. Dérivé de jabot, § 154. || XVIIᵉ s. *V.* à l'article. Admis ACAD. 1718.]

|| En parlant de certains oiseaux, pousser des cris en secouant le jabot. Elles (les perruches) font grand bruit sur les arbres, en criant, piaillant et jabotant plusieurs ensemble, BUFF. *Sincialo.* || *P. anal. Famil.* En parlant de plusieurs personnes, bavarder ensemble. Entendez-vous comme elles jabotent. J'ai ouï — qqch d'un certain savant, GHERARDI, *Th. ital.* V, 303.

'JABOTEUR, EUSE [jà-bò-tœur, -tœuz'] *s. m.* et *f.*

[ÉTYM. Dérivé de jaboter, § 112. || 1799. VAILLANT, *Oiseaux d'Afrique*, p. 39.]

|| *Famil.* Celui, celle qui jabote. *Spécialt.* (Hist. nat.) Le —, le merle d'Afrique.

JACASSE [jà-kàs'] *s. f.*

[ÉTYM. Subst. verbal de jacasser, § 52. || *Néolog.* Admis ACAD. 1878.]

|| Fille, femme qui bavarde d'une façon fatigante.

JACASSER [jà-kà-sé] *v. intr.*

[ÉTYM. Semble dérivé du nom propre Jacques, dont le diminutif jacquette est donné plaisamment à la pie, §§ 36 et 169. (*Cf.* jaqueter, dans GODEF.) || Admis ACAD. 1835.]

|| **1°** En parlant de la pie, pousser le cri strident de son espèce.

|| **2°** *P. anal. Famil.* Bavarder d'une manière fatigante. Ces enfants ne font que —.

'JACASSERIE [jà-kàs'-ri; *en vers*, -kà-se-ri] *s. f.*

[ÉTYM. Dérivé de jacasser, § 69. || *Néolog.*]

|| *Famil.* Bavardage de personnes qui jacassent entre elles.

JACÉE [jà-sé] *s. f.*

[ÉTYM. Emprunté du bas lat. jacea, *m. s.* d'origine inconnue. || 1611. COTGR. Admis ACAD. 1762.]

|| (Botan.) Plante de la famille des Composées, espèce de centaurée.

JACENT, ENTE [jà-san, -sänt'] *adj.*

[ÉTYM. Emprunté du lat. jacens, *m. s.* (*Cf.* le doublet gisant.) || Admis ACAD. 1762.]

|| (Droit.) Qui est là sans que qqn en réclame la propriété. Biens jacents. Succession jacente.

JACHÈRE [jà-chèr] *s. f.*

[ÉTYM. Pour jaschière, §§ 422 et 298, dérivé d'un radical gasc., d'origine incertaine, § 115. || XIIIᵉ s. Par prez, par vignes, par jachieres, J. DE MEUNG, *Rose*, 18580.]

|| (Agricult.) Terre labourable qu'on n'a pas ensemencée, pour la laisser reposer. Labourer des jachères. || État d'une terre qu'on laisse ainsi reposer. Terre en —. — complète, qui dure une année. — incomplète, qui dure une saison.

JACHÉRER [jà-ché-ré] *v. tr.*

[ÉTYM. Dérivé de jachère, § 154. || XIIIᵉ s. Ghaskerer, dans DU C. gascaria. Admis ACAD. 1762.]

|| (Agricult.) Labourer une juchère.

JACINTHE [jà-sīnt'] *s. f.*

[ÉTYM. Emprunté du lat. hyacinthus, *m. s.* (*Cf.* hyacinthe.) L'anc. franç. dit ordinairt jagonce au sens **II.** (*Cf.* jargon.)]

I. (Botan.) Plante de la famille des Liliacées.

II. Variété de topaze.

JACOBÉE [jà-kò-bé] *s. f.*

[ÉTYM. Dérivé du lat. Jacobus, Jacques, la jacobée étant dite herbe de Saint-Jacques, § 223. || 1628. Narcisse jacobée, PEIRESC, *Lett. aux Dupuy*, I, p. 651. Admis ACAD. 1762.]

|| (Botan.) Espèce de seneçon, plante de la famille des Synanthérées. — maritime, la cinéraire.

JACOBIN, INE [jà-kò-bin, -bin'] *s. m.* et *f.*

[ÉTYM. Dérivé du lat. Jacobus, Jacques, le premier couvent, à Paris, de l'ordre de Saint-Dominique étant situé dans la rue Saint-Jacques (sens **I**), et ce couvent ayant servi pendant la révolution aux réunions d'un club (sens **II**), §§ 36 et 245. || XIIIᵉ s. Frere Jacobin, RUTEB. p. 58, Kressner.]

I. Religieux, religieuse de l'ordre de Saint-Dominique (portant des vêtements de laine blanche et un manteau noir). || *P. anal.* (avec le vêtement des religieux). | **1.** Jacobin, nom de plusieurs oiseaux à plumage noir et blanc, et d'une variété de pigeon dont les plumes du cou sont relevées en forme de capuchon. | **2.** Jacobine, la corneille mantelée et l'oiseau-mouche à collier. | **3.** Variété de champignon comestible, blanc et noir.

II. Partisan de la doctrine qui reconnaît au peuple un pouvoir absolu. | *Adjectivt.* Le parti —. Les doctrines jacobines.

JACOBINISME [jà-kò-bi-nīsm'] *s. m.*

[ÉTYM. Dérivé de jacobin, § 265. || XVIIIᵉ-XIXᵉ s. *V.* à l'article. Admis ACAD. 1878.]

|| Doctrine politique des jacobins. Le —, si fier de son ignorance, LAHARPE, *Langue révol.* VIII, p. 40.

JAÇOIT QUE [jà-swà-ke] *loc. conj.*

[ÉTYM. Pour jà soit que, § 726. Au XIIᵉ s. on dit ordinairement jà soit ce que. || 1299. Ja seit que, dans GODEF. Admis ACAD. 1694 ; suppr. en 1762.]

|| *Vieilli.* Quoique. Jaçoit qu'il y eût consenti, BOSS. 5ᵉ *Avert. aux protest.* 10.

JACONAS [jà-kò-nà] *s. m.*

[ÉTYM. Origine inconnue. || 1761. Jaconat, SAVARY, *Dict. du comm.* mousseline. Admis ACAD. 1835.]

|| Espèce de mousseline demi-claire, dont on fait des robes, des cols, des bonnets de femme, etc.

**JACQUEMART.* *V.* jaquemart.

JACQUERIE [jàk'-ri ; *en vers*, jà-ke-ri] *s. f.*

[ÉTYM. Dérivé de Jacques, § 69. || XIVᵉ s. Par lequel prevost la Jaquerie s'esmut, *Chron. normande*, p. 130, Molinier. Admis ACAD. 1878.]

|| Soulèvement des paysans, des classes inférieures, contre le gouvernement. *Spécialt.* La — de 1357.

JACQUES [jàk'] *s. m.*

[ÉTYM. Nom propre, emprunté du lat. Jacobus, § 36. || XIVᵉ s. Pour resister aux villains qui furent de là en avant appellez Jaques, *Chron. normande*, p. 129, Molinier. Admis ACAD. 1878.]

|| *Rare.* Paysan. *Spécialt.* La révolte des Jacques, la jacquerie de 1357.

JACQUET [jà-kè] *s. m.*

[ÉTYM. Nom propre, diminutif de Jacques, §§ 36 et 133. || XVIᵉ s. En lui donnant des applaudissemens comme les jaquetz, AMYOT, dans GODEF. jaquet.]

|| **1°** *Vieilli.* Domestique, laquais. (*Cf.* jockey.) Un —, un heiduque, un coureur, CAILHAVA D'ESTANDOU, *Égoïsme*, III, 7.

|| **2°** Jeu analogue au trictrac.

JACTANCE [jàk'-tàns'] *s. f.*

[ÉTYM. Emprunté du lat. jactantia, *m. s.* || XIIIᵉ s. For covoitise et por jactance, *Theophilus*, dans LITTRÉ.]

|| Vanterie insolente. Discours pleins de —. Combien de vanteries et de vaines jactances! CHARRON, *Sagesse*, I, 38.

JACULATOIRE [jà-ku-là-twàr] *adj.*

[ÉTYM. Emprunté du lat. jaculatorius, qui lance. || XVIᵉ-XVIIᵉ s. Les prieres jaculatoires du P. Cotton, D'AUB. *Fœneste*, IV, 18.]

|| **1°** (T. didact.) Qui lance. Fontaine —, qui lance un jet à une certaine hauteur.

|| **2°** *Fig.* (Théol.) Oraison, prière —, prière où l'âme s'élance vers Dieu. On les nomme prières jaculatoires parce que ce sont comme des traits enflammés qui tout à coup partent de l'âme et percent le cœur de Dieu, BOURD. *Pens. Usage des oraisons jaculatoires.*

JADE [jàd'] *s. m.*

[ÉTYM. Origine inconnue. || 1667. Le jade est une pierre verdastre, ROSNEL, *Mercure indien*, II, 56. Admis ACAD. 1718.]

·|| Pierre très dure d'une belle couleur olivâtre, sorte de silicate d'alumine et de chaux. Un vase de —.

JADIS [jà-dīs', et, *vieilli*, -di ; l's se lie] *adv.*

[ÉTYM. Du lat. jam diu, *m. s.* § 726. (*Cf.* tandis.) || XIIᵉ-XIIIᵉ s. Ja diz a moi en amistiez familierement fu joinz, *Dial. Gregoire*, p. 168.]

|| Au temps passé. Il était — un roi et une reine... Dans Florence — vivait un médecin, BOIL. *Art p.* 4. Son rabat — blanc et sa perruque antique, BOIL. *Sat.* 3. || *Ellipt.* Le temps —, le temps passé. Cela était bon au temps —.

JAGUAR [jà-gwàr] *s. m.*

[ÉTYM. Emprunté (par BUFFON) du lat. des naturalistes jaguara (PISON et MARGRAFF, *Hist. nat. Bresiliæ*, 1648), déformation du brésilien janouara, *m. s.* § 30. TRÉV. 1771 ne donne que janouare. || 1580. Une beste ravissante que les sauvages appellent jan-ou-are, J. DE LÉRY, *Voy. au Brésil*, p. 143. Admis ACAD. 1835.]

|| Tigre d'Amérique, le plus grand des félins après le tigre et le lion, à pelage fauve marbré de taches noires.

JAÏET [jà-yè]. *V.* jais.

JAILLIR [jà-yīr] *v. tr.* et *intr.*·

[ÉTYM. Origine inconnue. La forme normanno-picarde galir indique un primitif gal- et écarte l'hypothèse qui rapproche jaillir du lat. jaculari. || XIIᵉ s. Le feu gregois... Lor fist laiens a mangoniaus galir, RAIMBERT DE PARIS, *Cheval. Ogier*, 6751.]

I. *Anciennt.* *V. tr.* Lancer impétueusement.

II. *V. intr.* En parlant d'un fluide, s'élancer impétueusement. L'eau qui jaillit de la source. Moïse fit — l'eau du rocher. Le sang jaillit de la blessure. Le cheval fait — des étincelles sous ses pieds. || *Fig.* La lumière jaillit dans son esprit. La vérité jaillit de la discussion.

JAILLISSANT, ANTE [jà-yi-san, -sànt'] *adj.*

[ÉTYM. Adj. particip. de jaillir, § 47. || 1680. RICHEL.]

|| Qui jaillit. Eaux jaillissantes.

JAILLISSEMENT [jà-yīs'-man ; *en vers*, -yi-se-...] *s. m.*

[ÉTYM. Dérivé de jaillir, § 145. || 1611. Jaillissement, COTGR. Admis ACAD. 1718.]

|| Action de jaillir. Le — des eaux, du sang.

JAIS [jè] et, *vieilli*, **JAÏET** [jà-yè] *s. m.*

[ÉTYM. Du lat. gagatem, grec γαγάτην, *m. s.* devenu régulièrement jaié, §§ 393, 394, 402 et 291, écrit à tort jaiet par confusion avec le suffixe et, § 62, ou contracté en jai, écrit arbitrairement jais. || XIIᵉ s. Jaiet, *Lapid. de Marbode*, 421.]

|| Lignite d'un noir luisant qu'on taille pour ouvrages de tabletterie, parures de deuil, etc. Le succin, le jayet, l'agate, la turquoise, DELILLE, *Trois Règnes*, 4. Collier, boutons de jais. Noir comme du jais. || Jais artificiel, émail ou verre teint en noir, quelquefois en bleu, en vert, qui sert aux mêmes usages.

JALAGE [jà-làj'] *s. m.*

[ÉTYM. Dérivé de jale, § 78. || 1331. Jaillage, *Ordonn.* XII, 6. Admis ACAD. 1762.]

|| (Féodal.) Droit seigneurial sur le vin vendu en jale.

JALAP [jà-làp'] *s. m.*

[ÉTYM. Emprunté de l'espagn. jalapa, *m. s.* qui est le nom d'une ville du Mexique d'où cette plante fut apportée en Europe, §§ 13 et 36. || 1690. FURET. Admis ACAD. 1762.]

|| (Botan.) Convolvulus, dont la racine est purgative.

JALAPINE [jà-là-pin'] *s. f.*

[ÉTYM. Dérivé de jalap, § 245. || *Néolog.*]

|| (Chimie.) Résine essentielle du jalap.

JALE [jàl] *s. f.*

[ÉTYM. Semble avoir le même radical, d'origine inconnue, que gallon. (*V.* ce mot.) || XIIᵉ s. Face la beivre a la jalle, ÉT. DE FOUGÈRES, *Livre des man.* dans DELB. *Rec.* Admis ACAD. 1762.]

|| *Dialect.* Sorte de grande jatte. (*Cf.* jalot.)

JALET [jà-lè] *s. m.*
[ÉTYM. Autre forme de galet, § 16. || 1478. Douze arcs a jalets, dans GAY, *Gloss. archéol.* p. 45.]
|| *Vieilli.* Caillou rond. || *Spécialt.* (Archéol.) Arc, arbalète à —, lançant des cailloux, de petites balles de plomb.

JALON [jà-lon] *s. m.*
[ÉTYM. Origine inconnue. || 1692. *V.* à l'article. Admis ACAD. 1694.]
|| Perche qu'on fiche en terre pour indiquer un alignement, déterminer une direction. Planter des jalons. Des espèces de jalons vis-à-vis desquels chaque corps devait attaquer et se loger, RAC. *Lett.* VII, 49. || *Fig.* Ce qui sert à diriger dans un travail. Ces données vous serviront de jalons pour diriger vos recherches.

JALONNEMENT [jà-lŏn'-man ; *en vers*, -lò-ne-...] *s. m.*
[ÉTYM. Dérivé de jalonner, § 145.|| *Néolog*. Admis ACAD. 1878.]
|| Action de jalonner.

JALONNER [jà-lò-né] *v. intr. et tr.*
[ÉTYM. Dérivé de jalon, § 145. || Admis ACAD. 1762.]
|| **1°** *V. intr.* Planter des jalons.
|| **2°** *V. tr.* Déterminer à l'aide de jalons. — une allée. | (T. milit.) — une ligne (de soldats), et, *absolt*, —, déterminer l'alignement.

JALONNEUR [jà-lò-neùr] *s. m.*
[ÉTYM. Dérivé de jalonner, § 112. || Admis ACAD. 1835.]
|| Celui qui place des jalons. || (T. milit.) Homme qu'on place en guise de jalon à chaque bout d'une ligne pour l'alignement des soldats.

'JALOT [jà-ló] *s. m.*
[ÉTYM. Dérivé de jale, § 136. || 1582. En seilles ou petits jallots, dans DELB. *Rec.*]
|| (Technol.) Baquet pour couler le suif fondu.

JALOUSEMENT [jà-louz'-man ; *en vers*, -lou-ze-...] *adv.*
[ÉTYM. Composé de jalouse et ment, § 724. || XIIIᵉ s. Amer jalousement, LAMBERT FERRI, *Chanson*, dans *Bibl. de l'Éc. des Chartes*, 1859, p. 340.]
|| D'une manière jalouse. Il observait — les progrès de son rival. La pratique de l'Église universelle, que celle de France a — conservée, ST-SIM. IX, 27.

JALOUSER [jà-lou-zé] *v. tr.*
[ÉTYM. Dérivé de jaloux, § 154. || XIIIᵉ-XIVᵉ s. Ste Thaïs, dans GODEF. *Compl.* Admis ACAD. 1762.]
|| Regarder avec jalousie. — ses concurrents. Les gens du même métier se jalousent entre eux.

JALOUSIE [jà-lou-zi] *s. f.*
[ÉTYM. Dérivé de jaloux, § 69. || XIIᵉ s. Li rois entra en jalousie, *Floire et Blancheft.* I, 2605.]
|| **1°** *Vieilli.* Zèle ombrageux pour ce qu'on a à cœur. Elle (leur guerre) n'a d'autre fondement parmi eux que la seule — de la vertu, MONTAIGNE, I, 30. Nos muses à leur tour de même ardeur saisies Vont redoubler pour toi leurs nobles jalousies, CORN. *Poés. div.* 12. || *Spécialt.* Amour ombrageux de celui qui craint qu'un autre ne lui soit préféré. Il n'y a que les personnes qui évitent de donner de la — qui soient dignes qu'on en ait pour elles, LA ROCHEF. *Max.* 359.
|| *P. ext. Fig.* Treillis de bois, de fer, contrevent formé de planchettes parallèles qu'on place devant une fenêtre et derrière lequel on peut voir sans être vu. Regarder par une —, au travers d'une —. Baisser, lever une —.
|| **2°** Ombrage que nous donne celui qui jouit d'un avantage que nous désirons pour nous-mêmes. Concevoir de la — pour qqn, contre qqn. Fuyez surtout, fuyez ces basses jalousies, Des vulgaires esprits malignes frénésies, BOIL. *Art* p. 4. Elle attacha son affection au royaume (de Dieu)... où l'on voit sans — ses concurrents, BOSS. *R. d'Angl.* Une — de métier. Les plus vils artisans les plus sujets à la —, LA BR. 2. || *P. anal.* Ce chien témoigne de la — quand on en caresse un autre. || *Spécialt.* Ombrage qu'un prince, un Etat, donne à d'autres par sa puissance, ses forces. Ils entrèrent en — contre les Carthaginois, BOSS. *Hist. univ.* I, 8. Les grands progrès d'Asdrubal leur donnent de la —, ID. *ibid.* || *P. ext.* Inquiétude qu'on fait naître chez l'ennemi en menaçant certains points. L'ennemi tenait le pays en —. (Le prince Charles) en donnant de la — en plusieurs endroits, et faisant à la fois plus d'une tentative, VOLT. *S. de L.* XV, 11.

JALOUX, OUSE [jà-lou, -loûz'] *adj.*
[ÉTYM. Du lat. pop. *zelŏsum, m. s.* de zelus, grec ζῆλος, zèle, envie, devenu jelos, §§ 424 et 291, jalos, jalous, jaloux,

§§ 342 et 325. || XIIᵉ s. Come li lous... Les berbiz veit dont est gelos, *Énéas*, 5369.]
|| **1°** Qui s'attache avec un zèle ombrageux à ce qu'il a à cœur. Mon cœur, de votre honneur —, Ne fera point rougir un père tel que vous, RAC. *Iph.* IV, 4. Dieu... De l'honneur des Hébreux autrefois si —, ID. *Ath.* I, 1. | Il est — de vous plaire, d'obtenir, de conserver votre estime. — de ses droits, de ses privilèges. Le rang que nous tenons, — de notre gloire, CORN. *D. Sanche*, I, 2. Combien les Romains en furent — (de la liberté), BOSS. *Hist. univ.* III, 6. || *Spécialt.* Qui a un amour ombrageux. Un mari — de sa femme. Une maîtresse jalouse de son amant. C'est aimer froidement que n'être point —, MOL. *Fâch.* II, 4. *Substantivt.* M'en rendre maître en dépit du —, MOL. *Éc. des f.* I, 4. Ma jalouse en fureur, CORN. *Méd.* II, 4. *P. anal.* Style biblique. Le Dieu —, qui veut être adoré exclusivement. N'es-tu plus le Dieu —? RAC. *Ath.* IV, 6. | *P. ext.* Une humeur jalouse. Des soupçons —.
|| **2°** Qui voit avec ombrage un autre jouir d'un avantage qu'il désire pour lui. Ne soyez point — des succès des autres, FÉN. *Tél.* 12. Cet enfant est — des caresses qu'on donne à son frère. Il est — de son ombre. Et d'un si beau trépas je suis même —, RAC. *Théb.* III, 4. | *Substantivt.* Votre sort fait bien des —. || *P. ext.* Regarder d'un œil —, Et jamais, dites-vous, Vos yeux de son bonheur ne furent plus —, RAC. *Iph.* IV, 1. Certain fat qu'à sa mine discrète Et son maintien —, j'ai reconnu poète, BOIL. *Sat.* 3. || *Fig.* La fortune jalouse N'a pas en votre absence épargné votre épouse, RAC. *Phèd.* III, 4. Un démon, — de mon contentement, M'inspira le dessein d'écrire, BOIL. *Sat.* 2.
|| **3°** Qui donne de l'inquiétude. Lauzun se divertit à s'arrêter dans les endroits les plus — (les plus exposés), ST-SIM. IV, 290. Barque jalouse, sujette à pencher d'un côté ou de l'autre.

JAMAIS [ja-mè] *adv.*
[ÉTYM. Composé de jà et mais au sens de « plus », § 726. || XIᵉ s. Ja mais n'iert tels com fut als ancessors, *St Alexis*, 5.]
|| *Vieilli.* En un temps quelconque (futur ou passé). Ces concerts de louanges... Que toute créature enfin pour tes bienfaits Et te rend chaque jour et te rendra —, CORN. *Imit.* IV, 2100. || *De nos jours. Loc. adv.* | 1. A —, à tout —, dans tout le temps à venir. La mort les a réunis à —. Puissiez-vous être heureux à tout — | 2. Pour —, pour tout le temps à venir. La mort qui... égale pour — toutes les conditions différentes, BOSS. *Gournay.* Adieu pour tout —, CORN. *Sertor.* III, 2. Vit-on — plus belle chose? Je le suis (interdit, confus), il est vrai, si — je le fus, CORN. *Pomp.* III, 2. C'est ce qu'on peut — dire de plus fort et de mieux. | 3. — plus (avec la négation ne), en aucun temps à partir du moment dont on parle. On ne l'a — plus revu. — plus d'assassins ni de conspirateurs, CORN. *Cinna*, V, 3. — je ne m'ennuie, MOL. *Éc. des f.* II, 5. Je ne pardonnerai —, ID. *D. Juan*, V, 2. J'y suis attrapée avec d'autres, mais non — avec vous, SÉV. 915. | *Famil. Substantivt.* Au grand —, forme hyperbolique de —. —, au grand —, je ne ferai ce que vous me demandez. || *Avec ellipse de la négation.* Avez-vous été à Rome? — (jamais je n'y ai été). Ces jeûnes sévères et presque — interrompus, MASS. *Panég. St Benoît. Loc. prov.* Mieux vaut tard que —.

JAMBAGE [jan-bâj'] *s. m.*
[ÉTYM. Dérivé de jambe, § 78. || 1436. La ferme de la boucherie de Baugencl nommée le jambaige, dans GODEF.]
I. || **1°** (Féodal.) Droit de —, droit du seigneur de poser sa jambe dans le lit d'une vassale nouvellement mariée. || *P. ext.* Prétendu droit du seigneur sur la première nuit de noces d'une vassale.
|| **2°** (Vénerie.) Peau détachée de la patte de l'animal.
II. *P. anal.* (Technol.) | 1. Assise de pierre soutenant de chaque côté le manteau d'une cheminée. | 2. Chacun des deux poteaux qui soutiennent le linteau d'une porte. | 3. Chacune des deux pièces dans lesquelles sont emboîtées les jumelles d'un tour. | 4. Chaine de pierres de taille, de moellons, de briques, qui soutient l'édifice et sur laquelle on pose les grosses poutres. | 5. Traits de certaines lettres de l'alphabet. Jambages mal formés.

JAMBE [jänb'] *s. f.*
[ÉTYM. Du lat. pop. gąmba, qui du sens spécial de « jarret » des quadrupèdes a passé bientôt au sens général de jambe, §§ 393 et 291. (*Cf.* gambe, gambade, ingambe, etc.) Gamba correspond au grec καμπή, courbure. (*Cf.* jante.)]
I. || **1°** Partie du membre inférieur de l'homme qui continue la cuisse, du genou jusqu'au pied, et, *p. ext.*

le membre entier. Avoir les jambes grosses. Être haut sur jambes, des jambes. A cheval sur une poutre, — de-ci, — de-là, à califourchon. L'eau lui venait à mi-—, jusqu'à la moitié de la jambe. Faire la belle —, marcher de manière à exhiber une belle jambe, et, *p. ext.* faire le beau. *Loc. prov.* Cela ne lui rend pas la — mieux faite, ne lui sert de rien. Oui, ma foi, cela vous rendrait la — bien mieux faite, MOL. *B. gent.* III, 3. *Dans le même sens, ironiqt.* Cela vous fera de belles jambes. | Aller, courir à toutes jambes, aussi vite qu'on peut. Jouer des jambes, s'enfuir. Prendre ses jambes à son cou, s'enfuir à grandes enjambées. *Fig.* N'avoir plus de jambes, plus de force dans les jambes. Casser la — à qqn. *Fig.* Rompre à qqn bras et jambes, le rouer de coups. | Couper la — à qqn. *Fig.* Couper bras et jambes à qqn, le réduire à l'impuissance, le décourager. | *Fig.* Jeter un chat aux jambes de qqn, à qqn, lui susciter un embarras. | Passer la — à qqn, lui donner un croc-en-jambe (*cf.* jambette), et, *fig.* le desservir traitreusement. *Fig.* Jouer qqn par-dessous —, obtenir sans effort un avantage sur lui. Maisons comptait de son côté jouer Canillac sous —, ST-SIM. XI, 236. Traiter qqn par-dessous la —, de haut en bas. | Traîner la — en marchant. Un invalide qui n'a plus qu'une —. *Fig.* L'affaire ne va que d'une —, va mal. || *P. anal.* — de bois. — mécanique, pièce artificielle destinée à remplacer une jambe amputée. Je lui avais conseillé de se défaire de sa — de bois, ST-SIM. I, 258. || *Spécialt.* | 1. (Manège.) Les jambes du cavalier, en tant qu'elles aident à diriger la marche du cheval. Ce cheval sent très bien les jambes. La science du cavalier consiste dans l'accord des jambes et des mains. | 2. (Escrime.) Avoir des jambes, être toujours prêt à partir de la jambe droite, le pied gauche restant solidement appuyé à terre.

|| **2°** Chez certains quadrupèdes, chacun des quatre membres qui soutiennent le corps et sont terminés par des sabots. (*Cf.* patte.) Les jambes d'un bœuf, d'un cheval, d'un cerf. *Fig.* Avoir des jambes de cerf, être excellent marcheur. *Abusivt.* Les jambes d'un chien. || *Spécialt.* Chez le cheval, la région comprise entre le jarret et le sabot. La — de dedans ou du montoir, la jambe gauche de devant ou de derrière. La — de dehors ou du hors montoir, la jambe droite de devant ou de derrière. Cheval qui n'a pas de jambes, qui a les jambes de devant ruinées. || *P. ext.* (Vénerie.) | 1. Chez les bêtes fauves ou noires, les deux os qui sont au bas de la partie postérieure de la jambe et font trace sur la terre avec le pied. — large, où la distance d'un os à l'autre est grande. — serrée ou rétrécie, où la distance est petite. — ravalée, où les os sont fort rabaissés vers le talon. | 2. Dans les crustacés, la quatrième pièce des pattes simples; dans les insectes, le troisième article principal de la patte.

II. (Technol.) Pièce allongée dont l'extrémité supérieure soutient qqch. Les jambes d'un compas, d'un siphon. (Charp.) — de force, pièce de bois verticale posant sur une poutre par l'extrémité inférieure et soutenant par l'autre le tirant de la ferme, ou pesant sur le tirant pour le lier à l'arbalétrier. (Maçonn.) — étrière, pilier qui est à la tête d'un mur mitoyen. — d'encoignure, qui est à l'angle d'un mur. — boutisse, qui boute, s'engage dans un mur de refend. || (Pêche.) — de filet, aile qu'on ajoute sur le côté d'un filet à manche. — de maille, fil qui forme un des côtés de la maille.

JAMBÉ, ÉE [jan-bé] *adj.*
[ÉTYM. Dérivé de jambe, § 118. || 1765. ENCYCL. Admis ACAD. 1762.]
|| Qui a la jambe faite de telle ou telle façon. Il est bien —, mal —.

JAMBETTE [jan-bèt'] *s. f.*
[ÉTYM. Dérivé de jambe, § 133. L'anc. franç. dit plutôt jambet au sens de « croc-en-jambe »; ACAD. ne donne que le sens 3°. || (Au sens 1°.) 1383. En soy efforçant de luy faire la jambete, dans DU C. gamba 1.]
|| **1°** Petite jambe. || *Fig.* Donner la — à qqn, lui donner un croc-en-jambe.
|| **2°** (Technol.) Nom donné à divers petits poteaux qui servent à soutenir des pièces de charpente. || *Spécialt.* Pièce de la charrue qui relie la haie au sep. (*Cf.* gendarme.)
|| **3°** *Dialect.* Petit couteau de poche dont la lame se replie dans le manche.

JAMBIER, IÈRE [jan-byé, -byèr] *adj.* et *s. m.* et *f.*
[ÉTYM. Dérivé de jambe, § 115. || XIII° s. Chausces et jambieres bien fetes, *Renart*, VI, 867, var.]

|| **1°** *Adj.* Relatif à la jambe. Les muscles jambiers, et *substantivt.* Le — antérieur, le — postérieur, le — grêle. Aponévrose jambière, des muscles de la jambe.

|| **2°** *S. m.* et *f.* Ce qui maintient ou protège les jambes. | 1. *S. f.* Jambière, partie de l'armure qui couvre la jambe, sorte de guêtre d'ouvrier. Les cantonniers ont des jambières de bois. | 2. *S. m.* Jambier, étrier de cuir que le couvreur, le peintre à la corde, s'attache aux jambes, pour monter contre le mur, le long de la corde à nœuds. | 3. *S. m.* Jambier, pièce de bois courbe qui maintient écartées les jambes de derrière d'une bête abattue, pendant que le boucher l'habille.

JAMBON [jan-bon] *s. m.*
[ÉTYM. Dérivé de jambe, § 104. || XIII°-XIV° s. Ne jambe ne jambon, *Renaut*, dans GODEF. *Compl.*]
|| Cuisse ou épaule de cochon, de sanglier, d'ours, etc., salée et ordinairement fumée pour être conservée. — de devant, de derrière. — de Bayonne, de Mayence. *P. hyperb. Famil.* Je ne ferais pas cela pour un — de Mayence. *P. plaisant.* Avocat plus couvert qu'un — de lauriers, LA F. *Ragotin*, II, 7. Manger une tranche de —. D'un —... Que j'allai déterrer Je coupai bravement deux tranches succulentes, MOL. *Amph.* I, 2.

JAMBONNEAU [jan-bò-nó] *s. m.*
[ÉTYM. Dérivé de jambon, § 126. || Admis ACAD. 1718.]
|| **1°** Sorte de petit jambon fait avec les pattes de devant du porc.
|| **2°** *Fig.* (Hist. nat.) Nom vulgaire des mollusques du genre pinne (moules, avicules, etc.).

JAMBOSIER [jan-bò-zyé] *s. m.*
[ÉTYM. Dérivé du malais djambou, *m. s.* §§ 28 et 115. || 1789. ENCYCL. MÉTH.]
|| (Botan.) Plante de la famille des Myrtacées dont l'espèce principale, dite pomme de rose, produit un fruit assez semblable à une petite pomme à saveur de rose.

JAN [jan] *s. m.*
[ÉTYM. Origine incertaine, peut-être du nom propre Jean, § 36. || XVI° s. L'on dict que le jan en vault deux, RAB. III, 12. Admis ACAD. 1762.]
|| (T. de jeu de trictrac.) Coup par lequel un joueur perd des points, ou en fait perdre à l'autre.

JANISSAIRE [jà-ni-sèr] *s. m.*
[ÉTYM. Emprunté du turc ièni tcheri, nouvelle milice, § 23. || XV° s. Jainuseres, J. DE WAVRIN, dans GODEF. *Compl.* Admis ACAD. 1740.]
|| Soldat d'élite de l'infanterie turque, servant à la garde du sultan. *Fig.* Tritons, qui sont les janissaires du dieu marin, FURET. *Rom. bourg.* I, 135.

JANSÉNISME [jan-sé-nism'] *s. m.*
[ÉTYM. Dérivé de Jansénius, célèbre théologien (1585-1638), § 265. || Admis ACAD. 1835.]
|| Doctrine de Jansénius, d'une sévérité excessive, condamnée par l'Église comme donnant trop à la grâce, trop peu au libre arbitre, conduisant à la prédestination absolue. Le — ne pouvait exciter que des querelles théologiques, VOLT. *S. de L.* XIV, 37.

JANSÉNISTE [jan-sé-nist'] *s. m.* et *f.*
[ÉTYM. Dérivé de Jansénius, § 265. || Admis ACAD. 1835.]
|| Partisan de la doctrine de Jansénius. || *P. ext.* Personne d'une sévérité outrée. On dit un jour à la reine de Suède que les précieuses étaient les jansénistes de l'amour, ST-ÉVREM. I, p. 110, édit. 1721. || *Fig. S. f.* | 1. Longue mitaine qui couvrait la partie du bras que la manche courte laissait à nu. | 2. Jupe baleinée moins ample que celles que l'on portait. || *Adjectivt.* La doctrine —. On accusa Phèdre d'être —; comment, disaient les ennemis de l'auteur, sera-t-il permis de débiter... ces maximes diaboliques : Vous aimez, on ne peut vaincre sa destinée, VOLT. *Lett.* 23 déc. 1760. || *Fig.* Reliure —, reliure pleine sans ornements.

JANTE [jànt'] *s. f.*
[ÉTYM. Peut-être d'un type *gambita, où se retrouve le radical de jambe avec le sens de « courbure », devenu *gamb'ta, jante, §§ 393, 290, 370 et 291. || XII° s. Jantes e muiels, *Rois*, III, 7.]
|| (Technol.) Chacune des six pièces de bois courbées qui, dans une roue, forment le cercle extérieur où viennent s'engager les rais. || Chacune des quatre pièces de bois plus grandes qui forment un second cercle assemblé à tenon dans le premier. Faites une — de roue, LA BR. 18.

***JANTIER** [jan-tyé] *s. m.* et ***JANTIÈRE** [jan-tyèr] *s. f.*

[ÉTYM. Dérivé de jante, § 115. || 1765. Jantier, ENCYCL. | 1783. Jantière, ENCYCL. MÉTH.]

|| (Technol.) Machine pour assembler les jantes.

***JANTILLE** [jan-tĭy'] *s. f.*

[ÉTYM. Dérivé de jante, § 95. || 1304. Colaus, gantilles et auves dudit moelin, dans GODEF. gantille.]

|| (Technol.) Ais, dit aussi aube ou palette, appliqué autour de chaque jante dans la roue d'un moulin, et recevant l'eau qui donne le mouvement à la roue.

***JANTILLER** [jan-ti-yé] *v. tr.*

[ÉTYM. Dérivé de jantille, § 154. || 1690. FURET.]

|| (Technol.) Garnir de jantilles. — une roue.

JANVIER [jan-vyé] *s. m.*

[ÉTYM. Du lat. januarium, m. s. devenu *janvarium, § 356, janvier, §§ 298 et 291.]

|| Le premier mois de l'année suivant l'usage moderne. Le mois de —. Le quinze de —, et, *ellipt,* Le quinze —. || *Fig.* Un soleil de —, une personne sans énergie.

JAPON [ja-pon] *s. m.*

[ÉTYM. Nom propre de pays, § 36. || Admis ACAD. 1762.]

|| Porcelaine du Japon. Une théière d'ancien —.

***JAPONNER** [ja-pò-né] *v. tr.*

[ÉTYM. Dérivé de japon, § 154. || 1752. TRÉV.]

|| (Technol.) Rendre semblable au japon. De la porcelaine japonnée.

JAPPEMENT [jăp'-man ; *en vers,* ja-pe-...] *s. m.*

[ÉTYM. Dérivé de japper, § 145. || XVᵉ s. Par trois gueules son jappement eschappe, O. DE ST-GELAIS, *Énéide,* dans DELB. *Rec.*]

|| Action de japper.

JAPPER [ja-pé] *v. intr.*

[ÉTYM. Onomatopée, § 32. || XIIᵉ-XIIIᵉ s. Et d'un petit esbai lo jape, *Ysopet de Lyon,* 858.]

|| Pousser un aboiement clair et aigu. Le chacal, le renard, jappent. (Se dit spécialement des petits chiens.) Un roquet qui jappe.

***JAPPEUR, EUSE** [ja-peùr, -peûz'] *s. m.* et *f.*

[ÉTYM. Dérivé de japper, § 112. || 1611. COTGR.]

|| Celui, celle qui jappe.

1. JAQUE [jăk'] *s. m.* (fém. ACAD.).

[ÉTYM. Origine incertaine ; qqns l'identifient avec Jacques. (*V.* ce mot.) || 1375. Ung jaques blanc, dans GODEF.]

|| *Ancienn.* Habillement d'homme, court et serré. (*Cf.* jaquette.) — de mailles, armure de mailles de fer allant du cou aux cuisses.

2. *JAQUE [jăk'] *s. m.*

[ÉTYM. Emprunté du malayalam (langue du Malabar) tsjaka, *m. s.* § 28. || XVIIIᵉ s. ABBÉ DE CHOISY, dans TRÉV.]

|| Fruit du jaquier.

JAQUEMART [jăk'-màr ; *en vers,* ja-ke-...] *s. m.*

[ÉTYM. Nom propre dérivé de Jacques, d'après la forme dialect. jaqueme, §§ 36 et 147. || XVIᵉ s. Logé au gond du jacquemart, RAB. I, 2.]

|| 1º Dans les anciennnes horloges placées au haut d'un édifice, figure de métal représentant un homme armé tenant à la main un marteau pour frapper les heures sur la cloche de l'horloge. Le — de Saint-Paul Qui fait là-haut la sentinelle (1668), LE PETIT, *Chroniq. scandaleuse,* 93. || *P. ext.* Homme de bois planté en terre, sur lequel on tirait au blanc.

|| 2º (Technol.) Ressort destiné à faire relever la vis des anciens balanciers à frapper les monnaies.

***JAQUET.** *V.* jacquet.

JAQUETTE [ja-kĕt'] *s. f.*

[ÉTYM. Dérivé de jaque 1, § 133. || XVᵉ s. Ça, ma jaquete, GREBAN, *Passion,* 7601.]

|| 1º Habillement d'homme qui descend un peu plus bas que le genou, jadis porté par les paysans, les hommes du peuple. Une grande —. Une — à pointe. || Robe que portent les petits garçons avant qu'on ne leur donne la culotte. Un petit garçon en —. Un enfant à la —. (Trousser la — à un enfant, se mettre à le fouetter.

|| 2º *P. anal.* (Technol.) Frette d'acier qui renforce la culasse d'une pièce d'artillerie.

JAQUIER [ja-kyé] *s. m.*

[ÉTYM. Dérivé de jaque 2, § 115. || 1789. ENCYCL. MÉTH. Admis ACAD. 1835.]

|| (Botan.) Espèce d'arbre qui croit aux îles de la Sonde et aux Moluques, et dont le fruit se mange comme la châtaigne, la pomme de terre.

***JARD** [jàr] *s. m.*

[ÉTYM. Origine inconnue. Souvent écrit jar, jars, jarre (et considéré comme fém.), § 509. || XIIIᵉ s. Nus toisserrans ne puet metre nul gart en oevre, E. BOILEAU, *Livre des mest.* I, L, 45.]

|| (Technol.) Long poil dur et luisant à la superficie des peaux de castor, de loutre, etc., et qu'on enlève pour laisser à découvert le poil soyeux. || Poil dur qui se trouve accidentellement dans une toison et la déprécie.

JARDE [jàrd'] *s. f.* et **JARDON** [jàr-don] *s. m.*

[ÉTYM. Emprunté et dérivé de l'ital. giarda, qui est l'arabe djaradh, *m. s.* §§ 12, 22 et 104. || 1690. FURET. Admis ACAD. 1762.]

|| (Art vétérin.) Tumeur calleuse qui vient aux jambes du cheval. à la partie externe du jarret. (*Cf.* éparvin.)

JARDIN [jàr-din] *s. m.*

[ÉTYM. Dérivé de l'anc. franç. jart, jard, d'origine germanique : *cf.* le gothique gards, haut allem. garto, allem. mod. garten, *m. s.* primitivement « cour, maison », §§ 6, 100, 298 et 299. || XIIᵉ-XIIIᵉ s. Celes plantent jardin sanz fruit, *Lai du conseil,* dans F. MICHEL, *Lais inédits,* p. 83.]

|| Terrain planté de végétaux utiles ou d'agrément. Un — fruitier, potager. — de rapport, d'agrément. — botanique, — des plantes, destiné à l'étude des végétaux. — de pharmacie, où l'on cultive les plantes médicinales. — français, d'un dessin symétrique. — anglais, qui a l'apparence de la nature agreste. Dans son —, tout peuplé d'arbres verts, BOIL. *Sat.* 6. *Fig.* Jeter des pierres dans le — de qqn, l'attaquer indirectement. || *Fig.* Pays très fertile. La Touraine est le — de la France. || *P. ext.* | — sec, herbier. | 2. (Marine.) Partie supérieure des bouteilles d'un navire. | 3. (Théâtre.) Côté de la scène qui est à droite de l'acteur. (*Cf.* cour.)

JARDINAGE [jàr-di-nàj'] *s. m.*

[ÉTYM. Dérivé de jardin, § 78. || 1281. Texte dans GODEF. *Compl.*]

|| 1º Culture des jardins. Un amateur du —, LA F. *Fab.* IV, 4. Il entend bien le —. Les produits du —. || *P. ext.* Plantes potagères produites par un jardin. Une voiture de —.

|| 2º Mode d'exploitation d'une forêt consistant à choisir pour les coupes les arbres nuisibles ou inutiles à la bonne tenue de la forêt.

|| 3º (T. de lapid.) Taches d'un diamant venant de matières étrangères qui s'y sont infiltrées ou de fêlures.

***JARDINÉ, ÉE** [jàr-di-né] *adj.*

[ÉTYM. Dérivé de jardin, § 118. || *Néolog.*]

|| (Technol.) En parlant de pierres précieuses, qui présente le défaut dit jardinage. (*Syn.* jardineux.)

JARDINER [jàr-di-né] *v. intr.* et *tr.*

[ÉTYM. Dérivé de jardin, § 154. || XIVᵉ-XVᵉ s. Mon mari... s'en va jardinant Avecques mainte femme fole, EUST. DESCH. VI, 235.]

|| 1º *V. intr.* Travailler au jardin.

|| 2º *V. tr.* Exploiter (une forêt) par jardinage.

|| 3º *V. tr.* (Fauconn.) — l'oiseau, lui faire prendre l'air au jardin.

JARDINET [jàr-di-nè] *s. m.*

[ÉTYM. Dérivé de jardin, § 133. || XIIIᵉ s. Un petit faitis jardinet, ADENET, *Cléomadès,* dans DELB. *Rec.*]

|| 1º Petit jardin.

|| 2º *Fig.* (Marine.) Compartiment sur le pont où l'on encaque les harengs.

***JARDINEUX, JARDINEUSE** [jàr-di-neû, -neûz'] *adj.*

[ÉTYM. Dérivé de jardin, § 116. || 1690. FURET. Admis ACAD. (au fém.) 1762.]

|| En parlant de pierres précieuses, qui présente le défaut du jardinage. Émeraude jardineuse, dont le vert est mêlé de brun.

JARDINIER, IÈRE [jàr-di-nyé, -nyèr] *s. m.* et *f.* et *adj.*

[ÉTYM. Dérivé de jardin, § 115. || XIIᵉ s. Deus t'a fait sun jardenier, Adam, p. 17, Luzarche.]

I. *S. m.* et *f.* || 1º Celui, celle dont le métier est de cultiver les jardins. — fleuriste, — pépiniériste. | *Fig. Famil.* Un chien de —, un homme hargneux. || *P. ext. et fig.* | 1. Jardinier, *s. m.* Ortolan ou bruant des jardins. | 2. Jardinière, *s. f.* Nom de divers insectes qui attaquent les racines des plantes potagères.

|| 2º Jardinière, *s. f.* | 1. Mets composé de diverses sortes de légumes. Côtelettes en —, à la —, servies avec diverses sortes de légumes. | 2. Meuble d'ornement por-

tant une caisse où l'on met des fleurs. | **3.** Voiture de campagne dans laquelle les jardiniers, maraîchers, transportent leurs approvisionnements. | **4.** Petite broderie de fil, étroite et légère, appliquée au bord d'une manchette de chemise ou de quelque autre vêtement semblable. || Sorte de coiffure du XVIIᵉ siècle, longue cornette bordée d'une broderie de fil, étroite et légère.

II. *Adj.* Qui a rapport aux jardins. **Plantes, cultures jardinières.** || **Exploitation jardinière,** exploitation d'une forêt par la méthode dite jardinage.

JARDON [jàr-don]. *V.* **Jarde.**

1. JARGON [jàr-gon] *s. m.*

[ÉTYM. Origine inconnue. || XIIᵉ s. **Tuit disoient en lur jargun,** MARIE DE FRANCE, *Fab.* 22.]

|| **1º** Langage corrompu. **Je ne saurais, moi, parler votre —,** MOL. *F. sav.* II, 6. **Ton — allemand est superflu,** ID. *Ét.* v, 5. || *P. ext.* Avec une certaine idée de dénigrement, langue étrangère qu'on entend parler sans la comprendre. **Je ne sais quelle langue parlent ces gens-là, mais je n'entends pas leur —.**

|| **2º** Langage spécial que certaines catégories de gens adoptent. **Les filous ont leur — à eux. Le — des précieuses. Le — de l'abstraite philosophie,** VOLT. *Lett. à Fontenelle,* juin 1721.

2. JARGON [jàr-gon] *s. m.*

[ÉTYM. Emprunté de l'ital. *giargone, m. s.* (*Cf.* anc. franç. *jagonce, jargonce,* hyacinthe.) || Admis ACAD. 1762.]

|| (Technol.) Diamant jaune, moins dur que le vrai diamant. || Petite pierre grosse comme une tête d'épingle, très commune en Auvergne, et qu'on faisait passer jadis pour une hyacinthe.

JARGONNER [jàr-gò-né] *v. intr.*

[ÉTYM. Dérivé de *jargon* 1, § 154. || XIIᵉ s. **Englois, Flamenc prissent a gargonner,** *Loherains,* dans GODEF.]

I. Parler un jargon. **Ils jargonnent ensemble.** || *P. ext.* Murmurer d'une voix indistincte. **M. de Noyon jargonna longtemps avant de se rendre,** ST-SIM. I, 207. || *Transitivt.* **Qu'est-ce qu'il jargonne là?**

II. En parlant du jars, de l'oie, pousser son cri. || *P. ext.* **Vous jargonnez comme un merle,** GHERARDI, *Th. ital.* III, 55.

'JARNI [jàr-ni], **'JARNIBLEU** [jàr-ni-bleu], **'JARNIDIEU** [jàr-ni-dyeu], **'JARNIGUÉ** [jàr-ni-ghé], **'JARNIGUIENNE** [jàr-ni-ghyèn'] *interj.*

[ÉTYM. Altération et abréviation par euphémisme de *je renie Dieu,* § 509. || 1611. Jarnigoy, COTGR.]

|| Sorte de jurement mis dans la bouche des personnages de comédie, spécialement des paysans. **Jarni! via ou l'on voit les gens qui aiment,** MOL. *D. Juan,* II, 1.

JAROUSSE [jà-roûs'] et **JAROSSE** [jà-rôs'] *s. f.*

[ÉTYM. Origine inconnue, probablement celtique, § 3. || 1326. **Feves, jarroces et veces,** dans DU C. *jarrossia.* Admis ACAD. 1878.]

|| *Dialect.* Gesse, plante.

1. JARRE [jàr] *s. f.*

[ÉTYM. Emprunté du provenç. moderne *jarro,* qui est d'arabe *djarra, m. s.* §§ 11 et 22. || 1642. OUD. Admis ACAD. 1718.]

|| **1º** Grand vaisseau de terre cuite, à deux anses, à large ventre, où l'on conserve de l'eau, de l'huile. || Fontaine de terre cuite dont on se sert dans les maisons pour conserver l'eau. || Mesure usitée en Orient pour le commerce des vins. || Cloche de verre ou de cristal, de capacité variable, dont on fait des batteries électriques.

|| **2º** Futaille où tombe le son, dans un moulin.

2. 'JARRE [jàr]. *V.* **Jard.**

'JARREBOSSE [jàr-bôs'; *en vers,* jà-re-...] *s. f.*

[ÉTYM. Origine inconnue. || 1752. TRÉV.]

|| (Marine.) Corde garnie d'un crampon, avec laquelle on accroche l'anneau de l'ancre pour la tirer de l'eau.

JARRET [jà-rè] *s. m.*

[ÉTYM. Dérivé du celtique *garr,* jambe, §§ 3 et 133. || XIIᵉ s. **Il trenchad les garez des chevals,** *Rois,* II, 8.]

|| **1º** Partie du membre inférieur qui est derrière le genou et lui est opposée. **Plier le —. Avoir le — souple. Être ferme sur ses jarrets. Avoir des jarrets d'acier.** *Absolt.* **Avoir du —,** avoir les jarrets solides. || *P. anal.* L'endroit où se plie la jambe de derrière chez les animaux à quatre pieds. **Les jarrets d'un cheval.** | *P. ext.* **— de veau** (dans la bête découpée pour la boucherie), le derrière de la jambe de devant.

|| **2º** *P. anal.* | **1.** (Allusion à un jarret tendu.) Longue branche d'arbre nue, dépouillée d'autres branches. | **2.** (Allusion à l'angle que forme le jarret chez le cheval.) Saillie ou bosse qui vient par accident déranger l'uniformité d'une ligne dans un morceau d'architecture, dans une pièce de menuiserie. **Cette voûte présente un —.** (*Cf.* jarreter 1.) || Coude formé par la jonction de deux tuyaux de conduite. || Partie du mors du cheval qui descend du rouleau aux petits tourets de la première chaînette.

JARRETÉ, ÉE [jàr-té; *en vers,* jà-re-té] *adj.*

[ÉTYM. Dérivé de *jarret,* §§ 65 et 118. (*Cf.* jarretier.) || Admis ACAD. 1694.]

|| **1º** (Art vétérin.) Qui a les jambes tournées en dedans, de façon que les deux jarrets se touchent presque en marchant. **Mulet —. Jument jarretée.** || *P. anal.* **Danseur —,** dont les genoux se touchent et les pieds s'écartent.

|| **2º** *Fig.* (Technol.) Dont la surface présente une inégalité, ou jarret. **Pilastre —. Voûte jarretée.**

1. 'JARRETER [jàr-té; *en vers,* jà-re-té] *v. intr.*

[ÉTYM. Dérivé de *jarret,* §§ 65 et 154. || 1694. TH. CORN.]

|| (Technol.) Former jarret, coude. **Une ligne qui jarrette.**

2. 'JARRETER [jàr-té; *en vers,* jà-re-té] *v. tr.*

[ÉTYM. Pour 'jarreterer, dérivé de *jarretière,* §§ 65 et 154. || XVIᵉ s. **Ayant jarreté mes chausses,** FILBERT BRETIN, dans DELB. *Rec.*]

|| Garnir de jarretières. **Se — au-dessus du genou. Il est mal jarreté.**

'JARRETIER, IÈRE [jàr-tyé, -tyèr] *adj.*

[ÉTYM. Dérivé de *jarret,* §§ 65 et 115. (*Cf.* jarreté.) || 1552. CH. EST. *Dict. lat.-franç.* dans DELB. *Rec.*]

|| *Vieilli.* (Art vétérin.) Qui a les jarrets trop rapprochés l'un de l'autre. **Cheval —. Jument jarretière.**

JARRETIÈRE [jàr-tyèr; *en vers,* jà-re-...] *s. f.*

[ÉTYM. Dérivé de *jarret,* §§ 65 et 115. || 1360. **Jartiere emaillee,** dans L. DE LABORDE, *Émaux,* p. 348.]

|| **1º** Cordon, ruban, etc., destiné à fixer les bas au-dessous ou au-dessus du genou. **Jarretières de soie. Jarretières élastiques. Attacher, nouer une —. Les jarretières de la mariée, que les garçons, aux noces de village, cherchent à dérober, pendant le repas, à la mariée.** | **L'ordre de la Jarretière,** ordre anglais de chevalerie. || *Fig. Famil.* **Il ne lui va pas à la —,** il est bien au-dessous de lui en valeur.

|| **2º** *Fig.* | **1.** Dartre farineuse autour de la jambe. | **2.** Genre de poisson au corps en forme de ruban.

'JARREUX, EUSE [jà-reû, -reûz'] *adj.*

[ÉTYM. Dérivé récent de *jard,* d'après la forme fautive *jar* ou *jarre,* §§ 64 et 116. Au moyen âge *jardeus,* E. BOILEAU, *Livre des mest.* I, IV, 45. || 1797. **Laine plus ou moins jareuse,** TESSIER, dans *Annales de l'agricult.* III, 261.]

|| (Technol.) Qui contient du jard. **Laine jarreuse.**

JARS [jàr] *s. m.*

[ÉTYM. Origine inconnue. (*Cf.* garron.) || XIIIᵉ s. **Totes sont pleines les cuisines De cos, de jars et de gelines,** *Renart,* I, 2891, var.]

|| Mâle de l'oie domestique.

JAS [jà] *s. m.*

[ÉTYM. Emprunté du provenç. *jatz, jas, m. s.* subst. verbal de *jazer,* gésir, § 11; proprt, « lit, couche ». || 1643. FOURNIER, dans JAL, *Gloss.* Admis ACAD. 1762.]

|| (Marine.) Pièce de bois ajustée par le milieu à l'extrémité de la verge d'une ancre, et servant, lorsqu'on jette l'ancre à la faire tomber, de façon qu'une des pattes morde sur le fond. (*Syn.* jouail.) **Un — d'ancre.**

JASER [jà-zé] *v. intr.*

[ÉTYM. Origine inconnue. || XIIᵉ s. **Mult jazera,** *Adam,* p. 41, Luzarche.]

|| **1º** Babiller doucement. **Elles ont jasé toute la nuit. Un petit enfant qui jase. Ah! jamais les amants ne sont las de —,** MOL. *Tart.* II, 4. || En parlant des oiseaux à qui on a appris à parler. **Une pie qui jase tout le jour.** || **Il jase comme une pie borgne.**

|| **2º** Bavarder malignement. **Cela va faire —. On en a jasé dans le quartier. Gardez le secret, n'allez pas —. On l'a fait —.**

'JASERAN [jàz'-ran; *en vers,* jà-ze-...] *s. m.*

[ÉTYM. Pour *jazerano, jazereno,* dérivé du nom de la ville d'Alger (en arabe al-Djezaïr), d'où venaient beaucoup de cottes de mailles, §§ 36 et 142. Qqf altéré en *jazeron,* §§ 62 et 104. || XIᵉ s. **Osberc jazereno,** *Roland,* 1604.]

|| 1° *Anciennt.* Cotte de mailles. || Bracelet, collier de mailles d'or, d'argent.

|| 2° *Dialect.* Chaînette qu'on porte autour du cou, pour suspendre une croix, un médaillon.

JASERIE [jáz'-ri ; *en vers,* já-ze-ri] *s. f.*

[ÉTYM. Dérivé de jaser, § 69. || 1539. R. EST. Admis ACAD. 1740.]

|| Action de jaser.

JASEUR, EUSE [já-zeŭr, -zeŭz'] *s. m.* et *f.*

[ÉTYM. Dérivé de jaser, § 112. || XVIᵉ s. Corbeau jaseur, MAROT, *Métam. d'Ovide,* 2.]

|| 1° Celui, celle qui jase, bavarde. Voilà une grande jaseuse. Loin de tout importun —, GRESSET, *Chartreuse.* Ne lui confiez rien, c'est un —.

|| 2° *P. anal.* (Hist. nat.) Les jaseurs, genre de passereaux dentirostres. || Le —, ou la petite jaseuse, sorte de perruche à queue courte.

JASMIN [jăs'-min] *s. m.*

[ÉTYM. Emprunté de l'arabe yasemin, *m. s.* qui est lui-même emprunté du persan, §§ 22 et 24. || 1519. Fleur de jasemin, *Voy. d'Antoine Pigaphetta,* dans DELB. *Rec.*]

|| Arbuste sarmenteux, genre type de la famille des Jasminées, à fleurs odoriférantes. — d'Espagne. — Jonquille. — commun ou — blanc, très répandu en France. Un berceau de —. || *P. ext.* Fleur de cet arbuste. Bouquet de —. | Parfum tiré de la fleur. Gants parfumés avec du —, et, ellipt, Gants de —.

'JASMINÉES [jăs'-mi-né] *s. f. pl.*

[ÉTYM. Dérivé de jasmin, § 223. || 1798. VENTENAT, *Tabl. du règne végétal,* I, disc. p. 45.]

|| (Botan.) Famille de plantes dicotylédones, arbrisseaux indigènes des régions chaudes de l'ancien continent, dont l'espèce type est le jasmin.

JASPE [jăsp'] *s. m.*

[ÉTYM. Emprunté du bas lat. jaspis, grec ἴασπις, *m. s.* || XIIᵉ s. PH. DE THAUN, *Best.* p. 126.]

|| 1° Pierre dure et opaque, de la nature de l'agate, colorée en rouge, jaune ou vert, uniformément, par bandes ou par taches. — panaché. — sanguin. — onyx.

|| 2° *P. anal.* (Technol.) Couleurs dont le relieur marbre la tranche, la couverture d'un livre.

JASPER [jăs'-pé] *v. tr.*

[ÉTYM. Dérivé de jaspe, § 154. || 1610. Marbre jaspé, LOUIS GUYON, *Div. Leçons,* dans DELB. *Rec.*]

|| Nuancer de diverses couleurs, comme le jaspe. Marbre jaspé. Un salon de marbre jaspé, CAZOTTE, *Diable amour.* Un serpent jaune et vert Jaspé de taches noires, V. HUGO, *Orient.* 26. || *Spéciall.* (Technol.) | 1. Semer la tranche d'un livre de petites taches jaunes, rouges, brunes, etc. | 2. Couvrir la couverture (de basane) d'un livre, de taches qu'on produit en faisant tomber des gouttelettes d'eau, de blanc d'œuf, etc., sur la basane préparée. | 3. Acier jaspé. Certaines armes de luxe présentent des trempes jaspées. *Au partic. passé pris substantivt.* Trempe au jaspé.

JASPURE [jăs'-pûr] *s. f.*

[ÉTYM. Dérivé de jasper, § 111. || 1680. RICHEL. Admis ACAD. 1762.]

|| (Technol.) | 1. Réunion de taches naturelles imitant le jaspe. | 2. Action de jasper, résultat de cette action.

JATTE [jăt'] *s. f.*

[ÉTYM. Du lat. gabata, *m. s.* devenu 'gab'ta, § 290, jatte, §§ 393, 369 et 291. (*Cf.* le doublet joue.)]

|| Vase de bois, de faïence, de porcelaine, rond, tout d'une pièce, sans rebord, anse ou manche. Une — pleine de lait, ou simplement Une — de lait. Suif en —, qu'on laisse figer dans des jattes. || Cul-de-—, estropié qui se traîne accroupi dans une jatte en bois.

JATTÉE [jà-té] *s. f.*

[ÉTYM. Dérivé de jatte, § 119. || 1690. FURET.]

|| Ce que peut contenir une jatte. Une — de lait.

JAUGE [jôj'] *s. f.*

[ÉTYM. Origine incertaine. (*Cf. Zeitschrift für roman. Philologie,* XVIII, 220, où jauge est expliqué par l'allem. galgen, goth. galga, qui signifie « potence », mais dont le sens primitif peut avoir été celui de « verge ».) || XIIIᵉ s. Se un jaugeur jauge et cil qui vende ou cil qui achate se doute de la jauge, E. BOILEAU, *Livre des mest.* I, VI, 4.]

|| (Technol.) || 1° Mesure, capacité que doit avoir un vaisseau, un récipient déterminé. Ce tonneau n'est pas de —. Cette pinte, ce boisseau, n'ont pas la —. (Marine.) Un voi-

lier de 250 tonneaux de —. || *P. anal.* Longueur déterminée mesurant un certain nombre de mailles dans un tricot.

|| 2° Ce qui sert à fixer la jauge. | 1. Verge avec laquelle les douaniers, les commis de l'octroi, mesurent la capacité des futailles. | 2. Cheville qui, par sa position sur la haie de la charrue, règle le degré de pénétration du soc. (*Cf.* étrempage.) | 3. Futaille qui sert d'étalon pour ajuster et échantillonner les autres. Barrique échantillonnée à la — de Paris. | 4. Boîte percée de plusieurs trous, qui sert à mesurer le volume d'eau fourni dans un temps donné par une source, une fontaine, un réservoir. | 5. Nom de divers instruments qui servent à prendre une mesure, à déterminer le volume d'un corps. — de charpentier. — pour mesurer la grosseur des cordages. — pour mesurer la profondeur d'une tranchée.

|| 3° *P. ext.* | 1. Tranchée creusée dans le sol pour conserver momentanément des plantes. | 2. Barre de fer avec laquelle le forgeron manie l'enclume qu'il fabrique, soulève de grosses masses de fer, etc.

JAUGEAGE [jó-jâj'] *s. m.*

[ÉTYM. Dérivé de jauger, § 78. || 1611. COTGR.]

|| (Technol.) || 1° Action de jauger. Payer tant pour le — des tonneaux.

|| 2° Jauge d'un navire.

JAUGER [jó-jé] *v. tr.*

[ÉTYM. Dérivé de jauge, § 154. || XIIIᵉ s. V. jauge.]

|| 1° Mesurer, en prenant la jauge. — une futaille. — un navire. — une source, une pompe, mesurer la quantité d'eau qu'elle fournit dans un temps déterminé. *P. ext.* — une pierre de taille, lui donner une forme régulière.

|| 2° (Marine.) Mesurer un tirant d'eau de telle profondeur. Ce bateau jauge deux mètres d'eau.

JAUGEUR [jó-jeŭr] *s. m.*

[ÉTYM. Dérivé de jauger, § 112. || XIIIᵉ s. V. jauge.]

|| (Technol.) Employé chargé de jauger (les futailles, etc.). || Ouvrier qui manie l'enclume ou de grosses masses de fer à l'aide de la barre de fer dite jauge.

'JAUMIÈRE [jó-myèr] *s. f.*

[ÉTYM. Origine inconnue. || 1694. TH. CORN.]

|| (Marine.) Trou pratiqué à la voûte du navire pour laisser passer la tête du gouvernail.

JAUNÂTRE [jó-nâtr'] *adj.*

[ÉTYM. Pour jaunastre, § 422, dérivé de jaune, § 151. || 1549. Jaunastre, R. EST.]

|| Qui tire sur le jaune. Couleur, teinte —.

JAUNE [jôn'] *adj., adv.* et *s. m.*

[ÉTYM. Du lat. galbinum, *m. s.* devenu 'galb'ne, §§ 290 et 291, galne, § 370, jalne, § 393, jaune, § 455.]

|| 1° *Adj.* Qui est de la couleur de l'or, du safran, du citron, etc. Fleur —. Drap —. Un homme... qui porte une fraise avec un habit — et vert, MOL. *Méd. m. l.* I, 4. Toile —, grosse toile écrue qui n'a pas encore été blanchie. || *Fig.* Faire des choses jaunes, dire des choses incroyables. || *Spéciall.* En parlant de la peau, qui a une teinte jaune. On dit que ton front — et ton teint sans couleur Perdit en ce moment son antique pâleur, BOIL. *Lutr.* 1. Être — comme un coing, avoir le teint très jaune. | Fièvre — ou typhus d'Amérique, maladie contagieuse dans laquelle la peau prend une teinte jaune. | Race —, une des divisions du genre humain, dont la peau a une teinte jaunâtre. *Substantivt.* Les jaunes, les hommes de la race jaune. || Un jeune oiseau qui a encore le bec —. (V. béjaune.)

|| 2° *Adv.* Avec une teinte jaune. Les cierges brûlaient —. || Rire —, rire d'un rire forcé et contraint. Chamillart, très borné, très entêté, riant —, ST-SIM. II, 421.

|| 3° *S. m.* Couleur jaune. Le — est une des couleurs du spectre solaire, et se place entre le rouge et le vert. — pâle, — foncé. || Substance jaune. | 1. — d'œuf, partie de l'intérieur de l'œuf qui est jaune. Avaler un — d'œuf. Dorer la pâte du pain avec des jaunes d'œufs. *P. anal.* Nom donné à des coquilles du genre nérite. | 2. Matière colorante jaune, servant à teindre, ou à colorer en jaune. — de Naples, — de montagne, sorte d'ocre ou d'argile chargée d'oxyde de fer. | 3. Le — écarlate, agaric orangé, sorte de champignon. — à collet rouge, sorte de champignon blanc, cerné de jaune, avec un collet un peu rouge.

'JAUNEAU [jó-nó] *s. m.*

[ÉTYM. Dérivé de jaune, § 126. || *Néolog.*]

|| (Botan.) Ficaire, renoncule jaune.

'JAUNELET [jón'-lè ; *en vers,* jó-ne-lè] *s. m.*

[ÉTYM. Dérivé de jaune, § 134. || 1793. PAULET, *Traité des champign.* II, 129.]

|| (Hist. nat.) Chanterelle, champignon jaune.

*JAUNET, ETTE [jó-nè, -nêt'] *adj.*

[ÉTYM. Dérivé de jaune, § 133. || XIIIᵉ s. Rouge, gaunette et noire, *Doon de Mayence*, 1493. Admis ACAD. 1694; suppr. en 1798.]

|| Qui est un peu jaune. || *Substantivt.* Un —. | 1. *Pop.* Pièce d'or. | 2. Petite fleur jaune des prés.

JAUNIR [jó-nîr] *v. intr. et tr.*

[ÉTYM. Dérivé de jaune, § 154. || XIIIᵉ s. Et la pesance et les ennuis... L'avoient mout faite jaunir, G. DE LORRIS, *Rose*, 295.]

|| 1º *V. intr.* Devenir jaune. Les fruits commencent à —. Les blés jaunissent. Feuilles jaunies. Cet homme jaunit à vue d'œil.

|| 2º *V. tr.* Rendre de couleur jaune, teindre, peindre en jaune. Le soleil jaunit les blés. — une toile, un plancher. — les épingles.

JAUNISSANT, ANTE [jó-ni-san, -sänt'] *adj.*

[ÉTYM. Adj. particip. de jaunir, § 47. || XVIᵉ s. Pluye jaunissante, J. DU BELLAY, *Amours*, 19. Admis ACAD. 1798.]

|| Qui devient jaune. Les blés jaunissants. Tout son corps est couvert d'écailles jaunissantes, RAC. *Phèd.* V, 6.

JAUNISSE [jó-nîs'] *s. f.*

[ÉTYM. Dérivé de jaune, § 124. || XIIᵉ s. De jalnice et de meneisun, *Lapid. de Marbode*, 537.]

|| 1º *Vieilli.* Teinte jaune de la peau.

|| 2º Ictère, maladie qui jaunit la peau, et vient d'un trouble dans la sécrétion et le cours de la bile. || *P. anal.* Maladie des arbres, des vers à soie, qui leur donne une teinte jaune.

JAVART [jà-vàr] *s. m.*

[ÉTYM. Origine inconnue. || XIVᵉ s. Advise que le cheval n'ait javart, *Ménagier*, II, 75.]

|| (Art vétérin.) Sorte de furoncle, tumeur dure et douloureuse qui vient au pied du cheval, du bœuf, entre le paturon et la couronne.

JAVEAU [jà-vó] *s. m.*

[ÉTYM. Pour javel, § 456, forme masc. de javelle (*V.* ce mot), qui signifie « monceau » en anc. franç. || XIIᵉ s. Testes et bras fait voler sur l'erbier, Et Bertrans fait un gaviel issi fier, RAIMBERT DE PARIS, *Chevalerie Ogier*, 3891.]

|| (Technol.) Ile de sable, de limon, formée dans la campagne par le débordement d'un cours d'eau.

*JAVEL (EAU DE). *V.* eau.

*JAVELAGE [jàv'-làj'; *en vers*, jà-ve-...] *s. m.*

[ÉTYM. Dérivé de javeler, § 78. || 1793. ENCYCL. MÉTH. *Agriculture*, chaume.]

|| (Technol.) Action de javeler le blé, le sel; résultat de cette action. (*Syn.* écochelage.)

JAVELER [jàv'-lé; *en vers*, jà-ve-lé] *v. tr. et intr.*

[ÉTYM. Dérivé de javelle, §§ 65 et 154. || XIIIᵉ s. Devant li les gavele com ramille menue, *Doon de Mayence*, 8858.]

|| (Technol.) || 1º *V. tr.* Mettre en javelle (le blé, le sel). (*Syn.* écocheler.)

|| 2º *V. intr.* En parlant du blé mis en javelle, prendre la couleur jaune. Le blé javelle. Il faut laisser — ce seigle. | Avoine javelée, dont le grain est devenu noir et pesant, pour avoir été mouillée en javelles.

JAVELEUR, *JAVELEUSE [jàv'-leûr, -leûz'] *s. m. et f.*

[ÉTYM. Dérivé de javeler, § 112. || 1611. COTGR.]

|| Celui, celle qui javelle le blé. || *P. anal.* Engin dont on a armé les machines à moissonner et qui fait les fonctions du javeleur.

1. JAVELINE [jàv'-lin'] *s. f.*

[ÉTYM. Dérivé du radical de javelot, § 100. || 1451. Et print sa javeline, *Reg. du Tresor des Chartes*, Arch. nat. JJ 181, nº 75.]

|| Dard long et mince dont se servaient les anciens.

2. *JAVELINE [jàv'-lin'] *s. f.*

[ÉTYM. Dérivé de javelle, §§ 65 et 100. || *Néolog.*]

|| (Technol.) Petite javelle de blé.

JAVELLE [jà-vèl'] *s. f.*

[ÉTYM. Origine incertaine, probablement celtique, § 3. (*Cf.* javeau.) || XIIᵉ s. Des Sarrasins feisse tieus geveles Plus en tuasse de cinc cenz, *Moniage Guillaume*, dans GODEF.]

I. *Anciennt.* Monceau, tas. || *Spécialt. De nos jours.* (Technol.) Une — de sel, tas de sel retiré du marais salant. Une — de morues sèches, un paquet de huit morues.

II. || 1º Chacune des poignées de blé scié qu'on couche sur le sillon avant de les réunir en gerbes, pour laisser le grain jaunir au soleil. II (le paysan) voit... La — à plein poing tomber sous la faucille, RACAN, *Retraite*. Il laisse là le champ, le grain et la —, LA F. *Fab.* VIII, 9.

|| 2º Fagot, botte de sarments de vigne, d'échalas ou de lattes. Tonneau qui tombe en —, dont les douves se séparent du fond, tombent en bottes.

JAVELOT [jàv'-ló; *en vers*, jà-ve-ló] *s. m.*

[ÉTYM. Origine incertaine, probablement celtique, § 3. || XIIᵉ s. Volent saietes barbelees E Javelot, *Énéas*, 5313.]

|| (T. milit.) Arme de trait se lançant à la main. (*Cf.* dard.) Hippolyte... Arrête ses coursiers, saisit ses javelots, RAC. *Phèd.* V, 6.

*JAYET [jà-yè]. *V.* jais.

JE [je] et, *devant une voyelle*, J', *pron. pers.*

[ÉTYM. Du lat. ego, m. s. devenu de bonne heure eo, d'où io, jo, je, §§ 394, 356 et 347.]

|| Pronom personnel de la première personne du singulier, des deux genres, faisant au pluriel nous, qui s'emploie comme sujet de la proposition. Je, soussigné, notaire à Paris, déclare... Où suis-je? Qu'ai-je fait? Mais, lui dis-je. Je me repose parce que je suis fatigué. Je l'oublierai pourtant et veux vous faire grâce, CORN. *Sertor.* IV, 2. || Je ne sais qui, je ne sais quoi. (*V.* savoir.)

*JÉ [jé]. *V.* jet.

*JEANNETTE [jà-nèt'] *s. f.*

[ÉTYM. Nom propre, diminutif de Jeanne, § 133. || *Néolog.*]

|| (Technol.) Mince chaîne d'or ou d'argent à laquelle s'attache une croix.

JECTISSE [jèk'-tîs']. *V.* jetisse.

JÉJUNUM [jé-ju-nòm'] *s. m.*

[ÉTYM. Du lat. jejunum (intestinum), m. s. proprt, « à jeun ». || 1541. Intestin dit jejunum, J. CANAPPE, *Tabl. anatom.* dans DELB. *Rec.* Admis ACAD. 1762.]

|| (Anat.) Le second intestin grêle, qui contient d'ordinaire peu de matières, comparativement aux autres.

JÉRÉMIADE [jé-ré-myàd'; *en vers*, -mi-àd'] *s. f.*

[ÉTYM. Dérivé de Jérémie, prophète célèbre par ses lamentations, § 120. || XVIIᵉ-XVIIIᵉ s. Il faut finir cette jérémiade, ABBÉ DE CHOISY, dans TRÉV. Admis ACAD. 1762.]

|| *Famil.* Plainte sans fin, qui importune. Avez-vous bientôt fini vos jérémiades?

*JERSEY [jèr-sè] *s. m.*

[ÉTYM. Nom propre d'une île de la Manche, § 36. || *Néolog.*]

|| Corsage de femme en tissu élastique qui se moule sur le buste.

JÉSUITE [jé-zuit'] *s. m.*

[ÉTYM. Nom des membres de l'ordre de Jésus, fondé par Ignace de Loyola, pris en mauvaise part, §§ 36 et 254 *bis.* Souvent jésuiste au XVIIᵉ s. § 265. || 1548. Au nom du college des Jesuistes, *Chron. bordel.* dans DELB. *Rec.* Admis ACAD. 1835.]

|| *Famil.* Hypocrite dont il faut se défier.

JÉSUITIQUE [jé-zui-tîk'] *adj.*

[ÉTYM. Dérivé de jésuite, § 229. || 1771. TRÉV. Admis ACAD. 1835.]

|| *Famil.* De jésuite. Morale —, morale de restrictions mentales attribuée aux jésuites. Une mine —.

*JÉSUITIQUEMENT [jé-zui-tîk'-man] *adv.*

[ÉTYM. Composé de jésuitique et ment, § 724. || *Néolog.*]

|| D'une manière jésuitique.

JÉSUITISME [jé-zui-tîsm'] *s. m.*

[ÉTYM. Dérivé de jésuite, § 265. Au XVIᵉ s. PASQ. dit jésuisme. || Admis ACAD. 1835.]

|| *Famil.* Conduite, langage hypocrite.

JET [jè] *s. m.*

[ÉTYM. Subst. verbal de jeter, §§ 65 et 52. || XIIᵉ s. Esmerillons en gies, *Alexandre*, fº 5, Michelant.]

|| Action de jeter. Le jet d'une balle élastique. Le jet d'une pierre. *P. ext.* Marcher le jet d'une pierre, la distance parcourue par une pierre jetée. Terres de jet, terres d'un fossé qu'on creuse, jetées sur le bord, de manière à faire talus. (*Cf.* jetisse.) Bois de jet, bois de chauffage qu'on jette à flot ou à bois perdu pour le transporter. | Le jet des dés. | Le jet d'une fronde, d'une bombe. Armes de jet, dont on se sert pour combattre de loin, qu'on lance à distance (arbalète, arc, javelot, fronde, armes à feu, etc.). | Le capitaine fit le jet de la cargaison. Si le jet ne sauve le navire, il

n'y a lieu à aucune contribution, *Code de comm.* art. 423. | Le jet d'un filet, action de le jeter à la mer, dans la rivière, et, *p. ext.* ce que le coup de filet peut rapporter de poisson. Acheter le jet d'un filet. || *Spécialt.* (Technol.) Action de jeter dans le moule le métal en fusion. Fondre, couler d'un seul jet (toutes les parties de la pièce). Statue fondue d'un seul jet. *Fig.* Ouvrage écrit d'un seul jet, d'une inspiration unique et sans retouche. || *P. ext.* | **1.** Chacun des petits tuyaux de terre dont on entoure le modèle dans le moule, et par lesquels le métal en fusion pénètre dans le moule. | **2.** Dans la fonte des caractères d'imprimerie, la partie du métal jeté dans le moule qui est en excédent sur le caractère et qu'on en détache. (*V.* rompure.) || *P. anal.* Action de verser la cire fondue sur les mèches, jusqu'à ce qu'elles aient le poids voulu. Donner des demi-jets, des jets entiers. || Jet d'un liquide, d'un fluide, mouvement par lequel jaillit qqch. Un jet de vapeur. Un jet de lumière, rayon de lumière qui paraît subitement. Jet de feu. *Spécialt.* Jet de feu, sorte de fusée fixe donnant des jets d'étincelles. | La saignée donna un fort jet de sang. | Jet d'eau, colonne d'eau lancée par pression dans une direction verticale ou oblique. || *P. ext.* | **1.** Ajutage placé à l'extrémité de la conduite d'où part le jet d'eau, et, en général, ajutage placé à l'extrémité d'une conduite. | **2.** Partie du bas d'une croisée, du seuil d'une porte, qui renvoie au dehors l'eau de la pluie. || Jet d'abeilles, nouvel essaim qui sort de la ruche. | Jet d'un arbre, pousse nouvelle de branches. Canne d'un seul jet, faite d'une branche sans nœud, et, *absolt*, Un jet, une canne d'un seul jet. *Spécialt.* (Technol.) Sonde de jonc pour dégorger un tuyau. (Souvent écrit jé.)

'JETAGE [je-tàj'] *s. m.*
[ÉTYM. Dérivé de jeter, § 78. || 1788. SALMON, *Art du potier d'étain*, p. 31.]
I. Action de jeter. Le — du bois flotté dans les cours d'eau. Le — d'un pont sur une rivière. Le — du métal fondu.
II. Le fait de jeter, ce qui jette (en parlant d'humeurs). *Spécialt.* (Art vétérin.) Écoulement, par les naseaux, d'un mucus plus ou moins abondant.

JETÉ [je-té]. *V.* jeter.

JETÉE [je-té] *s. f.*
[ÉTYM. Subst. particip. de jeter, § 45. || XIIIᵉ s. Le jetee d'un caillou, R. DE CLARI, p. 28, Riant.]
I. || **1°** *Ancienn.* Action de jeter; ce qu'on jette.
|| **2°** *Spécialt.* Amas de pierres, de gravier, etc., jetés dans la longueur d'un mauvais chemin, pour le rendre plus praticable. || Amas de pierres, galets, sables, etc., jetés à l'entrée d'un port, liés fortement et soutenus de pilotis, pour rompre l'impétuosité des vagues. || *P. ext.* Sorte de barrage de bois qu'on fait dans un cours d'eau pour en redresser le lit.
II. Action de jeter, de couler la fonte. Une — de chandelles, ce qu'on peut mouler de chandelles en une seule fonte de suif. || *P. ext.* | **1.** — d'abeilles, nouvel essaim d'abeilles qui s'élance de la ruche. | **2.** — goutteuse, mouvement de la goutte qui se porte sur les articulations ou sur un organe intérieur.

JETER [je-té] *v. tr.* et *intr.*
[ÉTYM. Du lat. pop. *jettare*, altération inexpliquée du lat. class. *jactare*, m. s. §§ 386, 295 et 291. || Xᵉ s. Enz zel fou la getterent, *Ste Eulalie*.]
I. Envoyer dans l'espace par une impulsion rapide. — une balle. — une pierre contre qqn, et, *fig.* — la pierre à qqn, le dénigrer. — des pierres dans le jardin de qqn. (*V.* jardin.) — son chapeau en l'air. — un verre d'eau à la figure de qqn. Cendres jetées au vent. — une bouteille à la tête de qqn, et, *fig. famil.* — une chose à la tête de qqn, la lui offrir avec empressement sans qu'il s'en soucie. Il vient me — sa marchandise à la tête. — de la poudre aux yeux de qqn, et, *fig.* — de la poudre aux yeux, chercher à éblouir. — un os à un chien. — le grappin sur un navire (pour l'aborder), et, *fig.* — le grappin sur qqn, chercher à s'en rendre maître. — le faucon, le lancer après la proie. || — qqn par la fenêtre. Il se jeta dans le précipice, dans la rivière. *P. anal.* Rivière qui se jette dans un fleuve, fleuve qui se jette dans la mer, y a son embouchure. || *Spécialt.* — qqch (pour s'en débarrasser). — qqch aux ordures. — une lettre au panier. Il jeta le paquet qu'il tenait à la main (pour courir plus facilement). — ses armes (dans le combat). *Fig. Famil.* — le froc aux orties, abandonner l'état de moine. | Un capitaine qui jette

sa cargaison à la mer (pour alléger son bâtiment). Marchandises jetées par-dessus bord, et, *fig.* — qqn par-dessus bord, l'abandonner, le repousser. — l'ancre (expression qui date du temps où les ancres étaient maniables), la jeter du bord du navire au fond de la mer. *Fig.* Ne pouvons-nous jamais sur l'Océan des âges Jeter l'ancre un seul jour ? LAMART. *Médit.* I, 13. | *P. anal.* — la sonde, le plomb, pour mesurer la profondeur de l'eau, ou la qualité du fond sur lequel court le navire. || *Fig.* — l'argent par la fenêtre, le dépenser follement. C'est un homme d'ordre, qui ne jette pas son argent. || *P. ext.* Poser vivement. — les cœurs (au piquet, à l'écarté, etc.), les écarter pour prendre d'autres cartes. | — une lettre dans la boîte, un paquet à la poste. | — les jetons (pour calculer, d'après l'ancienne méthode de calculer à l'aide de jetons), et, *fig. vieilli*, — une somme, la calculer. | — les dés, au jeu de dés, et, *fig.* Le dé, le sort en est jeté, le parti en est pris. || *P. ext.* Diriger vivement une partie du corps d'un certain côté. Il jeta les bras en avant. — un pied en avant, en dansant. Pas jeté, et, *substantivt*, Un jeté, pas de danse dans lequel on porte vivement un pied en avant, en arrière, de côté, en même temps qu'on lève l'autre. Il se jeta en arrière pour éviter le coup. — les yeux, les regards, la vue sur qqch, regarder tout à coup. *Fig.* — les yeux sur qqn, avoir des vues particulières sur lui. — un châle sur ses épaules. — un voile sur son corps nu. — un pont sur une rivière. *P. anal.* — les fondements d'un édifice. (Typogr.) — un blanc, une espace, une interligne, poser ces pièces dans la composition. | — une maille (au tricot). Brin jeté, et, *substantivt*, Un jeté, brin de laine posé sur l'aiguille avant de prendre la maille. | *Fig.* La nuit qui vient — son ombre sur la campagne. — de la gaieté dans un entretien. — des louanges, des sarcasmes. On nous jette de tous côtés cent brocards à votre sujet, MOL. *Av.* III, 1. — un sort à qqn. — des vers sur le papier. Notes jetées sans ordre. Propos jeté dans la conversation. || *P. ext.* Les feux que jette le diamant. — feu et flamme, pousser des cris de colère, de passion. — un cri, des cris de joie, de terreur. L'air résonne des cris qu'au ciel chacun envoie; Albe en jette d'angoisse, et les Romains de joie, CORN. *Hor.* IV, 2. *Famil.* — les hauts cris, se plaindre vivement et hautement. Je jette des larmes de joie, MOL. *D. Juan*, V, 1. | Une ruche d'abeilles qui jette un essaim, qui le produit et le met dehors. | En parlant des végétaux. Plante qui jette des bourgeons, des scions. *Absolt.* Cet arbre commence à —. — de profondes racines, jeter des racines qui pénètrent profondément dans le sol, et, *fig.* Les abus avaient jeté de profondes racines. | Cerf qui jette sa tête, son bois, qui laisse tomber les bois de sa tête. Cerf qui jette ses fumées, qui se vide. | Crapaud qui jette son venin, et, *fig. famil.* Il a jeté tout son venin, il a dit, dans l'emportement de la colère, toutes les mauvaises choses qu'il avait sur le cœur. | Abcès qui jette de l'humeur, du pus. *Absolt.* La plaie commençait à —. Cheval qui jette sa gourme, qui a par les narines un écoulement dû à la gourme, et, *absolt*, Ce cheval jette. *Fig.* — sa gourme, faire des folies de jeunesse.
II. || **1°** Pousser vivement. — qqn contre le mur. Le navire fut jeté par la tempête contre les rochers. Le capitaine se jeta (jeta son navire) sur la côte pour y échouer. — qqn à terre, par terre, le pousser vivement de manière à le faire tomber à terre. Se — le visage contre terre. Un lion affamé vint se — sur mon troupeau, FÉN. *Tél.* 2. Les voleurs se jetèrent sur les bagages et les pillèrent. || Il se jeta sur son lit, épuisé de fatigue. — qqn aux genoux d'un autre. Se — aux genoux de qqn (pour le supplier). Se — au cou de qqn (pour l'embrasser). Il le poussa et le jeta dans les bras de son père. *Fig.* Un enfant qu'ils ne connaissent pas, Que le hasard peut-être a jeté dans leurs bras, RAC. *Ath.* III, 3. *Fig.* Se — dans les bras de qqn, lui demander son appui. Jetons-nous dans les bras qu'on nous tend avec joie, RAC. *Mithr.* III, 1. Il se jeta entre les deux adversaires et les sépara. *Fig.* Se — à la traverse, au milieu des projets de qqn. Embarrassé par des événements bizarres qui se jettent à la traverse, BOSS. 2ᵉ *Purific.* 2. || *P. anal.* Le voleur se jeta dans une ruelle et disparut. Se — dans une voiture. *Fig.* — dans un couvent, faire entrer dans un couvent. — qqn en prison, dans un cachot. Il fut jeté dans les fers. | *Spécialt.* Le général se jeta avec un millier d'hommes dans la ville assiégée. || *P. anal.* La goutte s'est jetée sur l'estomac. || *P. ext.* — le métal fondu dans le moule, le laisser s'échapper du fourneau et se précipiter dans le moule. — une figure en moule. *Absolt.* — une statue en bronze. — en sable, dans un moule de sable. — des

chandelles, des bougies, les fabriquer au moule. | *P. anal.* (*Passem.*) — en soie, couvrir de soie un moule de bouton. || 2° *Fig.* — qqn dans la joie, dans le désespoir, dans la crainte, les alarmes. Il (ce refus) pourrait me — en d'étranges soupçons, RAC. *Ath.* II, 5. Cela pourrait vous — dans de grandes difficultés. Se — dans la débauche, dans les intrigues. Se — dans la dévotion. Se — d'un excès dans un autre. — la terreur dans le cœur de qqn. Cessez... De — dans mon cœur vos indignes faiblesses, CORN. *Cinna*, I, 1. — la discorde, la honte, au sein des familles. Les pensées que cela jette dans l'esprit.

JETISSE [je-tis'] adj. f.
[ÉTYM. Dérivé de jeter, § 82. ACAD. 1762-1878 donne jectisse, forme refaite d'après le lat. jactare, jeter, § 502. || XIIe s. Metal geteis, *Thèbes*, append. IV, 1385.]
|| (Technol.) Qui a été jeté, qui peut se jeter. Terre —, prise dans un lieu et jetée dans un autre. On ne peut bâtir sur des terres jetisses. Pierres jetisses, pouvant se poser à la main dans toute sorte de constructions. Laine —, jetée comme rebut.

JETON [je-ton] *s. m.*
[ÉTYM. Dérivé de jeter, § 104. (*Cf.* rejeton.) || XIIIe-XIVe s. Renart, de vil geton issis, *Renart et Piaudoue*, dans CHABAILLE, *Roman du Renart*, suppl. p. 41.]
|| 1° Pièce de métal, d'ivoire, en forme de médaille, dont on se servait autrefois pour calculer. (*Cf.* jeter.) Argan, assis,... compte des parties d'apothicaire avec des jetons, MOL. *Mal. im.* I, 1. || *P. anal.* | 1. Petite pièce de métal, d'ivoire, dont on se sert pour marquer au jeu. Marquer les points avec des jetons. Être faux comme un — (qui simule souvent le métal précieux), avoir un caractère faux. | 2. — de présence, sorte de médailles qu'on donne, dans certaines sociétés, à chacun des membres qui assistent aux séances. *P. ext.* Honoraires payés pour chaque séance à laquelle on a assisté. Toucher des jetons de présence. | 3. Petit instrument avec lequel on vérifie si les caractères d'imprimerie sont bien de niveau.
|| 2° (T. rural.) Jetée, essaim d'abeilles.

JEU [jeu] *s. m.*
[ÉTYM. Du lat. jŏcum, m. s. devenu *jueu, jieu, jeu, §§ 320, 381 et 291.]
I. Action de se livrer à un amusement. Faire qqch par —. Ce sont des jeux d'enfant, et, *fig.* Ce n'est pas — d'enfant, un — d'enfant, c'est une affaire sérieuse. Ce sont jeux de princes, où les autres pâtissent. Ce ne sera qu'un — pour vous, n'offrira pour vous aucune difficulté. Se faire — de la douleur d'autrui, s'en amuser. Roi cruel! ce sont là les jeux où tu te plais! RAC. *Esth.* III, 1. Les jeux du hasard, de la fortune. Les jeux de Mars, la guerre. Jeux de mots, plaisanterie tirée d'un contraste de sens entre deux mots de même son. || (Mythol.) Les Jeux, divinités allégoriques présidant à la gaieté. Les Jeux, les Ris, la Danse, Ont aussi leur tour à la fin, LA F. *Fab.* VI, 21.
II. Amusement soumis à des règles, et où l'un perd tandis que l'autre gagne. Le — de barres, de colin-maillard. Jeux de calcul et de combinaison. Jeux de hasard. Jeux d'adresse, le jeu de paume, le billard, etc. || *Spécialt.* Luttes corporelles chez les anciens. Les jeux Olympiques, Pythiques, Néméens. Les jeux du cirque, les jeux séculaires. Les jeux du théâtre, de la scène, les représentations dramatiques. | Jeux Floraux, (*V.* floral.) || Petits jeux, jeux de société, jeux innocents, où l'on propose des questions à résoudre et où l'on impose des pénitences à ceux qui perdent. Jeux de mains, jeux où il faut déployer quelque invention. *Fig.* Jeux d'esprit, productions badines, telles qu'anagrammes, charades, énigmes, etc. C'est le —, ce n'est pas le —, c'est la manière, ce n'est pas la manière dont il faut jouer. || *Spécialt.* Aux jeux de paume, de balle, chacune des divisions de la partie. Une partie de six jeux (à la paume). Jouer en six jeux. Avoir trois jeux à deux, à un, à point, avoir trois jeux à jouer, l'adversaire n'en ayant que deux, qu'un seul, ou point du tout. Être à deux de —, avoir chacun deux jeux. *Fig.* Ils sont à deux de —, l'un n'a pas eu plus d'avantages, ou a été aussi maltraité que l'autre. || *Spécialt.* Amusement où l'on risque de l'argent. Gagner, perdre au —. Passer ses nuits au —. Il est possédé du démon du —. Tricher au —, jouer en fraudant pour gagner. Exception de —, disposition de la loi qui ne reconnaît pas les dettes de jeu. Jouer le — de qqn, chercher à le faire gagner, et, *fig.* entrer dans ses intérêts. *Dans ce dernier sens.* Tenir le — de qqn, jouer pour lui. Mettre au —, déposer son enjeu, et, *fig.* risquer qqch dans qq affaire. D'entrée de —, dès le commencement du jeu, et, *fig.* dès le début. Se piquer au —, s'opiniâtrer à jouer, et, *fig.* s'entêter à qqch. Jouer bon —, bon argent, en payant comptant, et, *fig. famil.* Bon —, bon argent, pour tout de bon. *Fig.* Mettre qqn en —, le faire intervenir. | Maison de —, où l'on joue les jeux de hasard. Avoir la ferme d'une maison de —. Académie des jeux, jeux publics, lieu où l'on donne à jouer toutes sortes de jeux. *Loc. prov.* Le — ne vaut pas la chandelle (qui éclaire les joueurs), la chose ne vaut pas la dépense, la peine qu'elle occasionne.

III. || 1° Ce qui sert à ces amusements. Un — de dames, d'échecs, de loto. — de quilles. — de boule. — d'arquebuse, l'installation complète pour jouer au tir. — de paume, l'établissement où l'on joue à la paume. Le serment du — de paume, prononcé en 1789 dans le local du jeu de paume à Versailles. — de cartes. — entier, de cinquante-deux cartes. — de piquet, qui ne contient que trente-deux cartes. *P. anal.* — de voiles, appareil complet de toutes les voiles d'un navire. — d'avirons, le nombre des avirons nécessaires pour un canot. || *Spécialt.* Assemblage des cartes qui, données à chaque joueur, lui servent à faire les coups. Avoir une carte de trop dans son —. Un mauvais —. Avoir un beau —, et, *dans le même sens,* Avoir du —. Donner beau — à qqn, lui donner des cartes favorables. Bien jouer son —, et, *fig.* Et ma simplicité Joue aussi bien son — que ton avidité, CORN. *Ment.* IV, 7. Faire voir beau — à qqn, lui faire subir qq échec, qq mauvais tour. Si Dieu m'avait fait naître Propre à tirer marrons du feu, Certes, marrons verraient beau —, LA F. *Fab.* IX, 17. Faire bonne mine à mauvais —, cacher son mécontentement. Il cache, il couvre son —, il dissimule les moyens qu'il emploie pour réussir. Le dessous du —, le côté des cartes que l'on ne montre pas à l'adversaire, et, *fig.* les moyens que l'on emploie pour réussir contre qqn et qu'on lui laisse ignorer.
|| 2° Résultat de la façon dont on joue. Avoir un — habile, serré. Jouer un — serré, jouer avec prudence, et, *fig.* agir prudemment, en mettant toutes les chances de son côté.
|| 3° *Spécialt.* Ce que l'on met au jeu. Jouer un — d'enfer. Jouer grand —, gros —, risquer de fortes sommes, et, *fig.* s'engager dans une affaire où l'on court de grands risques. Faire son —, déposer son enjeu. Jouer beau —, jouer le jeu que les autres veulent. Tirer son épingle du —. (*V.* épingle.) | *P. anal.* — de bourse, spéculation sur les valeurs cotées à la bourse.

IV. Façon de manier un instrument.
|| 1° Façon de manier les armes. Le — de la hallebarde. || *Spécialt.* La façon de faire les armes et l'escrime. Avoir un — habile. Savoir le — de qqn, connaître les coups dont il se sert le plus habituellement, et, *fig.* connaître les moyens qu'il emploie pour arriver à un résultat.
|| 2° Manière dont on joue d'un instrument de musique. Avoir un — brillant, hardi, large, et, *fig.* C'est le vieux —, de vieilles habitudes ou des vieilleries sans intérêt. C'est là le vieux — qu'à présent je corrige, LA F. *Eunuque*, II, 1. || *P. ext.* Ensemble des instruments qu'on fait jouer à la fois. — de viole. — d'orgue. Demi-— d'orgue. *Spécialt.* Chacun des tuyaux d'orgue produisant un son spécial. Le — de voix humaine, le — de flûtes, le — de trompettes. | *P. anal.* — d'orgue, soubassement sous le manteau d'une cheminée.
|| 3° *Fig.* Manière dont un acteur joue un rôle. Comédien qui a le — noble, pathétique. Jeux de scène, effets de scène produits par un acteur à l'aide de gestes, de mouvements expressifs. — muet. || *P. ext.* — de la physionomie, mouvement des traits donnant à la physionomie des expressions différentes et caractéristiques.

V. Mouvement aisé d'un objet dans un espace. Le — de la gâchette d'un fusil. Le — d'un verrou, d'une clef dans la serrure. *Fig.* Le — des forces qui agitent le monde. De nouvelles forces entrent ici en —. Donner du — à une porte, à un tiroir, donner une aisance plus grande de mouvement en enlevant ce qui fait obstacle. Le — du piston dans le corps de pompe, de la barre d'un gouvernail. | *P. ext.* Jeux de lumière, reflets mobiles, changeants, d'un corps, produits par les mouvements de la lumière ou celui du corps. Jeux d'eau, mouvements divers et combinés de jets d'eau, produits par la disposition différente des ajutages.

JEUDI [jeu-di] *s. m.*

[ÉTYM. Pour jeusdi, § 422, plus anciennement juesdi, du lat. jŏvis diem, *m. s.* propri, « jour de Jupiter », §§ 320, 291 et 174.]

‖ Le cinquième jour de la semaine. Il y a séance tous les jeudis. — gras, le jeudi qui précède le mardi gras. — saint, — de l'absoute, — absolu, le jeudi de la semaine sainte. Un sermon que fit le Père Ange à Paris, le — absolu (1617), D'AUB. *Fœneste,* IV, 8. La semaine des trois, des quatre jeudis, époque qui n'arrive jamais.

JEUN [jun] *adj.*

[ÉTYM. Du lat. jejūnum, *m. s.* devenu jeûn, §§ 398 et 291, jeun, § 358. (*Cf.* jéjunum.)]

‖ 1° *Ancienn.* Qui n'a rien mangé depuis le commencement de la journée.

‖ 2° *De nos jours. Loc. adv.* A —, sans avoir rien mangé depuis le commencement de la journée. Être à —. Prendre un remède à —.

JEUNE [jeun'] *adj.*

[ÉTYM. Du lat. jŏvenem, *m. s.* altéré de bonne heure en *jŏvenem,* §§ 325 et 360, juevne, §§ 320, 290 et 291, juene, jeune, § 369. (*Cf.* gindre.)]

‖ Qui n'est pas avancé en âge. Un — enfant. Une — femme. Des jeunes gens. Des jeunes gens nouvellement mariés. Une — fille. Une — personne, jeune fille ou jeune femme. *Loc. prov.* Le diable était beau quand il était —. De jeunes soldats. Jeunes détenus, mineurs de seize ans détenus par autorité de justice dans une maison de correction. Un — officier. Quel — étourdi ! Il est trop — pour un emploi si important. | *Spécialt.* Par opposition à aîné. Celui ci est l'aîné, celui-là le plus —. Elle est plus — que moi de deux ans. *P. ext.* Appellation qu'on donne à certains personnages historiques pour les distinguer d'autres plus anciens portant les mêmes noms. Pline le Jeune était le neveu de Pline l'Ancien. Louis le Jeune, roi de France (Louis VII, par opposition à son père Louis VI). ‖ *Substantivt.* Il fait le —; elle fait la —. Les jeunes, les hommes jeunes. Tu murmures, vieillard : vois ces jeunes mourir, LA F. *Fab.* VIII, 1. Les jeunes de langue, jeunes gens entretenus par l'État pour apprendre les langues orientales et devenir interprètes. ‖ *P. ext.* Qui appartient à un jeune homme, une jeune fille. Le — âge. Les jeunes ans, la — saison, la jeunesse. Dès mes plus jeunes ans, CORN. *Pomp.* IV, 3. J'ai perdu, dans la fleur de leur — saison, Six frères, RAC. *Phèd.* II, 1. Dans son — temps, du temps qu'il était jeune. Confier en de jeunes mains le sort de l'État. Le plaisir et la gloire Que donne aux jeunes cœurs la première victoire, RAC. *Baj.* I, 1. Un — cœur s'enflamme aisément. *Famil.* Une — barbe, un jeune homme. Un — visage. De jeunes courages. De ses jeunes erreurs désormais revenu, RAC. *Phèd.* I, 1. Ce costume est trop — pour une personne de son âge. | Avoir la voix, le visage —, la voix, le visage d'un jeune homme. *Fig.* C'est un cœur, un esprit resté —, qui a conservé la vivacité, le charme de la jeunesse. Ces amants dont la — ferveur Adore votre fille, CORN. *Cid,* I, 1, var. 3. ‖ *P. anal.* | 1. En parlant des animaux. Un — chat. Fou comme un — chien. *Loc. prov.* — chair et vieux poisson, il faut manger jeunes les animaux de boucherie, la volaille, le gibier, et vieux, les poissons. *Substantivt.* Le — d'un animal, son petit. | 2. En parlant des végétaux. — plante, — bois, — chêne. *Spécialt.* Jeunes baliveaux, réservés lors de la dernière coupe, par opposition aux modernes et aux anciens, qui datent de coupes antérieures.

JEÛNE [jeun'] *s. m.*

[ÉTYM. Subst. verbal de jeûner, § 52. ‖ XII° s. Comande lor treis jorz jeûne, *Thèbes,* 5148.]

‖ Abstinence d'aliments. Un trop long — ruine la santé. Vous leur faites observer (à vos chevaux) des jeûnes si austères que ce ne sont plus rien que des idées ou des fantômes, des façons de chevaux, MOL. *Av.* III, 1. | *Fig. Famil.* Privation d'une chose dont on a besoin. Nous avons été jusqu'ici dans un — effroyable de divertissements, MOL. *Préc. rid.* sc. 9. ‖ *Spécialt.* Acte de dévotion qui consiste à s'abstenir d'aliments, par mortification, depuis le commencement de la journée jusqu'à une heure plus ou moins avancée. L'usage du — est de la plus haute antiquité. Le — des Turcs pendant la fête du Ramadan. Rompre le —. Le — du carême. En parlant de qqch qui n'en finit pas. Long comme un jour de —.

JEÛNEMENT [jeûn'-man ; *en vers,* jeu-ne-...] *adv.*

[ÉTYM. Composé de jeune et ment, § 724. ‖ XIII° s. Car vous parlés d'amour trop jonement (var. jovenement), ADAM DE LA HALE, *Chanson,* dans GODEF. jovenement. Admis ACAD. 1718.]

‖ 1° *Famil.* D'une manière jeune, en jeune homme. Vous vous êtes conduit un peu — en cette affaire.

‖ 2° (Vénerie.) Nouvellement. Cerf à dix cors —, cerf qui vient de prendre cinq andouillers de chaque côté, qui vient d'avoir cinq ans (à cinq ans et demi, le cerf étant dit cerf de dix cors).

JEÛNER [jeû-né] *v. intr.*

[ÉTYM. Du lat. jejunāre, *m. s.* devenu jeûner, §§ 398, 295 et 291, jeûner, § 358. (*Cf.* dîner, déjeuner.)]

‖ Rester dans une abstinence plus ou moins complète d'aliments. C'est un avare qui fait — ses domestiques. Le médecin l'a forcé à — pendant toute la journée. Les soldats ont souvent jeûné dans cette campagne. ‖ *Spécialt.* Faire abstinence par esprit de mortification. Moïse jeûna quarante jours et quarante nuits. — durant tout le carême. — au pain et à l'eau. Dans l'ancienne Église, on jeûnait jusqu'au soleil couché.

JEUNESSE [jeu-nês'] *s. f.*

[ÉTYM. Dérivé de jeune, § 124. ‖ XII° s. Joefnesce, BENEEIT, *Ducs de Norm.* dans GODEF. *Compl.*]

‖ 1° Temps de la vie entre l'enfance et l'âge mûr. La — passe bien vite. Pendant la —. Dans sa première —, dans les premières années de sa jeunesse, au sortir de l'enfance. Dès la plus tendre —. Il s'y est accoutumé de —, dès la jeunesse. CHIM. : Rodrigue a du courage. — L'INF. : Il a trop de —, CORN. *Cid,* II, 3. Cette personne n'est plus de la première —. Avoir un air de —, paraître encore jeune. La — en sa fleur brille sur son visage, BOIL. *Lutr.* 1. Il faut que — se passe, on doit excuser les fautes des jeunes gens. Ce sont péchés de —. ‖ *P. ext.* | 1. L'ensemble de ceux qui sont dans cette période de la vie. La — se flatte et croit tout obtenir, LA F. *Fab.* XII, 5. Est-ce que vous voulez qu'un père ait la mollesse De ne savoir pas faire obéir la —? MOL. *Éc. des f.* V, 7. *Loc. prov.* Si — savait, si vieillesse pouvait, si les jeunes gens avaient l'expérience de la vie, et les vieillards la vigueur pour mettre à profit cette expérience. | 2. *Spécialt.* Les jeunes gens, à l'exclusion des jeunes filles. La — de la ville s'exerçait aux armes. Une fille qui voit et que voit la —, CORN. *Mélite,* IV, 1. | 3. Les jeunes gens et les enfants. | 4. *Famil.* Une —, une jeune fille. Je suis tout réjoui de voir cette —, RAC. *Plaid.* III, 4.

‖ 2° *Fig.* Période d'existence d'une chose capable de durée et de développement, où elle grandit en force, en vigueur. La — du monde. L'humanité en sa —.

JEUNET, ETTE [jeu-nè, -nêt'] *adj.*

[ÉTYM. Dérivé de jeune, § 133. ‖ XII° s. Junete pucele, WACE, *Conception,* dans GODEF. jovenet.]

‖ *Famil.* Qui est trop jeune. Il est bien —. Elle est encore toute jeunette.

JEÛNEUR, EUSE [jeû-neur, -neûz'] *s. m. et f.*

[ÉTYM. Dérivé de jeûner, § 112. ‖ 1611. COTGR.]

‖ Celui, celle qui jeûne.

JOAILLERIE [jwày-ri ; *en vers,* jwà-ye-ri] *s. f.*

[ÉTYM. Dérivé de joaillier, §§ 65 et 68. ‖ 1434. Texte dans GODEF. *Compl.*]

‖ Art, commerce du joaillier. ‖ Marchandise que vend le joaillier. Articles de —.

JOAILLIER, IÈRE [jwà-yé, -yêr'] *s. m. et f.*

[ÉTYM. Dérivé de joyau, § 115. ‖ 1438. Texte dans GODEF. *Compl.*]

‖ Celui, celle qui travaille en joyaux, pierreries, ou qui en fait commerce. *P. appos.* Marchand —.

* **JOBARD, ARDE** [jò-bàr, -bàrd'] *s. m. et f.*

[ÉTYM. Dérivé de l'anc. franç. Jobe, *m. s.* d'origine inconnue, § 147. ‖ *Néolog.*]

‖ *Famil.* Niais, niaise qui se laisse sottement duper.

* **JOBARDERIE** [jò-bàrd'-ri ; *en vers,* -bàr-de-ri] *s. f.*

[ÉTYM. Dérivé de jobard, § 69. ‖ *Néolog.*]

‖ Niaiserie de jobard.

JOCKEY [jò-kè] *s. m.*

[ÉTYM. Emprunté de l'angl. jockey, *m. s.* § 8. Le mot anglais est pour Jackey, diminutif de Jack, Jean. ‖ 1777. Le mot anglais est jockey que nous prononçons comme jacquet, CAILHAVA, *Égoïsme,* III, 6, note. | 1781. Les jockets (sic), MERCIER, *Tabl. de Paris,* II, 171. Admis ACAD. 1835.]

‖ Très jeune domestique qui conduit une voiture en postillon, suit son maître à cheval, etc. ‖ Celui qui monte les chevaux dans les courses.

JOCKO [jò-kó] *s. m.*

[ÉTYM. Emprunté de la langue indigène du Congo, § 29. || XVIIIᵉ s. BUFF. Admis ACAD. 1835.]

|| Espèce de singe, dit aussi **orang-outang.**

JOCRISSE [jò-krĭs'] *s. m.*

[ÉTYM. Nom propre d'un personnage du théâtre comique, §36. || XVIᵉ s. C'est dommage que vous n'avez nom Jocrisse, CHOLIÈRES, *Après-disnées*, p. 51. Admis ACAD. 1762.]

|| **1°** Benêt qui se laisse gouverner, qui s'occupe des soins les plus bas du ménage. Si j'avais un mari,... Je ne l'aimerais point s'il faisait le —, MOL. *F. sav.* V, 3.

|| **2°** Valet niais et maladroit.

JOIE [jwà] *s. f.*

[ÉTYM. Du lat. pop. gaudia, pluriel du nom neutre gaudium, *m. s.* employé comme fém. sing. §§ 393, 333, 415, 291 et 545.]

|| Vive impression de plaisir. Mouvement, transport de —. Cris, larmes de —. A ces mots le corbeau ne se sent pas de —, LA F. *Fab.* I, 2. J'ai de la —, j'ai bien de la —, j'ai à vous voir. Prendront-ils même — à m'obéir qu'à lui ? CORN. *Sertor.* I, 1. Cette nouvelle a comblé la ville de —. On en fit des feux de —, on alluma sur les places publiques des feux en signe de joie. Et ma — à vos yeux n'ose-t-elle éclater ? RAC. *Iph.* II, 2. Que le Ciel vous tienne en —, que la — soit avec vous, anciens souhaits de politesse. Être à la —, dans la — de son cœur. Se donner au cœur (*vieilli*), à cœur — de qqch, en jouir, savourer la jouissance. Elle s'en donnait au cœur —, ST-AMANT, *Palais de volupté.* Avoir la — d'une chose, en jouir. O mon fils ! ô ma — ! ô l'honneur de nos jours ! CORN. *Hor.* IV, 2. || *P. ext. Au plur.* Les joies, les jouissances. Les joies du Paradis. Douceurs préférables à toutes les joies et à tous les plaisirs des sens, BOURD. *Caractère du chrétien*, 1. La — bruyante des convives. Son air inspire la —. Vive la — ! cri des gens qui s'amusent. [*P. ext.* Une fille de —, une prostituée. Les libertins entretiennent ici un nombre infini de filles de —, MONTESQ. *Lett. pers.* 57.

JOIGNANT, ANTE [jwà-ñan, -ñänt'] *adj. et prép.*

[ÉTYM. Tiré du part. prés. de joindre, §§ 47 et 56. || XIIIᵉ s. Et les manches joignans et cointes, G. DE LORRIS, *Rois*, 2158.]

|| **1°** *Adj.* Qui est contigu. Maison joignante à la mienne. L'immense plein pied d'une forêt toute joignante, ST-SIM. XII, 80.

|| **2°** *Vieilli. Prép.* Tout proche, sans rien qui sépare. Il habite dans cette maison — l'église. Tout — cette pierre, LA F. *Fab.* IV, 20.

JOINDRE [jwĭndr'] *v. tr.*

[ÉTYM. Du lat. jŏngere, *m. s.* devenu jon're, joindre, §§ 327, 396, 484, 290 et 291.]

I. || **1°** Approcher une chose d'une autre de manière qu'elles se touchent ou se tiennent. Deux morceaux d'étoffe joints bout à bout. — deux pièces de bois. Ces planches ne se joignent pas, et, *intransitivt*, ne joignent pas. Faire — deux ris. — les deux bouts d'une corde (autour d'un objet qu'on veut lier), et, *fig. famil.* Avoir de la peine à — les deux bouts, arriver tout juste d'un bout de l'autre à l'autre, la dépense n'excédant pas le revenu. — les pieds, les faire toucher l'un contre l'autre dans leur longueur. Sauter à pieds joints, et, *vieilli*, à joints pieds. *Fig.* Vous avez passé à joints pieds sur toutes les misères, SÉV. 742. Sauter à pieds joints pardessus une difficulté. — les mains (la paume contre la paume, et les doigts croisés), en signe de supplication, de douleur. Il joignit les mains et leva les yeux vers le ciel. Prier à mains jointes. Le canal du Languedoc joint la mer Méditerranée à l'océan Atlantique. — deux champs voisins, les réunir en un seul. Il a acheté la maison voisine et l'a jointe à la sienne. *P. ext.* En parlant d'un objet, être tout à fait contigu à. La cabane joignait le palais. Ce prince joignit à ses États des provinces voisines. — à son nom de nouveaux titres. Joignez à cela qu'il est dans une fâcheuse situation de fortune. *Ellipt. Vieilli.* Joint que..., joignez à cela que... Joint que ta vertu passe Tous les rois qui seront, RÉGNIER, *Sat.* 1. Joint que Dieu sait bien se rendre le maître, BOSS. *Hist. univ.* II, 26. || *Fig.* (Droit.) — deux instances, deux causes, les juger en même temps. — l'incident à l'instance principale, — le profit du défaut, joindre la cause du défaillant à celle des défendeurs présents, pour statuer sur le tout ensemble. Ci-joint, qui est joint à ce dont on parle. La déclaration ci-jointe. Les papiers ci-joints. *Loc. adv.* Ci-joint les pièces que vous demandez. Vous trouverez ci-joint la quittance du bail. || (Gramm.) — un mot à un autre, avec un autre, les placer l'un à côté de l'autre en les unissant par un rapport syntaxique.

|| **2°** *Fig.* Ajouter et réunir ensemble par un lien moral. — l'utile à l'agréable. Célèbre par toute la terre pour avoir joint la chasteté avec la beauté et le savoir avec la valeur, BOSS. *Hist. univ.* I, 10. Ne doutez point que... A la haine bientôt ils ne joignent l'audace, RAC. *Baj.* I, 1. En lui la douceur se joint à la majesté. — ses prières à celles d'un autre. Joignons nos efforts. || *Spécialt.* Unir des personnes par un lien moral. L'amitié qui les joint. Un ami, qui m'est joint d'une amitié fort tendre, MOL. *Tart.* V, 6. Se —, être joint par le mariage à celle qu'on aime. Joignons nos familles par cette alliance. Joins Sabine à Camille et ta femme à ta sœur, CORN. *Hor.* IV, 7. Le sang les avait joints, l'intérêt les sépare, LA F. *Fab.* IV, 18. Des enfants bien joints, vivant dans la concorde. || Se — à qqn, unir ses efforts aux siens. Je me joins à vous pour intervenir en faveur de votre ami.

II. || **1°** En parlant de plusieurs personnes, de troupes, etc., aller se réunir à (d'autres personnes, d'autres troupes). Le régiment joignit la division. Je m'en allai à Mons — le Royal-Roussillon, ST-SIM. I, 81. L'escadre a joint l'armée navale. — un navire, l'atteindre en le chassant ou en cherchant à le rallier.

|| **2°** Arriver auprès de qqn, l'atteindre. Malgré l'avance qu'il avait sur moi, je le joignis bien vite. Allons vite — notre provincial, MOL. *Pourc.* I, 2. Il trouve en les joignant que son frère n'est plus, CORN. *Hor.* IV, 2. Dans l'ardeur du combat je l'ai vu, je l'ai joint, RAC. *Alex.* III, 6. Ils se cherchent l'un l'autre et ne peuvent arriver à se —. | *Spécialt.* Aller au-devant de qqn pour l'aborder. Ils ne le saluaient plus (un courtisan en disgrâce)..., ils commençaient à ne le plus —, LA BR. 8.

JOINT [jwĭn] *s. m.*

[ÉTYM. Subst. particip. de joindre, § 45. (*Cf.* lat. junctus, us, jonction.) || 1397. Une chose nommée joint a quoy ou pays l'en lye les buefs, dans DU C. jugum.)

|| Endroit où deux pièces contiguës se joignent, se touchent. Le — de deux os, l'endroit de leur articulation. Trouver le — en découpant un poulet, et, *fig.* Trouver le —, trouver la meilleure façon de prendre une affaire. Le — de deux pavés, l'entre-deux de deux pavés contigus, qu'on remplit de sable, de mortier. — en rive, entre pavés d'une même rangée. — en bout, entre pavés de deux rangées consécutives. | Le — de deux moellons, de deux pierres de taille, *même sens*, et, *p. ext.* chacune des deux faces latérales par lesquelles ils sont contigus (par opposition aux lits, faces horizontales par lesquelles ils sont superposés). | *P. ext.* Le — d'une planche, la face la plus étroite. Planches posées à plat —, contiguës par leur joint, mais non assemblées à rainures et à languettes. | Ces ouvrages de menuiserie sont si bien travaillés qu'on n'en voit pas les joints. || *P. ext.* Fissure dans un minéral, une roche.

'JOINTE [jwĭnt'] *s. f.*

[ÉTYM. Subst. particip. de joindre, § 45. || XIIᵉ s. A la jointe trop s'abandonent Et es escuz granz cous se donent, *Thèbes*, 5745.]

|| **1°** *Anciennt.* Jointure, articulation. || *P. ext. De nos jours.* (Manège.) Paturon du cheval.

|| **2°** (Manufact.) Fil d'organsin avec lequel on renoue des fils de soie qui se cassent.

|| **3°** (Menuis.) Planche d'une cloison, d'un plancher, assemblée avec d'autres à rainures et à languettes.

JOINTÉ, ÉE [jwĭn-té] *adj.*

[ÉTYM. Dérivé de jointe, § 118. || XVIIᵉ s. *V.* à l'article.]

|| (Manège.) S'emploie seulement dans les locutions suivantes : Cheval court-—, long-—, bas-—, cheval dont les jointes sont courtes, sont longues, ont une forme qui se rapproche de l'horizontale. Court-—, Et qui fait dans son port voir sa vivacité, MOL. *Fâch.* II, 6.

JOINTÉE [jwĭn-té] *s. f.*

[ÉTYM. Dérivé de joint, jointe, part. de joindre, § 119. || XIIIᵉ s. Com il en avoit sa jointee, PEAN GASTINEAU, *St Martin*, p. 93, Bourassé. Admis ACAD. 1718.]

|| Quantité qui peut être contenue dans le creux de deux mains jointes.

JOINTIF, IVE [jwĭn-tĭf, -tĭv'] *adj.*

[ÉTYM. Dérivé de joint, part. de joindre, § 125. A remplacé jointis, jointisse, || XVᵉ s. Ne veit plus gentil parement..., Ne mieux jointif, MARTIN LE FRANC, *Champion des Dames*, dans GODEF. Admis ACAD. 1762.]

|| (Technol.) Qui est joint. Lattes jointives (dans un plafond, une couverture de toit), lattes qui se touchent l'une

l'autre. **Cloison jointive**, et, *substantivt*, **Jointive**, cloison de planches brutes posées à plat joint.

***JOINTOIEMENT** [jwin-twà-man] *s. m.*
[ÉTYM. Dérivé de jointoyer, §§ 65 et 145. || *Néolog.*]
|| (Technol.) Action de jointoyer.

JOINTOYER [jwin-twà-yé] *v. tr.*
[ÉTYM. Dérivé de joint, § 163. || 1335. Rappareillier et jointoyer le viel taluz, dans GODEF. jointoier. Admis ACAD. 1762.]
|| (Technol.) Maçonner en remplissant les joints des pierres avec du mortier, du plâtre.

JOINTURE [jwin-tûr] *s. f.*
[ÉTYM. Du lat. jūnctūra, m. s. §§ 348, 386 et 291.]
|| 1° Endroit où les os se joignent aux articulations. || Endroit où se joignent des pierres, des planches posées les unes à côté des autres. || *Fig. Vieilli.* Adresse à trouver le point favorable pour agir. M. Le Grand trouva — à mettre le prince Camille à la place de Carlingford, ST-SIM. III, 246.
|| 2° (Manège.) Paturon du cheval. (*Syn.* jointe.)

JOLI, IE [jò-li] *adj.*
[ÉTYM. Pour jolif, jolive, § 62 (*cf.* joliveté), dérivé d'un radical jol, que l'on a rapproché de l'anc. norois hjol, fête solennelle, §§ 9 et 125. || XIIᵉ s. Cele feste fu mout jolie Et bele et boine et mout jolie, *Flore et Blanceft.* I, 2846.]
|| Qui a de l'agrément extérieur. Son mari est trop — et trop aimable, il nous écrit des lettres charmantes, SÉV. 94. Elle est fort jolie femme, nous sommes fort bien ensemble, ID. 1196. Une jolie petite fille. Votre petit neveu est fort — et bien éveillé, RAC. *Lett.* 147. C'est une jolie femme. Les femmes de Perse sont plus belles que celles de France, mais celles de France sont plus jolies, MONTESQ. *Lett. pers.* 34. Que vous êtes — ! que vous me semblez beau! LA F. *Fab.* I, 2. Un — garçon. Quel — petit oiseau! Chacun a sa folie : Les uns l'ont importune, et la tienne est jolie, CORN. *Suite du Ment.* IV, 1. A mon gré, le Corneille est — quelquefois, BOIL. *Sat.* 3. || *P. ext. Vieilli.* C'est un — sujet, un homme de valeur. Et ce qui rend la France en tous lieux formidable, En jolis généraux elle est inépuisable, BOURS. *Mots à la mode*, sc. 11. *Ironiqt.* Vous êtes un — garçon de vous être mis dans cet état. || *P. ext.* Un — minois. Elle a une jolie figure. De jolies mains. Faire le — cœur, prendre des manières agréables. Une jolie coiffure. Sa maison de campagne est fort jolie. Un — paysage. La fête a été fort jolie. De jolis vers. Une jolie musique. Il a dit de fort jolies choses. C'est un — tour, ingénieux et plaisant. || *Ironiqt.* On a dit de jolies choses sur son compte. C'est un — métier que vous faites là. Un tissu de jolis sentiments, LA BR. 1. Il s'est mis dans un — état, en s'enivrant, en se faisant battre, blesser, etc. || *Substantivt.* Le —, ce qui est joli. Le — de l'affaire est que...

JOLIET, ETTE [jò-lyè, -lyĕt'; *en vers*, -li-è, -li-èt'] *adj.*
[ÉTYM. Dérivé de joli, § 133. || XIIᵉ-XIIIᵉ s. Plus joliete Que l'aloete au point du jor, dans BARTSCH, *Rom. und pastour.* p. 193.]
|| *Famil.* Assez joli. (S'emploie surtout au fém.) Simple, naïve et joliette, SEDAINE, *Aucassin et Nicol.* I, 5.

JOLIMENT [jò-li-man] *adv.*
[ÉTYM. Pour joliement, composé de jolie et ment, § 724. A remplacé jolivement. || XIIIᵉ s. Plus joliement C'onques mais voel chanter, dans G. RAYNAUD, *Rec. de motets*, I, 215.]
|| 1° D'une manière jolie. Il a arrangé cela fort —. Il écrit —. || *Ironiquement.* J'ai — arrangé ce drôle. Il vous a bien reçu? — Oui, — !
|| 2° *Famil.* D'une manière remarquable, extrêmement. Vous vous êtes — trompé.

JOLIVETÉ [jò-liv'-té; *en vers*, -li-ve-té] *s. f.*
[ÉTYM. Pour jolif, anc. forme de joli, § 122. || XIIᵉ-XIIIᵉ s. En plus grant joliveté Avroie tout mon cuer mis, dans BARTSCH, *Rom. und pastour.* p. 107.]
|| *Vieilli.* || 1° Caractère de ce qui est joli. Je ne vise guère à la — des filles, DUFRESNY, *Noce interr.* sc. 16. || *P. ext.* Trait d'esprit. *Spécialt.* Trait de gentillesse d'un enfant. Cet enfant fait, dit cent petites jolivetés.
|| 2° Petit ouvrage mignon, petite babiole, sans grande utilité. Il a rapporté d'Italie mille petites jolivetés.

***JOMBARDE** [jon-bàrd'] *s. f.*
[ÉTYM. Origine inconnue. (*Cf.* guimbarde et joubarbe.) || Admis ACAD. 1798; suppr. en 1835.]
|| Flûte à trois trous, dite aussi eunuque. (*V. ce mot.*)

JONC [jon] *s. m.*
[ÉTYM. Du lat. jŭncum, m. s. §§ 327 et 291. Le rapport du sens II au sens I n'est pas sûr.]
I. || 1° Genre type de la famille des Joncacées, plante herbacée droite et flexible, croissant dans les terrains humides. — épais, dont la tige sert à faire des paniers, des cordes, des nattes. — commun ou aggloméré, le jonc des champs, dont on fait de la litière. Panier, natte, canne de —. Il est droit comme un —, il a la taille très droite. — mâle, dont on fait de belles cannes. | *Absolt.* Canne de jonc. Acheter un —. Cela plie comme un —. | Fromage de —, jonchée.
|| 2° *P. anal.* Nom vulgaire donné à plusieurs plantes. — fleuri, butome ombellé. — d'Espagne, genêt d'Espagne. — du Nil, papyrus commun. Grand —, le roseau.
II. *Vieilli.* Bague dont le cercle est partout de même grosseur. Un — d'argent. Le pasteur au doigt vous mit un —, BENSER. *les Tonrelontontons.*

***JONCACÉES** [jon-kà-sé] et **JONCÉES** [jon-sé] *s. f. pl.*
[ÉTYM. Dérivé de jonc, §§ 223 et 233. || 1798. Les joncacées, VENTENAT, *Tabl. du règne végétal*, II, 150.]
|| (Botan.) Famille de plantes dont le genre type est le jonc.

***JONCER** [jon-sé] *v. tr.*
[ÉTYM. Dérivé récent de jonc, §§ 64 et 154. (*Cf.* joncher.) || *Néolog.*]
|| (Technol.) Garnir de jonc (une chaise, un tabouret, etc.).

***JONCHAIE** [jon-chè] *s. f.*
[ÉTYM. Dérivé de jonc, §§ 64 et 121. || 1802. CATINEAU, *Dict. de poche.*]
|| (T. rural.) Lieu planté de joncs.

JONCHÉE [jon-ché] *s. f.*
[ÉTYM. Dérivé de jonc, §§ 64 et 110. || XIIIᵉ s. Une grant joinchie de jons menus, *Artur*, dans GODEF.]
|| 1° Amas de feuilles, de fleurs, de branches, qu'on étend sur le sol, dans les rues, les églises, etc., pour une solennité. || *Fig.* Une — de cadavres.
|| 2° | 1. *Anciennt.* Panier de jonc à faire le fromage. | 2. *De nos jours.* Petit fromage de lait caillé, de crème, fait dans ce panier.

JONCHER [jon-ché] *v. tr.*
[ÉTYM. Pour jonchier, § 634, dérivé de jonc, §§ 64 et 154. || XIᵉ s. La veïssiez la terre si junchiee, *Roland*, 3388.]
|| Couvrir (le sol) de jonc, de feuilles, de fleurs, de branches. Les habitants jonchèrent les rues de fleurs. || *P. anal.* Couvrir (le sol) d'objets jetés épars. Les débris dont l'ouragan avait jonché le sol. Le champ de bataille était jonché de cadavres. Et de sang et de morts vos campagnes jonchées, RAC. *Alex.* II, 2.

***JONCHÈRE** [jon-chèr] *s. f.*
[ÉTYM. Pour jonchière, dérivé de jonc, §§ 64 et 115. || XIIᵉ s. Totes soles par ces jonchieres, *Thèbes*, 3134.]
|| Touffe de joncs dans un étang, un marais, au bord de l'eau.

JONCHET [jon-chè] *s. m.*
[ÉTYM. Dérivé de joncher, § 133. Souvent altéré, par dissimilation, en onchet, honchet : jouer aux onchets pour jouer aux jonchets, §§ 360 et 509. || 1483. Jonchez et billes d'yvyere, *Bibl. de l'Éc. des Chartes*, 1864, p. 354.]
|| Chacune des fiches longues et menues qu'on s'amuse à jeter pêle-mêle sur une table, le jeu consistant à enlever adroitement avec un crochet le plus de fiches possible sans en déranger aucune autre. Le jeu des jonchets.

JONCTION [jonk'-syon; *en vers*, -si-on] *s. f.*
[ÉTYM. Emprunté du lat. junctio, m. s. || XVIᵉ-XVIIᵉ s. SULLY, dans DOCHEZ, *Dict.*]
|| Action de joindre une chose à une autre; le fait de se joindre. Les deux corps d'armée firent leur —. Le point de — de deux corps. La — de deux routes, de deux rivières. || *Fig.* (Droit.) — d'instance, action de joindre deux instances connexes, une demande incidente à une demande principale, pour que le tribunal statue sur le tout par un seul et même jugement.

JONGLER [jon-glé] *v. tr.*
[ÉTYM. Tiré de jongleur, § 154. || XVIᵉ s. Estant enfin jongler ou jangler pris pour bourder et mentir, FAUCHET, *Langue et poés. franç.* 1. Signalé comme mot picard par FURET. 1690, jongler n'a été admis par ACAD. qu'en 1878.]
|| Faire des tours de passe-passe. *Spécialt.* Faire sauter

à la fois, en l'air, plusieurs boules, plusieurs objets qui s'entre-croisent en passant d'une main dans l'autre. *Fig. Famil.* Il jongle avec les difficultés.

JONGLERIE [jon-gle-ri] *s. f.*

[ÉTYM. Pour jouglerie, dérivé de jougler, anc. forme de jongleur, correspondant au provenç. joglar, lat. jocularis, § 68. || XIIᵉ s. Nen est pas juglerie, PII. DE THAUN, *Compul*, 98.]

|| **1°** Au moyen âge, métier de jongleur.

|| **2°** Tour de passe-passe. || *Fig. Famil.* Fausse apparence par laquelle on cherche habilement à duper les autres. Je ne suis pas la dupe de ses jongleries.

JONGLEUR [jon-gleur] *s. m.*

[ÉTYM. Pour jougleur, jogleor, § 509, du lat. joculator, joculatorem, *m. s.* devenu en anc. franç. joglere, au cas sujet, jogleor au cas régime, §§ 336, 396, 295, 402, 325 et 291. L'altération de jougleur en jongleur est due probablement à l'influence de jangleur, dérivé de l'anc. verbe jangler, bavarder, médire, d'origine inconnue.]

|| *Anciennt.* Ménestrel qui allait, chantant des chansons, des fabliaux, des poèmes, dans les cours des princes, les châteaux des seigneurs, les tournois, les fêtes publiques, etc. || *P. ext. De nos jours.* | 1. Bateleur qui fait des tours de passe-passe, jouant avec des boules, des objets qu'il lance en l'air et attrape adroitement. | 2. *Fig.* Celui qui cherche à duper, à en imposer par de fausses apparences. Des jongleurs politiques.

JONQUE [jōnk'] *s. f.*

[ÉTYM. Mot chinois, § 27. || XVIᵉ s. Gros navires lesquels ilz appellent juncques, BALARIN DE RACONIS, *Viateur*, dans DELB. *Rec.* Admis ACAD. 1762.]

|| Sorte de navire à proue haute, recourbée en crosse, en usage en Chine et au Japon.

JONQUILLE [jon-kiy'] *s. f.* et *m.*

[ÉTYM. Emprunté de l'espagn. junquillo, *m. s.* dérivé de junco, jonc, § 12. Sur le genre, *V.* § 550. || 1670. *V.* à l'article.]

|| **1°** *S. f.* Genre de narcisse, plante cultivée dans les jardins pour l'élégance de son port et la douceur de son parfum. Je vous prie d'acheter toutes les jonquilles..., COLBERT, *Lett.* 5 sept. 1670. || Fleur de cette plante. Odeur, essence, parfum de —. Gants parfumés de —.

|| **2°** *P. anal. S. m.* Couleur secondaire, blanc et jaune.

**JOTE [jōt'] s. f.*

[ÉTYM. Origine inconnue. || XIIᵉ s. Si cume joute verte fleistrirunt, *Psaut. de Cambridge*, XXXVI, 2.]

|| (Dialect.) Bette, plante de la famille des Chénopodées. || *P. ext.* Moutardon, ou moutarde des champs.

JOUABLE [jwàbl'; *en vers*, jou-àbl'] *adj.*

[ÉTYM. Dérivé de jouer, § 93. || XVIIIᵉ s. *V.* à l'article. Admis ACAD. 1878.]

|| Qui peut être joué. | 1. En parlant de certains jeux. Ce coup n'est pas —. Je vous donne gagné, mon jeu n'est pas —. | 2. En parlant d'une pièce de théâtre ou d'un morceau de musique. Ce morceau n'est pas —. Trouvez-vous que Mahomet soit —? VOLT. *Lett. à d'Argental*, 19 janv. 1741.

JOUAIL [jwày'; *en vers*, jou-ày'] *s. m.*

[ÉTYM. Dérivé de joug, § 88. (*Cf.* jouelle.) On dit aussi joual, jal, et, par altération, jouet. || 1771. TRÉV. Admis ACAD. 1835.]

|| (Marine.) Jas de l'ancre. (*V.* jas.)

JOUAILLER [jwà-yé; *en vers*, jou-à-yé] *v. intr.*

[ÉTYM. Dérivé de jouer, § 161. || Admis ACAD. 1718.]

|| *Famil.* | 1. Jouer petit jeu, pour s'amuser. | 2. Jouer médiocrement de quelque instrument de musique.

JOUBARBE [jou-bàrb'] *s. f.*

[ÉTYM. Du lat. jovisbarba, *m. s.* proprt, « barbe de Jupiter » (*cf.* jovial), § 174, devenu *jousbarbe, §§ 448, 336 et 291, joubarbe, § 422. Souvent altéré en jombarbe, jombarde, § 509. (*Cf.* jombarde.)]

|| (Botan.) Plante grasse, herbacée, de la famille des Crassulacées, dont l'espèce type est la grande —, dite aussi — des toits ou artichaut sauvage. || Petite —, orpin blanc.

JOUE [jou] *s. f.*

[ÉTYM. Du lat. gavata, variante de gabata, proprt, « jatte », appliqué plaisamment à une partie du visage dans le lat. pop. et devenu de bonne heure gauta, §§ 445 et 290, d'où le franç. jode, joe, joue, §§ 333, 402 et 291. (*Cf.* bajoue.)]

|| **1°** Chez l'homme, partie du visage s'étendant, de chaque côté, du dessous de l'œil jusqu'au menton. La —

droite. Avoir les joues rouges. Avoir les joues creuses. Une pâleur affreuse ternit ses joues, FÉN. *Tél.* 20. Tendre la — (pour recevoir un baiser). Recevoir un soufflet sur la —. Le soufflet sur ma — est encore tout chaud, RAC. *Plaid.* II, 5. *Fig.* Tendre la — aux soufflets, s'offrir aux affronts, aux outrages. | Mettre en —, coucher en — un fusil, l'ajuster à l'épaule, contre la joue, pour viser et tirer. *Ellipt.* En — ! feu ! commandement aux soldats de mettre le fusil en joue et de tirer. *P. ext.* Coucher, mettre en — qqn, qqch, viser et tirer après avoir ajusté le fusil. *P. anal.* Je vois une douzaine de lavements qui me couchent en —, MOL. *Pourc.* II, 4.

|| **2°** *P. anal.* Partie correspondante de la tête, comprise entre le nez, la bouche et l'oreille, chez les mammifères; entre la base du bec ou de la gueule chez les oiseaux, et chez les poissons; entre l'œil et les mandibules chez les insectes. Un cheval qui a trop de —. | Les joues cuirassées, famille de poissons acanthoptérygiens, dont les os sous-orbitaires sont plus ou moins étendus sur la joue et s'articulent en arrière avec le préopercule.

|| **3°** *P. anal.* (Technol.) Les joues d'un navire, partie arrondie de la coque, située de chaque côté à l'avant, au-dessus de l'épaule, entre le mât de misaine et l'étrave. | Les joues d'une poulie, d'un peson, d'une boucle, les deux côtés de la caisse d'une poulie, les petites plaques qui terminent les broches du peson, les deux tiges qui maintiennent les barrettes d'une boucle. | Joues de coussinet (dans une voie ferrée), les parois latérales des coussinets. | Joues du coussinet (dans une machine), ses deux parties. | Joues de l'épaulement d'une batterie, les deux côtés de l'embrasure. | Épaisseur du bois de chaque côté d'une mortaise, d'une rainure. | — de solive, face latérale d'une solive considérée par l'entrevous.

1. JOUÉE [jwé; *en vers*, jou-é] *s. f.*

[ÉTYM. Dérivé de joue, § 119. Signifie « coup sur la joue » en anc. franç. (*Cf.* jouière.) || (Au sens actuel.) 1522. Jouee de bois, *Doc. relatifs à la fondation du Havre*, dans DELB. *Rec.* Admis ACAD. 1762.]

|| (Technol.) || **1°** Épaisseur de la paroi dans l'ouverture d'une porte, d'une fenêtre, d'un soupirail, d'une lucarne.

|| **2°** Partie d'étoffe avec laquelle on ferme l'espace vide entre le siège et les bras d'un fauteuil, d'un canapé.

|| **3°** (Marine.) — de pompe, — de sep de drisse, plaque de fer clouée de chaque côté des fourches de la potence d'une pompe, de chaque côté du sep d'une drisse. (Souvent écrit jouet et considéré comme masc.)

2. JOUÉE [jwé; *en vers*, jou-é] *s. f.*

[ÉTYM. Dérivé de jouer, § 119. || 1690. FURET.]

|| *Vieilli.* (Technol.) Jeu d'une porte, d'une fenêtre.

**JOUELLE [jwèl; en vers, jou-èl] s. f.*

[ÉTYM. Dérivé de joug (*cf.* jouail), § 90. || 1555. Vigne... bonne à mettre en appuy ou jouelle, COTEREAU, *Columelle*, III, 2.]

|| (Agricult.) Sorte de joug avec lequel on rattache la vigne. Dresser une vigne en —. Mettre la vigne sur la —.

JOUER [jwé; *en vers*, jou-é] *v. intr.*

[ÉTYM. Du lat. jocare, badiner, plaisanter, devenu joer, jouer, §§ 347, 380, 295 et 291.]

I. || **1°** Faire qqch pour s'amuser. Un enfant qui joue avec son camarade. — aux billes. — à saute-mouton. Il faut laisser — les enfants. Le chat qui joue avec la souris, s'amusant à la laisser échapper, puis à la ressaisir. Un cheval qui joue avec son mors, qui le mâchonne. || *P. anal.* Badiner. — sur les mots, par des allusions, des équivoques, des calembours. Il ne faut pas — avec les supérieurs. | *Fig.* — avec sa vie, avec sa santé, la traiter, l'user, comme si ce n'était pas chose sérieuse. || *Avec le pron. personnel.* Se —, *même sens.* Voyez comme ces petites filles se jouent rudement, SÉV. 188. Ces deux rivaux un jour ensemble se jouants, LA F. *Fab.* X, 11. On voyait même, dans les pâturages, les loups se — au milieu des moutons, FÉN. *Tél.* 17. *Fig.* Le vent se jouait dans ses cheveux, les faisait voltiger. | *Fig.* Il a fait ce travail comme en se jouant, comme si c'était une chose peu sérieuse, qui ne demandât aucun effort. Il se joue de toutes les difficultés. | *P. ext.* Se — d'une personne, d'une chose, la traiter en s'en moquant. Avec quelle insolence et quelle cruauté Ils se jouaient tous deux de ma crédulité, RAC. *Baj.* IV, 5. La fortune s'en joue, CORN. *Poly.* IV, 3. O dieux ! est-ce ainsi que vous vous jouez des hommes? FÉN. *Tél.* 9. Il ne faut pas se — à plus fort que soi. Ces canailles-là s'osent — à moi ! MOL. *Préc. rid.* sc. 7. Jouez-vous-y, je vous en prie, vous trouverez à qui parler, ID. *G.*

Dand. I, 6. ‖ *Transitivt.* — qqn, le duper. Mettez, pour me
—, vos flûtes mieux d'accord, MOL. *Ét.* I, 4. *Fig.* Vous avez
joué mes accusations (vous les avez rendues vaines), ID. *G.
Dand.* III, 6.

‖ **2°** *Spécialt.* Se livrer, avec une ou plusieurs autres
personnes, à un amusement où les uns gagnent et les autres perdent. — aux échecs, aux dames, au trictrac, à la
boule. — avec qqn, contre qqn, l'avoir pour adversaire. —
avec qqn, être son partenaire. — de malheur, en perdant
continuellement, et, *fig.* n'avoir pas de chance dans ce
qu'on entreprend. *Fig.* — au fin, au plus fin, employer la
finesse pour venir à bout de ses desseins. — serré, jouer
avec prudence, et, *fig.* ne donner aucune prise à son adversaire dans une affaire, une discussion. ‖ *Transitivt.* —
un jeu d'enfer. — le jeu, jouer suivant les règles du jeu, et,
fig. Il joue bien son jeu, il sait conduire adroitement son
affaire. Quel jeu jouez-vous? quel jeu savez-vous ou aimez-
vous de préférence? Ne faut-il ni prévoyance, ni finesse, ni
habileté pour — l'hombre ou les échecs? LA BR. 2. — un pion,
une pièce, au jeu de dames, d'échecs, les faire mouvoir
d'une case à une autre. — une carte. *Absolt.* — en carreau,
en pique, en cœur. *Absolt.* En parlant d'un jeu où l'on risque de l'argent. Autour d'un tapis vert, Dans un maudit brelan
ton maître joue et perd, REGNARD, *Joueur*, I, 2. Un homme qui
joue, qui a l'habitude de jouer. C'est que je joue, et comme je
suis fort heureux, je mets sur moi tout l'argent que je gagne,
MOL. *Av.* I, 4. Donner à —, recevoir chez soi des joueurs.
‖ *Transitivt.* Risquer au jeu. Je joue cent francs. Il jouerait
jusqu'à sa dernière chemise, c'est un joueur enragé. — gros
jeu. — un grand jeu. *Fig.* — sa vie, la risquer témérairement. ‖ *P. anal.* — à la bourse, spéculer sur les fonds publics, les valeurs cotées à la bourse.

II. *Spécialt.* ‖ **1°** S'amuser en maniant un instrument,
— avec une raquette. — des gobelets, faire des tours de
passe-passe avec des gobelets, et, *fig.* chercher à duper
ceux avec qui on traite. — au battoir, du battoir (au jeu de
paume). — par-dessous la jambe, par-dessous jambe, en faisant passer la balle, le volant, sous la jambe. *Fig.* — qqn
par-dessous jambe, l'emporter sans effort sur lui. ‖ — des
mains, se donner mutuellement des coups avec les mains,
pour s'amuser, et, *p. ext.* se battre. *Fig.* — d'adresse, user
d'industrie, d'adresse. ‖ — des jambes, courir. — des mâchoires, manger avidement. — de la prunelle, échanger avec
qqn des regards d'intelligence. ‖ — du bâton, de l'espadon,
les manier avec adresse, et, *fig.* s'en servir pour frapper
qqn. — du poignard, de la dague, du pistolet, s'en servir
contre un adversaire. — des couteaux, se battre à coups de
couteaux, et, *p. ext.* au sabre, à l'épée.

‖ **2°** — d'un instrument de musique, s'en servir pour faire
de la musique. — du violon. — du piano, de l'orgue. ‖ *Transitivt.* — un morceau de musique, un air sur le piano, l'exécuter. Ce morceau se joue à quatre mains.

‖ **3°** *Transitivt.* Représenter une pièce de théâtre. —
une tragédie, une comédie, un drame, un opéra. On a joué hier
« le Tartuffe ». « Polyeucte » se joue ce soir au Théâtre-Français. Vous jouez une pièce nouvelle aujourd'hui? MOL. *Impr.*
sc. 2. *Fig.* La pièce (de la vie) n'en aurait pas été moins jouée
quand je serais demeuré derrière le théâtre, BOSS. *Sur la mort*,
1. ‖ *Fig.* — une pièce, un tour à qqn, lui faire une malice, un
mauvais tour. L'infâme et lâche tour qu'un prince m'a joué,
CORN. *Nicom.* III, 8. *Fig.* Cela vous jouera un mauvais tour,
cela finira par vous être funeste. *Vieilli.* Avec la prép.
de devant le régime. On veut à mon honneur — d'un mauvais
tour, MOL. *Éc. des f.* IV, 4. ‖ *Absolt.* — la comédie, exercer
la profession de comédien. Un acteur qui a cessé de —. *P.
ext.* — la comédie, faire des actions plaisantes pour exciter
le rire, et, *fig.* feindre des sentiments qu'on n'a pas. — la
douleur, la vertu, les bonnes mœurs. ‖ — un rôle, le représenter
sur la scène, et, *fig.* Il a joué le rôle de compère dans cette
affaire. Ceux qui jouèrent un rôle dans la révolution. — les pères
nobles, les ingénues. *Fig.* Quel sot personnage vous avez joué
dans cette affaire! Que vous jouez au monde un petit personnage!
MOL. *F. sav.* I, 1. ‖ — qqn sur le théâtre, le représenter en
charge sur la scène. Aristophane joua Socrate dans « les
Nuées ». Molière a joué les médecins dans plusieurs de ses comédies. *P. ext.* — qqn, le tourner en ridicule. ‖ *P. anal.
Fig.* Une étoffe qui joue la soie, qui en reproduit l'apparence.

III. (En parlant d'un objet.) Se mouvoir aisément dans
un espace déterminé. La serrure ne joue pas. Des ressorts
qui jouent bien. ‖ *Fig.* Faire — des ressorts, mettre en œuvre
des moyens d'action. Faire — l'intrigue, les passions, les intérêts. ‖ Faire — le chien d'un fusil, d'un pistolet. Un vaisseau
qui joue sur son ancre, que le vent agite à la place où le retient l'ancre. Le gouvernail joue, est mis en mouvement.
Pièce de bois qui joue, meuble qui joue, dont les parties se
dilatent ou se contractent par le travail du bois. ‖ Faire —
les eaux, et, *transitivt,* — les eaux, faire jaillir les jets d'eau,
les cascades. Les pompes jouent, lancent l'eau. Faire — une
mine, une pièce d'artillerie, les faire éclater. ‖ Couleurs qui
jouent, dont les nuances se reflètent les unes sur les autres.

***JOUEREAU** [jou-ró] *s. m.*
[ÉTYM. Dérivé de joueur, §§ 65 et 126. ‖ 1690. FURET.
Admis ACAD. 1694 ; suppr. en 1878.]
‖ *Vieilli.* Celui qui joue mal, qui joue petit jeu.

JOUET [jwè; *en vers*, jou-è] *s. m.*
[ÉTYM. Dérivé de jouer, § 133. (*Cf.* jouette, joyau, joujou,
jouée et jouail.) ‖ XVIᵉ s. Jouets du vent, D'AUB. *Tragiques,
Princes* (1577).]
‖ **1°** Ce avec quoi l'on joue. Donner des jouets à un enfant.
Marchand de jouets. *P. anal.* Ce avec quoi jouent les animaux. Une pelote de fil sert de — à un jeune chat. ‖ *Fig.* Pauline me paraît digne d'être votre —, SÉV. 620. ‖ *P. ext.* (Manège.) Petite chaînette suspendue à la brisure du canon
qui forme l'embouchure.
‖ **2°** Ce dont on se joue. Il est le — d'une femme sans
pudeur, FÉN. *Tél.* 3. J'étais donc le —... Ciel, daigne m'éclairer, RAC. *Esth.* III, 4. ‖ *Fig.* Son vaisseau, après avoir été le
— des vents..., FÉN. *Tél.* 1. Les faibles mortels, vains jouets du
trépas, RAC. *Esth.* I, 3.

***JOUETTE** [jwèt'] *s. f.*
[ÉTYM. Dérivé de jouer, § 133. ‖ 1795. ENCYCL. MÉTH.]
‖ (Chasse.) Trou moins profond que le terrier, que le
lapin creuse en se jouant.

JOUEUR, EUSE [jweur, jweŭz'; *en vers*, jou-...] *s. m.
et f. et adj.*
[ÉTYM. Dérivé de jouer, § 112. (*Cf.* jouereau.) ‖ XIIᵉ-XIIIᵉ s.
Tant devient maus et faus juere, RENCL. DE MOILIENS, *Miserere*, CLXII, 12.]
I. *S. m. et f.* ‖ **1°** Celui, celle qui joue à quelque jeu.
Un — de boules, de quilles, de billard. Des joueurs d'échecs.
— de paume. *Fig.* C'est un rude —, il ne fait pas bon l'avoir
pour adversaire. Que vous êtes, Madame, une rude joueuse en
critique! MOL. *Crit. de l'Éc. des f.* sc. 3. Beau —, bon —,
celui qui perd de bonne grâce. ‖ *Spécialt.* Celui, celle
qui aime à jouer aux jeux d'argent. Elle a épousé un —.
‖ **2°** Celui, celle qui joue d'un instrument. Un — de gobelets, de marionnettes, qui gagne sa vie à faire des tours
de gobelets, à montrer les marionnettes, pour amuser le
public. ‖ *Spécialt.* Celui, celle qui joue d'un instrument
de musique. Une joueuse de flûte. Un — de violon, de harpe.
II. *Adj.* Qui aime à jouer. Cet enfant est —. ‖ *Spécialt.*
Qui aime à jouer des jeux d'argent.

JOUFFLU, UE [jou-flu] *adj.*
[ÉTYM. Dérivé irrégulier de joue sous l'influence de gifle,
§§ 63 et 118. ‖ 1549. R. EST.]
‖ *Famil.* Qui a de grosses joues. Un garçon —. *Substantivt.* C'est un gros —. ‖ *P. anal.* (Marine.) Un navire —, dont
les joues sont renflées.

JOUG [jou; *selon qqns*, joug'] *s. m.*
[ÉTYM. Du lat. jŭgum, *m. s.* qui a dû perdre le g de bonne
heure, § 394, et se prononcer *jou, jŏu*, §§ 325 et 291 ; le g
de la forme actuelle est dû à une réaction étymologique,
§ 502.]
I. ‖ **1°** Pièce de bois qu'on met sur la tête des bœufs,
et avec laquelle on les attelle deux à deux. Mettre les bœufs
au —, leur ôter le —. Il fallait mettre au — deux taureaux
furieux, CORN. *Méd.* II, 2. ‖ *Fig.* ‖ 1. Sujétion qu'impose
un maître. Je n'ai point de leur — (des Romains) subi l'i-
gnominie, RAC. *Mithr.* V, 5. Fut-il jamais au — esclaves plus
soumis? ID. *Esth.* III, 4. J'ai brisé le — du roi de Babylone,
BOSS. *Hist. univ.* II, 21. ‖ 2. Contrainte qu'impose un
engagement, une passion, etc. Libre du — superbe où je suis
attaché, RAC. *Iph.* I, 1. Au — d'un autre hymen sans amour
destinée, ID. *Mithr.* I, 2. Au — de la raison sans peine elle (la
rime) fléchit, BOIL. *Art p.* 1. Le — de la loi. Se soumettre au
— du Seigneur, à sa loi. ‖ *Vieilli.* Faire —, se soumettre.
‖ **2°** *P. anal.* Forte pièce de bois qui, dans les anciennes
galères, traversait le navire à la proue ainsi qu'à la poupe
et supportait par ses extrémités tout l'appareil des rames.
‖ Bâton dont le matelot se sert pour tordre les cordages

de moyenne grosseur, et pour serrer les ligatures. || Bâton ou fléau d'une balance.

II. (Antiq. rom.) Pique placée horizontalement sur deux piques verticales fichées en terre, sous laquelle on faisait passer les ennemis vaincus pour les humilier. L'armée romaine passa sous le — au défilé des Fourches Caudines. || *Fig.* Faire passer qqn sous le —, le soumettre à une obéissance honteuse.

*JOUIÈRE [jou-yèr] *s. f.*

[ÉTYM. Dérivé de joue, § 115. Souvent écrit à tort jouillière. || XIVe s. Entour le col et la teste, soubz les jouyeres, *Trad. de P. des Crescens*, dans GODEF. joiere.]

|| (Technol.) Chacun des deux murs d'aplomb d'une écluse, qui retiennent les berges et aux extrémités desquels sont attachées les coulisses des vannes. (*Cf.* bajoyer.)

JOUIR [jou-îr] *v. intr.*

[ÉTYM. Du lat. pop. *gaudīre (class. gaudēre, *V.* § 629), m. s. devenu joîr, jouir, §§ 393, 411 et 291. || XIe s. Liez et joianz en fut, *Voy. de Charl. à Jérus.* 678.]

|| **1°** Goûter un plaisir extrême dans la possession de qqch. — des biens de la vie. Pour — de son bien, LA F. *Fab.* IV, 20. Hâtons-nous aujourd'hui de — de la vie, RAC. *Ath.* II, 9. Jouissez, prince, de cette victoire, jouissez-en éternellement, BOSS. *Condé.* Je veux voir son désordre et — de sa honte, RAC. *Baj.* IV, 6. — de la présence d'un ami, et, *ellipt,* — d'un ami. | *Absolt.* L'homme... Ne dira-t-il jamais: C'est assez, jouissons? LA F. *Fab.* VIII, 27. || *Spécialt.* Éprouver un vif plaisir des sens. Le gourmet jouit des bons morceaux. — d'une femme, la posséder.

|| **2°** *P. ext.* Avoir la possession d'une chose dont on tire avantage, profit. Il jouit d'une belle fortune, d'une bonne santé. — d'un immense crédit. Il jouit de l'estime publique. Cet homme ne jouit pas de toute sa raison. — de ses droits civils et politiques. La propriété est le droit de — et disposer des choses de la manière la plus absolue, pourvu qu'on n'en fasse pas un usage prohibé par les lois ou par les règlements, *Code civil*, art. 544. L'usufruit est le droit de — des choses dont un autre a la propriété, comme le propriétaire lui-même, mais à la charge d'en conserver la substance, *Id.* art. 578. || En parlant des choses. Cette contrée jouit d'un printemps éternel. La réputation méritée dont jouit cet ouvrage.

JOUISSANCE [jou-i-sàns'] *s. f.*

[ÉTYM. Dérivé de jouir, § 146. Anc. franç. joance, joiance. || 1534. En jouyssance de luy, RAB. *Almanach pour l'an 1535.*]

|| Action de jouir.

|| **1°** Plaisir extrême qu'on goûte dans la possession de qqch. La passion s'affaiblit par la —, CH. BONNET, *Ame*, 18. Il trouve une — à remplir son devoir. Les jouissances de l'esprit. Les jouissances des sens. | *P. ext. et spécialt.* Faveur obtenue d'une dame. Celui-ci a fait un madrigal sur une —, MOL. *Préc. rid.* sc. 9.

|| **2°** Possession d'une chose dont on tire avantage, profit. Une longue et paisible — d'une des plus nobles couronnes de l'univers, BOSS. *R. d'Angl.* Avoir la — de certains privilèges, de certains droits. Maintenir, troubler qqn dans sa —. Entrer en — d'une terre. || *Spécialt.* | 1. Perception des fruits. Il n'a point la propriété de cette terre, il n'en a que la —. | 2. (Bourse.) Action de toucher les intérêts d'une rente, les dividendes d'une action. La — de la rente trois pour cent part du 1er janvier. Crédit foncier, — juillet. Action de —, action dont le capital remboursé ne comporte plus qu'une part dans le dividende.

JOUISSANT, ANTE [jou-i-san, -sânt'] *adj.*

[ÉTYM. Adj. particip. de jouir, § 47. || XIIe s. Se déduit de l'adv. joissantment, employé par MARIE DE FRANCE. (*V.* GODEF.)]

|| (Droit.) Qui jouit de qqch. Fille majeure usante et jouissante de ses droits. *Substantivt.* Les eunuques haïssent les jouissants, VOLT. *Candide*, 22.

*JOUISSEUR, EUSE [jou-i-sœur, -sêuz'] *s. m. et f.*

[ÉTYM. Dérivé de jouir, § 112. || 1529. Possesseur titulaire et joysseur, dans GODEF. joisseur.]

|| Celui, celle qui jouit. || *Spécialt. Néolog.* Celui, celle, qui ne songe qu'à jouir de la vie.

JOUJOU [jou-jou] *s. m.*

[ÉTYM. Forme enfantine de jouet, jouer, § 509. (*Cf.* jojo, dans CH. D'ORLÉANS, p. 275, Guichard.) || XVIIIe s. *V.* à l'article. Admis ACAD. 1762.]

|| (T. enfantin.) | 1. Jouet d'enfant. Donner des joujoux à un enfant. *P. plaisant.* C'est avec ce — (télescope) que nous

avons vu de nouveaux cieux, VOLT. *Dial.* 13. | 2. Action de jouer. Faire —.

JOUR [joûr] *s. m.*

[ÉTYM. Du lat. diŭrnum, proprt, « diurne », adj. employé substantivement dans le lat. pop. à la place de diem, jour, devenu jorn, §§ 410, 324 et 291, jor, jour, § 485.]

I. || **1°** Clarté que le soleil répand sur la terre. Le — succède à la nuit. *Loc. prov.* En parlant de deux choses très différentes. C'est le — et la nuit. Se lever avant le —. Le — commence à poindre. Se lever au point du —, au petit —, avec le —. Le — vient. La naissance du —. Il fait, il est grand —. En plein —. Sur le déclin, à la chute du —. *Vieilli.* Jusques à demain —, MOL. *Éc. des m.* III, 2. A peine un faible — vous éclaire et me guide, RAC. *Iph.* I, 1. *Poét.* L'astre, le flambeau, le père du —, le soleil. Quand l'astre du — Aura sur l'horizon fait le tiers de son tour, RAC. *Ath.* I, 1. Le — n'est pas plus pur que le fond de mon cœur, ID. *Phèd.* IV, 2. Mme de Dangeau, jolie comme le — et faite comme une nymphe, ST-SIM. I, 344. Clair comme le —. Une beauté qui soutient le grand —. Examiner une chose au grand —, et, *fig.* Le grand —, la publicité. || *P. anal.* Voir le —, naître à la vie, être en vie. (Il) n'est plus digne de voir le —, BOSS. *Hist. univ.* III, 6. Mettre un enfant au —, lui donner naissance. Sous quel astre cruel avez-vous mis au — Le malheureux objet d'une si tendre amour? RAC. *Iph.* V, 3. Respirer le —, vivre. Albe, où j'ai commencé de respirer le —, CORN. *Hor.* I, 1. Perdre, quitter le —, mourir. Priver qqn du —, le faire mourir. *Fig.* Mettre au —, livrer à la connaissance de tous. Ai-je dû mettre au — l'opprobre de son lit? RAC. *Phèd.* V, 1. Ce livre n'a vu le — qu'après la mort de son auteur.

|| **2°** *Spécialt.* Clarté qui permet de voir. Un — faible, sombre, bas. Avoir le — dans les yeux. Voir un objet dans un petit —, à une clarté faible. On ne les montre (des étoffes) que dans un demi--—, BOURD. *Pens.* t. II, p. 230. Tirer du — d'un certain côté, en pratiquant une ouverture qui donne accès à la lumière. — droit, qui vient d'une fenêtre à hauteur d'appui. — à plomb, qui vient directement d'en haut. Mettre qqch dans son —, pour qu'il soit bien éclairé, et, *fig.* le faire connaître entièrement. Je puis dans tout son — mettre la vérité, RAC. *Ath.* II, 6. Il met ses bonnes qualités dans un — si désavantageux qu'elles deviennent plus dégoûtantes que ses défauts, LA ROCHEF. *Premières pensées*, n° 27. Faux —, lumière qui éclaire mal les objets. (Le marchand) a le cati et les faux jours afin d'en cacher les défauts (de sa marchandise), LA BR. 6. *Fig.* Présenter la vérité sous un faux —. En nous donnant de faux jours, en nous faisant prendre le change, BOSS. *Haine pour la vérité*, 2. Placer un tableau à son —, dans son —, de manière que la lumière frappe le tableau dans le sens choisi par le peintre. Opposer, dans un tableau, les jours et les ombres. || *Fig.* Clarté avec laquelle l'esprit saisit une chose. Jeter du —, un — nouveau sur une question. L'antithèse est une opposition de deux vérités qui se donnent du — l'une à l'autre, LA BR. 1. Il faut bien qu'à ce bec que cornu Du trait qu'elle a joué quelque — soit venu, MOL. *Éc. des f.* IV, 6. Un prince dont les yeux se font — dans les cœurs, MOL. *Tart.* V, 7.

|| **3°** *P. ext.* Ouverture pratiquée dans un mur, un objet, pour que la lumière y passe et éclaire l'intérieur. Pratiquer un — dans un mur. Faux —, ouverture pratiquée dans une cloison pour faire pénétrer la lumière d'une chambre dans une autre. Une maison qui a des jours sur une maison voisine, dont les fenêtres ont vue sur cette maison. — de coutume, fenêtre ouverte par le propriétaire dans un mur non mitoyen. — de servitude, — de souffrance, pratiqué dans le mur mitoyen ou du voisin, en vertu de quelque droit, ou par tolérance de celui-ci. || *P. ext.* Fente, crevasse. Il y a dans cette muraille des jours à y passer la main. Planches mal jointes entre lesquelles il y a des jours. Se faire —, se faire ouverture et passage. La flamme se fait — dans la muraille. L'eau se fit — à travers la digue. *P. anal.* La troupe se fait — à travers les régiments ennemis. *Fig.* Au travers des périls un grand cœur se fait —, RAC. *Andr.* III, 1. || Être à —, avoir un jour (par où passe la lumière). (*Cf.* ajouré.) Cloison percée à —. Broderie, dentelle, points à —. Monter un diamant à —, le sertir de façon qu'il soit presque entièrement visible. Percer qqn à —, le percer de part en part. Et, le perçant à — de deux coups d'estocade, Je le mets hors d'état d'être jamais malade, CORN. *Ment.* IV, 1. *Fig.* Percer à —. | 1. *Vieilli.* Blesser au vif. | 2. Dévoiler entièrement. Un fourbe percé à —. On a percé à — sa fraude, son secret. || *Fig.* Moyen pour venir à bout de qqch. Je ne vois point —, point de — à cette

affaire. Si je vois — à le servir. Je veux vous faire un peu de — à le pouvoir entretenir, MOL. *Sicil.* sc. 9.

II. Espace de temps déterminé par le mouvement de rotation de la terre autour de son axe.

‖ **1°** Espace de temps qui s'écoule entre le lever et le coucher du soleil. On se repose la nuit du travail du —. Faire du — la nuit et de la nuit le —, dormir le jour et veiller la nuit. Il pervertit l'ordre de la nature Et fait du — la nuit, MOL. *Dép. am.* III, 6. Travailler — et nuit, sans se reposer la nuit, sans interruption. A prier avec vous — et nuit assidus, RAC. *Esth.* I, 3.

‖ **2°** Espace de temps qui s'écoule durant un mouvement complet de rotation de la terre sur elle-même. — astronomique, — vrai, compris entre deux passages du soleil au même méridien (de midi à midi) et qui est variable suivant l'époque de l'année, c.-à-d. la position de la terre sur l'écliptique. — moyen, dont la durée est la moyenne, déterminée par le calcul, des jours vrais. — civil, de minuit à minuit. — religieux, ecclésiastique, allant d'un coucher du soleil au coucher suivant. Jours complémentaires, dans le calendrier républicain, dont les mois étaient de trente jours, les cinq ou six jours ajoutés pour compléter l'année.

‖ **3°** Cet espace de temps considéré par rapport à l'état de l'atmosphère, de la température. Les jours caniculaires. Rien ne trouble sa fin : c'est le soir d'un beau —, LA F. *Phil. et Baucis.* Ennuyeux comme un — de pluie. Aux premiers beaux jours, au printemps. *Fig.* Les beaux jours de la vie, le temps de la jeunesse.

‖ **4°** Cet espace de temps considéré par rapport à l'emploi qu'on en fait. Travailler les sept jours de la semaine. Dieu a créé le monde en six jours et s'est reposé le septième. A chaque — suffit sa peine. Le — de gloire est arrivé, R. DE LISLE, *Marseillaise.* Et ce — effroyable (du massacre des Juifs) arrive dans dix jours, RAC. *Esth.* I, 3. Tous les jours je l'invoque, ID. *Ath.* II, 7. Elle a tous les jours du monde un courrier de l'armée, SÉV. 537. Ce qui arrive chaque —, tous les jours. Le malade prend deux potages par —, chaque —. Il faiblit de — en —. — à —, chaque jour l'un après l'autre. Journal paraissant tous les huit jours, à chaque septième jour. De deux jours l'un. A pareil —, — pour —, au jour correspondant d'un autre mois, d'une autre année. Fixer un — avec qqn, pour une entrevue. Le — fatal est pris pour tant d'assassinats, RAC. *Esth.* I, 3. Je prendrai votre —, le jour que vous choisirez. Un de ces jours prochains, et, *absolt,* Je viendrai un de ces jours vous surprendre. Quel sera quelque — cet enfant merveilleux ? RAC. *Ath.* II, 9. Le chêne un — dit au roseau, LA F. *Fab.* I, 22. Un beau —, il décampa. Remettons cette affaire à un autre —. D'un — à l'autre, dans un court espace de temps. De — à autre, de temps en temps. Du — au lendemain, et, *fig.* sans délai, immédiatement. Il vous paiera au premier —, à un jour prochain. Gagner sa vie, vivre au — la journée, au — le —, sans faire d'économie, et, *fig.* s'occuper du présent sans rien prévoir. Il ne mange pas tous les jours. Triste, long comme un — sans pain. Ces fruits sont du —, ont été cueillis aujourd'hui même. Le pain du —, cuit aujourd'hui. Le saint du —, qu'on fête ce jour même. Les bruits, le spectacle du —. *P. ext.* Le goût du —, les hommes du —, le goût qui domine, les hommes qui sont en crédit. Ce —, ce — d'hui ou ce jourd'hui, anciennes locutions qui ont été remplacées par aujourd'hui. Mais cependant, ce —, il épouse Andromaque, RAC. *Andr.* IV, 3. Être de —, être de service ce jour-là. Quel est aujourd'hui l'officier de — ? Mettre ses livres, sa correspondance, son travail à —, les mettre au courant, de façon à tout écrire, à tout faire jusqu'à ce jour. ‖ *Spécialt.* Les jours gras, les derniers jours du carnaval (jeudi, dimanche, lundi et mardi gras). Le premier — de l'an, et, *absolt,* Le — de l'an. (Qu'elle) ne porte le noir qu'aux bons jours seulement, MOL. *Éc. des m.* I, 2. Il avait ses habits des grands jours. Mettre ses vêtements de tous les jours, les vêtements ordinaires de la semaine. *Fig.* Ce qui est de tous les jours, ce qui est habituel. Jours critiques, où il doit arriver quelque crise dans une maladie, où une femme doit avoir ses règles. C'est son — de fièvre. Avoir ses jours de gaieté, de bonne humeur. Jours de grâce ou de faveur, délai de dix jours qu'on accordait jadis aux débiteurs, pour l'acquit d'une lettre de change. Jours d'usance, terme variable, dans certaines places de banque de l'étranger, pour le paiement des lettres de change. Jours utiles, pendant lesquels il est possible d'agir juridiquement et en dehors desquels l'action

n'a plus lieu. ‖ Le — du jugement dernier, de la résurrection. — de Dieu ! sorte de juron, exclamation de colère. — de Dieu ! je saurai vous frotter les oreilles ! MOL. *Tart.* I, 1. ‖ Les grands jours, assises extraordinaires tenues par des juges tirés des cours supérieures et envoyés par le roi dans les provinces éloignées. Les grands jours furent tenus à Clermont en Auvergne en 1585. *Fig.* Puisque la licence effrénée tient maintenant ses grands jours (au carnaval), BOSS. *Loi de Dieu,* préamb. ‖ — de séance. — de marché, d'audience. Être condamné à huit jours d'emprisonnement, de prison. ‖ *P. ext.* Espace de temps plus ou moins long. C'est son — de réception, et, *ellipt,* C'est son —. Un —, deux jours, espace de temps que l'on regarde comme très court. Ce changement n'est pas l'œuvre d'un —. Jérusalem, objet de ma douleur, Quelle main en un — t'a ravi tous tes charmes ? RAC. *Ath.* III, 7. L'homme vit un — sur la terre Entre la mort et la douleur, LAMART. *Médit.* I, 30. Pourquoi penser aux plaisirs quand on n'a que deux jours à vivre ! Mme DE MAINT. *Lett. à Mme de Caylus,* 2 nov. 1717. ‖ *Au plur.* Vers les premiers jours de son règne, BOSS. *Condé.* L'audace d'une femme arrêtant ce concours En des jours ténébreux a changé ces beaux jours, RAC. *Ath.* I, 1. Se préparer un abri pour ses vieux jours. Mourir plein de jours, très vieux. ‖ Homme des anciens jours (vieillard), CHATEAUBR. *Atala.* L'Ancien des jours, en style biblique, Dieu. ‖ *Particulièrement.* Les jours, la vie humaine. Passer, couler ses jours dans l'innocence, dans la paix. En ce malheur je tremblai pour ses jours, RAC. *Mithr.* I, 1. De nos jours, de notre temps. Il est à son dernier —, il est tout près de la mort.

JOURNAL [jour-nàl] *adj.* et *s. m.*

[ÉTYM. Du lat. *diurnalem,* « de jour », devenu *jornal, journal* ou *journel,* §§ 410, 324, 295 et 291. (*Cf. journellement.*)]

I. *Anciennt. Adj.* Propre à chaque jour. Livre, papier —, livre, registre où l'on inscrit régulièrement chaque jour ce qu'on a fait, vu. Un papier — à insérer toutes les survenances de quelque remarque, MONTAIGNE, I, 34.

II. *S. m.* ‖ **1°** Relation jour par jour de ce qui s'est passé en quelque lieu, dans quelque affaire. Le — du siège de Paris. Tenir, faire, écrire un — de ses voyages. ‖ *Spécialt.* Publication quotidienne, périodique, donnant les nouvelles politiques, littéraires, scientifiques. Il y a une espèce de livres qui me paraissent ici fort à la mode, ce sont les journaux, MONTESQ. *Lett. pers.* 109. — de médecine, de jurisprudence. Le Journal des savants. Être abonné à un —. Les bureaux, la direction, la rédaction, l'administration du Journal officiel. Petits journaux, de petit format.

‖ **2°** Un — de terre, ce qu'on peut labourer de terre en une journée, mesure de terre variant de province à province. Deux journaux de terres labourables.

JOURNALIER, IÈRE [jour-nà-lyé, -lyèr] *adj.*

[ÉTYM. Dérivé de journal, § 115. ‖ XVIe s. Chascun des journaliers, LA BOÉTIE, *Œuvres,* p. 265.]

‖ **1°** Qui se fait chaque jour. Travail —. Tâche journalière. *Vieilli.* Ouvrier —, qui travaille à la journée. *De nos jours. Substantivt.* Un —, une journalière. ‖ (Marine.) Vivres journaliers, vivres frais qui se renouvellent tous les jours. *Substantivt.* Bâtiment au —, qui achète ses vivres au jour le jour.

‖ **2°** Qui est sujet à changer d'un jour à l'autre, à être bien un jour et mal l'autre. La guerre est journalière, CORN. *Sophon.* I, 3. La fortune est journalière. Les armes sont journalières, FÉN. *Dial. des morts, Bayard et Bourbon.* Un esprit —. Femme journalière, d'humeur ou de beauté journalière.

JOURNALISME [jour-nà-lìsm'] *s. m.*

[ÉTYM. Dérivé de journal, § 265. ‖ 1781. MERCIER, *Tabl. de Paris,* I, 238. Admis ACAD. 1878.]

‖ Profession de journaliste. ‖ L'ensemble des journaux. Le — parisien.

JOURNALISTE [jour-nà-lìst'] *s. m.*

[ÉTYM. Dérivé de journal, § 265. ‖ Admis ACAD. 1718.]

‖ Celui qui travaille, comme rédacteur, à un journal. La profession de —. ‖ (Typogr.) Ouvrier attaché à la composition, à l'impression d'un journal.

JOURNÉE [jour-né] *s. f.*

[ÉTYM. Du lat. pop. *diurnata, m. s.* (de *diurnum,* jour, § 119), devenu *jornede, jornee, journée,* §§ 410, 324, 295, 402 et 291. ‖ XIIe s. De travers ot une jornee, *Énéas,* 862.]

I. Espace de temps qui s'écoule du lever au coucher du soleil (considéré par rapport à l'état du ciel, de la température). Une belle —. La — a été chaude, a été froide aujourd'hui.

II. ‖ **1°** Cet espace de temps considéré par rapport à l'emploi qu'on en fait. Il travaille toute la —. La fameuse — Où sur le mont Sina la loi nous fut donnée, RAC. *Ath.* I, 1. *Vieilli.* Cette —, aujourd'hui. L'éclat de tes yeux T'a fait plus remporter d'honneur, cette —, que..., CORN. *Poés. div.* 33. Prendre —, prendre jour. Gagner sa vie au jour la —, au jour le jour. Dans une demi-— ce sera fait. Il y a une — de chemin d'ici à la ville. Comédie en trois journées, dont l'action comprend trois parties ayant lieu chacune dans une journée (division des pièces dans l'ancien théâtre espagnol).

‖ **2°** Ce qu'on fait dans une journée. | **1.** Travail d'un ouvrier dans une journée. Ouvrier qui est à la —, qui est payé à tant par jour (par opposition à l'ouvrier qui est payé à la pièce). Des hommes de —. Payer à un ouvrier le salaire de sa —, et, *absolt,* Payer à un ouvrier sa —. Les ouvriers réclament la — de huit heures. *P. ext.* Louer une voiture à la —. | *Fig. Famil.* Mentir à la — (comme si on était payé à la journée pour le faire). Grandes phrases d'honneur et de dévouement dont on abuse à la —, BEAUMARCH. *B. de Sév.* I, 4. | **2.** Chemin qu'on fait d'un lieu à un autre dans une journée. Voyager à petites journées. | **3.** Ce qui s'est passé de remarquable dans une journée, spécialement en fait d'armes. Les journées de Bouvines, de Rocroi, de Marengo. On désespéra d'abord du succès de la —. La — des barricades, des dupes. Les trois journées de juillet (le 27, le 28 et le 29 juillet 1830).

III. — de terre, ce qu'on peut labourer de terre en une journée. (*V.* journal.)

JOURNELLEMENT [jour-nèl-man; *en vers,* -nè-le-...] *adv.*

[ÉTYM. Composé de journelle, forme tombée en désuétude (*V.* journal), et ment, § 724. ‖ 1473. Journelement, dans GODEF. *Compl.*]

‖ Chaque jour. Je travaille à cet ouvrage —. C'est ce que je ne cesse de lui répéter —. J'attends — un docteur, un major et un comédien, tous partis sortables pour ma fille, REGNARD et DUFRESNY, *Chinois,* I, 1.

JOUTE [jout'] *s. f.*

[ÉTYM. Subst. verbal de jouter, § 52. ‖ XIIᵉ s. Protheselaus ocist Ki la premiere joste fist, *Énéas,* 4271.]

‖ **1°** Combat à cheval, d'homme à homme, avec la lance, pour jeu, parade, tournoi. — à lances brisées, à fer émoulu. Remporter le prix de la —. ‖ *P. anal.* — sur l'eau, divertissement où deux hommes placés chacun sur l'avant d'un batelet cherchent à se faire tomber à l'eau à l'aide de longues lances. ‖ Combat d'animaux. Une — de coqs, de cailles.

‖ **2°** *Fig.* Lutte brillante qui se fait sous les yeux du public. Des joutes oratoires.

JOUTER [jou-té] *v. intr.*

[ÉTYM. Pour jouster, § 422, du lat. pop. *jŭxtāre,* proprt, « joindre, faire joindre », devenu joster, jouster, §§ 324, 387, 295 et 291. (*Cf.* ajouter et jouxte.) Le sens primitif est fréquent en anc. franç. et s'est conservé dans qqs patois. ‖ XIᵉ s. Feluns Franceis, hoi justerez as noz, *Roland,* 1191.]

‖ **1°** Combattre de près, l'un contre l'autre, à cheval, avec des lances, en manière de jeu, d'escrime. S'exercer à —. Un écuyer ne pouvait — contre un chevalier. ‖ *P. anal.* Faire — des cailles, des coqs entre eux.

‖ **2°** *Fig.* Lutter de talent, d'habileté avec qqn. Racine disait qu'il n'était pas assez hardi pour — contre Sophocle. Je ne vous conseille pas de — contre lui.

JOUTEUR [jou-teur] *s. m.*

[ÉTYM. Dérivé de jouter, § 112. ‖ XIIᵉ s. N'aveit en la cumpaigne plus hardi justeur, WACE, *Rou,* 3872.]

‖ Celui qui joute contre qqn. Un habile —. ‖ *Fig.* C'est un rude —, c'est un rude adversaire (au jeu, dans la discussion, etc.).

JOUVENCE [jou-vāns] *s. f.*

[ÉTYM. Forme factice, altération de l'anc. franç. jouvente (lat. jŭventa), *m. s.* sous l'influence de jouvenceau, § 509. ‖ XVIᵉ s. Ma douce jouvence est passée, RONS. *Odes,* IV, 11.]

‖ *Vieilli.* Jeunesse. Hébé, la dame de —, SCARR. *Gigantomachie,* 5. *Spécialt.* La fontaine de Jouvence. (*V.* fontaine.) *P. anal.* Eau, élixir de —, nom de produits de parfumerie.

JOUVENCEAU [jou-van-só] *s. m.* et **JOUVENCELLE** [jou-van-sèl] *s. f.*

[ÉTYM. Pour jouvencel, encore dans CORN. (*V.* à l'article), du lat. pop. *jŭvencęllum* (class. juvenculum), diminutif de juvenis, jeune, devenu jovencel, jouvencel, §§ 348, 366 et 291, jouvenceau, § 456. ‖ XIIᵉ s. Les juvencels d'els devurad fus, *Psaut. de Cambridge,* LXXVII, 63.]

‖ *Adolescent, adolescente.* (Ne se dit plus que par plaisanterie, ou dans le style marotique.) Passe encor de bâtir; mais planter à cet âge! Disaient trois jouvenceaux, enfants du voisinage, LA F. *Fab.* XI, 8. Ah! qu'il est beau Le —! MOL. *Pastorale com.* sc. 2. Ce jeune jouvencel A qui le « Cid » donne tant de martel, CORN. *Rondeau contre Scudéry.* | Une aimable jouvencelle.

JOUXTE [joŭkst'] *prép.*

[ÉTYM. Du lat. jŭxta, *m. s.* devenu joste, jouste, §§ 324, 387 et 291, écrit jouxte par réaction étymologique, § 502.]

‖ *Vieilli.* (Droit.) Proche. — l'église. ‖ *Fig.* Conformément à. — la copie originale.

JOVIAL, ALE [jò-vyàl; *en vers,* -vi-àl] *adj.*

[ÉTYM. Emprunté de l'ital. gioviale, *m. s.* § 12. Le mot ital. est la transcription du lat. jovialis, relatif à Jupiter (*cf.* joubarbe), les astrologues du moyen âge considérant la planète Jupiter comme la source de la joie et du bonheur, § 36. ‖ XVIᵉ s. RAB. III, 38.]

‖ Qui aime la gaieté. Une humeur joviale. Une face joviale. Il est de complexion joviale. Il est gai, —, familier, LA BR. 11. J'ai pourchassé l'accointance des messieurs du théâtre, pour ce qu'ils sont joviaux, REGNARD et DUFRESNY, *Chinois,* I, 1.

JOVIALEMENT [jò-vyàl-man; *en vers,* -vi-à-le-...] *adv.*

[ÉTYM. Composé de joviale et ment, § 724. ‖ Admis ACAD. 1878.]

‖ D'une manière joviale.

JOVIALITÉ [jò-vyà-li-té; *en vers,* -vi-à-...] *s. f.*

[ÉTYM. Dérivé de jovial, § 255. ‖ 1624. *Caquets de l'accouchée,* dans LA C. Admis ACAD. 1878.]

‖ Humeur joviale. ‖ Trait de jovialité. Ses jovialités me fatiguent.

JOYAU [jwà-yó] *s. m.*

[ÉTYM. Anc. franç. joel (cas sujet sing. et rég. plur. joeaus, joiaus), dérivé de jouer, § 126. ‖ XIIᵉ s. O lié faisoie mes joiaus, *Tristan,* I, 3736, Michel.]

‖ Ornement précieux d'or, d'argent, de pierreries, qui sert à la parure des femmes. De riches joyaux. Elle abandonne, pour avoir des armes et des munitions, non seulement ses joyaux, mais encore le soin de sa vie, BOSS. *R. d'Angl.* Les bagues et joyaux d'une femme, pierreries, parures, etc., qui appartiennent à une mariée et que son contrat de mariage lui donne le droit de reprendre après la mort du mari. On a alloué vingt mille francs à cette veuve pour ses bagues et joyaux. | Les joyaux de la couronne, qui appartiennent à la couronne.

JOYEUSEMENT [jwà-yeùz'-man; *en vers,* -yeù-ze-...] *adv.*

[ÉTYM. Composé de joyeuse et ment, § 724. ‖ XIIᵉ s. Volontiers oïz E joiusement recoilliz, BENEEIT, *Ducs de Norm.* dans DELB. *Rec.*]

‖ D'une manière joyeuse.

JOYEUSETÉ [jwà-yeùz'-té; *en vers,* -yeù-ze-té] *s. f.*

[ÉTYM. Dérivé de joyeux, § 122. ‖ XIVᵉ-XVᵉ s. Esbatemens et joyeusetez, *Nouvelles franç.* dans DELB. *Rec.*]

‖ *Famil.* Parole, action pour rire. Dire, faire des joyeusetés. Ces joyeusetés-là ne sont pas de mon goût.

JOYEUX, EUSE [jwà-yeù, -yeùz'] *adj.*

[ÉTYM. Dérivé de joie, § 116. ‖ XIᵉ s. Molt fu liez et joies Charlemaines li ber, *Voy. de Charl. à Jérus.* 858.]

‖ **1°** Qui a de la joie. Un homme —. Des enfants —. Elle accourt toute joyeuse. Mener une vie joyeuse, mener joyeuse vie, vivre dans les plaisirs. *Famil.* Bande joyeuse, compagnie de gens qui s'amusent.

‖ **2°** Qui exprime la joie. Cris —. De — chants. Des transports —. Son regard était tout —. Une figure joyeuse. ‖ Qui apporte la joie. Une joyeuse nouvelle. Le droit de — avènement, l'impôt qui était payé au roi de France pour fêter son avènement au trône. ‖ *Fig.* Les moissons joyeuses (fertiles), A. CHÉN. *Aveugle.*

JUBÉ [ju-bé] *s. m.*

[ÉTYM. Emprunté du lat. jube, « ordonne », premier mot d'une prière (Jube, domine, benedicere) qui se chantait au jubé. ‖ 1390. Despense pour le jubé, *Bibl. de l'Éc. des Chartes,* 1861, p. 234.]

|| (Archéol.) Sorte de galerie, dans une église, entre la nef et le chœur. **Monter au —. Chanter l'évangile dans le —.** || *Fig.* Par un jeu de mots sur jubé, qui veut dire en latin « ordonne ». **Venir à —**, se soumettre à un ordre malgré qu'on en ait. **Vous viendrez à —**, GHERARDI, *Th. ital.* v, 34. Le genre humain est menacé, si votre cœur ne vient à — dans un moment, DE MONCHESNAY, *Phénix*, sc. du colonel.

JUBILAIRE [ju-bi-lêr] *adj.*
[ÉTYM. Dérivé de jubilé, § 248. || 1771. TRÉV. Admis ACAD. 1835.]
|| Qui appartient au jubilé. **Année. —.** || Qui a cinquante ans de service. **Docteur —.**

***JUBILANT, ANTE** [ju-bi-lan, -lànt'] *adj.*
[ÉTYM. Adj. particip. de jubiler, § 47. || *Néolog.*]
|| *Famil.* Qui jubile.

JUBILATION [ju-bi-là-syon; *en vers*, -si-on] *s. f.*
[ÉTYM. Emprunté du lat. jubilatio, *m. s.* || xiiⁱᵉ s. Jubilaciun, *Psaut. d'Oxf.* LXXXVIII, 15.]
|| *Famil.* Joie expansive et bruyante. **Ils étaient en —. Un air de —. Son salut aux présidents eut un air de —**, ST-SIM. XII, 200.

1. JUBILÉ [ju-bi-lé] *s. m.*
[ÉTYM. Emprunté du lat. jubilæus, *m. s.* qui vient de l'hébreu jobel, proprt, « son du cor », la fête du jubilé étant annoncée au son du cor, § 22. || xivᵉ-xvᵉ s. Venez à mon jubilé, EUST. DESCH. IV, 116.]
|| **1°** Chez les anciens Hébreux, solennité célébrée tous les cinquante ans, où les héritages revenaient à leurs anciens propriétaires, et les esclaves étaient remis en liberté. **Le —, dans l'ancienne loi, était une année de rémission et de grâce pour le peuple de Dieu**, BOURD. *Ouvert. du jubilé.*
|| **2°** Chez les catholiques, indulgence plénière, solennelle et générale, accordée par les papes à l'origine (en 1300) tous les cent ans, plus tard tous les cinquante ans, aujourd'hui tous les vingt-cinq ans, et, par extraordinaire, à d'autres époques, dans certaines occasions. **La bulle du —. Ce — de la loi nouvelle est proprement celui où les véritables esclaves, je veux dire ceux que le démon tenait dans la servitude du péché, sont remis dans la pleine et entière liberté des enfants de Dieu**, BOURD. *Ouvert. du jubilé.* **Les prières, les stations du —. Gagner le —, faire son —, faire toutes les pratiques de dévotion ordonnées par la bulle du jubilé.** || *Fig.* (T. de jeu.) **Faire —**, brouiller les cartes de manière qu'il n'y ait pas de perdants.
|| **3°** Fête qu'on célèbre en l'honneur de celui qui est arrivé à la cinquantième année de sa fonction. **Ce professeur célèbre cette année son —.**

2. JUBILÉ, *JUBILÉE [ju-bi-lé] *adj.*
[ÉTYM. Dérivé du radical de jubilé 1, § 253. || 1680. Un cordelier jubilé, RICHEL.]
|| Qui est en titre, en fonction, depuis cinquante ans. (*Cf.* jubilaire.) **Religieux, chanoine, docteur —.**

***JUBILER** [ju-bi-lé] *v. intr.*
[ÉTYM. Emprunté du lat. jubilare, pousser des cris de joie. || xiiⁱᵉ s. Montaignes jubileiz la loenge, *Serm. de St Bern.* p. 24.]
|| *Famil.* Éprouver une joie expansive, bruyante.

JUCHER [ju-ché] *v. intr.*
[ÉTYM. Origine inconnue. || xiiᵉ s. Il s'alerent al soir colchier La ou il soloient joschier, WACE, *Brut*, dans DELB. *Rec.*]
|| **1°** Reposer, dormir, perché sur une branche, au haut d'une perche. **Les poules juchent dans le poulailler.** || Avec le pron. réfléchi. **Quand les poules se juchent.**
|| **2°** *Fig.* Se placer, être placé quelque part, tout en haut. **Il est allé — à un cinquième étage.** Avec le pron. réfléchi. **Il est allé se — dans le grenier.** || *P. ext. Transitivt.* **On avait juché les bagages sur l'impériale de la voiture.** || *P. ext.* (Art vétérin.) **Cheval, mulet juché**, dont le boulet se porte tellement en avant qu'il marche et repose sur la pince. (*Cf.* bouleté.)

JUCHOIR [ju-chwàr] *s. m.*
[ÉTYM. Dérivé de jucher, § 113. || 1539. Jucheoir, R. EST.]
|| Assemblage de bâtons, de perches, élevé dans un poulailler, sur lequel les poules juchent.

JUDAÏQUE [ju-dà-ïk'] *adj.*
[ÉTYM. Emprunté du lat. judaicus, *m. s.* || xvᵉ s. La haulte loy judaïque, *Myst. du Vieil Testam.* dans DELB. *Rec.*]
|| **1.** Des Juifs. || *P. ext.* Qui a le caractère inférieur de l'ancienne loi, par rapport à la loi nouvelle plus spirituelle, qui l'abroge. **Une confiance encore —... qui se propo-**

sait encore quelque chose de terrestre et de charnel, BOURD. *Myst. Ascension*, 2. || *Fig.* Trop étroitement attaché à la lettre. **Interprétation —. Des observations judaïques.**
|| **II.** De Judée. *Spécialt.* **Pierre —**, pointe fossile, en forme d'olive, qu'on trouve notamment en Judée.

JUDAÏQUEMENT [ju-dà-ïk'-man; *en vers*, -dà-i-ke-...] *adv.*
[ÉTYM. Composé de judaïque et ment, § 724. || *Néolog.* Admis ACAD. 1878.]
|| D'une manière judaïque.

JUDAS [ju-dâ] *s. m.*
[ÉTYM. Nom propre du disciple qui trahit Jésus-Christ, § 36. || 1497. Traitre, larron, judas! dans DELB. *Rec.* Admis ACAD. 1798.]
|| Traître. || *P. anal. Fig.* Petite ouverture pratiquée à un plancher, par laquelle on peut voir, sans être vu, ce qui se passe au-dessous.

JUDELLE [ju-dèl] *s. f.*
[ÉTYM. Origine inconnue. || 1532. Joudelle, DU WES, dans PALSGR. p. 912. Admis ACAD. 1762.]
|| *Dialect.* Foulque, oiseau aquatique.

JUDICATURE [ju-di-kà-tûr] *s. f.*
[ÉTYM. Dérivé du lat. judicare, juger, § 250. || 1426. Texte dans GODEF. *Compl.*]
|| *Vieilli.* Profession de juge. **Peu à peu cette roture perdit toutes les administrations qui ne sont pas de pure —**, ST-SIM. XII, 247. **Charge, office de —. Exercer la —.** || *Spécialt.* Chez les anciens Hébreux, dignité de juge. **La — de Samson.**

JUDICIAIRE [ju-di-syèr; *en vers*, -si-èr] *adj.*
[ÉTYM. Emprunté du lat. judiciarius, *m. s.* || xivᵉ-xvᵉ s. Droiturier en fait judiciaire, EUST. DESCH. II, 136.]
|| **I.** Relatif à la justice. **Genre —**, genre d'éloquence usité en justice, par lequel on accuse ou on défend. **Combat —**, combat singulier constituant le jugement de Dieu, qui était ordonné entre deux parties ou leurs champions, et où la victoire prouvait la bonté de la cause. || *Spécialt.* | **1.** Qui est relatif à l'administration de la justice. **Les membres de l'ordre —. La hiérarchie —. Police, organisation —.** | **2.** Qui se fait en justice, par autorité de justice. **Les formes judiciaires. Enquêtes, poursuites judiciaires. Acte —, fait sous la surveillance d'un juge.** *Ancienn.* **Bail —**, bail d'un héritage saisi réellement, et qui était fait à la poursuite du commissaire aux saisies réelles. | **Témoin —**, appelé à déposer en justice.
|| **II.** Relatif au jugement, à la faculté de discerner le vrai du faux. **La faculté —**, et, *substantivt, famil.* **La —**, par laquelle on juge, on apprécie. **C'est par là que j'ai toujours bien auguré de sa —**, MOL. *Mal. im.* II, 5. **Il a la — fort bonne encore.** || **Astrologie —**, l'art prétendu de juger de l'avenir. *Vieilli. Substantivt.* **Un —**, un astrologue.

JUDICIAIREMENT [ju-di-syèr-man; *en vers*, -si-è-re-...] *adv.*
[ÉTYM. Composé de judiciaire et ment, § 724. || 1453. Judicierement, *Cout. de Touraine*, dans DELB. *Rec.*]
|| Suivant les formes judiciaires.

JUDICIEUSEMENT [ju-di-syeûz'-man; *en vers*, -si-eû-ze-...] *adv.*
[ÉTYM. Composé de judicieuse et ment, § 724. || 1611. COTGR.]
|| D'une manière judicieuse.

JUDICIEUX, EUSE [ju-di-syeû, -syeûz'; *en vers*, -si-...]' *adj.*
[ÉTYM. Dérivé du lat. judicium, jugement, § 251. || xviᵉ s. Esprit tres poli et judicieux, MONTAIGNE, II, 12.]
|| Qui a du jugement, qui a la faculté de juger. **Homme —. Esprit peu —.** || Qui marque du jugement. **Réflexion judicieuse. Art —**, BOIL. *Art p.* 3.

JUGE [jûj'] *s. m.*
[ÉTYM. Du lat. jûdicem, *m. s.* devenu *juze, de bonne heure transformé en juge sous l'influence du verbe juger, §§ 290, 414, 389 et 291. || xiiᵉ s. Dau seit juges entre mei e tei, *Rois*, I, 24.]
|| **I.** || **1°** Celui qui est chargé d'appliquer les lois pénales, civiles, commerciales. **Un bon —. Un — impartial.** *Loc. prov.* **De fou — brève sentence**, les ignorants décident sans examiner. **Nul ne peut être distrait de ses juges naturels** (de ceux que la loi lui assigne, suivant sa qualité et l'espèce de sa cause), *Charte de 1830*, art. 53. *Ancienn.* **Juges ordinaires, juges naturels** (par opposition aux **juges de privilège ou**

établis par commission). Plaider devant ses juges. Récuser un —. Aucun — par vous ne sera visité? MOL. *Mis.* I, 1. Renvoyer une affaire devant les juges. Juges inférieurs, qui prononcent en premier ressort. — d'instruction, chargé d'instruire une affaire criminelle. — commissaire, désigné par le tribunal dont il fait partie pour procéder à certaines constatations, et en faire, s'il y a lieu, son rapport. — de paix, chargé de juger sommairement, sans frais, des contestations de peu d'importance, et de concilier, s'il se peut, les différends qui devraient être portés devant les tribunaux. *Vieilli.* Juges consulaires, juges au tribunal de commerce. | Grand —, ministre de la justice (sous Napoléon Ier). | (Antiq. juive.) Magistrat suprême qui gouvernait la nation avant l'établissement de la royauté. Le livre des Juges. || *P. ext.* — d'armes, officier qui était chargé de vérifier et de certifier les armoiries et titres de noblesse. | Juges du camp, dans un tournoi, un combat judiciaire, officiers qui étaient chargés de veiller à ce que tout se passât suivant les règles et la loyauté. | Juges d'un concours, chargés de se prononcer dans un concours sur la valeur des concurrents.

|| 2° *P. anal.* Dieu est le souverain —. L'Église est — des choses de la religion. Mais vous avez pour — un père qui vous aime, RAC. *Mithr.* II, 2. Être — et partie, juger dans sa propre cause. Entre le pauvre et vous, vous prendrez Dieu pour —, RAC. *Ath.* IV, 3.

II. Celui qui est en état de donner son avis, son opinion sur une personne, sur une chose. Je vous fais — de ce que j'ai dit. Puisqu'il veut te choisir pour —, je n'y recule point, MOL. *Av.* IV, 4. | Il est bon — en matière d'art. Vous n'êtes pas — de ces choses-là. | *Fig.* Ma conscience est le seul — de ma conduite.

JUGEMENT [juj'-man ; *en vers,* ju-je-...] *s. m.*

[ÉTYM. Dérivé de juger, § 145. || XIe s. Sur mei avez turnet fals jugement, *Roland,* 328.]

I. Action de juger. (Employé seulement dans l'expression en —.) Le tribunal est en —, tient séance. Mettre qqn en —, lui faire un procès criminel. Ester en —, être partie dans un procès. Aussitôt qu'un homme était mort (chez les Égyptiens), on l'amenait en —, BOSS. *Hist. univ.* III, 3. || *Vieilli.* Entrer en — avec qqn, plaider avec lui, et, *fig.* avoir une discussion avec lui. S'élever en — contre qqn, ouvrir une discussion avec lui. Nous osons sans cesse appeler le Seigneur en — avec nous, MASS. *Myst. Purific.* 1.

II. || 1° Résultat de cette action. Prononcer, rendre un — en faveur de qqn. — d'incompétence. Selon que vous serez puissant ou misérable, Les jugements de cour vous rendront blanc ou noir, LA F. *Fab.* VII, 1. *Spécialt.* (Par opposition à arrêt de cour.) Décision d'un tribunal de première instance. — avant faire droit, qui, avant de statuer définitivement, prescrit une mesure préalable. — d'un tribunal ecclésiastique, d'un concile. || *P. anal.* Si leur majesté (des rois) les met au-dessus des jugements humains pendant leur vie, ils y reviennent enfin quand la mort les a égalés aux autres hommes, BOSS. *Hist. univ.* III, 3. || *P. anal.* Les jugements de Dieu, ses arrêts sur les personnes, sur les choses. Les jugements de Dieu... sur l'empire romain ne nous ont pas été cachés, BOSS. *Hist. univ.* III, 1. || *Spécialt.* | 1. — de Dieu, au moyen âge, épreuve extraordinaire (combat singulier, épreuve par le fer chaud, le feu, l'eau, etc.) à laquelle on recourait pour décider entre un innocent faussement accusé et un criminel, Dieu devant faire connaître clairement la vérité, en faisant succomber le coupable. | 2. — dernier, dans la religion catholique, arrêt qui doit être porté par Dieu à la fin du monde, sur tous les vivants et les morts (ressuscités). Le jour du — dernier. La trompette du — dernier, qui doit ressusciter les morts.

|| 2° *P. ext.* Opinion par laquelle on approuve ou on blâme. Donner son — sur un livre. Le — de l'Académie sur le « Cid ». Porter un — sur la conduite de qqn. Des jugements d'autrui nous tremblons follement, BOIL. *Ép.* 3. Un — téméraire. Être injuste dans ses jugements.

III. || 1° Avis, manière de voir particulière à qqn. Qu'il est difficile de proposer une chose au — d'un autre sans corrompre son — par la manière de la lui proposer! PASC. *Pens.* VI, 39. || *P. ext. et absolt.* Manière de voir conforme au bon sens. Avoir du —. Avez-vous, dites-moi, perdu le —? MOL. *Mis.* IV, 3. Il a fait preuve de —. Un envers du bon sens, un — à gauche, MOL. *Ét.* II, 11.

|| 2° (Logique.) Acte par lequel l'esprit affirme ou nie. La proposition est l'énonciation d'un —.

JUGER [ju-jé] *v. tr.*

[ÉTYM. Du lat. jūdicāre, *m. s.* devenu *jud'gar, jugier, §§ 336, 389, 297 et 291, juger, § 634.]

I. Décider pour ou contre.

|| 1° Prononcer une décision comme juge sur (qqn, qqch). — une affaire. Le procès qui a été jugé, qui s'est jugé hier. — une affaire entre deux personnes. — un accusé. Jugez sévèrement ce voleur domestique, RAC. *Plaid.* II, 14. | *Absolt.* — sans entendre les parties. Qu'il juge entre vous et moi. L'INTIMÉ : Monsieur, où courez-vous?... — DANDIN : Je veux aller —, RAC. *Plaid.* II, 13. | *Intransitivt.* — de qqn (*vieilli*). Jugez de Théodore, CORN. *Théod.* V, 7. || *P. anal.* Cette coutume de — les rois après leur mort parut si sainte au peuple de Dieu, qu'il l'a toujours pratiquée, BOSS. *Hist. univ.* III, 3. — en qualité d'arbitre. Juge-nous un peu sur une gageure que nous avons faite, MOL. *Impr.* sc. 4. L'histoire le jugera sévèrement. Rome entre vous et lui jugera de l'outrage, CORN. *Nicom.* IV, 4. || *P. anal.* (Dieu) Juge tous les mortels avec d'égales lois, RAC. *Esth.* III, 4. || *P. ext.* En parlant des magistrats qui exercèrent le pouvoir en Israël avant l'établissement de la royauté. Ceux qui jugeaient le peuple.

|| 2° Émettre une opinion par laquelle on approuve ou on blâme. Vous jugez bien sévèrement les autres. Garde-toi, tant que tu vivras, De — les gens sur la mine, LA F. *Fab.* VI, 5. Ils ne se jugent pas favorablement l'un l'autre. Jugez-vous vous-même. | — un livre, une pièce de théâtre, un opéra. *Absolt.* Il ne faut pas toujours — sur ce qu'on voit, MOL. *Tart.* V, 3. Tel excelle à rimer qui juge sottement, BOIL. *Art p.* 4. || *Intransitivt.* Mal — de son prochain. J'ai mal jugé de toi, j'ai tort, je le confesse, MOL. *Ét.* I, 8. Il juge bien de votre conduite. — des coups, du plus ou moins d'habileté des joueurs. Là, tous mes sots, enflés d'une nouvelle audace, Ont jugé des auteurs en maîtres du Parnasse, BOIL. *Sat.* 3.

II. || 1° Être d'une certaine opinion sur une personne, sur une chose. — une chose digne de foi. — une personne sage. (Vénerie.) — la bête, la reconnaître à ses traces. Tirer au —, dans une direction en supposant, d'après qq indice, que la bête est là. || *Intransitivt.* Je juge qu'il s'est trompé. Et sur quoi juger-vous que j'en perds la mémoire? RAC. *Phèd.* II, 5. || *P. ext.* Jugez combien ce coup frappe tous les esprits, RAC. *Brit.* V, 5. Ne jugez pas de son cœur par le vôtre, ID. *ibid.* V, 1. L'œil juge des couleurs, l'oreille des sons.

|| 2° Discerner le vrai du faux. La puissance de bien — et distinguer le vrai d'avec le faux, qui est proprement ce qu'on nomme le bon sens ou la raison, est naturellement égale en tous les hommes, DESC. *Méth.* 1. || *Spécialt.* (Logique.) Faire un jugement.

'JUGEUR [ju-jeūr] *s. m.*

[ÉTYM. Dérivé de juger, § 112. || XIe s. De tot cest mont somes nos jugedor, *St Alexis,* 364.]

|| Celui qui se pose en juge de qqch. (Grands mots) qui donnent un air si important, et supérieur, que nos jugeurs de comédie seraient désolés de n'avoir pas à les prononcer sur toutes les pièces de théâtre, BEAUMARCH. *Mar. de Fig.* préf.

'JUGLANDÉES [ju-glan-dé] *s. f. pl.*

[ÉTYM. Dérivé du lat. juglans, andis, noyer, § 223. || *Néolog.*]

|| (Botan.) Famille de plantes dont le noyer est le type.

'JUGLANDINE [ju-glan-din'] *s. f.*

[ÉTYM. Dérivé du lat. juglans, andis, noyer, § 245. || *Néolog.*]

|| (Chimie.) Principe amer qu'on extrait du brou de noix vert.

JUGULAIRE [ju-gu-lèr] *adj.*

[ÉTYM. Dérivé du lat. jugulus, gorge, § 248. || 1541. Veines jugulaires, J. CANAPPE, *Tables anat.* dans DELB. *Rec.*]

|| (T. didact.) Qui appartient à la gorge. Veines jugulaires, et, *substantivt, au fém.* Les jugulaires, quatre veines placées deux à droite, deux à gauche, sur les parties latérales du cou. Poissons jugulaires, qui ont les nageoires ventrales placées en avant des pectorales, près du cou. *Substantivt, au fém.* (T. milit.) Mentonnière d'un képi, d'un shako, d'un casque. Le port de la — indique un service commandé.

JUIF, IVE [juïf, juïv'] *s. m. et f.*

[ÉTYM. Nom propre de peuple (*V.* § 36), correspondant au lat. Judæum, grec Ἰουδαῖον, *m. s.* Judæum a donné en anc. franç. juieu, juin (*V.* §§ 411 et 332), d'où l'on a tiré le fém. juiue, juive, et sur juive on a refait le masc. juit, § 583.]

‖ Celui, celle qui professe la religion de Moïse. Le — errant, que la légende représente comme condamné par Jésus à errer jusqu'à la fin du monde, pour l'avoir empêché de se reposer lorsqu'il portait sa croix. *Fig.* Homme qui est toujours sur les chemins. ‖ *Famil.* Riche comme un — (les juifs, au moyen âge, ayant eu spécialement le commerce de l'argent). *P. ext. Fig.* En mauvaise part. Un —, un usurier, un homme âpre au gain. Comment diable l quel —, quel arabe est-ce là? MOL., *Av.* II, 1.

JUILLET [ju-yè; *selon d'autres*, jui-yè] *s. m.*
[ÉTYM. Anc. franç. jugnet, dérivé de juin, par confusion entre le lat. junius (juin) et julius (juillet), § 133. Plus récemment jugnet a été transformé en juillet par réaction étymologique, § 502. ‖ XIIᵉ s. Juigniez, PH. DE THAUN, *Comput*, 955. | 1248. Jouillet, dans GODEF. *Compl.*]

‖ Le septième mois de l'année suivant l'usage moderne. Le mois de —. Le dix de —, et, *ellipt*, Le dix —. *Spécialt.* En parlant de la révolution de juillet 1830. Les ordonnances de —. Les journées de —.

JUIN [juin] *s. m.*
[ÉTYM. Du lat. junium, m. s. §§ 483 et 291.]

‖ Le sixième mois de l'année suivant l'usage moderne. Le mois de —. Le vingt de —, et, *ellipt*, Le vingt —. La mi- —, le milieu de juin. Mi- —, mi-graisse (t. de vénerie), vers le milieu de juin les cerfs commencent à s'engraisser.

JUIVERIE [juiv'-ri ; *en vers*, jui-ve-ri] *s. f.*
[ÉTYM. Dérivé de juif, § 69. ‖ XIIᵉ-XIIIᵉ s. En la juierie (le quartier des Juifs), VILLEHARD. 72. Admis ACAD. 1762.]

‖ Marché usuraire. ‖ *P. ext.* Boutique d'usurier. Ne prêtez-vous pas sur gages à Rome dans vos juiveries que vous appelez monts-de-piété? VOLT. *Dial.* XXVI, 2.

JUJUBE [ju-jub'] *s. f.*
[ÉTYM. Altération du lat. zizyphum, grec ζίζυφον, m. s. ‖ XVIᵉ s. La fleur de jujube, DU PINET, *Hist. nat. de Pline*, dans DELB. *Rec.*]

‖ Fruit du jujubier, noyau à deux loges renfermé dans une enveloppe pulpeuse, dont le suc est employé en pharmacie comme pectoral et adoucissant. Du suc de —, et, *ellipt*, Du —, suc extrait de la jujube. Pâte de —, préparation pectorale qui se faisait autrefois avec la jujube.

JUJUBIER [ju-ju-byé] *s. m.*
[ÉTYM. Dérivé de jujube, § 115. ‖ XVIᵉ s. L'on plante le jujubier apres l'hyver, O. DE SERRES, V, 26.]

‖ Arbre de la famille des Rhamnées, voisin du houx et du fusain, à bois tortueux, armé de fortes épines, qui croît dans les régions méridionales.

JULEP [ju-lèp'] *s. m.*
[ÉTYM. Emprunté de l'arabe djoulab, m. s. § 22. ‖ XIIIᵉ-XIVᵉ s. Sirop julevi, *Antidotaire*, 23. Aygue avec julep, *Somme Mᵉ Gautier*, mss franç. Bibl. nat. 1288, fᵒ 14, rᵒ.]

‖ (Pharm.) Potion adoucissante, composée d'eau et de sirops auxquels on ajoute une légère dose d'opium et qu'on administre comme calmant et somnifère. Il est mort insolvable..., l'on n'a vu chez lui ni —, ni cordiaux, ni médecin, ni le moindre docteur qui ait assuré de son salut, LA BR. 6.

1. JULIENNE [ju-lyèn; *en vers*, -li-èn'] *s. f.*
[ÉTYM. Dérivé du nom propre Jules ou Julien, § 36. ‖ 1680. RICHEL. Admis ACAD. 1762.]

‖ (Botan.) Plante crucifère, voisine de la giroflée, dont plusieurs espèces sont employées en médecine ou cultivées dans les jardins d'agrément. — des dames ou des jardins, dite aussi cassolette, à fleurs blanches ou violacées, d'un parfum exquis. — maritime, à fleurs purpurines, cultivée en bordure. ‖ *P. anal.* — jaune, barbarée vulgaire.

2. JULIENNE [ju-lyèn'; *en vers*, -li-èn'] *s. f.*
[ÉTYM. Dérivé du nom propre Jules ou Julien, § 36. ‖ 1722. Potage a la julienne, *Cuisin. royal et bourg.* II, 163. Admis ACAD. 1798.]

‖ (Cuisine.) Potage fait avec plusieurs sortes d'herbes et de légumes (carottes, navets, céleri, choux, pois, etc.) hachés menu et cuits dans le bouillon.

JUMART [ju-mâr] *s. m.*
[ÉTYM. Emprunté du provenç. moderne gemerre ou gemarre, m. s. d'origine inconnue, § 11. VOLT. écrit jumare; sur la confusion de la terminaison avec le suffixe art, V. §§ 62 et 147. ‖ Admis ACAD. 1694.]

‖ Animal qu'on croit produit par l'accouplement soit d'un taureau avec une jument ou une ânesse, soit d'un âne ou d'un cheval avec une vache.

JUMEAU, ELLE [ju-mó, -mèl] *adj.*
[ÉTYM. Du lat. gemellum, *m. s.* devenu gemel, §§ 366 et 291, gemeau, § 456, jumeau, § 344. (*Cf.* le doublet gémeau, § 503.) ‖ XIIᵉ s. Jou cuit qu'ele est sa suer jumele, *Flore et Blanchefl.* I, 1541.]

‖ **1º** Né d'un même accouchement qu'un autre enfant. Des frères jumeaux. Des sœurs jumelles. | *P. ext. Au sing.* C'est son frère —. Ma sœur jumelle. | *Substantivt.* Elle accoucha d'un — et d'une jumelle. Deux petites jumelles. ‖ *P. anal.* En parlant des animaux. Deux chiens jumeaux. ‖ En parlant de fruits, qui croissent joints ensemble. Des pommes, des cerises jumelles.

‖ **2º** *P. anal.* (Technol.) Alambics jumeaux, dont le bec de chacun entre dans le ventre de l'autre, de manière à former double circulation pour la distillation. Muscles jumeaux, et, *substantivt*, Les jumeaux, deux petits muscles qui concourent aux mouvements de la jambe. | Lits jumeaux, deux lits de même forme placés parallèlement, l'un à côté de l'autre. ‖ *P. ext. Absolt.* Pièce jumelle, et, *substantivt*, Jumelle, l'une des deux pièces semblables et semblablement disposées qui entrent dans la composition d'une machine, d'un outil. *Spécialt.* | 1. Montant d'une presse, d'un étau ; montant ou poteau du bocard à pulvériser le minerai. | 2. Lorgnette double pour le spectacle. | 3. (Blason.) Fasce, bande, barre, etc., dont on charge le milieu de l'écu. | 4. (Marine.) Pièce de bois appliquée sur une autre pour la fortifier. | 5. Celle des deux rangées de pavés formant un ruisseau qui joint la chaussée. (*V.* contre-jumelle.) | 6. Ancienne pièce de canon à double bouche et une seule lumière.

JUMELÉ, ÉE [jūm'-lé; *en vers*, ju-me-lé]. *V.* jumeler.

***JUMELER** [jūm'-lé; *en vers*, ju-me-lé] *v. tr.*
[ÉTYM. Dérivé de jumeau, §§ 65 et 154. ACAD. ne donne que le part. jumelé, ée, employé adjectivt dans la langue du blason. ‖ 1765. ENCYCL.]

‖ (Technol.) ‖ **1º** Accoupler deux objets semblables et semblablement disposés. — deux sapines. (Blason.) Pièce jumelée, formée de deux pièces jumelles. | *Substantivt, au fém.* Jumelées, deux pièces de bois qui s'ajustent l'une contre l'autre, dans le sens de leur longueur.

‖ **2º** Fortifier par une jumelle. — une vergue, un mât, un banc qui a craqué.

JUMELLE. *V.* jumeau.

JUMENT [ju-man] *s. f.*
[ÉTYM. Du lat. jumentum, bête de somme, § 291. Sur le genre, *V.* § 554.]

‖ **1º** *Anciennt.* Bête de somme. ‖ *Fig.* (Technol.) Fer à gaufrer avec lequel on faisait et on marquait à la fois les pièces de monnaie avant l'invention du balancier.

‖ **2º** *P. ext.* Femelle du cheval. — poulinière. — de haras. — vide, non fécondée.

***JUMENTERIE** [ju-mant'-ri ; *en vers*, -man-te-ri] *s. f.*
[ÉTYM. Dérivé de jument, § 69. ‖ *Néolog.*]

‖ Haras où l'on produit des étalons.

***JUMENTEUX, EUSE** [ju-man-teŭ, -teŭz'] *adj.*
[ÉTYM. Dérivé de jument, § 251. ‖ 1812. MOZIN, *Dict. franç.-allem.*]

‖ (Médec.) Urine jumenteuse, urine colorée, trouble et sédimenteuse comme celle du cheval.

JUNGLE [jōngl'] *s. f.*
[ÉTYM. Emprunté du sanscrit jangala, m. s. § 25. ‖ *Néolog.* Admis ACAD. 1878.]

‖ Dans l'Inde, plaine marécageuse, couverte de roseaux et de broussailles épaisses. Les tigres des jungles. Fièvre des jungles, fièvre paludéenne à forme rémittente.

JUPE [jŭp'] *s. f.*
[ÉTYM. Emprunté de l'arabe djoubba, vêtement de dessous, § 22. ‖ XIIᵉ-XIIIᵉ s. Une gonele lee Et une jupe de gros agniax forree, *Aymeri de Narbonne*, 1623.]

‖ **1º** Partie de l'habillement des femmes qui descend de la ceinture aux pieds. — de dessus, de dessous. Corps de —. Retrousser ses jupes.

‖ **2º** Dans l'ancien habillement militaire, pan de la redingote, du paletot, couvrant les cuisses.

JUPON [ju-pon] *s. m.*
[ÉTYM. Dérivé de jupe, § 104. ‖ 1376. Va reporter les gippons que tu as emblez, dans GODEF.]

‖ Jupe plus courte que les femmes mettent sous leurs

robes. || Vêtement de l'homme qui descend sur les cuisses. Vous pourriez bien ici, sur votre noir —, Monsieur l'huissier à verge, attirer le bâton, MOL. *Tart.* v, 4.

'JUPONNER [ju-pò-né] *v. tr.*
[ÉTYM. Dérivé de jupon, § 154. || *Néolog.*]
|| Revêtir d'un jupon. Se —.

JURANDE [ju-rãnd'] *s. f.*
[ÉTYM. Dérivé de jurer, § 140. || xvIe s. Mestiers qui sont en jurande, dans LEVASSEUR, *Hist. des classes ouvrières*, II, p. 501.]
|| Dans les anciennes corporations de métiers, charge, fonction de juré. | Assemblée des jurés.

JURASSIQUE [ju-rà-sïk'] *adj.*
[ÉTYM. Dérivé du nom propre Jura, § 229. || *Néolog.* Admis ACAD. 1878.]
|| (Géologie.) Terrain —, de formation secondaire, intermédiaire entre l'étage liassique et le terrain crétacé, que l'on trouve entre autres dans les montagnes du Jura.

JURATOIRE [ju-rà-twàr] *adj.*
[ÉTYM. Emprunté du lat. juratorius, *m. s.* || 1496. Caution juratoyre, *Cout. d'Anjou*, dans DELB. *Rec.*]
|| (Droit.) Relatif au serment. *Spécialt.* Caution —, serment que qqn fait en justice de représenter sa personne ou de rapporter une chose dont il est chargé. Élargir un prévenu à sa caution —.

JURÉ, ÉE [ju-ré] *adj.*
[ÉTYM. Emprunté du lat. juratus, qui a juré. || xIIe-xIIIe s. Prestre, campions les jurés Por nous, RENCL. DE MOILIENS, dans DELB. *Rec.*]
|| Qui a prêté le serment de remplir fidèlement sa charge, et, par là, est consacré dans ses fonctions. || Dans les anciennes corporations, qui a prêté le serment requis pour la maîtrise. — vendeur de marée. Écrivain —. Jurée lingère. *Substantivt.* Un —. Une jurée. *Fig.* Allons, que l'on détale de chez moi, maître — filou, MOL. *Av.* I, 3. Médecin —, qui était établi auprès d'un tribunal pour faire des rapports en justice. Docteur —, reçu par l'Université. Je vous crois grand latin et grand docteur —, MOL. *Dép. am.* II, 7. Interprète —, admis auprès d'un tribunal. *Fig.* Être l'ennemi — de qqn. || *Spécialt.* Chacun des douze citoyens appelés dans les assises à prononcer si tel accusé est coupable ou non. La liste des jurés. *P. ext.* Membre d'un jury d'expropriation, d'examen, etc.

JUREMENT [jur-man ; *en vers*, ju-re-...] *s. m.*
[ÉTYM. Dérivé de jurer, § 145. (*Cf.* lat. juramentum, serment.) || xIIIe s. Ci a bon jurement, *Chans. d'Antioche*, VII, 546.]
|| 1° Action de jurer, de faire un serment, sans nécessité ni obligation. On ne vous croira pas, malgré tous vos jurements.
|| 2° Juron. Des jurements de charretier embourbé. Proférer d'affreux jurements.

JURER [ju-ré] *v. tr*
[ÉTYM. Du lat. jûrare, *m. s.* §§ 295 et 291.]
I. Attester par serment Dieu ou une personne, une chose qu'on juge sacrée. Moi, je jure des dieux la puissance suprême, CORN. *Pomp.* v, 1. Et l'assembleur de nuages Jura le Styx, LA F. *Fab.* VIII, 20. Dieu en vain tu jureras, *Command. de Dieu.* — sa foi. || Avec une proposition pour complément. Je jure le Ciel que je le défendrai ici contre qui que ce soit, MOL. *D. Juan*, III, 5. Il jura sa foi de dire la vérité. *Famil.* Il jure ses grands dieux qu'il fera ce qu'on voudra. || *Absolt.* — sur la Bible, sur les Évangiles. Ainsi que par César on jure par sa mère, RAC. *Brit.* I, 2. J'en jure par les ondes du Styx, FÉN. *Tel.* 7. J'en jurerais (tellement j'en suis certain). | *P. ext.* Un honnête homme qui dit oui ou non mérite d'être cru ; son caractère jure pour lui, LA BR. 4. On ne jure que par cet homme, on admet tout ce qu'il dit comme article de foi. — sur la parole du maître. || *En mauvaise part.* | 1. Prononcer, par blasphème, le nom de Dieu. Il ne fait que — Dieu, le nom de Dieu. *Absolt.* — comme un païen, comme un charretier. Il jurerait comme un païen qu'il est orthodoxe, on pourrait bien le brûler comme hérétique, MONTESQ. *Lett. pers.* 29. | *P. ext.* — un gros mot, faire un juron. | 2. *P. ext. et fig.* Ces choses jurent d'être accouplées ensemble (tant elles sont discordantes). Le vert jure avec le bleu. Comme des couleurs mal assorties, comme des paroles qui jurent et qui offensent l'oreille, LA BR. 6. Un violon qui jure, qui émet des notes discordantes.
II. *P. ext.* Promettre par serment (qqch à qqn). — fi-

délité à qqn. Va lui — la foi que tu m'avais jurée, RAC. *Andr.* IV, 5. Le roi et ses successeurs, à leur avènement, jureront d'observer fidèlement la charte, *Charte de 1830*, art. 65. Violer la foi jurée. Avec nous tu juras une sainte alliance, RAC. *Esth.* I, 4. *Fig.* Assurer, promettre fermement (qqch à qqn). Ils se sont juré une éternelle amitié. Il a juré sa ruine. Avez-vous juré ma mort? Il ne faut — de rien.

JUREUR [ju-reùr] *s. m.*
[ÉTYM. Dérivé de jurer, § 112. (*Cf.* lat. jurator.) || xIIIe s. Il i porreit assez des jureurs trover, GARN. DE PONT-STE-MAX. *St Thomas*, 4020.]
|| 1° Celui qui prête serment.
|| 2° Celui qui jure par mauvaise habitude, par emportement. M. Naudé, point — ni moqueur, dans *Esprit de Gui Patin*, p. 260.

JURIDICTION [ju-ri-dïk-syon ; *en vers*, -si-on] *s. f.*
[ÉTYM. Pour jurisdiction § 422, emprunté du lat. jurisdictio, *m. s.* || xIIIe s. De Septentrion Tint il la juridicion, J. DE MEUNG, *Rose*, 6273.]
|| 1° Pouvoir d'un juge. — ecclésiastique, laïque. La — consulaire, les tribunaux de commerce. La — administrative, les conseils de préfecture, le conseil d'État. Reconnaître, décliner la —. Degrés de —, chacun des tribunaux par lesquels une même affaire peut être successivement jugée.
|| 2° Ressort où peut exercer le pouvoir d'un juge. La — de cette cour est fort étendue. || *Fig.* Cela n'est pas de votre —, cela ne vous regarde pas.

JURIDICTIONNEL, ELLE [ju-ri-dïk-syò-nèl ; *en vers*, -si-ò-...] *adj.*
[ÉTYM. Dérivé de juridiction, § 238. || xvIe s. Procureur jurisdictionnel, TH. DE BÈZE, *Hist. ecclés.* III, p. 367, édit. 1580. Admis ACAD. 1835.]
|| (Droit.) Qui est relatif à une juridiction. Droit, pouvoir —.

JURIDIQUE [ju-ri-dïk'] *adj.*
[ÉTYM. Emprunté du lat. juridicus, *m. s.* || 1460. Sommation juridique, dans DELB. *Rec.*]
|| Qui se fait en justice, suivant les formes légales. Acte —. Procédure —. Un assassinat —.

JURIDIQUEMENT [ju-ri-dïk'-man ; *en vers*, -di-ke-...] *adv.*
[ÉTYM. Composé de juridique et ment, § 724. || 1488. N. HUEN, *Voy. à Jérus.*]
|| D'une manière juridique.

JURISCONSULTE [ju-rïs'-kon-sült'] *s. m.*
[ÉTYM. Emprunté du lat. jurisconsultus, *m. s.* || xve s. Aucuns jurisconsulz, J. DE BUEIL, *Jouvencel*, dans DELB. *Rec.*]
|| Celui qui fait profession de donner des avis sur des questions de droit. Un savant —.

JURISPRUDENCE [ju-rïs'-pru-dãns'] *s. f.*
[ÉTYM. Emprunté du lat. jurisprudentia, *m. s.* || 1611. COTGR.]
|| 1° Science du droit et des lois. La section de — de l'Académie des sciences morales et politiques.
|| 2° Ensemble des principes de droit qu'on observe dans chaque pays ou dans chaque matière. La — romaine, française. — commerciale, criminelle. On voit dans le cours de quelques années la — varier, MONTESQ. *Rom.* 20. — des arrêts de la cour de cassation. Cela fait —.

JURISTE [ju-rïst'] *s. m.*
[ÉTYM. Emprunté du lat. scolast. jurista, *m. s.* de jus, juris, droit, §§ 217 et 265. || xIVe s. Les juristes, ORESME, *Éth.* v, 15.]
|| Celui qui écrit sur les matières de droit.

JURON [ju-ron] *s. m.*
[ÉTYM. Dérivé de jurer, § 104. || 1599. Par jurons et serments, J. DE MONTLYARD, *Mythol.* dans DELB. *Rec.*]
|| *Famil.* || 1° Façon de jurer habituelle à qqn. C'est son —.
|| 2° Jurement grossier. Faire, lâcher un —, un gros —. La bouche aux vils jurons, A. BARBIER, *Curée.*

JURY [ju-ri] *s. m.*
[ÉTYM. Emprunté de l'angl. jury, *m. s.* qui est l'anc. franç. juree, réunion de jurés, § 8. || xIIe-xIIIe s. Restorees Les perdes selon leurs jurees, *Cheval. aux deux épees*, 1039. Admis ACAD. 1798, suppl.]
|| 1° L'ensemble des douze jurés auxquels une affaire criminelle est soumise. Le chef du —. La déclaration du —. || *P. ext.* L'ensemble des trente-six jurés désignés par le sort au commencement de chaque session, et parmi lesquels on prend les douze membres du jury. Être du —.
|| 2° Commission chargée officiellement de l'examen

de certaines choses. Le — de l'exposition de peinture. Le — d'examens du baccalauréat, de la licence, de l'agrégation. — d'expropriation, qui examine les demandes d'indemnité à accorder en cas d'expropriation.

JUS [ju] *s. m.*

[ÉTYM. Du lat. jŭs, *m. s.*]

‖ **1°** Suc que l'on tire, par pression, par décoction, par préparation, d'un fruit, d'un végétal. Du — d'herbes. Du — de pommes. Le — de la vigne, de la treille, le vin. (*Cf.* verjus.) — de réglisse, extrait de la racine de réglisse, préparé en bâton, noir ou brun. — de réglisse anisé. Vous plaît-il un morceau de ce — de réglisse? MOL. *Tart.* IV, 5. ‖ *Vieilli.* Loc. prov. C'est — vert ou vert —, l'un est la même chose que l'autre. (*Cf.* bonnet.)

‖ **2°** Suc de viande, de légumes, extrait par pression, macération, cuisson, etc. Du — de viande. Du — de cresson.

JUSANT [ju-zan] *s. m.*

[ÉTYM. Dérivé de l'ancien adverbe jus (lat. jusum), en bas, § 146. ‖ 1634. Jussan est le descendant ou basse mer, *Termes de marine*, dans DELB. *Rec.* Admis ACAD. 1762.]

‖ (Marine.) Descente de la marée qui baisse. Le navire attend le — pour sortir du port. Flot et —, flux et reflux.

*‖ **JUSÉE** [ju-zé] *s. f.*

[ÉTYM. Dérivé de jus, § 119. ‖ 1765. Plamer a la gigee, ENCYCL. tannerie.]

‖ (Technol.) Eau acide qu'on emploie dans les tanneries pour faire gonfler les peaux et aider à leur débourrement, et qui provient de la macération dans l'eau de l'écorce de chêne déjà épuisée par le tannage.

JUSQUE et, *poét.* **JUSQUES** [jŭsk'] *prép.*

[ÉTYM. Du lat. pop. *deusque (lat. class. usque), *m. s.* devenu *diusque, jusque, jusques, § 726. L'e de jusque est remplacé par une apostrophe devant une voyelle. ‖ XIᵉ s. Jusque en Alsis en vindrent doi edrant, *St Alexis*, 113.]

‖ Préposition marquant arrivée à un terme que l'on ne dépasse pas. De Paris jusqu'à Rome. Il a de l'eau — par-dessus la tête. | *Fig.* La nouvelle en est arrivée jusqu'à moi. Il poussa le courage jusqu'à la témérité. Percé jusques au fond du cœur D'une atteinte imprévue aussi bien que mortelle, CORN. *Cid*, I, 6. Jusqu'où irons-nous? Vertueux jusqu'ici, vous pouvez toujours l'être, RAC. *Brit.* IV, 3. | *Fig.* Et les dieux —-là m'auraient humilié? RAC. *Phèd.* I, 1. Jusqu'à demain. ‖ Il marcha jusqu'à ce qu'il fut arrivé à la ville. Il promettait de ne point prêcher jusqu'à ce que le roi le lui permettrait, BOSS. *Var.* 10. Il alla jusqu'à le frapper, jusqu'au point de le frapper. ‖ *Spécialt.* Jusqu'à, suivi d'un substantif. Y compris. Il salua tout le monde, jusqu'au moindre valet. Jusqu'aux vils troupeaux, tout éprouva leur rage, RAC. *Esth.* II, 1. J'aimais jusqu'à ses pleurs que je faisais couler, ID. *Brit.* II, 2. Il aime jusqu'à ses ennemis.

JUSQUIAME [jŭs'-kyàm'; *en vers*, -ki-àm'] *s. f.*

[ÉTYM. Emprunté du lat. jusquiamus, grec ὑοσκύαμος, *m. s.* proprt, fève de porc. ‖ XIIIᵉ s. La semence claime l'en jusquiame, *Simples medicines*, fᵒ 36 b. Admis ACAD. 1762.]

‖ (Botan.) Plante de la famille des Solanées, dont l'espèce la plus commune est la jusquiame noire, poison violent qui agit comme narcotique.

JUSSION [ju-syon; *en vers*, -si-on] *s. f.*

[ÉTYM. Emprunté du lat. jussio, *m. s.* de jubere, ordonner. (*Cf.* jube.) ‖ XVIᵉ s. L'aspreté de la reprehension et de la jussion, AMYOT, *Œuvres mor. de Plut. Comment discerner le flatteur*, 58.]

‖ (Droit.) Injonction (adressée par une autorité supérieure). *Spécialt.* Lettres de —, par lesquelles le roi enjoignait au parlement d'enregistrer une ordonnance.

JUSTAUCORPS [jŭs'-tô-kôr] *s. m.*

[ÉTYM. Composé de juste, au et corps, § 176. ‖ 1642. Un juste au corps, OUD.]

‖ Ancien vêtement à manches qui serrait la taille et descendait jusqu'aux genoux. — de drap, de velours.

JUSTE [jŭst'] *adj.*

[ÉTYM. Emprunté du lat. justus, *m. s.* ‖ XIIᵉ s. Loez, juste, le Seinur, *Psaut. de Cambridge*, XXXII, 1.]

I. ‖ **1°** Qui est conforme à la justice. Une action —. — arrêt. — sentence. — récompense. — punition. Seigneur, j'ai tout prévu pour une mort si —, RAC. *Brit.* IV, 4. Ne pouvant faire ce qui est — fût fort, on a fait que ce qui est fort fût —, PASC. *Pens.* VI, 9. Il n'est pas — que l'innocent paie pour le coupable. Il est — qu'on le récompense. Comme il est —, ou, *ellipt, famil.* Comme —, comme de —, selon la

justice. *Substantivt.* Le —, ce qui est conforme à la justice. La notion du — et de l'injuste. Le — est de ne point parier, PASC. *Pens.* X, 1.

‖ **2°** Qui agit conformément à la justice. Vous ne seriez pas — si vous exigiez cela. S'il eût été aussi sage, —, modéré, qu'il était intrépide, les dieux lui auraient accordé un long règne, FÉN. *Tél.* 14. Un prince —. Un magistrat —, intègre. Dieu est —. Par exclamation. — Ciel! — Dieu! — Ciel! tout mon sang dans mes veines se glace, RAC. *Esth.* I, 3. *Substantivt.* Le —, celui qui pratique la justice. Le sommeil du —, sommeil que ne trouble aucun remords. ‖ *P. ext.* Qui agit conformément à la loi religieuse, qui pratique les devoirs de la religion. Homme — et craignant Dieu. *Substantivt.* La demeure des justes, le ciel.

‖ **3°** Légitime. Une — colère. De justes motifs d'espérer. Un — orgueil. De justes prétentions. Jamais crainte ne fut plus — que la vôtre, RAC. *Phèd.* III, 3. Pardonnez aux larmes Que m'arrachent pour vous de trop justes alarmes, RAC. *Ath.* IV, 3.

II. Qui a de la justesse.

‖ **1°** Qui s'adapte, s'approprie exactement à ce à quoi il est destiné. La place pour le tableau est si — qu'on n'en peut trouver de meilleure. Un vêtement — à la taille. (*Cf.* justaucorps.) *Substantivt.* Un, une —, ancien habillement de paysanne qui serrait le corps. Ces souliers sont trop justes, étroits. *Adverbt.* Vous êtes chaussé —, vous avez des chaussures justes, étroites. ‖ Une mesure —. Dans de justes proportions. Cette balance est —. Sons justes, notes justes. Corde —, qui donne des sons justes. Instrument —. Voix —. Mouvements justes. Le galop de ce cheval est —. Calcul —, et, *adverbt,* Calculer —. | *Fig.* Mon goût s'est trouvé bien avec le vôtre sur le sujet d'Esther, SÉV. 1194. Expression —.

‖ **2°** Qui accomplit ou par quoi on accomplit exactement une chose à exécuter. Avoir le coup d'œil —, l'oreille —. C'est un tireur —, un — arquebusier (locutions vieillies). Un fusil —. *Adverbt.* Chanter —, viser, — tirer —. Frapper —, exactement à la place qu'il faut. Vous avez rencontré —, vous avez bien deviné. Ai-je bien deviné? Tout —. ‖ *Fig.* Qui apprécie les choses comme il faut. Esprit —. La — raison. Raisonnement —. Pensée —. *Substantivt.* Le —, ce qui est conforme à la juste raison. ‖ *Adverbt.* Raisonner —. Il faut chercher seulement à penser et à parler —, LA BR. 1.

JUSTEMENT [jŭs'-te-man] *adv.*

[ÉTYM. Composé de juste et ment, § 724. ‖ XIIᵉ s. Tu as quis justement, GARN. DE PONT-STE-MAX. *St Thomas*, 678.]

‖ D'une manière juste. | 1. Conformément à la justice. Il a été — puni. | 2. D'une manière légitime. Vous vous flattez — de réussir. | 3. Avec justesse, exactement à point nommé. C'est —, c'est tout — ce que je demande. Il vient—, tout — de rentrer.

JUSTESSE [jŭs'-tĕs'] *s. f.*

[ÉTYM. Dérivé de juste, § 124. (*Cf.* justice.) ‖ 1611. COTGR.]

‖ **1°** Qualité par laquelle une chose est exactement adaptée ou appropriée à ce à quoi elle est destinée. La — d'une vis qui entre exactement dans son écrou. La — d'une note, d'une voix, ni trop haute ni trop basse. La — d'une balance. La — d'une arme à feu. Mouvements d'ensemble, opérations accomplies avec une grande —. La — d'un calcul. ‖ *Fig.* La — d'une expression, exactement appropriée à l'idée qu'elle doit rendre. Cette métaphore est d'une — douteuse.

‖ **2°** Qualité par laquelle qqn accomplit exactement la chose qu'il veut exécuter. Il tire du pistolet, il vise avec beaucoup de —. Chanter, jouer du violon avec —. Il manie son cheval avec une — parfaite. La — du coup d'œil, de l'oreille. ‖ *Fig.* Qualité par laquelle on apprécie les choses comme il le faut. — de l'esprit. Penser, raisonner, écrire, parler avec —. La même — d'esprit qui nous fait écrire de bonnes choses nous fait appréhender qu'elles ne le soient pas assez pour mériter d'être lues, LA BR. 1.

JUSTICE [jŭs'-tis'] *s. f.*

[ÉTYM. Emprunté du lat. justitia, *m. s.* ‖ XIᵉ s. Bons fut li siecles al teus ancienor, Quer feit i ert e justise et amor, *St Alexis*, 1.]

‖ **1°** Caractère de ce qui est selon le droit. Il ne faut pas toujours compter sur la — de sa cause. J'ai pour moi la —, et je perds mon procès! MOL. *Mis.* V, 1. En bonne —, selon ce qui est de droit. On doit souhaiter, selon toute —, Que le plus coupable périsse, LA F. *Fab.* VII, 1.

‖ **2°** Vertu morale qui fait que l'on respecte le droit d'autrui. Pratiquer la —. C'est en Dieu premièrement que se trouve la —, et... c'est de cette haute origine qu'elle se répand parmi les hommes, BOSS. *Justice*, 1. Comme la mode fait l'agrément, aussi fait-elle la —, PASC. *Pens.* VI, 5. Les actes de —, et, *ellipt*, Les justices de Dieu. Ses justices mêmes (du juste) seront jugées, MASS. *Avent, Jugem. univ.* ‖ *P. ext.* { 1. En style d'Écriture, observation exacte des lois de la religion. Marcher dans les voies de la —. | 2. Justification que Dieu met dans l'âme par sa grâce. | 3. Personnification de la justice, considérée comme divinité. La Justice passa, la balance à la main, BOIL. *Ép.* 2.

‖ 3° Pouvoir de faire droit à chacun ; exercice de ce pouvoir. Tout tombe, tout est abattu par la — divine dont Nabuchodonosor est le ministre, BOSS. *Hist. univ.* II, 5. La — humaine. La — sans la force est impuissante ; la force sans la — est tyrannique, PASC. *Pens.* VI, 9. La — est satisfaite. Les magistrats chargés d'exercer, de rendre la —. Un déni de —. Demander, obtenir —. | Rendre — à qqn, en faisant réparer le tort qui lui a été fait, et, *fig.* Rendre — à qqn, reconnaître ses qualités. Les dieux sont lents à faire —, mais enfin ils la font, FÉN. *Tél.* 18. *Fig.* Faire — de qqn, de qqch, le traiter comme il le mérite. On fit — de ce misérable. | Faire — à qqn, juger en sa faveur, et, *fig.* Faire — à qqn, à ses talents, à ses mérites, les reconnaître. L'histoire lui fera la — que ce fut un homme intègre. | Se faire — à soi-même, juger soi-même dans sa cause. *Absolt.* Se faire —, se condamner et se punir soi-même quand on a tort. Dis-lui que je me fais —, Que je n'ignore point ce que j'ai mérité, CORN. *Cinna*, IV, 2.

‖ 4° Exercice de la justice par ceux qui en sont chargés. L'administration, le ministère de la —. Les gens de —, les magistrats et quelquefois aussi les officiers inférieurs de la justice. Un homme de —. Il fut déféré à la —. Poursuivre, punir qqn en —. Être appelé en — comme témoin. La — en ce pays-ci est rigoureuse en diable contre cette sorte de crime, MOL. *Pourc.* II, 10. *Famil.* Se brouiller, être brouillé avec la —, encourir les poursuites des magistrats pour quelque méfait. Un homme repris de —, ou, *absolt*, Un repris de —. | Les bois de —, les bois de l'échafaud. (Marine.) Barre de —, barre de fer employée à bord pour infliger la peine des fers. Pavillon de —, pavillon rouge qu'on arbore en tirant un coup de canon quand on inflige à bord une peine afflictive. ‖ *Absolt. Vieilli.* La —, l'exécution capitale d'un condamné. Louer une fenêtre pour cette —, MOL. *Pourc.* III, 3. ‖ *P. ext.* Juridiction. — civile, criminelle. La — de paix, la charge d'un juge de paix, et, *p. ext.* le lieu où il exerce ses fonctions. Bureaux de la — de paix. ‖ *Ancienn.* — royale, seigneuriale, qui dépendait du roi, des seigneurs.

JUSTICIABLE [jŭs'-ti-syàbl' ; *en vers*, -si-àbl'] *adj.*
[ÉTYM. Dérivé de justicier, § 93. Souvent en anc. franç. justiçable, d'après justice. ‖ XIIᵉ-XIIIᵉ s. Justichiavles, *Charte de Ph. d'Alsace*, dans AUG. THIERRY, *Mon. Tiers État*, I, 78.]
‖ Qui appartient à la juridiction de certains juges. Il est — de la cour de Paris. | *Substantivt.* Je ne suis pas votre —. ‖ *Fig.* Un auteur est — de la critique.

1. **JUSTICIER** [jŭs'-ti-syé ; *en vers*, -si-yé] *v. tr.*
[ÉTYM. Dérivé du lat. justitia, justice, § 266. ‖ XIIᵉ s. Quant Deus fist rei por pueples justicier, *Cour. de Louis*, 175.]
‖ Punir d'une peine corporelle (un condamné) en exécution d'une sentence, d'un arrêt. Les voleurs furent justiciés.

2. **JUSTICIER, *JUSTICIÈRE** [jŭs-ti-syé, -syèr] *s. m. et f.*
[ÉTYM. Dérivé de justice, § 115. ‖ XIIᵉ s. Estre buens justiciers, *Couronn. de Louis*, 146.]
‖ 1° Celui, celle qui fait justice. Ce prince fut un grand —. ‖ 2° (Féodal.) Celui, celle qui a droit de justice en quelque lieu. Haut, bas —, qui a droit de haute, basse justice. *P. appos.* Seigneur —, dame justicière.

JUSTIFIABLE [jŭs'-ti-fyàbl' ; *en vers*, -fi-àbl'] *adj.*
[ÉTYM. Dérivé de justifier, § 93. ‖ XIIIᵉ-XIVᵉ s. Les ovres justifiables Des sainz, MACÉ DE LA CHARITÉ, dans GODEF.]
‖ Qui peut être justifié. Cette action n'est pas —.

JUSTIFIANT, ANTE [jŭs'-ti-fyan, -fyànt' ; *en vers*, -fi-...] *adj.*
[ÉTYM. Adj. particip. de justifier, § 47. ‖ 1345. Sauvegarde justifiante, *Ordonn.* II, 231.]
‖ (Théol.) Qui rétablit le pécheur dans l'état de grâce. Grâce justifiante.

*JUSTIFICATEUR** [jŭs'-ti-fi-kà-teŭr] *s. m.*
[ÉTYM. Dérivé du lat. justificare, justifier, § 247. (*Cf.* justifieur.) ‖ 1516. Justificateur de la loy, J. LE MAIRE, dans DELB. *Rec.*]
‖ (Technol.) Ouvrier qui justifie les caractères d'imprimerie. Outil dont l'ouvrier se sert pour cette opération.

JUSTIFICATIF, IVE [jŭs'-ti-fi-kà-tif', -tiv'] *adj.*
[ÉTYM. Dérivé du lat. justificare, justifier, § 257. ‖ XVIᵉ s. Preuves justificatives, CHOLIÈRES, dans DELB. *Rec.*]
‖ 1° Qui sert à justifier qqn.
‖ 2° Qui sert à justifier un fait. Pièces justificatives d'un livre.

JUSTIFICATION [jŭs'-ti-fi-kà-syon ; *en vers*, -si-on] *s. f.*
[ÉTYM. Emprunté du lat. justificatio, *m. s.* ‖ XIIᵉ s. Guarder tes justificaciums, *Psaut. d'Oxf.* CXVIII, 12.]
‖ Action de justifier, résultat de cette action.
I. Action de rendre qqn juste.
‖ 1° (Théol.) Rétablissement du pécheur en l'état d'innocence, par la grâce.
‖ 2° Action de déclarer, de démontrer que qqn est innocent lorsqu'on le croyait digne de punition ou de blâme. La — de ses actes, de sa conduite. Je travaillerai à votre —. Il sera admis à sa —.
II. Action de justifier un fait, de l'établir comme réel.
III. (Technol.) Action de rendre conforme à la justesse. | 1. (Typogr.) Action de justifier les interlignes, les lignes. | 2. (Fonderie.) Action de justifier les caractères d'imprimerie. ‖ *P. ext.* (Typogr.) Longueur de la ligne d'impression, par opposition à la marge.

JUSTIFIER [jŭs'-ti-fyé ; *en vers*, -fi-é] *v. tr.*
[ÉTYM. Emprunté du lat. justificare, *m. s.* ‖ XIIᵉ s. Que tu seies justified es tuens sermuns, *Psaut. de Cambridge*, L, 5.]
I. ‖ 1° Rendre conforme à la justice. Ne pouvant fortifier la justice, on a justifié la force, afin que le juste et le fort fussent ensemble, PASC. *Pens.* VII, 8. | (Théol.) Rendre juste, par l'action de la grâce. Jésus-Christ est venu... appeler à la pénitence et — les pécheurs, PASC. *Pens.* XX, 8. Ces tribunaux de miséricorde qui justifient ceux qui s'accusent, BOSS. *R. d'Angl.*
‖ 2° Déclarer, démontrer innocent. — sa conduite, ses actions. Vous ne sauriez — un tel procédé. Cela le justifie pleinement. Parlez, don Juan, je vous prie, et voyons de quel air vous saurez vous —, MOL. *D. Juan*, I, 3. Avant la fin du jour vous me justifierez, RAC. *Bér.* III, 3.
II. Déclarer, montrer légitime. Il faut bien une fois — sa haine, RAC. *Andr.* II, 5. Il n'a point justifié les espérances qu'on fondait sur lui. L'événement a justifié sa prophétie, BOSS. *Hist. univ.* II, 22. Sur quoi pouvez-vous donc — cet oubli profond et incompréhensible, dans lequel vous vivez, de votre dernier jour ? MASS. *Sur la mort.* Le duc conçut un dessein où les vieillards expérimentés ne purent atteindre, mais la victoire le justifia devant Rocroi, BOSS. *Condé.* ‖ *P. ext.* Prouver comme étant réel. — un fait. Je justifierai ma proposition par telles et telles preuves. Je justifierai qu'il n'en est rien. — ses prétentions. *Intransitivt.* (Droit.) — de. Il a justifié de sa qualité. — d'un paiement, en montrant la quittance.
III. (Technol.) Rendre conforme à la justesse. | 1. (Typogr.) — l'interligne, les lignes, leur donner la longueur requise. | 2. (Fonderie.) — les caractères d'imprimerie, examiner si les caractères nouvellement fondus reproduisent exactement le modèle, et leur donner la dernière façon.

*JUSTIFIEUR** [jŭs'-ti-fyeŭr] *s. m.*
[ÉTYM. Dérivé de justifier, § 112. (*Cf.* justificateur.) ‖ 1764. FOURNIER, *Man. de typogr.* I, 100.]
‖ (Technol.) Principale partie du coupoir du fondeur de caractères.

JUTE [jŭt'] *s. m.*
[ÉTYM. Emprunté de l'angl. jute, qui est le sanscrit juta, *m. s.* §§ 8 et 25. ‖ *Néolog.* Admis ACAD. 1878.]
‖ Chanvre de l'Inde, qui sert à faire des fils et des tissus communs.

*JUTER** [ju-té] *v. intr.*
[ÉTYM. Dérivé irrégulier de jus, §§ 63 et 154. ‖ *Néolog.*]
‖ *Famil.* Rendre du jus. Une pipe qui jute.

JUTEUX, EUSE [ju-teŭ, -teŭz'] *adj.*
[ÉTYM. Dérivé irrégulier de jus, §§ 63 et 116. ‖ XIVᵉ s. Plante juteuse, *Traité d'alch.* 818, dans LITTRÉ. Admis ACAD. 1798.]
‖ Qui a beaucoup de jus. Pêche juteuse. Melon —.

JUVÉNILE [ju-vé-nil] *adj.*

[ÉTYM. Emprunté du lat. juvenilis, m. s. || XVᵉ s. Douleurs et afflictions juveniles, CHASTELL. dans DELB. Rec. Admis ACAD. 1878.]

|| Qui appartient à la jeunesse. Ardeur —. Talent —.

*JUVÉNILEMENT [ju-vé-nll-man ; en vers, -ni-le-...] adv.

[ÉTYM. Composé de juvénile et ment, § 724. || 1611. COTGR.]

|| D'une manière juvénile.

*JUXTALINÉAIRE [jŭks'-tà-li-né-èr] adj.

[ÉTYM. Composé avec le lat. juxta, auprès, et linea, ligne, §§ 218 et 281. || Néolog.]

|| (T. didact.) Traduction —, système de traduction qui donne sur une colonne les mots du texte original, et, sur une seconde colonne, la traduction correspondante ligne par ligne.

JUXTAPOSER [jŭks'-tà-pó-zé] v. tr.

[ÉTYM. Composé avec le lat. juxta, auprès, et poser, § 281. || Néolog. Admis ACAD. 1835.]

|| (T. didact.) Poser une chose à côté d'une autre. — les termes d'une série. Les minéraux croissent par l'agrégation des molécules qui se juxtaposent. (Gramm.) Substantifs, adjectifs, etc., juxtaposés, formés de mots réunis par un accord syntaxique, sans ellipse, comme arc-en-ciel, coffre-fort, clairvoyant, par opposition aux composés proprement dits, dans lesquels il y a une ellipse, comme portefeuille, timbre-poste, outrecuidant.

JUXTAPOSITION [jŭks'-tà-pó-zi-syon ; en vers,-si-on] s. f.

[ÉTYM. Composé avec le lat. juxta, après, et position, § 281. || 1690. FURET. Admis ACAD. 1762.]

|| (T. didact.) Action de juxtaposer des objets ; résultat de cette action. La — des termes. (Gramm.) Mots composés par —. | (Minéral.) Accroissement des minéraux par —.

K

K [kà ; selon la nouvelle épellation, ke] s. m.

[ÉTYM. Emprunté du lat. k, autre forme du c, correspondant au grec ϰ, m. s. || XIIIᵉ s. Parler vous doit on bien de k, Senefiance de l'A B C, dans JUBINAL, Nouv. Rec. II, 279.]

|| La onzième lettre de l'alphabet français et la neuvième consonne. Un petit k ou k minuscule. Un grand K ou K majuscule.

KAHOUANNE. V. caouane.

KAKATOÈS [kà-kà-twà]. V. cacatois.

KALÉIDOSCOPE et **CALÉIDOSCOPE** [kà-lé-i-dŏs'-kŏp'] s. m.

[ÉTYM. Composé avec le grec ϰαλός, beau, εἶδος, aspect, apparence, et σϰοπεῖν, regarder, § 279. || Néolog. Admis ACAD. 1878.]

|| Appareil contenant de petits objets multicolores qui prennent des positions symétriques variées lorsqu'on agite l'instrument.

KALI [kà-li] s. m.

[ÉTYM. Emprunté de l'arabe gali, m. s. (Cf. alcali.) || Admis ACAD. 1762.]

|| 1° (Botan.) Soude à feuilles épineuses qui croît naturellement sur les rivages de l'Europe méridionale.

|| 2° (Chimie.) Ancien nom de la potasse.

*KALMIE [kăl-mi] s. f.

[ÉTYM. Emprunté du lat. des botanistes kalmia, nom donné à cette plante par Linné en l'honneur de P. Kalm, son élève, §§ 36 et 224. || 1785. ENCYCL. MÉTH.]

|| (Botan.) Genre de plantes de la famille des Éricacées, originaire de l'Amérique du Nord, dont quelques espèces, entre autres la — à longues feuilles, sont cultivées dans nos jardins comme plantes d'ornement.

*KALPACK. V. colback.

KAMICHI [kà-mi-chi] s. m.

[ÉTYM. Emprunté de la langue des indigènes du Brésil, § 30. || 1741. Kamichy, BARRÈRE, Hist. nat. de la France équinor. p. 124. Admis ACAD. 1835.]

|| (Hist. nat.) Grand oiseau noir de l'ordre des Échassiers, qui habite les marais de la Guyane et du Brésil.

KANDJAR [kand'-jàr] et **KANGIAR** [kan-jyàr] s. m.

[ÉTYM. Emprunté de l'arabe khandjar, coutelas, § 22. (Cf. alfange.) || 1617. Il prit sa cangeare, MOCQUET, Voyages, p. 412. Admis ACAD. 1835.]

|| Poignard oriental à longue lame tranchante des deux côtés.

KANGUROO et **KANGOUROU** [kan-gou-rou] s. m.

[ÉTYM. Emprunté des langues indigènes de l'Australie, § 28 bis. || 1802. Note sur deux kanguroos, GEOFFROY ST-HILAIRE, dans Annales du Muséum d'histoire naturelle, I, 178. Admis ACAD. 1835.]

|| (Hist. nat.) Quadrupède de la Nouvelle-Hollande, de l'ordre des marsupiaux, remarquable par le volume de sa queue, sur laquelle il s'appuie en sautant, et par l'extrême longueur des membres postérieurs.

KAOLIN et **CAOLIN** [kà-ò-lln] s. m.

[ÉTYM. Emprunté du chinois kaoling, nom des lieux d'où l'on extrait le kaolin, proprt, « colline (ling) élevée (kao) », § 27. || 1712. Matière appelée kao-lin, D'ENTRECOLLES, dans Lettres édif. III, p. 210, Aimé Martin. Admis ACAD. 1762.]

|| Argile blanche très pure, qu'on rencontre particulièrement en Chine, et avec laquelle on fait la porcelaine.

KARABÉ. V. carabé.

KARAT. V. carat.

KARATA [kà-rà-tà] s. m.

[ÉTYM. Emprunté des langues américaines, § 30. || 1667. Plante... que les habitants aussi bien que les sauvages nomment karatas, LE P. DU TERTRE, Hist. gén. des Antilles, II, 130. Admis ACAD. 1762.]

|| (Botan.) Grande plante vivace originaire de l'Amérique et voisine de l'aloès.

KARI. V. cari.

KATAKOUA. V. cacatois.

KEEPSAKE [kĭp'-sĕk'] s. m.

[ÉTYM. Emprunté de l'angl. keepsake, m. s. proprt, souvenir d'amitié, § 8. || Néolog. Admis ACAD. 1878.]

|| Livre élégamment exécuté et relié, contenant des pièces de vers, des fragments de prose, de la musique, des gravures, etc., et destiné à être offert en cadeau, comme souvenir, au jour de l'an, à l'occasion d'une fête.

*KÉLOTOMIE [ké-lò-tò-mi] s. f.

[ÉTYM. Composé avec le grec ϰήλη, hernie, et τομή, action de couper, § 279. || 1812. MOZIN, Dict. franç.-allem.]

|| (Chirurgie.) Opération à laquelle on a recours en cas d'étranglement d'une hernie et qui consiste à ouvrir le sac herniaire, puis à dilater ou élargir par débridement l'ouverture par laquelle il faut faire rentrer les parties herniées, enfin à opérer la réduction.

KÉPI [ké-pi] s. m.

[ÉTYM. Emprunté de l'allem. dialect. kaeppi, diminutif de kappe, bonnet, § 8. || 1809. Un képi à galons d'officier général, Invent. du général Lasalle, dans la Vie contemp. juin 1893. Admis ACAD. 1878.]

|| Coiffure légère, à petite visière, que portent les soldats français en petite tenue. || Coiffure de même forme que portent les écoliers, dans les collèges, lycées.

KÉRATOPHYTE [ké-rà-tò-fít'] s. m.

[ÉTYM. Emprunté du lat. scientif. keratophyton, m. s. composé avec le grec ϰέρας, ατος, corne. et φυτόν, plante, § 279. || 1765. ENCYCL. Admis ACAD. 1835.]

|| Vieilli. (Hist. nat.) Toute production polypeuse de substance cornée.

KERMÈS [kèr-mès'] s. m.

[ÉTYM. Emprunté de l'arabe kirmiz, m. s. d'origine per-

sane, §§ 22 et 24. (*Cf.* alkermès et cramoisi.) || xvi° s. o.
DE SERRES, vii, 9. Admis ACAD. 1740.]

|| **1°** Cochenille qui vit sur une espèce de chêne vert et
dont la femelle forme sur les feuilles, les tiges ou les branches de cet arbre de petites coques rondes et rouges.
|| Cette coque, qui donne un beau rouge écarlate. (On
dit souvent — animal, végétal, par opposition au sens suivant.)

|| **2°** Préparation d'antimoine, souvent employée comme
expectorante, dite poudre des chartreux, qu'on obtient en
faisant bouillir dans de l'eau du sulfure d'antimoine en
poudre avec du carbonate de soude cristallisé.

KERMESSE [kèr-mès'] *s. f.*
[ÉTYM. Emprunté du flam. kerkmisse, *m. s.* proprt,
« messe de l'Église », § 10. (*Cf.* ducasse.) || 1391. Texte
dans GODEF. *Compl.* Admis ACAD. 1798.]
|| Dans les pays flamands, fête patronale, avec processions, mascarades, danses et divertissements publics.

*KETMIE [kèt'-mi] *s. f.*
[ÉTYM. Emprunté du lat. scientif. ketmia, qui est l'arabe
khatmi ou khitmi, *m. s.* § 22. || 1747. Ketmia, JAMES, *Dict.
de médec.* | 1789. Ketmie, ENCYCL. MÉTH.]
|| (Botan.) Genre de plantes de la famille des Malvacées,
dont plusieurs espèces sont cultivées dans nos jardins
comme plantes d'ornement.

KILO. *V.* kilogramme.

KILOGRAMME [ki-lò-gràm'] et, *famil.* **KILO** [ki-ló]
s. m.
[ÉTYM. Composé avec le grec χίλιοι, mille, et gramme,
§§ 279 et 37. || 1795. *Loi du 18 germinal an III, Bullet.
des lois*, iv, 17. Admis ACAD. 1798, suppl.]
|| Poids de mille grammes.

*KILOGRAMMÈTRE [ki-lò-gràm'-mètr'] *s. m.*
[ÉTYM. Composé avec kilogramme et mètre, § 213. || *Néolog.*]
|| (Mécan.) Unité de mesure du travail des machines
et des moteurs, force capable d'élever à la hauteur d'un
mètre un poids d'un kilogramme.

KILOLITRE [ki-lò-lìtr'] *s. m.*
[ÉTYM. Composé avec le grec χίλιοι, mille, et litre, § 279.
|| Admis ACAD. 1798, suppl.]
|| Mesure de capacité contenant mille litres.

*KILOMÉTRAGE [ki-lò-mé-tràj'] *s. m.*
[ÉTYM. Dérivé de kilomètrer, § 78. || *Néolog.*]
|| (Technol.) Mesurage, mesure par kilomètres.

KILOMÈTRE [ki-lò-mètr'] *s. m.*
[ÉTYM. Composé avec le grec χίλιοι, mille, et mètre,
§ 279. || 1795. *Loi du 18 germinal an III, Bullet. des lois*,
iv, 17. Admis ACAD. 1798, suppl.]
|| Mesure de longueur de mille mètres.

*KILOMÉTRER [ki-lò-mé-tré] *v. tr.*
[ÉTYM. Dérivé de kilomètre, § 154. || *Néolog.*]
|| (Technol.) Garnir (une route) de bornes ou de poteaux indicateurs des kilomètres.

KILOMÉTRIQUE [ki-lò-mé-trìk'] *adj.*
[ÉTYM. Dérivé de kilomètre, § 229. || *Néolog.* Admis ACAD.
1878.]
|| Qui appartient au kilomètre. Borne —.

*KINÉTOSCOPE [ki-né-tòs'-kòp'] *s. m.*
[ÉTYM. Composé avec le grec κινητός, mobile, et σκοπεῖν, regarder, § 279. || *Néolog.* Mot dû à M. EDISON.]
|| Appareil d'optique qui, déroulant rapidement une
suite d'images qui figurent les moments successifs d'un
mouvement plus ou moins compliqué, donne, par suite
de la persistance des images sur la rétine, la sensation
d'une image unique représentant le mouvement total. *V.*
phénakisticope.

KININE. *V.* quinine.

*KINKAJOU [kin-kà-jou] *s. m.*
[ÉTYM. Emprunté des langues américaines, § 30. || 1672.
Le kinkajou ressemble à un chat, N. DENIS, *Descr. des côtes de
l'Amériq.* p. 330.]
|| (Hist. nat.) Mammifère carnassier de la famille des
Plantigrades, originaire de l'Amérique méridionale, animal nocturne, de la taille d'un chat, à queue prenante,
qui vit de petits animaux et de miel.

KINO [ki-nó] *s. m.*
[ÉTYM. Paraît emprunté des langues de l'Inde, § 25. ||
1812. MOZIN, *Dict. franç.-allem.* Admis ACAD. 1835.]
|| (Pharm.) Substance, dite encore gomme —, résine —,
— de l'Inde, — d'Amboine, tirée de divers arbustes des tropiques, et employée en médecine comme astringente et
tonique.

KIOSQUE [kyŏsk' ; *en vers*, ki-ŏsk'] *s. m.*
[ÉTYM. Emprunté du turc kiouchk, qui est le persan
kouchk, *m. s.* §§ 23 et 24. || 1684. Kioch ou divan qui est
maintenu de huit grosses colonnes, J. THÉVENOT, *Voyages*, iii,
283. Admis ACAD. 1762.]
|| **1°** Belvédère, pavillon ouvert de tous côtés, placé
dans un jardin, sur une terrasse. Le — de la musique à
Saint-Germain. Vers la droite, un —, MERCIER, *Juge*, i, 7.
|| **2°** A Paris et dans les grandes villes, petit pavillon
établi pour la vente des journaux, des fleurs, etc.

KIRSCH-WASSER [kirsch'-vàsr'] et **KIRSCH** [kirsch']
s. m.
[ÉTYM. Emprunté de l'allem. kirschwasser, *m. s.* proprt,
« eau (wasser) de cerises (kirsch) », §§ 8 et 37. || 1775. Celui
que fournissent les cerises sauvages se nomme kirchwasser,
DEMACHY, *Art du distill.* p. 153. Admis ACAD. 1835.]
|| Eau-de-vie de cerises, obtenue par la fermentation
des cerises noires et de leurs noyaux. Boire du —.

KLEPHTE. *V.* clephte.

KNOUT [knoùt'] *s. m.*
[ÉTYM. Emprunté du russe knut, *m. s.* § 20. || xviii° s.
V. à l'article. Admis ACAD. 1835.]
|| Instrument de supplice chez les Russes, fouet composé de plusieurs lanières de bœuf entrelacées, puis se
séparant et terminées par des crochets de fer. Le supplice
du —. Hommes nuls sur lesquels deux seuls instruments ont
prise, l'argent et le —, J.-J. ROUSS. *Pologne*, 15.

KORAN. *V.* coran.

KOUAN [kwan ; *en vers*, kou-an] *s. m.*
[ÉTYM. Origine inconnue. || 1732. TRÉV. Admis ACAD.
1762.]
|| (Botan.) Plante dont la graine sert à faire du carmin.

KYNANCIE [ki-nan-si]. *V.* esquinancie.

KYRIELLE [ki-ryòl ; *en vers*, -ri-èl] *s. f.*
[ÉTYM. Dérivé du lat. ecclés. kyrie, transcription du grec
Κύριε, vocatif de Κύριος, Seigneur, dans la litanie Kyrie,
eleison (Seigneur, aie pitié), §§ 89 et 126. || xiii° s. Lors commence une kyriele, Son credo et sa miserele, *Renart*, xv, 501.]
I. *Anciennt.* Litanie. Une bonne femme qui passe la meilleure partie de la journée à dire ses kyrielles (1728), LEROUX,
Dict. comiq.
II. *Fig.* Longue suite de choses qu'on n'en finit pas de
dire. Une — de reproches, d'invectives.

KYSTE [kìst'] *s. m.*
[ÉTYM. Emprunté du grec κύστις, vessie, poche. || xvi° s.
PARÉ, v, 16. Admis ACAD. 1762.]
|| (Médec.) Sorte de poche sans ouverture qui se développe dans les tissus organiques par la dilatation des
culs-de-sac ou des conduits excréteurs de diverses glandes dont l'orifice s'est oblitéré, et qui renferme des humeurs ou autres matières morbides.

KYSTIQUE [kìs'-tìk'] *adj.*
[ÉTYM. Dérivé de kyste, § 229. (*Cf.* cystique.) || 1732. Kistique, TRÉV. Admis ACAD. 1835.]
|| (Médec.) Qui a rapport à un kyste.

KYSTOTOME [kìs'-tò-tòm']. *V.* cystotome.

KYSTOTOMIE [kìs'-tò-tò-mi]. *V.* cystotomie.

L

L [èl] *s. f.* et, dans la nouvelle épellation **L** [le] *s. m.*
[ÉTYM. Emprunté du lat. l, *m. s.* (*Cf.* labdacisme.) ‖ XIIIᵉ s.
L est mout longue, de haut pris, *Senefiance de l'A B C*, dans
JUBINAL, *Nouv. Rec.* II, 209.]

‖ Douzième lettre et neuvième consonne de l'alphabet
français. Une grande L ou L majuscule. La petite l ou l'l minuscule. L mouillée, combinaison de l'l et de l'i, où le son de
l'l a fini par disparaître dans la prononciation ordinaire
de Paris. L est mouillée dans fille, œil, grenouille. L est muette
dans chenil, coutil, outil, courtil.

LA [lá] *s. m.*
[ÉTYM. Première syllabe du mot lat. labium, au troisième
vers de l'hymne de saint Jean-Baptiste : Solve polluti labii
reatum. (*V.* fa.)]

‖ (Musique.) Nom de la sixième note de la gamme d'ut.
Les instruments s'accordent sur le la fourni par la seconde corde
du violon sonnée à vide. Donner le la, le faire sonner sur un
instrument pour donner le ton à un autre musicien, et,
fig. donner le ton, servir de modèle.

LA [là] *adv.* et *interj.*
[ÉTYM. Du lat. illac, par là, § 726. Il n'est pas sûr que le
sens II soit le même mot. ACAD. 1718-1835 écrit la là; en
1878, là là.]

I. *Adv.* ‖ **1°** En cet endroit, celui qu'on indique, par
opposition à celui où l'on est. (*Cf.* ici.) Je viens de là, vais
là, MOL. *Amph.* I, 2. Il demeure là. Qu'est-ce que cela fait d'être
là ou là? MARIV. *Double Inconst.* II, 9. Halte-là! Planter là
qqn, le laisser dans un endroit et s'en aller. Là-haut, là-bas,
là-dessus, là-dessous. Là dedans, là dehors. Sortez de là. Passez
par là. Çà et là, de côté et d'autre. ‖ *P. ext.* | 1. Cette per-
sonne-là, cette chose-là, pour indiquer la personne, la chose
dont on parle. C'est cet homme-là qui a fait le coup. | Je vais
dans cette rue-là. Cet arbre-là est un pommier. | 2. Cette per-
sonne-là, cette chose-là, pour indiquer la personne, la chose
dont on vient de parler. Ce monseigneur du Mon-là, LA F.
Fab. VII, 7. Ce sont là jeux de prince, ID. *ibid.* IV, 4. Que
dites-vous là? Je n'entre pas là dedans. Je pénétrai par là dans
leur dessein, PASC. *Prov.* 1. La sûreté du reste de la terre Dépend de là, LA F. *Fab.* VII, 8. De là contre les Juifs et contre
Mardochée Cette haine, RAC. *Esth.* III, 4.

‖ **2°** *P. anal.* En ce temps, celui qu'on indique, par
opposition au temps où l'on est. Qu'arrivera-t-il d'ici là?
J'attendrai jusque-là. A quelque temps de là, la cigogne le prie,
LA F. *Fab.* I, 18.

‖ **3°** *Fig.* A ce point. Restons-en là. S'en tenir là. C'est là
que je l'attends. J'en suis maintenant là, DESC. *Méth.* 6. Puisque les choses ne sont venues là, MOL. *Av.* IV, 3. Jusque-là
qu'il se vint l'autre jour accuser, ID. *Tart.* I, 5.

II. LÁ ou là là. *Interj.* ‖ **1°** Là, ne vous troublez point, RAC.
Plaid. II, 6. Là, là, Madame, tout doucement, MOL. *G. Dand.* I, 6.

‖ **2°** En parlant d'une personne, d'une chose, pour indi-
quer qu'elle est comme ceci, comme cela, médiocre. HAR-
PAG. : Que te semble, à toi, de cette personne?... — CLÉANTE :
Là, là, MOL. *Av.* IV, 3.

LABARUM [là-bà-ròm'] *s. m.*
[ÉTYM. Emprunté du lat. labarum, *m. s.* ‖ 1556. Le la-
barum, enseigne du prince, GUILL. DU CHOUL, *Relig. des anc.
Rom.* dans DELB. *Rec.* Admis ACAD. 1762.]

‖ (Antiq. rom.) Étendard formé d'une longue pique traversée par un bâton soutenant une banderole de pourpre,
et surmontée de l'aigle romaine portant, depuis Cons-
tantin, la croix et le monogramme de Jésus-Christ. *Fig.*
Un — de feu qui se forme soudainement dans sa main, CHA-
TEAUBR. *Natchez*, 4.

·LABDACISME [làb'-dà-sîsm'] *s. m.*
[ÉTYM. Emprunté du lat. labdacismus, grec λαϐδακι-
σμός, *m. s.* de λάϐδα ou λάμϐδα, nom de la lettre grecque
qui correspond à l'l française et lat. On dit aussi lambdacisme. ‖ 1765. ENCYCL.]

‖ **1°** (Gramm.) Prononciation vicieuse de la lettre l.

‖ **2°** (Rhétor.) Abus de mots commençant par la lettre l.

·LABELLE [là-bèl] *s. m.*
[ÉTYM. Emprunté du lat. labellum, petite lèvre. (*Cf.* labre.)
‖ *Néolog.*]

‖ (T. didact.) ‖ **1°** Partie inférieure de la corolle des
fleurs bilabiées, des orchidées, etc.

‖ **2°** Bord renversé de certaines coquilles.

·LABELLÉ, ÉE [là-bèl'-lé] *adj.*
[ÉTYM. Dérivé de labelle, § 253. ‖ *Néolog.*]

‖ (T. didact.) Qui présente un labelle. Fleur, coquille la-
bellée.

LABEUR [là-beùr] *s. m.*
[ÉTYM. Emprunté du lat. laborem, *m. s.* § 503. (*Cf.* la-
bour.) On trouve qqf en anc. franç. taor, de formation pop.
‖ XIIᵉ s. Labur, *Psaut. d'Oxf.* IX, 37.]

‖ Travail prolongé. Quel fruit de ce — pouvez-vous recueillir? LA F. *Fab.* XI, 8. ‖ *Spéciall.* Bêtes de —, qui servent au travail de la terre. Terre en —, qu'on ne laisse
pas en jachère. ‖ (Typogr.) Composition, impression des
livres, des écrits non périodiques.

LABIAL, ALE [là-byàl; *en vers,* -bi-àl] *adj.*
[ÉTYM. Du lat. labium, lèvre, § 238. Au XVIᵉ s. on dit
labier. ‖ 1690. FURET. Admis ACAD. 1718.]

‖ (T. didact.) Relatif aux lèvres. Muscle —. Lettres labiales, et, *substantivt*, Labiales, lettres qu'on prononce
des lèvres (p, b, f, v, m). ‖ *Fig.* (Droit.) Offre labiale, qu'on
fait en paroles.

LABIÉ, ÉE [là-byé; *en vers,* -bi-é] *adj.*
[ÉTYM. Dérivé du lat. labium, lèvre, § 254. ‖ 1747. JA-
MES, *Dict. de médec.* Admis ACAD. 1762.]

‖ (T. didact.) Dont la corolle présente deux lobes en
forme de lèvres. Les plantes labiées, et, *substantivt*, Les
labiées.

LABILE [là-bil] *adj.*
[ÉTYM. Emprunté du lat. labilis, *m. s.* ‖ XIVᵉ s. Memoire
humaine... tres labile, BOUTEILL. *Somme rur.* début.]

‖ **1°** (T. didact.) Sujet à tomber. Pétales labiles.

‖ **2°** *Fig.* (rare). Sujet à faillir. Mémoire —, ST-AMANT,
Poète crotté.

LABORATOIRE [là-bò-rà-twàr] *s. m.*
[ÉTYM. Dérivé du lat. laborare, travailler, § 249. ‖ 1632.
Stat. des apothic. dans DELB. *Rec.*]

‖ **1°** Local disposé pour y exécuter les expériences
scientifiques.

‖ **2°** Local où les pharmaciens, les distillateurs, les
confiseurs, etc., préparent leurs produits.

LABORIEUSEMENT [là-bò-ryeùz'-man; *en vers,* -ri-
eù-ze-...] *adv.*
[ÉTYM. Composé de laborieuse et ment, § 724. ‖ XIVᵉ s.
Choses... acquises laborieusement, ORESME, *Éth.* IX, 9.]

‖ D'une manière laborieuse. Sa digestion se fait —. ‖ Il
leur apprend qu'on peut vivre gaiement et —, LA BR. 12.

LABORIEUX, EUSE [là-bò-ryeù, -ryeùz'; *en vers,*
-ri-...] *adj.*
[ÉTYM. Emprunté du lat. laboriosus, *m. s.* ‖ XIIᵉ-XIIIᵉ s.
Ép. de St Bernard, dans GODEF. *Compl.*]

‖ **1°** Qui coûte de la peine, du travail. La courte durée de
son — pèlerinage, BOSS. *Le Tellier.* Un enfantement —.

‖ **2°** Qui se donne de la peine, qui aime le travail. Comme
ils sont robustes et —, FÉN. *Tél.* 12.

LABOUR [là-boùr] *s. m.*
[ÉTYM. Subst. verbal de labourer, §§ 52 et 65. (*Cf.* labeur.)]

‖ Façon donnée à la terre en labourant. Une terre qui
a besoin de plusieurs labours. Chevaux de —.

LABOURABLE [là-bou-ràbl'] *adj.*
[ÉTYM. Dérivé de labourer, § 93. ‖ 1409. Un pou de terres
labourables, DOUET D'ARCQ, *Pièces relat. à Ch.* VI, I, 320.]

|| Qui peut être labouré. (*Syn.* arable.) Des terres labourables.

LABOURAGE [là-bou-râj'] *s. m.*
[ÉTYM. Dérivé de labourer, § 78. || XIIᵉ-XIIIᵉ s. Por partir a lor laborage, RENCL. DE MOILIENS, *Miserere*, LXI, 9.]
|| **1º** *Anciennt.* Action de travailler. || *Spécialt.* (Technol.) | 1. Travail par lequel on fait passer les bateaux sous certains ponts. | 2. Travail par lequel on tire d'un bateau les tonneaux pleins qu'il a amenés.
|| **2º** *Spécialt.* Action de travailler, de labourer la terre. — et pâturage sont les deux mamelles qui nourrissent la France, SULLY, *Œcon. roy.* I, 282. Nos mains étaient propres aux arts ainsi qu'au —, LA F. *Fab.* XI, 7.

LABOURER [là-bou-ré] *v. intr.* et *tr.*
[ÉTYM. Emprunté du lat. laborare, travailler. || Xᵉ s. Molt laboret, *Fragm. de Valenciennes*.]
|| **1º** *Anciennt.* V. *intr.* Travailler. *Spécialt.* (Technol.) Tirer d'un bateau les tonneaux pleins qu'il a amenés.
|| **2º** V. *tr.* Ouvrir et retourner (la terre) avec un hoyau, une bêche, et, *spécialt*, en y creusant des sillons avec le soc de la charrue. — un champ. Des terres labourées. — avec des bœufs. *P. ext.* Le bœuf laboure la terre. || *P. ext.* Sillonner (le sol). L'ancre laboure le fond. Un terrain labouré par les boulets. *Spécialt.* (Technol.) Remuer avec une pelle le sable humide qui entoure le moule du fondeur. || *Fig.* | 1. Marquer de sillons. Un visage labouré par les cicatrices. *Spécialt.* (Technol.) Papier labouré, marqué de traces par le feutre sur lequel a glissé la forme. | 2. Tourner et retourner. Labourant depuis deux heures mes lettres d'affaires, SÉV. 1104. Une résolution pour laquelle j'avais tant labouré, ST-SIM. IX, 80.

LABOUREUR [là-bou-reùr] *s. m.*
[ÉTYM. Dérivé de labourer, § 112. || XIIᵉ s. Li vilain laboreor, BENEEIT, *Ducs de Norm.* 3076.]
I. *Anciennt.* Ouvrier. || *Spécialt.* (Technol.) Marinier transportant des marchandises.
II. || **1º** Celui qui laboure la terre. La profession de — ne sera plus méprisée, FÉN. *Tél.* 12. || *Fig.* Les directeurs des consciences, ces laboureurs spirituels, BOSS. *P. Bourgoing*.
|| **2º** (Technol.) Sorte de pelle avec laquelle le fondeur remue le sable humide qui entoure le moule.

LABRE [làbr'] *s. m.*
[ÉTYM. Emprunté du lat. labrum, *m. s.* (*Cf.* le doublet lèvre, de formation pop., et labelle.) || 1802. GATINEAU, *Dict. de poche*.]
|| (T. didact.) || **I.** Lèvre.
|| *Spécialt.* || **1º** Lèvre supérieure de certains mammifères.
|| **2º** Pièce qui tient lieu de lèvre supérieure chez certains insectes.
|| **3º** *P. anal.* Bord externe de certaines coquilles univalves, en forme de lèvre.
II. Genre de poissons à lèvres épaisses.

LABYRINTHE [là-bi-rïnt'] *s. m.*
[ÉTYM. Emprunté du lat. labyrinthus, grec λαϐύρινθος, *m. s.* d'origine égyptienne. || 1418. Lequelle meson fut nommee lebarinthe, CAUMONT, *Voy. à Jérus.* dans DELB. *Rec.*]
|| (Antiq.) Enclos à circuits compliqués, au milieu desquels il est difficile de retrouver son chemin. Le — de Crète. C'est moi dont l'utile secours Vous eût du — enseigné les détours, RAC. *Phèd.* II, 5. || *P. ext.* Chemins entre-croisés où il est difficile de se reconnaître. Le — du jardin des plantes de Paris. Pour mon —, il est net, SÉV. 188. Les allées de ce parc sont un véritable —. || (Technol.) Entre-croisement des galeries d'une carrière depuis longtemps exploitée. || *P. anal.* Ensemble des cavités sinueuses qui composent l'oreille interne. | Sinuosités de la masse cérébrale. Les labyrinthes d'un cerveau L'occupaient, LA F. *Fab.* VIII, 26. || *Fig.* Complication inextricable. Quelques labyrinthes de pensées dont on a peine à sortir, SÉV. 189. | *Adjectivt.* Ceci n'est-il point un peu —, SÉV. 192.

LAC [làk'] *s. m.*
[ÉTYM. Emprunté du lat. lacus, *m. s.* L'anc. franç. emploie qqf lai, de formation pop. || XIIᵉ s. Et li tierz Lanceloz del Lac, CHRÉTIEN DE TROYES, *Érec*, 1694.]
|| Grande étendue d'eau dormante, dans l'intérieur des terres. Le — de Genève. Lacs salés. Lacs souterrains. || *P. anal.* Le — Mœris, vaste réservoir des eaux du Nil fait de main d'homme.

LAÇAGE [là-sàj'] *s. m.*
[ÉTYM. Dérivé de lacer, § 78. || XIVᵉ s. Si qu'il n'i demeure lachage, WATRIQUET DE COUVIN, dans DELB. *Rec.*]
|| (Technol.) Action de lacer.

LACER [là-sé] *v. tr.*
[ÉTYM. Du lat. pop. *laciare (class. laqueare), m. s.* devenu lacier, §§ 297 et 291, lacer, § 634. || XIᵉ s. Lacet sun helme, *Roland*, 2989.]
|| **1º** Attacher avec un lacet. — un brodequin, un corset. || *P. ext.* — une femme, lui lacer son corset. Se faire —, se —. || *P. ext.* (Marine.) — une voile, attacher une partie de la voile à la vergue, quand le vent est trop fort. | Réunir deux voiles par un filin. — une bonnette. || *Fig.* En parlant du chien. — la femelle, la couvrir.
|| **2º** (Technol.) Mailler. — un filet, en enlaçant la cordelette. || *Au part. passé pris substantiv.* Du lacé, entrelacement de grains de verre dont on orne un lustre.

LACÉRATION [là-sè-rà-syon; *en vers*, -si-on] *s. f.*
[ÉTYM. Emprunté du lat. laceratio, *m. s.* || XIVᵉ s. Sanz laceracion de leur corps, BERSUIRE, dans GODEF.]
|| Action de lacérer.

LACÉRER [là-sé-ré] *v. tr.*
[ÉTYM. Emprunté du lat. lacerare, *m. s.* || XIVᵉ s. Estat distrait et laceré, BERSUIRE, fº 48, dans LITTRÉ.]
|| Déchirer de manière à mettre hors d'usage. — ses vêtements. Pour — ledit présent procès-verbal, RAC. *Plaid.* II, 4. || *Spécialt.* (Droit.) Déchirer un écrit condamné par autorité de justice. Le livre fut lacéré par ordre du parlement. || *P. ext.* (Botan.) Feuilles lacérées, à divisions irrégulières semblables à des déchirures.

LACERET et **LASSERET** [làs'-rè; *en vers*, là-se-rè] *s. m.*
[ÉTYM. Pour losseret, § 509, dérivé de losse, §§ 63 et 134. Le sens 2º paraît se rattacher à lacer. || 1206. Tarrabrum quod vulgo dicitur loceret, dans DU C. tarrabrum.]
|| (Technol.) || **1º** Tarière pour faire les petites mortaises, ordinairement à double pointe.
|| **2º** Sorte de piton à vis. *P. anal.* Pièce qui fixe l'espagnolette sur le battant d'une croisée.

LACERIE [làs'-ri; *en vers*, là-se-ri] *s. f.*
[ÉTYM. Dérivé de lacer, § 69. || 1791. Lasserie, ENCYCL. MÉTH. *Vannier*.]
|| (Technol.) Tissu fin d'osier, de paille.

LACERNE [là-sèrn'] *s. f.*
[ÉTYM. Emprunté du lat. lacerna, *m. s.* || 1732. TRÉV. Admis ACAD. 1762.]
|| (Antiq. rom.) Manteau de laine.

LACERON [làs'-ron; *en vers*, là-se-...] *s. m.*
[ÉTYM. Semble dérivé de lacer (*cf.* picard lacheron, *m. s.*), § 105. Se trouve au sens de lacs en anc. franç. || 1539. R. EST. Admis ACAD. 1762.]
|| (Botan.) Plante lactescente, dite aussi laiteron.

LACET [là-sè] *s. m.*
[ÉTYM. Dérivé de lacs, § 133. || 1315. Laccès et boutons, dans DELB. *Rec.*]
I. || **1º** Cordon étroit, à bout ferré, au moyen duquel on attache un corset, une chaussure, etc. || *P. ext.* (Marine.) — de bonnette, petit cordage qui sert à attacher une bonnette à la voile. || *Fig.* Suite de zigzags imitant la disposition du lacet d'un corset. Des chemins de montagne en lacets. | *P. ext.* Mouvement de —, oscillation transversale d'un train de chemin de fer.
|| **2º** Cordon tendu formant un piège où se prennent des oiseaux, des lièvres, etc. || *Fig.* Elle (la vanité) vous tend des lacets, BOSS. *Honncur du monde*, 1.
|| **3º** Cordon avec lequel les Turcs font étrangler un condamné. Le sultan fit envoyer le — au grand vizir.
II. *P. ext.* (Technol.) Broche qui réunit les deux parties d'une charnière. || Ferrure à deux branches qui tient un anneau.
III. *Fig.* (Hist. nat.) — de mer, de Neptune, varech filiforme.

LACHAGE [là-chàj'] *s. m.*
[ÉTYM. Dérivé de lâcher, § 78. || *Néolog.*]
|| *Famil.* Action de lâcher qqn, de l'abandonner.

LACHE [lâch'] *adj.*
[ÉTYM. Adj. verbal de lâcher, § 53. || XIIᵉ s. Hé! povres reis, lasches et assotez, *Couronn. de Louis*, 2248.]
|| **1º** Qui n'est pas tendu. Une corde, un ressort —. || *P. anal.* Qui n'est pas serré. Son vêtement est —. Un tissu

—, dont les fils ne sont pas serrés. || *Fig.* Avoir le ventre
—, trop libre. || *P. anal.* Un style —, trainant.
|| **2°** *Fig.* Qui est sans énergie. Être — pour le travail.
Une vie — et oisive. Souvenons-nous de tant de communions
lâches, BOURD. *Instr. Oct. du St-Sacr.*
|| **3°** Qui est sans courage. Peuple — en effet et né pour
l'esclavage, RAC. *Ath.* III, 7. Mon — cœur s'intéresse pour
lui ! ID. *Andr.* V, 1. C'est une chose indigne, —, MOL. *Mis.* I,
1. || *Substantivt.* —, vrai cœur de poule ! MOL. *Sgan.* sc. 21.
|| *P. anal.* Qui s'attaque à qui ne peut se défendre. *Subs-
tantivt.* Celui qui insulte une femme est un —.

LÂCHEMENT [lâch'-man ; *en vers*, lâ-che-...] *adv.*
[ÉTYM. Composé de lâche et ment, § 724. || XII⁰ s. Desus
fut ceinte laschement D'une sozceinte a or brosdee, *Énéas*,
4022.]
|| D'une manière lâche. Qui... considère autre chose, A
faire ce qu'il doit — se dispose, CORN. *Hor.* II, 3. Il ne pense
qu'à mourir —, PASC. *Pens.* XXIV, 24. Il a fui —. Par les
yeux seuls — enchantée, RAC. *Phèd.* II, 1.

LÂCHER [lâ-ché] *v. tr.*
[ÉTYM. Du lat. pop. *lascęre (class. laxare ; *cf.* laisser),
devenu laschier, §§ 387, 297 et 291, lascher, § 634, lâcher,
§ 422.|| XI⁰ s. Laschet la resne, *Roland*, 1290.]
|| Laisser aller.
|| **1°** En détendant. — un cordage. — une courroie d'un
cran, et, *p. ext. famil.* — un cran. Un ressort qui se lâche.
— la détente d'un pistolet. *P. anal.* — la détente de la vapeur, et, *p. ext.* — la vapeur. — la gourmette d'un cheval. —
la bride à un cheval, et, *fig.* — la bride à qqn, lui laisser trop
de liberté. Tantôt il retient les passions, tantôt il leur lâche la
bride, BOSS. *Hist. univ.* III, 8. || *P. ext.* — la main, cesser
de tenir la bride en laissant aller la main. || *Fig.* — le ven-
tre, le rendre libre. (*Cf.* laxatif.) De petits pruneaux pour —
le ventre, MOL. *Mal. im.* III, 10.
|| **2°** En cessant de tenir. — sa proie. Et l'avare Achéron
ne lâche point sa proie, RAC. *Phèd.* II, 5. Donnez-nous seulement six pistoles pour boire, Nous allons vous —, MOL. *Mal.
im.* interm. I, 8. — prise, laisser aller ce qu'on tient. —
pied, cesser de tenir de pied ferme contre l'adversaire. ||
Néolog. Famil. — qqn, l'abandonner.
|| **3°** En cessant de retenir. Il y lâche (dans le pré) sa
bête, LA F. *Fab.* VI, 8. Si un loup avide paraît, il lâche son
chien, qui le met en fuite, LA BR. 10. — les chiens après le gibier. — des pigeons voyageurs, et, *substantivt.* Faire le —
des pigeons. *Fig.* — qqn après, sur une personne, envoyer
qqn pour la poursuivre, la tourmenter. — les huissiers
après, sur un débiteur. — les cordes d'un aérostat au comman-
dement de lâchez tout ! — une écluse. || — de l'eau, uriner.
— un vent, et, *dans le même sens, famil.* Se —. *P. anal.*
L'autre, qui s'en doutait, lui lâche une ruade, LA F. *Fab.* V, 8.
|| *Fig.* Avez-vous à — encore quelque trait ? MOL. *F. sav.* II,
8. — une sottise. On ne lâche aucun mot qui ne parte du cœur,
MOL. *Mis.* I, 1. || Se —, se laisser aller. Je m'y suis proposé
une exacte vérité (dans ces *Mémoires*), aussi m'y suis-je lâché
à la dire bonne ou mauvaise, ST-SIM. *Lett.* 29 mars 1699.

LÂCHETÉ [lâch'-té ; *en vers*, lâ-che-té] *s. f.*
[ÉTYM. Dérivé de lâche, § 122. || XII⁰ s. Par coardise ne
face lascheté, *Couronn. de Louis*, 788.]
|| État de celui qui est lâche.
|| **1°** Manque d'énergie. Cette — molle et timide qui em-
pêche ou de voir la vérité ou de la suivre, PASC. *Fragm. d'une
19⁰ Prov.*
|| **2°** Manque de courage. La — est contraire au courage,
comme la peur... à la hardiesse, DESC. *Passions*, II, 59. || *P.
ext.* Acte qui montre le manque de courage. Si l'on nous
soupçonnait de quelque —, CORN. *Hor.* II, 8. Commettre des
lâchetés, MOL. *Princ. d'Él.* II, 1. || *P. anal.* Action de s'at-
taquer à qui ne peut se défendre. C'est une —... De battre
un ennemi qui ne peut se défendre, MAIRET, *Mort d'Asdr.* I, 3.

***LÂCHEUR, EUSE** [lâ-chĕur, -chĕuz'] *s. m. et f.*
[ÉTYM. Dérivé de lâcher, § 112. || *Néolog.*]
|| **1°** *S. m.* (Technol.) Celui qui livre au fil de l'eau et
conduit un train de bois flottant.
|| **2°** *Fig. Famil. S. m.* et *f.* Celui, celle qui abandonne
ceux qu'il avait soutenus jusqu'alors.

***LÂCHURE** [lâ-chür] *s. f.*
[ÉTYM. Dérivé de lâcher, § 111. || *Néolog.*]
|| *Rare.* Quantité que l'on lâche en une fois. *Spécialt.*
(Technol.) Éclusée lâchée pour faciliter la navigation.

***LACIER** [lâ-syé] *s. m. et* ***LACIÈRE** [lâ-syèr] *s. f.*

[ÉTYM. Dérivé de lacs, § 115. || XIV⁰ s. Garde que la la-
chiere ne soit trop haute, *Modus*, f⁰ 47, v⁰, Blase.]
|| (Technol.) Sorte de filet de pêche.

LACINIÉ, ÉE [lâ-si-nyé ; *en vers*, -ni-é] *adj.*
[ÉTYM. Emprunté du lat. laciniatus, déchiré en lanière.
|| 1676. (Ces feuilles) pourront estre nommees laciniees, DO-
DART, *Mém. pour servir à l'hist. des plantes*, p. 5. Admis
ACAD. 1762.]
|| (Botan.) Qui présente des découpures longues et
étroites. Feuilles laciniées.

LACIS [lâ-si] *s. m.*
[ÉTYM. Pour laceis, § 358, dérivé de lacer, § 82. || XII⁰ s.
Molt fu bien faiz li laceiz, *Énéas*, 6114.]
|| Réseau formé par des fils entrelacés. || *P. anal.* Ré-
seau formé par des vaisseaux, des nerfs entrelacés.

LACONIQUE [lâ-kò-nĭk'] *adj.*
[ÉTYM. Emprunté du lat. laconicus, grec λακωνικός, *m.
s.* proprt, « de Laconie ». || 1556. Doctrine laconique, THE-
VET, *Cosmogr. de Levant*, p. 90.]
|| Qui exprime la pensée en très peu de mots (à la ma-
nière des habitants de la Laconie). D'une élégance —, LA
F. *Fab.* VI, 1. *P. plaisant.* Notre langue (des poissons) —
extrêmement, LA F. *Songe de Vaux.* Un orateur —. Il était
sec, sévère, —, ST-SIM. III, 62. *Substantivt.* Le —, le genre
laconique. Le — serait fort dangereux en pareille occasion,
SÉV. *Lett. inéd.* II, p. 70, Capmas.

LACONIQUEMENT [lâ-kò-nĭk'-man ; *en vers*, -ni-
ke-...] *adv.*
[ÉTYM. Composé de laconique et ment, § 724. || XVI⁰ s.
Et si satisfaisoit aux demandes laconiquement, BON. DES PER.
dans DELB. *Rec.*]
|| D'une manière laconique.

LACONISME [lâ-kò-nĭsm'] *s. m.*
[ÉTYM. Emprunté du grec λακωνισμός, *m. s.* || 1556. La
maniere de parler des Lacedemoniens qui se dit laconisme, THE-
VET, *Cosmogr. de Levant*, p. 89. Admis ACAD. 1718.]
|| Manière d'exprimer la pensée laconiquement.

LACRYMAL, ALE [lâ-kri-màl] *adj.*
[ÉTYM. Dérivé du lat. lacryma, larme, § 238. || XIII⁰-XIV⁰ s.
Fistule du lacrimel, *Chirurg. de Lanfranc,* dans LITTRÉ. Admis ACAD. 1740.]
|| (T. didact.) Relatif aux larmes. Glande lacrymale, qui
sécrète les larmes. Sac —, petite poche dont la partie inférieure communique avec le canal nasal. Fistule lacrymale, lésion du sac lacrymal.

LACRYMATOIRE [lâ-kri-mà-twàr] *adj.*
[ÉTYM. Dérivé du lat. lacrymare, pleurer, § 249. || 1690.
FURET. Admis ACAD. 1718.]
|| (Antiq.) Destiné aux larmes. Un vase —, et, *substan-
tivt.* Un —, petit vase qu'on trouve dans les sépultures
romaines. Je n'avais pour lors ni lacrymatoires, ni urnes, ni
lampes antiques, MONTESQ. *Lett. pers.* 142.

***LACRYMULE** [lâ-kri-mul] *s. f.*
[ÉTYM. Emprunté lat. lacrymula, *m. s.* || XVII⁰ s. V. à
l'article.]
|| (T. didact.) Petite larme. || En style burlesque. Et si
vous en tirez la moindre —, SCARR. *Jodelet duelliste*, III, 2.

LACS [lâ] *s. m.*
[ÉTYM. Du lat. pop. *laçum (class. laqueum), *m. s.* devenu laz, las, §§ 392, 378 et 291, écrit plus récemment
lacs d'après lacer, § 502. || XI⁰ s. Al brant d'acier l'en trenchet
cinc des laz, *Roland*, 3434.]
|| **1°** Cordon noué. Sceau attaché avec des — de soie. || —
d'amour, cordon qu'on repliait sur lui-même en double
boucle. *Fig.* Dieu sait quels — d'amour... Relevaient leur maintien et leur blancheur naïve (des draps), RÉGNIER, *Sat.* 11.
|| **2°** Cordon disposé de manière à former un nœud
coulant où vient se prendre du gibier. Ce blé couvrait d'un
— Les menteurs et traîtres appas, LA F. *Fab.* IX, 2. || *Fig.*
Piège. La coquette tendit ses — tous les matins, BOIL. *Ép.* 9.
|| **3°** Lien de corde qui sert à accoupler les chevaux
qu'on mène au marché. || Cordon de fil fort dont les
chirurgiens se servent pour réduire une fracture, pour
faciliter l'extraction du fœtus. || Corde qui, dans les mé-
tiers à étoffes façonnées, supporte des fils forts remplaçant les lices des autres métiers.

***LACTAIRE** [lăk'-têr] *adj.*
[ÉTYM. Emprunté du lat. lactaris, *m. s.* || XVI⁰-XVII⁰ s.
V. à l'article.]
|| (T. didact.) Relatif à l'allaitement. Conduits lactaires.

|| *P. ext.* (Antiq. rom.) Colonne —, au pied de laquelle, à Rome, on exposait les nouveau-nés. *Fig.* C'est (l'Église) la colonne — où tous ses bons enfants viennent pour sucer le doux lait de la sainte doctrine, FLORIMOND DE RÉMOND, *Naiss. de l'hérésie*, dans DELB. *Rec.*

LACTATE [lăk'-tăt'] *s. m.*
[ÉTYM. Dérivé du lat. lac, lactis, lait, § 282 *bis.* || 1802. CATINEAU, *Dict. de poche.* Admis ACAD. 1878.]
|| (Chimie.) Sel formé par la combinaison de l'acide lactique avec une base. Du — de fer, de chaux.

LACTATION [lăk'-tà-syon ; *en vers*, -si-on] *s. f.*
[ÉTYM. Emprunté du lat. lactatio, *m. s.* || 1747. JAMES, *Dict. de médec.* Admis ACAD. 1835.]
|| (T. didact.) || **1°** Sécrétion du lait.
|| **2°** Allaitement.

LACTÉ, ÉE [lăk'-té] *adj.*
[ÉTYM. Emprunté du lat. lacteus, *m. s.* || XIV° s. Urine qui a couleur lactee, *Somme Me Gautier*, mss franç. Bibl. nat. 1288, f° 82, r°. Admis ACAD. 1718.]
|| (T. didact.) Relatif au lait. Fièvre lactée, la fièvre de lait. Diète lactée, régime où le malade ne se nourrit que de lait. || *P. anal.* Vaisseaux lactés, conduits du chyle, qui est un liquide laiteux. Plantes lactées, à suc laiteux. || *Fig.* Voie lactée, bande blanchâtre formée dans le ciel par un nombre infini de petites étoiles.

LACTESCENT, ENTE [lăk'-tés'-san, -sänt'] *adj.*
[ÉTYM. Emprunté du lat. lactescens, part. prés. de lactescere, devenir laiteux. || 1802. Serosité lactescente, GENARD, *Essai sur l'hydrothorax*, p. 14.]
|| (T. didact.) Qui a un suc laiteux. Plantes lactescentes.

LACTIFÈRE [lăk'-ti-fér] *adj.*
[ÉTYM. Composé avec le lat. lac, lactis, lait, et ferre, porter, § 273. || 1773. Tuyaux lactifères, MECKEL, dans *Journal de physique*, II, 305. Admis ACAD. 1878.]
|| (T. didact.) Qui amène le lait. Conduits lactifères.

LACTINE [lăk'-tin'] *s. f.*
[ÉTYM. Dérivé du lat. lac, lactis, lait, § 245. || *Néolog.*]
|| (Chimie.) Sucre du lait, matière cristallisable qu'on extrait du lait.

LACTIQUE [lăk'-tik'] *adj.*
[ÉTYM. Dérivé du lat. lac, lactis, lait, § 229. || 1802. CATINEAU, *Dict. de poche.* Admis ACAD. 1878.]
|| (Chimie.) Qui vient du lait. Acide —. || *P. anal.* Éther —, qu'on obtient en distillant du lactate de chaux avec de l'alcool anhydre et de l'acide sulfurique.

LACTUCARIUM [lăk'-tu-kà-ryòm' ; *en vers*, -ri-òm'] *s. m.*
[ÉTYM. Dérivé du lat. lactuca, laitue, § 248. || *Néolog.* Admis ACAD. 1878.]
|| (T. didact.) Suc laiteux de la laitue, obtenu par incision de la tige, employé en pharmacie, en parfumerie.

LACUNE [là-kun'] *s. f.*
[ÉTYM. Emprunté du lat. lacuna, *m. s.* || 1570. GENTIAN HERVET, *Cité de Dieu*, dans DELB. *Rec.*]
|| **1°** Espace vide dans la continuité d'un corps. || *Spécialt.* Solution de continuité dans le tissu cellulaire de certaines plantes aquatiques. | Petite cavité des membranes muqueuses, orifice commun d'un assemblage de follicules.
|| **2°** *P. anal.* Interruption dans un texte, dans un enchaînement, une série. Les lacunes que présentent les Annales de Tacite. Combler une —.

LACUSTRE [là-kustr'] *adj.*
[ÉTYM. Emprunté du lat. lacustris, *m. s.* || XVI° s. L. JOUBERT, dans GODEF. *Compl.*]
|| Qui appartient aux lacs. Plantes lacustres. || *Spécialt.* (Géologie.) Terrain —, qui semble formé par dépôt au fond des eaux douces. | (Archéol.) Cité —, bâtie sur pilotis au bord d'un lac à l'époque préhistorique. *P. ext.* Armes lacustres. Station —.

LADANUM [là-dà-nòm'] *s. m.*
[ÉTYM. Emprunté du lat. ladanum, grec λάδανον, *m. s.* (*Cf.* laudanum.) || XIII°-XIV° s. Preu ladanum, *Antidotaire*, 10, Dorveaux. Admis ACAD. 1762 ; suppr. en 1835 ; repris en 1878.]
|| (Pharm.) Gomme-résine aromatique fournie par divers arbustes, surtout par le ciste de Crète.

LADRE [làdr'] *s. m. et f. et adj.*
[ÉTYM. Forme pop. de Lazare, du lat. Lazarum (devenu *Laz're*, §§ 290 et 291, Lazdre, Ladre, § 465), nom du pauvre couvert d'ulcères assis à la porte du riche dans l'Évangile, § 36. || XII° s. *Flore et Blancheft.* I, 837.]
I. || **1°** *S. m.* et *f.* —, ladresse, celui, celle qui a la lèpre. || *Fig.* Celui, celle qui a une avarice sordide. Le — a été ferme à toutes mes attaques, MOL. *Av.* II, 5. *Adjectivt.* Un homme très —.
|| **2°** *P. anal. Adj.* Porc —, affecté d'une maladie du tissu cellulaire où se développent des helminthes dits cysticerques.
II. *S. m.* (Art vétérin.) Partie de la peau du cheval blanchâtre et dégarnie de poils, autour des yeux, au bout du nez. Un cheval qui a du —. Tache de —.

LADRERIE [là-dre-ri] *s. f.*
[ÉTYM. Dérivé de ladre, § 69. || 1530. Laderye, PALSGR. p. 274.]
|| **1°** Maladie de celui qui est ladre, lépreux. || *P. anal.* Maladie du porc ladre. || *Fig.* Défaut de celui qui est ladre, qui a une avarice sordide.
|| **2°** Au moyen âge, hôpital de lépreux. (*Syn.* maladrerie.)

LAGOPÈDE [là-gò-pèd'] *s. m.*
[ÉTYM. Composé avec le grec λαγώς, lièvre, et le lat. pes, pedis, pied, § 284. || 1802. CATINEAU, *Dict. de poche.*]
|| (Hist. nat.) Oiseau gallinacé du genre du tétras, qui vit dans les hautes montagnes.

LAGOPHTALMIE et **LAGOPHTHALMIE** [là-gŏf'-tăl-mi] *s. f.*
[ÉTYM. Dérivé du lat. lagophthalmon, grec λαγώφθαλμον, *m. s.* proprt, « œil de lièvre », § 282. || 1712. SCULTET, *Arsenal de chirurg.* (trad.), I, 192. Admis ACAD. 1762 et écrit d'abord lagophthalmie.]
|| (Médec.) Rétraction de la paupière supérieure qui l'empêche de couvrir entièrement l'œil.

LAGOSTOME [là-gŏs'-tòm'] *s. m.*
[ÉTYM. Composé avec le grec λαγώς, lièvre, et στόμα, bouche, § 279. || *Néolog.*]
|| (Médec.) Difformité de la lèvre supérieure, dite bec-de-lièvre.

LAGRE [làgr'] *s. f.*
[ÉTYM. Emprunté de l'allem. lager, lit, litière, etc., de liegen, gésir, § 7. || 1791. ENCYCL. MÉTH.]
|| (Technol.) Dans la fabrication du verre en feuilles, celle du dessous, sur laquelle on étend les autres.

LAGUE [làg'] *s. f.*
[ÉTYM. Origine inconnue. || 1687. DESROCHES, *Dict. de mar.*]
|| (Marine.) Sillage d'un navire.

LAGUNE [là-gun'] *s. f.*
[ÉTYM. Emprunté de l'ital. laguna, *m. s.* qui vient du lat. lacuna. (*Cf.* lacune.) || 1701. FURET. Admis ACAD. 1762.]
|| (Géogr.) Espace de mer peu profond entre des îlots ou des hauts-fonds. Les lagunes de Venise.

1. LAI, LAIE [lè] *adj.*
[ÉTYM. Du lat. ecclés. laïcum, grec λαϊκός, *m. s.* §§ 356, 380 et 291.]
|| *Vieilli.* Laïque. Il n'y avait pas alors de condamnation de dépens en cour laie, MONTESQ. *Espr. des lois*, XXVIII, 35. Frère —, sœur laie, qui remplissent l'office de domestiques dans un couvent, sans avoir prononcé des vœux monastiques. (*V.* convers.) || *Substantivt.* Les clercs et les lais.

2. LAI [lè] *s. m.*
[ÉTYM. Emprunté de l'anglais lai, *m. s.* nom donné d'abord par les Anglais aux morceaux de musique exécutés par les jongleurs bretons, § 8. Le mot anglais, en anglo-saxon laic, correspondant au goth. laik, danse. || XII° s. Les contes que je sai verais Dont li Breton ont fait lor lais, MARIE DE FRANCE, *Guingamor*, 19.]
|| (Hist. littér.) Petit poème narratif ou lyrique du moyen âge, en vers de huit syllabes. Les lais de Marie de France. Les lais de Guillaume de Machaut.

LAÏC, LAÏQUE [là-ïk']. *V.* laïque.

LAÎCHE [lèch'] *s. f.*
[ÉTYM. Pour lèche. lesche, § 422, emprunté de l'anc. haut allem. lisca, allem. mod. liesch, *m. s.* §§ 6, 498 et 499. (*Cf.* le doublet lèche.) || 1248. Et ne puet nus soier l'erbe ne prendre l'eske (lire leske) es dunes, *Cartul. de Ponthieu*, dans GODEF. esque.]
|| (Botan.) Carex, plante de la famille des Cypéracées.

LAÏCISATION [là-i-si-zà-syon ; *en vers*, -si-on] *s. f.*
[ÉTYM. Dérivé de laïciser, § 247. || *Néolog.*]

‖ Action de laïciser.

***LAÏCISER** [là-i-si-zé] *v. tr.*
[ÉTYM. Dérivé du lat. laicus, laïque, § 267. ‖ *Néolog.*]
‖ Rendre laïque. *Spéciall.* — une école, un hôpital, remplacer le personnel religieux par des laïques.

***LAÏCITÉ** [là-i-si-té] *s. f.*
[ÉTYM. Dérivé du lat. laicus, laïque, § 255. ‖ *Néolog.*]
‖ Caractère laïque.

LAID, LAIDE [lè, lèd'] *adj.*
[ÉTYM. Emprunté de l'anc. haut allem. laid, plus tard leid, désagréable, §§ 6, 498 et 499. ‖ xₑ s. Se déduit de l'exemple cité à laidement.]
‖ Qui est d'aspect désagréable. Pellisson abusait de la permission qu'ont les hommes d'être laids, sÉV. 367. Les personnes d'esprit sont-elles jamais laides? PIRON, *Métrom.* II, 8. Une figure laide. Son costume est —. Faire une laide grimace. Laide à effrayer, sotte et bégueule à l'avenant, ST-SIM. XI, 149. *Substantivt.* Un —, une laide, un homme laid, une femme laide. Si une laide se fait aimer, ce ne peut être qu'éperdument, LA BR. 4. ‖ Le —, ce qui est laid. L'INTIMÉ : C'est le beau. — DANDIN : C'est le —, RAC. *Plaid.* III, 3. Voir les choses en —. Elle lui ressemble en —. ‖ *Fig. Famil.* Qui déplaît moralement. Une action laide.

LAIDEMENT [lèd'-man ; *en vers*, lè-de-...] *adv.*
[ÉTYM. Composé de laide et ment, § 724. ‖ xₑ s. Sur la verte herbe mult laidement se culchet, *Roland*, 2573. Admis ACAD. 1878.]
‖ *Vieilli.* D'une manière laide.

LAIDERON [lèd'-ron ; *en vers*, lè-de-...] *s. f.*
[ÉTYM. Dérivé de laid, § 105. Beaucoup le font masculin. ‖ xviₑ s. MAROT, *Épigr.* 238.]
‖ Fille ou femme laide.

LAIDEUR [lè-deûr] *s. f.*
[ÉTYM. Dérivé de laid, § 110. ‖ xiiiₑ s. Laidor ait ores mal dehé, J. DE MEUNG, *Rose*, 9033.]
‖ État de ce qui est laid. L'or même à la — donne un teint de beauté, BOIL. *Sat.* 8. ‖ *Fig.* La — du péché.

***LAIDIR** [lè-dîr] *v. tr. et intr.*
[ÉTYM. Dérivé de laid, § 154. ‖ xiiₑ s. Les traïtors eüsse si laidiz, N'eüssent cure de lor seignor traïr, *Couronn. de Louis*, 1476.]
‖ *Vieilli.* Enlaidir. Et tout votre visage affreusement —, MOL. *Ét.* II, 4.

1. LAIE [lè] *s. f.*
[ÉTYM. Origine inconnue ; se trouve, sous la forme leha, dans les capitulaires de Charlemagne. ‖ xiiₑ s. Senglers, lehes e forz farrins, *Vie de St Gilles*, 1234.]
‖ Femelle du sanglier.

2. LAIE [lè] *s. f.*
[ÉTYM. Origine inconnue. (*Cf.* layon.) ‖ 1324. Le verdier du lieu li fera une laye ou il prendra tout bois a taille pour son ardoir, dans GODEF. laie 2.]
‖ (Technol.) Route forestière étroite ménagée à travers un bois ou autour d'un canton de bois destiné à être vendu.

3. *LAIE [lè] *s. f.*
[ÉTYM. Emprunté du flamand laeye, allem. lade, caisse, coffre, § 10. (*Cf.* layette.) ‖ 1357. Une laie d'espesses, dans GODEF. laie 3.]
‖ (Technol.) ‖ **1°** Espèce de boîte qui renferme les soupapes des tuyaux de l'orgue.
‖ **2°** Auge sur laquelle on met le marc (de vin, d'huile) qu'on veut presser.

4. *LAIE [lè] *s. f.*
[ÉTYM. Origine incertaine ; peut-être sens figuré de laie 2. ‖ 1675. A. FÉLIBIEN, *Princ. de l'architect.*]
‖ (Technol.) Marteau de tailleur de pierre, à tranchant dentelé. ‖ Rayure produite sur la pierre par ce marteau.

LAINAGE [lè-nàj'] *s. m.*
[ÉTYM. Dérivé de laine, lainer, §§ 65 et 78. (*Cf.* lainerie.) ‖ xiiiₑ-xivₑ s. Toutes d'un poil et d'un lanage, B. DE CONDÉ, I, p. 72, Scheler. Admis ACAD. 1762.]
I. ‖ **1°** Toison de l'animal à laine. Brebis d'un beau —.
‖ **2°** Tissu de laine. Des lainages.
II. (Technol.) Opération par laquelle on laine les tissus, le papier de tenture.

LAINE [lèn] *s. f.*
[ÉTYM. Du lat. lạna, m. s. §§ 299 et 291.]
‖ **1°** Poil doux et touffu qui croît sur la peau des béliers, brebis, moutons, et autres animaux (dits bêtes à —).

Se laisser manger la — sur le dos (en parlant du mouton), laisser la pie, perchée sur son dos, lui arracher des brins de laine, et, *fig.* être la victime des autres sans se défendre. *Vieilli.* Tireur de —, voleur qui dépouille les passants. Filer, tisser de la —. Les femmes filent cette belle — et en font des étoffes fines, FÉN. *Tél.* 8. Laver la — sur pied, sur l'animal avant de le tondre. Étoffe de —. Manteaux de —. ‖ *P. plaisant.* Ses jambes sont de — (chancelantes), sÉV. 1039.
‖ **2°** *P. anal.* ‖ 1. Duvet touffu qu'on trouve sur certaines plantes. ‖ 2. (Chimie anc.) — de fer, oxyde de zinc sublimé en flocons. ‖ 3. (Technol.) Sulfate de chaux en masse de cristaux allongés, qu'on trouve dans les carrières à plâtre.

LAINER [lè-né] *v. tr.*
[ÉTYM. Dérivé de laine, §§ 65 et 154. ‖ 1334. Fouler, laner et teindre, dans GODEF. laner. Admis ACAD. 1798.]
‖ (Technol.) ‖ **1°** Rendre laineux. — les draps, faire sortir le poil du côté de l'endroit. ‖ *Substantivt.* Le — d'une étoffe, l'aspect laineux de sa surface. Le velouté de cette étoffe ou son — ne serait-il point effleuré? DIDER. *Peint. en cire.*
‖ **2°** Velouter un papier de tenture, en le saupoudrant de laine hachée menu, avant que les couleurs soient séchées.

LAINERIE [lèn'-ri ; *en vers*, lè-ne-ri] *s. f.*
[ÉTYM. Dérivé de laine, § 69. (*Cf.* lainage.) ‖ 1295. La peleterie et lainerie, dans GODEF. lanerie. Admis ACAD. 1835.]
I. ‖ **1°** Fabrication des tissus de laine. ‖ *P. ext.* Produits de cette fabrication.
‖ **2°** Lieu où se fait la tonte des moutons.
II. Atelier où on laine les draps, les tissus de laine.

***LAINETTE** [lè-nèt'] *s. f.*
[ÉTYM. Dérivé de laine, § 133 ; proprt, « petite laine ». ‖ *Néolog.*]
‖ (Botan.) Variété de mousse.

***LAINEUR, EUSE** [lè-neûr, -neûz'] *s. m. et f.*
[ÉTYM. Dérivé de lainer, §§ 65 et 112. ‖ 1262. Teinteriers, pareurs et laneurs, dans GODEF. laneor.]
‖ (Technol.) ‖ **1°** Ouvrier, ouvrière qui laine les draps, les tissus de laine.
‖ **2°** *S. f.* Machine à lainer ces tissus.

LAINEUX, EUSE [lè-neû, -neûz'] *adj.*
[ÉTYM. Dérivé de laine, §§ 65 et 116. ‖ xvₑ-xviₑ s. *Jardin de santé*, dans GODEF. *Compl.*]
‖ **1°** Garni de laine. Un drap —. ‖ *P. anal.* Une plante à tige laineuse. ‖ *Fig.* La chenille laineuse du cerisier.
‖ **2°** Qui a le caractère de la laine. La race nègre a les cheveux —.

1. LAINIER, *LAINIÈRE [lè-nyé, -nyèr] *s. m. et f.*
[ÉTYM. Dérivé de laine, §§ 65 et 115. ‖ xiiiₑ-xivₑ s. Laniers, foulons et tisserans, G. GUIART, *Roy. lign.* 14746. Admis ACAD. 1718.]
‖ (Technol.) Celui, celle qui vend, qui travaille la laine. *Spéciall.* Celui, celle qui vend en écheveaux les laines employées aux tapisseries. *P. appos.* Marchand, ouvrier —.

2. *LAINIER, IÈRE [lè-nyé, -nyèr] *adj.*
[ÉTYM. Dérivé de laine, §§ 65 et 115. ‖ 1723. Barques lainieres, SAVARY, *Dict. du comm.*]
‖ (Technol.) Relatif au commerce de la laine. L'industrie lainière. *Anciennt.* Barque lainière, apportant en contrebande les laines d'Angleterre.

LAÏQUE [là-ïk'] *adj.*
[ÉTYM. Emprunté du lat. laicus, *m. s.* (*Cf.* lai 1.) Le masc. laïc donné par ACAD. est hors d'usage. ‖ xviₑ s. Juges laïcs, CALV. *Instit. chr.* IV, XI, 15.]
‖ Qui n'est pas ecclésiastique. Les personnes laïques. ‖ L'enseignement —. Être en habit —. ‖ *Substantivt.* Un — s'érigera en censeur des prêtres, BOURD. *Sévérité évang.* 2. Les grands (d'Espagne) sont les seuls laïques assis aux chapelles, ST-SIM. III, 148.

LAIS [lè] *s. m.*
[ÉTYM. Subst. verbal de laisser, § 52. (*Cf.* legs, relais et laisse 2.) ‖ xvₑ-xviₑ s. La croissance que la rivière donne... qui s'appelle communement lais, *Cout. du Bourbonn.* dans GODEF. lais 2. Admis ACAD. 1835.]
‖ (Technol.) ‖ **1°** Baliveaux laissés dans une coupe de taillis, pour devenir futaie.
‖ **2°** Terrain abandonné par l'eau de la mer ou d'une rivière. Les rivages, — et relais de la mer,... sont considérés comme des dépendances du domaine public, *Code civil*, art. 538.

1. LAISSE et **LESSE** [lês'] *s. f.*

[ÉTYM. Origine inconnue. || XII⁰-XIII⁰ s. Une laisse a un levrier, *Aiol*, dans DELB. *Rec.* Admis ACAD. 1718.]

|| **1°** Lien avec lequel on conduit un animal (chien, cheval) qu'on fait marcher à côté de soi. Chien, cheval tenu en —. *Spécialt.* Lien qui sert à coupler des chiens de chasse, et, *p. ext.* couple de chiens. Une — de lévriers. || *P. anal.* Pour mener en — le criminel, SCARR. *Rom. com.* II, 13. Le roi le prit par le bras et le mena en — à l'autre bout du cabinet, ST-SIM. I, 278. || *Fig.* Mener qqn en —, le diriger à sa guise.

|| **2°** *P. ext.* Cordon de chapeau. Une — de soie.

2. 'LAISSE [lès'] *s. f.*

[ÉTYM. Subst. verbal de laisser, § 52. (*Cf.* lais et legs.) || XII⁰-XIII⁰ s. De ses laisses ne de ses dons, BENEEIT, *Ducs de Norm.* 39341. Que sa première laisse ne soit bien escoutee, *Doon de Nanteuil*, dans *Romania*, 1884, p. 12.]

I. (Hist. littér.) Tirade, couplet d'une chanson de geste.

II. (Technol.) || **1°** Sol que la marée basse laisse à découvert. || *P. ext.* | **1.** Mélange de vase et de sable que la vague dépose en sillons sur la plage. | **2.** Débris de plantes marines déposés par la mer. | **3.** *Au plur.* (Vénerie.) Fiente des bêtes noires. (*Cf.* laissées.)

|| **2°** Tour que l'horloger donne au ressort d'une pendule, d'une montre, pour laisser qqch qui l'empêche de se détendre entièrement.

|| **3°** *Au plur.* Métal qui s'est répandu sur les bords d'une table de plomb que l'on coule. (*Cf.* lavure.)

LAISSÉES [lè-sé] *s. f. pl.*

[ÉTYM. Subst. particip. de laisser, § 45. Laissées est de date relativement récente ; on a dit autrefois, et beaucoup disent encore laisses. (*V.* laisse 2.) || Admis ACAD. 1694.]

|| (Vénerie.) Fiente des bêtes noires (loup, sanglier), dites aussi fumées.

LAISSER [lè-sé] *v. tr.*

[ÉTYM. Du lat. laxare, propri, « relâcher » (*cf.* lâcher), devenu laissier, §§ 387, 297 et 291, laisser, § 634.]

I. Faire relâcher qqch, en cessant de le tenir. — la bride sur le cou à un cheval, et, *fig.* — la bride sur le cou à qqn. — le champ libre à qqn. Et — un champ libre aux vœux du damoiseau, MOL. *Éc. des f.* II, 1. Sa main sur ses chevaux laissait flotter les rênes, RAC. *Phèd.* V, 6. — tomber qqch. Se — tomber. Se — abattre. Se — mener par le nez. Laissez dire les sots, LA F. *Fab.* VIII, 19. Laissez agir la faux du temps, ID. *ibid.* XII, 20. Laisse faire le temps, CORN. *Cid*, V, 7. Faites votre devoir et laissez faire aux dieux, ID. *Hor.* II, 8. — échapper un prisonnier. — aller les choses. Se — aller, et, *substantivt*, — faire, le — aller. || *Spécialt.* | **1.** (Vénerie.) — courre les chiens, les découpler, et, *substantivt*, Le —-courre, le lieu, le moment où on découple les chiens. | **2.** (Marine.) — tomber l'ancre, mouiller. — arriver, — porter, ne plus augmenter l'impulsion du navire pour qu'il aborde doucement.

II. || **1°** Faire rester qqn, qqch dans un lieu, ne pas le prendre avec soi. — les enfants à la maison. Auprès de votre époux, ma fille, je vous laisse, RAC. *Iph.* III, 5. Vous mourûtes aux bords où vous fûtes laissée, ID. *Phèd.* I, 3. Nous l'avons laissé en chemin. L'ennemi laissa beaucoup de morts sur la place. Les apôtres... laissés pour morts, BOSS. *Hist. univ.* II, 26. — qqn derrière soi, le dépasser en marchant, en courant, et, *fig.* le dépasser en mérite. Il laissa bien loin derrière lui tout ce qu'il avait de rivaux, RAC. *Disc. à la réception de Th. Corneille. Absolt.* — qqn, le quitter. Vous pouvez nous —, RAC. *Iph.* I, 4. || *P. ext.* Ma force usée en ce besoin me laisse (m'abandonne), CORN. *Cid*, I, 3. L'homme fut donc laissé à lui-même, BOSS. *Hist. univ.* II, 1. || — son manteau dans l'antichambre, l'ôter en entrant. — sa clef sur la table (volontairement ou par oubli). Le navire a laissé les ancres au fond de la mer. — qqch sur son assiette. L'oiseau s'est échappé en laissant quelques plumes. *Fig.* J'y ai laissé des plumes, je ne suis pas sorti de cette affaire sans qu'il m'en coûtât qqch. Dans les tourments ils laissèrent la vie, RAC. *Esth.* II, 3. Que le cerf ne fût pris et n'y laissât la vie, LA F. *Fab.* IV, 13. *Spécialt.* — qqch (quand on meurt). Il a laissé plusieurs enfants. Il laisse une grande fortune. Il laisse des dettes. | *P. anal.* — une bonne, une mauvaise réputation. Ne — aucun nom, RAC. *Iph.* I, 2. — des regrets. || *Fig.* — qqch, y renoncer. Laissant en effet les vains déguisements, RAC. *Mithr.* I, 3. Laissez cela, de grâce, MOL. *Mis.* I, 2. Il a laissé le barreau pour l'industrie. C'est à prendre ou à —. ||

— de côté. — là qqn, qqch. Laisse là ton Dieu, traître, RAC. *Ath.* V, 5. Laisse là tous les livres, BOIL. *Sat.* 8. Laissez là cet habit, quittez ce vil métier, RAC. *Ath.* II, 7. || Avec de et l'infinitif. Ne pas — de faire qqch, le faire malgré ce qui s'y oppose. Il ne veut pas — d'entrer, MOL. *Crit. de l'Éc. des f.* sc. 4. L'eau ne laissa pas d'agir, LA F. *Ésope.* Son orgueil, quoique abattu par la main de Dieu, ne laissa pas de revivre dans ses successeurs, BOSS. *Hist. univ.* III, 4. *Dans le même sens.* Ne pas — que de. Cela ne laisse pas que de m'inquiéter.

|| **2°** *Fig.* Faire rester qqn, qqch, dans l'état où il est, ne pas l'en tirer. — qqn deux heures dans le bain. — qqn à la porte. Belle cérémonie, Pour me — dehors ! MOL. *Éc. des f.* I, 2. || — un enfant en nourrice, en pension. — qqn dans l'embarras. — qqn en repos. Vivez heureuse au monde et me laissez en paix, CORN. *Poly.* IV, 3. En quel funeste état ces mots m'ont-ils laissée ! RAC. *Iph.* II, 5. || — qqn debout. On l'a laissé en liberté. J'en laisse les Romains tranquilles possesseurs, RAC. *Mithr.* III, 1. — qqn seul. *Absolt.* Laissez-moi, je vous prie, MOL. *Mis.* I, 1. Laissez, ma bru, laissez ; ne venez pas plus loin, ID. *Tart.* I, 1. || — l'épée au fourreau. — un champ en friche. — un nom en blanc. *Au part. passé pris substantivt.* Un laissé, dans la fabrique des tissus façonnés, partie blanche du papier de mise en carte.

III. || **1°** Faire garder qqch, ne pas l'ôter à qqn. Le tribunal a laissé les enfants à la mère. Les voleurs ne lui ont rien laissé. L'incendie n'a laissé à la maison que les quatre murs. — à un rosier ses fleurs. || *Fig.* Laissez-lui son secret. Un homme... qui ne laissait rien à la fortune de ce qu'il pouvait lui ôter par conseil ou par prévoyance, BOSS. *R. d'Angl.* Il ne leur laisse que leur propre faiblesse, ID. *ibid. Spécialt.* — qqch à qqn, ne pas imiter, ne pas prendre de lui qqch que l'on blâme. Laissez les pleurs, Esther, à ces jeunes enfants, RAC. *Esth.* I, 3. Laissons à l'Italie De tous ces faux brillants l'éclatante folie, BOIL. *Art p.* 1.

|| **2°** Faire que qqn entre en possession de qqch qu'on cesse de garder. | **1.** En le remettant. Laissez-moi les clefs. Laissez-nous de l'argent. | **2.** En le transmettant. L'héritage Que nous ont laissé nos parents, LA F. *Fab.* V, 9. *Fig.* Nous les laisserons (les sciences) à ceux qui viendront après nous, en un état plus accompli, PASC. *Vide*, préf. || *P. anal.* Les souvenirs que ce voyage m'a laissés. Le goût que laisse un breuvage. || *P. ext.* — une chose aux soins, à la discrétion de qqn. Il m'a laissé de l'ouvrage, un travail à faire, à terminer. — qqch à faire à qqn. *Fig.* — à, donner matière, carrière à. Cela laisse à désirer. Je laisse à penser la vie Que firent ces deux amis, LA F. *Fab.* I, 9.

LAISSER-COURRE [lè-sé-ko͞ur]. *V.* laisser et courre.
LAISSES. *V.* laisse 2 et laissées.
'LAISSE-TOUT-FAIRE [lès'-iou-fèr ; *en vers*, lè-se-...] *s. m.*

[ÉTYM. Composé de laisse (du verbe laisser), tout et faire, § 209. || 1694. *V.* à l'article.]

|| (XVII⁰-XVIII⁰ s.) Tablier de femme. L'esprit le plus lourd Sait qu'un — est un tablier court, BOURS. *Mots à la mode*, sc. 15.

LAISSEZ-PASSER [lè-sé-pà-sé] *s. m.*

[ÉTYM. Composé de laissez (du verbe laisser) et passer, § 208. || 1793. Un laissez-passer de leur section, *Moniteur*, 12 avril, p. 452. Admis ACAD. 1878.]

|| Autorisation en vertu de laquelle on doit laisser une personne entrer, sortir. || *P. anal.* Autorisation de laisser entrer, sortir certaines marchandises.

LAIT [lè] *s. m.*

[ÉTYM. Du lat. pop. lacte (class. lac), *m. s.* §§ 386 et 291.]

|| **1°** Liquide opaque, blanc, sucré, sécrété par les glandes mammaires de la femme et des femelles des animaux mammifères, pour la nourriture des nouveau-nés. Le — monte, commence à venir plus ou moins abondamment (chez une nouvelle accouchée). Fièvre de —, qui vient d'ordinaire quand le lait monte. — répandu, remonté, prétendue déviation du lait, à laquelle on attribuait certaines affections de femmes en couche. Frères, sœurs de —, l'enfant d'une nourrice et l'enfant étranger qu'elle a eu pour nourrisson. Veau de —, cochon de —, qui tète encore ou qu'on ne nourrit que de lait. Dents de —, premières dents qui viennent aux enfants et aux jeunes animaux. *Fig.* Vous avez, mon frère, une dent de — contre lui (un ressentiment d'ancienne date), MOL. *Mal. im.* III, 3. *P. anal.* Sucer avec le — un sentiment, une opinion, la recevoir dès l'âge le plus tendre. Cette haine des rois que, depuis cinq

cents ans, Avec le premier — sucent tous ses enfants, CORN. *Cinna*, II, 1. *Fig*. Première nourriture de l'esprit. Nourri du — sacré des anciennes doctrines, A. CHÉN. *A M. de Pange*. || *Loc. prov.* Si on lui serrait le nez, il en sortirait du —, il veut faire le grand garçon et c'est encore un enfant.

|| **2°** Ce liquide enlevé à la femelle de certains animaux pour servir d'aliment. Du — de vache, d'ânesse, de chèvre, de brebis. Ils ne savaient que conduire leurs brebis, les tondre, traire leur —, FÉN. *Tél.* 2. Une vache à —, qu'on nourrit pour avoir son lait, et, *fig*. Cet homme-là fait de vous une vache à — (vous exploite), MOL. *B. gent.* III, 4. Perrette, sur sa tête ayant un pot au —, LA F. *Fab.* VII, 10. Mettre un malade au —, le nourrir principalement de lait. Faire bouillir du —. Une soupe au —, et, *fig*. Monter comme une soupe au —, s'emporter (par allusion au lait qui monte quand il commence à bouillir). *Fig*. Il avale cela, doux comme du —, il boit du —, il prend cela avec une douce satisfaction. — concentré, dont on a diminué le volume par évaporation, et qu'on peut reconstituer par addition d'eau. Battre le —, l'agiter dans la baratte pour en faire du beurre. — battu, — de beurre, lait qui reste dans la baratte quand le beurre est pris. Petit-—, partie séreuse qui se sépare du lait quand il se caille. Sucre de —, matière sucrée cristallisable qu'on extrait du lait en faisant évaporer le petit-lait. (*V.* lactine.)

|| **3°** *P. ext.* Nom donné à divers liquides qui ont qq analogie avec le lait. — de l'œuf, liquide blanchâtre qui vient à la partie supérieure d'un œuf frais à la coque. — de coco, liqueur blanche, sucrée, que contient la pulpe de la noix de coco. — d'amandes, émulsion d'amandes douces ou amères. — de palmes, liqueur qui est extraite par voie de macération des feuilles du dattier. — de poule, sorte d'émulsion préparée avec un jaune d'œuf battu dans de l'eau chaude, sucrée et aromatisée. || Nom donné à diverses préparations de pharmacie, de parfumerie. — virginal, d'iris, pour la conservation du teint. || — de chaux, eau dans laquelle on a délayé de la chaux. Des murs blanchis au — de chaux. — de soufre, liquide blanc obtenu en précipitant un sulfhydrate par un acide.

|| **4°** *Fig*. — de roche, chaux carbonatée spongieuse. — de montagne, variété terreuse de carbonate de chaux. || — de couleuvre, variété d'euphorbe. — battu, fumeterre. — d'âne, laiteron. — doré, variété d'agaric délicieux. || Voie de —, la voie lactée.

LAITAGE [lè-tâj'] *s. m.*
[ÉTYM. Dérivé de lait, § 78. || 1376. Lettage, dans GODEF. *Compl.*]
|| Le lait et ce qui se fait avec le lait (beurre, crème, fromage blanc, etc.). Se nourrir de —. Allez couper vos joncs et presser vos laitages, BOIL. *Ép.* 4.

LAITANCE [lè-tâns'] *s. f.*
[ÉTYM. Dérivé de lait, § 146. || Vers 1300. Leitenches de carpes, *Traité de cuisine*, dans *Bibl. de l'Éc. des Chartes*, 1859, p. 222.]
|| Laite. (*V. ce mot.*)

LAITE [lèt'] *s. f.*
[ÉTYM. Dérivé de lait, § 37. (*Cf.* le lat. lactis, *m. s.*) || XIVe-XVe s. Leste, *Gloss. lat.-franç.* dans GODEF. *Compl.*]
|| Matière fécondante que le poisson mâle répand sur les œufs de la femelle.

LAITÉ, ÉE [lè-té] *adj.*
[ÉTYM. Dérivé de lait, § 118. || XIVe s. Des brochets le laitié vault mieux que l'œuvé, *Ménagier*, II, 188.]
|| Qui a de la laite, mâle (par opposition à œuvé, femelle). Une carpe laitée. *P. plaisant. Fig*. Poule laitée, personne du sexe mâle efféminée. Leur ton de poule laitée, MOL. *Av.* II, 5.

LAITERIE [lèt'-ri ; lè-te-ri] *s. f.*
[ÉTYM. Dérivé de lait, § 69. || 1315. En le laiterie, dans DELB. *Rec.*]
|| **1°** Endroit où l'on garde le lait, où l'on fait la crème, le beurre.
|| **2°** Boutique où l'on vend du lait, de la crème, des œufs. (*Cf.* crémerie.)

'LAITEROL [lèt'-rò ; *en vers*, lè-te-...] *s. m.*
[ÉTYM. Dérivé de laitier, §§ 65 et 86. || *Néolog.*]
|| (Technol.) Côté du creuset par où s'écoule le laitier.

LAITERON [lèt'-ron ; *en vers*, lè-te-...] *s. m.*
[ÉTYM. Dérivé de lait, § 105. || 1545. Laicteron aspre et espineux, G. GUÉROULT, *Hist. des plantes*, dans DELB. *Rec.*]
|| (Botan.) Plante lactescente, de la tribu des Chicoracées. (*Syn.* laceron.) — commun. — des champs. — des marais.

1. LAITEUX, EUSE [lè-teû, -teûz'] *adj.*
[ÉTYM. Dérivé de lait, § 116. || XIVe-XVe s. Terre leiteuse, *Cinq Joies N.-D.* dans GODEF. *Compl.*]
|| **1°** Qui a rapport au lait. Maladies laiteuses, affections des femmes en couche, qu'on attribuait à une déviation de lait. Croûtes laiteuses, qui viennent chez les enfants à la mamelle.
|| **2°** Analogue au lait. Suc —. Couleur laiteuse. La laiteuse opale, TH. GAUTIER, *Symphonie en blanc*.

2. 'LAITEUX, EUSE [lè-teû, -teûz'] *adj.*
[ÉTYM. Dérivé de laite, § 116. || *Néolog.*]
|| Qui a été fécondé par la laite. Huîtres laiteuses.

1. LAITIER, IÈRE [lè-tyé, -tyèr] *s. m. et f.*
[ÉTYM. Dérivé de lait, § 115. || XIIe-XIIIe s. Tant voi de laitiers, RENCL. DE MOILIENS, *Carité*, dans DELB. *Rec.* | 1290. Vakes laitieres, dans GODEF. *Compl.*]
|| **1°** Celui, celle qui vend du lait. *P. appos.* Garçon —.
|| **2°** *S. f.* Laitière, femelle qui donne du lait. Cette nourrice est une bonne —, a beaucoup de lait. || *Adjectivt.* Une vache —.
|| **3°** *P. anal. S. m.* Le —, champignon qui, lorsqu'on le casse, laisse échapper un suc laiteux.

2. LAITIER [lè-tyé] *s. m.*
[ÉTYM. Dérivé de lait, § 115. || 1694. TH. CORN. Admis ACAD. 1762.]
|| (Technol.) Dans les fonderies de fer, couche de matière vitreuse qui surnage à la surface de la fonte, et qu'on laisse écouler || *P. anal.* Lave vitreuse des volcans.

LAITON [lè-ton] *s. m.*
[ÉTYM. Origine inconnue. (*Cf.* espagn. laton, ital. ottone, etc.) || XIIIe s. Un bacin D'un cler leiton et bon et fin, *Renart*, XIV, 377.]
|| Métal formé d'un alliage de cuivre et de zinc, dit aussi cuivre jaune. Du fil de —. *P. ext.* Fil de laiton ou de fer, parfois recouvert de coton, de papier, etc., dont on se sert pour monter les fleurs artificielles, fabriquer les formes de chapeau, etc. Du — vert foncé.

'LAITONNER [lè-tò-né] *v. tr.*
[ÉTYM. Dérivé de laiton, § 154. || *Néolog.*]
|| (Technol.) Garnir de fil de laiton. Une forme de chapeau de femme laitonnée.

LAITUE [lè-tu] *s. f.*
[ÉTYM. Du lat. lactûca, *m. s.* §§ 386, 380 et 291.]
|| Plante potagère, lactescente, de la tribu des Chicoracées. Savon au suc de —. — sauvage, scariole. — cultivée, qui a deux variétés alimentaires, la — pommée ou laitue proprement dite, et la — romaine, dite aussi chicon. || *P. anal.* — de brebis, les mâches. — de chien, chiendent, pissenlit. — de lièvre, laiteron.

LAIZE [lèz'] *s. f.*
[ÉTYM. Du lat. pop. *latia, m. s.* tiré de latum, large (*cf.* lé), §§ 68, 406 et 291. || XIIe s. Une aine out de laise al som, *Rois*, III, 7. Admis ACAD. 1762.]
|| (Technol.) Largeur d'une étoffe entre les deux lisières. Une voile de tant de laizes. Grande —, largeur nominale attribuée à une étoffe en pièce, et qui dépasse la largeur réelle, dite petite —.

1. LAMA [là-mà] *s. m.*
[ÉTYM. Mot de la langue du Thibet, § 27. || 1732. TRÉV. Admis ACAD. 1762.]
|| Prêtre de Bouddha, au Thibet. Le grand —, chef de la religion au Thibet et chez les Mongols.

2. LAMA [là-mà] *s. m.*
[ÉTYM. Emprunté de l'espagn. llama, *m. s.* mot d'origine péruvienne, §§ 13 et 30. || 1716. Espèce de petits chameaux que les Indiens du Pérou appellent llamas, FRÉZIER, *Voy. à la mer du Sud*, p. 137. Admis ACAD. 1835.]
|| (Hist. nat.) Quadrupède ruminant du Pérou, employé comme bête de somme et dont le poil sert à fabriquer des tissus.

LAMANAGE [là-mà-nàj'] *s. m.*
[ÉTYM. Dérivé du radical de lamaneur, § 78. || 1355. De laquelle nef fut lamen Durant Pinal... qui en ont pour son lamanage..., dans GODEF. Admis ACAD. 1762.]
|| (Marine.) Fonction de pilote lamaneur.

LAMANEUR [là-mà-neûr] *s. m.*
[ÉTYM. Dérivé de l'anc. franç. laman, *m. s.* emprunté

du flamand lotman, homme de plomb, à sonde de plomb, §§ 10 et 115. || 1584. *Ordonn.* dans JAL, *Gloss. naut.* Admis ACAD. 1762.]

|| (Marine.) Pilote qui connaît particulièrement un port, une rade, une baie, etc., et qui est commissionné pour y diriger les bâtiments à l'entrée et à la sortie. *P. appos.* Pilote —.

LAMANTIN ou **LAMENTIN** [là-man-tin] *s. m.*

[ÉTYM. Paraît emprunté des langues de l'Amérique, § 30; l'espagn. manaté, de même origine, porte à croire que le franç. a altéré la forme primitive par étymologie pop. sous l'influence de lamenter, § 509. || 1655. Le lamentin, LE P. PELLEPRAT, *Relat. des missions*, II, 45. Admis ACAD. 1762.]

|| (Hist. nat.) Cétacé herbivore, dont on nomme le mâle bœuf marin, et la femelle vache marine.

*LAMBDACISME [lanb'-dà-sĭsm']. *V.* labdacisme.

*LAMBDOÏDE [lanb'-dò-id'] *adj.*

[ÉTYM. Composé avec le grec λάμβδα, nom de la lettre A, et εἶδος, forme, § 279. || XVIᵉ s. Commissure lambdoïde, RAB. I, 27.]

|| (T. didact.) Qui ressemble à la lettre grecque dite lambda. *Spécialt.* Suture —, suture occipito-pariétale du crâne.

LAMBEAU [lan-bó] *s. m.*

[ÉTYM. Origine incertaine; la forme primitive paraît être labeau, label. (*Cf.* lambel.)]

|| Morceau d'un tissu arraché ou presque entièrement déchiré. Un vêtement en lambeaux. Revêtu de lambeaux, tout pâle, RAC. *Esth.* II, 1. A mesure qu'on leur enlevait quelque — de leur chair, BOSS. *Paneg. St Gorgon*, 2. Des lambeaux pleins de sang et des membres affreux, RAC. *Ath.* II, 5. || *Spécialt.* | 1. Morceau de peau découpé par le chirurgien, adhérent d'un côté, qui sert à recouvrir le moignon dans une amputation. | 2. Peau velue qui se détache du bois du cerf. || *Fig.* Partie tronquée d'une chose. Compilateurs qui vont de tous côtés chercher des lambeaux des ouvrages des autres, MONTESQ. *Lett. pers.* 66.

LAMBEL [lan-bèl] *s. m.*

[ÉTYM. Forme archaïque de lambeau. (*V.* ce mot.) || XIIIᵉ s. A cinq labiaus de gueules, ADENET, *Berte*, 3222. Cheval saillent et lambel volent, J. BRETEL, *Tourn. de Chauvency*, 789.]

|| (Blason.) Brisure formée par un filet horizontal à la partie supérieure de l'écu, spécialement dans les armoiries des cadets. Je vous réduirai au —, SÉV. 7.

LAMBIN, INE [lan-bin, -bin'] *s. m.* et *f.*

[ÉTYM. Origine incertaine; l'opinion qui rattache ce mot au nom du célèbre savant Lambin (1516-1572) est dénuée de preuves. || XVIᵉ s. Un vray lambin ayant la paille au cul, G. BOUCHET, *Serées*, I, p. 141.]

|| 1° *Anciennt.* S. m. Variété de hanneton.

|| 2° S. m. et *f.* Celui, celle qui lambine. *Adjectivt.* Il est très —.

LAMBINER [lan-bi-né] *v. intr.*

[ÉTYM. Dérivé de lambin, § 154. || 1642. OUD.]

|| Traîner en longueur ce que l'on fait. Vous lambinerez encore longtemps avant que de choisir un époux (1689), D. DE MONCHESNAY, *le Grand Sophy*, sc. 3.

LAMBOURDE [lan-bourd'] *s. f.*

[ÉTYM. Origine inconnue. || 1304. Texte dans GODEF. *Compl.*]

|| (Technol.) || 1° Pièce de bois sur laquelle sont fixées les lames du parquet. || Pièce de bois encastrée le long des murs et des poutres, pour supporter les solives. || Pièce de bois qui forme la base du cuvelage d'un puits de mine.

|| 2° *P. anal.* (Agricult.) Petite branche lisse qui porte à son extrémité un bouton à fruit.

|| 3° Dernier lit d'une carrière de pierre, pierre qui supporte les autres.

LAMBREQUIN [lan-bre-kin] *s. m.*

[ÉTYM. Mot d'origine flamande, diminutif de lamper, voile, crêpe, § 10. || XVᵉ s. Timbres et lambequins, RENÉ D'ANJOU, *OEuvres*, II, 10, Quatrebarbes.]

I. || 1° *Anciennt.* Bande d'étoffe arrêtant le chaperon sur le casque et enroulée autour du cimier. || *P. anal.* (Blason.) Bande d'étoffe descendant du casque et entourant l'écu pour lui servir d'ornement.

|| 2° Bande d'étoffe pendant au bas de la cuirasse, dans les imitations du costume antique.

II. Découpure d'étoffe ou de bois, de tôle, imitant l'étoffe, qui couronne une tente, un pavillon, une tenture de rideaux d'alcôve, de fenêtre, etc.

LAMBRIS [lan-bri] *s. m.*

[ÉTYM. Pour lambruis, § 357, qui correspond au lat. pop. *lambrūscum (class. labrusca), lambruche, §§ 328, 419 et 291; ce nom paraît avoir été donné aux lambris à cause de leur ornementation. (*Cf.* vignette.) || XIIᵉ s. Molt fu bele la cours en la sale a lanbrus, *Alexandre*, fᵒ 6.]

|| Revêtement en bois, en marbre, etc., qui garnit les murs d'une pièce. Tous ces événements sont peints sur le —, LA F. *Phil. et Baucis.* || *P. anal.* Enduit de plâtre fait dans une mansarde, un grenier, sur des lattes jointives clouées aux chevrons. || *P. ext.* Revêtement du plafond. Je ne dormirai point sous de riches —, LA F. *Fab.* XI, 4. *P. hyperb. Famil.* Des — dorés, le signe de la richesse. Habiter sous des — dorés. || *Fig. Poét.* Les célestes —, la voûte céleste. Du haut des célestes —, A. CHÉN. *l'Amour et le Berger.*

LAMBRISSAGE [lan-bri-sàj'] *s. m.*

[ÉTYM. Dérivé de lambrisser, § 78. || 1454. Texte dans GODEF. *Compl.* Admis ACAD. 1762.]

|| Action de lambrisser.

LAMBRISSER [lan-bri-sé] *v. tr.*

[ÉTYM. Dérivé de lambris, § 154. L'anc. forme lambruschier suppose l'existence en lat. pop. du verbe *lambruscare. || XIIᵉ s. Covers e vous e lambruschiez, BENEEIT, *Ducs de Norm.* dans DELB. *Rec.*]

|| Revêtir de lambris. Une mansarde lambrissée.

*LAMBRISSURE [lan-bri-sûr] *s. f.*

[ÉTYM. Dérivé de lambrisser, § 111. || XIIIᵉ s. Tables paintes qui sont en lambruiseure, *Digeste*, dans GODEF. lambruiseure.]

|| *Vieilli.* Travail de lambris. Pour faire des lambrissures dorées, MALH. *Ép. de Senèq.* XC, 4.

LAMBRUCHE [lan-brüch'] et **LAMBRUSQUE** [lan-brüsk'] *s. f.*

[ÉTYM. Emprunté du lat. *lambrusca, forme nasalisée de labrusca, m. s. || XVᵉ s. Lambrusce, *Grant Herbier*, 231, Camus. | XVIᵉ s. Lambrunche, RONS. II, 275. Lambrusque, J. DU BELLAY, *Disc. au roy.*]

|| *Dialect.* Vigne sauvage.

LAME [làm'] *s. f.*

[ÉTYM. Du lat. lamina, m. s. devenu lamna, § 290, lamme, lame, §§ 472 et 291. (*Cf.* alumelle.)]

I. Morceau de métal, de bois, d'ivoire, etc., plat, mince et étroit. Une — d'argent, d'or, de plomb, de bois, d'ivoire, d'écaille, etc. *Spécialt.* Lames de jalousie, de persienne, planchettes minces dont elles sont formées. Lames de parquet. || (Technol.) — de ressort, chacun des tours du ressort d'une montre quand il est enroulé dans le barillet. — de fiche, partie mince de la fiche d'une penture qui entre dans le bois de la porte, de la fenêtre. || *P. anal.* Partie évasée des pétales d'une fleur. || Feuillet du chapeau de certains champignons. || Fil d'or, d'argent, aplati dont on orne certains tissus. Une robe à lames d'argent. (*V.* lamé.) || (Anat.) — criblée, partie de l'os ethmoïde par laquelle les filets du nerf olfactif passent dans les fosses nasales.

II. *P. ext.* Fer d'un instrument, d'un outil, propre à couper, tailler, etc. La — d'un couteau, d'un rasoir, d'une faux, d'un sabre. Faire remettre une — à un canif, à une épée. *Fig.* Une figure en — de couteau, mince et allongée. *Absolt.* Une —, le fer d'une épée. Une bonne — de Tolède. *P. ext.* C'est une bonne —, une fine —, un bon, un adroit tireur à l'épée, et, *fig.* C'est une fine —, une adroite personne. Ma femme? Oui, c'était une bonne —, R. POISSON, *Sot vengé*, sc. 10. *Loc. prov.* La — use le fourreau, la vie intense de l'âme épuise le corps.

III. *P. anal.* Vague qui se déploie en nappe plus ou moins étendue. Une — courte, longue. Prendre un bain à la —. || *P. ext.* Nappe d'eau dans l'intérieur d'une mine. || || Jet aplati dans une fontaine, un château d'eau. || Sorte de lisse dans le métier à tisser.

LAMÉ, ÉE [là-mé] *adj.*

[ÉTYM. Dérivé de lame, § 118. || 1723. SAVARY, *Dict. du comm.* Admis ACAD. 1835.]

|| (Technol.) Orné de lames, de fils d'or ou d'argent aplatis. Un drap — d'or, d'argent.

*LAMELLAIRE [là-mêl'-lèr] *adj.*

[ÉTYM. Dérivé du lat. lamella, lamelle, § 248. || 1812. Masses compactes, lamellaires, HASSENFRATZ, *Sidérotechnie*, I, 110.]

‖ (T. didact.) Dont la structure présente des lames. Corps —. Cassure —.

LAMELLE [là-mèl] *s. f.*
[ÉTYM. Emprunté du lat. lamella, *m. s.* (*Cf.* le doublet alumelle.) ‖ 1798. L.-C.-M. RICHARD, *Dict. de botan. de Bulliard*. Admis ACAD. 1878.]
‖ (T. didact.) Petite lame.

LAMELLÉ, ÉE [là-mĕl'-lé] *adj.*
[ÉTYM. Dérivé du lat. lamella, lamelle, § 253. ‖ 1789. Les quatre derniers sont lamellés, G.-A. OLIVIER, *Entomol.* I, 20.]
‖ (T. didact.) Qui se divise en petites lames.

LAMELLEUX, EUSE [là-mĕl'-leŭ, -leŭz'] *adj.*
[ÉTYM. Dérivé du lat. lamella, lamelle, § 252. ‖ 1798. L.-C.-M. RICHARD, *Dict. de botan. de Bulliard*.]
‖ (T. didact.) Qui est de nature à se diviser en petites lames.

LAMENTABLE [là-man-tàbl'] *adj.*
[ÉTYM. Emprunté du lat. lamentabilis, *m. s.* ‖ XIVᵉ s. EVRART DE CONTY, *Probl. d'Aristote*, dans GODEF. *Compl.*]
‖ 1° Qui fait qu'on se lamente. Un sort —. (Ce texte) devient propre à mon — sujet, BOSS. *D. d'Orl.* Un spectacle —.
‖ 2° Qui a le caractère de la lamentation. Des cris, des accents lamentables.

LAMENTABLEMENT [là-man-tà-ble-man] *adv.*
[ÉTYM. Composé de lamentable et ment, § 724. ‖ XVᵉ s. Criant lamentablement, CHASTELL. dans DELB. *Rec.*]
‖ D'une manière lamentable.

LAMENTATION [là-man-tà-syon ; *en vers*, -si-on] *s. f.*
[ÉTYM. Emprunté du lat. lamentatio, *m. s.* ‖ XIVᵉ s. Dont maistre Mahieu le nomma « Livre de lamentations », J. LE FÈVRE, *Matheolus*, 76, Van Hamel.]
‖ Plainte bruyante et prolongée. Les lamentations des femmes. Jérémie lui-même, qui semble seul être capable d'égaler les lamentations aux calamités, BOSS. *R. d'Angl.* (*Cf.* jérémiade.)

LAMENTER [là-man-té] *v. intr.*, *pron.* et *tr.*
[ÉTYM. Du lat. pop. lamentare (class. lamentari), *m. s.* §§ 295 et 291.]
‖ 1° V. *pron.* et, *vieilli*, v. *intr.* Laisser éclater dans le transport de la douleur des plaintes bruyantes et prolongées. Ta douceur lamente en m'oyant —, D'AUB. *Hécatombe*, sonnet 33. Se —. Il se lamente sur son sort.
‖ 2° *Rare.* V. *tr.* Exprimer ce qu'on souffre par des plaintes bruyantes et prolongées. Le chantre désolé, lamentant son malheur, BOIL. *Lutr.* 4. ‖ P. *plaisant. Fig.* Dire sur un ton lamentable. Lamentant tristement une chanson bachique, BOIL. *Sat. 3.*

LAMENTIN. V. lamantin.

LAMETTE [là-mĕt'] *s. f.*
[ÉTYM. Dérivé de lame, § 133. ‖ XVᵉ s. Le gardebraz sera de petites lametes, *Habits des gens de guerre*, dans GODEF.]
‖ Petite lame de bois, de fer.

LAMIE [là-mi] *s. f.*
[ÉTYM. Emprunté du lat. lamia, *m. s.* ‖ XVIᵉ s. Lutins, lamies, lemures, RAB. III, 24. Admis ACAD. 1762.]
‖ 1° (Mythol.) Être fabuleux qu'on représentait avec un buste de femme sur le corps d'un serpent, et qui passait pour dévorer les enfants.
‖ 2° (Hist. nat.) Sorte de squale, poisson.

1. ʼLAMIER [là-myé] *s. m.*
[ÉTYM. Dérivé de lame, § 115. ‖ 1723. SAVARY, *Dict. du comm.*]
‖ *Vieilli.* (Technol.) Ouvrier qui, confectionne des lames d'or, d'argent, pour étoffe.

2. ʼLAMIER [là-myé] *s. m.*
[ÉTYM. Dérivé du lat. lamium (PLINE), *m. s.* § 115. ‖ *Néolog.*]
‖ (Botan.) Ortie blanche, plante labiée.

LAMINAGE [là-mi-nàj'] *s. m.*
[ÉTYM. Dérivé de laminer, § 78. ‖ 1752. TRÉV. Admis ACAD. 1762.]
‖ (Technol.) Opération par laquelle on lamine.

LAMINER [là-mi-né] *v. tr.*
[ÉTYM. Dérivé du lat. lamina, lame, § 266. ‖ 1596. Bien laminé et estamé, dans DELB. *Rec.* Admis ACAD. 1762.]
‖ (Technol.) Réduire (une masse métallique) en lames, en la faisant passer entre deux cylindres de révolution tournant en sens inverse. Du fer laminé. ‖ P. *anal.* Réduire par une forte pression (l'épaisseur d'un volume à relier).

LAMINERIE [là-mĭn'-ri ; *en vers*, -mi-ne-ri] *s. f.*
[ÉTYM. Dérivé de laminer, § 69. ‖ *Néolog.* Admis ACAD. 1878.]
‖ (Technol.) Atelier de laminage.

LAMINEUR [là-mi-neŭr] *s. m.*
[ÉTYM. Dérivé de laminer, § 112. ‖ *Néolog.* Admis ACAD. 1878.]
‖ (Technol.) Celui qui lamine.

LAMINEUX, EUSE [là-mi-neŭ, -neŭz'] *adj.*
[ÉTYM. Emprunté du lat. laminosus, *m. s.* ‖ *Néolog.* Admis ACAD. 1878.]
‖ (T. didact.) Qui semble formé de lames. Le tissu — (tissu cellulaire).

LAMINOIR [là-mi-nwàr] *s. m.*
[ÉTYM. Dérivé de laminer, § 113. ‖ 1643. Laminoirs, coupoirs, *Arrêt du Conseil*, dans LITTRÉ. Admis ACAD. 1762.]
‖ (Technol.) Machine à laminer. Faire passer du fer au —. ‖ *Fig. Néolog.* Faire passer qqn au —, le façonner en lui imposant une contrainte sévère.

1. LAMPADAIRE [lan-pà-dĕr] *s. m.*
[ÉTYM. Emprunté du lat. lampadarius, *m. s.* (*Cf.* frelampier.) ‖ 1732. TRÉV. Admis ACAD. 1762.]
‖ (Hist.) Officier qui, pendant la messe, portait un bougeoir allumé devant l'empereur et l'impératrice (de Constantinople).

2. LAMPADAIRE [lan-pà-dĕr] *s. m.*
[ÉTYM. Emprunté du bas lat. lampadarium, *m. s.* (*Cf.* l'anc. franç. lampier.) ‖ 1732. TRÉV. Admis ACAD. 1762.]
‖ Support vertical destiné à soutenir une ou plusieurs lampes.

LAMPADISTE [lan-pà-dĭst'] *s. m.*
[ÉTYM. Emprunté du grec λαμπαδιστής, *m. s.* ‖ Admis ACAD. 1762.]
‖ (Antiq. grecque.) Celui qui prenait part à la course des flambeaux. (*Syn.* lampadophore.)

LAMPADOPHORE [lan-pà-dò-fòr] *s. m.*
[ÉTYM. Emprunté du grec λαμπαδοφόρος, *m. s.* ‖ 1732. TRÉV. Admis ACAD. 1762.]
‖ (Antiq. grecque.) Celui qui portait un flambeau dans les cérémonies religieuses. ‖ Celui qui donnait le signal de la course des flambeaux, en élevant une torche allumée. ‖ Celui qui prenait part à la course des flambeaux. (*Syn.* lampadiste.)

ʼLAMPANT, ANTE [lan-pan, -pãnt'] *adj.*
[ÉTYM. Emprunté du provenç. moderne lampant, *m. s.* part. prés. du verbe lampa, briller (comme l'éclair), § 11. ‖ 1777. Huiles... lampantes, DURAMEL DU MONCEAU, *Descr. des arts et mét.* VIII, 555, édit. de Neuchâtel.]
‖ Clair. Que la progression (des vins) soit des plus lampants aux plus parfumés, BRILLAT-SAVARIN, *Physiol. du goût*, IV, 76. Huile lampante, qui donne une lumière claire.

1. LAMPAS [lan-pà ; *selon d'autres*, -pàs'] *s. m.*
[ÉTYM. Paraît se rattacher au même radical que lamper. ‖ XIIᵉ-XIIIᵉ s. Por chou as ore le lampas, RENCL. DE MOILIENS, *Miserere*, XLV, 7.]
‖ 1° Gosier. Vous humectez volontiers le —, LA F. *Contes, Paysan.*
‖ 2° P. *ext.* (Art vétérin.) Tumeur inflammatoire du palais en arrière des pinces.

2. LAMPAS [lan-pà ; *selon d'autres*, -pàs'] *s. m.*
[ÉTYM. Origine inconnue. ‖ 1723. Lampasses, SAVARY, *Dict. du comm.* Admis ACAD. 1762.]
‖ Étoffe de soie, qu'on tirait autrefois de la Chine, à grands dessins tissés en relief, le plus souvent sur un fond de couleur différente.

1. LAMPE [lãnp'] *s. f.*
[ÉTYM. Emprunté du lat. lampas, adis, grec λαμπάς, άδος, *m. s.* ‖ XIIᵉ s. Une lampe ot desor pendue, *Énéas*, 6510.]
‖ Ustensile formé d'un réservoir contenant un liquide combustible où trempe une mèche qu'on allume, pour produire de la lumière. Cul-de-lampe. (*V.* cul.) P. *ext.* Allumer une —, allumer la mèche d'une lampe. — Carcel (du nom de l'inventeur), où l'huile monte par une petite pompe foulante que meut un mouvement d'horlogerie. — modérateur, où l'huile monte par la pression d'un piston que pousse un ressort à spirale. — de sûreté ou de Davy, lanterne des mineurs, où la lumière est entourée d'une toile métallique, pour prévenir l'inflammation du grisou. ‖ P. *ext.* — à esprit-de-vin, destinée à faire chauffer qqch instantanément sans odeur ni fumée. — d'émailleur,

qui permet de diriger, au moyen d'un chalumeau, un jet de flamme très intense sur un point donné pour émailler, pour fondre, façonner le verre, etc. || *Loc. prov.* Il n'y a plus d'huile dans la —, il n'y a plus de vie chez cette personne.

2. *LAMPE [länp']. *V.* **hampe 2.**

LAMPÉE [lan-pé] *s. f.*
[ÉTYM. Dérivé de lamper, § 119. || 1680. RICHEL.]
|| Grande quantité de liquide que l'on hume d'un coup. Avaler une — de vin. Avalant d'abord trois ou quatre lampées, HAUTEROCHE, *Nobles de province*, I, 11.

LAMPER [lan-pé] *v. tr.*
[ÉTYM. Semble être une forme nasalisée de laper (*V.* ce mot), § 361. || 1665. *V.* à l'article.]
|| *Famil.* Humer d'un coup une grande quantité le liquide. — un verre de vin. *Absolt.* Mais achevons nostre souper, Car c'est tantôt assez —, COLLETET, *Tracas de Paris* (1665).

LAMPERON [lanp'-ron; *en vers*, lan-pe-...] *s. m.*
[ÉTYM. Dérivé de lampe, § 105. || XVIᵉ s. Du lamperon la flamme est paresseuse, R. BELLEAU, II, 257, Bibl. elzév. Admis ACAD. 1718.]
|| 1º Vase de verre contenant l'huile et la mèche d'une lampe d'église.
|| 2º Petit tube rond ou aplati qui tient la mèche d'une lampe.

***LAMPIER** [lan-pyé]. *V.* **frelampier.**

LAMPION [lan-pyon; *en vers*, -pi-on] *s. m.*
[ÉTYM. Emprunté de l'ital. lampione, proprt, « grande lampe », § 12. || XVIᵉ s. Huyle, tant pour le brusler aux lampions que pour manger, *Stolonomie*, dans JAL, *Gloss. naut.* Admis ACAD. 1718.]
|| Godet contenant une matière combustible avec une mèche, qui sert pour les illuminations.

LAMPISTE [lan-pïst'] *s. m. et f.*
[ÉTYM. Dérivé de lampe, § 265. || *Néolog.* Admis ACAD. 1835.]
|| 1º Celui, celle qui fabrique, qui vend des lampes.
|| 2º Celui, celle qui a soin des lampes, de l'éclairage, dans un établissement (collège, théâtre, chemin de fer, etc.).

***LAMPISTERIE** [lan-pïst'-ri; *en vers*, -pïs'-te-ri] *s. f.*
[ÉTYM. Dérivé de lampiste, § 69. || *Néolog.*]
|| 1º Industrie relative à la fabrication des lampes.
|| 2º Lieu où l'on garde, où l'on répare les lampes (dans un établissement, surtout dans une gare de chemin de fer).

***LAMPON** [lan-pon] *s. m.*
[ÉTYM. Tiré de lampons, impératif de lamper, qui était le refrain habituel de ces couplets satiriques. || XVIIᵉ s. *V.* à l'article.]
|| (XVIIᵉ s.) Couplet satirique. Pas un de la troupe Qui ne chantât des leridas, Des lampons, SCARR. *Virg. trav.* 1. Il court des lampons fort spirituels, BAYLE, *Lett. à Minutoli*, 24 sept. 1693.

LAMPRILLON [lan-pri-yon] et **LAMPROYON** [lan-prwà-yon] *s. m.*
[ÉTYM. Dérivé de lamproie, §§ 62, 65, 104 et 107. || XIIIᵉ-XIVᵉ s. Lampreon, GAUT. DE BIBLESWORTH, *Manière de langage*, p. 393, P. Meyer. | XVIᵉ s. Avaleur de lamprillons, CHOLIÈRES, *Après-disnées*, p. 189.]
|| Petite lamproie de rivière.

LAMPROIE [lan-prwà] *s. f.*
[ÉTYM. Du lat. pop. *lampreda, altération par étymologie pop. (d'après preda, proie) de lampetra, seul attesté et qui a eu d'abord le sens de murène, devenu lampreta, lamproie, §§ 309, 411 et 291. || XIIᵉ s. Del pris d'une lamproie, *Raoul de Cambrai*, 2074.]
|| Poisson de la famille des Cyclostomes, dit vulgairement septœil, parce que ses branchies présentent sept ouvertures.

LAMPROYON. *V.* **lamprillon.**

***LAMPSANE** [lanp'-sàn] *s. f.*
[ÉTYM. Emprunté du lat. lampsana (mieux lapsana), grec λαψάνη, *m. s.* || 1549. La figure des lampsanes, longues et poinctues, J. MEIGNAN, *Hist. des plantes*, dans DELB. *Rec.* Admis ACAD. 1762; suppr. en 1798.]
|| (Botan.) Plante composée, à fleurs jaunes, dite vulgairement herbe aux mamelles.

***LAMPYRE** [lan-pir] *s. m.*

[ÉTYM. Emprunté du lat. lampyris, idis, grec λάμπυρις, ίδος, *m. s.* de λάμπειν, briller. On trouve lampyride dans RAB. v, 32. Sur le genre (le grec et le lat. sont fém.), *V.* § 556. || *Néolog.*]
|| (Hist. nat.) Insecte dont la femelle est sans ailes et répand un éclat phosphorescent, dans nos climats (*V.* ver luisant), ailé et phosphorescent chez les deux sexes, dans les pays chauds. (*V.* luciole.)

***LANÇAGE** [lan-sàj'] *s. m.*
[ÉTYM. Dérivé de lancer, § 78. || *Néolog.*]
|| (Marine.) Action de lancer un navire. *Fig. Famil.* Le — d'un nouveau journal.

LANCE [läns'] *s. f.*
[ÉTYM. Du lat. lancea, *m. s.* devenu *lancia, § 355, lance, §§ 356, 383 et 291.]
I. || 1º (Antiq.) Arme formée d'une hampe terminée par un fer quadrangulaire pointu, servant ou de trait qu'on jetait avec la main, ou de pique avec laquelle on se battait de près. La — d'Achille, avec laquelle Achille fit une blessure qu'on ne put guérir qu'avec la rouille prise à cette lance. *Fig.* Votre plume est comme la — d'Achille, qui guérissait la blessure qu'elle faisait, VOLT. *Lett. à Dorat*, 8 janv. 1767. || *P. anal.* Ornement en forme de fer de lance, parfois doré, dont on garnit le haut des barreaux d'une grille, etc. || Un objet en fer de —, de forme quadrangulaire, terminé en pointe.
|| 2º (Moyen âge.) Arme à longue et lourde hampe terminée par un fer pointu, avec laquelle les chevaliers, courant l'un sur l'autre, cherchaient à se désarçonner ou à se percer. Baisser la — devant qqn, s'avouer vaincu, et, *fig.* reconnaître son infériorité. (*Cf.* baisser pavillon.) — à outrance, servant aux joutes, aux tournois, aux jeux de bague, etc. Courir une —, s'élancer l'un sur l'autre, la lance en arrêt. Rompre une —, avoir sa lance rompue par le choc, sur l'armure de l'adversaire. *Fig.* Rompre une — avec qqn, soutenir contre lui une discussion. || *P. ext. Ellipt.* Une —, chevalier armé de la lance, avec les hommes de sa suite, page, archers, etc. Un détachement de cent lances.
|| 3º *De nos jours.* Arme à longue hampe légère, terminée par un fer pointu, ornée d'une banderole d'étoffe de couleur, dont se servent certains corps de cavalerie (lanciers, dragons).
II. *P. anal.* || 1º Instrument à fer acéré en spatule dont on se sert pour harponner la baleine.
|| 2º Piquant des chevaux de frise.
|| 3º La sainte —, couteau à lame en forme de lance, à manche en croix, qui servait, dans l'ancienne liturgie grecque, à séparer de la masse du pain offert l'hostie à consacrer.
|| 4º Spatule à modeler le plâtre, la glaise, la cire.
|| 5º Barre de fer avec laquelle le chaufournier écarte les pierres dont le four est chargé, pour donner le passage à la flamme.
|| 6º Instrument de chirurgie pour perforer le crâne du fœtus mort, afin d'en faciliter l'extraction.
III. *P. ext.* || 1º — à feu, fusée emmanchée qui sert à mettre le feu à une pièce d'artifice, ou à la charge d'un canon.
|| 2º — à eau, tuyau servant à diriger un jet d'eau pour arroser, pour éteindre un incendie.
|| 3º — de sonde, fiche qu'on attache au bout d'une ligne et qui sert à indiquer la nature du fond, par les débris qui s'y attachent.
|| 4º (T. forestier.) Arbre assez grand pour pouvoir être exploité.

***LANCEMENT** [lans'-man; *en vers*, lan-se-...] *s. m.*
[ÉTYM. Dérivé de lancer, § 154. (*Cf.* élancement.) || XIIIᵉ-XIVᵉ s. Par le lancement de sa fonde, GUIART, *Roy. lign.* 12695.]
|| Opération par laquelle on lance un navire. (*Syn.* lançage.)

***LANCÉOLE** [lan-sé-òl] *s. f.*
[ÉTYM. Emprunté du lat. lanceola, petite lance. || 1557. Petit plantain, lanceole et lanceolette, CH. DE L'ÉCLUSE, dans GODEF. lanceolette.]
I. *Anciennt.* Variété de plantain.
II. || 1º (Botan.) Organe de la plante, feuille, pétale, bractée, etc., en forme de fer de lance.
|| 2º Petite lance de feu d'artifice.

LANCÉOLÉ, ÉE [lan-sé-ò-lé] *adj.*

[ÉTYM. Emprunté du lat. lanceolatus, *m. s.* || 1783. Feuilles lancéolées, BERGERET, *Phytonomatotechnie*, II, 20. Admis ACAD. 1835.]

|| (Botan.) Qui a la forme d'un fer de lance. Feuilles lancéolées.

*LANCEPESSADE. *V.* anspessade.

LANCER [lan-sé] *v. tr.*

[ÉTYM. Du lat. pop. *lanctare (pour *lanceare, de lancea, lance, § 355), proprt, « lancer le trait, le javelot », devenu lancier, §§ 356, 383, 297 et 291, lancer, § 634. || XIᵉ s. Si me verrez lancier, *Voy. de Charl. à Jérus.* 610.]

|| **1°** Envoyer à travers les airs en imprimant une vive impulsion. Adraste lance son dard contre Télémaque, FÉN. *Tél.* 20. D'un dard lancé d'une main sûre, RAC. *Phèd.* V, 6. Les archers lançaient une grêle de flèches. — une balle. || *P. anal.* Jupiter lance la foudre. Et lance ici des traits qui n'accablent que moi, RAC. *Iph.* V, 2. Dans la profonde mer Œnone s'est lancée, ID. *Phèd.* V, 5.

|| **2°** *P. anal.* Envoyer brusquement (un coup) à qqn. — un coup de pied. Le cheval lui lança une ruade. || *Fig.* — une épigramme, des traits piquants à qqn. — un décret de proscription contre qqn. — une bulle d'excommunication. || *P. ext.* — à qqu un coup d'œil, une œillade. Je voyais ses yeux — sur le lieu saint des regards furieux, RAC. *Ath.* I, 1.

|| **3°** Faire partir vivement dans une direction déterminée. — son cheval. — les chiens à la poursuite du gibier. *Spécialt.* (Chasse.) — le cerf, le sanglier, les faire débusquer de leur gîte par les chiens. || *Au part. passé pris substantivt.* Le lancé. | **1.** L'action de lancer le gibier. Un beau lancé. | **2.** Le lieu où le gibier a été lancé. La bête revient au lancé. || *Spécialt.* (Marine.) — un navire, le faire descendre du chantier à la mer. || — la navette. || *Fig.* Mettre en train, en action. — une personne, la pousser vivement dans le monde, dans les emplois, dans les affaires. *Néolog.* — une affaire, la mettre en bonne voie. *Famil.* Se —, être lancé, se mettre, être trop en train, trop en gaieté.

*LANCERON [lans'-ron ; *en vers*, lan-se-...] *s. m.*

[ÉTYM. Dérivé de lance (à cause de son corps effilé), § 105. || 1462. Lancerons, anguilles, dans GODEF.]

|| (Hist. nat.) Jeune brochet. (*Syn.* lançon.)

LANCETTE [lan-sèt'] *s. f.*

[ÉTYM. Dérivé de lance, § 133 ; proprt, « petite lance ». || XIIᵉ s. Ja vos espees ne vos avront mestier Ne ces lancetes, *Aliscans*, 4706.]

|| **1°** Instrument de chirurgie, composé d'une lame plate, acérée, et d'une châsse mobile sur la lame, qui sert à saigner, à vacciner, à ouvrir de petits abcès.

|| **2°** Petit couteau à lame courte, large et aiguë, qu'on enfonce dans la nuque des bœufs pour les abattre.

|| **3°** Lame à évider du graveur sur bois.

|| **4°** Lame à tailler les matériaux qui servent à la fabrication du papier, du carton.

*LANCETTIER [lan-sè-tyé] *s. m.*

[ÉTYM. Dérivé de lancette, §§ 65 et 115. || 1812. Lancetier, MOZIN, *Dict. franç.-allem.*]

|| Étui à lancettes.

LANCIER [lan-syé] *s. m.*

[ÉTYM. Dérivé de lance, § 115. (*Cf.* le lat. lancearius ou lanciarius, *m. s.*) || XVIᵉ s. En faveur du lancier, LA NOUE, *Disc. polit.* 18.]

|| Cavalier armé de la lance. Un régiment de lanciers. || *Néolog.* Quadrille des lanciers, et. *ellipt*, Les lanciers ou Le —, sorte de quadrille croisé, d'importation anglaise, où danseurs et danseuses se font des saluts, et défilent parallèlement. *Fig. Vieilli.* C'est un rude —, un redoutable jouteur.

*LANCIÈRE [lan-syèr] *s. f.*

[ÉTYM. Dérivé de lancer, § 115. || XIIᵉ s. Alves fist faire de desus Et les lancieres al pié jus, *Énéas*, 4259.]

|| (Technol.) Ouverture qui donne issue à l'eau de l'écluse d'un moulin. *P. appos.* Vanne —, qui amène l'eau sur la roue du moulin. (*Cf.* lançoir.)

LANCINANT, ANTE [lan-si-nan, -nänt'] *adj.*

[ÉTYM. Emprunté du lat. lancinans, part. prés. de lancinare, découper, mettre en pièces. || XVIᵉ s. Certaines humeurs lancinantes, RAB. III, 32. Admis ACAD. 1798.]

|| (Médec.) Qui produit des élancements aigus. Douleur lancinante.

*LANCIS [lan-si] *s. m.*

[ÉTYM. Dérivé de lancer, § 82. || XIIᵉ s. Ne fu veü tel lanceiz Ne si estrange abateïs, BENEEIT, *Ducs de Norm.* 18700.]

|| (Technol.) || **1°** Réparation d'un mur dégradé au moyen de pierres qu'on enfonce dans les parties refouillées.

|| **2°** Pierre qui entre dans les jambages d'une porte ou d'une croisée. — du tableau, qui se trouve au parement. — de l'écoinçon, qui est au dedans du mur.

*LANÇOIR [lan-swär] *s. m.*

[ÉTYM. Dérivé de lancer, § 113. || 1314. Lanceour, dans DU C.]

|| (Technol.) || **1°** Pièce de bois qu'on lève pour donner passage à l'eau, quand on veut mettre un moulin en mouvement.

|| **2°** Sentier en pente escarpée sur lequel on lance les arbres qu'on abat dans les montagnes pour les faire arriver en bas. (*Syn.* glissoir.)

*LANÇON [lan-son] *s. m.*

[ÉTYM. Dérivé de lancer, § 104. || XIIIᵉ s. Launçouns de palmiers, *Bible*, dans GODEF.]

|| (Hist. nat.) || **1°** Équille, petit poisson effilé.

|| **2°** Jeune brochet. (*Syn.* lanceron.)

LANDAU [lan-dó] *s. m.*

[ÉTYM. De Landau, ville d'Allemagne où ce genre de voiture a d'abord été fabriqué, § 36. On a écrit autrefois landaw. || Admis ACAD. 1835.]

|| Voiture à quatre roues, en forme de berline, qu'on peut couvrir ou découvrir à volonté.

LANDE [länd'] *s. f.*

[ÉTYM. Emprunté du celtique *landa, dont le sens primitif paraît être « terre libre, ouverte », breton lann, buisson, lande, § 3. || XIIᵉ s. Une lande u il truverent miel, *Rois*, I, 14.]

|| Terrain où il ne croît que des broussailles, des plantes sauvages (ajoncs, genêts, bruyères, etc.).

LANDGRAVE [land'-gräv'] *s. m.*

[ÉTYM. Emprunté de l'allem. landgraf, comte (graf) du pays (land). || XIIIᵉ s. Loys landegrave, RUTEB. p. 262, Kressner. Admis ACAD. 1762.]

|| Titre donné à certains princes souverains d'Allemagne. Le — de Hesse.

LANDGRAVIAT [land'-grà-vyà ; *en vers*, -vi-à] *s. m.*

[ÉTYM. Dérivé de landgrave, § 254. || 1575. Le landgraviat de Hesse, BELLEFOREST, *Cosmogr. univ.* dans DELB. *Rec.* Admis ACAD. 1762.]

|| Dignité de landgrave.

LANDIER [lan-dyé] *s. m.*

[ÉTYM. Anc. franç. andier (*V.* § 509), d'origine incertaine. || XIIᵉ s. Il n'i laissa paiele ad escercleir Ne bon andier, *Aliscans*, p. 287.]

|| Grand chenet de fer des anciennes cuisines.

LANDWEHR [land'-vèr] *s. f.*

[ÉTYM. Emprunté de l'allem. landwehr, *m. s.* proprt, « défense (wehr) du pays (land), § 7. || *Néolog.* Admis ACAD. 1835.]

|| En Allemagne, réserve de l'armée active, appelée sous les drapeaux en cas de guerre.

LANERET [län'-rè ; *en vers*, là-ne-rè] *s. m.*

[ÉTYM. Dérivé de lanier, §§ 65 et 133. || XIVᵉ s. Ung varlet Qui portoit ung bon laneret, GACE DE LA BIGNE, *Déduits de la chasse*, dans GODEF.]

|| Mâle d'une espèce de faucon. (*Cf.* lanier.)

LANGAGE [lan-gäj'] *s. m.*

[ÉTYM. Dérivé de langue, § 78. || XIIᵉ s. D'oisels saveit toz les langages, *Énéas*, 3056.]

|| **1°** Expression de la pensée par la parole. La regarder (la parole) comme un signe dont les hommes sont convenus, et rappeler en son esprit les choses qu'elle signifie,... c'est ce qui s'appelle entendre le —, BOSS. *Conn. de Dieu*, V, 5. Sans plus de —, BOIL. *Sat.* 3. En amour, un silence vaut mieux qu'un —, PASC. *Amour.* || *Spécialt.* Langue propre à un peuple. Septime... Le salue empereur en — romain, CORN. *Pomp.* II, 2. || *P. ext.* Manière dont qqn exprime la pensée par la parole. Il avait votre port, vos yeux, votre —, RAC. *Phèd.* II, 5. Je vis de bonne soupe et non de beau —, MOL. *F. sav.* II, 7. Le Parnasse parla le — des halles, BOIL. *Art p.* 1. Poët. Le — des dieux, la poésie. Le — populaire. Le — des coulisses. D'un prêtre est-ce là le — ? RAC. *Ath.* II, 5. Chaque passion parle un différent —, BOIL. *Art p.* 3. Je sais mal employer l'ordinaire — Des douceurs, LA F. *Achille*, I, 3.

|| **2°** Expression de la pensée par des signes tenant lieu de la parole. Le — de la pantomime. Le — des sourds-muets. L'amour est-il muet, ou n'a-t-il qu'un —? RAC. *Brit.* III, 7. De mes regards l'ingénieux —, CORN. *Sertor.* II, 1. || *P. anal.* Le — des fleurs, au moyen de fleurs auxquelles on a donné une signification convenue.

|| **3°** Manifestation du sentiment, de la sensation, par le son inarticulé, le geste, la physionomie, etc. Ils (les animaux) gémissent ou crient de manière à nous faire connaître leurs besoins, et il semble qu'on ne puisse leur refuser quelque espèce de —, BOSS. *Conn. de Dieu,* V, 1.

LANGE [lănj'] *s. m.*

[ÉTYM. Ancien adj. employé substantivement, § 38, du lat. lạneum, *m. s.* devenu ˟lanium, lanje, lange, §§ 356 et 291. (*Cf.* linge.)]

|| **1°** Morceau d'étoffe de laine dont on enveloppe les enfants au maillot. || *P. ext.* Couches, linges qui couvrent l'enfant sous le lange. || *Fig.* La poésie était alors dans les langes, dans son enfance.

|| **2°** (Technol.) Morceau de drap sur lequel on renverse les feuilles de carton au sortir de la forme. || Morceau de drap ou de linge dont se servent les imprimeurs en taille-douce.

LANGOUREUSEMENT [lan-gou-reùz'-man ; *en vers,* -reù-ze-...] *adv.*

[ÉTYM. Composé de langoureuse et ment, § 724. || XIVᵉ-XVᵉ s. *Gloss. franç.-lat.* dans GODEF. *Compl.*]

|| D'une manière langoureuse.

LANGOUREUX, EUSE [lan-gou-reù, -reùz'] *adj.*

[ÉTYM. Dérivé de langueur, §§ 65 et 116. || XIᵉ s. Ne muz ne orbs... ne neuls langoros, *St Alexis,* 522.]

|| Qui exprime la langueur. Un regard —. *Spéciall.* Qui exprime la langueur amoureuse. De petits vers doux, tendres et —, MOL. *Mis.* I, 2. || *Substantivt.* Pour quelque Iris en l'air faire le —, BOIL. *Sat.* 9.

LANGOUSTE [lan-goùst'] *s. f.*

[ÉTYM. Du lat. locŭsta, sauterelle, devenu ˟logoste, §§ 380, 324 et 201, ˟longoste, langoste, langouste, §§ 361 et 478. Sur la conservation de l's latine, V. § 422. || XIIᵉ s. Escus sui si cume languste, *Psaut. de Cambridge,* CVIII, 24.]

|| **1°** *Ancienn.* Sauterelle. La — et le miel pour toute nourriture, CORN. *Hymnes pour St Jean-Baptiste.*

|| **2°** *P. anal.* Crustacé analogue au homard, mais dépourvu de pinces, et à longues antennes.

˟**LANGUARD, ARDE** [lan-gàr, -gàrd'] *adj.*

[ÉTYM. Dérivé de langue, § 147. || XIIIᵉ-XIVᵉ s. Mauvais langaers, *Olim,* append. 278, Beugnot.]

|| *Vieilli.* Qui a la langue bien pendue. Notre voisine est languarde et méchante, LA F. *Contes, Serv. justifiée.* *Substantivt.* Un — révélait les secrets, RÉGNIER, *Sat.* 14.

LANGUE [lăng'] *s. f.*

[ÉTYM. Du lat. ḷingua, *m. s.* devenu lengue, §§ 311 et 291, langue, § 477.]

I. Corps allongé, charnu, mobile, qui se trouve dans la cavité buccale.

|| **1°** Cet organe considéré comme agent de la déglutition et siège du goût. Je tondis de ce pré la largeur de ma —, LA F. *Fab.* VII, 1. — chargée, couverte d'un enduit blanc, jaunâtre, noir, qui indique tel ou tel état du tube digestif et fournit au médecin des indications. Montrer sa — au médecin. || En parlant du chien. Tirer la —, tirer une — d'un pied de long, être dans un extrême besoin. Tirer la — à qqn (pour lui faire une grimace, par dérision). *Fig. Famil.* Avoir soif à avaler sa —. *P. ext.* S'ennuyer à avaler sa —.

|| **2°** *Spéciall.* Cet organe, chez certains animaux, employé par l'homme comme aliment. Une — de mouton, de bœuf, de morue. Il n'acheta donc que des langues, lesquelles il fit accommoder à toutes les sauces, LA F. *Ésope.*

II. || **1°** Cet organe, chez l'homme, considéré comme concourant à l'articulation des mots, et comme l'agent principal de la parole. Tenir sa —, se taire. Ma — embarrassée Dans ma bouche vingt fois a demeuré glacée, RAC. *Bér.* II, 2. Dénouer la —, couper le filet de la langue, quand il en gêne les mouvements. *Fig.* Dénouer, délier la — à qqn, le faire parler. Ma — n'attend pas que l'argent la dénoue, BOIL. *Sat.* 9. Avoir la — liée, ne pouvoir dire qqch. Avoir la — bien pendue, effilée, avoir une grande facilité à parler. Il a la — lui a fourché, il a dit un mot pour un autre. Avoir qqch sur le bout de la —, être sur le

point de le dire. || Se mordre la —, en parlant, en mangeant. *Fig.* Se mordre la — (pour se retenir de parler). Se mordre la — d'avoir parlé, regretter d'avoir parlé. Jeter sa — aux chiens, renoncer à donner la solution d'une chose à deviner. Un coup de —, une parole médisante. Voilà pas le coup de —! MOL. *B. gent.* III, 12. *Loc. prov.* Faire merveilles du plat de la —, en paroles seulement. Il ne servit enfin, mais ce fut de la —, CORN. *Pomp.* I, 1. Il faut tourner sept fois sa — dans sa bouche avant de parler, il faut réfléchir mûrement avant de parler. || *P. ext.* | **1.** La personne qui parle. Une bonne —, une personne bavarde. Une mauvaise —, une méchante —, une personne qui aime à médire. *Ellipt.* Voyez la — (la méchante langue)! MOL. *Tart.* I, 1. Une — de vipère, une — empoisonnée, une personne qui calomnie. | **2.** La manière de parler. Faire la — à qqn, lui suggérer ce qu'il doit dire. Prendre la — de qqn, parler comme lui. J'avais assez le talent de prendre la — de ceux avec qui je vivais, MONTESQ. *Son portrait.* Prendre — avec qqn, commencer à causer avec lui, pour se mettre au fait de qqch.

|| **2°** *P. ext.* Le langage parlé ou écrit propre à une nation. La — maternelle, celle du pays où on est né. Les langues étrangères. Les langues anciennes. L'on ne peut guère charger l'enfance de la connaissance de trop de langues, LA BR. 14. J'ai dix langues, Cliton, à mon commandement, CORN. *Ment.* IV, 3. *Spéciall.* Le don des langues, faculté de parler toutes les langues, donné par l'Esprit-Saint aux Apôtres. *P. anal.* Une personne qui a le don des langues, une facilité naturelle pour les apprendre. La confusion des langues, qui mit dans l'impossibilité de s'entendre ceux qui voulaient élever la tour de Babel, et, *fig.* C'est la confusion des langues, en parlant de gens qui parlent sans pouvoir se mettre d'accord. — mère, qui a donné naissance à d'autres langues. — morte, qu'on ne parle plus. — vivante, qu'on parle actuellement. Une — pauvre, qui a peu de mots, de locutions, pour exprimer les choses. || *P. anal.* | **1.** Le langage parlé ou écrit spécial à certaines matières. La — de la prose, de la poésie. La — liturgique. La — diplomatique. *Fig.* L'expression de certains sentiments. La — de l'amour. Songez que je vous parle une — étrangère, RAC. *Phèd.* II, 2. Vous me parlez, marquis, une — inconnue, REGNARD, *Joueur,* II, 4. | *P. ext.* La — des sons, des couleurs, des signes. | **2.** L'ensemble des règles qui régissent le vocabulaire et la grammaire d'une langue. Qu'en vos écrits la — révérée Dans vos plus grands excès vous soit toujours sacrée, BOIL. *Art p.* 1. Sans la —, en un mot, l'auteur le plus divin Est toujours, quoi qu'il fasse, un méchant écrivain, ID. *ibid.* Pour la — on verra dans peu nos règlements, MOL. *F. sav.* III, 2. | **3.** L'ensemble des locutions et des tournures employées à une certaine époque, ou par certains écrivains. La — du dix-septième siècle. La — de Corneille.

III. *P. anal.* Ce qui a la forme d'une langue. Ils (les disciples de Jésus-Christ) virent paraître comme des langues de feu qui se partagèrent et s'arrêtèrent sur chacun d'eux, *Actes des Ap.* ch. 2. Dans le langage ordinaire. Des langues de feu, jets de flamme allongés. || Une — de terre, espace de terre étroit, allongé, qui s'avance dans la mer, dans un lac, etc. || Une — de voile, pièce de toile étroite et longue qu'on ajoute à une voile sur le côté. || Coin de bois qui empêche que les cercles de fer d'un mât ne déchirent les étambrais. || Bout de tuyau aplati qui jette l'eau dans la cuvette d une garde-robe. || Style perpendiculaire au fléau d'une balance, qui, lorsqu'elle est en équilibre, est caché par la châsse. || *Spéciall.* Ce qui a la forme de la langue de tel ou tel animal. | **1.** Nom de diverses plantes. — de bœuf, buglosse. — de vache, grande consoude. — de cerf, scolopendre. — de chat, eupatoire. — de cheval, dragon. — de chien, cynoglosse. — d'oie, variété de renouée. — d'oiseau, — de passereau, variétés de stellaire. — de châtaignier, variété de champignon. | **2.** Nom de diverses coquilles. — d'or, — de chat, — de tigre, etc. | **3.** Nom de divers instruments. — de carpe, outil d'acier aigu et tranchant qui sert à faire des trous, des entailles dans le fer et l'acier; instrument de dentiste, dit aussi trivelin pour l'extraction des molaires ou des racines. — de serpent, instrument de dentiste pour enlever le tartre des dents de la mâchoire inférieure. — de bœuf, outil de maçon taillé en forme de cœur. — de vache, sorte d'enclume.

˟**LANGUÉ, ÉE** [lan-ghé] *adj.*

[ÉTYM. Dérivé de langue, § 118. || XVᵉ s. Lyon danté, langué _et onglé d'or, RENÉ D'ANJOU, _Œuvres_, III, 111. Admis ACAD. 1762; suppr. en 1835.]

|| (Blason.) Dont la langue est d'un autre émail que le corps. (_Cf._ lampassé.) _Spécialt._ Aigle, griffon d'or — d'azur.

*LANGUETER [lang'-té; _en vers_, lan-ghe-té] _v. tr._

[ÉTYM. Dérivé de languette, §§ 65 et 154. Se trouve en anc. franç comme verbe intransitif, au sens de « mouvoir la langue ». || (Au sens actuel.) _Néolog._]

|| (Technol.) Découper en languette.

LANGUETTE [lan-ghĕt'] _s. f._

[ÉTYM. Dérivé de langue, § 133. || XIIIᵉ-XIVᵉ s. Pluseurs grelles chies ou languetes, _Chirurg. de Mondeville_, dans LITTRÉ.]

|| Ce qui a la forme d'une petite langue. La trachée artère a dans son entrée une petite —, BOSS. _Conn. de Dieu_, II, 5. || Appendice qui termine les demi-fleurons des fleurs composées. || Petite pièce de peau qui protège l'orifice d'un ballon. Au ballon la —, LA F. _Quinquiua_, 1. || Petite lame mobile et vibrante placée dans le tuyau de certains instruments à anche. || Partie taillée en biseau du tuyau d'orgue. || Petite pièce de bois taillée en biseau adaptée au sautereau des instruments à clavier ou à cordes. || Aiguille d'une balance. || Petit morceau d'or ou d'argent que l'orfèvre laisse en saillie à une pièce fabriquée, pour faire l'essai avant de la contrôler. || Saillie à l'extrémité du couvercle à charnière d'un vase, sur laquelle on pèse pour relever le couvercle. || Petite pièce de fer attachée au châssis de la frisquette. || Mince séparation de maçonnerie dans l'intérieur d'un puits mitoyen, d'une souche de cheminée, etc.

LANGUEUR [lan-gheùr] _s. f._

[ÉTYM. Du lat. languorem, _m. s._ §§ 325 et 291.]

|| 1º Abattement physique prolongé. Une maladie de —. Ce n'est plus une vie, c'est une —, SÉV. 630. La reine... tomba en —, et tout l'État languit avec elle, BOSS. _R. d'Angl._ || _Fig._ Défaut d'activité, d'énergie. L'état de — où est l'industrie.

|| 2º Abattement moral prolongé. Moins de la tristesse qu'une — paisible, J.-J. ROUSS. _Confess._ 6. Avec quelles langueurs d'un si cruel exil j'ai souffert les longueurs, CORN. _Tite et Bér._ II, 5. Moi qui m'étais défendu toute ma vie des tristesses, des langueurs et des inquiétudes de l'amour, VOIT. _Lett._ 43. || _P. ext._ Ses yeux... Déjà pleins de — ne pouvaient vous quitter, RAC. _Phèd._ II, 1.

LANGUEYER [lan-ghè-yé] _v. tr._

[ÉTYM. Dérivé de langue, § 163. ST-SIM. écrit languayer. || XIIᵉ-XIIIᵉ s. Nes li muez assez souvent Langoie et arriere et avant, _Dolopathos_, 2245.]

I. _Vieilli._ Délier la langue à (qqn), le faire parler. Cela a quatorze ou quinze ans; je l'ai un peu languayée; demain elle viendra chez moi, ST-SIM. X, 160.

II. Visiter (un porc) en regardant sa langue, pour voir s'il est ladre.

III. Garnir de languettes. — des tuyaux d'orgue.

LANGUEYEUR [lan-ghè-yeùr] _s. m._

[ÉTYM. Dérivé de langueyer, § 112. || 1378. Langoieur ou essayeur de pourceaux, dans GODEF. langoieur.]

|| Celui qui est chargé de langueyer les porcs.

*LANGUIDE [lan-ghid'] _adj._

[ÉTYM. Emprunté du lat. languidus, _s. m._ || 1552. CH. EST. dans DELB. _Rec._]

|| _Vieilli._ Qui est dans la langueur.

LANGUIER [lan-ghyé] _s. m._

[ÉTYM. Dérivé de langue, § 115. Désigne au moyen âge un objet d'orfèvrerie supportant des langues de serpent. || 1353. Un languier de langues de serpent, dans GODEF. Admis ACAD. 1718.]

|| Langue et gorge fumées de porc.

LANGUIR [lan-ghir] _v. intr._

[ÉTYM. Du lat. pop. *languīre (class. languēre, § 629), _m. s._ § 291. || XIIᵉ s. Nes langui mie longuement, _Énéas_, 3684.]

|| 1º Être dans un état prolongé d'abattement physique. Depuis que votre corps languit sans nourriture, RAC. _Phèd._ I, 3. || _P. anal._ En parlant de la végétation. Tout languit et tout meurt, LA F. _Fab._ XII, 20. || _Fig._ Être sans activité, sans énergie. Ne languissons plus dans un coin du Bosphore, RAC. _Mithr._ I, 3. Le commerce languit, FÉN. _Tél._ 3. Les travaux languissent. Toute autre louange languit auprès des grands noms, BOSS. _Condé._ La conversation languit. Notre style languit dans un remerciement, BOIL. _Ép._ 8.

|| 2º Être dans un état prolongé d'abattement moral. S'il me faut — prisonnière en ces lieux, CORN. _Perth._ I, 3. Est-ce à moi de — dans cette incertitude? RAC. _Ath._ III, 3. Oui, prince, je languis, je brûle pour Thésée, ID. _Phèd._ II, 5. || _P. ext._ Être abattu par une longue attente. On ne craint pas de faire misérablement — des marchands et des ouvriers (après leur salaire), BOSS. _Justice_, 1. Ne me fais plus —, dis promptement, CORN. _Théod._ IV, 2. Ne faites point — une si juste envie, RAC. _Brit._ V, 2.

LANGUISSAMMENT [lan-ghi-sà-man] _adv._

[ÉTYM. Pour languissantment, composé de languissant et ment, § 724. || 1573. PONTUS DE THYARD, _Sonnets d'amour_, 6. Admis ACAD. 1740.]

|| D'une manière languissante. Sa tête sur un bras — penchée, CORN. _Rodog._ V, 4.

LANGUISSANT, ANTE [lan-ghi-san, -sànt'] _adj._

[ÉTYM. Adj. particip. de languir, § 47. || XIIIᵉ s. Yex languissans, _Clef d'amour_, dans DELB. _Rec._]

|| Qui languit. La pauvre Madelonne est toujours languissante, SÉV. 714. _P. ext._ Une santé languissante. Traîner une vie languissante. _P. anal._ Les fleurs sont languissantes sur leur tige. || _Fig._ Les affaires sont languissantes. Cette félicité languissante ne se soutiendra pas, PASC. _Pens._ IV, 2. Ses soins trop languissants, RAC. _Baj._ IV, 1. Tes écrits... sans art et languissants, BOIL. _Sat._ 2. Leur imagination (des vieillards) est toute languissante, MALEBR. _Rech. de la vérité_, p. 146. Languissante, abattue, RAC. _Bér._ IV, 1. || Des yeux, des regards languissants.

LANICE [là-nĭs'] _adj. f._

[ÉTYM. Dérivé de laine, §§ 65 et 82. || XIIIᵉ s. Bourre laniche (corr. lanelche?), dans E. BOILEAU, _Livre des mest._ p. 387, Depping.]

|| Qui vient de la laine. _Spécialt._ Bourre —, partie la plus grossière de la laine, qui sert à rembourrer les matelas.

LANIER [là-nyé] _s. m._

[ÉTYM. Paraît être le même mot que l'anc. franç. lanier, « lâche », proprt, « de laine ». (_Cf._ BRUN. LATINI : Faucons laniers, qui est autressi come vilains entre les autres, _Tresor_, p. 202.)]

|| (Fauconn.) Espèce de faucon, femelle du laneret.

LANIÈRE [là-nyèr] _s. f._

[ÉTYM. Origine incertaine. L'anc. forme lasnière (V. § 422) exclut tout rapprochement avec laine; l'hypothèse d'une forme *laciniaria, *lacinaria, dérivée du lat. lacinia, lambeau, n'est pas complètement satisfaisante. || XIIᵉ s. Tissent... las et brajeus et lasnieres, _Partenopeus_, 6272.]

|| Bande de cuir longue et étroite. Les lanières d'un martinet.

LANIFÈRE [là-ni-fèr] _adj._

[ÉTYM. Composé avec le lat. lana, laine, et ferre, porter, § 273. (_Cf._ lanigère.) || 1747. JAMES, _Dict. de médec._ Admis ACAD. 1762.]

|| (T. didact.) Qui produit de la laine. Bêtes lanifères, qui ont une toison. || _P. anal._ Plantes lanifères, qui produisent une matière laineuse.

*LANIGÈRE [là-ni-jèr] _adj._

[ÉTYM. Emprunté du lat. laniger, _m. s._ (_Cf._ lanifère.) || XVᵉ s. Lanigeres Ce sont les bestes portans laine, _Pastoralet_, dans GODEF.]

|| (T. didact.) Qui porte un duvet semblable à la laine. Puceron —.

LANISTE [là-nĭst'] _s. m._

[ÉTYM. Emprunté du lat. lanista, _m. s._ || XVᵉ s. _Térence_, dans GODEF. Admis ACAD. 1762.]

|| (Antiq. rom.) Celui qui forme et vend des gladiateurs pour les combats du cirque.

*LANSPESSADE [lans'-pè-sàd']. _V._ anspessade.

LANSQUENET [lans'-ke-nò] _s. m._

[ÉTYM. Emprunté de l'allem. landsknecht, _m. s._ proprt, serviteur (knecht) du pays (land), § 7. || XVᵉ s. Les lansquenetz et les gens de pied, OL. DE LA MARCHE, _Mém._ III, 308.]

|| 1º Fantassin allemand employé jadis comme mercenaire. Elle changeait aussi souvent de parti que jadis les lansquenets, FURET. _Rom. bourg._ II, 57.

|| 2º Jeu où celui qui ponte retourne une carte pour lui, une pour l'adversaire, puis tire des cartes jusqu'à ce qu'il en vienne une semblable à la sienne (alors il gagne) ou à celle de l'adversaire (alors il perd).

LANTANA [lan-tà-nà] et **LANTANIER** [lan-tà-nyé] _s. m._

[ÉTYM. Emprunté et dérivé du lat. scientif. lantana (LINNÉ), *m. s.* qui paraît être pour *lentana, dérivé du lat. lontus, flexible, ce nom ayant été d'abord appliqué à la viorne par GESSNER, § 115. || *Néolog.* Admis ACAD. 1878.]

|| (Botan.) Plante exotique de la famille des Verbenacées, cultivée comme plante d'ornement.

***LANTER** et ***LENTER** [lan-té] *v. tr.*

[ÉTYM. Origine inconnue. (*Cf.* lanture.) || 1802. CATINEAU, *Dict. de poche.*]

|| (Technol.) Orner une pièce de chaudronnerie d'enjolivements repoussés au marteau.

LANTERNE [lan-tèrn'] *s. f.*

[ÉTYM. Du lat. lanterna, forme secondaire de laterna, *m. s.* § 291.]

|| **1°** Sorte de boîte à parois garnies d'une matière plus ou moins transparente (corne, verre, etc.), où l'on place une lumière à l'abri du vent. Diogène se promenait en plein midi, une — à la main, cherchant, disait-il, un homme. *Fig.* Ce qui s'appelle chercher dans le fond du cœur avec une —, c'est ce qu'il (Nicole) fait, SÉV. 159. || — sourde, dont on peut cacher la lumière à volonté. || — des rues, ancien réverbère qui servait à éclairer les rues. A la — ! cri par lequel on excitait la populace, pendant la Révolution, à pendre qqn à la corde des réverbères. Ah! ça ira, ça ira! Les aristocrates à la — ! *Chanson révolutionnaire.* — magique, dite autrefois — vive, instrument d'optique qui projette sur une surface blanche, en les amplifiant, des images exposées à la lumière d'une lampe. Il n'avait oublié qu'un point, C'était d'éclairer sa —, FLOR. *Fab. Singe qui montre la lant. magique. Fig.* Par allusion à cette fable. Oublier d'allumer la —, omettre le point essentiel pour être compris. — vénitienne, lanterne de papier de couleur, pour illuminations. *Loc. prov.* Prendre les vessies pour des lanternes, prendre pour une réalité une apparence vaine. Conter des lanternes, des choses vaines. (*Cf.* lanterner.) Voilà bien tes lanternes, ma chère enfant, SÉV. 144.

|| **2°** *P. anal.* | 1. Cage circulaire ou carrée, garnie de vitraux, placée au-dessus d'un édifice pour en éclairer l'intérieur par en haut. | 2. Boîte vitrée où l'on enferme les balances très fines pour que l'action de l'air ne les mette pas en mouvement. | 3. Tourelle percée de fenêtres, le plus souvent garnie de colonnettes. — de Démosthène, nom donné à un monument antique d'Athènes. | Partie de la crosse d'un évêque, du manche d'un éventail, du bâton d'un chantre, qui est à jour et représente une espèce de cage. | 4. Tribune d'où l'on entend sans être vu. Une de ces petites tribunes ou — dorée, VOLT. *S. de L. XIV,* 27. Les présidents (du Parlement) sortirent par la — de la buvette, ST-SIM. IX, 465. | 5. Cage du moulin à ourdir la chaîne de l'étoffe. | Pièce carrée en fer qui, dans certains métiers à tisser, sert à faire exécuter au cylindre un quart de tour. | 6. Cône à jour qu'on fait avec la tourbe mise en briquettes, pour la conserver. | 7. Partie creuse sur l'avant de la mèche du gouvernail, laissant sous chaque gond le passage libre à la ferrure de l'étambot. | 8. *Anciennt.* Cylindre du calibre d'un boulet de canon, qui contenait de la mitraille et qu'on tirait avec le boulet. | 9. Roue formée de fuseaux dans lesquels engrènent les dents d'une autre roue. | Roue qui se trouve à la partie supérieure du madrier des plombiers. | Plaque de fer ronde qui fait partie du mécanisme d'une horloge, et est percée d'autant de trous qu'il y a d'ailes aux pignons. | 10. Champignon d'Amérique en forme de cul-de-lampe supportée par trois colonnes. | 11. — d'Aristote, appareil de pièces calcaires qu'on trouve dans l'estomac des crustacés.

***LANTERNEAU** [lan-tèr-nó] *s. m.*

[ÉTYM. Dérivé de lanterne, § 126. || *Néolog.*]

|| (Technol.) || **1°** Petite tourelle à colonnettes au-dessus d'un dôme, d'un édifice.

|| **2°** Petite cage vitrée au sommet d'un escalier, pour l'éclairer par en haut.

LANTERNER [lan-tèr-né] *v. intr. et tr.*

[ÉTYM. Dérivé de lanterne, § 154. || 1392. En l'appelant plusieurs fois filz de putain et en le lanternant, dans DU C. laterna.]

|| **1°** *V. intr.* Perdre le temps à des choses vaines. Connaissant votre impatience, et qu'il ne faut pas — avec vous, HAMILT. *Gram.* 7.

|| **2°** *V. tr.* | 1. Amuser qqn par de vaines paroles. Sans craindre que quelque visite nous vienne —, HAMILT. *Gram.* 9. | 2. Pendre à la lanterne (à la corde d'un réverbère).

LANTERNERIE [lan-tèr-ne-ri] *s. f.*

[ÉTYM. Dérivé de lanterner, § 69. || 1542. En laquelle lanternerie (des aruspices) il y avait de grands superstitions, E. DOLET, *Ep. famil. de Cicéron,* dans DELB. *Rec.*]

|| Action de lanterner, de perdre le temps à des choses vaines. || *P. ext.* Chose vaine qui fait perdre le temps. Lire de telles lanterneries, SÉV. 141.

1. LANTERNIER [lan-tèr-nyé] *s. m.*

[ÉTYM. Dérivé de lanterne, § 115. || XIII° s. Nus lanternier ne puet avoir que un aprentiz, E. BOILEAU, *Livre des mest.* I, LXVII, 2.]

|| Fabricant de lanternes. || *P. ext.* Allumeur de lanternes.

2. LANTERNIER [lan-tèr-nyé] *s. m.*

[ÉTYM. Dérivé de lanterner, § 115. || XVI° s. Ce ne sont que des lanterniers, LA NOUE, *Disc. polit.* 23.]

|| Celui qui aime à lanterner.

***LANTERNON** [lan-tèr-non] *s. m.*

[ÉTYM. Dérivé de lanterne, § 104. || *Néolog.*]

|| (Architect.) Petite lanterne.

***LANTHANE** [lan-tàn'] *s. m.*

[ÉTYM. Tiré du grec λανθάνειν, être caché. || *Néolog.*]

|| (Chimie.) Métal, corps simple décomposant l'eau et brûlant à l'air.

LANTIPONNAGE [lan-ti-pò-nàj'] *s. m.*

[ÉTYM. Dérivé de lantiponner, § 78. || XVII° s. V. à l'article. Admis ACAD. 1718.]

|| *Vieilli. Pop.* Action de lantiponner, de perdre le temps en discours inutiles. Que de lantiponnages! MOL. *Méd. m. l.* II, 2.

LANTIPONNER [lan-ti-pò-né] *v. intr.*

[ÉTYM. Origine inconnue. || XVII° s. V. à l'article. Admis ACAD. 1718.]

|| *Vieilli. Pop.* Perdre le temps en discours inutiles. Ne lantiponnez point davantage, MOL. *Méd. m. l.* I, 5.

***LANTURE** et ***LENTURE** [lan-tür] *s. f.*

[ÉTYM. Dérivé de lanter, § 111. || 1701. FURET.]

|| (Technol.) Enjolivement repoussé que le chaudronnier fait avec le marteau.

LANTURELU [lan-tur-lu ; *en vers,* -tu-re-lu] et **LANTURLU** [lan-tur-lu] *s. m.*

[ÉTYM. Mot de fantaisie, § 32. || XVII° s. V. à l'article. Admis ACAD. 1718.]

|| **1°** Refrain d'une chanson en vogue sous le ministère du cardinal de Richelieu, employé pour exprimer un refus moqueur. Chantons les tricotets ou bien le Lanturlu, L. DISCRET, *Alizon* (1637), III, 3.

|| **2°** Nom donné au jeu de la bête, et au valet de trèfle, qui est la plus forte carte à ce jeu.

|| **3°** Appareil qu'on ajoute aux bluteaux pour achever de dépouiller les gruaux des pellicules de son qui y restent attachées.

LANUGINEUX, EUSE [là-nu-ji-neù, -neúz'] *adj.*

[ÉTYM. Emprunté du lat. lanuginosus, *m. s.* || 1611. COTGR. Admis ACAD. 1762.]

|| (T. didact.) Qui est de la nature de la laine.

LAPER [là-pé] *v. tr.*

[ÉTYM. Mot d'origine germanique : anglo-sax. lappian, angl. lap, flamand lappen, *m. s.* §§ 8 et 10. (*Cf.* lamper.) || XII° s. L'aive commença a laper, MARIE DE FRANCE, *Fab.* 49.]

|| Boire en pompant le liquide avec la langue. Ce brouet fut par lui (le renard) servi sur une assiette,... Et le drôle eut lapé le tout en un moment, LA F. *Fab.* I, 18.

LAPEREAU [làp'-ró ; *en vers,* là-pe-ró] *s. m.*

[ÉTYM. Dérivé du radical de lapin, §§ 63 et 126. || XIV° s. Cinq lapereaux, G. PHÉBUS, *Chasse,* p. 49, Lavallée.]

|| Jeune lapin.

***LAPICIDE** [là-pi-sid'] *s. m.*

[ÉTYM. Emprunté du lat. lapicida, *m. s.* || *Néolog.*]

|| (Antiq.) Graveur d'inscriptions sur pierre.

1. LAPIDAIRE [là-pi-dèr] *s. m.*

[ÉTYM. Dérivé du lat. lapis, idis, pierre précieuse, § 248. Le lat. lapidarius signifie « tailleur de pierres ». || XII° s. Si alt lire de lapidaire, PH. DE THAUN, *Best.* p. 127.]

I. Au moyen âge, traité sur les propriétés des pierres précieuses.

II. Ouvrier qui vend, taille des pierres précieuses. *P. ext.* Instrument qui sert à polir l'acier des pièces d'horlogerie, les verres de montre, etc.

2. LAPIDAIRE [là-pi-dèr] *adj.*

[ÉTYM. Emprunté du lat. lapidarius, m. s. || XIIIe-XIVe s.
Engins lapidaires, H. DE GAUCHY, Gouv. des princes, dans
GODEF. Admis ACAD. 1718.]

|| Relatif aux pierres. Spéciall. Style —, des inscriptions
gravées sur la pierre, sur le marbre.

LAPIDATION [là-pi-dà-syon ; en vers, -si-on] s. f.
[ÉTYM. Emprunté du lat. lapidatio, m. s. || XIIe s. N'oï on
parler de tel fu Ne de tel lapidacion, Thèbes, dans DELB. Rec.]

|| Action de lapider. La — de saint Étienne.

LAPIDER [là-pi-dé] v. tr.
[ÉTYM. Emprunté du lat. lapidare, m. s. || XIe-XIIe s. Pois
le barun entr'os si lapiderent, Ép. farcie de St Étienne, 40.]

|| Tuer (qqn) à coups de pierres (supplice populaire
autrefois usité en Orient). || Fig. Se faire —, se faire jeter
la pierre par tous, mettre tout le monde contre soi. Thèse
qui me fera — un jour, sév. 112.

LAPIDIFICATION [là-pi-di-fi-kà-syon ; en vers, -si-on]
s. f.
[ÉTYM. Dérivé du bas lat. lapidificare, lapidifier, § 247. ||
1690. FURET. Admis ACAD. 1762.]

|| (T. didact.) Modification d'une couche, d'une masse
minérale, qui la rend de consistance pierreuse. (Syn.
pétrification.)

LAPIDIFIER [là-pi-di-fyé ; en vers, -fi-é] v. tr.
[ÉTYM. Emprunté du bas lat. lapidificare, m. s. || XVIe s.
PARÉ, XV, 38. Admis ACAD. 1798.]

|| (T. didact.) Rendre (une couche, une masse miné-
rale) de consistance pierreuse.

LAPIDIFIQUE [là-pi-di-fik'] adj.
[ÉTYM. Composé avec le lat. lapis, idis, pierre, et facere,
faire, § 278. PARÉ dit lapirique. || 1667. Suc lapidifique, ROS-
NEL, Mercure indien, II, 5. Admis ACAD. 1762.]

|| (T. didact.) Qui donne la consistance de la pierre.

* **LAPILLEUX, EUSE** [là-pil'-leu, -leuz'] adj.
[ÉTYM. Dérivé du lat. lapillus, petite pierre, § 251. ||
Néolog.]

|| (T. didact.) Dur comme de la pierre. Spéciall. (Bo-
tan.) Fruit —, dont la chair est pierreuse.

LAPIN, INE [là-pin, -pin'] s. m. et f.
[ÉTYM. Dérivé d'un radical lapp-, d'origine incertaine,
§ 100. (Cf. lapereau.) || 1549. R. EST.]

|| Quadrupède de l'ordre des Rongeurs, qui a les jam-
bes de derrière un peu plus longues que celles de devant,
et se creuse un terrier, qu'il habite. — de garenne, lapin
sauvage. — de clapier, de chou, lapin domestique. — bélier,
espèce de gros lapin. En lapins de garenne ériger ses clapiers, BOIL. Sat. 3. Peau de —. Un marchand de peaux de
—. Une casquette en peau de —, en —. Poil de —, employé
pour fabriquer le beau feutre. Famil. Courir comme un —,
avec vitesse. || Fig. Pop. C'est un fameux —, un gaillard
(allusion à la fécondité du lapin). Une lapine, femelle du
lapin domestique. (Cf. hase.) Manger un —, manger une
gibelotte de —, du lapin découpé en morceaux et fricassé.
Il m'arriva l'autre jour de manger un — dans un caravansérail,
MONTESQ. Lett. pers. 46.

* **LAPINIÈRE** [là-pi-nyèr] s. f.
[ÉTYM. Dérivé de lapin, § 115. || Néolog.]

|| Lieu peuplé de lapins.

LAPIS [là-pîs'] et **LAPIS-LAZULI** [là-pîs'-là-zu-li] s. m.
[ÉTYM. Emprunté du lat. du moyen âge lapis lazuli;
proprt, « pierre d'azur ». || XIIIe s. Deus drames de lapis
lazuli ou d'armoniac, Simples medicines, fo 30 b.]

|| Lazulite. (V. ce mot.)

1. LAPS [làps'] s. m.
[ÉTYM. Emprunté du lat. lapsus, écoulement. || XVe s.
Par laps de temps, COMM. V, 17.]

|| — de temps, espace de temps écoulé.

2. LAPS, LAPSE [làps'] adj.
[ÉTYM. Emprunté du lat. lapsus, failli, tombé. || XIIIe-
XIVe s. Ceux qui sont lapses de sanc ou de cole, Chirurg. de
Mondeville, fo 90, dans GODEF.]

|| (Droit canon.) Tombé. — et relaps, lapse et relapse,
qui, après avoir abjuré l'hérésie, quitte, pour y retourner,
la religion catholique.

LAQUAIS [là-kè] s. m.
[ÉTYM. Emprunté de l'espagn. lacayo, m. s. d'origine
incertaine, § 13. || 1470. Au dernier voyage de l'armée de Ca-
thalogne... conduire certain nombre de gens arbalestriers ape-
lés laquaiz, dans DU C. lacinones.]

|| Valet portant la livrée, employé souvent à suivre
son maître ou sa maîtresse. Il a quatre —, et je n'en ai qu'un,
PASC. Pens. V, 6. Je l'ai connu —, avant qu'il fût commis,
BOIL. Sat. 9. Menteur comme un —, DESTOUCHES, Dissip. II, 1.

LAQUE [làk'] s. f. et m.
[ÉTYM. Emprunté du lat. du moyen âge lacca, qui est
le persan lak, teinture rouge, § 24. || XVe s. De lacce, Grant
Herbier, 250, Camus. Admis ACAD. 1740.]

I. S. f. || 1° Matière résineuse, récoltée sur certains
arbres, demi-transparente, d'un rouge brun, qui sert à
faire la cire d'Espagne, à fabriquer une teinture, un beau
vernis, etc. || P. appos. Gomme —, nom donné impropre-
ment à cette matière résineuse.

|| 2° Composé d'alumine, de craie et de matière colo-
rante, qu'on emploie en peinture. — carminée.

II. S. m. Vernis de la Chine très estimé, ordinairement noir ou rouge et orné de figures, d'arabesques, de
dorures. On imite le — de Chine. || P. ext. Matière enduite
de ce vernis. Un plateau de —.

* **LAQUER** [là-ké] v. tr.
[ÉTYM. Dérivé de laque, § 154. || Néolog.]

|| (Technol.) Recouvrir avec du laque. Une table laquée.

* **LAQUETON** [làk'-ton ; en vers, là-ke-...] s. m.
[ÉTYM. Dérivé de laquais, §§ 62 et 104. || Admis ACAD.
1798 ; suppr. en 1878.]

|| Vieilli. Petit laquais.

LAQUEUX, EUSE [là-keu, -keuz'] adj.
[ÉTYM. Dérivé de laque, § 251. || Néolog. Admis ACAD.
1835.]

|| (T. didact.) Qui est analogue au laque. Des tons —.

LARAIRE [là-rèr] s. m.
[ÉTYM. Emprunté du lat. lararium, m. s. (Cf. lare.) ||
XVIe s. En son laraire, id est en sa chapelle, BONIVARD, Source
de l'idolatrie, dans DELB. Rec. Admis ACAD. 1762.]

|| (Antiq. rom.) Lieu intérieur où étaient placées les
statues des dieux lares. Les Romains mêmes pouvaient,
dans des laraires ou des temples particuliers, rendre des honneurs divins à leurs ancêtres, MONTESQ. Rom. 12.

* **LARBIN** [làr-bin] s. m.
[ÉTYM. Mot d'argot, § 31. || Néolog.]

|| Trivial. Laquais.

LARCIN [làr-sin] s. m.
[ÉTYM. Emprunté du lat. latrocinium, m. s. devenu *la-
drecin, larrecin, larcin. || XIe s. Si home apeled altre de larcin,
Lois de Guill. le Conq. 16.]

|| Petit vol. Un — de rôt ou de fromage, LA F. Fab. III, 18.
Lycurgue voulut qu'on exerçât les enfants au —, MONTESQ.
Espr. des lois, XXIX, 13. || Fig. Vous l'avez pu donner (votre
âme) sans me faire un —, RAC. Andr. III, 2. Les honteux larcins (plagiats) Que réclament sur toi les Grecs et les Latins, MOL.
F. sav. III, 3. Poét. Et votre heureux — (Joas dérobé à la
fureur d'Athalie) ne se peut plus celer, RAC. Ath. I, 2. Un
doux —, baiser dérobé à une femme.

LARD [làr] s. m.
[ÉTYM. Du lat. lardum, m. s. § 291.]

|| 1° Graisse ferme qui est entre la chair et la peau de
certains animaux. Le — du porc, de la baleine. Spéciall. En
parlant du porc. Un morceau de —. Gros —, qui ne contient
pas de chair. Petit —, — maigre, entremêlé de chair. —
fumé, salé. Barder de — une volaille. Quelque aile de poulet
dont j'arrachais le —, BOIL. Sat. 3. Une omelette au —. || P.
ext. Famil. En parlant de l'homme. Faire du —, s'en-
graisser dans l'oisiveté. Être gras à —. || Fig. Avoir mangé
le — (comme le chat ou le chien du logis), être en faute.

|| 2° P. anal. (Technol.) | 1. Aubier, partie de l'arbre
qui est sous l'écorce. | 2. Pierre de —, variété de talc blanc,
dit aussi craie de Briançon, pierre dont les tailleurs se servent en guise de craie.

LARDER [làr-dé] v. tr.
[ÉTYM. Dérivé de lard, § 154. Signifie ordinairement
« frire comme lard », en anc. franç. || XIIe s. CHRÉTIEN,
Du roi Guillaume, 1002.]

|| 1° Traverser de distance en distance (une pièce de
viande) par des morceaux de lard longs et minces. Un fri-
candeau lardé. || Fig. Pain lardé, pain mal cuit, dont la pâte
présente çà et là des grumeaux de farine durs. | A quoi
servent tous ces rubans dont vous voilà lardé, MOL. Av. I, 4.

|| 2° P. anal. | 1. Famil. Percer de coups. — qqn de
coups d'épée, un cheval de coups d'éperon. Fig. Blesser de
mille traits piquants. — qqn d'épigrammes. | 2. (Technol.)
— une pièce de bois, y planter des clous de distance en

distance pour faire tenir le plâtre qu'on y applique. — une **ralingue**, la coudre au bord de la voile en passant l'aiguille entre les torons. — une **voile**, passer sur les deux faces du fil de caret dont on détord les bouts pour les maintenir. — un **tissu**, engager à faux la navette dans les fils de la chaîne. — une **carte**, l'introduire frauduleusement dans un jeu.

LARDOIRE [làr-dwàr] *s. f.*

[ÉTYM. Dérivé de larder, § 113. || xive-xve s. Lardouere fault et cheminons, EUST. DESCH. IX, 47.]

|| **1°** Petite broche qui sert à larder. *Fig. (rare).* Vos yeux sont autant de lardoires dont son cœur est piqué, REGNARD, *Divorce*, II, 6.

|| **2°** *P. anal.* (Technol.)| **1.** Fer en forme de sabot dont on arme l'extrémité des pieux qui doit être enfoncée en terre. | **2.** Éclat de bois long et pointu qui reste parfois sur la souche d'un arbre abattu.

LARDON [làr-don] *s. m.*

[ÉTYM. Dérivé de larder, § 104. || xiie-xiiie s. Car Sathanas de nos lardons Cuide avoir ses grenons loés, RENCL. DE MOILIENS, *Carité*, CII, 11.]

|| **1°** Petit morceau de gros lard, long et mince, dont on traverse de distance en distance un morceau de viande pour le faire cuire. || Petit morceau de lard maigre qu'on fait revenir dans la casserole, pour accommoder certaines viandes, certains légumes. *Fig. Famil.* Trait piquant dont on blesse qqn. Rose hasardait devant le roi quelque — sur M. de Duras, ST-SIM. II, 426. Les lardons tombèrent sur moi, J.-J. ROUSS. *Confess.* 7. *P. ext.* Nom donné au xviie s. à de petites gazettes satiriques. *Spéciall.* Les lardons de Hollande.

|| **2°** *P. anal.* (Technol.) | **1.** Morceau de fer, d'acier, qu'on introduit dans une fissure pour le boucher. | **2.** Pièce longue et étroite qui fait partie de la potence d'une montre à roue de rencontre. | **3.** Carte introduite frauduleusement dans un jeu.

***LARDURE** [làr-dûr] *s. f.*

[ÉTYM. Dérivé de larder, § 111. (*Cf.* lardure dans GODEF. au xvie s. au sens de « lard ».) || 1785. La fourlançure ou lardure, ENCYCL. MÉTH. *Manuf. Draperie*, p. 287.]

|| (Technol.) Défaut dans un tissu, venant de ce que la navette a lardé la chaîne. (*Syn.* forlançure.)

LARE [làr] *s. m.*

[ÉTYM. Emprunté du lat. lar, laris, *m. s.* (*Cf.* laraire.) || xvie s. Mes lares patriotiques, RAB. II, 6. Admis ACAD. 1740.]

|| (Antiq. rom.) Dieu domestique. Les lares, et, *p. appos.* Les dieux lares. || *Fig.* Le toit domestique. Un rat... Des lares paternels un jour se trouva soûl, LA F. *Fab.* VIII, 9.

LARGE [làrj'] *adj., adv.* et *s. m.*

[ÉTYM. Du lat. largum, am, *m. s.* devenu au masc. larc, au fém. large, §§ 291 et 395. (*Cf.* largue.) La forme féminine a supplanté de bonne heure la forme masculine, § 583 : Les costez et larges, *Roland*, 305.]

I. *Adj.* || **1°** Qui a une grande étendue dans le sens opposé à la longueur. La rivière est — en cet endroit. Voyez-vous ce — chemin? LA F. *Fab.* X, 2. Il lui fait dans le flanc une — blessure, RAC. *Phéd.* V, 6. Cette — barbe au milieu du visage, MOL. *Tart.* II, 2. De larges épaules. Un chapeau à larges bords. || *Fig.* Qui a une grande extension. Il ouvre un champ plus — à ces guerres d'esprit, CORN. *Tois. d'or*, prol. sc. 5. Rome à ses agents donne un pouvoir bien —, ID. *Nicom.* III, 3. *P. anal.* Ample, qui ne serre pas. Un vêtement —. Cette robe est trop —. || *Fig.* Qui n'est pas étroit. Monnaie — de loi, au-dessus du titre légal. Vous concluez de là que ces opinions larges n'appartiennent pas à toute la société, PASC. *Prov.* 5. Un petit homme D'esprit assez étroit, de conscience —, LA F. *Ragotin*, 1, **2.** *Loc. prov.* Avoir la conscience — comme la manche un cordelier, et, *ellipt*, Avoir la manche —. || *Fig.* | **1.** Qui n'est pas restreint. Mener une vie —. Être — (dans ses dons, ses dépenses). | **2.** (T. d'art.) Qui n'est pas étriqué. Un style —. Un peintre, un musicien dont l'exécution est —.

|| **2°** Qui mesure telle ou telle étendue, dans le sens opposé à la longueur. Un ruban — de deux doigts. Une table — d'un mètre.

|| **3°** *P. ext.* Qui embrasse une quantité considérable. Prendre une — part.

II. *Adv.* || **1°** Dans un espace étendu. *Spéciall.* (Manège.) Un cheval qui va —, qui décrit un trop grand cercle dans la volte.

|| **2°** De manière à n'être pas serré. S'habiller, se chausser —. || *Fig.* (T. d'art.) D'une manière qui n'est pas étriquée. Il (Vanloo) a peint —, DIDER. *Sal. de 1767*.

III. *S. m.* || **1°** Espace étendu. Donner du — (de l'espace). Elle serait plus au — (d'une manière plus spacieuse), LA BR. 12. Prendre le —, s'éloigner. Ils prirent le —, ST-SIM. II, 342. Les ravisseurs se hâtèrent de prendre le —, LES. *Diable boit.* 13. Passez au —, et, *ellipt*, Au —! cri d'une sentinelle, pour avertir qu'on ne doit pas approcher. || *Spéciall.* Le —, la partie de la mer qui est à distance des côtes. Gagner le —. Le vent vient du —. || *Fig.* Être au —. | **1.** Avoir la vie aisée. Je suis riche, dites-vous, me voilà au —, LA BR. 13. | **2.** Avoir la conscience large. Nous voici bien au —, PASC. *Prov.* 5.

|| **2°** Étendue dans le sens opposé à la longueur. L'allée a deux mètres de —. Se promener de long en —. J'ai oublié à lui demander si c'est en long ou en —, MOL. *Mal. im.* II, 2. *Fig.* Prendre au long et au —, de tous les côtés. Donnons-en à ce fourbe et du long et du — (de toutes les façons), MOL. *Ét.* IV, 5.

LARGEMENT [làr-je-man] *adv.*

[ÉTYM. Composé de large et ment, § 724. || xiie-xiiie s. De grant joie semenche Dont largement sera servie, RENCL. DE MOILIENS, *Miserere*, CXCIX, 11.]

|| D'une manière large, en embrassant une grande quantité. Dans le champ du public — ils moissonnent, CORN. *Cinna*, I, 1. Boire —. Vivre —. Envisager — une question. || (T. d'art.) D'une manière qui n'est pas étriquée. Composer, peindre —.

LARGESSE [làr-jês'] *s. f.*

[ÉTYM. Dérivé de large, §§ 64 et 124. (*Cf.* largeur.) || xiie s. Pur la pruece Qu'il ot e pur sa gran largece, *Lapid. de Marbode*, 9.]

|| **1°** Acte par lequel on donne d'une manière large, très généreuse. Alors qu'il fait —, CORN. *Ment.* I, 1. Pour profiter de sa —, LA F. *Fab.* VII, 6.

|| **2°** Don fait d'une manière large, très généreuse. Ma main sous votre nom répandait ses largesses, RAC. *Brit.* IV, 2. Il a fait en partant ses largesses aux serviteurs.

LARGEUR [làr-jcùr] *s. f.*

[ÉTYM. Dérivé de large, §§ 64 et 110. (*Cf.* largesse.) || 1374. En telle largueur, dans DELB. *Rec.*]

|| **1°** Étendue d'une surface, d'un corps, dans le sens opposé à la longueur. Admirer la — des rues d'une ville. La — des épaules est un signe de force. || *P. ext.* Dimension d'une surface, d'un corps, dans le sens opposé à la longueur. Cette étoffe a un mètre de —. Mesurer la — d'un terrain.

|| **2°** Caractère de ce qui ne serre pas. Un vêtement qui n'a pas assez de —. || *Fig.* Caractère de ce qui n'est pas restreint. La — des idées.

LARGUE [làrg'] *adj.* et *s. m.* et *f.*

[ÉTYM. Forme provençale de large, § 11. (*Cf.* larguer.) || 1611. COTGR.]

|| (Marine.) || **1°** *Adj.* Lâché, non serré. Cordage, manœuvre —. || *P. ext.* Vent —, vent qui frappe les voiles par un angle de 112 degrés avec la quille. Vent grand — et, *ellipt*, Grand —, intermédiaire entre le vent largue et le vent en poupe.

|| **2°** *Vieilli. S. m.* et *f.* La haute mer, le large. Prendre, tenir le —. Se mettre à la —.

LARGUER [làr-ghé] *v. tr.* et *intr.*

[ÉTYM. Dérivé de largue, § 154, d'après le provenç. mod. larga, *m. s.* § 11. || 1680. RICHEL. Admis ACAD. 1762.]

|| (Marine.)|| **I.** *V. tr.* Lâcher. — l'écoute. — une voile, la détendre pour en livrer une plus grande partie à l'action du vent.

II. *V. intr.* || **1°** Se lâcher. Ce bâtiment largue de l'avant, se désunit.

|| **2°** En parlant d'un navire en marche, recevoir le vent largue et y conformer sa voilure.

LARIGOT [là-ri-gó] *s. m.*

[ÉTYM. Origine inconnue. || 1403. Larigot va larigot, Mari, tu ne m'aimes mie, CHR. DE PISAN, *Pastoure*, 244. | xvie s. Boire à tire larigot, RAB. I, 8.]

|| Sorte de flûte. || *P. anal.* Le plus aigu des jeux de l'orgue. || *Fig. Loc. triviale.* Boire à tire-—, en vidant force flacons. (*Cf.* flûter.)

LARIX [là-rīks'] *s. m.*

[ÉTYM. Emprunté du lat. larix, mélèze. || 1545. Larix est un grand arbre..., G. GUÉROULT, *Hist. des plantes*, dans DELB. *Rec.* Admis ACAD. 1762.]

‖ (Botan.) Arbre conifère, espèce du genre mélèze.
LARME [làrm'] *s. f.*
[ÉTYM. Du lat. lacrima ou lacryma, *m. s.* devenu lairme, §§ 386, 290 et 291, lerme, § 357, larme, § 312. (*Cf.* lacrymatoire.)]
‖ **1°** Goutte d'humeur limpide qui s'écoule d'une glande de l'œil par suite d'une émotion morale ou d'un effet physique. (*Syn.* pleur.) Les larmes sont le langage muet de la douleur, VOLT. *Dict. philos.* larmes. Moi-même en cet adieu j'ai les larmes aux yeux, CORN. *Hor.* II, 8. Les larmes lui vinrent aux yeux, FÉN. *Tél.* 12. Levant au ciel ses yeux mouillés de larmes, RAC. *Brit.* II, 2. Combien à vos malheurs ai-je donné de larmes! ID. *Andr.* I, 1. Il versait des larmes amères, FÉN. *Tél.* 21. Nous ne pûmes retenir nos larmes, ID. *ibid.* 6. *Famil.* Pleurer à chaudes larmes, et, *vieilli*, les chaudes larmes, pleurer abondamment. *P. hyperb.* Fondre en larmes, être en larmes, verser un torrent de larmes. *Poét.* De larmes abreuvée, RAC. *Phèd.* IV, 6. *Fig.* Mêler ses larmes à celles de qqn, s'affliger avec lui. Sécher, essuyer les larmes de qqn, le consoler. Quand une main si chère eût essuyé mes larmes, CORN. *Cid*, III, 4. *P. hyperb.* Verser des larmes de sang, des larmes causées par une cruelle douleur. *Famil.* Avoir la — à l'œil, être près de pleurer. Avoir le don des larmes, pleurer facilement, pleurer à volonté. *Fig.* Avoir des larmes dans la voix, exprimer l'émotion en parlant. *Famil.* Larmes de crocodile, larmes hypocrites. ‖ Verser des larmes de joie. Larmes d'allégresse, CORN. *Hor.* IV, 2. Rire aux larmes, rire si fort que les yeux en pleurent. *P. ext.* Larmes de cerf, liqueur sécrétée par le larmier. ‖ *Fig.* ‖ 1. *Poét.* Les larmes de l'aurore, la rosée. ‖ 2. Symbole funèbre en forme de larme. Un drap noir semé de larmes d'argent.
‖ **2°** *P. anal.* ‖ 1. *Famil.* Très petite quantité d'un liquide qu'on verse. Une — de vin, de café. ‖ 2. Suc qui s'écoule en gouttes. Les larmes de la vigne, du sapin. ‖ 3. Ce qui a la forme d'une goutte. Manne en larmes. — batavique, petite masse de verre cassante parce qu'on a laissé tomber dans l'eau le verre en fusion. ‖ 4. — du Christ, grémil, plante. — de Job, graminée, dite aussi larmille, larmier.
LARMIER [làr-myé] *s. m.*
[ÉTYM. Dérivé de larme, § 115. (*Cf.* larmière.) ‖ (Au sens II.) 1361. *Cartul. de Guines*, dans GODEF. *Compl.*]
I. ‖ **1°** (Dessin.) Angle de l'œil où se trouve la glande lacrymale.
‖ **2°** (Vénerie.) Sac à parois glanduleuses, situé intérieurement au-dessous de l'œil du cerf, du chevreuil, etc., s'ouvrant en dehors par une fente de la peau et sécrétant une humeur épaisse. (*Syn.* larmière.)
‖ **3°** (Art vétérin.) Partie voisine de l'œil du cheval, correspondant aux tempes.
II. *P. anal.* Corniche extérieure d'un édifice, formant saillie pour faire égoutter la pluie à distance le long des murs. ‖ *P. ext.* Sorte de plinthe sous l'égout du chaperon d'un mur de clôture, dans une pile de pont, etc. ‖ Bande plate qu'encadre la corniche d'un plafond.
LARMIÈRE [làr-myèr] *s. f.*
[ÉTYM. Dérivé de larme, § 115. ‖ 1694. TH. CORN. Admis ACAD. 1762.]
‖ (Vénerie.) Larmier. (*V. ce mot.*)
'LARMILLE [làr-mîy'] *s. f.*
[ÉTYM. Dérivé de larme, § 88. ‖ 1789. ENCYCL. MÉTH.]
‖ (Botan.) Graminée dite aussi larme de Job.
LARMOIEMENT et **'LARMOÎMENT** [làr-mwà-man] *s. m.*
[ÉTYM. Dérivé de larmoyer, §§ 65 et 145. ‖ 1539. Larmoyement, R. EST. Admis ACAD. 1835.]
‖ Action de larmoyer.
LARMOYANT, ANTE [lar-mwà-yan, -yànt'] *adj.*
[ÉTYM. Adj. particip. de larmoyer, § 47. ‖ XVIᵉ s. MAROT, *Mélam.* 2, dans GODEF. *Compl.*]
‖ Qui larmoie. Des yeux larmoyants. ‖ *Fig.* Qui fait couler des larmes. Ce qu'on appelle la tragédie bourgeoise est la comédie larmoyante, VOLT. *Rem. sur* D. Sanche, préf.
LARMOYER [làr-mwà-yé] *v. intr.*
[ÉTYM. Dérivé de larme, § 163. ‖ XIIᵉ s. De la pitié comence a larmier, RAIMBERT DE PARIS, *Chevalerie Ogier*, 9481.]
‖ Avoir continuellement des larmes dans les yeux.
LARMOYEUR, EUSE [làr-mwà-yeùr, -yeùz'] *s. m. et f.*
[ÉTYM. Dérivé de larmoyer, § 112. ‖ XVIIᵉ-XVIIIᵉ s. *V.* à l'article. Admis ACAD. 1878.]

‖ Celui, celle qui larmoie. Qu'avez-vous donc, la belle larmoyeuse? REGNARD et DUFRESNY, *Baguette de Vulcain*, I, 3.
LARRON, ONNESSE [là-ron, là-rò-nês'] *s. m. et f.*
[ÉTYM. Du lat. latrǫnem, *m. s.* devenu ladron, larron, §§ 402 et 291. Pour le féminin en esse, voir § 568.]
‖ **1°** *Vieilli.* Voleur, voleuse. Jésus-Christ crucifié entre deux larrons. Le bon —, celui qui témoigna son repentir à Jésus sur la croix.
‖ **2°** Celui, celle qui vole en cachette. Avons-nous manqué d'aboyer au —? RAC. *Plaid.* III, 3. *Loc. prov.* Ils s'entendent tous deux comme larrons en foire, ils sont d'intelligence pour tromper. L'occasion fait le —, fait naître parfois des tentations auxquelles il cède. Les grands larrons pendent les petits, ce ne sont pas les plus coupables qui sont punis. ‖ *Fig.* Guerre mortelle à ce — d'honneur (à ce suborneur)! MOL. *Sgan.* sc. 21. Larronnesse des cœurs, SCARR. *Jodelet duelliste*, IV, 3. Ses soins ne purent faire Qu'elle échappât au Temps, cet insigne —, LA F. *Fab.* VII, 5.
‖ **3°** *P. anal. S. m.* ‖ 1. Pli qui, se trouvant dans la feuille mise sous la presse, produit un défaut dans l'impression. ‖ 2. Feuillet d'un livre à relier qui, se trouvant plié, n'a pas été rogné comme les autres. ‖ 3. Pellicule des plumes (d'oie) à écrire, qui boit, dérobe l'encre. ‖ 4. Bout de mèche parasite qui fait couler la bougie, la chandelle. ‖ 5. — d'eau, déversoir pour l'écoulement des eaux, ou trou par lequel s'échappe l'eau d'un étang.
LARRONNEAU [là-rò-nó] *s. m.*
[ÉTYM. Dérivé de larron, § 126. ‖ XVIᵉ s. A. LE MAÇON, *Décameron*, IV, 10.]
‖ Petit larron.
LARVE [làrv'] *s. f.*
[ÉTYM. Emprunté du lat. larva, masque, fantôme. ‖ XVIᵉ s. Larves, lutins, RAB. I, 54. Admis ACAD. 1762 (au sens **I**) et 1835 (au sens **II**).]
I. (Antiq. rom.) Fantôme hideux. Filles de l'Achéron, pestes, larves, Furies, CORN. *Méd.* I, 4.
II. *P. anal.* (Hist. nat.) Insecte vermiforme qui représente le premier état des insectes à métamorphose. La chenille est la — du papillon.
'LARVÉ, ÉE [làr-vé] *adj.*
[ÉTYM. Dérivé de larve, § 253; proprt, « masqué ». ‖ *Néolog.*]
‖ (Médec.) Fièvre larvée, sorte de fièvre intermittente, à marche obscure.
LARYNGÉ, ÉE [là-rin-jé] *adj.*
[ÉTYM. Dérivé de larynx, § 253. ‖ 1811. Phthisie soit laryngée, soit pulmonaire, DOUBLE, *Traité du croup*, p. 114. Admis ACAD. 1835.]
‖ (T. didact.) Qui appartient au larynx. Artère laryngée. Nerf —. Phtisie laryngée.
LARYNGIEN, ENNE [là-rin-jyin; -jyèn'; *en vers*, -ji-...] *adj.*
[ÉTYM. Dérivé du lat. larynx, § 244. ‖ *Néolog.* Admis ACAD. 1835.]
‖ (T. didact.) Qui tient au larynx.
LARYNGITE [là-rin-jît'] *s. f.*
[ÉTYM. Dérivé de larynx, § 282. ‖ *Néolog.* Admis ACAD. 1878.]
‖ (Médec.) Inflammation du larynx.
'LARYNGOSCOPE [là-rin-gòs'-kõp'] *s. m.*
[ÉTYM. Composé avec le grec λάρυγξ, larynx, et σκοπεῖν, examiner, § 279. ‖ *Néolog.*]
‖ (Médec.) Appareil qui permet d'observer l'intérieur du larynx.
LARYNGOTOMIE [là-rin-gò-tò-mi] *s. f.*
[ÉTYM. Emprunté du lat. laryngotomia, grec λαρυγγοτομία, *m. s.* ‖ 1620. HABICOT, *Quest. chirurg.* p. 17. Admis ACAD. 1762.]
‖ (Chirurgie.) Opération par laquelle on pratique une ouverture dans le larynx, pour prévenir l'asphyxie. (*Cf.* bronchotomie.)
LARYNX [là-rînks'] *s. m.*
[ÉTYM. Emprunté du grec λάρυγξ, υγγος, *m. s.* ‖ XVIᵉ s. En laringues et pharingues, RAB. II, 32. Admis ACAD. 1762.]
‖ (Anat.) Organe essentiel de la voix, formé de plusieurs pièces mobiles les unes sur les autres, à la partie supérieure de la trachée-artère.
LAS, LASSE [là, làs'] *adj. et interj.*
[ÉTYM. Du lat. lassum, *m. s.* § 291.]
I. *Adj.* Qui n'est plus en état de soutenir l'effort, le

travail. Sied-il bien à des dieux de dire qu'ils sont —? MOL. *Amph.* prol. *Loc. prov.* On va bien loin quand on est —, on va encore loin quand on croit ne pouvoir plus aller. || *Fig.* Qui ne peut pas supporter plus longtemps qqn, qqch. Si vous êtes — de me voir, je suis bien — aussi de vos déportements, MOL. *D. Juan,* IV, 4. Je suis — d'écouter la raison, RAC. *Andr.* III, 1. Lasse de vains honneurs, ID. *Esth.* I, 1. Être — de marcher, d'aller. *Famil. Substantivt.* Un — d'aller, un fainéant. || Être — de la guerre. et, *p. hypallage,* Faire qqch de guerre —, à bout de résistance.

II. *Vieilli. Interj.* Hélas. — ! que sais-je ? MOL. *Tart.* V, 1.

LASCIF, IVE [làs'-sif, -siv'] *adj.*

[ÉTYM. Emprunté du lat. lascivus, *m. s.* || XVᵉ-XVIᵉ s. Chevres gayes et lascives, J. LE MAIRE, dans DELB. *Rec.*]

|| 1° Enclin à folâtrer. Les chevreaux lascifs.

|| 2° *Speciall.* Enclin au plaisir amoureux. De toutes les femmes de l'Inde, ce sont les plus lascives, BUFF. *Hist. nat. Homme.* Regrettez-vous le temps Où les nymphes lascives... agaçaient sur les rives Les faunes indolents ? MUSSET, *Rolla.* || *P. ext.* Regards, gestes lascifs. Cette flamme lascive, RO-TROU, *Hercule mourant,* I, 3.

LASCIVEMENT [làs'-siv'-man ; *en vers,* -si-ve-...] *adv.*

[ÉTYM. Composé de lascive et ment, § 724. || XVIᵉ s. Chatouillant trop lascivement, MONTAIGNE, III, 4.]

|| D'une manière lascive.

LASCIVETÉ [làs'-siv'-té ; *en vers,* -si-ve-té] *s. f.*

[ÉTYM. Emprunté du lat. lascivitas, *m. s.* § 503. || XVᵉ s. Charles... n'estoit enclin a nulles mollesses ne lascivetés, CHASTELL. VII, 231, Kervyn.]

|| Caractère lascif.

LASER [là-zèr] *s. m.*

[ÉTYM. Emprunté du lat. laser, *m. s.* || 1567. La racine au laser, J. GREVIN, *Thériaques,* dans DELB. *Rec.* Admis ACAD. 1878.]

|| (Botan.) Plante de la famille des Ombellifères.

LASSANT, ANTE [là-san, -sànt'] *adj.*

[ÉTYM. Adj. particip. de lasser, § 47. || XVIIᵉ s. *V.* à l'article. Admis ACAD. 1762.]

|| Qui lasse. Un travail —, FLÉCH. *Panég.* II, 60.

LASSER [là-sé] *v. tr.*

[ÉTYM. Du lat. lassare, *m. s.* §§ 295 et 291.]

|| Rendre las. De travailler pour lui les membres se lassant, LA F. *Fab.* III, 2. Tout lassé que j'étais, ma frayeur et mon zèle M'ont donné pour courir une force nouvelle, RAC. *Mithr.* V, 4. Lassant trois chevaux par jour, VOLT. *Ch. XII,* 5. Ce roi, qui seul a durant quarante ans Lassé tout ce que Rome eut de chefs importants, RAC. *Mithr.* I, 1. || *P. anal.* Se lassant à polir une rime, BOIL. *Disc. au roi.* La moisson de nos champs lassera nos faucilles, MALH. *Poés.* 18. || Et sa miséricorde à la fin s'est lassée, RAC. *Ath.* I, 1. J'ai... Tenté leur patience et ne l'ai point lassée, ID. *Brit.* IV, 4. Pourquoi vos bontés seraientelles lassées ? ID. *Baj.* V, 6. || *Fig.* Je ne sais quelle grâce Qui me charme toujours et jamais ne me lasse, RAC. *Esth.* II, 7. Qui se lasse d'un roi peut se — d'un père, CORN. *Nicom.* II, 1. Néron de vos discours commence à se —, RAC. *Brit.* III, 8. Qui délasse hors de propos, il lasse, PASC. *Pens.* VII, 30.

LASSERET. V. laceret.

LASSERIE. V. lacerie.

LASSITUDE [là-si-tud'] *s. f.*

[ÉTYM. Emprunté du lat. lassitudo, *m. s.* || XIVᵉ s. EVRART DE CONTY, *Probl. d'Aristote,* dans GODEF. *Compl.*]

|| État de celui qui est las. Plusieurs soldats moururent de soif et de —, ST-SIM. I, 257. On les tuait quand leur — les empêchait de marcher, VOLT. *Mœurs,* 148. Je sens parfois des lassitudes par tous les membres, MOL. *Mal. im.* III, 10. La — du plaisir.

LASSO [là-sò] *s. m.*

[ÉTYM. Emprunté de l'espagn. lazo, lacet (*cf.* lacs), § 13. || *Néolog.*]

|| Lanière de cuir garnie de boules que les habitants de l'Amérique espagnole lancent de manière à enlacer leur ennemi ou l'animal qu'ils chassent.

LAST ou **LASTE** [làst'] *s. m.*

[ÉTYM. Emprunté du hollandais last, *m. s.* proprt, « charge », § 10. (*Cf.* lest.) || Admis ACAD. 1762 (laste) et 1835 (last).]

|| (Comm. marit.) Poids d'environ 2,000 kilogrammes.

LASTING [làs'-tìng'] *s. m.*

[ÉTYM. Emprunté de l'angl. lasting, proprt, « qui dure », § 8. || *Néolog.* Admis ACAD. 1878.]

|| Étoffe légère de laine rase, unie ou rayée, employée pour pantalons, gilets, bottines d'été.

LATANIER [là-tà-nyé] *s. m.*

[ÉTYM. Origine inconnue. (*Cf.* § 115.) || 1652. MAURILE, *Voy.* p. 61. Admis ACAD. 1762.]

|| (Botan.) Palmier à larges feuilles en éventail, qu'on trouve à Madagascar et dans les îles de la Sonde.

LATENT, ENTE [là-tan, -tànt'] *adj.*

[ÉTYM. Emprunté du lat. latens, part. prés. de latere, être caché. || XIVᵉ s. Que telle begnivolence ne soit pas latente ne occulte, ORESME, *Éth.* VIII, 3. Admis ACAD. 1762.]

|| (T. didact.) Qui ne se manifeste pas à l'extérieur. Un mal —. Vices latents (chez le cheval), qui peuvent exister sans être apparents. | *P. anal.* Œil — (dans un arbre), resté à l'état rudimentaire et peu apparent. || *Speciall.* (Physique.) Chaleur latente, chaleur qu'absorbe un corps pour se liquéfier ou se vaporiser, qui, ne se manifestant pas à l'extérieur, n'agit pas sur le thermomètre.

LATÉRAL, ALE [là-té-ràl] *adj.*

[ÉTYM. Emprunté du lat. lateralis, *m. s.* || 1315. Lateraus confins, dans GODEF.]

|| (T. didact.) Qui occupe un des côtés (d'une chose). Canal —, qui longe un des côtés d'un cours d'eau. Les chapelles latérales d'une église, qui sont de chaque côté de la nef.

LATÉRALEMENT [là-té-ràl-man ; *en vers,* -rà-le-...] *adv.*

[ÉTYM. Composé de latérale et ment, § 724. || 1521. LatteralleMent, *Violier des hist. rom.* dans DELB. *Rec.* Admis ACAD. 1798.]

|| Dans une position latérale. Un canal creusé — à un cours d'eau.

LATERE (À) : [là-té-rè]. *V.* légat.

***LATÉRITE** [là-té-rìt'] *s. f.*

[ÉTYM. Dérivé du lat. later, brique, § 282. || *Néolog.*]

|| (Géologie.) Roche jaspée d'un rouge de brique.

***LATEX** [là-tèks'] *s. m.*

[ÉTYM. Emprunté du lat. latex, liqueur. || *Néolog.*]

|| (Botan.) Suc propre à certaines plantes (euphorbe, figuier, pavot, laitue, etc.) et qui circule dans des vaisseaux particuliers dits laticifères.

***LATICIFÈRE** [là-ti-si-fèr] *adj.*

[ÉTYM. Composé avec latex et fero, je porte, § 273. || *Néolog.*]

|| (Botan.) Qui porte le latex.

LATICLAVE [là-ti-klàv'] *s. m.*

[ÉTYM. Emprunté du lat. laticlavus, *m. s.* || 1611. COTGR. Admis ACAD. 1762.]

|| (Antiq. rom.) Tunique à large bordure de pourpre, que portaient les sénateurs.

LATIN, INE [là-tin, -tin'] *adj.* et *s. m.*

[ÉTYM. Emprunté du lat. classique latinus, *m. s.* || XIIᵉ s. De toz oiseaus sot le latin, *Énéas,* 2031.]

I. *Adj.* Qui appartient à la race latine.

|| 1° Qui appartient aux peuples de l'ancien Latium. Les villes latines. Tes grands destins Ne le borneront pas chez les peuples latins, CORN. *Hor.* 1, 1. | *Substantivt.* Les Latins.

|| 2° *P. ext.* Chez les modernes. Les nations latines, Français, Espagnols, Portugais, Italiens, Roumains, dont la langue et la première civilisation ont été empruntées aux Romains. || La langue latine. Expliquer les auteurs latins, et, *substantivt,* Le —, la langue latine. Je n'aime point céans tous vos gens à —, MOL. *F. sav.* II, 7. Le — classique. Le — populaire. Le bas —. Le — de l'Église, latin de la liturgie catholique. || *P. plaisant.* — de cuisine, mauvais latin. Voilà du — de cuisine, il n'y a que les marmitons qui l'entendent (1614), A. DE MONLUC, *Comédie des proverbes.* || *Loc. prov.* J'y perds mon — (toute ma science n'y sert de rien), MOL. *Dép. am.* II, 4. || *S. m.* Je vous crois grand — (grand latiniste), MOL. *Dép. am.* II, 6. *Loc. adv.* A la latine, à la façon des Latins. Un nom à la latine, MOL. *Fâch.* III, 2.

|| 3° Qui appartient à l'Église d'Occident (par opposition à l'Église d'Orient ou Église grecque). Les pères latins, de l'Église latine. Le rit —, le rit de l'Église catholique romaine.

II. *P. anal.* Voile latine, voile triangulaire, enverguée sur antennes, qui était en usage dans la Méditerranée. Pays —, quartier — (à Paris), où se trouve l'Université.

LATINISER [là-ti-ni-zé] *v. tr.*

[ÉTYM. Emprunté du lat. latinizare, *m. s.* || XVIᵉ s. Il

latinisoit en françois et francisoit le latin, BON. DES PER. *Nouv.* 16.]

‖ Revêtir de la forme latine. A l'époque de la Renaissance, on latinisait les noms des savants.

LATINISME [là-ti-nĭsm'] *s. m.*

[ÉTYM. Dérivé de latin, § 265. ‖ 1680. RICHEL. Admis ACAD. 1740.]

‖ Tournure, expression particulière à la langue latine. ‖ *P. ext.* Tournure, expression imitée du latin. On a secoué le joug du —, LA BR. 1.

LATINISTE [là-ti-nĭst'] *s. m.*

[ÉTYM. Dérivé de latin, § 265. ‖ XVᵉ s. Beau raconteur, bon latiniste, CHASTELL. dans DELB. *Rec.* Admis ACAD. 1762.]

‖ Celui qui est versé dans la connaissance de la langue latine.

LATINITÉ [là-ti-ni-té] *s. f.*

[ÉTYM. Emprunté du lat. latinitas, *m. s.* ‖ XIVᵉ s. La profonde latinité que ha Titus Livius, BERSUIRE, dans LITTRÉ. Admis ACAD. 1762.]

‖ Caractère de la langue employée par celui qui écrit en latin. La — d'un mot, d'une tournure. La — de Cicéron, de Tite-Live.

LATITUDE [là-ti-tud'] *s. f.*

[ÉTYM. Emprunté du lat. latitudo, *m. s.* ‖ XIIIᵉ-XIVᵉ s. La latitude d'un pou, *Chirurg. de Mondeville*, fᵒ 57.]

‖ (T. didact.) ‖ **I.** Extension. Donner à une proposition trop de —. ‖ *Fig.* Liberté d'action. Vous avez toute — pour agir. Laisser à qqu une grande —.

II. *Spécialt.* (Cosmographie.) Distance d'un lieu à l'équateur mesurée par l'arc du méridien terrestre. — boréale (quand le lieu est au-dessus de l'équateur), australe (quand il est au-dessous). ‖ *P. ext.* Région soumise à telles ou telles conditions atmosphériques, selon qu'elle est plus voisine ou plus éloignée de l'équateur. La végétation varie selon les latitudes. ‖ *P. anal.* Distance d'un astre à l'écliptique, mesurée par l'arc compris entre l'écliptique et cet astre. (*Cf.* longitude.) — géocentrique, cette distance pour un observateur qu'on suppose placé au centre de la terre. — héliocentrique, cette distance pour un observateur qu'on suppose placé au centre du soleil.

LATOMIE [là-tò-mi] *s. f.*

[ÉTYM. Emprunté du lat. latomia, grec λατομία, *m. s.* ‖ 1732. TRÉV. Admis ACAD. 1762.]

‖ (Antiq.) Carrière profonde servant de prison. Les latomies de Syracuse.

LATRIE [là-tri] *s. f.*

[ÉTYM. Emprunté du lat. ecclés. latria, grec λατρεία, *m. s.* ‖ XIVᵉ s. J. GOLEIN, *Trad. du Rational,* dans GODEF. *Compl.*]

‖ (Théol.) Adoration. Culte de —, qui n'est dû qu'à Dieu (par opposition à culte de dulie). Respect pour le roi trop peu distant de l'adoration de —, ST-SIM. IX, 37.

LATRINES [là-trin'] *s. f. pl.*

[ÉTYM. Emprunté du lat. latrina, *m. s.* ‖ 1437. *Cout. d'Anjou,* dans DELB. *Rec.*]

‖ Lieux d'aisances.

***LATTAGE** [là-tàj'] *s. m.*

[ÉTYM. Dérivé de latter, § 78. ‖ 1507. Trente neuf toises de latage, *Comptes du château de Gaillon,* p. 290, Deville.]

‖ (Technol.) Action de poser des lattes.

LATTE [làt'] *s. f.*

[ÉTYM. Emprunté de l'allem. latte, *m. s.* §§ 6, 498 et 499. ‖ XIIᵉ s. *Loherains,* dans GODEF. *Compl.*]

‖ **1°** Pièce de bois refendu, longue, mince et plate, servant à faire des cloisons, des plafonds, des treillages, etc. — volige, qui porte les ardoises, les tuiles d'un toit. ‖ **2°** *P. anal.* Bande de fer plate, telle qu'elle arrive de la forge. ‖ Palette avec laquelle le faïencier enlève la terre détrempée. ‖ Grand sabre de cavalerie à lame droite.

LATTER [là-té] *v. tr.*

[ÉTYM. Dérivé de latte, § 154. ‖ 1288. *Archives de Tournai,* dans GODEF. *Compl.*]

‖ (Technol.) Garnir de lattes. [*P. ext.* (Marine.) — des planches, les empiler en laissant du vide entre elles.

LATTIS [là-ti] *s. m.*

[ÉTYM. Dérivé de latte, § 82. ‖ XVᵉ-XVIᵉ s. Les lartis (corr. lattis) et les menus cordages, O. DE ST-GELAIS, *Énéide,* dans DELB. *Rec.* Admis ACAD. 1762.]

‖ (Technol.) Ouvrage fait en lattes. Enduire de plâtre le — d'une cloison.

LAUDANUM [lō-dà-nòm'] *s. m.*

[ÉTYM. Autre forme de ladanum. (*V.* ce mot.) ‖ 1690. FURET. Admis ACAD. 1762.]

‖ (Pharm.) ‖ **1°** *Anciennt.* Opium purifié, ramolli dans l'eau et passé par expression.

‖ **2°** Extrait d'opium préparé avec du vin, de l'alcool, etc.

LAUDATIF, IVE [lō-dà-tif', -tiv'] *adj.*

[ÉTYM. Emprunté du lat. laudativus, *m. s.* ‖ Admis ACAD. 1835.]

‖ Qui contient une louange. Une phrase laudative.

LAUDES [lōd'] *s. f. pl.*

[ÉTYM. Emprunté du lat. ecclés. laudes, *m. s.* plur. de laus, laudis, louange. ‖ XIIIᵉ s. Je vous chanterai putes laudes, *Fabliau,* dans DELB. *Rec.* Admis ACAD. 1694.]

‖ (Liturgie.) Seconde partie des heures canoniales, celle qui suit matines, et dont les psaumes célèbrent la gloire de Dieu. *Au sing.* (*rare*). Après laude ou matine, VOLT. *Disc. en vers,* 1.

***LAURE** [lōr] *s. f.*

[ÉTYM. Emprunté du grec λαύρα, *m. s.* ‖ XVIIᵉ-XVIIIᵉ s. *V.* à l'article.]

‖ (Hist. ecclés.) Réunion de petites cases où des solitaires vivaient sans être en communauté, sous la juridiction d'un évêque, dans les premiers temps de l'Église. A l'imitation des anciennes laures, ST-SIM. I, 12.

***LAURÉ, ÉE** [lō-ré] *adj.*

[ÉTYM. Dérivé du lat. laurus, laurier, § 253. ‖ *Néolog.*]

‖ (Numism.) Couronné de laurier. Tête d'empereur laurée.

LAURÉAT [lō-ré-à] *adj.*

[ÉTYM. Emprunté du lat. laureatus, couronné de laurier. ‖ 1752. TRÉV. Admis ACAD. 1762.]

‖ **1°** Qui a obtenu une couronne de laurier. Poète —. ‖ **2°** *P. ext.* Qui a remporté un prix dans un concours. Les élèves lauréats. ‖ *Substantivt.* Un des lauréats du concours général. Un — de l'Institut.

***LAURELLE** [lō-rèl] *s. f.*

[ÉTYM. Dérivé du radical de laurier, § 126. ‖ 1732. TRÉV.]

‖ (Botan.) Laurier-rose.

LAURÉOLE [lō-ré-òl] *s. f.*

[ÉTYM. Emprunté du lat. laureola, branche de laurier. ‖ XVᵉ s. Laureole, c'est une herbe ou ung petit arbressel, *Grant Herbier,* 266, Camus. Admis ACAD. 1762.]

‖ (Botan.) Nom vulgaire de diverses plantes du genre daphné.

LAURIER [lō-ryé] *s. m.*

[ÉTYM. Pour lorier, § 502, dérivé de l'anc. franç. lor, du lat. laurum, *m. s.* § 126. ‖ XIᵉ s. Vergiers plantez de pins et loriers blans, *Voy. de Charl. à Jérus.* 265.]

‖ Arbre aromatique toujours vert, à feuilles persistantes, lancéolées, qui est le type de la famille des Laurinées, consacré à Apollon par les anciens, qui en faisaient des palmes, des couronnes pour les vainqueurs dans les jeux, les luttes poétiques, et croyaient que son feuillage préservait de la foudre. ‖ *Au propre.* — commun, dit parfois — sauce, parce qu'on emploie sa feuille dans les ragoûts. —-amande ou —-cerise, arbrisseau de la famille des Rosacées, dont les feuilles et le fruit contiennent de l'acide prussique. —-rose, arbrisseau de la famille des Apocynées, dit aussi laurelle. —-thym, arbrisseau du genre viorne. ‖ *Fig.* Les lauriers, la gloire des victorieux. Aux lauriers immortels qui lui ceignent le front, CORN. *Hor.* V, 3. Par allusion au préjugé des anciens. Avec tous vos lauriers, craignez encor le foudre, CORN. *Cid,* II, 1. *Famil.* Se reposer sur ses lauriers, prendre un repos mérité après un succès. S'endormir sur ses lauriers, ne pas poursuivre ses premiers succès. Thémistocle disait que les lauriers de Miltiade l'empêchaient de dormir. Par allusion à cette parole. Une personne que les lauriers d'une autre empêchent de dormir, jalouse de ses succès.

***LAURINÉES** [lō-ri-né] *s. f. pl.*

[ÉTYM. Dérivé du lat. laurinus, de laurier, § 223. ‖ 1808. Les laurinées, L.-C.-M. RICHARD, *Analyse du fruit,* p. 24.]

‖ (Botan.) Famille de plantes dicotylédones dont le laurier ordinaire est le type.

***LAURIOT.** *V.* loriot.

LAVABO [là-và-bó] *s. m.*

[ÉTYM. Mot lat. signifiant « je laverai ». ‖ 1680. RICHEL. Admis ACAD. 1835.]

I. (Liturgie.) Partie de la messe qui suit l'offertoire, et où le prêtre lave ses mains, en prononçant ces paroles d'un psaume : Lavabo inter innocentes manus meas. ‖ *P. ext.* ‖ **1.** Canon placé du côté droit de l'autel, qui contient ces versets. ‖ **2.** Linge avec lequel le prêtre essuie ses mains.

II. Meuble de toilette garni des ustensiles nécessaires pour se laver.

LAVAGE [là-vàj'] *s. m.*
[ÉTYM. Dérivé de laver, § 78. ‖ 1432. *Archives d'Orléans*, dans GODEF. *Compl.*]
‖ Action de laver. Le — de la vaisselle, du plancher, des vitres, etc. Je fais des lavages à mes mains (avec une eau médicamenteuse), SÉV. 513. Le — des laines (pour les débarrasser des matières grasses). Le — du minerai (pour en séparer les parties terreuses). ‖ (Médec.) Émétique en —, administré dans une grande quantité d'eau, comme purgatif.

LAVANCHE [là-vänch']. *V.* avalanche.

LAVANDE [là-vänd'] *s. f.*
[ÉTYM. Emprunté de l'ital. lavanda, *m. s.* de lavare, laver, la plante dite lavande étant employée pour parfumer l'eau de toilette, §§ 12 et 140. ‖ XIVᵉ-XVᵉ s. Lieu ou lavande Croist et rosiers A grant foison, CHR. DE PISAN, *Dit de Poissy*, 611.]
‖ Plante aromatique de la famille des Labiées. De l'eau de —, pour la toilette. Mettre de la — dans une armoire pour préserver des mites.

LAVANDIER, IÈRE [là-van-dyé, -dyèr] *s. m.* et *f.*
[ÉTYM. Dérivé de laver, §§ 126 et 140. ‖ XIIᵉ s. Atant eis lur les lavenderes, *Tristan*, III, 85, Michel.]
I. *Anciennt. S. m.* Officier qui avait la charge de faire laver le linge de la maison du roi.
II. *Vieilli. S. f.* ‖ **1°** Femme qui lave le linge. ‖ *P. ext.* Appareil pour le blanchissage du linge.
‖ **2°** (Hist. nat.) Bergeronnette, ainsi dite à cause du battement de sa queue, qui rappelle les blanchisseuses battant leur linge. (*Cf.* branlequeue, hochequeue.)

LAVANGE [là-vänj']. *V.* avalanche.

LAVARET [là-và-rè] *s. m.*
[ÉTYM. Mot du patois savoyard qui paraît dérivé de lavar, laver, § 11. ‖ XVIᵉ s. Truites, lavarets, RAB. IV, 60. Admis ACAD. 1762.]
‖ (Hist. nat.) Poisson d'eau douce d'un goût délicat, analogue à la truite.

LAVASSE [là-vàs'] *s. f.*
[ÉTYM. Dérivé de laver, § 81. ‖ XVᵉ s. En temps de lavasse et de pleuyes soudainnes, J. VAUQUELIN, *Girard de Roussillon*, p. 379, de Montille.]
‖ *Famil.* ‖ **1°** Vin, bouillon, etc., trop étendu d'eau. ‖ **2°** Pluie abondante.

LAVE [làv'] *s. f.*
[ÉTYM. Emprunté de l'ital. lava, *m. s.* d'origine incertaine, § 12. ‖ 1750. Matieres qu'on nomme laves, L'ABBÉ NOLLET, dans *Mém. de l'Acad. des sc.* p. 81. Admis ACAD. 1762.]
‖ **1°** Matière en fusion qui s'écoule d'un volcan. Des ruisseaux de — brûlante. *Fig. Famil.* Cet individu a le diable au corps, il a de la — dans les veines.
‖ **2°** Cette matière refroidie et solidifiée. Dallage en — de Volvic. Bracelet en — du Vésuve.

'LAVE-MAINS [làv'-min ; en vers, là-ve-...] *s. m.*
[ÉTYM. Composé de lave (du verbe laver) et main, § 209. ‖ 1471. Deux petits lavemains a bec, dans GODEF.]
‖ *Vieilli.* Lavabo.

LAVEMENT [làv'-man ; en vers, là-ve-...] *s. m.*
[ÉTYM. Dérivé de laver, § 145. ‖ XIIᵉ s. Ses lavemenz ne li profeitet niant, *Serm. de St Bern.* p. 35.]
‖ **1°** Action de laver. (*Syn.* lavage.) (S'emploie surtout en liturgie.) Le — des mains (du prêtre). Le — des pieds (des apôtres), par Jésus-Christ, le jour de la cène.
‖ **2°** *P. ext.* Injection par l'anus d'un remède liquide dans le gros intestin. (*Syn.* clystère.) Donner un — à qqn. La dauphine allait avec ce — à la comédie, elle disait que cela la rafraichissait, ST-SIM. IX, 198. *P. plaisant. Fig. Trivial.* En parlant d'une personne importune. C'est un —.

LAVER [là-vé] *v. tr.*
[ÉTYM. Du lat. lavare, *m. s.* §§ 295 et 291.]
I. *Au propre.* ‖ **1°** Enlever (ce qui salit) en le détrempant avec de l'eau. — des souillures de boue, de poussière. — des taches de sang.
‖ **2°** Nettoyer (ce qui est sale) avec de l'eau ou un autre liquide. Se —. — ses mains. Se — les mains. L'onde tiède, on lava les pieds des voyageurs, LA F. *Phil. et Baucis. Ellipt.* Donner à — à qqn (*vieilli*), lui présenter de l'eau pour qu'il se lave les mains avant le repas. *Fig.* Par allusion à Pilate. Se — les mains de qqch, déclarer qu'on n'en est pas responsable. Si Scapin vous fourbe, je m'en lave les mains, MOL. *Scap.* III, 5. ‖ *Famil.* — la tête à qqn, lui faire une sévère réprimande. Il lui lava fortement la tête, ST-SIM. XII, 10. ‖ — le linge. — la vaisselle. Pierre à — (la vaisselle), évier. ‖ — le plancher. ‖ (Technol.) — les laines (pour les débarrasser des matières grasses). — le minerai (pour en séparer les parties terreuses). — les cendres (des foyers où l'on fond l'or, l'argent) (pour en séparer les parcelles de ces métaux qui y sont tombées). — les feuillets d'un livre (pour en enlever les taches). — un dessin, y étendre des teintes plates d'encre de Chine, de sépia, ou de couleur délayée dans de l'eau en rendant les clairs et les ombres par des dégradations. (*Cf.* lavis.) *P. anal.* — une pièce de bois de sciage, en rendre les arêtes nettes, en faisant disparaître les traits de scie, les inégalités.
‖ **3°** *P. ext.* En parlant d'un fleuve, d'une mer, couler, s'étendre près d'une contrée. (*Cf.* arroser, baigner.) Cet homme ainsi bâti fut député des villes Que lave le Danube, LA F. *Fab.* XI, 7. Au pied des murs que la mer vient —, RAC. *Baj.* V, 11.
II. *Fig.* ‖ Faire disparaître, par expiation, réparation, etc. (ce qui souille la conscience la réputation, l'honneur, etc.) Le déluge lava le monde, le renouvela, et fut l'image du baptême, BOSS. *Élév. Myst.* VIII, 5. Le sacré caractère (du baptême) Qui lave nos forfaits dans une eau salutaire, CORN. *Poly.* I, 1. Si mon crime par là se peut enfin —, ID. *Cid*, V, 7. Ce n'est que dans le sang qu'on lave un tel outrage, ID. *ibid.* I, 5. ‖ *P. ext.* Pleurant leur erreur, ils sont lavés dans le sang (de Jésus-Christ) qu'ils avaient versé, BOSS. *Hist. univ.* II, 20. Pour vous voir vous — de cette calomnie, MOL. *Mis.* V, 4. Qu'un sang pur, par mes mains épanché, Lave (purifie) jusques au marbre où ses pas ont touché, RAC. *Ath.* II, 8. *P. hyperb. Poét.* Et — dans le sang vos bras ensanglantés, RAC. *Brit.* IV, 3.

'LAVERIE [làv'-ri ; en vers, là-ve-ri] *s. f.*
[ÉTYM. Dérivé de laver, § 69. Se trouve au XVIᵉ s. au sens de « lavage ». (*V.* DELB. *Rec.*) ‖ 1776. Laveries et autres agrès, DE GENSSANE, *Traité de la fonte des mines*, II, 334.]
‖ (Technol.) Lieu où on lave le minerai, etc.

'LAVETON [làv'-ton ; en vers, là-ve-...] *s. m.*
[ÉTYM. Pour leveton, § 509, dérivé de lever, § 105. (*Cf.* anc. franç. leveton, levure de bière.) ‖ 1642. Lavetton, OUD.]
‖ (Technol.) Grosse bourre qui sort des draps qu'on foule.

LAVETTE [là-vèt'] *s. f.*
[ÉTYM. Dérivé de laver, § 133. ‖ 1642. OUD.]
‖ Linge, tampon pour laver la vaisselle.

LAVEUR, EUSE [là-vœur, -vœuz'] *s. m.* et *f.*
[ÉTYM. Dérivé de laver, § 112. (*Cf.* lat. lavator, trix, *m. s.*) ‖ XIIIᵉ s. Cui confesse ne lavera, La souveraine laveresse, B. DE CONDÉ, p. 224, Scheler.]
‖ Celui, celle qui lave. Une laveuse de vaisselle. Un — de minerai, qui en sépare les parties terreuses. Un — de cendres, qui en sépare les parcelles de métal tombées dans la fonte de l'or, de l'argent. ‖ Laveuse, *s. f.* Machine à laver et à dégraisser la laine.

'LAVIQUE [là-vìk'] *adj.*
[ÉTYM. Dérivé de lave, § 229. ‖ *Néolog.*]
‖ (T. didact.) Qui appartient à la lave. Roches laviques.

LAVIS [là-vi] *s. m.*
[ÉTYM. Dérivé de laver, § 82 ‖ 1675. Lavis fait avec de l'encre de Chine, A. FÉLIBIEN, *Princ. de l'architect.* p. 397. Admis ACAD. 1762.]
‖ Action de laver un dessin sur papier en y étendant des teintes plates à l'eau et en rendant les clairs et les ombres par de simples dégradations de teinte. Un projet d'architecte au —. ‖ *P. ext.* Dessin ainsi obtenu. Un —. Gravure au —, qui imite les dessins au lavis. (*Cf.* aqua-tinta.)

LAVOIR [là-vwàr] *s. m.*
[ÉTYM. Dérivé de laver, § 113. (*Cf.* lat. lavatorium, *m. s.*) ‖ XIIᵉ s. Le grant lavur que l'um apeled mer d'araim, *Rois*, II, 8.]
‖ **1°** *Anciennt.* Pierre à laver la vaisselle. (*Syn.* évier.) ‖ Lavabo, dans un couvent. ‖ Piscine pour les ablutions (des Juifs, des Mahométans, etc.). ‖ *Fig.* Le baptême est

appelé un —, parce qu'il lave les péchés, BOSS. *Déf. de la tradit. sur la comm.* VIII, 26.

‖ **2°** Emplacement disposé sur le bord de l'eau pour qu'on puisse y laver le linge. ǀ *P. anal.* Endroit où l'on peut venir laver le linge, dans une ville, moyennant une minime rétribution. — **public.** ‖ *P. ext.* Ce qui sert à laver. ǀ **1.** Machine à laver le minerai. ǀ **2.** Cage où on lave dans la mer les morues mises au premier sel. ǀ **3.** Baguette garnie de linge pour nettoyer le canon du fusil.

LAVURE [là-vûr] *s. f.*

[ÉTYM. Dérivé de laver, § 111. ‖ xi⁰ s. Lor lavedures li gietent sour la teste, *St Alexis*, 264.]

‖ **1°** Liquide qui a servi à laver qqch. De la — de vaisselle. *Anciennt.* — de chair, eau dans laquelle a été lavée une plaie.

‖ **2°** Opération par laquelle on lave certaines matières. — du minerai (pour en séparer les parties terreuses). — des cendres (pour en retirer des parcelles de métal). *P. ext.* Parcelles de métal retirées des cendres ou des balayures dans les ateliers des orfèvres, fondeurs, etc. ‖ *P. anal.* Lavures de plomb, métal qui s'est répandu sur les bords d'une table de plomb que l'on coule. (*Cf.* laisse 2.)

LAXATIF, IVE [làk'-sà-tif', -tiv'] *adj.*

[ÉTYM. Emprunté du lat. laxativus, *m. s.* ‖ xiii⁰ s. Choses laxatives, *Simples medicines,* f⁰ 15 b.]

‖ (*Médec.*) Qui relâche le ventre. Un lavement —. ‖ *Substantivt.* Un —.

1. LAYER [lè-yé] *v. tr.*

[ÉTYM. Dérivé de laie 2, § 154. ‖ 1307. Les trois parz qui demeurent aussi comme elles sont arpentees, guiees, departies et layees, dans CODEF. laier 1.]

‖ (T. forest.) Traverser (un bois) par une route étroite. ‖ *P. anal.* Séparer en entourant d'une route étroite (un canton de bois destiné à être vendu). ǀ *P. ext.* Marquer les bois qui doivent être épargnés dans une coupe.

2. *LAYER [lè-yé] *v. tr.*

[ÉTYM. Dérivé de laie 4, § 154. ‖ 1680. RICHEL.]

‖ (*Technol.*) Dresser avec un marteau dentelé dit laie (le parement d'une pierre).

***LAYETERIE** [lè-yĕt'-ri ou lèyt'-ri; en vers, -yò-te-ri] *s. f.*

[ÉTYM. Dérivé de layetier, §§ 65 et 68. ‖ 1765. ENCYCL.]

‖ Fabrique, commerce du layetier.

LAYETIER [lèy'-tyé; en vers, lè-ye-...] *s. m.*

[ÉTYM. Dérivé de layette, §§ 65 et 115. ‖ 1680. Laiettier, RICHEL. Admis ACAD. 1718.]

‖ Celui qui fabrique, qui vend des coffres, des caisses, des boîtes. — **emballeur**, celui qui fabrique des caisses pour emballage et se charge d'emballer les objets.

LAYETTE [lè-yĕt'] *s. f.*

[ÉTYM. Dérivé de laie 3, § 133. ‖ xiv⁰ s. La laiette que vous me baillastes au partir et tout ce qui estoit dedans, GUILL. DE MACHAULT, *Œuvres,* p. 148, Tarbé.]

‖ **1°** *Anciennt.* Tiroir d'armoire, coffre. Les layettes du Trésor des Chartes du roi, où étaient conservées certaines pièces d'archives. ‖ *P. ext.* Contenu d'un tiroir, d'un coffre. ‖ *Spécialt.* Bonnets, langes, robes, etc., pour un enfant nouveau-né. (*Cf.* trousseau.) C'est moi qui fournis des layettes pour tous les enfants des eunuques du grand sérail, DOMINIQUE, *Lingère du Palais,* sc. 1.

‖ **2°** Touche mobile qui ferme les trous du bourdon d'une musette.

LAYEUR [lè-yeùr] *s. m.*

[ÉTYM. Dérivé de layer 1, § 112. ‖ 1669. Arpenteurs, layeurs, *Ordonn.* dans DELB. *Rec.* Admis ACAD. 1798.]

‖ (T. forest.) Celui qui marque les bois qui doivent être épargnés dans une coupe.

1. *LAYON [lè-yon] *s. m.*

[ÉTYM. Dérivé de laie 2, § 104. ‖ *Néolog.*]

‖ (T. forest.) Petit chemin tracé dans une chasse gardée, pour faciliter la marche des chasseurs.

2. *LAYON [lè-yon] *s. m.*

[ÉTYM. Pour l'ayon, composé de l' (article) et ayon, prononciation non aspirée de hayon (*V.* ce mot), § 509. ‖ *Néolog.*]

‖ (*Technol.*) Fermeture à charnières qui, placée à l'arrière d'une voiture de déménagement, peut s'abaisser à volonté pour augmenter la capacité de la voiture.

LAZARET [là-zà-rò] *s. m.*

[ÉTYM. Emprunté de l'ital. lazaretto, *m. s.* § 12. ‖ 1611. COTGR. Admis ACAD. 1718.]

‖ **1°** *Anciennt.* Léproserie. (*Cf.* ladrerie.)

‖ **2°** *P. ext.* Bâtiment isolé où, dans certains ports, l'on fait faire quarantaine aux personnes ou aux objets provenant de régions infectées par une maladie contagieuse.

LAZARONE [là-zà-rò-né] *s. m.*

[ÉTYM. Emprunté du napolitain lazarone, plur. lazaroni, *m. s.* proprt, « ladre, lépreux », § 12. ‖ *Néolog.* Admis ACAD. 1878.]

‖ Mendiant de Naples. Les lazaroni, ACAD.

LAZULI. *V.* lapis-lazuli.

LAZULITE [là-zu-lit'] *s. f.*

[ÉTYM. Dérivé de lazuli, § 282. ‖ 1801. HAUY, *Traité de minéral.* III, 145. Admis ACAD. 1878.]

‖ (*Minéral.*) Pierre opaque bleue, veinée de blanc, et pointillée de pyrites ferrugineuses qui jouent l'or.

LAZZI [là-zi] *s. m.*

[ÉTYM. Emprunté de l'ital. lazzi, plur. de lazzo, *m. s.* § 12. ‖ xvii⁰ s. *V.* à l'article. Admis ACAD. 1740.]

‖ **1°** Jeu de scène bouffon (dans la comédie populaire italienne). Pierrot, derrière elle, faisant — d'être amoureux, GHERARDI, *Th. ital.* III, 143.

‖ **2°** *P. ext.* Saillie bouffonne. Il faisait ce — pour mieux m'engager à ne lui pas manquer de parole, LES. *Guzm. d'Alfar.* v, 1.

1. LE [le], **LA** [là]; devant une voyelle ou une h muette, **L'**; au plur. **LES** [lè; l's se lie avec le son d'un z] *art.*

[ÉTYM. Du lat. illum, devenu lo, le; illam, devenu la; illos, devenu los, les; illas, devenu les, § 593. A le se contracte en au, à les en aux; de le en du, de les en des; en les a donné naissance à ès.]

‖ **1°** Article servant à indiquer le genre ou l'espèce (par opposition à un, des). La mort ne surprend point le sage, LA F. *Fab.* VIII, 1. La guerre a ses douceurs, l'hymen a ses alarmes, ID. *ibid.* III, 1. J'ai les miens, la cour, le peuple à contenter, ID. *ibid.* ‖ *P. anal.* ǀ **1.** Article placé devant un nom propre (au pluriel) lorsqu'il désigne une famille, Les Bourbons, ou un type, Les Virgiles. ǀ **2.** Article placé devant un pronom ou un adjectif indéfini. L'un veut une chose, l'autre une autre. L'on se trompe.

‖ **2°** Article servant à indiquer la personne ou la chose dont un complément détermine le genre, l'espèce. L'époux d'une jeune beauté Partait pour l'autre monde, LA F. *Fab.* VI, 21. Le trop riant espoir que vous leur présentez, MOL. *Mis.* II, 1. ‖ Pour exprimer le superlatif. Le plus terrible des enfants Que le nord eût portés jusque-là dans ses flancs, LA F. *Fab.* I, 22. ‖ *P. anal.* ǀ **1.** Article placé devant certains noms propres d'écrivains, d'artistes italiens. L'Arioste, le Corrège, le Guide. ǀ **2.** Article placé familièrement devant certains noms propres, surtout de femmes qui ont fait parler d'elles (actrices, favorites de princes, etc.). La Champmeslé. La Dubarry. ǀ **3.** Article placé familièrement devant un nom commun employé au vocatif. Hé! la fille! ǀ **4.** Article placé devant une énumération de noms propres. Les Corneille, les Racine, les Molière, ont illustré la scène française.

‖ **3°** Article servant à indiquer une personne, une chose unique de son espèce. La France, l'Amérique, le mont Blanc. ‖ *P. ext. Famil.* Le Tacite, le Corneille, ce qui est composé par Tacite, Corneille. A mon gré le Corneille est joli quelquefois, BOIL. *Sat.* 3.

2. LE [le], **LA** [là]; devant une voyelle ou une h muette (sauf après un verbe), **L'**; au plur. **LES** [lè; l's se lie avec le son d'un z] *pron. pers.*

[ÉTYM. Même origine que le **1**, § 592.]

‖ Pronom de la troisième personne, qui précède le verbe dont il est le complément ou l'attribut, excepté à l'impératif non accompagné de négation (Je l'aime, Ne l'imite pas, Arrête-le); qui, joint aux compléments indirects me, te, nous, vous, les suit (Il me l'a dit, Il nous le donne); qui se répète d'ordinaire avant chacun des verbes dont il est le complément (Il le peut élever, il le peut mettre à bas, CORN. *Poly.* III, 2). ‖ Employé pour tenir la place d'un nom, il en prend le genre et le nombre. Un rat qui la voyait en peine (la belette), LA F. *Fab.* III, 17. Je vais les déplorer (les malheurs), CORN. *Cid,* I, 5. ‖ Employé pour tenir la place d'un adjectif ou d'un nom pris adjectivement, il reste au masc. sing. LUSIGN. : Dire : Je suis chrétienne. — ZAIRE : Oui, Seigneur, je le suis, VOLT. *Zaïre,* II, 3. ǀ *Vieilli.* Vous êtes satisfaite, et je ne la suis pas, CORN. *Pomp.* v, 2. ‖ Employé pour tenir la place d'une proposition ou d'un verbe, il reste au masc. sing. Tu te justifieras après, ·

si tu le peux, CORN. *Cinna*, v, 1. Sire loup l'eût fait volontiers, LA F. *Fab.* I, 5.

LÉ [lé] *s. m.*

[ÉTYM. Du lat. latum, large, devenu *led, let, lé, §§ 295, 402 et 291. Lé est un anc. adj. employé substantivt, § 38.]

|| *Anciennt.* Largeur. *Fig. Vieilli.* Tout du long et du lé, entièrement. || *De nos jours. Spécialt.* | 1. Largeur d'une étoffe (d'une lisière à l'autre). Mettre deux lés dans un drap de lit, dans un rideau. | 2. Largeur d'un chemin de halage. Il faut laisser 24 pieds de lé sur le bord de la rivière, MOZIN, *Dict. franç.-allem.* (1812).

*LÉANS [lé-an] adv.

[ÉTYM. Anc. franç. laiens, du lat. pop. illac-intus, de illac, là, et intus, dedans, § 726. || XIIᵉ s. Laenz fait tant requelt et soef et seri, *Voy. de Charl. à Jérus.* dans DELB. *Rec.* Admis ACAD. 1694; suppr. en 1835.]

|| *Vieilli.* Là dedans. (*Cf.* céans.) Un frère Jean, novice de —, LA F. *Contes, Purgatoire.*

LÈCHE [lèch'] *s. f.*

[ÉTYM. Pour lesche, § 422, d'origine incertaine. (*Cf.* laiche.) || XIIIᵉ s. Il de sa main propre tailloit Et les leskes et les cantiaus, *Mir. de St Éloi*, p. 29. Admis ACAD. 1718.]

|| *Famil.* Tranche très mince. Une — de cédrat.

LÈCHE-DOIGTS (A) [lèch'-dwà; *en vers*, lè-che-...] *loc. adv.*

[ÉTYM. Composé de lèche (du verbe lécher) et doigt, § 212. Qqns écrivent à lèche-doigt. || XVIᵉ s. Il ne prenoit point à lichedoigt l'argent public, NICOT.]

|| En ayant seulement de quoi goûter, de quoi lécher ce qui est resté aux doigts. *Fig.* Je ne vous crois partagé de talents qu'à —, D. DE MONCHESNAY, *Orig.* II, 5.

LÈCHEFRITE [lèch'-frit'; *en vers*, lè-che-...] *s. f.*

[ÉTYM. Altération de l'anc. franç. lechefroie, lechefraie, § 509, qui paraît composé de l'impératif des mots lecher et frayer 1, § 210. || XIIIᵉ-XIVᵉ s. Aussi com lart en lechefroie, *Ovide moralisé*, dans GODEF. lechefroie. Une laichefruitte (1380), dans L. DE LA BORDE, *Émaux*, p. 354.]

|| 1º Ustensile placé sous une viande qui rôtit à la broche, pour recevoir la graisse et le jus qui dégouttent.

|| 2º *Fig.* (Marine.) Voile ou bonnette lacée entre le hunier et la vergue de fortune.

LÉCHER [lé-ché] *v. tr.*

[ÉTYM. Emprunté de l'anc. haut allem. lecchon, allem. lecken, *m. s.* §§ 6, 498 et 499. (*Cf.* licher.) || XIIᵉ s. E li enemi de lui la puldre lecherunt, *Psaut. de Cambridge*, LXXI, 9.]

|| Passer la langue sur (qqch). Le chien lèche son maître. — le plat. Les lions venaient le flatter et — ses pieds, FÉN. *Tél.* 2. || *P. ext.* Les chiens ont léché le sang de Naboth, BOSS. *Polit.* VIII, II, 4. Se — les doigts, passer la langue sur ce qui est resté aux doigts quand ils ont touché un morceau friand, et, *fig.* Il s'en est léché les doigts, il a trouvé cela friand. *Loc. adv.* A lèche-doigts. (*V.* lèche-doigts.) Se — les babines. *Famil.* L'idole d'avant laquelle on avait léché la poussière (devant laquelle on s'était prosterné), VOLT. *Dial.* XXIV, 14. *Fig.* Par allusion à une croyance répandue, que l'ourse lèche ses petits pour les façonner. Un ours mal léché, individu grossier de corps ou d'esprit. Toute sa personne velue Représentait un ours, mais un ours mal léché, LA F. *Fab.* XI, 7. Que le juge se hâte : N'a-t-il point assez léché l'ours (travaillé à rendre la sentence belle)? ID. *ibid.* I, 21. Mon opéra n'étant... Qu'un ours qui vient de naître et non encor léché, ID. *Épît.* 15. Une œuvre trop léchée, finie avec un soin trop minutieux. || *P. ext.* En parlant de flammes qui ressemblent à des langues de feu. Les flammes lèchent la chaudière.

LEÇON [le-son] *s. f.*

[ÉTYM. Du lat. lectiŏnem, *m. s.* §§ 386, 406 et 291.]

I. || 1º *Vieilli.* Lecture. || *Spécialt.* Manière dont on lisait un texte de loi, dont il était formulé. || *P. ext.* Manière dont se lit un texte dans un manuscrit, une édition. Les bonnes éditions n'ont pas adopté cette —. Comme porte une autre —, BOSS. *Hist. univ.* II, 2. || *Fig.* Manière dont un fait se raconte. Je ne crois pas qu'ils en eussent la véritable —, ST-SIM. VII, 316.

|| 2º Ce qu'on lit ou ce qu'on récite à haute voix. | 1. (Liturgie cathol.) Partie de l'office qu'on lit ou qu'on récite à matines. Et des psaumes et des leçons, LA F. *Fab.* VII, 11. | 2. Ce qu'un écolier doit apprendre par cœur pour le réciter au maître. Apprendre, repasser, réciter, savoir sa —. *Fig.* Réciter une —, dire ce qu'un autre a dicté, suggéré.

II. || 1º Exercice dans lequel un maître enseigne ou fait étudier telle ou telle partie d'une science, d'un art. Donner, prendre une — de lecture, de dessin, de musique, etc. Suivre les leçons d'un maître. Faire des leçons publiques.

|| 2º *Fig.* Règle de conduite donnée par des préceptes, des exemples. S'il n'est pas permis aux particuliers de faire des leçons aux princes, BOSS. *R. d'Angl.* Que mon mariage est une — bien parlante à tous les paysans, MOL. *G. Dand.* I, 1. Cette — vaut bien un fromage, sans doute, LA F. *Fab.* I, 2. || *Spécialt.* | 1. Règle de conduite tracée à qqn pour le corriger. Il n'est pas jusqu'au fat qui lui sert de garçon Qui ne se mêle aussi de nous faire —, MOL. *Tart.* I, 2. | 2. Correction infligée à qqn. Il a reçu une — dont il se souviendra.

LECTEUR, TRICE [lěk'-teur, -trïs'] *s. m. et f.*

[ÉTYM. Emprunté du lat. lector, trix, *m. s.* || XIVᵉ s. Je crois que Regnart a esté lecteurs as ordres des trois estas, *Modus*, fº 67.]

|| 1º Celui, celle qui lit qqch à haute voix devant d'autres personnes. Elle a obtenu la place de lectrice chez la reine. —, lectrice de semaine, celui, celle qui lit au réfectoire, dans une maison d'éducation, dans un couvent. De leurs vers fatigants lecteurs infatigables, MOL. *F. sav.* III, 3. || — royal, nom donné autrefois aux professeurs de cours publics. Les lecteurs du collège de France. || Sorte de professeur adjoint dans certaines universités étrangères. || (Liturgie.) Clerc revêtu du deuxième des quatre ordres mineurs, primitivement chargé de lire, de chanter les leçons, épîtres, etc., dans les cérémonies du culte.

|| 2º Celui, celle qui lit, pour son compte, quelque ouvrage. Ce livre a plus de lectrices que de lecteurs. Un auteur à genoux, dans une humble préface, Au — qu'il ennuie a beau demander grâce, BOIL. *Sat.* 9. Avis ou avertissement au —, petite préface familière. *Fig.* Leçon indirecte donnée à qqn. Voilà un avis au — qui me rendra sage à l'avenir, MOL. *Mal. im.* III, 12. || *P. ext. Spécialt.* | 1. Celui, celle qui sait déchiffrer la musique. Il n'est pas —. Elle est bonne lectrice. | 2. Celui qui, dans un théâtre, lit les pièces remises par les auteurs et en donne son avis au directeur.

LECTURE [lěk'-tūr] *s. f.*

[ÉTYM. Emprunté du lat. lectura, *m. s.* || XIVᵉ s. JEH. DES PREIS, *Geste de Liège*, 4759.]

|| 1º Action de lire. Enseigner la — à un enfant. || *P. anal.* — d'un morceau de musique, action de lire, de distinguer dans de la musique notée les différents sons figurés par les notes. La — d'une partition. || — d'une carte, action de lire, de distinguer dans une carte les indications qu'elle donne des lieux. || *P. ext.* Action de comprendre un texte écrit ou imprimé dans une langue étrangère. La — d'Homère dans le texte est difficile.

|| 2º Action de prendre connaissance du contenu d'un écrit, d'un livre. Achever la — d'une lettre, d'un livre. *Spécialt.* Action de lire des livres pour son plaisir ou son instruction. La salle de — de la Bibliothèque nationale. La — des romans. Cette comédie perd à la — (par opposition à représentation). || *Absolt.* Une personne qui aime la —. La — a gâté Démocrite, LA F. *Fab.* VIII, 26. Un cabinet de —, établissement où on loue des livres, où on lit des journaux moyennant une rétribution. || *P. ext.* | 1. Ce qu'on a lu. Quand une — vous élève l'esprit, LA BR. 1. Des lectures frivoles, dangereuses. | 2. Connaissances résultant de ce qu'on a lu. Avoir de la —. Dépourvus de sens et de —, BOIL. *Art p.* 3.

|| 3º Action de faire connaître à d'autres le contenu d'un écrit, d'un livre, en prononçant à haute voix devant eux ce qui est écrit, imprimé. Se faire faire la — par qqn. L'art de la —. Prendre des leçons de —. || *Spécialt.* — d'une pièce de théâtre, faite devant le comité chargé de décider si la pièce sera admise ou non à être représentée. Le comité de — du Théâtre-Français. Obtenir une —.

*LÈDE [lèd'] et *LÉDON [lé-don] *s. m.*

[ÉTYM. Emprunté du lat. ledon ou leda, grec λῆδον, *m. s.* (*Cf.* ladanum.) || Admis ACAD. 1762 (sous la forme ledum ou lede); suppr. en 1835.]

|| (Botan.) Plante formant un genre de la famille des Éricinées, arbuste à odeur pénétrante. — des marais, romarin sauvage.

LÉGAL, ALE [lé-gàl] *adj.*

[ÉTYM. Emprunté du lat. legalis, *m. s.* (*Cf.* le doublet loyal.) || XIVᵉ s. Juste legal, ORESME, *Éth.* v, 15.]

|| 1º *Anciennt.* En parlant des personnes, qui observe la loi. (*Cf.* loyal.)

|| 2º En parlant des choses, conforme à la loi. Les ob-

servances légales. La justice éternelle, non la légale, PASC.
Pens. XVI, 16. Accomplir les formalités légales. *Spécialt.*
Médecine légale, appliquée aux questions de droit. Le pays
— (quand le droit de suffrage est restreint), l'ensemble
de ceux qui jouissent des droits électoraux.

LÉGALEMENT [lé-gâl-man; *en vers*, -gà-le-...] *adv.*
[ÉTYM. Composé de légale et ment, § 724. (*Cf.* le doublet loyalement.) || XIVᵉ s. Notablement et legalement, *Trad. de Guill. de Nangis*, dans LA C.]
|| D'une manière légale.

LÉGALISATION [lé-gà-li-zà-syon; *en vers*, -si-on] *s. f.*
[ÉTYM. Dérivé de légaliser, § 247. || 1690. FURET. Admis ACAD. 1718.]
|| Action de légaliser.

LÉGALISER [lé-gà-li-zé] *v. tr.*
[ÉTYM. Dérivé de légal, § 267. || 1690. FURET.]
|| Certifier la légalité, l'authenticité d'une pièce, d'une signature, afin qu'elle fasse foi.

LÉGALITÉ [lé-gà-li-té] *s. f.*
[ÉTYM. Emprunté du lat. legalitas, *m. s.* (*Cf.* le doublet loyauté.) || XVIᵉ s. La prudhomie et la legalité grande qui mouvoit Camillus, AMYOT, *Cam.* 43.]
|| 1º *Vieilli.* Caractère de celui qui observe la loi. Sa — n'eût point forcé les lois de l'hospitalité, CORN. *Nicom.* I, 5.
|| 2º Caractère de ce qui est conforme à la loi. La — d'un acte, d'un décret. || *Absolt.* Observer la —. Se renfermer dans la —.

LÉGAT [lé-gà] *s. m.*
[ÉTYM. Emprunté du lat. legatus, envoyé. Dans l'expression « légat *a latere* » (ACAD. met à tort un accent grave sur a), les deux derniers mots sont du latin et signiflent « du côté ». || XIIᵉ s. Ne demora pas longement Que tuit li legat s'asemblerent, *Vie de St Grégoire*, p. 98, Luzarche.]
|| 1º *Vieilli.* Envoyé. Comme homme ou comme — (envoyé de Dieu), PASC. *Pens.* XXV, 188. || *Spécialt.* Délégué des empereurs romains, chargé de les représenter dans les provinces.
|| 2º Cardinal délégué par le pape pour gouverner une des provinces de l'Église. Le — de Bologne. || — a latere, cardinal qui quitte la place qu'il occupait aux côtés du pape, pour une mission extraordinaire.

LÉGATAIRE [lé-gà-tèr] *s. m.* et *f.*
[ÉTYM. Emprunté du lat. legatarius, *m. s.* || 1396. *Archives de Tournai*, dans GODEF. *Compl.*]
|| (Droit.) Personne au profit de laquelle un legs a été fait. — universel, à qui le testateur a légué la totalité de ce qu'il possède.

LÉGATION [lé-gà-syon; *en vers*, -si-on] *s. f.*
[ÉTYM. Emprunté du lat. legatio, *m. s.* || XIIᵉ s. Sor si faite ovre desleiee E sor lteu legacion, BENEEIT, *Ducs de Norm.* 12136.]
|| 1º *Vieilli.* Mission confiée à un envoyé. L'autre était préparé sur la —, LA F. *Fab.* XII, 21. || *P. ext.* | 1. Le personnel d'une ambassade. La — russe. | 2. L'hôtel où réside le personnel de l'ambassade. Aller à la — de Russie.
|| 2º Fonction de légat, de cardinal délégué par le pape pour gouverner une des provinces de l'Église. || *P. ext.* Nom donné à chacune de ces provinces. La — de Bologne, de Ferrare.
|| 3º Fonction de légat *a latere*.

LÉGATOIRE [lé-gà-twàr] *adj.*
[ÉTYM. Emprunté du lat. legatorius, *m. s.* || 1732. TRÉV. Admis ACAD. 1798.]
|| (Antiq. rom.) Administré par un légat (délégué de l'empereur). Province —.

LÉGE [léj'] *adj.*
[ÉTYM. Emprunté du holland. leeg, vide, § 10. || 1681. Navire... contraint de faire son retour lege, dans ISAMBERT, *Rec. gén. des anc. lois franç.* XIX, 315. Admis ACAD. 1762.]
|| (Marine.) Qui n'a pas de chargement, ou qui n'a pas tout son chargement.

LÉGENDAIRE [lé-jan-dèr] *adj.* et *s. m.*
[ÉTYM. Dérivé de légende, § 248. Au sens 2º, 1, l'anc. franç. dit legendier. || 1582. Plus legendaires qu'historiographes, D'ARGENTRÉ, *Hist. de Bretagne*, dans DELB. *Rec.* Admis ACAD. 1740]
|| 1º *Adj.* Qui a rapport aux légendes. Un récit —. Un personnage —.
|| 2º *S. m.* | 1. Compilateur de légendes. | 2. Recueil de légendes.

LÉGENDE [lé-jänd'] *s. f.*
[ÉTYM. Emprunté du bas lat. legenda, *m. s.* proprt, « chose devant être lue ». || XIIᵉ s. En sa legende ses faz trouveroit on, *Prise d'Orange*, dans JONCKBLOET, *Guill. d'Orange*, II, p. 77.]
I. *Ancienn.* || 1º Leçon qu'on lisait, qu'on récitait à l'office de matines.
|| 2º Recueil de vies de saints, de martyrs, qu'on lisait au réfectoire dans les couvents. La Légende dorée de Jacques de Voragine. || *Fig. Vieilli.* Longue énumération. Et ne cessa jamais qu'il n'eût fait sa —, RÉGNIER, *Sat.* 8.
II. Suite de récits populaires, ayant le plus souvent un fond réel, développé, transformé par la tradition. La — de Roland. Les Levantins en leur — Disent..., LA F. *Fab.* VII, 3.
III. Inscription gravée sur une pièce de monnaie, une médaille. || *P. ext.* Titre d'un plan, d'une carte, liste explicative des signes qui y sont tracés.

LÉGER, ÈRE [lé-jé, -jèr] *adj.*
[ÉTYM. Du lat. pop. *leviarium, dérivé de levis, léger, § 115, devenu *levgier, legier, léger, §§ 448, 356, 298 et 291. || XIᵉ s. Encore en sai jo un qui plus se fait legiers, *Voy. de Charl. à Jérus.* 14.]
|| 1º Qui a peu de poids. Un fardeau —. Les corps légers surnagent dans l'eau. *Fig.* Que la terre lui soit légère (formule d'inscription tumulaire empruntée aux anciens), que la sépulture lui soit douce. Mon joug est doux et — (*Év. Math.* XI, 29), PASC. *Lett. à Mⁱˡᵉ de Roannez*, 8. || *P. ext.* Qui n'a pas le poids voulu. Une pièce (de monnaie) légère, *Vieilli.* Pièce légère d'un grain, de deux grains. *Fig.* Être — d'un grain, avoir la cervelle un peu vide. || *P. anal.* Des mets légers, qui ne pèsent pas sur l'estomac. Viande, pâtisserie légère. Cette divine nourriture paraît mince et légère à ceux qui n'ont pas la foi, BOSS. *Élévat. Myst.* IX, 6. || *Fig.* Qui a peu de gravité. Il me donne, en passant, une atteinte légère, MOL. *F. sav.* III, 3. Une légère blessure. Et mon mal est —, CORN. *Rodog.* II, 2. Sage, s'il eût remis une légère offense, LA F. *Fab.* IV, 13. Qu'il ne se borne pas à des peines légères, RAC. *Phéd.* IV, 6. Croire sur de légers indices, et, *ellipt, dans le même sens, vieilli*, Croire de —. L'on ne doit point croire trop de —, MOL. *Tart.* IV, 6.
|| 2º Qui a peu d'épaisseur. Un vêtement en drap —. Un tissu —. Une légère couche de glace. Une terre légère, peu compacte. Une construction légère. || *P. anal.* Un repas —, peu substantiel. Un vin —, peu alcoolique. Du thé, du café —, trop étendu d'eau. || *Fig.* Qui a peu d'intensité. Dès qu'un — sommeil suspendait mes ennuis, RAC. *Iph.* I, 1. Avoir le sommeil —, s'éveiller aisément. Tant qu'on ne s'est choqué qu'en de légers combats, CORN. *Hor.* I, 1. || *Loc. adv.* A la légère, d'une manière peu substantielle. Ses repas ne sont point repas à la légère, LA F. *Fab.* V, 18. || *Fig.* Qui a peu de consistance. Une tortue était à la tête légère, LA F. *Fab.* X, 2. Être —, peu stable dans ses opinions, ses goûts. Je suis chose légère, et vole à tout sujet, LA F. *Poés. div. Épit.* 17. J'aurais pour cette honte un cœur assez —! CORN. *Hér.* V, 3. *Loc. adv.* A la légère, sans avoir pesé les choses. Tu n'aurais pas, à la légère, Descendu dans ce puits, LA F. *Fab.* III, 5. || Une femme de mœurs légères, dont la conduite est peu régulière. Les femmes accusent les hommes d'être volages, et les hommes disent qu'elles sont légères, LA BR. 4. Des propos légers, trop libres.
|| 3º Peu chargé, libre dans ses mouvements. Légère et court vêtue, LA F. *Fab.* VII, 10. Des troupes légères. Infanterie, cavalerie légère. *Loc. adv.* Être vêtu, être armé à la légère, d'une manière dégagée. Un navire, un bâtiment —. Embarcation légère de voiles, de rames. Marcher d'un pas —. Elle s'avançait... d'une démarche douce et légère, FÉN. *Tél.* 8. || *P. anal.* Souple. Avoir la main légère, en faisant une opération, en dirigeant un cheval, en jouant d'un instrument, etc. Un peintre qui a une touche légère. Une chanteuse dont la voix est légère. *Fig.* Heureux qui dans ses vers sait, d'une voix légère, Passer du grave au doux, du plaisant au sévère, BOIL. *Art p.* 1. || Poésie légère, d'un caractère aisé, facile, dégagé. || *P. ext.* Des draperies légères, des ornements légers. La flèche de cette église est légère. || *Fig.* A qui qqch n'est pas à charge. Abîmé de dettes et — d'argent, BEAUMARCH. *B. de Sév.* I, 2. Nos courtisans les plus légers d'étude, MOL. *Val-de-Grâce.* || *Absolt.* Avoir le cœur —, sans souci.

LÉGÈREMENT [lé-jèr-man; *en vers*, -jè-re-...] *adv.*
[ÉTYM. Composé de légère et ment, § 724. || XIIᵉ s. Legierement l'a esrachié, *Énéas*, 2342.]

‖ D'une manière légère. Être vêtu, armé, équipé —. ‖ Un bâtiment construit —. Courir, sauter —. ‖ Souper —. ‖ *Fig.* Être blessé —. Décider — qqch. Accuser qqn —. ‖ Peindre —. ‖ *Famil.* Il est — fat, assez fat.

LÉGÈRETÉ [lé-jèr-té; *en vers*, -jè-re-té] *s. f.*
[ÉTYM. Dérivé de *léger*, § 122. ‖ XIIᵉ-XIIIᵉ s. Orguil, bobanz, legeretey, *Ysopet de Lyon*, 342.]
‖ Caractère de ce qui est léger. | **1.** Caractère de ce qui est peu pesant. La — du liège. La — d'un aérostat. *Fig.* Caractère de ce qui a peu de gravité. La — de l'offense, du châtiment. | **2.** Caractère de ce qui est peu épais. La — d'un vêtement, d'un tissu. | **3.** Caractère de ce qui est peu massif. La — d'une construction. *Fig.* Défaut de consistance dans les opinions, dans les goûts, etc. La — d'esprit. Vous attendez de lui trop de —, CORN. *Poly.* III, 3. | La — de la conduite, des mœurs. | **4.** Caractère de ce qui est dégagé, libre dans ses mouvements. La — à la course. Avoir une grande — de main, pour faire une opération, jouer d'un instrument, manier le pinceau, etc. *P. anal.* La — de la voix (chez une chanteuse). La — du style (chez un écrivain).

⁎LÉGIFÉRER [lé-ji-fé-ré] *v. intr.*
[ÉTYM. Dérivé du lat. *legifer*, qui porte, qui établit des lois, § 266. ‖ *Néolog.*]
‖ Faire des lois.

LÉGION [lé-jyon; *en vers*, -ji-on] *s. f.*
[ÉTYM. Emprunté du lat. *legio, m. s.* ‖ XIIᵉ s. Tramis i ont trois legions, WACE, *Brut*, 5598.]
I. ‖ **1°** (Antiq. rom.) Corps d'armée composé d'infanterie et de cavalerie. Polybe… fait voir les avantages et les inconvénients de la phalange et de la —, MONTESQ. *Rom.* 5. L'aigle romaine vit choir ses légions au bord du Trasimène, CORN. *Nicom.* I, 5.
‖ **2°** Sous François Iᵉʳ, corps d'armée permanent. ‖ Sous Louis XVIII, régiment d'infanterie portant le nom d'un département. — de l'Ain, du Cher. ‖ Nom donné aux régiments de la gendarmerie, de la garde nationale. ‖ *Spécialt.* — étrangère, corps d'armée composé de volontaires étrangers employés au service de la France, hors de son territoire continental. ‖ *P. ext. Poét.* Les légions d'un peuple, ses armées.
II. *Fig.* Groupe d'individus qui poursuivent un même but. Une — de solliciteurs. Une — de pédants novateurs, GILBERT, *Apologie*. ‖ Une — de diables, de démons. Jésus lui demanda (au démon) : Quel est ton nom ? Il lui dit : Je m'appelle —, parce que plusieurs démons étaient entrés dans cet homme, SACI, *Nouv. Test. Luc*, VIII, 30. *Fig.* S'appeler —, parler, agir, au nom d'un certain nombre de personnes qu'on représente. *P. plaisant.* C'est une — de diables enfermés dans un seul pourpoint, BEAUMARCH. *Mère coup.* II, 21. ‖ *Spécialt.* Légion d'honneur, ordre de mérite civil et militaire institué en France par Bonaparte, premier consul. La croix, la décoration de la Légion d'honneur. Chevalier, officier de la Légion d'honneur.

LÉGIONNAIRE [lé-jyò-nèr; *en vers*, -ji-ò-…] *s. m.*
[ÉTYM. Emprunté du lat. *legionarius, m. s.* ‖ 1536. Gens a cheval appelés légionnaires, *Art milit. de Végèce*, p. 47.]
‖ **1°** Soldat de l'ancienne légion romaine.
‖ **2°** Membre de l'ordre de la Légion d'honneur.

LÉGISLATEUR, TRICE [lé-jîs'-là-teür, -trîs'] *s. m. et f.*
[ÉTYM. Emprunté du lat. *legislator, trix, m. s.* ‖ XIVᵉ s. La science du legislateur, ORESME, dans MEUNIER, *Essai sur Oresme*.]
‖ **1°** Celui, celle qui fait des lois pour un peuple. Les constitutions de quelque prudent législateur, DESC. *Méth.* 2. Le — des Hébreux (Moïse). ‖ *Fig.* Celui, celle qui trace les règles d'un art, d'une science. Boileau, — du Parnasse.
‖ **2°** *S. m.* Membre d'une assemblée législative. ‖ *Spécialt.* Membre du Corps législatif.

LÉGISLATIF, IVE [lé-jîs'-là-tif', -tîv'] *adj.*
[ÉTYM. Emprunté du lat. *legislativus, m. s.* ‖ XIVᵉ s. La legislative, c'est a dire la science du legislateur, ORESME, dans MEUNIER, *Essai sur Oresme*. Admis ACAD. 1718.]
‖ Qui a pour mission de faire des lois. Une assemblée législative. Si le corps — était un temps considérable sans être assemblé, il n'y aurait plus de liberté, MONTESQ. *Espr. des lois*, XII, 6. ‖ *Spécialt.* L'Assemblée législative (de 1791-1792). Le Corps — (dans la constitution de l'an VIII et dans celle de l'empire).

LÉGISLATION [lé-jîs'-là-syon; *en vers*, -si-on] *s. f.*
[ÉTYM. Emprunté du lat. *legislatio, m. s.* ‖ XIVᵉ s. Nuisible a bonne legislation, ORESME, dans MEUNIER, *Essai sur Oresme*. Admis ACAD. 1740.]
‖ **1°** *Vieilli.* Pouvoir de faire des lois. Ils (les censeurs) exerçaient la — sur le corps même qui avait la puissance législative, MONTESQ. *Espr. des lois*, XI, 16.
‖ **2°** Ensemble des lois. La — d'un pays. Réformer la — criminelle. Étudier la — comparée (des divers peuples).

⁎LÉGISLATIVEMENT [lé-jîs'-là-tiv'-man; *en vers*, -ti-ve-…] *adv.*
[ÉTYM. Composé de *législative* et *ment*, § 724. ‖ *Néolog.*]
‖ Par voie législative.

LÉGISLATURE [lé-jîs'-là-tür] *s. f.*
[ÉTYM. Dérivé du radical de *législateur*, § 250. ‖ 1789. L'attention de la legislature, MIRABEAU, *Comm. des États américains* (de lord Sheffield), p. 38. Admis ACAD. 1798.]
‖ **1°** Corps législatif d'un pays. La — des États-Unis est formée d'un sénat et d'une chambre des représentants.
‖ **2°** Exercice du mandat d'une assemblée législative, période pendant laquelle s'exerce ce mandat. Les lois votées pendant la dernière —.

LÉGISTE [lé-jîst'] *s. m.*
[ÉTYM. Emprunté du bas lat. *legista, m. s.* § 265. ‖ XIIIᵉ s. GAUT. DE COINCY, dans GODEF. *Compl.*]
‖ Celui qui est versé dans l'étude des lois. Un savant —.

LÉGITIMAIRE [lé-ji-ti-mèr] *adj.*
[ÉTYM. Dérivé de *légitime*, § 248. ‖ 1714. Quarte legitimaire, *Journal des sav.* p. 393. Admis ACAD. 1835.]
‖ (Droit.) Qui a rapport à la légitime, portion assurée par l'ancien droit aux héritiers du sang. Portion —.

LÉGITIMATION [lé-ji-ti-mà-syon; *en vers*, -si-on] *s. f.*
[ÉTYM. Dérivé de *légitimer*, § 247. ‖ XIVᵉ s. Par ceste legitimation, *Songe du vergier*, dans LITTRÉ.]
‖ **1°** Action de légitimer un enfant naturel.
‖ **2°** Action de reconnaître comme authentiques les pouvoirs d'un envoyé, d'un mandataire.

LÉGITIME [lé-ji-tim'] *adj. et s. f.* |
[ÉTYM. Emprunté du lat. *legitimus, m. s.* ‖ 1391. Fils et filles natureiz et legitimes, *Cout. d'Anjou et du Maine*, dans DELB. *Rec.*]
I. *Adj.* Fondé en droit. On ne renonce point aux grandeurs légitimes, CORN. *Cinna*, II, 1. David était le roi — de tout Israël, BOSS. *5ᵉ Avert. aux protest.* 39. La dynastie —, qui règne en vertu du droit d'hérédité. Daignez m'ouvrir au trône un chemin —, RAC. *Baj.* II, 1. ‖ Union —, consacrée par la loi. Enfant —, né de cette union. ‖ Ta poursuite est-elle —? CORN. *Cid*, IV, 2. Tirer de son travail un tribut —, BOIL. *Art p.* 4. Franchir les bornes légitimes, RAC. *Phèd.* IV, 2. Un courroux —, ID. *Andr.* II, 4. ‖ *Spécialt.* Droit de — défense, droit que la loi reconnaît à chacun de repousser par la force une agression.
II. *S. f.* (Droit.) Portion que l'ancien droit assurait aux héritiers du sang et qu'un testament ne pouvait leur enlever, dite aujourd'hui réserve légale. Un testament où il réduit ses fils à la —, LA BR. 4. Sa — peut monter A douze mille écus de rente, LA CHAUSSÉE, *École des mères*, III, 1.

LÉGITIMEMENT [lé-ji-tim'-man; *en vers*, -ti-me-…] *adv.*
[ÉTYM. Composé de *légitime* et *ment*, § 724. ‖ XVᵉ s. Ils estoient legitimement excusez, JUVÉNAL DES URSINS, *Chron.* ann. 1422.]
‖ D'une manière légitime. Fortune — acquise. ‖ — persuadés, PASC. *Pens.* VIII, 6.

LÉGITIMER [lé-ji-ti-mé] *v. tr.*
[ÉTYM. Dérivé de *légitime*, § 266. ‖ XIVᵉ s. Li sains Peres… le legitima a tenir royaume, FROISS. *Chron.* VI, 355.]
‖ Rendre légitime.
‖ **1°** Rendre légitime un enfant naturel. Les enfants nés hors mariage… pourront être légitimés par le mariage subséquent de leurs père et mère, *Code civil*, art. 331.
‖ **2°** Reconnaître comme authentiques les pouvoirs d'un envoyé, d'un mandataire.
‖ **3°** *Fig. Néolog.* Justifier. Rien ne saurait — l'injustice.

LÉGITIMISTE [lé-ji-ti-mîst'] *s. m. et f.*
[ÉTYM. Dérivé de *légitime*, § 265. ‖ *Néolog.* Admis ACAD. 1878.]
‖ Partisan, partisane de la dynastie légitime. *Adjectivt.* Le parti —.

LÉGITIMITÉ [lé-ji-ti-mi-té] *s. f.*
[ÉTYM. Dérivé de *légitime*, § 255. ‖ Admis ACAD. 1718.]
‖ Caractère de ce qui est légitime. La — d'une union.

Spécialt. État d'un enfant né d'une union légitime. La —
de cet enfant est contestée. || La — d'un acte, d'une prétention.
|| La — du pouvoir de qqn. *Spécialt. Néolog.* Droit d'une dy-
nastie légitime. Les partisans de la —.

LEGS [lè; l's se lie avec le son de z] *s. m.*
[ÉTYM. Pour lais (*cf.* ce mot), substantif verbal de laisser,
§ 52, écrit legs pour le rapprocher du lat. legatum, *m. s.*
(*cf.* léguer), § 502. || 1250. Des leis, *Lett. d'Alph. de Poi-
tiers,* dans GODEF. lais 5.]
|| Disposition testamentaire par laquelle qqn laisse,
donne à une ou à plusieurs personnes une partie ou la
totalité de ses biens. Son testament N'était plein que de —
qui l'auraient consolée, LA F. Contes, *Matr. d'Éph.* — universel, de la totalité des biens. — à titre universel, par lequel le testateur laisse une quote-part des biens dont la
loi lui permet de disposer. || *Fig.* Ce qu'une génération
transmet à une autre. Une partie de notre droit civil est un
— de l'ancienne Rome.

LÉGUER [lé-ghé] *v. tr.*
[ÉTYM. Emprunté du lat. legare, *m. s.* || 1549. R. EST.]
|| Donner (qqch à qqn) par disposition testamentaire. —
à qqn la totalité de ses biens. La chose léguée sera délivrée...
dans l'état où elle se trouvera au jour du décès, *Code civil,*
art. 1018. || *Fig.* Transmettre de génération en généra-
tion. Les découvertes que nous ont léguées les anciens.

LÉGUME [lé-gum'] *s. m.*
[ÉTYM. Emprunté du lat. legumen, *m. s.* de legere, cueil-
lir. L'anc. franç. a leum, leun, de formation pop. || 1555.
Bleds, legumens, J. POLEUR, *Hist. nat. des Indes,* fo 2. | 1564.
Legumage ou legume, J. THIERRY, *Dict. franç.-lat.*]
|| Partie d'une plante potagère cueillie pour servir d'ali-
ment. Faire cuire des légumes. Légumes verts (oseille, épi-
nards, asperges, petits pois, etc.). Légumes secs, que l'on
conserve et qu'on mange secs (lentilles, haricots, pois).
|| *P. ext.* Plante potagère. Cultiver des légumes.

'LÉGUMIER, IÈRE [lé-gu-myé, -myèr] *adj.* et *s. m.*
[ÉTYM. Dérivé de légume, § 115. || *Néolog.*]
|| 1° *Adj.* Qui a rapport aux légumes. Culture légumière.
Jardin —.
|| 2° *S. m.* Vase où l'on sert les légumes sur la table.

LÉGUMINEUX, EUSE [lé-gu-mi-neù, -neùz'] *adj.*
[ÉTYM. Emprunté du lat. leguminosus, *m. s.* || 1611. COTGR.
Admis ACAD. 1762.]
|| (T. didact.) Dont le fruit est une gousse, fournissant
le plus souvent un légume (pois, fève, haricot, etc.). Les
plantes légumineuses, et, *substantivt, au fém.* Les légumineuses, famille de plantes.

LEMME [lèm'] *s. m.*
[ÉTYM. Emprunté du lat. lemma, grec λῆμμα, proposition
prise d'avance. || 1629. ALBERT GIRARD, *Invent. nouv. en
l'algèbre.* Admis ACAD. 1762.]
|| (Mathém.) Proposition préliminaire qu'on établit pour
préparer la démonstration d'une autre proposition.

'LEMNISCATE [lèm'-nĭs'-kăt'] *s. f.*
[ÉTYM. Emprunté du lat. lemniscatus, de lemnisque. ||
1765. ENCYCL.]
|| (Géom.) Courbe du 4e degré, affectant la forme du
chiffre 8, et qui est le lieu de tous les points tels que le
produit de leurs distances à deux points fixes est constant.

'LEMNISQUE [lèm'-nĭsk'] *s. m.*
[ÉTYM. Emprunté du lat. lemniscus, grec ληµνίσκος,
m. s. || 1579. Ces lemniques, ANT. LE POIS, *Disc. sur les
médailles,* fo 108, ro.]
I. || 1° (Antiq.) Bandelette liant la couronne, les pal-
mes des vainqueurs, les rameaux des suppliants.
|| 2° (Diplomatique.) Lien de soie, de corde, de cuir,
attachant les sceaux pendants aux chartes, diplômes, etc.
II. (Paléogr.) Trait horizontal, ponctué en dessus et en
dessous (⨪), indiquant dans les manuscrits les passages
imités de l'Écriture sainte. || Trait horizontal surmonté
de deux points (⨪), indiquant une transposition.
III. (Hist. nat.) Couleuvre annelée de blanc et de noir.

LÉMURE [lé-mûr] *s. m.* (fém. ACAD. 1762-1835).
[ÉTYM. Emprunté du lat. lemures, *m. s.* || XVIe s. Lemures,
farfadets, guarous, RAB. II, 24. Admis ACAD. 1762.]
|| (Antiq. rom.) Fantôme d'un mort.

LÉMURIENS [lé-mu-ryin; *en vers,* -ri-in] *s. m. pl.*
[ÉTYM. Dérivé de lémure, § 244. || 1804. Lémuriens ou
makis, A.-G. DESMAREST, dans *Nouv. Dict. d'hist. nat.* XXIV,
9. Admis ACAD. 1878.]

|| (Hist. nat.) Famille de singes qui a pour type le maki.

LENDEMAIN [land'-min; *en vers,* lan-de-...] *s. m.*
[ÉTYM. Pour l'endemain, composé de l' (article), en (pré-
position) et demain, §§ 178 et 509. || XIIe s. Li mesagier ont
tant erré... Que l'endemain i sont venu, *Énéas,* 3169. | XIVe s.
Li rois out Besançon tout droit le lendemain, *Girard de Roussillon,* 1920.]
|| Jour qui suit immédiatement celui dont on parle. Il
ne faut rien remettre au —. Le soir du même jour, la reine s'en
alla, et — samedi, sur les sept heures du soir..., ST-SIM. III,
191. Le — à l'heure marquée, il fallut réveiller d'un profond
sommeil cet autre Alexandre, BOSS. *Condé.* Les plus durables
fortunes Passent du jour au —, MALH. *Poés.* 58. || *Loc. prov.*
Il n'y a pas de bonne fête sans —.

'LENDIT [lan-di] *s. m.*
[ÉTYM. Pour l'endit, composé de l' (article) et endit, em-
prunté du lat. indictum, fixé, §§ 178 et 509. || XIIe s. Cume
je receverai l'endit, si jugerai dreit, *Psaut. de Cambridge,*
LXXIV, 2.]
|| Foire qui se tenait autrefois, en juin, près de Paris,
entre Saint-Denis et la Chapelle. || *P. ext.* | 1. Congé
qu'avaient à cette occasion les écoliers de l'université. | 2.
Honoraires des maîtres, qu'on leur payait à cette époque.
Votre précepteur, à qui vous avez payé son —, MALH. *Bienf.
de Sénèq.* VI, 15. | 3. *Néolog.* — scolaire, concours d'exer-
cices physiques entre les élèves des lycées de Paris.

LENDORE [lan-dòr] *s. m.* et *f.*
[ÉTYM. Origine inconnue. || XVIe s. RAB. I, 25.]
|| *Famil.* Personne nonchalante.

LÉNIFIER [lé-ni-fyé; *en vers,* -fi-é] *v. tr.*
[ÉTYM. Emprunté du lat. lenificare, *m. s.* de lenis, doux,
et facere, faire, § 274. || XVIIIe s. V. à l'article. Admis ACAD.
1762.]
|| (Médec.) Calmer par des remèdes adoucissants.
Adoucir, —, tempérer et rafraîchir le sang de Monsieur, MOL.
Mal. im. I, 1. || Par la douceur exhilarante de l'harmonie,
adoucissons, lénifions, et accoisons l'aigreur de ses esprits,
MOL. *Pourc.* I, 8.

LÉNITIF, IVE [lé-ni-tĭf', -tĭv'] *adj.*
[ÉTYM. Emprunté du lat. lenitivus, *m. s.* || XIVe-XVe s.
Propriété lenitive, *Chirurg. de Gui de Chauliac,* mss franç.
Bibl. nat. 24249, fo 305 d.]
|| (Médec.) Adoucissant. Remèdes lénitifs. *Substantivt.*
Un —, un remède lénitif. *Fig.* Votre plaie invétérée n'est
pas en état d'être guérie par des lénitifs, BOSS. *Haine pour la
vérité,* 3. Cette nouvelle fut un doux — à mon affliction, LES.
Estev. Gonzalez, 40.

LENT, LENTE [lan, lănt'] *adj.*
[ÉTYM. Du lat. lentum, *m. s.* § 291. Le sens primitif de
lentus est « mou, flexible ». (*Cf.* lantana.)]
|| 1° Qui ne va pas vite. Trop — peut-être à servir ma
colère, CORN. *Rodog.* IV, 3. On s'étonne partout De voir aller
en cette guise L'animal — (la tortue), LA F. *Fab.* X, 2. || D'un
pas tranquille et —, BOIL. *Lutr.* 2. || *P. anal.* Une lente ven-
geance, RAC. *Andr.* IV, 3. Un poison —. Une mort lente.
Poét. Par un chemin plus — descendre chez les morts, RAC.
Phèd. V, 7. || (Médec.) Fièvre lente, continue, mais peu
intense. Pouls —, qui ne bat pas vite.
|| 2° *Rare et poét.* Flexible. Sous un cuir souple et —, A.
CHÉN. *Fille du vieux pasteur.*

LENTE [lănt'] *s. f.*
[ÉTYM. Du lat. pop. *lenditem (class. lendem), *m. s.*
§§ 290 et 291. || XIIIe s. Cirons et lentes, J. DE MEUNG, *Rose,*
18045.]
|| Œuf de pou.

LENTEMENT [lant'-man; *en vers,* lan-te-...] *adv.*
[ÉTYM. Composé de lente et ment, § 724. || XIIe s. Li le-
vite le firent lentement, *Rois,* IV, 12.]
|| D'une manière lente. Marcher —. L'eau coule —. Hâtez-
vous —, BOIL. *Art p.* 1.

'LENTER. V. lanter.

LENTEUR [lan-teùr] *s. f.*
[ÉTYM. Dérivé de lent, § 110. (*Cf.* le lat. lentor, flexibi-
lité.) || XIVe s. Ceulx qui orendroit blasment nostre lenteur,
BERSUIRE, fo 37, dans LITTRÉ.]
|| 1° Caractère de celui qui ne va pas vite. Elle (la tor-
tue) se hâte avec —, LA F. *Fab.* VI, 10. *P. anal.* — d'esprit,
caractère d'un esprit qui ne conçoit pas vite. || *P. ext.*
Du fatal sacrifice accusait la —, RAC. *Iph.* V, 6.
|| 2° *Au plur.* Procédés de celui qui ne va pas vite.

Ses lenteurs ont failli compromettre le succès. Les lenteurs des bureaux, de l'administration.

LENTICULAIRE [lan-ti-ku-lêr] *adj.*

[ÉTYM. Emprunté du lat. lenticularis, m. s. que J. CHAUVET au XVI⁰ s. rend par lenticulier. || 1747. JAMES, *Dict. de médec.* Admis ACAD. 1762.]

|| (T. didact.) Qui a la forme d'une lentille. Tache —. Os —, osselet de l'oreille interne qui s'articule sur l'enclume. || *Spécialt.* Verre —, verre taillé en forme de lentille.

LENTICULÉ, ÉE [lan-ti-ku-lé] *adj.*

[ÉTYM. Emprunté du lat. lenticulatus, m. s. || *Néolog.* Admis ACAD. 1835.]

|| (T. didact.) Qui a pris la forme d'une lentille. Fossiles lenticulés.

LENTIFORME [lan-ti-fòrm'] *adj.*

[ÉTYM. Composé avec le lat. lens, lentis, lentille, et forma, forme, § 271. || *Néolog.* Admis ACAD. 1835.]

|| (T. didact.) Qui affecte la forme d'une lentille. Éphélide —.

*__LENTIGINEUX, EUSE__ [lan-ti-ji-neû, -neûz'] *adj.*

[ÉTYM. Emprunté du lat. lentiginosus, m. s. de lentigo, tache de rousseur. || 1583. Front lentigineux, BRETONNAYAU, *Génér. de l'homme,* dans DELB. Rec.]

|| (Médec.) Dont la peau présente des taches de rousseur.

LENTILLE [lan-tîy'] *s. f.*

[ÉTYM. Du lat. pop. *lentícula (class. lentícula, § 88), m. s. §§ 290, 390 et 291. || XII⁰ s. Feves e lentilles, *Rois,* II, 17.]

I. Graine comestible de la plante légumineuse du même nom, qu'on mange comme légume sec. Une purée de lentilles. Ésaü céda son droit d'aînesse pour un plat de lentilles. || Plante légumineuse qui fournit cette graine. || *P. anal.* — d'eau, plante aquatique dont les feuilles, arrondies en forme de lentille, flottent à la surface de l'eau.

II. *Fig.* || **1°** (Technol.) Disque de métal qui, fixé à l'extrémité inférieure du balancier d'une pendule, d'une horloge, en abaisse le centre de gravité.

|| **2°** (Physique.) Verre taillé en forme de lentille, terminé soit par deux surfaces sphériques, soit par une surface sphérique et une surface plane, qui produit une déviation régulière des rayons lumineux. (*V.* réfraction.) — convergente, divergente.

|| **3°** (Médec.) Éphélide lentiforme.

*__LENTILLON__ [lan-ti-yon] *s. m.*

[ÉTYM. Dérivé de lentille, § 104. || *Néolog.*]

|| (Agricult.) Lentille à graine fine, dite lentille à la reine (parce qu'elle fut mise à la mode par Marie-Antoinette).

LENTISQUE [lan-tîsk'] *s. m.*

[ÉTYM. Emprunté du lat. lentiscus, m. s. || XIII⁰ s. Prenez le tendrum de lentisc, *Simples medicines,* f⁰ 41 d.]

|| (Botan.) Arbrisseau qui croit en Provence, en Italie, etc., et dont une espèce donne le suc résineux dont on fait la liqueur dite mastic.

1. LÉONIN, INE [lé-ò-nin, -nin'] *adj.*

[ÉTYM. Emprunté du lat. leoninus, m. s. || XII⁰ s. Soz le ventre fu leporins Et sor la crope leonins, *Énéas,* 4059.]

|| Qui appartient au lion. || *Fig.* Où l'on se fait la part du lion (allusion à la fable où le lion, associé avec d'autres animaux, s'adjuge toutes les parts du butin). Contrat —, où l'on stipule pour soi des avantages exorbitants au détriment des autres. Conditions léonines.

2. LÉONIN, INE [lé-ò-nin, -nin'] *adj.*

[ÉTYM. Paraît dérivé du nom propre Léon, chanoine de Saint-Victor de Paris qui aurait mis à la mode au XII⁰ s. les vers (latins) léonins, § 100. || XII⁰ s. Rime U consonant u licnime, CHRÉTIEN, *Du Roi Guillaume,* dans F. MICHEL, *Chron. anglo-norm.* III, 39. | XIV⁰ s. Rime... equivoque ou leonine, GUILL. DE MACHAULT, *OEuvres,* p. 9, Tarbé.]

|| (T. didact.) || **1°** (Prosod. lat.) Dont les deux hémistiches riment ensemble.

|| **2°** (Prosodie franç.) | **1.** Vers —, dont une ou deux syllabes reproduisent la consonance de la rime. | **2.** Rime léonine, où deux et jusqu'à trois syllabes sont semblables.

*__LÉONTINE__ [lé-on-tin'] *s. f.*

[ÉTYM. Nom propre de femme, § 36. || *Néolog.*]

|| (Commerce.) Chaîne de montre double réunie par des anneaux. (*Cf.* jeannette.)

LÉONURE [lé-ò-nûr] et **LÉONURUS** [lé-ò-nu-rûs'] *s. m.*

[ÉTYM. Emprunté du lat. des botanistes leonurus, m. s. du lat. leo, nis, lion, et du grec οὐρά, queue, § 284. || XVII⁰ s. Du leonurus..., arbrisseau assez bas, LIGER, *Nouv. Mais. rust.* dans DELB. Rec. Admis ACAD. 1878.]

|| (Botan.) Plante dite vulgairement queue-de-lion, formant un genre de la famille des Labiées.

LÉOPARD [lé-ò-pàr] *s. m.*

[ÉTYM. Emprunté du lat. leopardus, m. s. de leo, lion, et pardus, léopard. (*Cf.* guépard.) || XI⁰ s. Plus se fait fiers que leun ne leuparz, *Roland,* 1111.]

|| Animal carnassier, du genre chat, à peau mouchetée. Tes saints sont la pâture Des tigres et des léopards! RAC. *Esth.* I, 5. Le foyer se reflète aux yeux des léopards, V. HUGO, *Caravane.* || (Blason.) Cet animal figuré sur l'écu (passant et non rampant). *Fig.* Sous nos lis triomphants briser les léopards (rendre la France victorieuse de l'Angleterre). VOLT. *Duguescl.* III, 3. || *P. plaisant. Adjectivt.* Arrêtez donc, beauté léoparde (cruelle), REGNARD, *Mezzetin aux enfers,* dans GHERARDI, *Th. ital.* II, 379.

*__LÉOPARDÉ, ÉE__ [lé-ò-pàr-dé] *adj.*

[ÉTYM. Dérivé de léopard, § 118. || XVI⁰ s. *V.* à l'article.]

|| **1°** *Ancienn.* Moucheté comme le léopard. Chevaux leopardés, LE ROCQUEZ, *Mir. d'éternité,* dans DELB. Rec.

|| **2°** (Blason.) Passant (au lieu d'être rampant). Lion —, VULSON DE LA COLOMBIÈRE, *Science héroïque* (1644), p. 19.

LÉPAS [lé-pǎs'] *s. m.*

[ÉTYM. Emprunté du lat. lepas (ou lopas), grec λέπας, m. s. || 1752. TRÉV. Admis ACAD. 1762.]

|| (Hist. nat.) Mollusque acéphale, à coquille univalve, dit aussi patelle.

*__LÉPIDIER__ [lé-pi-dyé] *s. m.*

[ÉTYM. Dérivé du lat. lepidium, grec λεπίδιον, m. s. § 115. || *Néolog.*]

|| (Botan.) Genre de plantes crucifères. — cultivé, le cresson alénois.

LÉPIDOPTÈRES [lé-pi-dǒp'-têr] *s. m. pl.*

[ÉTYM. Composé avec le grec λεπίς, λεπίδος, écaille, et πτερόν, aile, § 279. || 1804. LATREILLE, *Hist. nat. des crustacés,* XIV, 69. Admis ACAD. 1835.]

|| Famille d'insectes à ailes écailleuses, dits vulgairement papillons, qui subissent des métamorphoses complètes, et dont on nomme la larve chenille, et la nymphe chrysalide. || *Adjectivt.* Les insectes lépidoptères.

*__LÉPORIDES__ [lé-pò-rid'] *s. m. pl.*

[ÉTYM. Dérivé du lat. lepus, leporis, lièvre, § 235. || *Néolog.*]

|| (Hist. nat.) Famille de mammifères rongeurs qui a pour type le genre lièvre. || *P. ext.* Un léporide, métis résultant du croisement du lièvre et du lapin.

LÈPRE [lèpr'] *s. f.*

[ÉTYM. Emprunté du lat. lepra, grec λέπρα, m. s. || XII⁰ s. Contre liepre ne valt medecine ne mire, WACE, *Rou,* II, 260.]

|| Affection tuberculeuse qui envahit, ronge et sillonne hideusement la peau. (*V.* éléphantiasis.) || *Fig.* Mal qui gagne, qui s'étend comme la lèpre. La — du vice. La plus grande plaie que la pairie pût recevoir, et qui en devint la — et le chancre, ST-SIM. I, 162.

LÉPREUX, EUSE [lé-preû, -preûz'] *s. m. et f.*

[ÉTYM. Emprunté du lat. leprosus, m. s. || XI⁰ s. Sorz ne avuegles ne contraiz ne lepros, *St Alexis,* 551.]

|| Celui, celle qui a la lèpre. (*Cf.* ladre.)

LÉPROSERIE [lé-próz'-ri; *en vers,* -pró-ze-ri] *s. f.*

[ÉTYM. Dérivé du lat. leprosus, lépreux, § 69. || 1583. Maladerie et leprozarie, dans GODEF.]

|| Hôpital où l'on soignait les lépreux. (*Cf.* ladrerie.)

*__LEPTE__ [lěpt'] *s. m.*

[ÉTYM. Emprunté du grec λεπτός, mince. || *Néolog.*]

|| (Hist. nat.) Arachnide de l'ordre des Acarides. — automnal, dit rouget, vendangeron, qui s'introduit sous la peau et cause de vives démangeaisons.

LEQUEL, LAQUELLE [le-kèl, là-kèl]; au plur. **LESQUELS, LESQUELLES** [lè-kèl; l's finale se lie avec le son de z] *pron. relat.* et *interrog.*

[ÉTYM. Composé de le, la (article) et quel, § 180. A lequel se contracte en auquel; à lesquels, en auxquels; de lequel, en duquel; de lesquels, en desquels; de lesquelles, en desquelles. || XI⁰ s. Assez orrez la quels irat desure, *Roland,* 927.]

|| **1°** Pronom relatif qui remplace qui, que comme sujet ou comme complément, pour joindre une proposi-

tion à une proposition précédente, quand on veut éviter une amphibologie, une répétition, etc. Les factieux qui craindront la punition de leurs attentats, lesquels ne leur paraissent jamais injustes, PASC. *Prov.* 14. Il y trouve un chapon, — a bonne mine, RAC. *Plaid.* III, 3. Pour remettre ton cœur Dans l'état auquel il doit être, MOL. *Amph.* III, 10.

‖ **2°** Pronom interrogatif. — doit plaire plus, d'un jaloux ou d'un autre? MOL. *Fâch.* II, 4. Dites-moi laquelle de ces deux étoffes vous choisissez.

***LÉRIDA** [lé-ri-dà] *s. f.*

[ÉTYM. Nom propre, § 36 : Lérida, ville d'Espagne, devant laquelle échoua Condé en 1647, ce qui donna lieu a de nombreux couplets satiriques contre lui. ‖ XVIIᵉ s. *V.* à l'article.]

‖ (XVIIᵉ s.) Couplet satirique. Pas un de la troupe Qui ne chantât des léridas, SCARR. *Virg. trav.* 1.

LÉROT [lé-rô] *s. m.*

[ÉTYM. Dérivé de loir, §§ 65 et 136. ‖ XVIᵉ s. Souris, musettes et lerots, *Nouv. Fabrique*, dans DELB. *Rec.* Admis ACAD. 1835.]

‖ *Dialect.* Loir gris, dit aussi liron.

LES. *V.* le.

LÈSE [lèz'] *adj. fém.*

[ÉTYM. Emprunté du lat. læsa, lésée, dans l'expression latine crimen læsæ majestatis, accusation de lèse-majesté. ‖ 1437. Crime de lèze majesté, *Cout. d'Anjou*, dans DELB. *Rec.*]

‖ A qui il est porté atteinte. (Ne s'emploie que joint à un substantif qui le suit.) Un crime de —-majesté, qui porte atteinte au pouvoir souverain. Un crime de —-république, LE P. CATROU, *Hist. rom.* V, 197. Un crime de — humanité, D'ALEMB. *Éloges, Bossuet. P. plaisant.* Un crime de —-faculté (qui porte atteinte à la faculté de médecine), MOL. *Mal. im.* III, 5.

LÉSER [lé-zé] *v. tr.*

[ÉTYM. Dérivé de lèse, § 266. ‖ 1611. COTGR.]

‖ Porter atteinte à. Ses droits sont lésés. Il est lésé dans ses intérêts. La balle n'a lésé aucun organe. Le poumon est lésé.

***LÉSINANT, ANTE** [lé-zi-nan, -nänt'] *s. m. et f.*

[ÉTYM. Emprunté de l'ital. lesinante, *m. s.* § 12. (*Cf.* lésine.) ‖ 1604. Il faudroit que le lesinant mangeast davantage, *La Contre-Lesine*, fᵒ 107, vᵒ.]

‖ *Vieilli.* Celui, celle qui lésine. Le plus grand — de la terre, SOREL, *Francion*, p. 353. ‖ *Adjectivt.* Sa lésinante humeur, HAUTEROCHE, *Deuil*, sc. 12.

LÉSINE [lé-zin'] *s. f.*

. [ÉTYM. Emprunté de l'ital. lesina, proprt, alène, § 12 : une compagnie d'avares, qui raccommodaient eux-mêmes leurs souliers, avait pris le nom de Compagnia della Lesina. RÉGNIER emploie encore le mot sous la forme ital. lesina. ‖ 1618. La fameuse compagnie de la lesine, titre. | 1642. Lesine, lesinant : ces mots sont corrompus de l'italien, OUD. Admis ACAD. 1694.]

‖ Défaut de la personne qui se livre à une épargne sordide. La famélique et honteuse —, SCARR. *Rom. com.* I, 13.

LÉSINER [lé-zi-né] *v. intr.*

[ÉTYM. Dérivé de lésine, § 154. ‖ 1618. Ils se vantoient de bien lesiner, *La fam. Comp. de la Lesine*, fᵒ 37, rᵒ. Admis ACAD. 1694.]

‖ Faire des actes de lésine. Vous avez lésiné sur les frais, BEAUMARCH. *B. de Sév.* II, 8.

LÉSINERIE [lé-zin'-ri; *en vers*, -zi-ne-ri] *s. f.*

[ÉTYM. Dérivé de lésiner, à l'imitation de l'ital. lesineria, *m. s.* §§ 12 et 69. ‖ 1604. Ce vilain vice de lesinerie, *La Contre-Lesine*, fᵒ 37, rᵒ. Admis ACAD. 1798.]

‖ Acte de celui qui lésine. Faire des lésineries. ‖ Conduite de celui qui lésine. Il est d'une — honteuse.

***LÉSINEUX, EUSE** [lé-zi-neû, -neûz'] *adj.*

[ÉTYM. Dérivé de lésine, § 116. ‖ XVIIIᵉ s. *V.* à l'article.]

‖ *Rare.* Qui lésine. Vous êtes bien injuste et bien — de m'en accorder à peine soixante et quinze, VOLT. *Lett. à d'Argental*, 5 janv. 1770.

LÉSION [lé-zyon; *en vers*, -zi-on] *s. f.*

[ÉTYM. Emprunté du lat. læsio, *m. s.* ‖ XIIᵉ s. Senz lesion, DENEEIT, *Ducs de Norm.* 7741.]

‖ **1°** *Vieilli.* Atteinte portée à des droits, à des intérêts. Aucun louage ne se rompt par — et déception de juste prix (1022), *Remarq. du droit*, p. 451. Une simple — de police, MONTESQ. *Espr. des lois*, XII, 4. La loi civile, qui restitue

sur les contrats qui contiennent quelque —, ID. *ibid.* XV, 2. La — qu'elles souffraient dans un partage si inégal, RAC. *P.-Royal*, IV, 621.

‖ **2°** (Médec.) Atteinte portée à une partie de l'organisme. Une — du poumon, du cœur, du cerveau.

LESSE. *V.* laisse.

***LESSIF** [lè-sïf'] *s. m.*

[ÉTYM. Du lat. pop. lixivum, *m. s.* devenu leissif, lessif, §§ 387 et 446. (*Cf.* provenç. leissiu, *m. s.*)]

‖ *Pop. et dialect.* Lessive.

***LESSIVAGE** [lè-si-vàj'] *s. m.*

[ÉTYM. Dérivé de lessiver, § 78. ‖ *Néolog.*]

‖ Action de lessiver.

LESSIVE [lè-siv'] *s. f.*

[ÉTYM. Du lat. lixiva, *m. s.* devenu *leissive, lessive, §§ 387 et 291.]

‖ **1°** Eau chaude additionnée de soude ou de potasse qui sert à nettoyer le linge sale, en rendant solubles la crasse et les impuretés qui s'y trouvent. Couler la —. Mettre du linge à la —. ‖ *P. plaisant.* En parlant de draps de lit qui ne sont pas blancs. Blanchis en un civet, non dans une —, RÉGNIER, *Sat.* 11. ‖ *P. ext.* | 1. Action de mettre le linge à la lessive. On fera demain la —. *P. anal.* Lavage dans une eau détersive. L'on m'a appris depuis qu'il fallait bien des lessives et des cérémonies pour rendre les olives douces, RAC. *Lett.* 13. | 2. Le linge mis à la lessive. Rincer, faire sécher sa —. ‖ *Fig. Famil.* (T. de jeu.) Essuyer une —, une très forte perte.

‖ **2°** *P. anal.* — du savonnier, dissolution de soude caustique dans de l'eau pour faire le savon. ‖ (Chimie.) Opération par laquelle on fait passer à plusieurs reprises de l'eau sur une substance dont on veut extraire les parties solubles.

LESSIVER [lè-si-vé] *v. tr.*

[ÉTYM. Dérivé de lessive, § 154. ‖ XVIIᵉ s. *V.* à l'article. Admis ACAD. 1762.]

‖ **1°** Nettoyer (le linge) dans la lessive. *Fig.* M. de Grignan en serait lavé et lessivé et guéri de tous ses maux, SÉV. 652.

‖ **2°** *P. anal.* Nettoyer (des boiseries, des murailles peintes) avec une eau alcaline ou acide. — les portes d'un appartement.

‖ **3°** *P. ext.* Faire passer à plusieurs reprises de l'eau sur (une substance dont on veut extraire les parties solubles). — des terres, pour en retirer le salpêtre.

***LESSIVEUR, EUSE** [lè-si-veûr, -veûz'] *s. m. et f.*

[ÉTYM. Dérivé de lessiver, § 112. ‖ *Néolog.*]

‖ **1°** Celui, celle qui lessive.

‖ **2°** *P. ext.* | 1. *S. m.* Appareil qui sert à blanchir les chiffons pour la fabrication du papier. | 2. Lessiveuse, *s. f.* Ustensile de ménage, servant à faire la lessive.

LEST [lèst'] *s. m.*

[ÉTYM. Autre forme de last, venue de certains dialectes bas allemands : *cf.* anc. frison hlest, et anglo-saxon hlœst, *m. s.* § 10. ‖ 1282. Chascun tees de hereng, *Arch. de St-Omer*, dans GODEF.]

‖ (Marine.) Poids dont on charge le fond d'un navire pour lui donner plus d'équilibre, en abaissant le centre de gravité. ‖ Ensemble des matières lourdes qui servent à former ce poids (cailloux, gueuses de fer, etc.). Partir, retourner sur son —, sans l'avoir remplacé (en partie ou en totalité) par un chargement de marchandises. ‖ *P. anal.* | 1. Poids dont on charge certains filets de pêche. | 2. Sable en sacs que les aéronautes emportent et qu'ils laissent tomber pour alléger le ballon quand ils veulent s'élever. Jeter du —. ‖ *Fig.* Ce qui sert à pondérer. Combiner les puissances, donner un — à l'une pour la mettre en état de résister à l'autre, MONTESQ. *Espr. des lois*, V, 14.

LESTAGE [lès-tàj'] *s. m.*

[ÉTYM. Dérivé de lester, § 78. ‖ 1369. Liestage des nefz, dans DU C. lasta 2. Admis ACAD. 1762.]

‖ (Marine.) Action de lester un navire. ‖ Manière dont un navire est lesté.

LESTE [lèst'] *adj.*

[ÉTYM. Emprunté de l'ital. lesto, *m. s.* mot qui paraît être d'origine germanique, § 12. ‖ XVIᵉ s. De « lesto » (italien) ils font « leste », lequel mot j'ay ouï appliquer à des choses avec lesquelles il ne s'accorde point, H. EST. *Nouv. Lang. franç. italian.* I, 117.]

‖ Qui se meut avec légèreté. Une personne —. Il (l'écureuil) est propre, —, vif, très alerte, BUFF. *Écureuil.* Marcher d'un pas —. || *P. anal.* Avoir la main —, être prompt à donner un coup. || *P. ext.* Dégagé. Un équipage —. Ajustement moins superbe que —, LA F. *Contes, Oraison.* Vous souffrez que la vôtre aille — et pimpante, MOL. *Éc. des m.* I, 2. || *Fig.* Qui passe facilement par-dessus les convenances. Je trouve le procédé un peu —. Tenir des propos lestes.

LESTEMENT [lĕs'-te-man] *adv.*
[ÉTYM. Composé de leste et ment, § 724. || 1611. COTGR.]
|| D'une manière leste. Marcher —. Il a fait — le voyage. || D'une manière dégagée. — équipé. || *Fig.* En passant facilement par-dessus les convenances. Traiter qqn —.

LESTER [lĕs'-té] *v. tr.*
[ÉTYM. Dérivé de lest, § 154. || 1507. Lecter, dans GODEF.]
|| (Marine.) Garnir de lest (un navire) pour lui donner plus d'équilibre dans l'eau. Un capitaine qui a besoin de — son vaisseau prendra du marbre, MONTESQ. *Espr. des lois*, XX, 6. || *P. anal.* Wagon lesté, auquel on ajoute du lest pour qu'il puisse par son poids rendre suffisamment efficace l'action des freins. — un aérostat, le garnir de sacs de lest. || *P. anal. P. plaisant.* Se — l'estomac, prendre une nourriture solide, pour se soutenir. || *Fig.* Pondérer. Il y a des têtes qui ne se lestent jamais, SÉV. 195.

LESTEUR [lĕs'-teur] *s. m.*
[ÉTYM. Dérivé de lester, § 112. || 1681. Bateaux lesteurs, dans ISAMBERT, *Rec. gén. des anc. lois franç.* XIX, 347. Admis ACAD. 1762.]
|| (Marine.) || 1° Homme employé à porter le lest à bord d'un navire, à l'arranger dans la cale.
|| 2° Bateau qui transporte le lest jusqu'aux navires qu'on veut lester.

LÉTHARGIE [lé-tàr-ji] *s. f.*
[ÉTYM. Emprunté du lat. lethargia, grec ληθαργία, *m. s.* || XIIIe s. Contra litargie et contra frenesie, *Simples medicines*, fᵒ 7 d.]
|| (Médec.) État morbide caractérisé par un sommeil profond et prolongé dans lequel les phénomènes apparents de la vie sont suspendus, et qui présente l'image de la mort. Tomber en —. C'est votre —, REGNARD, *Legat. univ.* V, 7. || *Fig.* Torpeur intellectuelle, morale. Ce désir effréné de paix, cette — qui devint sitôt après funeste, ST-SIM. III, 296.

LÉTHARGIQUE [lé-tàr-jĭk'] *adj.*
[ÉTYM. Emprunté du lat. lethargicus, grec ληθαργικός, *m. s.* || XIVe s. Elle exite les litargiques, *Propr. des plantes*, dans DELB. *Rec.*]
|| (Médec.) Qui appartient à la léthargie. Sommeil, engourdissement —. || *Substantivt.* Un, une —, celui, celle qui est en léthargie. || *Fig.* Qui tient à un état de torpeur intellectuelle, morale. Plongeaient dans les plaisirs ses langueurs léthargiques, VOLT. *Henriade*, 1.

LÉTHIFÈRE [lé-ti-fèr] *adj.*
[ÉTYM. Emprunté du lat. lethifer (mieux letifer), *m. s.* de lethum (mieux letum), mort, et ferre, porter. || 1584. Letifere venin, J. DE BARRAUD, *Ép. de Guevara*, dans DELB. *Rec.* Admis ACAD. 1835.]
|| (T. didact.) Qui porte la mort dans l'organisme. Breuvage —.

LETTRE [lètr'] *s. f.*
[ÉTYM. Du lat. littera, *m. s.* §§ 308, 290 et 291.]
I. || 1° Signe alphabétique par lequel on figure chaque son du langage. Les vingt-cinq lettres de l'alphabet français. Un enfant qui commence à connaître ses lettres. Doubles lettres, lettres redoublées (ll, mm, etc.). Écrire un mot en toutes lettres, sans abréviation. *Fig.* Dire, écrire une chose en toutes lettres, sans rien taire. Vous êtes un sot en trois lettres (en propres termes), MOL. *Tart.* I, 1. || — initiale, qui commence un mot. Faire graver sur un cachet les lettres initiales de son nom. || (Comput.) — dominicale, qui désigne le dimanche pendant toute la durée de l'année (excepté les années bissextiles), d'après le rapport du premier dimanche avec le 1ᵉʳ janvier. La — dominicale de 1895 est F (le 1ᵉʳ janvier étant un mardi). || — majuscule ou grande —, minuscule ou petite —. — gothique, bâtarde. — cursive. — capitale. *Fig.* Un souvenir écrit en lettres de sang, marqué par des meurtres, des cruautés. Une chose écrite en lettres de feu, marquée par des traits saisissants. || *Spécialt. Vieilli.* La — de qqn, la forme de son écriture. Vous connaissez, Madame, et la — et le seing, RAC. *Baj.* IV, 3.
|| 2° *P. ext.* Son représenté par un de ces signes. Cette — ne se prononce pas à la fin des mots. Les lettres sont divisées en voyelles... et en consonnes, MOL. *B. gent.* II, 4.
|| 3° Caractère de fonte représentant en relief une des lettres de l'alphabet. Lever la —, prendre dans les cassetins les lettres dont se composent les mots, et les ranger dans le composteur.
II. || 1° Texte, inscription qu'on met au bas d'une estampe pour en indiquer le sujet. Épreuve avant la —, tirée avant qu'on y ait gravé cette inscription, et qui a plus de prix, comme venant du premier tirage.
|| 2° Expression textuelle. Ajouter à la —, à ce que dit le texte. Aider à la —, suppléer à ce qui n'est pas exprimé dans le texte. Cela est vrai à la —, textuellement. Entendre une chose à la —, au pied de la —, dans toute son étendue. Cette loi est devenue une — morte, une formule sans valeur. || *P. ext.* Sens littéral. Les ministres de la nouvelle alliance, non pas de la —, mais de l'esprit; car la — tue, et l'esprit donne la vie, SACI, *Bible, St Paul, 2e Ép. Cor.* III, 6.
III. Écrit qu'on adresse à une personne absente, pour lui communiquer ce qu'on ne peut lui dire de vive voix. Écrire une —. Envoyer une — par la poste. Cacheter, fermer une —. Une — close. *Fig.* Le fond de cette intrigue est pour moi — close (chose que je ne puis pénétrer), MOL. *Dép. am.* II, 1. || Le recueil des lettres de Cicéron, de Voltaire. || *P. anal.* Ouvrage écrit en forme de correspondance. Les Lettres provinciales, ou les Petites Lettres de Pascal. Les Lettres persanes de Montesquieu. Il faut qu'un Turc voie, pense et parle en Turc; c'est à quoi bien des gens ne font pas attention en lisant les Lettres persanes, MONTESQ. *Lett.* 4 oct. 1752. || *Spécialt.* — de crédit, qui ouvre un crédit au porteur chez un ou plusieurs correspondants de celui qui a créé la lettre. — de change, traite tirée au profit d'un tiers. — de voiture, bordereau énumérant les marchandises transportées par entreprise (voiture, chemin de fer, etc.) avec les frais dont elles sont chargées (camionnage, octroi, etc.). — de service, adressée par le ministre à un officier pour l'appeler à exercer les fonctions de son grade. — de marque, commission d'un navire armé en course. — de créance, qui accrédite qqn auprès de celui à qui elle est adressée. *Spécialt.* Lettre qui accrédite un ambassadeur auprès d'un gouvernement. — de recommandation, par laquelle on recommande qqn à une personne, pour qu'elle lui fasse bon accueil. *Anciennt.* Lettres royaux, lettres de chancellerie expédiées au nom du roi. — close, lettre du souverain contresignée par un secrétaire d'État et cachetée du sceau de l'État. — de cachet, par laquelle un particulier était envoyé au nom du roi, sans jugement, dans une prison d'État. Obtenir une — de cachet contre qqn. — patente, conférant un titre, un privilège. — de grâce, par laquelle le roi commuait une peine. — de noblesse, par laquelle le roi conférait la noblesse. || Lettres apostoliques, bulles, brefs, etc., émanant du saint-siège. Lettres pastorales, écrits que les évêques adressent à leur clergé ou à leurs diocésains.
IV. *Au plur.* Ouvrages, travaux de l'esprit dans lesquels domine l'art d'écrire, de parler (poésie, éloquence, etc.). Cultiver les lettres, les belles-lettres, et, *vieilli*, Avoir des lettres. Un homme de lettres. Les gens de lettres. Bachelier, licencié, docteur ès lettres. || *Spécialt.* Les lettres sacrées, les saintes lettres, les saintes Écritures. Cette vérité si souvent établie dans les saintes lettres, BOSS. *Hist. univ.* II, 21. Les lettres humaines, profanes (poésie, éloquence, histoire profanes).

LETTRÉ, ÉE [lè-tré] *adj.*
[ÉTYM. Dérivé de lettre, § 118. (*Cf.* lat. litteratus, *m. s.*) || XIIe s. Si plest sursist d'yglise contre lai u lettrez, GARN. DE PONT-STE-MAX. *St Thomas*, 2341.]
|| Versé dans les lettres. En homme au dernier point — Ragotin s'est toujours à mes regards montré, LA F. *Ragotin*, II, 7. || *Substantivt.* Un —, celui qui est versé dans les lettres. *Spécialt.* Les lettrés, classe de ceux qui, en Chine, cultivent les lettres et exercent les emplois publics.

LETTRINE [lè-trin'] *s. f.*
[ÉTYM. Dérivé de lettre, d'après l'ital. letterina, *m. s.* §§ 12 et 100. || 1723. FERTEL, *Sc. de l'imprim.* p. 60. Admis ACAD. 1762.]
|| (Typogr.) || 1° Petite lettre qui se met au-dessus ou à côté d'un mot dans le texte, pour indiquer un renvoi à une note.
|| 2° Chacune des lettres majuscules qui, placées au

haut de chaque page, de chaque colonne d'un dictionnaire, indiquent les initiales des mots que contient cette
page, cette colonne.

LEU [leu]. *V.* loup et queue.

*LEUCITE [leu-sït'] *s. f.*
[ÉTYM. Dérivé du grec λευχός, blanc, § 282. || 1801. La
leucite, c'est le nom que Werner a donné à une pierre, FOUR-
CROY, *Syst. des connaiss. chimiques*, I, 432.]
|| (Chimie.) Silicate double d'alumine et de potasse,
grenat blanc, qu'on trouve dans les terrains volcaniques.

LEUCORRHÉE [leu-kòr'-ré] *s. f.*
[ÉTYM. Emprunté du grec λευχόρροια, *m. s.* de λευχός,
blanc, et ρόος, flux. || Admis ACAD. 1835.]
|| (Médec.) Écoulement muqueux chez la femme dit
vulgairement **fleurs blanches**.

LEUDE [leud'] *s. m.*
[ÉTYM. Emprunté du bas lat. leudes, *m. s.* transcription
du german. liudus, peuple, allem. leute, des gens, §§ 6, 498
et 499. || Admis ACAD. 1835.]
|| (Hist.) Chef attaché à la personne des rois barbares,
et tenant d'eux un fief, un bénéfice. Les biens réservés pour
les leudes, MONTESQ. *Espr. des lois*, XXX, 16.

1. LEUR [leur] *pron. pers.*
[ÉTYM. Du lat. pop. illọrum, génitif pluriel de ille, ils,
devenu lor, leur, § 592. || Xᵉ s. E lor peccatum lor dimisit,
Fragm. de Valenciennes.]
|| Pronom personnel invariable tenant la place de à eux,
à elles, et placé avant le verbe dont il est le complément
indirect, excepté quand celui-ci est à l'impératif. Vous —
fîtes, Seigneur, En les croquant, beaucoup d'honneur, LA F.
Fab. VII, 1. Dis-— qu'à ce prix je — permets de vivre, RAC.
Ath. V, 2.

2. LEUR [leur] ; *au plur.* **LEURS** [leur ; l's se lie avec
le son de z] *adj. poss.*
[ÉTYM. Tiré de leur 1, § 594. (*V.* ce mot.)]
|| Qui est à eux, à elles. Il donne aux fleurs — aimable
peinture, RAC. *Ath.* I, 4. Faites comparaison De leurs beautés
avec les vôtres, LA F. *Fab.* I, 7. || Suivi d'un comparatif,
qui prend alors la valeur du superlatif. Leurs plus beaux
habits. — meilleur ami. | Pris comme qualificatif. Dindenaut
prisait moins ses moutons qu'eux — ours, Leur, à — compte
et non à celui de la bête, LA F. *Fab.* V, 20. || En sous-en-
tendant le nom de la chose. Le —, la —, les leurs, ce qui
est à eux, à elles. Il n'y avait point de puissance plus inévitable ni plus tyrannique que la —, BOSS. *Hist. univ.* II, 3.
Absolt. Qu'ils donnent du —, de ce qui est à eux. Les leurs,
leurs parents, leurs amis. Accueillez-les, eux et les leurs.
C'est un des leurs.

LEURRE [leur] *s. m.*
[ÉTYM. Paraît emprunté du moyen haut allem. luoder,
m. s. encore que l'i de l'anc. forme franç. loire fasse
difficulté, §§ 6, 498 et 499. || XIIᵉ-XIIIᵉ s. Faucons ki ne re-
vient au loire, RENCL. DE MOILIENS, *Miserere*, V, 10, dans
DELB. *Rec.*]
|| 1° (Fauconn.) Morceau de cuir rouge façonné en
forme d'oiseau, auquel on attachait un appât, et qu'on
montrait, qu'on jetait à l'oiseau de proie, pour le faire
revenir. Son maître... Lui présente le — et le poing, mais en
vain, LA F. *Fab.* XII, 12. Acharner le —, le garnir de chair.
|| 2° *Fig.* Artifice qui sert à attirer. Quand, ébloui de ce
—, il aurait une fois consenti, MOL. *Av.* IV, 1. L'exemple est
un dangereux —, LA F. *Fab.* II, 16.

LEURRER [leu-ré] *v. tr.*
[ÉTYM. Dérivé de leurre, § 154. || XIIIᵉ s. Si aucuns faucons
vont loirier, G. DE COINCY, *Miracles*, dans GODEF. *Compl.*]
|| 1° (Fauconn.) Faire revenir (l'oiseau de proie) en lui
jetant le leurre.
|| 2° *Fig.* Attirer par un artifice. Prétends-tu, par ta foi,
Me — de l'appât d'un profane langage? LA F. *Fab.* X, 11. Se
— de vaines espérances. || *P. ext. Vieilli.* Leurré, qui con-
naît les ruses. Il est matois, leurré d'expérience (1608), J.
DE SCHELANDRE, *Tyr et Sidon*, III, 1. Aussi leurré qu'aucun
de par delà, LA F. *Contes, Mandragore.*

*LEVAGE [le-vàj'] *s. m.*
[ÉTYM. Dérivé de lever, §78. ||1289. Li levages qu'il avoient
pour les biestes estraignes, dans GODEF.]
I. Action de lever qqch.
|| 1° Action de dresser les pièces d'une charpente. ||
Action de dresser les vignes en assujettissant les pampres.
|| 2° Action de retirer. — du poisson, pour le livrer aux

acheteurs. || Dans la fabrication de la dentelle réseau,
action de détacher le morceau attaché au parchemin. ||
Fig. Action de lever un impôt. Le — des dîmes.
II. Action de se lever (dans l'ébullition, la fermenta-
tion). Le — de la lessive. Le — de la pâte.

LEVAIN [le-vin] *s. m.*
[ÉTYM. Dérivé de lever, § 96. (*Cf.* allevin.) || XIIᵉ-XIIIᵉ s.
Un pau de levains, *Job*, dans *Rois*, p. 442.]
|| Portion de pâte qu'on a laissée fermenter et qu'on
mêle à la pâte fraîche dont on fait du pain, des gâteaux,
afin que celle-ci, fermentant légèrement, lève (se gonfle)
et devienne plus légère. (*Cf.* levure.) Les Juifs mangent pendant les sept jours de la Pâque du pain sans —. (*V.* azyme.)
|| *P. ext.* — doux, levure de bière séchée qui sert au même
usage. || *Fig.* Principe d'effervescence. La fièvre est un —,
LA F. *Quinquina*, 2. || *Spécialt.* | 1. Dans un sens défavo-
rable. Un — de discorde. L'ancien — de Mᵐᵉ de Maintenon,
ST-SIM. III, 209. | 2. *Rare.* Dans un sens favorable. Ce —
de justice et de sainteté qui se répand et s'insinue dans toute
la masse pour la faire lever, BOURD. *Fréq. Comm.* 2.

LEVANT [le-van] *adj.* et *s. m.*
[ÉTYM. Adj. et subst. particip. de lever, § 47. || XIᵉ s.
Vers le soleil levant, *Roland*, 3098.]
I. *Adj. masc.* || 1° (Féodal.) Qui se lève (de son lit).
Homme — et couchant (dans un lieu), y ayant son domicile.
|| 2° *P. anal.* Soleil —, qui paraît le matin à l'horizon.
|| *Fig.* Le soleil —, celui qui commence à devenir puis-
sant. Établi comme il était par cette union avec le soleil —,
ST-SIM. XI, 212.
II. *S. m.* Côté de l'horizon où le soleil se lève. (*Cf.*
couchant.) || *P. ext.* | 1. Région située au levant (par rap-
port à nous), spécialement les côtes d'Asie Mineure et
d'Égypte. (On écrit ordinairement avec une L majuscule.)
Les échelles du Levant. | 2. (Marine.) Vent d'est. (*Cf.* ponant.)

LEVANTIN, INE [le-van-tin, -tin'] *adj.*
[ÉTYM. Dérivé de Levant, § 100. || 1575. Les histoires du
peuple levantin, THEVET, *Cosmogr.* fᵒ 206, rᵒ.]
|| Originaire du Levant, des côtes de l'Asie et de l'É-
gypte. (Se dit spécialement de la population mêlée qui
n'est ni turque ni arabe.) *Substantiv.* Un Levantin, une Le-
vantine. Les Levantins, en leur légende, Disent..., LA F. *Fab.*
VII, 3. || *P. ext.* Levantine. Étoffe de soie fabriquée origi-
nairement dans le Levant. Une robe de —.

LÈVE [lèv'] *s. f.*
[ÉTYM. Subst. verbal de lever, §§ 52 et 65. (*Cf.* lièvo.)
|| (Au sens 1°.) 1680. RICHEL. Admis ACAD. 1718.]
|| (Technol.) || 1° Palette de bois à long manche avec
laquelle on lève les boules, au jeu de mail.
|| 2° Lame soulevant le maillet du moulin à papier.
|| 3° Pièce de bois soulevant le pilon du moulin à
poudre.

*LEVÉ [le-vé] *s. m.*
[ÉTYM. Subst. particip. de lever 1, § 45. (*Cf.* lever 2.) ||
XVIᵉ s. J'ay falot un levé, RAB. I, 5.]
I. || 1° *Vieilli.* Action de se lever du lit. *P. ext.* Récep-
tion dans la chambre d'un roi ou d'un grand personnage
au moment où il se lève. Je viens du Louvre, où Cléonte, au
—, Madame, a bien paru ridicule achevé, MOL. *Mis.* II, 4.
|| 2° (Musique.) Action de lever la main, le pied, en
battant la mesure (par opposition au frappé). || *P. ext.*
Temps sur lequel on lève la main, le pied.
|| 3° (Topogr.) Action de dresser un plan. (*V.* lever 2.)
II. Ce qui est levé. *Spécialt. Vieilli* et *dialect.* Un —,
une levée de cartes.

*LÈVE-CUL (À) [lèv'-ku ; *en vers,* lò-ve-...] *loc. adv.*
[ÉTYM. Composé de à, lève (du verbe lever) et cul, §.212.
|| XVIᵉ-XVIIᵉ s. Cette sorte de vol se dit à la source ou à leve-
cul ou à la couverte, D'ARCUSSIA, *Conf. des fauconniers*,
dans DELB. *Rec.*]
|| *Trivial.* En se levant de la place où on est posé. Jouer
à —, le perdant se levant et cédant sa place à un rentrant..
||(Fauconn.) Oiseau qui chasse à —, qui attend que le gibier
se lève pour fondre dessus.

LEVÉE [le-vé] *s. f.*
[ÉTYM. Subst. particip. de lever, § 45. || XIIᵉ-XIIIᵉ s. Ne ne-
vuet recueillir levee, RENCL. DE MOILIENS, *Carité*, LIV, 11.]
I. Action de lever.
|| 1° (Marine.) Action de dresser ce qui est couché. La
— des couples, action de les dresser sur la quille du navire.
|| 2° Action de faire mouvoir de bas en haut. *Vieilli.*

La — de la toile, le lever du rideau, au théâtre. Sachez émouvoir le spectateur dès la — de la toile, D'ALEMB. *Éloges, La Motte.*

‖ **3°** Action de retirer. La — du corps, action de prendre le corps d'une personne morte pour le porter au lieu où il doit être inhumé. ‖ La — des lettres, action de retirer d'une boîte postale les lettres qui y ont été jetées, afin de les distribuer. La première, la seconde —. ‖ *P. ext.* La — d'un appareil de pansement. La — des scellés. ‖ La — d'un siège. ‖ La — d'une séance. ‖ La — des arrêts, des punitions.

‖ **4°** Action de recueillir, de ramasser. La — d'un habit sur une pièce de drap. | — des bandes, opération par laquelle le vitrier coupe avec le diamant (et retire d'un carreau qu'il doit poser ce qui dépasse la mesure en longueur, en largeur. ‖ La — des impôts. | Faire des levées de troupes. Une — en masse. | *Fig.* Faire une — de boucliers contre qqn. *P. ext.* — de titres, action de prendre livraison de valeurs achetées à terme.

II. Ce qui est levé.

‖ **1°** Remblai de terre fait le long d'une rivière, pour exhausser les bords et retenir l'eau en cas de crue. Cette longue — qui borne le lit de la Seine, LA BR. 7.

‖ **2°** Cartes qui ont été jouées et que celui qui a gagné le coup met en paquet et place devant lui. Faire une, deux levées. (*Cf.* levé.)

‖ **3°** Petite planche à l'arrière d'un bateau.

‖ **4°** Glace posée et scellée sur une surface plane pour être polie.

***LÈVE-GAZON** [lèv'-gá-zon ; *en vers,* lè-ve-...] *s. m.* [ÉTYM. Composé de lève (du verbe lever) et gazon, § 209. ‖ *Néolog.*]

‖ (Technol.) Outil pour détacher du sol des bandes de gazon.

***LÈVE-NEZ** [lèv'-né ; *en vers,* lè-ve-...] *s. m.* [ÉTYM. Composé de lève (du verbe lever) et nez, § 209. ‖ *Néolog.*]

‖ (Marine.) Petit cordage qui sert à élever les cargues de la brigantine au haut de la corne. ‖ Petit cordage qui sert à élever le bas de la bonnette, et à le replier sur son boute-hors.

1. LEVER [le-vé] *v. tr.* et *intr.* [ÉTYM. Du lat. levare, *m. s.* §§ 295 et 291.]

I. *V. tr.* Faire mouvoir de bas en haut.

‖ **1°** Mettre plus haut. — une lourde masse. Ne pouvoir — un fardeau. — l'ancre (du fond de l'eau). — une trappe. *Fig.* — la paille (par allusion à l'ambre, qui attire à lui les brins de paille), être remarquable, extraordinaire. Il y avait une basse Brette qu'on nous avait assuré qui levait la paille, SÉV. 195. — la chemise à un enfant, pour le fouetter. — son voile. — le bras, la main. — la main sur qqn, pour le frapper. Le bras levé pour lui percer le sein, CORN. *Poly.* I, 3. *Dans le même sens.* — la hache, le poignard sur qqn. Le fer que le cruel tient levé sur ta tête, RAC. *Andr.* III, 8. — les mains au ciel, pour implorer Dieu. — la main, pour prêter serment. | *Famil.* — le pied, s'enfuir, et, *spécialt,* faire banqueroute. Au pied levé, précipitamment. Est-il juste qu'on meure Au pied levé? LA F. *Fab.* VIII, 1. *P. plaisant.* — le coude, boire. — la tête, marcher la tête levée. *Fig.* Dans leurs projets aller tête levée (avec assurance), MOL. *D. Garcie,* III, 3. *Dans le même sens.* Cette femme superbe entre le front levé, RAC. *Ath.* II, 2. — les épaules, en signe de dédain. — les yeux, pour regarder qqn, qqch. — les yeux au ciel, pour implorer Dieu. Levant au ciel ses yeux mouillés de larmes, RAC. *Brit.* II, 2. — les yeux sur qqn, oser le regarder. *Fig.* Que sur Aménaïde il ait levé les yeux (osé prétendre à elle), VOLT. *Tancr.* III, 1. Ne pas — les yeux de dessus qqn, qqch, ne pas regarder ailleurs.

‖ **2°** Retirer (ce qui est posé à une place). — le couvercle d'une marmite. — son masque, et, *fig.* — le masque, cesser de feindre. Le chirurgien a levé l'appareil (posé sur la blessure). — le corps (d'un mort), le prendre à la maison mortuaire, pour le porter au lieu où il doit être inhumé. — les lettres, les retirer de la boîte postale où elles ont été jetées, pour les distribuer. | — les scellés. | En vain à — tout (à desservir) les valets sont fort prompts, BOIL. *Sat.* 3. ‖ *P. anal.* — le siège d'une ville, retirer les troupes qui en font le siège. — le camp, décamper. — la séance, donner le signal de se séparer. — des titres (à la bourse), les retirer, en prendre livraison. ‖ *Fig.* — les obstacles, les difficultés. — les scrupules de qqn. Je sais l'art de — les scru-

pules, MOL. *Tart.* IV, 5. — une défense. — la consigne. — une punition.

‖ **3°** Dresser (ce qui est couché, penché, etc.). — une échelle. — l'étendard, la bannière. *Fig.* — l'étendard de la révolte, appeler à la révolte. Pierre levée, menhir. — un malade sur son séant. — une personne couchée. Se —, se mettre debout lorsqu'on est étendu, assis, accroupi. Lève-toi, m'a-t-il dit, prends ton chemin vers Suse, RAC. *Esth.* I, 1. Le prélat radouci veut se — de table, BOIL. *Lutr.* 1. Se — pour, contre une motion (dans une assemblée), quand on invite les membres à se lever pour indiquer qu'ils approuvent ou rejettent la motion. Voter par assis et levé. *Absolt.* Se —, quitter son lit. Je me lève de bonne heure. *Fig.* Se — matin, se donner beaucoup de peine. Il ne faut pas se — de grand matin pour faire ses preuves de l'ordre du Saint-Esprit, ST-SIM. III, 443. ‖ *P. anal.* Se —, paraître dans le ciel, en parlant du soleil, des planètes, des étoiles. *Dans le même sens.* Le jour se lève. Tous les jours se levaient clairs et sereins pour eux, RAC. *Phèd.* IV, 6. ‖ *P. ext.* Le temps se lève, commence à se dégager de la brume. Le vent se lève, commence à se faire sentir. Le brouillard se lève, commence à s'étendre. ‖ *Fig.* — un plan, prendre sur le terrain les mesures, les indications nécessaires pour dresser le plan. ‖ *P. ext.* (Chasse.) Faire partir (le gibier) de l'endroit où il est posé. Le chien a levé une perdrix. — un lièvre. *Fig.* — un lièvre, soulever une question, une difficulté imprévue.

‖ **4°** Ramasser, recueillir. (*Cf.* prélever.) Une volaille rôtie dont on a levé une aile. L'étoffe me sembla si belle que j'en ai voulu — un habit pour moi, MOL. *B. gent.* II, 5. — des bandes (en parlant d'un vitrier), retirer d'un carreau qu'il doit poser ce qui dépasse la mesure en longueur, en largeur. (Typogr.) — la lettre, prendre dans les cassetins les lettres dont se composent les mots et les ranger dans le composteur. ‖ *P. anal.* — une contribution. — la dîme. — des troupes. Des recrues nouvellement levées. ‖ — les fruits, recueillir la production d'une terre. — les cartes, ramasser et mettre en paquet devant soi les cartes d'un coup qu'on a gagné.

II. *V. intr.* Se mouvoir de bas en haut.

‖ **1°** En parlant de graines semées, de plantes dont on a semé les graines, commencer à sortir de terre. La semence n'a pas levé. Le blé commence à —.

‖ **2°** En parlant de la pâte où l'on a mis du levain, se gonfler par suite de la fermentation. La pâte lève. Les Latins se servaient... de pain non levé pour l'eucharistie, VOLT. *Mœurs,* 31.

2. LEVER [le-vé] *s. m.* [ÉTYM. Tiré de lever 1, § 49. (*Cf.* levé.) ‖ XVIᵉ S. On lever du bon Pantagruel, RAB. V, 26.]

‖ **1°** Action de se lever du lit. Venir voir qqn à son —. *P. ext.* Réception dans la chambre d'un roi, d'un grand personnage, au moment où il se lève. Ils n'ont point manqué, depuis notre avènement à la couronne, de se trouver à notre —, MONTESQ. *Lett. pers.* 125. Petit —, qui commençait dès que le roi était éveillé et avait fait sa prière. Grand —, qui n'avait lieu que quand le roi était rasé et peigné. ‖ *P. anal.* Le — du soleil, d'une planète, d'une étoile, son apparition dans le ciel.

‖ **2°** (Manège.) Action du cheval qui lève les jambes (par opposition à poser).

‖ **3°** (Théâtre.) Action de lever le rideau, la toile. On frappe trois coups pour annoncer le — du rideau. *Fig.* Un — de rideau, petite pièce qu'on joue avant la pièce principale.

‖ **4°** (Topogr.) Opération consistant à prendre sur le terrain les mesures, les indications nécessaires pour en dresser le plan.

LEVER-DIEU [le-vé-dyeú] *s. m.* [ÉTYM. Composé de lever 2 et Dieu, § 175. ‖ Admis ACAD. 1798.]

‖ *Vieilli.* Moment de la messe où le prêtre élève l'hostie et le calice après la consécration. (*Syn.* élévation.)

***LEVEUR, EUSE** [le-vœur, -veûz'] *s. m.* et *f.* [ÉTYM. Dérivé de lever, § 112. ‖ XIIIᵉ S. E. BOILEAU, *Livre des mest.* I, LVIII, 5.]

‖ (Technol.) Celui, celle qui lève. ‖ *Spécialt.* { 1. *S. m.* Ouvrier qui retire les feuilles de papier, de carton, séchées. | Ouvrier qui reçoit et range la feuille imprimée au sortir de la presse. | 2. *S. f.* Leveuse, ouvrière qui, dans la fabrication de la dentelle réseau, retire le morceau attaché au parchemin.

LEVIER [le-vyé] *s. m.*
[ÉTYM. Dérivé de lever, § 115. || XIIᵉ s. Botent o mains et o leviers, *Énéas*, 1143.]
|| Barre rigide mobile sur un point d'appui, et dont on se sert pour soulever, faire mouvoir un objet. **Prendre une barre de fer, un bâton, comme —, pour soulever une pierre. Le — d'une pompe, le bras au moyen duquel on donne le mouvement de va-et-vient au piston. Bras de —, la lon**gueur comprise entre le point d'appui et l'extrémité du levier. **Le — d'Archimède, avec lequel Archimède préten**dait soulever le monde, pourvu qu'on lui fournît un point d'appui. || (Artill.) **— de manœuvre, de pointage,** servant à faire mouvoir une bouche à feu, à pointer une pièce de campagne. **Clef à —,** servant à retenir un mât guindé. || (Chirurgie.) Tige d'acier servant à soulever la portion du crâne détachée par le trépan, à donner une direction convenable à la tête du fœtus pour faciliter l'accouchement, etc. || **— droit,** pour l'extraction des dents incisives. || **— hydraulique,** qui sert à élever l'eau d'un cours d'eau en utilisant la forme même du courant. | **— pneumatique,** appareil appliqué au clavier de l'orgue, pour rendre l'abaissement des touches aussi facile qu'au piano. || *Fig.* Ce qui sert à surmonter une résistance. **L'opinion est le plus puissant — pour ceux qui gouvernent.**

*LEVIÈRE [le-vyér] *s. f.*
[ÉTYM. Dérivé de lever, § 115. || 1382. **Une petite leviere,** dans GODEF.]
|| 1º *Anciennt.* Levier.
|| 2º (Pêche.) Grosse corde qui sert à relever un filet tendu aux arches d'un pont.

*LÉVIGATION [lé-vi-ga-syon ; *en vers,* -si-on] *s. f.*
[ÉTYM. Emprunté du lat. levigatio, *m. s.* || Admis ACAD. 1762 ; suppr. en 1798.]
|| (Pharm.) Action de léviger.

*LÉVIGER [lé-vi-jé] *v. tr.*
[ÉTYM. Emprunté du lat. lævigare, *m. s.* || Admis ACAD. 1762 ; suppr. en 1798.]
|| (Pharm.) Réduire en poudre impalpable, soit en broyant, soit en diluant.

LEVIS [le-vi] *adj. m.*
[ÉTYM. Pour leveis, § 358, dérivé de lever, § 82. L'anc. fém. levisse est encore dans COTGR. (1611) et dans MONET (1630) : **table levisse, grille levisse.** || XIVᵉ s. Pont leveys, CU-VELIER, *Duguesclin,* 18569.]
|| *Anciennt.* Qui se lève. || *Spécialt. De nos jours.* Pont-levis. (*V. ce mot.*)

1. **LÉVITE** [lé-vīt'] *s. m.*
[ÉTYM. Emprunté du lat. ecclés. levites ou levita, *m. s.* || XIIᵉ s. Li levite le firent lentement, *Rois,* IV, 12. Admis ACAD. 1718.]
|| Israélite (de la tribu de Lévi) voué au service du temple. **Dieu... Aux lévites marqua leur place et leurs offices,** RAC. *Ath.* II, 4. || *P. ext. Poét.* Prêtre.

2. **LÉVITE** [lé-vīt'] *s. f.*
[ÉTYM. Tiré de lévite 1, § 37. || *Néolog.* Admis ACAD. 1835.]
|| Longue robe de femme, longue redingote d'homme, rappelant par sa forme le vêtement des lévites, des prêtres.

LEVRAUDER [le-vró-dé] *v. tr.*
[ÉTYM. Dérivé de levraut, § 154. || Admis ACAD. 1835.]
|| *Vieilli.* Poursuivre (qqn) comme un lièvre, le traquer.

LEVRAUT [le-vró] *s. m.*
[ÉTYM. Dérivé de lièvre, §§ 65 et 138. || XVIᵉ s. Dix ou douze que levraulx que lapins, RAB. II, 26.]
|| 1º Jeune lièvre.
|| 2º *P. anal.* Chardon commun.

LÈVRE [lèvr'] *s. f.*
[ÉTYM. Du lat. labra, plur. de labrum, *m. s.* employé comme fém. sing. §§ 295, 434, 291 et 545.]
|| 1º Partie charnue qui borde extérieurement l'ouverture de la bouche. La **— supérieure, inférieure. Avoir les lèvres épaisses. Ses lèvres à peine en ont touché les bords (de la coupe),** RAC. *Brit.* V, 5. || *Fig.* **Au banquet de la vie à peine commencé Un instant seulement mes lèvres ont pressé La coupe en mes mains encor pleine,** A. CHÉN. *Jeune Captive. Loc. prov.* **Il y a loin de la coupe aux lèvres,** quand on croit toucher le but, on en est souvent encore loin. **Avoir la mort sur les lèvres,** être près de rendre le dernier soupir. *Poét.* **Et mon âme déjà sur mes lèvres errante,** RAC. *Phèd.* III, 1. || **Se mordre les lèvres,** pour s'empêcher de rire, de

parler, ou par dépit. || **Ne pas desserrer les lèvres,** ne pas parler. *Fig.* **Avoir qqch sur le bord des lèvres,** être sur le point de le dire. **Avoir le cœur sur les lèvres,** dire tout ce qu'on pense. **La douce persuasion était sur les lèvres de votre père,** FÉN. *Tél.* 15. **Être suspendu aux lèvres de qqn,** l'écouter avidement. **Dire qqch des lèvres,** sans le penser. **Il faut prononcer ce mot des lèvres, de peur d'être hérétique,** PASC. *Prov.* 1. **Rire du bout des lèvres,** d'une manière contrainte.
|| 2º *P. ext.* Ce qui rappelle la forme des lèvres. (Anat.) Bords de la vulve. **Grandes lèvres, bords extérieurs. Petites lèvres, bords intérieurs.** | (Chirurgie.) Bords saillants d'une plaie. **Rapprocher les lèvres de la plaie.** || (Botan.) Bords d'une corolle bilobée. || (Musique.) **Lèvres d'une bouche d'orgue,** parties aplaties du pied et du corps du tuyau qui se rapprochent du biseau, ne laissant entre elles et lui qu'une fente étroite. || (Architect.) Rebord de la campane qui forme le chapiteau corinthien composite. || (Marine.) **Lèvres des baux,** rebord extérieur d'un navire, sur lequel portent les baux.

*LEVRETER [le-vre-té] *v. intr.*
[ÉTYM. Dérivé de lièvre, §§ 65 et 167. || XIVᵉ s. **Quand elles ont levreté,** GAST. PHÉBUS, *Chasse,* p. 47, Lavallée.]
|| En parlant de la femelle du lièvre, mettre bas.

LEVRETTE [le-vrèt'] *s. f.*
[ÉTYM. Dérivé irrégulier de lévrier (pour levrerette ; *cf.* se jarreter pour se jarreterer), §§ 65 et 133. || 1606. **Levriere ou levrette,** NICOT.]
|| 1º Lévrier femelle.
|| 2º *P. ext.* Lévrier mâle ou femelle, de petite espèce.

LEVRETTÉ, ÉE [le-vrè-té] *adj.*
[ÉTYM. Dérivé de levrette, §§ 64, 65 et 118. || 1611. **Levreté,** COTGR. Admis ACAD. 1798.]
|| (Manège.) Qui a la taille svelte du lévrier. **Jument levrettée.**

LÉVRIER [lé-vri-yé] *s. m.*
[ÉTYM. Dérivé de lièvre, §§ 65 et 115. || XIIᵉ s. **Prennent lor ars, cors et levriers,** *Énéas,* 1459.]
|| Chien à museau effilé, à corps menu, à jambes longues, d'allure rapide, employé particulièrement à courir le lièvre. **— d'attache,** lévrier de grande taille employé à la chasse du sanglier. || *Fig. Vieilli.* **Levriers de la justice, lévriers du bourreau,** agents que la police lançait à la poursuite des criminels. (*Cf.* limier.) **Les lévriers de la justice s'étaient lassés de me poursuivre,** LES. *Guzm. d'Alfar.* II, 4. **— d'amour,** entremetteur.

LEVRON, *LEVRONNE [le-vron, -vrŏn'] *s. m.* et *f.*
[ÉTYM. Dérivé irrégulier de lévrier (pour levreron?), §§ 65 et 184. || XIVᵉ s. **Les petitz levrons,** ORESME, *Polit.* dans GODEF.]
|| 1º Jeune lévrier, jeune levrette.
|| 2º Lévrier, levrette de petite taille.

LEVURE [le-vûr] *s. f.*
[ÉTYM. Pour leveûre, § 358, dérivé de lever, § 111. || XIIIᵉ-XIVᵉ s. **Et seroient li denier paié des leveures de la premiere franchise ansigant,** *Charte de Joinville,* dans GODEF. leveure.]
|| 1º Ferment qui détermine la transformation des liqueurs sucrées en liqueurs alcooliques. (*Cf.* levain.) **— de bière,** substance qui monte à la surface du moût de bière, pendant la fermentation, et, *spécialt,* végétation microscopique qui forme la plus grande partie de cette substance. || Cette substance pressée et séchée, employée par les brasseurs pour activer la fermentation de la bière, par les boulangers comme levain pour la pâte, etc. || *P. anal.* Substance que le raisin pressé et plusieurs autres fruits déposent après leur fermentation, semblable à la levure de bière, et qui a des propriétés analogues.
|| 2º Ce qu'on lève de dessus et de dessous le lard à larder.
|| 3º (Blason.) Quartier de l'écu dit aussi **franc quartier,** du côté dextre vers le chef, quand il est d'un autre émail que le reste de l'écu.
|| 4º Demi-maille par laquelle on commence un filet.

LEXICOGRAPHE [lĕk'-si-kò-grăf] *s. m.*
[ÉTYM. Emprunté du grec λεξικογράφος (mieux λεξιγράφος), *m. s.* || 1578. **Au livre du lexicographe grec,** H. EST. dans DELB. *Rec.* Admis ACAD. 1762.]
|| (T. didact.) Celui qui fait des travaux sur l'origine et la valeur des mots d'une langue.

LEXICOGRAPHIE [lĕk'-si-kò-grà-fî] *s. f.*
[ÉTYM. Dérivé de lexicographe, § 282. || 1765. ENCYCL. Admis ACAD. 1835.]
|| (T. didact.) Ensemble de travaux du lexicographe.

LEXICOGRAPHIQUE [lĕk'-si-kò-grà-fîk'] *adj.*
[ÉTYM. Dérivé de lexicographie, § 229. || Admis ACAD. 1835.]
|| (T. didact.) Relatif à la lexicographie.

LEXICOLOGIE [lĕk'-si-kò-lò-jî] *s. f.*
[ÉTYM. Composé avec le grec λέξις, mot, λόγος, discours, et le suffixe ie, sous l'influence de lexicographie, § 279. || 1765. ENCYCL. Admis ACAD. 1878.]
|| (T. didact.) Science de l'origine et de la valeur des mots d'une langue.

*LEXICOLOGIQUE** [lĕk'-si-kò-lò-jîk'] *adj.*
[ÉTYM. Dérivé de lexicologie, § 229. || *Néolog.*]
|| (T. didact.) Relatif à la lexicologie.

*LEXICOLOGUE** [lĕk'-si-kò-lògh'] *s. m.*
[ÉTYM. Tiré de lexicologie, § 279. || *Néolog.*]
|| (T. didact.) Celui qui est versé dans la science de l'origine et de la valeur des mots d'une langue.

LEXIQUE [lĕk'-sîk'] *s. m.*
[ÉTYM. Emprunté du grec λεξιχόν, *m. s.* || XVIᵉ s. Tu as en l'estomac Un lexicon farci de mots injurieux, RONS. VII, 127.]
|| 1º Dictionnaire des formes rares et difficiles, ou des mots plus particulièrement employés par un auteur. — d'Homère, de Thucydide, de Cicéron.
|| 2º Dictionnaire abrégé, à l'usage des commençants. — latin-français, français-grec.

LEZ [lé; le z se lie] *prép.*
[ÉTYM. Anc. substantif, signifiant « côté » (du lat. latus, *m. s.* §§ 295, 291, 405 et 418), employé comme préposition, §§ 56 et 724. Souvent écrit les, lès. || XIᵉ s. Ço'st cil qui lez (var. tres) l'uis siet, St Alexis, 178.]
|| *Ancient.* A côté de. || *Spécialt. De nos jours.* Dans les noms de lieux. Le Plessis-lez-Tours. Saint-Pierre-lez-Calais..Caudebec-lez-Elbeuf.

LÉZARD [lé-zằr] *s. m.*
[ÉTYM. Du lat. lacertum, *m. s.* devenu *laisert, lésert, §§ 382, 357 et 291, altéré en lésard par confusion de la terminaison avec le suffixe ard, § 147, puis écrit arbitrairement lézard. Plus rare que lésarde en anc. franç.]
|| Reptile saurien à quatre pattes courtes et grêles, à queue longue formée d'anneaux flexibles qui se rompent aisément, mais qui repoussent. || *Fig.* **Faire le —,** se chauffer au soleil.

LÉZARDE [lé-zàrd'] *s. f.*
[ÉTYM. Forme féminine de lézard, § 37. (*Cf.* le lat. lacerta, qui existe à côté de lacertus.) || (Au sens **I.**) N'i avoit nes une leisarde, CHRÉTIEN DE TROYES, *Charrette,* 3122. | (Au sens **II,** 1º.) Lezards ou lezardes, A. FÉLIBIEN, *Princ. de l'architect.* p. 792. Admis ACAD. 1762.]
I. Anc. franç. Lézard.
II. P. anal. || 1º Fente qui se produit dans un ouvrage de maçonnerie, par tassement, écrasement, etc., et qui a l'aspect d'un lézard courant sur un mur.
|| 2º Petit galon festonné dont la chaîne se contourne comme la queue du lézard, et qui sert à cacher les coutures des étoffes, ou leur ligne de jonction avec le bois d'un meuble.
|| 3º Raie blanche qui se présente parfois dans la composition d'une page imprimée.

LÉZARDER [lé-zàr-dé] *v. tr.*
[ÉTYM. Dérivé de lézarde, § 154. || 1798. Mur lézardé, ACAD.]
|| Fendre (un ouvrage de maçonnerie) par une lézarde. Le tassement a lézardé les murs. Un plafond qui se lézarde.

*LIAGE** [lyằj'; *en vers,* li-ằj'] *s. m.*
[ÉTYM. Dérivé de lier, § 78. || 1243. On ne doit mener nus dras en foire, s'il ne sont lié a droit liage, dans GODEF.]
|| (Technol.) || 1º Action de lier. || *Spécialt.* Opération du tissage consistant à lier les fils qui forment le dessin d'une étoffe façonnée à ceux qui forment le corps du tissu, le fond. Lisse de —.
|| 2º *Fig.* Action de mélanger entièrement. || *Spécialt.* Action de mélanger le salpêtre, le charbon et le soufre pour la fabrication de la poudre à canon.

1. LIAIS [lyè; *en vers,* li-è] *s. m.*
[ÉTYM. Origine inconnue. (*Cf.* llas.) || XIIᵉ s. D'un liois fait sarcu taillier, *Thèbes,* app. v, 10102.]
|| (Technol.) Calcaire compact, qui fournit de bonne pierre de taille pour construction. Pierre de —.

2. *LIAIS [lyè; *en vers,* li-è] *s. m.*
[ÉTYM. Origine inconnue. || XIIIᵉ s. Tapis de douze liois, E. BOILEAU, *Livre des mest.* I, III, 5.]
|| (Technol.) Tringle de bois qui soutient les lices du métier à tisser.

LIAISON [lyè-zon; *en vers,* li-è-...] *s. f.*
[ÉTYM. Dérivé de lier, § 108. (*Cf.* lat. ligatio, ligature.) || XIIIᵉ s. Par cbu fait on on piler de quatre ouins venir a loison, VILLARD DE HONNECOURT, *Album,* p. 155.]
I. Action de lier, état de ce qui est lié.
|| 1º (Marine.) Assemblage des pièces dont se compose la coque du navire. **Pièces de —,** et, *ellipt,* Liaisons, les courbes, préceintes, etc. || (Maçonn.) Croisement des pierres, des briques, le milieu de l'une posant sur le joint de deux autres, et, *ellipt,* mortier qui sert à joindre les briques, les pierres.
|| 2º (Plomberie.) Alliage de l'étain avec le plomb pour former la soudure. || (Cuisine.) Action de délayer (dans une sauce, un potage) des jaunes d'œuf pour donner plus de consistance, et, *ellipt,* Une —, jaune d'œuf délayé dans une sauce.
|| 3º (Fauconn.) Action de l'oiseau qui lie, qui atteint et saisit sa proie.
|| 4º *P. ext.* — des lettres (dans l'écriture), au moyen de petits traits qui joignent l'une à l'autre. — des notes (en musique), en faisant entendre sans interruption plusieurs notes qui se suivent, et, *ellipt,* Une —, trait qui joint une lettre à une autre, qui indique que les notes doivent se suivre sans interruption. — des mots (dans le discours), par les rapports grammaticaux ; des termes (dans la proposition), des propositions (dans la phrase), par les rapports logiques. Le style de ces cantiques,... affranchi des liaisons ordinaires que recherche le discours uni, BOSS. *Hist. univ.* II, 3. || *Fig.* Les passions qui sont les plus convenables à l'homme sont l'amour et l'ambition ; elles n'ont guère de — ensemble, PASC. *Amour.* Ces empires ont pour la plupart une — nécessaire avec l'histoire du peuple de Dieu, BOSS. *Hist. univ.* III, 1. || C'en est le fondement (de l'amitié), la —, CORN. *Rodog.* I, 3. Quoique la — qui l'y tenait attaché (le cœur de l'homme) soit rompue, BOSS. *Honneur du monde,* 1.
II. Action de se lier avec qqn (par des relations de société, d'amitié, etc.) ; relation qui lie une personne avec une autre. Nous sommes si fort dans les mêmes intérêts qu'il n'est pas possible que cela ne fasse une — toute naturelle, SÉV. 1239. Les mariages sont aussi souvent un supplice qu'une douce —, BOSS. *Élévations,* VI, 11. De peur qu'il ne prît des liaisons avec les mécontents, FÉN. *Tél.* 8. — dangereuse, avec des personnes qu'il est dangereux de fréquenter.

LIAISONNER [lyè-zò-né ; *en vers,* li-è-...] *v. tr.*
[ÉTYM. Dérivé de liaison, § 154. || 1694. TH. CORN. Admis ACAD. 1762.]
|| (Technol.) Croiser (les pierres, les briques) de manière que le milieu de l'une pose sur le joint de deux autres. *P. anal.* — des pavés. || Clouer (les lattes d'un comble) de manière qu'elles n'aboutissent pas sur le même chevron. || *Fig.* — le drap, le rendre consistant par le foulage.

LIANE [lyằn'; *en vers,* li-àn'] *s. f.*
[ÉTYM. Semble dérivé de lien, § 96. || 1658. Bois rampants... que les habitants nomment lienes, DE ROCHEFORT, *Hist. nat. et mor. des Antilles,* p. 109. Admis ACAD. 1762.]
|| Plante sarmenteuse, grimpante, des forêts de l'Amérique, qui s'enlace aux arbres et forme des fourrés inextricables. Des lianes semblables à des draperies flottantes, B. DE ST-P. *Paul et Virg.*

LIANT, ANTE [lyan, lyằnt' ; *en vers,* li-...] *adj.*
[ÉTYM. Adj. particip. de lier, § 47. || XVᵉ s. Et y mectés moyeux d'œufz bien batus, et soit bien liant, *Viandier de Taillevent,* dans DELB. *Rec.* Admis ACAD. 1740.]
|| 1º Qui se prête volontiers aux liaisons, aux relations de société, d'amitié. **Fort — avec les ministres,** ST-SIM. I, 196. Isabelle est liante, affable, sociable, DESTOUCHES, *Glor.* I, 5. Le désœuvrement rendant les hommes assez liants, J.-J. ROUSS. *Nouv. Hél.* IV, 5. || *Substantivt.* **Avoir du —.** Fleury... la subjugua par ses manières, son —, ST-SIM. XI, 68.
|| 2º *P. anal.* Qui est souple, non cassant. Un bon carrosse à ressorts bien liants, REGNARD, *Joueur,* 1, 1. || *Substantivt.* Le — du fer, de la fonte.

LIARD [lyàr] *s. m.*

[ÉTYM. Semble tiré de l'anc. adj. liard, gris, d'origine incertaine, peut-être dérivé de lie 2, §§ 38 et 147. || XVᵉ s. Un liart de salade, *Trad. de Térence*, dans GODEF. *Compl.*]

|| Ancienne monnaie de cuivre valant trois deniers, le quart d'un sou. De peur de perdre un —, BOIL. *Sat.* 8. N'avoir pas un —, un rouge —, être sans argent.

LIARDER [lyàr-dé] *v. intr.*

[ÉTYM. Dérivé de liard, § 154. || 1611. COTGR. Admis ACAD. 1835.]

|| Disputer pour un liard, pour une somme insignifiante.

LIAS [lyá; *en vers*, li-á] *s. m.*

[ÉTYM. Emprunté de l'angl. lias, *m. s.* qui est le franç. liais 1, § 8. || *Néolog.* Admis ACAD. 1878.]

|| (Géologie.) Terrain calcaire, marneux, argileux.

LIASIQUE [lyà-zĭk'; *en vers*, li-à-...] et **LIASSIQUE** [lyà-sĭk'; *en vers*, li-à-...] *adj.*

[ÉTYM. Dérivé de lias, § 229. || *Néolog.* Admis ACAD. 1878.]

|| (Géologie.) Qui appartient au lias, est formé de lias. Terrain —.

LIASSE [lyás'; *en vers*, li-ás'] *s. f.*

[ÉTYM. Dérivé de lier, § 81. || XIIᵉ s. Cent liaces de grappes seches, *Rois*, II, 16.]

|| **1°** Paquet de lettres, de papiers, d'actes, etc., liés ensemble.

|| **2°** Chacun des paquets dont se compose une balle de filasse.

LIASSIQUE. *V.* liasique.

LIBAGE [li-bàj'] *s. m.*

[ÉTYM. Dérivé de l'anc. franç. libe, bloc de pierre, d'origine inconnue, § 78. || 1675. A. FÉLIBIEN, *Princ. de l'architect.* p. 632. Admis ACAD. 1762.]

|| (Technol.) Pierre brute destinée à être noyée dans l'épaisseur d'un mur.

LIBATION [li-bà-syon; *en vers*, -si-on] *s. f.*

[ÉTYM. Emprunté du lat. libatio, *m. s.* || 1519. Que fault il plus en nos libations? GUILL. MICHEL, *Géorgiques*, dans DELB. *Rec.*]

|| (Antiq.) Pratique religieuse consistant à répandre, en l'honneur d'une divinité, du miel, du lait, de l'huile, et surtout du vin pur. Faire des libations aux dieux. || *P. plaisant. Famil.* Action de vider un verre de vin. Il a fait d'amples libations, il a bu largement.

LIBELLE [li-bèl] *s. m.*

[ÉTYM. Emprunté du lat. libellus, *m. s.* || XIIIᵉ s. Autant vaut demande comme libelle, BEAUMAN. VI, 1.]

|| **1°** *Ancienn.* Petit livre. || *Spécialt.* (Droit romain, ecclés.) Acte par lequel qqch est notifié juridiquement. — de divorce, par lequel un mari déclare répudier sa femme. || — d'anathème, d'excommunication.

|| **2°** Écrit diffamatoire publié contre tel ou tel personnage. On nomme libelles de petits livres d'injures, VOLT. *Dict. philos.* libelle.

LIBELLER [li-bèl'-lé] *v. tr.*

[ÉTYM. Dérivé de libelle, § 266. || 1611. COTGR.]

|| (Droit.) Rédiger dans la formule voulue. — un exploit, un arrêt. || *Au part. passé pris substantivt.* Le libellé d'un arrêt, sa rédaction.

LIBELLISTE [li-bèl'-list'] *s. m.*

[ÉTYM. Dérivé de libelle, § 265. || XVIIᵉ s. CHAPELAIN, *Lett.* dans DELB. *Rec.* Admis ACAD. 1798.]

|| Auteur d'un libelle, d'un écrit diffamatoire publié contre tel ou tel personnage.

LIBELLULE [li-bèl'-lul] *s. f.*

[ÉTYM. Emprunté du lat. des naturalistes libellula, *m. s.* proprt, « petit niveau », à cause de la façon dont cet insecte plane. || 1804. LATREILLE, dans *Nouv. Dict. d'hist. nat.* XXIV, 171. Admis ACAD. 1878.]

|| Insecte névroptère, dit vulgairement demoiselle, au corps mince, aux ailes transparentes.

LIBER [li-bèr] *s. m.*

[ÉTYM. Emprunté du lat. liber, écorce d'arbre. (*Cf.* livre.) || 1765. ENCYCL. Admis ACAD. 1835.]

|| (Botan.) Partie interne de l'écorce d'un arbre, composée des couches récentes les plus voisines de l'aubier (bois blanc) et disposées en feuillets minces superposés. Avant l'invention du papier, on écrivait sur le — du tilleul.

LIBERA [li-bé-rà] *s. m.*

[ÉTYM. Impér. du verbe lat. liberare, délivrer. || XVIIᵉ s. La peur des liberas, SCARR. *Virg. trav.* 2. Admis ACAD. 1798.]

|| (Liturgie cathol.) Leçon commençant par les mots Libera me, Domine (délivre-moi, Seigneur), que le prêtre chante, après l'office des défunts, auprès du cercueil. || *Fig. Famil.* Chanter un —, se proclamer délivré, débarrassé (de qqn, de qqch).

LIBÉRAL, ALE [li-bé-ràl] *adj.*

[ÉTYM. Emprunté du lat. liberalis, *m. s.* || XIIᵉ s. Li duz reis liberaus, BENEEIT, *Ducs de Norm.* 42025.]

I. || **1°** Qui convient à un homme de condition libre. Les arts libéraux (par opposition aux arts mécaniques). Les professions libérales. Une éducation libérale.

|| **2°** Qui aime à donner. Un avaricieux même qui aime devient —, PASC. *Amour.* Est d'humeur libérale, et donne sans compter, LA F. *Eunuque*, III, 6. || *P. ext.* —, il (l'arbre) nous donne Ou des fleurs au printemps, ou du fruit en automne, LA F. *Fab.* X, 1. Il choisit une nuit libérale en pavots, ID. *ibid.* XI, 3.

II. *Néolog.* Favorable à la liberté politique. Des institutions libérales. Des opinions libérales. *Substantivt.* Les libéraux, les partisans de la liberté politique.

LIBÉRALEMENT [li-bé-ràl-man; *en vers*, -rà-le-...] *adv.*

[ÉTYM. Composé de libérale et ment, § 724. || XIIIᵉ s. Liberalment, *Vie de Ste Eulalie*, dans GODEF. liberalment.]

I. D'une manière libérale.

|| **1°** *Vieilli.* D'une manière qui convient à un homme de condition libre. Être élevé —.

|| **2°** En homme qui aime à donner. Il le récompensa —. || *P. ext.* Qu'il soit phlébotomisé — (largement), MOL. *Pourc.* I, 8. Cette prévoyance que les philosophes accordent trop — aux bêtes, BUFF. *Caille.*

II. *Néolog.* D'une manière favorable à la liberté politique. Gouverner —.

LIBÉRALISME [li-bé-rà-lism'] *s. m.*

[ÉTYM. Dérivé de libéral, § 265. || *Néolog.* Admis ACAD. 1878.]

|| Opinion des partisans de la liberté politique.

LIBÉRALITÉ [li-bé-rà-li-té] *s. f.*

[ÉTYM. Emprunté du lat. liberalitas, *m. s.* || 1262. *Chârte de Gui de Lusignan*, dans DELB. *Rec.*]

|| **1°** Disposition de celui qui aime à donner. Sans rien attendre... de la — d'autrui, BOSS. *Hist. univ.* III, 6. La — consiste moins à donner beaucoup qu'à donner à propos, LA BR. 4.

|| **2°** Ce qu'on donne dans cette disposition. Ne croyant pas assez honorer les libéralités de ses ancêtres, si elle ne les imitait, BOSS. *A. de Gonz.*

LIBÉRATEUR, TRICE [li-bé-rà-teùr, -trïs'] *s. m.* et *f.*

[ÉTYM. Emprunté du lat. liberator, trix, *m. s.* (*Cf.* le doublet livreur.) || XVIᵉ s. Dieux liberateurs, AMYOT, dans DELB. *Rec.*]

|| Celui, celle qui rend qqn libre de ce qui le tient captif. Est-ce un — que le Ciel vous prépare? RAC. *Ath.* III, 4. Moi, ton —? je ne suis pas si sot, LA F. *Fab.* VIII, 22. || *Fig.* Jésus-Christ considéré comme ayant rendu le genre humain libre de l'esclavage du péché. Je tends les bras à mon —, PASC. *Pens.* XV, 19.

LIBÉRATION [li-bé-rà-syon; *en vers*, -si-on] *s. f.*

[ÉTYM. Emprunté du lat. liberatio, *m. s.* (*Cf.* le doublet livraison.) || XIVᵉ s. Liberacion et delivrance de la dicte enfermeté, *Somme Mᵉ Gautier*, mss franç. Bibl. nat. 1288, fᵒ 82, vᵒ.]

|| Action de rendre qqn libre d'une obligation, d'une dette, d'une servitude. La — d'un débiteur, par l'acquittement de sa dette. La — de l'État, par l'acquittement de la dette publique. Les États tendent toujours... à se procurer leur —, MONTESQ. *Espr. des lois*, XXII, 10. || La — d'un soldat, par exonération du service militaire, ou accomplissement du temps de service. || La — d'un condamné, par l'expiration de sa peine.

LIBÉRER [li-bé-ré] *v. tr.*

[ÉTYM. Emprunté du lat. liberare, *m. s.* (*Cf.* le doublet livrer.) || 1642. OUD.]

|| Rendre (qqn) libre d'une obligation, d'une dette, d'une servitude. Un débiteur qui s'est libéré. || — un soldat, l'exonérer du service militaire, ou le renvoyer quand il a fait son temps de service. || — un condamné, le mettre en liberté après l'expiration de sa peine. Un forçat libéré. || *Fig.* On se peut — un peu de la tyrannie d'un père, MOL. *Am. méd.* I, 4.

LIBERTÉ [li-bèr-té] *s. f.*

[ÉTYM. Emprunté du lat. **libertas**, *m. s.* || XIVᵉ s. La liberté nouvellement acquise, BERSUIRE, f° 27, dans LITTRÉ.]

|| État où l'on ne subit aucune contrainte.

I. En parlant de la condition d'un individu, d'un citoyen, d'un peuple.

|| **1°** Condition où l'individu n'appartient pas à un maître. Il était juste de donner la — à celui (l'esclave Vindex) qui avait rendu un si grand service à sa patrie, MONTESQ. *Espr. des lois*, XII, 15. Si la — a un prix pour celui qui l'achète, elle est sans prix pour celui qui la vend, ID. *ibid.* XV, 2. Que sert la bonne chère, Quand on n'a pas la —? LA F. *Fab.* IV, 13.

|| **2°** Condition où le citoyen ne dépend pas d'une autorité arbitraire. — civile, par laquelle les citoyens jouissent des droits civils, qui sauvegardent leurs intérêts privés. — individuelle, par laquelle les citoyens ne peuvent être privés de la liberté de leur personne que dans les cas prévus par la loi. — de conscience, des cultes. — politique, par laquelle les citoyens participent à la vie publique, exercent un contrôle sur le gouvernement. La — politique ne se trouve que dans les gouvernements modérés, MONTESQ. *Espr. des lois*, XI, 4. Sous ce nom de —, les Romains se figuraient, avec les Grecs, un État où personne ne fût sujet que de la loi, BOSS. *Hist. univ.* III, 6. Arbre de la —, peuplier planté sur une place publique comme emblème de la liberté. — de la presse, par laquelle les citoyens peuvent faire imprimer sans censure leurs opinions politiques, religieuses, etc. — d'enseigner, par laquelle tout citoyen peut enseigner, s'il remplit les conditions de capacité et de moralité fixées par la loi. — du commerce, par laquelle les commerçants peuvent vendre, acheter, tant à l'intérieur qu'à l'extérieur, sans être soumis à des droits ou à des prohibitions.

|| **3°** Condition où l'État n'est pas asservi à une puissance étrangère. (*Syn.* indépendance.) L'éloquence de Démosthènes, puissant défenseur de la —, BOSS. *Hist. univ.* I, 8. La triste Italie encor toute fumante Des feux qu'a rallumés sa — mourante, RAC. *Mithr.* III, 1. || — des mers, qui garantit aux vaisseaux de toutes les nations le droit de naviguer sur toutes les mers. || *P. ext.* Les libertés de l'Église gallicane, ensemble de droits que s'attribuait l'Église de France dans ses rapports avec le saint-siège.

II. Pouvoir qu'a la volonté de se déterminer sans subir aucune contrainte. (*Syn.* libre arbitre.) Que si plus je recherche en moi-même la raison qui me détermine, plus je sens que je n'en ai aucune autre que ma seule volonté, je sens par là clairement ma —, qui consiste uniquement dans un tel choix, BOSS. *Libre Arb.* 2. Les moyens de concilier notre — avec les décrets de la Providence, ID. *ibid.* 4. || — d'indifférence, pouvoir de se déterminer sans aucun motif. Cette indifférence que je sens lorsque je ne suis point emporté vers un côté plutôt que vers un autre par le poids d'aucune raison, est le plus bas degré de la —, DESC. *Médit.* 4.

III. État où l'action de l'homme ne rencontre pas d'obstacle. Priver qqn de sa —, l'emprisonner. — provisoire, sous caution, accordée provisoirement, sous caution, à un prévenu. Mettre un prisonnier en —. || *P. anal.* Mettre un oiseau en —. || Avoir la — de ses mouvements. Dans un être animé la — des mouvements fait la belle nature, BUFF. *Cheval.* Danser avec la même — et la même grâce que l'on sait marcher, LA BR. 12. || — du ventre, facilité à évacuer. || Il perd la — de son esprit, FÉN. *Tél.* 12. J'ai l'esprit fort en — du côté de la guerre, SÉV. 365. La — de penser, état d'un esprit qui n'admet d'autre autorité que celle de sa raison. La — de langage. Je répondrai, Madame, avec la — D'un soldat qui sait mal farder la vérité, RAC. *Brit.* I, 2. Je suis au désespoir d'avoir donné la — à ma plume sur ce sujet, SÉV. 2, lett. de date incert. || Un même coup a mis ma gloire en sûreté, Mon âme au désespoir, ma flamme en —, CORN. *Cid*, V, 5. (Théol.) La — des enfants de Dieu, affranchis de l'esclavage du péché. || *Spécialt.* Dans le langage amoureux. Un cœur qui a perdu sa —. Je vois ici des yeux qui ont la mine... de faire insulte aux libertés, MOL. *Préc. rid.* sc. 9. || Ses occupations ne lui laissent pas une heure de —. La — n'est pas oisiveté, c'est un usage libre du temps, LA BR. 12. Une personne qui ne s'est pas mariée pour garder sa —. || *Spécialt.* Droit que qqn s'arroge ou qui lui est accordé. Je demandai la — d'être seule, SÉV. 131. Un endroit écarté Où d'être homme d'honneur on ait la —, MOL. *Mis.* V, 4. Sans qu'on ait la — de vous contredire, PASC. *Prov.* 11. La vérité n'a plus la — de paraître,

ID. *Pens.* XXIII, 37. Un flatteur prit la — de lui parler à l'oreille, FÉN. *Tél.* 14. || *P. ext.* Licence que prend qqn. Il voit le faux Ibrahim dans toutes les libertés d'un maître, MONTESQ. *Lett. pers.* 141. Les libertés que chacun se donnait dans les festins, FÉN. *Anacharsis*. En me demandant pardon de la — grande, HAMILT. *Gram.* p. 25. Prendre des libertés avec qqn, lui manquer de respect.

LIBERTIN, INE [li-bèr-tin, -tin'] *s. m.* et *f.*

[ÉTYM. Emprunté du lat. **libertinus**, qui signifie « affranchi, fils d'affranchi ». Le sens péjoratif du franç. libertin paraît venir d'un passage de la Bible (*Actes des Ap.* VI, 9) où le lat. libertinus a été mal interprété. || 1542. Nouvelle secte appelée libertins, dans DELB. *Rec.*]

|| **1°** *Vieilli.* Celui, celle qui s'affranchit de l'autorité de la religion, des croyances, de la discipline. Ces libertins qui ne cherchent qu'à douter de la religion, PASC. *Prov.* 4. Deux sortes de gens fleurissent dans les cours et y dominent dans divers temps, les libertins et les hypocrites, LA BR. 16. || *Adjectivt.* Je le soupçonne encor d'être un peu —, Je ne remarque point qu'il hante les églises, MOL. *Tart.* II, 2. Le charme par où ces esprits sont jetés dans les opinions libertines, BOSS. 6ᵉ *Avert. aux protest.* III, 11.

|| **2°** *Vieilli.* Celui, celle qui s'affranchit de toute règle, de toute autorité. || *Adjectivt.* Il y a de quoi s'étonner qu'un homme aussi — que moi se hâte de quitter tout cela pour aller trouver un maître, VOIT. *Lett.* 39. Je suis tellement libertin quand j'écris, que le premier tour que je prends règne tout le long de ma lettre, SÉV. 723. *P. ext.* Cette étendue libertine (de la durée de l'action) qui n'avait aucunes bornes, CORN. *Veuve*, exam.

|| **3°** Celui, celle qui a des mœurs déréglées. Je devins polisson, mais non —, J.-J. ROUSS. *Confess.* 2. || *Adjectivt.* Une vieille femme fort libertine, VOLT. *Princ. de Babyl.* 4.

LIBERTINAGE [li-bèr-ti-nàj'] *s. m.*

[ÉTYM. Dérivé de libertin, § 78. On trouve libertinisme au XVIᵉ s. (*V.* DELB. *Rec.*) || 1611. COTGR.]

|| **1°** *Vieilli.* État de celui qui s'affranchit de l'autorité de la religion, des croyances, de la discipline. Esclaves des grands dont ils ont épousé le —, LA BR. 16. Ce discours sent le —, MOL. *Tart.* I, 5.

|| **2°** *Vieilli.* État de celui qui s'affranchit de toute règle, de toute autorité. Le — de votre vie et de vos repas, SÉV. 723. Tout le monde parviendra à aimer ce — : la gêne du commandement fatiguera, comme celle de l'obéissance, MONTESQ. *Espr. des lois*, VIII, 2.

|| **3°** Dérèglement des mœurs. Vivre dans le —.

LIBERTINER [li-bèr-ti-né] *v. intr.*

[ÉTYM. Dérivé de libertin, § 266. || 1734. *V.* à l'article. Admis ACAD. 1762.]

|| *Rare.* Faire le libertin. Écervelé qui laisse sa compagne Et pour — va battre la campagne, LA CHAUSSÉE, *Fausse Antip.* (1734), III, 6.

LIBIDINEUX, EUSE [li-bi-di-neû, -neûz'] *adj.*

[ÉTYM. Emprunté du lat. **libidinosus**, *m. s.* || XIIIᵉ s. Volenté libidineuse, *Sept Sages*, dans DELB. *Rec.* Admis ACAD. 1762.]

|| Qui s'abandonne grossièrement aux désirs charnels. || *Substantivt.* Un vieux —.

LIBITUM (AD). *V.* ad libitum.

LIBRAIRE [li-brèr'] *s. m.*

[ÉTYM. Emprunté du lat. **librarius**, *m. s.* || 1313. Thomas de Maubourg, libraire, dans DELB. *Rec.*]

|| **1°** *Anciennt.* Copiste.

|| **2°** Celui qui fait le commerce des livres.

LIBRAIRIE [li-brè-ri] *s. f.*

[ÉTYM. Dérivé de libraire, § 68. (*Cf.* lat. libraria, *m. s.*) || 1380. La librairie du roy, dans GODEF.]

|| **1°** *Anciennt.* Bibliothèque. N'admettez qu'eux (les écrits d'Escobar) en votre —, Brûlez Arnauld avec sa coterie, LA F. *Ball. sur Escobar.*

|| **2°** Magasin où l'on vend des livres. || Commerce des livres.

LIBRATION [li-brà-syon; *en vers*, -si-on] *s. f.*

[ÉTYM. Emprunté du lat. **libratio**, *m. s.* || 1547. Libration et nivellement, c'est tout un, J. MARTIN, *Vitruve*, dans DELB. *Rec.* Admis ACAD. 1762.]

|| (*T. didact.*) Balancement. *Spécialt.* (Astron.) Balancement apparent d'un astre autour de son axe. La — de la lune.

LIBRE [libr'] *adj.*

[ÉTYM. Emprunté du lat. liber, libera, m. s. || 1339. Se déduit de l'exemple cité à librement.]

|| Qui ne subit aucune contrainte.

I. En parlant de la condition d'un individu, d'un citoyen, d'un État.

|| **1°** (En parlant d'un individu.) Qui n'appartient pas à un maître. Une personne —, de condition —. Claude ordonna que les esclaves qui auraient été abandonnés par leurs maîtres, étant malades, seraient libres s'ils échappaient, MONTESQ. *Espr. des lois*, xv, 17.

|| **2°** (En parlant d'un citoyen.) Qui ne dépend pas d'une autorité arbitraire. Le peuple romain ne se crut pas —, s'il n'avait des voies légitimes pour résister au sénat, BOSS. *Hist. univ.* III, 7. P. ext. Un pays où la presse est —. Le — exercice du culte. Commerce —, — échange, commerce, échange des marchandises au dedans et au dehors, non assujetti à des droits, à des prohibitions. Enseignement —, donné par des professeurs qui ne dépendent pas de l'État ou de la commune.

|| **3°** (En parlant d'un État.) Qui n'est pas asservi à une puissance étrangère. Les Grecs... crurent être libres en effet, parce que les Romains les déclaraient tels, MONTESQ. *Rom.* 5. || Ville —, qui se gouverne par ses lois, par ses magistrats, et ne dépend pas d'un État. Église —, indépendante de l'État.

II. (En parlant de l'être moral.) Dont la volonté a le pouvoir de se déterminer sans subir aucune contrainte. Que chacun de nous s'écoute et se consulte soi-même, il sentira qu'il est —, BOSS. *Libre Arb.* 2. L'âme serait — par la supposition, et dans le fait elle ne le serait pas plus qu'une boule de billard n'est — de se remuer, MONTESQ. *Lett. pers.* 69. Le — arbitre, pouvoir qu'a la volonté de l'homme de se déterminer sans subir aucune contrainte. Je ne laisse pas de faillir et d'user mal de mon — arbitre, DESC. *Médit.* 4.

III. (En parlant du corps, de l'esprit, du cœur de l'homme.) Dont l'action ne trouve pas d'obstacle. Être —, sortir de prison. Un prévenu qu'on a laissé — sous caution. || Être — de ses mouvements. || Avoir le corps, le ventre —, évacuer facilement. || Avoir l'esprit —. Je n'avais pas l'esprit assez — pour lui répondre, FÉN. *Tél.* 6. Un — penseur, celui qui n'admet d'autre autorité que celle de sa raison. || Mon cœur, exempt de soins, — de passion, BOIL. *Sat.* 2. — du joug superbe où je suis attaché, RAC. *Iph.* I, 1. Les Juifs... ont été esclaves du péché, et les chrétiens sont les enfants libres, PASC. *Pens.* XXIV, 44. Avoir le cœur —, ne pas aimer. || Être —, non marié. Un homme — et qui n'a point de femme, LA BR. 2. Un commerce entre personnes libres. *Néolog.* Femme —, qui prétend avoir la même indépendance que les hommes. N'être pas —, avoir des occupations, des engagements. Il n'est pas bon d'être trop —, PASC. *Pens.* XXV, 72. Vous serez — de nous immoler dans trois jours, FÉN. *Tél.* 3. Il vous est —, et, *ellipt*, — à vous de sortir. || (Marine.) — pratique, faculté de communiquer avec un port, une ville, accordée à un navire venant de pays où règnent des maladies contagieuses. || P. ext. Qui se donne licence. Une personne — dans ses propos, qui a des manières, un langage trop —.

IV. (En parlant des choses.) Qui n'offre pas d'obstacle. Les chemins sont libres. Un espace —. Le temple est — et n'a plus d'ennemis, RAC. *Ath.* V, 6. Avoir le champ —. *Fig.* Et laisser un champ — (la liberté d'agir) aux vœux du damoiseau, MOL. *Éc. des f.* II, 1. La mer est —, les glaces sont fondues. A l'air —, en plein air. Trouver l'entrée —. Avoir une — entrée, un — accès auprès de qqn, dans un lieu. || *P. ext.* Cristaux libres, dont les aiguilles sont distinctes les unes des autres. Doigts libres, séparés jusqu'à l'articulation avec le tarse. Amande —, qui n'adhère point à son enveloppe. Étamines libres, ovaire —, sans adhérence. || Calorique — (par opposition à latent), qui rayonne hors d'un corps et agit sur le thermomètre. | Avoir son temps —, sans occupation obligée. | Convention sur papier —, sur papier non assujetti au timbre. Vers libres, non astreints à une mesure uniforme. Traduction —, non assujettie à une exactitude littérale.

LIBRE-ÉCHANGE [li-bré-chănj']. V. échange 1.

LIBRE-ÉCHANGISTE [li-bré-chan-jĭst'] *s. m.*
[ÉTYM. Dérivé de libre-échange, § 265. (*Cf.* échangiste.) || *Néolog.* Admis ACAD. 1878.]

|| Partisan du libre-échange.

LIBREMENT [li-bre-man] *adv.*

[ÉTYM. Composé de libre et ment, § 724. || 1339. Librement et francement, dans GODEF. *Compl.*]

|| Sans contrainte. Exercer — son culte. Publier — sa pensée. || Se mouvoir —. Juger — des choses. Parlons —, CORN. *Agés.* I, 1. Nous pouvons parler —, MOL. *Av.* IV, 1. Entrer, sortir —. || P. ext. Avec licence. Se conduire, parler trop —.

LIBRETTISTE [li-brĕt'-tĭst'] *s. m.*
[ÉTYM. Dérivé de libretto, § 265. || *Néolog.* Admis ACAD. 1878.]

|| Celui qui compose un libretto.

LIBRETTO [li-brĕt'-tô] *s. m.*
[ÉTYM. Emprunté de l'ital. libretto, diminutif de libro, livre (*cf.* livret), § 12. || *Néolog.* Admis ACAD. 1878.]

|| Poème d'un opéra. || P. ext. Scénario d'un ballet.

1. LICE [lĭs'] *s. f.*
[ÉTYM. Origine incertaine; se rattache peut-être à l'anc. haut allem. lista, bordure (V. liste), par une forme latinisée *listea* ou *listia*, qui donnerait régulièrement en franç. lice, §§ 6, 498 et 499. || xii° s. Tuit a un front passent la lice, *Thèbes*, 4573.]

|| **1°** *Anciennt.* Palissade, barrière. *Spécialt.* Barrière fermant l'espace destiné à des joutes, à des tournois, à des exercices de manège. || P. ext. Espace fermé de barrières, où luttaient ceux qui prenaient part à des joutes, à des tournois. Il suffit qu'une fois il entre dans la —, CORN. *Cid*, IV, 5. || De nos jours. Entrer en — contre qqn, en lutte publique par des écrits, des discours, etc. Non pour entrer en — contre personne, PASC. *Prov.* 3. Fuir la —, ne pas vouloir combattre, discuter.

|| **2°** (Technol.) | 1. (Marine.) Ceinture de bois, dite aussi — d'exécution, qui, dans un navire en construction, maintient provisoirement à leur place les couples qui doivent former la carcasse. P. ext. — de carène, courbe donnée par le plan du navire à construire avec sa direction de l'avant à l'arrière.[2. (Charp.) Pièce de bois posée horizontalement sur les poteaux d'une barrière, d'un garde-fou.

2. LICE ou **LISSE** [lĭs'] *s. f.*
[ÉTYM. Du lat. licia, plur. de licium, fil, trame, employé comme fém. sing. §§ 383, 291 et 545. || xii° s. Il savoit de fil en lice Quant que preudome avoit mestier, *Partenopeus*, 218.]

|| (Technol.) Suite de fils verticaux, munis de mailles, où passent les fils horizontaux de la chaîne du métier à tisser. Tapisserie de basse —, où les fils de la chaîne, tendus horizontalement, montent et descendent alternativement. Tapisserie de haute —, où les fils de la chaîne, tendus verticalement, s'éloignent et se rapprochent alternativement. || P. ext. Tringle en bois parallèle aux fils, d'une longueur égale à la largeur du tissu qu'on veut fabriquer. || Bâton qui sert aux cordiers pour faire la sangle.

3. LICE [lĭs'] *s. f.*
[ÉTYM. Origine inconnue. || xii° s. D'une leisse vuz veil conter Qui preste estoit a chaeler, MARIE DE FRANCE, *Fab.* t. II, p. 86, Robert. Admis ACAD. 1740.]

|| Femelle d'un chien de chasse. — nouée, qui est pleine. Une — étant sur son terme, LA F. *Fab.* II, 7.

LICENCE [li-sâns'] *s. f.*
[ÉTYM. Emprunté du lat. licentia, m. s. || xii° s. Quant il [en] out licence, GARN. DE PONT-STE-MAX. *St Thomas*, 4200.]

|| **1°** Liberté de faire, de dire qqch en vertu d'une permission donnée. Ils se voyaient avec pleine —, RAC. *Phèd.* IV, 6. Avec votre —, MOL. *Tart.* V, 4. || Concession particulière faite par l'administration du droit de débiter certaines denrées, du droit de pêche dans telle ou telle partie d'un cours d'eau, etc. || (T. universitaire.) Grade intermédiaire entre celui de bachelier et celui de docteur, donnant le droit d'enseigner, de plaider, etc. La — en droit. La — ès lettres, ès sciences. Prendre, obtenir sa —. *Vieilli. Au plur.* Il en est venu glorieusement à avoir ses licences, MOL. *Mal. im.* II, 5. || *Vieilli.* Entrer en —, commencer les exercices préparatoires de la licence.

|| **2°** Liberté trop grande que prend qqn. Aucun n'a pris cette —, MOL. *F. sav.* II, 3. Jusqu'où de leurs discours ils portent la —, RAC. *Ath.* II, 5. || *Spécialt.* — poétique, liberté que prend un poète en s'écartant des règles exactes. || P. ext. Liberté déréglée. La liberté dégénère en —. La — des soldats, BOSS. *Hist. univ.* III, 7. Passer subitement à l'extrême —, RAC. *Phèd.* IV. 2. *Spécialt.* Liberté déréglée en ce qui concerne les mœurs. Cette jeunesse vient avec une — sans bornes, FÉN. *Tél.* 10.

LICENCIÉ [li-san-syé ; *en vers*, -si-é] *s. m.*

[ÉTYM. Emprunté du bas lat. licentiatus, *m. s.* et écrit avec un c d'après licence. ‖ 1349. Licencié en loys, dans GODEF. *Compl.*]

‖ Celui qui a pris le grade universitaire de la licence. Un — en droit.

LICENCIEMENT [li-san-si-man] *s. m.*

[ÉTYM. Dérivé de licencier, § 145. ‖ XVIᵉ s. Après le licenciement de la nostre (armée), CASTELNAU, *Mém.* ann. 1569. Admis ACAD. 1718.]

‖ Action de licencier (les soldats d'une armée, les élèves d'une école).

LICENCIER [li-san-syé ; *en vers*, -si-é] *v. tr.*

[ÉTYM. Emprunté du bas lat. licentiare, *m. s.* § 266. ‖ XIVᵉ s. Licencier, FROISS. dans GODEF. *Compl.*]

‖ 1° Rendre libre, renvoyer dans ses foyers. — des soldats, les élèves internes d'une école. ‖ *Fig. Vieilli.* — mes soins et mon appui, MOL. *Ét.* v, 6.

‖ 2° Rendre trop libre (dans sa conduite). Il n'en faut qu'une seule (passion) pour corrompre le cœur, pour le —, BOURD. *Sévérité chrét.* 2. Quoi? ta bouche se licencie A te donner encore un nom que je défends? MOL. *Amph.* III, 6.

LICENCIEUSEMENT [li-san-syeûz'-man ; *en vers*, -si-eû-ze-...] *adv.*

[ÉTYM. Composé de licencieuse et ment, § 724. ‖ XVIᵉ s. Licencieusement et a bride avallée, CALV. *Instit. chr.* III, IV, 21.]

‖ 1° *Vieilli.* En prenant trop de licence.

‖ 2° D'une manière licencieuse.

LICENCIEUX, EUSE [li-san-syeû, -syeûz' ; *en vers*, -si-...] *adj.*

[ÉTYM. Emprunté du lat. licentiosus, *m. s.* ‖ 1565. D'un pas licencieux, RONS. dans DELB. *Rec.*]

‖ Qui se laisse aller à une liberté déréglée. Immolé à la fureur des soldats —, BOSS. *Hist. univ.* I, 10. Les égarements de ce ministre et tous les autres excès de sa licencieuse théologie, BOSS. *6ᵉ Avert. aux protest.* III, 1. Cette opinion est un peu licencieuse, CORN. *Disc. des trois unités.* ‖ *Spécialt.* Qui se laisse aller au déréglement des mœurs. Mener une vie licencieuse. Un roman —.

LICER ou **LISSER** [li-sé] *v. tr.*

[ÉTYM. Dérivé de lice 1, § 154. ‖ 1293. Avoient leur pont fermeit et liciet, dans GODEF. licier.]

‖ (Marine.) Ceindre de lices (un navire en construction).

LICERON ou **LISSERON** [lis'-ron ; *en vers*, li-se-...] *s. m.*

[ÉTYM. Dérivé de lice 2, § 105. ‖ 1680. Liceron, RICHEL. ‖ 1690. Lisseron, FURET.]

‖ (Technol.) Petit morceau de bois plat soutenant les fils qui servent à la fabrication du ruban.

LICET [li-sèt'] *s. m.*

[ÉTYM. Mot lat. signifiant « il est permis », 3ᵉ pers. sing. indic. prés. de licere. (*Cf.* loisir.) ‖ Admis ACAD. 1798.]

‖ (T. scolast.) Permission. Obtenir un —.

LICETTE [li-sèt'] *s. f.*

[ÉTYM. Dérivé de lice 2, § 133. ‖ 1752. Lissette, TRÉV.]

‖ (Technol.) Petite lice du métier à tisser, ordinairement placée à la queue des rames.

LICHEN [li-kèn'] *s. m.*

[ÉTYM. Emprunté du lat. lichen, grec λειχήν, *m. s.* ‖ 1556. La mousse et lichen, R. LE BLANC, dans DELB. *Rec.* Admis ACAD. 1762.]

‖ (T. didact.) ‖ 1° Plante cryptogame qui croît sur l'écorce des arbres, sur les rochers, sur les pierres humides, en forme de croûte pulvérulente. — d'Islande, dont on fait une tisane pectorale, des pastilles, etc. — des rochers, qui fournit une matière colorante. (*V.* orseille.)

‖ 2° *Fig.* Éruption sur la peau de papules rougeâtres, prurigineuses, le plus souvent disposées en groupes.

LICHER [li-ché] *v. tr.*

[ÉTYM. Autre forme de lécher, qui se trouve dès le XIIᵉ s. (*V.* ce mot.)]

‖ *Trivial.* Lécher. ‖ *P. ext. Absolt.* Manger, boire sensuellement. *Absolt.* Il aime à —. (*Cf.* licheur.)

LICHEUR, EUSE [li-cheur, -cheûz'] *s. m. et f.*

[ÉTYM. Dérivé de licher, § 112. ‖ XIIᵉ s. Lichere, *Gloss. de Tours*, dans *Bibl. de l'Éc. des chartes*, 1867, p. 329.]

‖ *Trivial.* Celui, celle qui aime à licher.

LICITATION [li-si-tà-syon ; *en vers*, -si-on] *s. f.*

[ÉTYM. Emprunté du lat. licitatio, *m. s.* ‖ XVIᵉ s. Licitation et adjudication, LOYSEL, p. 542.]

‖ (Droit.) Vente aux enchères d'un bien indivis. — amiable, volontaire, qui a lieu quand les copropriétaires sont majeurs et d'accord entre eux, et peut se faire sans publicité. — judiciaire, ordonnée par le tribunal quand les copropriétaires majeurs ne sont pas d'accord, ou quand il y a des mineurs, et où les étrangers sont admis à enchérir.

LICITATOIRE [li-si-tà-twàr] *adj.*

[ÉTYM. Dérivé du radical de licitation, § 249. ‖ *Néolog.*]

‖ (Droit.) Relatif à la licitation. Acte —.

LICITE [li-sit'] *adj.*

[ÉTYM. Emprunté du lat. licitus, *m. s.* part. de licere. (*Cf.* licet et loisir.) ‖ 1389. Sainct Augustin... Huit paire de mentir nous livre Desquelx nul n'en y a licite, J. PETIT, *Champ d'or*, dans DELB. *Rec.*]

‖ Qu'aucune loi ne défend. (*Cf.* illicite.) Sans parler que des gains licites, on paie au tuilier sa tuile, LA BR. 12. ‖ *Substantiv.* Le —, loin d'empêcher son contraire, le provoque, BOSS. *Comédie*, 5.

LICITEMENT [li-sit'-man ; *en vers*, -si-te-...] *adv.*

[ÉTYM. Composé de licite et ment, § 724. ‖ 1381. En usant licitement du droit de la juridiction, dans DOUET D'ARCQ, *Pièces relat. à Ch. VI*, II, 266.]

‖ D'une manière licite.

LICITER [li-si-té] *v. tr.*

[ÉTYM. Emprunté du lat. licitari, *m. s.* ‖ 1690. FURET.]

‖ (Droit.) Vendre par licitation.

LICOL [li-kòl] et **LICOU** [li-kou] *s. m.*

[ÉTYM. Pour lie-col, lie-cou, composé de lie (du verbe lier), et col, cou, § 209. ‖ 1333. Liecol, dans GODEF. *Compl.*]

‖ 1° Courroie, corde qu'on met autour du cou d'un cheval, d'un âne, etc., pour l'attacher à l'écurie, le conduire à l'abreuvoir, etc. Le troisième osa faire Un licou pour le dromadaire, LA F. *Fab.* IV, 10. ‖ *Fig.* Il fallut mener ces bêtes de somme (le peuple) par les licous qu'elles s'étaient faits elles-mêmes, VOLT. *Philos. Exam. import.* 34.

‖ 2° *P. ext. Famil.* Corde pour pendre qqn. Pour avoir fait à Tyr un vol, Avait fini par un licol, SCARR. *Virg. trav.* 4.

LICORNE [li-kòrn'] *s. f.*

[ÉTYM. Altération du lat. unicornis, qui n'a qu'une corne. ‖ XIIIᵉ s. Unicorne est une fiere beste, BRUN. LATINI, *Tresor*, p. 252. ‖ 1388. Une espreuve de lincorne, dans GODEF.]

‖ Animal fabuleux représenté avec un corps de cheval et une tête de cerf portant une corne unique au milieu du front. On les fera passer pour cornes... et cornes de licornes, LA F. *Fab.* V, 4. (Blason.) — en défense, présentant la pointe de sa corne. ‖ *P. ext.* — de mer, narval, cétacé qui a à l'extrémité de la mâchoire supérieure une longue défense.

LICOU. *V.* licol.

LICTEUR [lik'-teur] *s. m.*

[ÉTYM. Emprunté du lat. lictor, *m. s.* ‖ XIVᵉ s. Douze licteurs, c'est a dire douze serjans d'armes, BERSUIRE, f° 9, v°, dans LITTRÉ. Admis ACAD. 1740.]

‖ (Antiq. rom.) Garde marchant devant les grands magistrats, portant une hache placée au milieu d'un faisceau de verges et chargé d'exécuter la sentence qui condamnait les criminels à être décapités après avoir été frappés de verges. Chaque consul avait douze licteurs; le dictateur, vingt-quatre.

1. LIE [li] *adj. f.*

[ÉTYM. Contraction de liée, du lat. læta, *m. s.* §§ 332, 402 et 291. Le masc. était lié, du lat. lætum.]

‖ *Vieilli.* Joyeuse. *Spécialt.* Faire chère lie, faire bonne chère. Là, vivant à discrétion, La galande fit chère lie, LA F. *Fab.* III, 17.

2. LIE [li] *s. f.*

[ÉTYM. Mot qui se trouve déjà sous la forme lia dans un manuscrit lat. du Xᵉ s. (fecla sive lias vini) et qui paraît d'origine celtique : cf. l'irland. lige, dépôt, couche, et le breton leit, boue, sédiment, § 3.]

‖ 1° Sédiment que le vin dépose au fond des tonneaux, des vases qui le contiennent. Tirer, boire le vin jusqu'à la lie. ‖ *Fig.* Il (Jésus-Christ) a bu jusqu'à la lie le calice de la passion (il en a épuisé toutes les amertumes), BOSS. *1ᵉʳ Passion*, 1. Boire le calice jusqu'à la lie, subir un malheur, une humiliation dans toute son étendue. La pauvre personne a tiré jusqu'à la lie de tout : elle n'a pas voulu perdre un adieu ni une larme, sév. 380. Thespis fut le premier qui, barbouillé de lie..., BOIL. *Art p.* 3. Couleur lie de vin. ‖ *P. anal.* Sédiment du cidre, de la bière, etc.

‖ **2°** *Fig.* Élément de rebut. Dans la lie et la corruption de nos temps modernes, MONTESQ. *Espr. des lois*, IV, 6. Je ne suis pas non plus de la lie du peuple, LES. *Esteu. Gonzalez*, 54.

LIÉGE [lyèj'] *s. m.*
[ÉTYM. Du lat. pop. *lěvium, m. s.* dérivé de levis, léger, § 223, et devenu *lęvjo, liège, §§ 305, 445, 356 et 291.‖XIIIᵉ s. Brouette qui maine liege doit un denier, dans DELB. *Rec.*]

‖ **1°** Espèce de chène vert dont la couche subéreuse (partie externe de l'enveloppe herbacée) est employée à divers usages. Une forêt de lièges, et, *p. appos.* de chènes lièges.

‖ **2°** Cette couche subéreuse, spongieuse et légère, dont on fait des bouchons, des flotteurs, etc. Patenôtres de —, chapelet de morceaux de liège qui sert à soutenir sur l'eau le bord d'un filet. Des semelles de —, pour préserver du froid. Le linoléum est fabriqué avec des débris de — et des huiles grossières. ‖ *P. ext.* — fossile, asbeste.

***LIÉGER** [lyé-jé] *v. tr.*
[ÉTYM. Dérivé de liège, §§ 65 et 154. ‖ XVIᵉ s. Nos dames s'en servent à lieger leurs pianelles et pantouffles, DU PINET, *Hist. nat. de Pline*, dans DELB. *Rec.* Admis ACAD. 1762 ; suppr. en 1835.]

‖ (Technol.) Garnir de liège. — un filet de pêche. Un tramail liégé.

***LIEMENT** [li-man] *s. m.*
[ÉTYM. Dérivé de lier, § 145. (*Cf.* le doublet ligament.) ‖ XIIIᵉ s. Les declinanz en liemenz, *Psaut.* dans GODEF. liement 1.]

‖ (Technol.) Action de lier. *Spéciallt.* (Escrime.) Un — d'épée. (*V.* lier.)

LIEN [lyin ; *en vers*, li-yin] *s. m.*
[ÉTYM. Du lat. ligamen, *m. s.* devenu leiiem, liem (*cf.* limier), lien, §§ 342, 394, 300, 469, 291 et 473.]

I. *Au propre.* ‖ **1°** Toute chose flexible, d'une certaine longueur (corde, lanière, ruban, etc.), dont on entoure les parties d'un objet ou plusieurs objets pour les joindre ensemble. (*Syn.* attache.) Mettre un — à un bouquet. Un — de paille, de jonc, qui tient une gerbe, une botte de foin. — de nage, osier qui lie les parties d'un train de bois. | Samson rompit les liens dont on l'avait garrotté. Il y mourut en trainant son — (l'ayant toujours, sans pouvoir s'en débarrasser), LA F. *Fab.* IV, 13. Trainer son —, ne pouvoir se dégager d'une personne ou d'une chose qui embarrasse. Faire un affreux — d'un sacré diadème, RAC. *Mithr.* V, 1.

‖ **2°** *P. ext.* Bande qui entoure le gouvernail, pièce de bois qui sert à consolider un assemblage, etc. ‖ Petit morceau de plomb qui retient la verge de fer d'un vitrage le long du panneau.

II. *Fig.* ‖ **1°** Ce qui tient qqn dans la dépendance. Tout chargé des liens de son iniquité, J.-B. ROUSS. *Ode.* Ma cour fut ta prison, mes faveurs tes liens, CORN. *Cinna*, V, 1. Être dans les liens d'une femme. | — religieux, sacrement de l'ordre, vœux monastiques, etc.

‖ **2°** Ce qui tient plusieurs personnes unies. Le — conjugal. Celle qu'un — honnête fait entrer au lit d'autrui, MOL. *Éc. des f.* III, 2. Les liens du sang, rapports de parenté. Ce — du sang qui nous joignait tous deux, RAC. *Brit.* IV, 2. Les liens de l'amitié. Si une fois vous rompez l'unique — de la charité, FÉN. *Tél.* 20. Princesse, le digne — des deux plus grands rois du monde, BOSS. *D. d'Orl.* ‖ *P. ext.* Les bienfaits sont le — de la concorde publique, BOSS. *Hist. univ.* III, 3.

***LIENNE** [lyèn' ; *en vers*, li-èn] *s. f.*
[ÉTYM. Origine inconnue. ‖ 1752. TRÉV.]

‖ (Technol.) Fil de la chaine du métier à tisser qui n'a pas été pris par la trame.

LIENTERIE [li-ant'-ri ; *en vers*, -an-te-ri] *s. f.*
[ÉTYM. Emprunté du lat. lienteria, grec λειεντερία, *m. s.* ‖ XIVᵉ s. B. DE GORDON, *Pratiq.* dans GODEF. *Compl.* Admis ACAD. 1762.]

‖ (Médec.) Diarrhée dans laquelle les aliments sont rendus à demi digérés. Je veux... que vous tombiez... de la — dans la dysenterie, MOL. *Mal. im.* III, 5.

LIENTÉRIQUE [li-an-té-rĭk'] *adj.*
[ÉTYM. Emprunté du lat. lientericus, grec λειεντερικός, *m. s.* ‖ XVIᵉ s. PARÉ, XX *bis*, 19. Admis ACAD. 1835.]

‖ (Médec.) Qui appartient à la lienterie. Flux de ventre —.

LIER [lyé ; *en vers*, li-yé] *v. tr.*
[ÉTYM. Du lat. ligare, *m. s.* devenu leiier, leier, lier, §§ 342, 394, 297 et 291.]

‖ **1°** Entourer avec un lien. — un bouquet. — des gerbes, des fagots. On lui lia les pieds, LA F. *Fab.* III, 1. Il fut amené pieds et poings liés. Je ne veux point être liée, RAC. *Plaid.* I, 7. Être fou à —, d'une folie dangereuse. ‖ *Fig.* Avoir les mains liées, avoir un motif qui ne permet pas de faire qqch. Il a les mains liées par sa promesse. Avoir la langue liée, avoir un motif qui ne permet pas de dire qqch. | Être lié par un serment, par un vœu. Par les mêmes serments Britannicus se lie, RAC. *Brit.* V, 5. Il n'est plus lié par son vœu d'obéissance, PASC. *Prov.* 6. (Théol.) — et délier, refuser, donner l'absolution. ‖ — les pièces de la membrure d'un navire, avec des ferrures. — les pierres d'une construction, avec du ciment. ‖ *P. ext.* | 1. (Escrime.) — l'épée, exercer une forte pression sur l'épée de l'adversaire pour la ramener de la ligne haute dans la ligne basse et changer de côté. (*Cf.* liement.) | 2. En parlant d'un oiseau de proie. — sa proie, la saisir. Le vautour s'en allait le — (le pigeon), LA F. *Fab.* IX, 2. | 3. — une sauce, donner aux ingrédients qui la composent, en les fondant ensemble, une certaine consistance.

‖ **2°** Joindre (plusieurs choses) ensemble par un rapport de succession, d'enchaînement, etc. — les lettres (en écrivant) par des traits légers. — les mots, en faisant sonner une consonne finale, ordinairement muette, sur la voyelle du mot qui la suit. — des notes de musique, faire entendre sans interruption plusieurs notes qui se suivent. — les mots, par des rapports grammaticaux. — les propositions, les idées, par des rapports logiques. Un homme qui ne sait pas — deux idées ensemble. Tout est lié dans ce système. Jouer en parties liées, en plusieurs parties consécutives, l'enjeu devant appartenir à celui des joueurs qui aura gagné deux parties de suite, ou deux parties sur trois. Un serment exécrable à sa haine me lie, CORN. *Cinna*, III, 2. La querelle des Grecs à la sienne est liée, RAC. *Andr.* IV, 6. ‖ *P. ext.* — une chose, la concerter. — une partie (de divertissement). Cet homme bon et galant qui liait toutes les parties, BOSS. *Vér. Convers.* 1. *P. ext.* Voilà la partie bien liée (le duel), SÉV. 895.

‖ **3°** Unir (plusieurs personnes) ensemble par des relations de société, d'amitié, etc. L'intérêt, la raison, l'amitié, tout vous lie, RAC. *Bér.* III, 2. Comme s'ils avaient été liés d'une amitié étroite, FÉN. *Tél.* 21. L'âge liait une amitié sincère Entre ces gens, LA F. *Fab.* X, 11. Se — avec qqn. Avant que nous —, il faut nous mieux connaître, MOL. *Mis.* I, 2. Ils sont liés ensemble.

***LIERNE** [lyèrn' ; *en vers*, li-yèrn'] *s. f.*
[ÉTYM. Semble dérivé de lier, § 148. ‖ XVIᵉ s. PH. DELORME, *Architect.* IV, 8.]

‖ (Technol.) ‖ **1°** Pièce de charpente horizontale qui relie les arbalétriers d'un comble. ‖ *P. ext.* Nervure des portes ogivales qui aboutit à la clef.

‖ **2°** Pièce de bois horizontale qui relie les poteaux d'un pan de bois. ‖ Planche qu'on noie dans un mur de pisé, pour le soutenir. ‖ Planche qui garnit le fond d'un bateau.

***LIERNER** [lyèr-né ; *en vers*, li-yèr-né] *v. tr.*
[ÉTYM. Dérivé de lierne, § 154. ‖ 1771. TRÉV.]

‖ (Technol.) Garnir de liernes. Une voûte gothique liernée.

LIERRE [lyèr] *s. m.*
[ÉTYM. Pour l'ierre, §§ 178 et 509, agglutination de l'article l' et de l'anc. franç. ierre, du lat. hědera, *m. s.* devenu edre, iedre, ierre, §§ 372, 305, 290, 414 et 291. Sur le genre il est fém.), *V.* § 553. ‖ Xᵉ s. Un edre, *Fragm. de Valenciennes.* | 1444. Coupper le lyerre, dans L. DE LABORDE, *Émaux*, p. 547.]

‖ Arbuste consacré par les anciens à Bacchus, plante grimpante qui s'attache par des radicelles adventices aux arbres, aux murailles, qu'elle couvre de son feuillage luisant et toujours vert. Le —, Qui croît beau tant qu'à l'arbre il se tient bien serré, MOL. *Sgan.* sc. 2. Le —, qui ne tend point à monter plus haut que les arbres qui le soutiennent, DESC. *Méth.* 6. ‖ *P. ext.* — terrestre, plante de la famille des Labiées, dite herbe de Saint-Jean, rondette, terrette, etc.

LIESSE [lyĕs' ; *en vers*, li-yĕs'] *s. f.*
[ÉTYM. Du lat. lætĭtia, *m. s.* devenu ledece, leece, §§ 344, 402, 308, 406 et 291. Le changement plus récent de leece en liece, liesse, paraît dû à l'influence de lié. (*V.* lie 1.)]

‖ *Vieilli.* Joie, allégresse. Tout le peuple en —, LA F. *Fab.* VI, 12.

LIEU [lyeù] *s. m.*

[ÉTYM. Du lat. lǫcum, *m. s.* devenu *lueu, lieu, §§ 320 et 381.]

|| **1°** Portion déterminée de l'espace. O Dieu de gloire et de majesté, vous n'avez besoin d'aucun —, BOSS. *Élévations*, II, 3. L'on dépend des lieux pour l'esprit, l'humeur, la passion, LA BR. 4. On s'y laisse duper autant qu'en — de France, CORN. *Ment.* I, 1. En un —, l'autre jour, où je faisais visite, MOL. *Mis.* III, 4. En ces lieux mettre un pied téméraire, RAC. *Phéd.* IV, 2. Vos appas vous suivent en tous lieux, MOL. *Mis.* II, 1. (Droit.) Les magistrats se sont rendus sur les lieux (où devait se faire l'enquête). || *Spécialt.* Les différentes parties d'une habitation. Vider les lieux, en retirer les meubles, ou simplement se retirer, en sortir. État des lieux, qui constate en quel état ils sont livrés à un locataire. S'il n'a pas été fait d'état des lieux, le preneur est présumé les avoir reçus en bon état, *Code civil*, art. 1731. || N'avoir ni feu ni —, ni foyer ni domicile, être vagabond. *Fig.* La vertu n'a plus ni feu ni —, BOIL. *Sat.* 1. || Le — saint, le sanctuaire. Lancer sur le saint des regards furieux, RAC. *Ath.* I, 1. Les Lieux saints, où se sont accomplis les principaux actes de la vie de Jésus-Christ. Les hauts lieux, montagnes sur lesquelles les Juifs avaient élevé des autels aux faux dieux. Sur les hauts lieux enfin osant offrir Un téméraire encens, RAC. *Ath.* III, 6. Un — de plaisance. Un — d'asile. Être en — de sûreté, en — sûr. Mauvais —, maison de débauche. Lieux d'aisances, et, *ellipt.*, Lieux, latrines. Des lieux à l'anglaise. || *Spécialt.* (Géom.) Ligne dont tous les points jouissent d'une propriété commune, à l'exclusion de tout autre point. La perpendiculaire élevée sur le milieu d'une droite est le — (géométrique) des points également distants des extrémités de cette droite. || (Astron.) Point du ciel où se trouve, où apparaît un astre.

|| **2°** Place, portion de l'espace assignée à une chose, à une personne déterminée. Il faut que chaque chose y soit mise en son —, BOIL. *Art p.* 1. L'homme... est visiblement égaré, tombé de son vrai —, PASC. *Pens.* VIII, 12. *Fig.* Rang. Si l'ange est le premier, l'homme a le second —, MALH. *Poés.* 15. Du premier — où beaucoup d'honnêtes gens me placent, CORN. *Rép. à Scudéry.* | (Droit.) Chaque créancier viendra en son —. | Se rendre sur le — du combat. Le — de la scène, où se passe l'action d'un poème dramatique. Unité de —, règle du théâtre classique prescrivant que l'action se passe tout entière dans un même lieu. Être en bon — (à la meilleure place) pour apprendre qqch. Ce que je vous mande est toujours vrai et vient de bon —, SÉV. 280. En haut —, chez des personnes haut placées. || Un cheval qui porte (la tête) en beau —, en belle position. Les lieux, les temps, l'occasion, Font votre gloire ou votre chute, VOLT. *Ép.* 66. Ce n'est pas le — de parler de cela. Nous en reparlerons en temps et —, dans le temps, le lieu convenable. Il y a des lieux où il faut appeler Paris, Paris, et d'autres où il le faut appeler capitale du royaume, PASC. *Pens.* VII, 20. || En parlant d'une action, d'un événement. Avoir —, s'accomplir à telle place, à tel moment. C'est là que la fête a eu —. C'est hier qu'eut — le combat. *Absolt.* Le mariage a eu —, s'est accompli. || *Fig.* Avoir —, être en —, donner — de (faire qqch), être en situation, mettre en situation de faire qqch. Vos prêtres... Des bontés d'Athalie ont — de se louer, RAC. *Ath.* II, 5. *Vieilli.* Carlos a tant de — de vous considérer, CORN. *D. Sanche*, V, 1. *P. ext.* Qu'un aveu si doux aurait — de me plaire! RAC. *Bér.* III, 1. Donnez — d'agir aux bontés de mon père, CORN. *Poly.* IV, 3. *Vieilli.* N'avoir pas de —, n'avoir pas lieu de se faire. Cette condition n'aura point de —, CORN. *Cid*, exam. || Place d'une personne, d'une chose que prend une autre. (Droit.) Être au — et place de qqn, le remplacer dans l'exercice de ses droits. | Tenir — de, remplacer. Tenez-vous — de tout, LA F. *Fab.* IX, 2. Il m'aurait tenu — d'un père et d'un époux, RAC. *Andr.* I, 4. D'une main odieuse ils (les bienfaits) tiennent — d'offenses, CORN. *Cinna*, I, 2. *Loc. adv.* Au — de, à la place de. Ton roi te veut servir de père au — de lui, CORN. *Cid*, II, 8. *P. ext.* Au — de (suivi d'un infinitif), pour marquer une action contraire à celle dont on vient de parler. Les grands noms abaissent au — d'élever ceux qui ne les savent pas soutenir. *Dans le même sens. Vieilli. Loc. conj.* Au — que. Fût-elle bergère au — qu'elle est fille de roi, FÉN. *Tél.* 22. || *Spécialt.* | 1. Famille dont qqn est issu, considérée comme de haute ou de basse condition. On tient toujours du — dont on vient, LA F. *Fab.* IX, 7. N'était-il point issu d'un — trop bas? RÉGNIER, *Élég.* 4. Elle est de fort bon —, CORN. *Ment.* II, 5. Portez en — plus haut l'honneur de vos caresses,

ID. *Poly.* II, 1. | **2.** Passage d'un livre où se trouve un texte déterminé. Il marque d'un trait de plume les lieux où l'on trouvera de la difficulté, DESC. *Principes*, préf. 10. || (Rhétor.) Lieux, sources où l'orateur doit puiser les preuves, les arguments dont il se sert. Lieux communs, qui fournissent les arguments généraux. *P. ext.* — commun, vérité générale. L'orateur ajoutera ici un petit — commun pour montrer combien il est difficile d'être victorieux et d'être humble tout ensemble, ROLL. *Traité des études*, III, 2. *En mauvaise part.* Idée rebattue. Et tous ces lieux communs de morale lubrique, BOIL. *Sat.* 10.

LIEUE [lyeù] *s. f.*

[ÉTYM. Du lat. lęuca ou lęuga, *m. s.* mot emprunté du gaulois, §§ 3, 333, 394 et 291.]

|| Ancienne mesure itinéraire dont la longueur commune est évaluée à quatre kilomètres. Une demi—, un quart de —. *Famil.* Il y a jusque-là une petite —, un peu moins d'une lieue. || — géographique, de 25 au degré (4,444 mètres et demi). || — marine, de 20 au degré (5,555 mètres et demi). — de pays, plus grande ou plus petite que la lieue commune, selon les habitudes locales. — carrée, espace carré dont chaque côté a une lieue de longueur. || *P. hyperb.* Grande distance. Pourquoi vous tenez-vous à une — de moi? Sentant son renard d'une —, LA F. *Fab.* V, 5. Pour vous et pour tout ce qui vous touche à dix lieues à la ronde, SÉV. 953. Il était à mille lieues d'un péché mortel, ID. 429.

LIEUR, *LIEUSE** [lyeùr, lyeùz'; *en vers*, li—...] *s. m. et f.*

[ÉTYM. Dérivé de lier, § 112. || Admis ACAD. 1798 (au masc.).]

|| Celui, celle qui lie les gerbes, les bottes de foin. || *Adjectivt.* Chenille lieuse, et, *substantivt*, Lieuse, qui réunit plusieurs feuilles, plusieurs fleurs, pour y filer son cocon.

LIEUTENANCE [lyeùt'-nãns'; *en vers*, lyeù-te-...] *s. f.*

[ÉTYM. Dérivé de lieutenant, § 146. On trouve lieutenancie au moyen âge. (V. DU C. lociservator.) || XVᵉ s. Dieu qui baille aux roys sa lieutenance, J. VAUQUELIN, dans GODEF. *Compl.*]

|| Charge de lieutenant.

LIEUTENANT [lyeùt'-nan; *en vers*, lyeù-te-...] *s. m.*

[ÉTYM. Composé de lieu et tenant, part. du verbe tenir, § 203. || 1352. Nous ledit Arnoul... avons fait, ordené, commis et establi... nostre lieutenant, dans E. MOLINIER, *Étude sur la vie d'Arnoul d'Audrehem*, p. 203.]

|| Celui qui est le second après un chef et en exerce l'autorité en son absence. De votre — m'enverrez-vous le nom? CORN. *Sertor.* III, 1. || *Fig. Famil.* M. le bailli n'est que le — de sa femme, DUFRESNY, *Opéra de campagne*, I, 1. || — général du royaume, investi de l'autorité du roi, pour le seconder, ou pour tenir sa place en cas de captivité, de maladie, de déchéance. Henri II déclare le duc de Guise vice-roi de France sous le nom de — général du royaume, VOLT. *Mœurs*, 163. — général de la police, chargé (autrefois) de la direction de la police à Paris. || — de louveterie, chargé d'entretenir un équipage de chasse pour détruire les loups. || Dans l'armée. — général, officier général qui occupait le second grade dans le commandement. || —-colonel, officier qui a le grade immédiatement inférieur à celui de colonel d'un régiment. || Officier qui a le grade immédiatement inférieur à celui de capitaine. *Dans un sens général.* Tous les officiers chargés d'un commandement. Napoléon Iᵉʳ a créé des titres de noblesse pour ses meilleurs lieutenants. — général des galères, qui commandait sous le général des galères. — de galère, qui commandait sous le capitaine. || — de vaisseau, dont le grade est immédiatement inférieur à celui de capitaine de frégate. || — de port, officier qui commande sous le capitaine de port. || *Famil. Au fém.* Lieutenante. | 1. Femme d'un lieutenant. | 2. Femme faisant fonction de lieutenant. *Fig.* Elle voudrait... que vous fussiez sa lieutenante générale, SÉV. 194.

LIÈVE [lyèv'] *s. f.*

[ÉTYM. Subst. verbal de lever, §§ 52 et 65. (*Cf.* lève.) || 1242. Se li prodommes de le ville veulent faire leave en commun, dans GODEF. Admis ACAD. 1762; suppr. en 1798.]

|| (Féodal.) Extrait d'un terrier, contenant la désignation de chaque héritage, le nom du tenancier, etc.

LIÈVRE [lyèvr'] *s. m.*

[ÉTYM. Du lat. lęporem, *m. s.* §§ 305, 431, 290 et 291.]

|| **1°** Quadrupède rongeur, qui a les jambes de devant plus courtes que celles de derrière, et de longues oreilles.

Courir comme un —. Chasser le —. Gentilhomme à —, qui, ayant peu de revenu, était forcé de vivre du produit de sa chasse. **Prendre le — au gîte**, et, *fig.* surprendre qqn avant qu'il ait le temps de s'échapper. (Blason.) — en forme, figuré sur l'écu arrêté et assis sur ses pattes. Lancer, lever un —, le faire partir du gîte. *Fig.* **Lever un —**, soulever une question, une difficulté imprévue. Savoir où gît le —, où est le nœud de la difficulté. **Courir un —**, le chasser au chien courant. *Fig.* **Courir le même —** (que qqn), poursuivre le même but. *Loc. prov.* On ne court pas deux lièvres à la fois, RAC. *Plaid.* III, 3. **Bailler à qqn le — par l'oreille** (en paroles), le payer de promesses. Me bailla gentiment le — par l'oreille, RÉGNIER, *Sat.* 10. Être peureux comme un —. Sommeil de —, fort léger, qu'interrompt le moindre bruit. **Mener une vie de —**, être poursuivi, harcelé. Je menai, comme on dit, une vie de — pendant huit jours, LES. *Estev. Gonzalez*, 22. || *Fig.* **Bec-de-—**. (*V. ce mot.*)

|| **2° P. ext.** Genre de mammifères rongeurs dont le lièvre est le type, comprenant le lièvre proprement dit, le lapin et le lièvre des Alpes. || *P. anal.* **des Patagons**, agouti. **— sauteur**, rongeur du cap de Bonne-Espérance. || **— marin.** | 1. Blennie ocellée, poisson. | 2. Variété de mollusque.

LIGAMENT [li-gà-man] *s. m.*
[ÉTYM. Emprunté du lat. ligamentum, bandage. (*Cf.* le doublet liement.) || XVIᵉ s. Les muscles, les tendons, les ligamens, RAB. IV, 30.]
|| (Hist. nat.) Faisceau de tissu fibreux serré, peu extensible, qui sert d'attache à des os, à des cartilages, à des muscles. || *P. anal.* Expansion fibreuse ou aponévrotique d'apparence ligamenteuse. — antérieur de la vessie. || Partie cornée et élastique qui réunit les deux valves des coquilles.

LIGAMENTEUX, EUSE [li-gà-man-teû, -teûz'] *adj.*
[ÉTYM. Dérivé de ligament, § 251. || XVIᵉ s. PARÉ, I, 7. Admis ACAD. 1762.]
|| (Hist. nat.) Qui est de la nature des ligaments. Tissu —. *Fig.* Plante ligamenteuse.

LIGATURE [li-gà-tür] *s. f.*
[ÉTYM. Emprunté du lat. ligatura, m. s. (*Cf.* le doublet liure.) || XIVᵉ-XVᵉ s. Ligadure, *Somme Mᵉ Gautier*, mss franç. Bibl. nat. 1288, fᵒ 30, vᵒ. Une terrible ligature, *Myst. du Vieil Test.* dans DELB. *Rec.*]
I. *Vieilli.* Action de lier qqch. La — d'un fagot.
II. *Spécialt.* || **1°** (Chirurgie.) Action de lier une tumeur pour en déterminer l'atrophie, un vaisseau sanguin pour intercepter le cours du sang, etc. La — d'un artère. La — du bras pour pratiquer la saignée. || *P. ext.* La veine enfle au-dessous de la — (de la partie où est faite la ligature), PASC. *Pens.* XXV, 121.
|| **2°** (Typogr.) Trait mince qui lie les parties d'une même lettre. || Caractère d'imprimerie, d'écriture, qui joint ensemble plusieurs lettres (œ, ff, etc.).
|| **3°** (Marine.) Morceau de filin.
|| **4°** Ceinture de grosse étoffe, dite brocatelle, pour les paysans, les rouliers.
|| **5°** *Fig.* (Théol.) Union avec Dieu où l'homme sent sa personnalité anéantie. Les mystiques les plus sages inculquent sans cesse leur — ou suspension des puissances, BOSS. *États d'oraison*, I, 8.

***LIGATURER** [li-gà-tu-ré] *v. tr.*
[ÉTYM. Dérivé de ligature, § 266. || *Néolog.*]
|| (Chirurgie.) Serrer par une ligature.

LIGE [lij'] *adj.*
[ÉTYM. Origine incertaine. L'opinion la plus probable est celle qui rattache ce mot aux liti mentionnés dans la Loi Salique comme formant une classe sociale ; lige correspond à un adjectif, **liticum*, §§ 291, 405, 380 et 290. || XIᵉ s. E lur amis e lur liges seignurs, *Roland*, 2421.]
|| (Féodal.) Qui est tenu à un dévouement absolu envers son seigneur. Être le vassal —, l'homme — de qqn. || *P. ext.* **Hommage —**, par lequel on se reconnaît homme lige d'un seigneur. Fief —, comportant l'hommage lige. || *Fig.* Les animaux et toute espèce — De son seul appétit (au service de son appétit), LA F. *Fab.* IV, 12.

1. LIGNAGE [li-ñàj'] *s. m.*
[ÉTYM. Dérivé de ligne, § 78. || XIᵉ s. Plus aimet Deu que trestot son lignage, *St Alexis*, 250.]
|| *Vieilli.* Ensemble de ceux dont qqn descend (par opposition à ramage ou à lignée, ensemble de ceux qui descendent de qqn). L'on a dit autrefois qu'où ramage défaut, —

succède (qu'à défaut de descendants, les ascendants héritent), LOYSEL, p. 342. Être de haut —. || *Fig.* Ce sont (le babil et la vanité) enfants tous d'un —, LA F. *Fab.* X, 2.

2. *LIGNAGE [li-ñàj'] *s. m.*
[ÉTYM. Pour legnage, dérivé de l'anc. franç. legne, bois, du lat. ligna, plur. de lignum employé au fém. sing. § 78. Le sens **II** se rattache peut-être à lignage 1. || (Au sens **I.**) 1404. Ligneages, dans GODEF. laignage. | (Au sens **II.**) 1772. DUHAMEL DU MONCEAU, *Traité des Pêches*, II, I, 62.]
I. (Féodal.) Droit d'usage dans une forêt.
II. (Pêche.) Appareil de pièces de bois destiné à supporter les lignes.

3. *LIGNAGE [li-ñàj'] *s. m.*
[ÉTYM. Dérivé de ligner, § 78. || *Néolog.*]
|| (Technol.) Action de ligner (une pièce de bois, une pierre de taille, etc.).

LIGNAGER [li-ña-jé] *adj.*
[ÉTYM. Dérivé de lignage 1, § 115. || 1411. Les lignaigiers, *Cout. d'Anjou*, dans DELB. *Rec.*]
|| (Féodal.) Relatif au lignage. *Spécialt.* **Retrait —**, droit pour un parent du défunt de racheter, au prix de vente, l'héritage que celui-ci avait aliéné. || *Substantivt.* Les lignagers, ceux qui sont du même lignage.

LIGNE [liñ'] *s. f.*
[ÉTYM. Du lat. linea, m. s. proprt, « fil de lin », §§ 482, 356 et 291.]
I. Ficelle, corde tendue dans une direction déterminée. || Ficelle frottée de blanc, de rouge, avec laquelle le charpentier trace sur une pièce de bois la direction des traits de scie. || Cordeau tendu pour indiquer un alignement. De longues allées d'arbres plantées à la —, VAUGEL. *Quinte-Curce*, VII, 2. *Fig.* Et ces froids ornements à la — plantés, BOIL. *Sat.* 4. || *P. ext.* **— à plomb**, direction marquée par le fil à plomb. || Fil garni au bout d'un hameçon pour pêcher. **Pêcher à la —. — de fond**, dont l'hameçon avec l'appât repose sur le fond de l'eau. **— flottante**, dont l'hameçon soutenu par un corps flottant (liège, plume, etc.), reste près de la surface de l'eau. || (Marine.) **— de loch, de sonde**, corde attachée au loch, à la sonde.

II. Trait continu qui indique une direction déterminée. **Tracer des lignes sur le papier. Lignes de portée**, les cinq traits horizontaux et parallèles qui, dans l'écriture musicale, servent à déterminer la place et la valeur des notes. **Lignes additionnelles**, servant à déterminer les notes qui sont au-dessus et au-dessous de la portée. **Les lignes de la main**, traits dont est sillonnée la paume de la main, et par lesquels la chiromancie prétend découvrir le caractère ou prédire la destinée d'une personne. **— de foi**, tracée sur un instrument gradué pour indiquer la direction vers l'objet visé. || *Spécialt.* (Géom.) Étendue à une seule dimension (longueur), et, *p. ext.* trait qui figure cette étendue, considéré comme n'ayant ni largeur ni épaisseur. Une — droite. Une — courbe. Une — perpendiculaire, oblique. **Mener une — parallèle à une autre.** (Perspective.) **— de terre**, intersection des plans de tableau avec le plan géométral (de terre). || (Arpentage.) **— de niveau**, ligne d'un terrain dont tous les points ont la même cote. || *P. ext.* Ce qui forme limite, démarcation dans une direction continue. **— de faîte**, crête d'une chaîne de hauteurs qui marque la séparation de deux versants. **— de partage des eaux**, relief du sol qui forme la séparation de deux bassins. || **— d'eau, de flottaison**, qui sépare la partie immergée d'un navire gréé, mais non chargé, de celle qui est hors de l'eau. **— des absides**, grand axe de l'orbite d'une planète. **— des nœuds**, droite suivant laquelle l'orbite d'une planète coupe le plan de l'écliptique. || **— équinoxiale**, grand cercle qu'on suppose diviser le globe terrestre en deux hémisphères égaux perpendiculairement à son axe. *Absolt.* Passer la —. **— méridienne**, intersection du méridien sur le plan de l'horizon. || **— de respect**, indiquant à une distance déterminée des côtes la limite des eaux d'un État. || Dans l'ancien système des mesures. Une —, la douzième partie du pouce courant, la 144ᵉ partie du pouce d'eau. || Limite des contours d'un objet. **Les lignes d'un paysage. Les lignes du visage. — d'ombre**, qui sépare l'ombre portée par un objet de la partie éclairée du plan du tableau.

III. Direction continue dans un sens déterminé. **Suivre la — droite. Aller en droite —.** *Fig.* Suivre la droite —, la — du devoir, ne pas s'écarter de la règle, du devoir. || La —

d'opération d'une armée, sa direction générale. — visuelle, qui va de l'œil de l'observateur à l'objet qu'il considère. — de mire, qui unit l'œil du tireur et le but visé en passant par le cran de mire. — de tir, suivant laquelle un projectile est chassé vers le but à travers l'espace. || (Escrime.) Direction dans laquelle doit se trouver l'épée, le bras qui la tient, pour que les deux adversaires soient exactement l'un en face de l'autre. Être en —.

IV. Ce qui est disposé d'une manière continue dans une direction déterminée.

|| **1°** Suite de mots disposés horizontalement dans une page écrite ou imprimée. Une page de trente lignes. Mettre à la —, laisser une ligne inachevée et continuer à la ligne suivante. A la —, forme elliptique employée en dictant pour indiquer qu'il faut mettre à la ligne. (*V.* alinéa.) Un article payé à tant la —. Tirer à la —, allonger un article payé à la ligne. *Fig.* Lire entre les lignes, deviner ce que l'auteur laisse entendre sans l'exprimer. || *P. ext.* Ce qui est écrit ou imprimé dans une ligne. Les lignes qu'il a écrites sont injurieuses. Cette — est inintelligible. || *P. hyperb.* Écrire deux lignes à qqn, lui écrire une lettre très courte. || Une — de chiffres. — de compte, la somme inscrite à la marge blanche laissée à côté d'un compte, à droite. *P. ext.* Porter une somme en — de compte, faire entrer dans le compte, et, *fig.* Mettre une chose en — de compte, la prendre en considération.

|| **2°** Suite de cases horizontale, verticale, diagonale, dans un damier, un échiquier.

|| **3°** (T. milit.) | **1.** Suite d'ouvrages, de travaux de fortification, permanents ou passagers. Une — de forts. — de défense, de frontière, qu'occupent les places fortes destinées à la défense des frontières. — de circonvallation, ouvrage dont une armée de siège enveloppe la place assiégée. Lignes d'approche, que fait l'assiégeant pour s'approcher à couvert du corps de la place. | **2.** Suite de bataillons ou d'escadrons faisant face du même côté. Se mettre en —. Marcher en —. Une armée rangée sur trois lignes. Troupes de —, destinées à combattre en ligne (par opposition aux troupes légères, irrégulières). L'infanterie de —, et, *ellipt,* La —. *P. ext.* Le nombre de soldats qu'un pays peut mettre en —, qu'il peut réunir sous les drapeaux. *Fig.* Mettre une personne, une chose en première —, lui assigner le premier rang. Une personne, une chose hors —, qui dépasse les autres. | **3.** Suite de bâtiments de guerre gouvernant à distance égale. Vaisseau de —, grand vaisseau de guerre. Couper, doubler, traverser la — ennemie.

|| **4°** — de douane, suite de bureaux de douane placés le long d'une frontière, d'une côte. — télégraphique, suite des fils électriques qui font communiquer un point avec un autre. — de chemin de fer, suite de travaux formant une voie ferrée. La — de Paris à Lyon. *P. anal.* — d'omnibus, de bateaux à vapeur, service régulier de transport.

|| **5°** Série des membres d'une même famille. (*Cf.* lignage 1, lignée.) — directe, qui va de père en fils. — ascendante, qui remonte des fils au père, au grand-père, etc. — descendante, qui descend du grand-père au père, au fils, au petit-fils, etc. — collatérale, des parents issus d'une souche commune, mais non les uns des autres, par filiation : frères, sœurs, oncles, neveux, cousins, etc. — masculine, par descendance des hommes; féminine, par descendance des femmes. Descendre de qqn en — directe, en droite —.

LIGNÉE [li-ñé] *s. f.*
[Étym. Dérivé de ligne, § 119. || xii° s. Les lignes des d'Israel, *Psaut. de Cambridge,* LXXVII, 55.]
|| *Vieilli.* Ensemble de ceux qui descendent de qqn. (*Cf.* lignage.) Pour l'humaine —, LA F. *Fab.* III, 8. Un père eut pour toute — Un fils, ID. *ibid.* VIII, 16.

* **LIGNER** [li-ñé] *v. tr.*
[Étym. Dérivé de ligne, § 154. || xii°-xiii° s. Il ne compassent pas ne lignent Lor huevre, GUIOT DE PROVINS, *Bible,* 2519.]
I. || **1°** (Technol.) Marquer d'une raie, à l'aide d'une ligne, d'une ficelle tendue, frottée de blanc, de rouge, etc. — une pièce de bois avant de la scier, pour indiquer les traits de scie. || Marquer de lignes parallèles. — une feuille de papier pour écrire. — de la toile.
|| **2°** (Marine.) — une toile, la disposer, pli par pli, contre un de ses côtés, pour mieux la serrer.
II. (Vénerie.) En parlant du loup, couvrir (la femelle). (*Syn.* aligner.)

* **LIGNEROLE** [liñ'-ròl ; *en vers,* li-ñe-...] *s. f.*
[Étym. Dérivé de ligne, §§ 63 et 86. || 1786. ENCYCL. MÉTH.]
|| (Marine.) Ficelle faite de vieux fil de caret.

LIGNETTE [li-ñĕt'] *s. f.*
[Étym. Dérivé de ligne, § 133. || xiii° s. Une lignette Petite, soutille et grellete, J. LE MARCHAND, *Mir. de N.-D. de Chartres,* dans GODEF. Admis ACAD. 1798.]
|| (Technol.) Petite ligne de pêche.

LIGNEUL [li-ñĕul] *s. m.*
[Étym. Du lat. pop. *lineŏlum,* diminutif de lĭnea, ligne, ficelle, devenu *liniŏlum,* lignuel, ligneul, §§ 86, 355, 482, 320 et 291. || xiii° s. Qu'estranglé fussent d'un ligneul, G. DE COINCY, dans GODEF. lignoel. Admis ACAD. 1718.]
|| (Technol.) Fil enduit de poix qui sert à coudre les chaussures, les harnais, à lier les pinceaux de poils d'une brosse, etc.

* **LIGNEUR** [li-ñĕur] *s. m.*
[Étym. Dérivé de ligne, § 112. || 1772. Une ligne qui auroit échappé à un ligneur, DUHAMEL DU MONCEAU, *Traité des Pêches,* II, 1, 56.]
|| (Pêche.) Pêcheur de morue à la ligne. (*Syn.* lignotier.) || Vaisseau pêchant les morues à la ligne.

LIGNEUX, EUSE [li-ñĕú, -ñĕuz'] *adj.*
[Étym. Dérivé du lat. lignum, bois, § 251. || 1528. Racines ligneuses, DESDIER, *Honn. Volupté,* dans GODEF. *Compl.* Admis ACAD. 1740.]
|| (T. didact.) Fait du tissu fibreux qui forme le bois. Couches ligneuses, chacune des couches concentriques qui se convertissent en bois chaque année, et qu'on trouve entre la moelle et l'écorce des arbres dicotylédones. Plantes ligneuses, arbres, arbustes, arbrisseaux (par opposition aux plantes herbacées).

LIGNITE [līg'-nĭt'] *s. m.*
[Étym. Dérivé du lat. lignum, bois, § 281. || 1765. ENCYCL. Admis ACAD. 1878.]
|| (Géologie.) Charbon fossile conservant plus ou moins de traces d'organisation végétale.

* **LIGNOTIER** [li-ño-tyé] *s. m.*
[Étym. Dérivé de ligne, §§ 63, 115 et 136. || 1772. Les lignotiers, DUHAMEL DU MONCEAU, *Pêches,* II, 1, 60.]
|| (Pêche.) Pêcheur de morue à la ligne. (*Syn.* ligneur.)

* **LIGOTE** [li-gŏt'] *s. f.*
[Étym. Dérivé du lat. ligare, lier, § 136. || xii° s. Mes escus fendus environ la ligote, *Alexandre,* p. 99, Michelant, var.]
|| *Famil.* Corde, ficelle pour lier.

* **LIGOTER** [li-gò-té] *v. tr.*
[Étym. Dérivé de ligote, § 154. | xvi° s. On la ligotte (la vigne), O. DE SERRES, III, 4.]
|| *Famil.* Lier avec une ligote. Les agents de police ont ligoté ce malfaiteur.

LIGUE [lig'] *s. f.*
[Étym. Emprunté de l'ital. liga, forme anc. ou dialect. pour lega, *m. s.* subst. verbal de legare, lier, § 12. || 1425. Apres quoi retornerent les Ligues (des Grisons), *Chron. de Neufchatel,* dans DELB. *Rec.*]
|| **1°** Union offensive, défensive, formée entre plusieurs États, plusieurs souverains. S'il entrait dans leur — contre les Dauniens, FÉN. *Tél.* 12. La Ligue achéenne. La Ligue d'Augsbourg.
|| **2°** *P. anal.* Association formée dans un État pour faire triompher certains intérêts politiques, religieux. Combien de fois changé de partis et de ligues! CORN. *Cinna,* 1, 3. La Ligue du bien public. || *Spéciali.* La Sainte Ligue, la Ligue, association formée par des catholiques en France à la fin du xvi° s. pour combattre le protestantisme. || *Loc. prov.* En parlant de ceux qui changent de parti selon leur intérêt. Le sage dit, selon les gens : Vive le roi! vive la Ligue! LA F. *Fab.* II, 5.
|| **3°** *Fig.* En parlant de cabales formées par des auteurs. Leurs ligues offensives et défensives, MOL. *Crit. de l'Éc. des f.* sc. 6.

LIGUER [li-ghé] *v. tr.*
[Étym. Dérivé de ligue, § 154. || 1564. Se liguer l'un à l'autre, J. THIERRY, *Dict. franç.-lat.*]
|| Faire entrer dans une ligue. Il n'eut pas de peine à — petit à petit l'Europe contre la France, VOLT. *S. de L. XIV,* 15. Eumène... vint à Rome pour se — contre lui avec le sénat, BOSS. *Hist. univ.* III, 6. || *P. anal.* Contre votre tyran j'ai ligué ses amis, CORN. *Cinna,* IV, 4. || *Fig.* En vain contre le Cid un ministre se ligue, BOIL. *Sat.* 9. Tous deux ensemble (deux médecins) se liguent contre le premier, PASC. *Prov.* 2.

LIGUEUR, EUSE [li-gheŭr, -gheŭz'] *s. m. et f.*
[ÉTYM. Dérivé de ligue, § 112. || 1594. Regret sur la mort de l'asne ligueur, *Sat. Ménipp.* titre.]
|| (Hist.) Partisan, partisane de la Ligue.

***LIGULE** [li-gul] *s. f.*
[ÉTYM. Emprunté du lat. ligula, languette. || XVIᵉ s. Petite ligule ou languette, DU PINET, *Hist. nat. de Pline*, XI, 37.]
|| (T. didact.) || **1°** (Botan.) Stipule axillaire soudée avec la feuille au point où elle embrasse la tige.
|| **2°** (Zoologie.) Lèvre inférieure des insectes.

***LIGULÉ, ÉE** [li-gu-lé] *adj.*
[ÉTYM. Dérivé de ligule, § 253. || 1812. MOZIN, *Dict. franç.-allem.*]
|| (Botan.) En forme de ligule. Fleuron —.

LILAS [li-lá] *s. m.*
[ÉTYM. Emprunté de l'espagn. lilac, m. s. qui est l'arabe lilata, d'origine persane, §§ 13, 22 et 24. Lilas est pour lilacs, pluriel de lilac, § 559. || 1611. Lilac, COTGR.]
|| Arbrisseau du genre syringa, à fleurs disposées en grappes. — ordinaire, dont la fleur est d'un violet bleuâtre. *Ellipt.* Un ruban de couleur —. Une robe —. || — blanc, dont la fleur est blanche.

LILIACÉ, ÉE [li-lyà-sé; *en vers*, -li-à-sé] *adj.*
[ÉTYM. Emprunté du lat. liliaceus, m. s. || Admis ACAD. 1762.]
|| (Botan.) Qui est de la nature du lis. *Substantivt, au fém.* Les liliacées, famille de plantes monocotylédones, dont le type est le lis.

LILLIPUTIEN, ENNE [li-li-pu-syin, -syèn'; *en vers*, -si-...] *adj.*
[ÉTYM. Dérivé de Lilliput, pays imaginaire dont les habitants n'ont que six pouces de haut, décrit par SWIFT dans son roman de *Gulliver* (1726-27), §§ 36 et 244. || Néolog. Admis ACAD. 1878.]
|| Qui est de très petite taille.

LIMACE [li-màs'] *s. f.* et, *vieilli*, **LIMAS** [li-má] *s. m.*
[ÉTYM. Du lat. pop. *limaceum, *limacea, m. s. (adj. dérivé de limax, acis, limace, et employé substantivt, § 81), §§ 383 et 291. || XIIᵉ s. Onc por assaillir la limace N'ot en Lombardie tel noise, CHRÉTIEN DE TROYES, *Perceval*, 7324. | XIIIᵉ-XIVᵉ s. Comme le limas, *Chirurg. de Mondeville*, fᵒ 13.]
|| **1°** Mollusque gastéropode, rampant, à corps allongé, sans coquille, couvert d'une humeur visqueuse. Limas aux dos armés, LA F. *Songe de Vaux.* || *Loc. prov.* Marcher comme une — (lentement).
|| **2°** *Fig.* Limace. | **1.** (Mécan.) Vis d'Archimède. | **2.** (Art vétérin.) Inflammation de la peau qui tapisse l'intervalle des deux onglons, dans le pied du bœuf, de la vache.

***LIMACIEN, IENNE** [li-mà-syin, -syèn'; *en vers*, -si-...] *adj.*
[ÉTYM. Dérivé de limace, § 244. || Néolog.]
|| (T. didact.) Relatif à la limace, au limaçon. || *Fig.* Nerf —, du limaçon de l'oreille.

LIMAÇON [li-mà-son] *s. m.*
[ÉTYM. Dérivé de limace, § 104. || XIIᵉ s. En Inde portent limaciun Piere ke chelonite a num, *Lapid. de Marbode*, 731.]
|| **1°** Mollusque gastéropode, rampant, à coquille en hélice, dit vulgairement colimaçon, escargot. *Fig.* Vivre comme un — dans sa coquille, dans la retraite.
|| **2°** *Fig.* | **1.** Partie du labyrinthe de l'oreille interne qui a la forme d'une coquille. | **2.** Escalier en hélice tournant autour d'un cylindre de pierre. | **3.** Roue d'horlogerie à dents inégales, qui détermine le nombre de coups que doit sonner une pendule, une montre à répétition.

***LIMAÇONNE** [li-mà-sòn'] *s. f.*
[ÉTYM. Tiré de limaçon, § 37. Le mot est dû à GOEDAERT: Chenille... ayant sur le front comme deux cornes, ainsi qu'un limaçon, ce qui me la fait nommer la limaçonne, *Hist. nat. des insectes* (1700), I, 74.]
|| (Hist. nat.) Chenille d'une variété de bombyx.

***LIMAÇONNER** [li-mà-sò-né] *v. tr.*
[ÉTYM. Dérivé de limaçon, § 154. || 1611. COTGR.]
|| *Vieilli.* Ramasser en boule (comme le limaçon dans sa coquille). Fagon... s'était limaçonné en grommelant sur son bâton, ST-SIM. XII, 167.

***LIMAÇONNIÈRE** [li-mà-sò-nyèr] *s. f.*
[ÉTYM. Dérivé de limaçon, § 115. || Néolog.]
|| Petit parc où l'on conserve vivants des limaçons comestibles.

***LIMAGE** [li-màj'] *s. m.*
[ÉTYM. Dérivé de limer, § 78. || Néolog.]
|| (Technol.) Action de limer.

LIMAILLE [li-mày'] *s. f.*
[ÉTYM. Dérivé de limer, § 95. || XIIIᵉ s. Texte dans DELB. Rec.]
|| Réunion de parcelles métalliques détachées d'un métal par l'action de la lime. De la — de fer.

***LIMAILLEUX, EUSE** [li-mà-yeŭ, -yeŭz'] *adj.*
[ÉTYM. Dérivé de limaille, § 116. || 1775. Fonte limailleuse, GRIGNON, *Mém.* p. 73.]
|| (Technol.) Qui a le caractère de la limaille. Fonte limailleuse.

LIMANDE [li-mãnd'] *s. f.*
[ÉTYM. Origine incertaine; peut-être dérivé de lime, § 140. || XIIIᵉ s. Comme la limande Qui a l'aimeçon se tient prise, *Salut d'amour*, dans GODEF. *Compl.* [XIVᵉ s. Les tirans, les limandes et les boullons (1319-1327), dans GODEF.]
|| **1°** Poisson plat du genre plie, à peau rugueuse.
|| **2°** *P. anal.* | **1.** (Menuiserie.) Pièce de bois plate et étroite. | **2.** (Marine.) Bande de toile goudronnée dont on enveloppe une partie de cordage, pour la garantir contre le frottement.

***LIMANDER** [li-man-dé] *v. tr.*
[ÉTYM. Dérivé de limande, § 154. || 1363. Pour limander et faire deux fenestres, dans GODEF.]
|| (Technol.) Garnir d'une limande (pièce de bois plate ou toile goudronnée).

LIMAS. *V.* limace.

***LIMBAIRE** [lin-bèr] *adj.*
[ÉTYM. Dérivé de limbe, § 248. || Néolog.]
|| (Botan.) Relatif au limbe (d'une corolle).

LIMBE [lĭnb'] *s. m.*
[ÉTYM. Emprunté du lat. limbus, bord. || XIVᵉ s. Et de la prison du limbe d'enfer delivra l'homme, dans GODEF.]
I. (T. didact.) || **1°** Bord du disque du soleil ou de la lune.
|| **2°** Bord gradué d'un cercle servant à la mesure des angles.
|| **3°** Partie supérieure, ordinairement évasée, des corolles monopétales, des calices monophylles. || Partie d'une feuille formée par l'épanouissement des fibres du pétiole. || Dans les coquilles bivalves, circonférence des valves du disque au bord.
II. *Spécialt.* (Théol.) Les limbes, séjour (sur la limite du paradis) des âmes des justes de l'Ancien Testament (jusqu'à la venue de Jésus-Christ) et des enfants morts sans baptême. || *Fig. (rare).* État d'incertitude. Inquiète des limbes où on la laissait sur l'avenir, ST-SIM. XI, 357.

1. LIME [lim'] *s. f.*
[ÉTYM. Du lat. lima, m. s. § 291.]
|| Lame de fer, d'acier, striée de tailles entre-croisées formant comme des rangées de dents, et qui sert à user les métaux par le frottement. Une — douce, à dents très fines. Une — sourde, qui lime sans bruit, et, *fig.* une personne sournoise. (*Cf.* lime-sourd.) || *P. anal.* Une — à ongles. || *Fig.* Donner un coup de —, retoucher un ouvrage. Reprenant vingt fois le rabot et la —, BOIL. *Disc. au roi.*

2. LIME [lim'] *s. f.*
[ÉTYM. Emprunté du provenç. mod. limo, apparenté à l'espagn. lima, arabe lima, m. s. §§ 11, 13 et 22. (*Cf.* limon 3.) || 1690. Des limes douces de Marseille, FURET. Admis ACAD. 1718.]
|| Fruit du limettier, sorte de citron doux, dit aussi limette.

***LIME-BOIS** [lim'-bwá; *en vers*, li-me-...] *s. m.*
[ÉTYM. Composé de lime (du verbe limer) et bois, § 209. || Néolog.]
|| Insecte de la famille des Servicornes, dont la larve perce le bois.

LIMER [li-mé] *v. tr.*
[ÉTYM. Du lat. limare, m. s. §§ 295 et 291. (*Cf.* élimer.)]
|| User, égaliser avec la lime. || *Fig.* De la prose que l'art lime et relime, RÉGNIER, *Sat.* 9. Un esprit capable de se former, de se —, ST-SIM. XII, 2.

***LIME-SOURD, OURDE** [lim'-soŭr, -sourd'; *en vers*, li-me-...] *adj.*
[ÉTYM. Tiré de lime sourde (*V.* lime), pris au figuré, § 173. || XVIIᵉ s. *V.* à l'article.]
|| *Vieilli.* Dissimulé, sournois. Ce n'est pas être — De savoir prendre le plus court, COLLETET, *Tracas de Paris*, dans LE BIBLIOPH. JACOB, *Paris burlesque*, p. 237.

***LIMESTRE** [li-mèstr'] *s. m.*

[ÉTYM. Origine incertaine. TRÉV. le tire « du nom de celui qui en a fait le premier ». || XVIᵉ s. Les louschets des balles de limestre, RAB. IV, 6.]

|| *Anciennt.* Sorte de serge croisée qu'on fabriquait à Rouen. Ont-elles en velours échangé leur — ? RÉGNIER, *Sat.* 13.

***LIMETTE** [li-mèt'] *s. f.*

[ÉTYM. Dérivé de lime 2, § 133. || *Néolog.*]

|| Fruit du limettier.

***LIMETTIER** [li-mè-tyé] *s. m.*

[ÉTYM. Dérivé de limette, § 115. || *Néolog.*]

|| Arbre du genre oranger, qui produit une sorte de petit citron doux.

***LIMEUR** [li-meûr] *s. m.*

[ÉTYM. Dérivé de limer, § 112.|| XIVᵉ s. Cecy lui vaut un fourbisseur Et une lime et un limeur, G. DE DIGULLEVILLE, *Pèler. de vie hum.* 6655, Stürzinger.]

|| (Technol.) Ouvrier qui lime.

LIMIER [li-myé] *s. m.*

[ÉTYM. Pour liemier, dérivé de liem, forme anc. de lien, § 115 ; proprt, « qu'on mène en laisse ». || XIIᵉ s. Chiens et vieltres et liämiers, *Énéas*, 1460.]

|| Grand chien de chasse qui sert soit à lancer le cerf, le sanglier, soit à les achever quand il se défendent contre les chiens de meute. | *Fig.* Les limiers de la police. (*Cf.* lévrier.)

LIMINAIRE [li-mi-nêr] *adj.*

[ÉTYM. Emprunté du lat. liminaris, *m. s.* de limen, seuil. || 1553. RAB. *Briefve Desclar.*]

|| Placé à l'entrée (d'un livre). Épître —.

LIMITATIF, IVE [li-mi-tà-tif', -tiv'] *adj.*

[ÉTYM. Dérivé du lat. limitare, limiter, § 257. || 1547. Diction limitative du temps, dans GODEF. *Compl.* Admis ACAD. 1762.]

|| (Droit.) Qui sert à limiter. Disposition limitative (d'un testament), qui restreint le droit du légataire à une partie déterminée des biens du testateur.

LIMITATION [li-mi-tà-syon ; *en vers*, -si-on] *s. f.*

[ÉTYM. Emprunté du lat. limitatio, *m. s.* || 1322. A faire en leur dit bois limitation ne devise de chemin, dans GODEF. *devise.*]

|| Action de limiter. — d'un champ. || *Fig.* Les exceptions ou limitations du pouvoir des rois, BOSS. *5ᵉ Avert. aux protest.* 48. *Spécialt.* (Philos.) Le mal métaphysique est une simple —, une condition de la nature des êtres finis.

LIMITE [li-mit'] *s. f.*

[ÉTYM. Emprunté du lat. limes, itis, *m. s.* (*Cf.* lintean.) Sur le genre, *V.* § 550. || XVIᵉ s. Que son limite elle ne pourra pas Oultrepasser, MAROT, *Psaumes*, 104.]

|| **1°** Partie extrême où se termine, où s'arrête un territoire, un domaine. Nous sommes à la — du champ. Lorsque la monarchie a étendu ses limites par la conquête, MONTESQ. *Espr. des lois*, x, 9. || (Dieu) renferma les mers dans vos vastes limites, RAC. *Esth.* III, 4. || *P. anal.* Avoir atteint la — d'âge, être arrivé à l'âge au delà duquel on ne peut plus exercer une fonction.

|| **2°** *Fig.* Point où s'arrête l'exercice d'un pouvoir, d'une faculté. Cela passe la — de la patience. En chaque caractère, ils passent ses limites (de la raison), MOL. *Tart.* I, 5. Tout homme qui a du pouvoir est porté à en abuser ; il va jusqu'à ce qu'il trouve des limites, MONTESQ. *Espr. des lois*, XI, 4. || *Vieilli. S. m.* Et ta miséricorde excédant tous limites, CORN. *Imit.* III, 10.

LIMITER [li-mi-té] *v. tr.*

[ÉTYM. Emprunté du lat. limitare, *m. s.* || XIVᵉ s. Tes aler, tes venir deusses limiter, GILLES LI MUISIS, dans DELB. *Rec.*]

|| **1°** Marquer où se termine, où s'arrête un territoire, un domaine. Les Pyrénées limitent la France au sud-ouest.

|| **2°** *Fig.* Fixer le point où s'arrête l'exercice d'un pouvoir, d'une faculté. La reconnaissance et l'hospitalité Sur les âmes des rois n'ont qu'un droit limité, CORN. *Pomp.* I, 1. Les états assemblés... Nomment un souverain, limitent sa puissance, VOLT. *Henriade*, 6. || *P. anal.* — ses dépenses.

LIMITROPHE [li-mi-trôf'] *adj.*

[ÉTYM. Emprunté du lat. limitrophus, *m. s.* composé hybride fait avec le lat. limes, itis, frontière, et le grec τρέφειν, nourrir, § 284. || XVᵉ s. Pays limitrophe de frontiere, dans DELB. *Rec.*]

|| **1°** (Antiq.) Assigné aux soldats des frontières pour leur subsistance. Terres limitrophes.

|| **2°** *P. ext.* Qui est situé vers les limites d'un territoire. Pays limitrophes de la France. M. de Chevreuse avait beaucoup de terres limitrophes et même enclavées avec les leurs, ST-SIM. II, 232.

1. LIMON [li-mon] *s. m.*

[ÉTYM. Du lat. pop. *limonem (class. limum, § 104), § 291. || XIIᵉ s. Enfichiez sui en limun de parfundesce, *Psaut. de Cambridge*, LXVIII, 2.]

|| Terre molle qui, charriée par les eaux en parcelles mêlées de débris organiques, se dépose et s'accumule sur les bords d'un fleuve. L'Égypte fertilisée par le — du Nil. | *Poét.* Les filles du — (les grenouilles), LA F. *Fab.* XII, 26. Dieu forma l'homme du — de la terre, SACI, *Bible, Genèse*, II, 7. || *Fig.* | **1.** Et que Dieu l'a pétri d'autre — que moi (qu'il est d'une autre nature), BOIL. *Sat.* 5. | **2.** Du — où le vice m'engage, J'arrache un pied, BOIL. *Ép.* 3.

2. LIMON [li-mon] *s. m.*

[ÉTYM. Origine inconnue. || XIIᵉ s. D'ivoire furent li limon, *Énéas*, 6109.]

|| **I.** Chacune des deux pièces de bois droites, fixées audevant d'une voiture lourde, et entre lesquelles on attelle le cheval. (*Syn.* brancard.) Mettre un cheval dans les limons.

|| **II.** *P. anal.* (Technol.) Charpente ou mur suspendu dans lequel s'engagent, du côté de la rampe, les marches d'un escalier. || *P. anal.* Sur un navire, cordages en échelle pour monter des gaillards dans les haubans.

3. LIMON [li-mon] *s. m.*

[ÉTYM. Emprunté du lat. du moyen âge limo, onis, qui est l'arabe-persan leimoun, *m. s.* §§ 22 et 24. (*Cf.* lime 2.) || 1381. Pommes d'oraignes..., quatre cens petis lymons, dans DELB. *Rec.*]

|| Fruit analogue au citron, mais plus acide. (*Cf.* lime 2 et limonier 2.)

LIMONADE [li-mò-nàd'] *s. f.*

[ÉTYM. Dérivé de limon 3, § 120. || 1653. Limonnade, OUD. limonéa.]

|| Boisson rafraîchissante faite de suc de citron ou de limon. — gazeuse, où l'on a introduit de l'acide carbonique. — purgative, faite avec du citrate de magnésie.

LIMONADIER, IÈRE [li-mò-nà-dyé, -dyèr] *s. m.* et *f.*

[ÉTYM. Dérivé de limonade, § 115. || 1680. Limonnadier, RICHEL.]

|| Celui, celle qui fait et vend de la limonade. || *P. ext.* Celui, celle qui tient un café où l'on débite limonade, café, liqueurs, etc.

***LIMONER** [li-mò-né] *v. intr.*

[ÉTYM. Dérivé de limon 2, § 154. || XVIIᵉ s. *V.* à l'article.]

|| (T. forestier.) Devenir assez gros pour fournir des limons de voiture. On ne coupe point les taillis qu'ils ne limonent, LIGER, *Nouv. Mais. rust.* dans DELB. *Rec.*

LIMONEUX, EUSE [li-mò-neû, -neûz'] *adj.*

[ÉTYM. Dérivé de limon 1, § 116. || 1332. Puant, orde et limonneuse, G. DE DIGULLEVILLE, *Pèler. de vie hum.* 10604, Stürzinger.]

|| Où il y a du limon. Un fond —. Essuyant sa barbe limoneuse, BOIL. *Ép.* 4.

1. LIMONIER [li-mò-nyé] *s. m.*

[ÉTYM. Dérivé de limon 2, § 115. || XIIᵉ s. D'un auferrant a fait Guis limonier, *Aliscans*, 4730.]

|| Cheval qu'on met entre les limons d'une lourde voiture attelée de plusieurs chevaux.

2. LIMONIER [li-mò-nyé] *s. m.*

[ÉTYM. Dérivé de limon 3, § 115. || 1575. Citronniers et limonniers, THEVET, *Cosmogr. univ.* f° 124, v°. Admis ACAD. 1762.]

|| Variété de citronnier qui produit le limon. (*Cf.* limon 3.)

LIMONIÈRE [li-mò-nyèr] *s. f.*

[ÉTYM. Tiré de limonier 1, § 37. || Admis ACAD. 1798.]

|| Partie d'une voiture formée des deux limons, entre lesquels on attelle le cheval.

LIMONITE [li-mò-nit'] *s. m.* (fém. ACAD.).

[ÉTYM. Dérivé de limon 1, § 282. || *Néolog.* Admis ACAD. 1878.]

|| (Minéral.) Fer oxydé hydraté amorphe.

LIMOSINAGE [li-mò-zi-nàj'] et, *mieux*, ***LIMOUSINAGE** [li-mou-zi-nàj'] *s. m.*

[ÉTYM. Dérivé de Limousin, nom des habitants d'une province de la France dite aussi Limousin, dont beaucoup viennent travailler à Paris comme maçons, § 78. (*Cf.* limousiner.) On trouve aussi **limosinerie** (FURET.), aujourd'hui inusité, § 69. ACAD. 1694 écrit **limosinage**, forme remplacée par **limousinage** de 1718 à 1798, rétablie en 1878.]

|| (Technol.) Travail de maçonnerie grossière fait de moellons, de blocage, noyés dans du mortier.

᾽LIMOUSINAGE. *V.* limosinage.

LIMOUSINE [li-mou-zin'] *s. f.*

[ÉTYM. Semble tiré de **Limousin**, nom des habitants d'une province de France (*cf.* limosinage), §§ 36 et 37. || *Néolog.* Admis ACAD. 1878.]

|| Manteau de poil de chèvre ou de grosse laine, froncé par le haut, que portent les paysans, les rouliers.

᾽LIMOUSINER [li-mou-zi-né] *v. intr.*

[ÉTYM. Dérivé de **Limousin** (*cf.* limosinage), § 154. || 1812. MOZIN, *Dict. franç.-allem.*]

|| (Technol.) Faire le travail de maçonnerie dit **limousinage**. Cet ouvrier ne sait que —. *Au part. prés. employé substantivt.* Un limousinant, un maçon qui ne sait faire que le limousinage.

LIMPIDE [lin-pid'] *adj.*

[ÉTYM. Emprunté du lat. **limpidus**, *m. s.* Rare au XVIIᵉ s. RICHEL. 1680 le déclare « écorché du latin ». || XVᵉ-XVIᵉ s. Fleuves limpides, O. DE ST-GELAIS, dans DELB. *Rec.* Admis ACAD. 1762.]

|| Dont rien ne trouble la transparence. Une eau —. Atmosphère —. || *Fig.* Style —, d'une clarté remarquable.

LIMPIDITÉ [lin-pi-di-té] *s. f.*

[ÉTYM. Emprunté du lat. **limpiditas**, *m. s.* || 1690. FURET. Admis ACAD. 1762.]

|| Caractère de ce qui est limpide. La — de l'eau. || *P. anal.* La — de l'atmosphère. || *P. ext.* La — d'un diamant. || *Fig.* La — du style, sa clarté remarquable.

LIMURE [li-mûr] *s. f.*

[ÉTYM. Dérivé de **limer**, § 111. (*Cf.* le bas lat. **limatura**, *m. s.*) || XIIIᵉ s. Limeūre ne retaille C'orfevre face, dans JUBINAL, *Jongl. et trouv.* p. 139. Admis ACAD. 1740.]

|| 1° *Vieilli.* Action de limer. (*Syn.* limage.)

|| 2° Parcelles qui tombent d'une chose qu'on lime. (*Syn.* limaille.)

LIN [lin] *s. m.*

[ÉTYM. Du lat. **linum**, *m. s.* § 291.]

|| Plante herbacée, à fleur bleue, dont la tige fournit une filasse qui sert à fabriquer du fil, de la toile fine. — vivace. Graine de —, semence du lin, dont la farine sert à faire des cataplasmes émollients. Huile de —, huile grasse extraite de la graine de lin. || Couleur gris de —, couleur de la toile de lin écrue. (*Cf.* gridelin.) || *P. anal.* Nom donné à diverses plantes textiles. — d'Amérique, agavé. — de la Nouvelle-Zélande, phormium. — des marais, linaigrette. || *P. ext.* — minéral, — vif, amiante. — fossile, asbeste.

᾽LINAIGRETTE [li-nè-grĕt] *s. f.*

[ÉTYM. Composé de **lin** et **aigrette**, § 199. || 1789. ENCYCL. MÉTH.]

|| (Botan.) Plante de la famille des Cypéracées, dite **lin des marais**, à graine entourée de houppes soyeuses dont on fait des tissus.

LINAIRE [li-nĕr] *s. f.*

[ÉTYM. Emprunté du lat. du moyen âge **linaria**, *m. s.* dérivé de **linum**, lin, § 248. (*Cf.* linier, linière.) || XVᵉ s. De linaire, *Grant Herbier*, 277, Camus. Admis ACAD. 1762.]

|| (Botan.) Plante herbacée à feuilles semblables à celles du lin, à fleurs, à éperon, d'un jaune pâle.

LINCEUL [lin-seul ou -sĕuy'] *s. m.*

[ÉTYM. Du lat. **linteŏlum**, morceau de toile, devenu en lat. pop. ᾽**linteŏlo**, § 356, d'où **linçuel**, **linceul**, §§ 406, 320 et 291. Pour la prononciation avec l finale mouillée, qui tend à prévaloir, *V.* chevreuil.]

|| 1° *Vieilli et dialect.* Drap de lit. Il ne fallait matelas ni —, LA F. *Contes, Hermite.*

|| 2° Drap de toile dont on enveloppe le corps d'une personne morte, pour l'ensevelir. || *Fig. Poét.* Et le rapide oubli, second — des morts, LAMART. *Harmon.* IV, 10.

᾽LINÇOIR ou **᾽LINSOIR** [lin-swàr] *s. m.*

[ÉTYM. Origine inconnue. (*Cf.* lisoir.) || 1676. Linçoir, A. FÉLIBIEN, *Princ. de l'architect.* p. 132.]

|| (Technol.) Pièce de bois fixée parallèlement au mur, sous la partie du plancher voisine d'une porte, d'une fenêtre, d'une cheminée, etc., pour supporter les solives. || Pièce de bois qui relie un chevêtre au mur. || Pièce de bois qui supporte le pied des chevrons au droit d'une lucarne, d'un coffre de cheminée.

LINÉAIRE [li-né-ĕr] *adj.*

[ÉTYM. Emprunté du lat. **linearis**, *m. s.* || XIVᵉ s. Incision lineaire, *Chirurg. de Brun de Long Borc*, dans GODEF. *Compl.* | 1484. Nombre linear, CHUQUET, *Triparty*, 153. Admis ACAD. 1762.]

|| (T. didact.) || 1° Qui a rapport aux lignes. Mesures linéaires, mesures de longueur. Entre les problèmes de géométrie, les uns sont plans, les autres solides, et les autres linéaires, DESC. *Géom.* 2. *P. anal.* (Algèbre.) Équation —, du premier degré. || Dessin —, représentation des objets par un simple trait. *Spécialt.* Représentation par des lignes des élévations, plans et coupes des machines, constructions, etc., employées dans l'industrie.

|| 2° Qui a la forme d'une ligne. *Spécialt.* (Botan.) Feuilles linéaires, étroites et allongées, comme dans les graminées.

LINÉAL, ALE [li-né-àl] *adj.*

[ÉTYM. Emprunté du lat. **linealis**, *m. s.* || XIVᵉ s. Lineal ascention, LITTLETON, *Inst.* 3, Houard.]

|| 1° (Droit.) Relatif à la ligne de parenté. Succession linéale.

|| 2° (Beaux-arts.) Relatif aux lignes d'un dessin. Perspective linéale.

LINÉAMENT [li-né-à-man] *s. m.*

[ÉTYM. Emprunté du lat. **lineamentum**, *m. s.* || XVIᵉ s. Elegant en tous lineamens du corps, RAB. II, 9.]

|| (T. didact.) Ligne élémentaire indiquant d'une manière générale une forme, un contour. Les linéaments du visage. On voit apparaître dans l'œuf les premiers linéaments du poulet. || *Fig.* C'est en se rappelant sans cesse ces premiers linéaments qu'on déterminera les justes intervalles qui séparent les idées principales, BUFF. *Style.*

᾽LINETTE [li-nĕt'] *s. f.*

[ÉTYM. Dérivé de **lin**, § 133. || XVᵉ-XVIᵉ s. Un grain de mil ou de linette, *Myst. des Actes des Ap.* dans GODEF.]

|| *Dialect.* Graine de lin.

LINGE [linj'] *adj. et s. m.*

[ÉTYM. Du lat. **lineum**, *m. s.* devenu ᾽**linyo**, **linje**, **linge**, §§ 355, 356, 290 et 291. Linge se trouve comme subst. (*V.* § 38) dès le XIIIᵉ s.]

I. *Anciennt. Adj.* Qui est de lin. Draps linges.

II. *S. m.* Toile de fil ou de coton appropriée à divers usages domestiques. — de corps, que la personne porte sur elle. Changer de —. Mettre du — blanc. — de maison (draps, serviettes, nappes, etc.). — de cuisine (torchons, tabliers, etc.). — de pansement (bandes, compresses). Donner le — (sale) à la blanchisseuse. *Loc. prov.* Laver son — sale en famille, régler en famille les choses qui pourraient faire scandale. || — sacrés. (*V.* corporal, pale, purificatoire.) || *Famil.* Blanc comme un —, très pâle. Être comme un — mouillé, n'avoir pas la force de se soutenir.

LINGER, ÈRE [lin-jé, -jèr] *s. m. et f.*

[ÉTYM. Dérivé de **linge**, § 115. || 1292. Lingiers, lingieres, *Rôles de la taille de Paris*, dans DELB. *Rec.*]

I. Celui, celle qui confectionne et vend du linge, particulièrement du linge fin. || *Spécialt.* Lingère, *s. f.* | 1. Ouvrière qui travaille à la confection du linge. | 2. Femme chargée de la surveillance, de la distribution du linge, dans une maison particulière, ou dans un hôpital, une maison d'éducation, une communauté religieuse. || *P. appos.* Frère —, sœur lingère (dans un couvent).

II. *Fig.* Lingère, *s. f.* Insecte aptère qu'on trouve souvent dans les armoires.

LINGERIE [linj'-ri ; *en vers*, lin-je-ri] *s. f.*

[ÉTYM. Dérivé de **linger**, §§ 65 et 68. || 1485. Mestier de lingerie, *Ordonn.* XIX, 577.]

|| 1° Commerce, confection du linge fin. Être dans la —.

|| 2° Office consistant à surveiller, à distribuer tout le linge employé dans une famille, un hôpital, une maison d'éducation, un couvent. Être à la tête de la —. || *P. ext.* Pièce où l'on serre ce linge. S'installer dans la —.

᾽LINGETTE [lin-jĕt'] *s. f.*

[ÉTYM. Dérivé de **linge**, § 133. || XVᵉ s. Ung habit de lingette, dans GODEF.]

|| *Anciennt.* Étoffe croisée de laine, dite aussi flavet.

LINGOT [lin-gó] *s. m.*

[ÉTYM. Pour l'**ingot**, par agglutination de l'article et du nom, §§ 178 et 509, emprunté de l'angl. **ingot**, *m. s.* § 8. || 1405. Lingot d'or, dans DELB. *Rec.*]

|| **1°** Morceau de métal, surtout de métal précieux (or, argent, platine), qui n'a pas été mis en œuvre et garde la forme du moule où il a été coulé. (*Cf.* saumon, gueuse.)

|| **2°** Petit cylindre de plomb ou de fer qu'on emploie au lieu de balle pour charger un fusil, dans les chasses d'animaux à peau épaisse (sanglier, rhinocéros, etc.).

|| **3°** Morceau de fonte dont se sert le typographe, soit pour remplir les blancs d'une page, soit pour maintenir le haut et le bas d'une page divisée en colonnes.

LINGOTIÈRE [lin-gò-tyèr] *s. f.*

[ÉTYM. Dérivé de lingot, § 115. || 1611. COTGR. Admis ACAD. 1762.]

|| (Technol.) Moule en fonte ou en fer, de forme allongée, où l'on coule certains métaux, principalement les métaux précieux.

LINGUAL, ALE [lin-gwàl] *adj.*

[ÉTYM. Emprunté du lat. lingualis, *m. s.* || 1752. TRÉV. Admis ACAD. 1762.]

|| (T. didact.) Qui a rapport à la langue. Papille linguale, nerfs linguaux. || *P. ext.* Consonnes linguales, consonnes articulées par le mouvement de la langue (l, r).

*LINGUE [ling'] *s. m.* (fém. LITTRÉ).

[ÉTYM. Emprunté de l'angl. ling, *m. s.* de lang, long, § 8. (*Cf.* holland. lenge, allem. længe, island. langa, *m. s.*) Sur le genre, *V.* § 550. || XIV° s. Luces, leynge, treyte, *Maniere de langage*, dans *Revue crit.* 1870, 2° sem. p. 393.]

|| (Hist. nat.) Espèce de gade, poisson à corps allongé.

*LINGUET [lin-ghè] *s. m.*

[ÉTYM. Semble emprunté d'une forme provenç. lenguet, non attestée, proprt, « petite langue », § 11. (*Cf.* languette.) || 1690. FURET.]

|| (Marine.) Pièce de bois chevillée sur le pont d'un navire, qu'on engage dans les dents du cabestan pour l'empêcher de se dévirer.

*LINGUETER. *V.* langueter.

LINGUISTE [lin-guìst'] *s. m.* et *f.*

[ÉTYM. Dérivé de lingua, langue, § 265. || XVII° s. CHAPELAIN, *Lett.* dans DELB. *Rec.* Admis ACAD. 1835.]

|| (T. didact.) Celui, celle qui s'adonne à l'étude scientifique des langues.

LINGUISTIQUE [lin-guìs'-tìk'] *adj.*

[ÉTYM. Dérivé de linguiste, § 229. || *Néolog.* Admis ACAD. 1835.]

|| (T. didact.) Relatif à l'étude scientifique des langues. *Substantivt, au fém.* La —, la science du linguiste.

LINIER, IÈRE [li-nyé, -nyèr] *s. m.* et *f.*

[ÉTYM. Dérivé de lin, § 115. (*Cf.* lat. linarius, *m. s.* et linaire.) || XIII° s. Il puet estre linniers a Paris qui vuet, E. BOILEAU, *Livre des mest.* I, LVII, 1. Admis ACAD. 1878.]

|| *Vieilli.* (Technol.) Celui, celle qui prépare le lin, qui en fait commerce. *P. appos.* Marchand —. || *De nos jours. Adjectivt.* Relatif au lin. L'industrie linière.

LINIÈRE [li-nyèr] *s. f.*

[ÉTYM. Dérivé de lin, § 115. (*Cf.* linaire.) || XII°-XIII° s. Qui ot semé une liniere, *Ysopet*, I, 25, Robert. Admis ACAD. 1798.]

|| Champ semé de lin.

LINIMENT [li-ni-man] *s. m.*

[ÉTYM. Emprunté du lat. linimentum, *m. s.* || 1552. CH. EST. dans DELB. *Rec.*]

|| (Médec.) Médicament onctueux pour frictions.

*LINOMPLE [li-nònpl'], *vieilli*, et **LINON** [li-non] *s. m.*

[ÉTYM. Dérivé de lin, à l'aide d'un suffixe inexpliqué (dans la première forme), qui a été ensuite remplacé par le suffixe on, §§ 62 et 104. || XV° s. De linomple partout couvercelee, *Pas d'armes de la bergere*, 317, Crapelet.]

|| Toile de lin très claire, d'un apprêt ferme, pour robes, fichus. Les Zephyrs avaient détourné de dessus son sein une partie du linomple qui le couvrait, LA F. *Songe de Vaux*, 7.

LINOT, OTTE [li-nó, -nòt'] *s. m.* et *f.*

[ÉTYM. Dérivé de lin, cet oiseau mangeant la graine de lin, § 136. || XIII° s. De la merde de la linote, RUTEB. p. 117, Kressner.]

|| Mâle et femelle d'une espèce de petit passereau gris, qui s'apprivoise et auquel on peut apprendre à siffler des airs. || *P. ext.* Linotte, en parlant du mâle comme de la femelle. Siffler la linotte, lui répéter un air jusqu'à ce qu'elle le siffle, et, *fig. famil.* | 1. Dresser qqn à jouer un rôle. | 2. Avoir le gosier sec (à force de siffler), boire, s'enivrer. Bonhomme, dans quel cabaret Viens-tu de siffler la linotte

(1691)? LE NOBLE, *les Deux Arlequins*, III, 3. || *Fig.* Avoir une tête de linotte, être étourdi.

LINTEAU [lin-tó] *s. m.*

[ÉTYM. Du lat. pop. *limitale, *m. s.* (dérivé de limes, itis, limite, confondu avec limen, inis, seuil, § 90), devenu *lim'tal, §§ 336 et 291, lintel, §§ 472 et 295, puis, par confusion de suffixe, linteau, §§ 62 et 126. Lintel signifie « seuil » en anc. franç., comme le provenç. lindal, qui a la même étymologie. || XII°-XIII° s. Ke il ne poissent movoir lo piet defors lo linteil, *Dial. Gregoire*, p. 101.]

|| Traverse qui forme la partie supérieure d'une porte, d'une fenêtre à baie rectangulaire, et soutient la maçonnerie. || *P. anal.* Traverse qui relie les pieux d'une palissade. || *P. ext.* Bout de fer placé au haut d'une grille pour recevoir les tourillons.

LION, ONNE [lyon, lyòn'; *en vers,* li-...] *s. m.* et *f.*

[ÉTYM. Du lat. leonem, *m. s.* §§ 344 et 291. On trouve fréquemment le féminin lionesse au moyen âge (*V.* § 129), et PASCAL s'en sert encore.]

I. || **1°** Mammifère carnivore, de la famille des Félins, au pelage fauve, aux épaules couvertes (chez le mâle) d'une épaisse crinière. Le rugissement du — est si fort... que quand il se fait entendre par échos la nuit dans les déserts, il ressemble au bruit du tonnerre, BUFF. *Lion.* Le —, terreur des forêts, LA F. *Fab.* III, 14. Être fort, courageux, hardi comme un —. Se défendre comme un —. || *Fig.* C'est un —, un homme courageux, hardi comme un lion. Et, lions au combat, ils (les chrétiens) meurent en agneaux, CORN. *Poly.* IV, 6. || La lionne... devient terrible dès qu'elle a des petits, BUFF. *Lion.* || *Fig.* En parlant d'une femme en fureur. Elle est comme une lionne, c'est une lionne. || *Loc. prov. Fig.* S'adjuger la part du — (allusion à une fable où le lion, associé avec d'autres animaux, s'attribue toutes les parts du butin), prendre la plus forte part, tout pour soi. C'est l'âne couvert de la peau du — (allusion à une fable où l'âne prend la peau d'un lion pour se faire craindre), c'est un faux brave. Fosse aux lions, où l'on garde des lions dans un jardin zoologique. | *P. plaisant.* (Marine.) Fosse aux lions, emplacement ménagé en avant de la cale, où le maître d'équipage loge les objets de consommation journalière pour l'entretien du navire, huile, goudron, menus cordages, etc. || *Fig.* C'est le — du jour, le personnage à la mode. *P. ext. Vieilli.* Un —, une lionne, personne qui appartient au monde de la mode, de l'élégance, du bon ton.

|| **2°** Figure de lion. || *Spécialt.* | 1. (Blason.) — de Saint-Marc, lion ailé, symbole de l'ancienne république de Venise. — posé (sur les quatre pieds), rampant, debout, morné, etc. (*Cf.* lionné.) | 2. (Technol.) Pièce de bois servant à relier la tête des épontilles à la cale, avec le pont.

II. *P. anal.* (Hist. nat.) — du Pérou, d'Amérique, le couguar, dit aussi tigre rouge. || Chien-—, chien produit par le croisement de l'épagneul et du petit danois, qu'on tond en lui laissant une sorte de crinière. || — marin, otarie à crinière, sorte de phoque. || — des pucerons, larve d'une variété de névroptères. || Gueule de —, sorte de muflier, plante. Dent de —, pissenlit.

LIONCEAU [lyon-só; *en vers,* li-on-só] *s. m.*

[ÉTYM. Dérivé de lion, § 128. || XII° s. Esouz od leunceaus D'or, BENEEIT, *Ducs de Norm.* 34712.]

|| Le petit du lion.

*LIONNÉ, ÉE [lyò-né; *en vers,* li-ò-né] *adj.*

[ÉTYM. Dérivé de lion, § 253. || 1690. FURET. Admis ACAD. 1762.]

|| (Blason.) Léopard —, rampant comme le lion.

*LIOUBE [lyoub'] *s. f.*

[ÉTYM. Origine inconnue. || 1694. TH. CORN.]

|| (Marine.) Mortaise angulaire. (*Cf.* enliouber.)

*LIPAROLÉ [li-pà-rò-lé] *s. m.*

[ÉTYM. Dérivé du grec λιπαρός, gras, § 239. | *Néolog.*]

|| (Pharmacie.) Substance médicamenteuse unie à une graisse quelconque.

*LIPOGRAMMATIQUE [li-pò-gram'-mà-tìk'] *adj.*

[ÉTYM. Dérivé du grec λιπογράμματος, *m. s.* de λείπειν, laisser, et γράμμα, lettre, § 229. || 1752. TRÉV. Admis ACAD. 1762; suppr. en 1878.]

|| (T. didact.) Qui forme un lipogramme. Pièce —.

*LIPOGRAMME [li-pò-gram'] *s. m.*

[ÉTYM. Tiré de lipogrammatique, § 279. || *Néolog.*]

|| (T. didact.) Écrit dans lequel, par un jeu d'esprit, on s'abstient d'employer telle ou telle lettre de l'alphabet.

***LIPOME** [li-pôm'] *s. m.*
[ÉTYM. Emprunté du lat. scientifique lipoma, dérivé du grec λίπος, graisse, § 282. || 1751. COL-DE-VILLARS, *Dict. franç.-lat.* Admis ACAD. 1762; suppr. en 1798.]
|| (Médec.) Tumeur graisseuse.

LIPOTHYMIE [li-pô-ti-mi] *s. f.*
[ÉTYM. Emprunté du grec λιποθυμία, *m. s.* de λείπειν, laisser, et θυμός, sens. || XVIᵉ s. Lipothymie, syncope, epilepsie, RAB. III, 32. Admis ACAD. 1762.]
|| (Médec.) *Vieilli.* Évanouissement.

LIPPE [lip'] *s. f.*
[ÉTYM. Emprunté de l'allem. lippe, lèvre, § 7. || XIIIᵉ s. Moult li avenoit La chiere qu'il fet et la lipe, *Renart*, XVII, 528.]
|| Lèvre inférieure trop épaisse, qui avance trop. La princesse d'Harcourt,... avec de grosses et vilaines lippes et des cheveux de filasse, ST-SIM. III, 346. || *Fig.* Faire sa —, faire la moue. || *P. anal.* (Technol.) Dans certains ornements, partie saillante renversée.

LIPPÉE [li-pé] *s. f.*
[ÉTYM. Dérivé de lippe, § 119. || 1316. Lors trait une grande lipee, J. MAILLARD, *Comtesse d'Anjou*, dans GODEF.]
|| 1° *Vieilli.* Ce qu'on prend avec les lèvres, bouchée.
|| 2° *Fig.* Bon morceau. Franche —, bon morceau qui ne coûte rien. Point de franche —, LA F. *Fab.* I, 5. || *P. anal.* Bonne aubaine.

LIPPITUDE [lip'-pi-tud'] *s. f.*
[ÉTYM. Emprunté du lat. lippitudo, *m. s.* || XVIᵉ s. PARÉ, XV, 12. Admis ACAD. 1762.]
|| (Médec.) État de celui qui a les yeux chassieux.

LIPPU, UE [li-pu] *adj.*
[ÉTYM. Dérivé de lippe, § 118. || 1539. R. EST.]
|| Dont la lèvre inférieure est trop épaisse, avance trop. Un More très —, LA F. *Contes, Petit Chien.*

LIQUATION [li-kwà-syon ; *en vers*, -si-on] *s. f.*
[ÉTYM. Emprunté du lat. liquatio, *m. s.* || 1611. COTGR. Admis ACAD. 1762.]
|| (Technol.) || 1° Isolement d'un des métaux contenus dans un minerai, dans un alliage. (*Cf.* ressuage.) Pièce de —, gâteau de cuivre argentifère allié au plomb.
|| 2° Défaut d'homogénéité dans un alliage (particulièrement dans le bronze).

LIQUÉFACTION [li-ké-fâk'-syon ; *en vers*, -si-on] *s. f.*
[ÉTYM. Emprunté du lat. liquefactio, *m. s.* || 1557. Liquefaction, GIRARD DE TOURNUS, *Admir. Pouvoir de l'art*, p. 66.]
|| (T. didact.) Passage d'un corps de l'état solide ou gazeux à l'état liquide. (*Cf.* fusion et condensation.) || *Fig.* (T. mystique.) État du cœur qui s'amollit sous l'action de la grâce. La joie n'est qu'un épanouissement du cœur et, si j'ose me servir d'un terme dont la dévotion s'est saisie, une certaine — intérieure, CORN. *Disc. à l'Acad.*

LIQUÉFIABLE [li-ké-fyàbl' ; *en vers*, -fi-àbl'] *adj.*
[ÉTYM. Dérivé de liquéfier, § 242. || XVIᵉ s. Liquifiable, B. PALISSY, p. 58. Admis ACAD. 1878.]
|| (T. didact.) Qui peut être liquéfié.

LIQUÉFIER [li-ké-fyé] *v. tr.*
[ÉTYM. Emprunté du lat. liquefacere, *m. s.* au passif liquefieri. || XIVᵉ-XVᵉ s. Liquefiee ou fondue, *Somme Mᵉ Gautier*, fᵒ 30, vᵒ.]
|| (T. didact.) Faire passer (un corps) de l'état solide ou gazeux à l'état liquide. Il faut une haute température pour — les métaux. La cire, la graisse, se liquéfient. || *Fig.* (T. mystique.) Amollir par l'action de la grâce. Au feu d'un saint amour Le cœur liquéfié, CORN. *Imit.* IV, 4.

LIQUEUR [li-kœur] *s. f.*
[ÉTYM. Emprunté du lat. liquor, *m. s.* || XIIᵉ s. La licur, *Tristan*, II, p. 136, Michel.]
I. *Vieilli.* Liquide.
II. Substance liquide où entrent certains ingrédients.
|| 1° Boisson. Une — qui leur monte à la tête, leur fait perdre la raison, LA BR. 12. A peine ai-je senti cette — traitresse, BOIL. *Sat.* 3. || *Spécialt.* Boisson spiritueuse obtenue par la distillation. Marchand de liqueurs. Des liqueurs des Iles. La — des Chartreux. || *P. anal.* Vin de —, vin sucré, riche en alcool.
|| 2° Mixture employée en pharmacie, en industrie, etc. Le plonge en un bain d'eaux et d'herbes inconnues, Lui forme un nouveau sang avec cette —, CORN. *Méd.* I, 1. — de Fowler, solution d'acide arsénieux et de carbonate de potasse. — titrée ou normale, contenant par litre une quantité connue d'une substance dissoute, qui permet de doser une autre substance.

LIQUIDAMBAR [li-ki-dan-bàr] *s. m.*
[ÉTYM. Emprunté de l'espagn. liquidambar, *m. s.* proprt, « ambre liquide », § 13. || 1694. TH. CORN. Admis ACAD. 1878.]
|| (Botan.) Arbre exotique fournissant un suc résineux balsamique, d'une couleur ambrée.

LIQUIDATEUR [li-ki-dà-teur] *s. m.*
[ÉTYM. Dérivé de liquider, § 249. || 1793. Le liquidateur de la Trésorerie, dans DUVERGIER, *Collect. des lois et décrets*, VI, 143. Admis ACAD. 1798.]
|| Celui qui est chargé d'une liquidation. — judiciaire, celui qui est chargé par un tribunal de gérer une affaire commerciale, financière, au mieux des intérêts des créanciers, en attendant une reconstitution ou une liquidation définitive.

LIQUIDATION [li-ki-dà-syon ; *en vers*, -si-on] *s. f.*
[ÉTYM. Dérivé de liquider, § 247. || 1416. La liquidation des biens desditz mineurs, dans DELB. *Rec.*]
|| Règlement d'une situation financière par le paiement du passif et l'attribution, à qui de droit, de l'actif restant. — d'une communauté matrimoniale, de la communauté de la succession. || (Commerce.) — d'une maison de commerce, d'une société. — après faillite. P. *ext.* — de marchandises au rabais, vente à bas prix en vue d'un écoulement rapide. || (Bourse.) — de quinzaine, de fin de mois, règlement des négociations par livraison des titres achetés, ou paiement des différences.

LIQUIDE [li-kid'] *adj.*
[ÉTYM. Emprunté du lat. liquidus, *m. s.* || XIIIᵉ-XIVᵉ s. Humors liquides, *Chirurg. de Mondeville*, fᵒ 100, dans LITTRÉ.]
|| 1° Dont les molécules, peu adhérentes entre elles, coulent, obéissant isolément à l'action de la pesanteur, quand elles ne sont pas contenues dans un récipient. Les corps s'offrent à nous sous trois états : l'état solide, l'état — et l'état gazeux. *Poét.* De donne au — cristal Plus de cent formes différentes, LA F. *Songe de Vaux*. La plaine — (la mer), RAC. *Phèd.* V, 6. || Mets sucrés, secs, en pâtes ou liquides, BOIL. *Sat.* 10. || *Substantivt, au masc.* Un —, une substance liquide. Litre, mesure de capacité tant pour les liquides que pour les matières sèches, *Loi du 7 avril 1793*. (Physique.) Les lois de l'équilibre des liquides. *Spécialt.* (Administr.) Boisson spiritueuse, acide ou fermentée. La taxe sur les liquides (vins, bière, etc.).
|| 2° *P. anal.* (Gramm.) Consonne —, et, *substantivt, au fém.* —, consonne qui, employée à la suite d'une autre consonne dans la même syllabe, est coulante, se prononce aisément (particulièrement, l, r).
|| 3° *Fig.* Libre de dettes (en parlant de l'avoir, du bien de qqn). Une dot en argent —. P. *plaisant.* Quinze mille écus assignés sur les brouillards de la rivière de Loire, qui sont des effets à la vérité fort liquides, FURET. *Rom. bourg.* I, 30.

LIQUIDER [li-ki-dé] *v. tr.*
[ÉTYM. Dérivé de liquide, § 266. || 1539. Il conviendra liquider, dans ISAMBERT, *Rec. gén. des anc. lois franç.* XII, 619.]
|| Soumettre à une liquidation. (*V. ce mot.*) — une succession. P. *ext.* — des marchandises, les écouler à bas prix dans le public.

LIQUIDITÉ [li-ki-di-té] *s. f.*
[ÉTYM. Emprunté du lat. liquiditas, *m. s.* || XVᵉ-XVIᵉ s. La liquidité des fleuves decourans, J. LE MAIRE, dans DELB. *Rec.* Admis ACAD. 1718.]
|| (T. didact.) Caractère de ce qui est liquide. La — du mercure.

LIQUOREUX, EUSE [li-kò-reû, -reûz'] *adj.*
[ÉTYM. Dérivé du lat. liquor, liqueur, § 251. || 1619. Fontaines De tout amour liquoreuses et plaines, GUILL. MICHEL, *Géorgiques*, dans DELB. *Rec.* Admis ACAD. 1718.]
|| (Commerce.) Sucré et riche en alcool. Les vins d'Espagne sont —.

LIQUORISTE [li-kò-rïst'] *s. m. et f.*
[ÉTYM. Dérivé du lat. liquor, liqueur, § 265. || 1753. Liqueuriste, DÉJEAN, *Distillation*, p. 4. | 1775. Art du distillateur liquoriste, DEMACHY, titre. Admis ACAD. 1835.]
|| Celui, celle qui fabrique des liqueurs et qui en fait commerce.

LIRE [lïr] *v. tr.*
[ÉTYM. Du lat. lĕgere, *m. s.* devenu *lleire, lire, §§ 305, 394, 290 et 291.]

|| **1°** Distinguer, dans un texte imprimé ou écrit, les sons figurés par les lettres. Il ne sait — que l'imprimé. Une écriture difficile à —. *Absolt.* Apprendre à —. Il ne sait ni — ni écrire. A peine lui apprit-on (à Louis XIV) à — et à écrire, ST-SIM. XII, 13. || *P. ext.* Comprendre un texte écrit dans une langue étrangère. Il lit Homère dans le texte. || *P. anal.* — de la musique, distinguer, dans la musique notée, les différents sons figurés par les notes. — la musique à livre ouvert. || — une carte, y distinguer les indications topographiques qui font connaître la configuration du pays. — un dessin pour tissu, l'analyser afin de le reproduire par l'enlacement des fils de la chaîne et de la trame. || *Fig.* Au livre du destin les mortels peuvent —, LA F. *Fab.* II, 13. *P. anal.* — en un songe obscur les volontés des Cieux, RAC. *Esth.* II, 1. Vous lisez de trop loin dans les secrets des dieux, ID. *Iph.* I, 2. *Absolt.* Tandis qu'à peine à tes pieds tu peux voir, Penses-tu — au-dessus de ta tête? LA F. *Fab.* II, 13.

|| **2°** Prendre connaissance du contenu d'un écrit, d'un livre. Elle lit un billet? RAC. *Plaid.* II, 3. Lisez l'arrêt détestable, cruel, ID. *Esth.* I, 3. Il est inutile de — quand on n'entend pas ce qu'on lit, MALEBR. *Rech. de la vérité*, p. 154. Les sots lisent un livre et ne l'entendent point, LA BR. 1. J'ai lu Malherbe, ID. *ibid.* Un livre agréable à —, qui se lit avec intérêt. || *Absolt.* En parlant de livres qui servent au plaisir ou à l'instruction. Aimer à —. Un homme qui a beaucoup lu. — trop vite. — au doigt, en feuilletant, en parcourant rapidement. || *Spécialt.* — des épreuves (d'imprimerie), pour les corriger. — la messe, suivre les divers actes de l'officiant dans un livre contenant l'office du jour.

|| **3°** Faire connaître à d'autres le contenu d'un écrit, d'un livre, en prononçant devant eux ce qui est écrit, imprimé. — à haute voix une lettre. Il m'a fallu — ma pièce chez madame la marquise, MOL. *Crit. de l'Éc. des f.* sc. 6. *Spécialt.* (Théâtre.) — une pièce (devant un comité chargé de décider si la pièce sera admise à être représentée). | Il lit bien, il met bien le ton en lisant. Il lit trop vite, il ne lit pas distinctement.

|| **4°** *Fig.* Deviner la pensée de qqn, ses sentiments, par son attitude, sa physionomie, son extérieur, etc. Dans ses yeux confus je lis ses perfidies, RAC. *Esth.* III, 6. D'où vient ce noir chagrin qu'on lit sur son visage? BOIL. *Épigr.* 34. Ne devais-tu pas — au fond de ma pensée? RAC. *Andr.* V, 3.

|| **5°** *P. ext.* Déchiffrer le sens de certains signes. — des hiéroglyphes. — une dépêche chiffrée. Ces tristes vêtements où je lis mon malheur, CORN. *Cid*, IV, 1.

LIRON [li-ron] *s. m.*
[ÉTYM. Du lat. pop. *glironem* (class. glirem), *m. s.* §§ 104, 393 et 291. || Admis ACAD. 1762.]
|| **1°** Loir gris, dit aussi lérot, petit mammifère rongeur.
|| **2°** Marmotte des Alpes.

LIS [lis'; *vieilli et en blason*, li] *s. m.*
[ÉTYM. Du lat. lilium, *m. s.* qui a donné en anc. franç. au cas sujet du sing. et au rég. plur. lilz (avec l mouillée), d'où lis, lis. (*Cf.* fils.) Le régime pluriel a de bonne heure supplanté le singulier, et l's a été considérée comme faisant partie du radical. (*Cf.* liseron, liset.)]
|| Plante herbacée bulbeuse, à tige droite, dont la variété la plus connue a une fleur d'un blanc pur, en forme de cloche. || Lis orangé, à fleur jaune orange. Lis martagon, à fleur rougeâtre dont les tiges se roulent en dehors. || Lis asphodèle, hémérocalle. Lis d'étang, nénuphar blanc, etc. || *P. ext.* La fleur du lis blanc. Avoir la blancheur du lis. *Fig.* Le teint de lis et de rose, blanc et vermeil. Les lis du teint, sa couleur blanche, et, *p. ext.* le blanc qui sert de fard. (La belle) dans quatre mouchoirs de sa beauté salis Envoie au blanchisseur ses roses et ses lis, BOIL. *Sat.* 10. || Fleur de lis, pièce figurée dans les armoiries des rois de France, imitant trois fleurs de lis unies. || *P. ext. Poét.* Les fleurs de lis, les lis, désignation symbolique de la France. Laisser leurs dépouilles captives A la merci des fleurs de lis, MALH. *Poés.* 27. Être assis sur les fleurs de lis, se disait de ceux qui siégeaient dans les cours souveraines, sur des sièges tapissés de fleurs de lis. || *Vieilli.* Être marqué de la fleur de lis, être marqué par le bourreau d'un fer rouge sur lequel étaient figurées des fleurs de lis. Gredin que la main de Thémis A diapré de nobles fleurs de lis, VOLT. *Pauvre Diable.*

1. *LISAGE [li-zàj'] *s. m.*
[ÉTYM. Dérivé de lire, § 78. || 1776. Exécution du lisage, PAULET, *Étoffes de soies*, II, 935.]
|| (Technol.) Action de lire, d'analyser un dessin pour tissu, mis en carte, afin de le reproduire par l'entrelacement des fils de la chaîne et de la trame.

2. *LISAGE [li-zàj'] *s. m.*
[ÉTYM. Dérivé de liser, § 78. || 1785. L'opération du lisage, ENCYCL. MÉTH. *Manuf. et arts, Draperie*, p. 385.]
|| (Technol.) Action de liser.

***LISE** [liz'] *s. f.*
[ÉTYM. Même mot que glaise, autrefois glise (*V.* glaise), § 393. || XIIᵉ s. Quant il le vit mort en la lise (var. glise), *Thèbes*, 4473.]
|| *Dialect.* Sable mouvant. (*Cf.* enliser.)

***LISER** [li-zé] *v. tr.*
[ÉTYM. Dérivé du radical de lisière, § 154. || 1765. DUHAMEL DU MONCEAU, *Art de la draperie*, p. 84.]
|| (Technol.) Tirer par les lisières (un drap qu'on foule) pour en faire disparaître les faux plis.

***LISERAGE** [liz'-ràj'; *en vers*, li-ze-...] *s. m.*
[ÉTYM. Dérivé de liserer, § 78. || 1723. SAVARY, *Dict. du comm.* Admis ACAD. 1798; suppr. en 1835.]
|| (Technol.) Travail de broderie où le tour des fleurs, des ornements, est bordé d'un fil d'or, d'argent, de soie.

LISERÉ [liz'-ré; *en vers*, li-ze-ré] *s. m.*
[ÉTYM. Subst. particip. de liserer, § 45. ACAD. écrit liséré. || 1752. TRÉV. Admis ACAD. 1798.]
|| (Technol.) Ruban ou biais d'étoffe étroit dont on borde des vêtements. || *P. anal.* Raie étroite formant bordure et d'une autre couleur que le fond. Un mouchoir blanc à — rose.

***LISERER** [liz'-ré; *en vers*, li-ze-ré] *v. tr.*
[ÉTYM. Dérivé de lisière, §§ 65 et 154. || Admis ACAD. 1694; suppr. en 1835.]
|| (Technol.) Border d'un liseré. — une jupe. Mouchoir blanc liseré de rose. || (Botan.) Fleur liserée, dont le bord est d'une autre couleur que le fond.

LISERON [liz'-ron; *en vers*, li-ze-...] *s. m.*
[ÉTYM. Dérivé de lis, § 105. (*Cf.* liset.) || 1539. R. EST. Admis ACAD. 1762.]
|| (Botan.) Plante herbacée ou frutescente à fleurs en entonnoir, dont les principales espèces rampent sur le sol ou s'enroulent autour des plantes voisines. Le — des champs, ou petit —.

1. LISET [li-zè] *s. m.*
[ÉTYM. Dérivé de lis, § 133. (*Cf.* liseron.) || 1545. Campanette, lizet ou vitreole, G. GUÉROULT, *Hist. des plantes*, dans DELB. *Rec.*]
|| *Dialect.* Liseron. *Spécialt.* Liseron des champs. — piquant, salsepareille d'Europe.

2. LISET [li-zè] *s. m.* et ***LISETTE** [li-zèt'] *s. f.*
[ÉTYM. Du nom propre Liset, Lisette (pour Louiset, Louisette), § 36. || 1549. Liset, R. EST.]
|| *Dialect.* Larve d'un coléoptère qui ronge les bourgeons de la vigne et des arbres fruitiers. (*Cf.* bêche 1 et coupe-bourgeon.)

LISEUR, EUSE [li-zeur, -zeuz'] *s. m.* et *f.*
[ÉTYM. Dérivé de lire, § 112. (*Cf.* lecteur.) || XIIᵉ-XIIIᵉ s. Leisor, *Job*, dans *Rois*, p. 505.]
I. || **1°** Celui, celle qui a l'habitude de lire. C'est une liseuse, SÉV. 1171. Notre — infatigable, ID. 1183.
|| **2°** (Technol.) Celui, celle qui lit, qui analyse un dessin pour tissu, afin de le reproduire par l'enlacement des fils de la chaîne et la trame.
II. *P. ext.* Liseuse, couteau à papier dont le manche est muni d'une sorte de crochet qui sert à marquer la page du livre à laquelle on est resté.

***LISIBILITÉ** [li-zi-bi-li-té] *s. f.*
[ÉTYM. Dérivé de lisible, § 255. || *Néolog.*]
|| Caractère de ce qui est lisible.

LISIBLE [li-zìbl'] *adj.*
[ÉTYM. Dérivé de lire, à l'imitation du lat. legibilis, *m. s.* § 242. || 1611. Lisable, lisible, COTGR.]
|| Qui peut être lu. | 1. En parlant des caractères écrits ou tracés. Avoir une écriture —. Cette inscription n'est plus —. | 2. En parlant du fond ou de la forme d'un livre. Ce livre n'est pas —.

LISIBLEMENT [li-zi-ble-man] *adv.*
[ÉTYM. Composé de lisible et ment, § 724. || 1622. Gravé lisiblement, LE P. GARASSE, *Doctr. cur.* dans DELB. *Rec.*]
|| En caractères lisibles. Écrire —.

***LISIER** [li-zyé] *s. m.*
[ÉTYM. Emprunté du patois de la Suisse romande, § 17.

|| 1835. En Suisse on prépare... un engrais liquide connu sous le nom de lizier, DE CANDOLLE, dans *Mais. rust. du dix-neuvième s.* I, 97.]

|| (Agricult.) Liquide provenant des urines et des excréments des animaux de ferme, qu'on fait écouler et que l'on conserve dans des fosses couvertes, pour servir d'engrais. (*V.* purin.)

LISIÈRE [li-zyèr] *s. f.*
[ÉTYM. Origine inconnue. || XIII° s. En millieu come aus lisieres, E. BOILEAU, *Livre des mest.* I, L, 33.]

|| **1°** Bord longitudinal qui termine de chaque côté une pièce d'étoffe, et est d'un autre tissu, qqf d'une autre couleur. *Spéciallt.* — des pièces de drap, employée pour tresser des chaussons dits chaussons de —, pour fabriquer des martinets à battre les meubles, pour faire des bandes qui, fixées à la robe des petits enfants, servent à les soutenir quand ils commencent à marcher. Marcher avec des lisières. || *Fig.* Un homme qui a besoin d'être mené à la —, qui ne sait pas se conduire seul. Une épouse vertueuse, un fils unique (de Louis XIV) toute sa vie à la —, ST-SIM. XII, 49.

|| **2°** *P. anal.* Bord d'un terrain. La — d'un champ, d'un bois. || *P. ext.* Arbres, plantes qui croissent sur le bord d'un terrain. Près de là croissaient des lisières de pervenche, B. DE ST-P. *Paul et Virg.*

***LISOIR** [li-zwàr] *s. m.*
[ÉTYM. Origine inconnue. (*Cf.* linçoir.) || 1680. RICHEL.]
|| (Technol.) || **1°** Pièce de bois transversale qui est au-dessus de l'essieu, et porte les ressorts d'une voiture suspendue.
|| **2°** Charpente de l'étendoir à apprêter les étoffes.
|| **3°** Partie d'un affût fixe qui reçoit la cheville ouvrière.

1. *LISSAGE [li-säj'] *s. m.*
[ÉTYM. Dérivé de lisser, § 78. || 1762. DUHAMEL DU MONCEAU, *Art du cartier*, p. 24.]
|| (Technol.) Action de lisser. || *Spéciallt.* | 1. Dernier apprêt qu'on fait subir à une étoffe, à un papier, pour lui donner le poli, le brillant. | 2. Poli donné aux grains de la poudre à canon, pour les rendre plus homogènes.

2. *LISSAGE. *V.* liçage.

1. LISSE [lis'] *adj.*
[ÉTYM. Origine incertaine; peut-être emprunté de l'ital. liscio, *m. s.* que l'on rattache à l'allem. leise, léger, doux, § 12. || XVI° s. Argent bien liz et poly, RAB. IV, 1.]
|| Qui n'offre pas d'aspérités au toucher. (*Syn.* uni.) Avoir la peau —. Des cheveux lisses. Un cheval qui a le poil —. La plume — d'un oiseau. (*Archit.*) Colonne —, à fût uni, sans ornements ni cannelures.

2. LISSE [lis'] *s. f. V.* lice 2 et liste.

1. LISSER [li-sé] *v. tr.*
[ÉTYM. Dérivé de lisse, § 154. || 1564. J. THIERRY, *Dict. franç.-lat.*]
|| Rendre lisse. — ses cheveux. Un oiseau qui lisse son plumage. || — le papier, le carton, lui donner le poli. — la poudre à canon, donner le poli aux grains. Maroquin lissé, dont on a uni la surface (pour reliure de livres). || *P. anal.* Amande lissée, pelée et recouverte d'une mince couche de sucre. || *P. ext.* — de la laine, faire prendre également la teinture à toutes les parties. || *Au part. passé pris substantivt.* Le lissé, || Qualité de ce qui est lisse. Le lissé, le velouté des feuilles, B. DE ST-P. *Ét. de la nat.* 1. | 2. *P. ext.* Degré de cuisson du sucre où on peut le tirer avec les doigts en formant un fil uni.

2. LISSER. *V.* licer.

***LISSERON.** *V.* liceron.

1. *LISSETTE [li-sèt'] *s. f.*
[ÉTYM. Dérivé de lisse 1, § 133. NICOT donne lisse dans un sens analogue. || 1767. GARSAULT, *Art du paumier-raquetier*, p. 34.]
|| (Technol.) Instrument en os pour lisser, polir, à l'usage des paumiers.

2. *LISSETTE. *V.* licette.

LISSEUR, EUSE [li-seùr, -seùz'] *s. m.* et *f.*
[ÉTYM. Dérivé de lisser 1, § 112. || 1762. LALANDE, *Art du cartonnier*, p. 19. Admis ACAD. 1878.]
|| (Technol.) Ouvrier, ouvrière qui lisse (le papier, le sucre, etc.).

LISSOIR *s. m.* et ***LISSOIRE** [li-swàr] *s. f.*
[ÉTYM. Dérivé de lisser, § 113. || 1642. Lissoire, OUD. | 1690. Lissoir, FURET. ACAD. donne lissoire en 1694, remplacé par lissoir en 1762.]

|| **1°** (Technol.) Instrument pour lisser le papier, le maroquin, etc. || Instrument pour défaire les plis du vieux papier, les coutures du vieux linge, etc., dans la fabrication du papier.
|| **2°** Sorte de démêloir fin, pour lisser les cheveux.

LISTE [list'] *s. f.*
[ÉTYM. Emprunté de l'anc. haut allem. lista, allem. moderne leiste, *m. s.* §§ 6, 498 et 499. L'anc. prononc. *lite (*cf.* litage, liteau 1, liter 1, litre 1) a disparu au sens général, sauf sous l'influence de l'ital. lista, *m. s.* §§ 12 et 422. (*Cf.* listel, liston.) || XII° s. La liste fu d'un palle brun, *Thèbes*, 4049.]

|| **1°** *Ancient.* Bande. || *Spéciallt. De nos jours.* Bande de poils blancs sur le front et le chanfrein d'un cheval. (Qqns disent par altération lisse.)
|| **2°** Série de noms de personnes ou de choses, de numéros, de nombres, etc., inscrits les uns à la suite des autres. (*Syn.* nomenclature.) La — des jurés, des souscripteurs, etc. La — des électeurs sera arrêtée par le préfet, *Ordonn. de juillet 1830*, art. 16. — électorale, où le maire de chaque commune fait inscrire tous les électeurs. Listes de proscription, portant les noms de ceux qui étaient proscrits. Les listes de proscription de Sylla, *Fig.* Grossir la — de, s'ajouter au nombre de. A quoi bon grossir la — des auteurs qu'on ne lit pas? || Faire la — des objets qu'on doit emporter, des visites que l'on doit faire. || — civile. | 1. *Ancient.* Détail des offices civils (juge, conseiller de la couronne, etc.) qui étaient payés par le roi. | 2. *P. ext.* Détail des dépenses de la maison du roi. | 3. *P. ext.* Allocations, dotations, revenus du domaine de la couronne, servant aux dépenses de la maison royale. L'administration de la — civile. La — civile est fixée pour toute la durée du règne par la première législature assemblée, *Charte de 1830*, art. 19.

LISTEL [lis'-tèl] *s. m.*
[ÉTYM. Emprunté de l'ital. listello, *m. s.* § 12. On dit au plur. listeaux, sous l'influence de liteau. (*V.* liteau 1.) || 1676. Listel ou listeau, A. FÉLIBIEN, *Princip. de l'architect.* p. 637.]
|| (Architect.) Petite moulure carrée et unie, qui en sépare deux autres plus grandes et plus saillantes, ou sert à figurer des cannelures sur un pilastre, une colonne. (*V.* filet.)

LISTON [lis'-ton] *s. m.*
[ÉTYM. Dérivé de liste, § 104. || 1732. TRÉV. Admis ACAD. 1762.]
|| (Blason.) Petite bande de l'écu.

LIT [li] *s. m.*
[ÉTYM. Du lat. lēctum, *m. s.* devenu *lieit, lit, §§ 315, 386 et 291.]

I. || **1°** Meuble destiné au coucher. Une chambre à deux lits. Un bois de lit. Des draps de lit. Un ciel de lit. La tête, le pied du lit, la partie où est la tête, où sont les pieds de la personne couchée. Se tenir au pied du lit de qqn. Se mettre au lit, se coucher. Sortir du lit, se lever. Au saut du lit, au moment où on se lève. Prendre le lit. Garder le lit, ne pouvoir se lever, rester couché parce qu'on est malade. Lits jumeaux, deux lits de même forme et de même taille, qu'on peut séparer et rapprocher. *Ancient.* Lit à la duchesse, grand lit à quatre colonnes supportant un baldaquin et des rideaux. Lit de sangle, châssis tendu de sangles ou de forte toile et soutenu par des pieds croisés, que l'on peut plier, quand on ne s'en sert pas. || Lit de camp. | 1. Lit portatif qui se monte et se démonte aisément. | 2. Lit de corps de garde, fait d'une planche inclinée sur laquelle on étend un matelas. || *Spéciallt.* Le lit nuptial. *P. ext.* L'hymen. Comme à son lit je me vis destinée, CORN. *Poly.* I, 3. Celle qu'un lien honnête Fait entrer au lit d'autrui, MOL. *Éc. des f.* III, 2. Ne faire qu'un lit, faire lit à part, coucher ensemble, séparément (en parlant des époux). Les enfants du premier, du second lit, nés d'un premier, d'un second mariage. Lit de douleur, où est couchée une personne gravement malade. Être étendu sur son lit de douleur. || Lit de misère, de travail, préparé pour l'accouchement. || Lit mécanique, qui permet de soulever les blessés, les malades, sans secousse. Lit orthopédique, lit auquel est adapté un mécanisme propre à redresser les personnes contrefaites. Lit d'hôpital. Fonder un lit dans un hôpital, donner la somme nécessaire pour y entretenir perpétuellement un lit de malade. | Lit de mort, lit sur lequel qqn est près d'expirer. Ma mère au lit de mort a reçu nos promesses, VOLT. *Tancr.* V, 3. Mourir dans son lit, de mort naturelle. | Lit de parade, lit qui est dans une chambre pour l'ornement plus que pour l'usage. *Spécialt.* Lit sur lequel on expose le corps de certains personnages, jusqu'à leurs funérailles. (**Lit de repos,** chaise longue pour se reposer le jour, pour faire la sieste. ‖ Chez les anciens. **Lit de table,** sur lequel on se tenait à demi couché pour prendre le repas. **Sur son lit il demeure penché,** RAC. *Brit.* v, 5. ‖ **Lit de roses,** lit parsemé de feuilles de roses, qui plaisait, dit-on, à la délicatesse des Sybarites. *Fig.* **Ne pas être sur un lit de roses,** être dans une situation pénible. ‖ **Lit de justice,** large siège à dais, orné richement, où le roi se plaçait, lorsqu'il tenait une séance solennelle du parlement. *P. ext.* Cette séance solennelle. **Le roi a tenu un lit de justice.** ‖ **2°** Nom donné à diverses parties du lit. | **1. Bois de lit. Un lit d'acajou. Monter, démonter un lit.** *P. anal.* **Un lit de fer,** où les supports et le fond sont en fer. | **2.** Ce dont le bois de lit est garni (matelas, etc.). **Un lit moelleux. Faire le lit,** mettre les matelas, les couvertures, les draps en ordre, pour qu'on puisse s'y coucher. *Loc. prov.* **Comme on fait son lit on se couche,** on a d'ordinaire le sort qu'on s'est préparé. | **3. Lit de plume,** enveloppe de toile remplie de plumes, formant une sorte de matelas moelleux. | **4.** *Anciennt.* Tour de lit. **Un lit de tapisserie, d'indienne.** ‖ **3°** Toute chose sur laquelle on se couche. **La terre nue leur servait de lit. Un lit de feuillage, de gazon.** *Loc. prov.* **Sur ce qu'on appelle le — de Saint-Martin,** c'est-à-dire de la paille, *Arch. de Seine-et-Oise,* G 312 (XVIIIᵉ s.). ‖ *Fig.* **Mourir au lit d'honneur. Le lit sanglant de la croix** (la croix sur laquelle Jésus-Christ fut étendu), BOSS. *Compassion de la Ste Vierge,* préamb. **II.** *P. anal.* ‖ **1°** (Vénerie.) Gîte du lièvre. (S'emploie dans le cri de chasse : **Au lit, au lit, chiens,** pour animer les chiens à quêter le lièvre, le faire lever.) (*Cf.* **liteau, litée.**) ‖ **2°** Partie creuse, plus ou moins profonde, dans laquelle est contenue et coule l'eau d'un fleuve, d'une rivière, d'un ruisseau. **Le lit du torrent est à sec. Un fleuve sorti de son lit, débordé.** ‖ *P. anal.* **Le lit de l'Océan.** ‖ *P. ext.* **Lit de marée,** courant provoqué dans une certaine direction par la marée. **Lit du vent,** direction dans laquelle il souffle. (*Syn.* **aire.**) ‖ **3°** Ce qui est étendu horizontalement. (*Cf.* **liter 2, déliter.**) **Étendre un lit de paille dans une écurie, dans une étable. Asseoir les fondations sur un lit de béton. Après un lit de bois est un lit de mortier,** LA F. *Fab.* IX, 20, *Disc. à Mᵐᵉ de la Sablière.* **Lit de carrière,** le dessus et le dessous d'une couche, d'un banc de pierre dans la carrière. **Dans les assises, la pierre doit être posée selon le sens de son lit de carrière.**

***LITAGE** [li-tàj'] *s. m.*
[ÉTYM. Dérivé de **liter 1,** § 78. ‖ 1723. SAVARY, *Dict. du comm.*]
‖ (Technol.) Action de liter le drap. (*V.* **liter 1.**)

LITANIE [li-tà-ni] *s. f.*
[ÉTYM. Emprunté du lat. ecclés. **litania,** grec λιτανεία, prière. ‖ XIIIᵉ s. Pater noster, la letanie, *Renart,* XV, 503.]
‖ Prière qui a la forme d'une suite d'invocations à Jésus-Christ, à la sainte Vierge, etc., dans lesquelles la même formule de supplication est répétée un grand nombre de fois. (S'emploie surtout au pluriel.) **Les litanies du saint nom de Jésus, de la sainte Vierge.** ‖ *Fig.* Énumération monotone. (S'emploie surtout au singulier.) **C'est toujours la même —,** la même chose répétée. (*Cf.* **kyrielle.**)

1. LITEAU [li-tó] *s. m.*
[ÉTYM. Pour **listeau,** § 422, dérivé de **liste,** § 126. (*Cf.* **listel.**) ‖ 1262. Couverture a **listel,** dans GODEF. **listel.** Admis ACAD. 1762.]
‖ **1°** Tringle de bois qui soutient le fond d'un soufflet de forge, qui soutient une tablette fixée à un mur, etc.
‖ **2°** Raie de couleur qui se trouve dans des serviettes, des nappes non ouvrées, vers chacune des extrémités. **Une serviette de table à liteaux bleus.**

2. LITEAU [li-tó] *s. m.*
[ÉTYM. Dérivé de **lit 1,** § 126. ‖ 1655. **Licteau,** SALNOVE, *Vénerie,* p. 20. Admis ACAD. 1762.]
‖ (Vénerie.) Lieu où le loup se repose pendant le jour.

LITÉE [li-té] *s. f.*
[ÉTYM. Dérivé de **lit,** § 119. ‖ XIIᵉ s. Set en i a tot a une litee, *Naiss. du cheval. au cygne,* dans DELB. *Rec.* Admis ACAD. 1835.]
‖ (Vénerie.) Gîte commun à plusieurs animaux de même espèce.

1. *LITER [li-té] *v. tr.*
[ÉTYM. Pour **lister,** § 422, dérivé de **liste,** § 154. ‖ XIᵉ s. Li palais fu listez d'azur, *Voy. de Charl. à Jérus.* 344.]
‖ **1°** *Anciennt.* Garnir d'une tringle, d'un liteau.
‖ **2°** *Spécialt.* (Technol.) — le drap avant de le teindre, fixer des liteaux sur les parties qu'on veut soustraire à l'action de la teinture.

2. *LITER [li-té] *v. tr.*
[ÉTYM. Dérivé de **lit,** § 154. (*Cf.* **déliter.**) ‖ 1723. SAVARY, *Dict. du comm.*]
‖ (Technol.) Disposer par lits, par couches horizontales, étendues les unes sur les autres. — **les harengs, les morues.**

LITERIE [lit'-ri ; *en vers,* li-te-ri] *s. f.*
[ÉTYM. Dérivé de **lit,** § 69. ‖ *Néolog.* Admis ACAD. 1878.]
‖ Ensemble des objets dont se compose un lit (bois de lit, matelas, etc.). **Commerce, magasin de —.**

LITHARGE [li-tàrj'] *s. f.*
[ÉTYM. Emprunté du lat. **lithargyrus,** grec λιθάργυρος, *m. s.,* proprt, pierre d'argent. Sur le genre, *V.* § 550. ‖ XIIIᵉ s. Litargirum, litargire, *Antidotaire,* 34, Dorveaux. | XVᵉ s. Litarge, G. TARDIF, *Fauconnerie,* dans DELB. *Rec.*]
‖ (Chimie.) Protoxyde de plomb fondu (*cf.* **massicot**) à demi vitrifié, qui sert à la préparation des sels de plomb qui entrent dans la composition du cristal, et avec lequel on falsifiait certains vins pour en neutraliser l'acidité. ‖ *P. ext.* (Technol.) Glette, matière impure qui coule de la coupelle d'affinage.

LITHARGÉ, ÉE [li-tàr-jé] et ***LITHARGYRÉ, ÉE** [li-tàr-ji-ré] *adj.*
[ÉTYM. Dérivé de **litharge,** du lat. **lithargyrus,** § 253. ACAD. écrit lithargiré. ‖ XVIIIᵉ s. *V.* à l'article. Admis ACAD. 1798.]
‖ *Vieilli.* Où il entre de la litharge. **Savoir s'il (le vin) est lithargyré,** J.-J. ROUSS. *Ém.* 3. **Vins lithargés,** *Dict. des arts et mét. Cabaretiers* (1767).

LITHIASE [li-tyàz' ; *en vers,* -ti-àz'] ou **LITHIASIE** [li-tyà-zi ; *en vers,* -ti-à-zi] *s. f.*
[ÉTYM. Emprunté du grec λιθίασις, *m. s.* ‖ 1611. Lithiase, COTGR. Admis ACAD. 1762.]
‖ (Médec.) Formation des calculs dans les voies urinaires. ‖ Formation de concrétions pierreuses dans le tissu des paupières.

***LITHINE** [li-lin'] *s. f.*
[ÉTYM. Dérivé de **lithium,** §§ 245 et 282 *bis.* ‖ *Néolog.*]
‖ (Chimie.) Oxyde de lithium (employé contre la goutte).

***LITHIUM** [li-tyòm' ; *en vers,* -ti-òm'] *s. m.*
[ÉTYM. Dérivé du grec λίθος, pierre, § 282 *bis.* ‖ *Néolog.*]
‖ (Chimie.) Corps simple, le plus léger de tous les métaux connus.

LITHOCOLLE [li-tò-kòl] *s. f.*
[ÉTYM. Emprunté du grec λιθοκόλλα, colle de pierre. ‖ 1690. FURET. Admis ACAD. 1762.]
‖ (Technol.) Ciment (de résine et de vieille brique) avec lequel le lapidaire assujettit les pierres précieuses, pour les tailler à la meule.

***LITHOCHROMIE** [li-tò-krò-mi] *s. f.*
[ÉTYM. Composé avec le grec λίθος, pierre, et χρῶμα, couleur, et le suffixe *ia, ie,* § 279. ‖ *Néolog.*]
‖ (Technol.) Procédé par lequel on imite la peinture à l'huile, à l'aide de lithographies, d'estampes peintes à l'envers et rendues transparentes au moyen d'un corps gras.

LITHOGRAPHE [li-tò-gràf'] *s. m.*
[ÉTYM. Composé avec le grec λίθος, pierre, et γράφειν, écrire, § 279. S'est employé au XVIIIᵉ s. au sens de **lithologue.** ‖ *Néolog.* Admis ACAD. 1835.]
‖ (Technol.) Celui qui imprime au moyen de la lithographie.

LITHOGRAPHIE [li-tò-grà-fi] *s. f.*
[ÉTYM. Composé avec le grec λίθος, pierre, γράφειν, écrire, et le suffixe *ia, ie,* § 279. S'est employé au XVIIIᵉ s. au sens de **lithologie** (TRÉV. 1752). ‖ *Néolog.* Admis ACAD. 1835.]
‖ (Technol.) Art de reproduire par l'impression les écritures, les dessins, en les traçant avec un crayon gras ou une encre grasse sur une pierre calcaire d'un grain très fin. ‖ *P. ext.* Écrit, dessin imprimé par ce procédé.

LITHOGRAPHIER [li-tò-grà-fyé ; *en vers,* -fi-é] *v. tr.*
[ÉTYM. Dérivé de **lithographie,** § 266. ‖ *Néolog.* Admis ACAD. 1835.]

|| (Technol.) Reproduire par la lithographie. **Un portrait lithographié.**

LITHOGRAPHIQUE [li-tò-grà-fĭk'] *adj.*
[ÉTYM. Dérivé de **lithographie**, § 229. || *Néolog*. Admis ACAD. 1835.]
|| (Technol.) Qui appartient à la lithographie. **Pierre, encre —.**

LITHOLOGIE [li-tò-lò-ji] *s. f.*
[ÉTYM. Composé avec le grec λίθος, pierre, λόγος, discours, et le suffixe *ia*, *ie*, § 279. || 1752. TRÉV. Admis ACAD. 1762.]
|| (T. didact.) Partie de l'histoire naturelle qui étudie les pierres. (*Cf.* **pétrographie**.)

LITHOLOGUE [li-tò-lòg'] *s. m.*
[ÉTYM. Tiré de **lithologie**, § 279. || 1752. TRÉV. Admis ACAD. 1762.]
|| (T. didact.) Celui qui s'occupe de lithologie.

LITHONTRIPTIQUE [li-ton-trĭp'-tĭk'] *adj.*
[ÉTYM. Composé avec le grec λίθον, pierre (à l'accusatif), τρίβειν, broyer, et le suffixe ικός, **ique**, § 279. (*Cf.* **lithotritie**.) || 1694. TH. CORN. Admis ACAD. 1762.]
|| (Médec.) Propre à dissoudre les calculs dans la vessie. **Un remède —**, et, *substantivt*, **Un —**, remède auquel on attribuait cette propriété.

LITHOPHAGE [li-tò-fàj'] *adj.*
[ÉTYM. Composé avec le grec λίθος, pierre, et φαγεῖν, manger, § 279. || 1694. TH. CORN. Admis ACAD. 1762.]
|| (T. didact.) Qui ronge la pierre. **Mollusques lithophages**, qui se creusent des demeures dans les rochers.

***LITHOPHANIE** [li-tò-fà-ni] *s. f.*
[ÉTYM. Composé avec le grec λίθος, pierre, φανός, transparent, et le suffixe *ia*, *ie*, § 279. || *Néolog*.]
|| (Technol.) Dessin en creux sur une plaque de porcelaine translucide, où les ombres et les clairs sont figurés par les épaisseurs graduées de la pâte. || *P. ext.* Plaque de porcelaine sur laquelle on a figuré un dessin par ce procédé.

LITHOPHYTE [li-tò-fĭt'] *s. m.*
[ÉTYM. Composé avec le grec λίθος, pierre, et φυτόν, plante, § 279. || 1711. Lithophyton, MARCHAND, dans *Mém. de l'Acad. des sc.* p. 105. | 1752. Lithophyte, TRÉV. Admis ACAD. 1762.]
|| (Hist. nat.) Production marine pierreuse, de forme arborescente, analogue aux madrépores.

LITHOTOME [li-tò-tòm'] *s. m.*
[ÉTYM. Emprunté du grec λιθοτόμος, *m. s.* de λίθος, pierre, et τέμνειν, couper. || 1610. GIRAUD, *Chirurg. de Dalechamps*, p. 264. Admis ACAD. 1762.]
|| (Chimie.) Instrument employé autrefois pour diviser la pierre dans la vessie, où on avait pratiqué une incision; aujourd'hui, instrument employé pour inciser la vessie et en extraire la pierre. (*Cf.* **lithotriteur**.)

LITHOTOMIE [li-tò-tò-mi] *s. f.*
[ÉTYM. Emprunté du lat. **lithotomia**, grec λιθοτομία, *m. s.* || 1701. FURET. Admis ACAD. 1762.]
|| (Chirurgie.) Opération consistant à diviser, à extraire la pierre de la vessie à l'aide du lithotome. (*Cf.* **lithotritie**.)

LITHOTOMISTE [li-tò-tò-mĭst'] *s. m.*
[ÉTYM. Dérivé de **lithotomie**, § 265. || 1659. Le premier lithotomiste de Paris, GUY PATIN, *Lett.* II, 266, Réveillé-Parise. Admis ACAD. 1762.]
|| (Chirurgie.) Chirurgien pratiquant la lithotomie.

LITHOTRITEUR [li-tò-tri-tŏur'] *s. m.*
[ÉTYM. Composé avec le grec λίθος, pierre, et le lat. tritor, broyeur, § 284. || *Néolog*. Admis ACAD. 1835.]
|| (Chirurgie.) Instrument qu'on introduit dans la vessie par le canal de l'urètre et à l'aide duquel on broie la pierre. (*Cf.* **lithotome**.)

LITHOTRITIE [li-tò-tri-si] *s. f.*
[ÉTYM. Dérivé du radical de **lithotriteur**, §§ 282 et 284. || *Néolog*. Admis ACAD. 1835.]
|| (Chirurgie.) Opération qui a remplacé la taille, et par laquelle on broie la pierre dans la vessie, à l'aide du lithotriteur. (*Cf.* **lithotomie**.)

***LITIER** [li-tyé]. *V.* **laitier 2.**

LITIÈRE [li-tyèr] *s. f.*
[ÉTYM. Dérivé de **lit**, § 115. || XIIᵉ s. Et tot d'une litiere seroient li enfant, *Naiss. du cheval. au cygne*, dans DELB. *Rec.*]
|| 1° Véhicule en usage chez les anciens et chez nos aïeux, sorte de lit de repos, couvert et fermé par des rideaux, porté sur deux brancards par des hommes ou des chevaux, des mulets. Lucile... Vengea l'humble vertu de la richesse altière Et l'honnête homme à pied du faquin en —, BOIL. *Art p.* 2. Mᵐᵉ de la Fayette arriva avant-hier de Chantilly en —, SÉV. 556. || *Fig.* Il faudrait faire un petit tour en — (à l'abri des indiscrets) sur tous ces événements, SÉV. 811.
|| 2° Lit de paille, de feuilles, de fougères sèches, etc., pour les animaux dans les étables, les écuries, les bergeries. Vous serez bien traité, Et jusqu'au ventre en la —, LA F. *Fab.* IV, 13. Cette — est vieille; allez vite aux greniers, ID. *ibid.* IV, 21. || Un cheval qui est sur la —, qui ne peut quitter l'écurie. Je ne vous dirai point qu'ils (les chevaux) sont sur la —; les pauvres bêtes n'en ont point, MOL. *Av.* III, 1. || *P. anal.* La — des vers à soie, les débris des feuilles non mangées, mêlés aux excréments des vers. || *Fig.* Faire — de qqch, le répandre à profusion, comme une chose à laquelle on ne tient guère. C'est un homme qui fait — de pistoles, CORN. *Ment.* IV, 7. || *P. anal.* Faire — de son honneur.

LITIGANT, ANTE [li-ti-gan, -gãnt'] *adj.*
[ÉTYM. Emprunté du lat. **litigans**, participe présent de **litigare**, plaider. || XIVᵉ s. Ung des litigans, dans GODEF. Admis ACAD. 1762.]
|| (Droit.) Engagé dans un litige. **Les parties litigantes.**

LITIGE [li-tij'] *s. m.*
[ÉTYM. Emprunté du lat. **litigium**, *m. s.* || XIVᵉ s. Vice de litige, BOUTEILLER, *Somme rural*, 66.]
|| (Droit.) Point contesté, donnant matière à procès. **Le — fut porté devant le tribunal.** || *Spéciali.* **Droit de —**, droit qu'avait le roi de France de nommer à un bénéfice dont le patronage était contesté. || *P. ext.* Contestation donnant matière à procès. **Le point en —.** || *Fig.* Point contesté, contestation sur un sujet quelconque.

LITIGIEUX, EUSE [li-ti-jyeú, -jyeúz'; *en vers*, -ji-...] *adj.*
[ÉTYM. Emprunté du lat. **litigiosus**, *m. s.* || 1331. Lesdites chouses estoient litigieuses, dans GODEF. *Compl.*]
|| (Droit.) Qui donne matière à un procès. La justice pesant ce droit —, BOIL. *Ép.* 2. L'humeur litigieuse, ID. *ibid.* Tout y devint sous lui (Louis XIV) — et en usurpations, ST-SIM. XII, 52.

LITISPENDANCE [li-tĭs'-pan-dãns'] *s. f.*
[ÉTYM. Emprunté du bas lat. **litispendentia**, *m. s.* composé avec **lis**, **litis**, procès, et **pendere**, être suspendu. || XVIᵉ s. Litispendence, MART. DU BELLAY, *Mém.* ann. 1533.]
|| (Droit.) || 1° *Vieilli.* État d'un procès pendant en justice. || *P. ext.* Temps pendant lequel un procès est pendant en justice.
|| 2° Existence simultanée de deux actions pour le même objet, devant deux tribunaux différents. **Exception de —**, par laquelle la partie assignée devant un second tribunal demande le renvoi au tribunal déjà saisi.

LITORNE [li-tòrn'] *s. f.*
[ÉTYM. Origine inconnue. || XIVᵉ s. Les losturgnes ne li pinchons, WATRIQUET DE COUVIN, *Tournoi des dames*, 73.]
|| Grive à tête cendrée.

LITOTE [li-tòt'] *s. f.*
[ÉTYM. Emprunté du lat. **litotes**, grec λιτότης, *m. s.* proprt, petitesse. || 1521. Signification ou liptote, FABRI, *Rhétor.* dans DELB. *Rec.* Admis ACAD. 1762.]
|| (Rhétor.) Figure par laquelle on atténue l'expression de sa pensée de manière à laisser entendre le plus en disant le moins (comme Chimène, dans le *Cid*, faisant l'aveu de son amour à Rodrigue, par ces mots : Va, je ne te hais point).

1. LITRE [litr'] *s. f.*
[ÉTYM. Pour **listre**, § 422, forme altérée de **liste**, § 361. (*V.* ce mot.) || XIIᵉ s. El front devant ot une litre D'esmeraudes et de jagonces, *Thèbes*, 890.]
|| 1° *Ancienn.* Bande noire que les seigneurs avaient droit de faire peindre, ornée de leurs armoiries, dans les églises, les chapelles, en l'honneur des morts de leur famille. **Droit de —. On les voit** (leurs armes) **sur les litres et sur les vitrages**, LA BR. 7.
|| 2° *P. ext.* Bande noire portant les armoiries, les initiales du nom du défunt, qu'on tend autour de l'église, dans les funérailles.

2. LITRE [litr'] *s. m.*
[ÉTYM. Tiré de **litron**, § 37. || *Loi du 7 avril 1793.* Admis ACAD. 1798, suppl.]
|| (Système métr.) Unité des mesures de capacité, de

la contenance d'un décimètre cube, qui, pour les liqui-des, est un vase d'étain d'une hauteur double de son diamètre, et pour les matières solides, une mesure cy-lindrique en bois d'une hauteur égale à son diamètre. || *P. anal.* Un —, bouteille de la capacité d'un litre. || *P. ext.* Boire un — (le contenu d'un litre) de vin.

LITRON [li-tron] *s. m.*

[ÉTYM. Semble dérivé du bas lat. litra, grec λίτρα, livre de douze onces, § 104. || XVIᵉ s. Literon, litron, NICOT.]

|| Ancienne mesure de capacité, le seizième du bois-seau. Faire jauger et mesurer (son chapeau) comme on fait les litrons et les boisseaux qu'on marque à l'hôtel de ville, FU-RET. *Rom. bourg.* 1, 55.

LITTÉRAIRE [li-té-rèr] *adj.*

[ÉTYM. Emprunté du lat. litterarius, *m. s.* || 1527. L'art littéraire, FR. DASSY, *Peregrin,* dans DELB. *Rec.*]

|| Qui appartient aux belles-lettres. Œuvre, composition —. Une société —. La critique —. Un journal — (par oppo-sition à journal politique). L'histoire — d'un siècle, d'une na-tion. Cette publication a été un événement —. Le monde —, ceux qui cultivent les belles-lettres. || *P. ext.* La propriété —, droit de propriété d'un auteur sur ses ouvrages.

LITTÉRAIREMENT [li-té-rèr-man ; en vers, -rè-re-...] *adv.*

[ÉTYM. Composé de littéraire et ment, § 724. || Admis ACAD. 1835.]

||D'une manière littéraire. Il ne faut pas juger — un livre de science.

LITTÉRAL, ALE [li-té-ràl] *adj.*

[ÉTYM. Emprunté du lat. litteralis, *m. s.* || XIVᵉ s. Science litérale, J. DE VIGNAY, *Miroir hist.* dans DELB. *Rec.*]

|| 1º Conforme à la lettre, au texte. Le sens —. Traduc-tion littérale. Commentaires littéraux, qui suivent le texte mot à mot. Une traduction du Nouveau Testament avec des remarques littérales et critiques, ST-SIM. III, 358.

|| 2º Figuré par des lettres, par des caractères alpha-bétiques. *Spécialt.*| 1. (Algèbre.) Grandeurs littérales, qu'on représente par des lettres.| 2. (Linguist.) L'arabe —, l'arabe écrit, par opposition à l'arabe parlé, dit vulgaire. *Vieilli.* Le grec —, le grec ancien.

LITTÉRALEMENT [li-té-ràl-man ; en vers, -rà-le-...] *adv.*

[ÉTYM. Composé de littérale et ment, § 724. || 1577. Mysti-quement et litteralement, P. DE LA COSTE, dans DELB. *Rec.*]

|| D'une manière littérale. Copier, reproduire, interpré-ter —.

LITTÉRALITÉ [li-té-rà-li-té] *s. f.*

[ÉTYM. Dérivé de littéral, § 255. || 1752. TRÉV. Admis ACAD. 1798.]

|| Conformité à la lettre, au texte.

LITTÉRATEUR [li-té-rà-teur] *s. m.*

[ÉTYM. Emprunté du lat. litterator, *m. s.* || XVᵉ s. CHAS-TELL. *Chron.* dans DELB. *Rec.* Admis ACAD. 1762.]

|| Celui qui s'adonne à la composition, à la critique lit-téraire.

LITTÉRATURE [li-té-rà-tür] *s. f.*

[ÉTYM. Emprunté du lat. litteratura, *m. s.* (*Cf.* l'anc. franç. letreûre, de formation pop.) || XIVᵉ s. Expert en toute litterature, J. DE VIGNAY, *Miroir hist.* dans DELB. *Rec.*]

|| 1º *Vieilli.* Ensemble des connaissances littéraires que qqn possède. Gens d'un bel esprit et d'une agréable —, LA BR. 16. Chapelain avait une — immense, VOLT. *S. de L. XIV,* 25.

|| 2º Ensemble des productions littéraires d'un siècle, d'une nation. La — du seizième siècle. La — grecque, latine.

LITTORAL, ALE [lit'-tò-ràl] *adj.*

[ÉTYM. Emprunté du lat. littoralis, *m. s.* de littus, toris, rivage. || Admis ACAD. 1835.]

|| Qui appartient au bord de la mer. Provinces littorales. || *Substantivt, au masc.* Le —, la région qui est sur le bord de la mer. Le — de la Méditerranée.

***LITTORELLE** [lit'-tò-rèl] *s. f.*

[ÉTYM. Dérivé du lat. littus, toris, rivage, § 258. || 1789. ENCYCL. MÉTH.]

|| (Botan.) Petite plante qui croît dans les étangs.

***LITTORINE** [lit-tò-rin'] *s. f.*

[ÉTYM. Dérivé du lat. littus, oris, rivage, § 245. || *Néolog.*]

|| (Zoologie.) Coquillage comestible, dit vulgairement bigorneau.

LITURGIE [li-tur-ji] *s. f.*

[ÉTYM. Emprunté du grec λειτουργία, service public, latinisé au moyen âge en liturgia, *m. s.* || XVIᵉ s. MARNIX DE STE-ALDEGONDE, dans DELB. *Rec.*]

|| (Hist. relig.) Forme du culte, ordre des cérémonies consacrées. La — catholique, grecque. La — anglicane. || *Spé-cialt.* Ordre des prières et des cérémonies de la messe. La — romaine.

LITURGIQUE [li-tur-jik'] *adj.*

[ÉTYM. Emprunté du grec λειτουργικός, *m. s.* || Admis ACAD. 1798.]

|| (T. didact.) Relatif à la liturgie.

LITURGISTE [li-tur-jist'] *s. m.*

[ÉTYM. Dérivé de liturgie, § 265. || 1752. TRÉV. Admis ACAD. 1835.]

|| (T. didact.) Celui qui se livre à l'étude de la liturgie.

LIURE [li-ûr] *s. f.*

[ÉTYM. Du lat. ligatūra, *m. s.* devenu leieûre, §§ 342, 394, 335, 402 et 291, leiure, liure, § 358. (*Cf.* le doublet ligature.)]

|| (Technol.) Ce qui sert à lier.

|| 1º Corde passée autour de la charge d'une charrette pour l'assujettir. || Cordage tourné autour de certaines pièces sur un navire, pour les tenir serrées. — du beaupré.

|| 2º *P. ext.* Sertissure des plaques d'émail fixées sur une pièce d'orfèvrerie.

***LIVARDE** [li-vàrd'] *s. f.*

[ÉTYM. Origine inconnue. || 1752. TRÉV.]

|| 1º (Marine.) Perche qui, partant du pied d'un mât, sert à tendre en arrière une voile triangulaire.|| *Adjectivt.* Voile —, qui se déploie au moyen de cette perche.

|| 2º (Corderie.) Boucle de corde où le cordier fait passer un cordage pour le serrer.

***LIVÊCHE** [li-vêch'] *s. f.*

[ÉTYM. Du lat. pop. *levistica, plur. de levisticum, *m. s.* employé comme fém. sing. (*V.* § 545), devenu levesche, §§ 308, 405, 389 et 291, livesche, § 342, livêche, § 422. Levis-ticum paraît être une altération de ligusticum, proprement, « de Ligurie ». Admis ACAD. 1762 ; suppr. en 1835.]

||(Botan.) Plante ombellifère, dite aussi ache de montagne.

LIVIDE [li-vid'] *adj.*

[ÉTYM. Emprunté du lat. lividus, *m. s.* || XIIIᵉ-XIVᵉ s. Li-vites ou noirs, *Chirurg. de Mondeville,* fº 97, dans LITTRÉ.]

|| (En parlant du visage.) Qui est d'un noir plombé, bleuâtre. Noirs, livides, et tout brûlés du soleil, attachés à la terre qu'ils fouillent, LA BR. 11. Ses joues tremblantes étaient couvertes de taches noires et livides, FÉN. *Tél.* 7.

LIVIDITÉ [li-vi-di-té] *s. f.*

[ÉTYM. Dérivé de livide, § 255. || XIVᵉ s. Lividité et noi-reté, *Chirurg. de Brun de Long Borc,* dans GODEF. *Compl.* Admis ACAD. 1718.]

|| État de ce qui est livide.

LIVRABLE [li-vràbl'] *adj.*

[ÉTYM. Dérivé de livrer, § 93. (*Cf.* le doublet libérable.) || *Néolog.* Admis ACAD. 1878.]

|| (Commerce.) Qui peut, qui doit être livré à l'acheteur par le marchand. Actions, valeurs livrables de suite. Achat de blés livrables en octobre.

LIVRAISON [li-vrè-zon] *s. f.*

[ÉTYM. Dérivé de livrer, § 108. (*Cf.* le doublet libération.) || XIIᵉ s. Tel livreison com il lor doit, CHRÉTIEN DE TROYES, *Cligès,* 533.]

|| 1º Action de livrer à l'acheteur la marchandise, les valeurs vendues. Prendre —.

|| 2º *P. ext.* Fascicule d'un ouvrage publié par parties.

1. LIVRE [livr'] *s. m.*

[ÉTYM. Emprunté du lat. liber, bri, *m. s.* devenu *libre, livre, § 503. || XIᵉ s. Marsilies fait porter un livere (corr. livre) avant, *Roland,* 610.]

|| 1º Assemblage de feuilles manuscrites ou imprimées dans l'ordre où elles doivent être lues. | 1. (Chez les an-ciens.) Copie d'un ouvrage sur des feuilles d'écorce de papyrus, de parchemin, etc., écrites d'un seul côté et réunies en une bande roulée autour d'un cylindre de bois. Le ciel se retira comme un — que l'on roule, SACI, *Bible, Apo-cal.* VI, 14. | 2. (Chez les modernes.) Reproduction im-primée de l'œuvre d'un auteur, sur des feuilles de papier, réunies par cahiers que l'on assemble. Un — broché, relié. Un — en feuilles, qui n'est pas encore broché. Un — in-folio, in-quarto, in-octavo, etc. Un — de musique. Un — d'ima-ges. Le frontispice, les marges d'un —. A — ouvert, en ou-vrant le livre pour la première fois. Traduire un auteur, dé-chiffrer de la musique à — ouvert, sans préparation. *Fig.* Et

pour lui nos destins sont des livres ouverts, CORN. *Illus. com.*
I, 1. Les chevaux dansent à — ouvert, GHERARDI, *Th. ital.*
IV, 17. Fermer un —, cesser de lire. *Fig.* Après cela, il faut
fermer le —, il n'y a plus à chercher, à consulter.

‖ 2° L'œuvre de l'auteur, ainsi reproduite. C'est un métier que de faire un —, LA BR. 1. Les meilleurs livres sont ceux
que ceux qui les lisent croient qu'ils auraient pu faire, PASC.
Espr. géom. 2. S'il s'imprime un — de mœurs, LA BR. *Disc.
à l'Acad.* préf. Un bon —, un mauvais —, un livre bien fait,
mal fait. Un bon — est un bon ami, B. DE ST-P. *Paul et Virg.*
Si l'on peut pardonner l'essor d'un mauvais —, MOL. *Mis.* I,
2. *Dans un autre sens.* Les mauvais livres, les livres dangereux, immoraux. Laisse là tous les livres (renonce à
l'étude), BOIL. *Sat.* 8. Tous ces discours de — (qu'on trouve
dans les livres), CORN. *Mélite*, I, 1. Parler comme un —,
doctement. Je le rebats ce mot, car il vaut tout un —, LA
F. *Fab.* VIII, 27. ‖ *Fig.* Leurs ménages étaient tout leur docte
entretien, Et leurs livres un dé, du fil et des aiguilles, MOL.
F. sav. II, 7. ‖ *Spécialt.* Les livres saints. Livres canoniques,
que l'Église a reconnus comme authentiques. Livres apo-
cryphes, que l'Église n'a pas reconnus. Le — saint, la sainte
Écriture. Pourquoi ce — saint? RAC. *Ath.* IV, 1. — de paix,
l'évangile qu'on donne à baiser à la messe. — de messe,
— d'heures. Livres de classe. Livres classiques, employés
dans les écoles, et, *dans un autre sens*, chefs-d'œuvre
consacrés des grands écrivains. Livres de fonds d'un libraire,
dont il est l'éditeur. Livres d'assortiment, qu'un libraire
se procure chez d'autres libraires pour les revendre. ‖ —
de cuisine, contenant la recette des principaux mets. ‖ *Anciennt.* — d'opéra, le poème, dit aujourd'hui livret, libretto.
Quinault apporta au roi chez Mᵐᵉ de Montespan trois livres
d'opéra, DANGEAU, *Journal*, 16 mai 1685. ‖ — d'or, livre sur
lequel étaient inscrits en lettres d'or les noms des familles nobles. — bleu, jaune, etc., livre (désigné par la couleur de sa couverture) contenant les pièces diplomatiques, les documents que le gouvernement communique
aux membres des assemblées. ‖ *Fig.* Être effacé du — de
vie, voué à la réprobation. Étudier le grand — de la nature.
Le grand — du monde, DESC. *Méth.* 1.

‖ 3° Chacune des parties de certains ouvrages. Le premier — des Histoires de Tite-Live.

‖ 4° *P. ext.* Registre. Avoir un — d'adresses. Tenir un
— de dépenses, un — de comptes. *Ancienn.* — de raison,
livre de comptes servant de journal domestique. Livres
de commerce, les livres de comptes d'un commerçant,
d'un banquier, etc. — journal, où est inscrit chaque jour
ce qu'on a reçu ou payé. Grand —, où sont enregistrés et
classés les articles du livre journal. Être sur les livres d'un
commerçant, y être inscrit comme ayant fait avec lui une
opération quelconque. Tenir les livres, chez un commerçant, un banquier, etc. Savoir la tenue des livres. ‖ Le grand-
— de la dette publique, et, *ellipt*, Le grand-—, la liste générale des créanciers de l'État. ‖ (Marine.) — de bord,
registre que doit tenir tout capitaine de ce qui se passe
à bord pendant la traversée, etc. — de loch, registre sur
lequel on inscrit les incidents de la navigation.

2. LIVRE [livr'] *s. f.*

[ÉTYM. Du lat. libra, m. s. §§ 434 et 291.]

‖ 1° Ancienne unité de poids, qui valait à Paris environ 490 grammes et se divisait en seize onces. Des chandelles de six à la —. Vendre à la —, au poids. Dont les vers
en paquet se vendent à la —, BOIL. *Sat.* 9. ‖ *De nos jours.*
— métrique, demi-kilogramme.

‖ 2° Ancienne monnaie de compte, qui avait valu primitivement un poids d'argent d'une livre, et qui, se réduisant avec le temps, a fini par représenter un poids
d'argent de moins de cinq grammes et une valeur un peu
moindre que le franc actuel. Vingt pistoles rapportent par
année dix-huit livres six sols huit deniers, à ne les placer qu'au
denier douze, MOL. *Av.* I, 4. Au marc la —. (*V.* marc 1.) ‖
S'emploie au lieu de franc pour parler du revenu de qqn.
Cent mille livres de rente. ‖ — parisis (de deniers parisis),
valant 25 sous. — tournois (de deniers tournois), ne valant que 20 sous. ‖ — sterling, monnaie de compte anglaise
qui vaut un peu plus de 25 francs.

LIVRÉE [li-vré] *s. f.*

[ÉTYM. Dérivé de livrer, § 119, ‖ 1351. Lesquiex furent ves-
tus de livree, dans DU C. liberare.]

I. ‖ 1° *Ancienn.* Habillement que les rois, les seigneurs, fournissaient aux hommes de leur suite, et dont

la couleur, les galons, les boutons, etc., rappelaient leurs
armoiries. Robe, chaperon de —. Tour de —, bandeau que
les chevaliers portaient autour de leur casque dans les
tournois. (*Cf.* bourrelet.)

‖ 2° Costume distinctif (par la couleur, les galons, les
boutons, etc.) que le maître d'une maison fait porter à
ses domestiques mâles. La petite —, livrée ordinaire. La
grande —, livrée d'apparat. *Fig.* (Théâtre.) La grande —,
les grands rôles de valets. Les gens de —, et, *ellipt*, La —,
les laquais.

II. ‖ 1° *P. anal.* Les chevaliers portaient les livrées de
leurs maîtresses (écharpes, rubans à leurs couleurs), HA-
MILT. *Gram.* 4. ‖ La mariée distribuait la — de la noce (ruban pareil aux siens) à tous ceux qui devaient y assister.
‖ *P. ext.* ‖ 1. (Commerce.) — d'une pièce d'étoffe, fil de soie
d'une certaine couleur adopté par un négociant, pour
être attaché à la lisière de chaque pièce avec une petite
carte portant le numéro de la pièce. ‖ 2. (Hist. nat.) Pelage à bandes, à moucheture, que portent les petits de
certains quadrupèdes, et qui change à la mue. La — du
lionceau. ‖ Plumage que la mue transforme chez l'oiseau.
On peut leur conserver toute l'année leur —, BUFF. *Oiseaux.*

‖ 2° *Fig.* Porter la — de qqn, être de son parti, se dé-
vouer à ses intérêts. Je ne puis dire de quelle — fut le duc
de Noailles, ST-SIM. XVI, 176. ‖ Porter la —, les livrées de la
richesse, de la pauvreté, etc., les signes extérieurs auxquels
on reconnaît la condition du riche, du pauvre, etc. La
piété s'ennuie de porter les livrées du monde, BOSS. *Véture*,
3. Lorsque l'erreur porte les livrées de la vérité, elle est souvent plus respectée que la vérité même, MALEBR. *Rech. de la
vérité*, p. 173.

LIVRER [li-vré] *v. tr.*

[ÉTYM. Du lat. liberare, délivrer, laisser partir, remettre une chose, devenu *librar, §§ 336 et 291, livrer, §§ 434
et 295. (*Cf.* le doublet libérer.)]

I. Mettre à la discrétion de qqn.

‖ 1° Une personne. J'ai craint un ennemi, mon bonheur
me le livre, CORN. *Hér.* IV, 3. Ils descendent Et courent se
— aux mains qui les attendent, ID. *Cid*, IV, 3. Ce Dieu que tu
bravais en nos mains t'a livrée, RAC. *Ath.* V, 5. — un criminel à la justice. Le tribunal ecclésiastique livra le coupable au
bras séculier. Il (Dieu) livra donc aux barbares cette ville
enivrée du sang des martyrs, BOSS. *Hist. univ.* III, 1. Les
chrétiens furent livrés aux bêtes. ‖ *P. anal.* (Vénerie.) — le
cerf aux chiens. ‖ *Fig.* Faibles agneaux livrés à des loups furieux, RAC. *Esth.* I, 5. Les Écossais à qui il se donne le livrent
aux parlementaires anglais, BOSS. *R. d'Angl.* Des traîtres li-
vrèrent la ville aux assiégeants. ‖ En parlant d'une femme.
Se — à quelqu'un, lui accorder les dernières faveurs. ‖ *Absolt.* Se —, se mettre à la discrétion de qqn en commettant
qq imprudence.

‖ 2° Une chose. — à qqn ses secrets. Josabeth livrerait
même sa propre vie, RAC. *Ath.* III, 4. Le vendeur a livré la
marchandise qu'on lui avait achetée. ‖ *P. ext.* — une bataille
à l'ennemi, l'engager. Mais il fallait — bataille, LA F. *Fab.*
I, 5. — un assaut.

II. *P. ext.* Soumettre à l'action de qqch.

‖ 1° Une personne. — qqn à des loups. Sierait-il, Abner, à
des cœurs généreux De — au supplice un enfant malheureux?
RAC. *Ath.* V, 2. — qqn à la risée publique. Livré au péché,
captif sous ses lois, BOSS. *La Vall.* Je me livre en aveugle
au destin qui m'entraîne, RAC. *Andr.* I, 1. — son âme à la
douleur. Se — à la joie, à l'inquiétude. Un homme qui se livre
à ses désirs impatients, FÉN. *Tél.* 24. ‖ *Spécialt.* Se — à une
occupation, s'y donner entièrement. Il se livre au commerce.

‖ 2° Une chose. — la voile au vent. — un ouvrage à l'impression. — une ville au pillage.

LIVRET [li-vrè] *s. m.*

[ÉTYM. Dérivé de livre, § 133. ‖ XIIIᵉ s. Ki les vertuz en sun
livret De seint Aedward escrit e met, *Vie de St Edouard*, 4361.]

‖ 1° Petit livre. ‖ *Spécialt.* ‖ 1. Vieilli. — d'algorisme,
et, *absolt*, —, table de multiplication de 1 à 10. ‖ 2. Poème,
paroles d'un opéra. (*V.* libretto.) ‖ 3. Catalogue explicatif
des tableaux, des statues, des pièces d'une collection. Le
— du musée.

‖ 2° Petit registre. — d'ouvrier, de domestique, livret
sur lequel le patron, le maître, inscrit la date de l'entrée
en service et de la sortie. — de caisse d'épargne, sur lequel
sont inscrites les sommes versées par le déposant et celles
qui lui ont été remboursées. (T. milit.) — d'armement, d'or-

dinaire, etc. — de soldat. || *Spécialt.* (Technol.) Cahier de papier rouge entre les pages duquel les batteurs d'or mettent l'or en feuilles. || *P. ext.* (T. de jeu.) Au pharaon, à la bassette, réunion des treize cartes données à chaque ponte. || *Fig.* Pli du feuillet, estomac des ruminants. **Les plis ou livrets du troisième estomac**, BUFF. *Bœuf.*

*LIVREUR, EUSE [li-vrœr, -vreúz'] s. m. et f.

[ÉTYM. Dérivé de livre, § 112. (*Cf.* le doublet **libérateur** et l'anc. franç. **livrere, sauveur**.) || XIVᵉ s. Livreur et vendeur, dans GODEF. livreor.]

|| Celui, celle qui livre la marchandise vendue, qui la porte chez l'acheteur.

LIXIVIATION [lĭk'-si-vyà-syon; *en vers,* -vi-à-si-on] *s. f.*

[ÉTYM. Dérivé du lat. **lixivium**, lessive, § 247. || 1699. HOMBERG, dans *Mém. de l'Acad. des sc.* p. 71. Admis ACAD. 1762.]

|| (T. didact.) || **1°** Lessivage des cendres pour leur enlever les sels alcalins qu'elles contiennent.

|| **2°** Opération par laquelle on enlève à une substance les principes solubles en y faisant passer un liquide capable de les dissoudre (alcool, éther, etc.). (*Cf.* déplacement.)

LIXIVIEL, ELLE [lĭk'-si-vyèl; *en vers,* -vi-èl] *adj.*

[ÉTYM. Dérivé du lat. **lixivium**, lessive, § 288. || 1700. GEOFFROY, dans *Mém. de l'Acad. des sc.* p. 115. Admis ACAD. 1762.]

|| (T. didact.) Obtenu par la lixiviation. **Eau lixivielle**, où ont été dissous des sels alcalins, des cendres.

*LIXIVIER [lĭk'-si-vyé; *en vers,* -vi-é] *v. tr.*

[ÉTYM. Dérivé du lat. **lixivium**, lessive, § 266. || *Néolog.*]

|| (T. didact.) Soumettre à la lixiviation.

LLAMA [yà-mà]. *V.* lama.

LOBE [lŏb'] *s. m.*

[ÉTYM. Emprunté du grec λοβός, *m. s.* || XVIᵉ s. La lobbe droite du poulmon, DU PINET, *Hist. nat. de Pline,* dans DELB. *Rec.*]

|| (T. didact.) Partie de certains organes affectant une forme arrondie. **Les lobes du foie, des poumons, du cerveau.** || **Lobes séminaux,** cotylédons d'un grain. **Lobes des anthères,** poches de l'organe. **Lobes d'une feuille,** découpures arrondies. || *Fig.* Partie circulaire figurant une découpure de feuille dans les rosaces ogivales, trèfles, etc. || *P. ext.* Éminence arrondie qui termine en bas le pavillon de l'oreille.

LOBÉ, ÉE [lŏ-bé] *adj.*

[ÉTYM. Dérivé de lobe, § 253. || 1799. L.-C.-M. RICHARD, *Dict. de botan. de Bulliard,* p. 89. Admis ACAD. 1835.]

|| (T. didact.) Partagé en lobes. **Feuille lobée, à découpures arrondies.** || *P. anal.* **Oiseau à doigts lobés,** entourés chacun d'une membrane qui va s'élargissant.

LOBULE [lŏ-bul] *s. m.*

[ÉTYM. Dérivé de lobe, § 240. || 1690. DIONIS, *Anat. de l'homme,* p. 326. Admis ACAD. 1762.]

|| (T. didact.) Petit lobe. **Les lobules du cerveau.**

LOCAL, ALE [lŏ-kàl] *adj.* et *s. m.*

[ÉTYM. Emprunté du lat. **localis**, *m. s.* || XIIIᵉ-XIVᵉ s. **Choses locaus,** *Chirurg. de Mondeville,* fᵒ 67.]

I. *Adj.* Qui appartient à un lieu déterminé.

|| **1°** *Vieilli.* Qui occupe une portion de l'espace. **Je ne puis concevoir la présence locale que par un rapport — de substance à substance,** FÉN. *Exist. de Dieu,* II, 5. **Mémoire locale,** mémoire de la place où sont les objets. || *Vieilli. Substantivt, au masc.* Lieu où les choses se passent. **Un grand atlas sur la table, pour suivre la position du — des événements,** D'ARGENSON, *Mém.* t. Iᵉʳ, p. 100. || (Géom.) **Problème —,** qui se résout par un lieu géométrique.

|| **2°** Qui est particulier à un lieu. **Les coutumes locales. Couleur locale,** reproduction dans une œuvre d'art ou de littérature des mœurs, des usages, des costumes d'un pays, d'un siècle. || *P. anal.* Qui a pour siège une partie du corps. **Maladie locale. Traitement —.**

II. *S. m.* Lieu, partie d'un bâtiment qui a une destination déterminée. **Un vaste — pour le commerce. De vastes locaux.**

*LOCALEMENT [lŏ-kàl-man; *en vers,* -kà-le-...] *adv.*

[ÉTYM. Composé de locale et ment, § 724. || XIVᵉ s. Locallement ou formellement, J. DE VIGNAY, *Miroir hist.* dans DELB. *Rec.*]

|| **1°** *Vieilli.* Dans un lieu déterminé. **Dire qu'il (Dieu) est partout, c'est vouloir persuader que la substance de Dieu s'étend et se rapporte — à tous les espaces divisibles,** FÉN. *Exist. de Dieu,* II, 5.

|| **2°** *Rare.* D'une manière particulière à un lieu, à un pays. **Certaines coutumes observées —.**

LOCALISATION [lŏ-kà-li-zà-syon; *en vers,* -si-on] *s. f.*

[ÉTYM. Dérivé de localiser, § 247. || *Néolog.* Admis ACAD. 1878.]

|| (T. didact.) Action de localiser.

LOCALISER [lŏ-kà-li-zé] *v. tr.*

[ÉTYM. Dérivé de local, § 267. || *Néolog.* Admis ACAD. 1878.]

|| (T. didact.) Circonscrire à une place, en un lieu déterminé. *Spécialt.* (Médec.) — **le mal, l'attirer et le circonscrire sur un point.** || (Philos.) — **les facultés de l'âme,** leur attribuer telle ou telle partie du corps pour siège. — **la pensée dans le cerveau.**

LOCALITÉ [lŏ-kà-li-té] *s. f.*

[ÉTYM. Dérivé de local, § 255. (*Cf.* le lat. **localitas,** affection locale.) || XVIᵉ s. MARNIX DE STE-ALDEGONDE, dans DELB. *Rec.* Admis ACAD. 1798.]

|| **1°** (Philos.) Propriété qu'ont les êtres finis d'occuper un lieu, une position de l'espace.

|| **2°** Partie circonscrite d'un pays, d'une région. **Une — malsaine. En ayant égard aux convenances des localités et du voisinage,** *Ordonn. de juillet 1830,* art. 9..

LOCATAIRE [lŏ-kà-tér] *s. m.* et *f.*

[ÉTYM. Dérivé de louer 1, d'après la forme lat. **locare,** § 248. Le lat. a **locatarius,** mais au sens de « celui que l'on prend à gages ». || XVIᵉ s. Leurs locataires sont chez eulx, ce ne sont pas eulx, MONTAIGNE, III, 10.]

|| Celui, celle qui prend à loyer tout ou partie d'un immeuble. — **à bail. Principal —,** qui, ayant loué un immeuble au propriétaire, le sous-loue en partie ou en totalité.

1. LOCATIF, IVE [lŏ-kà-tĭf', -tĭv'] *adj.*

[ÉTYM. Dérivé de louer 1, d'après la forme lat. **locare,** § 257. || XIIIᵉ-XIVᵉ s. **Serviteur mercenaire et locatif,** H. DE GAUCHY, dans GODEF.]

|| (Droit.) Relatif à la chose louée. **La valeur locative d'un immeuble. Réparations locatives,** qui sont à la charge du locataire. **Risque —,** responsabilité qu'encourt le locataire vis-à-vis du propriétaire pour des dommages qui lui seraient causés par sa faute. **Les compagnies d'assurance garantissent contre le risque —.**

2. *LOCATIF, IVE [lŏ-kà-tĭf', -tĭv'] *adj.*

[ÉTYM. Dérivé du lat. **locus,** lieu, sur le modèle de vocatif, § 257. || *Néolog.*]

|| (Gramm.) Relatif au lieu. *Substantivt.* **Cas qui, dans certaines langues, exprime le lieu, la destination.**

LOCATION [lŏ-kà-syon; *en vers,* -si-on] *s. f.*

[ÉTYM. Emprunté du lat. **locatio,** *m. s.* || Admis ACAD. 1762.]

|| Action de donner ou de prendre à loyer. **L'homme d'affaires chargé de la — d'un immeuble. Une — par bail. Le prix de la —. Le bureau de — (des places) d'un théâtre. La — d'une voiture au mois, à la journée.**

LOCATIS [lŏ-kà-ti; *selon d'autres,* -tĭs'] *s. m.*

[ÉTYM. Paraît emprunté du lat. **locaticius** (*cf.* l'anc. franç. **loeis,** doublet de formation pop.), donné à loyer. || 1752. TRÉV. Admis ACAD. 1798 et écrit d'abord **locati**.]

|| *Famil.* || **1°** Voiture, cheval de louage.

|| **2°** Maison dont on n'est que locataire.

LOCH [lŏk'] *s. m.*

[ÉTYM. Emprunté de l'angl. **log,** *m. s.* d'origine scandinave, § 8. || 1683. Lok, LE CORDIER, *Instr. des pilotes,* dans DELB. *Rec.* Admis ACAD. 1762.]

|| (Marine.) Planchette lestée immergée au bout d'une corde à l'arrière d'un navire pour mesurer la vitesse de marche d'un navire. **Le — accuse une vitesse de 11 nœuds. Jeter le —. Livre, table de —.**

*LOCHAGE [lŏ-châj'] *s. m.*

[ÉTYM. Dérivé de locher, § 78. || *Néolog.*]

|| (Technol.) Action de locher.

LOCHE [lŏch'] *s. f.*

[ÉTYM. Origine inconnue : l'espagn. **loja** et l'angl. **loach** viennent du français. || XIIIᵉ s. **Meuz vos venist pescher as lochez,** *Renart,* XII, 1156.]

|| **1°** Poisson d'eau douce à corps très allongé.

|| **2°** *Dialect.* Limace. *Loc. prov.* **Mou, gras comme une —.**

LOCHER [lŏ-ché] *v. intr.* et *tr.*

[ÉTYM. Mot d'origine germanique, §§ 6, 498 et 499. (*Cf.* allem. mod. **locker,** moyen haut allem. **loger,** qui branle.)

|| xiie s. L'anel loiga, *Raoul de Cambrai*, 1979. | xiiie s. Et la
pel qui encor li loce, *Renart*, ii, 954.]

|| **1°** *V. intr.* Branler. Un cheval dont le fer loche. *Fig.* Il
y a quelque fer qui loche, qqch qui ne va pas bien. Une fille
toujours a quelque fer qui loche, REGNARD, *Bal*, sc. 6.

|| **2°** *V. tr.* (Technol.) Secouer. — une forme (à sucre),
la secouer pour en faire sortir le pain de sucre.

LOCHIES [lò-chi] *s. f. pl.*
[ÉTYM. Emprunté du grec λοχεῖα, *m. s.* || 1694. TH. CORN.
Admis ACAD. 1762.]

|| (Médec.) Évacuation séreuse et sanguinolente qui se
produit pendant qq temps après l'accouchement, dite
vulgairement vidanges.

LOCMAN [lòk'-man] *s. m.*
[ÉTYM. Altération du holland. lotman, *m. s.* (*V.* lamaneur),
§ 10. || xve-xvie s. Un locman prend une nef a mener a Saint
Malo, GARCIE, *Grant Routier*, fo 70, ro. Admis ACAD. 1762.]

|| (Marine.) Pilote lamaneur.

LOCOMOBILE [lò-kò-mò-bil] *adj. et s. f.*
[ÉTYM. Composé avec le lat. loco, ablatif de locus, lieu,
et mobile, § 269. || *Néolog.* Admis ACAD. 1878.]

|| **1°** *Vieilli. Adj.* Qui peut se mouvoir pour changer
de place.

|| **2°** *S. f.* Machine à vapeur qui peut être transportée.

LOCOMOTEUR, TRICE [lò-kò-mò-teur, -tris'] *adj.*
[ÉTYM. Composé avec le lat. loco, ablatif de locus, lieu,
et moteur, § 269. || 1690. Faculté locomotrice, FURET. Admis
ACAD. 1835.]

|| (T. didact.) Qui permet de se transporter d'un lieu
dans un autre. La faculté locomotrice. Appareil —, ensemble
des organes qui servent d'instrument à cette faculté.

LOCOMOTIF, IVE [lò-kò-mò-tif, -tiv'] *adj.*
[ÉTYM. Dérivé du radical de locomoteur, § 257. || 1764.
Faculté loco-motive, CH. BONNET, *Contempl. de la nat.* ii,
51. Admis ACAD. 1835.]

|| (T. didact.) Relatif à la locomotion. Faculté locomotive.
|| *Substantivt, au fém.* Une locomotive, machine à vapeur
portée sur des roues, qui sert à la traction des trains sur
une ligne ferrée.

LOCOMOTION [lò-kò-mò-syon; en vers, -si-on] *s. f.*
[ÉTYM. Dérivé du radical de locomoteur, § 247. || 1772.
Loco-motion, LA FOSSE, dans *Mém. de l'Acad. des sc.* ii,
639. Admis ACAD. 1835.]

|| (T. didact.) Mouvement par lequel on se transporte
d'un lieu dans un autre. Les organes de la — chez l'homme,
chez les animaux. *Ellipt.* Le médecin lui a ordonné la —. || *P.
ext.* — à vapeur, par les chemins de fer, les bateaux à vapeur. — aérienne, par ballon.

***LOCOMOTIVITÉ** [lò-kò-mò-ti-vi-té] *s. f.*
[ÉTYM. Dérivé de locomotif, § 255. || *Néolog.*]

|| (T. didact.) Faculté de locomotion.

***LOCULAIRE** [lò-ku-lèr] *adj.*
[ÉTYM. Dérivé du lat. loculus, petite loge, § 248. || 1799.
L.-C.-M. RICHARD, *Dict. de botan. de Bulliard*, p. 207.]

|| (Botan.) Partagé en loges. Fruit —.

LOCUSTE [lò-küst'] *s. f.*
[ÉTYM. Emprunté du lat. locusta, sauterelle. (*Cf.* le dou-
blet langouste.) || xive-xve s. Psaumes, dans DELB. *Rec.*
Admis ACAD. 1878.]

|| (Hist. nat.) || **1°** Insecte dit vulgairement sauterelle.
|| **2°** Crustacé dit vulgairement crevette.

***LOCUSTELLE** [lò-küs-tèl] *s. f.*
[ÉTYM. Dérivé de locuste, § 258. || *Néolog.*]

|| (Hist. nat.) Passereau qui se nourrit de sauterelles.

LOCUTION [lò-ku-syon; en vers, -si-on] *s. f.*
[ÉTYM. Emprunté du lat. locutio, *m. s.* || xive-xve s.
EUST. DESCH. vii, 132.]

|| **1°** Forme de langage particulière. Une — vicieuse, inu-
sitée. || *P. ext.* Manière de s'exprimer. Avec cette — rude,
avec cette phrase qui sent l'étranger, BOSS. *Panég. St Paul*, 1.

|| **2°** (Gramm.) — prépositive, adverbiale, conjonctive, réu-
nion de mots qui équivaut à une préposition, à un adverbe, à une conjonction.

***LODIER** [lò-dyé] et ***LOUDIER** [lou-dyé] *s. m.*
[ÉTYM. Origine inconnue; il est difficile de rattacher
lodier au lat. lodix, lcem, qui a un sens analogue. || xive s.
L'autre un pourpoint, l'autre un lodier, GUILL. DE MACHAULT,
Œuvres, p. 119, Tarbé. Admis ACAD. 1694; suppr. en 1798.]

|| *Vieilli et dialect.* Couverture de lit faite de laine, de
coton entre deux toiles piquées.

LODS [lò; l's se lie avec la valeur d'un z] *s. m. pl.*
[ÉTYM. Même mot que los, écrit avec un d par réaction
étymologique, § 502; proprt, « approbation » (donnée par
le seigneur). || xiie s. Turnus en a lor los creü, *Énéas*, 3897.]

|| (Féodal.) Droit de mutation dû au seigneur quand un
domaine de sa censive changeait de possesseur autrement que par héritage en ligne directe. Payer les — et
ventes.

LOF [lòf'] *s. m.*
[ÉTYM. Mot d'origine scandinave, § 9. (*Cf.* danois luv,
suédois lof, angl. loof, *m. s.*) || xiie s. Li un s'esforcent ai vin-
das, Li autre ai lof, WACE, *Brut*, 11490. Admis ACAD. 1762.]

|| (Marine.) Côté d'un navire opposé au vent, sur lequel
le vent frappe. Aller au —, gouverner de manière que la
proue du navire forme un angle de plus en plus petit avec
la direction du vent. *P. ext.* Bau de —, le plus près de la
proue. Lof! commandement au timonier d'aller au lof.

LOFER [lò-fé] *v. intr.*
[ÉTYM. Dérivé de lof, § 154. || 1792. Loffer, nommé, *Dict.
de mar.* Admis ACAD. 1835.]

|| (Marine.) Aller au lof. (*V.* lof.)

LOGARITHME [lò-gà-ritm'] *s. m.*
[ÉTYM. Emprunté du lat. scientifique logarithmus (NE-
PER, 1614), composé avec le grec λόγος, rapport, et ἀρι-
θμός, nombre, §279. || 1671. LE P. PARDIES, *Élém. de géom.*
p. 82. Admis ACAD. 1762.]

|| (Mathém.) Exposant entier ou fractionnaire de la
puissance à laquelle il faut élever un nombre constant
(base) pour reproduire tel ou tel nombre. Caractéristique
d'un —, sa partie entière. Table des logarithmes, où tous les
nombres sont exprimés en fonction de la base.

LOGARITHMIQUE [lò-gà-rit'-mik] *adj.*
[ÉTYM. Dérivé de logarithme, § 229. || 1690. Courbe loga-
rithmique, HUYGENS, *Traité de la lumière*. Admis ACAD.
1762.]

|| (Mathém.) Qui appartient aux logarithmes. Système —
décimal, dont la base est le nombre 10. || Règle ou échelle
—, dite aussi règle à calcul, règle fixe portant des divisions proportionnelles aux logarithmes des nombres ins-
crits à côté de ces divisions. || Ligne —, et, *substantivt,
au fém.* —, courbe transcendante dans laquelle les ordonnées sont égales aux logarithmes des nombres qui
mesurent les abscisses.

LOGE [lòj'] *s. f.*
[ÉTYM. Emprunté du german. laubja, allem. moderne
laube, feuillage, tonnelle, §§ 6, 498 et 499 : le sens primitif
est « abri de feuillage ». || xiie s. Sa loiga a feit Del ramill
k'il i ad atreit, *Vie de St Gilles*, 1483.]

|| **1°** Petite maison, cabane. || Petite maison d'un garde
forestier, d'un suisse, d'un concierge. || Baraque foraine.

|| **2°** Petite chambre, cabinet. | 1. Cellule où on enferme
les fous. Cela compose souvent une — des Petites-Maisons,
SÉV. 832. | 2. Cabinet où les élèves des beaux-arts admis
à concourir pour les prix de Rome sont enfermés pendant qu'ils traitent le sujet proposé pour le concours. En-
trer en —. | 3. Chacune des pièces dans lesquelles les co-
médiens changent de costume au théâtre. Une — d'actrice.
| 4. Chacune des petites divisions d'une salle de spectacle,
contenant de trois à six sièges. Une — de face. Une — découverte. Ouvreuse de loges. Une première, une seconde —,
une loge du premier, du second étage. *Fig.* Être aux premières loges (à la meilleure place) pour voir qqch. Le public
des loges, et, *ellipt*, Les loges ont applaudi. | 5. Local où
se réunit un groupe de francs-maçons, sous la présidence
du vénérable. | *P. ext.* Les francs-maçons qui composent
ce groupe. Une — maçonnique. | 6. *Anciennt.* Bourse de
commerce, ou partie de la bourse où se tenaient ceux
qui avaient une même profession. — du change. — des
marchands. || *P. ext.* | 1. Chambre où on enferme les bêtes
féroces d'une ménagerie. | 2. Niche d'un chien de garde.

|| **3°** (Sens emprunté de l'ital. loggia.) Galerie pratiquée
en avant-corps à l'un des étages d'un édifice, et ouverte
sur le dehors. — pontificale, située au-dessus du portique
de l'église Saint-Pierre de Rome, et d'où le pape donne
la bénédiction. Les loges du Vatican. *P. ext.* Les loges de
Raphaël, loges du Vatican, décorées de peintures à fres-
que par Raphaël.

|| **4°** Compartiment. | 1. Partie d'un buffet d'orgue qui
contient les soufflets. | 2. Cavité simple ou multiple des
anthères ou des fruits, contenant le pollen ou les graines.

LOGEABLE [lò-jàbl'] *adj.*

[ÉTYM. Dérivé de loger, § 93. || XVIᵉ s. *V.* à l'article.]

|| **1º** *Vieilli.* Qui peut être logé. || *Fig.* L'ingratitude est un horrible vice... Et non — en un cœur généréux, RONS. *Mascarades, cartel* 2.

|| **2º** *P. ext.* Où on peut se loger. La maison était très —, J.-J. ROUSS. *Confess.* 5.

LOGEMENT [lòj'-man ; *en vers,* lò-je-...] *s. m.*

[ÉTYM. Dérivé de loger, § 145. || XIVᵉ s. Devant Paris prendre son logement, *Hugues Capet,* dans DELB. *Rec.*]

|| **1º** Action de loger. Avoir le — chez qqn. Des bâtiments destinés au — des troupes. Le — des gens de guerre, charge imposée aux particuliers de loger des soldats en marche. Billet de —, délivré aux soldats par l'autorité municipale. *Anciennt.* Faire les logements (quand le roi voyageait avec sa suite), dresser la liste des personnes que les maréchaux des logis devaient faire loger. — à pied et à cheval (dans une auberge). || *P. ext.* Une maison où il y a beaucoup de —, où on peut loger beaucoup de personnes.

|| **2º** Partie d'une maison où on est logé, soit temporairement, soit habituellement. Un — de plusieurs pièces. Le — du jardinier. *P. anal.* Chambres de bord sur un navire. Le — des officiers, des passagers. *Spécialt.* Un — (par opposition à appartement), partie de maison moins spacieuse et moins ornée. Un — garni. || *P. ext.* (T. milit.) Retranchement que l'assaillant construit sur un ouvrage dont il s'est rendu maître, pour pouvoir s'y maintenir. On ne croit pas que la place dure longtemps après ce —, SÉV. 1076.

|| **3º** Emballage, récipient de certaines marchandises. Pommes de terre livrées en vrac, c'est-à-dire sans —. Vin vendu avec le — (les fûts) en sus.

LOGER [lò-jé] *v. intr.* et *tr.*

[ÉTYM. Dérivé de loge, § 154. || XIIᵉ s. Sous Saint-Quentin se loigent d'une part, *Raoul de Cambrai,* 2049.]

I. *V. intr.* Être établi sous un toit, dans une maison ou une partie de maison, soit habituellement, soit temporairement. Il loge chez son ami. — sous les toits, dans une mansarde. Une auberge où l'on donne à —. || *P. anal.* — à la belle étoile, coucher dehors. || *Fig.* (En parlant d'une chose.) Être placé qqpart d'une manière durable. Le désir peut — chez une précieuse, LA F. *Fab.* VII, 5.

II. *V. tr.* Établir (qqn) sous un toit, dans une maison ou une partie de maison. — qqn dans sa maison. Je me loge où je puis, et comme il plaît à Dieu, BOIL. *Sat.* 6. Il n'a pas trouvé à se —. Auberge où on loge à pied et à cheval (les gens à pied et les gens à cheval). *Fig.* Nous sommes logés à la même enseigne, nous voilà dans la même situation. *Ironiqt.* Nous voilà bien logés, nous voilà dans une belle situation. Des soldats logés chez l'habitant. Je suis exempt de — des gens de guerre, BEAUMARCH. *B. de Sév.* II, 24. || *P. ext.* En parlant du séjour céleste. Aussi était-il (Dieu) inaccessible à notre nature ; il était logé trop haut pour nous, BOSS. *Hist. univ.* II, 26. || (T. milit.) Se — dans un ouvrage, dans une position, s'y établir solidement, en s'y retranchant. || *Fig.* Placer (une chose) qqpart d'une manière durable. Un pince-maille avait tant amassé qu'il ne savait où — sa finance, LA F. *Fab.* X, 4. Les poumons sont logés dans la poitrine. Une barrique de vin logée, la contenance d'une barrique de vin mise en fût. || Le volant s'est logé dans un arbre, est resté pris dans les branches. || *P. plaisant.* Logeant le diable à sa bourse, c'est-à-dire n'y logeant rien, LA F. *Fab.* IX, 16. || Une belle âme logée dans un corps difforme. Une de ces femmes... Put en son cœur loger d'honnêtes flammes, LA F. *Contes, Courtisane amoureuse.*

LOGETTE [lò-jèt'] *s. f.*

[ÉTYM. Dérivé de loge, § 133. || XIIᵉ s. Une logete iluec trova, MARIE DE FRANCE, *Fab.* IX, 6.]

·|| *Famil.* Petite loge. || *Spécialt.* (Botan.) Chacune des petites cavités qui contiennent le pollen dans une anthère multiloculaire.

LOGEUR, EUSE [lò-jeur, -jeuz'] *s. m.* et *f.*

[ÉTYM. Dérivé de loger, § 112. || XVᵉ s. Quant les logeurs estoient arrivez au logis, J. DE BUEIL, *Jouvencel,* I, 179. Admis ACAD. 1798 (au masc.) et 1835 (aux deux genres).]

|| Celui, celle qui tient des logements garnis. — à la nuit.

LOGICIEN, *LOGICIENNE [lò-ji-syin, -syèn'; *en vers,* -si-...] *s. m.* et *f.*

[ÉTYM. Dérivé du lat. logicus, logique, § 244. || XIIIᵉ s. Uns logiciens molt tres sages, H. D'ANDELI, *Bat. des set ars,* 51.]

|| (T. didact.) Personne versée dans la science de la logique. La méthode de ne point errer est recherchée de tout le monde. Les logiciens font profession d'y conduire, les géomètres seuls y arrivent, PASC. *Espr. géom.* 2. || *P. ext.* Personne qui a une manière de raisonner rigoureuse. || *Adjectivt (rare).* Ils (les législateurs) ont suivi des idées logiciennes plutôt que l'équité naturelle, MONTESQ. *Lett. pers.* 79.

1. LOGIQUE [lò-jĭk'] *s. f.*

[ÉTYM. Emprunté du lat. logica, grec λογική, *m. s.* de λόγος, raison. || XIIIᵉ s. Logique Qui bien rest science authentique, J. DE MEUNG, *Rose,* 6651.]

|| (T. didact.) Science du vrai. Voulez-vous que je vous apprenne la — ? MOL. *B. gent.* II, 4. | Traité composé sur cette science. La Logique de Port-Royal. || *Spécialt.* Science des lois du raisonnement. La — a peut-être emprunté les règles de la géométrie sans en comprendre la force, PASC. *Espr. géom.* 2. | Traité composé sur cette science. La Logique d'Aristote. || *P. ext.* Manière de raisonner rigoureuse. Un défaut de —. *Fig.* Enchaînement rationnel des choses. La — secrète des événements.

2. LOGIQUE [lò-jĭk'] *adj.*

[ÉTYM. Emprunté du lat. logicus, grec λογικός, *m. s.* (*Cf.* logique 1.) || 1752. TRÉV. Admis ACAD. 1835.]

|| (T. didact.) Qui se rapporte à la science du vrai. Le syllogisme est la forme — du raisonnement. || *Spécialt.* Conforme aux lois du raisonnement. Une argumentation —. (Gramm.) Analyse —, analyse des propositions d'une phrase, des termes d'une proposition. || *P. ext.* Qui raisonne d'une manière rigoureuse. Vous n'êtes pas —.

LOGIQUEMENT [lò-jĭk'-man ; *en vers,* -ji-ke-...] *adv.*

[ÉTYM. Composé de logique 2 et ment, § 724. || Admis ACAD. 1798.]

|| (T. didact.) D'une manière logique.

LOGIS [lò-ji] *s. m.*

[ÉTYM. Dérivé de loger, § 82. || XIVᵉ s. Les fossés des logeis et des tentes roumaines, BERSUIRE, fº 36, dans LITTRÉ.]

|| **1º** Endroit où une personne loge. Souffrez qu'à mon — j'ajoute encore une aile, LA F. *Fab.* VIII, 1. Le portier du — et moi, Nous serons tout à l'heure à toi, ID. *ibid.* IX, 10. Jusqu'au chien du — il s'efforce de plaire, MOL. *F. sav.* I, 3. La fille du —, qu'on vous voie, approchez, LA F. *Fab.* IV, 4. Il lui fallut à jeun retourner au — (chez lui), ID. *ibid.* I, 18. Garder le —, rester chez soi. Gens boiteux haïssent le —, LA F. *Fab.* X, 2. || Corps de —, bâtiment principal, ou bâtiment isolé sans division extérieure. — du roi, hôtel qui était le siège du gouvernement. *Spécialt.* Logement du roi et de sa suite en voyage. *P. plaisant.* Si le — du roi (la prison) fait ma demeure, MOL. *Ét.* III, 4. Maréchal des —, officier qui était chargé de préparer les logements. *De nos jours.* Maréchal des —, sous-officier de cavalerie chargé des détails du service. Maréchal des logis fourrier, chargé du logement des troupes en marche. || *Fig.* La folle du — (la partie capricieuse qui est en nous), l'imagination.

|| **2º** Abri fortifié. L'autre armée menace Lindou de son premier —, D'AUB. *Lett. à l'ambass. de Venise* (1625).

|| **3º** *Fig.* (Technol.) Dans le four du verrier, cavité communiquant par un trou percé à la hauteur de chaque creuset avec le foyer, où l'ouvrier se place pour cueillir le verre en fusion.

***LOGISTIQUE** [lò-jĭs'-tĭk'] *adj.*

[ÉTYM. Emprunté du lat. logisticus, grec λογιστικός, *m. s.* || XVIᵉ s. Medecins logistiques et raisonnables, G. BOUCHET, *Serées,* II, 209. Admis ACAD. 1762 ; suppr. en 1835.]

|| (T. didact.) Relatif au calcul. *Spécialt.* Logarithmes logistiques, où le nombre 3,600 a pour logarithme 0, ce qui facilite les calculs astronomiques, à cause de la division du cercle en 360 degrés.

1. LOGOGRAPHE [lò-gò-gràf'] *s. m.*

[ÉTYM. Emprunté du grec λογογράφος, *m. s.* || XVIᵉ s. Eschines... l'appeloit logographe, J. DE MONTLYARD, *Hieroglyph. de J.-P. Valerian,* dans DELB. *Rec.* Admis ACAD. 1878.]

|| (Antiq.) Écrivain en prose, et particulièrement historien des premiers temps de la Grèce. || Rhéteur composant des discours, des plaidoyers pour un autre.

2. LOGOGRAPHE [lò-gò-gràf'] *s. m.*

[ÉTYM. Composé avec le grec λόγος, parole, et γράφειν, écrire, § 279 ; proprt, « celui qui écrit aussi vite qu'on parle ». || Admis ACAD. 1878.]

|| *Vieilli.* Sténographe.

LOGOGRIPHE [lò-gò-grif'] *s. m.*

[ÉTYM. Composé avec le grec λόγος, parole, et γρίφος, filet, § 279. || 1623. G. NAUDÉ, *Rose-Croix*, III, 3. Admis ACAD. 1740.]

|| Sorte d'énigme où l'on donne un mot à deviner en faisant connaître d'autres mots formés du premier par le retranchement d'une ou de plusieurs lettres. || *Fig.* Ce qui est exprimé en termes obscurs. Pythagore,... qui a mis toute sa philosophie en logogriphes, VOLT. *Lett.* 31 déc. 1774.

LOGOMACHIE [lò-gò-mà-chi] *s. f.*

[ÉTYM. Emprunté du grec λογομαχία, *m. s.* de λόγος, parole, et μάχη, combat. || XVIᵉ s. Une logomachie vaine, BEDE, *Messe en franç.* dans DELB. *Rec.* Admis ACAD. 1762.]

|| (T. didact.) Dispute de mots.

1. LOI [lwà] *s. f.*

[ÉTYM. Du lat. lĕgem, *m. s.* devenu lei, loi, §§ 309, 394 et 291.]

I. Règle d'action imposée par une autorité supérieure.

|| **1°** Loi divine, émanant de Dieu par une révélation. L'ancienne loi, la loi juive, la loi de Moïse. La fameuse journée Où sur le mont Sina la loi nous fut donnée, RAC. *Ath.* I, 1. Les tables de la loi. Les docteurs de la loi. C'est là la loi et les prophètes, SACI, *Bible, Matth.* VII, 12. *Fig.* C'est la loi et les prophètes, cela n'admet pas le doute. || La loi nouvelle, la loi de Jésus-Christ, la loi de l'Évangile, la loi de grâce.

|| **2°** Lois humaines, lois écrites, lois positives, émanant des hommes (souverains, législateurs, etc.), établies pour le maintien de la société. Dire qu'il n'y a rien de juste ni d'injuste que ce qu'ordonnent et défendent les lois positives, c'est dire qu'avant qu'on eût tracé de cercle, tous les rayons n'étaient pas égaux, MONTESQ. *Espr. des lois*, I, 1. On voit les lois s'établir, les mœurs se polir et les empires se former, BOSS. *Hist. univ.* I, 2. Abroger une loi. Observer, violer les lois. Certaines coutumes ont force de loi, ont l'autorité d'une loi. Être sans foi ni loi, ne reconnaître ni l'autorité de la religion ni celle des lois humaines. Force est restée à la loi, à ceux qui sont chargés de la faire respecter. Les lois de Solon. Loi draconienne, loi d'une sévérité excessive (comme celles de Dracon). La loi des douze tables. Le code des lois de Justinien. Les lois des Barbares (Wisigoths, Francs, etc.). || Loi fondamentale, constitutionnelle, qui règle la constitution de l'État, l'organisation des pouvoirs publics. Lois politiques, qui règlent les rapports de ceux qui gouvernent avec les citoyens. Lois civiles, qui règlent les rapports des particuliers entre eux. Un homme de bien laisse régler l'ordre des successions et de la police aux lois civiles, BOSS. *Conn. de Dieu*, IV, 5. Lois criminelles, pénales, qui déterminent les crimes, délits, et les peines dont sont passibles ceux qui les ont commis. Être puni selon la rigueur des lois. Lois fiscales, relatives à l'impôt. Lois somptuaires, qui ont pour objet de restreindre le luxe. Loi martiale, ordonnant l'emploi de la force armée pour rétablir l'ordre. Proclamer la loi martiale. Loi électorale, loi municipale, etc., qui règle ce qui est relatif aux élections, à l'administration municipale, etc. || Suivi du nom de celui qui a proposé le texte de loi. Loi Grammont, pour la protection des animaux domestiques. Loi Bérenger, qui permet au tribunal de suspendre l'effet de la peine prononcée en matière correctionnelle. || Homme de loi, jurisconsulte. *Dans un autre sens.* Les hommes de loi, les gens de loi, les officiers ministériels près des tribunaux, avoués, notaires, etc. Depuis qu'il est des lois, l'homme, pour ses péchés, Se condamne à plaider la moitié de sa vie, LA F. *Fab.* XII, 25. || *P. ext.* Domination du vainqueur imposée au peuple vaincu. Celui qui sut vaincre Numance, Qui mit Carthage sous sa loi, BOIL. *Poés. div.* 8. (Sertorius) Leur impose tribut, fait des lois à leurs princes, CORN. *Sertor.* I, 1. || *Fig.* Commandement imposé à qqn. (Dieu) se glorifie de faire la loi aux rois, BOSS. *R. d'Angl.* Observe exactement la loi que je t'impose, CORN. *Cinna*, V, 1. Bien que de vous mon cœur ne prenne point de loi, MOL. *D. Garcie*, II, 5. Être sous la loi d'une femme, esclave de l'amour qu'on a pour elle. L'objet qui me tient sous sa loi, CORN. *Ment.* III, 1. || *P. anal.* S'imposer une loi, se faire une loi de qqch. Ils se sont fait une superbe loi De ne point à l'hymen assujettir leur foi, RAC. *Baj.* I, 3. (Il) ne voulait recevoir de loi que de lui-même, BOSS. *Hist. univ.* III, 6. || *P. ext.* Le pauvre en sa cabane, où le chaume le couvre, Est sujet à ses lois (de la mort), MALH. *Poés.* 11. Un libertin... Se fait de son plaisir une suprême loi, BOIL. *Sat.* 4. L'intérêt de l'État fut leur unique loi, RAC. *Baj.* II, 3. *Loc. prov.* Nécessité n'a

point de loi, tout est licite en cas de nécessité. Force n'a point de loi, LA F. *Contes, F. du roi de Garbe.*

II. Règle d'action imposée à l'homme par sa raison, sa conscience.

|| **1°** Loi naturelle, règle d'action que l'homme trouve dans sa nature d'être raisonnable et libre (par opposition aux lois positives). Le temps de la loi naturelle, où les hommes n'avaient pour se gouverner que la raison naturelle, BOSS. *Hist. univ.* I, 4. Ils confessent que la justice n'est pas dans ces coutumes, mais qu'elle réside dans les lois naturelles connues en tout pays, PASC. *Pens.* III, 8. *Dans le même sens.* La loi de nature. Il se faut entr'aider, c'est la loi de nature, LA F. *Fab.* VIII, 17. La loi de la lumière naturelle qui veut que nous fassions à autrui ce que nous voudrions qu'on nous fît, MONTESQ. *Espr. des lois*, X, 3.

|| **2°** Loi morale, règle d'action que l'homme trouve dans sa conscience, par laquelle il discerne le bien du mal et se sent obligé de pratiquer l'un et d'éviter l'autre. Mon devoir m'imposait d'autres lois, CORN. *Poly.* II, 2.

III. Règle constante, universelle, à laquelle les phénomènes de la nature sont assujettis. L'homme, comme être physique, est, ainsi que les autres corps, gouverné par des lois invariables; comme être intelligent, il viole sans cesse les lois que Dieu a établies, et change celles qu'il établit lui-même, MONTESQ. *Espr. des lois*, I, 1. (Physique.) Les lois de la chute des corps, de l'équilibre des liquides. La loi de l'attraction universelle. Les lois de Képler. || *P. anal.* Les lois de l'esprit humain, de la sensibilité. Les lois de la perspective, etc. || *P. ext.* Toute règle établie. Les lois de la grammaire, de la syntaxe. Qu'importe qu'elle manque aux lois de Vaugelas, MOL. *F. sav.* II, 7. || *P. anal.* Les lois de la politesse, de la bienséance, de la mode. L'amour, pour l'ordinaire, est peu fait à ces lois, MOL. *Mis.* II, 4.

2. LOI [lwà] *s. f.*

[ÉTYM. Altération de aloi, qui, précédé de l'article élidé, s'est confondu avec loi 1 précédé de l'article sous sa forme entière, § 509. || Admis ACAD. 1740.]

|| (Technol.) Titre auquel les monnaies doivent être fabriquées.

LOIN [lwin] *adv.*

[ÉTYM. Du lat. longe, *m. s.* devenu *lonye, logn,* loin, §§ 483, 396 et 291.]

|| **1°** A une grande distance dans l'espace. Roxane n'est pas —, RAC. *Baj.* III, 4. Laissez, ma bru, laissez; ne venez pas plus —, MOL. *Tart.* I, 1. Ne pas voir plus — que son nez *(famil.)*, avoir la vue très courte, et, *fig.* avoir l'esprit borné. Celui-ci ne voyait pas plus — que son nez, LA F. *Fab.* III, 5. || *Vieilli.* A dix, à cent lieues —, à une distance de dix, de cent lieues. Deux cents lieues —, c'est vous qui me gouvernez, SÉV. 1202. — à —, à intervalles espacés. Nos batteries disposées un peu trop — à —, ST-SIM. I, 88. || *Loc. prép.* — de. Souffrez que — des Grecs et même — de vous J'aille cacher mon fils, RAC. *Andr.* I, 4. Ils s'arrêtent non — de ces tombeaux antiques, ID. *Phéd.* V, 6. *Loc. prov.* — des yeux, — du cœur, quand on est absent, on est vite oublié. *Ellipt.* — de moi! éloignez-vous. *Fig.* En parlant de ce que la pensée écarte, ne peut admettre. — de nous les héros sans humanité! BOSS. *Condé.* — ces rimeurs craintifs! BOIL. *Art p.* 2. || *Substantivt.* Il y a — de Paris à Marseille. *Fig. Loc. prov.* Il y a — de la coupe aux lèvres, on est souvent déçu quand on croit toucher le but. || *Loc. adv.* | 1. Au —. La rive au — gémit, blanchissante d'écume, RAC. *Iph.* V, 6. L'œil s'égare au — dans les plaines voisines, BOIL. *Ép.* 6. | 2. De —. Il revient de —. *Loc. prov.* A beau mentir qui vient de —, celui qui vient de pays éloignés peut raconter ce qu'il veut sans crainte d'être démenti. (Les Parthes) combattaient de — et hors de la portée des armes romaines, MONTESQ. *Rom.* 15. Je vois de —, j'atteins de même, LA F. *Fab.* IV, 19. De — c'est quelque chose, et de près ce n'est rien, ID. *ibid.* IV, 10. || *Loc. conj.* D'aussi —, du plus — que. D'aussi loin qu'il me vit, RAC. *Brit.* I, 1.

|| **2°** *P. anal.* A une grande distance du moment où l'on est. Ce jour est encor —, CORN. *Nicom.* III, 2. Sans reculer plus — l'effet de ma parole, RAC. *Mithr.* III, 1. Le malade n'ira pas —, ne vivra pas longtemps. || *Loc. prép.* Le moment où je parle est déjà — de moi, BOIL. *Ép.* 3. || *Loc. adv.* Je ne sais point prévoir les malheurs de si —, RAC. *Andr.* I, 2. Mon mal vient de plus —, ID. *Phéd.* I, 3. || *Loc. conj.* C'est du plus — qu'il m'en souvienne.

|| **3°** *Fig.* A une grande distance quant au rang, au

degré. (Corneille) laissa bien — derrière lui tout ce qu'il avait de rivaux, RAC. *Disc. à l'Acad.* Ce jeune homme ira —, s'élèvera aux premiers rangs. Il aspirait plus — qu'à l'hymen de Junie, RAC. *Brit.* V, 6. Quel général porta plus — la prévoyance? BOSS. *Condé.* On peut vous mener — avec de pareils gages, MOL. *Tart.* V, 1. Aller plus —, poursuivre ce qu'on a commencé. Sa haine va toujours plus — que son amour, RAC. *Mithr.* I, 5. Aller trop —, passer la mesure. || *Loc. prép.* Combien tout ce qu'on dit est — de ce qu'on pense! RAC. *Brit.* V, 1. Mais que vous êtes — de cette ardeur parfaite! CORN. *Poly.* I, 1. Être — de son compte, — de compte, ne pas être d'accord avec qqn sur un compte, et, *fig.* n'avoir pas ce qu'on espérait. Rejeter bien — une proposition. *P. ext.* Pour marquer une différence considérable. Il n'est pas adroit, — de là, et, *avec une propos. infinitive pour complément,* être — de faire une chose, nullement disposé à la faire. Je suis — de le croire. — de trembler pour Albe, il vous faut plaindre Rome, CORN. *Hor.* II, 1. *Dans le même sens. Loc. conj.* — que ma tendresse eût exposé ta vie, RAC. *Mithr.* IV, 1. || *Loc. adv.* Appelé de si — à l'empire (d'une condition si fort au-dessous de cette dignité), RAC. *Brit.* I, 1. Ne connaître qqn ni de près ni de —, à aucun degré, ni beaucoup ni peu. Ils sont parents, mais de —, à un degré éloigné.

LOINTAIN, AINE [lwin-tin, -tèn'] *adj.* et *s. m.*

[ÉTYM. Du lat. pop. *longitanum, m. s.* §§ 483, 396, 336, 299 et 291. || XIᵉ s. En un lointain reialme, *Voy. de Charl. à Jérus.* dans DELB. *Rec.*]

|| **1°** *Adj.* Qui se trouve à une distance considérable, dans l'espace. Un voyage en — pays, LA F. *Fab.* IX, 2. || On entendait un bruit —. Une expédition lointaine. || *P. ext.* En parlant du temps. Les siècles lointains, dans le passé ou l'avenir. Des souvenirs lointains.

|| **2°** *S. m.* Partie de l'espace qui se trouve à une distance considérable. Apercevoir qqch dans le —, et, *vieilli,* en —. On voyait en — une ville naissante, LA F. *Filles de Minée.* || On entendait le tonnerre dans le —. || *Spécialt.* Fond d'une peinture, d'un dessin figurant des objets éloignés. Le peintre, dit-on, aurait pu finir davantage ces carnations, ces draperies, ces lointains, FÉN. *Exist. de Dieu,* I, 3.

LOIR [lwàr] *s. m.*

[ÉTYM. Du lat. pop. *glirem* (class. glirem, § 318), devenu *lere, leir, loir, §§ 393, 309 et 291. (*Cf.* lérot et liron.) || XIIᵉ-XIIIᵉ s. Il esgarde et voit deus loirs, GUI DE CAMBRAI, *Barlaam,* p. 341.]

|| Petit mammifère rongeur, qui reste engourdi pendant l'hiver. || *Fig.* Paresseux comme un — (à cause de son engourdissement hivernal).

LOISIBLE [lwà-zibl'] *adj.*

[ÉTYM. Dérivé de l'anc. verbe loisir, § 242. || XIVᵉ s. Peut se déduire de l'adverbe loisiblement employé par D. FOULECHAT, traducteur du *Polycraticon.* (*V.* GODEF.)]

|| En parlant d'une manière d'agir, qui est à la libre disposition de qqn. Allez, sortez, il vous est tout —, MOL. *Mis.* II, 4.

LOISIR [lwà-zîr] *s. m.*

[ÉTYM. Tiré de l'anc. verbe loisir (*V.* § 49), du lat. licēre, être permis, à la libre disposition, devenu *leisleir, leisir, loisir, §§ 343, 382, 316 et 291. || XIᵉ s. Et Charles et Franceis se colchent a leisir, *Voy. de Charl. à Jérus.* 445.]

|| **1°** Libre disposition qu'on a de son temps. Je ne trouve point de fatigue si rude Que l'ennuyeux — d'un mortel sans étude, BOIL. *Ép.* 11. Ceux par la faveur desquels je jouirai sans empêchement de mon —, DESC. *Méth.* 6. Être de —, avoir la libre disposition de son temps. Un homme de —. J'ai voulu interrompre vos labeurs pour vous rendre compte de mon —, D'AUB. *Lett. à M. d'Expilly,* 1ᵉʳ juin 1623.

|| **2°** *P. ext.* Temps libre dont on dispose pour faire qqch. Sans avoir eu le — d'établir solidement ses affaires, BOSS. *Hist. univ.* III, 5. Nous n'avons pas — d'un plus long entretien, CORN. *Ment.* I, 3. *Loc. adv.* A —, en disposant de tout le temps qu'on veut. Travaillez à —, quelque ordre qui vous presse, BOIL. *Art p.* 1. Mais rien ne vient m'interrompre, Je mange tout à —, LA F. *Fab.* I, 9. Tu pourras me répondre après tout à —, CORN. *Cinna,* V, 1.

|| **3°** *P. ext.* Temps libre en dehors des occupations. Des gens qui ne savent pas discerner ni votre — ni le temps de vos affaires, LA BR. *Théophr. Impertinent.* Son ouvrage est lu dans le — de la campagne, ID. 15.

LOK et **LOOCH** [lŏk'] *s. m.*

[ÉTYM. Emprunté de l'arabe lahok, *m. s.* de lahak, lécher, § 22. || 1520. Lohot de poulmon de renard, J. CŒUROT, *Entret. de vie,* dans DELB. *Rec.* Admis ACAD. 1762.]

|| (Pharm.) Émulsion pectorale épaisse avec de la gomme ou un jaune d'œuf qu'on administre comme calmant.

LOMBAIRE [lon-bèr] *adj.*

[ÉTYM. Dérivé de lombe, § 248. || XVIᵉ s. PARÉ, I, 22.]

|| (Anat.) Qui appartient aux lombes. Région —. Vertèbres lombaires, qui forment le bas de la colonne vertébrale.

LOMBARD [lon-bàr] *s. m.*

[ÉTYM. Nom propre de peuple, appliqué au moyen âge à tous les Italiens, dont beaucoup venaient en France exercer la banque, § 36. || Admis ACAD. 1762.]

|| *Vieilli.* Prêteur sur gages. || *P. ext.* Mont-de-piété. (*V. ce mot.*) Les bijoux que j'ai laissés en gage au — de Montargis, PICARD, *Com. amb.* II, 2.

LOMBE [lônb'] *s. m.*

[ÉTYM. Emprunté du lat. lombus, *m. s.* (*Cf.* lumbago et nomble.) || XIIᵉ s. Li mien lumble (var. lumbe), *Psaut. d'Oxf.* XXXVII, 7.]

|| (Anat.) Partie du tronc située en arrière, depuis le dos jusqu'aux hanches, à droite et à gauche de la colonne vertébrale. Les lombes. Le — droit, le — gauche.

LOMBRIC [lon-brik'] *s. m.*

[ÉTYM. Emprunté du lat. lumbricus, *m. s.* || XIIIᵉ s. La char quant ele muert fait mangier as lumbris, *Mepris du siecle,* dans GODEF. Admis ACAD. 1878.]

|| (Hist. nat.) Annélide dit vulgairement ver de terre. || Ascaride de l'intestin.

LOMBRICAL, ALE [lon-bri-kàl] *adj.*

[ÉTYM. Dérivé de lombric, § 238. || XVIᵉ s. PARÉ, IV, 29.]

|| (Hist. nat.) Qui ressemble au lombric. *Spécialt.* Muscles lombricaux, muscles internes de la main et du pied, abducteurs des doigts vers le pouce.

LONDRIN [lon-drin] *s. m.*

[ÉTYM. Dérivé de Londres, ville d'Angleterre, § 100. || XVIIᵉ-XVIIIᵉ s. Draps communs dits londres, BAVILLE, *Lett.* du 20 nov. 1691. Londrins, *Règlement du 20 nov. 1708.* Admis ACAD. 1762.]

|| *Vieilli.* Sorte de drap léger, fabriqué autrefois dans le midi de la France, à l'imitation des draps de Londres.

LONG, LONGUE [lon, lõng'; au masculin sing., le *g* se lie avec la valeur d'un k] *adj.*

[ÉTYM. Du lat. longum, *m. s.* §§ 291 et 395.]

I. Dans l'espace. || **1°** Qui a une grande étendue de l'une à l'autre de ses extrémités. Une table longue. Une longue avenue. Une longue file. || Une longue perche. Une chaise longue, sorte de canapé pour s'étendre. *Spécialt.* Chaîne longue, chaîne de montre qui fait le tour du cou. Avoir des cheveux longs, des dents longues, et, *fig.* Avoir les dents longues, être affamé. Avoir les bras longs, et, *fig.* Il a le bras —, son pouvoir s'étend loin. Moutons à longue laine. Un jour sur ses longs pieds allait je ne sais où Le héron au — bec emmanché d'un — cou, LA F. *Fab.* VII, 4. En — habit de lin, RAC. *Ath.* II, 2. Habit —, la soutane et le manteau ecclésiastique. || Faire une longue liste. Un sonnet sans défaut vaut seul un — poème, BOIL. *Art p.* 2. De longs développements. Être —, faire de longs développements. J'évite d'être —, et je deviens obscur, BOIL. *Art p.* 1. *Fig.* En dire —, en savoir —, en dire, en savoir beaucoup. Une vue longue, qui voit loin. Lunette de longue vue, et, *ellipt,* Longue-vue, lunette avec laquelle on voit les objets éloignés.

|| **2°** Qui a plus d'étendue dans cette dimension que dans les autres. Os longs (humérus, fémur, etc.). Muscles longs. Le muscle — dorsal, et, *ellipt, s. m.* Le — du cou. Un carré —, nom vulgaire du rectangle. Sauce longue, pas assez épaisse.

|| **3°** Qui mesure telle ou telle étendue dans le sens de cette dimension. Une allée longue de cent mètres. Une salle plus longue que large. Prendre le chemin le plus —, et, *ellipt,* Prendre le plus —.

II. *P. ext.* Dans le temps. Qui a une durée très étendue. Une longue séance. Les jours les plus longs de l'année. *P. ext. Dans un autre sens.* De longs jours, de longues années, une longue suite de jours, d'années. Assignation à longs jours. Un voyage au — cours, qui dure longtemps. Un bail. Un effet à longue échéance. Un — règne. Une longue et paisible jouissance d'une des plus nobles couronnes de l'univers, BOSS. *R. d'Angl.* Dans une longue enfance ils l'auraient

fait vieillir, RAC. *Brit.* I, 2. Ceux qui de la cour ont un plus —
usage, ID. *ibid.* V, 5. Quittez le — espoir, LA F. *Fab.* XI, 8.
Fig. Préparer quelque chose de longue main, en y travaillant
longtemps d'avance. Que ce temps est — (paraît long) à
mon impatience! RAC. *Esth.* II, 1. ‖ Avoir l'haleine longue,
pouvoir rester longtemps sans respirer. *Fig.* Une œuvre
de longue haleine, qui demande beaucoup de temps. ‖ Boire
à longs traits. De longs soupirs, RAC. *Baj.* IV, 5. ‖ *P. anal.* Une
syllabe longue, et, *ellipt*, Une longue, syllabe dont la prononciation a plus de durée que la brève. Une note longue,
et, *ellipt*, Une longue (dans l'ancienne notation musicale),
note carrée avec une queue à droite, qui avait une durée
double de la brève ou ronde. ‖ *Fig. Famil.* Être — à faire
qqch, y mettre beaucoup de temps. Vous êtes bien — à faire
votre charge, CORN. *Nicom.* III, 3.

‖ *Substantivt, au masc.* ‖ **1°** Longueur (en étendue).
Un lit qui a deux mètres de —. *P. hyperb.* Tirer la langue d'un
pied de —. Fendre du bois en —. Scieur de —, qui scie des
pièces de bois en long. S'étendre tout de son —. *Vieilli.* Tirer
de —, prendre beaucoup d'espace, s'éloigner. La colombe
l'entend, part, et tire de —, LA F. *Fab.* II, 12. Se promener de
— en large. J'ai oublié à lui demander si c'est en — ou en
large, MOL. *Mal im.* II, 2. *Loc. prép.* Le —, tout le —, tout
du —, et, *vieilli*, Au — (de qqch), en suivant toute sa longueur. Il se promenait le — du rivage. Le — d'un clair ruisseau, LA F. *Fab.* II, 12. Ses larmes coulèrent le — de ses joues,
FÉN. *Tél.* 1. *Fig.* Tout du — de l'aune, en allant jusqu'au
bout, sans s'arrêter. Chacun y babille, et tout du — de l'aune,
MOL. *Tart.* I, 1.

‖ **2°** *P. ext.* Longueur (en durée). *Loc. prép.* Le —,
tout le — du jour. ‖ *Loc. adv.* A la longue, avec le temps.
Comme dans le jeu, où le plus habile l'emporte à la longue, BOSS.
Hist. univ. III, 2. *Vieilli.* Tirer de longue, prendre beaucoup
de délais. Le régent,... sans rien déclarer, tira de longue, ST-
SIM. XII, 293.

‖ **3°** *Fig. Loc. adv.* Tout au —, tout du —, complètement.
Apprends-moi plus au — la véritable histoire, CORN. *Cid*, IV,
3. Expliquer une chose tout au —. Je vous ai laissé tout du
— quereller, MOL. *Tart.* II, 4. ‖ En donner à qqn du — et du
large, le malmener de toutes les façons. Donnez-en à ce
fourbe et du — et du large, MOL. *Ét.* IV, 5. *Vieilli.* Tout du
— et du lé. (*V.* **lé**.)

***LONGAILLE** [lon-gày] *s. f.*
[ÉTYM. Dérivé de long, § 95. ‖ *Néolog.*]
‖ (Technol.) Chacune des pièces qui font la longueur
d'un tonneau. (S'oppose à fonçaille.)

LONGANIMITÉ [lon-gà-ni-mi-té] *s. f.*
[ÉTYM. Emprunté du lat. longanimitas, *m. s.* ‖ XVe s. La
longanimité de bien attendre, A. CHARTIER, *Espérance*, p, 333,
Duchesne.]
‖ Patience à supporter ce qu'on aurait le pouvoir de
réprimer.

1. LONGE [lônj] *s. f.*
[ÉTYM. Du lat. pop. *longea, m. s.* tiré de longum, long,
§§ 67, 358 et 291. ‖ XIIIe s. G. DE LORRIS, *Rose*, 3588.]
‖ **1°** Lanière, corde plus ou moins longue qui sert à
attacher un cheval ou à le conduire à la main. S'embarrasser dans sa — (en parlant du cheval), et, *fig.* s'embarrasser dans les précautions qu'on a prises. Prise de — (*V.*
entamure), lésion au paturon du cheval.
‖ **2°** Lanière qu'on attache à la patte d'un faucon pour
qu'il reste sur la perche.
‖ **3°** Lanière de cuir trouée dans une partie de sa longueur, à laquelle est attachée la mèche d'un fouet.

2. LONGE [lônj] *s. f.*
[ÉTYM. Du lat. pop. lŭmbea, dérivé de lumbus, lombe,
§§ 67, 358, 440 et 291. ‖ XIIe s. Un poi le navra soz la loigne,
Énéas, 5780. De la longe un lardé li oste, CHRÉTIEN DE TROYES,
Cheval. au lion, 3462.]
‖ (Boucherie.) Moitié (en long) de l'échine du veau,
depuis le bas des épaules jusqu'à la queue. Une — de
veau... blanche, délicate, MOL. *B. gent.* IV, 1.

***LONGÉ, ÉE** [lon-jé] *adj.*
[ÉTYM. Dérivé de longe 1, § 118. ‖ 1732. TRÉV. Admis
ACAD. 1762; suppr. en 1835.]
‖ (Blason.) Qui a une longe (d'un autre émail que le
corps). Faucon d'or — d'azur.

LONGER [lon-jé] *v. tr.* et *intr.*
[ÉTYM. Dérivé de long, §§ 64 et 154. ‖ 1655. SALNOVE,
Vénerie, p. 22, « Dict. des chasseurs ». Admis ACAD. 1740.]

‖ **1°** *V. tr.* Aller le long de qqch en en suivant le bord.
Il longeait le mur, le fossé. — la côte (en naviguant).
‖ **2°** *V. intr.* (Vénerie.) Aller loin. Un cerf qui longe, qui
entraîne la chasse fort loin.

LONGÉVITÉ [lon-jé-vi-té] *s. f.*
[ÉTYM. Emprunté du lat. longævitas, *m. s.* ‖ Admis ACAD.
1798.]
‖ Prolongation de la vie jusqu'à un âge avancé. La —
dans la race humaine. La — du cerf, de la corneille. ‖ *P. ext.*
La — du chêne, du châtaignier.

***LONGICORNE** [lon-ji-kòrn'] *adj.*
[ÉTYM. Composé avec le lat. longus, long, et cornu,
corne, § 271. ‖ 1817. Les longicornes, CUVIER, *Règne animal*, III, 337.]
‖ (T. didact.) Qui a de longues cornes, de longues antennes. *Substantivt, au masc.* Les Longicornes, famille de
coléoptères.

LONGIMÉTRIE [lon-ji-mé-tri] *s. f.*
[ÉTYM. Composé avec le lat. longus, long, le grec μέτρον,
mesure, et le suffixe ie, § 284. ‖ 1633. Longimetrie et altime-
trie, RENÉ LE NORMANT, *Disc. milit.* dans DELB. *Rec.* Admis ACAD. 1762.]
‖ (Géom.) Mesure trigonométrique de la distance de
lieux, de points inaccessibles.

***LONGIPENNE** [lon-ji-pèn'] *adj.*
[ÉTYM. Composé avec le lat. longus, long, et penna,
plume, § 271. ‖ 1817. Famille des longipennes, CUVIER, *Règne
animal*, I, 514.]
‖ (T. didact.) Qui a de longues ailes. *Substantivt, au
masc.* Les Longipennes, famille de palmipèdes.

***LONGIROSTRE** [lon-ji-ròstr'] *adj.*
[ÉTYM. Composé avec le lat. longus, long, et rostrum,
bec, § 271. ‖ 1812. MOZIN, *Dict. franç.-allem.*]
‖ (T. didact.) Qui a un long bec. *Substantivt, au masc.*
Les longirostres, famille d'échassiers.

1. *LONGIS [lon-ji] *s. m.*
[ÉTYM. Nom propre d'un personnage légendaire, qui
aurait percé de sa lance le flanc de Jésus-Christ, § 36 :
le sens est dû à l'influence de long. ‖ XVIe s. Vostre grand
longis De mary, *Farce du badin qui se loue*, dans *Anc. Th.
franç.* I, 187. Admis ACAD. 1694; suppr. en 1762.]
‖ *Pop.* Celui qui est long à faire qqch. Un —, un lambin.
Un saint —, lambin par excellence, patron des lambins.

2. *LONGIS [lon-ji] *s. m.*
[ÉTYM. Dérivé de longer, § 82. ‖ 1792. ROMME, *Dict. de
mar.*]
‖ (Marine.) Pièce de bois qui, s'étendant d'un gaillard
à l'autre, soutient le plancher des passavants. ‖ Barre de
bois qui forme le rebord des écoutilles.

LONGITUDE [lon-ji-tud'] *s. f.*
[ÉTYM. Emprunté du lat. longitudo, longueur. ‖ XIVe s.
Longueur ou longitude, ORESME, dans MEUNIER, *Essai sur
Oresme.*| (Au sens actuel.) 1543. ORONCE FINÉ, *Art et man.
de trouver la longitude ou difference longitudinale de
tous lieux*, titre.]
‖ (T. didact.) ‖ **1°** Coordonnée géographique qui sert
à déterminer la position d'un lieu à la surface du globe
terrestre, distance du lieu à un méridien déterminé (dit
premier méridien). — orientale, quand le lieu est à l'est;
occidentale, quand le lieu est à l'ouest du premier méridien.
‖ **2°** Coordonnée astronomique qui sert à déterminer
la position d'un astre sur la sphère céleste; distance de
cet astre au point équinoxial du printemps. Bureau des lon-
gitudes, établissement composé de savants qui publient
chaque année un *Traité de la connaissance des temps* et
un *Annuaire.*

LONGITUDINAL, ALE [lon-ji-tu-di-nàl] *adj.*
[ÉTYM. Dérivé du lat. longitudo, inis, longueur, § 238. ‖
XIIIe-XIVe s. Vils longitudinaux, *Chirurg. de Mondeville*,
fo 27. | (Au sens actuel.) 1543. V. longitude. Admis ACAD.
1762.]
‖ (T. didact.) Qui est dans le sens de la longueur. Section longitudinale. Plan —, qui divise un navire en deux
parties symétriques dans le sens de la longueur.

LONGITUDINALEMENT [lon-ji-tu-di-nàl-man; *en
vers*, -nà-le-...] *adv.*
[ÉTYM. Composé avec longitudinale et ment, § 724. ‖ 1752.
TRÉV. Admis ACAD. 1762.]
‖ (T. didact.) Dans le sens de la longueur.

LONG-JOINTÉ, ÉE [lon-jwin-té] *adj.*
[ÉTYM. Composé avec long et jointe, § 195. (*Cf.* jointé.)
|| 1664. On les appelle longs jointez (*sic*), SOLLEYSEL, *Parfait Mareschal*, p. 13. Admis. ACAD. 1835.]
|| (Manège.) Qui a le paturon long. Cheval —.

***LONGRINE** [long'-rin'] et ***LONGUERINE** [long'-rin'; *en vers*, lon-ghe-...] *s. f.*
[ÉTYM. Paraît dérivé de longueur, §§ 65 et 100. || 1716. Longueraine, II. GAUTIER, *Traité des ponts*, chap. 29. | 1792. Longrine, ROMME, *Dict. de mar.*]
|| 1º (Marine.) Pièce de bois placée dans la longueur d'un ouvrage de charpente pour supporter les traverses, entretoises, etc. || *Spécialt.* Pièce de bois qui supporte les traversins dans une cale de construction.
|| 2º *P. anal.* (Chem. de fer.) Longue traverse sur laquelle on fait reposer les rails dans les changements et croisements de voies.

LONGTEMPS [lon-tan] *s. m. et adv.*
[ÉTYM. Composé de long et temps, §§ 173, 182 et 726. || XIᵉ s. Mult bons vassals vus a long tens tenue, *Roland*, 2310.]
|| 1º *S. m.* Un long espace de temps. J'ai passé — de ma vie à croire qu'il y avait une justice, PASC. *Pens.* Éd. Faugère, Vrai bien, 6. Se regarder soi-même un fort —, MOL. *Mis.* III, 4. Il y a —. Pendant —. Il est parti pour —. Dès — elle hait cette fermeté rare, RAC. *Ath.* I, 1. Je vous connais de —, mes amis, LA F. *Fab.* II, 3.
|| 2º *Adv.* Pendant un long espace de temps. Il m'observa — dans un sombre silence, RAC. *Esth.* I, 1. Le roi s'ennuie, et vous tardez —, CORN. *Nicom.* III, 7.

LONGUEMENT [long'-man, *en vers*, lon-ghe-...] *adv.*
[ÉTYM. Composé de longue et ment, § 724. || XIᵉ s. Si lungement tut tens m'avez servit, *Roland*, 1858.]
|| D'une manière longue. (S'emploie surtout en parlant de la durée.) Manger —. Tes père et mère honoreras Afin que vives —, *Command. de Dieu*.

***LONGUE-PAUME.** *V.* paume.

***LONGUERIE** [long'-ri; *en vers*, lon-ghe-ri] *s. f.*
[ÉTYM. Emprunté de l'ital. lungheria, *m. s.* § 12. || XVIᵉ s. Les longueries d'apprestz, MONTAIGNE, II, 10.]
|| *Vieilli.* Action de traîner en longueur. Pardon, Monsieur, de mes longueries, J.-J. ROUSS. *Lett.* 12 avril 1765.

***LONGUERINE.** *V.* longrine.

LONGUET, ETTE [lon-ghè', -ghêt'] *adj. et s. m.*
[ÉTYM. Dérivé de long, §§ 64 et 133. || XIIᵉ s. Mains longetes, RENAUD, *Ignaure*, dans BARTSCH et HORNING, *Langue et littér. franç.* col. 568. | XIIIᵉ-XIVᵉ s. Forme longuete, *Chirurg. de Mondeville*, fº 27, vº.]
|| 1º *Famil. Adj.* Un peu long. Le marché est un peu —, DOMINIQUE, *Toison d'or*, sc. 5 (1684).
|| 2º *S. m.* (Technol.) Marteau long et mince du facteur de pianos.

LONGUEUR [lon-gheur] *s. f.*
[ÉTYM. Dérivé de long, § 110. || XIIᵉ s. Longur de jurz, *Psaut. d'Oxf.* xc, 16.]
I. || 1º La plus grande étendue d'un objet, de l'une à l'autre de ses extrémités. Les oiseaux de mer se distinguent par la — de leurs ailes. La — de la carène contribue à la vitesse d'un navire.
|| 2º Étendue que mesure un objet, dans le sens de cette dimension. La — d'un bâton, d'un champ, etc. Cette galerie a dix mètres de —. (T. de courses.) Ce cheval a gagné d'une —, avec une avance égale à sa longueur. *Absolt.* Une échelle, une planche, une épée de —, qui a la longueur qu'il faut. — de câble, la plus grande longueur d'un câble (120 brasses). Être à — de câble. Mesure, unité de —. Partager une chose dans sa —. || *P. anal.* La — d'un discours, d'un poème. *Au plur.* Un ouvrage qui a des longueurs, des parties trop longues.
II. Durée très étendue. La — d'une guerre, d'un siège. De ton absence adoucir la —, BOIL. *Lutr.* 2. Je trouve les jours d'une — excessive, SÉV. 817. Sa visite, assez insupportable, Traîne en une — encore épouvantable, MOL. *Mis.* II, 4. Patience et — de temps Font plus que force ni que rage, LA F. *Fab.* II, 11. Traîner en —, et, *vieilli*, Tirer en —, faire durer. Les choses ne sont plus pour traîner en —, MOL. *Mis.* V, 2. Les moyens de tirer en — Cet hymen, CORN. *Tite et Bér.* II, 2. || *P. ext.* Long délai. Philémon les pria d'excuser ces longueurs, LA F. *Phil. et Baucis.* Après certains moments que perdent nos longueurs, CORN. *Poly.* I, 1.

LONGUE-VUE [long'-vu; *en vers*, lon-ghe-...] *s. f.*
[ÉTYM. Composé de longue et vue, § 173.]
|| Lunette d'approche.

LOOCH [lôk']. *V.* lok.

LOPIN [lò-pin] *s. m.*
[ÉTYM. Origine inconnue. || XIVᵉ s. Dessus les trayteurs fierent un grant lopin, *Hugues Capet*, 6068.]
|| *Famil.* Morceau qu'on a pour sa part. Mon — me suffit, LA F. *Fab.* VIII, 7. Un — de viande. Un — de terre. *Fig. Vieilli.* La France eût été démembrée en plusieurs lopins, LA NOUE, *Disc. polit.* 26. || *Spécialt.* (Technol.) Masse formée de morceaux de fonte qu'on a réunis en les chauffant. — cinglé, petite masse de fer affiné, d'acier, battue au marteau, pour être ensuite chauffée de nouveau dans un foyer spécial.

LOQUACE [lò-kwâs'] *adj.*
[ÉTYM. Emprunté du lat. loquax, acis, *m. s.* de loqui, parler. || Admis ACAD. 1835.]
|| Qui parle beaucoup.

LOQUACITÉ [lò-kwà-si-té] *s. f.*
[ÉTYM. Emprunté du lat. loquacitas, *m. s.* || 1466. Locacité, *Exp. de la règle de St-Benoit*, dans GODEF. *Compl.* Admis ACAD. 1798.]
|| Disposition, habitude qu'a quelqu'un de parler beaucoup.

LOQUE [lôk'] *s. f.*
[ÉTYM. Origine incertaine; le rapport avec l'allem. locke, boucle de cheveux, n'est pas sûr, quoiqu'on trouve fréquemment dès le XIIᵉ s. l'adj. locu, qui s'applique, avec un sens péjoratif difficile à déterminer, à la barbe et aux cheveux. (*Cf.* loquet 2.) Peut-être apparenté au radical de locher. (*V.* ce mot.) || XVᵉ s. Nul, ne prince ne aultre,... n'y prirent oneques loque, CHASTELL. *Chron.* V, 170, Kervyn.]
|| Lambeau d'étoffe (linge, vêtement, etc.). Des vêtements qui tombent, qui sont en loques. *P. ext.* Être en loques, en vêtements déchirés. || *Spécialt.* (Jardin.) Palisser à la —, attacher les branches d'espalier avec de petits lambeaux de drap, pour ne pas endommager les jeunes branches.

LOQUÈLE [lò-kuèl'] *s. f.*
[ÉTYM. Emprunté du lat. loquela, action de parler. || XIIIᵉ s. Ce ne sont pas loquelles ne paroles, *Bible*, dans GODEF. Admis ACAD. 1798.]
|| *Vieilli.* Facilité de parole banale.

1. LOQUET [lò-kè] *s. m.*
[ÉTYM. Dérivé de l'anc. franç. loc, *m. s.* mot d'origine germanique, §§ 6 et 133. (*Cf.* angl. lock, serrure, holland. luiken, gothique lukan, fermer, etc.) || 1304. Un loket aceté por les engiens, dans DELB. *Rec.*]
|| Fermeture de porte composée d'une simple lame de fer (clenche) qu'on abaisse sur une pièce de fer (mentonnet) fixée au chambranle pour fermer la porte, et qu'on soulève pour l'ouvrir. La bique... Ferma sa porte au —, LA F. *Fab.* IV, 15. Lever le —. || (Marine.) Barre de fer qui sert à fermer une écoutille. || Couteau à —, qu'on ne peut fermer qu'en tirant en arrière un ressort qui retient la lame.

2. *LOQUET [lò-kè] *s. m.*
[ÉTYM. Dérivé de loque, § 133. || 1556. Loquet de laine, RICH. LEBLANC, *Subtilité*, dans DELB. *Rec.*]
|| (Technol.) || 1º Laine grossière des cuisses, employée à faire des matelas.
|| 2º Petit paquet de poil de sanglier dont on garnit les brosses.

LOQUETEAU [lôk'-tó ; *en vers*, lò-ke-tó] *s. m.*
[ÉTYM. Dérivé de loquet 1, § 126. || 1676. A. FÉLIBIEN, *Princ. de l'architect.* p. 639.]
|| (Technol.) Petit loquet (d'un vasistas, d'un volet, etc.).

***LOQUETEUX, EUSE** [lôk'-teu, -teûz'] *adj.*
[ÉTYM. Dérivé de loque 1, §§ 63 et 116. || XVᵉ-XVIᵉ s. Et bel espoir qui paist les loqueteux, *Contred. de Songecreux*, fº 74, édit. 1530.]
|| Qui a des vêtements en loques. *Substantivt.* Les —.

LOQUETTE [lò-kêt'] *s. f.*
[ÉTYM. Dérivé de loque, § 133. (*Cf.* loquet.) || 1611. COTGR.]
|| *Famil.* Petite loque. || *P. ext.* (Technol.) | 1. Laine cardée en menus flocons, prête à être filée. | 2. Menue tranche de saumon, de morue.

LORD [lòr] *s. m.*
[ÉTYM. Mot anglais, § 8. || Admis ACAD. 1762.]
|| En Angleterre, seigneur. La chambre des lords, des pairs d'Angleterre, la chambre haute. Le — lieutenant d'Irlande. Le —-maire de Londres.

***LORDOSE** [lòr-dôz'] *s. f.*
[ÉTYM. Emprunté du lat. scientifique lordosis, grec λόρδωσις, *m. s.* ‖ 1765. ENCYCL.]
‖ (Médec.) Déviation de l'épine dorsale recourbée en avant.

***LORÉ, ÉE** [lò-ré] *adj.*
[ÉTYM. Origine inconnue. On écrit aussi lorré. ‖ 1694. TH. CORN. Admis ACAD. 1798; suppr. en 1835.]
‖ (Blason.) Qui a les nageoires (d'un autre émail que le corps). Dauphin d'or — de gueules.

***LORGNADE** [lòr-ñàd'] *s. f.*
[ÉTYM. Dérivé de lorgner, § 120. ‖ XVIIᵉ-XVIIIᵉ s. *V.* à l'article.]
‖ *Famil. (rare).* Regard provocant adressé à une femme. (*Cf.* lorgnerie.) Elle ne voulut rien comprendre au nombre infini de lorgnades dont il l'attaqua, HAMILT. *Gram.* p. 248.

***LORGNEMENT** [lòr-ñe-man] *s. m.*
[ÉTYM. Dérivé de lorgner, § 145. ‖ XVIIᵉ s. *V.* à l'article.]
‖ *Rare.* Action de lorgner. (*Cf.* lorgnerie.) Et vous m'envisagez d'un certain —, TH. CORN. *Geôlier de soi-même*, v, 6.

LORGNER [lòr-ñé] *v. tr.*
[ÉTYM. Dérivé de l'anc. franç. lorgne, louche, d'origine inconnue, § 154. ‖ 1530. Advisez comment elle lorgne, PALSGR. p. 614.]
‖ **1°** Regarder du coin de l'œil. *Absolt.* Trufaldin lorgnait (observait) exactement, MOL. *Ét.* IV, 6. Une longue habitude avait tellement attendri ses regards, que quand elle lorgnait on eût dit qu'elle faisait quelque chose de plus, HAMILT. *Gram.* p. 115. ‖ *Spécialt.* — une femme, lui adresser des regards provocants. ‖ *Fig. Famil.* — une chose, avoir des vues sur cette chose, la regarder avec envie. Mathéo tremble et lorgne la finance, LA F. *Contes, Belphégor.*
‖ **2°** Regarder à travers une lorgnette ou un lorgnon. — les spectateurs au théâtre.

LORGNERIE [lòr-ñe-ri] *s. f.*
[ÉTYM. Dérivé de lorgner, § 69. ‖ XIIIᵉ s. Lorgnerie, quant l'en ne puet veoir a la candoile, *Digeste*, dans GODEF. Admis ACAD. 1762.]
‖ *Famil. (rare).* Action de lorgner. (*Cf.* lorgnement.) Les lorgneries dans le salon de Marly étaient aperçues de tout ce qui y était, ST-SIM. XI, 201.

LORGNETTE [lòr-ñèt'] *s. f.*
[ÉTYM. Dérivé de lorgner, § 133. ‖ 1710. Pour les prudes du temps éventails à lorgnettes, DUFRESNY, *Étrennes de Mercure.* Admis ACAD. 1718.]
‖ **1°** *Ancienmt.* Petite lunette d'approche permettant de voir de côté. ‖ *P. ext.* Éventail avec une ouverture garnie d'un verre, derrière lequel une dame pouvait voir sans être vue.
‖ **2°** Petite lunette d'approche portative, soit simple, soit double, dont on se sert principalement au théâtre. Regarder par le petit bout de la —, voir les choses en les exagérant, et, *à l'opposé*, Regarder par le gros bout de la — (qui diminue l'étendue des objets).

LORGNEUR, EUSE [lòr-ñeur, -ñeuz'] *s. m. et f.*
[ÉTYM. Dérivé de lorgner, § 112. ‖ XVIᵉ s. Lorneur, *Trium Linguarum dict.* dans GODEF. *Compl.* Admis ACAD. 1762.]
‖ Celui, celle qui lorgne.

LORGNON [lòr-ñon] *s. m.*
[ÉTYM. Dérivé de lorgner, § 104. ‖ *Néolog.* Admis ACAD. 1835.]
‖ Lentille concave pour les myopes, et convexe pour les presbytes; sorte de lunette sans branches, soit simple (monocle) et se logeant dans l'arcade sourcilière, soit double et tenue devant les yeux par un petit manche (binocle), ou par un ressort qui serre le nez (pince-nez).

1. LORIOT [lò-ryó; *en vers*, -ri-ó] *s. m.*
[ÉTYM. Pour l'oriol, §§ 62 et 136, qui est lui-même pour l'oriol, §§ 178 et 509, agglutination de l'article l' et de l'anc. forme oriol, du lat. aurĕŏlum, en lat. pop. *auriŏlum, de couleur d'or. ‖ XIIᵉ s. L'orieus cante et la merle s'escrie, RAIMBERT DE PARIS, *Chevalerie Ogier*, 12496. ‖ XIVᵉ-XVᵉ s. Paons, pymars et lorios, EUST. DESCH. dans DELB. *Rec.* ‖ XVᵉ s. Le mal des yeux qu'on appelle le leurieul, *Évang. des quenouilles*, p. 46.]
‖ Passereau à plumage jaune. *Fig.* Compère—, orgelet, petit bouton jaune qui vient au bord de la paupière.

2. *LORIOT [lò-ryó] *s. m.*
[ÉTYM. Origine inconnue. ‖ 1771. Lauriot, MALOUIN, *Art du boulanger*, dans *Descr. des arts et mét.* I, 157.]

‖ (Technol.) Baquet de boulanger, pour laver l'écouvillon, après le nettoyage du four.

***LORMERIE** [lòr-me-ri] *s. f.*
[ÉTYM. Dérivé de lormier, §§ 65 et 68. ‖ XIIIᵉ s. Chandeliers, potiers, lormerie, *Dit des marcheans*, dans CRAPELET, *Prov. et dict.* p. 163.]
‖ *Ancienmt.* Industrie du lormier. La — était autrefois florissante à Vire.

***LORMIER** [lòr-myé] *s. m.*
[ÉTYM. Pour loremier, dérivé de l'anc. franç. lorain, plus anciennement loraim, qui désignait l'ensemble des courroies servant à harnacher un cheval, §§ 65 et 115. Lorain correspond au lat. pop. *lorąmem, de lorum, courroie, bride, § 96. ‖ XIIIᵉ s. Quiconque veut estre lormiers à Paris, E. BOILEAU, *Livre des mest.* I, LXXXII, 1.]
‖ *Ancienmt.* Fabricant de brides, mors, gourmettes, éperons, etc., et autres objets de harnachement, moins les selles. Les cloutiers lormiers de la ville de Paris.

***LORRÉ, ÉE** [lò-ré]. *V.* loré.

LORS [lòr] *adv.*
[ÉTYM. Composé de l'article l' et de l'adverbe or suivis de l's adverbiale, § 726. (*Cf.* lorsque.) ‖ XIIᵉ s. Lors fist l'en droit, mais or nel fait l'en mais, *Couronn. de Louis*, 33.]
‖ A ce moment-là. (*Syn.* alors.) Il faut que j'appuie Ce que j'avançai —, LA F. *Fab.* IX, 10. Le sultan dormait —, ID. *ibid.* XI, 1. Depuis —, depuis ce moment-là. Dès —, dès ce moment-là. Corneille ne peut être égalé dans les endroits où il excelle; il a pour — un caractère original et inimitable, LA BR. 1. ‖ *Loc. conj.* Dès — que. Dès — que son démon commence à l'agiter, BOIL. *Sat.* 8. *Loc. prép.* — de, — de son départ. ‖ *Loc. conj.* — que. (*Cf.* lorsque.) — même que vous la faites, FLÉCH. *Panég. St Thomas apôtre. Spécialt.* Avec un verbe au conditionnel. — même que, dans le cas où. — même que vous le sauriez.

LORSQUE [lòrs'-ke] *conj.*
[ÉTYM. Composé de lors et que, § 726. ‖ XVIᵉ s. Lorsque femme a ung amant conteste, MAROT, III, 254, Jannet.]
‖ Au moment où. — le siège de l'empire fut établi en Orient, MONTESQ. *Rom.* 17. Et —, convaincu de tant de perfidies, Vous deviez ne me voir que pour les expier, RAC. *Brit.* IV, 2. — chacun vous aime, CORN. *Poly.* IV, 3.

LOS [lò; l's se lie avec la valeur d'un z] *s. m.*
[ÉTYM. Du lat. laudes, plur. de laus, louange, qui s'est employé abusivement au sing. et est devenu loz, los, §§ 333, 412 et 291. Sur le passage du plur. au sing. et sur le changement de genre (le mot lat. est fém.), *V.* §§ 556 et 557. ‖ XIᵉ s. En dulce France en perdreie mum los, *Roland*, 1054.]
‖ *Ancienmt.* ‖ **1°** Action de louer, d'être loué. L'usage a préféré louanges à —, LA BR. 14. *P. ext.* Renommée, gloire. Tous renonçaient au — des belles actions, LA F. *Fab.* XII, 1.
‖ **2°** Action d'approuver. (*Cf.* lods.)

LOSANGE [lò-zãnj'] *s. m.* (*vieilli*, fém.).
[ÉTYM. Origine incertaine. Qqns identifient ce mot avec l'anc. franç. losange, flatterie, mais le sens ne s'y prête guère. Quoique les textes n'attestent formellement losange qu'au XIVᵉ s., il est plus ancien, puisque son dérivé losangé apparaît au XIIIᵉ. (*V.* losanger.) ‖ 1326. Chapes a blanches losanges, dans DELB. *Rec.*]
‖ **I.** ‖ **1°** (Blason.) Meuble de l'écu, sorte de carré déformé et posé de biais, à angle aigu en haut et en bas, et obtus de chaque côté, différant de la macle en ce qu'il est plein.
‖ **2°** (Plain-chant.) Note affectant la même forme, et valant la moitié de la carrée ou brève.
‖ **II.** ‖ **1°** (Géom.) Parallélogramme dont les quatre côtés sont égaux, sans que les angles soient droits. Harlay, un petit homme vigoureux et maigre, un visage en —, ST-SIM. I, 137.
‖ **2°** Petite tablette ayant la forme d'un losange.

***LOSANGER** [lò-zan-jé] *v. tr.*
[ÉTYM. Dérivé de losange. § 154. ‖ XIIIᵉ s. Baniere... D'or et de vermel losengie, *Durmart*, 8451. ACAD. 1694-1798 donne losangé.]
‖ (Technol.) Diviser en losanges. ‖ *Spécialt.* (Blason.) Écu losangé, à losange de deux émaux alternés.

***LOSSE** [lòs'] et ***LOUSSE** [lòus'] *s. f.*
[ÉTYM. Semble se rattacher à l'allem. locher, *m. s.* de lochen, percer, §§ 6, 7, 498 et 499. (*Cf.* laceret et louche 2.)]
‖ (Technol.) Sorte de tarière de tonnelier qui sert à percer les trous de bonde.

LOT [lô] *s. m.*

[ÉTYM. Mot d'origine germanique, §§ 6, 498 et 499 : gothique hlauts, nordique hlaut, anglo-saxon hlot, angl. lot, sort, part, héritage. (*Cf.* loto.) || XII⁰ s. Mais se d'eus ne le prent et ne paient le lot, J. BODEL, *Saisnes*, tir. 17.]

|| **1°** Ce qui échoit à qqn dans un partage. (Ils) assignèrent à la tribu de Juda le premier et le plus grand lot, BOSS. *Hist. univ.* II, 3. || *Fig.* La raison fut son lot (l'homme eut la raison en partage), BOIL. *Sat.* 8. Le lot de ceux qui lèvent les tributs est les richesses, MONTESQ. *Espr. des lois*, XIII, 20. || Ce qui échoit à qqn quand on tire au sort. Gagner le gros lot, le plus considérable. Si on lui dit qu'Hyacinthe a eu le gros lot, LA BR. 8. || *Fig.* Le gros lot d'un bonheur continu n'a été gagné par personne, VOLT. *Lett.* sept. 1770.

|| **2°** Portion assortie d'un ensemble de choses qu'on répartit en vue d'un partage ou d'une vente. Un immeuble vendu en plusieurs lots. La chose ainsi réglée, on composa trois lots, LA F. *Fab.* II, 20. || *P. ext.* | 1. Quantité de marchandises non déterminées exactement. Un — de vieille ferraille. Solder un — d'étoffes démodées. | 2. Partie d'un travail à exécuter. Cet entrepreneur a pris un — du nouveau canal à creuser.

LOTERIE [lŏt'-ri; *en vers*, lò-te-ri] *s. f.*

[ÉTYM. Emprunté de l'ital. lotteria, *m. s.* de lotto, lot, § 12. || 1658. Loterie d'amour, SOREL, dans *Recueil des pièces en prose*, t. 1ᵉʳ.]

|| Jeu de hasard où on distribue un certain nombre de billets payants, portant des numéros dont quelques-uns, désignés par le sort, donnent droit à une somme ou à un objet. Mettre un tableau en —. Prendre un billet de —. Une — de bienfaisance, dont l'argent est destiné aux pauvres. || *Spécialt.* Jeu de hasard établi par certains gouvernements, où l'on gagne une somme plus considérable selon qu'on fait sa mise sur un numéro (extrait), sur deux (ambe), sur trois (terne), sur quatre (quaterne), sur cinq (quine), que le sort devra amener. || *Fig.* Chose où règne le hasard. La vie, le monde est une —. Tirer un bon numéro à la — du mariage. C'est un terne à la —, une chose qu'un grand hasard pourrait seul amener.

1. LOTIER [lò-tyé] *s. m.*

[ÉTYM. Dérivé du lat. lotus, lotus, mélilot, § 115. || 1584. Les saulx ni les lotiers, R. et A. D'AIGNEAUX, *Énéide*, dans DELB. *Rec.* Admis ACAD. 1762.]

|| (Botan.) Plante herbacée de la famille des Légumineuses, à fleurs jaunes, répandue dans les prés et les pâturages.

2. *LOTIER [lò-tyé] *s. m.*

[ÉTYM. Dérivé de lot, § 115. || 1769. DUHAMEL DU MONCEAU, *Traité des pêches*, III, III, 120.]

|| (Technol.) Pêcheur qui a un lot entier dans la répartition du poisson, parce qu'il fournit sa part de filets.

LOTION [lô-syon; *en vers*, -si-on] *s. f.*

[ÉTYM. Emprunté du lat. lotio, *m. s.* || XIV⁰ s. La loccion des mains, J. GOLEIN, *Trad. du Rational*, dans GODEF. Admis ACAD. 1718.]

|| (T. didact.) || **1°** Action de faire couler un liquide sur une partie du corps ou sur le corps entier, soit en le versant, soit en l'exprimant avec une éponge, un linge mouillé, etc. Des lotions d'eau froide. Les continuelles lotions sont très en usage dans les pays chauds, MONTESQ. *Espr. des lois*, XXIV, 21. Faire des lotions sur une plaie. Une — d'alcool camphré.

|| **2°** Opération par laquelle on débarrasse une substance des éléments étrangers qui y adhèrent, en la lavant avec un liquide qui dissout ceux-ci seulement.

***LOTIONNER** [lô-syò-né; *en vers*, -si-ò-...] *v. tr.*

[ÉTYM. Dérivé de lotion, § 266. || *Néolog.*]

|| (T. didact.) Soumettre à des lotions.

LOTIR [lô-tîr] *v. tr.*

[ÉTYM. Dérivé de lot, § 154. || XIV⁰ s. Calabre la royne le m'avoit bien loty, *Cheval. au cygne*, 11439, Reiffenberg.]

|| **1°** Répartir par lots. — les immeubles d'une succession. — les travaux d'une voie de chemin de fer. || *P. anal.* (Technol.) | 1. Trier les grains par grosseurs, pour les moudre à l'aide de meules plus ou moins rapprochées. | 2. Trier dans le minerai des échantillons pour les soumettre à l'essai.

|| **2°** Mettre en possession d'un lot. *Ironiqt.* La voilà bien lotie! MOL. *Tart.* II, 2.

LOTISSAGE [lò-ti-sâj'] *s. m.*

[ÉTYM. Dérivé de lotir, § 78. || 1723. SAVARY, *Dict. du comm.* Admis ACAD. 1762.]

|| Action de lotir, de répartir par lots.

LOTISSEMENT [lò-tîs'-man; *en vers*, -ti-se-...] *s. m.*

[ÉTYM. Dérivé de lotir, § 145. || XV⁰ s. *Chron. des Pays-Bas*, dans GODEF. Admis ACAD. 1762.]

|| Répartition par lots. Le — d'une coupe de bois.

***LOTISSEUR, EUSE** [lò-ti-seur, -seûz'] *s. m. et f.*

[ÉTYM. Dérivé de lotir, § 112. || XIII⁰-XIV⁰ s. Lotisseeur, dans GÉRAUD, *Paris sous Philippe le Bel*, p. 521.]

|| *Rare.* Celui, celle qui est chargé de répartir par lots.

LOTO [lò-tó] *s. m.*

[ÉTYM. Emprunté de l'ital. lotto, sort, lot, § 12. || Admis ACAD. 1798.]

|| Jeu où l'on distribue aux joueurs des cartons portant des numéros, auxquels correspondent 90 numéros enfermés dans un sac, celui dont les cartons sont le plus vite remplis avec les numéros qu'on tire devant gagner la partie. Boules de —, petites boules de bois portant les numéros qu'on tire. *P. plaisant. Famil.* Avoir des yeux en boules de —, de gros yeux ronds.

LOTTE [lŏt'] *s. f.*

[ÉTYM. Origine inconnue. (*Cf.* l'espagn. lota, *m. s.*) || 1558. La lote, *Trad. de l'hist. des poissons de Rondelet*, II, 120.]

|| Poisson d'eau douce du genre gade.

LOTUS [lò-tûs'] et **LOTOS** [lò-tôs'] *s. m.*

[ÉTYM. Emprunté du lat. lotus, grec λωτός, *m. s.* (*Cf.* mélilot.) Au XVI⁰ s. RONS. francise le mot et dit la lote, d'après le genre fém. du lat. lotus. || XVI⁰ s. L'herbe du lotus, DU PINET, *Hist. nat. de Pline*, dans DELB. *Rec.* Admis ACAD. 1762.]

|| **1°** Espèce de jujubier. || Chez les anciens, arbre dont le fruit passait pour faire oublier aux étrangers qui en goûtaient le souvenir de leur patrie.

|| **2°** Espèce de nénuphar bleu d'Égypte. La fleur du — est un des attributs d'Isis.

LOUABLE [lwâbl'; *en vers*, lou-àbl'] *adj.*

[ÉTYM. Dérivé de louer 2, §73. (*Cf.* lat. laudabilis, *m. s.*) || XII⁰ s. E sor autres li plus loables, BENEEIT, *Ducs de Norm.* 7913.]

|| Digne de louange. Vous êtes — de cette crainte, FÉN. *Tél.* 8. Des gens de bien qui louent en nous sincèrement des choses louables, LA BR. 5. Une — honte, CORN. *Cid*, V, 6. || *P. plaisant.* La matière est-elle —? MOL. *Méd. m. l.* II, 4. *Ironiqt.* Selon sa — coutume (qui ne mérite guère d'être louée). || *Substantivt (rare).* Il a du bon et du —, LA BR. 11.

LOUABLEMENT [lwà-ble-man; *en vers*, lou-à-...] *adv.*

[ÉTYM. Composé de louable et ment, § 724. || 1404. Ledit N. a... louablement... exercé son dit office, NIC. DE BAYE, *Journal*, dans DELB. *Rec.*]

|| D'une manière louable.

LOUAGE [lwâj'; *en vers*, lou-âj'] *s. m.*

[ÉTYM. Dérivé de louer 1, § 78. || XIII⁰ s. Cil qui baille aucune coze a louage, BEAUMAN. XXXVIII, 1.]

|| Jouissance qu'on acquiert, moyennant un prix convenu, de l'usage d'une chose, du service d'une personne, pour un temps déterminé. Contrat de —. Un cheval, une voiture de —. || *Spécialt.* Domestique de —, engagé pour aider momentanément. || *Fig.* (Peinture.) Personnages de —, qui ne sont dans un tableau que pour faire nombre. | Ces grandes âmes... méprisaient la mort, comme si elles eussent eu des corps de — (qui ne fussent pas à elles), BALZ. *Socrate chrét.* 3.

LOUANGE [lwănj'; *en vers*, lou-ănj'] *s. f.*

[ÉTYM. Dérivé de louer 2, § 96 *bis*. (*Cf.* losange.) || XII⁰ s. Loenge, *Psaut. d'Oxf.* XLVII, 9.]

|| **1°** Action de louer qqn pour ses mérites, ses qualités. (*Syn.* éloge.) Leurs seules actions les peuvent louer : toute autre — languit auprès des grands noms, BOSS. *Condé*. Peu de gens sont assez sages pour préférer le blâme qui leur est utile à la — qui les trahit, LA ROCHEF. *Max.* 147. Dire qqch à la — de qqn. Pour moi sa — (la louange qu'on lui donne) est un nouveau supplice, CORN. *Cid*, IV, 2.

|| **2°** Paroles, discours par lequel on loue qqn. Ce sont des douceurs exquises que des louanges éclairées, MOL. *B. gent.* I, 1. Vient-on de placer quelqu'un dans un nouveau poste, c'est un débordement de louanges en sa faveur, LA BR. 8. Le refus des louanges est un désir d'être loué deux fois, LA ROCHEF.

Max. 149. ‖ Chanter les louanges de Dieu, d'un héros, célébrer dans des hymnes, des chants poétiques, ses grandeurs, ses bienfaits. Dieu, qui veux bien que de simples enfants Avec eux chantent tes louanges, RAC. *Esth.* 1, 5. Qu'on leur apprenne à chanter les louanges des héros, FÉN. *Tél.* 14. ‖ *Fig.* Il va partout chantant vos louanges, faisant valoir en tous lieux vos mérites, vos qualités.

LOUANGER [lwàn-jé; *en vers*, lou-an-jé] *v. tr.*

[ÉTYM. Dérivé de louer, § 154. ‖ 1475. Furent grandement louangés, *Chron. de Neuchâtel*, dans DELB. *Rec.*]

‖ *Famil.* Prodiguer la louange à (qqn).

LOUANGEUR, EUSE [lwan-jeŭr, -jeŭz'; *en vers*, lou-an-...] *s. m.* et *f.*

[ÉTYM. Dérivé de louanger, § 112. ‖ XVIe s. Bouffon ou louangeur, THEVET, *Hommes illustres*, dans DELB. *Rec.*]

‖ Celui, celle qui prodigue la louange. *Adjectivt.* Des paroles louangeuses.

1. LOUCHE [louch'] *adj.*

[ÉTYM. Pour lousche, losche, § 422, forme fém. qui a supplanté la forme masc. § 583, du lat. lŭsca, *m. s.* §§ 324, 379 et 291. L'anc. forme masc. est lois, du lat. lŭscum. ‖ XIIe s. Par les devises des camois Voient tuit cil qui ne sont lois, *Partenopeus*, dans GODEF. lois 1. ‖ XIIIe s. Plusours en fait et clos et louskes, *Robert le Diable*, dans DU C. luscus.]

‖ **1°** Dont les deux yeux ne regardent pas dans la même direction. (*Cf.* strabisme.) Une personne —, et, *substantivt* (*rare*), Un —, une —. (*Cf.* louchon.) ‖ *P. ext.* Le regard un peu —, CORN. *Œdipe*, IV, 4. Et me regardant d'un œil —, SCARR. *Virg. trav.* 2. ‖ *Fig.* Qui a le regard faux. La peur blême et —, A. CHÉN. *Iambes.*

‖ **2°** *P. anal.* Couleur —, qui n'est pas d'un ton franc. Vin —, qui n'est pas d'une couleur franche. Pierre précieuse —, qui a qqch de terne. ‖ Une conduite —, dont la franchise est suspecte. Il y a quelque chose de — dans sa manière d'agir. Façons de s'exprimer louches et obscures, CHAPELAIN, *Lett.* II, 338, Tamizey. | *Substantivt.* Pourquoi faut-il qu'il y ait toujours du — en ce que tu fais ? BEAUMARCH. *Mar. de Fig.* III, 5.

2. LOUCHE [louch'] *s. f.*

[ÉTYM. Mot normanno-picard, §§ 16 et 391, d'origine incertaine, peut-être apparenté à losse, lousse. ‖ XIIIe s. Et le pot et la louce Ou la purée grouce, dans MONTAIGLON et RAYNAUD, *Rec. de fabliaux*, II, 150. Admis ACAD. 1878.]

I. Grande cuillère à long manche pour servir le potage. Une — d'argent. ‖ *P. ext.* Sorte d'écuelle à long manche pour répandre sur la terre les engrais liquides.

II. Outil de tourneur, mèche conique, à bords évidés, pour agrandir les trous. (*Cf.* cuillère.)

LOUCHER [lou-ché] *v. intr.*

[ÉTYM. Dérivé de louche 1, § 154. (*Cf.* louchir.) ‖ 1611. Louscher, COTGR.]

‖ Avoir les yeux qui ne regardent pas dans la même direction. Cette personne louche. ‖ *P. ext.* Tourner ses yeux de manière qu'ils ne regardent pas dans la même direction. Un enfant qui s'amuse à —.

***LOUCHERIE** [louch'-ri; *en vers*, lou-che-ri] *s. f.*

[ÉTYM. Dérivé de louche, § 69. ‖ XVIIe-XVIIIe s. *V.* à l'article.]

‖ *Famil.* État d'une personne qui louche. Cette —, qui était continuelle, lui donnait une physionomie hideuse, ST-SIM. XI, 100.

LOUCHET [lou-chè] *s. m.*

[ÉTYM. Dérivé de louche 2, § 133. ‖ 1342. Un louchet noef, dans GODEF. Admis ACAD. 1762.]

‖ (Technol.) **1°** Pelle ferrée à bords tranchants, à lame légèrement arquée, dont se servent les terrassiers, mineurs, pionniers. Bon villageois à qui... Dieu ne donna que ses deux bras tout nus Et son —, LA F. *Contes, Jument.* ‖ Pelle tranchante à long manche dont on se sert pour dépecer la baleine.

‖ **2°** Chacun des godets de tôle que porte la chaîne sans fin d'une drague.

***LOUCHETTE** [lou-chĕt'] *s. f.*

[ÉTYM. Dérivé de loucher, § 133. ‖ 1752. TRÉV.]

‖ Appareil pour ceux qui louchent, consistant à couvrir momentanément l'œil le plus fort pour que l'autre, obligé d'agir seul, se fortifie.

***LOUCHIR** [lou-chîr] *v. intr.*

[ÉTYM. Dérivé de louche, § 154. (*Cf.* loucher.) ‖ *Néolog.*]

‖ (Technol.) Devenir louche, d'une couleur qui n'est pas franche. Ce vin louchit.

***LOUCHON** [lou-chon] *s. m.* et *f.*

[ÉTYM. Dérivé de loucher, § 104. ‖ *Néolog.*]

‖ *Pop.* Celui, celle qui louche. Un vieux —. Une petite —.

***LOUDIER.** *V.* lodier.

1. LOUER [lwé; *en vers*, lou-é] *v. tr.*

[ÉTYM. Du lat. lŏcāre, placer (*cf.* allouer), donner à loyer, devenu loer, louer, §§ 347, 380, 295 et 291.]

‖ **1°** Donner à loyer. Il a loué sa maison à une famille. Un libraire qui loue des livres.

‖ **2°** Prendre à loyer. — une maison. Un appartement à —. — une voiture au mois. — des livres dans un cabinet de lecture. — une loge (pour une représentation au théâtre). ‖ *P. ext.* Engager (qqn) à son service pour un temps déterminé moyennant un salaire convenu. — un garçon de ferme. ‖ *Fig.* Je ne me suis point loué au public pour faire des portraits qui ne fussent pas vrais, LA BR. *Disc. à l'Acad.* préf. ‖ *Vieilli.* Personnages à — (dans un tableau), qui ne sont là que pour faire nombre. (*V.* louage.)

2. LOUER [lwé; *en vers*, lou-é] *v. tr.*

[ÉTYM. Du lat. laudare, *m. s.* devenu loder, loer, louer, §§ 333, 411, 295 et 291.]

‖ Faire valoir par l'approbation qu'on donne aux mérites, aux qualités.

‖ **1°** Une personne. Aimez qu'on vous conseille et non pas qu'on vous loue, BOIL. *Art p.* 1. Iris, je vous louerais, il n'est que trop aisé, LA F. *Fab.* IX, 20, *Disc. à M*me *de la Sablière. Absolt.* On ne loue d'ordinaire que pour être loué, LA ROCHEF. *Max.* 146. Deux ânes qui, prenant tour à tour l'encensoir, Se louaient tour à tour, LA F. *Fab.* XI, 5. — qqn de qqch (à cause de qqch). — les princes des vertus qu'ils n'ont pas, c'est leur dire impunément des injures, LA ROCHEF. *Max.* 320. *Ironiqt.* Oui, je te loue, ô Ciel, de ta persévérance, RAC. *Andr.* V, 5. Je vous loue d'avoir résisté. ‖ *P. anal.* — Dieu, célébrer ses grandeurs, ses bienfaits. En vain l'injuste violence Au peuple qui le loue imposera silence, RAC. *Ath.* I, 4. Toute musique n'est pas propre à — Dieu, LA BR. 16. ‖ *P. ext.* Se — de qqch, s'en féliciter hautement. Ils se louent eux-mêmes de cette ignorance, LA BR. 9. Vos prêtres... Des bontés d'Athalie ont lieu de se —, RAC. *Ath.* II, 5. ‖ Se — de qqn, se féliciter hautement des procédés, de la conduite de qqn. Mais vous vous louez fort aussi du roi son frère, CORN. *Attila*, II, 5.

‖ **2°** Une chose. Des gens de bien qui louent en nous sincèrement des choses louables, LA BR. 5. La marque d'un mérite extraordinaire est de voir que ceux qui l'envient le plus sont contraints de le —, LA ROCHEF. *Max.* 95. Si je louais vos vers, MOL. *Mis.* I, 2. Loua très fort la politesse, LA F. *Fab.* I, 18.

1. LOUEUR, EUSE [lweŭr, lweŭz'; *en vers*, lou-...] *s. m.* et *f.*

[ÉTYM. Dérivé de louer 1, § 112. (*Cf.* le lat. locator, *m. s.*) ‖ XIIIe s. Li loueres, BEAUMAN. XXXVII, 7.]

‖ Celui, celle qui fait métier de donner à loyer. Un — de voitures, de chevaux. Une loueuse de chaises (dans une église, dans un jardin public, etc.).

2. LOUEUR, EUSE [lweŭr, lweŭz'; *en vers*, lou-...] *s. m.* et *f.*

[ÉTYM. Dérivé de louer 2, § 112. (*Cf.* le lat. laudator, *m. s.*) ‖ XIIe s. Li ameres et li loeres de communiteit, *Serm. de St Bernard*, p. 104.]

‖ Celui, celle qui a coutume de donner des louanges. Loueurs impertinents ou censeurs téméraires, MOL. *Mis.* II, 4.

LOUGRE [loŭgr'] *s. m.*

[ÉTYM. Emprunté de l'angl. lugger, *m. s.* § 8. ‖ 1798. Lougher (on prononce lougre), ROMME, *Dict. de marine.* Admis ACAD. 1835.]

‖ (Marine.) Bâtiment de guerre léger, dont se servaient surtout les contrebandiers, les pirates.

LOUIS [lwi; *en vers*, lou-i] *s. m.*

[ÉTYM. Nom du roi de France (Louis XIII) qui fit frapper le premier cette monnaie, § 36. ‖ XVIIe s. *V.* à l'article.]

‖ **1°** *Anciennt.* Pièce d'or, d'argent, à l'effigie du roi de France (de Louis XIII à Louis XVI). — d'or, et, *absolt*, —. Quand on parle absolument d'un —, on entend la pièce de onze livres, TRÉV. En beaux — se content les fleurettes, LA F. *Contes, A femme avare.* — d'argent, — blanc, écu de trois livres.

‖ **2°** *De nos jours.* Pièce d'or de 20 francs. Parier dix — (200 francs). Un demi-—, une pièce de dix francs.

LOUP [lou] *s. m.*

[ÉTYM. Du lat. lŭpum, *m. s.* devenu lo, lou, §§ 324, 325, 435 et 291, écrit loup par réaction étymologique, § 502.

(*Cf.* louve.) L'anc. franç. dit souvent leu, forme qui s'est conservée dans à la queue leu leu et dans la nomenclature géographique, où Saint-Leu correspond à Sanctus Lupus.]

I. ‖ **1°** Quadrupède carnassier à museau noir allongé, à oreilles droites, à pelage jaunâtre mêlé de noir, à queue touffue. **Les loups mangent gloutonnement**, LA F. *Fab.* III, 9. *Famil.* **Avoir une faim de —. Manger comme un —.** ‖ **— gris, — blanc, vieux loup connu pour ses déprédations.** *Famil.* **Être connu comme le — gris, le — blanc.** ‖ **Les hurlements des loups.** *Loc. prov. Fig.* Il faut hurler avec les loups, faire comme les autres, même lorsqu'on les désapprouve. On apprend à hurler, dit l'autre, avec les loups, RAC. *Plaid.* I, 1. *Famil.* Être enrhumé comme un — (à cause de la voix rauque du loup). ‖ **Un froid de —,** très rigoureux (le loup se rapprochant l'hiver des habitations, pressé par la faim) *Loc. prov.* La faim chasse le — du bois, le besoin contraint à faire ce à quoi on répugne ‖ **Marcher à pas de —,** et, *vieilli,* en pas de —, sans bruit. **Enfermer le — dans la bergerie,** enfermer imprudemment qqn dans l'endroit où il peut faire du mal. **Qui se fait brebis, le — le mange,** celui qui se montre trop bon est toujours victime. **Les loups ne se mangent pas, les coquins ne s'attaquent pas les uns aux autres. Se mettre dans la gueule du —,** se jeter dans le danger. **Tenir le — par les oreilles,** être dans une situation critique. L'hôtesse, ayant reconnu son erreur, Tint quelque temps le — par les oreilles, LA F. *Contes, Berceau.* Quand on parle du —, on en voit la queue (pour dire qu'une personne survient au moment où on parle d'elle). **Entre chien et —,** à l'heure où on ne distinguerait plus un chien d'un loup, quand le jour tombe. **Avoir vu le —,** n'être plus novice. ‖ *Fig.* Homme malfaisant. Faibles agneaux livrés à des loups furieux, RAC. *Esth.* I, 5. Puisque entre humains ainsi vous vivez en vrais loups, MOL. *Mis.* V, 1. Quiconque est — agisse en —, LA F. *Fab.* III, 3.

‖ **2°** *P. anal.* | 1. Demi-masque de satin noir que les femmes portaient jadis pour se préserver du hâle, et dont elles se couvrent le visage, au bal masqué. | 2. Vice, défaut capital d'une matière à mettre en œuvre.| Défaut dans une pièce de bois. | 3. Agglomération de matière mal fondue qui se forme dans le minerai en fusion et obstrue le creuset. ‖ *Vieilli.* Ulcère rongeant. ‖ Appareil servant à briser la laine avant de la carder. (*Cf.* louveter.) ‖ Tête de —, grande brosse ronde, à très long manche, pour épousseter. ‖ Dent de —. | 1. Morceau d'ivoire brut dont les orfèvres se servent comme de brunissoir. | 2. Gros clou, de 12 à 15 centimètres de long. | 3. Tringle recourbée pour supporter des ustensiles de cuisine. | 4. Instrument de fer (dit aussi loup) dont on se sert dans les ports pour faire tourner sur leur axe des mâts, de longues pièces de bois. | 5. Crochet qui arrête le chien d'une arme à feu. | 6. Forte pince un peu courbée, pour arracher les gros clous. | 7. Découpure en pointe aiguë dans un travail de broderie. ‖ Gueule de —. | 1. Tuyau coudé qui surmonte une cheminée et tourne sur pivot de manière que la fumée sorte toujours dans la direction du vent. | 2. Nom vulgaire du muflier, plante. ‖ Pied de —, marrube aquatique, plante. (*Syn.* lycope.) ‖ Saut de —, large fossé (qu'un loup aurait peine à franchir) creusé pour servir de clôture. ‖ Vesse de —, variété de champignon.

II. *P. ext.* ‖ **1°** Nom donné à diverses espèces de chiens sauvages. — rouge d'Amérique. — du Mexique. — noir. — des prairies. — doré (chacal).

‖ **2°** *P. anal.* — marin. — de mer. | 1. Espèce de phoque. | 2. Poisson vorace, le bar ou perche de mer. ‖ *Fig.* — de mer, vieux marin intrépide.

LOUP-CERVIER [lou-sèr-vyé] *s. m.*
[ÉTYM. Composé de loup et cervier, § 173. (*Cf.* le lat. lupus cervarius, *m. s.*) ‖ XIIᵉ s. Hyena est griu num, Que nus beste apellum Ceo est lu[ve]cervere, PH. DE THAUN, *Best.* p. 73.]

‖ Nom vulgaire du lynx, sorte de chat sauvage à queue courte, très carnassier. ‖ *Fig.* Un —, homme rapace.

LOUPE [loŭp'] *s. f.*
[ÉTYM. Origine inconnue. ‖ 1358. L'ordure et le loupe qui estoit ou metal qui fu fondus, dans LITTRÉ, *Suppl.*]

I. ‖ **1°** Excroissance sous la peau, tumeur indolente, le plus souvent enkystée. Une — qu'elle s'était fait ôter de dessus un œil, ST-SIM. I, 375. ‖ *P. anal.* Excroissance ligneuse sur le tronc et les branches de certains arbres.

‖ **2°** Éminence formée de matière nacrée extravasée à l'intérieur de la coquille d'une huître perlière.

‖ **3°** Cabochon de pierre fine d'une transparence imparfaite, qu'on ne taille pas. Une — de saphir, de rubis.

‖ **4°** Masse de fer affiné, incandescente, qu'on va passer au marteau.

‖ **5°** Brique, carreau des fourneaux ayant servi à la fonte de l'or, de l'argent, qu'on brise pour en tirer par le lavage les parcelles de métal qui s'y seraient attachées.

II. Lentille biconvexe qui sert à grossir les objets à la vue. **Les horlogers travaillent à la —. Regarder qqch à la —.**
LOUPEUX, EUSE [lou-peŭ', -peŭz'] *adj.*
[ÉTYM. Dérivé de loupe, § 116. ‖ 1752. TRÉV. Admis ACAD. 1798.]

‖ (Technol.) Qui a des loupes. **Bois —,** qui a des nœuds.
LOUP-GAROU [lou-gà-rou] *s. m.*
[ÉTYM. Composé de loup et garou, § 175. Le mot garou signifie à lui seul « loup-garou » (*cf.* garou, garouage) et est emprunté de l'anglo-saxon verewolf, proprt, « homme-loup », §§ 6, 8, 498 et 499. (*Cf.* lycanthropa.) ‖ XIIᵉ s. Garwalf (corr. garwolf?) l'apelent li Normand, MARIE DE FRANCE, *Bisclavret,* 4.]

‖ Dans les superstitions populaires, homme à forme de loup, fantôme nocturne malfaisant. L'appréhension des loups-garous est encore une plaisante vision, MALEBR. *Rech. de la vérité,* 212. ‖ *Fig.* Homme insociable. Je vivais en —, J.-J. ROUSS. *Confess.* 1. ‖ *Adjectivt.* Des maris loups-garous, MOL. *Éc. des m.* III, 9. Il a le repart brusque et l'accueil —, ID. *ibid.* I, 4.

LOURD, LOURDE [loŭr, lourd'] *adj.*
[ÉTYM. Du lat. pop *lŭrdum, m. s. (lat. class. lŭridum, blême, sombre), §§ 328, 290 et 291. (*Cf.* balourd.) ‖ XIIᵉ s. Fol le claiment, lort, sodoisnaz, BENEEIT, *Ducs de Norm.* 28574.]

‖ **1°** Qui se meut pesamment. Un homme —. Un gros bœuf dont le pas lent et —..., VOLT. *Pauvre Diable.* ‖ *Fig.* Sans vivacité. Un esprit —. Le coquin, — d'ailleurs, et de très court esprit, LA F. *Contes, Tableau.* ‖ *P. ext.* Maladroit. Ces mains lourdes qui fanent les fleurs qu'elles touchent, VOLT. *Lett. à l'Acad. de Berlin.* ‖ *Fig.* Tu te laisses donc prendre à ce — artifice? CORN. *Veuve,* IV, 4. Une lourde méprise.

‖ **2°** *P. ext.* Difficile à mouvoir, à soulever, à cause de son poids. Un — fardeau. Les corps lourds. ‖ *P. anal.* Un temps —, une atmosphère lourde, qui accable. Une lourde chute, où l'on tombe de tout son poids. ‖ *Fig.* Une maison lourde, qui impose de grandes charges, de grands frais. Une lourde tâche, qui demande beaucoup d'effort, de travail.
LOURDAUD, AUDE [lour-dô, -dôd'] *s. m.* et *f.*
[ÉTYM. Dérivé de lourd, § 138. ‖ 1539. R. EST.]

‖ **1°** Personne lourde de corps. Je tombai de votre galère, Comme un —, dans l'onde amère, SCARR. *Virg. trav.* 6.

‖ **2°** Personne lourde d'esprit. Jamais un —, quoi qu'il fasse, Ne saurait passer pour galant, LA F. *Fab.* IV, 5. Un — libéral auprès d'une maîtresse Semble donner l'aumône, CORN. *Ment.* I, 1.

LOURDEMENT [lour-de-man] *adv.*
[ÉTYM. Composé de lourde et ment, § 724. ‖ XIVᵉ s. Plus lourdement ne lui povoit il meschevir, J. LE BEL, *Chron.* II, 99.]

‖ D'une manière lourde. Se mouvoir —. | *Fig.* Plaisanter —. ‖ Il croit voir un prie-Dieu, il se jette — dessus (de tout son poids), LA BR. 11. ‖ *P. ext.* Suis-je mieux nourri et plus — vêtu (d'habits plus chauds)? LA BR. 12.

LOURDERIE [lourd'-ri; *en vers,* lour-de-ri] *s. f.*
[ÉTYM. Dérivé de lourd, § 69. ‖ XVᵉ-XVIᵉ s. G. CRÉTIN, dans GODEF. Admis ACAD. 1718.]

‖ *Rare.* Défaut de celui qui a l'esprit lourd.
LOURDEUR [lour-deŭr] *s. f.*
[ÉTYM. Dérivé de lourd, § 110. ‖ XVIIIᵉ s. V. à l'article. Admis ACAD. 1798.]

‖ Manière d'être de ce qui est lourd. La — d'un fardeau. La — de sa démarche. | *Fig.* La — de son style. La — réunie à l'exactitude, CONDORCET, *Vie de Voltaire.*
LOURDISE [lour-dîz'] *s. f.*
[ÉTYM. Dérivé de lourd, § 124. ‖ XVIᵉ s. VIRET, dans GODEF. Admis ACAD. 1718.]

‖ *Vieilli.* Lourde faute, grosse maladresse. (*Cf.* balourdise.) Le roi l'entama (la guerre) par une autre — où un enfant ne serait pas tombé, ST-SIM. XII, 45.

LOURE [loŭr] *s. f.*
[ÉTYM. Origine incertaine. (*Cf.* le lat. lŭra, sacoche.) COTGR. donne loure comme un mot poitevin, § 16. ‖ Admis ACAD. 1762.]

|| **1°** *Vieilli et dialect.* Musette.

|| **2°** *P. ext.* Danse de paysans, d'un mouvement lent, très marqué, d'ordinaire sur une mesure à six-quatre. C'est mon petit menuet, et ma —, DUFRESNY, *Double Veuvage*, III, 7.

LOURER [lou-ré] *v. tr.*

[ÉTYM. Dérivé de loure, § 154. || XVIᵉ s. VAUQ. DE LA FRESN. II, 539, Travers. Admis ACAD. 1762.]

|| *Vieilli.* (Musique.) Marquer la première note de chaque temps plus que la deuxième, quoique celle-ci soit de même valeur, mode d'exécution surtout en usage dans les compositions d'un caractère rustique.

***LOUSSE** [loŭs']. *V.* losse.

***LOUSSEC** [lou-sĕk'] *s. m.*

[ÉTYM. Origine inconnue ; souvent altéré en lousset ou lousseau, §§ 62, 126 et 133. || 1606. Lossec, NICOT.]

|| (Marine.) Dans les embarcations qui n'ont pas de pompe, endroit par où s'écoule l'eau que fait le bâtiment.

LOUSTIC et, *vieilli,* ***LOUSTIG** [loŭs'-tĭk'] *s. m.*

[ÉTYM. Emprunté de l'allem. lustig, gai, § 7. || XVIIIᵉ s. *V.* à l'article. Admis ACAD. 1878.]

|| Sorte de bouffon attaché à chaque compagnie de nos régiments suisses, pour égayer les soldats et empêcher qu'ils n'eussent le mal du pays. || *P. anal.* Plaisant de caserne. || *P. ext.* Celui qui fait le métier de plaisant. Le loustig du parti janséniste, VOLT. *Dict. philos.* sottise.

LOUTRE [loŭtr'] *s. f.*

[ÉTYM. Emprunté du lat. lutra, *m. s.* A remplacé la forme pop. leure, loure, conservée par quelques patois, § 502. || XIIIᵉ s. Plus set d'engien que ne set loutres, dans *Bibl. de l'Éc. des Chartes*, 1859, p. 469.]

|| Quadrupède carnassier, de la famille des Martres, à pelage épais, qui vit au bord de l'eau et se nourrit de poisson. || *P. ext.* Fourrure apprêtée avec la peau de la loutre. Un manchon, une casquette de —.

***LOUTREUR** [lou-treŭr] et ***LOUTRIER** [lou-tri-yé] *s. m.*

[ÉTYM. Dérivé de loutre, §§ 112 et 115. || XIIIᵉ s. Symon li lurriers, dans GODEF. loutrier. | XIVᵉ s. Maistre loutreur, *Modus*, fᵒ 41, vᵒ.]

|| *Dialect.* Chasseur de loutres.

***LOUVARD** [lou-vàr] et ***LOUVAT** [lou-và] *s. m.*

[ÉTYM. Dérivé de loup, §§ 64, 131 et 147. || 1398. Trois louphas tous vis, dans GODEF. lovat.]

|| Jeune loup. (*Syn.* louveteau.) Au bout de quelque temps que messieurs les louvats se virent loups parfaits, LA F. *Fab.* III, 13.

LOUVE [loŭv'] *s. f.*

[ÉTYM. Du lat. lŭpa, louve, prostituée, §§ 325, 426 et 291.]

I. || **1°** Femelle du loup. La — reposait, comme celle de marbre Qu'adoraient les Romains, A. DE VIGNY, *Mort du loup.*

|| **2°** *Fig. Vieilli.* Prostituée. (*Cf.* lupanar.) Fortune est ainsi qu'une —, Qui sans choix s'abandonne au plus laid qu'elle trouve, RÉGNIER, *Sat.* 11.

II. *Fig.* (Technol.) || **1°** Filet de pêche. | **1.** Sorte de verveux qui a plusieurs ouvertures à chaque extrémité. | **2.** Filet tendu sur des perches, l'ouverture opposée au courant. || *P. ext.* Baril défoncé en haut et en bas qui sert comme d'entonnoir pour jeter la morue dans la cale du bateau de pêche.

|| **2°** Sorte de levier dont le bout entre dans un trou fait aux pierres de taille, pour les soulever. (*Cf.* louver 1 et louveteau.)

***LOUVELLE** [lou-vèl] *s. f.*

[ÉTYM. Origine inconnue. || 1786. ENCYCL. MÉTH.]

|| (Marine.) Disposition des bordages d'un navire placés carrément les uns à côté des autres, au lieu de se recouvrir. (*Cf.* clin 2.) Border en —.

1. LOUVER [lou-vé] *v. tr.*

[ÉTYM. Dérivé de louve, § 154. || 1690. RICHEL. Admis ACAD. 1835.]

|| (Technol.) Soulever (une pierre de taille) avec la louve, sorte de levier.

2. *LOUVER [lou-vé]. *V.* lover.

LOUVET, ETTE [lou-vè, -vèt'] *adj.*

[ÉTYM. Dérivé de loup, §§ 64 et 133. || 1662. SOLLEYSEL, *Parfait Mareschal*, p. 66. Admis ACAD. 1762.]

|| (Manège.) Qui a le pelage du loup, jaunâtre mêlé de noir. Jument louvette.

***LOUVETAGE** [louv'-tàj ; *en vers,* lou-ve-...] *s. m.*

[ÉTYM. Dérivé de louveter 2, §§ 75 et 78. || *Néolog.*]

|| Action de louveter (la laine).

LOUVETEAU [louv'-tó ; *en vers,* lou-ve-tó] *s. m.*

[ÉTYM. Dérivé de loup, §§ 63, 64, 133 et 126. || 1367. Gans de chevrotin doublez de louvetel, dans DELB. *Rec.*]

|| **1°** Petit loup, que la mère allaite encore. || *Fig.* Rejeton de gens malfaisants. Les Cimbres... sortaient de leurs forêts avec leurs louves et leurs louveteaux, VOLT. *Dict. philos.* roi.

|| **2°** (Technol.) Chacun des deux coins de fer qui servent à fixer la louve, sorte de levier.

1. LOUVETER [louv'-té ; *en vers,* lou-ve-té] *v. intr.*

[ÉTYM. Dérivé de loup, §§ 63, 64 et 154. || 1690. FURET. Admis ACAD. 1762.]

|| En parlant de la louve, mettre bas.

2. *LOUVETER [louv'-té ; *en vers,* lou-ve-té] *v. tr.*

[ÉTYM. Dérivé de loup, §§ 63, 64 et 154. || *Néolog.*]

|| (Technol.) Briser (la laine) avec l'appareil dit loup.

LOUVETERIE [lou-vèt'-ri ; *en vers,* -vè-te-ri] *s. f.*

[ÉTYM. Dérivé de louvetier, §§ 63, 64, 65 et 68. || 1513. Loupveterie, *Grand Stille ou prothocolle*, fᵒ 65, vᵒ.]

|| Équipage pour la chasse du loup. Lieutenant de —.

LOUVETIER [louv'-tyé ; *en vers,* lou-ve-...] *s. m.*

[ÉTYM. Dérivé de loup, §§ 63, 64 et 115. || 1564. J. THIERRY, *Dict. franç.-lat.*]

|| **1°** *Ancienn.* Officier qui commandait l'équipage pour la chasse du loup.

|| **2°** *De nos jours.* Propriétaire qui s'est engagé, moyennant certains avantages, à entretenir un équipage pour la chasse au loup.

***LOUVETTE** [lou-vèt'] *s. f.*

[ÉTYM. Dérivé de louve, § 133, proprt, « petite louve ». || 1539. R. EST.]

|| Tique des chiens, insecte.

LOUVIERS [lou-vyé] *s. m.*

[ÉTYM. Nom propre de ville, § 36 : Louviers (Eure). || Admis ACAD. 1835.]

|| Sorte de drap. Un beau —, ACAD.

LOUVOYER [lou-vwà-yé] *v. intr.*

[ÉTYM. Dérivé de lof, §§ 64 et 163. || 1529. Nous loûyames (corr. lovyames) jusques au dimanche matin, J. et R. PARMENTIER, *Voyages*, p. 23, Schefer.]

|| (Marine.) Courir des bordées, quand on a le vent contraire, en portant le navire tantôt à droite, tantôt à gauche, au plus près du vent, pour le maintenir dans la route qu'il ne peut pas suivre directement. || *Fig.* Prendre des biais pour arriver à son but.

LOVER [lò-vé] et ***LOUVER** [lou-vé] *v. tr.*

[ÉTYM. Origine inconnue. || XVIIIᵉ s. *V.* à l'article. Admis ACAD. 1878.]

|| *Dialect.* Enrouler. *Spéciall.* (Marine.) Ramasser en rond (un câble). (*Syn.* cueillir.) Se —, se rouler en spirale. Ces petits serpents se louvaient en même temps, c'est-à-dire qu'ils se mettaient en rond, LE P. LABAT, *Voyages aux îles de l'Amérique*, IV, 97, édit. 1722.

LOXODROMIE [lŏk'-sò-drò-mi] *s. f.*

[ÉTYM. Dérivé du grec λοξοδρόμος, qui court obliquement, § 224. || 1683. Tables... de loxodromie, LE CORDIER, *Instr. des pilotes*, dans DELB. *Rec.* Admis ACAD. 1762.]

|| **1°** (Géom.) Courbe tracée sur la surface d'une sphère et coupant sous un même angle tous les méridiens.

|| **2°** (Marine.) Courbe que décrit un navire lorsqu'il se dirige d'une manière continue vers un même point de la boussole, dans un même rumb de vent.

LOXODROMIQUE [lŏk'-sò-drò-mĭk'] *adj.*

[ÉTYM. Dérivé de loxodromie, § 229. || 1712. Machine loxodromique, HAUTEFEUILLE, *Machine arpentante*, p. 12. Admis ACAD. 1762.]

|| (Géom.) Qui appartient à la loxodromie. Courbe —.

LOYAL, ALE [lwà-yàl] *adj.*

[ÉTYM. Du lat. legalem, « conforme à la loi » (*cf.* le doublet légal), devenu leial, loial, loyal, §§ 342, 394 et 291.]

|| **1°** *Ancienn.* Scrupuleusement conforme à la loi. Valeur devait aussi nous conserver valeureux ; haine, haineux ;... loi, —, LA BR. 14. || (Droit.) Bon et — inventaire. Frais et loyaux coûts (dépenses).

|| **2°** Scrupuleusement fidèle aux engagements pris. Un sujet —. Un homme — en affaires. || Une conduite loyale. Un aveu —. || *P. ext.* (Manège.) Cheval —, qui ne se défend pas.

LOYALEMENT [lwà-yàl-man ; *en vers,* -yà-le-...] *adv.*

[ÉTYM. Composé de loyale et ment, § 724. || XIIᵉ s. Et nus vus servirons cum a rei lealment, GARN. DE PONT-STE-MAX. *St Thomas*, 3102.]

|| D'une manière loyale.

LOYAUTÉ [lwà-yó-té] *s. f.*

[ÉTYM. Pour loyalté, § 455, dérivé de loyal, § 152. (*Cf.* le doublet légalité.) || XIᵉ s. Testimoine de leauté, *Lois de Guill. le Conq.* 8.]

|| Caractère loyal. La — chevaleresque. En cette extrémité, Qui commettait ma vie avec ma —, CORN. *Méd.* I, 1. || La — dans les transactions.

LOYER [lwà-yé] *s. m.*

[ÉTYM. Du lat. locārium, prix du gîte, devenu loier, loyer, §§ 380, 298 et 291.]

|| Prix convenu moyennant lequel le propriétaire d'une chose en cède l'usage à qqn pour un temps déterminé. Donner une ferme à —. Le — d'un appartement, d'une maison. Payer son —. La cherté des loyers. || *P. anal.* Salaire en échange duquel un domestique, un mercenaire, se met au service de qqn, travaille pour lui. Le — du travail ou du service, *Code civil*, art. 1711. Toute peine, dit-on, est digne de —, LA F. *Fab.* XII, 22. || *Fig. Vieilli.* Récompense d'un service rendu. Pour digne — de la Bible éclairoie, BOIL. *Sat.* 8. Quel sera le — D'une action de ce mérite, LA F. *Fab.* VI, 13. Un rustre l'abattait : c'était là son —, ID. *ibid.* X, 1.

LOZANGE. V. losange.

LUBIE [lu-bî] *s. f.*

[ÉTYM. Semble dérivé du lat. lubere, avoir envie, § 224. || 1642. OUD.]

|| Fantaisie qui passe par la tête de qqn. Il a une —. Si vous avez souvent des lubies comme celles dont le hasard me rend témoin, BEAUMARCH. *B. de Sév.* III, 12.

***LUBIEUX, EUSE** [lu-bi-eù, -eùz'] *adj.*

[ÉTYM. Dérivé de lubie, § 116. ||1642. OUD. Admis ACAD. 1694; suppr. en 1762.]

|| *Vieilli.* Qui a des lubies.

LUBRICITÉ [lu-bri-si-té] *s. f.*

[ÉTYM. Emprunté du lat. ecclés. lubricitas, m. s. || XIVᵉ-XVᵉ s. Vertus qui sont contraires a lubricité, *Chron. de Boucicaut*, IV, 7.]

|| Caractère lubrique. Allumer le feu de la —, BOIL. *Épigr.* 37.

***LUBRIFICATION** [lu-bri-fi-kà-syon ; *en vers*, -si-on] *s. f.*

[ÉTYM. Dérivé de lubrifier, § 247. || *Néolog.*]

|| (T. didact.) Action de lubrifier.

LUBRIFIER [lu-bri-fyé ; *en vers*, -fi-é] *v. tr.*

[ÉTYM. Composé avec le lat. lubricus, glissant, et facere, faire, § 274.|| XVIᵉ s. PARÉ, I, 6. Admis ACAD. 1762.]

|| (T. didact.) Rendre glissant (un tissu organique) pour en faciliter la fonction. Le liquide sécrété par la glande lacrymale lubrifie la cornée.

LUBRIQUE [lu-brïk'] *adj.*

[ÉTYM. Emprunté du lat. lubricus, m. s. proprt, « glissant ». (*Cf.* l'anc. franç. escolorgier, glisser.) || XIVᵉ-XVᵉ s. Que tout homme fuie lubre vie, CHRIST. DE PISAN, *Cité des dames*, dans GODEF. lubre.]

|| Qui a un penchant déréglé pour le plaisir charnel. Un homme —. || *P. ext.* Qui favorise ce penchant déréglé. Ces lieux communs de morale —, BOIL. *Sat.* 10.

LUBRIQUEMENT [lu-brïk'-man ; *en vers*, -bri-ke-...] *adv.*

[ÉTYM. Composé de lubrique et ment, § 724. || XIVᵉ s. Lubrequement, FROISS. *Chron.* IX, 162, Kervyn. Admis ACAD. 1718.]

|| D'une manière lubrique.

***LUCANE** [lu-kàn'] *s. m.*

[ÉTYM. Emprunté du lat. lucanus, m. s. || *Néolog.*]

|| Nom scientifique du cerf-volant, insecte.

LUCARNE [lu-kàrn'] *s. f.*

[ÉTYM. Altération de l'anc. franç. lucane, lucanne, luquenne, qui semble se rattacher au lat. lux, lucis, lumière, § 509. || XIVᵉ-XVᵉ s. Pour ouvrir deux lucannez, EUST. DESCH. IV, 328.]

|| Ouverture pratiquée au toit d'un bâtiment pour éclairer et aérer l'espace qui est sous le comble. J'ai mis, à ces grands cris, la tête à la —, LA F. *Ragotin*, IV, 2. — capucine, couverte en croupe de comble.

LUCIDE [lu-sid'] *adj.*

[ÉTYM. Emprunté du lat. lucidus, m. s. || XVIᵉ s. Transparente et lucide, PARÉ, III, 7.]

|| **1°** *Vieilli.* Qui donne de la clarté. *Substantivt, au fém.* Etoile d'une constellation ayant plus d'éclat que les autres. (*Syn.* luisante.) La — de la Lyre.

|| **2°** Qui comprend clairement les choses. Un esprit —. *P. anal.* Un style —. || *P. ext.* Un fou qui a des moments lucides, pendant lesquels il jouit de sa raison. || *Néolog.* Somnambule —, personne endormie du sommeil magnétique, à laquelle on attribue une clairvoyance spéciale.

***LUCIDEMENT** [lu-sid'-man ; *en vers*, -si-de-...] *adv.*

[ÉTYM. Composé de lucide et ment, à l'imitation du lat. lucide, m. s. § 724. || XVᵉ s. Declaré lucidement, *Trad. de Térence*, dans GODEF.]

|| D'une manière lucide.

LUCIDITÉ [lu-si-di-té] *s. f.*

[ÉTYM. Dérivé de lucide, § 255. (*Cf.* lat. luciditas, éclat.) || 1579. Claire lucidité d'un mirouer, VIGENÈRE, dans DELB. *Rec.* Admis ACAD. 1835.]

|| Qualité de ce qui est lucide. La — de l'esprit. *P. anal.* La — du style. || *P. ext.* Un fou qui a des moments de —, pendant lesquels il jouit de sa raison.

LUCIOLE [lu-syòl ; *en vers*, -si-òl] *s. f.*

[ÉTYM. Emprunté de l'ital. lucciola, m. s. § 12. || 1812. Lucciole, MOZIN, *Dict. franç.-allem.* Admis ACAD. 1878.]

|| (Hist. nat.) Ver luisant ailé et phosphorescent.

LUCRATIF, IVE [lu-krà-tïf', -tïv'] *adj.*

[ÉTYM. Emprunté du lat. lucrativus, m. s. || XIIIᵉ s. A la lucrative Querent plus tost qu'il pueent, J. DE MEUNG, *Test.* 626.]

|| Qui rapporte des profits. Un commerce —. Une occupation lucrative. Un office —, LA BR. 12.

***LUCRATIVEMENT** [lu-krà-tïv'-man ; *en vers*, -ti-ve-...] *adv.*

[ÉTYM. Composé de lucrative et ment, § 724. || *Néolog.*]

|| D'une manière lucrative.

LUCRE [lukr'] *s. m.*

[ÉTYM. Emprunté du lat. lucrum, m. s. || 1642. OUD.]

|| **1°** *Vieilli.* Profit. Faire un — considérable, RICHEL. *Dict. Spécialt.* (Casuist.) — cessant, cas où un créancier, perdant le profit qu'il pouvait tirer de son argent, peut exiger qqch au delà du principal prêté.

|| **2°** *De nos jours.* Profit dont on est avide. L'amour du —.

LUCUBRATION. V. élucubration.

***LUDION** [lu-dyon ; *en vers*, -di-on] *s. m.*

[ÉTYM. Emprunté du lat. ludio, histrion. || 1787. Figure d'émail qu'on connaît en physique sous le nom de ludion, SIGAUD DE LAFOND, *Élém. de physique*, II, 231.]

|| (T. didact.) Figurine en verre surmontée d'une boule creuse qui flotte en vertu du principe d'Archimède et monte ou descend à volonté, dans l'eau. (*Cf.* diable, **III, 1°**.)

LUETTE [luèt'; *en vers*, lu-èt'] *s. f.*

[ÉTYM. Pour l'uette, agglutination de l'article l' et de *uette, §§ 178 et 509. *Uette vient du lat. pop. *ūvitta, § 133, diminutif de ūva, qui en lat. class. signifie « grappe de raisin » et « luette », §§ 445, 308 et 291. || XIIIᵉ-XIVᵉ s. Chaïue de la luete, *Antidolaire*, 18, Dorveaux.]

|| Appendice charnu qui pend au bas du voile du palais, à l'entrée du gosier. || *P. ext.* — vésicale, tubercule saillant placé à l'extrémité inférieure du col de la vessie.

LUEUR [luèur ; *en vers*, lu-èur] *s. f.*

[ÉTYM. Du lat. pop. *lūcŏrem, m. s. dérivé de lucere, luire, § 110, devenu lugor, luor, lueur, §§ 380, 325 et 291. || XIIᵉ s. La lune semble de lutur, *Lapid. de Marbode*, 331.]

|| Apparition d'une lumière qui commence à se montrer. Une faible, une vive —. Les premières lueurs de l'aurore. Les dernières lueurs du soleil couchant. La — des éclairs, d'un incendie. A la — de nos palais brûlants, RAC. *Andr.* III, 8. || *Fig.* Apparition passagère d'une manière d'être. On eut une — d'espérance. Dans sa folie, il a des lueurs de raison. Le règne seul de Charlemagne eut une — de politesse, VOLT. *Mœurs*, 17.

LUGUBRE [lu-gûbr'] *adj.*

[ÉTYM. Emprunté du lat. lugubris, m. s. || XIVᵉ s. Lugubres complainctes, J. DE VIGNAY, *Miroir hist.* dans DELB. *Rec.*]

|| Qui a le caractère sombre du deuil. Crêpes, habits, lugubres ornements, CORN. *Cid*, IV, 1. D'un enterrement la funèbre ordonnance D'un pas — et lent vers l'église s'avance, BOIL. *Sat.* 6. || *P. anal.* Cette chanson me semble un peu —,

MOL. *B. gent.* I, 2. C'est votre physionomie — qui l'a d'abord effarouchée, REGNARD, *Sérénade*, sc. 11.

LUGUBREMENT [lu-gu-bre-man] *adv.*
[ÉTYM. Composé de lugubre et ment, § 724. || 1613. Toute la ville... assista lugubrement à ceste mortuaire pompe, C. NOSTREDAME, *Hist. de Provence*, dans DELB. *Rec.*]
|| D'une manière lugubre.

LUI [lui] *pron. pers.*
[ÉTYM. Du lat. pop. *illui, m. s.* § 592. || Xe s. Que lui ent possumus proferre, *Fragm. de Valenciennes.*]
I. Pronom personnel de la 3e personne.
|| **1°** M. et *f.* Complément indirect d'un verbe. L'autre lui déclara la guerre, LA F. *Fab.* II, 9. Je lui dois tout. Le courage lui manque. Otons-lui les pieds, LA F. *Fab.* XI, 9. Tâchez dans ce dessein de l'affermir vous-même, Et lui promettez tout, RAC. *Théb.* III, 5.
|| **2°** *Masc.* Complément direct d'un verbe ou régi par une préposition. Je n'accuse que lui. J'ai invité son frère et lui. Qui accusez-vous? — Lui. || Vous êtes, après lui, le premier de l'empire, RAC. *Esth.* III, 1. On a parlé de lui. Voulez-vous qu'avec lui je me fasse une affaire? MOL. *Mis.* II, 2. || C'est et d'elle et de lui (du trône) tenir bien peu de compte, CORN. *Rodog.* III, 5.
|| **3°** *Masc.* Sujet. Mais lui, voyant en moi la fille de son frère, RAC. *Esth.* I, 1. Je pense comme lui. Une lettre... qui apprend que lui troisième est entré dans la Macédoine, LA BR. *Théophr. Ostentation.* || C'est lui qui rassembla ces colombes timides, RAC. *Esth.* prol.
II. Pronom réfléchi de la 3e personne, masc. (S'emploie au lieu de soi quand le sujet est déterminé.) | **1.** En parlant des personnes. Celui-là est haïssable qui parle toujours de lui, SÉV. 1047. Pour écarter de lui ces images funèbres, RAC. *Esth.* II, 1. | **2.** En parlant des choses. Il (l'amour) traîne après lui des troubles effroyables, MOL. *Mélic.* II, 2. La paille légère Que le vent chasse devant lui, RAC. *Esth.* I, 5. Si tout cela s'est bâti de lui-même, MOL. *D. Juan*, III, 1.

LUIRE [luîr] *v. intr.*
[ÉTYM. Du lat. pop. *lūcere* (class. lūcĕre, § 629), *m. s.* §§ 389, 290 et 291. L'anc. franç. dit aussi luisir, d'après la forme du lat. class.]
|| Apparaître lumineux. Ce soleil qui nous luit, GILBERT, *Au prince de Salm.* Lorsque le jour ne commence qu'à —, RAC. *Esth.* II, 1. Cet heureux jour nous luit, CORN. *Rodog.* I, 1. *Fig.* Un nouveau jour nous luit, notre fortune va changer. *Loc. prov.* Le soleil luit pour tout le monde, il est des biens dont chacun doit avoir sa part. La lune, alors luisant, LA F. *Fab.* XII, 18. On voit — des feux parmi des étendards, RAC. *Ath.* IV, 5. || *Spécialt.* Avoir des reflets lumineux. Les yeux du chat luisent dans l'obscurité. Faisant — à vos yeux un glaive menaçant, RAC. *Esth.* II, 8. || *Fig.* Se manifester avec éclat. Quel astre à nos yeux vient de —? RAC. *Ath.* II, 9. Le Seigneur... Fit — aux yeux mortels un rayon de sa gloire, ID. *ibid.* I, 4. *Spécialt.* Se manifester à l'intelligence. Dès qu'un mot plaisant vient — à mon esprit, BOIL. *Sat.* 7. La vraie philosophie ne commença à — aux hommes que sur la fin du seizième siècle, VOLT. *Mœurs*, 121.

LUISANT, ANTE [lui-zan, -zänt'] *adj.*
[ÉTYM. Adj. particip. de luire, § 47. || XIe s. Quatre perruns i ad luisanz de marbre, *Roland*, 2272.]
|| Qui luit. Un ver —. *Spécialt.* Qui a des reflets lumineux. Un modeste regard, et pourtant l'œil —, LA F. *Fab.* VI, 5. Des armes luisantes. Une peau luisante. *P. ext.* Qui rend luisant. Des flots d'huile douce et luisante, FÉN. *Tél.* 5. || *Substantivt.* | **1.** *Au masc.* Effet de ce qui luit. Le — du vernis. *Vieilli.* Faux —, éclat factice. (*Cf.* brillant.) Je sais qu'assez souvent ce sont de faux luisants, CORN. *Imit.* III, 22. | **2.** *Au fém.* La luisante, étoile d'une constellation ayant plus d'éclat que les autres. (*V.* lucide.) La luisante de la Lyre.

*LUISETTE** [lui-zèt'] *s. f.*
[ÉTYM. Dérivé de luire, à l'imitation du provenç. mod. luséto, *m. s.* §§ 11 et 133. || *Néolog.*]
|| *Dialect.* Maladie des vers à soie qui rend leur corps transparent. (*Syn.* clairette.)

LUITE. *V.* suite.

*LUITON** [lui-ton]. *V.* lutin.

LUMACHELLE [lu-mà-kèl, ou -chèl] *s. f.*
[ÉTYM. Emprunté de l'ital. lumachella, *m. s.* dérivé de lumaca, limace, § 12. || XVIIIe s. BUFF. *Minéraux*, t. II, p. 4. Admis ACAD. 1835.]
|| (Minéral.) Marbre qui contient un grand nombre de coquilles fossiles.

LUMBAGO [lon-bà-gó] *s. m.*
[ÉTYM. Emprunté du lat. lumbago, *m. s.* (*Cf.* lombe.) || Admis ACAD. 1835.]
|| (Médec.) Douleur dans la région lombaire, rhumatismale, névralgique ou amenée par un effort.

LUMIÈRE [lu-myèr] *s. f.*
[ÉTYM. Du lat. lūmĭnaria, qui dans la langue classique signifie « éclairage, jours (d'un édifice) » et qui a pris en lat. pop. le sens général de « lumière », à la place de lumen, inis. (*Cf.* le doublet luminaire.) Luminaria, plur. du neutre luminare, employé comme fém. sing. (*V.* § 545), est devenu *lumière, *lummiere, lumière, §§ 336, 472, 298 et 291.]
I. *Au propre.* || **1°** Rayonnement de certains corps qui rend les objets visibles. Trop de — éblouit, PASC. *Pens.* I, 1. Une personne, une chose qui est en pleine —, qui est placée de manière à recevoir en plein la lumière. *Fig.* Mettre une chose en —, de manière à la faire pleinement connaître. Les yeux ont besoin de se fermer à la — pour le sommeil, FÉN. *Exist. de Dieu*, I, 2. *Spécialt.* Clarté que le soleil répand sur la terre. Dieu dit : Que la — soit, et la — fut, SACI, *Bible, Genèse*, I, 3. Il (Dieu) commande au soleil d'animer la nature, Et la — est un don de ses mains, RAC. *Ath.* I, 4. La — du jour. Ce matin j'ai voulu devancer la —, RAC. *Esth.* II, 1. || *Poét.* | 1. Revoir la —, sortir des ténèbres d'un cachot. Être privé de la —, être aveugle. | 2. Ouvrir les yeux à la —, naître. Le premier instant où les enfants des rois Ouvrent les yeux à la —, LA F. *Fab.* VIII, 1. Voir la —, vivre. Instruite que Joas voit encor la —, RAC. *Ath.* IV, 3. Perdre la —, mourir. La — à ses yeux est ravie, RAC. *Brit.* V, 5. || La — de la lune. Cette — est empruntée du soleil, quoique absent, FÉN. *Exist. de Dieu*, I, 2. La — des étoiles. Ce feu qui paraît allumé dans les astres, et qui répand partout la —, FÉN. *Exist. de Dieu*, I, 2. — électrique. (*V.* électricité.) La — d'un flambeau. *Ellipt.* Donner de la — à qqn, laisser qqn sans —. Éteindre la —. *Fig.* Mettre la — sous le boisseau (locution empruntée à l'Évangile), cacher la vérité. Travailler à la —. Un salon qui brille aux lumières. || (Théol.) On disputait si la — qui apparut autour de Jésus-Christ sur le Thabor était créée ou incréée, MONTESQ. *Rom.* 22. || *Spécialt.* Imitation de la lumière, dans une peinture. Un tableau où il n'y a pas assez de —. Les lumières et les ombres. Atténuer les lumières.
|| **2°** Dans le langage scientifique. Rayon de —, lumière propagée en ligne droite. La vitesse de la — est de 308.000 kilomètres environ par seconde. La — du soleil nous parvient en huit minutes. Réflexion de la —, renvoi d'un rayon de lumière par la surface qui le reçoit. Réfraction de la —, déviation que subit un rayon de lumière en traversant des milieux de densité inégale.
II. *Fig.* || **1°** Caractère brillant qu'une chose offre à l'esprit. Les peuples à l'envi marchent à ta — (de Jérusalem), RAC. *Ath.* III, 7. C'est (la véritable piété) une — si éclatante, qu'elle rejaillit sur tout ce qui lui appartient, PASC. *Lettres*, 6, à M¹¹e de Roannez. Sa — (du monde) est un verre, MALH. *Poés.* 100.
|| **2°** Caractère de la vérité qui rend les choses intelligibles pour l'esprit. O — éternelle!... Heureux le cœur qui ne te perd jamais! RAC. *Esth.* II, 8. Mes yeux, éclairés des célestes lumières, CORN. *Poly.* IV, 2. La —, les lumières de la foi, de la grâce. || *P. anal.* (Théol.) Anges de —, les anges restés fidèles. Enfants de —, chrétiens qui marchent dans les voies de Dieu. || La — de la raison. Si vous éteignez vous-même les lumières de votre raison, BOSS. *Prise d'habit*, 2. Porter la — dans un sujet. Ce peu qu'elle en dit suffit à jeter une — imparfaite, CORN. *Hér.* exam. || *P. ext.* Source de vérité. Mon Dieu! — éternelle, BOSS. *Concupisc.* Un chacun d'eux pense être une — en France, RÉGNIER, *Sat.* 2.
|| **3°** *P. ext.* Connaissance des choses. Sur cette matière il pourra nous donner une pleine —, MOL. *F. sav.* I, 1. Comme ses lumières sont fort petites, ID. *Pourc.* III, 1. Votre esprit a de grandes lumières, ID. *Mis.* I, 2. Siècle de lumières, où les connaissances sont répandues. || *Spécialt.* Publicité donnée aux choses. Il craint la — pour ses actes. *P. anal.* Il faut que la — se fasse sur cette affaire. Le David imprimé n'a point vu la — (n'a pas été publié), BOIL. *Sat.* 9.
III. *P. anal.* (Technol.) || **1°** Dans une arme à feu, trou par lequel on met le feu à la charge. La — d'un canon.
|| **2°** Dans un instrument à pinnules, trou par lequel on vise le point observé.
|| **3°** Dans un corps de pompe, ouverture par laquelle l'eau sort pour entrer dans le tuyau de conduite.

‖ **4°** Dans une machine à vapeur, orifice par lequel la vapeur passe de la boîte à vapeur dans le cylindre.

‖ **5°** Dans un tuyau d'orgue, fente formée par l'intervalle resté libre entre le biseau et les parties aplaties.

‖ **6°** Dans un rabot, ouverture du fût où passe la lame.

‖ **7°** *Au plur.* (Blason.) Yeux du sanglier, du porc-épic. Sanglier d'or aux lumières de gueules.

LUMIGNON [lu-mi-ñon] *s. m.*

[ÉTYM. Anc. franç. limegnon, lemignon, mèche, d'origine inconnue, altéré en lumignon, d'après lumière, § 509. ‖ XIII° s. Li feus qui est ou limegnon, *Image du monde*, dans GODEF. Luminnon ardant, *Simples medicines*, f° 6, v°.]

‖ **1°** Bout de la mèche qui se consume dans une lampe, une chandelle, une bougie allumée.

‖ **2°** Bout de chandelle, de bougie, presque consumé.

LUMINAIRE [lu-mi-nêr] *s. m.*

[ÉTYM. Emprunté du lat. ecclés. luminare, *m. s.* (*Cf.* le doublet lumière, de formation pop.) ‖ XII° s. Luminaries, *Psaut. d'Oxf.* CXXXV, 7. Grant lumineire, CHRÉTIEN DE TROYES, *Cligès*, 6167.]

‖ Ce qui sert à l'éclairage. *Spécialt.* Les cierges qui brûlent dans une église pour une cérémonie. A son réveil, il treuve l'attirail de la mort à l'entour de son corps, Un —, un drap des morts, LA F. *Fab.* III, 7. ‖ *P. anal.* Qu'il y ait de grands luminaires (le soleil et la lune) qui partagent le jour et la nuit, BOSS. *Hist. univ.* II, 1. ‖ *Fig. Vieilli.* Un homme qui devait être un de ses plus beaux luminaires (de l'ordre ecclésiastique), BOSS. *Panég. St Franç. d'Assise.* (*Syn.* lumière, flambeau.) ‖ *P. plaisant.* Ce qui sert à voir, les yeux. Je devais au dos avoir mon —, MOL. *Ét.* I, 6.

LUMINEUSEMENT [lu-mi-neûz'-man ; *en vers*, -neûze-…] *adv.*

[ÉTYM. Composé de lumineuse et ment, § 724. ‖ XVIII° s. V. à l'article. Admis ACAD. 1878.]

‖ D'une manière lumineuse. L'Être souverainement intelligent ne peut savoir ces petites vérités ni plus — ni plus certainement que nous, VOLT. *Comment. sur Malebr.*

LUMINEUX, EUSE [lu-mi-neû, -neûz'] *adj.*

[ÉTYM. Emprunté du lat. luminosus, *m. s.* ‖ XIII° s. Por ce pert por leus lumineuse, J. DE MEUNG, *Rose*, 17080.]

‖ **1°** Qui répand de la lumière. Corps —. Point —. Rayon —, propagé en ligne droite d'un point lumineux à un point éclairé. Elle (la lune) paraissait claire et lumineuse par le côté qu'elle tournait vers lui (le soleil), BOSS. *Concupisc.* 32.

‖ **2°** *Fig.* Qui répand la vérité dans l'esprit. Basville, génie vaste, —, impérieux, était redouté des ministres, ST-SIM. III, 404. C'était, comme disent nos amis, un esprit — sur la philosophie, SÉV. 206. Une exposition lumineuse. Un style —.

1. LUNAIRE [lu-nêr] *adj.*

[ÉTYM. Emprunté du lat. lunaris, *m. s.* ‖ 1408. Conjonction lunaire, dans DELB. *Rec.*]

‖ **1°** (Astron.) Qui se rapporte à la lune. Mois —, déterminé par la durée de la révolution de la lune autour de la terre, qui est d'environ 29 jours et demi. Année —, formée de douze mois lunaires, et qui a onze jours de moins que l'année solaire. (*V.* épacte.) ‖ Que l'on aperçoit sur la lune à l'aide d'instruments. Montagnes lunaires.

‖ **2°** (T. didact.) Qui a la forme de la lune, du croissant de la lune.

2. LUNAIRE [lu-nêr] *s. f.*

[ÉTYM. Emprunté du lat. des botanistes lunaria, *m. s.* ‖ 1542. Petite lunaire, G. GUÉROULT, *Hist. des plantes*, dans DELB. *Rec.* Admis ACAD. 1762.]

‖ (Botan.) Plante crucifère à silicules en forme de disque, dite médaille de Judas.

LUNAISON [lu-nè-zon] *s. f.*

[ÉTYM. Dérivé de lune, à l'imitation du lat. lunatio, *m. s.* § 108. ‖ XII° s. Lunaisun, PH. DE THAUN, *Comput*, 2178.]

‖ (Astron.) Durée de la révolution de la lune, du commencement de la nouvelle lune à la fin du dernier quartier.

LUNATIQUE [lu-nà-tïk'] *adj.*

[ÉTYM. Emprunté du lat. lunaticus, *m. s.* (*Cf.* l'anc. franç. lunage, de formation pop.) ‖ XIV°-XV° s. Omme lunatique, EUST. DESCH. VI, 131.]

‖ Soumis à l'influence (prétendue) de la lune.

‖ **1°** Cheval —, affecté d'une ophtalmie périodique (attribuée jadis à l'action de la lune).

‖ **2°** Personne —, qui a perdu la raison (par suite d'une prétendue influence de la lune). L'enfant —, et, *substantivt*, Le — de l'Évangile (ST MATHIEU, 17).

'**LUNCH** [lônch'] *s. m.*

[ÉTYM. Emprunté de l'angl. lunch, *m. s.* § 8. ‖ *Néolog.*]

‖ Sorte de goûter, repas léger entre le déjeuner et le dîner, ou entre le dîner de midi et le souper.

'**LUNCHER** [lon-ché] *v. intr*

[ÉTYM. Dérivé de lunch, § 154. ‖ *Néolog.*]

‖ Faire le repas dit lunch, goûter.

LUNDI [lun-di] *s. m.*

[ÉTYM. Anc. franç. lunsdi, § 422, du lat. pop. *lunis diem, altération de lunæ diem (d'après Martis diem, mardi, Jovis diem, jeudi, etc.), *m. s.* proprt, « jour de la lune », §§ 174, 336 et 318. ‖ XII° s. Lunsdis, PH. DE THAUN, *Comput*, 523.]

‖ Le second jour de la semaine, celui qui suit le dimanche. Il est venu — dernier. Le — gras, le dernier lundi du carnaval. Le — saint, le lundi de la semaine sainte. *Famil.* Faire le —, fêter saint Lundi, chômer le lundi, au lieu de retourner au travail.

LUNE [lun'] *s. f.*

[ÉTYM. Du lat. lūna, *m. s.* §§ 291 et 328.]

‖ **1°** Planète qui décrit une révolution autour du globe terrestre, dont elle a été nommée le satellite, et qui l'éclaire la nuit, quand elle est placée de manière à réfléchir sur lui la lumière du soleil. Ce qui fait qu'on croit tant de faux effets de la —, c'est qu'il y en a de vrais, comme le flux de la mer, PASC. *Pens.* XXIII, 23. Une éclipse de —. Phases de la —, changements de figure de la partie éclairée qu'elle offre à nos yeux. Nouvelle —, phase où la lune, placée entre le soleil et la terre, présente sa face obscure. Pleine —, phase où, la terre étant entre le soleil et la lune, celle-ci présente sa face éclairée. *Famil.* Un visage de pleine —, rond, joufflu. Premier, dernier quartier de la —, où la portion lumineuse du disque présente seulement un demi-cercle. Sans observer temps ni saison, Lunes ni vieilles ni nouvelles, LA F. *Fab.* XII, 20. ‖ *P. ext.* Une —, temps que met la lune à accomplir sa révolution autour de la terre, lunaison, mois lunaire. A peine la quatrième — Achève de faire son tour, MALH. *Poés.* 53. Tel change de meuble et d'habit chaque —, REGNARD, *Joueur*, I, 1. — rousse, lunaison d'avril-mai, souvent accompagnée de gelées qui brûlent, roussissent les jeunes plantes. *Fig.* — de miel, premier mois, et, *p. ext.* premiers temps du mariage. Leur — de miel dure encore. ‖ La — est dans son plein. Une éclipse de —. Vous m'apprendrez l'almanach, pour savoir quand il y a de la — et quand il n'y en a point, MOL. *B. gent.* II, 4. Il y a clair de —, et, *ellipt*, Il y a —, la lune éclaire ce soir. ‖ *Fig. Loc. prov.* Prendre la — aux dents serait moins difficile, LA F. *Contes, Roi Candaule.* Demander la —, une chose qu'on ne peut nous donner. Pour vous servir, il irait dans la —, il ferait l'impossible. Aboyer à la —, crier contre ce qu'on ne peut atteindre. J'avais beau les ramener, ils persistaient, le dirai-je, à aboyer à la —, ST-SIM. XI, 394. Aller rejoindre les vieilles lunes, disparaître. Faire voir, montrer la — en plein midi, abuser de la crédulité de qqn. Faire un trou à la —, disparaître dans l'ombre (locution qui a remplacé faire un trou à la nuit). Nous nous aimons tous deux ; Sur la brune, Nous pouvons faire un trou l'un et l'autre à la —, CHAMPMESLÉ, *Crispin chevalier*, sc. 14. Avoir des lunes, être lunatique, fantasque. Être dans sa bonne, sa mauvaise —, de bonne, de mauvaise humeur.

‖ **2°** (Technol.) Ce qui a la forme circulaire de la lune. (*Cf.* lunette.) | **1.** Dans un jeu de paume, trou circulaire placé au haut de la muraille qui est du côté du toit où l'on sert. Mettre dans la —. | **2.** Rondelle de métal qu'on mettait sur le front et sur les côtés de la tête des mulets d'équipages et qui portait les armes du maître. | **3.** Disque de fer percé d'un trou. | **4.** Défaut du bois dit aussi lunure.

‖ **3°** (Hist. nat.) Ce qui a la couleur argentée de la lune. | **1.** — d'eau, nénuphar blanc. | **2.** Poisson dit aussi meule ou poisson d'argent. | **3.** Crachat de la —, variété d'algue enveloppée d'un mucus globuleux.

'**LUNÉ, ÉE** [lu-né] *adj.*

[ÉTYM. Dérivé de lune, § 118. (*Cf.* lat. lunatus, *m. s.*) ‖ 1611. COTGR.]

‖ **1°** Qui a la forme d'un disque, d'un croissant.

‖ **2°** (T. forest.) Affecté de lunure. Bois —.

‖ **3°** *Fig. Famil.* Qui a subi l'influence de la lune. Être bien, mal —, bien, mal disposé.

'**LUNEL** [lu-nèl] *s. m.*

[ÉTYM. Emprunté de l'espagn. lunel, *m. s.* dérivé de luna, lune, § 13. ‖ 1694. TH. CORN.]

|| (Blason.) Ornement formé de quatre croissants appointés.

LUNETIER, *LUNETIÈRE** [lün'-tyé, -tyèr; *en vers*, lu-ne-...] *s. m. et f.*
[ÉTYM. Dérivé de lunette, §§ 65 et 115. ACAD. 1694-1835 écrit lunettier. || XVIᵉ s. Aureille lunetiere, RAB. IV, 5.]
|| 1º Celui, celle qui fabrique, qui vend des lunettes.
|| 2º *P. plaisant.* Celui, celle qui porte des lunettes. Il s'en fallut bien peu Que l'on ne vît tomber la lunetière, LA F. *Contes, Lunettes.*

*LUNETIÈRE** [lün'-tyèr; *en vers*, lu-ne-...] *s. f.*
[ÉTYM. Dérivé de lunette, §§ 65 et 115. || 1789. ENCYCL. MÉTH.]
|| (Botan.) Plante de la famille des Crucifères, à silicule formé de deux loges orbiculaires (ou lunettes).

LUNETTE [lu-nět'] *s. f.*
[ÉTYM. Dérivé de lune, § 133. || XIIᵉ-XIIIᵉ s. Il sont d'un drap d'or a oisiax Vestu, a flors et a lunetes, *Escoufle*, 2319.]
I. Verre encadré dans une monture circulaire.
|| 1º *Vieilli.* Glace d'un miroir circulaire.
|| 2º Appareil formé de verres qu'on interpose entre l'œil et l'objet qu'on regarde, pour voir plus distinctement. *Au plur.* Lunettes, paire de verres enchâssés dans une monture disposée de manière à être placée sur le nez, au-devant des deux yeux, pour aider ou protéger la vue. Lunettes de myope, à verres concaves; de presbyte, à verres convexes. Le numéro d'un verre de lunettes, indiquant la courbure du verre et diminuant à mesure qu'elle augmente. Lire avec des lunettes. Mettre des lunettes, et, *fig.* Pour connaître les gens mettez mieux vos lunettes, REGNARD, *Bal,* sc. 13. *Dans le même sens.* Il fallait que M. de Janson chaussât mieux ses lunettes, SÉV. 1286. || *P. plaisant.* Un nez à porter lunettes, un grand nez. *Fig.* Lunettes de cheval, ronds de feutre qu'on met sur les yeux d'un cheval peureux. Serpent à lunettes, serpent de l'Inde, qui a sur le cou des taches en forme de lunettes.
|| 3º — astronomique, destinée à observer les astres. Cette longue — à faire peur aux gens, MOL. *F. sav.* II, 7. — méridienne, qui sert à observer le passage des astres au méridien du lieu. || — terrestre. — d'approche ou longue-vue, où sont intercalées entre l'oculaire et l'objectif deux autres lentilles convergentes, qui redressent l'image.
II. *P. anal.* || 1º Cercle placé au centre d'un ostensoir pour recevoir l'hostie. (*V.* lunule.)
|| 2º Cercle de la boîte d'une montre où est enchâssé le verre qui sert à protéger le cadran.
|| 3º Pièce d'acier circulaire servant à vérifier le calibre des boulets de canon.
|| 4º Ouverture conique pratiquée dans une voûte pour donner du jeu. || Baie que produit une voûte en berceau en pénétrant dans une voûte plus élevée.
|| 5º (Fortific.) Petite demi-lune.
|| 6º Ouverture circulaire d'un siège de lieux d'aisances. || Ouverture circulaire de la guillotine, où s'engage le cou du condamné.
|| 7º Canal par lequel le feu d'un four de verrier chauffe les petits fournaux adjacents.
|| 8º (T. de jeu.) | **1.** (Dames.) Case vide entre deux pions de l'adversaire. | **2.** (Billard.) Position où les deux billes qu'il s'agit d'atteindre successivement sont très rapprochées l'une de l'autre et à égale distance de la troisième.

*LUNETTIER** [lu-nè-tyé]. *V.* lunetier, lunetière.
LUNI-SOLAIRE [lu-ni-sŏ-lèr'] *adj.*
[ÉTYM. Composé avec le lat. luna, lune, et solaire, § 271. || 1732. TRÉV. Admis ACAD. 1762.]
|| (Astron.) Qui se rapporte à la fois à la lune et au soleil. Année — des Athéniens, où l'on cherchait à concilier l'année lunaire avec l'année solaire, en faisant les années tantôt de douze, tantôt de treize lunaisons.
LUNULE [lu-nul] *s. f.*
[ÉTYM. Emprunté du lat. lunula, *m. s.* || 1701. FURET. Admis ACAD. 1762.]
|| 1º Petite lune. Les lunules (satellites) de Jupiter, de Saturne.
|| 2º Ce qui a la forme d'une lune, d'une demi-lune, d'un croissant. | **1.** Cercle placé au centre d'un ostensoir pour recevoir l'hostie. | **2.** Tache blanche demi-circulaire à la naissance de l'ongle. | **3.** (Géom.) Figure qui a la forme d'un croissant, espace compris entre deux

arcs de cercle qui se coupent, ayant leur partie convexe du même côté.

*LUNURE** [lu-nûr] *s. f.*
[ÉTYM. Dérivé de lune, § 111. || *Néolog.*]
|| (T. forest.) Défaut du bois apparaissant sous la forme d'un cercle ou d'un demi-cercle de couleur plus foncée ou plus claire que celle du bois environnant.

*LUPANAR** [lu-pâ-nàr] *s. m.*
[ÉTYM. Emprunté du lat. lupanar, *m. s.* (*Cf.* louve.) RAB. II, 6, met le mot dans la bouche de l'écolier limousin.]
|| Maison de prostitution.

LUPIN [lu-pin] *s. m.*
[ÉTYM. Emprunté du lat. lupinus, *m. s.* || XIIIᵉ s. Farine de lupins ameres, *Simples medicines*, fº 6, rº.]
|| (Botan.) Plante légumineuse, à gousse renfermant des graines dont la farine est comestible.

*LUPINELLE** [lu-pi-nèl] *s. f.*
[ÉTYM. Dérivé de lupin, § 126. || *Néolog.*]
|| (Botan.) Nom du trèfle incarnat et du sainfoin.

*LUPULINE** [lu-pu-lin'] *s. f.*
[ÉTYM. Dérivé de *lupulus, diminutif de lupus, nom lat. du houblon, § 245. || 1789. Luzerne lupuline, ENCYCL. MÉTH.]
|| (Botan.) Espèce de luzerne dite trèfle jaune.

LURON, ONNE [lu-ron, -ròn'] *s. m. et f.*
[ÉTYM. Origine inconnue. || Admis ACAD. 1835.]
|| *Famil.* | **1.** *Au masc.* Joyeux, hardi compère. Un bon —. Un franc —. | **2.** *Au fém.* Fille, femme qui ne s'effarouche pas aisément. C'est une luronne.

*LUSTRAGE** [lüs'-tràj] *s. m.*
[ÉTYM. Dérivé de lustrer, § 78. || 1765. ENCYCL.]
|| (Technol.) Opération par laquelle on lustre, on rend luisant. Le — d'une étoffe, d'un chapeau de soie, d'une pelleterie.

LUSTRAL, ALE [lüs'-tràl] *adj.*
[ÉTYM. Emprunté du lat. lustralis, *m. s.* || XVIᵉ s. Belle eau lustrale, RAB. II, 6.]
|| (Antiq. rom.) || 1º Servant à purifier. Eau lustrale, pour purifier le peuple. Jour —, où l'on purifiait les nouveau-nés. || *P. anal. Poét.* L'eau lustrale, l'eau du baptême. || 2º Relatif au lustre (recensement).

LUSTRATION [lüs'-trà-syon; *en vers*, -si-on] *s. f.*
[ÉTYM. Emprunté du lat. lustratio, *m. s.* || 1480. Lustration et purgation, *Baratre infernal*, dans DELB. *Rec.* Admis ACAD. 1718.]
|| (Antiq. rom.) Cérémonie par laquelle on purifie. || *Spéciallt.* Cérémonie pour purifier les nouveau-nés.

1. LUSTRE [lustr'] *s. m.*
[ÉTYM. Emprunté du lat. lustrum, *m. s.* || XIVᵉ s. Lustre estoit une maniere de sacrefice, BERSUIRE, fº 2.]
|| (Antiq. rom.) || 1º Sacrifice expiatoire qui suivait le recensement de la population tous les cinq ans.
|| 2º Recensement suivi de ce sacrifice expiatoire.
|| 3º Période de cinq ans. || S'emploie qqf par plaisanterie au sens général. La bonne dame a douze lustres accomplis (60 ans), LES. *Diable boit.* 10.

2. LUSTRE [lustr'] *s. m.*
[ÉTYM. Emprunté de l'ital. lustro, *m. s.* subst. verbal de lustrare, lustrer, § 12. || 1500. Pour donner lustre a leurs sades grouguets, MAXIMIEN, *Avocat des dames.*]
|| 1º Ce qui fait paraître brillant. || *Spéciallt.* (Technol.) Préparation qu'on fait subir à certaines matières pour les faire paraître brillantes. Donner le — à une glace, à un chapeau de soie, à une étoffe. || *P. ext.* Apprêt qui donne le lustre. Je peins le — de ta grâce, D'AUB. *Printemps*, sonnet 25. || *Fig.* Aimez donc la raison; que toujours vos écrits Empruntent d'elle seule et leur — et leur prix, BOIL. *Art* p. 1. On peut donner du — à leurs inventions, LA F. *Fab.* II, 1. Je veux vous faire voir cette méthode dans tout son —, PASC. *Prov.* 7.
|| 2º Luminaire suspendu, à plusieurs branches, qui sert à éclairer et à décorer les grands salons, les églises, les théâtres. || *P. plaisant.* Chevaliers du —, les claqueurs, placés autrefois au milieu du parterre, sous le lustre. || *Fig.* — d'eau, nom de différentes plantes aquatiques.

LUSTRER [lüs'-tré] *v. tr.*
[ÉTYM. Dérivé de lustre, § 154. A distinguer d'un autre verbe lustrer, latinisme fréquent avant le XVIᵉ s. au sens de lustrare, « purifier ». || 1539. Quand le soleil part De son lever, il enlumine et lustre Cette maison, G. CORROZET, *Blasons domestiq.*]
|| (Technol.) Faire paraître qqch brillant, en le soumettant à une préparation. — une glace, enlever avec une

réglette les taches qui ont échappé au polissoir. — un chapeau de soie, une pelleterie, les frotter avec un apprêt qui les rend luisants. Une peau de renard lustrée. — une étoffe de soie. || *P. ext.* Une étoffe qui se lustre à l'usage, que le frottement rend luisante par places.

***LUSTREUR** [lŭs'-treûr] *s. m.*
[ÉTYM. Dérivé de lustrer, § 112. || 1701. FURET.]
|| (Technol.) Ouvrier qui lustre les glaces, les pelleteries, les soieries, etc.

***LUSTRIER** [lŭs'-tri-yé] *s. m*
[ÉTYM. Dérivé de lustre 2, § 115. || 1812. MOZIN, *Dict. franç.-allem.*]
|| Fabricant de lustres pour l'éclairage.

LUSTRINE [lŭs'-trin'] *s. f.*
[ÉTYM. Dérivé de lustre 2, d'après l'ital. lustrino, *m. s.* (la lustrine s'est fabriquée d'abord à Gênes), §§ 12 et 100. || 1739. Un habit de lustrine, *Merc. de France,* dans TRÉV. Admis ACAD. 1762.]
|| **1°** *Anciennt.* Droguet de soie.
|| **2°** Sorte de percaline fortement apprêtée et lustrée.

***LUSTROIR** [lŭs'-trwàr] *s. m.*
[ÉTYM. Dérivé de lustrer, § 113. || 1723. SAVARY, *Dict. du comm.*]
|| (Technol.) Réglette garnie de feutre qui sert à enlever les taches sur une glace. (*Syn.* molette.)

LUT [lŭt'] *s. m.*
[ÉTYM. Emprunté du lat. lutum, limon. || XVᵉ-XVIᵉ s. Le lut qu'ung potier Torne, *Nat. à l'alchim.* 181.]
|| (Technol.) Enduit dont on se sert pour boucher hermétiquement des vases, pour entourer des cornues, des tubes de verre ou de porcelaine, qu'on veut soustraire à l'action vive du feu. — d'amandes, de glaise, de chaux.

LUTER [lu-té] *v. tr.*
[ÉTYM. Emprunté du lat. lutare, *m. s.* || XVIᵉ s. PARÉ, XXV, 12.]
|| (Technol.) Enduire de lut. — une cornue.

LUTH [lŭt'] *s. m.*
[ÉTYM. Origine incertaine. L'anc. franç. dit leût (*cf.* provenç. laüt, ital. liuto, etc.), ce qui n'est pas favorable à l'opinion qui voit dans luth un emprunt à l'arabe oud, *m. s.* précédé de l'art. al, § 22. || XIIIᵉ s. Guiternes et leüs, J. DE MEUNG, *Rose,* 21287.]
|| Instrument de musique à plusieurs rangs de cordes montées sur une caisse arrondie en dessous (donte), que l'on joue en pinçant les cordes. Un joueur de —. Marier le — avec la voix, chanter en s'accompagnant sur le luth. || *Fig. Poét.* Faire résonner le — (par opposition à la lyre), composer des poésies d'un caractère doux, gracieux. Poëte, prends ton —, MUSSET, *Nuit de mai.*

***LUTHER** [lu-té] *v. intr.*
[ÉTYM. Dérivé de luth, § 154. || XVIIᵉ s. V. à l'article.]
|| *Rare.* | **1.** Disposer en forme de luth. Une mandore luthée, RICHEL. *Dict.* (1680). | **2.** Transposer, arranger, accompagner (de la musique) sur le luth. Je demande si vous ne voulez pas chanter cette belle sarabande luthée (1687), DOMINIQUE, *le Banqueroutier,* sc. du maître à chanter.

***LUTHERIE** [lŭt'-ri; *en vers,* lu-te-ri] *s. f.*
[ÉTYM. Dérivé de luthier, §§ 65 et 68. || 1767. ENCYCL. planches, t. IV.]
|| (Technol.) Industrie, commerce du luthier.

LUTHIER [lu-tyé] *s. m.*
[ÉTYM. Dérivé de luth, § 115. || 1649. Lutier, dans DELB. *Rec.* Admis ACAD. 1762.]
|| Fabricant d'instruments à cordes analogues au luth (violons, altos, violoncelles, contrebasses), et, *p. ext.* d'instruments à vent.

LUTIN [lu-tin] *s. m.*
[ÉTYM. Altération de l'anc. franç. netun, qui paraît être le lat. Neptŭnus, dieu de la mer, § 509. Netun a été altéré en nuitun, nuiton, sous l'influence de nuit (le lutin se manifestant pendant la nuit), puis en luitun, luiton, sous l'influence de luiter, lutter. LA F. emploie encore luiton (*Contes, Chose imposs.*), qui s'est contracté en luton, § 357, puis est devenu lutin par substitution de suffixe, § 62. || XIIᵉ s. Il a deus fiz de deable... Que de fame et de netun (var. nuiton, luiton) furent, CHRÉTIEN DE TROYES, *Cheval. au lion,* 5271.]
|| Dans les superstitions populaires, petit diable malicieux, qui tantôt tourmente les gens pendant leur sommeil, tantôt joue le rôle d'esprit familier. || *Fig.* Enfant, personne d'un caractère espiègle, pétulant.

LUTINER [lu-ti-né] *v. tr.*
[ÉTYM. Dérivé de lutin, § 154. || XVIᵉ s. Lutinant, barbouillant et faisant le loup-garou, N. DU FAIL, dans DELB. *Rec.*]
|| Agacer par de petites taquineries. — une femme. || *Absolt. Vieilli.* Faire le lutin.

LUTRIN [lu-trin] *s. m.*
[ÉTYM. Altération de letrin, § 509, emprunté du lat. ecclés. lectrinum, *m. s.* dérivé de lectrum, employé par ISIDORE DE SÉVILLE dans le même sens, d'après le grec λέκτρον, lit, § 245. || XIIᵉ s. Uns arcevesques est el letrin montez, *Couronn. de Louis,* 50.]
|| Grand pupitre placé dans le chœur d'une église, et qui porte les livres sur lesquels on chante l'office. Chanter au —. || *P. ext.* Le —, ceux qui chantent au lutrin.

LUTTE [lŭt'] *s. f.*
[ÉTYM. Subst. verbal de lutter, § 52. (*V.* ce mot.) || XIIᵉ s. Mettre covendra peine et luite, BENEEIT, *Ducs de Norm.* 14703.]
I. Effort que font, pour se renverser l'un l'autre, deux individus qui se prennent corps à corps. Des corps endurcis au travail, que la — et les autres exercices ordinaires dans ce pays rendaient adroits, BOSS. *Hist. univ.* III, 5. Le premier combat fut celui de la —, FÉN. *Tél.* 5. Pour arrêter cette — barbare, De nouveau l'on s'efforce, on crie, on les sépare, BOIL. *Sat.* 3. || *P. ext.* — amoureuse, ébats amoureux. *Absolt.* Accouplement du bélier avec la brebis.
II. *Fig.* || **1°** Effort que font, pour se vaincre l'un l'autre, deux individus, deux peuples, deux partis, etc., qui se disputent la supériorité. Entrer en —. Engager la —. Soutenir une — inégale. Emporter qqch de haute —, d'autorité. Une — de vitesse (entre embarcations, voitures, etc.). Les luttes politiques, religieuses. La — des classiques et des romantiques.
|| **2°** *P. anal.* Effort de la volonté pour vaincre les passions, pour surmonter les obstacles extérieurs. Avoir à soutenir une — intérieure. La — du devoir contre l'amour. La — contre l'adversité, contre la mauvaise fortune.
|| **3°** *P. ext.* Action qu'exercent l'une contre l'autre deux forces agissant en sens contraire. La — des éléments, des vents contraires. La — de l'erreur contre la vérité.

LUTTER [lu-té] *v. intr.*
[ÉTYM. Du lat. pop. *lŭctare (class. lŭctari, § 601), devenu régulièrement au XIᵉ s. loitier (*Roland,* 2552), altéré plus tard en luitier, § 623, d'où luiter, § 634, luter, § 357. Les formes luiter, luite, luiteur, sont les formes ordinaires dans la première moitié du XVIIᵉ s.; en 1680, RICHEL. remarque que l'usage est pour lute (*sic*) contre luite.]
I. En parlant de deux individus, faire effort pour se renverser l'un l'autre, en se prenant corps à corps. Les jeunes gens luttaient entre eux dans les gymnases.
II. *Fig.* || **1°** En parlant de deux individus, de deux peuples, de deux partis, etc., faire effort pour se vaincre l'un l'autre, en se disputant la supériorité. Pompée ne pouvait — contre César. Athènes lutta contre Sparte pour la suprématie. L'Église eut à — contre l'hérésie.
|| **2°** *P. anal.* En parlant de la volonté de l'homme, faire effort pour vaincre les passions, pour surmonter les obstacles extérieurs. — contre soi-même, contre une inclination vicieuse. — contre la tentation. — contre les destinées, RAC. *Mithr.* III, 1.
|| **3°** *P. ext.* En parlant d'une force, exercer sur une autre force une action en sens contraire. Un vaisseau qui lutte contre la tempête.

LUTTEUR, *LUTTEUSE [lu-teûr, -teûz'] *s. m.* et *f.*
[ÉTYM. Dérivé de lutter, § 112. || XIIᵉ-XIIIᵉ s. Les membres des luiteors, *Job,* dans *Rois,* p. 442.]
|| Celui, celle qui lutte contre un adversaire (pour le terrasser). Il imite les postures d'un —, LA BR. *Théophr. D'une tardive instruction.* Leur exemple était aux lutteurs glorieux, LA F. *Fab.* I, 14. || *Fig.* C'est un — redoutable à la tribune.

LUXATION [lŭk'-sà-syon; *en vers,* -si-on] *s. f.*
[ÉTYM. Emprunté du lat. luxatio, *m. s.* || XVIᵉ s. PARÉ, IV, 43.]
|| (Médec.) Déboîtement d'un os.

LUXE [lŭks'] *s. m.*
[ÉTYM. Emprunté du lat. luxus, *m. s.* || 1611. COTGR.]
|| **1°** Richesse, éclat que l'on déploie dans les choses de la vie. Rabattre non seulement de leur — immodéré, mais de l'éclat honnête et raisonnable où... ils auraient pu d'ailleurs paraître, BOURD. *Aumône,* 2. Cet édit, Par qui des vêtements le — est interdit, MOL. *Éc. des m.* II, 6. Ceux qu'un vain —

environne, LA F. *Philém. et Baucis.* Le — de la table, des meubles. Un ouvrage imprimé, relié avec —. Des objets de —.
‖ **2°** *Fig.* Chose superflue. Un grand — de précautions. *Famil.* C'est du — (c'est superflu).

LUXER [lŭk'-sé] *v. tr.*
[ÉTYM. Emprunté du lat. luxare, m. s. ‖ XVIᵉ S. PARÉ, *Instr.* 27. Admis ACAD. 1762.]
‖ (Médec.) Déboîter (un os). Avoir l'épaule luxée. Il s'est luxé le genou.

LUXUEUX, EUSE [lŭk'-sueû, -sueúz'; *en vers*, -su-...] *adj.*
[ÉTYM. Dérivé de luxe, § 252. ‖ *Néolog.* Admis ACAD. 1878.]
‖ Où il y a du luxe. Un train de vie —.

LUXURE [lŭk'-sûr] *s. f.*
[ÉTYM. Emprunté du lat. luxuria, m. s. ‖ XIIᵉ S. Ki luxurie guerpist, PH. DE THAUN, *Best.* p. 94.]
‖ Péché contre la chasteté.

LUXURIANT, ANTE [lŭk'-su-ryan, -ryănt'; *en vers*, -ri-...] *adj.*
[ÉTYM. Emprunté du lat. luxurians, m. s. ‖ 1545. Feuilles abondantes et luxuriantes, G. GUÉROULT, *Hist. des plantes,* dans DELB. *Rec.* Admis ACAD. 1878.]
‖ Qui se développe d'une manière surabondante. Végétation luxuriante. ‖ *Fig* Un style —, trop orné. Éteindre le flambeau de la sédition, trop —, PASC. *Pens.* XXV, 25 *ter.*

LUXURIEUSEMENT [lŭk'-su-ryeûz'-man; *en vers*, -ri-eu-ze-...] *adv.*
[ÉTYM. Composé de luxurieuse et ment, § 724. ‖ XIIIᵉ S. Manger luxurieusement, G. DES MOULINS, *Bible hist.* dans GODEF. Admis ACAD. 1835.]
‖ D'une manière luxurieuse.

LUXURIEUX, EUSE [lŭk'-su-ryeû, -ryeûz'; *en vers*, -ri-...] *adj.*
[ÉTYM. Emprunté du lat. luxuriosus, m. s ‖ XIIᵉ s. Luxurius, PH. DE THAUN, *Best.* p. 95.]
‖ Qui pèche contre la chasteté. — point ne seras, de corps ni de consentement, *Command. de Dieu.*

LUZERNE [lu-zèrn'] *s. f.*
[ÉTYM. Emprunté du provenç. moderne luzerno, m. s. dont le rapport avec luzerno, ver luisant (lat. lucerna), est inexpliqué, § 12. ‖ XVIᵉ s. O. DE SERRES, IV, 4.]
‖ Plante légumineuse qu'on cultive en prairies artificielles, pour la nourriture des bestiaux. — cultivée, à fleurs bleuâtres. — houblon. (*V.*.lupuline.)

LUZERNIÈRE [lu-zèr-nyèr] *s. f.*
[ÉTYM. Dérivé de luzerne, § 115. ‖ XVIᵉ s. O. DE SERRES, IV, 4. Admis ACAD. 1762.]
‖ Terre où l'on a semé de la luzerne.

LYCANTHROPE [li-kan-trŏp'] *s. m.* et *f.*
[ÉTYM. Emprunté du grec λυκάνθρωπος, m. s. de λύκος, loup, et ἄνθρωπος, homme. (*Cf.* loup-garou.) ‖ 1579. Courir à travers champs à la façon des lycantropes, P. DE LOSTAL, *Disc. philos.* dans DELB. *Rec.* Admis ACAD. 1718.]
‖ **1°** Celui, celle qui est atteint de lycanthropie.
‖ **2°** *Rare.* Loup-garou. L'apparition... des lycanthropes ou loups-garous, MALEBR. *Rech. de la vérité,* II, III, 6.

LYCANTHROPIE [li-kan-trŏ-pi] *s. f.*
[ÉTYM. Emprunté du grec λυκανθρωπία, m. s. ‖ XVIᵉ s. Il tombe quelquefois en une lycanthropie et court les champs, RONS. VIII, 167. Admis ACAD. 1718.]
‖ Maladie mentale où le malade s'imagine être changé en loup. Êtes-vous travaillé de la —? RÉGNIER, *Sat.* 11.

LYCÉE [li-sé] *s. m.*
[ÉTYM. Emprunté du lat. Lyceum, grec Λύκειον, § 36. ‖ XVIᵉ s. J'alloye en l'Academie droit au Lyceon, BON. DES PER. *Œuvres,* p. 1. édit. 1544. Admis ACAD. 1762.]
‖ Nom propre d'un quartier d'Athènes où Aristote tint son école de philosophie.
‖ **1°** *Vieilli.* Établissement où ont lieu des leçons, des lectures publiques. (*Cf.* athénées.) *P. ext.* Le Lycée de Laharpe, les leçons de littérature faites par Laharpe au Lycée.
‖ **2°** *De nos jours.* Établissement d'instruction secondaire dirigé par l'État (par opposition à collège). Un — d'internes, d'externes. Un — de filles.

LYCÉEN, 'LYCÉENNE [li-sé-in, -èn'] *s. m.* et *f.*
[ÉTYM. Dérivé de lycée, § 244. ‖ *Néolog.* Admis ACAD. (au masc.) 1878.]
‖ Élève d'un lycée.

LYCHNIDE [lĭk'-nid'] *s. f.* et *'LYCHNIS* [lĭk'-nĭs'] *s. m.*
[ÉTYM. Emprunté du lat. lychnis, idis, grec λυχνίς, ίδος, m. s. ACAD. 1762 donne lychnis, suppr. en 1798; ACAD. 1878 admet lychnide.‖ XVIᵉ s. Lychnis sauvage, DU PINET, *Hist. nat. de Pline,* dans DELB. *Rec.* ‖ 1789. Lychnide, ENCYCL. MÉTH.]
‖ (Botan.) Plante vivace formant un genre de la famille des Caryophyllées, dite vulgairement amourette des prés, fleur de coucou.

LYCIET [li-syè; *en vers*, -si-è] *s. m.*
[ÉTYM. Dérivé du lat. des botan. lycium, m. s. qui est le grec λύκιον, nerprun. § 133. ACAD. 1762 donne lycium. ‖ *Néolog.* Admis ACAD. 1878.]
‖ (Botan.) Arbrisseau formant un genre de la famille des Solanées.

'LYCOPE [li-kŏp'] *s. m.*
[ÉTYM. Emprunté du lat. des botan. lycopus, m. s. composé avec le grec λύκος, loup, et πούς, pied. (*Cf.* lycopode.)· ACAD. 1762 donne lycopus, suppr. en 1835. ‖ 1789. ENCYCL. MÉTH.]
‖ (Botan.) Plante velue, dite marrube aquatique et pied de loup.

LYCOPODE [li-kò-pòd'] *s. m.*
[ÉTYM. Emprunté du lat. des botan. lycopodium, m. s. composé avec le grec λύκος, loup, et πούς, πόδος, pied. (*Cf.* lycope.) ‖ 1789. ENCYCL. MÉTH. Admis ACAD. 1835.]
‖ (Botan.) Plante cryptogame dont les capsules renferment une poudre (dite soufre végétal, parce qu'elle peut s'enflammer) utilisée en médecine comme dessiccatif.

LYMPHATIQUE [lin-fă-tĭk'] *adj.*
[ÉTYM. Dérivé de lymphe, d'après le lat. lymphaticus (dont le sens est tout différent), § 230. ‖ (Au sens didact.) 1671. Les venes lymphatiques, ROHAULT, *Phys.* II, 329. Admis ACAD. 1762.]
‖ (T. didact.) Qui se rapporte à la lymphe.
‖ **1°** Vaisseaux, ganglions lymphatiques, qui servent à la formation, à la circulation de la lymphe.
‖ **2°** Tempérament —, tempérament mou, et qui est caractérisé par le peu de coloration de la peau, le peu de fermeté des chairs, etc.

'LYMPHATISME [lin-fă-tĭsm'] *s. m.*
[ÉTYM. Dérivé de lymphatique, § 265. ‖ *Néolog.*]
‖ (T. didact.) État lymphatique. Être atteint de —.

LYMPHE [linf'] *s. f.*
[ÉTYM. Emprunté du lat. lympha, eau. ‖ (Au sens propre.) XVᵉ s. Forests, arbres, flors, limphes, MART. LE FRANC, *Champion des Dames,* dans GODEF. limphe. | (Au sens didact.) 1690. FURET. Admis ACAD. 1762.]
‖ (T. didact.) ‖**1°** Liquide blanchâtre qui circule dans un système de vaisseaux particuliers dits vaisseaux lymphatiques, parallèlement au système circulatoire sanguin, et dont une partie, après l'acte de la digestion, est chargée des principes assimilables extraits des aliments.
‖ **2°** *P. ext.* Blastème exsudé qui se montre à la surface des plaies, qu'il aide à cicatriser, et sur les membranes séreuses. ‖ *P. anal.* Humeur transparente qui lubrifie les cavités de l'oreille, dite — de Cotugno.
‖ **3°** *P. ext.* Humeur aqueuse qui circule dans les plantes.

'LYNCHER [lin-ché] *v. tr.*
[ÉTYM. Emprunté de l'angl. des États-Unis to lynch, m. s. du nom d'un certain John Lynch, colon de Caroline au XVIIᵉ s. auquel on attribue la loi dite de Lynch, § 8. ‖ *Néolog.*]
‖ Punir, exécuter sans attendre la décision de la justice.

LYNX [links'] *s. m.*
[ÉTYM. Emprunté du lat. lynx, grec λύγξ, m. s. (*Cf.* once 2.) ‖ XIIᵉ s. Linz a num e si est mult bele, *Lapid. de Marbode,* 529.]
‖ Quadrupède carnassier, sorte de chat sauvage à queue courte, dit vulgairement loup-cervier, et auquel les anciens attribuaient une vue perçante. ‖ *Fig.* Avoir des yeux de —. Des yeux de — ne l'auraient pas pu découvrir, MONTESQ. *Lett. pers.* 67. — envers nos pareils (ayant les yeux perçants pour les défauts des autres), LA F. *Fab.* I, 7.

LYRE [lîr] *s. f.*
[ÉTYM. Emprunté du lat. lyra, grec λύρα, m. s. ‖ XIIᵉ s. Od harpes e lires, *Rois,* II, 6.]
‖ **1°** Instrument de musique à cordes dont se servaient les anciens. On dit que Terpandre fut banni de Sparte pour avoir ajouté une corde à la —. ‖ *Fig.* Prendre, accorder sa —,

se préparer à célébrer qqn, qqch en vers. (*Cf.* **luth.**) **Je vous présente donc quelques traits de ma —**, LA F. *Songe de Vaux*, 2.

|| **2°** *P. anal.* | **1.** Constellation de l'hémisphère septentrional. | **2.** Oiseau gallinacé, dit aussi **faisan lyre.** | **3.** La lavandière et la trigle, poissons. | **4. — de David,** variété de coquillage univalve.| **5.** (Anat.) Surface inférieure de la voûte à trois piliers du cerveau.

LYRIQUE [li-rïk'] *adj.*

[ÉTYM. Emprunté du lat. *lyricus*, grec λυρικός, *m. s.* || XIVᵉ S. **Les poetes latins, satyriens et lyriques,** J. DE VIGNAY, *Miroir hist.* dans DELB. *Rec.*]

|| Qui se rapporte à la lyre. **Poésie —** (chez les anciens), poésie destinée à être chantée avec l'accompagnement de la lyre (ode, dithyrambe, chœur tragique et comique). || *P. anal. De nos jours.* **Scène —**, sur laquelle on représente des poèmes dramatiques accompagnés de chant et de musique. **Théâtre —. Tragédie, comédie —.** || **Poésie —** (chez les modernes), poésie qui, sans être destinée à être chantée, a gardé la forme de la poésie lyrique des anciens (strophe, stance). **Les poètes lyriques. Le genre —.**

LYRISME [li-rism'] *s. m.*

[ÉTYM. Dérivé de *lyrique*, § 265. || *Néolog.* Admis ACAD. 1878.]

|| Inspiration du poète lyrique.

LYSIMACHIE [li-zi-mà-chi, ou -ki] *s. f.*

[ÉTYM. Emprunté du lat. *lysimachia*, grec λυσιμαχία, *m. s.* || 1545. G. GUÉROULT, *Hist. des plantes*, dans DELB. *Rec.* Admis ACAD. 1878.]

|| (Botan.) Plante formant un genre de la famille des Primulacées. **— vulgaire,** à fleurs jaunes, dite **souci d'eau, chasse-bosse. — nummulaire,** dite **monnayère, herbe aux écus.**

Ṁ

M [èm'] *s. f.* et, suivant la nouvelle épellation, **M** [me] *s. m.*

[ÉTYM. Emprunté du lat. *m*, *m. s.* || XVᵉ S. **M a trois pies en sa figure,** *Senefiance de l'A B C*, dans JUBINAL, *Nouv. Rec.* II, 280.]

|| Treizième lettre et dixième consonne de l'alphabet français. **Le m ou l'm minuscule. Un petit m ou une petite m. Une grande M. Ici l'm à son tour sur ses trois pieds se dresse,** DE PIIS, *Harmon. imit.* 1.

MA [mà] *adj. poss.*

[ÉTYM. Du lat. pop. *ma*, class. *mea* atone, *m. s.* § 594.]

|| Adj. possessif fém. sing. de la première personne. (*Cf.* **mon.**) **Tu blâmes ma douleur,** CORN. *Hor.* IV, 4. **Ma sœur, vous n'aimâtes jamais,** ID. *ibid.* III, 4.

MACABRE [mà-kàbr'] *adj.*

[ÉTYM. Anc. franç. **danse Macabré** (encore ainsi dans COTGR.), lu à tort par certains éditeurs **danse macabre**, § 36. **Macabré** est un nom propre, variante de **Machabée,** peutêtre celui du peintre qui a le premier représenté cette scène allégorique. La plus ancienne mention française est de 1376 : **Je lis de Macabré la danse,** J. LE FÈVRE, *Respit de la mort*, dans *Romania*, 1895, p. 131. || *Néolog.* Admis ACAD. 1878.]

|| **Danse —,** représentation allégorique de la Mort conduisant une danse fantastique où figurent des personnages de condition diverse (papes, rois, seigneurs, dames, etc.). || *Fig.* **Plaisanterie —,** qui a trait à des choses funèbres.

MACADAM [mà-kà-dàm'] *s. m.*

[ÉTYM. Nom propre d'inventeur, § 36 : **Mac-Adam,** savant écossais (1756-1836). || *Néolog.* Admis ACAD. 1878.]

|| (Technol.) Empierrement d'une route, d'une chaussée, avec du granit, du silex concassé et soumis à une forte pression, de manière à former une surface compacte.|| *P. ext.* Route, chaussée ainsi empierrée. **Traverser le —.**

***MACADAMISAGE** [mà-kà-dà-mi-zàj'] *s. m.*

[ÉTYM. Dérivé de *macadamiser*, § 78. || *Néolog.*]

|| (Technol.) Action de macadamiser.

MACADAMISER [mà-kà-dà-mi-zé] *v. tr.*

[ÉTYM. Dérivé de *macadam*, § 267. || *Néolog.* Admis ACAD. 1878.]

|| (Technol.) Empierrer (une route, une chaussée) avec du macadam.

***MACAO** [mà-kà-ó] *s. m.*

[ÉTYM. Paraît être le nom propre **Macao,** colonie portugaise en Chine, § 36. || *Néolog.*]|

|| Jeu de cartes, variété du vingt et un.

MACAQUE [mà-kàk'] *s. m.*

[ÉTYM. Emprunté du portugais *macaco*, *m. s.* mot de la langue des indigènes du Congo, §§ 14 et 29. || XVIIIᵉ S. BUFF. *Macaque.* Admis au sens **1°** ACAD. 1835.]

|| **1°** Singe d'Afrique, à corps trapu, à museau ramassé. || **2°** Larve d'un insecte d'Amérique qui s'introduit sous la peau et cause des démangeaisons cuisantes. (*Syn.* **maringouin.**)

***MACAREUX** [mà-kà-réu] *s. m.*

[ÉTYM. Origine inconnue. || XVIIIᵉ S. BUFF. *Macareux.*]

|| Oiseau palmipède des mers du Nord.

MACARON [mà-kà-ron] *s. m.*

[ÉTYM. Emprunté du vénitien *macarone*, ital. *maccherone*, *m. s.* § 11. (*Cf.* **macaroni.**) || XVIᵉ S. **Poupelins, macarons, tartres,** RAB. IV, 40.]

|| **1°** Pâte faite d'amandes, de sucre et de blanc d'œuf, façonnée en petits pains ronds. || **2°** *P. anal.* Peigne ovale avec lequel les femmes relèvent leurs cheveux. || Portemanteau à tête arrondie. || Petite pièce de bois fixée sur les plats bords d'une embarcation pour soutenir les bordages mobiles.

MACARONÉE [mà-kà-rò-né] *s. f.*

[ÉTYM. Dérivé plaisant de *macaroni*, d'après l'ital. *maccheronea*, *m. s.* || 1550. *La Macaronee*, titre (Lyon, in-8°). Admis ACAD. 1762.]

|| Pièce de vers en style macaronique.

MACARONI [mà-kà-rò-ni] *s. m.*

[ÉTYM. Emprunté du vénitien *macaroni* (ital. *maccheroni*), pluriel de *macarone*, macaron, §§ 12 et 507. || 1650. **Les maccaroni d'Italie ne sont pas fort délicats,** MÉNAGE, *Orig. macarons.* Admis ACAD. 1762.]

|| **I.** Pâte alimentaire de farine moulée en cylindre creux. || **II.** *Ancient.* Poudre purgative de protoxyde d'antimoine et de sucre, employée contre la colique métallique.

MACARONIQUE [mà-kà-rò-nïk'] *adj.*

[ÉTYM. Emprunté de l'ital. *macaronico*, *m. s.* dérivé plaisant de *macaroni*, § 12. (*Cf.* **macaronée.**) || 1546. **Vers macaronicques,** RAB. IV, 13.]

|| Qui est en latin burlesque (en langue moderne affublée de terminaisons latines). **Poésie —.**

MACÉDOINE [mà-sé-dwàn'] *s. f.*

[ÉTYM. Nom propre de pays, § 36 : on ignore ce qui en a fait un terme de cuisine. || XVIIIᵉ S. **Macedoine littéraire,** BACHAUMONT, *Mém. secr.* XXXII, 251. Admis ACAD. 1835.]

|| **1°** (Cuisine.) Mets où différentes espèces de légumes sont accommodées ensemble. || Entremets sucré où différentes espèces de fruits sont réunies en une sorte de gelée. || **2°** *Fig.* Assemblage de choses réunies pêle-mêle.

MACER. *V.* **masser.**

MACÉRATION [mà-sé-rà-syon ; *en vers*, -si-on] *s. f.*

[ÉTYM. Emprunté du lat. *maceratio*, *m. s.* || XIVᵉ S. **Maceration de chair,** J. DE VIGNAY, dans DELB. *Rec.*]

|| **1°** Opération par laquelle on fait macérer une substance. (*Syn.* **infusion.**) || *P. ext.* Épuration lente de la fonte par le repos de la masse en fusion.

|| **2°** Pratique d'austérités pieuses, qui exténuent le corps. (*Syn.* **mortification.**) **Les austérités et les macérations dont elles devaient être accompagnées,** BOURD. *Cendres*, 2.

MACÉRER [mà-sé-ré] *v. tr.*

[ÉTYM. Emprunté du lat. *macerare*, m. s. || xvᵉ s. Chastie et macere son corps, *Intern. Consol.* dans GODEF. *Compl.*]

|| **1°** Faire tremper à froid (une substance) dans un liquide pour enlever les principes solubles. (*Syn.* infuser.) Écorce de quinquina macérée dans du vin. || *Intransitivt.* Faire — des plantes dans l'alcool.

|| **2°** Exténuer (le corps) par des austérités pieuses. (*Syn.* mortifier.) — son corps, se —. *P. plaisant.* *Fig.* N'avais-je pas un air bien macéré, Avec mes bras croisés et ma coiffe en carré, R. POISSON, *Femmes coquettes*, sc. 4.

***MACERON** [màs'-ron ; *en vers*, mà-se-...] s. m.

[ÉTYM. Emprunté de l'ital. *macerone*, m. s. d'origine inconnue, § 12. || xvɪᵉ s. DU PINET, *Dioscoride*, dans DELB. *Rec.* Admis ACAD. 1762; suppr. en 1798.]

|| Plante ombellifère, dite persil noir, à odeur forte, qui se mange en salade.

***MACFARLANE** [màk'-far-làn'; selon d'autres, -fèr-...] s. m.

[ÉTYM. Emprunté de l'angl. *macfarlane*, m. s. qui paraît être le nom de l'inventeur, §§ 8 et 36. || *Néolog.*]

|| Manteau (d'origine anglaise) à grand collet, sans manches, ayant sur le côté des ouvertures pour passer les bras.

MÂCHE [mâch'] s. f.

[ÉTYM. Origine inconnue, la forme ancienne, qui est mache et non masche, exclut tout rapprochement avec le verbe mâcher. || 1611. Mache, COTGR.]

|| Valérianelle, plante herbacée à feuilles spatulées, dite boursette, doucette, etc., qu'on mange en salade.

· ***MÂCHE-BOUCHON** [mâch'-bou-chon ; *en vers*, mâche-...] s. m.

[ÉTYM. Composé de mâche (du verbe mâcher) et bouchon, § 209. || *Néolog.*]

|| (Technol.) Pince à mors cannelés avec laquelle on comprime les bouchons, pour faciliter le bouchage.

MÂCHECOULIS [mâch'-kou-li ; *en vers*, mà-che-...] et **MÂCHICOULIS** [má-chi-kou-li] s. m.

[ÉTYM. Origine inconnue. L'anc franç. a le verbe machicouler, « garnir de mâchicoulis », dès 1358. || 1402. Machecolis, dans GODEF. *Compl.*]

|| (Archéol.) Meurtrière verticale pratiquée dans une galerie saillante au haut d'une tour, d'un rempart.

***MÂCHE-DRU** [mâch'-dru ; *en vers*, mà-che-...] s. m. [ÉTYM. Composé de mâche (du verbe mâcher) et dru, § 209. || 1752. TRÉV.]

|| *Famil.* Fort mangeur.

MÂCHEFER [mâch'-fèr; *en vers*, má-che-...] s. m.

[ÉTYM. Composé avec fer et un premier élément d'explication incertaine. || xvᵉ s. Viel machefer, VILLON, *Gr. Testam.* 693.]

|| (Technol.) Scories à demi vitrifiées que forme le résidu de la houille brûlée auquel s'est joint un peu d'oxyde de fer.

***MÂCHE-LAURIER** [mâch'-lò-ryé ; *en vers*, má-che-...] s. m.

[ÉTYM. Composé de mâche (du verbe mâcher) et laurier, § 209. || xvɪᵉ s. Gosier masche-laurier, RONS. *Amours*, i, 130, Blanchemain.]

|| *P. plaisant.* Celui qui cherche la gloire poétique. Loin d'avoir bonne opinion de ce —, SCARR. *Rom. com.* i, 19.

***MÂCHELIER, MÂCHELIÈRE** [mâch'-lyé, -lyèr; *en vers*, má-che-...] adj.

[ÉTYM. Anc. franç. maisseler, du lat. maxillarem, m. s. de maxilla, maxillam, §§ 387, 342, 306, 295 et 291. Maisseler est de bonne heure devenu mascheler sous l'influence du verbe mâcher, § 509, puis maschelier, mâchelier, par substitution de suffixe, §§ 62 et 422. || xɪɪᵉ s. Denz mascheleres, *Psaut. de Cambridge*, LVII, 6.]

|| (T. didact.) Qui appartient à la mâchoire. Muscles mâcheliers, qui font mouvoir la mâchoire inférieure. Dents mâchelières, dents molaires des herbivores qui broient à la manière de meules. *Substantivt.* Les mâchelières d'en haut, d'en bas.

MÂCHER [má-ché] v. tr.

[ÉTYM. Du lat. *masticare*, m. s. devenu *mast'car*, §§ 336 et 291, maschier, §§ 370 et 297, mascher, § 634, mâcher, § 422.]

|| **1°** Diviser avec les dents, par le mouvement de la mâchoire inférieure sur la supérieure (les aliments solides) pour rendre plus facile à avaler et à digérer. — du pain. La langue... les porte (les viandes) sous les dents pour être mâchées, BOSS. *Conn. de Dieu*, ii, 2. *Absolt.* Il ne peut plus —. Il avale sans —. || *Famil.* — à vide, être impatient de

manger et n'avoir rien à se mettre sous la dent. *Fig.* Faire des efforts qui ne peuvent avoir aucun résultat. Ton espérance avide, Mal satisfaite après de tant — à vide, CORN. *Mélite*, v, 6, 1ʳᵉ édit. || *Fig.* Ne point — une chose à qqn, la lui dire sans adoucissement, sans préparation. Et je ne mâche point ce que j'ai sur le cœur, MOL. *Tart.* I, 1. || — les morceaux à qqn, lui — sa besogne, lui préparer presque entièrement ce qu'il a à faire. C'était là que les plans, les choix se formaient, se découvraient, souvent tout mâchés, sans le paraître, par le duc de Beauvilliers, ST-SIM. IX, 219.

|| **2°** *P. ext.* | **1.** Triturer en humectant de salive. Une boulette de papier mâché. *Fig.* Un visage de papier mâché, flasque et pâle. | **2.** Mordiller en humectant. Un petit enfant qui mâche son hochet. Un cheval qui mâche son frein. *Fig.* Qui ronge ses poumons et se mâche le cœur, RÉGNIER, *Ép.* 1. Dans le temps où nous sommes, on n'engraisse guère à — le laurier, REGNARD et DUFRESNY, *Chinois*, prol. (*Cf.* mâche-laurier.) | **3.** Déchiqueter. Balle mâchée, à surface inégale, comme si elle avait été mâchée, passant pour faire des blessures plus dangereuses qu'une balle unie. Bois, cordage mâché, usé par le frottement d'un corps dur. Plaie mâchée, à bords irréguliers.

MÂCHEUR, EUSE [má-cheûr, -cheûz'] s. m. et f. [ÉTYM. Dérivé de mâcher, § 112. || xvɪᵉ s. PARÉ, i, 8.]

|| Celui, celle qui mâche qqch. Les Indiens, mâcheurs de bétel.

MACHIAVÉLIQUE [mà-kyà-vé-lik' ; suivant qqns, -chyà-...] adj.

[ÉTYM. Dérivé du radical de machiavélisme, § 229. || 1578. La cabale machiavélique, MARNIX DE STE-ALDEGONDE, dans DELB. *Rec.* Admis ACAD. 1835.]

|| Conforme au machiavélisme. Politique, manière d'agir —.

MACHIAVÉLISME [mà-kyà-vé-lism' ; selon qqns, -chyà-...] s. m.

[ÉTYM. Dérivé de machiavéliser, verbe fréquent au xvɪᵉ s., du nom de Machiavelli, célèbre écrivain politique italien, § 265. || 1611. COTGR. Admis ACAD. 1835.]

|| Politique sans scrupules. On a commencé à se guérir du —, et on s'en guérira tous les jours, MONTESQ. *Espr. des lois*, XXI, 21. || *P. ext.* Conduite artificieuse.

MACHIAVÉLISTE [mà-kyà-vé-list'; suivant qqns, -chyà-...] s. m. et f.

[ÉTYM. Dérivé du radical de machiavélisme, § 265. || 1581. Nos machiavélistes, FROUMENTEAU, *Secret des thresors de France*, ii, 167. Admis ACAD. 1835.]

|| Partisan de la politique de Machiavel.

MÂCHICATOIRE [má-chi-kà-twàr] s. m.

[ÉTYM. Dérivé de mâcher, d'après masticatoire, § 249. || 1690. FURET.]

|| (Médec.) Substance qu'on mâche sans l'avaler (bétel, tabac à chiquer, etc.).

MÂCHICOULIS. *V.* mâchecoulis.

***MÂCHILLER** [má-chi-yé] v. tr.

[ÉTYM. Dérivé de mâcher, § 161. (*Syn.* mâchonner.) || 1578. Ceste maniere de maschiller, J. DE LÉRY, dans DELB. *Rec.*]

|| *Famil.* Mâcher à demi.

***MACHIN** [mà-chin] s. m.

[ÉTYM. Tiré de machine, § 37. || *Néolog.*]

|| *Trivial.* Mot par lequel on désigne parfois une personne, un objet, dont on n'a pas le nom présent. (*Cf.* chose.) Un — en fer pour tisonner.

MACHINAL, ALE [mà-chi-nàl] adj.

[ÉTYM. Dérivé de machine, § 238. (*Cf.* le lat. machinalis.) || 1731. *V.* à l'article. Admis ACAD. 1740.]

|| Qui semble produit par l'organisme sans l'intervention de la volonté. Mouvement —. Le courage et le génie domptèrent en lui cette faiblesse machinale, VOLT. *Ch. XII*, 1.

MACHINALEMENT [mà-chi-nàl-man ; *en vers*, -nà-le-...] adv.

[ÉTYM. Composé de machinale et ment, § 724. || xvɪɪᵉ-xvɪɪɪᵉ s. RÉAUMUR, dans TRÉV. Admis ACAD. 1740.]

|| D'une manière machinale. Je le suivis —.

MACHINATEUR, *MACHINATRICE [mà-chi-nàtèur, -trîs] s. m. et f.

[ÉTYM. Emprunté du lat. *machinator, trix*, m. s. || (*Cf.* machineur.) || xvᵉ s. Conspirateurs et machinateurs de trahisons, CHASTELL. *Chron.* ii, 7.]

|| Celui, celle qui fait quelque machination. — de complots.

MACHINATION [mà-chi-nà-syon ; *en vers*, -si-on] s. f.

[ÉTYM. Emprunté du lat. machinatio, *m. s.* ‖ XIIIᵉ s. Par machinacion, TH. DE KENT, dans DELB. *Rec.*]

‖ Action de machiner, résultat de cette action. (Il) découvrait... les plus sourdes machinations, BOSS. *Le Tellier.*

MACHINE [mà-chin'] *s. f.*

[ÉTYM. Emprunté du lat. machina, grec μηχάνη, engin. (*Cf.* mécanique.)‖ XIVᵉ s. La machine corporele, ORESME, dans MEUNIER, *Essai sur Oresme.*]

‖ **1°** Assemblage de pièces combinées de manière à produire certains effets. Une — hydraulique, qui sert à conduire et à élever les eaux. Une — à vapeur, à air comprimé, qui produit le mouvement par la tension de la vapeur d'eau, de l'air comprimé. Une — pneumatique, qui sert à faire le vide dans le récipient. *Fig.* Je trouvais qu'il (Villeroy) pompait l'air de partout où il était, et qu'il en faisait une — pneumatique, ST-SIM. III, 368. Une — électrique, qui sert à produire de l'électricité. ‖ Une — à mâter. Une — à coudre. Une — à battre le blé, etc. Machines-outils. Ils (les partisans de Descartes) disent donc que la bête est une —, LA F. *Fab.* IX, 20, *Disc. à Mᵐᵉ de la Sablière.* Des machines qui sont jalouses, des machines qui craignent : allez, allez, vous vous moquez de nous, SÉV. 259. Toutes les choses qui ploient là — vers le respect et la terreur, PASC. *Pens.* V, 7. — à calcul, — arithmétique, assemblage combiné de règles, de bâtons chiffrés, etc., qui simplifie les opérations ou en donne le résultat. ‖ *P. anal.* — de guerre, engin dont on se servait, avant l'invention de l'artillerie, pour lancer contre l'ennemi de lourds projectiles, pour battre les murs d'une citadelle, etc. Pour les rompre elle attend les fatales machines, RAC. *Ath.* V, 1. ‖ — infernale, nom donné à des engins destructeurs produisant des explosions meurtrières. ‖ Appareil servant au théâtre à mettre en œuvre les décors. Une pièce à machines, où il y a des décors compliqués. Dire... que la — n'est qu'un amusement d'enfants, LA BR. 1. *P. ext.* Moyen mécanique, matériel, employé pour amener le dénouement d'une pièce. La — n'a pas plus d'adresse quand elle ne sert qu'à faire descendre un dieu pour accommoder toutes choses, CORN. *Disc. Poème dram.* 3.

‖ **2°** *Fig.* Ensemble de moyens combinés pour donner une certaine direction aux affaires. Ne faudra-t-il point pour les remuer tous deux la — du directeur? LA BR. 14. Nous avons dressé pour cela quantité de machines, MOL. *Pourc.* I, 1. On peut, pour vous servir, remuer des machines, ID. *Mis.* III, 5. Admirez les machines du molinisme, PASC. *Prov.* 3. ‖ *P. anal.* Ressorts de l'effet dramatique, épique, oratoire, etc. Vos paroles arrangées et vos figures artificielles sont des machines trop faibles, BOSS. *P. Bourgoing.* Tous les ressorts y remuent la — (dans l'*Eunuque* de Plaute), LA F. *Ennuque*, avert.

‖ **3°** *P. ext.* Ensemble de parties organisées de manière à constituer un ensemble. — règle les ressorts de la — ronde (du globe), BOIL. *Sat.* 1. En est-il un plus pauvre en la — ronde? LA F. *Fab.* I, 16. ‖ Tout obéit dans ma — A ce principe intelligent, LA F. *Fab.* IX, 20, *Disc. à Mᵐᵉ de la Sablière.* Considérant la — du corps humain Comme ayant été formée de Dieu, DESC. *Médit.* 6. Nos pauvres machines sont sujettes à bien des misères, SÉV. 844. ‖ Connaissez tous les ressorts de la grande — (l'État) que vous conduisez, BOSS. *Justice,* 2.

MACHINER [mà-chi-né] *v. tr.*

[ÉTYM. Emprunté du lat. machinari, *m. s.* (sens I), ou tiré directement de machine (sens II et III), § 154. ‖ XIIIᵉ s. En conspirant et machinant, *Sept Sages*, dans DELB. *Rec.*]

I. Combiner artificieusement certains moyens pour atteindre un but qu'on n'ose avouer. Vous machiniez des fraudes les uns contre les autres, BOSS. *Justice,* 2. Il en machinait la ruine, ID. *Polit.* I, II, 3. Elle ne le demande que pour — quelque chose contre lui, CORN. *Médée,* exam.

II. (Technol.) Munir de certains appareils. Un théâtre bien machiné, pourvu des appareils nécessaires pour mettre en œuvre les décors. Une table machinée, table de prestidigitateur, pourvue de certains mécanismes pour faciliter les tours qu'il exécute. — les points d'un soulier, blanchir les coutures à l'aide du machinoir.

°MACHINERIE [mà-chin'-ri; *en vers,* -chi-ne-ri] *s. f.*

[ÉTYM. Dérivé de machine, § 69. Se trouve en anc. franç. au sens de « machination ». (*V.* GODEF.) ‖ *Néolog.*]

‖ (Technol.) Ensemble de machines concourant à un but commun. La — d'une filature.

°MACHINEUR, EUSE [mà-chi-neur, -neûz'] *s. m. et f.*

[ÉTYM. Dérivé de machiner, § 112. (*Cf.* machinateur.) ‖ 1247. Tous les machineurs d'iche, dans GODEF. machineor.]

‖ *Famil.* Celui, celle qui machine qqch. Tous les machineurs d'impostures, LA F. *Fab.* X, 9. (*V.* machinateur.)

°MACHINISME [mà-chi-nîsm'] *s. m.*

[ÉTYM. Dérivé de machine, § 265. ‖ 1742. Il voyait en même temps ce machinisme, DE MAIRAN, *Éloge de Polignac*, p. 29.]

‖ **1°** Combinaison de machines. Un — compliqué.

‖ **2°** Doctrine qui considère les animaux comme de pures machines. Le — de Descartes.

MACHINISTE [mà-chi-nîst'] *s. m.*

[ÉTYM. Dérivé de machine, § 265. ‖ 1643. Les machinistes de vos plaisirs, dans DELB. *Rec.*]

‖ *Vieilli.* Inventeur, constructeur de machines. ‖ *Spéciall.* Celui qui dirige les machines d'un théâtre, pour mettre en œuvre les décors.

°MACHINOIR [mà-chi-nwàr] *s. m.*

[ÉTYM. Dérivé de machiner, § 113. ‖ 1680. Machinoir, RICHEL.]

‖ (Technol.) Outil en corne du cordonnier pour enlever la poix aux endroits où les coutures sont apparentes.

MÂCHOIRE [mà-chwàr] *s. f.*

[ÉTYM. Dérivé de mâcher, § 113. (*Cf.* masticatoire et mâchicatoire.) ‖ XIVᵉ s. Dislocation de la maschouere, *Chirurg. de Lanfranc*, dans LITTRÉ.]

I. Chacune des deux parties osseuses de la bouche qui supportent les dents des animaux vertébrés. *Famil.* Jouer des mâchoires, manger. Bâiller à se démancher, à se décrocher la —, de manière à la désarticuler. Avoir la — pesante, avoir un parler lourd. Ayant trouvé là une — d'âne qui était à terre, il (Samson) la prit et en tua mille hommes, SACI, *Bible, Juges*, XV, 15. *P. ext.* Les dents fixées dans les mâchoires, les gencives. Le dentiste lui a arraché la moitié de la —. ‖ *Trivial.* C'est une vieille —, c'est une —, c'est un homme borné. J'ai dit à Vaugelas : Tu n'es qu'une —, V. HUGO, *Rép. à un acte d'accusation.* (*Cf.* ganache.)

II. *P. anal. Fig.* ‖ 1. Nom donné à deux pièces de fer qui servent à tenir un objet serré, à l'assujettir. Les mâchoires d'un étau, d'une tenaille. ‖ 2. Pièce du fusil à pierre servant à maintenir le silex. ‖ 3. Espèce de fourche, de croissant, à l'extrémité des vergues apiquées, pour leur permettre de s'arc-bouter sur le mât. ‖ 4. Équerre de fer placée en avant du dressoir des treillageurs. ‖ 5. Partie de la gorge de la poulie qui empêche la corde de s'échapper.

°MÂCHONNEMENT [mà-chòn'-man; *en vers,* -chòne-...] *s. m.*

[ÉTYM. Dérivé de mâchonner, § 145. ‖ *Néolog.*]

‖ Action de mâchonner.

MÂCHONNER [mà-chò-né] *v. tr.*

[ÉTYM. Dérivé de mâcher, § 168. ‖ 1611. Machonner, COTGR.]

‖ Mâcher à demi. Il mâchonnait sa plume. ‖ *Fig.* — qqch. le dire entre ses dents, indistinctement. Son amie qui mâchonne quelque chose d'un pèlerinage, SÉV. 929.

°MÂCHURE [mà-chûr] *s. f.*

[ÉTYM. Dérivé de mâcher, § 111. Paraît s'être confondu avec machure, dérivé du verbe dialectal macher, meurtrir, d'origine inconnue. ‖ 1472. Point de sang espandu, mais seulement macheure, dans DU C. macatura.]

‖ (Technol.) Partie mâchée d'une chose. *Spéciall.* Mâchures d'une plaie, bords écrasés par la blessure d'une balle, d'un objet contondant. ‖ Mâchures du drap, parties où le poil a été déchiqueté par les forces, au lieu d'être coupé net. ‖ Mâchures du velours, parties où le poil a été écrasé.

1. MÂCHURER [mà-chu-ré] *v. tr.*

[ÉTYM. Pour maschurer, § 422, anciennement maschérer, dérivé d'un radical mask, d'origine germanique, dont le sens primitif paraît être « tache », §§ 6, 498 et 499. (*Cf.* masque.) ‖ XIIᵉ s. Trestout le vis li ont fet mascurer (var. mascerer), *Aliscans*, 3160. Admis ACAD. 1762.]

‖ **1°** Barbouiller avec du noir. Visage mâchuré. ‖ (Typogr.) Feuille mâchurée, qui n'est pas tirée nettement.

‖ **2°** *Fig. Vieilli.* Noircir par des paroles malveillantes. *Loc. prov.* Le chaudron mâchure la poêle, on critique chez un autre un défaut qu'on a soi-même.

2. °MÂCHURER [mà-chu-ré] *v. tr.*

[ÉTYM. Dérivé de mâchure, § 154. ‖ *Néolog.*]

‖ (Technol.) Fouler, meurtrir, entamer par une violente pression. Une pièce que l'étau a mâchurée.

MACIS [mà-si] *s. m.*

[ÉTYM. Emprunté du lat. macis, idis, *m. s.* ‖ 1358. Demi livre de macis, dans GODEF. maceis. Admis ACAD. 1762.]

|| (Botan.) Seconde écorce qui entoure la noix muscade à l'intérieur. **Huile de —.**

* **MACKINTOSH** [mà-kin'-tŏch'] *s. m.*
[Étym. Emprunté de l'angl. mackintosh, *m. s.* qui est le nom de l'inventeur, §§ 8 et 36. || *Néolog.*]
|| Sorte de manteau imperméable. || *P. ext.* Toile imperméable.

1. MACLE [màkl'] et **MACRE** [màkr'] *s. f.*
[Étym. Origine inconnue. || 1554. **Macles ou chastaignez d'eau,** P. BELON, *Singularitez de div. pays estr.* I, 18. Admis ACAD. 1762 (macle) et 1835 (macre).]
|| (Botan.) Plante aquatique des étangs, à fruit farineux, dit aussi **macle** ou **macre, châtaigne d'eau, truffe d'eau.**

2. MACLE [màkl'] *s. f.*
[Étym. Se rattache, à ce qu'il semble, au lat. macula, maille. (*V.* **maille 1.**) || 1584. **Soixante macles pour largeur,** *Ordonn.* dans GODEF. macle 2.]
I. (Pêche.) Filet à larges mailles.
II. (Minéral.) Variété de pierre translucide, dite pierre de la Croix, dont les cristaux semblent rayés à l'intérieur d'une sorte de croix. || *P. anal.* Cristallisation en étoile, en croix. (*V.* **hémitrople.**) **Les macles de la neige, du feldspath.** (Qqns le font masc. en ce sens.)
III. (Blason.) Meuble de l'écu, losange dont l'intérieur est à jour. **Macles et fleurs de lis avec les bandes,** D'AUB. *Fœneste,* IV, 20.

1. * MACLER [mà-klé] *v. tr.*
[Étym. Dérivé de **macle 2,** § 154. || *Néolog.*]
|| (Cristallogr.) Cristalliser en croix, en étoile. **Cristal maclé.**

2. * MACLER [mà-klé] *v. tr.*
[Étym. Origine inconnue. || 1765. ENCYCL.]
|| (Technol.) Brasser (le verre en fusion) avec une barre de fer. (*Syn.* **démacler.**)

MAÇON [mà-son] *s. m.*
[Étym. Du lat. pop. macionem, *m. s.* d'origine inconnue, §§ 378 et 291.]
|| **1°** Celui qui fait les travaux dits de maçonnerie. **Soyez plutôt —, si c'est votre talent,** BOIL. *Art p.* 4. || *Famil.* **Une soupe de —,** soupe épaisse (comme du mortier que gâche un maçon). || **Un maître —. Un ouvrier —. Un aide-—.** || *P. anal.* En parlant de certains animaux qui se construisent des nids, des habitations avec de la terre. **Pic —,** la sittelle, oiseau. *Au fém.* **Fourmi maçonne. Abeille maçonne.**
|| **2°** Franc-maçon. (*V. ce mot.*)

MAÇONNAGE [mà-sò-nàj'] *s. m.*
[Étym. Dérivé de **maçon,** § 78. || 1240. **Maçounage,** dans DELB. *Rec.*]
|| Ouvrage que fait le maçon.

MAÇONNER [mà-sò-né] *v. tr.*
[Étym. Dérivé de **maçon,** § 154. || XII° s. **Et par devant sont li mur maçonné,** *Huon de Bordeaux,* dans DELB. *Rec.*]
|| Munir d'un travail de maçonnerie. **— une citerne, les berges d'un canal.** || *P. anal.* **— une fenêtre, une porte,** la boucher au moyen d'un travail de maçonnerie. **Les nids d'hirondelle sont maçonnés de terre gâchée avec de la paille et du crin,** BUFF. *Hirondelle.* || (Blason.) **Bâtiment maçonné,** où les pierres sont entourées d'un émail distinct.

MAÇONNERIE [mà-sòn'-ri; *en vers,* -sò-ne-ri] *s. f.*
[Étym. Dérivé de **maçon,** § 69. || XIV° s. **A carpenterie, a machenerie, et a orfaverie,** *Ars d'amours,* II, 151.]
|| Dans la construction d'un édifice, d'une maison, d'un pont, etc., partie des travaux qui comprend l'assemblage des pierres de taille, des moellons, briques, etc., et les joints, les enduits faits de mortier, de plâtre, etc. **Un entrepreneur de —. — en liaison,** où les joints des pierres sont disposés horizontalement. **— en échiquier,** où les joints sont disposés obliquement. **— en blocage,** faite de pierres inégales noyées dans un bain de mortier. **Grosse —,** travail de construction des fondations, des gros murs. || *Fig.* **Franc-—.** (*V. ce mot.*)

MAÇONNIQUE [mà-sò-nĭk'] *adj.*
[Étym. Dérivé de **maçon,** au sens de franc-maçon, § 229. || 1788. **Délire maçonnique,** LINGUET, *Ann. polit. civ. et littér.* XIII, 155. Admis ACAD. 1835.]
|| Relatif à la franc-maçonnerie. **Une loge —. Les épreuves maçonniques.**

* **MACQUE,** * **MACQUER.** *V.* **maque, maquer.**

MACRE. *V.* **macle 1.**

MACREUSE [mà-kreŭz'] *s. f.*
[Étym. Autre forme de **macroule.** (*Cf.* anc. franç. mascrue.) || 1642. OUD.]
I. (Ornithol.) Oiseau d'eau, considéré comme aliment maigre dans les pratiques d'abstinence.
II. (Boucherie.) Viande maigre qui se trouve sur l'os à moelle de l'épaule.

* **MACROCÉPHALE** [mà-krò-sé-fàl] *adj.*
[Étym. Emprunté du grec μακροκέφαλος, *m. s.* || 1556. **Macrocephales... ceux qui ont grande et grosse teste,** RICH. LEBLANC, *Subtilité,* dans DELB. *Rec.*]
|| (T. didact.) Qui a une grosse tête. (*Cf.* microcéphale.)

MACROCOSME [mà-krò-kòsm'] *s. m.*
[Étym. Composé avec le grec μακρός, grand, et κόσμος, monde, § 279. || XIV° s. **Que le monde a nom macrocosme,** *Fauvel,* dans GODEF. Admis ACAD. 1878.]
|| (T. scolast.) L'univers, par opposition à l'homme considéré comme un monde en raccourci. (*Cf.* microcosme.)

* **MACRODACTYLE** [mà-krò-dăk'-til] *adj.*
[Étym. Emprunté du grec μακροδάκτυλος, *m. s.* || 1817. CUVIER, *Règne animal,* I, 496.]
|| (T. didact.) Qui a de longs doigts. *Substantivt, au masc.* **Les macrodactyles,** oiseaux de l'ordre des Échassiers, à doigts allongés (râle, foulque, etc.).

* **MACROPODE** [mà-krò-pòd'] *adj.*
[Étym. Composé avec le grec μακρός, long, et πούς, πόδος, pied, § 279. || 1808. L.-G.-M. RICHARD, *Analyse du fruit,* p. 82.]
|| (T. didact.) Qui a de longs pédoncules. **Embryon —.**

* **MACROULE** [mà-kroul] *s. f.*
[Étym. Mot du patois normand, d'origine inconnue, §16. (*Cf.* **macreuse.**) || XIII°-XIV° s. **Hairons, macrolles,** *Enseign. pour app. viandes,* dans *Bibl. de l'Éc. des Chartes,* 1859, p. 216.]
|| Grande foulque noire, de l'ordre des Échassiers.

* **MACROURE** [mà-kroŭr] *adj.*
[Étym. Composé avec le grec μακρός, long, et οὐρά, queue, § 279. || 1802. LATREILLE, *Hist. nat. des crustacés,* III, 29.]
|| (T. didact.) Qui a une longue queue. *Substantivt, au masc.* **Les macroures,** crustacés à abdomen allongé en forme de queue, terminé par des appendices en éventail.

MACULATURE [mà-ku-là-tür] *s. f.*
[Étym. Dérivé de **maculer,** § 250. || 1611. COTGR.]
|| (Technol.) Feuille de papier ayant servi à recevoir l'excédent de l'encre d'imprimerie, ou feuille d'imprimerie dont les caractères ont été brouillés par un mauvais tirage, et qu'on emploie à faire des enveloppes. || Feuille de papier gris qu'on place entre la planche de cuivre et le lange dans l'impression en taille-douce. || *P. ext.* Papier gris épais qu'on fabrique pour servir d'enveloppe.

MACULE [mà-kul] *s. f.*
[Étym. Emprunté du lat. macula, *m. s.* qui a aussi le sens de « maille ». (*V.* **maille 1** et **macle 2.**) || 1488. **Quelque macule,** N. HUEN, *Voy. à Jérus.* épître.]
|| *Vieilli.* Tache. *Fig.* **L'époux sans —,** CORN. *Théod.* III, 1.

MACULER [mà-ku-lé] *v. tr.*
[Étym. Emprunté du lat. maculare, *m. s.* || XII° s. **Nient maculez,** *Psaut. de Cambridge,* XVII, 23. | 1488. **Maculer d'ordure,** N. HUEN, *Voy. à Jérus.*]
|| Semer de taches. **Un livre maculé,** où l'encre des pages, non séchée, laisse des traces sur les pages opposées, quand on le bat, le lamine. || (Hist. nat.) Pelage maculé, semé de marques d'une autre couleur que le fond.

MADAME [mà-dàm'] *s. f.*
[Étym. Composé de **ma** et **dame,** § 173. || XII° s. **Madame La reine,** CHRÉTIEN DE TROYES, *Érec,* 4168.]
|| **1°** Titre donné dans le principe à la femme d'un chevalier, et plus tard à une femme de condition. || *Spécialt.* | 1. Titre donné à une reine, en s'adressant à elle. | 2. Titre donné aux filles de maison souveraine. **Mesdames de France. Madame Élisabeth.** *Absolt.* La fille aînée du roi, du dauphin. || La femme de Monsieur frère du roi. **Madame se meurt, Madame est morte,** BOSS. *D. d'Orl.* **C'est depuis M**me **d'Hautefort que les dames d'atour filles ont été appelées —,** ST-SIM. I, 55. || Précédé de l'article, pour désigner une personne comme ayant ou prétendant avoir droit à ce titre. **Jouer à la —,** MOL. *B. gent.* III, 12. **Je crains qu'il ne me vienne des madames** (*sic*), SÉV. 451.
|| **2°** Titre donné aux femmes mariées. **Toutes les femmes qui étaient autrefois mademoiselle sont actuellement —,** VOLT.

Dict. philos. cérémonie. Madame la duchesse, la comtesse, la marquise. Madame Dacier. Madame Roland. Madame, oubliez-vous Que Thésée est mon père et qu'il est votre époux? RAC. *Phèd.* II, 5. *Au plur.* Mesdames. Hé bien ! Mesdames, que dites-vous de Paris? MOL. *Préc. rid.* sc. 9. || *Absolt.* La maîtresse de la maison. Ce chien... Vivra de pair à compagnon Avec monsieur, avec —, LA F. *Fab.* IV, 5. || *Spécialt.* A la 3ᵉ pers. en s'adressant à la dame elle-même, formule de déférence, employée surtout par les serviteurs. Madame est servie.

MADAPOLAM [mà-dà-pò-làm'] *s. m.*
[ÉTYM. Nom propre d'une ville de l'Inde, § 36. || Admis ACAD. 1878.]
|| Calicot fort, fabriqué primitivement à Madapolam.

MADÉFACTION [mà-dé-fak'-syon ; *en vers,* -si-on] *s. f.*
[ÉTYM. Dérivé de madéfier, § 247. || 1765. ENCYCL. Admis ACAD. 1835.]
|| (T. didact.) Action de madéfier, état de ce qui est madéfié.

MADÉFIER [mà-dé-fyé, *en vers,* -fi-é] *v. tr.*
[ÉTYM. Emprunté du lat. madefacere, *m. s.* sous l'influence de madéfieri. || XIVᵉ s. Soit madéfié et estaint en celle eaue, *Modus,* dans LA C. Admis ACAD. 1835.]
|| (T. didact.) Humecter.

MADELEINE [màd'-lèn' ; *en vers,* mà-de-...] *s. f.*
[ÉTYM. Nom propre de femme, en lat. Magdalena, proprt, « femme de Magdala », célèbre pécheresse mentionnée dans l'Évangile, § 36. ACAD. admet le mot en 1878, mais seulement comme nom propre, dans l'expression pleurer comme une Madeleine.]
|| Petit gâteau à pâte compacte.

MADEMOISELLE [màd'-mwà-zèl ; *en vers,* mà-de-...] *s. f.*
[ÉTYM. Composé de ma et demoiselle, § 173. Dans le langage très familier, on prononce et on écrit mam'selle. || XIIᵉ s. Fos estes, se je sois saus, Qui vers ma damoisele alez, CHRÉTIEN DE TROYES, *Érec,* 5908.]
|| 1° *Anciennt.* Titre donné non seulement à une fille, mais dans le principe à une femme mariée dont le mari n'était pas chevalier, et un peu plus tard à une femme titrée. ANGÉL. : Vous m'obligez beaucoup de me tenir quelquefois compagnie ; mon mari est si mal bâti... — VAL. : Mademoiselle, vous me faites trop d'honneur, MOL. *Jal. du Barb.* sc. 3. || *Spécialt.* Titre donné à la première princesse du sang tant qu'elle n'était pas mariée. || Titre donné à la fille de Monsieur, frère du roi. La grande Mademoiselle, duchesse de Montpensier, fille de Gaston d'Orléans.
|| 2° Titre donné aux filles. || *Au plur.* Mesdemoiselles. || *Absolt.* Pour désigner la fille de la maison. J'apporte la robe de Mademoiselle. *Spécialt.* A la 3ᵉ pers. en s'adressant à la demoiselle elle-même, formule de déférence employée surtout par les serviteurs. Mademoiselle a-t-elle sonné ?

MADONE [mà-dòn'] *s. f.*
[ÉTYM. Emprunté de l'ital. madonna, *m. s.* qui correspond au franç. madame, § 12. || 1671. J'ai été à la madone de Carignan, SEIGNELAY, *Lett.* 12 mars. Admis ACAD. 1798.]
|| Statue, peinture représentant la sainte Vierge. Une — de Raphaël. *P. ext.* Un visage, une coiffure de —.

MADRAGUE [mà-dràg'] *s. f.*
[ÉTYM. Mot provençal d'origine arabe, §§ 11 et 22. (*Cf.* espagn. almadraba, portug. almadrava, *m. s.*) || 1679. Madragues et bordigues, COLBERT, *Instr. aux lieuten. d'amirauté.* Admis ACAD. 1762.]
|| (Pêche.) Sorte de parc établi dans le voisinage des côtes (de la Méditerranée) pour la pêche du thon, enceinte de filets et de câbles disposés par compartiments.

MADRAS [mà-drá] *s. m.*
[ÉTYM. Nom propre d'une ville de l'Inde, § 36. || 1806. BLANCARD, *Man. du comm. des Indes,* p. 260. Admis ACAD. 1835.]
|| Mouchoir, fichu, le plus souvent en coton, de diverses couleurs, fabriqué dans l'Inde. *Spécialt.* Coiffure formée d'un de ces foulards ou fichus, adoptée aux colonies par les femmes de couleur. Une nourrice en —.

MADRÉ, ÉE [mà-dré] *adj.*
[ÉTYM. Dérivé de l'anc. franç. madre, d'origine germanique (allem. maser, *m. s.*), qui désigne une sorte de bois veiné qui servait surtout à faire des hanaps, § 118. || XIVᵉ s. Hanaps d'or et d'argent et de madre madré, CUVELIER, *Duguesclin,* 19518.]
|| 1° *Vieilli.* Veiné, moucheté. Le bois d'érable est plus —, figuré et damasquiné que nul autre bois, B. PALISSY, p. 39. || Porcelaine madrée. || Cette femelle (de coucou) si joliment madrée, BUFF. *Coucou.* || Savon —, veiné de bleu.
|| 2° *Fig.* Qui sait toutes sortes de ruses. Un renard, jeune encor, bien que des plus madrés, LA F. *Fab.* XII, 17.

MADRÉPORE [mà-dré-pòr] *s. m.*
[ÉTYM. Emprunté de l'ital. madrepora, *m. s.* qui semble composé de madre, mère, et poro, pore, § 12. || 1710. Les coraux et les madrepores, A.-L. DE JUSSIEU, dans *Hist. de l'Acad. des sc.* p. 70. Admis ACAD. 1762.]
|| (Hist. nat.) Genre de polypes agrégés, assemblage de cellules calcaires qui communiquent entre elles, et s'accroissent jusqu'à former des bancs, des récifs, des îles.

*MADRÉPORIQUE [mà-dré-pò-rĭk'] *adj.*
[ÉTYM. Dérivé de madrépore, § 229. || *Néolog.*]
|| (Hist. nat.) Formé de madrépores. Récifs madréporiques. Îles madréporiques.

MADRIER [mà-dri-yé] *s. m.*
[ÉTYM. Origine incertaine. Se rattache probablement au lat. materia (*cf.* mairain) par l'intermédiaire d'un emprunt au provençal, § 11. || 1382. Madretz et estaminares, *Compte du clos des galees de Rouen,* dans DELB. *Rec.*]
|| Planche épaisse, le plus souvent en bois de chêne, pour former des bâtardeaux, des pilotis, etc.

MADRIGAL [mà-dri-gàl] *s. m.*
[ÉTYM. Emprunté de l'ital. madrigale, *m. s.* d'origine incertaine, § 12. || 1542. Pavanes, madrigales, *Lyon marchant,* dans DELB. *Rec.*]
|| Courte pièce de vers, le plus souvent adressée à une dame, et exprimant une pensée tendre ou galante. || *P. ext.* Paroles de galanterie. Parler en madrigaux. Débiter des madrigaux aux dames.

*MADRURE [mà-drŭr] *s. f.*
[ÉTYM. Dérivé de madré, § 111. || 1555. P. BELON, *Nature des oiseaux,* II, 35.]
|| *Vieilli.* Aspect que présente ce qui est madré (veiné, moucheté). La — du bois d'érable.

MAESTRAL [mà-ès'-tràl]. V. mistral.

MAFFLÉ, ÉE [mà-flé] et **MAFFLU, UE** [mà-flu] *adj.*
[ÉTYM. Dérivé d'un radical maffl-, d'origine inconnue, § 118. || XVIIᵉ s. V. à l'article.]
|| *Famil.* Qui a des joues rebondies. Pontchartrain, visage long, mafflé, fort lippu, dégoûtant, ST-SIM. IX, 10. Grasse, mafflue, LA F. *Fab.* III, 17.

MAGASIN [mà-gà-zin] *s. m.*
[ÉTYM. Emprunté de l'ital. magazzino, qui est l'arabe makhazin, pluriel de makhzen, *m. s.* §§ 12 et 22. || XIVᵉ-XVᵉ s. Les boutiques des marchandises que ils appelent magasins, *Chron. de Boucicaut,* II, 16.]
|| Local destiné à recevoir des marchandises, soit pour les conserver, soit pour les vendre. Des marchandises qui sont en —. Un — de gros, de détail. Tenir — d'une chose. Courir les magasins, pour faire ses emplettes. Un commis, une demoiselle de —, celui, celle qui sert les clients. Un garçon de —, celui qui est chargé du nettoyage du magasin, qui porte les paquets, etc. Marchandises vieillies en —. Écouler, liquider des fonds de —, des marchandises défraîchies, démodées, etc. || *Spécialt.* Local où une administration met en dépôt divers approvisionnements. — d'armes, de vivres, d'habillements (pour l'armée). — d'agrès (dans un port). Les rebelles s'étaient saisis des arsenaux et des magasins, BOSS. *R. d'Angl.* || *Anciennt.* (Marine.) Bâtiment de charge portant des provisions à la suite d'une escadre. || *P. anal.* Grande manne qu'on attachait derrière les diligences, pour y placer le bagage des voyageurs. Pour le soulager (le coche) du poids qui l'arrêtait, J'ôtai du — les paquets qu'il portait, REGNARD, *Fol. am.* I, 5. || *Fig.* La fourmi... Grossit ses magasins des trésors de Cérès, BOIL. *Sat.* 8. Des magasins de peine ou de plaisir, LA F. *Songe de Vaux,* 1. Il faut tâcher de lui former un — de connaissances, J.-J. ROUSS. *Ém.* 2. || (Manège.) Un cheval qui fait —, qui laisse les aliments s'accumuler entre les molaires et la face interne des joues. || *P. ext.* Creux ménagé dans la crosse d'un fusil, où l'on dispose plusieurs cartouches, pour les tirer successivement.

MAGASINAGE [mà-gà-zi-nàj'] *s. m.*
[ÉTYM. Dérivé de magasiner, § 78. || 1675. SAVARY, *Parf. Négoc.* II, 77. Admis ACAD. 1835.]
|| Dépôt de marchandises en magasin. Frais de —, frais qu'on paie pour laisser les marchandises en dépôt dans un magasin.

MAGASINIER [mà-gà-zi-nyé] *s. m.*
[ÉTYM. Dérivé de magasin, § 115. || 1719. Magasinier, BOM-BELLES, *Mém. sur le service journ. de l'infant.* II, 65. Admis ACAD. 1762.]
|| Celui qui a la garde des objets déposés en magasin.

MAGDALÉON [màg'-dà-lé-on] *s. m.*
[ÉTYM. Altération du lat. magdalium, *m. s.* grec μαγδαλία, pâte pétrie. || XVIᵉ s. RAB. I, 11. Admis ACAD. 1762.]
|| (Pharm.) Pâte médicamenteuse, pétrie en rouleau.

1. MAGE [màj'] *s. m.*
[ÉTYM. Emprunté du lat. magus, *m. s.* d'origine persane, § 24. || XIIIᵉ s. Un mague, BRUN. LATINI, *Trésor*, p. 73.]
|| **1°** Prêtre de la religion des anciens Perses, adorateurs du feu. || *Spécialt.* Les trois mages, personnages, dont la tradition a fait des rois, qui vinrent adorer Jésus dans la crèche à Bethléem. Qu'était-ce que les mages?... C'étaient les sages de la gentilité, BOURD. *Épiphan.* L'adoration des mages. || **2°** *Vieilli.* Magicien. Ce —, qui d'un mot renverse la nature, CORN. *Illus. com.* I, 1.

2. MAGE. *V.* maje.

MAGICIEN, ENNE [mà-ji-syin, -syèn'; *en vers,* -si-...] *s. m. et f.*
[ÉTYM. Dérivé du lat. magicus, magique, § 244. S'est employé d'abord comme adjectif, § 38. || XVᵉ s. Par quelque engin magicien, MART. LE FRANC, *Champ. des dames,* dans GODEF.]
|| Personne qu'on croit investie d'un pouvoir surnaturel sur les hommes, sur les éléments, par la vertu d'une science occulte dite magie. Les Égyptiens... étonnés des merveilles que Dieu avait opérées en leur pays par ce grand homme, l'avaient mis au nombre des principaux magiciens, BOSS. *Hist. univ.* II, 26. Dans les romans, on vit des magiciens qui s'intéressaient à la naissance des grands personnages, MONTESQ. *Espr. des lois,* XXVIII, 22.

MAGIE [mà-ji] *s. f.*
[ÉTYM. Emprunté du lat. magia, grec μαγεία, *m. s.* || 1535. G. DE SELVE, dans DELB. *Rec.*]
|| **1°** *Ancien.* Science des mages. La —, c'est-à-dire, dans leur langage, le culte des dieux selon les anciennes maximes et selon les lois de Zoroastre, BOSS. *Hist. univ.* III, 5.
|| **2°** Prétendue science occulte, par la vertu de laquelle on exerce sur les hommes, sur les éléments, un pouvoir surnaturel. Les Égyptiens étaient infectés et d'idolâtrie et de —, PASC. *Pens.* XI, 5 *bis.* — noire, magie proprement dite, considérée comme opérant par l'influence du diable, par opposition à — blanche, art de produire par adresse des effets qui semblent surnaturels. Tout ce que je sais n'est que blanche —, MOL. *Ét.* I, 4. || *Fig.* Influence extraordinaire exercée sur les hommes (par l'éloquence, la poésie, etc.). La — du style, des vers, du pinceau.

MAGIQUE [mà-jìk'] *adj.*
[ÉTYM. Emprunté du lat. magicus, *m. s.* || XIIIᵉ s. Magique, l'art au deable, J. DE MEUNG, *Rose,* 14823.]
|| **1°** Qui appartient à la magie. Un pouvoir —. Une baguette —. Il ne resta plus qu'à faire le cercle — et les termes des invocations, D'AUB. *Lett.* I, 434.
|| **2°** *Fig.* Qui produit des effets extraordinaires. La puissance — de l'art. || *Spécialt.* Lanterne —, instrument d'optique qui projette sur une surface blanche, en les amplifiant, des images exposées à la lumière d'une lampe. || Carré —, formé de cases dans lesquelles on place des nombres dont la somme est la même, en quelque sens qu'on les additionne.

MAGISME [mà-jìsm'] *s. m.*
[ÉTYM. Dérivé de mage 1, § 265. || 1697. D'HERBELOT, *Bibl. orient.* p. 243. Admis ACAD. 1878.]
|| Religion des Perses, adorateurs du feu. Dans ces siècles reculés, tout vous parlera du —, MONTESQ. *Lett. pers.* 67.

MAGISTER [mà-jìs'-tèr] *s. m.*
[ÉTYM. Mot latin signifiant « maître », § 217. || Admis ACAD. 1694.]
|| *Ancienn.* Maître d'école de village. D'un certain — le rat tenait ces choses, LA F. *Fab.* VIII, 9.

MAGISTÈRE [mà-jìs'-tèr] *s. m.*
[ÉTYM. Emprunté du lat. magisterium, maîtrise. || XIIᵉ-XIIIᵉ s. Dessuz son magisteire, *Dial. Gregoire,* p. 133.]
I. *Ancienn.* Dignité de grand maître (de l'ordre de Malte) ; durée des fonctions de grand maître.
II. *Fig.* (Pharm.) Remède auquel on attribuait une vertu souveraine, composé de certaines substances minérales. — de bismuth, sous-acétate de bismuth.

MAGISTRAL, ALE [mà-jìs'-tràl] *adj.*
[ÉTYM. Emprunté du lat. magistralis, *m. s.* (*Cf.* le doublet mistral.) || 1449. Varlet de guerre fort magistral, dans DU C. magisterialis.]
|| **1°** *Vieilli.* Qui dépend d'un maître. Prébende magistrale, prébende affectée au maître de grammaire qui devait enseigner gratuitement les enfants de la paroisse. Commanderies, chambres magistrales, qui étaient annexées à la charge de grand maître de l'ordre de Malte.
|| **2°** Qui est l'œuvre d'un maître (dans qq art, qq science). Une œuvre magistrale. Parler d'un air, d'une voix magistrale. Et de voix magistrale, RÉGNIER, *Sat.* 11. || *Fig.* Remèdes magistraux, préparés sur ordonnance d'un médecin (par opposition à officinaux, préparés d'avance).
|| **3°** Qui joue le rôle principal dans une chose. Ligne magistrale, trait principal d'un tracé sur le terrain ou sur le papier pour dresser un plan de fortification, de construction, etc. || *Substantivt.* [**1.** *Au fém.* Magistrale, projection de l'arête supérieure de l'escarpe, dans un ouvrage de fortification, qui donne le contour de l'enceinte. | **2.** *Au masc.* Mélange de sel marin, de sulfate et d'alun, servant à amalgamer certains minerais d'argent.

MAGISTRALEMENT [mà-jìs'-tràl-man ; *en vers,* -trà-le-...] *adv.*
[ÉTYM. Composé de magistrale et ment, § 724. || XIVᵉ-XVᵉ s. Magistralement s'entreaccointoient au tranchant des espees, *Perceforest,* dans LITTRÉ.]
|| D'une manière magistrale, qui annonce un maître (dans qq art, qq science). S'ils disent — qu'ils ont lu son livre, LA BR. 1.

MAGISTRAT [mà-jìs'-trà] *s. m.*
[ÉTYM. Emprunté du lat. magistratus, qui désigne à la fois la fonction et le fonctionnaire. || XIVᵉ s. Touz offices publiques estoient appellez magistraz, BERSUIRE, fᵒ 2, dans LITTRÉ.]
I. *Vieilli.* Magistrature. Aussi n'était-ce pas aux personnes qu'ils en voulaient, c'était à leur dignité et à leur —, DU VAIR, *Suasion pour la manutention de la loi salique.* || *P. ext.* Corps de juges. Le comte de Steinbock... assembla le — de la part du roi... Le —... n'osa ni le refuser, ni lui accorder nettement ses demandes, VOLT. *Ch. XII,* 2. Plus le — est nombreux, J.-J. ROUSS. *Contr. soc.* III, 2.
II. || **1°** *Chez les anciens.* Personnage chargé de quelque grande fonction publique. On remplaça les rois à Rome par deux magistrats annuels nommés consuls. Le peuple au Champ de Mars nomme ses magistrats, RAC. *Brit.* I, 2. || *P. anal. De nos jours.* Administrateur d'une des divisions territoriales du pays. Le premier — du département (le préfet), de la commune (le maire).
|| **2°** *De nos jours. Spécialt.* Membre de l'ordre judiciaire (conseiller, juge, ou représentant du ministère public). L'inamovibilité garantit l'indépendance du —. D'un — ignorant C'est la robe qu'on salue, LA F. *Fab.* V, 14.

MAGISTRATURE [mà-jìs'-trà-tür] *s. f.*
[ÉTYM. Dérivé de magistrat, § 250. || 1611. COTGR.]
|| **1°** *Chez les anciens.* Grande fonction publique (politique, civile, judiciaire). Médon, fils de Codrus, fut le premier qui exerça cette —, BOSS. *Hist. univ.* I, 5. Dans toute —, il faut compenser la grandeur de la puissance par la brièveté de la durée, MONTESQ. *Espr. des lois,* II, 3. || *P. anal. De nos jours.* Fonction publique d'administrateur d'une des divisions territoriales du pays.
|| **2°** *De nos jours. Spécialt.* Fonction judiciaire. || *P. ext.* Corps de magistrats. La — assise, les membres qui siègent comme juges. La — debout, les représentants du ministère public. L'inamovibilité de la —.

MAGNANERIE [mà-ñàn'-ri ; *en vers,* -ñà-ne-ri] *s. f.*
[ÉTYM. Emprunté du provenç. mod. magnanarié, *m. s.* de magnan, ver à soie, mot d'origine incertaine, § 11. || *Néolog.* Admis ACAD. 1878.]
|| Local où on élève des vers à soie. || *P. ext.* Industrie de ceux qui élèvent des vers à soie.

MAGNANIME [mà-ñà-nim'] *adj.*
[ÉTYM. Emprunté du lat. magnanimus, *m. s.* de magnus, grand, et animus, esprit. || 1549. R. EST.]
|| Qui montre de la grandeur d'âme. Charles Iᵉʳ, roi d'Angleterre, était juste, modéré, —, BOSS. *R. d'Angl.* Votre cœur aisément se montre —, RAC. *Iph.* I, 3. *Substantivt.* Tu fais le —, CORN. *Cinna,* V, 1.

MAGNANIMEMENT [mà-ñà-nìm'-man ; *en vers,* -ni-me-...] *adv.*

[ÉTYM. Composé de magnanime et ment, § 724. || XVᵉ-XVIᵉ s. J. LE MAIRE, dans DELB. *Rec.* Admis ACAD. 1762.]
|| D'une manière magnanime.

MAGNANIMITÉ [mà-ñà-ni-mi-té] *s. f.*
[ÉTYM. Emprunté du lat. magnanimitas, *m. s.* || XIIIᵉ s. BRUN. LATINI, *Trésor*, p. 388. | XIVᵉ s. ORESME, *Éth.* II, 10.]
|| Grandeur d'âme. Ce qui fait les héros..., valeur, —, BOSS. *Condé.* La — est un noble effort de l'orgueil, par lequel il rend l'homme maître de lui-même, pour le rendre maître de toutes choses, LA ROCHEF. *Max.* 90.

MAGNÉSIE [mà-ñé-zi] *s. f.*
[ÉTYM. Dérivé du lat. magnes, aimant, par assimilation de forme et de couleur, § 224. (*Cf.* manganèse.) || 1690. FURET. Admis ACAD. 1762.]
|| 1º (Chimie.) Peroxyde de manganèse, dit aussi — noire (par opposition à la magnésie, oxyde de magnésium). — des verriers, des peintres, oxyde de manganèse.
|| 2º Oxyde de magnésium. || — anglaise, sous-carbonate de magnésie, substance légèrement purgative.

*MAGNÉSIEN, ENNE** [mà-ñé-zyin, -zyèn'; *en vers,* -zi-...] *adj.*
[ÉTYM. Dérivé de magnésie, § 244. || XVIIIᵉ s. Terre magnésienne, CONDORCET, *Éloge de Margraaf.*]
|| (Chimie.) Qui contient de la magnésie. Sels magnésiens.

*MAGNÉSIQUE** [mà-ñé-zïk'] *adj.*
[ÉTYM. Dérivé de magnésie, § 229. || *Néolog.*]
|| (Chimie.) Qui a pour base la magnésie. Sel —. || Lumière —, lumière brillante produite par la combustion du magnésium.

MAGNÉSIUM [mà-ñé-zyòm'; *en vers,* -zi-òm'; selon ACAD. màg'-né-...] *s. m.*
[ÉTYM. Dérivé de magnésie, § 224. || *Néolog.* Admis ACAD. 1878.]
|| (Chimie.) Corps simple, métal, qui brûle à l'air avec une lumière blanche éblouissante, laissant comme résidu une poudre blanche qui est un oxyde de magnésium (magnésie).

MAGNÉTIQUE [mà-ñé-tïk'] *adj.*
[ÉTYM. Emprunté du lat. magneticus, *m. s.* de magnes, aimant. || 1617. La boiste magnetique, P. DE LA NOUE, *Choses nouv. inventees*, dans DELB. *Rec.*]
|| (T. didact.) || 1º Qui a rapport au magnétisme. Barreau —, barreau d'acier aimanté. Propriété — du globe terrestre, par laquelle il agit comme un vaste aimant. Pôle —, point variable voisin du pôle nord, vers lequel une aiguille aimantée, mobile autour d'un axe, dirige toujours une de ses extrémités. || *Fig.* Qui exerce sur les personnes une sorte d'attraction irrésistible. Un regard —.
|| 2º Qui a rapport au magnétisme animal. Le sommeil —.

*MAGNÉTIQUEMENT** [mà-ñé-tïk'-man; *en vers,* -ti-ke-...] *adv.*
[ÉTYM. Composé de magnétique et ment, § 724. || 1784. Ils agissent magnétiquement les uns sur les autres, BERGASSE, *Consid. sur le magnét. animal*, p. 58.]
|| (T. didact.) D'une manière magnétique.

MAGNÉTISER [mà-ñé-ti-zé] *v. tr.*
[ÉTYM. Dérivé du radical de magnétique, § 267. || 1784. En magnétisant, THOURET, *Rech. sur le magnét. animal*, p. 86. Admis ACAD. 1835.]
|| (T. didact.) Soumettre (qqn) à l'action du magnétisme (animal). || *Fig.* — qqn, exercer sur lui une sorte d'attraction irrésistible.

MAGNÉTISEUR, *MAGNÉTISEUSE [mà-ñé-ti-zeùr, -zeùz'] *s. m. et f.*
[ÉTYM. Dérivé de magnétiser, § 112. THOURET emploie magnétiste (1784). || 1791. VOLNEY, *Ruines*, p. 103, note. Admis ACAD. (au masc.) 1835.]
|| (T. didact.) Celui, celle qui magnétise.

MAGNÉTISME [mà-ñé-tïsm'] *s. m.*
[ÉTYM. Dérivé du radical de magnétique, § 265. || 1724. L'idée d'un magnétisme, LE P. CASTEL, *Traité de la pesant. univ. des corps*, II, 347. Admis ACAD. 1762.]
|| 1º (T. didact.) Puissance d'attraction particulière aux aimants naturels ou artificiels.
|| 2º — animal, et, *absolt,* —, puissance d'endormir qqn d'un sommeil mystérieux, pendant lequel il agit et parle sous l'empire de la volonté du magnétiseur.

MAGNIFICAT [màg'-ni-fi-kàt'] *s. m.*
[ÉTYM. Mot lat. (3ᵉ pers. sing. indic. prés. de magnifi-

care, magnifier) par lequel débute le cantique dit Magnificat, § 217. || XIIIᵉ-XIVᵉ s. Quant vint au magnificat dire, J. DE CONDÉ, *Dit du Magnificat*, 69. Admis ACAD. 1835.]
|| Paroles de la Vierge Marie exaltant le Seigneur, qu'on chante comme cantique aux vêpres et au salut. Chanter le Magnificat. || Au Magnificat, à Magnificat, au moment de l'office où l'on chante le Magnificat. A Magnificat je me vois encensé, BOIL. *Lutr.* 1. || *Fig. Loc. prov.* Entonner le Magnificat à matines, faire qqch mal à propos. Corriger le Magnificat, gloser sur le Magnificat, critiquer mal à propos.

MAGNIFICENCE [mà-ñi-fi-sàns'] *s. f.*
[ÉTYM. Emprunté du lat. magnificentia, *m. s.* || XIIIᵉ s. Magnificence vaut autant a dire comme grandor, BRUN. LATINI, *Trésor*, p. 397. | XIVᵉ s. Par grant magnificence, BERSUIRE, fº 40, dans LITTRÉ.]
|| 1º Qualité de ce qui est magnifique. Tout l'univers est plein de sa —, RAC. *Ath.* I, 4. La — du culte extérieur, MONTESQ. *Espr. des lois*, XXV, 7. Ces deux rois avec leur cour, d'une grandeur, d'une politesse et d'une —, aussi bien que d'une conduite si différente, BOSS. *Marie-Thérèse.* Avec quelle — la nature ne brille-t-elle pas sur la terre? BUFF. *Quadrupèdes.* || *P. anal.* La — du style. Une — d'expression, RAC. *Disc. à l'Acad.* || *P. anal.* Objet somptueux. C'étaient là ses magnificences, LA F. *Fab.* X, 9.
|| 2º *P. ext.* Libéralité pleine de grandeur. Elle eut une — royale, et l'on eût dit qu'elle perdait ce qu'elle ne donnait pas, BOSS. *R. d'Angl.*

MAGNIFIER [mà-ñi-fyé; *en vers,* -fi-é] *v. tr.*
[ÉTYM. Emprunté du lat. magnificare, *m. s.* || XIIᵉ s. Seit magnifier li Sires, *Psaut. de Cambridge*, XXXIV, 28.]
|| *Vieilli.* Célébrer comme grand. Elle (la Vierge) rapporta uniquement à Dieu la gloire de ce qu'il avait opéré en elle; elle le magnifia, mais elle ne se magnifia point elle-même, NICOLE, *l'ens. sur les myst.* | Quintius ne s'arrêta pas tant à les armes des Romains, MALH. *Tite Live*, XXIII, 2.

MAGNIFIQUE [mà-ñi-fïk'] *adj.*
[ÉTYM. Emprunté du lat. magnificus, *m. s.* || XIIIᵉ s. Li hom qui est magnifiques, BRUN. LATINI, *Trésor*, p. 286. | 1530. R. EST.]
|| 1º Qui a une somptuosité pleine de grandeur. De tes tours les magnifiques faites, RAC. *Esth.* I, 2. Temple orné partout de festons magnifiques, ID. *Ath.* I, 1. Soit qu'il embellit cette — maison, BOSS. *Condé.* Des fêtes magnifiques. || *P. anal.* Des discours étudiés et magnifiques, BOSS. *D. d'Orl.* Et souvent on ennuie en termes magnifiques, BOIL. *Ép.* 4. Faire des promesses magnifiques, qui annoncent de grandes choses. || *P. hyperb.* Très beau. Il fait un temps —. || Titre honorifique. A messieurs les très honorés et magnifiques seigneurs de la république de Genève, D'AUB. *Lett.* 20 juill. 1619.
|| 2º Qui a une libéralité pleine de grandeur. Tel a vécu pendant toute sa vie chagrin, emporté, avare, qui était né gai, paisible, paresseux, —, LA BR. 6. L'on devient — sans l'avoir jamais été (quand on aime), PASC. *Amour.*

MAGNIFIQUEMENT [mà-ñi-fïk'-man; *en vers,* -fi-ke-...] *adv.*
[ÉTYM. Composé de magnifique et ment, § 724. || XVᵉ s. Plus magnifiquement, *Myst. du siège d'Orléans*, 17811.]
|| D'une manière magnifique. Ceux qui étaient vêtus —, SACI, *Bible, Luc*, VII, 25. | Vous parlez — De cinq ou six contes d'enfant, LA F. *Fab.* II, 1.

MAGNOLIA [mà-ñò-lyà; *en vers,* -li-à] et **MAGNOLIER** [mà-ñò-lyé] *s. m.*
[ÉTYM. Dérivé de Magnol (Pierre), célèbre botaniste français (1638-1715), §§ 36, 224 et 115. || 1752. Magnolia, TRÉV. Admis ACAD. 1835 (magnolier) et 1878 (magnolia).]
|| (Botan.) Arbre exotique, à grandes feuilles luisantes d'un beau vert, à fleurs odorantes d'un blanc pur.

1. MAGOT [mà-gó] *s. m.*
[ÉTYM. Altération de mugot (*V.* ce mot) sous l'influence de l'anc. franç. magaut, plus anciennement macaut, poche, bourse, d'origine inconnue, § 509. || 1642. Le magot ou magaut, de l'argent caché, OUD.]
|| Argent serré, mis en réserve. A peine fut-il parti que des voleurs vinrent prendre le —, VOLT. *Lett.* déc. 1773. Je m'imaginais que mon petit — lui serait d'un grand secours, J.-J. ROUSS. *Confess.* 5.

2. MAGOT [mà-gó] *s. m.*
[ÉTYM. Paraît être le nom propre Magog, associé à celui de Gog dans la Bible, et désignant tantôt un pays, tantôt une nation de l'extrême Orient, § 36. || 1517. Au depit de

villeyns magos, *Sottie*, dans *Mélanges de philol. romane dédiés à Carl Wahlund*, p. 202.]

‖ Gros singe à taille ramassée, à très courte queue, du genre macaque. Notre — prit pour ce coup Le nom d'un port pour un nom d'homme, LA F. *Fab.* IV, 7. ‖ *Fig. Famil.* Homme très laid. Vous ne seriez pas le premier — qui aurait épousé une jolie fille, REGNARD, *Sérén.* sc. 16. *Au fém.* (*rare*). Voyez cette magotte, MARIV. *Jeu de l'am. et du has.* III, 6. ‖ *P. anal.* Figurine trapue en porcelaine, en jade, etc., fabriquée d'abord en Chine, au Japon. Un — de la Chine. ‖ *P. ext.* Otez-moi ces magots-là, dit-il (Louis XIV), un jour qu'on avait mis un Téniers dans un de ses appartements, VOLT. *Mél. hist. Anecd. sur L. XIV.*

MAHALEB [mà-à-lèb'] *s. m.*
[ÉTYM. Paraît être l'arabe mahleb, m. s. § 22. ‖ XVI° s. Maguelet, RAB. II, 34. | 1611. Macaleb, maguelet, COTGR. Admis ACAD. 1762.]
‖ (Botan.) Sorte de cerisier, à bois dur et veiné, dit bois de Sainte-Lucie.

*MAHONILLE** [mà-ò-nïy'] *s. f.*
[ÉTYM. Dérivé de Mahon, ville des Baléares, §§ 36 et 258. ‖ *Néolog.*]
‖ (Botan.) Plante de la famille des Crucifères, dite julienne ou giroflée de Mahon.

*MAHUTE** [mà-ût'] *s. m. et f.*
[ÉTYM. Anc. franç. mahustre, humérus, d'origine inconnue, § 361. ‖ XIII° s. Sur l'espaule descent li brans et devala, U mahustre se fiert, *Doon de Mayence*, 5122.]
‖ (Fauconn.) Partie du haut des ailes de l'oiseau voisine des épaules.

1. MAI [mè] *s. m.*
[ÉTYM. Du lat. maium, m. s. § 291.]
‖ Le cinquième mois de l'année. Puisque — tout en fleurs dans les prés nous réclame, v. HUGO, *Crépusc.* 31. Arbre de —, et, *ellipt*, —, arbre enrubanné qu'on plante le 1er mai devant la porte de qqn, pour le fêter, l'honorer. (Hist.) Champ de —. (*V.* champ.) ‖ Rose de —, la rose pompon. Des joues fraîches comme une rose de —. Beurre de —, beurre préparé en mai avec certains ingrédients, et auquel on attribuait des vertus médicinales. La mi-—, époque où la moitié du mois de mai est écoulée. *P. ext.* Époque où la tête du cerf est à demi faite.

2. *MAI [mè] *s. f. V.* mait.

MAIE. V. mait.

MAÏEUR [mà-yeûr] *s. m.*
[ÉTYM. Du lat. majŏrem, proprt, « plus grand », §§ 398, 325 et 291. (*Cf.* le doublet majeur.)]
‖ *Anciennt. Dialect.* Maire.

1. MAIGRE [mêgr'] *adj.*
[ÉTYM. Du lat. macrum, m. s. §§ 386 et 291.]
‖ **1°** (En parlant de l'homme, des animaux vivants.) Dont le corps a peu de graisse. Vous êtes — entrée, il faut — sortir, LA F. *Fab.* III, 17. Le corps sec et le visage —, LA BR. 6. Les sept vaches maigres que Joseph vit en songe présageaient sept années de disette. — comme un coucou, comme un chat de gouttière. Courir comme un chat — (que la graisse n'empêche pas de courir). *Substantivt.* Cheval chargé de —, cheval efflanqué. ‖ *Fig.* Qui a peu de substance. Une — végétation. Plante, épi —, et, *p. ext.* Sol —, qui donne peu de substance aux plantes. Chaux —, chaux de qualité inférieure, qui se calcine imparfaitement et ne foisonne pas. Faire un — repas, peu substantiel. Un jambon d'assez — apparence, BOIL. *Sat.* 3. *P. anal.* Faire — chère, — visage, — réception à qqn, lui faire peu d'accueil. Et vous me la chassez pour un — sujet (pour une cause légère), MOL. *F. sav.* II, 7. Pour un — auteur (un auteur sans importance) que je glose en passant, BOIL. *Sat.* 9. Colonne, moulure, lettre, trait —, trop menus. Navire —, à coque étroite. — eau, peu profonde. *Substantivt.* Les maigres et les gués d'une rivière. ‖ De maigres revenus, peu abondants. ‖ *Adverbt.* (Technol.) Étamper —, percer les trous ou étampures d'un fer à cheval près du bord extérieur. (Fauconn.) Voler bas et —, avoir un vol de peu d'étendue.
‖ **2°** (En parlant de la viande.) Qui a peu ou point de graisse. Une côtelette —. Du lard —. Servir à qqn un morceau —. ‖ *Famil. Substantivt.* Donnez-moi du —, de la partie de la viande où il n'y a point de graisse. ‖ *Fig.* Toile —, toile d'emballage ordinaire (par opposition à toile grasse, enduite d'un corps gras pour préserver de l'humidité). *P. ext.* Emballage —, en toile maigre.

‖ **3°** *P. ext.* (En parlant des aliments.) Où il n'entre ni viande ni graisse. Soupe —. Repas —. Aliments maigres, poissons, légumes, etc. *P. ext.* Viande —, chair de certains oiseaux d'eau, considérée comme aliment maigre. Jours maigres, pendant lesquels l'Église prescrit de s'abstenir d'aliments gras. ‖ *Substantivt.* Le —, alimentation où il n'entre ni viande ni graisse. Faire —, manger —.

2. MAIGRE [mêgr'] *s. m.*
[ÉTYM. Paraît tiré de maigre 1, non que ce poisson soit maigre, dit COTGR., mais parce que la blancheur de sa chair le fait paraître tel. ‖ XVI° s. Limandes, carreletz, maigres, RAB. IV, 60.]
‖ Grand poisson des mers d'Europe, de l'ordre des Acanthoptérygiens.

MAIGRELET, ETTE [mè-gre-lè, -lèt'] *adj.*
[ÉTYM. Dérivé de maigre, § 134. (*Cf.* maigret.) ‖ 1611. COTGR.]
‖ Un peu trop maigre. Une petite femme maigrelette.

MAIGREMENT [mè-gre-man] *adv.*
[ÉTYM. Composé de maigre et ment, § 724. ‖ XIII° s. Maigrement les salue, ADENET, *Berte*, 1934.]
‖ D'une manière maigre, peu abondante. Traiter — ses invités. ‖ Un sujet — développé.

MAIGRET, ETTE [mè-grè, -grèt'] *adj.*
[ÉTYM. Dérivé de maigre, § 133. ‖ XIII° s. Si tres haingre, si tres megrete, G. DE COINCY, *Mir. de N.-D.* p. 571.]
‖ *Vieilli.* Un peu maigre. (*Cf.* maigrelet.)

MAIGREUR [mè-greûr] *s. f.*
[ÉTYM. Dérivé de maigre, § 110. (*Cf.* le bas lat. macrorem ou macorem, m. s.) ‖ 1539. R. EST.]
‖ État de l'homme, des animaux dont le corps a peu de graisse. ‖ *Fig.* État de ce qui a peu de corps, de substance. La — de la végétation. La — d'une colonne, d'une moulure, d'un trait, son caractère trop menu.

*MAIGRICHON, ONNE** [mè-gri-chon, -chòn'] *adj.*
[ÉTYM. Dérivé de maigre, § 107. ‖ *Néolog.*]
‖ *Famil.* Qui est un peu trop maigre.

MAIGRIR [mè-grîr] *v. intr. et tr.*
[ÉTYM. Dérivé de maigre, § 154. ‖ XVI° s. Maigrissant son corps, AMYOT, *Anton.* 69.]
‖ **1°** *V. intr.* Devenir maigre. Cette personne a maigri. *Absolt.* L'exercice physique fait —.
‖ **2°** *Anciennt. V. tr.* Rendre maigre. Quoique la diète très exacte qu'il observe depuis cinq mois l'ait assez maigri, RAC. *Lett.* 171. Maigri par les veilles. | *P. ext. Famil.* Faire paraître maigre. La barbe le maigrit. ‖ (Technol.) Amincir (une pièce de bois).

MAIL [mày'] *s. m.*
[ÉTYM. Du lat. malleum, marteau, §§ 463, 355 et 291.]
I. Marteau. — d'armes, ancienne arme contondante qui avait la forme d'un lourd marteau de fer.
II. *Spécialt.* ‖ **1°** Lourd marteau de forge. | Lourd marteau de carrier pour enfoncer les coins.
‖ **2°** Masse en bois dur, ferrée, à manche long et flexible, avec laquelle on pousse une boule de buis au moyen du mail. ‖ *P. ext.* | 1. Jeu où l'on fait usage de cette masse. Jouer au —. Boule de —. A la danse, au —, à la paume, ST-SIM. XII, 78. | 2. Allée où l'on joue au mail. | 3. Promenade publique faite sur l'emplacement d'un ancien mail.

*MAILLAGE** [mà-yàj'] *s. m.*
[ÉTYM. Dérivé de mailler 2, § 78. ‖ 1775. LALANDE, *Tanneur*, dans *Descr. des arts et mét.* II, 48.]
‖ (Technol.) Action de battre avec un maillet.

MAILLARD (COLIN-). V. colin-maillard.

1. MAILLE [mày'] *s. f.*
[ÉTYM. Du lat. macula, qui signifie à la fois « boucle » et « tache », §§ 290, 390 et 291.]
I. Boucle.
‖ **1°** Chacune des petites boucles de fil, de soie, de laine, de corde, dont l'entrelacement forme un tissu lâche (réseau, tricot, filet, etc.). Une — rompue. Reprendre, relever une —. | *Spécialt.* — portée, qui, sans sortir de la première aiguille, passe dans la suivante. — mordue, dont la moitié seulement est engagée dans la tête de l'aiguille. — retournée, qu'on reprend avec l'aiguille après l'avoir laissée tomber, pour qu'elle fasse un relief à l'envers et un creux à l'endroit. LE MAITRE TAILLEUR : Ils (les bas) ne s'élargiront que trop. — M. JOURDAIN : Oui, si je romps toujours des mailles, MOL. *B. gent.* II, 5.] Les mailles d'un filet. Une — rongée

emporta tout l'ouvrage, LA F. *Fab.* II, 11. || *P. anal.* | **1.** Chacune des petites boucles de fer, d'acier, dont l'entrelacement forme un tissu à l'épreuve de la lance, de l'épée, etc. **Une cotte de mailles. Une chemise de mailles.** *Vieilli. Loc. prov.* — à — se fait le haubergeon, une suite de petits efforts continus conduit sûrement au but. | **2.** Chacun des annelets de métal dont l'entrelacement forme une chaîne. (*Syn.* **chaînon.**)

|| **2°** *P. ext.* Espace vide dont cette boucle de fil, de soie, forme le contour. **Un filet dont les mailles trop larges laissent passer le poisson.** || *P. anal.* | **1.** Chacun des espaces vides laissés entre les fils de fer, de laiton, d'un treillage. | **2.** Boucle des lices du métier à lices, où passe le fil de la chaîne. | **3.** Intervalle entre deux couples mis en place, dans la membrure d'un navire. | **4.** Espace vide entre quatre pièces de charpente qui se croisent deux à deux. | **5.** (Blason.) Boucle sans ardillon. | *P. ext.* (T. forestier.) Fissure du bois qui rayonne en divergeant du cœur de l'arbre, et s'entre-croise avec les cercles concentriques de l'aubier. **Débiter un chêne sur mailles,** en dirigeant la scie dans le sens du rayon; **contre —,** perpendiculairement au rayon.

|| **3°** (Boucherie.) Maniement pair, situé à l'angle antérieur et externe de l'ilium.

II. Tache.

|| **1°** Moucheture sur le plumage d'un oiseau; *spéciall,* du perdreau.

|| **2°** Sorte de taie qui se forme sur la prunelle.

|| **3°** Dans les melons et concombres, tache qui marque la place d'où sort le fruit.

2. MAILLE [mây'] *s. f.*

[ÉTYM. Du lat. pop. *metallia,* adj. fém. dérivé de metallum, métal, employé substantivement (*V.* §§ 386 et 224), proprt, « monnaie de métal », devenu *medallia, medaille, meaille,* §§ 402, 463 et 291, *maaille, maille,* § 358. (*Cf.* le doublet médaille.) || XIIe s. A la messe des esposailles N'ot pas ofrande de meailles, *Partenopeus,* 10799.]

|| *Ancienn.* Petite pièce de monnaie qui valait la moitié du denier. **Il n'a ni sou ni —.** *Fig.* **Avoir — à partir (à partager) avec qqn,** avoir un différend avec qqn. **Et l'on nous voit sans cesse avoir — à partir,** MOL. *Él.* I, 7. | *P. ext.* Petit poids valant le quart de l'once. || *Fig.* La moindre partie d'une chose. **De nouveauté dans mon fait il n'est — (il n'y a pas la moindre nouveauté),** LA F. *Contes, Juge.*

MAILLEAU [mà-yó] s. m.

[ÉTYM. Dérivé de mail, § 126. || XIIIe s. Et des mailliaus ne di je pas…, dans MONTAIGLON et RAYNAUD, *Rec. de fabliaux,* I, 232.]

|| (Technol.) Petit maillet avec lequel le tondeur de drap fait mouvoir une des branches des forces (grands ciseaux). (*Cf.* cureau.)

MAILLECHORT [mây'-chòr; *en vers,* mà-ye-…] *s. m.*

[ÉTYM. Composé fait arbitrairement avec les premières syllabes de **Maillot** et **Chorier,** noms de deux ouvriers lyonnais qui imaginèrent cette composition, § 213. || *Néolog.* Admis ACAD. 1878.]

|| Alliage de cuivre, de zinc et de nickel, de la couleur de l'argent, dont on fait des couverts, des ornements de harnais, etc.

1. MAILLER [mà-yé] *v. tr.*

[ÉTYM. Dérivé de maille 1, au sens de « boucle » (**I**) et au sens de « tache » (**II**), § 154. || XIIe s. Blanc auberc menu maillié, *Partenopeus,* 2979.]

|| (Technol.) || **1.** || **1°** Faire (qqch) de mailles entrelacées. **Un filet maillé serré. Un haubert maillé menu. Un treillage maillé également. Une fenêtre à barreaux maillés,** recouverte d'un grillage; **à fer maillé,** à barreaux entre-croisés en carré, en losange, etc. | *P. anal.* **Maçonnerie maillée,** et, *au part. passé pris substantivt,* **Le maillé,** maçonnerie à joints obliques. | *P. ext.* Couvrir de mailles. **Chien maillé,** dont le cou est armé de mailles, pour la chasse au sanglier. | (Blason.) **Maillé,** couvert d'une cotte de mailles.

|| **2°** Lier à l'aide de mailles. (Marine.) **— une bonnette,** la lacer à l'aide de boucles de cordage.

II. Moucheter. **Les perdreaux se maillent en atteignant leur croissance. Perdreaux maillés,** et, *p. plaisant.* **Tendrons en abondance Plus que maillés (adultes),** LA F. *Contes, Purgatoire.* | *Intransitivt.* **Les perdreaux commencent à —.**

2. *MAILLER [mà-yé] *v. tr.*

[ÉTYM. Dérivé de mail, § 154. (*Cf.* le doublet malléer.)

|| XIIe s. Com au mur par grant aïr maillent, *Floire et Blancheft.* I, 443.]

|| (Technol.) Battre avec un maillet. **— le cuir, le lin.**

3. *MAILLER. *V.* mailler.

MAILLET [mà-yè] *s. m.*

[ÉTYM. Dérivé de mail, § 133. || XIIIe s. Le maillet troverent pendant A la porte, *Renart,* VIII, 93.]

|| Sorte de marteau en bois à deux têtes. **— de tonnelier. — de calfat,** pour enfoncer l'étoupe dans les interstices des cordages. | *P. anal.* **— d'armes,** sorte de masse, arme contondante. | (Blason.) Espèce de marteau plus petit que la mailloche. | *P. ext.* Masse de bois armée de fer, servant à effilocher le chiffon pour la fabrication du papier. || *Fig.* (Hist. nat.) Poisson dit **squale marteau.**

***MAILLETAGE** [mày'-tàj'; *en vers,* mà-ye-…] *s. m.*

[ÉTYM. Dérivé de mailleter, § 78. || 1771. TRÉV.]

|| (Marine.) Action de mailleter; résultat de cette action. || *P. ext.* Doublage mailleté d'un vaisseau.

***MAILLETER** [mày'-té; *en vers,* mà-ye-té] *v. tr.*

[ÉTYM. Dérivé de maillet, §§ 65 et 154. || XVe s. Tant le mailletay et fery, P. VIRGIN, *Pèlerinage,* dans GODEF.]

|| (Marine.) Garnir de clous à large tête qu'on enfonce avec un maillet. **— le doublage d'un vaisseau.**

MAILLOCHE [mà-yǒch'] *s. f.*

[ÉTYM. Dérivé de mail, § 83. || 1409. Une mailloche a tonnelier, dans DU C. mailhetus.]

|| Lourd maillet. **— de carrier,** pour enfoncer les coins dans la pierre. || *Spéciall.* (Marine.) Masse de bois creusée d'un sillon, dont on se sert pour tourner le bitord autour d'un cordage qu'on veut fourrer.

***MAILLOIR** [mà-ywàr] *s. m.*

[ÉTYM. Dérivé de mailler 2, § 113. || *Néolog.*]

|| (Technol.) Pierre sur laquelle on maille.

***MAILLON** [má-yon] *s. m.*

[ÉTYM. Dérivé de maille 1, § 104. || 1555. Liens et maillons, COTEREAU, dans GODEF.]

|| (Technol.) Petite maille. **Les maillons d'une chaînette.** | *P. anal.* Nœud coulant pour saisir un objet dans l'eau. || Anneau d'un câble-chaîne. || Anneau qui attache les licettes dans un métier. || Lien pour attacher la vigne.

1. MAILLOT [mà-yó] *s. m.*

[ÉTYM. Altération, par substitution de suffixe, de l'anc. franç. maillol, § 62. Maillol semble dérivé de maille 1. || XIIe s. Porté l'en ont en son mailloel, *Thèbes,* append. III, 3.]

|| Pièce de toile ou d'étoffe dans laquelle on lace les nouveau-nés. **Il (Jésus) est dans le —, et les mages l'adorent,** BOSS. *1er Nativité,* I, 2. *P. ext.* **Un enfant au —,** un nouveau-né. | *P. ext.* **Un —,** un enfant au maillot. **Ce petit — de Mme de Coulanges,** SÉV. 1091.

2. MAILLOT [mà-yó] *s. m.*

[ÉTYM. Nom propre d'inventeur, § 36. || *Néolog.* Admis ACAD. 1878.]

|| Sorte de caleçon collant. **Un — de danseuse.**

MAILLURE [mà-yūr] *s. f.*

[ÉTYM. Dérivé de mailler 1, § 111. || 1690. Mailleure, FURET. Admis ACAD. 1762.]

|| (Technol.) Moucheture sur le plumage d'un oiseau. (*Cf.* émaillure.) || Tache dans le bois.

MAIN [min] *s. f.*

[ÉTYM. Du lat. manum, *m. s.* §§ 299 et 291.]

I. Organe de préhension et de tact placé au bout du bras de l'homme, et muni de cinq doigts dont l'un (le pouce) peut s'opposer aux quatre autres. **Nous ne sommes au-dessus des animaux que par quelques rapports de plus, tels que ceux que nous donnent la langue et la —,** BUFF. *Hist. nat. Homme,* 1. **La — droite, la — gauche. A — droite,** du côté droit; **à — gauche,** du côté gauche (par rapport à celui qui parle). **Il n'y a entre ces deux choses que la largeur d'une —,** et, *ellipt,* **qu'une —.** *Fig.* **Ils sont comme deux doigts de la —, très unis. Les lignes de la —. Lire, examiner les lignes de la —.** (*V.* chiromancie.) | *P. plaisant.* **Pas plus que sur la —,** pour dire d'une chose qu'il n'y en a pas trace. **D'oreille autant que sur ma —,** LA F. *Fab.* x, 8. **Avoir les mains sales. Se laver les mains.** *Fig.* **Se laver les mains de qqch** (par allusion à Ponce-Pilate), s'en déclarer non responsable. **J'en mettrais ma — au feu,** manière d'attester ce dont on se croit sûr. | **Avoir froid aux mains. Ces mains victorieuses et maintenant défaillantes,** BOSS. *Condé.* **Avoir les mains chaudes (de fièvre).** | **Jouer à la — chaude.** (*V.* chaud.)

|| *Spéciall.* || **1°** La main servant à prendre, à saisir,

à tenir. **Prendre qqch à deux mains. Prenant en** — **un arc,** BOSS. *Hist. univ.* III, 8. **Avoir le verre en** — (pour boire). Je n'avais en — que ma houlette, FÉN. *Tél.* 2. **Un livre qui est en** —, que qqn a pris pour le lire. *P. ext.* **Une chose bien en** —, facile à manier. Il (un bâton) est bien en —, vert, noueux, MOL.. *Ét.* IV, 5. *Fig.* **Avoir en** —, **à sa disposition. Avoir la preuve en** —. Dieu... a tous les cœurs en sa —, BOSS. *Hist. univ.* III, 8. Un souverain Qui pour tout conserver tienne tout en sa —, CORN. *Cinna*, V, 1. **Prendre en** —, **se charger de.** Des auteurs décriés il prend en — la cause, BOIL. *Ép.* 9. **Mettre l'épée à la** —. Leur haine... T'avait mis contre moi les armes à la —, CORN. *Cinna*, V, 1. La vengeance à la —, ID. *Poly.* I, 3. || **Une épée à deux mains,** longue et large épée qu'on tenait à deux mains. | **Avoir toujours l'argent à la** — (pour payer). **Être à la** —, facile à manier. Un outil, une arme qui est bien à la —. | **Étoffe à pleine** —, épaisse, qui remplit la main, et, *ellipt,* **Donner de la** — **à une étoffe,** un apprêt qui la rend plus épaisse à la main. | (Marine.) **Amarrer bonne** —, **tenir bon à la** —, amarrer sans mollir. | **Dans les mains, en la possession, à la disposition** (de qqn). || **Les poètes mêmes,** qui étaient dans les mains de tout le peuple, BOSS. *Hist. univ.* III, 5. Je te plains de tomber dans ses mains redoutables, RAC. *Ath.* II, 5. Le roi de Perse est entre ses mains, BOSS. *Condé.* Rappelant le premier médecin, il se mit entre ses mains, PASC. *Prov.* 2. Dieu tient le cœur des rois entre ses mains puissantes, RAC. *Esth.* I, 1. || **Sous la** —. | **1.** A portée de la main. Il se prit à ce qui se trouva d'abord sous la —, HAMILT. *Gram.* 5. | **2.** *Fig.* Sous l'autorité. Seul, sous la — de Dieu, BOSS. *Condé.* **Être sous la** — **de la justice,** arrêté, saisi (en parlant d'une chose). || *Fig.* **Sous** — (proprement, en tenant caché sous sa —). **En cachette.** Annibal ne laissait pas sous — de leur susciter des ennemis, BOSS. *Hist. univ.* I, 9. On se contentera de s'en rire sous —, MOL. *Éc. des f.* I, 1. *Dans le sens opposé.* **Sur la** —, à nu, à découvert. Avoir le cœur sur la —, sans dissimulation. *P. ext. Vieilli.* Un chacun parlait le cœur dans la —, RÉGNIER, *Sat.* 2. || **Mettre la** — **au plat,** pour se servir. **Prendre qqn la** — **dans le sac,** en train de voler. **Mettre la** — **au collet à qqn,** pour l'arrêter. **Mettre, porter la** — **sur qqn,** le saisir. Burrhus ose sur moi porter ses mains hardies, RAC. *Brit.* IV, 2. **Mettre la** — **sur une chose,** s'en emparer. Craignant qu'il ne mît la — sur un sac de buffle où il y avait deux cent cinquante doublons, LES. *Diable boit.* 20. **Prendre à pleines mains,** prendre beaucoup. **S'en aller les mains pleines,** ayant pris beaucoup; **les mains vides, nettes,** n'ayant rien pris. **Rentrer au logis les mains nettes,** RAC. *Plaid.* I, 4. *Ellipt.* **Faire sa** —, prendre largement. Celui-ci fit sa —, LA F. *Fab.* IX, 15. *Spécialt. Fig.* (T. de droit.) — **mise, saisie** ; — **levée,** levée de la saisie ; — **morte,** possession non transmise. (*V.* **mainmise, mainlevée, mainmorte.**) *Fig.* **Mettre la** — **sur qqn,** le mettre dans sa dépendance. J'ai mis sur toi ma puissante —, BOSS. *A. de Gonz. Dans un autre sens.* **Mettre la** — **sur une chose** (qu'on cherche), la trouver. || **Prendre, tenir qqn par la** —, pour le soutenir, l'aider. *Dans le même sens.* **Donner la** — **à qqn.** Donnez-moi seulement la — jusque chez moi, MOL. *Mis.* III, 5. || *Fig.* **Donner, prêter la** — **ou les mains,** donner, prêter aide (à qqn, à qqch). Les troupes, qu'on disposait de manière qu'elles se prêtaient la — les unes les autres, BOSS. *Hist. univ.* III, 6. **Prêter la** —... aux sottises de mon mari, MOL. *B. gent.* IV, 2. *P. ext.* J'y donne les mains, je m'y prête, j'y consens. *Dans un autre sens.* Ces mêmes Romains ont prêté leurs mains sans y penser à la vengeance divine (en ont été l'instrument), BOSS. *Hist. univ.* III, 1. || *Fig.* **Donner la** — **à,** s'unir avec. Le printemps et l'automne semblent se donner la —, FÉN. *Tél.* 6. *Famil.* **Ils peuvent se donner la** —, ils vont bien l'un avec l'autre. || *Spécialt.* **Pour tenir, pour conduire un cheval. La** — **de la bride,** la main gauche. **Baisser la** —, **lâcher, rendre la** — **à un cheval,** lui tenir la bride moins serrée, pour le laisser courir. *Fig.* **Lâcher la** — **à qqn,** lui donner plus de liberté. Dieu, qui tient en bride, autant qu'il lui plaît, les esprits trompeurs, leur lâcha la —, BOSS. *Hist. univ.* II, 22. **Tenir un cheval dans la** —, avoir un cheval en —, le tenir dans une position où il obéit docilement aux mouvements de la main. *Fig.* **Tenir la** — **à qqn,** ne pas le laisser s'émanciper. Et vous faites fort bien de lui tenir la —, REGNIER, *Fol. am.* II, 5. **Tenir la** — **à qqch,** veiller à ce qu'on n'y manque pas. || *Dans le même sens.* | **1. Tenir la** — **haute au cheval,** avoir la — haute (de manière à raccourcir la bride). *Fig.* **Tenir la** — **haute à qqn,** lui faire sentir son autorité. *P. anal.* La grammaire, qui sait régenter jusqu'aux rois, Et les fait, la — haute, obéir à ses lois, MOL.

F. sav. II, 6. **Avoir la haute** — (l'autorité prépondérante) **dans qqch.** | **2. Faire qqch haut la** —, d'autorité, en surmontant tout obstacle. **Un cheval qui gagne à la** —, qui augmente peu à peu de vitesse en faisant céder la main qui le retient. **Un cheval qui force la** —, qui part malgré le cavalier, et, *fig.* **Forcer la** — **à qqn,** lui faire faire qqch contre sa volonté. **Un cheval qu'on mène en** —, **à la** —, qu'on mène par la bride sans être monté dessus. **Un cheval de** —, qu'on mène à la main. *P. ext.* **Un cheval à toutes mains,** qui sert pour la selle ou la voiture. *P. plaisant. Fig.* C'est un épouseur à toutes mains (prêt à épouser toutes les femmes), MOL. *D. Juan,* I, 1.

|| **2°** La main servant à donner, à recevoir. **Tel donne à pleines mains** qui n'oblige personne, CORN. *Ment.* I, 1. || *Fig.* Ce long amas de gloire Qu'à pleines mains sur vous a versé la victoire, CORN. *Nicom.* III, 6. || **Donner qqch de la** — **à la** —, directement. **Mettre à qqn qqch aux mains,** lui en procurer la possession. *Fig.* **Mettre à qqn le pain à la** —, lui procurer le moyen de gagner sa vie. **Remettre une chose à qqn en** — **propre,** à la personne elle-même. **Déposer une somme en** — **tierce.** *Fig.* Nulle force ne vous ravira ce que vous aurez déposé entre ses mains divines, BOSS. *D. d'Orl.* Elle met dans ma — sa fortune, ses jours, RAC. *Baj.* III, 4. Sa — droite les cachait à sa — gauche, BOSS. *Le Tellier.* || (Droit.) **Donner d'une** — **et retenir de l'autre,** faire donation de qqch sans s'en dessaisir. **Se payer par ses mains,** s'indemniser sur ce qu'on a en sa possession et qui appartient au débiteur. **Une chose qui passe de** — **en** —. Le royaume de Juda passa des mains des Asmonéens... en celles d'Hérode, BOSS. *Hist. univ.* II, 18. **Cette maison a changé de** — —. || **Accepter, refuser une chose de la** — **de qqn.** Je veux de ma — vous choisir un époux, RAC. *Brit.* II, 3. Un mari n'a guère de rival qui ne soit de sa —, LA BR. 3. **Recevoir une chose de la première** —, de la source. Les Carthaginois voulurent recevoir les métaux de la première —, MONTESQ. *Espr. des lois,* XXI, 11. *P. anal.* **Tenir une nouvelle de première** —. Ayez les choses de première —, à la source, LA BR. 14. **Ouvrage de seconde** —, fait, non sur les secondes mains, mais d'après ceux qui s'en sont servis. || **Donner la bonne** —, un pourboire. **Donner à manger à un oiseau dans sa** —. **Un oiseau qui mange dans la** — (qui est apprivoisé). *Fig.* **Manger dans la** — **à qqn,** être trop familier avec lui. || *Spécialt.* (T. de jeu.) **Avoir la** — **heureuse** (gagner au jeu), et, *fig.* avoir de la chance. || **Il a la** —, c'est à lui de donner les cartes. **Perdre la** —, perdre la donne, pour avoir mal donné. *P. ext.* A certains jeux, où l'on tient les cartes tant qu'on gagne. **Avoir une** —, gagner plus d'un coup de suite. **Passer la** —, cesser de tenir le jeu, et passer les cartes à un autre. *Fig.* Ils dansent toujours, ils ne rendent la — à personne de l'assemblée (ils ne laissent pas les autres danser), LA BR. 16.

|| **3°** La main servant à travailler, à exécuter qqch. Grâce aux dons de la nature, La — est le plus sûr et le plus prompt secours, LA F. *Fab.* X, 15. **Avoir les mains libres,** embarrassées. **Lier les mains à qqn** (pour l'empêcher d'agir). *Fig.* **Avoir les mains liées,** ne pouvoir agir. Tandis qu'il vivait, nous avons eu les mains liées, PATRU, *Plaidoy.* 3. **Tourner la** —, en faisant une opération. *Loc. famil.* Cela a été fait en un tour de —. *P. ext.* **Avoir le tour de** —, la manière de faire, d'exécuter qqch. La — tournée, il n'y songe plus. La — de l'ouvrier est calleuse. **Avoir la** — **dans une affaire,** y coopérer. || **Mettre la** — **à qqch,** y travailler. **Mettre la** — **à l'ouvrage,** et, *famil. fig.* **Mettre la** — **à la pâte,** travailler de sa personne. **Mettre la dernière** — **à une œuvre,** l'achever. *Fig.* La dernière — que met à sa beauté Une femme allant en conquête, LA F. *Fab.* IV, 3. **Une chose préparée de longue** —, par des efforts qui datent de loin. || **On y reconnaît toujours la** — **du maître,** J.-J. ROUSSEAU, *Nouv. Hél.* III, 31. Un travail fait de — de maître, de — d'ouvrier, exécuté d'une manière supérieure. Ne cherchez pas d'autre règle pour juger de l'ouvrage, il est bon et fait de — d'ouvrier, LA BR. 1. || **Un ouvrage fait de** — **d'homme** (par opposition à ce qui est l'œuvre de la nature). *Ellipt. Vieilli.* Dieu ne se plaisait pas aux temples faits de — d'homme, mais en un cœur pur, PASC. *Pens.* XV, 3 *bis.* Le génie qu'elles (les femmes) ont pour les ouvrages de la —, LA BR. 3. Un tableau, une statue où l'on reconnaît la — de l'artiste, le caractère de — de différentes mains. || Un ouvrage de différentes mains. En parlant de l'exécution d'un morceau sur le piano, le violon, etc. **Avoir une bonne** — **droite, une bonne** — **gauche** (en jouant). **Avoir un morceau dans la** —, être en état de l'exécuter. **Un morceau de piano à quatre mains.** || **Un dessin**

fait à la —. Une affiche écrite à la — (non imprimée). Pourquoi désavouer un billet de ma —? MOL. *Mis.* IV, 3. Lettres
de la —, émanant de la personne même du roi, et non
contresignées par un secrétaire d'État. Secrétaires de la
—, imitant l'écriture et la signature du roi. Écrire de la
— gauche. Mettre la — à la plume (pour écrire). *Fig.* C'est
donc en vain que la — vous démange (d'écrire des vers), BOIL.
Sat. 7. *P. ext.* Avoir une belle —, une belle écriture. ||
—courante, registre qui sert de brouillon aux commerçants.
|| *Fig.* La main prise elliptiquement pour la personne qui
agit. De vos premiers ans quelles mains ont pris soin? RAC.
Ath. II, 7. Cette — souveraine qui tient du plus haut des cieux
les rênes de tous les empires, BOSS. *R. d'Angl.*

|| **4°** La main servant à frapper. Lever la — sur qqn.
Donner sa — sur la figure à qqn, le souffleter. Un revers de
—, un soufflet (du dos de la main). Il me prend un désir...
De te donner un soufflet de ma —, MOL. *Amph.* I, 2. *Famil.* Les
mains me démangent (j'ai envie de frapper). Jeu de — morte,
où un enfant laisse inerte sa main, qu'on agite et dont
on le frappe doucement. Vous verrez, quand je bats, si j'y
vais de — morte, MOL. *Éc. des f.* IV, 9. *Loc. prov.* Jeux de
mains, jeux de vilains. || Cet homme passera par mes mains, je
le châtierai. N'abandonnez pas à la — d'un bourreau Ce qu'à
nos justes vœux promet un sort si beau, CORN. *Poly.* IV, 3.
D'un dard lancé d'une — sûre, RAC. *Phèd.* V, 6. Vos mains
n'ont point trempé dans le sang innocent? ID. *ibid.* I, 3. ||
Vieilli. Faire — basse sur qqn, le mettre à mort (la main
s'abaissant pour frapper). *P. ext.* Faire — basse sur les choses, n'en rien laisser, les piller. Faire — basse sur tout, RE-
GNARD, *Légat. univ.* III, 2. || Attaquer quelqu'un à — armée,
et, *vieilli*, en — armée. Jésus-Christ n'a pas dompté les nations en — armée, PASC. *Pens.* 17. Un coup de —. *Vieilli.*
Homme de —, propre à exécuter un coup de main. J'aurais
besoin tout à l'heure de quelques gens de —, REGNARD, *Sérén.*
sc. 13. || En parlant d'individus, d'armées. En venir aux
mains, commencer à se battre. Se dire des injures et en vouloir venir aux mains, MOL. *B. gent.* II, 3. En être aux mains,
en train de se battre. Vos frères sont aux mains, CORN. *Hor.*
III, 5. Rome était aux mains avec les Samnites, BOSS. *Hist.
univ.* I, 8.

|| **5°** La main servant à exprimer certains sentiments
par des gestes. Joindre les mains (pour prier, supplier).
Tendre des mains suppliantes. Lever les mains au ciel (pour
implorer Dieu). Puis, n'espérant plus rien, lève les mains aux
cieux, CORN. *Pomp.* II, 2. Lever la — (pour prêter serment).
Famil. Je lèverai la — de tout ce que j'ai dit, REGNARD, *Ménechmes*, V, 5. *Vieilli.* Donner les mains, s'avouer vaincu. Je
ne vois pas ce que vous pourriez désirer de plus pour donner
les mains, DESC. *Rép. aux 2es object. Fig.* J'y donne les mains,
j'y consens. (*Féodal.*) Vassal ne devant à son seigneur que la
bouche et les mains, que la foi et l'hommage. Mettre la —
sur son cœur, pour attester qu'on est sincère. *P. ext. Ellipt.* — sur la conscience, pourriez-vous l'affirmer? Mettez
la — à la conscience : est-ce que vous êtes malade? MOL. *Mal.
im.* I, 5. Imposer les mains à qqn. (*V. imposer.*) *Famil.* Les
mains me tombent (d'étonnement). Et les mains tomberont
au peuple de douleur et d'étonnement, FLÉCH. *Turenne.* Battre
des mains (pour applaudir). Tendre, donner la — à qqn, en
signe d'amitié, de réconciliation. Serrer la — à qqn, en
signe d'amitié. Toucher dans la — à qqn, en signe de convention. (*V. toucher.*) Baiser la — à qqn, en signe de respect.
|| *Fig.* Offrir, donner sa — à qqn, lui offrir de l'épouser, con-
sentir à l'épouser. On lui a refusé la — de cette jeune fille.
Je vais où vous voudrez recevoir votre —, MOL. *Éc. des m.*
III, 3. Mariage de la — gauche (ou morganatique), qu'un prince,
un seigneur, contracte avec une personne de condition
inférieure, et qui n'a pas tous les effets civils.

II. *P. anal.* Nom donné aux extrémités des animaux
quand il s'y trouve un pouce distinct des autres doigts.
Les mains du singe. (*V. quadrumane.*) || *P. ext.* Serre d'un
oiseau. Se rencontrant sous la — de l'oiseau, LA F. *Fab.* VI, 15.

III. || **1°** *Fig.* — de justice, sceptre terminé par une
main d'ivoire, emblème du droit de justice des souverains. [*P. ext.* Le droit de justice. Sa Majesté sur son trône
y paraît avec deux mains; celle de justice a été communiquée
à ses parlements, oct. 1665, *Conférence pour la réforma-
tion de la justice.* || — de mer, ou — du diable, polypier qui
a la forme d'une main avec un poignet.
|| **2°** — courante (suivant d'autres, — coulante), partie de
la rampe d'un escalier qui sert d'appui à la main lorsqu'on
monte ou qu'on descend. || — de carrosse, large bande
attachée aux côtés d'un carrosse, à l'intérieur, pour servir
d'appui au bras, à la main.
|| **3°** Nom donné à divers instruments qui servent à
saisir, à tenir qqch : Anneau qui sert à tirer un tiroir. [
Crampon de fer qui sert à enlever des fardeaux. | Pièce de
fer qui retient les soupentes d'un carrosse. || Sorte de four-
che employée dans les corderies. || *P. anal.* Filets, dits
aussi vrilles, par lesquels certaines plantes s'accrochent.
|| **4°** — de travail, de sergent. (*V. travail, sergent.*)
|| **5°** — d'oublies, poignée d'oublies. || — de papier, as-
semblage de vingt-cinq feuilles de papier.
|| **6°** (*Alchim.*) — de gloire (pour mandegloire, altération
de mandragore), racine de mandragore, qui, placée auprès
d'une certaine quantité d'argent, devait la doubler.

MAIN-D'ŒUVRE [min-deùvr'] *s. f.*
[ÉTYM. Composé de main, d' et œuvre, § 176. (*Cf.* manœu-
vre.) || Admis ACAD. 1762.]
|| Travail de l'ouvrier (considéré surtout au point de vue
du prix qu'il coûte). (*Syn.* façon.) L'argent devient plus abondant; alors, comme il arrive toujours, la — devient plus chère,
VOLT. *Polit. et Législ. Obs. sur le comm. et le luxe*, 3.

MAIN-FORTE [min-fòrt'] *s. f.*
[ÉTYM. Composé de main et forte, § 173. || XVe s. Soubz
umbre d'amistié et a main forte, O. DE LA MARCHE, I, p. 154,
Beaune.]
|| **1°** *Vieilli.* Main armée. Tout le peuple assemblé nous
poursuit à —, RAC. *Andr.* V, 5. || *Fig.* Emploi de la force,
de la violence. Doraste qui... nous suit à —, CORN. *Place
Royale*, IV, 6. L'Ambition... vient le prendre à —, BOIL. *Sat.* 8.
|| **2°** Force arméo. Tel qu'un voleur, sitôt qu'il voit —, SE-
DAINE, *Tent. de St Antoine.* || Prêter —, aider en em-
ployant la force. La moitié de tes gens doit occuper la porte,
L'autre moitié te suivre et te prêter —, CORN. *Cinna*, V, 1.
Envoyer quérir —, MOL. *Scap.* III, 2.

MAINLEVÉE [minl'-vé; *en vers*, min-le-vé] *s. f.*
[ÉTYM. Composé de main et levée, part. fém. de lever,
§ 173. ACAD. 1740-1835 écrit main-levée. || 1453. De main levee
pendant le procès, dans DELB. *Rec.*]
|| (*Droit.*) Levée d'une saisie, d'une opposition, etc., par
décision judiciaire, administrative, etc.

MAINMISE [min-mîz'] *s. f.*
[ÉTYM. Composé de main et mise, part. fém. de mettre,
§ 173. || XIVe s. Il l'aresta de main mise de par le conte, FROISS.
Chron. IX, 125, Kervyn.]
|| *Vieilli.* (*Droit.*) Action de mettre la main sur qqch,
de le saisir. || *P. plaisant. Fig.* Action de porter la main
sur qqn, de le battre. Je suis si soûl des femmes, Et je suis si
ravi quand quelques bonnes âmes Se servent de —, REGNARD,
Fol. am. II, 5.

MAINMORTABLE [min-mòr-tàbl'] *adj.*
[ÉTYM. Dérivé de mainmorte, § 93. || 1372. Mainmortable
et formariage, *Ordonn.* V, 473.]
|| (*T. féod.*) En parlant d'un serf, qui ne peut transmettre
ses biens, s'il ne laisse pas d'enfants. En France, les Juifs
étaient serfs mainmortables, et les seigneurs leur succédaient,
MONTESQ. *Espr. des lois*, XXI, 20. || *P. ext.* Fief —. Biens main-
mortables, sujets à la mainmorte. (*V. mainmorte.*)

MAINMORTE [min-mòrt'] *s. f.*
[ÉTYM. Composé de main et morte, § 173. || XIIIe s. Ce qu'il
tienent en main morte, BEAUMAN. XLV, 20.]
|| **1°** (*Féodal.*) Privation pour le serf de la faculté de
transmettre ses biens, s'il ne laisse pas d'enfants. || *P.
ext.* Droit de — personnelle, droit de certains seigneurs sur
l'héritage d'un vassal, même établi en lieu franc. Droit de
— territoriale, droit du seigneur de certains fiefs sur l'héritage d'un étranger qui y avait demeuré un an et un jour.
|| **2°** (*Droit.*) Absence de transmission des biens qui,
possédés par des communautés, des hôpitaux, etc., sont
inaliénables. Droit de —, destiné à compenser les droits
de mutation.

*****MAINOTTE** [mè-nòt']. *V.* menotte.

MAINT, MAINTE [min, mint'] *adj.*
[ÉTYM. Origine incertaine; semble venir d'une forme
du lat. pop. *manctum dans laquelle se seraient fondus
l'anc. haut allem. manac et le lat. multus, m. s. §§ 6, 386 et
291. || XIe s. Et maintes bones herbes, *Voy. de Charl. à
Jérus.* 212.]
|| *Vieilli.* Nombreux. Sans parler de mainte caresse, LA F.
Fab. I, 5. Princes et rois... Jetaient — pleur, poussaient —

et — ori, LA F. *Contes, Belphégor.* || *Au plur.* J'ai maints chapitres vus Qui pour néant se sont ainsi tenus, LA F. *Fab.* II, 2. On a vu cela maintes fois.

MAINTENANT [mint'-nan; *en vers*, min-te-nan] *adv.*
[ÉTYM. Composé de main et tenant, part. de tenir, § 182. || XIIᵉ s. De maintenant fierent el tas, *Énéas*, 5332.]
|| Au moment présent. Tu te tais —, CORN. *Cinna*, v, 1. | *Vieilli.* Tout —. Il m'est dans la pensée Venu tout — une affaire pressée, MOL. *Éc. des f.* III, 4. || *Loc. conj.* — que je l'aime encor plus que jamais, RAC. *Bér.* II, 2. || *P. ext.* Précédé d'une préposition. Dans toutes nos pièces de —, MOL. *Impr.* sc. 1. Pour —, je conclus, BOSS. *Libre Arb.* 3. Dès —.

MAINTENIR [mint'-nîr; *en vers*, min-te-nîr] *v. tr.*
[ÉTYM. Composé de main et tenir, § 203. || XIIᵉ s. Pallas vos mainteneit senz faille, *Énéas*, 1087.]
|| **1°** Tenir dans une même position. L'essieu qui maintient la roue. L'appareil qui maintient un membre fracturé. || L'armée sut se — dans ses positions. || — les membres immobiles.
|| **2°** Tenir dans le même état. Le bon Dieu vous maintienne! MOL. *Dép. am.* III, 4. L'exactitude qu'on y avait à garder les petites choses maintient les grandes, BOSS. *Hist. univ.* III, 3. Ce tribunal maintenait les mœurs, MONTESQ. *Espr. des lois*, VII, 10. L'âge mûr... Contre les coups du sort songe à se —, BOIL. *Art p.* 3. || Que le Ciel vous maintienne en ces bons sentiments! REGNARD, *Fol. am.* II, 5. || *P. ext.* Affirmer avec persistance. Nous maintenons que toutes les vérités ne sont pas bonnes pour le théâtre, ACAD. *Sentim. sur le* Cid.

MAINTENUE [mint'-nu; *en vers*, min-te-nu] *s. f.*
[ÉTYM. Subst. particip. de maintenir, § 45. || XVᵉ-XVIᵉ s. Ta valeur et ta maintenue, O. DE ST-GELAIS, dans DELB. *Rec.*]
|| (Droit.) Décision qui maintient qqn en possession d'un bien, d'un droit qui lui était contesté. — de noblesse.

MAINTIEN [min-tyin] *s. m.*
[ÉTYM. Subst. verbal de maintenir, §§ 65 et 52. || XIIIᵉ s. Maintiens de pucele, ADAM DE LA HALE, dans GODEF. *Compl.*]
|| **1°** Action de maintenir. Assurer le — de l'ordre.
|| **2°** Manière de se tenir, manifestant le caractère, les habitudes de qqn. A ce noble — Quel œil ne serait pas trompé comme le mien? RAC. *Phèd.* IV, 2. La gravité de leur —, BARTHÉLEMY, *Anacharsis*, 141. || *Absolt.* Perdre son —, être déconcerté. Tenir qqch à la main pour se donner un —, pour n'avoir pas l'air gauche. Un professeur de danse et de —.

MAÏOLIQUE. *V.* majolique.

MAIRAIN ou **MERRAIN** [mè-rin] *s. m.*
[ÉTYM. Du lat. pop. *materiamen, § 96, dérivé de materia, matière, bois, branche, etc. (*cf.* madrier), et devenu *madriam, *maidriem, mairien, §§ 336, 402, 299, 469, 291 et 473, d'où mairen, écrit mairain, merrain, par confusion avec les mots en ain. L'm finale du primitif *madriam se retrouve dans le dérivé marmenteau. (*V.* ce mot.) || XIIᵉ s. Et le mairrien del bos a traire, *Thèbes*, 3018.]
|| **1°** *Anciennt.* Bois de construction ou d'exploitation en général. || *De nos jours.* Bois de chêne débité selon les fissures qui partent du cœur de l'arbre, et employé surtout pour faire des douves de tonneau.
|| **2°** *P. anal.* (Vénerie.) Bois du cerf. *Spécialt.* Tige qui porte les andouillers.

MAIRE [mèr] *s. m.*
[ÉTYM. Du lat. major, proprt, « plus grand », §§ 398 et 290. (*Cf.* maje, major et majeur.)]
I. *Anciennt.* || **1°** — du palais, intendant en chef de la maison du roi, au temps des derniers Mérovingiens, qui devint bientôt un ministre tout-puissant. (*Cf.* majordome.) Avant ce temps le — était le — du roi, il devint le — du royaume; le roi le choisissant, la nation le choisit, MONTESQ. *Espr. des lois*, XXXI, 3. | *P. anal.* La mort de ce — du palais étranger (Concini), ST-SIM. XI, 244.
|| **2°** — de la commune, premier officier chargé de présider le conseil des échevins ou consuls, etc.
|| **3°** Officier supérieur de justice. L'abbaye de Sainte-Geneviève a à Paris un — de sa haute justice, TRÉV. || *P. appos.* juge —. Un mien cousin est juge —, LA F. *Fab.* IV, 7.
II. *De nos jours.* Premier magistrat municipal d'une ville, d'une commune, et, à Paris, d'un arrondissement. Adjoint au —, magistrat municipal qui l'assiste et peut le remplacer dans ses fonctions.

MAIRIE [mè-ri] *s. f.*
[ÉTYM. Dérivé de maire, § 68. Le peuple dit mairerie, forme fréquente en anc. franç. § 69. || XIIIᵉ s. Les choses de la meerie, *Livre de justice*, 30.]
|| Charge de maire. || *P. ext.* Bâtiment qui est le siège de l'administration municipale.

MAIS [mè; l's se lie avec le son d'un z] *adv.* et *conj.*
[ÉTYM. Du lat. pop. magis, *m. s.* devenu *maies, mais, §§ 394 et 291. (*Cf.* désormais, jamais, maishui.)]
I. *Vieilli.* Plus. *Spécialt.* Il n'en peut —, il ne peut faire plus, il ne peut rien à cela. Ayant... Sur ce qui n'en peut — déchargé sa colère, MOL. *Éc. des f.* IV, 6. L'air qui n'en peut —, LA F. *Fab.* II, 9. Puis-je — des soins qu'on ne va pas vous rendre? MOL. *Mis.* III, 4.
|| *P. ext.* || **1°** Pour insister en redisant une fois de plus ce qui vient d'être dit. Il m'a trompé, — trompé d'une manière indigne. — encor, dites-moi, quelle bizarrerie..., MOL. *Mis.* I, 1.
|| **2°** Pour renchérir sur ce qui vient d'être dit. Immolez, non à moi, — à votre couronne..., CORN. *Cid*, II, 8. Non seulement, — encore.
II. Conjonction marquant opposition entre deux propositions qu'elle lie. || **1°** En apportant une restriction à ce qui vient d'être dit. J'embrasse mon rival, — c'est pour l'étouffer, RAC. *Brit.* IV, 3. Le duc d'Enghien reposa le dernier, — jamais il ne reposa plus paisiblement, BOSS. *Condé.* Le conseil en est bon, — il n'est pas nouveau, LA F. *Fab.* XI, 7.
|| **2°** En exprimant une idée contraire à celle qui vient d'être exprimée. Ne le recevez point en meurtrier d'un frère, — en homme d'honneur, CORN. *Hor.* II, 4. L'attaquer, le mettre en quartiers, Sire loup l'eût fait volontiers; — il fallait livrer bataille; Et le mâtin était de taille A se défendre hardiment, LA F. *Fab.* I, 5.
|| **3°** En exprimant une objection à ce qui vient d'être dit. — cependant, ce jour, il épouse Andromaque, RAC. *Andr.* IV, 3. *Substantivt.* Achevez, Seigneur; ce —, que veut-il dire? CORN. *Nicom.* III, 7. *Loc. prov.* En toute chose, il y a un —, une objection à faire. Une personne qui a toujours des —, des si, des car, des objections, des observations à faire.
|| **4°** En exprimant de la surprise de ce qui vient d'être dit ou fait. Eh — !

MAÏS [mà-is'; *vieilli*, mà-i] *s. m.*
[ÉTYM. Emprunté de l'espagn. maiz, *m. s.* d'origine américaine, §§ 13 et 30. || 1555. Le mahiz, J. POLEUR, *Hist. nat. des Indes*, fº 102, vº.]
|| Plante céréale, originaire d'Amérique, dite improprement blé de Turquie. De la farine de —. *Ellipt.* Bouillie, galette de —, de farine de maïs. — ensilé, coupé en vert pour la nourriture des bestiaux et conservé dans des silos. || — quarantain, maïs hâtif qui vient en quarante jours.

MAISHUI [mè-zui] *adv.*
[ÉTYM. Composé de mais et hui, § 182. Souvent écrit meshui. || XIIᵉ s. Et cent dahez ait qui meshui Lesseva a joer por lui, CHRÉTIEN DE TROYES, *Charrette*, 1925.]
|| *Vieilli.* Aujourd'hui. Nécromant, astrologue A l'opéra — sont relégués, SENECÉ, *Contes*, I, 99, Bibl. elzév.

MAISON [mè-zon] *s. f.*
[ÉTYM. Du lat. mansiŏnem, proprement, « demeure », devenu *masiŏne, §§ 485 et 458, maison, §§ 356 et 291. (*Cf.* ménage.)]
I. *Au propre.* || **1°** Bâtiment destiné à servir d'habitation. La — du seigneur, seule, un peu plus ornée, BOIL. *Ép.* 6. Des couvreurs, grimpés au toit d'une —, ID. *Sat.* 6. Être à la —, garder la —, être chez soi, rester chez soi. || *Fig. Loc. prov.* Les maisons empêchent de voir la ville, le détail empêche de saisir l'ensemble. Par-dessus les maisons, au delà de toute mesure. ARGANTE : Qu'a-t-il demandé? — SCAPIN : Oh! d'abord des choses par-dessus les maisons, MOL. *Scap.* II, 5. || Une — de ville, de campagne. C'est sa — des champs, LA F. *Contes, Diable de Papefig.* — rustique, métairie. — forestière, pour le logement d'un garde. — garnie, où on loue des chambres garnies. — meublée, où on loue des appartements meublés. || — mortuaire, où une personne est morte et où reste le corps, en attendant l'enterrement. *P. anal.* — de Dieu, du Seigneur, temple, église. Salomon bâtit la — du Seigneur, SACI, *Bible, Rois*, III, 6. Nourri dans ta —, en l'amour de ta loi, RAC. *Ath.* I, 2. *Dans le même sens.* Voir... les lances homicides Briller dans la — de paix, RAC. *Ath.* III. 8. || *P. plaisant. Loc. prov.* C'est la — de Dieu, où on ne boit ni ne mange (en parlant de la maison d'un avare). C'est la — du bon Dieu (une maison hospitalière). || *P. plaisant. Fig.* Carapace de la tortue. Eh! que serait-ce, Si vous portiez une — ! LA F. *Fab.* VI, 10. || (Astrol.) — du ciel, du soleil, division correspondant à chaque signe du zodiaque. Une planète qui est dans un signe opposé à sa —. (*V.* détriment.)

‖ **2°** Bâtiment destiné à un usage spécial, public ou privé. — de ville, — commune, siège de l'administration municipale. (*Syn.* hôtel de ville, mairie.) — de santé, établissement privé où sont admis en payant des malades. ‖ *Spécialt.* Établissement privé où sont admis en payant des aliénés. — de fous, où l'on enferme les aliénés. Les Français... enferment quelques fous dans une — pour persuader que ceux qui sont dehors ne le sont pas, MONTESQ. *Lett. pers.* 78. Les Petites-Maisons, hôpital de fous qui existait autrefois à Paris. *Fig.* J'aurai beau protester, mon dire et mes raisons iront aux Petites-Maisons (seront déclarés dignes d'un fou), LA F. *Fab.* v, 4. — religieuse, couvent. *P. ext.* Compagnie de religieux. La — mère des Chartreux. ‖ — de commerce, — de commission, — de banque, où est le siège des opérations d'un commerçant, d'un commissionnaire, d'un banquier. — d'éducation, où l'on reçoit des enfants pour les instruire. — de chasse, rendez-vous de chasse. — de bouteilles, petite maison de campagne où l'on va faire des parties. — de jeu, maison clandestine ou publique où l'on joue. — de tolérance, maison de prostitution. — d'arrêt, de détention, de force, de correction, — centrale, destinée à recevoir ceux qui sont en état d'arrestation ou condamnés à la détention, à la réclusion. *P. plaisant. Vieilli.* La — du roi, la prison. Je vous trouve, Monsieur, dans la — du roi! CORN. *Suite du Ment.* I, 1.

II. *P. anal.* Intérieur d'une maison.

‖ **1°** L'ensemble des choses du ménage. Tenir la —. Une — bien ordonnée, bien tenue. Avoir un grand état, un grand train de —. Avoir une — montée. Tenir — ouverte, hospitalière à tout venant. Une bonne —, où règne l'aisance. Et voilà comme on fait les bonnes maisons, RAC. *Plaid.* I, 4. Une grande —, opulente. *Loc. prov.* Grandes maisons se font par petite cuisine (par l'économie), REGNARD, *Vendanges*, sc. 1. Malgré les nécessités de sa — épuisée, BOSS. *Condé.*

‖ **2°** L'ensemble des personnes chargées du service. Sa — se compose d'une servante et d'un domestique. Faire — nette, — neuve, renvoyer ses domestiques, prendre des domestiques nouveaux. Entrer en —, se mettre en service. Les gens de —, qui servent comme domestiques. ‖ La — d'un prince, d'un souverain, les officiers de la bouche, de la chambre à son service. ‖ *P. ext.* La — militaire d'un prince, d'un souverain, d'un chef d'État, ses aides de camp, les officiers attachés à sa personne. Le roi fut à Compiègne faire la revue de sa — et de la gendarmerie, ST-SIM. I, 24.

III. *P. ext.* ‖ **1°** Ceux qui vivent sous le même toit, formant une même famille. (*Cf.* maisonnée et ménage.) Quel funeste poison L'amour a répandu sur toute sa —! RAC. *Phèd.* III, 6. La — de ce patriarche devient un grand peuple en peu de temps, BOSS. *Hist. univ.* I, 3. La — des vaincus touche seule mon âme, CORN. *Hor.* III, 1. Le fils, la fille de la —. Qu'on en chasse pour vous le fils de la —, MOL. *Tart.* IV, 1. *P. ext.* Il, elle est de la —, se dit d'une personne intime, considérée comme étant de la famille.

‖ **2°** *Fig. Vieilli.* La famille (au point de vue généalogique). Je suis jeune, et sors d'une — Qui se peut dire noble avec quelque raison, MOL. *Mis.* III, 1. Avoir mal soutenu l'honneur de ma —! CORN. *Cid*, I, 6. Pausanias, jeune homme de bonne —, BOSS. *Hist. univ.* I, 8. *Ellipt.* Clarice est de — (de bonne maison), CORN. *Ment.* III, 5. On ne choisit pas pour gouverner un vaisseau celui des voyageurs qui est de la meilleure —, PASC. *Pens.* v, 9. ‖ Il est de — royale. De votre Dieu l'implacable vengeance Entre nos deux maisons rompit toute alliance, RAC. *Ath.* II, 7.

MAISONNÉE [mè-zò-né] *s. f.*

[ÉTYM. Dérivé de maison, § 119. (*Cf.* l'anc. franç. mesnie.) ‖ 1611. COTGR.]

‖ *Famil.* L'ensemble de ceux qui demeurent sous le même toit. Nous vous amènerons toute la —.

MAISONNETTE [mè-zò-nèt'] *s. f.*

[ÉTYM. Dérivé de maison, § 133. ‖ XIIᵉ s. Les ewettes De lur diverses maisonnettes Jettent essains, BENEEIT, *Ducs de Norm.* I, 335.]

‖ *Famil.* Petite maison.

***MAIT** [mè] *s. f.*

[ÉTYM. Du lat. magidem, *m. s.* devenu maid, mait, §§ 394, 290, 412 et 291. Souvent écrit mai, met, maie ou mée. (*Cf.* la forme altérée émoi 2.)]

‖ **1°** *Dialect.* Pétrin de boulanger. ‖ Huche pour pétrir et serrer le pain.

‖ **2°** (Technol.) Vase oblong pour porter la farine dans le pétrin. ‖ Vase pour porter la viande. Une — de boucher. ‖ Caisse dont le fond est à claire-voie pour tamiser le salpêtre (dans la fabrication de la poudre). ‖ Grande pelle pour mélanger la calamine et le charbon pulvérisé (dans la fabrication du laiton). ‖ Caisse pour faire égoutter les cordages récemment goudronnés. ‖ Fond, couvercle du pressoir.

MAITRE, ESSE [mêtr', mè-très'] *s. m.* et *f.*

[ÉTYM. Du lat. magistrum, *m. s.* devenu maiestre, §§ 393, 308 et 291, contracté plus récemment en maistre, maistre, § 358, d'où la forme actuelle maitre, § 422. Sur la formation du fém. maitresse, *V.* §§ 129 et 268. (*Cf.* magister et mestre.)]

I. Celui, celle qui a autorité sur des personnes, des choses.

‖ **1°** Celui, celle qui a qqn sous sa domination. L'esclave n'a qu'un —, l'ambitieux en a autant qu'il y a de gens utiles à sa fortune, LA BR. 8. Andromaque, sans vous, N'aurait jamais d'un — embrassé les genoux, RAC. *Andr.* III, 6. Qu'un jour Domitius me dût parler en —, ID. *Brit.* III, 8. Flatter ceux du logis, à son — complaire, LA F. *Fab.* I, 5. Une servante dévouée à sa maitresse. (Féodal.) Seigneur et —, seigneur ayant autorité absolue sur ses vassaux. *De nos jours. P. plaisant.* Mon seigneur et —, mon mari. *P. anal.* Elle est dame et maitresse. ‖ *P. ext.* A cause de l'empire qu'une fille, une femme a sur celui dont elle est aimée. ‖ 1. *Vieilli.* Être la maitresse d'un homme, être aimée de lui. Il faut venger un père et perdre une maitresse, CORN. *Cid*, I, 6. ‖ 2. *De nos jours.* Être la maitresse d'un homme, s'être donnée à lui (en dehors du mariage). Il a épousé sa maitresse. ‖ *Spécialt.* Celui qui a des sujets, des peuples sous sa domination. — paisible de tout l'Orient, BOSS. *Hist. univ.* I, 7. Je leur déclarerai l'héritier de leurs maitres, RAC. *Ath.* I, 2. Moi, fille, femme, sœur et mère de vos maitres, ID. *Brit.* I, 2. Pour être, sous son nom, les maitres de l'État, ID. *ibid.* Les petits-maitres, nom donné, sous la Fronde, à la cabale des princes (Condé, Conti, etc.) qui visaient à être les maitres de l'État. *Fig.* Un petit-—, une petite-maitresse, jeune homme, jeune femme d'une élégance raffinée. Ce nom de petits-maitres qu'on applique aujourd'hui à la jeunesse avantageuse et mal élevée, VOLT. *S. de L. XIV*, 4. ‖ Ce qui a le plus contribué à rendre les Romains maitres du monde, MONTESQ. *Rom.* 1. Rome veut un — et non une maitresse, RAC. *Brit.* IV, 2. Et Rome est aujourd'hui la maitresse du monde, CORN. *Nicom.* III, 2. ‖ Le — du monde, Dieu. Vous quittez le — des humains Pour adorer l'ouvrage de vos mains, RAC. *Esth.* II, 8. C'est le Dieu des chrétiens, c'est le — des rois, CORN. *Théod.* III, 3. ‖ *Fig.* ‖ 1. Être —, être maitresse de soi, se dominer. Pygmalion parait — de tous les autres hommes, mais il n'est pas — de lui-même, FÉN. *Tél.* 3. Je suis — de moi, comme de l'univers, CORN. *Cinna*, V, 3. ‖ 2. Être son —, sa maitresse, ne dépendre que de soi. Maitresse de moi-même, RAC. *Mithr.* V, 2. ‖ *P. ext.* L'amour est-il le —? RAC. *Andr.* II, 5. ‖ 3. (T. de jeu.) Être — à une couleur, avoir une carte supérieure à celles de l'adversaire. *P. anal.* Une carte maitresse.

‖ **2°** Celui, celle qui a le domaine de qqch. Le —, la maitresse de la maison, du logis. Je n'aurais pas l'esprit d'être — chez moi? MOL. *F. sav.* v, 2. Qui frappe en — où je suis? ID. *Amph.* III, 5. C'est à vous d'en sortir, vous qui parlez en —, ID. *Tart.* IV, 7. Une bonne maitresse de maison. *P. appos.* Une servante maitresse, une servante qui a pris le rôle de la maitresse de la maison. Une voiture, un cheval de —, par opposition à une voiture, un cheval de louage. ‖ *Fig.* L'œil du —, la surveillance du propriétaire, plus attentive que celle des serviteurs. Il n'est, pour voir, que l'œil du —, LA F. *Fab.* IV, 21. *Loc. prov. Famil.* La tricherie revient à son — (à son auteur), celui qui triche en est puni. ‖ *P. ext.* L'ennemi est resté — de la campagne. Il est resté — du champ de bataille. Cette armée... se rend maitresse de tout, BOSS. *R. d'Angl.* ‖ *Fig.* La rébellion, longtemps retenue, à la fin tout à fait maitresse, BOSS. *R. d'Angl.* ‖ Se rendre — d'un incendie, d'une sédition. Montrer qu'une âme guerrière est maitresse du corps qu'elle anime, BOSS. *Condé.* De mes ressentiments je n'ai pas été —, MOL. *Tart.* v, 3. — de sa douleur, BOSS. *Condé.* D'un mouvement jaloux je ne fus pas maitresse, RAC. *Baj.* I, 4. On est — de la vie des autres quand on ne compte pour rien la sienne, FÉN. *Tél.* 20. De ses derniers soupirs je me rendis maitresse, RAC. *Brit.* IV, 2. ‖ Être — d'agir. Si je ne suis pas — de faire autrement, LA BR. 6. Elle n'est pas maitresse de partir.

II. Celui, celle qui conduit le personnel, dirige les

opérations d'un service. Le — de la cavalerie (chez les anciens Romains). || *Vieilli.* Un — d'œuvre, celui qui commande aux autres ouvriers. Maint — d'œuvre y court et tient haut le bâton, LA F. *Fab.* IX, 20, *Disc. à M*ᵐᵉ *de la Sablière.* — des œuvres, inspecteur des constructions royales, municipales, etc. — des hautes œuvres, bourreau. — des basses œuvres, cureur d'égouts, de fosses d'aisances. Une maitresse d'atelier, celle qui dirige les ouvrières. Un — de manège, celui qui dirige un manège. Un — d'équipage, sous-officier qui a autorité sur tout l'équipage d'un navire. || — de cérémonies, celui qui est chargé, dans les réceptions, d'introduire, de placer les personnes. — d'hôtel, celui qui dirige le service de la table dans une maison. *P. ext.* Sauce à la — d'hôtel, composée de beurre frais et de fines herbes. || — de ballet, celui qui dirige le corps de ballet. — de chapelle, celui qui dirige la musique d'une chapelle, d'une église. || Grand — de l'ordre, titre donné aux chefs des ordres militaires, de chevalerie. Le grand — des Templiers, de l'ordre de Malte. — du sacré palais, dignitaire de la cour papale chargé d'examiner les livres et d'en autoriser l'impression. — des requêtes, celui qui a au conseil d'État le poste intermédiaire entre auditeur et conseiller. | Un —, une maitresse d'école, de pension, celui, celle qui dirige une école, un pensionnat. Un — de conférences, celui qui dirige une conférence. *Spécialt.* Celui qui est chargé d'un cours à l'École normale, à la Sorbonne, à l'École des hautes études. Un — d'études, celui qui, dans un établissement scolaire, surveille les élèves. || Grand — de l'Université, titre donné, depuis la fondation de l'Université de France, au ministre de l'instruction publique. || Joint par apposition au substantif qui exprime la profession, la fonction. — maçon, entrepreneur de maçonnerie. — compagnon, le chef des compagnons, des ouvriers. — garçon, le chef des garçons dans une hôtellerie. — valet, le chef des valets, des garçons de ferme. *Vieilli.* — queux, chef de cuisine. Tambour —, celui qui dirige les tambours. — canonnier, sous-officier qui commande aux canonniers d'un navire. — calfat, le chef des calfats. — clerc, le premier des clercs dans une étude de notaire, d'avoué.

|| *Spécialt.* || 1° Celui, celle qui enseigne un art, une science. Un — de musique, de chant. Un — à danser, un — de danse. Une maitresse de piano. Un — d'armes. Un — de langues, d'anglais, d'allemand. Il a pris aujourd'hui... un — de philosophie, MOL. *B. gent.* III, 3. Un — ès arts, ès lois, celui qui, dans les anciennes universités, avait les grades nécessaires pour enseigner les humanités, la philosophie, le droit. — un tel, titre honorifique donné aux avocats, aux avoués, aux notaires, et autrefois aux membres du parlement. || *P. ext.* — Jacques, nom d'un personnage de Molière, à la fois cuisinier et cocher. *Fig. Famil.* Un — Jacques, un homme qui cumule plusieurs emplois dans une maison. | *P. plaisant.* — corbeau.... — renard, LA F. *Fab.* I, 2.

|| 2° Celui dont on est le disciple. Jurer sur la parole du —. Je — l'a dit. | *Fig.* L'amour est un grand —, MOL. *Éc. des f.* III, 4. Le temps est un grand —, CORN. *Sertor.* II, 4. || *Fig.* (En parlant des choses.) Qui a le rôle dominant. — autel, le principal autel d'une église, celui qui est dans le chœur. *Spécialt.* (Marine.) Maitresse pièce, la pièce principale d'un ouvrage. — gabarit, patron du contour extérieur d'un navire à l'endroit de sa plus grande largeur. — couple, le couple qui forme ce contour. Maitresse varangue, la varangue qui répond au maitre couple. — bau, poutre qui supporte le premier pont à l'endroit de la plus grande largeur du navire. Maitresse ancre, la principale ancre du navire. || La qualité maitresse d'une personne, d'une chose. Les deux maitresses conditions... que demande ce grand — aux excellentes tragédies, CORN. *Cid*, avert.

MAÎTRISE [mè-trîz'] *s. f.*

[ÉTYM. Dérivé de maitre, § 124. (*Cf.* l'anc. franç. maistrie.) || XIIIᵉ s. Par grant maistrise, G. DE LORRIS, *Rose*, 1105.]

|| 1° *Vieilli.* Autorité du maître, qui lui assure l'obéissance. Il n'y a que la — et l'empire qui fait la gloire, PASC. *Pens.* XXV, 5.

|| 2° Qualité de maitre (dans les anciens corps de métiers). Il a fait son chef-d'œuvre et gagné la —. || *Fig.* Je résigne aux plus forts ce grand coup de —, RÉGNIER, *Ép.* 2.

|| 3° Fonction de maitre qui enseigne. *Famil.* Une — de conférences, une place de maître de conférences. || *Spécialt.* Emploi de maître de chapelle. || *P. ext.* École d'éducation musicale des enfants de chœur d'une église.

MAÎTRISER [mè-tri-zé] *v. tr.*

[ÉTYM. Dérivé de maitrise, § 154. (*Cf.* l'anc. franç. maistrier.) || XIIIᵉ s. N'avras puissance de mon corps mestriser, *Renaud de Montauban*, dans GODEF. *Compl.*]

|| Ranger sous son obéissance. Tyrans dont l'orgueil nous maitrise, VOLT. *Brut.* II, 1. || *P. anal.* — un fou furieux. — un cheval fougueux. || *P. ext.* Je vois... La France sous tes lois — la fortune, BOIL. *Disc. au roi.* || *Fig.* Il s'était rendu maitre de toutes les passions, à l'exception d'une seule qui le maitrisait, BARTHÉLEMY, *Anacharsis*, 1. — sa colère, se —. Des lecteurs dont le jugement ne se laisse pas — aux événements ni à la fortune, BOSS. *R. d'Angl.*

MAJE et, moins bien, **MAGE** [mâj'] *adj.*

[ÉTYM. Emprunté du provenç. mod. maje, anciennement majer, qui est le lat. major, plus grand, § 11. (*Cf.* maire.) || XVᵉ-XVIᵉ s. Le juge mage de Carcassonne, J. D'AUTHON, *Chron.* dans GODEF. mage 2.]

|| *Ancienn.* Juge —, lieutenant du sénéchal (dans les provinces du midi de la France).

MAJESTÉ [mà-jès'-té] *s. f.*

[ÉTYM. Emprunté du lat. majestas, *m. s.* || XIᵉ s. De martirs et de virgenes et de granz majestez, *Voy. de Charl. à Jérus.* 125.]

|| Caractère de grandeur, qui imprime le respect. Viens-tu Dieu vivant braver la — ? RAC. *Ath.* II, 2. Je n'ai jamais contemplé qu'avec crainte L'auguste — sur votre front empreinte, ID. *Esth.* II, 7. La — est l'image de la grandeur de Dieu dans le prince, BOSS. *Polit.* V, IV, 1. *Absolt.* La grandeur souveraine. La — violée par des attentats jusqu'alors inconnue, BOSS. *R. d'Angl.* || *P. anal.* Il y avait une loi de — contre ceux qui commettaient quelque attentat contre le peuple romain : Tibère se saisit de cette loi et l'appliqua... à tout ce qui put servir sa haine ou ses défiances, MONTESQ. *Rom.* 14. Crime de lèse-—, attentat contre la personne du souverain. *Spécialt.* Titre honorifique donné aux personnes souveraines, soit en leur parlant, soit en parlant d'elles. Je supplie Votre Majesté, etc. Sa Majesté a décidé que, etc. Sa Majesté Très Chrétienne, le roi de France. Sa Majesté Catholique, le roi d'Espagne. || *P. ext.* La — de vos autels Elle-même en est offensée, LA F. *Fab.* XI, 6. La — du lieu où je parle, BOSS. *Gournay.* De l'empire à vos pieds fouler la —, RAC. *Bér.* IV, 8. || *Fig.* Le style de Bossuet a de la —.

MAJESTUEUSEMENT [mà-jĕs'-tueûz'-man ; en vers, -tu-eû-ze-...] *adv.*

[ÉTYM. Composé de majestueuse et ment, § 724. || 1642. OUD.]

|| D'une manière majestueuse.

MAJESTUEUX, EUSE [mà-jĕs'-tueû, -tueûz' ; en vers, -tu-...] *adj.*

[ÉTYM. Dérivé de majesté, sur le modèle de voluptueux, § 252. COTGR. ne connaît que majesteux, d'après l'ital. maestoso, *m. s.* || 1642. OUD.]

|| Qui a de la majesté. Auguste et — au milieu de sa cour, BOSS. *R. d'Angl.* || *P. ext.* Ce port —, RAC. *Bér.* I, 5. D'un pas —, ID. *Ath.* IV, 1. || *Fig.* Comme un fleuve — et bienfaisant, BOSS. *Condé.* Des cérémonies majestueuses, ID. *Hist. univ.* II, 3. La majestueuse beauté d'une vertu toujours constante, ID. *Marie-Thérèse.* Un style —.

MAJEUR, EURE [mà-jëur'] *adj.*

[ÉTYM. Emprunté du lat. major, *m. s.* L'anc. franç. a la forme pop. maire, maieur, et COTGR. distingue maieur et majeur. (*Cf.* maire, maje, major.) || XIᵉ s. Pois que ils viennent a la Tere major, *Roland*, 818.]

|| 1° Plus grand. La majeure partie des habitants. *Ellipt. Vieilli.* Dans ce tribunal, on prend les voix à la majeure (à la pluralité), MONTESQ. *Lett. pers.* 86. || (Marine.) Mâts majeurs, grand mât, mât de misaine et mâts de hune. || (Droit.) Cas de force majeure, où l'on a affaire à une force contre laquelle on ne peut lutter. || (Théol.) Les ordres majeurs, la prêtrise, le diaconat, le sous-diaconat. Excommunication majeure, qui retranche entièrement qqn de l'Église. *Substantivt.* Faire sa majeure, le plus grand des actes, pour prendre ses grades en théologie. || (Musique.) Tierce majeure, intervalle de trois notes contenant deux tons. Mode —, où la tierce et la sixte au-dessus de la tonique sont majeures. Être dans le mode —, et, *ellipt*, Être en —. || (Logique.) Terme — d'un syllogisme, l'attribut de la conclusion (qui a plus d'extension que le sujet). La proposition majeure, et, *substantivt*, La majeure, la première des prémisses, formée du terme majeur de la conclusion et du terme

moyen. La majeure en est inepte (du raisonnement), MOL. *Mar. forcé*, sc. 4. || (T. de jeu.) Tierce, quatrième, quinte majeure, séquence des trois, des quatre, des cinq cartes supérieures dans une couleur.

|| **2°** Plus âgé. | **1.** *Vieilli. Substantivt.* Les majeurs, les ancêtres. | **2.** (Droit.) Qui a l'âge fixé par la loi pour jouir de ses droits. *Substantivt.* Le — qui est dans un état habituel de démence..., *Code civil*, art. 489.

MAJOLIQUE [mà-jò-lïk'] et **MAÏOLIQUE** [mà-yò-lïk'] *s. f.*

[ÉTYM. Emprunté de l'ital. majolica, *m. s.* pour majorica, de l'île de Majorque, § 12. || XVIᵉ s. Vaisseaux de terre tant commune que majoricque, FUMÉE, *Hist. génér. des Indes*, dans DELB. *Rec.* Admis ACAD. 1878.]

|| Ancienne faïence espagnole, italienne.

MAJOR [mà-jòr] *adj.*

[ÉTYM. Autre forme de majeur, d'après le lat. major, l'ital. maggiore, l'espagn. major, etc. || XVIᵉ s. Au temple major, RAB. V, 44.]

|| Supérieur (par le rang). *Vieilli.* (T. de jeu.) Quinte —, quinte majeure. La dame arrive encor, Qui me fait justement une quinte —, MOL. *Fâch.* II, 2. || Gardien-—, chef des gardiens, des surveillants, dans un port. Tambour-—, sous-officier, d'une taille élevée, à brillant uniforme, qui marchait en tête des tambours pour indiquer les batteries à exécuter. Chirurgien-—, chirurgien en chef d'un régiment. Aide-—, chirurgien adjoint au chirurgien-major. || Sergent-—, sous-officier chargé de la comptabilité d'une compagnie. *Substantivt.* Gros —, et *ellipt*, —, officier supérieur dirigeant la comptabilité d'un régiment. *P. anal.* — de place, officier supérieur chargé des détails du service, dans une place de guerre, sous l'autorité du commandant. Adjudant-—, capitaine chargé de diriger l'instruction des sous-officiers et caporaux, les manœuvres, les détails du service, dans un bataillon ou un escadron. — de la marine, officier de l'inscription maritime, le premier après le préfet maritime, chargé du commandement des troupes de marine et de la direction de l'arsenal. || État-—. (*V. ce mot.*) || *Substantivt.* — général, officier général chargé, près d'un généralissime, de remplir les fonctions de chef d'état-major. || *P. plaisant.* Au fém. Majoresse, femme d'un major. Que dites-vous, majoresse? REGNARD et DUFRESNY, *Chinois*, III, 4.

MAJORAT [mà-jò-rà] *s. m.*

[ÉTYM. Emprunté du lat. majoratus, de major, aîné, employé en Espagne au sens spécial de « privilège du fils aîné ». On a dit d'abord majorasque (FURET. 1690; ST-SIM. III, 15), d'après l'espagn. mayorazgo (lat. *majoraticum), *m. s.* § 13. || 1752. TRÉV. Admis ACAD. 1798.]

|| Propriété immobilière attachée à un titre de noblesse inaliénable, qui se transmet avec ce titre.

***MAJORATION** [mà-jò-rà-syon; *en vers*, -si-on] *s. f.*
[ÉTYM. Dérivé de majorer, § 247. || *Néolog.*]
|| (Droit, finances.) Action de majorer.

***MAJORDOMAT** [mà-jòr-dò-mà] *s. m.*
[ÉTYM. Dérivé de majordome, § 254. (*Cf.* le bas lat. majordomatus.) || XVIIᵉ-XVIIIᵉ s. V. à l'article.]
|| *Rare.* Fonction de majordome. *Fig.* D'O avait conservé sur son esprit comme dans sa maison un espèce de —, ST-SIM. XVI, 19.

MAJORDOME [mà-jòr-dòm'] *s. m.*
[ÉTYM. Emprunté de l'ital. maggiordomo ou de l'espagn. mayordomo, *m. s.* transcription du bas lat. major domus, « chef de la maison », §§ 12 et 13. (*Cf.* l'expression maire du palais.) || XVIᵉ-XVIIᵉ s. Un nez de majordome, RÉGNIER, *Sat.* 10.]
|| **1°** Maître d'hôtel. (S'est employé à l'origine en parlant des grandes maisons princières d'Italie, d'Espagne.) —major, chef des majordomes.
|| **2°** *Anciennt. P. anal.* Celui qui, sur les galères, était chargé du service des vivres.

***MAJORER** [mà-jò-ré] *v. tr.*
[ÉTYM. Dérivé du lat. major, plus grand, § 266. (*Cf.* le bas lat. majorare, augmenter.) || *Néolog.*]
|| (Droit, finances.) Augmenter (la valeur attribuée à un objet) dans un apport, une vente, etc. || Augmenter (le chiffre pour lequel on souscrit à un emprunt, à une émission) en prévision d'une réduction.

MAJORITÉ [mà-jò-ri-té] *s. f.*
. [ÉTYM. Au sens **I**, emprunté du bas lat. majoritas, *m. s.*

(*cf.* majeur); au sens **II**, dérivé de major, § 255; au sens **III**, emprunté de l'angl. majority, *m. s.* § 8. || XIVᵉ s. La prelation apostolique qui est le superior honneur et majorité terrestre, *Chron. de Flandre*, dans DELB. *Rec.*]

I. (Droit.) Age fixé par la loi pour user et jouir de ses droits. La —, en France, est fixée à vingt et un ans accomplis.

II. Emploi de major (dans un régiment, une place de guerre, un port). || *P. ext.* Lieu où sont les bureaux du major de marine. La — de Cherbourg.

III. Pluralité des suffrages dans une assemblée où l'on vote. Un candidat, une proposition qui a obtenu la — des suffrages, des voix, et, *ellipt*, qui a obtenu la —. — absolue, la moitié plus un des suffrages. — relative, la pluralité des suffrages. || *Absolt.* La — d'une assemblée, la fraction de l'assemblée dont la politique réunit habituellement le plus grand nombre de suffrages. || *P. anal.* Pluralité. La religion catholique professée par la — des Français, *Charte de 1830*, art. 6.

MAJUSCULE [mà-jùs'-kul] *adj.*
[ÉTYM. Emprunté du lat. majusculus, un peu plus grand. || 1529. Lettre majuscule, G. TORY, *Champfleury*, fᵒ 51, vᵒ.]
|| Lettre de proportions plus grandes et souvent de forme différente de la minuscule. Un i — (I). Une lettre —, et, *substantivt*, Une —. (*Syn.* capitale.) La première lettre d'un nom propre, d'un vers, d'une phrase, doit être une —.

MAKI [mà-ki] *s. m.*
[ÉTYM. Origine inconnue. || XVIIIᵉ s. BUFF. *Des Makis.*]
|| (Hist. nat.) Singe à longue queue, à museau allongé.

MAKIS et **MAQUIS** [mà-ki] *s. m.*
[ÉTYM. Emprunté du corse macchia, *m. s.* proprt, « tache », de même étymologie que maille 1, § 12. || *Néolog.* Admis ACAD. 1878.]
|| En Corse, fourré d'arbrisseaux, de broussailles. Gagner le — (s'y réfugier, après avoir commis un crime).

1. MAL, MALE [màl] *adj.*
[ÉTYM. Du lat. mălum, măla, *m. s.* § 291.]
|| *Vieilli.* Mauvais. (Ne s'emploie plus que dans qqs locutions.) La male tache du péché originel, G. PATIN, *Lett.* II, 556. Être dans les males grâces de qqn, brouillé avec lui. A la male heure. (*V.* heure.) Une femme qui a ses males semaines, ses menstrues. Bon an, — an, en compensant les bonnes années par les mauvaises. Bon gré, — gré, de bon ou de mauvais gré. (*Cf.* les composés malebête, malechance, etc.)

2. MAL [màl] *s. m.*
[ÉTYM. Du lat. mălum, *m. s.* § 291.]
I. Ce qui est fâcheux, pénible.

|| Tort, dommage éprouvé par qqn. Il m'a fait trop de — pour en dire du bien, CORN. *Vers sur le cardinal de Richelieu.* Tant de gens qui ne vous ont point fait de —, PASC. *Prov.* 16. Quel — nous fait sa vie? CORN. *Poly.* I, 4. Vouloir du — à qqn, vouloir qu'il lui arrive qq mal. Aussi bien que Pompée, il vous voudra du —, CORN. *Pomp.* I, 1. Vous voulez un grand — à la nature humaine! MOL. *Mis.* I, 1. Que je veux de — à mes gens de ne vous avoir pas fait entrer! ID. *D. Juan*, IV, 3. *P. hyperb.* Je me veux — de mort d'être de votre race. MOL. *F. sav.* II, 7. *Vieilli.* Vouloir — à qqch, en être fâché. Je suis sotte, et veux — à ma simplicité, MOL. *Mis.* IV, 3. — lui en a pris, il s'est attiré du mal en faisant cela. Dieu vous garde de —! Le — est que dans l'an s'entremêlent des jours qu'il faut chômer, LA F. *Fab.* VIII, 2. || Les biens et les maux de la vie. Reconnaissez ici le monde, reconnaissez ses maux toujours plus réels que ses biens, BOSS. *A. de Gonz.* Ont-ils (les philosophes) trouvé le remède à nos maux? PASC. *Pens.* XII, 1. A raconter ses maux souvent on les soulage, CORN. *Poly.* I, 3. La pauvreté n'était pas un — pour eux, BOSS. *Hist. univ.* III, 6. Quand on cède à la peur du —, on ressent déjà le — de la peur, BEAUMARCH. *B. de Sév.* II, 2. *Loc. prov.* Chacun sent son —, celui qui ressent qq mal en est le seul juge. — d'autrui n'est que songe, ne touche guère. Un — d'imagination, d'opinion, qui n'existe que dans l'imagination, dans l'opinion. Un — d'opinion ne touche que les sots, MOL. *Amph.* I, 4. || *Spéciall.* | **1.** Souffrance physique. Il s'est fait du — en tombant. La jambe lui fait —. Le — de tête, le — de dents, le — d'estomac, le — de gorge. Avoir — à la tête, aux dents, à l'estomac, à la gorge. Avoir — au cœur. | *P. ext.* Maladie. Mes yeux ont-ils du — pour en donner au monde? MOL. *Éc. des f.* II, 5. Un — qui répand la terreur, LA F. *Fab.* VII, 1. — caduc, dit aussi haut —, épilepsie. *Vieilli.* Chaud —, fièvre chaude. *Loc. prov. Fig.* Tomber de fièvre en chaud —, d'un mal dans un pire.

— d'aventure, petit abcès au doigt. *Vieilli.* **— de Naples**, syphilis. **— de Pott**, carie d'une ou plusieurs vertèbres. **— de mer**, désordre d'estomac causé par le mouvement du navire. | **Une femme en — d'enfant**, dans les douleurs de l'enfantement. | En parlant des animaux. **— de brout**, qui attaque les bestiaux qu'on mène brouter dans les bois. **— de foie**, cachexie aqueuse. | **2.** Souffrance morale. Vous périssez d'un — que vous dissimulez, RAC. *Phèd.* 1, 1. Le — du pays (*Syn.* nostalgie), abattement causé par le regret du pays natal. Avoir le — du pays. Les maux du corps ne sont autre chose que la punition et la figure tout ensemble des maux de l'âme, PASC. *Prière*, 7. | **3.** *Famil.* Effort pénible. Avoir du — à faire qqch. *Loc. prov.* A chaque jour suffit son —, sa peine. *Fig.* Il a eu du — à se décider, de la difficulté. || *P. ext.* Dommage causé aux choses. Les gelées ont fait du — à la vigne. Les pluies ont fait beaucoup de — à la récolte. Le — qu'a causé l'inondation. Ce n'est que demi-—.

II. Ce qui est imparfait, défectueux. Voir le — dans les personnes, dans les choses. Un caractère, une œuvre où le bien l'emporte sur le —. Taire le — et dire le bien. Prendre, tourner les choses en —. Penser, dire du — de qqn. Il y a des gens dont on ne peut jamais croire du — sans l'avoir vu, LA ROCHEF. *Max.* 197. Le — qu'on dit d'autrui ne produit que du —, BOIL. *Sat.* 7. *Au plur.* (*rare*). Les autres comédiens... en ont dit tous les maux du monde, MOL. *Crit. de l'Éc. des f.* sc. 6.

III. Ce qui est contraire à la loi morale. Discerner le bien du —. La science du bien et du —. On ne doit pas faire le moindre — pour faire réussir le plus grand bien, PASC. *Prov.* 11. Et le — n'est jamais que dans l'éclat qu'on fait, MOL. *Tart.* IV, 5. Induire qqn à —, le porter au mal. Mettre à —, pousser à commettre le mal. *Speciall.* Mettre à — une fille, une femme, la séduire. Femmes mises à —, MOL. *D. Juan*, V, 5. Quel — y a-t-il d'aller dans un champ et de s'y promener? PASC. *Prov.* 7. Penser, songer à —, avoir des intentions mauvaises. Tandis que, sans songer à —, je vous regarde, MOL. *Préc. rid.* sc. 9.

IV. *Speciall.* (Philos.) Le — physique, la souffrance, la maladie, la mort. Le — moral, le péché, le crime. Le — métaphysique, l'imperfection, qui tient à l'essence des êtres finis. L'existence du —. La religion de Zoroastre attribue le — à un mauvais principe qui partage la souveraineté du monde avec le principe du bien, VOLT. *Philos. de l'âme*, 5.

3. MAL [màl] *adv.*

[ÉTYM. Du lat. **măle**, *m. s.* § 291.]

I. || **1°** D'une manière fâcheuse, pénible. Se trouver — d'une chose. Il s'en est — trouvé. Cela lui a — réussi. L'entreprise a — tourné. Les affaires vont —. *Famil.* Être — hypothéqué, dans une situation fâcheuse. — en point, en fâcheux état. Voilà mon loup par terre, — en point, LA F. *Fab.* XII, 17. Nous sommes —, Monsieur, dans nos affaires, MOL. *Mis.* IV, 4. Vous voilà —, au moins si j'en crois l'apparence, ID. *Tart.* V, 1. Tout le fruit qu'on en cueille est de se mettre —, ID. *Dép. am.* 1, 2. Noble, à ce qu'on m'a dit, mais un peu — en biens, CORN. *Ment.* V, 1. Être — en cour, en défaveur. Être — traité, — accueilli, — vu. Je suis — dans son esprit. *Dans le même sens.* Juger — qqn. Parler — de qqn. Il a — pris la chose. Être — avec qqn, en relations peu amicales. La maîtresse à qui mal je voudrais auquel je ne suis pas —, MONTESQ. *Lett. pers.* 48. || Être —, très —, dangereusement malade. Il est au plus —. || Se trouver —. | **1.** Éprouver du malaise. | **2.** Tomber en défaillance.

|| **2°** D'une manière imparfaite, défectueuse. Un corps — constitué. Une personne — faite, — bâtie. *Substantivt.* *Vieilli.* Abandonner Lélie et prendre ce — fait? MOL. *Sgan.* sc. 2. Avoir l'esprit, le caractère — fait. Un livre — composé, — écrit, — sa leçon. Il parle —. Être — vêtu, — coiffé. Un cheval — dressé. Prend-on — ses mesures, LA F. *Fab.* V, 11. Tant bien que —, et, *vieilli*, Que bien que —, moitié bien, moitié mal. Que bien, que —, elle arriva, LA F. *Fab.* IX, 2. Bien qu'au moins — qu'il pût il ajustât l'histoire, ID. *ibid.* XI, 6. Des soins — entendus. L'occasion — prise, CORN. *Cinna*, I, 1. Des époux — assortis. L'avis étant — sûr (n'étant pas sûr), CORN. *Cid*, II, 6. Ils sortent — satisfaits (non satisfaits) d'ici, MOL. *Préc. rid.* sc. 2. Être — à l'aise, n'être pas à l'aise. Une chose faite, dite — à propos, non à propos. || Au sens de peu, précédé de pas. *Famil.* Il n'est pas — effronté. Pour une jeune fille, elle n'en sait pas —! MOL. *Éc. des m.* II, 5.

|| **3°** D'une manière contraire à la loi morale. Il a — agi. Se — conduire, ne pas faire son devoir. Des chaudières bouillantes Où l'on plonge à jamais les femmes — vivantes, MOL.

Éc. des f. III, 2. *Loc. prov.* — vit qui ne s'amende pas, qui ne cherche pas à se corriger de ses vices.

II. *Famil. Adjectivt.* (S'emploie comme attribut.) Cette jeune fille n'est pas — (n'est pas laide). Ce tableau n'est pas — (n'est pas mauvais). En parlant de qqn, qui dit ou fait qqch. Ce n'est pas —. Cela est —, contraire au devoir.

MALACHITE [mà-là-kĭt'] *s. f.*

[ÉTYM. Emprunté du lat. *malachites* (mieux *molochites*), grec μαλαχίτης (mieux μολοχίτης), *m. s.* de μαλάχη ou μολόχη, mauve. || XIIIe s. Melochite a grasse verdur, *Lapid. de Marbode*, 897. Admis ACAD. 1762.]

|| (Minéral.) Pierre verte, formée de cuivre carbonaté, susceptible d'un beau poli, employée en joaillerie.

MALACIE [mà-là-sî] *s. f.*

[ÉTYM. Emprunté du lat. *malacia*, grec μαλαχία, mollesse. || 1752. TRÉV. Admis ACAD. 1762.]

|| (Médec.) Envie maladive de manger des choses étranges, même répugnantes.

***MALACOPTÉRYGIENS** [mà-là-kŏp'-té-ri-jyin; *en vers*, -ji-in] *s. m. pl.*

[ÉTYM. Composé avec le grec μαλαχός, mou, πτερύγιον, nageoire, et le suffixe ien, §§ 244 et 279. || 1770. A. GOUAN, *Hist. des poissons*, p. 98.]

|| (Hist. nat.) Ordre de poissons à nageoires molles.

MALACTIQUE [mà-lăk'-tĭk'] *adj.*

[ÉTYM. Emprunté du lat. *malacticus*, grec μαλαχτικός, *m. s.* || 1584. S. GOULART, dans DELB. *Rec.* Admis ACAD. 1762.]

|| *Vieilli.* (Médec.) Emollient.

MALADE [mà-làd'] *adj.*

[ÉTYM. Du lat. pop. *male habitum*, qui est en mauvais état (d'après bene, male habere), devenu *malabito*, *malabedo*, *malabde*, malade, §§ 193, 290, 439, 409 et 290. || XIIe s. Un malade Puet l'en par els espermenter, *Énéas*, 7468.]

|| **1°** Qui a quelque altération des organes, quelque perturbation des fonctions organiques. Il est tombé —. Est-ce que vous êtes —? MOL. *Mal. im.* I, 5. Si je me sens —, BOIL. *Ep.* 9. Être — de la poitrine, de l'estomac. Vous n'êtes point — à mourir, comme je vous ai vue, SÉV. 177. || Un cheval —. Les vers à soie sont malades. *P. anal.* La vigne, les pommes de terre sont malades. *Fig.* Voilà un livre bien —, en bien mauvais état. || *P. ext.* Avoir l'estomac, les poumons, le foie —. Porter le bras — en écharpe. || *Substantivt.* Un, une —. Est-il possible qu'on laisse comme cela un pauvre — tout seul? MOL. *Mal. im.* I, 1. Voilà une — qui n'est pas tant dégoûtante, ID. *Méd. m. l.* II, 4. || *Fig. Ironiqt.* Vous voilà tous bien malades d'avoir un méchant rôle à jouer (ce n'est pas une grande peine pour vous), MOL. *Impr.* sc. 1.

|| **2°** *Fig.* Qui a quelque perturbation des facultés intellectuelles, morales. Fais quelque chose enfin pour mon esprit —, CORN. *Théod.* I, 1. Un cœur —, troublé par quelque passion. Qui ne sent point son mal est d'autant plus —, CORN. *Rodog.* III, 6. || (Théol.) Une âme —, livrée au mal, au péché.

MALADIE [mà-là-di] *s. f.*

[ÉTYM. Dérivé de malade, § 68. || XIIIe s. Une mout pesant maladie, G. DE LORRIS, *Rose*, 2903.]

|| **1°** Altération d'organe, perturbation de fonction, qui a des phases déterminées jusqu'à sa terminaison par guérison ou mort. Une — aiguë, chronique. Frappé d'une horrible —, BOSS. *Hist. univ.* II, 3. Les fréquentes maladies le mirent souvent aux prises avec la mort, ID. *Le Tellier. Famil.* Il en fera une —, cela lui est très pénible. Une — contagieuse, épidémique. || La — des chiens, affection catharrale des muqueuses qui attaque les jeunes chiens. *Absoll.* Un chien qui a la —. La — des vers à soie. || *P. anal.* La — de la vigne, des pommes de terre.

|| **2°** *Fig.* Perturbation morale. Une — mentale. La — principale de l'homme est la curiosité inquiète des choses qu'il ne peut savoir, PASC. *Pens.* VII, 17. Comment votre âme ne jouirait-elle pas d'une grande tranquillité, après que la loi de Dieu a guéri toutes ses maladies? BOSS. *Loi de Dieu*, 3. || *P. anal.* En parlant d'une nation. L'ardeur de leurs disputes insensées est devenue la plus dangereuse de toutes leurs maladies, BOSS. *R. d'Angl.* Les maladies qui travaillent les États, BALZ. *Socr. chrét.* 8. || *P. ext.* Manie. La — des systèmes, VOLT. *Singularités de la nature*, 29.

MALADIF, IVE [mà-là-dif', -dīv'] *adj.*

[ÉTYM. Dérivé de malade, § 125. || XIIIe s. Li saisons de l'an plus maladive, ALEBRANT DE SIENNE, I, 15.]

|| Qui montre une disposition habituelle à être malade.

Un enfant —. Une personne maladive. || *P. anal.* Une complexion maladive. Une agitation maladive.

MALADRERIE [mà-là-dre-ri] *s. f.*

[ÉTYM. Pour maladerie, dérivé de malade, § 69. Le mot a été influencé par ladre, ladrerie, § 509. || XII° s. As punz e as maladeries, *Vie de St Gilles*, 274. Maladrerie, BENEEIT, *Ducs de Norm.* dans DELB. *Rec.*]

|| Hôpital de lépreux.

MALADRESSE [mà-là-drěs'] *s. f.*

[ÉTYM. Dérivé de maladroit sur le modèle de adresse, § 124. || Admis ACAD. 1740.]

|| **1°** Manière d'être d'une personne maladroite. La — dans les exercices du corps. La — d'un négociateur.

|| **2°** Action faite d'une manière maladroite. Il a commis plusieurs maladresses.

MALADROIT, OITE [mà-là-drwà, -drwǎt'] *adj.*

[ÉTYM. Composé de mal adverbe et adroit, § 193. || 1549. R. EST.]

|| Qui s'y prend mal pour faire qqch. Un chasseur —. Un négociateur —. *Substantivt.* Un —. S'il avait affaire à quelque —, CORN. *Poly.* v, 1. || *P. ext.* Une démarche maladroite.

MALADROITEMENT [mà-là-drwǎt'-man ; *en vers,* -drwà-te-...] *adv.*

[ÉTYM. Composé de maladroite et ment, § 724. || 1690. FURET.]

|| D'une manière maladroite.

MALAGUETTE [mà-là-ghět']. *V.* maniguette.

MALAISE [mà-léz'] *s. m.*

[ÉTYM. Composé de mal adjectif et aise, § 173. || XII° s. Ne seiez a malaise, *Couronn. de Louis*, 261.]

|| État où l'on n'est pas à son aise.

|| **1°** Sensation vague de souffrance. Ressentir du —.

|| **2°** Sentiment vague d'inquiétude. Un — indéfinissable.

1. MALAISÉ, ÉE [mà-lè-zé] *adj.*

[ÉTYM. Dérivé de malaise, § 118. || 1398. Bestes blessees, mailaissees, dans GODEF. malaisier.]

|| *Vieilli.* Qui n'a pas l'aisance (de la fortune). Une de ces beautés malaisées dont le meilleur revenu consiste en un joli visage, MARIV. *Pays. parv.* 5. *Substantivt.* Si jamais il fut des malaisés, TH. CORN. *D. César d'Avalos*, II, 1.

2. MALAISÉ, ÉE [mà-lè-zé] *adj.*

[ÉTYM. Composé de mal adverbe et aisé, § 193. || 1539. R. EST.]

|| Qui ne se fait pas aisément. S'il en faut faire autant afin que l'on me flatte, Cela n'est pas bien —, LA F. *Fab.* IV, 5. Il est bien — de régler ses désirs, LA F. *Élég. pour Fouquet.* || Une chose malaisée à faire. || *P. ext.* Qui offre des obstacles qu'on ne surmonte pas aisément. Dans un chemin montant, sablonneux, —, LA F. *Fab.* VII, 9.

MALAISÉMENT [mà-lè-zé-man] *adv.*

[ÉTYM. Composé de malaisée 2 et ment, § 724. || 1539. R. EST.]

|| D'une manière malaisée. Un cœur si généreux se rend —, CORN. *Cid*, II, 6.

MALANDRE [mà-lāndr'] *s. f.*

[ÉTYM. Emprunté du lat. malandria, orum, qui désigne une maladie du cheval. || XIV° s. Gardez bien qu'il n'ait malandres, *Ménagier*, II, 74.]

|| **1°** (Art vétérin.) Crevasse au pli du genou d'un cheval. Un cheval qui n'a ni suros ni malandres. || *P. plaisant. Fig.* Tiennette n'a ni suros ni — (est saine de corps), LA F. *Contes, Troqueurs.*

|| **2°** *P. anal.* (Charpent.) Nœud pourri dans le bois.

MALANDREUX, EUSE [mà-lan-dreù, -dreǔz'] *adj.*

[ÉTYM. Dérivé de malandre, § 116. || 1732. TRÉV. Admis ACAD. 1835.]

|| (Charpent.) Qui a des nœuds pourris.

MALANDRIN [mà-lan-drin] *s. m.*

[ÉTYM. Emprunté de l'ital. malandrino, *m. s.* d'origine incertaine, § 12. || 1611. COTGR. Admis ACAD. 1878.]

|| Brigand, vagabond. La France était infestée par des brigands réunis, nommés malandrins, VOLT. *Mœurs*, 77.

MALAPPRIS, ISE [mà-là-pri, -prĭz'] *adj.*

[ÉTYM. Composé de mal adverbe et appris, part. de apprendre, § 193. || XVI° s. En choisissant l'esprit, vous estes mal-apprise, RONS. v, 364. Admis ACAD. 1835.]

|| **1°** *Vieilli.* Mal élevé. Les enfants... — n'en voulaient plus croire leurs grands-pères, BOSS. *Hist. univ.* II, 2.

|| **2°** Qui n'a pas d'éducation au point de vue de la politesse. *Substantivt.* C'est un —, une malapprise.

MALART [mà-lår] *s. m.*

[ÉTYM. Paraît être le nom propre Malart, du germanique Madalhard, donné plaisamment à un animal, § 36. || XII° s. Grues et ganstes e mallars e plouviers, *Cheval. Ogier*, 4023. Admis ACAD. 1798.]

|| Canard sauvage mâle.

MALAVISÉ, ÉE [mà-là-vi-zé] *adj.*

[ÉTYM. Composé de mal adverbe et avisé, § 193. || XIV° s. So li contes l'atent, il est mal avisé, *Baudouin de Sebourc*, VI, 724.]

|| Qui n'a pas de discernement.

MALAXER [mà-lǎk'-sé] *v. tr.*

[ÉTYM. Emprunté du lat. malaxare, *m. s.* || XIV°-XV° s. Malaxés cire en ladicte huille, *Trad. de B. de Gordon*, dans GODEF. Admis ACAD. 1762.]

|| (Pharmac.) Amollir en maniant, en pétrissant. — de l'argile. *P. anal.* — la pâte (à faire le pain).

MALBÂTI, IE [mǎl-bǎ-ti] *adj.*

[ÉTYM. Composé de mal adverbe et bâti, part. de bâtir, § 193. || 1611. Mal-basty, COTGR.]

|| *Famil.* Mal fait de corps.

***MALBOUCHÉ, ÉE** [mǎl-bou-ché] *adj.*

[ÉTYM. Composé avec mal adverbe et bouche, §§ 118 et 195. (*Cf.* maldenté.) || *Néolog.*]

|| (Art vétérin.) Dont la bouche n'indique pas bien l'âge.

***MALCHANCE.** *V.* malechance.

***MALCHUS** [mǎl-kǔs'] *s. m.*

[ÉTYM. Nom propre, § 36 : Malchus, personnage à qui saint Pierre coupa une oreille. || XV°-XVI° s. Servir Malchus chauldement, *Ball. des povres Housseurs*, dans LONGNON. *Œuvres compl. de F. Villon*, p. 168. Vendu avez dague et malcus, *Compl. des gosiers alterez*, dans MONTAIGLON, *Anc. Poés. franç.* VII, 77.]

|| **1°** (Archéol.) Sorte d'épée à lame recourbée. Par le tranchant de son —, SCARR. *Virg. trav.* dans LEROUX, *Dict. comiq.*

|| **2°** Demi-confessionnal (qui n'a qu'une oreille).

***MALCOMPLAISANT, ANTE** [mǎl-kon-plè-zan, -zǎnt'] *adj.*

[ÉTYM. Composé de mal et complaisant, § 173. || *Néolog.*]

|| Non complaisant.

MALCONTENT, ENTE [mǎl-kon-tan, -tǎnt'] *adj.*

[ÉTYM. Composé de mal adverbe et content, § 193. || XIII° s. Il estoit trop mal content de si grande dignité, *Sept Sages*, dans DELB. *Rec.*]

|| Non content. (*Syn.* mécontent.) — de son stratagème, LA F. *Fab.* II, 15. || *Spéciall.* Nom donné à ceux qui n'étaient pas contents du gouvernement. La cour ne manque point de malcontents, LA ROCHEF. *Mém.* 57. *Spéciall.* Nom donné à ceux qui se groupèrent autour du duc d'Alençon après la Saint-Barthélemy. *P. ext.* Être coiffé à la —, avoir les cheveux presque ras (coiffure que portaient le duc d'Alençon et ses partisans).

***MALDENTÉ, ÉE** [mǎl-dan-té] *adj.*

[ÉTYM. Composé avec mal adverbe et dent, §§ 118 et 195. (*Cf.* malbouché.) || *Néolog.*]

|| (Art vétérin.) Dont les dents n'indiquent pas bien l'âge.

MALDISANT, ANTE [mǎl-di-zan, -zǎnt'] *adj.*

[ÉTYM. Composé de mal adverbe et disant, part. de dire, §§ 47 et 193. || 1546. L'usage moderne nouvellement maldisant, *Trad. de Pol. Vergile*, dans DELB. *Rec.* Admis ACAD. 1835.]

|| *Vieilli.* Qui dit du mal des autres. (*Syn.* médisant.)

***MALDONNE** [mǎl-dòn'] *s. f.*

[ÉTYM. Tiré de mal donner, § 52. || *Néolog.*]

|| (T. de jeu.) Erreur commise par celui qui donne les cartes. J'ai six cartes : il y a —, SCRIBE, *Maurice*, sc. 8.

MÂLE [mǎl] *s. m. et adj.*

[ÉTYM. Du lat. masculum, devenu mascle, §§ 290 et 291, masle, § 389, mâle, § 422.]

I. *S. m.* Individu du sexe qui a le pouvoir fécondant. Le — influe en général plus que la femelle sur la production, BUFF. *Quadr.* | *Famil.* Un beau —, un homme de belle et robuste apparence. Mazet était beau —, LA F. *Contes, Mazet.* || (Droit.) Titre transmis de — en —. Cette tutelle était donnée aux plus proches parents par —, MONTESQ. *Espr. des lois*, VII, 12.

II. *Adj.* || **1°** Qui appartient au sexe fécondant. Organes mâles. Un enfant —. Un oiseau —. || *P. anal.* Fleur —, qui n'a que les organes mâles, les étamines. Encens —, encens en larmes. (*V.* oliban.) (Architect.) Proportions mâles, celles de

l'ordre dorique, qu'on prétendait empruntées aux proportions du corps de l'homme, comme celles de l'ordre ionique aux proportions du corps de la femme.
|| **2°** *Fig.* Qui a une énergie virile. La vertu la plus — en perd toute vigueur, CORN. *Poly.* II, 1. Une — assurance, ID. *Hor.* II, 1. Admirons le — génie de Corneille, VOLT. *Comment. sur Rodog.* v, 6. || *P. ext.* Un style — et vigoureux. De mâles accents. Peinture, architecture d'un caractère —. || (Marine.) Bâtiment —, qui résiste vigoureusement à la lame. Mer —, qui a de fortes lames.

MALEBÊTE [mâl-bêt'; *en vers*, mà-le-...] *s. f.*
[ÉTYM. Composé de male, fém. de mal adjectif, et bête, § 173. || XVIIᵉ s. *V.* à l'article. Admis ACAD. 1718.]
|| *Vieilli.* || **1°** Méchante bête. Grâce à Junon, la —, SCARR. *Virg. trav.* 1.
|| **2°** *Fig.* Hache à marteau dont se sert le calfat pour enfoncer l'étoupe dans les grandes coutures d'un navire.

***MALECHANCE** [mâl-châns'; *en vers*, mà-le-...] *s. f.*
[ÉTYM. Composé de male, fém. de mal adjectif, et chance, § 193. || *Néolog.*]
|| *Famil.* Mauvaise chance. (*Cf.* déveine.)

MALÉDICTION [mà-lé-dîk'-syon ; *en vers*, -si-on] *s. f.*
[ÉTYM. Emprunté du lat. maledictio, *m. s.* L'anc. franç. a la forme pop. maleïçon. || XVᵉ s. Malediction amere, CHASTELL. dans DELB. *Rec.*]
|| Paroles par lesquelles on souhaite du mal à qqn. Détournez loin de moi sa —, RAC. *Ath.* v, 7. || *Spécialt.* | 1. En parlant du père, de la mère qui appelle la colère divine sur un enfant dénaturé. La — paternelle. Je te donne ma —, MOL. *Av.* IV, 5. | 2. Réprobation divine. Ces terribles malédictions que Jésus-Christ a prononcées dans son Évangile, BOSS. *R. d'Angl.* C'est la — des Juifs et des païens, PASC. *Prière*, 11. || *P. hyperb.* Malheur auquel une chose semble vouée. Il faut donc qu'il y ait quelque — sur la litière, SÉV. 277.

MALEFAIM [mâl-fin ; *en vers*, mà-le-...] *s. f.*
[ÉTYM. Composé de male, fém. de mal adjectif, et faim, § 173. || XVIᵉ s. Languissant de malefaim, J. DE MONTLYARD, dans DELB. *Rec.* Admis ACAD. 1798.]
|| *Vieilli.* Tourment de la faim.

MALÉFICE [mà-lé-fîs'] *s. m.*
[ÉTYM. Emprunté du lat. maleficium, *m. s.* || XIVᵉ s. Faire aucun vilain malefice, J. BRUYANT, dans *Ménagier*, II, 21.]
|| Sortilège malfaisant.

MALÉFICIÉ, ÉE [mà-lé-fi-syé ; *en vers*, -si-é] *adj.*
[ÉTYM. Emprunté du bas lat. maleficiatus, *m. s.* || XVIᵉ s. RAB. III, 28.]
|| Frappé d'un maléfice. || *Fig.* Son corps très — (détérioré), SÉV. 406.

MALÉFIQUE [mà-lé-fîk'] *adj.*
[ÉTYM. Emprunté du lat. maleficus, *m. s.* || XVᵉ-XVIᵉ s. Evesque maleficque, P. GRINGORE, I, 312, Bibl. elzév. Admis ACAD. 1762.]
|| (Astrol.) Qui a une influence malfaisante. Planète —.

***MALEMENT** [mâl-man; *en vers*, mà-le-...] *adv.*
[ÉTYM. Composé de male, fém. de mal adjectif, et ment, § 724. || XIᵉ s. Mult malement nus vait, *Roland*, 2106.]
|| *Vieilli.* D'une manière mauvaise. — contraints De courir les pays lointains, SCARR. *Virg. trav.* 7.

MALEMORT [mâl-mòr; *en vers*, mà-le-...] *s. f.*
[ÉTYM. Composé de male, fém. de mal adjectif, et mort, § 173. || XIIIᵉ s. Mourir de male mort, *Récits d'un menestrel de Reims*, 263. Admis ACAD. 1798.]
|| *Vieilli.* Mort cruelle. Vous mourrez de —.

***MALENCOMBRE** [mà-lan-kônbr'] *s. m.*
[ÉTYM. Composé de mal adjectif et encombre, § 173. || XVIIᵉ s. *V.* à l'article.]
|| *Vieilli.* Embarras fâcheux. — Puisse arriver... ! SCARR. *D. Japh. d'Arménie*, II, 1. Pour empêcher que son fils N'ait comme lui le même —, LA F. *Coupe enchantée*, sc. 1.

MALENCONTRE [mà-lan-kôntr'] *s. m. et f.*
[ÉTYM. Composé de mal adjectif et encontre, § 173. || XIIIᵉ-XIVᵉ s. Et li roys dist que male encontre eust teix moquerie, JOINV. 387.]
|| *Vieilli.* Ce qui se rencontre mal, vient à contretemps. Les œufs cassés et le poisson mort signifient —, MOL. *Am. magnif.* I, 2. Vous voilà par là hors de tout —, COULANGES, *Lett.* 2 oct. 1709, dans SÉV. x, 532.

MALENCONTREUSEMENT [mà-lan-kon-treŭz'-man; *en vers*, -treŭ-ze-...] *adv.*

[ÉTYM. Composé de malencontreuse et ment, § 724. || 1690. FURET.]
|| D'une manière malencontreuse.

MALENCONTREUX, EUSE [mà-lan-kon-treŭ, -treŭz'] *adj.*
[ÉTYM. Dérivé de malencontre, § 116. || XVᵉ s. Malencontreux discort, GERSON, dans DOCHEZ, *Dict.*]
|| Qui se rencontre mal, vient à contretemps. Une malencontreuse aventure. Une visite malencontreuse. Un sort —, BOIL. *Sat.* 6. || *P. ext.* En parlant d'une personne. Courrier —, REGNARD, *Distr.* II, 1. *Substantivt.* Cesse tes efforts pour un —, MOL. *Ét.* v, 6.

***MALENGIN** [mà-lan-jin] *s. m.*
[ÉTYM. Composé de mal adjectif et engin, § 173. || 1325. Sans malengin, dans GODEF. Admis ACAD. 1798.]
|| *Vieilli.* Tromperie. Il n'y sera arrivé ni fraude ni —, FURET. *Rom. bourg.* I, 129.

MAL-EN-POINT [mà-lan-pwin] *adv.*
[ÉTYM. Composé de mal adverbe, en préposition et point, § 182. (*Cf.* embonpoint.) || Admis ACAD. 1798.]
|| En mauvais état. Voilà mon loup par terre, — sanglant et gâté, LA F. *Fab.* XII, 17.

MALENTENDU [mà-lan-tan-du] *s. m.*
[ÉTYM. Tiré de mal entendre, § 45. || XVIᵉ-XVIIᵉ s. Il y a des malentendus entre nous et les Anglois, SULLY, dans DOCHEZ, *Dict.*]
|| Méprise qui empêche de s'entendre, d'être d'accord. N'y a-t-il pas entre nous quelque — qui vient peut-être de ce qu'il ne sait pas assez bien le français? STAEL, *Cor.* I, 3.

MALEPESTE [mâl-pêst'; *en vers*, mà-le-...] *s. f.*
[ÉTYM. Composé de male, fém. de mal adjectif, et peste, §§ 173 et 40. || XVIIᵉ s. *V.* à l'article. Admis ACAD. 1762.]
|| *Vieilli.* *Proprt.* Peste mauvaise. *Fig.* Hyperbole exprimant la mauvaise humeur. La — soit du sot ! SCARR. *Poés. div. Œuvres*, VII, 184. *Ellipt.* — du sot que je suis aujourd'hui ! MOL. *Ét.* II, 4. La — que l'argent, G. GHERARDI, *Th. ital.* VI, 219. || *Absolt.* Exclamation ironique. — ! le succulent petit diner ! MARIV. *Pays. parv.* 1.

***MALEPEUR** [mâl-peùr; *en vers*, mà-le-...] *s. f.*
[ÉTYM. Composé de male, fém. de mal adjectif, et peur, § 173. || XVIIᵉ-XVIIIᵉ s. *V.* à l'article.]
|| *Vieilli.* Peur violente. Rang personnel qu'il força le régent, de —, de lui abandonner, ST-SIM. XII, 321.

***MALETÔTE, *MALETÔTIER.** *V.* maltôte, maltôtier.

***MAL-ÊTRE** et ***MALÊTRE** [mà-lêtr'] *s. m.*
[ÉTYM. Tiré de mal être (être mal), § 49. (*Cf.* bien-être.) || XVIᵉ s. Le sault n'est pas si lourd du mal estre au non estre, MONTAIGNE, I, 19.]
|| *Vieilli.* État pénible. Éprouver du —. Ses appas élargirent peu à peu ce —, ST-SIM. XII, 92.

MALÉVOLE [mà-lé-vòl] *adj.*
[ÉTYM. Emprunté du lat. malevolus (ou malivolus), *m. s.* On trouve en anc. franç. malivole, d'après la forme secondaire du latin. ACAD. écrit malevole, XVIIᵉ s. *V.* à l'article.]
|| *Vieilli.* Animé d'un mauvais vouloir. (*Cf.* bénévole.) Lecteur bénévole ou —, SCARR. *Rom. com.* 9. Loin de tout frondeur —, VOLT. *Ép.* 56.

MALFAÇON [mâl-fà-son] *s. f.*
[ÉTYM. Pour malefaçon, composé de male, fém. de mal adjectif, et façon, § 173. || XIIIᵉ s. Vice de malefaçon, E. BOILEAU, *Livre des mest.* I, XL, 12.]
|| *Vieilli.* || **1°** Exécution imparfaite d'un ouvrage.
|| **2°** Profit illicite sur des travaux exécutés.

MALFAIRE [mâl-fêr] *v. intr.*
[ÉTYM. Composé de mal adverbe de faire, § 192. || XIIᵉ s. N'i ait josté ne malfait plus, *Énéas*, 9466.]
|| *Vieilli.* Faire du mal. Se garder de —, DESC. *Pass. de l'âme*, 150.

MALFAISANCE [mâl-fè-zâns'] *s. f.*
[ÉTYM. Dérivé de malfaisant, § 146. || 1791. Leur malfaisance, VOLNEY, *Ruines*, p. 203. Admis ACAD. 1798.]
|| *Vieilli.* Caractère qui porte à faire du mal.

MALFAISANT, ANTE [mâl-fè-zan, -zânt] *adj.*
[ÉTYM. Adj. particip. de malfaire, § 47. || XIIᵉ s. Dedens le cors au malfaisant, MARIE DE FRANCE, *Fab.* dans GODEF.]
|| Qui est porté à faire du mal. Un être —. Êtes-vous dédaigneux, — LA BR. 12. D'animaux malfaisants c'était un très bon plat, LA F. *Fab.* IX, 17. || *P. ext.* Une substance malfaisante, qui a la propriété de faire du mal à ceux qui en usent.

MALFAITEUR, ***MALFAITRICE** [mâl-fè-téur, -trïs']
s. m. et *f.*

[ÉTYM. Emprunté du lat. malefactor, *m. s.* rendu par malfaiteur (au lieu de malfacteur) sous l'influence de faire, § 503. || XIIᵉ s. Li maufaitur engleis, BENEEIT, *Ducs de Norm.* 4700.]

|| **1°** *Vieilli.* Celui, celle qui fait qqch de mal. Les malsentants et les malfaiteurs ne sont pas la même chose, JURIEU, dans BOSS. *6ᵉ Avert. aux protest.*

|| **2°** Celui, celle qui commet des actes criminels.

MALFAMÉ, ÉE [mâl-fà-mé]. *V.* famé.

MALGRACIEUSEMENT [mâl-grà-syéuz'-man ; *en vers*, -si-cú-ze-...] *adv.*

[ÉTYM. Composé de malgracieuse et ment, § 724. || 1403. Maugracieusement, dans GODEF.]

|| D'une manière malgracieuse.

MALGRACIEUX, EUSE [mâl-grà-syéu, -syéuz' ; *en vers*, -si-...] *adj.*

[ÉTYM. Composé de mal adverbe et gracieux, § 193. || XIVᵉ s. Rudes, malgracieux, CUVELIER, *Duguesclin*, 118.]

|| Qui fait mauvaise grâce aux gens. Votre père, le plus — des hommes, m'a chassé, MOL. *Av.* II, 1.

MALGRÉ [mâl-gré] *prép.*

[ÉTYM. Composé de mal adjectif et gré, § 173 et 182. (*Cf.* maugréer.) || XIIᵉ s. Maugré l'ainznee seror, CHRÉTIEN DE TROYES, *Cheval. au lion*, 6181.]

|| Sans être empêché par le mauvais gré qu'oppose qqn, par l'obstacle qu'oppose qqch. Enlever — moi ce pauvre malheureux, LA F. *Fab.* II, 8. *Loc. prov.* — lui et ses dents. (*Cf.* dent.) Faire qqch — soi, contre son gré. Le navire est entré au port — vents et marée. *Fig.* Faire qqch — vents et marée, sans être arrêté par aucun obstacle. — leur insolence, RAC. *Mithr.* IV, 6. *Poét.* — de nos destins la rigueur importune, CORN. *Oth.* IV, 2. || *Vieilli. Loc. conj.* — que. *Spécialt.* Avec le verbe avoir. Il faut être de son sentiment — qu'on en ait (quoique ce soit de mauvais gré).

MALHABILE [mà-là-bil] *adj.*

[ÉTYM. Composé de mal adverbe et habile, § 193. || 1606. NICOT.]

|| Qui n'est pas habile.

MALHABILEMENT [mà-là-bil-man ; *en vers*, -bi-le-...] *adv.*

[ÉTYM. Composé de malhabile et ment, § 724. || Admis ACAD. 1798.]

|| D'une manière malhabile.

MALHABILETÉ [mà-là-bil-té ; *en vers*, -bi-le-té] *s. f.*

[ÉTYM. Dérivé de malhabile, d'après habileté, § 122. || XVᵉ s. Malhabilleté, DUQUESNE, *Hist. de Jean d'Avesnes*, dans GODEF.]

|| *Vieilli.* Manière d'être de celui qui est malhabile.

MALHEUR [mà-léur] *s. m.*

[ÉTYM. Composé de mal adjectif et heur, § 173. || XIIᵉ s. A mal eur les commanda, *Thebes*, app. v, 13240.]

|| **1°** Événement funeste. Ce je ne sais quoi d'achevé que les malheurs donnent aux grandes vertus, BOSS. *Condé.* Le — succède au bonheur le plus doux, CORN. *Hor.* v, 2. Les malheurs sont souvent enchaînés l'un à l'autre, RAC. *Esth.* III, 1. *Loc. prov.* Un — amène son frère. Un — ne vient jamais seul. A quelque chose — est bon (par l'expérience, les renseignements qu'il donne). Quand le — ne serait bon Qu'à mettre un sot à la raison, Toujours serait-ce à juste cause Qu'on le dit bon à quelque chose, LA F. *Fab.* VI, 7. J'ai cru sa mort pour vous un — nécessaire, CORN. *Pomp.* III, 2. Il lui arrivera —. Contraint de retracer l'image de nos malheurs, BOSS. *Le Tellier. Famil.* Il fera un —, il se livrera à quelque violence funeste. *P. hyperb.* Faire un —, causer un accident. C'est un —, cela est fâcheux. *Ironiqt.* Le grand, le beau — ! il n'y a pas grand mal. || — à, menace de malheur à qqn. — à vous, riches avares, BOURD. *Nativité*, O. — aux vaincus ! le vaincu doit subir les conséquences de sa défaite.

|| **2°** Suite d'événements funestes. N'en pouvant plus d'effort et de douleur, Il met bas son fagot, il songe à son —, LA F. *Fab.* I, 16. Être dans le —. Faire le — de qqn. Cette beauté qui avait fait le — de tant d'hommes, FÉN. *Tél.* 8. Titus, pour mon —, vint, vous vit, RAC. *Bér.* I, 4. Le — des temps, péril d'une époque de trouble, de révolution.

|| **3°** Chance funeste. C'est l'effet du — qui partout m'accompagne, CORN. *Ment.* I, 3. Porter — à qqn. Tant il porte — aux opinions qu'il embrasse, PASC. *Prov.* 3. Avoir du —. Jouer de —, avoir mauvaise chance au jeu, et, *fig.* avoir mauvaise chance. Ce greffier de — (qui porte malheur), DANCOURT, *Vacances*, sc. 7. Ceux qui auront le — d'être vos voisins, FÉN. *Tél.* 20. || *Loc. adv.* Par —. Un petit bout d'oreille, échappé par —, LA F. *Fab.* v, 21.

***MALHEURE (À LA).** *V.* heure.

MALHEUREUSEMENT [mà-léu-reúz'-man ; *en vers*, -reú-ze-...] *adv.*

[ÉTYM. Composé de malheureuse et ment, § 724. || XIVᵉ s. Cet enfant... Que vous tenez ainsi maleûreusement, CUVELIER, *Duguesclin*, 138.]

|| D'une manière malheureuse. Il périt —. Plusieurs de ses domestiques avaient été — nourris dans l'erreur, BOSS. *Condé.* —, le mal est irréparable.

MALHEUREUX, EUSE [mà-léu-reú, -reúz'] *adj.*

[ÉTYM. Dérivé de malheur, § 116. || XIIᵉ s. Quant une dame est si cortoise Qu'a un maleûreus adoise, CHRÉTIEN DE TROYES, *Cheval. au lion*, dans DELB. *Rec.*]

I. || **1°** Qui est dans le malheur. Le plus — de tous les hommes est celui qui croit l'être, car le malheur dépend moins des choses qu'on souffre que de l'imagination avec laquelle on augmente son malheur, FÉN. *Tél.* 5. On n'est jamais si heureux ni si — qu'on se l'imagine, LA ROCHEF. *Max.* 49. Et c'est être innocent que d'être —, LA F. *Élégies*, 1. Quand vous vous trouverez —, songez aux plus — que vous : la recette est infaillible, Mᵐᵉ DE MAINT. *Lett. à d'Aubigné*, 20 oct. 1681. Engraisse-toi, mon fils, du suc des —, BOIL. *Sat.* 8. *Loc. famil.* — comme les pierres (qu'on foule sous les pieds). || *Substantivt.* Il faut plaindre les —. | *Spécialt.* Soulager les —, les indigents.

|| **2°** *P. ext.* Qui fait le malheur de qqn. | 1. Funeste. Fatal tissu, — diadème, RAC. *Mithr.* v, 1. Que peut-on imaginer de plus —? BOSS. *R. d'Angl.* | *P. hyperb.* Ce — visage D'un chevalier romain captiva le courage, CORN. *Poly.* 1, 3. Ce — soufflet a eu des témoins, MARIV. *Pays. parv.* 4. Une facilité malheureuse, qui nuit à celui qui la possède, parce qu'il en abuse. | 2. Coupable. Des prophètes divins malheureuse homicide! RAC. *Ath.* III, 7. *Substantivt.* Ce —, étant interrogé, avoua, PASC. *Prov.* 6. Une malheureuse, femme méprisable. Malheureuse ! quel nom est sorti de ta bouche ! RAC. *Phéd.* I, 3. Tu pleures, malheureuse ! ID. *Baj.* IV, 5.

II. || **1°** Qui a du malheur, qui a mauvaise chance. Avoir la main malheureuse, ne pouvoir toucher à qqch sans accident et, *fig.* échouer dans tout ce qu'on entreprend. Il a été — dans ses entreprises. Être — au jeu. || *P. ext.* Un candidat —, qui a échoué. *P. anal.* Une entreprise malheureuse, qui n'a pas réussi. Une guerre malheureuse, terminée par une défaite. Une passion malheureuse, qui n'est pas payée de retour. *P. hyperb. Fig.* Avoir une passion malheureuse pour un art, l'aimer sans y réussir.

|| **2°** Qui porte malheur. Être né sous une malheureuse étoile. Cela est d'un — augure. Je suis tenté... de croire, avec messieurs de l'antiquité, qu'il y a des jours, des mois, et des années malheureuses, VOLT. *Lett. à d'Alemb.* juin 1773.

MALHONNÊTE [mà-lò-nèt'] *adj.*

[ÉTYM. Composé de mal adverbe et honnête, § 193. || 1406. Sieges et bancs... derompus et moult malhonnestes, NIC. DE BAYE, *Journal*, dans DELB. *Rec.*]

|| **1°** Qui manque à l'honnêteté, à la probité. Il est difficile qu'un — homme ait assez d'esprit, LA BR. 11. Une action —.

|| **2°** Qui manque à la politesse. Une personne —. Des manières malhonnêtes.

MALHONNÊTEMENT [mà-lò-nèt'-man ; *en vers*, -nò-te-...] *adv.*

[ÉTYM. Composé de malhonnête et ment, § 724. || 1690. FURET.]

|| D'une manière malhonnête. | 1. En manquant à l'honnêteté, à la probité. Il a agi —. | 2. En manquant à la politesse. Il m'a répondu —.

MALHONNÊTETÉ [mà-lò-nèt'-té ; *en vers*, -nò-te-té] *s. f.*

[ÉTYM. Dérivé de malhonnête, d'après honnêteté, § 122. || XVIIᵉ s. V. à l'article.]

|| **1°** Défaut d'honnêteté, de probité. La — de Ravestin, LE P. BOUHOURS, *Hist. de P. d'Aubusson*, p. 322, édit. 1676.

|| **2°** Défaut de politesse. *P. ext. Famil.* Acte impoli. Faire une — à qqn.

MALICE [mà-lïs'] *s. f.*

[ÉTYM. Emprunté du lat. malitia, *m. s.* || XIIᵉ s. Alcun malice avez vos commencé, *Couronn. de Louis*, 2192.]

|| **1°** Plaisir qu'on trouve à faire le mal. Il a fait cela par

pure —. Un cœur noble ne peut soupçonner en autrui La bassesse et la —, RAC. *Esth.* III, 9. Son cœur n'enferme point une — noire, ID. *Brit.* V, 3. ‖ *P. ext.* La — du péché. La — de ses discours, de ses actions. *Poét.* Aux malices du sort enfin dérobez-vous, RAC. *Esth.* III, 1.

‖ **2°** Amusement qu'on trouve à faire, à dire de petites méchancetés. Que le sort, par un heureux caprice, Fasse de vos écrits prospérer la —, BOIL. *Sat.* 9. Il y avait dans son discours une pointe de —. Il n'y entend pas —, il a dit, il a fait cela sans malice. La belle —! exclamation ironique à propos de qqn qui croit agir avec malice. Un innocent fourré de —, celui qui a de la malice sous un air innocent. ‖ *P. ext.* Ce qui est dit ou fait par malice. Vous ne connaissez pas, m'amour, la — de la pendarde, MOL. *Mal. im.* I, 6. *P. ext.* Action où il y a de la malice. Fit, sans être malin, ses plus grandes malices, BOIL. *Ep.* 10.

MALICIEUSEMENT [mà-li-syeûz'-man ; *en vers*, -si-cù-ze-...] *adv.*
[ÉTYM. Composé de malicieuse et ment, § 724. ‖ XIIᵉ s. Maliciousement et orguillousement, *Serm. de St Bern.* p. 162.]
‖ D'une manière malicieuse. | 1. En trouvant du plaisir à faire le mal. | 2. En trouvant de l'amusement à dire, à faire de petites méchancetés.

MALICIEUX, EUSE [mà-li-syeû, -syeûz' ; *en vers*, -si-...] *adj.*
[ÉTYM. Emprunté du lat. malitiosus, *m. s.* ‖ XIIᵉ s. Sis maris fud durs e pesmes e malicius, *Rois*, I, 25.]
‖ **1°** Qui trouve du plaisir à faire le mal. ‖ *P. anal.* Cheval —, qui cherche à faire du mal à celui qui l'approche ou le monte. ‖ *P. ext.* Une procédure malicieuse, BOSS. *Le Tellier.*
‖ **2°** Qui trouve de l'amusement à dire, à faire de petites méchancetés. Un enfant —. ‖ *P. ext.* Une réponse malicieuse.

MALIGNEMENT [mà-liñ'-man ; *en vers*, -li-ñe-...] *adv.*
[ÉTYM. Composé de maligne et ment, § 724. ‖ 1549. R. EST.]
‖ D'une manière maligne. Chercher — à mettre qqn en défaut. Un trait — lancé contre qqn.

MALIGNITÉ [mà-li-ñi-té] *s. f.*
[ÉTYM. Emprunté du lat. malignitas, *m. s.* ‖ XIIᵉ s. Destruit tute malignité, *Lapid. de Marbode*, 445.]
‖ **1°** Disposition à se complaire dans le mal d'autrui. La méchanceté suppose un goût à faire le mal ; la —, une méchanceté secrète, VAUVEN. *Espr. hum.* III, 45. Un esprit... Qui, sous l'humble dehors d'un respect affecté, Cache le noir venin de sa —, BOIL. *Sat.* 9. Le voile de l'hypocrisie cache la —, LA BR. 12. La — qui est cachée et empreinte dans le cœur de l'homme, PASC. *Pens.* XXV, 144. Sa — Punit sur eux l'appui que je leur ai prêté ? RAC. *Brit.* I, 1. ‖ *P. anal.* La — de la fortune. ‖ *P. ext.* Propriété malfaisante qu'une chose recèle. Parce que lesdites vapeurs ont une certaine —, MOL. *Méd. m. l.* II, 4. La — de la fièvre.
‖ **2°** Disposition à s'égayer aux dépens d'autrui. Sa — n'épargne pas même ses amis. L'homme aime la — ; mais ce n'est pas contre les borgnes ou les malheureux, mais contre les heureux superbes, PASC. *Pens.* VI, 53.

MALIN, MALIGNE [mà-lin, -liñ'] *adj.*
[ÉTYM. Emprunté du lat. malignus, *m. s.* ‖ XIIᵉ s. Ne vuilles tencer ot les malignes, *Psaut. de Cambridge*, XXXVI, 1.]
‖ **1°** Qui a une disposition à se complaire dans le mal d'autrui. *Substantivt.* La maligne aux yeux faux, au cœur noir, BOIL. *Sat.* 10. L'enfant — et trompeur (l'Amour) ne caressait que pour trahir, FÉN. *Tél.* 7. ‖ L'esprit —, le — esprit, et, *substantivt*, Le —, le diable. Ces conversations Sont du — esprit toutes inventions, MOL. *Tart.* I, 1. Je crains, dit-il, les ruses du —, LA F. *Contes, Hermite.* ‖ *P. anal.* Un chat Qui, sous son minois hypocrite, Contre toute ta parenté D'un — vouloir est porté, LA F. *Fab.* VI, 5. Mon cœur en prend par force une maligne joie, CORN. *Poly.* III, 5. Une interprétation maligne. *Vieilli. Au fém.* Maline. Elle sent son ongle maline, LA F. *Fab.* VI, 15. ‖ *P. ext.* Qui recèle une propriété malfaisante. Des astres malins corriger l'influence, BOIL. *Sat.* 1. Des vapeurs malignes. Une fièvre maligne, un ulcère —.
‖ **2°** Qui a une disposition à s'égayer aux dépens d'autrui. Le Français, né —, BOIL. *Art p.* 2. ‖ *P. anal.* J'habille en vers une maligne prose, BOIL. *Sat.* 7. Regarder d'un œil —. ‖ *P. ext.* Qui a l'esprit très fin. Bien — celui qui te trompera. *Substantivt. Famil.* C'est un —. Faire le —. ‖ *P. ext.* Ce n'est pas —, il ne faut pas avoir l'esprit bien fin pour cela.

MALINE [mà-lin'] *s. f.*
[ÉTYM. Du lat. malina, d'origine incertaine, employé dans le même sens par MARCELLUS EMPIRICUS (IVᵉ s.).]
‖ (Marine.) Grande marée.

MALINES [mà-lin'] *s. f.*
[ÉTYM. Nom propre, § 36 : Malines, ville de Flandre. ‖ 1752. TRÉV. Admis ACAD. 1878.]
‖ Dentelle très fine, à dessin courant, à fleurs bordées d'un fil plat, qui se fabriquait primitivement à Malines.

MALINGRE [mà-lingr'] *adj.*
[ÉTYM. Origine inconnue. Paraît comme nom propre dès le XIIIᵉ s.]
‖ Qui a une constitution chétive. Un enfant —. Tout — de goutte et de colique, SÉV. 647.

MALINTENTIONNÉ, ÉE [mà-lin-tan-syò-né ; *en vers*, -si-ò-né] *adj.*
[ÉTYM. Composé de mal adverbe et intentionné, § 193. S'écrit aussi bien en deux mots. ‖ XVIIᵉ s. *V.* à l'article.]
‖ Qui a de mauvaises intentions. Nous avons rencontré des gens malintentionnés. *Substantivt.* Les malintentionnés et les dévots font ici courir des bruits préjudiciables, COLBERT, *Lett. à Mazarin*, 20 oct. 1657.

MALIQUE [mà-lik'] *adj.*
[ÉTYM. Dérivé du lat. malum, pomme, § 229. ‖ 1787. Acide malique, FOURCROY, dans *Mém. de l'Acad. des sc.* p. 284. Admis ACAD. 1878.]
‖ (Chimie.) Qui vient de la pomme. Acide —, acide qu'on tire de la pomme, de la baie du sorbier, etc.

MALITORNE [mà-li-tòrn'] *s. m. et f.*
[ÉTYM. Altération de maritorne, § 509. ‖ 1642. OUD. Admis ACAD. 1762.]
‖ *Vieilli.* Personne mal tournée. Le plus grand — et le plus sot dadais que j'aie jamais vu, MOL. *B. gent.* III, 12.

MAL-JUGÉ [màl-ju-jé] *s. m.*
[ÉTYM. Tiré de mal juger, § 45. ‖ XVIIᵉ s. *V.* à l'article.]
‖ (Droit.) Le fait d'être mal jugé (en parlant d'un procès, d'une cause). Les seigneurs sont tenus du —, PATRU, *Plaidoy.* 1. Le — n'est pas un moyen de cassation.

MALLE [màl] *s. f.*
[ÉTYM. Emprunté de l'anc. haut allem. malaha, *m. s.* §§ 6, 498 et 499. ‖ XIᵉ s. Et font pleines les males, *Voy. de Charl. à Jérus.* dans DELB. *Rec.*]
‖ Coffre en bois, en cuir, destiné à contenir les effets qu'on emporte en voyage. Faire sa —, faire ses malles, y ranger les effets qu'on emporte, et, *p. ext.* s'apprêter à partir. Défaire sa —, en retirer les effets qu'elle contient, quand on est arrivé à destination. | *Vieilli.* Trousser, détrousser la —, la faire, la défaire. Trousser en —, ranger dans une malle (ce qu'on veut emporter), et, *fig.* emporter, enlever. J'eus grand peur qu'on me troussât en —, RÉGNIER, *Sat.* 11. ‖ *Spéciali.* | 1. Valise où les colporteurs mettent leurs marchandises et qu'ils portent sur le dos. *P. plaisant. Fig.* En parlant d'un bossu. Il porte toujours sa —. | 2. Valise bouclée sur un cheval où les courriers, les postillons, mettent les lettres, les dépêches. Porter la — ou tirer la charrue, BOIL. *Sat.* 5. ‖ *P. ext.* — et —poste, voiture par laquelle l'administration des postes expédie les lettres, les dépêches, aux bureaux d'administration. Courrier de la —, employé chargé d'accompagner les lettres, les dépêches expédiées par la malle. ‖ *P. anal.* La — de l'Inde, le service par bateaux à vapeur, chemins de fer, etc., organisé pour le transport des lettres, des dépêches destinées à l'Inde.

MALLÉABILITÉ [màl'-lé-à-bi-li-té] *s. f.*
[ÉTYM. Dérivé de malléable, § 255. ‖ 1747. JAMES, *Dict. de médec.* Admis ACAD. 1762.]
‖ (T. didact.) Propriété de ce qui est malléable.

MALLÉABLE [màl'-lé-àbl'] *adj.*
[ÉTYM. Dérivé du lat. malleare, battre au marteau (*cf.* mail), § 242. ‖ XVᵉ-XVIᵉ s. Fixables Doivent estre et bien malleables, *Nat. à l'alch. errant*, 122.]
‖ (T. didact.) Qui a la propriété de s'étendre, sous le marteau, en lames, en feuilles plus ou moins minces. ‖ Métal —. ‖ *Fig.* Un caractère —, qu'on peut façonner à son gré.

MALLÉOLE [màl'-lé-òl] *s. f.*
[ÉTYM. Emprunté du lat. malleolus, petit marteau, par assimilation de forme. Le mot a été d'abord masculin, conformément au latin ; sur le changement de genre, *V.* § 550. ‖ 1546. Malleoles, que nous pouvons dire marteletz,

CH. EST. *Descr. des parties du corps hum.* p. 31. Admis ACAD. 1762.]

|| (Anat.) Saillie osseuse, dite cheville, formée au bas de chaque jambe, du côté interne par une éminence du tibia, et du côté externe par l'extrémité du péroné.

MALLE-POSTE [măl-pŏst'; *en vers*, mà-le-...] *s. f.*

[ÉTYM. Composé de malle et poste, § 200. || *Néolog.* Admis ACAD. 1835.]

|| Voiture par laquelle l'administration des postes expédie les lettres, les dépêches.

***MALLETIER, IÈRE** [măl-tyé, -tyèr; *en vers*, mà-le-...] *s. m. et f.*

[ÉTYM. Dérivé de malle, §§ 63 et 115. || 1508. Maletier, *Comptes du château de Gaillon*, p. 336.]

|| Celui, celle qui fabrique, vend des malles.

MALLETTE [mà-lĕt'] *s. f.*

[ÉTYM. Dérivé de malle, § 133. || XIIIᵉ s. Lor maletes lor descarchoit, *Mir. de St Éloi*, p. 29.]

|| 1° Petite malle.

|| 2° *P. anal.* Plante dite aussi bourse à pasteur.

MALLIER [mà-lyé] *s. m.*

[ÉTYM. Dérivé de malle, § 115. Le mot est un ancien adjectif employé substantivt, § 38. || XIIIᵉ s. Ausi gros comme uns sas malliers, J. BRETEL, *Tourn. de Chauvency*, 1408.]

|| 1° Cheval portant la valise où les courriers, les postillons, mettaient les lettres, les dépêches.

|| 2° *P. ext.* Cheval placé dans les brancards d'une chaise de poste, que monte le postillon.

MALMENER [măl-me-né] *v. tr.*

[ÉTYM. Composé de mal adverbe et mener, § 192. || XIIᵉ s. Vos me comovez Et vos meisme malmenez, *Énéas*, 1789.]

|| Mener rudement (qqn). Mes pères, vous voilà malmenés, PASC. *Prov.* 15. || *P. ext.* Secouer rudement (qqch). L'un et l'autre vaisseau Malmené du combat, LA F. *Contes, F. du roi de Garbe.*

MALOTRU, UE [mà-ló-tru] *adj.*

[ÉTYM. Pour malostru, § 422, altération de *malastru, § 509, du lat. pop. *maleastrucum, proprt, « qui a un mauvais astre », §§ 79 et 193. || XIIᵉ s. Chaitifz, dolenz et malostruz, BENEEIT, *Ducs de Norm.* 27263.]

|| *Famil.* || 1° *Vieilli.* Qui est mal en point. Le chevalier de Lorraine est très — et très languissant, SÉV. 559.

|| 2° Grossier (de tournure, de manières). Tout — qu'il est, je voudrais de tout mon cœur être ce misérable, HAMILT. *Fleur d'épine.* || *Substantivt.* Tout heureuse De rencontrer un —, LA F. *Fab.* VII, 5. Un homme de rien, un —, LA BR. 6.

MALPEIGNÉ, ÉE [măl-pè-ñé] *adj.*

[ÉTYM. Composé de mal adverbe et peigné, part. de peigner, §§ 45 et 193. || XIIIᵉ s. Le roi Phelippe de France que l'en pooit bien apeler le vallet maupingné, *Faits des Romains*, dans *Romania*, 1885, p. 7. Admis ACAD. 1835.]

|| Qui a les cheveux en désordre.

MALPLAISANT, ANTE [măl-plò-zan, -zănt'] *adj.*

[ÉTYM. Composé de mal adverbe et plaisant, §§ 47 et 193. || XVIᵉ s. Personnes malplaisantes, A. LE MAÇON, *Décaméron*, III, 227, Dillaye.]

|| *Vieilli.* Qui ne plait pas. (*Syn.* déplaisant.)

MALPROPRE [măl-prŏpr'] *adj.*

[ÉTYM. Composé de mal adverbe et propre, § 193. || 1539. Mal propre, R. EST. propre.]

|| 1° Qui n'est pas propre à un usage. (*Syn.* impropre.) Je suis — à décider la chose, MOL. *Mis.* I, 2.

|| 2° Qui n'est pas propre, net. Une personne, une chose —. *Substantivt.* La — sur soi, de peu d'attraits chargée, Est mise sous le nom de beauté négligée, MOL. *Mis.* II, 5.

MALPROPREMENT [măl-prò-pre-man] *adv.*

[ÉTYM. Composé de malpropre et ment, § 724. || 1539. Mal proprement, R. EST. propre.]

|| D'une manière malpropre (qui n'est pas nette).

MALPROPRETÉ [măl-prò-pre-té] *s. f.*

[ÉTYM. Dérivé de malpropre, § 122. || 1680. RICHEL.]

|| Défaut de propreté.

***MALSAGE** [măl-sàj'] *adj.*

[ÉTYM. Composé de mal adverbe et sage, § 193. || XIIIᵉ s. Delirus : mausages, *Gloss. lat.-franç.* dans GODEF.]

|| *Vieilli.* Peu sage. Princesses malsages, BALZ. *De la Cour,* 2.

MALSAIN, AINE [măl-sin, -sèn'] *adj.*

[ÉTYM. Composé de mal adverbe et sain, § 193. || XIVᵉ s. La malsaine, *Bast. de Bouillon*, dans DELB. Rec.]

|| Qui n'est pas sain.

|| 1° Qui a le germe de quelque altération des organes. Ces enfants sont la plupart du temps faibles et malsains, MONTESQ. *Lett. pers.* 114. || *Fig.* Qui a le germe de quelque altération des facultés intellectuelles, morales. Un esprit —, une imagination malsaine.

|| 2° Qui est nuisible à la santé. Un climat —. Une nourriture malsaine. || *P. ext.* Côte malsaine, fond —, dangereux pour la navigation. || *Fig.* Qui est nuisible à la pureté de l'âme. Des livres malsains. Une littérature malsaine.

MALSÉANT, ANTE [măl-sé-an, -ănt'] *adj.*

[ÉTYM. Composé de mal adverbe et séant 1, §§ 47 et 193. On trouve en 1559 l'adverbe malseamment (GODEF.), ce qui permet d'affirmer l'existence de malseant au XVIᵉ s.]

|| Qui sied mal. (*Syn.* messéant.)

***MALSEMÉ, ÉE** [măl-se-mé] *adj.*

[ÉTYM. Composé de mal adverbe et semé, part. de semer, §§ 45 et 193. (*Cf.* clairsemé.) || Admis ACAD. 1762; suppr. en 1835.]

|| (Vénerie.) Andouillers malsemés, en nombre inégal des deux côtés du bois. *Substantivt.* Des malsemés, des andouillers malsemés.

***MALSENTANT, ANTE** [măl-san-tan, -tănt'] *adj.*

[ÉTYM. Composé de mal adverbe et sentant, part. de sentir, §§ 47 et 193. || XVIIᵉ s. *V.* à l'article.]

|| *Vieilli.* Qui a des opinions mauvaises. *Spécialt.* Qui a des opinions mauvaises en religion. (*Cf.* mécréant.) *Substantivt.* Contre les malsentants aussi bien que contre les malfaiteurs, BOSS. *6ᵉ Avert. aux protest.* III, 82.

MALSONNANT, ANTE [măl-sò-nan, -nănt'] *adj.*

[ÉTYM. Composé de mal adverbe et sonnant, §§ 47 et 193. || 1467. Langaiges malsonnans, *Ordonn.* XVII, 44. Admis ACAD. 1762.]

|| 1° (T. didact.) Qui s'accorde mal avec une doctrine admise comme vraie. Une proposition malsonnante.

|| 2° *P. ext.* Qui sonne mal aux oreilles. Des paroles malsonnantes, grossières.

MALT [mălt'] *s. m.*

[ÉTYM. Emprunté de l'angl. malt, m. s. § 8. || 1752. TRÉV. Admis ACAD. 1762.]

|| (Technol.) Orge germée et séchée, qu'on emploie à la fabrication de la bière, après avoir retiré les germes.

***MALTALENT** [măl-tà-lan] *s. m.*

[ÉTYM. Composé de mal adjectif et talent au sens ancien de « passion », § 173. || XIᵉ s. Son maltalent li at li reis tot pardonet, *Voy. de Charl. à Jérus.* 869. Admis ACAD. 1694; suppr. en 1740.]

|| *Vieilli.* Mauvais vouloir. J'ai quelque — contre M. de Malesherbes, VOLT. *Lett. à d'Argental,* 16 fév. 1761.

***MALTER** [măl-té] *v. tr.*

[ÉTYM. Dérivé de malt, § 154. || *Néolog.*]

|| (Technol.) Convertir (l'orge) en malt.

***MALTHE** [mălt'] *s. f.*

[ÉTYM. Emprunté du lat. maltha, grec μάλθα, goudron, bitume, etc. || 1556. R. LEBLANC, *Subtilité*, dans DELB. Rec.]

|| (Minéral.) Substance glutineuse analogue au pétrole, mais moins liquide, dite poix minérale.

MALTÔTE [măl-tôt'] *s. f.*

[ÉTYM. Composé de male, fém. de mal adjectif, et l'anc. franç. tolte, impôt, subst. particip. de toldre ou tolir (lat. tollere), lever, §§ 45 et 173. || 1326. Om ne doit niant panre de malletote, dans *Hist. de Metz*, IV, 33.]

|| *Anciennt.* Impôt extraordinaire. || *P. ext. En mauvaise part.* | 1. Levée des impôts. L'art de la — est toujours inventé après coup, MONTESQ. *Espr. des lois*, XXX, 12. | 2. Ceux qui participent à la levée des impôts. Être dans la —. | 3. Bureau de collecteurs d'impôt. *Spécialt.* Bateau, dit aussi patache, pour la perception des droits sur la navigation.

MALTÔTIER [măl-tó-tyé] *s. m.*

[ÉTYM. Dérivé de maltote, § 115. || 1611. Maltaultier, COTGR.]

|| *Vieilli. En mauvaise part.* Celui qui se mêle de maltôte, financier. *Au fém.* Maltôtière, femme d'un maltôtier. Femmes de robe, maltôtières, DANCOURT, *Folle Enchère*, sc. 8.

MALTRAITER [măl-trè-té] *v. tr.*

[ÉTYM. Composé de mal adverbe et traiter, § 193. || 1539. Mal traicté, R. EST. traicter.]

|| Traiter mal. Un maître qui maltraite les enfants. Ne le maltraitez point; je vois à sa mine qu'il est honnête homme, MOL. *Av.* V, 2. On craint qu'après sa sœur il n'en maltraite d'autres, CORN. *Hor.* V, 3. || *P. anal.* En parlant des ri-

gueurs d'une femme pour un homme qui l'aime. Je suis maltraité, MOL. *Mis.* III, 1. || *P. ext.* Être maltraité par la fortune. L'orage Maltraita le pigeon en dépit du feuillage, LA F. *Fab.* IX, 2. Un régiment très maltraité dans le combat.

MALVACÉES [măl-và-sé] *s. f. pl.*
[ÉTYM. Emprunté du lat. malvaceus, dérivé de malva, mauve. || 1771. TRÉV. Admis ACAD. 1835.]
|| (Botan.) Famille de plantes dont la mauve est le type.

MALVEILLANCE [măl-vè-yäns'] *s. f.*
[ÉTYM. Dérivé de malveillant, § 146. || XIIᵉ s. Dissension ne mauvoillance, BENEEIT, *Ducs de Norm.* 20243.]
|| Mauvais vouloir à l'égard de qqn. De fausses nouvelles répandues par la —.

MALVEILLANT, ANTE [măl-vè-yan, -yänt'] *adj.*
[ÉTYM. Pour malveuillant, composé de mal adverbe et veuillant, anc. adj. particip. de vouloir, §§ 47 et 193. (*Cf.* bien-veillant.) || XIIᵉ s. Bien sot qu'estoit Berniers ses max vuellans, *Raoul de Cambrai,* 2336.]
|| Qui a de la malveillance. Il s'est toujours montré — pour moi. Une personne malveillante. || *P. ext.* Un langage —. Des regards malveillants. *Substantivt.* Les malveillants.

MALVERSATION [măl-vèr-sà-syon ; *en vers,* -si-on] *s. f.*
[ÉTYM. Dérivé de malverser, § 247. || XVIᵉ s. Atteint de concussion et de malversation, AMYOT, *Arist.* 65.]
|| Détournement dans la gestion d'une charge, d'un emploi. Commettre des malversations. || *P. ext.* Acte d'infidélité. Vous avez... ébloui vos parents et plâtré vos malversations, MOL. *G. Dand.* III, 8.

MALVERSER [măl-vèr-sé] *v. intr.*
[ÉTYM. Emprunté du lat. maleversari, se comporter mal. || XVIᵉ s. Ils le chargerent d'avoir malversé et desrobbé en son office, AMYOT, *Arist.* 10.]
|| Commettre des détournements dans la gestion d'une charge, d'un emploi.

MALVOISIE [măl-vwà-zi] *s. m.*
[ÉTYM. Nom propre, § 36 : Naupli ou Napoli de Malvoisie, ville de Grèce. || 1393. Malvesy, dans DU C. malvesy.]
|| Vin liquoreux de Grèce. || *P. ext.* Vin muscat cuit.

MALVOULU, UE [măl-vou-lu] *adj.*
[ÉTYM. Composé de mal adverbe et voulu, part. de vouloir, §§ 45 et 193. On écrit aussi en deux mots. || XVIIᵉ-XVIIIᵉ s. V. à l'article. Admis ACAD. 1798.]
|| *Rare.* Pour qui on a du mauvais vouloir. Il est — des siens. Son fils unique était — du feu roi, ST-SIM. XII, 343.

MAMAN [mà-man] *s. m.*
[ÉTYM. Onomatopée du langage des enfants qui se rencontre dans beaucoup de langues de familles différentes, § 32. || 1584. Mam-ma, P. DE BRACH, *Imitations,* f° 4, r°, dans LITTRÉ, *Suppl.*]
|| Terme de familiarité affectueuse par lequel un enfant désigne sa mère, et dont se servent même les grandes personnes à son exemple. Bonjour, —. — vient de sortir. Il ne quitte pas sa —. C'est une bien jeune —. || Bonne —, grand-—, terme analogue désignant la grand-mère. Les grand-mamans gâtent leurs petits-enfants. || Belle-—, terme analogue désignant la belle-mère. Ma belle-— m'a dit que vous me demandez, MOL. *Mal. im.* II, 8.

'MAMEI. V. mammée.

MAMELLE [mà-mèl] *s. f.*
[ÉTYM. Du lat. mamilla, *m. s.* §§ 308, 336 et 291. (*Cf.* mamillaire.)]
|| 1° Éminence arrondie située de chaque côté de la poitrine de la femme, organe glanduleux qui sécrète le lait destiné à nourrir le nouveau-né. Cette Juive fidèle Dont tu sais bien qu'alors il suçait la —, RAC. *Ath.* V, 5. Un enfant à la —, qu'on allaite encore. || *P. anal.* En parlant de la femelle des mammifères. La bique, allant remplir sa traînante —, LA F. *Fab.* IV, 15. || *P. ext.* Partie semblable, mais rudimentaire, et sans sécrétion, chez le mâle. *Loc. famil.* N'avoir rien sous la — gauche, n'avoir pas de cœur.
|| 2° *P. anal.* | 1. Chacun des deux côtés de la pince du sabot chez les solipèdes. | 2. Chacun des deux endroits où finit le garrot dont | est composé l'arçon du devant d'une selle. | 3. Arbre aux mamelles, mammée, ainsi dite à cause de la forme de ses fruits. | 4. — de Saint-Paul, oursin fossile. | 5. — blanche, brune, rayée, variété de champignon.

MAMELON [măm'-lon ; *en vers,* mà-me-...] *s. m.*
[ÉTYM. Dérivé de mamelle, §§ 65 et 104. || XVIᵉ s. PARÉ, I, 31.]
|| 1° Saillie charnue au centre de la mamelle, bout du sein que suce l'enfant qui tète, et par lequel s'échappe le lait.
|| 2° *P. anal.* | 1. Papille de la langue. La face supérieure de la langue a de petits mamelons formés de houppes nerveuses. | 2. Concrétion minérale dont la surface porte des tubercules arrondis. Des stalactites de cornalines en mamelons accumulés, BUFF. *Minéraux.* | 3. Partie saillante d'un gond, d'une fiche, etc. Les mamelons du gouvernail. | 4. Champignon dont le chapeau présente une éminence arrondie. — fauve à grand ombilic.
|| 3° *P. ext.* Sommet arrondi d'une colline, d'une montagne. Une redoute construite sur un —. Derrière un — la garde était massée, V. HUGO, *Châtiments, Expiation.*

MAMELONNÉ, ÉE [măm'-lò-né ; *en vers,* mà-me-...] *adj.*
[ÉTYM. Dérivé de mamelon, § 118. || 1790. A. GOUAN, *Hist. des poissons,* p. 7. Admis ACAD. 1835.]
|| (T. didact.) Qui présente des mamelons.

MAMELU, UE [măm'-lu ; *en vers,* mà-me-lu] *adj.*
[ÉTYM. Dérivé de mamelle, §§ 65 et 118. || XVIᵉ s. Non mamelu, VAUQ. DE LA FRESN. *Œuvres,* II, 588, Travers.]
|| *Vieilli.* Qui a de grosses mamelles.

MAMELUK [măm'-lŏuk ; *en vers,* mà-me-...] *s. m.*
[ÉTYM. Emprunté de l'arabe mamluk, *m. s.* proprt, « esclave », § 22. Qqns écrivent mamelouk. || 1192. Semblance de mamelos, *Historiens des croisades,* II, 193. Admis ACAD. 1835.]
|| Soldat d'une milice à cheval de l'Égypte. || *P. anal.* — de la garde, soldat d'un corps de cavalerie organisé par Napoléon Iᵉʳ et attaché à sa personne. *Fig.* Partisan fanatique d'un souverain, d'un homme d'État, etc.

MAMILLAIRE [mà-mil'-lèr] *adj.*
[ÉTYM. Emprunté du lat. mamillaris, *m. s.* || 1541. Apophyses mammillaires, J. CANAPPE, *Tables anatom.* dans DELB. *Rec.*]
|| (T. didact.) Qui est en forme de mamelon. Tubercules mamillaires du cerveau, tubercules blanchâtres situés près du bord antérieur de la moelle allongée. || *P. ext.* Plantes mamillaires, et, *substantivt, au fém.* Les mamillaires, plantes grasses couvertes d'excroissances.

MAMMAIRE [măm'-mèr] *adj.*
[ÉTYM. Dérivé du lat. mamma, mamelle, § 248. || Admis ACAD. 1762.]
|| Qui a rapport aux mamelles. Glandes mammaires.

'MAMMÉE [mà-mé] *s. m.*
[ÉTYM. Emprunté de l'espagn. mamei, *m. s.* qui paraît être un mot des idiomes de l'Amérique, modifié en vue de l'étymologie par le latin mamma, mamelle, §§ 13 et 30. || 1555. Le mamey, J. POLEUR, *Hist. nat. des Indes,* f° 120, r°.]
|| (Botan.) Arbre de l'Amérique tropicale, dit aussi abricotier de Saint-Domingue et arbre aux mamelles (à cause de la forme et du volume de ses fruits).

MAMMIFÈRE [măm'-mi-fèr] *adj.*
[ÉTYM. Composé avec le lat. mamma, mamelle, et ferre, porter, § 273. || 1801. Mammifères digitigrades, LACÉPÈDE. *Ménagerie du Museum, Lionne.* Admis ACAD. 1835.]
|| (Hist. nat.) Qui a des mamelles. Les animaux mammifères, et, *substantivt, au masc.* Les mammifères, animaux vivipares, pourvus de mamelles sécrétant, chez les femelles, le lait destiné à nourrir les nouveau-nés.

MAMMOUTH [măm'-mŏut'] *s. m.*
[ÉTYM. Emprunté du russe mamont et mamout, *m. s.* mot de la langue des Ostiaques (Sibérie), §§ 20 et 23. || 1727. En Sibérie, ce que les habitants appellent mamant, G.-F. MULLER, dans *Voy. au Nord,* VIII, 382. Os de mammuts, IS-BRANDS, *ibid.* VIII, 48. Admis ACAD. 1835.]
|| (Hist. nat.) Animal du genre éléphant, aujourd'hui disparu, qu'on retrouve à l'état fossile, surtout en Sibérie.

'MAMOUR et **M'AMOUR** [mà-moûr] *s. m.*
[ÉTYM. De m'amour (mon amour), expression par laquelle se manifeste la tendresse, § 173. ACAD. admet le mot en 1878 et écrit au plur. : faire des m'amours. || *Néolog.*]
|| *Famil.* Démonstration de tendresse. Faire des mamours à qqn.

MANANT [mà-nan] *s. m.*
[ÉTYM. Subst. particip. de l'anc. verbe manoir, demeurer, § 47. || XIᵉ s. Se déduit du dérivé manantise (richesse immobilière), *Voy. de Charl. à Jérus.* 363.]
|| 1° *Ancienn.* Habitant d'un bourg, d'un village. || *P. ext.* Vilain, roturier.

‖ **2°** Paysan. Elle vit un — en couvrir maints sillons, LA F. *Fab.* I, 8. Un amateur du jardinage, Demi-bourgeois, demi-—, ID. *ibid.* IV, 4.

‖ **3°** *Fig.* Homme grossier.

**MANCENILLE* [man-se-niy'] *s. f.*

[ÉTYM. Emprunté de l'espagn. manzanilla, *m. s.* diminutif de manzana, pomme, § 13. ‖ 1617. Fruit appelé mancenille, MOCQUET, *Voyages*, p. 85.]

‖ (Botan.) Fruit du mancenillier.

MANCENILLIER [man-se-ni-yé] *s. m.*

[ÉTYM. Dérivé de mancenille, § 115. ‖ 1658. Le mancenillier, DE ROCHEFORT, *Hist. nat. et mor. des Antilles*, p. 86. Admis ACAD. 1762.]

‖ (Botan.) Arbre des Antilles, de la famille des Euphorbiacées, dont la tige et le fruit contiennent un suc vénéneux.

1. MANCHE [mänch'] *s. f.*

[ÉTYM. Du lat. manica, *m. s.* de manus, main, §§ 290, 389 et 291.]

‖ **1°** Partie d'un vêtement d'homme, de femme, qui recouvre le bras jusqu'au poignet, en laissant passer la main. Les manches d'un pourpoint, d'un habit, d'une veste. *Famil.* Des jambes en manches de veste, qui ne sont pas droites. Des manches de chemise. Un homme qui est en manches de chemise, qui a ôté son habit. Relever, retrousser ses manches. ‖ Les manches d'une robe de femme. Manches plates. Manches à gigot, bouffantes près de l'épaule. Manches d'ange, qui ne descendaient que jusqu'au coude. Manches à la folle, à l'imbécile, manches très amples qui étaient fermées au poignet, et dans lesquelles on mettait de petits plombs à la hauteur du coude pour les faire pendre. | *Fig.* Il faudrait lui mettre du plomb dans la —, lui donner plus de poids, de gravité. | *P. ext.* Pièce de vêtement isolée, simulant une manche. Des manches de tulle, de dentelle. Un col et des manches de mousseline brodée. ‖ Les manches d'une robe de juge, d'avocat, de professeur, d'ecclésiastique. Cordeliers à la grande —. *Fig.* Avoir la conscience large comme la — d'un cordelier, peu scrupuleuse. Un directeur, un confesseur qui a la — large, qui est trop large dans l'appréciation des cas qu'on lui soumet. ‖ Avoir qqn dans sa —, disposer de lui. ‖ Tirer qqn par la —, tirer la — à qqn, pour attirer son attention, et, *fig.* le solliciter. Se faire tirer la — (se faire prier) pour faire qqch. ‖ Se moucher sur sa —. *Fig. Famil.* Du temps qu'on se mouchait sur sa —, quand les mœurs étaient primitives. Ne pas se moucher sur la —, n'être pas novice. ‖ Gentilshommes de la —, qui accompagnaient les jeunes princes et les soutenaient par la manche (l'étiquette interdisant de leur toucher la main). *Fig.* S'étant fait mon garde de la —, il se faisait une loi de ne pas me quitter, J.-J. ROUSS. *Rêv. du promen. solit.* 7. ‖ Fausses manches, demi-manches de percaline, de lustrine, qu'on met par-dessus les manches de son vêtement, pour les protéger pendant qu'on travaille. ‖ *Fig. Famil.* C'est une autre paire de manches, ce n'est plus du tout la même chose. ‖ *Loc. d'orig. ital.* Donner la —, la bonne —, un pourboire. ‖ *P. plaisant.* (T. de jeu.) Quand on joue en parties liées. Gagner la première —, la première partie. Être — à — (en parlant de deux adversaires), avoir gagné chacun une partie. *Vieilli.* (T. milit.) Les manches d'un corps d'armée, les ailes (par opposition au centre). La — de main droite, l'aile droite.

‖ **2°** *P. anal.* (Technol.) | **1.** (Marine.) — à vent, tuyau de toile descendant dans l'entrepont pour servir de ventilateur. — à eau de pompe, tuyau de toile, de cuir, etc., qui traverse les ponts d'un navire et conduit dans les futailles ou réservoirs de la cale l'eau dont on fait provision. | **2.** Filet en forme de poche. ‖ — d'Hippocrate, chausse de laine, de feutre, dont on se sert en pharmacie, pour filtrer.

‖ **3°** *P. ext.* (Géogr.) Bras de mer resserré entre deux terres. La — de Tartarie. La — de Danemark, VOLT. *Ch. XII*, 8. *Absolt.* La Manche, bras de mer entre la France et l'Angleterre.

2. MANCHE [mänch'] *s. m.*

[ÉTYM. Du lat. pop. *manicum, *m. s.* forme masc. correspondant à manica, §§ 290, 389 et 291. ‖ XII° s. A chascun fust qu'il pot trover Douquel il peüst manche prendre, MARIE DE FRANCE, *Fab.* 23.]

‖ Partie adaptée à un outil, à un instrument, pour le tenir à la main quand on s'en sert. Le — d'un couteau. *Fig.* — de couteau, coquille allongée en forme de manche de couteau. Le — d'un rasoir, d'une cognée. *Fig.* Jeter le — après la cognée (*proprt*, jeter le fer, puis le manche d'une cognée démanchée), renoncer à qqch dans un accès de découragement. Branler au —, dans le —, n'être pas solidement établi, ou n'être pas parfaitement ferme dans ses résolutions. ‖ Un — à balai, long bâton au bout duquel est un balai. *Fig.* Être du côté du —, du côté de ceux qui expulsent les autres, et non du côté de ceux qui sont expulsés. *P. plaisant.* En parlant d'une personne longue et mince. C'est un — à balai. ‖ Un — à gigot, poignée qu'on adapte à l'os d'un gigot rôti pour ne pas se brûler ou se salir en découpant. Le — d'un gigot, os du gigot qu'on laisse adhérent à la viande, pour qu'on puisse le tenir par là. ‖ — d'une charrue, partie par laquelle le laboureur tient et dirige la charrue. (*V.* mancheron 2.) ‖ Le — d'un violon, d'un alto, d'un violoncelle, partie où se trouvent les chevilles qui tendent les cordes, et par laquelle celui qui joue tient l'instrument avec la main gauche, les doigts posés sur les cordes pour modifier leur longueur selon la note qu'il veut en tirer. Savoir son —, savoir poser le doigt sur la corde à l'endroit qu'il faut pour faire la note juste.

1. *MANCHERON [manch'-ron; *en vers*, man-che-...] *s. m.*

[ÉTYM. Dérivé de manche 1, § 105. ‖ XIII° s. N'avoit mance ne mancheron, *Dit du Barisel*, dans GODEF.]

‖ *Vieilli.* Garniture du haut des manches (d'une robe de femme).

2. *MANCHERON [manch'-ron; *en vers*, man-che-...] *s. m.*

[ÉTYM. Dérivé de manche 2, § 105. ‖ XIII° s. Les mancherons de vos charrues, J. DE MEUNG, 19910.]

‖ Chacune des deux poignées du manche d'une charrue.

MANCHETTE [man-chèt'] *s. f.*

[ÉTYM. Dérivé de manche 1, § 133. ‖ XIII° s. Longues manchetes, *Vers de la mort*, dans LITTRÉ.]

‖ **1°** Garniture cousue ou adaptée comme ornement à l'extrémité d'une manche de chemise, et qui sort de la manche de l'habit, de la robe, de manière à couvrir le poignet. ‖ *P. plaisant. Fig.* Cercle rouge qu'on fait au poignet de qqn en le serrant fortement entre deux doigts. Donner des manchettes à qqn. ‖ (Escrime.) Coup de —, coup de taille au poignet de la main qui tient le sabre.

‖ **2°** *P. anal.* | **1.** (Technol.) — de sabre, morceau de drap, passementerie qui garnissait le bas de la poignée du sabre d'infanterie. — de botte, de guêtre, sorte de genouillère de toile destinée à préserver la culotte du contact de la botte, de la guêtre. | **2.** Partie rembourrée d'un accotoir de fauteuil, de canapé. | **3.** Note imprimée à la marge du texte. | **4.** Pain en forme de couronne. | **5.** (Hist. nat.) — de la Vierge, liseron des haies. — grise, agaric gris à chapeau plissé. — de Neptune, polypier découpé en forme de dentelle.

MANCHON [man-chon] *s. m.*

[ÉTYM. Dérivé de manche 1, § 104. ‖ XIII° s. Nen ont sollers en piès ne mance ne manchon, *Conq. de Jerusalem*, dans DELB. *Rec.*]

‖ **1°** Fourrure, fourreau ouaté, ouvert aux deux bouts, où l'on met les mains pour se préserver du froid. Chien de —, qu'on peut porter dans le manchon.

‖ **2°** *P. anal.* (Technol.) | **1.** Cylindre de fonte dans lequel on ajuste les extrémités de deux tuyaux, de deux arbres tournants qu'on veut relier. | **2.** Verre soufflé en forme de cylindre, dont on fait en le fendant les feuilles de verre à vitre. | **3.** Nom donné à toute espèce de cylindre destiné à servir d'enveloppe. — d'écubier, de conduite de gaz, de bec à incandescence, etc.

MANCHOT, OTE [man-chó, -chŏt'] *adj.*

[ÉTYM. Dérivé de l'anc. franç. manc, manche, qui est le lat. mancus, *m. s.* §§ 64 et 136. (*Cf.* manque, manquer.) ‖ XV° s. Foible, manchot ou tors, O. DE LA MARCHE, dans DOCHEZ, *Dict.*]

‖ Privé ou estropié d'un bras. La belle opération, de me rendre borgne ou —! MOL. *Mal. im.* III, 10. *Substantivt.* Un —, une manchote. ‖ *Fig.* Maladroit. Pluton n'est pas un diable — dans les affaires (1682), *Plaidoyer du Mercure galant*. ‖ *P. anal.* (Hist. nat.) Le —, oiseau palmipède, à ailes courtes terminées en moignons et impropres au vol.

***MANCIPATION** [man-si-pà-syon; *en vers*, -si-on] *s. f.*

[ÉTYM. Emprunté du lat. mancipatio, *m. s.* (*Cf.* émancier.) || 1546. Une heureuse mancipation, J. DE GAIGNY, dans DELB. *Rec.*]

|| (Droit rom.) Aliénation, acquisition d'une propriété au moyen de formules prononcées en présence d'un personnage officiel portant une balance symbolique et de cinq témoins.

MANDANT, *MANDANTE [man-dan, -dànt'] *s. m.* et *f.*
[ÉTYM. Subst. particip. de mander, § 47.|| 1804. *Code civil*, art. 1993. Admis ACAD. (au masc.) 1835.]
|| (Droit.) Celui, celle qui donne mandat à qqn.

MANDARIN [man-dà-rin] *s. m.*
[ÉTYM. Emprunté du portugais mandarin, *m. s.* § 14, qui paraît être le sanscrit mandalin, expert en pierres précieuses, conseiller, ministre, etc. § 25. || 1609. Mandarins, qui est une espece de juges de mer, *Hist. du royaume de la Chine*, dans DELB. *Rec.* Admis ACAD. 1798.]
|| Grand fonctionnaire civil ou militaire de la Chine, pris d'ordinaire dans la classe des lettrés. *Loc. prov.* Tuer le —, ne pas avoir scrupule de s'enrichir par la ruine d'une personne inconnue (allusion à un passage d'un écrivain disant que s'il suffisait de pousser un bouton pour faire mourir un vieux mandarin inconnu au fond de la Chine et s'enrichir par sa mort, peu d'hommes s'en feraient scrupule). || *Fig.* Arbre des mandarins, arbre de Cochinchine, dont le fruit contient une pulpe granulée blanche et sucrée. Canard —, canard de Chine à plumage brillant.

***MANDARINAT** [man-dà-ri-nà] *s. m.*
[ÉTYM. Dérivé de mandarin, § 254. || 1732. TRÉV.]
|| Charge, dignité de mandarin.

MANDARINE [man-dà-rin'] *s. f.*
[ÉTYM. Paraît tiré de mandarin, § 37. || *Néolog.* Admis ACAD. 1878.]
|| Petite orange aromatique.

MANDARINIER [man-dà-ri-nyé] *s. m.*
[ÉTYM. Dérivé de mandarine, § 115. || *Néolog.* Admis ACAD. 1878.]
|| Espèce d'oranger qui produit la mandarine.

***MANDARINISME** [man-dà-ri-nîsm'] *s. m.*
[ÉTYM. Dérivé de mandarin, § 265. || *Néolog.*]
|| Système d'épreuves pour être admis (en Chine) au nombre des lettrés parmi lesquels on choisit les grands fonctionnaires de l'État. || *Fig.* Doctrine de ceux qui voudraient appliquer un système analogue au recrutement des fonctionnaires publics.

MANDAT [man-dà] *s. m.*
[ÉTYM. Emprunté du lat. mandatum, chose mandée. || XVᵉ s. Ung mandat de l'achevesque de Bourges, N. GILLES, *Annales*, I, fᵒ 311, vᵒ, édit. 1492.]
|| 1º Acte par lequel une personne donne à une autre le pouvoir d'agir en son nom. Le — d'un député. — impératif, engagement que certains électeurs imposent au député qui les représente de voter suivant un programme dicté à l'avance. || *Spécialt.* (Droit canon.) Rescrit papal ordonnant de pourvoir qqn du premier bénéfice vacant par décès.
|| 2º Ordre de faire comparaître un prévenu devant un tribunal (— d'amener), de le faire arrêter (— d'arrêt), de le retenir prisonnier (— de dépôt).
|| 3º Ordre de payer à vue une certaine somme à qqn. || *Spécialt.* | 1. Pièce délivrée dans un bureau de poste pour faire payer une somme à qqn dans tout autre bureau. | 2. Pièce délivrée à qqn par une administration publique pour lui faire payer une somme par le Trésor.

MANDATAIRE [man-dà-tèr] *s. m.* et *f.*
[ÉTYM. Emprunté du lat. mandatarius, *m. s.* || XVIᵉ s. Fol mandataire, RAB. III, 38.]
|| (Droit.) Personne qui a accepté d'une autre l'obligation de s'acquitter pour elle d'un office, de la gestion d'une affaire. || *Spécialt.* — du peuple, député.

MANDATER [man-dà-té] *v. tr.*
[ÉTYM. Dérivé de mandat, § 154. || *Néolog.* Admis ACAD. 1878.]
|| Inscrire sur un mandat (une somme à payer).

***MANDE** [mànd'] *s. f.*
[ÉTYM. V. manne 2. (*Cf.* mandrerie.)]
|| *Dialect.* Manne. *Spécialt.* (Technol.) Panier d'osier fin, garni de toile en dedans, pour transporter la terre à pipe.

MANDEMENT [mànd'-man ; *en vers*, man-de-...] *s. m.*
[ÉTYM. Dérivé de mander, § 145. || XIIᵉ s. Ne pur ses man-

demenz nule rien ne fereient, GARN. DE PONT-STE-MAX. *St Thomas*, 2592.]
|| Instruction, ordre qu'on fait tenir à qqn. (*Vieilli au sens général.*) On me lit du sénat les mandements sinistres, CORN. *Illus. com.* IV, 7. Mandements du parlement, du roi. *Fig.* Apollon doit venir au premier —, BOIL. *Ép.* G. || *Spécialt.* Instruction qu'un évêque fait publier dans son diocèse pour éclairer les fidèles, dans certaines circonstances extraordinaires, ou à certaines époques importantes de l'année ecclésiastique. — pour le jubilé, pour le carême.

MANDER [man-dé] *v. tr.*
[ÉTYM. Du lat. mandare, *m. s.* §§ 295 et 291. (*Cf.* commander.)]
|| Faire tenir à qqn (un ordre, une instruction). Mandez-moi ce qu'il faut pour la nourriture et les ustensiles de ces pauvres femmes, BOSS. *A. de Gonz.* Rome, Seigneur, me mande Que je vous fasse encor pour elle une demande, CORN. *Nicom.* II, 3. | Formule employée par le pouvoir souverain. Mandons et ordonnons, etc. || *P. ext.* Faire tenir à qqn (un message, une nouvelle). Mandet-moi pour eux, SÉV. 133. Je vous écris, Monseigneur, dès que j'ai quelque chose à vous —, VOLT. *Lett.* 3 janv. 1757. || *Spécialt.* — à qqn qu'il vienne, et, *p. ext.* — qqn, lui envoyer l'ordre de venir. Félix nous mande au temple, CORN. *Poly.* II, 5. Seigneur, César vous mande, et Maxime avec vous, ID. *Cinna*, I, 4.

***MANDIBULAIRE** [man-di-bu-lèr] *adj.*
[ÉTYM. Dérivé de mandibule, § 248. || 1812. MOZIN, *Dict. franç.-allem.*]
|| (T. didact.) Qui a rapport à la mandibule.

MANDIBULE [man-di-bul] *s. f.*
[ÉTYM. Emprunté du lat. mandibula, *m. s.* || XIIIᵉ-XIVᵉ s. Les os des mandibulles, *Chirurg. de Mondeville*, fᵒ 94, vᵒ.]
|| 1º *Famil.* Mâchoire. Une ruade Qui vous lui met en marmelade Les mandibules, LAF. *Fab.* V, 8.
|| 2º (Hist. nat.) Chacune des parties du bec de l'oiseau. La — inférieure, supérieure. || Chez les insectes broyeurs, pièce mobile, très dure, placée de chaque côté de la bouche et servant à diviser les aliments.

MANDILLE [man-dîy'] *s. f.*
[ÉTYM. Emprunté de l'espagn. mandil, *m. s.* qui existe aussi en portugais et en provençal et que l'on rattache au lat. mantele ou mantile, serviette, nappe, par l'intermédiaire de l'arabe mandil et du bas grec μανδήλιον, §§ 13, 22 et 5. || XVIᵉ s. Quatre beaux et riches mandilz, J. DE MERGEY, *Mém.* ann. 1562. | 1611. Mandil, mandille, COTGR.]
|| *Vieilli.* Surtout de laquais. L'eût-on vu porter la — à Paris, BOIL. *Sat.* 5. || *P. ext.* Vêtement misérable. De fleurs j'ai garni sa —, BÉRANG. *Épît.*

MANDOLINE [man-dò-lin'] *s.).*
[ÉTYM. Emprunté de l'ital. mandolino, *m. s.* diminutif de mandola, mandore, § 12. || Admis ACAD. 1762.]
|| Instrument de musique formé d'une caisse bombée en dessous, ayant ordinairement un manche avec quatre cordes métalliques doubles, disposées et accordées comme celles du violon, qu'on fait vibrer avec un morceau de plume ou d'écaille.

MANDORE [man-dòr] *s. f.*
[ÉTYM. Altération inexpliquée de pandore, lat. pandura, grec πανδοῦρα, *m. s.* § 509. L'anc. forme mandoire correspond à pandorium, qui existe à côté de pandura ; l'ital. mandola est peut-être emprunté du français. (*Cf.* mandoline.) || XIIIᵉ s. Timpanons Et mandoires, ADENET, *Cléomadès*, 17279.]
|| Instrument de musique (aujourd'hui abandonné) analogue à la mandoline. — luthée, ayant six cordes ou plus, comme le luth.

MANDRAGORE [man-drà-gòr] *s. f.*
[ÉTYM. Emprunté du lat. mandragora, grec μανδραγόρας, *m. s.* Ordinairement mandégloire, par étymologie populaire, en anc. franç. § 509. (*Cf.* main de gloire, à l'article main, III, 6º.) || XIIᵉ s. Un vergier a li peres Floire Ou plantés sont la mandegloire..., *Floire et Blancheft.* I, 238.]
|| (Botan.) Plante du genre des Solanées, à racine charnue, douée de propriétés narcotiques et purgatives, à laquelle on a attribué des vertus magiques.

***MANDRERIE** [man-dre-ri] *s. f.*
[ÉTYM. Pour manderie, § 509, dérivé de mande, § 69. || 1723. SAVARY, *Dict. du comm.*]
|| (Technol.) Travail d'osier, différent de la vannerie en ce qu'il est fait d'osier tressé, sans lattes ni cerceaux.

MANDRILL [man-dril] *s. m.*

[ÉTYM. Semble emprunté des idiomes indigènes de la Guinée, § 29. || 1798. AUDEBERT, *Hist. nat. des singes, Mandrill.* Admis ACAD. 1878.]

|| (Hist. nat.) Singe cynocéphale des côtes de Guinée, qui a certaines parties du corps colorées en bleu et en rouge.

MANDRIN [man-drin] *s. m.*

[ÉTYM. Origine inconnue. || 1690. FURET.]

|| (Technol.) Tige, pièce servant d'axe, de noyau, de moule. || Tige de fer sur laquelle on forme le tuyau d'un cor de chasse. || Cylindre de fer sur lequel on contourne une ferrure. || Pièce de fer, de bois, sur laquelle on emboutit des feuilles de métal. || Pièce de fer sur laquelle on forge des pièces qu'on veut rendre creuses. || Pièce qu'on visse sur un tour en l'air et qui sert à assujettir les objets qu'on veut façonner. || Tige de bois qui traverse les parties d'une colonne creuse en menuiserie, et les maintient ajustées bout à bout. || Tige de métal qu'on introduit dans le canal d'une sonde pour empêcher l'écoulement involontaire de l'urine. || Moyeu d'une roue hydraulique qui en supporte les bras. || Pièce creuse en fer forgé ou en fonte dont on se sert pour réunir les deux extrémités d'une tige métallique. || Cylindre de bois sur lequel on roule les cartouches, les gargousses. || Poinçon avec lequel on perce le fer chaud. || Outil de forgeron, d'ajusteur, pour agrandir et égaliser les trous. || Morceau de bois poli qui sert de gabarit aux constructeurs de navires. || Plateau de bois sur lequel les doreurs travaillent les grandes pièces.

MANDUCATION [man-du-kà-syon ; *en vers*, -si-on] *s. f.*

[ÉTYM. Emprunté du lat. manducatio, *m. s.* de manducare, manger. || XIVᵉ s. J. DE VIGNAY, *Mir. hist.* dans DELB. *Rec.*]

|| (T. didact.) Action de manger. *Spéciall.* La — de l'agneau pascal (chez les juifs). La — de l'hostie (chez les chrétiens).

MANÉAGE [mà-né-àj'] *s. m.*

[ÉTYM. Pour maneiage, dérivé de maneier, anc. forme de manier, § 78. (*Cf.* maniage.) || 1690. FURET. Admis ACAD. 1762.]

|| (Marine.) Travail que les matelots de la marine marchande doivent fournir, sans supplément de salaire, pour charger et décharger les marchandises.

MANÉGE [mà-nêj'] *s. m.*

[ÉTYM. Emprunté de l'ital. maneggio, *m. s.* subst. verbal de maneggiare, manier, § 12. || 1611. Manege, COTGR. Admis ACAD. 1694, écrit manege (1694-1718), manège (1740), manége (1762-1835), puis manège (1878).]

|| **1°** Art de manier, d'exercer un cheval pour le dresser. Apprendre le —. — par haut, exercices pour dresser un cheval sauteur. — de guerre, exercices pour dresser un cheval à changer brusquement de main au galop. || Une salle de —, et, *ellipt,* Un —, lieu où on dresse des chevaux, où on enseigne, où on pratique l'équitation. Un maître de —. Tourner comme un cheval de —. *P. anal.* Un — de chevaux de bois, mécanisme qui fait tourner des chevaux de bois dans les fêtes publiques. || *Fig.* Art de se comporter envers des personnes, des choses. Il y a bien de petites choses qu'il faut encore lui apprendre pour le — de la conversation et de la société, SÉV. 1110. || Il y a quelques rencontres dans la vie où la vérité et la simplicité sont le meilleur — du monde, LA BR. 8. || *P. ext. Absolt.* Manière artificieuse de se comporter pour atteindre un but. Avoir du —. Il a plus de — que de science, DU VAURE, *Faux Savant,* I, 6. Quand même à force de — il devrait réussir, J.-J. ROUSS. *Dial.* 2. Il avait l'âme fière et indépendante, nulle souplesse, nul —, FONTEN. *Vie de Corneille.*

|| **2°** *P. ext.* Appareil où l'on applique la force d'un cheval, d'un bœuf, etc., à faire tourner une machine qui transmet le mouvement. Un — à faire monter l'eau.

***MANÉGER** [mà-né-jé] *v. tr.*

[ÉTYM. Dérivé de manège, §§ 65 et 154. || XVIᵉ s. On faisoit courir et maneger les chevaux, J. DE MONTLYARD, *Hieroglyph. de J.-P. Valerian,* XXXVI, 55, édit. 1615.]

|| (Technol.) Exercer (un cheval) au manège.

MÂNES [mân'] *s. m. pl.* et, *vieilli, f. pl.*

[ÉTYM. Emprunté du lat. manes, *m. s.* ordinairement du genre masc., mais que des inscriptions font fém. || XVIᵉ s. Les manes font un bruit, DESPORTES, *Rodomont.*]

|| (Mythol.) Ombre des morts qui était l'objet d'un culte

chez les anciens. Aux — paternels je dois ce sacrifice, CORN. *Cinna,* I, 2. Je ne puis refuser votre sang aux — de tant de Troyens, FÉN. *Tél.* 1. Le séjour des —, le Tartare. Dieux —, nom donné par les anciens aux ombres des morts, considérées comme l'objet d'un culte. || *Poét.* Ames des morts. Honorer les — d'un héros. Grandes —, je vous appelle, BOSS. *Nic. Cornet.*

***MANET** [mà-nè] *s. m.*

[ÉTYM. Origine inconnue. || 1761. Tendre des manets, DUHAMEL DU MONCEAU, *Traité des pêches,* II, VI, 122.]

|| (Pêche.) Filet à nappe simple où le poisson se prend par les ouïes.

***MANETON** [mǎn'-ton ; *en vers,* mà-ne-...] *s. m.*

[ÉTYM. Dérivé de manette, §§ 65 et 104. || *Néolog.*]

|| (Technol.) Partie d'une manivelle qu'on tient avec la main pour la faire tourner.

***MANETTE** [mà-nĕt'] *s. f.*

[ÉTYM. Dérivé de main, §§ 65 et 133. (*Cf.* menotte et manicle.) || XIIIᵉ s. Biau bras et bele mainete, dans BARTSCH, *Rom. und Pastour.* III, XLIV, 39.]

|| *Dialect.* Petite poignée qu'on saisit pour faire mouvoir un mécanisme. || *Spécialt.* (Technol.) | **1.** Poignée de fer adaptée au haut de la banche, sur laquelle on maçonne les assises de pisé. | **2.** Cylindre en fer mince, creux, ouvert aux deux bouts, coupant à une de ses extrémités, fixé par l'autre à un manche court, et servant à arracher un plant avec sa motte, ou à faire un trou pour replanter.

MANGANÈSE [man-gà-nèz'] *s. m.* (*vieilli,* fém. COTGR., BUFF.).

[ÉTYM. Emprunté de l'ital. manganese, *m. s.* § 12, altération du lat. magnesia, magnésie, d'après l'orthographe, fréquente au moyen âge, mangnesia, § 509. On a dit aussi magnèse, magalnise, méganaise (TRÉV.). || XVIᵉ s. Pierigot, autrement manganese, VIGENÈRE, *Tableaux de Philostrate,* dans DELB. *Rec.* Admis ACAD. 1762.]

|| **1°** *Ancienn.* Magnésie noire, substance dite aujourd'hui peroxyde de —. (*Cf.* périgueux, safro.)

|| **2°** (Chimie.) Corps simple, métal d'un blanc grisâtre, dur et cassant, qui s'oxyde à l'air.

MANGEABLE [man-jàbl'] *adj.*

[ÉTYM. Dérivé de manger, § 93. (*Cf.* le bas lat. manducabilis, *m. s.*) || XIIᵉ-XIIIᵉ s. Le pain esteit mut manjable, CHARDRY, *Sept Dormants,* 1141.]

|| Qui peut se manger. Cette viande n'est pas —.

MANGEAILLE [man-jày'] *s. f.*

[ÉTYM. Dérivé de manger, § 95. || 1264. Il paieroit la mangeille, dans GODEF.]

|| **1°** Pâtée qu'on donne à la volaille, aux pourceaux, etc., pour les engraisser.

|| **2°** *Famil.* Profusion d'aliments (pour l'homme). A-t-il invité des gens pour les assassiner à force de —? MOL. *Av.* III, 1.

MANGEANT, ANTE [man-jan, -jànt'] *adj.*

[ÉTYM. Adj. particip. de manger, § 47. || XIIIᵉ s. Por gardes ne por mengans, BEAUMAN. LIV, 6.]

|| Qui mange. Soyons bien buvants, bien mangeants, LA F. *Fab.* VI, 19.

MANGEOIRE [man-jwàr] *s. f.*

[ÉTYM. Dérivé de manger, § 113. || XIIᵉ s. Est dons sale li estaules? sieges, li maingeure? *Serm. de St Bern.* p. 93.]

|| Auge placée dans une écurie, une étable, au-dessous du râtelier qui reçoit le fourrage, et destinée à contenir de l'avoine, du son, etc., pour les bêtes de travail. || Auge dans laquelle on donne à manger à certains oiseaux de basse-cour. || Auget placé dans une cage et contenant la nourriture de l'oiseau. || *Loc. prov.* Tourner le dos à la —, faire le contraire de ce qui serait profitable.

1. MANGER [man-jé] *v. tr.*

[ÉTYM. Du lat. manducare, *m. s.* devenu *mandgar, §§ 336, 389 et 291, mangier, § 297, manger, § 634.]

I. || **1°** Mâcher et avaler (un aliment solide). — une côtelette, un pain. Il mangea deux perdrix, MOL. *Tart.* I, 4. Le fruit se mange au dessert. Les Iroquois... mangent leurs prisonniers, MONTESQ. *Espr. des lois,* I, 3. || *P. ext.* — le pain des anges, et, *famil.* — le bon Dieu, communier. | *Loc. prov.* — son pain blanc le premier, commencer par ce qui est agréable, facile. — son blé en vert, en herbe, dépenser d'avance l'argent qu'on doit toucher. — des yeux qqn, qqch, le regarder avidement. — qqn de caresses, de baisers, l'en couvrir, l'en accabler. *Ellipt.* Je te bouchonnerai, baiserai, mangeral, MOL. *Éc. des f.* V, 4. Ils se sont mangé le nez, ils se sont battus avec acharnement. Dedans l'esprit il me vint aussitôt De l'étrangler, de lui — la vue, LA F. *Contes, Cocu battu. P. plaisant.* Il ne vous mangera pas, n'ayez pas peur de lui. Que craignez-vous? Eh quoi! qu'il ne vous mange? LA F. *Contes, Jument.* || En parlant des animaux. Le loup l'emporte (l'agneau) et puis le mange, LA F. *Fab.* I, 10. *Loc. prov.* Qui se fait brebis, le loup le mange, celui qui se montre trop bon est toujours victime. Brebis comptées, le loup les mange, quand on croit avoir bien pris ses précautions, il survient quelque accident qui les rend inutiles. Les loups ne se mangent pas entre eux, les coquins ne s'attaquent pas les uns les autres. Les gros poissons mangent les petits, les faibles sont victimes des forts. Mangez ce grain et croyez-moi, LA F. *Fab.* I, 8. — l'herbe d'autrui! ID. *ibid.* VII, 1. || *Spécialt.* En parlant des insectes qui rongent certains objets. Un habit, une fourrure qu'on a laissé — aux vers. Notre corps est destiné à être mangé des vers. *P. ext.* Être mangé de puces, couvert de morsures de puces. || — d'une chose. — de la galette. On en mangerait, on voudrait en manger (en parlant de ce qui est attrayant). *Fig.* — des pois chauds, grommeler. Il mange des pois chauds, comme dit M. de la Rochefoucauld quand quelqu'un ne sait que répondre, SÉV. 739. — de la vache enragée, passer par une vie de privations. *Fig.* — de la prison, passer par l'épreuve de la prison. || *Absolt.* Les loups mangent gloutonnement, LA F. *Fab.* III, 9. *Loc. famil.* Il y a à boire et à — (en parlant d'un breuvage épais), et, *fig.* il y a du bon et du mauvais.

|| **2°** Prendre des aliments pour se nourrir. Il n'a pas de quoi —. Il n'a pas mangé depuis plusieurs jours. Il faut — pour vivre et non pas vivre pour —, MOL. *Av.* III, 1. On doit accoutumer les enfants à — de tout. Les bestiaux mangent de l'herbe. *Loc. famil. Fig.* Être bête à — du foin, comme les animaux qui se nourrissent de foin. Donner à — aux poules, aux canards. Un oiseau apprivoisé qui mange dans la main, et, *fig.* — dans la main, être trop familier. La duchesse... mangea dans la main à tout le monde, ST-SIM. IX, 428.

|| **3°** *Absolt.* Prendre un repas. — seul, — au restaurant. — sur le pouce, sans se mettre à table. Il vivait de régime et mangeait à ses heures, LA F. *Fab.* VII, 4. Donner à —, donner un repas, et, en parlant d'un aubergiste, du maître d'un hôtel, tenir une maison où on peut prendre ses repas en payant. Une personne, un restaurant chez qui on mange bien, chez qui on fait de bons repas. — à sa faim. — comme quatre. Quand j'ai bien mangé, mon âme est ferme à tout, MOL. *Sgan.* sc. 7. L'homme d'esprit seul sait —, BRILLAT-SAVARIN, *Physiol. du goût,* aph. 2. Quand il y a à — pour huit, il y en a bien pour dix, MOL. *Av.* III, 1. Je mange tout à loisir, LA F. *Fab.* I, 9. *Loc. prov.* L'appétit vient en mangeant, plus on a, plus on veut avoir.

II. *Fig. Famil.* || **1°** Consommer (qqch). Ce fourneau mange beaucoup de charbon. Donner à — à un moulin, lui donner de la matière à broyer. Un plat qui mange beaucoup de beurre. || *Spécialt.* Dépenser, dissiper (l'argent). *Loc. prov.* Écu changé, écu mangé, pièce changée est vite dépensée. Jean s'en alla comme il était venu, Mangeant le fonds avec le revenu, LA F. *Son Épitaphe.* Un débauché, un traître qui me mange tout ce que j'ai! MOL. *Méd. m. l.* I, 1. Il a mangé de l'argent dans cette entreprise, et, *p. ext.* Cette entreprise a mangé beaucoup d'argent. || *P. ext.* Ruiner la fortune de qqn. Des chicaneurs viendront nous — jusqu'à l'âme, RAC. *Plaid.* I, 7. On nous mange, on nous gruge, LA F. *Fab.* I, 21. Se laisser — la laine sur le dos, se laisser dépouiller. — la grenouille, voler la caisse d'une association; *specialt,* l'ordinaire d'un régiment.

|| **2°** Entamer (qqch). Un ulcère qui mange les chairs. *P. anal.* La rouille mange le fer. La couleur de l'étoffe a été mangée par le soleil.

|| **3°** Faire disparaître (qqch). Un cheval qui mange l'espace, qui le franchit rapidement. — la moitié des mots, parler de manière qu'on ne distingue pas la moitié des mots. — un ordre, une commission, l'omettre. La lune mange les nuages, les fait évanouir. — le vent à un navire (en parlant d'un obstacle), intercepter le vent.

2. MANGER [man-jé] *s. m.*

[ÉTYM. Tiré de manger 1, § 49. || XII° s. Quant sist un jor a son mangier, GARN. DE PONT-STE-MAX. *St Thomas,* 2541.]

|| Ce qu'on mange pour se nourrir. Vendre le dormir Comme le — et le boire, LA F. *Fab.* VIII, 2. Ce n'est peut-être pas De nosseigneurs les ours le — ordinaire, ID. *ibid.* VIII,

10. *Ellipt.* Il en perd le — et le boire, cela lui fait oublier la nourriture et la boisson. || *Spécialt.* Blanc--. (*V. ce mot.*) — des oiseaux, calebasse de Guinée.

MANGERIE [manj'-ri; *en vers,* man-je-ri] *s. f.*

[ÉTYM. Dérivé de manger, § 69. || XIII° s. Il n'ajuste mie Mangerie sur mangerie, P. D'ABERNUN, *Secr. des secrets,* dans GODEF.]

|| *Famil.* Action de manger abondamment. Onc ne fut telle —, SCARR. *Virg. trav.* 3. || *Fig. Vieilli.* Action de gruger les gens. Exempts des mangeries et des exactions, VAUBAN, *Dime royale,* 43.

MANGE-TOUT [manj'-tou; *en vers,* man-je-...] *s. m.* et *f.*

[ÉTYM. Composé de mange (du verbe manger) et tout, §§ 209 et 210. ACAD. ne donne que le sens I au masc. || XVI° s. Proye De la mort mange-tout, RONS. *Œuvres,* p. 1184, édit. 1623. Admis ACAD. 1835.]

I. *S. m.* et *f.* Celui, celle qui mange tout son bien.

II. *S. m.* Ce dont on mange tout. *Spécialt.* Variété de pois, de haricots, dont on mange la cosse avec le grain.

MANGEUR, EUSE [man-jeur, -jeuz'] *s. m.* et *f.*

[ÉTYM. Dérivé de manger, § 112. (*Cf.* le lat. manducator, *m. s.*) || XII°-XIII° s. Chil mangiere vilains, RENCL. DE MOILIENS, *Miserere,* XLIII, 2.]

|| **1°** Celui, celle qui mange. Un gros, un grand —, celui qui mange beaucoup. Un petit —, celui qui mange peu. || *P. plaisant.* — de pommes, Normand. — de grenouilles, Français (d'après une légende qui a cours en Angleterre). Mangeurs de gens (anthropophages), LA F. *Contes, Courtisane amoureuse.* || *Fig. Famil.* Un — de pain mollet, un délicat. Un — de crucifix, un bigot.

|| **2°** *Fig.* | 1. Celui qui dissipe son bien. | 2. Celui qui gruge les gens. Nous ne trouvons que trop de mangeurs ici-bas, LA F. *Fab.* XII, 13. L'on ne doit jamais avoir confiance En ceux qui sont mangeurs de gens, ID. *ibid.* X, 3.

|| **3°** (Hist. nat.) — de fourmis, le fourmilier, quadrupède. — de vers, fauvette. — de riz, ortolan. — de noyaux, gros-bec. — de poire, chenille. — de pierre, ver qui se trouve dans l'ardoise.

MANGEURE [man-jur] *s. f.*

[ÉTYM. Dérivé de manger, § 111. Au sens I, mangeure est sorti, par substitution de suffixe, de mangeue, manjue, subst. verbal de manger, d'après l'anc. conjug. je manju, tu manjues, etc. §§ 52 et 62. || (Au sens I.) XIV° s. Les erres et mangues des truyes, *Modus,* f° 51, dans LA C. | XVI° s. Mangeures, DU FOUILLOUX, *Vénerie,* p. 136, édit. 1561. | (Au sens II.) 1690. FURET.]

I. (Vénerie.) Pâture du sanglier.

II. Endroit mangé par les souris, par les vers. Un livre, une étoffe qui a des mangeures.

MANGLE [mãngl'] *s. f.*

[ÉTYM. Emprunté de l'espagn. mangle, malais mangghi-mangghi, *m. s.* §§ 13 et 28. || 1555. Arbre appelé manglé, POLEUR, *Hist. nat. des Indes,* f° 125, r°. Admis ACAD. 1878.]

|| (Botan.) | 1. *Vieilli.* Manglier. Les marais sont couverts de mangles, FROGER, *Relat. d'un voy.* (1699), p. 156. | 2. *P. ext.* Fruit du manglier.

MANGLIER [man-gli-yé] *s. m.*

[ÉTYM. Dérivé de mangle, § 115. || 1716. *V.* à l'article. Admis ACAD. 1878.]

|| (Botan.) Arbre des régions intertropicales, dit aussi palétuvier, qui croît au bord de la mer, dans les terrains vaseux. Il rétablit l'église et la couvrit de mangliers, FRÉZIER, *Relat. du voy. de la mer du Sud* (1716), p. 203.

MANGOUSTAN [man-gous'-tan] *s. m.*

[ÉTYM. Emprunté du malais mangistan, *m. s.* § 28. || 1604. *V.* à l'article. Admis ACAD. 1878.]

|| (Botan.) | 1. *Vieilli.* Fruit d'un arbre des Moluques, à pulpe blanche et sucrée, rappelant le parfum de la framboise. (*Syn.* mangouste 1.) Les mangoustans sont semblables aux grenades, MARTIN DE VITRÉ, *Voy. aux Indes* (1604), p. 118. | 2. *P. ext.* L'arbre lui-même.

1. MANGOUSTE [man-goust'] *s. f.*

[ÉTYM. Tiré de mangoustan, § 37. || 1752. TRÉV. Admis ACAD. 1762.]

|| (Botan.) Mangoustan, fruit.

2. MANGOUSTE [man-goust'] *s. f.*

[ÉTYM. Emprunté de l'espagn. mangosta, *m. s.* § 13. || *Néolog.* Admis ACAD. 1878.]

|| (Zoologie.) Rat d'Égypte, ichneumon.

MANGUE [măng'] *s. f.*

[ÉTYM. Emprunté du malais mangga, *m. s.* § 28. || 1540. Un autre fruict qui s'appelle manga, BALARIN DE RACONIS, *Viateur*, dans DELB. *Rec.* | 1604. Fruits appelez mengues, MARTIN DE VITRÉ, *Voy. aux Indes*, p. 35. Admis ACAD. 1835.]

|| (Botan.) Fruit du manguier, qui rappelle la pêche.

MANGUIER [man-ghyé] *s. m.*

[ÉTYM. Dérivé de mangue, § 115. || 1600. Le manguier dont le fruit est apelé en arabe auba, A. COLIN, *Hist. des drogues*, dans DELB. *Rec.* Admis ACAD. 1835.]

|| (Botan.) Grand arbre de l'Inde et de l'Amérique du Sud.

MANIABLE [mà-nyâbl'; *en vers*, -ni-âbl'] *adj.*

[ÉTYM. Dérivé de manier, § 93. || XIIᵉ s. Païsanz Maniables et cumbatanz, WACE, *Rou*, III, 876.]

|| Qui peut se manier aisément. | 1. Qui est souple à la main. Drap, toile, cordage —. *Fig.* Caractère —, qui se laisse aisément diriger. | 2. Que la main façonne aisément. Il (ce morceau de cire) est dur, il est froid, il est —, DESC. *Médit.* 2. De la glaise, de la cire durcie, peu —. Du fer —. | 3. Que la main fait aisément fonctionner. Un outil —. || *P. anal.* Langue —, que l'écrivain peut aisément faire servir à l'expression de sa pensée. Vent —, avec lequel on peut faire faire à un navire toute espèce de manœuvre. Demi-cercle — (dans l'espace circulaire qu'embrasse un ouragan), la moitié où l'ouragan a le moins de violence.

***MANIAGE** [mà-niâj'; *en vers*, -ni-âj'] *s. m.*

[ÉTYM. Dérivé de manier, § 78. (*Cf.* manéage.) || *Néolog.*]

|| (Technol.) Action de manier. (*Cf.* maniement.)

MANIAQUE [mà-nyâk'; *en vers*, -ni-âk'] *adj.*

[ÉTYM. Emprunté du bas lat. maniacus, *m. s.* tiré de mania, manie. (*Cf.* le grec μανικός.) || XIIIᵉ-XIVᵉ s. Maniaques ou lunatiques, *Cartul. de Dijon*, dans GODEF.]

|| Qui a l'esprit égaré. *Spécialt.* (Médec.) Atteint d'une aliénation mentale avec délire général et penchant à la fureur. || *P. ext.* Qui a un égarement d'esprit porté spécialement sur une idée fixe. || *Substantivt.* Un, une —.

MANICHORDION [mà-ni-kòr-dyon; *en vers*, -di-on] et ***MANICORDE** [mà-ni-kòrd'] *s. m.*

[ÉTYM. Altération du bas lat. monochordion, bas grec μονοχόρδιον, class. μονόχορδον, proprt, « instrument à une seule corde », § 509. (*Cf.* monocorde.) || XIIᵉ s. Psalterions, Monacordes, WACE, *Brut*, 10832. | 1479. Manicordions, J. MOLINET, *Chanson sur la journée de Guinegatte*.]

|| 1° Ancien instrument à clavier, dit épinette sourde, à cordes revêtues de drap pour adoucir le son.

|| 2° (Technol.) Fil de laiton qui maintient dans un même plan les fils du châssis à fabriquer le papier.

MANICLE [mà-nikl'] et **MANIQUE** [mà-nîk'] *s. f.*

[ÉTYM. Emprunté du lat. manicula, *m. s.* (*Cf.* manette.) || XIIᵉ s. Si braç sont fors par les manicles, *Partenopeus*, 7465.]

|| (Technol.) || 1° Sorte de gant qui sert à protéger la main de l'ouvrier dans certains métiers. *Spécialt.* Pièce de cuir qui protège la main du cordonnier, du savetier. *P. ext.* Tirer la manique, le fil enroulé autour de la manique, et, *fig.* exercer le métier de cordonnier, de savetier.

|| 2° Poignée de la brosse dont se servent les cochers. || Manche qui sert à faire mouvoir les forces à tondre le drap. || Manche qui sert à lever le couvercle des bouches du four à porcelaine.

***MANICORDE. V. manichordion.

MANIE [mà-ni] *s. f.*

[ÉTYM. Emprunté du lat. mania, grec μανία, folie. || XIVᵉ s. Ceste maladie que l'en appelle manie, *Somme Mᵉ Gautier*, mss franç. Bibl. nat. 1288, fᵒ 25, rᵒ.]

|| 1° Égarement d'esprit. Maudite ambition, détestable —, CORN. *Cid*, II, 3. Sans m'aveugler d'une vaine —, BOIL. *Disc. au roi.* || *Spécialt.* (Médec.) Aliénation mentale avec délire général et penchant à la fureur.

|| 2° Passion bizarre. Je flattais ta —, CORN. *Poly.* V, 2. J'ai cette —, MOL. *Préc. rid.* sc. 9. || *Spécialt.* (Médec.) Égarement d'esprit porté spécialement sur une idée fixe. (*V.* monomanie.)

MANIEMENT et **MANÎMENT** [mà-ni-man] *s. m.*

[ÉTYM. Dérivé de manier, §§ 65 et 145. || 1237. Li maniement le segneur d'Oisy, dans DU C. maniamentum 1.]

|| Action de manier. (*Cf.* maniage.)

| 1° Action de tâter avec la main. Le — des étoffes. || *P. ext.* — de la soie, apprêt de la soie qui fait qu'elle crie sous la main. | (Boucherie.) Saillie de graisse sur divers points du corps de l'animal, que l'on constate en explorant avec la main.

|| 2° Action de faire fonctionner un instrument en le dirigeant avec la main. Connaître le — du fusil, de l'épée, du pinceau. || *P. ext.* Le — d'un cheval. || *Fig.* Le — des hommes, des affaires. Ces humeurs brouillonnes et inquiètes qui, n'étant appelées ni par leur naissance ni par leur fortune au — des affaires publiques, DESC. *Méth.* 2. Le — de l'argent. Un comptable qui a un — de fonds considérable.

MANIER [mà-nyé; *en vers*, -ni-é] *v. tr.*

[ÉTYM. Pour maneier, du lat. pop. *manizare, dérivé de manus, main, § 163. (*Cf.* manège.) || XIIᵉ s. Del forsené tant s'aproche Qu'ele le menoie et atoche, CHRÉTIEN DE TROYES, *Cheval. au lion*, 2989.]

|| 1° Tâter avec la main. — une étoffe. || *A l'infin.* pris substantivt. Un drap qu'on juge au —, en le maniant.

|| 2° Façonner avec la main. Savoir — la cire, la terre glaise, le marbre. || *Spécialt.* (Technol.)| 1. — les couches de blanc, les frotter avant de les recouvrir de dorure. | 2. — le pavage, le réparer en enlevant les pavés usés pour les remplacer. | 3. — la toiture, la réparer en enlevant les lattes, les tuiles, les ardoises usées, pour les remplacer. || *P. anal.* La boue qu'il (Dieu) maniait si artistement avec ses doigts tout-puissants, BOSS. *Médit. sur l'Évang.* 41ᵉ jour. || *Fig.* Plaisante raison, qu'un vent manie, et à tout sens, PASC. *Pens.* III, 3.

|| 3° Faire fonctionner (un instrument) en le dirigeant avec la main. — le oiseau, l'épée, la plume, le pinceau. || *P. anal.* Savoir — la langue, la faire servir à l'expression de la pensée. Savoir — l'ironie, la louange, en faire usage à propos. La force ne se laisse pas — comme on veut, PASC. *Vrai bien*, 13. — un cheval, le faire manœuvrer. Savoir — les hommes, les diriger. Un caractère difficile à —. L'on n'a point vu d'âme à — si dure, MOL. *Mis.* IV, 1. — les affaires, leur imprimer la direction. — de l'argent, des fonds, faire des opérations de recette, de paiement, de placement.

MANIÈRE [mà-nyèr] *s. f.*

[ÉTYM. Tiré de l'anc. adj. manier, manière, dérivé de main et signifiant « qui est à la portée de la main, qui se fait avec la main », §§ 38, 65 et 115. || XIIᵉ s. Maniere, PH. DE THAUN, *Comput*, 438.]

|| 1° Genre d'action qu'on emploie pour faire qqch. Faire qqch d'une — adroite. La — de s'y prendre pour faire qqch, et, *ellipt*, En toute chose il n'y a que la —, le tout est la manière de s'y prendre. J'en sais bien la — (de m'y prendre), CORN. *Tois. d'or*, II, 2. Voilà le sexe peint d'une noble —, BOIL. *Sat.* 10. La — de voir, de penser, de parler, de sentir de qqn. (Philos.) — d'être d'une personne, d'une chose, forme sous laquelle sa nature se manifeste. De toutes les manières, de — ou d'autre, il arrivera à son but. Faire qqch d'une étrange —. Il s'y prend de la bonne —. *Ironiqt.* On l'a reçu de la belle, de la bonne —, on l'a mal reçu. || *Loc. conj.* Vous tournez les choses d'une — qu'il semble que vous avez raison, MOL. *D. Juan*, I, 2. Si les choses se sont passées de la — que vous dites, sous la forme que vous dites. Tout s'est passé de telle — que chacun est content. Avec le subj. (quand il s'agit d'un résultat incertain). Faites les choses de — que chacun soit content. || *Loc. prép.* Il agit de — à se perdre, et, *vieilli*, d'une — à se perdre. || *Spécialt.* Genre d'action habituel à qqn. Ce n'est point ma — De compter de la sorte, LA F. *Fab.* VIII, 2. Comme s'il (Dieu) avait, à notre —, des vues générales et confuses, BOSS. *Marie-Thérèse.* Pour estimer, chacun a sa —, CORN. *Sertor.* II, 2. Il est heureux à sa —. Gravure à la — noire (opposée à la gravure en taille-douce), où, après avoir grené une planche, on atténue plus ou moins certaines parties par des clairs qui donnent le dessin. La — d'un peintre, d'un graveur, d'un écrivain, etc., le caractère qui lui est propre. *Absolt.* Ce peintre a eu plusieurs manières. Un tableau de la première — de Raphaël.

|| 2° Forme extérieure d'une action. Ce n'est qu'une — de parler, il ne faut pas prendre ce qui est dit au sens rigoureux des mots. Par — de dire. Faire qqch par — d'acquit, ne pas le faire sérieusement, consciencieusement, mais seulement pour faire voir qu'on s'en est acquitté. Une — de bel esprit, MOL. *Préc. rid.* sc. 1.

|| 3° *Au plur.* Forme extérieure qu'une personne montre dans sa tenue, son attitude, en société. L'élégance des manières. Les manières polies donnent cours au mérite et le rendent agréable, LA BR. 5. Avoir de bonnes, de belles manières. Avoir de mauvaises manières. De petites manières, peu dis-

tinguées. Des manières bourgeoises. || *P. ext. Famil.* Faire des manières, viser à la distinction, à l'obligeance, en affectant certaines formes dans sa tenue, son langage. || *Spécialt.* Un écrivain, un artiste qui a de la —, dont les ouvrages présentent un caractère affecté. *(Cf.* maniéré.) La — est un vice d'une société policée où le bon goût tend à la décadence, DIDER. *Salon de 1767.*

MANIÉRÉ, ÉE [mà-nyé-ré] *adj.*
[ÉTYM. Dérivé récent de manière, §§ 64, 65 et 118.|| 1680. FURET. Admis ACAD. 1718.]
|| **1°** Qui est affecté dans sa tenue, son langage.
|| **2°** *P. anal.* Qui est affecté dans ses ouvrages. Un écrivain, un artiste —, et, *substantivt,* Un —. || *P. ext.* Un style —. Le genre —, et, *substantivt,* Le —.

***MANIÉRER** [mà-nyé-ré] *v. tr.*
[ÉTYM. Dérivé récent de manière, §§ 64, 65 et 154.|| XVII° s. *V.* à l'article.]
|| Rendre maniéré. Se —. — son style. || *Vieilli. Absolt.* Être affecté. C'est —, comme parlent les peintres, que de copier certains compliments vulgaires, DE COURTIN, *Civilité franç.* p. 210, édit. 1695.

***MANIETTE** [mà-nyèt'; *en vers,* -ni-èt'] *s. f.*
[ÉTYM. Dérivé de manier, § 133. || 1701. FURET.]
|| (Technol.) Pièce de feutre dont se sert l'imprimeur en taille-douce pour frotter les bords de la planche gravée.

MANIEUR, *MANIEUSE [mà-nyeûr; -nyeûz'; *en vers,* -ni-...] *s. m.* et *f.*
[ÉTYM. Dérivé de manier, § 112. || XVI° s. Ce gros manieur de besche, CH. FONTAINE, dans GODEF. *Compl.* Admis ACAD. 1835.]
|| Celui, celle qui manie habituellement qqch. *Anciennt.* — de blé sur banne, ouvrier de port chargé de remuer le blé pour en chasser l'humidité. *Spécialt.* — d'argent, celui qui fait des opérations de finance. Le — d'argent, l'homme d'affaires, LA BR. 6.

***MANIFESTANT, ANTE** [mà-ni-fès'-tan, -tänt'] *s. m.* et *f.*
[ÉTYM. Subst. verbal de manifester, § 47. || *Néolog.*]
|| Celui, celle qui prend part à une manifestation.

MANIFESTATION [mà-ni-fès'-tà-syon; *en vers,* -si-on] *s. f.*
[ÉTYM. Emprunté du lat. manifestatio, *m. s.* || XII°-XIII° s. Manifestation, *Dial. Gregoire,* p. 64.]
|| Action de manifester, de rendre sensible, palpable. Des manifestations de la Divinité, MONTESQ. *Lett. pers.* 67. Les manifestations de l'âme, de la pensée humaine. || *Spécialt. Néolog.* Démonstration populaire. Une — républicaine, socialiste.

1. MANIFESTE [mà-ni-fèst'] *adj.*
[ÉTYM. Emprunté du lat. manifestus, *m. s.*|| XII° s. Manifest aversaire de la loy, *Serm. de St Bernard,* dans DELB. *Rec.*]
|| Rendu palpable. Par moi devenu —, CORN. *Œdipe,* IV, 6. J'écarte de vos jours un péril —, RAC. *Baj.* II, 1. Une vérité —. || *P. ext.* Le milan, — voleur, LA F. *Fab.* IX, 18.

2. MANIFESTE [mà-ni-fèst'] *s. m.*
[ÉTYM. Subst. verbal de manifester, § 52. || 1611. COTGR.]
|| Déclaration écrite par laquelle un gouvernement, un parti, un auteur, etc., explique publiquement ses vues. Tandis que les manifestes éclaircissent notre droit, nos victoires le décident, MASS. *Louis le Grand.* Le — des députés de l'opposition. || *Spécialt.* (T. commerc.) Déclaration des marchandises que contient un navire.

MANIFESTEMENT [mà-ni-fès'-te-man] *adv.*
[ÉTYM. Composé de manifeste 1 et ment, § 724. || XII°-XIII° s. Manifestement fut entendut, *Dial. Gregoire,* p. 265.]
|| D'une manière palpable, sensible. La loi... Est — contraire à cet abus, RAC. *Plaid.* III, 3.

MANIFESTER [mà-ni-fès'-té] *v. tr.*
[ÉTYM. Emprunté du lat. manifestare, *m. s.* || XII° s. Ses jugemenz ne manifestad a els, *Psaut. d'Oxf.* CXLVII, 20.]
|| Rendre palpable. Je (Jésus-Christ) me manifestai molmême à lui, BOSS. *Médit. sur l'Évang.* 89° jour. — ses intentions, ses projets.

MANIGANCE [mà-ni-gäns'] *s. f.*
[ÉTYM. Origine inconnue. || XVI° s. Telles manigances de leur tripperie, CALV. *Instit. chr.* III, XIV, 33.]
|| *Famil.* Petite manœuvre sourde. J'ai crainte ici dessous de quelque —, MOL. *Ét.* I, 4. Le mari ne se doutera point de la —, ID. *G. Dand.* I, 2.

MANIGANCER [mà-ni-gan-sé] *v. tr.*
[ÉTYM. Dérivé de manigance, § 154. || 1691. *V.* à l'article. Admis ACAD. 1740.]
|| *Famil.* Préparer (qqch) par de petites manœuvres. Un jeune gars de Paris qui a manigancé la chose, DANCOURT, *Opéra du village* (1691), sc. 2. Le testament que vous avez manigancé, DUFRESNY, *Malade sans maladie,* II, 3.

MANIGUETTE [mà-ni-ghèt'] *s. f.*
[ÉTYM. Altération de l'espagn. malagueta, *m. s.* d'origine inconnue, § 13. On dit aussi malaguette; qqs dictionnaires impriment par erreur maniquette. || 1555. La maniguette, J. POLEUR, *Hist. nat. des Indes,* f° 182, r°. Admis ACAD. 1762.]
|| *Vieilli.* (Botan.) Graine de paradis, dite poivre de Guinée. Les épiciers trompent souvent et donnent de la — au lieu de vrai poivre, FURET. *Dict.*

MANILLE [mà-nîy'] *s. f.*
[ÉTYM. Emprunté de l'espagn. malilla, *m. s.* § 13; l est devenu n par dissimilation, § 361. || 1696. *V.* à l'article. Admis ACAD. 1718.]
|| (T. de jeu.) || **1°** Carte privilégiée pour celui qui l'a en main. Marquer avec un crayon rouge les manilles d'un jeu, BOISFRANC, *Bains de la porte St-Bernard* (1696), I, 2. | **1.** Au jeu de hoc, le valet de carreau. | **2.** Au jeu de l'hombre, du quadrille, du tri, le deux (en pique ou en trèfle), le sept (en cœur ou en carreau), selon la couleur dans laquelle on joue.
|| **2°** *P. ext. Néolog.* Jeu de cartes où le dix, dit manille, est la plus forte carte.

MANÎMENT. *V.* maniement.

MANIOC [mà-nyŏk'; *en vers,* -ni-ŏk'] *s. m.*
[ÉTYM. Emprunté des langues américaines, § 30. *(Cf.* espagn. et portug. mandioca, *m. s.)* On trouve aussi manioque au fém. (FURET.) d'après l'espagnol. || 1580. Maniot, J. DE LÉRY, *Voy. au Brésil,* p. 116. Admis ACAD. 1762 et écrit d'abord manioque.]
|| (Botan.) Arbrisseau d'Amérique dont la racine, débarrassée d'un principe vénéneux qu'elle contient, donne une farine dont on fait un pain dit cassave, et une fécule nutritive dite tapioca.

MANIPULAIRE [mà-ni-pu-lèr] *adj.*
[ÉTYM. Emprunté du lat. manipularis, *m. s.* || XIV° s. Manipulaire estoient ceux qui portoient les banieres, BERSUIRE, f° 2, dans LITTRÉ. Admis ACAD. 1835.]
|| (Antiq. rom.) Qui appartient au manipule. *Substantivt.* Un —, le chef d'un manipule.

MANIPULATEUR, *MANIPULATRICE [mà-ni-pu-là-teùr, -trîs'] *s. m.* et *f.*
[ÉTYM. Dérivé de manipuler, § 249. *(Cf.* manipuleur.) || *Néolog.* Admis ACAD. 1835.]
|| **1°** *S. m.* et *f.* Celui, celle qui manipule (des produits chimiques, pharmaceutiques).
|| **2°** *S. m.* Partie du mécanisme télégraphique qu'on fait fonctionner avec la main.

MANIPULATION [mà-ni-pu-là-syon; *en vers,* -si-on] *s. f.*
[ÉTYM. Dérivé de manipuler, § 247. || 1716. Manipulation du mineral, FRÉZIER, *Relat. du voy. de la mer du Sud,* p. 140. Admis ACAD. 1762.]
|| Action de manipuler (des produits chimiques, pharmaceutiques).

MANIPULE [mà-ni-pul] *s. m.*
[ÉTYM. Emprunté du lat. manipulus, *m. s. (Cf.* maniole et poignée.) Souvent maniple au moyen âge. || 1380. Deux etoiles, trois manipules, dans VARIN, *Arch. admin. de Reims,* III, 506.]
I. (Antiq. rom.) Compagnie de cent, de deux cents fantassins. *(Cf.* manipulaire.)
II. (Liturgie.) Bande d'étoffe que le prêtre catholique porte au bras gauche en officiant.
III. (Technol.) || **1°** Poignée de fleurs, de graines, etc., qui entre dans la composition de certains remèdes.
|| **2°** Poignée pour retirer un vase du feu sans se brûler.

MANIPULER [mà-ni-pu-lé] *v. tr.*
[ÉTYM. Dérivé de manipule, § 266. || Admis ACAD. 1835.]
|| (Technol.) Manier, en les mélangeant, certaines substances chimiques ou pharmaceutiques. || *Fig. Famil.* — la matière électorale, travailler l'esprit des électeurs.

***MANIPULEUR, EUSE** [mà-ni-pu-leùr, -leùz'] *s. m.* et *f.*

[ÉTYM. Dérivé de **manipuler**, § 112. || xviiie s. *V.* à l'article.]

|| *Famil. En mauvaise part.* Manipulateur, manipulatrice. — ignorant, BEAUMARCH. *B. de Sév.* II, 13.

MANIQUE. *V.* **manicle.**

***MANITOU** [mà-ni-tou] *s. m.*

[ÉTYM. Emprunté des langues américaines, § 30. || 1689. Leur manitou, qu'ils estiment le malin esprit, LE TAC, *Hist. de la Nouvelle France*, dans DELB. *Rec.*]

|| Chez les sauvages de l'Amérique du Nord, génie subordonné au Dieu suprême. Le grand —, l'Être suprême, et, *fig. famil.* personnage élevé qui impose la crainte, le respect.

MANIVEAU [mà-ni-vó] *s. m.*

[ÉTYM. Origine incertaine; le rapport avec **manne** 2 est très douteux. || 1642. OUD. Admis ACAD. 1718.]

|| (Technol.) Petit plateau, petit panier en osier contenant une quantité déterminée de certains comestibles, pour la vente. Un — de champignons, d'éperlans.

MANIVELLE [mà-ni-vèl] *s. f.*

[ÉTYM. Se rattache à **main** soit par dérivation à l'aide d'un double suffixe dont l'origine n'est pas encore élucidée, soit par composition avec le radical german. well-, tourner. || 1325. **Refaire la menivelle du puis,** dans GODEF. *Compl.*]

|| Pièce qui sert à faire tourner. **Faire aller la — d'un** treuil, d'un orgue de Barbarie. || *Specialt.* Pièce placée à l'extrémité de l'arbre d'une machine, de l'essieu d'une roue, et servant à les faire tourner.

1. MANNE [màn] *s. f.*

[ÉTYM. Emprunté du lat. **manna**, grec μάννα, *m. s.* mot d'origine hébraïque, § 21. || xiie s. **La manne ki del ciel vint,** *Rois*, I, 1.]

|| **1°** Nourriture tombée du ciel pour nourrir les Hébreux dans le désert. **La — qui les avait jusque-là nourris ne** tomba plus du ciel, BOURD. *Pens. sur la dévotion.* || *P. anal.* **Paris bientôt sauvé par des secours nombreux Et la — du ciel** prête à tomber sur eux, VOLT. *Henriade*, 10. || *Fig.* **La — céleste, la — cachée, la nourriture spirituelle. La — cachée,** c'est la vérité; la — cachée, c'est le sacré corps de Jésus, BOSS. *Élév. myst.* IX, 6.

|| **2°** *P. anal.* **— de Pologne,** herbe à la —, fétuque flottante, dont les grains se mangent en Pologne comme le riz. || **— tombée du ciel,** nom donné à une substance alimentaire qui vient parfois en abondance de certains lichens, surtout en Perse. || **— des poissons,** papillon dont les poissons sont friands et qui sert d'appât. || **— d'encens,** farine qui se forme du froissement des graines de l'encens dans les sacs. *Vieilli.* **— d'or, de fer,** terre mélangée de parcelles d'or, de fer, indiquant la présence d'un filon. **— de mercure,** sublimé fait d'un précipité de mercure. || *Absolt.* Suc d'un frêne de Calabre dont on tire une substance légèrement purgative.

2. MANNE [màn] *s. f.*

[ÉTYM. Emprunté de l'allem. dialectal **manne,** *m. s.* d'origine incertaine, §§ 10, 498 et 499. Les idiomes germaniques ont une forme secondaire avec un d (holland. **mand,** angl. **maund**), d'où **mande** et **mandrerie.** (*V.* ces mots.) || xiiie s. **Le mande de raies,** dans TAILLAR, *Rec. d'actes*, p. 15. | 1549. **Manne,** R. EST.]

|| Panier d'osier, haut et long, à deux anses, où l'on met des denrées, du linge, des livres, etc.

1. MANNEQUIN [màn'-kin; *en vers,* mà-ne-...] *s. m.*

[ÉTYM. Paraît dérivé de **manne** 2, à l'aide du suffixe flamand **kin,** diminutif, § 10. || xve s. **Mandequin,** dans GODEF. **mandequin.** | 1549. **Manequin,** R. EST.]

|| Panier en forme de hotte. **Deux mannequins remplis de** sucre, de cannelle, LES. *Gil Blas*, I, 5. || *P. anal.* Espèce de hotte de chiffonnier. || **Arbustes en —,** que les jardiniers élèvent et vendent en paniers. || *P. ext.* Ornement de sculpture représentant un panier de fleurs et de fruits.

2. MANNEQUIN [màn'-kin; *en vers,* mà-ne-...] *s. m.*

[ÉTYM. Emprunté du flamand **maneken,** petit homme, correspondant à l'allemand **mænnchen** (*cf.* pour le sens le franç. **bonhomme**), § 10. || 1467. **Une couppe d'argent doree ou il** y a ung mannequin dedens, L. DE LABORDE, *Émaux*, p. 380.]

|| **1°** Figure de bois, de cire, représentant un homme, une femme, dont se servent les peintres, les statuaires, pour essayer des attitudes, disposer des draperies en l'absence du modèle. || Figure que les tailleurs, les couturières, habillent pour servir de modèle dans la confection des costumes.

|| **2°** Figure de grandeur naturelle sur laquelle on exerce les élèves en médecine, en chirurgie, à la pose des bandages, aux mouvements que demandent certaines opérations. || Figure de cheval articulée servant à la démonstration des aplombs, de la position des membres dans les diverses allures de l'animal. || *Fig.* **C'est un —,** un individu qu'on fait aller comme on veut.

MANNEQUINÉ, ÉE. *V.* **mannequiner.**

***MANNEQUINER** [màn'-ki-né; *en vers,* mà-ne-...] *v. tr.*

[ÉTYM. Dérivé de **mannequin,** § 154. || Admis ACAD. (au part. passé employé adjectivement) 1762.]

|| (T. d'art.) Exécuter d'après le mannequin. || *P. ext.* **Draperies mannequinées,** qui, exécutées d'après le mannequin, ont de la raideur. **Vos chasseurs et vos amazones sont** raides et mannequinés, DIDER. *Salon de 1765, Œuvres,* X, 367, d'Assézat.

***MANNETTE** [mà-nĕt'] *s. f.*

[ÉTYM. Dérivé de **manne** 2, § 133. || 1723. SAVARY, *Dict. du comm.*]

|| Petite manne, panier d'osier à deux anses.

***MANOCAGE** [mà-nò-kàj'] *s. m.*

[ÉTYM. Dérivé de **manoquer,** § 78. || *Néolog.*]

|| (Technol.) Action de manoquer le tabac.

MANŒUVRE [mà-neùvr'] *s. f.* et *m.*

[ÉTYM. Du lat. pop. ***manuŏpera,** ***manŏpera,** *m. s.* de manus, main, et opera, œuvre, devenu **manuevre, manœuvre,** §§ 356, 320, 426, 290 et 291.]

I. *S. f.* || **1°** Suite de mouvements par lesquels la main fait fonctionner régulièrement un instrument, une machine. **La — du forceps. La — du canon. La — du gouvernail, des ancres, du cabestan. — d'eaux,** ensemble des mouvements et chasses qu'on peut produire à l'aide des eaux dans les fossés d'un camp de fortifications. **— de force,** ensemble des mouvements nécessaires pour faire marcher les pièces d'artillerie et le matériel. *Fig.* **Ils ne connaissent** point, tous tant qu'ils sont, la — des états (la manière de diriger l'assemblée des états), SÉV. 1208. || *Absolt.* | 1. (Marine.) Toute opération qui sert à diriger le navire. **Personne** ne conservait assez de présence d'esprit ni pour ordonner les manœuvres ni pour les faire, FÉN. *Tél.* 4. **Une fausse —,** ordonnée mal à propos. *Specialt.* Action d'amarrer, de défaire, de serrer, etc., des cordages avec la main. **— haute,** qui se fait de dessus les hunes, les vergues, etc. **— basse,** qui se fait de dessus le pont. *P. ext.* Nom donné aux cordages (autres que les câbles) que la main peut faire fonctionner. **Manœuvres hautes, basses,** cordages des parties supérieures, inférieures, de la mâture. **Manœuvres dormantes,** cordages fixés à demeure. **Manœuvres courantes,** cordages libres, servant à hisser, à carguer, à déployer une voile, etc. | 2. (T. milit.) Mouvement, évolution militaire qu'on fait faire à un corps de troupes, à une escadre. **Commander la —. Aller à la —. Terrain, champ de —. Ordonner** une — hardie.

|| **2°** *Fig.* Suite d'actions, de démarches combinées pour atteindre un but. **S'il a fait quelque mauvaise —, vous** avez la voie de la justice, LES. *Turcar.* III, 5. **Faire de fausses** manœuvres, des démarches maladroites. || *Absolt. Dans un sens défavorable.* Suite de démarches artificieuses. (*Cf.* manège.) **Il fut témoin des manœuvres des principaux satrapes,** VOLT. *Babouc.* **Tant de précipitation... sentirait la —,** MARIV. *Marianne*, 10. **— électorale,** pour exercer une influence sur le vote des électeurs.

II. *S. m.* Ouvrier qui ne fait que des travaux manuels, de gros ouvrages. (*Cf.* manouvrier.) *Specialt.* **—, et, *p. appos.* Aide-—,** celui qui sert d'aide à un ouvrier maçon, couvreur, etc. || *Fig.* Celui qui ne fait que la partie matérielle d'une œuvre. **Pascal n'avait lu aucun des livres des** suites... c'étaient des manœuvres littéraires de Port-Royal qui lui fournissaient les passages, VOLT. *Philos. Trad. Bolingbroke.*

MANŒUVRER [mà-neu-vré] *v. tr.* et *intr.*

[ÉTYM. Dérivé de **manœuvre,** §§ 64, 65 et 154. L'anç. franç. conjugue manovrer, je manuevre, etc. (*Cf.* manouvrier.) || xie s. **En l'oret punt l'ad faite manuverer** (lisez manuvrer), *Roland*, 2506. Admis ACAD. 1762.]

I. *V. tr.* Faire fonctionner régulièrement avec la main (un instrument, une machine). **Apprendre à — le gouvernail, — les voiles. Les galères ottomanes étaient manœuvrées par** des esclaves chrétiens, VOLT. *Mœurs*, 160.

II. *V. intr.* (T. milit.) || **1°** En parlant de troupes, de navires, faire des mouvements, des évolutions. Faire — un corps d'armée, une escadre. La cavalerie, la flotte, a bien manœuvré.

|| **2°** En parlant de celui qui commande les troupes, faire faire des mouvements, des évolutions, à un corps d'armée, à une escadre. Le général, l'amiral, a manœuvré de manière à couper la retraite aux ennemis. || *Fig*. Combiner une suite d'actions, de démarches, pour atteindre un but. Il a su — de manière à obtenir cet emploi.

MANŒUVRIER, IÈRE [mà-nêu-vri-yé, -yèr] *adj*.
[ÉTYM. Dérivé récent de manœuvre, §§ 64 et 115. (*Cf.* le doublet manouvrier.) || 1690. FURET. Admis ACAD. 1762.]

|| (T. milit.) Qui s'entend à manœuvrer, à faire des mouvements, des évolutions sur terre ou sur mer. Une armée, une flotte manœuvrière. *P. ext.* Un général —, qui s'entend à diriger la manœuvre, et, *substantivt*, Un bon —.

MANOIR [mà-nwàr] *s. m.*
[ÉTYM. Tiré de l'anc. franç. manoir (lat. manẹre, rester; *cf*. manant), infinitif pris substantivt, § 49. || XII° s. Beles viles et boens maneirs, WACE, *Rou*, III, 5553.]

|| **1°** (Féodal.) Habitation à laquelle est jointe une certaine étendue de terre. Celui qui avait quatre manoirs était toujours obligé de marcher à la guerre, MONTESQ. *Espr. des lois*, xxx, 13.

|| **2°** *Poét.* et *orat*. Demeure. Le sombre —, la demeure de Pluton, l'enfer. Peu s'en fallut que le soleil Ne rebroussât d'horreur vers le — liquide (ne retournât se plonger dans la mer), LA F. *Fab.* XI, 3. || *P. anal.* L'art de faire son —, BUFF. *Renard*.

MANOMÈTRE [mà-nò-mètr'] *s. m.*
[ÉTYM. Composé avec le grec μανός, peu dense, et μέτρον, mesure, § 279. || 1753. *Mém. de l'Acad. des sc.* p. 44. Admis ACAD. 1878.]

|| (T. didact.) Instrument qui sert à mesurer la tension, la force élastique des gaz, des vapeurs.

***MANOQUE** [mà-nòk] *s. f.*
[ÉTYM. Dérivé de main, §§ 65 et 136. || XVII° s. Paquets qu'on appelle magnotes ou manoques, LIGER, *Nouv. Mais. rust*. dans DELB. *Rec.*]

|| (Technol.) Bottillon de tabac en feuilles. || *P. anal.* (Marine.) Petite pièce de ligne liée en écheveau.

***MANOQUER** [mà-nò-ké] *v. tr.*
[ÉTYM. Dérivé de manoque, § 154. || *Néolog.*]

|| (Technol.) Mettre (le tabac) en manoques.

***MANOTTE** [mà-nòt']. *V.* menotte.

MANOUVRIER, *MANOUVRIÈRE [mà-nou-vri-yé, -yèr] *s. m.* et *f.*
[ÉTYM. Dérivé de manœuvre, §§ 65 et 115. (*Cf.* le doublet manœuvrier.) || XII° s. Estre les autres manouvriers de païs, Loherains, dans GODEF. *Compl.*]

|| Ouvrier, ouvrière qui ne fait que des travaux manuels, de gros ouvrages. (Rare au féminin.)

MANQUANT, ANTE [man-kan, -känt'] *adj*.
[ÉTYM. Adj. particip. de manquer, § 47. || 1679. A l'egard des vins manquants, COLBERT, *Lett*. 2 oct. Admis ACAD. 1878.]

|| Qui manque, qui est absent. Réclamer les numéros manquants d'un journal. Noter les candidats manquants, et, *substantivt*, les manquants.

MANQUE [mänk'] *s. m.* (fém. en terme militaire et dans les patois).
[ÉTYM. Subst. verbal de manquer, § 52. (*Cf.* l'ital. manco, *m. s.*) L'anc. franç. a l'adj. manc, manche, qui vient du lat. mancus, a, et dont nous avons conservé le dérivé manchot. || 1594. Vous plaindre des manques que vous avez reçus, HENRI IV, *Lett. missives*, IV, p. 254.]

|| **1°** Absence d'une chose nécessaire. Le — de vivres. Le — d'argent. L'agriculture souffre du — de bras. Le — d'intelligence. — || *Spécialt*. | 1. Absence d'une chose quand on doit l'avoir. Quoi ! le — de foi vous semble pardonnable ! CORN. *Hor*. I, 2. Le — de respect. Le — de mesure (en chantant, en jouant d'un instrument). *Loc. prép.* Par — de, et, *ellipt*, — de, quand il y a absence de ce qu'on doit avoir. (*Cf*. faute.) — de connaissance, nous faisons des fautes irréparables, BOURD. *Car. Pensée de la mort*, 2. *P. ext.* — d'avoir contemplé ces infinis, PASC. *Pens*. I, 1. | 2. Absence d'une chose qui est en moins dans un tout. Être le —, être absent là où on doit se trouver. Rien de trop, rien de —. C'est toujours une nouveauté de voir la personne aimée; après un moment d'absence on la trouve de — dans son cœur, PASC. *Amour*. || *Spécialt*.

| 1. (T. forestier.) — de mesure, moindre mesure. | 2. Un —, absence d'une maille dans un tissu. Il y a des manques dans le fond de la tapisserie. | 3. (T. milit.) Une —, action de manquer à l'appel.

|| **2°** Faute commise en qqch. Un — de touche, et, *vieilli*, Un — à toucher (au jeu de billard), faute qu'on fait en n'atteignant pas la bille sur laquelle on joue. *Absolt*. De quel — après tout as-tu lieu de te plaindre? CORN. *Illus. com.* v, 3. — à gagner, occasion qu'on laisse échapper de faire une vente, une affaire profitable. || (Manège.) Faux pas d'un cheval.

MANQUEMENT [mank'-man; *en vers*, man-ke-...] *s. m.*
[ÉTYM. Dérivé de manquer, § 145. || 1575. Prevoyant le manquement de pouldre, THEVET, *Cosmogr. univ.* f° 196, r°.]

|| **1°** Le fait de manquer de qqch. Ce — de liberté qui avait porté un si grand nombre de docteurs à se retirer des assemblées, PASC. *Prov.* 3. N'ai-je à craindre que le — de mémoire? MOL. *Impr. sc.* 1. Le — de vivres, VARILLAS, *François I°*, II, p. 130, édit. 1686.

|| **2°** *P. ext.* Le fait de manquer en qqch. Les manquements des grands capitaines, MOL. *B. gent*. I, 2.

MANQUER [man-ké] *v. intr. et tr.*
[ÉTYM. Emprunté de l'ital. mancare, *m. s.* dérivé du lat. mancus, manchot, et au fig. défectueux, § 12. || 1564. J. THIERRY, *Dict. franç.-lat.*]

I. *V. intr.* || **1°** En parlant d'une personne. — de qqch, ne pas avoir une chose nécessaire. — de pain, d'argent. — de tout, être dans le dénuement. On ne le laisse — de rien *Absolt*. Il a peur de —, d'être dans le besoin. — d'esprit, d'intelligence. || *P. ext.* Ne pas user d'une chose quand on le doit. Il a manqué de sang-froid, dans cette affaire. S'il a manqué d'amour, manque-t-il de mémoire? CORN. *Méd*. I, 4. Il a manqué de parole. Manquerait-on pour moi de complaisance? RAC. *Ath*. II, 5. — de respect envers qqn. — de respect, de parole à qqn. Aucun de tes amis ne t'a manqué de foi, CORN. *Cinna*, III, 4. || — de faire (omettre de faire) qqch. Ne manquez pas de considérer à quoi vous obligent les immortelles actions de Louis le Grand, BOSS. *Marie-Thérèse*. Il n'a pas manqué de s'y trouver. || *P. ext.* — de subir qqch, y échapper. Il a manqué de se tuer, et, *ellipt*, Il a manqué mourir.

|| **2°** En parlant d'une chose, d'une personne. — à qqn, à qqch, être en moins dans un tout. Il lui manque un bras Il manque un sens aux incrédules, comme à l'aveugle, BOSS. *A. de Gonz*. Il ne manque à mon front que le bandeau royal, RAC. *Esth*. II, 1. Rien ne manque à sa gloire, ID. *Andr.* III, 3. Il ne manquait rien A Jupiter que la parole, LA F. *Fab.* IX, 6. || *Impersonnelt*. Il s'en manque peu, beaucoup, il faut peu, beaucoup, pour que la chose soit complète, achevée. Il ne s'en manque guères, LA F. *Fab.* VIII, 25. *Dans le même sens*. Il s'en est manqué de peu, de beaucoup. || *P. ext.* Être absent là où on est nécessaire. Le pain manque à la maison. Les vivres vinrent à —. A Paris le gibier manque tous les hivers, BOIL. *Sat*. 3. L'argent lui manque. Les bras manquent à l'agriculture. Ce qui lui manque, ce n'est pas l'intelligence, mais l'application. *Fig*. Cette chose, cette personne me manque, son absence est une privation pour moi. || *P. anal*. Ne plus prêter son office. Tout lui manque à la fois, Les sens et les esprits aussi bien que la voix, LA F. *Filles de Minée*. Les forces lui manquent, BOSS. *Condé*. A ces mots, le cœur et les genoux manquent à Laerte, FÉN. *Tél*. 21. Le pied lui a manqué. Le sol a manqué sous ses pieds. || Ne pas apporter aide, concours. Il vaut mieux s'exposer à l'ingratitude que de — aux misérables, LA BR. 4. La terre ne demande ici qu'à enrichir les habitants, mais les habitants manquent à la terre, FÉN. *Tél*. 12. Dieu ne manqua pas à son Église, BOSS. *Hist. univ.* II, 26. Un ennemi capable de — à sa fortune, ID. *ibid*. III, 6. Il ne faut point — à de telles grâces, ID. *A. de Gonz*.

|| **3°** En parlant d'une personne. — à qqch, ne pas se conformer à ce qu'on doit. — à la foi jurée, à sa parole, à ses engagements. Mon devoir ne dépend point du sien; Qu'il y manque, s'il veut, je dois faire le mien, CORN. *Poly*. III, 2. — au respect qu'on doit à qqn, et, *ellipt*, — à qqn. | 1. L'offenser. | 2. Ne pas lui rendre ce qu'on lui doit. Être incapable de — aux hommes, et ne craindre pas de — à Dieu, BOSS. *A. de Gonz*. Se — à soi-même, oublier ce qu'on se doit à soi-même. || — à faire une chose, commettre la faute de ne pas la faire. Toutes les bonnes maximes sont dans le monde; on ne manque qu'à les appliquer, PASC. *Pens*. VI, 1. J'ai promis de venir, je n'y manquerai pas, et, *ellipt*, Je viendrai sans —. (Au jeu de billard.) — à toucher, faire la faute de ne

pas toucher la bille sur laquelle on joue. || *Absolt.* | **1.**
Commettre une faute. En quoi a-t-il manqué? On ne saurait
—, condamnant un pervers, LA F. *Fab.* II, 3. Quand on connaît
sa faute, on manque doublement, CORN. *Méd.* II, 6. Il (l'esprit)
manque, il se trompe, il bronche à tout moment, SÉV. 965. |
2. Échouer. Il a fait — le coup. L'affaire a manqué. *Néolog.*
(Commerce.) Une banque vient de —, de faire faillite.
  II. *V. tr.* En parlant d'une personne. — qqch, ne pas
y réussir. Aristie a manqué son projet, CORN. *Sertor.* IV, 2.
Il a manqué son coup. Un mariage manqué. Une chose manquée,
qu'on n'a pas réussi à mener à bien. Ce plat, ce gâteau est
manqué. *Au part. passé pris substantivt.* Un manqué, sorte
de gâteau. | Une œuvre manquée. *Famil.* Un général, un poète
manqué, qui n'a pas ce qu'il faut pour être bon général,
bon poète. La sultane manquée (Mᵐᵉ de Maintenon), ST-
SIM. XII, 31. *P. ext.* — le but, ne pas l'atteindre. — une
pièce de gibier. La main qui avait manqué Porsenna, BOSS. *Hist.
univ.* I, 8. Il a essayé de se tuer, mais il s'est manqué. Je ne
le manquerai pas, je saurai le châtier. — la balle (au jeu
de paume). — la balle belle (quand elle se présente bien),
et, *fig. ellipt,* La — belle, laisser échapper l'occasion. Il a
manqué l'occasion. Si vous manquiez le trône, CORN. *Oth.* I,
3. Un cœur qu'on a manqué, MOL. *Dép. am.* I, 1. || — une séance,
une représentation, ne pas s'y trouver. Elle ne manquait pas
une seule audience, RAC. *Plaid.* I, 4. — le coche, le chemin de
fer, ne pas se trouver à l'heure où part le coche, le che-
min de fer, et, *fig.* — le coche, perdre l'occasion. || — qqn,
ne pas le rencontrer quand on le cherche. Deux moments
plus tard, je vous manquais encore, MOL. *Fâch.* III, 2.
  ***MANSARD** [man-sàr] *s. m.*
  [ÉTYM. Origine inconnue. || 1420. Coulons manssars, dans
DU C. *mansionarii.*]
  || *Dialect.* Pigeon ramier.
  MANSARDE [man-sàrd] *s. f.*
  [ÉTYM. Tiré du nom propre **Mansard** (François), célèbre architecte (1598-1666), inventeur des combles brisés,
§§ 36 et 37. || 1690. Tous les beaux bâtiments d'aujourd'huy
sont couverts d'une mansarde ou à la mansarde, FURET. Admis ACAD. 1718.]
  || (Technol.) Toit à comble brisé. || *P. ext.* Fenêtre
pratiquée dans la partie presque verticale de ce toit. || *P.
ext.* Chambre pratiquée sous le comble brisé et dont la
partie supérieure est rétrécie par l'inclinaison du toit. ||
Fig. Partie supérieure de la tente d'officier dite marquise.
  MANSARDÉ, ÉE [man-sàr-dé] *adj.*
  [ÉTYM. Dérivé de mansarde, § 118. || *Néolog.* Admis ACAD.
1878.]
  || (Technol.) Disposé en mansarde. Étage —, dont les
chambres sont des mansardes. Chambre mansardée, dont
la partie supérieure est rétrécie par l'inclinaison du toit.
  1. MANSE [mãns] *s. m.*
  [ÉTYM. Emprunté du bas lat. mansus, *m. s.* de même
famille que maison, manant, manoir, etc., dont la forme
pop. més s'est conservée dans quelques patois. (*Cf.* les
noms propres Dumés, Beaumés, etc., écrits souvent avec tz
final.) || Admis ACAD. 1878 et fait à tort du féminin.]
  || (Féodal.) Petit domaine.
  2. MANSE [mãns]. *V.* manse.
  ***MANSION** [man-syon; *en vers,* -si-on] *s. f.*
  [ÉTYM. Emprunté du lat. mansionem, *m. s.* (*Cf.* le dou-
blet maison, de formation pop.) || XIIIᵉ s. En seculiere man-
sion, J. DE MEUNG, *Rose,* 11128.]
  || (T. didact.) | **1.** (Antiq. rom.) Étape de poste. | **2.**
(Astrol.) Position d'un astre. *Spécialt.* Les vingt-huit man-
sions de la lune. | **3.** (Théâtre du moyen âge.) Lieu où se
passe une scène.
  MANSUÉTUDE [man-sué-tud'; *en vers,* -su-é-...] *s. f.*
  [ÉTYM. Emprunté du lat. mansuetudo, *m. s.* dérivé de
mansuetus, doux. || XIIᵉ-XIIIᵉ s. Mansuetume, *Serm. de St
Bern.* p. 133. Mansuetudine, *Job,* dans *Rois,* p. 513.]
  || Douceur indulgente.
  1. MANTE [mãnt] *s. f.*
  [ÉTYM. Emprunté du provenç. manta, *m. s.* qui se rat-
tache au radical de manteau (*V.* ce mot), § 11. || 1404. Un
vestement appellé mante, dit mantel, dans DU C. mante.]
  || **1°** Sorte de manteau court, à capuchon et sans man-
ches, porté par les dames.
  || **2°** Voile de deuil très ample. Son corps fut gardé...
par deux dames de qualité... en —, ST-SIM. I, 42.
  || **3°** *Ancient.* Sorte de couvre-pied.

  2. MANTE [mãnt'] *s. f.*
  [ÉTYM. Emprunté du grec μάντις, *m. s.* proprt, « devi-
neresse ». || 1792. LATREILLE, *Précis des car. des insectes,*
p. 81. Admis ACAD. 1878.]
  || (Hist. nat.) Insecte orthoptère formant un genre de
la famille des Coureurs. — religieuse, qui joint souvent les
deux pattes antérieures (comme qqn qui prie). || *P. ext.*
Mantes de mer, les squilles, crustacés.
  MANTEAU [man-tó] *s. m.*
  [ÉTYM. Du lat. pop. ***mantellum**, diminutif de mentum,
m. s. devenu mantel, manteau, § 126. (*Cf.* mante 1.) || XIᵉ s.
Sus sun mantel en fait la cuntenance, *Roland,* 830.]
  || **1°** Ample et long vêtement sans manches que les
hommes, les femmes portent par-dessus les autres vêtements. L'été sans linge et l'hiver sans —, BOIL. *Sat.* 1. Bon
— bien doublé, LA F. *Fab.* VI, 3. *Spécialt.* — de cérémonie,
long manteau traînant, souvent garni d'hermine, porté
par le souverain, les princes, les grands dignitaires, dans
certaines cérémonies. Le — royal, impérial, ducal. (Blason.)
Fourrure d'hermine figurant un manteau sur lequel est
posé l'écu. — de cour, sorte de tunique à queue traînante
attachée à la taille, portée par les dames en costume de
cour. — long, porté par-dessus la soutane par les ecclésiastiques. — court, petit —, porté par les ecclésiastiques
(au XVIIIᵉ s.) par-dessus l'habit court lorsqu'ils allaient en
ville. *Fig.* L'ignorance en petit — (en habit de cour), GRES-
SET, *Chartreuse.* — de deuil, long manteau noir porté aux
funérailles par les plus proches parents du défunt. — à la
Crispin, manteau court, comme celui que portaient les valets de comédie. Rôles à —, rôles de financiers, de personnages posés. *Ellipt.* Jouer les manteaux. — couleur de
muraille, manteau de couleur sombre, pour sortir le soir
sans être remarqué. || — d'armes, enveloppe de toile des-
tinée à protéger les armes mises en faisceau. || — de nuit,
sorte de peignoir de dame, pour se coucher, se lever. ||
Loc. prov. Fig. Garder les manteaux (par allusion à saint
Paul gardant les manteaux de ceux qui lapidaient saint
Étienne), empêcher que ceux qui se livrent à qq désordre
ne soient dérangés. On a voulu le lapider (J.-J. Rousseau)
comme saint Étienne,... et l'on prétend que M. de Montmolin gar-
dait les manteaux, VOLT. *Facéties, Quest. mir.* 14. || *P. ext.*
| **1.** Faire le guet pour favoriser un rendez-vous. | **2.** Regar-
der les autres se divertir. || Débiter, vendre qqch sous le —, en
cachette. Un ouvrage satirique qui est donné en feuille sous le
—, LA BR. 1. || *Fig.* Apparence qui sert à dissimuler qqch.
Leur esprit... Se couvre du — d'une austère vertu, BOIL. *Disc. au
roi.* Se faire un beau — de tout ce qu'on révère, MOL. *Tart.* v, 7.
  || **2°** *P. anal.* — d'armes, pièce d'acier qu'on revêtait
dans les tournois, et qui se vissait au plastron et s'ap-
puyait sur l'épaule gauche. || — d'Arlequin, décoration en
forme de draperie qui encadre la scène d'un théâtre en
arrière de la toile, et sert à en diminuer la hauteur et la
largeur. || (Hist. nat.) | **1.** Le dos d'un animal, lorsqu'il
tranche sur le reste par sa couleur. (*Cf.* mantelure.) Tout
le — qui dans le rossignol est roux-brun, BUFF. *Fauvette. P.
ext.* Nom donné à l'animal qui offre cette particularité. —
gris, variété de corneille. — bleu, — noir, variétés de mouet-
tes. — de Saint-James, — ducal, variétés de coquillages. *P.
anal.* Nom donné à certaines fleurs. — royal, l'ancolie des
jardins. | **2.** Partie vasculaire qui, chez certains mollus-
ques, forme des replis autour du corps. Le — de l'huître.
— de cheminée, partie d'une cheminée haute qui l'encadre et forme saillie dans une chambre au-dessus du foyer.
Fig. Dire qqch sous le — de la cheminée, confidentiellement.
|| Extrémité d'une pièce de lainage qui se trouve du côté
du chef et lui sert d'enveloppe quand elle est pliée. || Pla-
teau presseur horizontal d'une presse typographique. ||
Partie extérieure d'un pain de savon.
  ***MANTELER** [mant'-lé; *en vers,* man-te-lé] *v. tr.*
  [ÉTYM. Dérivé de manteau, §§ 64, 65 et 118. (*Cf.* démante-
ler, emmanteler.) ACAD. 1762 donne mantelé, suppr. en 1835.
|| XIIᵉ-XIIIᵉ s. Et contre le vanz mantelee, *Ysopet de Lyon,* 571.]
  || *Ancienn.* Revêtir d'un manteau. || *De nos jours.
Spécialt.* | **1.** (Blason.) Lion mantelé. *P. ext.* Écu mantelé,
chapé. | **2.** *Fig.* (Hist. nat.) Corneille mantelée, emmantelée.
(*V.* corneille.)
  MANTELET [mant'-lè; *en vers,* man-te-lè] *s. m.*
  [ÉTYM. Dérivé de manteau, §§ 64, 65 et 133. || XIIᵉ s. Un
mantelet a attublé, *Enfances Vivien,* dans GODEF. *Compl.*]
  || **1°** Petit manteau que les évêques portent par-dessus

leur rochet. || Vêtement léger dont les dames se couvrent les épaules pour sortir.

|| 2° Pièce de cuir remplaçant la sellette sur le dos d'un cheval de carrosse, et à laquelle les traits sont suspendus. || Partie en cuir d'une calèche, qui s'abat sur le devant et les côtés quand on la découvre.

|| 3° (Marine.) Volet qu'on abat sur un sabord de navire pour le fermer.

|| 4° (T. milit. anc.) Abri fait de madriers que les assaillants d'une place poussent devant eux pour avancer à couvert.

*MANTELINE [mant'-lin'; *en vers*, man-te-...] *s. f.*
[ÉTYM. Dérivé de manteau, §§ 64, 65 et 100. (*Cf.* l'ital. mantellina, *m. s.*) || XIVᵉ s. Mantelynes ou cottes d'armes, *Récits d'un bourg. de Valenciennes*, dans DELB. *Rec.*]
|| *Vieilli.* Petit manteau des femmes de la campagne.

MANTELURE [mant'-lür; *en vers*, man-te-...] *s. f.*
[ÉTYM. Dérivé de manteau, §§ 64, 65 et 111. || 1655. Manteleures, SALNOVE, *Vénerie royale, Dict. des chass.* p. 21. Admis ACAD. 1762.]
|| (Vénerie.) Pelage, plumage, etc., du dos d'un animal, d'une couleur qui tranche avec celle du reste du corps.

MANTILLE [man-tiy'] *s. f.*
[ÉTYM. Emprunté de l'espagn. mantilla, *m. s.* de même radical que mante 1 et manteau, § 13. (*Cf.* mandille.) || XVIᵉ s. Changer de mantille, MICHEL DE L'HÔPITAL, dans GODEF. *Compl.* Admis ACAD. 1798.]
|| Pièce d'étoffe, de dentelle noire, que les Espagnoles portent sur la tête et qui retombe sur les épaules.

MANUEL, ELLE [mà-nuèl'; *en vers*, -nu-èl] *adj.* et *s. m.* et *f.*
[ÉTYM. Emprunté du lat. manualis, *m. s.* || XIIIᵉ-XIVᵉ s. Cyrurgie manuel, *Chirurg. de Mondeville*, fᵒ 4.]
I. *Adj.* Qu'on fait en se servant de la main. Les travaux manuels (par opposition aux travaux de l'esprit). Infliger à un enfant une correction manuelle.
II. *S. m. et f.* || 1° *S. m.* Abrégé, d'un format commode à la main. Un — de droit, de philosophie. Le — d'Épictète.
|| 2° (Technol.) Manuelle, *s. f.* Seau à poignée pour puiser le vin dans la cuve. || Outil de cordier pour tordre les cordages. || Levier pour la manœuvre des canons sur les galères.

MANUELLEMENT [mà-nuèl-man; *en vers*, -nu-è-le-...] *adv.*
[ÉTYM. Composé de manuelle et ment, § 724. || 1334. Manuelment, dans GODEF.]
|| En se servant de la main. Travailler —.

MANUFACTURE [mà-nu-fàk'-tür] *s. f.*
[ÉTYM. Emprunté du lat. du moyen âge manufactura, action de faire à la main. || 1549. Manifacture ou manufacture, R. EST.]
|| 1° *Vieilli.* Action de façonner à la main certains produits. L'École centrale des arts et manufactures. Le roi a défendu l'entrée des manufactures d'Avignon dans ses États, COLBERT, *Lett.* 14 sept. 1670. || *P. ext.* Produit façonné à la main.
|| 2° Grand établissement où se façonnent des produits qui demandent une certaine délicatesse de main-d'œuvre. (Tend à être remplacé par fabrique, à mesure que les machines remplacent la main de l'ouvrier.) Une — d'armes, de glaces, de tapisseries, de soieries. La — de tabacs. La — de Sèvres, des Gobelins.

MANUFACTURER [mà-nu-fàk'-tu-ré] *v. tr.*
[ÉTYM. Dérivé de manufacture, § 266. (*Cf.* le bas lat. manufacturare, *m. s.*) || 1605. Manifacturer des chausses, *Inst. de l'aumosne generale de Lyon*, p. 18. Choses estant manufactures, *ibid.* p. 28.]
|| Soumettre à une main-d'œuvre (des matières premières). L'exportation des produits manufacturés.

MANUFACTURIER, IÈRE [mà-nu-fàk'-tu-ryé, -ryèr] *s.* et *adj. m.* et *f.*
[ÉTYM. Dérivé de manufacture, § 115. || 1675. Les manufacturiers, SAVARY, *Parf. Négoc.* I, 24.]
|| 1° *S. m. et f.* Celui, celle qui possède, qui dirige une manufacture. (*Syn.* fabricant.) Les grands manufacturiers.
|| 2° *Adj.* Où il y a des manufactures. Un district —. Une ville manufacturière.

MANUMISSION [mà-nu-mìs'-syon; *en vers*, -si-on] *s. f.*
[ÉTYM. Emprunté du lat. manumissio, *m. s.* || 1324. La franchise, la manumission, dans GODEF. Admis ACAD. 1740.]

|| (Droit.) Affranchissement d'un esclave, d'un serf.

MANUSCRIT, ITE [mà-nüs'-kri, -krit'] *adj.*
[ÉTYM. Emprunté du lat. manuscriptus, *m. s.* || 1642. OUD.]
|| Écrit à la main (par opposition à imprimé). Des pièces manuscrites. L'on m'a apporté une copie manuscrite de la censure, PASC. *Prov.* 3. || *Substantivt.* Un —, un ouvrage écrit à la main. Le catalogue des manuscrits de la bibliothèque. Un ignorant hérita d'un — qu'il porta chez son voisin le libraire, LA F. *Fab.* I, 20. Un ouvrage en —, qui n'est pas encore imprimé. Bien des gens vont jusques à sentir le mérite d'un — qu'on leur lit, qui ne peuvent se déclarer en sa faveur jusqu'à ce qu'ils aient vu le cours qu'il aura dans le monde par l'impression, LA BR. 1. Remettre le — à l'imprimeur, la copie destinée à être imprimée.

MANUTENTION [mà-nu-tan-syon; *en vers*, -si-on] *s. f.*
[ÉTYM. Emprunté du bas lat. manutentio, *m. s.* dérivé de menutenere, maintenir. || XVᵉ-XVIᵉ s. Pour la manutention et entretenement dudit jeu, dans GODEF. *Compl.*]
I. *Vieilli.* || 1° Action de maintenir une chose. (*Syn.* maintien.) Emploie ce glaive à la — de mon autorité, LA NOUE, *Disc. polit.* 10.
|| 2° Action de prendre en main la gestion de qqch. Agents du public pour la — politique, MONTESQ. *Espr. des lois*, XXVIII, 36.
II. *Néolog.* Manipulation de certains produits. La — des tabacs. La — de la farine (pour fabriquer le pain). *P. ext.* Le bâtiment de la —, et, *ellipt*, La —, bâtiment où se fabrique le pain pour la troupe.

MAPPEMONDE [màp'-mônd'; *en vers*, mà-pe-...] *s. f.*
[ÉTYM. Emprunté du bas lat. mappa mundi, *m. s.* proprt, « nappe du monde ». || XIIᵉ s. Peinte i estoit la mapamonde, CHRÉTIEN DE TROYES, *Perceval*, dans GODEF. *Compl.*]
|| Carte représentant une projection du globe terrestre divisé en deux hémisphères, l'un oriental, l'autre occidental. || *P. anal.* — céleste, carte représentant une projection de la sphère céleste divisée en deux hémisphères, l'un boréal, l'autre austral, avec les étoiles de chacun.

*MAQUE [màk'] *s. f.*
[ÉTYM. Forme normanno-picarde pour mache (*V.* §§ 16 et 391), correspondant à un type *macco, d'origine incertaine. (*Cf.* l'ital. maccare, l'espagn. et le provenç. macar, broyer, meurtrir.) || XIIᵉ s. Il jete jus sa make, *Aiol*, 4033.]
|| *Anciennt.* Masse d'armes. *De nos jours.* Masse à briser le chanvre, le lin. (*Cf.* brisoir, broie, écangue.)

*MAQUER [mà-ké] *v. tr.*
[ÉTYM. Dérivé de maque, § 154. (*Cf.* macher, meurtrir, dans les patois du centre de la France.) || XVᵉ s. Son harnoys le mache, J. DE BUEIL, *Jouvencel*, I, p. 198, var.]
|| *Dialect.* Briser (le chanvre, le lin) avec la maque.

1. MAQUEREAU [màk'-rô; *en vers*, mà-ke-rô] *s. m.*
[ÉTYM. Origine inconnue. (*Cf.* maquereau 2.) || XIIIᵉ s. Maqueriau, E. BOILEAU, *Livre des mest.* I, CI, 13.]
|| Poisson de mer, tacheté de diverses couleurs, qui chaque année arrive en troupe des régions du nord. || Groseille à —, grosse espèce de groseille, employée autrefois comme condiment du maquereau.

2. MAQUEREAU, ELLE [màk'-rô, -rèl; *en vers*, mà-ke-...] *s. m.* et *f.*
[ÉTYM. Origine incertaine; le rapport avec le flamand makelaar, courtier, est douteux; il n'est pas impossible que maquereau 1 et 2 soient le même mot. || XIIIᵉ s. Tu es maqueriaus chascun mois, RUTEB. p. 100, Kressner.]
|| *Trivial.* Entremetteur, entremetteuse. || *P. ext. Au masc.* Celui qui vit de la débauche d'une femme.

MAQUERELLAGE [màk'-rè-làj'; *en vers*, mà-ke-...] *s. m.*
[ÉTYM. Dérivé de maquereau 2, §§ 65 et 78. || XIIIᵉ s. Il n'est mie mains fere maquerelage que pu terie, *Digeste*, dans GODEF. *Compl.*]
|| *Trivial.* Métier d'entremetteur, d'entremetteuse.

MAQUETTE [mà-kèt'] *s. f.*
[ÉTYM. Emprunté de l'ital. macchietta, *m. s.* diminutif de macchia, tache (*cf.* makis), § 12. || 1752. TRÉV. Admis ACAD. 1835.]
|| (T. d'art.) Ébauche d'une œuvre de sculpture, de peinture en réduction.

MAQUIGNON, *MAQUIGNONNE [mà-ki-ñon, -ñòn'] *s. m.* et *f.*
[ÉTYM. Semble dérivé du radical qui se trouve dans le néerlandais makelen, trafiquer, §§ 10 et 107. || XIIIᵉ s. Cil ma-

quignon de chevaus, FRÈRE LAURENT, *Somme,* dans GODEF. *Compl.*]

|| Marchand, marchande de chevaux. *Spéciall. En mauvaise part.* Celui, celle qui dans le trafic des chevaux emploie l'artifice pour les faire paraître meilleurs. La conscience d'un — i LES. *Turcar.* III, 11. || *Fig.* Personne qui tire profit d'affaires qu'elle fait valoir adroitement. Ces maquignons de mariage, REGNARD, *Sérén.* sc. 1. Il y a... de ces maquignonnes dans les autres pays, LES. *Diable boit.* 6.

MAQUIGNONNAGE [mà-ki-ñò-nàj'] *s. m.*

[ÉTYM. Dérivé de maquignonner, § 78. || 1569. Ventes, achatz et maquignonages, N. DE NICOLAY, *Descr. du Bourbonnais,* dans DELB. *Rec.*]

|| Métier de maquignon.

MAQUIGNONNER [mà-ki-ñò-né] *v. tr.*

[ÉTYM. Dérivé de maquignon, § 154. || XVIᵉ s. Celuy qui maquignonnerait les enjolemens de nos genetliaques, CHOLIÈRES, *Matinées,* p. 230.]

|| Faire paraître (un cheval) meilleur qu'il n'est, pour en faire trafic. Un cheval maquignonné. || *Fig.* — une affaire, un mariage, les faire valoir avec artifice, pour en tirer profit.

*MAQUILLAGE** [mà-ki-yàj'] *s. m.*

[ÉTYM. Dérivé de maquiller, § 78. || *Néolog.*]

|| Action de maquiller.

*MAQUILLER** [mà-ki-yé] *v. tr.*

[ÉTYM. Mot d'argot, d'origine inconnue, § 31. Le sens primitif est « travailler ». || XVIIᵉ s. Maquillez, quittant vos haillons, DAVID FERRAND, *Muse normande,* dans DELB. *Rec.*]

|| **1°** (Théâtre.) Arranger, peindre (son visage) pour l'accommoder au rôle qu'on doit jouer.

|| **2°** Peindre (son visage) pour s'embellir, se rajeunir. Avoir la figure maquillée. Se —. Une femme maquillée.

*MAQUILLEUR** [mà-ki-yeur] *s. m.*

[ÉTYM. Dérivé irrégulier du radical de maquereau, §§ 161 et 112. || 1680. RICHEL.]

|| (Pêche.) Bateau qui sert à la pêche du maquereau.

MAQUIS. *V.* makis.

MARABOUT [mà-rà-bou] *s. m.*

[ÉTYM. Emprunté du portug. marabuto, *m. s.* d'origine arabe, §§ 14 et 22. || 1651. Marabou, qui veut dire barbier ou medecin, CAUCHE, *Voy. à Madagascar,* p. 169. Admis ACAD. 1762.]

I. Musulman consacré à la pratique et à l'enseignement de la religion. || *P. ext.* Petite mosquée à laquelle il est attaché. || *Fig. P. anal.* Cafetière à large ventre, rappelant la coupole d'une mosquée.

II. Oiseau de l'Inde, de l'Afrique, sous les ailes duquel se trouvent des plumes fines, déliées, dont on fait d'élégantes coiffures de femme. || *P. ext.* Plume de marabout. Une aigrette de marabouts. || *P. ext.* Ruban de gaze fine.

*MARAGER, ÈRE** [mà-rà-jé, -jèr] *V.* maraîcher.

MARAÎCHER, ÈRE [mà-rè-ché, -chèr] *s. m. et f.*

[ÉTYM. Pour marescher, § 422, dérivé de marais, §§ 64 et 115. On trouve qqf (notamment dans ACAD. 1740) marager, § 509. || 1497. Marequier, dans GODEF. mareschier 2.]

|| Celui, celle qui cultive les plantes potagères, dans des terrains bas, humides, dits marais, favorables à la production des légumes. || *P. ext.* Celui, celle qui s'adonne spécialement à cette culture. *Adjectivt.* Qui a rapport à ce genre de culture. Jardin —. Industrie maraîchère.

MARAIS [mà-rè] *s. m.*

[ÉTYM. Pour marois, mareis, primitivement maresc (cf. maraîcher, marécage), emprunté du german. *marisk,* type de l'allem. actuel marsch, angl. marsh, etc. §§ 6, 498 et 499. || XIIᵉ s. Et li mareis grant et plenier, *Énéas,* 412.]

|| Terrain détrempé par des eaux qui s'écoulent difficilement. — verts, couverts d'une couche de végétation qui les fait ressembler aux prairies. Fièvre de —, fièvre intermittente causée par les miasmes qu'exhalent les marais. || *Fig.* Se sauver par les —, comme on peut. Il se sauve par les — et ne veut écouter ni paix ni trève, LA BR. 12. || *Spéciall.* — salant, terrain où l'on fait venir l'eau de la mer pour en extraire le sel par l'évaporation. || *P. anal.* Terrain bas, humide, propre à la culture maraîchère.

MARASME [mà-ràsm'] *s. m.*

[ÉTYM. Emprunté du grec μαρασμός, *m. s.* || XVIᵉ s. PARÉ, VIII, 33.]

|| (Médec.) Consomption. || *P. ext.* Langueur qui accompagne la consomption, le découragement. Tomber dans le —. || *Fig.* Les affaires sont dans le —, languissent.

MARASQUIN [mà-ràs'-kin] *s. m.*

[ÉTYM. Emprunté de l'ital. maraschino, *m. s.* dérivé de marasca (pour amarasca), cerise amère, § 12. || 1739. Force marasquin de Zara, DE BROSSES, *Lett. d'Italie,* dans DELB. *Rec.* Admis ACAD. 1835.]

|| Ratafia fabriqué en Italie avec une cerise aigre.

MARÂTRE [mà-râtr'] *s. f.*

[ÉTYM. Du lat. pop. *matrastra,* *m. s.* dérivé péjoratif de mater, mère, devenu madrastre, marastre, §§ 402 et 291, marâtre, § 422. || XIIᵉ s. L'erbe que les marastres Donent a beivre a lor fillastres, *Énéas,* 2585.]

|| Nom donné à une belle-mère par rapport aux enfants que son mari a eus d'un autre lit. Ce qu'une — aime le moins de tout ce qui est au monde, ce sont les enfants de son mari, LA BR. 5. J'affectai les chagrins d'une injuste —, RAC. *Phèd.* I, 3. || *P. ext.* Mère dénaturée. *Fig.* La nature a été une — pour lui, il est disgracié de la nature.

MARAUD, AUDE [mà-ró, -ród] *s. m. et f.*

[ÉTYM. Origine inconnue. || XVᵉ s. Desnué comme un marault, *Repue franche des souffreteux.*]

|| Nom donné par mépris à qqn pour faire sentir qu'il ne mérite aucune considération. Comme avec irrévérence Parle des dieux ce — ! MOL., *Amph.* I, 2. Quel — est-ce ci? REGNARD, *Sérén.* sc. 23. Quoi ! je vous vois, maraude? MOL., *F. sav.* II, 6. || Marauds de grande route, RAC. *Livres annotés,* VI, 334, Grands Écriv. (*Cf.* maraude.)

MARAUDAGE [mà-ró-dàj'] *s. m.*

[ÉTYM. Dérivé de marauder, § 78. || 1788. Les termes de marauder et de maraudage, DEMEUNIER, *État civil du Bengale* (de Bolts), I, 24. Admis ACAD. 1878.]

|| Action de marauder.

*MARAUDAILLE** [mà-ró-dày'] *s. f.*

[ÉTYM. Dérivé de maraud, § 95. || 1611. COTGR.]

|| *Vieilli.* Réunion de marauds. Ces maraudailles de Paris, SÉV. 571.

MARAUDE [mà-ród] *s. f.*

[ÉTYM. Tiré de maraud, § 37. || 1690. FURET.]

|| Larcin que font des soldats en marche, en campagne, dans les champs, les fermes, les villages. Faire la —. Aller à la —. Des soldats en —. || *P. ext.* Larcin de fruits, de légumes, dans des champs ouverts.

MARAUDER [mà-ró-dé] *v. intr.*

[ÉTYM. Dérivé de maraude, § 154. Mot distinct de l'anc. verbe marauder, faire le maraud. || 1701. FURET. Admis ACAD. 1718.]

|| En parlant de soldats, faire des larcins en marche, en campagne, dans les champs, les fermes, les villages. || *P. ext.* Faire des larcins de fruits, de légumes, dans les champs ouverts. || *Transilivt. Néolog.* — une salade.

*MARAUDERIE** [mà-ród'-ri; *en vers,* -ró-de-ri] *s. f.*

[ÉTYM. Dérivé de maraud, § 69. || 1642. OUD.]

|| *Vieilli.* Manière d'agir d'un maraud. Je vous fais part de cette —, RAC. *Lett.* 16.

MARAUDEUR, *MARAUDEUSE* [mà-ró-deur, -deuz'] *s. m. et f.*

[ÉTYM. Dérivé de marauder, § 112. || 1701. FURET. Admis ACAD. 1718.]

|| Celui, celle qui fait la maraude.

MARBRE [màrbr'] *s. m.*

[ÉTYM. Du lat. *marmor,* *m. s.* devenu *marm're,* marbre, §§ 472 et 291.]

|| **1°** Pierre calcaire blanche ou colorée, veinée, tachetée, d'un grain fin, susceptible d'un beau poli, employée en architecture, en statuaire, etc. Une carrière de —. Que du sein des monts le — soit tiré, RAC. *Esth.* III, 9. — brut, poli. — dans sa passe, débité parallèlement au lit du banc. — en contrepasse, débité sur la hauteur du lit. Le — de Paros, de Carrare, etc. — statuaire, marbre blanc sans veines ni taches, propre à faire des statues. Un bloc de — était si beau Qu'un statuaire en fit l'emplette, LA F. *Fab.* IX, 6. Animer le —, en faire une statue qui a l'expression de la vie. L'humble toit devient temple, et ses murs Changent leur frêle enduit aux marbres les plus durs, LA F. *Phil. et Baucis.* Un pavé de —. Un dessus de guéridon en —. || *Spéciall.* Table de —. | 1. Table de la salle du palais de justice (à Paris) qui servait aux clercs de la basoche pour jouer des soties, des farces, des moralités. | 2. Table autour de laquelle siégeaient la connétablie, l'amirauté, la juridiction des eaux et forêts. || La cour est comme un édifice bâti de —, je veux dire qu'elle est composée d'hommes fort durs et fort polis LA,

BR. 8. L'autre, plus froid que n'est un — (glacé par la peur), LA F. *Fab.* v, 20. En parlant d'une personne froide, insensible. Être de —. Hispal haranguait de façon Qu'il aurait échauffé des marbres, LA F. *Contes, F. du roi de Garbe.* Je restai comme un — à ce discours, MARIV. *Pays. parv.* 1. Un cœur de —, que rien n'émeut. Un visage, un front de —, qui ne montre aucune émotion. || *Ellipt.* Un —, une tablette, une dalle de marbre. Poser qqch sur le — d'une console, d'un guéridon. Un — de cheminée. Qu'un sang pur, par mes mains épanché, Lave jusques au — où ses pas ont touché, RAC. *Ath.* II, 8. Une collection de marbres, de statues, fragments de statues, vases, etc., en marbre.

|| **2°** *P. anal.* | **1.** Sorte de stuc mélangé de couleurs qui le font ressembler au marbre. | **2.** Peinture qui représente les couleurs, les veines, les taches du marbre, sur les boiseries, les enduits, la tranche des livres, etc.

|| **3°** *P. ext.* | **1.** Table (autrefois en marbre, en pierre, aujourd'hui en fonte) sur laquelle les imprimeurs posent les pages pour les imposer, les formes pour les corriger. | **2.** Pierre sur laquelle on broie les couleurs, les drogues. | **3.** Bloc sur lequel on réduit en feuilles l'étain pour l'étamage des glaces. | **4.** Plaque de fonte sur laquelle on coule les glaces. | **5.** Bloc d'acier poli sur lequel le forgeron, le serrurier dresse certaines pièces.

MARBRER [màr-bré] *v. tr.*
[ÉTYM. Dérivé de marbre, § 154. || XIIe s. Joste un marbret piler, *St Alexis,* 548, Herz.]
|| Marquer de veines, de taches imitant celles du marbre. — des boiseries. — la tranche d'un livre. Du papier marbré. Des tissus marbrés. Avoir le teint marbré par le froid. Un justaucorps neuf tout marbré de cambouis, REGNARD, *Crit. de l'Homme à bonnes fortune,* sc. 4. || *Au part. passé pris substantivt.* | **1.** *Au masc.* Spath calcaire des Pyrénées. | Espèce de lézard d'Amérique. | Variété de champignon. | **2.** *Au fém.* Marbrée, lamproie commune.

MARBRERIE [màr-bre-ri] *s. f.*
[ÉTYM. Dérivé de marbrer, §§ 65 et 68. || 1771. TRÉV. Admis ACAD. 1835.]
|| Industrie du marbrier. Des ouvrages de —. || Atelier de marbrier.

MARBREUR, *MARBREUSE [màr-breur, -breuz'] *s. m. et f.*
[ÉTYM. Dérivé de marbrer, § 112. || 1680. RICHEL.]
|| (Technol.) Ouvrier, ouvrière qui marbre du papier, des tranches de livres, etc.

MARBRIER [màr-bri-yé] *s. m.*
[ÉTYM. Dérivé de marbre, § 115. || 1311. Jehan le marbrier, dans GODEF.]
|| **1°** Ouvrier qui travaille le marbre; fabricant, marchand d'objets en marbre. *Spécialt.* Constructeur de monuments funéraires (en marbre et en toute autre matière). || **2°** Ouvrier qui tire le marbre de la carrière. || **3°** Ouvrier peintre qui imite les différentes espèces de marbre.

MARBRIÈRE [màr-bri-yèr] *s. f.*
[ÉTYM. Dérivé de marbre, § 115. || XVIe s. DU PINET, *Pline,* dans DELB. *Rec.* Admis ACAD. 1762.]
|| Carrière de marbre.

MARBRURE [màr-brür] *s. f.*
[ÉTYM. Dérivé de marbre, § 111. || 1680. RICHEL.]
|| Imitation des veines, des taches du marbre. La — des plinthes d'une chambre. La — des tranches d'un livre. || La — du plumage de certains oiseaux. || La — que le froid produit sur la peau.

1. MARC [màr] *s. m.*
[ÉTYM. Emprunté du german. mark, *m. s.* §§ 6, 498 et 499. || XIe s. Del plus fin or d'Arabie i out mil mars fondut, *Voy. de Charl. à Jérus.* 199.]
|| Ancien poids de huit onces (la moitié de la livre de Paris) servant à peser les matières d'or, d'argent. || *P. ext.* Quantité d'or, d'argent, pesant un marc, et de valeurs différentes suivant les époques. || *Loc. adv.* Être payé au — la livre, et, *de nos jours,* au — le franc, proportionnellement à sa mise, à sa créance.

2. MARC [màr] *s. m.*
[ÉTYM. Subst. verbal de marcher, au sens de « écraser », § 52. (*Cf.* marche 2.) || 1539. R. EST.]
|| **1°** Résidu de fruits qu'on a pressés pour en extraire le suc. Du — de raisin, de pommes, d'olives. || **2°** Résidu de certaines substances qu'on a fait infuser,

bouillir, etc., pour en extraire le principe. Le — du café, du thé. || *P. anal.* — de soude, résidu de la fabrication de la soude.

MARCASSIN [màr-kà-sin] *s. m.*
[ÉTYM. Origine inconnue. || 1549. R. EST.]
|| Petit sanglier qui ne quitte pas encore la mère. || *Adjectivt.* La gent marcassine, LA F. *Fab.* III, 6. *P. plaisant. Fig.* Il ne lui parlait que de sa blonderie et de ses yeux marcassins, HAMILT. *Gram.* ch. x.

MARCASSITE [màr-kà-sìt'] *s. f.*
[ÉTYM. Emprunté de l'arabe marqachitha, *m. s.* § 22. || 1536. Un miroir de marquascite, L. DE LABORDE, *Émaux,* p. 381.]
|| (Minéral.) Pierre d'un jaune d'or employée en bijouterie, cristal de pyrite de fer sulfuré, qu'on taille et qu'on polit.

MARCATION [màr-kà-syon; *en vers,* -si-on] *s. f.*
[ÉTYM. Dérivé de marquer, d'après démarcation, § 247. || Admis ACAD. 1835.]
|| *Vieilli.* Démarcation.

***MARCELINE** [màr-se-lin'] *s. f.*
[ÉTYM. Origine inconnue. || *Néolog.*]
|| (Technol.) Étoffe de soie légère employée surtout pour doublure. (*V.* florence.)

***MARCESCENCE** [màr-sĕs'-sãns'] *s. f.*
[ÉTYM. Dérivé de marcescent, § 262. || *Néolog.*]
|| (T. didact.) État des parties d'une plante qui se flétrissent.

***MARCESCENT, ENTE** [màr-sĕs'-san, -sãnt'] *adj.*
[ÉTYM. Emprunté du lat. marcescens, part. prés. de marcescere, se flétrir. || 1798. VENTENAT, *Tabl. du règne végétal,* I, 361.]
|| (T. didact.) Qui se flétrit. Feuilles marcescentes.

***MARCESCIBLE** [màr-sĕs'-sìbl'] *adj.*
[ÉTYM. Emprunté du lat. marcescibilis, *m. s.* || 1519. Totallement ont esté marcessibles, GUILL. MICHEL, dans DELB. *Rec.*]
|| (T. didact.) Destiné à se flétrir.

***MARCHAGE** [màr-chàj'] *s. m.*
[ÉTYM. Dérivé de marcher, § 78. || 1530. PALSGR. p. 282.]
|| (Technol.) Action de marcher l'argile à faire les briques, les poteries, etc.

MARCHAND, ANDE [màr-chan, -chànd'] *s. m. et f. et adj.*
[ÉTYM. Du lat. pop. *mercatantem, *m. s.* (proprt, part. prés. d'un verbe *mercatare qui a remplacé le class. mercari, faire du commerce, sous l'influence de mercatum, marché), devenu *marcadante (*cf.* marché), marchedant, marcheant, §§ 379, 335, 402 et 291, marchant, § 358, marchand, § 62. || XIIe s. Que del cors Jesu Crist marcheanz estre deie, GARN. DE PONT-STE-MAX. *St Thomas,* 3364.]

I. *S. m. et f.* || **1°** Celui, celle qui fait du commerce. Un — de draps. Une marchande de légumes, de dentelles. (Droit.) Marchande publique, qui tient un commerce en dehors de son mari, avec l'agrément de celui-ci. *En mauvaise part.* — de soupe, maitre de pension qui ne considère les élèves que comme une source de profits. Le — fait des montres pour donner de sa marchandise ce qu'il y a de pire, LA BR. 6. Le plus petit — est savant sur ce point : Pour sauver son crédit, il faut cacher sa perte, LA F. *Fab.* XII, 7. || *Fig.* — mêlé (qui tient du bon et du mauvais). Paris est un grand lieu plein de marchands mêlés, CORN. *Ment.* I, 1. Être mauvais — d'une chose, n'en être pas bon —, n'en pas tirer profit.

|| **2°** Celui qui fait un marché, qui achète qqch. *Loc. prov.* Bonne marchandise trouve toujours son —, trouve toujours un acheteur. Si jamais cette part tombait dans le commerce, Et qu'il vous vint — pour ce trésor caché, CORN. *Ment.* III, 6. *Spécialt.* Dans les ventes publiques. Y a-t-il — à ce prix? || *Fig.* Trouver —, trouver un acquéreur. Une reine qui serait laide ne trouverait pas —, VOLT. *Zadig,* 16.

II. *Adj.* || **1°** Propre au commerce. Denrées marchandes, qui ont les qualités requises pour bien se vendre. *P. ext.* La rivière... devenue marchande (navigable pour les bateaux qui portent les denrées), COLBERT, *Lett.* 22 janv. 1666.

|| **2°** Qui se livre au commerce. Une ville marchande. Un port —. Elle (Carthage) fut tout ensemble guerrière et marchande, BOSS. *Hist. univ.* I, 6. Vaisseau —, navire de commerce. Marine marchande, qui est formée des navires de commerce. Capitaine —, capitaine d'un navire de commerce. || *Fig. En mauvaise part.* (*Cf.* mercantile.) Il ne se peut rien de plus — que ce procédé, MOL. *Préc. rid.* sc. 4.

MARCHANDAGE [màr-chan-dàj'] *s. m.*

[ÉTYM. Dérivé de marchander, § 78. || *Néolog.* Admis ACAD. 1878.]

|| Action de marchander.

MARCHANDER [màr-chan-dé] *v. tr.*

[ÉTYM. Dérivé de marchand, § 154. || XIIᵉ-XIIIᵉ s. De markeander le semont Une chités, RENCL. DE MOILIENS, *Carité*, CLVII, 4.]

|| **1°** Essayer d'obtenir à meilleur marché. — un objet. *P. ext. Famil.* — qqu, débattre avec lui le prix de ce qu'on veut acheter. *Absolt.* Acheter sans —. || *Spécialt.* En parlant d'un ouvrier, accepter, à prix débattu, du travail à la tâche. *P. ext.* Ouvrier marchandé, qui a accepté ce travail. || *P. anal.* Essayer d'obtenir pour de l'argent. Ce pèlerin A de quoi —, non pas une mortelle, Mais la déesse la plus belle, LA F. *Contes, Petit Chien.* Quoique l'empire eût été souvent acheté, il n'avait pas encore été marchandé, MONTESQ. *Rom.* 16. Le prix fatal Dont leur Flaminius marchandait Annibal, CORN. *Nicom.* 1, 1.

|| **2°** *Fig.* — à agir, faire des difficultés pour agir. Nous marchandons, mon frère et moi, à qui parlera le premier, MOL. *Av.* I, 4. Dépêchons : c'est par trop marchandé, LA F. *Contes, Jument.* || — une chose, faire des difficultés pour l'exécuter, pour la donner. — les éloges à qqn. Il n'a pas marchandé sa vie. | Ils se marchandèrent moins et se battirent plus opiniâtrément en cette rencontre, MALH. *Tite Live*, XIII, 37. *P. anal.* — qqu, faire des difficultés pour le traiter comme il le mérite. Il n'est pas de ces médecins qui marchandent les maladies, MOL. *Pourc.* I, 5.

MARCHANDEUR, EUSE [màr-chan-deúr, -deúz'] *s. m. et f.*

[ÉTYM. Dérivé de marchander, § 112. || *Néolog.* Admis ACAD. 1878.]

|| Celui, celle qui marchande. || *Spécialt.* Ouvrier qui accepte d'un entrepreneur, à prix débattu, du travail à la tâche.

MARCHANDISE [màr-chan-dīz'] *s. f.*

[ÉTYM. Dérivé de marchand, § 124. || XIIᵉ s. Marcheandise riche et bele, *Énéas*, 454.]

|| **1°** Ce qui est objet de commerce. Le marchand fait des montres pour donner de sa — ce qu'il y a de pire, LA BR. 6. Un pays qui envoie toujours moins de marchandises ou de denrées qu'il n'en reçoit, MONTESQ. *Espr. des lois*, XX, 23. Étaler, déployer, pour faire valoir sa — (pour mieux la vendre), et, *fig.* présenter les choses sous un jour favorable. Bien débiter sa —, avoir l'art de la bien vendre, et (jeu de mots sur débiter), *fig.* faire valoir ce qu'on dit par la manière de le dire. — mêlée, où tout n'est pas d'égale qualité, et, *fig.* La compagnie, qui me parut de la — bien mêlée, LES. *Estev. Gonzalez*, 32. (Marine.) Le pavillon couvre la —, le pavillon national met un navire, quelle que soit sa cargaison, à l'abri de la visite des bâtiments de guerre étrangers, et, *fig. famil.* le nom du mari couvre les fautes de la femme. Un vaisseau équipé moitié guerre, moitié —, un vaisseau marchand armé de manière à se défendre, et, *fig. vieilli*, Faire qqch moitié guerre, moitié —, avec un mélange de bonne et de mauvaise grâce. || *Fig. Famil.* Personne, chose qu'on veut se procurer. C'est (un précepteur) une — qu'on ne trouve pas bien aisément, SÉV. 1346.

|| **2°** *Vieilli.* Action de faire du commerce. Je ne risque rien dans la —, BOSS. *3ᵉ Vêture*, 3. Sire Guillaume, allant en —, LA F. *Contes, Faiseur d'oreilles.* Ces gens qui... font de dévotion métier et —, MOL. *Tart.* I, 5.

'MARCHANT, ANTE [màr-chan, -chânt'] *adj.*

[ÉTYM. Adj. particip. de marcher, § 47. || 1781. L'aile marchante, BOHAN, *Exam. crit. du militaire français*, III, 151.]

|| Qui marche. (*Cf.* errant 1.) Ce feu — qui suivait Israël, LAMART. *Harm.* I, 10. *Spécialt.* (T. milit.) L'aile marchante (dans une conversion), celle qui marche, par opposition à celle qui pivote.

1. MARCHE [màrch'] *s. f.*

[ÉTYM. Emprunté du german. marka, allem. mod. mark, *m. s.* §§ 6, 498 et 499. (*Cf.* marquis.) || XIᵉ s. Jo l'ai lesset en une estrange marche, *Roland*, 839.]

|| (T. d'histoire.) Pays de frontière. Excepté quelques marches de la Germanie, VOLT. *Ann. de l'Emp.* ann. 951. *Spécialt.* (Géogr. histor.) La Marche de Limousin, la Marche de Rouergue, les Marches de Bretagne et d'Anjou, etc., anciens pays de France. La Marche d'Espagne.

2. MARCHE [màrch'] *s. f.*

[ÉTYM. Subst. verbal de marcher, § 52. (*Cf.* marc 2.) || XIVᵉ s. En la venerie des loutres, ce qu'on voit par le pié est appelé marches, *Modus*, fᵒ 41, vᵒ, Blaze.]

I. Place où pose le pied.

|| **1°** (Vénerie.) Foulée, trace d'un animal. *Spécialt.* Les marches de la loutre.

|| **2°** Terre, argile qu'on foule, qu'on pétrit avec les pieds, pour fabriquer les poteries.

|| **3°** Pédale de tourneur. || Pédale de tisserand. *P. ext.* Taffetas figurés à la —, à disposition résultant d'un certain jeu des pédales. || Pièce que l'organiste fait mouvoir avec les pieds, et qui fait résonner les pédales. || *P. ext.* Touche de la vielle.

|| **4°** Partie d'un escalier sur laquelle on pose le pied pour monter ou descendre. (*Syn.* degré.) Marches d'escalier. Marches gironnées, marches plus étroites d'un bout que de l'autre, dans la partie tournante d'un escalier. On descend une — pour aller au jardin. | Marches d'un escabeau, d'une estrade. Comme une victime aux marches de l'autel, CORN. *Hor.* IV, 2. *Fig.* Être né sur les marches du trône, appelé par sa naissance à y monter un jour.

II. Action de poser en avant un pied, puis l'autre pour aller dans une direction. Se mettre en —. Ralentir sa —. Être en —. Soutiens d'un malheureux la — chancelante, VOLT. *Scythes*, IV, 6. Faire une longue —. Il faut trois heures de — pour aller là.

|| *P. ext.* || **1°** Mouvement d'un corps de troupes qui se porte d'un point à un autre. Une armée en —. Avec sa cavalerie toute fraîche, Beck précipite sa —, BOSS. *Condé.* Dérober sa — à l'ennemi. Fausse —, qu'on simule dans une direction opposée à celle qu'on veut suivre. — de flanc, qu'un corps de troupes exécute par le côté d'un de ses flancs. || *Spécialt.* | 1. Étape. Se diriger sur un point à marches forcées, en faisant plus qu'une étape par jour. Gagner une — sur l'ennemi, le devancer d'une étape. | 2. Mouvement pour aller à l'ennemi. Bataillon de —, formé avec des hommes appartenant à différents corps, pour aller à l'ennemi. Battre, sonner la —, donner avec le tambour, le clairon, le signal de se mettre en marche. || Interjection. En avant, —! commandement militaire pour se mettre en marche. || *P. anal.* Un navire en —. Ralentir la — du navire. *Absolt.* La — d'un navire, sa vitesse. Un vaisseau d'une — supérieure. || Un train de chemin de fer en —. *P. ext.* L'indicateur de la — des trains, journal qui indique les heures de départ, d'arrivée, les stations des différents trains.

|| **2°** Mouvement par lequel une troupe, un cortège, une procession, un convoi, etc., défile dans un certain ordre. Une — triomphale. Une — funèbre. Régler l'ordre de la —. Ouvrir, fermer la —, être dans les premiers, dans les derniers rangs de ceux qui défilent. Un air de —, et, *ellipt.* Une —, musique destinée à accompagner et à régler le mouvement de ceux qui défilent, ou composée dans un caractère analogue. Une — de cavalerie. La — du Sacre. La — funèbre de la *Symphonie héroïque*. La — turque des *Ruines d'Athènes* (de Beethoven).

III. Mouvement d'un mobile suivant la loi qui le régit. La — du soleil, de la lune, des astres, mouvement par lequel s'accomplit leur révolution. || *P. anal.* La — du temps, des années. || La — d'une horloge, d'une montre, mouvement par lequel le mécanisme fait avancer les aiguilles qui marquent l'heure. || La — des pièces (au jeu d'échecs), la manière dont on doit faire avancer chaque espèce de pièce sur l'échiquier. La — du fou, du cavalier, de la tour. || *P. ext.* (Musique.) — d'harmonie, — harmonique, progression qu'on forme en reproduisant successivement, à un degré supérieur ou inférieur, un groupe d'accords appelé modèle. || *Fig.* Manière de procéder suivant un certain ordre. Contrarier la — de la nature. La — d'une maladie. La — de la civilisation. La — de l'action dans un poème. La — de la phrase (chez un écrivain, dans une langue). *Spécialt.* (Technol.) Suite d'opérations par lesquelles on fait passer une substance pour la teindre. — en gris, en jaune, première, seconde application du garançage au coton mordancé.

MARCHÉ [màr-ché] *s. m.*

[ÉTYM. Du lat. mercatum, *m. s.* devenu en lat. pop. marcato, § 360, d'où marchié, marché, §§ 379, 297, 402 et 291. || XIᵉ s. Li reis Marsilies de nus ad fait marchiet, *Roland*, 1150.]

I. Vente, achat, à un prix débattu entre celui qui vend et celui qui achète. Les Épidamniens élurent un magistrat pour faire tous les marchés au nom de la cité, MONTESQ. *Espr. des lois*, IV, 6. Faire son —, acheter soi-même ce dont on a besoin. *Fig.* Faire le — d'autrui, agir pour le compte d'un autre. Gens... Qui prétendent n'agir que pour leur propre compte, Et qui font le — d'autrui, LA F. *Fab.* VIII, 13. Faire, conclure un — désavantageux, un mauvais —, un sot —. Faire, conclure un — avantageux, un bon —, un — d'or (très avantageux). Je vous en ferai avoir bon —, LES. *Turcar.* IV, 12. *Fig.* Avoir bon — d'une personne, en venir à bout, sans peine. Faire bon — (à l'acheteur), lui vendre à des conditions avantageuses pour lui. Je vous ferai meilleur — qu'un autre, CORN. *Gal. du Pal.* I, 7. *Fig.* Faire bon — d'une chose, être prêt à la céder, à la donner pour peu de chose. Je vous conseillerais d'en faire bon —, CORN. *Ment.* III, 6. Faire bon — de sa réputation, de sa vie. ‖ *P. ext.* Vendre, acheter à bon —, à bas prix. Pour les revendre à bon —, PASC. *Prov.* 8. Un pays où la vie est à bon —. A une pistole meilleur — que moi, SÉV. 806. *Fig.* A si bon — l'on ne bat point les gens, RAC. *Plaid.* II, 4. Ce n'est pas assez que le feu expie en public mon offense; j'en serais quitte à trop bon —, MOL. *Tart.* plac. 1. *Vieilli.* A grand —, à peu de frais. ‖ C'est — donné, c'est à si bon marché que c'est comme donné. Donner, fournir qqch par-dessus le —, et, *vieilli*, sur le —, qqch de plus que ce que stipule le marché. Celui qui achète douze exemplaires a le treizième par-dessus le — fort bien fourni la paille, RAC. *Plaid.* I, 1. *Loc. adv.* Par-dessus le —, en plus. Une jeune fille un peu coquette et, par-dessus le —, intéressée, MARIV. *Pays. parv.* 1. Aller courir sur le — d'un autre, enchérir sur le prix qu'il donne, et, *fig.* chercher à le supplanter. Les filles d'honneur de la reine couraient sur le — des aventurières de la ville, HAMILT. *Gram.* 8. ‖ *Spécialt.* (Bourse.) — au comptant, achat, vente de valeurs payées et livrées sans délai. — à terme, vente de valeurs qui ne doivent être payées et livrées qu'au jour de la liquidation. — ferme, qui doit avoir son exécution au terme fixé. — à prime, qu'une des parties a le droit d'annuler au terme fixé, en payant à l'autre une indemnité convenue, dite prime. ‖ *P. ext.* Convention entre un entrepreneur, un ouvrier et celui pour qui il travaille. — d'ouvrage. — au mètre, à prix convenu pour chaque mètre d'ouvrage. *Ellipt.* — clefs en main, où l'entrepreneur d'une construction s'engage à la livrer entièrement achevée pour un prix convenu, à une époque déterminée. ‖ Convention entre un propriétaire et un locataire, un maître et un serviteur, etc. Louerai-je votre appartement? On est tous les jours sur le point d'en conclure le —, SÉV. 136. *P. ext.* Ce meurtre n'amenda nullement leur — (le service dû à leur maîtresse), LA F. *Fab.* V, 6. Rompre, annuler un —, *Famil.* Mettre à qqn le — à la main, lui offrir de l'annuler, et, *p. ext.* menacer qqn de rompre avec lui, de le quitter. ‖ *Fig.* Arrangement fait avec qqn. Agnès me regardait sans me parler, c'était notre —, SÉV. 131. — fait, LA F. *Fab.* X, 2.

II. Lieu public où se font des transactions commerciales. On vendait tous les jours ces braves soldats dans le — de Constantinople, VOLT. *Ch. XII*, 5. Le — aux bestiaux. Le — aux chevaux. — franc, où l'on n'a pas à payer de droit pour vendre. ‖ *Spécialt.* Lieu public où se vendent les denrées alimentaires. Un — couvert. Aller au —. Et le financier se plaignait Que les soins de la Providence N'eussent pas au — fait vendre le dormir, Comme le manger et le boire, LA F. *Fab.* VIII, 2. Le grand — (à Paris), les halles centrales. ‖ *P. ext.* Réunion des marchands dans le lieu public où ils viennent vendre leurs denrées, leurs marchandises. Les jours où se tient le —. C'est demain jour de —. Il y a — tous les jours. ‖ *P. anal.* Ville, pays qui est le siège de transactions commerciales importantes. Surate... était, depuis Tamerlan, le grand — de l'Inde et de la Tartarie, VOLT. *Polit. et Législ. Fragm. de l'Inde.* ‖ *Fig.* (Écon. polit.) État de l'offre et de la demande dans un lieu où se font des transactions commerciales. La perturbation qu'apporte sur le — national l'importation étrangère.

***MARCHEPALIER** [màr-che-pá-lyé] *s. f.*

[ÉTYM. Composé de marche 2 et palier, § 199. Les dictionnaires (depuis TRÉV. 1752) font à tort de ce mot un subst. masc. En 1770, ROUBO fils dit marche palière (*Art du menuisier*, II, 433).]

‖ Marche d'escalier de niveau avec le palier.

MARCHEPIED [màr-che-pyé] *s. m.*

[ÉTYM. Composé de marche, impératif de marcher, et pied, § 210. (*Cf.* haussepied.)‖ 1289. Tous engins a pescher, comme... le marchepied, *Ordonn.* I, 794.]

‖ **1°** Dernier degré de l'estrade d'un autel, d'un trône, etc., sur lequel celui qui est devant l'autel, sur le trône, pose les pieds. *Fig.* Le roi des rois, qui a le ciel pour dais et la terre pour —, MONTESQ. *Lett. pers.* 51. ‖ *P. anal.* ‖ **1.** Partie qui est en avant du siège d'un cocher et sur laquelle il appuie les pieds. ‖ **2.** Barre de bois fixée en travers au fond d'un bateau pour servir d'appui aux pieds des rameurs. ‖ **3.** Cordage tendu de chaque côté des vergues pour servir d'appui aux pieds des matelots. ‖ **4.** Pièce de bois fixée sur les planches à l'endroit où les pieds de l'imprimeur s'arrêtent, lorsqu'il tire le barreau.

‖ **2°** Escabeau à plusieurs degrés. Monter sur un — pour prendre des livres en haut d'une bibliothèque. ‖ Le — d'une voiture, degrés fixés au bas de la portière, et servant à monter, à descendre. ‖ *Fig.* Ce qui sert à qqn pour s'élever à la fortune, aux honneurs. Les autres ont servi de — à sa fortune, à son ambition.

‖ **3°** (Technol.) Chemin plus étroit que le chemin de halage, situé sur le bord opposé, et que les propriétaires riverains sont tenus de laisser à la circulation.

MARCHER [màr-ché] *v. tr. et intr.*

[ÉTYM. Origine incertaine. Le type lat. paraît être *marcare (peut-être dérivé de marcus, marteau, qui du sens de « marteler » aurait passé à celui de « fouler », qui est le sens primitif en français; *cf.* marc, marchepied, etc.), devenu marchier, §§ 379, 297 et 291, marcher, § 634. ‖ XII° s. Hoem ki a serpent marchié, WACE, *Rou*, III, 474.]

I. *Anciennt. V. tr.* Presser avec le pied. *Spécialt. De nos jours.* (Technol.) — l'argile (pour fabriquer les briques, la poterie). — les cuirs. ‖ *P. ext.* ‖ **1.** — le gazon, le fouler avec un rouleau. ‖ **2.** Presser avec les mains. — le feutre (pour faire les chapeaux). — une feuille d'ouate (pour l'égaliser).

II. *V. intr.* ‖ **1°** Poser le pied (sur qqch). — sur le gazon. *Fig. Famil.* Il a marché sur quelque mauvaise herbe. Sur quelle herbe a-t-il marché? (en parlant de qqn qui est de mauvaise humeur sans qu'on sache pourquoi). — sur le pied de qqn, et, *fig. famil.* Une personne qui ne se laisse pas — sur le pied (qui ne se laisse pas offenser impunément). Sa femme, sur le pied de laquelle il ne faisait pas bon —, ST-SIM. II, 252. — sur les pas de qqn, le suivre. Marchons sur les pas d'Hermione, RAC. *Andr.* III, 6. *Famil.* — sur les talons de qqn, le suivre de très près. *Fig.* — sur les pas, sur les traces de qqn, chercher à l'imiter, à l'égaler. Va — sur leurs pas, où l'honneur te convie, CORN. *Cinna*, I, 3. Marchez donc sur ses pas, aimez sa pureté (de Malherbe), BOIL. *Art p.* 1. ‖ *Fig.* On marche sur les mauvais plaisants (on ne peut faire un pas sans en rencontrer), LA BR. 5. — sur les gens, les traiter avec dureté, avec mépris. — sur des épines, sur des charbons ardents, être dans une position scabreuse. Marchons là-dessus (parlons sur ce sujet), s'il vous plaît, avec beaucoup de retenue, MOL. *Escarb.* sc. 1. ‖ — sur qqch, se fonder sur qqch. Voilà sur quoi je marchais, SÉV. 364.

‖ **2°** Poser un pied, puis l'autre en avant, pour aller dans une direction. Vous marchez d'un tel pas qu'on a peine à vous suivre, MOL. *Tart.* I, 1. Un enfant qui commence à — seul. *Fig. Famil.* Il peut — seul, il est en âge de se conduire. L'estropié marcha, l'aveugle ouvrit les yeux, BOIL. *Sat.* 12. — à reculons, en posant un pied, puis l'autre en arrière. De tous les animaux qui s'élèvent dans l'air, Qui marchent sur la terre, BOIL. *Sat.* 8. Il (le mulet) marchait d'un pas relevé, LA F. *Fab.* I, 4. Un cheval qui marche au pas. — à quatre pattes, sur les mains et les pieds, à la manière des quadrupèdes. — à pas de loup, sans faire de bruit, pour ne pas être entendu. — comme une tortue, lentement. — à pas de géant, à très grands pas, et, *fig.* faire de rapides progrès. ‖ — avec qqn, l'accompagner. *Fig.* Que la crainte et la terreur marchent avec vous, MONTESQ. *Lett. pers.* 148. — derrière qqn, le suivre. — devant qqn, le précéder. *Fig.* — devant qqn, lui ouvrir le chemin, lui frayer le passage. Je marcherai devant toi dans les combats, BOSS. *Condé. P. anal.* Dieu... fait — l'épouvante devant eux, BOSS. *Hist. univ.* III, 8. ‖ — au supplice, à la mort. ‖ Crois-tu que, toujours ferme, au bord du précipice Elle pourra — sans que le pied lui glisse? BOIL. *Sat.* 10. ‖ *Spécialt.* ‖ **1.** (Danse.) Faire des pas ordinaires et non des pas de danse (battus, jetés, entrechats, etc.). *Transitivt.* — deux pas en avant. Des pas marchés. ‖ **2.** (Escrime.) Porter en avant le pied droit, puis le gauche, en laissant entre eux la même distance. ‖ *P. ext.* En parlant d'un corps de troupe, se porter d'un point à un autre. — en bon ordre.

Une armée qui marche en ordre de bataille. Des soldats qui marchent au pas, à l'allure cadencée du pas militaire. || *Spécialt.* | **1.** Se porter en avant pour attaquer l'ennemi. — à l'ennemi. — au combat. Les Persans rassemblés marchaient à son secours, RAC. *Baj.* I, 1. *Absolt.* Ses troupes refusaient de —. Marchez, courez, volez où l'honneur vous appelle, BOIL. *Lutr.* 3. | **2.** Se réunir sous les drapeaux. Ce n'est que dans les besoins pressants qu'on fait — les esclaves, BARTHÉLEMY, *Anacharsis*, 10. || *P. ext.* — sous les drapeaux d'un chef, sous un chef, servir sous son commandement. Sous ce chef redouté Marche des cuirassiers l'escadron indompté, BOIL. *Ép.* 4. *Poët.* Camp... Où je vois sous vos lois — la Grèce entière, RAC. *Iph.* III, 1. *Fig.* Sous les lois du plus jeune on vit — l'aîné, CORN. *Nicom.* II, 3. || *P. anal.* En parlant d'un navire, d'une voiture, etc. Un navire qui marche bien. Deux navires qui marchent de conserve. Un vaisseau qui marche dans les eaux d'un autre vaisseau, qui suit la même route, et, *fig.* — dans les eaux de qqn, être dans ses idées, dans ses opinions. *Fig.* — entre des écueils, être entouré de périls. Une voiture qui marche lentement. || En parlant de ceux qui font partie d'un cortège, s'avancer dans un certain ordre, à un certain rang. Il dira toujours qu'il marche après la maison régnante, LA BR. 8. || *Fig.* Je ceignis la tiare et marchai son égal, RAC. *Ath.* III, 3.

|| **3°** *P. ext.* En parlant d'un mobile, suivre la loi qui régit son mouvement. Les astres semblent — d'orient en occident. *P. anal.* Le temps, qui toujours marche, LA F. *Fab.* XI, 6. *Fig.* Les rivières sont des chemins qui marchent, PASC. *Pens.* VII, 37. Un moulin qu'une chute d'eau fait —. Une horloge, qui montre qui marche bien, qui ne marche plus. Avec mon pistolet le cordon s'embarrasse, Fait — le déclin, CORN. *Ment.* II, 5. (*V.* déclin 2.) || *P. anal.* Votre pouls inégal marche à pas redoublés, BOIL. *Ép.* 3.

|| **4°** *Fig.* Procéder suivant un certain ordre, en vue d'atteindre un but. Vous devez — droit pour n'être point berné, MOL. *Éc. des f.* I, 1. La vieillesse... Marche en tous ses desseins d'un pas lent et glacé, BOIL. *Art p.* 3. — à son but. — à sa perte. — dans les ténèbres, en aveugle, n'avoir pas les lumières nécessaires pour se conduire. Les peuples à l'envi marchent à ta lumière, RAC. *Ath.* III, 7. — dans la crainte de Dieu. S'ils marchent dans les préceptes qu'il leur a donnés, BOSS. *Hist. univ.* II, 4. || En parlant des choses. La raison pour — n'a souvent qu'une voie, BOIL. *Art p.* 1. Tout marche en concours et en sûreté, BOSS. *Condé.* Faire — plusieurs choses de front, en même temps. La maladie a marché vite. Un poème excellent où tout marche et se suit, BOIL. *Art p.* 3. Son style impétueux souvent marche au hasard, ID. *ibid.* 2. || *P. ext.* Une chose qui marche avec une autre, qui se concilie avec elle. La vaillance et la justice sont deux vertus qui ne marchent guère ensemble, VOIT. *Lett.* 83. Une chose qui ne marche guère sans une autre, qui lui est jointe d'ordinaire.

III. *Substantivt.* Le —. || **1°** L'action de marcher. La cause Du — et du mouvement, LA F. *Fab.* VIII, 1. || **2°** La manière de marcher. Le — un peu lent De la bête, LA F. *Fab.* VIII, 15. Tous les marchers, toussers, éternuers, PASC. *Pens.* XXV, 63.

***MARCHETTE** [màr-chèt'] *s. f.*
[ÉTYM. Dérivé de marche 2, § 133. || XVIᵉ s. Marchettes d'un clavier d'orgue, RAB. II, prol.]
|| (Technol.) Petit bâton qui tend le ressort d'un piège d'oiseleur, et le détend quand l'oiseau s'y pose.

MARCHEUR, EUSE [màr-cheûr, -cheûz'] *s. m.* et *f.*
[ÉTYM. Dérivé de marcher, § 112. || 1690. FURET.]
I. *S. m.* (Technol.) Ouvrier qui foule avec les pieds la terre à brique.
II. *S. m.* et *f.* Celui, celle qui marche. (*Cf.* marchant.) Un bon, un mauvais —. Une marcheuse infatigable. *P. anal.* Un bon —, un navire dont l'allure est rapide. || *Spécialt. S. f.* Marcheuse. | **1.** Figurante qui paraît dans les ballets sans y danser. Les marcheuses de l'Opéra. | **2.** *Trivial.* Fille publique. || *Adjectivt.* Les animaux marcheurs.

***MARCHOIR** [màr-chwàr] *s. m.*
[ÉTYM. Dérivé de marcher, § 113. || 1761. COURTIVRON et BOUCHU, *Art des forges*, p. 18.]
|| (Technol.) Fosse, atelier où l'on foule la terre à potier.

***MARCHURE** [màr-chûr] *s. f.*
[ÉTYM. Dérivé de marcher, § 111. (*Cf.* mémarchure.) || XIVᵉ-XVᵉ s. La marcheure du pié, *Gloss.* dans GODEF. marcheure.]

|| (Technol.) Mouvement par lequel l'ouvrier fait mouvoir avec le pied la pédale du métier à tisser.

***MARCOTTAGE** [màr-kò-tàj'] *s. m.*
[ÉTYM. Dérivé de marcotter, § 78. || *Néolog.*]
|| (Technol.) Multiplication des plantes par marcottes.

MARCOTTE [màr-kŏt'] *s. f.*
[ÉTYM. Dérivé d'un radical marc, qu'on suppose apparenté au lat. mergus, *m. s.* § 136. La forme masc. marcot se trouve dans le même sens dès 1398. (*V.* DU C. planterium.) || XVIᵉ s. Marquottes ou chappons, DU PINET, *Hist. nat. de Pline*, dans DELB. *Rec.*]
|| (Technol.) Branche tenant à la plante qu'on couche en terre et qu'on sépare de la tige principale quand elle a pris racine. || *P. ext.* Racine qu'on sépare de la plante quand elle a produit une tige.

MARCOTTER [màr-kò-té] *v. tr.*
[ÉTYM. Dérivé de marcotte, § 154. || XVIᵉ s. Telle façon de margotter, O. DE SERRES, III, 4.]
|| (Technol.) Multiplier par marcottes.

***MARDELLE** [màr-dèl']. *V.* margelle.

1. MARDI [màr-di] *s. m.*
[ÉTYM. Du lat. Martis diem, *m. s.* proprt, « jour de Mars », devenu marts di, marzdi, marsdi, mardi, §§ 336, 405, 422 et 316.]
|| Jour de la semaine qui suit le lundi. Le — gras, le dernier jour du carnaval. Il est venu le —, et, *ellipt,* Il est venu —. Il vient tous les mardis soir.

2. *MARDI [màr-di] *interj.*
[ÉTYM. Semble être pour merdi, merdieu, c.-à-d. mère de Dieu, § 727. || XVIᵉ s. Par la merdé, RAB. I, 35.]
|| Sorte de juron. Par la — ! Il faut que j'aille voir où elle est, MARIV. *Double Inconst.* III, 5. Elle n'est — point sotte, DOMINIQUE, *Avocat pour et contre* (1685), I, 10.

MARE [màr] *s. f.*
[ÉTYM. Paraît emprunté d'un type german. *mara, qui n'est pas directement attesté, mais qui a pu être tiré de *marisk, marais, ou du goth. marei, mer, §§ 6, 498 et 499. || XIIᵉ s. A une mare sunt venu, MARIE DE FRANCE, *Fab.* 30.]
|| Petit amas d'eau dormante. La pluie a formé des mares. Mener boire les bestiaux à la —. || *P. hyperb. Fig.* Une — de sang, grande quantité de sang répandu sur le sol.

***MARÉAGE** [mà-ré-àj'] *s. m.*
[ÉTYM. Pour mariage, dérivé de l'anc. verbe mareier, aller sur mer, §§ 161 et 78. || 1414. Pour le servir en fait de mariage, dans GODEF. mareage. Admis ACAD. 1762; suppr. en 1798.]
|| (Marine.) Convention par laquelle des matelots s'engagent à prix convenu, pour un voyage, quelle qu'en soit la durée.

MARÉCAGE [mà-ré-kàj'] *s. m.*
[ÉTYM. Pour marescage, § 422, dérivé de marais, d'après la forme primitive maresc, §§ 65 et 78. || XIVᵉ s. Une place fort marescage, G. DE DIGULLEVILLE, *Pèlerinage*, dans GODEF. marescage.]
|| Terrain où il y a des marais. Cent raretés à voir le long du —, LA F. *Fab.* IV, 11. Parmi vos marécages, Allez couper vos joncs, BOIL. *Ép.* 4. || *P. plaisant. Fig.* Je me sens encore si pleine de sérosités, que je crois qu'il faut sécher ces marécages, SÉV. 352.

MARÉCAGEUX, EUSE [mà-ré-kà-jeû, -jeûz'] *adj.*
[ÉTYM. Dérivé de marécage, § 116. || 1539. Marescageux, R. EST.]
|| **1°** Qui est de la nature des marécages. Un pays —.
|| **2°** Qui vit dans les marécages. Des plantes marécageuses. La gent marécageuse (les grenouilles), LA F. *Fab.* III, 4. || *P. ext.* Poisson qui a un goût —, qui sent le marécage.

MARÉCHAL [mà-ré-chàl] *s. m.*
[ÉTYM. Pour mareschalc (*cf.* maréchaussée), § 422, emprunté du german. marahscalc, proprt, domestique (scalc) qui a soin du cheval (marah), §§ 6, 498 et 499. || XIIᵉ s. Chambrelens ne mareschaux, GAUT. D'ARRAS, *Ille et Galeron*, 1194.]
|| **1°** *Anciennt.* Domestique chargé du soin des chevaux. || *P. ext. De nos jours.* — ferrant, et, *absolt,* —, artisan qui ferre les chevaux.
|| **2°** Officier qui a soin des chevaux. — des écuries, officier préposé aux écuries d'un prince, d'une princesse.
|| **3°** Officier de cavalerie. — des logis, sous-officier des troupes à cheval, spécialement chargé à l'origine du logement des troupes. *P. anal.* — des logis de la cour, qui faisait préparer les logements pour la cour en voyage.

‖ **4°** *P. ext.* Nom donné à divers officiers généraux. ‖ — **de camp.** | **1.** Officier général qui marchait en avant des armées pour assurer la route et régler le camp. | **2.** Officier général dont le grade correspondait à celui de général de brigade. — **de bataille,** officier général qui rangeait les troupes en bataille et réglait les postes. — **de France,** officier général qui était au-dessus des généraux. **Le tribunal des maréchaux,** tribunal constitué par les maréchaux de France et chargé de juger des affaires d'honneur entre gentilshommes, pour prévenir les duels. ‖ *Famil.* **Au fém. Maréchale,** femme d'un maréchal de France. **Madame la maréchale.**

‖ **5°** *Fig.* (Hist. nat.) Taupin, insecte. ‖ Rossignol des murailles.

MARÉCHALAT [mà-ré-chà-là] *s. m.*
[ÉTYM. Dérivé récent de **maréchal,** §§ 64 et 254. ‖ *Néolog.* Admis ACAD. 1878.]
‖ Dignité, office de maréchal de France.

MARÉCHALERIE [mà-ré-chàl-ri; *en vers,* -chà-le-ri] *s. f.*
[ÉTYM. Dérivé récent de **maréchal,** §§ 64 et 69. ‖ 1533. **Mareschallerie de Laurens Ruse,** titre.]
‖ Profession de maréchal ferrant.

MARÉCHAUSSÉE [mà-ré-chó-sé] *s. f.*
[ÉTYM. Pour **mareschalciée,** § 422, dérivé de **maréchal** sous sa forme primitive, § 119. Le suffixe ée paraît s'être substitué au suffixe ie, §§ 62 et 68. ‖ XII° s. **Marechaucies et celier,** ALEXANDRE DE BERNAY, *Athis,* dans DU C. **marescalcia.**]
‖ **1°** Corps de soldats à cheval, jadis chargé des fonctions que remplit la gendarmerie. **Les archers de la —.**
‖ **2°** Juridiction des maréchaux de France, tribunal pour les affaires d'honneur entre gentilshommes.

MARÉE [mà-ré] *s. f.*
[ÉTYM. Dérivé de **mer,** d'après la forme atone mar, §§ 65 et 119. ‖ XIII° s. **Poissons de mer de deus marees,** E. BOILEAU, *Livre des mest.* I, CI, 8.]
‖ **1°** Mouvement alternatif de dépression et d'exhaussement de la mer qui, durant l'espace de 24 heures, se retire graduellement et abandonne son rivage, puis revient couvrir l'espace qu'elle avait laissé à sec. **La — descendante.** (*V.* **jusant, reflux.**) **La — montante.** (*V.* **flot, flux.**) **Grande —,** forte marée qui a lieu à l'époque des syzigies. (*Syn.* **maline.**) **Prendre la —,** le temps où la marée est favorable pour entrer au port et en sortir. **Train de —,** correspondant avec le départ.du paquebot, selon l'heure de la marée. **Port de toute —,** où les navires peuvent entrer en tout temps, parce qu'il a toujours assez d'eau. **Un navire qui a pour lui, contre lui, le vent et la —.** *Loc. prov. Fig.* **Aller contre vent et —,** en dépit de tous les obstacles.
‖ **2°** Poisson de mer vendu, expédié après la pêche, pour être mangé frais (par opposition à celui qu'on sale, qu'on fume). **La — a manqué aujourd'hui.** *Loc. prov.* **Arriver comme — en carême** (à propos). (*Cf.* **mars.**)

MARELLE [mà-rèl] et, *vieilli,* **MÉRELLE** [mé-rèl] *s. f.*
[ÉTYM. Forme féminine de **méreau** (*V.* ce mot), § 37. ACAD. 1694-1740 donne **mérelle,** remplacé par **marelle** en 1762. ‖ XII° s. **Chascuns de nos, ce cuit, a traite la marrelle,** J. BODEL, *Saisnes,* tir. 253.]
‖ **1°** *Anciennt.* Jeton, palet. **Jeu de la —,** consistant à pousser sur un carré des jetons, des pions, de petits cailloux de différentes couleurs, de façon à les faire arriver, suivant une route déterminée, à certaines cases.
‖ **2°** *De nos jours.* **Jeu de la —,** consistant à sauter à cloche-pied dans un rectangle tracé sur le sol et partagé en diverses cases, en poussant d'une case dans l'autre une pierre, un palet. ‖ *P. ext.* Nom donné à ce rectangle.

MARÉOGRAPHE [mà-ré-ò-gràf] et **MARÉOMÈTRE** [mà-ré-ò-mètr] *s. m.*
[ÉTYM. Composé avec **marée,** et le grec γράφειν, décrire, μέτρον, mesure, §§ 279 et 284. ‖ *Néolog.*]
‖ (Physique.) Instrument qui mesure et enregistre les variations des marées, au moyen d'un flotteur, traçant une courbe, qui représente l'amplitude de la marée, sur une bande sans fin que déroule un mouvement d'horlogerie.

MAREYEUR, EUSE [mà-rè-yòur, -yeùz'] *s. m. et f.*
[ÉTYM. Dérivé de **marée,** § 112. ‖ 1769. DUHAMEL DU MONCEAU, *Traité des Pêches,* I, III, 121.]
‖ (Technol.) Celui, celle qui fait le transport, le commerce du poisson de mer, de la marée.

MARFIL [màr-fll]. *V.* **morfil.**

MARGAJAT [màr-gà-jà] *s. m.*
[ÉTYM. Nom propre emprunté des langues indigènes de l'Amérique, §§ 30 et 36. ‖ 1558. **Ceux qu'ils appellent en leur langue margageas,** THEVET, *Singul.* f° 71, r°. Admis ACAD. 1718; suppr. en 1835.]
‖ Nom donné à des naturels du Brésil. ‖ *P. ext.* Le langage qu'ils parlaient. **Le vieilleux n'entendait non plus que s'il eût parlé —,** SOREL, *Francion,* p. 156. ‖ *Fig.* | **1.** Personne de figure, de tournure grotesque. **Mon fetur a la forme D'un petit —,** COLLÉ, *Chansons,* I, 15. | **2.** Pauvre hère, coquin. **Ce que ces deux cardinaux et les deux margajats en conclurent,** VOLT. *Dial.* XXIV, 7.

MARGARINE [màr-gà-rin] *s. f.*
[ÉTYM. Dérivé du radical de **margarique,** § 245. ‖ *Néolog.* Admis ACAD. 1878.]
‖ (Chimie.) Combinaison d'acide margarique et de glycérine qu'on emploie comme beurre.

MARGARIQUE [màr-gà-rĭk'] *adj.*
[ÉTYM. Dérivé du grec μάργαρον, blanc de perle (*cf.* **marguerite**), § 229. ‖ *Néolog.* Admis ACAD. 1878.]
‖ (Chimie.) **Acide —,** acide qu'on obtient en traitant les corps gras par les alcalis.

MARGAY [màr-ghè] *s. m.*
[ÉTYM. Emprunté des langues indigènes de l'Amérique, § 30. ‖ Admis ACAD. 1835.]
‖ Chat-tigre d'Amérique.

MARGE [màrj] *s. f.*
[ÉTYM. Emprunté du lat. **margo, inis,** *m. s.* ‖ XIII° s. **En le senestre marce du calendrier,** *Comput,* dans LITTRÉ.]
‖ Espace formant bordure. **La — d'une route, d'un fossé.** ‖ (Anat.) **— articulaire,** partie osseuse comprise entre la surface articulaire et le point d'attache du ligament capsulaire. (Botan.) **— du lichen,** bordure qui entoure le thalle. ‖ **Les marges d'un livre,** espaces blancs laissés autour d'une page écrite ou imprimée. **Un livre dont le relieur a rogné les marges.** *Spéciall.* | **1.** Chacun des espaces blancs laissés à droite et à gauche de la page imprimée. | **2.** Espace blanc à gauche d'une page écrite. **Écrire sans laisser de —.** *Fig. Famil.* Latitude laissée à qqn pour agir. **Laisser de la — à qqn. Avoir de la —.** ‖ *P. ext.* | **1.** (Typogr.) Feuille collée sur le tympan de la presse, de même format que la feuille à imprimer, et que celle-ci doit couvrir, de manière que les bords coïncident. | **2.** (Grav.) Feuille de papier qu'on place sous la planche de cuivre, dans la gravure en taille-douce, pour former les marges de l'estampe.

MARGELLE [màr-jèl] *s. f.*
[ÉTYM. Du lat. pop. **margella,** diminutif de **margo, inis,** *m. s.* § 126. La forme **mardelle,** conservée par les patois, a été fort en usage aux siècles derniers. ‖ XII° s. **Il vont a la margele ki d'or tu tresjetee,** *Alexandre,* f° 54, Michelant.]
‖ Rebord en pierre d'un puits.

MARGEOIR [màr-jwàr] *s. m.*
[ÉTYM. Dérivé de **marger,** § 113. ‖ 1765. ENCYCL. **verrerie.**]
‖ (Technol.) Plaque de fer pour marger le four à recuire les glaces.

MARGER [màr-jé] *v. tr.*
[ÉTYM. Dérivé de **marge,** § 154. (*Cf.* **émarger** et **marginer.**) ‖ (Au sens de « border ».) XIV° s. **Espessement et dur marglet,** FROISS. *Poés.* II, 195. Admis ACAD. (au sens I) 1762.]
‖ (Technol.) ‖ **I.** (Typogr.) Poser (la feuille à tirer) sur la marge de manière que les bords coïncident.
II. (Verrerie.) Boucher (l'orifice du four à recuire les glaces) à l'aide d'une plaque (margeoir) dont on mastique les bords avec de la terre glaise.

MARGEUR, MARGEUSE [màr-jeûr, -jeûz'] *s. m. et f.*
[ÉTYM. Dérivé de **marger,** § 112. ‖ (Au sens **II.**) TRÉV. 1752. Admis ACAD. (au sens **I,** masc.) 1878.]
‖ (Technol.) ‖ **I.** (Typogr.) Ouvrier, ouvrière qui marge les feuilles à imprimer. ‖ *P. ext. Au masc.* Appareil mécanique destiné à opérer le même travail.
II. (Verrerie.) Ouvrier, ouvrière qui marge les orifices du four à recuire les glaces.

MARGINAL, ALE [màr-ji-nàl] *adj.*
[ÉTYM. Dérivé du lat. **margo, inis,** marge, § 238. ‖ XVI° s. **Annotations marginales,** MARNIX DE STE-ALDEGONDE, dans DELB. *Rec.*]
‖ (T. didact.) Qui se trouve sur la marge. **Notes marginales.** ‖ *P. anal.* (Hist. nat.) **Appendices marginaux.**

MARGINELLE [màr-ji-nèl] *s. f.*

[ÉTYM. Dérivé du lat. margo, inis, marge, § 258. || 1805. Marginelle éburnée, LAMARCK, *Annales du Muséum*, VI, 226.]

|| (Hist. nat.) Mollusque gastéropode, à coquille ovale, présentant un bord renflé.

***MARGINÉ, ÉE** [màr-ji-né] *adj.*

[ÉTYM. Dérivé du lat. margo, inis, marge, § 254. || 1798. VENTENAT, *Tabl. du règne végétal*, I, 363.]

|| (T. didact.) Pourvu d'une marge, d'un bord. *Speciatt.* (Hist. nat.) Graine marginée.

MARGINER [màr-ji-né] *v. tr.*

[ÉTYM. Dérivé du lat. margo, inis, marge, § 266. (*Cf.* marger.) || XVIII° s. *V.* à l'article. Admis ACAD. 1835.]

|| Annoter en marge. Un exemplaire marginé de ma main, VOLT. *Lett.* juin 1738.

***MARGOTAS** [màr-gò-tá] *s. m.*

[ÉTYM. Origine inconnue. || 1715. Un couplage de margotas chargé de foin, dans LITTRÉ.]

|| (Technol.) Bateau plat, non ponté, carré à l'avant, qui sert dans les ports, sur les rivières, spécialement pour les travaux d'extraction, de réparation, etc.

***MARGOTER** [màr-gò-té] *v. intr.*

[ÉTYM. Origine inconnue. || 1701. FURET. Admis ACAD. 1762; suppr. en 1798.]

|| (Chasse.) En parlant de la caille, pousser un cri qui précède son chant.

***MARGOTIN** [màr-gò-lin] *s. m.*

[ÉTYM. Dérivé de Margot, nom propre de femme, par assimilation avec une poupée (*cf.* marionnette), §§ 36 et 100. Pourtant la forme marcottin semble indiquer un rapport avec marcotte. || 1812. Marcottin, MOZIN, *Dict. franç.-allem.*]

|| (Technol.) || **1°** Petit fagot de menues branches servant à allumer le feu.

|| **2°** Assemblage de deux ou trois crins tordus, dont on fait des lignes pour la pêche.

***MARGOUILLER** [màr-gou-yé] *v. tr.*

[ÉTYM. Origine incertaine : le rapport de ce mot avec le lat. *margula, marne, n'est pas probable. || XII° s. En terre merguillerent le tabernacle, *Psaut. d'Oxf.* LXXIII, 8.]

|| *Anciennt. et dialect.* Salir. (*Cf.* margouillis.)

***MARGOUILLET** [màr-gou-yè] *s. m.*

[ÉTYM. Paraît apparenté au provenç. mod. margouil, tourillon, § 11 et 133. || 1566. Margouillet ou bilbauquet, CLAMORGAN, *Chasse du loup*, dans DELB. *Rec.*]

|| (Marine.) Sorte de cosse, d'anneau en bois, où l'on passe certains cordages, pour les soutenir, au moyen d'un filin qui reçoit le tour cannelé de l'anneau.

MARGOUILLIS [màr-gou-yi] *s. m.*

[ÉTYM. Dérivé de margouiller, § 82. || 1642. OUD.]

|| *Trivial.* Gâchis de boue, d'ordure liquide.

***MARGOULETTE** [màr-gou-le-t'] *s. f.*

[ÉTYM. Mot du patois normand, où se trouve le mot gueule sous sa forme atone, précédé d'un préfixe indéterminé, § 16. || *Néolog.*]

|| *Trivial.* Mâchoire. Je te casserai la —.

***MARGOUSIER** [màr-gou-zyé] *s. m.*

[ÉTYM. Origine inconnue. || *Néolog.*]

|| (Botan.) Lilas de la Chine dit aussi arbre à chapelet.

MARGRAVE [màr-gràv'] *s. m.*

[ÉTYM. Emprunté de l'allem. markgraf, *m. s.* proprt, « comte de la marche » (*cf.* marche 1 et marquis), §§ 7, 498 et 499. || XVI° s. Marquis sont appellez des Allemands margraves, LOUIS GUYON, dans DELB. *Rec.* Admis ACAD. 1762.]

|| (Hist.) Nom donné à certains princes souverains d'Allemagne.

MARGRAVIAT [màr-grà-vyà; *en vers*, -vi-à] *s. m.*

[ÉTYM. Dérivé de margrave, § 254. || 1752. TRÉV. Admis ACAD. 1762.]

|| (Hist.) Dignité de margrave. || Principauté d'un margrave.

MARGUERITE [màr-ghe-rit'] *s. f.*

[ÉTYM. Emprunté du lat. margarita, grec μαργαρίτης, perle. L'anc. franç. a la forme pop. margerie. || XII°-XIII° s. Li clerc dient que crisolite Est preciose margarite, *Lapid. de Cambridge*, 290, dans L. PANNIER, *Lapid. franç.* p. 154. | Les flors des margerites, *Aucassin et Nicol.* XII, 26.]

I. *Anciennt.* Perle. *De nos jours. Loc. prov.* (empruntée à l'Évangile, Matth. VII, 6). Jeter, semer des marguerites devant des pourceaux, enseigner les choses saintes aux profanes qui les dédaignent, et, *p. ext.* présenter de belles choses à des gens incapables de les apprécier.

II. *P. anal.* A cause de la couleur blanche. || **1°** Nom vulgaire de la pâquerette (petite — des prés), du chrysanthème simple à fleurs blanches (grande —). || *P. ext.* Nom donné à des chrysanthèmes de couleurs diverses, devenus doubles par la culture, à l'aster de la Chine (reine-—), etc. *Loc. prov.* A la franche —, jeu qui consiste à effeuiller une marguerite pour savoir si on est aimé d'une personne, en répétant à chaque pétale qu'on arrache : Elle m'aime, un peu, beaucoup, passionnément, pas du tout, jusqu'au dernier, qui est censé donner la réponse vraie. || *Fig. Anciennt.* Compliment d'un tour fleuri.

|| **2°** (Technol.) | **1.** (Manège.) Nom donné aux premiers poils blancs qui paraissent aux tempes des chevaux quand ils vieillissent. | **2.** (Tannerie.) Bloc rectangulaire dit aussi roulette, dont le dessous bombé et strié sert à travailler les cuirs. | **3.** (Marine.) Cordage amarré fortement autour du câble qui sert à lever l'ancre, qu'on fait passer sur une, deux, trois poulies, pour aider au mouvement du cabestan quand on le dérape.

MARGUILLERIE [màr-ghiy'-ri; *en vers*, -ghi-ye-ri] *s. f.*

[ÉTYM. Dérivé de marguillier, §§ 65 et 68. || XIII° s. Et marrederie (lisez marreclerie) et cloches, GUIOT DE PROVINS, *Bible*, 1229.]

|| Charge de marguillier.

MARGUILLIER [màr-ghi-yé] *s. m.*

[ÉTYM. Altération de marglier, plus anciennement marreglier, emprunté du lat. ecclés. matricularius, *m. s.* proprt, « qui tient un matricule », § 216. || XII° s. Tirra les cordes et sera marreglier, *Couronn. de Louis*, 97.]

|| Chacun des membres du conseil de fabrique d'une paroisse (président, secrétaire, trésorier) chargés de présenter le budget de la paroisse au conseil, d'exécuter les mesures qu'il a votées, etc. || *P. ext.* Chacun des membres du conseil de fabrique. || *Famil.* Une marguillière, la femme d'un marguillier.

MARI [mà-ri] *s. m.*

[ÉTYM. Du lat. marjtum, *m. s.* §§ 402 et 291.]

|| Celui qui est uni à une femme par le mariage. (*Syn.* époux.) Un — fort amoureux, Fort amoureux de sa femme, LA F. *Fab.* IX, 15. Je suis votre petit — maintenant, MOL. *G. Dand.* III, 6. Entre les bons maris pour exemple cité, BOIL. *Sat.* 8. — commode, patient, qui tolère les désordres de sa femme, par faiblesse ou par intérêt. Est-il au monde une autre ville aussi Où l'on ait des maris si patients qu'ici? MOL. *Éc. des f.* I, 1. Sous le nom du — de Madame, Je serais comme un saint que pas un ne réclame? ID. *ibid.* Un — n'a guère un rival qui ne soit de sa main, LA BR. 3. — garçon, homme qui, étant marié, continue à mener la vie de garçon. || On est si touchée de la mort de son —, qu'on n'en oublie pas la moindre circonstance, LA BR. 3. || Certaine fille, un peu trop fière, Prétendait trouver un —, Jeune, bien fait, LA F. *Fab.* VII, 5.

MARIABLE [mà-ryàbl'; *en vers*, -ri-àbl'] *adj.*

[ÉTYM. Dérivé de marier, § 93. || XII°-XIII° s. Une meschine ja mariable, *Dial. Gregoire*, p. 153.]

|| Qui est en état de se marier.

MARIAGE [mà-ryàj'; *en vers*, -ri-àj'] *s. m.*

[ÉTYM. Dérivé de marier, § 78. || XII° s. Molt desirrot en son corrage Del Troïen le mariage, *Énéas*, 3279.]

|| **1°** Union légitime d'un homme et d'une femme. — religieux, contracté devant un ministre du culte. — civil, contracté devant l'autorité civile. Les mariages étant de toutes les choses humaines celle qui intéresse le plus la société, il a bien fallu qu'ils fussent réglés par les lois civiles, MONTESQ. *Espr. des lois*, XXVI, 13. — mixte, entre personnes de religions, de communions différentes. — in extremis, fait lorsqu'un des contractants est en danger de mort. — putatif, qui, reconnu nul, mais fait de bonne foi par les deux contractants ou par l'un d'eux, produit les effets civils relativement aux enfants et à l'époux de bonne foi. — morganatique, — de la main gauche, qu'un prince, un seigneur, contracte avec une personne de condition inférieure, et qui n'a pas tous les effets civils. — à la gaumine. (*V. ce mot.*) Contrat de —. Célébrer un —. Le jour du —, le jour où il a été célébré. En attendant le jour du —, CORN. *Ment.* II, 3. La dot qu'une fille apporte en —, en se mariant. Je lui donne vingt mille écus en —, MOL. *Am. méd.* III, 7. *P. ext.* J'augmente de dix mille écus le — de ma fille (sa dot), MOL. *Pourc.* III, 7. Faire un riche —. Faire un — d'argent, d'inclination. || *P. anal.* (Théol.) Le — mystique d'une âme avec Jésus-Christ, l'acte par lequel un religieux, une reli-

gieuse se consacre à Dieu. || Le — du doge avec l'Adriatique, cérémonie qui avait lieu à Venise, et où le doge jetait un anneau dans la mer, pour consacrer cette union symbolique. || (T. de jeu.) Un —, réunion du roi et de la dame de cœur, de trèfle, etc., dans la main d'un joueur. Jeu du — (*V.* brisque), où les mariages comptent pour 20, et le mariage d'atout pour 40. || *P. plaisant. Fig.* Fermage. Ce — de neuf ans avec un fermier, sÉv. 911.

|| **2°** *Fig.* Union établie entre deux choses. Il se fait comme un sacré — entre nostre esprit et l'esprit de Dieu, BOSS. *Résurr. dernière,* 3. || (Technol.) | **1.** Réunion de deux cordages. | **2.** Réunion de plusieurs bandes de marbre qu'on scelle bout à bout, pour les diviser d'un seul trait de scie. | **3.** Enchevêtrement de deux écheveaux arrêtant le dévidage.

MARIER [mà-ryé; *en vers,* -ri-é] *v. tr.*
[ÉTYM. Du lat. maritare, *m. s.* devenu marider, marier, sous l'influence de mari, §§ 402, 295 et 291.]

I. Unir (un homme et une femme) par le mariage.

|| **1°** En célébrant le mariage, au nom de la religion, de la loi. Le curé, le pasteur qui les a mariés. Ils ont été mariés par le maire, par l'adjoint. Être marié à la mairie, à l'église. Deux personnes qui vivent ensemble sans être mariées. Nous vivrons, étant mariés, comme deux personnes qui savent leur monde, MOL. *Mar. forcé,* sc. 2. *Au part. passé pris substantiv.* Un nouveau marié. Une nouvelle mariée. Ce qui leur sied bien dans ces commencements, En nous, vieux mariés, aurait mauvaise grâce, MOL. *Amph.* I, 4. *Absolt.* Le marié, la mariée, la personne qui va être mariée ou qui a été mariée le jour même. La toilette de la —. *Loc. prov.* Se plaindre que la mariée est trop belle, se plaindre d'une chose dont on devrait se féliciter. Jeu (de cartes) de la mariée, où tout mariage (réunion du roi avec la reine d'une couleur) vaut un jeton de chaque joueur à celui qui a mis le roi, et deux quand c'est le mariage du roi de cœur avec la dame de cœur. (*Syn.* guimbarde.) La mariée, ancienne danse figurée où un homme et une femme jouaient une espèce de pantomime, et qu'on dansait à certaines noces.

|| **2°** En faisant décider le mariage. Vous voudriez — votre fille avec un médecin? MOL. *Mal. im.* I, 5. A-t-on jamais vu un père — sa fille de la sorte? ID. *Av.* I, 4. Mariez-moi donc promptement, je vous prie, ID. *Éc. des f.* II, 5. Une fille bonne à —, en âge d'être mariée. || *Fig.* Et ce beau feu ne veut — que les cœurs, MOL. *F. sav.* IV, 2. *P. plaisant.* Je marierais le Grand Turc avec la république de Venise, MOL. *Av.* II, 5. || *Au sens réfléchi.* Se —, s'unir à qqn par le mariage. Ne craignez point; il se mariera avec vous, MOL. *D. Juan,* II, 2. On pourra trouver à redire de me voir — avec une si jeune personne, ID. *Av.* IV, 3. Je tiens qu'il faut avoir une complaisance mutuelle, et qu'on ne se doit point — pour se faire enrager l'un l'autre, ID. *Mar. forcé,* sc. 2. Je veux savoir de vous si je ferai bien de me —, ID. *ibid.* sc. 1. De vous — vous osez faire fête, ID. *F. sav.* I, 1. || *Fig.* Mariez-vous, ma sœur, à la philosophie, MOL. *F. sav.* I, 1.

II. *Fig.* Unir (une chose avec une autre). Deux rivières qui marient leurs eaux. Il faut le — (le Rhône) à la Durance, sÉv. 1074. — la vigne à l'ormeau. *Absolt.* — la vigne, la cultiver sur hautins. — deux cordages, les réunir par un amarrage plat. — les pièces (d'un filet, d'un panneau), les réunir au moyen d'œillets et de bâtonnets. — deux ruches, faire passer des abeilles de l'une dans l'autre. Oignons blancs mariés avec la chicorée, MOL. *B. gent.* IV, 1. Deux couleurs qui se marient bien ensemble. — la voix avec les instruments. Des vers où les rimes sont mariées, où les rimes masculines et les rimes féminines sont deux à deux, au lieu de s'entrecroiser.

MARIE-SALOPE. *V.* salope.

MARIEUR, EUSE [mà-ryeùr, -ryeûz'; *en vers,* -ri-...] *s. m.* et *f.*
[ÉTYM. Dérivé de marier, § 112. || XIII° s. Bone aventure ait marie re Qui si bien nous y maria, G. DE COINCY, *Mir. de Notre-Dame,* p. 731. Admis ACAD. 1835.]

|| **1°** Celui, celle qui s'entremet pour faire des mariages.
|| **2°** *S. m.* (*rare*). Celui qui doit se marier avec une femme. De peur que le — ne changeât d'avis, ST-SIM. IV, 158.

MARIN, INE [mà-rin, -rin'] *adj.* et *s. m.* et *f.*
[ÉTYM. Du lat. marinum, *m. s.* § 291.]

I. *Adj.* Qui appartient à la mer. Animaux marins, plantes marines. Sel —. Les dieux marins (dans la mythologie). Aigue-marine. (*V. ce mot.*) || *P. ext.* Trompette marine, carte marine, montre marine, lieue marine. (*V. ces mots.*) Bâtiment —, qui navigue bien sur la mer. Avoir le pied —, savoir se tenir sur un vaisseau sans trébucher malgré le roulis, le tangage.

II. || **1°** *S. m.* Homme dont la profession est de naviguer sur la mer. Un bon —. *Loc. prov.* Femme de —, femme de chagrin (à cause des dangers auxquels les marins sont sans cesse exposés). || *Famil.* Un — d'eau douce, celui qui n'a navigué que sur des rivières.

|| **2°** *S. f.* Marine. | **1.** *Vieilli.* Rivage de la mer. L'affreuse gent qu'au bout de la — Le paladin Roger vit en l'île d'Alcine, J. SARRAZIN, *Dulot vaincu,* 1. | **2.** Tout ce qui se rapporte à la navigation sur mer, matériel, personnel, etc. La — marchande, la — militaire. Entrer dans la —. Tourville possédait en perfection toutes les parties de la —, ST-SIM. III, 18. *Spécialt.* Le matériel et le personnel qui composent l'armée navale d'un pays. Un officier de —. Infanterie de —, soldats d'infanterie qu'on embarque sur les navires de guerre, ou qui tiennent garnison dans les ports militaires, aux colonies. Il faut un long temps pour se procurer une — redoutable, VOLT. *S. de L.* XV, 28. | **3.** Tableau représentant des vues de la mer, des vaisseaux, etc. | **4.** Odeur de la mer. Cela sent la —.

MARINADE [mà-ri-nàd'] *s. f.*
[ÉTYM. Dérivé de mariner, § 120. || 1680. RICHEL.]

|| **1°** Saumure dans laquelle on conserve des viandes, des poissons. || *P. ext.* Aliments conservés dans de la saumure.

|| **2°** Vinaigre, vin assaisonné d'herbes, d'épices, dans lequel on laisse tremper un certain temps de la viande, du poisson, avant de les faire cuire. || *P. ext.* Aliments ainsi préparés.

1. MARINÉ, ÉE [mà-ri-né] *adj.*
[ÉTYM. Dérivé de marine, § 118. || 1611. COTGR.]

|| (Technol.) Corrompu par l'eau de mer (pendant le transport par mer). Thé, café —.

2. °MARINÉ, ÉE [mà-ri-né] *adj.*
[ÉTYM. Dérivé de marine, § 118. || 1690. FURET. Admis ACAD. 1762; suppr. en 1835.]

|| (Blason.) Dont le corps se termine en queue de poisson. Cerf estropié — d'or.

MARINER [mà-ri-né] *v. tr.*
[ÉTYM. Dérivé de marin, § 154. || 1642. OUD.]

|| **1°** Mettre (des viandes, des poissons) dans la saumure pour les conserver.

|| **2°** Faire tremper (de la viande, du poisson) dans du vinaigre, du vin assaisonné d'herbes, d'épices, avant de les faire cuire. Un lièvre mariné. || *Intransitiv.* Être dans la marinade. Un lièvre qui a mariné, qu'on a laissé —.

°MARINGOTE [mà-rin-gŏt'] *s. f.*
[ÉTYM. Origine inconnue. || *Néolog.*]

|| Petite voiture légère à barreaux sur les côtés, et à bancs mobiles.

MARINGOUIN [mà-rin-gwin] *s. m.*
[ÉTYM. Altération de marigoui, nom donné au moustique par les indigènes du Brésil, § 30. || 1655. Des moustiques et des maringoins, LE P. PELLEPRAT, *Relat. des missions,* II, 42. Admis ACAD. 1718.]

|| **1°** Moustique des pays chauds. || *Fig.* Les critiques, les maringouins, les envieux, BEAUMARCH. *B. de Sév.* I, 2.
|| **2°** Bécasseau d'Amérique.
|| **3°** Ver —, le ver macaque.

MARINIER, IÈRE [mà-ri-nyé, -nyèr] *adj.* et *s. m.* et *f.*
[ÉTYM. Dérivé de marin, § 115. || XIII° s. Nefs e vitaille e mariniers, BENEEIT, *Ducs de Norm.* 24593.]

I. *Adj.* Qui a rapport à la mer, à la navigation. *P. ext.* Arche marinière, arche d'un pont par où passent les bateaux.

II. || **1°** *S. m.* Homme employé à la manœuvre d'un navire. — de rambade, posté sur la rambade d'une galère. — de rame, engagé pour ramer sur les galères du roi. — de rang, rameur libre engagé pour un temps sur une galère. || *P. ext.* Homme employé à la manœuvre des bateaux, des embarcations de rivière. Les mariniers de la Seine.

|| **2°** *S. f.* Marinière. | **1.** Manière de nager en allongeant le bras droit, puis le gauche, et en portant tour à tour le corps du côté du bras qu'on allonge. (*Cf.* coupe.) | **2.** Sauce claire à l'oignon. Moules à la —.

MARIONNETTE [mà-ryŏ-nĕt'; *en vers,* -ri-ŏ-...] *s. f.*

[Étym. Dérivé de Marion, diminutif de Marie, §§ 36 et 133. || 1517. Chantant, danssant maryonetes, *Sottie*, dans *Mélanges de phil. romane dédiés à Carl Wahlund*, p. 203.]

|| **1°** Figurine représentant un personnage (homme ou femme) qu'on fait agir, marcher, gesticuler, etc., à l'aide de fils auxquels il est suspendu. Un théâtre de marionnettes. Fagotin et les marionnettes, MOL. *Tart.* II, 3. Directeur de fantoccini, vulgairement appelés marionnettes, PICARD, *Marionnettes*, I, 1. || *Fig.* | **1.** Personne qu'une autre dirige, fait mouvoir à volonté. Être à la tête de quelques millions de marionnettes humaines, VOLT. *Lett. au prince royal de Prusse*, janv. 1738. | **2.** Simulacre. Pendant que le mari fait cette — de guerre, SÉV. 349.

|| **2°** *P. anal.* (Technol.) Réunion de poulies tenues verticalement par deux traverses entre lesquelles elles peuvent pivoter. || Bobine mobile du métier à carder, à dévider. || Pièce mobile à laquelle tiennent les tiges qui font mouvoir le rouet de l'ourdisseur. || *P. ext. Anciennt.* Les marionnettes, batterie de tambour annonçant l'exécution des châtiments militaires.

***MARISQUE** [mà-rïsk'] *s. f.*
[Étym. Emprunté du lat. marisca, grosse figue. || 1564. J. THIERRY, *Dict. franç.-lat.*]
|| (T. didact.) || **1°** Espèce de grosse figue.
|| **2°** *P. anal.* Tumeur hémorroïdale.

MARITAL, ALE [mà-ri-tàl] *adj.*
[Étym. Emprunté du lat. maritalis, m. s. || XIVe s. En sa compaignie maritalle, J. DE VIGNAY, *Miroir hist.* dans DELB. *Rec.*]
|| (Droit.) Qui a rapport au mari. La puissance maritale.

MARITALEMENT [mà-ri-tàl-man ; *en vers*, -tà-le-...] *adv.*
[Étym. Composé de maritale et ment, § 724. || Admis ACAD. 1694.]
|| (Droit.) A la manière d'un mari. Un homme qui vit — avec une femme, comme s'il était son mari. || *P. ext.* Un homme et une femme qui vivent —, comme mariés.

MARITIME [mà-ri-tim'] *adj.*
[Étym. Emprunté du lat. maritimus, m. s. On trouve maritin au XVe et au XVIe s. || 1549. R. EST.]
|| Qui a rapport à la mer. Une province — d'un grand empire, LA BR. 12. Les villes maritimes. J'ai déjà vu le — empire, LA F. *Fab.* VIII, 9. || La législation —, le code —. Arsenal —. Une préfecture —.

MARITORNE [mà-ri-tòrn'] *s. f.*
[Étym. Emprunté de l'espagn. Maritornes, nom propre d'une fille d'auberge dans le *Don Quijote* de Cervantes, §§ 13 et 36. (*Cf.* malitorne.) || Admis ACAD. 1798.]
|| Femme, fille mal tournée, malpropre.

MARIVAUDAGE [mà-ri-vó-dàj'] *s. m.*
[Étym. Dérivé irrégulier de Marivaux, nom d'un écrivain du XVIIIe siècle, qui a peint l'amour d'une manière raffinée, §§ 62, 63 et 78. || XVIIIe-XIXe s. V. à l'article. Admis ACAD. 1835.]
|| Action de marivauder. Marivaux se fit un style si particulier, qu'il a eu l'honneur de lui donner son nom : on l'appela marivaudage, LA HARPE, *Lycée, Dix-huitième Siècle*, I, v, 5.

***MARIVAUDER** [mà-ri-vó-dé] *v. intr.*
[Étym. Tiré de marivaudage, §§ 33 et 154. || *Néolog.*]
|| Faire des galanteries raffinées.

MARJOLAINE [mar-jò-lèn'] *s. f.*
[Étym. Pour marjoraine, § 422, altération de majoraine, emprunté du bas lat. majorana, m. s. d'origine incertaine, § 509. Le lat. dit amaracum, grec ἀμάραχον. || XIIIe s. Le vin au col iert cuite majorane, *Simples medicines*, fo 51, vo. | XIVe s. Marjolaine et violettes, *Ménagier*, II, 43.]
|| (Botan.) Plante aromatique de la famille des Labiées.

MARJOLET [mar-jò-lè] *s. m.*
[Étym. Semble dérivé de l'anc. franç. mariole, prononcé plus récemment marjole (statue de la Vierge Marie), pris en mauvaise part, §§ 86 et 133. || XVe s. Quoquart et puant marjolet, *Chansons du quinz. siècle*, XCVIII, 25, G. Paris.]
|| *Vieilli.* Freluquet. Entendre un —, RÉGNIER, *Sat.* 3. Le sort, ami du —, LA F. *Contes, Lunettes.*

MARLI [mar-li] *s. m.*
[Étym. Origine inconnue ; les sens **I** et **II** représentent peut-être deux mots différents. || 1765. Marlie ou marli, ENCYCL. Admis ACAD. (au sens **I**) 1798.]
|| (Technol.) || **I.** *Vieilli.* Gaze fine servant surtout à faire des falbalas. Un falbala de —, POINSINET, *Cercle*, sc. 2. || **II.** Rebord d'un plat, d'une assiette, décoré de filets d'or ou de couleur. || Filet qui borde en dedans la moulure d'un plat, d'une assiette d'argent, de vermeil.

***MARLIN** [mar-lin] *V.* merlin.

MARMAILLE [mar-mây'] *s. f.*
[Étym. Dérivé du radical de marmot, § 95. || XVIe s. H. EST. *Nouv. Lang. franç.-italian.* II, 75.]
|| *Famil.* Troupe de marmots.

MARMELADE [mar-me-làd'] *s. f.*
[Étym. Pour mermelade, § 509, emprunté de l'espagn. mermelada, proprt, « cotignac », du lat. melimelum, sorte de coing, § 13. || 1573. Confitures seches et mermelades, CL. PARADIN, *Hist. de Lyon*, p. 316. | 1642. Marmelade, OUD.]
|| Mets composé de fruits qui se sont écrasés et ont perdu leur forme en cuisant avec du sucre. De la — de pommes, d'abricots. || *P. anal.* État d'une viande, d'un poisson, etc., trop cuits. Cette volaille est en —. || *Fig.* Une ruade Qui vous lui met en — (lui écrase) Les mandibules et les dents, LA F. *Fab.* V, 8.

MARMENTEAU [mar-man-tó] *adj. m.*
[Étym. Pour marmental (d'après le pluriel bois marmentaux, §§ 62 et 159), mieux mairemental, § 509, dérivé de l'anc. franç. mairain, mairain, §§ 145 et 90. || 1611. Bois marmentau, COTGR. Admis ACAD. 1762.]
|| (Technol.) Bois —, et, *substantivt*, —, bois de haute futaie mis en réserve. Était-ce bois de grume Ou bien du bois de —? LA F. *Contre Furetière.*

MARMITE [mar-mit'] *s. f.*
[Étym. Origine inconnue. (*Cf.* marmiteux.) || 1313. Un grant pot appelé marmite, dans L. DE LABORDE, *Émaux*, p. 382.]
|| **1°** Vase de terre ou de métal, avec ou sans pied, dans lequel on fait bouillir des aliments. Mettre la — sur le feu. Remplir la —. *P. plaisant.* Un nez en pied de —, large du bas et retroussé. *Fig.* En parlant d'une maison où l'on devait dîner. La — est renversée, le dîner n'a pas lieu ; *p. ext.* on ne donne plus à dîner dans la maison. Dès que les parasites ont vu la — renversée, ils ont disparu, LES. *Diable boit.* 17. || *P. ext.* Ce que contient la marmite. On leur a servi une — de soupe. Écumer la —, enlever l'écume à la surface de l'eau, quand la viande commence à bouillir, et, *fig.* faire le métier de pique-assiette. || *Fig.* Cela sert à faire bouillir la —, cela fournit la subsistance de la maison.

|| **2°** (Technol.) | **1.** Vase de fonte où les plombiers font fondre le plomb. | **2.** Vase où l'on brûle l'huile servant à faire le noir pour la gravure en taille-douce. || — de Papin, vase métallique épais que ferme hermétiquement un couvercle retenu par une forte vis, et où l'eau peut atteindre une température plus haute que dans l'ébullition sous la pression atmosphérique ordinaire. — autoclave. (*V. ce mot.*)

***MARMITÉE** [mar-mi-té] *s. f.*
[Étym. Dérivé de marmite, § 119. || XVIe-XVIIe s. Les marmitees de chair de cheval, P. DE LESTOILE, *Mém.* ann. 1590.]
|| *Dialect.* Le contenu d'une marmite. Une — de soupe.

MARMITEUX, EUSE [mar-mi-teù, -teùz'] *adj.*
[Étym. Dérivé d'un simple marmite, qui se trouve dans l'ancienne locution faire le marmite (*V.* GODEF.), faire le bon apôtre, et dont l'origine est inconnue, § 116. || XIIe-XIIIe s. Ele ot ploré, s'ot marmiteus le vis, *Garin le Loherain*, p. 112, P. Paris.]
|| **1°** *Vieilli.* Patelin.
|| **2°** Chétif, misérable. *Substantivt.* Un —, un pauvre diable.

MARMITON [mar-mi-ton] *s. m.*
[Étym. Dérivé de marmite, § 104. || 1523. Souldars, paiges et marmitons, dans DELB. *Rec.*]
|| Aide de cuisine de bas étage. || *P. plaisant. Au fém.* Marmitonne. Nous soupirons tendrement pour une belle marmitonne, *Arleq. misanthr.* (1696), prol.

MARMONNER [mar-mò-né] *v. tr.*
[Étym. Origine inconnue, peut-être onomatopée, § 32. (*Cf.* marmotter et maronner.) || XVIe s. Avecques icelluy marmonnoyt toutes ses kyrielles, RAB. 1, 40.]
|| *Vieilli.* Dire entre ses dents. *Absolt.* Il ne fait que —.

MARMORÉEN, ENNE [mar-mò-ré-in, -èn'] *adj.*
[Étym. Dérivé du lat. marmoreus, m. s. § 244. || *Néolog.* Admis ACAD. 1878.]
|| Qui est de la nature du marbre. Calcaires marmoréens.

MARMOT [mar-mó] *s. m.*

[ÉTYM. Même radical que marmotte, § 37. || xvᵉ s. Aussy laid qu'ung marmot, COQUILLART, I, 145.]

|| 1° *Ancienn.* Singe. || Figurine bizarre.

|| 2° Petit enfant. Un idole d'époux et des marmots d'enfants, MOL. *F. sav.* I, 1. Que quelque jour ce beau — Vienne au bois, LA F. *Fab.* IV, 16. || *Au fém.* (*rare*). Une marmotte, une petite fille. || *Loc. prov.* Croquer le —, attendre longtemps en vain.

***MARMOTTAGE** [màr-mò-tàj'] *s. m.*
[ÉTYM. Dérivé de marmotter, § 78. || xviiᵉ-xviiiᵉ s. *V.* à l'article.]

|| Action de marmotter, ce qu'on marmotte. Des signes de croix et des marmottages, ST-SIM. XVI, 155.

MARMOTTE [màr-mòt'] *s. f.*
[ÉTYM. Origine inconnue : au moyen âge le mot signifie souvent « singe ». (*Cf.* marmot et marmouset.) || xiiᵉ-xiiiᵉ s. Ors et lions et marmotes et sinjes, *Mort d'Aymeri de Narbonne*, 2550.]

|| 1° Quadrupède rongeur, de l'ordre des Loirs, susceptible de s'apprivoiser, et qui fait partie des animaux hibernants. Les petits Savoyards montrent des marmottes, qu'ils font danser. Dormir comme une —, très profondément.

|| 2° (Marine.) Baril portatif renfermant une mèche qui brûle lentement et permet d'avoir du feu à toute heure.

|| 3° Coiffure faite d'un foulard mis en fichu, la pointe en arrière et les bouts noués par-dessus les oreilles.

|| 4° — de voyage, malle formée de deux caisses emboîtées l'une dans l'autre. || Boîte servant à transporter des échantillons de marchandises.

MARMOTTER [màr-mò-té] *v. tr.*
[ÉTYM. Origine inconnue; peut-être onomatopée, § 32. (*Cf.* marmonner.) || xviᵉ s. Marmotant de la bouche, RAB. I, 22.]

|| Dire (qqch) entre ses dents. Il marmotte toujours certaines patenôtres, RAC. *Plaid.* II, 1. *Absolt.* Elles le boivent en marmottant, BUFF. *Marmotte.*

***MARMOTTEUR, EUSE** [màr-mò-teùr, -teùz'] *s. m.* et *f.*
. [ÉTYM. Dérivé de marmotter, § 112. || xviᵉ s. Vieilles marmoteuses, P. LE LOYER, *Hist. des Spectres*, dans DELB. *Rec.*]

|| Celui, celle qui marmotte. Un — de patenôtres.

MARMOUSET [màr-mou-zè] *s. m.*
[ÉTYM. Origine incertaine (*cf.* marmot, marmotte); le mot à l'origine est essentiellement parisien. (*Cf.* le nom de la rue des Marmousets, ainsi nommée dès le xiiiᵉ s.) || 1280. Se déduit d'un texte latin relatif à la rue des Marmousets, où on lit : Duo marmoseti lapidei.]

|| 1° Figurine représentant une idole, et, *p. ext.* figurine bizarre. Les marmousets de Laban, J.-J. ROUSS. *Ém.* 4. || *P. ext.* (Technol.) Chenet de fonte formé d'une barre en prisme triangulaire surmontée d'une figure.

|| 2° *P. ext.* Petit garçon, et, *p. ext.* petit homme. Un —, un petit étourneau, MOL. *Sgan.* sc. 9. Que croyez-vous qu'il penserait de petits marmousets ainsi équipés? LA BR. 12. || La conspiration des marmousets (de jeunes seigneurs) contre le cardinal de Fleury.

1. MARNAGE [màr-nàj'] *s. m.*
[ÉTYM. Dérivé de marner, § 78. || *Néolog.* Admis ACAD. 1835.]

|| (Technol.) Action de marner.

2. *MARNAGE. *V.* maronage.

MARNE [màrn'] *s. f.*
[ÉTYM. Pour marle, § 509, du lat. pop. *margula (class. marga, d'origine celtique, § 3), *m. s.* devenu *margle, marle, §§ 290, 396 et 291. Marle est devenu marne dès le xiiiᵉ s. comme l'atteste le bas lat. marna en 1266. (*V.* DU C.)]

|| Terre grasse, mélange naturel d'argile et de calcaire, propre à amender certains terrains. Une carrière de —. — à foulon, marne argileuse des environs de Paris.

1. MARNER [màr-né] *v. tr.*
[ÉTYM. Dérivé de marne, § 154. || xiiiᵉ s. A fumer ou a maller, BEAUMAN. XIII, 16.]

|| (Technol.) Amender à l'aide de la marne.

2. *MARNER [màr-né] *v. intr.*
[ÉTYM. Origine inconnue. || 1716. FRÉZIER, *Relat. du voy. de la mer du Sud*, avert. p. 13.]

|| (Marine.) Dépasser le niveau ordinaire des hautes eaux.

***MARNERON** [màr-ne-ron] *s. m.*
[ÉTYM. Dérivé de marnière, §§ 65 et 105. || 1690. FURET.]

|| (Technol.) Ouvrier qui travaille dans une marnière.

MARNEUX, EUSE [màr-neù, -neùz'] *adj.*
[ÉTYM. Dérivé de marne, § 116. || 1611. COTGR. Admis ACAD. 1835.]

|| (T. didact.) Qui appartient à la marne. Couche marneuse. Terrain —. Amendement —.

MARNIÈRE [màr-nyèr] *s. f.*
[ÉTYM. Dérivé de marne, § 115. || xiiiᵉ s. Marliere viez, *Renart*, XXII, 451.]

|| (Technol.) Carrière de marne.

***MARONAGE** [mà-rò-nàj'] *s. m.*
[ÉTYM. Pour mairenage, dérivé de mairain, §§ 64 et 78. On trouve aussi marnage, par contraction, et marronage. || 1276. Marenage pour mon ostel, dans GODEF. mairenage.]

|| (T. forest.) Coupe de merrain dans un bois. Droit de —, droit des usagers à se faire délivrer du bois de construction, dans certaines forêts.

MARONNER [mà-rò-né] *v. intr.*
[ÉTYM. Origine inconnue. (*Cf.* marmotter, marmonner.) || *Néolog.* Admis ACAD. 1878.]

|| *Famil.* Se plaindre entre ses dents.

1. MAROQUIN [mà-rò-kin] *s. m.*
[ÉTYM. Dérivé de Maroc, pays où l'on apprête cette peau, §§ 36 et 100. || xviᵉ s. De la peau seront faictz les beaulx marroquins, RAB. IV, 16. Admis ACAD. 1798.]

|| Peau de chèvre ou de bouc, plus ou moins grenue, apprêtée avec de la noix de galle ou du sumac. — du Levant. Un livre relié en —. || *P. anal.* Peau de mouton, de veau, apprêtée de manière à imiter le maroquin. || *P. appos.* Papier —, papier de couleur, grenu, qui imite le maroquin.

2. *MAROQUIN [mà-rò-kin] *s. m.*
[ÉTYM. Origine inconnue. || *Néolog.*]

|| (Marine.) Cordage amarré au grand mât et au mât de misaine d'un navire, pour porter les palans qui servent à charger ou à décharger les marchandises.

***MAROQUINAGE** [mà-rò-ki-nàj'] *s. m.*
[ÉTYM. Dérivé de maroquiner, § 78. || *Néolog.*]

|| (Technol.) Action de maroquiner (une peau).

MAROQUINER [mà-rò-ki-né] *v. tr.*
[ÉTYM. Dérivé de maroquin 1, § 154. || 1701. FURET. Admis ACAD. 1798.]

|| (Technol.) Apprêter (une peau de mouton, de veau) de manière à imiter le maroquin. || *P. anal.* Papier maroquiné, papier de couleur grenu, qui imite le maroquin.

MAROQUINERIE [mà-rò-kin'-ri; *en vers*, -ki-ne-ri] *s. f.*
[ÉTYM. Dérivé de maroquin 1, § 69. || xviiiᵉ s. POMEY, *Dict. royal*, dans TRÉV. Admis ACAD. 1798.]

|| (Technol.) Fabrication, commerce du maroquin. || Établissement où l'on fabrique le maroquin.

MAROQUINIER [mà-rò-ki-nyé] *s. m.*
[ÉTYM. Dérivé de maroquin 1, § 115. || xviiiᵉ s. POMEY, *Dict. royal*, dans TRÉV. Admis ACAD. 1798.]

|| (Technol.) Celui qui fabrique, qui vend le maroquin.

MAROTIQUE [mà-rò-tik'] *adj.*
[ÉTYM. Dérivé de Marot (Clément), célèbre poète français, § 229. || 1608. Pour les chansons eviter Et sales et marotiques, COYSSARD, *Doctr. chrest.* dans DELB. *Rec.* Admis ACAD. 1740.]

|| Qui imite le langage archaïque. Style —.

MAROTTE [mà-ròt'] *s. f.*
[ÉTYM. Nom propre de femme, forme hypocoristique de Marie, §§ 36 et 136. (*Cf.* marionnette, marjolet, etc.) || 1468. La teste d'une marote ou d'une idole, J. CASTEL, dans GODEF. marote 1.]

I. *Vieilli et dialect.* (Normandie). Petite fille.

II. || 1° *Fig.* Attribut donné à la Folie, sceptre que surmonte une tête à capuchon bigarré, garni de grelots.

|| 2° *Fig. Famil.* Folle manie. Une femme stupide est donc votre — ? MOL. *Éc. des f.* I, 1.

***MAROUFLAGE** [mà-rou-flàj'] *s. m.*
[ÉTYM. Dérivé de maroufler, § 78. || *Néolog.*]

|| (Technol.) Action de maroufler.

1. MAROUFLE [mà-roùfl'] *s. m.*
[ÉTYM. Paraît contenir le même radical que maraud. || xviᵉ s. Les maroufles en grand esbahissement, RAB. I, 35.]

|| Impudent maraud. Peste soit du —, MOL. *D. Juan*, II, 3.

2. MAROUFLE [mà-roùfl'] *s. f.*
[ÉTYM. Origine inconnue. || 1688. Fournitures de toile, sable et marouf, *Comptes de la surintend. des arts et manuf.* 25 janv. Admis ACAD. 1835.]

‖ (Technol.) Espèce de colle forte très tenace.

MAROUFLER [mà-rou-flé] *v. tr.*

[ÉTYM. Dérivé de maroufle 2, § 154. ‖ 1752. TRÉV. Admis ACAD. 1762.]

‖ (Technol.) Fixer avec la colle dite maroufle (une peinture sur toile), soit sur une toile (pour la renforcer), soit sur un panneau de bois, un mur, un plafond.

*MARPRIME [màr-prim'] *s. f.*

[ÉTYM. Origine inconnue. ‖ *Néolog.*]

‖ (Technol.) Poinçon à percer les trous dans la toile à voiles.

MARQUANT, ANTE [màr-kan, -kānt'] *adj.*

[ÉTYM. Adj. particip. de marquer, § 47. ‖ 1732. TRÉV. Admis ACAD. 1762.]

‖ 1° Qui a une marque particulière. Le caractère — d'une physionomie, d'un ouvrage. Une idée marquante. ‖ *P. ext.* Un personnage —, que son mérite met en relief.

‖ 2° (T. de jeu.) Carte marquante, et, *substantivt*, Une marquante, carte qui fait marquer des points à celui qui l'a dans son jeu.

1. MARQUE [màrk'] *s. f.*

[ÉTYM. Subst. verbal de marquer, § 52. A remplacé l'anc. franç. merc, *s. m.* (*Cf.* le terme de marine amers.) ‖ XVe s. Vos yeulx ont si empraint leur merche En mon cueur, A. CHARTIER, *Belle Dame sans merci.*]

‖ *Au propre.* ‖ 1° Trace laissée par une chose, qui sert à la faire reconnaître. Les marques des roues sur le chemin. Les marques de l'inondation sur la berge. Les marques de la mer, trace laissée par la marée sur la plage. ‖ Un visage qui porte les marques de la petite vérole. De ton poignard connais du moins ces marques, RAC. *Ath.* V, 5. Les marques de l'incendie sur les murs. ‖ *P. ext. Fig.* — de feu, moucheture d'un rouge vif sur le pelage d'un animal. ‖ *Absolt.* Degré d'usure des dents d'un cheval, auquel on reconnaît son âge pendant les premières années.

‖ 2° Empreinte laissée sur une chose, pour la faire reconnaître. La — du linge. Le point de —, dont on se sert pour faire la marque du linge. La — qu'un fabricant met sur ses produits (pour les distinguer), — de fabrique. Farine de première —. ‖ *Fig.* La — de l'ouvrier sur son œuvre, le mérite particulier qui la distingue. La — de l'architecte, BOSS. *La Vall.* ‖ La — de la douane, servant à indiquer que des marchandises ont acquitté leurs droits. La — des moutons d'un troupeau, des chevaux d'un régiment. *Absolt.* La —, signe infamant qu'on appliquait avec un fer rouge sur l'épaule de certains condamnés. ‖ *Fig.* Quelle Jérusalem nouvelle Sort du fond du désert brillante de clartés Et porte sur le front une — immortelle? RAC. *Ath.* III, 7. N'imprimez pas, Seigneur, cette honteuse — A ces rares vertus, CORN. *Cinna*, II, 1.

‖ 3° Tout ce qui sert à faire reconnaître qqch. Mettre une — dans un livre, pour reconnaître la page où on s'est arrêté. Une — de boulanger, morceau de bois sur lequel on fait une coche pour chaque pain fourni. Des marques de jeu, jetons, fiches, etc., servant à noter les points ou les parties qu'on gagne. *Spécialt.* Petite tablette garnie de languettes mobiles dont chacune indique un nombre de points convenu. Marques de théâtre, cartes qu'on délivrait pour entrer. Les gagistes, receveurs de marques et de contremarques, LES. *Gil Blas*, VII, 8. ‖ (Blason.) Marques d'honneur, pièces qu'on met hors de l'écu, collier d'un ordre, bâton de maréchal, etc. ‖ *Fig.* Gardez votre pouvoir, reprenez-en la —, CORN. *Poly.* V, 6. (Jésus-Christ) viendra avec toutes les marques de la puissance et de la majesté divine, BOURD. *2e Jugem. dernier*, préamb. La — d'une si grande dignité fut comme un jouet entre ses mains, BOSS. *A. de Gonz.* Cette — d'honneur qu'il met dans ma famille, CORN. *Cid*, I, 3.

‖ 4° *Fig.* Caractère propre auquel une chose se reconnaît. La vraie religion doit avoir pour — d'obliger à aimer son Dieu, PASC. *Pens.* XI, 1. Ils périssent avec toutes les marques de la vengeance divine, BOSS. *Hist. univ.* II, 20. Ils... ont donné d'illustres marques (de valeur), ID. *ibid.* III, 5. Je découvrais en vous d'assez d'illustres marques (de mérite), CORN. *Poly.* II, 2. Donner à qqn des marques d'amitié, de respect. La — assurée d'une âme forte, BOSS. *D. d'Orl.* Dieu ne devant plus... donner de ces grandes marques de lui, PASC. *Pens.* XV, 1.

2. MARQUE [màrk'] *s. f.*

[ÉTYM. Emprunté du provenç. marca, *m. s.* subst. verbal de marcar, saisir à titre de représailles, d'origine incertaine, § 11. ‖ 1339. Pour cause des marques a donner contre les subjets desdiz royaumes, dans DU C. marcha 1.]

‖ (Droit.) Représailles. ‖ *Spécialt.* Lettres de —.‖ **1.** *Anciennt.* Autorisation donnée par un État à un particulier de se faire justice lui-même aux dépens de ceux qui l'ont lésé. ‖ **2.** *De nos jours.* Commission donnée au capitaine d'un navire armé en course.

MARQUER [màr-ké] *v. tr. et intr.*

[ÉTYM. Anc. franç. mercher, d'origine germanique (*cf.* allem. merken, marquer, remarquer), §§ 6, 498 et 499. A côté de mercher, on trouve aussi merquer, d'après le subst. merc (*V.* marquer), devenu marquer, soit par le changement phonétique de er en ar, soit sous l'influence de l'italien marcare, § 12. ‖ XIIe s. Puis l'en leisseit aler, mes primes le merkeit, GARN. DE PONT-STE-MAX. *St Thomas*, 1279.]

I. *V. tr.* ‖ 1° Faire reconnaître (une chose, une personne) par la trace qui est laissée. L'empreinte de ses pas était marquée sur le sol. Un front encor marqué des fers qu'il a portés, CORN. *Oth.* IV, 1. Être marqué de la petite vérole. Appétit tel qu'Alibech avait crainte Que quelque jour son fruit n'en fût marqué (suivant la croyance que certains signes que l'enfant a sur le corps en venant au monde rappellent la chose dont la mère a eu le désir dans sa grossesse, sans pouvoir le satisfaire), LA F. *Contes, Diable en enfer.* ‖ *Fig.* Il a marqué son passage par des ruines. Silanus... marqua de son sang ce jour infortuné, RAC. *Brit.* IV, 2.

‖ 2° Faire reconnaître (une chose, une personne) par une empreinte qu'on trace. — du linge. De l'argenterie marquée à son chiffre. — les moutons d'un troupeau, les chevaux d'un régiment. On n'y marque que les esclaves, comme une espèce d'animaux nés pour servir, BOSS. *Élév. Myst.* VIII, 9. *Spécialt.* — un criminel, lui appliquer avec le fer rouge un signe infamant sur l'épaule. Fouetté-marqué, condamné qui avait subi la peine du fouet et de la marque. Et jadis en public fus marqué par derrière, MOL. *Amph.* 1, 2. *Fig.* C'est lui aussi (Dieu) qui nous a marqués de son sceau, SACI, *Bible, St Paul, 2e Ép. aux Cor.* I, 22. Le Seigneur marqua Caïn d'un signe de réprobation, MASS. *Jugem. univ.* 1. ‖ *Fig. Famil.* Être marqué au B, être bossu, borgne ou boiteux. — des arbres (avec un marteau), pour indiquer qu'ils doivent être réservés dans la coupe. Des produits, des ouvrages marqués du nom, du chiffre du fabricant, de l'artiste. *Fig.* Un ouvrage marqué au bon coin, où l'on reconnaît l'œuvre d'un bon ouvrier, d'un bon auteur. A quel coin se marquent les bons vers, BOIL. *Sat.* 2.

‖ 3° Faire reconnaître qqch par qq moyen. — les points, au jeu. Un village qui n'est pas marqué sur la carte. Le boulanger marque sur une taille les pains qu'il fournit. ‖ — la mesure, — le pas, en faisant sentir les divers temps, la cadence, par des mouvements de la main, du pied, qui y correspondent. Les aiguilles de la pendule marquent dix heures. Comme le cours du soleil se marque sur un cadran, BOSS. *Conn. de Dieu*, III, 8. Le thermomètre marque quinze degrés. ‖ (Escrime.) — un coup, l'indiquer en le simulant, sans le porter effectivement. ‖ *Fig.* Marque, entre cent moutons, le plus gras, le plus beau, LA F. *Fab.* II, 16. Je lui marque le cœur où sa main doit frapper, RAC. *Mithr.* IV, 1. Au vestibule obscur il marque une autre place, BOIL. *Art p.* 4. Si votre heure est une fois marquée, RAC. *Phèd.* I, 1. A l'heure marquée, il fallut réveiller d'un profond sommeil cet autre Alexandre, BOSS. *Condé.* ‖ Le magistrat... Défendit de — les noms et les visages, BOIL. *Art p.* 3. Les endroits où Nabuchodonosor a été marqué comme celui qui devait venir pour punir les peuples superbes, BOSS. *Hist. univ.* III, 1. L'endroit du remercîment où le prince marquait qu'il mourait content, BOSS. *Condé.* ‖ *Spécialt.* Un vêtement qui marque la taille, ajusté de manière à indiquer, à dessiner la forme du corps. Des traits marqués, que l'âge a rendus plus prononcés. ‖ *P. ext.* (Théâtre.) Une actrice trop marquée pour jouer les amoureuses. Rôle marqué, où l'on représente un personnage qui n'est plus de la première jeunesse.

‖ 4° *Fig.* Faire reconnaître (une chose, une personne) par un caractère spécial. La nature, féconde en bizarres portraits, Dans chaque âme est marquée à de différents traits, BOIL. *Art p.* 3. Ce qui marque une intempérie dans le parenchyme, MOL. *Mal. im.* II, 6. Elle ne marque aucun reste de vie, RAC. *Baj.* IV, 5. Quels présages affreux nous marquent son courroux? ID. *Iph.* 1, 2. — à qqn son estime, sa reconnaissance, son respect. Une attention marquée par ses gestes, SÉV. 1090. *Absolt.* Un mécontentement marqué, rendu manifeste. Une attention marquée. Une révérence très marquée,

ST-SIM. I, 23. Si je n'y voyais rien qui marquât une divinité, PASC. *Pens.* XIV, 2.

II. *V. intr.* || **1°** Laisser sa trace. Une étoffe sur laquelle les doigts marquent. Un crayon qui ne marque pas. | (Marine.) La mer a marqué, a laissé, en se retirant, des herbes, des coquillages, etc., qui indiquent jusqu'où elle a monté. *P. anal.* La brise marque, commence à rider la surface de la mer. || *Fig.* Laisser une impression durable. Ils (les vieillards) confondent leurs différents âges, ils n'y voient rien qui marque assez pour mesurer le temps qu'ils ont vécu, LA BR. 11.

|| **2°** Faire reconnaître son état par un trait spécial. *Spéciall.* (Art vétérin.) Un cheval qui a marqué, qui ne marque plus (*cf.* bégu), cheval âgé, dont les dents n'indiquent plus l'âge par le degré d'usure. || *Famil.* Une femme qui marque, chez laquelle paraissent des mucosités sanguinolentes annonçant l'accouchement.

|| **3°** Se mettre en relief par son mérite. Les personnages qui ont marqué dans ce siècle. (*Cf.* marquant.)

MARQUETER [màr-ke-té] *v. tr.*
[ÉTYM. Dérivé de marquer, § 167. || 1386. Un escrin marqueté et terré d'argent, dans GODEF. *Compl.*]

|| **1°** Parsemer de marques. Elle est (ma peau) bigarrée, Pleine de taches, marquetée, LA F. *Fab.* IX, 3.

|| **2°** *P. ext.* Former de pièces de marqueterie. Un parquet, un guéridon marqueté.

MARQUETERIE [màr-kět'-ri; *en vers,* -kè-te-ri] *s. f.*
[ÉTYM. Dérivé de marqueter, § 69. || 1416. Ymages de marqueterie, dans DELB. *Rec.*]

|| Assemblage de pièces de rapport, de matière ou de couleur différente. — de bois, de marbre, formée de différents bois, de différents marbres. Une table, un parquet de —. || *Fig.* Ce livre est un ouvrage de —, est formé de morceaux réunis artificiellement.

MARQUETEUR [màr-ke-teùr] *s. m.*
[ÉTYM. Dérivé de marqueter, § 112. On trouve marquetier en 1509 (*Comptes de Gaillon,* p. 415, Delville). || 1771. Marqueteurs et ebenistes, DUHAMEL DU MONCEAU, *Art de faire les colles,* p. 14.]

|| (Technol.) Celui qui fait des ouvrages de marqueterie.

MARQUETTE [màr-kět'] *s. f.*
[ÉTYM. Emprunté de l'espagn. marqueta, *m. s.* § 13. || 1732. TRÉV. Admis ACAD. 1762.]

|| (Commerce.) Pain de cire vierge.

MARQUEUR, *MARQUEUSE [màr-keùr, -keùz'] *s. m. et f.*
[ÉTYM. Dérivé de marquer, § 112. || 1582. Adjousteur et marqueur d'aulnes, dans DELB. *Rec.*]

|| **1°** Celui qui met une marque sur qqch. — de moutons. Une marqueuse de linge.

|| **2°** Celui, celle qui marque les points. Un — au jeu de billard, dans un tir.

MARQUIS [màr-ki] *s. m.*
[ÉTYM. Anc. franç. marchis, dérivé du radical germanique de marche 1 à l'aide du suffixe lat. ensis, d'où *marchiels,* marchis, §§ 6, 143, 498 et 499. Marchis a été remplacé par marquis sous l'influence de l'ital. marchese, § 12. || XIᵉ s. Li conte et li marchis, *Voy. de Charl. à Jérus.* 446.]

|| **1°** *Anciennt.* Chef d'un domaine placé à la frontière d'un État. (*V.* marche.)

|| **2°** *P. ext.* Celui qui vient après le duc et avant le comte dans la hiérarchie des titres de noblesse. Tout — veut avoir des pages, LA F. *Fab.* I, 3. Vous donnez furieusement dans le — (vous voulez faire le marquis), MOL. *Av.* I, 4.

MARQUISAT [màr-ki-zà] *s. m.*
[ÉTYM. Dérivé de marquis, § 254. || 1552. Marquisat du Sainct Empire, G. GUÉROULT, *Chron. des empereurs,* dans DELB. *Rec.*]

|| Dignité, titre de marquis. || *P. ext.* Terre à laquelle était attaché ce titre. Terre érigée en —.

MARQUISE [màr-kìz'] *s. f.*
[ÉTYM. Féminin de marquis, § 37. Pour les sens figurés, *cf.* duchesse. || XIIIᵉ s. C'estoit une grant marchise, RUTEB. p. 269, Kressner.]

I. Femme d'un marquis.

II. *Fig.* || **1°** (Marine.) Toile tendue au-dessus des tentes d'officier, au-dessus de la tente du gaillard d'arrière, pour mieux garantir de la pluie ou du soleil.

|| **2°** Auvent, le plus souvent vitré, construit au-dessus de la porte d'un bâtiment, pour qu'on puisse entrer, sortir à couvert.

|| **3°** Ombrelle à manche articulé qu'on peut incliner en tous sens.

|| **4°** Espèce de poire fondante.

MARQUOIR [màr-kwàr] *s. m.*
[ÉTYM. Dérivé de marquer, § 113. || 1780. GARSAULT, *Tailleur,* dans *Descript. des arts et mét.* XIV, 108.]

|| (Technol.) Ce qui sert à marquer. || *Spéciall.* | 1. *Vieilli.* Sorte de règle à l'usage des tailleurs. | 2. Modèle de lettres à marquer le linge exécuté sur un canevas.

MARRAINE [mà-rên'; *selon d'autres,* má-...] *s. f.*
[ÉTYM. Du lat. pop. *matrana,* dérivé de mater, mère, devenu madraine, marraine, §§ 97, 404, 292 et 291. || XIᵉ s. Baptiziez la...; or seit fait par marraines, *Roland,* 3981.]

|| Celle qui tient un enfant sur les fonts baptismaux, et qui d'ordinaire lui donne le prénom qu'il doit porter. La — d'un enfant. || *P. anal.* La — d'une cloche, d'un navire, celle qui, lorsqu'on bénit une cloche, un navire, est honorée de ce titre et chargée de donner un nom à la cloche, au navire. || *P. ext.* La — d'une nouvelle plante, celle qui lui donne son nom. La — d'une dame à la cour, celle qui la présente.

MARRE [màr'] *s. f.*
[ÉTYM. Du lat. marra, *m. s.* § 291. (*Cf.* tintamarre.)]

|| *Dialect.* Houe de vigneron.

MARRER [mà-ré] *v. tr.*
[ÉTYM. Dérivé de marre, § 154. || XIIIᵉ s. De ses deus poinz son vis merra, *Vie des Pères,* dans GODEF.]

|| *Dialect.* Remuer, travailler (la terre) avec la marre.

MARRI, IE [mà-ri] *adj.*
[ÉTYM. Adj. particip. de l'anc. verbe marrir (german. marrian, §§ 6, 498 et 499), désoler, § 44. || XIIᵉ s. Li cuens Raous et molt le cuer mari, *Raoul de Cambrai,* 861.]

|| *Vieilli.* Attristé. Je serais bien — que vous crussiez..., PASC. *Prov.* 5. Quittant d'un œil — Sa fortune ainsi répandue, LA F. *Fab.* VII, 10.

MARRISSON [mà-ri-son] *s. m. et f.*
[ÉTYM. Dérivé de l'anc. verbe marrir (*cf.* marri), § 106. Sur le genre, *V.* § 551. || XIIIᵉ s. Lors pleure tendrement el a grant marrison, *Maugis,* dans GODEF. marisson.]

|| *Vieilli.* Tristesse. O crève-cœur! o —, ST-AMANT, *Rome ridicule,* str. 75. Trop cuisant — Pour la perte d'une servante, CHAPELLE, *Lett. en stances à St-Aignan.*

1. MARRON [má-ron] *s. m.*
[ÉTYM. Mot venu de Lyon et appliqué d'abord aux châtaignes du Vivarais, § 11. || 1533. Les marrons des montaignes de Savoie, RAB. *Pantagr. prognostic.*]

|| **1°** Fruit du marronnier. Des marrons de Lyon. Des marrons rôtis, cuits sous la cendre. *Fig.* Par allusion à la fable où le chat tire du feu les marrons que le singe croque. Tirer les marrons du feu pour qqn, avoir la peine, les risques d'une entreprise dont un autre a le profit. *Dans un autre sens.* Tirer les marrons de la patte du chat (prendre le profit à celui qui a eu les risques), MOL. *Ét.* III, 5. Marrons glacés, confits et couverts de sirop de sucre. || *Pris adjectiv. Invar.* La couleur —, couleur d'un roux foncé. Un habit —.

|| **2°** *P. anal.* Fruit du marronnier d'Inde. || — d'eau, fruit de la macre, dit aussi truffe d'eau. || — de cochon, rhizome du cyclamen. || — noir, espèce d'agaric, de couleur foncée en dessus. || *P. ext.* Poisson de la Méditerranée, du genre spare. || — épineux, coquillage du genre chame. || *Fig.* Pièce d'artifice explosive dont on garnit des fusées volantes. || Pelote coagulée dans la farine mal pétrie, le plomb mal fondu. || Noyau d'une pierre à chaux que la calcination n'a pas atteint. || Boucle de cheveux roulée en rond et nouée avec un ruban. J'aimerais mieux coiffer dix femmes en boucles que de mettre une tête d'abbé en marrons, REGNARD et DUFRESNY, *Foire St-Germ.* I, 6. || *Anciennt.* Jeton que les patrouilles devaient déposer à chaque poste, pour constater les rondes.

2. MARRON, ONNE [mà-ron, -ròn'] *adj.*
[ÉTYM. Emprunté de l'espagn. cimarron, *m. s.* § 13. || 1701. FURET. Admis ACAD. 1740.]

|| **1°** En parlant d'un esclave, qui s'est enfui dans les bois pour y vivre en liberté. Nègre —, négresse marronne. || En parlant d'un animal domestique, qui s'est échappé des habitations et est redevenu sauvage. Cochon —.

|| **2°** *P. anal.* Qui exerce une profession sans titre, sans brevet. *Spéciall.* Courtier —. Cocher —. Imprimeur —. || *Substantiv. au masc.* | 1. Ouvrage imprimé clandestinement. | 2. Caractère découpé à jour dans une feuille de

cuivre, pour tracer des lettres, des chiffres avec un pinceau enduit de noir.

***MARRONAGE.** *V.* maronage.

MARRONNAGE [mà-rò-nàj'] *s. m.*
[ÉTYM. Dérivé de marron 2, § 78. || XVIII⁰ s. *V.* à l'article. Admis ACAD. 1835.]
|| État d'un esclave marron. Elle n'avait vécu pendant son — que de mauvais fruits, BUFF. dans DELB. *Rec.* || *P. anal.* État d'un courtier, d'un imprimeur marron.

1. MARRONNER [má-rò-né] *v. tr.*
[ÉTYM. Dérivé de marron 1, § 154. || 1752. TRÉV. Admis ACAD. 1762.]
|| *Vieilli.* Rouler (des cheveux) en boucle ronde, dite marron.

2. *MARRONNER [mà-rò-né] *v. tr.*
[ÉTYM. Dérivé de marron 2, § 154. || 1812. MOZIN, *Dict. franç.-allem.*]
|| (Technol.) Imprimer clandestinement.

MARRONNIER [má-rò-nyé] *s. m.*
[ÉTYM. Dérivé de marron, § 115. || 1611. COTGR.]
|| Variété de châtaignier greffé, dont le fruit, plus gros que la châtaigne, n'a qu'une amande qui remplit à elle seule la coque épineuse. || — d'Inde, arbre originaire de l'Asie, à fruit amer semblable à la châtaigne.

MARRUBE [màr'-rub'] *s. m.*
[ÉTYM. Emprunté du lat. marrubium, m. s. L'anc. franç. a la forme pop. marouge. || Admis ACAD. 1762.]
|| (Botan.) Plante labiée à odeur forte, à saveur âcre. || *P. ext.* — aquatique, le lycope d'Europe.

MARS [màrs'] *s. m.*
[ÉTYM. Du lat. martium, m. s. proprt, « mois du dieu Mars » (*cf.* mardi), devenu marz, mars, §§ 406 et 291.]
|| Troisième mois de l'année. Les giboulées de —. A la mi-—. || *Loc. prov.* Cela vient comme — en carême. | 1. *Vieilli.* Cela arrive régulièrement. | 2. Cela arrive à propos. (*Cf.* marée.) || Blé de —, espèce de blé qu'on sème en mars, et, *ellipt*, Les —, orge, avoine, millet, etc. (*Cf.* trémois.)

***MARSAUX** [màr-só] *s. m.*
[ÉTYM. Du lat. marem salicem, proprt, « saule mâle », § 174, devenu en anc. franç. marsalce ou marsalz, selon les dialectes, §§ 290, 291, 389, d'où marsauce, marsauz, marsaux, § 455. Qqns écrivent moins bien marsaut, marsault, et même marseau, marceau. || XIII⁰-XIV⁰ s. Marcance (lisez marsauce) et poplier, *Métam. d'Ovide*, dans GODEF. marcance.]
|| Saule mâle.

MARSEILLAISE [màr-sè-yèz'] *s. f.*
[ÉTYM. Tiré du nom propre Marseillais, de Marseille, cette chanson ayant été chantée d'abord à Paris (juillet 1792) par les fédérés de Marseille, §§ 36 et 37. || Admis ACAD. 1878.]
|| Chanson guerrière, devenue l'hymne national des Français. || *P. ext.* La Marseillaise des travailleurs.

MARSOUIN [màr-swin] *s. m.*
[ÉTYM. Emprunté du francique marswin, allem. mod. meerschwein, m. s. proprt, « pourceau de mer », §§ 6, 498 et 499. || XIV⁰-XV⁰ s. Chiens de mer, marsouins, saumons, EUST. DESCH. VIII, 340.]
|| 1⁰ Cétacé de l'ordre des Dauphins, à museau obtus et arrondi, dit vulgairement pourceau de mer. || *Fig.* Homme laid, mal bâti. C'est un vilain —.
|| 2⁰ *P. anal.* (Marine.) Forte pièce de bois qui relie la carlingue d'un navire à l'étrave et à l'arcasse. || Tente établie à l'avant du mât de misaine.

MARSUPIAL, ALE [màr-su-pyàl; *en vers*, -pi-àl] *adj.*
[ÉTYM. Dérivé du lat. marsupium, bourse, § 238. || 1736. PETIT, *Mém. de l'Acad. des sc.* p. 136. Admis ACAD. (au masc. plur.) 1835.]
|| (T. didact.) Qui porte une poche. Mammifères marsupiaux, et, *substantivt*, Les marsupiaux, quadrupèdes portant une poche abdominale où sont les mamelles, et où les petits, nés avant terme, trouvent une gestation supplémentaire et un refuge. || Os marsupiaux, fausses côtes qui soutiennent cette poche. || *Substantivt, au fém.* Les marsupiales, méduses en forme de sac.

MARTAGON [màr-tà-gon] *s. m.*
[ÉTYM. Emprunté de l'ital. martagone ou de l'espagn. martagon, m. s. §§ 12 et 13. || XVI⁰ s. DU PINET, *Hist. nat. de Pline*, dans DELB. *Rec.*]
|| (Botan.) Lis d'un rouge orangé, dont les pétales se recourbent en dehors.

MARTE [màrt']. *V.* martre.

MARTEAU [màr-tó] *s. m.*
[ÉTYM. Du lat. pop. *martellum (class. martulus ou marculus, diminutif de marcus, § 126), devenu martel, marteau, §§ 291 et 456. (*Cf.* martel.) || XI⁰ s. A pis et a martels, *Voy. de Charl. à Jérus.* 328.]
|| 1⁰ Outil de percussion formé d'un manche et d'une masse de fer dont un côté (tête) est généralement rectangulaire, légèrement bombé, et l'autre (panne) aminci en biseau. Ouvriers à —, dont le travail se fait avec cet outil (forgerons, serruriers, chaudronniers, etc.). — d'assiette, outil de paveur à tête ronde, à panne large et pointue, pour fouiller la terre et asseoir les pavés. — à pointes, à tête armée de pointes, pour entamer la pierre. || *P. ext.* — de soulèvement, à bascule, lourd marteau mis en mouvement par un moteur mécanique. — pilon, mû verticalement dans des coulisses de fer. || *Fig.* Être entre l'enclume et le —, entre personnes d'intérêts opposés. Avoir un coup de — (le cerveau fêlé), être un peu fou.
|| 2⁰ *P. ext.* | 1. Instrument de percussion servant à donner une empreinte. — des eaux et forêts, sorte de marteau dont le gros bout porte une marque en relief qu'on applique sur les arbres réservés pour les services publics. | 2. Arme contondante en forme de marteau dont on se servait au moyen âge. Ces marteaux d'armes tant vantés, BOSS. *A. de Gonz.* | 3. Battant métallique attaché à une porte à l'extérieur, et avec lequel on frappe pour se faire ouvrir. Graisser le —, pour qu'il joue plus facilement. *Fig.* On n'entrait pas chez nous sans graisser le marteau (sans donner de l'argent au portier), RAC. *Plaid.* I, 1. | 4. — de commissaire-priseur, marteau avec lequel il frappe la table pour indiquer le commencement, la fin des enchères. Passer sous le —, être vendu aux enchères. | 5. — d'horloge, de pendule, battant qui frappe sur le timbre pour indiquer les heures. | 6. — de piano, pièce de bois qu'on fait mouvoir en enfonçant chaque touche, et dont l'extrémité supérieure, frappant les cordes correspondantes, les met en vibration. | 7. Un des quatre osselets de l'oreille, en forme de marteau. | 8. — d'eau, instrument de physique, tube où on a fait le vide et contenant de l'eau qui, quand on renverse le tube, vient frapper le fond avec bruit. | 9. *Anciennt.* Perruque à marteaux, qui se terminait en arrière par une longue boucle entre deux nœuds.

MARTEL [màr-tèl] *s. m.*
[ÉTYM. Subst. verbal de marteler, § 52. || XVI⁰ s. Un martel le tourmente, J. BÉRAUD, *Poés.* p. 197, Jouaust.]
|| *Vieilli.* Action de marteler. Donner, mettre — en tête à qqn, le frapper d'inquiétude. *Ellipt.* Ce jeune jouvencel A qui le Cid donne tant de —, CORN. *Poés. div.* 23. Avoir, se mettre — en tête. Prendre — en tête, MOL. *Dép. am.* I, 1.

MARTELAGE [màr-te-làj'] *s. m.*
[ÉTYM. Dérivé de marteler, § 78. || 1530. Ouyr le martelage, dans GODEF. Admis ACAD. 1740.]
|| (Technol.) Action de marteler. || *Spécialt.* | 1. (T. forest.) Le — des arbres destinés à un service public. | 2. (Art vétérin.) Castration du taureau par —, par écrasement, à coups de marteau, des cordons testiculaires.

MARTELER [màr-te-lé] *v. tr.*
[ÉTYM. Dérivé de marteau, §§ 64, 65 et 154. || XIII⁰ s. Tousjours martele, toujours forge, J. DE MEUNG, *Rose*, 16212.]
|| 1⁰ Battre, travailler à coups de marteau. — le fer. *P. anal.* (Vénerie.) Fumées martelées, qui n'ont point d'aiguillon au bout. || *Fig.* | 1. Faire résonner comme les coups d'un marteau. Sons martelés, qui se détachent nettement. | 2. Soumettre à un effort pénible. Des vers martelés. De son lourd marteau martelant le bon sens, BOIL. *Épigr.* 13. Avoir la tête, le cerveau martelé. (*Cf.* martel.)
|| 2⁰ (T. forest.) Marquer avec le marteau des eaux et forêts. — un arbre.

MARTELET [màr-te-lè] *s. m.*
[ÉTYM. Dérivé de marteau, §§ 64, 65 et 133. || XIII⁰ s. Mes deus martelez, J. DE MEUNG, *Rose*, dans DELB. *Rec.* Admis ACAD. 1798.]
|| (Technol.) Petit marteau.

MARTELEUR [màr-te-leur] *s. m.*
[ÉTYM. Dérivé de marteler, § 112. || XIII⁰ s. Martellour et fevre, dans LITTRÉ, *Suppl.* Admis ACAD. 1835.]
|| (Technol.) Ouvrier qui travaille au marteau.

***MARTELINE** [màr-te-lin'] *s. f.*
[ÉTYM. Dérivé de marteau, §§ 64, 65 et 100. || 1611. COTGR.]

‖ (Technol.) Petit marteau de sculpteur, dont la tête a des dents d'acier pour gruger le marbre.

***MARTELLERIE** [màr-tĕl-ri ; *en vers,* -tè-le-ri] *s. f.*
[Étym. Dérivé de marteler, § 69. ‖ xv°-xvi° s. Mortelle marteillerie, FOSSETIER, *Chron. margar.* dans GODEF. martelerie.]

‖ (Technol.) Atelier où l'on travaille le métal au marteau.

MARTIAL, ALE [màr-syàl ; *en vers,* -si-àl] *adj.*
[Étym. Emprunté du lat. martialis, qui a rapport à Mars, à la guerre. ‖ xvi° s. Les martialles bandes, MAROT, *Épit.* 7 (1514).]

‖ **1°** Qui a un caractère guerrier. Un air —. ‖ Cour martiale, tribunal militaire. Loi martiale, autorisant, dans des cas déterminés, l'emploi de la force armée.

‖ **2°** *Ancient.* (Mars désignant le fer pour les alchimistes.) Ferrugineux. Préparations martiales.

***MARTIN-CHASSEUR** [màr-tin-chà-seur] *s. m.*
[Étym. Composé de Martin et chasseur, à l'imitation de martin-pêcheur, § 173. ‖ xviii° s. BUFF.]

‖ (Hist. nat.) Passereau, voisin du martin-pêcheur, qui vit dans les bois, d'insectes, de larves.

1. MARTINET [màr-ti-nè] *s. m.*
[Étym. Dérivé de Martin (*cf.* martin-chasseur), §§ 36 et 133. ‖ xvi° s. Martinets pescheurs et autres especes de martinets, DU PINET, *Hist. nat. de Pline,* dans DELB. *Rec.*]

‖ (Hist. nat.) Espèce d'hirondelle à longues ailes.

2. MARTINET [màr-ti-nè] *s. m.*
[Étym. Semble dérivé de marteau avec changement de suffixe, §§ 62 et 133. ‖ (Au sens I.) 1315. Se déduit d'un texte latin cité dans DU C. martinetus.]

‖ **1°** Lourd marteau à bascule. ‖ *P. ext.* Usine où l'on se sert de ce marteau.

‖ **2°** Morceau de grès qui sert à polir le marbre.

‖ **3°** Fouet formé de plusieurs cordes ou lanières.

‖ **4°** Cordage qui sert à maintenir la corne d'artimon.

‖ **5°** Bougeoir à manche court et à base plate.

MARTINGALE [màr-tin-gàl] *s. f.*
[Étym. Emprunté du provenç. mod. martegalo, tiré de martegue (en français le Martigue), petite ville sur l'étang de Berre, §§ 11, 36 et 37. Sur l'intercalation de l'n, *V.* § 509. ‖ xvi° s. Chausses a la martingale, RAB. I, 20. Admis ACAD. 1762.]

‖ **1°** *Ancient.* Chausses à la —, sorte de culottes dont le fond s'attachait par derrière.

‖ **2°** Courroie fixée à la muserole du cheval et attachée sous le ventre, pour empêcher l'animal de porter au vent et de battre à la main. Fausse —, qui s'attache au milieu du poitrail. ‖ *Fig. Trivial.* Personne dont on ne peut se dépêtrer. Le fils de Cypris Suivant sa vieille — (la sibylle), SCARR. *Virg. trav.* 6.

‖ **3°** Arc-boutant placé à la tête du mât de beaupré.

‖ **4°** Languette de buffle cousue à la giberne du fantassin. ‖ Languette de drap cousue à la capote.

‖ **5°** Petit cordage servant à fixer le quart à poche sur la haussière qui porte les filets.

‖ **6°** *Fig.* A la roulette, aux jeux de hasard, manière de ponter tendant à ramener au joueur ce qu'il peut avoir perdu plus un bénéfice, par une augmentation progressive de sa mise.

MARTIN-PÊCHEUR [màr-tin-pò-cheur] *s. m.*
[Étym. Composé de Martin, nom de saint donné plaisamment à un oiseau (dit autrefois oiseau de Saint-Martin), et pêcheur, §§ 36 et 173. On trouve aussi martinet-pêcheur, notamment dans ACAD. 1762, qui ne donne martin-pêcheur qu'à partir de 1798.]

‖ Oiseau de l'ordre des Passereaux, à plumage éclatant, qui vit le long des cours d'eau et se nourrit de poissons qu'il happe avec son bec.

MARTIN-SEC [màr-tin-sĕk'] *s. m.*
[Étym. Composé de Martin, nom de saint, et sec, cette poire mûrissant à la Saint-Martin, §§ 36 et 173. ‖ 1752. TRÉV. Admis ACAD. 1878.]

‖ Poire d'automne croquante.

***MARTOIRE** [màr-twàr] *s. m.*
[Étym. Semble dérivé du radical de marteau par changement de suffixe, §§ 62 et 113. ‖ 1765. ENCYCL.]

‖ (Technol.) Marteau de serrurier à deux pannes.

MARTRE [màrtr'] *s. f.*
[Étym. Mot d'origine germanique (*cf.* allem. marder,

m. s. qui remonte à une forme gothique ayant un t à la place du d), §§ 6, 498 et 499. ‖ xi° s. Et de granz pels de martre josqu'as piez traïnanz, *Voy. de Charl. à Jérus.* 269.]

I. ‖ **1°** Petit mammifère carnassier, à corps allongé, dont la fourrure est estimée. — commune. — du Canada. — zibeline. — domestique, fouine. — mineure, belette. — blanche, hermine. *Loc. prov.* Rendre — pour renard (une peau de martre pour une de renard), rendre, pour une chose, une autre qui ne lui cède en rien. Rendre conte pour conte et — pour renard, CORN. *Ment.* III, 4.

‖ **2°** Peau de cet animal employée comme fourrure. Un manchon de — du Canada, de — zibeline.

II. *P. ext.* Chenille du genre bombyx, dite aussi hérissonne.

MARTYR, YRE [màr-tîr] *s. m. et f.*
[Étym. Emprunté du lat. ecclés. martyr, du grec μάρτυρ, *m. s.* proprt, témoin. ‖ xi° s. Saint Boneface qued om martir apelet, *St Alexis,* 566.]

‖ Celui, celle qui a souffert les tourments ou la mort, pour ne pas renier la foi en Jésus-Christ. Saint Irénée… mourut — sous Sévère, BOSS. *Hist. univ.* I, 10. Cette ville enivrée du sang des martyrs, ID. *ibid.* III, 1. Et tu vivras fidèle ou périras martyre, VOLT. *Zaïre,* III, 4. Le commun des martyrs, office qu'on récite pour ceux des martyrs qui n'ont pas un office propre, et, *fig.* Il est comme le commun des martyrs, il n'a rien qui le distingue des autres hommes. ‖ *P. anal.* Celui qui a souffert un supplice immérité. Le roi — (Louis XVI). ‖ *P. ext.* Celui, celle qui a souffert pour rester fidèle à une cause. — de la science. La chasteté eut ses martyrs aussi bien que la foi, BOSS. *Hist. univ.* I, 11. ‖ *Fig.* Celui, celle qu'une personne, une chose tourmente. Être le — de qqn, son souffre-douleur. — de son ambition, LA BR. 8.

MARTYRE [màr-tîr] *s. m.*
[Étym. Anc. franç. martirie, emprunté du lat. ecclés. martyrium, *m. s.* ‖ xi° s. La terre ou Deus reçut martirie, *Voy. de Charl. à Jérus.* 107.]

‖ Action de souffrir des tourments ou la mort pour ne pas renier la foi en Jésus-Christ. Au sortir du baptême on courait au —, BOIL. *Lutr.* 6. ‖ *Fig.* Tourment cruel (physique ou moral). Souffrir le —. Et ce dernier soupir met fin à mon —, CORN. *Méd.* V, 4. *Vieilli.* Que tu te plais, Florise, à me mettre en —! CORN. *Gal. du Pal.* III, 3. Toi qui vois tout mon cœur, juge de mon —, ID. *Tite et Bér.* I, 1. *P. hyperb.* Conter son — amoureux. Mais si d'un œil un peu doux La belle voit son —, MOL. *Sicil.* sc. 8.

MARTYRISER [màr-ti-ri-zé] *v. tr.*
[Étym. Emprunté du lat. ecclés. du moyen âge martyrizare, *m. s.* ‖ xii° s. Unt pur les clers cestui si fil martirisié, GARN. DE PONT-STE-MAX. *St Thomas,* p. 150, Bekker.]

‖ Livrer au martyre. Saint Pierre fut martyrisé à Rome. ‖ *Fig.* Accabler de mauvais traitements. — un enfant.

MARTYROLOGE [màr-ti-rò-lòj'] *s. m.*
[Étym. Emprunté du lat. ecclés. du moyen âge martyrologium, *m. s.* ‖ 1354. Pour reloyer le martyrologe du cuer, dans DELB. *Rec.*]

‖ Catalogue où sont recueillis les noms et les actes des martyrs, et, *p. ext.* ceux des autres saints. Le — romain.

MARUM [mà-ròm'] *s. m.*
[Étym. Emprunté du lat. marum, grec μάρον, *m. s.* ‖ Admis ACAD. 1762.]

‖ (Botan.) Germandrée maritime, dite herbe aux chats.

MASCARADE [màs'-kà-ràd'] *s. f.*
[Étym. Emprunté de l'ital. mascherata, *m. s.* § 12. ‖ 1554. MELIN DE ST-GELAIS, *Œuvres,* I, 167, Blanchemain.]

‖ Divertissement où les gens sont déguisés et masqués. Certaines gens font une —, MOL. *Ét.* III, 7. Vous êtes, à cet âge, homme de —! LA F. *Contes, Petit chien.* La mort du roi d'Angleterre la veille d'une —, SÉV. 955. ‖ *Fig.* Déguisement ridicule. Tout ment, ce monde n'est que —, LA MOTTE, *Amant diffic.* fin. ‖ *P. ext.* Courte pièce de vers faite pour être débitée dans une mascarade. Marot… Tourna des triolets, rima des mascarades, BOIL. *Art p.* 1.

MASCARET [màs-kà-rè] *s. m.*
[Étym. Emprunté du gascon mascaret, *m. s.* d'origine inconnue, § 11. ‖ xvi° s. B. PALISSY, p. 227. Admis ACAD. 1762.]

‖ (Géogr.) Flot qui, dans les fortes marées, fait obstacle au courant d'un fleuve et le refoule.

MASCARON [màs'-kà-ron] *s. m.*

[ÉTYM. Emprunté de l'ital. *mascarone*, ou *mascherone*, proprt, « grand masque », § 12. || Admis ACAD. 1762.]

|| (Architect.) Figure de fantaisie, en ronde-bosse ou en bas-relief, dont on orne des entablements, des clefs.

°MASCOTTE [măs'-kŏt'] *s. f.*

[ÉTYM. Mot provençal, diminutif de *masco*, sorcière (*cf.* masque 2), d'origine inconnue, § 11. || Mot mis en vogue par l'opérette d'E. Audran, *la Mascotte*, représentée en 1880.]

|| *Famil.* Personne, chose considérée comme portant bonheur.

MASCULIN, INE [măs'-ku-lin, -lin'] *adj.*

[ÉTYM. Emprunté du lat. *masculinus, m. s.* de *masculus*, mâle. || XIIᵉ-XIIIᵉ s. **Masles ki devient feminins Ne doit pas estre masculins**, GUI DE CAMBRAI, *Barlaam*, p. 235.]

|| **1°** Qui appartient au mâle. **Le sexe —.** La ligne masculine, où la descendance a lieu de mâle à mâle. **Fief —**, que les mâles seuls peuvent posséder. || Une femme qui a des traits masculins.

|| **2°** (Gramm.) Qui appartient au genre servant à désigner les êtres masculins ou ceux qui leur sont assimilés. **Le genre —**, et, *ellipt*, **Ce mot est du — (du genre masculin). Un substantif —.** || *P. ext.* (Métriq.) **Rime masculine**, qui ne se termine pas par un e muet ou e féminin. **Vers masculins, à rimes masculines.**

MASCULINITÉ [măs'-ku-li-ni-té] *s. f.*

[ÉTYM. Dérivé de *masculin*, § 255. Employé dès le XIIIᵉ s. par BRUN. LATINI, *Trésor*, p. 198 ; repris au XVIIIᵉ s. || 1732. TRÉV. Admis ACAD. 1762.]

|| (T. didact.) Caractère de ce qui est masculin.

1. MASQUE [măsk'] *s. m.*

[ÉTYM. Emprunté de l'ital. *maschera* ou *mascara, m. s.* d'origine inconnue, § 12. (*Cf.* mascaron.) Le mot est souvent féminin au XVIᵉ s. conformément à l'italien. (*Cf.* masque 2.) || 1539. R. EST.]

|| Faux visage dont on se couvre la figure.

|| **1°** (Antiq.) Faux visage en bois, en cuir, qqf doublé de métal pour le rendre sonore, que mettaient les acteurs lorsqu'ils jouaient. — **tragique, comique. Eschyle... D'un — plus honnête habilla les visages**, BOIL. *Art* p. 3.

|| **2°** Faux visage de carton peint qu'on met pour se déguiser. **Je veux y aller un —**, MOL. *Mar. forcé*, sc. 1. || *P. anal.* Loup, morceau de velours ou de satin ayant la forme du visage, percé de trous qui correspondent aux deux yeux et à la bouche, que mettaient autrefois les dames pour préserver leur teint, et qu'elles portent encore dans les bals masqués. **Peut-on lever le — et voir votre visage ?** MOL. *Ét.* III, 8. **Une femme hardie sous le —.** || *Fig.* Fausse apparence dont se revêt. **Au travers de son — on voit à plein le traître**, MOL. *Mis.* I, 1. **Ce — trompeur la fausse hardiesse**, CORN. *Nicom.* III, 4. **Lever le —**, ne plus déguiser ses vrais sentiments. **Si la déloyale enfin lève le —**, CORN. *Mélite*, III, 4. **Et le — est levé de votre trahison**, MOL. *D. Garcie*, IV, 8. **Faire poser le — à cette âme hypocrite**, ID. *Tart.* IV, 4. **Oter, arracher le — à qqn**, dévoiler ce qu'il cache. **Le — tombe, l'homme reste, Et le héros s'évanouit**, J.-B. ROUSS. *Ode à la Fortune*. || *Fig. Poét.* **Oter le — aux vices de son temps**, BOIL. *Sat.* 7. || *P. ext.* Personne masquée. **Une voiture de masques. Quoi! masques toute nuit assiégeront ma porte ?** MOL. *Ét.* III, 9. *Loc. prov.* **Je vous connais, beau — (se dit à une personne dont on pénètre les intentions).** || *Fig.* Personne déguisée. **Les grands pour la plupart sont masques de théâtre**, LA F. *Fab.* IV, 14.

|| **3°** Sorte d'armure de fil de fer à mailles très serrées, destinée à protéger le visage quand on fait de l'escrime, quand on prépare des substances explosibles, etc.

|| **4°** Empreinte qu'on prend des traits de qqn, en les moulant avec de la terre préparée. || *P. ext.* Cette empreinte reproduite en plâtre, en marbre, etc. **Le — de Napoléon.** || Mascaron, tête de fantaisie employée en architecture comme ornement. || *P. ext.* Ciselet portant une tête gravée en creux ou en relief, qui sert à former des figures sur le métal. || Corolle représentant plus ou moins grossièrement une tête d'animal. **Fleurs en —.** || Lèvre inférieure des larves de la libellule. | Coquille univalve dite aussi **grimace.**

|| **5°** Aspect particulier que présente la physionomie. *Spécialt.* | **1.** (Peinture.) **Reproduire le — d'une personne** (dans un portrait). | **2.** Chez les acteurs. **Avoir le — mobile.** || Aspect particulier du visage dans certaines maladies. **Le — est contracté, livide.** || *Spécialt.* Bouffissure et teinte particulière que prend parfois le visage de la femme vers la fin de la grossesse et qui laisse des traces après l'accouchement.

|| **6°** (Technol.) Appareil destiné à cacher aux ennemis la construction d'un ouvrage qui les menace. **Le — d'une batterie.** || Voile basse qu'on tend en avant du mât de misaine pour garantir l'arrière de la fumée de la cheminée. || Revêtement destiné à protéger un bâtiment en construction. || Grand plan de bois disposé à l'arrière d'un bâtiment qu'on lance, pour diminuer sa vitesse. || Pointe d'une digue.

2. MASQUE [măsk'] *s. f.*

[ÉTYM. Peut-être emprunté du provenç. mod. *masco*, sorcière, d'origine inconnue, § 11 (*cf.* mascotte) ; peut-être identique à masque 1. || 1642. OUD.]

|| *Vieilli.* Fille, femme effrontée. **Ah! petite —!** MOL. *Mal. im.* II, 8. **La — encore après lui fait civilité!** ID. *Sgan.* sc. 14.

MASQUER [măs'-ké] *v. tr.* et *intr.*

[ÉTYM. Dérivé de *masque*, § 154. || 1539. R. EST.]

I. *V. tr.* || **1°** Cacher sous un masque. **Une personne dont le visage est masqué.** *P. ext.* Une personne masquée, dont le visage est masqué. **Allons donc nous — avec quelques bons frères**, MOL. *Ét.* III, 5. **Un bal masqué**, où les personnes sont masquées. || *Fig.* Déguiser sous une fausse apparence. **On est toujours masqué auprès de lui (du roi)**, FÉN. *Tél.* 12. **D'un faux zèle ils masquent leur faiblesse**, BOIL. *Disc. au roi.* **Que nos sentiments Ne se masquent jamais sous de vains compliments**, MOL. *Mis.* I, 1. **— la nature, la déguiser sous des traits artificiels. — la nature et la déguiser**, PASC. *Pens.* VII, 20. **— une odeur, la dissimuler en en répandant une autre.**

|| **2°** *P. ext.* (Technol.) Couvrir en mettant devant ou dessus qqch qui intercepte. **Ce mur masque la maison.** (Typogr.) **— des pages**, coller du papier sur une partie de la frisquette pour que les pages correspondantes de la forme ne s'impriment pas sur la feuille. | (Cuisine.) **— un mets**, le couvrir entièrement avec une sauce consistante. || (T. milit.) **— une batterie.** *P. anal.* **— ses mouvements à l'ennemi.** || *P. ext.* (Marine.) **— les voiles.** | **1.** Le vent masque les voiles, les colle au mât en soufflant en avant. | **2.** Les matelots masquent les voiles, les orientent de manière qu'elles reçoivent le vent par devant, pour diminuer la rapidité de la marche. *P. ext.* **Un mât, un bâtiment masqué.**

II. *Vieilli.* *V. intr.* Se couvrir le visage d'un masque. **Masquez-vous ?** LA BR. 12. *Fig.* Se déguiser sous une fausse apparence. **Il masque toute l'année, quoique à visage découvert**, LA BR. 13.

°MASSACRANT, MASSACRANTE [mà-sà-kran, -krānt'] *adj.*

[ÉTYM. Adj. particip. de *massacrer*, § 47. || XVIIIᵉ s. **Une affaire à peu près aussi massacrante**, VOLT. *Mél. hist. Un chrét. contre six Juifs*. Admis ACAD. (au fig.) 1835.]

|| **1°** *Au propre* (rare). Qui massacre.

|| **2°** *Fig. Famil.* Disposé à maltraiter les gens. **Être d'une humeur massacrante.**

MASSACRE [mà-sàkr'] *s. m.*

[ÉTYM. Anc. franç. *macecle, macecre, maçacre*, boucherie, lieu où l'on égorge le bétail, d'origine inconnue. De là est venu le verbe *massacrer*, dont le mot *massacre* est dans certains sens le substantif verbal, § 52. Au fig. l'anc. franç. emploie plutôt *macecrerie*, dérivé de *macecrier*, boucher. || XIIᵉ s. **Grant maçacre de ceus en font, *Thèbes***, dans DELB. *Rec.*]

I. Action de tuer une grande quantité de gibier dans une chasse. **On a fait un véritable — de cailles, de perdreaux.** || *P. anal.* Curée. **Sonner le —.** || *P. ext.* | **1.** La tête du daim, du cerf, séparée du corps et placée sur la peau de l'animal, dans la curée. | **2.** Bois de cerf avec l'os frontal qui le supporte. | **3.** (Blason.) Tête d'un animal décharné.

II. || **1°** Action de tuer en frappant avec acharnement) || Action de tuer pêle-mêle, avec acharnement, des gens qui ne peuvent opposer de résistance. **L'Europe fut un champ de — et d'horreur**, BOIL. *Sat.* 12. **Le — des Innocents** (par Hérode). **Le — des protestants à la Saint-Barthélemy** (sous Charles IX). **Les massacres de septembre** (1792). *P. anal.* Jeu forain composé de poupées diverses qu'on abat en lançant de lourdes balles. **Faire une partie de —.**

|| **2°** *Fig. Famil.* Action de hacher, de mutiler une chose, en la découpant, en la taillant maladroitement. **Le — d'une volaille, d'une pièce d'étoffe.** || *P. anal.* Action

de gâter un ouvrage par une exécution maladroite. Il faut pâmer de rire de ce que vous dites de l'air italien ; le — que vos chantres en font..., SÉV. 421. || *P. ext.* En parlant de celui qui gâte un ouvrage. C'est un —.

MASSACRER [mà-sà-kré] *v. tr.*
[ÉTYM. Dérivé de massacre (au sens primitif de « boucherie »), § 154. || 1564. J. THIERRY, *Dict. franç.-lat.*]
|| **1°** Tuer en frappant avec acharnement. J'aurais vu — et mon père et ma mère, RAC. *Ath.* II, 7. Par sa propre main mon père massacré, CORN. *Cinna*, I, 1. César a-t-il été massacré au milieu du sénat ? LA BR. 16. || Tuer pêle-mêle, avec acharnement. Vos ennemis aussitôt massacrés, RAC. *Esth.* III, 5. Tout fut massacré, la ville fut renversée de fond en comble, BOSS. *Hist. univ.* II, 21.
|| **2°** *Fig. Famil.* Hacher, mutiler (une chose) en la découpant, en la taillant maladroitement. — une volaille. || *P. ext.* Gâter (un ouvrage) par une exécution maladroite. Cet ouvrage a été massacré.

MASSACREUR, *MASSACREUSE [mà-sà-kreŭr, -kreŭz'] *s. m.* et *f.*
[ÉTYM. Dérivé de massacrer, § 112. || 1574. Le roy estoit un massacreur, J. DE LÉRY, *Hist. de Sancerre*, p. 203. Admis ACAD. 1798.]
|| Celui, celle qui massacre. Approchez, assassins ; venez, massacreurs, VOLT. *Mœurs*, 173. || *Fig.* Celui, celle qui gâte un ouvrage en l'exécutant maladroitement.

MASSAGE [mà-sâj'] *s. m.*
[ÉTYM. Dérivé de masser 2, § 78. On trouve massement dans LE GENTIL, *Voy. dans les mers de l'Inde* (1779), I, 128. || 1812. MOZIN, *Dict. franç. allem.* Admis ACAD. 1835.]
|| Action de masser (de pétrir les diverses parties du corps).

1. MASSE [màs'] *s. f.*
[ÉTYM. Du lat. massa, m. s. § 291. (*Cf.* amasser, amas, etc.) Comme terme de jeu, le mot est venu de l'ital. massa au XVIIᵉ s. § 12, et s'est longtemps prononcé avec l'a fermé long : ACAD. 1835 écrit encore mâsse et en fait un mot différent.]
|| **1°** Réunion considérable de choses ou de parties de choses qui font corps. Une confusion, une — sans forme, RAC. *Plaid.* III, 3. Toute cette —, quoique informe, était néanmoins sa créature, BOSS. *Élévat. 1ʳᵉ sem.* 7. Celui qui a fait les cieux, les astres, ces masses énormes, LA BR. 16. Une — de terre, de pierre, de plomb. Une pierre prise dans la —, dans le lit de la carrière. Une pièce de fer, de bois, d'un seul morceau, prise dans la —, dans un bloc de fer, de bois. || *Spécialt.* | **1.** Contrepoids de la balance dite peson. | **2.** — de mise, partie d'une bouche à feu qu'on a laissée saillante pour servir à viser. — de lumière, cylindre vissé sur la bouche à feu et dans lequel est percée la lumière. | **3.** Grande —, partie de la cuve d'un haut fourneau comprise entre le ventre et le haut du gueulard. | **4.** Cône tronqué dans lequel on fait cristalliser l'alun. | **5.** Bloc de verre de toutes couleurs avec lequel on fabrique des pierres fausses. (T. d'art.) Une — de chair, une personne dont le corps est gros et informe. Ni sa — de chair bizarrement taillée, BOIL. *Sat.* 10. || *P. anal.* Réunion de plusieurs parties formant un tout pour la vue, soit par le groupement des lignes, soit par l'uniformité des tons. S'attacher aux masses plutôt qu'aux détails. Procéder par masses. La peinture divise en grandes masses ses clairs et ses obscurs, MONTESQ. *Goût.* || (Musique.) Réunion de voix, d'instruments, exécutant dans un chœur, dans un orchestre, des morceaux d'ensemble. Les masses vocales, instrumentales. || *P. ext.* La totalité d'une chose composée de parties de même nature. La — de l'air. La — du sang (dans le corps humain). La — de l'or et de l'argent qui est dans le monde, MONTESQ. *Espr. des lois*, XXII, 7. — pollinique, réunion des corpuscules qui forment le pollen d'une fleur. || *Fig.* La — des connaissances humaines s'accroît chaque jour. || *Spécialt.* | **1.** Somme formée par les retenues faites sur la paie de chaque soldat ou allouée par abonnement pour certaines dépenses d'entretien. La — d'habillement. | Ensemble de retenues faites à des ouvriers, à des prisonniers, sur le prix de leur travail. | **2.** Fonds d'argent d'une succession, d'une société. Ce qui doit être prélevé sur la —. | — active, passive, l'ensemble de l'actif, du passif (dans une liquidation). | **3.** *Vieilli.* Somme d'argent mise au jeu. Doubler sa —. || (Physique.) Somme des molécules matérielles d'un corps, sur lesquelles s'exerce l'action de la pesanteur, quantité

de matière qu'il renferme. Les corps s'attirent en raison directe des masses.
|| **2°** *P. anal.* Réunion considérable de personnes, de choses. Des masses d'hommes. Faire une levée en — des citoyens. Ils se portèrent en — contre l'ennemi. La — des barbares qui envahirent l'empire romain. *Néolog.* La multitude. S'adresser à la —, aux masses. || Que ces eaux aient amené des masses et des bancs de coquilles de cent lieues de longueur, BUFF. *Théorie de la terre.* || *Spécialt.* | **1.** (Commerce.) Quantité de certaines marchandises semblables, dont le poids ou le nombre est déterminé par l'usage. Une — de perles, de plumes, etc. | **2.** (Arpentage.) Plans par —, plans d'un terrain où les cultures sont représentées en bloc, sans distinction de parcelles.

2. MASSE [màs'] *s. f.*
[ÉTYM. Pour mace (en normanno-picard mache), du lat. pop. *mattea, que l'on considère comme le primitif de mateola (mieux matteola), employé par CATON, au sens de « bâton », §§ 406 et 291. (*Cf.* massue.) || XIIᵉ s. Emprès le helme est la mace passee, *Couronn. de Louis*, 1081.]
|| **1°** Gros marteau de fer, à manche de bois, carré des deux bouts. || Gros maillet de bois cerclé de fer aux deux bouts. || — à pic, dont se sert l'oiseleur pour dresser ses pièges. || — d'armes, ancienne arme de fer à lourde tête, qqf garnie de pointes, qu'on maniait comme une massue.
|| **2°** Bâton à tête d'or ou d'argent figurant certains emblèmes, porté, dans les cérémonies solennelles, devant le roi, le chancelier, les cardinaux, les recteurs, les doyens de chaque faculté, etc. Titres qu'on ne changerait pas contre les masses d'un chancelier, LA BR. 11. || Bâton à tête virolée d'or, d'argent, qu'on mettait en sautoir derrière l'écu du grand maître de France. || Queue de billard à large bout, dont on se sert pour jouer certains coups. | Gros bout de la queue ordinaire. || Traverse, dite aussi sommier, qui forme la partie inférieure du battant d'un métier à tisser.
|| **3°** (Hist. nat.) Nom donné à divers champignons du genre des clavaires. La — à guerrier. || Nom de diverses plantes. — d'eau, massette à larges feuilles. — à bedeau, érucage des moissons.

***MASSEAU** [mà-só] *s. m.*
[ÉTYM. Dérivé de masse 1, § 126. || *Néolog.*]
|| (Technol.) || **1°** Lopin cinglé, petite masse de fer affiné ou d'acier, battue au marteau pour être ensuite chauffée de nouveau dans un foyer spécial.
|| **2°** Masse de fer, obtenue par la coagulation de morceaux de fonte brute chauffés dans un foyer au charbon de bois.

***MASSELET** [màs'-lè ; *en vers*, mà-se-lè] *s. m.*
[ÉTYM. Dérivé de masseau, §§ 65 et 134. || *Néolog.*]
|| (Technol.) Petite masse de fer obtenue par coagulation.

***MASSELOTTE** [màs'-lŏt' ; *en vers*, mà-se-...] *s. f.*
[ÉTYM. Dérivé de masse 1, §§ 126 et 136. || XIIIᵉ s. Une crote Qui resamble une machelote (var. masserote), dans MONTAIGLON et RAYNAUD, *Rec. de fabliaux*, III, 47.]
|| (Technol.) Portion de métal superflu qui reste attachée à une masse fondue ou forgée. || Masse de métal qu'on coule dans le prolongement du moule d'une bouche à feu pour en empêcher les soufflures. || Petite masse de métal qu'on soude sur le canon d'une arme à feu, pour y pratiquer le logement de la cheminée.

***MASSEMENT.** *V.* massage.

MASSEPAIN [màs'-pin ; *en vers*, mà-se-...] *s. m.*
[ÉTYM. Emprunté de l'ital. marzapane, m. s. rendu par marsepain, puis massepain, par étymologie populaire, §§ 12 et 509. || XVIᵉ s. Lettres faites de marcopains, BON. DES PERIERS, *Des malcontens* (1544), Maugy. Ce taillon de massepain, RAB. III, 30.]
|| Pâtisserie faite d'amandes pilées et de sucre.

1. MASSER [mà-sé] *v. tr.*
[ÉTYM. Dérivé de masse 1, § 154. || XIIIᵉ s. De la gent i a tant et venu et massé, *Garin de Montglane*, dans *Zeitschrift für roman. Philologie*, 1882, p. 412.]
|| **I.** Disposer par masse. Des terres massées. — les troupes, les disposer en rangs serrés. L'infanterie se massa sur ce pont. || Rempart massé, dont la masse est construite. || *Au part. passé pris substantivt.* Un massé, masse pâteuse de fer mêlé de scories qui reste au fond du creuset du fourneau à la catalane. || *Fig.* (T. d'art.) — les ombres, les lumières. — les figures avec art. Plan massé, plan d'ensemble (par opposition à plan parcellaire).

II. *Vieilli.* Faire une masse, mettre au jeu une certaine somme. — vingt-cinq louis.

2. MASSER [mà-sé] *v. tr.*
[Étym. Emprunté de l'arabe mass, manier, palper, § 22. ‖ 1779. Macer ou masser, LE GENTIL, *Voy. dans les mers de l'Inde*, I, 128. Admis ACAD. 1835.]
‖ Palper, presser, pétrir avec les mains (les diverses parties du corps) pour activer la circulation, pour assouplir les membres, etc. Ils se font —, c'est-à-dire pétrir les chairs, B. DE ST-P. *Harm. de la nat.* 2.

3. *MASSER [mà-sé] *v. tr.*
[Étym. Dérivé de masse 2, § 154. ‖ *Néolog.*]
‖ (T. de jeu.) Frapper (une bille de billard) de haut en bas, avec la queue. — une bille. ‖ *Au part. passé pris substantivt.* Un massé, coup où l'on masse la bille.

MASSETTE [mà-sět'] *s. f.*
[Étym. Dérivé de masse 2, § 133. ‖ Admis ACAD. 1878 (comme nom de plante).]
‖ **1°** (Technol.) Sorte de marteau.
‖ **2°** *P. anal.* (Hist. nat.) | **1.** Plante aquatique, dite aussi masse d'eau, quenouille, canne de jonc. | **2.** — à ressort, champignon dont les corps reproducteurs sont projetés par des filaments élastiques.

***MASSEUR, EUSE** [mà-seur, -seüz'] *s. m. et f.*
[Étym. Dérivé de masser 2, § 112. ‖ 1779. Masseurs et masseuses, LE GENTIL, *Voy. dans les mers de l'Inde*, I, 129.]
‖ Celui, celle qui a pour métier de faire du massage.

1. MASSICOT [mà-si-kó] *s. m.*
[Étym. Origine inconnue. ‖ 1480. Massicot jaune, dans *Mém. de la Soc. des sc. nat. de la Creuse*, VIII, p. 463.]
‖ (Technol.) Protoxyde de plomb, préparé par voie sèche. (*Cf.* litharge.)

2. *MASSICOT [mà-si-kó] *s. m.*
[Étym. Nom propre d'inventeur, § 36. ‖ *Néolog.*]
‖ (Technol.) Machine à rogner le papier, les livres.

MASSIER [mà-syé] *s. m.*
[Étym. Dérivé de masse 2, § 115. ‖ 1373. Nicole le maissier, dans GODEF. massier 1.]
‖ Apparence qui porte une masse devant les chefs dans certaines cérémonies. Les massiers des facultés.

MASSIF, IVE [mà-sif', -siv'] *adj. et s. m.*
[Étym. Dérivé de masse 1, § 125. A remplacé l'anc. franç. massis, isse, § 62. ‖ 1539. R. EST.]
I. *Adj.* Qui présente une masse compacte. De pilastres massifs les cloisons revêtues, LA F. *Phil. et Baucis.* Une table en acajou —. Une statue d'argent —.
II. *S. m.* Masse compacte. Un — d'arbres, d'arbustes. Le — du mont Blanc, l'ensemble des montagnes qui en forment la masse. Un — de pierre, sans blocage et sans moellon. ‖ *Spécialt.* | **1.** Travail de maçonnerie qui enveloppe un fourneau. | **2.** Travail de maçonnerie qui supporte les chéneaux en pente. ‖ *P. ext.* (Marine.) | **1.** Coins en bois assemblés au pied d'un mât pour l'affermir. | **2.** Pièces de bois qui renforcent l'écoutillon du puits des câbles-chaines.

MASSIVEMENT [mà-siv'-man ; *en vers,* -si-ve-...] *adv.*
[Étym. Composé de massive et ment, § 724. (*Cf.* l'anc. franç. massissement.) Massivement... ce terme n'est pas reçu, TRÉV. ‖ 1690. FURET. Admis ACAD. 1798.]
‖ *Rare.* D'une manière massive.

MASSUE [mà-su] *s. f.*
[Étym. Pour maçue, dérivé de masse 2, § 79. ‖ XIIe s. Fierent de pels et de maçues, *Énéas*, 3628.]
‖ Bâton noueux, plus gros à une extrémité qu'à l'autre, ancienne arme contondante. Ils portent des massues pleines de gros nœuds, FÉN. *Tél.* 10. La — d'Hercule, attribut avec lequel on représente ce demi-dieu. ‖ *Fig.* Faire de sa tête —, frapper un grand coup à ses risques et périls pour faire réussir qqch. C'est un coup de —, une catastrophe qui accable. ‖ *P. ext.* (Hist. nat.) | **1.** Variété de concombre. | **2.** Partie supérieure de certains champignons. | **3.** Coquille épineuse dite aussi rocher cornu.

MASTIC [màs'-tik] *s. m.*
[Étym. Emprunté du lat. mastichum, grec μαστίχη, *m. s.* ‖ XIIIe s. Aubun d'uef et mastic, *Simples medicines*, fo 2, ro.]
‖ **1°** Résine ductile qui découle d'incisions faites au lentisque. Herbe de —, basilic sauvage. Arbre au —, variété de balsamier qui fournit l'élémi.
‖ **2°** *P. ext.* Nom donné à diverses substances composées, demi-consistantes, dont on se sert pour boucher des trous, des fentes, des joints, et qui durcissent avec le temps. — de fontainier, fait de la résine dite arcanson et de poudre de brique. — de vitrier, fait de blanc d'Espagne et d'huile de lin. — de dentiste, composition minérale qui sert à obturer les dents creuses.

***MASTICAGE** [màs'-ti-kàj'] *s. m.*
[Étym. Dérivé de mastiquer, § 78. ‖ *Néolog.*]
‖ (Technol.) Action d'appliquer du mastic.

MASTICATION [màs'-ti-kà-syon ; *en vers,* -si-on] *s. f.*
[Étym. Emprunté du lat. masticatio, *m. s.* ‖ XIIIe s. Mastications et gargarisme, *Simples medicines*, fo 72, ro. Admis ACAD. 1762.]
‖ (T. didact.) Action de mâcher.

MASTICATOIRE [màs'-ti-kà-twàr] *adj.*
[Étym. Dérivé du lat. masticare, mâcher, § 249. (*Cf.* le doublet mâchicatoire.) ‖ XVIe s. Dents masticatoires, RAB. IV, 15.]
‖ (T. didact.) Qui est destiné à être mâché. *Substantivt.* Un —, substance qu'on mâche pour provoquer la salivation ou parfumer l'haleine.

MASTIGADOUR [màs'-ti-gà-dour] *s. m.*
[Étym. Emprunté de l'espagn. mastigador, *m. s.* de mastigar, mâcher, § 13. ‖ 1664. SOLLEYSEL, *Parf. Mareschal, Rec. pour emboucher les chev.* p. 14. Admis ACAD. 1762.]
‖ (Technol.) Préparation médicamenteuse destinée à être mâchée, qu'on donnait aux chevaux nouée dans un linge (*V.* nouet) et attachée à un mors uni. ‖ *P. ext.* Nom donné au mors qui porte ce médicament.

1. MASTIQUER [màs'-ti-ké] *v. tr.*
[Étym. Dérivé de mastic, § 154. ‖ XVIe s. Vaisseau de bois mastiqué, J. DE MAUMONT, *Zonare*, dans DELB. *Rec.*]
‖ (Technol.) Enduire de mastic. — une vitre. — un robinet. — une dent creuse.

2. *MASTIQUER [màs'-ti-ké] *v. tr.*
[Étym. Tiré de mastication, §§ 37 et 154. A distinguer de mastiquer qui se trouve au XVIe siècle et qui est emprunté directement du lat. masticare. ‖ *Néolog.*]
‖ *Pop.* Mâcher.

***MASTITE** [màs'-tît'] *s. f.*
[Étym. Dérivé du grec μαστός, mamelle, § 282. ‖ *Néolog.*]
‖ (Médec.) Inflammation de la mamelle.

***MASTOC** [màs'-tŏk'] *s. m.*
[Étym. Emprunté de l'allem. mastochs, *m. s.* proprt, bœuf (ochs) à l'engrais (mast), § 7. ‖ *Néolog.*]
‖ *Pop.* Homme lourd, épais de corps. *Adjectivt.* Un homme —.

MASTODONTE [màs'-tò-dŏnt'] *s. m.*
[Étym. Composé avec le grec μαστός, mamelle, et ὀδούς, ὀδόντος, dent, à cause des mâchoires mamelonnées de ce mammifère, § 279. ‖ Mot dû à CUVIER, *Rech. sur les ossements fossiles* (1812), II, 3. Admis ACAD. 1835.]
‖ (Hist. nat.) Mammifère fossile voisin de l'éléphant.

MASTOÏDE [màs'-tò-id'] *adj.*
[Étym. Emprunté du grec μαστοειδής, *m. s.* de μαστός, mamelle, et εἶδος, forme. ‖ XVIe s. Apophyse mastoïde, PARÉ, III, 11. Admis ACAD. 1762.]
‖ (Anat.) Qui est en forme de mamelon. Apophyse —, située au bas de l'os temporal, en arrière du conduit auditif externe.

MASTOÏDIEN, IENNE [màs'-tò-i-dyin, -dyèn'] *adj.*
[Étym. Dérivé de mastoïde, § 244. ‖ 1747. JAMES, *Dict. de médec.* Admis ACAD. 1835.]
‖ (Anat.) Qui se rapporte à l'apophyse mastoïde.

MASTURBATION [màs'-tur-bà-syon ; *en vers,* -si-on] *s. f.*
[Étym. Emprunté du lat. masturbatio, *m. s.* ‖ XVIe s. MONTAIGNE, II, 12. Admis ACAD. 1835.]
‖ Pollution volontaire produite par l'attouchement des parties sexuelles.

MASTURBER [màs'-tur-bé] *v. tr.*
[Étym. Emprunté du lat. masturbare, *m. s.* ‖ Admis ACAD. 1835.]
‖ Soumettre à la masturbation. *Spécialt.* Se —.

MASULIPATAN [mà-zu-li-pà-tan] *s. m.*
[Étym. Nom propre d'une ville de l'Inde, § 36. ‖ 1723. SAVARY, *Dict. du comm.* Admis ACAD. 1762.]
‖ Tissu de coton fin de l'Inde.

MASURE [mà-zûr ; selon d'autres, má-...] *s. f.*
[Étym. Du lat. pop. mansûra, habitation en général, tiré de mansum, subst. particip. de manere, demeurer, §§ 485 et

291. (*Cf.* manoir, maison.) || XIIᵉ s. Quar les armes ont ja pris
en inter masure, *Alexandre*, fᵒ 68, vᵒ, Michelant.]

|| Habitation délabrée, misérable. Auprès d'une —, LA
F. *Fab.* IX, 2. || *Fig.* Voir bientôt abattue cette — ruineuse
de leur corps, BOSS. *Panég. St Gorgon.*

*MASURKA. V. mazurka.

1. MAT [mât'] *adj. invar.* et *s. m.*
[ÉTYM. Emprunté du persan mat, mort, dans la locu-
tion châh mat, d'où l'on a fait, sans la comprendre, échec
et mat, § 24. (*V.* échec 1.) || XIIᵉ s. Molt est pensais, maz et dotos,
Énéas, 1631.]

|| (T. du jeu d'échecs.) || 1ᵒ *Adj.* En parlant du roi, qui
est en échec sans pouvoir y échapper, ce qui détermine
la perte de la partie. Le roi est —. || *P. ext.* En parlant
du joueur dont le roi est mat. Faire l'adversaire —. Vous
êtes —. || *Fig.* (Fauconn.) Faucon —, dompté.

|| 2ᵒ *S. m.* Coup par lequel le roi est mat. Faire un beau
—. Donner le — à l'adversaire, lui donner échec et mat.
Être sous le —, avoir à craindre le mat. || *Fig.* Défaite qu'on
inflige à qqn. Je voudrais bien donner un échec au duc de
Savoie, un — au prince d'Orange, SÉV. 1329.

2. MAT, MATE [mât'; *vieilli*, au masc. mà] *adj.*
[ÉTYM. Semble tiré de mat 1, qui du jeu d'échecs a passé
dans la langue commune aux sens successifs de « vaincu,
abattu », et a donné naissance au verbe matir, de bonne
heure appliqué aux fleurs avec le sens de « flétrir ». (*Cf.*
matir.) Il n'est pas sûr que le sens de « compact », qui
paraît anciennement attaché au radical mat (*cf.* maton), ait
la même étymologie.|| 1424. Temps mat et pluvieux, *Comptes
de Nevers*, dans GODEF.]

|| Qui est sans éclat, sans transparence. Un bracelet en
or —. Un globe de verre —. Une étoffe d'un blanc —. Un teint
—. *Substantivt.* Le —, partie non polie d'une surface mé-
tallique. Les mats et les brunis. || *P. anal.* Un son —, sans
résonance. || *P. ext.* Pâte mate, mal levée. || (Marine.) Mer
mate, dont les vagues sont lourdes. || *Substantivt.* Le —
d'une dentelle, morceau où l'aiguille, le fuseau est revenu
plusieurs fois pour en augmenter l'épaisseur.

MÂT [mâ] *s. m.*
[ÉTYM. Pour mast, § 422, emprunté de l'allem. mast,
m. s. §§ 6, 498 et 499. || XIᵉ s. En sum ces maz, *Roland*, 2632.]

|| 1ᵒ Longue pièce de bois ronde et droite fixée debout
sur un navire, une barque, et destinée à porter les vergues auxquelles sont attachées les voiles. Bas —, partie
d'un mât formé de plusieurs pièces qui pose sur le bâtiment et supporte les autres pièces. — de hune, qui s'élève
sur le bas mât. — de perroquet, qui s'élève sur le mât de
hune. — de cacatois, qui s'élève sur le mât de perroquet
et forme la tête du mât. Dans ce port, on voit comme une
forêt de mâts de navire, FÉN. *Tél.* 3. Grand —, le plus élevé
d'un bâtiment. — de misaine, placé à l'avant entre le grand
mât et le beaupré. — de beaupré, qui, placé à l'avant, s'incline en se prolongeant au-dessus de l'eau. — d'artimon,
placé à l'arrière. Un vaisseau à trois-mâts, et, *ellipt*, Un trois-
mâts. || *P. ext.* Mâts du Nord, pins, sapins de Russie, de
Norvège, servant à faire des mâts. || — de charge, mor-
ceau de mât qu'on établit sur le pont pour aider à charger
ou à décharger le navire. || —-pilote, dressé sur un point
apparent au bord de la mer, pour indiquer la route.

|| 2ᵒ *P. ext.* Pièce de bois plus ou moins haute dressée
dans un gymnase pour s'exercer à grimper. || — de co-
cagne, longue pièce de bois, ronde, lisse et savonnée,
qu'on dresse dans certaines fêtes publiques, et au haut
de laquelle sont suspendus des prix destinés à celui qui
peut les atteindre en grimpant.

MATADOR [mà-tà-dòr] *s. m.*
[ÉTYM. Emprunté de l'espagn. matador, *m. s.* de ma-
tar, tuer, § 13. || 1701. FURET. (au sens 2ᵒ). Admis ACAD.
1740.]

|| 1ᵒ Celui qui, dans les combats de taureaux, doit tuer
l'animal d'un coup d'épée. || *Fig. Famil.* Personnage
considérable dans sa profession, son état. C'est un des ma-
tadors du barreau, de la finance.

|| 2ᵒ Au jeu de l'hombre, nom donné aux cartes su-
périeures.

*MÀTAGE [mà-tàj'] *s. m.*
[ÉTYM. Dérivé de mâter, § 78. || 1792. ROMME, *Dict. de
mar.*]

|| (Marine.) Action de mâter (un navire).
MATAMORE [mà-tà-mòr] *s. m.*

[ÉTYM. Emprunté de l'espagn. Matamoros, nom propre
formé plaisamment de matar, tuer, et Moros, Mores, § 13.
|| XVIIᵉ s. *V.* à l'article. Admis ACAD. 1740.]

|| Faux brave de la comédie espagnole (se vantant d'avoir
tué des Mores). || *Fig.* Faux brave. Faire le —. Que pour-
rais-je dire contre un tel —, SCARR. *Jodelet duelliste*, IV, 5.

*MATASSE [mà-tàs'] *s. f.*
[ÉTYM. Emprunté de l'ital. matassa, *m. s.* qui est le lat.
mataxa ou metaxa, grec μέταξα, proprt, « soie brute »,
§ 12. (*Cf.* mateau.) || 1675. Soie en matasse, SAVARY, *Parf.
Négoc.* II, 20.]

|| (Technol.) Écheveau. *Specialt.* Soie en — (non en-
core filée).

MATASSIN [mà-tà-sin] *s. m.*
[ÉTYM. Emprunté de l'espagn. matachin, *m. s.* d'origine
arabe, §§ 13 et 22. || 1550. Des matachins, RAB. *Sciomachie.*]

|| 1ᵒ *Anciennt.* Danseur bouffon qui avait un morion
doré et gesticulait avec une épée et un bouclier. || *P. ext.*
Danse qu'il exécutait. Danser les matassins, RÉGNIER, *Louanges de Macette.*

|| 2ᵒ *P. ext.* Danseur bouffon. Deux médecins grotesques
et les matassins avec des seringues, MOL. *Pourc.* I, 11.

MATÉ [mà-té] *s. m.*
[ÉTYM. Emprunté de l'espagn. mate, *m. s.* mot d'origine
américaine, qui désigne proprt le vase, fait d'une courge
sauvage, où se fait l'infusion de maté, §§ 13 et 30. || 1771.
TRÉV. Admis ACAD. 1878.]

|| (Hist. nat.) Arbre du Paraguay dont la feuille infusée
sert à préparer une boisson stimulante.

*MATEAU [mà-tô] *s. m.*
[ÉTYM. Semble dérivé de matasse par substitution de
suffixe, §§ 62 et 126. || *Néolog.*]

|| (Technol.) Paquet d'écheveaux de soie.

MATELAS [mât'-là; *en vers*, mà-te-là] *s. m.*
[ÉTYM. Pour materas (forme encore employée par MAY-
NARD), emprunté de l'ital. materasso, *m. s.* qui est l'arabe
matrah, lit, §§ 12 et 22. || XIIIᵉ-XIVᵉ s. Sur les materas que li
soudans li avoit bailliez, JOINV. 403.]

|| Long coussin capitonné, rempli de laine, de bourre,
de crin, etc., qu'on étend sur un lit et sur lequel on se
couche. Carder un —, carder la laine, le crin qui le remplit. On étouffait entre deux — les personnes atteintes de la
rage. || *P. ext.* Coussin capitonné dont on garnit à l'in-
térieur chaque côté d'un carrosse.

MATELASSER [mât'-là-sé; *en vers*, mà-te-...] *v. tr.*
[ÉTYM. Dérivé de matelas, § 154. || 1690. FURET.]

|| Garnir de matelas, de coussins. — tes fenêtres, pour se
garantir des projectiles. — l'intérieur d'un carrosse, la cham-
bre d'un fou furieux. Un nid matelassé de duvet. || Tissu ma-
telassé, d'une étoffe double, tramée de manière à imiter
un tissu rembourré.

MATELASSIER, IÈRE [mât'-là-syé, -syèr; *en vers*,
mà-te-...] *s. m. et f.*
[ÉTYM. Dérivé de matelas, § 115. || 1701. FURET. Admis
ACAD. 1762.]

|| Celui, celle qui fait ou qui carde des matelas.

MATELOT [mât'-lô; *en vers*, mà-te-lô] *s. m.*
[ÉTYM. Pour matenot, emprunté de l'anc. holland. mat-
tennoet, pour mattegenoot, *m. s.* proprt, « compagnon (ge-
noot) de couche (matte) », § 10. || XIVᵉ s. Ly mathelot les
voiles tendent, J. DE VENETTE, *Hist. des trois Maries*, dans
LA C. | XVᵉ s. Sus I matelot (var. mathenot), A. GREBAN, *Pas-
sion*, 6830.]

|| 1ᵒ Nom que se donnent deux marins couchant alter-
nativement dans le même hamac. C'est son —. || *P. ext.*
Homme employé à la manœuvre d'un navire, qui fait
partie de l'équipage. Recevoir la paie de —. || Un costume de
—, et, *ellipt*, Un —, costume de matelot qu'on met à des
enfants, qu'on porte pour se travestir. Un — de drap, de
velours.

|| 2ᵒ *P. anal.* Navire qui, dans une ligne de marche
ou de combat, précède ou suit un autre bâtiment. —
d'avant, d'arrière. Chaque navire doit serrer son — d'avant.
MATELOTE [mât'-lòt'] *s. f.*
[ÉTYM. Tiré de matelot, § 37. || (Au sens 1ᵒ.) 1684. Point
de matelote au moulin de Javel, DOMINIQUE, *la Toison d'or.*]

|| 1ᵒ Mets composé de plusieurs sortes de poissons,
coupés en morceaux et apprêtés avec du vin, des oi-
gnons, etc. Une — de carpe et d'anguille. || *P. appos.* Une
sauce —, sauce au vin et aux oignons.

|| 2° Danse de matelots.

|| 3° *Vieilli. Loc. adv.* A la —, à la mode des matelots. Chausses à la —, serrées sur la cuisse.

1. MATER [mà-té] *v. tr.*

[ÉTYM. Dérivé de mat 1, § 154. || XII° s. Tot mal me fait et tot me mate, *Énéas*, 8945.]

|| (T. du jeu d'échecs.) Faire mat. Être maté au bout de quelques coups. || *Fig.* Mettre hors d'état de résister. Il (le sort) n'omet rien Pour nous —, LA F. *Contes, Oraison.* Il faut — son orgueil. — les sens rebelles. || *P. anal.* (Fauconn.) — le faucon, le dompter.

2. °MATER [mà-té] *v. tr.*

[ÉTYM. Dérivé de mat 2, § 154. (*Cf.* matir.) || 1789. Matter l'or, ENCYCL. MÉTH. *Doreur.*]

|| Rendre mat (sans éclat). — une dorure, passer une colle môlée de safran ou de vermeil sur les parties non brunies. || *P. ext.* Rendre compact. Pâte matée. || — une soudure, tasser avec le matoir le plomb qui déborde.

MÂTER [mâ-té] *v. tr.*

[ÉTYM. Dérivé de mât, § 154. || 1382. Mast ordenné a master la barge de Saint-Jehan, *Compte,* dans DELB. *Rec.*]

|| (Marine.) || 1° Garnir de ses mâts (un navire, une barque). — un bâtiment. Un navire mâté en frégate. *Absolt.* Une machine à —.

|| 2° Dresser comme un mât. — les avirons.

MÂTEREAU [mât'-rô ; *en vers*, mâ-te-...] *s. m.*

[ÉTYM. Dérivé de mât, §§ 63 et 126. || 1541. Gresser les mastz et mastereaux, JAL, *Gloss. naut.* Admis ACAD. 1835.]

|| (Marine.) Petit mât.

MATÉRIALISER [mà-té-ryà-li-zé ; *en vers*, -ri-à-...] *v. tr.*

[ÉTYM. Dérivé du lat. materialis, matériel, § 267. || XVIII° s. *V.* à l'article. Admis ACAD. 1835.]

|| (T. didact.) Considérer (qqch) comme produit par la matière. — toutes les opérations de l'âme, J.-J. ROUSS. *Orig. des lang.* 15.

MATÉRIALISME [mà-té-ryà-lism' ; *en vers*, -ri-à-...] *s. m.*

[ÉTYM. Dérivé du lat. materialis, matériel, § 265. || 1751. Ce qui l'a fait soupçonner de materialisme, D'ARGENSON, *Mém.* dans DELB. *Rec.* Admis ACAD. 1762.]

|| (T. didact.) Système de ceux qui n'admettent que la matière. Le — d'Épicure.

MATÉRIALISTE [mà-té-ryà-list' ; *en vers*, -ri-à-...] *s. m. et f.*

[ÉTYM. Dérivé du lat. materialis, matériel, § 265. || XVIII° s. *V.* à l'article. Admis ACAD. 1762.]

|| (T. didact.) Celui, celle qui n'admet que la matière. L'opinion des matérialistes, VOLT. *Métaph.* 2. || *Adjectivt.* La doctrine —.

MATÉRIALITÉ [mà-té-ryà-li-té ; *en vers*, -ri-à-...] *s. f.*

[ÉTYM. Dérivé du lat. materialis, matériel, § 255. || 1690. FURET. Admis ACAD. 1740.]

|| (T. didact.) || 1° Caractère de ce qui est matériel. Ces épicuriens enseignaient hardiment la — et la mortalité de l'âme, VOLT. *Dict. philos.* âme.

|| 2° Circonstance matérielle qui constitue un acte (indépendamment des motifs, de l'intention). On ne conteste pas la — du fait.

MATÉRIAUX [mà-té-ryô ; *en vers*, -ri-ó] *s. m. pl.*

[ÉTYM. Pluriel de matériel, anc. forme de matériel (*V.* ce mot), § 38. || XV°-XVI° s. Estoffes ou materiaulx pour ung edifice, J. LE MAIRE, dans DELB. *Rec.*]

¶ Les différentes matières (bois, pierre, fer, etc.) qui entrent dans la construction d'un édifice, d'un navire. Employer de bons —. Vieux —, provenant de démolitions. *Fig.* Documents matériels de toute sorte qui servent à composer un ouvrage intellectuel. Rassembler les — d'une histoire. || *P. ext.* Tout ce qui sert à réaliser un projet. Voyez ce que votre adresse peut faire de tant de bons —, SÉV. 771.

MATÉRIEL, ELLE [mà-té-ryèl ; *en vers*, -ri-èl] *adj. et s. m.*

[ÉTYM. Emprunté du lat. materialis, m. s. employé autrefois sous la forme matérial (cf. matériellement), d'où le pluriel matériaux, qui a subsisté comme substantif distinct. || XIV° s. Cause materiel, cause formel, ORESME, *Éth.* x, 6.]

I. *Adj.* || 1° Formé de matière (par opposition à spirituel). La substance matérielle. Les êtres matériels. Il ne me reste plus maintenant qu'à examiner s'il y a des choses maté-

rielles, DESC. *Médit.* 6. || Qui tient à la matière. En toute sensation, il se fait un contact et une impression réelle et matérielle sur nos organes, BOSS. *Conn. de Dieu,* III, 3. *Spéciall.* Qui tient au corps. Les besoins matériels.

|| 2° (Philos. anc.) Qui constitue le fond indéterminé de l'être, susceptible de recevoir telle ou telle forme déterminée. (S'oppose à formel.) Aristote distingua la cause matérielle et la cause formelle. || *P. anal.* (Droit.) Un faux — (par opposition à faux formel), ce qui contient les éléments d'un faux (écriture imitée, etc.) indépendamment de l'intention qui rend l'acte coupable ou non.

|| 3° Où la matière domine. Cette pièce d'argenterie est trop matérielle. || *Fig.* Qui donne trop d'importance aux choses du corps. Avoir des goûts matériels. Être baissé sans cesse aux soins matériels, MOL. *F. sav.* II, 7. Ton esprit, je l'avoue, est bien —, ID. *ibid.* II, 6.

II. *S. m.* || 1° Ce qui compose la substance d'une chose. Le — du discours, les mots. Le — de l'art.

|| 2° Ensemble des choses employées dans un service, dans une exploitation. (S'oppose à personnel.) Le — d'une usine, d'une ferme, d'une imprimerie. Le — de la marine.

MATÉRIELLEMENT [mà-té-ryèl-man ; *en vers*, -ri-è-le-...] *adv.*

[ÉTYM. Composé de matérielle et ment, § 724. || XIII°-XIV° s. Porreture est engendree materialment, *Chirurg. de Mondeville*, f° 80, dans LITTRÉ.]

|| D'une manière matérielle. *Spéciall.* Avoir de quoi vivre —, de quoi pourvoir aux nécessités du corps. || Une chose — impossible, impossible en fait.

MATERNEL, ELLE [mà-tèr-nèl] *adj.*

[ÉTYM. Dérivé du lat. maternus, m. s. § 238. || XIV° s. Langage commun et maternel, ORESME, *Éth.* prol.]

|| Qui appartient à la mère. La tendresse maternelle. Mon amour, car on dit de l'amour —, SÉV. 801. || Héritage —, qui vient de la mère. Ligne maternelle, ligne de parenté du côté de la mère. Son aïeul —, le père de sa mère. || *P. ext.* Des soins maternels, tels que les donnerait une mère. Écoles maternelles, où de jeunes enfants sont soignés par des femmes, et apprennent les premiers éléments. || *Fig.* La langue maternelle, la langue du pays où on est né.

MATERNELLEMENT [mà-tèr-nèl-man ; *en vers*, -nè-le-...] *adv.*

[ÉTYM. Composé de maternelle et ment, § 724. || XIV° s. Quant naistre voult de li maternalment, *Miracles de Notre-Dame*, dans DELB. *Rec.*]

|| D'une manière maternelle.

MATERNITÉ [mà-tèr-ni-té] *s. f.*

[ÉTYM. Dérivé du lat. maternus, maternel, § 255. || XV° s. CHASTELL. dans DELB. *Rec.*]

|| Qualité de mère. Les devoirs de la —. || *P. ext.* | 1. Maison hospitalière où les femmes pauvres peuvent faire leurs couches. | 2. École de sages-femmes.

°MÂTEUR [mâ-teur] *s. m.*

[ÉTYM. Dérivé de mât, § 112. || 1792. ROMME, *Dict. de mar.*]

|| (Marine.) Celui qui fabrique des mâts, vergues, etc.

MATHÉMATICIEN, °MATHÉMATICIENNE [mà-té-mà-ti-syin, -syèn' ; *en vers*, -si-...] *s. m. et f.*

[ÉTYM. Dérivé du lat. mathematicus, m. s. § 244. || XIV° s. N'est pas ceste raison telle comme celle des mathematiciens, ORESME, *Éth.* I, 21.]

|| Personne versée dans les sciences mathématiques.

MATHÉMATIQUE [mà-té-mà-tik'] *adj.*

[ÉTYM. Emprunté du lat. mathematicus, grec μαθηματικός, *m. s.* || XIV° s. Les principes mathematiques, ORESME, *Éth.* I, 10.]

|| (T. didact.) Relatif à la science qui a pour objet la mesure et les propriétés des grandeurs (nombre, étendue, mouvement). Vérités mathématiques. Exactitude —. || La science —, et, *substantivt, au fém. vieilli,* La —, l'ensemble des sciences qui ont pour objet la mesure et les propriétés des grandeurs. La — le garde (l'ordre), PASC. *Pens.* xxv, 108. Boîte, étui de —, contenant les instruments dont se sert le mathématicien. Sciences mathématiques, et, *substantivt, au fém. plur.* Les mathématiques, les sciences (arithmétique, géométrie, mécanique, etc.) qui ont pour objet la mesure et les propriétés des grandeurs. Je me plaisais surtout aux mathématiques, à cause de la certitude et de l'évidence de leurs raisons, DESC. *Méth.* 1. Mathématiques pures, qui ont pour objet la mesure des grandeurs abstraites.

Mathématiques appliquées, qui ont pour objet la mesure des grandeurs dans les corps réels.

MATHÉMATIQUEMENT [mà-té-mà-tîk'-man ; *en vers*, -ti-ke-...] *adv.*
[ÉTYM. Composé de mathématique et ment, § 724. || 1557. P. DE MESMES, *Instit. astron.* dans DELB. *Rec.*]
|| D'une manière mathématique. Cela est démontré —. Une chose — exacte.

MATIÈRE [mà-tyèr] *s. f.*
[ÉTYM. Emprunté du lat. materia, *m. s. (Cf.* mairain, marmenteau, madrier.) || XIIᵉ s. Qui fu cause e matere de l'ocire e murdrir, GARN. DE PONT-STE-MAX. *St Thomas*, p. 161, Bekker.]
I. || **1°** Substance dont une chose est faite. La main-d'œuvre a coûté plus que la —. Les matières dont est fait un édifice. Des matières d'or, d'argent, lingots, barres, dont on fabrique monnaies, bijoux, etc. Les matières premières, substances que l'industrie met en œuvre. Matières textiles. Cuve-—, où le brasseur mélange le malt avec l'eau pour le dissoudre. || *P. anal.* — médicale, l'ensemble des substances dont on tire les médicaments. — purulente, pus qui sort d'une plaie, d'un abcès. Matières fécales, excréments. *Ellipt.* La — est-elle louable? MOL. *Méd. m. l.* II, 4.
|| **2°** Ce qui sert d'objet à l'activité humaine. Le sort qui de l'honneur nous ouvre la barrière Offre à notre constance une illustre —, CORN. *Hor.* II, 3. C'est nous qui fournissons par nos crimes la — à sa juste vengeance, BOSS. *Bonté de Dieu*, 1. Il y a là — à procès. Les débats seront publics en — criminelle, *Charte de 1830*, art. 55. Rien qui ne soit — de doute et d'inquiétude, PASC. *Pens.* XIV, 2. || *Spécialt.* Ce dont est tiré le sujet sur lequel on parle, on écrit. Vous êtes là sur une — qui, depuis quatre jours, fait presque l'entretien de toutes les maisons de Paris, MOL. *Crit. de l'Éc. des f.* sc. 6. Le détail serait la — d'un plus long discours, BOSS. *Hist. univ.* II, 15. || *P. ext.* Sujet traité dans un ouvrage. La disposition des matières est nouvelle, PASC. *Pens.* VII, 9. La table des matières (d'un livre). Une — de vers, de discours, sujet de vers, de discours, que les élèves doivent développer. Entrer en —, aborder son sujet. *Loc. adv.* En — de, quand il s'agit de. Être délicat en — d'honneur.
II. (Philos.) || **1°** Substance corporelle. (S'oppose à esprit.) Elle (l'âme) est d'une nature qui n'a aucun rapport à l'étendue ni aux dimensions ou autres propriétés de la — dont le corps est composé, DESC. *Passions*, i, 31. Il est impossible que la — soit au-dessus de ce qui pense, LA BR. 16.
|| **2°** *Anciennt.* Fond indéterminé de l'être susceptible de recevoir telle ou telle forme déterminée. (S'oppose à forme.) || *P. plaisant.* Que ton père a la forme enfoncée dans la —! (l'âme dominée par le corps), MOL. *Préc. rid.* sc. 5.
|| *P. anal.* | **1.** (Droit.) La — d'un délit, ce qui contient les éléments du délit (en dehors du mobile qui a fait agir).
| **2.** (Théol.) La — d'un sacrement, le signe sensible (par opposition à la forme, qui y ajoute la vertu sacramentelle).

MATIN [mà-tin] *s. m.*
[ÉTYM. Du lat. matutinum, *m. s.* devenu *mattin, §§ 336 et 291, matin, § 369. (*Cf.* demain.)]
|| Commencement de la journée. L'espace d'un —, MALH. *Poés.* 11. Combien en a-t-on vus Qui, du soir au — (en un jour), sont pauvres devenus! LA F. *Fab.* V, 13. Travailler du — au soir, tout le jour. || *Fig. Poét.* Les portes du —, le levant. L'étoile du —, nom donné à la planète Vénus, quand elle se lève le matin. Être du —, être matinal. *Absolt.* Le —, et, *vieilli*, Au —, au commencement de la journée. *Vieilli*, Du —, dès le matin. Demain, du —, MOL. *Tart.* V, 4. Il est venu ce —, le matin de ce jour. Hier —, demain —. De grand —, de bon —, de très bonne heure. Un —, un de ces matins, un beau —, un jour quelconque au matin. Notre homme, un beau —, Va chercher compagnie, LA F. *Fab.* VIII, 10. || *Adverbt.* Au matin. Si — qui vous fait déloger? RAC. *Plaid.* I, 4. Vous vous levez tous les jours trop —, ID. *ibid.* I, 1. *Fig.* Levé —, qui devance les autres pour agir. *Loc. prov.* Il faudrait se lever — pour l'attraper, on ne l'attrape pas aisément. || *Fig. Poét.* Le — de la vie, la jeunesse. Cueillons la rose au — de la vie, LAMART. *Médit.* II, 11. || *P. ext.* Le temps qui s'écoule de minuit à midi. (S'oppose à après-midi.) Il est deux heures du —.

MÂTIN, *MÂTINE [mà-tin, -tin'] *s. m.* et *f.*
[ÉTYM. Du lat. pop. *mansuetinum (s.-ent. canem, chien), dérivé de mansuetum, apprivoisé, devenu *masetino, §§ 485, 356, mastin, §§ 336 et 291, mâtin, § 422. || XIIᵉ-XIIIᵉ s. Ainsi

comme mastin, HENRI DE VALENCIENNES, 18. Gent mastine, *Renaud de Montauban*, p. 407, Michelant.]
|| **1°** *S. m.* Chien domestique de forte taille, qu'on emploie à la garde des maisons, du gros bétail. Le — était de taille A se défendre hardiment, LA F. *Fab.* I, 5.
|| **2°** *Fig. S. m.* et *f.* Personne désagréable. C'est un vilain —. Ah! mâtine, Nous vous y surprenons, MOL. *Sgan.* sc. 6. || *P. ext.* Mâtine de cervelle! MOL. *Ét.* V, 1.

MATINAL, ALE [mà-ti-nàl] *adj.*
[ÉTYM. Dérivé de matin, § 90. (*Cf.* matineux et matinier.) || XIIᵉ s. Guarde matinele, *Psaut. d'Oxf.* CXXIX, 6.]
|| **1°** Qui est propre au matin. L'heure matinale. La brise matinale.
|| **2°** Qui se lève matin. La déesse des bois n'est point si matinale, LA F. *Adonis.* || Fleurs matinales, qui s'ouvrent le matin.

MÂTINEAU [mà-ti-nó] *s. m.*
[ÉTYM. Dérivé de mâtin, § 126. || XIVᵉ s. Mastineaux Qui tout ont mengé les museaux, GACE DE LA BIGNE, *Déduits de la chasse*, dans GODEF. mastinel. Admis ACAD. 1835.]
|| Petit mâtin (chien). Deux ou trois mâtineaux, LA F. *Fab.* VIII, 18.

MATINÉE [mà-ti-né] *s. f.*
[ÉTYM. Dérivé de matin, § 119. || XIIᵉ s. Saint Gile assalt a une matinee, *Couronn. de Louis*, 2032.]
|| L'espace de temps compris entre le point du jour et l'heure de midi. (S'oppose à après-midi.) Vous viendrez dans la —. Une — de printemps. La — se passait dans ce cruel exercice, BOSS. *A. de Gonz.* || *Famil.* Dormir la grasse —, rester au lit toute la matinée. Je ronflerais mon soûl la grasse —, REGNARD, *Joueur*, I, 1. || *P. ext.* — littéraire, musicale, etc., réunion qui a lieu dans l'après-midi (par opposition à soirée).

MÂTINER [mà-ti-né] *v. tr.*
[ÉTYM. Dérivé de mâtin, § 154. (*Cf.* amâtiner.) || XIIIᵉ s. Sel mastine com un gaignon, *Renart*, 1766, Méon.]
|| En parlant d'un mâtin, d'un chien de race croisée ou commune, couvrir (une chienne de race). || *P. ext.* Chien mâtiné, qui n'est pas de race pure.

MATINES [mà-tin'] *s. f. pl.*
[ÉTYM. Tiré de matin, à l'imitation du lat. ecclés. matutinæ (s.-ent. vigiliæ, vigiles, veilles), *m. s.* § 37. || XIᵉ s. Messe e matines, *Roland*, 164.]
|| (Liturgie cathol.) || **1°** Première partie de l'office qui se disait à la première heure du jour après minuit, et se dit maintenant (excepté dans certains monastères) la veille au soir ou le matin. Sonner les —. Le premier coup de —, et, *fig. loc. prov.* Étourdi comme le premier coup de — (comme on l'est quand sonnent matines). Chanter —. *Fig. Loc. prov.* Entonner le Magnificat à —, faire une chose mal à propos. Le retour de —, et, *fig.* Un retour de —, une mauvaise affaire. (OUD.)
|| **2°** Livre contenant les prières du matin et l'office de la sainte Vierge.

MATINEUX, EUSE [mà-ti-neu, -neûz'] *adj.*
[ÉTYM. Tiré de matinal par confusion de suffixe, d'après l'anc. forme matinel, qui faisait matineus au sujet sing. et au rég. plur. §§ 62 et 116. || XIVᵉ-XVᵉ s. Messe matineuse, *Rentes de la prévôté de Clermont*, dans GODEF.]
|| Qui se lève matin. Je suis plus — encore, LA F. *Fab.* VI, 11.

MATINIER, IÈRE [mà-ti-nyé, -nyèr] *adj.*
[ÉTYM. Dérivé de matin, § 115. || 1400. Messe matiniere, dans GODEF.]
|| Qui appartient au matin. *Spécialt.* L'étoile matinière, l'étoile du matin, la planète Vénus.

MATIR [mà-tir] *v. tr.*
[ÉTYM. Dérivé de mat 2, § 154. (*Cf.* amatir.) Souvent synonyme de mater 1 en anc. franç. || XIIᵉ-XIIIᵉ s. Feuille de boschet Chiet et matist a petit de vanter, dans BARTSCH, *Rom. und Pastour.* II, LXXIII, 1. Admis ACAD. 1762.]
|| (Technol.) Rendre mat. | **1.** Rendre sans éclat, sans transparence. Or, argent mati. | **2.** Rendre compact. *Spécialt.* — une soudure, tasser le plomb qui déborde à la jonction de deux pièces soudées.

***MATITÉ** [mà-ti-té] *s. f.*
[ÉTYM. Dérivé de mat 2, § 255. || *Néolog.*]
|| (T. didact.) Qualité du son qui est mat.

***MATOIR** [mà-twàr] *s. m.*
[ÉTYM. Dérivé de mater 2, § 113. || 1676. FÉLIBIEN, *Princ. de l'architect.*]

|| (Technol.) Outil à face grenue qui sert à mater l'or, l'argent. || Ciseau émoussé qui sert à matir une soudure. || *P. anal.* Marteau à river les clous, les boulons.

MATOIS, OISE [mà-twá, -twáz'] *adj.*

[Étym. Dérivé de mate, terme d'argot, qui désignait autrefois le lieu de rendez-vous des filous de Paris, §§ 31 et 143. || xviᵉ-xviiᵉ s. Je me suis vu de saffranier, mattois; de mattois, financier, D'AUB. *Sancy*, i, 10.]

|| *Famil.* Artificieux, artificieuse. Un vieux coq adroit et —, LA F. *Fab.* ii, 15. Cherche en ta cervelle matoise, ID. *ibid.* ix, 14. *Substantivt.* Un fin —. Une matoise des plus raffinées, LES. *Gil Blas*, iii, 5.

***MATOISEMENT** [mà-twáz'-man; *en vers,* -twá-ze-…] *adv.*

[Étym. Composé de matoise et ment, § 724. || Admis ACAD. 1718; suppr. en 1740.]

|| *Vieilli.* D'une manière matoise, en matois.

MATOISERIE [mà-twáz'-ri; *en vers,* -twá-ze-ri] *s. f.*

[Étym. Dérivé de matois, § 69. || 1610. Carabinage et matoiserie soldatesque, titre.]

|| *Vieilli.* Artifice. Tours pleins de —, LA F. *Fab.* xi, 6.

***MATON** [mà-ton] *s. m.*

[Étym. Dérivé d'un radical mat, qui se retrouve dans l'allem. dialectal matte, lait caillé, § 104. (*Cf.* mat 2.) || xiiᵉ s. Molt sont test de bure et de matons, *Chevalerie Ogier*, 4458.]

|| *Dialect.* Lait caillé. || *P. anal.* (Technol.) | **1.** Partie de la laine échappée à la carde et restée en peloton. | **2.** Inégalité, amas de bourre dans un cordage. | **3.** Peloton de fibres qui se forme sur les machines dans la pâte à papier.

MATOU [mà-tou] *s. m.*

[Étym. Origine inconnue. || 1611. COTGR.]

|| Nom vulgaire du chat mâle. Un — de gouttière. Gare encor le —! LA F. *Fab.* xii, 27. || *P. plaisant. Fig.* J'embrasse le — (le mari), SÉV. 446. || Un vilain —, un vilain personnage.

1. *MATRAS [mà-trá] *s. m.*

[Étym. Origine incertaine; certains le rattachent au lat. matara ou mataris, d'origine celtique, qui désigne une sorte de javeline particulière aux Gaulois; mais la phonétique fait difficulté, § 3. || xiiᵉ s. Et bones fondes et mataiatz plomé, *Loherains*, dans GODEF. materas. Admis ACAD. 1694; suppr. en 1798.]

|| (Archéol.) Trait pesant d'arbalète, sorte de long dard terminé par une petite masse de fer.

2. MATRAS [mà-trá] *s. m.*

[Étym. Origine incertaine; certains le tirent de matras 1, par assimilation de forme. || xvᵉ-xviᵉ s. Par pelicans et matheras, *Nat. à l'alch. errant*, 41.]

|| (Chimie.) Vase de verre à long col étroit, employé en pharmacie, en chimie.

MATRICAIRE [mà-tri-kèr] *s. f.*

[Étym. Dérivé du lat. matrix, matrice, parce que cette plante était employée comme emménagogue, § 248. || 1545. Espargoutte ou matricaire, G. GUÉROULT, *Hist. des plantes*, dans DELB. *Rec.* Admis ACAD. 1762.]

|| (Botan.) Plante de la famille des Composées dont une variété, dite — officinale, exhale une odeur désagréable.

MATRICE [mà-tris'] *s. f.*

[Étym. Emprunté du lat. matrix, icis, *m. s.* On trouve en anc. franç. marrix, de formation pop. || xiiiᵉ-xivᵉ s. As ongles ront sa matrix, *Image du monde*, dans DELB. *Rec.* Aucunes femmes… ont la matrice despecee, *Recettes medicales*, dans *Romania*, 1889, p. 574.]

|| (T. didact.) || **1º** Organe de la femme, de la femelle, où le fœtus se développe pendant le temps de la gestation. || *Fig.* Milieu où qqch se produit et se développe. La nature est la — universelle des êtres.

|| **2º** *P. anal.* Follicule où se forme un poil. || Substance dans laquelle se forment certains minéraux.

|| **3º** *P. ext.* Moule en creux qui produit une empreinte en relief, par percussion, fonte, etc. — d'écusson, de légendes, pour médailles, monnaies. — pour boutons.

|| **4º** Étalon des divers poids et mesures.

|| **5º** Registre original d'après lequel sont établis les rôles des contributions. (*Cf.* matriciel, matricule.)

|| **6º** *P. appos. Fig.* Église —, église primitive d'un pays. Couleurs matrices, couleurs simples (blanc, noir, bleu, jaune, rouge) dont on peut former les autres.

***MATRICIEL, ELLE** [mà-tri-syèl; *en vers,* -si-èl] *adj.*

[Étym. Dérivé de matrice, § 238. || *Néolog.*]

|| (T. d'admin.) Qui se rapporte aux registres d'après lesquels sont établies les contributions directes. Évaluations matricielles. Loyer —, d'après lequel la cote est fixée.

***MATRICULAIRE** [mà-tri-ku-lèr] *adj.*

[Étym. Dérivé de matricule, § 248. || 1674. Procureurs matriculaires, *Déclaration*, dans TRÉV.]

|| (T. d'admin.) Inscrit sur la matricule, sur les rôles. Inscription —.

MATRICULE [mà-tri-kul] *s. f.*

[Étym. Emprunté du lat. matricula, *m. s.* diminutif de matrix, matrice. || xviᵉ s. DU PINET, dans GODEF.]

|| (T. d'admin.) Rôle où sont inscrits tous les noms de ceux qui forment un corps, une société. *Spécialt.* Rôle sur lequel on inscrit le nom, le prénom, le numéro d'ordre des soldats qui entrent au régiment. *P. appos.* Un registre —. || *P. ext.* | **1.** Inscription sur la matricule. | **2.** Extrait de la matricule délivré à la personne inscrite.

MATRIMONIAL, ALE [mà-tri-mò-nyàl; *en vers,* -ni-àl] *adj.*

[Étym. Emprunté du lat. matrimonialis, *m. s.* || xivᵉ s. Chasteté matrimonial, *Régime des princes*, dans DELB. *Rec.*]

|| Relatif au mariage. Conventions matrimoniales. Agence matrimoniale. Tribunaux matrimoniaux (en Suisse), pour les cas de divorce.

MATRONE [mà-tròn'] *s. f.*

[Étym. Emprunté du lat. matrona, *m. s.* dérivé de mater, mère. || xiiᵉ s. Si haute matrone, *Vie d'Édouard le Conf.* 3885.]

. || **1º** (Antiq.) Mère de famille.

|| **2º** Femme d'un âge, d'un caractère respectable.

|| **3º** *P. ext.* Sage-femme. *Spécialt.* Sage-femme nommée par un tribunal dans certains procès pour visiter une fille, une femme.

MATTE [màt'] *s. f.*

[Étym. Origine incertaine; le rapport avec l'allem. matte, lait caillé (*cf.* maton), n'est pas certain. || 1627. Cuivre de rosette… depouillé de sa matte, SAVOT, *Disc. sur les médailles*, dans DELB. *Rec.* Admis ACAD. 1762.]

|| (Technol.) Métal produit par une première fonte du minerai et qui n'est pas encore pur.

***MATTEAU.** V. mateau.

***MATTON.** V. maton.

MATURATIF, IVE [mà-tu-rà-tif', -tiv'] *adj.*

[Étym. Dérivé du lat. maturare, faire mûrir, § 257. || xiiiᵉ-xivᵉ s. La chose mise sus soit maturative, *Chirurg. de Mondeville*, fᵒ 69, vᵒ. Admis ACAD. 1762.]

|| (T. didact.) Qui hâte la maturité d'un abcès. Un onguent —, et, *substantivt*, Un —.

MATURATION [mà-tu-rà-syon; *en vers,* -si-on] *s. f.*

. [Étym. Emprunté du lat. maturatio, *m. s.* || xivᵉ-xvᵉ s. *Fragm. d'un livre de medecine*, dans GODEF. Admis ACAD. 1762.]

|| (T. didact.) Progrès d'un fruit vers la maturité. || *P. anal. Fig.* Progrès d'un abcès vers la maturité. || Cuve de —, cuve de brasseur où s'achève la fermentation du malt. || — du tabac, ensemble des traitements qu'on fait subir aux feuilles de tabac, dans les magasins, pour les préparer aux différents emplois.

MÂTURE [mà-tûr] *s. f.*

[Étym. Dérivé de mât, mâter, § 111. || 1690. Masture, FURET. Admis ACAD. 1740.]

|| (Marine.) || **1º** Ensemble des mâts d'un navire. || *P. anal.* Manière dont les mâts d'un navire sont disposés. || **2º** Machine à mâter. || Atelier où l'on fait les mâts.

MATURITÉ [mà-tu-ri-té] *s. f.*

[Étym. Emprunté du lat. maturitas, *m. s.* L'ancien franç. a la forme pop. maûrté. || xvᵉ-xviᵉ s. Tendre à maturité, J.-LE MAIRE, dans DELB. *Rec.*]

|| **1º** État des fruits, des graines qui ont atteint tout leur développement. Le froid a retardé la — du raisin.

|| **2º** État des personnes, des choses parvenues à leur complet développement. — du bois, état du bois bon à couper. — d'un abcès, état où le pus est complètement formé, prêt à aboutir. — du levain, état où la fermentation de la bière est accomplie, ce qu'indique l'affaissement de la mousse. || La — de l'âge, que donne l'âge. Un homme parvenu à sa —. Une femme qui est déjà dans sa —. La — de l'esprit, du jugement. Vous verrez ce progrès d'une opinion nouvelle depuis sa naissance jusqu'à sa —, PASC. *Prov.* 6. Le point de — de la production de l'esprit, BUFF. *Style.*

MATUTINAL, ALE [mà-tu-ti-nàl] *adj.*
[ÉTYM. Dérivé du lat. matutinus, *m. s.* § 238. (*Cf.* le doublet matinal.) || XIVᵉ s. Planetes sont matutineles et du vespre, ORESME, dans GODEF. Admis ACAD. 1798.]
|| *Vieilli.* Qui appartient au matin.

MAUDIRE [mô-dîr] *v. tr.*
[ÉTYM. Pour maldire, § 455, composé de mal 3 et dire, à l'imitation du lat. maledicere, *m. s.* § 192. (*Cf.* malédiction.) || XIᵉ s. Tere majur, Mahummet te maldie! *Roland*, 1616.]
I. Appeler le malheur sur (qqn). Ses victimes le maudissent. Qui maudit son pays renonce à sa famille, CORN. *Hor.* IV, 6. || *P. hyperb.* Que maudit soit le bec cornu de notaire qui me fit signer ma ruine! MOL. *Méd. m. l.* I, 1. Ce maudit tailleur me fait bien attendre, ID. *B. gent.* II, 4. || *P. ext.* Sa mémoire est maudite. Et le sang répandu de mille conjurés Rend mes jours plus maudits, CORN. *Cinna*, IV, 2. || *P. hyperb.* Vous maudirez peut-être un jour cette victoire, CORN. *Poly.* V, 4. Que maudit soit l'heure et le jour où je m'avisai de dire oui! MOL. *Méd. m. l.* I, 1. Maudite ambition! CORN. *Cid*, II, 3. || *P. ext.* — les dieux, blasphémer contre eux. Je maudirais les dieux s'ils me rendaient le jour, CORN. *Rodog.* V, 4. || *Spéciall.* | **1.** En parlant du père, de la mère, appeler la colère divine sur un enfant dénaturé. Son père l'a maudit. | **2.** En parlant du prêtre, appeler par des paroles, des rites religieux, la réprobation divine sur qqn, qqch. Un prêtre... Doit prier pour ses rois et non pas les —, VOLT. *Œdipe*, III, 4.
II. En parlant de Dieu, vouer à la réprobation éternelle. Race que notre Dieu de rage a maudite, RAC. *Esth.* III, 4. || *Au part. passé pris substantiv.* Retirez-vous de moi, maudits, allez au feu éternel, SACI, *Bible, Év. Matth.* XXV, 41.

MAUDISSON [mô-di-son] *s. f.*
[ÉTYM. Dérivé de maudire à l'imitation du lat. maledictionem, *m. s.* § 106. L'anc. franç. dit parallèlement maudiçon et maleiçon. || XIIᵉ s. Asez distrent del rei vices et maldiçuns, WACE, *Rou*, II, 723.]
|| *Vieilli.* Malédiction. Toux deux étant émus De maudissons lardaient leurs oremus, J.-B. ROUSS. *Épigr.* I, 18.

'MAUGRÉBLEU [mô-gré-bleu] *interj.*
[ÉTYM. Euphémisme pour maugré Dieu, malgré Dieu, § 509. || XVIIᵉ-XVIIIᵉ s. *V.* à l'article.]
|| *Vieilli.* Sorte de juron. — des parents! REGNARD, *Joueur*, V, 4. — de la question! LES. *Crispin riv.* sc. 9.

MAUGRÉER [mô-gré-é] *v. intr.*
[ÉTYM. Pour malgréer, § 422, dérivé de mal gré (mauvais gré), § 154. || XIIᵉ s. Il... maugree Dieu et ses sains, FRÈRE LAURENT, *Somme*, dans GODEF. malgreer.]
|| Exhaler sa mauvaise humeur. — contre le sort. || *Absolt.* Il fait ce qu'on lui commande en maugréant.

MAUPITEUX, EUSE [mô-pi-teû, -teûz'] *adj.*
[ÉTYM. Pour malpiteux, § 422, composé de mal et piteux, § 193. || XVIᵉ s. Sa dextre malpiteuse, VAUQ. DE LA FRESN. *Sat.* 4.]
|| *Vieilli.* Non pitoyable. | **1.** Qui n'a pas de pitié. | **2.** Qui ne mérite pas la pitié.

MAURICAUD, AUDE. *V.* moricaud.

MAUSOLÉE [mô-zò-lé] *s. m.*
[ÉTYM. Emprunté du lat. Mausoleum, grec Μαυσωλεῖον, célèbre tombeau élevé à Mausole, roi de Carie, par sa veuve Artémise, § 36. || 1561. Renommée du Mausolee, J. MARTIN, *Hypnerotomachie*, fᵒ 6, rᵒ.]
|| Tombeau monumental. Iole qui mouilla de pleurs son —, LA F. *Filles de Minée.* Le — du cardinal de Richelieu en Sorbonne, VOLT. *Temple du goût.*

MAUSSADE [mô-sàd'] *adj.*
[ÉTYM. Pour malsade, § 422, composé de mal 3 et l'anc. franç. sade, agréable, § 193. Sade vient régulièrement du lat. sapidum, sapide, §§ 290, 291 et 431. || XIVᵉ s. Malsade ou malgracieux, ORESME, *Éth.* II, 10.]
|| **1ᵒ** Qui produit le mécontentement. Cette habitation est —. Il fait un temps —.
|| **2ᵒ** Qui exprime le mécontentement, l'ennui. Une personne — mine, RÉGNIER, *Sat.* 10.

MAUSSADEMENT [mô-sàd'-man ; *en vers*, -sà-de-...] *adv.*
[ÉTYM. Composé de maussade et ment, § 724. || 1530. PALSGR. p. 830.]
|| D'une manière maussade.

MAUSSADERIE [mô-sàd'-ri ; *en vers*, -sà-de-ri] *s. f.*

[ÉTYM. Dérivé de maussade, § 69. A remplacé maussadeté, indiqué en 1642 par OUD. comme vieilli. || Admis ACAD. 1740.]
|| Humeur maussade.

MAUVAIS, AISE [mô-vè, -vèz'] *adj.*
[ÉTYM. Origine inconnue. || XIᵉ s. Malvaises nuveles, *Roland*, 810.]
|| Contraire au bien de qqn, de qqch.
I. Fâcheux. Trouver un — goût à qqch. Faire une mauvaise affaire. Recevoir un — coup. Une mauvaise année (pour la récolte, pour le commerce). Le — succès de cette entreprise. Elle a usé chrétiennement de la bonne et de la mauvaise fortune, BOSS. *R. d'Angl.* Donner à qqn de — conseils. Faire une mauvaise farce, une mauvaise plaisanterie à qqn. Cela est d'un — augure. C'est — signe. Il est né sous une mauvaise influence. J'ai reçu de mauvaises nouvelles. || Une mauvaise langue. Un — cœur. Faire courir de — bruits. Être de mauvaise humeur. Faire — visage à qqn. Faire qqch de mauvaise grâce. Prendre qqch en mauvaise part. Je ne trouve point du tout — que vous me disiez votre sentiment, LES. *Gil Blas*, VII, 5. Regarder qqn d'un — œil. Avoir le — œil, porter malheur à ceux qu'on regarde. || Avoir une mauvaise figure. Un homme de mauvaise mine. La mauvaise fortune. Il fait — temps, et, *ellipt*, Il fait —. Ce terrain est — pour la vigne. Le pavé est — pour les chevaux. Ce climat est — pour la santé. La mer est mauvaise. || *Adverbialt.* Cela sent —. Il fait — (il est dangereux) se prendre aux poètes, RÉGNIER, *Ép.* 3. || *Substantivt. Famil.* Vous êtes un —, une mauvaise (un méchant, une méchante).
II. Imparfait, défectueux. Un — père, un — fils. Ces petits différends Qui de si bons guerriers font de — parents, CORN. *Hor.* I, 3. Un — roi. Un — sujet, un — garnement. Un — maître. De — soldats Un — serviteur. Un — acteur. Il est — dans ce rôle. Un — cheval, une mauvaise voiture. Les chemins sont —. || Avoir de — yeux, un — estomac, de mauvaises jambes. || Avoir — visage, mauvaise mine, paraître malade, souffrant. Une mauvaise nature. Il règne ici un — esprit. De mauvaises lois. Fréquenter la mauvaise société. Un — sujet. Vous preniez tout l'air d'un — garnement, MOL. *Tart.* I, 1. Avoir — ton. Donner de mauvaises raisons. C'est un raisonnement bien — que le vôtre, CORN. *Hor.* III, 4. C'est votre sentiment seul que je trouve —, LES. *Gil Blas*, VII, 5. Ai-je de bons avis, ou de — soupçons? CORN. *Cinna*, V, 1. || *Substantivt.* Le —, ce qui est mauvais dans une personne, une chose. Discerner le bon du —. Le — l'emporte sur le bon. Qui ne sait pas réprouver le — n'est pas digne de sentir le bon, VOLT. *Comment. sur Perth.* || *Spéciatt.* Contraire à la loi morale. Une mauvaise action. Ils gardent leurs mœurs toujours mauvaises, LA BR. 11. Une femme de mauvaise vie. Le — exemple. || *Substantivt. Vieilli.* Les —, les méchants. Le discernement des bons et des —.

1. MAUVE [môv'] *s. f.*
[ÉTYM. Du lat. malva, *m. s.* devenu malve, § 291, mauve, § 422.]
|| Plante qui a des propriétés émollientes, et qui est l'espèce type de la famille des Malvacées. || *Adjectivt.* Étoffe —, dont la couleur ressemble à la fleur de la mauve.

2. 'MAUVE [môv'] *s. f.*
[ÉTYM. Primitif de mouette, emprunté de l'anc. anglais mawe (angl. mod. mew, anglo-saxon mœw), *m. s.* § 8. || 1555. Ceux du Hable de Grace et de Dieppe les nomment maulves, P. BELON, *Hist. de la nat. des oiseaux*, p. 170.]
|| *Dialect.* Mouette, oiseau de mer.

'MAUVETTE [mô-vèt'] *s. f.*
[ÉTYM. Dérivé de mauve 1, § 133. || 1789. ENCYCL. MÉTH.]
|| *Dialect.* Géranium à feuilles rondes.

MAUVIETTE [mô-vyèt' ; *en vers*, -vi-èt'] *s. f.*
[ÉTYM. Dérivé récent de mauvis, §§ 64 et 133. || 1694. ACAD.]
|| Nom donné à l'alouette grasse et à d'autres petits oiseaux d'un goût délicat. Un pâté de mauviettes. || *Fig. Famil.* Personne chétive.

MAUVIS [mô-vi] *s. m.* (fém. NICOT, COTGR.).
[ÉTYM. Origine incertaine ; l'angl. mavis vient du français, dont le genre primitif (féminin) suppose une terminaison latine en -icem, comme dans perdrix. Sur le changement de genre, *V.* § 551. || XIIᵉ-XIIIᵉ s. Et la mauvis qui commence a tentir, LE CHAT. DE COUCY, p. 77, Fath.]
|| **1ᵒ** Variété de merle, selon d'autres de grive.
|| **2ᵒ** Alouette huppée.

MAXILLAIRE [màk'-sïl'-lèr] *adj.*
[ÉTYM. Emprunté du lat. maxillaris, *m. s.* (*Cf.* mâchelier.)

|| 1541. Dents maxillaires, J. CANAPPE, *Tabl. anatom.* dans DELB. *Rec.* Admis ACAD. 1762.]

|| (Anat.) Qui a rapport aux mâchoires. Os — supérieur.

MAXIMA [măk-si-mà]. V. maximum.

MAXIME [măk'-sim'] *s. f.*

[ÉTYM. Emprunté du lat. maxima, fém. de maximus, le plus grand (*cf.* maximum), employé substantivement au moyen âge en sous-entendant sententia, sentence (au sens **I**), ou nota, note (au sens **II**). || 1539. R. EST.]

I. Vérité morale proposée comme règle de conduite. (*Syn.* précepte.) Ce ne sont point des maximes que j'ai voulu écrire; elles sont comme les lois dans la morale, LA BR. préf. Toutes les bonnes maximes sont dans le monde; on ne manque qu'à les appliquer, PASC. *Pens.* VI, 1. N'écoutez point pour lui ces maximes cruelles, CORN. *Poly.* III, 3. || Maxime d'État, règle pour conduire un État. Votre potentat, Qui n'a que ses fureurs pour maximes d'État, CORN. *Sertor.* III, 1. || *Absolt.* Le livre des Maximes (de la Rochefoucauld). Et quant au canal, c'est celui Que chacun sait, le livre des Maximes, LA F. *Fab.* I, 11.

II. (Musique.) Note du plain-chant valant deux longues, représentant huit rondes dans les mesures à deux temps, et douze dans les mesures à trois temps.

MAXIMUM [măk-si-mòm'] *s. m.*

[ÉTYM. Mot latin signifiant « le plus grand », § 217. (*Cf.* maxime.) || Admis ACAD. 1762.]

|| (T. didact.) Valeur la plus grande que puisse atteindre une quantité variable. Le — de la dépense, et, *abusivt,* la dépense — sera de cent francs. Jouer le —, l'enjeu le plus fort accepté dans une maison de jeu. Loi du —, loi fixant le maximum auquel peuvent se vendre les denrées de première nécessité. Un criminel condamné au — de la peine, à la plus forte des peines édictées contre son crime, son délit. Le — de densité de l'eau. || (Mathém.) *Au plur.* Maxima. Les maxima et les minima d'une intégrale définie. Thermomètre à maxima et à minima, qui marque la plus haute et la plus basse température atteintes pendant un temps donné.

MAYONNAISE [mà-yò-nĕz'] *s. f.*

[ÉTYM. Origine incertaine; selon qqns, altération de mahonnaise, cette sauce ayant été ainsi nommée, dit-on, peu après la prise de Mahon par le duc de Richelieu (1756). || 1807. Saumon à la mayonnaise, VIARD, *Cuisin. impér.* p. 300. Admis ACAD. 1878.]

|| Sauce froide faite d'huile battue avec un jaune d'œuf, jusqu'à ce qu'elle prenne de la consistance. || *P. ext.* Mets servi avec cette sauce. Une — de volaille, de homard.

MAZETTE [mà-zĕt'] *s. f.*

[ÉTYM. Origine inconnue. || 1626. De piquer sa mazette il desdaigne, SONNET DE COURVAL, *Sat.* dans DELB. *Rec.*]

|| **1°** *Vieilli.* Mauvais cheval. Nous sommes à piquer de chiennes de mazettes, MOL. *Sgan.* sc. 7.

|| **2°** *Fig.* Personne inhabile à un jeu.

*MAZURKA** [mà-zur-kà] et, *vieilli,* *MAZURKE** [mà-zurk'] *s. f.*

[ÉTYM. Emprunté du polonais mazurka, *m. s.* § 20. || *Néolog.*]

|| Danse à trois temps, plus lente que la valse, et où le deuxième temps est marqué. *P. appos.* Polka —.

ME [me] et (devant une voyelle ou une *h* non aspirée) **M'** *pron. pers.*

[ÉTYM. Du lat. me, *m. s.* § 591.]

|| Forme atone de moi, pronom personnel de la première personne du singulier, des deux genres, qui s'emploie comme complément direct et indirect.

|| **1°** Complément direct. Son visage odieux m'afflige et me poursuit, RAC. *Esth.* II, 1. Je me souviens toujours que je vous dois l'empire, ID. *Brit.* IV, 2. De son image en vain j'ai voulu me distraire, ID. *ibid.* II, 2. Instruisez-m'en, de grâce, MOL. *D. Garcie,* V, 5. Menez-m'y, LA F. *Ragotin,* III, 15. *Poét.* Le cruel qui m'a pu mépriser, RAC. *Iph.* III, 6. Quittez cette chimère et m'aimez, CORN. *Poly.* IV, 3.

|| **2°** Complément indirect. Ils me reprocheraient, non des cris impuissants..., RAC. *Brit.* IV, 2. Il m'a renouvelé la foi de ses promesses, ID. *ibid.* V, 3. || Employé comme explétif. Vous me la chassez pour un maigre sujet, MOL. *F. sav.* II, 7. Prends ton pic et me romps ce caillou, LA F. *Fab.* VI, 18.

MEÂ-CULPÂ [mé-à-kŭl-pà] *s. m.*

[ÉTYM. Expression latine signifiant « par ma faute », empruntée au formulaire du *Confiteor*. (*Cf.* coulpe.) || 1752. TRÉV. Admis ACAD. 1878.]

|| Aveu que fait qqn de sa faute. Dire, faire son —.

MÉANDRE [mé-àndr'] *s. m.*

[ÉTYM. Nom propre d'un fleuve de Phrygie célèbre par ses détours sinueux, § 36. || 1582. D'un méandre ondeux doublement entouré, R. et A. D'AIGNEAUX, *Énéide,* dans DELB. *Rec.* Admis ACAD. 1762.]

|| Détour sinueux. Les méandres d'un ruisseau, d'un labyrinthe.

MÉAT [mé-à] *s. m.*

[ÉTYM. Emprunté du lat. meatus, *m. s.* (*Cf.* congé.) || XVe-XVIe s. De sa voix furent les meates ouverts, O. DE ST-GELAIS, *Énéide,* dans DELB. *Rec.* Aux meats des pores du vray cuir, PARÉ, XXII, 6. Admis ACAD. 1835.]

|| (Anat.) Canal. Le — urinaire.

MÉCANICIEN, *MÉCANICIENNE** [mé-kà-ni-syin, -syèn'; en vers, -si-...] *s. m.* et *f.*

[ÉTYM. Dérivé de mécanique, d'après le rapport de mathématicien à mathématique, etc. § 244. || 1732. TRÉV. Admis ACAD. 1740.]

|| **1°** Celui, celle qui invente ou construit des machines. *P. appos.* Un ingénieur —, constructeur de machines.

|| **2°** Personne chargée de diriger une machine. || *Spéciall.* | 1. *Au masc.* Celui qui dirige une locomotive de chemin de fer. | 2. *Au fém.* Mécanicienne, ouvrière qui travaille à la machine à coudre.

MÉCANIQUE [mé-kà-nĭk'] *adj.* et *s. f.*

[ÉTYM. Emprunté du lat. mechanicus, grec μηχανικός, *m. s.* qui s'emploient déjà substantivement (sens **II**) dans les langues anciennes. BRUN. LATINI emploie mechanique au sens d' « artisan ». || XIVe s. Artifice mecanique, ORESME, dans MEUNIER, *Essai sur Oresme.*]

I. *Adj.* || **1°** Qui est exécuté par un mécanisme. Se servir de moyens mécaniques. || *P. ext.* Qui est exécuté principalement par l'adresse de la main. Les arts mécaniques, les arts manuels (par opposition aux arts libéraux). La partie — d'un art, celle qui demande un travail matériel. Il n'y a point d'art si — ni de servile condition, où les avantages ne soient plus sûrs, LA BR. 12. || *P. ext. Vieilli.* Personnes mécaniques, artisans. Il les remit (des inventions) à des personnes mécaniques pour les exercer, MALH. *Ép. de Sénèq.* XC, 5. Ne soyons pas si superbes, ni mécaniques dans notre habillement (vêtus comme des artisans), ID. *ibid.* V, 1. *Fig.* Une âme vile et — (matérielle), LA BR. 12. || *P. anal.* Action, mouvement —, action, mouvement des organes où l'intelligence, la volonté n'a point de part. Le travail — de la digestion.

|| **2°** Qui a rapport aux propriétés du mouvement. Les lois mécaniques. || Philosophie —, qui ramène tous les phénomènes à des lois mécaniques, considérant la matière comme une étendue passive mue par une force qui n'est pas en elle. || (Mathém.) Courbe — (dite aussi transcendante), qui ne peut être exprimée par des équations algébriques.

II. *S. f.* || **1°** Science du mouvement. — pure ou rationnelle, théorie mathématique des lois du mouvement (dynamique) et de l'équilibre (statique). — appliquée, application des lois du mouvement et de l'équilibre à la construction et à l'emploi des machines. — céleste, science des mouvements des corps célestes.

|| **2°** Assemblage de pièces, de ressorts, destiné à produire certains mouvements. La — d'une horloge. Une — compliquée. La — d'une voiture, qui sert à enrayer. || *P. ext.* Jeu d'un assemblage de pièces, de ressorts. Dentelle fabriquée à la —. || *P. anal.* En parlant du jeu des organes. Des mouvements si justes et d'une si parfaite —, FÉN. *Exist. de Dieu,* I, 1. || *Fig.* Il fut question après de la composition du conseil et de sa —..., ST-SIM. XI, 291.

MÉCANIQUEMENT [mé-kà-nĭk'-man; en vers, -nike-...] *adv.*

[ÉTYM. Composé de mécanique et ment, § 724. || XVe s. Ilz ont guerres et divisions comme nous et encores plus mecaniquement, COMM. V, 18.]

|| D'une manière mécanique.

*MÉCANISER** [mé-kà-ni-zé] *v. tr.*

[ÉTYM. Dérivé du radical de mécanique, § 267. || XVIe s. Les verres sont mechanisez, B. PALISSY, p. 374.]

|| **1°** *Anciennt.* Livrer à un art mécanique, à une profession manuelle.

|| **2°** *Fig.* Ravaler, dégrader. || *P. ext. Pop.* Taquiner.

MÉCANISME [mé-kà-nĭsm'] *s. m.*

[ÉTYM. Dérivé du radical de mécanique, § 265. (*Cf.* bas lat. mechanisma.) || 1701. FURET. Admis ACAD. 1740.]

I. || **1°** Agencement de pièces, de ressorts, qui produit certains mouvements. Le — d'une horloge. Un — compliqué. || *P. anal.* Le — des organes. || *P. ext.* Le — du langage, combinaison des éléments qui le composent. Le — du raisonnement, combinaison des termes dont il est formé.

|| **2°** Maniement d'un instrument. Connaître le — du violon, du piano. *Ellipt. Famil.* Avoir un bon —.

II. (Philos.) Doctrine où la matière est considérée comme une étendue passive mue par une force qui lui est extérieure. (S'oppose à *dynamisme*.)

MÉCÈNE [mé-sèn'] et, *vieilli*, **'MÉCÉNAS** [mé-sénâs'] *s. m.*

[ÉTYM. Emprunté du lat. *Mæcenas*, nom propre d'un célèbre ministre d'Auguste, § 36. || XVIe s. Puis qu'avons un vray Mecenas, MAROT, *Enfer.* Admis ACAD. 1762.]

|| Personnage riche, puissant, qui encourage les gens de lettres, les artistes. Mais sans un Mécénas à quoi sert un Auguste ? BOIL. *Sat.* 1. D'intelligents Mécènes.

'MÉCHAGE [mé-châj'] *s. m.*

[ÉTYM. Dérivé de *mécher*, § 78. || *Néolog.*]

|| (Technol.) Action de mécher.

MÉCHAMMENT [mé-chà-man] *adv.*

[ÉTYM. Pour *méchantment*, composé de *méchant* et *ment*, § 724. || XIVe s. Meschanment et miserablement, ORESME, *Éth.* I, 15.]

|| D'une manière méchante.

MÉCHANCETÉ [mé-chans'-té ; *en vers*, -chan-se-té] *s. f.*

[ÉTYM. Dérivé de *méchant*, sous l'influence de l'anc. franç. *meschance* (malechance, méchanceté), § 122. || XIVe s. Et des meschans ne vient fors que meschancetez, CUVELIER, *Duguesclin*, 20783.]

|| Caractère de celui qui est porté à faire du mal. La — suppose un goût à faire le mal ; la malignité, une — cachée, VAUVEN. *Introd. à la conn. de l'esprit hum.* III, 45. || La — d'un enfant. || *P. ext.* Ce que qqn fait ou dit pour faire du mal. Nomme quelque contrée Dont tes méchancetés te permettent l'entrée, CORN. *Méd.* II, 2. Il n'y a pas de plate —,… pas de conte absurde qu'on ne fasse adopter aux oisifs d'une grande ville, BEAUMARCH. *B. de Sév.* II, 8.

MÉCHANT, ANTE [mé-chan, -chänt'] *adj.* et *s. m.* et *f.*

[ÉTYM. Pour *mescheant*, §§ 422 et 358, adj. particip. de *méchoir*, § 47. || XIIe-XIIIe s. Con par sui mesqueans a dés, J. BODEL, *St Nicolas*, dans GODEF. mescheant.]

I. *Adj.* || **1°** Qui n'est pas réussi. (Se met ordinairement avant le substantif.) Sa complaisance a de méchants effets, LA F. *Fab.* VII, 17. Vous vous attirerez quelque méchante affaire, MOL. *Tart.* I, 5. Flaminius y demeure en assez méchante posture, CORN. *Nicom.* exam. Je les trouve méchants (les vers), MOL. *Mis.* II, 6. De méchants livres bien payés, LA F. *Fab.* VIII, 19. De — médecin devient bon architecte, BOIL. *Art p.* 4. Il m'a donné les plus méchantes raisons du monde. || *P. ext.* Chétif. N'ayant qu'un — caleçon, SCARR. *Virg. trav.* 6. Vous voilà tous bien malades d'avoir un — rôle à jouer, MOL. *Impr.* sc. 1. Un — village, ST-SIM. XII, 83.

|| **2°** *P. ext.* Porté à faire du mal. Les uns, parce qu'ils sont méchants et malfaisants, MOL. *Mis.* I, 1. Non, rien de plus — n'est sorti de l'enfer ! ID. *Tart.* IV, 6. C'est un — homme. Une femme méchante. Tomber en de méchantes mains. C'est une méchante langue. Vous êtes un — diable, monsieur Lysidas, MOL. *Crit. de l'Éc. des f.* sc. 6. Tenir des propos méchants. || *P. ext. Famil.* Intraitable. Enfonce ton bonnet en — garçon, MOL. *Scap.* I, 5. Punir un enfant qui a été —.

II. *S. m.* et *f.* Personne portée à faire du mal. Deux méchants comme lui, CORN. *Cinna*, I, 3. Le bonheur des méchants comme un torrent s'écoule, RAC. *Ath.* II, 7. Faire aux méchants guerre continuelle, LA F. *Fab.* III, 13. Ah ! méchante, dit-il, ID. *ibid.* X, 2. La méchante l'abuse, CORN. *Hér.* IV, 3.

MÉCHE [mèch'] *s. f.*

[ÉTYM. Origine incertaine : le type phonétique primitif a dû être *'mjcca*, ce qui écarte l'étymologie par le grec μύξα, morve, et par extension champignon qui se forme à la mèche d'une lampe, § 14. || XIVe s. La flambe de la mèche, *Chirurg. de Lanfranc*, dans LITTRÉ.]

|| **1°** Cordon, bande, assemblage de fils de coton, ou de chanvre, entouré de suif, de cire, pour faire des chandelles, des bougies, des cierges, ou imbibé d'huile, de pétrole, etc., pour brûler dans une lampe. || *P. ext.* Matière préparée pour prendre feu aisément. *Spécialt.* Cordon fait d'étoupe sèche broyée, enduit de soufre et de salpêtre, qui sert à mettre le feu à un canon, à une mine, à une pièce d'artifice. Fusil à —, ancien fusil où on mettait le feu à la charge avec une mèche. Les artilleurs étaient là, — allumée. *Fig.* Mener qqn, faire qqch tambour battant, — allumée. Découvrir, éventer la — d'une mine, découvrir par une contre-mine l'endroit où une mine a été pratiquée par l'ennemi et enlever la mèche qui devait y mettre le feu. || *Fig.* Découvrir, éventer la —, faire avorter un projet préparé secrètement. La — est découverte, GHERARDI, *Th. ital.* III, 596. *Pop.* Il n'y a pas —, il n'y a pas moyen. || Bout de sangle, cordon enduit de soufre, qu'on brûle dans un fût pour l'assainir.

|| **2°** *P. anal.* Faisceau de longs brins de charpie ou bande de toile effilée sur les bords dont on se sert pour panser un séton, une fistule. || Faisceau de filasse qu'on présente à la machine pour en faire du fil. || Bout de ficelle détordue attaché à l'extrémité d'un fouet, d'une cravache. || Faisceau de fils tortillés qui forme le milieu d'une corde. || Réunion d'une certaine quantité de cheveux. Couper une — de cheveux à qqn.

|| **3°** *P. ext.* — de mât, pièce centrale d'un mât d'assemblage. — de cabestan, de gouvernail, pièce principale de la charpente d'un cabestan, de l'assemblage des pièces d'un gouvernail. || — à percer, partie de fer ou d'acier d'une tarière, d'un vilebrequin, d'un trépan, d'un tire-bouchon, qui sert à percer de trous. || — d'une pierre à fusil, partie taillée en biseau qui frappe sur la batterie.

MÉCHEF [mé-chèf'] *s. m.*

[ÉTYM. Pour *meschef, meschief*, §§ 422 et 296, subst. verbal de l'anc. verbe *meschever*, mal réussir, § 52. Meschever est composé de la particule péjorative *mes* et de *chef*, fin, § 194. || XIIe s. Mauvais plait et meschief, *Jourd. de Blaives*, 373. Admis ACAD. 1740.]

|| *Vieilli.* Mésaventure. Un dur et tragique —, ST-AMANT. *Pass. de Gibraltar.* Le pis de leur — LA F. *Contes, Rémois.*

MÉCHER [mé-ché] *v. tr.*

[ÉTYM. Dérivé de *mèche*, § 154. || 1752. TRÉV. Admis ACAD. 1762.]

|| (Technol.) Assainir (un fût) en y brûlant une mèche (bout de sangle enduit de soufre).

'MÉCHOIR [mé-chwàr'] *v. impers.*

[ÉTYM. Pour *meschoir*, § 422, composé de la particule péjorative *mes* et *choir*, § 192. (*Cf. méchant.*) || XIIe s. Mescherra t'en, si com je cui, *Énéas*, 7804.]

|| *Vieilli.* Tourner mal, causer mésaventure. S'il fait cela, il lui en mécherra.

MÉCOMPTE [mé-kônt'] *s. m.*

[ÉTYM. Subst. verbal de *mécompter*, § 52. || XIIe-XIIIe s. Chelui cui prendra a mesconte, RENCL. DE MOILIENS, *Miserere*, LV, 6.]

|| **1°** Erreur dans un compte ; déficit dans une quantité. Un pâtre à ses brebis trouvant quelque —, LA F. *Fab.* VI, 1.

|| **2°** *Fig.* Le fait d'être trompé dans ses prévisions. Tous nos mécomptes sont venus de l'idée que nous avions conçue de vous dans votre jeunesse, FÉN. *Dial. des morts*, mod. 15.

MÉCOMPTER (SE) [mé-kon-té] *v. pron.*

[ÉTYM. Pour *mescompter*, § 422, composé de la particule péjorative *mes* et *compter*, § 192. || XIIe s. Tu mescuntas a l'aporter, WACE, *Rou*, III, 1898.]

|| *Vieilli.* || **1°** Se tromper dans un compte.

|| **2°** *Fig.* Se tromper dans ses prévisions. On a beau étudier les hommes, on se mécompte tous les jours, FÉN. *Tél.* 12.

MÉCONIUM [mé-kò-nyôm' ; *en vers*, -ni-òm'] *s. m.*

[ÉTYM. Emprunté du lat. *meconium*, grec μηκώνιον, *m. s.* de μήκων, pavot. || Admis ACAD. 1762.]

|| (T. didact.) || **1°** Suc exprimé des têtes et des feuilles du pavot.

|| **2°** *P. anal.* Matière visqueuse accumulée dans l'intestin du fœtus pendant la gestation et que l'enfant rend presque aussitôt après sa naissance.

MÉCONNAISSABLE [mé-kò-nè-sàbl'] *adj.*

[ÉTYM. Dérivé de *méconnaître*, § 93. || XIIIe-XIVe s. Un javelot d'estrange fust Et de mescognoissable, *Métam. d'Ovide*, dans GODEF. mescognoissable 2.]

|| Qu'on a peine à reconnaître. Je l'ai trouvé —. Votre visage devint —, SÉV. 520.

MÉCONNAISSANCE [mé-kò-nè-sàns'] *s. f.*

[ÉTYM. Dérivé de *méconnaître*, § 146. || XIIe s. Mesquenoissance, EVRAT, *Bible*, dans GODEF. mescognoissance.]

|| *Vieilli.* Action de méconnaître. La ruine des Juifs sera

la suite de la mort du Christ et de leur —, boss. *Hist. univ* ii, 9. || *Fig.* | **1.** Action de ne pas reconnaître la qualité ou le mérite de qqn. Ce n'était pas par une — de sa grandeur, chateaubr. *Anal. de l'Hist. de France*, 11. | **2.** Action de ne pas reconnaître qu'on est l'auteur de qqch. Vous persisteriez dans la —, corn. *Mélite*, iv, 2. | **3.** Action de ne pas reconnaître ce qu'on doit à qqn. (*Syn.* ingratitude.) Monstre d'orgueil et de —, tristan l'hermite, *Mariamne*, ii, 6.

MÉCONNAISSANT, ANTE [mé-kò-nò-san, -sänt'] *adj.*
[étym. Adj. particip. de méconnaître, § 47. || xiie s. Deus n'en fu pas mesquenoissanz, evrat, *Bible*, dans godef. mescognoissant.]
|| *Vieilli.* Qui méconnaît. *Spécialt.* Qui méconnaît ce qu'il doit à qqn. (*Syn.* ingrat.) Je lui ai sauvé la vie... et il en a été —, scarr. *Rom. com.* 5. Si tu peux me rendre service, je n'en serai pas méconnaissante, dancourt, *Femme d'intrigue*, v, 11.

MÉCONNAÎTRE [mé-kò-nêtr'] *v. tr.*
[étym. Pour mesconnaître, § 422, composé de la particule péjorative mes et connaître, § 192. || xiie s. De tout en tout i fu mesconneûs, *Aliscans*, dans delb. *Rec.*]
|| Ne pas reconnaître.
|| **1º** Ne pas reconnaître une personne, une chose qu'on connaissait. Un corps défiguré... Et que méconnaîtrait l'œil même de son père, rac. *Phèd.* v, 6. Nous méconnaissons enfin ce que nous avons vu et nous avons senti, la rochef. *Réflex. div.* 10. || *P. ext.* Ne pas reconnaître une personne, une chose, malgré ce qui la désigne. Ils le méconnurent, ou Jésus qui leur était déclaré par tant de marques, boss. *Hist. univ.* ii, 23. Un fat... Méconnut le portrait sur lui-même formé, boil. *Art p.* 3.
|| **2º** *Fig.* | **1.** Ne pas reconnaître la qualité ou le mérite de qqn, de qqch. Fier de son nouveau rang, m'ose-t-il —? rac. *Iph.* iii, 2. Je te méconnais en ce triste et malheureux état, boss. *La Vall.* Un génie méconnu. — et haïr leurs présents, rac. *Iph.* i, 1. | **2.** Ne pas reconnaître qu'on est l'auteur de qqch. Il ne saurait — un acte aussi avéré. | **3.** Ne pas reconnaître ce qu'on doit à qqn. Il a méconnu mes bienfaits.

MÉCONTENT, ENTE [mé-kon-tan, -tänt'] *adj.*
[étym. Tiré de mécontenter, mécontentement, § 37. (*Cf.* malcontent.) || 1642. Mescontent, oud.]
|| **1º** Qui n'est pas content de qqch. Être — de son sort. Nul n'est content de sa fortune, Ni — de son esprit, desroul. *Poés.* t. 1er, p. 103. Être — de ce qu'on a fait. Et toujours — de ce qu'il vient de faire, boil. *Sat.* 2.
|| **2º** Qui n'est pas content de qqn. Être — de ses serviteurs. *Spécialt.* Ceux qui sont mécontents du gouvernement, et, *substantivt*, Un —, les mécontents. En gouvernant le mieux on fait des mécontents, corn. *Sertor.* ii, 2. *P. anal.* Être — de soi, de ce qu'on a fait.

MÉCONTENTEMENT [mé-kon-tant'-man; *en vers*, -tan-te-...] *s. m.*
[étym. Dérivé de mécontenter, § 145. || 1539. r. est.]
|| État de celui qui n'est pas content. Il m'a donné de grands sujets de —. Le — est général contre ceux qui nous gouvernent. || *P. anal.* Le — de soi-même.

MÉCONTENTER [mé-kon-tan-té] *v. tr.*
[étym. Pour mescontenter, § 422, composé de la particule péjorative mes et contenter, § 192. || xive s. Ceulx de Paris se mescontentoient moult fort du prevost des merchans, *Récits du bourg. de Valenciennes*, dans delb. *Rec.*]
|| Rendre mécontent. Cette mesure a mécontenté tout le monde. Un écolier qui mécontente ses maîtres. Ces injustices Dont vous avez raison de vous —, corn. *Agés.* iii, 1.

MÉCRÉANCE [mé-kré-äns'] *s. f.*
[étym. Dérivé de mécréant, § 146. || xiie s. Dont se mistrent en mescreance, *Énéas*, 5113. Admis acad. 1878.]
|| *Vieilli.* État d'une personne mécréante.

MÉCRÉANT, *MÉCRÉANTE [mé-kré-an, -änt'] *adj.*
[étym. Pour mescréant, § 422, composé de la particule péjorative mes et créant, anc. part. du verbe croire employé adjectivement, §§ 47, 65 et 193. (*Cf.* mécroyant.) || xiie s. Li païen mescreant, *Roncevaux*, tir. 54.]
|| **1º** *Vieilli.* Qui croit à une fausse religion. *Substantivt.* Les mécréants, les infidèles.
|| **2º** *P. ext.* Qui ne croit pas à la religion. Vous avez l'âme bien mécréante, mol. *D. Juan*, iii, 1. *Substantivt.* Avoir affaire à un — (à un incrédule).

MÉCROIRE [mé-krwâr] *v. tr.*

[étym. Pour mescroire, § 422, composé de la particule péjorative mes et croire, § 192. || xiie s. Car ki aime toz tens mescreit, *Énéas*, 1662. Admis acad. 1798.]
|| *Vieilli.* Refuser de croire. Il ne faut telles choses —, la f. *Contes, Aveux indiscrets.* On pourra me —, la f. *Contes, F. du roi de Garbe.*

***MÉCROYANT, ANTE** [mé-krwà-yan, -yänt'] *adj.*
[étym. Forme refaite de mécréant, d'après croyant, § 65. || xve s. Un juif ou mescroiant, *Évang. des quenouilles*, p. 105, Bibl. elzév.]
|| *Vieilli.* Mécréant. Ce parti de mécroyants, st-sim. xii, 228. Ils sont non seulement mecroyants, ils sont encore devenus tous de beaux esprits, frédéric ii, *Lett. à Voltaire*, 8 janv. 1766.

MÉDAILLE [mé-dày'] *s. f.*
[étym. Emprunté de l'ital. medaglia, *m. s.* qui a la même étymologie que maille 2 (*V.* ce mot), § 12. || xve s. Et croy qu'il n'y avoit point autant de belles medailles en Italie, comm. dans l. de laborde, *Émaux*, p. 385.]
|| **1º** Pièce de métal frappée pour perpétuer le souvenir d'un fait remarquable, d'un personnage illustre, et portant un sujet, une légende qui s'y rapporte. Face d'une —, côté où est figurée une tête, ou un sujet. Revers d'une —, le côté opposé à la figure. *Fig.* Le revers de la —, le mauvais côté d'une chose. || *P. ext.* Nom donné indistinctement aux médailles et aux anciennes monnaies. Le cabinet des médailles de la Bibliothèque nationale.
|| **2º** Pièce de métal représentant Jésus-Christ, la Vierge, etc., ou tout autre objet de sainteté, que les catholiques portent sur eux ou suspendent à leur chapelet, après l'avoir fait bénir.
|| **3º** Pièce de métal donnée en prix au lauréat de certains concours, en récompense à ceux qui ont fait des actes de dévouement, en signe commémoratif à ceux qui ont fait certaines campagnes ou se sont distingués par des faits d'armes. Obtenir une première — au salon de peinture. Une — de sauvetage. La — militaire. La — de Sainte-Hélène.
|| **4º** Plaque de métal numérotée que doivent porter ceux qui font métier de portefaix, de commissionnaires, etc.

***MÉDAILLER** [mé-dà-yé] *v. tr.*
[étym. Dérivé de médaille, § 154. acad. 1878 n'admet que le part. médaillé employé adjectivement et substantivement. || *Néolog.*]
|| Honorer d'une médaille donnée en prix, comme récompense, etc. Il a été médaillé à l'exposition. *Au part. passé pris substantivt.* Les médaillés de Sainte-Hélène, ceux qui ont la médaille de Sainte-Hélène.

MÉDAILLIER [mé-dà-yé] *s. m.*
[étym. Dérivé de médaille, § 115. || Admis acad. 1718.]
|| Meuble à tiroirs dans lequel on range des médailles. || *P. ext.* Collection de médailles. Un — et un herbier, fontenelle, *Éloges, Morin.*

MÉDAILLISTE [mé-dà-yĭst'] *s. m. et f.*
[étym. Dérivé de médaille à l'imitation de l'ital. medaglista, *m. s.* §§ 12 et 265. || 1669. Antiquaires et medalistes, chapelain, *Lett.* dans delb. *Rec.*]
|| Celui, celle qui se connaît en médailles.

MÉDAILLON [mé-dà-yon] *s. m.*
[étym. Emprunté de l'ital. medaglione, *m. s.* § 12. || 1611. cotgr.]
|| **1º** Grande médaille.
|| **2º** Bijou de forme circulaire ou ovale, dans lequel on enferme un portrait, des cheveux, des reliques, etc.
|| **3º** (Architect.) Bas-relief de forme circulaire.

MÉDECIN [mĕd'-sin; *en vers*, mé-de-sin] *s. m.*
[étym. Tiré de médecine, § 37. L'anc. franç. dit mire, du lat. medicus, *m. s.* || xive-xve s. Mandent les medicins Qui les vuident comme poucins, eust. desch. viii, 291.]
|| **1º** Celui qui pratique l'art de guérir. Il faut des médecins, il faut des avocats, la f. *Fab.* xii, 25. Tant que les hommes pourront mourir et qu'ils aimeront à vivre, le — sera raillé et bien payé, la br. 14. On me dira, comme on fait sans cesse, que les fautes sont du —, mais que la médecine en elle-même est infaillible; à la bonne heure, mais qu'elle vienne donc sans le —, j.-j. rouss. *Ém.* 1. — consultant, appelé en consultation avec le médecin ordinaire. — par quartier, qui est de service tous les trois mois près d'un souverain, dans une administration. || *Spécialt.* Celui qui a reçu le diplôme de docteur en médecine. Docteur-—. Être reçu —. Une femme —. — militaire, — de marine, médecin chargé

du service sanitaire d'un régiment, d'un navire. ǁ *Loc. prov.* —, **guéris-toi toi-même**, en parlant de celui qui donne aux autres des avis qu'il devrait s'appliquer. **La robe ne fait pas le** —, le titre ne suppose pas toujours la capacité. **Il vaut mieux payer le boulanger que le** —, ne pas économiser sur la nourriture.

ǁ **2°** *Fig.* — **des âmes**, confesseur, prêtre. **Médecins du corps et de l'âme**, LA F. *Fab.* XII, 6. **Le** — **de la nature corrompue**, Jésus-Christ. Pensera-t-on que ces philosophes qui vantent si hautement la puissance de la nature, en connussent l'infirmité et le —? PASC. *Prov.* 4. ǁ *P. ext.* **Le temps, seul** — **de telles maladies** (qui peut seul les guérir), POUSSIN, *Lett.* 3 nov. 1647.

MÉDECINE [méd'-sin'; *en vers*, mé-de-...] *s. f.*
[ÉTYM. Emprunté du lat. *medicina, m. s.* L'anc. franç. a la forme populaire *mecine*. ǁ XIIᵉ s. A *medecine* mult revalt, *Lapid. de Marbode*, 193.]

ǁ **1°** Art de guérir, fondé sur la science des maladies et des remèdes. **Étudiant, docteur en** —. **Il est aisé de parler contre la** — **quand on est en pleine santé**, MOL. *Mal. im.* III, 4. — **expectante**, qui laisse surtout agir la nature et se contente de seconder son action. — **légale**, application de la science médicale aux cas juridiques.

ǁ **2°** *P. ext.* Remède. (Vieilli en ce sens.) **Afin que nous trouvions en même temps les maux et les médecines**, SÉV. 296. — **universelle**, panacée qui devait guérir toutes les maladies. **Il faut que cet homme-là ait la** — **universelle**, MOL. *Méd. m. l.* I, 4. ǁ *Fig.* Ce qui soulage de qq mal. **Vos yeux peuvent eux seuls... du mal qu'ils ont fait être la** —, MOL. *Éc. des f.* II, 5. ǁ *Spécialt.* Remède pour se purger. **Prendre** —, **se purger. Je ne voulais plus qu'une douzaine de médecines pour vider le fond du sac**, MOL. *Mal. im.* III, 5. — **de cheval**, médecine comme pour un cheval, trop énergique. ǁ *Fig.* **Chose désagréable. Cette** — **ne laisse pas d'être amère à l'amour-propre**, PASC. *Pens.* II, 8.

MÉDECINER [méd'-si-né; *en vers*, mé-de-...] *v. tr.*
[ÉTYM. Dérivé de *médecine*, § 154. (*Cf.* l'anc. franç. *meciner*.) ǁ XIIᵉ s. **Por sa plaie mediciner**, *Énéas*, 3681.]
ǁ *Famil.* Traiter par des médicaments.

MÉDIAL, ALE [mé-dyàl; *en vers*, -di-àl] *adj.*
[ÉTYM. Emprunté du lat. *medialis, m. s.* ǁ XVIIIᵉ s. V. à l'article. Admis ACAD. 1878.]
ǁ (Gramm.) Placé au milieu d'un mot. *Spécialt.* **Consonne médiale**, placée entre deux voyelles. **L'affaiblissement, la chute des consonnes médiales**. *Substantivt.* **Une médiale**, une lettre médiale. **A l'égard des nasales, initiales et médiales**, DUCLOS, *Œuvres*, IX, 6.

MÉDIAN, ANE [mé-dyan, -dyàn'; *en vers*, -di-...] *adj.*
[ÉTYM. Emprunté du lat. *medianus, m. s.* (*Cf.* le doublet *moyen*, de formation pop.) ǁ 1425. **Vaine Qui est dicte la mediaine**, O. DE LA HAYE, dans DELB. *Rec.*]
ǁ (T. didact.) Qui occupe la partie moyenne. **La ligne médiane du corps. Plan** —. **Cloisons médianes**.

MÉDIANOCHE [mé-dyà-nŏch'; *en vers*, -di-à-...] *s. m.*
[ÉTYM. Emprunté de l'espagn. *media noche*, proprt, « minuit », § 13. En 1680 RICHEL. écrit *médianoché* et fait le mot du fém. (*Cf. réveillon.*) ǁ XVIIᵉ s. V. à l'article.]
ǁ *Vieilli.* Repas qui se fait après minuit, particulièrement repas en gras après la fin d'un jour maigre. **On servit le plus grand** — **du monde en viandes très exquises**, SÉV. 262. **Commençons par faire** —, BARON, *Coquette*, V, 3.

MÉDIANTE [mé-dyànt'; *en vers*, -di-ànt'] *s. f.*
[ÉTYM. Emprunté du lat. *medians, antis*, part. de *mediare*, être au milieu. ǁ 1556. **Une plaine mediante**, R. LE BLANC, *Subtilité*, dans DELB. *Rec.* Admis ACAD. 1718.]
ǁ (Musique.) Tierce de la tonique qui, dans l'accord parfait, tient le milieu entre la tonique et la dominante. ǁ Note sur laquelle, dans le plain-chant, se fait un repos au milieu de chaque verset de psaume.

MÉDIASTIN [mé-dyàs'-tin; *en vers*, -di-às'-...] *s. m.*
[ÉTYM. Emprunté du lat. du moyen âge *mediastinum, m. s.* de l'adj. *mediastinus*, qui se tient au milieu. ǁ 1546. CH. EST. *Dissect. des parties du corps*, p. 243. Admis ACAD. 1762.]
ǁ (T. didact.) Cloison membraneuse formée par les deux plèvres adossées, du sternum à la colonne vertébrale, et qui divise la poitrine. ǁ *P. anal.* Cloison transversale qui divise le fruit des crucifères.

MÉDIAT, ATE [mé-dyà, -dyàt'; *en vers*, -di-...] *adj.*
[ÉTYM. Tiré de *immédiat*, § 37. ǁ 1546. Se déduit de l'existence de *médiatement*.]

ǁ (T. didact.) Qui agit par intermédiaire. **Juridiction médiate. Principauté, ville médiate**, qui n'était pas sous la souveraineté directe de l'empereur. ǁ (Anat.) **Insertion médiate.** ǁ (Chimie.) **Principes médiats**, obtenus par dédoublement des sels et autres composés.

MÉDIATEMENT [mé-dyàt'-man; *en vers*, -di-à-te-...] *adv.*
[ÉTYM. Composé de *médiate* et *ment*, § 724. ǁ 1546. **Médiatement ou immédiatement**, CH. EST. *Dissect. des parties du corps*, p. 193.]
ǁ (T. didact.) D'une manière médiate. **Les hommes aussi ne devraient regarder ni les autres ni eux-mêmes que** — **par Jésus-Christ**, PASCAL, *Lett. sur la mort de son père*.

MÉDIATEUR, TRICE [mé-dyà-teùr, -trìs'; *en vers*, -di-à-...] *s. m. et f.*
[ÉTYM. Emprunté du lat. *mediator, trix*, de *mediare*, servir de moyen. ǁ XIIIᵉ s. **Ne sauveur ne mediatour**, J. DE MEUNG, *Trésor*, 460.]
ǁ Celui, celle qui intervient entre personnes en désaccord. **Idoménée... consentit que les Sipontins fussent médiateurs entre lui et les Sybarites**, FÉN. *Tél.* 23. ǁ *Absolt.* **Il est** —, **confident**, LA BR. 8. ǁ **Le chevalier fut** — **du traité**, HAMILT. *Gram.* 10. **Une sage et heureuse médiatrice**, BOSS. *R. d'Angl.* ǁ *Spécialt.* **L'une des plus belles qualités que la sainte Écriture donne au fils de Dieu, c'est celle de** — **entre Dieu et les hommes**, BOSS. 2ᵉ *Compassion de la Ste Vierge*, 1. ǁ *Fig.* **La vertu sera entre eux une immortelle médiatrice**, BOSS. *D. d'Orl.* ǁ *Adjectivt.* **Les puissances médiatrices**.

MÉDIATION [mé-dyà-syon; *en vers*, -di-à-si-on] *s. f.*
[ÉTYM. Emprunté du lat. *mediatio, m. s.* ǁ XVᵉ s. **Eve qui du forfait Envers l'homme fut mediacion**, *Myst. du Vieil Testam.* dans DELB. *Rec.*]
ǁ **1°** Action de celui, de celle qui intervient entre deux ou plusieurs personnes, pour les mettre d'accord. **L'Espagne et la France venaient de remettre leur querelle à sa** —, VOLT. *Ch. XII*, 1. **Elle employa sa** — **Pour accorder une telle querelle**, LA F. *Fab.* VII, 8.
ǁ **2°** (Musique.) Inflexion de la voix qui se fait vers le milieu du verset d'un psaume et amène un repos qui le partage en deux parties. (*Cf. médiante.*)
ǁ **3°** (Astrol.) Le milieu du jour. ǁ *P. anal.* Moment de la culmination d'un astre.

MÉDIATISER [mé-dyà-ti-zé; *en vers*, -di-à-...] *v. tr.*
[ÉTYM. Dérivé de *médiat*, § 267. ǁ *Néolog.* Admis ACAD. 1835.]
ǁ (T. didact.) Rendre médiat. *Spécialt.* (Hist.) — **une ville, une principauté** (de la confédération germanique), l'affranchir de la souveraineté immédiate de l'empereur.

MÉDICAL, ALE [mé-di-kàl] *adj.*
[ÉTYM. Dérivé du lat. *medicus*, médecin, § 238. ǁ XVIᵉ s. **Doigt medical**, RAB. I, 8. Admis ACAD. 1762.]
ǁ Qui a rapport à la médecine. **La science médicale. Le corps** —. **Le service** — **des hôpitaux. Matière médicale**, ensemble des substances dont on tire les médicaments.

MÉDICAMENT [mé-di-kà-man] *s. m.*
[ÉTYM. Emprunté du lat. *medicamentum, m. s.* ǁ 1498. Texte dans DELB. *Rec.*]
ǁ Substance employée comme remède interne ou externe.

MÉDICAMENTAIRE [mé-di-kà-man-tèr] *adj.*
[ÉTYM. Emprunté du lat. *medicamentarius, m. s.* ǁ 1734. **Medicamentaire**, *Merc. de France*, p. 2622. Admis ACAD. 1762.]
ǁ (T. didact.) Qui a rapport aux médicaments. **Code** — **de la faculté**.

***MÉDICAMENTATION** [mé-di-kà-man-tà-syon; *en vers*, -si-on] *s. f.*
[ÉTYM. Dérivé de *médicamenter*, § 247. ǁ *Néolog.*]
ǁ (T. didact.) Application de médicaments à une maladie. **Une** — **énergique**.

MÉDICAMENTER [mé-di-kà-man-té] *v. tr.*
[ÉTYM. Dérivé de *médicament*, § 154. ǁ 1539. **Les hommes se medicamentoyent au commencement l'un l'autre**, CL. GRUGET, *Div. Leçons*, dans DELB. *Rec.*]
ǁ Traiter en appliquant des médicaments. **Beau nom à** —! **Lucinde!** MOL. *Méd. m. l.* II, 2. ǁ *Fig. Famil.* Traiter (une affaire) au moyen d'expédients. **Laissez-moi** — **cette affaire**, MOL. *Méd. m. l.* III, 6.

MÉDICAMENTEUX, EUSE [mé-di-kà-man-teù, -teùz'] *adj.*

[ÉTYM. Emprunté du lat. medicamentosus, m. s. || XVIᵉ s. PARÉ, XVI, 37. Admis ACAD. 1740.]

|| (T. didact.) Qui agit comme médicament.

MÉDICASTRE [mé-di-kàstr'] s. m.

[ÉTYM. Emprunté de l'ital. medicastro, m. s. § 12. || 1560. Se déduit du dérivé médicastrie, dans le roman d'*Alector*.]

|| Médecin ignare.

MÉDICATEUR, TRICE [mé-di-kà-teùr, -trïs'] adj.

[ÉTYM. Dérivé du lat. medicari, traiter un malade, § 249. || Néolog.]

|| (T. didact.) Qui agit comme remède. (S'emploie surtout au fém.) L'action médicatrice du quinquina.

MÉDICATION [mé-di-kà-syon; en vers, -si-on] s. f.

[ÉTYM. Emprunté du lat. medicatio, m. s. || 1611. COTGR. Admis ACAD. 1878.]

|| Mode de traitement d'une maladie.

MÉDICINAL, ALE [mé-di-si-nàl] adj.

[ÉTYM. Emprunté du lat. medicinalis, m. s. Souvent medecinal aux XVIᵉ et XVIIᵉ s., notamment dans FURET. 1690, d'après médecin. (Cf. l'anc. franç. mecinal ou mecinel.) || XIIᵉ-XIIIᵉ s. Espeche medichinaus, RENCL. DE MOILIENS, *Miserere*, CCLIX, 6.]

|| Qui sert à guérir. Des herbes, des eaux médicinales. Les propriétés médicinales d'une substance. || Fig. Qui sert à guérir l'âme. La vertu médicinale de la pénitence.

MÉDICINALEMENT [mé-di-si-nàl-man; en vers, -nàle-...] adv.

[ÉTYM. Composé de médicinale et ment, § 724. || XIVᵉ s. Medicinalment, ÉVRART DE CONTY, *Probl. d'Aristote*, dans GODEF. medicinalement.]

|| D'une manière médicinale. Fig. Dieu punit les pécheurs,... — pour eux, BOSS. Pensées chrét. 9.

MÉDIÉVAL, ALE [mé-dyé-vàl; en vers, -di-é-...] adj.

[ÉTYM. Dérivé de moyen âge, d'après la locution lat. medium ævum, § 238. (Cf. moyenâgeux.) || Néolog.]

|| (T. didact.) Qui a rapport au moyen âge. Les temps médiévaux. Les études médiévales.

MÉDIÉVISTE [mé-dyé-vïst'; en vers, -di-é-...] s. m. et f.

[ÉTYM. Dérivé de moyen âge, d'après la locution lat. medium ævum, § 265. || Néolog.]

|| (T. didact.) Celui, celle qui s'adonne à l'étude du moyen âge.

MÉDIOCRE [mé-dyòkr'; en vers, -di-òkr'] adj.

[ÉTYM. Emprunté du lat. mediocris, m. s. || 1549. R. EST.]

|| Qui est de qualité moyenne. Après les bons partis, les médiocres gens vinrent se mettre sur les rangs, LA F. *Fab.* VII, 5. Nous affectons assez souvent de louer avec exagération des hommes médiocres, LA BR. 12. Substantivt. Les grands, les petits, et les médiocres, BOSS. *Gournay*. Les esprits médiocres condamnent d'ordinaire tout ce qui passe leur portée, LA ROCHEF. *Max.* 375. Il n'y a rien qui se soutienne plus longtemps qu'une — fortune, FÉN. *Tél.* 12. || Substantivt. Le —, ce qui n'est ni mauvais ni bon, ni petit ni grand. Une œuvre qui est au-dessous du —. Il n'est point de degrés du — au pire (dans l'art d'écrire), BOIL. *Art p.* 4. Louis XIV, né avec un esprit au-dessous du —, ST-SIM. XII, 2.

MÉDIOCREMENT [mé-dyò-kre-man; en vers, -di-ò-...] adv.

[ÉTYM. Composé de médiocre et ment, § 724. || XVIᵉ s. PARÉ, XXV, 21.]

|| D'une manière médiocre.

MÉDIOCRITÉ [mé-dyò-kri-té; en vers, -di-ò-...] s. f.

[ÉTYM. Emprunté du lat. mediocritas, m. s. || XIIIᵉ-XIVᵉ s. Mediocrité de duree, Chirurg. de Mondeville, fᵒ 9, dans LITTRÉ.]

|| 1º État de ce qui est médiocre. L'extrême esprit est accusé de folie, comme l'extrême défaut : rien que la — n'est bon, PASC. *Pens.* VI, 14. Un homme qui n'a de l'esprit que dans une certaine —, LA BR. 11. C'est un vice (l'envie) qui suit la —, BOIL. *Art p.* 4. De certaines choses dont la — est insupportable, LA BR. 1.

|| 2º Néolog. Personnage médiocre. Le génie est suspect aux médiocrités jalouses.

MÉDIRE [mé-dïr] v. intr.

[ÉTYM. Pour mesdire, § 422, composé de la particule péjorative mes et dire, § 192. || XIIᵉ s. De ce que tant en ai mesdit, Énéas, 9211.]

|| Dire de qqn le mal qu'on sait sur son compte. Quiconque médit attaque l'honneur d'autrui, BOURD. Médis. 1. Et je sais que de moi tu médis l'an passé, LA F. *Fab.* I, 10. Ceux de qui la conduite offre le plus à rire Sont toujours sur autrui les premiers à —, MOL. *Tart.* I, 1.

MÉDISANCE [mé-di-zāns'] s. f.

[ÉTYM. Dérivé de médisant, § 146. || XVIᵉ s. Semer la mesdisance contre nous, AMYOT, *Pyrrhus*, 17.]

|| 1º Action de médire. Je définis ainsi la — : une pente secrète de l'âme à penser mal de tous les hommes, laquelle se manifeste par des paroles, LA BR. *Théophr. Médisance.* Les discours empoisonnés de la —, BOSS. *R. d'Angl.*

|| 2º Discours par lequel on médit. Combien de familles divisées par une seule — ! BOURD. *Médis.* 1. La vanité et les médisances qui soutiennent tout le commerce du monde, BOSS. *A. de Gonz.*

MÉDISANT, ANTE [mé-di-zan, -zānt'] adj.

[ÉTYM. Adj. particip. de médire, § 47. || XIIᵉ s. E mesdisanz e envíuse, MARIE DE FRANCE, *Lais, Fresne*, 28.]

|| Qui médit. On est d'ordinaire plus — par vanité que par malice, LA ROCHEF. *Max.* 483. Vos ris complaisants Tirent de son esprit tous ces traits médisants, MOL. *Mis.* II, 4. || Substantivt. Quel temps choisit presque toujours le — pour frapper son coup? Celui où l'on est moins en état de s'en défendre, BOURD. *Médis.* 1. La médisante en faisait de jolis portraits, LES. *Gil Blas*, III, 10.

MÉDITATIF, IVE [mé-di-là-tïf, -tïv'] adj.

[ÉTYM. Emprunté du lat. meditativus, m. s. || XIVᵉ s. De nature est meditative, *Poème mor. sur les propr. des choses*, dans DELB. *Rec.*]

|| Porté à méditer. Un esprit —. Une vie méditative.

MÉDITATION [mé-di-là-syon; en vers, -si-on] s. f.

[ÉTYM. Emprunté du lat. meditatio, m. s. || XIIᵉ s. En la meie meditatiun, *Psaut. d'Oxf.* XXXVIII, 4.]

|| Action de méditer, de penser profondément sur un sujet. La guerre était pour eux une —, MONTESQ. *Rom.* 2. || — philosophique, religieuse, sur un sujet de philosophie, de religion. La — que je fis hier m'a rempli l'esprit de tant de doutes, DESC. *Médit.* 2. Ces heures particulières qu'elle retirait à la — et à la prière, BOSS. *Marie-Thérèse.* || P. ext. Opuscule philosophique, religieux. Les Méditations de Descartes. Les Méditations de saint Augustin. Les Méditations de Lamartine.

MÉDITER [mé-di-té] v. intr. et tr.

[ÉTYM. Emprunté du lat. meditari, m. s. || 1549. R. EST.]

I. V. intr. Penser profondément sur un sujet. — sur l'inconstance de la fortune. Plus je médite, et moins je me figure Que vous m'osiez compter pour votre créature, RAC. *Brit.* I, 2. Ceux qui voudront avec moi — sérieusement, DESC. *Médit.* préf. Un religieux qui médite dans un cloître, BOSS. *D. d'Orl.*

II. V. tr. Creuser profondément (un sujet). Méditons donc aujourd'hui, à la vue de cet autel et de ce tombeau, la première et la dernière parole de l'Ecclésiaste, BOSS. *D. d'Orl.* || P. ext. Préparer par une profonde réflexion (une œuvre, une entreprise). Sans doute il médite un libelle, GILBERT, *Apologie.* J'ignore contre Dieu quel projet on médite, RAC. *Ath.* IV, 5. Coriolan... médita la ruine de sa patrie, BOSS. *Hist. univ.* I, 8. || Avec une propos. infin. pour compl. Il méditait de fuir le monde. Après que j'ai eu médité que ceux qui ne se connaissent point en pierreries sont trompés par le moindre éclat, BOSS. *Honneur du monde*, 2.

MÉDITERRANÉ, ÉE [mé-di-tèr'-rà-né] adj.

[ÉTYM. Emprunté du lat. mediterraneus, m. s. || XVIᵉ s. La mer mediterranée, DU PINET, *Pline*, dans DELB. *Rec.*]

|| (Géogr.) Qui est au milieu des terres. (Ne s'emploie guère qu'au fém.) Mer —, mer intérieure. L'énumération de toutes les mers méditerranées, BUFF. *Théor. de la terre*, 11. Speciall. La mer Méditerranée, et, substantivt, La Méditerranée, entre l'Europe, l'Asie et l'Afrique.

MÉDITERRANÉEN, ENNE [mé-di-tèr'-rà-né-in, -èn'] adj.

[ÉTYM. Dérivé de méditerrané, § 244. || Néolog. Admis ACAD. 1878.]

|| (Géogr.) Qui appartient à une mer méditerranée, et, speciall, à la mer Méditerranée. Rivages méditerranéens.

MÉDIUM [mé-dyòın'; en vers, -di-òm'] s. m.

[ÉTYM. Emprunté du lat. medium, milieu. (Cf. le doublet mi, de formation pop. || XVIᵉ s. Plusieurs alchimistes ont trouvé de sçavoir faire un medium d'argent, B. PALISSY, p. 245. Admis ACAD. 1762.]

|| 1º Portion moyenne de l'étendue de la voix, entre le grave et l'aigu.

|| **2°** *Néolog.* Personne qui sert d'intermédiaire dans les opérations de spiritisme.

MÉDIUS [mé-dyŭs'; *en vers*, -di-ŭs'] *s. m.*
[ÉTYM. Emprunté du lat. **medius**, qui tient le milieu. (*Cf.* le doublet **mi**, de formation pop.) || XVIᵉ s. PARÉ, XXI, 4. Admis ACAD. 1878.]
|| (Anat.) Doigt du milieu de la main, le plus long des cinq.

*__MÉDONNER__ [mé-dò-né] *v. intr.*
[ÉTYM. Pour mesdonner, § 422, composé de la particule péjorative **mes** et **donner**, § 192. || 1752. TRÉV.]
|| *Vieilli.* (T. de jeu.) Faire maldonne.

MÉDULLAIRE [mé-dŭl'-lêr] *adj.*
[ÉTYM. Emprunté du lat. **medullaris**, *m. s.* || XVIᵉ s. **Os medullare**, RAB. I, prologue. Admis ACAD. 1762.]
|| (T. didact.) Qui a rapport à la moelle. | **1.** Qui a rapport à la moelle des os. **Canal —**, qui occupe la partie centrale des os longs et contient la moelle. **La substance — du cerveau.** | **2.** Qui a rapport à la moelle des plantes. **Rayons médullaires**, lamelles qui rayonnent de la moelle vers la circonférence de la tige.

MÉDUSE [mé-dŭz'] *s. f.*
[ÉTYM. Emprunté du lat. **Medusa**, grec Μέδουσα, nom propre d'un monstre mythologique (*cf.* **gorgone**), § 36. || 1801. LAMARCK, *Syst. des anim. sans vertèbres*, p. 353. Admis ACAD. 1878.]
|| (Hist. nat.) Zoophyte de substance gélatineuse informe.

*__MÉDUSER__ [mé-du-zé] *v. tr.*
[ÉTYM. Dérivé de **Méduse**, nom propre d'un monstre mythologique dont la tête changeait en pierres ceux qui le regardaient, § 154. || 1607. **Art trompeur... qui meduse**, MONTLYARD, *Mythol.* dans DELB. *Rec.*]
|| *Famil.* Frapper de stupeur.

MEETING [mi-tin'g'] *s. m.*
[ÉTYM. Emprunté de l'angl. **meeting**, *m. s.* § 8. || *Néolog.* Admis ACAD. 1878.]
|| Réunion populaire organisée pour délibérer sur une question politique.

MÉFAIRE [mé-fêr] *v. intr.*
[ÉTYM. Pour mesfaire, § 422, composé de la particule péjorative **mes** et **faire**, § 192. || XIIᵉ s. **Mesfis ge vos onkes de rien?** *Énéas*, 1751.]
|| *Vieilli.* Faire mal.

MÉFAIT [mé-fè] *s. m.*
[ÉTYM. Subst. particip. de **méfaire**, § 45. || XIIᵉ s. **Faire le dois araisoner Et de toz ses mesfaiz reter**, *Énéas*, 4203.]
|| Mauvaise action. **Ses méfaits sont restés impunis.** || Acte criminel. **Ce crime existe par le seul fait du partage du produit des méfaits**, *Code pénal*, art. 266.

*__MÉFENTE__ [mé-fân'] *s. f.*
[ÉTYM. Pour mesfente, § 422, composé de la particule péjorative **mes** et **fente**, § 193. || *Néolog.*]
|| (Technol.) Fragment du bois qu'on taille en lattes, dont on se sert pour allumer le feu.

MÉFIANCE [mé-fyâns'; *en vers*, -fi-âns'] *s. f.*
[ÉTYM. Dérivé de **méfier**, § 146. || 1560. **Par quoy n'entroit en meffiance de personne**, HATON, *Mém.* dans GODEF. mesfiance.]
|| Action de se méfier. (*Syn.* **défiance.**) **Être en —. Il... savait que la — Est mère de la sûreté**, LA F. *Fab.* III, 18.

MÉFIANT, ANTE [mé-fyan, -fyân't', *en vers*, -fi-...] *adj.*
[ÉTYM. Adj. particip. de **méfier**, § 47. || 1642. **Mesfiant**, OUD.]
|| Qui se méfie. *Substantivt* (rare). **Un —, une méfiante.**

MÉFIER (SE) [mé-fyé; *en vers*, -fi-é] *v. pron.*
[ÉTYM. Pour mesfier, § 422, composé de la particule péjorative **mes** et du verbe **fier**, § 192. || XVᵉ-XVIᵉ s. **Non que de toy je me meffie ou doute**, O. DE ST-GELAIS, dans GODEF. mesfier.]
|| Soupçonner qu'on ne doit pas se fier. **Se — de qqn.**

*__MÉGALITHIQUE__ [mé-gà-li-tĭk'] *adj.*
[ÉTYM. Composé avec le grec μέγας, grand, λίθος, pierre, et le suffixe **ique**, §§ 279 et 229. || *Néolog.*]
|| (Archéol.) Fait de grosses pierres. **Les monuments mégalithiques.**

MÉGALOSAURE [mé-gà-lò-sòr] et **MÉGALOSAURUS** [mé-gà-lò-sò-rŭs'] *s. m.*
[ÉTYM. Emprunté du lat. des naturalistes **megalosaurus** (CUVIER), *m. s.* du grec μέγας, μεγάλη, grand, et σαῦρος, lézard (*cf.* **sauriens**), § 279. || *Néolog.* Admis ACAD. 1878.]
|| (Hist. nat.) Grande espèce de lézard fossile.

MÉGARDE [mé-gàrd'] *s. f.*
[ÉTYM. Pour mesgarde, § 422, subst. verbal de l'anc. verbe mesgarder, se mal garder, composé de la particule péjorative **mes** et **garder**, §§ 52 et 192. || XIIIᵉ s. **Si g'i muir par vostre mesgarde**, *Atre perilleux*, dans GODEF. mesgarde.]
|| Action de ne pas prendre garde. (Ne s'emploie plus que dans la loc. adv. **Par —.**) **Je laissai, par —, tomber la flèche de l'arc**, FÉN. *Tél.* 15.

*__MÉGASCOPE__ [mé-gǎs'-kŏp'] *s. m.*
[ÉTYM. Composé avec le grec μέγας, grand, et σκοπεῖν, regarder, § 279. (*Cf.* **microscope.**) || *Néolog.*]
|| (Physique.) Instrument d'optique destiné à donner des copies amplifiées (ou réduites) d'un dessin.

MÉGATHÉRIUM [mé-gà-té-ryòm'; *en vers*, -ri-òm'] *s. m.*
[ÉTYM. Mot du lat. des naturalistes (CUVIER), composé avec le grec μέγας, grand, et θήριον, bête, § 279. || *Néolog.* Admis ACAD. 1878.]
|| (Hist. nat.) Grand mammifère fossile de l'ordre des Édentés.

MÉGÈRE [mé-jèr] *s. f.*
[ÉTYM. Emprunté du lat. **Megæra**, grec Μέγαιρα, nom propre d'une des Furies de la mythologie antique, § 36. || 1510. **Furie infernale, orde megere**, J. LE MAIRE, dans DELB. *Rec.* Admis ACAD. 1740.]
|| Femme très méchante. **Être soumise à une — enragée**, ST-SIM. IV, 257. **Venez me délivrer d'une — si abominable**, DOMINIQUE, *Fille sav.* sc. 4.

MÉGIE [mé-ji] *s. f.*
[ÉTYM. Tiré du radical de **mégissier**, §§ 36 et 45. || 1680. RICHEL.]
|| (Technol.) Travail du mégissier.

*__MÉGIR__ [mé-jīr] *v. tr.*
[ÉTYM. Tiré du radical de **mégissier**, §§ 36 et 154. || 1720. HUET, *Dissert.* II, 36.]
|| (Technol.) Préparer (les peaux de mouton, d'agneau, de chevreau) pour la ganterie, la fourrure, etc.

*__MÉGIS__ [mé-ji] *s. m.*
[ÉTYM. Origine incertaine; la forme picarde **méguichier** pour **mégissier** semble indiquer que la terminaison **gis** est pour **guis** et se rattache à l'allem. **weiss**, anc. haut allem. **wiz**, blanc, §§ 6, 498 et 499. || XIIIᵉ s. **Mout lede chose est a veer Piaux et meguels conreer**, *Clef d'amour*, 2449, Doutrepont.]
|| (Technol.) Pâte de farine mêlée d'alun et de sel et délayée dans de l'eau, pour assouplir les peaux.

MÉGISSERIE [mé-jĭs'-ri; *en vers*, -ji-se-ri] *s. f.*
[ÉTYM. Dérivé de **mégissier**, §§ 65 et 68. || XIIIᵉ-XIVᵉ s. **Rue de la megeisserie**, *Rues de Paris*, dans GODEF. megeisserie.]
|| (Technol.) Industrie du mégissier.

MÉGISSIER, *__MÉGISSIÈRE__ [mé-ji-syé, -syèr] *s. m.* et *f.*
[ÉTYM. Dérivé de **mégis**, § 115. || XIIIᵉ s. **Boursier, megissier** (var. mesgeicier), E. BOILEAU, *Livre des mest.* I, VIII, 7.]
|| (Technol.) Celui, celle qui prépare les peaux pour la ganterie ou pour la fourrure.

MEILLEUR, EURE [mè-yeŭr] *adj.*
[ÉTYM. Du lat. **meliŏrem**, *m. s.* devenu *melyor, meillour, meilleur*, §§ 462, 325 et 291. En anc. franç. **meilleur** est des deux genres et a pour cas sujet sing. **meldre, meaudre.**]
|| Comparatif de **bon** (plus bon étant inusité). **Trouver bon ce qui est bon, et — ce qui est —**, LA BR. 1. **Passe, pour me venger, en de meilleures mains**, CORN. *Cid*, I, 4. **Rendre qqn —. Le vin devient — en vieillissant.** || *Spécialt.* **De meilleure heure**, (comparatif de la loc. adv. **de bonne heure**), plus tôt. || *Impers.* **Il est bon de parler, et — de se taire**, LA F. *Fab.* VIII, 10. || *Adverbt.* **Il fait — chez nous**, LA F. *Fab.* IV, 13. || **Le —**, superlatif de **bon** (le plus bon étant inusité). **La raison du plus fort est toujours la meilleure**, LA F. *Fab.* I, 10. **Une feuillette Du — vin des environs**, ID. *ibid.* VII, 11. || *P. ext.* **La meilleure partie**, la plus considérable. **Mené captif à Babylone, avec... la meilleure partie du peuple**, BOSS. *Hist. univ.* I, 7. *Ellipt. Vieilli.* **Avoir meilleure (la meilleure) part au cœur de Célimène**, MOL. *Mis.* III, 1. || *Substantivt.* **Le —**, ce qu'il y a de meilleur. **Sur ce qui concerne les mœurs, le plus beau et le — est enlevé**, LA BR. 1. **Le plus tôt que vous pourrez**

sortir d'ici sera le —, MOL. *D. Juan*, II, 5. *Vieilli.* Ton —, je t'assure, est de n'y plus penser, CORN. *Mélite*, V, 3. *Famil.* Boire du —, du meilleur vin qu'on a. Du — de mon cœur, de mon âme, avec la meilleure intention. Du — de mon cœur je voudrais vous complaire, MOL. *Éc. des f.* V, 4.

MEISTRE [mèstr']. *V.* mestre.

***MÉJUGER** [mé-ju-jé] *v. tr.*

[ÉTYM. Pour mesjuger, § 422, composé de la particule péjorative mes et juger, § 192. || XIIIᵉ-XIVᵉ s. Li juge romain fausseront Et pour argent mesjugeront, *Métam. d'Ovide*, dans GODEF. mesjugier.]

|| *Vieilli.* Juger à faux. || *Spécialt.* (Vénerie.) Se —, mettre le pied de derrière en dehors de la trace de celui de devant. Les vieux cerfs se méjugent presque autant que les jeunes, BUFF. *Cerf.*

***MÉLAMPYRE** [mé-lan-pīr] *s. m.*

[ÉTYM. Emprunté du grec μελάμπυρον, *m. s.* de μέλας, noir, et πυρός, grain. || 1795. ENCYCL. MÉTH.]

|| (Botan.) Plante herbacée de la famille des Scrofulariées.

***MÉLANAGOGUE** [mé-là-nà-gòg'] *adj.*

[ÉTYM. Composé avec le grec μέλας, μέλανος, noir, et ἀγωγός, qui entraîne, § 279. || XVIIᵉ s. *V.* à l'article.]

|| *Vieilli.* (Médec.) Qui fait évacuer l'humeur noire. *Substantivt.* Évacuer par purgatifs propres et convenables, c'est-à-dire par cholagogues, mélanagogues, MOL. *Pourc.* I, 8.

MÉLANCOLIE [mé-lan-kò-lî] *s. f.*

[ÉTYM. Emprunté du lat. melancholia, grec μελαγχολία, *m. s.* de μέλας, noir, et χολή, bile. || XIIIᵉ s. Dont lui est or venue ceste melancolie, ADENET, *Berte*, 1743.]

|| 1º *Vieilli.* (Médec.) Humeur noire qu'on supposait provenir surtout de la rate, et à laquelle on attribuait l'hypocondrie. Cette sorte de folie que nous nommons fort bien — hypocondriaque, MOL. *Pourc.* I, 8. Un transport de — au cerveau, MALEBR. *Rech. de la vérité*, p. 213.

|| 2º *P. ext.* Sombre tristesse. Surtout je redoutais cette — Où j'ai vu si longtemps votre âme ensevelie, RAC. *Andr.* I, 1. *Famil.* Ne pas engendrer la —, être d'humeur gaie. Pour ne point engendrer la —, LES. *Gil Blas*, X, 10. || *Spécialt.* Tristesse vague. O — enchanteresse! ô langueur d'une âme attendrie! J.-J. ROUSS. *Nouv. Hél.* I, 38. *Poét.* C'est l'heure où la — S'assied pensive et recueillie Au bord silencieux des mers, LAMART. *Médit.* I, 21.

MÉLANCOLIQUE [mé-lan-kò-lîk'] *adj.*

[ÉTYM. Emprunté du lat. melancholicus, grec μελαγχολικός, *m. s.* || XIVᵉ s. Un trop melancolique (est enclin) a avarice, ORESME, *Éth.* III, 12.]

|| 1º *Vieilli.* (Médec.) Qui a l'humeur noire.

|| 2º Qui a une tristesse sombre. Le — animal, LA F. *Fab.* II, 14. || *P. ext.* La bière est un séjour par trop —, MOL. *Sgan.* sc. 17. || *Spécialt.* Qui a une tristesse vague. Les sentiments mélancoliques exprimés avec l'imagination italienne, STAEL, *Cor.* XIII, 5.

MÉLANCOLIQUEMENT [mé-lan-kò-lîk'-man; *en vers*, -li-ke-...] *adv.*

[ÉTYM. Composé de mélancolique et ment, § 724. || 1549. J. TAGAULT, *Instit. chirurg.* p. 363.]

|| D'une manière mélancolique.

MÉLANGE [mé-lànj'] *s. m.*

[ÉTYM. Dérivé de mêler, § 96. || XVᵉ s. Trop plus aspre en est le meslange, A. CHARTIER, p. 641, édit. 1617.]

|| 1º Action de mélanger, état de ce qui est mélangé. Faire le — de certaines couleurs, pour produire la teinte qu'on cherche. Le — des races. Le — des mœurs grecques et asiatiques y fut si grand qu'on n'y reconnut plus l'ancienne Égypte, BOSS. *Hist. univ.* III, 3. Une chose sans —, qu'aucun élément étranger n'altère. Un bonheur sans —, RAC. *Iph.* I, 1. Ce — de gloire et de gain m'importune, PIRON, *Métrom.* III, 7. Ces francs pécheurs, ces pécheurs sans —, PASC. *Prov.* 4.

|| 2º Ce qui résulte de l'action de mélanger. Frictionner avec un — d'huile et de chloroforme. Un — frigorifique. || *P. anal.* Un horrible — D'os et de chair meurtris, RAC. *Ath.* II, 5. || *Fig.* Ce — enchanteresse si contraires, BOSS. *Condé.* Ce — continuel de maux et de biens que la Providence nous prépare, SÉV. 801. *Spécialt.* Nom donné à certains recueils de morceaux divers. (*Cf.* miscellanées.) Mélanges philosophiques, littéraires.

MÉLANGER [mé-lan-jé] *v. tr.*

[ÉTYM. Dérivé de mélange, § 154. || 1549. R. EST.]

|| Unir des choses diverses (de manière à produire un ensemble où les caractères, les propriétés, se confondent. — des couleurs, des vins. — une substance avec une autre. || *Absolt.* Un vin mélangé (avec un autre vin). Drap mélangé, dont la trame et la chaîne sont de laines de couleur différente. Race mélangée (par croisement).

MÉLASSE [mé-làs'] *s. f.*

[ÉTYM. Emprunté de l'espagn. melaza, *m. s.* dérivé de miel, miel, § 13. || 1508. Point de pomelle ni de meslache, *Stat. des apothic.* dans DELB. *Rec.* Admis ACAD. 1762.]

|| (Technol.) Résidu sirupeux de la cristallisation et du raffinage du sucre.

MÊLÉE [mé-lé] *s. f.*

[ÉTYM. Dérivé de mêler, § 119. || XIᵉ s. Dient Païen : Desfaimes la meslee, *Roland*, 450.]

|| Confusion de combattants qui sont aux mains. Se jeter au milieu de la —. La — devint générale. Ils (les Romains) savaient choisir de meilleures armes, se ranger dans un meilleur ordre et mieux profiter du temps dans la —, BOSS. *Hist. univ.* III, 6.

MÊLER [mé-lé] *v. tr.*

[ÉTYM. Du lat. pop. *misculare, dérivé du lat. class. miscere, *m. s.* devenu *mesc'lar, §§ 342, 336 et 291, mesler, §§ 389 et 295, mêler, § 422. || XIᵉ s. Jo me crendreie que vus vus meslisiez, *Roland*, 257.]

|| 1º Unir ensemble (des choses diverses) de façon que la diversité cesse d'être apparente. — l'eau avec le vin. — plusieurs couleurs. Fleuves... mêlés dans l'Océan avec les rivières les plus inconnues, BOSS. *D. d'Orl.* La Seine et la Marne mêlent leurs eaux. Ils se sont mêlés (par des mariages) avec les Circassiens, BUFF. *Hist. nat. Homme.* | *Absolt.* Une personne de sang mêlé, issue d'une union entre blanc et nègre. Le sang romain se mêlait (cessait d'être pur), BOSS. *Hist. univ.* III, 7. De ces vins mêlés j'ai reconnu l'adresse, BOIL. *Sat.* 3. Marchandise mêlée, où il se trouve des parties de qualité inférieure. *P. anal.* Société mêlée, où il se trouve des personnes inférieures aux autres par le caractère, les habitudes. || *Fig.* — à l'or l'éclat des diamants, BOIL. *Art p.* 2. Horace à cette aigreur mêla son enjouement, ID. *ibid.* Ces... respects... A leur pompeux éclat mêlent peu de douceur, RAC. *Esth.* II, 7. Quel jour mêlé d'horreur vient effrayer mon âme! ID. *ibid.* III, 4. || *P. ext.* Mettre dans un état de confusion. Ses cheveux sont mêlés. — une serrure, en faussant quelque ressort. — les cartes, en les battant.

|| 2º Introduire dans un milieu (qqn, qqch d'étranger). On l'a vu se — au milieu des rebelles, RAC. *Mithr.* IV, 6. Les Parthes à la foule aux Syriens mêlés, CORN. *Rodog.* V, 2. Ne se mêlant point dans le peuple, LA BR. 11. Dans le brillant commerce il se mêle sans cesse, MOL. *Mis.* II, 4. || *P. anal.* Je ne sais quoi que vous lui avez dit, où vous m'avez mêlé assez mal à propos, MOL. *Scap.* II, 7. Où Dieu se trouve mêlé, jamais les comparaisons tirées des choses humaines ne sont qu'imparfaites, BOSS. *Hist. univ.* II, 19. Il... mêle partout son mot, CORN. *Suite du Ment.* III, 1. || *P. ext.* Se — à une chose, y prendre part sans y être appelé. Quoi! vous — aux vœux d'une troupe infidèle! CORN. *Poly.* II, 6. Se — à la conversation. || Se — d'une chose, y intervenir sans avoir qualité pour cela. Se — des affaires d'autrui. Mêlez-vous, s'il vous plaît, Monsieur, de vos affaires, REGNARD, *Distrait*, III, 4. De quoi se mêle Rome? CORN. *Nicom.* II, 3. Me voit-on — de rien dont je ne vienne à bout? MOL. *Av.* II, 5. *Loc. prov.* On dirait que le diable s'en mêle, la chose échoue ou, au contraire, réussit d'une manière incroyable. || *Spécialt.* Se livrer à une occupation à laquelle on est étranger. Il se mêle d'astrologie. Ceux qui se mêlent de donner des préceptes, DESC. *Méth.* 1. Un certain Alcidas qui se mêle de porter l'épée, MOL. *Mar. forcé*, sc. 1. Quand ils se sont mêlés d'être conquérants, BOSS. *Hist. univ.* III, 3.

MÉLÈZE [mé-lèz'] *s. m.*

[ÉTYM. Mot du patois des Alpes, § 11, d'un type lat. *mellicem, fait d'après laricem (nom latin du mélèze), de mel, miel, à cause de la résine qui en découle. D'AUB. (*Création*, 5) fait le mot fém. || 1336. Meleze, texte du Dauphiné dans DU C. chavrenus. | XVIᵉ s. Vous la nommez larix en latin; les Alpinois la nomment melze, RAB. III, 49. Admis ACAD. 1762.]

|| (Botan.) Arbre conifère du tronc duquel découle une résine dite térébenthine de Venise, et dont les feuilles sécrètent une substance gluante dite manne de Briançon.

MÉLILOT [mé-li-ló] *s. m.*

[ÉTYM. Emprunté du lat. melilotus, grec μελίλωτος, *m.*

s. de μέλι, miel, et λωτός, lotus. Souvent altéré autrefois en mirlirot (ACAD. 1798-1835). || 1322. Camemille, melilot, dans DELB. Rec.]

|| (Botan.) Plante herbacée dont la fleur en épi a une odeur de miel, et s'emploie en lotions. || Loc. prov. Vieilli. J'en dis du —, du mirlirot, je m'en moque.

MÉLI-MÉLO [mé-li-mé-ló] s. m.
[ÉTYM. Semble composé avec le radical de mêler, § 213. (Cf. pêle-mêle, en anc. franç. mesle-mesle.) || Néolog. Admis ACAD. 1878.]

|| Famil. Mélange confus.

*MÉLINITE [mé-li-nit'] s. f.
[ÉTYM. Dérivé du lat. melinus, grec μήλινος, qui est de la couleur du coing, § 282 bis. || Néolog.]

|| (Chimie.) Mélange explosif à base d'acide picrique.

MÉLISSE [mé-lís'] s. f.
[ÉTYM. Emprunté du bas lat. melissa, abréviation du grec μελισσοβότανον ou μελισσόφυλλον, m. s. proprt. « plante des abeilles ». || XIIIᵉ s. Vin en col iert cuite melisse, Simples medicines, fᵒ 51, vᵒ.]

|| (Botan.) Plante aromatique de la famille des Labiées, dont les feuilles servent à fabriquer une eau spiritueuse et stomachique dite eau de —.

MELLIFÈRE [mèl'-li-fèr] adj.
[ÉTYM. Emprunté du lat. mellifer, m. s. || Admis ACAD. 1835.]

|| (T. didact.) Qui produit du miel. Les insectes mellifères, et, substantivt, Les mellifères. || P. anal. Plante —, qui sécrète une liqueur sucrée.

*MELLIFLUE [mèl'-li-flu] adj.
[ÉTYM. Emprunté du lat. mellifluus, m. s. || XVᵉ s. Melliflue langue, O. DE ST-GELAIS, dans GODEF.]

|| Vieilli. Qui distille du miel. Cette cohorte — (d'abeilles), SCARR. Virg. trav. 7. || Fig. Éloquence —, qui a la douceur du miel. En mauvaise part. Paroles mellifflues, d'une douceur fade.

MÉLODIE [mé-lò-di] s. f.
[ÉTYM. Emprunté du lat. melodia, grec μελῳδία, m. s. de μέλος, membre, cadence de la phrase musicale, et ᾠδή, chant. || XIIᵉ s. La melodie des salmes, dans F. MICHEL, Liber Psalmorum, p. 260.]

|| Suite de sons qui flattent l'oreille. La puissance de la —, STAEL, Cor. IX, 2. P. plaisant. Oh ! oh ! quelle caresse ! et quelle — ! (en parlant de l'âne qui brait), LA F. Fab. IV, 5. || P. anal. Suite de mots, de phrases agréables à l'oreille. La — des vers. || Spécialt. (Musique.) Succession de sons formant une phrase musicale. (S'oppose à harmonie.) La — est dans la musique ce qu'est le dessin dans la peinture ; l'harmonie n'y fait que l'effet des couleurs, J.-J. ROUSS. Lett. sur la musiq. franç. || P. ext. Une —, un chant. Les mélodies de Schubert.

MÉLODIEUSEMENT [mé-lò-dyeŭz'-man ; en vers, -di-eŭ-ze-...] adv.
[ÉTYM. Composé de mélodieuse et ment, § 724. || XIVᵉ s. Les oisillons chantent melodieusement, Modus, fᵒ 14, vᵒ.]

|| D'une manière mélodieuse.

MÉLODIEUX, EUSE [mé-lò-dyeŭ, -dyeŭz' ; en vers, -di-...] adj.
[ÉTYM. Dérivé de mélodie, § 116. || XIVᵉ s. Mout estoit melodieuse, WATRIQUET DE COUVIN, Fontaine d'amours, 51.]

|| Qui produit une suite de sons agréables à l'oreille. Des chants —. Une voix mélodieuse. || P. anal. En parlant des vers. En vain vous me frappez d'un son —, BOIL. Art p. 1.

MÉLODIQUE [mé-lò-dĭk'] adj.
[ÉTYM. Dérivé de mélodie, § 229. || 1607. Luth melodic, J. DE MONTLYARD, Rec. Admis ACAD. 1878.]

|| (Musique.) Relatif à la mélodie. (S'oppose à harmonique.) Une phrase —.

MÉLODRAMATIQUE [mé-lò-drà-mà-tĭk'] adj.
[ÉTYM. Dérivé de mélodrame, d'après dramatique, § 229. || Néolog. Admis ACAD. 1878.]

|| Qui a rapport au mélodrame.

MÉLODRAME [mé-lò-dràm'] s. m.
[ÉTYM. Composé avec le grec μέλος, chant, et drame, § 284. || 1781. Vos melo-drames, Mém. pour servir à l'hist. de la révol. de la musiq. p. 246. Admis ACAD. 1835.]

|| 1ᵒ Drame accompagné de musique.

|| 2ᵒ P. ext. Drame populaire qui cherche à émouvoir par la violence des situations et l'exagération des sentiments. Un personnage de —.

MÉLOMANE [mé-lò-màn'] s. m. et f.
[ÉTYM. Composé avec le grec μέλος, musique, et μανία, folie, § 279. || Néolog. Admis ACAD. 1835.]

|| Celui, celle qui aime passionnément la musique.

MÉLOMANIE [mé-lò-mà-ni] s. f.
[ÉTYM. Composé avec le grec μέλος, musique, et μανία, folie, § 279. || 1796. La melomanie, GRÉTRY, Essais sur la musiq. III, 422. Admis ACAD. 1835.]

|| Caractère du mélomane.

MELON [me-lon] s. m.
[ÉTYM. Emprunté du lat. melo, onis, m. s. || XIIIᵉ s. Semencés de melons et de cocombres, Simples medicines, fᵒ 64, rᵒ.]

|| Plante de la famille des Cucurbitacées, dont le fruit est juteux et sucré. || Fruit de cette plante. || P. ext. — d'eau, pastèque. || P. anal. | 1. Bosselure de la cornée, par le ramollissement de cette membrane. | 2. Néolog. Chapeau —, en feutre de forme arrondie.

MÉLONGÈNE [mé-lon-jèn'] s. f.
[ÉTYM. Emprunté du lat. des naturalistes melongena, m. s. qui se rattache au même radical arabe que aubergine. (V. ce mot.) ACAD. écrit aussi melongène. On trouve melonge en 1559 dans DELB. Rec. || Admis ACAD. 1762.]

|| Nom scientifique de l'aubergine.

MELONNIÈRE [me-lò-nyèr] s. f.
[ÉTYM. Dérivé de melon, § 115. || XVIᵉ s. LIÉBAULT, Mais. rust. dans DELB. Rec.]

|| (Technol.) Lieu où l'on cultive les melons.

MÉLOPÉE [mé-lò-pé] s. f.
[ÉTYM. Emprunté du lat. melopœia, grec μελοποιία, m. s. proprt. action de faire le chant. || 1578. VIGENÈRE, Tableaux de Philostrate, dans DELB. Rec. Admis ACAD. 1798.]

|| (Musique.) Chant rythmé et mesuré qui accompagne la déclamation parlée. || P. ext. Récitatif.

MÉLOPLASTE [mé-lò-plàst'] s. m.
[ÉTYM. Composé avec le grec μέλος, chant, et πλάσσειν, former, § 279. || Admis ACAD. 1835.]

|| (Musique.) Tableau où est tracée une portée musicale, sur laquelle le professeur promène une baguette terminée par une boule, dont la place indique la note que l'élève doit solfier.

*MÉMARCHER [mé-màr-ché] v. intr.
[ÉTYM. Pour mesmarcher, § 422, composé de la particule péjorative mes et marcher, § 192. (Cf. faux-marcher.) || XVᵉ s. Vallees esquelles cheoient ceux qui mesmarchoient, Ancienn. des Juifs, dans GODEF. mesmarchier.]

|| Vieilli. Faire un faux pas. (Cf. mémarchure.)

MÉMARCHURE [mé-màr-chŭr] s. f.
[ÉTYM. Dérivé de mémarcher, § 111. || XVIᵉ s. Mesmarcheure ou entorsure, PARÉ, Mumie, 9.]

|| (Art vétérin.) Entorse que se donne un cheval en posant le pied à faux. L'on guérit sa monture, Soit du farcin, soit de la —, LA F. Contes, Oraison.

MEMBRANE [man-bràn'] s. f.
[ÉTYM. Emprunté du lat. membrana, m. s. || XVIᵉ s. PARÉ, I, 5.]

|| 1ᵒ (T. didact.) Tissu organique animal ou végétal destiné à envelopper certains organes, à absorber, à exhaler, à sécréter certains fluides. — muqueuse, séreuse, fibreuse. Les membranes qui enveloppent le cerveau, les poumons, le cœur, etc. — pituitaire, qui tapisse les fosses nasales. Fausse —, tissu anormal qui se forme à la surface des membranes muqueuses ou séreuses, à la suite de certaines inflammations. || Les membranes de la feuille, du fruit. — périspermique, membrane qui forme le périsperme.

|| 2ᵒ P. anal. (Technol.) Ais que le relieur place au-dessus et au-dessous d'une pile de cahiers qu'il veut mettre en presse.

MEMBRANEUX, EUSE [man-brà-neŭ, -neŭz'] adj.
[ÉTYM. Dérivé de membrane, § 251. || XVIᵉ s. PARÉ, Introd. 16.]

|| (T. didact.) Qui est de la nature des membranes.

MEMBRE [mànbr'] s. m.
[ÉTYM. Du lat. membrum, m. s. § 291.]

I. || 1ᵒ Appendice uni au tronc de l'homme, de l'animal, par des articulations. Les membres et l'estomac, LA F. Fab. III, 2. Les membres supérieurs, les bras. Les membres inférieurs, les jambes. Les extrémités des membres, les mains, les pieds. — viril, organe de la génération chez l'homme. || Découper les membres d'une volaille, les ailes et les pattes. || P. ext. Partie d'un corps mis en pièces. D'un frère dans la mer les membres dispersés, CORN. *Méd.* I, 4. Que de corps entassés! que de membres épars! RAC. *Esth.* I, 5. Et des membres affreux Que des chiens dévorants se disputaient entre eux, ID. *Ath.* II, 5.

|| 2° *P. ext.* (Théol.) Les diverses parties du corps (par opposition à l'âme). Je sens dans les membres de mon corps une autre loi qui combat contre la loi de mon esprit, SACI, *Bible, St Paul, Lett. aux Rom.* 7.

II. *Fig.* || 1° Personne qui fait partie d'un corps politique, littéraire, d'une association, d'une communion religieuse, etc. Les membres du parlement, de l'Académie française. Retrancher d'une société un — indigne. *Spécialt.* (T. mystique.) Les membres de Jésus-Christ, de l'Église, les fidèles. On s'aime parce qu'on est — de Jésus-Christ, parce qu'il est le corps dont on est —, PASC. *Pens.* XXIV, 59 *ter.* Nos frères, nos propres membres, enfants de la même Église, BOSS. *Marie-Thérèse.*

|| 2° Partie du corps d'un navire, varangue qui forme une des côtes de la carcasse.

|| 3° Partie qui entre dans la composition d'un ouvrage d'architecture. — creux, moulure concave.

|| 4° Une des propositions qui composent une phrase, une des phrases qui composent une période. Un — de phrase. Un période à quatre membres.

|| 5° Chacune des deux parties d'une équation, que sépare le signe d'égalité. On transporte dans un — de l'équation tous les termes renfermant l'inconnue.

MEMBRÉ, ÉE [man-bré] *adj.*

[ÉTYM. Dérivé de membre, § 118. (*Cf.* membru.) || XIVᵉ s. Si grant et si membré, J. D'ARRAS, *Mélusine*, p. 337, Bibl. elzév. Admis ACAD. 1762.]

|| Pourvu de membres. (Ne s'emploie guère qu'avec un adverbe.) Une personne fortement membrée, qui a les membres forts. || *Spécialt.* (Blason.) Qui a les membres d'un autre émail que le corps. Aigle de gueules membrée et becquée d'azur.

⋆MEMBRON [man-bron] *s. m.*

[ÉTYM. Dérivé de membre, § 104. || 1752. TRÉV.]

|| (Technol.) Ourlet de la bande de plomb, de zinc, qui recouvre l'arête d'un toit.

MEMBRU, UE [man-bru] *adj.*

[ÉTYM. Dérivé de membre, § 118. || XIIᵉ s. Bel chevalier fot, avenant et mambru, J. BODEL, *Saisnes*, tir. 28.]

|| Qui a les membres forts.

MEMBRURE [man-brûr] *s. f.*

[ÉTYM. Dérivé de membre, § 111. (*Cf.* le lat. membratura, *m. s.*) || XIIᵉ s. Desous le pis ouvra Nature Bien selonc l'autre membreure, ALEX. DE BERNAY, *Athis*, dans GODEF. membreure.]

|| 1° Ensemble des membres d'une personne. Avoir une forte —.

|| 2° Ensemble des varangues, des couples, qui forment la carcasse d'un navire.

|| 3° Montant dans lesquels on enchaîne les panneaux d'une porte. || *P. ext.* Bois d'échantillon servant à faire ces sortes de pièces.

|| 4° Planchettes entre lesquelles le relieur place les cahiers d'un livre, après qu'ils sont cousus, pour pratiquer sur le dos les encoches destinées à recevoir les ficelles ou nerfs. || Planche de 0ᵐ,16 de largeur sur 0ᵐ,078 d'épaisseur, formant à Paris un type adopté.

|| 5° Assemblage de chevrons espacés pour mesurer le bois de chauffage.

MÊME [mêm'] *adj.*

[ÉTYM. Pour meesma, §§ 358 et 422, du lat. pop. ⋆metipsimum, superlatif de la loc. ⋆metipse qui s'emploie en lat. class. avec ego (je) dans ego metipse (écrit ordinairement egomet ipse), moi-même, devenu ⋆medepsme, medesme, meesme, §§ 402, 308, 431, 290 et 291. Au XVIIᵉ s. on trouve qqf mêmes invariable, non seulement au sens adverbial, mais comme adjectif : Blasphèmes Qu'ils ont vomis tous deux contre Jupiter mêmes, CORN. *Poly.* III, 2. || XIᵉ s. A lui medisme ont l'almosne donede, *St Alexis*, 118.]

I. Adjectif démonstratif. || 1° Qui n'est pas autre. La — ardeur me brûle, CORN. *Poly.* I, 1. Dès le — moment, RAC. *Baj.* I, 3. Les vents, les mêmes vents si longtemps accusés, ID. *Iph.* V, 4. Mon âme... A deux fois en dormant revu la — idée, ID. *Ath.* II, 5. Ils lui gardèrent la — fidélité qu'ils avaient toujours gardée aux Perses, BOSS. *Hist. univ.* I, 8. *Vieilli.* Je ne suis plus le — d'hier au soir, MOL. *D. Juan*, V, 1. Le peuple n'avait qu'un — esprit, un — amour pour la liberté, MONTESQ. *Rom.* 9. || Je tirai de l'armée Et ce — Sénèque et ce — Burrhus, RAC. *Brit.* IV, 2. Son — air, son — habit de lin, ID. *Ath.* II, 5. || Avec ellipse de l'article. *Famil.* Nous avons — sort, MOL. *Amph.* II, 2. La cage et le panier avaient mêmes pénates, ID. *ibid.* XII, 2. || *Substantivt.* Le —, la même chose. C'est quasi le — de converser avec ceux des autres siècles que de voyager, DESC. *Méth.* 1. Le — doit arriver dans les autres sens, BOSS. *Conn. de Dieu*, III, 6. Cela revient au —. || *Spécialt.* (Billard.) Le —, jeu où l'on pousse la bille dans la blouse directement, sans qu'elle ait touché d'abord une bande. (S'oppose à doublé.) Faire une bille au —.

|| 2° Qui est précisément ce dont on parle. (Se place immédiatement après le nom de la personne ou de la chose.) Cela — est un fruit que je goûte aujourd'hui, LA F. *Fab.* XI, 8. Dès l'heure —, RAC. *Esth.* II, 1. Pour y renoncer, il faut la vertu —, CORN. *Cinna*, II, 1. Ce sont les termes mêmes dont il s'est servi. || Après le pronom personnel, avec trait d'union. Vous y croirez être vous-—, LA F. *Fab.* IX, 2. Il ne convient pas à vous-mêmes, ID. *ibid.* XI, 8. Contre un autre soi-—, CORN. *Hor.* II, 3. Ils sont d'autres nous-mêmes, ID. *ibid.* III, 4. || *P. ext.* Dont on attendait précisément un certain effet. Si dans ces chaires mêmes, destinées à instruire et à corriger les grands, nous leur donnons de fausses louanges, MASS. *Tentat. des grands.* Ces murs mêmes, Seigneur, peuvent avoir des yeux, RAC. *Brit.* II, 6. Les bourreaux eux-mêmes pleuraient. || Dans un sens analogue, par opposition à ce qu'on attendait. *Adverbt.* Ses malheurs n'avaient point abattu sa fierté; — elle avait encor cet éclat emprunté, RAC. *Ath.* II, 5. — il m'est arrivé quelquefois de manger Le berger, LA F. *Fab.* VI, 1. Tu fus mon ennemi — avant que de naître, CORN. *Cinna*, V, 1.

|| 3° Après un subst. exprimant une qualité, qui est cette qualité par excellence. Cette Esther, l'innocence et la sagesse —, RAC. *Esth.* III, 4. La fortune et la victoire mêmes, ID. *Mithr.* III, 5. || *Vieilli.* Avant le subst. La — vérité y reluit partout, BOSS. *Hist. univ.* II, 19. Sais-tu que ce vieillard fut la — vertu? CORN. *Cid*, II, 2. Avoir ainsi traité Et la — innocence et la — bonté, MOL. *Sgan.* sc. 16.

II. *Loc. adv.* De —, de la même manière. Il n'en va pas de —, CORN. *Nicom.* V, 6. La garde en fait de —, ID. *Cid*, IV, 3. Il a fait de — que vous. Dans une comparaison. De — qu'un poison subtil se répand dans les veines, de — (ou ainsi) les passions s'insinuent dans l'âme. || *P. ext. Vieilli.* De —, d'une manière telle. Jamais il ne s'est vu de surprise de —, MOL. *Tart.* IV, 5. || Tout de —, tout à fait de la même manière. On ne la voyait point; mais c'était tout de —, SÉV. 760. M'inquiéter tout de — qu'une autre, ID. 1813. || *Absolt.* Il serait arrivé tout de — à son but par la douceur, MONTESQ. *Espr. des lois*, XIX, 14. || A —, à la chose même. Boire à — la bouteille, et, *vieilli*, Boire à — de la bouteille. Un pot... à — duquel il buvait, ST-SIM. XII, 38. A — mes douleurs (dans mes douleurs mêmes), CORN. *Place Royale*, III, 8. || *Fig. Vieilli.* Être à — de qqch, être à la source même de la chose. Afin... d'être à — des consultations, MOL. *Mal. im.* I, 5. *De nos jours.* Être à — de faire qqch, être placé comme il faut pour le faire. Être à — de s'instruire. *Dans le même sens, vieilli.* Être à — pour faire qqch. Je serai à — pour vous caresser, MOL. *Mar. forcé*, sc. 2.

MÊMEMENT [mêm'-man; *en vers*, mè-me-...] *adv.*

[ÉTYM. Composé de même et ment, § 724. || XIIᵉ s. Toz les requist comunement Et saint Pierre maesmement, WACE, *Conception*, p. 84, Luzarche.]

|| *Vieilli.* || 1° Même. Aux personnes — les plus douces, G. NAUDÉ, *Consid. sur les coups d'État.* || *P. ext.* Principalement. On donna des gardes aux ambassadeurs, et — à celui d'Espagne, que le peuple voulait tuer, MALH. *Lett. à Peiresc*, 71.

|| 2° De même. Vendredi chair ne mangeras, Ni le samedi —, *Command. de l'Église.*

MÉMENTO [mé-min-tô] *s. m.*

[ÉTYM. Mot lat. signifiant « souviens-toi ». || XVIᵉ s. Les mementos des prebstres qui portoient sa femme en terre, RAB. II, 3. Admis ACAD. 1798.]

I. (Liturgie.) Prière du canon de la messe dans laquelle le prêtre rappelle les vivants, puis les morts. Le — des vivants. Le — des morts. Les mémentos du canon.

II. Note, marque pour rappeler le souvenir de qqch. || *P. ext.* Carnet où l'on note qqch pour s'en souvenir.

1. MÉMOIRE [mé-mwär] *s. f.*

[ÉTYM. Emprunté du lat. memŏria, *m. s.* devenu memorie, memoire, mémoire. ‖ xɪᵉ s. Aions, seignor, cest saint ome en memorie, *St Alexis*, 621.]

‖ **1°** Faculté de conserver et de rappeler les idées antérieurement acquises. J'ai souvent souhaité d'avoir... la — aussi ample ou aussi présente que quelques autres, DESC. *Méth.* 1. Il n'exerce que sa —, LA BR. 1. On distingue la — qui s'appelle imaginative, où se retiennent les choses sensibles et les sensations, d'avec la — intellectuelle, par laquelle se retiennent les vérités, BOSS. *Conn. de Dieu*, I, 12. C'est la dernière parole qu'il laissa gravée dans leur —, ID. *Condé.* Vous vivrez éternellement dans ma —, ID. *ibid.* Sa — est fidèle, RAC. *Ath.* II, 7. Est-il possible que cinq ou six années m'aient ôté de votre —? MOL. *Pourc.* I, 4. Garçon de quinze ans, si j'ai bonne —, LA F. *Fab.* III, 1.

‖ **2°** *P. ext.* Souvenir résultant de cette faculté. De cette grandeur Il ne nous reste plus que la triste —, RAC. *Esth.* I, 2. Les excès sacrilèges dont nous abhorrons la —, BOSS. *R. d'Angl.* Si d'un heureux hymen la — t'est chère, RAC. *Andr.* III, 8. Et sur quoi jugez-vous que j'en perds la —? ID. *Phèd.* II, 5. On n'a rien vu de pareil de — d'homme (de souvenir d'homme). Je vais vous en rafraîchir la — (le souvenir). (Comptabilité.) Pour —, annotation mise à côté d'un article, pour le mentionner sans le porter en ligne de compte. (Liturgie.) — des morts, des vivants, commémoration qui est faite dans le sacrifice de la messe. (*Syn.* mémento.) ‖ *Spécialt.* ‖ 1. Souvenir durable laissé par qqn, par qqch. Consacrer la — d'un événement. Rendre des devoirs publics à la — de ce prince, BOSS. *Condé.* Vos pleurs ont assez honoré sa —, RAC. *Bér.* II, 4. Un jour d'éternelle —. Henri IV, de glorieuse — (dont le souvenir reste glorieux), FLÉCH. *M. de Montausier.* Louis XIII, de glorieuse et triomphante —, BOSS. *Le Tellier.* P. anal. Ce magistrat, de hideuse —, BOIL. *Sat.* 10. En — de qqn, de qqch, pour en laisser à la postérité un souvenir durable. ‖ 2. Souvenir durable gardé par la postérité. Vivre dans la — des hommes. *Absolt.* Ravir à la — Cette indigne moitié d'une si belle histoire, RAC. *Phèd.* I, 1. O siècles, ô — ! CORN. *Cinna*, V, 3. ‖ *Poét.* Avec une M majuscule. Le temple de Mémoire, fiction poétique d'un temple où l'on garderait le souvenir des grands hommes. ‖ (Mythol.) Les filles de Mémoire, les Muses.

2. MÉMOIRE [mé-mwàr] *s. m.*

[ÉTYM. Tiré de mémoire **1**, § 37 ; proprt, « écrit pour mémoire, pour qu'il en soit mémoire ». ‖ xvᵉ s. Choses contenues en certain memoire, COMM. II, 3.]

‖ Exposé manuscrit ou imprimé de certains faits, destiné à les rappeler, à les mentionner. Il avait présenté au roi des mémoires contre sa conduite, SÉV. 492. Un — justificatif. ‖ *Spécialt.* ‖ 1. Exposé des faits et moyens d'une affaire à juger, destiné à rendre favorable à sa cause l'opinion du public, des juges. Faire signifier un —. Les Mémoires de Pellisson (pour Fouquet), de Beaumarchais. ‖ 2. Exposé, relation de faits particuliers pour servir à l'histoire. *Fig.* Il a eu de bons, de mauvais mémoires, il n'a pas été bien renseigné. *Spécialt.* Relation des faits qui se sont passés durant la vie d'une personne et dont elle a été témoin ou auxquels elle a pris part. Les Mémoires de Mᵐᵉ de Motteville, de Talleyrand. ‖ 3. Dissertation sur un point historique, scientifique, etc., généralement destinée à être lue dans une société savante. ‖ 4. État des sommes dues à un entrepreneur, à un marchand, à un artisan, à un homme de justice, etc. Solder un —. *P. plaisant.* Un — d'apothicaire, dont les articles sont portés à un prix trop élevé.

MÉMORABLE [mé-mò-ràbl'] *adj.*

[ÉTYM. Emprunté du lat. memorabilis, *m. s.* ‖ xvᵉ s. Se déduit de l'existence de mémorablement.]

‖ Digne de mémoire. Vous en avez vu la longue et — histoire, BOSS. *Hist. univ.* III, 6. D'un téméraire orgueil exemple —, RAC. *Phèd.* II, 2. Les Entretiens mémorables de Socrate (par Xénophon), et, *substantivt, au masc.* Les Mémorables de Xénophon.

***MÉMORABLEMENT** [mé-mò-rà-ble-man] *adv.*

[ÉTYM. Composé de mémorable et ment, § 724. ‖ xvᵉ s. Memorablement estre de ce memoratif, RENÉ D'ANJOU, *Œuvres*, IV, 81.]

‖ D'une manière mémorable.

MÉMORANDUM [mé-mò-ran-dòm] *s. m.*

[ÉTYM. Mot lat. signifiant « ce qui doit être remis en mémoire », de memorare, rappeler. ‖ *Néolog.* Admis ACAD. 1878.]

‖ (T. didact.) Note destinée à rappeler qqch, cahier où l'on note ce qu'on veut se rappeler. ‖ *Spécialt.* Note diplomatique où l'on rappelle ce qui s'est passé au sujet d'une question.

MÉMORATIF, IVE [mé-mò-rà-tif, -tiv'] *adj.*

[ÉTYM. Emprunté du lat. memorativus, *m. s.* ‖ xɪɪɪᵉ-xɪvᵉ s. Vertu memorative, *Chirurg. de Mondeville*, f° 15, dans LITTRÉ.]

‖ *Vieilli.* Qui a en mémoire qqch. Il vous plaira d'être — d'un papier, REGNARD, *Joueur*, III, 11.

***MÉMORER** [mé-mò-ré] *v. tr.*

[ÉTYM. Emprunté du lat. memorare, *m. s.* L'anc. franç. a membrer, *m. s.* mot de formation pop. ‖ xvᵉ-xvɪᵉ s. Mémoire les choses futures, *Violier des hist. rom.* 28.]

‖ *Vieilli.* Rappeler. (*Cf.* remémorer.) *Absolt.* Se rappeler (qqch). Vous mémorez l'affaire? REGNARD, *Bal*, sc. 12.

MÉMORIAL [mé-mò-ryàl; *en vers*, -ri-àl] *s. m.*

[ÉTYM. Emprunté du lat. memoriale, *m. s.* ‖ xɪɪɪᵉ s. La robe... est uns memoriaus au povre que il prie pour celui qui la li donne, FRÈRE LAURENT, *Somme*, dans GODEF.]

‖ Registre, ouvrage où sont consignées les choses dont on veut se souvenir. Ayant mis quelques notes sur un —, MONTESQ. *Espr. des lois*, XII, 7. On inscrivait sur les mémoriaux de la Cour des comptes les lettres patentes royales. Le Mémorial de Sainte-Hélène (par Las Cases, relatif à Napoléon Iᵉʳ). ‖ *Fig.* Ses habits étaient des mémoriaux ou répertoires des anciennes modes, FURET. *Rom. bourg.* I, 88. Les pierres qu'ils avaient dressées ou entassées pour servir de — à la postérité, BOSS. *Hist. univ.* II, 3.

MENAÇANT, ANTE [me-nà-san, -sànt'] *adj.*

[ÉTYM. Adj. particip. de menacer, § 47. ‖ xvɪᵉ s. Loix menaçans, MAROT, *Métam. d'Ovide*, 1.]

‖ Qui menace. Un discours, un regard —. Vous qui me parlez d'une voix menaçante, RAC. *Iph.* IV, 6. D'un geste —, ID. *Théb.* V, 3. Son front large est armé de cornes menaçantes, RAC. *Phèd.* V, 6. L'avenir est —.

MENACE [me-nàs'] *s. f.*

[ÉTYM. Du lat. minacia (PLAUTE), *m. s.* de minari, menacer, §§ 342, 383 et 291.]

‖ **1°** Paroles, gestes par lesquels on manifeste à qqn l'intention de lui faire du mal. Elle entendait presque leurs cris et leurs menaces insolentes, BOSS. *R. d'Angl.* Je me moque de tes menaces, MOL. *Méd. m. l.* I, 1. Tu veux, par ta —, M'empêcher d'entrer chez nous? ID. *Amph.* I, 2. Les menaces d'un redoutable ennemi tournées à sa honte, BOSS. *Condé.* *Famil.* Des menaces en l'air, qui ne doivent pas être suivies d'effet. ‖ *Fig.* La terrible — du ciel irrité, BOSS. *Marie-Thérèse.*

‖ **2°** Indice par lequel se manifeste ce qu'on doit craindre prochainement d'une chose. De tant de maux, Abner, détournons la —, RAC. *Ath.* V, 2. De combien près la — a-t-elle été suivie du coup (de la mort)! BOSS. *Marie-Thérèse.* *Poét.* De ces rochers pendants respectez la —, DELILLE, *Jardins*, 2.

MENACER [me-nà-sé] *v. tr.*

[ÉTYM. Du lat. pop. *minaciare, *m. s.* de minacia, menace, devenu menacier, menacer, §§ 342, 383, 297 et 291. ‖ xɪᵉ s. De sa moillier li membres que menaciet out tant, *Voy. de Charl. à Jérus.* 364.]

‖ **1°** Manifester à (qqn) l'intention de lui faire du mal. Et l'on dirait qu'encor il menace son frère, RAC. *Théb.* V, 3. On se menace, on court, ID. *Iph.* V, 5. P. anal. Deux... taureaux... le front baissé, se menaçant des yeux, BOIL. *Lutr.* 5. *Absolt.* Tel humble, qui menace, MAIRET, *Alim.* III, 13. Rome même menace, BOSS. *Le Tellier.* ‖ Avec un compl. indirect précédé de la prép. de, pour indiquer ce que la personne doit craindre. — qqn de la mort, de la servitude. Avec une proposition pour complément. On me menace, Si je ne sors d'ici, de me bailler cent coups, MOL. *F. sav.* II, 5. Ésope... le menaça que ses mauvais traitements seraient sus, LA F. *Ésope.* ‖ *Fig. Poét.* Avec un régime de chose. D'un sinistre avenir je menaçai ses jours, RAC. *Iph.* V, 6. Ainsi tomba tout à coup la fureur des vents et des flots, à la voix de Jésus-Christ qui les menaçait, BOSS. *A. de Gonz.* Nous menacions de loin les rivages de Troie, RAC. *Iph.* I, 1. ‖ *P. ext.* Avertir (qqn) qu'il doit craindre qqch d'un autre. — qqn de la colère de Dieu, et, *ellipt*, — qqn de Dieu. L'enfant dont le Ciel vous menace, RAC. *Ath.* II, 6.

‖ **2°** En parlant d'une chose, manifester par qq indice qu'elle est à craindre d'une manière prochaine. Les dangers qui le menacent. Songez-vous aux malheurs qui nous menaçent tous? RAC. *Iph.* I, 2. Une poutre branlante Vient, menaçant de loin la foule, BOIL. *Sat.* 6. *Absolt.* La tempête menace, le temps menace. || Être menacé d'un désastre. || *P. ext.* En parlant d'une personne. Quand il marche, tout se croit également menacé, BOSS. *Marie-Thérèse.* Un conquérant qui menaçait tout le Nord de la servitude, ID. *A. de Gonz.* || *P. anal.* Un péril qui menaçait ses jours, RAC. *Esth.* II, 1. *Ellipt.* Ses jours sont menacés. Les jours d'Éliacin seraient-ils menacés? RAC. *Ath.* II, 2. || Avec un infinitif précédé de la préposition de comme complément indirect pour indiquer l'action qui est à craindre. La discorde en ces lieux menace de s'accroître, BOIL. *Lutr.* 2. Une maison qui menace de s'écrouler. *Ellipt.* — ruine, menacer de tomber en ruine. Ces bâtiments menacent ruine. || *Fig. Poët.* Une montagne qui menace le ciel, si haute qu'elle semble toucher le ciel.

MÉNADE [mé-nàd'] *s. f.*
[ÉTYM. Emprunté du lat. mænas, adis, grec μαινάς, δος, *m. s.* || XVIᵉ s. Les Ménades premières faisoyent incursion sus les Indians, RAB. V, 40.]

|| **1°** (Antiq.) Femme qui, dans les fêtes de Bacchus, s'abandonnait à des transports furieux. (*Syn.* bacchante.) || *Fig.* Horace a bu son saoûl quand il voit les Ménades (quand il s'abandonne à l'enthousiasme poétique), BOIL. *Art p.* 4.

|| **2°** *Fig.* Femme qui a l'esprit troublé. T'accommodes-tu mieux de ces douces Ménades Qui, dans leurs vains chagrins..., BOIL. *Sat.* 10.

MÉNAGE [mé-nàj'] *s. m.*
[ÉTYM. Du lat. pop. *mansionaticum, prononcé masionatico et devenu maisnage, §§ 485, 355, 336, 405, 290, 389 et 291. *Mansionaticum est un dérivé de mansionem, maison, § 78. || XIIᵉ s. Une suriz... Aveit manaige en un mulin, MARIE DE FRANCE, *Fab.* 3.]

|| **1°** Administration des choses domestiques. Les détails du —. Vous claquemurer aux choses du —, MOL. *F. sav.* I, 1. Toile de —, filée dans la maison. Pain de —, pétri, cuit dans la maison, et, *p. ext.* pain ordinaire (par opposition au pain de luxe) cuit chez le boulanger. Liqueur de —, faite dans la maison. || *Spécialt.* Ensemble des soins, des travaux domestiques. Une femme de —, journalière qui vient chez qqn pendant un certain nombre d'heures pour s'occuper des travaux domestiques. Être chargée du — de qqn, faire le — de qqn. Un — de garçon. Une femme qui fait des ménages, une femme de ménage. || *Spécialt. Vieilli.* Administration des revenus domestiques. Bon, mauvais —. Les deniers des recettes en partie se perdaient par mauvais —, MALH. *Tite Live,* XXIII, 46. *Absolt.* Bonne administration des revenus, économie. Pour plus de —, LA F. *Fab.* VIII, 18. *Fig.* — de bouts de chandelle, économie sur les petites choses. Vivre de —, économiquement. MART. : Un débauché... qui me vend pièce à pièce tout ce qui est dans le logis! — SGAN. : C'est vivre de —, MOL. *Méd. m. l.* I, 1. || *P. ext.* Manière de conduire, de régler qqch. Par le bon — (la bonne justice) d'Amphion, LA BR. 1. Je ne puis voir tout ce —ci, MOL. *Tart.* I, 1.

|| **2°** Ensemble des objets nécessaires dans un intérieur domestique. Monter son —. Des objets de —. Un — d'enfant, de poupée, objets de ménage de petites dimensions, servant de jouet. || *P. ext.* Les objets avec les pièces qu'ils garnissent. Être dans son —. Je ne saurais plus voir mon — propre, MOL. *B. gent.* III, 3.

|| **3°** Ensemble des personnes qui constituent un intérieur domestique, association du mari et de la femme. Se mettre en —. Un jeune —. Troubler la paix d'un —. Une querelle de —. Faire bon, mauvais — avec une personne, vivre en bonne, en mauvaise intelligence avec elle. || Hospice des Ménages, asile destiné aux couples âgés indigents.

MÉNAGEMENT [mé-nàj'-man; *en vers,* -nà-je-...] *s. m.*
[ÉTYM. Dérivé de ménager, § 145. || XVIᵉ s. La charge de mesnagement de notre metairie, COTEREAU, *Columelle,* XI, 1, édit. 1555.]

|| **1°** *Vieilli.* Exercice de l'administration domestique. Avec le bon — de sa femme, LA NOUE, *Disc. polit.* 8.

|| **2°** *Fig.* Action de conduire, de régler les choses avec mesure. Pour le — de la chaleur, BUFF. *Oiseaux.*

|| **3°** *P. ext.* Réserve dont on use envers qqn par égard ou par intérêt. Avoir des ménagements pour qqn. User de ménagements envers qqn.

1. MÉNAGER [mé-nà-jé] *v. tr.*
[ÉTYM. Dérivé de ménage, § 154. || 1309. Herbregement ou-

quel Guillaume Le Breton menageoit, dans *Preuves de l'hist. de Bretagne,* I, 1226.]

I. || **1°** *Vieilli.* Conduire (une maison), y régler toutes choses. || *Spécialt.* Administrer les revenus. Le marquis ménage lui-même son argent, SÉV. 1102.

|| **2°** *P. ext.* — l'argent, en dépenser le moins possible. — le beurre, en employer le moins possible. || *P. anal.* — ses paroles, en dire le moins possible. — ses pas, en faire le moins possible. — ses troupes, les exposer le moins possible. On croit qu'il expose ses troupes; il les ménage, BOSS. *Condé.* Il n'y a rien que les hommes aiment mieux à conserver et qu'ils ménagent moins que leur propre vie, LA BR. 11. — sa voix, la fatiguer le moins possible. — sa santé, se —. Qui veut voyager loin ménage sa monture, RAC. *Plaid.* I, 1. || *Fig.* — une chose, l'employer avec réserve. — les termes, les expressions. — une personne, la traiter avec réserve, par égard ou par intérêt. Ne savez-vous pas bien pourquoi je le ménage? MOL. *Mis.* II, 1. Nous lui laissons un maître, il le doit —, RAC. *Andr.* IV, 1. *P. ext.* — la faiblesse, les préjugés de qqn. *Loc. prov.* — la chèvre et le chou (par allusion au conte de la chèvre qu'il faut sauver du loup, et du chou qu'il faut sauver de la chèvre), louvoyer entre deux partis.

II. *P. ext.* Conduire, régler (qqch) avec mesure. Ménagez cela suivant cette politique, SÉV. 911. Tout est ménagé dans le corps humain avec un artifice merveilleux, BOSS. *Conn. de Dieu,* IV, 2. Je n'ai point fait de pièce où l'ordre du théâtre soit plus beau et l'enchaînement des scènes mieux ménagé, CORN. *Poly.* exam. L'âge viril... Se pousse auprès des grands, s'intrigue, se ménage, BOIL. *Art p.* 3. Qui a su le mieux ou pousser ou se —, suivant la rencontre, BOSS. *Hist. univ.* III, 2. Nous voulons qu'avec art l'action se ménage, BOIL. *Art p.* 3. Par le travail, on charmait l'ennui, on ménageait le temps, BOSS. *A. de Gonz.* — les intérêts de qqn. — l'occasion. Ménageons les moments que ce transport nous laisse, RAC. *Andr.* V, 5. Son adroite vertu ménage son crédit, RAC. *Brit.* IV, 4. — une étoffe, un terrain, en régler l'emploi avec mesure. Ceux qui ne savent pas jusques à quel point on peut — la terre, BOSS. *Hist. univ.* III, 3. || *P. anal.* — une personne, s'y prendre de manière à se la concilier. Ou par vous ou par lui ménagez bien le père, CORN. *Suiv.* III, 4. *P. ext.* Il eut le soin de — l'esprit de son oncle, HAMILT. *Gram.* 7. — une chose, s'y prendre de manière à l'amener, à la procurer. On a ménagé deux entrées dans la façade. — à qqn le plaisir de la surprise. L'entreprendre sans succès, c'est lui — un triomphe, BEAUMARCH. *Mère coup.* V, 4. Tel était l'asile que je m'étais ménagé, J.-J. ROUSS. *Confess.* 12. || *Vieilli.* Avec une proposition pour complément. Nous ménageons... de lui faire faire une bonne confession, SÉV. 162. Notre grande affaire... c'est de — qu'un Dieu nous pardonne, BOSS. *Justice,* 3.

2. MÉNAGER, ÈRE [mé-nà-jé, -jèr] *adj.* et *s. m.* et *f.*
[ÉTYM. Dérivé de ménage, § 115. || 1281. A pouvres maynagiers et a pouvres puceles, *Test. de Gui de Lusignan,* dans GODEF. mesnagier 2.]

I. *Adj.* || **1°** *Vieilli.* Qui est chargé de l'administration domestique.

|| **2°** Qui administre en dépensant le moins possible. Que la raison nous rende ménagers de notre bien, LA ROCHEF. *Max.* 365. || *Fig.* Le sage est — du temps et des paroles (ne perd ni le temps ni ses paroles), LA F. *Fab.* VIII, 26.

II. *S. m.* et *f.* || **1°** Personne chargée de l'administration domestique. (S'emploie surtout au fém.) Une bonne ménagère. Notre ménagère Est la plus belle, LA F. *Contes, Troqueurs.* Et prenez en son lieu quelque bon —, RACAN, *Berger.* I, 3. || *P. ext.* Une ménagère, une femme de ménage, une journalière qui s'occupe des travaux domestiques.

|| **2°** Celui, celle qui administre les revenus en dépensant le moins possible. L'un est le trait d'un mauvais homme, et l'autre d'un mauvais —, MALH. *Bienf. de Sén.* IV, 33. || *Fig.* Un roi... Est meilleur — du sang de ses sujets (en fait verser le moins possible), CORN. *Cid,* II, 6.

MÉNAGERIE [mé-nàj'-ri; *en vers,* -nà-je-ri] *s. f.*
[ÉTYM. Dérivé de ménager, §§ 65 et 69. || XVIᵉ s. Que dict Caton en sa menagerie sus ce propos? RAB. III, 2, édit. 1552.]

|| **1°** *Vieilli.* Administration domestique. Quant à la —, les bêtes nous surpassent en cette prévoyance d'amasser, MONTAIGNE, III, 9. *Spécialt.* Administration d'une ferme. || *P. ext.* Étable, basse-cour, laiterie, etc.

|| **2°** *P. ext.* Animaux rares, curieux, formant la collection d'un jardin zoologique, ou d'un montreur de bêtes.

*MÉNAGEUR, EUSE [mé-nà-jeùr, -jeùz'] *s. m.* et *f.*

[ÉTYM. Dérivé de ménager, § 112. || XVIIᵉ s. *V.* à l'article.]

|| *Rare.* Celui, celle qui ménage. *Spécialt.* Personne qui ménage les gens, les traite avec réserve. Ces ménageurs politiques, SÉV. 813.

MENDIANT, ANTE [man-dyan, -dyant'; *en vers*,-di-...] *s. m.* et *f.*

[ÉTYM. Subst. particip. de mendier, § 47. || XIIᵉ s. Quant tu vois aucun mendiant, *Floire et Blanchefl.* I, 775.]

|| Celui, celle qui mendie. Donner la chasse aux gens Portant bâtons et mendiants, LA F. *Fab.* I, 5. Ressembler à ces mendiants qui appellent les passants Monseigneur, et qui les maudissent s'ils n'en reçoivent pas d'aumône, VOLT. *S. de L. XIV, Écriv. Mainard.* || *P. appos.* Ordres mendiants, ordres religieux qui ne vivent que d'aumônes et de quêtes. Les quatre mendiants, les quatre principaux ordres mendiants. *Fig.* Les quatre mendiants, fruits secs (figues, raisins, amandes, noisettes) dont on fait des assiettes assorties.

MENDICITÉ [man-di-si-té] *s. f.*

[ÉTYM. Emprunté du lat. mendicitas, *m. s.* (*Cf.* l'anc. franç. mendistié, de formation pop.) || XIIIᵉ s. Richece et mendicité, J. DE MEUNG, *Rose*, 11468.]

|| État de celui qui mendie. Et nous réduire à pis que la —, BOIL. *Sat.* 10. Interdire la —. Pour ôter la —, il faut trouver des moyens contre l'indigence, BOSS. *Polit.* X, I, 12. || *P. ext.* Ceux qui mendient pris collectivement. Dépôt de —.

MENDIER [man-dyé; *en vers*, -di-é] *v. intr.* et *tr.*

[ÉTYM. Du lat. mendicāre, *m. s.* devenu mendier sous l'influence des formes où l'ɪ était accentué (mendĭca, mendie), §§ 380, 295 et 291.]

|| 1º *V. intr.* Demander l'aumône. Être réduit à —.

|| 2º *V. tr.* Solliciter à titre d'aumône. — son pain. || *P. ext.* — sa vie. || *Fig.* Solliciter humblement. Qui de ses affranchis mendièrent les voix, RAC. *Brit.* IV, 2. Si par quelque faiblesse ils l'avaient mendiée (la pitié), CORN. *Hor.* III, 5. *Poét.* J'ai mendié la mort chez des peuples cruels, RAC. *Andr.* II, 2.

MENDOLE [man-dòl] *s. f. V.* mène.

MÈNE [mèn'] *s. f.*

[ÉTYM. Emprunté du lat. mæna, grec μαίνη, *m. s.* Qqsuns disent mendole, d'après le provenç. mendolo, § 11. || 1611. COTGR.]

|| Poisson de la Méditerranée, du genre spare.

MENEAU [me-nó] *s. m.*

[ÉTYM. Origine inconnue. || 1448. Ung meigneaul de moulure, dans GODEF. manel 1. Admis ACAD. 1798.]

|| (Architect.) Montant ou traverse de pierre qui divise la baie d'une croisée. **Faux** —, montant en bois d'un des battants de la croisée qui recouvre l'autre et porte l'espagnolette ou la crémone.

MENÉE [me-né] *s. f.*

[ÉTYM. Dérivé de mener, § 119. || XIᵉ s. Set mille graisle i sunent la menee, *Roland*, 1454.]

I. *Vieilli.* Voie où l'on mène qqn, qqch.

|| *Spécialt.* 1º (Vénerie.) Voie où la bête mène les chasseurs, les chiens, à sa poursuite. Suivre la — du cerf.

|| 2º Espace que parcourt la dent d'une roue du point où elle rencontre l'aile du pignon, à celui où elle la quitte.

|| 3º *Dialect.* Direction où le vent accumule la neige.

II. *Fig.* || 1º (Féodal.) Invitation au vassal de suivre son seigneur à la guerre ou de lui rendre tout autre office.

|| 2º Voie pratiquée pour faire réussir qqch contre qqn. Pratiquer de sourdes menées. Byzance ouvre, dis-tu, l'oreille à ces menées, CORN. *Hér.* I, 1.

MENER [me-né] *v. tr.*

[ÉTYM. Du lat. pop. mĭnāre, *m. s.* §§ 342, 295 et 291. Mĭnare paraît être le même mot que le lat. class. minari, menacer.]

|| 1º Faire aller (qqn) avec soi. (*Syn.* conduire.) — qqn à sa chambre. On l'a mené par la main jusqu'à la voiture. *Absolt.* On le mène par la main. — un enfant à la lisière, et, *fig.* — qqn à la lisière, le gouverner comme un enfant dans sa conduite. Sans le savoir, ils sont menés, comme par la main, au-devant de l'Évangile, FÉN. *Épiph.* 1. *Loc. prov.* C'est un aveugle qui en mène un autre, celui qui donne les conseils n'est pas plus intelligent que celui qui les suit. Ne soyez point en peine où je vais vous —, MOL. *Éc. des f.* V, 3. — qqn au bain. — qqn au théâtre, au bal, à la campagne. Suivi d'un infinitif. Le charton n'avait pas dessein De les — voir Tabarin, LA F. *Fab.* VIII, 12. Où menez-vous ces enfants et ces femmes? RAC. *Ath.* III, 7. *P. anal.* En parlant de ce qui fait aller qqpart. Je sais ce qui vous mène, MOL. *Éc. des f.* V, 7. — qqn par un chemin détourné, et, *fig.* Elle est menée par une autre voie, par celle qui crucifie, BOSS. *A. de Gonz. Loc. famil. Ironiqt.* — qqn par un chemin où il n'y a pas de pierres, le traiter durement. — qqn doucement, durement, le traiter avec douceur, avec dureté. || *P. ext.* Un chemin qui mène à un endroit, qui sert à y aller. *Loc. prov.* Tout chemin mène à Rome, il y a bien des voies pour arriver au même but. *Fig.* Ce chemin mène au déshonneur. Cela ne mène à rien. L'idée même du bonheur nous mène à Dieu, BOSS. *Conn. de Dieu*, IV, 6. || Qu'on me mène à la mort, CORN. *Poly.* IV, 4. Le roi est mené de captivité en captivité, BOSS. *R. d'Angl.* — les troupes au combat. — un mort en terre, aller l'enterrer. *Fig.* — qqn à sa perte. || *Absolt.* — une dame, une demoiselle (dans une danse, une cérémonie), être son cavalier. Tout était préparé pour le bal; le roi mena la reine, SÉV. 132. || *Spécialt.* | 1. Faire aller avec soi comme escorte, compagnie. Il menait avec lui une suite nombreuse. Le roi mène peu de troupes et la moitié de sa garde, SÉV. 1017. | 2. Faire aller devant soi, pousser en avant. Cette mousqueterie nous mena battant jusqu'à notre grand garde, HAMILT. *Gram.* 8. || *Fig.* — qqn, qqch, tambour battant, sans laisser de répit. — qqn loin, le faire aller à des résultats qui dépassent ce qu'il attendait. On peut mener loin avec de pareils gages, MOL. *Tart.* V, 1. Travaillons, c'est de quoi nous — (faire aller, subsister) jusqu'à Rome, LA F. *Fab.* X, 15. *Dans le même sens.* Cela peut le — loin, LES. *Diable boit.* 20. | 3. Faire aller après soi, marcher en tête de. Voilà celui qui nous menait dans les hasards, BOSS. *Condé.* — le deuil. — la danse, le branle. || *P. anal.* En parlant des animaux. — les bêtes aux champs. — les bestiaux à l'abreuvoir. — paître les troupeaux. — les chevaux à l'écurie. — un chien en laisse. || *P. ext.* — une voiture, un carrosse, et, *p. anal.* — qqn dans sa voiture. Un postillon qui mène des voyageurs. Ce cocher nous a menés grand train. *Absolt.* Ce cocher mène grand train. La mode dans ce temps-là parmi les dames était de voyager sans cocher et de elles-mêmes, VOLT. *Crochet. borgne.* || — du blé au marché. — du bois par bateau. || *Fig.* (Géom.) — une ligne, la tracer dans une certaine direction. — une perpendiculaire, une diagonale.

|| 2º *Fig.* Faire agir (qqn) comme on veut. Les plus sages sont souvent menés par le plus fou et le plus bizarre, LA BR. 5. Il ne faut pas se laisser — comme un oison, MOL. *Am. méd.* I, 4. Certains esprits... qu'on ne mène qu'en tournant où l'on veut les conduire, ID. *Av.* I, 5. Il se laisse — comme un enfant. *Famil.* — qqn par le nez (comme les bêtes qu'on mène à l'aide d'un anneau passé dans le nez). Vous me pensiez — par le nez comme un ours, TH. CORN. *D. Bertr. de Cigar.* V, 9. C'est un homme, entre nous, à — par le nez, MOL. *Tart.* IV, 5. || *Dans un sens analogue.* — qqn à la baguette. || *P. anal.* On est presque toujours mené par les événements, VOLT. *S. de L. XV*, 4. A dix ans il est mené par un gâteau, à vingt ans par une maîtresse, à trente ans par les plaisirs, à quarante par l'ambition, J.-J. ROUSS. *Ém.* 5.

|| 3º *P. ext.* Faire aller, agir (qqch) d'une certaine manière. Il faut — les choses avec douceur et patience, BOSS. *Lett. abbat.* 103. Envieux l'un de l'autre, ils mènent tout par brigues, CORN. *Cinna*, II, 1. — une chose à bien. *Famil.* — une chose rondement. Ces intrigues qui se mènent parmi les ténèbres, BOSS. *Circ.* 3. Enfermé dans un cabinet où je mène la vie d'un savant, MONTESQ. *Lett. pers.* 142. Ils mènent une vie avec tant d'innocence, CORN. *Poly.* V, 6. — un grand train de vie. Vous menez sous chape un train (de vie) que je hais fort, MOL. *Tart.* I, 1. || *Vieilli.* — la parole, s'exprimer d'une certaine manière. Elle mena la parole si bien, SÉV. 1103. — grand deuil de qqch, en manifester grand regret. || *P. ext.* — grand bruit, faire entendre un grand bruit. || *Vieilli.* — guerre, faire la guerre.

MENESTRE [me-nèstr'] *s. f.*

[ÉTYM. Emprunté de l'ital. dialect. menestra (toscan minestra), *m. s.* proprt, « service », § 12. || 1515. Lui et ses sattrapas Payeront la menestre, dans LER. DE LINCY, *Rec. de chants histor.* II, 59.]

|| *Vieilli.* Potage. Une — empoisonnée, SCARR. *Satire contre Baron.* || *P. plaisant.* Docteur de —, parasite. Mon docteur de —, en sa mine altérée, RÉGNIER, *Sat.* 10.

MÉNESTREL [mé-nès'-trèl] *s. m.*

[ÉTYM. Emprunté du franç. du moyen âge menestrel, *m. s.* (*V.* ménétrier.) || Admis ACAD. 1835.]

|| Au moyen âge, poète, musicien récitant, chantant lui-même ses compositions, ou celles des autres.

MÉNÉTRIER [mé-né-tri-yé; autrefois, -tryé] *s. m.*
[ÉTYM. Altération, par substitution de suffixe (*V.* §§ 62 et 115) de *ménétrel*, plus anciennement *menestrel*, § 422 (*V. menestrel*), qui est le bas lat. *ministerialis* (*cf.* le doublet *ministériel*), serviteur, artisan, de *ministerium*, office, métier, §§ 342, 256, 336, 295 et 291. || xiᵉ s. Fortment l'enquiert a toz ses menestreis, *St Alexis*, 324. [xiiiᵉ-xivᵉ s. Li menestrier ne fussent ja si hardi que il sonassent lour estrumens de jour, JOINV. 284.]
|| Musicien de village qui joue du violon pour faire danser.

MENEUR, EUSE [me-neùr, -neùz'] *s. m. et f.*
[ÉTYM. Dérivé de *mener*, § 112. || 1308. Tuteurs, curateurs, meneurs, dans GODEF.]
|| Celui, celle qui mène.
|| **1°** *Au propre.* Il s'était fait écuyer ou — d'une dame de Paris assez riche, SCARR. *Rom. com.* 13. Un — de bœufs. Un — d'ours, celui qui fait voir des ours en public. Un — de loups, celui à qui la superstition attribue le pouvoir d'attirer ou de chasser les loups. || *Absolt.* Une meneuse, femme qui se charge de mener en nourrice des nouveau-nés. || Dans les houillères, ouvrier dit aussi bercheur.
|| **2°** *Fig.* Celui qui dirige les autres, qui les engage dans qq entreprise, généralement dans une cabale, un complot, etc. Les principaux meneurs furent arrêtés.

MENHIR [mèn'-ir] *s. m.*
[ÉTYM. Emprunté du bas breton *menhir*, *m. s.* proprt, « pierre (men) longue (hir) », § 3. || *Néolog.* Admis ACAD. 1878.]
|| (Archéol.) Nom donné à de grands blocs dressés isolément, qu'on a crus d'origine celtique et qui semblent remonter à une époque plus ancienne. (*Syn.* pierre levée.)

MÉNIANE [mé-nyàn'; *en vers*, -ni-àn'] *s. f.*
[ÉTYM. Emprunté de l'ital. *meniana*, qui est le lat. *mæniana* (plur. neutre), *m. s.* du nom d'un personnage romain du nom de *Mænius*, § 12. || 1676. FÉLIBIEN, *Princ. de l'architect.* p. 653. Admis ACAD. 1835.]
|| (Architect.) Terrasse, balcon en avant-corps, ordinairement fermé de jalousies.

MÉNIANTHE [mé-nyànt'; *en vers*, -ni-ànt'] *s. m.*
[ÉTYM. Emprunté du lat. des botanistes *menyanthes*, *m. s.* fait d'après le grec μηνυανθές, mauvaise leçon, pour μινυανθές, lat. *miayanthes*, *m. s.* || 1694. Meniante, TOURNEF. *Élém. de botan.* i, 71. Admis ACAD. 1762.]
|| (Botan.) Trèfle d'eau, plante aquatique.

MENIN, *MENINE [me-nin, -nin'] *s. m. et f.*
[ÉTYM. Emprunté de l'espagn. *menino*, *menina*, *m. s.* § 13. (*Cf. mignon.*) || 1690. FURET. Admis ACAD. 1740.]
|| Jeune homme, jeune fille noble faisant partie de la maison d'un prince, d'une princesse. Les menins du Dauphin. Les menines de la reine d'Espagne. La reine n'ayant plus de filles ni de menines, ST-SIM. xi, 321.

MÉNINGE [mé-nìnj'] *s. f.*
[ÉTYM. Emprunté du lat. *meninga*, grec μῆνιγξ, μήνιγγος, *m. s.* || 1541. J. CANAPPE, *Tables anat.* dans DELB. *Rec.* Admis ACAD. 1762.]
|| (Anat.) Chacune des trois membranes qui forment l'enveloppe cérébrale.

MÉNINGITE [mé-nin-jìt'] *s. f.*
[ÉTYM. Dérivé de *méninge*, § 282. || *Néolog.* Admis ACAD. 1878.]
|| (Médec.) Inflammation de l'enveloppe cérébrale.

MÉNISQUE [mé-nìsk'] *s. m.*
[ÉTYM. Emprunté du grec μηνίσκος, croissant, de μήνη, lune. || 1671. LE P. CHÉRUBIN, *Dioptr. ocul.* p. 348. Admis ACAD. 1762.]
|| (T. didact.) Corps terminé par deux surfaces sphériques, l'une convexe, l'autre concave. *Spécialt.* (Optique.) — convergent, lentille dont la face convexe est d'un rayon moindre que la face concave. — divergent, lentille dont la face convexe est d'un rayon plus grand que la face concave. || *P. anal.* Partie supérieure de la colonne de liquide contenue dans un tube capillaire, convexe ou concave selon la nature du liquide.

MÉNOLOGE [mé-nò-lòj'] *s. m.*
[ÉTYM. Emprunté du lat. *menologium*, du grec μηνολόγιον, *m. s.* proprt, tableau des mois. || xviiᵉ s. PEIRESC, *Lett.* dans DELB. *Rec.* Admis ACAD. 1762.]
|| **1°** Traité sur les différents mois (lunaire, solaire, etc.).

|| **2°** Martyrologe (de l'Église grecque) suivant l'ordre du calendrier.

MENON [me-non] *s. m.*
[ÉTYM. Origine inconnue. O. DE SERRES emploie le mot au sens de « bouc châtré », d'après le provenç. *menoun*, § 11. (*Cf.* l'ital. *menno*, châtré.) || (Au sens technol.) 1723. SAVARY, *Dict. du comm.* Admis ACAD. 1762.]
|| (Technol.) Chèvre du Levant, dont la peau sert à faire du maroquin.

°MÉNOPAUSE [mé-nò-pôz'] *s. f.*
[ÉTYM. Composé avec le grec μήν, menstrues, et παῦσις, cessation, § 279. || *Néolog.*]
|| (Médec.) Cessation définitive des menstrues.

°MÉNORRHAGIE [mé-nòr'-rà-jì] *s. f.*
[ÉTYM. Composé avec le grec μήν, menstrues, et ῥαγεῖν, faire irruption, § 279. || 1803. GUILBERT, *Purgatifs*, p. 19.]
|| (Médec.) Écoulement menstruel trop abondant.

°MÉNORRHÉE [mé-nòr'-ré] *s. f.*
[ÉTYM. Composé avec le grec μήν, menstrues, et ῥεῖν, couler, § 279. || *Néolog.*]
|| (Médec.) Écoulement menstruel.

MENOTTE [me-nòt'] *s. f.*
[ÉTYM. Dérivé de *main*, §§ 65 et 136. (*Cf.* manette, maniche.) || Vers 1545. Mais vous jourés de vos menotes Envers moy, *Sermon d'un cartier de mouton*, dans *Romania*, 1887, p. 444.]
|| **1°** *Famil.* Petite main mignonne. Suivons-les, et me donne ta petite —, MOL. *G. Dand.* iii, 3.
|| **2°** *P. ext. Au plur.* Lien de corde ou de fer avec lequel on attache ensemble les mains d'un prisonnier, pour l'empêcher de s'échapper ou de faire du mal. On lui mit les menottes.
|| **3°** *P. anal.* Nom donné à un champignon dit aussi clavaire.

MENSE [màns'] *s. f.*
[ÉTYM. Emprunté du lat. *mensa*, table. (*Cf.* moise.)]
|| **1°** *Vieilli.* Table à manger. || *Fig.* La — de la nature, BUFF. *Quadrup.*
|| **2°** *P. ext.* (Hist. ecclés.) Revenu affecté à l'entretien de la table. — abbatiale, dont jouit l'abbé. — conventuelle, dont jouit le couvent. — commune, dont l'abbé et les religieux jouissent en commun. — épiscopale, dont jouit l'évêque.

°MENSOLE [man-sòl'] *s. f.*
[ÉTYM. Emprunté de l'ital. *mensola*, *m. s.* diminutif de *mense*, table, § 12. || 1690. FURET.]
|| (Architect.) Pierre servant de clef de voûte.

MENSONGE [man-sònj'] *s. m.* (fém. à l'origine et qqf encore au xviiᵉ s.).
[ÉTYM. Du lat. pop. *°mentitionica*, *m. s.* dérivé de *mentitus*, part. de *°mentire*, mentir, devenu de bonne heure *°mentionica*, § 336, *mençonge*, *mensonge*, §§ 406, 290, 389 et 291. Sur le changement de genre, *V.* § 553. || xiᵉ s. Sel desist altre, ja semblast grant mençunge, *Roland*, 1760.]
|| **1°** Assertion sciemment contraire à la vérité. D'un — si noir justement irrité, Je devrais faire ici parler la vérité, RAC. *Phèd.* iv, 2. Je ne veux point la sauver (ma vie) par un —, FÉN. *Tél.* 3. Voyons par quel biais, de quel air, Vous voulez soutenir un — si clair, MOL. *Mis.* iv, 3. — joyeux, mensonge innocent. — officieux, fait pour rendre service.
|| **2°** Doctrine considérée comme fausse. Voilà jusqu'à quel point vous charment leurs mensonges (des chrétiens). CORN. *Poly.* iv, 3. Dans la chaire empestée Où le — règne et répand son poison, RAC. *Ath.* iii, 4. (T. bibl.) Le père du —, le démon. || Fausseté considérée comme vraie. L'homme est de glace aux vérités, Il est de feu pour les mensonges, LA F. *Fab.* ix, 6. Flattez-les (les rois), payez-les d'agréables mensonges, LA F. *Fab.* viii, 14. *Spécialt.* Fiction. Le — et les vers de tout temps sont amis, LA F. *Fab.* ii, 1.

MENSONGER, ÈRE [man-son-jé, -jèr] *adj.*
[ÉTYM. Dérivé de *mensonge*, § 115. || xiᵉ s. Mi enemi mençungier, *Psaut. de Cambridge*, xxiv, 20.]
|| Fondé sur un mensonge. Conseil barbare et —, RAC. *Esth.* iii, 3. || *P. ext.* Fondé sur une fiction. Troupe de qui l'histoire, encor que mensongère, Contient des vérités qui servent de leçons, LA F. *Fab. A Mᵍʳ le Dauphin.*

MENSONGÈREMENT [man-son-jèr-man; *en vers*, -jère-...] *adv.*
[ÉTYM. Composé de *mensongère* et *ment*, § 724. || xiiᵉ s.

Multipliet sunt li haanz mei mençunglerament, *Psaut. de Cambridge*, XXXVII, 19.]

|| D'une manière mensongère.

***MENSTRUATION** [mans'-truà-syon ; *en vers*, -tru-à-si-on] *s. f.*

[ÉTYM. Dérivé de menstrue, § 247. || 1761. Méchanisme de la menstruation, ASTRUC, *Maladies des femmes*, I, 38.]

|| (Médec.) Écoulement des menstrues.

MENSTRUE [mans'-tru] *s. f.* et *m.*

[ÉTYM. Emprunté du lat. menstruum, *m. s.* proprt, « mensuel ». Sur le genre, *V.* § 550. On trouve menstre en anc. franç. Le sens **II** vient de ce qu'on attribuait autrefois une vertu dissolvante au sang menstruel. || XVᵉ-XVIᵉ s. Desunion Des spermes d'avec la menstrue, *Nat. à l'alchim.* 822.]

|| (T. didact.) || **I.** *S. f.* Évacuation sanguine qui se produit à peu près chaque mois, pendant qqs jours, chez la femme nubile. (S'emploie au plur.) Des menstrues régulières.

II. *S. m.* (Anc. chimie.) Liquide qui sert de dissolvant. L'eau régale est le — de l'or.

MENSTRUEL, ELLE [mans'-tru-èl] *adj.*

[ÉTYM. Emprunté du lat. menstrualis, *m. s.* ACAD. 1694-1740 donne menstrual. || XIIIᵉ-XIVᵉ s. Sanc menstruel, *Chirurg. de Mondeville*, fᵒ 29, dans LITTRÉ.]

|| (T. didact.) Qui a rapport aux menstrues. Flux —. || *P. plaisant.* Je ne lis point les sottises menstruelles (évacuées chaque mois) du Garasse de Trévoux, D'ALEMB. *Lett. à Volt.* 24 févr. 1759.

MENSUEL, ELLE [man-suèl ; *en vers*, -su-èl] *adj.*

[ÉTYM. Emprunté du lat. mensualis (BOÈCE), *m. s.* dérivé de mensis, sur le modèle de menstrualis. || *Néolog.* Admis ACAD. 1835.]

|| (T. didact.) Qui a lieu chaque mois. Une publication mensuelle.

***MENSUELLEMENT** [man-suèl-man ; *en vers*, -su-è-le-...] *adv.*

[ÉTYM. Composé de mensuelle et ment, § 724. || *Néolog.*]

|| D'une manière mensuelle.

***MENTAGRE** [man-tâgr'] *s. f.*

[ÉTYM. Emprunté du lat. mentagra, *m. s.* mot hybride fait avec le lat. mentum, menton, et le grec ἄγρα, prise, d'après chiragra, chiragre, et podagra, podagre. || XVIᵉ s. Podagres, gouttes, mentagres, S. CHAMPIER, dans GODEF. *Compl.*]

|| (Médec.) Dartre pustuleuse du menton qui attaque parfois les enfants à leur première dentition.

MENTAL, ALE [man-tàl] *adj.*

[ÉTYM. Emprunté du lat. mentalis, *m. s.* de mens, mentis, esprit. || XIVᵉ s. Oraison mentalle, J. DE VIGNAY, *Miroir hist.* dans DELB. *Rec.*]

|| (T. didact.) Relatif à l'esprit. Les opérations mentales. Restriction mentale, artifice par lequel on prétend éviter le mensonge en faisant tout bas une restriction à ce que l'on dit tout haut. Oraison mentale, prière intérieure. Aliénation mentale, trouble des fonctions intellectuelles.

MENTALEMENT [man-tàl-man ; *en vers*, -tà-le-...] *adv.*

[ÉTYM. Composé de mentale et ment, § 724. || XVᵉ s. Prier Dieu de cuer et mentallement, *Crainte amour.* dans GODEF.]

|| (T. didact.) D'une manière mentale. Substituer — la définition au défini, PASC. *Géom.* 1.

MENTERIE [mant'-ri ; *en vers*, man-te-ri] *s. f.*

[ÉTYM. Dérivé de menteur, § 69. || XVᵉ s. A Dieu et aux gens detestable Est menterie, A. CHARTIER, dans DOCHEZ, *Dict.*]

|| *Famil.* Discours mensonger. J'appelle rêveries Ce qu'en d'autres qu'un maître on nomme menteries, CORN. *Ment.* I, 6.

MENTEUR, EUSE [man-teùr, -teùz'] *s. m.* et *f.* et *adj.*

[ÉTYM. Dérivé de mentir, § 112. || XIIᵉ s. Cil dampnera les menteors, ÉT. DE FOUGÈRES, *Livre des man.* dans DELB. *Rec.*]

|| **1ᵒ** *S. m.* et *f.* Celui, celle qui ment. Qui mentirait Comme Ésope et comme Homère, Un vrai — ne serait, LA F. *Fab.* IX, 1. *Spécialt.* Celui, celle qui ment habituellement. Un — est toujours prodigue de serments, CORN. *Ment.* III, 5. Grand — de son métier, ST-SIM. I, 293. || *P. ext.* (Logique.) Nom donné à un sophisme formant un cercle vicieux (Épiménide dit que les Crétois sont des menteurs ; or Épiménide est Crétois, donc il a menti, donc les Crétois ne sont pas des menteurs, etc.).

|| **2ᵒ** *Adj.* Qui ment. Des prophètes menteurs la troupe confondue, RAC. *Ath.* I, 1. || *P. anal.* Récit —, RAC. *Baj.* IV, 1. Ennemi du langage —, ID. *Esth.* III, 3. De vos songes menteurs l'imposture est visible, ID. *Ath.* II, 7. *Spécialt.* Qui ment habituellement. L'homme est né —, LA BR. 16. *Loc. prov.* — comme un arracheur de dents (qui promet de ne pas faire souffrir). — comme un panégyrique. *Vieilli.* — comme un valet, LA F. *Ragotin*, I, 2. || *P. anal.* Toutes les passions sont menteuses, LA BR. 4. Toutes leurs voluptés sont courtes et menteuses, CORN. *Imit.* III, 12.

MENTHE [mànt'] *s. f.*

[ÉTYM. Du lat. mentha, grec μίνθα, *m. s.* devenu mente, §§ 372 et 291, écrit plus récemment menthe par réaction étymologique, § 505.]

|| Plante aromatique de la famille des Labiées. La — poivrée. Des pastilles de —. Essence de —.

MENTION [man-syon ; *en vers*, -si-on] *s. f.*

[ÉTYM. Emprunté du lat. mentio, *m. s.* || XIIᵉ s. Bien set toute s'entention Mais n'en vueut faire mention, GAUT. D'ARRAS, *Ille et Galeron*, 1867.]

|| Action de mentionner. Les officiers dont le général a fait — dans son rapport. Il est fait — de cet incident dans le procès-verbal. || *Spécialt.* — honorable (dans un concours), distinction par laquelle un des concurrents est signalé comme venant immédiatement après ceux qui ont eu les prix et les accessits.

MENTIONNER [man-syò-né ; *en vers*, -si-ò-né] *v. tr.*

[ÉTYM. Dérivé de mention, § 154. || 1564. J. THIERRY, *Dict. franç.-lat.*]

|| Signaler (qqn ou qqch). On n'a pas mentionné ce peintre dans le catalogue. Les personnes mentionnées dans le rapport. Les faits mentionnés au procès-verbal.

MENTIR [man-tir] *v. intr.*

[ÉTYM. Du lat. pop. *mentire (class. mentiri), *m. s.* §§ 291 et 601.]

|| Faire volontairement une assertion contraire à la vérité. Il y a des gens qui mentent simplement pour —, PASC. *Pens.* VI, 29. Qui se dit gentilhomme et ment comme tu fais, Il ment quand il le dit, CORN. *Ment.* V, 3. Il faut bonne mémoire après qu'on a menti, ID. *ibid.* IV, 5. L'art de — tout haut en disant vrai tout bas, BOIL. *Sat.* 12. || *P. ext.* Se — à soi-même, essayer de se persuader ce qu'on sait n'être pas vrai. (Théol.) — au Saint-Esprit, — à Dieu, être infidèle à ce qu'on sait être la vérité selon la foi. || *Loc. famil.* Sans —, à ne vous point —, pour ne rien dissimuler. Sans —, si votre ramage Se rapporte à votre plumage, LA F. *Fab.* I, 2. Je viens tremblante, à ne vous point —, RAC. *Phéd.* IV, 6. *Loc. prov.* A beau — qui vient de loin, celui qui vient de loin a beau jeu pour raconter des choses qu'on ne peut vérifier. Vous en avez menti, formule par laquelle on donne un démenti à qqn. Vous en avez menti ! Répond le campagnard, BOIL. *Sat.* 3. *Vieilli.* Vous en avez menti par la gorge, locution usitée dans les défis. || *Fig.* Faire — qqn, le mettre en défaut sur ce qu'il a annoncé. *P. anal.* Faire — le proverbe, faire une chose qui contredit un dicton consacré. || *P. ext. Loc. prov.* Bon sang ne peut —, celui qui est d'une noble race ne saurait s'en montrer indigne.

MENTON [man-ton] *s. m.*

[ÉTYM. Du lat. pop. *mentonem (class. mentum, § 104), *m. s.* § 291. || XIᵉ s. Pois se baisierent es vis e es mentuns, *Roland*, 626.]

|| Saillie de la mâchoire au-dessous de la lèvre inférieure. Un — rond, ovale. — de galoche, très proéminent et recourbé en avant. Un double, un triple —, dont le dessous très gras forme deux, trois bourrelets. Son — sur son sein descend à double étage, BOIL. *Lutr.* 1. Avoir de la barbe au —. *Poét.* Son — nourrissait une barbe touffue, LA F. *Fab.* XI, 7. Si le Ciel t'eût, dit-il, donné par excellence Autant de jugement que de barbe au —, ID. *ibid.* III, 5. Prendre un enfant, une fille par le —, en forme de caresse familière. *Famil.* Branler le —, en mangeant, et, *p. ext.* manger. Pourvu que toujours je branle le —, MOL. *Dép. am.* V, 1. Lever le —, prendre un air important.

***MENTONNET** [man-tò-nè] *s. m.*

[ÉTYM. Dérivé de menton, § 133 ; proprt, « petit menton ». || 1604. Mentonnet arrondi, dans GODEF. mentonet.]

|| (Technol.) || **1ᵒ** Pièce d'un loquet où s'engage le bout de la clenche, de manière à tenir la porte fermée.

|| **2ᵒ** Tenon au talon d'un couteau dont la lame se replie.

|| **3ᵒ** Pièce saillante fixée à un arbre de rotation, à une

roue, qui détermine un arrêt quand elle se rencontre avec une autre pièce. || *P. anal.* Pièce fixée à la tête d'un pilon, d'un marteau de forge, qui le soulève quand il se rencontre avec les cames de l'arbre de rotation.

|| **4°** Tenon à la tête d'un pilot pour y fixer les madriers.

|| **5°** Partie d'une tarière destinée à empêcher les matières qu'on tire d'un trou de sondage de retomber.

|| **6°** Partie la plus épaisse d'une bombe, où sont fixés les anneaux.

MENTONNIÈRE [man-tò-nyèr] *s. f.*

[ÉTYM. Dérivé de menton, § 115. || 1373. Les mentonnieres de la chape, dans L. DELISLE, *Mandem. de Ch . V*, p. 528.]

|| **1°** Partie du masque qui couvre le menton. Le prisonnier portait un masque, dont la — avait des ressorts d'acier, VOLT. *S. de L. XIV,* 25.

|| **2°** Bandage dont on entoure le menton, en cas de blessure, de fluxion, etc.

|| **3°** *P. anal.* Pièce principale du masque des libellules.

|| **4°** *Fig.* (Technol.) Plaque de fer placée horizontalement au-devant et au bas de l'entrée du moufle d'un fourneau d'essayeur, d'émailleur. || Tasseau triangulaire sous la casse du typographe, pour la relever.

MENTOR [min-tòr] *s. m.*

[ÉTYM. Nom propre d'un personnage de l'*Odyssée*, dont Minerve, déesse de la sagesse, prend la figure pour accompagner Télémaque, et à qui FÉNELON, dans son *Télémaque*, a donné un rôle considérable, § 36. || XVIIᵉ-XVIIIᵉ s. *V.* à l'article. Admis ACAD. 1762.]

|| Celui qui est choisi pour servir de guide à qqn dans ses actions. D'O était ce — de M. le comte de Toulouse, ST-SIM. II, 252.

MENU, UE [me-nu] *adj., adv.* et *s. m.*

[ÉTYM. Du lat. minŭtum, *m. s.* proprt, « diminué », §§ 342, 402 et 291.]

I. *Adj.* De très mince volume. Des jambes menues. Du — bois. Du — linge, et, *substantivt, vieilli,* Mettre à la lessive un paquet de —. Une herbe menue et tendre qui a échappé à la faux, LA BR. 10. Menues pailles, balles qui se détachent dans le battage des céréales. Menus grains, pois, lentilles, millet, etc. — bétail, brebis, chèvres (par opposition au gros bétail, vaches, etc.). — gibier, cailles, grives, mauviettes, etc. *Spécialt.* (Vénerie.) Menus droits, extrémités du cerf (à cause d'un ancien droit royal sur certaines parties des cerfs tués à la chasse). — plomb, qui sert à tirer à la chasse le menu gibier. — charbon, menue houille. Il se réjouissait à l'odeur de la viande, Mise en menus morceaux, LA F. *Fab.* I, 18. La menue mâture, mâts de perroquet, de cacatois. Menues voiles, les voiles de ces mâts. Menue monnaie, petite monnaie d'argent, de cuivre. — vair. (*V.* vair.) || *Fig.* Qui a peu d'importance. Menues dépenses, menus coûts. Et tant en autres menus coûts, LA F. *Fab.* VII, 11. Menus plaisirs, petites fantaisies qui n'entrent pas dans la dépense régulière. *Spécialt.* Dépenses que faisait le roi pour les fêtes, divertissements de la cour. L'intendant des menus plaisirs, et, *ellipt,* L'intendant des menus. (Liturgie.) Menus suffrages, courtes oraisons pour la commémoration des défunts. — les gens, les gens des petites classes. Ils déchargèrent le — peuple de tout impôt, BOSS. *Hist. univ.* III, 6. || *Vieilli.* Le — officier, les officiers subalternes.

II. *Adv.* Hacher —, en très petits morceaux. Vous serez tous hachés — comme chair à pâté, CH. PERRAULT, *Contes, Chat botté.* Trotter —, à très petits pas. Écrire —, en très petits caractères.

III. *S. m.* Le —, les fragments très petits. Le — du charbon, de la houille. *Absolt.* (T. de lapidaire.) Les diamants très petits. || *Fig.* Le détail. Raconter qqch par le —, dans le détail. || *Spécialt.* Le — d'un repas, le détail de ce qui le compose. Dresser le — d'un dîner. Écrire le —.

MENUAILLE [me-nuày'; *en vers,* -nu-ày'] *s. f.*

[ÉTYM. Dérivé de menu, § 95. || XIIIᵉ-XIVᵉ s. Pietaille Et grant nombre de menuaille, G. GUIART, *Roy. lign.* 9331. Admis ACAD. 1718.]

|| *Vieilli.* Quantité de choses petites. Payer en —, en quantité de petite monnaie. Pêcher de la —, quantité de petit poisson.

MENUCHON [me-nu-chon] *s. m.*

[ÉTYM. Dérivé de menu, § 107. || *Néolog.*]

|| *Dialect.* Mouron des champs, dit aussi menuet.

MENUET, **MENUETTE** [me-nuè, -nuèt'; *en vers,* -nu-è ou -nuè] *adj.* et *s. m.*

[ÉTYM. Dérivé de menu, § 133. || (Au sens **I.**) XIIᵉ s. Mantel... Dont l'uevre est menuete et bele, *Partenopeus,* 7447. | (Au sens **II.**) XVIIᵉ s. *V.* à l'article.]

I. *Anciennt. Adj.* Très menu.

II. *S. m.* || **1°** Ancienne danse à trois temps à pas menus, d'un caractère grave, où le cavalier et la dame font certaines évolutions, avec des révérences et salutations. Les menuets sont ma danse, et je veux que vous me les voyiez danser, MOL. *B. gent.* II, 1. Le —, dont il (Flamarens) fut l'introducteur en Angleterre, HAMILT. *Gram.* p. 224. || *P. ext.* Morceau ordinairement en 3/4 qui suit l'adagio, l'andante d'une sonate, d'une symphonie.

|| **2°** *Dialect.* Mouron des champs, dit aussi menuchon.

MENUISE [me-nuïz'] *s. f.*

[ÉTYM. Du lat. minŭtia, *m. s.* §§ 342, 406 et 291. (*Cf.* le doublet minutie.)]

|| (Technol.) || **1°** Menu poisson, fretin. (*Syn.* menuaille, blanchaille.)

|| **2°** Bois trop menu pour être mis en corde.

|| **3°** Plomb très menu, dit aussi cendrée.

MENUISER [me-nui-zé] *v. tr.*

[ÉTYM. Du lat. pop. *minŭtiare,* tiré de minuere, diminuer, par l'intermédiaire du part. minŭtus, devenu menuiser, §§ 342, 406, 297 et 291, menuiser, § 634. || XIIᵉ s. Les jours de son temps menuisas, *Psaut. d'Oxf.* LXXXVIII, 46.]

|| (Technol.) Rendre menu. Avec la hache de pierre, il a... menuisé les bois, BUFF. *Époq. de la nat.* 7. || *Absolt.* Faire des travaux de menuiserie.

MENUISERIE [me-nuiz'-ri; *en vers,* -nui-ze-ri] *s. f.*

[ÉTYM. Dérivé de menuisier, §§ 65 et 68. || 1456. Ouvrages, tant d'or que d'argent, en grosserie et menuyserie, *Ordonn.* IV, 384.]

|| **1°** *Anciennt.* Fabrication de menus ouvrages en général. | 1. Fabrication des bijoux (par opposition à la fabrication des pièces d'horlogerie, de la vaisselle). | 2. — des jardins, fabrication des treillages. | 3. — d'étain, fabrication des menus objets d'étain (par opposition à la fabrication des pots, de la vaisselle).

|| **2°** *Spécialt. De nos jours.* Fabrication d'ouvrages en bois, tels que tables, lambris, etc. (par opposition à la fabrication des grosses pièces de charpente). Certain cabinet Dont la cloison n'était que de —, LA F. *Contes, Joconde. P. ext.* Métier de celui qui fabrique ces ouvrages.

MENUISIER [me-nui-syé] *s. m.*

[ÉTYM. Dérivé de menuiser, § 115. || 1371. Menuessier, dans GODEF.]

|| **1°** *Anciennt.* Ouvrier d'un corps de métier quelconque chargé de faire les ouvrages menus, délicats.

|| **2°** *Spécialt. De nos jours.* Celui qui fabrique des ouvrages en bois, tels que tables, lambris, etc. (par opposition à charpentier). || *Adjectivt. Fig.* Fourmis, abeilles menuisières, qui font leur fourmilière, leur ruche, dans des troncs d'arbre.

MÉPHISTOPHÉLIQUE [mé-fis'-tò-fé-lik'] *adj.*

[ÉTYM. Dérivé de Méphistophélès, esprit du mal, dans la légende de Faust, §§ 36 et 229. || *Néolog.*]

|| *Famil.* Qui est d'une perfidie diabolique. Un projet —.

MÉPHITIQUE [mé-fi-tïk'] *adj.*

[ÉTYM. Emprunté du lat. mephiticus, *m. s.* || XVIᵉ s. Trou mephitique, RAB. V, 30. Admis ACAD. 1798.]

|| (T. didact.) Dont l'exhalaison est malfaisante. Vapeurs méphitiques.

MÉPHITISME [mé-fi-tism'] *s. m.*

[ÉTYM. Dérivé de méphitique, § 265. || 1787. PORTAL, *Mém. de l'Acad. des sc.* p. 240. Admis ACAD. 1798.]

|| (T. didact.) Caractère de ce qui produit des exhalaisons malfaisantes.

MÉPLAT, ATE [mé-plà, -plàt'] *adj.* et *s. m.*

[ÉTYM. Pour mesplat, § 422, composé de la particule péjorative mes et plat, § 193. || 1676. Mesplat, FÉLIBIEN, *Princ. de l'architect.* p. 654. Admis ACAD. 1762.]

I. *Adj.* (Technol.) Qui a plus d'épaisseur d'un côté que de l'autre. Planche méplate. Fer en bande —. || *P. ext.* Bas-reliefs méplats, où l'on a diminué l'épaisseur relative des premiers plans, pour empêcher les ombres portées de nuire à l'effet des figures placées derrière. Lignes méplates, qui établissent le passage d'un plan à un autre dans un objet un relief.

II. *S. m.* Chacun des plans dont la réunion forme la

surface d'un corps. *Spécialt.* Partie plane (par opposition aux saillies). Les méplats des tempes, des joues.

MÉPRENDRE (SE) [mé-prândr'] *v. pron.*

[ÉTYM. Pour mesprendre, § 422, composé de la particule péjorative mes et prendre, § 192. || XIIᵉ s. Por les hostaus nos mespresimes, *Thèbes*, 6802.]

|| Prendre le change sur une personne, une chose. On s'est mépris sur mes intentions. Une candeur à laquelle on ne se méprend point, FÉN. *Tél.* 13. Il est fort bien fait et chante comme Beaumaviel, à s'y —, SÉV. 1222. || *Absolt.* Dieu s'est mépris : plus je contemple Ces fruits ainsi placés, plus il semble à Garo Que l'on a fait un quiproquo, LA F. *Fab.* IX, 4.

MÉPRIS [mé-pri] *s. m.*

[ÉTYM. Subst. verbal de mépriser, § 52. || 1539. R. EST.]

|| **1°** *Vieilli.* Estimation d'une chose, d'une personne, à vil prix. Encore qu'un chacun vaille ici-bas son prix, Le plus cher toutefois est souvent à —, RÉGNIER, *Sat.* 12. Pour te montrer que tu m'es à —, MOL. *Dép. am.* IV, 4. Et fille qui vieillit tombe dans le —, CORN. *Ment.* II, 2. L'ordinaire — que Rome fait des rois, CORN. *Pomp.* III, 3. Traiter qqn, qqch de —, comme de peu de valeur, n'en pas tenir compte. Et traitait de — les dieux qu'on invoquait, CORN. *Poly.* III, 2. Et, traitant de — les sens et la matière, MOL. *F. sav.* I, 1. || *De nos jours. Loc. prép.* Au — de, sans tenir compte de. Au — de ma foi, CORN. *Poly.* V, 3. Au — de ses ordres, VOLT. *Essai sur les guerres civiles de France.* Au — du bon sens, BOIL. *Art p.* I.

|| **2°** *P. ext.* Sentiment par lequel on considère comme indigne d'estime (une personne, une chose). Il veut être l'objet de l'amour et de l'estime des hommes, et il voit que ses défauts ne méritent que leur aversion et leur —, PASC. *Pens.* II, 8. L'amour de Dieu poussé jusqu'au — de soi-même, BOSS. *La Vall.* Qui vit jamais paraître en cette princesse le moindre sentiment d'orgueil ou le moindre air de — ? ID. *D. d'Orl.* Elle pleure en secret le — de ses charmes, RAC. *Andr.* I, 1. L'horreur et le — que cette offre m'inspire, ID. *Baj.* V, 4. Le — des richesses. Le — que les grands hommes font paraître pour la mort, LA ROCHEF. *Max.* 504. || *P. ext.* Marque de —. Nous passons près des rois tout le temps de nos vies A souffrir des —, MALH. *Poés.* 100. Le fils me répondra des — de la mère, RAC. *Andr.* I, 4. J'ai souffert sous leur joug cent — différents, MOL. *F. sav.* I, 2.

MÉPRISABLE [mé-pri-zàbl'] *adj.*

[ÉTYM. Dérivé de mépriser, § 93. || XIVᵉ s. Se déduit de l'existence de méprisablement.]

|| Qui mérite le mépris. Qu'ils nous connaissent pour ce que nous sommes, et qu'ils nous méprisent, si nous sommes méprisables, PASC. *Pens.* II, 8.

˙MÉPRISABLEMENT [mé-pri-zà-ble-man] *adv.*

[ÉTYM. Composé de méprisable et ment, § 724. || XIVᵉ s. Marcius... oyoit mesprisablement les menaces, BERSUIRE, fᵒ 40, dans LITTRÉ.]

|| *Rare.* D'une manière méprisable.

MÉPRISANT, ANTE [mé-pri-zan, -zânt'] *adj.*

[ÉTYM. Adj. particip. de mépriser, § 47. || 1611. COTGR.]

|| Qui montre du mépris. Prendre un air —. On devient fier et hautain, dédaigneux et —, BOURD. *Pensée de la mort,* 1.

MÉPRISE [mé-priz'] *s. f.*

[ÉTYM. Subst. particip. de méprendre, § 45. || XIIᵉ s. La fet li reis vers Deu et vers le liu mesprise, GARN. DE PONT-STE-MAX. *St Thomas,* 2446.]

|| Erreur de celui qui prend le change sur une personne ou une chose. C'est moi qui, pour la mienne ayant pris sa valise, Ai su me prévaloir d'une heureuse —, REGNARD, *Ménechmes,* V, 6. Vu que l'essence de la — consiste à ne la pas connaître, PASC. *Entret. avec Saci.*

MÉPRISER [mé-pri-zé] *v. tr.*

[ÉTYM. Pour mespriser, § 422, composé de la particule péjorative mes et priser, § 192. || XIIᵉ s. Preudome mesproisié, *Partenopeus*, dans GODEF. mesprisier.]

|| **1°** Estimer (qqn, qqch) à vil prix. Ne vous étonnez pas si le même Ecclésiaste méprise tout en nous, BOSS. *D. d'Orl.* Il ne faut pas — de tels détails, VOLT. *Mœurs,* 79. Qui méprise sa vie est maître de la sienne (de la vie d'Auguste), CORN. *Cinna,* I, 2.

|| **2°** Considérer (qqn, qqch) comme indigne d'estime. Nous avons une si grande idée de l'âme de l'homme, que nous ne pouvons souffrir d'en être méprisés, PASC. *Pens.* I, 5. Qu'ils nous méprisent, si nous sommes méprisables, ID. *ibid.* II, 8. Il n'y a que ceux qui sont méprisables qui craignent d'être mépri-

sés, LA ROCHEF. *Max.* 322. Il ne faut pas permettre à l'homme de se — tout entier, BOSS. *D. d'Orl.* Ce peuple ingrat a méprisé ta loi, RAC. *Esth.* I, 4. De mes pleurs méprisant le pouvoir, ID. *Phèd.* V, 1. Roxane méprisée Bientôt de son erreur sera désabusée, ID. *Baj.* I, 4. Non seulement — ses biens, mais encore — sa haine, BOSS. *2ᵉ Pentecôte,* 1. || *P. ext.* Avec une proposition infinitive pour complément. Vous méprisez de suivre les lois que Dieu même vous a données, BOSS. *2ᵉ Quinquag.* 2.

MER [mér] *s. f.*

[ÉTYM. Du lat. *mare,* m. s. §§ 295 et 291. Sur le genre fém. (le lat. est du neutre), *V.* § 556.]

|| **1°** Vaste étendue d'eau salée qui occupe une partie considérable de la surface du globe terrestre. Au seul son de sa voix la — fuit, le ciel tremble, RAC. *Esth.* I, 3. Souvent elle demeurait immobile sur le rivage de la —, FÉN. *Tél.* 1. Cette grande ville semble nager au-dessus des eaux, et être la reine de la —, ID. *ibid.* 4. L'empire de la — a toujours donné aux peuples qui l'ont possédé une fierté naturelle, MONTESQ. *Espr. des lois,* XIX, 27. || Prendre la —, commencer une navigation. Se mettre en —, s'embarquer. Elle se met en — au mois de février, BOSS. *R. d'Angl.* Tenir la —, naviguer. Voyager sur —, par —. Mettre un vaisseau en —, à la —. Un homme à la —, qui est tombé du navire dans la mer, et, *fig.* Un homme à la —, dont l'avenir est perdu. La haute —, la pleine —, le large, la partie de la mer qui n'est plus en vue du rivage. Un coup de —, tempête de peu de durée. La — monte, descend, dans le flux et le reflux. La — est pleine, la marée est haute. Un bras de —, partie de mer qui s'étend entre deux terres voisines. Un port de —, ville située vers le bord de la — et ayant un port. Un homme de —, un marin. Les gens de — étaient ordinairement des affranchis, MONTESQ. *Espr. des lois,* XXI, 12. Écumeur de —, pirate. || *Fig.* Chercher qqn par terre et par —, de tous les côtés. *Loc. prov.* Tout cela c'est la — à boire (cela offre de grandes difficultés), LA F. *Fab.* VIII, 25. Ce n'est pas la — à boire, ce n'est pas bien difficile. Porter de l'eau à la —, apporter ce dont on a déjà plus qu'il ne faut. Labourer la —, perdre sa peine.

|| **2°** Partie de cette vaste étendue d'eau salée située dans une région déterminée. La — Glaciale. La — du Nord. La — Rouge. Jusqu'à la — qui vit tomber Icare, RAC. *Phèd.* I, 1. J'entends déjà frémir les deux mers étonnées De voir leurs flots unis au pied des Pyrénées, BOIL. *Épît.* 1. — intérieure, méditerranée, qui ne communique pas avec les autres mers, ou qui ne communique avec les autres que par un détroit. || *Au plur.* L'ensemble des parties de cette étendue d'eau salée, c.-à-d. la mer en général. Que cent peuples unis des bouts de l'univers Passent pour la détruire et les monts et les mers ! CORN. *Hor.* IV, 5. Errant dans toute l'étendue des mers, FÉN. *Tél.* 1. Souveraine des mers qui vous doivent porter, RAC. *Mithr.* I, 3.

|| **3°** *P. anal.* Vaste étendue de liquide. C'est dans des mers de sang qu'on a noyé l'idole du pouvoir despotique, VOLT. *Dict. philos.* parlement d'Angleterre. | *P. ext.* Vaste étendue d'eau congelée. — de glace, partie d'un glacier qui offre des aspérités semblables aux vagues. || *Fig.* | **1.** En parlant d'une grande quantité de soucis, de difficultés où on est comme plongé. Une — de tribulation et d'amertume, MASS. *Passion.* Votre état est une — où je m'abîme, SÉV. 1286. Cette — si vaste et si agitée... des raisons et opinions humaines, BOSS. *2ᵉ Quinquag.* 1. | **2.** En parlant de ce qui présente des écueils à éviter. Sur cette — qu'ici-bas nous courons, Je songe à me pourvoir d'esquif et d'avirons, BOIL. *Épît.* 5. Va pâlir sur la Bible, Va marquer les écueils de cette — terrible, ID. *Sat.* 8.

MERCANTILE [mèr-kan-til] *adj.*

[ÉTYM. Emprunté de l'ital. mercantile, m. s. § 12. On a dit longtemps mercantile au fém. d'après gentil, gentille, § 464 : profession mercantile, SAVARY, *Parf. Négoc.* I, préf. De là le subst. mercantille. || 1611. Mercantil, ile, COTGR. Admis ACAD. 1798.]

|| Relatif aux opérations commerciales. Spéculations mercantiles. Le génie — d'une nation. || *Spécialt. En mauvaise part.* Qui porte à l'excès l'esprit du commerce et l'amour du gain.

˙MERCANTILISME [mèr-kan-ti-lĭsm'] *s. m.*

[ÉTYM. Dérivé de mercantile, § 265. || *Néolog.*]

|| Esprit mercantile.

MERCANTILLE [mèr-kan-lïy'] *s. f.*

Left column

[ÉTYM. Tiré de l'anc. fém. de mercantil, § 38. || Admis ACAD. 1762.]

|| *Vieilli*. Petit commerce sans importance. Faire la —.

MERCENAIRE [mèr-se-nèr] *adj*. et *s. m.*

[ÉTYM. Emprunté du lat. mercenarius, *m. s.* On trouve qqf mercenier en anc. franç. || XIIIᵉ s. Serjanz mercenneres, *Bible*, dans S. BERGER, *La Bible franç. au moyen âge*, p. 139.]

I. *Adj*. Qui n'agit qu'en vue d'un salaire. Et font d'un art divin un métier —, BOIL. *Art p.* 4. Des orateurs ambitieux et mercenaires, FÉN. *Dial. sur l'éloq.* 1. Confier à des mains mercenaires le soin de ses enfants. Troupes mercenaires, de soldats étrangers dont on paie le service. Qu'il a bien découvert son âme — (intéressée)! MOL. *F. sav.* V, 4. Le véritable amour jamais n'est —, CORN. *Perth.* II, 1. Tant de galanteries mercenaires, REGNARD et DU FRESNY, *Momies d'Égypte*, I, 6. Une piété —, qui n'a d'autre mobile que le désir des récompenses.

II. *S. m.* || **1°** Celui qu'on fait travailler pour un salaire. Des esclaves et des mercenaires ne sont pas faits pour élever des Spartiates, BARTHÉLEMY, *Anacharsis*, 43.

|| **2°** Soldat étranger dont on paie le service. Les mercenaires que Carthage avait à sa solde.

MERCENAIREMENT [mèr-se-nèr-man ; *en vers*, -nè-re-...] *adv.*

[ÉTYM. Composé de mercenaire et ment, § 724. || XVIᵉ-XVIIᵉ s. Les pedans... mercenairement la degorgent (la science), CHARRON, *Sagesse*, dans DELB. *Rec.*]

|| *Rare*. D'une manière mercenaire. Écrire — et prostituer sa plume, GUY PATIN, *Lett.* II, 331. Ceux-là mêmes qui les servent — et par intérêt, BOURD. *Soin des domestiques*, 3.

MERCERIE [mèr-se-ri] *s. f.*

[ÉTYM. Dérivé de mercier, §§ 65 et 68. || XIIIᵉ s. Brouette qui maine mercherie meslee, *Péage de Bapaume*, dans DELB. *Rec.*]

|| Commerce du mercier.

MERCI [mèr-si] *s. f.*

[ÉTYM. Du lat. mercedem, proprt, « salaire » (cf. mercenaire), devenu *merciet, mercit, merci*, §§ 378, 316, 411 et 291.]

|| **1°** *Vieilli*. Faveur. Renaud sur la place Obtint le don d'amoureuse —, LA F. *Contes*, Oraison. Ellipt. Sa — (grâce à lui), nous osons à cette heure et parler et écrire, MONTAIGNE, II, 4. *Spéciall. De nos jours.* Dieu —, par la grâce de Dieu. Dieu —, tout alla à souhait, SÉV. 557.

|| **2°** *P. anal.* Bon vouloir. Être à la — de qqn. Ils n'ont pas voulu livrer tant de peuples à la — d'un homme fougueux, FÉN. *Tél.* 19. Se rendre à —, à discrétion. Le peuple était taillable à — et à miséricorde, sans autre limite que le bon vouloir du seigneur. || *Fig.* Il erre à la — de sa propre inconstance, RAC. *Esth.* II, 8. A la — des vents et des flots, FÉN. *Tél.* 1. || *Spéciall.* Acte de bon vouloir par lequel on épargne qqn. N'attendez de lui aucune —. Demander — à qqn. Prendre, recevoir qqn à —. || *Fig. Loc. exclam.* — de moi! — de ma vie! — de moi, lui dit la mère, LA F. *Fab.* IV, 16. Hé! — de ma vie! MOL. *Tart.* I, 1.

|| **3°** *P. ext.* Formule de politesse pour remercier. —, grand —, je vous rends grâce : Bien grand —, LA F. *Fab.* IV, 7. *Ellipt. Masc.* Voici le grand — que j'aurai de mes peines, RÉGNIER, *Sat.* 12. Il ne me coûte qu'un grand —, LA BR. 3. || *P. ext.* Formule de politesse pour refuser. Grand — de la coupe ! LA F. *Contes*, Coupe enchantée.

MERCIER, IÈRE [mèr-syé, -syèr] *s. m.* et *f.*

[ÉTYM. Du lat. pop. *merciarium*, dérivé de merx, cis, marchandise en général, §§ 378, 356, 295 et 291. Le sens actuel existe dès l'origine. || XIIᵉ-XIIIᵉ s. Bele sui, dit le caitivele ; Li merchiers, non Dieus en ait grace, RENCL. DE MOILIENS, *Miserere*, LXXXVI, 11.]

|| Celui qui vend de menues marchandises pour la couture, le vêtement.

MERCREDI [mèr-kre-di ; *famil.* mè-kre-di] *s. m.*

[ÉTYM. Pour mercresdi, du lat. pop. *Mercoris diem*, *m. s.* proprt, « jour de Mercure », § 174. (*Cf.* provenç. dimercres, l'espagn. miercoles, etc.) || XIIᵉ s. Puis vint li mercresdi, PH. DE THAUN, *Comput*, 547.]

|| Jour de la semaine qui suit le mardi. Le — des Cendres.

MERCURE [mèr-kür] *s. m.*

[ÉTYM. Emprunté du lat. Mercurius, nom d'un dieu (protecteur des marchands, messager de Jupiter), d'une planète, etc. Le sens **II** vient des alchimistes. || XVᵉ-XVIᵉ s. Mercure connaturel, *Alchimie à nature*, 894.]

Right column

I. *Vieilli*. Celui qui se charge de remettre des messages galants. Je fus encore le — de cette missive, SOREL, *Francion*, p. 167. Je ne trouvais pas l'emploi de — aussi honorable qu'on le disait, LES. *Gil Blas*, XII, 3. || *Au fém.* (*rare*). Petite —, REGNARD, *Naiss. d'Amadis*, sc. 6.

II. Corps simple métallique, fluide à la température ordinaire, dit vulgairement vif-argent. Mobiles comme le —, LA BR. 9. — doux, le protochlorure de mercure. *Fig.* Ils auront trouvé l'invention de lier le vent et de fixer le —, SÉV. 1081. || *P. ext.* Préparation mercurielle. Prendre du —.

MERCURIAL, ALE [mèr-ku-ryàl ; *en vers*, -ri-àl] *adj.*

[ÉTYM. Tiré de mercuriale 1, § 37. || 1690. Miel mercurial, FURET. Admis ACAD. 1835.]

|| (T. didact.) Qui contient du suc de la mercuriale, plante. *Spéciall.* Miel —.

1. MERCURIALE [mèr-ku-ryàl ; *en vers*, -ri-àl] *s. f.*

[ÉTYM. Emprunté du lat. mercurialis (sous-ent. herba, herbe), *m. s.* proprt, « herbe de Mercure », § 36. || XIVᵉ s. De bletes, de mauves, de mercuriel, GAST. PHÉBUS, *Chasse*, dans DELB. *Rec.*]

|| (Botan.) Plante dioïque de la famille des Euphorbiacées, dite vulgairement foirole.

2. MERCURIALE [mèr-ku-ryàl ; *en vers*, -ri-àl] *s. f.*

[ÉTYM. Dérivé du nom lat. du mercredi (Mercurii dies en lat. class.), § 238. || 1535. Tenir mercurialles au mercredy après disner, *Ordonn.* dans ISAMBERT, *Rec. gén. des anc. lois franç.* XII, 438.]

|| **1°** *Anciennt.* Assemblée des cours de justice qui se tenait le premier mercredi après les vacances et où le président prononçait un discours sur la manière dont la justice avait été rendue, les abus qui s'étaient produits, etc.

|| **2°** *P. ext.* Discours prononcé par un des membres du ministère public à la rentrée des cours et tribunaux. || *Fig.* Remontrance. Je vous ferai faire dès aujourd'hui une — par le Destin, DUFRESNY, *Union des deux opéras*, sc. 7.

3. MERCURIALE [mèr-ku-ryàl ; *en vers*, -ri-àl] *s. f.*

[ÉTYM. Dérivé du lat. Mercurius, nom du dieu du commerce, § 238. || 1800. Tenir les registres des mercuriales, dans DUVERGIER, *Collect. des lois et décrets*, XII, 254. Admis ACAD. 1835.]

|| État détaillé du prix de vente des denrées, établi et publié après chaque marché.

MERCURIEL, ELLE [mèr-ku-ryèl ; *en vers*, -ri-èl] *adj.*

[ÉTYM. Dérivé de mercure d'après le lat. mercurialis, § 503. ACAD. 1694-1740 donne mercurial, ale. || Admis ACAD. 1762.]

|| (T. didact.) Qui contient du mercure. Sels mercuriels. Friction mercurielle. || Causé par le mercure. Salivation mercurielle.

MERDAILLE [mèr-dày] *s. f.*

[ÉTYM. Dérivé de merde, § 95. || XIIIᵉ s. Il n'appartient fors a merdaille A faire tenchons, *Clef d'amour*, p. 34, Tross. Admis ACAD. 1694 ; suppr. en 1718.]

|| *Trivial.* Troupe d'enfants merdeux. || *Fig.* Troupe de gens que l'on considère comme méprisables.

MERDE [mèrd] *s. f.*

[ÉTYM. Du lat. merda, *m. s.* § 291.]

|| *Trivial.* Gros excrément de l'homme et de qqs animaux. La simplicité de ceux qui traduisent « stercore » par de la —, VOLT. *Philos. Remontr. à Rustan.* — de chien, de chat, d'oie. Couleur — d'oie, qui est entre le jaune et le vert. || —! exclamation grossière, pour rejeter qqch, repousser qqn. || *P. anal.* — de cormoran, substance desséchée qu'on trouve au bord de la mer et qui paraît être une sorte de varech. — de diable, assa fœtida.

MERDEUX, EUSE [mèr-dóu, -dèuz] *adj.*

[ÉTYM. Dérivé de merde, § 116. || XIVᵉ-XVᵉ s. Eschars, merdeux, lasches et chiches, EUST. DESCH. IX, 285.]

|| *Trivial.* Sali de merde. Un enfant —. Un bâton —, et, *fig.* C'est un bâton —, un individu qu'on ne sait par quel bout prendre. || *Substantivt.* Un —, une merdeuse, homme, femme, enfant méprisable.

MERDICOLE [mèr-di-kòl] *adj.*

[ÉTYM. Composé avec le lat. merda, merde, et colere, habiter, § 273. || *Néolog.*]

|| (T. didact.) Qui habite des excréments. Fourmi —, qui fait son nid d'excréments des animaux herbivores.

1. MÈRE [mèr] *s. f.*

[ÉTYM. Du lat. matrem, *m. s.* devenu médre, mére, mère, §§ 295, 404 et 291. (*Cf.* maman, marraine, commère, maternel.)]

I. || **1°** Celle par qui un enfant a été mis au monde.

(Se dit même des animaux.) Si vous livrez le fils, livrez-leur donc la —| RAC. *Andr*. III, 6. C'est ma —, et je veux ignorer ses caprices, ID. *Brit*. II, 1. Moi, fille, femme, sœur et — de vos maîtres, ID. *ibid*. I, 2. Des droits de ses enfants une — jalouse, ID. *Phéd*. II, 5. *Famil*. Les père et —, le père et la mère. Les père et — ont pour objet le bien, LA F. *Contes, Calendrier*. — lionne avait perdu son faon, LA F. *Fab*. X, 12. Tous les enfants Qui sont passés entre vos dents N'avaient-ils ni père ni mère? ID. *ibid*. ... Reprit l'agneau, je tète encor ma —, ID. *ibid*. I, 10. *Fig*. Contes de ma — l'oie, dont on amuse les enfants. || La reine —, la mère du roi régnant. Une — de famille, femme mariée qui a des enfants. — adoptive, femme qui a adopté un enfant. || Belle-—. | 1. Pour les enfants d'un premier lit, celle qui a épousé leur père en secondes noces. | 2. Pour un gendre, la mère de sa femme; pour une bru, la mère de son mari. C'est avec justice que le Ciel vous a concédé le nom de belle-—, MOL. *Mal. im*. II, 6. La — de Dieu, la Vierge Marie. La — de douleur, la Vierge Marie au pied de la croix. La — des dieux, Cybèle. || *P. ext*. Celle qui est la souche d'une suite de descendants. Grand-—, et, *vieilli*, —grand, la mère du père ou de la mère d'un enfant. Ma —grand, que vous avez de grands bras, CH. PERRAULT, *Contes, Chaperon rouge*. Ève notre première —. || *Fig*. Notre — commune, la terre. Albe est ton origine; arrête et considère Que tu portes le fer dans le sein de ta —, CORN. *Hor*. I, 1. *P. appos*. La — patrie.

|| **2°** *P. anal*. Celle qui agit comme ferait une mère. La — des compagnons, femme qui tient dans chaque ville une auberge où descendent les compagnons ou ouvriers qui font leur tour de France, qui veille sur leurs intérêts. — des affligés, titre donné à la Vierge Marie. La — des fidèles, l'Église. Notre sainte — l'Église. — de l'Église, nom donné à celle qui se consacre aux intérêts de l'Église. — des pauvres, nom donné à celle qui soulage les misères des pauvres. || *P. ext*. Titre de vénération. | 1. Nom donné à la supérieure d'une maison religieuse. La — abbesse. La — prieure. Les méditations de la — Thérèse, RÉGNIER, *Sat*. 13. | 2. Nom donné à une religieuse professe. La — du Sacré-Cœur. | 3. Appellation familière désignant une femme d'un certain âge, et particulièrement une femme du peuple. La — Michel.

II. *Fig*. La cause, l'origine de qqch. La Grèce, — des arts. La méfiance Est — de la sûreté, LA F. *Fab*. III, 18. Pernicieuse et maudite science (la guerre), Fille du Styx et — des héros, ID. *ibid*. IX, 20, *Disc. à Mme de la Sablière*. Si la pauvreté est la — des crimes, le défaut d'esprit en est le père, LA BR. 11. || *Spécialt*. Langue —, qui est l'origine d'une ou de plusieurs autres langues. — branche, grosse branche d'où sortent plusieurs autres branches. — perle, grosse huître perlière qui contient qqf plusieurs perles. Eau —, eau saline tellement saturée qu'elle ne laisse plus cristalliser le sel qu'elle contient après qu'il s'est formé un certain nombre de cristaux. — de vinaigre, membrane gélatineuse qui se forme qqf à la surface d'un vase contenant du vinaigre, et peut servir à fabriquer du vinaigre nouveau en amenant la fermentation acide du vin. — pour surmoulage, contre-épreuve en plâtre du modèle, qui sert à faire les moules. — de girofle, clou de girofle portant son fruit mûr. — pour greffer, sujet dont on doit tirer des marcottes. || *P. ext*. De petites éminences faites pour accompagner la majesté de la — montagne, BUFF. *Add. Théorie de la terre*. — caille, le râle de genêt.

2. MÈRE [mèr] *adj. fém*.
[ÉTYM. Emprunté du lat. *měra*, fém. de *merus*, pur, dont on trouve qqs exemples sous la forme pop. *mier*, *miere*, en anc. franç. || 1369. Six queues de vin de rente de mere goute, dans GODEF. *Compl*.]
|| Pure. (Ne s'emploie que dans les deux locutions suivantes.) | 1. — goutte, premier vin qui coule de la vendange avant que le raisin ait été foulé. *Fig*. La meilleure partie. La lie de mon vin vous appartient comme la —, VOLT. *Lett. à d'Argental*, 1er janv. 1777. | 2. — laine, la laine du dos de la brebis, celle qui est la plus estimée.

***MÉREAU** [mé-ró] *s. m*.
[ÉTYM. Origine inconnue. || XIIe s. La liste fu d'un paile brun,... Entaillie a menuz marreaus, *Thèbes*, 4049. Admis ACAD. 1762; suppr. en 1835.]
|| (Archéol.) | 1. Jeton, palet pour jouer à la marelle. | 2. Jeton de présence (en plomb, en cuivre, en argent).
MÉRELLE. *V*. marelle.

MÉRIDIEN, ENNE [mé-ri-dyin, -dyèn'; *en vers*, -di-...] *adj. et s. m. et f*.
[ÉTYM. Emprunté du lat. *meridianus*, *m. s*. de *meridies*, midi. L'anc. franç. dit *meriene*, au sens de « sieste », mot de formation pop. conservé par plusieurs patois. || XIIe s. *Psaut. d'Oxf*. XC, 6.]
I. *Adj*. Qui se rapporte à l'heure de midi. Ombre méridienne, que les objets saillants projettent, au moment où il est midi. Plan —, tout plan vertical qui passe par l'axe du monde, partageant le cours des astres en deux parties égales, en sorte qu'il est midi quand le soleil est dans ce plan. Hauteur méridienne d'un astre, sa hauteur au-dessus de l'horizon lorsqu'il est dans le plan méridien. Lunette méridienne, dont l'axe optique peut prendre toutes les directions dans le plan méridien du lieu où elle est installée, sans sortir de ce plan. Ligne méridienne, qu'on suppose tracée sur la surface de la terre, du nord au sud, dans le plan méridien d'un lieu.

II. *S. m. et f*. || **1°** *S. m*. Grand cercle de la sphère céleste et terrestre, passant par les deux pôles et perpendiculaire à l'équateur. — céleste, qui passe par l'axe du monde et le zénith de l'observateur. — terrestre, qui passe par l'axe de la terre et la verticale du lieu. Premier — ou — d'origine, par rapport auquel on compte les degrés de longitude. Trois degrés d'élévation du pôle renversent toute la jurisprudence, un — décide de la vérité, PASC. *Pens*. III, 8. — magnétique, plan vertical passant par le centre de la terre et la direction de l'aiguille aimantée horizontale. || Cadran solaire marquant midi par l'ombre d'un gnomon sur la ligne méridienne.

|| **2°** *S. f*. Méridienne, ligne méridienne. Méridienne d'un lieu, intersection du plan méridien de ce lieu avec l'horizon. Méridienne du temps moyen, courbe tracée autour de la ligne de midi sur un cadran solaire, et indiquant midi en temps moyen pour chaque mois de l'année. || *P. ext*. Sieste qu'on fait d'ordinaire vers midi dans les pays chauds. Faire sa méridienne. || *P. ext*. Bergère à large dossier servant à faire la méridienne.

MÉRIDIONAL, ALE [mé-ri-dyò-nàl; *en vers*, -di-ò-...] *adj. et s. m. et f*.
[ÉTYM. Emprunté du lat. *meridionalis*, *m. s*. || XIIIe-XIVe s. La mer oriental ou meridionel, *Chirurg. de Mondeville*, fo 88, dans LITTRÉ.]
I. *Adj*. Situé dans la région du Midi. Les contrées méridionales. Le pôle —, antarctique.
II. *S. m. et f*. Celui, celle qui habite la région du Midi, qui en est originaire. C'est un Méridional, une Méridionale. La vivacité des Méridionaux.

MERINGUE [me-rïng'] *s. f*.
[ÉTYM. Origine inconnue. || 1739. MENON, *Traité de cuisine*, I, 384. Admis ACAD. 1835.]
|| Pâtisserie légère faite de blanc d'œuf et de sucre en poudre. Les mets délicats et peu substantifs, comme les meringues, VOLT. *Dict. philos*. (1764), vampires.
***MERINGUÉ, ÉE** [me-rin-ghé] *adj*.
[ÉTYM. Dérivé de meringue, § 118. || 1739. Crème meringuée, MENON, *Traité de cuisine*, I, 273.]
|| Recouvert d'une pâte de meringue. Des pommes meringuées.

MÉRINOS [mé-ri-nôs'] *s. m*.
[ÉTYM. Emprunté de l'espagn. merinos, plur. de merino, adj. qui s'applique aux moutons transhumants, § 13. || 1793. Moutons d'Espagne, dits aussi mérinos, FLANDRIN, *Pratiq. de l'éduc. des moutons*, p. 46. Admis ACAD. 1835.]
|| **1°** Mouton de race espagnole, à laine fine. || *P. appos*. Brebis, bélier —. De la laine —.
|| **2°** Tissu fait avec la laine des mérinos. Une robe de —.
MERISE [me-rîz'] *s. f*.
[ÉTYM. Origine inconnue. || XIIIe s. Cormes, prunes, freses, merises, J. DE MEUNG, *Rose*, 8251.]
|| Fruit du merisier.
MERISIER [me-ri-zyé] *s. m*.
[ÉTYM. Dérivé de merise, § 115. || XIIIe s. Meresier, *Gloss. de Conches*, dans GODEF. *Compl*.]
|| Cerisier sauvage.
MÉRITANT, ANTE [mé-ri-tan, -lànt'] *adj*.
[ÉTYM. Adj. particip. de mériter, § 47. || 1787. Méritant, ce mot n'est pas dans les dictionnaires; il serait utile, FÉRAUD, *Dict. crit*. Admis ACAD. 1835.]

|| Qui a du mérite à agir comme il le fait. C'est une personne méritante. Récompenser les plus méritants.

MÉRITE [mé-rĭt'] s. m.
[ÉTYM. Emprunté du lat. meritum, m. s. Ordinairement fém. en anc. franç. || XIIᵉ s. Au roi les bailleront Qui si leur randra les merites Que lor desertes seront quites, CHRÉTIEN DE TROYES, Cligès, 2156.]
|| 1º Ce qui rend digne d'estime, de récompense. Se faisant un — de sa complaisance, BOSS. Hist. univ. I, 11. Est-ce un sujet pourquoi Vous fassiez sonner vos mérites? LA F. Fab. IV, 3. Par les différents traitements qu'il reçoit selon ses mérites, BOSS. Hist. univ. II, 14. Spécialt. (Théol.) Ce qui appelle sur nous la miséricorde divine. Ils ne s'assurent point en leurs propres mérites, RAC. Ath. III, 7. P. anal. Les mérites de Jésus-Christ, les souffrances qu'il a voulu subir pour nous racheter. || (Philos.) Le — et le démérite, ce qui fait que l'être libre a droit à la récompense ou au châtiment, selon qu'il a observé ou transgressé la loi morale.
|| 2º P. ext. Qualité remarquable de l'esprit ou du cœur. La faveur l'a pu faire autant que le —, CORN. Cid, I, 3. Un homme de —. Personne presque ne s'avise de lui-même du — d'un autre, LA BR. 2. L'on trouve en elle tout le — des deux sexes, ID. 3. Qu'il ne vante donc plus ses mérites frivoles, CORN. Pomp. I, 1. Ellipt. Honorer, récompenser le —, les gens de mérite. || Le — de la difficulté vaincue. Une œuvre de —. Quel sera le loyer D'une action de ce —? LA F. Fab. VI, 13. || P. ext. (Droit.) Valeur d'un acte judiciaire.

MÉRITER [mé-ri-té] v. tr.
[ÉTYM. Dérivé de mérite, § 154. || XIVᵉ-XVᵉ s. Mal en fu merité, CHR. DE PISAN, Chemin de long estude, 229.]
|| 1º Avoir droit à obtenir (qqch) par sa conduite, son caractère. Par une sainte vie il faut la — (la palme), CORN. Poly. II, 6. Ce que je méritais, vous l'avez emporté, ID. Cid, IV, 4. Il veut toujours se plaindre et ne — rien, RAC. Andr. IV, 3. Cette amour si ferme et si bien méritée, CORN. Poly. IV, 3. J'approuvai l'entreprise Et par là de Baal méritai la prêtrise, RAC. Ath. III, 3. Vous... ne méritez pas l'amour qu'on a pour vous, MOL. Mis. IV, 3. Ellipt. Avoir bien mérité de qqn, avoir droit à sa reconnaissance par les services qu'on lui a rendus. Il a bien mérité de la patrie. || Absolt. Tous disent qu'ils méritent, PASC. Pens. V, 3. || P. anal. Tout travail mérite salaire. Ses vertus méritaient un autre sort. P. ext. Cela mérite examen, a besoin d'être confirmé. Absolt. Plus elle (la mort) est volontaire, et plus elle mérite, CORN. Poly. II, 6. || P. ext. Dans un sens défavorable. Par quel crime ai-je pu — mon malheur? RAC. Esth. I, 5. Tourments mérités, BOIL. Art p. 3. || Avec une proposition pour complément. Ils... méritent ainsi de ne pas manquer de ce pain qu'ils ont semé, LA BR. 11. Ce que le prince fit ensuite mériterait d'être raconté à toute la terre, BOSS. Condé. Il ne mérite pas qu'on le plaigne. Une affaire de rien, et qui ne mérite pas qu'on s'en remue, LA BR. 8.
|| 2º — qqch à qqn, lui donner droit à (qqch). Sa justice, sa prudence, la facilité qu'il apportait aux affaires, lui méritaient la vénération et l'amour, BOSS. Le Tellier. || Dans un sens défavorable. Le châtiment que lui ont mérité ses crimes.

MÉRITOIRE [mé-ri-twàr] adj.
[ÉTYM. Emprunté du lat. meritorius, m. s. || XIIIᵉ s. Riens quant a pardurable gloire N'estoit devant croix meritoire, J. DE MEUNG, Test. 674.]
|| Qui donne des mérites. Je croirais, en le volant, faire une action —, MOL. Av. II, 1. La résignation qui rend nos souffrances méritoires.

MÉRITOIREMENT [mé-ri-twàr-man; en vers, -twàre-...] adv.
[ÉTYM. Composé de méritoire et ment, § 724. || XVᵉ s. CHASTELL. Chron. prol. dans DELB. Rec.]
|| D'une manière méritoire.

MERLAN [mèr-lan] s. m.
[ÉTYM. Pour merlanc, merlenc, dérivé de merle avec un suffixe germanique, § 142. (Cf. l'ital. merla, merle et merlan, et l'allem. meeramsel, labre, proprt, « merle de mer ».) || XIIIᵉ s. Merlanc salé, E. BOILEAU, Livre des mest. I, CI, 7.]
|| Poisson de mer, du genre gade, dont la chair fournit un aliment léger. La sardine et le —, LA F. Virelai. || Fig. Pop. Perruquier. Perruquiers qu'on appelle merlans parce qu'ils sont blancs (de poudre), EDM. BARBIER, Journal, t. II, p. 404.

MERLE [mèrl'] s. m.
[ÉTYM. Du lat. pop. *merulum (class. merula), m. s. §§ 290 et 291. Le mot est souvent fém. en anc. franç., conformément au lat. class. (Cf. merlan, merluche, merlus.)]

|| Oiseau de l'ordre des Passereaux, à plumage noir. Siffler comme un —. Jaser comme un —. || Fig. Un — blanc, une personne ou une chose très rare.

*MERLESSE** [mèr-lĕs'] s. f.
[ÉTYM. Dérivé de merle, § 129. || XIVᵉ-XVᵉ s. Gloss. lat.-franç. dans GODEF.]
|| Vieilli et dialect. Femelle du merle. Loc. prov. C'est l'histoire du merle et de la —, se dit à propos d'une petite querelle qui se reproduit périodiquement sur le même sujet. || Fig. La rusée — ! DOMINIQUE, Précaut. inutile, II, 1.

MERLETTE [mèr-lĕt'] s. f.
[ÉTYM. Dérivé de merle, § 133. || XIVᵉ s. De gueules a six merlettes noires, FROISS. Chron. VI, 269, Kervyn.]
|| (Blason.) Oiseau figuré sans bec et sans pieds.

1. MERLIN [mèr-lin] s. m.
[ÉTYM. Origine inconnue. || 1624. Haches ou merlins, Nouv. Cout. gén. II, 1006. Admis ACAD. 1835.]
|| Sorte de hache à fendre le bois. || Masse dont les bouchers se servent pour assommer les bœufs.

2. *MERLIN [mèr-lin] s. m.
[ÉTYM. Emprunté du flamand maarline, proprt, « corde (line) de mer (maar) », § 10. || 1690. FURET.]
|| (Marine.) Cordelette faite de deux ou trois fils de caret tordus ensemble.

*MERLINER** [mèr-li-né] v. tr.
[ÉTYM. Dérivé de merlin 2, § 154. || 1694. TH. CORN.]
|| (Marine.) Coudre avec du merlin.

MERLON [mèr-lon] s. m.
[ÉTYM. Emprunté de l'ital. merlone, m. s. § 12. || 1642. OUD. Admis ACAD. 1762.]
|| (T. milit.) Portion de mur comprise entre deux créneaux, deux embrasures.

MERLUCHE [mèr-lûch'] s. f.
[ÉTYM. Forme dialect. §§ 16 et 391, pour merluce, fém. correspondant à merlus, § 37. || XVIIᵉ s. V. à l'article.]
|| Nom donné à divers poissons du genre gade, séchés au soleil. || Spécialt. Morue séchée. C'est un homme qui mange de la — toute sa vie pour manger du saumon après sa mort, SÉV. 548.

*MERLUS** [mèr-lu] s. m.
[ÉTYM. Emprunté du provenç. merlus, m. s. qui paraît dérivé du radical de merle, § 11. || XIVᵉ s. Merlus est fait, ce semble, de morue, Ménagier, II, 199.]
|| Poisson qu'on fait sécher, pour faire la merluche. || P. ext. (Technol.) Peaux en — (souvent écrit, par erreur, merlut), peaux de mouton, de chèvre, qu'on fait sécher en poil, avant de les envoyer à la mégisserie.

MERRAIN. V. mairain.

MERVEILLE [mèr-vĕy'] s. f.
[ÉTYM. Du lat. pop. *meribĭlia, altération inexpliquée du lat. class. mirabĭlia, plur. neutre de l'adj. mirabilis, admirable, employé comme subst. fém. sing. §§ 545, 341, 335, 434, 310, 462 et 291. || XIᵉ s. Ço'st grant merveille que pitiet ne t'en prist, St Alexis, 440.]
|| Chose qui frappe d'étonnement par sa beauté, sa grandeur, etc. Nos sens facilement peuvent être charmés Des ouvrages parfaits que le Ciel a formés,.... Mais il étale en vous ses plus rares merveilles, MOL. Tart. III, 3. Les merveilles de la nature... Les sept merveilles du monde, les sept monuments les plus fameux de l'antiquité. Fig. C'est la huitième — du monde, une chose digne de figurer à côté des sept merveilles des anciens. || P. ext. | 1. En parlant d'une personne. O suave — ! MOL. Tart. III, 3. La cour ne le retint guère, quoiqu'il en fût la —, BOSS. Condé. Du théâtre français l'honneur et la —, BOIL. Poés. div. 17. Mᵐᵉ la Dauphine est une — d'esprit, de raison, SÉV. 799. Sa femme... qui le croyait une —, ST-SIM. II, 234. | 2. En parlant d'une action, d'une œuvre. Les victoires du prince de Condé et les merveilles de sa vie, BOSS. Condé. Le chevalier de Grignan fit encore des merveilles de valeur et de prudence, SÉV. 431. Il est vrai qu'il a fait des merveilles, CORN. Cid, IV, 2. Il fait — en vers ainsi qu'en prose, MOL. F. sav. III, 3. Quoi ! toujours les plus grandes merveilles, Sans ébranler ton cœur, frapperont tes oreilles? RAC. Ath. I, 1. Faire —, produire un bel effet. || Raconter des merveilles. Il ne faut jamais dire aux gens : Écoutez un bon mot, oyez une —, LA F. Fab. XI, 9. || P. hyperb. Absolt. Dire merveilles de qqn, de qqch, en faire grand éloge. De vains admirateurs prompts à crier —, BOIL. Art p. 4. Conter, promettre monts et merveilles, conter, promettre des choses extraordinaires. || P. hyperb. Loc. adv. A —, excellemment. Il se

porte à —, MOL. *Tart.* I, 4. Les choses ont été à —. || *Vieilli.*
Famil. Pas tant que —, pas beaucoup.

MERVEILLEUSEMENT [mèr-vè-yeûz'-man ; *en vers,*
-you-ze-...] *adv.*
[ÉTYM. Composé de merveilleuse et ment, § 724. || XIᵉ s.
E li païen merveillusement fierent, *Roland*, 3385.]
|| D'une manière merveilleuse. *P. hyperb.* Excellem-
ment. Euripide... savait — exciter la compassion, RAC. *Iph.*
préf.

MERVEILLEUX, EUSE [mèr-vè-yeú, -yeûz'] *adj.*
[ÉTYM. Dérivé de merveille, § 116. || XIᵉ s. Ci at merveillos
gab, *Voy. de Charl. à Jérus.* 576.]
|| Qui frappe d'étonnement par sa beauté, sa gran-
deur, etc. Ton corps me paraît en — état, LA F. *Fab.* II, 16.
|| *P. ext.* Ces poulets sont d'un — goût, BOIL. *Sat.* 3. || Une
aventure merveilleuse. *Substantivt.* Tant il était frappé du —
de cette aventure, LES. *Diable boit.* 5. Il a du bon et du louable qu'il gâte par l'affectation du grand et du —, LA BR. 11.
II (P. Corneille) accorda heureusement la vraisemblance et le
—, RAC. *Disc. à la réception de Th. Corneille.* La merveilleuse victoire de la grâce, BOSS. *A. de Gonz.* Et les villes, et
les montagnes, et les pierres mêmes y parlaient de ces hommes
—, BOSS. *Hist. univ.* II, 3. Quel sera quelque jour cet enfant
— ? RAC. *Ath.* II, 9. Ce cousin des quatre fils Aymon Dont tu lis
quelquefois la merveilleuse histoire, BOIL. *Ép.* 11. || *Substan-
tivt.* | 1. Le —, ce qui suppose quelque action surnaturelle.
Notre religion est très susceptible d'une espèce de —, LAHARPE,
Lycée, III, 1. | 2. —, merveilleuse, petit-maître, petite-maî-
tresse (sous le Directoire).

MES [mè ; l'*s* se lie avec la valeur d'un *z*] *adj. poss.*
[ÉTYM. Du lat. meos, meas (atones), m. s. (*V.* mon et
§§ 594 et 595.)]
|| Adjectif possessif des deux genres, pluriel de mon. (*V.
ce mot.*)

MÉSADVENIR. *V.* mésavenir.

MÉSAIR. *V.* mézair.

MÉSAISE [mé-zèz'] *s. m.*
[ÉTYM. Composé de la particule péjorative mes et aise,
§ 193. (*Cf.* malaise.) || XIIᵉ s. Mais se il soffre un poi mesaise,
Énéas, 327.]
|| *Vieilli.* || 1º État où l'on est mal à l'aise, soit physi-
quement, soit moralement. (*Cf.* malaise.) Ce dissolvant, qui
picote l'estomac, lui prépare par ce — un plaisir très vif lorsqu'il est apaisé par les aliments, FÉN. *Exist. de Dieu*, I, 2. Le
désir est une espèce de — que le goût du bien met en nous,
VAUVEN. *Espr. hum.* 40. Des mésaises on en vint aux humeurs, puis aux plaintes, ST-SIM. IX, 311.
|| 2º État de fortune où l'on n'a pas l'aisance.

MÉSALLIANCE [mé-zà-lyâns' ; *en vers,* -li-âns'] *s. f.*
[ÉTYM. Dérivé de mésallier, § 146. || 1701. FURET. Admis
ACAD. 1718.]
|| Alliance par mariage avec une personne de naissance
inférieure. Faire une —.

MÉSALLIER [mé-zà-lyé ; *en vers,* -li-é] *v. tr.*
[ÉTYM. Composé de la particule péjorative mes et allier,
§ 192. || XVIIᵉ s. SCARR. *Rom. com.* 14.]
|| Allier (par mariage) avec une personne de naissance
inférieure. Une fille mésalliée. Les Ménalques ne se sont jamais mésalliés, LA BR. 11.

MÉSANGE [mé-zänj'] *s. f.*
[ÉTYM. Dérivé de l'anc. haut allem. meisa, allem. mod.
meise, m. s. §§ 6, 142, 498 et 499. Déjà misinga, dans un
texte bas lat. du xᵉ s. Le suffixe se retrouve dans l'anc.
nordique meisingr, m. s. || XIIᵉ s. La masenge vola tut dreit,
MARIE DE FRANCE, *Fab.* 22.]
|| Petit oiseau de l'ordre des Passereaux, à forme svelte,
à joli plumage varié. — à tête noire.

***MÉSANGETTE** [mé-zan-jèt'] *s. f.*
[ÉTYM. Dérivé de mésange, § 133. (*Cf.* l'anc. franç. me-
sangière, m. s.) || 1812. MOZIN, *Dict. franç.-allem.*]
|| (Technol.) Piège à trébuchet pour prendre les mé-
sanges.

MÉSARRIVER [mé-zà-ri-vé] *v. impers.*
[ÉTYM. Composé de la particule péjorative mes et arri-
ver, § 192. || 1611. COTGR.]
|| *Vieilli.* Arriver malheur. (*Cf.* mésavenir, mécheoir.) Je
crains qu'il ne lui mésarrive. Il vous en mésarrivera.

MÉSAVENIR [mé-zàv'-nîr ; *en vers,* -zà-ve-...] et **MÉ-
SADVENIR** [mé-zàd'-ve-nîr] *v. impers.*
[ÉTYM. Composé de la particule péjorative mes et ave-

nir, advenir, § 192. || XIIᵉ s. Forment lor est mesavenu, *Énéas*,
7248.]
|| *Vieilli.* Mal réussir. (*Cf.* mésarriver, mécheoir.) Il ne lui
mésavint jamais pour sa paresse, AMYOT, *Ant. et Dém.* 4.

MÉSAVENTURE [mé-zà-van-tûr] *s. f.*
[ÉTYM. Dérivé de mésavenir, d'après aventure, § 111. ||
XIIᵉ s. Se ce ne fust mesaventure, *Énéas*, 6158.]
|| Aventure fâcheuse. Mainte — L'aurait fait retourner chez
lui, LA F. *Fab.* X, 8.

MÉSENTÈRE [mé-zan-tèr] *s. m.*
[ÉTYM. Emprunté du grec μεσεντέρον, de μέσος, milieu,
et ἔντερον, intestin. || 1546. CH. EST. *Dissect. des parties
du corps hum.* p. 186. ACAD. 1694-1740 écrit mesenter.]
|| (Anat.) Repli du péritoine qui maintient les diverses
parties des intestins.

MÉSENTÉRIQUE [mé-zan-té-rîk'] *adj.*
[ÉTYM. Dérivé de mésentère, § 229. || 1541. L'autre partie
mesenterique, J. CANAPPE, *Tables anatom.* dans DELB. *Rec.*
Admis ACAD. 1762.]
|| (Anat.) Qui appartient au mésentère.

MÉSESTIME [mé-zès'-tim'] *s. f.*
[ÉTYM. Subst. verbal de mésestimer, § 52. || XVIIIᵉ s. *V.*
à l'article. Admis ACAD. 1878.]
|| Défaut d'estime. Un sentiment de —, J.-J. ROUSS. *Con-
fess.* 5.

MÉSESTIMER [mé-zès'-ti-mé] *v. tr.*
[ÉTYM. Composé de la particule péjorative mes et estimer, § 192. Avant le XVIIᵉ s. on emploie de préférence
desestimer. || 1556. Pour mestimer ses forces, GRANVELLE,
Pop. d'État, dans GODEF. *Compl.*]
|| Ne pas avoir en estime (qqn). Ce n'est point à Camille à
t'en —, CORN. *Hor.* I, 3. Mésestimé dans la vie, Il (Jésus-
Christ) commence à régner après qu'il est mort, BOSS. *Vertu
de la croix*, 1.

***MÉSHUI.** *V.* maishui.

MÉSINTELLIGENCE [mé-zin-tèl'-li-jäns'] *s. f.*
[ÉTYM. Composé de la particule péjorative mes et intel-
ligence, § 193. || XVIᵉ-XVIIᵉ s. Les mesintelligences qui au-
royent peu alterer le passé, D'AUBIGNÉ, dans DELB. *Rec.*]
|| Mauvaise intelligence (entre personnes). Vivre en —
avec qqn. La — des principaux chefs. | *P. ext.* Quelle — entre
l'esprit et le cœur, LA BR. 11. Malgré leur — (de la rime et
de la raison), DE LA MOTTE, *Odes, Poés. franç.*

***MÉSOCARPE** [mé-zò-kàrp'] *s. m.*
[ÉTYM. Composé avec le grec μέσος, qui est au milieu,
et καρπός, fruit, § 279. || *Néolog.*]
|| Couches du péricarpe d'un fruit, entre l'épiderme ex-
térieur (épicarpe) et l'épiderme intérieur (endocarpe), pulpeuse dans certains fruits (cerises, abricots, etc.), ligneuse
dans d'autres (brou de la noix).

MÉSOFFRIR [mé-zò-frîr] *v. tr.*
[ÉTYM. Composé de la particule péjorative mes et offrir,
§ 192. || XIIIᵉ s. Cui il meschiet, tuit li mesoffrent, *Récits d'un
ménestrel de Reims*, 417.]
|| *Vieilli.* Offrir d'une chose moins qu'elle ne vaut.

***MÉSOLABE** [mé-zò-làb'] *s. m.*
[ÉTYM. Emprunté du lat. mesolabium, grec μεσολάβιον,
m. s. de μέσος, qui est au milieu, et λαβεῖν, prendre. ||
1611. COTGR.]
|| (T. scientif.) Ancien instrument de mathématiques
formé de trois parallélogrammes mobiles sur une coulisse, qui servait à trouver mécaniquement deux moyen-
nes proportionnelles qu'on ne pouvait déterminer géométriquement dans le problème de la duplication du cube.

MESQUIN, INE [mès'-kin, -kin'] *adj.*
[ÉTYM. Emprunté de l'ital. meschino, m. s. qui est l'arabe
maskin, pauvre, §§ 12 et 22. Le mot arabe a passé en anc.
franç. sous la forme meschin, meschine (en picard mesquin,
mesquine) comme subst. signifiant « garçon, fille », et beau-
coup de patois l'ont conservé. || 1611. Mesquin, COTGR.]
|| Qui manque d'ampleur. Celui (le temple) de Zorobabel
était petit, bas, mesquin, VOLT. *Philos. Hérode.* Le présent
qu'il vous fait ne le ruinera pas, il est bien —, MARIV. *Jeu
de l'am. et du has.* III, 6. || *Fig.* La vie triste et mesquine
des pères, J.-J. ROUSS. *Nouv. Hél.* V, 2. Des idées mesquines.

MESQUINEMENT [mès'-kin'-man ; *en vers,* -ki-ne-...]
adv.
[ÉTYM. Composé de mesquine et ment, § 724. || 1622. *V.*
à l'article.]
|| D'une manière mesquine. Il nourrit tous ses serviteurs

le plus — du monde, SOREL., *Francion*, dans DELB. *Rec.* Ils l'enterrèrent le plus — qu'ils purent, VOLT. *S. de L. XV*, 36.

MESQUINERIE [mês'-kĭn'-ri ; en vers, -ki-ne-ri] s. f.
[ÉTYM. Dérivé de mesquin, § 69. || 1638. MONET, *Abrégé du parallèle.*]
|| Caractère de ce qui est mesquin. Cette dernière offre me toucha fort et me fit oublier la — de l'autre, J.-J. ROUSS. *Confess.* 12.

MESS [mês'] s. m.
[ÉTYM. Emprunté de l'angl. mess, m. s. lequel vient du franç. mets d'après la forme primitive mes, § 8. || *Néolog.* Admis ACAD. 1878.]
|| (T. milit.) Table particulière d'officiers du même corps prenant ensemble leurs repas.

MESSAGE [mé-sàj'] s. m.
[ÉTYM. Dérivé de l'anc. franç. mes, envoyé, qui est le lat. mĭssus, m. s. § 78. (*Cf.* le bas lat. missaticum, en usage dès l'époque de Charlemagne.) || XIᵉ s. E! filz, dist il, com doloros message! St *Alexis*, 388.]
|| Ce qu'on mande à qqn. S'ils (les valets) ne font tous les messages où ils (leurs maîtres) les emploient, PASC. *Prov.* 11. Et j'allais lui porter ce funeste —, CORN. *Méd.* V, 1. || *Spécialt.* Communication officielle du chef du pouvoir exécutif au parlement. Le — du président aux deux chambres.

MESSAGER, ÈRE [mé-sà-jé, -jèr] s. m. et f.
[ÉTYM. Dérivé de message, § 115. || XIIᵉ s. D'iluec tornent li mesagier, *Énéas*, 363.]
|| Celui, celle qui porte un message. — d'État, celui qui porte les messages du gouvernement. *Absolt.* Conducteur de la voiture ou du coche qui faisait le service des dépêches, et, *p. ext.* ce véhicule lui-même. De Falaise à Paris vient par le —, REGNARD, *Bal*, sc. 4. || — de malheur, celui qui apporte une mauvaise nouvelle. Triste — d'un événement si funeste, BOSS. *Marie-Thérèse.* || *Spécialt.* (Mythol.) Le fameux — du souverain des dieux (Mercure), MOL. *Amph.* prol. Regardez de Junon briller la messagère (Iris), CORN. *Tois. d'or*, I, 5. || *Fig.* Celui, celle qui annonce qqch. Les hirondelles, messagères du printemps. Des désastres fameux ce — fidèle (le hibou), BOIL. *Lutr.* 3. || *P. plaisant.* Je t'enverrai d'ici des messagers fâcheux (des projectiles), MOL. *Amph.* III, 2.

MESSAGERIE [mé-sàj'-ri ; en vers, -sà-je-ri] s. f.
[ÉTYM. Dérivé de messager, §§ 65 et 68. || XIIIᵉ s. Se il ne fust par aventure mandés en messaigerie, *Statuts de St-Jean de Jérusal.* dans GODEF.]
|| Transport de paquets, de voyageurs, par un service régulier de terre ou de mer. Voitures, bateaux des messageries. *Spécialt.* Dans les chemins de fer, transport des colis qu'on envoie.

MESSALINE [mês'-sà-lin'] s. f.
[ÉTYM. Nom propre, § 36 : Messalina, femme de l'empereur Claude, célèbre par ses débauches. || Admis ACAD. 1835.]
|| Femme très dissolue.

MESSE [mês'] s. f.
[ÉTYM. Du lat. ecclés. missa, m. s. proprt, « action de renvoyer », §§ 308 et 291. (*Cf.* missel.)]
|| Sacrifice du corps et du sang de Jésus-Christ offert à Dieu sous les espèces ou apparences du pain et du vin, pour représenter et continuer le sacrifice de la croix et nous en appliquer les fruits. Dire, célébrer la —. Faire dire des messes pour un défunt, pour le repos de son âme. Une — basse, sans chant. Une grand —, messe chantée. La — de paroisse, celle où se fait le prône le dimanche, dans chaque paroisse. La — de minuit, messe de la nuit de Noël qui se célèbre à minuit. La — du Saint-Esprit, qu'on célèbre à la rentrée des écoles, des tribunaux, etc. Une — en musique, chantée en musique autre que le plain-chant. || *P. ext.* Composer une —, écrire la musique d'une messe.

MESSÉANCE [mé-sé-ãns'] s. f.
[ÉTYM. Dérivé de messéant, § 146. (*Cf.* bienséance.) || 1539. R. EST.]
|| *Vieilli.* Caractère de ce qui sied mal. La — qu'il y a d'être vieux et amoureux, VOIT. *Lett.* 187. || *P. ext.* Chose qui sied mal. Il lui échappa beaucoup de messéances, ST-SIM. II, 29.

MESSÉANT, ANTE [mé-sé-an, -ãnt'] adj.
[ÉTYM. Adj. particip. de messeoir, § 47. (*Cf.* malséant, bienséant.) || XIIᵉ s. Et se je di rien messeant, ALEX. DE BERNAY, *Athis*, dans GODEF.]

|| Qui sied mal. Cela sent un peu trop son abandon, — à toute sorte de poème, CORN. *Veuve*, au lect.

MESSEOIR [mé-swàr] v. intr.
[ÉTYM. Composé de la particule péjorative mes et seoir, § 192. || XIIᵉ-XIIIᵉ s. Un petit li messiet, LE CHATEL. DE COUCY, p. 47, Fath.]
|| Être malséant. Un peu de jalousie, même injuste, ne messied pas à un amant, MARIV. *Fausses Confid.* II. 9. | *Impersonnelt.* Il ne messied pas d'avoir un peu de confiance, LES. *Estev. Gonzalez*, 23.

MESSER [mé-sèr] s. m.
[ÉTYM. Emprunté de l'ital. messer, abréviation de messere, qui correspond au franç. messire, § 12. || XVIᵉ s. Messer Gaster, RAB. IV, 67. Admis ACAD. 1798.]
|| *Vieilli.* Messire. — loup attendait, LA F. *Fab.* IV, 16.

MESSIDOR [mês'-si-dòr] s. m.
[ÉTYM. Composé avec le lat. messis, moisson, et le grec δῶρον, présent, § 284. || 1793. Mot dû à FABRE D'ÉGLANTINE. Admis ACAD. 1798, suppl.]
|| Dixième mois du calendrier républicain, commençant le 19 ou le 20 juin et finissant le 18 ou le 19 juillet.

MESSIE [mé-si] s. m.
[ÉTYM. Emprunté du lat. ecclés. Messias, m. s. qui est l'hébreu maschiah, proprt, « oint » (*cf.* Christ), § 21. || 1587. La double nature du Messihe, VIGENÈRE, *Traité des chiffres*, dans DELB. *Rec.*]
|| (Hist. relig.) Christ promis au peuple juif, dans l'Ancien Testament, et attendu par lui comme libérateur. Les Juifs charnels n'entendaient ni la grandeur ni l'abaissement du Messie prédit dans leurs prophéties, PASC. *Pens.* XV, 4. Là nous voyons le Messie précédé par son précurseur, BOSS. *Hist. univ.* II, 11. || *Fig. Famil.* Attendre qqn comme le Messie, avec impatience. || Faux Messies, personnages qui, dans les derniers temps de l'histoire juive, se firent passer pour le Messie.

MESSIER [mé-syé] s. m.
[ÉTYM. Du bas lat. messarium, m. s. dérivé de messis, moisson, §§ 297 et 291. || 1231. Se li mesiers trueve beste en domage, dans GODEF. messier.]
|| *Vieilli.* Aide du garde champêtre pour l'époque de la moisson, des récoltes.

MESSIRE [mé-sir] s. m.
[ÉTYM. Composé de mes, anc. cas sujet de mon, et sire, § 173. Messire est proprement le cas sujet de monsieur. (*Cf.* messer.) || XIᵉ s. Charlemaignes, mis sire, *Voy. de Charl. à Jérus.* 451.]
|| Dénomination honorifique, donnée d'abord aux grands seigneurs, puis ajoutée au titre des gens de qualité, ou placée devant le nom des prêtres, médecins, avocats, etc. Lui qui est —, LA BR. 6. — Jean Chouart, LA F. *Fab.* VII, 1. || Poire de Messire Jean, poire d'automne très sucrée.

1. MESTRE [mèstr'] s. m.
[ÉTYM. Emprunté de l'ital. mastro (di campo), m. s. modifié d'après le provenç. mestre (*cf.* mestre 2) et le franç. maître, auquel il correspond, §§ 12 et 507. || 1553. Maistre du camp, maistre de camp, G. DU BELLAY, *Instr. sur le faict de la guerre*, fᵒ 57, vᵒ.]
|| *Ancienn.* (T. milit.) — de camp, officier commandant un régiment de cavalerie. — de camp général de la cavalerie, des dragons, mestre de camp remplaçant le colonel général. *Ellipt. Au fém.* La — de camp, la première compagnie du régiment.

2. MESTRE [mèstr'] s. m.
[ÉTYM. Emprunté du provenç. mod. mestre, m. s. qui correspond au franç. maître, § 11. || 1762. Meistre, ACAD.]
|| (Marine.) Le maître mât. Arbre de —, voile de —.

MESURABLE [me-zu-ràbl'] adj.
[ÉTYM. Dérivé de mesurer, § 93. (*Cf.* le lat. mensurabilis et le franç. incommensurable.) || XIIᵉ s. Mesurables posas les miens jurz, *Psaut. d'Oxf.* XXXVIII, 7.]
|| Qui peut être mesuré. Quantité —. Vous avez fait mes jours mesurables, BOSS. D. d'Orl.

MESURAGE [me-zu-ràj'] s. m.
[ÉTYM. Dérivé de mesurer, § 78. || XIIIᵉ s. Le mesurage fera bien et loiaument, E. BOILEAU, *Livre des mest.* I, IV. 2.]
|| (Technol.) Action de mesurer. Le — d'un champ, d'une pièce d'étoffe.

MESURE [me-zûr] s. f.
[ÉTYM. Du lat. mensūra, prononcé mesūra, m. s. §§ 485 et 291.]

|| **1°** Évaluation d'une quantité par son rapport avec une quantité déterminée de la même espèce, prise pour terme de comparaison. La — du temps, de l'espace. La — de la terre. La — des hauteurs. || Prendre les mesures d'une chambre, pour y placer des tentures, un tapis. Prendre la — de qqn, et, *famil.* Prendre — à qqn, pour lui faire un vêtement, des chaussures, etc. Donner sa —. Des vêtements faits sur —, et, *ellipt,* Des vêtements sur — (par opposition aux vêtements confectionnés). || *Fig.* | **1.** Appréciation de la valeur.d'une chose. Donner la — de son talent. Ce général a donné sa — dans la dernière campagne. | **2.** Proportion. Aider dans la — de ses forces. La — de l'approbation qu'on donne à cette pièce, c'est celle du goût et de l'attention, SÉV. 1139. *Loc. prépos. Vieilli.* A — de, en proportion. Les Romains augmentaient toujours leurs prétentions à — de leurs défaites, MONTESQ. *Rom.* 1. *De nos jours.* Au fur et à — des besoins. Au fur et à — que, à proportion que. Remplir un vase au fur et à — qu'il se vide. | **3.** Moyen proportionné au but à atteindre. Prendre ses mesures pour réussir. Prend-on mal ses mesures, On pense en être quitte en accusant son sort, LA F. *Fab.* v, 11. On espère que le prince d'Orange aura pris de fausses mesures, SÉV. 467. Sylla par politique a pris cette —, CORN. *Sertor.* IV, 3. Prendre une demi-—, des moyens insuffisants. Rompre les mesures de qqn, ce qu'il a préparé pour atteindre son but. Pour rompre les mesures de Télémaque, FÉN. *Tél.* 7.

|| **2°** Quantité déterminée prise comme terme de comparaison pour évaluer les quantités de même espèce. Mesures de longueur, de surface, de capacité. (Mathém.) Il n'y a pas de commune — entre la diagonale du carré et un de ses côtés. *P. anal.* Lorsque l'argent eut été pris pour — commune des valeurs, CONDILL. *Comm. gouv.* I, 15. || Le système des poids et mesures. Vérificateur des poids et mesures. Vendre à faux poids et à fausse —. || *Fig.* Avoir deux poids et deux mesures, juger partialement. *Loc. prov.* De la — dont nous mesurons les autres, nous serons mesurés, on nous jugera comme nous aurons jugé. De — et de poids je changeais à leur gré, RAC. *Ath.* III, 3. Agir avec poids et —, avec réflexion, avec règle. J'ai fait tous ces remèdes avec une règle et une — dont j'eusse été incapable sans Mme de Chaulnes, SÉV. 1043. || *Spécialt.* Mesure de capacité. Acheter des pois à la —. Une — pleine, comble. || *P. ext.* Quantité contenue dans la mesure. Une — de blé, de farine. Donner bonne —, un peu plus que la mesure. || *Fig.* Remplir, combler la —, arriver à la dernière limite de qqch. Vous avez comblé la — de vos calomnies, PASC. *Prov.* 16. Mes crimes désormais ont comblé la —, RAC. *Phèd.* IV, 6.

|| **3°** Dimension déterminée que doit avoir une chose pour l'usage auquel elle est destinée. Du bois qui n'est pas de —, qui n'a pas la dimension voulue. Son bois saisi pour n'être de —, RÉGNIER, *Sat.* 15. *Fig. Famil.* Cet homme n'est pas de —, il est au-dessous de sa tâche. Il leur dispense avec — Et la chaleur des jours et la fraîcheur des nuits, RAC. *Ath.* I, 4. Son existence avait dépassé la — de la vie humaine. Ce récit passe un peu l'ordinaire —, BOIL. *Sat.* 10. Il lui marquait (au Dauphin) les justes mesures de sa grandeur, FLÉCH. *M. de Montausier.* Lorsqu'il (le Nil) s'enflait outre —, BOSS. *Hist. univ.* III, 3. Les meurtres se multiplièrent sans —, ID. *ibid.* II, 1. Un bonheur assuré, sans — et sans fin, CORN. *Poly.* IV, 3. || *P. ext.* Manière d'agir modérée. Qu'avec le vice on garde des mesures! MOL. *Mis.* I, 1. Ils ne gardent plus ni lois ni mesures, BOSS. *R. d'Angl.* || *Spécialt.* | **1.** (Musique.) Succession régulière, dans une phrase musicale, de divisions d'égale durée en valeur. Une — à deux temps, à trois temps, à quatre temps. Battre, marquer la —. Bâton de —, qui sert à marquer la mesure. Jouer, chanter en —. Ne sauriez-vous jouer en —? MOL. *Préc. rid.* sc. 12. Danser en —. *P. ext.* Une —, chacune de ces divisions égales. La première — d'un air. | **2.** (Métr.) Succession constante ou périodique, dans le langage, de divisions de durée égale ou équivalente, soit par le nombre des syllabes, soit par la quantité prosodique. Pour enfermer son sens dans la borne prescrite, La — est toujours trop longue ou trop petite, BOIL. *Art p.* 2. Des vers de — inégale. | **3.** (Escrime.) Distance juste à laquelle doit être un tireur pour pouvoir porter une botte à l'adversaire. Être en —, à la —, à la juste distance. Être hors de —, hors de la portée. Rompre la —, se mettre hors de portée. Serrer la —, avancer sur l'adversaire. Lâcher la — reculer. || *Fig.* Être en — de faire une chose, en état de la faire. Être hors de —, hors d'état d'agir. Mettre qqn hors de —, le déconcerter. Je vais égayer mon sé-

rieux loisir A mettre Amphitryon hors de toute —, MOL. *Amph.* III, 2. On est jeté hors de ses mesures et même de son naturel, LA BR. 11.

MESURER [me-zu-ré] *v. tr.*
[ÉTYM. Dérivé de mesure, § 154. (*Cf.* le lat. mensurare, *m. s.*) || XIe s. Grant demi pied mesurer i pout hum, *Roland,* 1218.]

|| **1°** Évaluer (une quantité) par son rapport avec une quantité déterminée de même espèce prise pour terme de comparaison. — du drap. — un champ. — du bois. — la hauteur d'une montagne. — notre vie par les jours et par les années, BOSS. *D. d'Orl.* || — par équarrissement, en prenant sur le volume d'une pièce de bois, d'un bloc de pierre irrégulier, le solide régulier dans lequel ils seraient inscrits. — au mètre, à l'aune (ancienne mesure de longueur), et, *fig.* — les autres à son aune, juger des autres par soi-même. — la surface de la terre, — la terre, et, *fig. poét.* couvrir en tombant une partie du sol égale à sa longueur, c.-à-d. tomber. Les guerriers, de ce coup, vont — la terre, BOIL. *Lutr.* 5. — des yeux, évaluer approximativement avec les yeux la distance ou la grandeur d'un objet, et, *fig.* — qqn des yeux, le regarder des pieds à la tête, pour bien l'examiner, le plus souvent avant de l'attaquer. L'un et l'autre rival, s'arrêtant au passage, Se mesure des yeux, BOIL. *Lutr.* 5. — les épées (dans un combat singulier), s'assurer qu'elles sont de même longueur, et, *fig.* — son épée avec celle de qqn, se battre avec lui. Qu'aujourd'hui Nous daignions — notre épée avec lui, CORN. *D. Sanche,* I, 5. — ses forces, se — avec qqn, s'attaquer à lui. — nos forces avec celles des ennemis, BOSS. *Hist. univ.* II, 21. Te — à moi! qui t'a rendu si vain? CORN. *Cid,* II, 2. || *Spécialt.* Vendre à la mesure. — à qqn un mètre de drap, un litre de pois. || *P. ext.* | **1.** (En parlant de ce qui sert à évaluer.) Donner comme évaluation. Deux mille deux cents ans qui ont mesuré sa durée, BOSS. *Bonté de Dieu,* 2. | **2.** (En parlant de la quantité qu'on évalue.) Avoir telle ou telle dimension. Cet édifice mesure trente mètres, de la base au sommet. || *Fig.* | **1.** Apprécier à sa valeur. Est-ce au pied du mur qu'on mesure les hommes? BOIL. *Sat.* 8. Mesurant les conseils de Dieu à leurs pensées, BOSS. *Marie-Thérèse. Absolt.* Un homme qui ne se mesure point, qui ne se connaît point, LA BR. 11. | **2.** Proportionner. Si pourtant à l'offense on mesure la peine, RAC. *Phèd.* II, 5. Mesure tes conseils sur ma vaste puissance, ID. *Esth.* II, 5. Je mesure mon vol à mon faible génie, BOIL. *Disc. au roi.*

|| **2°** Régler suivant une dimension déterminée. — son élan. Il le lança (le dard) avec tant de fureur qu'il ne put — son coup, FÉN. *Tél.* 16. Les ruches des abeilles étaient aussi bien mesurées il y a mille ans qu'aujourd'hui, PASC. *Vide,* préf. || *P. anal.* A pas plus mesurés, BOIL. *Sat.* 8. — ses expressions, les modérer. *Absolt.* La Dauphine, en public, sérieuse, mesurée, ST-SIM. IX, 197. *Loc. prov.* A brebis tondue Dieu mesure le vent, Dieu modère les épreuves pour les faibles. Sous un chef qui connaît les soldats et les chefs... tout est également vif et mesuré, BOSS. *Condé.* || *Spécialt.* | **1.** (Musique.) Distribuer selon la mesure. Une phrase mesurée à trois temps. *Ellipt.* Mesuré, indication que le récitatif cesse et que le chant recommence. | **2.** (Métr.) Distribuer selon le mètre. Lui-même en mesura (du sonnet) le nombre et la cadence, BOIL. *Art p.* 2.

MESUREUR, *MESUREUSE [me-zu-rður, -rður'] *s. m. et f.*
[ÉTYM. Dérivé de mesurer, § 112. (*Cf.* le lat. mensurator, *m. s.*) || XIIe s. Un mesuraour Qui terre mesuroit, MARIE DE FRANCE, *Fab.* dans GODEF. mesureor.]

|| Celui, celle qui est chargé de mesurer.

MÉSUSER [mé-zu-zé] *v. intr.*
[ÉTYM. Composé de la particule péjorative mes et user, § 192. || XIIIe s. S'il en mesust, c'est-à-dire s'il en usent autrement qu'il ne doivent, BEAUMAN. XXIV, 16.]

|| User mal (de qqch). Il vaut mieux encor qu'il en mésuse (de son bien), MOL. *Tart.* IV, 1.

***MET.** *V.* mait.

MÉTABOLE [mé-tà-bòl] *s. f.*
[ÉTYM. Emprunté du lat. metabole, grec μεταβολή, *m. s.* proprt, « changement ». || 1578. Metaboles et melopees, VIGENÈRE, *Tableaux de Philostrate,* dans DELB. *Rec.* Admis ACAD. 1835.]

|| (Gramm.) Figure de rhétorique par laquelle on répète dans la seconde partie d'une phrase des mots em-

ployés dans la première, et disposés d'une manière différente, de manière à modifier la pensée.

MÉTACARPE [mé-tà-kàrp'] *s. m.*

[ÉTYM. Emprunté du grec μεταχάρπιον, *m. s.* de μετά, après, et χαρπός, carpe. (*Cf.* métatarse.) || 1546. CH. EST. *Parties du corps*, p. 13. Admis ACAD. 1762.]

|| (Anat.) Réunion de cinq os parallèles formant la paume de la main. (*Cf.* carpe.)

***MÉTACARPIEN, ENNE** [mé-tà-kàr-pyin, -pyòn'; *en vers*, -pi-...] *adj.*

[ÉTYM. Dérivé de métacarpe, § 244. || 1752. TRÉV.]

|| (Anat.) Qui a rapport au métacarpe. Les os métacarpiens, et, *substantivt*, Les métacarpiens.

***MÉTACENTRE** [mé-tà-sàntr'] *s. m.*

[ÉTYM. Composé avec le grec μετά, après, et centre, §§ 279 et 284. || 1746. Ce qu'on peut nommer a juste titre métacentre, P. BOUGUER, *Traité du navire*, p. 257.]

|| (T. didact.) Point où la perpendiculaire au plan de flottaison, passant par le centre de gravité et par le centre de poussée d'un corps flottant en équilibre, rencontre la verticale passant par le nouveau centre de poussée, quand le corps a été dérangé de son équilibre. || *Spécialt.* (Marine.) Dans un navire qui oscille autour d'un axe horizontal, centre de courbure de la courbe décrite par le centre de poussée du fluide déplacé.

MÉTACHRONISME [mé-tà-krò-nīsm'] *s. m.*

[ÉTYM. Dérivé du grec μετάχρονος, postérieur, § 265. || Admis ACAD. 1762.]

|| *Rare.* Erreur qui consiste à placer un événement avant le temps où il a eu lieu. (*Cf.* anachronisme.)

***MÉTAGRAMME** [mé-tà-gràm'] *s. m.*

[ÉTYM. Composé avec le grec μετά, indiquant changement, et γράμμα, lettre, § 279. || *Néolog.*]

|| Jeu qui consiste à trouver, d'après de courtes définitions, une série de mots formés par le changement de la première lettre d'un mot.

MÉTAIRIE [mé-tè-ri] *s. f.*

[ÉTYM. Pour metayerie, § 358, dérivé de métayer, §§ 65 et 68. || XIIᵉ-XIIIᵉ s. Il ne gaaignent ne n'ont moltoierie (corr. moltoierie), *Mort d'Aymeri de Narbonne*, 2441.]

|| **1°** Domaine agricole affermé à moitié fruits.

|| **2°** *P. ext.* Domaine agricole de médiocre étendue. Pour aller cultiver sa —, BOSS. *Hist. univ.* III, 6.

MÉTAL [mé-tàl] *s. m.*

[ÉTYM. Emprunté du lat. metallum, grec μέταλλον, *m. s.* Ordinairement métail au moyen âge et encore au XVIIᵉ s. (Dieux de bois et de métail, BOSS. *Polit.* X, VI, 7), par changement de suffixe, § 62. (*Cf.* maille 3.) || XIᵉ s. De cuivre et de métal, *Voy. de Charl. à Jérus.* dans DELB. *Rec.*]

|| Corps simple, doué d'un éclat particulier, plus ou moins ductile et malléable. — natif ou vierge, qui se présente à l'état pur dans la mine. Métaux précieux, l'argent, le platine, l'or. Ils ont en abondance des métaux précieux, MONTESQ. *Espr. des lois*, XXI, 2. Adorer le — que lui-même il (l'homme) fit fondre, BOIL. *Sat.* 8. Allons briser ces dieux de pierre et de —, CORN. *Poly.* II, 6. || *Spécialt.* (Chimie.) Les métaux (par opposition aux métalloïdes), corps simples, liquides ou solides, bons conducteurs de la chaleur et de l'électricité, qui, combinés avec des métalloïdes, sont électro-positifs. || — anglais, alliage d'antimoine et d'étain. — d'Alger, alliage d'étain, de plomb et d'antimoine, employé comme imitation de l'argent. — de cloche, alliage de cuivre et d'étain dont on fait les cloches. — de miroir, alliage de cuivre, de plomb et d'antimoine, qui prend le poli au point de réfléchir les objets comme une glace de miroir. — de prince, cuivre raffiné dont on fait des ouvrages de luxe, étuis, tabatières, etc. Demi-métal, dans l'ancienne chimie, substance métallique cassante et volatile (bismuth, arsenic, etc.). || (Alchim.) Métaux imparfaits, autres que l'or et l'argent. || (Blason.) Métaux, l'or et l'argent, figurés par le jaune et le blanc. || *Fig. Poét.* Par allusion à la distinction de l'âge d'or, d'argent, de fer, etc. Jusqu'au temps du troisième —, BOIL. *Sat.* 10.

MÉTALEPSE [mé-tà-lèps'] *s. f.*

[ÉTYM. Emprunté du lat. metalepsis, grec μεταληψίς, *m. s.* proprt, « substitution ». || 1611. COTGR. Admis ACAD. 1762.]

|| (Gramm.) Figure de rhétorique par laquelle, pour faire entendre une chose, on exprime ce qui doit l'amener ou ce qui doit être amené par elle.

***MÉTALLIFÈRE** [mé-tàl'-li-fèr] *adj.*

[ÉTYM. Emprunté du lat. metallifer, *m. s.* || *Néolog.*]

|| (T. didact.) Qui contient un métal. Terrain —.

MÉTALLIQUE [mé-tàl'-lǐk'] *adj.*

[ÉTYM. Emprunté du lat. metallicus, *m. s.* || XVᵉ-XVIᵉ s. De nature metallique, *Nat. à l'alchim. err.* 41.]

|| (T. didact.) Qui a rapport au métal. Substance —. Éclat —. Son —. (Finances.) Valeurs métalliques, en numéraire. La réserve — de la banque. *Ellipt.* Les métalliques, valeurs que l'État doit rembourser en numéraire. || *P. ext.* Science, histoire —, science, histoire des monnaies et médailles. Une histoire —, ST-SIM. III, 248.

MÉTALLISATION [mé-tàl'-li-zà-syon; *en vers*, -si-on] *s. f.*

[ÉTYM. Dérivé de métalliser, § 247. || 1775. GRIGNON, *Mém.* p. 38. Admis ACAD. 1835.]

|| **1°** Opération par laquelle un métal combiné chimiquement (avec les oxydes, les sulfures) est ramené à l'état de métal pur.

|| **2°** Action naturelle par laquelle des dépôts laissés par les eaux ont été imprégnés de substances métalliques.

|| **3°** Opération par laquelle on recouvre certaines substances d'une légère couche de métal. La — d'une statuette de plâtre.

MÉTALLISER [mé-tàl'-li-zé] *v. tr.*

[ÉTYM. Dérivé du lat. metallum, métal, § 267. || XVIᵉ s. Pieces de bois metallisées, B. PALISSY, p. 327.]

|| (T. didact.) || **1°** Ramener à l'état de métal pur (un métal combiné chimiquement avec les oxydes, les sulfures, etc.).

|| **2°** Recouvrir d'une légère couche de métal. — une statuette de plâtre.

MÉTALLOGRAPHIE [mé-tàl'-lò-grà-fī] *s. f.*

[ÉTYM. Composé avec le grec μέταλλον, métal, γράφειν, décrire, et le suffixe ie, § 279. || 1548. Ainsi que quelque jour dirons en nostre metallographie, A. MIZAULD, *Miroer de l'air*, dans DELB. *Rec.* Admis ACAD. 1835.]

|| (T. didact.) Science des métaux.

MÉTALLOÏDE [mé-tàl'-lò-id'] *s. m.*

[ÉTYM. Composé avec le grec μέταλλον, métal, et εἶδος, forme, § 279. || *Néolog.* Admis ACAD. 1878.]

|| (Chimie.) Corps simple, solide, liquide ou gazeux, sans éclat métallique, mauvais conducteur de la chaleur et de l'électricité, et qui, combiné avec un métal, est électro-négatif.

***MÉTALLOTHÉRAPIE** [mé-tàl'-lò-té-rà-pi] *s. f.*

[ÉTYM. Composé avec le grec μέταλλον, métal, et θεραπεία, traitement, § 279. || *Néolog.*]

|| (Médec.) Mode de traitement de certaines affections, surtout névralgiques, par l'application de disques de métal.

MÉTALLURGIE [mé-tàl'-lur-ji] *s. f.*

[ÉTYM. Emprunté du lat. scientif. metallurgia, qui est le grec μεταλλουργία, *m. s.* || 1741. COL-DE-VILLARS, *Dict. franç.-lat.* Admis ACAD. 1762.]

|| (T. didact.) Industrie qui consiste à tirer les métaux des mines, et à les séparer des matières étrangères.

MÉTALLURGIQUE [mé-tàl'-lur-jĭk'] *adj.*

[ÉTYM. Dérivé de métallurgie, § 229. || Admis ACAD. 1835.]

|| (T. didact.) Qui a rapport à la métallurgie. L'industrie —.

MÉTALLURGISTE [mé-tàl'-lur-jĭst'] *s. m. et f.*

[ÉTYM. Dérivé de métallurgie, § 265. || 1752. TRÉV. Admis ACAD. 1762.]

|| (T. didact.) Celui, celle qui s'occupe de métallurgie.

MÉTAMORPHIQUE [mé-tà-mòr-fĭk'] *adj.*

[ÉTYM. Composé avec le grec μετά, indiquant changement, μορφή, forme, et le suffixe ique, §§ 229 et 279. || *Néolog.* Admis ACAD. 1878.]

|| (Géologie.) Modifié après la stratification par l'action du feu. Roches métamorphiques.

MÉTAMORPHISME [mé-tà-mòr-fīsm'] *s. m.*

[ÉTYM. Composé avec le grec μετά, indiquant changement, μορφή, forme, et le suffixe isme, §§ 265 et 279. || *Néolog.* Admis ACAD. 1878.]

|| État métamorphique.

MÉTAMORPHOSE [mé-tà-mòr-fōz'] *s. f.*

[ÉTYM. Emprunté du lat. metamorphosis, grec μεταμόρφωσις, *m. s.* || 1553. RAB. *Briefve Desclar.*]

|| (T. didact.) Changement par lequel un être perdrait sa

forme naturelle pour en prendre une autre. Tes coups n'ont point en moi fait de —, MOL. *Amph.* I, 2. L'effet est bien douteux de ces métamorphoses, CORN. *Poly.* IV, 6. || *Fig.* Changement complet d'une personne, d'une chose, quant à l'extérieur, au caractère, etc. La cour en moins de temps voit cent métamorphoses, CORN. *Pulch.* IV, 4. || *P. ext.* Suite de transformations qui s'opèrent chez certains insectes, certains batraciens. La — de la chenille en papillon.

MÉTAMORPHOSER [mé-tà-mòr-fó-zé] *v. tr.*
[ÉTYM. Dérivé de métamorphose, § 266. || 1578. Jamais Circé ne metamorphosa homme en si belle huistre, J. DE LÉRY, *Voy. au Brésil*, dans DELB. *Rec.*]
|| (T. didact.) Faire passer (un être) de sa forme naturelle à une autre forme. Des charmes Qui métamorphosaient en bêtes les humains, LA F. *Fab.* XII, 1. || *Fig.* Changer entièrement (qqn, qqch) quant à l'extérieur, au caractère, etc. Mieux ne pouvait se —, LA F. *Contes, Mandrag.*

MÉTAPHORE [mé-tà-fòr] *s. f.*
[ÉTYM. Emprunté du lat. metaphora, grec μεταφορά, *m. s.* proprt, « transposition ». || XIIIᵉ s. Les fables et les metafores, J. DE MEUNG, *Rose*, 7229.]
|| (Gramm.) Figure consistant à désigner une personne, une chose, par une expression qui suppose une comparaison sous-entendue. La — ou la comparaison emprunte d'une chose étrangère une image sensible et naturelle d'une vérité, LA BR. 1. Les métaphores ne sont autre chose que des similitudes abrégées, BOSS. *6ᵉ Avert. aux protest.* 82. Mourir par —, BOIL. *Sat.* 9.

MÉTAPHORIQUE [mé-tà-fò-rïk'] *adj.*
[ÉTYM. Emprunté du lat. metaphoricus, grec μεταφορικός, *m. s.* || XIVᵉ s. Justice improprement dite et metaphorique, ORESME, dans MEUNIER, *Essai sur Oresme.*]
|| (Gramm.) Qui tient à la métaphore. Un style —.

MÉTAPHORIQUEMENT [mé-tà-fò-rïk'-man ; *en vers*, -ri-ke-...] *adv.*
[ÉTYM. Composé de métaphorique et ment, § 724. || XVᵉ-XVIᵉ s. Cette voix pretendoit metaphoricquement sa decollation, FOSSETIER, *Chron. margar.* dans GODEF.]
|| D'une manière métaphorique. Parler —.

MÉTAPHYSICIEN, ENNE [mé-tà-fi-si-syin, -syèn' ; *en vers*, -si-...] *s. m. et f.*
[ÉTYM. Dérivé du lat. scolast. metaphysicus, métaphysique, §§ 217 et 247. || XIVᵉ s. Nul ne est sage ne methaphisicien de nature, ORESME, *Éth.* VI, 13.]
|| (T. didact.) Celui, celle qui s'adonne à la métaphysique.

1. MÉTAPHYSIQUE [mé-tà-fi-zïk'] *s. f.*
[ÉTYM. Emprunté du lat. scolast. metaphysica, *m. s.* cette science ayant été ainsi appelée parce que dans les œuvres d'Aristote elle vient après la physique, μετὰ τὰ φυσικά, § 217. || XIVᵉ s. En metaphisique, ORESME, *Éth.* I, 7.]
|| (T. didact.) Science des choses qui dépassent la nature, le domaine des causes secondes, pour s'élever aux causes premières et aux premiers principes.

2. MÉTAPHYSIQUE [mé-tà-fi-zïk'] *adj.*
[ÉTYM. Emprunté du lat. scolast. metaphysicus, *m. s.* tiré de metaphysica, la métaphysique, § 217. || XVIᵉ s. Spéculations metaphysiques, MARNIX DE STE-ALDEGONDE, dans DELB. *Rec.*]
|| (T. didact.) Qui dépasse la nature, le domaine des causes secondes, pour s'élever aux causes premières et aux premiers principes. Je ne sais si je dois vous entretenir des premières méditations que j'ai faites ; car elles sont si métaphysiques et si peu communes..., DESC. *Méth.* 4. *Spécialt.* (Logique.) Certitude —, que donnent les vérités nécessaires. Preuves de Dieu métaphysiques, tirées des vérités nécessaires. Les preuves de Dieu métaphysiques sont si éloignées du raisonnement des hommes et si compliquées, qu'elles frappent peu, PASC. *Pens.* V, 5.

MÉTAPHYSIQUEMENT [mé-tà-fi-zïk'-man ; *en vers*, -zi-ke-...] *adv.*
[ÉTYM. Composé de métaphysique 2 et ment, § 724. || 1690. FURET.]
|| (T. didact.) D'une manière métaphysique. L'existence de Dieu a été démontrée — par Descartes.

MÉTAPHYSIQUER [mé-tà-fi-zi-ké] *v. tr. et intr.*
[ÉTYM. Dérivé de métaphysique 1, § 154. || 1737. *V.* à l'article. Admis ACAD. 1798.]
|| 1º *Vieilli. V. tr.* Traiter métaphysiquement. On rend odieuses les passions... à force de les —, *Mém. de Trév.* juin 1737.

|| 2º *Famil. V. intr.* Faire de la métaphysique (surtout sur les sujets qui n'en comportent guère).

MÉTAPLASME [mé-tà-plàsm'] *s. m.*
[ÉTYM. Emprunté du lat. metaplasmus, grec μεταπλασμός, *m. s.* || 1521. Il est beaucoup de figures de metaplasme, J. FABRI, *Rhétor.* fº 47, rº. Admis ACAD. 1762.]
|| *Vieilli.* (Gramm.) Altération d'un mot amenée par addition ou suppression.

MÉTASTASE [mé-tàs'-tàz'] *s. f.*
[ÉTYM. Emprunté du grec μετάστασις, *m. s.* proprt, « changement de place ». || 1752. TRÉV. Admis ACAD. 1762.]
|| (T. didact.) || 1º (Médec.) Changement dans le siège ou la forme d'une maladie locale.
|| 2º (Gramm.) Figure par laquelle l'orateur, obligé d'avouer qqch, le rejette sur le compte d'un autre.

MÉTASTATIQUE [mé-tàs'-tà-tïk'] *adj.*
[ÉTYM. Dérivé de métastase, d'après le grec μεταστατικός, changeant, § 229. || 1812. MOZIN, *Dict. franç.-allem.*]
|| (T. didact.) || 1º (Médec.) Qui provient d'un changement dans le siège ou la forme d'une maladie locale. Abcès —.
|| 2º (Minéral.) Dont la formation dérivée est semblable à celle du noyau ou molécule intégrante, comme si celle-ci avait été transportée sur la forme secondaire. Cristal —.

MÉTATARSE [mé-tà-tàrs'] *s. m.*
[ÉTYM. Emprunté du grec μετατάρσιον, *m. s.* || 1586. GUILLEMEAU, *Tables anat.* p. 19. Admis ACAD. 1762.]
|| (Anat.) Réunion de cinq os parallèles formant la partie du pied qui est entre le tarse et les doigts. (*Cf.* métacarpe.)

MÉTATARSIEN, ENNE [mé-tà-tàr-syin, -syèn' ; *en vers*, -si-...] *adj.*
[ÉTYM. Dérivé de métatarse, § 244. || 1747. JAMES, *Dict. de médec.*]
|| (Anat.) Qui a rapport au métatarse. Les os métatarsiens, et, *substantivt*, Les métatarsiens.

MÉTATHÈSE [mé-tà-tèz'] *s. f.*
[ÉTYM. Emprunté du lat. metathesis, grec μετάθεσις, *m. s.* proprt, « déplacement ». || XVIᵉ s. Nous prononçons « berbis » et par metathese « brebis », NICOT, bergier. Admis ACAD. 1762.]
|| (T. didact.) || 1º (Gramm.) Transposition d'une lettre dans un mot. Breuvage (au lieu de beuvrage) est issu d'une — de l'r.
|| 2º (Médec.) Opération par laquelle, ne pouvant faire disparaître une cause de lésion, de maladie, on s'efforce de la faire passer de la place qu'elle occupe dans une autre où elle soit moins nuisible.
|| 3º (Philos.) — des jugements, transposition des termes d'un jugement formant une seconde proposition qui est la réciproque de la première.

MÉTAYAGE [mé-tè-yàj'] *s. m.*
[ÉTYM. Dérivé irrégulier de métayer, § 78. (A distinguer de l'anc. franç. moitoiage, dérivé de l'anc. verbe moitoier.) || *Néolog.* Admis ACAD. 1878.]
|| Mode d'exploitation où un domaine agricole est affermé à moitié fruits.

MÉTAYER, ÈRE [mé-tè-yé, -yèr] *s. m. et f.*
[ÉTYM. Du lat. pop. *medietatarium, m. s.* dérivé de medietatem, moitié, § 115, et devenu meiteier, moitoier, maitaier, écrit arbitrairement métayer, §§ 345, 415, 336, 335, 297 et 291. (*Cf.* mitoyen.) || XIIᵉ s. Quant ore serrai meitelers De ço dont ere reis entiers, *Thèbes*, 3647.]
|| Celui, celle à qui un domaine agricole est affermé à moitié fruits. Jupiter le —, LA F. *Fab.* VI, 4. Leurs terres... possédées par des gens dont les pères étaient peut-être leurs métayers, LA BR. 6. || *P. ext.* | 1. Fermier. | 2. *Dialect.* Ouvrier des champs loué à gages.

MÉTEIL [mé-tèy'] *s. m.*
[ÉTYM. Du lat. pop. *mistilium, m. s.* dérivé de *mistilis*, adj. formé de mistus, variante de mixtus, part. de miscere, mêler (*cf.* mixte), comme fusilis de fusus, etc. §§ 67 et 92. et devenu mesteil, §§ 342, 310, 462 et 291, méteil, § 422, || XIIIᵉ s. De mousturenge et de mesteil, dans DUCHESNE, *Hist. de la maison de Montmorency*, p. 36.]
|| Seigle et froment mêlés qu'on sème et qu'on récolte ensemble. On distingue à peine... le blé froment d'avec les seigles et l'un ou l'autre d'avec le —, LA BR. 6. Du —, et, *p. appos.* Du blé —. Du passe-—, méteil où il y a deux tiers de froment pour un tiers de seigle.

MÉTEMPSYCOSE [mé-tanp'-si-kôz'] *s. f.*

[ÉTYM. Emprunté du lat. metempsychosis, grec μετεμψύχωσις, de μετά, indiquant changement, et ἐμψυχοῦν, animer. On trouve au XVIe s. metempsichosie, RAB. V, 13. ‖ XVIe s. Metempsicose et transanimation, CHARRON, *Sagesse*, I, 8.]

‖ (T. didact.) Doctrine qui admet des existences successives, où l'âme passe du corps qu'elle animait dans celui d'un autre être. Revenons, s'il se peut, à la —, LA F. *Fab.* IX, 8. Toute âme passe en différentes mains : telle est la loi de la —, MONTESQ. *Lett. pers.* 46.

MÉTÉORE [mé-té-òr] *s. m.*

[ÉTYM. Emprunté du lat. scolast. meteorum, grec μετέωρον, *m. s.* ‖ XIIIe-XIVe s. Ceste science est appelee en grec meteores, MAHIEU LE VILAIN, dans DELB. *Rec.*]

‖ (Physique.) Phénomène qui se passe dans l'atmosphère. Météores aériens, produits par le mouvement de l'air (vents, trombes, etc.). Météores aqueux, produits par l'eau qui est en suspension dans l'air (pluie, rosée, neige). Météores lumineux, qui se manifestent par un éclat lumineux (arc-en-ciel, aurore boréale, etc.). Météores ignés, que produit une combustion de matière (foudre, aérolithes, etc.). ‖ *Fig.* Personne, chose qui brille d'un éclat vif et passager.

MÉTÉORIQUE [mé-té-ò-rìk'] *adj.*

[ÉTYM. Dérivé de météore, § 229. ‖ 1636. Vapeurs et impressions meteoriques, J. DENEYROLLES, *Jésus crucif.* dans DELB. *Rec.* Admis ACAD. 1835.]

‖ (Physique.) Relatif aux météores. Phénomène —. *Spécialt.* Pierres météoriques, aérolithes. ‖ *P. ext.* Fleurs météoriques, sensibles aux variations de l'atmosphère.

'MÉTÉORISATION [mé-té-ò-ri-zà-syon ; *en vers*, -si-on] *s. f.*

[ÉTYM. Dérivé de météoriser, § 247. ‖ 1811. TESSIER, *Instr. sur les bêtes à laine*, p. 279.]

‖ (T. didact.) Action de météoriser ; résultat de cette action. *Spécialt.* (Art vétérin.) Gonflement de l'abdomen chez les bestiaux qui ont mangé des herbages humides.

MÉTÉORISÉ, ÉE. *V.* météoriser.

'MÉTÉORISER [mé-té-ò-ri-zé] *v. tr.*

[ÉTYM. Emprunté du grec μετεωρίζειν, élever, soulever, gonfler. ACAD. donne, depuis 1835, le part. météorisé employé comme adjectif. ‖ 1811. Ventre météorisé, TESSIER, *Instr. sur les bêtes à laine*, p. 314.]

‖ (T. didact.) Gonfler l'abdomen par l'accumulation du gaz à l'intérieur.

'MÉTÉORISME [mé-té-ò-rìsm'] *s. m.*

[ÉTYM. Emprunté du grec μετεωρισμός, *m. s.* ‖ XVIe s. PARÉ, XX *bis*, 29.]

‖ (T. didact.) Gonflement de l'abdomen par l'accumulation de gaz à l'intérieur. (*Cf.* météorisation.)

MÉTÉOROLOGIE [mé-té-ò-rò-lò-ji] *s. f.*

[ÉTYM. Emprunté du grec μετεωρολογία, *m. s.* ‖ 1547. Meteorologie et traicté des choses de l'air, A. MIZAULD, *Mir. des temps*, dans DELB. *Rec.* Admis ACAD. 1835.]

‖ (T. didact.) Partie de la physique relative aux phénomènes qui se produisent dans l'atmosphère.

MÉTÉOROLOGIQUE [mé-té-ò-rò-lò-jìk'] *adj.*

[ÉTYM. Emprunté du grec μετεωρολογικός, *m. s.* ‖ 1550. Impressions meteorologiques, ROUSSAT, *Estat et mutation des temps*, dans DELB. *Rec.* Admis ACAD. 1762.]

‖ (T. didact.) Relatif à la météorologie. Observations météorologiques.

MÉTHODE [mé-tòd'] *s. f.*

[ÉTYM. Emprunté du lat. methodus, grec μέθοδος, *m. s.* ‖ XVIe s. Hors toute methode, RAB. III, 8.]

‖ **1°** Marche raisonnée qu'on suit pour arriver à un but. Les cuisines où l'on voit réduire en art et en — le secret de flatter votre goût, LA BR. 6. Vous l'abrutiriez (l'enfant), il est vrai, par cette —, si vous alliez toujours le dirigeant, J.-J. ROUSS. *Ém.* 2. *Spécialt.* — curative, opératoire, que suit un médecin pour guérir, un chirurgien pour opérer. ‖ *P. ext.* Manière de se conduire. La — en est toute nouvelle, Car vous aimez les gens pour leur faire querelle, MOL. *Mis.* II, 1. Je vois que dans le monde on suit fort ma —, ID. *F. sav.* IV, 2.

‖ **2°** Marche rationnelle que suit l'esprit pour atteindre la vérité ou la démontrer quand il l'a trouvée. Si l'on sait la — de prouver la vérité, on aura en même temps celle de la discerner, PASC. *Espr. géom.* I, 1. Enseigner ici la — que chacun doit suivre pour bien conduire sa raison, DESC. *Méth.*

1. — analytique, qui décompose un tout en ses éléments, pour étudier séparément chaque partie. — synthétique, qui réunit les éléments d'un tout pour reconstruire l'ensemble. — expérimentale, à posteriori, qui part de faits recueillis par l'observation. — rationnelle, à priori, qui part de principes absolus, primitivement admis par la raison. Cette véritable —, qui formerait les démonstrations dans la plus haute excellence... consisterait... à définir tous les termes et à prouver toutes les propositions, PASC. *Espr. géom.* I, 1. — de classification. — d'enseignement. Chanter avec —, suivant les règles du chant. ‖ *P. ext.* — de lecture, de chant, de piano, etc., ouvrage élémentaire pour apprendre à lire, à chanter, à jouer du piano, etc. ‖ *Spécialt.* Ordre avec lequel on dispose les parties d'un ouvrage d'esprit. Un livre où il y a de la —. La — est la qualité dominante de nos écrivains, VOLT. *Poés. Époque.*

MÉTHODIQUE [mé-tò-dìk'] *adj.*

[ÉTYM. Emprunté du lat. methodicus, grec μεθοδικός, *m. s.* ‖ XVIe s. Chirurgien methodique et rationnel, PARÉ, *Introd.* 22.]

‖ **1°** Conforme à la méthode. Un enseignement —. Un arrangement —. Sans garder dans ses vers un ordre —, BOIL. *Art p.* 3.

‖ **2°** Qui se conforme à la méthode. Il est moins profond que —, LA BR. 1. Un esprit —. *Vieilli.* Médecin —, s'attachant à la théorie. (S'oppose à empirique.)

MÉTHODIQUEMENT [mé-tò-dìk'-man ; *en vers*, -dike-...] *adv.*

[ÉTYM. Composé de méthodique et ment, § 724. ‖ XVIe s. Trousser methodiquement une definition, MARNIX DE STE-ALDEGONDE, dans DELB. *Rec.*]

‖ D'une manière méthodique. Les géomètres et tous ceux qui agissent —, PASC. *Espr. géom.* 1. ‖ L'on s'y tue — (à la guerre), LA BR. 14.

'MÉTHYLE [mé-til] *s. m.*

[ÉTYM. Composé avec le grec μετά, après, et ῦλη, bois, §§ 279 et 282 *bis*. ‖ Néolog.]

‖ (Chimie.) Hydrogène carboné gazeux que l'on considère comme le radical de l'esprit de bois.

'MÉTHYLIQUE [mé-ti-lìk'] *adj.*

[ÉTYM. Dérivé de méthyle, §§ 229 et 282 *bis*. ‖ Néolog.]

‖ (Chimie.) Qui dérive du méthyle. Acide —. Alcool —, esprit de bois.

MÉTICULEUSEMENT [mé-ti-ku-leúz'-man ; *en vers*, -leu-ze-...] *adv.*

[ÉTYM. Composé de méticuleuse et ment, § 724. ‖ Néolog. Admis ACAD. 1878.]

‖ D'une manière méticuleuse.

MÉTICULEUX, EUSE [mé-ti-ku-leû, -leúz'] *adj.*

[ÉTYM. Emprunté du lat. meticulosus, *m. s.* ‖ XVIIIe-XIXe s. *V.* à l'article. Admis ACAD. 1798.]

‖ Qui s'inquiète des minuties. Un homme —. Une dévotion méticuleuse. Le ton — et l'orgueil circonspect, DELILLE, *Conversat.* 2.

MÉTIER [mé-tyé] *s. m.*

[ÉTYM. Du lat. pop. *misterium*, *m. s.* altération du lat. class. ministerium due peut-être à l'influence de mysterium, mystère, § 509, devenu mestier, §§ 342, 305, 356 et 291. On trouve au Xe s. menestier dans *Ste Eulalie*, forme régulière du lat. class. ministerium. (*Cf.* ménétrier et le doublet savant ministère.) ‖ Xe s. Et sainz Letgiers fist son mistier, *St Léger*, 81.]

1. Genre d'occupation manuelle. Les gens de —. Les corps de métiers, anciennes corporations d'artisans. Ceux à qui il (leur père) n'avait point donné de — pour gagner leur vie, MONTESQ. *Espr. des lois*, XXVI, 5. Tous les métiers, jusqu'aux moindres, étaient en estime, BOSS. *Hist. univ.* III, 3. Le Conservatoire des arts et métiers. ‖ *P. ext.* La partie d'un art qui demande de l'habileté de main. Cet artiste a du —. ‖ *P. anal.* Occupation qu'on assimile à une occupation manuelle. On ne s'était pas encore avisé de faire un — de la justice, BOSS. *Hist. univ.* III, 3. Quittez ce vil —, RAC. *Ath.* II, 7. Ces gens qui, par une âme à l'intérêt soumise, Font de dévotion — et marchandise, MOL. *Tart.* I, 5. Auteurs... qui... font d'un art divin un — mercenaire, BOIL. *Art p.* 4. ‖ *P. ext.* Genre d'occupation particulier à une profession. Un si grand capitaine Saurait mal son —, CORN. *Pomp.* II, 4. Le — des armes. *Poét.* Dans le — de Mars se rendre sans égal, CORN. *Cid*, I, 3. Monsieur le batteur de fer, je vous apprendrai votre —, MOL. *B. gent.* II, 3. Je sais bien mon —, CORN. *Ment.* IV,

7. Être du —, exercer le même métier que qqn. *Vous êtes du —*, MOL. *Mal. im.* II, 5. Jalousie de —, qui fait naître la rivalité entre ceux qui exercent le même métier. *C'est un méchant — que celui de médire*, BOIL. *Sat.* 7. *Un citoyen du Mans, chapon de son —*, LA F. *Fab.* VIII, 21. *Il avait le cœur trop au —*, RAC. *Plaid.* I, 1. Faire — de qqch, exercer un certain métier, et, *fig.* faire habituellement une chose. *Contre elle il fait — de pester chaque jour*, MOL. *Mis.* II, 4. *Loc. prov.* Il n'y a pas de sot —, le plus humble métier peut être exercé honorablement. A chacun son —, les vaches seront bien gardées, que chacun s'en tienne à son état, tout ira pour le mieux. || *Famil. Fig.* Jouer à qqn un tour de son —, faire à qqn un tour comme on sait le faire, comme on a l'habitude d'en faire. *Dans le même sens.* Servir à qqn un plat de son —.

II. Machine qui sert à la fabrication de certains tissus. Un — de tisserand. Un — à tapisserie. Un — à bas. Un — à broder. Un — de passementier. — ouvrant, battant, qui est en activité. || *Fig.* Une idylle est sur le — (on travaille à la composer), LA BR. 5. *Vingt fois sur le — remettez votre ouvrage*, BOIL. *Art p.* 1. || *P. ext.* Cuve où le vinaigrier presse la lie du vin. || Liqueur qu'on tire une première fois (premier —), puis une seconde (second —), de la cuve où l'on fait bouillir le malt et le houblon. || Petit —, sorte d'oublie en forme de cornet, qu'on fait cuire entre deux fers.

MÉTIF, IVE [mé-tíf, -tiv'] *adj.*
[ÉTYM. Tiré de **métis** par substitution de suffixe, §§ 62 et 125. || 1611. Mestif, COTGR.]
|| *Vieilli.* Métis, métisse. Races métives ou mélangées, BUFF. *Chien.* Les Indiens et les métifs, MONTESQ. *Lett. pers.* 121.

MÉTIS, ISSE [mé-tís'] *adj.*
[ÉTYM. Du lat. **misticium**, variante de **mixticium**, *m. s.* dérivé de **mistus** ou **mixtus**, mixte, devenu mestiz, mestis, §§ 342, 383 et 291, métis, § 422. La prononciation de l's finale au masc. est peut-être due à l'influence de l'espagn. mestizo, *m. s.* § 13.]
|| Issu de races, de variétés différentes dans la même espèce. (*Syn.* hybride.) Des animaux —. Des espèces métisses. *Spécialt.* Un homme —, une femme métisse, qui provient de l'union d'un blanc avec une Indienne ou d'une blanche avec un Indien. (*Syn.* mulâtre.) *Substantivt.* Un —, une métisse. C'était un quart d'Espagnol, né d'un — dans le Tucuman, VOLT. *Cand.* 14. || *P. ext.* Fleurs métisses, fruits —. | Fer —, contenant une certaine proportion de soufre ou d'arsenic.

MÉTONOMASIE [mé-tò-nò-mà-zi] *s. f.*
[ÉTYM. Emprunté du grec μετονομασία, *m. s.* de μετονομάζειν, appeler d'un autre nom, de μετά, indiquant changement, et ὄνομα, nom. (*Cf.* métonymie.) || 1690. Les grecs qualifioient de metonomasie..., BAILLET, *Auteurs déguisés*, p. 38. Admis ACAD. 1762.]
|| (T. didact.) Changement de nom. *Spécialt.* Transformation que subit un nom de personne qu'on transporte dans une langue étrangère en le traduisant. Dubois est devenu Sylvius par — (en latin). Schwarzerd est devenu Melanchthon par — (en grec).

MÉTONYMIE [mé-tò-ni-mi] *s. f.*
[ÉTYM. Emprunté du lat. metonymia, grec μετωνυμία, *m. s.* de μετά, indiquant changement, et ὄνομα, nom. || 1521. FABRI, *Rhétor.* dans DELB. *Rec.*]
|| (Gramm.) Figure de rhétorique par laquelle on exprime une chose au moyen d'un terme désignant une autre chose qui lui est unie par une relation nécessaire (la cause pour l'effet, le contenant pour le contenu, etc.).

MÉTOPE [mé-tŏp'] *s. f.*
[ÉTYM. Emprunté du lat. metopa, grec μετόπη, *m. s.* de μετά, entre, et ὀπή, ouverture. || 1545. Methopes entre les modiglions, VAN AELST, *Vitruve*, dans DELB. *Rec.* Admis ACAD. 1762.]
|| (Architect.) Intervalle carré, le plus souvent orné de sculptures, qui est entre les triglyphes de la frise dorique. Les métopes du Parthénon.

MÉTOPOSCOPIE [mé-tò-pŏs'-kò-pi] *s. f.*
[ÉTYM. Dérivé du lat. metoposcopos, grec μετωποσκόπος, celui qui pratique la métoposcopie, de μέτωπον, front, et σκοπεῖν, regarder, § 224. || XVIᵉ s. RAB. III, 25. Admis ACAD. 1762.]
|| (T. didact.) Art de ceux qui prétendent prédire l'avenir, deviner le caractère des gens d'après l'inspection

des traits de leur visage. Votre Révérence donne dans la —, LES. *Gil Blas*, VII, 9. || *P. plaisant.* Physionomie. Vous avez... la — d'un homme à qui l'on doit faire un mauvais parti, GHERARDI, *Th. ital.* III, 197.

MÉTOPOSCOPIQUE [mé-tò-pŏs'-kò-pĭk'] *adj.*
[ÉTYM. Dérivé de **métoposcopie**, § 229. || 1776. Observations metoposcopiques, PERNETY, *Conn. de l'homme*, I, 15. Admis ACAD. 1835.]
|| (T. didact.) Relatif à la métoposcopie.

MÉTRAGE [mé-tràj'] *s. m.*
[ÉTYM. Dérivé de **métrer**, § 78. || *Néolog.*]
|| (Technol.) Action de métrer.

1. MÈTRE [mètr'] *s. m.*
[ÉTYM. Emprunté du lat. metrum, grec μέτρον, *m. s.* proprt, « mesure ». || XIVᵉ s. Jolis vers Nouviaus et de metre divers, GUILL. DE MACHAUT, *Œuvres*, p. 9. Admis ACAD. 1762.]
|| (T. didact.) || **1º** (Métr. anc.) Nombre, nature, disposition des pieds dont se compose chaque espèce de vers. Écrire dans tel ou tel —. Les différents mètres employés par Horace. || *P. ext.* | **1.** Chaque pied du vers hexamètre, pentamètre. | **2.** Chaque dipodie des vers lyriques.
|| **2º** (Métr. mod.) Nombre et disposition des syllabes dont se compose chaque vers, chaque pièce de vers.

2. MÈTRE [mètr'] *s. m.*
[ÉTYM. Emprunté du grec μέτρον, mesure. || Admis ACAD. 1798, suppl.]
|| Unité de mesure, longueur égale à la dix-millionième partie du quart du méridien terrestre, et valant trois pieds onze lignes et quatre dixièmes des anciennes mesures. || *P. ext.* Un —, règle ou ruban de la longueur d'un mètre, divisé en décimètres et subdivisé en centimètres, dont on se sert pour mesurer.

MÉTRER [mé-tré] *v. tr.*
[ÉTYM. Dérivé de **mètre 2**, §§ 65 et 154. || *Néolog.* Admis ACAD. 1878.]
|| (Technol.) Mesurer au mètre.

MÉTREUR, MÉTREUSE [mé-trœr, -trœz'] *s. m. et f.*
[ÉTYM. Dérivé de **métrer**, § 112. *Néolog.* Admis ACAD. 1878.]
|| Celui, celle qui mètre. *Spécialt.* — vérificateur, celui qui fait l'évaluation, au mètre, de certains travaux.

1. MÉTRIQUE [mé-trĭk'] *adj. et s. f.*
[ÉTYM. Emprunté du lat. metricus, a, grec μετρικός, ή, *m. s.* qui s'emploient comme adj. (sens **1º**) et comme subst. fém. (sens **2º**). || 1529. En quantité de syllabe métrique, G. TORY, *Champfleury*, fº 8, vº. Admis ACAD. 1798.]
|| (T. didact.) || **1º** *Adj.* Relatif au mètre (du vers). *Spéciallt.* Vers —, vers fondé sur la quantité prosodique des syllabes (par opposition au vers syllabique, fondé sur le nombre et l'accentuation des syllabes). On a essayé de faire en français des vers métriques.
|| **2º** *S. f.* Ensemble des règles relatives au mètre des vers.

2. MÉTRIQUE [mé-trĭk'] *adj.*
[ÉTYM. Dérivé de **mètre 2**, § 229. || 1799. Système métrique, *Loi du 19 frimaire an VIII.* Admis ACAD. 1835.]
|| Relatif au mètre (mesure de longueur). Le système —, système des poids et mesures où les mesures de longueur, de superficie, de volume, de capacité, de poids, etc., ont pour base le mètre et ses divisions ou ses multiples décimaux. *Spéciallt.* Quintal —, poids de cent kilogrammes. Tonne —, poids de mille kilogrammes.

MÉTRITE [mé-trĭt'] *s. f.*
[ÉTYM. Emprunté du lat. médical metritis, dérivé du grec μήτρα, matrice, § 282. || 1807. SALVIAT, *Inflamm. aiguë de la matrice (métrite)*, titre.]
|| (Médec.) Inflammation de la matrice.

MÉTROLOGIE [mé-trò-lò-ji] *s. f.*
[ÉTYM. Composé avec le grec μέτρον, mesure, λόγος, discours, et le suffixe ie, § 279. || 1780. PAUCTON, *Metrologie ou Traité des poids et mesures*, titre. Admis ACAD. 1878.]
|| (T. didact.) Science des poids et mesures.

MÉTROMANE [mé-trò-màn] *s. m. et f.*
[ÉTYM. Tiré de **métromanie**, § 37. || 1771. TRÉV. Admis ACAD. 1798.]
|| Celui, celle qui a la manie de composer des vers.

MÉTROMANIE [mé-trò-mà-ni] *s. f.*
[ÉTYM. Composé avec **mètre 1** et **manie**, § 279. || Mot dû à

PIRON, qui en a fait le titre d'une de ses comédies (1723). Admis ACAD. 1762.]

‖ Manie de composer des vers.

*MÉTRONOME [mé-trò-nòm'] et, *vieilli*, *MÉTRO-MÈTRE [mé-trò-mêtr'] *s. m.*

[ÉTYM. Composé avec le grec μέτρον, mesure, et νόμος, règle, § 279. ‖ 1780. Metrometre, PAUCTON, *Metrologic ou Traité des poids et mesures*, p. 247.]

‖ (Musique.) Instrument qui sert à indiquer les diverses vitesses du mouvement musical, au moyen d'un balancier qui bat plus ou moins vite, selon qu'on élève ou qu'on abaisse un poids mobile sur sa tige graduée.

MÉTROPOLE [mé-trò-pòl] *s. f.*

[ÉTYM. Emprunté du lat. metropolis, grec μητρόπολίς, *m. s.* proprt, « ville mère ». ‖ XIV⁰ s. *Chron. de St-Denis*, dans LA C.]

‖ **1**⁰ Ville, État considéré relativement aux colonies qui en sont sorties. On a établi que la — seule pourrait négocier dans la colonie, MONTESQ. *Espr. des lois*, XXI, 21.

‖ **2**⁰ (Antiq.) Ville capitale d'une province. Ils privèrent la ville du titre de — de la Syrie, FLÉCH. *Théod.* III, 80.

‖ **3**⁰ (Hist. relig.) Ville ayant un siège archiépiscopal. ‖ **4**⁰ *Rare.* Ville capitale d'un État.

MÉTROPOLITAIN, AINE [mé-trò-pò-li-tin, -tên'] *adj.*

[ÉTYM. Emprunté du lat. metropolitanus, *m. s.* ‖ XIV⁰ s. Archevesque de Reims et metropolitain, J. DE VIGNAY, *Miroir hist.* dans DELB. *Rec.*]

‖ Qui appartient à la métropole. ‖ *Spéciall.* | **1.** Archiépiscopal. Siège —. Église métropolitaine, et, *ellipt*, Antioche, la métropolitaine de l'Orient, BOSS. *Unité*, 1. *Substantivt.* Le —, le chef d'un siège archiépiscopal, l'archevêque. | **2.** Qui appartient à la capitale d'un État. Chemin de fer —, qui traverse, dessert les différentes parties d'une métropole.

METS [mè; l's se lie avec la valeur d'un *z*] *s. m.*

[ÉTYM. Pour mês (*cf.* mess), du lat. pop. mįssum, part. passé de mįttere, mettre, employé substantivement, §§ 45, 308 et 291 : proprt, « ce qui est mis (sur la table) ». ‖ XII⁰ s. Sor lor tables metent lor mês, *Énéas*, 3043.]

‖ Aliment destiné à être servi dans un repas. Jupiter, s'il était malade, Reprendrait l'appétit en tâtant d'un tel —, LA F. *Fab.* XI, 6. Ces —, nous l'avouons, sont peu délicieux, ID. *Phil. et Baucis.*

METTABLE [mè-tâbl'] *adj.*

[ÉTYM. Dérivé de mettre, § 93. ‖ XII⁰ s. Proz est e hardiz e aidables E en toz estovetrs metables, BENEEIT, *Ducs de Norm.* 9704.]

‖ *Famil.* Qui peut encore se mettre, se porter. Cet habit n'est plus —. *P. plaisant. Fig.* Ce visage est encor fort —, MOL. *Éc.* I, 5.

*METTAGE [mò-tâj'] *s. m.*

[ÉTYM. Dérivé de mettre, § 78. ‖ 1812. MOZIN, *Dict. franç.-allem.*]

‖ (Technol.) Action de mettre, de disposer quelque ouvrage pour être travaillé.

METTEUR, *METTEUSE [mè-teŭr, -teŭz'] *s. m.* et *f.*

[ÉTYM. Dérivé de mettre, § 112. ‖ 1305. Meteres en le balanche, dans GODEF. meteor **1.** Admis ACAD. 1762.]

‖ (Technol.) Celui, celle qui dispose quelque ouvrage pour être travaillé. *Spéciall.* | **1.** — en œuvre, qui fait la monture des pierres précieuses, perles, etc. *Fig.* Un habile — en œuvre des idées d'autrui. | **2.** — en pages, ouvrier typographe qui assemble ce qui a été composé pour le distribuer en pages. | **3.** — au point, ouvrier qui dégrossit un ouvrage de sculpture conformément aux indications du sculpteur. | **4.** — en scène, celui qui indique à chaque acteur ce qu'il aura à faire sur la scène.

METTRE [mètr'] *v. tr.*

[ÉTYM. Du lat. mįttere, qui signifie « envoyer », en lat. classique, et qui a pris un sens voisin du sens actuel en lat. pop. §§ 308, 290 et 291.]

‖ **1**⁰ Faire passer à une place déterminée. — de l'argent dans sa bourse, des aiguilles dans un étui, du bois dans la cheminée, de l'huile dans la lampe, du vin dans un tonneau. — du vin en bouteille. — la clef dans la serrure. — une lettre à la poste. — les fers au feu. — les côtelettes sur le feu. — la nappe sur la table, et, *absolt*, — le couvert. — la soupe sur la table. — du sable dans les allées. — une embarcation à la mer. — une personne en voiture. Se — au lit, dans son lit. — qqn dans le bain. Se — à une table (pour manger), et, *absolt*, Se — à table. Se — au coin du feu. — des sentinelles aux portes. On

mit la cavalerie à l'arrière-garde. ‖ *Fig.* Se — qqch en tête. Mettez-vous cela dans l'esprit. — qqch sous les yeux de qqn. — une question sur le tapis. — au jeu. — de l'ordre dans ses affaires. — de la modération dans sa conduite. Il a mis en Dieu toute sa confiance. Il met son bonheur dans la vertu. Il met son honneur à résister. Se — au-dessus de l'opinion, la dédaigner. — les rieurs de son côté, faire rire aux dépens de son adversaire. — César au-dessous d'Alexandre, le considérer comme inférieur. Se — à la place de qqn. Se — sur son testament, l'inscrire parmi ceux à qui on lègue qqch. ‖ *Spéciall.* — bas, déposer. Il met bas son fagot, LA F. *Fab.* I, 16. — chapeau bas, habit bas. Mettons bas toute feinte, MOL. *Éc. des m.* II, 2. *Absolt.* En parlant de la femelle des animaux. — bas, faire ses petits. ‖ — dehors, chasser. Dois-je prendre un bâton pour les — dehors? MOL. *Mis.* II, 1. — les voiles dehors, les déployer. ‖ — en terre, enterrer (une personne morte). — dans le but, l'atteindre en visant. — une balle dans la cible. Il a mis une balle dans la tête de son adversaire. ‖ — à, adapter. — un vêtement à qqn, l'en revêtir. — à qqn des bas, des souliers. *Ellipt.* — son habit, s'en revêtir. — ses bas, ses souliers, etc. *Fig.* Je mets sur moi tout l'argent que je gagne, MOL. *Av.* I, 4. — les menottes à un prisonnier. — la bride à un cheval. — une corde à un violon, un manche à une cognée. — les chevaux à la voiture. — le feu aux poudres. — le pied à l'étrier. ‖ — la main à la plume. — l'épée à la main. — la cognée à l'arbre. ‖ — du temps à qqch, à faire qqch. *Fig.* — ses soins à une affaire. — de l'attention à ce qu'on fait. — obstacle à qqch. — des bornes à son ambition.

‖ **2**⁰ Faire passer à une position déterminée. — une étoffe à l'endroit, à l'envers. — une armée en bataille. — sur pied. — dix mille hommes sur pied. *Fig.* Il mettait sur pied les commencements sincères d'une paix ardemment désirée, HAMILT. *Gram.* p. 90. Se — en rang. — à bas, abattre. Du grand combat qui met nos ennemis à bas, MOL. *Amph.* I, 1. — un navire à l'ancre, à la voile, et, *ellipt*, à l'ancre. — la voile. — qqch par écrit. — une chose en dépôt. — de l'argent de côté. — un enfant en nourrice. — un cheval au vert. Être mis en pension, en prison. — qqn sur le trône, le faire roi. Se — dans les affaires. ‖ *Fig.* — qqn hors des gonds, lui faire perdre patience. — qqn hors d'haleine, l'essouffler. — qqn sur la paille, le ruiner. — qqn au pied du mur, le presser vivement. — qqn sur la voie, l'aider à retrouver qqch. — qqn aux champs, le jeter dans l'inquiétude. Se — en règle.

‖ **3**⁰ Faire passer à un état déterminé. — un étang à sec. — un parquet en couleur. — un cahier au net. — un poulet en daube. L'attaquer, le — en quartiers, LA F. *Fab.* I, 5. La viande Mise en menus morceaux, ID. *ibid.* I, 18. Brûlez le Capitole et mettez Rome en cendre, RAC. *Mithr.* III, 1. Se — en toilette de bal. *Absolt.* Se — (s'habiller) à la mode. Être bien mis. Se — en garde (à l'escrime). — les ennemis en désordre, en déroute, en fuite. Il fut mis à mort. On mit les esclaves à la torture. — qqn en pénitence. On l'a mis au régime. — en train. — une maison en vente, un appartement en location. Se — à la nage, et, avec un infinitif pour complément, Se — à courir. — du linge à sécher. ‖ *Fig.* — tout en jeu, en œuvre. — qqn, qqch en sûreté. — une vérité en évidence. — qqch en doute. — qqn au courant, au fait. Se — en garde contre qqn. — qqn en peine, dans l'embarras, à l'aise. Se — en peine de qqch. — qqn à l'épreuve, à contribution. Je le mets au défi. Une fille mise à mal, enlevée. Que Votre Majesté Ne se mette pas en colère, LA F. *Fab.* I, 10.

MEUBLANT, ANTE [meu-blan, -blänt'] *adj.*

[ÉTYM. Adj. particip. de meubler, § 47. ‖ XIII⁰ s. Les choses qui sont mueblanz, *Établissem. de St Louis*, I, 73. Admis ACAD. 1835.]

‖ Propre à garnir, à orner un appartement. *Spéciall.* (Droit.) Les mots meubles meublants ne comprennent que les meubles destinés à l'usage et à l'ornement des appartements, *Code civil*, art. 534.

MEUBLE [meubl'] *adj.* et *s. m.*

[ÉTYM. Du lat. pop. *mǫbilem (class. mǫbilem, modifié d'après mǫvet, il meut), *m. s.* devenu mueble, meuble, §§ 320, 325, 290 et 291.]

I. *Adj.* Qu'on peut mouvoir.

‖ **1**⁰ Biens meubles, objets qu'on peut transporter sans les détériorer. Les biens sont meubles de plusieurs espèces, MONTESQ. *Espr. des lois*, VI, 1. Dès que les grains sont coupés et les fruits détachés, quoique non enlevés, ils sont meubles, *Code civil*, art. 520. Sont meubles par la détermination de la loi les obligations et actions qui ont pour objet des sommes exigibles ou des effets mobiliers, *Id.* art. 529.

|| **2°** Terre, sol —, dont les parties ont peu de cohésion, se divisent aisément.

II. *S. m.* Objet qui sert à garnir, à orner une maison. Les modes qui régnaient alors dans les habits, les meubles et les équipages, LA BR. 11. Être dans ses meubles, avoir un mobilier à soi, et non des meubles loués. *Spéciall.* En parlant d'une femme entretenue. Mettre une femme dans ses meubles, lui acheter un mobilier. || *P. ext.* | **1.** L'ensemble des sièges et des tentures d'une chambre. Un — de salon, de salle à manger. Un — en soie, en tapisserie. | **2.** Ensemble d'objets divers qui se trouvent dans un appartement. Vous devriez brûler tout ce — inutile, MOL. *F. sav.* II, 7. || *Fig.* Chose qui se trouve habituellement chez qqn. La vertu, sans l'argent, n'est qu'un — inutile, BOIL. *Ép.* 5. *P. plaisant.* Tout ce petit — de bouche (locutions qui sont habituellement dans la bouche de qqu), CORN. *Poés. div.* 1. | *P. plaisant.* — de ruelles (personne qui fréquente assidûment les ruelles), LA BR. 11. || *P. anal.* (Blason.) Pièce quelconque figurée sur l'écu (animal, arbre, etc.). Des meubles d'armoiries.

MEUBLER [meu-blé] *v. tr.*

[ÉTYM. Dérivé de meuble, § 154. || XIIIᵉ s. Riches hons et moblés, dans MONTAIGLON et RAYNAUD, *Rec. de fabliaux*, III, 106. | XIVᵉ s. Il se voelent de grans joyauls meuler, GILLES LI MUISIS, *Poés.* I, 191.]

|| Garnir de meubles. Un appartement richement meublé. *Spéciall.* Appartement meublé, que le propriétaire loue garni de meubles. Maison meublée, où il y a des chambres, des appartements meublés à louer. *P. ext. Famil.* Se —, acheter des meubles pour son appartement. Être bien meublé. || *P. ext.* — une ferme, la garnir de tout ce qui est nécessaire pour l'exploitation (instruments agricoles, bestiaux, etc.). || *P. anal.* Avoir la bouche bien meublée, garnie de belles dents. || *Fig.* — sa mémoire, son esprit, l'enrichir de connaissances. *P. ext.* Que de science aussi les femmes sont meublées, MOL. *F. sav.* III, 2. Un homme meublé d'une âme non commune, LA F. *Ragotin*, II, 7.

MEUGLEMENT [meu-gle-man] *s. m.*

[ÉTYM. Dérivé de meugler, § 145. || 1539. *V.* beuglement.]

|| Cri sourd et prolongé, particulier aux animaux de la race bovine. (*Syn.* beuglement.)

MEUGLER [meu-glé] *v. intr.*

[ÉTYM. Altération de beugler, due soit à une onomatopée directe, soit à l'influence de mugir, § 509. || 1539. Se déduit de l'existence de meuglement à cette date.]

|| Pousser des meuglements. Le bœuf qui meugle et le merle qui siffle, LA BR. 11.

***MEULARD** [meu-làr] *s. m.*

[ÉTYM. Dérivé de meule, §§ 65 et 147. || 1812. MOZIN, *Dict. franç.-allem.*]

|| (Technol.) Grosse meule à moudre.

***MEULARDE** [meu-làrd'] *s. f.*

[ÉTYM. Dérivé de meule, §§ 65 et 147. || 1543. Moulardes à moulins, dans DELB. *Rec.*]

|| (Technol.) Meule à moudre, de dimension moyenne. (*Syn.* meuleau.)

MEULE [meul] *s. f.*

[ÉTYM. Du lat. môla, meule à moudre, devenu muele, meule, §§ 320 et 291. (*Cf.* môle 2 et molette.) Certains considèrent le sens II comme formant un mot distinct, le rattachent au lat. mȇtula, petite pyramide; mais la comparaison de l'espagn. muela, qui a à la fois le sens I et le sens II et qui ne peut venir que de môla, ne favorise pas cette manière de voir. Au XVIIᵉ s. RICHEL. indique la pronon. mule au lieu de meule au sens de « meule de foin ».

I. || **1°** Disque massif, d'ordinaire en pierre dure, qui sert à moudre. Les meules d'un moulin. — gisante, celle de dessous, qui est immobile. — courante, celle de dessus, qui tourne en frottant contre celle de dessous. Les anciens faisaient tourner la — par des bêtes de somme ou par des esclaves condamnés à cette peine pour quelque faute.

|| **2°** Disque, cylindre de grès, de fer, etc., qui sert à aiguiser, à polir. *Fig.* Apollon a passé mon esprit sur la —, LA F. *Ragotin*, II, 7.

|| **3°** Grand fromage en forme de disque. Une — de gruyère.

|| **4°** *Vieilli.* Rotule, os du genou.

II. *P. ext.* || **1°** Empilement régulier de foin, de paille, de blé, dressé soit momentanément dans le pré fauché, dans le champ moissonné, soit d'une manière durable dans le voisinage de la ferme, pour les préserver de la pluie, du soleil, etc.

|| **2°** *P. anal.* | **1.** Couche à champignons; fumier provenant des couches. | **2.** Tas de bois qu'on carbonise. | **3.** Masse de minerai qui doit être soumise au feu. | **4.** Masse de maçonnerie qui entoure le fourneau du fondeur. | **5.** (Vénerie.) Éminence raboteuse que la racine du bois forme sur le front des cerfs, daims, etc.

***MEULEAU** [meu-ló] *s. m.*

[ÉTYM. Dérivé de meule, §§ 65 et 126. || 1444. Moleaux percez et non percez, dans GODEF. molet.]

|| (Technol.) Meule à moudre, de dimension moyenne. (*Syn.* meularde.)

MEULERIE [meul-ri; *en vers*, meu-le-ri] *s. f.*

[ÉTYM. Dérivé de meule, §§ 65 et 69. || 1642. Mestier de meullerie, dans GODEF. molerie. Admis ACAD. 1878.]

|| (Technol.) Fabrique de meules à moudre.

1. *MEULIER [meu-lyé] *s. m.*

[ÉTYM. Dérivé de meule, §§ 65 et 115. || XIIIᵉ s. Li meuliers qui vant meules, dans GODEF. molier 1.]

|| (Technol.) Ouvrier qui taille les meules à moudre.

2. *MEULIER, MEULIÈRE [meu-lyé, -lyèr] *adj.*

[ÉTYM. Dérivé de meule, §§ 65 et 115. || 1611. COTGR.]

|| (Technol.) Qui a rapport aux meules à moudre. *Spéciall.* Silex, quartz —, propre à fabriquer des meules. Dans le même sens. Pierre meullière. *P. anal.* Pierre meullière, et, *substantivt*, Meulière, variété de silex à texture cellulaire, employée pour la maçonnerie.

MEULIÈRE [meu-lyèr] *s. f.*

[ÉTYM. Dérivé de meule, §§ 65 et 115. || 1611. Pierre de molière, COTGR.]

|| (Technol.) Carrière d'où l'on tire les meules à moudre. *P. anal.* Pierre de —, variété de silex dite aussi pierre —. (*V.* meulier 2.)

***MEULON** [meu-lon] *s. m.*

[ÉTYM. Dérivé de meule, §§ 65 et 104. L'origine de l'anc. franç. muillon, qui a le même sens, est obscure. || XIIIᵉ s. Nient plus que li mulons al chien, RAOUL DE HOUDENC, *Eles*, 420. | 1521. Meulon, PALSGR. p. 641.]

|| **1°** Petit tas de foin ou de paille qu'on fait avant de dresser les meules.

|| **2°** Petit amas de sel tiré d'un marais salant.

MEUNERIE [meun'-ri; *en vers*, meu-ne-ri] *s. f.*

[ÉTYM. Dérivé de meunier, §§ 65 et 68. || 1767. MALOUIN, *Hist. de boulangerie et de meunerie*, titre. Admis ACAD. 1878, au sens **1°**.]

|| **1°** Profession, industrie du meunier.

|| **2°** *P. ext.* (Marine.) Fabrique de biscuit de mer.

MEUNIER, IÈRE [meu-nyé, -nyèr] *s. m. et f.*

[ÉTYM. Du lat. pop. *molinarium, *m. s.* dérivé de molinum, moulin, devenu molnier, §§ 336, 297, 356 et 291, monier, meunier, § 459. || XIIIᵉ s. Qui veut estre meuniers, E. BOILEAU, *Livre des mest.* I, II, 1.]

|| **1°** Celui, celle qui dirige un moulin (à céréales). Fils de —, encor blanc du moulin, BOIL. *Épit.* 5. || *Fig.* Échelle de —, escalier raide (comme celui d'un moulin). *Loc. famil. Vieilli.* Il s'est fait d'évêque —, en parlant de celui qui est tombé dans une condition inférieure. Le — sans souci.

|| **2°** *Fig.* | **1.** Nom vulgaire du cafard, insecte qui vit dans la farine. | **2.** Chevanne, poisson de rivière qui se trouve surtout dans le voisinage des moulins. | **3.** Champignon d'aspect farineux. | **4.** Sorte de lèpre blanche qui attaque les arbres, produite par de petits champignons. | **5.** *Au fém.* Meunière, variété de corneille, de mésange à plumage cendré.

MEURT-DE-FAIM [meur-de-fin] *s. m. et f.*

[ÉTYM. Composé de meurt (du verbe mourir), de et faim, § 209. ACAD. écrit sans trait d'union. || 1690. C'est un meurt de faim, FURET. Admis ACAD. (à l'article faim) 1798.]

|| Celui, celle qui n'a pas de quoi se nourrir.

MEURTRE [meurtr'] *s. m.*

[ÉTYM. Mot d'origine germanique, §§ 6, 478 et 499 : *cf.* goth. maurthr, angl. murder, lat. du moyen âge murtrum, *m. s.* L'anc. franç. dit ordinairement murtre. || XIᵉ-XIIᵉ s. Sin rendrunt le murtre quarante sept mars, *Lois de Guill. le Conq.* 26.]

|| Action de tuer de mort violente. Dans le — à l'envi triomphants, CORN. *Cinna*, I, 3. J'entends crier partout : Au — !

BOIL. *Sat.* 6. || *P. hyperb. Fig.* Action dommageable. L'usure... condamnée par saint Augustin, qui l'appelle... le — des pauvres, BOSS. *Usure*, 3. Elle... ne se corrigea pas pour cela du plaisir de faire des meurtres (en raillant), SÉV. 547. Ce serait un — de laisser vieillir dans la servitude un homme né pour faire du bruit dans le monde, LES. *Estev. Gonzales*, 7. C'est un — de laisser ce tableau dans les greniers.

MEURTRIER, IÈRE [méur-tri-yé, -yèr; jusqu'au milieu du XVIIe s., -tryé, -tryèr] *s. m.* et *f.* et *adj.*

[ÉTYM. Dérivé de meurtre, § 115. || XIIIe s. Devoit estre avec la murtriere, G. DE COINCY, *Mir. de la Vierge*, p. 244.]

I. || **1°** *S. m.* et *f.* Celui, celle qui a commis un meurtre. Il est juste, grand roi, qu'un — périsse, CORN. *Cid*, II, 8. De tous ces meurtriers te dirai-je les noms? ID. *Cinna*, V, 1.

|| **2°** *Adj.* Qui cause des meurtres. De Jézabel la fille meurtrière, RAC. *Ath.* IV, 3. || Ils ont la peau plus épaisse et la dent plus meurtrière, BUFF. *Loup noir.* || *Fig.* Périsse le jour et la main meurtrière Qui jadis sur mon front t'attacha (le bandeau royal) la première, RAC. *Mithr.* V, 1. Pour défendre vos jours de leurs lois meurtrières, ID. *Iph.* IV, 4. || (Escrime.) Garde meurtrière, position où l'on cherche à frapper mortellement son adversaire. *P. plaisant. Fig.* D'abord qu'on les approche, ils (les yeux d'une dame) se mettent sur leur garde meurtrière, MOL. *Préc. rid.* sc. 9.

II. *S. f.* Ouverture étroite pratiquée dans un mur de fortification, de caserne, etc., qui laisse passer le canon d'un fusil et permet de tirer à couvert sur les assiégeants.

MEURTRIR [méur-trîr] *v. tr.*

[ÉTYM. Dérivé de meurtre, § 154. (*Cf.* le goth. maurthrian, *m. s.*) || XIIe s. Ne tuer ne multrir, WACE, *Rou*, II, 1197.]

I. *Vieilli.* Tuer de mort violente. Allez, sacrés vengeurs de vos princes meurtris, RAC. *Ath.* V, 6.

II. Contusionner de manière à laisser une marque livide. Son nez meurtri le force à changer de langage, LA F. *Fab.* IX, 4. *Fig.* Il est sorti tout meurtri de cette aventure. || *P. anal.* Un fruit meurtri, endommagé par chute, froissement, etc. (*Cf.* blet, blesser.) || *P. ext.* (Technol.) — le cuir, le marteler par places aux endroits plus épais que le reste de la peau, pour lui donner une souplesse uniforme. — le marbre, l'entamer par places en frappant d'aplomb avec le bout de l'outil.

MEURTRISSURE [méur-tri-sūr] *s. f.*

[ÉTYM. Dérivé de meurtrir, § 111. || XVIe s. PARÉ, IX, 9.]

|| Contusion qui laisse une marque livide. Chaque coup sur la chair laisse une —, BOIL. *Lutr.* 5. || *P. anal.* — d'un fruit, partie endommagée par chute, froissement, etc.

MEUTE [meut'] *s. f.*

[ÉTYM. Du lat. pop. *movita, subst. tiré de movere, mouvoir (d'après un part. refait sur le radical de l'infinitif, *movitus, au lieu du lat. class. motus), devenu *muev't, muete, meute, §§ 326, 290 et 291. (*Cf.* muette, mutin et émeute.) || XIIe s. Pur la noise e la muete que la gent Ernulf fist, WACE, *Rou*, 3497.]

|| **1°** *Anciennt.* Action de se mettre en mouvement. (*Cf.* émeute.) || *Spécialt.* (Vénerie.) | **1.** Partie de chasse. | **2.** Assaut des chiens. | **3.** Relai, rendez-vous de chasse. La — de Boulogne, COLBERT, *Lett. et mém.* V, 568.

|| **2°** *P. ext.* Troupe de chiens courants dressés pour chasser le gibier. (*Cf.* harde.) Toute la — accourt et vient lancer la bête, LA F. *Adonis.* Clefs de —, les meilleurs chiens, qui servent à conduire les autres et à les redresser quand ils sont en défaut. Les clefs de —... Remplirent l'air de cris, LA F. *Fab.* XII, 23. *Fig.* Faire parler aux pairs dont on pourrait douter, et aux clefs de — (principaux meneurs) parmi les magistrats, ST-SIM. XII, 207. || *Fig.* Troupe de gens acharnés contre qqn. La — de ses accusateurs, de ses créanciers.

|| **3°** *P. anal.* Oiseau attaché près d'un filet pour servir d'appeau.

MÉVENDRE [mé-vāndr'] *v. tr.*

[ÉTYM. Pour mesvendre, § 422, composé de la particule péjorative mes et vendre, § 192. || XIIIe s. Carités ne se veut mesvendre, RENCL. DE MOILIENS, *Carité*, CLV, 3.]

|| *Vieilli.* Vendre désavantageusement.

***MÉVENIR** [mèv'-nir; *en vers*, mé-ve-...] *v. impers.*

[ÉTYM. Pour mesvenir, § 422, composé de la particule péjorative mes et venir, § 192. (*Cf.* mécheoir, mésarriver, mésavenir.) || XIIIe-XIVe s. Or oi comment il l'en mesvint, *Ovide moralisé*, dans GODEF. mesvenir.]

|| *Vieilli.* Arriver malheur. Quelle apparence Qu'il en mévienne? LA F. *Contes, Magnif.*

MÉVENTE [mé-vānt'] *s. f.*

[ÉTYM. Tiré de mévendre, d'après vente, §§ 37 et 45. || 1752. TRÉV.]

|| *Vieilli.* Vente désavantageuse.

MÉZAIR ou **MÉSAIR** [mé-zèr] *s. m.*

[ÉTYM. Emprunté de l'ital. mezzaria, *m. s.* proprt, « demi-air », adapté d'après le franç. air, §§ 12 et 507. || 1690. Mesair, FURET. Admis ACAD. 1762.]

|| *Vieilli.* (Manège.) Allure du cheval qui tient le milieu entre le terre-à-terre et les courbettes.

MEZZANINE [měd'-zā-nin'] *s. f.*

[ÉTYM. Emprunté de l'ital. mezzanino, entresol, § 12. Le genre fém. du sens **1°** vient probablement du genre primitif de entresol; celui du sens **2°**, de ce qu'on a dit d'abord fenêtre mezzanine (TRÉV.). || 1676. Mezzanines, FÉLIBIEN, *Princ. de l'architect.* p. 657. Admis ACAD. 1762.]

|| *Vieilli.* (Architect.) || **1°** Petit étage entre deux grands. || **2°** Petite fenêtre carrée qu'on employait dans ces sortes d'étages.

***MEZZO-SOPRANO** [měd'-zò-sò-prà-nó] *s. m.*

[ÉTYM. Emprunté de l'ital. mezzo soprano, *m. s.* proprt, « moyen soprano », § 12.]

|| (Musique.) Voix de femme intermédiaire entre le contralto et le soprano.

MEZZO-TERMINE [měd'-zò-tèr-mi-né] *s. m.*

[ÉTYM. Emprunté de l'ital. mezzo termine, *m. s.* § 12. || XVIIe s. V. à l'article. Admis ACAD. 1798.]

|| Moyen terme proposé dans un litige. Les — ne lui manquent jamais, SÉV. 1211.

MEZZO-TINTO [měd'-zò-tin-tó] *s. m.*

[ÉTYM. Emprunté de l'ital. mezzo tinto, *m. s.* proprt, « demi-teinte », § 12. || Admis ACAD. 1762.]

|| (T. d'art.) Gravure, dite manière noire, où l'on fait d'abord le grain sur toute la planche, de manière à obtenir un noir parfait, et où, après avoir décalqué le dessin sur le cuivre, on abat plus ou moins le grain avec un racloir pour les parties claires, les demi-teintes.

1. MI [mi] *adj.* et *adv.*

[ÉTYM. Du lat. medium, *m. s.* devenu *miel, mi, §§ 305, 415 et 291. (*Cf.* demi, parmi, midi, milieu, minuit.)]

|| *Vieilli.* Demi. (Précède toujours le mot qu'il qualifie et lui est, dans l'usage ordinaire, joint par un trait d'union.)

|| **1°** *Adj. invar.* La mi-carême, le jeudi de la mi-carême. La mi-été, le milieu de l'été. *P. anal.* La mi-août, le milieu du mois d'août; la mi-mars, etc. Le mi-fort de l'épée, la partie qui est à égale distance de la garde et de la pointe. *Spécialt.* Précédé de la prép. à. Avoir de l'eau à mi-jambes, à mi-corps, jusqu'au milieu des jambes, du corps. Être à mi-côte, à mi-chemin, à mi-terme. Bail à mi-fruit, où l'on partage les produits de la terre par moitié. Élever un mur à mi-hauteur. Des confitures à mi-sucre, où il y a moitié sucre.

|| **2°** *Adv.* Du pain mi-bis. Une étoffe mi-fil, mi-coton. (Blason.) Écu mi-coupé, coupé de deux émaux dont chacun est chargé de la moitié d'une figure. Mi-parti, partagé en deux. (*Cf.* mipartir.)

2. MI [mi] *s. m.*

[ÉTYM. Première syllabe du second vers de l'hymne de saint Jean-Baptiste. (*V.* fa.) || Admis ACAD. 1762.]

|| (Musique.) Troisième note de l'échelle diatonique naturelle, c'est-à-dire de la gamme d'ut. || *Spécialt.* Le mi du violon, la corde la plus mince, dite chanterelle, qui donne le mi.

***MIASMATIQUE** [myăs'-mà-tĭk'; *en vers*, mi-ăs'-...] *adj.*

[ÉTYM. Dérivé de miasme, § 229. || 1797. Origine méphitique ou miasmatique, THOUVENEL, *Climat d'Italie*, II, 62.]

|| (T. didact.) Qui tient aux miasmes. Émanation —.

MIASME [myăsm'; *en vers*, mi-ăsm'] *s. m.*

[ÉTYM. Emprunté du grec μίασμα, *m. s.* || 1765. ENCYCL. Admis ACAD. 1798.]

|| (T. didact.) Émanation malsaine de matières putrides.

***MIAULANT, ANTE** [myó-lan, -lānt'; *en vers*, mi-ó-... ou myó-...] *adj.*

[ÉTYM. Adj. particip. de miauler, § 47. || XVIIe s. V. à l'article.]

|| Qui miaule. || *Fig.* Mon âme dolente Toutes les nuits est pour vous miaulante, VOIT. *Poés.* II, p. 151.]

MIAULEMENT [myól-man; *en vers*, mi-ó-le-... et myó-le-...] *s. m.*

[ÉTYM. Dérivé de miauler, § 145. || 1564. J. THIERRY, *Dict. franç.-lat.*]

|| Action de miauler.

MIAULER [myó-lé ; *en vers*, mi-ó-lé et myó-lé] *v. intr.*
[ÉTYM. Onomatopée, § 32. || XIII° s. Se déduit de miaulels, miaulement, employé par GAUT. DE COINCY. (*V.* GODEF.)]
|| En parlant du chat, pousser le cri propre à son espèce. *Sa chatte... Qui miaulait d'un ton fort doux*, LA F. *Fab.* II, 18. || *P. anal.* *Ce n'est point là pleurer, c'est —, princesse*, LA F. *Ragotin*, IV, 2.

MIAULEUR, EUSE [myó-leùr, -leùz' ; en vers, mi-ó-... et myó-...] adj.
[ÉTYM. Dérivé de miauler, § 112. || XVI° s. *Chat miolleur*, dans LER. DE LINCY, *Prov. franç.* I, 99.]
|| Qui miaule. *Un chat —.*

MICA [mi-kà] *s. m.*
[ÉTYM. Emprunté du lat. mica, parcelle. (*Cf.* le doublet mie, de formation pop.) Sur le genre, *V.* § 551. || 1758. *Mém. de l'Acad. des sc.* p. 107. Admis ACAD. 1835.]
|| (Minéral.) Silicate alumineux d'un éclat métallique, qui se sépare facilement en lames transparentes. *Les micas verts de Sibérie. Les micas roses de Saxe et d'Amérique. Un fumivore en —. De quel — A-t-on fait le blanc de sa peau?* TH. GAUTIER, *Symphonie en blanc.*

MICACÉ, ÉE [mi-kà-sé] *adj.*
[ÉTYM. Dérivé de mica, § 233. || 1775. *Granits micacés*, GRIGNON, *Mém.* p. 385. Admis ACAD. 1835.]
|| (Minéral.) Qui tient de la nature du mica.

MICASCHISTE [mi-kà-chist'] *s. m.*
[ÉTYM. Composé de mica et schiste, § 199. || *Néolog.* Admis ACAD. 1878.]
|| (Minéral.) Roche formée de mica et de quartz.

MICHE [mich'] *s. f.*
[ÉTYM. Origine incertaine ; *cf.* le flam. micke, pain de froment, et le holland. mik, farine de seigle, § 10. || XIII° s. *Il aiment miex grant pain que miche*, RUTEB. p. 65, Kressner.]
|| Pain rond, de grosseur moyenne. *Entamer la —. Il était peu de gens Qui ne lui donnassent la — (qui ne lui fissent l'aumône d'un pain)*, LA F. *Contes, Oies. P. plaisant. Fig. Les miches de Saint-Étienne (qui fut lapidé), les pierres. Miches de quatorze sous, dites aussi têtes de moines, strontiane sulfatée qu'on trouve dans les carrières à plâtre de Montmartre.*

MICMAC [mik'-màk'] *s. m.*
[ÉTYM. Origine inconnue : le holland. mikmak, *m. s.* est emprunté du franç. || XVII° s. *C'est une horrible mique maque (à la friperie)*, BERTIIOD, dans LE BIBLIOPH. JACOB, *Paris burlesque*, p. 186. *Du mic mac :* imbroglio, OUD.]
|| *Famil.* Embrouillamini. *Ce — ne vaut rien dans le fond*, REGNARD, *Joueur*, II, 9.

MICOCOULIER [mi-kò-kou-lyé] *s. m.*
[ÉTYM. Emprunté du provenç. mod. micocoulié, d'origine inconnue, § 11. || 1552. *Lotos est un arbre nommé en Provence micacoulier*, CH. EST. dans DELB. *Rec.* Admis ACAD. 1762.]
|| (Botan.) Arbre très répandu dans le midi de la France, et dont le bois sert à l'ébénisterie, à la fabrication des manches de fouet, des fourches, etc.

MICROBE [mi-kròb'] s. m.
[ÉTYM. Emprunté du grec μικρόβιος, dont la vie est courte. || *Néolog.* Mot dû à SÉDILLOT.]
|| (T. didact.) Cellule vivante, végétale ou animale, appartenant au monde des infiniment petits, agent de certaines fermentations, de certaines maladies infectieuses. (*Cf.* bactérie, bacille, vibrion.)

MICROCOSME [mi-krò-kòsm'] *s. m.*
[ÉTYM. Emprunté du lat. microcosmus, grec μικρόκοσμος, *m. s.* de μικρός, petit, et κοσμός, monde. || XV°-XVI° s. *Gouvernante du macrocosme Qui fut crée pour microcosme*, *Alch. err. à nat.* 7.]
|| (T. didact.) Abrégé de l'univers. *Je suis un —, un abrégé de tout le monde*, DANCOURT, *Comédie des comédiens*, II, 11. *A moi le — de toutes les sciences* (1685), DOMINIQUE, *Avocat pour et contre*, II, 12.

MICROGRAPHE [mi-krò-gràf'] s. m. et f.
[ÉTYM. Tiré de micrographie, §§ 37 et 279. || 1771. TRÉV.]
|| (T. didact.) Celui, celle qui s'occupe de micrographie.

MICROGRAPHIE [mi-krò-grà-fi] *s. f.*
[ÉTYM. Composé avec le grec μικρός, petit, γράφειν, décrire, et le suffixe ie, § 279. || 1677. *Les micrographies*, LE P. CHÉRUBIN, *Vision parfaite*, préf. Admis ACAD. 1798.]

|| (T. didact.) Étude d'objets observés au microscope.

MICROGRAPHIQUE [mi-krò-grà-fik'] adj.
[ÉTYM. Dérivé de micrographie, § 229. || *Néolog.*]
|| (T. didact.) Relatif à la micrographie.

MICROMÈTRE [mi-krò-mètr'] *s. m.*
[ÉTYM. Composé avec le grec μικρός, petit, et μίτρον, mesure, § 279. || 1572. *Instrument dict et nommé micrometre, inventé par celuy ci mesme qui en attendant... vous présente son aigle-compas*, BESSARD, *Aigle-compas*, dédic. Admis ACAD. 1762.]
|| (T. didact.) || **1°** Instrument formé de deux fils tendus parallèlement dans une lunette, l'un fixe, l'autre mobile, qui sert à mesurer les petites distances astronomiques, et spécialement les diamètres apparents des astres.
|| **2°** Instrument qui sert à compter le nombre de fils des tissus.

MICROMÉTRIQUE [mi-krò-mé-trik'] adj.
[ÉTYM. Dérivé de micromètre, § 229. || *Néolog.*]
|| (T. didact.) Relatif au micromètre. *Mesure —.*

MICRON [mi-kron] s. m.
[ÉTYM. Emprunté du grec μικρόν, neutre de μικρός, petit. || *Néolog.*]
|| (Optique.) Millième partie du millimètre, unité de mesure adoptée récemment pour les observations microscopiques.

MICROPHONE [mi-krò-fòn'] s. m.
[ÉTYM. Composé avec μικρός, petit, et φωνή, son, § 279. || 1732. TRÉV.]
|| (Physique.) Appareil acoustique destiné à amplifier le son. || *Spécialt.* Appareil destiné à amplifier les sons transmis par le téléphone.

MICROSCOPE [mi-kròs'-kòp'] *s. m.*
[ÉTYM. Composé avec le grec μικρός, petit, et σκοπεῖν, examiner, § 279. || 1666. *En regardant avec le microscope*, AUZOUT, *Lett. à M. Oldembourg*, p. 7.]
|| (T. didact.) Instrument d'optique formé de lentilles disposées de manière à faire paraître les petits objets plus gros qu'à l'œil nu. *Une goutte d'eau vue au —. D'un nouveau — on doit en sa présence Tantôt chez Dalencé faire l'expérience*, BOIL. *Sat.* 10. || *Fig. Voir, regarder les choses au —, en les exagérant. Ces conteurs Qui n'ont jamais rien vu qu'avec un —*, LA F. *Fab.* IX, 1. *Je crois regarder par un —*, SÉV. 1286.

MICROSCOPIQUE [mi-kròs'-kò-pik'] *adj.*
[ÉTYM. Dérivé de microscope, § 229. || 1754. *Animaux microscopiques*, JOBLOT, *Observ.* I, avert. Admis ACAD. 1835.]
|| (T. didact.) Relatif au microscope. | 1. Qui se fait à l'aide du microscope. *Observations microscopiques.* | 2. Qui ne se voit qu'au microscope. *Les animaux microscopiques.* || *P. hyperb.* Écrire en caractères microscopiques, très petits.

MICROZOAIRE [mi-krò-zò-èr'] *s. m.*
[ÉTYM. Composé avec le grec μικρός, petit, et ζωάριον, animal, § 279. || *Néolog.* Admis ACAD. 1878.]
|| (T. didact.) Être vivant qui n'est visible qu'au microscope.

MICTION [mik'-syon ; *en vers*, -si-on] *s. f.*
[ÉTYM. Emprunté du lat. mictio, *m. s.* de mingere, uriner. || *Néolog.* Admis ACAD. 1878.]
|| (Médec.) Action d'uriner.

MICTURITION [mik'-tu-ri-syon ; en vers, -si-on] s. f.
[ÉTYM. Dérivé du lat. micturire, uriner fréquemment, § 247. || *Néolog.*]
|| (Médec.) Besoin fréquent d'uriner.

MIDI [mi-di] *s. m.*
[ÉTYM. Composé de mi 1 et l'anc. franç. di, jour, lat. diem, § 173. (*Cf.* le lat. meridies, pour medidies, *m. s.*) || XI° s. *Contre midi tenebres i ad granz*, *Roland*, 1431.]
|| **1°** Le milieu du jour, la douzième heure après minuit. *J'y cours, — sonnant*, BOIL. *Sat.* 3. *Sur le —, vers —. Il est — précis. — est sonné. Il est — sonné, — et demi, — un quart.* || *P. ext.* En plein —, en plein jour. || *Fig. Ce ne sont que des rayons affaiblis (de la vérité) et non pas la lumière dans son —*, BOSS. 2° *Annonc.* 2. *Nier la lumière en plein —, nier l'évidence. Faire voir à qqn des étoiles en plein —, vouloir lui faire croire des choses impossibles. En plein — faire voir des étoiles*, DESTOUCHES, *Philos. marié*, IV, 3. *Chercher — à quatorze heures, chercher bien loin ce qu'on a à sa portée pour sortir d'une difficulté. Notre petit-maître est un chercheur de — à quatorze heures*, LA F. *Coupe enchantée*, sc. 1. *Ancienn.* Un cherche-—, un cadran solaire. *Rue du Cherche-Midi (à Paris).* || *Poét.* Le — de la vie, l'âge

entre la jeunesse et la maturité. Au — de mes années, Je touchais à mon couchant, J.-B. ROUSS. *Odes*, I, 10.]

|| **2°** Celui des quatre points cardinaux qu'on a à sa droite quand on regarde du côté où le soleil se lève. Le vent du —. || *P. ext.* | 1. Partie d'une contrée, d'un continent, la plus rapprochée de ce point. Le — de la France, et, *absolt*, Il est du Midi, il a l'accent du Midi. Les départements du Midi. Le chemin de fer du Midi. Le — de l'Europe. Les contrées du Midi. | 2. Exposition d'un lieu qui est en face de ce point. Une façade qui est au —.

1. MIE [mi] *s. f.*
[ÉTYM. Du lat. *mica*, miette de pain, §§ 380 et 291.]
|| **1°** *Vieilli.* Miette de pain. Diogène vit de petites souris ramasser des mies de pain sous sa table, FÉN. *Anc. philos. Diog.* | *Adverbt.* Particule servant à renforcer la négation ne. (*Cf.* pas, point, goutte.) N'écoutez —, LA F. *Fab.* IV, 16. Messieurs de l'Académie Ne me le pardonneraient —, SCARR. *Gigantomachie*, 3.
|| **2°** *P. ext.* Partie intérieure du pain qui, ne subissant pas l'action directe du feu, reste molle. Du pain où il y a trop de — et pas assez de croûte.

2. MIE [mi] *s. f. V.* ami.

MIEL [myèl] *s. m.*
[ÉTYM. Du lat. *mel*, *m. s.* § 305.]
|| Substance sirupeuse, sucrée, que les abeilles élaborent avec les matières recueillies dans les fleurs et qu'elles dégorgent dans les alvéoles de leur ruche pour leur nourriture et celle des larves. Des mouches à —. Sur différentes fleurs l'abeille s'y repose Et fait du — de toute chose, LA F. *Fab.* IX, 20, *Disc. à Mme de la Sablière.* On voit les frelons, troupe lâche et stérile, Aller piller le — que l'abeille distille, BOIL. *Sat.* 1. — vierge, — de goutte, premier miel qui coule des alvéoles. Doux comme le —. *Loc. prov.* On prend plus de mouches avec du — qu'avec du vinaigre, on gagne plus de gens par la douceur que par la sévérité. || *P. ext.* — rosat, suc extrait de pétales sèches de roses rouges qu'on a fait infuser dans l'eau bouillante. — aérien, manne. || *Fig.* Personne, chose pleine de douceur. Qu'il est doucereux! C'est tout sucre et tout — ! MOL. *Éc. des m.* I, 2. Leur — (la douceur de ces mots) dans tous mes sens fait couler à longs traits Une suavité qu'on ne goûta jamais, MOL. *Tart.* IV, 5. La lune de —, le premier mois du mariage.

***MIELLÉ, ÉE** [myè-lé] *adj.*
[ÉTYM. Dérivé de miel, §§ 65 et 118. Écrit avec deux l à l'imitation du lat. *melleus*, *m. s.* § 502. || XII° s. Dolçors mielee, *Cant. cant.* dans GODEF. mielé.]
|| **1°** Sucré avec du miel. De l'eau miellée.
|| **2°** Doux comme le miel. Une saveur miellée. || *Fig.* Ses paroles miellées, LA F. *Fab.* X, 10.

MIELLEUSEMENT [myé-leûz'-man ; *en vers*, -leûze-...] *adv.*
[ÉTYM. Composé de mielleuse et ment, § 724. || XVI° s. Le mielleusement doux chant des sirenes, H. EST. *Apol.* p. 48. Admis ACAD. 1878.]
|| D'une manière mielleuse.

MIELLEUX, EUSE [myé-leû, -leûz'] *adj.*
[ÉTYM. Dérivé de miel, §§ 65 et 116. Écrit avec deux l à l'imitation du lat. *mellosus*, *m. s.* § 502. || XIII° s. Cil les fresnes mieleus trencha, J. DE MEUNG, *Rose*, 20333.]
|| Qui a une douceur analogue à celle du miel. Une liqueur mielleuse. || *Fig.* Qui a une douceur affectée. Un langage —. Une personne mielleuse.

MIEN, MIENNE [myin, myèn'] *adj.*
[ÉTYM. Du lat. *meum*, *m. s.* devenu *mien*, d'où, plus récemment, le féminin mienne, §§ 594 et 595. || 842. Cist meon fradre Karlo, *Serments de Strasbourg.*]
|| Qui est à moi.
|| **1°** *Vieilli.* Qualifiant un substantif. Il m'est mort un — frère, LA F. *Fab.* XII, 9. Au travers d'un — pré, RAC. *Plaid.* I, 7. Vous prenant pour ce — camarade, CORN. *Clit.* II, 7. || Cette culotte est mienne, et je prendrai Ce qui fut — où je le trouverai, VOLT. *Pucelle*, 3. Mais je l'ai dit comme —, LA BR. 1.
|| **2°** *Absolt* (le substantif sous-entendu). L'auteur de tes maux et des miens, RAC. *Iph.* II, 1. || *Spécialt.* | **1.** *Au masc. sing.* Ce qui est à moi. Je ne réclame que le —. Je ne veux pas y mettre du —. Le — et le tien, la propriété du chacun. Le — et le tien sont les termes les plus communs sur la terre, BOURD. *Charité du prochain*, 1. Je risque plus du — (de mes intérêts) que tu ne fais du tien, MOL. *Sgan.* sc. 22. *Fig.* J'y mets du —, je fais un sacrifice. Si j'ajoute du — à

son invention, LA F. *Fab.* IV, 18. | **2.** *Au masc. pl.* Les miens, mes proches, mes parents. Mais j'ai les miens, la cour, le peuple à contenter, LA F. *Fab.* III, 1. A-t-il quelqu'un des miens qu'il veuille encor séduire? CORN. *Cinna*, V, 3. | **3.** *Au fém. pl.* J'ai fait des miennes, de mes fredaines habituelles.

MIETTE [myèt'] *s. f.*
[ÉTYM. Dérivé de mie, § 133. || XII° s. Ne se saolent de lor miates lou famillant, *Dial. anime conquer.* dans *Romania*, 1876, p. 279.]
|| Parcelle qui tombe du pain quand on le rompt, quand on le coupe. Faire des miettes. Ramasser les miettes. Les petits chiens mangent au moins sous la table des miettes du pain des enfants, SACI, *Bible, St Marc*, VII, 28. || *P. anal.* Parcelle d'aliment. Ils ne vous demandent que le superflu, quelques miettes de votre table, BOSS. *Impén. fin.* 3. La cigogne au long bec n'en put attraper —, LA F. *Fab.* I, 18. || *Fig.* Elle avait un esprit qui dérobait tout... et se saisit ainsi de toutes les miettes qui tombent, SÉV. 1270. || *P. ext. Famil.* Parcelle. Mettre un vase en miettes, le briser en mille morceaux.

MIEUX [myeû] *adv.*
[ÉTYM. Du lat. *melius*, *m. s.* devenu *mielz* (avec l mouillée), *mieuz, mieus*, écrit arbitrairement *mieux*, §§ 305, 463, 291 et 726.]
I. Comparatif de l'adv. bien. Il vaut — courir au trépas, CORN. *Cid*, I, 6. Je connais — mon sang, il sait — son devoir, ID. *Hor.* III, 6. Je t'en aimerai —, ID. *ibid.* II, 5. Le malade se porte —, il va —. Parlons-en —, CORN. *Cid*, I, 3. J'aime — cela. Si — n'aime la mère en créer une rente, LA F. *Fab.* II, 20. Il n'y a rien de —. Quand on est bien parée, on est toujours —, RÉGNIER, *Sat.* 13. || Précédé d'un adverbe qui en augmente la force. Beaucoup —, bien —. Beaucoup — seul qu'avec des sots, LA F. *Fab.* VIII, 10. On s'introduit bien — à titre de vaillant, CORN. *Ment.* I, 6. *Vieilli.* Trop —. Vous qui savez et possédez trop — tous les points, ST-SIM. VIII, 388. || *Substantivt.* Ce qui est mieux. Faute de —. Il y a du —, de l'amélioration. *Loc. adv.* De — en —, et, *vieilli*, De bien en —, en allant de plus en plus vers un état meilleur. A qui mieux mieux, à qui fera mieux que l'autre.

II. (Précédé de l'article défini.) Superlatif absolu de l'adv. bien. Le vers le — rempli, BOIL. *Art p.* 1. Vous parlez, Monsieur, le — du monde, MOL. *Mis.* V, 1. Les hommes les — doués. | *Vieilli.* (Sans article.) C'est bien... le corps — fait (le mieux fait), LA F. *Contes, Berceau.* C'est par là que son feu se peut — exprimer (le mieux), MOL. *D. Garcie*, I, 1. || Superlatif relatif de l'adv. bien. Ceux qui étaient les — versés dans sa sainte loi, BOSS. *Ambition*, fragm. *Vieilli.* Faire qqch des —, parmi ceux qui le font le mieux. Je m'acquitte des — de la charge commise, CORN. *Place Royale*, I, 2. || *Substantivt.* Le —, ce qu'il y a de mieux. Faire pour le —. Tout alla du — qu'il put, LA F. *Fab.* IV, 22. Tout est au —, aussi bien que possible. || *P. anal.* Faire de son —, du mieux que l'on peut.

MIÈVRE [myèvr'] *adj.*
[ÉTYM. Origine inconnue. || 1288. Se kievre Ki par jovenece estoit si mievre, J. GELÉE, *Renart le nouvel*, p. 90, Houdoy.]
|| **1°** *Vieilli.* En parlant d'un enfant, qui a une gentillesse malicieuse. Il n'a jamais été ce qu'on appelle — et éveillé, MOL. *Mal. im.* II, 5.
|| **2°** *P. ext.* Qui a une affectation de gentillesse. *Substantivt.* Ce petit — de Jeannot, DANC. *Bourg. à la mode*, III, 4.

MIÈVRERIE [myè-vre-ri] *s. f.*
[ÉTYM. Dérivé de mièvre, § 69. || Admis ACAD. 1718.]
|| Caractère d'une personne, d'une chose mièvre. *P. ext.* Des mièvreries, des actes de mièvrerie.

MIÈVRETÉ [myè-vre-té] *s. f.*
[ÉTYM. Dérivé de mièvre, § 122. || XV° s. Mievreté de page, dans CHASTELL. VII, 40, n. 7.]
|| *Vieilli.* Mièvrerie. C'est un enfant gâté qui fait quelquefois des petites mièvretés, DANC. *Bourg. à la mode*, III, 3.

MIGNARD, ARDE [mi-ñàr, -ñàrd'] *adj.*
[ÉTYM. Dérivé de mignon, par changement de suffixe, §§ 62 et 147. || 1418. Se déduit de l'existence de mignarder à cette date.]
|| **1°** *Vieilli.* Qui a une gentillesse mignonne. En bégayant d'une façon mignarde, RÉGNIER, *Élég.* 4.
|| **2°** *P. ext.* Qui affecte une gentillesse mignonne. Un parler —.

MIGNARDEMENT [mi-ñàr-de-man] *adv.*
[ÉTYM. Composé de mignarde et ment, § 724. || 1539. R. EST.]
|| D'une manière mignarde. Trouvez-vous pas qu'elle ar-

range cela assez — ? (1692), DOMINIQUE, *Précaution inutile*, III, 9.

MIGNARDER [mi-ñàr-dé] *v. tr.*
[ÉTYM. Dérivé de mignard, § 154. (*Cf.* amignarder.) || 1418. Por bien mignarder cil mien filz, dans GODEF.]
|| Traiter (qqn) en lui faisant des gentillesses mignonnes. Se —, affecter une gentillesse mignonne.

MIGNARDISE [mi-ñàr-diz'] *s. f.*
[ÉTYM. Dérivé de mignard, § 124. || 1539. R. EST.]
|| 1° *Vieilli.* Gentillesse mignonne. Des mignardises, manières mignonnes qu'on a avec qqn.
|| 2° *P. ext.* Affectation de gentillesse mignonne. J'aime mieux la rusticité que la —, DIDER. *Pens. sur la peint.* || *Au plur.* Des mignardises, des traits de gentillesse affectée.
|| 3° *Fig.* | 1. Soutache fine qui sert de garniture. | 2. (Jardin.) Petits œillets que l'on met en bordures.

MIGNON, ONNE [mi-ñon ; -ñòn'] *adj. et s. m. et f.*
[ÉTYM. Origine incertaine : les uns y voient le radical celtique min, signifiant « petit », les autres le radical du mot allemand minne, amour, § 104. Les plus anc. formes offrent le suffixe ot au lieu de on (*cf.* mignoter), § 62. || XVᵉ S. COMM. II, 8.]
I. *Adj.* Qui a du charme dans la petitesse. Une créature mignonne. *Substantivt.* Figurez-vous la plus jolie petite mignonne, BEAUMARCH. *B. de Sév.* II, 2. Un homme chérissait éperdument sa chatte, Il la trouvait mignonne et belle, et délicate, LA F. *Fab.* II, 18. Des mains mignonnes, un pied —. *Ironiqt.* Pour un amant, la fleurette est mignonne, MOL. *Mis.* II, 1. *Famil.* Le péché — d'une personne, péché léger auquel elle s'abandonne volontiers. Argent —, argent comptant qui permet de satisfaire ses fantaisies.
II. *S. m. et f.* Personne qu'on chérit. Anselme, mon —, MOL. *Ét.* I, 5. Du siècle les mignons, RÉGNIER, *Sat.* 3. Oui, mignonne, je songe à remplir ton attente, MOL. *Éc. des m.* II, 9. *Ironiqt.* Mais, ma mignonne, dites-moi, LA F. *Fab.* IV, 3. || En parlant à un enfant. Mon —, je vous sauve la vie, LA F. *Fab.* v, 11. || *Spéciallt.* Amant, maîtresse. Et vous pourriez avoir vingt mignonnes en ville, LA F. *Contes, Coupe enchantée.* Le — de couchette, MOL. *Sgan.* sc. 6. || *P. ext.* Celui qui se prête à la lubricité d'un autre homme. Passer sa vie avec ses infâmes mignons, FÉN. *Dial. des morts*, 13.
III. *Fig. S. f.* (Technol.) | 1. (Typogr.) Ancien caractère intermédiaire entre la nonpareille et le petit texte. | 2. (Jardin.) Variété de poire, de pêche, de prune.

MIGNONNEMENT [mi-ñòn'-man ; *en vers*, -ñò-ne-...] *adv.*
[ÉTYM. Composé de mignonne et ment, § 724. || XVᵉ S. *Jehan de Paris*, 34, Bibl. elzév.]
|| D'une manière mignonne.

MIGNONNETTE [mi-ñò-nèt'] *s. f.*
[ÉTYM. Fém. de mignonnet, aujourd'hui inusité, dérivé de mignon, § 133. || XVᵉ-XVIᵉ S. Dames sont honnestes, Gentes, mignonnettes, J. MAROT, dans MONTAIGLON, *Anc. Poés. franç.* X, 253. Admis ACAD. 1740.]
|| 1° Petite mignonne. Ton amour me touche au dernier point, —, MOL. *Éc. des m.* II, 10.
|| 2° (Technol.) | 1. Ancien caractère menu d'imprimerie. | 2. Réseau de fil délié. | 3. Poivre concassé. | 4. Œillet de Chine, saxifrage ombreuse, réséda des jardins, etc. | 5. Pois de petite grosseur. | 6. Petit papillon de nuit. | 7. Caillou fin et trié pour sabler les allées.

MIGNOTER [mi-ñò-té] *v. tr.*
[ÉTYM. Dérivé de mignot, forme que l'on trouve dès le XIIᵉ s. pour mignon, § 154. (*Cf.* amignoter.) || XVᵉ S. Ele se plaint et mignote, A. DE LA SALE, *Quinze Joies*, 15, Bibl. elzév.]
|| *Vieilli.* Traiter d'une façon mignonne.

MIGNOTISE [mi-ñò-tîz'] *s. f.*
[ÉTYM. Dérivé de mignot, forme anc. de mignon (*cf.* mignoter), § 124. || XIIIᵉ S. Par chi va la mignotise, ADAM DE LA HALE, *Jeu de la Feuillée*, chanson. Admis ACAD. 1798.]
|| 1° *Vieilli.* Façon d'être mignonne avec qqn.
|| 2° *Fig.* — des Génevois, nom donné au thym.

MIGRAINE [mi-grèn'] *s. f.*
[ÉTYM. Altération du lat. hemigrania ou hemicrania, grec ἡμικρανία, *m. s.* de ἡμι, demi, et κρανίον, crâne. || XIIIᵉ S. Goute migraigne, *Arcberie*, dans GODEF. migraine.]
|| Douleur qui n'affecte d'ordinaire qu'une partie de la tête, particulièrement la région des tempes, et est souvent accompagnée de troubles gastriques. Avoir la —. Être sujet à la —. Elle a de fréquentes migraines.

*MIGRATEUR, TRICE [mi-grà-teǔr, -trïs'] *adj.*
[ÉTYM. Emprunté du lat. migrator, *m. s.* || *Néolog.*]
|| (T. didact.) Qui émigre. Peuples, oiseaux migrateurs.

MIGRATION [mi-grà-syon ; *en vers*, -si-on] *s. f.*
[ÉTYM. Emprunté du lat. migratio, *m. s.* || 1011. COTGR. Admis ACAD. 1762.]
|| (T. didact.) Déplacement d'une population qui quitte un pays pour s'établir dans un autre. Les migrations des peuples de l'Asie. || *P. anal.* Déplacement de certains animaux qui changent de climat, soit périodiquement selon les saisons, soit par suite de circonstances accidentelles.

MIJAURÉE [mi-jó-ré] *s. f.*
[ÉTYM. Origine inconnue. || 1642. OUD.]
|| 1° *Vieilli.* Fille, femme de la campagne, sans usage.
|| 2° *P. ext.* Fille, femme à prétentions. Voilà une belle — MOL. *B. gent.* III, 9. Là sont en foule antiques mijaurées, VOLT. *Épit.* 35.

MIJOTER [mi-jò-té] *v. tr.*
[ÉTYM. Dérivé de mijot, variante de mugot (*V.* ce mot), § 154. Le mot n'a pénétré que depuis peu dans la langue générale. COTGR. donne migeotter comme mot normand signifiant « cacher » ou « faire mûrir ». || (Au sens actuel.) Admis ACAD. 1798.]
|| 1° Faire cuire doucement et longtemps. Un ragoût bien mijoté. *Intransitivt.* La soupe n'a pas assez mijoté.
|| 2° *Fig.* Préparer doucement. — une affaire.

1. MIL [mil] *adj.*
[ÉTYM. Du lat. mille, *m. s.* §§ 336 et 291.]
|| Adjectif numéral qui s'employait en ancien français comme singulier de mille et qui s'emploie encore dans l'énonciation de la date des années du premier millier. L'an — huit cent quinze. || *Abusivt.* Celles-ci sont pour l'an trois —, Ainsi soit-il, BÉRANGER, *Ainsi soit-il.*

2. MIL [mïy'] *s. m.*
[ÉTYM. Du lat. milium, *m. s.* qui serait devenu régulièrement meil; la forme mil paraît être dialectale ou refaite d'après le dérivé millet, où l'affaiblissement de ei en i est moins surprenant, § 16. || 1282. Orge, mil, peniz, *Charte d'Arbois*, dans GODEF.]
|| Graminée dite aussi millet, qui produit une petite graine dont se nourrissent les oiseaux. Le moindre grain de — Serait bien mieux mon affaire, LA F. *Fab.* I, 20. || *P. ext.* — à grappe, panis. — à épis, sorgho.

MILAN [mi-lan] *s. m.*
[ÉTYM. Emprunté du provenç. milan, dérivé du lat. milvus ou miluus, *m. s.* § 11. || 1539. R. EST.]
|| Oiseau de proie diurne, à queue allongée et fourchue, à vol rapide. (*Syn.* écoufle.) Un — qui dans l'air planait, LA F. *Fab.* IV, 11.

*MILANAISE [mi-là-nèz'] *s. f.*
[ÉTYM. Nom propre signifiant « de Milan (ville d'Italie) », § 36. || 1785. Le cordonnet, la milanese, ENCYCL. MÉTH. *Manuf. Passementier.*]
|| (Technol.) Petite ganse de soie, dite aussi guipure, qui s'emploie pour garnir les boutonnières des vêtements d'hommes.

*MILANEAU [mi-là-nó] *s. m.*
[ÉTYM. Dérivé de milan, § 126. || 1812. MOZIN, *Dict. franç.-allem.*]
|| Petit milan.

*MILANIÈRE [mi-là-nyèr] *s. f.*
[ÉTYM. Dérivé de milan, § 115. || 1685. *V.* à l'article.]
|| (Fauconn.) Lieu où l'on élève des milans. La — et la héronnière qui étaient à Noisy, DANGEAU, *Journal*, 4 avril 1685.

MILIAIRE [mi-lyèr ; *en vers*, -li-èr] *adj.*
[ÉTYM. Emprunté du lat. miliarius, *m. s.* dérivé de milium, mil. || XVIᵉ S. PARÉ, XXIV, 37. Admis ACAD. 1762.]
|| (T. didact.) Qui ressemble à des grains de mil. Éruption —, qui produit une quantité de très petites vésicules. La fièvre —, et, *substantivt*, La —, caractérisée par une éruption miliaire. Glandes miliaires, pores microscopiques des parties herbacées des plantes.

MILICE [mi-lîs'] *s. f.*
[ÉTYM. Emprunté du lat. militia, *m. s.* || XVIᵉ-XVIIᵉ S. La milice de l'espee, BRANT. VI, 356.]
I. *Ancien.* Guerre, combat. Tout le temps de la vie présente est une — continuelle, dit Job, MASS. *2ᵉ Prof. relig.* 1. Les règles de cette — spirituelle, BOURD. *Tentations*, préamb.
II. Troupes. La nouvelle — qu'il fallut lever, BOSS. *Hist. univ.* III, 6. || *Fig.* Déserteur de la — de Jésus-Christ, BOURD.

1er Jugem. dernier, 1. La — céleste, les anges. || *Spéciall.*
| 1. Avant la Révolution, bourgeois, paysans recrutés au
sort, soit pour servir dans l'armée, soit pour former des
troupes urbaines. Tirer à la —, tomber à la — (au sort).
| 2. *De nos jours*. Troupe, police auxiliaire employée aux
colonies.
MILICIEN [mi-li-syin; *en vers*, -si-in] *s. m.*
[ÉTYM. Dérivé de milice, § 244. || 1725. Ces miliciens, DE
GUIGNARD, *École de Mars*, 1, 531. Admis ACAD. 1762.]
|| Soldat de la milice.
MILIEU [mi-lyeú] *s. m.*
[ÉTYM. Composé de mi 1 et lieu, § 173. || XIe s. L'estache
del miliu neielee d'argent, *Voy. de Charl. à Jérus.* 349.]
I. Partie qui est à égale distance des extrémités.
|| **1°** Dans un espace de lieu. Le — de la table. Prendre
quelqu'un par le — du corps. Marcher au — de la rue. Scier
un arbre par le —. Le — de la place, de la ville, de la rivière.
|| **2°** Dans un espace de temps. Le — du jour, de la nuit.
Le — de la semaine, de l'année. Le — de la vie. Le — de la
représentation, de la séance. || *Spéciall.* Partie d'un ouvrage
littéraire, musical, qui demande une autre partie avant
elle (commencement) et une autre après (fin). Le — d'un
discours, d'un poème. Que le début, la fin, répondent au —,
BOIL. *Art p.* 1.
II. Place où on est entouré en tous sens. Être au — des
glaces, du brouillard. Il s'élance au — des ennemis. L'aigle
plane au — des airs. || *Fig.* Elle croissait au — des bénédic-
tions de tous les peuples, BOSS. *D. d'Orl.* Au — des plus
grands hasards de la guerre, ID. *R. d'Angl.* || Du — de la
retira du — des flammes. *Fig.* Du — de mon peuple extermi-
nez les crimes, RAC. *Ath.* 1, 1. Dieu menace les peuples qui
altèrent la religion qu'il a établie de se retirer du — d'eux,
BOSS. *R. d'Angl.* || *P. ext. Absolt.* Un —, ce qui entoure
en tous sens. L'air est le — dans lequel nous vivons. La lumière est réfractée quand elle traverse des milieux de densité
différente. || *Fig.* Mettant de faux milieux entre la chose et lui,
LA F. *Fab.* VIII, 26. *P. ext. Néolog.* L'ensemble des société, des mœurs, des événements parmi lesquels a vécu
une personne, s'est accompli un fait. Étudier un personnage
historique dans son —.
III. *Fig.* Ce qui est également éloigné des extrêmes,
des excès opposés. Entre ces deux extrémités, un peuple d'ailleurs si sage ne put trouver le —, BOSS. *Hist. univ.* III, 6.
Et soyez pour cela dans le — qu'il faut, MOL. *Tart.* V, 1.
Qu'est-ce que l'homme dans la nature? Un néant à l'égard de
l'infini, un tout à l'égard du néant, un — entre rien et tout,
PASC. *Pens.* 1, 1. Les hommes s'accommodent mieux des milieux
que des extrémités, MONTESQ. *Espr. des lois*, XI, 6. On ne
peut être que d'un parti ou de l'autre, il n'est point de —, PASC.
Prov. 14. Qui tient le juste —? ID. *Pens.* III, 3. Ce mortel...
qui tient le — entre l'homme et l'esprit, LA F. *Fab.* IX, 20,
Disc. à Mme de la Sablière.
MILITAIRE [mi-li-têr] *adj.*
[ÉTYM. Emprunté du lat. militaris, *m. s.* || XIVe s. Tri-
buns militaires, BERSUIRE, f° 100, dans LITTRÉ.]
|| Relatif à la guerre. Des préparatifs militaires. Le métier
—. La discipline —. Les autorités civiles et militaires. *Fig.* Venir
à l'heure —, ponctuellement. Herbe —, mille-feuille, plante
vulnéraire. || *Substantivt.* Un —, un homme de guerre. Être
exempt de loger des militaires. Ces militaires qui déshonorent
la profession des armes, BOSS. *Gournay.* || *Au sens collectif.*
Le —. | 1. Les gens de guerre. | 2. La profession militaire.
MILITAIREMENT [mi-li-têr-man; *en vers*, -tê-re-...]
adv.
[ÉTYM. Composé de militaire et ment, § 724. || XVIIe s.
V. à l'article.]
|| D'une manière militaire. Ce prince (Adrien)... vécut
lui-même — et avec beaucoup de frugalité, BOSS. *Hist. univ.*
1, 10. *P. anal.* Avec une discipline rigoureuse. Il fait marcher ses employés —. Mener — ses domestiques.
MILITANT, ANTE [mi-li-tan, -tânt'] *adj.*
[ÉTYM. Adj. particip. de militer, § 47. || XIVe s. L'Église
militante, J. DE VIGNAY, *Miroir hist.* dans DELB. *Rec.*]
|| Qui combat, qui lutte.
|| **1°** (Théol.) L'Église militante, les fidèles, qui ont à lut-
ter sur la terre (par opposition à l'Église triomphante, les
bienheureux).
|| **2°** *P. ext. Néolog.* Politique militante, politique de lutte.
Substantivt. Les militants, les partisans de cette politique.
MILITER [mi-li-té] *v. intr.*

[ÉTYM. Du lat. militare, *m. s.* || XIIIe s. Militez moult inel-
lement, H. DE MERY, *Tourn. Antechrist*, dans GODEF.]
|| **1°** *Vieilli. Au propre.* Combattre.
|| **2°** *Fig.* Prêter appui. Ces faits militent en sa faveur.
1. MILLE [mil] *adj.*
[ÉTYM. Emprunté du lat. millia ou mīlia, plur. de mille,
m. s. (*cf.* mil), devenu mille, mile, §§ 356 et 544. || XIe s.
Oitante milie sont el premier chief devant, *Voy. de Charl. à
Jérus.* 96.]
|| Adjectif numéral invariable. Dix fois cent. Après —
ans et plus de guerre déclarée, LA F. *Fab.* III, 13. Les Mille
et une nuits, Les Mille et un jours, titres de recueils de con-
tes orientaux. || *P. hyperb.* Un nombre indéterminé,
considérable. O bienheureux — fois! RAC. *Ath.* II, 9. Une
des — et une brochures qu'on a faites contre mon ami, VOLT.
Un Chrét. contre six juifs, 17. Rossolis de — fleurs (ACAD.
écrit —-fleurs), où il entre beaucoup de fleurs distillées.
Absolt. Dix fois cent font —. — déjà l'ont fait, — pourraient
le faire, CORN. *Hor.* II, 3. || *Substantivt.* Un —, un millier.
Famil. Des — et des cents, une grande quantité.
2. MILLE [mil] *s. m.*
[ÉTYM. Emprunté du lat. mille, millia, *m. s.* || XIIIe s.
Dedens la cité... et... dedens cent milles entor, *Digeste*, dans
GODEF. mille 1.]
|| (Technol.) Mesure itinéraire de mille pas. Le — ro-
main (de 1,472 m.). Le — anglais (de 1,609 m.). Le — marin
(de 1,852 m.). A la distance de trois milles romains.
MILLE-FEUILLE [mīl-fôuy'; *en vers*, mi-le-...] *s. f.*
[ÉTYM. Composé de mille et feuille, à l'imitation du lat.
millefolia ou millefolium, *m. s.* § 173. (*Cf.* l'anc. franç. mil-
foil, *m. s.*) || 1539. Millefueille, R. EST.]
|| (Botan.) Plante de la famille des Synanthérées, dont
la feuille a de nombreuses découpures.
MILLE-FLEURS. V. mille.
MILLÉNAIRE [mīl-lé-nêr] *adj.*
[ÉTYM. Emprunté du lat. millenarius, *m. s.* (*Cf.* l'anc.
franç. millenier.) || XVIe s. De longs millenaires d'annees, VI-
GENÈRE, *Traité du feu et du sel*, édit. 1608, p. 83.]
|| (T. didact.) Qui comprend mille unités. Nombre —.
Substantivt, au masc. | 1. Chiffre exprimant le nombre
mille. (*Cf.* millésime.) | 2. Période de mille ans. A la fin
du quatrième — du monde, BOSS. *Hist. univ.* II, 23.
MILLE-PERTUIS [mīl-pêr-tui; *en vers*, mi-le-...] *s. m.*
[ÉTYM. Composé de mille et pertuis, § 173. || 1539. R. EST.]
|| (Botan.) Plante dont les feuilles offrent une multi-
tude de petits utricules remplis d'une huile volatile.
MILLE-PIEDS [mīl-pyé; *en vers*, mi-le-...] *s. m.*
[ÉTYM. Composé de mille et pieds, à l'imitation du lat.
millepeda, *m. s.* § 173. || XVIe s. Millepiez, DU PINET, *Dioscor.*
dans DELB. *Rec.* Admis ACAD. 1762.]
|| (Entomol.) Insecte qui a un grand nombre de pieds.
(*Cf.* myriapode.)
MILLÉPORE [mīl-lé-pôr] *s. m.*
[ÉTYM. Prononciation latinisée (*V.* § 502) de mille-pore
(TRÉV.), composé de mille et pore, § 173. || 1752. TRÉV.
Admis ACAD. 1835.]
|| (Hist. nat.) Polypier pierreux dont la surface offre
des pores nombreux.
MILLÉSIME [mīl-lé-zim'] *s. m.*
[ÉTYM. Emprunté du lat. millesimus, millième. L'anc.
franç. dit milliaire. || 1515. Pose 0 soubz millesime de ton
partiteur, LORTIE, *Arithm.* f° 15, r°. | 1582. Millesime de l'an-
née, MONTAND, *Miroir des François*, p. 457.]
|| **1°** (Chronol.) Chiffre exprimant le nombre mille dans
l'énoncé d'une date. (*Cf.* millénaire.) Charte datée de 350.
au lieu de 1350, par oubli du —.
|| **2°** *P. ext.* (T. didact.) Chiffre marquant la date de
la fabrication d'une monnaie, d'une médaille.
MILLET [mi-yè] *s. m.*
[ÉTYM. Dérivé de mil, § 133. || XIVe s. Milet est une maniere
de grain moult petit, J. CORBICHON, *Propr. des choses*, XVII,
104, mss franç. Bibl. nat. 216, f° 265, v°.]
|| Graminée qui produit une petite graine dont se nour-
rissent les oiseaux. (*Cf.* mil.) || *P. ext.* — noir, sarrasin.
MILLIAIRE [mi-lyèr; *en vers*, -li-êr] *adj.*
[ÉTYM. Emprunté du lat. milliarius, *m. s.* (*Cf.* millier.)
Signifie « millésime » en anc. franç. || Admis ACAD. 1740.]
|| (T. didact.) Qui marque la distance de mille pas.
Borne —.
MILLIARD [mi-lyàr; *en vers*, -li-àr] *s. m.*

96

[ÉTYM. Dérivé de million par changement de suffixe, §§ 62 et 147. || 1544. Je n'usse point usurpé ce mot de miliart, n'ût été l'autorité de Budé, J. PELETIER, *Arithm.* p. 18. Admis ACAD. 1740 et écrit d'abord milliart.]

|| Nombre de mille millions. (*Cf.* billion.) Un — de francs, et, *ellipt*, Un —.

MILLIASSE [mi-lyâs'; *en vers*, -li-âs'] *s. f.*

[ÉTYM. Dérivé de million par changement de suffixe, §§ 62 et 81. || 1505. Des milliasses d'oiseaux, *Relat. du voy. du capit. de Gonneville*, dans *Ann. des Voyages*, juill. 1809, p. 73.]

|| **1°** *Vieilli*. Nombre de mille milliards. Un cône d'or dont l'axe serait treize milliasses deux cents milliards de lieues, VOLT. *Philos. de Newton*, II, 2.

|| **2°** *Pop.* Grand nombre. Je l'ai envoyé à mille milliasses de diables.

MILLIÈME [mi-lyèm'] *adj. et s. m.*

[ÉTYM. Dérivé de mille, § 96 *ter*. || XIIIᵉ s. Que nul n'en diroit le millisme, *Image du monde*, dans LITTRÉ.]

|| **1°** Adjectif numéral ordinal. Qui en a neuf cent quatre-vingt-dix neuf avant lui (dans une série). Le — animal dans l'ordre des générations est pour lui le même que le premier, BUFF. *De la Nature, Seconde Vue.*

|| **2°** Adjectif numéral fractionnaire. Qui est une des parties d'une quantité divisée en mille parties égales. La — partie du mètre. || *S. m.* Le —, chaque partie d'une quantité divisée en mille parties égales. La tolérance est de deux millièmes du poids normal pour les pièces de vingt francs.

MILLIER [mi-lyé] *s. m.*

[ÉTYM. Dérivé de mil 1, § 115. Écrit d'abord miller, puis millier par réaction étymologique, § 502. || XIᵉ s. Moerent païen a milliers e a cenz, *Roland*, 1417.]

|| Nom collectif exprimant le nombre de mille. On en prend quelquefois jusqu'à cent milliers (de cailles), BUFF. *Caille.* || *Ellipt.* Un — de poudre, un poids de mille livres. Un — de foin, une quantité de mille bottes. || *P. hyperb.* Nom collectif désignant un nombre indéterminé très considérable. Ces milliers de morts, BOSS. *Condé.* Des ducats à milliers (en quantité très considérable), TH. CORN. *D. César d'Avalos*, III, 4.

MILLIGRAMME [mîl'-li-gràm'] *s. m.*

[ÉTYM. Composé avec le lat. mille, mille, et gramme, § 284. || 1795. *Loi du 18 germinal an III, Bullet. des lois*, IV, 17. Admis ACAD. 1798, suppl.]

|| Millième partie d'un gramme.

MILLIMÈTRE [mîl'-li-mêtr'] *s. m.*

[ÉTYM. Composé avec le lat. mille, mille, et mètre, § 284. || 1795. *Loi du 18 germinal an III, Bullet. des lois*, IV, 17. Admis ACAD. 1798, suppl.]

|| Millième partie d'un mètre.

MILLION [mi-lyon; *en vers*, -li-on] *s. m.*

[ÉTYM. Dérivé de mille, § 246. || 1359. Quatre millions de deniers d'or, *Traité de Londres*, dans COSNEAU, *Les grands Traités de la guerre de Cent ans*, p. 18.]

|| Nom de nombre exprimant mille fois mille. Un — de francs. *Ellipt.* Pour un — (de francs) Vous ne voudriez pas faire rébellion, MOL. *Tart.* V, 4. Tel avec deux millions de rente peut être pauvre, LA BR. 6. *Famil.* Un homme riche à millions. || *P. hyperb.* Un nombre indéterminé très considérable. Il lui dit, comme font plusieurs personnes maintenant, qu'il lui demandait un — d'excuses, FURET. *Rom. bourg.* I, 95. Des millions de soleils éclairent des milliards de mondes, VOLT. *Ing.* 11.

MILLIONIÈME [mi-lyò-nyòm'; *en vers*, -li-ò-...] *adj. et s. m.*

[ÉTYM. Dérivé de million, § 96 *ter*. || 1732. TRÉV. Admis ACAD. 1762.]

|| **1°** Adjectif numéral ordinal. Qui en a 999,999 avant lui (dans une série).

|| **2°** Adjectif numéral fractionnaire. Qui est une des parties d'une quantité divisée en un million de parties égales. || *S. m.* Le —, chaque partie d'une quantité divisée en un million de parties égales.

MILLIONNAIRE [mi-lyò-nèr'; *en vers*, -li-ò-...] *adj.*

[ÉTYM. Dérivé de million, § 248. || 1752. TRÉV. Admis ACAD. 1762.]

|| Qui possède des millions. Une personne —. *Substantivt.* Un —, une —, celui, celle qui possède des millions.

MILORD [mi-lòr] *s. m.*

[ÉTYM. Mot anglais composé de my, mon, et lord, seigneur, § 8. || XIVᵉ s. Trouver pourras quelque millour, *Miracles de Notre-Dame*, dans PETIT DE JULLEVILLE, *Mystères*, I, p. 170. Admis ACAD. 1762.]

|| Titre qu'on donne à un lord anglais quand on lui parle. Pardonnez-moi, —. || *P. ext.* En parlant d'un lord. Il faut que ce soit quelque — anglais, VOLT. *Cand.* 22. || *Fig.* Un cabriolet —, et, *ellipt*, Un —, un cabriolet à quatre roues.

MIME [mim'] *s. m.*

[ÉTYM. Emprunté du lat. mimus, grec μῖμος, *m. s.* || 1560. Un mime ou histrion, J. POLDO D'ALBENAS, *Antiq. de Nimes*, dans DELB. *Rec.* Admis ACAD. 1762.]

|| **1°** (Antiq.) Petite comédie familière, bouffonne. || Acteur jouant ces sortes de pièces.

|| **2°** *P. ext. Néolog.* Celui qui imite plaisamment l'air, la physionomie, le parler des gens.

MIMER [mi-mé] *v. tr.*

[ÉTYM. Dérivé de mime, § 154. || *Néolog.* Admis ACAD. 1878.]

|| Rendre par le geste, l'attitude, le jeu de la physionomie (sans se servir de la parole).

MIMIQUE [mi-mîk'] *adj.*

[ÉTYM. Emprunté du lat. mimicus, grec μιμικός, *m. s.* || 1570. Art mimique, G. HERVET, dans DELB. *Rec.* Admis ACAD. 1835.]

|| **1°** (Antiq.) Qui appartient aux mimes, sortes de comédies familières, bouffonnes. La poésie —. Il excella dans la poésie —, ROLLIN, *Hist. anc.* XII, p. 98, édit. 1733.

|| **2°** *P. ext. Néolog.* Qui mime. Langage —. || *Substantivt, au fém.* La —, le langage mimique.

MIMOSA [mi-mò-zà] *s. m.* (fém. ACAD.).

[ÉTYM. Emprunté du lat. mimosa, fém. de mimosus, proprt, grimaçant comme un mime. On a dit mimose et mimeuse à la fin du XVIIIᵉ s. || 1619. De l'herbe mimosa, A. COLIN, *Drogues*, dans DELB. *Rec.* Admis ACAD. 1835.]

|| (Botan.) Plante de la famille des Légumineuses, dont certaines espèces se contractent quand on les touche.

MINABLE [mi-nàbl'] *adj.*

[ÉTYM. Dérivé de miner, § 93. || (Au sens **I**.) XVᵉ s. Et fut trouvé qu'il estoit minable, JUVÉNAL DES URSINS, *Chron.* ann. 1411. | (Au sens **II**.) *Néolog.* Admis ACAD. 1878.]

I. (T. milit.) Qu'on peut attaquer par une mine. L'endroit où le rempart est —.

II. *Fig. Pop.* Misérable. Un air —.

MINAGE [mi-nàj'] *s. m.*

[ÉTYM. Dérivé de mine 1, § 78. || XIIIᵉ s. Minage de blé et de tout autre grain, E. BOILEAU, *Livre des mest.* 1, x, 10. Admis ACAD. 1718.]

|| *Anciennt.* Mesurage des mines de grains. || *P. ext.* | 1. Vente des grains à la mine. La place du —, le marché. | 2. Droit seigneurial levé sur le mesurage des mines de blé. | 3. Paiement en quantités de mines de blé.

MINARET [mi-nà-rè] *s. m.*

[ÉTYM. Emprunté de l'arabe minaret, *m. s.* § 22. || 1606. En leurs minerets ou tourelles, J. PALERNE, *Peregrinations*, dans DELB. *Rec.* Admis ACAD. 1762.]

|| La tour d'une mosquée.

MINAUDER [mi-nó-dé] *v. intr.*

[ÉTYM. Dérivé de mine 3, § 167. || 1645. Se minauder des povres amoureux, DAVID FERRAND, *Muse normande*, dans DELB. *Rec.*]

|| Faire des mines. Voir... — des prostituées, J.-J. ROUSS. *Pologne*, 2.

MINAUDERIE [mi-nód'-ri; *en vers*, -nó-de-ri] *s. f.*

[ÉTYM. Dérivé de minauder, § 69. || 1611. COTGR.]

|| Action de minauder, de faire des mines. L'art de la —, DESTOUCHES, *Irrésolu*, II, 6. || *P. ext.* Ces mines elles-mêmes. Ces petites minauderies plus ou moins adroites par lesquelles elle vous dit : Regardez-moi, MARIV. *Marianne*, 4.

MINAUDIER, IÈRE [mi-nó-dyé, -dyèr] *adj.*

[ÉTYM. Dérivé de minauder, § 115. || Admis ACAD. 1694.]

|| Qui minaude. Sa face minaudière, LES. *Turcar.* I, 1.

MINCE [mîns'] *adj.*

[ÉTYM. Origine inconnue; malgré le sens, la phonétique semble interdire tout rapprochement avec menu. (*Cf.* amincir, émincer.) Mincer se trouvant dès le XIIIᵉ s. au sens de « émincer » (*V.* GODEF. mincier), l'existence de l'adj. mince remonte au moins à cette époque, quoiqu'il ne soit attesté qu'au siècle suivant.]

|| Qui a peu d'épaisseur. Une tranche de pain —. Une personne —. Avoir la taille —. Une étoffe —. (Hydrauliq.) Orifice

percé en — paroi, orifice d'écoulement percé dans une paroi dont l'épaisseur ne dépasse pas une fois et demie le diamètre de l'orifice, pour que la veine jaillissante se détache des bords de l'ouverture. ‖ *Fig.* Une personne, une chose de — étoffe, mince, qui a peu d'importance. Il n'y a rien de si — que toute sa personne, MOL. *Mis.* v, 4. Une dispute, la plus — qui se puisse imaginer, MONTESQ. *Lett. pers.* 36. Cette dot me parut bien —, LES. *Guzm. d'Alfar.* VI, 3.

⁂ MINCEUR [min-seur] *s. f.*
[ÉTYM. Dérivé de mince, § 110. ‖ 1782. Minceure (*sic*), ENCYCL. MÉTH. *Ciment.*]
‖ *Rare.* Caractère de ce qui est mince.

1. MINE [min'] *s. f.*
[ÉTYM. Pour émine, du lat. hemina, grec ἡμίνα, sorte de mesure, §§ 360 et 291. (*Cf.* hémine et minot 1.)]
‖ Mesure ancienne de capacité, contenant un demi-setier, environ 78 litres. Une — de blé, d'avoine, etc. ‖ *P. ext.* Une — de terre, l'étendue qu'on peut ensemencer avec une mine de blé.

2. MINE [min'] *s. f.*
[ÉTYM. Subst. verbal de miner, § 52. ‖ 1314. La mine et le minerois, dans GODEF. minerois.]
‖ **1°** Terrain, au sein de la terre, d'où l'on extrait des métaux, des matières combustibles, des pierres précieuses. Des mines d'or, d'argent, de cuivre, de fer, de plomb, etc. Des mines de houille. Des mines de diamant.
‖ **2°** Excavation pratiquée dans ce terrain pour en extraire les matières qui y sont renfermées. Descendre dans une —. Travailler aux mines. Les larcins pour lesquels on condamnait aux mines dans Athènes, VOLT. *Dial.* XXIV, 3. Un ingénieur des mines. L'École des mines, où l'on forme des ingénieurs des mines. ‖ *Fig.* Ce livre est une — inépuisable, on en peut tirer une quantité de renseignements. ‖ *P. ext. Vieilli.* Minerai renfermant quelque substance métallique. De la — de cuivre, de fer. De toutes les substances métalliques, la — de fer est la plus difficile à fondre, BUFF. *Fer.* — grasse, où le métal est presque pur. ‖ *Spécialt. De nos jours.* — de plomb, nom donné improprement au graphite (carbure de fer) dont on fait des crayons.
‖ **3°** *P. anal.* Excavation souterraine pratiquée pour faire écrouler qqch. ‖ 1. *Ancienn.* Excavation sous les remparts ennemis où l'on plaçait des étançons auxquels on mettait le feu, de manière à faire écrouler ce qui était au-dessus. ‖ 2. Excavation qu'on pratique par un cheminement souterrain sous les fortifications de l'ennemi et où l'on met de la poudre, qu'on allume pour les faire sauter. Puits de —, trou qu'on creuse à la profondeur de la mine qu'on veut établir. Chambre ou fourneau de —, lieu où l'on place la charge de poudre. Éventer la —, découvrir le lieu où elle est préparée et en empêcher l'effet. (*Cf.* contre-mine.) ‖ *Fig.* Faire jouer sous main quelque secrète — (employer quelque machination secrète), REGNARD, *Distr.* v, 8. La — est éventée, la machination est connue. ‖ *P. anal.* Trou de —, excavation pratiquée dans un rocher, dans une arche de pont, et où l'on met de la poudre, qu'on allume pour les faire sauter.

3. MINE [min'] *s. f.*
[ÉTYM. Origine incertaine; peut-être emprunté du bas breton min, bec, museau, § 3. (*Cf.* minot 2.) L'allem. miene, l'ital. mina, etc., paraissent venir du français. En anc. franç. mine est le nom d'un jeu de hasard indéterminé. ‖ XVᵉ s. Il fist si bonne mine, *Repues franches.*]
‖ Apparence du visage. Avoir une bonne —, un visage qui indique la bonne, la mauvaise santé. Il y a des hommes qui font la même — lorsqu'ils pleurent que les autres lorsqu'ils rient, DESC. *Passions*, 113. Avoir la — longue, allongée, l'air désappointé. Faire une laide —, une vilaine figure. L'ours boucha sa narine; Il se fût bien passé de faire cette —, LA F. *Fab.* VII, 7. ‖ *P. anal.* L'air, l'extérieur de qqn. Un jeune homme de bonne —, d'un extérieur modeste, avenant. A quoi bon... cette — modeste? MOL. *Mis.* III, 4. Un jeune Turc de bonne —, ID. *Scap.* II, 7. Faire crédit à qqn sur sa bonne —. Il y trouve un chapon, lequel a bonne —, RAC. *Plaid.* III, 3. Je paie l'intérêt de ma mauvaise —, MOL. *Crit. de l'Éc. des f.* sc. 4. Cet inconnu est d'une haute —, tout paraît héroïque en lui, FÉN. *Tél.* 9. Ce marchand avait une — basse, LES. *Guzm. d'Alfar.* VI, 5. *Ellipt.* Avoir de la —, une bonne apparence. J'ai de la — encore assez pour plaire aux yeux, MOL. *Ét.* I, 5. ‖ *P. ext.* ‖ 1. Apparence.

Garde-toi, tant que tu vivras, De juger des gens sur la —, LA F. *Fab.* VI, 5. Que tu discernes mal le cœur d'avec la — ! CORN. *Poly.* v, 1. (Jeanne) De — (en apparence) s'apaisa, RÉGNIER, *Sat.* 2. Avoir la —, de, l'apparence de. Nous avons bien la — de demeurer ici longtemps, LES. *Gil Blas*, X, 3. Monsieur a toute la — d'être un fort bon mari, MOL. *Mar. forcé*, sc. 7. Faire la — de, se donner l'apparence de. Fais — un peu d'en être mécontent, BOIL. *Sat.* 10. ‖ Faire bonne — à qqn, lui montrer un visage bienveillant. Faire mauvaise —, grise —, froide —, triste — à qqn; et, *ellipt*, Faire la — à qqn, lui montrer un visage maussade. *Ellipt.* Tout le monde le méprise, mais il tient bonne table à ses mines (au mauvais visage que lui fait le monde), BOSS. *Honneur du monde*, 2. ‖ **2.** Expression de visage qu'on affecte. Vos mines et vos cris aux ombres d'indécence Que d'un mot ambigu peut avoir l'innocence, MOL. *Mis.* III, 4. Tout le monde n'est composé que de mines, et c'est inutilement que nous travaillons à y trouver rien de réel, LA ROCHEF. *Pens.* 95. ‖ Faire des mines à qqn (en vue de lui plaire). *Fig.* Je leur fais encor (aux Muses) quelques mines, VOLT. *Ép.* 73. (*Cf.* minauder.)

4. MINE [min'] *s. f.*
[ÉTYM. Emprunté du lat. mina, grec μνᾶ, *m. s.* ‖ XVIᵉ s. DU PINET, dans DELB. *Rec.* Admis ACAD. 1718.]
‖ (Antiq.) Poids pesant environ 124 grammes. ‖ Monnaie d'argent valant environ 69 francs.

MINER [mi-né] *v. tr.*
[ÉTYM. Origine incertaine, probablement celtique, § 3. ‖ XIIᵉ s. Tant ont miné sous terre, J. BODEL, *Saisnes*, tir. 9.]
· ‖ Creuser en dessous, de manière à faire écrouler. — un rempart. ‖ *Spécialt.* Creuser un trou destiné à recevoir de la poudre, qu'on allume pour faire sauter ce qui est par-dessus. — un pont. Le bastion est miné. ‖ *P. anal.* Un rocher miné par la mer. Une robe minée par un long usage. ‖ *Fig.* Préparer la ruine (d'une personne, d'une chose). La fièvre le mine. Il est miné par le chagrin. On lui imposait (au peuple vaincu) des conditions qui le minaient insensiblement, MONTESQ. *Rom.* 6. On nous mine par des longueurs, LA F. *Fab.* I, 21. La langueur minait nos facultés, ID. *Quinquina*, 1. Voilà aussi le principe fondamental de l'auteur miné sans ressource, FÉN. *Réfut. de Malebr.* 8.

MINERAI [min'-rè; *en vers*, mi-ne-rè] *s. m.*
[ÉTYM. Dérivé de minière, §§ 65, 143 et 149. ‖ 1314. La mine et le minerois, dans GODEF. minerol. Admis ACAD. 1798.]
‖ Substance minérale renfermant un ou plusieurs métaux. Du — de fer, de cuivre. Fondre le —.

MINÉRAL, ALE [mi-né-ràl] *adj.*
[ÉTYM. Emprunté du bas lat. mineralis, *m. s.* de minera, minière. ‖ XVᵉ-XVIᵉ s. Espece minerale, *Nat. à l'alch. err.* 204.]
‖ (T. didact.) Formé de matière brute, non organisée. Les substances minérales. Le règne —. ‖ Eaux minérales, qui sortent de la terre, contenant en dissolution certaines substances minérales, et dont on se sert pour bains ou pour boissons. ‖ *Substantivt, au masc.* Un —, un corps brut, non organisé. Les animaux, les végétaux et les minéraux.

MINÉRALISATEUR, ⁂ MINÉRALISATRICE [mi-né-rà-li-zà-teur, -tris'] *adj.*
[ÉTYM. Dérivé de minéraliser, § 249. ‖ 1787. STRUVE, *Mém. de la Soc. des sc. de Lausanne*, III, 62. Admis ACAD. 1835.]
‖ (T. didact.) Qui transforme un métal en minerai, en se combinant avec lui. Les propriétés minéralisatrices du soufre, de l'oxygène. *Substantivt.* Un —, corps qui a cette propriété.

MINÉRALISATION [mi-né-rà-li-zà-syon; *en vers*, -si-on] *s. f.*
[ÉTYM. Dérivé de minéraliser, § 247. ‖ 1751. *Journal économique*, juin, p. 27. Admis ACAD. 1762.]
‖ (T. didact.) ‖ **1°** État d'un métal transformé en minerai par sa combinaison avec un autre corps.
‖ **2°** État d'une eau qui contient en dissolution certaines substances minérales.

MINÉRALISER [mi-né-rà-li-zé] *v. tr.*
[ÉTYM. Dérivé de minéral, § 267. ‖ 1751. *Journal économique*, juin, p. 27. Admis ACAD. 1798.]
‖ (T. didact.) ‖ **1°** Transformer (un métal) en minerai par combinaison avec un autre corps. On abuse du nom de soufre lorsqu'on dit que les métaux sont minéralisés par le soufre, BUFF. *Soufre.*

‖ **2°** Modifier (l'eau) par la dissolution de certaines substances minérales. **Une eau faiblement minéralisée.**

MINÉRALOGIE [mi-né-rà-lò-ji] *s. f.*

[ÉTYM. Pour minéralologie, composé avec minéral, le grec λόγος, traité, et le suffixe ie, §§ 279 et 284. ‖ 1732. TRÉV. Admis ACAD. 1762.]

‖ (T. didact.) Partie de l'histoire naturelle qui traite des minéraux, des corps inorganiques tels qu'on les trouve dans la terre ou à sa surface.

MINÉRALOGIQUE [mi-né-rà-lò-jìk'] *adj.*

[ÉTYM. Dérivé de minéralogie, § 229. ‖ 1751. Ouvrages minéralogiques, *Journal économique*, juin, p. 30. Admis ACAD. 1798.]

‖ (T. didact.) Qui a rapport à la minéralogie.

MINÉRALOGISTE [mi-né-rà-lò-jìst'] *s. m. et f.*

[ÉTYM. Dérivé de minéralogie, § 265. ‖ 1753. D'HOLBACH, *Minéralogie de Walérius*, II, 4. Admis ACAD. 1835.]

‖ (T. didact.) Celui, celle qui s'adonne à la minéralogie.

MINERVE [mi-nèrv'] *s. f.*

[ÉTYM. Emprunté du lat. Minerva, déesse de la sagesse, § 36. ‖ 1626. Une minerve forcée, D'AUB. *Lett. à d'Expilly*, 1er févr. Admis ACAD. 1835.]

‖ *Famil.* Esprit. Fatiguer leur —, J.-J. ROUSS. *Confess.* 5.

MINET, ETTE [mi-nò, -nèt'] *s. m. et f.*

[ÉTYM. Dérivé de mine 4, § 133. ‖ XVIe s. Minette, *Nuits de Straparole*, p. 397, dans LA C.]

‖ Petit chat, petite chatte. ‖ *Fig.* Terme de câlinerie familière. **Mon petit Minet, ma Minette.**

1. MINEUR [mi-neùr] *s. m.*

[ÉTYM. Dérivé de mine 2, § 112. ‖ XIIe-XIIIe s. Si mirent des mineurs par dessous terre, VILLEHARD. 353.]

‖ **1°** Celui qui travaille dans une mine pour en extraire les matières qu'on exploite. **Les mineurs se sont mis en grève.** *P. appos.* Ouvrier —. ‖ *Fig.* Insecte —, qui creuse la terre ou le tronc des arbres pour s'y loger ou pour y loger ses œufs.

‖ **2°** Celui qui travaille à pratiquer les mines pour l'attaque ou la défense des places. *P. appos.* Un sapeur —. *Ancienn.* Attacher le —, l'introduire dans un trou fait au rempart pour qu'il l'agrandisse.

2. MINEUR, EURE [mi-neùr] *adj.*

[ÉTYM. Emprunté du lat. minor, *m. s.* (*Cf.* l'anc. franç. meneur, cas régime de mendre, moindre.) ‖ 1437. Nul mineur n'a bail d'autre mineur, *Cout. d'Anjou*, dans DELB. *Rec.*]

‖ **1°** Moins grand. Lieues mineures, que l'on compte sur un petit cercle parallèle à l'équateur. *Substantivt.* Vieilli. Recueillir les voix à la mineure (à la minorité des voix), MONTESQ. *Lett. pers.* 87. Excommunication mineure, qui exclut des sacrements, des dignités ecclésiastiques, sans retrancher de l'Église. Les quatre ordres mineurs (par opposition à la prêtrise, au diaconat et au sous-diaconat), ceux d'acolyte, d'exorciste, de lecteur, de portier. *Fig.* Ce financier de noblesse mineure, REGNARD, *Joueur*, IV, 9. *Spéciall.* Frères mineurs, religieux de l'ordre de Saint-François. *Substantivt. Vieilli.* Faire sa mineure, l'acte le plus court pour prendre ses grades en théologie. ‖ L'Asie Mineure, partie occidentale de l'Asie. ‖ (Musique.) Tierce mineure, intervalle de trois notes contenant un ton et un demi-ton. Sixte mineure, intervalle de six notes contenant trois tons et deux demi-tons. Mode —, où la tierce et la sixte audessus de la tonique sont mineures. Être dans le mode —, et, *substantivt*, Être en —. ‖ (Logique.) Terme — d'un syllogisme, le sujet de la conclusion (parce qu'il a moins d'extension que l'attribut). La proposition mineure, et, *substantivt*, La mineure, la seconde des prémisses, qui a pour sujet le terme mineur, et pour attribut le moyen terme. La majeure en est inepte, la mineure impertinente, MOL. *Mar. forcé*, sc. 4.

‖ **2°** (Droit.) Qui est au-dessous de l'âge légal pour disposer de sa personne, de ses biens. *Substantivt.* Un —, une mineure.

'MINGRELET, ETTE [min-gre-lè, -lèt'] *adj.*

[ÉTYM. Dérivé de l'anc. franç. maigre, *m. s.* d'origine inconnue, § 134. ‖ XVIe s. Une bestelette Qui si mingrelette Fait un mal si grand, BAÏF, *Passetemps*, 1.]

‖ *Vieilli.* Maigre, chétif. *Substantivt.* Taille non pas de quelque —, LA F. *Contes, Diable de Papefig.*

MINIATURE [mi-nyà-tûr; *en vers*, -nyà-... ou -ni-à-...] *s. f.*

[ÉTYM. Emprunté de l'ital. miniatura, *m. s.* Écrit qqf mignature au XVIIe s. ‖ 1653. OUD.]

‖ **1°** Lettre rouge, tracée avec du minium, sur les manuscrits, les missels, etc., pour orner le commencement des chapitres. ‖ *P. ext.* Lettre de diverses couleurs.

‖ **2°** *P. ext.* Peinture fine de petits sujets faits sur le vélin, le parchemin, dans les manuscrits, les missels.

‖ **3°** *P. ext.* Peinture fine en très petite dimension, faite avec des couleurs délayées dans de l'eau et de la gomme, sur ivoire, sur vélin. **Un portrait en —.** O Ciel! c'est —! MOL. *Sgan.* sc. 6. ‖ *Fig.* (Sous l'influence de mignon.) Personne, chose de proportions délicates. **C'est une —.**

MINIATURISTE [mi-nyà-tu-rìst'; *en vers*, -nyà-... ou -ni-à-...] *s. m. et f.*

[ÉTYM. Dérivé de miniature, § 265. ‖ 1791. ENCYCL. MÉTH. *Beaux-Arts.* Admis ACAD. 1835.]

‖ Celui, celle qui peint en miniature. **Madame de Miribel, la célèbre —.**

MINIER, IÈRE [mi-nyé, -nyèr] *adj.*

[ÉTYM. Dérivé de mine 2, § 115. ‖ *Néolog.* Admis ACAD. 1878.]

‖ (T. didact.) Qui a rapport aux mines (de fer, de houille, etc.). **Gisement —. Industrie minière.**

MINIÈRE [mi-nyèr] *s. f.*

[ÉTYM. Dérivé de mine 2, § 115. ‖ XIIIe s. Dedens les terrestres minieres, J. DE MEUNG, *Rose*, 16324.]

‖ (Technol.) Lieu d'exploitation contenant des matières analogues à celles qu'on extrait des mines, mais de formation plus récente, et pouvant s'exploiter à ciel ouvert ou avec des puits peu profonds.

MINIMA [mi-ni-mà]. *V.* minimum.

MINIME [mi-nim'] *adj.*

[ÉTYM. Emprunté du lat. minimus, très petit. ‖ XIVe s. Ne nuit ne jour ne heure ne minime, FROISS. *Poés.* I, 78. Admis ACAD. 1718.]

‖ Très petit. Un bénéfice —. Une peine —. Il s'agit d'un intérêt —. ‖ *Spéciall.* Religieux — (*cf.* mineur), d'un ordre fondé par saint François de Paule. *Substantivt.* Le couvent des Minimes. ‖ *P. ext.* (A cause de la couleur de l'habit des Minimes.) Qui est d'un brun marron. Sa face devint cacochyme, Et son teint, de pâle, —, SCARR. *Virg. trav.* 6. ‖ *Substantivt.* (Musique.) Une —, note de plain-chant valant la moitié d'une semi-brève.

MINIMUM [mi-ni-mòm'] *s. m.*

[ÉTYM. Mot lat. signifiant « le plus petit ». ‖ Admis ACAD. 1762.]

‖ (T. didact.) Valeur la plus petite que puisse atteindre une quantité variable. **Le — de la dépense. Être condamné au — de la peine.** (Mathém.) *Au plur.* Les maxima et les minima d'une intégrale définie. Thermomètre à maxima et à minima, qui marque la plus haute et la plus basse température atteinte pendant un temps donné. ‖ *Adjectivt.* Le prix — auquel une chose peut être vendue.

MINISTÈRE [mi-nìs'-tèr] *s. m.*

[ÉTYM. Emprunté du lat. ministerium, *m. s.* (*Cf.* le doublet métier, de formation pop.) ‖ XVIe s. Par le ministere de la predication, CALV. *Instit. chr.* IV, XI, 1.]

‖ **1°** Office de celui qu'on emploie pour l'exécution de qqch. Le rigide et inexorable — de la justice, BOSS. *Le Tellier.* Deux enfants à l'autel prêtaient leur —, RAC. *Ath.* II, 5. Le saint —, le sacerdoce. Le — de la parole (la prédication), MASS. *Excell. du sacerd.* ‖ — public, magistrature établie près des tribunaux pour y requérir l'exécution des lois. ‖ *P. ext.* Action de celui qui sert d'instrument. Ce lévite à Baal prête son —, RAC. *Ath.* I, 1. Les miracles continuels que Dieu faisait par son —, BOSS. *Hist. univ.* I, 11. Le — infâme Qu'ose exiger de nous la haine d'une femme, CORN. *Rodog.* II, 4.

‖ **2°** Office de celui qui est chargé par le pouvoir exécutif d'une des principales fonctions du gouvernement. Le — de la guerre, des finances, des relations extérieures (aujourd'hui des affaires étrangères). ‖ *P. ext.* 1. Durée de cet office. Le grand cardinal de Richelieu achevait son glorieux —, BOSS. *Le Tellier.* | 2. Résidence du ministre et de ses bureaux. Aller au —. | 3. Le corps des ministres. On a nommé un nouveau —.

MINISTÉRIEL, ELLE [mi-nìs'-té-ryèl] *adj.*

[ÉTYM. Emprunté du lat. ministerialis, *m. s.* (*Cf.* les doublets ménestrel et ménétrier.) ‖ XVIe s. N'est pas un roy ou seigneur absolut, ains seulement ministeriel, MARNIX DE STE-ALDEGONDE, dans DELB. *Rec.*]

‖ **1°** Qui a rapport à un office déterminé. Officiers ministériels (notaires, avoués, huissiers, etc.), ayant seuls qualité pour faire certains actes authentiques. (Théol.) Le chef — (de l'Eglise), le pape, vicaire de Jésus-Christ.

|| 2° Qui a rapport à une des principales fonctions du gouvernement. || *Néolog.* Qui est partisan du ministère. (*Cf.* ministral.) Les députés ministériels.

MINISTÉRIELLEMENT [mi-nïs'-té-ryĕl-man; *en vers,* -ri-è-le-...] *adv.*

[ÉTYM. Composé de ministérielle et ment, § 724. || xve-xvie s. Dieu destie principallement et effectivement... et le prestre ministeriallement, J. BOUCHET, dans GODEF. ministeriallement. Admis ACAD. 1798.]

|| En exerçant un ministère.

***MINISTRAL, ALE** [mi-nïs'-tràl] *adj.*

[ÉTYM. Dérivé de ministre, § 238. || xvie-xviie s. Maximes ministrales, D'AUB. *Hist. univ.* I, iii, 13.]

|| *Vieilli.* Relatif à la qualité de ministre.

|| 1° Relatif à la qualité de ministre protestant. Par son autorité ministrale, BOSS. *Déf. Var.* 1er disc. 56.

|| 2° *Substantivt.* Partisan d'un ministre (d'État). La reine voudra que je lui promette de ne pas pousser les ministraux, RETZ, *Mém.* ann. 1651, iii, 405, Grands Écriv.

MINISTRE [mi-nistr'] *s. m.*

[ÉTYM. Emprunté du lat. minister, *m. s.* || xiie s. Nus olerc, qui en sumes ministre e servitur, GARN. DE PONT-STE-MAX. *St Thomas*, p. 146, Bekker.]

|| 1° Celui qu'on emploie pour l'exécution de qqch. Des vengeances des rois — rigoureux, RAC. *Ath.* ii, 5. — de ses charités, BOSS. *A. de Gonz.* Vous, — de paix, RAC. *Ath.* ii, 5. Ministres du Seigneur (lévites), ID. *ibid.* ii, 7. Les ministres de Jésus-Christ, de l'Évangile, les prêtres. — du saint Évangile, et, *absolt,* —, celui qui, dans l'Église protestante, remplit des fonctions analogues aux fonctions sacerdotales. || *Fig.* Des rochers, Ministres de la mort, LA F. *Fab.* vii, 12.

|| 2° Celui qui est chargé par le pouvoir exécutif d'une des principales fonctions du gouvernement. Premier —, celui qui est chargé de la direction générale des affaires. — d'État, qui siège au conseil, soutient dans les chambres la politique du gouvernement, sans avoir un département spécial. Ile éternellement mémorable par les conférences de deux grands ministres, BOSS. *Marie-Thérèse.* Arcade... et Honorius... tous deux, gouvernés par leurs ministres..., BOSS. *Hist. univ.* i, 11. Que d'amis... naissent en une nuit au nouveau — ! LA BR. 8. || *Fig. Au fém.* (*rare*). Ses principales ministres, la constance, la prudence et la bonté, BOSS. *Justice*, préamb.

|| 3° Celui qui est chargé par un gouvernement de le représenter auprès d'un gouvernement étranger. — de France aux États-Unis. — plénipotentiaire, qui est investi de pleins pouvoirs.

|| 4° *Fig.* Nom donné à un oiseau d'Amérique, sorte de gros-bec.

MINIUM [mi-nyòm'; *en vers,* -ni-òm'] *s. m.*

[ÉTYM. Emprunté du lat. minium, *m. s.* rendu par mine au moyen âge. (*Cf.* GODEF. mine 2.) || xvie s. Minion, PARÉ, XXIII, 27. Admis ACAD. 1762.]

|| (Chimie.) Deutoxyde de plomb, substance colorante rouge. || *P. ext.* Couleur à l'huile faite avec du minium, pour donner la première couche au fer.

MINOIS [mi-nwà] *s. m.*

[ÉTYM. Dérivé de mine 3, § 143. || xve s. Elle a beau minois, *Veng. de N.-S. J.-C. par personnages,* édit. 1498.]

|| *Famil.* Mine, apparence du visage. Sous ce — qui lui ressemble, MOL. *Amph.* i, 2. Une fille d'un — éveillé. *P. ext.* C'est un joli —, une jolie fille.

MINON [mi-non] *s. m.*

[ÉTYM. Dérivé de mine 3, § 104. (*Cf.* minet.) || xvie s. C'est pour y attraper les minons, PASQ. *Lett.* i, p. 185. Admis ACAD. 1718.]

|| *Famil.* Chat. || *Vieilli.* Loc. prov. Entendre chat sans qu'on dise —, entendre à demi-mot. || *P. anal. Dialect.* Chaton, assemblage de petites fleurs.

MINORATIF, *MINORATIVE [mi-nò-rà-tïf', -tïv'] *adj.*

[ÉTYM. Emprunté du lat. scolast. minorativus, qui diminue, § 217. || xvie s. RAB. ii, 33. Admis ACAD. 1762.]

|| *Vieilli.* (Médec.) Qui purge doucement. Remède —, et, *substantivt,* —, purgatif doux (manne, casse, etc.).

MINORITÉ [mi-nò-ri-té] *s. f.*

[ÉTYM. Emprunté, au sens I, du lat. minoritas, *m. s.* Le sens II vient de l'angl. minority. (*Cf.* majorité.) || 1437. Durant la minorité desdiz enfans, *Cout. d'Anjou,* dans DELB. *Rec.*]

I. (Droit.) Age inférieur à celui que fixe la loi pour user et jouir de certains droits. Durant la — d'un roi de quatre ans, BOSS. *Condé.* C'est aujourd'hui la mode de ne s'occuper que des événements arrivés dans la — du feu roi, MONTESQ. *Lett. pers.* 112. || *P. ext.* Sorte de ruban à la mode pendant la minorité de Louis XV.

II. *Néolog.* Le moindre nombre (des suffrages) dans une réunion où l'on vote. Avoir la — des suffrages, et, *absolt,* Avoir la —. Être en —, avoir pour soi la minorité des suffrages. || *P. ext.* La — d'une assemblée, ceux dont l'opinion réunit le plus petit nombre de votants.

1. MINOT [mi-nó] *s. m.*

[ÉTYM. Dérivé de mine 1, § 136. || xiiie s. Soit mine, soit minot, E. BOILEAU, *Livre des mest.* I, iv, 7.]

|| Mesure ancienne de capacité contenant une demi-mine. Un — de blé, de farine (*cf.* minotier), de charbon. Un — de sel, et, *loc. prov.* Nous ne mangerons pas un — de sel ensemble (nous ne resterons pas longtemps unis), HAUTEROCHE, *Cocher supposé,* sc. 4. || *P. ext.* Un — de terre, l'étendue qu'on peut ensemencer avec un minot de blé.

2. *MINOT [mi-nó] *s. m.*

[ÉTYM. Dérivé du bas breton min, bec, pointe, §§ 3 et 136. || 1690. FURET.]

|| (Marine.) | 1. *Vieilli.* Boute-hors, pour tenir l'ancre à distance pendant qu'on la lève. | 2. Pièce de la proue du navire, portant une poulie où passe l'amure de la voile de misaine.

MINOTERIE [mi-nŏt'-ri; *en vers,* -nò-te-ri] *s. f.*

[ÉTYM. Dérivé de minotier, §§ 65 et 68. || *Néolog.* Admis ACAD. 1878.]

|| (Technol.) Établissement où l'on moud des grains, où l'on prépare des farines pour le commerce.

MINOTIER, *MINOTIÈRE [mi-nò-tyé, -tyèr'] *s. m. et f.*

[ÉTYM. Dérivé de minot 1, § 115. || *Néolog.* Admis ACAD. 1878.]

|| (Technol.) Celui, celle qui dirige une minoterie.

MINUIT [mi-nui] *s. m.*

[ÉTYM. Composé de mi et nuit, § 173. Féminin jusqu'au xviie s. conformément à l'étymologie. Sur le minuit : c'est ainsi que depuis neuf ou dix ans toute la cour parle, VAUGEL. *Rem.* 88 (1647). || xiie s. Quant nos fumes tuit departi Et vers mie nuit endormi, *Énéas,* 1153.]

|| Le milieu de la nuit. A — sonnant. — sonné. Sur le —. La messe de —, qu'on dit à minuit le jour de Noël.

MINUSCULE [mi-nüs'-kul] *adj.*

[ÉTYM. Emprunté du lat. minusculus, *m. s.* || 1634. Lettres minuscules, dans DELB. *Rec.*]

|| (T. didact.) Très petit. (Se dit surtout des petites lettres d'écriture, d'imprimerie, par opposition aux majuscules.) Une lettre —, et, *substantivt,* Une —.

***MINUTAIRE** [mi-nu-tèr'] *adj.*

[ÉTYM. Dérivé de minute, § 248. (*Cf.* minutier.) || *Néolog.*]

|| (T. didact.) Qui a rapport à la minute (d'un contrat, d'un testament, etc.). Acte —.

MINUTE [mi-nüt'] *s. f.*

[ÉTYM. Emprunté du lat. minuta, fém. de minutus, menu, employé substantivement dans le lat. du moyen âge, § 38. || xiiie s. Une once [a] quarante sept minuces (corr. minutes) qui sunt si petites qu'on ne les puet deviser, *Comput,* dans LITTRÉ.]

I. || 1° Soixantième partie de l'heure. A dix heures moins cinq minutes. || *P. anal.* Court espace de temps. Je viendrai dans une —. Attendez une —. Être à la —, très exact. Côtelettes à la —, grillées à un feu vif et servies sur l'heure. || *P. ext.* (Marine.) Sablier qui passe en une minute.

|| 2° (Géogr. et Cosmogr.) Soixantième partie d'un degré de cercle.

|| 3° (Architect.) Subdivision du module, la 12e partie, la 18e ou la 30e partie, selon les ordres. || (Dessin.) Subdivision de la tête humaine, à peu près la 48e partie.

II. || 1° *Anciennt.* Écriture courante menue.

|| 2° Écrit original sur lequel se fait une copie. Faire la — d'une lettre, d'un acte. | *Spécialt.* Original d'un acte notarié, destiné à rester dans l'étude du notaire. || Texte d'un jugement, d'un arrêt destiné à rester au greffe. || *P. anal.* Plan levé sur le terrain.

MINUTER [mi-nu-té] *v. tr.*

[ÉTYM. Dérivé de minute, § 154. || 1382. Texte dans DELB. *Rec.*]

|| (Technol.) Rédiger (un écrit, un acte) pour servir de

minute. Les lettres les plus importantes furent souvent minutées de sa main, VOLT. *S. de L. XIV*, 29. || *Fig. Vieilli.* Projeter (qqch). Minutant à tous coups quelque retraite honnête, MOL. *Fâch.* I, 1. Avec un infinitif pour complément. Minutant me sauver, RÉGNIER, *Sat.* 8.

***MINUTERIE** [mi-nût'-ri ; *en vers*, -nu-te-ri] *s. f.*
[ÉTYM. Dérivé de minute, § 69. || 1786. BERTHOUD, *Essai sur l'horlogerie*, I, 45.]
|| (Technol.) Partie du mécanisme d'une montre, d'une pendule, qui fait mouvoir les aiguilles destinées à marquer les minutes, les heures.

MINUTIE [mi-nu-si] *s. f.*
[ÉTYM. Emprunté du lat. minutia, *m. s.* (*Cf.* le doublet menuise, de formation pop.) || 1627. V. à l'article.]
|| **1°** Menu détail qui ne mérite pas qu'on s'y arrête. Versé en la géographie ancienne et moderne jusqu'aux minuties, P. DUPUY, *Lett. à Aleandro* (1627), dans *Mél. d'arch. et d'hist. publ. par l'École franç. de Rome*, VIII, 563. S'il faut descendre aux minuties, BOSS. *Quiét.* lett. 35.
|| **2°** Caractère de celui qui s'arrête à ces menus détails. Pousser l'exactitude jusqu'à la —.

***MINUTIER** [mi-nu-tyé] *s. m.*
[ÉTYM. Dérivé de minute, § 115. || *Néolog.*]
|| Registre contenant les minutes des actes d'un notaire.

MINUTIEUSEMENT [mi-nu-syeûz'-man ; *en vers*, -si-eû-ze-...] *adv.*
[ÉTYM. Composé de minutieuse et ment, § 724. || 1812. MOZIN, *Dict. franç.-allem.* Admis ACAD. 1835.]
|| D'une manière minutieuse.

MINUTIEUX, EUSE [mi-nu-syeû, -syeûz' ; *en vers*, -si-...] *adj.*
[ÉTYM. Dérivé de minutie, § 116. || 1752. TRÉV. Admis ACAD. 1762.]
|| Qui s'arrête à des minuties. Une observation minutieuse. Un homme —.

MIOCHE [myŏch' ; *en vers*, mi-ŏch'] *s. m. et f.*
[ÉTYM. Terme d'argot, qui paraît identique à mioche, mot donné par COTGR. comme synonyme de miette, § 31. (*Cf.* mion.) || *Néolog.* Admis ACAD. 1878.]
|| *Famil.* Jeune enfant. Une bande de mioches.

***MION, ONNE** [myon, myòn' ; *en vers*, mi-...] *s. m. et f.*
[ÉTYM. Semble identique à mion, synonyme de miette, donné par un dictionnaire de 1604 (*V.* GODEF.), § 104. (*Cf.* mioche.) || 1649. Un petit mion, un petit badin, OUD. *Curios. franç.*]
|| *Vieilli et dialect.* Jeune enfant.

MI-PARTI, IE [mi-pàr-ti]. *V.* mipartir.

***MIPARTIR** [mi-pàr-tir] *v. tr.*
[ÉTYM. Composé de mi et partir au sens de « partager », § 192. ACAD. n'admet que le part. passé employé adjectivement et écrit mi-parti. || XIIᵉ-XIIIᵉ s. En deus nos gens mipartissons, *Aye d'Avignon*, 3807.]
|| Partager en deux moitiés. Une robe mipartie noire et blanche, mipartie de noir et de blanc. Les sénateurs étaient mipartis, LE P. CATROU, *Hist. rom.* I, 140. (Blason.) Écu miparti. || *P. anal.* Entre les Romains et les Bourguignons, le tribunal fut miparti, MONTESQ. *Espr. des lois*, XXVIII, 4. Chambres miparties, composées par moitié de juges protestants et de juges catholiques.

***MIQUELOT** [mïk'-ló ; *en vers*, mi-ke-ló] *s. m.*
[ÉTYM. Forme normanno-picarde pour michelot, § 16, dérivé du nom propre Michel, §§ 36 et 136. Admis ACAD. 1718 ; suppr. en 1835. || XVIᵉ s. Saultans avec leurs bourdons comme font les miquelots, RAB. I, 38.]
|| *Vieilli.* Pèlerin qui va au Mont-Saint-Michel. || *P. ext.* En mauv. part. Vagabond, gueux. || *Fig.* Hypocrite.

MIRABELLE [mi-rà-bèl] *s. f.*
[ÉTYM. Semble dérivé de Mirabel, nom de lieu du midi de la France, § 36. || XVIIᵉ s. La grosse, la petite mirabelle, LIGER, *Nouv. Mais. rust.* dans DELB. *Rec.* Admis ACAD. 1762.]
|| Petite prune de couleur jaune. Des confitures de mirabelles.

MIRACLE [mi-ràkl'] *s. m.*
[ÉTYM. Emprunté du lat. ecclés. miraculum, *m. s.* (*Cf.* l'anc. franç. mirail, miroir, d'où miraillé.) || XIᵉ s. Si veirs miracles lor at Deus demostrez, *St Alexis*, 559.]
|| Fait surnaturel. Si j'avais vu un —, disent-ils, je me convertirais, PASC. *Pens.* XIII, 9. Dieu fait des miracles... en leur

faveur, BOSS. *Hist. univ.* II, 5. || *P. hyperb.* Fait très extraordinaire. O — d'amour! CORN. *Cid*, III, 4. Et la main de Rodrigue a fait tous ces miracles! ID. *ibid.* IV, 1. C'est un homme qui fait des miracles, MOL. *Méd. m. l.* I, 4. — ! criait-on, LA F. *Fab.* X, 2. Il ne se soutient que par —, BOURD. *Exhort. J.-C. portant sa croix. Vieilli. Loc. adv.* A —, d'une manière extraordinaire. (*Syn.* à merveille.) Il sait notre langue à —. || Personne, chose très extraordinaire. Dans nos soins communs pour ce jeune —, MOL. *Ét.* I, 1. Le — de l'Italie, le Pastor fido, CORN. *Œuvres*, I, p. 3, Grands Écriv. || *Anciennt.* La cour des Miracles (à Paris), lieu de réunion des gueux, des mendiants de Paris, où disparaissaient les infirmités qu'ils simulaient pour mendier.

MIRACULEUSEMENT [mi-rà-ku-leûz'-man ; *en vers*, -leû-ze-...] *adv.*
[ÉTYM. Composé de miraculeuse et ment, §724. || XIVᵉ s. *Chirurg. de Lanfranc*, dans LITTRÉ.]
|| D'une manière miraculeuse.

MIRACULEUX, EUSE [mi-rà-ku-leû, -leûz'] *adj.*
[ÉTYM. Emprunté du lat. miraculosus, *m. s.* || XIVᵉ s. Se déduit de l'existence de miraculeusement à cette époque.]
|| **1°** Produit par une action surnaturelle. La délivrance miraculeuse qu'il leur avait annoncée, BOSS. *Hist. univ.* II, 27. || *P. ext.* Des hommes — (qui font des miracles), MASS. *Avent. Circoncision.*
|| **2°** *P. hyperb.* Très extraordinaire. On travaille aujourd'hui d'un air —, MOL. *Tart.* III, 3.

MIRAGE [mi-ràj'] *s. m.*
[ÉTYM. Dérivé de mirer, § 78. || 1753. *Hist. de l'Acad. des sc.* p. 252. Admis ACAD. 1835.]
|| Illusion d'optique, réfraction qui, dans les pays chauds, fait voir quelquefois comme rapprochées des images d'objets lointains, le rayonnement de la chaleur du sol rendant les couches inférieures de l'atmosphère moins denses que les couches supérieures. || *Fig.* Illusion séduisante. Le — de l'espérance.

***MIRAILLÉ, ÉE** [mi-rà-yé] *adj.*
[ÉTYM. Dérivé de l'anc. franç. mirail, miroir, qui vient du lat. pop. miraculum, *m. s.* (*cf.* miracle), § 118. || 1644. VULSON DE LA COLOMBIÈRE, *Science héroïque*, p. 7. Admis ACAD. 1762 ; suppr. en 1835.]
|| (Blason.) Orné d'émaux différents. Paon d'azur — d'or.

***MIRBANE** [mir-bàn'] *s. f.*
[ÉTYM. Origine inconnue. || *Néolog.*]
|| (Chimie.) Substance qu'on obtient en traitant la benzine par l'acide azotique, et qui a le parfum de l'amande amère. Essence de —.

1. MIRE [mîr] *s. f.*
[ÉTYM. Subst. verbal de mirer, § 52. || XVIᵉ s. Il semble que nous n'avons d'autre mire de la vérité... que l'exemple des opinions du pays ou nous sommes, MONTAIGNE, I, 30.]
|| Action de viser. Point de —, point où l'on vise. Prendre sa —, viser. Ligne de —, rayon visuel suivant lequel on pointe une pièce. Coins de —, coins de bois qu'on met sous la culasse d'une pièce pour régler le tir.
|| *P. ext.* || **1°** Bouton fixé à la partie supérieure de l'extrémité du canon d'une arme à feu, qu'on met en ligne avec le point où l'on vise, pour régler la direction du tir. || *Fig.* But qui attire l'attention. Être le point de — de la société. Il est le point de — des railleries.
|| **2°** Signal vers lequel l'observateur dirige le rayon visuel, pour lever un plan, pour faire un nivellement.

2. MIRE [mîr] *s. f.*
[ÉTYM. Origine inconnue. || 1611. COTGR.]
|| *Anciennt.* Défense de sanglier.

MIRÉ, *MIRÉE [mi-ré] *adj.*
[ÉTYM. Dérivé de mire 2, § 118. || XVIᵉ s. A chasser le sanglier qui se trouve miré, CL. GAUCHET, *Œuvres*, p. 347, Bibl. elzév. Admis ACAD. 1740.]
|| (Vénerie.) Qui a les défenses recourbées en dedans. Sanglier —.

MIRER [mi-ré] *v. tr.*
[ÉTYM. Du lat. pop. *mirare (class. mirari), contempler, §§ 295 et 291. (*Cf.* admirer.)]
|| **I.** *Vieilli.* || **1°** Regarder attentivement. Plus je regarde et mire ta personne, LA F. *Contes, Lunettes. Spéciali.* Regarder à contre-jour. — un œuf, pour voir s'il est frais. On a beau les — de près (ces œufs), on en voit sortir les poulets, REGNARD, *Homme à bonnes fortunes*, sc. des curiosités. — du drap, pour voir s'il y a des défauts.

‖ **2°** Viser en plaçant le canon de l'arme sur la même ligne que l'objet qu'on veut atteindre.

II. Regarder dans une surface qui réfléchit. Dans le cristal d'une fontaine Un cerf se mirant autrefois, LA F. *Fab.* VI, 9. Se — dans une glace. Une chose où on se mirerait, dont la surface est si nette, qu'on pourrait s'y mirer. Et les carafes de cristal : On s'y serait miré, LA F. *Contes, Tableau.* ‖ *P. anal.* Ses yeux qui demi-morts dans les miens se mirèrent, RACAN, *Berger.* I, 3. ‖ *Fig.* Se — dans qqch, s'y regarder avec complaisance. On se fait une idole de son esprit,… on se mire dans ses pensées, FÉN. *Réfl. pour tous les jours,* 6° jour. L'âme… se mire pour ainsi parler et se considère dans le corps, BOSS. *La Vall.*

***MIREUR, EUSE** [mi-reûr, -reûz'] *s. m. et f.*

[ÉTYM. Dérivé de mirer, § 112. (*Cf.* le lat. mirator, qui contemple.) ‖ *Néolog.*]

‖ **1°** Celui, celle qui mire. *Spécialt.* —, mireuse d'œufs.

‖ **2°** Ce qui sert à mirer. *Spécialt.* Instrument dont se servent les artilleurs des batteries de côte pour calculer à quelle distance sont les vaisseaux ennemis.

MIRIFIQUE [mi-ri-fîk'] *adj.*

[ÉTYM. Emprunté du lat. mirificus, *m. s.* ‖ XVᵉ-XVIᵉ s. Mirifiques distillations, J. LE MAIRE, dans DELB. *Rec.*]

‖ *Famil.* Fait pour émerveiller.

MIRLIFLORE [mir-li-flòr] *s. m.*

[ÉTYM. Origine inconnue. (*Cf.* l'anc. franç. mirloret, *m. s.* dans COTGR.) ‖ XVIIIᵉ s. *V.* à l'article. Admis ACAD. 1798.]

‖ *Famil.* Jeune homme qui fait l'élégant. Nos mirliflors Vaudraient-ils cet homme à ressorts? COLLÉ, *Chansons,* I, p. 80.

***MIRLIROT** [mir-li-ró]. *V.* mélilot.

MIRLITON [mir-li-ton] *s. m.*

[ÉTYM. Paraît être un ancien refrain, § 32. ‖ 1752. TRÉV. Admis ACAD. 1835.]

‖ Sorte de petite flûte à son nasillard dite **flûte à l'oignon**, fermée à chaque extrémité par de la pelure d'oignon ou de la baudruche, et percée vers les deux bouts d'une ouverture latérale, sur laquelle on applique les lèvres. Vers de —, du genre de ceux qui sont sur une bande de papier enroulée autour du mirliton. ‖ *Fig.* ‖ 1. Coiffure à cheveux courts roulés tout autour de la tête, à la mode au XVIIIᵉ siècle. ‖ 2. Petite pâtisserie roulée contenant de la crème.

MIRMIDON. *V.* myrmidon.

***MIROBOLANT, ANTE** [mi-rò-bò-lan, -lânt'] *adj.*

[ÉTYM. Tiré plaisamment de myrabolan, § 39. (*Cf.* le nom de **Mirobolan**, donné à un médecin par HAUTEROCHE dans sa comédie de *Crispin médecin* (1680). ‖ *Néolog.*]

‖ *Pop.* Qui émerveille.

MIROIR [mi-rwàr] *s. m.*

[ÉTYM. Dérivé de mirer, § 113. ‖ XIIᵉ s. Mireûr, PH. DE THAUN, *Comput,* 2657.]

‖ **1°** Verre poli et étamé, ou métal poli, où l'on peut voir son image réfléchie. Se regarder dans son —. Un — de poche. Miroirs aux ceintures des femmes, LA F. *Fab.* I, 11. Présenter le — à qqn (pour qu'il se regarde). ‖ *P. anal.* Surface unie qui réfléchit les objets. Se regarder dans le — des eaux. Des mares dans des coins, effroyables miroirs, V. HUGO, *Égout de Rome.* ‖ *Fig.* Ce qui donne l'image de qqch. L'exemple souvent n'est qu'un — trompeur, CORN. *Cinna,* II, 1. Lucile… Aux vices des Romains présenta le —, BOIL. *Art* p. 2. Les peintures ridicules qu'on expose sur les théâtres… sont miroirs publics où il ne faut jamais témoigner qu'on se voie, MOL. *Crit. de l'Éc. des f.* sc. 6. Nous serons les miroirs d'une vertu bien rare, CORN. *Hor.* II, 3. ‖ *Spécialt.* (Optique.) Surface polie, plane ou courbe, qui réfléchit les rayons lumineux. Un — concave, convexe, parabolique. Le foyer d'un —, point où viennent converger les rayons provenant d'un même objet. ‖ — ardent, miroir concave, ordinairement d'acier poli, qui, rassemblant les rayons du soleil, fait prendre feu aux objets combustibles placés à son foyer. ‖ — à alouettes, morceau de bois en forme de croissant, incrusté de petits fragments de glace ou de clous d'acier poli, qu'on fait tourner et scintiller au soleil pour attirer les alouettes, les petits oiseaux. Un manant au — prenait des oisillons, LA F. *Fab.* VI, 15.

‖ **2° P. ext.** (Technol.) ‖ 1. Nom donné à divers minéraux brillants. — de Sainte-Marie, de la Vierge, de pélerin, chaux sulfatée à lames blanches. — des Incas, fer sulfaté poli. — d'âne, gypse laminaire. ‖ 2. (Cuisine.) Œufs au —, œufs sur le plat, cuits sans que les jaunes se mêlent avec le blanc, qui reste uni. ‖ 3. (T. forest.) Place où l'on a enlevé l'écorce sur le tronc d'un arbre par le moyen du marteau. ‖ 4. (Architect.) Ovale taillé dans une moulure creuse. ‖ 5. (Marine.) Cartouche à l'arrière d'un navire portant une figure ou tout autre ornement. ‖ 6. (Fauconn.) Moucheture qui tranche sur le plumage de certains oiseaux. ‖ 7. (Tann.) Endroit d'une peau de chagrin resté lisse. ‖ 8. (Chasse.) Fiente des bécassines qui fait reconnaître les passages.

MIROITANT, ANTE [mi-rwà-tan, -tânt'] *adj.*

[ÉTYM. Adj. particip. de miroiter, § 47. ‖ *Néolog.* Admis ACAD. 1878.]

‖ Qui miroite.

MIROITÉ, ÉE [mi-rwà-té] *adj.*

[ÉTYM. Dérivé irrégulier de miroir, §§ 63 et 118. (*Cf.* miraillé.) ‖ 1741. Poil bay mirotté, GARSAULT, *Nouv. parf. Marechal,* p. 11. Admis ACAD. 1762.]

‖ (Manège.) Robe miroitée d'un cheval, dont certains endroits sont plus luisants que le fond.

MIROITEMENT [mi-rwàt'-man ; *en vers,* -rwà-te-…] *s. m.*

[ÉTYM. Dérivé de miroiter, § 145. ‖ 1622. Miroitement de leurs vestemens, dans DELB. *Rec.* Admis ACAD. 1878.]

‖ Action de miroiter.

MIROITER [mi-rwà-té] *v. intr.*

[ÉTYM. Dérivé irrégulier de miroir, §§ 63 et 154. ‖ 1622. Se déduit de l'existence de miroitement à cette date. Admis ACAD. 1878.]

‖ Présenter des reflets mobiles, irréguliers. ‖ *Fig.* Faire — qqch aux yeux de qqn, chercher à le séduire par le faux éclat de qqch.

MIROITERIE [mi-rwàt'-ri ; *en vers,* -rwà-te-ri] *s. f.*

[ÉTYM. Dérivé de miroitier, §§ 65 et 68. ‖ 1701. FURET. Admis ACAD. 1718.]

‖ (Technol.) Industrie, commerce du miroitier.

MIROITIER, *MIROITIÈRE [mi-rwà-tyé, -tyèr] *s. m. et f.*

[ÉTYM. Dérivé irrégulier de miroir, §§ 63 et 115. On trouve en anc. franç. miroirier, miroitier, dans GODEF. ‖ 1564. Miroitier, J. THIERRY, *Dict. franç.-lat.*]

‖ (Technol.) Celui, celle qui vend des miroirs, des glaces, les prépare, les encadre, etc. ‖ *Spécialt.* Ouvrier qui coupe et étame les glaces.

MIROTON [mi-rò-ton] *s. m.*

[ÉTYM. Origine inconnue. ‖ XVIIᵉ s. Miroton, terme de cuisine, LIGER, *Nouv. Mais. rust.* dans DELB. *Rec.* Admis ACAD. 1762.]

‖ (Cuisine.) Ragoût de bœuf bouilli et accommodé aux oignons. ‖ — de fruits, sorte de compote de fruits.

MISAINE [mi-zèn'] *s. f.*

[ÉTYM. Emprunté de l'ital. mezzana, *m. s.* proprt, « moyenne », § 12. ‖ 1382. Une migenne qui fu d'un lin, vieille et usée, *Comptes du clos des galées de Rouen,* dans DELB. *Rec.*]

‖ (Marine.) Voile du mât placé, à l'avant d'un grand navire, entre le beaupré et le grand mât. Mât de —, mât qui porte cette voile.

MISANTHROPE [mi-zan-tròp'] *s. m.*

[ÉTYM. Emprunté du grec μισάνθρωπος, *m. s.* de μισεῖν, haïr, et ἄνθρωπος, homme. (*Cf.* misogyne.) ‖ XVIᵉ s. La calumnie de certains… misantropes, RAB. IV, *Épit. au card. de Chastillon.*]

‖ Individu qui hait le genre humain. Les hommes grossiers et aveugles croient que vous êtes — parce que vous poussez trop loin la vertu, FÉN. *Dial. des morts, Anc.* 18. Ce — aux yeux tristes et sombres, BOIL. *Sat.* 11.

MISANTHROPIE [mi-zan-trò-pi] *s. f.*

[ÉTYM. Emprunté du grec μισανθρωπία, *m. s.* On trouve misantroperie (*V.* § 69) dans SÉV. 179. ‖ XVIᵉ s. Une misanthropie plus qu'incivile, P. DE THYARD, dans DELB. *Rec.*]

‖ Haine du genre humain. La — de la Rancune, SCARR. *Rom. com.* I, 19. Votre — est une vertu faible, qui est mêlée d'un chagrin de tempérament, FÉN. *Dial. des morts,* 18.

MISANTHROPIQUE [mi-zan-trò-pîk'] *adj.*

[ÉTYM. Dérivé de misanthropie, § 229. ‖ 1794. Esprits misanthropiques, *Décade philos.* I, 402. Admis ACAD. 1835.]

‖ Qui tient à la misanthropie. Humeur —.

MISCELLANÉES [mis'-sèl'-là-né] *s. f. pl.*

[ÉTYM. Emprunté du lat. miscellanea, pluriel neutre de

miscellaneus, proprt, « choses mêlées ». Beaucoup emploient la forme latine et disent des miscellanea. || 1600. Magius au livre de ses miscellanees, CL. DURET, *Flux et reflux*, dans DELB. *Rec.* Admis ACAD. 1762.]

|| (T. didact.) Réunion d'opuscules divers sur des objets variés de littérature ou de science.

MISCIBILITÉ [mĭs'-si-bi-li-té] *s. f.*

[ÉTYM. Dérivé de **miscible**, § 255. || 1780. THOUVENEL, *Mém. sur les effets de l'air*, p. 48. Admis ACAD. 1798.]

|| (T. didact.) Caractère de ce qui est miscible.

MISCIBLE [mĭs'-sĭbl'] *adj.*

[ÉTYM. Dérivé du lat. miscere, mêler, § 242. || Admis ACAD. 1762.]

|| (T. didact.) Qui peut se mêler (à une autre substance).

MISE [mĭz'] *s. f.*

[ÉTYM. Subst. particip. de mettre, § 45. || 1233. A tains que ciste mise fut faite, dans GODEF.]

I. Action de mettre, résultat de cette action.

|| **1°** Action de faire passer à une place déterminée. La — à l'eau d'un bâtiment. La — en place des couples d'un navire, l'opération par laquelle on les assemble sur la quille. La — en casse des caractères d'imprimerie, l'action de les disposer dans les cassetins. La — en ligne d'un mur, action de construire un mur vertical en se guidant sur une ficelle ou ligne tendue. La — en bouteilles d'une pièce de vin. || *P. ext. Vieilli.* La — bas, les vêtements qu'on ne met plus. Donner sa — bas à ses domestiques. La — hors d'une somme, action de la débourser. *Absolt.* Action de mettre de l'argent dans une affaire, au jeu, etc. Des registres exacts de — et de recette, LA F. *Fab.* XII, 7. *Loc. prov. Vieilli.* Ne faire ni — ni recette de qqch, n'en tenir aucun compte. *P. ext.* Doubler, retirer, réclamer sa —, l'argent qu'on a mis dans (une affaire, au jeu, etc.). || La — en circulation d'une monnaie, et, *absolt, vieilli,* Une monnaie de —, qui a cours. *Fig. Famil.* Être de —, avoir cours. C'est un homme qui est de — un quart d'heure, LA BR. 2. Ton excuse n'est point une excuse de —, MOL. *Amph.* II, 3. *Vieilli.* Se faire de —, se faire accepter. Chacun s'y fait de —, CORN. *Ment.* I, 1.

|| **2°** Action de faire passer à un état déterminé. La — au net d'un travail. La — en vente d'une maison. La — à prix, l'indication du prix auquel on veut vendre une chose. La — en œuvre, l'action de mettre en œuvre une matière. La — en scène, les préparatifs pour mettre une pièce en état d'être représentée. La — à la retraite, en disponibilité d'un fonctionnaire. La — à pied d'un cocher, interdiction de conduire pendant un temps déterminé. | (Droit.) — en accusation, en jugement. — en liberté. — en cause. — en délibéré. — en possession. — en demeure. La — en état de siège d'une ville, d'une partie du territoire. (Musique.) — de voix, action de poser la voix, de régler l'émission du son. || *Absolt. Néolog.* La — de qqn, la manière dont il se met, dont il est vêtu. Une — décente, simple, élégante.

II. *P. ext.* (Technol.) || **1°** Trou par lequel on met dans le moulin à moutarde la graine à broyer.

|| **2°** Pièce de fer forgé ajustée pour être soudée à un autre morceau de fer.

*MISER [mi-zé] v. intr.

[ÉTYM. Dérivé de mise, § 154. || *Néolog.*]

|| *Famil.* Faire sa mise (au jeu, aux enchères, etc.).

MISÉRABLE [mi-zé-râbl'] *adj.*

[ÉTYM. Emprunté du lat. miserabilis, m. s. || 1340. Gracieux et miserable (secourable) a noz subgiez, dans GODEF.]

|| **1°** Qui excite la pitié. Souvent plus — Que tous les malheureux que mon pouvoir accable, RAC. *Esth.* II, 1. D'autant plus — qu'on est tombé de plus haut, PASC. *Pens.* VIII, 13. — vengeur d'une juste querelle, CORN. *Cid,* I, 6. || *P. ext.* En parlant des choses. La plupart des hommes emploient la première partie de leur vie à rendre l'autre —, LA BR. 11. De son corps tout sanglant le — reste, RAC. *Esth.* III, 8. || *Substantivt.* Il ne se faut jamais moquer des misérables, Car qui peut s'assurer d'être toujours heureux? LA F. *Fab.* V, 17. Et pour nous rendre heureux perdons les misérables, RAC. *Brit.* II, 8.

|| **2°** Qui mérite le mépris. Ridicule et — auteur, MOL. *Mis.* I, 2. Il faudrait brûler mes misérables lettres, SÉV. 807. || *Substantivt.* Quand nous faisons besoin, nous autres misérables, Nous sommes les chéris et les incomparables, MOL. *Él.* I, 2.

|| **3°** Qui mérite l'indignation. — ! Et je vis ! RAC. *Phèd.*

IV, 6. Le croyez-vous vous-mêmes, misérables que vous êtes? PASC. *Prov.* 16. || *Substantivt.* Le — a avoué sa trahison. C'est un grand —. Cette — à mon fils destinée, ROTROU, *Antig.* IV, 2.

MISÉRABLEMENT [mi-zé-râ-ble-man] *adv.*

[ÉTYM. Composé de misérable et ment, § 724. || XIVe s. Meschanment et miserablement, ORESME, *Éth.* I, 15.]

|| D'une manière misérable. Ils périrent tous deux —, BOSS. *Hist. univ.* I, 6.

*MISÉRATION [mi-zé-râ-syon ; *en vers,* -si-on] *s. f.*

[ÉTYM. Emprunté du lat. miseratio, m. s. || XIIe s. Les tues miseratiuns, *Psaut. d'Oxf.* XXXIX, 15.]

|| *Vieilli.* Sentiment de pitié. (*Syn.* commisération.) Les infinies misérations (de Dieu), BOSS. *Anges gard.* 1.

MISÈRE [mi-zĕr] *s. f.*

[ÉTYM. Emprunté du lat. miseria, m. s. de miser, malheureux. || XIIe s. Turnez sui en ma miserie, *Psaut. de Cambridge,* XXXI, 4.]

|| **1°** Sort digne de pitié. Je prolongeais pour lui ma vie et ma —, RAC. *Andr.* I, 4. Les hommes, n'ayant pu guérir la mort, la —, l'ignorance, se sont avisés, pour se rendre heureux, de ne point y penser, PASC. *Pens.* IV, 5. Les amis de mon père Sont autant d'inconnus que glace ma —, RAC. *Brit.* I, 4. *Fig.* Collier de — (par souvenir du collier des esclaves), occupation assujettissante. Reprendre le collier de —. Lit de —, lit sur lequel se tient la femme pendant l'accouchement. || *Au plur.* Ce qui rend notre sort digne de pitié. Être promptement délivré des misères de cette vie, BOSS. *Yol. de Monterby.* Malgré la vue de toutes nos misères, PASC. *Pens.* IV, 4. Il y a une espèce de honte d'être heureux à la vue de certaines misères, LA BR. 11. *Famil.* Faire des misères à qqn, lui causer des ennuis. || *Specialt.* Pauvreté digne de pitié. Il est tombé dans la —. Sa — est sans doute une honnête —, MOL. *Tart.* II, 2. || *Au plur.* Les misères publiques, en augmentant les murmures, semblent augmenter les profusions, MASS. *Mauv. riche.* || *Fig.* (T. du jeu de boston.) Coup où l'on gagne quand on a des cartes si faibles qu'on perd les levées.

|| **2°** *P. ext.* Chose de mince valeur, méprisable. Elle ne fait point de ces petites misères-là, SÉV. 666.

MISÉRÉRÉ [mi-zé-ré-ré] *s. m.*

[ÉTYM. Mot latin signifiant « aie pitié », par lequel débute un psaume, § 217. (*Cf.* l'anc. franç. miserele.) || 1546. Mal que l'on nomme aujourd'hui miserere, CH. EST. *Dissect. des parties du corps,* p. 183.]

|| Un des sept psaumes de la pénitence. Dire son —. || *P. ext.* Je demeurai deux bons misérérés (le temps de les dire) sans parler, ST-SIM. VII, 459. || *Fig.* Colique de — (où il faut dire son miséréré), colique dans laquelle l'intestin se tord, et qui cause des douleurs intolérables.

*MISÉREUX, EUSE [mi-zé-reù, -reúz] *adj.*

[ÉTYM. Dérivé de misère, §§ 65 et 116. Ancien mot repris de nos jours. || XIVe-XVe s. Laz, doulens, misereus, CH. DE PISAN, dans GODEF. misereux.]

|| *Famil.* Qui est dans la misère. *Substantivt.* Les —.

MISÉRICORDE [mi-zé-ri-kòrd] *s. f.*

[ÉTYM. Emprunté du lat. misericordia, m. s. || XIIe s. Grant est deske as ciels la tue misericorde, *Psaut. de Cambridge,* LVI, 12.]

|| **1°** Pitié qui pardonne au coupable. Celui qui dans le temps n'aura pas exercé la —, n'a point de — à espérer dans l'éternité, BOURD. *2e Aumône,* 1. Pour obtenir — de leur rigueur, PASC. *Prov.* 10. *Loc. prov.* A tout péché —, il faut avoir de la miséricorde pour toutes les fautes. || *P. ext.* Ancre de —, la maîtresse ancre, dite aussi ancre de salut. || *Specialt.* Pitié divine qui pardonne au pécheur. La souveraine misère et la souveraine —, BOSS. *A. de Gonz.* Le Dieu de —. Et sa — à qui s'est lassée, RAC. *Ath.* I, 1. || *Au plur.* Grâce faite au pécheur. Le Dieu d'Abraham n'a pas encore épuisé ses miséricordes, BOSS. *Hist. univ.* II, 20. || (Liturgie.) Nom du deuxième dimanche après Pâques, dont l'introït commence par le mot misericordia.

|| **2°** *Fig.* | 1. Dans certains ordres religieux, récréations ou aliments supplémentaires donnés à certains jours. | 2. Nom donné, dans une stalle d'église, au support en forme de console qui est sous le siège et se relève avec lui.

MISÉRICORDIEUSEMENT [mi-zé-ri-kòr-dyeùz'-man ; *en vers,* -di-cù-ze-...] *adv.*

[ÉTYM. Composé avec miséricordieuse et ment, § 724. ||

xii° s. **Misericordiosement**, BENEEIT, *Ducs de Norm.* dans DELB. *Rec.*]

|| D'une manière miséricordieuse.

MISÉRICORDIEUX, EUSE [mi-zé-ri-kòr-dyeù, -dyeùz'; *en vers*, -di-...] *adj.*

[ÉTYM. Dérivé du lat. **misericordia**, miséricorde, § 251.
|| xii° s. **Misericordios Est** vers les povres besoignos, BENEEIT, *Ducs de Norm.* dans DELB. *Rec.*]

|| Qui a de la miséricorde. **Soyez** — à celui qui vous a offensés. **Un cœur** —. **Dieu est** — pour les pécheurs. || *Substantivt.* **Bienheureux les** —.

***MISOGYNE** [mi-zò-jîn'] *s. m.*

[ÉTYM. Emprunté du grec μισογύνη, *m. s.* de μισεῖν, haïr, et γυνή, femme. (*Cf.* misanthrope.) || *Néolog.*]

|| Celui qui hait les femmes.

MISSEL [mi-sèl] *s. m.*

[ÉTYM. Emprunté du lat. du moyen âge **missalis**, *m. s.* (sous-ent. liber, livre de messe). L'anc. franç. dit **messel**, d'après messe, § 502. RICHEL. 1680 donne encore messel à côté de missel, mais remarque que « l'usage est pour missel ». || xii° s. **Hymniers e li messels**, PH. DE THAUN, *Comput*, 42.]

|| (Liturgie.) Livre d'autel contenant les messes des différents jours de l'année.

MISSION [mi-syon; *en vers*, -si-on] *s. f.*

[ÉTYM. Emprunté du lat. **missio**, action d'envoyer, de renvoyer. Signifie souvent « dépense » en anc. franç. (*Cf.* mise.) || xii° s. **Onc mais ne virent baron Qui enpresist tel mession**, *Florimont*, dans GODEF.]

|| Œuvre qu'on charge qqn d'aller accomplir. **On lui a donné**, **il a reçu** — **de négocier**. **Sur quoi se fonde-t-il pour leur donner cette** —? PASC. *Prov.* 10. **Être envoyé en** —. **Il a été chargé d'une** — **délicate**. *Spécialt.* — **diplomatique**. — **scientifique**. — **religieuse**, pour aller prêcher, instruire. **On chassa ces docteurs prêchant sans** —, BOIL. *Art p.* 3. **Pères de la Mission**, dont l'institution a pour but la prédication dans les campagnes. **Prêtres des Missions étrangères**, dont l'institution a pour but d'aller convertir les infidèles. || *P. ext.* **Ceux qui sont envoyés en mission diplomatique, scientifique, religieuse. La** — **est composée de plusieurs membres. La** — **a opéré de nombreuses conversions.** || *P. plaisant.* — **bottée**, dragonnade.

MISSIONNAIRE [mi-syò-nêr; *en vers*, -si-ò-...] *s. m.*

[ÉTYM. Dérivé de mission, § 248. || xvii° s. *V.* à l'article.]

|| Prêtre envoyé en mission religieuse. || *Spécialt.* | 1. Père de la Mission. | 2. Prêtre des Missions étrangères. **Le roi a fait savoir ses intentions aux missionnaires du Levant**, COLBERT, *Lett.* 27 déc. 1670.

MISSIVE [mi-sîv'] *adj. f.*

[ÉTYM. Dérivé du lat. **missus**, envoyé, § 257. || 1521. **Epistres et lettres missives**, J. FABRI, *Rhétor.* dans DELB. *Rec.*]

|| **Lettre** —, et, *substantivt*, —, lettre d'affaire (destinée à être envoyé immédiatement au destinataire). *P. ext.* **Lettre de galanterie. Une** — **de quelque amant**, BEAUMARCH. *B. de Sév.* ii, 15.

***MISTI** [mîs'-ti] *V.* mistigri.

MISTIGRI [mîs'-ti-gri] *s. m.*

[ÉTYM. Origine inconnue. (*Cf.* mistigouri dans GODEF.) On dit par abréviation familière misti, § 509. || *Néolog.* Admis ACAD. 1878.]

|| 1° Valet de trèfle entre deux cartes de même valeur.

|| 2° Jeu de cartes, analogue à la mouche, où le valet de trèfle entre deux cartes de même valeur l'emporte sur les autres cartes.

MISTRAL [mîs'-tràl] *s. m.*

[ÉTYM. Emprunté du provenç. **mistral**, anciennement **maistral**, *m. s.* proprt, « magistral », § 11. || 1519. **Entre le ponent et le mestral**, *Voy. d'Antoine Pigaphetta*, dans DELB. *Rec.* Admis ACAD. 1835.]

|| Vent violent du nord-ouest (dans la vallée du Rhône et sur la Méditerranée).

MITAINE [mi-tèn] *s. f.*

[ÉTYM. Dérivé d'un primitif **mite**, qui a le même sens en anc. franç. § 97, et qui semble se rattacher au radical german. mit, couper menu, que l'on trouve dans le franç. actuel mite, mitraille, etc. § 10. || xii° s. **Mitaines de mutabet**, *Partenopeus*, 5070.]

|| 1° Gant à séparation pour le pouce seul, et non pour les autres doigts, couvrant la main entièrement ou à moitié seulement. || *Fig.* **Mettre des mitaines pour parler à qqn, pren-**

dre des ménagements pour lui parler. *Vieilli.* **Onguent miton** —. (*V.* miton 1.) **Ce sont là des mitaines à quatre pouces**, un expédient inutile.

|| 2° *P. anal.* | 1. Peau de castor de qualité inférieure. | 2. Plaque de tôle courbe, échancrée d'un côté, dans laquelle le verrier pose l'extrémité de sa canne à souffler.

MITE [mît'] *s. f.*

[ÉTYM. Emprunté du bas allem. **mite** (*cf.* angl. mite). *m. s.* du radical mit, couper menu, § 10. (*Cf.* mitaine, miton, mitraille.) || xiv° s. **Grant assemblee de mittes blanches**, *Ménagier*, ii, 50.]

|| 1° Nom donné à plusieurs espèces d'arachnides très petites, du genre acarus, qui se nourrissent de substances animales et végétales vivantes ou en décomposition. **La** — **du fromage, de la farine.**

|| 2° Nom donné à plusieurs larves d'insectes, surtout de papillons nocturnes du genre teigne, qui rongent les étoffes. **Herbe aux mites**, variété de molène à laquelle on attribue la propriété de détruire ces larves.

MITHRIDATE [mi-tri-dàt'] *s. m.*

[ÉTYM. Nom propre d'un célèbre roi du Pont, à qui l'on attribuait l'invention de cet électuaire, § 36. || 1425. **Metridat**, OL. DE LA HAYE, dans DELB. *Rec.*]

|| Électuaire, drogue composée que l'on considérait comme un antidote. || *Fig.* **Vendeur de** —, charlatan. **On dit que l'amour en est un** (charlatan), **et franchement vous m'avez tout l'air d'avoir pris de son** —, MARIV. *Surpr. de l'amour*, ii, 4.

MITIGATION [mi-ti-gà-syon; *en vers*, -si-on] *s. f.*

[ÉTYM. Emprunté du lat. **mitigatio**, *m. s.* || xiv° s. **La mitigacion des paroxismes**, *Trad. de B. de Gordon*, dans LITTRÉ. Admis ACAD. 1740.]

|| (T. didact.) Action de mitiger. *Fig.* **La** — **du salon de Marly**, ST-SIM. viii, 449.

MITIGER [mi-ti-jé] *v. tr.*

[ÉTYM. Emprunté du lat. **mitigare**, *m. s.* de mitis, doux. || xiv° s. **Mittiger le plebe envers lui**, BERSUIRE, dans LITTRÉ.]

|| (T. didact.) Rendre moins vif. — **l'acidité d'un fruit par la cuisson.** || *Fig.* Rendre moins strict. **L'arrêt a été mitigé. Républicains mitigés**, VOLT. *S. de L. XIV*, 7. **Il me semblait que mon homme se mitigeait**, MARIV. *Marianne*, 1. **Ordre religieux mitigé**, qui a relâché qqch de la rigueur primitive. *P. anal.* **Son zèle est-il mitigé ou à la rigueur?** SÉV. 856.

MITON [mi-ton] *s. m.*

[ÉTYM. Dérivé du même radical que mitaine (*V.* ce mot), §§ 10 et 104. || 1642. **Unguent miton mitaine**, OUD. Admis ACAD. 1718.]

|| Sorte de manchette en tricot, en fourrure, pour préserver le poignet du froid. (*Cf.* emmitonner.) || *Fig. Loc. prov.* **Onguent** — **mitaine**, qui ne fait ni bien ni mal. **Ce secret-là n'est que de l'onguent** — **mitaine**, MARIV. *Surpr. de l'amour*, i, 2. **Des dédicaces bourgeoises comparées à l'onguent** — **mitaine**, **qui ne fait ni bien ni mal**, FURET. *Rom. bourg.* ii, 102.

MITONNER [mi-tò-né] *v. tr.*

[ÉTYM. Origine inconnue. || 1642. OUD.]

|| 1° Faire cuire longtemps à petit feu. **Une soupe mitonnée.** *P. ext.* — **des écrevisses au court-bouillon.** || *P. anal.* (Technol.) — **les couleurs pour l'émail**, les faire cuire doucement à l'entrée du fourneau à réverbère.

|| 2° *Famil.* | 1. Préparer tout doucement (qqn, qqch) pour un résultat. **La** — **pour moi pendant treize ans**, MOL. *Éc. des f.* iv, 1. **Elles mitonnent un mari**, GHERARDI, *Th. ital.* iv, 27. — **une affaire. Nous mitonnerions les choses** (ce fut son mot) **jusques à ce que nous vissions le moment propre à les décider** (les généraux), RETZ, *Mém.* ii, 393, Grands Écriv. **Il se mitonne quelque manigance**, DANCOURT, *Tuteur*, sc. 7. | 2. Traiter tout doucement, entourer de petits soins. **Je vous trouve bien dorlotée et bien mitonnée**, SÉV. 775.

***MITOUFLE** [mi-toufl'] *s. f.*

[ÉTYM. Dérivé du radical de mitaine, à l'aide d'un suffixe inconnu. || xvi° s. **Se déduit de mitouflé** dans RAB. i, 54.]

|| *Vieilli.* Mitaine. (*Cf.* emmitoufler.) **Mon père eut les gants ou mitoufles De Péleus**, SCARR. *Virg. trav.* 3.

MITOYEN, ENNE [mi-twà-yin, -yòn'] *adj.*

[ÉTYM. Pour moiteain, dérivé de moitié, §§ 65 et 97, qui a pris la forme actuelle sous l'influence de mi et de moyen. || 1257. **Blé moiteen**, dans GODEF. **moiteen**.]

|| Qui est entre deux choses, commun à l'une et à l'autre. **Mur** —, commun à deux propriétés contiguës qu'il

sépare. La réparation et la reconstruction du mur — sont à la charge de tous ceux qui y ont droit, *Code civil*, art. 655. **Dents mitoyennes,** les quatre dents du cheval qui poussent entre les pinces et les coins. **Chevaliers..., ordre... — entre les patriciens et le simple peuple,** BOSS. *Hist. univ.* III, 6. **Ces états mitoyens de vertu qui tiennent comme un milieu entre l'innocence et le crime,** MASS. *Dispos. à la commun.*

MITOYENNETÉ [mi-twà-yĕn-té ; *en vers,* -yĕ-ne-té] *s. f.*

[ÉTYM. Dérivé de mitoyen, § 122. || 1804. *Code civil*, art. 654. Admis ACAD. 1835.]

|| Caractère de ce qui est mitoyen. **La — d'un mur. Marque de non-—,** *Code civil*, art. 654.

MITRAILLADE [mi-trà-yàd'] *s. f.*

[ÉTYM. Dérivé de mitraille, § 120. || Admis ACAD. 1798, suppl.]

|| Décharge de mitraille.

MITRAILLE [mi-tràÿ'] *s. f.*

[ÉTYM. Pour mitaille, § 361, dérivé de l'anc. franç. **mite,** menue monnaie, § 95. **Mite** se rattache au radical german. **mit,** couper menu, qui se trouve dans **mite** (insecte), **mitaine, miton,** etc. § 10. || 1295. **Mitaille d'arain,** *Compte,* dans GODEF. **mitaille.** | 1375. **Mistraille,** *ibid.*]

I. *Pop.* Monnaie de billon. **On trouvera bien de la — dans le coffre de cette vieille avare,** TRÉV.

II. *P. ext.* || **1°** Morceaux de vieux cuivre, de vieux bronze, de vieux fer. — **pendante,** nom donné par les fondeurs aux rebuts de ce genre qu'ils achètent.

|| **2°** Ferraille formant des projectiles dont on charge les canons. **Tirer à —. Boîte à —,** cylindre renfermant de la mitraille, des balles qui se dispersent à la sortie de la bouche à feu.

|| **3°** (Technol.) Laiton, composé de fer, de cuivre et d'argent, dont on se sert pour certaines soudures.

MITRAILLER [mi-trà-yé] *v. intr.*

[ÉTYM. Dérivé de mitraille, § 154. || 1800. **Un grand peuple... mitraillé : il faut bien employer des mots nouveaux pour exprimer des crimes nouveaux,** F. PAGÈS, *Nouv. Dial. des morts,* p. 41. Admis ACAD. 1835.]

|| Tirer à mitraille. **On mitrailla longtemps sans résultat.** || *Transitivt.* **On mitrailla la cavalerie ennemie** (on tira sur elle à mitraille).

MITRAILLEUSE [mi-trà-yeùz'] *s. f.*

[ÉTYM. Dérivé de mitrailler, § 112. || *Néolog.* Admis ACAD. 1878.]

|| Canon à tir rapide et à répétition.

'MITRAL, ALE [mi-tràl] *adj.*

[ÉTYM. Dérivé de mitre, § 238. || 1749. **Valvule mitrale,** SÉNAC, *Struct. du cœur,* I, 76.]

|| (T. didact.) Qui est en forme de mitre. *Spécialt.* **Valvule mitrale,** repli qui borde l'ouverture par laquelle le ventricule et l'oreillette du côté gauche du cœur communiquent ensemble.

MITRE [mitr'] *s. f.*

[ÉTYM. Du lat. **mitra,** grec μίτρα, *m. s.* || XIIe-XIIIe s. **La mitre dont tu ies mitrés,** RENCL. DE MOILIENS, dans DELB. *Rec.*]

I. Coiffure de forme conique, ayant en bas deux fanons qui tombent sur les épaules.

|| **1°** (Antiq.) Coiffure asiatique portée plus tard par les dames romaines.

|| **2°** Coiffure que portent les évêques, les cardinaux, et certains abbés (dits **mitrés**) quand ils officient solennellement. **La — en tête et la crosse à la main,** BOIL. *Sat.* 1.

|| **3°** Coiffe qui garnit à l'intérieur les couronnes impériales, royales.

II. *P. anal. Fig.* | **1.** Construction de tuiles, de plâtre, de tôle, dont on surmonte une cheminée sur le toit pour empêcher le vent d'y rabattre la fumée. | **2.** Pavé d'une épaisseur double des pavés ordinaires, qu'on place à l'extrémité de deux rangées continues. | **3.** Rebord pratiqué à la naissance de la lame d'un couteau de table, qui la sépare de la queue qu'on emmanche. | **4.** Genre de coquilles univalves.

MITRÉ, ÉE [mi-tré] *adj.*

[ÉTYM. Dérivé de mitre, § 118. || XIIe-XIIIe s. **Et cascuns en estoit mitrés,** *Cheval. as deus espees,* 5445.]

|| Qui porte la mitre. **Un abbé crossé et —.** || *P. ext.* **Abbaye mitrée,** dont l'abbé porte la mitre.

MITRON [mi-tron] *s. m.*

[ÉTYM. Semble dérivé de mitre, à cause de la forme primitive de la coiffure des garçons boulangers, § 104. || XVIIe s. **Il y a un vaudeville fameux sur le Mitron de Gonesse,** FURET. (1690). Admis ACAD. 1762.]

|| Maître garçon d'un boulanger, d'un pâtissier. || *P. ext.* Ouvrier boulanger, pâtissier, en général.

'MITTE [mit'] *s. f.*

[ÉTYM. Origine inconnue. || 1785. **Ce qu'on appelle la mitte,** HALLÉ, *Rech. sur la nat. du méphit. des fosses d'aisances,* p. 10.]

|| (Technol.) Vapeur qu'exhalent les fosses d'aisances. || Mal d'yeux causé par ces exhalaisons.

MIXTE [mikst'] *adj.*

[ÉTYM. Emprunté du lat. **mixtus,** mêlé. (*Cf.* **méteil.**) || XIVe s. **Pure et miste seignorie,** *Charte de P. de Bourbon* (1343), Arch. nat. P 1364¹, n° 1304. **Couleur mixte,** *Somme* Me *Gautier,* mss franç. Bibl. nat. 1288, f° 88, v°.]

|| Participant de la nature d'éléments divers qui le composent. **Espèce —,** produite par le croisement de races diverses. **Ces animaux d'espèce — sont beaucoup moins féconds,** BUFF. *Animaux, Génération.* **Gouvernement —,** qui participe de la monarchie et de l'aristocratie, ou de la démocratie. **Des gouvernements mixtes, tels qu'était celui de Carthage, où le pouvoir est partagé entre le peuple et les grands,** ROLL. *Hist. anc.* 1. **Bâtiment —,** à voiles et à vapeur. **Corps —,** résultant du mélange de plusieurs corps. *Substantivt.* *Vieilli.* **Un chimiste combinant des mixtes,** J.-J. ROUSS. *Ém.* 4. **Voix —,** intermédiaire entre le grave et l'aigu. **Mode —,** dans le plain-chant, qui passe du mode authentique au plagal, et réciproquement. **Nombre —,** formé d'entiers et de fractions. **Figure —,** formée de droites et de courbes.

MIXTILIGNE [miks-ti-liñ'] *adj.*

[ÉTYM. Composé avec le lat. **mixtus,** mixte, et **ligne,** § 284. || Admis ACAD. 1762.]

|| (Géom.) Formé de lignes de diverse nature. **Figure —,** formée en partie de droites, en partie de courbes.

MIXTION [miks-tyon ; *en vers,* -ti-on] *s. f.*

[ÉTYM. Emprunté du lat. **mixtio,** *m. s.* || XIIIe s. **Bien font entre aus lor mistions,** *Rose,* 19169.]

|| (T. didact.) Action de mélanger plusieurs substances. || *P. ext.* Mélange qui en résulte. **Une — adoucissante.** *Spécialt.* (Technol.) | **1.** Mordant léger avec lequel on fixe la dorure à l'huile. | **2.** Mélange de suif et d'huile dont on recouvre les parties de la planche à graver qui ont été suffisamment creusées par l'eau-forte. | **3.** Mordant appliqué à la poterie sur laquelle on veut transporter des dessins.

MIXTIONNER [miks-tyò-né ; *en vers,* -ti-ò-né] *v. tr.*

[ÉTYM. Dérivé de mixtion, § 266. || 1397. **En iceulx (vins) affaitant et mistionnant,** *Archives de Tournai,* dans GODEF. **mistionner.**]

|| (T. didact.) Mélanger avec une ou plusieurs autres substances. **Certain onguent mixtionné d'eau rose,** TH. CORN. *D. Bertr. de Cigar.* III, 9. *Absolt.* **Circé me présente cette boisson mixtionnée,** FÉN. *Odyssée,* 10.

MIXTURE [miks-tür] *s. f.*

[ÉTYM. Emprunté du lat. **mixtura,** *m. s.* (*Cf.* l'anc. franç. **mesture,** de formation pop.) || XIIe s. **Une traule misture d'oyvre celestiene et de divine vertuit,** *Serm. de St Bern.* p. 63. Admis ACAD. 1835.]

|| (T. didact.) || **1°** Mélange, le plus souvent liquide, de certaines substances pharmaceutiques, chimiques, etc.

|| **2°** Mélange de semences de céréales.

|| **3°** (Musique.) Jeu de —, jeu de l'orgue où l'on fait des successions directes de quartes, de quintes et d'octaves. (*Cf.* **diaphonie.**)

MNÉMONIQUE [mné-mò-nik'] *adj.*

[ÉTYM. Emprunté du lat. **mnemonicus,** grec μνημονικός, *m. s.* || 1800. NAUDIN, *Traité complet de mnémonique,* titre. Admis ACAD. 1835.]

|| (T. didact.) Qui aide la mémoire. **Moyens mnémoniques. Art —.** || *Substantivt.* **La —,** l'art mnémonique.

MNÉMOTECHNIE [mné-mò-tek'-ni] *s. f.*

[ÉTYM. Composé avec le grec μνήμη, mémoire, τέχνη, art, et le suffixe ie, § 279. || *Néolog.* Admis ACAD. 1835.]

|| (T. didact.) Art d'aider la mémoire par des procédés qui rendent les choses plus faciles à retenir et à retrouver.

MNÉMOTECHNIQUE [mné-mò-tĕk'-nik'] *adj.*

[ÉTYM. Dérivé de mnémotechnie, § 229. || *Néolog.* Admis ACAD. 1878.]

|| (T. didact.) Relatif à la mnémotechnie. **Procédés mnémotechniques.**

MOBILE [mò-bil] *adj.* et *s. m.*

[ÉTYM. Emprunté du lat. mobilis, *m. s.* (*Cf.* le doublet meuble.) || 1301. Si un gentilhomme marie sa fille o du mobile tant seulement, *Ordonn. de Jean II, duc de Bretagne*, dans GODEF. mobile 2.]

I. *Adj.* || **1°** Qui peut se mouvoir, être mû (dans l'espace). Une sphère — autour de son axe. Sur un sable —, C. DELAV. *Paria*, IV, 7. Mobiles comme le mercure, ils pirouettent, LA BR. 9. Caractères mobiles, caractères séparés avec lesquels on imprime. Fosses mobiles, tonneaux qui remplacent les fosses d'aisances et qu'on enlève quand ils sont pleins. Poêle —, qui, muni d'un tuyau qui entre dans les cheminées, peut être transporté d'une pièce dans une autre. Menuiserie —, qui a pour objet la construction des fenêtres, des portes et autres fermetures mobiles. || (T. milit.) Colonne —, organisée pour aller en expédition. Garde nationale — (par opposition à sédentaire), qu'on peut envoyer hors du pays pour faire campagne. *Ellipt.* Un —, un soldat de la garde mobile. || *P. anal.* Qui peut se mouvoir dans le temps. Fêtes mobiles, dont le jour change d'une année à l'autre, parce qu'elles sont subordonnées à la différence des lunaisons. Le temps, cette image — De l'immobile éternité, J.-B. ROUSS. *Odes*, III, 2.

|| **2°** *Fig.* Qui change aisément. Une physionomie —. Un esprit, un caractère —. Des impressions mobiles.

II. *S. m.* Corps qui se meut, qui est mû. Le — reçoit son mouvement du moteur. *Spécialt.* (Astron. anc.) Le premier —, la plus haute des sphères célestes, celle dont le mouvement fait tourner les sphères inférieures. Ce ciel, que nous appelons premier —, est tellement au-dessus des autres cieux, qu'il ne laisse pas de leur imprimer son mouvement et son action, BOURD. *Foi*, 1. || *P. anal.* Le premier —, ce qui donne la première impulsion. Le premier — (des passions) est tantôt dans la pensée de l'âme, tantôt dans le mouvement commencé par la disposition du corps, BOSS. *Conn. de Dieu*, III. 11. || *Fig.* Premier —, ce qui pousse par-dessus tout à agir. (L')argent, ce qui est le premier — des affaires de ce monde, VOLT. *Ing.* 8. || Ce qui pousse à agir. La gloire, ce puissant — de toutes les grandes âmes, BUFF. *Nat. des anim.* L'intérêt a été son —.

MOBILIAIRE [mò-bi-lyèr ; *en vers*, -lièr] *adj.*

[ÉTYM. Dérivé de mobile, § 248. (*Cf.* le doublet mobilier.) || 1437. Espave mobiliaire, *Cout. d'Anjou*, dans DELB. *Rec.*]

|| (Droit.) Qui a rapport aux biens meubles. Effets mobiliaires, les biens meubles. L'impôt —. Succession —.

MOBILIER, IÈRE [mò-bi-lyé, -lyèr] *adj.* et *s. m.*

[ÉTYM. Dérivé de mobile, § 115. (*Cf.* le doublet mobiliaire.) || XVIIIᵉ s. V. à l'article. Admis ACAD. 1762.]

I. *Adj.* Qui a rapport aux meubles (par opposition aux immeubles). Biens mobiliers. Les effets mobiliers, comme l'argent, les billets, etc., appartiennent au monde entier, MONTESQ. *Espr. des lois*, XX, 23. Vente, saisie mobilière. Action mobilière. Le Crédit —, société financière destinée à faire des prêts sur dépôt de valeurs mobilières.

II. *S. m.* Ensemble des meubles qui servent à garnir une maison. Un riche —.

MOBILISABLE [mò-bi-li-zàbl'] *adj.*

[ÉTYM. Dérivé de mobiliser, § 93. || *Néolog.* Admis ACAD. 1878.]

|| (T. milit.) Qui peut être mobilisé.

MOBILISATION [mò-bi-li-zà-syon ; *en vers*, -si-on] *s. f.*

[ÉTYM. Dérivé de mobiliser, § 247. || *Néolog.* Admis ACAD. 1835.]

I. (Droit.) Action de déclarer meuble ce qui n'est pas tel par nature.

II. (T. milit.) Action de mobiliser des troupes.

MOBILISER [mò-bi-li-zé] *v. tr.*

[ÉTYM. Dérivé de mobile, § 267. || *Néolog.* Admis ACAD. 1835.]

I. (Droit.) Déclarer meuble, par convention (ce qui n'est pas tel par nature).

II. (T. milit.) Mettre sur pied de guerre et envoyer en campagne (des troupes). — un corps d'armée.

MOBILITÉ [mò-bi-li-té] *s. f.*

[ÉTYM. Emprunté du lat. mobilitas, *m. s.* || XIIᵉ-XIIIᵉ s. Mobiliteit, mobileteit, *Dialog. Gregoire*, p. 92.]

|| Caractère de ce qui peut se mouvoir, être mû. La — est une propriété générale des corps. || *Fig.* Caractère de ce qui change aisément. La — des traits, de la physionomie, de l'esprit, du caractère, des impressions.

MOCADE [mò-kàd']. *V.* moquette 2.

*****MOCHE** [mòch'] *s. f.*

[ÉTYM. Paraît emprunté de l'ital. moscio, mou, flasque, § 12. || 1723. SAVARY, *Dict. du comm.*]

|| (Technol.) Torsade d'écheveaux réunis d'une manière lâche. Soie en moches. Laine à broder en moches.

*****MOCHEUSE** [mò-cheûz'] *s. f.*

[ÉTYM. Dérivé de moche, § 112. || *Néolog.*]

|| (Technol.) Cylindre à axe horizontal, hérissé de piquants, qui sert à préparer la bourre de soie pour le peignage.

*****MODAL, ALE** [mò-dàl] *adj.*

[ÉTYM. Dérivé de mode 1, § 238. ACAD. ne donne que modale, *s. f.* terme de logique, admis en 1762. || XVIᵉ s. La différence des propositions modales d'avec les cathégoriques, CHAMPEYNAC, *Logique*, dans DELB. *Rec.*]

|| (T. didact.) || **1°** (Philos.) Relatif aux modes (de la substance). Existence modale. Il y a deux sortes de distinctions modales, à savoir l'une entre le mode que nous avons appelé façon, et la substance dont il dépend et qu'il diversifie, et l'autre entre deux différentes façons d'une même substance, DESC. *Principes*, I, 61.

|| **2°** (Logique.) Dont l'affirmation est subordonnée aux modes de possibilité et d'impossibilité, de nécessité ou de contingence (par opposition à catégorique ou absolu). Une proposition modale, et, *substantivt*, Une modale.

|| **3°** (Droit.) Qui subordonne l'effet d'un acte à un événement incertain dépendant de la volonté de celui qui doit en bénéficier. Disposition, clause modale.

|| **4°** (Musique.) Qui se rapporte à certains modes (musicaux). Notes modales, la tierce et la sixte, qui caractérisent le mode (majeur ou mineur). Cordes modales, qui donnent les notes modales.

MODALE [mò-dàl] *s. f. V.* modal.

MODALITÉ [mò-dà-li-té] *s. f.*

[ÉTYM. Dérivé de modal, § 255. || XVIᵉ s. CHAMPEYNAC, *Logique*, dans DELB. *Rec.* Admis ACAD. 1798.]

|| (T. didact.) || **1°** (Philos.) Propriété qu'a la substance d'avoir des modes. Les modalités de l'étendue.

|| **2°** (Logique.) Subordination de l'affirmation d'une proposition aux modes de possibilité ou d'impossibilité, de nécessité ou de contingence.

|| **3°** (Musique.) Caractère que revêt une phrase musicale, selon qu'elle appartient au mode majeur ou mineur. Indiquer la — d'un morceau.

1. MODE [mòd'] *s. f.*

[ÉTYM. Emprunté du lat. modus, manière, transcrit littéralement par mode, forme où l'e de la terminaison a déterminé le passage du genre masc. au genre fém. § 550. (*Cf.* mode 2 et mœuf.) || XVᵉ s. Ilz ont modes telles Que..., *Myst. du Viel Testam.* dans DELB. *Rec.*]

|| **1°** Manière de voir, d'agir, particulière à qqn. Ronsard... fit un art à sa —, BOIL. *Art p.* 1. Un Dieu qu'on fait à sa —, BOSS. *A. de Gonz.* Que chacun ait ses dieux, Qu'il les serve à sa —, CORN. *Poly.* V, 6. *Loc. prov.* Chacun vit à sa —, selon sa manière de voir. || *P. ext.* Manière de voir, d'agir, propre à un pays. Des tripes à la — de Caen. Oncle, tante de qqn à la — de Bretagne, cousin germain, cousine germaine du père, de la mère de qqn.

|| **2°** Usage passager qui règle, selon le goût du moment, la manière de vivre, de s'habiller, etc. Mon tailleur n'entend-il pas bien les modes? SOREL., *Francion*, p. 226. C'est aux femmes à décider des modes, MALEBR. *Rech. de la vérité*, p. 142. Une chose à la —, conforme au goût du jour ; passée de —, qui n'est plus au goût du jour. Mettre une chose à la —, la faire adopter par le goût du jour. Il est de — de faire ceci, le goût du jour veut qu'on fasse ceci. Il faisait représenter des tragédies où on pleurait et des comédies où on riait, ce qui était passé de —, VOLT. *Zadig*, 7. Le duel est le triomphe de la —, LA BR. 13. Une chose folle et qui découvre bien notre petitesse, c'est l'assujettissement aux modes, quand on l'étend à tout ce qui concerne le goût, le vivre, la santé et la conscience, ID. *ibid. Loc. prov.* Les fous inventent les modes, et les sages les suivent. C'est le langage que les Sociniens tâchent de mettre à la —, BOSS. *Rem. Hist. des Concil.* III, 7. Tous les vices à la — passent pour vertus, MOL. *D. Juan*, V, 2. Le mérite et l'esprit ne sont plus à la —, BOIL. *Sat.* 1. *P. anal.* (Cuisine.) Bœuf à la —, et, *ellipt*, Bœuf à la —, bœuf piqué, assaisonné de carottes, oignons, etc., et cuit dans son jus. Être vêtu à la dernière —. Suivre la —. Il y a

autant de faiblesse à fuir la — qu'à l'affecter, LA BR. 13. Les femmes des îles du golfe Persique ont aussi des modes et des coutumes semblables à celles des femmes indiennes, BUFF. *Homme, Variétés.*‖ *P. ext. Au plur.* Ajustements, parures pour les dames. Elle ne désire que l'honneur de voir Madame et de lui montrer des modes nouvelles, Mᵐᵉ DE GENLIS, *Théâtre d'éduc. Dangers du monde*, I, 4. ‖ *Spécialt.* | 1. Chapeaux et coiffures pour les dames. Une marchande de modes. | 2. Dessins variés de l'intérieur des fleurs et ornements à jour dans la dentelle de point d'Alençon. (*Cf.* modeuse.)

2. MODE [mòd'] *s. m.*

[ÉTYM. Tiré de mode 1, revenu au genre masculin du latin par réaction étymologique, §§ 37 et 502. ‖ 1611. COTGR.]

‖ (T. didact.) ‖ **I.** (Philos.) Manière d'être variable de la substance finie. Parce que ce sont seulement de certains modes de la substance, et que je suis moi-même une substance, DESC. *Médit.* 3. ‖ (Logique.) | 1. Condition spéciale à laquelle est subordonnée l'affirmation d'un jugement. Les modes de possibilité, de contingence. | 2. Disposition des trois propositions d'un syllogisme, suivant leur quantité ou leur qualité.

II. (Droit.) Clause qui subordonne l'effet d'un acte à un événement incertain dépendant de la volonté de celui qui doit en bénéficier.

III. (Musique.) ‖ **1°** Chacun des tons de la musique antique que distingue le diapason plus ou moins élevé, et la position des demi-tons dans la gamme. Le — dorien, phrygien, lydien, etc.

‖ **2°** Chacun des tons du plain-chant que distingue, outre le diapason plus ou moins élevé et la position des demi-tons dans la gamme, la division dans chaque gamme de l'octave en une quinte et une quarte différemment disposées. Modes authentiques, où la division de l'octave est à la quinte supérieure de la finale. Modes plagaux, où la note inférieure est à la quarte au-dessous de la finale.

‖ **3°** Disposition de la gamme où la succession des intervalles, déterminée par le ton auquel elle appartient, tire de la position ou du déplacement de la tonique un caractère expressif. — majeur, où la tierce et la sixte au-dessus de la tonique sont des intervalles majeurs. — mineur, où la tierce et la sixte au-dessus de la tonique sont des intervalles mineurs.

IV. (Gramm.) Forme du verbe indiquant les diverses manières dont on affirme l'action ou l'état exprimé par le verbe (en dehors des circonstances de temps et de personnes, indiquées par d'autres formes). Modes personnels, impersonnels, selon ou sans personnes. Modes indirects, ou obliques, autres que l'indicatif.

V. *Néolog.* Manière d'agir. Suivre un certain — d'enseignement, d'éducation. Un nouveau — de traitement pour les maladies. Ce — de démonstration manque de rigueur.

MODELAGE [mòd'-làj' ; *en vers*, mò-de-...] *s. m.*

[ÉTYM. Dérivé de modeler, § 78. ‖ *Néolog.* Admis ACAD. 1835.]

‖ (T. d'art.) Action de modeler.

MODÈLE [mò-dèl] *s. m.*

[ÉTYM. Emprunté de l'ital. modello, *m. s.* dérivé du lat. modus, mesure, § 12. (*Cf.* module et moule 1.) Modèle est ordinairement fém. au XVIᵉ s. d'après sa terminaison, § 550. ‖ 1557. En forgeant une modèle des cieux, P. DE MESMES, *Instit. astron.* proeme.]

I. Ce qui doit servir d'objet d'imitation. Salomon le bâtit (le temple) sur le — du tabernacle, BOSS. *Hist. univ.* II, 4. Le — de l'architecte est trompeur, VOLT. *Temple du goût.* Un — d'écriture, de dessin, de broderie. Le — d'un vaisseau. ‖ Homme, femme qui se tient devant un peintre, un statuaire, dans l'attitude qu'il veut reproduire. Poser le —, le mettre dans l'attitude voulue. ‖ *Spécialt.* Représentation en argile, en cire, etc., d'un sujet destiné à être reproduit en marbre, en bronze, etc. Les modèles d'un fabricant, les sujets qu'il a achetés à l'auteur et qu'il a seul le droit de reproduire. ‖ *Fig.* Certains maris faits d'un certain —, MOL. *Tart.* II, 2. Tout ce qui n'est point fait sur ce — déplaît à ceux qui ont le bon goût, PASC. *Pens.* VII, 24. ‖ *P. anal.* En parlant de la peinture des mœurs. Étudiez la cour et connaissez la ville, L'une et l'autre est toujours en modèles fertile, BOIL. *Art p.* 3.

II. Ce qui doit servir d'objet d'imitation, d'après lequel on fait qqch.

‖ **1°** En parlant de la manière de composer. Vous vous

êtes réglé sur de méchants modèles, Et vos expressions ne sont point naturelles, MOL. *Mis.* I, 2. Si mon œuvre n'est pas un assez bon —, LA F. *Fab.* XI, épilogue. Ce guide fidèle Aux auteurs de ce temps sert encor de —, BOIL. *Art p.* 1. On se plaint généralement que l'éloquence est corrompue, quoique nous ayons des modèles presque en tous les genres, VOLT. *Dict. philos.* style. ‖ *Fig.* Il n'y avait point de monastère sur ce —-là, MONTESQ. *Espr. des lois*, XI, 8.

‖ **2°** En parlant de la manière de vivre. Que Néron, plus fidèle, D'une longue vertu laisse un jour le —, RAC. *Brit.* I, 1. Que je vous proposasse, comme en un tableau, le — de cette sainte vie, BOSS. *Bourgoing.* Ce n'est point du tout la prendre pour —, Ma sœur, que de tousser et de cracher comme elle, MOL. *F. sav.* I, 1. La reine, pleine de foi, ne se propose pas un moindre — que Marie, BOSS. *Marie-Thérèse.* Jésus-Christ que les deux Testaments regardent, l'Ancien comme son attente, le Nouveau comme son modèle, PASC. *Pens.* XVII, 10.

MODELER [mŏd'-lé ; *en vers*, mò-de-lé] *v. tr.*

[ÉTYM. Dérivé de modèle, §§ 65 et 154. (*Cf.* mouler.) ‖ 1611. COTGR.]

‖ **1°** (T. d'art.) Façonner avec de l'argile, de la cire, etc. (un modèle à exécuter en plâtre, en marbre, en bronze, etc.). — un buste, une statue. *P. ext.* En parlant de la matière qu'on façonne. — la terre, la cire. ‖ *P. anal.* Un peintre qui sait — ses figures, en rendre le relief. ‖ *Au part. passé pris substantivt.* Le modelé, le relief des formes, représenté en sculpture, et, *p. anal.* en peinture.

‖ **2°** *Fig.* Conformer à un modèle. Il (le loup) ressemble si fort au chien qu'il paraît être modelé sur la même forme, BUFF. *Loup.*

MODELEUR [mŏd'-leùr ; *en vers*, mò-de-...] *s. m.*

[ÉTYM. Dérivé de modeler, § 112. ‖ XVIᵉ s. Modeleurs, architectes, fabricateurs, MARNIX DE STE-ALDEGONDE, dans DELB. *Rec.* Admis ACAD. 1878.]

‖ (T. d'art.) Celui qui modèle (avec de l'argile, de la cire, etc.). *P. ext.* Fabricant ou marchand de statuettes, bustes, moulures, etc., en plâtre, carton-pâte, etc.

MODÉNATURE [mò-dé-nà-tûr] *s. f.*

[ÉTYM. Emprunté de l'ital. modanatura, *m. s.* de modano, modèle, § 12. ‖ 1752. TRÉV. Admis ACAD. 1835.]

‖ *Vieilli.* (Architect.) Forme, proportion des moulures des corniches dans les divers ordres d'architecture.

***MODÉRANTISME** [mò-dé-ran-tîsm'] *s. m.*

[ÉTYM. Dérivé de modérant, part. de modérer, §§ 47 et 265. ‖ Mot de l'époque révolutionnaire. Admis ACAD. 1798, suppl ; suppr. en 1835.]

‖ Caractère de celui qui est modéré, à qui répugnent les opinions extrêmes.

MODÉRATEUR, TRICE [mò-dé-rà-teùr, -trĭs'] *s. m. et f.*

[ÉTYM. Emprunté du lat. moderator, *m. s.* (*Cf.* l'anc. franç. modereur.) ‖ 1416. Empereur et moderateur, dans DELB. *Rec.*]

‖ **1°** Celui, celle qui cherche à régler les choses, en empêchant tout excès. Jouer le rôle de —. Étant, comme vous êtes, — des mœurs et de la police, BALZ. *Lett.* V, 1. ‖ *Spécialt.* Nom donné au président de certains consistoires protestants, de certaines académies, etc. Le — des jeux Floraux de Toulouse. ‖ *Adjectivt.* Un pouvoir —. Une action modératrice.

‖ **2°** (Technol.) Appareil qui sert à empêcher la vitesse d'une force de s'accélérer indéfiniment. *Spécialt.* Lampe à —, dans laquelle une tringle conique, poussée par un piston, empêche l'ascension trop rapide de l'huile.

MODÉRATION [mò-dé-rà-syon ; *en vers*, -si-on] *s. f.*

[ÉTYM. Emprunté du lat. moderatio, *m. s.* ‖ XIVᵉ s. Tres grande loenge... de moderacion et de prudence, BERSUIRE, f° 89, dans LITTRÉ.]

‖ **1°** Caractère de celui qui est modéré. La — dans les désirs. *Absolt.* Les grands se plaisent dans l'excès, et les petits aiment la —, LA BR. 9. La — est l'âme de ces gouvernements (aristocratiques), MONTESQ. *Espr. des lois*, III, 4. Montrons de la —, MOL. *D. Juan*, III, 4. Sa — durant quarante ans était le fruit d'une sagesse consommée, BOSS. *Le Tellier.* On a fait une vertu de la — pour borner l'ambition des grands hommes et pour consoler les gens médiocres, LA ROCHEF. *Max.* 308. *Au plur.* (*rare*). Vous nous faites voir Des modérations qu'on ne peut concevoir, MOL. *F. sav.* I, 2.

‖ **2°** Action de modérer qqch. Il a apporté une — à cette permission générale, PASC. *Prov.* 9. Une — de peine.

MODÉRÉ, ÉE [mò-dé-ré] *adj.*

[ÉTYM. Adj. particip. de modérer, § 45. || XIVᵉ s. Se déduit de l'existence de l'adverbe modérément à cette date.]

|| **1°** Qui s'abstient de tout excès. Qu'elle vous serve à être plus — dans vos désirs, FÉN. *Tél.* 1. Son esprit — ne se perdait pas dans ces vastes pensées, BOSS. *Le Tellier.* N'espérez pas de le voir —, CORN. *Pomp.* IV, 1. || *P. anal.* La plupart d'eux embrasse un avis —, CORN. *Tite et Bér.* IV, 1. Des sentiments si modérés, BOSS. *Marie-Thérèse. Substantiv.* Les modérés, ceux qui, en politique, en religion, se tiennent entre les partis extrêmes.

|| **2°** Qui est éloigné de l'excès. Une chaleur modérée. Notre santé n'a point de plus certaine marque Qu'un pouls égal et —, LA F. *Vampire.* Les gens qui ont eu le malheur de s'accoutumer aux plaisirs violents perdent le goût des plaisirs modérés, FÉN. *Éduc. des filles*, 5.

MODÉRÉMENT [mò-dé-ré-man] *adv.*

[ÉTYM. Composé de modéré et ment, § 724. || XIVᵉ s. Modereement et attrempeement, ORESME, *Eth.* IV, 4.]

|| D'une manière modérée. Je ne vois point de créature Se comporter —, LA F. *Fab.* IX, 11.

MODÉRER [mò-dé-ré] *v. tr.*

[ÉTYM. Emprunté du lat. moderari, *m. s.* de modus, mesure. || XIVᵉ s. Liberalité... par laquelle est modéré l'appetit des richesses, ORESME, *Eth.* IV, 1.]

|| Éloigner de l'excès. — ses dépenses. Modérez des bontés dont l'excès m'embarrasse, RAC. *Phèd.* II, 2. Modérez donc, Seigneur, cette fureur extrême, ID. *Andr.* III, 1. Ce zèle est trop ardent, souffrez qu'il se modère, CORN. *Poly.* II, 6. Modérez-vous, de grâce, RAC. *Baj.* III, 1. || — le feu, la chaleur d'un four.

MODERNE [mò-dèrn'] *adj.*

[ÉTYM. Emprunté du lat. modernus, *m. s.* tiré sous le Bas Empire de l'adverbe modo, récemment. || XVᵉ s. Par vieil venin et envie moderne, CHASTELL. dans DELB. *Rec.*]

|| Qui est de notre temps ou d'un temps relativement récent (par opposition aux temps anciens). L'histoire —. L'architecture —. (Géologie.) Terrains modernes, qui présentent des traces de la présence de l'homme. Un auteur —. | 1. Un auteur contemporain (par opposition aux auteurs du XVIIᵉ et du XVIIIᵉ siècle). | 2. Un auteur des derniers siècles (par opposition aux auteurs anciens). Un auteur — prouve ordinairement que les anciens nous sont inférieurs, LA BR. 1. || *Substantiv.* Les anciens et les modernes. La querelle des anciens et des modernes. Quelques habiles prononcent en faveur d'un ancien contre les modernes, LA BR. 1.

MODERNER [mò-dèr-né] *v. tr.*

[ÉTYM. Emprunté de l'ital. modernare, *m. s.* § 12. || 1758. On a entrepris, par ordre de Benoît XIV, de moderner le Pantheon, *Mém. de Trév.* oct. p. 2560. Admis ACAD. 1798.]

|| *Vieilli.* Moderniser.

MODERNISER [mò-dèr-ni-zé] *v. tr.*

[ÉTYM. Dérivé de moderne, § 266. || *Néolog.* Admis ACAD. 1878.]

|| (Architect.) Transformer (un édifice ancien) selon le goût et les usages modernes. || *P. ext.* — le style d'un auteur du moyen âge. — l'orthographe d'un auteur du dix-septième siècle.

MODESTE [mò-dèst'] *adj.*

[ÉTYM. Emprunté du lat. modestus, *m. s.* de modus, mesure. || XIVᵉ s. Se déduit de l'existence de modestement à cette date.]

|| **1°** *Vieilli.* Modéré. Pour rendre votre peuple — dans sa dépense, FÉN. *Tél.* 12. Attendais-tu, Cléone, un courroux si —? RAC. *Andr.* III, 3. || *Speciall.* Éloigné du faste, de l'éclat. Renfermé, à l'exemple de ses pères, dans les modestes emplois de la robe, BOSS. *Le Tellier.* Un ameublement —. Son habillement était beaucoup plus que —, MONTESQ. *Lett. pers.* 45.

|| **2°** Qui a une opinion médiocre de son mérite. L'air — est l'air d'un homme qui s'estime peu et qui estime assez les autres, MALEBR. *Rech. de la vérité*, p. 155. Un homme — ne parle point de soi, LA BR. 11. L'univers n'a rien de plus grand que ces grands hommes modestes, BOSS. *Cornet.* Le vrai mérite est —. *P. ext.* Un ton —. Qu'il ait de ses aïeux un souvenir —, RAC. *Andr.* IV, 1. Un silence —, ID. *Brit.* IV, 4. || *Substantiv* (*rare*). C'est un —, un homme modeste.

|| **3°** Qui fuit tout excès, toute liberté contraire aux bonnes mœurs. Une jeune fille —. A quoi bon, disaient-ils,

cette mine —? MOL. *Mis.* III, 4. || *Substantiv.* Un —, fichu, dit aussi modestie, dont les dames se couvraient autrefois le cou, le sein.

MODESTEMENT [mò-dès'-te-man] *adv.*

[ÉTYM. Composé de modeste et ment, § 724. || XIVᵉ s. Se il la demandassent modestement, BERSUIRE, fᵒ 329 *bis*, dans GODEF.]

|| D'une manière modeste.

|| **1°** *Vieilli.* Avec modération. Il les a loués — en ma présence, LA BR. 1. || *Speciall.* D'une manière éloignée du faste, de l'éclat. Vivre —.

|| **2°** Avec une opinion médiocre de son mérite. Ajoutant — nos propres pensées aux siennes, LA ROCHEF. *Réfl.* 5.

|| **3°** En évitant toute liberté contraire aux bonnes mœurs. Regarder, parler, se tenir —.

MODESTIE [mò-dès'-tii] *s. f.*

[ÉTYM. Emprunté du lat. modestia, *m. s.* || XIVᵉ s. Modestie et atrempance, BERSUIRE, fᵒ 93, dans LITTRÉ.]

|| **1°** *Vieilli.* Modération. C'est — à eux de ne promettre pas encore plus largement, LA BR. 9. Si cette — des historiens évangéliques avait été affectée (leur modération envers les bourreaux de Jésus-Christ), PASC. *Pens.* XIX, 2. || *Speciall.* Caractère de ce qui est éloigné du faste, de l'éclat. La — de son équipage. Plus riches par leur économie et par leur —, LA BR. 7.

|| **2°** Qualité de celui qui a une opinion modérée, peu élevée, de sa valeur. La — est au mérite ce que les ombres sont aux figures dans un tableau ; elle lui donne de la force et du relief, LA BR. 2. Il y a une fausse — qui est vanité, ID. 3.

|| **3°** Qualité de celui qui évite toute liberté contraire aux bonnes mœurs. Quelques femmes ont voulu cacher leur conduite sous les dehors de la —, LA BR. 3. Mettez dans vos discours un peu de —, MOL. *Tart.* III, 2. || *P. ext.* Ancien nom d'un fichu, dit aussi modeste.

'MODEUSE [mò-deûz'] *s. f.*

[ÉTYM. Dérivé de mode 1, § 112. (*Cf.* modiste.) || *Néolog.*]

|| (Technol.) Ouvrière qui exécute dans la dentelle d'Alençon les dessins variés dits modes. (*V.* mode 1.)

MODICITÉ [mò-di-si-té] *s. f.*

[ÉTYM. Emprunté du lat. modicitas, *m. s.* || 1611. COTGR.]

|| Caractère de ce qui est modique. La — de son revenu. La — du prix.

'MODIFICATEUR, TRICE [mò-di-fi-kà-teûr, -trís'] *adj.*

[ÉTYM. Dérivé de modifier, d'après le type lat. modificator, trix, § 249. || *Néolog.*]

|| (T. didact.) Qui a la propriété de modifier. Agents modificateurs, et, *substantiv*, Un —, tout ce qui agit sur l'organisme de manière à le modifier. Modificateurs internes, externes. (Mécan.) — instantané, organe servant à changer instantanément la direction ou l'intensité de la vitesse d'une machine (déclic, détente, etc.).

MODIFICATIF, IVE [mò-di-fi-kà-tif', -tiv'] *adj.*

[ÉTYM. Dérivé de modifier, § 257. || 1709. BUFFIER, *Gramm. franç.* p. 49. Admis ACAD. 1762.]

|| (T. didact.) Qui a pour effet de modifier. *Speciall.* (Gramm.) Mot —. Proposition modificative, qui modifie le sens d'un autre mot, d'une autre proposition. *Substantiv.* Un —, terme qui en modifie un autre. Les adverbes sont des modificatifs.

MODIFICATION [mò-di-fi-kà-syon ; *en vers*, -si-on] *s. f.*

[ÉTYM. Emprunté du lat. modificatio, *m. s.* || 1385. Modifications, dans DOUET D'ARCQ, *Pièces relat. à Ch. VI*, I, p. 66.]

|| **1°** (Philos.) Changement dans la manière d'être de la substance finie. La — de l'étendue.

|| **2°** Changement qui s'opère dans une chose, sans en altérer la nature essentielle. Les couleurs qui disparaissent aussitôt que la lumière se retire semblent n'être autre chose... que de différentes modifications de la lumière elle-même, BOSS. *Conn. de Dieu*, I, 1. Apporter des modifications dans le traitement d'une maladie. (Musique.) — des accords, par doublement des notes, additions de notes de passage, etc.

MODIFIER [mò-di-fyé ; *en vers*, -fi-é] *v. tr.*

[ÉTYM. Emprunté du lat. modificare, *m. s.* || XIVᵉ s. Les tribuns modifieront sa peine, BERSUIRE, fᵒ 46, dans LITTRÉ.]

|| Changer (une chose) sans en altérer la nature essentielle. — une loi. — l'état d'un corps. La température s'est modifiée. L'âge modifie le caractère. || *Speciall.* (Gramm.) — un mot, une proposition, apporter au sens qq changement.

L'adverbe modifie le verbe. Les incidentes modifient la proposition principale.

MODILLON [mò-di-yon] *s. m.*

[ÉTYM. Emprunté de l'ital. *modiglione*, *m. s.* § 12. || 1545. Mutiles ou modiglions, VAN AELST, *Architect.* dans GODEF.]

|| (Architect.) Sorte de console en forme de double volute saillante, sous le larmier de la corniche.

MODIQUE [mò-dĭk'] *adj.*

[ÉTYM. Emprunté du lat. *modicus*, *m. s.* || 1680. RICHEL.]

|| Peu considérable (pécuniairement). Un revenu —. Un — salaire. Le prix — de certaines denrées.

MODIQUEMENT [mò-dĭk'-man ; *en vers*, -di-ke-...] *adv.*

[ÉTYM. Composé de modique et ment, § 724. || 1680. RICHEL.]

|| D'une manière modique. Des fonctions — rétribuées.

MODISTE [mò-dĭst'] *s. m.* et *f.*

[ÉTYM. Dérivé de mode 1, § 265. (*Cf.* modeuse.) || Enregistré au XVIIIᵉ s. par POMEY au sens perdu de « qui suit la mode avec affectation ». | (Au sens actuel.) *Néolog.* Admis ACAD. 1835.]

|| 1º *Vieilli.* S. m. et f. Marchand, marchande de modes, d'ajustements, de parures pour les dames.

|| 2º *Spécialt.* S. f. Marchande de modes, de chapeaux, de coiffures pour les dames.

MODULATION [mò-du-là-syon ; *en vers*, -si-on] *s. f.*

[ÉTYM. Emprunté du lat. *modulatio*, *m. s.* || XIVᵉ s. Douces modulacions de chant, J. DE VIGNAY, *Miroir hist.* dans DELB. *Rec.*]

I. Inflexion variée de la voix. Aux modulations libres et variées que lui inspiraient (à la linotte) le printemps et l'amour, BUFF. *Linotte.*

II. *Spécialt.* (Musique.) Passage d'un ton dans un autre. || Transition au moyen de laquelle s'opère ce passage, par l'altération d'une ou plusieurs notes du ton dans lequel on est.

MODULE [mò-dul] *s. m.*

[ÉTYM. Emprunté du lat. *modulus*, diminutif de *modus*, mesure. (*Cf.* le doublet moule 1.) || 1547. Un module et demy, J. MARTIN, *Vitruve*, fº 56, vº.]

|| (T. didact.) || 1º (Architect.) Demi-diamètre du bas du fût de la colonne, unité de convention par laquelle on détermine les proportions des parties dans une ordonnance architecturale. || *Fig.* L'homme... prenant son corps pour le — physique de tous les êtres vivants, BUFF. *Nomencl. des singes.* || *P. anal.* — d'une médaille, son diamètre. || — d'une cloche, l'épaisseur du métal à l'endroit où doit frapper le battant, d'après laquelle doit être calculé le diamètre du bord de la cloche. || — d'eau, unité employée par les fontainiers pour évaluer le débit des pompes, des fontaines (10 mètres cubes par 24 heures).

|| 2º (Mathém.) Nombre par lequel il faut multiplier le logarithme d'un système pour obtenir les logarithmes correspondants d'un autre système. || Sous-tangente de la logarithmique, courbe dont les abscisses sont en proportion arithmétique, et les ordonnées en proportion géométrique. — de convergence, nombre qui mesure la rapidité avec laquelle les moyennes résultant de séries d'épreuves successives convergent vers la moyenne absolue.

|| 3º (Physique.) — d'élasticité, coefficient d'élasticité ou poids capable d'allonger d'une longueur le prisme dont la section normale est l'unité de surface.

MODULER [mò-du-lé] *v. tr.* et *intr.*

[ÉTYM. Emprunté du lat. *modulari*, *m. s.* (*Cf.* le doublet mouler.) || XVIIIᵉ s. V. à l'article. Admis ACAD. 1798.]

I. *V. tr.* Rendre par des inflexions variées de la voix. Un chant modulé avec art. Philomèle A sa compagne fidèle Module de doux concerts, VOLT. *Usage de la vie.* || *Fig.* Rendre par des accents poétiques. Tibulle y modulait les soupirs de l'amour, LAMART. *Médit.* 1, 21.

II. *V. intr.* (Musique.) Passer d'un ton dans un autre, au moyen de l'altération d'une ou de plusieurs notes du ton dans lequel on est.

MOELLE [mwàl ; jusqu'au commencement du XVIIᵉ s. mò-èl] *s. f.*

[ÉTYM. Du lat. *medūlla*, *m. s.* devenu medole, meole, §§ 411, 324, 326 et 291, d'où, par métathèse, moele, § 360, écrit plus récemment avec deux l par réaction étymologique, § 502. (*Cf.* médullaire.)]

|| 1º Substance molle, huileuse, jaunâtre, qui remplit la cavité et les aréoles de la substance spongieuse des os. (Les os) sont..., dans le milieu, pleins de la — qui doit les nourrir, FÉN. *Exist. de Dieu*, 1, 2. || *P. anal.* Gros cordon nerveux qui forme le prolongement du cerveau et du cervelet. — allongée, dite aussi bulbe rachidien, partie encéphalique de ce prolongement qui s'étend jusqu'au trou occipital. — épinière, partie de ce prolongement contenu dans le canal vertébral. Sucer la — d'un os. *Spécialt.* (Boucherie.) Un os à —, os long dont la cavité est remplie de moelle. Des cardons accommodés à la —. De la pommade à la — de bœuf. || *Fig.* | 1. La partie la plus substantielle. Tirer de qqn jusqu'à la — des os, sucer qqn jusqu'à la —, jusqu'aux moelles, lui prendre tout ce qu'on peut tirer de lui pour son profit. *P. anal.* Extraire la — d'un livre. (T. biblique.) La — de la terre, ce qu'elle produit de plus riche. | *P. ext.* Ce qui donne de la vigueur. Il n'a pas de — dans les os, il manque de vigueur. | 2. La partie la plus intime de la substance. Être glacé jusqu'à la — des os. Être pénétré de crainte jusque dans la — des os, BOSS. *A. de Gonz.* C'est un vice qui est entré jusque dans les moelles à toute la nature humaine, ID. *Médit. sur l'Év.* II, 15ᵉ jour.

|| 2º *P. anal.* | 1. Substance molle, tissu utriculaire qui remplit un canal intérieur de la tige des végétaux dicotylédones. De la — de sureau. | 2. — de roche, chaux carbonatée spongieuse. — de rocher, l'amiante.

MOELLEUSEMENT [mwà-leŭz'-man ; *en vers*, -leŭze-...] *adv.*

[ÉTYM. Composé de moelleuse et ment, § 724. || 1765. Moëlleusement peint, ENCYCL. moëlleux. Admis ACAD. 1798.]

|| D'une manière moelleuse. — couché.

MOELLEUX, EUSE [mwà-leŭ, -leŭz'] *adj.*

[ÉTYM. Dérivé de moelle, § 116. (*Cf.* le lat. *medullosus*, *m. s.*) || XVIᵉ s. L'os du bras est rond, mouelleux, PARÉ, IV, 25.]

|| 1º Qui contient de la moelle. Os —. Tige moelleuse. || *P. plaisant.* Le — Abéli (auteur d'un livre intitulé *la Moelle théologique*), BOIL. *Lutr.* 4.

|| 2º *P. ext.* Qui présente au toucher le caractère doux et onctueux de la moelle. Je tâte votre habit : l'étoffe en est moelleuse, MOL. *Tart.* III, 3. Un tapis —. Un lit —. Un vin —, doux et onctueux au palais. || *Fig.* Doux et souple. Des mouvements —. Un cavalier qui a la main moelleuse. Des contours —. Un musicien qui a un jeu —. Un timbre pur, —, BUFF. *Rossignol.* Un style —. || *Substantivt.* Le —, ce qui constitue ce caractère. Avoir du — dans les mouvements. Charmer nos yeux par la tendresse et le —, LE COMTE, *Cabinet des sing. d'architect.* (1699), 1, 15.

MOELLON [mwà-lon] *s. m.*

[ÉTYM. Origine incertaine ; les anc. formes moulon, mollon, moiron, montrent que moellon ne se rattache pas à moelle. || XIIᵉ-XIIIᵉ s. Et cil dedans lor gietent et quarrel et moulon, *Aspremont*, dans GODEF. *Compl.* | 1359. Deus chalandees de moiron, *Comptes municip. de Tours*, 1, p. 126, de la Ville le Roux.]

|| (Technol.) Pierre de petite dimension qu'on emploie dans le massif des constructions et qu'on recouvre ordinairement de plâtre et de ciment. — dur. — piqué, équarri à la pointe, pour puits, voûtes, etc. — d'appareil, équarri pour être employé en parement. — gisant, qui a un lit étendu et qui n'a pas besoin d'être beaucoup façonné. — de plat, posé sur son lit dans une construction à plomb. — en coupe, posé de chant dans une voûte. || *Spécialt.* (Manuf. de glaces.) Pierre qu'on fait mouvoir sur la surface des marbres, des glaces à polir, en interposant une bouillie de grès, d'émeri, etc. — d'assiette, sous laquelle est mastiquée la glace de dessus, quand on doucit deux glaces en les faisant frotter l'une contre l'autre.

*MOELLONIER** [mwà-lò-nyé] *s. m.*

[ÉTYM. Dérivé de moellon, § 115. || 1752. TRÉV.]

|| (Technol.) Coin qui sert à diviser la pierre pour en faire des moellons.

MŒUF [meŭf'] *s. m.*

[ÉTYM. Du lat. *mŏdus*, *m. s.* §§ 320, 411 et 291. || XIVᵉ s. Musique ou armonie selon tel meuf, ORESME, dans MEUNIER, *Essai sur Oresme.*]

|| *Vieilli.* (Gramm.) Mode des verbes. En quel temps, en quel —, ROLL. *Œuvres*, III, p. 300, édit. 1845. Je ne regarde pas les participes comme un — du verbe, mais comme des adjectifs verbaux, L'ABBÉ DANGEAU, *Essais de gramm.* VIII, 13.

MŒURS [meŭrs' et, *vieilli*, meŭr] *s. f. pl.*

[ÉTYM. Du lat. *mŏres*, devenu mors, meurs, §§ 325 et 291,

écrit plus récemment **mœurs**, par réaction étymologique, § 502.]

|| **1°** Habitudes d'un individu, d'un peuple, relatives à la pratique du bien et du mal. Ceux qui disputent tous les jours témérairement de la vérité de la foi ne contestent pas au christianisme la règle des —, BOSS. *Divinité de la religion*, 2. Ces règles immuables qui dirigent le raisonnement, qui forment les —, ID. *Conn. de Dieu*, IV, 9. Avoir des — réglées. La réformation des —, PASC. *Pens.* XXIII, 44. O temps ! ô — ! LA F. *Fab.* XII, 6. Chez les chrétiens les — sont innocentes, CORN. *Poly.* IV, 6. Les écrits qui traitent des — contiennent plusieurs enseignements et plusieurs exhortations à la vertu qui sont fort utiles, DESC. *Méth.* 1. Il y a cette différence entre les lois et les —, que les lois règlent plus les actions des citoyens, et que les — règlent plus les actions de l'homme, MONTESQ. *Espr. des lois*, XIX, 16. Un certificat de bonne vie et —. Avoir de bonnes —, et, *ellipt*, Avoir des —. La sainteté, la paix, les —, vont disparaître, VOLT. *Olymp.* II, 5. *Spécialt.* Une personne qui a de mauvaises —, qui n'a pas de —, qui est sans —, qui a des mœurs impudiques. La police des —. Un agent des —. || *P. ext.* Les — oratoires, qualités de caractère qui doivent paraître chez l'orateur, pour lui concilier ses auditeurs.

|| **2°** Habitudes d'un individu, d'un peuple, relatives à la manière de vivre, aux usages, etc. Avoir des — simples. La gravité de ses —, BOSS. *Bourgoing*. Chaque âge a ses plaisirs, son esprit et ses —, BOIL. *Art p.* 3. Il est bon de savoir quelque chose des — de divers peuples, afin de juger des nôtres plus sainement, DESC. *Méth.* 1. Cette maxime, la plus générale de toutes celles qui sont parmi les hommes, que chacun suive les — de son pays, PASC. *Pens.* III, 8. Des siècles, des pays étudiez les —, BOIL. *Art p.* 3. Autres temps, autres —. || *Spécialt.* (Critiq. littér.) La manière d'être qui convient aux personnages selon leur condition, leur pays, leur siècle, etc. Pécher contre les —. Point de —, point de caractères, RAC. *Disc. à l'Acad.* || *P. anal.* Les habitudes, la manière de vivre des animaux.

MOFETTE [mô-fèt'] et **MOUFETTE** [mou-fèt'] *s. f.*
[ÉTYM. Origine inconnue. || Admis ACAD. 1762.]

I. *Vieilli.* Exhalaison méphitique, gaz impropre à la respiration. — **atmosphérique**, azote. — **inflammable**, grisou.

II. (Hist. nat.) Mammifère du Mexique, voisin du blaireau et du putois, qui répand une odeur fétide.

***MOHAIR** [mô-êr] *s. m.*
[ÉTYM. Emprunté de l'angl. **mohair**, *m. s.* (*cf.* **moire**), § 8. || *Néolog.*]

|| Étoffe en poil de chèvre d'Angora.

MOHATRA [mô-à-trà] *s. m.*
[ÉTYM. Emprunté de l'espagn. **mohatra**, *m. s.* qui est l'arabe **mokhatara**, chance, risque, §§ 13 et 22. || XVII° s. PASCAL, *Prov.* 8. Admis ACAD. 1762.]

|| *Vieilli.* Marché fictif et usuraire, consistant à vendre à crédit à un prix très élevé une marchandise qu'on rachète immédiatement à un prix inférieur et qu'on paie comptant. *P. appos.* Contrat —.

MOI [mwà] *pron. pers.* et *s. m.*
[ÉTYM. Du lat. **mę**, *m. s.* devenu mei, moi, § 309. (*Cf.* me, forme atone.)]

I. Pronom sing. de la première personne et des deux genres qui remplace me comme complément direct et indirect, et je comme sujet dans certains cas déterminés.

|| **1°** Remplaçant me comme compl. direct. | **1.** Après un verbe à l'impératif (avec trait d'union). Laissez-moi, je vous prie, MOL. *Mis.* I, 1. Ote-moi d'un doute, CORN. *Cid*, II, 2. | **2.** Après un verbe quand il s'ajoute à d'autres compléments ou à me, pour renforcer l'affirmation. Il nous a condamnés, vous et moi. | **3.** Après les loc. conjonctives plus que, moins que, autant que, par ellipse du verbe. Je vous laisse aussi libre et plus libre que moi, RAC. *Phèd.* II, 2. | **4.** Après une préposition. Ton épée est à moi, CORN. *Cid*, I, 3. Indigne et de vous et de moi, ID. *Poly.* I, 4. A moi, exclamation pour faire venir qqn près de soi. A moi, comte, deux mots, CORN. *Cid*, II, 2. O jour heureux pour moi ! RAC. *Ath.* I, 1. Quant à moi, en ce qui me concerne. *Vieilli. Substantivt.* Garder son quant à moi, se tenir sur la réserve. Si elle se tient sur son quant à moi, LA F. *Psyché*, 2. Chez moi, dans ma maison. *Substantivt.* Mon chez moi, mon logis.

|| **2°** Remplaçant me comme compl. indirect après un verbe à l'impératif. Rends-moi, Cinna, ce que tu m'as ôté, CORN. *Cinna*, III, 2. Donnez-les-moi. Rendez-la-moi. || *Avec le sens explétif.* Prends-moi le bon parti, BOIL. *Sat.* 8.

|| **3°** Remplaçant je comme sujet. | **1.** Et moi j'ai quelque chose aussi à vous dire, MOL. *Av.* I, 4. Moi, des bienfaits de Dieu je perdrais la mémoire ? RAC. *Ath.* II, 7. Je le savais bien, moi, MOL. *F. sav.* V, 5. | **2.** Nous marchandons, mon frère et moi, à qui parlera le premier, MOL. *Av.* I, 4. | **3.** Après les conjonctions plus que, moins que, autant que. Il est aussi coupable que moi. | **4.** Et moi qui l'amenai, RAC. *Iph.* IV, 4. Mais moi, que vous blâmez, MOL. *Mis.* II, 1. C'est moi qui suis Guillot, LA F. *Fab.* III, 3. Ce ne serait pas moi qui se ferait prier, MOL. *Sgan.* sc. 2. | **5.** Moi ! le faire empereur ! RAC. *Brit.* IV, 2. Moi, votre ami ? MOL. *Mis.* I, 1. | **6.** Peux-tu faire enfin, quand tu serais démon, Que je ne sois pas moi ? MOL. *Amph.* I, 2. L'État, c'est moi, parole attribuée à Louis XIV. || *Suivi du mot même.* De victimes moi-même à toute heure entourée, RAC. *Phèd.* I, 3. Cette grandeur suprême Odieuse aux Romains et pesante à moi-même, CORN. *Cinna*, II, 1.

II. *S. m.* || **1°** Le moi, la personne de chacun à laquelle il rapporte plus ou moins toutes choses. Le voilà donc mort, ce grand ministre, cet homme si considérable, qui tenait une si grande place, et dont le moi, comme dit M. Nicole, était si étendu, SÉV. 1329. La nature de l'amour-propre et de ce moi humain et ne le considérer que soi, PASC. *Pens.* II, 8. Le moi est haïssable, ID. *ibid.* VI, 20.

|| **2°** (Philos.) La personne humaine, autant qu'elle a conscience d'elle-même, qu'elle se sent cause de ses actes. Le moi consiste dans ma pensée, PASC. *Pens.* I, 11. || *P. plaisant.* Non pas le moi d'ici, Mais le moi du logis (Mercure, qui a pris la ressemblance de Sosie), qui frappe comme quatre, MOL. *Amph.* II, 1. || *Suivi du mot même. Fig.* C'est un autre moi-même, qqn que j'aime comme moi-même, ou qui tient la même place que moi-même. (*Cf.* alter ego.)

***MOIE** [mwà] *s. f.*
[ÉTYM. Du lat. **męta**, *m. s.* devenu meide, meie, moie, §§ 309, 402 et 291.]

|| *Dialect.* Meule (de foin), tas (de blé, de sable, de bois, etc.).

MOIGNON [mwà-ñon] *s. m.*
[ÉTYM. Origine inconnue ; *cf.* espagn. muñon, muscle du bras, muñeca, poignet. || XII° s. Cousin, a poi ne vos ai fait moignon, *Aliscans*, 7063.]

|| Extrémité qui reste d'un membre amputé. || *P. anal.* Ce qui reste d'une grosse branche d'arbre qui a été coupée. || *P. ext.* Membre à l'état rudimentaire dans certaines espèces. L'oiseau qu'on appelle manchot a des moignons au lieu d'ailes.

MOINAILLE [mwà-nây'] *s. f.*
[ÉTYM. Dérivé de moine, § 95. || XVI° s. Moynaille et punais, dans MONTAIGLON, *Rec. d'anc. poés. franç.* VII, 30. Admis ACAD. 1798.]

|| *En mauvaise part.* Ensemble de ceux qui sont moines.

MOINDRE [mwïndr'] *adj.*
[ÉTYM. Du lat. **mįnor**, *m. s.* devenu régulièrement men're, §§ 308, 311 et 291, mendre, § 484, puis moindre, sous l'influence de moins. (*Cf.* mineur 1.)]

I. Comparatif de l'adjectif petit. Une étendue —. Son domaine est — qu'il ne disait. || Ma gloire n'est pas —, CORN. *Cinna*, IV, 4. Ce mal leur semble —, ID. *Hor.* V, 3. A de moindres faveurs les malheureux prétendent, RAC. *Andr.* I, 4. Sans vous-même implorer des rois moindres que vous, ID. *Mithr.* III, 1.

II. (Précédé de l'article défini.) Superlatif absolu de l'adj. petit. Le — grain de mil Serait bien mieux mon affaire, LA F. *Fab.* I, 20. Comme elle se reproche les moindres péchés, BOSS. *Marie-Thérèse*. Je n'en avais prévu que la — partie, RAC. *Bér.* V, 6. C'est là son — défaut, LA F. *Fab.* I, 1. Il n'a pas dit le — mot, il n'a pas dit le plus petit mot, il n'a rien dit. Je n'ai pas la — confiance en lui. Il n'est princes ni rois Qu'elle daigne égaler à ses moindres bourgeois, CORN. *Nicom.* I, 2. || *Substantivt.* | **1.** En parlant des personnes. Le — d'entre nous, BOIL. *Lutr.* 3. Vous qui devez respect au — des Romains, CORN. *Pomp.* III, 2. | **2.** En parlant des choses. *Vieilli.* Les quatre moindres, les quatre ordres mineurs de l'Église. Le —, ce qu'il y a de moindre. La sagesse éternelle qui fait servir le — au plus digne, BOSS. *Conn. de Dieu*, V, 14.

***MOINDREMENT** [mwïn-dre-man] *adv.*
[ÉTYM. Composé de moindre et ment, § 724. || 1726. Il ne viendra de votre part si mince brochure où je sois le moindrement intéressé, *Rép. à M. l'abbé d'Olivet, sur la 2° partie de son apologie*, p. 97.]

|| *Rare.* || **1°** D'une manière moindre.

‖ **2°** (Précédé de l'article défini.) De la moindre manière, le moins du monde. Je n'y suis pas le — intéressé.

MOINE [mwàn'] *s. m.*
[ÉTYM. Du lat. mŏnachum, grec μοναχός, *m. s.* devenu *moneco, *monego, *moneo, monio, monie, moine, §§ 329, 290, 291 et 375.]

‖ **1°** Religieux cloîtré qui vit loin du monde. — gris, ancien nom des moines de Citeaux. — lai, laïque, le plus souvent soldat invalide que le roi plaçait dans une abbaye de nomination royale, pour y être entretenu. Je suppose qu'un — est toujours charitable, LA F. *Fab.* VII, 3. ‖ *Loc. prov.* Gras comme un —. Attendre qqn comme les moines font l'abbé, se mettre à table sans l'attendre, les repas ayant lieu au couvent à des heures réglées. Pour un — l'abbaye ne faut, une personne de moins ne doit pas empêcher que ce qui doit être fait s'accomplisse. L'habit ne fait pas le —, il ne faut pas juger les gens sur l'extérieur. ‖ — bourru, revenant en costume de moine, qui maltraite ceux qu'il rencontre.

‖ **2°** *Fig.* Nom donné à divers objets (particulièrement à des objets en forme de capuchon). Coquille univalve du genre cône. ‖ Petit cône de poudre humecté de vinaigre qu'on brûle dans l'entrepont des navires pour purifier l'air. ‖ Sorte de masse, de marteau à demi pointu servant à enfoncer les chevilles à tête perdue. ‖ Partie intérieure du moule à coupelles. ‖ Papier épais dont on couvre la traînée de poudre qui doit mettre le feu à une mine. ‖ Boursouflure qui se fait qqf dans l'acier et le fer qu'on forge. ‖ Page d'imprimerie noire et blanche (comme le vêtement de certains moines), certaines parties étant restées blanches, parce que les caractères n'ont pas pris l'encre. ‖ Sorte de caisse doublée de fer-blanc où l'on suspend un réchaud pour chauffer un lit. ‖ Cylindre où l'on introduit un fer chaud pour le même usage. ‖ *Anciennt.* Donner, bailler le —. | 1. Porter malheur. | 2. Attacher une ficelle au petit doigt du pied d'une personne endormie et la tirer de temps en temps. *Fig.* Je me figure… Qu'on donne le — á mon âme, ST-AMANT, *Mauv. Logement,* p. 290.

MOINEAU [mwà-nó] *s. m.*
[ÉTYM. Dérivé de moine, à cause, semble-t-il, du plumage de l'oiseau comparé à la robe du religieux, § 126. ‖ XIIᵉ s. Li moinel se sont desturné, MARIE DE FRANCE, *Fab.* t. II, p. 149, Robert.]

I. Passereau conirostre à plumage gris, très commun dans nos climats. — franc, ou domestique, dit aussi pierrot. Tirer, user sa poudre aux moineaux, pour un gibier sans valeur, et, *fig.* faire de grands frais pour un mince résultat. Vous voyez de quel air on reçoit vos joyaux; Croyez-moi, c'est tirer votre poudre aux moineaux, MOL. *Éc. des m.* II, 6. ‖ *Fig.* C'est un vilain —, un individu peu avenant (au physique ou au moral). ‖ *P. anal.* — de mer, oiseau d'Amérique, dit aussi oiseau des glaces.

II. *Fig.* (T. milit.) Tourelle basse à embrasure et à créneaux élevée au milieu des fossés, pour battre en flanc les colonnes d'assaut. ‖ Bastion plat bâti au milieu d'une courtine, pour relier deux bastions d'angle trop éloignés.

MOINERIE [mwàn'-rî ; *en vers,* mwà-ne-rî] *s. f.*
[ÉTYM. Dérivé de moine, § 69. ‖ XIIIᵉ s. L'ordre et l'habit de moignerie, *Dial. de St Grégoire,* dans GODEF.]

‖ *En mauvaise part.* Esprit, condition monastique. L'abbé de Mailly, qui n'avait jamais voulu tâter de la —, ST-SIM. IV, 298.

MOINESSE [mwà-nĕs'] *s. f.*
[ÉTYM. Dérivé de moine, § 129. ‖ XIVᵉ s. Crestienne la moignesse, dans GODEF. Admis ACAD. 1718.]

‖ *En mauvaise part.* Religieuse. (*Cf.* nonne.) Moines et moinesses.

MOINILLON [mwà-ni-yon] *s. m.*
[ÉTYM. Dérivé de moine, § 107. Au XVIᵉ s. on dit moineton et moinichon, ce dernier encore dans OUD. ‖ XVIIᵉ s. V. à l'article. Admis ACAD. 1718.]

‖ *En mauvaise part.* Petit moine. *P. pléonasme.* De petits moinillons, LA F. *Contes,* Mazet.

MOINS [mwin; l's se lie avec la valeur d'un z] *adv.*
[ÉTYM. Du lat. mĭnus, *m. s.* devenu meins, moins, §§ 309, 10 et 291.]

I. Comparatif de l'adverbe peu. Il est — grand que vous. Vous êtes — riche. Elle est — instruite. Ce ruban est un peu — foncé. Non — que, autant. Certain mauvais génie, non — rusé et trompeur que puissant, DESC. *Médit.* 1. Écoutez un peu — ces ardeurs généreuses, CORN. *Hor.* III, 6. — que jamais, moins encore que par le passé. Je dois vous épouser encor — que jamais, RAC. *Bér.* V, 6. Plus je médite, et — je me figure, ID. *Brit.* I, 2. Tu me haïssais plus, je ne t'aimais pas —, ID. *Phéd.* II, 5. Je n'en mourrai pas — (malgré cela, je mourrai), ID. *ibid.* I, 3. Il ne veut rien — que régner, il ne veut nullement régner. Il n'est rien — qu'intelligent, il n'est pas intelligent du tout. ‖ Employé comme attribut. Cet homme est méprisable, c'est — que rien. ‖ *Substantivt.* Une quantité moindre. Cela coûte —. Il n'en sait ni plus ni — (pas davantage). Il a — d'argent que vous, il en a —. Un peu — de respect et plus de confiance, RAC. *Brit.* I, 1. Il n'en fera ni plus ni —. A — que d'une reine (pour une personne de dignité moindre), il n'a pu s'enflammer, CORN. *D. Sanche,* IV, 5. Il ne veut rien de — que régner, il ne lui faut pas moins que le trône. *Vieilli.* Ils… ne prétendirent à rien — qu'à mettre premièrement leurs voisins et ensuite tout l'univers sous leurs lois, BOSS. *Hist. univ.* III, 6. *Absolt.* Qui peut le plus peut le —. Les hommes… Ne diffèrent entre eux que du plus ou du —, BOIL. *Sat.* 4. Une chose, une personne de —, dont est diminué le nombre des choses, des personnes. J'ai un ennemi de —, et, *vieilli,* J'ai — d'un ennemi, CORN. *Rodog.* V, 1. Il y a dix francs de —, il manque dix francs. Avoir autant de — à payer, et, *vieilli,* tant — à payer. *Vieilli. Loc. adv.* Sur et tant —, en déduction. Sur et tant — de la somme de mille écus, on lui a donné cinq cents francs, ACAD. *Dans le même sens.* Sur l'et-tant-—, MOL. *G. Dand.* II, 1. Mettez dix francs en —, en déduction. Il ne cédera pas cela à — de dix francs, à un prix moindre. *Absolt.* A —, pour qqch de moindre. On se plaindrait à —. ‖ Avec la préposition de annonçant le complément du comparatif (au lieu de que). Il a — de dix francs, moins que dix francs. En — de, en un espace de temps moindre que. En — de huit jours. Je vis en — de rien Tout mon camp déserté, CORN. *Sertor.* I, 1. A — de, pour une chose qui est moindre, qui vaut moins que. Je ne cède pas ce livre à — de vingt francs, pour une somme inférieure à vingt francs, si l'on ne me paie vingt francs. *P. anal.* Je ne ferai pas cela à — d'être payé, si je ne suis pas payé. *P. ext.* A — de, à — que, à — que de, si certaine condition n'est pas remplie. Tout est perdu, Madame, à — d'un prompt remède, CORN. *Nicom.* V, 4. Toute puissance est faible à — que d'être unie, LA F. *Fab.* IV, 18. A — qu'être insensé, MOL. *Amph.* II, 1. Que faire en un gîte, à — que l'on ne songe? LA F. *Fab.* II, 14. *Néolog.* A — d'être fou. ‖ *Pris comme prép.* En retranchant, en mettant en moins. Il est huit heures — cinq minutes. Le bouilli est de la chair — son jus, BRILLAT-SAVARIN, *Physiol. du goût,* VI, 2. ‖ (Mathém.) Six — quatre égale deux. Le signe — (—), signe qui, placé devant une quantité, indique qu'elle est à retrancher. *P. ext.* (Typogr.) Tiret ayant la forme du signe algébrique et servant à séparer, à remplacer des mots.

II. (Précédé de l'article défini.) Superlatif absolu de l'adv. peu. L'homme le — intelligent que je connaisse. Le — intelligent des élèves. Et les plus malheureux osent pleurer le —, RAC. *Iph.* I, 5. Il ne s'en doute pas le — du monde. Faites cela le — mal que vous pourrez. *Vieilli.* J'y tombe au — mal que je puis, LA F. *Fab.* V, 1. ‖ Avec ellipse de l'art. défini. Ce Dieu touche les cœurs lorsque — on y pense, CORN. *Poly.* IV, 3. ‖ C'est le — qu'il puisse faire, il ne peut faire moins. Au —, tout au —, pour le —, à tout le —, même en se bornant au moins possible. Ne sait-on pas au — quel pays est le vôtre? RAC. *Ath.* II, 7. A tout le —, il est en ma puissance de suspendre mon jugement, DESC. *Médit.* 1. Donne-moi pour le — le temps de la connaître, CORN. *Poly.* V, 2. ‖ Du —, en se contentant du moins possible. Il sait aimer du —, et même sans qu'on l'aime, RAC. *Andr.* II, 1. Il y a peu de femmes si parfaites qu'elles empêchent au mari de se repentir du — une fois le jour d'avoir une femme, LA BR. 3.

***MOINS-VALUE** [mwin-và-lu] *s. f.*
[ÉTYM. Subst. particip. de la locution verbale moins valoir considérée en bloc, § 45. ‖ *Néolog.*]

‖ Amoindrissement de produit. (*Cf.* plus-value.) La — des impôts.

***MOIRAGE** [mwà-ràj'] *s. m.*
[ÉTYM. Dérivé de moirer, § 78. ‖ 1763. Un beau moirage, MACQUER, *Art de teinture,* p. 10.]

‖ (Technol.) Action de moirer.

MOIRE [mwàr] *s. f.*

[Étym. Emprunté de l'angl. *mohair*, m. s. anciennement *mohaire*, *mockaire*, qui est l'arabe *mokhayyar*, §§ 8 et 22. (*Cf.* *moncayar*.) On lit dans Chrétien de Troyes, *Érec*, 6735 : Vestuz d'un drap de moire. Dans cet exemple isolé il est difficile de voir le mot actuel moire. || 1650. Mouaire, espece de camelot : nous avons eu ce mot avec la chose des Anglois, Mén. *Orig.* | 1680. Moire, Richel.]

|| **1°** *Anciennt.* Étoffe en poil de chèvre, très brillante, fabriquée en Asie Mineure.

|| **2°** *P. anal.* Étoffe à reflets chatoyants produits par l'écrasement du grain au cylindre. (*Cf.* tabis.) D'une longue soutane il endosse la —, Boil. *Lutr.* 4. — antique, étoffe moirée à grandes ondes. — de soie, de laine. || *P. ext.* Reflet chatoyant produit par cet apprêt.

MOIRER [mwà-ré] *v. tr.*

[Étym. Dérivé de moire, § 154. Acad. 1740-1798 ne donne que moiré, ée.]

|| Apprêter (une étoffe) en écrasant le grain au cylindre, de manière à produire des reflets chatoyants. (*Cf.* tabiser.) Un ruban moiré. *Au part. passé pris substantivt.* Caractère de ce qui est moiré. Le moiré d'une étoffe. *P. ext.* Moiré métallique, apparence analogue donnée à certains métaux blancs à l'aide d'acides.

MOIS [mwá; l's se lie avec la valeur d'un z] *s. m.*

[Étym. Du lat. mensem, m. s. prononcé mẹse, § 485, et devenu meis, mois, §§ 309 et 291.]

|| **1°** (Astron.) — lunaire, division de l'année fondée sur la révolution de la lune, depuis sa conjonction avec le soleil jusqu'à la conjonction suivante, et comprenant 29 jours et demi environ. — lunaire anomalistique (entre deux passages de la lune à son apogée), draconitique (entre deux passages de la lune à un de ses nœuds), périodique (entre le moment où elle quitte le premier signe du zodiaque et celui où elle y revient), synodique (entre deux nouvelles lunes). || — solaire, espace de temps inégal employé par le soleil pour parcourir un douzième de son orbite.

|| **2°** Espace de temps adopté comme une des douze divisions de l'année, et comprenant tantôt 30 et tantôt 31 jours (excepté le mois de février, qui a 28 jours dans les années ordinaires et 29 dans les années bissextiles). Le premier jour du —, et, *ellipt*, Le second. Le second, le troisième jour du —, etc., et, *ellipt*, Le deux, le trois, etc. Un billet à trois — d'échéance, et, *ellipt*, Un billet à trois —. *Loc. prov.* On a tous les ans douze —, on vieillit année par année. Les années pour elle ont moins de douze — et ne la vieillissent point, La Br. 3. || — légal, durée de trente jours. Louer un appartement, une voiture au —, à tant par mois. Un employé, un ouvrier, un serviteur payé au —. *P. ext.* Toucher son —, payer le —, la somme à payer au bout de chaque mois. Payer les — de nourrice. || Une femme grosse de six —, depuis six mois. *Absolt.* Elle est dans son sixième —. || *Pop.* Une femme qui n'a plus ses — (ses menstrues).

MOISE [mwáz'] *s. f.*

[Étym. Du lat. mensa, planche, table, prononcé mẹsa, § 485, et devenu meise, moise, §§ 309 et 291. Admis Acad. 1762.]

|| (Technol.) || **1°** Pièce de bois plate, jumelle, entre les deux parties de laquelle une autre pièce est saisie et boulonnée pour former un assemblage. (*Cf.* écharpe, lierne.) — de décharge, posée obliquement pour supporter un poinçon, dans la charpente d'un comble. — de tête, posée obliquement sur la tête de pieux d'une estacade. — d'ordon, pièce qui relie les parties du bâti (dit ordon) où sont placés les gros marteaux de forge.

|| **2°** Tirant de fer employé à des usages analogues.

|| **3°** Longue tige de fer qui sert à mettre dans le four les glaces ou autres pièces et à les en tirer.

|| **4°** Bourrelet intérieur ménagé au milieu d'un corps de pompe en cuivre, pour le fixer au moyen d'un cercle de fer.

MOISER [mwà-zé] *v. tr.*

[Étym. Dérivé récent de moise, §§ 65 et 154. || Admis Acad. 1835.]

|| (Technol.) Maintenir (une charpente) au moyen de moises.

MOISIR [mwà-zir] *v. intr et tr.*

[Étym. Du lat. pop. *mūcīre (class. mūcēre), m. s. §§ 329 et 291.]

|| **1°** *V. intr.* Se couvrir de végétaux cryptogamiques

qui altèrent la substance. Une armoire humide où le pain moisit. || *Fig. Famil.* — qqpart, y rester longtemps abandonné. M. Mathieu ne laisse point — l'argent entre les mains de ceux qui lui doivent, Regnard, *Sérén.* sc. 22.

|| **2°** *V. tr.* Couvrir de végétations cryptogamiques qui altèrent la substance. Un pâté que l'humidité a moisi. Des confitures qui se moisissent, qui sont moisies. *Au part. passé pris substantivt.* Le moisi, ce qui est moisi. Enlever le moisi. Cela sent le moisi, l'odeur des choses moisies.

MOISISSURE [mwà-zi-sùr] *s. f.*

[Étym. Dérivé de moisir, § 111. || xive-xve s. *Gloss. franç.-lat.* dans Godef.]

|| **1°** Altération produite par des végétations cryptogamiques. || *P. ext.* Partie décomposée, altérée. Enlever la —.

|| **2°** *Au plur.* Les végétations cryptogamiques elles-mêmes.

|| **3°** *Fig.* — de roche, filaments d'amiante qui tapissent les fissures de certaines roches.

MOISSINE [mwà-sin'] *s. f.*

[Étym. Origine inconnue. (*Cf.* le provenç. moissina et moissela, m. s.) || xiiie s. Tes mamelles seront comme moissines de grappes, *Bible*, dans Godef.]

|| (Agricult.) Bout de sarment où tient encore la grappe, qu'on suspend pour conserver le fruit.

MOISSON [mwà-son] *s. f.*

[Étym. Du lat. messiọnem, dérivé de messis, m. s. devenu meisson, moisson, §§ 343, 356 et 291.]

|| **1°** Récolte du blé et des autres céréales. Faire la —. Et nous achèverons Notre — quand nous pourrons, La F. *Fab.* IV, 22. Le temps de la —. *Loc. prov.* En — et en vendange il n'y a ni fête ni dimanche. || *P. ext.* | 1. Ce qui est récolté ou à récolter. Rentrer la —. Couper la —. *Loc. prov.* Il ne faut pas jeter la faux en la — d'autrui, il ne faut pas empiéter sur le droit d'autrui. | 2. L'époque de la récolte. La — approche. *Fig.* Je ne suis qu'au printemps, je veux voir la —, A. Chén. *Jeune Capt.* || *P. ext. Poét.* Année. Depuis trois moissons, Boil. *Lutr.* 1.

|| **2°** *Fig.* Action de recueillir une quantité de choses; ensemble des choses ainsi recueillies. Ces biens où votre espoir se fonde, Et dont vous étalez l'orgueilleuse —, J.-B. Rouss. *Odes*, 3. Ces moissons de lauriers, Rac. *Iph.* v, 2. D'amples moissons de gloire, La F. *Fab.* vii, 18. *Spécialt.* (T. bibl.) Les bonnes œuvres. Ne devons-nous pas désirer que ce champ soit ample et spacieux, afin que la — soit plus abondante? Boss. *Vol. de Monterby.*

MOISSONNER [mwà-sò-né] *v. tr.*

[Étym. Dérivé de moisson, § 154. || xiiie s. Quant li cors selon Dieu ne moissone ne same, Ruteb. p. 46, Kressner.]

|| **1°** Couper et récolter (les céréales). — le blé. Rentrer le blé moissonné. *P. ext.* — un champ, y faire la moisson. *Fig.* Ce champ (de l'apologue) ne se peut tellement — Que les derniers venus n'y trouvent à glaner, La F. *Fab.* III, 1.

|| **2°** *Fig.* | 1. Recueillir en quantité. *Poét.* — des lauriers. *Loc. prov.* On moissonne ce qu'on a semé, on recueille le fruit de ses actions bonnes ou mauvaises. (T. biblique.) Celui qui sème le vent moissonnera la tempête. *Absolt.* Dans le champ du public largement ils moissonnent, Corn. *Cinna*, ii, 1. | 2. Retrancher par un coup soudain. Votre vie... devant Troie en sa fleur doit être moissonnée, Rac. *Iph.* i, 2. Le fils d'Idoménée est moissonné dès son premier âge, Fén. *Tél.* 5. Le fer moissonna tout, Rac. *Phéd.* ii, 1.

MOISSONNEUR, EUSE [mwà-sò-neùr, -neùz'] *s. m. et f.*

[Étym. Dérivé de moissonner, § 112. || xiiie s. Cele herbe ne fera ja bien au moissonneor, *Psaut.* Bibl. Mazar. 258, fo 161, dans Littré.]

|| Celui, celle qui travaille à la moisson. || *P. ext.* Moissonneuse, machine à moissonner.

MOITE [mwàt'] *adj.*

[Étym. Pour moiste, § 422, du lat. pop. *mūscidus (class. mūcidus), m. s. devenu *moisde, moiste, §§ 329, 387, 290, 414 et 291. || xiiie s. Et froit et chaut et sec et moiste, J. de Meung, *Rose*, 17163.]

|| Légèrement humide. Avoir la peau —. || Une chaleur —, Desc. *Météor.* 7. || *P. ext. Poét.* Aux périls du — élément (de la mer), Gresset, *Carême impromptu.* Par les beautés de ce — séjour, La F. *Daphné*, ii, 1.

MOITEUR [mwà-teùr] *s. f.*

[Étym. Dérivé de moite, § 110. || xiiie s. Par chalor et par moistor, *Simples medicines*, fo 53, ro.]

‖ Caractère de ce qui est moite. La — de la peau. Entrer en —, commencer à transpirer.

MOITIÉ [mwà-tyé] *s. f.*

[ÉTYM. Du lat. mĕdietătem, *m. s.* devenu meitié, moitié, §§ 345, 415, 336, 297, 402 et 291. (*Cf.* mitoyen et métayer.)]

‖ Chaque partie d'un tout divisé en deux parties égales. L'aire du triangle a pour mesure la — du produit de sa base par sa hauteur. | L'équateur partage en deux moitiés le globe terrestre. Pour avoir la majorité absolue, il faut au moins la — des voix plus une. Si le défunt n'a laissé ni postérité, ni frère, ni sœur, ni descendants d'eux, la succession se divise par — entre les ascendants de la ligne paternelle et les ascendants de la ligne maternelle, *Code civil*, art. 746. Être de — avec qqn, s'associer en convenant de partager par moitié le gain ou la perte. ‖ *P. ext.* Partie d'un tout qui représente à peu près la moitié. Donnez-moi la — de cette pomme. Prenez la — du pain. Les femmes, qui font la — du monde, PASC. *Prov.* 2. La plus belle — du genre humain, périphrase galante pour désigner les femmes. La — de tes gens doit occuper la porte, CORN. *Cinna*, V, 1. Une —, une des deux moitiés. Des enfants de Japet toujours une — Fournira des armes à l'autre, LA F. *Fab.* II, 6. La — de la terre à son sceptre est soumise, RAC. *Esth.* I, 1. Offrir à qqn la — de son logement, lui offrir l'hospitalité. *Fig.* Partager le différend par —, faire de part et d'autre une concession à peu près égale. ‖ *P. ext.* Une bonne partie. La — du temps. En parlant d'une quantité exagérée. Il n'en faut croire que la —, il faut en rabattre la —, il faut rabattre de —. Je suis plus riche de la — que je ne voudrais, FÉN. *Vies des Philos. Pittacus.* ‖ *Fig.* En parlant d'une personne chère. La — de sa vie, la — de soi-même. La plus belle — qui reste de lui-même, CORN. *Cinna*, IV, 5. La — de ma vie a mis l'autre au tombeau, ID. *Cid*, III, 3. *Spéciali.* La — d'un homme, sa femme. Et ce n'est pas peu d'heur que d'être sa —, MOL. *Tart.* II, 3. O d'un illustre époux noble et digne —, CORN. *Pomp.* III, 4. ‖ *Adverbt.* Par parties égales. Mettre — eau et — vin. Chaque corps serait composé de — Chinois et — Tartares, MONTESQ. *Espr. des lois*, X, 15. — par adresse et — par force, BOSS. *Hist. univ.* III, 5. — chair, — poisson. ‖ *Loc. adv.* A —. Vendre à — prix (à la moitié du prix). Être à — chemin (à la moitié du chemin). Prendre un marché à — de perte et de gain, et, *ellipt*, Prendre des terres à —. (*Cf.* métayer.) *P. ext.* En grande partie, presque entièrement. Il est à — fou. Ma tâche est à — faite. Un fripon d'enfant... Prit sa fronde et du coup tua plus d'à — La volatile malheureuse, LA F. *Fab.* IX, 2.

*MOITIR [mwà-tîr] v. tr.

[ÉTYM. Dérivé de moite, § 154. ‖ 1567. La ou le feu se att a mouvoir et a moytir, ZÉCAIRE, *Vraie Philos. des metaux*, p. 172.]

‖ (Technol.) Rendre moite.

MOKA [mò-kà]. *V.* café.

MOL [mòl]. *V.* mou.

MOLAIRE [mò-lêr] *adj.*

[ÉTYM. Emprunté du lat. molaris, *m. s.* de molere, moudre, broyer. ‖ 1546. CH. EST. *Dissect. des parties du corps humain*, p. 21. Admis ACAD. 1762.]

‖ (Anat.) Dent —, et, *substantivt*, —, dent qui sert à broyer les aliments. (*Syn.* mâchelière.)

1. MÔLE [mòl] *s. m.*

[ÉTYM. Emprunté de l'ital. molo, *m. s.* qui se rattache au lat. moles, masse, § 12. ‖ XVIᵉ s. Les citadins de Thalasse estoyent sur le mole accourus, RAB. III, 21.]

‖ **1°** *Vieilli.* Construction massive. *Spéciali.* Le — d'Adrien, tombeau de l'empereur Adrien à Rome.

‖ **2°** Ouvrage de maçonnerie construit à l'entrée d'un port, à la tête d'une jetée, pour rompre l'impétuosité des vagues et mettre les navires à couvert.

2. MÔLE [mòl] *s. f.*

[ÉTYM. Emprunté du lat. mola, *m. s.* proprt, « meule ». ‖ XVIᵉ s. PARÉ, XVIII, 41.]

‖ (Médec.) ‖ **1°** Embryon informe.

‖ **2°** Concrétion sanguine, masse charnue, polypes qui se forment dans l'utérus.

MOLÉCULAIRE [mò-lé-ku-lêr] *adj.*

[ÉTYM. Dérivé de molécule, § 248. ‖ 1797. Formes moléculaires, BERTRAND, *Nouv. Princip. de géologie*, p. 15. Admis ACAD. 1835.]

‖ (T. didact.) Qui a rapport aux molécules. Attraction —, qui rend les molécules d'un corps adhérentes les unes aux autres.

MOLÉCULE [mò-lé-kul] *s. f.*

[ÉTYM. Dérivé du lat. moles, masse, § 240. ‖ 1678. Une molecule ou un amas, BERNIER, *Philos. de Gassendi*, I, 140. Admis ACAD. 1740.]

‖ (T. didact.) Partie très petite de la matière. ‖ *Spéciali.* (Chimie.) Partie d'un corps conçue comme indivisible aux agents physiques, mais décomposable chimiquement en particules plus petites, dites atomes.

MOLÈNE [mò-lěn'] *s. f.*

[ÉTYM. Semble emprunté de l'angl. mullein, anglo-saxon molegn, *m. s.* d'origine incertaine, § 8. ‖ XIIIᵉ s. Tapsus barbatus : moleine, dans GODEF. Admis ACAD. 1835.]

‖ (Botan.) Bouillon blanc, plante émolliente.

*MOLESKINE [mò-lěs'-kin'] *s. f.*

[ÉTYM. Emprunté de l'angl. mole-skin, *m. s.* proprt, « peau (skin) de taupe (mole) », § 8. ‖ *Néolog.*]

‖ (Technol.) Toile vernie imitant le cuir.

MOLESTER [mò-lěs'-té] *v. tr.*

[ÉTYM. Emprunté du lat. molestare, *m. s.* ‖ XIIᵉ-XIIIᵉ s. N'en ot pas le cuer molesté, RENCL. DE MOILIENS, *Carité*, CCXII, 8.]

‖ Tourmenter en suscitant des désagréments. Je ne pensais pas qu'il fût possible que vous eussiez aucune intention de me —, DESC. *Lett. aux magistrats d'Utrecht.*

*MOLETAGE [mŏl-tàj' ; en vers, mò-le-...] *s. m.*
[ÉTYM. Dérivé de moleter, § 78. ‖ *Néolog.*]

‖ (Technol.) Action de moleter.

*MOLETER [mŏl-té ; en vers, mò-le-té] *v. tr.*
[ÉTYM. Dérivé de molette, §§ 65 et 154. On dit aussi moletter. ‖ 1582. Et après les molletteront avec un os de balaine, *Stat. des parchemin.* dans DELB. *Rec.*]

‖ (Technol.) Travailler à la molette. *Spéciali.* — une glace. Vis à bouton moleté, et, *ellipt*, Vis moletée, garnie d'un bouton qui permet de la tourner à la main.

*MOLETOIR [mŏl-twàr ; en vers, mò-le-...] *s. m.*
[ÉTYM. Dérivé de moleter, § 113. ‖ 1765. ENCYCL. *Verrerie.*]

‖ (Technol.) Instrument pour moleter. *Spéciali.* Verre scellé sur une pierre mince et frotté de potée, pour polir les glaces.

MOLETTE [mò-lět'] *s. f.*

[ÉTYM. Dérivé de meule (lat. mŏla), §§ 65 et 133. ‖ 1313. Deus chapes vermeilles a moletes d'or, dans GODEF. molette 4.]

‖ (Technol.) ‖ **1°** Petite meule, pour broyer les couleurs, les médicaments, polir le marbre, les glaces, etc.

‖ **2°** Roulette pour imprimer les ornements sur la pâte céramique, avant qu'elle aille au feu. ‖ Roulette à graver les cylindres pour la fabrication des toiles imprimées. ‖ Disque d'acier qui, tournant contre des corps durs, leur imprime une forme en les râpant. (*Syn.* fraise.)

‖ **3°** Poulie de grand diamètre employée dans les mines pour élever les tonnes de minerai. ‖ Système qui imprime la rotation à une scie circulaire. Scie à molettes. ‖ Cylindre de bois au moyen duquel le cordier donne une torsion au chanvre, au fil de caret.

‖ **4°** Etoile mobile garnie de pointes qui forme l'extrémité de l'éperon, et sert à piquer les flancs du cheval.

‖ **5°** Tumeur des capsules synoviales à la jambe du cheval, au-dessus du boulet.

*MOLETTER [mò-lè-té]. *V.* moleter.

MOLLASSE [mò-làs'] *adj.*

[ÉTYM. Dérivé de mou, §§ 64 et 81. ‖ XVIᵉ s. D'une allure mollace, AMYOT, *Alcib.* 2.]

‖ Trop mou. Petits bœufs dont la chair est —, BUFF. VIII, 96, édit. 1777. ‖ *Fig. Famil.* Trop faible de volonté.

MOLLEMENT [mŏl-man ; en vers, mò-le-...] *adv.*

[ÉTYM. Composé de molle et ment, § 724. ‖ XIIIᵉ s. Tybers s'excuse molement, *Renart*, XV, 87.]

‖ D'une manière molle. Être couché —. Se balancer —. | *Fig.* Me laisser — conduire à la mort, PASC. *Pens.* IX, 1. ‖ Un baiser cueilli sur les lèvres d'Iris Qui — résiste, BOIL. *Art* p. 2. Vivre —.

MOLLESSE [mò-lěs'] *s. f.*

[ÉTYM. Dérivé de mou, §§ 64 et 124. (*Cf.* le lat. mollitia, *m. s.*) ‖ XIIᵉ s. Li molece de l'omme, *Serm. de St Bern.* p. 121.]

‖ Etat de ce qui est mou. La — des chairs. ‖ *Fig.* | 1. Laisser aller. La — des mouvements, de la démarche. | 2. Manque de fermeté. N'avez-vous point de honte, avec votre — ? MOL. *F. sav.* II, 9. | 3. Manière de vivre où l'on se donne trop ses aises. Les grands qui vivent dans la —, FÉN. *Tél.* 13. Son cœur nage dans la —, RAC. *Esth.* II, 8. Des plaisirs criminels les damnables mollesses, CORN. *Imit.* I, 1, édit. 1651-6.

MOLLET, ETTE [mŏ-lè, -lĕt'] *adj.* et *s. m.*
[ÉTYM. Dérivé de mou, §§ 64 et 133. || XIII° s. A petit pas simple et mollet, *Clef d'amour*, dans DELB. *Rec.*]
I. *Adj.* Un peu mou. Des œufs mollets, cuits de manière à être à demi liquides. (*Cf.* molleteur.) Pain —. Étoffe mollette. Les meubles les plus mollets, BUFF. *Chat.*
II. *S. m.* Gras de la jambe, partie molle que forme à l'extrémité postérieure la saillie des muscles jumeaux et du muscle soléaire.

***MOLLETEUR** [mŏl-teŭr; en vers, mŏ-le-...] *s. m.*
[ÉTYM. Dérivé de mollet, § 112. || *Néolog.*]
|| (Cuisine.) Appareil pour cuire les œufs de manière à ce qu'ils soient mollets.

MOLLETON [mŏl-ton; en vers, mŏ-le-...] *s. m.*
[ÉTYM. Dérivé de mollet, § 104. || 1664. Molletons d'Angleterre, *Tarif.*]
|| Étoffe épaisse, tirée à poil, ce qui la rend moelleuse.

MOLLIFIER [mŏl'-li-fyé; en vers, -fi-é] *v. tr.*
[ÉTYM. Emprunté du lat. mollificare, *m. s.* || 1425. O. DE LA HAYE, dans DELB. *Rec.*]
|| (T. didact.) Rendre mou, fluide.

MOLLIR [mŏ-lir] *v. tr.* et *intr.*
[ÉTYM. Dérivé de mou, §§ 64 et 154. || 1552. Mollir, assouplir, CH. EST. dans DELB. *Rec.*]
I. *Vieilli. V. tr.* Rendre mou. || *P. anal.* (Marine.) Détendre. — un câble.
II. *V. intr.* Devenir mou. || *P. anal.* Se détendre. Le vent mollit. || *Fig.* Commencer à céder. Les plus hardis mollissent, BOIL. *Ép.* 12. Je ne compatis point à qui dit des sornettes Et dans l'occasion mollit comme vous faites, MOL. *Tart.* II, 3.

MOLLUSQUE [mŏ-lŭsk'] *s. m.*
[ÉTYM. Emprunté du lat. des naturalistes molluscus, *m. s.* nom imaginé d'après le lat. class. mollusca, noix à écorce molle. || Mot dû à CUVIER (*V. Magasin encycl.* II, 432, ann. 1795). Admis ACAD. 1835.]
|| (T. didact.) Nom donné à des animaux non vertébrés qui forment le troisième embranchement du règne animal.

MOLOSSE [mŏ-lŏs'] *s. m.*
[ÉTYM. Emprunté du lat. molossus, grec μολοσσός, *m. s.* proprt, chien de la Molossie, partie de l'Épire, § 36. || XVI° s. *Rons.* VI, 12. Admis ACAD. 1878.]
|| **1°** *Poét.* Espèce de dogue. *P. appos.* Un chien —.
|| **2°** *P. ext.* Chauve-souris d'Amérique.

MOLYBDÈNE [mŏ-lib'-dèn'] *s. m.* (fém. à l'origine).
[ÉTYM. Emprunté du grec μολύβδαινα, veine d'argent mêlée de plomb, de μόλυβδος, plomb, nom appliqué au molybdène par HIELM, qui a découvert ce corps en 1782. || XVI° s. DU PINET, *Dioscor.* dans DELB. *Rec.* Admis ACAD. 1835.]
|| (Chimie.) Corps simple, métallique, d'un blanc mat, malléable, presque infusible.

MOMENT [mŏ-man] *s. m.*
[ÉTYM. Emprunté du lat. momentum, *m. s.* contraction de movimentum, mouvement. || XII° s. Momenz, PH. DE THAUN, *Comput*, 2321.]
I. Court espace de temps. *Vieilli.* Un — de temps. Sans y perdre un — de temps, SÉV. 836. Est-il aucun — Qui vous puisse assurer d'un second seulement? LA F. *Fab.* XI, 8. Ce temps, hélas! embrasse tous les temps : Qu'on le partage en jours, en heures, en moments, ID. *ibid.* VIII, 1. Un — l'a fait naître, un — va l'éteindre, CORN. *Cid*, II, 3. Les moments me sont chers, écoutez-moi, Thésée, RAC. *Phéd.* V, 7. Il n'y avait pas un seul — à perdre, FÉN. *Tél.* 7. N'avoir pas un — à soi, ne pas s'appartenir, n'être pas libre un moment. *Ellipt.* Un — (attendez un moment), BOIL. *Sat.* 8. S'absenter un —, pendant un moment. Il ne faut pas s'éloigner un —, RAC. *Brit.* I, 1. Les derniers moments, ceux qui précèdent immédiatement la mort. C'est un mauvais — à passer. Choisir un — favorable, un bon —. Quand ils sont près du bon —, L'inconstante aussitôt à leurs désirs échappe, LA F. *Fab.* VII, 12. Le — favorable fut manqué, BOSS. *R. d'Angl.* Avoir de bons moments, où l'on est bien disposé. || De — en —, de moments en moments, sans interruption. Tandis que des soldats, de moments en moments, Vont arracher pour lui les applaudisse-

ments, RAC. *Brit.* IV, 4. || A tout —, à tous moments, à chaque —, sans intervalles. L'état horrible où le Ciel me l'offrit Revient à tout — effrayer mon esprit, RAC. *Ath.* I, 2. Mon cœur démentait ma bouche à tous moments, ID. *Andr.* V, 3. || D'un — à l'autre, dans un intervalle de temps très rapproché. Il peut venir d'un — à l'autre. || Dans un —, au bout d'un moment. Il me viendra chercher dans un —, RAC. *Iph.* III, 7. || En un —, dans l'espace d'un moment. Et le drôle eut lapé le tout en un —, LA F. *Fab.* I, 18. Le — où je parle est déjà loin de moi, BOIL. *Ép.* 3. En ce —, au moment actuel. Dans le —, sur le —, au moment même. Sur le —, je ne l'ai pas reconnu. Dès ce —, à partir de ce moment. Au — que j'ouvre la bouche, BOSS. *Condé.* Au — où je parle. Depuis le —, du — que, à partir du moment où. Du — que vous l'avez connu, vous l'avez aimé. *P. ext.* Du — que, par cela seul que. Du — que vous l'approuvez, je n'ai rien à dire.

II. (T. didact.) — d'un levier, produit de la longueur d'un bras de levier par la force qui lui est appliquée perpendiculairement. || *P. ext.* Produit d'une force par une distance. — d'une force par rapport à un point, produit de cette force par sa distance à ce point. — d'une force par rapport à un axe, produit de la projection de cette force sur un plan perpendiculaire à l'axe, par la plus courte distance de cette projection à l'axe. *Spécialt.* (Marine.) Axe des moments, ligne par rapport à laquelle on prend la distance du centre d'effort du vent sur chaque voile. || *Fig. Néolog.* — psychologique, circonstance déterminante de la résolution.

MOMENTANÉ, ÉE [mŏ-man-tà-né] *adj.*
[ÉTYM. Emprunté du lat. momentaneus, *m. s.* (*Cf.* l'anc. franç. momentain, encore employé au XVI° s.) || XVI° s. Son goust est plus momentanée, MONTAIGNE, I, 19.]
|| Qui ne dure qu'un moment. Une absence momentanée.

MOMENTANÉMENT [mŏ-man-tà-né-man] *adv.*
[ÉTYM. Pour momentanéement, composé de momentanée et ment, § 724. || Admis ACAD. 1798.]
|| D'une manière momentanée. Il occupe — cette place.

MOMERIE [mŏm'-ri; en vers, mŏ-me-ri] *s. f.*
[ÉTYM. Dérivé de l'anc. verbe momer, se déguiser, qui est emprunté de l'allem. mummen, *m. s.* § 7. (*Cf.* momon.) A distinguer de l'anc. franç. mahommerie, mosquée. || XV° s. Venus sommes en ceste momerie, CH. D'ORL. *Ball.* 120.]
|| **1°** *Anciennt.* Mascarade.
|| **2°** *Fig.* Pratique ridicule. Je ne vois point de plus plaisante —... qu'un homme qui se veut mêler d'en guérir un autre, MOL. *Mal. im.* III, 3. Il (Henri III) était persuadé, aussi bien que certains théologiens de son temps, que ces momeries expiaient les péchés d'habitude, VOLT. *Henriade*, 1, notes.

MOMIE [mŏ-mi] *s. f.*
[ÉTYM. Emprunté du bas lat. mumia, qui est l'arabe moumia, *m. s.* tiré du persan moum, cire, §§ 22 et 24. || XIII° s. Poldre de mommie, *Simples medicines*, f° 34, r°.]
|| **1°** Cadavre embaumé et enveloppé de bandelettes, qu'on trouve dans les sépultures des anciens Égyptiens. || *P. ext.* Cadavre desséché et embaumé. || *Fig.* Personne inerte. C'est une —.
|| **2°** *P. ext.* Couleur brune tirée du bitume dont les momies étaient enduites. *P. appos.* Baume —, malthe.

***MOMIFICATION** [mŏ-mi-fi-kà-syon; en vers, -si-on] *s. f.*
[ÉTYM. Dérivé de momifier, § 247. || 1789. THOURET, *Rapp. sur les exhumat. du cimet. des Innocents*, p. 30.]
|| (T. didact.) Action de momifier; état d'un cadavre momifié. *Fig.* Action de rendre inerte.

***MOMIFIER** [mŏ-mi-fyé] *v. tr.*
[ÉTYM. Composé avec momie et le lat. facere, faire, § 274. || 1789. Les chairs semblaient momifiées, THOURET, *Rapp. sur les exhumat. du cimet. des Innocents*, p. 45.]
|| (T. didact.) Transformer en momie. || *Fig.* Momifiée et toute jaune Comme la main d'un Pharaon, TH. GAUTIER, *Émaux et Camées*, p. 21.

***MOMON** [mŏ-mon] *s. m.*
[ÉTYM. Dérivé de l'anc. verbe momer, se déguiser, § 104. (*Cf.* momerie.) || XVI° s. De cinquante escus un mommon, R. DE COLLERYE, p. 143. Admis ACAD. 1718; suppr. en 1835.]
|| *Vieilli.* Mascarade. || *P. ext.* Partie de dés que les masques proposaient plaisamment aux dames. Est-ce un — que vous allez porter? MOL. *B. gent.* V, 1. Ouvrez-leur pour jouer un —, ID. *Ét.* III, 8. Couvrir le —, tenir l'enjeu de cette partie, et, *fig.* tenir tête à qqn.

1. MON [mon] *adj. poss.*

[ÉTYM. Du lat. meum, *m. s.* qui, accentué, est devenu mien (*V.* ce mot), et, atone, s'est réduit à *mum, mon, § 594. (*Cf.* ma, mes.)]

|| **1°** Adj. possessif masc. de la 1re personne, marquant possession, attribution. | **1.** Possession. On m'a dérobé mon argent, MOL. *Av.* IV, 7. Mon arc, mes javelots, mon char, tout m'importune, RAC. *Phèd.* II, 2. Certains auteurs, parlant de leurs ouvrages, disent : mon livre... Ils feraient mieux de dire : Notre livre, PASC. *Pens.* XXIV, 68. Il veut même y porter le nom de mon époux, RAC. *Iph.* II, 3. Mon père, Cessez de vous troubler, ID. *ibid.* IV, 4. Apprends que mon devoir ne dépend point du sien, CORN. *Poly.* III, 2. | **2.** Attribution. J'ai pris mon café. Mon lavement d'aujourd'hui a-t-il bien opéré? MOL. *Mal. im.* I, 2. *Spéciall.* En parlant d'une personne tendrement aimée. Mon Polyeucte touche à son heure dernière, CORN. *Poly.* IV, 5. Rends-moi mon Curiace, ID. *Hor.* IV, 5. *Famil.* En parlant d'une personne, d'une chose dont on fait particulièrement mention. Et mon chat de crier, LA F. *Fab.* VIII, 22. Voilà de mes damoiseaux flouets, MOL. *Av.* I, 4.

|| **2°** Adj. possessif fém. de la 1re personne employé devant un nom fém. commençant par une voyelle ou une h muette. Je mets à les former mon étude et mes soins, RAC. *Esth.* I, 1. Mon Hermione encor le tient-elle asservi? ID. *Andr.* I, 1. Prenons parti, — Ame, CORN. *Hor.* III, 1.

2. *MON [mon] *adv.*

[ÉTYM. Origine inconnue. || XIIe s. Pur saveir mun quels genz vos estes, BENEEIT, *Ducs de Norm.* 3279.]

|| *Vieilli.* Certes. Çà — vraiment, MOL. *B. gent.* III, 3.

MONACAL, ALE [mò-nà-kàl] *adj.*

[ÉTYM. Emprunté du lat. monachalis, *m. s.* (*Cf.* l'anc. franç. monial.) || XVIe s. Topiques monachales, RAB. III, 28.]

|| Qui appartient à l'état de moine. L'esprit —. De nouveaux Midas un sénat —, BOIL. *Sat.* 12.

MONACALEMENT [mò-nà-kàl-man; *en vers,* -kà-le-...] *adv.*

[ÉTYM. Composé de monacale et ment, § 724. || 1611. COTGR.]

|| D'une manière monacale.

MONACHISME [mò-nà-chĭsm'] *s. m.*

[ÉTYM. Dérivé du lat. monachus, moine, § 265. || 1690. FURET. Admis ACAD. 1718.]

|| Ce qui constitue la vie, l'esprit, la manière d'être des moines. Le — porte la mort partout, MONTESQ. *Lett. pers.* 118.

***MONACO** [mò-nà-kó] *s. m.*

[ÉTYM. Nom propre de pays, § 36. || 1680. RICHEL.]

|| Monnaie fabriquée dans la principauté de Monaco. || *P. plaisant. Famil.* Avoir des monacos, du —, avoir de l'argent.

MONADE [mò-nàd'] *s. f.*

[ÉTYM. Emprunté du grec μονάς, άδος, unité. || 1547. Monades, ce sont nombres simples, J. MARTIN, *Vitruve,* dans DELB. *Rec.* Admis ACAD. 1762.]

|| (Philos.) || **1°** Dans la doctrine pythagoricienne, unité parfaite, principe indivisible des choses spirituelles et matérielles.

|| **2°** Dans la doctrine de Leibnitz, substance simple, indivisible, essentiellement active. Il (Leibnitz) admet quatre espèces de monades : 1° les éléments de la matière, qui n'ont aucune pensée claire; 2° les monades des bêtes, qui ont quelques idées et n'en ont aucune distincte; 3° les monades des esprits finis, qui ont des idées confuses, des claires, des distinctes; 4° enfin la — de Dieu, qui n'a que des idées adéquates, VOLT. *Newton,* I, 9.

***MONADELPHE** [mò-nà-dèlf'] *adj.*

[ÉTYM. Tiré de monadelphie, § 279. || 1787. Fleurs monadelphes, GOUAN, *Expl. du syst. botan. de Linné,* p. 34.]

|| (Botan.) Dont les étamines sont réunies en un seul faisceau. Fleurs monadelphes.

MONADELPHIE [mò-nà-dèl-fĭ] *s. f.*

[ÉTYM. Emprunté du lat. des naturalistes monadelphia (LINNÉ), *m. s.* composé avec le grec μόνος, seul, et ἀδελφός, frère, § 279. || 1787. GOUAN, *Expl. du syst. botan. de Linné,* p. 21. Admis ACAD. 1835.]

|| (Botan.) Dans la classification de Linné, seizième groupe, contenant les végétaux dont la fleur a les étamines réunies en un seul faisceau.

***MONANDRE** [mò-nàndr'] *adj.*

[ÉTYM. Tiré de monandrie, § 279. || 1787. GOUAN, *Expl. du syst. botan. de Linné,* p. 20.]

|| (Botan.) Qui n'a qu'une étamine.

MONANDRIE [mò-nan-drĭ] *s. f.*

[ÉTYM. Emprunté du lat. des naturalistes monandria (LINNÉ), *m. s.* composé avec le grec μόνος, seul, et ἀνήρ, ἀνδρός, mâle, § 279. || 1787. GOUAN, *Expl. du syst. botan. de Linné,* p. 20. Admis ACAD. 1835.]

|| (Botan.) Dans la classification de Linné, premier groupe contenant les végétaux dont la fleur n'a qu'une étamine.

MONARCHIE [mò-nàr-chĭ] *s. f.*

[ÉTYM. Emprunté du lat. monarchia, grec μοναρχία, *m. s.* Au XIIIe s. J. DE MEUNG dit monarche. || XIVe s. Royalme et... tyrannie, car l'une et l'autre sont monarchies, ORESME, *Éth.* VIII, 13.]

|| Gouvernement d'un État par un seul chef. Les anciens, qui ne connaissaient pas la distribution des trois pouvoirs dans le gouvernement d'un seul, ne pouvaient se faire une idée juste de la —, MONTESQ. *Espr. des lois,* XI, 9. Une — héréditaire, élective. Une — absolue, tempérée, constitutionnelle. La — parlementaire. || *P. ext.* État gouverné par un seul chef. Les plus illustres monarchies du monde, BOSS. *R. d'Angl.*

MONARCHIQUE [mò-nàr-chĭk'] *adj.*

[ÉTYM. Dérivé de monarchie, § 229. (*Cf.* le grec μοναρχικός, *m. s.*) || XVIe s. Chef monarchique, R. MACÉ, *Hist. de France, Louis VI.*]

|| Qui appartient à la monarchie. Le gouvernement —, et, *ellipt, vieilli,* Les Macédoniens aiment le —, CORN. *Cinna,* II, 1.

MONARCHIQUEMENT [mò-nàr-chĭk'-man; *en vers,* -chi-ke-...] *adv.*

[ÉTYM. Composé de monarchique et ment, § 724. || 1568. L. LEROY, *Polit. d'Aristote,* dans DELB. *Rec.* Admis ACAD. 1798.]

|| D'une manière monarchique.

MONARCHISTE [mò-nàr-chĭst'] *s. m. et f.*

[ÉTYM. Dérivé de monarchie, § 265. || XVIIIe s. *V.* à l'article. Admis ACAD. 1798, suppl.]

|| Partisan, partisane de la monarchie. || *Adjectivt.* Le parti —. Un peuple —, RAYNAL, *Hist. philos.* II, 12.

MONARQUE [mò-nàrk'] *s. m.*

[ÉTYM. Emprunté du lat. monarcha, grec μονάρχης, *m. s.* || XIVe s. Les rois qui sont monarches en leurs royalmes, ORESME, *Éth.* III, 14.]

|| Souverain d'une monarchie. L'enfant était prince, et son père —, LA F. *Fab.* X, 11. Quand je célèbre ce —, BOSS. *R. d'Angl.* || *P. anal.* Le Dieu de Polyeucte et celui de Néarque De la terre et du ciel est l'absolu —, CORN. *Poly.* III, 2. Il recourt au — des dieux (Jupiter), LA F. *Fab.* VI, 4.

MONASTÈRE [mò-nàs-tèr] *s. m.*

[ÉTYM. Emprunté du lat. monasterium, grec μοναστήριον, *m. s.* (*Cf.* le doublet moutier, de formation pop.) || XIVe s. Abaies, priortez, monasteres, *Girard de Roussillon,* 2683.]

|| Maison dans laquelle des religieux, des religieuses, vivent loin du monde. Se retirer dans un —.

MONASTIQUE [mò-nàs'-tĭk'] *adj.*

[ÉTYM. Emprunté du lat. monasticus, grec μοναστικός, *m. s.* || XIVe s. Ordre monastique, J. DE VIGNAY, *Miroir hist.* dans DELB. *Rec.*]

|| Qui appartient à l'état de moine. Vœux monastiques. Règle —. Vie —. Ordres monastiques.

MONAUT [mò-nó] *adj. m.*

[ÉTYM. Emprunté du grec μόνωτος, *m. s.* de μόνος, seul, et οὖς, ὠτός, oreille, écrit monaut sous l'influence du suffixe aut ou aud, § 138. || XVIIe s. *V.* à l'article. Le mot paraît dû à LA F. Admis ACAD. 1762.]

|| Qui n'a qu'une oreille. Quoi! d'un enfant — J'accouchais! LA F. *Contes, Faiseur d'oreilles.*

***MONCAYAR** [mon-ká-yàr] *s. m.*

[ÉTYM. Pour mocayar, emprunté de l'arabe mokhayyar, camelot, probablement par l'intermédiaire de l'ital. mocajarro ou mocajardo, §§ 22 et 12. (*Cf.* moire.) || 1580. Quatre rideaux de mouquayat, dans GODEF. mouquayat.]

|| *Vieilli.* Étoffe de laine croisée, sorte de serge très-fine. Le roi... porte le deuil et la reine aussi, tous deux de noir, le roi de frise et la reine de —, MALH. *Lett. à Peiresc,* 28, 8 mars 1608.

MONCEAU [mon-só] *s. m.*

[ÉTYM. Du lat. monticellus, *m. s.* devenu mont'cel, moncel, §§ 336, 304 et 291, monceau, § 456. (*Cf.* amonceler.)]

|| Élévation que forme une grande quantité d'objets-

entassés les uns sur les autres. Un — de livres. Des monceaux d'or. Un — de blé. Des monceaux de morts. Sur des monceaux d'idoles, CORN. *Poly.* II, 6. ‖ *Fig.* C'est un — d'absurdités. ‖ *P. anal.* (Hortic.) Greffe en —, où la tête du sujet, taillée en pointe, est introduite dans une entaille faite à l'arbre.

MONDAIN, AINE [mon-din, -dèn'] *adj.*

[ÉTYM. Emprunté du lat. mundanus, *m. s.* ‖ XIIᵉ-XIIIᵉ s. Tu les eskius dou mondain flos, RENCL. DE MOILIENS, *Carité*, CXXXIII, 2.]

‖ **1°** Qui appartient au monde, au siècle. La sagesse, la science mondaine. Les œuvres mondaines. Les honneurs mondains. ‖ *Substantivt.* Personne attachée aux choses vaines et passagères du monde. Nous ne voyons point de mondains contents du monde, et nous voyons des serviteurs et des servantes de Dieu contents du Dieu auquel ils se sont dévoués, BOURD. *Récomp. des saints*, 2.

‖ **2°** Qui appartient à la vie du monde, de la société. Les fêtes, les réunions mondaines. ‖ Un homme —, une femme mondaine, qui recherchent les plaisirs de la société, et, *substantivt*, Un —, une mondaine. (*Cf.* demi-mondaine.) Entretenir le luxe d'une mondaine qu'il idolâtrait, BOURD. *Impureté*, 1. ‖ *Fig.* (Hist. nat.) Pigeon —, espècede pigeon de volière, de forme allongée, élégante. Une autre race est celle des pigeons mondains, BUFF. *Pigeon.*

MONDAINEMENT [mon-dèn'-man; *en vers*, -dè-ne-...] *adv.*

[ÉTYM. Composé de mondaine et ment, § 724. ‖ 1339. Cortois sour tous mondainement, JEH. DE LE MOTE, *Regret Guillaume*, 3288.]

‖ D'une manière mondaine.

MONDANITÉ [mon-dà-ni-té] *s. f.*

[ÉTYM. Dérivé de mondain, d'après le type lat. mundanus, § 255. ‖ XVᵉ s. A suivre la mondanité, COQUILLART, *Simple et rusée*.]

‖ **1°** Attachement aux choses du monde, du siècle. Le christianisme n'est en nos mœurs qu'à demi; nous cousons à cette pourpre royale un vieux lambeau de —, BOSS. *Intégr. de la pénit.* 3.

‖ **2°** Goût pour les plaisirs du monde, de la société. Vous vivez toujours dans les mêmes... distractions et les mêmes mondanités, BOURD. *Sexagés.*

1. MONDE [mônd'] *s. m.*

[ÉTYM. Emprunté du lat. mundus, *m. s.* A remplacé l'anc. forme mont, de formation pop. ‖ XIIᵉ s. Li mieudre riens del monde, GAUT. D'ARRAS, *Éracle*, 5001.]

‖ **1°** Ensemble des choses créées. Avant la naissance du —, RAC. *Plaid.* III, 3. L'Éternel est son nom; le — est son ouvrage, ID. *Esth.* III, 4. La machine du —, le monde considéré dans son arrangement, sa structure. *Famil.* Depuis que le — est — (depuis la création du monde), de tout temps. L'an 3000 du — (en comptant depuis la création du monde), BOSS. *Hist. univ.* I, 6. ‖ L'âme du —, principe de vie qui, suivant certains philosophes, anime le monde considéré comme un vaste corps. ‖ Le — sensible, le — physique, l'ensemble des êtres corporels qui tombent sous les sens. Le — moral, l'ensemble des êtres moraux. Le — sensible, le monde d'ici-bas (dans le système de Platon). Le — des idées, le — intelligible, le type idéal du monde sensible. ‖ *Fig.* Un —, un vaste ensemble. Qui n'admirera que notre corps... imperceptible lui-même dans le sein du tout, soit à présent un colosse, un —, ou plutôt un tout à l'égard du néant? PASC. *Pens.* I, 1. C'est un — que votre château, SÉV. 857. Ce — d'alliés vivants sur notre bien, LA F. *Fab.* XI, 1.

‖ **2°** L'ensemble que forment le soleil qui nous éclaire, la terre que nous habitons et les autres planètes avec leurs satellites et les comètes. Le système du —, les lois qui régissent cet ensemble. *Fig.* C'est le — renversé, cela va contre l'ordre naturel des choses. ‖ *P. anal.* Les mondes, systèmes analogues qu'on suppose formés autour des étoiles considérées comme autant de soleils.

‖ **3°** La planète que nous habitons, le globe terrestre. Faire le tour du —, et, selon l'opinion vulgaire qui considérait la terre comme plate, Aller au bout du —. *P. hyperb.* Aller au bout, à l'autre bout du —, très loin. *Fig.* C'est tout le bout du —, le dernier terme où l'on puisse arriver. Courir le —, voyager beaucoup. ‖ *P. hyperb.* Après un superlatif. Le meilleur homme du —, le meilleur qu'il y ait dans le monde. *Dans le même sens.* La chose la plus plaisante du —.

Le mieux du —. Pas le moins du —. ‖ Après les mots tout, rien. Mainte ruse y tient lieu de tout l'esprit du —, de tout l'esprit qu'il peut y avoir dans le monde. Je donnerais tout au — (tout ce qu'il y a dans le monde) pour réussir. Il n'y a rien au — de si plaisant.

‖ **4°** Une partie du globe terrestre. Le — ancien, ce que les anciens connaissaient du monde. Le nouveau —, portion du monde découverte par les modernes. Quatre chercheurs de nouveaux mondes, LA F. *Fab.* X, 15. *Spéciall.* Le nouveau —, l'Amérique, découverte en 1492. ‖ La pluralité des mondes, hypothèse suivant laquelle chaque planète serait habitée comme notre terre. Entretiens sur la pluralité des mondes (par Fontenelle).

‖ **5°** Le globe terrestre considéré comme le théâtre de la vie humaine. Mettre au — un enfant. Le jour où il vint au —. Être heureux d'être au —. Tant que nous serons de ce —. Quand il ne serait plus au — (quand il serait mort), BOSS. *Hist. univ.* III, 5. Le royaume de son fils n'était pas de ce —, ID. *ibid.* II, 4. ‖ *P. anal.* L'autre —, ce qui est au delà de cette vie. Il prendra tant de soin de vous qu'il vous enverra en l'autre —, MOL. *Mal. im.* III, 3. Aller dans l'autre —, mourir. *P. ext.* Revenir de l'autre —, d'un monde qui ne ressemble en rien à celui que nous habitons. La piété chrétienne lui semble être de l'autre — (surannée), BOSS. *Pens.* 3ᵉ série, 1. Dire des choses de l'autre — (étranges).

‖ **6°** Le siècle (par opposition aux choses de Dieu, de la religion). Dieu ne veut point d'un cœur où le — domine, CORN. *Poly.* I, 1. Renoncer au —. Une religion qui rentre dans le —. Être mort au —. Faire son salut dans le —. Dans l'âme, elle est du —, MOL. *Mis.* III, 3.

‖ **7°** La société. (*Cf.* demi-monde.) Quand on est du —, il faut bien que l'on rende Quelques dehors civils que l'usage demande, MOL. *Mis.* I, 1. Les usages du —. La connaissance du —. *Ellipt.* Avoir du —, l'usage du monde. J'ai vu le —, et j'en sais les finesses, MOL. *Éc. des f.* IV, 5. Aller dans le —. Le grand —, la haute société. ‖ *Spéciall.* Le — lettré, le — savant, les gens lettrés, savants. Le beau —, les gens élégants. Tout le beau — était à cette représentation. Le petit —, les gens du commun.

‖ **8°** Un certain nombre de gens. Il est venu beaucoup de —. Avoir du — chez soi. C'est se moquer du —, du pauvre —. Se quereller devant le —. C'est l'avis de tout le —. Congédier son —, les gens qu'on a chez soi, avec soi. Connaître son —, les gens à qui on a affaire. Deux personnes qui savent leur —, MOL. *Mar. forcé*, sc. 2.

‖ **9°** (Technol.) — d'or, ou œil du —, pierre hydrophane, à reflets chatoyants.

2. MONDE [mônd'] *adj.*

[ÉTYM. Emprunté du lat. mundus, *m. s.* ‖ XIIᵉ s. Ele ert et caste et fine et monde, GAUT. D'ARRAS, *Éracle*, 5000. Admis ACAD. 1835.]

‖ *Vieilli.* Pur. *Spéciall.* (Style biblique.) Les animaux mondes et les animaux immondes.

MONDER [mon-dé] *v. tr.*

[ÉTYM. Emprunté du lat. mundare, *m. s.* ‖ XIIᵉ-XIIIᵉ s. Tout vendi, de tout soi monda, RENCL. DE MOILIENS, *Carité*, CLXV, 11.]

‖ (T. didact.) Nettoyer (une substance) en enlevant les enveloppes, pellicules et autres parties étrangères. (*Cf.* émonder.) De l'orge mondé.

MONDIFIER [mon-di-fyé; *en vers*, -fi-é] *v. tr.*

[ÉTYM. Emprunté du lat. mundificare, *m. s.* ‖ XIIIᵉ s. Nos pechiez y mondefia, J. DE MEUNG, *Trésor*, 247.]

‖ (T. didact.) Nettoyer (une plaie).

᾿MONDRAIN [mon-drin] *s. m.*

[ÉTYM. Mot créole, § 18. ‖ 1716. FRÉZIER, *Relat. du voy. de la mer du Sud*, p. 28.]

‖ (Marine.) Monticule de sable, de terre. De petits mondrains ou tertres de terre, BUFF. *Homme, Variétés.*

MONÉTAIRE [mò-né-tèr] *adj.*

[ÉTYM. Emprunté du lat. monetarius, *m. s.* ‖ 1666. Qui estoit le monetaire, BOUTEROUE, *Rech. des monn.* p. 196. Admis ACAD. 1718.]

‖ (T. didact.) Relatif à la monnaie. Espèces monétaires. Système —. ‖ *Substantivt.* ‖ 1. (T. d'hist.) Officier chargé de la fabrication des monnaies. (*Cf.* monnayeur.) ‖ 2. *Vieilli.* Auteur qui écrit sur les monnaies. Après avoir feuilleté pour cela tous les monétaires, CHAPELAIN, *Lett.* dans DELB. *Rec.*

MONÉTISATION [mò-né-ti-zà-syon; *en vers*, -si-on] *s. f.*

[ÉTYM. Dérivé de monétiser, § 247. || *Néolog*. Admis ACAD. 1878.]

|| (T. didact.) Transformation en monnaie des métaux qui servent à cet usage. (*Syn*. monnayage.)

***MONÉTISER** [mò-né-ti-zé] *v. tr.*

[ÉTYM. Dérivé du lat. moneta, monnaie, § 267. || *Néolog*.]

|| (T. didact.) Transformer (un métal) en monnaie. (*Syn*. monnayer.)

MONITEUR, *MONITRICE [mò-ni-teùr, -trïs'] *s. m. et f.*

[ÉTYM. Emprunté du lat. monitor, trix, de monere, avertir. || 1552. CH. EST. dans DELB. *Rec*. Admis ACAD. 1798.]

|| Celui, celle qui aide les autres de ses avis. Les jeunes gens ont besoin, s'il m'est permis de parler ainsi, d'un — fidèle et assidu, ROLL. *Traité des études*, disc. prél. *Spécialt*. Dans les écoles d'enseignement mutuel, celui, celle qui est choisi pour répéter à un certain nombre de condisciples la leçon du maître. || *Fig*. Titre de certains journaux.

MONITION [mò-ni-syon ; *en vers*, -si-on] *s. f.*

[ÉTYM. Emprunté du lat. monitio, avertissement. || XIIIᵉ s. S'il n'obeist a lor monission, BEAUMAN. XI, 25.]

|| (Droit canon.) Avertissement épiscopal précédant l'excommunication. || Publication d'un monitoire.

MONITOIRE [mò-ni-twàr] *adj.*

[ÉTYM. Emprunté du lat. monitorius, relatif aux avertissements. || XIVᵉ-XVᵉ s. Par signes monitoires, L. DE PREMIERFAIT, *Decaméron*, dans GODEF.]

|| (Droit canon.) Qui sert à avertir. || Lettre —, et, *substantivt*, Un ou, *vieilli*, Une —. | 1. Lettre d'un juge ecclésiastique enjoignant aux fidèles, sous peine d'excommunication, de révéler au juge séculier ce qui peut éclairer la justice. | 2. Citation à comparaître devant un tribunal ecclésiastique sous peine d'excommunication.

MONITORIAL, ALE [mò-ni-tò-ryàl ; *en vers*, -ri-àl] *adj.*

[ÉTYM. Dérivé du lat. monitorius, monitoire, § 238. || 1611. COTGR.]

|| (Droit canon.) En forme de monitoire. La cour de Vienne lui envoie des lettres monitoriales, VOLT. *Ann. de l'Emp. Ferd. II*.

MONNAIE [mò-nè] *s. f.*

[ÉTYM. Du lat. monęta, *m. s.* devenu moneide, moneie, monoie, monnoie, monnaie, §§ 478, 309, 402 et 291.]

|| **1°** Pièce de métal qui sert aux échanges, étant frappée d'une empreinte légale qui en certifie le poids et le titre et en détermine la valeur. La — d'un pays. Une pièce de —. L'étrange disproportion que le plus ou moins de pièces de — met entre les hommes, LA BR. 6. L'hôtel de la —, et, *ellipt*, La —, établissement où l'on frappe la monnaie. Battre —, faire frapper à la monnaie, et, *fig*. convertir qqch en argent, en le vendant. — obsidionale, frappée dans une ville assiégée, pour avoir cours pendant le siège. Fausse —, qui imite la monnaie d'or, d'argent, avec du cuivre, du plomb, etc. Fabriquer de la fausse —. *Fig*. Fausse —, apparence mensongère qu'on donne pour la réalité. Estimer le fantôme autant que la personne, Et la fausse — à l'égal de la bonne, MOL. *Tart*. I, 5. || — de compte, valeur qui n'est pas représentée par une monnaie ayant cours, et qui, supposée invariable, sert à faciliter les comptes. Papier- —, papier revêtu d'une empreinte légale, créé pour tenir lieu de monnaie. — fiduciaire, les billets, le papier.

|| **2°** *P. ext*. Valeur d'une pièce de monnaie en pièces moindres. Donner à qqn la — d'une pièce de vingt francs, de cinq francs, etc. Il faut dans le commerce des pièces d'or et de la —, LA BR. 5. Avoir de la — sur soi. *Fig*. Rendre à qqn la — de sa pièce, payer qqn de la même —, lui rendre la pareille. Payer qqn en — de singe. (*V*. singe.) La — de Turenne, les maréchaux créés après sa mort. || *Fig*. — du pape, lysimachie nummulaire, plante dont la graine a des enveloppes rondes et blanches semblables à des pièces d'argent.

MONNAYAGE [mò-nè-yàj] *s. m.*

[ÉTYM. Dérivé de monnayer, § 78. || 1296. Monaage, dans GODEF. moneage.]

|| Action de monnayer. (*Cf*. monétisation.)

MONNAYER [mò-nè-yé] *v. tr.*

[ÉTYM. Pour monneuer, dérivé de monnaie, §§ 65 et 154. || XIᵉ s. Un denier moneet, *Voy. de Charl. à Jérus*. 842.]

|| Convertir en pièces de monnaie (un métal). — un lingot d'or, d'argent. L'or, l'argent monnayé. *P. plaisant. Fig*. Ses louanges sont monnayées (accompagnées de dons d'argent), MOL. *B. gent*. I, 1.

MONNAYEUR [mò-nè-yeùr] *s. m.*

[ÉTYM. Dérivé de monnayer, §§ 65 et 112. L'anc. franç. dit plutôt monnayer, monnoyer, doublet pop. de monétaire. || 1539. Monnoyeur, R. EST.]

|| Celui qui travaille à la fabrication de la monnaie. || Faux —, celui qui fabrique de la fausse monnaie, et, *fig*. celui qui donne l'apparence mensongère de qqch pour la réalité. Ces faux monnayeurs en dévotion, MOL. *Tart*. 1ᵉʳ placet.

***MONOBASIQUE** [mò-nò-bà-zïk'] *adj.*

[ÉTYM. Composé avec le grec μόνος, seul, base et le suffixe ique, §§ 229 et 279. || *Néolog*.]

|| (Chimie.) Qui ne contient qu'un équivalent de base. Acide —, qui, contenant un équivalent d'eau, le remplace par un équivalent d'une base pour former un sel neutre.

***MONOBLEPSIE** [mò-nò-blêp'-si] *s. f.*

[ÉTYM. Composé avec le grec μόνος, seul, βλέψις, vision, et le suffixe ie, § 279. || *Néolog*.]

|| (Médec.) Affection de l'organe visuel où la vision est nette pour chaque œil et confuse avec les deux yeux.

***MONOCARPE** [mò-nò-kàrp'] *adj.*

[ÉTYM. Composé avec le grec μόνος, seul, et καρπός, fruit, § 279. || 1812. MOZIN, *Dict. franç.-allem*.]

|| (Botan.) A fruit isolé. Une plante —.

***MONOCARPELLAIRE** [mò-nò-kàr-pêl'-lêr] *adj.*

[ÉTYM. Composé avec le grec μόνος, seul, carpelle et le suffixe aire, §§ 248 et 279. || *Néolog*.]

|| (Botan.) Qui n'a qu'un carpelle. La gousse est un fruit —.

***MONOCHROMATIQUE** [mò-nò-krò-mà-tïk'] *adj.*

[ÉTYM. Composé avec le grec μόνος, seul, χρῶμα, ατος, couleur, et le suffixe ique (*cf*. chromatique), §§ 229 et 279. || *Néolog*.]

|| (Physique.) Qui donne des rayons lumineux d'une seule couleur.

MONOCHROME [mò-nò-kròm'] *adj.*

[ÉTYM. Emprunté du grec μονόχρωμος, *m. s*. de μόνος, seul, et χρῶμα, couleur. On trouve aussi au XVIIIᵉ s. monochromate, d'après le type grec μονοχρώματος, *m. s*. || 1771. TRÉV. Admis ACAD. 1835.]

|| (T. didact.) Qui est d'une seule couleur. Peinture —. Sculpture —, où l'on n'applique point de couleurs sur la pierre. || *Substantivt*. Un —, un tableau monochrome.

MONOCLE [mò-nòkl'] *s. m.*

[ÉTYM. Du lat. monoculus, qui n'a qu'un œil, composé avec le grec μόνος, seul, et le lat. oculus, œil, § 284. On trouve qqf monocule, au sens 2° comme au sens 1°, au XVIIᵉ et au XVIIIᵉ s. notamment dans ACAD. 1762. || (Au sens 1°.) XIIIᵉ s. Monougle, dans GODEF. | 1611. Monocle, monocule, COTGR. | (Au sens 2°.) 1671. LE P. CHÉRUBIN, *Dioptr. ocul.* II, 192. Admis ACAD. 1798.]

|| **1°** *Anciennt*. Qui n'a qu'un œil.

|| **2°** *P. anal*. | 1. Petite lunette pour un seul œil. | 2. (Chirurgie.) Bandage croisé pour maintenir un liniment, un topique sur un œil.

***MONOCLINE** [mò-nò-klin'] *adj.*

[ÉTYM. Composé avec le grec μόνος, seul, et κλίνη, lit, § 279. || 1799. PHILIBERT, *Introd. à l'étude de la botan*. I, 285.]

|| (Botan.) Où les deux sexes sont réunis dans la même fleur.

MONOCORDE [mò-nò-kòrd'] *s. m.*

[ÉTYM. Emprunté du lat. monochordon, grec μονόχορδον, *m. s*. (*Cf*. manichordion.) || XIVᵉ s. Et les fretiaus et monocordes, GUILL. DE MACHAUT, *Prise d'Alex*. dans DELB. *Rec*.]

|| **1°** (Antiq.) Instrument de musique à une seule corde, qu'on allongeait ou raccourcissait à l'aide d'un chevalet mobile et dont on pinçait la partie libre.

|| **2°** Instrument à une seule corde tendue et divisée de manière à donner les différents intervalles.

MONOCOTYLÉDONE [mò-nò-kò-ti-lé-dòn'] *adj.*

[ÉTYM. Composé avec le grec μόνος, seul, et cotylédon, § 279. On trouve aussi au commencement du XVIIIᵉ s. monocotylédoné. || 1787. GOUAN, *Expl. du syst. botan. de Linné*, p. 15. Admis ACAD. 1835.]

|| (Botan.) Dont la graine a un seul cotylédon, une feuille séminale unique. Une plante —. *Substantivt, au fém*. Les monocotylédones, un des trois embranchements du règne végétal.

***MONOCULE** [mò-nò-kul]. *V*. monocle.

***MONOCULISTE** [mò-nò-ku-lïst'] *s. m. et f.*

[ÉTYM. Dérivé du lat. monoculus (*V.* monocle), § 265. ‖ xviiᵉ s. *V.* à l'article.]

‖ *Famil. Vieilli.* Celui, celle qui n'a qu'un œil. On voit les monoculistes (les cyclopes), SCARR. *Virg. trav.* 3.

MONŒCIE [mò-né-sì] *s. f.*

[ÉTYM. Emprunté du lat. des naturalistes monœcia (LINNÉ), *m. s.* composé avec le grec μόνος, seul, οἶκος, demeure, et le suffixe ia, § 279. (*Cf.* monoïque.)] ‖ 1787. GOUAN, *Expl. du syst. botan. de Linné*, p. 57. Admis ACAD. 1835.]

‖ (Botan.) Classe de plantes où la même tige porte des fleurs mâles et des fleurs femelles.

MONOGAME [mò-nò-gàm'] *adj.*

[ÉTYM. Emprunté du lat. monogamus, grec μονογάμος, *m. s.* de μόνος, seul, et γάμος, mariage. ‖ xivᵉ s. J. DE VIGNAY, *Miroir hist.* dans DELB. *Rec.* Admis ACAD. 1878.]

‖ (T. didact.) Qui n'épouse qu'une femme. (*Cf.* bigame, polygame.) *Substantivt.* Un —. ‖ *P. ext.* Qui ne se marie qu'une fois. *Substantivt.* Un, une —.

MONOGAMIE [mò-nò-gà-mi] *s. f.*

[ÉTYM. Emprunté du lat. monogamia, grec μονογαμία, *m. s.* ‖ 1526. L. LASSERE, *Vie de St Hierosme*, dans DELB. *Rec.* Admis ACAD. 1878.]

‖ (T. didact.) Mariage où l'homme ne peut épouser qu'une femme. (*Cf.* bigamie, polygamie.) ‖ *P. anal.* (Botan.) Ordre de plantes à fleurs isolées les unes des autres, sans enveloppe florale commune. ‖ *P. ext.* État de celui. de celle qui ne se marie qu'une fois.

MONOGRAMME [mò-nò-gràm'] *s. m.*

[ÉTYM. Emprunté du lat. monogramma, grec μονογράμματον, *m. s.* de μόνος, seul, et γράμμα, lettre, caractère. ‖ 1633. Notes ou monogrames, PEIRESC, *Lett.* dans DELB. *Rec.*]

‖ (T. didact.) Chiffre formé de plusieurs lettres réunies de telle sorte qu'un même jambage, une même boucle, serve à deux ou trois lettres différentes. ‖ *P. ext.* Chiffre mis par certains artistes sur leurs ouvrages, par certains collectionneurs sur les pièces de leur collection.

MONOGRAPHIE [mò-nò-grà-fì] *s. f.*

[ÉTYM. Composé avec le grec μόνος, seul, γράφειν, écrire, et le suffixe ie, § 279. ‖ 1808. DE CANDOLLE, *Mém.* p. 25. Admis ACAD. 1835.]

‖ Écrit sur un point spécial d'histoire, de science, etc.

*MONOGYNE [mò-nò-jìn'] *adj.*

[ÉTYM. Tiré de monogynie, § 279. ‖ *Néolog.*]

‖ (Botan.) Qui n'a qu'un pistil.

*MONOGYNIE [mò-nò-jì-nì] *s. f.*

[ÉTYM. Emprunté du lat. des naturalistes monogynia (LINNÉ), *m. s.* composé avec le grec μόνος, seul, et γύνη, femme, femelle, § 279. ‖ 1787. GOUAN, *Expl. du syst. botan. de Linné*, p. 21.]

‖ (Botan.) Classe de plantes dont la fleur n'a qu'un pistil.

MONOÏQUE [mò-nò-ïk'] *adj.*

[ÉTYM. Composé avec le grec μόνος, seul, et οἶκος, demeure, § 279. (*Cf.* monœcie.) ‖ 1799. PHILIBERT, *Introd. à l'étude de la botan.* i, 286. Admis ACAD. 1835.]

‖ (Botan.) Qui porte sur une même tige des fleurs mâles et des fleurs femelles.

MONOLITHE [mò-nò-lìt'] *adj.*

[ÉTYM. Emprunté du lat. monolithus, grec μονόλιθος, *m. s.* de μόνος, seul, et λίθος, pierre. ‖ 1532. Hanap monolythe d'agathe, dans GODEF. Admis ACAD. 1835.]

‖ (T. didact.) Fait d'une seule pierre. Colonnes monolithes. ‖ *Substantivt.* Un —, monument (colonne, obélisque, tombeau, etc.) d'une seule pierre.

MONOLOGUE [mò-nò-lòg'] *s. m.*

[ÉTYM. Emprunté du grec μονολόγος, qui parle seul, de μόνος, seul, et λόγος, discours. ‖ 1521. FABRI, *Rhétor.* dans DELB. *Rec.*]

‖ (T. didact.) Scène dramatique dans laquelle un personnage, qui est ou qui croit être seul, se parle à lui-même. ‖ *P. ext.* Discours d'une personne qui ne laisse pas parler les autres. Un bavard qui fait de l'entretien un —.

MONOMANE [mò-nò-màn'] *adj.*

[ÉTYM. Tiré de monomanie, § 279. ‖ *Néolog.* Admis ACAD. 1835.]

‖ (Médec.) Atteint de monomanie. *Substantivt.* Un, une —.

MONOMANIE [mò-nò-mà-nì] *s. f.*

[ÉTYM. Composé avec le grec μόνος, seul, et μανία, folie, § 279. ‖ *Néolog.* Admis ACAD. 1835.]

‖ (Médec.) Aliénation mentale qui ne se manifeste que sur un seul point.

MONÔME [mò-nòm'] *s. m.*

[ÉTYM. Pour mononôme (*cf.* binôme, polynôme), composé avec le grec μόνος, seul, et νομός, division, §§ 279 et 509. ‖ 1701. FURET. Admis ACAD. 1762.]

‖ 1° Expression algébrique entre les parties de laquelle il n'y a pas de signe d'addition ou de soustraction.

‖ 2° *Néolog.* Démonstration que font, pour se divertir, des jeunes gens des écoles, circulant sur la voie publique en file non interrompue.

MONOPÉTALE [mò-nò-pé-tàl] *adj.*

[ÉTYM. Composé avec le grec μόνος, seul, et pétale, § 279. ‖ 1732. TRÉV. Admis ACAD. 1762.]

‖ (Botan.) Qui n'a qu'un pétale. Corolles, fleurs monopétales.

MONOPHYLLE [mò-nò-fìl] *adj.*

[ÉTYM. Composé avec le grec μόνος, seul, et φύλλον, feuille, § 279. ‖ 1799. Calice monophylle, PHILIBERT, *Introd. à l'étude de la botan.* i, 398. Admis ACAD. 1835.]

‖ (Botan.) Qui n'a qu'une feuille. Spathe —. Calice —.

MONOPOLE [mò-nò-pòl] *s. m.*

[ÉTYM. Emprunté du lat. monopolium, grec μονοπώλιον, *m. s.* ‖ 1358. Par maniere de monopole, *Ordonn.* dans DELB. *Rec.*]

‖ Privilège exclusif de vendre qqch. L'État a le — du tabac et de la poudre à canon. *P. ext.* Droit exclusif possédé par un petit nombre de personnes. L'État a le — du commerce du tabac. Le — des agents de change. ‖ *Fig.* Il croit avoir le — de l'esprit.

*MONOPOLER [mò-nò-pò-lé] *v. intr.*

[ÉTYM. Dérivé de monopole, § 154. ‖ xvᵉ-xviᵉ s. Tous les marchans avoient ensemblement Monopollé leurs denrees, J. BOUCHET, dans GODEF. Admis ACAD. 1694; suppr. en 1718.]

‖ *Vieilli.* Jouir d'un monopole. *P. ext.* Accaparer les marchandises.

MONOPOLEUR, *MONOPOLEUSE [mò-nò-pò-leur, -leuz'] *s. m. et f.*

[ÉTYM. Dérivé de monopoler, § 112. ‖ 1555. DAMHOUDERE, *Prat. des causes crim.* p. 301.]

‖ Celui, celle qui a un monopole. On fit la chasse aux fiers monopoleurs, SONNET DE COURVAL, dans DELB. *Rec. P. ext.* Celui, celle qui accapare. Faire ouvrir les greniers des monopoleurs, *Lettre de l'intendant de Lyon au contrôleur génér.* 2 mars 1693.

MONOPOLISER [mò-nò-pò-li-zé] *v. tr.*

[ÉTYM. Dérivé de monopole, § 267. ‖ 1791. Monopoliser le commerce des colonies, DUQUESNOY, *Ami des patriotes*, iii, 495. Admis ACAD. 1878.]

‖ Réduire en monopole.

1. **MONOPTÈRE** [mò-nòp'-tèr] *adj.*

[ÉTYM. Emprunté du lat. monopteros, grec μονόπτερος, *m. s.* proprt, « à une seule aile ». ‖ 1676. A. FÉLIBIEN, *Princ. de l'architect.* p. 659. Admis ACAD. 1835.]

‖ (Antiq.) Temple —, et, *substantivt*, Un —, temple dont l'enceinte sans murs n'est formée que par un rang de colonnes portant la toiture. (*Cf.* diptère 1.)

2. *MONOPTÈRE [mò-nòp'-tèr] *adj.*

[ÉTYM. Composé avec le grec μόνος, seul, et πτερόν, aile, § 279. ‖ 1798. LACÉPÈDE, *Hist. nat. des poissons*, iv, 252.]

‖ (Hist. nat.) Qui n'a qu'une aile. *P. ext.* Qui n'a qu'une nageoire. Poisson —.

MONORIME [mò-nò-rìm'] *adj.*

[ÉTYM. Composé avec le grec μόνος, seul, et rime, §§ 279 et 284. (*Cf.* le grec μονόρρυθμος, d'un seul rythme.) ‖ 1690. FURET. Admis ACAD. 1878.]

‖ (T. didact.) Qui n'a qu'une rime. Les laisses ou tirades monorimes des chansons de geste. *Substantivt. Vieilli.* Un —, une pièce de poésie légère sur une seule rime.

*MONOSÉPALE [mò-nò-sé-pàl] *adj.*

[ÉTYM. Composé avec le grec μόνος, seul, et sépale, §§ 279 et 284. ‖ *Néolog.*]

‖ (Botan.) Qui n'a qu'un sépale. Calice —.

*MONOSPERME [mò-nòs'-pèrm'] *adj.*

[ÉTYM. Composé avec le grec μόνος, seul, et σπέρμα, graine, § 279. ‖ 1798. L.-C.-M. RICHARD, *Dict. de botan. de Bulliard*, p. 105.]

‖ (Botan.) Dont le fruit ne renferme qu'une graine.

MONOSTIQUE [mò-nòs'-tìk'] *adj.*

[ÉTYM. Emprunté du lat. monostichus, grec μονόστιχος,

m. s. de μόνος, seul. et στιχός, vers. ‖ xive s. **Prudence** monostique, ORESME, *Éth.* vi, 9. Admis ACAD. 1835.]

‖ (T. didact.) Qui ne renferme qu'un vers. Sentences, adages monostiques. *Substantivt.* Un —, épigramme, inscription monostique.

MONOSYLLABE [mò-nò-sïl'-làb'] *adj.*

[ÉTYM. Emprunté du lat. monosyllabus, grec μονοσύλλαβος, *m. s.* ‖ 1521. Feminins monosillaibes, FABRI, *Rhétor.* dans DELB. *Rec.*]

‖ (Gramm.) Qui n'a qu'une syllabe. Un vers, un mot —. *Substantivt.* Un —, un mot monosyllabe. **Répondre par monosyllabes.**

MONOSYLLABIQUE [mò-nò-sïl'-là-bïk'] *adj.*

[ÉTYM. Dérivé de monosyllabe, § 229. ‖ 1752. TRÉV. Admis ACAD. 1762.]

‖ (Gramm.) Qui appartient au monosyllabe. Formes monosyllabiques. ‖ Vers —, formé de monosyllabes.

MONOTHÉISME [mò-nò-té-ïsm'] *s. m.*

[ÉTYM. Composé avec le grec μόνος, seul, θεός, dieu, et le suffixe isme, §§ 265 et 279. ‖ Néolog. Admis ACAD. 1878.]

‖ (T. didact.) Croyance à un Dieu unique.

MONOTHÉISTE [mò-nò-té-ïst'] *s. m.* et *f.*

[ÉTYM. Composé avec le grec μόνος, seul, θεός, dieu, et le suffixe iste, § 265. ‖ Néolog. Admis ACAD. 1878.]

‖ (T. didact.) Celui, celle qui croit à un Dieu unique.

MONOTONE [mò-nò-tòn'] *adj.*

[ÉTYM. Emprunté du lat. monotonus, grec μονότονος, *m. s.* de μόνος, seul, et τόνος, ton. ‖ Admis ACAD. 1740.]

‖ Qui est toujours sur le même ton. Le chant — d'une nourrice. ‖ *P. anal.* Le bruit — du balancier. ‖ *P. ext.* Qui lasse par l'emploi constant du même ton. Une musique, un débit —. ‖ *P. anal.* Qui lasse par la répétition des mêmes choses. Une vie —.

'**MONOTONEMENT** [mò-nò-tòn'-man; *en vers*, -tò-ne-...] *adv.*

[ÉTYM. Composé de monotone et ment, § 724. ‖ Néolog.]

‖ D'une manière monotone.

MONOTONIE [mò-nò-tò-nï] *s. f.*

[ÉTYM. Emprunté du grec μονοτονία, *m. s.* ‖ 1690. FURET.]

‖ Caractère de ce qui est monotone. La — du plain-chant. ‖ *Fig.* La voix de la plupart des déclamateurs a une — perpétuelle, FÉN. *Dial. sur l'éloq.* 2. La — de la vie de bureau.

MONS [mòns'] *s. m.*

[ÉTYM. Tiré de monsieur, § 509. ‖ Admis ACAD. 1798.]

‖ *Vieilli.* Abréviation familière et dédaigneuse de Monsieur. Ah ! monse (*sic*) de la Trichardière, soyez le bien trouvé ! REGNARD et DUFRESNY, *Foire St-Germain*, ii, 5.

MONSEIGNEUR [mon-sè-ñeur'] *s. m.*

[ÉTYM. Composé de mon 1 et seigneur, § 173. ‖ (*Cf.* messire et monsieur.) ‖ xiie s. Encuntre mon seignur le rei, *Rois*, ii, 19.]

‖ **1°** Titre honorifique donné aux princes d'une famille souveraine, aux cardinaux, archevêques, évêques et prélats. Voilà ce que Monseigneur vous donne, MOL. *B. gent.* ii, 5. Monseigneur de Paris, l'archevêque de Paris. ‖ *Au plur.* | 1. Quand on s'adresse à ceux qui ont droit à ce titre, Messeigneurs. | 2. Quand on parle d'eux, Nosseigneurs. *Famil.* Quand on désigne d'une manière générale ceux qui ont ce titre, Monseigneurs. Les monseigneurs. Les simples monseigneurs N'étaient d'un rang digne de ses faveurs, LA F. *Contes, Courtisane amoureuse.*

‖ **2°** (Argot.) Levier ou pince pour forcer les serrures. *P. appos.* Une pince —.

MONSEIGNEURISER [mon-sè-ñeu-ri-zé] *v. tr.*

[ÉTYM. Dérivé de monseigneur, § 267. ‖ xviie-xviiie s. V. à l'article. Admis ACAD. 1798.]

‖ *Famil.* Honorer (qqn) du titre de monseigneur. Irai-je... Amuser un Crésus stupide Et — un fat? GRESSET, *Chartreuse.* On riait de ce qu'ils (les évêques) s'étaient monseigneurisés, ST-SIM. vi, 359.

MONSIEUR [me-syeú; *vieilli*, mò-syeú] *s. m.*

[ÉTYM. Composé de mon et sieur, § 173. (*Cf.* messire et monseigneur.) ‖ xiiie-xive s. Par moi et par aucuns messiours, *Chirurg. de Mondeville*, fo 4, dans LITTRÉ.]

‖ **1°** Titre donné autrefois aux hommes d'une condition un peu élevée. Ils l'appelèrent —, dans la conversation ; le bonhomme, à ce terme, se retourna, s'imaginant qu'ils parlaient à quelqu'un qui venait, MARIV. *Pays. parv.* 1. Je vous respecte trop. et vous et messieurs vos parents, MOL. *G. Dand.*

i, 6. ‖ *Spécialt.* | 1. *Absolt.* Monsieur, titre de l'aîné des frères du roi. Le roi, la reine, Monsieur, toute la cour, tout le peuple, tout est abattu, BOSS. *D. d'Orl.* | 2. *Absolt.* Messieurs, titre des membres du parlement et des autres cours souveraines. | 3. Monsieur (suivi d'un nom de ville épiscopale), titre des évêques. — de Meaux.

‖ **2°** Titre donné aux notables de toute condition. Un gros —, un personnage d'importance. Tous les plus gros messieurs me parlaient chapeau bas, RAC. *Plaid.* i, 1. Mon fermier du Buron qui est un gros —, SÉV. 1235.

‖ **3°** Titre qu'on donne aujourd'hui, par politesse, à tous les hommes, soit en leur parlant, soit en parlant d'eux. *Spécialt.* Homme de la ville (par opposition à paysan) ; bourgeois (par opposition à ouvrier). Nous ne prétendons pas être traités en messieurs, J.-J. ROUSS. *Ém.* 3. ‖ Monsieur, Monsieur un tel, ancienne formule des suscriptions des lettres. ‖ En tête d'une lettre. Monsieur et ami, formule de déférence affectueuse. Mon cher Monsieur, formule amicale. ‖ Ces messieurs, les hommes dont on parle. ‖ *Absolt.* Pour désigner le maître de la maison. Ce chien... Vivra de pair à compagnon Avec —, avec madame! LA F. *Fab.* iv, 5. A la 3e pers. en s'adressant au maître lui-même, formule de déférence employée surtout par les serviteurs. On demande Monsieur. ‖ *Dans un sens défavorable.* C'est un vilain —. *Ironiqt.* — le sot. — le malin. Si ce beau —là n'y daigne consentir, MOL. *Tart.* i, 1. Mon bon Monsieur, LA F. *Fab.* i, 2. Mon petit Monsieur, prenez-le un peu moins haut, MOL. *Mis.* i, 2. *Absolt.* — dépense tout, — court, LA F. *Fab.* vii, 2. ‖ Prune de —, sorte de prune violette.

MONSTRE [mônstr'] *s. m.*

[ÉTYM. Emprunté du lat. monstrum, *m. s.* ‖ xiie s. Les ovres del Seignur, lesqueles il posat monstres sur terre, *Psaut. d'Oxf.* xlv, 9.]

‖ **1°** Être qui présente une conformation contre nature. Ce — composé de bouches et d'oreilles, BOIL. *Lutr.* 2. Parmi des flots d'écume un — furieux, RAC. *Phèd.* v, 6. ‖ *Spécialt.* (Mythol.) Être malfaisant, de forme étrange. Aucuns monstres par moi domptés jusqu'aujourd'hui, RAC. *Phèd.* i, 1. ‖ *Fig.* Vous adorez en vain des monstres impuissants, CORN. *Poly.* iii, 2. Apprenez enfin qu'un gentilhomme qui vit mal est un — dans la nature, MOL. *D. Juan*, iv, 4. Cette négligence est un — pour moi, PASC. *Pens.* ix, 1. Lorsque ni l'une (partie) ni l'autre n'y consentent, c'est un — que le divorce, MONTESQ. *Espr. des lois*, xxvi, 3. Se faire un — de qqch, l'imaginer comme étant qqch de terrible. Sa fantaisie Lui fait un — affreux de votre jalousie, MOL. *D. Garcie*, iv, 6.

‖ **2°** Être d'une grandeur extraordinaire. Les monstres marins, les grands cétacés. Il les eut engager A lui servir d'un — (poisson) assez vieux pour lui dire..., LA F. *Fab.* viii, 8. ‖ *P. appos. Famil.* De proportions extraordinaires. Un bouquet —. Un concert —.

‖ **3°** *Fig.* Personne qui a un défaut, un vice extraordinairement développé. C'est un — d'avarice. Un — d'impiété. Sors donc de devant moi, — d'impiété, RAC. *Ath.* iii, 5. ‖ *Absolt.* | 1. Personne d'une laideur extraordinaire. Un — affreux sous l'habit d'une fille, BOIL. *Sat.* 10. | 2. Personne d'une scélératesse extraordinaire. Caligula, Néron, Monstres dont à regret je cite ici le nom, RAC. *Bér.* ii, 2. — qu'a trop longtemps épargné le tonnerre, ID. *Phèd.* iv, 2. ‖ *Famil.* En parlant de qqn à qui on reproche qq énormité. Ce — d'homme n'en fait jamais d'autres.

MONSTRUEUSEMENT [mons'-tru-euz'-man; *en vers*, -eu-ze-...] *adv.*

[ÉTYM. Composé de monstrueuse et ment, § 724. ‖ xive s. Une femme monstrueusement boque, *Lég. dorée*, dans GODEF.]

‖ D'une manière monstrueuse.

MONSTRUEUX, EUSE [mons'-tru-eú, -eúz'] *adj.*

[ÉTYM. Emprunté du lat. monstruosus, *m. s.* ‖ xive s. Beste monstrueuse et horrible, J. DE VIGNAY, *Miroir hist.* dans DELB. *Rec.*]

‖ **1°** Qui présente une conformation contre nature. Ce — dragon, CORN. *Tois. d'or*, v, 1. ‖ *P. ext.* Contraire aux lois de la nature. Un accouplement —. Il fit un corps redoutable de cet assemblage —, BOSS. *R. d'Angl.* C'est une chose monstrueuse, PASC. *Pens.* ix, 1. — caprices, BOIL. *Sat.* 10. *P. anal.* Les Juifs,... peuple —, BOSS. *Bonté de Dieu*, 2. ‖ *P. hyperb. Famil.* Puisqu'il aime la guerre, il est — de n'avoir point envie de voir les livres qui en parlent, SÉV. 1243.

‖ **2°** Qui est d'une grandeur extraordinaire. Tous les recoins d'un — pâté, BOIL. *Lutr.* 5.

MONSTRUOSITÉ [mons'-tru-ó-zi-té] *s. f.*
[ÉTYM. Dérivé du lat. monstruosus, monstrueux, § 255.
|| xvi⁰ s. La force et monstruosité de cest entrepreneur,
D. Florès de Grèce, [⁰ 153. Admis ACAD. 1762.]
|| **1°** Caractère de ce qui est monstrueux.
|| **2°** *P. ext.* Chose monstrueuse.
MONT [mon ; le *t* se lie] *s. m.*
[ÉTYM. Du lat. montem, *m. s.* § 291. (*Cf.* amont.)]
|| **1°** Montagne spécialement désignée par son nom
géographique ou par qq autre détermination. Le — Blanc.
Le — Athos. Le — Etna. Au pied du — Adule, BOIL. *Ép.* 4. La
fameuse journée Où sur le — Sina la loi nous fut donnée, RAC.
Ath. I, 1. Le sacré — où le temple est bâti, ID. *ibid.* IV, 5.
— fameux que Dieu même a longtemps habité, ID. *ibid.* II, 9.
Le — Aventin, le — Sacré, collines de Rome. Le double —
(le Parnasse). *Dans le même sens.* Sur ce — sacré, BOIL.
Sat. 9. Les monts Carpathes. Les monts Balkans. *Ellipt.* Les
monts, ceux qui servent de frontière au pays de celui qui
parle. Pépin... passe les monts (les Alpes) et réduit les Lom-
bards, BOSS. *Hist. univ.* III, 7. || *Vieilli.* — pagnote, lieu
où l'on peut, sans péril, assister à un combat. (*V.* pagnote.)
|| **2°** Montagne en général. Que cent peuples unis de
bouts de l'univers Passent pour la détruire et les monts et les
mers! CORN. *Hor.* IV, 5. Errer par monts et par vaux, dans
les montagnes et les vallées, c.-à-d. en toute sorte d'endroits. Trottant nuit et jour et par monts et par vaux, BOIL.
Poés. div. 22. La moindre taupinée était — à ses yeux, LA F.
Fab. VIII, 9. Conter monts et merveilles, conter qu'on a vu
en voyage des montagnes, des sites merveilleux, et, *fig.*
conter des choses qui excitent l'admiration. L'entendre
conter Monts et merveilles de la dame, LA F. *Contes, F. du
roi de Garbe.* La mer promet monts et merveilles, ID. *Fab.*
IV, 2. || *Fig.* Un — d'or, un monceau d'or. Le banquier me
faisait espérer des monts d'or, LES. *Guzm. d'Alfar.* VI, 3.
Promettre à qqn des monts d'or. || (Chirom.) Petite éminence
qui est dans l'intérieur de la main, au-dessous du pouce
(— de Mars), de l'index (— de Jupiter), etc.
MONTAGE [mon-tàj'] *s. m.*
[ÉTYM. Dérivé de monter, § 78. || 1604. *Trium Ling. dict.*
dans GODEF. Admis ACAD. 1762.]
|| (Technol.) Action de monter. (*Cf.* monture.) *Spécialt.*
Action de dresser, d'ajuster les pièces dont se compose
un objet. Le — d'un métier à tisser. || *P. ext.* Action de
sertir une pierre précieuse. Le — d'un camée.
MONTAGNARD, ARDE [mon-tà-ñàr, -ñàrd'] *adj.*
[ÉTYM. Dérivé de montagne, § 147. || 1549. Montaignard,
R. EST.]
|| Qui a rapport aux montagnes. Les chrétiens qui s'enfui-
rent vers les pays montagnards, BOSS. *Médit. sur l'Évang.*
85⁰ jour. Le costume —. *Substantivt.* Celui, celle qui habite les montagnes.
MONTAGNE [mon-tàñ] *s. f.*
[ÉTYM. Du lat. pop. *montania, m. s.* pluriel neutre de
l'adj. *montanius* (class. montanus), montagneux, employé
comme subst. fém. sing. §§ 38, 291, 482 et 545. || xi⁰ s.
Les puis et les montaignes, *Voy. de Charl. à Jérus.* 104.]
|| **1°** Grande élévation de terrain, résultant d'un soulè-
vement du sol, et présentant à ses différentes hauteurs
des zones de végétation différentes. Ces hautes montagnes
dont la cime, au-dessus des nues et des tempêtes, trouve la
sérénité dans sa hauteur, BOSS. *Condé.* N'êtes-vous pas ici sur
la — sainte? RAC. *Ath.* IV, 5. Chaîne de montagnes, suite de
montagnes qui tiennent l'une à l'autre. *P. anal.* Montagnes russes, élévation naturelle ou artificielle du haut de
laquelle on se laisse glisser en traîneau sur un chemin
uni. *P. anal.* Jeu forain dans lequel on glisse avec rapi-
dité sur des rails. || *Loc. prov.* Pas de — sans vallée, on
a les défauts de ses qualités. La — en travail enfante une
souris, BOIL. *Art p.* 3. *Loc. prov.* Aller à la — (allusion à
un mot attribué à Mahomet : Puisque la — ne vient pas à
nous, allons à la —), faire les avances.
|| **2°** *P. anal.* Amoncellement. Les montagnes de glace
des mers polaires. Ces montagnes de morts, CORN. *Pomp.* I, 1.
Sur le dos de la plaine liquide S'élève à gros bouillons une —
humide, RAC. *Phéd.* V, 6.
|| **3°** *Fig.* Grande difficulté à surmonter. Toutes ces
grandes montagnes s'aplanissent, SÉV. 1142.
MONTAGNEUX, EUSE [mon-tà-ñeu, -ñeûz'] *adj.*
[ÉTYM. Dérivé de montagne, § 116. || xvi⁰ s. Pays mon-
tagneux, LA NOUE, *Disc. polit.* XXVI, 24.]

|| Où il y a des montagnes. Un pays —. (*Cf.* montueux.)
MONTANT, ANTE [mon-tan, -tànt'] *adj.* et *s. m.*
[ÉTYM. Adj. et subst. particip. de monter, § 47. || xii⁰-
xiii⁰ s. Le montant d'un denier, HENRI DE VALENCIENNES, 27.]
I. *Adj.* || **1°** Qui va en haut. La marée montante. Train —
(dans les itinéraires de chemins de fer), qui se dirige de
la mer vers Paris. || *P. ext.* Garde montante, qui se rend au
poste pour relever celle qui a fait son tour de garde. *P.
anal.* Commis —, qui vient en relever un autre de son
service. || *Fig.* Gamme montante, qui va des notes graves
aux notes élevées.
|| **2°** Qui s'étend en haut. Chemin —, où il y a une pente
à gravir. Dans un chemin —, sablonneux, malaisé, LA F. *Fab.*
VII, 9. Joint —, joint vertical de deux pierres. || *P. ext.* Robe
montante, dont le corsage couvre le buste jusqu'au cou.
II. *S. m.* || **1°** *Rare.* Mouvement de bas en haut. La
marée a encore une heure de —. || (Fauconn.) Le — du fau-
con, essor de l'oiseau qui s'élève. Faucon qui prend le —,
qui domine la proie qu'il poursuit. *Fig. Vieilli.* Prendre
le —, prendre le dessus (sur qqn).
|| **2°** Ce qui s'étend en haut. *Spécialt.* Pièce de bois, de
pierre, de fer, posée verticalement. Montants d'une échelle,
barres verticales entre lesquelles sont fixés les échelons.
Montants de la bride, parties de la bride qui vont des coins
de la bouche au haut de la tête du cheval. — d'une ra-
quette, cordes longitudinales. || Ils répètent que, pour avoir
une futaie, il faut se garder de couper le sommet des jeunes
plants, et qu'il faut conserver avec grand soin le —, c'est-à-
dire le jet principal, BUFF. *Expos. sur les végét.* 2⁰ mém.
|| **3°** *Fig.* | **1.** Total auquel s'élève un compte. Le — de
la note d'un fournisseur. | **2.** Saveur relevée de certaines
substances. Un vin qui a du —. Mettre du piment dans une
sauce pour lui donner du —. | *P. anal. Néolog.* Une personne
qui a du — (de l'entrain).
*MONTCAYAR. *V.* moncayar.
MONT-DE-PIÉTÉ [mond'-pyé-té ; *en vers*, mon-de-
pi-é-té] *s. m.*
[ÉTYM. Composé de mont, de et piété, à l'imitation de
l'ital. monte-di-pietà, *m. s.* §§ 12 et 176. Dans l'expression
ital. pietà signifie « pitié » plutôt que « piété ». || xvi⁰ s.
Mont de pitié, G. BOUCHET, *Serées,* I, p. 232. Mont de pieté,
COTGR.]
|| Établissement de prêt sur gage (institué avec une in-
tention charitable).
MONTE [mont'] *s. f.*
[ÉTYM. Subst. verbal de monter, § 52. Fréquent en
anc. franç. au sens de « montant, valeur ». || (Au sens
actuel.) xvi⁰ s. Ne plus ne moins que les chevaux à la saison
de leur monte, CHARLES IX, *Chasse,* p. 4, édit. 1625. Admis
ACAD. 1762.]
|| Action du mâle qui couvre la femelle. *Spécialt.* Ac-
couplement de l'étalon et de la jument. (*Syn.* saillie.) ||
P. ext. Saison de l'accouplement.
*MONTE-CHARGE** [mont'-chàrj' ; *en vers*, mon-te-...]
s. m.
[ÉTYM. Composé de monte (du verbe monter) et charge,
§ 209. || *Néolog.*]
|| (Technol.) Mécanisme à l'aide duquel on élève des
fardeaux, dans une usine, dans une maison.
MONTÉE [mon-té] *s. f.*
[ÉTYM. Subst. particip. de monter, § 45. || xii⁰ s. Et harpe
le lai d'Orphey : Onques nus hom plus n'en oï Et la montee et
l'avalee, *Floire et Blancheft.* append. 70, du Méril.]
|| **1°** Action de monter. La descente est moins pénible que
la —. (Fauconn.) — de l'oiseau. — par fuite, essor qu'il prend
pour fuir un oiseau plus fort. — d'essor, vol de l'oiseau
qui monte à perte de vue pour trouver une atmosphère
plus fraîche. || — des vers à soie, action du ver à soie qui
monte le long des corps placés verticalement à sa portée,
pour y filer son cocon. || — des anguilles, direction que
suivent les anguilles qui remontent par troupes dans les
rivières. || (Métallurgie.) Ascension de la fonte dans le
fourneau produite par un dégagement d'oxyde de carbone.
|| — de la sève dans les végétaux. || — du lait, afflux du lait
aux mamelles. || — de la crème, à la surface du lait en
repos. || — de l'eau (dans une crue).
|| **2°** Endroit par où l'on monte. | **1.** Pente à gravir dans
une route. La — est escarpée. On a ménagé une — en pente
douce au-devant du Capitole. | **2.** *Vieilli.* Escalier, degré
d'escalier. Je mis un certain soir à travers la — Une corde,

REGNARD, *Fol. am.* 1, 2. Deux servantes... Avaient à coups de pied descendu les montées, BOIL. *Sat.* 10. || *P. ext.* (Architect.) — d'une voûte, sa hauteur depuis la ligne de niveau de sa naissance jusqu'à la clef de la voûte.

*MONTE-PLATS [mont'-plà; *en vers,* mon-te-...] *s. m.*
[ÉTYM. Composé de monte (du verbe monter) et plat, § 209. || *Néolog.*]
|| Machine qui monte les plats (de la cuisine à la salle à manger).

MONTER [mon-té] *v. intr.* et *tr.*
[ÉTYM. Du lat. pop. *montare, *m. s.* dérivé de montem, mont, §§ 154, 295 et 291. || XIᵉ s. Et monterent as mulz qu'ourent forz et amblanz, *Voy. de Charl. à Jérus.* 89.]

I. *V. intr.* || **1°** Aller en haut (en parlant des personnes.) — en haut d'une tour, d'une montagne. — sur une éminence. — à l'échelle. — à un arbre, sur un arbre. — au second étage, au grenier. — chez soi, chez qqn. — sur les épaules de qqn. — dans une voiture, sur un cheval. — en voiture, à cheval. — sur ses grands chevaux (ses chevaux de bataille), et, *fig.* prendre tout à coup vis-à-vis de qqn une attitude hautaine, véhémente. Dessus ses grands chevaux est monté mon courage, MOL. *Sgan.* sc. 21. — en croupe, se mettre à cheval derrière qqn. *Fig.* Le chagrin monte en croupe (le suit partout), BOIL. *Ép.* 5. — sur un navire, dans une barque. — à bord. — à l'assaut. — sur ses échasses, et, *fig.* se guinder. Un oiseau qui monte dans les airs. (Fauconn.) Un oiseau qui monte à l'essor, qui s'élève à perte de vue. Un oiseau qui monte sur l'aile, en se soutenant sur l'une des ailes et en s'élevant surtout par le mouvement de l'autre. *Fig.* — sur ses ergots (comme le coq), prendre de grands airs. Jésus-Christ est monté au ciel. — au séjour de gloire, aller après la mort dans le séjour des bienheureux. *Poét.* Dans la gloire où je m'en vais —, CORN. *Poly.* V, 2. || — sur son trône, et, *fig.* — sur le trône, — au trône, devenir roi. — dans la chaire, — en chaire, et, *fig.* prêcher. — sur la scène, sur les planches, sur le théâtre, sur les tréteaux, et, *fig.* se faire comédien, bateleur. || *Fig.* Arriver à un poste, à un grade élevé. Afin de — aux grandes dignités, LA F. *Fab.* XI, 8. Le fidèle... Aux honneurs appelé, n'y montait que par force, BOIL. *Lutr.* 6. Et, monté sur le faîte, il aspire à descendre, CORN. *Cinna,* II, 1. Un officier qui monte en grade. Montant d'état, il fut clerc d'un notaire, CORN. *Illus. com.* 1, 3.

|| **2°** Être porté en haut (en parlant des choses). Les nuages montent dans le ciel. Le soleil monte à l'horizon. La maison que l'on construit commence à —. *Fig.* Et le cri de son peuple est monté jusqu'à lui (Dieu), RAC. *Esth.* I, 1. Puissent jusques au ciel vos soupirs innocents — comme l'odeur d'un agréable encens, ID. *ibid.* I, 2. || Une plante qui monte en graine, plante potagère qui n'est plus bonne à manger quand la tige a son entier développement, au moment de la formation des graines. *Fig.* Une jeune fille qui a monté en graine, qui a passé le temps de se marier. || *P. anal.* Les fumées du vin lui montent au cerveau. Le vin pur monte à la tête, MOL. *Av.* III, 1. La rougeur lui monte au visage. Ces mots ont fait — la rougeur sur son front, RAC. *Ath.* III, 3. || *Fig.* Le courroux lui montant au cerveau, LA F. *Contes, Rémois.* Je ne sais pas quelle chaleur vous monte, MOL. *Tart.* III, 2. || *P. ext.* S'étendre en haut. Un chemin qui monte. Une robe qui monte jusqu'au cou. || *P. anal.* Hausser de niveau. La marée monte. La mer commence à —. Le baromètre, le thermomètre a monté. La crème monte sur le feu. || *P. anal.* (Musique.) — d'un ton, d'un demi-ton. Sa voix monte jusqu'à l'ut dièse. || *P. anal.* Arriver à un taux supérieur. La rente a monté. Faire — les prix à une enchère. A combien monte la dépense? || *Spécialt.* Arriver à un certain total, en parlant d'une quantité. Cela ne va pas à si peu de chose qu'il ne monte bien tous les ans à trois mille francs, MOL. *Av.* II, 5. *Fig.* Arriver à un degré supérieur. L'insolence où montait sa noire lâcheté, CORN. *Sertor.* V, 7. A quel comble d'horreur De vos ressentiments peut — la fureur! ID. *Méd.* 1, 5.

II. *V. tr.* || **1°** Parcourir de bas en haut. — les degrés. — un escalier. — une pente. *P. ext. Spécialt.* — la garde, faire son tour de garde, et, *fig. famil.* — une garde à qqn, guetter le retour de qqn pour lui dire son fait. || *P. ext.* — un navire, être monté sur ce navire, y être embarqué. — un cheval, être monté sur ce cheval, en être le cavalier. Un cheval difficile à —, difficile à conduire pour le cavalier. *Loc. prov.* Qui monte la mule, la ferre, que celui qui doit se servir d'une chose, la prépare à sa guise. || *Spécialt.* En parlant du mâle, couvrir la femelle. (*Cf.* monte.)

|| **2°** Porter en haut. — une malle, un paquet, une lettre. — de l'eau. || *P. anal.* Mettre à un niveau plus haut. — la mèche d'une lampe. — un lustre, un tableau, le suspendre plus haut. || — une horloge, en hausser les poids, et, *p. anal.* — une montre, une mécanique, un ressort. — un violon, le mettre à un ton, à un diapason plus haut, et, *fig.* être monté à un certain ton, à un certain diapason, avoir une certaine excitation. Cet autre à la fin se monte de parole, RÉGNIER, *Sat.* 8. Quand la tête se monte, BEAUMARCH. *Mar. de Fig.* III, 5. — la tête, l'imagination à qqn. Se — la tête, l'imagination. *Famil.* Se —, se mettre en colère. || *Fig.* Amener à un degré supérieur. Le haut point où leur gloire se monte, CORN. *Hor.* III, 6. || *Spécialt.* Amener (une quantité) à un certain total. Mon bien se monte à tant, BOIL. *Sat.* 10. Son armée se montait à trente mille hommes. | Une chose montée en couleur, fortement colorée.

|| **3°** Dresser en ajustant les parties. — une machine. — une charpente. — un métier. — le gouvernail, les pompes d'un navire. — une batterie (de canon). M. le Prince fit — la première tranchée, en plein jour, HAMILT. *Gram.* p. 158. — un lit. — un fusil. — un éventail. || *P. ext.* Sertir. — des diamants. Des pierres montées à jour. || *Fig.* — une pièce de théâtre, en préparer la mise en scène. — une affaire, une partie de plaisir, un coup, une cabale, une entreprise. Être bien, mal monté, bien, mal disposé. || *P. anal.* — un cavalier, le pourvoir d'une monture (du cheval et de l'équipement). *P. ext.* Pourvoir de tous les objets nécessaires. Une personne bien montée en linge, en habillements. — sa maison. Une maison montée. Se — en meubles, en argenterie.

MONTEUR, *MONTEUSE [mon-teur, -teûz'] *s. m.* et *f.*
[ÉTYM. Dérivé de monter, § 112. || XIIᵉ s. Cheval e le muntethur, *Psaut. de Cambridge,* p. 267, Michel. Admis ACAD. 1835.]
|| (Technol.) Ouvrier, ouvrière qui monte certains ouvrages. Un — de pierres fines. Une monteuse de bonnets. — en bronze (d'ouvrages en bronze). || *Fig.* Un —, une monteuse, celui, celle qui prépare des choses artificieuses, équivoques. Un — d'affaires. Une monteuse de coups.

MONTGOLFIÈRE [mon-gôl-fyèr'] *s. f.*
[ÉTYM. Dérivé de Montgolfier, nom des deux frères inventeurs des aérostats (1782), §§ 36 et 37. || Admis ACAD. 1835.]
|| Aérostat primitif, consistant en une enveloppe de papier remplie d'air dilaté par un réchaud placé en dessous.

MONTICULE [mon-ti-kul] *s. m.*
[ÉTYM. Emprunté du lat. monticulus, *m. s.* (*Cf.* le nom propre Monteil.)|| 1488. Monticules ou bosses de terre, N. HUEN, *Voy. à Jérus. Mont Thabor.* Admis ACAD. 1762.]
|| Petite montagne.

MONTJOIE [mon-jwà] *s. f.*
[ÉTYM. Paraît composé de mont et joie, proprt, « mont de la joie », § 175. Ce mot a été adopté au moyen âge comme cri de guerre des Français. || XIᵉ s. Munjoie escriet, ç'est l'enseigne Carlun, *Roland,* 1234. | XIIᵉ-XIIIᵉ s. Tant qu'il sont a la monjoie Venu, *Escoufle,* 458.]
|| *Vieilli.* Petit monticule de pierres qu'on élevait autrefois de distance en distance sur les routes, pour indiquer les bons chemins. || *Fig.* Monceau. Je prie Dieu qu'il vous envoie D'ébattements une —, SARRAZIN, *Poés.* p. 168, édit. 1824.

MONTOIR [mon-twàr] *s. m.*
[ÉTYM. Dérivé de monter, § 113. || XIIᵉ s. Et adrecier les monteors Et afermer les aleors, *Énéas,* 4251.]
|| (Manège.) Grosse pierre, borne ou billot de bois placé pour aider les cavaliers à monter à cheval. || Côté du —, le côté gauche du cheval, par où l'on monte. Pied du —, pied gauche du cheval. Cheval difficile au —, qui ne se tient pas tranquille quand on veut monter dessus.

MONTRABLE [mon-tràbl'] *adj.*
[ÉTYM. Dérivé de montrer, § 93. || XIIIᵉ s. Hume devint a tuz mustrable, *Vie de Ste Catherine,* I, 833, Jarnik. Admis ACAD. 1878.]
|| *Famil.* Qui peut être montré. Figure de quatre-vingts ans qui n'est ni transportable ni —, VOLT. *Lett. à Mᵐᵉ du Deff.* dans LAVEAUX, *Dict.*

MONTRE [môntr'] *s. f.*
[ÉTYM. Subst. verbal de montrer, § 52. || 1243. Laine... autretele com a la mostre, dans GODEF. monstre 2.]
I. Action de mettre en vue. Étale ses beautés, fait — de

ses charmes, MALH. *Poés.* 51. Son image (de la vertu) qui leur sert de — pour se concilier la faveur des hommes, BOSS. *Honneur du monde*, fragm. Quand sur une si belle — on a essayé du personnage, LA BR. 15.

‖ *Spécialt.* ‖ **1°** (Commerce.) | **1.** Échantillon. Acheter du blé sur —. | **2.** Étalage de marchandises placées en évidence pour attirer les acheteurs. Le brodeur et le confiseur seraient superflus et ne feraient qu'une — inutile, si l'on était modeste et sobre, LA BR. 8. *P. ext.* Vitrine où a lieu cet étalage. *P. anal. Vieilli.* Artifice qui consistait à tisser la fin d'une pièce d'étoffe en qualité plus belle et à en recouvrir le reste. Peines encourues pour la saisie d'étoffes munies de montres, *Ordonn. du 22 mars 1738.* ‖ — d'orgues, devanture d'un buffet d'orgue qui cache les véritables tuyaux et porte les tuyaux simulés.

‖ **2°** (T. milit.) Spectacle, parade. ‖ *Spécialt.* | **1.** Revue. Et comme en une —, RÉGNIER, *Sat.* 10. Être payé à la —, à une revue spéciale où on distribuait la solde. — sèche, revue où on ne touchait point la solde. *Fig.* Passer à la —, être accepté. Faute de mieux, un sot passe à la —, CORN. *Ment.* I, 1. | **2.** Démonstration militaire. Après diverses montres de différents côtés, ST-SIM. I, 260.

II. ‖ **1°** *Vieilli.* Cadran montrant les heures dans une horloge, une pendule.

‖ **2°** *P. ext.* Boîte à cadran, contenant un mouvement d'horlogerie, qu'on porte sur soi pour savoir l'heure. Une — à sonnerie, à répétition, — marine. Ceux qui jugent d'un ouvrage par règle sont, à l'égard des autres, comme ceux qui ont une — à l'égard des autres, PASC. *Pens.* VII, 5.

MONTRER [mon-tré] *v. tr.*

[ÉTYM. Du lat. monstrare, *m. s.* prononcé *mostrare, § 485, et devenu en anc. franç. mostrer, §§ 295 et 291, puis monstrer par réaction étymologique, § 505, d'où la forme actuelle montrer, § 422.]

‖ **1°** Faire voir. La magnanime et intrépide régente était obligée à — le roi enfant aux provinces, BOSS. *Le Tellier.* Athènes me montra mon superbe ennemi, RAC. *Phèd.* I, 3. — aux nations Mithridate détruit, ID. *Mithr.* III, 1. Revenir sans mon ordre, et se — ici! CORN. *Nicom.* II, 1. A quoi bon se — et, comme un étourdi, Me venir démentir? MOL. *Ét.* I, 4. Oses-tu bien te — devant moi? RAC. *Phèd.* IV, 2. *P. anal.* J'aime un esprit aisé qui se montre, qui s'ouvre, BOIL. *Ép.* 9. Se —, faire voir de quoi on est capable. — à qqn sa bibliothèque. — la lanterne magique. Il fallait un peu venir — son visage à la cour, SÉV. 1232. *Fig. Famil.* — son nez qqpart, s'y faire voir. — les dents, menacer. — le dos à l'ennemi, fuir. *Famil.* — les talons, s'en aller. Un habit qui montre la corde. si usé qu'on voit la trame. *Fig.* — la corde, ne plus faire illusion. C'est un homme... qui perd le peu de lustre qu'un peu de mémoire lui donnait et montre la corde, LA BR. 2. ‖ *Spécialt.* Faire voir par un geste, un signe. — la porte à qqn, lui faire signe de sortir. Voilà, dit-il, mes vrais médecins; Il montrait les ecclésiastiques, BOSS. *Condé.* Du doigt ils se la montrent (l'huître), LA F. *Fab.* IX, 9. *Fig.* — qqn au doigt, le signaler à la dérision publique. Faut-il que désormais à deux doigts l'on te montre? MOL. *Sgan.* sc. 9. — à qqn le chemin, la direction à suivre. Le cadran qui montre les heures.

‖ **2°** *Fig.* | **1.** Faire paraître. Montrez-nous, héros magnanimes, Votre vertu dans tout son jour, J.-B. ROUSS. *Ode à la Fortune.* Tout son visage montre une fierté si haute, CORN. *Sertor.* IV, 3. Il faut — ici ton zèle et ta prudence, RAC. *Iph.* I, 1. Tu t'es, en m'offensant, montré digne de moi, CORN. *Cid*, III, 4. Qu'en tout avec soi-même il se montre d'accord, BOIL. *Art p.* 3. Votre cœur aisément se montre magnanime! RAC. *Iph.* I, 3. La reine se montre le ferme soutien de l'État, BOSS. *R. d'Angl.* | **2.** *Vieilli.* Avec un infin. pour complément. Vous buviez par son reste et montriez d'affecter Le côté qu'à sa bouche elle avait su porter, MOL. *Ét.* IV, 4. Se laisser frapper sans — le sentir, ST-SIM. VII, 13. | **3.** Faire connaître. Et daignez à mes yeux — la vérité, RAC. *Phèd.* V, 2. Ce qu'a fait le sénat montre ce qu'il faut faire, CORN. *Nicom.* V, 2. (Je) Lui montrai d'Amurat le retour incertain, RAC. *Baj.* I, 1. Les dieux ne montrent point que sa vertu les touche, ID. *Brit.* II, 2. ‖ *Spécialt. Famil.* Enseigner. On vous a montré avec soin l'histoire de ce grand royaume, BOSS. *Hist. univ.* dessein général. — à qqn les sciences. *P. anal.* Et je vous montre à tous par là comme il faut vivre, CORN. *Poly.* V, 2. Il montre aux plus hardis à braver le danger, RAC. *Théb.* I, 1. *Absolt.* Le maître d'armes qui me montre, MOL. *B. gent.* I, 2.

*MONTREUR, EUSE [mon-treûr, -treûz'] *s. m. et f.*

[ÉTYM. Dérivé de montrer, § 112. (*Cf.* le lat. monstrator.) ‖ 1328. Pourteurs et monstreurs de ces lettres, dans GODEF. monstreur.]

‖ Celui, celle qui fait voir. Un — de lanterne magique, de bêtes curieuses.

MONTUEUX, EUSE [mon-tueû,-tueûz'; *en vers*, -tu-...] *adj.*

[ÉTYM. Emprunté du lat. montuosus, *m. s.* ‖ 1488. Terre qui est montueuse, N. HUEN, *Voy. à Jérus. Mont d'Israel.*]

‖ Coupé par des hauteurs. Un chemin —. Surface (de la lune)... Montueuse en des lieux, en d'autres aplanie, LA F. *Fab.* VII, 18.

MONTURE [mon-tûr] *s. f.*

[ÉTYM. Dérivé de monter, § 111. ‖ XIV° s. Tant de bannieres, de pennons, de monteures, FROISS. *Chron.* II, 258, var.]

I. Bête sur laquelle qqn monte pour aller d'un lieu à un autre. *Loc. prov.* Qui veut voyager loin ménage sa —, RAC. *Plaid.* I, 1.

II. (Technol.) Action de monter un ouvrage, d'en agencer les parties. (*Cf.* montage.) La — d'un éventail. ‖ La — d'un vaisseau, l'action de l'équiper, d'y transporter les marchandises. ‖ *P. ext.* Ce qui forme cet agencement. La — d'un fusil. La — d'un violon, d'une guitare, l'ensemble des cordes. La — d'un bijou, d'une épingle, d'une bague.

MONUMENT [mò-nu-man] *s. m.*

[ÉTYM. Emprunté du lat. monumentum, *m. s.* ‖ XII° s. E fus posé el monument, *Vie de St Gilles*, 2124.]

‖ **1°** Ouvrage édifié pour perpétuer le souvenir d'une chose, d'une personne mémorable. Ils y avaient érigé partout des monuments des choses qui leur étaient arrivées, BOSS. *Hist. univ.* II, 3. ‖ *Fig.* Babel, premier — de l'orgueil et de la faiblesse des hommes, BOSS. *Hist. univ.* I, 2. On y conserve écrits le service et l'offense, Monuments éternels d'amour et de vengeance, RAC. *Esth.* II, 1.

‖ **2°** Édifice remarquable. Les monuments d'une cité (palais, églises, colonnes, statues, etc.). Les monuments historiques (entretenus aux frais de l'État). ‖ *Spécialt.* — funéraire. *Absolt. Vieilli.* Mettre ainsi cette belle aux bords du —, BOIL. *Sat.* 10. Changement, Qui du haut d'une gloire extrême Me précipite au —, CORN. *Psyché*, II, 3.

MONUMENTAL, ALE [mò-nu-man-tàl] *adj.*

[ÉTYM. Dérivé de monument, § 238. (*Cf.* le bas lat. monumentalis.) ‖ *Néolog.* Admis ACAD. 1835.]

‖ Qui a l'aspect d'un monument. Une construction monumentale.

*MOQUE [mŏk'] *s. f.*

[ÉTYM. Emprunté du provenç. mod. moco, *m. s.* d'origine inconnue, § 11. ‖ 1678. GUILLET, *Art de la navig.* p. 238.]

‖ (Marine.) Bloc de bois évidé au milieu, où passe une écoute. — de civadière. Moques du grand étai.

MOQUER [mò-ké] *v. tr. et pron.*

[ÉTYM. Origine incertaine; le même radical se retrouve dans l'espagn. mueca, grimace, mais l'angl. to mock, moquer, vient du français. ‖ XII°-XIII° s. De lui se moquent, de lui rient, *Ysopet de Lyon*, 1715.]

I. *Vieilli. V. tr.* Rendre (qqn) un objet de risée. La vertu... moquée à la cour, MASS. *Injustice du monde*, 2. Il se vit bafoué, Berné, sifflé, moqué, LA F. *Fab.* IV, 9.

II. *V. pron.* Se —, faire (de qqn, de qqch) un objet de risée. Il ne se faut jamais — des misérables, LA F. *Fab.* V, 17. L'un et l'autre... Des mystères sacrés hautement se moquait, CORN. *Poly.* III, 2. *Loc. prov.* La pelle se moque du fourgon, tel qui se moque d'un autre ne lui cède pas en ridicule. *Ellipt.* A moins qu'il ne la voulût mettre en colère et se faire — de lui (faire qu'on se moquât de lui), LA F. *Ésope.* Et se ruinent ainsi à se faire — de soi, LA BR. 7. *Abusivt.* Je crus que je me ferais — de moi, MONTESQ. *Lett. pers.* 130. ‖ *P. ext.* Témoigner son dédain (de qqn, de qqch). On ne peut se — du monde d'une façon plus grossière, BOSS. *Var.* 2. Je me moque de ces auteurs-là, PASC. *Prov.* 4. Faisons nos sûretés et moquons-nous du reste, CORN. *Oth.* II, 4. *Loc. prov.* Je m'en moque comme de l'an quarante. (*V.* an.) ‖ Avec un infin. pour complément. Je me moquerais fort de prendre un tel époux, MOL. *Tart.* II, 2. ‖ *Absolt.* Ne pas agir sérieusement. Elle se moque, de se piquer de jeunesse, LA BR. 3. On crut qu'il se moquait, LA F. *Fab.* IV, 18. Vous vous moquez, MOL. *Pourc.* I, 7.

MOQUERIE [mŏk'-ri; *en vers*, mò-ke-ri] *s. f.*

[ÉTYM. Dérivé de moquer, § 69. || XIII⁰ s. Ce n'est que paine perdue et moquerie, *Sept Sages*, dans DELB. *Rec.*]

|| Action de se moquer. Du public exciter les justes moqueries, BOIL. *Ép.* 10. Exposer une si grande vérité à la —, BOSS. *Hist. univ.* II, 16. La — est souvent indigence d'esprit, LA BR. 5.

1. *MOQUETTE [mò-kĕt'] *s. f.*

[ÉTYM. Dérivé de moquer, § 133. || XVI⁰ s. Ballvernes et plaisantes mocquettes, RAB. II, 34.]

I. *Anciennt.* Attrape, plaisanterie.

II. *Fig.* Oiseau qu'on attache vivant près d'un piège pour en attirer d'autres. (*Syn.* mouvant.)

2. MOQUETTE [mò-kĕt'] *s. f.*

[ÉTYM. Dérivé, par substitution de suffixe, de l'anc. forme mocade, encore employée au XVII⁰ siècle, d'origine incertaine, §§ 62 et 133. (*Cf.* l'angl. moccadoe, dans COTGR., et le holland. mokfluweel, *m. s.*) || 1611. Moucade, COTGR.]

|| Étoffe pour tapis et pour meubles, velouté de laine, dont la chaîne et la trame sont en fil. Jaquette Faite d'une riche —, SCARR. *Virg. trav.* 1.

3. *MOQUETTE [mò-kĕt'] *s. f.*

[ÉTYM. Origine inconnue. || 1769. GOURY DE CHAMPGRAND, *Vénerie*, p. 197.]

|| (Vénerie.) Fumée de chevreuil.

MOQUEUR, EUSE [mò-keur, -keûz'] *s. m.* et *f.*

[ÉTYM. Dérivé de moquer, § 112. || XIII⁰ s. Moqueour, *Clef d'amour*, dans DELB. *Rec.*]

|| Celui, celle qui se moque. Ces moqueurs, dont le jugement est si proche, BOSS. *A. de Gonz.* C'est une moqueuse. *P. anal.* Le —, oiseau d'Amérique qui imite le chant des autres oiseaux. || *Adjectivt.* Avec un ris —, BOIL. *Sat.* 3.

MORAILLE [mò-rây'] *s. f.*

[ÉTYM. Dérivé de mor, museau, mot d'origine incertaine qui existe en provençal et dans quelques dialectes français (*cf.* l'anc. franç. moraille, visière), § 95. || 1642. OUD.]

|| (Technol.) || **1⁰** Tenailles en bois ou en fer avec lesquelles on pince les naseaux d'un cheval vicieux, pour le mater pendant qu'on le ferre ou qu'on lui fait une opération. (S'emploie ordinairement au pluriel.) Mettre les morailles à un cheval. *Fig.* Pour donner des morailles au pape (pour le tenir serré), ST-SIM. X, 21.

|| **2⁰** Tenailles de fer pour étirer le cylindre de verre, dans la fabrication du verre en table, avant de l'inciser.

MORAILLON [mò-rà-yon] *s. m.*

[ÉTYM. Dérivé de l'anc. franç. moraille (on trouve aussi moraine), *m. s.* mot dont le rapport avec le mot moraille actuel est obscur, § 104. || 1360. Un morillon pour aparailler la barrière, *Comptes de Tours*, I, p. 218. Admis ACAD. 1762.]

|| (Technol.) Pièce de fer percée ou garnie d'un anneau, adaptée au battant d'une porte, au couvercle d'une malle, etc., pour le fermer en engageant dans l'ouverture un anneau à cadenas ou un pêne.

1. *MORAINE. *V.* morine.

2. MORAINE [mò-rên'] *s. f.*

[ÉTYM. Emprunté du provenç. mod. mourreno, *m. s.* qui semble dérivé de mor, museau (*cf.* moraille), § 11. || 1779. Les paysans de Chamouni ces monceaux de débris la moraine du glacier, SAUSSURE, *Voy. dans les Alpes*, I, 455. Admis ACAD. 1878.]

|| (Géogr.) Bande de graviers, de fragments de roche, qui ont glissé et se sont accumulés au pied d'un glacier ou sur ses côtés.

MORAL, ALE [mò-ràl] *adj.*

[ÉTYM. Emprunté du lat. moralis, *m. s.* || XIV⁰ s. En françois les mos meur et moral ne sont pas en usage commun, ORESME, *Éth.* II, 1.]

|| **1⁰** Relatif aux mœurs. Réflexions morales. Contes moraux. Les œuvres morales de Plutarque.

|| **2⁰** Relatif à la règle des mœurs. Loi morale, règle obligatoire des actions humaines. Conscience morale, connaissance intérieure que chacun a, que ce qu'il fait est conforme ou contraire à cette loi. Sens —, discernement de ce qui est conforme ou contraire à cette loi. Avoir perdu le sens —. Science morale, science qui détermine la nature et les applications de cette loi. Bien, mal —. Observation ou violation de la loi morale. || *P. ext.* Conforme aux bonnes mœurs. Une pièce morale. Un écrivain —.

|| **3⁰** Relatif à l'âme (par opposition à la matière). Le monde —. Les sciences morales. Les facultés morales. Les influences morales. Certitude morale (par opposition à matérielle), qui tient à des choses d'opinion, de sentiment, non à des faits matériels. || *Substantivt.* Le — de qqn, l'ensemble de ses facultés morales. Le physique influe sur le —. *Spécialt.* Energie morale. Relever le — des soldats.

MORALE [mò-ràl] *s. f.*

[ÉTYM. Emprunté du lat. moralis, adjectif qu'on trouve déjà employé substantivement chez ENNODIUS au sens du mot actuel morale, § 38.]

|| **1⁰** Doctrine qui détermine les règles de nos actions. Où donc est la — Qui sait si bien régir la partie animale! MOL. *F. sav.* I, 2. M. JOURDAIN : Qu'est-ce qu'elle dit, cette —? — LE MAITRE DE PHILOS. : Elle... enseigne aux hommes à modérer leurs passions, ID. *B. gent.* II, 4. L'un ou l'autre de ces fameux hérésiarques n'aurait-il pas eu bonne grâce, en s'attachant aux principes de sa secte, de pousser un point de — sur les devoirs de la piété chrétienne? BOURD. *Prédest.* 1. || *Spécialt.* (Droit.) Offense à la — publique, à la règle de conduite reconnue par tous. Que l'âme soit mortelle ou immortelle, cela doit mettre une différence entière dans la — ; et cependant les philosophes ont conduit la — indépendamment de cela, PASC. *Pens.* XXIV, 57 *ter.* || — indépendante, où l'on fait abstraction de toute doctrine philosophique ou religieuse. — de l'intérêt bien entendu, qui ne donne pour règle l'intérêt bien entendu, au lieu du devoir. || *P. ext.* Traité contenant cette doctrine. La Morale d'Aristote. Vous voyez les livres de dévotion, ensuite les livres de —, bien plus utiles, MONTESQ. *Lett. pers.* 134.

|| **2⁰** Leçon de conduite. Prêcher une — relâchée. Ces lieux communs de — lubrique, BOIL. *Sat.* 10. || *Spécialt.* Leçon de conduite, exprimée ou sous-entendue, qui résulte d'un apologue, d'un récit. Une — nue apporte de l'ennui, LA F. *Fab.* VI, 1. || *P. ext.* Leçon de conduite mêlée de reproches. Faire de la — à qqn.

MORALEMENT [mò-ràl-man ; *en vers*, -rà-le-...] *adv.*

[ÉTYM. Composé de morale adjectif et ment, § 724. || XIV⁰ s. Moralment et selon bonnes meurs, ORESME, *Éth.* VIII, 18.]

|| **1⁰** Conformément à la règle des mœurs. Se conduire, agir —.

|| **2⁰** Relativement à des choses d'opinion, de sentiment. (S'oppose à matériellement.) Être — sûr de qqch. C'est — impossible.

1. MORALISER [mò-rà-li-zé] *v. intr.* et *tr.*

[ÉTYM. Dérivé de morale, § 267. (*Cf.* le bas lat. moralizare.) || XIV⁰ s. Moraliser les bestes, *Modus*, dans DOCHEZ, *Dict.*]

I. *V. intr.* Faire des leçons de morale. Le sujet de — est grand, quand on se souvient, SÉV. 225. Tout événement moralise, LA MOTTE, *Fab.* IV, 19.

II. *V. tr.* Instruire (qqn) en lui faisant une leçon de morale. Sénèque y moralise sans cesse Néron, STAEL, *Cor.* VII, 2.

2. MORALISER [mò-rà-li-zé] *v. tr.*

[ÉTYM. Dérivé de moral, § 267. || *Néolog.* Admis ACAD. 1835.]

|| Rendre (qqn, qqch) moral.

MORALISEUR, *MORALISEUSE [mò-rà-li-zeur, -zeûz'] *s. m.* et *f.*

[ÉTYM. Dérivé de moraliser 1, § 112. || 1611. COTGR. Admis ACAD. 1762.]

|| Celui, celle qui aime à faire des leçons de morale.

MORALISTE [mò-rà-list'] *s. m.* et *f.*

[ÉTYM. Dérivé de morale, § 265. || Admis ACAD. 1762.]

|| Auteur de réflexions sur les mœurs des hommes, leurs actions, leurs caractères.

MORALITÉ [mò-rà-li-té] *s. f.*

[ÉTYM. Emprunté du lat. moralitas, *m. s.* || XII⁰-XIII⁰ s. Fable de moralitey, *Ysopet de Lyon*, 1069.]

|| **1⁰** Caractère moral d'une personne, de ses actes. La — bonne ou mauvaise, vertu ou vice, qui ne peut être sans le franc arbitre, CHARRON, *Sagesse*, I, 35. || *P. ext.* Certificat de —, de bonnes mœurs.

|| **2⁰** Enseignement moral. Si vous n'aviez lu que ces moralités, MOL. *Sgan.* sc. 1. Au moment que je fais cette —, LA F. *Fab.* VIII, 4. || *P. ext. Spécialt.* Poème dramatique du moyen âge où figurent des personnages allégoriques.

***MORATOIRE** [mò-rà-twâr] *adj.*

[ÉTYM. Emprunté du lat. moratorius, *m. s.* de morari, retarder. || 1765. ENCYCL.]

‖ (Droit.) Qui a rapport à un délai. Sentence —, qui accorde un délai. **Intérêts moratoires**, dus pour retard du paiement d'une créance·que le tribunal a déclarée exigible.

MORBIDE [mòr-bid'] *adj.*

[ÉTYM. Emprunté, au sens **I**, du lat. *morbidus* (de *morbus*, maladie); au sens **II**, de l'ital. *morbido*, m. s. § 12. ‖ (Au sens **I**.) XVᵉ s. Brebis morbide et infecte, *Règle de St-Benoît*, f° 84. ‖ (Au sens **II**.) 1690. FURET. Admis ACAD. 1762.]

‖ (T. didact.) ‖ **I**. (Médec.) Relatif à la maladie. Symptômes morbides. État —.

II. (T. d'art.) Mollement et délicatement exprimé.

***MORBIDEMENT** [mòr-bid'-man; *en vers*, -bi-de-...] *adv.*

[ÉTYM. Composé de *morbide* et *ment*, § 724. ‖ *Néolog.*] ‖ (T. didact.) D'une manière morbide.

MORBIDESSE [mòr-bi-dĕs'] *s. f.*

[ÉTYM. Emprunté de l'ital. *morbidezza*, m. s. proprt. « maladie », § 12. RETZ emploie la forme italienne : la morbidezza des Italiens, *Mém.* i, 97, Grands Écriv.; de même A. FÉLIBIEN, *Entret. sur les vies des peintres*, i, 234. ‖ Admis ACAD. 1798.]

‖ (T. d'art.) Délicatesse moelleuse des chairs.

***MORBIEU**. *V.* morbleu.

MORBIFIQUE [mòr-bi-fik'] *adj.*

[ÉTYM. Emprunté du lat. *morbificus*, m. s. ‖ XVIᵉ S. PARÉ, *Introd.* 22. Admis ACAD. 1762.]

‖ (T. didact.) Qui produit la maladie. Ce que les médecins appellent l'humeur peccante et la cause — des maladies, MONTESQ. *Lett. pers.* 143.

MORBLEU [mòr-bleu] et ***MORBIEU** [mor-byeú] *interj.*

[ÉTYM. Altération de *mordieu*. (*V.* mordienne.) ‖ 1612. Et la digne morbeuf! que ne sçai je qui c'est, TROTEREL, *Corriv.* iii, 3. Admis ACAD. 1878.]

‖ Sorte de juron. —! c'est une chose indigne, lâche, infâme, MOL. *Mis.* i, 1. *Vieilli.* Par la —!

MORCEAU [mòr-só] *s. m.*

[ÉTYM. Pour *morseau*, dérivé de l'anc. franç. *mors*, qui est le lat. *morsum*, m. s. subst. particip. neutre de *mordere*, mordre, § 126. (*Cf.* mors.) ‖ XIIᵉ s. Del morsel fu estranglez, WACE, *Rou*, iii, 5606.]

I. Partie d'un aliment solide qu'on saisit en mordant. Les morceaux trop hâtés se pressent dans sa bouche, BOIL. *Lutr.* 1. Ils ne sauraient manger — qui leur profite, LA F. *Fab.* ii, 14. Mettre les morceaux en double, manger à la hâte. ‖ *Fig.* Mâcher le — à qqn, lui préparer les choses de telle façon qu'il n'ait presque rien à faire. S'ôter les morceaux de la bouche pour qqn, s'imposer pour lui des privations. Ne faire qu'un — d'une chose, la manger d'une bouchée. Emporter le — (avec les dents), mordre violemment, et, *fig.* agir, parler avec violence. Gober le — (en parlant du poisson), mordre à l'appât, et, *fig.* se laisser attraper. ‖ *P. ext.* Portion d'un aliment solide qu'on a découpé. Les bons morceaux de tout, il fait qu'on les lui cède, MOL. *Tart.* i, 2. Le — honteux, celui qui reste le dernier sur un plat. Un — de pain, de viande. Il se réjouissait à l'odeur de la viande Mise en menus morceaux, LA F. *Fab.* i, 18. *Fig.* On lui compte les morceaux, on lui donne tout juste de quoi vivre. Ses morceaux sont taillés, il a tout juste de quoi vivre. Rogner les morceaux à qqn, diminuer son revenu, ses profits. ‖ *P. ext.* Aliment. Une table où l'on sert des morceaux friands, délicats. Progné me vient enlever les morceaux, LA F. *Fab.* x, 6. Arbitre des bons morceaux, LA BR. 11. C'est un — de roi, un mets digne d'un roi. ‖ *P. anal.* En parlant d'une chose, d'une personne désirable. La vengeance Est un — de roi, LA F. *Fab.* x, 11. Sans mentir, j'ai regret de perdre un tel —, ID. *Eunuque*, iii, 1. Un — si tendre et si friand (une jolie fille), REGNARD, *Bal*, sc. 4.

II. ‖ **1°** Partie d'un corps solide rompu, coupé, etc. Et deux fois de sa main le buis tombe en morceaux, BOIL. *Lutr.* 5. Comme un — de cire, MOL. *Éc. des f.* iii, 3. Un — d'étoffe. Remettre un — à un vêtement. Un vêtement fait de pièces et de morceaux, et, *fig.* Une chose faite de pièces et de morceaux, qui manque d'unité. *Famil.* Un — d'homme, un homme très petit. *Loc. prov.* Les morceaux en sont bons, c'est une chose qui, même partagée, a de la valeur. ‖ *P. anal.* Un — de terre, un petit terrain.

‖ **2°** Partie détachée d'une œuvre d'esprit. Je suis déjà charmé de ce petit —, MOL. *Mis.* i, 2. Les beaux morceaux de Corneille, de Racine. Un recueil de morceaux choisis. ‖ *P. ext.* Toute œuvre d'un écrivain, d'un artiste, considérée isolément. Un beau — de sculpture, de peinture. Un — de musique. Chanter un — d'ensemble. ‖ — de réception, morceau de peinture, de sculpture, qu'on devait faire pour être reçu à l'Académie.

MORCELER [mòr-se-lé] *v. tr.*

[ÉTYM. Dérivé de *morceau*, §§ 65 et 154. ‖ 1611. COTGR.] ‖ Partager en morceaux. *Spécialt.* — un domaine. On doit éviter, autant que possible, de — les héritages, *Code civil*, art. 832.

MORCELLEMENT [mòr-sĕl-man; *en vers*, -sè-le-...] *s. m.*

[ÉTYM. Dérivé de *morceler*, §§ 65 et 145. ‖ 1812. MOZIN, *Dict. franç.-allem.* Admis ACAD. 1835.]

‖ Action de morceler. Le — d'un domaine.

***MORD**. *V.* mors.

***MORDACHE** [mòr-dăch'] *s. f.*

[ÉTYM. Dérivé de *mordre*, § 81. Le sens **2°** paraît venir de l'espagn. *mordaza*, m. s. § 13. ‖ 1560. Une masse d'armes et une mordache, dans GODEF.]

‖ (Technol.) ‖ **1°** Tenaille de bois qu'on place entre les mâchoires d'un étau, pour serrer un objet sans l'endommager.

‖ **2°** Sorte de bâillon de bois que les Capucins mettaient aux novices qui avaient violé la règle du silence.

‖ **3°** Extrémité de certaines pinces de grande dimension.

‖ **4°** Large pincette destinée à saisir les grosses bûches.

MORDACITÉ [mòr-dà-si-té] *s. f.*

[ÉTYM. Emprunté du lat. *mordacitas*, m. s. ‖ 1552. CH. EST. dans DELB. *Rec.*]

‖ (T. didact.) Propriété d'une substance mordante. ‖ *Fig.* (*rare*). Caractère d'un esprit mordant.

***MORDANÇAGE** [mòr-dan-sáj'] *s. m.*

[ÉTYM. Dérivé de *mordancer*, § 78. ‖ *Néolog.*] ‖ (Technol.) Action de mordancer.

***MORDANCER** [mòr-dan-sé] *v. tr.*

[ÉTYM. Dérivé irrégulier de *mordant*, §§ 63 et 154. ‖ *Néolog.*]

‖ (Technol.) Imprégner (un tissu à teindre) d'un mordant qui retient la couleur.

MORDANT, ANTE [mòr-dan, -dänt'] *adj. et s. m.*

[ÉTYM. Adj. et subst. particip. de *mordre*, § 47. ‖ XIIᵉ s. Par mult duce parole et par aspre et mordant, GARN. DE PONT-STE-MAX. *St Thomas*, 2297.]

I. *Adj.* ‖ **1°** Qui mord. *Spécialt.* (Vénerie.) Bêtes mordantes, qui se défendent en mordant (loutre, blaireau, renard, loup, sanglier, etc.).

‖ **2°** *P. anal.* Qui entame en usant, en rongeant. J'entends crier la dent de la lime mordante, DELILLE, *Géorg.* 1. ‖ *Fig.* Une voix mordante, d'un timbre pénétrant, et, *substantivt*, Une voix qui a du —. Chaleur mordante, chaleur fébrile de la peau dont le contact produit une sorte de constriction. ‖ *Spécialt.* Qui entame par une action corrosive. La propriété mordante d'un acide. ‖ *Fig.* Qui attaque les gens d'une manière acerbe. Un esprit —. Une satire, une plaisanterie mordante. Juvénal de sa mordante plume Faisant couler des flots de fiel et d'amertume, BOIL. *Sat.* 7.

II. *S. m.* ‖ **1°** Ce qui serre, pince. | 1. Pince courbe des fabricants de clous, d'épingles. | 2. Mâchoire de bois à l'usage du parcheminier. | 3. Tringle de bois à l'aide de laquelle le compositeur typographe assujettit la copie.

‖ **2°** Ce qui entame en usant, en rongeant. ‖ *Spécialt.* | 1. Substance qu'on emploie pour corroder les surfaces métalliques. | 2. Substance dont on imprègne un tissu à teindre, pour retenir la couleur. (*Cf.* mordancer.) | 3. Vernis que le doreur étend sur les objets à dorer, à argenter, pour fixer la feuille de métal.

***MORDEUR, EUSE** [mòr-deúr, -deúz'] *s. m. et f.*

[ÉTYM. Dérivé de *mordre*, § 112. ‖ XIIIᵉ s. Li frere prescheor... sont mordeor, RUTEB. p. 59, Kressner.]

‖ Celui, celle qui a l'habitude de mordre. *Adjectivt.* Cheval —, jument mordeuse.

MORDICANT, ANTE [mòr-di-kan, -känt'] *adj.*

[ÉTYM. Emprunté du lat. *mordicans*, m. s. ‖ XVIᵉ s. VIGENÈRE, *Traité du feu et du sel*, p. 241, édit. 1608.]

‖ (T. didact.) Qui a une légère âcreté. L'humeur mordicante, BOSS. *Conn. de Dieu*, iii, 6. Avoir une chaleur mordicante à la peau. ‖ *Fig.* (*rare*). Qui a qqch d'un peu acerbe.

Des discours et des traits mordicants, DANCOURT, *Mad. Artus*, IV, 3.

MORDICUS [mòr-di-kûs'] *adv.*

[ÉTYM. Emprunté du lat. *mordicus*, m. s. § 217. || XVIIe-XVIIIe s. *V.* à l'article. Admis ACAD. 1798.]

|| *Famil.* Sans démordre. Soutenir qqch —. Je ne m'arrête point — à mon opinion, REGNARD, *Homme à bonnes fortunes*, sc. de la tirade.

MORDIENNE [mòr-dyèn'] et *MORDIEU [mòr-dyeù] *interj.*

[ÉTYM. Pour mort Dieu, c.-à-d. « par la mort de Dieu », § 727. On trouve aussi les formes atténuées ou déguisées mordié, morgué, morguié, morguenne, morguienne, etc. (*Cf.* morbleu.) || XVIe s. Par la mortdiene, RAB. IV, 13.]

|| Sorte de juron grossier. Le maréchal de Grammont... s'écria tout haut : — ! il a raison, SÉV. 265. || *Vieilli.* À la grosse —, rudement, sans façon.

MORDILLER [mòr-di-yé] *v. tr.*

[ÉTYM. Dérivé de mordre, § 161. || XVIe s. Il fait bon mordiller Ces belles roses, TAHUREAU, *Poés.* f° 104, v°, édit. 1574. Admis ACAD. 1798.]

|| Mordre légèrement et à plusieurs reprises. Un enfant qui mordille son hochet. *Absolt.* Les jeunes chiens aiment à —.

MORDORÉ, ÉE [mòr-dò-ré] *adj.*

[ÉTYM. Pour more-doré, composé du nom propre More ou Maure (nom des habitants basanés de la Mauritanie) employé comme adjectif (*cf.* moreau), §§ 36 et 38, et doré, § 179. || 1669. More doré, *Règl. sur les manuf.* dans LITTRÉ. | 1776. Maur-doré, LE PILEUR D'APLIGNY, *Art de la teinture*, p. 173. Admis ACAD. 1798.]

|| Qui est d'un brun rouge à reflet doré. Des souliers mordorés. *Substantivt.* Le —, la couleur mordorée.

*MORDORURE** [mòr-dò-rûr] *s. f.*

[ÉTYM. Dérivé de mordoré, d'après dorure, § 111. || *Néolog.*]

|| (Technol.) Couleur mordorée.

MORDRE [mòrdŗ'] *v. tr.*

[ÉTYM. Du lat. pop. *mòrdere (class. mordēre), m. s. §§ 290 et 291.]

I. || **1°** Entamer avec les dents. — un fruit. Un chien l'a mordu. *Famil.* En parlant d'une personne violemment agitée. Quelque chien enragé l'a mordu, je m'assure, MOL. *Éc. des f.* II, 2. Se — la langue en parlant, en mangeant. *Fig.* Se — la langue (pour se retenir de parler). *P. ext.* Se — la langue d'avoir parlé (pour s'en punir), regretter d'avoir parlé. Se — les lèvres, pour s'empêcher de rire, de parler, ou de dépit, de rage. Tous ces princes se mordent les lèvres, FÉN. *Odyssée*, précis du livre I. — ses ongles. Se — les doigts. *Fig.* Se — les doigts, les pouces, de qqch, s'en repentir. Un enfant qui mord le sein de sa nourrice. *Fig.* — le sein de sa nourrice, être ingrat envers ses bienfaiteurs. || *P. anal.* Il a été mordu par une puce. Un perroquet l'a mordu. || *Loc. prov.* Chien qui aboie ne mord pas, ceux qui font beaucoup de menaces ne sont pas les plus redoutables. || *P. ext.* Un cheval qui mord son frein, qui le serre entre les dents. — la terre, la poussière, être terrassé. Et fait — la terre à ses meilleurs soldats, CORN. *Méd.* IV, 3. || *Absolt.* Un chien qui mord, qui a l'habitude de mordre ceux qui l'approchent. — à, dans qqch, y enfoncer les dents. — dans une pomme. — à belles dents, mordre avidement dans qqch. — à la grappe, prendre la graine à même la grappe, avec les dents, et, *fig.* s'attacher à une chose parce qu'on y prend goût. Elle s'aperçut que nous mordions à la grappe, LES. *Bachel. de Salam.* 19. — à qqch, y prendre goût. Cet enfant ne mord pas à la musique. Qui voudra — (à la conclusion) y morde, RAC. *Plaid.* III, 3. || — à l'hameçon, saisir l'appât fixé à l'hameçon, en parlant d'un poisson, et, *fig.* se laisser séduire.

|| **2°** *P. anal.* Entamer en usant, en creusant. La lime mord l'acier, et l'oreille en frémit, L. RAC. *Relig.* 3. À votre sol l'onde livrant la guerre Mord en secret ses bords, DELILLE, *Homme des champs*, 2. Une couture trop mordue, dont les bords empiètent trop l'un sur l'autre. || *Absolt.* — sur, dans, à qqch. L'ancre ne mord pas dans ce fond. La lime ne mord pas sur l'acier trempé. *Fig.* La Parque et ses ciseaux Avec peine y mordaient, LA F. *Fab.* VIII, 27. || *Spécialt.* Entamer par une action corrosive. L'eau-forte mord la planche à graver. || *Absolt.* L'eau-forte mord sur les métaux.

II. *Fig.* Attaquer (qqn) d'une manière acerbe. C'est la pluralité qui a établi cela, et qui mord quiconque s'en échappe, PASC. *Pens.* VI, 14. Ne vous mordez donc plus pour d'absurdes chimères, VOLT. *Ep.* 96. || *Absolt.* Esprits du dernier ordre, Qui, n'étant bons à rien, cherchez sur tout à —, LA F. *Fab.* V, 16. Sur chaque auteur il trouve de quoi —, RÉGNIER, *Sat.* 10.

*MORDS. *V.* mors.

MORE (CAP DE). *V.* cap.

MOREAU [mò-ró] *adj. m.*

[ÉTYM. Dérivé du lat. *Maurus*, habitant de la Mauritanie, employé comme adjectif, §§ 36 et 126. (*Cf.* mordoré et l'expression cheval cap de more, au mot cap.) || XIIe s. Le morel laisse courre ki sous lui va bruiant, *Fierabras*, 5712.]

|| *Vieilli.* (Manège.) Qui a le poil noir luisant. Un cheval —, et, *substantivt*, Un —.

MORELLE [mò-rèl] *s. f.*

[ÉTYM. Tiré de moreau, § 38. || XIIIe s. Le jus de la morelle, *Simples medicines*, f° 12. Admis ACAD. 1762.]

|| Genre de plantes de la famille des Solanées, dont l'espèce type est la morelle noire. — grimpante, vigne de Judée. — des Indes, herbe de la laque. — tubéreuse, pomme de terre.

1. MORFIL [mòr-fil] et *MARFIL [màr-fil] *s. m.*

[ÉTYM. Emprunté de l'espagn. marfil, m. s. où fil est l'arabe fil, éléphant, la première syllabe du mot restant inexpliquée, §§ 13 et 22. || 1545. Morfil ou dentz d'elephant, dans DELB. *Rec.* Admis ACAD. 1718.]

|| *Vieilli.* (Commerce.) Ivoire brut.

2. MORFIL [mòr-fil] *s. m.*

[ÉTYM. Composé de mort (part. de mourir) et fil, § 173. || 1611. COTGR.]

|| (Technol.) Lamelle ténue du bord d'un tranchant trop vif, qui se plie ou s'ébrèche si on ne l'use sur la pierre douce.

MORFONDRE [mòr-fòndr'] *v. tr.*

[ÉTYM. Composé de morve et fondre, § 203. || XIVe s. S'aucun cheval est morfondu, *Ménagier*, II, 78.]

|| **1°** Rendre catarrheux (le cheval). Cheval morfondu. || *P. anal.* | 1. Graine morfondue, graine de ver à soie devenue stérile. | 2. Pâte morfondue, qui a perdu sa force de fermentation. | 3. (Marine.) Un cordage morfondu, et, *substantivt*, Un morfondu, cordage fait avec de vieux câbles détordus.

|| **2°** *P. ext.* Pénétrer de froid, d'humidité. Il part tout morfondu, Sèche du mieux qu'il peut son corps chargé de pluie, LA F. *Fab.* IX, 2. || *Fig.* Ces vers où Motin se morfond et nous glace, BOIL. *Art p.* 4. || *P. ext.* Lasser par une attente vaine. L'autre femme se morfondit, LA F. *Fab.* VII, 15.

MORFONDURE [mòr-fon-dûr] *s. f.*

[ÉTYM. Dérivé de morfondre, § 111. Souvent morfonture en anc. franç., d'après fonte. || XVe s. Morfonture, A. DE LA SALLE, *Quinze Joies de mar.* 9. | 1564. Morfondure, J. THIERRY, *Dict. franç.-lat.*]

|| (Art vétérin.) Catarrhe nasal du cheval.

MORGANATIQUE [mòr-gà-nà-tìk'] *adj.*

[ÉTYM. Emprunté du lat. du moyen âge morganaticus, m. s. dérivé de l'allem. morgen, matin, d'après l'expression consacrée morgengabe (don du matin), sorte de douaire, dans les lois barbares, § 230. || 1765. Mariage à la morganatique, ENCYCL. mariage. Admis ACAD. 1878.]

|| (Droit.) Mariage —, qu'un prince, un seigneur contracte avec une personne de condition inférieure, et qui n'a pas tous les effets civils.

*MORGANATIQUEMENT** [mòr-gà-nà-tìk'-man ; en vers, -ti-ke-...] *adv.*

[ÉTYM. Composé de morganatique et ment, § 724. || *Néolog.*]

|| (Droit.) D'une manière morganatique. Se marier —.

MORGELINE [mòr-je-lin'] *s. f.*

[ÉTYM. Composé de mord (auj. mords), anc. impératif du verbe mordre, et geline, § 209. Cette plante était recherchée des poules. || XVe s. Grant Herbier, 356. Admis ACAD. 1762.]

|| (Botan.) Alsine, plante.

MORGUE [mòrg'] *s. f.*

[ÉTYM. Origine inconnue. || (Au sens I.) XVe s. Les morgues qu'ils tinrent quand ils furent pris, J. DU CLERCQ, *Mém.* IV, 2. | (Au sens II.) 1611. COTGR.]

I. Air hautain. Avoir de la —. *Vieilli.* Faire la — à qqn, lui montrer de la hauteur.

II. || **1°** *Ancienn.* Endroit d'une prison où l'on obligeait les prisonniers à rester immobiles au moment de leur arrivée pendant que le guichetier les examinait attentivement pour pouvoir les reconnaître au besoin.

|| **2°** *P. anal.* Endroit où sont exposés pendant qqs jours

les cadavres des personnes inconnues, pour que l'on puisse les reconnaître et les réclamer, s'il y a lieu.

***MORGUÉ** [mòr-ghé] et ***MORGUENNE** [mòr-ghèn']. *V.* mordieu.

MORGUER [mòr-ghé] *v. tr.*

[ÉTYM. Dérivé de morgue, § 154. || XVe-XVIe s. Vous nous morguez, A. DE LA VIGNE, *Farce du meunier*, dans GODEF.]

I. *Vieilli.* Traiter (qqn) avec hauteur, braver. Morguant les spectateurs, MOL. *Fâch.* I, 1. Il s'amusa à faire — le peuple par ses gardes, MÉZERAY, *Abrégé chronol.* ann. 1549. Je suis retenu cette nuit pour aller — le guet, BIANCOLELLI, *Thèse des dames*, II, 7. || *Fig.* Morguant la destinée, RÉGNIER, *Sat.* 6. Une musique qui morgue Le hautbois, la flûte et l'orgue, BRÉBEUF, *Lucain travesti*, 1.

II. *Anciennt.* Examiner (un prisonnier) à la morgue.

***MORGUIÉ** [mòr-ghyé] et ***MORGUIENNE** [mòr-ghyèn']. *V.* mordieu.

MORIBOND, ONDE [mò-ri-bon, -bônd'] *adj.*

[ÉTYM. Emprunté du lat. moribundus, *m. s.* || XVIe s. Visage moribonde, PARÉ, t. III, p. 726.]

|| Qui est près de mourir. (*Syn.*, mourant.) Un pauvre malade —, qui ne sait plus que faire, BOSS. *1er Pentecôte*, 1. *Substantivt.* Un —, une moribonde. (Tout cela) n'ôte-t-il pas à un — le pouvoir de se convertir? BOURD. *Impén. fin.* 2.

MORICAUD, AUDE [mò-ri-kó, -kôd'] *s. m.* et *f.*

[ÉTYM. Dérivé du nom propre More (*V.* mordoré et moreau), § 138. ACAD. écrit aussi mauricaud, orthographe surannée. || XVIe s. Le baisant, l'appelloit son petit moriquaut, G. BOUCHET, *Serées*, IV, 253. Admis ACAD. 1718.]

|| *Famil.* Celui, celle qui a le teint basané. Mlle de la Garde... était une petite moricaude, HAMILT. *Gram.* p. 231. *Adjectivt.* Certaine guenon moricaude, FLORIAN, *Fab. Singes et léop.*

MORIGÉNER [mò-ri-jé-né] *v. tr.*

[ÉTYM. Emprunté du bas lat. morigenare, *m. s.* qui semble né d'une forme barbare *morigenus au lieu de morigerus, docile, § 217. || XIVe s. Courtois et bien moriginé, JEAN D'ARRAS, *Mélusine*, p. 87.]

|| **1°** *Vieilli.* Élever (un enfant) en formant les mœurs. Vous avez là un grand garçon bien morigéné, REGNARD, *Sérén.* sc. 3. J'étais né pour être père et pour avoir des enfants libertins à —, DESTOUCHES, *Obstacle imprévu*, II, 4. Et si ce fils que vous avez, en brave père, si bien morigéné, avait fait pis encore que le mien? MOL. *Scap.* II, 1. || *P. plaisant.* Le sanglier mal morigéné s'est impertinemment détourné contre nous, MOL. *Am. magnif.* V, 1.

|| **2°** *P. ext. Famil.* Reprendre qqn. Il mérite d'être sévèrement morigéné.

MORILLE [mò-rïy'] *s. f.*

[ÉTYM. Dérivé du radical german. qui se trouve dans l'allem. morchel, anc. haut allem. morhila, *m. s.* §§ 6, 88, 498 et 499. || XVIe s. Potirons et morilles, RAB. dans DELB. *Rec.*]

|| Champignon comestible, à chapeau criblé de petites cavités, comme une éponge. || *P. anal.* — de mer, polypier de la famille des éponges.

MORILLON [mò-ri-yon] *s. m.*

[ÉTYM. Dérivé du radical de moreau (*cf.* oiseau, oisillon), §§ 65 et 107. || XIIIe s. Li vins de moreillons, BEAUMAN. XXVII, 25. Admis ACAD. 1798.]

|| **1°** Variété de raisin noir.

|| **2°** Espèce de canard à plumage noir.

|| **3°** Petite émeraude brute.

***MORINE** [mò-rin'] *s. f.*

[ÉTYM. Dérivé du radical de mourir, § 100. On trouve aussi moraine, soit par un changement de suffixe, soit comme prononciation dialectale de morine. || XIIe-XIIIe s. La murine e l'ocision, *Rois*, II, 24. Plaus de morine, E. BOILEAU, *Livre des mest.* II, II, 8.]

|| *Anciennt.* Épidémie. || *P. ext.* Charogne. *Spécialt. De nos jours.* (Technol.) Laine enlevée de la peau d'une bête crevée. *P. appos.* Laine —.

MORION [mò-ryon ; *en vers*, -ri-on] *s. m.*

[ÉTYM. Emprunté de l'espagn. morion, *m. s.* dérivé de morra, sommet de la tête, § 13. || 1553. RAB. IV, 29.]

|| (Archéol.) Casque léger que portaient autrefois les arbalétriers, arquebusiers, piquiers, etc. || *P. ext. Anciennt.* Donner sur le —, appliquer à un soldat, comme châtiment, qqs coups de hallebarde. La peine du —. Sur peine de —, SCARR. *Virg. trav.* 1.

1. MORNE [mòrn'] *adj.*

[ÉTYM. Mot d'origine germanique, §§ 6, 498 et 499. (*Cf.* goth. maurnan, anc. haut allem. mornan, angl. to mourn, être triste.) || XIIe s. Molt fu dolente et triste et morne, *Énéas*, 8398.]

|| Abattu par la tristesse. Languissant, triste et —, LA F. *Fab.* III, 14. L'œil —, RAC. *Phèd.* V, 6. Ce — et froid accueil, CORN. *Hor.* II, 2. || *P. anal.* Temps —, sombre, couvert. Couleur —, sombre, terne. || *Fig. Anciennt.* Lance —, garnie d'un anneau qui la rend inoffensive. (*Cf.* morne 2.)

2. ***MORNE** [mòrn'] *s. f.*

[ÉTYM. Subst. verbal de morner, § 52. || XVIe-XVIIe s. La morne descrocha de la haute piece, D'AUB. I, 238, de Ruble.]

|| *Anciennt.* Sorte d'anneau de métal ou de bois, dit aussi frette, dont on garnissait la pointe d'une lance pour la rendre inoffensive. || *P. anal.* (Blason.) Cet anneau figuré à la pointe d'une lance, d'un buchet, etc.

3. MORNE [mòrn'] *s. m.*

[ÉTYM. Mot créole des Antilles, § 18, altération de l'espagn. morro, *m. s.* § 13. || 1752. TRÉV. Admis ACAD. 1798.]

|| Petite montagne de forme arrondie (aux Antilles). Le — de la Découverte, d'où l'on signale les vaisseaux, B. DE ST-P. *Paul et Virg.*

MORNÉ, ÉE. *V.* morner.

***MORNER** [mòr-né] *v. tr.*

[ÉTYM. Dérivé de morne 1, § 154. ACAD. ne donne que le part. morné, ée employé comme adjectif. || XVIe s. Courses de lances mornees, *Chron. de Franç. 1er*, p. 305, Guiffrey.]

|| *Anciennt.* Rendre (une lance) inoffensive en garnissant l'extrémité d'un anneau. Combattre à lance mornée. || *P. anal.* (Blason.) Animaux mornés, sans dents, sans bec, sans griffes, etc. Lion, aigle morné.

MORNIFLE [mòr-nifl'] *s. f.*

[ÉTYM. Origine inconnue. || 1543. D'un nom sommes tous trois, Pour la mornifle encor un j'en voudrois, MAROT, *Compl.* 5.]

I. *Anciennt.* (T. de jeu.) Réunion de quatre cartes semblables.

II. *Fig. Famil.* Revers de main appliqué sur le visage de qqn.

MOROSE [mò-róz'] *adj.*

[ÉTYM. Emprunté du lat. morosus, *m. s.* dérivé de mos, moris, mœurs. || 1615. Bonhomme de l'antiquité qui avez l'esprit morose, dans DELB. *Rec.* Admis ACAD. 1762.]

|| Qui est d'humeur chagrine. Un caractère —. La vieillesse est —. || (Théol.) Délectation —, plaisir qu'on ressent malgré soi d'une tentation qu'on repousse.

***MOROSIF, IVE** [mò-ró-zif', -zïv'] *adj.*

[ÉTYM. Dérivé du lat. morosus, de mora, retard, § 257. || XVIe-XVIIe s. Si lesdits freres sont negligents et morosifs de la marier, GODEF. *Cout. de Norm.* édit. 1626, dans DELB. *Rec.*]

|| *Vieilli.* Négligent. Le prince de Conti, —, distrait, ST-SIM. XVI, 5. || *Spécialt.* (Droit.) Débiteur —.

MOROSITÉ [mò-ró-zi-té] *s. f.*

[ÉTYM. Emprunté du lat. morositas, *m. s.* || 1611. COTGR. Admis ACAD. 1798.]

|| Caractère morose.

MORPHINE [mòr-fin'] *s. f.*

[ÉTYM. Dérivé de Morphée, dieu du sommeil, à cause des propriétés anesthésiques de cette substance, § 282 bis. || *Néolog.* Admis ACAD. 1835.]

|| (Chimie.) Alcaloïde de l'opium. Faire des injections de —.

***MORPHOLOGIE** [mòr-fò-lò-ji] *s. f.*

[ÉTYM. Composé avec le grec μόρφη, forme, λόγος, discours, et le suffixe ie, § 279. || *Néolog.*]

|| (T. didact.) || **1°** (Philos.) Science des diverses formes de la matière. — animale, végétale, minérale.

|| **2°** (Gramm.) Science des diverses formes grammaticales des mots.

***MORPHOLOGIQUE** [mòr-fò-lò-jïk'] *adj.*

[ÉTYM. Dérivé de morphologie, § 229. || *Néolog.*]

|| (T. didact.) Qui a rapport à la morphologie.

MORPION [mòr-pyon ; *en vers*, -pi-on] *s. m.*

[ÉTYM. Composé de mord (aujourd'hui mords), impératif de mordre, et pion, ce pou ayant infesté surtout les anciens corps d'infanterie, § 209. || XVIe s. RAB. II, 27.]

|| *Trivial.* Sorte de pou tenace qui s'attache aux endroits poilus du corps de l'homme.

MORS [mòr] *s. m.*

[ÉTYM. Du lat. morsum (de morsus, us), subst. masc. tiré de mordere, mordre, proprt. « morsure », et p. ext. tout objet qui sert à retenir, § 291. Souvent écrit **mord** ou **mords** (surtout au sens technique), d'après **mordre**.]

I. || **1°** *Anciennt.* Morsure. **Du serpent le — pernicieux,** D'AUB. *Créat.* 7. *Spécialt. De nos jours.* **— du diable,** scabieuse des bois, plante dont la racine est tronquée et comme mordue.

|| **2°** *P. ext.* (Technol.) | **1.** Partie des tenailles qui saisit l'objet qu'on veut tenir. | **2.** Mâchoire d'un étau. | **3.** Extrémité de la fêle avec laquelle le verrier saisit la matière dans le creuset. | **4.** Rainure pratiquée près du dos d'un volume qu'on relie pour loger le carton de la couverture ; bord rogné du carton qui se loge dans cette rainure.

II. *Spécialt.* Levier placé dans la bouche du cheval, et qui, agissant sur les barres, sert à le diriger. **L'embouchure du —,** la partie qui appuie sur les barres. **Les branches du —,** parties qui montent le long des joues. **Un cheval qui prend le — aux dents,** qui, saisissant les branches avec les incisives, ne sent plus l'action du mors et s'emporte. *Fig. Famil.* **Prendre le — aux dents,** s'emporter. **Hocher le — à un cheval,** le secouer avec la bride, pour l'exciter, et, *fig.* **Hocher le — à qqn,** s'efforcer de l'animer.

MORSE [mòrs'] *s. m.*

[ÉTYM. Emprunté du finnois *mursu*, *m. s.* § 23. || XVIᵉ-XVIIᵉ s. **Andromède entre les bras De ce morse marin pressée,** D'AUB. *Print.* 20. Admis ACAD. 1878.]

|| (Hist. nat.) Mammifère amphibie, carnassier, analogue au phoque, dit **cheval marin, vache marine.**

MORSURE [mòr-sür] *s. f.*

[ÉTYM. Du lat. pop. *morsūra*, *m. s.* dérivé de *morsus*, part. de *mordere*, mordre, §§ 111 et 291. || XIIIᵉ s. **Com m'avez mors de mauvese morsure!** RUTEB. p. 217, Kressner.]

|| **1°** Action de mordre. **Je porte les marques de sa —.**

|| **2°** Lésion faite en mordant. **Cautériser la — d'un chien enragé.** *Fig.* Attaque acerbe. **Les morsures de la calomnie.**

1. MORT [mòr ; le *t* se lie dans mort aux rats] *s. f.*

[ÉTYM. Du lat. *mŏrtem*, *m. s.* §§ 319 et 291.]

|| **1°** Cessation de la vie, des fonctions de l'être organisé. **— naturelle, violente, accidentelle, subite. La — ne surprend point le sage,** LA F. *Fab.* VIII, 1. **On briguerait en foule une si belle —,** CORN. *Hor.* II, 3. **Vois-les marcher, vois-les courir, A des morts, il est vrai, glorieuses et belles,** LA F. *Fab.* VIII, 1. **Ces histoires de morts lamentables, tragiques,** BOIL. *Sat.* 10. **Mettre à — (qqn), donner la — (à qqn), tuer. Recevoir la —, être tué. Être au lit de —, à l'article de la —,** être à l'extrémité. **Être entre la vie et la —, en danger de —, en grand danger de mourir.** *Famil.* **Mourir de sa belle —, de mort naturelle. Être malade à la —,** être très malade, en danger de mort. **Avoir la — entre les dents, sur les lèvres, être à son dernier soupir.** *Spécialt.* **Condamnation à —,** à la peine capitale. **Une sentence de —. Le meurtre emportera la peine de —,** *Code pénal,* art. 304. **Être blessé, frappé à —,** mortellement. **Combat à —,** qui doit se terminer par la mort de l'un des combattants. *Loc. famil.* **A la vie, à la —,** pour toujours. **Par la — !** — **de ma vie!** sortes d'imprécations. **A — le traître, — au traître!** exclamations pour demander que qqn soit mis à mort. *Loc. prov.* **Il y a remède à tout, hors à la —.** || *P. hyperb.* **Souffrir — et passion** (par allusion à la mort et à la passion de Jésus-Christ), souffrir cruellement. **Souffrir mille morts,** souffrir à plusieurs reprises autant qu'on souffre pour mourir. **Et le coup qui surprend un espoir légitime Porte plus d'une — au cœur de la victime,** CORN. *Andromède,* II, 4. **Avoir la — dans l'âme. Je m'ennuie à la —.** || *P. anal.* **La Mort** (avec une M majuscule), personnification mythologique de la mort, qu'on représente sous la forme d'un squelette armé d'une faux. **Au pied du trône était la Mort, pâle et dévorante, avec sa faux tranchante qu'elle aiguisait sans cesse,** FÉN. *Tél.* 18. || *Poét.* **La mort personnifiée. La — ravit tout sans pudeur,** LA F. *Fab.* VIII, 1. **Tout entière entre les bras de la —,** BOSS. *Marie-Thérèse.*

| **2°** *Fig.* | **1.** (Droit.) **— civile,** peine par laquelle un condamné perd toute participation aux droits civils. | **2.** (Théol.) **La — de l'âme, la — éternelle,** la privation de la vie bienheureuse, la réprobation causée par le péché mortel. **Dieu ne veut pas la — du pécheur, mais qu'il se convertisse et qu'il vive. La — au monde,** le renoncement au monde. | **3.** Destruction, ruine de qqch. **Faire voir la — et le néant de toutes les grandeurs humaines,** BOSS. *D. d'Orl. P. plaisant.* *Famil.* **Les épinards sont la — au beurre,** sont un mets dont l'assaisonnement use beaucoup de beurre.

|| **3°** Nom donné à diverses substances ou plantes pernicieuses. **— aux rats,** substance arsenicale dont on se sert pour faire mourir les rats. **En tout cas nous avons la voie de la — aux rats ; il n'y a rien qui assure plus promptement une séparation,** REGNARD, *Divorce,* II, 4. **— aux mouches,** cobalt délayé dans de l'eau. **— aux chiens,** colchique d'automne. **— aux poules,** jusquiame noire. **— aux vaches,** renoncule scélérate.

2. MORT, MORTE [mòr, mòrt'] *s. m.* et *f.*

[ÉTYM. Du lat. *mŏrtuum*, *uam,* prononcé de bonne heure *'mortum, am,* part. passé de *mori,* mourir, employé substantivt, §§ 45, 319, 356 et 291.]

|| Celui, celle qui a cessé de vivre. **Les morts après huit ans sortent-ils du tombeau?** RAC. *Ath.* I, 1. **Ces milliers de morts dont l'Espagne sent encore la perte,** BOSS. *Condé.* **Tristes dépouilles d'une illustre morte,** FLÉCH. *Aiguillon.* **Jean Chouart couvait des yeux son —,** LA F. *Fab.* VII, 11. **Faire le —,** se tenir coi, immobile comme un mort. **Une tête de —,** tête dont il ne reste que les parties osseuses. || *Poét.* **Le rivage des morts,** les bords de l'Achéron, fleuve mythologique des enfers. **On ne voit point deux fois le rivage des morts,** RAC. *Phèd.* II, 5. **Descendre chez les morts,** au séjour des morts, mourir. **Mon âme chez les morts descendra la première,** RAC. *Phèd.* I, 3. || (Droit.) **Le — saisit le vif,** la personne morte transmet ses biens à son héritier sans qu'un acte de mise en possession soit nécessaire. *Loc. prov.* **Qui court après les souliers d'un — risque d'aller nu-pieds,** celui qui compte sur un héritage est souvent déçu. || *P. anal.* (T. de jeu.) **Faire un —,** jouer aux cartes à trois personnes, l'une d'elles ayant un partenaire imaginaire, dont le jeu est découvert, et pour lequel elle joue. || *P. ext. S. m.* (Technol.) | **1.** (Marine.) **Le — de l'eau, la morte eau.** | **2.** (Tann.) Eau de chaux dans laquelle le tanneur a plongé plusieurs fois les peaux et qui n'a plus de force.

MORTADELLE [mòr-tà-dèl] *s. f.*

[ÉTYM. Emprunté de l'ital. *mortadella, m. s.* § 12. || 1505. **Pour faire des mortadelles,** DESDIER, *Honn. Volupté,* fᵒ 59, vᵒ.]

|| Gros saucisson de foie et de chair maigre (pilés au mortier). **— de Bologne. Que je suis altéré! Aurais-je soupé de —, de harengs saurs?** PALAPRAT, *Phaéton,* III, 3.

MORTAILLABLE [mòr-tà-yàbl'] *adj.*

[ÉTYM. Dérivé de **mortaille,** § 93. || 1346. **Taillable et mortaillable,** dans GODEF. Admis ACAD. 1762.]

|| (Féodal.) Sujet à la mortaille. **Gens mortaillables et corvéables.**

'MORTAILLE [mòr-tày'] *s. f.*

[ÉTYM. Dérivé de **mort 1,** § 95. || XIIIᵉ s. **Celi qui fet les mortailles au mort,** *Livre de jostice,* II, IV, 1.]

|| (Féodal.) Droit par lequel l'héritage du serf mort revenait au seigneur.

MORTAISE [mòr-tèz'] *s. f.*

[ÉTYM. Origine inconnue. || XIIIᵉ s. **Fers a fere mortoise,** dans MONTAIGLON et RAYNAUD, *Rec. de fabliaux,* II, 150.]

|| (Technol.) Entaille faite dans une pièce de bois, de métal, pour recevoir un tenon pratiqué dans une autre pièce, de manière à former un assemblage. || *Spécialt.* | **1.** Entaille faite dans une gâche pour recevoir le pêne de la serrure. | **2.** Vide d'une moufle qui reçoit le rouet. | Trou par lequel passe la tête du mât de hune. | **3.** Trou par lequel passent les sauteraux d'un clavecin, d'une épinette.

'MORTAISER [mòr-tè-zé] *v. tr.*

[ÉTYM. Dérivé de **mortaise,** § 154. || 1302. **Mortissier,** dans GODEF. mortaisier.]

|| (Technol.) Entailler une mortaise.

MORTALITÉ [mòr-tà-li-té] *s. f.*

[ÉTYM. Emprunté du lat. **mortalitas,** *m. s.* || XIIᵉ s. **El sac de la mortaliteit,** *Serm. de St Bern.* p. 96.]

|| **1°** Condition d'un être sujet à la mort. **Il ne dompte pas seulement la mort, mais il va jusqu'au principe, mais il dompte encore la —,** BOSS. *2ᵉ Pâques, J.-C. mort au péché,* 2. **Il ne faut donc point imputer à ses fautes... la chute de sa famille, mais à la seule —,** ID. *Hist. univ.* III, 5.

|| **2°** Mort collective d'un certain nombre d'individus dans un même espace de temps. **La — fut grande pendant cette épidémie. La — a décimé le bétail. La — des enfants nouveau-nés a diminué. Tables de —,** statistique du nombre des décès, aux différents âges, d'année en année.

MORT-BOIS [mòr-bwá] *s. m.*

[ÉTYM. Composé de **mort,** part. de mourir, et **bois,** § 173.]

|| (T. forest.) Bois qu'on ne peut employer à aucun ouvrage, comme épines, ronces, etc.

MORTE-EAU [mòr-tó] s. f.

[ÉTYM. Composé de morte, part. de mourir, et eau, § 173.]
|| (Marine.) Nom donné aux plus basses marées. L'époque des mortes-eaux. || Fig. Vieilli. Personne flegmatique.

MORTEL, ELLE [mòr-tèl] adj.

[ÉTYM. Du lat. mortalem, m. s. §§ 295 et 291.]
|| **1°** Sujet à la mort. Nous sommes tous mortels, MOL. Éc. des f. II, 5. Lorsqu'un époux — fut reçu dans son lit, RAC. Iph. 1, 2. Si ce succès dépend d'une mortelle main, ID. Esth. II, 7. Tout est vain en l'homme, si nous regardons le cours de sa vie mortelle, BOSS. D. d'Orl. La dépouille mortelle de qqn. ce qui reste de lui après la mort. Substantivt. Poét. Un —, une —, les mortels, un homme, une femme, les hommes en général, considérés comme sujets à la mort. Descartes, ce — dont on eût fait un dieu Chez les païens, LA F. Fab. IX, 20, Disc. à Mme de la Sablière. Mortelle, subissez le sort d'une mortelle, RAC. Phèd. IV, 6. Les faibles mortels, vains jouets du trépas, ID. Esth. I, 3. Famil. C'est un heureux —.
|| **2°** Qui cause la mort. Une maladie mortelle. De mille coups mortels son audace est punie, RAC. Brit. V, 8. Recevoir le coup —. Les atteintes mortelles Des poisons, RAC. Mithr. V, 4. Des plus mortels venins, ID. ibid. IV, 5. || P. ext. Qui va jusqu'à désirer la mort de qqn. Un ennemi —. Une haine mortelle. Guerre mortelle à ce larron d'honneur, MOL. Sgan. sc. 21. || P. hyperb. Dont on souffre à en mourir. En quel trouble — son intérêt nous jette, RAC. Andr. III, 4. Une atteinte imprévue aussi bien que mortelle, CORN. Cid, I, 6. Ah ! mortelles douleurs ! ID. ibid. III, 4. Ce me sont de mortelles blessures, MOL. Mis. 1, 1. Ce — déshonneur, CORN. Hor. IV, 5. || Famil. Une chose d'une longueur mortelle, et, dans le même sens, ellipt, Deux mortelles lieues, SÉV. 658. || Fig. Qui cause la mort de l'âme, la privation de la vie bienheureuse. Qu'y a-t-il pour les chrétiens de plus pernicieux ou de plus —? BOSS. D. d'Orl. Péché — (par opposition à véniel). || P. anal. Qui cause la destruction, la ruine de qqch. Jamais jour n'a paru si — à la Grèce, RAC. Iph. V, 6. La plus puissante de toutes (ces monarchies)... reçut enfin le coup — par la division de ses princes, BOSS. Hist. univ. III, 5. Un trépas si — à ma gloire, CORN. Cid, I, 6.

MORTELLEMENT [mòr-tèl-man ; en vers, -tè-le-...] adv.

[ÉTYM. Composé de mortelle et ment, § 724. || XIIe-XIIIe s. Mortelment deguerpi, LE CHATEL. DE COUCY, p. 85, Fath.]
|| De manière à causer la mort. — atteint d'une flèche, LA F. Fab. II, 6. P. ext. Jusqu'à vouloir la mort de qqn. Je le hais —. || Fig. Pécher —, de manière à causer la mort de l'âme, la privation de la vie bienheureuse. || P. hyperb. En souffrant de manière à en mourir. Être — offensé. Famil. Je me suis — ennuyé.

MORTE-PAIE [mòr-te-pè] s. f.

[ÉTYM. Composé de morte, part. de mourir, et paie, § 173. || 1532. RAB. Pantagr. prognostic.]
|| Soldat invalide ou vétéran qui continue à recevoir la paie sans faire un service actif. || P. anal. Vieux domestique qu'on garde sans le faire travailler.

MORTE-SAISON [mòr-te-sè-zon] s. f.

[ÉTYM. Composé de morte, part. de mourir, et saison, § 173. || XVe s. En icelle morte saison, Chron. de Boucicaut, I, 12. Admis ACAD. 1798.]
|| Temps de relâche pour une industrie, un commerce. Un état où il n'y a pas de mortes-saisons.

MORT-GAGE [mòr-gàj] s. m.

[ÉTYM. Composé de mort, part. de mourir, et gage, § 173. || XIIIe s. Usure... que li aucun appelent morgage, BEAUMAN. LXVIII, 11. Admis ACAD. 1798.]
|| (Droit.) Gage dont les fonds profitent au créancier à qui il a été laissé, sans être déduits de la dette, ces fruits représentant les intérêts de la créance.

MORTIER [mòr-tyé] s. m.

[ÉTYM. Du lat. mortarium, mortier à piler et mortier à bâtir, §§ 297 et 291.]
I. Vase de matière dure (marbre, fer, etc.), à cavité hémisphérique, dans lequel on écrase, on triture avec un pilon certaines substances qu'on veut pulvériser ou réduire en pâte. || Spécialt. | **1.** Bassin creux fait en terre, où on éteint la chaux. | **2.** Grosse pièce de bois creusée de trous dans lesquels on pile les matières dont se compose la poudre de guerre ou de chasse.

|| P. anal. de forme. || **1°** Sorte de toque que portaient le chancelier de France, les présidents et le greffier en chef du parlement. Un président à —. Ellipt. Le — et la pairie se disputent le pas, LA BR. 14.
|| **2°** Pièce d'artillerie courte, de fort calibre, montée sur un affût bas et sans roues, qui sert à lancer des bombes, des grenades.
II. P. ext. Sable ou ciment mélangé avec de la chaux et délayé dans de l'eau, dont on se sert pour lier les pierres d'une construction. Bâtir à chaux et à —. — gras, qui contient de la chaux en excès. — maigre, qui contient trop de sable et pas assez de chaux. || P. anal. Matière pâteuse et épaisse. Ote d'autour de chaque roue Ce malheureux —, cette maudite boue, LA F. Fab. VI, 18. || P. ext. | **1.** Mélange d'argile et de sable avec lequel on construit les fourneaux. | **2.** Enduit de chaux et de sable dont on couvre les murs qu'on veut peindre à fresque.

MORTIFÈRE [mòr-ti-fèr] adj.

[ÉTYM. Emprunté du lat. mortifer, m. s. || XVe s. Bestes mortifères, Orose, I, f° 208, édit. 1491.]
|| (T. didact.) Qui donne la mort. (Cf. léthifère.) De plusieurs herbes mortifères, SCARR. Virg. trav. 4.

MORTIFIANT, ANTE [mòr-ti-fyan, -fyànt' ; en vers, -fi-...] adj.

[ÉTYM. Adj. particip. de mortifier, § 47. || XVIe s. On quitte la lettre, qui est mortifiante, MARNIX DE STE-ALDEGONDE, dans DELB. Rec.]
|| Qui mortifie. Des pratiques mortifiantes. Malgré le soin que prend l'Église de nous retracer ces vérités mortifiantes,... nous n'en sommes ni plus morts à nous-mêmes ni plus détachés de nous-mêmes, BOURD. Cendres, 1. || Des paroles mortifiantes.

MORTIFICATION [mòr-ti-fi-kà-syon ; en vers, -si-on] s. f.

[ÉTYM. Emprunté du bas lat. mortificatio, m. s. || XIVe s. La vie ou la mortification du cœur, J. CORBICHON, Propr. des choses, dans DELB. Rec.]
I. || **1°** Décomposition d'une partie du corps qui se gangrène.
|| **2°** (Cuisine.) Commencement de décomposition qui rend certaines viandes, et particulièrement le gibier, plus tendres et plus savoureuses.
II. Fig. Austérité par laquelle on se mortifie. L'usage de la pénitence doit consister en partie dans la — du corps, BOURD. Cendres, 2. Il a besoin pour cela d'une — salutaire et d'une pauvreté de cœur, ID. Richesses, 3. || P. ext. Froissement que qqn éprouve dans son amour-propre. Ne lui pas donner la — de croire que l'on n'est pas charmé de son présent, SÉV. 419.

MORTIFIER [mòr-ti-fyé ; en vers, -fi-é] v. tr.

[ÉTYM. Emprunté du lat. mortificare, m. s. || XIIe s. Et quiert mortifier lui, Psaut. d'Oxf. XXXVI, 32.]
I. || **1°** Décomposer par la gangrène. L'extrémité du nez se mortifie, PARÉ, X, 14.
|| **2°** (Cuisine.) Laisser prendre à certaines viandes, et particulièrement au gibier, un commencement de décomposition qui les rend plus tendres et plus savoureuses.
II. Fig. Faire mourir qqn à lui-même, en domptant la chair, en humiliant l'esprit par des austérités. La pénitence, qui a pour but d'assujettir la chair, de — le corps, BOURD. Cendres, 2. La vue des cendres servira à humilier notre orgueil, à — notre délicatesse, ID. ibid. 3. || P. ext. Froisser qqn dans son amour-propre. Une mutuelle bonté, qui, avec l'avantage de n'être jamais mortifiés, nous procurerait un aussi grand bien que celui de ne — personne, LA BR. 11.

MORT-NÉ, ÉE [mòr-né] adj.

[ÉTYM. Composé de mort, part. de mourir, et né, § 179. || 1611. COTGR.]
|| Mort avant que de naître. Un enfant —. Une fille mort-née. Des agneaux mort-nés. || Fig. L'édit — de Henri IV, ST-SIM. VII, 310.

MORTUAIRE [mòr-tuèr ; en vers, -tu-èr] adj. et s. m. et f.

[ÉTYM. Emprunté du lat. mortuarius, m. s. || XIIIe-XIVe s. Tout estoit plain de mortuaire, GEOFFROY DE PARIS, Chron. 952, Buchon.]
I. Adj. Qui concerne les formalités, cérémonies, etc., pour une personne décédée. Registre, extrait —. Droits mortuaires. Même sous ce drap —, BOSS. R. d'Angl. La maison —, et, substantivt, vieilli, Vente en la — de feu M. X.

II. *S. m.* et *f.* || **1°** *S. m.* | **1.** Cas de décès. Le nombre des mortuaires pour les femmes, BUFF. *Probab. de la vie.* | **2.** Revenu d'une commanderie de Malte laissé vacant par la mort du titulaire.

|| **2°** *S. f.* Statistique des décès.

MORUE [mò-ru] *s. f.*

[ÉTYM. Origine inconnue; beaucoup de patois disent molue, forme fréquente au XVII⁰ s. || XIII⁰ s. Morues baconnees, E. BOILEAU, *Livre des mest.* I, CI, 13.]

|| Poisson de mer du genre gade, dont une espèce, très abondante à Terre-Neuve, est l'objet d'un commerce considérable. — franche, la morue fraîche ou cabillaud. — verte, la morue salée et séchée au soleil. L'huile de foie de —. *Loc. prov.* Baptisé d'eau de —, né avec la mauvaise chance. || *Fig.* Habit en queue de —, dont les pans sont longs et étroits à leur extrémité. Sa nourrice portait un beau bavolet à queue de —, SOREL, *Francion*, p. 200. *Ellipt. Famil.* Mettre sa queue de —, mettre son habit.

MORVE [mòrv'] *s. f.*

[ÉTYM. Origine incertaine; paraît être une variante de gourme. (*Cf.* espagn. muermo. provenç. morvo, vormo, gormo, morve.) || 1506. Cheval qui a la morve, *Médecine des chevaux*, f° Aiiij, v°.]

|| **1°** Maladie contagieuse des chevaux, le plus souvent mortelle, caractérisée par l'inflammation et l'écoulement de la membrane pituitaire.

|| **2°** *P. anal.* Humeur visqueuse sécrétée par la membrane muqueuse du nez et qui découle des narines. Avoir la — au nez.

|| **3°** *P. ext.* Maladie qui attaque et fait couler les laitues et les chicorées.

'MORVEAU [mòr-vó] *s. m.*

[ÉTYM. Dérivé de morve, § 126. || 1506. Cheval morveux du morveau, *Médecine des chevaux*, f° Biij, v°. Suppr. ACAD. 1878.]

|| *Vieilli.* Morve épaissie, durcie. || *Fig.* Godelureau Qui méthodiquement vous lèche le — (vous flatte bassement), SCARR. *Jodelet*, II, 2.

'MORVER [mòr-vé] *v. intr.*

[ÉTYM. Dérivé de morve, § 154. || XVI⁰ s. Il mourvoit dedans sa soupe, RAB. I, 11.]

|| *Anciennt.* Rejeter de la morve. || *P. ext. De nos jours.* En parlant de certaines plantes, se pourrir.

MORVEUX, EUSE [mòr-veü, -veüz'] *adj.*

[ÉTYM. Dérivé de morve, § 116. || XIII⁰ s. Cheval morveus, dans DELB. *Rec.*]

|| **1°** Qui a la maladie de la morve. Cheval —.

|| **2°** Qui a la morve au nez. Un enfant —. L'égout de son nez —, D'AUB. *Printemps*, ode 20. *Loc. prov.* Il vaut mieux laisser son enfant — que de lui arracher le nez, il ne faut pas que le remède soit pire que le mal. Qui se sent — se mouche (quand on fait un reproche général), que celui-là s'applique ce qui vient d'être dit qui a qqch de semblable à se reprocher. Qui se sent — qu'il se mouche, MOL. *Av.* I, 3. Les — veulent moucher les autres, on reprend chez les autres les défauts qu'on a soi-même. || *Substantivt. Famil.* Un —, une morveuse, un petit garçon, une petite fille (qu'on est encore obligé de moucher). *P. ext.* Pour désigner en plaisantant une personne qu'on trouve trop jeune. Quitte ce — et l'amour qu'il te donne, MOL. *Éc. des f.* V, 4. Entendez-vous bien, morveuse? Je ne vous perds pas de vue, DUFRESNY, *Opéra de campagne*, III, 2.

'MORVOLANT [mòr-vò-lan] *s. m.*

[ÉTYM. Composé de mort, part. de mourir, et volant, part. de voler 1, § 173. || 1765. ENCYCL.]

|| (Technol.) Soie mêlée, déchet du dévidage des cocons.

MOSAÏQUE [mò-zà-ïk] *s. f.*

[ÉTYM. Emprunté de l'ital. mosaica, *m. s.* lat. du moyen âge musaicum, lat. class. musivum ou musæum, grec μουσεῖον, musée et mosaïque, § 12, anc. franç. musaïc, music, musaïque. || 1529. Ouvrages de marquetis et de mosaïque, G. TORY, *Champfleury*, f° 23, r°.]

|| Ouvrage fait de pièces rapportées, de pierre, d'émail, de verre, de bois de diverses couleurs, formant par leur assemblage des dessins, des ornements. Un pavé, une table en —. L'art de la —. Une — reproduisant un tableau. || *Fig.* OEuvre quelconque composée de pièces de rapport. Ce livre, cet opéra est une —. | *P. anal.* **1.** Espèce de cône, coquillage. | **2.** Panneau en —, ouvrage de serrurerie présentant des compartiments à jour, que l'on pose à la place d'un panneau plein, au haut d'une porte cochère, pour donner du jour.

MOSAÏSTE [mò-zà-ïst'] *s. m.* et *f.*

[ÉTYM. Dérivé de mosaïque, § 265. || *Néolog.* Admis ACAD. 1878.]

|| Artiste qui fait des ouvrages de mosaïque.

'MOSCOVADE [mŏs'-kò-vàd'] *s. f.*

[ÉTYM. Emprunté du portugais mazcabado, part. du verbe mazcabar (auj. menoscabar), déprécier, § 14. Sur le genre, V. § 550. || 1667. Mascouades, *Tarif*, dans LITTRÉ. Admis ACAD. 1835 et écrit moscouade; suppr. en 1878.]

|| *Vieilli.* (Commerce.) Sucre brut, de couleur brune, où il reste de la mélasse et d'autres corps étrangers.

'MOSETTE. *V.* mozette.

MOSQUÉE [mŏs'-ké] *s. f.*

[ÉTYM. Variante de mosquette, § 62, lequel est lui-même pour mesquite (*cf.* espagn. mezquita, ital. meschita), emprunté de l'arabe mesdjid, lieu de prière, § 22. || XIV⁰-XV⁰ s. Mesquite, J. LE FÈVRE, *Vieille*, 5364. Un muscat de Sarrazins, *Voy. du seign. d'Anglure à Jérus.* p. 51. | 1611. Mosquée, COTGR.]

|| Temple des Musulmans.

MOT [mò; le *t* se lie dans la prononciation soutenue] *s. m.*

[ÉTYM. Du lat. mŏttum, grognement, altéré de bonne heure en *mŏttum, §§ 319, 324 et 291. || XI⁰ s. Et dist a l'altre mot : Ja mar les larrez vivre, *Voy. de Charl. à Jérus.* 701.]

I. Son articulé formé d'une ou de plusieurs syllabes, servant à désigner un être ou une manière d'être. Un — composé. Un — déclinable. Une oreille un peu délicate pâtit furieusement à entendre prononcer ces mots-là, MOL. *Préc. rid.* sc. 4. Il est un heureux choix de mots harmonieux, BOIL. *Art p.* sc. 4. Les mots bien ou mal nés vivaient en castes, V. HUGO, *Rép. à un acte d'accusation.* Manger les mots, parler de manière à ne pas faire entendre certains mots. Traîner ses mots, parler lentement. || *P. ext.* Représentation de ces sons par l'écriture. Un enfant qui commence à épeler les mots. Si j'écris quatre mots, j'en effacerai trois, BOIL. *Sat.* 2. || Un — à double sens, à double entente, susceptible de deux interprétations. Vos mines et vos cris aux ombres d'indécence Que d'un — ambigu peut avoir l'innocence, MOL. *Mis.* III, 4. L'on a enrichi la langue de nouveaux mots, LA BR. 1. Employer le — propre, le — juste. Répéter qqch — pour —. Traduire — à —, en substituant exactement au mot d'une langue le mot équivalent dans une autre langue. *Substantivt.* Faire le — à —. Forger un —. De grands mots, des termes emphatiques. De ses grands mots le faste pédantesque, BOIL. *Art p.* 1. De beaux mots, des termes élégants. Et Malherbe et Balzac, si savants en beaux mots, MOL. *F. sav.* II, 7.

II. Le mot par opposition à l'idée qu'il exprime. Le tyran des mots et des syllabes (Malherbe), BALZ. *Socrate chrét.* 10. Il ne faut jamais disputer des mots, mais tâcher de les entendre, BOSS. *États d'orais.* II, 2. Se payer de mots. Tout passe... Quand le — (l'expression) est bien trouvé, LA F. *Contes, Tableau.*

III. *P. ext.* Suite de sons, formant une ou plusieurs phrases courtes. Dire un — à qqn. Ils ne m'ont jamais dit un — de leur amour, MOL. *F. sav.* II, 3. D'un — ou d'un regard Je puis le secourir, RAC. *Baj.* I, 4. Ne pas dire —, et, *famil.* Ne pas souffler —, garder le silence. Comme il ne répondit —, PASC. *Prov.* 4. Qui ne dit — consent, se taire souvent c'est consentir. Je lui en dirai, je lui en toucherai un —, deux mots, quelques mots. *Ellipt.* A moi, comte, deux mots (j'ai deux mots à vous dire), CORN. *Cid,* II, 2. De grâce, un —, mon frère, MOL. *Tart.* I, 5. *P. plaisant.* Dire deux mots à un pâté, à une bouteille, l'entamer. Il n'en sait pas le premier —. Il n'y a pas un — de vrai. S'il fallait que sa vie à sa sincérité Coûtât le moindre — contre la vérité, RAC. *Ath.* III, 4. Il n'y a qu'un — qui serve, MOL. *Préc. rid.* sc. 4. Au premier —, dès qu'on parle (de qqch). A ce —, à ces mots, dès que qqn a parlé. A ce —, ce héros expiré, RAC. *Phèd.* V, 6. A ces mots le corbeau ne se sent pas de joie, LA F. *Fab.* I, 2. Trancher le —, dire une parole décisive. Avoir le dernier —, ne pas céder dans une discussion. Dire son —, placer son —, intervenir dans la conversation. *P. ext.* Écrire un — à qqn. Je lui écrirai un —. Que dites-vous du tour, et de ce — d'écrit? MOL. *Éc. des f.* III, 4. || En peu de mots, en deux mots, pour parler brièvement. En un —, pour résumer. Elle hésite; en un —, elle est femme, RAC. *Ath.* III, 3. *Famil.* En un —, comme en cent, comme en mille, sans en dire plus. Prendre qqn au —, s'en tenir à ce qu'il dit. Au bas —, en prenant le minimum de l'évaluation. Le dernier —, la déclaration définitive de qqn, et particulièrement le dernier prix offert ou demandé d'une chose. C'est mon dernier —. Je n'ai pas deux mots, deux prix différents. Entendre qqn à demi-—, sans qu'il ait besoin de tout dire. Ce demi-— qui donne tant à penser, BOSS. *Justice,* 2. Parler à mots couverts, en voilant l'expression. ‖ *Spécialt.* Parole expressive. Ce beau — du grand saint Basile, BOSS. *P. Bourgoing.* Le — de la fin, saillie qui clôt un entretien. Un — heureux. Dès qu'un — plaisant vient luire à mon esprit, BOIL. *Sat.* 7. Il ne faut pas juger de la capacité d'un homme par l'excellence d'un bon — (d'un mot bien dit) qu'on lui entend dire, PASC. *Espr. géom.* 2. *Dans un autre sens.* Un bon —, un mot plaisant. Les méchants diseurs de bons mots, LA F. *Fab.* VIII, 8. *Ellipt.* Faire des mots (des bons mots). Le — pour rire, ce qu'on dit de plaisant. Il a le — pour rire, RÉGNIER, *Sat.* 13. Il n'y a pas là le —, le plus petit — pour rire. ‖ Le — d'une énigme, le mot qu'on propose à deviner. *Fig.* Le — d'une chose, ce qui en donne l'explication. Connaître le fin —, ce qui donne toute l'explication de la chose. ‖ Le — d'ordre, demande et réponse qu'indique un chef, pour servir de reconnaissance à ceux qui sont sous ses ordres. Donner, recevoir le — d'ordre. — de passe, qui sert de laisser passer. *Fig.* Donner le — à qqn, lui indiquer ce qui est convenu. Ils se sont donné le —, ils sont convenus ensemble de ce qu'ils devaient dire ou faire. Si nous pouvions nous donner le — de devenir sages, LA BR. 12. Avoir le —, savoir ce qui a été convenu. Prendre le — de qqn, le consulter pour ne dire, ne faire que ce qui est convenu. ‖ *P. ext.* (Vénerie.) Sonner un ou deux mots, sonner le cor une ou deux notes prolongées, servant de signal.

MOTET [mò-tè] *s. m.*
[ÉTYM. Dérivé de mot, § 133. ‖ XIIIᵉ s. Deux motès nuès, RUTEB. p. 101, Kressner.]
‖ **1°** *Anciennt.* Morceau de chant d'église demi-sacré, demi-profane, à plusieurs parties, toléré à côté du plainchant.
‖ **2°** Pièce de musique destinée à l'église et composée avec des paroles latines prises en dehors de l'office, comme psaume, hymne, antienne, etc.

MOTEUR, TRICE [mò-teûr, -trïs'; selon d'autres, mó-...] *s. m. et f.*
[ÉTYM. Emprunté du lat. motor, trix, m. s. ‖ XVᵉ-XVIᵉ s. Du premier ciel et grand moteur Est mon esprit gubernateur, *Nat. à l'alch. err.* 380.]
‖ **1°** Ce qui met qqch en mouvement. Jupiter, puissant — des cieux, ROTROU, *Hercule mourant,* I, 1. De la terre et des cieux les moteurs éternels, VOLT. *Henriade,* 8. Ce premier — que les philosophes ont connu, BOSS. *Hist. univ.* II, 1. ‖ Le — d'une machine. — à air comprimé, à gaz, à vapeur. ‖ *Adjectivt.* Force motrice. Muscles moteurs.
‖ **2°** *Fig.* Celui, celle qui incite à agir. Un brasseur de bière de la ville de Gand fut le grand — de cette guerre, VOLT. *Mœurs,* 75. Adressez-vous à Dieu en qualité de — des cœurs, BOSS. *Lett. abbat.* 69. Le grand — des belles destinées, CORN. *Cinna,* V, 3.

MOTIF [mò-tif'] *s. m.*
[ÉTYM. Emprunté du lat. motivus, qui meut, adjectif employé substantivement, § 38. ‖ XIVᵉ s. Ceux (les nerfs) de la nuche sont dix motis, *Chirurg. de Mondeville,* fᵒ 9, vᵒ. Pour une raison ou pour un motif, ORESME, *Éth.* VIII, 10.]
‖ **1°** Raison d'agir. Le — seul fait le mérite des actions, LA BR. 2. Quel — avez-vous de douter? ‖ Les motifs d'un arrêt, d'une loi, les considérants.
‖ **2°** *P. ext.* Dans une œuvre d'art, sujet à développer. Un — musical. Un — de sculpture.

MOTION [mò-syon; selon d'autres, mó-...; *en vers,* -si-on] *s. f.*
[ÉTYM. Emprunté du lat. motio, m. s. (*Cf.* locomotion, émotion.) ‖ XIIIᵉ s. Bien font entr'eulz leurs mossions, *Rose,* dans GODEF.]
‖ **1°** *Vieilli.* Action de mettre qqch en mouvement, et, *p. ext.* mouvement. ‖ *Fig.* (Théol.) Impulsion de la grâce.
‖ **2°** *P. ext.* Initiative d'une mesure, d'une résolution, dans une assemblée. Faire une —. — d'ordre, relative à l'ordre de la discussion.

MOTIVER [mò-ti-vé] *v. tr.*
[ÉTYM. Dérivé de motif, § 154. ‖ 1732. TRÉV. Admis ACAD. 1740.]

‖ Justifier par des motifs. Un arrêt motivé. Ce qui motive cette mesure.

MOTTE [mòt'] *s. f.*
[ÉTYM. Origine inconnue. ‖ XIIᵉ s. Entre le mostier e sa mote, WACE, *Rou,* III, 3704.]
‖ **1°** Butte, éminence de terre, naturelle ou artificielle. La — d'un château, d'un moulin à vent, où est bâti le château, le moulin à vent.
‖ **2°** *P. anal.* Petite masse de terre compacte. Casser les mottes d'un champ. (Fauconn.) Un oiseau qui prend —, qui se pose à terre sur une motte, au lieu de se percher. ‖ *Spécialt.* La — d'un arbre, la masse de terre adhérente aux racines. Enlever une plante avec sa —.
‖ **3°** *P. ext.* Une — de beurre, une certaine masse de beurre. ‖ Une — à brûler, petite masse de résidu de tan, de tourbe séchée, etc., servant de combustible. Du poussier de mottes.

MOTTER [mò-té] *v. tr.*
[ÉTYM. Dérivé de motte, § 154. ‖ XVIᵉ s. Gibier motté, RONS. VI, 51, Blanchemain. Admis ACAD. 1762.]
‖ **1°** (Chasse.) Cacher derrière une motte de terre. Une perdrix qui se —.
‖ **2°** Atteindre avec une motte de terre. Un berger qui motte les brebis, qui leur lance des mottes avec sa houlette, pour les faire revenir.

***MOTTEREAU** [mòt'-ró; *en vers,* mò-te-ró] *s. m.*
[ÉTYM. Dérivé de motte, §§ 63 et 126. ‖ *Néolog.*]
‖ *Dialect.* Hirondelle de rivage, qui niche au bord de l'eau.

***MOTTEUX** [mò-teû] *s. m.*
[ÉTYM. Dérivé de motte, §§ 36 et 116. L'adj. motteux est fréquent en anc. franç. ‖ XVIIIᵉ s. BUFF. *Motteux.*]
‖ Cul-blanc, oiseau qui aime à se poser sur les mottes des terres qu'on laboure.

MOTUS [mò-tûs'] *interj.*
[ÉTYM. Semble être le franç. mot affublé plaisamment d'une terminaison latine, § 217. ‖ XVIIᵉ s. *V.* à l'article. Admis ACAD. 1762.]
‖ *Famil.* Ne dites mot. —! Il ne faut pas dire que vous m'ayez vu, MOL. *G. Dand.* I, 2. Coulez-vous là dedans, et —! HAUTEROCHE, *Crispin musicien,* IV, 5.

1. MOU, MOLLE [mou, mòl] et au masc. *vieilli,* **MOL** [mòl] *adj.*
[ÉTYM. Du lat. mōllem, m. s. devenu mol, §§ 319, 366 et 291, mou, § 459. Mol ne s'emploie plus que devant le substantif qu'il qualifie, quand ce substantif commence par une voyelle.]
‖ **1°** Qui cède aisément à la pression. Du fromage mou. J'aime à voir aux lapins cette chair blanche et molle, BOIL. *Sat.* 3. Les parties molles du corps, les chairs, les viscères. Sur l'ouate molle, BOIL. *Lutr.* 4. ‖ *Spécialt.* Cordage mou, lâche. *Substantivt.* Donner du mou à un cordage, le détendre. Mer molle, mer étale. Bronze mou, chauffé au rouge et trempé dans de l'eau froide. Morue molle, et, *ellipt,* Molle salée, morue qui n'a pas eu assez de sel. Temps mou, humide. ‖ *Substantivt.* Le mou, ce qui est mou. *Loc. prov.* L'un demande du mou, L'autre du dur (l'un veut une chose, l'autre une autre), MOL. *Dép. am.* IV, 2.
‖ **2°** *Fig.* ‖ 1. Qui cède aisément. Les molles complaisances, MOL. *Mis.* II, 4. Sa molle résistance, RAC. *Alex.* II, 5. Ces molles bassesses, CORN. *Perth.* IV, 5. *P. anal.* Un homme mou au travail. Un cheval mou. Un style mou. ‖ 2. Qui énerve. Ces molles délices, CORN. *Théod.* IV, 5. La molle oisiveté, RAC. *Baj.* I, 1. Une éducation molle. Sous un mol ombrage, LA F. *Achille,* I, 5.

2. MOU [mou] *s. m.*
[ÉTYM. Tiré de mou 1, § 38. ‖ XIVᵉ s. Le mol ou poumon, *Ménagier,* II, 128.]
‖ (Boucherie.) Poumon de certains animaux. — de veau. Nourrir un chat de —.

MOUCHARD, *MOUCHARDE [mou-chàr, -chàrd'] *s. m. et f.*
[ÉTYM. Dérivé de mouche, au sens d'espion, § 147. ‖ 1582. Mouschard, MONTAND, *Miroir des François,* p. 118.]
‖ *Famil.* Celui, celle qui espionne. Ne voilà pas de mes mouchards, qui prennent garde à ce qu'on fait? MOL. *Av.* I, 3. Les mouchards sont pendus, LA F. *Fab.* IV, 3.

***MOUCHARDAGE** [mou-chàr-dàj'] *s. m.*
[ÉTYM. Dérivé de moucharder, § 78. ‖ XVIIIᵉ s. BABEUF, dans BUONARROTI, *Conspiration pour l'égalité,* édit. 1826, II, 125.]

|| *Famil.* Action de moucharder.

***MOUCHARDER** [mou-chàr-dé] *v. tr.*

[ÉTYM. Dérivé de mouchard, § 154. || XVIᵉ-XVIIᵉ s. Ung homme fort propre à moucharder et a descouvrir les mesches dont ils avoient à faire, A. RICHART, *Mém. de ce qui s'est passé à Laon jusqu'en 1596*, p. 297.]

|| *Famil.* Espionner. — qqn. || *Absolt.* Faire le métier d'espion.

MOUCHE [mouch'] *s. f.*

[ÉTYM. Du lat. mŏsca, *m. s.* devenu mosche, mousche, §§ 324, 379 et 291, mouche, § 422.]

I. Insecte diptère. Une — bourdonne à ses oreilles, PASC. *Pens.* III, 9. Une — qui vole le distrait. Ce parasite ailé Que nous avons — appelé, LA F. *Fab.* XII, 13. Des piqûres de mouches. *Fig.* Être tendre aux mouches, très impressionnable. Quelle — le pique? (D'où vient qu'il se fâche?) MOL. *Dép. am.* I, 5. *Dans un sens analogue.* La — tout d'un coup à la tête vous monte, MOL. *Ét.* I, 8. Prendre la —, saisir au vol la plus légère occasion de s'irriter. Des pattes de —, caractères d'une écriture très fine et mal formée. || *P. hyperb. Famil.* Une personne qui tue les mouches, qui a l'haleine fétide. || *Loc. prov.* Faire d'une — un éléphant, donner de l'importance à de petites choses. On prend plus de mouches avec du miel qu'avec du vinaigre, la douceur réussit mieux que la sévérité. Faire la — du coche (par allusion à une fable de la Fontaine), se donner beaucoup de mouvement pour paraître jouer un rôle important. Abreuvoir à mouches, pluie étendue et allongée. (Escrime.) Chasser les mouches, faire des mouvements irréguliers avec l'épée, comme si l'on voulait écarter les mouches. || — à bœufs, — à viande, etc., espèces voisines de la mouche ordinaire. || *P. ext.* — à miel, abeille. — luisante, luciole. — asile, taon. — d'Espagne, de Saint-Jean, cantharide. || — artificielle, appât pour certains poissons, auquel on donne l'apparence d'une mouche.

II. *P. anal. avec le vol de la mouche.* | 1. Point coloré qui semble passer devant les yeux, dans certaines affections de la vue. | 2. Douleur légère, passagère, qui annonce le commencement du travail de l'accouchement. | 3. Personne qui va de droite et de gauche espionner. (*Cf.* mouchard.) Une de ces mouches que l'on tient sans cesse à mes trousses, J.-J. ROUSS. *Rêv. du promen. solit.* 9. Les mouches de cour sont chassées, LA F. *Fab.* IV, 3. Une fine —, personne qui épie et devine avec perspicacité. | Personne qui va quêtant à dîner de droite à gauche. Nomme-t-on pas aussi mouches les parasites? LA F. *Fab.* IV, 3. | 4. Petit navire de guerre, à évolutions rapides, qui fait partie d'une escadre, et sert à épier les mouvements de l'ennemi, à porter des ordres, etc. | *P. ext.* Bateau à vapeur, dit aussi bateau —, transportant les voyageurs sur la Seine à Paris, sur la Saône à Lyon, etc.

III. *P. anal. avec la petitesse, la couleur de la mouche.* | 1. Petit morceau de taffetas noir gommé que les femmes portaient au coin de la bouche, sur la joue, sur le front, etc., pour faire ressortir la blancheur de la peau et donner qqch de piquant à la physionomie. Ote cette — galante que tu as là, MARIV. *Double Inconst.* I, 3. | 2. Topique de très petite dimension qu'on applique aux tempes, derrière l'oreille, etc., pour combattre certaines affections de l'organe de la vue, de l'ouïe, etc. | 3. Point noir qu'on vise dans un tir, avec une arme à feu. Faire —, mettre la balle dans le point noir. | 4. Petit bouquet de barbe qu'on laisse croître sous la lèvre inférieure. | 5. Pièce avec laquelle on bouche les trous de vers dans le parchemin, le papier des anciens livres. | 6. Point coloré plus ou moins large semé sur le fond d'une étoffe. | 7. Pyrite de fer qui interrompt la fente des ardoises. | 8. Rondelle de peau dont on tamponne le bout d'un fleuret pour le rendre inoffensif.

IV. *P. anal. avec le bourdonnement de la mouche.* — grosse —, corde de la vielle formant une sorte de pédale.

V. Jeu de cartes analogue à la bête, où l'on donne cinq cartes à chaque joueur, et où l'on gagne la totalité des enjeux lorsqu'on a la mouche, c.-à-d. les cinq cartes de même couleur.

1. MOUCHER [mou-ché] *v. tr.*

[ÉTYM. Du lat. pop. *mŭccare, *m. s.* dérivé de mŭccus, variante de mucus (*V.* ce mot), § 154, devenu mochier, mouchier, §§ 348, 366, 379, 297 et 291, moucher, § 634. || XIIIᵉ s. En la chiere li crache et mouche, *Renart*, IV, 1264.]

I. || **1°** Débarrasser des mucosités que sécrète la muqueuse nasale. Mouche ton nez. *P. ext.* — un enfant. Se —. *Substantivt.* Les mouchers, toussers, PASC. *Pens.* XXIII, 63. *Loc. prov.* Qui se sent morveux, se mouche. Se — avec ses doigts. Se — sur sa manche. *Loc. prov. Fig.* Il ne se mouche pas sur sa manche, il sait ce qu'il fait. Il ne se mouche pas du pied, ce n'est pas un mince personnage, par allusion au saltimbanque qui, pour montrer sa souplesse, fait passer son pied sous son nez. || *Fig. Trivial.* — qqn (l'attraper par le nez), le remettre à sa place.

|| **2°** Faire sortir du nez. — du sang, rendre du sang par le nez.

II. *P. anal.* — une chandelle, dégager de temps en temps la mèche de l'extrémité qui a charbonné. *P. ext.* — une chandelle avec un pistolet, tirer si juste que la balle coupe la mèche. || (Technol.) — un cordage, le rendre net en coupant l'extrémité qui s'effiloche. — une pièce de bois, la rendre régulière en coupant ce qui dépasse.

2. MOUCHER [mou-ché] *v. intr.* et *tr.*

[ÉTYM. Dérivé de mouche, § 154. || 1525. Qui les voudra moucher, ils sont assez a prendre, dans GODEF. moucher 2. Admis ACAD. 1762.]

|| *Vieilli.* || **1°** *V. intr.* Aller de çà, de là, comme les mouches. Les billets mouchaient à tous moments d'une chambre à l'autre, ST-SIM. XIV, 85.

|| **2°** *Fig. V. tr.* Espionner. (*Syn.* moucharder.)

***MOUCHEROLE** [mouch'-ròl; *en vers*, mou-che-...] *s. f.*

[ÉTYM. Dérivé de mouche, § 86. ACAD. écrit moucherolle et fait le mot masculin. || 1555. Oysillon... qui mange les mouches et de là est aussi nommé moucherolle, P. BELON, *Nature des oiseaux*, p. 375. Admis ACAD. 1762.]

|| Petit oiseau du genre des gobe-mouches.

MOUCHEROLLE. *V.* moucherole.

1. MOUCHERON [mŏuch'-ron; *en vers*, mou-che-...] *s. m.*

[ÉTYM. Dérivé de mouche, § 105. || XIIIᵉ-XIVᵉ s. Afflicte De moucerous refu la terre, MACÉ DE LA CHARITÉ, *Bible*, fᵒ 20.]

|| Nom vulgaire de plusieurs petits insectes diptères. Où la guêpe a passé, le — demeure, LA F. *Fab.* II, 16.

2. MOUCHERON [mŏuch'-ron; *en vers*, mou-che-...] *s. m.*

[ÉTYM. Dérivé de moucher 1, § 105. || XIIᵉ-XIIIᵉ s. Un moicheron de chandoile, *Serm. de Maurice de Sully*, dans GODEF. moucheron 2.]

|| Bout qui charbonne dans la mèche d'une chandelle allumée. || Bout qui reste en ignition quand on vient d'éteindre une chandelle.

***MOUCHET** [mou-chè]. *V.* émouchet.

MOUCHETER [mŏuch'-té; *en vers*, mou-che-té] *v. tr.*

[ÉTYM. Dérivé de mouche, §§ 133 et 154. || 1483. Armines mouchetees, dans *Bibl. de l'École des Chartes*, 1864-65, p. 349.]

I. Semer de mouches, de points plus ou moins larges, d'une autre couleur que le fond. Le dessus de l'aile est moucheté de points blancs, BUFF. *Crabier vert.* Blé moucheté, niellé. Serpent, lézard moucheté. Champignon moucheté.

II. Tamponner avec un morceau de peau, dit mouche (l'extrémité d'un fleuret, d'une épée). Un fleuret moucheté. || *P. anal.* — la vigne, c'est pincer ou couper avec une serpette les sommités des nouveaux jets de la vigne pour les arrêter, LIGER, *Nouv. Mais. rust.* (1700), dans DELB. *Rec.*

III. Attacher (les écheveaux, les bottes de soie) avec des fils de couleurs diverses (pour en reconnaître la grosseur, les empêcher de se mêler, etc.)

MOUCHETTE [mou-chèt'] *s. f.*

[ÉTYM. Dérivé de moucher 1, § 133. || 1399. Deus chandelliers de fer, deus mohhotes, texte bourguignon, dans GODEF. mouchotes.]

I. Sorte de ciseaux servant à moucher une chandelle. —. (S'emploie seulement au pluriel.)

II. (Technol.) || **1°** Petit rebord du larmier d'une corniche. || *P. anal.* — saillante, listel qui est au-dessus d'un quart de rond, dans une moulure. || *P. ext.* Rabot pour former et arrondir les baguettes.

|| **2°** Résidu laissé dans le tamis par le plâtre tamisé. (*Cf.* mouchure.)

MOUCHETURE [mŏuch'-tûr; *en vers*, mou-che-...] *s. f.*

[ÉTYM. Dérivé de moucher, §§ 63 et 111. || 1539. Moucheture, R. EST.]

|| Point plus ou moins large, d'une autre couleur que le fond sur lequel il est semé. **Des moucheteures d'un brun obscur sur un brun clair**, BUFF. *Lagopède.* || *Spécialt.* (Chirurgie.) Scarification superficielle faite de distance en distance sur une partie du corps.

MOUCHEUR, *MOUCHEUSE [mou-cheùr, -cheùz'] *s. m.* et *f.*
[ÉTYM. Dérivé de **moucher** 1, § 112. || 1611. COTGR.]
|| **1°** Celui, celle qui se mouche souvent.
|| **2°** Celui, celle qui mouche une chandelle. *Spécialt.* Employé chargé autrefois dans les théâtres de moucher les chandelles.

MOUCHOIR [mou-chwår] *s. m.*
[ÉTYM. Dérivé de **moucher** 1, § 113. || XIII°-XIV° s. Munctorium : moucheur, *Gloss.* dans GODEF. **moucheur** 1.]
|| **1°** — de poche, et, *absolt,* —, linge pour se moucher, s'essuyer les yeux, la figure, etc. || *Fig. Famil.* **Jeter le** —, accorder la préférence à une femme (allusion au sultan qui jette, dit-on, un mouchoir à celle de ses femmes qu'il choisit dans le harem). **Un** — **blanc. Un** — **à tabac. Un** — **de poche.**
|| **2°** *P. ext.* — **de cou,** et, *absolt,* —, morceau d'étoffe dont les femmes se couvrent le cou. **Prend une main, un bras, lève un coin de** —, LA F. *Fab.* IV, 4.
|| **3°** *P. anal.* avec la forme du mouchoir de cou plié. (Technol.) Pièce de bois triangulaire employée à remplir un vide dans un bordage de navire. **Réparer un vieux mur en** —, en conservant la partie intacte, ce qui donne à la maçonnerie neuve une forme triangulaire.

MOUCHURE [mou-chùr] *s. f.*
[ÉTYM. Dérivé de **moucher**, § 111. || 1690. **Moucheure**, FURET.]
|| **1°** Mucosité qu'on retire du nez en se mouchant.
|| **2°** (Technol.) Extrémité qu'on a coupée d'une mèche de chandelle, d'un cordage effiloché.

MOUÇON. *V.* **mousson.**

MOUDRE [mo͞udr'] *v. tr.*
[ÉTYM. Du lat. **mǫlere,** m. s. devenu **molre, moldre, moudre,** §§ 290, 291, 459 et 465.]
|| Broyer (des graines) avec la meule. — **le grain.** — **en grosse,** avec des meules serrées qui fabriquent la farine dans une seule opération. **Du café fraîchement moulu** (réduit en poudre à l'aide d'un moulin portatif). || *P. anal.* En parlant d'un sablier. **L'horloge moud,** le sable passe. *Famil.* — **un air,** le jouer sur un orgue de Barbarie, en faisant tourner une manivelle. || *P. anal.* Or **moulu,** réduit en parcelles, pour dorer. *P. ext.* Or en feuilles ou en poudre, amalgamé avec du mercure, qui sert à exécuter une dorure d'un ton orangé. || (Vénerie.) **Fumées mal moulues,** fiente mal élaborée. || *Fig. Famil.* **Être moulu,** brisé par la fatigue, ou par les coups qu'on a reçus. **Ah ! Monsieur, je suis tout moulu,** MOL. *Scap.* III, 2.

MOUE [mou] *s. f.*
[ÉTYM. Origine inconnue; l'angl. **mow,** m. s. est emprunté du franç. Le sens primitif paraît être « lèvre ». || XII° s. **Teus qui derriers li feit la moe,** CHRÉTIEN DE TROYES, *Cligès,* 4550.]
|| Grimace qu'on fait en allongeant les lèvres, en signe de mécontentement ou de dérision. **Faire la** — **à qqn. Vos deux lèvres s'allongent comme si vous faisiez la** —, MOL. *B. gent.* II, 4.

MOUÉE [mou-é] *s. f.*
[ÉTYM. Origine inconnue. || 1655. SALNOVE, *Vénerie roy. Dict. des chasses,* p. 22. Admis ACAD. 1762.]
|| (Vénerie.) Soupe des chiens courants, faite de pain et de lait, mêlée du sang de la bête qu'ils ont forcée. (*Cf.* **tripée.**)

MOUETTE [mwĕt'; *en vers,* mou-ĕt'] *s. f.*
[ÉTYM. Dérivé de **mauve** 2, § 133. || XIV° s. **La moette Et l'arundelle,** LESCUREL, *Chanson,* dans DELB. *Rec.* Admis ACAD. 1762.]
|| Oiseau de mer palmipède à longues ailes.

MOUFETTE [mou-fĕt'] *V.* **mofette.**

MOUFLARD, ARDE [mou-flàr, -flàrd'] *s. m.* et *f.*
[ÉTYM. Dérivé de **moufle,** forme anc. de **mufle** (*cf.* **camouflet**), § 147. || XIV° s. **Tu n'es c'un droit mouflart,** *Dit de mesnage,* 71.]
|| *Vieilli.* Celui, celle qui a les joues très pleines. **Qui t'en empêchait, dis-moi, grosse mouflarde?** TROTEREL, *les Corrivaux* (1612), IV, 1.

1. MOUFLE [moufl'] *s. f.* (qqns le font masc.).
[ÉTYM. Emprunté du bas allem. qui se trouve latinisé sous la forme muffula, dans un texte de 817, § 10. (*Cf.* le holland. **mouw,** manche.) || XII°-XIII° s. **Il fu en anfaus et en moufles De fer orainz mis en la tour,** *Guill. de Dole,* 5404.]
I. Gros gant de laine, de cuir, où les doigts sont réunis sans séparation, si ce n'est pour le pouce.
II. Assemblage de poulies dans une chape commune pour élever de lourds fardeaux.
III. Mouflette du vitrier.
IV. Barres de fer employées pour empêcher l'écartement des murs.

2. MOUFLE [moufl'] *s. m.*
[ÉTYM. Origine inconnue; qqns y voient un sens particulier plus récent de **moufle** 1. || 1611. COTGR. Admis ACAD. 1762.]
|| (Technol.) || **1°** Vaisseau de terre dont les chimistes se servent pour soumettre un corps à l'action du feu sans que la flamme le touche.
|| **2°** Petit four qu'on place transversalement dans un fourneau plus grand, et qui reçoit les matières destinées à la coupellation. || Petite coupelle de terre dans laquelle on fait fondre les émaux.

MOUFLÉ, ÉE. *V.* **moufler** 2.

1. *MOUFLER [mou-flé] *v. tr.*
[ÉTYM. Dérivé de **moufle,** forme anc. de **mufle,** § 154. || 1648. **Sans estre guindez ny moufflez,** VULSON DE LA COLOMBIÈRE, *Théâtre d'honn.* I, 188. Admis ACAD. 1694; suppr. en 1718.]
|| *Vieilli.* Prendre (qqn) par le nez et les joues à la fois, de manière à lui élargir le visage. **Vos dames de Montélimar sont assez bonnes à** —, SÉV. 547.

2. *MOUFLER [mou-flé] *v. tr.*
[ÉTYM. Dérivé de **moufle** 1, § 154. ACAD. 1798-1878 ne donne que le part. **mouflé, ée,** employé comme adjectif.]
|| (Technol.) Mettre en moufle. || *Spécialt.* | **1. Poulie mouflée,** assemblée sous la même chape avec d'autres poulies. | **2. Mur mouflé,** auquel on a fixé des barres de fer pour l'empêcher de s'écarter.

***MOUFLETTE** [mou-flĕt'] *s. f.*
[ÉTYM. Dérivé de **moufle** 1, § 133. || XV° s. **Chappellet et moufflette,** J. MOLINET, p. 93, dans DU C.]
|| (Technol.) Petite moufle. *Spécialt.* Assemblage de deux morceaux de bois creusés dans leur longueur, dont se sert le vitrier pour saisir le fer à souder quand il est chaud.

MOUFLON [mou-flon] *s. m.*
[ÉTYM. Paraît emprunté du dialecte de la Sardaigne, § 12 : *cf.* l'ital. **mofola,** dans OUD. et l'anc. franç. **muffle, muffleron,** m. s. dans COTGR. || Admis ACAD. 1835.]
|| Sorte de mouton sauvage (de Corse, de Sardaigne, de Grèce, etc.).

MOUILLAGE [mou-yåj'] *s. m.*
[ÉTYM. Dérivé de **mouiller,** § 78. || 1680. RICHEL.]
|| (Technol.) Action de mouiller (l'orge, les cuirs, les étoffes, le vin, l'eau-de-vie, etc.). || *Spécialt.* (Marine.) | **1.** Action de jeter l'ancre. | **2.** *P. ext.* Fond où l'on jette l'ancre. **Un bon, un mauvais** —. **Le navire est au** —, à l'ancre.

MOUILLE-BOUCHE [mouy'-boûch'; *en vers,* mou-ye-...] *s. f.*
[ÉTYM. Composé de **mouille** (du verbe **mouiller**) et **bouche,** § 209. || 1642. OUD.]
|| Espèce de poire fondante.

***MOUILLÉE** [mou-yé] *s. f.*
[ÉTYM. Subst. verbal de **mouiller,** § 47. || 1788. ENCYCL. MÉTH. *Papier.*]
|| (Technol.) Masse de chiffons que le fabricant de papier fait tremper à la fois.

***MOUILLEMENT** [mouy'-man; *en vers,* mou-ye-...] *s. m.*
[ÉTYM. Dérivé de **mouiller,** §§ 65 et 145. || 1611. COTGR.]
|| Action {de mouiller. (*Cf.* **mouillage, mouillure.**) *Spécialt.* (Gramm.) Le — de l'n, de l'l.

MOUILLER [mou-yé] *v. tr.*
[ÉTYM. Du lat. pop. ***mǒliare,** proprt, « rendre mou », devenu **moillier, mouiller,** §§ 347, 462, 297 et 291, **mouiller,** § 634. || XI° s. **L'aive li gietent, si moillent son lîçon,** *St Alexis,* 266.]
|| **1°** Imbiber d'un liquide. **Du linge mouillé. Ses vêtements sont mouillés.** — **l'orge,** pour la faire germer. — **des**

cuirs, des étoffes (pour leur donner un certain apprêt). **Marchant dans l'herbe mouillée. La pluie a mouillé les chemins.** *Au part. passé pris substantivt.* Le mouillé, le temps humide. **Du beau temps, de la bise, Enfin du sec et du mouillé,** LA F. *Fab.* VI, 4. || Tirer au doigt mouillé, tirer au sort en choisissant entre plusieurs doigts que qqn présente et dont l'un est mouillé en dessous. **Une poule mouillée.** (*V.* poule.) || Levant au ciel ses yeux mouillés de larmes, RAC. *Brit.* II, 2. — ses lèvres, les tremper dans l'eau, le vin, sans boire. || *P. anal.* — un ragoût avec du bouillon, du vin blanc, etc., y ajouter du bouillon, du vin blanc, etc. || — le vin, l'eau-de-vie, y ajouter de l'eau. || *P. ext.* (Sculpt.) Draperie mouillée, adhérente au corps et transparente comme du linge mouillé.

|| **2°** (Marine.) — l'ancre, et, *absolt,* —, jeter l'ancre dans un fond. **Avoir deux ancres mouillées.** *P. ext.* Le navire était mouillé près de la côte.

|| **3°** *Fig.* (Gramm.) Consonne mouillée, fondue avec le son y. En français l'n est mouillée dans « agneau » ; l'l était jadis mouillée dans « tailler, veiller », mais la prononciation courante de nos jours a laissé tomber l'l pour ne garder que l'y.

MOUILLETTE [mou-yèt'] *s. f.*
[ÉTYM. Dérivé de mouiller, § 133. || 1690. FURET.]
|| Petit morceau de pain coupé long et mince, pour être trempé dans un œuf à la coque, un liquide.

MOUILLOIR [mou-ywàr] *s. m.*
[ÉTYM. Dérivé de mouiller, § 113. || 1497. Ung petit moueil-louer d'argent, dans GODEF.]
|| (Technol.) || **1°** Cuve où on fait tremper le papier pour le coller.
|| **2°** Godet rempli d'eau où les fileuses mouillent leur doigt pour tordre le fil.
|| **3°** Sébile remplie d'eau où l'on trempe les tenailles avec lesquelles on sépare les dragées blanches.

MOUILLURE [mou-yûr] *s. f.*
[ÉTYM. Dérivé de mouiller, § 111. || XIIIe s. Encore en pert la moilleure, *Blancandin,* 2278. Admis ACAD. 1762.]
|| **1°** Action de mouiller; état de ce qui est mouillé.
|| **2°** Trace laissée par l'humidité.

1. MOULAGE [mou-làj'] *s. m.*
[ÉTYM. Dérivé de meule, §§ 65 et 78. || 1313. Assiz le lit du molage dudit molin, dans GODEF. molage 1.]
|| (Technol.) Mécanisme qui fait tourner les meules d'un moulin.

2. MOULAGE [mou-làj'] *s. m.*
[ÉTYM. Dérivé de moudre, § 78. || 1369. Molage de bleds, dans *Ordonn.* V, 222.]
|| *Vieilli.* Action de moudre. (Féodal.) Droit de —, et, *absolt,* —, droit payé au seigneur du moulin.

3. MOULAGE [mou-làj'] *s. m.*
[ÉTYM. Dérivé de mouler, § 78. || 1415. Mollage de toute maniere de busche, dans GODEF. molage 2. Admis ACAD. 1798.]
|| Action de mouler. Atelier de —. || *P. ext.* Ouvrage fait au moule. **Les moulages des statues antiques.**

MOULANT [mou-lan] *s. m.*
[ÉTYM. Subst. particip. de moudre, § 47. || XIIIe s. Nus moniers n'a deffause contre son molant, *Établissem. de St Louis,* I, p. 198, Viollet.]
|| *Vieilli.* **1.** Client du meunier.| **2.** Garçon du meunier.

1. MOULE [moul] *s. m.*
[ÉTYM. Du lat. modulus, m. s. (cf. le doublet savant module), devenu modle, molle, §§ 290, 414 et 291, moule, § 459.]
|| **1°** Modèle creux qu'on remplit d'une matière en fusion, ou en pâte plus ou moins liquide, qui en garde la forme lorsqu'elle est solidifiée. **Dans le — profond, bronze, descends esclave, Tu vas remonter empereur,** A. BARBIER, *Iambes, Idole.* Jeter en —. Un — de cloche, de statue, de canon. Un — à balles. Un — à caractères d'imprimerie. L'artifice d'un — où, la matière étant jetée, il s'en forme un visage fait au naturel, BOSS. *Conn. de Dieu,* IV, 2. Un — à pâtisserie. Un — à fromage. Un — à chandelle, à bougies. Un — à cartouches. Un — à briques, à mottes à brûler. || *Fig.* Cela ne se jette pas en —, cela ne se fait pas d'un seul coup, sans tâtonnement (comme une chose dont on a le moule). Être fait au —, être bien fait. **Personnes, choses jetées dans le même —,** tout à fait semblables. Le — en est rompu, en est perdu, en parlant d'une chose impossible à refaire, à retrouver. || *P. ext.* Cahier de feuilles de baudruche où l'on place les feuilles d'or, d'argent, après le dernier battage, pour qu'elles gardent leur forme.

|| **2°** Modèle plein, sur lequel on applique une matière flexible, de manière qu'elle en prenne les contours. || Morceau de bois cylindrique sur lequel on fait les mailles d'un filet, et qui en détermine la grosseur. || Morceau de bois, d'os, etc., qu'on recouvre d'étoffe pour en faire un bouton. || Bout de fil de laiton sur lequel on fait la tête de l'épingle. || Boule de coton qui forme le centre d'un bouton de fleur artificielle, d'un gland de passementerie. || *P. ext.* Forme suivant laquelle le tailleur de pierres trace sur la pierre le profil des pièces à exécuter. || Planche de bois où sont gravés les modèles des cartes à jouer. | Ancienne mesure pour le bois à brûler. Bois de —.|| *P. plaisant. Fig.* Le — du pourpoint, le corps. Il fait bon conserver le — du pourpoint, L. DISCRET, *Alizon* (1638), V, 3. Le — du gant, la main. Si je lui déchargeais un bon — de gant (un bon soufflet de ma main), BOURS. *Deux Nic.* II, 9.

2. MOULE [moul] *s. f.*
[ÉTYM. Du lat. mūsculum (variante de mūsculum), m. s. proprt, « petit rat » (cf. le doublet muscle), devenu moscle, mouscle (certains patois ont gardé la forme moucle), §§ 324, 290 et 291, mousle, § 389, moule, § 422. Le mot franç. a dû être masc. à l'origine, comme le latin ; sur le changement de genre, V. § 550.]
|| Mollusque bivalve, comestible. || *P. ext.* — du peintre, coquille dont les valves servent à mettre l'or, l'argent, employés comme couleurs. — aux perles, huître perlière.

MOULÉE [mou-lé] *s. f.*
[ÉTYM. Dérivé de meule, §§ 65 et 119. || 1320. Que nuz ne tainde de molee floree, dans GODEF. molee.]
|| (Technol.) Poudre formée sur une meule à aiguiser par le frottement du fer, employée autrefois en teinture.

MOULER [mou-lé] *v. tr.*
[ÉTYM. Dérivé de moule 1, § 154. (*Cf.* le doublet moduler.)
|| XIe s. Gros ad le piz, belement est mollez, *Roland,* 3159.]
I. Reproduire à l'aide d'un moule.

|| **1°** Reproduire un modèle creux en le remplissant d'une substance en fusion ou en pâte, qui en garde la forme lorsqu'elle est solidifiée. — en cire, en plâtre. — à creux perdu, en brisant le moule, qu'on ne veut pas conserver, une fois la pièce moulée. — à bon creux, à bon fond, en détachant le moule par pièces qu'on rajuste ensuite pour le conserver. || — de la chandelle, de la bougie. || — des caractères d'imprimerie. *P. ext.* Lettre moulée, imprimée. Il ne sait lire que la lettre moulée, les caractères imprimés. Le moyen de contester ce qui est moulé (imprimé), MOL. *Am. magnif.* III, 1. Matières moulées, excréments qui ont gardé la forme du rectum après l'expulsion.

|| **2°** Reproduire un modèle plein, en appliquant par dessus une matière molle, flexible, qui en prend les contours. — une statue, un bas-relief. Continuez à faire travailler à — tout ce qu'il y a de beau à Rome, COLBERT, *Lett.* 24 mai 1669. — à cire perdue, en appliquant une argile qui résiste au feu sur le modèle exécuté en cire, et en faisant fondre et écouler la cire, pour la remplacer par le métal en fusion. | *P. anal.* Une robe qui moule le buste, qui en suit exactement tous les contours. || *P. ext.* — la carte, appliquer la feuille à fabriquer les cartes à jouer sur la planche. — du bois à brûler (*vieilli*), le mesurer sur le moule, le corder. — une pierre, y tracer, d'après le moule, le relief des pièces que doit exécuter le tailleur de pierres. || *Fig.* Conformer exactement. Les grands, en toutes choses, se forment et se moulent sur de plus grands, LA BR. 14.

II. Garnir d'une moulure. Marches moulées, qui ont une moulure au bord du giron.

MOULERIE [moûl-ri; *en vers,* mou-le-ri] *s. f.*
[ÉTYM. Dérivé de mouler, § 69. || 1792. SALIVET, *Man. du tourneur,* II, 269.]
|| (Technol.) Atelier où l'on jette en moule tous les ouvrages en fonte.

MOULET [mou-lè] *s. m.*
[ÉTYM. Dérivé de moule 1, § 133. || 1752. TRÉV.]
|| (Technol.) Petit moule. *Spécialt.* Calibre en bois employé par les menuisiers pour régler l'épaisseur de la languette destinée à entrer dans une rainure.

MOULEUR [mou-leur] *s. m.*
[ÉTYM. Dérivé de mouler, § 112. || XIIIe s. Fonderes et moleres, E. BOILEAU, *Livre des mest.* I, XLI. 1.]
|| (Technol.) Celui qui moule. *Spécialt.* | **1.** *Anciennt.* Celui qui moule le bois. **Acheter chèrement des charges de

mouleurs de bois, FURET. *Rom. bourg.* I, 33. | **2.** Ouvrier qui fait des moulages.

MOULIN [mou-lin] *s. m.*

[ÉTYM. Du lat. mŏlīnum, *m. s.* §§ 347 et 291.]

‖ Machine à moudre du grain; édifice où se trouve cette machine. Un — à vent (que le vent fait mouvoir). Vêtir un —, à vent, déployer la toile dont on garnit les ailes. *Fig. Vieilli.* Être vêtu comme un —, avoir des vêtements de toile. Se battre contre des moulins à vent, contre des fantômes (par allusion à Don Quichote prenant des moulins à vent pour des géants). ‖ Un — à eau (que l'eau fait mouvoir). *Fig.* Faire venir de l'eau au —, procurer des ressources. — banal, où ceux qui demeuraient dans l'étendue d'une seigneurie devaient faire moudre leur grain en payant une redevance au seigneur. — pendu, établi sur un bateau. ‖ *Loc. prov.* Une maison où l'on entre comme dans un —, où entre qui veut. Renvoyer qqn à son —, l'engager à se mêler de ses affaires. On ne peut être à la fois au four et au —, on ne peut tout faire à la fois. Une femme qui a jeté son bonnet par-dessus les moulins (de manière à ne pouvoir le rattraper), qui a renoncé aux bienséances. ‖ *P. anal.* Machine à broyer une matière quelconque. Un — à tan, à poudre, à café, à poivre, à huile, etc. ‖ *P. ext.* — à soie, qui sert à tordre la soie grège. (*Cf. mouliner.*) — à foulon, pour le foulage des étoffes. ‖ *Fig.* Un — à paroles, une personne babillarde.

MOULINAGE [mou-li-nàj'] *s. m.*

[ÉTYM. Dérivé de mouliner, § 78. ‖ 1675. Tordage et moulinage, SAVARY, *Parf. Négoc.* I, 100. Admis ACAD. 1762.]

‖ (Technol.) Action de mouliner. *Spécialt.* Le — de la soie.

MOULINER [mou-li-né] *v. tr.*

[ÉTYM. Dérivé de moulin, § 154. ‖ XIIIᵉ s. Bien que le mot ne soit pas attesté directement, l'emploi de molinure par BEAUMAN. (XXXVIII, 19) montre qu'il existait au sens qui s'est conservé dans bois mouliné. Admis ACAD. 1835.]

‖ **1°** *Vieilli.* Moudre. ‖ *P. anal.* | **1.** Polir (le marbre pur) avec du grès mouillé. | **2.** Ronger (le bois), réduire en menue poussière. Bois mouliné par les vers.

‖ **2°** *P. ext.* Tordre ou filer (la soie grège) au moyen d'une espèce de moulin garni de bobines ou de fuseaux.

MOULINET [mou-li-nè] *s. m.*

[ÉTYM. Dérivé de moulin, § 133. ‖ 1389. Un molinet a mostarde, dans GODEF. molinet.]

‖ **1°** *Vieilli.* Petit moulin.

‖ **2°** *P. ext.* Petite roue d'un moulin à vent. ‖ Tourniquet pour enlever ou traîner des fardeaux. ‖ Tourniquet placé à l'extrémité de certains chemins où ne doivent passer que des piétons. ‖ Axe mobile hydraulique servant à mesurer la vitesse des cours d'eau. ‖ Petit bâton qu'on fait tourner pour remuer le chocolat pendant qu'il cuit. ‖ Bâton garni de petites traverses qui le tiennent à qq distance du sol, qu'on lance pour dresser un chien d'arrêt à rapporter.

‖ **3°** *Fig.* Mouvement par lequel on fait tourner. Faire le — avec un bâton, un sabre, le faire tourner rapidement autour de soi, pour écarter les assaillants. ‖ *Spécialt.* Figure de quadrille où les danseuses réunies par la main droite et donnant la main gauche à leurs cavaliers, tournent ou balancent en même temps.

MOULINEUR, ***MOULINEUSE** [mou-li-neür, -neùz'] et **MOULINIER**, ***MOULINIÈRE** [mou-li-nyé, -nyèr] *s. m. et f.*

[ÉTYM. Dérivé de mouliner. §§ 112 et 115. ‖ 1615. Mouliniers de soye, MONTCHRESTIEN, *Œcon. polit.* dans DELB. *Rec.*]

‖ **1°** (Technol.) Celui, celle qui travaille au moulinage de la soie.

‖ **2°** *Dialect.* Un moulineur, un foulon.

MOULT [moùlt'] *adv.*

[ÉTYM. Du lat. mŭltum, *m. s.* devenu en anc. franç. molt, mout, §§ 324, 459 et 291, écrit plus récemment moult par réaction étymologique, puis prononcé d'après l'orthographe, § 502. Le mot a disparu de l'usage général dès le XVIᵉ siècle, et n'est plus employé qu'en style marotique.]

‖ *Anciennt.* Beaucoup, très. Une soutane de satin gras qui était chose — belle à voir, FURET. *Rom. bourg.* (1666), II, 52. Je connais — très bien l'esprit des femelles, REGNARD, *Naissance d'Amadis,* sc. 1.

MOULURE [mou-lür] *s. f.*

[ÉTYM. Dérivé de mouler, § 111. ‖ 1506. Moullure et menuiserie. *Le Cry des monnoyes,* fᵒ 132, vᵒ.]

‖ Ornement courant, uniforme, formant saillie dans un ouvrage d'architecture, de menuiserie, etc. Les moulures d'une corniche, d'un chapiteau. — plate (listel, larmier, etc.). — ronde (tore, ove, etc.). ‖ *P. ext.* — creuse, ornement uniforme en creux (gorge, cavet, etc.).

MOURANT, ANTE [mou-ran, -rānt'] *adj. et s. m. et f.*

[ÉTYM. Adj. et subst. participl. de mourir, § 47. ‖ 1539. R. EST.]

I. *Adj.* Qui va mourir. Peins-lui Phèdre mourante, RAC. *Phèd.* III, 1. ‖ *P. ext.* Il ouvre un œil —, RAC. *Phèd.* V, 6. ‖ *P. hyperb.* Languissant. Je vais traîner une mourante vie, CORN. *Cid,* III, 4. Une voix mourante. ‖ *Fig.* Qui va céder. Les derniers indices d'une chasteté mourante, BOURD. *Impureté,* 1. Et son courroux —, CORN. *Pomp.* III, 1. ‖ *Vieilli.* (Peint.) Tons mourants, dégradés insensiblement.

II. *S. m. et f.* Celui, celle qui va mourir. Un —, qui comptait plus de cent ans de vie, LA F. *Fab.* VIII, 1. Être au chevet d'une mourante. ‖ *P. hyperb. Vieilli.* Celui qui languit d'amour. Et faisant des mourants, RÉGNIER, *Sat.* 13.

MOURIR [mou-rîr] *v. intr. et pron.*

[ÉTYM. Du lat. pop. *mŏrīre (class. mŏri, § 601), *m. s.* devenu morir, mourir, §§ 347 et 291.]

I. *V. intr.* ‖ **1°** Cesser de vivre. — de vieillesse, de mort violente, de maladie. Faire — qqn. Être condamné à —. On le fit — dans les tortures. — dans son lit. — de faim. Il est tombé mort sur le coup. *Famil.* — de sa belle mort, de mort naturelle. *Loc. prov.* Nous mourrons tous les jours, nous avançons chaque jour vers la mort. *P. forme de serment.* Je veux — si cela est vrai! Que je meure si cela n'est pas vrai! — au champ d'honneur, sur le champ de bataille. JULIE : Que voulez-vous qu'il fît contre trois? — LE VIEIL HORACE : Qu'il mourût, CORN. *Hor.* III, 6. — pour le pays (en combattant pour son pays), ID. *ibid.* II, 3. *Fig. Vieilli.* — d'une belle épée, mourir avec honneur. — dans son péché, dans l'impénitence finale. ‖ *P. ext.* S'il refuse, il est mort (il mourra certainement). C'est un homme mort (sa mort est certaine). *Impersonnel.* Il meurt chaque année un nombre à peu près égal de personnes. ‖ *P. hyperb.* Pour exprimer l'extrême degré d'une sensation, d'un sentiment. Je meurs de faim, de soif. — de rire. Moi seule en être cause, et — de plaisir! CORN. *Hor.* IV, 5. Être triste à —. — d'amour. Je meurs pour Isabelle, RAC. *Plaid.* I, 5. Vous me faites — d'inquiétude, d'impatience, etc. Faire — qqn à petit feu, le miner lentement par les chagrins qu'on lui cause. ‖ Un chien mort. Un arbre mort. ‖ *P. anal.* Bois mort, bois sec. (*Cf.* mort-bois.) Feuilles mortes, feuilles sèches. Un habit de couleur feuille morte, et, *ellipt,* Un habit feuille morte. Chairs mortes, chairs décomposées qui se sépareront bientôt du corps. (Peint.) Nature morte, ce qui ne vit point. ‖ *P. ext.* Ivre mort, au point d'avoir perdu le sentiment. Avoir une jambe morte, un bras mort, engourdi. Il n'y va pas de main morte, il frappe fort. Faire main morte, en laissant aller la main. ‖ *Fig.* Cette personne est morte pour vous, est pour vous comme si elle n'était plus. Être mort à l'espérance. ‖ (Droit.) Être mort civilement, avoir perdu, par une condamnation, toute participation aux droits civils. (Théol.) — au monde, — à soi-même, renoncer au monde, à sa volonté propre. ‖ (T. de jeu.) Être mort, être mis hors du jeu.

‖ **2°** *P. anal.* En parlant des choses, cesser d'être, de fonctionner. Les empires... meurent en leur temps comme le reste des choses humaines, BOSS. *Médit. sur l'Évang.* 81ᵉ jour. Laisser — (s'éteindre) le feu. Le feu est mort. La chandelle est morte. Qui fuit, croit lâchement, et n'a qu'une foi morte (qui n'agit plus), CORN. *Poly.* II, 6. Une langue morte, qu'on ne parle plus. Une balle morte, qui a perdu sa force d'impulsion. La balle est venue — à ses pieds. Une bille qui vient — sur une autre (au billard). Comme le flot paisible Sur le rivage vient —, LAMART. *Médit.* 21. Eau morte, stagnante. Morte-eau. (*V. ce mot.*) Un son qui meurt, qui va s'éteignant. À ces mots, la parole meurt dans sa bouche, FÉN. *Tél.* 9. Lettre morte (en parlant d'une loi, d'une convention écrite, etc.), qui reste sans effet, qu'on n'applique pas. Capital mort, qui ne rapporte rien. Morte-saison. (*V. ce mot.*) Points morts (dans une machine), où la vitesse de la bielle avec laquelle la manivelle est articulée devient instantanément nulle, quand elle passe par le centre du cercle décrit. Œuvres mortes, partie d'un navire située au-dessous de la ligne de flottaison. **Perle morte**, devenue terne, par altération de la nacre.

II. *V. pron.* **Se —**, être sur le point de mourir. **Madame se meurt, Madame est morte**, BOSS. *D. d'Orl.* || *P. hyperb.* **Soutenez votre reine éperdue, Je me meurs**, RAC. *Esth.* II, 7.

MOURON [mou-ron] *s. m.*
[ÉTYM. Origine inconnue. || XIVe s. **Mouron ou lasseron**, *Ménagier*, II, 256.]
|| Plante annuelle de la famille des Primulacées. *P. anal.* **—** des oiseaux, morgeline. **Grand —**, seneçon.

MOURRE [mour] *s. f.*
[ÉTYM. Emprunté de l'ital. morra, *m. s.* § 12. || XVIe s. **Les paiges jouoient à la — à belles chiquenauldes**, RAB. IV, 14.]
|| Jeu italien qui consiste à deviner instantanément le nombre des doigts levés de la main qu'on montre brusquement. **Les Amours y jouaient à courre, Et le dieu Vulcan à la —**, D'ASSOUCY, *Jug. de Pâris*, I, p. 12.

MOUSQUET [mŏus'-kè] *s. m.*
[ÉTYM. Emprunté de l'ital. moschetto, *m. s.* proprt, « émouchet », § 12. (*Cf.* fauconneau.) RONS. emploie la forme fém. mousquette, VII, 199. || XVIe-XVIIe s. **Ç'a esté le premier (M. d'Estrozzi) qui a mis l'usage des mousquetz en France**, BRANT. VI, 80.]
|| *Ancienn.* Arme à feu qu'on faisait partir avec une mèche allumée, et qui a été remplacée par le fusil. **Porter le —.** || **— à rouet**, garni d'une platine à rouet pour enflammer la poudre. **— fusil**, qui portait la platine à mèche avec une platine à silex.

MOUSQUETADE [mŏus'-ke-tàd'] *s. f.*
[ÉTYM. Dérivé de mousquet, §§ 65 et 119. || 1574. **Mosquetades**, J. DE LÉRY, *Hist. de Sancerre*, p. 48.]
|| Décharge d'un ou de plusieurs coups de mousquet.

MOUSQUETAIRE [mŏus'-ke-tèr] *s. m.*
[ÉTYM. Dérivé de mousquet, §§ 65 et 248. || XVIe-XVIIe s. **Il fut le premier (le duc d'Albe) qui leur donna en main les gros mousquetz... et ceux qui les portoient, les nommoit on mousquetaires**, BRANT. I, 103.]
|| *Ancienn.* Soldat armé du mousquet. **Les mousquetaires à pied, à cheval. Dans les compagnies d'infanterie il doit y avoir les deux tiers de mousquetaires**, FURET. *Dict.* || *Spéciall.* Les mousquetaires du roi, mousquetaires à cheval formant deux compagnies et faisant partie des troupes de la maison du roi. || *P. plaisant. Fig.* **— à genoux**, apothicaire administrant les lavements. **Feu mon grand-père était — à genoux** (1682), R. POISSON, *Comédie sans titre*, I, 2. || *Fig.* (XVIIIe s.) Partie de la coiffure des femmes, dite aussi fripon.

MOUSQUETERIE [mŏus'-kĕt'-ri ; *en vers,* -kè-te-ri] *s. f.*
[ÉTYM. Dérivé de mousquet, §§ 65 et 69. || XVIe-XVIIe s. **Medelin... faict affuster sa mousqueterie**, D'AUB. *Mém.* p. 74, Lalanne.]
|| Décharge de plusieurs mousquets. || *P. anal.* Décharge de plusieurs fusils. **Un feu de —.** *P. plaisant. Fig.* **a — de vos yeux estropie les libertés**, REGNARD et DUFRESNY, *Chinois*, III, 4.

MOUSQUETON [mŏus'-ke-ton] *s. m.*
[ÉTYM. Dérivé de mousquet, à l'imitation de l'ital. moschettone, *m. s.* §§ 12, 65 et 104. || XVIe-XVIIe s. **Plus de cent soldats avec des mousquetons**, D'AUB. *Hist. univ.* III, v, 12.]
|| 1° *Ancienn.* Arme à feu de plus gros calibre, mais de longueur moindre que le mousquet.
|| 2° *P. ext.* Espèce de fusil court, intermédiaire entre la carabine et le pistolet.

1. MOUSSE [mŏus'] *s. f.*
[ÉTYM. Emprunté de l'anc. haut allem. mos, allem. mod. moos, apparenté au lat. muscus, *m. s.* §§ 6, 498 et 499. Le sens **II** ne se retrouve ni en allem. ni en lat. || XIIe-XIIIe s. **O mercheniers, pleins es de mousse De vlès avariche vilaine**, RENCL. DE MOILIENS, dans DELB. *Rec.*]
I. Plante cryptogame cellulaire, dont les folioles légères se multiplient de manière à tapisser les lieux où elle croît. **Un tapis, un lit de —**, étendue couverte de mousse, offrant un sol, un siège moelleux. *Loc. prov.* **Pierre qui roule n'amasse pas —**, à courir le monde on ne s'enrichit guère. || *P. ext.* **— aquatique**, végétation qui se forme sur les eaux stagnantes.
II. *P. anal.* Écume qui foisonne sur certains liquides. **La — de la bière, de l'eau de savon.** || *P. ext.* **— au café, au chocolat**, etc., crème fouettée, où on mêle du café, du chocolat, etc.

2. MOUSSE [mŏus'] *adj.*
[ÉTYM. Apparenté à l'ital. mozzo et au provenç. mous, *m. s.* dont le rapport avec le lat. mŭtilus, mutilé, est fort douteux. || XVe s. **L'espee... doibt estre fort vuidee par le meilleu et mosse devant**, RENÉ D'ANJOU, *Œuvres*, II, 12.]
|| Dont la pointe ou le tranchant n'est pas acéré. || *P. anal. Dialect.* **Chèvre —**, qui n'a pas de cornes. || *Fig.* **Ma pénétration naturellement très — (obtuse)**, J.-J. ROUSS. *Lett. à St-Germain*, 26 févr. 1770.

3. MOUSSE [mŏus'] *s. m.*
[ÉTYM. Emprunté de l'ital. mozzo ou de l'espagn. mozo, *m. s.* §§ 12 et 13. || XVIe s. **Ung mousse de leur esquif**, RAB. IV, 48. Admis ACAD. 1718.]
|| Jeune garçon qui fait sur un navire l'apprentissage du métier de marin.

MOUSSELINE [mŏus'-lin' ; *en vers,* mou-se-...] *s. f.*
[ÉTYM. Emprunté de l'ital. mussolina ou mussolino, diminutif de mussolo, *m. s.* qui est le nom propre de la ville de Mossoul, dans la Turquie d'Asie, §§ 12 et 36. (*Cf.* l'angl. muslin, emprunté du français.) || 1666. **Mousseline à fleurs**, dans DELB. *Rec.*]
|| Étoffe de coton fine et d'un tissu clair. || **Grosse —**, tissu analogue, de fils plus gros, employé pour tailler des patrons, pour faire des cataplasmes, etc. || *P. anal.* **— de laine, de soie**, étoffe de soie, de laine légère. || *P. appos. Fig.* **Verre —**, verre très fin. **Brioche —**, d'une pâte très légère.

MOUSSER [mou-sé] *v. intr.*
[ÉTYM. Dérivé de mousse 1, § 154. || 1680. RICHEL.]
|| Produire de la mousse (écume). **De la bière qui mousse. Faire — de l'eau de savon.** || *P. plaisant. Pop.* **Faire — (écumer) une personne**, la faire enrager. || *Fig.* **Faire — une personne**, la vanter en l'élevant très haut.

MOUSSERON [mŏus'-ron ; *en vers,* mou-se-...] *s. m.*
[ÉTYM. Dérivé de mousse 1 (ce champignon se trouvant sous la mousse), § 105. (*Cf.* l'angl. mushroom, emprunté du français.) || 1389. **Cuillir des moisserons**, dans DU C. mussa.]
|| Espèce d'agaric, champignon comestible.

***MOUSSERONNIÈRE** [mŏus'-rò-nyèr' ; *en vers,* mou-se-...] *s. f.*
[ÉTYM. Dérivé de mousseron, § 115. || *Néolog.*]
|| (Technol.) Champignonnière à mousserons.

MOUSSEUX, EUSE [mou-seŭ, -seŭz'] *adj.*
[ÉTYM. Dérivé de mousse 1, § 116. || 1545. **La fleur mousseuse**, G. GUÉROULT, *Hist. des plantes*, dans DELB. *Rec.* Admis ACAD. 1718.]
|| 1° Qui ressemble à de la mousse (plante). (*Cf.* moussu.) **Agate mousseuse**, qui a des arborisations semblables à de la mousse. || *P. ext.* Couvert de mousse. *Spéciall.* **Rose mousseuse**, dont la tige et le calice sont comme garnis de mousse.
|| 2° Qui produit de la mousse (écume). **Vin blanc —. Bière mousseuse.**

***MOUSSIER** [mou-syé] *s. m.*
[ÉTYM. Dérivé de mousse 1, § 115. || XVIIIe s. J.-J. ROUSS. *Lett. sur les herbiers.*]
|| Herbier à mousses.

MOUSSOIR [mou-swàr] *s. m.*
[ÉTYM. Dérivé de mousser, § 113. || 1798. **Plan d'un moussoir**, PAJOT DES CHARMES, *Art du blanch. des toiles*, p. 255. Admis ACAD. 1835.]
|| (Technol.) || 1° Appareil pour le savonnage du linge fin.
|| 2° Ustensile à faire mousser le chocolat.

MOUSSON et, *vieilli,* **MOUÇON** [mou-son] *s. f.*
[ÉTYM. Pour monson (FURET. 1690), § 509, emprunté du portug. monção, espagn. monzon, *m. s.* qui est l'arabe mausim, saison, §§ 14 et 22. || 1649. **Vent qu'ils appellent moussons ou muessons**, VINC. LE BLANC, *Voyages*, III, 157. Admis ACAD. 1762.]
|| (Marine.) Vent qui souffle périodiquement dans la mer des Indes, d'orient en occident, dans les six premiers mois de l'année ; et en sens inverse dans les six derniers. **Pline dit qu'on employait le temps de la variation de la — à faire le trajet d'Alexandrie à la mer Rouge**, MONTESQ. *Espr. des lois*, XXI, 9. **La — d'hiver, d'été.**

MOUSSU, UE [mou-su] *adj.*
[ÉTYM. Dérivé de mousse 1, § 118. || XIIe s. **Arbre branchu, Molt ancien, lait et mossu**, *Énéas*, 2413.]

‖ Couvert de mousse (plante). (*Cf.* **mousseux**.) Un vieux tronc d'arbre —. ‖ *P. anal.* **Rose moussue**, dont la tige et le calice sont comme garnis de mousse.

MOUSTACHE [moŭs'-tàch'] *s. f.*
[ÉTYM. Emprunté de l'ital. mostaccio, *m. s.* qui se rattache au grec μύσταξ, forme dialectale pour μάσταξ, *m. s.* § 12. ‖ XVᵉ-XVIᵉ s. Grec portant la barbette moustache, J. LE MAIRE, III, 81, Stecher.]
‖ **1°** Partie de la barbe qui garnit la lèvre supérieure à droite et à gauche du sillon qui la divise. Porter des moustaches. Il s'est brûlé la — droite. ‖ L'ensemble des deux moustaches. Friser sa —. Porter —. ‖ *Fig. Vieilli.* Faire qqch à la — de qqn (en le bravant). (*V.* barbe.) Brûler la — à qqn, lui tirer à bout portant un coup de feu. ‖ *Fig.* Une vieille —, un vieux soldat. ‖ *P. anal.* Poils longs, plumes dont la lèvre de certains animaux, le bec de certains oiseaux, sont hérissés. Les moustaches d'un chat. ‖ *Fig.* (Hist. nat.) [1. Espèce de mésange. [2. Espèce de roitelet.
‖ **2°** *P. anal.* Manivelle avec laquelle le tireur d'or tire et dévide le fil d'or et de soie. ‖ *Au plur.* (Marine.) Suspentes de la vergue de civadière et de la vergue barrée.

*****MOUSTACHU, UE** [moŭs'-tà-chu] *adj.*
[ÉTYM. Dérivé de moustache, § 118. ‖ *Néolog.*]
‖ Qui a de grosses moustaches. Ce César —, V. HUGO, *Châtim.* III, 8.

*****MOUSTILLE** [moŭs'-tĭy'] *s. f.*
[ÉTYM. Origine incertaine ; le mot avec son sens actuel semble plutôt tiré de émoustiller qu'identique avec le radical primitif de ce verbe, §§ 33 et 35. Ce radical paraît être dérivé de moût, d'après l'anc. forme moust, bien que le sens ne soit pas très satisfaisant. ‖ (Au sens actuel.) *Néolog.*]
‖ Saveur piquante d'un liquide.

MOUSTILLIER [moŭs'-ti-yé] *s. m.*
[ÉTYM. Dérivé irrégulier de moustique, probablement d'après la prononciation du provenç. mod. qui dit mousti, §§ 13 et 115. ‖ *Néolog.* Admis ACAD. 1835.]
‖ *Dialect.* Moustiquaire.

MOUSTIQUAIRE [moŭs'-ti-kèr] *s. f.*
[ÉTYM. Dérivé de moustique, § 248. Qqns disent moustiquière, § 115. (*Cf.* moustillier.) ‖ 1812. MOZIN, *Dict. franç.-allem.* Admis ACAD. 1835.]
‖ Enveloppe de gaze qu'on met autour des lits, pour se préserver des piqûres des moustiques.

MOUSTIQUE [moŭs'-tĭk'] *s. m.*
[ÉTYM. Pour mousquite, § 360, emprunté de l'espagn. mosquito, *m. s.* dérivé de mosca, mouche, § 13. ‖ 1655. Des moustiques et des maringoins, LE P. PELLEPRAT, *Relat. des missions,* II, 42. Admis ACAD. 1762.]
‖ Insecte diptère, dont la piqûre est douloureuse. (*Syn.* cousin 2.)

MOÛT [mou] *s. m.*
[ÉTYM. Pour moust, § 422, du lat. mǫstum, *m. s.* §§ 324 et 291.]
‖ Jus de raisin prêt à subir la fermentation alcoolique. ‖ *P. ext.* Suc de certains végétaux dont on fabrique diverses boissons fermentées. — de bière, de cidre.

MOUTARD [mou-tàr] *s. m.*
[ÉTYM. Origine inconnue. ‖ *Néolog.* Admis ACAD. 1878.]
‖ *Pop.* Petit garçon. Un tas de moutards.

MOUTARDE [mou-tàrd] *s. f.*
[ÉTYM. Dérivé de moût, § 147. ‖ Vers 1220. Cinc furent a ceste mostarde, *Hist. de Guill. le Mareschal,* 5159.]
‖ **1°** Condiment fait de graine de sénevé broyée avec du moût de vin ou du vinaigre. Manger de la — avec sa viande. ‖ *Loc. prov.* La — lui monte au nez (par allusion à la sensation qu'on éprouve dans le nez quand la moutarde est piquante), il commence à s'irriter. De la — après dîner, ce qui arrive quand on n'en a plus besoin. S'amuser à la —, aux accessoires, aux bagatelles. *Vieilli.* Les enfants en vont à la —, le secret a été mal gardé.
‖ **2°** Nom vulgaire du sénevé. De la graine, de la farine de —. ‖ *P. ext.* Genre de plantes de la famille des Crucifères comprenant la — noire ou sénevé, la — des champs ou sanve et la — blanche.

*****MOUTARDELLE** [mou-tàr-dèl] *s. f.*
[ÉTYM. Dérivé de moutarde, § 126. ‖ 1545. Moustardelle rustique, G. GUÉROULT, *Hist. des plantes,* dans DELB. *Rec.*]
‖ *Dialect.* Espèce de raifort qu'on mange râpé avec de la viande, comme assaisonnement.

1. MOUTARDIER [mou-làr-dyé] *s. m.*
[ÉTYM. Dérivé de moutarde, § 115. ‖ 1435. Ung moutardier, dans DELB. *Rec.*]
‖ Pot à moutarde. ‖ *Vieilli.* Baril à moutarde.

2. MOUTARDIER, *MOUTARDIÈRE [mou-tàr-dyé, -dyèr] *s. m. et f.*
[ÉTYM. Dérivé de moutarde, § 115. ‖ 1514. Vinaigriers et moutardiers, *Ordonn.* XXI, 572.]
‖ Celui, celle qui fabrique, qui vend de la moutarde. ‖ *Fig. Famil.* Se croire le premier — du pape, se donner des airs d'importance.

MOUTIER [mou-tyé] *s. m.*
[ÉTYM. Pour moustier, § 422, du lat. monastęrium, grec μοναστήριον, qui semble être devenu de bonne heure monastęrium, §§ 335 et 496, *mostęrium, § 485, d'où mostier, moustier, §§ 305 et 291. ‖ XIᵉ s. Fai l'ome Deu venir Enz el mostier, *St Alexis,* 171.]
‖ *Vieilli.* Monastère. *Loc. prov.* Il faut laisser le — où il est, ne rien changer.

MOUTON [mou-ton] *s. m.*
[ÉTYM. Pour molton, § 459, d'origine incertaine, peut-être celtique, § 3. Le bas lat. emploie multo, onis, dès le IXᵉ s. au moins. ‖ XIIᵉ s. Li mont s'esledecerent si cume multun, *Psaut. d'Oxf.* CXIII, 3.]
I. ‖ **1°** Mammifère de la famille des Ruminants à chanfrein convexe, à cornes creuses et persistantes, à poil laineux frisé. Le — mâle s'appelle bélier, le — femelle brebis. Un troupeau de moutons. Doux comme un —. ‖ *Fig.* C'est un —, une personne douce comme un mouton. *P. anal.* Un —, homme aposté par la police dans la cellule d'un prévenu, pour gagner sa confiance et en obtenir des aveux. Revenons à nos moutons, à ce dont il s'agit (par allusion à la farce de *Pathelin,* où le plaignant mêle à l'affaire de ses moutons volés celle du drap que l'avocat a pris sans-payer). Moutons de Panurge, gens qui suivent, qui imitent niaisement les autres (par allusion à l'histoire de Panurge qui, dans Rabelais, achète un mouton, qu'il fait sauter dans la mer, et après lequel tous les autres sautent). Quelques imitateurs, sot bétail, je l'avoue, Suivent en vrais moutons le pasteur de Mantoue, LA F. *Poés. div. Épît.* 22. *Spéciall.* Bélier châtré qu'on engraisse pour la boucherie. Côtelettes, gigot, et, *vieilli,* Éclanche de —. Manger du —, de la viande de mouton. Peau de —. Reliure en peau de —. ‖ *P. anal.* Saut de —, jeu de garçons où l'un courbe le dos et où l'autre saute par-dessus lui, les jambes écartées. ‖ *Fig.* Des moutons. [1. Petites vagues blanches d'écume, semblables à des flocons de laine. [2. Amas consistants de poussière qui se forment sous les meubles.
‖ **2°** *Fig.* (Technol.) [1. Pièce de bois dans laquelle on fait entrer les anses d'une cloche pour la suspendre. [2. Masse de bois, de fer, qui sert à enfoncer des pieux. [3. Machine à estamper.
II. *Famil. Adjectivt.* —, moutonne, qui est de la nature du mouton. La gent moutonne. ‖ *Fig.* Qui ressemble au mouton. Une figure moutonne.

*****MOUTONNAILLE** [mou-tò-này'] *s. f.*
[ÉTYM. Dérivé de mouton, § 95. ‖ XVIᵉ s. DU PINET, dans GODEF.]
‖ *Famil.* Ensemble de gens qui suivent niaisement les autres (comme les moutons de Panurge). Le monde n'est que franche —, LA F. *Contes, Dindenaut.*

*****MOUTONNEMENT** [mou-tŏn'-man ; *en vers,* -tò-ne-…] *s. m.*
[ÉTYM. Dérivé de moutonner, §§ 65 et 145. ‖ *Néolog.*]
‖ (Marine.) Action de la mer qui moutonne.

MOUTONNER [mou-tò-né] *v. tr. et intr.*
[ÉTYM. Dérivé de mouton, § 154. ‖ 1680. La mer moutonne, RICHEL.]
I. *V. tr.* Rendre semblable au mouton. Une tête moutonnée, frisée comme la laine du mouton. ‖ *Fig.* Le ciel se moutonne, se couvre de petits nuages blancs et floconneux. *Loc. prov.* Temps moutonné et femme fardée ne sont pas de longue durée.
II. *V. intr.* Devenir semblable au mouton. La mer moutonne, se couvre de petites vagues blanches d'écume, semblables à des flocons de laine.

MOUTONNEUX, EUSE [mou-tò-neu, -neŭz'] *adj.*
[ÉTYM. Dérivé de mouton, § 116. ‖ *Néolog.* Admis ACAD. 1878.]
‖ (Marine.) Qui moutonne. Mer moutonneuse. Ciel —.

MOUTONNIER, IÈRE [mou-tò-nyé, -nyèr] *adj.*
[ÉTYM. Dérivé de mouton, § 115. || 1303. Li estaus as bouviers et as moutonniers, dans VARIN, *Arch. admin. de Reims*, II, I, 26. Admis ACAD. 1762.]
|| *Famil.* Qui est de la nature du mouton. La moutonnière créature. || *Fig.* Qui suit niaisement les autres (comme les moutons de Panurge). La multitude moutonnière.

MOUTURE [mou-tūr] *s. f.*
[ÉTYM. Du lat. molitūra, m. s. de molitus, part. de molere, moudre, devenu molture, §§ 336 et 291, mouture, § 459.]
|| 1° Action de moudre. *Spécialt.* Action de moudre le blé. — marchande, rustique (où la farine est blutée par un seul bluteau). — à la grosse, qui livre au boulanger la farine brute. || *P. ext.* Salaire du meunier. *Fig. Loc. prov.* Tirer d'un sac deux moutures, tirer double profit, double utilité d'une chose.
|| 2° *P. ext.* Froment, seigle et orge mélangés par tiers.

*MOUVAGE [mou-vàj'] *s. m.*
[ÉTYM. Dérivé de mouvoir, § 78. || *Néolog.*]
|| (Technol.) Action de mouver. *Spécialt.* Le — du sucre.

MOUVANCE [mou-vāns] *s. f.*
[ÉTYM. Dérivé de mouvoir, § 146. || 1611. COTGR.]
|| (Féodal.) Dépendance d'un fief par rapport à un autre dont il relève.

MOUVANT, ANTE [mou-van, -vänt'] *adj.*
[ÉTYM. Adj. particip. de mouvoir, § 47. || XIIe s. Turnus point le destrier movant, *Énéas*, 9701.]
|| 1° *Vieilli.* Qui meut. (*Cf.* moteur.) Force mouvante. || *Fig.* Il veut que la foi soit la force mouvante qui fasse agir en nous toutes les vertus, BOURD. *Foi*, 1.
|| 2° Qui se meut. Les flots mouvants. Tableau —, où des figures se meuvent par un mécanisme caché. *Vieilli.* Un enfant bien —, remuant. || *P. anal.* Qui n'est pas stable. Rejeter la terre mouvante, DESC. *Méth.* 3. Sable —. Le lion... Marquant ses larges pieds dans le sable —, V. HUGO, *Caravane.* | *Fig.* La cour est un terrain —. || *Spécialt.* | 1. (Féodal.) Qui relève (d'un autre fief). La Marche était mouvante du Poitou. | 2. (Blason.) Qui sort (d'une autre pièce). Trois rais d'or mouvants du chef de l'écu.

MOUVEMENT [mouv'-man ; *en vers*, mou-ve-...] *s. m.*
[ÉTYM. Dérivé de mouvoir, §§ 65 et 145. (*Cf.* le lat. movimentum, m. s. et le franç. moment.) || XIIe s. C'est il ki as oylz donet la veue... et lo movement a toz les menbres, *Serm. de St Bern.* p. 21.]
I. || 1° Action par laquelle un corps ou une de ses parties se déplace. Les êtres doués de — (qui se meuvent par eux-mêmes). Faire un — avec le bras, la main. Les mouvements du corps, des muscles. Les organes du —. Le — de diastole et de systole du cœur. || La bielle change le — rectiligne du piston en — de rotation. Les mouvements des corps célestes. Le — de rotation de la terre. Les mouvements de roulis, de tangage d'un navire. Le — d'une voiture. || Mettre une balançoire en —. Imprimer un — d'oscillation à un pendule. La machine est en —. || (Musique.) Vitesse avec laquelle une phrase musicale est jouée ou chantée. Presser, ralentir le —. Prendre un — modéré. || (Physique.) Changement continu par lequel un corps s'éloigne d'un point supposé fixe. — uniforme, uniformément accéléré, retardé. — composé, la résultante de plusieurs mouvements. — perpétuel, rêve irréalisable, tout corps en mouvement rencontrant des frottements qui tendent à l'arrêter. *Fig.* Chercher le — perpétuel, chercher à réaliser une chimère. *P. plaisant.* En parlant d'une personne qui remue sans cesse. C'est le — perpétuel. Quantité de — d'un corps, le produit de sa masse par sa vitesse actuelle. || *Spécialt.* | 1. Évolution de troupes, de navires. Faire exécuter aux soldats un — en avant, en arrière. Les mouvements combinés de deux corps d'armée. Les mouvements exécutés par l'escadre. | 2. Marche des trains montants, descendants, dans un chemin de fer. Le chef du —. | 3. Circulation des choses, des personnes. Le — du port, ce qu'il y entre et sort de navires. Le — de la navigation, ce qu'il monte ou descend de bateaux, de bâtiments sur une rivière, un canal. Le — commercial, ce qu'il entre et sort de marchandises, ce qu'il se fait d'affaires, de transactions commerciales. Le — d'un quartier, d'une rue, ce qu'il y circule de passants, de voitures, ce qui lui donne de la vie, de l'activité. || *P. anal.* Le — d'une pièce de théâtre, d'un tableau, d'un discours, du style d'un écrivain, ce qui lui donne de l'animation.
|| 2° Action qui modifie la manière d'être. Avoir l'humeur en —. Un — de fièvre. || *P. anal.* Les mouvements de l'âme, ce qui excite tel ou tel sentiment. Avoir un — de colère, d'indignation, de mauvaise humeur, de frayeur, de compassion. || *P. anal.* Mouvements oratoires, tours passionnés qu'un sentiment véhément inspire à l'orateur. Mouvements d'une assemblée, expression des sentiments excités dans l'auditoire. Un — d'approbation, d'enthousiasme, d'étonnement, etc. || Suivre son premier —, la première impulsion qui porte à agir dans tel ou tel sens. Un premier — ne fut jamais un crime, CORN. *Hor.* V, 3. Faire qqch de son propre —, sans obéir à une impulsion étrangère. || — populaire, agitation des esprits, des personnes, qui les dispose à la sédition, à la révolte. || *Absolt. Néolog.* Le —, le progrès. Le parti du —. || *Spécialt.* (T. d'admin.) Changement dans le personnel. Il n'y a pas eu de — cette année. On annonce un — dans la magistrature.
II. Ce qui se meut. Le — d'une horloge, d'une pendule, d'une montre, le mécanisme. || *P. ext.* Des mouvements de terrain, disposition variée d'un terrain où certaines parties sont en montant, les autres en descendant, etc. || Le — des draperies (en sculpture, en peinture), leurs plis, leurs sinuosités variées.

*MOUVEMENTER [mouv'-man-té] *v. tr.*
[ÉTYM. Dérivé de mouvement, § 154. || *Néolog.*]
|| (Technol.) Animer d'un mouvement. || *Fig.* Séance mouvementée, où il se produit beaucoup de mouvements d'opinion.

MOUVER [mou-vé] *v. tr.*
[ÉTYM. Tiré de mouvoir par changement de conjugaison, § 627. || XVIe s. Ils mouvent les orages, RONS. dans DELB. *Rec.* La terre mouvée et engraissée, O. DE SERRES, III, 4. Admis ACAD. 1762.]
|| (Technol.) Mouvoir. *Spécialt.* | 1. Remuer légèrement la terre d'une caisse, d'un pot de fleurs, d'une couche, etc. | 2. Détacher le sucre qui tient aux parois de la forme.

*MOUVERON [mouv'-ron ; *en vers*, mou-ve-...] *s. m.*
[ÉTYM. Dérivé de mouver, §§ 65 et 105. || 1761. DUHAMEL DU MONCEAU, *Art de raffiner le sucre*, p. 76.]
|| (Technol.) Spatule avec laquelle on détache le sucre des parois de la forme.

*MOUVET [mou-vè] *s. m.* et *MOUVETTE [mou-vět'] *s. f.*
[ÉTYM. Dérivé de mouver, § 133. || 1764. Mouvette ou mouvoir, DUHAMEL DU MONCEAU, *Art du chandelier*, p. 18.]
|| (Technol.) Ce qui sert à mouver. *Spécialt.* | 1. Cuillère de bois pour remuer les sauces. | 2. Bâton pour remuer le suif liquide dans le moule à chandelles. (*Syn.* mouvoir 2.)

1. MOUVOIR [mou-vwàr] *v. tr.* et *intr.*
[ÉTYM. Du lat. mŏvēre, m. s. devenu moveir, mouveir, mouvoir, §§ 347, 309 et 291. (*Cf.* mouver.)]
I. *V. tr.* || 1° Mettre en mouvement. Le ressort qui meut une roue. L'âme meut le corps. Dès que l'âme veut que le bras soit mû, le bras est mû, MALEBR. *Rech. de la vérité*, II, I, 5. L'animal se meut. Les astres qui se meuvent dans l'espace. Aux accords d'Amphion les pierres se mouvaient, BOIL. *Art* p. 4. *Ellipt.* Faire — (se mouvoir). L'eau qui fait — la roue d'un moulin.
|| 2° *Fig.* Mettre en action. L'intérêt seul vous meut, vous fait agir. Ces violents transports Qui d'un esprit divin font — les ressorts, BOIL. *Sat.* 9. Quand la grâce efficace meut le libre arbitre, PASC. *Prov.* 18.
II. *Vieilli. V. intr.* Être en mouvement. Sur un corps qui ne vit, ne meut, ni ne respire, LA F. *Fab.* V, 20. || *P. ext.* (Féodal.) Un fief qui meut d'un autre, qui est dans sa dépendance, qui en relève. (*Cf.* mouvance.)

2. *MOUVOIR [mou-vwàr] *s. m.*
[ÉTYM. Pour mouvetoir, § 358, dérivé de mouvoir 1, § 113. || XIIe-XIIIe s. Cuntus : movur, *Gloss.* dans SCHELER, *Lex. lat.* p. 86.]
|| (Technol.) Ce qui sert à remuer. *Spécialt.* Mouvette à remuer le suif. (*V.* mouvet.)

MOXA [mŏk'-sà] *s. m.* (fém. TRÉV.).
[ÉTYM. Mot chinois qui désigne proprement une variété d'armoise dont la feuille sert à faire de la mèche, § 27. || 1698. LEMERY, *Traité des drogues*, p. 507. Admis ACAD. 1835.]
|| (Médec.) Révulsif consistant le plus souvent en un petit cylindre de coton cardé qu'on applique et qu'on fait brûler sur la peau.

MOYE [mwà] *s. f.*

[ÉTYM. Subst. verbal de moyer, § 52. || 1694. TH. CORN. Admis ACAD. 1835.]

|| (Technol.) Couche tendre d'une pierre de taille, qui la fait déliter, si on n'a soin de l'enlever.

1. MOYEN, ENNE [mwà-yin, -yèn'] *adj.*

[ÉTYM. Du lat. mĕdiănum, *m. s.* dérivé de medium, mi, devenu meiien, moiien, moyen, §§ 343, 415, 297 et 291. (*Cf.* le doublet médian, de formation savante, et moyer.)]

|| Qui tient le milieu. Les régions moyennes de l'air. || Une personne de taille, de grosseur moyenne. Médaille de — bronze, de grandeur moyenne. Écriture moyenne, ni grosse ni fine. *Substantivt.* Le —, l'écriture moyenne. Écrire en —. Le — duc, espèce de chouette, plus petite que le grand duc. Pièces moyennes, et, *substantivt*, Moyennes, nom de deux petits canons dont on armait le pont des galères. || Une personne d'un âge —, qui n'est ni jeune ni vieille. Le — âge, les temps compris entre l'histoire ancienne et l'histoire moderne. (*Cf.* médiéviste.) *Ellipt.* Un costume — âge. Le — allemand, le — français, la période de la langue allemande, de la langue française, comprise entre la période primitive (ancien allemand, ancien français) et la période moderne. La moyenne latinité, depuis la fin de la période classique jusqu'au commencement de la basse latinité. || Une personne d'intelligence moyenne, de moyenne vertu. || *Spécialt.* | 1. (Mathém.) Quantité moyenne, et, *substantivt, au fém.* Moyenne, somme de plusieurs quantités divisée par leur nombre. Prendre la moyenne de deux, de plusieurs quantités. Moyenne proportionnelle, quantité moyenne entre deux autres, qui surpasse la plus petite autant qu'elle est surpassée par la plus grande. Terme —, et, *substantivt*, —, chacun des deux termes du milieu dans une proportion. *Fig.* Prendre un — terme, prendre, dans une affaire, un parti moyen pour concilier. (*Cf.* mezzo-termine.) Température moyenne d'un jour, d'un mois, moyenne de la température observée aux différentes heures du jour, aux différents jours du mois. Bénéfices qu'un commerçant fait, année moyenne, moyenne des bénéfices qu'il a faits dans les bonnes et les mauvaises années. Vie moyenne, moyenne de la vie humaine. Cours —, moyenne entre les cours différents par lesquels une valeur de bourse a passé dans un marché. | 2. (Logique.) — terme, et, *substantivt*, —, dans un syllogisme, le terme qui, s'unissant successivement au grand terme et au petit terme de la conclusion, sert à les unir. | 3. (Gramm.) La voix moyenne, et, *substantivt, au masc.* Le —, conjugaison qui, dans certaines langues, tient le milieu entre l'actif et le passif et exprime l'action du sujet sur lui-même. Verbe —, conjugué à la voix moyenne.

2. MOYEN [mwà-yin] *s. m.*

[ÉTYM. Tiré de moyen, adjectif, § 38. || XIIe-XIIIe s. A cest estor nos soit Deus bons moiens, *Macchabées*, 235, Stengel.]

|| **1°** *Vieilli.* Intermédiaire. Sans —, directement. || *Spécialt.* (Droit.) Hériter par —, hériter par la mort de l'héritier direct intermédiaire (comme le petit-fils héritant du grand-père par la mort du fils).

|| **2°** Ce qui sert pour arriver à une fin. Employer tous les moyens pour atteindre le but. Tous les moyens lui sont bons, il emploie tous les moyens pour atteindre le but. Par quel — l'avez-vous emporté? C'est l'unique — de régner aujourd'hui, CORN. *Nicom.* III, 2. Les grands moyens, ceux dont l'effet doit être décisif. Les petits moyens, ceux qui n'ont que peu d'efficacité. *Loc. prov.* Qui veut la fin veut les moyens, quand on veut atteindre un but, il faut prendre les moyens nécessaires. La fin justifie les moyens, maxime qui sert à autoriser des actions blâmables commises en vue d'une fin louable. || *Spécialt.* (Droit.) Raison servant à établir une conclusion. Les moyens d'une cause, raisons servant à la soutenir. Moyens de cassation, de nullité, raisons en vertu desquelles une sentence doit être cassée, annulée.

|| **3°** Faculté, pouvoir de faire qqch. Il n'y a pas — de faire cela, cela ne se peut pas. Quel — de m'acquitter jamais? RAC. *Ath.* IV, 3. Dans le même sens. Le — de sauver des gens si obstinés à se perdre? BOSS. *Hist. univ.* II, 21. Le — que je vous obéisse? CORN. *Oth.* I, 3. || *Spécialt.* | 1. Ressources pécuniaires. Il n'a pas le —, les moyens de faire cette dépense. *Absolt. Famil.* Il a des moyens, des ressources pécuniaires. L'entreprise est décidée, reste la question des voies et moyens, des ressources nécessaires pour l'exécuter. | 2. *Famil. Au plur.* Dispositions intellectuelles. Un enfant qui a des moyens.

***MOYENÂGEUX, EUSE** [mwà-yè-ná-jeú, -jeŭz'] *adj.*

[ÉTYM. Dérivé de moyen âge, § 116. || *Néolog.*]

|| *Famil. En mauvaise part.* Relatif au moyen âge.

MOYENNANT [mwà-yè-nan] *prép.*

[ÉTYM. Tiré du part. prés. de moyenner, § 48. || 1408. Moyennant la somme de trois francs, dans DOUET D'ARCQ, *Pièces relat. à Ch. VI*, II, 247.]

|| A la condition de. — ce partage, LA F. *Fab.* III, 6. Faire qqch — salaire. || — quoi (à cette condition) votre salaire Sera..., LA F. *Fab.* I, 5. *Loc. conj.* — que, à la condition que.

MOYENNEMENT [mwà-yěn'-man ; *en vers*, -yè-ne-...] *adv.*

[ÉTYM. Composé de moyenne et ment, § 724. || XIIIe s. Par mesure meenement, dans MONTAIGLON et RAYNAUD, *Rec. de fabliaux*, II, 256.]

|| D'une manière moyenne. || En prenant la moyenne.

MOYENNER [mwà-yè-né] *v. tr.*

[ÉTYM. Dérivé de moyen, § 154. || XIIe s. A ceos dist om ceu ke moyeneiz ont lor jors, *Serm. de St Bern.* p. 29.]

|| *Vieilli.* Procurer (qqch) en servant d'intermédiaire. — l'accord, CORN. *Veuve*, III, 1. — son retour, ROTROU, *Dom Bernard*, V, 10. Pour — leur délivrance, FÉN. *Xénocr.* || *Absolt. Pop.* Il n'y a pas moyen de —, il n'y a aucun moyen à employer.

***MOYER** [mwà-yé] *v. tr.*

[ÉTYM. Du lat. mĕdiăre, *m. s.* devenu meiier, moiier, moyer, §§ 343, 415, 297 et 291. (*Cf.* moye.) Admis ACAD. 1798; suppr. en 1835.]

|| (Technol.) Fendre en deux (une pierre de taille). — du liais pour faire des marches d'escalier.

MOYEU [mwà-yeú] *s. m.*

[ÉTYM. Du lat. mŏdiŏlum, moyeu de roue (proprt, « petit muid », à cause de la forme), devenu moiuel, moieul, moyeul, §§ 347, 415, 320 et 291. La chute de l'l finale paraît due à une réaction du pluriel sur le singulier, § 559.]

|| **1°** Milieu d'une roue où convergent les rais et que traverse l'essieu. Les moyeux d'une charrette.

|| **2°** *P. anal. Vieilli.* Jaune de l'œuf (qui en occupe le milieu).

|| **3°** *Dialect.* Prune confite (rappelant le moyeu de l'œuf par la forme et la couleur jaune). Songez à vos moyeux, SÉV. 481.

***MOZETTE** [mò-zět'] *s. f.*

[ÉTYM. Emprunté de l'ital. mozzetta, pour almozzetta, petite aumusse, § 12. || 1653. Mossette d'evesque, OUD. mozzetta.]

|| *Vieilli.* Camail d'évêque, de religieux de l'ordre de Saint-François, etc.

MUABLE [muàbl' ; *en vers*, mu-...] *adj.*

[ÉTYM. Dérivé de muer, § 93. (*Cf.* le lat. mutabilis, *m. s.*) || XIe s. Set cenz cameilz e mil osturs muables, *Roland*, 184.]

|| *Vieilli.* Sujet au changement.

MUANCE [muàns' ; *en vers*, mu-...] *s. f.*

[ÉTYM. Dérivé de muer, § 146. || XIIe s. Par les muances des colors, CHRÉTIEN DE TROYES, *Cligès*, 1597.]

|| *Vieilli.* Changement. *Spécialt.* | 1. (Musique.) Transposition par laquelle on suppléait, dans l'ancienne gamme de six notes, au 7° son de la gamme actuelle. | 2. Altération que subit la voix à l'époque de la puberté. (*Syn.* mue.)

***MUCÉDINÉES** [mu-sé-di-né] *s. f. pl.*

[ÉTYM. Dérivé du lat. mucedo, inis, moisissure, § 223. || *Néolog.*]

|| (Hist. nat.) Famille des champignons qui forment le moisi.

MUCHE-POT (A) [mŭch'-pó ; *en vers*, mu-che-...] *loc. adv.*

[ÉTYM. Composé de muche, du verbe mucher (forme normanno-picarde de musser, §§ 16 et 391) et pot, § 212. || Admis ACAD. 1798.]

|| *Vieilli et dialect.* En cachette.

MUCILAGE [mu-si-làj'] *s. m.*

[ÉTYM. Emprunté du lat. mucilago, inis, *m. s.* || XIVe s. Muscillaige de psillium, *Chirurg. de Gui de Chauliac*, mss franç. Bibl. nat. 24249, fo 306 a. Admis ACAD. 1762.]

|| (T. didact.) || **1°** Substance visqueuse que contiennent certains végétaux.

|| **2°** (Pharm.) Liquide visqueux formé par la solution de la gomme dans l'eau.

MUCILAGINEUX, EUSE [mu-si-là-ji-neú, -neŭz'] *adj.*

[ÉTYM. Emprunté du bas lat. mucilaginosus, *m. s.* § 251.

|| xive s. Humeur muscilagineuse, *Chirurg. de Lanfranc,* fo 46, vo, dans littré. Admis acad. 1762.]

|| (T. didact.) Qui est de la nature du mucilage. | 1. Plante mucilagineuse. | 2. Boisson mucilagineuse.

MUCOSITÉ [mu-kó-zi-té] *s. f.*
[étym. Du lat. *mucosus,* muqueux, § 255. || xvie s. paré, xiv, 5. Admis acad. 1762.]

|| (T. didact.) Liquide visqueux sécrété par les membranes dites muqueuses.

*·**MUCUS** [mu-kŭs'] *s. m.*
[étym. Emprunté du lat. *mucus, m. s. (Cf.* moisir, moucher, etc.)]

|| (T. didact.) Sécrétion muqueuse.

1. MUE [mu] *adj. f.*
[étym. Du lat. *mūta, m. s.* devenu mude, mue, §§ 402 et 291. Le masc. mu, muet, est fréquent en anc. franç.]

|| *Vieilli.* Muette. *Speciall.* Rage —, état d'un chien enragé qui n'aboie pas. || *Fig.* Cette sagesse qui me paraît une folie — (silencieuse) comme une rage —, sév. 1198.

2. MUE [mu] *s. f.*
[étym. Subst. verbal de muer, § 52. || xiie s. Espreviers et faucons de mues, chrétien de troyes, *Érec,* 352.]

|| 1° *Vieilli.* Changement. *Speciall.* Chute et renouvellement, à une époque déterminée, de l'épiderme, des poils, des plumes, des cornes, etc., de certains animaux. La — du serpent, du ver à soie, de l'oiseau, du cerf, etc. || *P. anal.* Changement dans la voix à l'époque de la puberté. (*Cf.* muance.) || *P. ext.* Dépouille d'un animal qui a mué. Mues du cerf, bois qu'il a mis bas. — du serpent, peau qu'il a laissée.

|| 2° *P. ext.* Repos où l'on tient les oiseaux de fauconnerie pendant la mue. (*Cf.* muette.) || *P. anal.* Mettre les chiens à la —, cesser de les faire chasser. Mettre un oiseau chanteur en —, l'enfermer dans un endroit obscur (pour le faire chanter). Mettre des volailles en —, les enfermer dans un endroit resserré pour les engraisser. *P. anal.* Un peuple mis en — (les souris mutilées par le hibou), la f. *Fab.* xi, 9. *Fig.* C'est donc cela que tu te tiens en —, id. *Contes, Richard Minutolo.* || *P. ext.* Endroit où on met les volailles en mue. *Speciall.* Panier à claire-voie en forme de cloche, sous lequel on met les volailles pour les engraisser.

MUER [mué; *en vers,* mu-é] *v. tr.* et *intr.*
[étym. Du lat. *mūtare, m. s.* devenu muder, muer, §§ 402, 295 et 291. (*Cf.* remuer.)]

I. *Vieilli. V. tr.* Changer. || *Speciall.* Le cerf mue sa tête, dépouille son bois. Oiseau mué (qui s'est mué), qui a dépouillé son plumage. Voix muée, altérée à l'époque de la puberté.

II. *V. intr.* || 1° En parlant de certaines espèces animales, subir, à des époques déterminées, la chute ou le renouvellement de l'épiderme, des poils, des plumes, des cornes, etc. Un oiseau qui mue.

|| 2° En parlant de la voix humaine, subir une certaine altération à l'époque de la puberté.

MUET, ETTE [muè, muet'; *en vers,* mu-...] *adj.*
[étym. Dérivé de l'anc. franç. mu, qui est le lat. *mūtum, m. s.* § 133. (*Cf.* mue 1.) || xiie s. Il n'i fert ja muez ne sorz, chrétien de troyes, *Cheval. au lion,* 634.]

|| 1° Qui n'a pas l'usage de la parole. Être — de naissance. Il est sourd et —. *Substantivt.* Un —, une muette. Les muets parlent par signes. || *P. anal.* Un animal —, qui n'a pas de cri. Les poissons sont muets. — comme un poisson. || *Poét.* O lac ! rochers muets ! lamart. *Médit. le Lac.*

|| 2° Qui ne profère aucune parole. Vous demeurez muette, rac. *Mithr.* ii, 4. Le vin au plus — fournissant des paroles, boil. *Sat.* 3. *Poét.* L'arche sainte est muette et ne rend plus d'oracles, rac. *Ath.* i, 1. — d'étonnement, corn. *Hér.* ii, 5. — à mes soupirs, rac. *Andr.* v, 1. || *Loc. adv.* A la muette, sans se faire entendre, sans bruit. *Fig.* (T. de jeu.) Compter à la —, sans marquer les points gagnés. *Speciall.* Personnages muets, qui figurent dans une pièce de théâtre sans avoir rien à dire. || *Substantivt.* Les muets, gens attachés au service des sultans, qui ne devaient s'exprimer que par signes. Cette foule de chefs, d'esclaves, de muets, rac. *Baj.* ii, 1. || *P. anal.* Chien —, qui suit la bête sans donner de la voix. || *P. ext.* Jeu —, où l'acteur exprime certains sentiments sans parler, par la physionomie, le geste, l'attitude. Scène muette, où les personnages n'ont qu'un jeu muet. *Poét.* Ma bouche et mes regards muets, rac. *Bér.* iii, 1. J'entendrai des regards que vous croirez muets,

id. *Brit.* ii, 3. Le — langage des yeux. Mon honneur est —, corn. *Cid,* iv, 1. || *P. anal.* Toutes les fontaines muettes (sans eau dont on entende le murmure), sév. 553. Le lion,... Le roi sauvage et roux des profondeurs muettes, v. hugo, *Caravane.* Vin —, moût préparé de manière à ne pas fermenter. (*Cf.* muter.) || (Gramm.) Une lettre muette, et, *substantivt,* Une muette, lettre qui ne se prononce pas. E muet, H muette. *P. ext.* Consonne muette, explosive, qui ne peut être articulée sans le secours d'une voyelle (b, p, d, t, g dur, k).

MUETTE [muèt'] *s. f.*
[étym. Pour muete, anc. forme de meute. (*V.* ce mot.) Admis acad. 1740.]

|| Maison où on loge les équipages de chasse, les relais, etc.

*·**MUETTER.** *V.* muter.

MUFLE [mufl'] *s. m.*
[étym. Origine inconnue. || 1549. r. est.]

|| 1° Extrémité du museau de certains mammifères à peau nue et rugueuse. Les buffles Laissent en fils d'argent l'eau tomber de leurs mufles, v. hugo, *Égout de Rome.* Le — du lion, du taureau. || *P. anal. En mauvaise part.* Donner sur le — à qqn, le frapper au visage. || *P. ext. Trivial.* Un vilain —, et, *absolt,* Un —, un homme peu estimable.

|| 2° *P. anal.* | 1. — de chien, de veau, de bœuf, muflier des jardins, plante. | 2. Orifice de la base d'un soufflet de forge.

MUFLIER [mu-fli-yé] *s. m.*
[étym. Dérivé de mufle, § 115. || 1796. encycl. méth. *Botan.* Admis acad. 1835.]

|| (Botan.) Plante formant un genre de la famille des Scrofulariées.

*·**MUFLIÈRE** [mu-fli-yèr] *s. f.*
[étym. Dérivé de mufle, § 115. (*Cf.* muselière.) || *Néolog.*]

|| Garniture de toile dont on enveloppe le mufle d'un veau, d'une génisse, pour l'empêcher de téter.

MUGE [müj'] *s. m.*
[étym. Emprunté du provenç. muge, qui est le lat. *mugil, m. s.* § 12. Les patois de l'Ouest disent meuille, autrefois muille, forme qui se rattache directement au lat. || 1552. Mugil ou muge, ch. est. dans delb. *Rec.*]

|| Poisson de mer formant une famille de l'ordre des Acanthoptérigiens. (*Cf.* mulet 2.) — volant, exocet.

MUGIR [mu-jir'] *v. intr.*
[étym. Emprunté du lat. *mūgire, m. s.* L'anc. franç. dit muire, du lat. pop. *mūgere,* ou muïr, de *mūgire.* || xve s. Une des vaches... Mugir se print, o. de st-gelais, dans delb. *Rec.*]

|| En parlant du taureau, du bœuf, de la vache et des animaux de même espèce, pousser le cri sourd et prolongé qui leur est propre. Le monstre bondissant Vient aux pieds des chevaux tomber en mugissant, rac. *Phèd.* v, 6. || *Fig.* Les vents déchaînés mugissent en fureur, fén. *Tél.* 4. La chicane en fureur — dans la grand salle, boil. *Sat.* 8.

MUGISSANT, ANTE [mu-ji-san, -sant'] *adj.*
[étym. Adj. particip. de mugir, § 47. || xve-xvie s. Thoreaux mugissans, j. le maire, dans delb. *Rec.*]

|| Qui mugit. Les troupeaux mugissants. *Fig.* Les eaux mugissantes, b. de st-p. *Paul et Virg.*

MUGISSEMENT [mu-jîs'-man; *en vers,* -ji-se-...] *s. m.*
[étym. Dérivé de mugir, § 145. (*Cf.* l'anc. franç. muissement.) || xive s. Ce chetif torel donna mugissement, j. de vignay, *Miroir hist.* dans delb. *Rec.*]

|| Cri de l'animal qui mugit. Le — des bœufs. Ses longs mugissements font trembler le rivage, rac. *Phèd.* v, 6. || *Fig.* La mer leur répond par ses mugissements, id. *Iph.* v, 6. Le — des vents.

*·**MUGOT** [mu-gó] *s. m.*
[étym. Origine incertaine : anc. franç. musgot, misgot, musgoe, misgoe, musjot, murjoe, etc. Du sens dialectal de « lieu où l'on garde les fruits jusqu'à maturité » est dérivé le verbe mijoter, proprt. « faire mûrir doucement ». || xie s. Nen fait musgode (var. musgot) por son cors engraissier, St *Alexis,* 254.]

|| *Vieilli.* Magot (d'argent). Le malheureux... Court au —, la f. *Contes, Paysan.* Tous les mugots du Louvre fondront à un tel feu de dépense, v. hugo, *N.-D. de Paris,* x, 5.

MUGUET [mu-ghè] *s. m.*
[étym. Semble se rattacher à musc, et avoir été tiré, comme forme masc., de l'anc. mot muguete, muscade, à cause du parfum de la plante, § 37. (*V.* muscade.) || xiiie s.

Plus que mugués ne que mente, G. DE COINCY, dans DELB. *Rec.*]

|| **1°** Plante à petites fleurs blanches odorantes. || *P. ext.* Les fleurs de cette plante. Cueillir du —. || *Fig. Vieilli.* Jeune élégant (se parfumant d'essence de muguet). *Au fém.* Muguette. Vaine je ne suis ni muguette, D'ASSOUCY, *Jug. de Páris*, 3.

|| **2°** *P. anal.* Inflammation·de la muqueuse buccale, avec exsudation blanchâtre (rappelant la fleur du muguet).

MUGUETER [mŭg'-té; *en vers*, mu-ghe-té] *v. tr.*

[ÉTYM. Dérivé de muguet, §§ 65 et 154. || XV° s. Devisé et mugueté, MARTIAL D'AUVERGNE, *Arrêts d'amour*, p. 402, dans LA C.]

|| *Vieilli.* Courtiser (en faisant le muguet, le galant). Vous muguetez sa fille, TH. CORN. *Comtesse d'Orgueil*, I, 3. *Absolt.* Faire le galant. Il ne fait que —. || *Fig.* Après avoir mugueté les sciences, D'AUB. *Lett. à M. Goulard* (1616). Tous les princes voisins de cette place la muguettent depuis longtemps (la convoitent et cherchent à s'en emparer), FURET. *Dict.*

MUID [mui] *s. m.*

[ÉTYM. Du lat. mŏdium, *m. s.* devenu *muei, mui, §§ 329, 415 et 291, écrit muid par réaction étymologique, § 502. (*Cf.* moyeu.)]

|| Ancienne mesure de capacité (pour le vin, les grains, etc.), de contenance variable selon les lieux et selon qu'elle s'appliquait aux liquides ou aux solides. Le — de vin de Paris (environ 268 litres). Le — de blé de Paris (environ 18 hectolitres). Futaille de cette contenance. Une personne grosse comme un —.

***MUIRE** [muïr] *s. f.*

[ÉTYM. Du lat. mŭria, *m. s.* qui a été prononcé mŭria (d'où moire, à Genève) et *mŭria, d'où muire, §§ 328, 329 et 291.]

|| *Dialect.* Eau des salines concentrée par l'évaporation.

***MULASSE** [mu-lăs'] *s. f.*

[ÉTYM. Dérivé de mule, § 81. || XIII° s. Chevaus et roncins et mulaces, *Règle de l'Hôpital*, dans GODEF. mulace.]

|| *Dialect.* Jeune mulet ou jeune mule.

***MULASSIER, IÈRE** [mu-là-syé, -syèr] *adj.*

[ÉTYM. Dérivé de mulasse, § 115. || 1471. Mulassier, dans GODEF.]

|| Qui produit des mulets. Industrie mulassière, relative à la production des mulets. Jument mulassière, et, *substantivt*, Mulassière, jument qu'on accouple avec un baudet, pour produire des mulets.

MULÂTRE [mu-lâtr'] *s. m.* et *f.*

[ÉTYM. Altération par substitution de suffixe (*V.* §§ 62 et 151) de mulat, mulate, mulatesse, emprunté de l'espagn. mulato, *m. s.* dérivé de mulo, mulet, § 13. || 1652. Mulastres, MAURILLE, *Voyages*, p. 36. | 1690. Mulat, mulatre ou mulate, FURET. Admis ACAD. 1762.]

|| Individu né de l'union d'un blanc avec une négresse, ou d'un nègre avec une blanche. Un —. Une — ou Une mulâtresse. *Adjectivt.* Un domestique —. Une femme —. *Fig.* Cette espèce mi-partie et, pour ainsi dire, —, D'ALEMB. *Éloges, Nivelle.*

MULCTER [mŭlk'-té] *v. tr.*

[ÉTYM. Emprunté du lat. mulctare, *m. s.* || XV° s. Multé, flagellé, tormenté, *Trad. de Térence*, dans GODEF. Admis ACAD. 1762.]

|| *Vieilli.* (Droit.) Frapper d'une peine (amende, prison, etc.).

1. MULE [mul] *s. f.*

[ÉTYM. Du lat. mŭla, *m. s.* §§ 328 et 291.]

|| Produit femelle de l'accouplement d'un baudet avec une jument, ou d'un cheval avec une ânesse. Être têtu comme une —. *Vieilli. Loc. prov.* Ferrer la —, faire des profits illicites. (*V.* ferrer.) A vieille —, frein doré, on cherche à déguiser sous les ornements les ravages du temps.

2. MULE [mul] *s. f.*

[ÉTYM. Emprunté du lat. mulleus (s.-ent. calceus), *m. s.* propr. « chaussure de la couleur du mulle ». || XIV° s. Il a les mules traversainnes, G. DE MACHAUT, *Œuvres*, p. 80, Tarbé.]

|| **1°** Sorte de pantoufle laissant le talon découvert. || *Spéciall.* Pantoufle blanche du pape, sur laquelle est brodée une croix. Baiser la — du pape.

|| **2°** *P. ext.* Engelure au talon. || *P. anal.* (Art vétérin.) Fissure à la peau du paturon, du boulet du cheval.

3. *MULE [mul] *s. f.*

[ÉTYM. Origine inconnue. || XIII° s. Que la mule en ostent Et avec les daintiez l'emportent, *Chace dou cerf*, dans JUBINAL. *Nouv. Rec.* I, 67.]

|| *Vieilli.* Estomac. (*Cf.* mulette.) *Spéciall.* Franche —, quatrième estomac du bœuf.

1. MULET [mu-lè] *s. m.*

[ÉTYM. Dérivé de l'anc. franç. mul, *m. s.* qui est le lat. mŭlum, § 133. || XI° s. De sul le fer fust uns mulez trussez, *Roland*, 3154.]

|| **1°** Produit mâle de l'accouplement d'un baudet avec une jument, ou d'un cheval avec une ânesse. (*Cf.* bardeau.) Chargé comme un —. Têtu comme un —. *Vieilli.* Garder, brider le —, attendre impatiemment que qqn vienne. *P. ext.* Être déçu. Vous verrez qu'un tiers nous aura fait la pièce et que nous aurons bridé le —, PALAPRAT, *Fille de bon sens*, III, 10.

|| **2°** *P. anal.* Produit de deux individus d'espèce et de race différente.

2. MULET [mu-lè] *s. m.*

[ÉTYM. Dérivé du lat. mullus, *m. s.* confondu, à ce qu'il semble, avec mulus (*V.* mulet 1), § 133. (*Cf.* mulle.) || XIII° s. Lamproies orent et saumons Bars et mulés et estorgons, *Durmart*, 6339.]

|| **1°** Rouget, poisson de mer. (*Cf.* surmulet.)

|| **2°** *Abusivt.* Muge, poisson de mer.

1. MULETIER [mŭl-tyé; *en vers*, mu-le-...] *s. m.*

[ÉTYM. Dérivé de mulet, § 115. || 1539. R. EST.]

|| Conducteur de mulets.

2. *MULETIER, IÈRE [mŭl-tyé, -tyèr; *en vers*, mu-le-...] *adj.*

[ÉTYM. Dérivé de mulet, § 133. Inusité aux XVII°-XVIII° s. || XVI° s. Les forces muletières, A. JAMYN, *Iliade*, 24.]

|| Propre aux mulets. Chemin — (trop étroit, trop escarpé, pour les voitures).

***MULETON** [mŭl-ton; *en vers*, mu-le-...] *s. m.*

[ÉTYM. Dérivé de mulet 1, § 104. || XVI° s. Petis muletons, COTEREAU, *Columelle*, VI, 36.]

|| Jeune mulet.

***MULETTE** [mu-lèt'] *s. f.*

[ÉTYM. Dérivé de mule 3, § 133. || XIII° s. Vous trouverés en sa mulete En la guise d'un gant pourtrete Le liu ou la mains a esté, BEAUMAN. *Manekine*, 7601.]

|| (Technol.) Caillette du veau. || Gésier des oiseaux de proie.

***MULIER** [mu-lyé] *s. m.*

[ÉTYM. Dérivé du radical de mulet 2, § 115. || 1769. DUHAMEL DU MONCEAU, *Traité des pêches*, I, II, 75.]

|| (Technol.) Filet pour la pêche du mulet.

***MULLE** [mul] *s. m.*

[ÉTYM. Emprunté du lat. mullus, *m. s.* || 1505. Le mul ou mulet, DESDIER, *Honn. Volupté*, f° 88, r°.]

|| (Hist. nat.) Nom scientifique du rouget ou mulet, poisson.

***MULON** [mu-lon]. *V.* meulon.

MULOT [mu-ló] *s. m.*

[ÉTYM. Dérivé du bas allem. mul, taupe, §§ 10 et 136. (*Cf.* holland. mol, angl. mole, et le *Gloss. de Reichen.* : Talpas : mull qui terram fodiunt.) || XII° s. Bestiolas... quas vocant mulotes, BAUDRY DE BOURGUEIL, dans DU C. mulotes. | XIII° s. Curculio : mulot, *Pariser Gloss.* 364, Hofmann.]

|| Petit mammifère, espèce de souris des champs. (*Cf.* surmulot.) *Loc. prov. Vieilli.* Endormir le — (pour le prendre), et, *fig.* amuser qqn par de belles paroles.

***MULOTER** [mu-ló-té] *v. intr.*

[ÉTYM. Dérivé de mulot, § 154. || 1561. J. DU FOUILLOUX, *Vénerie*, p. 136.]

|| (Vénerie.) Gratter les trous de mulot. (Se dit du sanglier, du chien.)

MULTICOLORE [mŭl-ti-kò-lòr] *adj.*

[ÉTYM. Emprunté du lat. multicolor, *m. s.* Semble inusité aux XVII° et XVIII° s. || XVI° s. Les undes multicolores de cest habillement feé, J. LE MAIRE, I, 166, Stecher. Admis ACAD. 1878.]

|| Qui est de plusieurs couleurs.

MULTIFLORE [mŭl-ti-flòr] *adj.*

[ÉTYM. Emprunté du lat. multiflorus, *m. s.* || 1798. L.-C.-M. RICHARD, *Dict. de botan. de Bulliard*, p. 100. Admis ACAD. 1835.]

|| (T. didact.) Qui porte plusieurs fleurs. Pédoncule —.

MULTIFORME [mul-ti-fòrm'] *adj.*

[ÉTYM. Emprunté du lat. multiformis, m. s. ‖ XVᵉ s. Dons multiformes, CHASTELL. dans DELB. *Rec*. Admis ACAD. 1835.]

‖ (T. didact.) Qui a plusieurs formes.

***MULTILOCULAIRE** [mŭl-ti-lò-ku-lêr] adj.

[ÉTYM. Composé avec le lat. multus, beaucoup, loculus, loge, et le suffixe aire, §§ 270 et 248. ‖ 1799. L.-C.-M. RICHARD, *Dict. de botan. de Bulliard*.]

‖ (Botan.) Partagé en plusieurs loges.

MULTIPLE [mŭl-tipl'] adj.

[ÉTYM. Emprunté du lat. multiplex, m. s. ‖ XIVᵉ s. Proportion multiplice, EVRART DE CONTY, *Probl. d'Aristote*, dans GODEF. multiplex.]

‖ (T. didact.) ‖ **1°** Qui manifeste plusieurs manières d'être, d'agir. force, action, puissance —. Poulie —, système composé de plusieurs poulies. Écho —, qui répète à plusieurs reprises les sons. ‖ (Gramm.) Sujet —, qui désigne plusieurs êtres. Attribut —, qui exprime plusieurs manières d'être. ‖ *P. ext.* En parlant de plusieurs choses dérivant d'une seule. Un homme qui a des fonctions multiples. Les effets multiples de l'électricité.

‖ **2°** *Spécialt.* (Mathém.) Qui contient plusieurs fois exactement une quantité. 6 et 4 sont des nombres multiples de 2. *Substantivt.* Un —, un sous-— d'un nombre, celui qui le contient, qui y est contenu plusieurs fois exactement. Les multiples, les sous-multiples du système métrique décimal, mesures de dix en dix fois plus grandes (décalitre, hectolitre, etc.) et de dix en dix fois plus petites (décilitre, centilitre, etc.) que l'unité. Loi des proportions multiples, en vertu de laquelle, quand deux corps simples forment plusieurs combinaisons chimiques, les quantités de chacun de ces corps contenues dans l'une des combinaisons sont des multiples ou des sous-multiples des nombres simples de quantités contenues dans les autres.

MULTIPLIABLE [mŭl-ti-pli-àbl'] adj.

[ÉTYM. Dérivé de multiplier, § 93. (*Cf.* le lat. multiplicabilis.) ‖ XIIᵉ s. Li curres de Deu a dis milliers multipliable, *Psaut. d'Oxf.* LXVII, 18. Admis ACAD. 1762.]

‖ (T. didact.) Qui peut être multiplié.

***MULTIPLIANT, ANTE** [mŭl-ti-pli-yan, -yant'] adj.

[ÉTYM. Adj. particip. de multiplier, § 47. ‖ XIIᵉ s. Uns est multiplianz, sultiz, PH. DE THAUN, *Best*. p. 83.]

‖ Qui multiplie. *Spécialt.* (Optique.) Verre —, et, *substantivt*, —, verre à facettes qui fait voir les images réfléchies plusieurs fois.

MULTIPLICANDE [mŭl-ti-pli-kànd'] s. m.

[ÉTYM. Emprunté du lat. multiplicandus (s.-ent. numerus, nombre), devant être multiplié. ‖ 1552. Nombre à multiplier lequel nous appellerons multiplicande, J. PELETIER, *Arithm.* fᵒ 10, rᵒ. Admis ACAD. 1762.]

‖ (Arithm.) Nombre donné comme devant être multiplié par un autre.

MULTIPLICATEUR [mŭl-ti-pli-kà-teŭr] s. m.

[ÉTYM. Emprunté du lat. multiplicator, qui multiplie. ‖ 1515. Doibt estre le multiplicateur moindre que le nombre que tu veulx multiplier, LORTIE, *Arithm.* fᵒ 13, rᵒ. Admis ACAD. 1762.]

‖ (Arithm.) Nombre donné par lequel un autre nombre doit être multiplié.

MULTIPLICATION [mŭl-ti-pli-kà-syon ; *en vers*, -si-on] s. f.

[ÉTYM. Emprunté du lat. multiplicatio, m. s. ‖ XIIIᵉ s. Le proveras apres par multiplicatio, *Comput*, fᵒ 15, dans LITTRÉ.]

‖ **1°** Action de multiplier. Le miracle de la — des pains par Jésus-Christ. La — du genre humain. La — d'une plante par éclats, par boutures. *Spécialt.* (Botan.) Développement anormal de certains organes par l'addition d'organes surnuméraires. ‖ *P. ext.* La — des moyens de transport.

‖ **2°** (Arithm.) Opération par laquelle, étant donnés deux nombres (multiplicande et multiplicateur), on en cherche un troisième (produit) composé avec le premier comme le second l'est avec l'unité.

MULTIPLICITÉ [mŭl-ti-pli-si-té] s. f.

[ÉTYM. Emprunté du lat. multiplicitas, m. s. ‖ XIIᵉ s. Quant li dedantriène uniteiz des cuers assemblet la deforaine multipliciteit, *Serm. de St Bern.* p. 131.]

‖ Existence d'un grand nombre de choses d'une même espèce. La — des systèmes philosophiques, des lois.

MULTIPLIER [mŭl-ti-pli-yé] v. tr. et intr.

[ÉTYM. Emprunté du lat. multiplicare, m. s. Souvent en anc. franç. moltepleier, montepleier, monteployer, formes à demi pop. ‖ XIIᵉ s. Purquei sunt multiplieth mi enemi? *Psaut. de Cambridge*, III, 1.]

I. *V. tr.* ‖ **1°** Porter à un nombre de plus en plus grand, en les faisant naître les uns des autres (des êtres de même espèce). Vous avez promis que vous multiplieriez leur race comme les étoiles du ciel, SACI, *Bible, Daniel*, III, 36. Ce peuple se multiplie à l'infini, FÉN. *Tél.* 5. Je trouvais de mes portraits partout, je me voyais multiplié dans toutes les boutiques, MONTESQ. *Lett. pers.* 30. — une plante par éclats, par boutures. Il multiplia tellement les pains que, de ce qui resta, l'on put encore remplir sept paniers, BOURD. *Tempér. chrét.* 2. Nous verrions le cabaretier laborieux — le vin de Champagne, PALAPRAT, *Arleq. phaéton*, II, 5. Les sectes se multiplieraient à l'infini, BOSS. *R. d'Angl.* ‖ *P. ext.* Porter à un nombre de plus en plus grand (des choses de même espèce). — les essais, les expériences. ‖ *Fig.* Une personne qui se multiplie, se porte sur divers points avec une activité telle qu'on croirait voir plusieurs personnes au lieu d'une. Il semble qu'il se multiplie dans ses actions, BOSS. *Condé.*

‖ **2°** (Arithm.) Répéter (une même quantité) un certain nombre de fois. — un nombre par un autre, chercher un troisième nombre qui soit composé avec le premier comme le second l'est avec l'unité.

II. *V. intr.* Être porté à un nombre de plus en plus grand. Croissez et multipliez. ‖ *P. ext.* Les expériences qui nous en donnent l'intelligence multiplient continuellement, PASC. *Vide*, préf.

MULTITUDE [mŭl-ti-tud'] s. f.

[ÉTYM. Emprunté du lat. multitudo, inis, m. s. ‖ XIIᵉ s. Selunc la multitudine de leur impietez, *Psaut. d'Oxf.* V, 12.]

‖ **1°** Nombre considérable de personnes, de choses. La Grèce était redoutable par sa situation, la force, la — de ses villes, MONTESQ. *Rom.* 5. Cette — de livres, de journaux qu'on imprime. Une — de curieux. Ces multitudes (de soldats) s'acharnent les uns contre les autres, VOLT. *Dict. philos.* guerre. La — qui ne se réduit pas à l'unité est confusion. L'unité qui ne dépend pas de la — est tyrannie, PASC. *Pens.* XXIV, 84.

‖ **2°** *Absolt.* Ceux qui forment le plus grand nombre, la masse du peuple. Quand une fois on a trouvé le moyen de prendre la — par l'appât de la liberté, BOSS. *R. d'Angl.* On ne s'explique pas avec la —, CORN. *Sertor.* V, 6.

MULTIVALVE [mŭl-ti-vàlv'] adj.

[ÉTYM. Composé avec le lat. multus, beaucoup, et le franç. valve, §§ 270 et 284. ‖ 1752. TRÉV. Admis ACAD. 1762.]

‖ (T. didact.) Qui a plusieurs valves. Les coquilles multivalves, et, *substantivt*, *au fém.* Les multivalves.

MUNICIPAL, ALE [mu-ni-si-pàl] adj.

[ÉTYM. Emprunté du lat. municipalis, m. s. ‖ 1527. La loy commune et municipalle, F. DASSY, *Peregrin*, dans DELB. *Rec.*]

‖ **1°** (Antiq.) Qui appartient à un municipe. Les curiales chargés des fonctions municipales.

‖ **2°** *P. ext.* Qui appartient à l'administration d'une commune, d'une cité. Les magistrats municipaux, le maire et les adjoints. Conseil —, conseil formé des membres élus par les habitants, du maire, des adjoints, pour s'occuper des intérêts de la commune. Les conseillers municipaux, les membres élus pour faire partie du conseil. Le corps — de chaque commune se compose du maire, des adjoints et des conseillers municipaux, *Loi municipale du 21 mars 1881*, art. 1. ‖ *Spécialt.* A Paris. Garde municipale, corps d'élite chargé de la garde de la ville. Les gardes municipaux, et, *substantivt, famil.* Les municipaux, un —, les soldats, un soldat de cette garde.

MUNICIPALITÉ [mu-ni-si-pà-li-té] s. f.

[ÉTYM. Dérivé de municipal, § 255. ‖ 1756. Le despotisme de la municipalité, MARQUIS DE MIRABEAU, *l'Ami des hommes*, V, 255. Admis ACAD. 1798.]

‖ **1°** Ensemble des magistrats municipaux.

‖ **2°** Siège de l'administration municipale. Se mariera à la —.

MUNICIPE [mu-ni-sïp'] s. m.

[ÉTYM. Emprunté du lat. municipium, m. s. ‖ 1765. ENCYCL. Admis ACAD. 1798.]

‖ (Antiq. rom.) Ville se gouvernant d'après ses lois, ses coutumes, et dont les habitants jouissent du droit de cité.

MUNIFICENCE [mu-ni-fi-sàns] s. f.

[ÉTYM. Emprunté du lat. munificentia, m. s. ‖ XVᵉ s. La voix de pitié se nomme autrement munificence, GERSON, dans DOCHEZ, *Dict.*]

|| Grandeur dans la libéralité. La — royale.

MUNIR [mu-nîr] *v. tr.*

[ÉTYM. Emprunté du lat. munire, *m. s.* || XIVᵉ s. Qui n'iert par repentir munis De Dieu sera ciertes punis, GILLES LI MUISIS, *Poés.* I, 41.]

|| **1°** Approvisionner (une ville, une armée) de moyens de défense, de subsistance. Gand tombe avant qu'on pense à le —, BOSS. *Marie-Thérèse.* Vous pouvez cependant faire — ces places, CORN. *Nicom.* II, 3.

|| **2°** *P. ext.* Approvisionner (qqn) des choses dont on prévoit qu'il aura besoin. Ils étaient munis de cordes et de haches. Se — de son manteau, d'un parapluie. *Absolt.* Un voyageur Qui s'était muni, par bonheur, Contre le mauvais temps, LA F. *Fab.* VI, 3. || *P. plaisant.* Le prélat, muni d'un déjeuner, BOIL. *Lutr.* 1. || *P. anal.* (T. ecclés.) — des sacrements (un mourant). Elle rendit son âme à Dieu, munie de tous les sacrements des mourants, RAC. *Épitaphe de Mlle de Bretagne.* || *Fig. Famil.* Se — de patience.

MUNITION [mu-ni-syon ; *en vers,* -si-on] *s. f.*

[ÉTYM. Emprunté du lat. munitio, action de munir. || XIVᵉ s. Chastel si est municion, *Poème sur les propr. des plantes,* dans DELB. *Rec.*]

|| (T. milit.) Ensemble des moyens de défense, de subsistance, dont on approvisionne une place, un corps de troupes. L'état de la — dont il avait fait faire provision pour la guerre, AMYOT, *Caton d'Utiq.* 77. Pain de —, pain qu'on distribue aux soldats. Fusil de —, fusil dont on arme les soldats d'infanterie. || Munitions de bouche, de guerre, ce qui sert à la subsistance, ce qui sert à l'armement. *Absolt.* Des munitions, poudre, cartouches, gargousses, projectiles.

MUNITIONNAIRE [mu-ni-syò-nèr ; *en vers,* -si-ò-...] *s. m.*

[ÉTYM. Dérivé de munition, § 248. || XVIᵉ s. Les petites villettes prises, on les reservoit pour les munitionnaires, LA NOUE, *Disc. polit.* XXVI, 16.]

|| (T. milit.) Celui qui est chargé de fournir à une place, à un corps de troupes, les munitions de bouche.

MUQUEUX, EUSE [mu-keû, -keûz'] *adj.*

[ÉTYM. Emprunté du lat. mucosus, *m. s.* || XVIᵉ s. PARÉ, x, 6. Admis ACAD. 1762.]

|| (T. didact.) Qui produit des mucosités. Glandes muqueuses. Membranes muqueuses. Le réseau — de la peau. || *P. ext.* Râle —, formé par le bruit de l'air, qui traverse des mucosités à la sortie des poumons. Fièvre muqueuse, que caractérise l'état d'inflammation des membranes muqueuses, digestives et pulmonaires.

MUR [mûr] *s. m.*

[ÉTYM. Du lat. mûrum, *m. s.* §§ 328 et 291.]

|| Pan de maçonnerie plus ou moins élevé, servant à enclore, à soutenir. Gros —, un des murs principaux sur lesquels porte un bâtiment. — de refend, qu'on élève entre les gros murs pour diviser l'intérieur du bâtiment. — de clôture, qui enclôt une cour, un jardin, un parc, etc. — d'appui, qui ne s'élève qu'à hauteur d'appui. — de dossier, qui s'élève au-dessus d'un toit et auquel sont adossés des tuyaux de cheminée. — de pignon, qui s'élève jusqu'au pied du toit et le supporte. — mitoyen, commun à deux propriétés. (Jeu de paume.) Grand —, contre lequel il n'y a pas de toit. (Escrime.) Tirer au —, s'escrimer contre un mur, pour s'exercer, et, *p. ext.* s'escrimer contre qqn qui ne fait que parer, sans riposter. Mettre qqn au pied du —, le pousser, l'épée à la main, jusqu'à ce qu'il soit adossé au mur et ne puisse plus rompre, et, *fig.* ôter à qqn toute échappatoire. Les murs d'une ville, qui en forment l'enceinte. Dans les murs, hors des murs, tout parle de sa gloire, CORN. *Hor.* V, 3. De Jérusalem l'herbe cache les murs, RAC. *Esth.* I, 1. || *P. ext.* Attaquons dans leurs murs (dans leur ville) ces conquérants si fiers, RAC. *Mithr.* III, 1. Il est doux de revoir les murs de la patrie (de la ville natale), CORN. *Sertor.* III, 1. Sous les murs d'une ville, au pied des murs. || *Loc. prov.* Ne laisser que les quatre murs, vider entièrement une maison. Être logé entre quatre murs, être mis en prison. Battre les murs (d'une rue), aller d'un côté à l'autre de la rue, en vacillant comme un homme ivre. Donner de la tête contre les murs, se désespérer. Les murs ont des oreilles, des yeux, on n'est jamais sûr de n'être pas écouté, épié. || *P. ext.* Un — de planches, clôture faite avec des planches. || Murs d'une mine, parois inférieures (par opposition à la paroi supérieure, dite toit). || Morts murs, parois d'un four de fusion, construites en matière

aussi réfractaire que possible. || *Fig.* Ce qui fait obstacle. Son nom seul est un — à l'empire ottoman (contre les Ottomans), LA F. *Fab.* IX, 20, *Disc. à Mme de la Sablière.* Cet homme que Dieu avait mis autour d'Israël comme un — d'airain, FLÉCH. *Turenne.* Cette passion seule éleva un — de séparation entre Dieu et le pécheur, MASS. *Providence. Néolog.* Franchir le — de la vie privée, pénétrer dans les secrets de la vie privée de qqn.

MÛR, MÛRE [mûr] *adj.*

[ÉTYM. Du lat. matûrum, *m. s.* devenu madur, maûr, meûr, §§ 334, 402, 328 et 291, meur, mûr, § 358. (*Cf.* maturité, prématuré.)]

|| (En parlant d'un fruit, d'une graine.) Qui a atteint tout son développement. Des cerises, des pêches mûres. Des raisins mûrs. Ces blés sont mûrs, dit-il, LA F. *Fab.* IV, 22. *Loc. prov.* Il faut attendre à cueillir la poire qu'elle soit mûre, il faut attendre pour exécuter une entreprise que le moment soit venu. Entre deux vertes, une mûre, on trouve deux mauvaises choses pour une bonne. || *Fig.* Qui est à point. Un abcès —, qui a atteint son développement, qui est près de percer. Être — pour qqch, être arrivé au point qu'il faut pour être propre à qqch. Ce jeune homme n'est pas — pour les affaires. Être — pour le ciel, pour gagner le ciel. Ces fruits à peine éclos (ces enfants) déjà mûrs pour les cieux, ROTROU, *St Genest,* II, 7. || L'âge —, l'âge où l'homme a atteint tout son développement. Dans un âge plus — moi-même parvenu, RAC. *Phèd.* I, 1. Un homme —, d'un esprit —, dont l'esprit a atteint tout son développement. *Dans un sens défavorable.* Un homme —, une femme mûre, qui n'est plus jeune. L'autre (veuve) un peu bien mûre, LA F. *Fab.* I, 17. Une affaire mûre, qu'il est temps de conclure. Après mûre délibération, après une complète délibération.

***MURAGE** [mu-râj'] *s. m.*

[ÉTYM. Dérivé de murer, § 78. Fréquent en anc. franç. comme dérivé de mur au sens de « muraille » ou de « taxe pour l'entretien des murs d'une ville ». || *Néolog.*]

|| (Technol.) Action de murer.

MURAILLE [mu-rày'] *s. f.*

[ÉTYM. Dérivé de mur, § 95. La forme masc. correspondante murail se trouve dès le XIIᵉ s. dans *Énéas,* 421. || 1346. Muraille et closure, dans VARIN, *Arch. admin. de Reims,* II, 1126.]

|| Étendue de murs formant une enceinte, une barrière. Qu'elle-même (Rome) sur soi renverse ses murailles ! CORN. *Hor.* IV, 5. Tu (Alger) te verras attaquée dans tes murailles, BOSS. *Marie-Thérèse.* Se ranger contre la — (dans une rue). La — de la Chine, la grande —, construite pour arrêter les invasions des Tartares. Couleur de —, qui se confond avec celle des murailles. Un manteau couleur de —. || Entre quatre murailles, en prison. || *Loc. prov.* La — blanche est le papier des sots, les sots ont la manie d'écrire sur les murailles. Se casser la tête contre la —, se désespérer. || *P. anal.* La — d'un navire, son enveloppe extérieure. || *P. ext.* (Art vétérin.) Corne qui enveloppe le pied du cheval.

***MURAILLEMENT** [mu-rày'-man ; *en vers,* -rà-ye-...] *s. m.*

[ÉTYM. Dérivé de murailler, §§ 65 et 145. || 1773. MONNET, *Exploit. des mines,* p. 137.]

|| (Technol.) Travail de maçonnerie destiné à soutenir une paroi de mine, de haut fourneau, un remblai, etc.

***MURAILLER** [mu-rà-yé] *v. tr.*

[ÉTYM. Dérivé de muraille, § 154. || 1451. Novellement muraillé, *Comptes de Nevers,* dans GODEF.]

|| (Technol.) Soutenir par un travail de maçonnerie. — un puits de mine, un remblai, etc.

MURAL, ALE [mu-ràl] *adj.*

[ÉTYM. Emprunté du lat. muralis, *m. s.* || XIVᵉ s. Coronne murail (*sic*), BERSUIRE, dans GODEF. murail.]

|| (T. didact.) Qui appartient à un mur. (*Cf.* pariétal.) Cercle —, et, *substantivt,* —, cercle appliqué contre un mur, dans le plan du méridien, mobile sur son axe, muni d'une lunette qui se meut parallèlement au cercle, et destiné à prendre des hauteurs méridiennes. Carte murale, carte géographique qu'on suspend à un mur. Peinture murale, faite sur un mur. || Plante murale, qui croît sur les murs. Insectes muraux, qui déposent leurs œufs dans les cavités des murs. || *P. ext.* (Antiq. rom.) Couronne murale, couronne crénelée décernée à celui qui était monté le premier sur les murs d'une place assiégée.

MÛRE [mûr] *s. f.*

[ÉTYM. Du lat. pop. *mǫra (class. mōrum, § 545), *m. s.* devenu more, moure, meure, prononciation conservée par quelques patois, altérée en mûre, à ce qu'il semble, sous l'influence de l'adj. mûr, §§ 325, 291 et 509. THÉOPHILE fait encore rimer meure et demeure, mais dès le XIIIᵉ s. on trouve trace de la confusion entre meure (lat. *mǫra) et meûre (lat. matūra). || XIIᵉ s. Peme a le loi d'enfant qui pleure : Çou qu'avoir puet n'aime une meure, GAUT. D'ARRAS, *Ille et Galeron*, 5255.]

|| **1º** Fruit du mûrier. Mures blanches, noires. Sirop de mûres.

|| **2º** *P. anal.* — de haie, — sauvage, — de renard, et, *absolt*, —, fruit de diverses espèces de ronces. *Loc. prov.* Autant en dit le renard des mûres (allusion à une fable où le renard, ne pouvant atteindre des mûres, les déclare trop vertes), on fait fi de ce qu'on ne peut obtenir.

*MUREAU [mu-ró] *s. m.*

[ÉTYM. Dérivé de mur, § 126; proprt, « petit mur ». || XIIᵉ s. Posez vostre quer es murealz, *Psaut. de Cambridge*, XLVII, 14.]

|| (Technol.) Maçonnerie qui protège la tuyère d'un fourneau de forge.

MÛREMENT [mur-man ; *en vers*, mu-re-...] *adv.*

[ÉTYM. Composé de mûre (fém. de mûr) et ment, § 724. || XIVᵉ s. Conseiller meurement et longuement, ORESME, *Éth.* VI, 10. Admis ACAD. 1740.]

|| Avec maturité. J'ai pesé — toutes choses, MOL. *Tart.* II, 2. Pensez-y —, CORN. *Nicom.* III, 2.

MURÈNE [mu-rèn'] *s. f.*

[ÉTYM. Emprunté du lat. muræna, grec μύραινα, *m. s.* || XIIIᵉ s. Moreine, BRUN. LATINI, *Trésor*, p. 184. Admis ACAD. 1762.]

|| Espèce de congre, poisson.

MURER [mu-ré] *v. tr.*

[ÉTYM. Dérivé de mur, § 154. (*Cf.* le lat. muratus, entouré de murs.) || XIIᵉ s. Puis comande les huis murer, CHRÉTIEN DE TROYES, *Charrette*, dans DELB. *Rec.*]

|| Fermer par un mur. — une porte, une fenêtre. || *P. ext.* — une chambre, en murer les issues. || *P. ext.* — qqn, l'enfermer dans un endroit dont on mure les issues. || *Fig. Néolog.* La vie privée doit être murée, soustraite à la publicité.

MUREX [mu-rĕks'] *s. m.*

[ÉTYM. Emprunté du lat. murex, *m. s.* || 1505. La purpure et le murex, DESDIER, *Honn. Volupté*, fº 92, rº. Admis ACAD. 1762.]

|| (Hist. nat.) Coquillage univalve hérissé de pointes rocailleuses. — des anciens, dont on tirait la pourpre.

MURIATE [mu-ryăt' ; *en vers*, -ri-ăt'] *s. m.*

[ÉTYM. Dérivé du lat. muria, muire, saumure, § 282 *bis*. || 1787. G. DE MORVEAU, *Nomencl. chim.* p. 45. Admis ACAD. 1835.]

|| *Vieilli.* (Chimie.) Chlorydrate. — de soude, sel marin. — d'ammoniaque, sel ammoniac.

MURIATIQUE [mu-ryà-tĭk' ; *en vers*, -ri-à-...] *adj.*

[ÉTYM. Dérivé de muriate, §§ 229 et 282 *bis*. || 1787. G. DE MORVEAU, *Nomencl. chim.* p. 45. Admis ACAD. 1835.]

|| *Vieilli.* (Chimie.) Chlorhydrique. Acide —, acide chlorique.

MÛRIER [mu-ryé] *s. m.*

[ÉTYM. Dérivé de mûre, §§ 65 et 115. (*Cf.* sycomore.) || XIIᵉ s. Ki ocist en grisille lur vignes e lur muriers trenchad en freit, *Psaut. de Cambridge*, LXXVII, 47.]

|| Arbre à feuilles alternes, à fruit monoïque, pulpeux. — noir, à fruits noirs, à racine âcre purgative. Les nymphes... du sang des amants teignirent par des charmes Le fruit d'un — proche et blanc jusqu'à ce jour, LA F. *Filles de Minée.* — blanc ou de Chine, à fruits blancs, dont la feuille sert à la nourriture des vers à soie.

MÛRIR [mu-rîr] *v. tr. et intr.*

[ÉTYM. Dérivé de mûr, § 154. Ordinairement meûrer en anc. franç., d'après le lat. maturare. || XIVᵉ s. Les vices se veillisseroient et vertu se meuriroit, BERSUIRE, fº 55, dans LITTRÉ.]

|| **1º** *V. tr.* Rendre mûr. La chaleur mûrit les moissons. La grappe mûrie par le soleil. || *P. ext.* — la terre, en exposer à l'air les couches inférieures par un labour profond. || *Fig.* Mettre des cataplasmes sur un abcès pour le —, pour l'amener au point où on peut l'ouvrir. Une personne dont l'esprit, dont le caractère a été mûri par le malheur. Une résolution mûrie (par la réflexion). Maintenant que le temps a mûri mes désirs, BOIL. *Ép.* 5. Il faut que le temps la mûrisse (l'opinion), PASC. *Prov.* 6.

|| **2º** *V. intr.* Devenir mûr. Nos vins et nos moissons mûriront désormais, DANCOURT, *Impr. de Suresne*, prol. || *Fig.* Laissez entre mes mains — vos destinées, CORN. *Hér.* II, 2. Y eut-il jamais homme... qui laissât — ses entreprises avec tant de patience? FLÉCHIER, *Turenne.*

*MÛRISSANT, ANTE [mu-ri-san, -sănt'] *adj.*

[ÉTYM. Adj. particip. de mûrir, § 47. || *Néolog.*]

|| Qui mûrit. | **1.** Qui fait devenir mûr. | **2.** Qui devient mûr.

MURMURANT, ANTE [mur-mu-ran, -rănt'] *adj.*

[ÉTYM. Adj. particip. de murmurer, § 47. || *Néolog.* Admis ACAD. 1878.]

|| Qui murmure. Une source murmurante. Au sein des vagues murmurantes, V. HUGO, *Odes*, IV, 3.

*MURMURATEUR, TRICE [mur-mu-rà-teur, -trĭs'] *s. m. et f.*

[ÉTYM. Emprunté du lat. murmurator, *m. s.* || XVIᵉ s. Fermer la bouche aux murmurateurs, CALV. *Instit. chr.* IV, XVI, 17.]

|| *Vieilli.* Celui, celle qui murmure, qui se plaint tout bas de qqn, de qqch. Moïse exterminant les murmurateurs, MASS. *Resp. hum.* || *Adjectivt.* Bernard... confond les ministres murmurateurs, MASS. *Panég. St Bernard.* Ils (les Juifs) sont murmurateurs, séditieux, ingrats, L. RAC. *Relig.* 3.

MURMURE [mur-mûr] *s. m.*

[ÉTYM. Subst. verbal de murmurer, § 52. || XIIᵉ s. Par la cort an font grant murmure, CHRÉTIEN DE TROYES, *Erec*, dans DELB. *Rec.*]

|| **1º** Plainte sourde. Ils souffrent sans —, CORN. *Poly.* I, 3. Votre absence est pour eux un sujet de —, RAC. *Baj.* I, 1. Toute la Grèce éclate en murmures confus, ID. *Andr.* I, 1. || *Fig.* J'en ressens dans mon âme un — secret, CORN. *Pomp.* V, 5. Du sang qui se révolte est-ce quelque —? RAC. *Iph.* I, 3.

|| **2º** Bruit sourd produit par l'expression contenue des sentiments d'une réunion d'hommes. On entendit un — sourd qui se répandait peu à peu dans l'assemblée, FÉN. *Tél.* 20. C'était au contraire un — doux et favorable, ID. *ibid.* 11. Un — d'approbation, de désapprobation, d'admiration.

|| **3º** Bruissement confus. Des fontaines coulant avec un doux —, FÉN. *Tél.* 1. Le — des vents. Le — des oiseaux.

MURMURER [mur-mu-ré] *v. intr. et tr.*

[ÉTYM. Emprunté du lat. murmurare, *m. s.* || XIIᵉ s. E murmurerent en lur tabernacles, *Psaut. d'Oxf.* CV, 24.]

I. *V. intr.* || **1º** Faire entendre une plainte sourde. Si je n'ai pu vous plaire, Je n'en murmure point, RAC. *Baj.* V, 4. Ne murmurez pas, si Madame a été choisie pour vous donner une telle instruction, BOSS. *D. d'Orl.* Je ne murmure point qu'une amitié commune Se range du parti que flatte la fortune, RAC. *Brit.* III, 7. || *Fig.* Je ne sais quoi pourtant dans mon cœur en murmure, CORN. *Hér.* V, 7. Ces colifichets dont le bon sens murmure, MOL. *Mis.* I, 2. La chair murmure, CORN. *Imit.* III, 12.

|| **2º** Faire entendre un bruissement sourd. Le bruit de l'onde qui murmure. Le vent murmure. On entend les oiseaux — dans le feuillage.

II. *V. tr.* Dire (qqch) à voix basse. Un secret que l'on murmure à l'oreille. Je ne veux plus donner lieu qu'on murmure Que choisir par autrui c'est me faire une injure, CORN. *D. Sanche*, III, 4.

*MÛRON [mu-ron] *s. m.*

[ÉTYM. Dérivé de mûre, § 104. || 1549. Les meurons sont de plus grand valeur, J. MEIGNAN, *Hist. des plantes*, dans DELB. *Rec.*]

|| *Dialect.* || **1º** Mûre, fruit de la ronce.

|| **2º** *P. ext.* Framboisier sauvage.

*MURRHE [mûr] *s. f.*

[ÉTYM. Emprunté du lat. murrha, grec μύρρα, *m. s.* (*Cf.* myrrhe.) || *Néolog.*]

|| (Antiq.) Matière irisée dont les anciens fabriquaient des vases précieux.

MURRHIN, INE [mur'-rin, -rin'] *adj.*

[ÉTYM. Emprunté du lat. murrhinus, *m. s.* || 1556. Vases murrhins, GUILL. DU CHOUL, *Relig. des anc. Romains*, dans DELB. *Rec.* Admis ACAD. 1835.]

|| (Antiq.) Fait de murrhe. Vases murrhins.

MUSAGÈTE [mu-zà-jèt'] *adj.*

[ÉTYM. Emprunté du lat. musagetes, grec μουσαγέτης, *m. s.* || 1752. TRÉV. Admis ACAD. 1835.]

|| (Mythol.) Conducteur des muses. Apollon —.

MUSARAIGNE [mu-zà-rèñ'] *s. f.*

[ÉTYM. Du lat. pop. *mûsaranea (class. musaraneus), *m. s.* proprt, « rat-araignée », § 174. (*Cf.* araigne.) || xv⁰ s. Merisengne, *Fauconnerie d'Albert le Grand,* dans DELB. *Rec.* Admis ACAD. 1762.]

|| Petit mammifère carnassier, insectivore, à odeur musquée.

MUSARD, ARDE [mu-zàr, -zàrd'] *adj.*

[ÉTYM. Dérivé de muser, § 147. || xiiⁱ⁰ s. Mout avez dit que maus coarz Et que maus bric et que musarz, *Thèbes,* 2887.]

|| Qui perd le temps à des bagatelles.

*MUSARDER [mu-zàr-dé] *v. intr.*

[ÉTYM. Dérivé de musard, § 154. || *Néolog.*]

|| Faire le musard.

*MUSARDERIE [mu-zàrd'-ri; *en vers,* -zàr-de-ri] et
*MUSARDISE [mu-zàr-dîz'] *s. f.*

[ÉTYM. Dérivé de musard, §§ 69 et 124. L'anc. franç. dit ordinairement musardie; on ne trouve pas musardise avant le xix⁰ s. || xvi⁰ s. La musarderie des musars, RAB. III, prol.]

|| Caractère, conduite du musard.

MUSC [mûsk'] *s. m.*

[ÉTYM. Emprunté du lat. muscus, grec μόσχος, musc (parfum), qui viennent du persan mosq, *m. s.* § 22. || xiiⁱ⁰ s. Un poc de musc destempré avec rose, *Simples medicines,* f⁰ 6, v⁰.]

|| 1⁰ Substance odorante que contient une poche située dans le ventre du mâle d'une espèce de chevrotin. Peau de —, parfumée de musc. || — végétal, certaine huile essentielle odorante. — artificiel, sorte de résine jaune odorante. Herbe au —, ambrette. Gros — d'hiver, poire d'hiver très parfumée. || *P. plaisant.* — indigène, fiente de vache séchée au soleil.

|| 2⁰ *P. ext.* | 1. Le chevrotin qui fournit cette substance odorante, dit aussi porte-—. | 2. Couleur brune de cet animal. Un appartement tapissé de drap —, LES. *Diable boit.* 6.

MUSCADE [mûs'-kàd'] *adj. f.*

[ÉTYM. Emprunté du provenç. muscada, qui est le bas lat. muscata, *m. s.* proprt, « musquée », § 11. (*Cf.* muscat.) Sous l'influence du bas lat., l'anc. franç. dit souvent muscate, et, par altération, musgate, musguete, muguete. (*Cf.* muguet.) || xiiⁱ⁰ s. Noiz muscate, *Antidotaire,* 11, Dorveaux. Noiz muscade, *id.* 15.]

|| Noix —, et, *substantivt,* —, noix aromatique que produit le muscadier et qu'on emploie comme épice. Aimez-vous la —? on en a mis partout, BOIL. *Sat.* 3. || *Fig.* | 1. Rose —, fleur du rosier musqué. | 2. *Substantivt.* Petite boule dont se servent les escamoteurs pour faire des tours de gobelet. Partez, —.

*MUSCADELLE [mûs'-kà-dèl] *s. f.*

[ÉTYM. Emprunté du provenç. mod. muscadelo, ou de l'ital. moscadella, diminutif de muscat, *m. s.* §§ 11 et 12. || xvi⁰ s. Poyres muscatelles, DESDIER, *Honn. Volupté,* f⁰ 11, édit. 1528. Muscadelles d'un gout excellent, J. MARTIN, *Hypnerotomachie* (1554), f⁰ 109, v⁰.]

|| Espèce de poire parfumée.

MUSCADET [mûs'-kà-dè] *s. m.*

[ÉTYM. Emprunté du provenç. muscadet, *m. s.* diminutif de muscat, § 11. || 1415. Vin bastart, muscadet ou autres semblables vins, dans DU C. muscatellum.]

|| Sorte de vin qui a un goût muscat.

MUSCADIER [mûs'-kà-dyé] *s. m.*

[ÉTYM. Dérivé de muscade, § 115. || 1701. FURET. Admis ACAD. 1798.]

|| Arbre exotique qui produit la muscade.

MUSCADIN [mûs'-kà-din] *s. m.*

[ÉTYM. Emprunté de l'ital. moscadino, pastille au musc, transcrit d'abord moscardin, muscardin (COTGR.), § 12, puis devenu muscadin, d'après muscat, muscade. Au xviiⁱ⁰ s. l'ACAD. se prononce pour muscadin contre muscardin (PELISSON); mais muscardin s'est perpétué dans un sens particulier. (*V.* ce mot.) ||(Au sens **I.**) xvi⁰-xviiⁱ⁰ s. Garnir... Les dents de muscadin, D'AUB. *Trag. Princes.* | (Au sens **II.**) 1795. L'epithete de muscadins donnée aux hommes de cette espèce est toute récente, *Magasin encyclop.* I, 531.]

I. *Vieilli.* Petite pastille parfumée au musc. Manger des

muscadins pour corriger la puanteur de ses dents, SOREL, *Francion,* p. 219.

II. Jeune élégant, petit-maître. (*Cf.* muguet.) *Spécialt.* Le parti des Muscadins (pendant la Révolution française).

*MUSCARDIN [mûs'-kàr-din] *s. m.*

[ÉTYM. *V.* muscadin. || xviiⁱ⁰ s. BUFF. *Muscardin.*]

|| Espèce de loir à odeur forte qui rappelle le musc. || — volant, espèce de chauve-souris.

MUSCAT [mûs'-kà] *adj. m.*

[ÉTYM. Emprunté du provenç. muscat, *m. s.* § 11. (*Cf.* muscade.) Au xiv⁰ s. FROISS. et EUST. DESCH. emploient muscade, d'après l'ital. moscado, § 12. || 1371. On le cuist en l'iaue du bon aloes et de muscat, J. CORBICHON, *Propr. des choses,* xvii, 5, mss franç. Bibl. nat. 216.]

|| Dont l'arome rappelle l'odeur du musc. Raisin, vin —. || *Substantivt.* | 1. Raisin muscat. | 2. Vin muscat. | 3. Espèce de poire musquée.

MUSCLE [muskl'] *s. m.*

[ÉTYM. Emprunté du lat. musculus, *m. s.* proprt, « petit rat ». (*Cf.* muscule et moule 2.) || xiv⁰ s. La corde, les muscles, la main, *Chirurg. de Mondeville,* f⁰ 8, dans LITTRÉ.]

|| (T. didact.) Organe charnu, composé de fibres contractiles qui produisent les mouvements des animaux. Au moindre mouvement qu'il faisait, on voyait tous ses muscles, FÉN. *Tél.* 5. Être tout nerfs et tout muscles, très vigoureux.

MUSCLÉ, ÉE [mûs'-klé] *adj.*

[ÉTYM. Dérivé de muscle, § 118. || xviiⁱ⁰ s. Statue... admirablement bien musclee, PLUCHE, dans TRÉV. 1732. Admis ACAD. 1798.]

|| (T. d'art.) Pourvu de muscles puissants.

MUSCULAIRE [mûs'-ku-lèr] *adj.*

[ÉTYM. Emprunté du lat. muscularis, *m. s.* || 1701. FURET. Admis ACAD. 1762.]

|| (T. didact.) Qui a rapport aux muscles. Des contractions musculaires. Avoir une grande force —. Le système —, l'ensemble des muscles.

MUSCULATURE [mûs'-ku-là-tûr] *s. f.*

[ÉTYM. Dérivé du lat. musculus, muscle, § 250. || *Néolog.* Admis ACAD. 1878.]

|| (T. d'art.) Disposition que présente l'ensemble des muscles du corps d'un homme, d'une statue.

MUSCULE [mûs'-kul] *s. m.*

[ÉTYM. Emprunté du lat. musculus, *m. s.* proprt, « petit rat ». (*Cf.* muscle et moule 2.) || xiv⁰ s. *Trad. de Végèce,* dans GODEF. Admis ACAD. 1762.]

|| (Antiq. rom.) Petite machine en forme de toit pour protéger les assiégeants sous les murs d'une place.

MUSCULEUX, EUSE [mûs'-ku-leû, -leûz'] *adj.*

[ÉTYM. Emprunté du lat. musculosus, *m. s.* (*Cf.* l'anc. franç. muscleus.) || 1552. CH. EST. dans DELB. *Rec.*]

|| (T. didact.) Où il y a beaucoup de muscles. La partie musculeuse de la jambe. Un corps —.

1. MUSE [mûz'] *s. f.*

[ÉTYM. Subst. verbal de muser, § 52. || xiiⁱ⁰-xiiⁱ⁰ s. Rendre le muse, RENCL. DE MOILIENS, *Miserere,* CLXXV, 5. Admis ACAD. (au sens **II**) 1762.]

I. *Vieilli.* Amusement, bagatelle.

II. *P. ext.* (Vénerie.) Commencement du rut chez le cerf. La — dure cinq ou six jours.

2. MUSE [mûz'] *s. f.*

[ÉTYM. Emprunté du lat. Musa, grec Μοῦσα, *m. s.* (*Cf.* musée et mosaïque.) Le mot a passé en anc. franç. au sens dérivé de « cornemuse » (*cf.* musette); peut-être est-il le primitif de muser. (*V.* ce mot.) || (Au sens actuel.) xiiⁱ⁰ s. Les desordonees muses des poetes, *Trad. de Boèce,* dans *Bibl. de l'École des Chartes,* 1873, p. 7.]

|| (Mythol.) Chacune des neuf déesses sœurs qui présidaient aux neuf arts libéraux (Clio à l'histoire, Calliope à la poésie héroïque, Melpomène à la tragédie, Thalie à la comédie, Polymnie à la poésie lyrique, Érato à la poésie amoureuse, Euterpe à la musique, Therpsychore à la danse, Uranie à l'astronomie). Favori, nourrisson, amant des Muses, de la Muse. Invoquer la Muse. *Fig.* Dixième —, nom donné à certaines femmes poètes. || *P. anal.* | 1. Source d'inspiration du poète. Béatrix fut la Muse du Dante. L'indignation fut la Muse de Juvénal. | 2. Inspiration du poète. Ma Muse, en l'attaquant, charitable et discrète, BOIL. *Sat.* 9. Malherbe... réduisit la — aux règles du devoir, ID. *Art p.* 1. | 3. La poésie. Cultiver les Muses.

MUSEAU [mu-zó] *s. m.*

[ÉTYM. Dérivé d'un primitif mus, d'origine inconnue, qui existe en provenç., en italien, etc., avec le même sens, et qui est attesté dès 784 dans les langues romanes, sous la forme latinisée musus, § 125. || XIIᵉ-XIIIᵉ s. Quant le sent pres de son muisel, GUILL. LE CLERC, *Best.* dans DELB. *Rec.*]

|| Partie saillante, allongée, de la face de certains mammifères, de certains poissons. Le — d'un loup, d'un renard, d'un bœuf. Salade de — de bœuf. | Le — d'un brochet, d'une tanche. — de brochet, espèce de crocodile. Bombyx à —, phalène en —, et, *ellipt*, —, — long, espèce de gymnote. — pointu, espèce de raie. Demi-—, espadon, poisson. — — noir, noir —, faux —, barbouquet, dartre. — de tanche, orifice vaginal de l'utérus. || *Fig. En mauvaise part.* La face humaine. (*Cf.* mufle.) Le beau — ! MOL. *Dép. am.* IV, 4. Faire tant de dépense pour vous graisser le —, ID. *Préc. rid.* sc. 4. || *P. anal.* | 1. Accoudoir d'une stalle en bois où l'on sculptait des figures d'animaux. | 2. Partie d'un panneton de clef entaillée pour laisser passer les dents du râteau.

MUSÉE [mu-zé] *s. m.*

[ÉTYM. Emprunté du lat. museum, grec μουσεῖον, *m. s.* proprt, « temple des Muses ». (*Cf.* muséum.) || XIIIᵉ s. La discipline des musees appartient au prevost de la cité, *Digeste*, dans GODEF. | 1771. On dit également le « muséum », le « muséon » et le « musée » d'Alexandrie, TRÉV. Admis ACAD. 1762.]

|| 1º (Antiq.) Établissement destiné à la culture des lettres, des sciences. *Spéciall.* Le — d'Alexandrie (établi par les Ptolémées).

|| 2º Lieu où l'on a rassemblé des collections d'objets d'art, de science, d'industrie, etc. Le — des antiques, au Louvre. Le — de peinture du Luxembourg. Le — des arts et métiers, des arts décoratifs, des archives, d'artillerie.

MUSELER [muz'-lé; *en vers*, mu-ze-lé] *v. tr.*

[ÉTYM. Dérivé de museau, §§ 65 et 154. || 1571. Licol muselant, DE LA PORTE, *Épithètes*. Admis ACAD. 1762.]

|| Empêcher (un animal) de mordre, à l'aide d'un lien, d'un appareil qui emprisonne le museau. — un chien, un cheval. || *Fig. Famil.* Réduire au silence. Il ne fallait donc pas se laisser — par les dispositions que ferait le roi, ST-SIM. XI, 287.

MUSELIÈRE [muz'-lyèr; *en vers*, mu-ze-...] *s. f.*

[ÉTYM. Dérivé de museau, §§ 65 et 115. || 1371. Et lui met on une museliere, J. CORBICHON, *Propr. des choses*, XVIII, 7, mss franç. Bibl. nat. 216.]

|| Lien, appareil à l'aide duquel on emprisonne le museau de certains animaux, pour les empêcher de mordre.

MUSER [mu-zé] *v. intr.*

[ÉTYM. Origine incertaine. Le mot se retrouvant avec un sens analogue et sous une forme correspondante dans la plupart des langues romanes, la phonétique autorise à supposer la création en lat. pop. d'un verbe *mūsare, au sens primitif de « se livrer au culte des Muses », d'où muser, §§ 349, 295 et 291. || XIIᵉ s. Bien set faire le roi muser, *Tristan*, I, 3450. Admis ACAD. 1762.]

I. *Vieilli.* Perdre le temps à des bagatelles. *Loc. prov.* Qui refuse, muse, celui qui refuse ce qui lui est offert, perd souvent une occasion qui ne se retrouve pas.

II. *P. ext.* (Vénerie.) Commencer à entrer en rut, en parlant du cerf.

*MUSEROLE** [muz'-ròl; *en vers*, mu-ze-...] *s. f.*

[ÉTYM. Emprunté de l'ital. museruola, *m. s.* dérivé de muso, museau, §.12. || 1593. La muserolle trop large, DE LA BROUE, *Preceptes*, I, 44. Admis ACAD. 1762 sous la forme muserolle.]

|| (Technol.) Partie de la bride du cheval qui se trouve au-dessus du nez.

MUSEROLLE. *V.* muserole.

MUSETTE [mu-zèt'] *s. f.*

[ÉTYM. Dérivé de l'anc. franç. muse, *m. s.* § 133. (*Cf.* muse 2.) Les sens du groupe **II** n'apparaissent pas avant la fin du XVIIIᵉ s. et ACAD. ne les donne pas. || XIIIᵉ s. Et disoit en sa musete Ce sonet novel, *Chansonnier de Montpellier*, dans DELB. *Rec.*]

I. Sorte de cornemuse agreste, composée de trois chalumeaux à anche et d'une bourse en peau que le joueur tient sous le bras gauche et qu'il enfle à l'aide d'un tuyau. Tircis, qui pour la seule Annette Faisait résonner les accords D'une voix et d'une —, LA F. *Fab.* X, 10. *P. appos.* Bal —, où l'on danse au son de cet instrument. || *P. ext.* Air agreste fait pour la musette.

II. *P. anal.* || 1º Sac rempli d'avoine qu'on attache à la tête du cheval pour qu'il puisse manger en route. || 2º *P. ext.* | 1. Sac où le cavalier enferme ses effets de pansage; sorte de gibecière de toile forte que portent les fantassins. | 2. Sac où sont réunis les cheveux roulés, dans la coiffure dite catogan. | 3. Sorte de portefeuille où les écoliers serrent leurs papiers. | 4. Demi-portée de fils de chaîne ourdis ensemble. | 5. Boursouflure produite dans la fabrication du papier par une bulle d'air restée entre la feuille et le feutre.

MUSÉUM [mu-zé-òm'] *s. m.*

[ÉTYM. Emprunté du lat. musæum. (*V.* musée.) || 1765. On a pris soin de nommer musæum le cabinet des gens de lettres ainsi que tous les lieux où l'on s'occupe à la culture des sciences et des beaux-arts, ENCYCL. Admis ACAD. 1835.]

|| Musée destiné aux collections d'histoire naturelle.

MUSICAL, ALE [mu-zi-kàl] *adj.*

[ÉTYM. Dérivé du lat. musica, musique, § 238. || XIVᵉ s. Se déduit de l'existence de musicalement à cette époque.]

|| Qui a rapport à la musique. L'art —. Les caractères musicaux. L'échelle musicale. Une soirée, une matinée musicale. || *P. ext.* Oreille musicale, bien organisée pour la musique.

MUSICALEMENT [mu-zi-kàl-man; *en vers*, -kà-le-...] *adv.*

[ÉTYM. Composé de musicale et ment, § 724. || XIVᵉ s. Musicalment, EVRART DE CONTY, *Probl. d'Aristote*, dans GODEF.]

|| D'une manière musicale.

*MUSICASTRE** [mu-zi-kàstr'] et *MUSICÂTRE** [mu-zi-kàtr'] *s. m.*

[ÉTYM. Dérivé du lat. musicus, § 151. (*Cf.* médicastre.) || *Néolog.*]

|| *Famil.* Mauvais musicien.

MUSICIEN, IENNE [mu-zi-syin, -syèn'; *en vers*, -si-...] *s. m.* et *f.*

[ÉTYM. Dérivé du lat. musica, musique, *m. s.* § 244. || XIVᵉ s. Le musicien se delecte en bonnes melodies, ORESME, *Éth.* dans LITTRÉ.]

|| 1º Celui, celle qui s'adonne à la musique. Être bon, mauvais —. || *Adjectivt.* Elle n'est pas assez musicienne pour exécuter ce morceau.

|| 2º Celui, celle dont la profession est d'exécuter ou de composer de la musique. Les musiciens du roi, chanteurs, instrumentistes qui faisaient partie de la musique de la chambre ou de la chapelle du roi. || *Fig.* Les musiciens des bois, les oiseaux chanteurs.

MUSICO [mu-zi-kó] *s. m.*

[ÉTYM. Dérivé de musique, de formation obscure. L'exemple attribué à D'AUB. (Dans les musicaux de Hollande, *Vie*, p. 153, édit. 1729) est interpolé. || Admis ACAD. 1798.]

|| *Vieilli.* Dans les Pays-Bas, taverne où l'on entend de la musique. Un — d'Amsterdam, VOLT. *Essai sur la poés. épiq.* 6.

*MUSIF** [mu-zïf'] *adj. m.*

[ÉTYM. Emprunté du bas lat. aurum musivum, or de mosaïque. Qqns disent mussif, sous l'influence de massif, § 509. (*Cf.* l'anc. franç. museu, music, musique, *m. s.*) || *Néolog.*]

|| (Technol.) Or —, mélange de soufre et d'étain, brillant comme de l'or, dont on frotte les coussins de la machine électrique.

MUSIQUE [mu-zïk'] *s. f.*

[ÉTYM. Emprunté du lat. musica, grec μουσική, *m. s.* || XIIᵉ s. De retorique et de musique, *Énéas*, 2208.]

|| 1º (Antiq. grecque.) Ensemble des arts auxquels président les Muses. Il semble assez prouvé que les Grecs entendirent d'abord par ce mot — tous les beaux-arts, VOLT. *Comment. sur l'Espr. des lois.*

|| 2º Art qui excite certains sentiments, par des successions mélodiques ou des combinaisons harmoniques de sons mesurés et rythmés. Est-ce que les gens de qualité apprennent aussi la —? MOL. *B. gent.* I, 2. Cet homme assurément n'aime pas la —, ID. *Amph.* I, 2. Votre maître de — est allé aux champs, ID. *Mal. im.* II, 3. La — vocale, instrumentale. La — de concert, de chambre. La — sacrée, d'église. La — dramatique. La — militaire. *P. ext.* Œuvre musicale. Lire de la —. Copier de la —. Du papier à —. Composer de la —. Un cahier de —. Régler du papier de —, et, *fig. famil.* Être réglé comme un papier de —, avoir des habitudes régulières. Exécuter de la —. Mettre un poème en —. La — allemande,

italienne, française. La — de Mozart, de Beethoven. Entendre de la —. *Absolt. Vieilli.* Concert de musique. A un sermon, à une —, LA BR. 12. On a donné — à quelque dame, CORN. *Ment.* I, 5. *P. ext.* Réunion de musiciens qui ont coutume de jouer ensemble. Une — de régiment. La — de l'artillerie joue à trois heures sur le cours, et, *p. ext.* Aller s'asseoir à la —, aller à la —. La — de la chambre, de la chapelle du roi. || *Fig.* Suite ou ensemble de sons qui affectent l'oreille d'une manière agréable ou désagréable. (Ceux) dont les continuelles acclamations faisaient résonner à vos oreilles une — si agréable, BOSS. *Honn. du monde*, 2. Ce sera dorénavant ma — (le bruit des balles), VOLT. *Ch.* XII, 2. *Absolt.* Sa voix est une — (charme l'oreille). *P. ironie.* Ah! ah! voici une autre —, MOL. *Mar. forcé*, sc. 5. || (Technol.) Coquille en volute, rayée comme du papier à musique.

*MUSIQUER [mu-si-ké] *v. tr.* et *intr.*
[ÉTYM. Dérivé de musique, § 154. || XVIe s. Et des coups qu'il en donne Sur le faucet entrant faict musiquer la tonne, CL. GAUCHET, dans DELB. *Rec.*]
|| 1° *V. tr.* Mettre en musique. Il n'y a pas six vers de suite qu'on puisse —, DIDEROT, dans CASTIL-BLAZE, *Art des vers lyr.* p. 3.
|| 2° *Famil. V. intr.* Faire de la musique. Nous musiquâmes tout le jour, J.-J. ROUSS. *Confess.* 8.

*MUSOIR [mu-zwâr] *s. m.*
[ÉTYM. Dérivé du radical de museau, §§ 62 et 113. || 1757. Le milieu du musoir, CHOQUET, *Descr. du port de Brest*, p. 5.]
|| (Technol.) Extrémité arrondie d'une jetée. || Tête d'une écluse.

MUSQUER [mûs'-ké] *v. tr.*
[ÉTYM. Dérivé de musc, § 154. || XVIe s. Cent fleurs lui musquent le sein, YVER, *Printemps*, p. 527, Buchon.]
|| Imprégner de l'odeur du musc. Écrire sur du papier musqué. || *P. ext.* En parlant de ce qui a une odeur semblable à celle du musc. Bœuf musqué d'Amérique. Rat musqué. Poire musquée. || *Fig.* | 1. *Vieilli.* Messe musquée, la dernière messe, à laquelle assistaient les élégantes qui se levaient tard. Fantaisie musquée, bagatelle élégante. Envoyer à qqu une chose toute musquée, sans qu'il en coûte rien, ni soins ni argent, à celui qui la reçoit. | 2. Qui a de l'afféterie. Un écrivain musqué. Paroles musquées.

MUSSE-POT (À) [mûs'-pó ; *en vers*, mu-se-pó]. *V.* muchepot (à).

MUSSER [mu-sé] *v. tr.*
[ÉTYM. Pour mucer, plus anciennement mucier, du lat. pop. *mûciare, d'origine incertaine, probablement celtique, § 3. || XIIe s. En terre mucherat cum mort, PH. DE THAUN, *Best.* p. 82.]
|| *Vieilli.* Cacher. L'avarice se musse, RÉGNIER, *Sat.* 9. (*Cf.* la loc. à muche-pot.)

*MUSSIF [mu-sîf]. *V.* musif.

*MUSSITATION [mûs'-si-tà-syon ; *en vers*, -si-on] *s. f.*
[ÉTYM. Emprunté du lat. mussitatio, de mussitare, parler à voix basse. || *Néolog.*]
|| (Médec.) Trouble de la parole chez le malade qui n'a plus la force d'articuler.

MUSURGIE [mu-zur-jî] *s. f.*
[ÉTYM. Emprunté du grec μουσουργία, proprt, « art du poète ou du musicien ». || 1732. TRÉV. Admis ACAD. 1762.]
|| *Vieilli.* (Musique.) Art d'employer à propos les consonances et les dissonances musicales.

MUTABILITÉ [mu-tà-bi-li-té] *s. f.*
[ÉTYM. Dérivé du lat. mutabilitas, *m. s.* (*Cf.* l'anc. franç. muableté et mutableté.) || XIIe s. Par qui les choses prevarient,... Par qui unt mutabilitez, BENEEIT, *Ducs de Norm.* II, 11.]
|| Caractère de ce qui est sujet à changer. La — naturelle de nos désirs, BOSS. *D. d'Orl.*

*MUTAGE [mu-tâj'] *s. m.*
[ÉTYM. Dérivé de muter, § 78. || *Néolog.*]
|| (Technol.) Action de muter le moût.

MUTATION [mu-tà-syon ; *en vers*, -si-on] *s. f.*
[ÉTYM. Emprunté du lat. mutatio, *m. s.* (*Cf.* l'anc. franç. muaison.) || XIIIe s. Es mutacions de corages, J. DE MEUNG, *Rose*, 4482.]
I. Changement par lequel une personne, une chose prend la place d'une autre. Rechercher dans les histoires les exemples des grandes mutations, BOSS. *R. d'Angl.*
II. *Spécialt.* || 1° Changement dans le personnel d'un corps, d'une administration.

|| 2° Changement de propriétaire d'un bien, d'un domaine, par vente, donation, succession, etc., à l'occasion duquel l'État perçoit un droit déterminé. A charge de payer à M. le duc de Saint-Simon, aux mutations, les profits des lods et des ventes (1698), *Mém. des Intendants, La Rochelle.*
|| 3° (Musique.) | 1. (Antiq.) Passage d'un mode, d'un rythme à un autre. (*V.* métabole.) | 2. Transposition par laquelle on suppléait, dans l'ancienne gamme de six notes, au septième son de la gamme actuelle, en montant ou en descendant. (*V.* muance.) | 3. Jeux de — (dans l'orgue), jeux à bouche, formés de rangées de tuyaux ayant un même registre, qui sonnent à la quinte ou à la tierce des jeux d'octave ou de fond.

*MUTER [mu-té] *v. tr.*
[ÉTYM. Pour mueter, dérivé de muet, § 154. || 1801. Soufrer ou muter les vins, CHAPTAL, *Traité sur la cult. de la vigne*, II, 133. | 1812. Muetter le vin, MOZIN, *Dict. franç.-allem.*]
|| (Technol.) Soustraire (le moût) à la fermentation par addition d'acide sulfureux ou de sulfate de chaux.

MUTILATION [mu-ti-là-syon ; *en vers*, -si-on] *s. f.*
[ÉTYM. Emprunté du lat. mutilatio, *m. s.* || 1245. Occisions, mutilations, *Ordonn.* I, 57.]
|| Action de mutiler. Toute — énerve le corps, VOLT. *Lett. à d'Argental*, 3 nov. 1766. La — d'une statue, d'une œuvre littéraire.

MUTILER [mu-ti-lé] *v. tr.*
[ÉTYM. Emprunté du lat. mutilare, *m. s.* || 1334. Ainsi fu lidit povre homme mahengnié et mutilez, dans *Bibl. de l'Éc. des Chartes*, 1855-1856, p. 58.]
|| 1° Altérer (le corps) dans son intégrité en en retranchant un membre, ou quelque autre partie. Amestris... lui fit couper les mamelles, la langue, le nez et les lèvres, et la renvoya ainsi mutilée, ROLL. *Œuvres*, III, 281. Me voir ainsi Mutilé par mon propre maître, LA F. *Fab.* X, 8. Origène se mutila pour être à l'abri des tentations. || *P. anal.* — un arbre. Était-il d'homme sage De — ainsi ces pauvres habitants ? LA F. *Fab.* XII, 20.
|| 2° *Fig.* Altérer (un tout) dans son intégrité, en retranchant quelque partie essentielle. Vos dieux frivoles, Insensibles et sourds, impuissants, mutilés, CORN. *Poly.* IV, 3. — une statue, un tableau. Un drame mutilé par la censure. Nous pouvons aussi, pour notre malheur, la — (la vérité) et la corrompre, BOSS. *Haine de la vérité*, 2.

MUTIN, INE [mu-tin, -tin'] *adj.*
[ÉTYM. Pour meutin, muetin, dérivé de meute (*cf.* muette) au sens ancien de « émeute », § 100. || XIVe s. Se déduit de l'existence de mutiner à cette époque.]
|| Qui montre un caractère insoumis. Le divorce intestin Du soldat insolent et du peuple —, CORN. *Pomp.* IV, 3. Les a-t-on vus mutins, les a-t-on vus rebelles ? ID. *Poly.* IV, 6. *Substantivt.* Les mutins n'oseraient soutenir ma présence, RAC. *Mithr.* IV, 6. Madame la mutine, MOL. *Sgan.* sc. 1. En parlant des choses. Calme les flots mutins, CORN. *Inscript. Défaite dans l'île de Rhé.* || *P. hyperb.* Avoir l'air —, avoir un petit air indocile.

MUTINER [mu-ti-né] *v. tr.*
[ÉTYM. Dérivé de mutin, § 154. || XIVe s. Se meutinerent ens ou royaulme..., *Récits d'un bourgeois de Valenciennes*, dans DELB. *Rec.*]
|| Rendre mutin. (S'emploie surtout avec le pronom réfléchi.) Les deux camps se mutinent, CORN. *Hor.* III, 2. Les clameurs d'un peuple mutiné, ID. *Poly.* III, 2. || *P. anal.* Ouvre aux vents mutinés les prisons d'Éolie, BOIL. *Art p.* 3. Contre un joug qui lui plaît vainement mutiné, RAC. *Phéd.* II, 1.

MUTINERIE (mu-tîn'-ri ; *en vers*, -ti-ne-ri] *s. f.*
[ÉTYM. Dérivé de mutin, § 69. (*Cf.* l'anc. franç. mutination, mutinement.) || 1536. *Famil. Inst. des legionnaires*, fo 14, ro.]
|| Action de se mutiner. Un esprit de —. Son ordre excitait seul cette —, CORN. *Hér.* V, 6. Un enfant... fait par dépit et par — ce qu'un homme ne fait point par raison, FÉN. *Dial. des morts, Merc., Caron et Alcib.*

MUTISME [mu-tîsm'] *s. m.*
[ÉTYM. Dérivé du lat. mutus, muet, § 265. On trouve muétisme, d'après muet, dans PORTAL, *Mém. de l'Institut, Sciences*, 2e sem. 1807, p. 161. || 1741. Le mutisme, *Observ. sur les écrits mod.* XXVI, 117. Admis ACAD. 1798.]
|| État de celui qui est muet, qui ne veut pas parler.

MUTUALITÉ [mu-tuà-li-té ; *en vers*, -tu-à-...] *s. f.*

[ÉTYM. Dérivé de mutuel, § 255. || *Néolog.* Admis ACAD. 1878.]

|| Caractère de ce qui est mutuel. || *Spécialt.* Système d'assurance mutuelle.

MUTUEL, ELLE [mu-tuèl; *en vers,* -tu-èl] *adj.*

[ÉTYM. Dérivé du lat. mutuus, *m. s.* § 238. (*Cf.* emprunter.) || XIVᵉ s. Action mutuelle, BOUTEILLER, *Somme rural,* titre 27.]

|| Fondé sur un échange d'actes, de sentiments qui se répondent. Leur flamme est mutuelle, CORN. *Cinna,* III, 1. Allons donc assurer cette foi mutuelle, RAC. *Mithr.* II, 4. Délivrons-nous d'un — souci, BOIL. *Sat.* 10. Par leurs coups mutuels, CORN. *Méd.* III, 3. || *Spécialt.* Enseignement —, où les élèves s'instruisent entre eux, sous la direction du maître. Assurance mutuelle, société dont les membres s'assurent les uns les autres contre certains risques. Société de secours —.

MUTUELLEMENT [mu-tuĕl-man; *en vers,* -tu-è-le-...] *adv.*

[ÉTYM. Composé avec mutuelle et ment, § 724. || XVIᵉ s. CALV. *Instit. chr.* II, VIII, 44.]

|| D'une manière mutuelle. C'est ainsi qu'ils donnaient — un repos qui les appliquait tout entiers chacun à son action, BOSS. *Condé.* —, croyons-nous gens de bien, MOL. *Sgan.* sc. 22.

MUTULE [mu-tul] *s. m.*

[ÉTYM. Emprunté du lat. mutulus, *m. s.* || 1600. Mutules ou modions, *Songe de Polyphile,* dans DELB. *Rec.* Admis ACAD. 1762.]

|| (Architect.) Ornement placé au-dessous du larmier, de même largeur que le triglyphe auquel il correspond. (*Cf.* modillon, denticule.)

MYÉLITE [myé-lĭt'; *en vers,* mi-é-...] *s. f.*

[ÉTYM. Dérivé du grec μυελός, moelle, § 282. || *Néolog.* Admis ACAD. 1878.]

|| (Médec.) Inflammation de la moelle épinière.

MYOGRAPHIE [myò-grà-fĭ; *en vers,* mi-ò-...] *s. f.*

[ÉTYM. Composé avec le grec μῦς, μυός, muscle, γράφειν, décrire, et le suffixe ie, § 279. || Admis ACAD. 1835.]

|| (T. didact.) Description des muscles.

MYOLOGIE [myò-lò-ji; *en vers,* mi-ò-...] *s. f.*

[ÉTYM. Emprunté du lat. scientif. myologia, *m. s.* composé avec le grec μῦς, μυός, muscle, λόγος, traité, et le suffixe ie, § 275. || 1628. CONSTANT, *Anatomie de Riolan.* Admis ACAD. 1762.]

|| (T. didact.) Anatomie des muscles.

MYOPE [myòp'; *en vers,* mi-ŏp'] *s. m. et f.*

[ÉTYM. Emprunté du lat. myops, opis, grec μύωψ, μύωπος, *m. s.* COTGR. ne donne myope que comme le nom d'une espèce de serpent. || 1578. J. PAPON, *Troisieme Notaire,* p. 233. Admis ACAD. 1762.]

|| (T. didact.) Celui, celle qui a la vue courte. *Adjectivt.* Une personne —. || *Fig.* Esprit —.

MYOPIE [myò-pi; *en vers,* mi-ò-pi] *s. f.*

[ÉTYM. Emprunté du grec μυωπία, *m. s.* || 1732. TRÉV. Admis ACAD. 1762.]

|| (T. didact.) Vue courte. || *Fig.* La — de l'esprit.

MYOSOTIS [myò-zò-tĭs'; *en vers,* mi-ò-...] *s. m.*

[ÉTYM. Emprunté du lat. myosotis, grec μυοσωτίς, *m. s.* proprt, « oreille de souris », à cause de la forme des feuilles. Sur le genre, *V.* § 551. || 1615. La myosota ou myosotis, J. DES MOULINS, *Hist. des plantes,* II, 206. Admis ACAD. 1762.]

|| Plante à fleur bleue, rosée, dite Ne m'oubliez pas.

MYOTOMIE [myò-tò-mi; *en vers,* mi-ò-...] *s. f.*

[ÉTYM. Composé avec le grec μῦς, μυός, muscle, τομή, section, et le suffixe ie, § 279. || 1724. Traité de miotomie, GARENGEOT, titre. Admis ACAD. 1762.]

|| (T. didact.) Dissection des muscles.

MYRIADE [mi-ryàd'; *en vers,* -ri-àd'] *s. f.*

[ÉTYM. Emprunté du lat. myrias, adis, grec μυριάς, μυριάδος, *m. s.* || 1623. Une myriade de reveries, G. NAUDÉ, *Instruct. à la France,* p. 90. Admis ACAD. 1762.]

|| Nombre de dix mille. || *P. ext.* Nombre indéterminé très considérable. Des myriades d'étoiles.

MYRIAMÈTRE [mi-ryà-mètr'; *en vers,* -ri-à-...] *s. m.*

[ÉTYM. Composé avec le grec μυριάς, dix mille, et mètre, § 279. || 1795. *Loi du 18 germinal an III,* dans *Bullet. des lois,* IV, 17. Admis ACAD. 1798, suppl.]

|| Mesure itinéraire de dix mille mètres.

MYRIAPODE [mi-ryà-pòd'; *en vers,* -ri-à-...] *s. m.*

[ÉTYM. Emprunté du lat. scientif. myriapoda (LATREILLE, 1804), composé avec le grec μυριάς, dix mille, et ποῦς, πόδος, pied, § 279. (*Cf.* le grec μυριάπους, *m. s.*) || Admis ACAD. 1835.]

|| (Hist. nat.) Animal articulé formé d'anneaux dont chacun porte une paire de pattes. (*Cf.* millepied.)

MYRMIDON [mir-mi-don] *s. m.*

[ÉTYM. Emprunté du lat. Myrmidon, grec Μυρμιδών, nom d'un peuple changé en fourmis, § 36. || XVIIᵉ s. *V.* à l'article. Admis ACAD. 1694.]

|| Individu de petite taille, chétif. Petit ver de terre, petit — que vous êtes, MOL. *D. Juan,* I, 2. *Fig.* Si cent myrmidons n'aspiraient à la gloire, vous jouiriez en paix de la vôtre, J.-J. ROUSS. *Lett. à Volt.* 10 sept. 1755.

MYROBOLAN [mi-rò-bò-lan] *s. m.*

[ÉTYM. Pour myrobalan, § 509, emprunté du lat. myrobalanum, grec μυροβάλανον, *m. s.* (*Cf.* mirobolant.) || XIIIᵉ s. Cinc maneires sunt de mirobolanz, *Simples medicines,* fᵒ 49, vᵒ.]

|| (Pharm.) Fruit des Indes employé dans certaines préparations officinales.

MYRRHE [mir] *s. f.*

[ÉTYM. Emprunté du lat. myrrha, grec μύρρη, *m. s.* (*Cf.* murrhe.) || XIᵉ s. Mirre e timoine, *Roland,* 2958.]

|| Gomme-résine aromatique.

MYRRHIS [mir'-rĭs'] *s. m.*

[ÉTYM. Emprunté du lat. myrrhis, grec μυρρίς, *m. s.* Sur le genre, *V.* § 551. || 1559. La myrrhis, MATHEE, *Dioscoride,* p. 401. Admis ACAD. 1762.]

|| (Botan.) Plante ombellifère dite cerfeuil musqué.

MYRTE [mirt'] *s. m.*

[ÉTYM. Emprunté du lat. myrtus, grec μύρτος, *m. s.* Souvent murte, meurte, en anc. franç. § 496. || XIIIᵉ s. Mirte... sont froit, *Simples medicines,* fᵒ 43, vᵒ.]

|| Arbrisseau à fleur blanche, consacré par les anciens à Vénus.

MYRTIFORME [mir-ti-fòrm'] *adj.*

[ÉTYM. Composé avec le lat. myrtus, myrte, et forma, forme, § 271. || 1732. TRÉV. Admis ACAD. 1798.]

|| (T. didact.) Qui a la forme des feuilles du myrte. *Spécialt.* (Anat.) Caroncule —.

MYRTILLE [mir-til] *s. m.* (fém. ACAD.).

[ÉTYM. Emprunté du bas lat. myrtillus, dérivé de myrtus, myrte, § 258. A désigné d'abord la baie du myrte, puis, par analogie, celle de l'airelle. Sur le genre, *V.* § 550. || XIIIᵉ s. Le fruit de cest bouisson (le myrte) cleime l'en mirtiles, *Simples medicines,* fᵒ 43, vᵒ. Admis ACAD. 1878.]

|| Espèce d'airelle.

MYSTAGOGUE [mĭs'-tà-gòg'] *s. m.*

[ÉTYM. Emprunté du lat. mystagogus, grec μυσταγωγός, *m. s.* || XVIᵉ s. Une de ses mystagogues, RAB. V, 44. Admis ACAD. 1762.]

|| (Antiq.) Prêtre initiant aux mystères.

MYSTÈRE [mĭs'-tèr] *s. m.*

[ÉTYM. Emprunté du lat. mysterium, grec μυστήριον, *m. s.* de μύστης, initié. || XIIᵉ s. Nus ne le maintient longement (l'amour) Qu'il n'ait entremesleement Assez de tel mistere en lui : Une eure joie et l'autre anui, GAUT. D'ARRAS, *Ille et Galeron,* 1535.]

|| 1° Rite secret du polythéisme antique, auquel n'étaient admis qu'un petit nombre d'initiés. Les mystères d'Éleusis, mystères de Cérès qui avaient lieu dans le temple d'Éleusis. Les mystères de la bonne déesse. Les mystères d'Isis. Se fait initier à ses honteux mystères (de Baal), RAC. *Ath.* I, 1. || *Fig.* Ce qu'on tient secret. Faire — de qqch. Du nom de philosophe elle fait grand —, MOL. *F. sav.* II, 9. Cela s'est fait en grand —. Ce dessein s'est conduit avec plus de —, RAC. *Brit.* V, 5. Tout cela se conduit avec —, PASC. *Prov.* 17. Par quelle raison lui faire un — de votre amour? MOL. *Av.* II, 1. C'est de la tête aux pieds un homme tout — (qui a toujours l'air de cacher qq secret), ID. *Mis.* II, 4.

|| 2° Dogme chrétien révélé comme objet de foi, et qui dépasse la raison. De la foi d'un chrétien les mystères terribles, BOIL. *Art p.* 3. Les mystères de la sainte Trinité, de l'Incarnation. Le — de la transsubstantiation. Célébrer les saints mystères, le sacrifice de la messe. || *P. anal.* Cérémonies du culte dans toute religion. Des mystères sacrés hautement se moquait, CORN. *Poly.* III, 2. || *Fig.* Ce qui s'opère d'une manière incompréhensible. Pénétrer les mystères de la nature. Les mystères du cœur humain. Ne pas entendre — à qqch, n'y rien voir que de très simple.

|| 3° *P. ext. Au moyen âge.* Ce qui est d'une exécution

compliquée. *Spéciall.* Représentation dramatique. Le —
de la Passion, du Siége d'Orléans, de Troie.

MYSTÉRIEUSEMENT [mĭs'-té-ryeúz'-man ; *en vers,*
-ri-eù-ze-...] *adv.*

[ÉTYM. Composé de mystérieuse et ment, § 724. || 1557.
P. DE MESMES, *Instit. astron.* dans DELB. *Rec.*]

|| D'une manière mystérieuse.

MYSTÉRIEUX, EUSE [mĭs'-té-ryeú, -ryeúz' ; *en vers,*
-ri-...] *adj.*

[ÉTYM. Dérivé du lat. mysterium, mystère, § 251. (*Cf.*
l'anc. franç. mysterial, d'après le lat. mysterialis.) || xvᵉ s.
Œuvres mysterieuses, CHASTELL. dans DELB. *Rec.*]

|| **1°** Relatif aux mystères (religieux). Des pratiques mys-
térieuses. Ce voile — que vous demandez, BOSS. *La Vall.*

|| **2°** *Fig.* Qui a le caractère du mystère, qui est tenu
secret. Voilà ce grand secret et si —, CORN. *Poly.* III, 2. || *P.*
ext. Qui affecte de faire mystère des choses. Il est fin, cau-
teleux, doucereux, —, LA BR. 8.

MYSTICISME [mĭs'-ti-sĭsm'] *s. m.*

[ÉTYM. Dérivé du lat. mysticus, mystique, § 265. || *Néolog.*
Admis ACAD. 1878.]

|| (T. didact.) Doctrine philosophique, religieuse, pla-
çant la perfection dans une sorte de contemplation et
d'extase qui élève l'homme, dès cette vie, à une union
mystérieuse avec Dieu.

MYSTICITÉ [mĭs'-ti-si-té] *s. f.*

[ÉTYM. Dérivé du lat. mysticus, § 255. || Admis ACAD. 1718.]

|| (T. didact.) Caractère mystique. La — de Fénelon était
plus sage, D'ALEMB. *Éloges, Fénelon.*

MYSTIFICATEUR, 'MYSTIFICATRICE [mĭs'-ti-fi-
kà-teùr, -trĭs'] *s. m.* et *f.*

[ÉTYM. Dérivé de mystifier, § 249. || 1772. Il passerait de
l'état de victime à celui de mystificateur, J. MONET, *Suppl.*
au Roman comique, II, 284. Admis ACAD. 1798.]

|| Celui, celle qui mystifie (qqn). *Adjectivt.* Fantaisie
mystificatrice.

MYSTIFICATION [mĭs'-ti-fi-kà-syon ; *en vers, -si-on*]
s. f.

[ÉTYM. Dérivé de mystifier, § 247. || 1772. Les mystifica-
tions du sieur P. (Poinsinet), J. MONET, *Suppl. au Roman*
comique, II, 105. Admis ACAD. 1798.]

|| Action de mystifier.

MYSTIFIER [mĭs'-ti-fyé ; *en vers, -fi-é*] *v. tr.*

[ÉTYM. Composé avec le suffixe fier et un radical in-
certain, peut-être celui de mystère, mystique, etc. § 274. ||
1772. Le corriger en le mystifiant, J. MONET, *Suppl. au Ro-*
man comique, II, 119. Admis ACAD. 1798.]

|| Abuser (qqn) en s'amusant de sa crédulité.

MYSTIQUE [mĭs'-tĭk'] *adj.*

[ÉTYM. Emprunté du lat. mysticus, grec μυστικός, *m. s.*
|| xivᵉ-xvᵉ s. Exposition mistique et figurale, GERSON, dans
DELB. *Rec.*]

|| **1°** Qui a un sens caché, relatif aux mystères de foi.
Il y a deux sens parfaits, le littéral et le —, PASC. *Lett.* 2, à
Mᴵᴵᵉ de Roannez. Le corps — de Jésus-Christ (l'Église). ||
P. ext. La coutume fait toute l'équité... c'est le fondement —
de son autorité, PASC. *Pens.* IV, 8.

|| **2°** Relatif au mysticisme. Les auteurs mystiques, et,
substantivt, Les mystiques. Quelques maximes pieusement ridicules des mystiques, qui sont les alchimistes de la religion,
VOLT. *S. de L. XIV,* 38. La théologie —, et, *substantivt,* La
—, partie de la théologie qui traite du mysticisme religieux.

MYSTIQUEMENT [mĭs'-tĭk'-man ; *en vers, -ti-ke-...*]
adv.

[ÉTYM. Composé de mystique et ment, § 724. || xvᵉ s.
Hist. sainte et prof. dans GODEF. mistiquement.]

|| D'une manière mystique.

MYTHE [mĭt'] *s. m.*

[ÉTYM. Emprunté du lat. mythus, grec μῦθος, récit, lé-
gende. || Admis ACAD. 1835.]

|| (T. didact.) Récit traditionnel attribuant à certains
événements, à certains personnages, un caractère surnaturel. Le — de Prométhée, de Cacus.

MYTHIQUE [mi-tĭk'] *adj.*

[ÉTYM. Dérivé de mythe, sur le modèle du lat. mythicus,
grec μυθικός, § 229. || *Néolog.* Admis ACAD. 1878.]

|| (T. didact.) Qui appartient à un mythe.

'MYTHOGRAPHIE [mi-tò-grà-fi] *s. f.*

[ÉTYM. Composé avec le grec μῦθος, conte, fable, γρά-
φειν, décrire, et le suffixe ie, § 279. || *Néolog.*]

|| (T. didact.) Traité scientifique sur les mythes.

MYTHOLOGIE [mi-tò-lò-ji] *s. f.*

[ÉTYM. Emprunté du lat. mythologia, grec μυθολογία,
m. s. || xivᵉ-xvᵉ s. Fulgence, en ses mythologies, CHR. DE
PISAN, *Chemin de long estude*, dans DELB. *Rec.*]

|| Histoire fabuleuse des dieux, des êtres surnaturels.

MYTHOLOGIQUE [mi-tò-lò-jĭk'] *adj.*

[ÉTYM. Emprunté du lat. mythologicus, grec μυθολογικός,
m. s. || 1481. Poetes... mithologiques, *Baratre infernal,* dans
DELB. *Rec.*]

|| Qui appartient à la mythologie. Un récit —.

'MYTHOLOGISTE [mi-tò-lò-jĭst'] *s. m.* et *f.*

[ÉTYM. Dérivé de mythologie, § 265. || xviiᵉ s. *V.* à l'article.]

|| *Vieilli.* Mythologue. Il est beau que les mythologistes
aient imaginé que les dieux punirent ce crime, VOLT. *Lois de*
Minos, notice.

MYTHOLOGUE [mi-tò-lòg'] *s. m.* et *f.*

[ÉTYM. Emprunté du grec μυθολόγος, *m. s.* || xviᵉ s. My-
thologe, RAB. III, 51. | xviiiᵉ s. Mythologue, ABBÉ DESFON-
TAINES, dans TRÉV. Admis ACAD. 1740.]

|| Celui, celle, qui s'adonne à l'étude de la mythologie.

MYURE [mi-ür] *adj.*

[ÉTYM. Emprunté du lat. médical myurus, *m. s.* qui est
le grec μύουρος, queue de rat. || Admis ACAD. 1762 sous
la forme myurus, puis myure en 1798.]

|| (Médec.) Pouls —, dont les pulsations deviennent de
plus en plus faibles. Pouls — réciproque, dont les pulsa-
tions descendent très bas, puis remontent graduellement.

N

N [èn'] *s. f.* et, dans la nouvelle épellation, **N** [ne] *s. m.*

[ÉTYM. Emprunté du lat. n, *m. s.* || xiiiᵉ s. Grant devis A
d'emme a n (prononcez enne) par un trait, *Senefiance de*
l'A B C, dans JUBINAL, *Nouv. Rec.* II, 281.]

|| Quatorzième lettre et onzième consonne de l'alpha-
bet français. Une grande N ou N majuscule. L'n minuscule.
N est muette dans an, en, in, on, un, mais change la voyelle qui
la précède en voyelle nasale. || N mouillée, combinaison de
l'n et de l'y, notée par gn en français.

NABAB [nà-bàb'] *s. m.*

[ÉTYM. Emprunté de l'arabe nabab, pluriel de nabib,
lieutenant, § 22. || 1707. Le général de l'armée, qui se nomme
le grand Nabab, SCHOUTEN, *Voy. aux Indes*, II, 202. Admis
ACAD. 1798.]

|| **1°** Prince musulman de l'Inde. On dit que M. Dupleix...
s'est allié au Mogol, aux nababs voisins, D'ARGENSON, *Mém.*
dans DELB. *Rec.*

|| **2°** *P. ext. Famil.* Personnage revenu de l'Inde (ou
d'autres pays lointains) avec une fortune considérable.

NABABIE [nà-bà-bi] *s. f.*

[ÉTYM. Dérivé de nabab, § 68. || xviiiᵉ s. *V.* à l'article.
Admis ACAD. 1798.]

|| *Rare.* Dignité, principauté d'un nabab. La — de Gol-
conde, VOLT. *Fragm. hist. sur l'Inde,* 11.

'NABLE [nàbl'] *s. m.*

[ÉTYM. Semble être pour nagle, emprunté du holland.
nagel, cheville, § 10. || xviiᵉ s. *Explic. des termes de ma-*
rine, dans JAL, *Gloss. naut.*]

|| (Marine.) Bouchon qui ferme le trou percé dans un
canot pour le vider. || *P. ext.* Ce trou lui-même.

NABOT, OTE [nà-bó, -bŏt'] *s. m.* et *f.*
[ÉTYM. Origine inconnue. || 1549. R. EST.]
|| Personne de très petite taille.

*__NACAIRE__ [nà-kèr']. *V.* gnacare.

NACARAT [nà-kà-rà] *s. m.*
[ÉTYM. Emprunté de l'espagn. nacarado, *m. s.* proprt,
« nacré », § 12. || XVIe s. Amarante, nacarade, pensée, D'AUB.
Fœneste, I, 2.]
|| Couleur rouge tirant sur l'orangé. *Adjectivt.* Du ve-
lours —, des rubans —.

NACELLE [nà-sèl] *s. f.*
[ÉTYM. Du lat. navicĕlla, *m. s.* dérivé de navis, nef, devenu 'nav'cele, nacele, §§ 448, 336, 366 et 291, écrit plus
récemment nacelle par réaction étymologique, § 502.]
|| 1° Petit bateau.
|| 2° *P. anal.* Panier suspendu au-dessous d'un ballon,
pour recevoir l'aéronaute et ceux qui l'accompagnent.
|| 3° *P. ext.* | 1. Moulure à profil demi-circulaire. (*Cf.*
scotie.) | 2. Dans les fleurs papilionacées, partie de la co-
rolle dite aussi carène. | 3. Cavité entre les deux circuits
de l'oreille externe. | 4. Patelle, coquillage.

*__NACHE__ [nàch'] *s. f.*
[ÉTYM. Du lat. pop. natica, dérivé de nates, fesse, § 77,
devenu 'nat'ca, § 290, nache, §§ 405 et 291. Souvent nage
en anc. franç. || XIIe s. D'autrui naces seir en cendre, *Thè-
bes*, III, 9989.]
|| *Anciennt.* Fesse. *Spécialt. De nos jours.* (Boucherie.)
Milieu du gîte à la noix.

NACRE [nàkr'] *s. f.*
[ÉTYM. Emprunté du persan nakar, *m. s.* vraisemblablement par l'intermédiaire de l'ital. nacchera, §§ 12 et
22. || 1347. Peut se déduire du bas lat. nacrum, employé
par un texte relatif au Dauphiné, dans DU C.]
|| Matière blanche à reflets irisés, qui forme l'intérieur
de certaines coquilles, et est employée en tabletterie. De
la — de perles. Un couteau à manche de —.

NACRÉ, ÉE [nà-kré] *adj.*
[ÉTYM. Dérivé de nacre, § 118. (*Cf.* nacarat.) || 1752. TRÉV.
Admis ACAD. 1835.]
|| 1° Qui renferme de la nacre. Coquille nacrée.
|| 2° Qui a les reflets de la nacre. *Substantivt.* Le —,
variété de papillon diurne.

NADIR [nà-dîr] *s. m.*
[ÉTYM. Emprunté de l'arabe nadhîr, opposé, § 22. || XIVe s.
Nador, ORESME, dans MEUNIER, *Essai sur Oresme*.]
|| Point de la sphère céleste auquel aboutirait une ver-
ticale partant du lieu où l'on se trouve et passant par le
centre de la terre. (*Cf.* zénith.) || *P. plaisant. Fig.* Le zénith
de votre esprit ne va pas au — de celui du moindre des im-
maums, MONTESQ. *Lett. pers.* 18.

NAFFE [nàf'] *s. f.*
[ÉTYM. Emprunté de l'arabe nafha, odeur, § 22. || XVIe s. Eau
de naffe contrefaite, J. LIÉBAULT, *Mais. rust.* dans DELB. *Rec.*]
|| *Vieilli.* Eau de —, eau de fleurs d'oranger.

NAGE [nàj'] *s. f.*
[ÉTYM. Subst. verbal de nager, § 52. || XIIe s. En la mer
se mistrent en nés... S'en alerent trestuit a nage, *Énéas*, 902.]
|| Action de nager.
|| 1° *Vieilli.* Action de naviguer. Elle lui dit de se mettre
en — jusqu'au port des Phéaques, RAC. *Rem. sur l'Odyss.*
liv. 5. || *Spécialt. De nos jours.* Action de ramer. Donner
la —, régler le mouvement des rameurs. Chef de —, celui
qui dirige les rameurs. Bancs de —, où s'assoient les ra-
meurs. || *P. ext.* | 1. Pièce du bachot qui supporte les
tourets et où pose l'aviron quand on rame. | 2. *P. ext.*
Partie d'un train de bois de flottage.
|| 2° Action de se soutenir et d'avancer dans l'eau au
moyen de certains mouvements des membres. Se mettre
à la —. Se sauver à la —. | *P. plaisant.* Un grand potage D'où
les mouches à jeun se sauvaient à la —, RÉGNIER, *Sat.* 10.
|| *Fig.* Se mettre en —, être en —, en sueur.

*__NAGEANT, ANTE__ [nà-jan, -jànt'] *adj.*
[ÉTYM. Adj. particip. de nager, § 47. || 1771. TRÉV.]
|| Qui nage. *Spécialt.* (Botan.) Plante nageante, qui flotte
à la surface de l'eau. || (Blason.) Poisson —, couché hori-
zontalement en travers de l'écu. || *Fig.* (Technol.) Carde
nageante, dont les dents laissent glisser la laine.

NAGÉE [nà-jé] *s. f.*
[ÉTYM. Dérivé de nager, § 119. || XVIIe s. *V.* à l'article.
Admis ACAD. 1835.]
|| Espace parcouru par un nageur à chaque brassée.
Au bout de quelques nagées, LA F. *Fab.* II, 10.

*__NAGEMENT__ [nàj'-man ; en vers, nà-je-...] *s. m.*
[ÉTYM. Dérivé de nager, § 145. || XIIIe s. Et partot avoit
nagement, PRIORAT, *Végèce*, dans GODEF.]
|| *Rare.* Action de nager. Le vol des oiseaux, le — des
poissons, VOLT. *Dict. philos.* Idée.

NAGEOIRE [nà-jwàr] *s. f.*
[ÉTYM. Dérivé de nager, § 113. || XVIe s. Le poulpe avec ses
bras et nageoires, MONTLYARD, *Hieroglyph.* dans DELB. *Rec.*]
I. Ce qui sert à nager. || *Spécialt.* | 1. Appendice mem-
braneux à l'aide duquel se meuvent dans l'eau les pois-
sons et quelques autres animaux aquatiques. | 2. Cale-
basse, vessie gonflée d'air, etc., dont on se sert pour se
soutenir sur l'eau.
II. Ce qui nage, flotte. *Spécialt.* Rondelle de bois plate
qu'on met à la surface d'un seau plein, pour empêcher
l'eau de jaillir.

NAGER [nà-jé] *v. intr.*
[ÉTYM. Du lat. navigare, *m. s.* devenu 'nav'gar, nagier,
§§ 336, 297 et 291, nager, § 634. (*Cf.* le doublet naviguer.)
Au sens 2°, nager a remplacé l'anc. franç. noer.]
|| 1° *Ancienn.* Naviguer, faire avancer le bateau avec
des voiles ou des rames. Attendre vent propice et opportun
pour —, A. DE LA SALE, *Cent Nouv. nouv.* 100. || *Spécialt.
De nos jours.* (Technol.) Ramer pour faire avancer une
embarcation. — de long, en donnant la plus grande amplitude au mouvement de la rame. *Transitivt.* Nage la
chaloupe à bord ! commandement de marine, pour amener
la chaloupe à bord.
|| 2° *P. anal.* Se soutenir et avancer dans l'eau au
moyen de certains mouvements des membres. — en grande
eau, dans un espace où il y a beaucoup d'eau, et, *fig.* être
en pleine prospérité. — entre deux eaux, en étant sous
l'eau, près de la surface, et, *fig.* se tenir entre deux partis, en ménageant l'un et l'autre. Le P. de la Rue, jésuite de
tous points, passa toujours pour — entre deux eaux, ST-SIM. I,
415. — contre le courant, nager dans le sens opposé au
courant de l'eau, et, *fig.* lutter contre le cours des choses.
Famil. — comme un chien de plomb, comme une meule de-
moulin, aller au fond. || *Famil.* Être à nage pataud, patauger
sur l'eau. || *Fig.* Les astres... nagent pour ainsi dire dans les
espaces, MASS. *Vérité de la relig.*
|| 3° Flotter. Le liège nage sur l'eau. On voyait — le lait clair
sur tous les vases, RAC. *Rem. sur l'Odyss.* liv. 9. || *Fig.*
Devenu vague, incertain. Je sens dans un nuage épais —
mes yeux éteints, DELILLE, *Géorg.* 4.
|| 4° *P. ext.* Être baigné dans un liquide. Une salade qui
nage dans l'huile. Des pommes de terre qui nagent dans le
beurre. || *P. hyperb. Fig.* — dans le sang, être au milieu du
carnage. Tout nage dans le sang, BOSS. *Condé.* || Être dans
la plénitude de qqch. — dans l'abondance. Je nage dans la
joie, CORN. *Cid*, III, 5. Elles nagent dans la prospérité, LA BR. 6.

NAGEUR, EUSE [nà-jœur, -jeuz'] *s. m.* et *f.*
[ÉTYM. Dérivé de nager, § 112. (*Cf.* le doublet navigateur.)
|| XIIe s. Il vint au Rosne, n'i trova nageor, *Foucon de Candie*,
dans GODEF. nageor.]
|| Celui, celle qui nage. | 1. (Marine.) Celui, celle qui
rame. | 2. Celui, celle qui se soutient et avance dans l'eau.
Un bon —. Lutte contre la fortune comme un — contre le tor-
rent de l'eau, FÉN. *Tél.* 22. || *Poët.* Ces nageurs marquetés (les
poissons), RAC. *Odes*, 4. || *Adjectivt.* Oiseaux, quadrupèdes
nageurs.

NAGUÈRE et **NAGUÈRES** [nà-ghèr] *adv.*
[ÉTYM. Composé de n', a et guère ou guères, proprt,
« il n'y a guère (de temps) », § 182. On trouve encore au
commencement du XVIIe s. naguère construit avec la conj.
que : Naguère que j'oyais la tempête souffler, MALH. *Poës.* 77.
|| XIIe s. La grant perde qu'il ot reciu n'ot gaires, *Jourd. de
Blaives*, 1532.]
|| *Récemment.* Est-ce lui qui —, aux dépens de sa vie, Sauva
des ennemis votre empereur Décie? CORN. *Poly.* I, 3.

NAÏADE [nà-yàd'] *s. f.*
[ÉTYM. Emprunté du lat. naias, adis, du grec ναϊάς, άδος,
m. s. || XVe-XVIe s. Une nymphe naïade, J. LE MAIRE, dans
DELB. *Rec.* Admis ACAD. 1762.]
|| (Mythol.) Divinité inférieure, du sexe féminin, prési-
dant aux fontaines, aux rivières. Il (le Rhin) voit fuir à
grands pas ses naïades craintives, BOIL. *Ép.* 4.

NAÏF, ÏVE [nà-ïf, -ïv'] *adj.*

[ÉTYM. Du lat. natïvum, *m. s.* devenu nadif, naïf, §§ 402, 446 et 291. (*Cf.* le doublet natif.)]

‖ **1°** *Anciennt.* Apporté en naissant. De son teint la naïve blancheur, LA F. *Clymène.* ‖ *Spécialt. De nos jours.* (Technol.) Pointe naïve, diamant qui affecte naturellement la forme pyramidale.

‖ **2°** *P. ext.* Qui a la simplicité de la nature. Les grâces naïves de l'enfance. La douce persuasion et les grâces naïves coulent de ses lèvres, FÉN. *Tél.* 22. Il (le vieux langage) avait je ne sais quoi de court, de —, de hardi, FÉN. *Lett. à l'Acad.* 3. *Substantivt.* Le —, représentation des choses où la nature se montre sans artifice. Distingua le — du plat et du bouffon, BOIL. *Art p.* 1.

‖ **3°** *P. ext.* Qui a la crédulité d'une âme inexpérimentée. Une personne naïve. Il lui dit qu'il était un peu —, HAMILT. *Gram.* 4. | *P. ext.* Un aveu —.

NAIN, NAINE [nin, nèn'] *s. m.* et *f.*

[ÉTYM. Du lat. nanum, *m. s.* §§ 300 et 291.]

‖ Celui, celle qui est d'une petitesse extraordinaire. (*Cf.* nabot.) D'un — faire un Atlas, BOIL. *Disc. au roi.* La naine, un abrégé des merveilles des cieux, MOL. *Mis.* II, 4. ‖ Le — jaune, jeu de cartes où l'on se sert d'un tableau (dont le milieu représentait à l'origine un nain tenant le sept de carreau). ‖ *Adjectivt.* Une personne naine. Il était tout à fait —, ST-SIM. II, 331. *P. anal.* Plantes naines, de plus petite taille que les plantes de leur espèce. Pommiers nains. Buis —. *P. ext.* Œuf —, qui ne contient pas de jaune.

NAISSANCE [nè-sâns] *s. f.*

[ÉTYM. Dérivé de naître, § 146. (*Cf.* le lat. nascentia, *m. s.*) L'anc. franç. dit ordinairement naissement. ‖ XII° s. Naissance plaine de sainteté, *Serm. de St Bern.* p. 24.]

‖ **1°** Action de naître, de venir au monde. Le jour de sa —. Avant sa —. Dès sa —. Devoir la — à qqn. Apprendre à qui je dois une triste —, RAC. *Iph.* II, 1. Au milieu du leur camp tu reçus la —, CORN. *Cinna*, V, 1. Être aveugle de —. Déclaration de — (devant l'officier de l'état civil). L'acte de — énoncera... le sexe de l'enfant et les prénoms qui lui seront donnés, *Code civil*, art. 57. Le registre des naissances, où sont inscrites les déclarations de naissance. ‖ Être d'une haute, d'une illustre —. L'avantage d'une haute —, BOSS. *Condé. Absolt.* Haute naissance. Cette haute alliance Dont vous aurait exclu le défaut de —, CORN. *Nicom.* I, 2. S'il est heureux d'avoir de la —, LA BR. 2. La — n'est rien où la vertu n'est pas, MOL. *D. Juan*, IV, 4. | *P. ext.* Une heureuse —, le fait d'être né d'avec d'heureuses dispositions. Quoique une heureuse — eût apporté de si grands dons à notre prince, BOSS. *Condé.* Avocat de — et de profession, LA F. *Ragotin*, I, 2. ‖ Par droit de —, en parlant d'une dignité, d'un privilège transmis par l'hérédité. Un sot qui succède par droit de —, PASC. *Pens.* V, 3. ‖ (Théol.) — spirituelle, seconde —, régénération par le baptême. La grâce de la seconde —, PASC. *Pens.* XXIV, 12 ter.

‖ **2°** *P. ext.* | **1.** Moment où qqch commence. Son empire a des temps précédé la —, RAC. *Ath.* I, 4. Avant donc La — du monde, ID. *Plaid.* III, 3. Ton État, encore en sa —, CORN. *Hor.* I, 1. Un mal labile dans sa —, RAC. *Brit.* III, 1. D'où ce titre d'honneur a tiré sa —, CORN. *Ment.* V, 3. L'Église y avait pris sa —, BOSS. *Hist. univ.* II, 20. La — du jour. Le moment de la — des feuilles, de la verdure. | **2.** Endroit où qqch commence. La — d'une voûte, d'une colonne. La — d'une veine, d'une artère. La — de la gorge.

NAISSANT, ANTE [nè-san, -sânt'] *adj.*

[ÉTYM. Adj. particip. de naître, § 47. ‖ 1539. R. EST.]

‖ Qui commence à se former, à se développer. Les burgeons naissants. Quelque monstre —, RAC. *Ath.* II, 6. Un poète —, BOIL. *Ép.* 5. Les peuples naissants, MONTESQ. *Espr. des lois*, XXIII, 10. Sa naissante beauté, RAC. *Brit.* II, 2. Vos charmes naissants, ID. *Mithr.* I, 2. | Barbe naissante. | L'aimable simplicité du monde —, FÉN. *Lett. à La Motte*, 4 mai 1714.

NAÎTRE [nètr'] *v. intr.*

[ÉTYM. Du lat. pop. *nascere (class. nasci, § 601), *m. s.* devenu nais're, naistre, §§ 398, 419, 389 et 290, naître, § 422.]

‖ **1°** Venir au monde, sortir du sein de la mère. Dans Rome où je naquis, CORN. *Poly.* I, 3. Sous quel astre ennemi faut-il que je sois née! RAC. *Mithr.* I, 2. *Loc. prov.* Innocent comme l'enfant qui vient de —. Je la connais, et ceux qui l'ont fait —, CORN. *Ment.* V, 3. Vous ne savez encor de quel père il est né, RAC. *Ath.* II, 5. Il lui est né une fille. Une fille lui est née. Le pays qui l'a vu —. Les grands hommes que la Providence fait — en son temps, BOSS. *Le Tellier.* Naissant, on contracte

envers elle (la patrie) une dette immense, MONTESQ. *Espr. des lois*, V, 3. Si son astre, en naissant, ne l'a formé poète, BOIL. *Art p.* 1. Un enfant mort-né, une fille mort-née. Des agneaux mort-nés. Un enfant nouveau-né, une fille nouveau-née, et, *substantivt, masc.* Des nouveau-nés. Le premier-né, le dernier-né. Dernier-né des enfants du triste Ochosias, RAC. *Ath.* IV, 3. ‖ *P. anal.* Des poussins qui viennent de —, de sortir de l'œuf. *Poét.* Les fleurs naissent sous ses pas. Qu'il soit comme le fruit en naissant arraché, RAC. *Ath.* I, 2. ‖ *P. ext.* | **1.** Être d'une certaine extraction. Vous descendez en vain des aïeux dont vous êtes né, MOL. *D. Juan*, IV, 4. Montrez en expirant de qui vous êtes née, RAC. *Iph.* IV, 4. Étant né ce qu'il est, souffrir un tel outrage! CORN. *Cid*, II, 3. *Absolt.* Une personne qui n'est pas née, qui n'est pas d'extraction noble. | **2.** Venir au monde dans certaines conditions. — aveugle, sourd, boiteux. — riche, pauvre. Déguiser ce que le Ciel nous a fait —, MOL. *B. gent.* III, 12. Cette princesse née sur le trône, BOSS. *D. d'Orl.* Il est né peintre, poëte. Né ministre du Dieu qu'en ce temple on adore, RAC. *Ath.* III, 3. Une personne bien née, mal née, venue avec de bonnes, de mauvaises dispositions. Aux âmes bien nées, La valeur n'attend point le nombre des années, CORN. *Cid*, II, 2. Qu'ils laissent ces impiétés à ceux qui sont assez mal nés pour en être véritablement capables, PASC. *Pens.* IX, 1. ‖ Être né pour, et, *vieilli*, à qqch, avoir des dispositions naturelles pour qqch. Les esprits nés à la tyrannie, MALH. *Poés.* 18. Néron, s'ils en sont crus, n'est point né pour l'empire, RAC. *Brit.* IV, 4. Peuple lâche en effet et né pour l'esclavage, ID. *Ath.* III, 7. Mon style est né pour la satire, BOIL. *Ép.* 8. Son génie né pour l'action, BOSS. *Le Tellier. Loc. prov. Famil.* Être né coiffé, avoir d'ordinaire la chance pour soi. (*V.* coiffer.) ‖ *Spécialt. Au part. passé pris adjectivt.* Qui est investi par droit de naissance. Les princes du sang, magistrats-nés dans cette affaire, BOSS. *Var.* 10. Le général-né de l'État, VERTOT, *Révol. rom.* I, 18. *Fig.* Esclave-né de quiconque l'achète, BOIL. *Sat.* 9.

‖ **2°** *P. ext.* Commencer d'être. Au malheureux moment que naissait leur querelle, CORN. *Cid*, II, 3. Un pouvoir qui ne fait que de —, RAC. *Alex.* II, 2. La tragédie, informe et grossière en naissant, BOIL. *Art p.* 3. Quoique Rome fût née sous un gouvernement royal, BOSS. *Hist. univ.* III, 6. | — de, tirer son origine de. Les guerres naissaient toujours des guerres, MONTESQ. *Rom.* 1. D'où naissent les pleurs que je te vois répandre? RAC. *Phèd.* V, 6. De là naissent des monstres de crimes, BOSS. *R. d'Angl.* C'est souvent du hasard que naît l'opinion, LA F. *Fab.* VII, 15. | Faire — qqch, en être la cause. Cette lumière fait — en eux une source intarissable de paix et de joie, FÉN. *Tél.* 19.

NAÏVEMENT [nà-iv'-man; *en vers*, -i-ve-...] *adv.*

[ÉTYM. Composé de naïve et ment, § 724. ‖ XVI° s. Quelle vertu souveraine ont en elles Naïvement les muses éternelles, MAROT, *Épit. à un sien ami* (1543), p. 250, édit. 1596.]

‖ D'une manière naïve. Il (Montaigne) exprime — de grandes choses, VOLT. *Disc. de récept.*

NAÏVETÉ [nà-iv'-té; *en vers*, -i-ve-té] *s. f.*

[ÉTYM. Dérivé de naïf, § 122. On trouve en anc. franç. naïté (pour naïfté), du lat. nativitatem. (*Cf.* le doublet nativité.) ‖ XIII° s. B. DE CONDÉ, dans DELB. *Rec.*]

‖ Caractère naïf. Le financier, riant de sa —..., LA F. *Fab.* VIII, 2. Le rondeau, né gaulois, a la —, BOIL. *Art p.* 2. S'il veut que vous contrefassiez le gueux, vous le devez faire avec toute la — qui vous sera possible, PASC. *Entret. avec Saci.* L'ignorance où il était de la plupart des choses de la vie lui donnait cette —, D'ALEMB. *Éloges, Terrasson.* ‖ *P. ext.* Trait de naïveté. La même chose souvent est dans la bouche d'un homme d'esprit une — ou un bon mot, et dans celle d'un sot, une sottise, LA BR. 12.

NANAN [nà-nan] *s. m.*

[ÉTYM. Sorte d'onomatopée, § 32. ‖ XVII° s. *V.* à l'article. Admis ACAD. 1762.]

‖ Mot enfantin désignant toute friandise. Ma bonne maman Qui m'a tant promis de —, *Mazarinades.*

NANKIN [nan-kin] *s. m.*

[ÉTYM. Nom propre d'une ville de la Chine d'où vient la toile ainsi appelée, § 36. ‖ 1766. Soie imitation de nankin, *Gratification aux sœurs Lapène, à Toulouse*, Arch. nat. F¹², 36. Admis ACAD. 1835.]

‖ **1°** Toile de coton d'une couleur unie, le plus souvent jaune clair. Des nankins blancs et jaunes, B. DE ST-P. *Paul et Virg.*

‖ **2°** *P. ext.* Couleur jaune clair.

***NANKINETTE** [nan-ki-nět'] *s. f.*
[ÉTYM. Dérivé de nankin, §§ 36 et 133. || 1812. MOZIN, *Dict. franç.-allem.*]
|| (Technol.) Toile plus fine que le nankin.

NANTIR [nan-tir] *v. tr.*
[ÉTYM. Dérivé de l'anc. franç. nant, gage, qui se rattache au radical de l'allem. nehmen, prendre, §§ 6, 498, 499 et 154. || XIIIᵉ s. Eles seront nanties en le main du sovrain, BEAUMAN. XXXV, 6.]
|| Mettre (qqn) en possession d'une chose qui sert de gage. Se — des effets d'une succession, commencer par en prendre possession, comme y ayant droit. Nantissez-vous de tout sans rien mettre au hasard, REGNARD, *Ménechmes*, II, 1. || *P. anal.* Mettre en possession de qqch par précaution. De l'objet qu'on poursuit je suis encor nanti, MOL. *Éc. des f.* IV, 7. Créancier nanti, pourvu d'un gage.

NANTISSEMENT [nan-tis'-man ; *en vers*, -ti-se-...] *s. m.*
[ÉTYM. Dérivé de nantir, § 145. || 1483. Namptissement, *Cout. de Norm.* dans DELB. *Rec.*]
|| Action de nantir. Le — est un contrat par lequel un débiteur remet une chose à son créancier pour sûreté de la dette, *Code civil*, art. 2071. || *P. anal. Vieilli.* Hypothèque. Pays de —, où l'on faisait inscrire sa dette sur un registre public pour avoir privilège sur les biens du débiteur. || *P. ext.* Objet remis en nantissement. Pour des nantissements qui valent bien leur prix, REGNARD, *Joueur*, II, 14.

NAPÉE [nà-pé] *s. f.*
[ÉTYM. Emprunté du lat. napæa, grec ναπαῖα, *m. s.* de νάπη, bois, vallon. || XVᵉ s. L'une des napees Qui de flours paroît ses poupees, *Pastoralet*, dans GODEF. Admis ACAD. 1762.]
|| (Mythol.) Divinité inférieure, du sexe féminin, présidant aux forêts et aux prairies. S'il plonge, il baise une —, BERNIS, *Quatre parties du jour*.

NAPEL [nà-pèl] *s. m.*
[ÉTYM. Emprunté du bas lat. napellus, diminutif de napus, navet, à cause de la forme tuberculeuse de la racine du napel. FURET. donne le mot sous la forme lat. napellus. || XVIᵉ s. Nourrie de napel et autres venins, PARÉ, XXV, 1. Admis ACAD. 1798.]
|| (Botan.) Variété d'aconit, plante vénéneuse.

***NAPHTALINE** [năf'-tà-lin'] *s. f.*
[ÉTYM. Dérivé de naphte, § 282 *bis*. || *Néolog.*]
|| (Chimie.) Hydrocarbure que produit la distillation de la houille, du goudron.

NAPHTE [năft'] *s. m.*
[ÉTYM. Emprunté du lat. naphta, grec νάφθα, *m. s.* d'origine persane, § 24. Le mot est fém. dans ACAD. 1694-1798, conformément au genre du lat. et du grec ; le genre actuel est celui d'une forme secondaire, lat. naphtas, grec νάφθας. || XVIᵉ s. Du naphte, qui est une sorte de bitum, *Sat. Ménipp.* II, 62.]
|| (Chimie.) Carbure d'hydrogène, sorte de bitume liquide, volatil, inflammable.

NAPOLÉON [nà-pò-lé-on] *s. m.*
[ÉTYM. Nom propre d'un empereur des Français : Napoléon Iᵉʳ, § 36. || *Néolog.* Admis ACAD. 1835.]
|| Pièce d'or de vingt francs. Deux napoléons.

NAPPE [năp'] *s. f.*
[ÉTYM. Du lat. mappa, *m. s.* (*cf.* mappemonde), §§ 466 et 291. || XIᵉ s. Et ont traites les napes li maistre seneschal, *Voy. de Charl. à Jérus.* 416.]
|| Linge qu'on étend sur une table à manger, pour servir le repas. Mettre la —. La déesse en entrant, qui voit la — mise, BOIL. *Lutr.* 1. *Fig.* Mettre la —, fournir le diner. Lorsqu'un vieux fou s'échappe D'être amoureux, Il faut qu'il mette la —, REGNARD, *Sérén.* sc. 18. Trouver la — mise, diner chez les autres. | *Fig.* Servir, fournir la — à qqn, lui préparer le succès. || *P. anal.* — de communion, linge qu'on étend devant ceux qui communient. — d'autel, linge bénit dont on recouvre l'autel. || *P. ext.* Ce qu'on étend comme une nappe. | 1. Linge sur lequel les bouchers suspendent les grands quartiers de viande. | 2. (Chasse.) Peau de cerf, de chevreuil, etc., qu'on étend par terre, pour donner la curée aux chiens. | 3. Filet de pêche, de chasse, développé en surface. | 4. Table de plomb qu'on étend sur un terrain, un toit. || *Fig.* Ce qui s'étend en couche. Une — d'eau souterraine. Une fontaine qui faisait une — d'eau en tombant d'un rocher, FÉN. *Tél.* 14. Une cascade qui se déploie en

—. Une — de feu, matière enflammée qui s'étend en surface. Une — de coton, coton cardé qui se déroule en sortant de la machine en large bande d'égale épaisseur. || (Mathém.) Surface embrassée par les branches de certaines sections coniques. Les nappes d'une hyperbole.

NAPPERON [năp'-ron ; *en vers*, nà-pe-...] *s. m.*
[ÉTYM. Dérivé de nappe, § 105. || 1391. Un napperon que li vendi trois solz parisis, dans DU C.]
|| Petite nappe ou serviette qu'on étend sur le milieu de la nappe, pour la préserver, et qu'on retire ordinairement au dessert.

NARCISSE [nàr-sïs'] *s. m.*
[ÉTYM. Emprunté du lat. narcissus, grec νάρκισσος, *m. s.* || 1363. Narciz ynde, dans DU C. narcissus.]
|| Plante de la famille des Amaryllidées. Le — blanc. Le — jonquille.

NARCOTINE [nàr-kò-tin'] *s. f.*
[ÉTYM. Dérivé du radical de narcotique, § 282 *bis*. || *Néolog.* Admis ACAD. 1835.]
|| (Chimie.) Alcaloïde de l'opium.

NARCOTIQUE [nàr-kò-tïk'] *adj.*
[ÉTYM. Emprunté du bas lat. narcoticus, grec ναρκωτικός, *m. s.* de νάρκη, assoupissement. || XIIIᵉ-XIVᵉ s. Narcotiques, si comme opion, *Chirurg. de Mondeville*, fᵒ 97, dans LITTRÉ. Admis ACAD. 1762.]
|| (T. didact.) Qui produit la torpeur. Une substance —, et, *substantiv*, au masc. Un —.

NARD [nàr] *s. m.*
[ÉTYM. Emprunté du lat. nardus, grec νάρδος, *m. s.* Souvent narde, fém. en anc. franç. d'après le genre du lat. et du grec, § 551. || XIIIᵉ s. Nardes et caneles, dans GODEF. narde. | 1539. Nard, R. EST.]
|| Huile parfumée que les anciens tiraient de la racine d'une plante aromatique. || *P. ext.* — indien, graminée aromatique des Indes orientales. — celtique, espèce de valériane.

NARGUE [nàrg'] *interj.*
[ÉTYM. Origine inconnue. || XVIᵉ s. Nargues, nargues, RAB. IV, 53.]
|| Interjection marquant un dédain moqueur. — pour tous ceux qui n'en sont pas contents, SCARR. *Jodelet*, IV, 3. — de ceux qui me faisaient la guerre, LA F. *Contes, Mandrag.* Nous ferons — à leurs attraits, CORN. *Poés. div.* 1. Dire — de qqn, de qqch.

NARGUER [nàr-ghé] *v. tr.*
[ÉTYM. Dérivé de nargue, § 154. || XVIᵉ s. Ceus qui en mon absence se pourroyent narguer du peu de credit que j'aurroys eu, ANT. DE BOURBON, *Lett.* dans DELB. *Rec.* Admis ACAD. 1762.]
|| Faire nargue à (qqn, qqch). — les envieux. Je nargue les chagrins. — impunément les rois et les lois, ST-SIM. II, 347. | *Absolt.* Un fou Qui narguera derrière vous, F. COLLETET, *Tracas de Paris*, dans DELB. *Rec.*

NARGUILÉ [nàr-ghi-lé] *s. m.*
[ÉTYM. Emprunté du persan narguileh, *m. s.* § 24. || *Néolog.* Admis ACAD. 1878.]
|| Pipe munie d'un vase rempli d'eau odorante, que la fumée traverse avant d'arriver à la bouche.

NARINE [nà-rin'] *s. f.*
[ÉTYM. Du lat. pop. *narina, dérivé de narem, *m. s.* §§ 100 et 291. || XIIᵉ s. Cel anel metteit as narines, *Rois*, III, 4.]
|| Fosse nasale. La — droite, gauche. Se boucher les narines, pour ne pas sentir une odeur. L'ours boucha sa —, LA F. *Fab.* VII, 7. *Fig.* Enfler ses narines (en signe de contentement de soi-même). Là-dessus ses narines s'enflent, il cache avec peine sa joie et sa vanité, LA BR. 13. || Fausse — (chez les solipèdes), cul-de-sac conique formé par la peau à l'entrée de la narine.

NARQUOIS, OISE [nàr-kwà, -kwáz'] *adj.*
[ÉTYM. Mot d'argot, § 31 : Drilles ou narquois sont des soldats qui truchent, mendient, *Le jargon* (1634). || XVIᵉ s. Un grand desgouté narquois, TABOUROT, *Escr. dij.* p. 27, édit. 1608.]
|| 1ᵒ *Vieilli.* Rusé. Maint vieux chat, fin, subtil et —, LA F. *Fab.* XII, 8.
|| 2ᵒ Qui exprime la malice railleuse. Un air —. Une physionomie narquoise.

NARRATEUR, *NARRATRICE [nàr'-rà-teůr, -tris'] *s. m.* et *f.*
[ÉTYM. Emprunté du lat. narrator, trix, *m. s.* || 1552. Narrateur, CIL EST. dans DELB. *Rec.*]

‖ Celui, celle qui fait une narration.

NARRATIF, IVE [nàr'-rà-tif', -tiv'] *adj.*
[ÉTYM. Emprunté du lat. narrativus, *m. s.* ‖ XVᵉ s. Pour responde au narratif De vostre briefve expositive, CII. D'ORL. *Rond.* 69.]
‖ (T. didact.) Qui appartient à la narration. Le genre —. ‖ *Rare.* Avec un complément. Procès-verbal — des faits (qui en donne la narration).

NARRATION [nàr'-rà-syon ; *en vers*, -si-on] *s. f.*
[ÉTYM. Emprunté du lat. narratio, *m. s.* ‖ XIIᵉ-XIIIᵉ s. Esopez la subjection Toiche en ceste narracion, *Ysopet de Lyon*, 1119.]
‖ Récit développé. Idoménée commença cette —, FÉN. *Tél.* 13. Les narrations de Thucydide, de Tite-Live, de Tacite. Je n'ai point fait de — de la mort de Polyeucte, CORN. *Poly.* exam. Soyez vif et pressé dans vos narrations, BOIL. *Art p.* 3. ‖ *Spécialt.* ‖ **1.** (Rhétor.) Partie d'un plaidoyer où l'on raconte les faits de la cause. ‖ **2.** Exercice scolaire, récit dont on donne le sujet et que les élèves doivent développer.

NARRÉ [nà-ré] *s. m.*
[ÉTYM. Subst. particip. de narrer, § 45. ‖ 1500. C'est seulement en forme de narré, MAXIMIEN, *Advocat des dames*.]
‖ *Vieilli.* Exposé sous forme de récit. La simplicité du —, BOSS. *Médit. sur l'Ev. Dern. sem.* 6ᵉ jour. Notre galant n'étale Un long —, LA F. *Contes, Magnif.* M. de la Rochefoucauld le vengea autant qu'il put par ce —, ST-SIM. I, 78.

NARRER [nà-ré] *v. tr.*
[ÉTYM. Emprunté du lat. narrare, *m. s.* ‖ 1549. R. EST.]
‖ Exposer sous forme de récit. Une anecdote narrée avec simplicité. *Absolt.* Vous narrez très agréablement, SÉV. 166.

NARTHEX [nàr-tĕks'] *s. m.*
[ÉTYM. Emprunté du grec νάρθηξ, *m. s.* proprt, « férule ». ‖ Admis ACAD. 1878.]
‖ (Archéol.) Portique en avant de la nef d'une basilique chrétienne.

NARVAL [nàr-vàl] *s. m.*
[ÉTYM. Mot d'origine scandinave, § 9 : danois et suédois narhval, islandais nahvalr, *m. s.* mot composé dont le premier élément est obscur et dont le second signifie « cétacé ». ‖ 1690. Narwal, FURET. Admis ACAD. 1762.]
‖ (Hist. nat.) Cétacé dont la mâchoire supérieure est armée d'une longue défense.

NASAL, ALE [nà-zàl] *adj.*
[ÉTYM. Emprunté du lat. nasalis, *m. s.* L'anc. franç. a le subst. nasal, nasel, partie du heaume protégeant le nez. ‖ Admis ACAD. 1762.]
‖ (T. didact.) Qui a rapport au nez. Les fosses nasales. Le cartilage —. ‖ Résonance nasale, résonance de l'air vibrant dans les fosses nasales. Sons nasaux, constitués par des résonances nasales. Voyelles, consonnes nasales, et, *substantivt*, Les nasales, une nasale.

NASALEMENT [nà-zàl-man ; *en vers*, -zà-le-...] *adv.*
[ÉTYM. Composé de nasale et ment, § 724. ‖ Admis ACAD. 1798.]
‖ (T. didact.) Avec un son nasal.

***NASALISATION** [nà-zà-li-zà-syon ; *en vers*, -si-on] *s. f.*
[ÉTYM. Dérivé de nasaliser, § 247. ‖ *Néolog.*]
‖ (T. didact.) Action de nasaliser ; état d'un son nasalisé.

***NASALISER** [nà-zà-li-zé] *v. tr.*
[ÉTYM. Dérivé de nasal, § 267. ‖ *Néolog.*]
‖ (T. didact.) Transformer en son nasal.

NASALITÉ [nà-zà-li-té] *s. f.*
[ÉTYM. Dérivé de nasal, § 255. ‖ XVIIIᵉ s. Mot proposé par D'OLIVET, *Prosodie* (1767), III, 6. Admis ACAD. 1835.]
‖ (T. didact.) Caractère nasal (d'un son).

NASARD [nà-zàr] *s. m.*
[ÉTYM. Dérivé de nez, §§ 65 et 147. (Cf. nasillard.) ‖ 1519. Petits nasards, petits cornets, dans GODEF. nacaire.]
‖ *Ancienn.* Instrument à vent, voisin du cornet. ‖ *P. ext. De nos jours.* Jeu de mutation de l'orgue, à son flûté, qui se combine avec le jeu de cornet pour lui enlever le timbre nasillard qu'il aurait seul.

NASARDE [nà-zàrd'] *s. f.*
[ÉTYM. Dérivé de nez, §§ 65 et 147. ‖ XVIᵉ s. Mais pour chasque passade ilz ne ont que une nazarde, RAB. II, 30.]
‖ Chiquenaude sur le nez. Je recevrais vingt nasardes, BARON, *Coquette*, III, 1. ‖ *Fig. Famil.* Recevoir des nasardes,

être bafoué. Homme à nasardes, fait pour être bafoué. Ils traitent les savants de faquins à nasardes, MOL. *Fâch.* III, 2.

NASARDER [nà-zàr-dé] *v. tr.*
[ÉTYM. Dérivé de nasarde, § 154. ‖ 1537. Je ne puis me garder De t'en battre et te —, MAROT, *Épit. à Sagon.* Admis ACAD. 1798.]
‖ Frapper d'une chiquenaude sur le nez. Comme un que l'on nasarde, RÉGNIER, *Sat.* 11. ‖ *Fig.* Bafouer.

NASEAU [nà-zó] *s. m.*
[ÉTYM. Dérivé de nez, §§ 65 et 126. ‖ XIVᵉ s. En baissant le nasel, *Hugues Capet*, dans DELB. *Rec.*]
‖ Ouverture des narines de certains animaux (cheval, bœuf, etc.). Un cheval aux naseaux fumants. ‖ *P. plaisant. Vieilli.* Fendeur de naseaux, bravache.

NASILLARD, ARDE [nà-zi-yàr, -yàrd'] *adj.*
[ÉTYM. Dérivé de nasiller, § 147. Au XVIIᵉ s. ST-AMANT emploie nasard, aujourd'hui inusité. ‖ 1650. Se déduit de l'existence de nasillardement à cette date. Admis ACAD. 1718.]
‖ Qui nasille. Un orateur —. ‖ Parler d'un ton —. Un parler gras, lent, —, ST-SIM. II, 341.

***NASILLARDEMENT** [nà-zi-yàrd'-man ; *en vers*, -yàr-de-...] *adv.*
[ÉTYM. Composé de nasillarde et ment, § 724. ‖ 1650. V. à l'article.]
‖ *Rare.* D'une manière nasillarde. Il a grand agrément Et débite son fait fort —, TH. CORN. *D. Bertr. de Cigar.* I, 2.

***NASILLARDISE** [nà-zi-yàr-dïz'] *s. f.*
[ÉTYM. Dérivé de nasillard, § 124. ‖ XVIIᵉ s. V. à l'article.]
‖ *Rare.* Défaut de celui qui nasille. Ton poil déjà grison et ta —, TH. CORN. *Am. à la mode*, IV, 7.

***NASILLEMENT** [nà-ziy'-man ; *en vers*, -zi-ye-...] *s. m.*
[ÉTYM. Dérivé de nasiller, § 145. ‖ XVIIIᵉ s. V. à l'article.]
‖ Action de nasiller. Son — de capucin, MARMONTEL, *Mém.* 4.

NASILLER [nà-zi-yé] *v. intr.*
[ÉTYM. Dérivé de nez, §§ 65 et 161. ‖ (Au sens actuel.) 1680. RICHEL.]
‖ Parler du nez. ‖ *Transitivt.* Qui braillent ou qui nasillent du latin, VOLT. *Homme aux quarante écus.*

NASILLEUR, EUSE [nà-zi-yœur, -yeüz'] *s. m.* et *f.*
[ÉTYM. Dérivé de nasiller, § 112. ‖ 1680. RICHEL. Admis ACAD. 1835.]
‖ Celui, celle qui nasille.

***NASILLONNEMENT** [nà-zi-yòn'-man ; *en vers*, -yò-ne-...] *s. m.*
[ÉTYM. Dérivé de nasillonner, § 145. ‖ XVIIIᵉ s. VOLT. *Dict. philos.* église.]
‖ *Famil.* Habitude de nasiller.

NASILLONNER [nà-zi-yò-né] *v. intr.*
[ÉTYM. Dérivé de nasiller, § 168. ‖ Admis ACAD. 1798.]
‖ *Famil.* Avoir l'habitude de nasiller.

***NASILLONNEUR, EUSE** [nà-si-yò-nœur, -nœüz'] *s. m.* et *f.*
[ÉTYM. Dérivé de nasillonner, § 112. ‖ XVIIIᵉ s. V. à l'article.]
‖ Celui, celle qui nasillonne. Ce — de Brosses, VOLT. *Lett.* 19 déc. 1770.

***NASITORT** [nà-zi-tòr] *s. m.*
[ÉTYM. Composé avec le lat. nasus, nez, et tortus, tordu, le goût en montant au nez et le faisant froncer, §273. (Cf. le lat. nasturcium, *m. s.*) ‖ 1536. Nasitord, RAB. *Lett.* 15 févr. Admis ACAD. 1762 ; suppr. en 1798.]
‖ Cresson alénois.

NASSE [nàs'] *s. f.*
[ÉTYM. Du lat. nassa, *m. s.* § 291.]
‖ **1°** Panier d'osier, en forme de cône, qui termine certains filets et où le poisson vient se prendre. ‖ *P. anal.* Filet à oiseaux qui va en diminuant. ‖ *Fig.* Piège où qqn vient tomber de lui-même. Le poisson de lui-même entre dans notre —, REGNARD, *Ménechmes*, III, 13. Demeurer dans la —, MOL. *Scap.* III, 8.
‖ **2°** *P. ext.* Berceau pratiqué au fond d'un fourneau de fonderie. ‖ Polypier en forme de nasse. ‖ Coquille en forme de nasse qu'habite une espèce de mollusque.

NATAL, ALE [nà-tàl] *adj.*
[ÉTYM. Emprunté du lat. natalis, *m. s.* (Cf. le doublet noel, de formation pop.) ‖ XVᵉ-XVIᵉ s. Sa maison natale, J. LE MAIRE, *Couronne margar.*]

‖ Qui a rapport à la naissance (de qqn). Le jour —. Respirer l'air —. Le sol, le pays —. Leur pays — Leur imprime un amour qui partout les rappelle, CORN. *Tois. d'or*, 1, 2. ‖ *Fig.* Notre eau natale (l'eau du baptême, qui nous fait naître à la vie chrétienne), si je puis parler de la sorte, BOSS. *Rechutes*, 2.

***NATALITÉ** [nà-tà-li-té] *s. f.*
[ÉTYM. Dérivé de natal, § 255. ‖ *Néolog.*]
‖ (T. didact.) Nombre moyen des naissances, dans un temps donné.

NATATION [nà-tà-syon; *en vers*, -si-on] *s. f.*
[ÉTYM. Emprunté du lat. natatio, m. s. de natare, nager. ‖ 1765. ENCYCL. Admis ACAD. 1798.]
‖ (T. didact.) Art de nager. Une école de —. Prendre des leçons de —.

NATATOIRE [nà-tà-twàr] *adj.*
[ÉTYM. Emprunté du lat. natatorius, m. s. L'anc. franç. emploie le mot comme subst. au sens de « piscine », d'après le lat. bibliq. natatorium. ‖ 1798. Vessie natatoire, LACÉPÈDE, *Hist. nat. des poissons*, I, 149. Admis ACAD. 1878.]
‖ (T. didact.) Relatif à la natation. Vessie — des poissons.

NATIF, IVE [nà-tǐf', -tǐv'] *adj.*
[ÉTYM. Emprunté du lat. nativus, m. s. (*Cf.* le doublet naïf, de formation pop.) ‖ XIVᵉ s. Ou bon pays de Haynnau, dont je suis natif, FROISS. *Chron.* XI, 79, Kervyn.]
‖ 1° Né dans tel ou tel lieu. Une personne native de Paris. *P. pléon. Famil.* Il est né — de Bordeaux. *Fig.* J'aimerais autant dire une coquette née native qu'une Française, D. DE MONCHESNAY, *Orig.* III, 12. ‖ *Substantivt.* Les natifs de Paris, ceux qui y sont nés.
‖ 2° Apporté en naissant. Les qualités natives d'un individu. L'état — de l'homme, l'état sauvage. Métal trouvé dans sa pureté native. *Absolt.* Or —, ter —, trouvé presque pur à l'état naturel.

NATION [nà-syon; *en vers*, -si-on] *s. f.*
[ÉTYM. Emprunté du lat. natio, m. s. ‖ XIIᵉ s. Naciuns, *Psaut. d'Oxf.* XVII, 50.]
‖ Réunion d'hommes formant une société politique régie par des institutions communes. (*Syn.* peuple.) La — française, britannique. Une — commerçante, militaire. ‖ *Spéciall.* (T. biblique.) Les nations, les païens (par opposition aux chrétiens). L'Apôtre des nations (saint Paul). ‖ *P. ext.* Chacune des divisions entre lesquelles se répartissaient les étudiants de l'ancienne université de Paris. Les nations de France, de Picardie, de Normandie, de Germanie. ‖ *Fig.* Classe d'individus unis par une communauté d'intérêts, de profession, etc. Connais-tu la — dévote? BOIL. *Sat.* 10. Une certaine — qu'on appelle les nouvellistes, MONTESQ. *Lett. pers.* 130. ‖ *P. anal.* La — des belettes, LA F. *Fab.* IV, 6.

NATIONAL, ALE [nà-syò-nàl; *en vers*, -si-ò-...] *adj.*
[ÉTYM. Dérivé de nation, § 238. ‖ 1550. Noms appellatifs nationaux, MEIGRET, *Gramm. franç.* dans DELB. *Rec.*]
‖ Qui a rapport à une nation. La langue nationale. L'histoire nationale. Les traditions nationales. Un drapeau aux couleurs nationales. La garde nationale, milice civique destinée à servir seulement à l'intérieur. Un garde —, membre de cette milice. Représentation nationale, l'ensemble des députés, représentants de la nation. Bibliothèque nationale, académie nationale de musique, conservatoire —, etc., nom donné, sous le gouvernement républicain, aux grands établissements de l'État. Biens nationaux, biens de l'Église, des émigrés, confisqués, pendant la Révolution, au profit de la nation. ‖ Concile —, assemblée des évêques d'une nation. ‖ *Substantivt.* Les nationaux, ceux qui appartiennent à une nation (surtout lorsqu'ils sont en pays étranger). Nos agents consulaires doivent protéger nos nationaux.

NATIONALEMENT [nà-syò-nàl-man; *en vers*, -si-ò-nà-le-...] *adv.*
[ÉTYM. Composé de nationale et ment, § 724. ‖ 1790. Nationalement responsables, LINGUET, *Ann. polit., civ. et littér.* XVII, 227. Admis ACAD. 1798.]
‖ D'une manière nationale.

***NATIONALISER** [nà-syò-nà-li-zé; *en vers*, -si-ò-...] *v. tr.*
[ÉTYM. Dérivé de national, § 267. ‖ 1794. MICHAUD D'ARÇON, *Consid. sur les fortific.* p. 62.]
‖ Rendre national. — les grandes industries, en faire la propriété de l'État.

NATIONALITÉ [nà-syo-nà-li-té; *en vers*, -si-ò-...] *s. f.*
[ÉTYM. Dérivé de national, § 255. ‖ 1812. MOZIN, *Dict. franç.-allem.* Admis ACAD. 1835.]
‖ (T. didact.) Caractère national. ‖ 1. Chez un peuple. La — polonaise n'est pas éteinte. Le principe des nationalités, en vertu duquel les races d'hommes qui ont une origine, des traditions, une langue communes, devraient former un seul État politique. ‖ 2. Chez un individu. Un homme dont on ignore la —. La femme française qui épouse un étranger perd sa —.

NATIVITÉ [nà-ti-vi-té] *s. f.*
[ÉTYM. Emprunté du lat. nativitas, m. s. (*Cf.* le doublet naïveté.) ‖ XIIᵉ s. Nativited, *Psaut. d'Oxf.* CVI, 37.]
‖ 1° *Vieilli.* Époque de la naissance de qqn. Pour le jour de sa —, LA F. *Fab.* XII, 24. ‖ *Spéciall.* (Astrol.) Thème de —, horoscope dressé d'après l'état du ciel, des astres, au moment de la naissance de qqn.
‖ 2° (Liturgie.) Époque de la naissance de Jésus-Christ, de la sainte Vierge, des saints. La Nativité du Sauveur, de la Vierge, de saint Jean-Baptiste.

NATRON [nà-tron] et **NATRUM** [nà-tròm'] *s. m.*
[ÉTYM. Emprunté de l'espagn. natron, qui est l'arabe natroun, m. s. §§ 13 et 22. ‖ 1665. Soudes et natrons, COLBERT. *Privil. pour la manuf. de glaces.* Admis ACAD. 1762.]
‖ (Chimie anc.) Carbonate de soude cristallisé.

NATTE [nàt'] *s. f.*
[ÉTYM. Du lat. matta, m. s. §§ 466 et 291. ‖ XIᵉ s. Soz le degret ou gist sour une nate, *St Alexis*, 246.]
‖ 1° Tissu de paille, de jonc tressé, dont on couvre les planchers, les murailles, etc. Bois de —, arbre exotique, voisin du sapotier.
‖ 2° *P. ext.* Tresse de cheveux. Faire des nattes à une jeune fille. Porter des nattes. *P. ext.* Une — à quatre, à cinq brins, et, *ellipt*, Une — à quatre, à cinq.
‖ 3° *Fig.* Ce qui imite une tresse. ‖ 1. Petit pain qui figure les brins tressés. ‖ 2. Nom de plusieurs coquillages.

NATTER [nà-té] *v. tr.*
[ÉTYM. Dérivé de natte, § 154. ‖ XIVᵉ-XVᵉ s. Chambres chaudes natees sus et jus, EUST. DESCH. dans DELB. *Rec.*]
‖ 1° *Vieilli.* Couvrir d'une natte. Il n'y a plus que quelques religieux qui fassent — leurs chambres, FURET. *Dict.*
‖ 2° Tresser en nattes. Couvrir des espaliers, un toit de serre, de paille nattée. ‖ *P. ext.* Tresser. — des cheveux, la crinière d'un cheval.

NATTIER, *NATTIÈRE [nà-tyé, -tyĕr] *s. m.* et *f.*
[ÉTYM. Dérivé de natte, § 115. ‖ XIVᵉ s. Je voy que t'ez mis a natier, Qui est vil et povre mestier, G. DE DIGULLEVILLE, *Pèlerinage de vie hum.* 6567.]
‖ *Rare.* Celui, celle qui fabrique, vend des nattes (tissus de paille, de jonc).

NATURALISATION [nà-tu-rà-li-zà-syon; *en vers*, -si-on] *s. f.*
[ÉTYM. Dérivé de naturaliser, § 247. ‖ XVIᵉ s. Privilege de naturalisation, CHARONDAS, *Resp. du droit*, dans DELB. *Rec.* Admis ACAD. 1718.]
‖ (T. didact.) Action de naturaliser. ‖ 1. Acte légal qui rend qqn citoyen, membre d'une autre nation que la sienne. Des lettres de —. La grande —, conférant, avec les droits civils, les droits politiques. *Fig.* Acclimatation complète d'une espèce animale ou végétale. ‖ 2. (Technol.) Opération par laquelle on donne à un animal mort l'apparence de la nature vivante.

NATURALISER [nà-tu-rà-li-zé] *v. tr.*
[ÉTYM. Dérivé du lat. naturalis, naturel, § 267. ‖ 1564. J. THIERRY, *Dict. franç.-lat.*]
‖ 1° Rendre (qqn), par un acte légal, citoyen d'une nation qui n'est pas naturellement la sienne. Se faire — Français. Parmi tant d'étrangers qu'elle (Rome) avait naturalisés, BOSS. *Hist. univ.* III, 7. ‖ *Vieilli.* Se — dans un pays, s'y faire naturaliser. ‖ *Fig.* Les riches étaient étrangers, mais le service des pauvres les naturalise, BOSS. *Septuag.* 2. ‖ *P. anal.* Acclimater complètement (une espèce animale ou végétale). ‖ *Fig.* Cette douce fondation du jeu, qui a naturalisé le beau monde ici, D. DE MONCHESNAY. *Cause des femmes*, sc. 2. Tous les crimes l'un après l'autre se naturalisent, pour ainsi parler, dans notre cœur, BOSS. *Circonc.* Une mode étrangère, apportée du dehors, qui depuis peu a été naturalisée en ce royaume, BALZ. *Disc.* 1.
‖ 2° *Vieilli.* Rendre conforme à la nature. Je naturaliserais l'art autant comme ils artialisent la nature, MONTAI-

GNE, III, 5. || *Spécialt.* (Technol.) Empailler un animal, lui mettre des yeux d'émail, etc., de manière à lui donner l'apparence de la nature vivante.

NATURALISME [nà-tu-rà-lïsm'] *s. m.*

[ÉTYM. Dérivé du lat. naturalis, naturel, § 265. || 1752. TRÉV. Admis ACAD. 1762.]

|| (T. didact.) Conformité à la nature. Ce — menteur Sied bien dans une fable, LA MOTTE, *Fab.* II, 14. || *P. ext.* | 1. Doctrine philosophique qui ne reconnaît d'autre premier principe que la nature. Le — d'Épicure. | 2. Théorie suivant laquelle l'art ne doit être que la reproduction de la nature.

NATURALISTE [nà-tu-rà-lïst'] *s. m. et f.*

[ÉTYM. Dérivé du lat. naturalis, naturel, § 265. || 1527. Aristote, des naturalistes le prince, F. DASSY, *Peregrin,* dans DELB. *Rec.*]

|| **1°** Celui, celle qui s'adonne spécialement à l'étude de l'histoire naturelle. || Celui, celle qui empaille des animaux de manière à leur donner l'apparence de la nature vivante.

|| **2°** Partisan, partisane de la doctrine qui n'admet d'autre premier principe que la nature ou de la théorie suivant laquelle l'art ne doit être que la reproduction de la nature.

NATURALITÉ [nà-tu-rà-li-té] *s. f.*

[ÉTYM. Emprunté du lat. naturalitas, *m. s.* || XIIIᵉ-XIVᵉ s. Qui ne remaint pas sous sa naturalité, *Chirurg. de Mondeville,* fᵒ 97.]

· || *Vieilli.* Naturalisation. Ce sont mes vraies lettres de —, BALZ. *Lett.* v, 2.

'NATURANT, ANTE [nà-tu-ran, -rãnt'] *adj.*

[ÉTYM. Emprunté du lat. philos. naturans (SPINOZA), *m. s.* || XVIIIᵉ s. CONDILL. *Traité des syst.* 10.]

|| (Philos.) La nature naturante (par opposition à nature naturée), le premier principe considéré en tant que force qui produit l'univers.

NATURE [nà-tûr] *s. f.*

[ÉTYM. Emprunté du lat. natura, *m. s.* || XIIᵉ s. PH. DE THAUN, *Comput,* 389.]

I. || **1°** Ensemble des choses créées. Et sa bonté s'étend sur toute la —, RAC. *Ath.* II, 7. Qu'est-ce que l'homme dans la —? PASC. *Pens.* I, 1. La — végétale, animale, l'ensemble des végétaux, des animaux. Les merveilles de la —. L'ordre, les lois de la —. Nul animal, nul être, aucune créature Qui n'ait son opposé : c'est la loi de —, LA F. *Fab.* XII, 8. || *Spécialt.* (Par opposition à l'homme.)| **1.** L'ensemble des autres êtres créés. Nous rendre comme maîtres et possesseurs de la —, DESC. *Méth.* 6. L'homme de la — est le chef et le roi, BOIL. *Sat.* 8. | **2.** Le monde physique. Aimer la —, les champs, les bois, les montagnes, la mer, etc. Vivre au milieu de la —. Le spectacle de la —. La — sauvage, cultivée.

|| **2°** Ensemble des forces de la création. La — recommence toujours les mêmes choses, PASC. *Pens.* XXV, 9. Souvent la — nous dément, et ne s'assujettit pas à ses propres règles, ID. *ibid.* III, 16. La — agit toujours avec lenteur, et pour ainsi dire avec épargne, MONTESQ. *Lett. pers.* 114. Quoique Dieu et la — aient fait tous les hommes égaux, BOSS. *Gournay.* Un jeune lis, l'amour de la —, RAC. *Ath.* II, 9. Payer tribut à la —, mourir. Leur malade paya le tribut à —, LA F. *Fab.* v, 12. || *Spécialt.* La force vitale qui agit dans l'homme. Le médecin doit souvent laisser agir la —. Soutenir la — défaillante. Philosophie de la —, système de la —, doctrine qui ne reconnaît d'autre premier principe que la nature.

II. || **1°** L'essence, les attributs propres à un être. La — divine, humaine. L'union des deux natures en Jésus-Christ, PASC. *Pens.* XXIV, 12. L'homme n'est pas une — purement intelligente, BOSS. *Conn. de Dieu,* IV, 1. Les lois dans la signification la plus étendue sont les rapports nécessaires qui dérivent de la — des choses, MONTESQ. *Espr. des lois,* I, 1. En vous faisant entendre que votre — était semblable à celle des bêtes, PASC. *Pens.* XII, 2. La — de l'amour-propre et de ce moi humain est de n'aimer que soi, ID. *ibid.* II, 8. Vous voulez un grand mal à la — humaine, MOL. *Mis.* I, 1. Être d'une — douce, tendre, honnête, vicieuse. La — physique de qqn. Être d'une — sanguine, lymphatique. La — du sol, du climat. Deux objets de même —. Notre chair change bientôt de —, BOSS. *D. d'Orl.* Le reste de la terre est d'une autre —, CORN. *Nicom.* II, 3. Chaque peuple a le sien (gouvernement) conforme à sa —, ID. *Cinna,* II, 1. Sa — (d'un gouvernement) est ce qui le fait être tel, et son principe ce qui le fait agir, MONTESQ. *Espr. des*

lois, III, 1. || *Ellipt.* En parlant de l'homme. La —, l'ensemble des conditions physiques et morales de l'être humain. Étouffer les sentiments de la —. Les besoins de la —. Il se faut entr'aider, c'est la loi de —, LA F. *Fab.* VIII, 17. Aller contre le vœu de la —. Un crime contre —. Péché contre —, sodomie. || *Spécialt.* | **1.** Les penchants innés (par opposition à l'éducation, à la coutume). Envieux par —, M.-J. CHÉN. *Calomnie.* Quelquefois la — la surmonte (la coutume) et retient l'homme dans son instinct, malgré toute la coutume bonne ou mauvaise, PASC. *Pens.* III, 4. L'habitude est comme une seconde —. | **2.** Les sentiments qui naissent des liens du sang (par opposition à ceux que l'on conçoit pour des étrangers). Les affections de la —. La — est trop forte, et ses aimables traits imprimés dans le sang ne s'effacent jamais, CORN. *Poly.* v, 3. | **3.** (Théol.) L'état dans lequel naît l'homme déchu (par opposition à la grâce qui le régénère). La corruption de la —. La loi de — et la loi de grâce. | **4.** Les organes de la génération (surtout en parlant des femelles d'animaux).

|| **2°** L'état primitif (par opposition à la civilisation). L'homme dans l'état de —. L'homme de la — et l'homme de la société. *P. ext. Famil.* Être dans l'état de pure —, être tout nu. || Les œuvres de la création (par opposition aux ouvrages de l'art). L'imitation de la —. Masquer la nature et la déguiser, PASC. *Pens.* VIII, 20. Que la — donc soit votre étude unique, BOIL. *Art p.* 3. Dessiner d'après —. Des figures plus grandes que —, de demi—. *Spécialt.* — morte, reproduction des objets inanimés. Un peintre de — morte. Quelqu'un n'a-t-il point vu Comme on dessine sur —? LA F. *Contes, Cas de conscience.* Fig. Lorsque vous peignez les hommes, il faut peindre d'après —, MOL. *Crit. de l'Éc. des f.* sc. 6. Et ce n'est point ainsi que parle la —, ID. *Mis.* I, 2. || Certains produits (par opposition à l'argent contre lequel on les échange). Une dîme qui se lèverait en — sur la récolte, J.-J. ROUSS. *Pologne,* 11. Payer en —.

'NATURÉ, ÉE [nà-tu-ré] *adj.*

[ÉTYM. Emprunté du lat. philosophique naturatus (SPINOZA), *m. s.* || XVIIIᵉ s. CONDILL. *Traité des syst.* 2.]

|| (Philos.) La nature naturée (par opposition à nature naturante), la nature considérée à l'état passif.

NATUREL, ELLE [nà-tu-rèl] *adj. et s. m.*

[ÉTYM. Emprunté du lat. naturalis, *m. s.* || XIIᵉ s. Naturals, PH. DE THAUN, *Comput,* 328. De chieres pieres naturels, *Énéas,* 508.]

I. *Adj.* || **1°** Qui appartient à la nature, à l'ensemble des choses créées, ou des forces de la création. L'étude des phénomènes naturels. L'histoire naturelle. Les sciences naturelles. La philosophie naturelle. Les lois, les causes naturelles. Les événements naturels, dus à des causes naturelles. Mourir de mort naturelle. || *Spécialt.* | **1.** Parties naturelles, organes de la génération dans les deux sexes. | **2.** Un enfant —, né en dehors du mariage.

|| **2°** Qui appartient à la nature propre d'un être. S'abandonner à ses penchants naturels. Élever les hommes au-dessus de leur infirmité naturelle, BOSS. *D. d'Orl.* La mutabilité naturelle à nos désirs, ID. *ibid.* La faiblesse aux humains n'est que trop naturelle, RAC. *Phéd.* IV, 6. Il est si — d'estimer ce qu'on aime, CORN. *Suréna,* II, 2. Les caractères naturels d'une espèce, d'un genre. Classification naturelle, fondée sur les caractères naturels. || *P. ext.* Distraire qqn de ses juges naturels, des juges que la loi lui assigne. || *Spécialt.* | **1.** Inné (par opposition à ce qui vient de l'éducation, de la coutume). Avoir de l'esprit —. Une éloquence naturelle. Des dons naturels. | **2.** (Théol.) Qui appartient à l'état de l'homme déchu (par opposition à ce qui est l'ouvrage de l'art). || Une rade naturelle. Une digue naturelle, formée par des atterrissements. On ne sait ce que c'est que ce modèle — qu'il faut imiter, PASC. *Pens.* VII, 25. Quand un discours — peint une passion ou un effet, ID. *ibid.* 26. Vos expressions ne sont point naturelles, MOL. *Mis.* I, 2. || *P. anal.* Une personne naturelle, sans affectation. Je l'ai vu simple et —, BOSS. *Condé.* Rien n'empêche tant d'être — que l'envie de le paraître, LA ROCHEF. *Max.* 431. || *P. ext.* Le sens — d'un mot. L'ordre — des idées. (Musique.) Une note naturelle, qui n'est point altérée, qui n'est affectée ni d'un dièse ni d'un bémol. Ut —. || Des eaux minérales naturelles, qui ne sont pas fabriquées artificiellement. Un vin —, qui n'est point mélangé ou frelaté. || Prairie naturelle, où les herbes poussent par ensemencement naturel.

II. *S. m.* || **1°** Habitant originaire d'un pays. (Se dit surtout aujourd'hui des habitants d'un pays sauvage, ou par dénigrement.) Les naturels de la Nouvelle-Hollande. Un — de Pontoise.

‖ 2° Nature propre à une personne. Le voilà dans son —, BOSS. *Condé.* Tant le — a de force, LA F. *Fab.* II, 18. Chassez le —, il revient au galop, DESTOUCHES, *Glor.* III, 5. Avoir un bon, un mauvais —. Les comédiens sont du — des bécasses, qui n'engraissent point que le froid ne leur ait donné sur la queue, REGNARD et DUFRESNY, *Chinois,* prol. ‖ *P. ext.* Le — des pays ou des princes confédérés, BOSS. *Condé.* Son — (du sort) est toujours inconstant, CORN. *Poly.* IV, 6. ‖ *Spécialt. Vieilli.* Les sentiments qui naissent des liens du sang. Des enfants ingrats et sans —, BOURD. *État de mariage.*

‖ 3° Manière d'être conforme à la nature (par opposition à l'artifice, à l'affectation). Une personne qui a du —. Revenir au goût des anciens, et reprendre enfin le simple et le —, LA BR. 1. ‖ *Loc. adv.* Au —, comme la chose est dans la nature. Un moule où, la matière étant jetée, il s'en forme un visage fait au —, BOSS. *Conn. de Dieu,* IV, 2. Vous me le dépeignez si fort au — que je crois encore l'entendre, SÉV. 488.

NATURELLEMENT [nà-tu-rĕl-man ; *en vers,* -rè-le-...] *adv.*

[ÉTYM. Composé de naturelle et ment, § 724. ‖ XII° s. Naturelment li estuit faire, *Tristan,* III, 8, Michel.]

‖ D'une manière naturelle. | 1. En vertu de la nature propre à un être. Il est — timide. Comme le soleil — répand ses rayons, BOSS. *Bonté de Dieu,* 1. L'esprit croit —, PASC. *Pens.* VII, 11. *Spécialt.* Par le fait de la naissance. Riche —, SÉV. 245. *P. ext.* Selon la nature des choses. Le sens qui se présente — à l'esprit. *Absolt.* Lui avez-vous répondu ? — (Oui, comme il était naturel). | 2. D'une manière conforme à la nature, sans artifice, sans affectation. Parler, écrire —.

1. NAUFRAGE [nó-fràj'] *s. m.*

[ÉTYM. Emprunté du lat. naufragium, *m. s.* pour navifragium, brisement de navire. ‖ 1461. Nauffraige, LOUIS XI, *Lett.* dans GODEF. *Compl.*]

‖ Perte d'un vaisseau, d'un bateau, sur une côte, sur un écueil, ou pendant qu'il navigue. Les débris d'un navire qui venait de faire —, FÉN. *Tél.* 1. Ceux qui sont échappés du — disent un éternel adieu à la mer, BOSS. *R. d'Angl.* Droit de —, droit de bris. (*V. ce mot.*) Les droits insensés d'aubaine et de —, MONTESQ. *Espr. des lois,* XXI, 17. *Loc. prov.* Faire — au port, échouer au moment où le succès semblait assuré. Au port même il peut faire —, CORN. *Pomp.* I, 3. ‖ *Fig.* Ruine complète. L'écueil le plus ordinaire où sa pudeur fait —, BOSS. *Septuag.* 2. Le — de la foi, ID. *A. de Gonz.* Cette mer où tu cours (les conquêtes) est célèbre en naufrages, BOIL. *Ép.* 1. Que leur honneur ne fasse pas cependant —, FURET. *Roman bourg.* I, 183.

2. *NAUFRAGE [nó-fràj'] *s. m.*

[ÉTYM. Emprunté du lat. naufragus, *m. s.* ‖ XVI° s. *V.* à l'article.]

‖ *Anciennt.* Naufragé. Vif — à ma rive venu, RONS. *Franciade,* 4. — audacieux, RÉGNIER, *Sat.* 7.

NAUFRAGÉ, ÉE [nó-frà-jé] *adj.*

[ÉTYM. Dérivé de naufrage, § 118. ‖ XIV° s. Ce naufraigé, *Apollonius,* dans GODEF. naufragié. Admis ACAD. 1762.]

‖ Qui a fait naufrage. Un navire, un équipage —. ‖ *Substantivt.* Celui, celle qui a fait naufrage. Sauver des naufragés. Les naufragés de la Méduse.

NAULAGE [nó-làj'] *s. m.*

[ÉTYM. Emprunté du provenç. naulage, dérivé du lat. naulum, grec ναῦλον, *m. s.* § 11. ‖ XVI° s. Payer le naulage, J. DU BELLAY, II, 175, Bibl. elzév.]

‖ (Marine.) Fret d'un navire. (*Syn.* nolis.)

NAUMACHIE [nó-mà-chi] *s. f.*

[ÉTYM. Emprunté du lat. naumachia, grec ναυμαχία, *m. s.* ‖ 1550. La naumachie, c'est-à-dire le combat par eau, RAB. *Sciomachie.* Admis ACAD. 1718.]

‖ (Antiq.) Représentation d'un combat naval dans un cirque servant de bassin. ‖ *P. ext.* Le cirque servant de bassin pour cette représentation. La — du parc Monceaux, à Paris.

NAUSÉABOND, ONDE [nó-zé-à-bon, -bônd'] *adj.*

[ÉTYM. Emprunté du lat. nauseabundus, *m. s.* ‖ 1806. Elle est au contraire nauséabonde, FOURCROY et VAUQUELIN, dans *Mém. de l'Institut, Sc. math. et phys.* VI, 339. Admis ACAD. 1835.]

‖ (T. didact.) Qui donne des nausées. Une odeur nauséa-

bonde. ‖ *P. ext. Famil.* Malpropre, inconvenant. Un vaudeville —. Conter des histoires nauséabondes.

NAUSÉE [nó-sé] *s. f.*

[ÉTYM. Emprunté du lat. nausea, grec ναυσία, *m. s.* proprt, « mal de mer ». ‖ 1611. COTGR. Admis ACAD. 1718.]

‖ 1° *Ancienn.* Envie de vomir que donne le mal de mer.

‖ 2° Envie de vomir. ‖ *Fig.* Profond dégoût moral.

NAUTILE [nó-til] *s. m.*

[ÉTYM. Emprunté du lat. nautilus, grec ναυτίλος, *m. s.* ‖ XVI° s. DU PINET, dans DELB. *Rec.* Admis ACAD. 1762.]

‖ 1° (Hist. nat.) Mollusque céphalopode à coquille externe, cloisonnée.

‖ 2° *P. anal.* Sorte de ceinture gonflée d'air qui aide à se soutenir sur l'eau.

NAUTIQUE [nó-tĭk'] *adj.*

[ÉTYM. Emprunté du lat. nauticus, grec ναυτικός, *m. s.* ‖ XV°-XVI° s. Clameur nautique, O. DE ST-GELAIS, *Énéide,* dans DELB. *Rec.* L'art nautique, R. LE BLANC, *Subtilité,* ibid. Admis ACAD. 1762.]

‖ (T. didact.) Qui a rapport à la navigation. La science —. Carte —. Des joutes nautiques.

NAUTONIER, IÈRE [nó-tò-nyé, -nyèr] *s. m. et f.*

[ÉTYM. Pour notonier, § 502, dérivé de l'anc. franç. noton, *m. s.* § 115. Noton est emprunté du bas lat. *nautonem,* pour nauta, grec ναύτης, *m. s.* § 104. ‖ XII° s. Notuner K. vait najant par mer, PH. DE THAUN, *Comput,* 303.]

‖ *Poét.* Celui, celle qui conduit un navire, une barque. (Mythol.) Le — des enfers, Caron.

NAVAL, ALE [nà-vàl] *adj.*

[ÉTYM. Emprunté du lat. navalis, *m. s.* ‖ XIII°-XIV° s. Poi naval, *Antidotaire,* 34, Dorveaux. Assault naval, BERSUIRE, f° 87, dans LITTRÉ.]

‖ Qui a rapport aux navires. Les constructions navales, Les forces navales d'un pays. Un combat —. École navale, école destinée à former les officiers pour la marine de l'État.

NAVÉE [nà-vé] *s. f.*

[ÉTYM. Du lat. pop. *navata, m. s.* dérivé de navem, nef, § 119, devenu navede, navee, navée, §§ 295, 402 et 291. ‖ XII° s. De rouge or une navee, *Floire et Blancheft.* I, 420. Admis ACAD. 1762.]

‖ *Vieilli.* Charge d'un bateau.

NAVET [nà-vò] *s. m.*

[ÉTYM. Dérivé du lat. napum, *m. s.* § 133. On trouve trace en anc. franç. du simple nef, §§ 295, 426 et 291, et le dérivé navel, naveau, plus fréquent que navet au moyen âge, est encore employé au XVII° s. ‖ XIII° s. Mais tex diz ne vaut deus navez, J. DE MEUNG, *Rose,* 18107.]

‖ Plante crucifère à racine charnue alimentaire. ‖ *P. ext.* Cette racine employée pour la cuisine. Un canard aux navets.

1. NAVETTE [nà-vĕt'] *s. f.*

[ÉTYM. Dérivé de nef, d'après le radical primitif nav-, §§ 65 et 133 ; proprt, « petite nef ». ‖ XIII° s. On tisse a quatre navetes, dans DELB. *Rec.*]

‖ 1° *Ancienn.* Vase. — à sel, à épices. ‖ *Spécialt. De nos jours.* Vase d'église où on met l'encens.

‖ 2° Instrument de tisserand qui porte la trame, et la fait passer transversalement entre les fils de la chaîne tendus dans la longueur du métier. Faire courir la —, tisser. — volante, qui est lancée non par la main du tisserand, mais par un mécanisme. *Vieilli.* Ouvrier de la petite —, rubanier. Ouvrier de la grande —, tissant les grandes étoffes. ‖ *P. anal.* | 1. Pièce du mécanisme d'une machine à coudre, qui contient le fil de dessous, enroulé en cocon ou sur une cannette. | 2. Instrument sur lequel est enroulé le fil, la ficelle, pour faire du filet. ‖ *Fig.* Faire la —, aller et venir alternativement. Elle s'endettait, elle payait, l'argent faisait la —, J.-J. ROUSS. *Confess.* 3. (T. de jeu de cartes.) Une —, coup où, deux partenaires coupant une couleur différente, chacun d'eux joue alternativement la couleur que coupe l'autre.

‖ 3° *P. ext.* | 1. Poulie allongée dont le corps n'est pas entièrement étropé. | 2. Pirogue indienne. | 3. Saumon de plomb. | 4. Nom de plusieurs coquillages.

2. NAVETTE [nà-vĕt'] *s. f.*

[ÉTYM. Tiré de navet, § 37. ‖ 1323. Un sestier de navete a faire oile, dans DELB. *Rec.*]

‖ Variété de navet à graines oléagineuses. L'huile de —. Grosse —, colza. — d'été, chou précoce, dit quarantaine.

NAVICULAIRE [nà-vi-ku-lêr] *adj.*

[ÉTYM. Emprunté du lat. *navicularis*, *m. s.* ‖ XVIᵉ s. PARÉ, IV, 48. Admis ACAD. 1835.]

‖ (Anat.) Creusé en forme de nacelle. Fosse —. Os —. ‖ *P. ext.* (Art vétérin.) Maladie —, inflammation de l'os sésamoïde du pied du cheval.

NAVIGABILITÉ [nà-vi-gà-bi-li-té] *s. f.*

[ÉTYM. Dérivé de *navigable*, § 255. ‖ *Néolog.* Admis ACAD. 1878.]

‖ (T. didact.) État de ce qui est navigable. (*Cf.* innavigabilité.) On a fait de grands travaux pour la — de la Seine.

NAVIGABLE [nà-vi-gàbl'] *adj.*

[ÉTYM. Emprunté du lat. *navigabilis*, *m. s.* ‖ XVᵉ-XVIᵉ s. Pour bien vacquer au travail navigable, O. DE ST-GELAIS, *Énéide*, dans GODEF.]

‖ Où l'on peut naviguer. (*Cf.* innavigable.) Un fleuve qui n'est pas —.

NAVIGATEUR [nà-vi-gà-teùr] *s. m.*

[ÉTYM. Emprunté du lat. *navigator*, *m. s.* (*Cf.* le doublet *nageur*, de formation pop.) ‖ 1574. Tous les navigateurs, DE BESSARD, *Dial. de la longitude*, p. 5.]

‖ Celui qui navigue. *Spécialt.* Celui qui fait sur mer des voyages de long cours. Les hardis navigateurs qui ont exploré les contrées lointaines. *Adjectivt.* Tous les flots sont peuplés d'oiseaux navigateurs, DELILLE, *Paradis perdu*, 7.

NAVIGATION [nà-vi-gà-syon ; *en vers*, -si-on] *s. f.*

[ÉTYM. Emprunté du lat. *navigatio*, *m. s.* ‖ 1516. Navigacions d'Emeric de Vespuce, MATH. DU REDOUER, *le Nouveau Monde*, titre.]

‖ Action de naviguer. L'art de la —. C'est notre patrie qui à la gloire d'avoir inventé la —, FÉN. *Tél.* 3. L'Europe a depuis deux siècles beaucoup augmenté sa —, MONTESQ. *Espr. des lois*, XXIII, 24. Faire de longues navigations. ‖ *Fig.* — aérienne, action de voyager en aérostat.

NAVIGUER [nà-vi-ghé] *v. intr.*

[ÉTYM. Emprunté du lat. *navigare*, *m. s.* (*Cf.* le doublet *nager*, de formation pop., et l'anc. franç. *navier*.) La langue a longtemps hésité entre *naviguer* et *naviger*. Tous les gens de mer disent *naviguer*, mais à la cour on dit *naviger*, et tous les bons auteurs l'écrivent ainsi, VAUGEL. Naviger et naviguer... le dernier paraît plus en usage, et c'est celui des marins, TRÉV. 1771. ‖ 1516. Esmeu a naviguer la mer oceane, MATH. DU REDOUER, *le Nouveau Monde*, fᵒ 1, rᵒ.]

‖ Voyager par eau. L'ancienne loi des Guèbres, qui défendait de — sur les fleuves, MONTESQ. *Espr. des lois*, XXIV, 26. *Absolt.* Ses citoyens excellaient dans l'art de —, BOSS. *Hist. univ.* III, 5. Un matelot qui navigue pour la première fois (sur mer). Un pilote qui navigue bien, qui dirige bien son navire. ‖ En parlant du navire. Deux vaisseaux qui naviguent de conserve. Un navire qui entre beaucoup dans l'eau navigue vers la même côte à presque tous les vents, MONTESQ. *Espr. des lois*, XXI, 6.

NAVILLE [nà-vïy'] *s. f.* (masc. TRÉV.).

[ÉTYM. Emprunté de l'ital. *naviglio*, *m. s.* même mot que *navire*, § 12. ST-SIM. IV, 293, emploie *naviglio.* Sur le genre, *V.* § 550. ‖ 1740. *V.* à l'article. Admis ACAD. 1835.]

‖ *Vieilli.* Canal d'irrigation (en Lombardie). Les deux navilles côtoient le grand chemin, DE BROSSES, *Lett. d'Italie*, dans DELB. *Rec.*

NAVIRE [nà-vîr] *s. m.* et, *vieilli, f.*

[ÉTYM. Anc. franç. *navirie*, emprunté du bas lat. *navilium*, flotte, § 452. (*Cf.* naville.) Sur le genre, *V.* § 550. ‖ XIᵉ s. Tut sun navilie, *Roland*, 2627. Tut lur naviries, *Roland*, 2642.]

‖ Bâtiment destiné à la navigation sur mer. Un — marchand. Plus un — est petit, plus il est en danger dans les gros temps, MONTESQ. *Espr. des lois*, XXI, 6. On voit comme une forêt de mâts de navires, FÉN. *Tél.* 3. On voit encore aux enseignes de Paris : « A la Navire », et non pas « Au Navire », VAUGEL. *Rem.* De même que l'ancre empêche que la — ne soit emportée, BOSS. 1ᵉʳ *Provid.* 2.

NAVRANT, ANTE [ná-vran, -vrànt'] *adj.*

[ÉTYM. Adj. particip. de *navrer*, § 47. ‖ 1812. MOZIN, *Dict. franç.-allem.* Admis ACAD. 1835.]

‖ Qui navre. Un spectacle —.

NAVRER [ná-vré] *v. tr.*

[ÉTYM. Anc. franç. *navrer* et *nafrer*, dérivé du radical german. *narv-* ou *narf-* qui se trouve dans l'anc. haut allem. *narwe* (allem. mod. *narbe*), « cicatrice », et « grain du cuir », suédois *narf*, « grain du cuir », etc. §§ 6, 154,

498 et 499. ‖ XIᵉ s. E Olivier ki est a mort naffrez, *Roland*, 1990.]

‖ **1°** *Anciennt.* Blesser. César... abandonna son corps à qui le voulait —, AMYOT, *Brut.* 20. Des lettres toutes pures d'amour, pleines de feux, de flèches et de cœurs navrés, VOIT. *Lett.* 28. ‖ *P. ext. Vieilli.* (Technol.) — un échalas, faire une coche à un échalas quand il est tortu.

‖ **2°** *Fig.* Affliger cruellement. Avoir le cœur navré.

1. NE [ne] et, devant une voyelle ou une *h* muette, **N'** *adv.*

[ÉTYM. Du lat. *non*, *m. s.* devenu *non*, *nen*, *ne*, § 726.]

‖ **1°** Adverbe négatif qui se place avant le verbe. Le chien ne bouge, LA F. *Fab.* VIII, 17. Un seul n'en échappa, ID. *ibid.* III, 13. Je ne saurais, ID. *ibid.* II, 2. Je n'ai d'autre désir que de vous être agréable. Je n'ai garde d'y manquer. Il ne dit mot. Il n'est guère aimable. On n'y voit goutte. Je ne connais personne. Je ne trouve aucun mal à cela. Je n'en ai nul souci. Nul que Dieu seul et moi n'en connaît les chemins, LA F. *Fab.* X, 3. Je ne crains rien. Je n'en sais rien. A ne vous rien celer, MOL. *Éc. des m.* I, 1. Il n'oserait. Je n'irai jamais. Il y a long-temps que je ne l'ai vu. Je n'en ferai rien s'il n'y consent. Que ne m'est-il permis de parler ! Cet honneur n'était dû qu'à mon bras, CORN. *Cid*, I, 3. Je le ferais volontiers, si ce n'était manquer à ma parole, et, avec ellipse de si, Je me soucierais fort peu de tout ce qu'ils peuvent dire, n'était l'artifice, MOL. *Tart.* préf. ‖ Se construit le plus souvent avec *pas* ou *point*. La valeur n'attend point le nombre des années, CORN. *Cid*, II, 2. La mort ne surprend point le sage, LA F. *Fab.* VIII, 1. Je n'y vas point, ID. *ibid.* II, 2. On ne pouvait pas mieux jouer, MOL. *Crit. de l'Éc. des f.* sc. 5. Je ne le nie pas. Je n'en disconviens pas. Qu'on se réplique pas, MOL. *Av.* I, 3. N'ai-je pas réussi ? Il n'en souffre pas. Je ne puis pas ne pas punir le coupable. ‖ S'emploie seul. | 1. Quand deux négations sont séparées par *ni.* Je ne désire ni ne crains sa présence. | 2. Quand *ni* est redoublé. Il n'a *ni* foi *ni* loi. Dans le même sens, *ni* étant sous-entendu. Et tu n'as eu pour moi respect, amour *ni* crainte, CORN. *Ment.* V, 3.

‖ **2°** Adverbe explétif. | 1. Avec les verbes qui expriment la crainte. Je crains qu'un songe ne m'abuse, RAC. *Phèd.* II, 2. Je tremble que sur lui votre juste colère Ne poursuive bientôt une odieuse mère, ID. *ibid.* II, 5. La reine de Cythère appréhendait qu'il ne lui fallût renoncer à l'empire de la beauté, LA F. *Psyché*, 2. | 2. Avec les comparatifs d'inégalité. Plus amoureux que je ne fus jamais, RAC. *Bér.* I, 4. Les batailles sont beaucoup moins sanglantes qu'elles n'étaient, MONTESQ. *Lett. pers.* 106. Je vous crainds ici mieux que vous ne pensez, RAC. *Mithr.* II, 4. Je le souhaite ainsi plus que je ne l'espère, CORN. *Cid*, II, 3. Il n'est rien de moins ignoré, LA F. *Fab.* VIII, 1. ‖ *P. anal.* Après *autre, autrement.* On se voit d'un autre œil qu'on ne voit son prochain, LA F. *Fab.* I, 7. Il agit autrement qu'il ne parle.

2. NE [ne] et, devant une voyelle ou une *h* muette, **N'** *conj.*

[ÉTYM. Du lat. *nec*, *m. s.* § 726.]

‖ *Vieilli.* Ni. Ne plus ne moins que la statue de Memnon, MOL. *Mal. im.* II, 5. Onc n'avait vu ne lu, LA F. *Contes, Diable de Papefig.* Qui ne sache a ne b, MOL. *F. sav.* V, 3.

NÉ, ÉE [né]. *V.* naître.

NÉANMOINS [né-an-mwin] *adv.*

[ÉTYM. Pour *néantmoins*, composé de *néant* et *moins*, §§ 182 et 726. ‖ XIIᵉ s. E naient moins Ja n'iert mis cors, BENEEIT, *Ducs de Norm.* 14095.]

‖ Adverbe marquant que l'action a lieu malgré qq obstacle. Quoique le titre de leur allié fût une espèce de servitude, il était — très recherché, MONTESQ. *Rom.* 6. La proposition des lois appartient au roi : — toute loi d'impôt doit être d'abord votée par la chambre des députés, *Charte de 1830*, art. 15. L'eau... si incapable de toute consistance, et — si forte pour porter, FÉN. *Exist. de Dieu*, I, 2. ‖ *Vieilli.* Ce — qu'il soit fatigué, — qu'il soit fatigué, il travaille (cela n'en étant pas moins). Ce —, Madame, bon droit a besoin d'aide, MOL. *Escarb.* sc. 5.

NÉANT [né-an] *adv.* et *s. m.*

[ÉTYM. Anc. franç. *nient, neient, noient*, d'origine incertaine, § 726 : dans le premier élément on voit le lat. *ne* ou *nec* ; dans le second, le lat. *inde* (*cf.* en 2) ou *entem*, part. prés. du verbe *esse*, être. ‖ XIᵉ s. Mais de cel plait ne volsist il neient, *St Alexis*, 49.]

I. *Adv.* Rien. (*Cf.* *fainéant.*) Réduire à —, annuler. (*Cf.* anéantir.) *Spécialt.* (Droit.) Mettre une sentence à —, et, *vieilli*, Mettre — sur une sentence, la déclarer nulle. Pour —, pour un résultat nul. J'ai maints chapitres vus Qui pour — se sont ainsi tenus, LA F. *Fab.* II, 2. Quand le peuple élève aux honneurs quelque homme de —, MONTESQ. *Rom.* 8, note. *Ellipt.* Quant à l'esprit, — (il est nul), GRESSET, *Méchant*, II, 7.

II. *S. m.* Négation absolue de l'être.

‖ **1°** Absence de l'être (avant que Dieu ait créé). Toutes choses sont sorties du —, PASC. *Pens.* 1, 1. Le monde n'a d'autre cause que la seule volonté de Dieu, qui, ne trouvant hors de lui-même que le —..., BOSS. *Libre Arb.* 4. Je suis placé comme un milieu entre Dieu et le —, DESC. *Médit.* 4. Quand Dieu tire du — une puissance intelligente, FÉN. *Exist. de Dieu*, II, 4.

‖ **2°** Destruction absolue de l'être créé. En sortant de ce monde, je tombe pour jamais ou dans le — ou dans les mains d'un Dieu irrité, PASC. *Pens.* IX, 1. Les impies n'ont pas même de quoi établir le — auquel ils espèrent, BOSS. *A. de Gonz.* ‖ *P. hyperb. Fig.* Caractère de ce qui est de nulle valeur. Ainsi fait-il voir au monde le — de ses pompes et de ses grandeurs, BOSS. *R. d'Angl.* Comptons comme un pur — tout ce qui finit, ID. *Le Tellier.* Qu'est-ce que l'homme dans la nature? Un — à l'égard de l'infini, PASC. *Pens.* I, 1. (Dieu) voit comme un — tout l'univers ensemble, RAC. *Esth.* I, 3. Rentre dans le — dont je t'ai fait sortir, ID. *Baj.* II, 1.

NÉBULEUX, EUSE [né-bu-leû, -leûz'] *adj.*

[ÉTYM. Emprunté du lat. nebulosus, *m. s.* de nebula, nuage. (*Cf.* l'anc. franç. niulos, *m. s.*) ‖ 1509. La lune aussi soit brune et nebuleuse, J. LE MAIRE, III, 188, Stecher.]

‖ (T. didact.) Voilé par des nuages. Un ciel —. Le soleil n'en est pas plus —, BOSS. *Médit. sur l'Év. Serm. sur la montagne*, 8e jour. ‖ *P. anal.* Les étoiles nébuleuses, et, *substantivt*, Les nébuleuses, étoiles extrêmement petites et très rapprochées qui présentent à l'œil l'apparence d'une vapeur. ‖ *Cristal* —, qui n'est pas parfaitement transparent. ‖ *Fig.* Front —, soucieux. Je te trouve l'air —, LES. *Gil Blas*, III, 3. ‖ Un écrivain —, qui a qqch de vague et d'obscur.

NÉBULOSITÉ [né-bu-ló-zi-té] *s. f.*

[ÉTYM. Emprunté du lat. nebulositas, *m. s.* ‖ XVIIe s. *V.* à l'article.]

‖ (T. didact.) Caractère de ce qui est nébuleux. ‖ *P. ext.* Substance nébuleuse. ‖ *Fig.* Apparence soucieuse. La — de ce visage sombre, TH. CORN. *D. César d'Avalos*, I, 4.

NÉCESSAIRE [né-sè-sèr] *adj.*

[ÉTYM. Emprunté du lat. necessarius, *m. s.* ‖ XIIe s. Mult est necessaire Cele ovre que voil faire, PH. DE THAUN, *Comput*, 27.]

‖ **1°** Dont on ne peut pas se passer. | 1. En parlant des choses. Les choses nécessaires à nos besoins. Ce qui est — pour subsister, et, *vieilli*, Cette inclination si — à composer une union parfaite, MOL. *Mal. im.* II, 6. Qu'elles (les guerres) soient nécessaires pour le bien public, FÉN. *Tél.* 17. *Absolt.* Votre présence, Abner, est ici —, RAC. *Ath.* II, 4. Une vie aussi précieuse et aussi — que la vôtre, BOSS. *R. d'Angl.* J'ai cru sa mort pour vous un malheur —, CORN. *Pomp.* III, 2. | *Vieilli.* Pour joindre cette matière à cette substance immatérielle, il est — d'un lien, FÉN. *Dial. des morts, Aristote et Descartes.* | *Substantivt.* Le — dont on ne peut se passer pour vivre. Avoir le strict —. Être privé du —. Le dernier (le peuple) me paraît content du —, et les autres (les grands) sont inquiets et pauvres avec le superflu, LA BR. 9. *Spécialt.* Un —, coffret, étui renfermant tout ce dont on a besoin pour la toilette, le travail à l'aiguille, etc. | 2. En parlant des personnes. Prince, plus que jamais vous m'êtes —, RAC. *Bér.* III, 1. *Absolt.* Des hommes qui ont l'art de se rendre nécessaires, FÉN. *Tél.* 13. *Substantivt.* Ils font partout les nécessaires, Et partout importuns devraient être chassés, LA F. *Fab.* VII, 9. Déplaire A force de vouloir trancher du —, MOL. *Fâch.* I, 1. Dans le langage des précieuses. Un —, un laquais. Voilà un — qui demande..., MOL. *Préc. rid.* sc. 6.

‖ **2°** Dont on ne peut pas se dispenser. Tant qu'il n'était pas — de parler, BOSS. *A. de Gonz.* ‖ *Substantivt.* Faire le —, ce dont on ne peut se dispenser.

‖ **3°** (Philos.) Qui ne peut pas ne pas être. Je peux n'avoir point été... Donc je ne suis pas un être —, PASC. *Pens.* I, 11. Je vois bien qu'il y a, dans la nature, un être —, éternel et infini, ID. *ibid.* Mes idées sont universelles, nécessaires, éternelles et immuables, FÉN. *Exist. de Dieu*, II, 4. C'est la suite — de ce principe, BOSS. *Yol. de Monterby.* ‖ *Substantivt.* Le —, ce qui ne peut pas ne pas être. La manière de le traiter (le sujet) selon le vraisemblable ou le —, CORN. *2e Disc. sur le poème dram.* 2.

NÉCESSAIREMENT [né-sè-sèr-man ; *en vers*, -sè-re-...] *adv.*

[ÉTYM. Composé de nécessaire et ment, § 724. ‖ XIIIe s. Mult necessariment, *Rom. des romans*, dans GODEF. necessariment.]

‖ D'une manière nécessaire. Il y a donc — quelque chose qui est avant tous les temps et de toute éternité, BOSS. *Conn. de Dieu*, IV, 5. Il faut — que la vérité soit quelque part très parfaitement entendue, ID. *ibid.*

NÉCESSITANT, NÉCESSITANTE [né-sè-si-tan, -tânt'] *adj.*

[ÉTYM. Adj. particip. de nécessiter, § 47. ‖ XVIe s. Amour est donc pure inclination Du ciel en nous, mais non necessitante, M. SCÈVE, dans L. LABBÉ, *Œuvres*, p. 111, Lemerre. Admis ACAD. 1762.]

‖ **1°** (T. didact.) Qui met dans la nécessité d'agir d'une certaine manière. *Spécialt.* (Théol.) Grâce nécessitante, supprimant le libre arbitre. Il n'y a point de plus visible calomnie que celle où l'on impute à M. de Paris d'avoir approuvé un livre où l'on enseigne... cette grâce nécessitante, BOSS. *Avert. sur le livre des Réfl. mor.* 5.

‖ **2°** *Vieilli.* Qui manque du nécessaire. (*Syn.* nécessiteux.) Toutes les Muses nécessitantes, MOL. *Am. magnif.* I, 5.

NÉCESSITÉ [né-sè-si-té] *s. f.*

[ÉTYM. Emprunté du lat. necessitas, *m. s.* ‖ XIIe s. Meies necessitez, *Psaut. d'Oxf.* XXIV, 18.]

‖ **1°** Impossibilité de se passer de qqch. Les objets de première —. La — industrieuse, féconde en inventions, BOSS. *Dign. des pauvres*, 1. — l'ingénieuse Leur fournit une invention, LA F. *Fab.* IX, 20, *Disc. à Mme de la Sablière. Loc. prov.* — fait loi, n'a point de loi, on est excusable d'obéir à un besoin impérieux. ‖ *P. ext.* Besoin impérieux d'argent, de ressources. Qu'il est permis de dérober, non seulement dans une extrême —..., PASC. *Prov.* 8. Nous parlons pour l'intérêt des pauvres, nous exposons leurs pressantes nécessités, BOURD. *Charité envers les pauvres*, 1. Malgré les nécessités de sa maison, BOSS. *Condé.* ‖ *P. ext.* Tout besoin impérieux. Assujettis aux mêmes nécessités naturelles, BOSS. *Gournay. Spécialt.* Besoin d'évacuer les excréments. Satisfaire une — naturelle. Faire ses nécessités.

‖ **2°** Impossibilité de se dispenser de qqch. Réduits à l'heureuse — de fuir le mal, BOURD. *Scand. de la Croix.* Mettre les peuples dans l'affreuse — ou de ne pouvoir respirer librement ou de secouer le joug, FÉN. *Tél.* 12. *Absolt.* Elle ne parle que pour la —, ID. *ibid.* 22. S'assure-t-on sur l'alliance Qu'a faite la —? LA F. *Fab.* VIII, 22. *Loc. prov.* Faire de — vertu, se donner le mérite de faire de bonne grâce ce dont on ne peut se dispenser.

‖ **3°** (Philos.) Impossibilité de ne pas être. Ce qui est de toute —. — métaphysique, qui fait qu'une chose ne peut pas absolument ne pas être. *P. anal.* — morale, obligation. *Spécialt.* Contrainte absolue qui supprimerait le libre arbitre. C'est ainsi que Dieu dispose de la volonté libre de l'homme sans lui imposer de —, PASC. *Prov.* 18. ‖ *P. ext.* La — d'une conséquence.

NÉCESSITER [né-sè-si-té] *v. tr.*

[ÉTYM. Emprunté du lat. scolast. necessitare, *m. s.* dérivé de necessitas, nécessité, §§ 217 et 266. ‖ XIVe s. Volentés n'est mie loiie ne necessitee par nule chose foraine, *Ars d'Amour*, dans DELB. *Rec.*]

‖ **1°** *Vieilli.* Mettre dans la nécessité d'agir d'une certaine manière. Ils nécessitaient les plus zélés d'acquiescer à la paix, LA ROCHEF. dans TRÉV. Une vertu à laquelle ils étaient nécessités, VOLT. *Dial.* XXIX, 5. Je serais nécessité... de me livrer à l'empressement du peuple, J.-J. ROUSS. *Confess.* 12. *Absolt.* Que Dieu tirant à lui nos cœurs rebelles nous fait une violence qui ne force et ne nécessite point nos volontés, BOSS. *Avert. sur le livre des Réflex. mor.* 4.

‖ **2°** *Néolog.* Rendre (qqch) nécessaire. Cela nécessite une explication.

NÉCESSITEUX, EUSE [né-sè-si-teû, -teûz'] *adj.*

[ÉTYM. Dérivé de nécessité, § 116. ‖ 1492. Necessiteux affaires, dans GODEF.]

‖ **1°** Qui est dans la nécessité (dans le besoin). *Substantivt.* Soulager les —.

|| **2°** *Vieilli.* Qui a besoin de (qqch). Vous ne me parlez point assez de vous : j'en suis nécessiteuse, sÉv. 160.

NÉCROLOGE [né-krò-lòj'] *s. m.*

[ÉTYM. Emprunté du lat. du moyen âge necrologium, *m. s.* composé avec le grec νεκρός, mort, et λόγος, discours, § 279. || 1646. Chartres, papiers, necrologes, dans DELB. *Rec.* Admis ACAD. 1718.]

|| (T. didact.) Liste de personnes mortes. || *Spécialt.* | **1.** Registre contenant le nom, la notice des morts qui ont appartenu à une communauté, à une église. (*Cf.* obituaire.) | **2.** Liste des principaux personnages morts dans l'année.

NÉCROLOGIE [né-krò-lò-jî] *s. f.*

[ÉTYM. Dérivé de nécrologe, § 68. || 1701. FURET. Admis ACAD. 1835.]

|| (T. didact.) Notice sur un ou plusieurs personnages morts.

NÉCROLOGIQUE [né-krò-lò-jïk'] *adj.*

[ÉTYM. Dérivé de nécrologie, § 229. || *Néolog.* Admis ACAD. 1835.]

|| (T. didact.) Relatif à la nécrologie. Un article —.

NÉCROMANCIE [né-krò-man-si; *vieilli* et *pop.* négrò-...] *s. f.*

[ÉTYM. Emprunté du lat. necromantia, grec νεκρομαντεία, *m. s.* Aux XVIIe et XVIIIe s. on dit plutôt nécromance, forme suppr. par ACAD. 1878. || XIIe s. Nigromance, PH. DE THAUN, *Comput,* 464. | XIVe s. Necromancie, J. DE MANDEVILLE, dans DELB. *Rec.*]

|| (T. didact.) Art prétendu d'évoquer les morts par la magie pour obtenir d'eux la révélation de l'avenir, des choses cachées.

NÉCROMANCIEN, IENNE [né-krò-man-syin, -syèn'; *en vers,* -si-...; *vieilli* et *pop.* né-grò-...] *s. m. et f.*

[ÉTYM. Dérivé de nécromancie, § 244. || XIVe s. Nigromancien, FROISS. *Chron.* IX, 66, Kervyn.]

|| (T. didact.) Celui, celle qui exerce la nécromancie.

***NÉCROMANT** [né-krò-man] et ***NÉGROMANT** [négrò-...] *s. m.*

[ÉTYM. Emprunté de l'ital. negromante, *m. s.* § 12. || XVIIe s. V. à l'article. Admis ACAD. 1798; suppr. en 1878.]

|| *Vieilli.* (T. didact.) Nécromancien, magicien. Votre métier de negromant, VOIT. *Poés.* dans RICHEL. L'art des magiciens et necromants, MONTESQ. *Lett. pers.* 39. De hideux nécromants, V. HUGO, *Odes,* IV, 17.

NÉCROPOLE [né-krò-pòl] *s. f.*

[ÉTYM. Emprunté du grec νεκρόπολις, *m. s.* proprt, « ville des morts ». || *Néolog.* Admis ACAD. 1878.]

|| **1°** (Antiq.) Sorte de cimetière souterrain des Égyptiens et d'autres peuples anciens.

|| **2°** *P. ext.* Partie d'une ville destinée aux sépultures.

NÉCROSE [né-krôz'] *s. f.*

[ÉTYM. Emprunté du grec νέκρωσις, mortification. || 1732. TRÉV. Admis ACAD. 1835.]

|| (T. didact.) État d'un os, d'une partie d'os que la vie a abandonné (chez un être vivant).

***NÉCROSER** [né-krô-zé] *v. tr.*

[ÉTYM. Dérivé de nécrose, § 266. || 1780. La moitié du tibia avait été nécrosée, BOUSSELIN, dans *Hist. de la Soc. roy. de médecine,* p. 299.]

|| (T. didact.) Atteindre de nécrose. Le phosphore nécrose les os de la mâchoire.

NECTAIRE [nĕk'-tèr] *s. m.*

[ÉTYM. Emprunté du lat. des botanistes nectareum, *m. s.* § 223. || 1792. HAÜY, dans *Journal d'hist. nat.* II, 65. Admis ACAD. 1835.]

|| (Botan.) Appareil glanduleux situé dans la fleur et contenant un suc mielleux.

NECTAR [nĕk'-tàr] *s. m.*

[ÉTYM. Emprunté du lat. nectar, grec νέκταρ, *m. s.* || XVe-XVIe s. Du nectar et de l'ambroise, J. LE MAIRE, III, 45, Stecher.]

|| (Mythol.) Breuvage exquis des dieux. || *P. ext.* Boisson délicieuse. || *Fig.* Le — que l'on sert au maître du tonnerre, Et dont nous enivrons tous les dieux de la terre, C'est la louange, LA F. *Fab.* IX, 20, *Disc. à Mme de la Sablière.*

NEF [nĕf'] *s. f.*

[ÉTYM. Du lat. navem, *m. s.* §§ 295, 446 et 291. (*Cf.* navette 1.)]

|| **1°** *Vieilli* et *poét.* Navire. Sur ses nefs la victoire flottante, CORN. *Pomp.* I, 1. Cette superbe ville Prétend brûler nos nefs, LA F. *Achille,* I, 5. || *De nos jours.* (Technol.) Moulin à nef, construit sur un bateau.

|| **2°** *P. anal.* | **1.** Partie d'une église qui va du portail au chœur entre deux rangs de piliers, de colonnes, soutenant la voûte. La nef principale, la grande nef. Les nefs latérales, les bas côtés ou collatéraux. | **2.** Vase allongé contenant le couvert d'un roi, d'un prince, etc. (*Cf.* cadenas.) La nef était sur la table (chez la dauphine), DANGEAU, *Journal,* XIII, 452.

NÉFASTE [né-fàst'] *adj.*

[ÉTYM. Emprunté du lat. nefastus, *m. s.* (*Cf.* faste 2.) || XVIe s. Jours malheureux et nefastes, G. DE SELVE, *Vies de Plutarque,* dans DELB. *Rec.* Admis ACAD. 1762.]

|| (Antiq. rom.) Où il n'est pas permis de rendre la justice, d'assembler les comices, le sénat, etc. Les jours néfastes. || *Fig.* Un jour —, un jour de malheur. Une personne, une chose —, considérée comme funeste.

NÈFLE [nĕfl'] *s. f.*

[ÉTYM. Du lat. mespila, *m. s.* plur. neutre pris comme fém. sing. § 545, devenu * nespila, nesple, neslle, §§ 466, 290, 431 et 291, nèfle, § 422. Beaucoup de patois conservent l'm initiale et, laissant tomber le p, disent mesle, mèle, etc.]

|| Fruit à plusieurs noyaux, qui ne se mange que quand il a vieilli et commence à se flétrir. Pour mûrir ses nèfles et pommer ses choux, CYRANO, *Voy. dans la lune,* p. 37. *Loc. prov.* Comme dit le proverbe italien, avec le temps et la paille se mûriront les nèfles, POUSSIN, *Lett.* 8 oct. 1649. Je n'en donnerais pas une —, GHERARDI, *Th. ital.* VI, 547. Beau serment de nèfles (sans valeur), ID. III, 499.

NÉFLIER [né-fli-yé] *s. m.*

[ÉTYM. Dérivé de nèfle, § 115. || XIIe s. Meslier, *Thèbes,* glossaire. | XIIIe s. Baston de neflier, *Renart,* VI, 871.]

|| Arbre de la famille des Rosacées, qui porte les nèfles.

NÉGATIF, IVE [né-gà-tïf', -tïv'] *adj.*

[ÉTYM. Emprunté du lat. negativus, *m. s.* || XIIIe s. Negative ne doit pas queoir en proeve, BEAUMAN. XXXIX, 47.]

|| (T. didact.) Qui exprime une négation. Une réponse négative. Un geste —. Une certaine idée, négative du néant, DESC. *Médit.* 4. Avoir voix négative, droit de dire non, de s'opposer à qqch. *P. ext.* Bonheur —, absence de malheur. Qualités négatives, absence de défauts. (*V.* positif.) || (Gramm.) Une particule négative, et, *substantivt,* Une négative. Et c'est, comme on m'a dit, trop d'une —, MOL. *F. sav.* II, 6. Vous m'effrayez avec vos négatives, ROCHON DE CHABANNES, *Jaloux,* III, 5. (Logique.) Proposition négative, et, *substantivt,* Se tenir sur la négative, persister à dire non. Soutenir la négative. Négatives sèches et vigoureuses, BOSS. *Vérit. Convers.* 1. || *P. ext.* | **1.** (Algèbre.) Quantité négative, affectée du signe moins. | **2.** (Physique.) Électricité négative, l'électricité résineuse (par opposition à l'électricité vitrée, dite positive). Pôle —, pôle d'une pile opposé au pôle positif. | **3.** (Photogr.) Épreuve négative, et, *substantivt,* Un —, où les noirs du modèle donnent des blancs, et les blancs des noirs.

NÉGATION [né-gà-syon; *en vers,* -si-on] *s. f.*

[ÉTYM. Emprunté du lat. negatio, *m. s.* || XIIe s. Tost turnastes vostre est en la negatiun, GARN. DE PONT-STE-MAX. *St Thomas,* 3268.]

|| **1°** Action de nier (un fait). La — de l'existence de Dieu. || *P. ext.* Mot qui exprime une négation. Deux négations valent une affirmation.

|| **2°** *P. ext.* Action de refuser, de dire non à qqn qui demande qqch. Répondre par une —.

NÉGATIVEMENT [né-gà-tïv'-man; *en vers,* -ti-ve-...] *adv.*

[ÉTYM. Composé de négative et ment, § 724. || XIVe s. Respondre negativement, EVRART DE CONTY, *Probl. d'Arist.* dans GODEF.]

|| (T. didact.) D'une manière négative. *Spécialt.* Répondre —, dire non.

NÉGLIGÉ [né-gli-jé] *s. m.*

[ÉTYM. Subst. particip. de négliger, § 45. || Admis ACAD. 1694.]

|| Vêtement qu'on porte quand on n'est pas en toilette. (*Cf.* déshabillé.) Être en —, en demi-—. Une femme en — galant. || *Fig.* Voir au naturel et comme en — ceux qui ont éclairé leurs contemporains, D'ALEMB. *Éloges,* Perrault.

NÉGLIGEABLE [né-gli-jàbl'] *adj.*

[ÉTYM. Dérivé de négliger, § 93. || *Néolog.* Admis ACAD. 1878.]

‖ (Mathém.) Qu'on peut négliger, dont on peut ne pas tenir compte. Des quantités négligeables.

NÉGLIGEMENT [né-glij'-man ; *en vers*, -gli-je-...] *s. m.*
[ÉTYM. Dérivé de négliger, § 145. ‖ XVIIᵉ-XVIIIᵉ s. *V.* à l'article. Admis ACAD. 1798.]
‖ *Vieilli.* Action de négliger qqch. (*Cf.* négligence.) Quelque — du pinceau, FÉN. *Exist. de Dieu*, III, 89.]

NÉGLIGEMMENT [né-gli-jà-man] *adv.*
[ÉTYM. Pour négligentment, composé de négligent et ment, § 724. ‖ XIIᵉ-XIIIᵉ s. Negligentement, *Dial. Gregoire*, p. 152. Trop negligemment s'en passa, J. DE MEUNG, *Rose*, 9095.]
‖ Avec négligence. | 1. Constance, occupé des affaires de l'arianisme, faisait — celles de l'empire, BOSS. *Hist. univ.* I, 11. Ses cheveux noués par derrière —, FÉN. *Tél.* 1. | 2. Elle ajouta — : Et vous, ne viendrez-vous pas? J.-J. ROUSS. *Confess.* 9.

NÉGLIGENCE [né-gli-jàns] *s. f.*
[ÉTYM. Emprunté du lat. negligentia, *m. s.* ‖ XIIᵉ s. Par negligence et par envie, BENEEIT, *Ducs de Norm.* 10602.]
‖ **1°** Action de ne pas prendre soin de qqch. Montrer de la — pour le service de Dieu. La — d'un serviteur. Une place confiée à des soldats qui ne veillent pas est toujours en péril : la — du commandant la laisse sans garde, BOSS. *Vigilance chrét.* Un travail fait avec —. Ma juste impatience Vous accusait déjà de quelque —, RAC. *Bér.* 1, 4. Mettre de la — à s'acquitter de ses devoirs, *Loc. adv. Vieilli.* A la —, négligemment. ‖ *Spécialt.* | 1. Défaut de soin dans l'exécution d'une œuvre littéraire, d'une œuvre d'art. La — du style. *P. ext.* Des négligences, fautes résultant du défaut de soin. Relever les moindres négligences. | 2. Défaut de soin dans l'ajustement. Une trop grande — avec une excessive parure, LA BR. 11.
‖ **2°** Action de ne pas tenir compte de qqch. Ceux qui, ayant méprisé dans leur jeunesse la science et les exercices, veulent réparer cette — dans un âge avancé, LA BR. *Théophr. D'une tardive instruction.* Feuilletant avec —, PASC. *Prov.* 8. Je m'accuse déjà de trop de —, CORN. *Cid*, I, 6. De la — des petites choses, l'homme passe jusqu'au mépris des grandes, BOURD. *Parf. observ. de la loi*, 1.

NÉGLIGENT, ENTE [né-gli-jan, -jänt'] *adj.*
[ÉTYM. Emprunté du lat. negligens, entis, *m. s.* ‖ XIIIᵉ s. Non pas lasche ne negligent, J. DE MEUNG, *Rose*, 5599.]
‖ Qui montre de la négligence. Un serviteur —. Le peuple a été — (pour le service de Dieu), PASC. *Pens.* XV, 13 *bis*.

NÉGLIGER [né-gli-jé] *v. tr.*
[ÉTYM. Emprunté du lat. negligere, *m. s.* ‖ XIVᵉ s. En negligent les coustumes du pays, BERSUIRE, fᵒ 13, dans LITTRÉ.]
‖ **1°** Laisser (une chose, une personne) sans en prendre soin. N'as-tu rien négligé Des ordres importants dont je t'avais chargé? RAC. *Bér.* I, 3. Il néglige sa santé, ses affaires. Un jardin négligé. — le service de Dieu, son salut. Les princes, négligeant de connaître leurs affaires, BOSS. *R. d'Angl.* Rien n'est plus négligé que l'éducation des filles, FÉN. *Éduc. des filles*, 1. Un rhume négligé. Je pourrais penser Qu'il me néglige, RAC. *Bér.* II, 5. — sa femme, ses amis, ses relations. On néglige un homme de mérite, LA BR. 12. *P. ext.* Se —, faire les choses avec moins de soin. Pompée croit que son seul nom soutiendra tout, et se néglige, BOSS. *Hist. univ.* III, 7. ‖ *Spécialt.* | 1. Ne pas avoir soin de l'exécution d'une œuvre littéraire, d'une œuvre d'art. Un style négligé. Il ne pardonne pas les endroits négligés, BOIL. *Art p.* 1. | 2. Ne pas avoir soin de sa personne, de son ajustement. Une tenue négligée. Ils avaient la barbe longue et négligée, FÉN. *Tél.* 10. La malpropre... Est mise sous le nom de beauté négligée, MOL. *Mis.* II, 4. Se —, n'avoir pas soin de sa personne.
‖ **2°** Laisser sans en tenir compte. — les avertissements, les menaces. — les précautions, les occasions favorables. — pour lui plaire (à Dieu) et femme, et biens, et rang, CORN. *Poly.* I, 1. Il ne faut pas — les petites choses. ‖ (Mathém.) — une quantité, ne pas en tenir compte dans le calcul. (*Cf.* négligeable.) — des fractions infiniment petites.

NÉGOCE [né-gôs'] *s. m.*
[ÉTYM. Emprunté du lat. negotium, *m. s.* ‖ XIIᵉ-XIIIᵉ s. Les negosces des hommes seculeirs, *Dial. Gregoire*, p. 6.]
I. *Anciennt.* Affaire. Sert de mes négoces ou, encore pis, de ceux d'autrui, MONTAIGNE, III, 9. | *P. ext.* Entremise pour la conclusion d'une affaire. (*Cf.* négociation.) Le — de la paix... fut repris, D'AUB. *Hist. univ.* II, 287, de Ruble. Vous faites là, Monsieur, un fort joli —, DANCOURT, *Enf. de Paris*, V, 9. Servir au — des ténèbres, BOSS. *Honn. du monde*, 3.
II. Affaire de commerce. Riches du — de leurs pères,

LA BR. 7. Son — (d'Athènes) fut presque borné à la Grèce, MONTESQ. *Espr. des lois*, XXI, 7.

NÉGOCIABLE [né-gò-syàbl' ; *en vers*, -si-àbl'] *adj.*
[ÉTYM. Dérivé de négocier, § 93. ‖ 1688. Billet negociable, SAVARY, *Pareres*, p. 769. Admis ACAD. 1762.]
‖ Qui peut être négocié. *Spécialt.* (Commerce.) Un effet qui n'est pas —.

NÉGOCIANT, *NÉGOCIANTE [né-gò-syan, -syänt' ; *en vers*, -si-...] *s. m. et f.*
[ÉTYM. Subst. particip. de négocier, formé d'après l'ital. negoziante, *m. s.* §§ 12 et 47. ‖ 1653. OUD. negoziante.]
‖ Celui, celle qui fait de grandes affaires de commerce. Le —, ayant l'œil sur toutes les nations de la terre, porte à l'une ce qu'il tient de l'autre, MONTESQ. *Espr. des lois*, XX, 4. Ces belles négociantes, VOLT. *Princ. de Babyl.* 9.

NÉGOCIATEUR, TRICE [né-gò-syà-tœur, -trïs' ; *en vers*, -si-...] *s. m. et f.*
[ÉTYM. Emprunté du lat. negociator, trix, *m. s.* ‖ XIVᵉ s. Ceulz qui aiment gaaing et qui sont negociateurs, ORESME, *Éth.* VIII, 8.]
‖ Celui, celle qui s'entremet pour conclure une affaire. Une affaire dont M. de Chaulnes sera le —, SÉV. 1207.

NÉGOCIATION [né-gò-syà-syon ; *en vers*, -si-à-si-on] *s. f.*
[ÉTYM. Emprunté du lat. negociatio, *m. s.* ‖ XIVᵉ s. Negociation, gaaing par marchandise, ORESME, dans MEUNIER, *Essai sur Oresme*.]
‖ Action de négocier.
‖ **1°** *Vieilli.* Action de faire du commerce. La — consiste à vendre et à acheter, MALH. *Bienf. de Sénéq.* VI, 38.
‖ **2°** Action pour la conclusion d'une affaire. Employé par la cour de Rome en diverses négociations, BOSS. *Le Tellier.* La — d'un traité de commerce, d'un mariage. Être chargé d'une — importante. ‖ *P. ext.* (Commerce.) La — d'un effet, l'action de le transmettre à un autre après l'avoir endossé.

NÉGOCIER [né-gò-syé ; *en vers*, -si-é] *v. intr. et tr.*
[ÉTYM. Emprunté du lat. negotiari, *m. s.* ‖ XIVᵉ s. Negocier et marcheander, ORESME, dans MEUNIER, *Essai sur Oresme*.]
I. *Vieilli. V. intr.* Faire du négoce, du commerce. Les peuples qui ont négocié aux Indes, MONTESQ. *Espr. des lois*, XXI, 1.
II. *V. tr.* ‖ **1°** S'entremettre pour conclure (une affaire). Être chargé de — un mariage. — un traité. — la paix. *Absolt. Vieilli.* On négocie à la paix, on est en négociation.
‖ **2°** (Commerce.) Transmettre à un autre, après l'avoir endossé (un effet, un billet). *P. plaisant. Fig.* Les cœurs se négocient à présent de place en place, REGNARD et DUFRESNY, *Momies d'Égypte*, I, 4.

NÈGRE, NÉGRESSE [nègr', né-grês'] *s. m. et f.*
[ÉTYM. Emprunté de l'espagn. negro, qui est le lat. nigrum, noir, § 13. Sur la formation du fém. *V.* §§ 65 et 129. ‖ 1529. Nous aperceusmes... quatre ou cinq negres du pays, J. et R. PARMENTIER, *Voyage*, dans DELB. *Rec.* Admis ACAD. 1762.]
‖ Homme, femme de la race noire. ‖ *Spécialt.* Esclave noir employé aux travaux des colonies. Faire la traite des nègres. Travailler comme un —. Traiter qqn comme un —. ‖ — blanc, nom donné aux albinos, parce qu'on croyait l'albinisme particulièrement propre à la race des nègres. — pie, sorte d'albinos de race noire. *Adj.* La race —. *Loc. prov.* A blanchir un — on perd son savon.

NÉGRERIE et, mieux, *NÉGRERIE [nè-gre-ri] *s. f.*
[ÉTYM. Dérivé de nègre, §§ 65 et 69. ‖ 1707. Des negreries, toutes ombragées d'arbres, SCHOUTEN, *Voy. dans les Indes*, I, 288. Admis ACAD. 1762.]
‖ *Vieilli.* Lieu où l'on fait travailler les esclaves nègres. ‖ Lieu où l'on enferme les nègres dont on fait la traite.

NÉGRIER [né-gri-yé] *s. m.*
[ÉTYM. Dérivé de nègre, §§ 65 et 115. ‖ 1752. TRÉV. Admis ACAD. 1798.]
‖ **1°** Celui qui fait la traite des nègres.
‖ **2°** Bâtiment qui sert à la traite des nègres. ‖ *Adjectivt.* Un vaisseau —.

NÉGRILLON, ONNE [né-gri-yon, -yòn'] *s. m. et f.*
[ÉTYM. Dérivé de nègre, §§ 65 et 107. ‖ 1714. Negrittes et negrillons, dans MOREAU DE ST-RÉMY, *Lois des colonies*, II, 433. Admis ACAD. 1762.]
‖ Petit nègre, petite négresse.

NÉGROMANCE, NÉGROMANCIE, NÉGROMANT.
V. négro...

NEIGE [nèj'] *s. f.*
[ÉTYM. Subst. verbal de neiger, § 52. L'anc. franç. dit ordinairement noif, du lat. nĭvem. || XIVᵉ s. Et de nege chel tant, CUVELIER, *Duguesclin*, 19584.]
|| Eau congelée dans les hautes régions de l'atmosphère, qui tombe sur la terre en flocons blancs. Être enseveli sous la —. Des neiges qui ne fondent jamais et qui font un hiver perpétuel sur le sommet des montagnes, FÉN. *Tél.* 11. La saison des neiges. *Loc. prov.* Où sont les neiges d'antan? (allusion à une ballade de Villon), se dit en parlant de ce qui n'est déjà plus. Faire la boule de —, aller en augmentant comme une pelote de neige qui, roulant sur une pente neigeuse, grossit toujours. Sortir d'une affaire blanc comme —, avec une réputation intacte. || *P. ext.* — rouge, neige colorée dans certaines circonstances par une plante microscopique qui s'y développe en grande quantité. || *P. anal.* Tout ce qui est blanc, floconneux comme la neige. Des cheveux, une barbe de —, blancs comme la neige. *Poét.* Leurs fleurs étoilées (des pommiers), — odorante du printemps, V. HUGO, *Orient.* 33. || (Chimie anc.) — d'antimoine, oxyde d'antimoine blanc sublimé. | Œufs à la —, entremets sucré fait avec des œufs battus jusqu'à ressembler à la neige. || *P. dénigrement.* Personne, chose de —, qui n'a pas plus de valeur, de consistance, que la neige. Voyez le beau héros de — ! SCARR. *Virg. trav.* 6. Ah ! le beau médecin de —, avec ses vapeurs, DESTOUCHES, *Tambour nocturne*, I, 6. Voilà Ton beau galant de —, MOL. *Dép. am.* IV, 4.

NEIGER [nè-jé] *v. intr.*
[ÉTYM. Du lat. pop. *nivicare* (*cf.* l'ital. nevicare), *m. s.* § 159, devenu *nev'gar*, negier, §§ 342, 336, 389, 297 et 291, neger, écrit arbitrairement neiger, § 634. || XIIᵉ s. Plus blanche que nois negie, RENAUD, *Ignaure*, dans BARTSCH et HORNING, *Langue et littér. franç.* col. 568.]
|| En parlant de la neige, tomber sur la terre. Il commence à —. Il a neigé. || *Fig. Famil.* Il a neigé sur sa tête, ses cheveux ont blanchi.

NEIGEUX, EUSE [nè-jeú, -jeŭz'] *adj.*
[ÉTYM. Dérivé de neige, § 116. || 1552. CH. EST. dans DELB. *Rec.*]
|| Où il y a de la neige. Cimes, plaines neigeuses. || *P. ext.* Temps —, où il neige.

NENNI [nà-ni] *adv.*
[ÉTYM. Composé de nen, forme affaiblie de non, et de il, § 726. (*Cf.* oui, pour ouil.) || XIIᵉ s. Avez mei desilé? Nenil, let Jocelins, GARN. DE PONT-STE-MAX. *St Thomas*, 4801.]
|| *Vieilli.* Non pas. M. JOURD. : Tu te moques de moi? — NICOLE : —, Monsieur, j'en serais bien fâchée, MOL. *B. gent.* III, 2. —da, non pas certes. —da, c'est quelque autre, MOL. *Ét.* III, 8. || *Substantivt.* Un doux —, un doux refus.

NÉNUFAR [né-nu-fàr] *s. m.*
[ÉTYM. Emprunté du lat. du moyen âge nenufar, qui est l'arabe ninoufar, *m. s.* § 22. || XIIIᵉ s. Nenufar, neufar, *Simples medicines*, fᵒ 52, rᵒ et vᵒ.]
|| Plante aquatique, type de la famille des Nymphéacées. — blanc, — jaune.

NÉOGRAPHE [né-ò-gràf'] *s. m.* et *f.*
[ÉTYM. Composé avec le grec νέος, nouveau, et γράφειν, écrire, § 279. || 1752. TRÉV. Admis ACAD. 1798.]
|| (T. didact.) Celui, celle qui emploie une orthographe nouvelle.

NÉOGRAPHISME [né-ò-grà-fĭsm'] *s. m.*
[ÉTYM. Dérivé de néographe, § 265. || 1740. Dans le système du néographisme, *Observ. sur les écrits mod.* XXX, 255. Admis ACAD. 1798.]
|| (T. didact.) Théorie d'une orthographe nouvelle.

NÉOLOGIE [né-ò-lò-ji] *s. f.*
[ÉTYM. Composé avec le grec νέος, nouveau, λόγος, discours, et le suffixe ie, §§ 279 et 282. || Admis ACAD. 1762.]
|| (T. didact.) Emploi de mots de création nouvelle, ou de mots anciens dans une nouvelle acception. (*Cf.* néologisme.)

NÉOLOGIQUE [né-ò-lò-jĭk'] *adj.*
[ÉTYM. Composé avec le grec νέος, nouveau, λόγος, discours, et le suffixe ique, §§ 229 et 279. || 1726. ABBÉ DESFONTAINES, *Dict. néologique*, titre. Admis ACAD. 1762.]
|| (T. didact.) Qui se rapporte à la néologie.

NÉOLOGISME [né-ò-lò-jĭsm'] *s. m.*
[ÉTYM. Composé avec le grec νέος, nouveau, λόγος, discours, et le suffixe isme, §§ 265 et 279. || 1735. L'ennuyeux persiflage et le néologisme, *Pour et contre*, VI, 71. Admis ACAD. 1762.]
|| (T. didact.) || **1°** Emploi de mots de création nouvelle, ou de mots anciens pris dans une nouvelle acception. (*Syn.* néologie.) Tomber dans le —.
|| **2°** *P. ext.* Mot de création nouvelle, ou pris dans une nouvelle acception. Cette expression est un —.

NÉOLOGUE [né-ò-lòg'] *s. m.* et *f.*
[ÉTYM. Composé avec le grec νέος, nouveau, et λόγος, discours, § 279. || 1726. Cette jolie métaphore... était digne de nos ingénieux néologues, ABBÉ DESFONTAINES, *Dict. néologique*, voye lactée. Admis ACAD. 1762.]
|| (T. didact.) Celui, celle qui pratique le néologisme. [*Adjectivt.* Les drames bourgeois du — Marivaux, VOLT. *Lett.* à Villette, juin 1765.

NÉOPHYTE [né-ò-fît'] *s. m.* et *f.*
[ÉTYM. Emprunté du lat. neophytus, a, grec νεόφυτος, *m. s.* de νέος, nouveau, et φυτόν, rejeton. || XIVᵉ s. Non neofite, J. DE VIGNAY, *Miroir hist.* dans DELB. *Rec.* Admis ACAD. 1718.]
|| (T. didact.) Celui, celle qui a embrassé récemment une religion. || *Fig.* Celui, celle qui a embrassé récemment une opinion.

NÉPENTHÈS [né-pin-tês'] *s. m.*
[ÉTYM. Emprunté du lat. nepenthes, grec νηπενθές, *m. s.* || XVIᵉ s. Nepenthe, RONS. I, 284, Blanchemain. Admis ACAD. 1878.]
|| **1°** (Antiq.) Suc, de composition inconnue, qui, mêlé au vin, donnait une ivresse joyeuse. Le puissant —, oubli de tous les maux, A. CHÉN. *Aveugle.*
|| **2°** *P. ext.* (Botan.) Nom donné à une plante dicotylédone des tropiques.

NÉPHRÉTIQUE [né-fré-tĭk'] *adj.*
[ÉTYM. Emprunté du bas lat. nephreticus, pour nephriticus, grec νεφριτικός, *m. s.* de νεφρός, rein. || XIVᵉ s. Nefretique, *Somme Mᵉ Gautier*, mss franç. Bibl. nat. 1288, fᵒ 84, rᵒ.]
|| (Médec.) Qui affecte les reins. Douleurs, coliques néphrétiques.

NÉPHRITE [né-frît'] *s. f.*
[ÉTYM. Emprunté du lat. nephritis, grec νεφρῖτις, *m. s.* On trouve au XVIᵉ s. nephritide (COTGR.), d'après le génitif νεφρίτιδος. || 1812. Néphrite ou néphritie, MOZIN, *Dict. franç.-allem.* Admis ACAD. 1878.]
|| (Médec.) Inflammation des reins.

NÉPOTISME [né-pò-tĭsm'] *s. m.*
[ÉTYM. Emprunté de l'ital. nepotismo, *m. s.* dérivé du lat. nepos, otis, neveu, §§ 12 et 265. || 1653. *V.* à l'article.]
|| **1°** (Hist. ecclés.) Faveur dont jouissaient, auprès de certains papes, leurs neveux, leurs parents. Le — du cardinal Pamphilio, BALZ. *Lett. à Conrart*, 28 avril 1653.
|| **2°** *P. ext.* Abus qu'un homme en place fait de son pouvoir pour l'avancement de ses parents, de ses créatures.

NÉRÉIDE [né-ré-id'] *s. f.*
[ÉTYM. Emprunté du lat. nereis, idis, grec νηρηΐς, ΐδος, *m. s.* proprt, « fille de Nérée ». || XVIᵉ s. Naiades, nereides, RONS. dans DELB. *Rec.* Admis ACAD. 1762.]
|| (Mythol.) Nymphe de la mer.

NERF [nèrf' ; *dans* nerf de bœuf *et au plur.* nèr] *s. m.*
[ÉTYM. Du lat. nervum, grec νεῦρον, *m. s.* (*Cf.* névrose.)]
|| **1°** *Anciennt.* Ligament des muscles (confondu avec le nerf proprement dit). Avoir un — foulé. Les nerfs qui y sont tendus en font toute la force, FÉN. *Exist. de Dieu*, I, 2. Quand l'âge dans mes nerfs à fait couler sa glace, CORN. *Cid*, I, 3. *Spécialt.* — de bœuf, partie épaisse du ligament cervical et postérieur du bœuf (ou du cheval), durcie par la dessication. Je vais appeler quelqu'un, demander un — de bœuf... et te rouer de mille coups, MOL. *D. Juan*, IV, 1. *Vieilli.* (Art vétérin.) — féru, nerf-férure. || *P. ext.* Ce qui fait la vigueur de qqn, de qqch. Avoir du —. Un homme qui manque de —. || *Fig.* Le serment fut toujours le — de leur discipline militaire, MONTESQ. *Rom.* 1. C'est (l'argent) le — de la guerre ainsi que des amours, REGNARD, *Fol. am.* I, 7. De l'or, c'est le — de l'intrigue, BEAUMARCH. *B. de Sév.* I, 6.
|| **2°** Chacun des filaments qui mettent les diverses parties du corps en communication avec le cerveau et la moelle épinière, transmettant à celui-ci les sensations, et à celle-là les impulsions motrices. Comment de ces nerfs le mobile faisceau De notre âme à nos sens, de nos sens à notre

âme Va-t-il du sentiment communiquer la flamme? DELILLE, *Trois Règnes*, 7. Avoir mal aux nerfs. Une chose qui agace les nerfs, qui donne sur les nerfs. Avoir une attaque de nerfs.

|| **3°** *P. anal.* | **1.** *Poét.* Corde de certains instruments de musique. Et bande de tes mains les nerfs de ton rebec, RÉGNIER, *Sat.* 10. | **2.** Cordelette placée de distance en distance sur le dos d'un livre relié, et à laquelle est cousu chaque cahier. Livre cousu sur nerfs. Faux nerfs, petite bande de carton flexible qu'on colle sur le dos du livre et qui imite les vrais nerfs. | **3.** Corde qui sert à serrer l'épervier quand le poisson est pris. | **4.** Nervure. Des nerfs d'ogive.

NERF-FÉRURE [nèr-fé-rûr] *s. f.*

[ÉTYM. Dérivé de nerf féru (*cf.* férir), § 111. || 1690. Nerf ferrure (*sic*), FURET. nerf. Admis ACAD. 1762.]

|| (Art vétérin.) Contusion du tendon fléchisseur du membre antérieur du cheval, venant le plus souvent de coups qu'il s'est donnés avec les pieds de derrière en courant.

NÉRITE [né-rït] *s. f.*

[ÉTYM. Emprunté au lat. nerita, grec νηρίτης, *m. s.* || 1558. Aelian descrit une autre nerite, RONDELET, *Hist. des poissons*, II, 61. Admis ACAD. 1762.]

|| (Hist. nat.) Testacé univalve.

NÉROLI [né-rò-li] *s. m.*

[ÉTYM. Nom propre d'une princesse italienne qui a inventé ce parfum, §§ 36 et 12. || 1672. *V.* à l'article. Admis ACAD. 1762.]

|| *Vieilli.* (Drog.) Huile volatile extraite de la fleur d'oranger. Gants de —, parfumés au néroli. (*Cf.* frangipane.) Pour les gants de —, je vous prie de ne m'en point envoyer, COLBERT, *Lett. à Pronti*, 19 août 1672.

NERPRUN [nèr-prun] *s. m.*

[ÉTYM. Du lat. pop. nīgrum prŭnum, proprt, « prunier noir », prononcé de bonne heure °neruprŭnu, §§ 342, 396 et 468, d'où régulièrement en franç. nerprun, §§ 291 et 336. || 1501. Nerpruin, dans DELB. *Rec.* Admis ACAD. 1762.]

|| Arbrisseau dont les baies (le plus souvent noires) sont purgatives, et dont l'écorce fournit une matière colorante jaune. (*Cf.* bourdaine.)

°NERVÉ, ÉE [nèr-vé] *adj.*

[ÉTYM. Dérivé de nerf, § 118. (*Cf.* nervure.)|| Admis ACAD. 1762; suppr. en 1835.]

|| (Blason.) A nervures apparentes (et d'un émail différent). Feuille, fougère de sinople nervée d'or.

NERVER [nèr-vé] *v. tr.*

[ÉTYM. Dérivé de nerf, § 154. || XIVᵉ s. Un escu nervé, CUVELIER, *Duguesclin*, 1732, var.]

|| (Technol.) Garnir de nerfs. — le dos d'un livre (pour le relier). — les panneaux d'une large porte (en plaçant dessous des nerfs de bœuf, des barres de bois, etc.).

°NERVEUSEMENT [nèr-veûz'-man ; *en vers*, -veûze-…] *adv.*

[ÉTYM. Composé de nerveuse et ment, § 724. || 1611. COTGR.]

|| **1°** *Vieilli.* Avec nerf (vigueur).

|| **2°** Par l'action du système nerveux.

NERVEUX, EUSE [nèr-veû, -veûz'] *adj.*

[ÉTYM. Emprunté du lat. nervosus, *m. s.* || XIIIᵉ s. Une sustance nerveuse, *Simples medicines*, fᵒ 55, vᵒ.]

|| **1°** *Vieilli.* Relatif aux ligaments des muscles (appelés improprement nerfs). Ils (les bras) sont — et pleins de muscles, FÉN. *Exist. de Dieu*, I, 2. || *P. ext.* Vigoureux. Un matelot — comme Hercule, B. DE ST-P. *Paul et Virg.* D'un bras —, il le terrassa. || *P. anal.* Fil —, soie nerveuse, qui offre de la résistance. || *Fig.* Un style —. Une éloquence nerveuse.

|| **2°** Relatif aux nerfs. Le système —. Les centres —. Une maladie nerveuse. *P. ext.* Une personne nerveuse, qui a les nerfs susceptibles.

|| **3°** Qui offre des nervures. (*Cf.* nervé.)

NERVIN [nèr-vin] *adj. m.*

[ÉTYM. Emprunté du lat. nervinus, relatif aux nerfs. || 1741. COL-DE-VILLARS, *Dict. franç.-lat.* Admis ACAD. 1762.]

|| (Pharm.) Employé pour les nerfs. (*Syn.* névritique.) Baume —. *Substantivt.* Les nervins, les remèdes nervins.

°NERVOSISME [nèr-vó-zïsm'] *s. m.*

[ÉTYM. Dérivé du lat. nervosus, nerveux, § 265. || *Néolog.*]

|| (T. didact.) État morbide caractérisé par des troubles du système nerveux.

°NERVOSITÉ [nèr-vó-zi-té] *s. f.*

[ÉTYM. Dérivé du lat. nervosus, nerveux, § 255. (*Cf.* le lat. nervositas, force, rendu par nervosité au XVIᵉ s.)|| *Néolog.*]

|| (T. didact.) Disposition au nervosisme.

NERVURE [nèr-vûr] *s. f.*

[ÉTYM. Pour nerveûre, §358, dérivé de nerf, § 111. || XIVᵉ-XVᵉ s. La nerveûre dont il (l'écu) estoit nervé, *Perceforest*, dans LITTRÉ. Admis ACAD. 1762.]

|| **1°** (Hist. nat.) Filets saillants qui se ramifient dans le limbe de la feuille de certaines plantes. || Tubes cornés qui se ramifient dans l'aile de certains insectes.

|| **2°** (Reliure.) Saillies que forment sur le dos les cordelettes ou nerfs auxquels sont cousus les cahiers.

|| **3°** (Architect.) Moulure saillante des arêtes d'une voûte, des cannelures d'une colonne, etc.

|| **4°** (Maçonn.) Dans un mur léger, feuillure pratiquée le long d'un poteau de remplissage, pour amorcer les briques, les pierres, etc.

NESTOR [nès'-tôr] *s. m.*

[ÉTYM. Nom propre d'un héros d'Homère, vieillard célèbre par son expérience et sa sagesse, § 36. || XVIᵉ-XVIIᵉ s. Le vieil, sage et fin Nestor des François, BRANT. III, 336, Lalanne. Admis ACAD. 1835.]

|| Vieillard qui exerce une grande autorité par sa sagesse. C'est le Nestor du conseil, ACAD.

NET, NETTE [nĕt'; *vieilli*, au masc. nè] *adj.*

[ÉTYM. Du lat. nĭtidum, *m. s.* prononcé de bonne heure °net'do, °netto, §§ 308, 290, 405, 414 et 291.]

|| **1°** Qu'aucune souillure ne ternit. Le bec du perroquet qu'il essuie quoiqu'il soit net, PASC. *Pens.* XXV, 75. Nette comme un denier, RÉGNIER, *Sat.* 11. (*Cf.* propre comme un sou.) Un valet manque-t-il de rendre un verre net? RAC. *Plaid.* II, 13. Donner des assiettes nettes! MOL. *D. Juan*, IV, 7. || *P. anal. Famil.* Faire les plats nets, en mangeant tout ce qu'ils contiennent. Faire place nette, en n'y laissant rien. Faire tapis net, en gagnant tous les enjeux. Faire maison nette, en renvoyant tous les domestiques, tous les employés. Revenir les mains nettes, sans avoir rien pris. Elle eût du buvetier emporté les serviettes Plutôt que de rentrer au logis les mains nettes, RAC. *Plaid.* I, 4. || *Fig.* Que rien n'entache. Préparez au fils de Dieu un cœur net, BOSS. *Virgin.* 1. Quand on n'a pas la conscience bien nette, MARIV. *Marianne*, 2. Pure et nette de péché, LA F. *Conte, Mazel.* Avoir les mains nettes de qqch, n'avoir aucun reproche à se faire à ce sujet. *Absolt.* Un bon et très honnête homme, à mains parfaitement nettes, ST-SIM. II, 420.

|| **2°** Qu'aucun élément étranger n'altère. Nous estimons pur et net ce qui, étant vrai en lui-même, n'est gâté ni corrompu par aucun mélange, BOSS. *Virgin.* 1. || *P. ext.* Bénéfice, produit net, dont on a déduit tous les frais. Prix net, dont on a déduit tout ce qu'on peut déduire, escompte, etc. Poids net d'une marchandise, dont on a déduit le poids de ce qui la contient. || *Adverbialt.* Payez donc cent écus Net et comptant, LA F. *Contes, Paysan.* Cette terre rapporte cent francs net.

|| **3°** Dont aucune inégalité ne rend le contour indécis. Pierre (de taille) nette, bien équarrie, à arêtes vives. Une coupure, une cassure nette. || *Adverbialt.* Couper, casser, trancher net. *Fig.* Le trancher net, décider, conclure d'un coup. Et, pour le trancher net, L'ami du genre humain n'est point du tout mon fait, MOL. *Mis.* I, 1. || Une chose écrite, imprimée en caractères nets. Ce dessin n'est pas net. Accoutumez-les à faire leurs lignes droites, à rendre leur caractère net et lisible, FÉN. *Éduc. des filles*, 12. Une copie nette, sans les surcharges, les ratures du brouillon. *Substantivt.* Mettre un brouillon au net, en faire une copie nette. || *P. anal.* Qui ne laisse rien de douteux. Une vue nette. Un son net. Une image nette. Avoir des idées nettes. La pensée aussi prompte ou l'imagination aussi nette et distincte, DESC. *Méth.* 1. Aux esprits les plus nets et les plus éclairés, CORN. *Hor.* V, 4, édit. 1641-56. Un style net. Desportes n'est pas net, RÉGNIER, *Sat.* 9. || *Adverbialt.* Je n'en avais nul droit, puisqu'il faut parler net, LA F. *Fab.* VII, 1. Je vous défends tout net d'oser dire un seul mot, MOL. *Tart.* IV, 3. || Cette affaire n'est pas nette. Sa conduite n'a pas été nette. Et j'avouerai tout haut, d'une âme franche et nette, MOL. *F. sav.* I, 2. Preuve d'une réputation bien nette et bien établie, LA BR. 3.

NETTEMENT [nĕt'-man ; *en vers*, nò-te-…] *adv.*

[ÉTYM. Composé de nette et ment, § 724. || XIIᵉ-XIIIᵉ s. Tant con je me vis natement, *Ysopet de Lyon*, 1969.]

|| D'une manière nette. Un verre cassé —. Un livre imprimé —. Il faut vous expliquer — là-dessus, MOL. *Mis.* V, 2. Parlez, et —, CORN. *Nicom.* II, 3.

NETTETÉ [nêt'-té; *en vers*, nè-te-té] *s. f.*
[ÉTYM. Dérivé de net, § 122. A remplacé l'anc. franç. neteé, de formation à demi pop. || XIIIᵉ s. Pour la grant netetey que vertu et bonne vie ont, FRÈRE LAURENT, *Somme*, dans GODEF.]
|| Qualité de ce qui est net. Des taches qui altèrent la — d'une glace. La — des bords de la plaie. La — de la cassure. La — de son écriture. La — du dessin, de l'impression. Elles (les femmes) s'expliquent avec plus de —, LA ROCHEF. *Portrait*. La — de l'esprit, du style.

NETTOIEMENT [nè-twà-man] *s. m.*
[ÉTYM. Dérivé de nettoyer, § 145. || XIIᵉ s. S'il avoient vrai desier de lor nattiement, *Serm. de St Bern.* p. 19.]
|| Opération par laquelle on nettoie.

NETTOYAGE [nè-twà-yàj'] *s. m.*
[ÉTYM. Dérivé de nettoyer, § 78. || 1344. Pour le nestiage du chastel, dans L. DELISLE, *Actes norm. de la Ch. des comptes*, p. 298. Admis ACAD. 1835.]
|| Action de nettoyer. Le — d'un appartement, d'une maison.

NETTOYER [nè-twà-yé] *v. tr.*
[ÉTYM. Dérivé de net, § 163. || XIIᵉ s. Por desier ke lor cuers ust nattiez, *Serm. de St Bern.* p. 18.]
|| Rendre net. — les habits, les chaussures, une maison. — les rues. *Absolt.* Je vous commets au soin de — partout, MOL. *Av.* III, 1. || *P. anal. Famil.* — les plats, en mangeant tout ce qu'ils contiennent. C'est un passe-temps De leur voir — un monceau de pistoles (en le faisant disparaître), LA F. *Fab.* VIII, 7. — de gras biens que j'ai en direction, REGNARD, *Attendez-moi sous l'orme*. Si jadis mon courage D'infâmes assassins nettoya ton rivage, RAC. *Phéd.* IV, 2. (Les Suédois) nettoient la maison d'ennemis, VOLT. *Ch. XII*, 6. || *Fig.* Il faut d'aucuns péchés Te — en ce saint purgatoire, LA F. *Contes, Purgatoire*. || *P. anal.* Débarrasser de tout élément étranger. — du blé, des grains.

1. NEUF [neúf'] *adj. et s. m.*
[ÉTYM. Du lat. nǒvem, m. s. devenu nuef, neuf, §§ 320, 446 et 291.]
|| 1° Adjectif numéral cardinal indéclinable. Huit plus un. Les — Muses. — cents hommes. — mille francs. || Au sens ordinal. Neuvième. Louis — (Louis IX). Le chapitre —. La page —. *Ellipt.* Le — (le neuvième jour) du mois d'août. C'est aujourd'hui le —.
|| 2° Nom de nombre indéclinable. — et deux font onze. — est divisible par trois. La preuve par —. || *Spécialt.* | 1. Signe numérique représentant le nombre neuf (9). Écrire deux — à la droite d'un nombre. | 2. Carte marquée de neuf points. Le — de carreau, de trèfle. Il a tous les — dans son jeu.

2. NEUF, NEUVE [neúf', neúv'] *adj.*
[ÉTYM. Du lat. nǒvum, nǒva, m. s. devenu nuef, nueve, neuf, neuve, §§ 320, 446 et 291. (*Cf.* nouveau.)]
|| 1° Qui n'a pas encore servi ou qui a très peu servi. Un vêtement —. Un meuble —. Une plume neuve. Un sou tout battant —. Couper un livre —. Un balai —. *Fig. Famil.* Faire balai —, montrer beaucoup de zèle pendant les premiers jours. Faire peau neuve (en parlant du serpent qui mue), et, *fig. famil.* dépouiller le vieil homme, se transformer. || Une maison neuve, un bâtiment —, construit récemment. La ville neuve, partie de la ville récemment construite. Une ville neuve, de fondation récente. || *P. anal.* Un sujet —, qui n'a pas encore été traité. Une pensée, une expression neuve, qui n'a pas encore été employée. Voilà une chose neuve pour moi, qui m'était inconnue. || *Substantivt.* Le —, ce qui n'a pas encore servi. Un tailleur qui travaille dans le —. Être habillé de —. Remettre une chose à —, la restaurer de façon qu'elle soit comme neuve.
|| 2° Qui n'a pas encore l'expérience des choses. (*Syn.* novice.) Il sait tout, il n'est — sur rien, SÉV. 1236. Il est — aux affaires. La femme, neuve sur ce cas, LA F. *Fab.* VIII, 6. *Absolt.* Une âme neuve. Je sais que vous n'êtes jamais venu en ce pays et que vous y êtes tout —, MOL. *Pourc.* I, 3. Une fille neuve, innocente. Elle était fraîche et paraissait neuve, HAMILT. *Gram.* 9.

NEUME [neúm'] *s. m.* (fém. ABBÉ LEBEUF.)
[ÉTYM. Emprunté du bas lat. neuma, m. s. pour pneuma, grec πνεῦμα, souffle, émission de voix. || XIVᵉ s. Neumes, emission de voix, modulation, dans DU C. pneuma.]
|| (Plain-chant.) || 1° Groupe de notes fait d'une seule émission de voix sur la syllabe finale d'une antienne.
|| 2° Ancien mode de notation exprimant les valeurs

par des lettres, des traits, etc., soit isolés, soit groupés diversement.

NEUTRALEMENT [nèu-trǎl-man; *en vers*, -trà-le-...] *adv.*
[ÉTYM. Composé, à l'imitation du lat. neutraliter, avec le lat. neutralis, neutre, et ment, § 724. || XVᵉ s. Neutrelement, *Donait françois*, 4. | 1690. Neutralement, FURET.]
|| *Rare.* (Gramm.) D'une manière neutre. (*Syn.* neutrement, intransitivement.)

NEUTRALISANT, ANTE [nèu-trà-li-zan, -zǎnt'] *adj.*
[ÉTYM. Adj. particip. de neutraliser, § 47. || *Néolog.* Admis ACAD. 1878.]
|| (Chimie.) Qui neutralise. Un corps —, et, *substantivt*, Un —.

NEUTRALISATION [nèu-trà-li-zà-syon; *en vers*, -si-on] *s. f.*
[ÉTYM. Dérivé de neutraliser, § 247. || 1797. THOUVENEL, *Climat d'Italie*, I, 118. Admis ACAD. 1798.]
|| (T. didact.) Action de neutraliser. || *Spécialt.* | 1. (Chimie.) Action par laquelle un acide et une base, en se combinant, annulent réciproquement certaines propriétés propres à chacun. | 2. (Politique.) Action par laquelle un territoire est déclaré neutre. La — de la Belgique.

NEUTRALISER [nèu-trà-li-zé] *v. tr.*
[ÉTYM. Dérivé du lat. neutralis, neutre, § 267. || 1611. COTGR.]
|| (T. didact.) Rendre neutre. Leur inertie a neutralisé son activité. || *Spécialt.* | 1. (Chimie, Physique.) Les acides et les oxydes se neutralisent en se combinant. L'électricité positive et l'électricité négative se neutralisent. | 2. (Politique.) La Suisse a été neutralisée par les traités de 1815.

NEUTRALITÉ [nèu-trà-li-té] *s. f.*
[ÉTYM. Dérivé du lat. neutralis, neutre, § 255. || XIVᵉ s. J'ay tousjours tenu la neutralité, FROISS. XII, 39, Kervyn.]
|| (T. didact.) || 1° État de celui qui ne prend point parti dans un débat. Cette — est l'essence de la cabale; qui n'est pas contre eux est excellemment pour eux, PASC. *Pens.* VIII, 1. *P. plaisant. Fig.* Je ne m'accommode point de vos neutralités, REGNARD, *Coquette*, I, 7. *Spécialt.* État de ceux qui ne prennent point parti entre des belligérants. (Cette garnison) a gardé, du moins en apparence, la —, FÉN. *Tél.* 20. — armée, état d'une puissance qui ne prend point parti entre des belligérants, mais qui met sur pied les forces nécessaires pour faire respecter sa neutralité.
|| 2° (Chimie, Physique.) État d'un corps neutre.

NEUTRE [neutr'] *adj.*
[ÉTYM. Emprunté du lat. neuter, m. s. proprt, « ni l'un ni l'autre ». || XIVᵉ s. Se l'une ou l'autre estoit neutre, c'est a dire ne bonne ne male, ORESME, *Éth.* X, 2.]
|| (T. didact.) || I. (Gramm.) || 1° Qui n'est ni masculin ni féminin. Un substantif —. Le genre —, et, *substantivt*, Le —. Ce substantif est du — en latin. || *P. ext.* (Hist. nat.) Abeilles neutres, les ouvrières, qui ne se reproduisent pas.
|| 2° Qui n'est ni actif ni passif. (*Cf.* intransitif.) Un verbe —. *Spécialt.* Qui ne peut avoir de complément direct. Employer un verbe dans le sens —.
|| II. || 1° Qui ne prend point parti dans un débat. Qui pensera demeurer — sera pyrrhonien par excellence, PASC. *Pens.* VIII, 1. — en ces dissensions, CORN. *Sophon.* I, 4. || *Spécialt.* Qui ne prend point parti entre ceux qui sont en guerre. Annibal voulait qu'on renouvelât la guerre en Italie, et qu'on gagnât Philippe ou qu'on le rendît —, MONTESQ. *Rom.* 5. Les États neutres, et, *substantivt*, Les neutres. Droit des neutres, droit reconnu à ces États par les belligérants. Lieu, territoire —, que les belligérants sont tenus de respecter. Le territoire suisse a été déclaré —. Sans vouloir de lieu — à cette conférence, CORN. *Sertor.* I, 2.
|| 2° (Chimie, Physique.) Corps —, formé par la combinaison chimique de deux corps (acide et base) dont certaines propriétés s'annulent réciproquement. Fluide —, fluide électrique qu'on suppose formé par la combinaison de l'électricité positive et de l'électricité négative d'un corps, dont les effets s'annulent réciproquement.

'NEUTREMENT [nèu-tre-man] *adv.*
[ÉTYM. Composé de neutre et ment, § 724. || XVIᵉ s. Pour s'estre neutrement tenus en cette guerre, VIGUIER, *Bibl. hist.* III, 869, édit. 1588.]
|| *Vieilli.* (Gramm.) D'une manière neutre. (*Cf.* neutralement.) Verbe pris —, LE P. DUCERCEAU, dans *Merc. de France*, fév. 1718, p. 47.

NEUVAINE [nĕu-vên'] *s. f.*

[ÉTYM. Pour neuvenne, dérivé de neuf, §§ 64, 65 et 99. || 1480. Dix huit novennes de lin, dans GODEF. novaine.]

|| **1°** *Vieilli.* Nombre de neuf choses de même nature. Misérable neuvaine (les neuf Muses), MALH. *Poés.* 90.

|| **2°** *Spécialt.* (T. relig.) Exercice de piété durant neuf jours consécutifs, pour obtenir une grâce. Faire une — pour le rétablissement d'un malade. La — de sainte Geneviève.

NEUVIÈME [nĕu-vyèm'] *adj.* et *s. m.* et *f.*

[ÉTYM. Dérivé de neuf, §§ 64, 65 et 96 *ter.* L'anc. franç. dit nuefme, conservé jusqu'au XVIIIᵉ s. sous la forme neume en Bretagne. || XIIIᵉ s. Diogenes est li novimes, ALARD DE CAMBRAI, dans DELB. *Rec.*]

|| **1°** Adjectif numéral ordinal. Qui vient immédiatement après le huitième. (*Cf.* dix-neuvième.) Avoir le — rang. Le — régiment de ligne, et, *substantivt*, Le — de ligne. Une femme qui est dans son — mois (le neuvième mois de sa grossesse). Il est le —, elle est la — sur la liste. La — classe d'un lycée, et, *substantivt*, Un élève de —, Être en —.

|| **2°** *S. m.* Une des parties d'un tout divisé en neuf parties égales. On lui a retranché un — de ses appointements.

|| **3°** *S. f.* (Musique.) Intervalle redoublé dissonant, dépassant d'un degré l'étendue d'une octave.

NEUVIÈMEMENT [nĕu-vièm'-man; *en vers*, -vyè-me-...] *adv.*

[ÉTYM. Composé de neuvième et ment, § 724. || 1552. Neuviesmement, J. PELETIER, *Arithm.* fᵒ 77, rᵒ. Admis ACAD. 1718.]

|| En neuvième lieu.

˟NÉVÉ [né-vé] *s. m.*

[ÉTYM. Emprunté du patois des Alpes névé, *m. s.* dérivé de neu, neige, qui est le lat. nivem, §§ 11 et 115. || *Néolog.*]

|| (Technol.) Couche de neige durcie près d'un glacier.

NEVEU [ne-veû] *s. m.*

[ÉTYM. Du lat. nĕpŏtem, *m. s.* §§ 426, 325, 402 et 291. L'anc. franç. décline niés, neveu. (*Cf.* nièce.)]

|| **1°** *Anciennt.* Petit-fils. Souhaiter des fils et des neveux, CORN. *Pulch.* V, 3. Le seul de tes neveux qui te pût ressembler, RAC. *Brit.* V, 8. *Fig. Poét.* Les neveux, les arrière-neveux, les derniers neveux, les descendants, la postérité. Qu'à nos neveux j'en raconte l'histoire, LA F. *Adonis.* Mes arrière-neveux me devront cet ombrage, ID. *Fab.* XI, 8. Faire siffler Cotin chez nos derniers neveux, BOIL. *Sat.* 9.

|| **2°** Fils du frère ou de la sœur. Donner des neveux à ses frères, RAC. *Phèd.* I, 1. — à la mode de Bretagne, fils du cousin germain ou de la cousine germaine. Petit-—, fils du neveu ou de la nièce.

NÉVRALGIE [né-vrăl-ji] *s. f.*

[ÉTYM. Composé avec le grec νεῦρον, nerf, ἄλγός, douleur, et le suffixe ie, §§ 279 et 496. || 1801. CHAUSSIER, *Tabl. synopt. de la névralgie*, titre. Admis ACAD. 1835.]

|| (Médec.) Douleur nerveuse.

NÉVRALGIQUE [né-vrăl-jĭk'] *adj.*

[ÉTYM. Dérivé de névralgie, § 229. || 1801. Affection névralgique, CHAUSSIER, *Tabl. synopt. de la névralgie.* Admis ACAD. 1835.]

|| (Médec.) Relatif à la névralgie. Douleur —.

NÉVRITIQUE [né-vri-tĭk'] *adj.*

[ÉTYM. Dérivé du grec νεῦρον, nerf, §§ 229, 230 et 496. || Admis ACAD. 1762.]

|| (T. didact.) Employé pour les nerfs. (*Syn.* nervin.) Remède —.

NÉVROGRAPHIE [né-vrŏ-grà-fi] *s. f.*

[ÉTYM. Composé avec le grec νεῦρον, nerf, γράφειν, décrire, et le suffixe ie, §§ 279 et 496. || Admis ACAD. 1762.]

|| (T. didact.) Description des nerfs.

NÉVROLOGIE [né-vrŏ-lŏ-ji] *s. f.*

[ÉTYM. Composé avec le grec νεῦρον, nerf, λόγος, discours, et le suffixe ie, §§ 279 et 496. || 1690. La nevrologie de Vieussens, RÉGIS, *Syst. de philos.* III, 337. Admis ACAD. 1762.]

|| (T. didact.) Partie de l'anatomie relative aux nerfs.

NÉVROPTÈRE [né-vrŏp'-tĕr] *s. m.*

[ÉTYM. Composé avec le grec νεῦρον, nerf, et πτερόν, aile, §§ 279 et 496. || 1797. CUVIER, *Tabl. élément. de l'hist. nat.* p. 473. Admis ACAD. 1835.]

|| (Hist. nat.) Insecte dont les ailes présentent des nervures disposées en réseau, comme la libellule.

NÉVROSE [né-vrŏz'] *s. f.*

[ÉTYM. Dérivé du grec νεῦρον, nerf, §§ 282 et 496. ||

1785. PINEL, *Inst. de médec. pratiq.* II, 493. Admis ACAD. 1835.]

|| (Médec.) État maladif caractérisé par des troubles nerveux.

NÉVROTOMIE [né-vrò-tò-mi] *s. f.*

[ÉTYM. Composé avec le grec νεῦρον, nerf, τομή, dissection, et le suffixe ie, §§ 279 et 496. || 1747. JAMES, *Dict. de médec.* Admis ACAD. 1835.]

|| (T. didact.) || **1°** Dissection des nerfs.

|| **2°** Section d'un nerf. *Spécialt.* — plantaire, excision des nerfs du pied du cheval (dans certaines maladies du sabot).

NEZ [né] *s. m.*

[ÉTYM. Du lat. nasum, *m. s.* devenu nés, écrit nez pour indiquer la prononciation fermée de l'e, avant l'emploi de l'accent aigu pour cet usage, §§ 195 et 291.]

I. *Au propre.* || **1°** Organe formant une partie saillante de la face, siège de l'odorat. Un — droit, aquilin, busqué, retroussé, camus, épaté. Le — de Cléopâtre : s'il eût été plus court, toute la face de la terre aurait changé, PASC. *Pens.* VI, 43. *Loc. prov.* Jamais grand — n'a gâté joli visage. Le visage long, avec un — de perroquet, LES. *Gil Blas*, III, 3. Elle est pour les — qui portent des lunettes, MOL. *Av.* II, 5. Avoir le — rouge — fleuri, bourgeonné, échauffé par l'abus du vin. Saigner du —, avoir une hémorragie nasale, et, *fig.* avoir peur. Avoir la morve au —. *Loc. prov.* Il vaut mieux laisser son enfant morveux que lui arracher le —, il ne faut pas que le remède soit pire que le mal. Cela lui pend au —, cela va tomber sur lui, le menace. Parler, chanter du —, comme si on avait le nez bouché. (*Cf.* nasiller.) Serrer, pincer le — à qqn, pour lui faire ouvrir la bouche et avaler qqch de force. | Un faux —, nez de carton destiné à déguiser la figure. Mettre un faux —. *Loc. prov.* Si on lui tordait le —, il en sortirait du lait, c'est encore un enfant. Avoir le — fin, avoir du —, avoir l'odorat subtil, et, *fig.* être perspicace. *Spécialt.* Un chien de chasse qui a bon —, qui a le — fin. *Fig.* Mettre le — sur qqch, l'apercevoir. Mettre à qqn le — sur qqch, le lui faire apercevoir. Tirer les vers du — à qqn, lui arracher un secret. Je pense que ce maraud veut nous tirer les vers du —, DOMINIQUE, *Précaution inutile*, II, 5. Un chien qui a le — au vent, qui quête, qui flaire les odeurs qu'apporte le vent. Mener un cheval par le —, le tirer par sa bride. *Fig.* Mener qqn par le bout du —, par le —, le faire aller à sa guise. Porter le — au vent, marcher la tête relevée. *Famil.* Cela lui a passé devant le —, lui a échappé. Cela n'est pas pour son —, pour son fichu —, ce n'est pas pour lui. *Ironiqt.* C'est pour ton —, vraiment, MOL. *Amph.* II, 7. Ne pas voir plus loin que son —, être peu clairvoyant. Celui-ci ne voyait pas plus loin que son —, LA F. *Fab.* III, 5. *Ironiqt.* Cela ne se voit pas plus que le — au milieu du visage, cela se voit en plein. *Fig.* Avoir le — long, allongé, avoir un pied de —, une figure décontenancée. Faire un pied de —, un geste dérisoire, la main étendue, le pouce sur le nez.

|| **2°** *P. ext. Famil.* La face (dont le nez est la partie saillante). Se trouver — à — avec qqn, et, *vieilli*, — pour —, face à face. Ainsi s'avançaient pas à pas, — à —, nos aventurières, LA F. *Fab.* XII, 4. Montrer son — qqpart, s'y faire voir. Montrer le bout de son —, se faire voir à peine. La belette avait mis le — à la fenêtre, LA F. *Fab.* VII, 16. Parler à qqn dans le —, de très près. Regarder qqn sous le —, de très près, comme pour le braver. Au — de qqn, à la face de qqn. Me dire au — ce que vous m'osez dire, MOL. *Mis.* IV, 3. A votre —, mon frère, elle se rit de vous, ID. *Tart.* I, 5. Me venir toujours jeter mon âge au —, ID. *Éc. des m.* I, 1. Planter qqch au — de qqn, lui dire en face qqch de désagréable. Fermer la porte au — de qqn. Vous me deviez fermer la porte au —, RAC. *Plaid.* II, 2. Donner sur le —, par le — à qqn, le frapper au visage, et, *fig.* le tancer d'importance. Ils nous donnent... de cent sots contes par le — (ils nous jettent à la face cent sottises), MOL. *Amph.* II, 3. Avoir le — sur son livre, son ouvrage, ne cesser de lire, de travailler avec application. Mettre, fourrer son — dans qqch, s'en mêler indiscrètement. Sans mettre votre — où vous n'avez que faire, MOL. *Tart.* II, 2. *Vieilli.* Avoir le — de qqch, l'apparence. Moi qui n'ai pas le — d'être Jean qui ne peut, RÉGNIER, *Sat.* 11.

II. *Fig.* Partie saillante de certains objets. Un navire qui est sur son —, dont la proue enfonce trop dans l'eau. Une charrue qui est sur son —, dont le soc enfonce trop dans le sol. || Le — du burin, angle en biseau opposé à celui qui grave. || — d'une tuile, saillie ménagée pour l'accrocher à la latte. || Dans la fonte des cloches, pièce de bois saillante qui trace sur le collet du moule la figure des anses de la cloche. || — de busc, partie du bois d'un fusil qui forme un ressaut près de la poignée.

NI [ni] *conj.*

[ÉTYM. Du lat. neo, *m. s.* devenu d'abord ne (*cf.* ne 2), puis ni à une époque relativement récente, § 726.]

|| Conjonction qui sépare des propositions négatives, ou différents termes d'une proposition négative. Je ne l'aime ni ne l'estime. Jamais pécheur ne demanda un pardon plus humble, ni ne s'en crut plus indigne, BOSS. *Le Tellier.* || Ni l'édifice n'est plus solide que le fondement, ni l'accident attaché à l'être, plus réel que l'être même, BOSS. *D. d'Orl.* Un sot ni n'entre ni ne sort, ni ne s'assied ni ne se lève, ni ne se tait, ni n'est sur ses jambes comme un homme d'esprit, LA BR. 2. Ce même Sostrate qui n'a pas craint ni Brennus ni tous les Gaulois, MOL. *Am. magnif.* I, 1. || Ni l'or ni la grandeur ne nous rendent heureux, LA F. *Phil. et Baucis.* Elle n'a ni parents, ni support, ni richesse, MOL. *Éc. des f.* III, 5. Il ne sait ni A ni B, et, *vieilli*, Il ne sait A ni B. La justice ne fut jamais ni si éclairée ni si secourable, BOSS. *Le Tellier.* Me montrer à leurs yeux exactement tel que je suis, ni meilleur ni pire, J.-J. ROUSS. *Confess.* 10. Je ne puis ni le plaindre ni le blâmer. || Quand le premier terme prend la particule pas ou point, on met ni seulement devant le second ; mais on trouve chez les auteurs classiques de fréquents exemples du contraire. Que la fortune ne tente donc pas de nous tirer du néant, ni de forcer la bassesse de notre nature, BOSS. *D. d'Orl.* Une noble pudeur à tout ce que vous faites Donne un prix que n'ont point ni la pourpre ni l'or, RAC. *Esth.* III, 4. || Quand il y a plusieurs termes, il est familier ou archaïque de n'exprimer ni que devant le dernier. Il ne faut écritoire, encre, papier, ni plumes, MOL. *Éc. des f.* III, 2. || *P. ext.* Dans des phrases qui ont implicitement un sens négatif. Désespérant de réduire Babylone, ni par force ni par famine, BOSS. *Hist. univ.* III, 4. Patience et longueur de temps Font plus que force ni que rage, LA F. *Fab.* II, 11. Il pénétra dans les Indes plus loin qu'Hercule ni que Bacchus, BOSS. *Hist. univ.* III, 3.

NIABLE [nyàbl'; *en vers*, ni-àbl'] *adj.*

[ÉTYM. Dérivé de nier, § 96. || 1662. *Logique de Port-Royal*, p. 101. Admis ACAD. 1762.]

|| Qu'on peut nier. *Loc. prov.* Tout mauvais cas est —.

NIAIS, AISE [nyè, nyèz'; *en vers*, ni-...] *adj.*

[ÉTYM. Du lat. pop. *nidacem, dérivé de nidum, nid, §§ 80, 411, 206, 382 et 291. || XIIIᵉ s. Niais est cil que ou a trait dou nif, BRUN. LATINI, *Trésor*, p. 201.]

|| **1°** (Fauconn.) Qui n'a pas encore quitté le nid. Faucon —, qu'on a pris au nid.

|| **2°** *P. ext. Fig.* Bête, par excès de simplicité. Un garçon —, une fille niaise, et, *substantivt*, Un —, une niaise. De la graine de —, une chose à laquelle ne peuvent être pris que des niais. *Loc. prov.* Les — de Sologne, qui contrefont la simplicité pour duper les autres. || Air —. Un ton de voix languissant et —, MOL. *Crit. de l'Éc. des f.* sc. 2. Chose niaise, bonne pour occuper des niais.

NIAISEMENT [nyèz'-man'; *en vers*, ni-è-ze-...] *adv.*

[ÉTYM. Composé de niaise et ment, § 724. || XVIᵉ s. Parler niaisement aussi bien que les doctes, BEROALDE DE VERVILLE, *Moyen de parvenir*, 28.]

|| D'une manière niaise.

NIAISER [nyè-zé; *en vers*, ni-è-zé] *v. intr.*

[ÉTYM. Dérivé de niais, § 154. || 1564. Niezer, J. THIERRY, *Dict. franç.-lat.* niez.]

|| Perdre le temps à des choses niaises. Il est fâcheux de s'arrêter à ces bagatelles, mais il y a des temps de —, PASC. *Espr. géom.*

NIAISERIE [nyèz'-rî; *en vers*, ni-è-ze-ri] *s. f.*

[ÉTYM. Dérivé de niais, § 69. || XVIᵉ s. Niaiseries pueriles, MONTAIGNE, II, 8.]

|| **1°** Caractère d'une personne niaise. Il est connu pour sa —. La — est peinte sur son visage.

|| **2°** Chose bonne pour occuper des niais. Les pièces comiques sont des niaiseries, MOL. *Crit. de l'Éc. des f.* sc. 6.

NICE [nïs'] *adj.*

[ÉTYM. Emprunté du lat. nescius, *m. s.* || XIIᵉ s. Li vallez qui nices fu, CHRÉTIEN DE TROYES, *Perceval*, dans GODEF. Admis ACAD. 1762.]

|| *Vieilli.* Simple. Encor que — fût Madame Alix, LA F. *Contes, Faiseur d'oreilles.* || *Substantivt.* On m'a bien dit, Répond la —, LEBRUN, *Épigr.* V, 103. || *Spécialt.* (Droit.) Promesse —, promesse sans garantie. Action —, sans stipulation.

1. NICHE [nich'] *s. f.*

[ÉTYM. Emprunté de l'ital. nicchia, *m. s.* d'origine incertaine, § 12. || 1395. Dorer les statues et les niches de saint Christophe, dans DELB. *Rec.*]

|| Enfoncement pratiqué dans un mur pour y placer une statue, un vase, un poêle, etc. || Petit réduit pratiqué dans un appartement pour y placer un lit. || Petite cabane où on loge un chien. || *P. anal.* (Les) abeilles qui ajustent avec tant de symétrie leurs petites niches, BOSS. *Conn. de Dieu*, V, 2. *Fig.* Dont les noms... placés comme en leurs niches, Vont de vos vers malins remplir les hémistiches, BOIL. *Sat.* 9. Un jeune homme sortant de sa —, J.-J. ROUSS. *Confess.* 11.

2. NICHE [nich'] *s. f.*

[ÉTYM. Origine incertaine ; qqns le rattachent à nique, ce qui est peu probable ; peut-être même mot que niche 1. || XVIᵉ-XVIIᵉ s. On lui fit encore plusieurs niches, D'AUB. *Vie.*]

|| *Famil.* Petite attrape qu'on fait à qqn. Nous lui ferons tant de niches, MOL. *Pourc.* I, 1.

NICHÉE [ni-ché] *s. f.*

[ÉTYM. Subst. particip. de nicher, § 45. || XIVᵉ s. Pour sa douce nicee, *Baudouin de Sebourc*, V, 140.]

|| Couvée qui peuple un nid. Une — de chardonnerets. || *P. anal.* Une — de souris. || *Fig.* Ces nichées d'Amours qui se cachent aux deux coins de ta bouche, J.-J. ROUSS. *Nouv. Hél.* 2.

NICHER [ni-ché] *v. tr.*

[ÉTYM. Du lat. pop. *nidicare, dérivé de nidum, nid, § 159, devenu *nid'car, §§ 336 et 291, nichier, §§ 379 et 297, nicher, § 634. || XIIᵉ s. La ou se souloient nichier, WACE, *Brut*, dans LA C.]

|| Établir dans un nid. Un faucon niché au haut d'un arbre. *Fig.* Loger. Maître Mitis... Se niche et se blottit dans une huche ouverte, LA F. *Fab.* III, 18. Dans ma chambre allez me la — (Agnès), MOL. *Éc. des f.* V, 5. Où la vertu va-t-elle se —? MOL. cité par VOLT. *Vie de Molière.* || *Intransitivt.* Faire son nid. L'alouette niche dans les blés. *Fig.* Se loger. En mille endroits nichait l'Amour, LA F. *Contes, Tableau.*

NICHET [ni-chè] *s. m.*

[ÉTYM. Dérivé de nicher, § 133. L'anc. franç. dit nichoir ou nicheul. || 1752. TRÉV. Admis ACAD. 1762.]

|| (Technol.) Œuf qu'on met dans un nid pour que les poules y aillent pondre.

***NICHEUR, EUSE** [ni-cheûr, -cheûz'] *adj.*

[ÉTYM. Dérivé de nicher, § 112. || *Néolog.*]

|| (T. didact.) Qui construit des nids. Oiseau —.

NICHOIR [ni-chwàr] *s. m.*

[ÉTYM. Dérivé de nicher, § 113. || 1680. RICHEL. Admis ACAD. 1798.]

|| (Technol.) Cage pour faire couver des serins. || Panier à claire-voie pour faire couver les poules et autres oiseaux de basse-cour.

NICKEL [ni-kèl] *s. m.*

[ÉTYM. Nom d'un génie des mines, dans les croyances populaires scandinaves, donné au métal par les mineurs suédois, §§ 9 et 36. || XVIIIᵉ s. BUFF. *Nickel.* Admis ACAD. 1835.]

|| (Chimie.) Corps simple, métallique, d'un blanc gris. peu fusible, ductile, malléable, susceptible de prendre le poli.

***NICKELER** [nik'-lé; *en vers*, ni-ke-lé] *v. tr.*

[ÉTYM. Dérivé de nickel, § 154. || *Néolog.*]

|| (Technol.) Revêtir d'une couche de nickel. — des clefs.

NICODÈME [ni-kò-dèm'] *s. m.*

[ÉTYM. Nom propre, d'origine grecque, d'un célèbre personnage des évangiles apocriphes, § 36 : le sens paraît dû au rôle de Nicodème dans un ancien mystère. || XVIIᵉ-XVIIIᵉ s. *V.* à l'article. Admis ACAD. 1835.]

|| *Famil.* Nigaud. Un —, GHERARDI, *Th. ital.* III, 13. L'herbe croissait à l'archevêché, il n'y paraissait que quelques nicodèmes, ST-SIM. XII, 229.

NICOTIANE [ni-kò-syàn'; *en vers*, -si-àn'] *s. f.*

[ÉTYM. Emprunté du lat. des naturalistes Nicotiana herba, herbe de Nicot, § 36 : Nicot, ambassadeur de France à Lisbonne, envoya cette plante à Catherine de Médicis (1560). || 1580. Qu'on appelle maintenant par deça la Nicotiane, J. DE LÉRY, *Voy. au Brésil*, p. 190. Admis ACAD. 1762.]

|| *Vieilli.* Plante qui produit le tabac.

NICOTINE [ni-kò-tin'] *s. f.*

[ÉTYM. Dérivé du radical de nicotiane, § 284 *bis.* || *Néolog.* Admis ACAD. 1878.]

|| (Chimie.) Alcaloïde vénéneux qu'on extrait du tabac.

NID [ni] *s. m.*

[ÉTYM. Du lat. nīdum, *m. s.* devenu régulièrement ni, §§ 412 et 291, écrit plus récemment nid par réaction étymologique, § 502.]

|| **1°** Petite corbeille circulaire que les oiseaux construisent avec des brins de paille, de jonc, de bois, et de la mousse, du duvet, etc., pour y pondre, couver, faire éclore et élever leurs petits. Les alouettes font leur — Dans les blés quand ils sont en herbe, LA F. *Fab.* IV, 22. Elle bâtit un —, pond, couve et fait éclore, ID. *ibid.* || *P. anal.* — de souris, — à rats, trou où se logent les souris, les rats, et, *fig.* Loger dans un — à rats (un logement exigu, mesquin). — de guêpes, de fourmis, habitation que se construisent les guêpes, les fourmis. — de chenilles. || *Spéciall.* — d'hirondelle, nid d'une espèce d'hirondelle, enduit d'une matière gélatineuse, qu'on mange en Orient. || *Loc. prov.* Trouver la pie au —, trouver précisément ce qu'on cherche, à l'endroit voulu. Ne trouver que le —, trouver vide la place où l'on croyait rencontrer qqn, qqch. Notre avare, un beau jour, ne trouva que le —, LA F. *Fab.* IV, 20. Petit à petit l'oiseau fait son —, à force de travail on se crée une position, une fortune, etc. || *Fig.* Berceau. De ce — à l'instant sortirent tous les vices, BOIL. *Ép.* 3.

|| **2°** *P. ext.* (Anat.) — de pigeon, d'hirondelle, enfoncement hémisphérique situé de chaque côté de la face inférieure du cervelet. (T. milit.) — de pie, abri que l'assiégeant se construit dans un ouvrage dont il vient de se rendre maître. || (Hist. nat.) — de fourmis, arbrisseau grimpant de la Guyane. — d'oiseau, variété d'orchidée.

'NIDIFICATION [ni-di-fi-kä-syon ; *en vers,* -si-on] *s. f.*

[ÉTYM. Emprunté du lat. nidificatio, *m. s.* || XVIII° s. BUFF. *Petite Fauvette rousse.*]

|| (T. didact.) Construction d'un nid.

NIDOREUX, EUSE [ni-dò-reú, -reúz'] *adj.*

[ÉTYM. Emprunté du lat. nidorosus, *m. s.* || 1611. COTGR. Admis ACAD. 1762.]

|| (T. didact.) Qui a un goût, une odeur d'œufs pourris.

NIÈCE [nyés'] *s. f.*

[ÉTYM. Du lat. pop. *nĕptia, dérivé de neptis, *m. s.* § 223, devenu nece, puis nièce (sous l'influence de niès, cas sujet de neveu), §§ 308, 429, 406 et 291. || XII° s. Belle niece Aude, ne vos esmaiez ja, *Roncev.* tir. 386, Fœrster.]

|| Fille du frère ou de la sœur. || — à la mode de Bretagne, fille du cousin germain ou de la cousine germaine. || Petite—, fille du neveu ou de la nièce.

1. NIELLE [nyèl ; *en vers,* ni-èl] *s. f.*

[ÉTYM. Du lat. nigĕlla, *m. s.* proprt, « noirâtre », devenu neiele, nielle, §§ 342, 394, 366 et 291, écrit plus récemment nielle par réaction étymologique, § 502. (*Cf.* nigelle.)]

|| Plante à semence noire, qui croît dans les blés et leur est nuisible.

2. NIELLE [nyèl] *s. f.*

[ÉTYM. Du lat. nĕbula, brouillard, devenu nieule, §§ 305, 434, 290 et 291, puis niele, § 357, écrit plus récemment nielle par confusion avec nielle 1.]

I. *Vieilli et dialect.* Brouillard, bruine. Li airs s'empoudre Comme par breuillaz ou par niele, GUIART, *Roy. Lign.* 11654. La — a gâté le blé, RICHEL. *Dict.*

II. *P. ext.* || **1°** Maladie de l'épi (attribuée à l'influence des brouillards) qui convertit le grain en une masse blanche, formée par des milliers d'anguillules.

|| **2°** Maladie de l'épi, qui convertit le grain en poussière noirâtre, formée par des cryptogames.

|| **3°** *P. anal.* | 1. Rouille des arbres. | 2. Pourriture de la toile des voiles.

3. NIELLE [nyèl ; *en vers,* ni-èl] *s. m.*

[ÉTYM. Emprunté de l'ital. niello, *m. s.* qui est le lat. nigellus, noirâtre, § 12. (*Cf.* l'anc. franç. neel.) || 1826. V. nielleur. Admis ACAD. 1835.]

|| (Technol.) Gravure en creux dont on remplit les traits d'une sorte d'émail noir.

1. NIELLER [nyè-lé] *v. tr.*

[ÉTYM. Dérivé de nielle 2, § 154. || 1552. Les bleds ne seront point niellez, CH. EST. dans DELB. *Rec.*]

|| Attaquer (l'épi) par la nielle. Blé niellé.

2. NIELLER [nyè-lé ; *en vers,* ni-è-lé] *v. tr.*

[ÉTYM. Dérivé de nielle 3, § 154. (*Cf.* l'anc. franç. neeler, encore dans OUD. sous la forme neller ou nesler.) || *Néolog.* Admis ACAD. 1835.]

|| (Technol.) Graver en creux, en remplissant les traits d'une sorte d'émail noir. Une boîte d'argent niellé.

NIELLEUR, 'NIELLEUSE [nyè-leùr, -leùz' ; *en vers,* ni-è-...] *s. m.* et *f.*

[ÉTYM. Dérivé de nieller 2, § 112. || 1826. Orfèvres-nielleurs, DUCHESNE, *Essai sur les nielles,* p. 41. Admis ACAD. 1878.]

|| (Technol.) Ouvrier, ouvrière qui nielle.

1. NIELLURE [nyè-lür] *s. f.*

[ÉTYM. Dérivé de nielle 2, § 111. || 1558. Robigo : niellure de bleds, G. MOREL, dans DELB. *Rec.* Admis ACAD. 1878.]

|| Action de la nielle sur les blés.

2. NIELLURE [nyè-lür ; *en vers,* ni-è-...] *s. f.*

[ÉTYM. Dérivé de nieller 3, § 111. (*Cf.* l'anc. franç. neeleûre, encore dans OUD. sous la forme nelleure.) || *Néolog.* Admis ACAD. 1878.]

|| (Technol.) Art de nieller.

NIER [nyé ; *en vers,* ni-é] *v. tr.*

[ÉTYM. Du lat. nĕgare, *m. s.* devenu neiier, neier, §§ 394, 297 et 291, puis nier sous l'influence des formes accentuées sur le radical.]

|| **1°** Déclarer que qqch n'est pas. L'homme... est toujours disposé à — tout ce qui lui est incompréhensible, PASC. *Espr. géom.* 1. Il ne faut point imputer les conséquences à qui les nie, BOSS. *3° Avert. aux protest.* 2. — Dieu, déclarer que Dieu n'existe pas. || *Spéciall.* — un fait, déclarer qu'on n'en est pas l'auteur. *Absolt.* De deux personnes qui y sont accusées du même crime, celle qui nie est condamnée à la mort, MONTESQ. *Espr. des lois,* XXVI, 12. *P. ext.* — un dépôt, déclarer qu'on ne l'a pas reçu. — une dette, déclarer qu'on ne doit pas. *Loc. famil.* J'aimerais mieux vous devoir cette somme toute ma vie que de la — un seul instant. || Avec une proposition infinitive pour complément. Il nie d'avoir rien touché, SÉV. 466. *Famil.* Il nie y être allé, l'avoir su. || Avec que et le subjonctif. Je nie que cela soit. Je ne puis pas — qu'il n'y ait eu des Pères de l'Église qui ont condamné la comédie, MOL. *Tart.* préf.

|| **2°** *P. ext.* Renier. Qui craint de le — (Dieu) dans son âme le nie, CORN. *Poly.* II, 6.

|| **3°** *P. ext.* Refuser. Libre d'octroyer la demande ou de la —, PASC. *Prov.* 8. Obtenir ce qu'on nie à leur peu de mérite, MOL. *Mis.* III, 1.

NIGAUD, AUDE [ni-gó, -gôd'] *s. m.* et *f.*

[ÉTYM. Origine inconnue. || XV°-XVI° s. Tantost il faut Qu'il soit nigaut, *Blason des fausses amours,* dans LA C.]

|| Celui, celle qui se conduit niaisement. Des nigauds qui vous regardent et se mettent à rire, MOL. *Pourc.* I, 3. *Adjectivt.* Il est bien —. Elle n'est pas si nigaude qu'on croit. || *P. anal. Au masc.* Espèce de petit cormoran. || *P. ext.* Lot d'attrape dans une loterie. Gagner le —.

NIGAUDER [ni-gó-dé] *v. intr.*

[ÉTYM. Dérivé de nigaud, § 154. || 1611. COTGR.]

|| *Vieilli.* Faire le nigaud. L'autre nigaude et fait le sot, ST-AMANT, *Poète crotté,* p. 231. Moi qui nigaude toujours derrière les autres, DE BROSSES, *Lett. d'Italie,* I, 147.

NIGAUDERIE [ni-gód'-ri ; *en vers,* -gó-de-ri] *s. f.*

[ÉTYM. Dérivé de nigaud, § 69. || 1548. Badineries, nigauderies, SIBILET, *Art poét.* dans DELB. *Rec.*]

|| **1°** Caractère de nigaud.

|| **2°** Action de nigaud. Monsieur d'Arran, avec sa guitare et ses autres nigauderies, HAMILT. *Gram.* p. 190.

NIGELLE [ni-jèl] *s. f.*

[ÉTYM. Emprunté du lat. nigella, *m. s.* || 1700. Nielle ou nigelle, LIGER, *Nouv. Mais. rust.* dans DELB. *Rec.* Admis ACAD. 1878.]

|| (Botan.) Plante de la famille des Renonculacées, dite vulgairement nielle.

'NIGUEDOUILLE [nĭg'-doüy' ; *en vers,* ni-ghe-...]. V. niquedouille.

NIHILISME [ni-i-lĭsm'] *s. m.*

[ÉTYM. Dérivé du lat. nihil, rien, § 265. || *Néolog.* Admis ACAD. 1878.]

|| (T. didact.) || **1°** Doctrine qui nie toute réalité, toute croyance.

|| **2°** Doctrine qui fait de l'anéantissement le but suprême.

|| **3°** Doctrine d'une secte qui poursuit par tous les moyens l'anéantissement des institutions existantes.

NIHILISTE [ni-i-lĭst'] *s. m.* et *f.*

[ÉTYM. Dérivé du lat. nihil, rien, § 265. || 1797. Les nihilistes, J. LAVALLÉE, *Semaines critiques.* Admis ACAD. 1878.]

▯ (T. didact.) Adepte du nihilisme.▯ *Adjectivt.* La doctrine —.

NILGAUT [nĭl-gó] *s. m.*
[ÉTYM. Emprunté du persan nîlgao, *m. s.* proprt, « bœuf (gao) bleu (nîl) », § 24. ‖ 1670. La chasse des nil-gaux ou bœufs gris, *Hist. de la dern. révol. des États du Grand Mogol,* II, 1, 80. Admis ACAD. 1878.]
‖ (Hist. nat.) Antilope de l'Inde, de haute taille, à cornes lisses recourbées en avant.

***NILLE** [nĭy'] *s. f.*
[ÉTYM. Même mot que anille, § 334 : on a écrit la nille au lieu de l'anille. (*V.* anille.) ‖ 1382. Neilles de fer pour cordiers, dans DELB. *Rec.*]
‖ (Technol.) Anille, pièce de fer, ayant la forme de deux C adossés, fixée dans l'œillard de la meule courante pour aider à la supporter. | Figure de blason de forme analogue. ‖ *P. ext.* | **1.** Manchon en bois qui entoure le manche d'une manivelle, pour empêcher le fer de blesser la main. | **2.** Piton en fer où entre la clavette qui retient les vitraux d'église. ‖ *P. anal.* Vrille de la vigne.

NIMBE [nĭnb'] *s. m.*
[ÉTYM. Emprunté du lat. nimbus, nuage. ‖ Admis ACAD. 1740.]
‖ (T. didact.) Disque doré ou lumineux figuré derrière la tête d'une divinité, d'un héros, d'un prince divinisé. (*Syn.* auréole.)

***NIMBÉ, ÉE** [nin-bé] *adj.*
[ÉTYM. Dérivé de nimbe, § 118. ‖ *Néolog.*]
‖ (T. didact.) Qui a un nimbe. Une tête de saint nimbée.

NIPPE [nĭp'] *s. f.*
[ÉTYM. Origine inconnue. ‖ 1611. COTGR.]
‖ *Famil.* Pièce de la garde-robe de qqn (linge, vêtement, etc.). Elle eut encore de bonnes nippes, qu'à l'aide de son bon ami elle avait détournées, LES. *Gil Blas,* II, 2. J'héritais de ses nippes et surtout d'un bel habit noir, J.-J. ROUSS. *Confess.* 5. Vendre ses nippes.

NIPPER [ni-pé] *v. tr.*
[ÉTYM. Dérivé de nippe, § 154. ‖ Admis ACAD. 1718.]
‖ *Famil.* Fournir de nippes. Se —. Une personne bien nippée.

NIQUE [nĭk'] *s. f.*
[ÉTYM. Se rattache à l'allem. nicken, forme itérative de neigen, incliner, pencher, §§ 7, 498 et 499. ‖ XIVe s. Faire a son mari la nique, J. LE FÈVRE, *Matheolus,* dans DELB. *Rec.*]
‖ *Famil.* Geste par lequel on hoche la tête en signe de bravade. Faire la — à qqn. Son nez haut relevé semblait faire la — A l'Ovide Nason, RÉGNIER, *Sat.* 10.

***NIQUEDOUILLE** [nĭk'-doùy'; *en vers,* ni-ke-...] *s. m.*
[ÉTYM. Paraît composé plaisamment avec nique et la terminaison de andouille, § 213. ‖ 1690. *V.* à l'article.]
‖ *Vieilli. Trivial.* Nigaud. Voilà un vrai —, REGNARD, *Filles errantes,* sc. 2.

***NIQUETER** [nĭk'-té; *en vers,* ni-ke-té] *v. intr. et tr.*
[ÉTYM. Dérivé de nique, § 167. ‖ (Au sens **I.**) 1564. J. THIERRY, *Dict. franç.-lat.* | (Au sens **II.**) *Néolog.*]
I. *Ancienn. V. intr.* Faire la nique.
II. *V. tr.* (Manège.) Couper certains muscles de la queue du cheval pour qu'il la tienne relevée.

NITÉE [ni-té] *s. f.*
[ÉTYM. Dérivé irrégulier de nid, d'après litée, § 119. ‖ XVIIe s. *V.* à l'article. Admis ACAD. 1798.]
‖ *Vieilli.* Nichée. Avant que la — Se trouvât assez forte encor, LA F. *Fab.* IV, 22.

NITOUCHE [ni-toúch'] *s. f.*
[ÉTYM. Composé de ne, y et touche (du verbe toucher), §§ 37 et 313. (*Cf.* l'expression faisant l'ignorant et le non-y-touche, CHASTELL. dans DELB. *Rec.*) ‖ XVIe s. Voyez un peu saincte Nitouche, BAÏF, dans DELB. *Rec.*]
‖ *Famil.* Sainte —, personne qui affecte des airs d'innocence. Timide en son respect, semblait sainte —, RÉGNIER, *Sat.* 13.

NITRATE [ni-trăt'] *s. m.*
[ÉTYM. Dérivé de nitre, § 282 *bis.* ‖ 1787. G. DE MORVEAU, *Nomencl. chim.* p. 49. Admis ACAD. 1835.]
‖ (Chimie.) Sel formé par la combinaison de l'acide nitrique (azotique) avec une base. — d'argent, composé d'acide nitrique et d'oxyde d'argent. *Spécialt.* Pierre infernale, nitrate d'argent coulé en petit cylindre, dont on se sert pour cautériser. — de potasse, salpêtre.

NITRE [nitr'] *s. m.*

[ÉTYM. Emprunté du lat. nitrum, grec νίτρον, *m. s.* ‖ XIIIe s. Faites clystere de poldre de nitre, *Simples medicines,* fo 52, vo.]
‖ **1o** Salpêtre (nitrate de potasse). Plein de soufre et de —, BOIL. *Lutr.* 4. *P. ext. Poét.* Poudre à canon. Le — irascible... Ébranle au loin les airs, DELILLE, *Trois Règnes,* 1.
‖ **2o** *Vieilli.* Sorte de ferment qu'on supposait agir sur les humeurs, les éléments. Certain bouillonnement par le — causé, LA F. *Quinquina,* 2.

NITREUX, EUSE [ni-treû, -treûz'] *adj.*
[ÉTYM. Dérivé de nitre, § 116. ‖ XIIIe s. Aigue salee et nitreuse, BRUN. LATINI, *Trésor,* p. 174.]
‖ (T. didact.) Qui tient du nitre. | **1.** Qui tient du salpêtre. Acide —, ancien nom de l'acide azoteux. | **2.** *Vieilli.* Qui tient d'un ferment qu'on supposait agir sur les humeurs, les éléments. Que les esprits — d'un ferment prétendu Faisaient croître le Nil, LA F. *Quinquina,* 2.

NITRIÈRE [ni-tri-yèr] *s. f.*
[ÉTYM. Dérivé de nitre, § 115. ‖ 1566. DU PINET, dans DELB. *Rec.* Admis ACAD. 1798.]
‖ (Technol.) Lieu d'où l'on tire le nitre (salpêtre). — naturelle, artificielle.

NITRIFICATION [ni-tri-fī-kà-syon ; *en vers,* -si-on] *s. f.*
[ÉTYM. Dérivé de nitrifier, § 247. ‖ 1797. THOUVENEL, *Climat d'Italie,* II, 151. Admis ACAD. 1878.]
‖ (T. didact.) Formation du nitre.

***NITRIFIER** [ni-tri-fyé; *en vers,* -fi-é] *v. tr.*
[ÉTYM. Composé avec nitre et le suffixe fier, § 274. ‖ 1797. Aptitude singulière à se nitrifier, THOUVENEL, *Climat d'Italie,* IV, 189.]
‖ (T. didact.) Convertir en nitre.

NITRIQUE [ni-trĭk'] *adj.*
[ÉTYM. Dérivé de nitre, § 282 *bis.* ‖ 1787. G. DE MORVEAU, *Nomencl. chim.* p. 48. Admis ACAD. 1835.]
‖ (Chimie.) Formé par la combinaison de l'azote (2 équiv.) et de l'oxygène (5 équiv.). *Spécialt.* Acide —, ancien nom de l'acide azotique.

***NITRO-BENZINE** [ni-trò-bin-zin'] *s. f.*
[ÉTYM. Composé avec nitre et benzine, § 283. ‖ *Néolog.*]
‖ (Chimie.) Combinaison d'acide nitrique et de benzine, qu'on utilise en parfumerie pour remplacer l'essence d'amande amère.

NITRO-GLYCÉRINE [ni-trò-gli-sé-rin'] *s. f.*
[ÉTYM. Composé avec nitre et glycérine, § 283. ‖ *Néolog.* Admis ACAD. 1878.]
‖ (Chimie.) Liquide oléagineux, mélange explosible formé de volumes égaux d'acide nitrique et d'acide sulfurique.

NIVEAU [ni-vó] *s. m.*
[ÉTYM. Du lat. pop. *libellum (class. libella), *m. s.* devenu livel, §§ 434, 313 et 291, et, par dissimilation, nivel, niveau, §§ 361 et 456. Ce terme « liveau », lequel les maçons de Paris ont corrompu avec son dérivé liveler, disant » niveau, niveler », MEIGRET, *Gramm. franç.* dans DELB. *Rec.* ‖ XIIIe s. Sens plonc et sens livel, VILLARD DE HONNECOURT, *Album,* 151, Lassus.]
‖ **1o** Instrument servant à mener une ligne, un plan horizontal, ou à mesurer, par rapport à un plan horizontal, l'élévation d'une ligne, d'un plan qui lui est parallèle. — de charpentier, de maçon, réunion de deux règles jointes à angle droit, à l'une desquelles est attaché un fil à plomb. Dresser un mur en —. J'aime mieux mettre encor cent arpents au —, BOIL. *Ép.* 11. ‖ *Fig.* Lorsque je les aurai ajustées (mes opinions) au — de la raison, DESC. *Méth.* II, 2. — d'eau, tube de fer-blanc ou de cuivre, terminé par deux bouts en verre qui se relèvent à angle droit, où l'on a versé de l'eau, et qui marque l'horizontale par la hauteur égale du liquide dans les deux branches. — à bulle d'air, qui marque l'horizontale par la position d'une bulle d'air au milieu du tube.
‖ **2o** Degré d'élévation, par rapport à un plan horizontal, d'une ligne ou d'un plan qui lui est parallèle. Le — d'un lieu au-dessus du — de la mer. Le — du fleuve a baissé. La cour n'est pas au — du jardin, de — avec le jardin. La cour et le jardin ne sont pas de — (de même niveau). Ce terrain n'est pas de —, ses parties ne sont pas de même niveau. ‖ *Fig.* Élévation comparative du caractère, de l'intelligence, de la condition entre deux ou plusieurs personnes. Ils (les grands hommes) ont la tête plus élevée; mais ils ont

les pieds aussi bas que les nôtres ; ils y sont tous à même —, PASC. *Pens.* VI, 30. Venir au — d'un fat qui est en crédit, LA BR. 2.

NIVELER [niv'-lé ; *en vers*, ni-ve-lé] *v. tr.*
[ÉTYM. Dérivé de niveau, §§ 64, 65 et 154. ‖ 1401. Nyveler la basse court, dans GODEF.]
‖ **1°** *Rare.* Mesurer à l'aide du niveau.
‖ **2°** Mettre de niveau. — une chaussée, en mettre les différentes parties de même niveau. Il nivela lui-même le terrain ; on conserve encore les instruments dont il se servit pour ouvrir la terre et la voiturer, VOLT. *Hist. de Russie*, II, 11. ‖ *Fig.* Égaliser. La révolution a nivelé les conditions. Les fortunes tendent à se —.

NIVELEUR, ***NIVELEUSE** [niv'-leùr, -leùz ; *en vers*, ni-ve-...] *s. m.* et *f.*
[ÉTYM. Dérivé de niveler, § 112. ‖ 1549. R. EST.]
‖ Celui, celle qui nivelle. *Spécialt. Fig.* Celui, celle qui veut que les conditions, les fortunes, soient nivelées.

NIVELLEMENT [ni-vèl-man ; *en vers*, -vè-le-...] *s. m.*
[ÉTYM. Dérivé de niveler, §§ 65 et 145. ‖ 1539. R. EST.]
‖ Action de niveler. ‖ 1. Action de mesurer les niveaux, les hauteurs comparatives des différents points d'un terrain, par rapport à un plan horizontal fixe, dit plan de comparaison. Le service du — de Paris. Borne de —. ‖ 2. Action de mettre de niveau. Le — d'un terrain, action d'en mettre les différentes parties de même niveau. *Fig.* Le — des conditions, des fortunes.

***NIVÉOLE** [ni-vé-òl] *s. f.*
[ÉTYM. Dérivé du lat. niveus, de neige, § 239. ‖ 1796. ENCYCL. MÉTH. *Botan.*)]
‖ (Botan.) Perce-neige, plante.

NIVET [ni-vè] *s. m.*
[ÉTYM. Origine inconnue. ‖ 1771. TRÉV. Admis ACAD. 1798.]
‖ *Famil.* Remise donnée par-dessous main à celui qui achète pour le compte d'un autre.

NIVÔSE [ni-vôz'] *s. m.*
[ÉTYM. Emprunté du lat. nivosus, neigeux. ‖ Mot dû à FABRE D'ÉGL. Admis ACAD. 1798, suppl.]
‖ Quatrième mois du calendrier républicain, du 21 ou 22 décembre au 20 ou 21 janvier.

NOBILIAIRE [nò-bi-lyêr ; *en vers*, -li-êr] *adj.* et *s. m.*
[ÉTYM. Dérivé du lat. nobilis, noble, § 248. ‖ Admis ACAD. 1718.]
‖ **1°** *Adj.* Qui appartient à la classe noble. La particule —, la préposition de, qui précède souvent le nom des nobles. Les privilèges nobiliaires. L'orgueil —.
‖ **2°** *S. m.* Registre contenant les noms des familles nobles d'une province, d'un pays.

NOBILISSIME [nò-bi-lis'-sim'] *adj.*
[ÉTYM. Emprunté du lat. nobilissimus, superlatif de nobilis, noble. ‖ Admis ACAD. 1762.]
‖ Très noble. *Spécialt.* (Antiq. rom.) Épithète honorifique des membres de la famille impériale, de certains dignitaires, etc. *Substantivt.* Le — est supérieur au patrice.

NOBLE [nòbl'] *adj.*
[ÉTYM. Emprunté du lat. nobilis, m. s. ‖ XIᵉ s. Fille ad un noble franc, *St Alexis*, 40.]
‖ **1°** Appartenant à une classe considérée comme supérieure et honorée de privilèges, de distinctions héréditaires. Il n'y a rien à perdre à être — : franchises, immunités, exemptions, privilèges, que manque-t-il à ceux qui ont un titre ? LA BR. 14. Être — de naissance. Le roi l'a fait —. — comme le roi, de la noblesse la plus incontestée. Une famille —. Il est de — maison. La classe —. ‖ *Substantivt.* Un, une —, celui, celle qui appartient à cette classe. (*Cf.* gentilhomme.) Combien de nobles dont le père et les aînés sont roturiers ! LA BR. 14. Je... connais le style des nobles, lorsqu'ils nous font, nous autres, entrer dans leur famille, MOL. *G. Dand.* I, 1. ‖ *P. ext.* Un —, un — à la rose, monnaie d'or d'Angleterre, portant la rose d'York ou de Lancastre, et qui un moment eut cours en France. Un ducaton, Et puis quelque — à la rose, LA F. *Fab.* XII, 3. ‖ — homme, ancienne qualification honorifique. Dans nos temps modernes, quelques bourgeois ont pris la qualité de nobles hommes, MONTESQ. *Espr. des lois*, XXX, 25. ‖ *Fig.* (Théâtre.) Père —, rôle de père, d'homme qui inspire le respect, qui a de l'autorité. ‖ En parlant des choses. Croyez-vous... que ce nous soit une gloire d'être sorti d'un sang — lorsque nous vivons en infâmes ? MOL. *D. Juan*, IV, 4. ‖ (Féodal.) Terre —, bien —, tenu en fief. Garde —, privilège, d'abord restreint aux nobles, qu'ont les ascendants de jouir pendant un certain temps des biens appartenant aux enfants mineurs, à la charge de les entretenir en bon état. — abbaye, où l'on n'admet que les nobles.
‖ **2°** *P. anal.* Elevé, parmi les autres, en dignité, en mérite. Ses créatures les plus nobles, FLÉCH. *Marie-Thérèse.* Un — coursier. La plus — conquête que l'homme ait jamais faite, BUFF. *Cheval.* (Fauconn.) Oiseaux de proie nobles, ceux qu'on peut dresser pour la chasse. (Gramm.) Le genre masculin est plus — que le féminin, le féminin que le neutre. ‖ Une des plus nobles couronnes de l'univers, BOSS. *R. d'Angl.* Ce nom (de roi), si — et si saint autrefois, RAC. *Bér.* II, 2. Les parties nobles du corps, le cerveau, le cœur, etc.
‖ **3°** *Fig.* Elevé au-dessus de ce qui est ordinaire. De nobles sentiments. Un cœur — ne peut soupçonner en autrui La bassesse, RAC. *Esth.* III, 9. Une — pudeur, ID. *ibid.* III, 4. Un si — courroux, ID. *Andr.* III, 6. Qui vous inspire une si — audace ? ID. *Baj.* IV, 7. ‖ Le style le moins — a pourtant sa noblesse, BOIL. *Art p.* 1. Une architecture —. Le genre, le style —, et, *substantivt*, Le —, ce qui est du genre, du style noble.

NOBLEMENT [nò-ble-man] *adv.*
[ÉTYM. Composé de noble et ment, § 724. ‖ XIᵉ s. Et fut faiz par compas et serez noblement, *Voy. de Charl. à Jérus.* 348.]
‖ D'une manière noble. Terre tenue —, en fief. ‖ *Fig.* N'ayant pu vaincre sa destinée, elle en a si — soutenu l'effort, BOSS. *R. d'Angl.* Il faut dire — les plus petites (choses), LA BR. 5.

NOBLESSE [nò-blès'] *s. f.*
[ÉTYM. Dérivé de noble, § 124. ‖ XIᵉ s. Par alkes de noblece, *Énéas*, 9497.]
‖ **1°** Qualité de celui qui est noble. La —, Dangeau, n'est pas une chimère, BOIL. *Sat.* 5. Si la — est vertu, elle se perd par tout ce qui n'est pas vertueux ; et si elle n'est pas vertu, c'est peu de chose, LA BR. 14. La vertu est le premier titre de —, MOL. *D. Juan*, IV, 4. — de race, d'épée, considérée comme originaire et obligeant en qq sorte au métier des armes. — par lettres, conférée par le souverain pour services rendus à l'État. — de finance, acquise en achetant des lettres de noblesse. — d'office, de robe, conférée par la possession de certains offices de judicature. — dormante, suspendue pour qq acte dérogeant. *Vieilli.* Soutenir —, vivre d'une manière conforme à la noblesse de sa naissance. ‖ *Loc. prov.* — oblige, on doit se conduire d'une manière digne de son rang. ‖ *P. ext.* L'ensemble de ceux qui ont le titre de nobles. La — de France fut décimée à Azincourt. La — ancienne reprend ses titres, la nouvelle conserve les siens, *Charte de 1830*, art. 62.
‖ **2°** *Fig.* Élévation au-dessus de ce qui est ordinaire. La — de cœur. La même — dans les sentiments, BOSS. *A. de Gonz.* La — des idées, des impressions. Le style aura de la —, BUFF. *Style.*

NOCE [nòs'] *s. f.*
[ÉTYM. Du lat. pop. *nòptias (class. nŭptias ; *cf.* nuptial), devenu *nopces, noces, §§ 324, 429, 406 et 291 : le lat. et l'anc. franç. n'emploient le mot qu'au plur. Sur le changement de nŭptias en *nòptias, *V.* § 509. ‖ XIIᵉ s. Les noces durerent un meis, *Énéas*, 10123.]
‖ **1°** Célébration d'un mariage. (S'emploie souvent au plur.) Aux noces d'un tyran, tout le peuple en liesse, LA F. *Fab.* VI, 12. Épouser quelqu'un en secondes noces, se marier pour la seconde fois. Noces d'argent, noces d'or, de diamant, célébration de la vingt-cinquième, de la cinquantième, de la soixantième année du mariage. Repas, voyage de noces, donné, fait à la suite de la célébration du mariage. ‖ (Droit romain.) Justes noces, union conjugale privilégiée (par opposition au concubinat).
‖ **2°** Réjouissances qui accompagnent un mariage. Aller à la —. Une — de village. Être de — ou de noces. Les noces de Cana. Étant de —, il faut malgré moi que j'engraisse, LA F. *Fab.* IX, 10. Tant de festins et tant de noces, ID. *ibid.* IV, 13. *Loc. prov.* Il n'a jamais été à pareille —, dans une situation si agréable. N'être pas à la —, se trouver dans une situation pénible. Allez-vous-en, gens de la — (refrain d'une ancienne chanson), on n'a plus besoin de vous. ‖ *P. anal.* Les gens de la noce. Toute la — a traversé le village. ‖ *P. ext. Famil.* Partie de plaisir, de débauche. Ce ne sont que noces et festins. ‖ Vie de débauche. Faire la —.

***NOCER** [nò-sé] *v. intr.*

[ÉTYM. Dérivé de noce, § 154. || *Néolog.*]

|| *Famil.* Faire des parties de plaisir, de débauche.

***NOCEUR, EUSE** [nò-seùr, -seûz'] *s. m.* et *f.*

[ÉTYM. Dérivé de nocer, § 112. || *Néolog.*]

|| *Famil.* Celui, celle qui aime à nocer.

NOCHER [nò-ché] *s. m.*

[ÉTYM. Emprunté de l'ital. nocchiere, lat. nauclerus, grec ναύκληρος, *m. s.* § 12. || XVIᵉ s. Le patron, capitaine, Puis le nouchiel, J. BOUCHET, *Ép. mor.* I, 14, édit. 1545. La pierre dont le seul toucher Guide l'aiguille du nocher, J. DU BELLAY, *Recueil*, p. 174, édit. 1592.]

|| 1° *Vieilli.* (Marine.) Patron d'un petit bâtiment, ou contremaître d'un bâtiment plus important.

|| 2° *Poét.* Celui qui dirige une embarcation. Le — du Styx, Caron. J'entends le vieux — sur la rive infernale, RAC. *Iphig.* préf.

***NOCIF, IVE** [nò-sïf', -sïv'] *adj.*

[ÉTYM. Emprunté du lat. nocivus, *m. s.* || XIVᵉ s. Matière noxive, *Trad. de B. de Gordon*, dans GODEF.]

|| (Médec.) Nuisible. Action, influence nocive.

NOCTAMBULE [nòk'-tan-bul] *s. m.* et *f.*

[ÉTYM. Emprunté du lat. du moyen âge noctambulus, *m. s.* de nox, noctis, nuit, et ambulare, marcher. || 1701. FURET. Admis ACAD. 1740.]

|| 1° (T. didact.) Somnambule qui marche endormi. *Adjectivt.* Un homme méchant et —, D'ARGENSON, *Mém.* dans DELB. *Rec.*

|| 2° *P. ext. Famil.* Personne qui passe la nuit, une partie de la nuit, hors du logis. *P. plaisant. Adjectivt.* Le bruit que notre tambour — (nocturne) fait ici l'y a attiré, DESTOUCHES, *Tambour nocturne*, II, 7.

NOCTAMBULISME [nòk'-tan-bu-lïsm'] *s. m.*

[ÉTYM. Dérivé de noctambule, § 265. || 1765. ENCYCL. Admis ACAD. 1798.]

|| (T. didact.) État du noctambule.

NOCTURNE [nòk'-turn'] *adj.*

[ÉTYM. Emprunté du lat. nocturnus, *m. s.* || XIVᵉ s. Nocturne labeur, BERSUIRE, fᵒ 36, dans LITTRÉ.]

I. *Adj.* Qui a lieu la nuit. Une attaque —. Bruit —. || *Substantivt. Au masc.* | 1. (Liturgie.) Partie de l'office de nuit, contenant un certain nombre de psaumes et de leçons. Premier, second — des matines. | 2. (Musique.) Sorte de romance, à deux voix, ayant le caractère d'une sérénade.

II. *P. ext.* Qui se montre la nuit. Les animaux nocturnes, et, *substantivt, au masc.* Les nocturnes, animaux qui restent le jour dans leur retraite et dont les yeux ont la propriété de distinguer les objets la nuit (lion, tigre, chat, etc., parmi les mammifères; hibou, chouette, etc., parmi les oiseaux; phalènes, etc., parmi les insectes). || *Poét.* Un rayon de l'astre — (de la lune), LAMART. *Médit.* I, 4.

***NODAL, ALE** [nò-dàl] *adj.*

[ÉTYM. Dérivé du lat. nodus, nœud, § 238. || *Néolog.*]

|| (Acoust.) Qui a rapport aux nœuds d'un corps en vibration. Lignes nodales.

NODOSITÉ [nò-dò-zi-té] *s. f.*

[ÉTYM. Emprunté du lat. nodositas, *m. s.* || 1539. Les nodosités, les durillons, *Triomphe de dame V.* Admis ACAD. 1835.]

|| (T. didact.) || 1° État d'une tige, d'un tronc qui présente des nœuds. || *P. ext.* Ce nœud même. Les nodosités d'un arbre.

|| 2° État d'une partie du corps qui présente des nodus. || *P. ext.* Ce nodus même. Les nodosités des doigts d'un goutteux.

NODUS [nò-düs'] *s. m.*

[ÉTYM. Emprunté du lat. nodus, nœud. || XVIᵉ s. PARÉ, V, 17. Admis ACAD. 1718.]

|| (Médec.) Renflement d'une portion de tendon ou de faisceau fibreux par engorgement ou hypertrophie. || Gonflement des extrémités articulaires.

NOËL [nò-èl] *s. m.*

[ÉTYM. Du lat. natalem, *m. s.* devenu nael, noel, écrit noël pour indiquer que l'o et l'e ne forment pas diphtongue, §§ 340, 402, 295 et 291.]

|| Fête commémorative de la naissance de Jésus-Christ (25 décembre). Quand Noël sera venu. Arbre de Noël, branche de sapin, de houx garnie de rubans, de joujoux, de friandises, et de bougies qu'on allume le soir de Noël, pour divertir les enfants. Bûche de Noël, grosse bûche qu'on met dans la cheminée le soir de Noël, pour que le feu dure toute la nuit. A la fête de Noël, et, *ellipt*, A la Noël. Chanter, crier Noël, en signe de réjouissance de la naissance du Sauveur. || *P. anal.* Cri de réjouissance que poussait le peuple à l'occasion de la naissance d'un prince, de la venue d'un souverain, etc. || *P. ext.* Cantique populaire chanté le jour de Noël; air sur lequel on le chante. Les noëls poitevins, provençaux.

NŒUD [neù; l's se lie au plur.] *s. m.*

[ÉTYM. Du lat. nŏdum, *m. s.* devenu nue, neu, §§ 320, 411 et 291, écrit plus récemment nœu, nœud par réaction étymologique, § 502. (*Cf.* nodus.)]

|| 1° Entrecroisement serré qui fait arrêt dans la continuité d'un fil, d'une corde, etc., ou qui réunit étroitement deux fils, deux cordes, etc. Faire, défaire un —. Monter à l'aide d'une corde à nœuds. Un — coulant, où la boucle formée par un des bouts glisse sur l'autre et serre à mesure qu'on tire. — de tisserand, à double enlacement, qu'emploient les tisserands pour renouer leur fil, quand il casse. (Marine.) — d'écoute, de bouline, etc. *Spécialt.* Nœuds de la ligne de loch, nœuds faits à des distances d'environ quinze mètres sur la corde qui tient le loch, qui servent à estimer le chemin que fait le navire, chaque nœud parcouru en une demi-minute correspondant à un mille marin parcouru en une heure. Filer six nœuds à l'heure, parcourir six milles. *Fig. Famil.* Filer son —, partir. || Le — gordien, nœud inextricable du char de Gordius, qu'Alexandre trancha au lieu de le dénouer, l'oracle ayant promis l'empire d'Asie à celui qui le déferait. *Fig.* Trancher le — gordien, trancher une difficulté qu'on ne peut résoudre. || *P. anal.* — d'emballeur, bandage servant à comprimer l'artère temporale pour arrêter l'hémorragie. || *Poét.* Détacher les nœuds de qqn, dénouer les liens qui le tiennent attaché. Le — fatal, lacet, corde pour étrangler qqn. Son amante en furie... Avait au — fatal abandonné ses jours, RAC. *Baj.* V, 11. *Fig.* Avoir un — à la gorge, être dans un cruel embarras. Que faire quand on a un — à la gorge ? SÉV. 956. || *P. ext.* Enlacement de rubans en forme de nœud servant d'ornement. Quelle importune main, en formant tous ces nœuds, A pris soin sur mon front d'assembler mes cheveux? RAC. *Phèd.* I, 3. Elle aime à dépenser en habits linge et nœuds, MOL. *Éc. des m.* I, 2. Un — d'épaule, ornement de ruban. *P. anal.* Un — de perles, de diamants. Cinq fort gros diamants en — proprement mis, MOL. *Amph.* I, 2. || *P. anal.* Enroulement d'un serpent autour d'un corps qu'il étreint. Enlacé dans les nœuds du reptile. || *Fig.* | 1. Lien étroit qui unit les personnes. Un saint — (l'hymen) dès demain nous unira tous deux, MOL. *Éc. des m.* III, 8. Les saints droits d'un — qu'elle a formé, RAC. *Brit.* II, 2. L'amour serra les nœuds par le sang commencés, ID. *Baj.* I, 4. | 2. Point d'où dépend la solution d'une difficulté. Bien glorieux de savoir le — de l'affaire, PASC. *Prov.* 1. Le — de notre condition prend ses replis et ses tours dans cet abîme, ID. *Pens.* VIII, 1. | 3. — vital, point du bulbe rachidien d'où dépendent les mouvements respiratoires et dont la section cause la mort instantanée. | 4. (Théâtre.) Le — de l'action, partie où des obstacles compliquent la marche de l'action. Que son — (de la comédie) bien formé se dénoue aisément, BOIL. *Art p.* 3.

|| 2° *P. anal.* | 1. Protubérance produite sur une tige, sur un tronc, par l'entrecroisement des fibres et le gonflement du tissu cellulaire. *P. anal.* Noyau résistant dans le marbre, la pierre. | Renflement de la tige au point d'où naît une feuille. Tailler la vigne au troisième —. | Fruit qui commence à se former dans les organes floraux. Dieu voit le fruit commencé dans le —, BOSS. *États d'orais.* V, 24. | 2. (Anat.) Saillie que présentent les jointures des doigts. Le — du petit doigt. Gonflement des extrémités articulaires. (*V.* nodus.) Saillie que présente la gorge à la partie antérieure du cou. Si je ris, cela ne passe pas le — de la gorge (je ne ris que des lèvres, à moitié), SÉV. 123. Nœuds de la queue d'un cheval, d'un chien, etc., saillie formée par chacune des vertèbres. On a coupé à ce chien deux nœuds de la queue. | 3. (Technol.) — de soudure, renflement que forme la soudure qui joint deux tuyaux de métal. | 4. (Astron.) Point où l'orbite de la lune, d'une planète, vient rencontrer le plan de l'écliptique (orbite de la terre) dans son passage du sud au nord (— ascendant), ou du nord au sud (— descendant). | 5. (Acoust.) Point, ligne de jonction immobile entre diverses parties d'un corps en vibration qui ont des vibrations différentes.

NOIR, NOIRE [nwàr] *adj.* et *s. m.* et *f.*

[ÉTYM. Du lat. nigrum, gra, *m. s.* devenu neir, neire, noir, noire, §§ 309, 396 et 291. (*Cf.* nègre.)]

I. *Adj.* || **1°** Dont la couleur, résultant de l'absorption de tous les rayons lumineux, produit sur l'organe de la vue l'impression d'une obscurité complète. Les corps qu'on nomme noirs, lesquels n'ont point d'autre couleur que les ténèbres, DESC. *Dioptr.* 1. Un habit —, une robe noire. Des cheveux noirs. Blé —, sarrasin. Les hommes de la race noire. *P. ext.* Code —, concernant le régime des nègres dans les colonies. Un cheval —. La couleur noire, les cartes de cette couleur (trèfle, pique). Gravure à la manière noire. (*Cf.* nielle 3.) || *Spécialt.* Qui n'est pas éclairé. La nuit noire, devenue tout à fait obscure. Il fait — comme dans un four, MOL. *Sicil.* sc. 1. Un cabinet —, sans fenêtre pour l'éclairer. Chambre noire. (*V.* chambre.) || *P. anal.* Qui est presque noir. Manger du pain —. Une femme qui a la peau noire (très brune). Viandes noires, dont la chair est de teinte foncée (par opposition aux viandes blanches, comme veau, poulet, etc.). Bêtes noires, le sanglier, le loup (par opposition aux bêtes fauves). *Fig.* Cet homme est ma bête noire, je l'ai en horreur. Sauce au beurre —, devenue foncée au feu.

|| **2°** Dont la blancheur est ternie par la saleté. Avoir les ongles noirs, les mains noires. Son linge est —. || *P. ext.* Qui salit. Dans la plus noire ordure, BOIL. *Sat.* 10. || *Fig.* | **1.** Obscurci par le mal, la méchanceté. La maligne aux yeux faux, au cœur —, BOIL. *Sat.* 10. Ce censeur qu'ils ont peint si —, ID. *Ép.* 10. Son cœur n'enferme point une malice noire, RAC. *Brit.* V, 3. D'un mensonge si — justement irrité, ID. *Phèd.* IV, 2. La voix de la plus noire envie, CORN. *Cid*, III, 4. L'auteur d'une si noire supposition, PASC. *Prov.* 15. || Par allusion ambiguë à la couleur noire attribuée au diable et à la méchanceté dont il est le type. *Loc. prov.* Le diable n'est pas si — qu'on le dit, qu'on le fait, en parlant de qqn qui vaut mieux que sa réputation. | *P. ext.* Infernal. Magie noire. De noirs enchantements. L'onde noire, le fleuve des enfers. A couvert des voleurs, mais non de l'onde noire, LA F. *Fab.* VIII, 23. Peignez mes actions plus noires que la nuit, CORN. *Méd.* II, 2. La Discorde, encor toute noire de crimes, BOIL. *Lutr.* 1. C'est là ce qui fait peur aux esprits de ce temps, Qui, tout blancs au dehors, sont tout noirs au dedans, BOIL. *Disc. au roi*. Après le châtiment d'une action si noire, CORN. *Pomp.* IV, 4. Quelle est sa contenance après un trait si —? MOL. *Éc. des f.* III, 5. Tout mon sang doit laver une tache si noire, RAC. *Mithr.* III, 1. | **2.** Entaché dans sa réputation. Les rendre tous plus noirs que l'enfer, BEAUMARCH. *B. de Sév.* IV, 1. Les jugements de cour vous rendront blanc ou —, LA F. *Fab.* VII, 1.

|| **3°** Dont la transparence est obscurcie. Le ciel est —. Une nuée noire. Il y a des points noirs à l'horizon, le temps est menaçant, et, *fig.* l'avenir est menaçant. *P. anal.* Un temps —, un froid —. Une vapeur noire. Bile noire, humeur épaisse qu'on croyait formée d'une partie limoneuse de la bile, du sang. Vapeurs noires, qu'on croyait formées par la bile noire, et auxquelles on attribuait la mélancolie, la manie. (*Cf.* atrabile.) Certains insensés, dont le cerveau est tellement troublé et offusqué par les noires vapeurs de la bile, DESC. *Méth.* 1. || *Fig.* Dont la sérénité est troublée, assombrie. Avoir des idées noires. D'où vient le — chagrin qu'on lit sur son visage? BOIL. *Épigr.* 34. Peins-moi d'une humeur noire et fière, CORN. *Attila*, III, 1. D'un — pressentiment malgré moi prévenue, RAC. *Brit.* V, 1. Hymen formé sous le plus noir auspice, ID. *Mithr.* I, 2.

II. *S. m.* || **1°** Couleur noire. Des cheveux d'un — de jais. Être vêtu de —. Ne porte le — qu'aux bons jours seulement, MOL. *Éc. des m.* I, 2. Un homme — et d'habit et de mine, ID. *Mis.* IV, 4. *Spécialt.* Être vêtu de —, de vêtements de deuil. Prendre, quitter le —. || Peindre qqch en —. Un tableau qui pousse au —, dont les couleurs tendent à noircir par l'action du temps. *Famil.* Mettre du — sur du blanc, écrire. || *Fig.* | **1.** Voir les choses en —, voir les choses par le côté fâcheux. | **2.** Le noir opposé au blanc, les contraires. Voilà l'homme en effet; il va du blanc au —, BOIL. *Sat.* 8. Quand je veux dire blanc, la quinteuse dit —, ID. *Sat.* 2. Puis du blanc, puis du —, LA F. *Fab.* VII, 2. || *P. ext.* Matière colorante noire. Du — de fumée, suie très légère qu'on recueille pour l'employer dans les arts. Du — animal, du — d'ivoire, charbon d'os, d'ivoire calciné. — d'Allemagne, sorte d'encre typographique. — de terre, sorte de charbon fossile. — d'Espagne, liège brûlé. || *Fig.* Broyer du —, avoir des pensées tristes. *Pop.* Un petit —, une tasse de café noir.

|| **2°** Partie noire de qqch. Les noirs d'une gravure, les parties ombrées. || Avoir des noirs, des traces noirâtres, des meurtrissures. || Le — d'une cible, le point noir qui est au centre. Mettre dans le —. || (Serrurerie.) Les noirs, parties qui n'ont pas été polies et blanchies à la lime. (*Cf.* blanchœuvrier.) || *P. ext.* Le —, maladie des feuilles, des rameaux, croûte noire formée par de petits champignons.

|| **3°** Homme de la race noire. (*Syn.* nègre.) La traite des noirs. L'affranchissement des noirs.

III. *S. f.* || **1°** (Au jeu de la roulette.) Couleur noire. Jouer sur la rouge, sur la noire. || (Dans les examens universitaires.) Boule noire indiquant la note mal. Avoir une noire. || **2°** (Musique.) Note de musique à laquelle on donne la valeur du quart de la ronde et de la moitié de la blanche.

NOIRÂTRE [nwà-râtr'] *adj.*

[ÉTYM. Dérivé de noir, §§ 64 et 151. || 1395. Poil noirrastre, D'ANGLURE, *Voy. à Jérus.* dans DELB. *Rec.*]

|| Qui tire sur le noir.

NOIRAUD, AUDE [nwà-ró, -ród'] *adj.*

[ÉTYM. Dérivé de noir, §§ 64 et 138. || 1552. Noiret ou noirault, CH. EST. dans DELB. *Rec.*]

|| Noir (de teint). *Substantivt.* Un —, une noiraude.

NOIRCEUR [nwàr-seur'] *s. f.*

[ÉTYM. Dérivé de noir, sous l'influence de noircir, §§ 63, 64 et 110. || XIIᵉ s. E les tenebres, la nerçors, BENEEIT, *Ducs de Norm.* II, 2074.]

|| Couleur de ce qui est noir. || *Spécialt. Fig.* | **1.** État de ce qui est obscurci, entaché par le mal, par la méchanceté. Dans toute leur — retracez-moi ses crimes, RAC. *Phèd.* IV, 4. De son fiel colorant la —, ID. *Ath.* I, 1. *P. ext.* Acte de méchanceté. Un enchaînement... de noirceurs qu'il a faites, GRESSET, *Méchant*, I, 2. | **2.** État de ce qui est assombri par l'inquiétude, la tristesse. La — de mes pensées m'a rendue quelquefois insupportable, SÉV. 170. Il sortira du fond de son âme l'ennui, la —, la tristesse, PASC. *Pens.* XXV, 26.

NOIRCIR [nwàr-sîr] *v. intr.* et *tr.*

[ÉTYM. Du lat. pop. *nigricire* (*V.* § 159), *m. s.* devenu nercir, §§ 342, 396, 336 et 291, puis (sous l'influence de noir) noircir, § 65. || XIIᵉ s. Ele nerci, si se pasma, *Énéas*, 1324.]

I. *V. intr.* Devenir noir. Ses cheveux ont noirci. Sur ces coteaux riants la grappe noircira, DELILLE, *Géorg.* 1. Les couleurs de ce tableau noircissent.

II. *V. tr.* Rendre noir. La fumée a noirci les murs. *Famil.* — du papier, écrire. || *Fig.* | **1.** Obscurcir, entacher (qqn) sa réputation. On a trouvé moyen de déchirer et — le prochain, BOURD. *Médis.* 2. Pourquoi ta bouche impie A-t-elle, en l'accusant, osé — sa vie? RAC. *Phèd.* IV, 6. L'envie Qui s'efforce à — une si belle vie, CORN. *Nicom.* III, 8. Sans se — (sans entacher sa réputation), ID. *Cinna*, II, 1. | **2.** Assombrir par l'inquiétude, la tristesse. Voilà un des chagrins de l'absence; c'est qu'elle noircit toutes choses, SÉV. 741.

NOIRCISSURE [nwàr-si-sûr] *s. f.*

[ÉTYM. Dérivé de noircir, § 111. || 1539. R. EST.]

|| État de ce qui devient noir. *Spécialt.* Altération du vin qui prend une teinte louche.

NOISE [nwàz'] *s. f.*

[ÉTYM. Origine incertaine : le mot franç. correspond phonétiquement au lat. nausea, nausée, mais le rapport du sens est obscur, §§ 333, 355 et 291. || XIᵉ s. Que valt cist criz, cist duels ne ceste noise? *St Alexis*, 502.]

|| **1°** *Anciennt.* Bruit de voix. *Spécialt.* Dispute bruyante. Impudents bouteteux de — et de querelle, MALH. *Poés.* 51.

|| **2°** *Famil.* Querelle sur un sujet de peu d'importance. Les contrats sont la porte Par où la — entra dans l'univers, LA F. *Contes, Belphégor*. Chercher — à qqn. Coqs incivils, peu galants, Toujours en — et turbulents, ID. *Fab.* X, 7. Ne point chercher de — avec lui, MOL. *Am. magnif.* V, 1.

NOISETIER [nwàz'-tyé; *en vers*, nwà-ze-...] *s. m.*

[ÉTYM. Dérivé de noisette, §§ 65 et 115. || 1530. PALSGR. dans DELB. *Rec.*]

|| Arbrisseau de la famille des Cupulifères, dit aussi coudrier, à fruit en bouquets dit noisette. — franc, à cupule développée.

NOISETTE [nwà-zět'] *s. f.*

[ÉTYM. Dérivé de noix, § 133. || XIIIᵉ s. Quant la noisete est depecie, ADENET, *Cléomadès*, 16085.]

|| Fruit du noisetier, à coque uniloculaire indéhis-

cente, enchâssé dans un involucre, dit cupule. Casser des noisettes. *Loc. prov.* Offrir des noisettes à ceux qui n'ont plus de dents, offrir une chose à qqn qui ne peut plus en faire usage. || Couleur de —, couleur de gris fauve. Des étoffes couleur de —, couleur —, et, *ellipt*, Des étoffes —. || *P. ext.* | 1. — purgative, fruit d'un arbrisseau d'Amérique. | 2. — de l'Inde, fruit de l'aréquier. | 3. — noire, petit agaric. | 4. — de terre, arachide. (*Cf.* terre-noix.) | 5. Mollusque du genre bulime.

NOIX [nwá; l'*x* se lie avec le son d'un *z*] *s. f.*
[ÉTYM. Du lat. nŭcem, *m. s.* devenu noiz, nois, §§ 329, 382 et 291, écrit plus récemment noix sous l'influence du nominatif lat. nux, § 502. (*Cf.* noyau.)]

|| **1°** Fruit du noyer, à coque ligneuse, entourée d'une écale verte dite brou. — verte, le fruit dont la coque non encore ligneuse ne se sépare pas du brou. — confite, noix verte confite dans le sucre. *Fig.* Et puis la — confite (ce qu'il y a de plus doux), LA F. *Contes, Oraison.* — écalée, dont la coque ligneuse est dégagée du brou. Casser des —. Un quartier, une cuisse de —. Huile de —.

|| **2°** *P. anal.* — de coco, fruit du cocotier. — d'eau, fruit de la macre flottante. — de terre, terre-noix. — vomique, fruit du vomiquier. || — muscade, noyau contenu dans le fruit du muscadier. || — d'arec, graine de l'aréquier. — du Bengale, myrobolan citrin. || *P. ext.* — de galle, excroissance produite sur le chêne par la piqûre du cynips. || — de frène, espèce de bolet. || — de mer, pétoncle velu.

|| **3°** *P. anal.* Nom donné à divers renflements. | 1. (Boucherie.) Partie glanduleuse qui se trouve dans l'épaule de veau ; pelote graisseuse qui se trouve dans les muscles lombaires du bœuf. Gîte à la —, muscle qui contient cette pelote. — de gigot, de jambon, partie glanduleuse qui se trouve dans le milieu d'un gigot de mouton, d'un jambon. | 2. Pièce du ressort de l'arbalète où la corde tendue était arrêtée. | Pièce de la platine d'un fusil, d'un pistolet, où le chien est fixé. | 3. Roue dentelée d'un moulin à café, à poivre. | Axe de la roue d'un potier. Roue en cuivre fixée au bout d'un parapluie pour retenir les baleines. | Petite poulie où passe l'axe d'un dévidoir, d'un fuseau. | 4. Partie d'un mât de hune ou de perroquet qu'on laisse en renfort au-dessus du capelage, pour soutenir les barres. | Partie d'un cabestan qui reçoit les leviers. | 5. Rainure concave à fond demi-cylindrique, où s'emboîte une languette demi-cylindrique convexe. Battants, fermeture à —.

***NOLAGE** [nò-làj']. *V.* naulage.

NOLI ME TANGERE [nò-li-mé-tan-jè-ré] *s. m.*
[ÉTYM. Mots latins signifiant « ne veuille pas (noli) me (me) toucher (tangere) ». || Admis ACAD. 1762.]

|| **1°** (Botan.) Balsamine des bois, dont les capsules, à l'époque de la maturité, s'ouvrent au moindre contact et projettent leurs graines. || Variété de capucine dont les capsules très délicates s'ouvrent au moindre choc. || Plante hérissée de piquants, dont on ne peut s'approcher (aloès, etc.).

|| **2°** (Médec.) Ulcère que les topiques ne font qu'exaspérer.

NOLIS [nò-li] *s. m.*
[ÉTYM. Subst. verbal de noliser, § 52. || 1634. Les Levantins disent nolis, *Termes de marine,* dans DELB. *Rec.* Admis ACAD. 1762.]

|| (Marine.) Fret d'un navire. Le prix du loyer d'un navire est appelé fret ou —, *Code de commerce,* art. 286.

NOLISEMENT [nò-liz'-man ; *en vers,* -li-ze-...] et ***NOLISSEMENT** [nò-lis'-man ; *en vers,* -li-se-...] *s. m.*
[ÉTYM. Emprunté de l'ital. noleggiamento, *m. s.* § 12. La forme nolissement (ACAD. 1762-1835) est due à une sorte de dérivation secondaire de nolis, § 145. || 1337. Tous les frais et nolesemens que les dites galees gaigneront, dans MOLINIER, *Chron. normande,* p. 212.]

|| (Marine.) Action de noliser (un navire). Tout affrètement ou — doit être rédigé par écrit, *Code de comm.* art. 273.

NOLISER [nò-li-zé] *v. tr.*
[ÉTYM. Emprunté de l'ital. noleggiare, *m. s.* § 12. FURET. enregistre noliger à côté de noliser. L'anc. franç. a dû posséder le verbe noleser, d'après l'exemple cité à nolissement. || 1520. Navires qu'on avoit naulisees, dans GODEF. Admis ACAD. 1762.]

|| (Marine.) Affréter (un navire). Vous pouvez en — (des

vaisseaux) pour 1,000 ou 1,200 hommes, COLBERT, *Lett.* 27 fév. 1669.

***NOLITION** [nò-li-syon ; *en vers,* -si-on] *s. f.*
[ÉTYM. Dérivé du lat. nolo, je ne veux pas, § 247. || XVIᵉ s. Nolitions, volitions Qui ne valent pas deux oignons, dans DELB. *Rec.*]

|| (T. didact.) Action de ne pas vouloir. (*Cf.* volition.)

NOM [non] *s. m.*
[ÉTYM. Du lat. nōmen, *m. s.* §§ 327, 291 et 473.]

I. || **1°** Mot par lequel on désigne individuellement une personne. Que son — (de Dieu) soit béni, que son — soit chanté, RAC. *Esth.* III, 9. ATHALIE : Comment vous nommez-vous? — JOAS : J'ai — Éliacin, ID. *Ath.* II, 7. Quitter le vrai — de ses pères, MOL. *Éc. des f.* I, 1. Se pare qui voudra des noms de ses aïeux, CORN. *D. Sanche,* I, 3. — de famille, celui qui se transmet de père en fils. Transmettre son —. || Petit —, prénom. *P. ext.* (Elle) lui donne de petits noms d'amitié, FONTEN. *Lett. gal.* II, 1. — de baptême, prénom qu'un enfant reçoit lorsqu'on le baptise. — patronymique, tiré du nom du père ou d'un des aïeux. — de religion, nom qu'on prend lorsqu'on entre en religion, emprunté d'ordinaire à quelque souvenir pieux. — de guerre. (*V.* guerre.) *Loc. prov.* Mettre les noms sur les visages, se rappeler le nom des gens, quand on les voit. Connaître qqn de —, en avoir entendu parler. Sous le — de qqn, en prenant ce nom. Un autre enfant, arraché de ses bras, Sous le — de son fils fut conduit au trépas, RAC. *Andr.* I, 1. Prêter son — à qqn, l'autoriser à le prendre. (*Cf.* prête-nom.) Un allié qui prêtait son — et paraissait être le créancier, MONTESQ. *Espr. des lois,* XXII, 22. || Au — de qqn, en son —, en agissant pour lui, à sa place. Au — de l'empereur, j'allais vous informer, RAC. *Brit.* I, 2. *P. ext.* (Droit.) En qualité de. Agir en son propre et privé —. || Au — de qqn, en invoquant le nom de qqn qui peut donner plus de force à une prière, à un vœu. Au — de votre fils, cessons de nous haïr, RAC. *Andr.* III, 7. Au — de Dieu, ne vous emportez pas ! MOL. *Tart.* III, 6. Au — du Père, du Fils et du Saint-Esprit, formule qui commence et finit les prières catholiques. Jurer par le — de Dieu. | *Ellipt. Trivial.* — de Dieu ! juron ; et par euphémisme, — d'un chien ! — d'un tonnerre ! etc. Rendre son — illustre. Un grand —, illustre par le mérite ou la naissance. Aucun législateur n'a jamais eu un si grand — parmi les hommes, BOSS. *Hist. univ.* II, 3. *Ellipt.* Avoir un —, se faire un —. Ne laisser aucun — et mourir tout entier, RAC. *Iph.* I, 2. Polyeucte a du — (de la noblesse), CORN. *Poly.* II, 1. Qu'au sang d'Agamemnon Achille préférât une fille sans —, RAC. *Iph.* II, 5. || *P. ext.* Les grands noms, ceux qui portent ces noms. Toute autre louange languit auprès des grands noms, BOSS. *Condé.* || *Collectivt.* Le — romain, le — chrétien, ceux qui portent le nom de Romains, de chrétiens. Un prince qui a honoré la maison de France, tout le — français, BOSS. *Condé.* || *Spécialt.* (Commerce.) — social, nom que prennent des négociants associés pour désigner leur raison de commerce. Être en — dans une affaire, faire partie de l'association que désigne le nom social. Société en —, collectif, que forment plusieurs personnes sous une même raison sociale.

|| **2°** *P. anal.* Mot par lequel on désigne individuellement un animal. Ils (deux chiens, Laridon et César) avaient eu d'abord chacun un autre —, LA F. *Fab.* VIII, 24. || Mot qui sert à distinguer tel pays, tel cours d'eau, tel navire, telle ville, etc., de tout autre et à le désigner spécialement. Pélops... donne son — à cette fameuse contrée, BOSS. *Hist. univ.* I, 4. Ces fleuves tant vantés demeurent sans — et sans gloire, mêlés dans l'Océan, BOSS. *D. d'Orl.* Ils avaient pris des noms de terres, MARIV. *Pays. parv.* 1.

|| **3°** Mot par lequel on distingue un être d'un être d'une espèce différente. Nous ne pensons jamais ou presque jamais à quelque objet que ce soit, que le — dont nous l'appelons ne nous revienne, BOSS. *Conn. de Dieu,* III, 14. La peste, puisqu'il faut l'appeler par son —, LA F. *Fab.* VII, 1. Je ne dispute jamais du —, pourvu qu'on m'avertisse du sens qu'on lui donne, PASC. *Prov.* 1. Mon dessein a été de vous accoutumer à entendre nommer les choses par leur —, FÉN. *Tél.* 12. Je ne puis rien nommer, si ce n'est par son —, BOIL. *Sat.* 1. *P. hyperb.* Une chose qui n'a pas de —, qu'on n'ose nommer. C'est un excès qui n'a pas de —. || *Spécialt.* Le mot opposé à la chose, comme qqch d'apparent à qqch de réel. Elle se défend du — de la chose, mais non pas de la chose, MOL. *Crit. de l'Éc. des f.* sc. 2. Quand une fois on a trouvé moyen de prendre la multitude par l'appât de la liberté, elle suit en aveugle, pourvu

qu'elle en entende seulement le —, BOSS. *R. d'Angl.* Après ce que nous venons de voir, la santé n'est qu'un —, ID. *D. d'Orl.* Être qqch de —, ne l'être qu'en apparence. Reine longtemps de —, mais en effet captive, RAC. *Mithr.* I, 2. Votre grâce, qui n'est suffisante que de —, PASC. *Prov.* 1.

II. Dénomination, qualification qui sert à désigner une personne, une chose. On ne parle de vous que sous les noms d'avare, de ladre, MOL. *Av.* III, 1. O mon fils ! de ce — j'ose encor vous nommer, RAC. *Ath.* IV, 3. Si l'on doit le — d'homme à qui n'a rien d'humain, CORN. *Cinna*, I, 3. Il ne manque à l'oisiveté du sage qu'un meilleur —, LA BR. 2. Ce roi mérita le — de grand. Ils comptent les défauts pour des perfections Et savent y donner de favorables noms, MOL. *Mis.*, II, 4.

III. (Gramm.) Partie du discours, dite aussi substantif, qui désigne les personnes ou les choses. Transposant cent fois et le — et le verbe, BOIL. *Sat.* 2. — propre, qui s'applique à un seul individu, à un seul lieu, etc. — commun, qui s'applique à tous les êtres d'un même genre, d'une même espèce. ‖ — de nombre, qui sert à désigner les différents nombres. ‖ Un — indéclinable. Décliner un —. *P. jeu de mots.* Décliner son —. (*V.* décliner.)

NOMADE [nò-màd'] *adj.*

[ÉTYM. Emprunté du lat. nomas, ados, grec νομάς, νομάδος, *m. s.* ‖ XVIᵉ s. RONS. II, 201. Admis ACAD. 1762.]

‖ Qui n'a pas d'établissement fixe sur un territoire déterminé. Les peuples pasteurs étaient nomades. Les peuples nomades, et, *substantivt*, Les nomades. ‖ *P. anal.* La population — d'une ville, ceux qui n'y ont pas de résidence fixe. *Substantivt.* Un —, une —, celui, celle qui change souvent de domicile.

***NOMBLE** [nônbl'] *s. m.*

[ÉTYM. Pour lomble, § 361, du lat. lŭmbulus, diminutif de lŭmbus, *m. s.* §§ 327, 290 et 291.]

‖ *Ancienn.* Lombe. ‖ *P. ext.* ‖ 1. (Vénerie.) Muscle de l'intérieur de la cuisse du cerf, du sanglier, etc. ‖ 2. *Dialect.* Entrailles des bêtes à cornes.

NOMBRANT [non-bran]. *V.* nombrer.

NOMBRE [nônbr'] *s. m.*

[ÉTYM. Du lat. nŭmerum, *m. s.* devenu *nom're, nombre, §§ 327, 290, 472 et 291. (*Cf.* numéro.)]

I. (Arithm.) ‖ **1°** Rapport d'une quantité à une autre quantité de même nature (unité), prise pour terme de comparaison. — entier, qui contient une ou plusieurs fois exactement l'unité. — fractionnaire, qui contient une ou plusieurs fois l'unité et, de plus, une ou plusieurs parties de l'unité. — décimal, qui contient une ou plusieurs parties de l'unité divisée en dix. — pair, divisible par 2. — impair, non divisible par 2. — premier, qui n'est divisible que par lui-même ou par l'unité. Nombres premiers entre eux, qui n'ont pas de diviseur commun. ‖ Un nom de —, nom qui sert à exprimer un nombre. — cardinal, qui exprime combien de fois l'unité est contenue dans une quantité (un, deux, cent). — ordinal, qui, dans une série de termes, indique le rang d'un des termes par rapport aux autres (premier, second, centième). La science des nombres, l'arithmétique. Théorie des nombres, partie des mathématiques qui traite des propriétés des nombres. Les nombres imitent l'espace, PASC. *Pens.* XXV, 65. ‖ *Absolt.* Le —, la proportion des choses. Dieu... qui dispose de tout avec poids, avec — et avec mesure, MASS. *Vocation.* Doctrine des nombres, qui, pour expliquer l'harmonie de l'univers, attribuait à certains nombres une vertu particulière. Pythagore ne disait point que tout avait été fait par la vertu des nombres, mais suivant les proportions des nombres, BARTHÉLEMY, *Anacharsis*, 36. ‖ *Spécialt.* (Comptabilité.) Produit de la somme par le nombre des jours, servant de base au calcul des intérêts. Balance des nombres. — rouge, écrit à l'encre rouge pour distinguer les sommes dont l'échéance se trouve antérieure à l'ouverture du compte courant. ‖ — d'or, période de dix neuf années solaires, au bout de laquelle le soleil et la lune se retrouvent dans les mêmes points du ciel par rapport à la terre.

‖ **2°** Quantité indéterminée. Un — infini d'oiseaux faisaient résonner ces bocages, FÉN. *Tél.* 19. D'adorateurs zélés à peine un petit —, RAC. *Ath.* 1, 1. *Absolt* (avec le verbe au sing.). Le plus grand — m'a assuré, VOLT. *Ch. XII*, 2. Le petit — qui pense conduit le grand —, ID. *Paix perpét.* 32. ‖ *Ellipt.* Grand nombre. Ce — d'amants dont vous faites la vaine, MOL. *Mis.* III, 4. Tandis que sa vertu succomba sous le —, CORN. *Poly.* I, 4. ‖ Sans article (avec le verbe au plu-

riel). — de sots s'enrichissent. ‖ *Loc. adv.* En —, en grand nombre. *Spécialt.* Livres en —, livres de fonds, dont un libraire a de nombreux exemplaires. Sans —, innombrable. Voici des maux sans —, CORN. *Rodog.* II, 3. ‖ J'irai remplir le — des vestales, RAC. *Brit.* III, 8. Mis au — des principaux magiciens, BOSS. *Hist. univ.* II, 26. Faire —, augmenter une quantité, sans y être distingué. On ne m'a envoyé (dans la vie) que pour faire —, BOSS. *Mort.* 1. Tout fait —, dit l'homme, LA F. *Fab.* V, 3.

II. ‖ **1°** (Gramm.) Forme de là déclinaison, de la conjugaison, indiquant qu'un nom, un qualificatif, un verbe se rapporte à une seule personne, à une seule chose, ou à plusieurs. Le — singulier, le — pluriel.

‖ **2°** (Rhétor.) Harmonie du discours qui résulte d'un certain rythme de la phrase. Le — oratoire. ‖ *Poét.* Le — du vers, l'harmonie des vers. La rime, au bout des mots assemblés sans mesure, Tenait lieu d'ornements, de — et de césure, BOIL. *Art p.* 1.

NOMBRER [non-bré] *v. tr.*

[ÉTYM. Du lat. nŭmerāre, *m. s.* §§ 348, 336, 472, 295 et 291.]

‖ *Vieilli.* Évaluer (une quantité) en nombre. (*Syn.* calculer, dénombrer, supputer.) Je nombre les côtés d'un carré, DESC. *Médit.* 1. Si vous nombrez les poids, les roues, LA BR. 6. *Absolt.* Je ne puis jamais, en nombrant, arriver au plus grand de tous les nombres, DESC. *Rép. aux 2ᵉˢ object.* (Philos.) Nombre nombrant, le nombre abstrait. Nombre nombré, le nombre concret.

***NOMBREUSEMENT** [non-breùz'-man; *en vers,* -breù-ze-...] *adv.*

[ÉTYM. Composé de nombreuse et ment, § 724. ‖ 1642. OUD.]

‖ *Rare.* En grande quantité. L'espèce humaine... plus — répandue, BUFF. *Lion.*

NOMBREUX, EUSE [non-breù, -breùz'] *adj.*

[ÉTYM. Dérivé de nombre, à l'imitation du lat. numerosus, *m. s.* §§ 116 et 503. ‖ 1564. J. THIERRY, *Dict. franç.-lat.*]

‖ **1°** Qui est en grand nombre. De — soldats. Une troupe nombreuse. Quel — essaim d'innocentes beautés ! RAC. *Esth.* I, 2. ‖ *P. ext.* Le concours de l'année dernière, quoique très —, était assez faible, D'ALEMB. *Disc. sur les prix, 1772.*

‖ **2°** (T. didact.) Qui a du nombre, une certaine harmonie. Une période oratoire nombreuse. La nombreuse mesure, BOIL. *Ép.* 11. Un vers —, non encore chanté (vers français mesuré sur le modèle des vers latins), RÉGNIER, *Sat.* 10. Rien n'est si doux et si — que vos vers, FÉN. *Dial. des morts, Hor. et Virg.*

NOMBRIL [non-bri] *s. m.*

[ÉTYM. Du lat. pop. *ŭmbĭlīculum (class. ŭmbĭlīcum, § 85), *m. s.* devenu régulièrement *ombliì, §§ 348, 336, 380 et 291, puis, par dissimilation, *ombril, § 361, d'où, par agglutination de l'article; lombril, § 509, et enfin, par une nouvelle dissimilation, nombril, § 361. (*Cf.* ombilic.) ‖ XIIᵉ s. Des k'as numbril, MARIE DE FRANCE, *Purg. de St Patrice*, 1135.]

‖ **1°** Cicatrice arrondie que portent les mammifères à la partie de l'abdomen où passait le cordon ombilical chez le fœtus.

‖ **2°** *P. anal.* Cavité, dite aussi œil, à la partie des fruits opposée à la queue. ‖ Enfoncement au milieu de la base d'une coquille. ‖ (Blason.) — de l'écu, le milieu du dessous de la fasce.

NOMENCLATEUR [nò-man-klà-tœùr] *s. m.*

[ÉTYM. Emprunté du lat. nomenclator, *m. s.* ‖ XVIᵉ s. PASQ. *Rech.* V, 3. Admis ACAD. 1762.]

‖ **1°** (Antiq. rom.) Esclave chargé d'accompagner celui qui brigue une magistrature, pour lui nommer les citoyens qu'il doit saluer. ‖ *P. anal.* A mesure que ces seigneurs passaient auprès d'eux, le diable faisait le —, LES. *Diable boit.* 7.

‖ **2°** Celui qui donne des noms aux genres, aux espèces, etc., dont se compose une classification. L'âne et le cheval sont-ils, comme le disent les nomenclateurs, de la même famille ? BUFF. *Ane.* ‖ *P. anal.* Comme Adam le — (qui donne aux choses leur nom), LA F. *Contes, Cas de conscience.* ‖ *P. ext.* Recueil de ces noms.

NOMENCLATURE [nò-man-klà-tûr] *s. f.*

[ÉTYM. Emprunté du lat. nomenclatura, *m. s.* ‖ XVIᵉ s. MART. DU BELLAY, *Mém.* prol. Admis ACAD. 1762.]

‖ (T. didact.) Ensemble des termes, des noms spéciaux employés dans une science, dans un art, dans un livre technique. La — des végétaux, des animaux, des minéraux. La — de Linné. *Spécialt.* — chimique, méthode pour classer et nommer les différents corps composés. || La — d'un dictionnaire, la collection des mots qu'il contient.

NOMINAL, ALE [nò-mi-nàl] *adj.*

[ÉTYM. Emprunté du lat. *nominalis*, *m. s.* || 1521. Signification nominalle ou verballe, FABRI, *Rhétor.* dans DELB. *Rec.* Admis ACAD. 1762.]

|| (T. didact.) || **1°** Relatif au nom (d'une personne, d'une chose). Appel —, action d'appeler successivement par leur nom les individus dont se compose une assemblée, une classe, etc., pour constater leur présence. Prières nominales, prières qu'on fait pour une personne, en la nommant au prône. Erreur nominale, erreur de nom. Définition nominale, définition de nom (par opposition à la définition de chose).

|| **2°** Qui existe de nom (et n'existe pas en réalité). Les assignats finirent par n'avoir plus qu'une valeur nominale. *P. ext.* A un prix presque —, presque pour rien. || *Substantivt. Vieilli.* Les nominaux, les partisans du nominalisme.

NOMINALEMENT [nò-mi-nàl-man; *en vers*, -nà-le-...] *adv.*

[ÉTYM. Composé de nominale et ment, § 724. || *Néolog.* Admis ACAD. 1878.]

|| (T. didact.) D'une manière nominale. | **1.** Désigner qqn — (par son nom). | **2.** Une valeur qui n'existe que — (de nom).

NOMINALISME [nò-mi-nà-lìsm'] *s. m.*

[ÉTYM. Dérivé de nominal, § 265. || 1752. TRÉV. Admis ACAD. 1878.]

|| (T. didact.) Doctrine qui considère les genres et les espèces comme n'existant que de nom.

NOMINALISTE [nò-mi-nà-lìst'] *s. m. et f.*

[ÉTYM. Dérivé de nominal, § 265. || 1752. TRÉV. Admis ACAD. 1878.]

|| (T. didact.) Celui, celle qui professe le nominalisme. || *Adjectivt.* La théorie —.

NOMINATAIRE [nò-mi-nà-tèr] *s. m. et f.*

[ÉTYM. Dérivé du lat. nominatus, nommé, § 248. || XVIIᵉ s. PATRU, *Urbanistes*, p. 104. Admis ACAD. 1762.]

|| (Droit canon.) Personne qui a été nommée (par le roi) à un bénéfice, à une dignité ecclésiastique.

NOMINATEUR [nò-mi-nà-teùr] *s. m.*

[ÉTYM. Emprunté du lat. nominator, *m. s.* || 1520. Nominateurs ou patrons ecclesiastiques, *Ordonn.* dans DELB. *Rec.* Admis ACAD. 1762.]

|| (T. didact.) Celui qui nomme. *Spécialt.* (Droit canon.) Celui qui nomme à un bénéfice ecclésiastique.

NOMINATIF, IVE [nò-mi-nà-tìf', -tîv'] *adj. et s. m.*

[ÉTYM. Emprunté du lat. nominativus, *m. s.* || XIIIᵉ s. Et genres et nominatis, II. D'ANDELI, dans DELB. *Rec.*]

|| (T. didact.) || **I.** *Adj.* Où est énoncé le nom (d'une personne). L'état — des employés. Un titre de rente —, où est énoncé le nom du propriétaire (par opposition à titre au porteur).

II. *S. m.* (Gramm.) Cas indiquant que le nom sert de sujet au verbe. || *P. ext.* Le nom même qui sert de sujet au verbe.

NOMINATION [nò-mi-nà-syon; *en vers*, -si-on] *s. f.*

[ÉTYM. Emprunté du lat. nominatio, *m. s.* || 1305. A nostre nomination, dans DELB. *Rec.*]

|| Action de nommer, d'être nommé. Cet élève a eu trois nominations (a été nommé trois fois) à la distribution des prix. *Spécialt.* L'action de nommer, le fait d'être nommé à un emploi. La — des officiers appartient au chef du pouvoir exécutif. Il a appris sa — au poste de directeur. || *P. ext.* Pièce officielle qui constate la nomination. Il a reçu sa — de professeur à l'université.

NOMINATIVEMENT [nò-mi-nà-tìv'-man; *en vers*, -ti-ve-...] *adv.*

[ÉTYM. Composé de nominative et ment, § 724. || 1793. *Journal militaire*, p. 518. Admis ACAD. 1835.]

|| (T. didact.) D'une manière nominative (en énonçant le nom de la personne).

NOMMÉMENT [nò-mé-man] *adv.*

[ÉTYM. Pour nomméement, composé de nommée, part. de nommer pris adjectivt, et ment, § 724. || XIIᵉ s. Numeement a la Pasche, *Rois*, I, 1, glose.]

|| *Vieilli.* En désignant par le nom. J'ai mis dans mon marché que vous seriez excepté —, VOLT. *Lett. à Tressan*, 16 août 1760.

NOMMER [nò-mé] *v. tr.*

[ÉTYM. Du lat. *nominare*, *m. s.* devenu *nom'ner*, nommer, §§ 348, 336, 484, 295 et 291.]

I. || **1°** Distinguer (une personne) par un mot qui la désigne individuellement. Je t'ai nommé par ton nom : tu t'appelleras Cyrus, BOSS. *Condé.* Sardanapale... se trouve nommé par les Grecs Tonos-Concoléros, ID. *Hist. univ.* I, 7. Une personne bien nommée, dont le nom a une signification bien appropriée à son caractère. *Au part. passé pris substantivt.* Le nommé Landry. Une nommée mademoiselle Hubert, MARIV. *Pays. parv.* 4. || *P. ext. Absolt. Vieilli.* Tenir (qqn) sur les fonts du baptême. La princesse nommait une des filles de M. le Duc avec le prince, SÉV. 780. || Être nommé, se — de tel ou tel nom, avoir tel ou tel nom. ATHALIE : Comment vous nommez-vous? — JOAS : J'ai nom Éliacin, RAC. *Ath.* II, 7. A peine pouvez-vous dire comme il se nomme, MOL. *Mis.* I, 1. || *P. anal.* En parlant d'un animal, d'une chose, etc. Un certain marmiton Nomma celui-ci (ce chien) Laridon, LA F. *Fab.* VIII, 24. La fleur nommée héliotrope, MOL. *Mal. im.* II, 5. Ces sciences faussement nommées, BOSS. *2ᵉ Instr. pastor.* Cette ville se nomme Paris.

|| **2°** Désigner (une personne) par son nom. Nommez-moi par mon nom, puisque vous le savez, CORN. *Hér.* III, 2. De votre nom, Joas, je puis donc vous —, RAC. *Ath.* IV, 4. C'est toi qui l'as nommé, ID. *Phèd.* I, 3. Nommez-moi les perfides, ID. *Brit.* IV, 3. Le reste ne vaut pas l'honneur d'être nommé, CORN. *Cinna*, V, 1. *Absolt.* Il a tort, dira l'un ; pourquoi faut-il qu'il nomme (ceux dont il fait la satire)? BOIL. *Sat.* 9. || *P. ext.* En parlant des choses. Une personne si sensible, si délicate, qui ne pouvait seulement entendre — les maux, BOSS. *A. de Gonz.* (T. de jeu.) A point nommé, en désignant d'avance le point qu'on veut amener, et, *fig.* juste au moment voulu. A jour nommé, juste au jour désigné.

II. *P. anal.* Désigner (une personne) par un surnom, une qualification. — un roi père du peuple est moins faire son éloge que l'appeler par son nom ou faire sa définition, LA BR. 10. O mon fils! de ce nom j'ose encor vous —, RAC. *Ath.* IV, 3. || *P. ext.* En parlant des choses. Qu'on nomme crime ou non ce qui fait nos débats, CORN. *Cid*, II, 8. La candeur se nomme grossièreté, rudesse, BOIL. *Sat.* 12.

III. *P. ext.* Désigner (une personne) pour un titre, une fonction. Je vous nommai son gendre et vous donnai sa fille, RAC. *Brit.* IV, 2. Être nommé consul, dictateur, général, empereur. Il a été nommé évêque. *Spécialt.* Évêque nommé, désigné par le chef du pouvoir civil, mais qui n'a pas encore reçu ses bulles du pape. Un défenseur nommé d'office, désigné par le tribunal. || Il vous faut plaindre Rome, Voyant ceux qu'elle oublie et les trois (défenseurs) qu'elle nomme, CORN. *Hor.* II, 1. César nomme les chefs sur la foi des soldats, RAC. *Brit.* I, 2. Il n'osa — ni son successeur ni le tuteur de ses enfants, BOSS. *Hist. univ.* III, 5. || *P. ext.* — qqn à un emploi, à une charge. *Absolt.* Le roi nomme à tous les emplois d'administration publique, *Charte de 1830*, art. 13. L'abbé de Chambonnas a été nommé... à l'évêché de Lodève, SÉV. 131. || *Absolt.* Il (Dieu) l'a nommé pour exécuter ses décrets, BOSS. *R. d'Angl.*

NON [non] *interj. et adv.*

[ÉTYM. Du lat. *non*, *m. s.* § 726. (*Cf.* ne **1.**)]

I. Interjection servant à déclarer qu'une chose n'est pas. Hippocrate dit oui, mais Galien dit —, REGNARD, *Fol. amour.* III, 7. Répondre oui ou —. Si vous répondez que —, PASC. *Prov.* 12. —,... je hais tous les hommes, MOL. *Mis.* I, 1. —, —, je le connais, mon désespoir le flatte, RAC. *Andr.* III, 1. — certes. — vraiment. | *Substantivt.* Un — bien articulé. Se fâcher pour un oui ou pour un —, pour peu de chose.

II. Adverbe marquant qu'on n'admet pas ce qui est affirmé dans une proposition. Je parle de Néarque, et — de votre époux, CORN. *Poly.* III, 3. Valère a votre foi : la tiendrez-vous, ou —? MOL. *Tart.* I, 5. Les uns sont contents, les autres —, SÉV. 714. *Ellipt.* Sage ou — (que je sois sage ou non), je parle encore, LA F. *Fab.* VI, 10. || Se construit souvent avec pas. Je crains votre silence et — pas vos injures, RAC. *Andr.* IV, 5. Va, je suis ta partie, et — pas ton bourreau, CORN. *Cid*, III, 4. | *Vieilli.* Après un comparatif. Mes jours Devaient plutôt finir que — pas son discours, RÉGNIER, *Sat.* 8. | *Absolt.* — que, ce n'est pas que. — que votre colère ou la mort m'intimide, CORN. *Cinna*, V, 1. || Adverbe détruisant ou restreignant l'idée qu'exprime un mot. Un acte — enregistré. Une leçon — sue. Un débiteur — solvable. Un appel — recevable. Une fin de — recevoir. Enfant, — pas des plus petits, LA F. *Fab.* III, 1. — loin de ces tombeaux antiques, RAC. *Phèd.* V, 6. — sans quelque remords. Un certain mauvais génie — moins rusé et trompeur que puissant, DESC. *Médit.* 1. Si l'amour de sa femme Ne peut — plus sur lui que le mien sur ton âme, CORN. *Hor.* II, 5. Tu n'en sauras — plus les véritables causes, ID. *Hér.* IV, 4. Prête à donner à leur troupeau — seulement leurs veilles et leurs travaux, mais encore leur propre vie, BOSS. *Hist. univ.* II, 20. — seulement on l'estime, mais encore on l'aime.

NON-ACTIVITÉ [nŏ-năk'-ti-vi-té] *s. f.*
[ÉTYM. Composé de non et activité, §§ 193 et 196. ‖ *Néolog.* Admis ACAD. 1878.]
‖ (T. d'admin.) Position d'un officier, d'un employé qui, momentanément, n'exerce aucune fonction. (*Cf.* inactivité.)

NONAGÉNAIRE [nŏ-nà-jé-nèr] *adj.*
[ÉTYM. Emprunté du lat. nonagenarius, *m. s.* ‖ XIV⁰ s. L'un des nombres est centenaire, Avecques le nonagenaire, J. LE FÈVRE, *Vieille,* dans DELB. *Rec.*]
‖ Âgé de quatre-vingt-dix ans. *Substantivt.* Un, une —.

NONAGÉSIME [nŏ-nà-jé-zim'] *adj.*
[ÉTYM. Emprunté du lat. nonagesimus, *m. s.* ‖ 1557. Deux nonagesimes, P. DE MESMES, *Instit. astron.* p. 114. Admis ACAD. 1762.]
‖ *Vieilli.* Quatre-vingt-dixième. *Spéciall.* (Astron.) — degré, et, *substantivt,* Le —, le plus haut point de l'écliptique.

NONANTE [nŏ-nănt'] *adj.*
[ÉTYM. Du lat. nonaginta, *m. s.* devenu de bonne heure en lat. pop. *nonanta, §§ 291 et 575.]
‖ *Vieilli et dialect.* Quatre-vingt-dix. Il faut toujours dire quatre-vingt-dix et non pas —, VAUGELAS, *Rem.* ‖ *Spéciall.* (Astron.) Quart de —, quart de cercle divisé en quatre-vingt-dix degrés.

***NONANTER** [nŏ-nan-té] *v. intr.*
[ÉTYM. Dérivé de nonante, § 154. (*Cf.* soixanter.) ‖ 1752. TRÉV.]
‖ *Vieilli.* (T. de jeu de piquet.) Passer de vingt-neuf à quatre-vingt-dix points (quand l'adversaire n'a rien compté).

NONANTIÈME [nŏ-nan-tyèm'] *adj.*
[ÉTYM. Dérivé de nonante, § 96 *ter.* ‖ XIV⁰-XV⁰ s. Ou nonentiesme an de l'empire Tybere, *Passion,* dans GODEF.]
‖ *Vieilli et dialect.* Quatre-vingt-dixième.

NONCE [nŏns'] *s. m.*
[ÉTYM. De l'ital. nunzio, qui est le lat. nuntius, messager, § 12. (*Cf.* nonciature.) ‖ XVI⁰ s. Légat est par aucuns appelé le nonce, en italianisant, H. EST. *Nouv. Lang. franç. italian.* I, 336.]
‖ Ambassadeur du pape. (*Cf.* légat.)

NONCHALAMMENT [non-chà-là-man] *adv.*
[ÉTYM. Pour nonchalantment, composé de nonchalant et ment, § 724. ‖ XV⁰ s. En souffrant nonchalamment regner la tirannie de vos ennemis, A. CHART. *Esper.* p. 272, édit. 1617.]
‖ D'une manière nonchalante. Travailler —. Il était — étendu.

NONCHALANCE [non-chà-làns] *s. f.*
[ÉTYM. Dérivé de nonchalant, § 146. ‖ XIII⁰ s. Par droite nonchalance, J. DE MEUNG, *Test.* 469.]
‖ Caractère nonchalant. Faire qqch avec —. *Vieilli.* Une — du salut (pour le salut), PASC. *Pens.* XXIV, 24. | *P. ext.* (*rare*). Acte de nonchalant. De telles nonchalances pour ce qui vous regarde, SÉV. 791.

NONCHALANT, ANTE [non-chà-lan, -lànt'] *adj.*
[ÉTYM. Composé de non et chalant, part. de chaloir, §§ 193 et 196. ‖ XIII⁰ s. Nunchaillent, FRÈRE LAURENT, *Somme,* dans GODEF. *Compl.*]
‖ Qui manque d'activité par insouciance. Un homme —. Être d'un caractère —, d'humeur nonchalante. En dame nonchalante, Vous vous faites traîner, MOL. *Amph.* prol. Avoir une démarche, une posture nonchalante. | *Vieilli.* — de qqch, pour qqch. Des lettres nonchalante, RÉGNIER, *Sat.* 7. ‖ *Substantivt.* Un — une nonchalante.

NONCHALOIR [non-chà-lwàr] *s. m.*
[ÉTYM. Composé de non et chaloir employé substantivt, §§ 193 et 196. ‖ XII⁰ s. Or a tot mis en nonchaleir, *Énéas,* 1411.]
‖ *Vieilli.* État de celui qui est nonchalant. Mettrai-je aussi Cassandre à —? (1608), J. DE SCHELANDRE, *Tyr et Sidon,* II, I, 5.

NONCIATURE [non-syà-tûr] *s. f.*
[ÉTYM. Emprunté de l'ital. nunziatura, *m. s.* § 12. ‖ XVII⁰ s. MAUCROIX, dans RICHEL.]
‖ Charge de nonce. ‖ *P. ext.* | 1. Durée des fonctions du nonce. | 2. Résidence du nonce.

NON-CONFORMISTE [non-kon-fòr-mĭst'] *s. m. et f.*
[ÉTYM. Composé de non et conformiste, §§ 193 et 196. ‖ XVII⁰ s. BOSS. *Var.* 13. Admis ACAD. 1762.]
‖ (Hist. relig.) Celui, celle qui n'est pas conformiste.

***NON-DISPONIBILITÉ** [non-dĭs'-pò-ni-bi-li-té] *s. f.*
[ÉTYM. Composé de non et disponibilité, §§ 193 et 196. ‖ *Néolog.*]
‖ (T. d'admin.) État de ce qui n'est pas disponible. | *Spéciall.* Situation d'un soldat indisponible.

NONE [nòn'] *s. f.*
[ÉTYM. Emprunté du lat. ecclés. nona, *m. s.* proprt, « neuvième (heure) ». ‖ XI⁰ s. Tresque la basse none, *Voy. de Charl. à Jérus.* 571.]
‖ (Liturgie cathol.) Une des sept heures canoniales, qui se récite vers la neuvième heure du jour.

NONES [nòn'] *s. f. pl.*
[ÉTYM. Emprunté du lat. nonæ, *m. s.* de nonus, neuvième. ‖ XII⁰ s. PH. DE THAUN, *Comput,* 186.]
‖ (Chronol. anc.) Neuvième jour avant les ides. Le trois des nones de janvier (3 janv.), de mars (5 mars), etc.

NON-ÊTRE [nŏ-nêtr'] *s. m.*
[ÉTYM. Composé de non et être pris substantivement, §§ 193 et 196. ‖ 1608. V. à l'article. Admis ACAD. 1878.]
‖ (Philos.) Absence, privation de l'être. (*Syn.* néant.) L'horreur que témoigne toute la nature de la mort et du —, BOSS. *Honneur du monde,* fragm. D'un atome léger et presque d'un —, SONNET DE COURVAL, *Sat.* (1608), dans DELB. *Rec.*

NONIDI [nŏ-ni-di] *s. m.*
[ÉTYM. Composé avec le lat. nonus, neuvième, et dies, jour, d'après lundi, mardi, etc., § 284. ‖ 1793. Mot dû à FABRE D'ÉGL. Admis ACAD. 1798, suppl.]
‖ (Calendr. répul.) Neuvième jour de la décade.

NON-INTERVENTION [nŏ-nin-tèr-van-syon ; *en vers,* -si-on] *s. f.*
[ÉTYM. Composé avec non et intervention, §§ 193 et 196. ‖ *Néolog.* Admis ACAD. 1878.]
‖ (Politiq.) Absence d'intervention dans les affaires d'un autre peuple. La politique de —.

NONIUS [nŏ-nyŭs' ; *en vers,* -ni-ŭs'] *s. m.*
[ÉTYM. Nom propre d'inventeur, § 36, forme latinisée de Nunhez, mathématicien portugais (1492-1577). ‖ 1812. MOZIN, *Dict. franç.-allem.* Admis ACAD. 1835.]
‖ (Mathém.) Échelle de divisions très petites, par section de transversales.

NON-JOUISSANCE [non-jou-i-sāns'] *s. f.*
[ÉTYM. Composé de non et jouissance, §§ 193 et 196. ‖ 1752. TRÉV. Admis ACAD. 1762.]
‖ (Droit.) Privation de la jouissance d'une chose.

NON-LIEU [non-lyeû] *s. m.*
[ÉTYM. Composé de non et lieu, §§ 193 et 196. ‖ *Néolog.* Admis ACAD. 1878.]
‖ (Droit.) Constatation (par la chambre des mises en accusation) qu'il n'y a pas lieu de poursuivre (un prévenu). Rendre une ordonnance de —, et, *famil.* Obtenir un —.

NON-MOI [non-mwà] *s. m.*
[ÉTYM. Composé de non et moi pris substantivt, §§ 193 et 196. ‖ *Néolog.* Admis ACAD. 1878.]
‖ (Philos.) Ce qui s'oppose au moi, comme étranger à son être. Le moi et le —.

NONNAIN [nŏ-nin] *s. f.*
[ÉTYM. Ancien cas régime de nonne (*V.* ce mot), § 533. ‖ XI⁰ s. Un munstier de nuneins, *Roland,* 3730.]
‖ *Vieilli.* Nonne, religieuse.

NONNE [nòn'] *s. f.*
[ÉTYM. Du lat. ecclés. nonna, terme de respect équivalent à « mère », §§ 327, 478, 481 et 291. En anc. franç. nonne a pour cas régime nonnain, et pour plur. nonnains.]
‖ Religieuse. (Ne se dit plus que dans le style léger.) ‖ *Famil.* Pet de —, beignet soufflé.

NONNETTE [nŏ-nĕt'] *s. f.*
[ÉTYM. Dérivé de nonne, § 133. ‖ (Au sens I.) XIII⁰-XIV⁰ s. Mais Il nonnete n'entendi Point a le deffense warder, J. DE CONDÉ, II, 272, Scheler.]
I. Jeune nonne.
II. *P. ext.* ‖ 1⁰ Petit pain d'épice anisé (fabriqué primitivement par les religieuses). Les nonnettes de Reims, de Dijon.

Colonne 1

|| **2°** Espèce de mésange.

NONOBSTANT [nò-nŏbs'-tan,-tānt'] *adj., prép. et adv.*
[ÉTYM. Composé de non et l'anc. franç. obstant, qui est
le lat. obstans, empêchant, §§ 193 et 196. || xiv° s. Toujours
droit et bien, nonobstant les fortunes, ORESME, *Éth.* i, 16.]
I. *Anciennt. Adj.* Qui n'empêche pas qqch. Clause no-
nobstante.
II. *Prép.* Sans être empêché par (qqch). Il a réussi —
sa jeunesse. Ce —. — cet asile, LA F. *Fab.* ii, 8. (Droit.) —
opposition. || *Loc. conj.* — que. — qu'elles ne soient plus
animées, DESC. *Méth.* 5.
III. *Adv.* Sans être empêché. Savoir qu'une chose est
défendue, et la faire —.
NON-PAIEMENT [non-pè-man] *s. m.*
[ÉTYM. Composé de non et paiement, §§ 193 et 196. On
peut écrire aussi non-payement, et non-paiment. || 1752. TRÉV.
Admis ACAD. 1835.]
|| (Commerce.) Le fait de ne pas payer à l'échéance
(une somme due, un billet souscrit).
NON-PAIR, AIRE [non-pêr] *adj.*
[ÉTYM. Composé de non et pair adj. §§ 193 et 196. Fré-
quent au sens de « nonpareil » en anc. franç. || (Au sens
actuel.) xiii° s. Per et nonper, E. BOILEAU, *Livre des mest.*
I, LXXI, 11.]
|| *Rare.* Qui n'est pas pair. (*Syn.* impair.)
NONPAREIL, EILLE [non-pà-rèy'] *adj. et s. m. et f.*
[ÉTYM. Composé de non et pareil, §§ 193 et 196. Sou-
vent écrit nompareil aux derniers siècles. || xv° s. Nompa-
reille princesse, CH. D'ORL. ii, 10, d'Héricault.]
I. *Adj.* Qui n'a pas son pareil. Si je voulais vanter un
objet —, BOIL. *Sat.* 2. J'ai souhaité un fils avec des ardeurs non-
pareilles, MOL. *D. Juan*, iv, 4.
II. *S. m. et f.* || **1°** *S. m.* | 1. Variété d'œillet. | 2. Oiseau
de la Floride, sorte de gros-bec.
|| **2°** *S. f.* Nonpareille. | 1. Ruban étroit, de couleurs
variées, qui sert à lier des petits paquets. | 2. Très petite
dragée, de couleurs variées. Nonpareille de Verdun. | **3.**
Nom qu'on donnait autrefois au plus petit et au plus gros
caractère d'imprimerie. Petite, grosse nonpareille.
NON PLUS ULTRA [nŏn'-plŭs'-ŭl-trà]. *V.* nec plus
ultra.
NON-PRIX [non-prì; l'*x* se lie avec le son d'un *z*]
s. m.
[ÉTYM. Composé de non et prix, §§ 193 et 196. || 1606.
Nonprix, NICOT. Admis ACAD. 1835.]
|| *Vieilli.* Prix inférieur à la valeur. Vendre à —.
NON-RÉSIDENCE [non-ré-zi-dāns'] *s. f.*
[ÉTYM. Composé de non et résidence, §§ 193 et 196. ||
xvii° s. *V.* à l'article. Admis ACAD. 1762.]
|| (Droit.) Le fait d'être absent du lieu où l'on doit ré-
sider. La — des évêques, RETZ, *Mém.* iv, 100, ann. 1652.
***NON-RÉUSSITE** [non-ré-u-sìt'] *s. f.*
[ÉTYM. Composé de non et réussite, §§ 193 et 196. || *Néo-
log.*]
|| Le fait de ne pas réussir dans une chose qu'on a en-
treprise. (*Syn.* insuccès.) En cas de —.
NON-SENS [non-sāns'] *s. m.*
[ÉTYM. Composé de non et sens, §§ 193 et 196. || xii°-
xiii° s. Par nonsens ou par oubliance, GUILL. LE CLERC, *Best.
divin*, dans DELB. *Rec.* Admis ACAD. 1878.]
|| (T. didact.) Phrase, proposition qui n'a pas de sens.
(*Cf.* insensé et contresens.) Dire un —.
NONUPLE [nò-nupl'] *adj.*
[ÉTYM. Dérivé du lat. nonus, neuvième, sur le modèle
de quadruple, quintuple, etc. § 263 *bis*. (*Cf.* l'ital. nonuplo.)
Le lat. dit nonuplus. || 1550. MEIGRET, *Gramm. franç.*
dans DELB. *Rec.* Admis ACAD. 1798.]
|| *Rare.* Qui contient neuf fois une quantité. *Substan-
tivt.* Le —, une quantité neuf fois plus grande.
NONUPLER [nò-nu-plé] *v. tr. et intr.*
[ÉTYM. Dérivé de nonuple, § 154. || Admis ACAD. 1798.]
|| *Rare.* || **1°** *V. tr.* Rendre (une quantité) nonuple.
|| **2°** *V. intr.* Devenir neuf fois plus grand.
NON-USAGE [nò-nu-zàj'] *s. m.*
[ÉTYM. Composé de non et usage, §§ 193 et 196. || Admis
ACAD. 1762.]
|| (Droit.) Le fait de ne pas se servir pendant un cer-
tain temps d'une chose dont on a l'usage ou l'usufruit.
Les servitudes s'éteignent par le —.
NON-VALEUR [non-và-leur] *s. f.*

Colonne 2

[ÉTYM. Composé de non et valeur, §§ 193 et 196. || 1611.
Non-valleur, COTGR.]
|| Le fait de ne rien produire (en parlant de ce qui doit
donner un revenu). Des terres laissées en —. Des appartements non loués, des créances non recouvrées, sont des non-
valeurs. Qu'il n'y ait point de non-valeurs, ce qui, à mon sens,
ne sera pas difficile, COLBERT, *Circulaire aux intendants*,
25 sept. 1663. Fonds de —, fonds départemental, formé de
centimes additionnels destinés à dédommager les contri-
buables qui justifient d'une perte de revenu. || *P. ext.*
(T. milit.) Homme qui n'est pas en état de faire campagne,
de se battre.
NON-VUE [non-vu] *s. f.*
[ÉTYM. Composé de non et vue, §§ 193 et 196. || xvi°-
xvii° s. Tourmente que les mariniers appellent de non-vue,
D'AUB. *Lett.* i, 364. Admis ACAD. 1762.]
|| *Vieilli.* (Marine.) Obscurité causée par un temps
brumeux.
***NOPAL** [nò-pàl] *s. m.*
[ÉTYM. Emprunté de l'espagn. nopal, m. s. d'origine
mexicaine, §§ 13 et 30. || 1587. Un grand nopal, FUMÉE, *Hist.
génér. des Indes*, dans DELB. *Rec.* Admis ACAD. 1835.]
|| (Botan.) Arbre sur lequel vit la cochenille, variété
de cactier. Des nopals épineux.
NOPE [nŏp'] *s. f.*
[ÉTYM. Emprunté du flam. noppe, allem. knopf, m. s.
§ 10. || 1527. Personne ne peut presser noppes sur les draps,
dans GODEF.]
|| (Technol.) Nœud, bourre qui se forme sur le drap
pendant qu'on le fabrique.
***NOPER** [nò-pé] *v. tr.*
[ÉTYM. Dérivé de nope, § 154. || 1461. Nopper les draps,
dans GODEF.]
|| (Technol.) Éplucher. (*V.* énoper.) — le drap.
NORD [nòr] *s. m.*
[ÉTYM. Emprunté de l'allem. nord, m. s. §§ 6, 498 et
499. || xii° s. Normanz se faiseient numer, Ki veneient de north
par mer, WACE, *Rou*, i, 129.]
|| **1°** Un des quatre points cardinaux, point de l'horizon
situé dans la direction de l'étoile polaire. L'étoile du —,
l'étoile polaire. Le vent qui vient du —, le vent du —. *P. appos.* Le pôle —. Le dixième degré de latitude —. *Poét.* Le
mont la défend des outrages du — (du vent du nord), BOIL.
Ép. 6. || *Famil.* Perdre le —, être désorienté.
|| **2°** Partie du globe, région située vers le nord. (S'écrit
ordinairement avec N majuscule.) Le plus terrible des enfants Que le Nord eût portés jusque-là dans ses flancs, LA F. *Fab.*
i, 22. Un conquérant qui menace tout le Nord de la servitude,
BOSS. *A. de Gonz.* || *P. anal.* Partie, région d'un pays la
plus rapprochée du nord. Le — de l'Espagne. Les chemins
de fer du — de la France, et, *ellipt*, La compagnie du Nord. Un
employé du Nord.
NORD-EST [nòr-dĕst'; *chez les gens de mer*, nò-rè] *s. m.*
[ÉTYM. Composé de nord et est, § 199. || Vers 1244. Vers
northest de Acre, dans DELB. *Rec.*]
|| Point de l'horizon situé entre le nord et l'est. ||Par-
tie du monde, d'un pays, située entre le nord et l'est.
***NORD-NORD-EST** [nòr-nòr-dĕst'; *chez les gens de
mer*, nòr-nò-rè] *s. m.*
[ÉTYM. Composé de nord répété et est, § 199. || 1574.
DE BESSARD, *Dialog. de la longitude*, p. 13.]
|| Point de l'horizon situé entre le nord et le nord-est.
***NORD-NORD-OUEST** [nòr-nòr-dwèst'; *chez les gens
de mer*, nòr-nò-rwò] *s. m.*
[ÉTYM. Composé de nord répété et ouest, § 199. || xv°-
xvi° s. Sorlyngues et Oyssant gisent nort noroest et su suest,
GARCIE, *Grant Routier*, f° 9, r°.]
|| Point de l'horizon situé entre le nord et le nord-
ouest.
NORD-OUEST [nòr-dwĕst'; *chez les gens de mer*, nò-
rwò] *s. m.*
[ÉTYM. Composé de nord et ouest, § 199. || 1421. Les vens
qui plus y nuisent sont noord et noord-west, GHILL. DE LAN-
NOY, dans DELB. *Rec.*]
|| Point de l'horizon situé entre le nord et l'ouest. ||
Partie du monde, d'un pays, située entre le nord et l'ouest.
NORIA [nò-ryà; *en vers*, -ri-à] *s. f.*
[ÉTYM. Emprunté de l'espagn. noria, qui est l'arabe
na'ora, m. s. §§ 13 et 22. || *Néolog.* Admis ACAD. 1878.]
|| (Technol.) Machine hydraulique faite de seaux, atta-

chés le long d'une chaîne sans fin qui s'enroule sur un tambour, avec un mouvement de rotation par lequel les seaux se remplissent et montent d'un côté, se vident et redescendent de l'autre.

NORMAL, ALE [nòr-màl] *adj*.
[ÉTYM. Emprunté du lat. *normalis*, *m. s.* dérivé de *norma*, équerre, règle, loi. (*Cf.* norme.) || 1759. L'une sera la tangente, l'autre la normale, DE LA LANDE, *Tables astron. de Halley*, II, 31. Admis ACAD. 1835.]
I. (Géom.) Perpendiculaire à la tangente d'une ligne courbe ou au plan tangent d'une surface courbe. Une ligne normale, et, *substantiv*, Une normale. Plan —, qui passe par la normale. || Passiflore normale, dont la feuille a à la base deux lobes qui sont à angle droit.
II. *Fig*. || **1°** Qui suit sa voie régulière. Les choses ne sont pas dans leur état —.
|| **2°** Qui sert de règle. Cours —. *Spéciall*. École normale supérieure, destinée à former des professeurs pour les lycées et collèges. École normale primaire, destinée à former des instituteurs primaires.

***NORMALEMENT** [nòr-màl-man ; *en vers*, -mà-le-...] *adv*.
[ÉTYM. Composé de *normale* et *ment*, § 724. || *Néolog*.]
|| D'une manière normale, en suivant la voie régulière. Se développer —.

NORMAND, ANDE [nòr-man] *adj*.
[ÉTYM. Nom propre des habitants de la Normandie, province de France, § 36. || Admis ACAD. 1798.]
|| *Famil*. Qui a le caractère de ruse attribué aux Normands. Réponse normande, qui ne dit ni oui ni non. Oracles... rendant leurs réponses normandes, BOIL. *Sat*. 12.

***NORME** [nòrm'] *s. f*.
[ÉTYM. Emprunté du lat. *norma*, *m. s*. (*Cf*. normal.) || XVᵉ s. La norme de chascune eglise, P. FERGET, *Mirouer de vie hum*. fo 173, vᵒ, édit. 1482.]
|| (T. didact.) Loi, règle.

NOS [nó ; l's se lie en se prononçant z] plur. de notre.

NOSOGRAPHIE [nò-zò-grà-fî] *s. f*.
[ÉTYM. Composé avec le grec νόσος, maladie, γράφειν, décrire, et le suffixe ie, § 279. || 1793. PINEL, *Nosographie philosophique*, titre. Admis ACAD. 1835.]
|| (T. didact.) Description des maladies.

NOSOLOGIE [nò-zò-lò-jî] *s. f*.
[ÉTYM. Composé avec le grec νόσος, maladie, λόγος, discours, et le suffixe ie, § 279. || 1747. JAMES, *Dict. de médec*. Admis ACAD. 1835.]
|| (T. didact.) Définition et classification des maladies.

NOSTALGIE [nòs'-tàl-jî] *s. f*.
[ÉTYM. Composé avec le grec νόστος, retour, ἄλγος, souffrance, et le suffixe ie, § 279. || 1802. MAURICEAU-BEAUCHAMP, dans *Mém. de la Soc. médic. d'émulation*, I, 107. Admis ACAD. 1835.]
|| (T. didact.) Mal du pays, langueur causée par le regret du pays natal.

NOSTOC [nòs'-tòk] *s. m*.
[ÉTYM. Mot dû à PARACELSE, d'origine inconnue. || XVIIᵉ s. Nostoch, LIGER, *Nouv. Mais. rust.* dans DELB. *Rec*. Admis ACAD. 1762.]
|| (Hist. nat.) Algue filamenteuse enveloppée d'une gaine gélatineuse, dite crachat de la lune.

NOTABILITÉ [nò-tà-bi-li-té] *s. f*.
[ÉTYM. Dérivé du lat. *notabilis*, notable, § 255. || XVIᵉ s. DU VERDIER, *Div. leçons*, dans DELB. *Rec*. Admis ACAD. 1878.]
|| Caractère d'une personne notable. Sa — est connue.
|| *P. ext. Néolog*. Personnage notable. Les notabilités de la ville.

NOTABLE [nò-tàbl'] *adj*.
[ÉTYM. Emprunté du lat. *notabilis*, *m. s*. || XIIIᵉ s. Tant publierent la fable Qu'el fu par tout le ciel notable, J. DE MEUNG, *Rose*, 14375.]
|| Qui mérite une mention particulière. On lui a causé un — préjudice. || *Vieilli*. Arrêt —, arrêt d'une cour souveraine fixant un point de jurisprudence. || Les habitants, les gens notables, et, *substantiv*, Les notables. | **1.** *Anciennt*. Les principaux membres de la noblesse, de la magistrature et du clergé. Henri IV convoqua l'assemblée des notables du royaume. | **2.** Les principaux habitants de chaque commune, électeurs et éligibles pour les fonctions municipales. | **3.** Les principaux négociants d'une place de commerce, formant l'assemblée chargée d'élire les membres du tribunal de commerce.

NOTABLEMENT [nò-tà-ble-man] *adv*.
[ÉTYM. Composé de *notable* et *ment*, § 724. || XIVᵉ s. Bien et notablement, *Ciperis*, dans GODEF. *Compl*.]
|| D'une manière notable. Cela a contribué — au succès.

NOTAIRE [nò-tér] *s. m*.
[ÉTYM. Emprunté du lat. *notarius*, *m. s*. || XIIᵉ s. Uns maistres notaries del temple, *Rois*, IV, 22.]
|| Officier public établi pour rédiger et recevoir les actes, contrats, etc., auxquels les particuliers veulent donner un caractère authentique. (*Cf*. tabellion.) Une étude de —. Un clerc de —. Une convention faite par-devant —. *Loc. prov*. C'est comme si le — y avait passé, c'est bien et dûment convenu.

NOTAMMENT [nò-tà-man] *adv*.
[ÉTYM. Pour notantment, composé de *notant*, part. de *noter* pris adjectiv, et *ment*, § 724. VAUGEL. dit que notamment n'est pas du bel usage et conseille de dire nommément, aujourd'hui vieilli. || XVᵉ s. Nottemment, *Myst. du Vieil Test*. (ms. de Troyes), fo 20, vᵒ, dans GODEF. *Compl*.]
|| D'une manière qui mérite d'être particulièrement notée. Cette pensée a été exprimée par plusieurs auteurs, — par Pascal.

***NOTARIAL, ALE** [nò-tà-ryàl ; *en vers*, -ri-àl] *adj*.
[ÉTYM. Dérivé du lat. *notarius*, notaire, § 238. On trouve notairial dans COTGR. || *Néolog*.]
|| Qui appartient à la charge de notaire. Fonctions notariales.

NOTARIAT [nò-tà-ryà ; *en vers*, -ri-à] *s. m*.
[ÉTYM. Emprunté du bas lat. *notariatus*, *m. s*. § 254 || 1482. Notoriat, dans GODEF. | 1578. Estat et office de notariat, P. DU PRAT, *Théorique de l'art des notaires*, titre.]
|| Fonctions exercées par un notaire. Se destiner au —.

NOTARIÉ, ÉE [nò-tà-ryé ; *en vers*, -ri-é] *adj*.
[ÉTYM. Dérivé du lat. *notarius*, notaire, § 253. || XVᵉ s. Acte public et notarié, MONSTREL. I, 49. Admis ACAD. 1762.]
|| Fait par un notaire. Un acte —.

NOTATION [nò-tà-syon ; *en vers*, -si-on] *s. f*.
[ÉTYM. Emprunté du lat. *notatio*, *m. s*. || XIVᵉ s. Appellacion et notacion, ORESME, *Éth*. IX, 11.]
|| Manière de noter. — musicale, figuration des sons musicaux, de leur intonation, de leur durée, etc., par certains signes. — algébrique, figuration de quantités ou d'opérations à effectuer par certaines lettres. — chimique, expression des éléments d'un composé par les initiales des éléments composants et les nombres des proportions.

NOTE [nòt'] *s. f*.
[ÉTYM. Emprunté du lat. *nota*, *m. s*. || XIIᵉ s. N'i a gueres bon harpeor Ne sache les notes harper, *Lai de Doon*, dans *Romania*, 1879, p. 61.]
|| **1°** Marque faite pour garder mention, indication de qqch. || *Spéciall*. Notes tironiennes, signes abréviatifs du moyen âge (dont l'invention est attribuée à Tiron, affranchi de Cicéron). || *Fig*. | 1. *Vieilli*. Mention particulière d'une personne distinguée. *Spéciall*. Personnage de —, de marque. | 2. Désignation favorable ou défavorable d'une personne à l'opinion. C'est une bonne, une mauvaise — pour lui. Une — d'infamie. Une — infamante. On ose attribuer à Jésus-Christ même toutes ces notes flétrissantes, BOSS. 2ᵉ *Instr. pastor. Ellipt*. Mauvaise note. C'est une — qui reste attachée à sa mémoire.
|| **2°** *P. ext*. (Musique.) Signe qui, par sa place sur la ligne de la portée, marque l'intonation et, par sa forme, la durée d'un son musical. Savoir lire ses notes. Savoir ses notes. Il ne sait pas une — de musique. Donner à une — sa valeur. — accidentée, accompagnée d'un signe dit accident (dièse, bémol). || *P. ext*. Son musical figuré par ce signe. Les sept notes de la gamme. Petites notes, notes d'agrément dont la durée, très rapide, se prend sur la note qui précède ou sur celle qui suit. Une fausse —, dont l'intonation est trop haute ou trop basse. Donner la — à qqn, lui indiquer l'intonation juste. || *Fig*. Façon de parler, d'agir. C'est toujours même — et pareil entretien, LA F. *Fab*. VI, 21. Il ne sait qu'une —. *Vieilli*. A basse —, en parlant, en agissant sans bruit. Leur ennemi changea de — (de conduite ; *cf*. gamme), LA F. *Fab*. II, 8. Je te ferai changer de —, MOL. *Mar. forcé*, sc. 5.
|| **3°** Indication mise à la marge, au bas d'une page, à la suite d'un chapitre, etc., d'un écrit, d'un livre, pour compléter, éclaircir, etc. Un ouvrage accompagné de notes

historiques, philologiques, etc. Une explication mise en —. ‖ Indication recueillie en écoutant un cours, en étudiant une affaire, en préparant un travail. Prendre des notes. Consulter ses notes. Parler sans notes. Remettre une — à son avocat. ‖ Indication, communication officielle sur un point déterminé. Il a paru une — au Moniteur. La Russie et l'Angleterre ont échangé des notes diplomatiques. ‖ Indication donnée par un maître sur la conduite, le travail d'un élève, par un chef sur le zèle, la capacité de ses subordonnés. Donner, obtenir de bonnes, de mauvaises notes. ‖ Facture contenant l'indication de travaux exécutés pour qqn, d'objets qui lui ont été fournis, avec les prix qui sont dus. Présenter sa —. Une — acquittée. Payer la — du boucher, du serrurier.

NOTER [nò-té] *v. tr.*

[ÉTYM. Emprunté du lat. notare, *m. s.* ‖ XII° s. Li chars note en verté Quatre des feelz Dé, PH. DE THAUN, *Best.* p. 80.]

‖ **1°** Marquer (ce dont on veut garder la mention, l'indication). Notez l'heure, RÉGNIER, *Sat.* 11. Notez ces deux points-ci, LA F. *Fab.* VII, 5. Je noterai cela, Madame, dans mon livre, MOL. *F. sav.* IV, 4. Les articles notés sur une facture. ‖ *Fig.* Désigner (qqn) à l'opinion, en bien ou en mal. Il est bien noté. Il est noté favorablement. Une personne mal notée. Être noté d'infamie. *Ellipt.* Désigner à l'opinion d'une manière défavorable. Celui qui a composé l'histoire d'Espagne en français l'a notée (Chimène)... de s'être tôt et aisément consolée de la mort de son père, CORN. *Cid*, avert.

‖ **2°** *Spécialt.* Indiquer les sons musicaux à l'aide de signes. — un air. De la musique notée en chiffres.

NOTEUR [nò-tèur] *s. m.*

[ÉTYM. Dérivé de noter, § 112. ‖ XIII° s. Sun notur e estruement, P. DE PECKHAM, *Lumiere as lais*, dans GODEF. notor. Admis ACAD. 1762.]

‖ *Vieilli.* Celui qui est chargé de noter les différentes parties des chanteurs, des musiciens, d'en faire la copie. (*Cf.* copiste.) Le — de l'Opéra.

NOTICE [nò-tis'] *s. f.*

[ÉTYM. Emprunté du lat. notitia, *m. s.* ‖ 1372. Il vint a la notice du suppliant, *Ordonn.* v, 606.]

‖ **1°** *Vieilli.* Connaissance qu'on a de qqch. Tout ce qui vient à leur —, MONTAIGNE, II, 10.

‖ **2°** *P. ext.* Écrit destiné à donner la connaissance d'un point particulier d'histoire, de science, etc. — biographique, historique, bibliographique. Notices et extraits des manuscrits, titre d'un recueil publié par l'Institut de France.

NOTIFICATION [nò-ti-fi-kà-syon ; *en vers*, -si-on] *s. f.*

[ÉTYM. Dérivé de notifier, § 247. ‖ XIII°-XIV° s. *Chirurg. de Mondeville*, f° 71, v°.]

‖ Action de notifier. — a été faite du jugement aux parties intéressées. ‖ *P. ext.* Pièce par laquelle on notifie qqch.

NOTIFIER [nò-ti-fyé ; *en vers*, -fi-é] *v. tr.*

[ÉTYM. Emprunté du lat. notificare, *m. s.* ‖ XIII°-XIV° s. *Chirurg. de Mondeville*, f° 71, v°.]

‖ Porter (qqch) à la connaissance de qqn dans la forme officielle. La commutation de peine fut notifiée au condamné. On lui a notifié que son congé était expiré.

NOTION [nó-syon ; *en vers*, -si-on] *s. f.*

[ÉTYM. Emprunté du lat. notio, *m. s.* ‖ 1653. OUD. notione.]

‖ Connaissance élémentaire. Il n'a pas la — du bien et du mal. Avoir des notions de musique. Les premières notions de calcul.

NOTOIRE [nò-twàr] *adj.*

[ÉTYM. Emprunté du lat. notorius, *m. s.* ‖ XIII° s. Fes si clers et si notoires, BEAUMAN. VI, 12.]

‖ (T. didact.) Qui est à la connaissance du plus grand nombre. C'est un fait —. Une injustice —. ‖ *P. ext. Ancienn.* Art —, art cabalistique par lequel on prétendait pouvoir acquérir la science universelle.

NOTOIREMENT [nò-twàr-man ; *en vers*, -twà-re-...] *adv.*

[ÉTYM. Composé de notoire et ment, § 724. ‖ XIII° s. BEAUMAN. LXIII, 6.]

‖ (T. didact.) D'une manière notoire. Il vous est — hostile.

NOTORIÉTÉ [nò-tò-ryé-té ; *en vers*, -ri-é-té] *s. f.*

[ÉTYM. Dérivé du lat. notorius, notoire, § 255. ‖ 1411. Attendu la notoriété des faits, *Ordonn.* IX, 653.]

‖ (T. didact.) Caractère de ce qui est notoire. Cela est de —. Il est de — que je suis domicilié dans cette ville depuis

dix ans. ‖ Acte de —, acte notarié par lequel, à défaut de preuves écrites, des témoins établissent un fait comme pertinemment connu. ‖ *P. ext.* Avoir de la —, être avantageusement connu.

NOTRE [nò-tre ; devant une voyelle, nòtr'] ; au plur. **NOS** [nó ; *en liaison*, nóz'] *adj.*

[ÉTYM. Du lat. nostrum, *m. s.* devenu nostre, § 291, puis notre au lieu de nôtre, à cause de son caractère atone, §§ 594 et 595.]

‖ Adj. poss. déterminatif qui se place avant le nom. ‖ **1°** Qui est à nous, qui se rapporte à nous. — demeure. — père. — hôte. Voyez — espérance, CORN. *Poly.* IV, 3. C'est là — plus court, LA F. *Fab.* IV, 22. Allez chez nos amis, ID. *ibid.* Nos filles sont vos femmes, CORN. *Hor.* I, 3. Joignons toutes nos forces, ID. *ibid.* ‖ Suivi d'un comparatif qui prend alors la valeur du superlatif. — meilleur ami. Nos plus chères espérances. Nos moindres désirs. ‖ *P. ext.* En parlant d'une seule personne, constituée en dignité, ayant autorité, etc., qui dit nous au lieu de je, moi. — ministre est chargé de l'exécution du présent décret. Nous vous donnons — bénédiction apostolique.

‖ **2°** *P. ext. Famil.* Dont nous parlons. — renard, pressé par une faim canine, LA F. *Fab.* XI, 6. Voilà nos gens rejoints, ID. *ibid.* IX, 2. Nos deux époux suivaient, ID. *Phil. et Baucis.* Revenons à nos moutons.

NÔTRE [nòtr'] *adj.*

[ÉTYM. Du lat. nostrum, *m. s.* devenu nostre, nôtre, §§ 594 et 595.]

‖ Adj. poss. qualificatif qui se place après le substantif. Qui est à nous, qui se rapporte à nous. Les choses qui sont vraiment nôtres. Vous serez toute —, CORN. *Hor.* I, 2. ‖ En sous-entendant le subst. déjà exprimé. Le —, la —, les nôtres. Un sort comme le —, LA F. *Fab.* II, 6. Juger sa vertu par la —, CORN. *Pomp.* V, 1. Nous n'écoutons d'instincts que ceux qui sont les nôtres, LA F. *Fab.* I, 8. ‖ *Absolt.* | 1. *Au masc. sing.* Le —, ce qui est à nous, notre bien. Nous y avons mis du —. *Fig.* Il faut y mettre du —, y apporter qqch qui vienne de nous, de nos efforts. | 2. *Au masc. plur.* Les nôtres, ceux qui nous tiennent de près, parents, amis, compagnons, commensaux, etc. | 3. *Au fém. plur.* Nous avons fait des nôtres, de nos fredaines habituelles.

NOTRE-DAME. V. dame **1** et **2**.

NOTULE [nò-tul] *s. f.*

[ÉTYM. Emprunté du bas lat. notula, *m. s.* ‖ XV°-XVI° s. Notulles Expedier chascun jour plus de dix, A. DE LA VIGNE, dans GODEF. Admis ACAD. 1878.]

‖ (T. didact.) Petite annotation (à un texte).

1. NOUE [nou] *s. f.*

[ÉTYM. Du lat. pop. nauda, *m. s.* d'origine inconnue, qui apparaît à l'époque carolingienne, devenu noe, noue, §§ 333, 411 et 291. (*Cf.* le provenç. nausa et nauva, *m. s.*) ‖ Admis ACAD. 1762.]

‖ (Agricult.) Sol gras et humide, cultivé en prairie pour servir de pâturage. ‖ Terrain bas qui est inondé dans les débordements.

2. NOUE [nou] *s. f.*

[ÉTYM. Origine incertaine : *cf.* le provenç. nauc et nauca, *m. s.* ‖ 1223. Embevrer en le maziere le bourt del nohe, dans D'HERBOMEZ, *Étude sur le dial. du Tournaisis*, p. 12.]

‖ (Technol.) ‖ **1°** Tuile creuse qui sert à l'égouttement des eaux.

‖ **2°** *P. anal.* Ligne de jonction de deux combles en angle rentrant. ‖ Ferme, pièce de bois qui supporte les parties formant jonction. ‖ Lame de plomb qui recouvre cette ferme. (*Cf.* nouette, noulet.)

NOUEMENT [nou-man] *s. m.*

[ÉTYM. Dérivé de nouer, §§ 65 et 145. ‖ 1539. R. EST.]

‖ *Rare.* Action de nouer. (*Cf.* nouure.) *Spécialt.* — d'aiguillette.

NOUER [nwé ; *en vers*, nou-é] *v. tr.*

[ÉTYM. Du lat. nodare, *m. s.* devenu noder, noer, nouer, §§ 347, 411, 295 et 291.]

I. Arrêter (une corde, un ruban, un fil, etc.) en faisant un nœud. — une ficelle autour d'un paquet. Le fil s'est noué. *Spécialt.* (T. de tisserand.) — les fils, rattacher les fils de la chaîne ou de la trame quand ils se cassent. ‖ — les cordons de ses souliers. — le coin d'un mouchoir. Ses cheveux noués négligemment, FÉN. *Tél.* 1. ‖ (Fauconn.) — la longe de l'oiseau (pour l'empêcher qq temps de voler). ‖ *Fig.* — l'aiguillette (qui attachait les chausses), rendre impuissant-

|| *P. ext.* — qqch dans un linge, un mouchoir, mettre qqch dans un linge, dans un mouchoir qu'on noue. (*Cf.* nouet.)

II. *Fig.* || **1°** Arrêter dans son développement. | **1.** Un enfant noué, arrêté dans sa croissance. | *P. anal.* Un esprit noué. | **2.** — une action, la compliquer par des obstacles qui entravent le dénouement. Une action fortement nouée.

|| **2°** Organiser une chose qui offre des complications. — une intrigue, un complot.

|| **3°** Établir un lien moral (avec qqn). — une alliance. — amitié. La partie entre eux deux serait bientôt nouée, CORN. *Attila*, IV, 4.

|| **4°** Présenter, former des nodosités. | **1.** Des fruits qui commencent à se —. *P. ext.* (Des fleurs) qui ne se nouent jamais pour donner des fruits, BOSS. *Parole de Dieu*, 3. | **2.** Avoir les membres noués par la goutte, engorgés aux articulations. | **3.** *P. ext.* (Vénerie.) Chienne nouée, devenue pleine. | **4.** *Au part. passé pris substantivt.* Les nouées (les fumées nouées) du cerf, sa fiente de mai à août. (*Cf.* délié.)

NOUET [nwè ; *en vers*, nou-è] *s. m.*

[ÉTYM. Dérivé de nouer, § 133. || 1391. Un noet de ce que ilz lui bailleroient, *Registre crim. du Châtelet*, II, 3.]

|| **1°** Linge dans lequel on noue une substance médicamenteuse, pour la faire infuser ou bouillir, et pouvoir la retirer à volonté. || Linge dans lequel on noue une substance médicamenteuse destinée à être mâchée par un cheval malade, et qu'on attache à son mors. (*V.* mastigadour.)

|| **2°** Linge dans lequel on noue des herbes, des substances aromatiques, pour les laisser qq temps dans une sauce, un bocal de conserves, etc.

***NOUETTE** [nwèt' ; *en vers*, nou-èt'] *s. f.*

[ÉTYM. Dérivé de noue 2, § 133. || 1812. MOZIN, *Dict. franç.-allem.*]

|| (Technol.) Tuile terminée par une arête.

***NOUEUR, EUSE** [nweur, nweuz' ; *en vers*, nou-...] *s. m.* et *f.*

[ÉTYM. Dérivé de nouer, § 112. || XVIe s. Noueurs d'aiguillettes, PARÉ, XXVI, 34.]

|| Celui, celle qui noue. || *Spécialt. Au masc.* | **1.** Celui qui nouait les fils, les rubans dont on entourait, avant de les sceller, les lettres, les actes officiels, etc. | **2.** *Fig.* — d'aiguillette, celui qui passe pour nouer l'aiguillette (rendre impuissant).

NOUEUX, EUSE [nweu, nweuz' ; *en vers*, nou-...] *adj.*

[ÉTYM. Dérivé de nœud, §§ 65 et 116. (*Cf.* le lat. nodosus, *m. s.*) || XIIIe s. Verges noouses, *Vie de Ste Juliane*, dans GODEF. noeus.]

|| En parlant d'une tige d'arbre, qui présente des nœuds. || *P. anal.* Qui présente des nodosités. Des doigts —. *P. ext.* Rhumatisme —, qui produit des nodosités.

NOUGAT [nou-gà] *s. m.*

[ÉTYM. Emprunté du provenç. mod. nougat, *m. s.* qui correspond au lat. pop. *nǒcātum, de nux, nucis, noix, § 11. || Admis ACAD. 1762.]

|| **1°** Pâte formée d'amandes torréfiées et de sucre.

|| **2°** *P. anal.* Tourteau fait avec le marc de l'huile de noix, pour la nourriture des bestiaux.

NOUILLE [noûy'] et **NOULE** [noul] *s. f.*

[ÉTYM. Pour noudle, emprunté de l'allem. nudel, *m. s.* mot récent dans cette langue et d'origine incertaine, §§ 6, 498 et 499. || 1767. Nouilles, espèce de pâte d'Allemagne, MALOUIN, *Art du boulang.* p. 323. Admis ACAD. 1835.]

|| (Cuisine.) Pâte faite avec de la farine et des œufs, et coupée en lanières minces. (S'emploie surtout au plur.)

NOULET [nou-lè] *s. m.*

[ÉTYM. Pour nouelet, dérivé de noue 2, § 134. || 1314. Une palete et un noilet, dans GODEF. nolet. Admis ACAD. 1762.]

|| (Technol.) Ligne de jonction de deux combles de hauteur inégale. || Ferme qui supporte les parties du comble le moins élevé à la jonction. || Lame de plomb qui recouvre cette ferme.

NOUMÈNE [nou-mên'] *s. m.*

[ÉTYM. Emprunté du grec νοούμενον, chose pensée. || Mot dû à KANT. Admis ACAD. 1878.]

|| (Philos.) Chose intelligible (par opposition au phénomène, apparence sensible).

NOURRAIN [nou-rin] *s. m.*

[ÉTYM. Pour nourrin, § 62, du lat. nūtrīmen, proprt, « action de nourrir, d'élever », devenu nodrim, norrin, nourrin, §§ 348, 404, 469 et 291. || Admis ACAD. 1762.]

|| (Piscicult.) Petit poisson qu'on met dans un étang pour qu'il s'y développe. (*Syn.* alevin, fretin.)

NOURRICE [nou-ris'] *s. f.*

[ÉTYM. Du lat. nūtrīcia, *m. s.* devenu nodrice, norrice, nourrice, §§ 348, 404, 383 et 291.]

|| Celle qui nourrit un enfant. Une mère qui est —. || *Spécialt.* Celle qui allaite l'enfant d'une autre. Ces enfants drus et forts d'un bon lait qu'ils ont sucé, qui battent leur —, LA BR. 1. *Fig.* Battre, mordre sa —, se servir contre qqn de ce qu'on tient de lui. Il (le prince d'Orange) a mordu le sein de sa —, LA BR. 12. *P. appos.* C'est une fille de ma mère —, MOL. *Escarb.* sc. 2. — sur lieu, qui allaite un enfant dans la maison de la mère. || *Ancienn.* Être à —, téter encore. Mettre un enfant à —, lui donner une nourrice. || *De nos jours. Dans le même sens.* Être en —, mettre un enfant en —. Retirer un enfant de —. Enfant changé en —, auquel on a substitué un autre enfant, pendant qu'il était chez la nourrice, et, *fig. famil.* enfant qui n'a pas les mêmes goûts que son père. Payer les mois de —, les services de la nourrice, qui se paient d'ordinaire par mois. *P. plaisant.* En parlant d'une personne qui veut se rajeunir. Elle a vingt-cinq ans, sans compter les mois de —. || || *Fig.* Muses, jadis mes premières nourrices, J.-B. ROUSS. *Ép.* I, 1.

NOURRICIER, IÈRE [nou-ri-syé, -syèr] *adj.*

[ÉTYM. Du lat. pop. *nūtrīciarium, dérivé de nūtrīcium, *m. s.* §§ 348, 404, 383, 298 et 291. || XIIe-XIIIe s. Norreciers, *Dial. Gregoire*, p. 130.]

I. Qui procure la nourriture. La vache nourricière, DELILLE, *Pitié*, 1. || *Spécialt.* Père —, le mari de la nourrice, par rapport à son nourrisson. *Substantivt.* Que veux-tu, mon pauvre —? MOL. *Méd. m. l.* 1, 4. || *Fig.* Ils en seront les protecteurs et les nourriciers (de l'Église), BOSS. *Hist. univ.* III, 1.

II. Qui opère la nutrition. Les sucs nourriciers. Artères nourricières, rameaux artériels qui conduisent le sang jusque dans la moelle des os. Trous nourriciers, petits trous percés dans les os, par où pénètrent les artères nourricières.

NOURRIR [nou-rīr] *v. tr.*

[ÉTYM. Du lat. nūtrīre, *m. s.* devenu nodrir, norrir, nourrir, §§ 348, 404 et 291.]

|| **1°** Élever (un nouveau-né) en l'allaitant. Un enfant que sa mère a nourri. *Absolt.* Cette femme nourrit, allaite un enfant. || *P. ext. Vieilli.* Élever. Attale, qu'en otage ont nourri les Romains, CORN. *Nicom.* I, 1. Loin du trône nourri, RAC. *Ath.* IV, 3. Ma jeunesse, nourrie à la cour de Néron, ID. *Bér.* II, 2. || Les chevaux que sa main a nourris, RAC. *Phèd.* V, 6. *Fig.* Il a nourri un serpent dans son sein, il a élevé dans sa maison un méchant qui se tourne contre lui. || *Poét.* Tout ce que l'Espagne a nourri de vaillants, CORN. *Cid*, V, 1. || Idoménée a été nourri dans des idées de faste, FÉN. *Tél.* 12. Vous, nourri dans la fourbe et dans la trahison, RAC. *Ath.* III, 4. *Poét.* Son bras, nourri dans les alarmes, CORN. *Cid*, II, 6. *Dans le même sens. Vieilli.* — à. J'ai été nourri aux lettres dès mon enfance, DESC. *Méth.* 1.

|| **2°** Entretenir (l'être vivant) au moyen de l'aliment nécessaire à sa substance. Les aliments qui nourrissent l'homme, dont l'homme se nourrit. Lapins... Qui... Sentaient encor le chou dont ils furent nourris, BOIL. *Sat.* 3. Assur... s'est élevé comme un grand arbre ; le ciel l'a nourri de sa rosée, BOSS. *Ambition*, 2. Un personnage... qui a porté le talent de se bien — jusques où il pouvait aller, LA BR. 11. *P. ext.* Bien nourri, qui a l'embonpoint d'une personne bien nourrie. Qu'il paraît bien nourri! BOIL. *Sat.* 10. Ses bras étaient nerveux et bien nourris, FÉN. *Tél.* 10. *P. anal.* Un caractère (d'imprimerie) nourri, qui a du corps. Un son nourri, qui a de l'ampleur. Une fusillade nourrie, composée de décharges nombreuses et fréquentes. | (Cuisine.) Ragoût, pâté nourri, succulent. || *Fig.* Entretenir (qqch) en lui fournissant les moyens de durer. Ils lancent des torches ardentes et telles autres choses propres à — le feu, VAUGEL. *Q.-Curce*, IV, 3. Son humeur satirique est sans cesse nourrie Par le coupable encens de votre flatterie, MOL. *Mis.* II, 4. Tous ceux qui, comme toi, par de lâches adresses, Des princes malheureux nourrissent les faiblesses, RAC. *Phèd.* IV, 6. | *Absolt.* Et nourrissait ainsi d'éternelles douleurs, CORN. *Hor.* I, 1. Pourquoi nourrissez-vous le venin qui vous tue? RAC. *Brit.* I, 1. Je nourris-

sais encore un malheureux amour, ID. *Mithr.* I, 2. La haine qu'il avait nourrie dans son cœur contre Ulysse, FÉN. *Tél.* 15.

|| **3°** Pourvoir (qqn) de moyens de subsistance. La loi naturelle ordonne aux pères de — leurs enfants, MONTESQ. *Espr. des lois*, 26. Il me nourrit des dons offerts sur son autel, RAC. *Ath.* II, 7. || *P. anal.* La Sicile nourrissait Rome, fournissait Rome de blé. Ce métier le nourrit, lui et sa famille, lui fournit de quoi faire subsister lui et sa famille. | *Fig.* Le troupeau que je dois — de la parole de vie, BOSS. *Condé.* Le — (l'esprit) du suc de la science, MOL. *F. sav.* II, 7. Cet esprit nourri de la sagesse antique, DESTOUCHES, *Philos. marié*, V, 1. Me nourrissant de fiel, RAC. *Phèd.* IV, 6.

NOURRISSAGE [nou-ri-sàj'] *s. m.*
[ÉTYM. Dérivé de nourrir, § 78. || 1482. Pastre noz porcz pour noz norrisaiges, *Arch. de Montbéliard*, dans GODEF. norrissage. Admis ACAD. 1798.]
|| (Agricult.) Élevage (des bestiaux).

NOURRISSANT, ANTE [nou-ri-san, -sänt'] *adj.*
[ÉTYM. Adj. particip. de nourrir, § 47. || XIVe s. Uilles et autres nourrissans licqueurs, *Récits d'un bourg. de Valenciennes*, dans DELB. *Rec.*]
. || Qui a pour effet de nourrir. Des mets nourrissants.

NOURRISSEUR [nou-ri-seùr] *s. m.*
[ÉTYM. Dérivé de nourrir, § 112. || XIIe s. Norissere de sainz moines, BENEEIT, *Ducs de Norm.* 20949. Admis ACAD. 1835.]
|| Celui qui élève des bestiaux.

NOURRISSON [nou-ri-son] *s. m.*
[ÉTYM. Anc. franç. nourreçon, s. f. nourriture, éducation : pour le passage du sens abstrait au sens concret, *cf.* nourrain; pour le changement de genre, V. §§ 551 et 554. Nourreçon, qui semble correspondre à un type du lat. pop. *nutrectionem, au lieu de nutritionem, § 645, est devenu nourriçon, nourrisson, sous l'influence de nourrir, nourrice, etc. § 509. || XIIe s. Tous tans repose en fu et prent sa noreçon, *Alexandre*, f° 12, Michelant.]
|| Enfant qu'une femme nourrit de son lait. Mères et nourrissons faisaient leur tripotage, LA F. *Fab.* III, 6. || *P. ext.* Enfant qu'une femme a nourri de son lait. || *Fig. Poét.* — des Muses, poète. Muses, dictez sa gloire à tous vos nourrissons, BOIL. *Art p.* 4. || *Au fém.* (*rare*). Nourrissonne. Il va trouver sa chère nourrissonne, VOLT. *Taureau blanc*, 4.

NOURRITURE [nou-ri-tûr] *s. f.*
[ÉTYM. Anc. franç. nourreture, modifié d'après le lat. classique nutritura, m. s. §§ 250 et 502. || XIe-XIIe s. Nurture, *Lois de Guill. le Conq.* 35.]
|| **1°** Action de nourrir, d'allaiter un enfant. Sa — l'a fatiguée. || *P. ext. Vieilli.* Nourrisson. C'est un rare trésor qu'elle (Rome) devrait garder, Et conserver chez soi sa chère —, CORN. *Nicom.* II, 3. || *P. ext. Vieilli.* Éducation. Ce qu'il a reçu d'heureuse —, CORN. *Hér.* IV, 4. La diverse — Fortifiant en l'un cette heureuse nature, En l'autre l'altérant, LA F. *Fab.* VIII, 24. *Loc. prov.* — passe nature, l'éducation est plus forte que la nature.

|| **2°** Ce qui fournit l'aliment à la substance de l'être vivant. Depuis que votre corps languit sans —, RAC. *Phèd.* I, 3. La — que les hommes prennent, BOSS. *Hist. univ.* II, 1. Une — fortifiante. *Fig. Vieilli.* Ce qui fournit à qqch le moyen de durer. C'est un feu qui s'éteint faute de —, CORN. *Cid*, I, 2.

|| **3°** Ce qui constitue les moyens de subsistance. Avaler en un seul morceau la — de cent familles, LA BR. 6. Il a sa — et son logement chez le duc, LES. *Gil Blas*, II, 7. || *Anciennt.* Engagement que prenaient des parents de nourrir leurs enfants mariés pendant un temps déterminé. L'on peut compter sûrement sur la dot, le douaire et les conventions, mais faiblement sur les nourritures, LA BR. 5. || *Fig.* La — de l'esprit, de l'âme. La solide — de la piété, BOSS. *Condé.*

NOUS [nou; l's se lie avec le son d'un z] *pron.*
[ÉTYM. Du lat. nōs, m. s. § 591.]
|| Pronom personnel de la 1re personne plur. (des deux genres). || **1°** Employé comme sujet. — n'écoutons d'instincts que ceux qui sont les nôtres, LA F. *Fab.* I, 8. — verrons dans une seule vie toutes les extrémités des choses humaines, BOSS. *Condé.* — qui vivons sous les lois civiles, MONTESQ. *Espr. des lois*, XXVI, 20. || Après le verbe (dans les propos. interrog.). Voulons-— nous asseoir? MOL. *Mis.* III, 4.
|| **2°** Employé comme complément direct. Avant que — lier, il faut — mieux connaître, MOL. *Mis.* I, 2. Pour commencer entre — ce beau nœud, ID. *ibid.* Quel serment vous et moi —

engage? RAC. *Iph.* V, 2. Une telle vertu n'appartenait qu'à — CORN. *Hor.* II, 3. Rentrons chez — (dans notre maison).

|| **3°** Employé comme complément indirect. Le sort qui de l'honneur — ouvre la barrière, CORN. *Hor.* II, 3. Il — apprend nos devoirs d'une manière souveraine, BOSS. *R. d'Angl.*

|| **4°** Employé au lieu de je ou moi (avec l'adjectif au sing.) dans la bouche d'une personne constituée en dignité, ayant autorité, etc. — soussigné avons ordonné et ordonnons ce qui suit. Je vous apprendrai bien s'il faut sortir sans —, MOL. *Éc. des m.* I, 2. Je demande pourquoi, dans un écrit qui est l'ouvrage d'un seul homme, l'auteur, en parlant de lui-même, se croit obligé de dire —, MARMONTEL, *Œuvres*, X, 365.

NOUURE [nou-ûr] *s. f.*
[ÉTYM. Dérivé de nouer, § 111. || 1611. Noueure, COTGR.]
|| (Technol.) Action de nouer. || État de ce qui est noué. || *Fig.* | 1. Arrêt de la croissance chez un enfant. | 2. Formation du fruit.

NOUVEAU [nou-vó], **ELLE** [-vèl] *adj.*
[ÉTYM. Du lat. nŏvĕllum, m. s. diminutif de novum, neuf, §§ 347, 456 et 291. On dit nouvel au masc. devant un subst. commençant par une voyelle ou une h muette.]
|| **1°** Qui apparaît pour la première fois, ou est apparu depuis peu de temps. Une invention, une mode nouvelle. Être vêtu à la nouvelle mode. Un livre —. Comme ouvrages nouveaux, J'ai lu des vers de vous qu'il n'a point trouvés beaux, MOL. *F. sav.* IV, 2. Aller voir la pièce nouvelle. Introduire des mots nouveaux dans la langue. Les nouveaux chrétiens, récemment convertis. Un homme —, d'illustration récente. Chrysippe, homme — et le premier noble de sa race, LA BR. 6. Qu'on ne dise pas que je n'ai rien dit de —; la disposition des matières est nouvelle, PASC. *Pens.* VII, 9. Vin —, de la vendange récente. Le — (vin) donne fort dans la tête, MOL. *Amph.* III, 2. Des pommes de terre nouvelles, du fruit —, que l'on commence seulement à récolter. *Fig.* Voilà du fruit — dont son fils la régale, REGNARD, *Joueur*, I, 7. || Avec un participe passé pris substantivt. Des nouveaux mariés. La nouvelle venue. Les nouveaux venus. *Rare.* Le nouvel arrivé. *Adverbialt.* Du beurre — battu. Du vin — percé. Un enfant —-né. Une fille —-née. L'abandon des —-nés. || *P. ext.* | 1. Dont on n'a pas l'habitude. Ce mot me fut — et inconnu, PASC. *Prov.* 1. La pompe de ces lieux, Je le vois bien, Arsace, est nouvelle à tes yeux, RAC. *Bér.* I, 1. C'est un style si — à nous autres Français, SÉV. 833. Je n'aime pas les nouveaux visages. | 2. Qui n'a pas l'habitude, l'expérience de qqch. Nous arrivons tout nouveaux aux divers âges de la vie, LA ROCHEF. *Max.* 405. || *Substantivt, au masc.* Ce qui est nouveau. Savez-vous du — ? Il y a du — depuis que je ne vous ai vu. Il me faut du —, n'en fût-il point au monde, LA F. *Clymène.*

|| **2°** Qui apparaît après un autre qu'il remplace. Son père Icare l'aura contrainte d'accepter un nouvel époux, FÉN. *Tél.* 7. Disons à ce — Théodose, BOSS. *Le Tellier.* Du — prince on vantait la clémence, RAC. *Esth.* III, 4. Quelque grain pour subsister jusqu'à la saison nouvelle, LA F. *Fab.* I, 1. Le nouvel an. La nouvelle lune. Sans observer... Lunes ni vieilles ni nouvelles, LA F. *Fab.* XII, 20. *P. anal.* Le — monde, le — continent, l'Amérique (découverte après l'ancien continent). Le Nouveau Testament. (Chronol.) — style, où l'année commence au 1er janvier (au lieu de Pâques, du 25 mars, etc.). (Théol.) L'homme —, le nouvel homme, l'homme régénéré par la grâce. | Commencer une vie nouvelle. Ces vengeurs trouveront de nouveaux défenseurs, RAC. *Brit.* IV, 3. S'engager dans de nouveaux périls. || *Loc. adv.* A —, pour la seconde fois, en remplaçant la première tentative par une tentative tout autre. De —, pour la seconde fois, en ajoutant la seconde tentative à la première. De — l'on combat, et nous sommes surpris, CORN. *Poly.* I, 4.

NOUVEAUTÉ [nou-vó-té] *s. f.*
[ÉTYM. Du lat. nŏvĕllĭtātem, m. s. devenu noveltéd, nouvelté, §§ 347, 336, 295, 402 et 291, nouveauté, § 456. (*Cf.* nouvelleté.)]
|| **1°** Caractère de ce qui est nouveau. Des vestiges manifestes de la — du monde, BOSS. *Hist. univ.* I, 2. Les impressions anciennes ne sont pas seules capables de nous abuser; les chemins de la — ont le même pouvoir, PASC. *Pens.* III, 3. En toute opinion je fuis la —, RÉGNIER, *Sat.* 9. Cette mode est encore dans sa —.

|| **2°** Chose nouvelle. C'est toujours une — de voir la personne aimée, PASC. *Amour.* Ces nouveautés ont droit de me confondre, MOL. *D. Garcie*, V, 5. On ne peut plus avancer de

nouveautés sans péril, PASC. *Vide*, préf. Empêcher les nouveautés dans la religion, BOSS. *Hist. univ.* II, 26. || *Spécialt.* | **1.** Œuvre littéraire, dramatique, etc., nouvellement parue. Nous lisons quelques nouveautés, J.-J. ROUSS. *Confess.* 5. | **2.** Étoffe, parure de mode nouvelle. *P. ext.* Magasin de nouveautés, où l'on vend particulièrement tout ce qui concerne la toilette des dames (étoffe, lingerie, mercerie, etc.).

NOUVELLE [nou-vèl] *s. f.*
[ÉTYM. Du lat. pop. novella, « choses nouvelles », plur. neutre devenu fém. sing. §§ 38, 545. || XIᵉ s. Jo ateindeie de tei bones noveles, *St Alexis*, 479.]
|| **1°** Annonce d'une chose qui vient d'arriver, faite à qqn qui n'en a pas encore eu connaissance. On apporta la — d'une grande bataille gagnée, BOSS. *R. d'Angl.* Que je vous die une bonne —, CORN. *Hor.* III, 3. *Loc. prov.* Les bonnes nouvelles sont toujours retardées, et les mauvaises ont des ailes, VOLT. *Lett. à Mᵐᵉ Denis*, 16 mars 1752. L'autre grille déjà de conter la —, LA F. *Fab.* VIII, 6. Être à la source des nouvelles. Lire les nouvelles dans un journal. En voici la première — (en parlant d'une chose qu'on apprend tout à coup). Avoir — de qqch, en recevoir la nouvelle. *Vieilli.* Faire la —, faire —, occuper la curiosité des gens. Une guerre qui fait présentement la — publique, SÉV. 1061.
|| **2°** Renseignement sur l'état, la situation de qqn qu'on n'a pas vu depuis quelque temps. Pour aller demander des nouvelles de mon père, FÉN. *Tél.* 1. Demander des nouvelles de la santé de qqn. J'enverrai prendre de ses nouvelles. Donnez-moi de vos nouvelles. On n'en a pas de nouvelles, on n'en a pas entendu parler. J'ai reçu de ses nouvelles. *Loc. prov.* Pas de —, bonne —, quand on n'a pas de nouvelles des gens, on doit penser qu'ils vont bien. || *Dans un sens défavorable.* J'ai de vos nouvelles, j'ai appris des choses fâcheuses sur votre compte. Vous aurez, vous entendrez de mes nouvelles, vous éprouverez les effets de mon ressentiment. || *P. anal.* En parlant des choses. A-t-on des nouvelles de son affaire? On n'a pas de nouvelles de la guerre. Mais de l'argent, point de nouvelles, RÉGNIER, *Ép.* 3. *Ellipt.* Point de nouvelles (vous n'en aurez point de nouvelles), ce ne sera pas pour vous. D'hymen point de nouvelles, LA F. *Fab.* I, 17. *Loc. famil.* En parlant d'une chose qu'on recommande à qqn. Vous m'en direz de bonnes nouvelles, et, *ellipt*, Vous m'en direz des nouvelles, vous m'en ferez compliment.
|| **3°** *P. ext.* | **1.** Écrit destiné à tenir les lecteurs au courant des nouvelles. Nouvelles à la main, qu'on distribuait de la main à la main. | **2.** Récit de quelque aventure intéressante. Les nouvelles de Boccace, de Cervantes.

NOUVELLEMENT [nou-vèl-man ; en vers, -vè-le-...] *adv.*
[ÉTYM. Composé de nouvelle et ment, § 724. || XIIᵉ s. En cest païs Est novelment uns om venuz, *Énéas*, 3413.]
|| Depuis peu de temps. (*Syn.* récemment.) Il est — marié. Une maison — construite.

NOUVELLETÉ [nou-vèl-té ; en vers, -vè-le-té] *s. f.*
[ÉTYM. Dérivé de nouvelle, §§ 122 et 503. (*Cf.* nouveauté.) || XIIᵉ s. Ceste est bien noveliteiz c'onkes mais ne fut oïe, *Serm. de St Bern.* p. 42. Admis ACAD. 1762.]
|| *Vieilli.* (Droit.) Tentative pour déposséder l'ancien propriétaire. En cas de saisine et —, SOREL, *Francion*, p. 344.

NOUVELLISTE [nou-vè-list'] *s. m. et f.*
[ÉTYM. Dérivé de nouvelle, à l'imitation de l'ital. novellista, *m. s.* §§ 12 et 265. || 1620. Charlatans nouvellistes, E. BINET, *Œuvres spirit.* dans DELB. *Rec.*]
|| Celui, celle qui quête et débite des nouvelles. Ces grands nouvellistes qui cherchent partout où répandre les contes qu'ils ramassent, MOL. *Escarb.* sc. 1. Le devoir du — est de dire : Il y a un tel livre qui court, LA BR. 1.

NOVALE [nò-vàl] *s. f.*
[ÉTYM. Emprunté du lat. novalis (s.-ent. terra), *m. s.* || 1248. Dime des novales devant dis, dans GODEF.]
|| *Vieilli.* Terre nouvellement défrichée. || *P. ext.* Dime levée sur cette terre.

NOVATEUR, TRICE [nò-và-teur, -tris'] *s. m. et f.*
[ÉTYM. Emprunté du lat. novator, trix, *m. s.* || 1611. COTGR.]
|| Celui, celle qui veut changer les choses reçues. Dangereux —, GILBERT, *Dix-huitième Siècle*. || *Adjectivt.* Des esprits novateurs.

NOVATION [nò-và-syon ; en vers, -si-on] *s. f.*
[ÉTYM. Emprunté du lat. novatio, *m. s.* || XIVᵉ s. Novacion de dettes, BOUTEILL. *Somme rural*, 48.]
|| (Droit.) Transformation d'une créance par substitution d'un nouveau créancier ou d'un nouveau débiteur à l'ancien, ou d'une dette nouvelle à l'ancienne.

NOVEMBRE [nò-vänbr'] *s. m.*
[ÉTYM. Emprunté du lat. novembris, *m. s.*]
|| Le onzième mois de l'année.

NOVICE [nò-vis'] *s. m. et f.*
[ÉTYM. Emprunté du lat. novicius, *m. s.* || XIIᵉ s. Car vers lui sont il tuit novice, CHRÉTIEN DE TROYES, *Cligès*, 5386.]
|| **1°** Celui, celle qui, ayant nouvellement embrassé l'état religieux, subit un temps d'épreuve avant de faire profession. *Loc. prov.* Il n'est ferveur que de — (on est toujours plein d'ardeur en commençant qqch), SÉV. 624.
|| **2°** *P. ext.* Personne qui aborde une chose où elle est inexpérimentée. Ma simplicité de — ne fit qu'arrêter sa fantaisie, J.-J. ROUSS. *Confess.* 6. || *Adjectivt.* A nous laisser duper nous sommes bien novices, CORN. *Ment.* III, 2. Ton cœur — à l'infidélité, REGNARD, *Démocr.* I, 5. N'étant — en semblables affaires, LA F. *Contes, Courtisane amoureuse.* Guillaume, enfant de chœur, prête sa main —, BOIL. *Lutr.* 1.
|| **3°** *Spécialt.* (Marine.) Apprenti marin.

NOVICIAT [nò-vi-syà ; en vers, -si-à] *s. m.*
[ÉTYM. Dérivé du lat. novicius, novice, § 254. || 1611. Novitiat, COTGR.]
|| **1°** Temps d'épreuve que subit avant de faire profession celui, celle qui a nouvellement embrassé l'état religieux. Ce premier — par où, selon l'ordre et la sage discipline de l'Église, il faut passer avant que de prendre avec la religion un engagement fixe et immuable, BOURD. *Pens.* II, 383. || *P. ext. Fig.* Le — de la vie régulière que je veux mener, BALZ. *Lett.* VII, 20. — d'épreuves un peu dures, LA F. *Contes, Courtisane amoureuse.*
|| **2°** Établissement où sont installés les novices.

NOYADE [nwà-yàd'] *s. f.*
[ÉTYM. Dérivé de noyer 2, § 120. || 1794. BABEUF, *Vie et crimes de Carrier*, p. 31. Admis ACAD. 1798, suppl.]
|| Action de noyer qqn. Les fameuses noyades de Carrier, LAHARPE, *Langue révolut.* 7.

NOYALE [nwà-yàl] *s. f.*
[ÉTYM. Nom propre du lieu de fabrication, § 36 : Noyal-sur-Vilaine (Ille-et-Vilaine). || 1666. *V.* à l'article. Admis ACAD. 1762.]
|| (Marine.) Toile qui sert à fabriquer les grandes voiles d'un navire. *P. appos. Vieilli.* Je ne doute pas que vous n'ayez fait voiturer la quantité de toiles noyales portée par ma première dépêche, COLBERT, *Lett.* 24 janv. 1666.

NOYAU [nwà-yó] *s. m.*
[ÉTYM. Du lat. pop. *nucale, *m. s.* (dérivé de nux, nucis, noix, § 90), devenu noel, noiel, §§ 348, 380, 295 et 296, d'où noieau, noiau, noyau, par confusion de suffixe, § 62. || XIIIᵉ s. Le noiel lessiez por l'escraffe, RUTEB. p. 30, Kressner.]
|| **1°** Partie dure, ligneuse, qui est à l'intérieur de certains fruits et qui contient l'amande, la graine. Fruits à — (cerise, pêche, prune, etc., par opposition aux fruits à pépins). Eau, crème de —, liqueur, crème préparée avec des amandes de noyaux.
|| **2°** *P. anal.* Partie compacte qui forme le centre de certaines choses. — d'une roche, la partie la plus dure, qui est à l'intérieur. — d'une comète, la partie la plus dense, qui en forme le corps. — d'un moulage, masse d'argile qui remplit l'intérieur d'un moule et supporte la cire que doit remplacer le métal en fusion. — d'un escalier, massif qui soutient la voûte compacte formée par les marches. || *Fig.* Ceux qui se sont réunis les premiers et autour desquels d'autres viennent se grouper. Le — d'une colonie.

1. NOYER [nwà-yé] *s. m.*
[ÉTYM. Du lat. pop. *nucarium (class. nŭx, nŭcis, § 115), devenu noiier, noyer, §§ 350, 380, 297 et 291. || XIIᵉ s. Peskiers ne periers ne noiers, *Floire et Blancheft.* I, 1764.]
|| Arbre de la famille des Juglandées, qui produit la noix, et dont le bois est employé en ébénisterie. Des meubles de bois de —, et, *ellipt*, Des meubles de —.

2. NOYER [nwà-yé] *v. tr.*
[ÉTYM. Du lat. necare, tuer, qui a pris, à l'époque barbare, le sens spécial de « faire mourir par l'eau », devenu neiier, noiier, noyer, §§ 345, 380, 297 et 291. || Xᵉ s. Eus noieds, *Fragm. de Valenciennes.*]
|| **1°** Asphyxier par immersion dans l'eau. Dieu... va

— tous les animaux avec tous les hommes, BOSS. *Hist. univ.*
II, 1. C'est une femme qui se noie, LA F. *Fab.* III, 16. Je ne
songe non plus à l'amour qu'à m'aller —, MARIV. *Surpr. de
l'amour*, II, 5. *Loc. prov.* Qui veut — son chien l'accuse de la
rage, on invente des griefs contre celui qu'on veut perdre.
Un homme à demi noyé qui se prend de toute sa force à une branche, BOSS. *Réfut. Catéch. Ferry*, I, 6. ‖ *Au part. passé pris
substantivt.* Ramener un noyé à la vie. Secours aux noyés. ‖ *P.
anal.* Un pays noyé (submergé). Tous les grands chemins sont
noyés, SÉV. 127. — les poudres, introduire de l'eau dans une
poudrière ou dans la soute aux poudres d'un navire, pour
prévenir une explosion. *P. hyperb.* Mes yeux de pleurs toujours noyés. RAC. *Andr.* IV, 3. Dans leur sang, dans le mien,
il faut que je me noie, ID. *ibid.* V, 5. Rome entière noyée au
sang de ses enfants, CORN. *Cinna*, I, 3.

‖ **2°** *Fig.* Faire disparaître, perdre dans qqch. — une
vis, en loger la tête dans un creux pratiqué pour la recevoir. — un rivet, l'enfoncer dans la corne du pied du
cheval. Contours noyés, qui se confondent avec les contours des objets voisins. Des yeux noyés, dont le regard
est vague, langoureux. | — sa boule, la perdre, au jeu de
boules, en l'envoyant au delà du but. ‖ — sa pensée dans
un déluge de mots. ‖ — sa raison dans le vin. Un jeune Lydien
noyé dans les plaisirs, FÉN. *Tél.* 3. Tristes plaisirs où leur
amour se noie, LA F. *Adonis.* Les déplaisirs où son âme se
noie, RAC. *Andr.* I, 1.

NOYON [nwà-yon] *s. m.*
[ÉTYM. Dérivé de noyer 2, § 104. ‖ 1680. Néion, RICHEL.
Admis ACAD. 1740.]

‖ (T. de jeu de boules.) Ligne au delà de laquelle les
boules sont noyées.

***NOYURE** [nwà-yûr] *s. f.*
[ÉTYM. Dérivé de noyer 2, § 111. ‖ 1792. Concentrique à
la noyûre, SALIVET, *Man. du tourneur*, II, 233.]

‖ (Technol.) Creux pratiqué pour recevoir la tête d'une
vis, pour loger une roue, etc.

NU, NUE [nu] *adj.*
[ÉTYM. Du lat. nŭdum, m. s. §§ 328, 411 et 291.]

‖ **1°** Qui n'est pas vêtu. Mes soldats presque nus, RAC.
Mithr. II, 3. Nu du haut jusques en bas, MOL. *Tart.* III, 2.
Mettre qqn nu comme la main. Nu comme un ver. Les Grâces
demi-nues, VOLT. *Henriade*, 9. | *P. ext.* Aller la tête nue, les
pieds nus, et, *invar.* Aller nu-tête, nu-pieds, sans chapeau,
sans chaussure. *P. hyperb.* Un va-nu-pieds, un gueux. Aller
tout nu, avec des vêtements en haillons. Vêtir ceux qui sont
nus, donner des vêtements aux indigents. ‖ *P. anal.* Le
sabre nu, l'épée nue, qui n'est plus dans le fourreau. ‖ *Fig.*
La vérité nue, qui n'a rien de caché. Je t'expose ici mon âme
toute nue, RAC. *Brit.* II, 2. ‖ *Substantivt.* (T. d'art.) Le nu,
les parties du corps laissées nues. Le nu des bras et des jambes montre un homme fort et nerveux, FÉN. *Dial. des morts,
Parrh. et Poussin.* Le nu peut être chaste. ‖ *Loc. adv.* A nu,
en ôtant le vêtement. Son corps fut mis à nu. On le mit à nu.
P. ext. Laissant voir à nu deux têtes sans cheveux, MOL. *Ét.* V, 9.

‖ **2°** *P. anal.* Qui n'est pas garni. Pays nu, sans arbres,
sans verdure. Façade nue, sans ornements d'architecture.
| *Substantivt.* Le nu du mur, la partie qui n'a pas d'orne-
ments. | Maison nue, sans meubles. Murailles nues, sans
tapisserie, sans glace, sans tableaux. Voir qqch à l'œil nu,
sans l'aide de verres grossissants. Cheval nu, sans selle,
sans harnais. *Substantivt.* Monter un cheval à nu, sans
selle. ‖ *P. anal.* Vendre le vin nu, sans le fût. La nue propriété, propriété sans usufruit. ‖ Un style nu, sans ornements. Une morale nue (sans qqch qui lui donne de l'agrément) apporte de l'ennui, LA F. *Fab.* VI, 1. N'avoir pas aimé la
vertu toute nue (non jointe à la fortune), CORN. *Poly.* I, 4.

NUAGE [nuàj'; *en vers*, nu-àj'] *s. m.*
[ÉTYM. Dérivé de nue, § 78. ‖ 1564. J. THIERRY, *Dict.
franç.-lat.*]

I. Amas de vapeurs qui trouble la transparence de
l'air et se résout qqf en pluie. (*Syn.* nue, nuée.) Le ciel est
sans nuages. Il n'y a pas un — au ciel. L'aquilon écarte les
nuages, RAC. *Esth.* III, 3. *Fig.* Je vois se former de loin un
— de coups de bâton qui crèvera sur mes épaules, MOL. *Scap.*
I, 4. *P. ext.* Dans un — épais le Seigneur enfermé, RAC. *Ath.*
I, 4. ‖ *P. anal.* Un — de lait, petite quantité de lait qui,
lorsqu'on la verse dans du thé, du café, flotte d'abord en
flocons, comme des nuages. ‖ *P. ext.* Ce qui obscurcit
l'air. Déjà s'élevait un — de poussière, FÉN. *Tél.* 20. Déjà de
traits en l'air s'élevait un —, RAC. *Iph.* V, 6.

II. *Fig.* ‖ **1°** Ce qui obscurcit la vue. Des coups qui me
firent vomir le sang et répandirent sur mes yeux un épais —,
FÉN. *Tél.* 5. Je ne vois plus qu'à travers un —, RAC. *Phèd.*
V, 7. ‖ *Fig.* Ce qui offusque l'intelligence. Il est certains
esprits dont les sombres pensées Sont d'un — épais toujours
embarrassées, BOIL. *Art p.* 1. La foi... qui... ne cherche plus qu'à
se développer de ses ténèbres, et, en dissipant le —, se changer en pure lumière, BOSS. *Le Tellier.*

‖ **2°** Ce qui altère la sérénité. Ton bonheur n'est couvert
que d'un peu de —, CORN. *Cid*, II, 3. Un triste — Semble offusquer l'éclat de ces beaux yeux, ID. *Psyché*, IV, 3. Elle possédait
son affection, car les nuages qui avaient paru au commencement furent bientôt dissipés, BOSS. *R. d'Angl.* Quelle main
salutaire a chassé le —? RAC. *Esth.* III, 9.

NUAGEUX, EUSE [nuà-jeû, -jeûz'; *en vers*, nu-à-...]
adj.
[ÉTYM. Dérivé de nuage, § 116. ‖ 1549. Quand l'année est
pluvieuse et noageuse, J. MEIGNAN, *Hist. des plantes*, dans
DELB. *Rec.* Admis ACAD. 1798.]

‖ Voilé par des nuages. Un ciel —. ‖ *Fig.* Dont les idées
sont obscures. Un esprit, un style —.

NUAISON [nuò-zon; *en vers*, nu-ò-...] *s. f.*
[ÉTYM. Peut-être pour nuaison, du lat. mutatiōnem,
changement, §§ 402, 406, 291 et 466. ‖ Admis ACAD.
1762.]

‖ (Marine.) Durée d'un vent égal et uni.

NUANCE [nuãns'; *en vers*, nu-ãns'] *s. f.*
[ÉTYM. Dérivé de nuer, § 146. ‖ 1611. COTGR.]

‖ Chacun des tons d'une même couleur allant par degrés du plus clair au plus foncé. Des roses d'une — pâle,
vive. La — du ruban n'est pas assortie à celle de la robe. ‖
Fig. Différence de degré presque insensible qui distingue une chose de celles qui en sont voisines. Leurs opinions ne diffèrent que par des nuances. Les termes synony-
mes se distinguent toujours par quelque —. Il y avait dans sa
réponse une — de mépris. Jouer un rôle en observant toutes
les nuances (les divers degrés des sentiments du personnage). Chanter, exécuter un morceau de musique en observant
les nuances (les divers degrés de forte, de piano, etc.).

NUANCER [nuan-sé; *en vers*, nu-an-sé] *v. tr.*
[ÉTYM. Dérivé de nuance, § 154. ‖ 1701. FURET. Admis
ACAD. 1740.]

‖ Colorer en assortissant les tons d'une même couleur,
ou de couleurs différentes. ‖ *Fig.* — un caractère dramatique. — un chant, un morceau de musique.

NUBÉCULE [nu-bé-kul] *s. f.*
[ÉTYM. Emprunté du lat. nubecula, petit nuage. ‖ 1556.
R. LE BLANC, *Cardan*, f° 130, v°. Admis ACAD. 1835.]

‖ (Médec.)‖ **1°** Partie floconneuse en suspension dans
l'urine.

‖ **2°** Tache dans les lames externes de la cornée, qui
fait voir les objets comme au travers d'un nuage.

NUBILE [nu-bil] *adj.*
[ÉTYM. Emprunté du lat. nubilis, m. s. ‖ 1531. En aaige
nubile, *Cout. de Lorris*, dans DELB. *Rec.*]

‖ (Droit.) Qui est en âge d'être marié. (Se dit surtout
des filles.) Un ancien usage des Romains défendait de faire
mourir les filles qui n'étaient pas nubiles, MONTESQ. *Espr.
des lois*, XII, 14. ‖ *P. ext.* Age —, où l'on est nubile.

NUBILITÉ [nu-bi-li-té] *s. f.*
[ÉTYM. Dérivé de nubile, § 255. ‖ 1750. PRÉVOST, *Manuel
lexiq.* dans GODEF. *Compl.* Admis ACAD. 1798.]

‖ (Droit.) État d'une fille nubile.

***NUCELLE** [nu-sèl] *s. f.*
[ÉTYM. Emprunté du lat. nucella, petite noix. ‖ *Néolog.*]
‖ (Botan.) Centre de l'ovule.

***NUCLÉAL** [nu-klé-àl] *adj.*
[ÉTYM. Dérivé du lat. nucleus, noyau, § 238. ‖ *Néolog.*]
‖ (Botan.) Qui a rapport au noyau. ‖ (Astron.) Qui a
rapport au noyau d'une comète.

NUDITÉ [nu-di-té] *s. f.*
[ÉTYM. Emprunté du lat. nuditas, m. s. (*Cf.* anc. franç.
nuêce, nuté et nueté.) ‖ XIV° s. Considérés souvent vos nudi-
tés, GILLES LI MUISIS, dans DELB. *Rec.*]

‖ **1°** État de celui qui n'est pas vêtu. Triste et honteux
de voir sa —, BOIL. *Sat.* 12. *P. hyperb.* Misère de celui
qui n'a que des haillons. Souffrant la faim, la soif, la —,
MASS. *Aumône*, 1. ‖ *Fig.* Le vice s'étale dans toute sa —, sans
rien dissimuler. Les yeux les plus hardis sont effrayés de leur
—, MOL. *Crit. de l'Éc. des f.* sc. 3. ‖ *P. ext.* | **1.** Partie du

corps ordinairement cachée qu'on laisse à découvert. Montrer sa —. Ayez horreur des nudités de gorge, FÉN. *Éduc. des filles*, 10. | 2. Partie du corps, corps laissé nu, en peinture, en sculpture. Elle fait des tableaux couvrir les nudités, MOL. *Mis.* III, 4.

|| **2° *P. anal.*** État de ce qui n'est pas garni. La — d'un rocher, d'une montagne, l'absence d'arbres, de verdure. || *P. ext. Vieilli.* | 1. Dénuement. | 2. (T. mystique.) Dépouillement de soi-même.

NUE [nu] *s. f.*
[ÉTYM. Du lat. pop. *nǫba (class. nǫbes), *m. s.* §§ 328, 434 et 291. || XII° s. Quant nule nue ne niule n'i ad, *Rois*, II, 23.]
|| Amas de vapeurs suspendues dans les hautes régions de l'air. L'éclair perce la —. Dans une — Jusque sur le bûcher Diane est descendue, RAC. *Iph.* V, 6. || *P. ext.* Le haut des airs. Un aigle qui se perd dans les nues. Ses murs... Sur la cime d'un roc s'allongent dans la —, BOIL. *Lutr.* 3. || *Fig.* | 1. Se perdre dans les nues, devenir inintelligible en cherchant le sublime. L'autre a peur de ramper, il se perd dans la —, BOIL. *Art p.* 1. | 2. Aller aux nues, être porté très haut, exalté par les louanges. Porter qqn, qqch aux nues, l'exalter. Cette pièce a été aux nues. Élevant vos vertus jusqu'aux nues, RAC. *Bér.* IV, 6. Vous me loueriez par-dessus les nues, SÉV. 838. || Sauter aux nues, s'exalter, avoir un violent transport. Je saute aux nues quand je pense à cette infamie, SÉV. 63. Tomber des nues, étonner les gens par son arrivée imprévue. Nous ne vous attendions point, je vous assure, et vous êtes tombé des nues pour nous, REGNARD, *Retour impr.* sc. 2. || Être tout étonné de qqch d'imprévu. Je suis toute ébaubie, et je tombe des nues, MOL. *Tart.* V, 5.

NUÉE [nué; *en vers*, nu-é] *s. f.*
[ÉTYM. Dérivé de nue, § 119. " XIII°-XIV° s. Vos emporta el ciel une sainte nuee, *Cheval. au cygne*, dans DELB. *Rec.*]
|| Amas considérable de vapeurs, nuage épais, menaçant. Une sombre —. *Fig.* En parlant d'une armée menaçante. Cette —, grosse de foudre et d'éclairs, vient fondre sur la Picardie, VOIT. *Lett.* 74. || *P. ext.* Multitude qui vient s'abattre sur un lieu. Une — de traits obscurcit l'air et couvrit tous les combattants, FÉN. *Tél.* 19. Sa cavalerie et ses archers qui couvrirent toute la face de la terre, comme des nuées de sauterelles, SACI, *Bible, Judith.*

NUEMENT. *V.* nûment.

NUER [nué; *en vers*, nu-é] *v. tr.*
[ÉTYM. Dérivé de nue (allusion aux reflets des nuages), § 154. || XVI°-XVII° s. Nuantes couleurs, D'AUB. *Poés.* dans DELB. *Rec.*]
|| *Vieilli.* Nuancer. Un arc-en-ciel nué de cent sortes de soies, LA F. *Fab.* II, 17. || *Spécialt.* (Technol.) Distribuer les nuances à exécuter sur un fond.

NUIRE [nuïr] *v. intr.*
[ÉTYM. Du lat. pop. *nǫcere (class. nǫcĕre, § 629), §§ 329, 389, 290 et 291. On trouve aussi en anc. franç. nuisir, de nǫcĕre. || XII° s. Por nuire vos n'i vint il pas, *Énéas*, 2538.]
|| Causer du dommage. Ils ne sauraient servir, mais ils peuvent vous —, MOL. *Mis.* II, 2. Ceux qui nuisent à la réputation ou à la fortune des autres, LA BR. 8. Ce qui nuit à la santé. Le voisinage des arbres nuit aux fleurs. *P. ext.* Cela n'a pas nui (a servi) à son succès. || *Absolt.* Maîtres dans l'art de —, M.-J. CHÉN. *Calomnie. Loc. prov.* Trop gratter cuit, trop parler nuit. Abondance de biens ne nuit pas.

***NUISANCE** [nui-zǎns'] *s. f.*
[ÉTYM. Dérivé de nuire, § 146. || XII° s. Que a ton cors face noisance, BEN. DE STE-MORE, *Troie*, 1662.]
|| *Vieilli.* Caractère de ce qui est nuisible; chose nuisible. Ces amourettes font les mêmes nuisances à l'âme, FR. DE SALES, *Œuvres*, I, 157, Vivès.

NUISIBLE [nui-zǐbl'] *adj.*
[ÉTYM. Dérivé de nuire, § 242. A pris la place de l'anc. franç. nuisable, sous l'influence du lat. nocibilis. || XIV° s. Aucunes delectacions... sont nuisibles, ORESME, *Éth.* VII, 18.]
|| Qui est de nature à nuire. Ce qui est — pour la santé. Détruire les animaux nuisibles.

***NUISIBLEMENT** [nui-zi-ble-man] *adv.*
[ÉTYM. Composé de nuisible et ment, § 724. || XVII°-XVIII° s. *V.* à l'article.]
|| *Rare.* D'une manière nuisible. L'Église... ne décide point — au salut, FÉN. *Lett. sur l'autorité de l'Église*, 8.

NUIT [nui; le *t* se lie] *s. f.*
[ÉTYM. Du lat. nǫctem, *m. s.* §§ 329, 386 et 291.]
|| **1°** Partie de la journée de 24 heures pendant laquelle le soleil cesse d'éclairer le lieu où l'on se trouve. Cette — en longueur me semble sans pareille, MOL. *Amph.* I, 2. A la —, qu'il fallut passer en présence de l'ennemi, BOSS. *Condé.* On reposait la —, on dormait tout le jour, BOIL. *Lutr.* 2. C'était pendant l'horreur d'une profonde —, RAC. *Ath.* II, 5. Je l'ai vu cette —, CORN. *Poly.* I, 3. *Loc. prov.* La — porte conseil, il est bon de remettre sa décision au lendemain pour prendre le temps de réfléchir. La — tous les chats sont gris, la nuit on ne distingue guère une personne belle d'une laide. Faire de la — le jour et du jour la —, veiller la nuit et dormir le jour. Passer une — blanche, une nuit sans sommeil. Passer la — à jouer, à travailler. Mauvaise —, pendant laquelle on dort mal. Bonne —, pendant laquelle on dort bien. Je vous souhaite une bonne —, et, *ellipt*, Bonne —! *Spécialt* (en parlant d'un malade). Il a passé une bonne, une mauvaise —, il a été mieux, ou plus mal, pendant la nuit. Il ne passera pas la —, il mourra avant la fin de la nuit. || Sac de —, sac de voyage où l'on emporte ce qui est nécessaire pour coucher en route. Chemise de —, bonnet de —, qu'on met pour se coucher. Vase de —. Table de —, placée près du lit. || Oiseaux de —, oiseaux de proie qui se cachent le jour, et chassent la nuit. *Poét.* L'astre des nuits, la reine des nuits, la lune. || *Loc. adv.* — et jour, pendant la nuit et le jour. Travailler — et jour. De —, pendant la nuit. || (Mythol.) Déesse de la nuit, représentée avec un voile semé d'étoiles, sur un char attelé de chevaux noirs. Charmante Nuit, daignez vous arrêter, MOL. *Amph.* prol.

|| **2°** Obscurité qui règne pendant le temps où le soleil cesse d'éclairer la terre. La — vient. La — tombe. Il commence à faire —. A la — close. Lorsque le soleil rentre dans sa carrière Et que, n'étant plus —, il n'est pas encor jour, LA F. *Fab.* X, 14. *Loc. prov.* En parlant de deux choses très différentes. C'est comme le jour et la —. || (Peinture.) Un effet de —. || *P. ext.* Obscurité. Nous fûmes enveloppés dans une — profonde, FÉN. *Tél.* 1. Quelle épaisse — tout à coup m'environne? RAC. *Andr.* V, 5. *Spécialt. Poét.* La — du tombeau, la — éternelle, les ténèbres de la mort. Venez-vous m'enlever dans l'éternelle —? RAC. *Andr.* V, 5. Fuyons dans la — infernale (dans le séjour des morts), ID. *Phèd.* IV, 6. || *Fig. Poét.* | 1. Obscurité qui règne dans l'esprit. La — de l'ignorance. Quand sera le voile arraché Qui sur tout l'univers jette une — si sombre? RAC. *Esth.* II, 8. | 2. Condition obscure où l'on vit. Qu'une fille... Passe subitement de cette — profonde Dans un rang qui l'expose aux yeux de tout le monde, RAC. *Brit.* II, 3.

NUITAMMENT [nui-tà-man] *adv.*
[ÉTYM. Pour nuitantment, composé d'un adj. factice nuitant et ment, § 724. Anc. franç. nuitantre, du lat. noctanter. Nuitre ment au XIII° s. et nuitement en 1579. (*V.* GODEF.) || 1388. Nuytaument (corr. nuytanment), dans DOUET D'ARCQ, *Pièces relat. à Ch. VI*, II, 133. Admis ACAD. 1718.]
|| *Famil.* A la faveur de la nuit. Il s'enfuit —.

NUITÉE [nui-té] *s. f.*
[ÉTYM. Dérivé de nuit, § 119. || XIII° s. Or avès vos bone naitie eue, *Auberi*, p. 162, Tobler.]
|| *Vieilli.* Espace, durée d'une nuit. S'il se fût tenu De sommeiller cette —, SCARR. *Virg. trav.* 1. || *P. ext.* Travail d'une nuit fait par un ouvrier.

NUL, NULLE [nul] *adj.*
[ÉTYM. Du lat. nǫllum, *m. s.* §§ 328, 366 et 291.]
|| **1°** Adj. déterminatif. (Se place avant le subst. et construit avec ne, bien qu'il ait par lui-même un sens négatif.) Pas un. Nul homme ne l'approuve. Il n'y a nuls vices extérieurs et nuls défauts du corps qui ne soient aperçus par les enfants, LA BR. 11. || *Ellipt.* Nulle paix (il n'y a nulle paix) pour l'impie, RAC. *Esth.* II, 8. Que m'avaient-ils fait? Nulle offense, LA F. *Fab.* VII, 1. || *Absolt.* (Avec le mot homme s.-ent.) Nul n'éleva si haut la grandeur ottomane, RAC. *Baj.* II, 1. Nul que Dieu seul et moi n'en connaît les chemins, LA F. *Fab.* X, 3. Que nuls ne puissent être arrêtés dans la lecture de Théophraste, LA BR. *Disc. sur Théophraste.* Nul n'est censé ignorer la loi. || *P. ext.* Sans nulle (aucune) vanité, MOL. *Mis.* V, 4.

|| **2°** Adjectif qualificatif. (Se place après le subst.) Qui se réduit à rien. Ses moyens de plaire sont nuls, BEAUMARCH. *B. de Sév.* I, 4. Une pénitence nulle, BOSS. *A. de Gonz.* (T. jurid.) Acte nul, à cause d'un défaut de fond ou de forme. Déclarer un mariage, un testament nul. Un homme nul, dépourvu de valeur personnelle. || *Substantivt, au fém.* Nulle, syllabe ou phrase dépourvue de sens séparant les mots significatifs d'une écriture secrète, pour la rendre inintelligible à ceux qui n'ont pas la clef.

NULLEMENT [nŭl-man ; *en vers,* nu-le-...] *adv.*
[ÉTYM. Composé de nulle et ment, § 724. || xIII° s. *Explic. du Cantiq. des cantiq.* dans GODEF. *Compl.*]
|| De nulle manière. Il n'est — propre à cet emploi. Je ne le souffrirai —. N'en doutez —.

NULLITÉ [nŭl'-li-té] *s. f.*
[ÉTYM. Emprunté du bas lat. nullitas, *m. s.* || xIV°-xV° s. De quelle nullité et malheur estes vous maintenant tenue ! *Perceforest,* dans LA C.]
|| État de ce qui est nul. La — de ses ressources. — d'une personne, son manque absolu de valeur personnelle. Un ton sentencieux cache leur —, GRESSET, *Méchant,* IV, 4. (Droit.) Caractère d'un acte qui est nul. Prononcer la — d'un mariage. Un cas de —. *P. ext.* Une —, un cas de nullité.

NÛMENT, et, *vieilli,* **NUEMENT** [nu-man] *adv.*
[ÉTYM. Composé de nue et ment, § 724. || xIV° s. Tant que l'on veist son bras ou sa poitrine nuement, ORESME, *Éth.* I, 16.]
|| 1° *Rare.* Sans vêtement.
|| 2° *Fig.* Sans déguiser, sans parer la vérité. Tant d'égarements si naïvement décrits et si — peints ! MONTESQ. *Lett. pers.* 134. Écrire les faits — et sèchement, FONTEN. *Orig. fabl.*
|| 3° Simplement. L'on ne souhaite pas — une beauté, PASC. *Amour.* || *Spéciall.* (Féodal.) Sans condition. Ceux qui étaient autrefois — sous la puissance du roi, MONTESQ. *Espr. des lois,* XXXI, 25.

NUMÉRAIRE [nu-mé-rèr] *adj.*
[ÉTYM. Emprunté du lat. numerarius, *m. s.* || 1752. TRÉV. Admis ACAD. 1762.]
|| (T. didact.) Dont on se sert pour compter. Pierres numéraires, qui servaient à compter les distances sur les routes. | *Fig.* Placer un certain nombre de pierres numéraires sur la route éternelle du temps, BUFF. *Époq. de la nat.* 1. | Espèces numéraires, or, argent monnayé. *Substantivt.* Le —, l'or, l'argent monnayé.

NUMÉRAL, ALE [nu-mé-ràl] *adj.*
[ÉTYM. Emprunté du lat. numeralis, *m. s.* || 1474. Numerales proporcions, *Myst. de l'Incarn.* dans DELB. *Rec.*]
|| (T. didact.) Qui désigne un nombre. Lettres numérales. Adjectifs numéraux. Arithmétique numérale, où les quantités sont exprimées en nombres (par opposition à l'algèbre, où les quantités sont représentées par des lettres).

NUMÉRATEUR [nu-mé-rà-teùr] *s. m.*
[ÉTYM. Emprunté du lat. numerator, *m. s.* || 1515. CL. PLATIN, *Arithm.* f° 27, v°. Admis ACAD. 1762.]
|| (Arithm.) Celui des deux nombres d'une fraction qui indique combien elle contient de parties égales de l'unité. (*Cf.* dénominateur.)

NUMÉRATION [nu-mé-rà-syon ; *en vers,* -si-on] *s. f.*
[ÉTYM. Emprunté du lat. numeratio, *m. s.* || 1484. Numeracion, N. CHUQUET, *Triparty,* p. 41, Marre.]
|| (T. didact.) Art de former, d'énoncer et d'écrire tous les nombres avec un nombre limité de mots, de signes. — décimale, où dix unités simples valent une unité de second ordre, dix unités de second ordre une de troisième ordre, etc. — parlée, art d'énoncer les nombres. — écrite, art d'écrire les nombres.

NUMÉRIQUE [nu-mé-rĭk'] *adj.*
[ÉTYM. Dérivé du lat. numerus, nombre, § 229. || 1697. Fractions numériques, LAGNY, *Arithm.* p. 166. Admis ACAD. 1762.]
|| (T. didact.) Relatif au nombre. La différence — de deux quantités. La supériorité — de l'ennemi.

NUMÉRIQUEMENT [nu-mé-rĭk'-man ; *en vers,* -rike-...] *adv.*
[ÉTYM. Composé de numérique et ment, § 724. || 1697. Résoudre numériquement, LAGNY, *Arithm.* avert. Admis ACAD. 1762.]
|| (T. didact.) Relativement au nombre. L'armée ennemie était — supérieure.

NUMÉRO [nu-mé-ró] *s. m.*
[ÉTYM. Emprunté de l'ital. numero, *m. s.* proprt, « nombre », § 12. || xVI° s. De l'italien introducteur de ce jeu (la blanque) nous usasmes du mot de numero au lieu de nombre, PASQ. *Rech.* VIII, 49.]
|| Nombre qui indique, dans une série, le rang d'un des termes qui la composent. Les numéros qui indiquent la pagination d'un livre. Les numéros pairs, impairs, des maisons d'une rue. Prendre le — d'une voiture de place. Tirer un bon — à la conscription, tirer au sort des numéros qui exemptent du service militaire, qui en abrègent la durée. La liste des numéros gagnants dans une loterie. Avoir un bon —, un numéro gagnant, et, *fig.* avoir qqch d'heureux. Numéros des verres (pour lunettes), nombres qui indiquent le degré de convergence ou de divergence des verres. Numéros du fil à coudre, des aiguilles, nombres qui en indiquent la grosseur. || *Fig. Famil.* Connaître le — de qqn, savoir ce qu'il vaut. *Vieilli.* Un homme de —, de valeur. Une chose de premier —, de la meilleure qualité. *Ellipt.* Savoir le — (des choses), avoir la connaissance des choses. Il n'était lors, de Paris jusqu'à Rome, Galant qui sût si bien le —, LA F. *Contes, Richard Minutolo.*

NUMÉROTAGE [nu-mé-rò-tàj'] *s. m.*
[ÉTYM. Dérivé de numéroter, § 78. || *Néolog.* Admis ACAD. 1835.]
|| (Technol.) Action de numéroter.

NUMÉROTER [nu-mé-rò-té] *v. tr.*
[ÉTYM. Dérivé de numéro, §§ 63 et 154. || 1690. Numerotter, FURET.]
|| (Technol.) Marquer d'un numéro. — les maisons d'une rue, les voitures de place. *P. plaisant.* Un char numéroté (une voiture de place), C. DELAV. *Éc. des vieillards,* I, 5.

NUMISMATE [nu-mĭs'-màt'] *s. m.* et *f.*
[ÉTYM. Tiré de numismatique, d'après diplomate, de diplomatique, § 37. Qqns disent numismatiste, § 265. || *Néolog.* Admis ACAD. 1835.]
|| (T. didact.) Celui, celle qui est versé dans la connaissance des monnaies, des médailles anciennes.

NUMISMATIQUE [nu-mĭs'-mà-tĭk'] *adj.*
[ÉTYM. Dérivé du lat. numisma, atis, grec νόμισμα, monnaie, médaille, § 229. || 1579. Il estoit numismatique, ANT. LE POIS, *Disc. sur les médailles,* f° 35, v°. Admis ACAD. 1762.]
|| (T. didact.) Relatif à la connaissance des monnaies, des médailles. La science —, et, *substantivt,* La —.

'NUMISMATISTE [nu-mĭs'-mà-tĭst'.] *V.* numismate.

NUMISMATOGRAPHIE [nu-mĭs'-mà-tò-grà-fi] *s. f.*
[ÉTYM. Composé avec le lat. numisma, atis, monnaie, le grec γράφειν, décrire, et le suffixe ie, §§ 279 et 283. || 1732. TRÉV. Admis ACAD. 1762.]
|| (T. didact.) Description des monnaies, des médailles.

NUMMULAIRE [nŭm'-mu-lèr] *s. f.*
[ÉTYM. Emprunté du lat. nummularia, qui est en forme de monnaie. || 1545. Nummulaire ou, si tu aymes mieux, monnoyere, G. GUÉROULT, *Hist. des plantes,* dans DELB. *Rec.* Admis ACAD. 1762.]
|| (Hist. nat.) || 1° Plante voisine de la primevère, dite vulgairement herbe aux écus.
|| 2° Coquille pétrifiée en forme de petite monnaie.

NUNCUPATIF, '**NUNCUPATIVE** [non-ku-pà-tĭf', -tĭv'] *adj.*
[ÉTYM. Emprunté du bas lat. nuncupativus, *m. s.* || 1552. Testament nuncupatif, CH. EST. dans DELB. *Rec.* Admis ACAD. 1762.]
|| 1° (Droit romain.) Testament —, fait par simple déclaration de vive voix, devant témoins.
|| 2° (Théol.) Qui n'existe que de nom.

'NUNCUPATION [non-ku-pà-syon ; *en vers,* -si-on] *s. f.*
[ÉTYM. Emprunté du lat. nuncupatio, *m. s.* || 1576. J. PAPON, *Premier Notaire,* p. 429.]
|| (Droit rom.) Institution d'héritiers par simple déclaration de vive voix faite devant témoins.

NUNDINAL, ALE [non-di-nàl] *adj.*
[ÉTYM. Emprunté du lat. nundinalis, *m. s.* || Admis ACAD. 1762.]
|| (Antiq. rom.) Relatif aux marchés. Lettres nundinales, les huit premières lettres de l'alphabet, dont chacune servait à tour de rôle à indiquer les jours de marché.

NUPTIAL, ALE [nŭp'-syàl ; *en vers,* -si-àl] *adj.*
[ÉTYM. Emprunté du lat. nuptialis, *m. s.* || xIII° s. Vestemens nuptiaus, *Sermon,* dans GODEF.]
|| Relatif aux noces, à la célébration du mariage. Cérémonie, bénédiction, chambre nuptiale, lit —. *Poét.* Allumer le flambeau —, se marier. || (Droit.) Gains nuptiaux, gains de survie.

NUQUE [nŭk'] *s. f.*
[ÉTYM. Emprunté du lat. du moyen âge nuca, qui est l'arabe noukha, moelle épinière, § 22 : le mot nuque a le même sens en anc. franç. et jusqu'au xVI° s. || xIII°-xIV° s. Tous les ners i sont si com il nessent de la nuque, *Chirurg. de Mondeville,* f° 8, dans LITTRÉ.]

|| Partie postérieure du cou à l'endroit de sa jonction avec la tête. Les cheveux relevés laissent voir la —.

NUTATION [nu-tà-syon; *en vers*, -si-on] *s. f.*

[ÉTYM. Emprunté du lat. nutatio, *m. s.* || 1759. DE LA LANDE, *Tables astron. de Halley*, II, 162. Admis ACAD. 1798.]

|| **1°** (T. didact.) Branlement de la tête.

|| **2°** (Astron.) Légère oscillation de l'axe de la terre qui, sous l'influence de l'attraction lunaire, s'éloigne et se rapproche alternativement du plan de l'écliptique.

|| **3°** (Botan.) Mouvement par lequel les feuilles et les fleurs se tournent dans la direction du soleil.

NUTRITIF, IVE [nu-tri-tif', -tïv'] *adj.*

[ÉTYM. Emprunté du bas lat. nutritivus, *m. s.* || XIIIe-XIVe s. La région nutritive, *Chirurg. de Mondeville*, f° 1, dans LITTRÉ.]

|| (T. didact.) Qui a la propriété de nourrir. **Substances nutritives. Remèdes nutritifs et confortatifs,** LENOBLE, *Ésope,* V, 3. || *P. ext.* **Les fonctions nutritives** (de nutrition).

NUTRITION [nu-tri-syon; *en vers*, -si-on] *s. f.*

[ÉTYM. Emprunté du lat. nutritio, action de nourrir. (*Cf.* nourrisson.) || XIVe s. La nutrition ou digestion, ORESME, *Éth.* I, 19.]

|| (T. didact.) Assimilation par les animaux, par les végétaux, de certaines substances, pour entretenir la vie. **Les fonctions de —.**

NYCTALOPE [nïk'-tà-lŏp'] *s. m. et f.*

[ÉTYM. Emprunté du lat. nyctalops, opis, grec νυκτάλωψ, ωπος, *m. s.* || XVIe s. Lesquels sont appellez des Grecs nyctalopes, DU PINET, *Hist. nat. de Pline*, dans DELB. *Rec.* Admis ACAD. 1762.]

|| (Médec.) Celui, celle qui ne distingue les objets que dans l'obscurité.

NYCTALOPIE [nïk'-tà-lŏ-pi] *s. f.*

[ÉTYM. Emprunté du lat. nyctalopia, grec νυκταλωπία, *m. s.* || 1732. TRÉV. Admis ACAD. 1762.]

|| (Médec.) État du nyctalope.

NYMPHE [nïnf'] *s. f.*

[ÉTYM. Emprunté du lat. nympha, grec νύμφη, *m. s.* || XIIIe s. Les nimphes plorent lor fontaines, J. DE MEUNG, *Rose,* 18158.]

|| **1°** (Mythol.) Divinité des fleuves, des bois, des montagnes, ou du cortège de certaines déesses (Diane chasseresse, Thétys), représentée sous les traits d'une jeune fille. **C'est une — en pleurs qui se plaint de Narcisse. Les nymphes qui la servaient,** FÉN. *Tél.* 1. **Avoir une taille de —, être bien faite.** || **En mauv.** *part.* Courtisane. **Du métier de — me couvrir,** LA F. *Contes, Courtisane amoureuse.*

|| **2°** (Hist. nat.) Larve d'insecte au second état, lorsqu'elle a la faculté de se mouvoir.

|| **3°** (Physiol.) Nom de deux replis membraneux voisins du méat urinaire de la femme.

NYMPHÉA [nin-féa] *s. m.*

[ÉTYM. Emprunté du lat. nymphæa, grec νυμφαία, *m. s.* On trouve la forme francisée **nymphée**, dans J. MARTIN, *Hypnerotomachie*, p. 22 (1554). Sur le genre, *V.* § 551. || XVIe s. Le nenufar et nymphea heraclia, RAB. III, 51. Admis ACAD. 1878.]

|| (Botan.) Nénufar.

NYMPHÉACÉES [nin-fé-à-sé] *s. f. pl.*

[ÉTYM. Dérivé de nymphéa, § 233. || *Néolog.* Admis ACAD. 1878.]

|| (Botan.) Famille de plantes dont le nénufar est le type.

NYMPHÉE [nin-fé] *s. m.* (fém. ACAD.).

[ÉTYM. Emprunté du lat. nymphæum, grec νυμφαίον, *m. s.* Sur le genre, *V.* § 550. || Admis ACAD. 1762.]

|| (Antiq.) Grotte naturelle ou artificielle, où coule une source, consacrée aux nymphes.

NYMPHOMANIE [nin-fŏ-mà-ni] *s. f.*

[ÉTYM. Emprunté du lat. médical nymphomania, *m. s.* § 279. || 1771. BIENVILLE, *Nymphomanie*, titre. Admis ACAD. 1835.]

|| (Médec.) Fureur utérine.

O

O [ó] *s. m.*

[ÉTYM. Emprunté du lat. o, *m. s.* || XIIIe s. O est roons comme li mons, *Senefiance de l'A B C*, dans JUBINAL, *Nouv. Rec.* II, 282.]

|| La quinzième lettre de l'alphabet et la quatrième voyelle. **La voyelle O. L'o est ouvert dans or, note; l'o est fermé dans rose, mot.** || **La lettre O. Un o sans accent. L'o est marqué de l'accent circonflexe dans côte, hôte. L'o se combine avec e dans cœur. L'o est muet dans faon, paon, cœur.** || *P. ext. Vieilli.* Ce qui a la forme ronde de l'o. | **1.** Ouverture circulaire dans le mur d'une église. | **2. Un o en chiffre, un zéro. Vous croyez dire quelque chose de fort agréable quand vous dites, sur une exclamation que fait M. Chamillard, que son grand o n'est qu'un o en chiffre,** RAC. *Lett. à Nicole*, IV, 288, Grands Écriv.

Ô [ó] *interj.*

[ÉTYM. Emprunté du lat. o, formé par onomatopée, § 32. (*Cf.* oh et ho.) || XIIe s. Que te glories en malice, o puissanz, *Psaut. de Cambridge*, LI, 1.]

|| **1°** Interjection servant à invoquer, à interpeller. **O mon souverain roi!** RAC. *Esth.* I, 4. **O mon fils, de ce nom j'ose encor vous nommer,** ID. *Ath.* IV, 3. || *Substantivt.* **Les O de Noël, neuf antiennes commençant chacune par l'interjection latine o, que l'Église chante successivement dans les neuf jours qui précèdent Noël.**

|| **2°** Interjection traduisant un élan d'admiration, de joie ou de douleur, de crainte, etc. **O vertu trop parfaite!** CORN. *Poly.* II, 4. **O rage, ô désespoir, ô vieillesse ennemie!** ID. *Cid*, I, 4. **O jour heureux pour moi!** RAC. *Ath.* I, 1. **O mortelles alarmes!** ID. *Esth.* I, 5. **O présence, ô combat que surtout j'appréhende!** CORN. *Poly.* IV, 1.

OASIS [ò-à-zïs'] *s. f.*

[ÉTYM. Emprunté du lat. oasis, grec ὄασις, *m. s.* mot qui paraît être d'origine égyptienne, § 26. Sur le genre, *V.* § 551. || 1766. Trois cantons... sous le nom d'oasès... la petite oasis, D'ANVILLE, *Mém. sur l'Égypte*, p. 26. | 1799. Les oasis sont des portions de terre cultivée, dans *Décade égypt.* I, 150. Admis ACAD. 1835.]

|| Lieu isolé offrant de la végétation dans un désert de sable. **Les — d'Afrique. La grande —.** || *Abusivt. Au masc.* **Une espèce d'— civilisé,** CHATEAUBR. *Itinér.* 2.

OBÉDIENCE [ò-bé-dyãns'; *en vers*, -di-ãns'] *s. f.*

[ÉTYM. Emprunté du lat. obedientia, obéissance. || XIIe s. Quant par obedience les lur fist greanter, GARN. DE PONT-STE-MAX. *St Thomas*, 1713.]

|| (T. ecclés.) || **1°** Obéissance d'un religieux à ses supérieurs. || *P. ext.* | **1.** Autorisation obtenue d'un supérieur pour changer de lieu, pour passer d'un couvent dans un autre, pour enseigner. **Lettre d'—.** | **2.** Nom donné à certaines maisons religieuses dépendant d'une maison principale.

|| **2°** Soumission d'un souverain, d'un pays, au pape. **Pays d'—, où le pape confère de droit les bénéfices vacants. Pays qu'on nomme d'— et où les bulles sont des lois souveraines,** VOLT. *S. de L. XIV*, 37. || **Ambassade d'—, qu'un souverain envoie au pape pour l'assurer de sa soumission filiale.**

OBÉDIENCIER [ò-bé-dyan-syé; *en vers*, -di-an-...] *s. m.*

[ÉTYM. Dérivé de obédience, § 248. || 1578. J. PAPON, *Troisième Notaire*, p. 86. Admis ACAD. 1762.]

|| (T. ecclés.) Celui qui est soumis à l'autorité spirituelle d'un supérieur. || *Specialt.* Religieux administrant par ordre d'un supérieur un bénéfice dont il n'est pas titulaire.

OBÉDIENTIEL, ELLE [ò-bé-dyan-syèl; *en vers*, -si-òl] *adj.*

[ÉTYM. Dérivé du lat. obedientia, obéissance, § 238. || 1636. La puissance qu'ils appellent obedientielle, J. DENEYROLLES, *Jésus crucifié*, dans DELB. *Rec.* Admis ACAD. 1798.]

|| **1°** (T. ecclés.) Relatif à l'obéissance d'un religieux à son supérieur. || *Substantivt.* L'—, officier chargé de faire des distributions aux chanoines.

|| **2°** (Philos.) Relatif à l'obéissance d'un agent à l'action d'une cause finale, occasionnelle, etc. La puissance obédientielle de l'âme, BOSS. *Conn. de Dieu*, III, 10.

OBÉIR [ò-bé-ir] *v. intr.*

[ÉTYM. Emprunté du lat. obedire, *m. s.* devenu *obedir, obeïr, obéir, §§ 411 et 503. || XIIᵉ s. Clero ne deivent, fet il, a vos leis obeïr, GARN. DE PONT-STE-MAX. *St Thomas*, 1136.]

|| **1°** Se conformer à ce qu'ordonne ou défend qqn. Il est meilleur d'— à Dieu qu'aux hommes, PASC. *Pens.* XXIV, 66 *bis.* Qui ne peut être aimé se peut faire —, CORN. *Hér.* I, 2. *Au part. passé pris au sens passif.* Quand vous commanderez, vous serez obéi, RAC. *Iph.* IV, 4. Qui s'est vue à toute heure et partout obéie, CORN. *Sophon.* III, 6. || *Absolt.* Obéissez, RAC. *Iph.* III, 1. || — à la loi. Il serait bon qu'on obéît aux lois et coutumes, PASC. *Pens.* VI, 40. — à la raison. || En parlant des animaux. Ses superbes coursiers qu'on voyait autrefois Pleins d'une ardeur si noble — à sa voix, RAC. *Phèd.* v, 6. || *P. ext.* — à un prince, à un peuple. Ils... ne l'auront point vue (Rome) — qu'à son prince, CORN. *Hor.* III, 6. Plus heureux d'— à une nation barbare qu'à un gouvernement corrompu, MONTESQ. *Espr. des lois*, XIII, 16. *Absolt.* J'obéissais alors, et vous obéissez, RAC. *Brit.* III, 8.

|| **2°** En parlant des choses, subir l'action de qqn, de qqch. La rime est une esclave et ne doit qu'—, BOIL. *Art p.* 1. Tel qu'un ruisseau docile Obéit à la main qui détourne son cours, RAC. *Esth.* II, 8. Le navire n'obéit plus au gouvernail. Les corps obéissent à l'attraction.

OBÉISSANCE [ò-bé-i-sâns] *s. f.*

[ÉTYM. Dérivé de obéir, § 146. (*Cf.* obédience.) || 1270. Pour ce ne perdra il pas l'obeissance de la carte, *Ordonn.* I, 282.]

|| Action d'obéir. L'— des enfants aux parents. L'— qu'ils doivent à leurs supérieurs, PASC. *Prov.* 6. Des légions l'entière —, RAC. *Brit.* IV, 2. Cette aveugle et prompte — Que j'ai toujours rendue aux lois de la naissance, CORN. *Poly.* III, 4. *Vieilli. Au plur.* Formule de politesse. Notre ami Corbinelli vous assure de ses obéissances, SÉV. 675. || *P. ext.* Soumission à un prince, à une nation. Retenir les peuples dans l'—, BOSS. *Hist. univ.* I, 11. || *Vieilli.* L'— de qqn, l'obéissance qu'il obtient. Je n'ai point oublié quelle reconnaissance, Seigneur, m'a dû ranger sous votre —, RAC. *Mithr.* IV, 4. Dans toutes les villes de son —, VOLT. *Ch. XII*, 7. || *Fig.* En parlant des choses. La netteté de la gravure dépend de l'— que rend le cuivre, MALEBR. *Rech. de la vérité*, II, I, 2.

OBÉISSANT, ANTE [ò-bé-i-san, -sänt] *adj.*

[ÉTYM. Adj. particip. de obéir, § 47. || XIIᵒ s. Molt est, qui aimme, obeissanz, CHRETIEN, *Du roi Guillaume*, 3798.]

|| Qui obéit. Des enfants obéissants. Victime obéissante, RAC. *Iph.* IV, 4. Rome... à ses Césars fidèle, obéissante, ID. *Bér.* II, 2. Elle consentit d'une âme obéissante à ce que son père exigeait d'elle. || En parlant des choses. Un navire —, sensible au gouvernail. Du bois, du cuir —, facile à travailler.

OBÉLISQUE [ò-bé-lisk'] *s. m.*

[ÉTYM. Emprunté du lat. obeliscus, grec ὀβελίσκος, *m. s.* proprt, « petite broche ». || 1537. Faire des obelisques, CL. GRUGET, *Leçons de P. Messie*, dans DELB. *Rec.*]

|| Monument, le plus souvent d'une seule pierre, taillée en forme d'aiguille quadrangulaire. Les obélisques élevés par les Égyptiens. L'— de Louqsor. L'orgueilleux — au loin couché sur l'herbe, DELILLE, *Jardins*, 4.

OBÉRER [ò-bé-ré] *v. tr.*

[ÉTYM. Emprunté du lat. obærare, *m. s.* || 1611. Oberé, COTGR.]

|| Charger de dettes. Tant de familles obérées, ruinées sans ressources, BOURD. *Aumône*, 1. Le fisc s'obérait, RAYNAL, *Hist. philos.* IV, 18. Il s'obéra si bien qu'il ne put jamais se tirer d'affaires, ST-SIM. II, 257.

OBÈSE [ò-bèz'] *adj.*

[ÉTYM. Emprunté du lat. obesus, *m. s.* || *Néolog.* Admis ACAD. 1878.]

|| Qui a un excès d'embonpoint.

OBÉSITÉ [ò-bé-zi-té] *s. f.*

[ÉTYM. Emprunté du lat. obesitas, *m. s.* || 1611. COTGR.]

|| Excès d'embonpoint.

OBIER [ò-byé] *s. m.*

[ÉTYM. Origine incertaine. Il est difficile de rattacher le mot au lat. opulus, ital. oppio, qui a le même sens. Qqns identifient obier et aubier, à cause de la couleur blanche du bois fourni par l'obier. || XVIᵒ s. O. DE SERRES, III, 4.]

|| Espèce de viorne dont le bois est très dur.

OBIT [ò-bit'] *s. m.*

[ÉTYM. Emprunté du lat. ecclés. obitus, *m. s.* proprt, « mort ». || XIIᵉ s. Quant il sont ore a mon obit (mort), WACE, *Concept.* p. 68, var. | Vers 1340. Un obit et service solempne, dans A. MOLINIER, *Obituaires*, p. 299.]

|| (Liturgie.) Messe anniversaire pour un défunt.

OBITUAIRE [ò-bi-tuèr ; *en vers*, -tu-èr] *adj. et s. m.*

[ÉTYM. Emprunté du lat. ecclés. obituarius, *m. s.* dérivé de obitus, mort, obit, § 248. || 1690. FURET. Admis ACAD. 1718.]

|| **1°** *Vieilli. Adj.* Relatif au décès. (*Syn.* mortuaire.) Registre —, registre des décès. || *Spécialt. Substantivt, au masc.* Livre où sont inscrits les noms des personnes décédées qui ont droit à un obit.

|| **2°** *S. m.* (Droit canon.) Bénéficier pourvu, en cour de Rome, d'un bénéfice vacant par décès.

OBJECTER [ŏb'-jĕk'-té] *v. tr.*

[ÉTYM. Emprunté du lat. objectare, *m. s.* || 1298. Objiter, dans DELB. *Rec.*]

|| **1°** Opposer (qqch) à une affirmation, pour la combattre. Vous n'objectez rien du tout contre mes raisons, DESC. *Rép. aux 5ᵉˢ object. 6ᵉ Médit.* || *P. ext.* Opposer (qqch) à celui qui affirme une chose. Vous n'omettez rien de ce qu'ils me pourraient —, DESC. *Rép. aux 5ᵉˢ object. 1ʳᵉ Médit.* | Avec une proposition pour complément. Il m'objecte qu'en définissant l'Église catholique... je ne parle que de l'Église qui est actuellement sur la terre, BOSS. *Réflex. sur un écrit de M. Claude.*

|| **2°** Opposer (qqch) à une proposition, à un projet, pour le repousser. On objecte à ce plan les difficultés du terrain. || *P. ext.* Opposer (qqch) à celui qui propose. On lui objecte sa jeunesse.

OBJECTIF, IVE [ŏb'-jĕk'-lif', -tïv'] *adj.*

[ÉTYM. Emprunté du lat. scolast. objectivus, *m. s.* § 217. || XVᵉ s. Se déduit de l'existence de objectivement.]

|| (T. didact.) Relatif à l'objet.

|| **1°** (Optique.) Verre —, et, *substantivt*, —, verre d'un microscope, d'un télescope, d'une lorgnette, etc., placé du côté de l'objet qu'on veut voir. (*Cf.* oculaire.) De grands verres objectifs avec lesquels on a découvert le plus petit satellite de Saturne, CASSINI, *Mém. Construction de l'Observatoire*, p. 293. | *P. anal.* L'— d'une chambre noire, d'un appareil photographique.

|| **2°** (T. milit.) Ligne objective, point —, et, *substantivt, au masc.*, —, but vers lequel sont dirigées les opérations militaires. || *Fig. Néolog.* But à atteindre. Son — est la députation.

|| **3°** (Chirurgie.) Cautérisation objective, faite en approchant le fer rouge de la partie malade, sans contact immédiat.

|| **4°** (Philos.) Qui représente l'objet pensé. Par la réalité objective d'une idée, j'entends l'entité ou l'être de la chose représentée par cette idée, DESC. *Rép. aux 2ᵉˢ object.* Kant nie la réalité objective de nos idées.

OBJECTION [ŏb'-jĕk'-syon ; *en vers*, -si-on] *s. f.*

[ÉTYM. Emprunté du lat. objectio, *m. s.* || XIIᵉ-XIIIᵉ s. En l'objection de ma question, *Dial. Gregoire*, p. 83.]

|| **1°** Ce qu'on oppose à une affirmation pour la combattre. Les objections contre la Providence, le libre arbitre. Prévoir une —, DUCLOS, *Consid. sur les mœurs*, 4. || Ce qu'on oppose à celui qui affirme. Faire une — à qqn. En réfutant ses objections, j'ai usé de la liberté ordinaire aux philosophes, DESC. *Rép. aux 5ᵉˢ object.* concl.

|| **2°** Ce qu'on oppose à une proposition, à un projet, pour le repousser. J'aurais de grandes objections à faire sur ce qu'il me propose, VOLT. *Lett. à Moussinot*, nov. 1737.

OBJECTIVEMENT [ŏb'-jĕk'-tiv'-man ; *en vers*, -ti-ve-...] *adv.*

[ÉTYM. Composé de objective et ment, § 724. || XVᵉ s. Les materes qui m'ont esté presentees objectivement, CHASTELL. VI, 294. Admis ACAD. 1878.]

|| (Philos.) D'une manière objective. Tout ce qui est — et par représentation dans ces idées, DESC. *6ᵉ Médit.*

OBJECTIVITÉ [ŏb'-jĕk'-ti-vi-té] *s. f.*

[ÉTYM. Dérivé de objectif, § 255. || *Néolog.* Admis ACAD. 1878.]

|| (Philos.) Qualité de ce qui est objectif. L'— de la connaissance.

OBJET [ŏb'-jè] *s. m.*
[ÉTYM. Pour object, § 503, emprunté du lat. scolast. objectum, *m. s.* proprt, « chose jetée devant », § 217. || XIVᵉ s. Convenience quant a l'object, ORESME, *Éth.* VI, 5.]

|| **1°** Ce qui se présente devant les yeux, s'offre au regard. Tous les objets paraissent sombres et en confusion le matin aux premières lueurs de l'aurore, FÉN. *Tél.* 24. Quel — se présente à mes yeux? BOSS. *Condé.* Les images des objets ne se forment pas seulement ainsi, DESC. *Dioptr.* 5. Des objets que l'art judicieux Doit offrir à l'oreille et reculer des yeux, BOIL. *Art p.* 3. Quel — pour les yeux d'une amante! RAC. *Phèd.* V, 6. César, de tant d'objets en même temps frappé, ID. *Brit.* V, 8. || *Fig. Vieilli.* Image d'une chose. Ses jambes de fuseaux Dont il voyait l'— se perdre dans les eaux, LA F. *Fab.* VI, 9. || *P. ext.* Tout ce qui tombe sous les sens. Les objets extérieurs. Des objets de première nécessité. Un — d'art.

|| **2°** Ce qui se présente à l'esprit, s'offre à la pensée. L'— de nos méditations. La poésie, l'histoire et la philosophie ont toutes même —, et un très grand —, l'homme et la nature, BUFF. *Style.* || *Spécialt.* | 1. (Philos.) L'—, ce qui est pensé (par opposition au sujet, à ce qui pense). L'idée que j'ai d'une chose est-elle conforme à son —? | 2. (Gramm.) Terme de la proposition sur lequel porte l'action du sujet. || *P. ext.* | 1. Ce sur quoi se portent les sentiments de l'âme humaine. Occupés du premier — qui les avait transportés, BOSS. *R. d'Angl.* Comme ce prince s'arrête sur ce doux —, ID. *Condé.* Je serais moins roi qu'un — de pitié, CORN. *Nicom.* IV, 5. Un — de désir. Le digne — de l'admiration de deux grands royaumes, BOSS. *D. d'Orl.* Le digne — des vœux de toute l'Italie, CORN. *Cinna*, V, 1. L'— de son amour. Un — d'horreur, de dégoût. Et dans l'— aimé tout leur devient aimable, MOL. *Mis.* II, 4. O trop aimable —, qui m'avez trop charmé! CORN. *Poly.* II, 2. Volage adorateur de mille objets divers, RAC. *Phèd.* II, 5. | 2. Ce sur quoi se porte la volonté, où elle tend. Leur — n'est pas de corrompre les mœurs, ce n'est pas leur dessein, PASC. *Prov.* 5. Mon principal — est de vous faire considérer, dans l'ordre des temps, la suite du peuple de Dieu, BOSS. *Hist. univ.* I, 12. On peut avoir trois principaux objets dans l'étude de la vérité, PASC. *Pens.* I, 2. L'— du mariage est d'avoir des enfants; mais quelquefois cet objet ne se trouve pas rempli, BUFF. *Homme.*

OBJURGATION [ŏb'-jur-gà-syon; *en vers,* -si-on] *s. f.*
[ÉTYM. Emprunté du lat. objurgatio, *m. s.* || XIIIᵉ s. Objurgation, ce est a dire tencement, *Bible,* dans GODEF. Admis ACAD. 1798.]

|| Vive remontrance adressée à qqn pour le faire changer de conduite. (*Syn.* reproche.) Résister aux objurgations.

OBLAT [ŏ-blà] *s. m.*
[ÉTYM. Emprunté du lat. ecclés. oblatus, *m. s.* proprt, « offert ». || 1549. R. EST.]

|| *Ancienn.* (T. relig.) Laïque vivant dans un couvent auquel il a donné ses biens. Un —, et, *p. appos.* Un frère —. || *P. ext.* Ancien soldat mis par le roi comme pensionnaire dans une abbaye de nomination royale. Depuis la fondation de l'hôtel des Invalides, il n'y a plus d'oblats, RICHEL. *Dict.*

OBLATION [ŏ-blà-syon; *en vers,* -si-on] *s. f.*
[ÉTYM. Emprunté du lat. oblatio, *m. s.* || XIIᵉ s. De sacrifise e de oblatiun ne busuignes, *Psaut. de Cambridge,* XXXIX, 8.]

|| (T. ecclés.) Action d'offrir qqch à Dieu. Faites à Jésus-Christ une — entière de votre personne, BOURD. *Instr. sur la communion,* 5. Les oblations que toute l'Église faisait pour les morts, BOSS. *Hist. univ.* I, 11. || *Spécialt.* Partie de la messe où le prêtre offre à Dieu le pain et le vin, avant de les consacrer. *P. ext.* Ce qui est offert à Dieu. Afin que je vous sois présenté comme une — sainte et digne de vous, BOSS. *Prép. à la mort,* 7. *Spécialt. Vieilli.* Hostie.

OBLIGATAIRE [ŏ-bli-gà-tèr] *s. m.* et *f.*
[ÉTYM. Dérivé du radical de obligation (d'après donataire, de donation), § 248. || *Néolog.* Admis ACAD. 1878.]

|| (Finances.) Celui, celle qui a souscrit des obligations émises par une compagnie financière, industrielle, etc.

OBLIGATION [ŏ-bli-gà-syon; *en vers,* -si-on] *s. f.*
[ÉTYM. Emprunté du lat. obligatio, *m. s.* || 1235. Sus l'obligation de nos biens, dans DELB. *Rec.*]

|| **1°** Lien moral qui assujettit à une loi, à une convention qu'on est tenu d'observer. En ce qui regarde l'— de ne pas nuire à l'État, PASC. *Prov.* 13. || (Liturgie.) Fête, jeûne

d'—, qu'on est tenu d'observer. || (Philos.) Devoirs d'— large, qu'on n'est pas strictement tenu de remplir. || (Droit.) Lien juridique par lequel une personne est engagée à qqch vis-à-vis d'une autre. || *Spécialt.* Engagement à payer une somme déterminée. Signer à qqn une —. || *P. ext.* Titre représentant une part de capitaux empruntés par une société financière, industrielle, etc., produisant un intérêt fixe, et remboursable dans un délai limité.

|| **2°** Lien moral qui attache à celui de qui on a reçu un bon office. Il a fait semblant de m'avoir — de l'avoir éclairé, FÉN. *Tél.* 3. Je t'en ai, je te l'avoue, toutes les obligations du monde, MOL. *Av.* II, 5. Si j'avais — au diable, je dirais du bien de ses cornes, VOLT. *Lett. à Richel.* 3 juin 1771.

OBLIGATOIRE [ŏ-bli-gà-twàr] *adj.*
[ÉTYM. Emprunté du lat. obligatorius, *m. s.* || 1330. Lettres obligatores de l'official, dans GODEF.]

|| (T. didact.) Qui oblige (moralement, juridiquement). Clause — d'un contrat. Rendre le service militaire — pour tous. L'instruction gratuite et —.

OBLIGATOIREMENT [ŏ-bli-gà-twàr-man; *en vers,* -twà-re-...] *adv.*
[ÉTYM. Composé de obligatoire et ment, § 724. || *Néolog.*]

|| (T. didact.) D'une manière obligatoire.

OBLIGEAMMENT [ŏ-bli-jà-man] *adv.*
[ÉTYM. Pour obligeantment, composé de obligeant et ment, § 724. || XVIIᵉ s. P. D'ABLANCOURT, dans RICHEL.]

|| Avec obligeance. La grandeur dont elle se dépouillait si —, BOSS. *D. d'Orl.* Parlons de lui —, LA BR. 13.

OBLIGEANCE [ŏ-bli-jàns] *s. f.*
[ÉTYM. Dérivé de obliger, § 146. (*Cf.* l'anc. franç. obligance et le bas lat. obligantia.) || XVIIIᵉ s. V. à l'article. Admis ACAD. 1798.]

|| Disposition à être agréable aux autres en leur rendant de bons offices. L'—, ce mot nouveau, parut être inventé pour lui (M. de Calonne), MARMONTEL, *Mém.* 12.

OBLIGEANT, ANTE [ŏ-bli-jan, -jànt'] *adj.*
[ÉTYM. Adj. particip. de obliger, § 47. || XIVᵉ s. Paroles humles et obligans, *Ars d'amour,* dans DELB. *Rec.* | XVIᵉ s. Bienfaits... plus ou moins obligeans, CHARRON, *Sag.* III, 11.]

|| Disposé à être agréable aux autres en leur rendant de bons offices. Il fallait de l'argent; On en prit d'un prince —, LA F. *Fab.* IV, 12. || *P. ext.* Parler de qqn en termes obligeants. Des termes obligeants de ma civilité, CORN. *Rodog.* IV, 1.

OBLIGER [ŏ-bli-jé] *v. tr.*
[ÉTYM. Emprunté du lat. obligare, *m. s.* || 1267. Et oblige moi et mes hoirs, dans DELB. *Rec.*]

|| **1°** Lier (qqn) par une loi, une convention qu'il est tenu d'observer. Les lois de police et de sûreté obligent tous ceux qui habitent le territoire, *Code civil,* art. 3. Envers un ennemi qui peut nous — ? CORN. *Hor.* I, 2. *Loc. prov.* Noblesse oblige, on est tenu de se conduire d'une manière digne de son rang. || (Droit.) Lier juridiquement par un engagement envers qqn. Vous obligerez-vous à faire tous les frais de ces deux mariages? MOL. *Av.* V, 6. *Spécialt.* Lier par un engagement à payer une somme. On reçoit une certaine somme en demeurant obligé pour davantage, PASC. *Prov.* 8. Condamné... de payer pour un autre pour qui il s'est obligé, LA BR. *Théophr. Contretemps. Au part. passé pris substantivt.* Le principal obligé, le débiteur (par opposition à celui qui s'est obligé comme caution). *Vieilli.* — un apprenti, l'engager chez un patron. *P. ext. Au part. passé pris substantivt.* Un obligé, un acte passé entre apprenti et patron. || *P. ext.* Faire que qqn se sente tenu à qqch. Jamais on ne pourra m'— à le croire, LA F. *Fab.* IX, 20, *Disc. à Mᵐᵉ de la Sablière.* Pour ne me voir point obligée à recevoir vos compliments, MOL. *G. Dand.* II, 8. Garde que ce convoi... ne t'oblige à des larmes, LA F. *Fab.* VIII, 14. On m'oblige de vous quitter, ID. *ibid.* VII, 6. *Absolt.* Subir la loi de qui peut —, CORN. *Tois. d'or,* IV, 4. (Musiq.) Accompagnement obligé, qu'on ne pourrait retrancher sans que l'harmonie fût incomplète.

|| **2°** Attacher (qqn) par un bon office. Tel donne à pleines mains, qui n'oblige personne, CORN. *Ment.* I, 1. Nous vous serons obligées, de la dernière obligation, MOL. *Préc. rid.* sc. 9. *Ironiqt.* Je vous suis bien obligé (pour faire sentir à qqn qu'il nous rend un mauvais office). *Au part. passé pris substantivt.* Être l'obligé de qqn. || *P. ext.* Servir (qqn) en lui rendant un bon office. Il faut, autant qu'on peut, — tout

le monde, LA F. *Fab.* II, 11. Ils haïssent même ceux qui les ont obligés, LA ROCHEF. *Max.* 14. || *Vieilli.* Oblige-moi d'un peu de complaisance, CORN. *Veuve,* II, 5. Obligez-moi de n'en rien dire, LA F. *Fab.* III, 5.

OBLIQUE [ò-blïk'] *adj.*
[ÉTYM. Emprunté du lat. obliquus, *m. s.* || XIIIᵉ-XIVᵉ s. Et au cuer estoient obliques, GEOFFR. DE PARIS, *Chron.* dans GODEF.]
|| **1°** Qui s'écarte de la verticale. Une impulsion, dès qu'elle est — à la surface d'un corps, donne à ce corps un mouvement de rotation, BUFF. *Preuv. Théorie de la terre.* Une ligne —, et, *substantivt,* La perpendiculaire est plus courte que l'— menée du même point sur la même droite. || Sphère —, dont l'équateur et les parallèles sont obliques à l'horizon. *Poét.* Le cercle —, l'écliptique. De son — cercle arracher le soleil, ROTROU, *Hercule mourant,* II, 2. || (T. milit.) Ordre —, ordre de bataille où l'on présente une des ailes à l'ennemi. Marche —, qui incline à droite ou à gauche. *Ellipt.* Faire — à droite, à gauche. — à droite, à gauche! || (Marine.) Route —, que suit un vaisseau qui, ayant le vent contraire, court des bordées, tantôt à droite, tantôt à gauche. || (Physiol.) Muscle —, dont les fibres ont une direction oblique par rapport à un plan qui diviserait le corps en deux parties symétriques. *Ellipt.* Le grand — (le grand muscle oblique) de l'abdomen. || *P. anal.* Un homme qui a un regard —, qui ne regarde pas en face.
|| **2°** *Fig.* | 1. Qui agit par des voies détournées. Conduite —. | 2. Dont l'action s'exerce indirectement. (Gramm.) Cas obliques, qui n'expriment pas des rapports directs (génitif, datif, ablatif). Modes obliques, qui servent à énoncer des propositions subordonnées. || *P. ext.* (Marine.) Ports obliques, où les ordres généraux, au lieu d'être reçus directement, sont transmis par le préfet maritime.

OBLIQUEMENT [ò-blïk'-man ; *en vers,* -bli-ke-...] *adv.*
[ÉTYM. Composé de oblique et ment, § 724. || 1372. Entre ces deux poles le ciel se meut obliquement, J. CORBICHON, *Propr. des choses,* VIII, 2, mss franç. Bibl. nat. 216.]
|| D'une manière oblique.

OBLIQUER [ò-bli-ké] *v. tr. et intr.*
[ÉTYM. Dérivé de oblique, § 154. (*Cf.* le lat. obliquare. || XIIIᵉ-XIVᵉ s. Reigle... qui ne doit estre obliquee ne faulcee, H. DE GAUCHY, *Gouv. des princes,* dans GODEF. Admis ACAD. 1878.]
|| **1°** *Rare. V. tr.* Rendre oblique.
|| **2°** *V. intr.* (T. milit.) Prendre une direction oblique.

OBLIQUITÉ [ò-bli-kui-té] *s. f.*
[ÉTYM. Emprunté du lat. obliquitas, *m. s.* || XIVᵉ s. Pour l'obliquité ou pour le biez du zodiaque, ORESME, dans MEUNIER, *Essai sur Oresme.*]
|| (T. didact.) Caractère de ce qui est oblique. L'— de l'écliptique, angle qu'elle fait avec l'équateur. || *Fig.* (*rare*). Manière d'agir en suivant des voies détournées. Ces obliquités leur ont souvent réussi, ST-SIM. II, 136. C'est presque toujours notre propre — qui nous instruit à la défiance, MASS. *Écueils de la piété des grands.*

***OBLITÉRATEUR, TRICE** [ò-bli-té-rà-teur, -trïs'] *adj.*
[ÉTYM. Dérivé de oblitérer, § 112. (*Cf.* le lat. oblitterator.) || *Néolog.*]
|| (T. didact.) Qui oblitère.

OBLITÉRATION [ò-bli-té-rà-syon ; *en vers,* -si-on] *s. f.*
[ÉTYM. Emprunté du lat. oblitteratio, *m. s.* || 1787. ROUGEMONT, *Traité des hernies de Richter,* p. 191. Admis ACAD. 1835.]
|| (T. didact.) Action d'oblitérer. L'— des timbres mobiles. L'— des artères.

OBLITÉRER [ò-bli-té-ré] *v. tr.*
[ÉTYM. Emprunté du lat. oblitterare (mieux oblitterare), *m. s.* de littera, lettre. || XVᵉ-XVIᵉ s. Dont la grand antiquité ha oblitteré les noms, J. LE MAIRE, dans DELB. *Rec.* Admis ACAD. 1798.]
|| **1°** (T. didact.) Rendre illisible, en effaçant, maculant, etc. *Spécialt.* — un timbre mobile, le maculer de pointillés pour l'empêcher de servir une seconde fois. || *P. anal.* Des cristaux dont les angles sont oblitérés (émoussés). || *Fig.* (*rare*). Il leur est facile d'— le passé (de l'effacer), J.-J. ROUSS. *3ᵉ Dial.*
|| **2°** (Physiol.) Obstruer (certains conduits) en rendant les parois adhérentes. || *P. ext.* Atrophier (un organe).

OBLONG, ONGUE [ò-blon, -blóng'] *adj.*

[ÉTYM. Emprunté du lat. oblongus, *m. s.* (*Cf.* barlong.) || 1611. COTGR.]
|| (T. didact.) Plus long que large. Un livre de format —.

***OBNUBILATION** [òb'-nu-bi-là-syon ; *en vers,* -si-on] *s. f.*
[ÉTYM. Emprunté du lat. obnubilatio, *m. s.* action de couvrir d'un nuage. || XVᵉ s. Par obnubilation de la lumiere de raison, *Règle de St-Bern.* fᵒ 81, édit. 1486.]
|| (Médec.) Obscurcissement morbide de la vue.

OBOLE [ò-bòl] *s. f.*
[ÉTYM. Emprunté du lat. obolus, grec ὀϐολός, *m. s.* || XIIIᵉ s. Cinc deniers obole, E. BOILEAU, *Livre des mest.* I, I, 12.]
|| **1°** (Antiq. grecq.) Monnaie, poids, valant le sixième de la drachme. Une pièce d'argent d'une ou deux oboles qu'il faut payer à Caron, BARTHÉLEMY, *Anacharsis,* 8.
|| **2°** *Anciennt.* Nom donné autrefois, en France, à la maille, moitié d'un denier. (*Cf.* maille 2.) La somme de dix mille une livres une —, REGNARD, *Joueur,* III, 4. || *Fig.* | 1. Très petite quantité. Plutôt que d'emporter de moi Seulement le quart d'une —, LA F. *Fab.* v, 16. | 2. Très petite somme. Point de pigeon pour une —, LA F. *Fab.* II, 12.

OBOMBRER [ò-bon-bré] *v. tr.*
[ÉTYM. Emprunté du lat. obumbrare, *m. s.* || XIVᵉ s. Ma veue obumbree Fu d'une tres grant courtine, G. DE DIGULLEVILLE, *Pèlerinage de l'âme,* 302, Stürzinger. Admis ACAD. 1762.]
I. *Anciennt.* Ombrager (*au propre et au fig.*).
II. *Fig.* || **1°** (T. relig.) Couvrir, protéger de son ombre. Les ailes de mes anges m'ont obombré, VOLT. *Lett. à d'Argental,* 3 juin 1759.
|| **2°** *Rare.* Mettre dans l'ombre. Il évita sagement d'en être obombré, ST-SIM. IV, 24.

OBREPTICE [òb'-rép'-tïs'] *adj.*
[ÉTYM. Emprunté du lat. obrepticius, *m. s.* || XVᵉ s. Soubreptice, obreptice et desraisonnable, MARTIAL D'AUVERGNE, *Arrêts d'amour,* dans LA C.]
|| (Droit.) Obtenu en cachant la vérité. (*Syn.* subreptice.) Grâce, privilège —.

OBREPTICEMENT [òb'-rép'-tïs'-man ; *en vers,* -tise-...] *adv.*
[ÉTYM. Composé de obreptice et ment, §724. || 1611. Obreptissement, COTGR. Admis ACAD. 1798.]
|| (Droit.) D'une manière obreptice. (*Cf.* subrepticement.)

OBREPTION [òb'-rép'-syon ; *en vers,* -si-on] *s. f.*
[ÉTYM. Emprunté du lat. obreptio, *m. s.* || 1457. Remission en laquelle n'a aucune orrepcion, dans GODEF. orrepcion.]
|| (Droit.) Action de cacher la vérité pour obtenir qqch. (*Cf.* subreption.)

OBSCÈNE [òp'-sèn'] *adj.*
[ÉTYM. Emprunté du lat. obscenus, *m. s.* || 1560. Vers obscenes, J. POLDO D'ALBENAS, *Antiq. de Nismes,* dans DELB. *Rec.*]
|| Qui révolte la pudeur. Des paroles, des chants, des peintures obscènes.

OBSCÉNITÉ [òp'-sé-ni-té] *s. f.*
[ÉTYM. Emprunté du lat. obscenitas, *m. s.* || 1511. Vesquit avec toutes luxures, obscenités et infames, *Vies des saints Pères,* dans DELB. *Rec.*]
|| Caractère de ce qui révolte la pudeur. —, je ne sais ce que ce mot veut dire, MOL. *Crit. de l'Éc. des f.* sc. 3. || *P. ext.* Parole, acte qui révolte la pudeur. Dire, faire des obscénités.

OBSCUR, URE [òb'-skür] *adj.*
[ÉTYM. Emprunté du lat. obscurus, *m. s.* || XIIᵉ s. Si fait oscur ne velent gote, *Énéas,* 195.]
|| **1°** Qui est sans lumière. Et le jour a trois fois chassé la nuit obscure, RAC. *Phéd.* I, 3. Par un chemin —, ID. *Baj.* I, 1. Les effets de la chaleur obscure, c'est-à-dire de la chaleur privée de lumière, de flamme, BUFF. *Minéraux,* introd. 1. Cette obscure clarté qui tombe des étoiles, CORN. *Cid,* IV, 3. Un lieu où il fait —. Chambre obscure, chambre, boîte où les rayons lumineux émanés des objets extérieurs ne pénètrent que par une lentille convergente, de manière à former au fond une image réduite de ces objets. | Les parties obscures d'un tableau, celles où le peintre n'a pas mis de lumière. *Substantivt.* La peinture divise en grandes masses ses clairs et ses obscurs, MONTESQ. *Goût.* || *P. ext.* Une couleur obscure, qui n'est pas claire. D'un vert —, BUFF. *Barbu à gorge jaune.*
|| **2°** *Fig.* | 1. Qui n'a pas de clarté pour l'esprit. Selon que

votre idée est plus ou moins obscure, BOIL. *Art p.* 1. Lire en un songe — les volontés des Cieux, RAC. *Esth.* II, 1. Et les siècles obscurs devant moi se découvrent, ID. *Ath.* III, 7. | *P. ext.* Un écrivain —. J'évite d'être long, et je deviens —, BOIL. *Art p.* 1. | 2. Qui n'a pas d'illustration. Dans le vulgaire — si le sort l'a placé, RAC. *Ath.* II, 5. Être d'une naissance obscure. Dans l'état — où les dieux l'ont caché, RAC. *Iph.* I, 1.

OBSCURCIR [ŏb'-skur-sīr] *v. tr.*
[ÉTYM. Dérivé de obscur, § 159. || XIIIᵉ s. Que la veue li fust oscurcie et troblee, J. DE MEUNG, *Rose*, 18322.]
‖ Rendre obscur.
‖ 1° En privant plus ou moins de lumière. Un nuage obscurcit la clarté du soleil. Le temps s'obscurcit. Les ombres par trois fois ont obscurci les cieux, RAC. *Phèd.* I, 3. ‖ *P. ext.* Sa vue s'obscurcit, il voit moins clair. ‖ *Fig.* La splendeur de leurs noms en est-elle obscurcie? CORN. *Cinna*, I, 3. Lumières de la France, mais aujourd'hui obscurcies et couvertes de votre douleur comme d'un nuage, BOSS. *Condé.* Un nuage de tristesse obscurcit son front. *Poét.* Quelques pleurs répandus ont obscurci vos yeux, RAC. *Brit.* V, 3.
‖ 2° *Fig.* En privant plus ou moins de clarté, d'évidence. Combien était obscurcie la justice, la Providence, la bonté divine, parmi tant d'erreurs! BOSS. *Hist. univ.* II, 19. — la vérité. ‖ *P. ext.* Sa connaissance s'est obscurcie par les passions, PASC. *Pens.* I, 8. Les funestes nuages Qui de ce prince obscurcissent les yeux, RAC. *Esth.* II, 8. ‖ *P. ext.* Pour éclairer les uns et — les autres, PASC. *Pens.* XXIV, 18.

OBSCURCISSEMENT [ŏb'-skur-sĭs'-man ; *en vers*, -si-se-...] *s. m.*
[ÉTYM. Dérivé de obscurcir, § 145. || XVᵉ s. L'oscurcissement des ieus, *Hagin le Juif*, dans GODEF. oscurcissement.]
‖ État de ce qui devient obscur. L'— du jour. L'— de la vue. ‖ L'— de la raison.

OBSCURÉMENT [ŏb'-sku-ré-man] *adv.*
[ÉTYM. Pour obscurement (encore dans OUD.), composé de obscure et ment, § 724. || XIIIᵉ s. Oscurement, dans *Hist. littér. de la France*, XXIII, 522. | 1583. Obscurément, BRETONNAYAU, *Génération de l'homme*, fº 17, vº.]
‖ D'une manière obscure. (S'emploie surtout au figuré.) Si le temps eût été prédit — (d'une manière peu claire pour l'esprit), PASC. *Pens.* XX, 11. Un homme qui vit — (dans une condition où rien ne le distingue, ne le met en vue).

OBSCURITÉ [ŏb'-sku-ri-té] *s. f.*
[ÉTYM. Emprunté du lat. obscuritas, *m. s.* (*Cf.* l'anc. franç. oscurté, *m. s.*) || 1305. Aucune doutance ou obscurité, dans DELB. *Rec.*]
‖ État d'une chose, d'une personne obscure.
‖ 1° Manque de lumière. Dès que l'— régnera dans la ville, MOL. *Dép. am.* V, 1.
‖ 2° Manque de clarté pour l'esprit. Ce terme me jeta dans l'—, PASC. *Prov.* 3. Je regarde de toutes parts et ne vois partout qu'—, ID. *Pens.* XII, 2. Les obscurités se multiplient par le commentaire, ID. *Entret. avec Saci.*
‖ 3° Condition obscure. Il me tira du sein de mon —, RAC. *Esth.* I, 1. En quelque — que le sort l'eût fait naître, ID. *Bér.* I, 5. L'— vaut mieux que tant de renommée, CORN. *Hor.* II, 3.

OBSÉCRATION [ŏp'-sé-krà-syon ; *en vers*, -si-on] *s. f.*
[ÉTYM. Emprunté du lat. obsecratio, *m. s.* || XIIIᵉ s. Obsecrations, orisons, postulations, *Ép. de St Bern.* dans GODEF. Admis ACAD. 1762.]
‖ 1° (Antiq. rom.) Prières publiques ordonnées pour apaiser la colère des dieux. (Ne s'emploie qu'au plur.)
‖ 2° Mouvement oratoire par lequel on conjure Dieu, ou qqn au nom de Dieu.

OBSÉDER [ŏp'-sé-dé] *v. tr.*
[ÉTYM. Emprunté du lat. obsidere, assiéger. L'é du mot franç. (on s'attendrait à obsider) paraît dû à l'influence de posséder. || XVIᵉ-XVIIᵉ s. RÉGNIER, *Sat.* 15.]
‖ 1° *Vieilli.* Assiéger, fréquenter assidûment. Les galants n'obsèdent jamais que quand on le veut bien, MOL. *G. Dand.* II, 2. De bien près, ce me semble, il obsède Isabelle, LA F. *Ragotin*, V, 3.
‖ 2° Fatiguer par des demandes incessantes. Qui, pour services, ne peuvent compter que des importunités, et qui veulent que l'on les récompense d'avoir obsédé le prince, MOL. *Impr.* sc. 4. ‖ *Spéciall.* En parlant de l'esprit du mal, tourmenter par d'incessantes tentations. Le diable qui nous obsède toujours, LES. *Gil Blas*, II, 7. P. ext. *Fig.* Les images des sens qui nous environnent et pour ainsi dire nous obsèdent, BOSS. *6ᵉ Avert. aux protest.* 44.

OBSÈQUES [ŏp'-sĕk'] *s. f. pl.*
[ÉTYM. Emprunté du lat. obsequiæ, *m. s.* || XIIᵉ s. A l'obseque chanter et faire, BENEEIT, *Ducs de Norm.* I, 1672.]
‖ Ensemble des cérémonies funéraires. Le sénat se crut obligé de permettre qu'on fit les obsèques de César, MONTESQ. *Rom.* 12. Il fit avertir sa province Que les obsèques se feraient Un tel jour, en tel lieu, LA F. *Fab.* VIII, 14.

OBSÉQUIEUSEMENT [ŏp'-sé-kyeŭz'-man ; *en vers*, -ki-eŭ-ze-...] *adv.*
[ÉTYM. Composé de obséquieuse et ment, § 724. || *Néolog.* Admis ACAD. 1835.]
‖ D'une manière obséquieuse.

OBSÉQUIEUX, EUSE [ŏp'-sé-kyeŭ, -kyeŭz' ; *en vers*, -ki-...] *adj.*
[ÉTYM. Emprunté du lat. obsequiosus, *m. s.* || XVᵉ-XVIᵉ s. Obsequieux service, O. DE ST-GELAIS, dans DELB. *Rec.* Admis ACAD. 1798.]
‖ Qui porte à l'excès les démonstrations de déférence, d'égards pour qqn. Une personne obséquieuse. *P. ext.* Un caractère —. Des manières obséquieuses.

OBSÉQUIOSITÉ [ŏp'-sé-kyó-zi-té ; *en vers*, -ki-ó-...] *s. f.*
[ÉTYM. Emprunté du lat. obsequiosus, obséquieux, § 255. || XVᵉ-XVIᵉ s. La vraye amour, foy et obsequiosité de sa sœur Anne, J. LE MAIRE, dans DELB. *Rec.* Paraît inusité aux XVIIᵉ-XVIIIᵉ s. Admis ACAD. 1878.]
‖ Caractère d'une personne, d'une chose obséquieuse.

OBSERVABLE [ŏp'-sèr-vàbl'] *adj.*
[ÉTYM. Dérivé de observer, § 93. || XVᵉ-XVIᵉ s. Circunstances observables, FOSSETIER, *Chron. margar.* dans GODEF. Admis ACAD. 1798.]
‖ Qui peut, doit être observé.

OBSERVANCE [ŏp'-sèr-vàns] *s. f.*
[ÉTYM. Emprunté du lat. observantia, *m. s.* || 1390. Veu l'usage et la longue observence, dans DELB. *Rec.*]
‖ Obligation d'observer une loi, une règle religieuse. L'homme ne garde pas un commandement d'une si facile —, BOSS. *Hist. univ.* II, 1. Ce grand nombre d'observances dont il a chargé les Hébreux, ID. *ibid.* II, 3. ‖ Les religieux de l'— de saint François, soumis à sa règle. Religieux d'étroite —, d'mitigée, relâchée, qui observent strictement, ou avec plus ou moins d'adoucissement, la règle de leur fondateur.

OBSERVATEUR, TRICE [ŏp'-sèr-và-teŭr, -trīs'] *s. m. et f.*
(ÉTYM. Emprunté du lat. observator, trix, *m. s.* (*Cf.* l'anc. franç. observeur.) || XVIᵉ s. Observateurs de justice, CALV. *Instit. chr.* II, XI, 7.]
‖ Celui, celle qui observe.
‖ 1° Celui, celle qui suit exactement ce que prescrit une loi, une règle. Ce roi selon le cœur de Dieu, — de ses ordonnances, FLÉCH. *M. de Montausier.*
‖ 2° Celui, celle qui regarde (qqch) avec une attention suivie, pour l'étudier. Profond — du cœur humain. Aller quelque part en —. Les grands observateurs de la nature. ‖ *Adjectivt.* Un esprit —. Un œil —.

OBSERVATION [ŏp'-sèr-và-syon ; *en vers*, -si-on] *s. f.*
[ÉTYM. Emprunté du lat. observatio, *m. s.* || 1549. R. EST.]
‖ Action d'observer.
‖ 1° Action de suivre ce que prescrit une loi, une règle. Veiller à l'— des lois. L'— rigoureuse du règlement.
‖ 2° Action de regarder avec attention. L'— des mouvements de l'ennemi. Se mettre en —. Poste d'—. Corps d'—, destiné à surveiller les mouvements de l'ennemi. L'armée d'—, RAC. *Siège de Namur*, V, 319, Grands Écriv. ‖ Quarantaine d'—, qui ne dure que le temps nécessaire pour constater le bon état sanitaire d'un navire. ‖ L'— des passions du cœur humain. Avoir l'esprit d'—. ‖ L'— des phénomènes extérieurs. Les sciences d'—. L'— psychologique. ‖ *P. ext.* | 1. Ce qu'on a noté en observant. Des observations astronomiques, météorologiques. Recueil d'observations sur la fièvre typhoïde. | 2. Ce qu'on a noté comme digne de remarque à propos d'un sujet, d'un ouvrage. Observations sur le « Cid » par Scudéry. ‖ *P. anal.* Ce qu'on a noté chez qqn comme donnant lieu à un avertissement. Faire des observations à qqn. Se rendre aux observations de qqn. Il ne supporte pas une —.

OBSERVATOIRE [ŏp'-sèr-và-twàr] *s. m.*
[ÉTYM. Dérivé de observer, § 249. || 1670. Continuer le Louvre, commencer... l'Observatoire, COLBERT, *Mém. au roi*, dans P. CLÉMENT, *Lett. de Colbert*, VII, 254.]

|| Établissement disposé pour les observations astrono-
miques, météorologiques, etc. L'— de Paris, de Greenwich.
OBSERVER [ŏp'-sèr-vé] *v. tr.*
[ÉTYM. Emprunté du lat. observare, *m. s.* || xᵉ s. Lei consentit et observat, *St Léger*, 71.]
|| **1°** Suivre exactement (ce que prescrit une loi, une règle). Je promets d'— ce que la loi m'ordonne, RAC. *Ath.* IV, 3. Observe exactement la loi que je t'impose, CORN. *Cinna*, V, 1. || Des fantassins, des cavaliers qui n'observent pas leurs distances, qui ne restent pas à la distance réglementaire.
|| **2°** Regarder (qqch) avec une attention suivie. Si mes accusateurs observent tous mes pas, RAC. *Brit.* IV, 2. Tous ont les yeux sur lui, observent son maintien et son visage, LA BR. 5. Je l'observais hier, et je voyais ses yeux Lancer sur le lieu saint des regards furieux, RAC. *Ath.* I, 1. Un homme qui vous observe toujours et ne veut pas que personne vous parle! MOL. *Méd. m. l.* III, 3. *Famil.* S'—, se surveiller soi-même. || Ils n'observaient pas seulement les démarches de leurs ennemis, BOSS. *Hist. univ.* III, 6. — les mouvements de l'ennemi. L'un et l'autre rival... Se mesure des yeux, s'observe, BOIL. *Lutr.* 5. || J'observe, comme vous, cent choses tous les jours Qui pourraient mieux aller, MOL. *Mis.* I, 1. — de quel front j'ose aborder son père, RAC. *Phèd.* III, 3. Le philosophe consume sa vie à — les hommes, LA BR. 1. — la nature. — les astres. — les mouvements de la lune. || *Absolt.* L'art d'—. *P. ext.* Faire — qqch à qqn, le signaler à son attention. Faites-leur même — que rien ne contribue plus à l'économie, FÉN. *Éduc. des filles*, 11.
OBSESSION [ŏp'-sè-syon; *en vers*, -si-on] *s. f.*
[ÉTYM. Emprunté du lat. obsessio, *m. s.* || 1690. FURET.]
|| Action d'obséder.
OBSIDIANE et **OBSIDIENNE** [ŏp'-si-dyàn' et -dyèn] *s. f.*
[ÉTYM. Emprunté du lat. obsidiana (mieux obsiana), du nom de l'inventeur Obsidius (mieux Obsius), d'après Pline. || 1752. TRÉV. Admis ACAD. 1762.]
|| (Minéral.) Substance vitreuse d'origine volcanique, d'un vert foncé, ou d'un beau noir, dure, tenace et capable de recevoir un beau poli. Les anciens employaient l'— à faire des miroirs. Parure en —.
OBSIDIONAL, ALE [ŏp'-si-dyò-nàl; *en vers*, -di-ò-,...] *adj.*
[ÉTYM. Emprunté du lat. obsidionalis, *m. s.* de obsidio, siège. || xvᵉ s. Longue demeure obsidionale, *Trad. de Frontin*, dans GODEF. Admis ACAD. 1740.]
|| (T. didact.) Qui a rapport au siège d'une ville. Monnaie obsidionale, frappée dans une ville assiégée où il y a rareté de numéraire. (Antiq. rom.) Couronne obsidionale, couronne de gazon donnée à celui qui a délivré une place assiégée.
OBSTACLE [ŏb'-stàkl'] *s. m.*
[ÉTYM. Emprunté du lat. obstaculum, *m. s.* || xiiiᵉ s. Pour mettre encontre aucun obstacle, G. DE COINCY, *Mir. de N.-D.* p. 176, Poquet.]
|| Ce qui s'oppose au passage. Une route semée d'obstacles. Forcer un —. Les soldats de M. de Turenne ne trouvent point d'obstacles qu'ils ne surmontent, FLÉCH. *Turenne.* || *Fig.* Ce qui s'oppose à l'accomplissement d'un dessein. A ce dessein la reine mit —, CORN. *Œdipe*, II, 3. Tout fait à tes projets d'invincibles obstacles, ID. *Oth.* I, 1. Les puissances qui... mettaient de trop grands obstacles à leurs conquêtes, BOSS. *Hist. univ.* III, 6. Je trouve un — à vous pouvoir aimer, MOL. *F. sav.* V, 1.
OBSTÉTRICAL, ALE [ŏb'-sté-tri-kàl] *adj.*
[ÉTYM. Dérivé de obstétrique, § 238. || *Néolog.* Admis ACAD. 1878.]
|| (T. didact.) Relatif à l'obstétrique.
OBSTÉTRIQUE [ŏb'-sté-trìk'] *s. f.*
[ÉTYM. Tiré du lat. obstetrix, accoucheuse, § 229. || *Néolog.* Admis ACAD. 1878.]
|| (T. didact.) Partie de la médecine relative aux accouchements.
OBSTINATION [ŏb'-sti-nà-syon; *en vers*, -si-on] *s. f.*
[ÉTYM. Emprunté du lat. obstinatio, *m. s.* || xiiᵉ s. La grant obstination des hommes k'il veoyent, *Serm. de St Bern.* p. 6.]
|| Ténacité avec laquelle on demeure attaché à une résolution. Dans l'— jusqu'au bout il demeure, CORN. *Poly.* III, 3. Il faut fléchir au temps sans —, MOL. *Mis.* I, 1.
OBSTINÉ, ÉE [ŏb'-sti-né] *adj.*

[ÉTYM. Adj. particip. de obstiner, § 47. || xivᵉ s. Ja ne fussent tant obstinées, J. LE FÈVRE, *Vieille*, dans DELB. *Rec.*]
|| Attaché avec ténacité à une résolution. Des gens si obstinés à se perdre, BOSS. *Hist. univ.* II, 21. Dans son mal Rome est trop obstinée, CORN. *Cinna*, II, 1. *Absolt.* Un enfant —, et, *substantivt*, Un petit —.| Sa poursuite obstinée, BOIL. *Sat.* 3. Sa rigueur obstinée, RAC. *Phèd.* III, 1. || *P. anal.* C'est un rhume —, MOL. *Tart.* IV, 5.
OBSTINÉMENT [ŏb'-sti-né-man] *adv.*
[ÉTYM. Pour obstinéement, composé de obstiné et ment, § 724. || xivᵉ s. Comme einsi fust que... il empeschassent le delet ostinement, BERSUIRE, fᵒ 94, dans LITTRÉ.]
|| D'une manière obstinée. Après m'avoir — refusé, BEAUMARCH. *Mar. de Fig.* V, 3.
OBSTINER [ŏb'-sti-né] *v. tr. et pron.*
[ÉTYM. Emprunté du lat. obstinare, *m. s.* || 1539. R. EST.]
|| **1°** *Vieilli. V. tr.* Attacher avec ténacité à une résolution. Quelle espérance Doit — mon maître à la persévérance! CORN. *Ment.* IV, 7. || *P. ext. Famil.* Attacher qqn avec plus de ténacité à une résolution, en la combattant. Ne l'obstinez point, je connais son esprit, REGNARD, *Légat. univ.* IV, 6.
|| **2°** *V. pron.* S'—, s'attacher avec ténacité à une résolution. Il s'obstine au silence, CORN. *Pomp.* III, 1. Cinna seul dans sa rage s'obstine, ID. *Cinna*, IV, 1. Le public révolté s'obstine à l'admirer, BOIL. *Sat.* 9.
OBSTRUCTIF, IVE [ŏb'-strük-tìf', -tìv'] *adj.*
[ÉTYM. Dérivé du lat. obstructus, obstrué, § 257. || 1690. FURET.]
|| (Médec.) Qui produit l'obstruction.
OBSTRUCTION [ŏb'-strük'-syon; *en vers*, -si-on] *s. f.*
[ÉTYM. Emprunté du lat. obstructio, *m. s.* || 1550. Elles ouvrent obstructions, CALANIUS, *Entret. de santé*, fᵒ 34, vᵒ.|
|| **1°** (T. didact.) Embarras dans un conduit. || *Spécialt.* (Médec.) Embarras dans les conduits de qq organe.
|| **2°** *Fig. Néolog.* Obstacle apporté systématiquement à la discussion dans une assemblée.
OBSTRUER [ŏb'-stru-é] *v. tr.*
[ÉTYM. Emprunté du lat. obstruere, *m. s.* || 1713. Rates obstruées, dans *Journ. des Sav.* p. 63. Admis ACAD. 1762.]
|| Embarrasser par quelque obstacle (une voie, un orifice, etc.). Une rue obstruée.
OBTEMPÉRER [ŏp'-tan-pé-ré] *v. intr.*
[ÉTYM. Emprunté du lat. obtemperare, *m. s.* || xivᵉ s. Ausquelz nous devons croire et obtemperer, J. LE FÈVRE, *Vieille*, dans DELB. *Rec.*]
|| (Droit.) Se soumettre (à une injonction). — aux volontés du roi.
OBTENIR [ŏp'-te-nîr] *v. tr.*
[ÉTYM. Emprunté du lat. obtinere, rendu par obtenir, d'après tenir, § 503. || xivᵉ s. Il obteinrent partie par grace, partie par leur autorité, BERSUIRE, fᵒ 43, dans LITTRÉ.]
|| **1°** Réussir à se faire accorder (qqch). Je demande sa tête, et crains de l'—, CORN. *Cid*, III, 3. On obtient tout de moi quand on s'y prend de la bonne façon, MOL. *Préc. rid.* sc. 7. Faire dire de soi : pourquoi a-t-il obtenu ce poste? LA BR. 8. Tout ce qu'on put — de lui fut qu'il consentit de traiter d'égal avec l'archiduc, BOSS. *Condé.* — que le monde le laisse en repos, ID. *R. d'Angl.* — la permission de faire qqch, et, *ellipt*, — de faire qqch. Obtenez un arrêt comme il faut que je dorme, RAC. *Plaid.* I, 4. — qqch pour qqn, à qqn. Le crédit de la reine obtint aux catholiques ce bonheur singulier, BOSS. *R. d'Angl.* Un peu de terre obtenu par prière, BOIL. *Ép.* 7.
|| **2°** Réussir à atteindre (un résultat). Le succès qu'il a obtenu par ses efforts. Il a obtenu la victoire. (Chimie.) Les procédés par lesquels on obtient l'hydrogène.
OBTENTION [ŏp'-tan-syon; *en vers*, -si-on] *s. f.*
[ÉTYM. Dérivé de obtenir, d'après le supin lat. obtentum, § 249. || xviᵉ-xviiᵉ s. D'indubitable obtention, SULLY, *Œcon. roy.* 52.]
|| Action d'obtenir. L'— d'un bénéfice, d'un diplôme.
OBTURANT, ANTE [ŏp'-tu-ran, -rànt'] *adj.*
[ÉTYM. Adj. particip. de obturer, § 47. || xviiᵉ s. V. à l'article.]
|| (T. didact.) Qui bouche pour empêcher l'écoulement d'un liquide, d'un gaz. || *P. anal.* Pléthore obturante (qui obstrue les vaisseaux), MOL. *Pourc.* I, 8.
OBTURATEUR, TRICE [ŏp'-tu-rà-teur, -tris'] *adj.*
[ÉTYM. Dérivé de obturer, § 249. || xviᵉ s. Muscles obturateurs, PARÉ, I, 25. Admis ACAD. 1835.]

|| (T. didact.) Qui sert à obturer. **Un appareil —**, et, *substantivt*, **Un —.** L'— d'une arme à feu qui se charge par la culasse. *P. ext.* L'— d'une chambre photographique, qui règle la quantité de lumière à recevoir. | (Physiol.) **Muscles obturateurs**, qui occupent la cavité entre le pubis et l'os de la hanche.

OBTURATION [ŏp'-tu-rà-syon; *en vers*, -si-on] *s. f.*
[ÉTYM. Emprunté du lat. obturatio, *m. s.* || xvᵉ-xviᵉ s. *L'obturacion des fosses*, Nef de santé, fº 38, rº, édit. 1507. Admis ACAD. 1835.]
|| (T. didact.) Action d'obturer. *Spéciali.* (Chirurgie.) Opération par laquelle on bouche une cavité formée à la voûte du palais, au crâne, etc. — d'une dent, opération par laquelle on bouche le trou d'une dent cariée.

'OBTURER [ŏp'-tu-ré] *v. tr.*
[ÉTYM. Emprunté du lat. obturare, *m. s.* || 1538. Trois portes de la ville ont été opturées, dans GODEF.]
|| (T. didact.) Action de boucher.

OBTUS, USE [ŏp'-tu, -ûz'] *adj.*
[ÉTYM. Emprunté du lat. obtusus, *m. s.* || 1542. Angles solides et obtus, BOVELLES, *Géom. prat.* fº 42, rº. Admis ACAD. 1718.]
|| (T. didact.) Dont l'angle est arrondi, émoussé. **Plante aux feuilles obtuses.** || *P. anal.* (Géom.) **Angle —**, plus ouvert que l'angle droit. || *Fig.* Qui n'est pas pénétrant. **Un esprit —.** || *P. anal.* **Sensation obtuse**, sans vivacité.

OBTUSANGLE [ŏp'-tu-zăngl'] *adj.*
[ÉTYM. Emprunté du lat. obtusiangulus, *m. s.* || 1752. TRÉV. Admis ACAD. 1762.]
|| (Géom.) Qui a un angle obtus. **Triangle —.**

OBUS [ŏ-bûz'] *s. m.*
[ÉTYM. Emprunté de l'allem. haubitze, plus anc. haubnitze, tchèque houfnice, proprt, « obusier », §§ 7 et 20. Bien qu'on ait un exemple de 1515, Tirer des hocbus de fer que la ville (de Metz) avoit achetez, dans *Bibl. de l'Éc. des Chartes*, 1870, p. 241, le mot n'a pénétré dans l'usage général qu'à la fin du xviiᵉ s. et a signifié d'abord « obusier », comme en allemand. || 1697. A la bataille de Nervinde... il se trouva huit mortiers appellez obus, SURIREY, *Mém. d'artill.* I, 237. Admis ACAD. 1762.]
|| (T. milit.) Projectile creux, de forme allongée, sans anse et sans culot, éclatant par percussion, lancé autrefois par des espèces de mortiers (dits d'abord obus, puis obusiers), aujourd'hui par des canons. **Blessé d'un éclat d'—.**

OBUSIER [ŏ-bu-zyé] *s. m.*
[ÉTYM. Dérivé de obus, § 115. TRÉV. 1771 donne comme synonymes obus ou obusier ou haubitz. || Admis ACAD. 1762.]
|| (T. milit.) Pièce d'artillerie lançant des obus et autres projectiles. **— de montagne, obusier léger.**

'OBVENIR [ŏb'-ve-nîr] *v. intr.*
[ÉTYM. Emprunté du lat. obvenire, *m. s.* || 1369. Piece de terre gaignable qui... m'est obvenue et eschoite, dans GODEF.]
|| (Droit.) Échoir. *Spéciali.* Revenir à l'État (en parlant d'une succession en déshérence).

OBVIER [ŏb'-vyé; *en vers*, -vi-é] *v. intr.*
[ÉTYM. Emprunté du lat. obviare, *m. s.* || xivᵉ s. Avoir obvié et resisté a la licence, BERSUIRE, fº 70, dans LITTRÉ.]
|| Mettre obstacle (à un effet fâcheux qu'on prévoit). **Pour — à cet inconvénient.**

'OCARINA [ŏ-kà-ri-nà] *s. m.*
[ÉTYM. Origine inconnue. || *Néolog.*]
|| Instrument de musique en terre cuite, percé de trous, en forme de gros œuf.

OCCASE [ŏk'-kâz'] *adj. fém.*
[ÉTYM. Emprunté du lat. occasus, coucher de soleil, employé comme adjectif, au lieu de occasive (*cf.* ortive), § 39. || 1732. TRÉV. Admis ACAD. 1798.]
|| (Astron.) Amplitude —, arc de l'horizon compris entre le point où se couche un astre et le couchant vrai.

OCCASION [ŏ-kà-zyon; *en vers*, -zi-on] *s. f.*
[ÉTYM. Emprunté du lat. occasio, *m. s.* A remplacé l'anc. franç. ochoison, achoison, de form. pop. || xiiᵉ-xiiiᵉ s. L'une occasions l'autre amoinne, Ysopet de Lyon, 2601.]
|| **1°** Circonstance qui vient à propos. On doit moins s'appliquer à faire naître des occasions qu'à profiter de celles qui se présentent, LA ROCHEF. *Max.* 452. Narbal prit cette — de me mettre en liberté, FÉN. *Tél.* 3. Il manqua l'— de prendre la ville, BOSS. *Hist. univ.* II, 22. C'est une — qu'il faut prendre vite aux cheveux, MOL. *Av.* I, 5. Loc. prov. L'— est chauve, difficile à saisir. || *Loc. adv.* A l'—, si qq circonstance vient

à propos. || *P. ext.* Circonstance qui se présente. La fuite est glorieuse en cette —, CORN. *Hor.* IV, 2. En quelles occasions un religieux peut-il quitter son habit? PASC. *Prov.* 6. Ces mariages, d'où dépendent-ils ?... De mille occasions imprévues, ID. *Condit. des grands*, 1. Les occasions nous font connaître aux autres et encore plus à nous-mêmes, LA ROCHEF. *Max.* 345. Il l'excuse en toute —, FÉN. *Tél.* 13. Vouloir le mettre à toute —, MOL. *Mis.* I, 2. Par —, par circonstance accidentelle. Aussi ne fut-ce que par — que les Juifs négocièrent, MONTESQ. *Espr. des lois*, XXI, 6. || Acheter une marchandise d'—, qui, se trouvant chez un revendeur, s'achète moins cher que neuve. *Ellipt.* Un meuble d'—. *Fig. Famil.* Un héroïsme d'—, que des circonstances accidentelles ont fait naître. *Loc. prov.* L'— fait le larron, on fait par circonstance ce qu'on n'eût pas fait autrement. || *Vieilli.* Rencontre (à la guerre). Être au milieu des ennemis un jour d'—, HAMILT. *Gram.* p. 80.

|| **2°** Circonstance qui détermine à faire qqch. En Allemagne où l'— des guerres qui n'y sont pas encore finies m'avait appelé, DESC. *Méth.* 2. Les fêtes qui ont eu lieu à l'— du couronnement. La mort de Lucrèce ne fut que l'— de la révolution qui arriva, MONTESQ. *Rom.* 1. Faire naître... des occasions de guerre, BOSS. *Hist. univ.* III, 7. Leur chute a donné — au salut des gentils, ID. *ibid.* II, 20. Est-il permis de rechercher les occasions de pécher? PASC. *Prov.* 5. (Théol.) — prochaine, faite pour porter immédiatement au péché. L'— prochaine du péché. *Fig.* L'— prochaine de la pauvreté, c'est de grandes richesses, LA BR. 6. *P. ext.* Faire qqch à l'— d'une personne, à propos d'elle. (Sa haine) A mon — encor se renouvelle, CORN. *Nicom.* I, 1.

OCCASIONNEL, ELLE [ŏ-kà-zyŏ-nèl; *en vers*, -zi-ŏ-...] *adj.*
[ÉTYM. Dérivé de occasion, § 238. (*Cf.* le bas lat. occasionalis.) || 1306. Se déduit de l'existence de l'adv. occasionnellement à cette date. Admis ACAD. 1718.]
|| (Philos.) Qui est l'occasion d'un acte qui détermine à agir. Les **causes occasionnelles**, circonstances qui déterminent à l'action la cause efficiente. L'efficace des décrets immuables de Dieu n'est déterminée à l'action que par les circonstances des causes qu'on appelle naturelles et que nous appelons occasionnelles, MALEBR. *Entr. sur la métaph.* 8.

OCCASIONNELLEMENT [ŏ-kà-zyŏ-nèl-man; *en vers*, -zi-ŏ-nè-le-...] *adv.*
[ÉTYM. Composé de occasionnelle et ment, § 724. || 1306. Principaument ne occasionaument, dans DU C. occasio 5. Admis ACAD. 1762.]
|| (T. didact.) Par occasion.

OCCASIONNER [ŏ-kà-zyŏ-né; *en vers*, -zi-ŏ-...] *v. tr.*
[ÉTYM. Dérivé de occasion, § 154. (*Cf.* l'anc. franç. ochoisoner, achoisoner, et le bas lat. occasionare.) || 1305. Molester ou occasioner le maistre, dans GODEF. Admis ACAD. 1740.]
|| Être l'occasion de (qqch). Des pensées qui appartiennent à l'esprit, quoiqu'elles soient occasionnées par le corps, PASC. *Amour.* Des coups qui ont occasionné une incapacité de travail.

OCCIDENT [ŏk'-si-dan] *s. m.*
[ÉTYM. Emprunté du lat. occidens, *m. s.* || xiiᵉ s. Occidens, PH. DE THAUN, *Comput*, 2572.]
|| **1°** Côté de l'horizon où le soleil se couche. (*Cf.* orient.) Avec quelle rapidité il s'élève de l'occident, BOSS. *Condé.* || (Astron.) — d'été, d'hiver, point où le soleil semble se coucher en été, en hiver. || *Spéciali.* Celui des quatre points cardinaux où le soleil se couche aux équinoxes. L'orient, le midi, l'—, le septentrion. Entre l'— et le midi. || *Fig. Vieilli.* Le chevalier de Guise, de qui on a vu précipiter le bel orient dans l'— d'un désastre, MALH. *Lett.* 4.

|| **2°** Partie du globe, région située vers l'occident. Que l'Orient contre elle à l'Occident s'allie, CORN. *Hor.* IV, 5. Dans les cartes géographiques, l'— est à gauche. || *Spéciali.* Partie de l'Europe située vers l'occident. L'Église d'Occident. L'empire d'Occident. || *P. ext.* Partie, région la plus rapprochée de l'occident. A l'— d'Archangel, VOLT. *Hist. de Russie*, I, 1.

OCCIDENTAL, ALE [ŏk'-si-dan-tàl] *adj.*
[ÉTYM. Emprunté du lat. occidentalis, *m. s.* || xiiiᵉ-xivᵉ s. Mer occidentel, *Chirurg. de Mondeville*, fº 88, dans LITTRÉ.]
|| Situé à l'occident. Les peuples occidentaux, et, *substantivt*, Les Occidentaux. Les régions occidentales. L'Europe occidentale. La plus occidentale des îles Baléares. Indes occidentales (Amérique).

OCCIPITAL, ALE [ŏk'-si-pi-tàl] *adj.*

[ÉTYM. Emprunté du bas lat. occipitalis, *m. s.* || 1546. Os occipital, CH. EST. *Dissect. des parties du corps humain,* p. 15. Admis ACAD. 1762.]

|| (Anat.) Qui appartient à l'occiput. L'os —.

OCCIPUT [ŏk'-si-pŭt'] *s. m.*

[ÉTYM. Emprunté du lat. occiput, *m. s.* || 1372. Les phisiciens l'appellent occiput, J. CORBICHON, *Propr. des choses,* V, 4, mss franç. Bibl. nat. 216. Admis ACAD. 1762.]

|| (Anat.) Partie inférieure du derrière de la tête. Apprenez, ignorant, que le derrière de la tête se nomme l'—, DOMINIQUE, *Cheval. du soleil,* sc. 3.

OCCIRE [ŏk'-sīr] *v. tr.*

[ÉTYM. Anc. franç. octre, du lat. occidere, *m. s.* devenu ocidre, §§ 366, 290 et 291, octre, § 413, puis occire par réaction étymologique, § 502.]

|| *Anciennt.* Tuer. (Ne s'emploie plus que plaisamment.) Amadis... occit un grand lion, VOIT. *Lett.* 46. Un jeune cavalier..., un jour de combat de taureaux,... fut cruellement occis par un de ces animaux-là, LES. *Diable boit.* 12.

OCCISEUR [ŏk'-si-zeùr] *s. m.*

[ÉTYM. Dérivé de occire, § 112. || XIIe s. Ociseûr felun li furent dono tramis, GARN. DE PONT-STE-MAX. *St Thomas,* 3572. Admis ACAD. 1835.]

|| *Anciennt.* Tueur. (Ne s'emploie plus que plaisamment.) — d'innocents, MOL. *Ét.* III, 4. Bourreau de ma famille, Moi-même j'en serai l'odieux —, REGNARD, *Naissance d'Amadis,* sc. 7.

OCCISION [ŏk'-si-zyon; *en vers,* -zi-on] *s. f.*

[ÉTYM. Emprunté du lat. occisio, *m. s.* || XIe s. Des or cumencet l'ocisiun des altres, *Roland,* 3946.]

|| *Anciennt.* Action de tuer.

OCCLUSION [ŏk'-klu-zyon; *en vers,* -zi-on] *s. f.*

[ÉTYM. Emprunté du lat. occlusio, *m. s.* || 1808. DE WENZEL, *Man. de l'oculiste.* Admis ACAD. 1835.]

|| (Médec.) Fermeture d'une ouverture naturelle. L'— de la pupille.

OCCULTATION [ŏk'-kŭl-tà-syon; *en vers,* -si-on] *s. f.*

[ÉTYM. Emprunté du lat. occultatio, action de cacher. || 1528. O. FINÉ, *Théor. des ciels,* f° 40, V°. Admis ACAD. 1762.]

|| (Astron.) État d'un astre dérobé à la vue par l'interposition d'une planète. L'— d'une planète, par la lune. *P. ext.* Contact apparent des deux astres.

OCCULTE [ŏk'-kŭlt'] *adj.*

[ÉTYM. Emprunté du lat. occultus, caché. || XIIe s. Les occultes choses de la tue sapience, *Psaut. d'Oxf.* L, 8.]

|| Dont la cause reste cachée. Du Ciel l'— providence, CORN. *Clit.* III, 1. Une influence —. Ce que les animaux produisent par ce mouvement — (l'instinct), PASC. *Vide,* préf. | (Philos.) Qualités occultes, qualification donnée par les anciens philosophes aux effets dont la cause restait inconnue. || *P. ext.* Sciences occultes, qui s'enveloppent de mystères (magie, astrologie, nécromancie, etc.). Les livres de science, ou plutôt d'ignorance —, MONTESQ. *Lett. pers.* 135.

OCCUPANT, ANTE [ŏ-ku-pan, -pänt'] *adj.*

[ÉTYM. Adj. particip. de occuper, § 47. || XVe s. Qu'il soit au premier occupant, COQUILLART, *Simple et rusée.*]

|| **1°** (Droit.) Qui occupe un lieu, s'y est établi. On ne peut déposséder qu'en vertu de titres la partie occupante. *Substantivt.* Le droit (de possession) du premier —. La dame au nez pointu répondit que la terre Était au premier —, LA F. *Fab.* VII, 16.

|| **2°** *Vieilli.* Qui occupe (une personne). Cette occupante et ruineuse et continuelle bassette, SÉV. *Lett.* 26 juin 1680, Capmas.

OCCUPATION [ŏ-ku-pà-syon; *en vers,* -si-on] *s. f.*

[ÉTYM. Emprunté du lat. occupatio, *m. s.* || XIIe s. BENEEIT, *Ducs de Norm.* 40637.]

|| **1°** Action de prendre possession d'un lieu, de s'y établir. L'— d'un territoire, d'une ville. Armée d'—, qui occupe militairement un territoire. || (Droit.) La possession de fait qui résulte d'une — prolongée.

|| **2°** Ce qui prend le temps, l'activité de qqn. Donner de l'— à qqn. Avoir beaucoup d'—. Ils ne cherchent en cela qu'une — violente et impétueuse qui les détourne de penser à soi, PASC. *Pens.* IV, 1. Toutes les occupations des hommes sont à avoir du bien, ID. *ibid.* III, 12. Se reposer des occupations de sa charge sur un fils, BOSS. *Le Tellier.* || *P. ext. Famil.* Place, emploi quelconque. Il n'a pas d'— en ce moment.

OCCUPER [ŏ-ku-pé] *v. tr.*

[ÉTYM. Emprunté du lat. occupare, *m. s.* || XIIe-XIIIe s. Occupeiz a faire les cures de la conteit, *Dial. Gregoire,* p. 230.]

|| **1°** Prendre possession d'un lieu, s'y établir. Les Anglais, peuples saxons, occupèrent la Grande-Bretagne, BOSS. *Hist. univ.* I, 11. La moitié de tes gens doit — la porte, CORN. *Cinna,* V, 1. || *P. ext.* Être établi dans un lieu. La place qu'il occupe. L'espace qu'occupe le bâtiment. || *Fig.* — un poste important. L'altière Vasthi, dont j'occupe la place, RAC. *Esth.* I, 1. || *Absolt.* (Droit.) — pour un client (en parlant d'un avoué), prendre en main son affaire. *P. plaisant. Fig.* Elle occupe pour lui, DANCOURT, *Prix de l'arquebuse,* sc. 11.

|| **2°** Prendre possession de qqn, en absorbant son esprit, son cœur. La peur de leur départ occupe fort votre âme, MOL. *Mis.* II, 4. C'est que le monde nous occupe, BOSS. *D. d'Orl.* Tu occupais l'assemblée de toi-même, FÉN. *Dial. Anc.* Démosth. et Cic. Il n'est occupé que de sa personne, LA BR. 2. Ceux-ci occupés du premier objet qui les avait transportés, BOSS. *R. d'Angl.* Je saurai l'— de soins plus importants, RAC. *Baj.* I, 1. Quels desseins maintenant occupent sa pensée? ID. *ibid.* V, 1. L'on est plus occupé aux pièces de Corneille, LA BR. 1. S'—, être occupé de qqn, de qqch, en faire l'objet de ses préoccupations, de ses soins.

|| **3°** Prendre le temps de qqn. — ses loisirs. Il vaut mieux s'— à jouer qu'à médire, BOIL. *Sat.* 10. Pendant qu'il s'occupe à relever le prince abattu, BOSS. *Condé.* On n'en voyait point d'occupés A chercher le soutien d'une mourante vie, LA F. *Fab.* VII, 1. *Absolt.* Être occupé. Savoir s'—. Ses mains industrieusement occupées, BOSS. *A. de Gonz.* Je suis occupé, je ne veux voir personne, RAC. *Plaid.* III, 3. Avoir une vie occupée. Ce banquier occupe vingt employés.

OCCURRENCE [ŏ-kur'-räns] *s. f.*

[ÉTYM. Dérivé de occurrent, § 262. || XVIe s. Les affaires et occurrences humaines, AMYOT, *Œuvr. mor. Tranq. d'âme,* 31.]

|| Circonstance qui vient se présenter soudain. J'y mets du mien selon les occurences, LA F. *Contes, Serv. justifiée.* En cette —, en pareille —. || *Spécialt.* (Liturgie.) Circonstance qui fait tomber une fête le même jour qu'une autre.

OCCURRENT, ENTE [ŏ-kur'-ran, -ränt'] *adj.*

[ÉTYM. Emprunté du lat. occurrens, entis, *m. s.* || 1475. Necessitez occurrantes, dans GODEF. *Compl.*]

|| **1°** Qui vient se présenter à qqn. Selon les cas occurrents.

|| **2°** (Liturgie.) Qui tombe le même jour qu'une autre fête. Fêtes occurrentes.

OCÉAN [ŏ-sé-an] *s. m.*

[ÉTYM. Emprunté du lat. Oceanus, *m. s.* || XIIe s. Entre Icest flume (corr. fluive) et l'ocean, BENEEIT, *Ducs de Norm.* I, 327.]

|| Vaste étendue d'eau salée qui occupe une grande partie du globe terrestre. Ces fleuves... mêlés dans l'Océan avec les rivières les plus inconnues, BOSS. *D. d'Orl.* | *Spécialt.* Une partie de cette étendue. L'— Pacifique. L'— Atlantique. L'Océan étonné de se voir traversé tant de fois, BOSS. *R. d'Angl.* || *P. plaisant.* En parlant d'un ruisseau, etc. Et dans cet — l'on eût vu la fourmi, LA F. *Fab.* II, 12. Me noyant tout le corps d'un — d'urine, ID. *Ragotin,* II, 11. || *Fig. Poét.* Ce qui offre une vaste étendue. Un — de sable, le désert. Cet — de feux, DELILLE, *Paradis perdu,* 1. Dans l'— d'azur, LAMART. *Harm.* I, 10. Sur l'— des âges, ID. *Médit.* I, 13. Des océans de verdure, ID. *Épître à M. V. Hugo.*

OCÉANE [ŏ-sé-àn'] *adj. fém.*

[ÉTYM. Emprunté du lat. oceanus, qui s'emploie adjectivt dans la loc. corresp. mare oceanum, § 39. || XIIIe s. Mer oceane, BRUN. LATINI, *Trésor,* p. 115. | XVe s. L'oceanne mer, A. CHARTIER, *Espérance,* p. 364, édit. 1617.]

|| *Vieilli.* Mer Océane, Océan. Ces marées de la mer Océane, VOLT. *Philos. de Newton,* III, 11.

OCÉANIDE [ŏ-sé-à-nid'] *s. f.*

[ÉTYM. Emprunté du lat. oceanis, idis, grec ὠκεανίς, ίδος, *m. s.* || 1732. TRÉV. Admis ACAD. 1878.]

|| (Mythol.) Nymphe de la mer (fille de l'Océan).

OCÉANIQUE [ŏ-sé-à-nĭk'] *adj.*

[ÉTYM. Emprunté du lat. oceanicus, *m. s.* || 1548. Les modernes navigateurs oceaniques, A. MIZAULD, dans DELB. *Rec.* Semble inusité aux XVIIe-XVIIIe s. Admis ACAD. 1878.]

|| (T. didact.) Relatif à l'Océan. *Spécialt.* (Géologie.) Terrains de formation —.

*'**OCELLE** [ŏ-sèl] *s. m.*

[ÉTYM. Emprunté du lat. **ocellus**, petit œil. || *Néolog.*]

|| (Hist. nat.) Tache arrondie dont le centre, d'une autre couleur que le tour, ressemble à la prunelle d'un œil.

***OCELLÉ, ÉE** [ò-sĕl'-lé] *adj.*

[ÉTYM. Dérivé de **ocelle**, § 253. (*Cf.* le lat. **ocellatus**, qui a de petits yeux, et l'anc. franç. **œilleté**.) || *Néolog.*]

|| (Hist. nat.) Marqué de taches qui ressemblent à des yeux. **Lézart vert —**.

***OCELOT** [ŏs'-ló ; *en vers*, ò-se-ló] *s. m.*

[ÉTYM. Abréviation de **thalocelott**, nom de cet animal en Amérique, § 30. || xviiie S. buff. *Ocelot.*]

|| (Hist. nat.) Chat-tigre d'Amérique.

OCHLOCRATIE [ò-klò-krà-si] *s. f.*

[ÉTYM. Emprunté du grec ὀχλοκρατία, *m. s.* || 1568. L. leroy, *Polit. d'Aristote*, dans delb. *Rec.* Admis acad. 1762.]

|| *Rare.* (T. didact.) Gouvernement de la multitude.

OCRE [òkr'] *s. f.*

[ÉTYM. Pour **ochre**, emprunté du lat **ochra**, grec ὤχρα, *m. s.* || 1307. **Et doit li sale estre toute gausnie d'ocre**, dans delb. *Rec.*]

|| Matière colorante, argile friable, jaune ou rouge, selon sa composition chimique.

OCREUX, EUSE [ò-kreù, -kreùz'] *adj.*

[ÉTYM. Dérivé de **ocre**, § 116. || 1787. chaptal, *Observations sur des terres ocreuses*, titre. Admis acad. 1835.]

|| (T. didact.) Qui est de la nature de l'ocre. **Terre, couche ocreuse.**

OCTAÈDRE [ŏk'-là-òdr'] *adj.*

[ÉTYM. Emprunté du lat. **octaedros**, grec ὀκτάεδρος, *m. s.* || 1542. **Octocedron** (*sic*), bovelles, *Géom. prat.* fo 46, vo. | 1587. **Octohedre**, duchesne, *Gr. Miroir du monde*, p. 162. Admis acad. 1762.]

|| (Géom.) Qui a huit faces. *Substantivt.* **Un —**, un corps solide à huit faces.

OCTAÉTÉRIDE [ŏk'-tà-é-té-rid'] *s. f.*

[ÉTYM. Emprunté du lat. **octaeteris, idis**, grec ὀκταετηρίς, ίδος, *m. s.* || 1732. trév. Admis acad. 1762.]

|| (Astron.) Période de huit ans.

***OCTANDRE** [ŏk'-làndr'] *adj.*

[ÉTYM. Tiré de **octandrie**, § 279. || 1799. l.-c.-m. richard, *Dict. de botan. de Bulliard*, p. 197.]

|| (Botan.) Qui a huit étamines.

OCTANDRIE [ŏk'-tan-dri] *s. f.*

[ÉTYM. Emprunté du lat. des botan. **octandria** (linné), composé avec le grec ὀκτώ, huit, et ἀνήρ, homme. mâle, § 279. || 1787. gouan, *Expl. du syst. botan. de Linné*, p. 25. Admis acad. 1835.]

|| (Botan.) Dans la classification de Linné, groupe de plantes qui ont des fleurs hermaphrodites à huit étamines, non adhérentes au pistil.

OCTANT [ŏk'-tan] *s. m.*

[ÉTYM. Emprunté du lat. **octans, antis**, huitième partie. || 1683. le cordier, *Instr. des pilotes*, dans delb. *Rec.* Admis acad. 1762.]

|| (Astron.) || **1°** Distance de 45 degrés (8e partie de la circonférence) entre deux astres. **Les octants de la lune**, les quatre phases de la lune où elle est à 45 degrés du soleil.

|| **2°** Instrument formé d'un secteur de 45 degrés, servant à mesurer des hauteurs et des distances. (*Cf.* **sextant.**)

OCTANTE [ŏk'-tànt'] *adj.*

[ÉTYM. Anc. franç. **oitante**, du lat. pop. ***octanta** (class. **octoginta**), *m. s.* § 575, devenu **octante** par réaction étymologique, § 502. || 1282. **Mil et deus chens octante et deus**, dans godef. **oitante.**]

|| *Vieilli et dialect.* Quatre-vingts.

OCTANTIÈME [ŏk'-tan-tyèm'] *adj.*

[ÉTYM. Dérivé de **octante**, § 96 *ter.* || 1532. **Octantiesme**, du guez, dans palsgr. p. 930.]

|| *Vieilli et dialect.* Quatre-vingtième.

OCTAVE [ŏk'-làv'] *s. f.*

[ÉTYM. Emprunté du lat. **octava**, fém. de **octavus**, huitième. Anc. franç. **oitieve**, de form. pop. || xiie s. **As octaves del jour passé**, gaut. d'arras, *Eracle*, 4496.]

|| **1°** (Liturgie.) Espace de huit jours qui suit une grande fête de l'Église et pendant lequel a lieu la commémoration de cette fête. **Dans l'— de Noël.** || *P. ext.* Dernier jour de cette huitaine, où l'office est plus solennel. **C'est aujourd'hui l'— de la Fête-Dieu.**

|| **2°** (Musique.) Intervalle de huit degrés. **— juste**, comprenant cinq tons et deux demi-tons diatoniques. **— diminuée**, comprenant quatre tons et trois demi-tons diatoniques. **— augmentée**, comprenant cinq tons, deux demi-tons diatoniques et un demi-ton chromatique. **Faire des octaves** (sur le piano, l'orgue), faire en même temps une note et son octave. **A l'—**, indication pour avertir qu'un morceau doit être exécuté une octave au-dessus du ton dans lequel il est écrit. || **Jeux d'—**, jeux à bouche de l'orgue.

|| **3°** (Métr.) Stance de huit vers. (*Cf.* **huitain.**)

|| **4°** *Anciennt.* Huitième partie de l'aune. **Étoffe de cinq octaves de largeur.** || Huitième partie du marc, mesure de poids des joailliers.

|| **5°** (Escr.) Huitième parade, position de l'épée dans la ligne du dehors, pointe basse, poignet en supination.

OCTAVIN [ŏk'-tà-vin] *s. m.*

[ÉTYM. Dérivé de **octave**, sous l'influence de l'ital. **ottavino**, *m. s.* §§ 12 et 100. || Admis acad. 1835.]

|| (Musique.) Petite flûte, qui est à l'octave supérieure de la flûte ordinaire.

***OCTAVINE** [ŏk'-tà-vin'] *s. f.*

[ÉTYM. Dérivé de **octave**, § 100. || 1703. brossard, *Dict. de musiq.*]

|| (Musique.) Petite épinette, qui n'a qu'une octave.

OCTAVO (IN-). *V.* **in-octavo.**

OCTAVON, ONNE [ŏk'-là-von, -vòn'] *s. m. et f.*

[ÉTYM. Dérivé de l'espagn. **octavo**, *m. s.* proprt, « huitième », §§ 13 et 104. || Admis acad. 1798.]

|| Celui, celle qui naît de l'union d'un quarteron avec une blanche, ou d'un blanc avec une quarteronne.

OCTIDI [ŏk'-ti-di] *s. m.*

[ÉTYM. Composé avec le latin **octo**, huit, et la terminaison **di** (lat. **diem**, jour) qui se trouve dans **lundi**, etc. § 284. || 1793. Mot dû à fabre d'églant. Admis acad. 1798, suppl.]

|| Huitième jour de la décade (calendrier républicain).

OCTIL [ŏk'-til] *adj.*

[ÉTYM. Dérivé du lat. **octo**, huit, § 91. || 1732. trév. Admis acad. 1762.]

|| *Vieilli.* (Astron.) **Aspect —**, position de deux astres distants l'un de l'autre de la huitième partie du zodiaque.

OCTOBRE [ŏk'-tòbr'] *s. m.*

[ÉTYM. Emprunté du lat. **october**, *m. s.* Anc. franç. **oitovre**, de formation pop. || 1303. **A huit jours d'octobre**, dans *Bibl. de l'Éc. des Chartes*, 1845-1846, p. 507.]

|| Dixième mois de l'année. || *P. plaisant.* **Jus d'—**, le vin.

OCTOGÉNAIRE [ŏk'-tò-jé-nèr'] *adj.*

[ÉTYM. Emprunté du lat. **octogenarius**, *m. s.* || 1603. **Vieillard octagenere**, j. duval, *Hydrotherap.* p. 338.]

|| Qui a quatre-vingts ans. **Un homme, une femme —**. *Substantivt.* **Un — plantait**, la f. *Fab.* xi, 6.

***OCTOGONAL, ALE** [ŏk'-tò-gò-nàl] *adj.*

[ÉTYM. Dérivé de **octogone**, § 238. || 1520. ét. de la roche, *Arithm.* fo 228, ro.]

|| (Géom.) Qui a huit angles et huit côtés. || *P. ext.* **Pyramide octogonale**, dont la base est un octogone.

OCTOGONE [ŏk'-tò-gòn'] *adj. et s. m.*

[ÉTYM. Emprunté du lat. **octogonos**, grec ὀκτόγωνος, *m. s.* || 1520. ét. de la roche, *Arithm.* fo 222, vo.]

|| (Géom.) || **1°** *Adj.* Qui a huit angles et huit côtés.

|| **2°** *S. m.* Figure qui a huit angles et huit côtés. || *P. ext.* (T. milit.) Ouvrage de fortification à huit bastions.

***OCTOGYNE** [ŏk'-tò-jin'] *adj.*

[ÉTYM. Composé avec le grec ὀκτώ, huit, et γυνή, femelle, § 279. || *Néolog.*]

|| (Botan.) Qui a huit pistils. (*Cf.* **octandre.**)

OCTOSTYLE [ŏk'-tò-stil] *adj.*

[ÉTYM. Emprunté du grec ὀκτώστυλος (mieux ὀκτάστυλος), *m. s.* (*Cf.* **décastyle.**) || 1547. **Octastyle**, j. martin, *Vitruve*, annot. | 1580. **Octostyle**, cl. guichard, *Funérailles*, dans delb. *Rec.* Admis acad. 1835.]

|| (Architect.) Qui a une façade de huit colonnes.

***OCTOSYLLABE** [ŏk'-tò-sīl'-làb'] *adj.*

[ÉTYM. Emprunté du lat. **octosyllabus**, *m. s.* || 1611. cotgr.]

|| (Métriq.) Qui a huit syllabes. **Un vers —**, et, *substantivt*, **Un —**.

OCTROI [ŏk'-trwà] *s. m.*

[ÉTYM. Subst. verbal de **octroyer**, § 52. || xiie s. **Et tot l'otrei qu'il m'aveit fait**, *Énéas*, 4154.]

‖ **1°** Action d'octroyer. L'— d'un privilége, d'une permission. **Quelle loi En a pour toujours fait l'— A Jean?** LA F. *Fab.* VII, 16. ‖ *P. ext.* Ce qui est octroyé. *Spéciall.* Droit octroyé à une ville de lever à son profit certaines taxes.

‖ **2°** *P. ext.* Taxe perçue à l'entrée d'une ville sur certaines denrées. **Les droits d'—. Payer, percevoir l'—.** ‖ Administration chargée de percevoir cette taxe. **Les employés de l'—.** ‖ **— de mer, taxe prélevée sur le littoral au profit des communes proportionnellement à la population.**

OCTROYER [ŏk'-trwà-yé] *v. tr.*

[ÉTYM. Du lat. pop. *auctorizare, prononcé de bonne heure *autoridiare, § 497, d'où **otreiier, otroyer,** §§ 333, 336, 386, 342, 424, 297 et 291, écrit plus récemment **octroyer,** par réaction étymologique, § 502. (*Cf.* le doublet **autoriser.**) ‖ XI° s. **Mais que Charles l'otreit,** *Voy. de Charl. à Jérus.* 485.]

‖ Accorder (qqch) à titre de grâce, de faveur. **— un privilége, une permission. Le roi lui octroya des lettres de noblesse. La charte octroyée par Louis XVIII. C'est une liberté qu'il faut qu'elle m'octroie,** MOL. *D. Garcie,* IV, 6.

OCTUPLE [ŏk'-tupl'] *adj.*

[ÉTYM. Emprunté du lat. **octuplus,** *m. s.* ‖ 1552. CH. EST. dans DELB. *Rec.* Admis ACAD. 1762.]

‖ *Rare.* Qui égale huit fois la valeur d'une quantité donnée.

OCTUPLER [ŏk'-tu-plé] *v. tr.*

[ÉTYM. Dérivé de **octuple,** § 154. ‖ Admis ACAD. 1798.]

‖ *Rare.* Rendre octuple.

OCULAIRE [ŏ-ku-lêr] *adj.* et *s. m.*

[ÉTYM. Emprunté du lat. **ocularius,** *m. s.* (*Cf.* le doublet **œillère.**) ‖ 1549. R. EST.]

‖ (T. didact.) ‖ **1°** *Adj.* Qui a rapport à l'œil. **Le globe —.** ‖ (Gramm.) **Diphtongue, triphtongue —,** qui ne forme en réalité qu'un son simple (**au, eu, ou, eau,** etc.), quoique présentant à l'œil la réunion de plusieurs voyelles. ‖ (Droit.) **Témoin —,** qui a vu ce dont il témoigne.

‖ **2°** *S. m.* Verre d'un microscope, d'un télescope, d'une lorgnette, etc., placé du côté de l'observateur. (*Cf.* **objectif.**)

OCULAIREMENT [ŏ-ku-lèr-man ; *en vers,* -lè-re-...] *adv.*

[ÉTYM. Composé de **oculaire** et **ment,** § 724. ‖ XVI° s. **Son mari, qui sentoit oculairement les grillons s'affaiblir,** BON. DES PER. *Nouv.* 127. Admis ACAD. 1762.]

‖ *Rare.* Par le moyen des yeux.

OCULISTE [ŏ-ku-lïst'] *s. m.*

[ÉTYM. Dérivé du lat. **oculus,** œil, § 265. ‖ XVI° s. **Chirurgien oculiste,** PARÉ, XV, 22.]

‖ Médecin qui s'occupe spécialement des maladies de l'œil.

ODALISQUE [ŏ-dà-lïsk'] *s. f.*

[ÉTYM. Pour **odalique,** § 509, emprunté du turc **odalik,** *m. s.* de **oda,** chambre, § 23. SÉNECÉ emploie la forme primitive : **Avoir deux cents chevaux, au moins trente odaliks,** dans DELB. *Rec.* ‖ 1664. **Ces odalisques,** FERMANEL, *Voy. du Levant,* p. 79. Admis ACAD. 1798.]

‖ Esclave du harem, attachée au service des femmes du sultan. ‖ *P. ext.* Femme du harem.

ODE [ŏd'] *s. f.*

[ÉTYM. Emprunté du lat. **ode** ou **oda,** grec ᾠδή, *m. s.* (*Cf.* **épode.**) ‖ XV°-XVI° s. **Cantilenes et odes,** J. LE MAIRE, *Temple de Vénus.*]

‖ (T. didact.) ‖ **1°** (Antiq.) Poème lyrique, divisé en strophe, antistrophe et épode, que le chœur chantait en décrivant certaines évolutions. **Les odes de Pindare.**

‖ **2°** *P. ext.* Poème lyrique divisé en strophes semblables entre elles par le nombre et la mesure des vers. **— héroïque,** dont le sujet est noble, élevé. **— anacréontique,** dont le sujet est léger, gracieux.

ODELETTE [ŏd'-lĕt' ; *en vers,* ŏ-de-...] *s. f.*

[ÉTYM. Dérivé de **ode,** § 134. ‖ XVI° s. RONS. II, 291, Blanchemain.]

‖ (T. didact.) Petite ode, du genre gracieux.

ODÉON [ŏ-dé-on] *s. m.*

[ÉTYM. Emprunté du lat. **odeum,** grec ᾠδεῖον, *m. s.* On trouve aussi au XVIII° s. **odée** et **odeum.** ‖ 1547. **Odeum,** J. MARTIN, *Architect. de Vitruve,* annot. Admis ACAD. 1762.]

‖ (Antiq.) Édifice où l'on répétait la musique destinée à être chantée sur le théâtre.

ODEUR [ŏ-dĕur] *s. f.*

[ÉTYM. Emprunté du lat. **odor,** *m. s.* ‖ XII° s. **Puis qu'il en senti l'odor,** *Énéas,* 2395.]

‖ Sensation particulière produite sur l'organe de l'odorat par les émanations de certains corps. (*Syn.* **senteur.**) **L'— embaumée de la rose. L'— d'un agréable encens,** RAC. *Esth.* I, 2. **Des odeurs fétides.** ‖ *P. ext.* Parfum, substance dans laquelle est concentrée une odeur agréable. **Porter sur soi des odeurs. Un flacon d'—,** qui renferme une de ces substances. ‖ (Théol.) **— de sainteté,** miracle attribué à certains saints, odeur suave exhalée par leur cadavre, leur sépulture. *Fig.* **Mourir en — de sainteté,** mourir saintement. *P. anal.* **Une mémoire de si excellente — que la sienne,** BALZ. *Lett.* VII, 5. *Famil.* **Il n'est pas en — de sainteté (en grande estime) auprès de vous. Être en bonne, en mauvaise —,** avoir une bonne, une mauvaise réputation.

ODIEUSEMENT [ŏ-dyeùz'-man ; *en vers,* -di-eù-ze-...] *adv.*

[ÉTYM. Composé de **odieuse** et **ment,** § 724. ‖ XVI° s. **L'apostre parle plus odieusement de la loy que le prophete,** CALV. *Instit. chr.* II, XI, 6.]

‖ D'une façon odieuse.

ODIEUX, EUSE [ŏ-dyeú, -dyeúz' ; *en vers,* -di-...] *adj.*

[ÉTYM. Emprunté du lat. **odiosus,** *m. s.* ‖ 1376. **Odieus et hayneux,** dans GODEF.]

‖ Qui excite une grande haine. **Je te suis odieuse après m'être donnée,** CORN. *Poly.* IV, 3. **(Il) avait rendu... la royauté odieuse,** BOSS. *Hist. univ.* I, 8. **D'un fantôme... soldats, délivrez-moi!** RAC. *Ath.* V, 5. **Son visage — m'afflige et me poursuit,** ID. *Esth.* II, 1. **Tous les noms — que j'ai pris pour lui plaire,** ID. *Andr.* V, 4. ‖ *Substantivt.* **L'— de l'affaire (ce qu'il y a d'odieux dans l'affaire), c'est que...**

ODOMÈTRE [ŏ-dŏ-mêtr'] *s. m.*

[ÉTYM. Pour **hodomètre,** emprunté du grec ὁδόμετρον, *m. s.* composé de ὁδός, route, et μέτρον, mesure, § 279. ‖ 1724. *Machines et inventions,* IV, 93. Admis ACAD. 1762.]

‖ (T. didact.) Compte-pas, dit aussi **podomètre.**

ODONTALGIE [ŏ-don-tâl-ji] *s. f.*

[ÉTYM. Emprunté du grec ὀδονταλγία, *m. s.* de ὀδούς, ὄντος, dent, et ἀλγεῖν, souffrir. ‖ 1694. TH. CORN. Admis ACAD. 1762.]

‖ (Médec.) Mal de dents.

ODONTALGIQUE [ŏ-don-tâl-jïk'] *adj.*

[ÉTYM. Dérivé de **odontalgie,** § 229. ‖ 1701. FURET. Admis ACAD. 1762.]

‖ (Médec.) Relatif au mal de dents.

ODONTOÏDE [ŏ-don-tŏ-id'] *adj.*

[ÉTYM. Emprunté du grec ὀδοντοειδής, *m. s.* ‖ 1690. DIONIS, *Anat. de l'homme,* p. 81. Admis ACAD. 1798.]

‖ (T. didact.) Qui est en forme de dent. **L'apophyse — de la seconde vertèbre du cou.**

ODONTOLOGIE [ŏ-don-tŏ-lŏ-ji] *s. f.*

[ÉTYM. Composé avec le grec ὀδούς, ὄντος, dent, et λόγος, discours, § 279. ‖ 1771. TRÉV. Admis ACAD. 1835.]

‖ (T. didact.) Partie de l'anatomie qui traite des dents.

ODORANT, ANTE [ŏ-dŏ-ran, -rãnt'] *adj.*

[ÉTYM. Adj. particip. de **odorer,** § 47. ‖ XV°-XVI° s. **Racine odorante,** *Jardin de santé,* dans GODEF. **odorifere.**]

‖ Qui répand une odeur. **Les émanations odorantes. Il aime avec passion les parfums de toute espèce et surtout les fleurs odorantes,** BUFF. *Éléphant.* **Neige odorante du printemps,** V. HUGO, *Orient.* 33.

ODORAT [ŏ-dŏ-rà] *s. m.*

[ÉTYM. Emprunté du lat. **odoratus,** *m. s.* ‖ XVI° s. PARÉ, *Introd.* 8.]

‖ Sens par lequel on perçoit les odeurs. **Le sens de l'— est au goût ce que celui de la vue est au toucher,** J.-J. ROUSS. *Ém.* 2. **Avoir l'— fin. Deux salades... Dont l'huile de fort loin saisissait l'—,** BOIL. *Sat.* 3.

'ODORER [ŏ-dŏ-ré] *v. tr.*

[ÉTYM. Emprunté du lat. **odorare** ou **odorari,** qui n'a que le sens **1°** à l'époque classique, mais qui a pris le sens **2°** à la basse époque. ‖ XII° s. **Narilles unt e ne odererunt,** *Psaut. d'Oxf.* CXIII, 14.]

‖ *Vieilli.* ‖ **1°** Percevoir (une odeur). **Et Dieu a odoré et reçu l'odeur du sacrifice,** PASC. *Lett. sur la mort de son père.*

‖ **2°** Exhaler (une odeur). (*Cf.* **odorant.**)

ODORIFÉRANT, ANTE [ŏ-dŏ-ri-fé-ran, -rãnt'] *adj.*

[ÉTYM. Pour **odoriférent,** § 503, emprunté du lat. du moyen âge **odoriferens,** class. **odorifer,** *m. s.* de **terre,** porter, et odor, odeur. ‖ Vers 1420. Doulx, souef, odoriferant, *Myst. de la Passion d'Arras*, dans DELB. *Rec.*]

‖ Qui répand au loin une odeur agréable. Bouquet de fleurs odoriférantes, FÉN. *Tél.* 4.

ODYSSÉE [ò-di-sé] *s. f.*

[ÉTYM. Emprunté du lat. **Odyssea**, grec Ὀδυσσεία, titre donné à un célèbre poème grec racontant les aventures d'Ulysse (Ὀδυσσεύς), § 36. ‖ Admis ACAD. 1835.]

‖ *Famil.* Récit de voyages et d'aventures variées.

ŒCUMÉNICITÉ [é-ku-mé-ni-si-té] *s. f.*

[ÉTYM. Emprunté du lat. ecclés. œcumenicitas, *m. s.* §§ 217 et 255. ‖ 1752. TRÉV. Admis ACAD. 1762.]

‖ (T. ecclés.) Caractère œcuménique (d'un concile).

ŒCUMÉNIQUE [é-ku-mé-nik'] *adj.*

[ÉTYM. Emprunté du lat. ecclés. œcumenicus, grec οἰκουμενικός, *m. s.* ‖ XVIᵉ S. Patriarche œcuménique, MARNIX DE STE-ALDEGONDE, dans DELB. *Rec.*]

‖ (T. ecclés.) Universel. *Spécialt.* Concile —, où tous les évêques catholiques sont convoqués. ‖ *Fig.* Il devient un docteur — et universel, MASS. *Panég. St Thomas.*

ŒCUMÉNIQUEMENT [é-ku-mé-nik'-man ; *en vers,* -ni-ke-...] *adv.*

[ÉTYM. Composé de œcuménique et ment, § 724. ‖ Admis ACAD. 1762.]

‖ (T. ecclés.) D'une manière œcuménique.

ŒDÉMATEUX, EUSE [é-dé-mà-teü, -teúz'] *adj.*

[ÉTYM. Dérivé du grec οἴδημα, ατος, œdème, § 251. ‖ 1549. Tumeurs œdémateuses, J. MEIGNAN, *Hist. des plantes,* dans DELB. *Rec.* Admis ACAD. 1762.]

‖ (Médec.) Qui présente de l'œdème. Enflure œdémateuse.

ŒDÈME [é-dèm'] *s. m.*

[ÉTYM. Emprunté du grec οἴδημα, *m. s.* ‖ 1545. Dissoudre les œdemes, G. GUÉROULT, *Hist. des plantes,* dans DELB. *Rec.* Admis ACAD. 1762.]

‖ (Médec.) Gonflement dû à des infiltrations séreuses dans le tissu cellulaire.

ŒDIPE [é-dîp'] *s. m.*

[ÉTYM. Emprunté du lat. Œdipus, grec Οἰδίπος, nom propre d'un célèbre prince grec qui devina l'énigme proposée par le sphinx, § 36. ‖ Admis ACAD. 1798.]

‖ Celui qui devine facilement des énigmes.

ŒIL [eùy'] et, *au plur.* **YEUX** [yeú ; l'*x* se lie avec la valeur d'un *z*] *s. m.*

[ÉTYM. Du lat. ŏculum, *m. s.* devenu °oclu, oil, ueil, œil au sing. et ueilz, ueuz, yeux au plur. §§ 320, 290, 291, 390 et 463. (*Cf.* oculaire.)]

I. ‖ **1°** Organe de la vue. Les Cyclopes n'avaient qu'un —. Les deux yeux sont égaux, placés vers le milieu et aux deux côtés de la tête, FÉN. *Exist. de Dieu,* I, 2. Ouvrir, fermer les yeux. Lever, baisser les yeux. Avoir un grain de poussière dans l'—. *Loc. bibliq.* On voit une paille dans l'— de son prochain et l'on ne voit pas une poutre dans le sien, on est clairvoyant pour les défauts des autres, aveugle pour les siens. Autant lui en pend à l'—, la même chose le menace. Regardez-moi entre deux yeux (bien en face), MOL. *Scap.* II, 2. Mes yeux sont éblouis du jour que je revoi, RAC. *Phèd.* I, 3. Il fit crever les yeux à Bernard, roi d'Italie, MONTESQ. *Espr. des lois,* XXXI, 20. *Loc. bibliq.* Exiger — pour —, dent pour dent, la peine du talion. Ils veulent s'arracher les yeux, ils sont furieux l'un contre l'autre. ‖ Une chose qu'on ne peut distinguer à l'— nu (sans loupe, sans verre grossissant). Mettre à qqn un bandeau sur les yeux. Mettre sa main devant ses yeux. J'irais là-bas les yeux fermés (sans regarder, tant je connais le chemin). Avoir de bons yeux. *Famil.* Avoir bon pied, bon —, être tout à fait valide. Avoir mal aux yeux. N'avoir plus qu'un —, avoir perdu l'usage de l'autre. *Famil.* Soigner qqch comme la prunelle de l'—. Je t'ai toujours choyé, t'aimant comme mes yeux, LA F. *Fab.* VIII, 22. Cela coûte les yeux de la tête, très cher. Tais-toi, sur les yeux de ta tête, RAC. *Plaid.* II, 8. *Famil.* Il n'y en a pas plus que dans mon —, il n'y en a pas. Du poisson frais comme l'—. Avoir de qqch jusqu'aux yeux, en avoir amplement. Avoir de qqch par-dessus les yeux, en avoir trop. ‖ Avoir les larmes aux yeux. Chargé de soins et les larmes aux yeux, RAC. *Bér.* I, 4. Pleurez, pleurez, mes yeux, CORN. *Cid,* III, 3. *Fig.* Il pleure d'un — et rit de l'autre (il est à la fois fâché et content), LA BR. 8. Fermer les yeux (pour dormir). Ses yeux se ferment. Je n'ai pas fermé l'— de la nuit. Cette crainte maudite M'empêche de dormir sinon les yeux ouverts. *Fig.* Ne dormir que d'un —, dormir à moitié. ‖ Ouvrir les yeux à la lumière, naître. Le premier instant

où les enfants des rois Ouvrent les yeux à la lumière, LA F. *Fab.* VIII, 1. Fermer les yeux à la lumière, mourir. La lumière à ses yeux est ravie, RAC. *Brit.* V, 5. Lorsque mon oncle eut fermé les yeux, MONTESQ. *Lett. pers.* 142. Il ouvre un — mourant, qu'il referme soudain, RAC. *Phèd.* V, 6. Fermer les yeux à qqn, lui clore les paupières, qui restent ouvertes après la mort, et, *fig.* l'assister à ses derniers moments. ‖ Faire les yeux blancs, en les tournant en haut de façon qu'on ne voie plus que la partie blanche inférieure. *P. plaisant.* Ils se font les yeux blancs, ils se regardent d'un air menaçant. ‖ *P. anal.* — de verre, œil artificiel en verre ou en émail. ‖ *P. ext.* Avoir oublié ses yeux, ses lunettes. ‖ *Trivial.* Se battre l'— de qqn, de qqch, s'en moquer. Je me bats l'— du Mercure et de toi! R. POISSON (1683), *Comédie sans titre,* IV, 6. Je m'en bats l'— ; Qu'un autre fasse mieux, LA F. *Ragotin,* IV, 7.

‖ **2°** *P. ext.* Regard. Tu la cherches des yeux, RAC. *Andr.* IV, 5. Il cherchait dans les yeux de Mentor pour voir s'il n'avait rien à se reprocher, FÉN. *Tél.* 22. Nos yeux se rencontrèrent, MARIV. *Marianne,* 3. Souvent nous nous sommes parlé des yeux, MOL. *Sicil.* SC. 2. Ne pas en croire ses yeux. L'assemblée jeta les yeux sur Mentor, FÉN. *Tél.* 6. Être tout yeux et tout oreilles, regarder, écouter avec soin. *Famil.* Il n'a pas ses yeux dans sa poche, il a le regard pénétrant. Une chose qui est devant les yeux, sous les yeux de qqn. Je me trouverais sous l'— et sous la main du prince, LA BR. 8. Ote-toi de devant mes yeux, MOL. *B. gent.* III, 8. *Loc. prov.* Loin des yeux, loin du cœur, l'absence refroidit l'affection. Détourner les yeux d'un spectacle. *Famil.* Une chose qui crève les yeux, qu'on ne voit pas, l'ayant devant les yeux. Les saletés y crèvent les yeux, MOL. *Crit. de l'Éc. des f.* SC. 3. Je l'ai vu, dis-je, vu, de mes propres yeux vu, MOL. *Tart.* V, 3. *Poét.* Ces murs mêmes, Seigneur, peuvent avoir des yeux (qqn peut regarder, caché derrière ces murs), RAC. *Brit.* II, 6. Marquer une chose de l'—. Suivre de l'— un char fuyant dans la carrière, RAC. *Phèd.* I, 3. Il l'observe de l'—, BOIL. *Lutr.* 5. *Fig.* Entre quatre yeux, en tête-à-tête. ‖ A vue d'—, en jugeant par le simple regard. Estimer une chose à vue d'—. *Loc. prov.* Avoir les yeux plus grands que le ventre, prendre d'un plat plus qu'on n'en peut manger. ‖ A l'—, par le regard. Un écueil Qu'on découvre aisément à l'—, SCARR. *Virg. trav.* 5. A l'— et au doigt, en regardant et en touchant, pour mieux s'assurer. Conduire sa maison au doigt et à l'—, en vérifiant toutes choses. *Vieilli.* Faire la guerre à l'—, en observant avec soin les mouvements de l'ennemi. Je veux en tapinois faire la guerre à l'—, REGNARD, *Bal,* SC. 1. Servir qqn à l'—, en étant attentif à son moindre regard. Il le faut servir (le roi) non à l'—, comme pour plaire aux hommes, BOSS. *Polit.* III, II, 3. *P. ext. Famil.* A l'—, sur la vue, la bonne mine. Acheter qqch à l'—, à crédit. ‖ Coup d'—, regard rapide. Je jetai un coup d'— sur Mentor, FÉN. *Tél.* 5. Avoir le coup d'— juste, et, *ellipt,* Avoir du coup d'—. ‖ *P. ext. Famil.* C'est un beau coup d'—, un spectacle beau à voir. Clignement d'—, clin d'—, action de cligner de l'œil. En un clin d'—, dans l'espace de temps imperceptible qu'il faut pour cligner de l'œil. Avoir le compas dans l'—, avoir le coup d'œil très juste.

‖ **3°** *Fig.* ‖ 1. Regard observateur, attention. Ne saurait-il rien voir qu'il n'emprunte vos yeux? RAC. *Brit.* I, 2. *P. ext.* Qu'il est beau de voir, par les yeux de la foi (en observant avec les idées que donne la foi), Darius, Cyrus, etc., agir, sans le savoir, pour la gloire de l'Évangile, PASC. *Pens.* XIX, 6. Voir une chose des yeux de la foi, l'admettre de confiance. Auras-tu donc toujours des yeux pour ne point voir, Peuple ingrat? RAC. *Ath.* I, 1. Les courtisans ont d'aussi bons yeux que d'autres, MOL. *Crit. de l'Éc. des f.* SC. 6. C'est être libertin que d'avoir de bons yeux, ID. *Tart.* I, 5. Le premier (cantique) nous met devant les yeux le passage... de la mer Rouge, BOSS. *Hist. univ.* II, 3. Chacun avait la mort devant les yeux, FÉN. *Tél.* 5. Silanus, sur qui Claude avait jeté les yeux (qu'il avait distingué), RAC. *Brit.* I, 1. Cette vérité frappe les yeux. Cela saute aux yeux, se comprend du premier coup. Signer qqch les yeux fermés, sans vérifier. Avoir un voile, un bandeau sur les yeux, avoir l'esprit obscurci. Dessiller les yeux de qqn, lui ôter la prévention qui obscurcit son esprit. Jeter de la poudre aux yeux de qqn, chercher à l'éblouir. Aux yeux de qqn, suivant sa manière de voir. Aux yeux de tous les Grecs rendons-le criminel, RAC. *Andr.* II, 1. ‖ 2. Regard vigilant, surveillance. Tout le jour il avait l'— au guet, LA F. *Fab.* VIII, 2. Ce m'est un avis de tenir l'— plus que jamais sur toutes ses actions, MOL.

Av. II, 2. Avoir l'— sur ses gens, ID. *F. sav.* II, 7. Sur ces enfants... ayez toujours les yeux, RAC. *Ath.* II, 7. J'aurai l'— à tout, CORN. *Hér.* III, 4. Ayez l'— que personne n'en sorte, MOL. *Éc. des m.* III, 5. ‖ L'homme aux cent yeux (vigilant par excellence; *cf.* Argus), LA F. *Fab.* IV, 21. Une vieille au corps tout rempli d'yeux, ID. *Contes, On ne s'avise jamais de tout.* L'— du maître, la surveillance du principal intéressé. Il n'est, pour voir, que l'— du maître, LA F. *Fab.* IV, 21. *Dans un sens analogue.* L'— du fermier vaut fumier. ‖ Elle vit loin du monde, sous les yeux de Dieu, MASS. *Concept.*

II. ‖ **1°** Cet organe considéré comme trait du visage, de la physionomie. Avoir de grands yeux, des yeux en amande, à fleur de tête. Des yeux percés comme avec une vrille, très petits. Les yeux lui sortent de la tête. Des yeux noirs, bleus. De beaux yeux. | *Rare. Au sing.* Sur mes pareils, Néarque, un bel — est bien fort, CORN. *Poly.* I, 1. | Une femme épousée pour ses beaux yeux, pour sa seule beauté. Faire qqch pour les beaux yeux de qqn, pour lui plaire. Venez dans tous les cœurs faire parler vos yeux, RAC. *Andr.* II, 2. ‖ Avoir des yeux rouges, le bord des paupières rougi, pour avoir pleuré. Des yeux battus, cernés. Avoir un — poché. ‖ *Fig.* Apparence. Ce vin a un — louche, une apparence trouble. Mettre un — de poudre, se poudrer légèrement. *Absolt. Famil.* Une chose qui a de l'—, de l'apparence.

‖ **2°** Cet organe considéré comme interprète des mouvements de l'âme. N'ayez d'yeux que pour moi, qui n'en ai que pour vous, CORN. *Psyché,* III, 3. Messire Jean Chouart couvait des yeux son mort, LA F. *Fab.* VII, 11. Ils l'avalent (l'huître) des yeux, ID. *ibid.* IX, 9. Ils se regardaient d'un — jaloux, BOSS. *Hist. univ.* I, 8. Regarder qqn d'un — d'envie. Sur lui jetant un — farouche, RAC. *Ath.* II, 2. Ma triste amitié Ne le verra jamais que d'un — de pitié, CORN. *Rodog.* III, 5. Chacun vous voit de bon —, MOL. *Crit. de l'Éc. des f.* sc. 1. On se voit d'un autre — qu'on ne voit son prochain, LA F. *Fab.* I, 7. Si tout le monde vous voyait des yeux dont je vous vois, MOL. *Av.* I, 1. Verrez-vous d'un même — le crime et l'innocence? RAC. *Mithr.* I, 2. Tout Paris pour Chimène a les yeux de Rodrigue, BOIL. *Sat.* 9. Ces pleurs, que je regarde avec un — d'époux, CORN. *Poly.* I, 1. Il m'avertit des gens qui lui font les yeux doux, MOL. *Tart.* I, 5. *Famil.* Faire l'—, faire de l'— à qqn, à qqch, jeter un regard de convoitise. Faire les yeux en coulisse. Faire les gros yeux à qqn, lui signifier qu'on le blâme. Regarder une chose du coin de l'—, n'oser montrer ouvertement qu'on la désire. Le mauvais —, propriété attribuée superstitieusement à certaines personnes de porter malheur à celui qu'elles regardent.

III. *Fig.* ‖ **1°** Ce qui éclaire. Que serait-ce... (le soleil) que l'— de la nature? LA F. *Fab.* VII, 18. Antioche, la troisième ville du monde, qu'on appelait l'— de l'Orient, BOSS. *5ᵉ Avert. aux protest.* La chronologie est l'— de l'histoire.

‖ **2°** Ce qui rappelle la forme de l'œil : trou, cercle, etc. | 1. — d'une meule, trou par où passe le gros fer; d'une grue, par où passent les câbles; d'une roue, par où passe l'essieu; d'une aiguille, par où passe le fil; d'un étau, par où passe la vis; d'une voile, par où passe le cordage; d'un tourneau, par où s'écoule la matière fondue; d'une ancre, qui reçoit l'organeau; d'une bombe, trou qui sert de lunette. Les yeux du fromage, du pain, vides qui se forment dans la pâte du fromage, du pain. —-de-bœuf, fenêtre ronde. *Au plur.* Des œils-de-bœuf. | 2. Les yeux d'une plante, bourgeons naissants. Taille à deux, à trois yeux. | 3. Les yeux du bouillon, ronds de graisse qui se forment sur le bouillon. | 4. — d'un caractère d'imprimerie, partie de la lettre qui laisse l'empreinte sur le papier. | 5. Yeux du plumage d'un oiseau (*cf.* miroir), ronds formés par le coloris des plumes. Les yeux du plumage du paon. | 6. Nom donné à diverses concrétions, à diverses pierres. Yeux d'écrevisse, concrétions calcaires qu'on trouve aux deux côtés de l'estomac dans l'écrevisse. — de loup, pétrification. — de chat, corindon nacré. | 7. Nom donné à diverses plantes. — de chèvre, graminée. — de corneille, champignon. — de vache, variété de camomille. — de soleil, la matricaire. | 8. — de perdrix, point de marque, formé de quatre points laissant au milieu la place d'un point de quatre fils. Linge à — de perdrix, linge ouvré à semis de petits dessins rappelant des yeux de perdrix. Un — de perdrix, petit cor entre les doigts des pieds.

ŒILLADE [ėu-yàd'] *s. f.*

[ÉTYM. Dérivé de œil, § 120. ‖ Vers 1460. Les motz adgencez et œullades, COQUILLART, dans *Romania,* 1887, p. 479.]

‖ Coup d'œil significatif. Ces œillades qui parlent sans parler, BOURD. *11ᵉ Dim. après la Pentecôte,* 1.

'ŒILLADER [ėu-yà-dé] *v. tr.*

[ÉTYM. Dérivé de œillade, § 154. ‖ XVIᵉ s. Lorsque mon œil pour l'œillader s'amuse, RONS. II, 76.]

‖ *Vieilli.* Regarder en lançant une œillade. J'œillade la suivante, TH. CORN. *Charme de la voix,* II, 2.

'ŒILLARD [ėu-yàr] *s. m.*

[ÉTYM. Dérivé de œil, § 147. ‖ 1775. BÉGUILLET, *Man. du meunier,* p. 35.]

‖ (Technol.) Ouverture au centre de la meule courante d'un moulin, dans laquelle tombe le blé à la sortie de l'auget.

ŒILLÈRE [ėu-yèr] *adj. et s. f.*

[ÉTYM. Dérivé de œil, § 115. (*Cf.* le doublet oculaire.) ‖ XIIᵉ s. Par les œillieres dou vert helme gemé, *Loherains,* dans GODEF. œilliere.]

I. *Adj. f.* ‖ **1°** Voisine de l'œil. Les dents œillères, et, *substantivt,* Les œillères, les dents canines de la mâchoire supérieure.

‖ **2°** Qui a un œil, un bourgeon rudimentaire. Feuilles œillères, à l'aisselle desquelles pointe un bourgeon.

II. *S. f.* ‖ **1°** Partie du heaume rabattue sur les yeux pour les protéger.

‖ **2°** Partie de la têtière du cheval, formée de deux pièces de cuir placées près de chaque œil, pour l'empêcher de regarder de côté.

‖ **3°** Petite coupe qui sert à baigner les yeux.

‖ **4°** (Boucherie.) Grasset ou hampe. (*V.* hampe 2.)

ŒILLET [ėu-yè] *s. m.*

[ÉTYM. Dérivé de œil, § 133. ‖ 1295. Deus pescheries avoutres qui ont cinc œillez, dans GODEF.]

I. *Anciennt.* Petit œil. ‖ *Fig.* (Technol.) Trou rond gansé, cerclé, etc., par lequel passe le lacet d'une chaussure, d'un corset, etc. ‖ Bague pratiquée au bout d'une manœuvre, pour y passer un cordage. ‖ Bassin où l'on fait évaporer l'eau de mer dans les salines.

II. Fleur d'une plante de jardin, de la famille des Caryophyllées, et, *p. ext.* cette plante elle-même. Achète au poids de l'or les taches d'un —, DELILLE, *Jardins,* 3. — des jardins, — de poète, — mignardise. ‖ — d'Inde, plante de la famille des Synanthérées. — de Pâques, narcisse des poètes. ‖ *Fig.* — de mer, espèce d'actinée.

ŒILLETON [ėuy'-ton; *en vers,* ėu-ye-...] *s. m.*

[ÉTYM. Dérivé de œillet, § 104. ‖ 1554. Œilleton pour germer, DARCES, *Palladius,* f° 101, v°.]

‖ (Technol.) ‖ **I.** Pièce ronde de cuivre, placée dans les télescopes à l'extrémité du tuyau des oculaires et percée d'un trou très petit auquel on applique l'œil.

II. Rejeton qui pousse au collet d'une plante vivace, et sert à la propager. ‖ Bourgeon naissant.

'ŒILLETONNER [ėuy'-tò-né; *en vers,* eu-ye-...] *v. tr.*

[ÉTYM. Dérivé de œilleton, § 154. ‖ 1652. Ils se doivent œilletonner, MOLLET, *Théâtre des jardinages,* p. 182.]

‖ (Technol.) ‖ **1°** Propager (une plante) en en séparant les œilletons.

‖ **2°** Débarrasser (un arbre à fruit) des œilletons à feuilles.

ŒILLETTE [ėu-yĕt'] *s. f.*

[ÉTYM. Altération de oliette, dérivé de olie, forme anc. de huile, § 133. Autre altération : olivette (ACAD. écrit olivète), d'après olive, § 509. ‖ XIIIᵉ-XIVᵉ s. Un petit grain d'oliette, J. DE CONDÉ, *Dit de l'oliette,* 47. Admis ACAD. 1835.]

‖ Variété de pavot, cultivée pour ses graines, dont on extrait une huile comestible. L'huile d'—.

ŒNANTHE [é-nänt'] *s. f.*

[ÉTYM. Emprunté du lat. œnanthe, grec οἰνάνθη, *m. s.* ‖ XVIᵉ s. DU PINET, *Hist. nat. de Pline,* dans DELB. *Rec.* Admis ACAD. 1762; suppr. en 1835; repris en 1878.]

‖ (Botan.) Genre de plantes ombellifères dont une variété, dite ciguë aquatique, est vénéneuse.

ŒNOLOGIE [é-nò-lò-ji] *s. f.*

[ÉTYM. Composé avec le grec οἶνος, vin, λόγος, traité, et le suffixe ie, § 279. ‖ 1770. BÉGUILLET, *Œnologie,* titre. Admis ACAD. 1835.]

‖ (T. didact.) Art de faire le vin. Un traité d'—.

ŒNOMANCIE [é-nò-man-si] *s. f.*

[ÉTYM. Composé avec le grec οἶνος, vin, et μαντεία,

divination, § 279. On trouve œnomance au xvi° s. (*V.* DELB.
Rec.) || 1752. TRÉV. Admis ACAD. 1762.]

|| (Antiq.) Divination au moyen du vin des libations.

ŒNOMÈTRE [é-nò-mètr'] *s. m.*

[ÉTYM. Composé avec le grec οἶνος, vin, et μέτρον, mesure, § 279. || Admis ACAD. 1835.]

|| (T. didact.) Aréomètre employé pour mesurer le degré de concentration des vins. (*Cf.* pèse-vin.)

ŒSOPHAGE [é-zò-fàj'] *s. m.*

[ÉTYM. Emprunté du grec οἰσοφάγος, *m. s.* proprt, « qui porte ce qu'on mange ». || xiv° s. Les plaies de l'ysophague, *Chirurg. de Mondeville*, f° 62, dans LITTRÉ.]

|| (Physiol.) Conduit membraneux qui va de l'arrière-bouche à l'estomac et sert à y conduire les aliments.

*ŒSOPHAGITE** [é-zò-fà-jìt'] *s. f.*

[ÉTYM. Dérivé de œsophage, § 282. || *Néolog.*]

|| (Médec.) Angine de l'œsophage.

ŒSTRE [èstr'] *s. m.*

[ÉTYM. Emprunté du lat. œstrus, grec οἶστρος, *m. s.* (propre et fig.). || 1519. Et les Grecz disoient œstre, GUILL. MICHEL, *Géorgiques*, dans DELB. *Rec.* Admis ACAD. 1835.]

|| **1°** (Hist. nat.) Insecte diptère, mouche velue dont les femelles déposent leurs œufs dans l'épaisseur de la peau, sur le nez, les lèvres, etc., des animaux herbivores.

|| **2°** *Fig.* (*rare*). Excitation violente. Me livrant à toute l'— poétique, J.-J. ROUSS. *Confess.* 7.

ŒUF [ĕuf' ; au plur. eù] *s. m.*

[ÉTYM. Du lat. pop. *ŏvum (class. ōvum, § 325), m. s.* devenu uef, euf, §§ 320, 446 et 292, écrit plus récemment œuf par réaction étymologique, § 502.]

|| **1°** Masse arrondie que pond la femelle de l'oiseau, germe de l'oiseau futur entouré de liquides destinés à le nourrir pendant quelque temps, et enveloppé d'une coque calcaire. Des œufs de poule, de canard, d'autruche. || *Absolt.* L'œuf de poule employé comme aliment. Acheter un cent d'œufs. Manger des œufs à la coque, des œufs mollets, des œufs durs, des œufs sur le plat. Un blanc d'—, un jaune d'—. Œufs rouges, dont la coque est teinte en rouge et qu'on vend vers le temps de Pâques. *Loc. prov.* Être plein comme un —, tout à fait plein. *Fig.* Marcher sur des œufs, avec une extrême précaution. Tondre sur un —, faire du profit sur les moindres choses. Mettre tous ses œufs dans un même panier, mettre tout son avoir dans une même entreprise (et s'exposer à tout perdre). Donner un — pour avoir un bœuf, un petit présent pour en avoir un grand en retour. || *P. ext.* | **1.** Produit analogue d'autres classes d'animaux ovipares. Des œufs de poissons, de reptiles, d'insectes. Œufs de fourmis, etc. | **2.** Ovule en germe des animaux vivipares, qui, fécondé et développé, passe de l'ovaire dans la matrice. Dans le corps de la mère où ils (les fœtus) ne sont encore qu'œufs, BUFF. *Animaux*, 5. | *Fig.* J'écraserais dans l'— ton aigle impériale, V. HUGO, *Hernani*, II, 3. || (Philos. anc.) — d'Orphée, symbole désignant le principe de la fécondité de la nature. | (Alchim.) — philosophique, matière préparée pour produire le grand œuvre.

|| **2°** *P. anal.* Ce qui a la forme d'un œuf. | **1.** — de Pâques, imitation d'un œuf (en sucre, en chocolat, etc.) contenant un cadeau pour Pâques. | **2.** Morceau de bois en forme d'œuf qu'on met dans un bas pour le tendre pendant qu'on le reprise. | **3.** Morceau de fer en forme d'œuf sur lequel les blanchisseuses repassent les bouillons, les manches, etc. (*Syn.* coq.) | **4.** Concrétion, pétrification en forme d'œuf. | **5.** Nom donné à certains champignons, à certaines coquilles ovoïdes. | **6.** — de Nuremberg, montre à forme ovale fabriquée à Nuremberg.

ŒUVÉ, ÉE [éu-vé] *adj.*

[ÉTYM. Dérivé de œuf, §§ 64 et 118. || xiv° s. Le laicté vaut mieux que l'ouvé,... des œuvés l'en fait rissolles, *Ménagier*, II, 88.]

|| En parlant d'un poisson femelle, qui a des œufs.

ŒUVRE [èuvr'] *s. f. et m.*

[ÉTYM. Du lat. ŏpera, *m. s.* devenu uevre, euvre, §§ 320, 290, 431 et 291, écrit plus récemment œuvre, par réaction étymologique, § 502. (*Cf.* manœuvre.) Sur le genre, *V.* § 555.]

I. *S. f.* || **1°** Application du travail, de l'industrie. L'art de mettre le bois et le fer en —, FÉN. *Tél.* 8. Bois d'—, destiné à être travaillé (par opposition au bois de chauffage). Ne faire — de ses dix doigts. Est-ce Dieu, sont-ce les hommes Dont les œuvres vont éclater? RAC. *Esth.* II, 8. Mettre qqn se mettre à l'—, et, *vieilli*, en —. Mettez-nous en —, et vous serez contente, SÉV. 567. La main-d'—, l'emploi de l'industrie d'un ouvrier. La cherté de la main-d'—. *Vieilli.* Maître d'—, chef d'atelier. Maint maître d'— y court et tient haut le bâton, LA F. *Fab.* IX, 20, *Disc. à M*ᵐᵉ *de la Sablière. Spécialt.* Maître des hautes œuvres, le bourreau. Maître des basses œuvres, cureur d'égouts, de fosses d'aisances. || *P. anal.* En parlant d'une action morale, intellectuelle, etc. Ils n'ont pas de quoi mettre leurs vertus en —, LA BR. 11. Julien... met tout en — pour détruire le christianisme, BOSS. *Hist. univ.* II, 20. Le démon a fait son — en eux, Il a fait — d'ami. La liberté de Rome est l'— d'Émilie, CORN. *Cinna*, I, 2. Montrons que sa fortune est l'— de nos mains, ID. *Pomp.* IV, 1. (Droit.) Femme enceinte des œuvres de tel homme, du fait de cet homme. || (Théol.) Action humaine, conforme ou contraire à la religion. Faire de bonnes œuvres, une — pie. C'est une — méritoire. Les œuvres de ténèbres, de mensonge, d'iniquité. L'— de chair, rapport charnel entre l'homme et la femme. Les œuvres extérieures (par opposition à la foi). *Dans le même sens, absolt.* La foi est le fondement de la sainteté chrétienne, et les œuvres en doivent être le complément, BOURD. *Pensées de la foi.* || *Spécialt.* L'— (dans une paroisse), tout ce qui se rapporte à l'entretien de l'église. (*Cf.* fabrique.) Les maîtres de l'—, les marguilliers. Le banc d'—, banc réservé aux marguilliers.

|| **2°** *P. ext.* Résultat du travail, de l'industrie. Les œuvres de l'industrie humaine. *P. anal.* Les œuvres de Dieu. *Loc. prov.* A l'— on connaît l'artisan, on juge, par la qualité de l'œuvre, du mérite de l'ouvrier. La fin couronne l'—, la complète dignement. Les œuvres d'un écrivain, d'un peintre, d'un musicien, etc. (*Cf.* chef-d'œuvre.) || *Spécialt.* (Génie marit.) Les œuvres d'un navire, les parties qui constituent la coque. Œuvres vives, partie immergée, qui ne peut être endommagée sans péril. Œuvres mortes, partie qui est au-dessus de la ligne de flottaison. || (Joaillerie.) L'—, l'enchâssure d'une pierre, d'un diamant. (Mettre une pierre hors d'—.

II. *S. m.* || **1°** *Vieilli.* Mêmes sens qu'au féminin. Donnons à ce grand — une heure d'abstinence, BOIL. *Lutr.* 4. Sans cela toute fable est un — imparfait, LA F. *Fab.* XII, 2.

|| **2°** *Spécialt.* L'ensemble de l'œuvre. | **1.** (Maçonn.) L'ensemble de la bâtisse. Le gros —, les fondations, les murs et la toiture. A pied d'—, à la base de la construction. Reprendre une construction sous —, sous la bâtisse, par la base. (*Cf.* sous-œuvre.) Une pièce dans —, dans le corps du bâtiment. Une pièce hors d'—, hors du corps du bâtiment, en saillie. *P. anal.* Un plat hors d'— (dans un repas). *Fig.* Dans « le Cid », toutes celles (les scènes) de l'infante sont détachées et paraissent hors d'—, CORN. *Hor.* exam. (*Cf.* hors-d'œuvre.) | (Droit.) Dénonciation de nouvel —, assignation à celui qui construit sur un terrain qui ne lui appartient pas, ou au mépris d'une servitude. | **2.** (T. d'art.) L'ensemble des œuvres faites par un artiste. L'— de Rembrandt, de Mozart. | **3.** (Alchim.) Le grand —, la transmutation des métaux en or, but suprême des alchimistes. | **4.** (Métallurgie.) Plomb argentifère.

*ŒUVRER** [éu-vré]. *V.* ouvrer.

OFFENSANT, ANTE [ò-fan-san, -sānt'] *adj.*

[ÉTYM. Adj. particip. de offenser, § 47. || xviiᵉ s. *V.* à l'article.]

|| Qui offense. L'offensante aigreur de chaque repartie, MOL. *F. sav.* IV, 3. || *Substantivt. Vieilli. Au masc.* Offenseur. Nous avons trouvé à propos que l'— demandât pardon à l'offensé, CORN. *Lett.* 22.

OFFENSE [ò-fāns'] *s. f.*

[ÉTYM. Emprunté du lat. offensa, *m. s.* || 1295. Adès serrions en l'offensse des anemis, dans GODEF.]

|| Parole, action qui blesse qqn dans sa dignité. Mes soupçons lui faisaient une —, CORN. *Rodog.* III, 1. Il repoussait leurs louanges comme des offenses, BOSS. *Condé.* Qu'on tremble en comparant l'— et le supplice, RAC. *Esth.* II, 1. || *Spécialt.* Outrage à Dieu par le péché. Pardonnez-nous nos offenses, *Orais. dominic.* Des punitions qu'attirent mes offenses, CORN. *Poly.* II, 6.

OFFENSER [ò-fan-sé] *v. tr.*

[ÉTYM. Emprunté du lat. offensare, heurter. || xvᵉ s. Ja soit ce que ilz t'ayent grandement offensé, GHILLEB. DE LANNOY, dans DELB. *Rec.*]

|| **1°** *Vieilli.* Blesser. Un coup de mousquet... qui n'offense pas l'os, SÉV. 285. La lumière offense les yeux des animaux qui ont accoutumé de ne sortir de leurs retraites que pendant

la nuit, FÉN. *Tél.* 18. || *Fig.* De Joad l'inflexible rudesse De leur superbe oreille offensait la mollesse, RAC. *Ath.* III, 3. Qu'... Une si belle reine offensât ses regards? ID. *Bér.* II, 2. Veux-tu toute ta vie — la grammaire? MOL. *F. sav.* II, 6. Je suis une sotte, j'ai offensé la géographie, SÉV. 591.

|| 2° *P. ext. Fig.* Blesser (qqn) dans sa dignité. Qui pardonne aisément invite à l'—, CORN. *Cinna*, IV, 2. *Absolt.* Parler et —, pour de certaines gens, est précisément la même chose, LA BR. 5. Vasthi régna longtemps dans son âme offensée, RAC. *Esth.* I, 1. *Au part. passé pris substantivt.* Mon père est l'offensé, CORN. *Cid*, I, 6. || — Dieu, l'outrager par le péché.

OFFENSEUR [ò-fan-seûr] *s. m.*

[ÉTYM. Dérivé de offenser, § 112. (*Cf.* le lat. offensor, *m. s.*) || XIV°-XV° s. Transgresseurs de justice et offenseurs, *Yst. des Sept Sages*, dans DELB. *Rec.*]

|| Celui qui offense, qui a offensé qqn. Si aimé-je mieux être l'— que l'offensé, D'URFÉ, *Astrée*, II, 2. Mon père est l'offensé, Et l'— le père de Chimène! CORN. *Cid*, I, 6.

OFFENSIF, IVE [ò-fan-sif', -siv'] *adj.*

[ÉTYM. Emprunté du lat. du moyen âge offensivus, *m. s.* de offendere, attaquer, § 257. || XVI° s. Ligne offensive et defensive, AMYOT, *Alcib.* 22.]

|| (T. didact.) Qui attaque. Armes offensives. Une alliance offensive et défensive. Retour —, attaque par une troupe qu'on croyait en retraite. || *Substantivt, au fém.* L'offensive, rôle de celui qui attaque l'autre. Prendre l'offensive.

OFFENSIVEMENT [ò-fan-siv'-man; *en vers*, -si-ve-...] *adv.*

[ÉTYM. Composé de offensive et ment, § 724. || Admis ACAD. 1718.]

|| D'une manière offensive.

OFFERTE [ò-fèrt'] *s. f.*

[ÉTYM. Subst. particip. de offrir, § 45. || (Au sens de « offre ».) 1317. Texte dans GODEF.]

|| *Vieilli.* Offertoire.

OFFERTOIRE [ò-fèr-twàr] *s. m.*

[ÉTYM. Emprunté du lát. ecclés. offertorium, *m. s.* || XIV° s. Toute la messe durant jusques a l'offertoire, FROISS. X, 281.]

|| (Liturg. cathol.) Oblation du pain et du vin dans le sacrifice de la messe. || *P. ext.* Prière, musique qui l'accompagne.

OFFICE [ò-fís'] *s. m.*

[ÉTYM. Emprunté du lat. officium, *m. s.* Sur le genre, V. § 550. || XII° s. La digneteit de l'office qu'il at, *Serm. de St Bern.* p. 13.]

|| 1° *Vieilli.* Devoir. Le Traité des offices de Cicéron.

|| 2° Fonction dont on doit s'acquitter. Lui-même... Aux lévites marqua leur place et leurs offices, RAC. *Ath.* II, 4. Les trois que Dieu destine à ce pieux —, BOIL. *Lutr.* 1. Il y fait l'— de juge, CORN. *Hor.* exam. L'âne à messer lion fit — de cor, LA F. *Fab.* II, 19. Deux pailles en feront l'—, ID. *Contes, Joconde.* La tendresse paternelle fera son —, MOL. *Scap.* 1, 4. || *Spécialt.* | 1. Nom donné à certaines charges civiles. L'— de chancelier. Un — de judicature, de finance. Faire qqch d'—, en vertu du devoir de sa charge, sans en être requis. Un avocat nommé d'—, désigné par le tribunal, pour un accusé qui n'a pas de défenseur. | *Spécialt.* Le saint- —, le tribunal de l'inquisition. | 2. Fonction de préparer le service de table. Un domestique qui sait bien l'—. || *P. ext.* Lieu où les domestiques préparent ce service, et où ils prennent leurs repas. (Fém. dans ce sens.) L'— est-elle loin? HAUTEROCHE, *Esprit follet*, II, 6. Dîner à l'—.

|| 3° Ce dont on s'acquitte envers qqn. Oseriez-vous me rendre un bon —? CORN. *Poly.* IV, 1. Mes mains ne purent lui refuser ce cruel —, FÉN. *Tél.* 15. D'autres mains nous rendraient un vain et triste —, LA F. *Phil. et Baucis.* Il vous offre ses bons offices auprès du roi de France, HAMILT. *Gram.* 7. || *Spécialt.* Service divin avec les cérémonies qui doivent l'accompagner. Assister aux offices. Les offices du dimanche, messe, vêpres, etc. L'— du jour. L'— d'un saint, prières particulières en son honneur. L'— des morts, prières instituées en commémoration des morts.

OFFICIAL [ò-fi-syàl; *en vers*, -si-àl] *s. m.*

[ÉTYM. Emprunté du lat. ecclés. officialis, *m. s.* (*Cf.* le doublet officiel.) || XII°-XIII° s. Pastours ecclesiaus Cui Dius fait ses officiaus, RENCL. DE MOILIENS, *Carité*, LV, 1.]

|| (Droit canon.) Ecclésiastique désigné par l'évêque pour juger, en son nom, les affaires contentieuses.

OFFICIALITÉ [ò-fi-syà-li-té; *en vers*, -si-à-...] *s. f.*

[ÉTYM. Dérivé de official, § 255. || 1285. Officialiteit, dans GODEF. *Compl.*]

|| (Droit canon.) Juridiction de l'official. || Lieu où il rend la justice.

OFFICIANT, 'OFFICIANTE [ò-fi-syan, -syänt'] *adj.*

[ÉTYM. Adj. particip. de officier, § 47. || 1690. FURET.]

|| Qui célèbre l'office divin. Le prêtre —, le ministre — (dans les églises, temples, synagogues), et, *substantivt*, L'—. || *P. anal.* La sœur officiante, et, *substantivt*, L'officiante, religieuse d'un couvent, qui est de semaine au chœur.

'OFFICIAT [ò-fi-syà; *en vers*, -si-à] *s. m.*

[ÉTYM. Dérivé du radical de officier 2, §§ 63 et 254. || *Néolog.*]

|| Fonctions d'officier de santé.

OFFICIEL, ELLE [ò-fi-syèl; *en vers*, -si-èl] *adj.*

[ÉTYM. Emprunté du lat. officialis, qui a rapport à un office. (*Cf.* le doublet official.) || 1791. Une lettre officielle, LINGUET, *Ann. polit., civ. et littér.* XVIII, 274. Admis ACAD. 1798.]

|| Qui a la sanction de l'autorité constituée. Une mesure officielle. Sa nomination n'est pas encore officielle. Journal —, journal du gouvernement. La partie officielle du journal, qui contient les actes émanant du gouvernement. Un homme —, qui tient au gouvernement, à l'administration. Candidat —, patronné par le gouvernement.

OFFICIELLEMENT [ò-fi-syèl-man; *en vers*, -si-è-le-...] *adv.*

[ÉTYM. Composé de officielle et ment, § 724. || 1790. Demander officiellement, LINGUET, *Ann. polit., civ. et littér.* XVII, 202. Admis ACAD. 1798.]

|| D'une manière officielle.

1. OFFICIER [ò-fi-syé; *en vers*, -si-é] *v. intr.*

[ÉTYM. Emprunté du bas lat. officiare, *m. s.* || XIII° s. Comment li prevoz officie, PRIORAT, *Végèce*, dans *Bibl. de l'Éc. des Chartes*, 1875, p. 135.]

|| Célébrer l'office divin. || *Fig.* Un homme qui a l'air d'—, qui a des airs solennels. *Famil.* Une personne qui officie bien à table, qui s'acquitte bien des fonctions de convive.

2. OFFICIER [ò-fi-syé] *s. m.*

[ÉTYM. Emprunté du bas lat. officiarius, *m. s.* || 1367. Tous autres officiers servant et officiant continuelement, dans DU C. officiare.]

|| Celui qui a un office, une charge civile ou militaire.

|| 1° Celui qui a une charge civile. Les officiers de police, de justice. Les officiers municipaux. — de l'état civil, les maires et adjoints, qui ont la signature des actes. Les officiers ministériels. — de paix. Les grands officiers de la couronne. Les officiers de la maison du roi. — de bouche. — du gobelet. — de santé, médecin d'un degré au-dessous de celui qui est docteur en médecine. || *Vieilli. Au fém.* Officière. | 1. Femme ayant un office dans une maison royale, princière. | 2. Religieuse ayant un office dans un couvent.

|| 2° Celui qui a une charge militaire, un commandement dans l'armée de terre et de mer. Un sous-—. Un — d'infanterie, d'artillerie. Un — de marine. Les officiers supérieurs. Les officiers généraux. Les épaulettes d'—. || *P. plaisant. Au fém.* Femme costumée en officier. Je vais voir si cette brave officière sera contente, DUFRESNY, *Fille savante*, sc. du tambour.

|| 3° Titulaire du grade supérieur à celui de chevalier. Un — de la Légion d'honneur, du Mérite agricole. || *P. ext.* — d'académie, titulaire de la décoration universitaire du premier degré. — de l'Instruction publique, titulaire de la décoration universitaire du second degré.

OFFICIEUSEMENT [ò-fi-syeûz'-man; *en vers*, -si-eû-ze-...] *adv.*

[ÉTYM. Composé de officieuse et ment, § 724. || 1555. DAMHOUDERE, *Prat. des causes crim.* épître.]

|| D'une manière officieuse.

OFFICIEUX, EUSE [ò-fi-syeû, -syeûz'; *en vers*, -si-...] *adj.*

|| Qui cherche à rendre un bon office.

|| 1° En parlant des personnes. Amis commodes et —, BOSS. *Ang. gard.* 1. Vous êtes en possession de mille qualités brillantes, libéral, —, poli, HAMILT. *Gram.* p. 108. *Spécialt.* Défenseur —, avocat plaidant devant un conseil de guerre. *Substantivt.* Un —, une officieuse. | 1. Celui, celle qui importune à force de vouloir rendre de bons offices. Un de ces importuns et sots —, MOL. *Fâch.* I, 5. | 2. Nom donné sous la révolution aux serviteurs à gages.

‖ **2°** En parlant des choses. Je rends grâce au zèle —, RAC. *Ath.* I, 1. Mensonge —, qu'on fait pour rendre service à qqn. *Spéciall.* Communication officieuse, faite bénévolement, sans caractère officiel. Journal —, qui exprime bénévolement la pensée du gouvernement, sans être officiel.

OFFICINAL, ALE [ò-fi-si-nàl] *adj.*
[ÉTYM. Dérivé de officine, § 238. ‖ Vers 1530. Membres officinaux, *Rem. contre la peste*, dans DELB. *Rec.* Admis ACAD. 1762.]
‖ (T. didact.) Qui appartient à la pharmacie. Plantes officinales, qui entrent dans les préparations pharmaceutiques. Préparations officinales, médicaments à formule fixe, préparés d'avance chez les pharmaciens (par opposition aux préparations magistrales, dont le médecin détermine la formule suivant les cas).

OFFICINE [ò-fi-sin'] *s. f.*
[ÉTYM. Emprunté du lat. officina, atelier, boutique en général. ‖ XIIᵉ s. BENEEIT, *Ducs de Norm.* 25974.]
‖ Lieu où se font les préparations pharmaceutiques. ‖ *Fig.* Une — de fausses nouvelles, de calomnies.

OFFRANDE [ò-frànd'] *s. f.*
[ÉTYM. Emprunté du bas lat. offerenda, *m. s.* proprt, « chose devant être offerte », § 503. ‖ XIᵉ s. Et out faite s'ofrende a l'alter principal, *Voy. de Charl. à Jérus.* 59.]
‖ **1°** Hommage à Dieu dans un temple, une église, sous la forme d'un don. Il est venu faire des offrandes au temple, FÉN. *Tél.* 4. *P. ext.* De toute autre victime il refuse l'offrande, RAC. *Iph.* III, 5. ‖ *Spéciall.* Don qu'on fait à l'autel (au prêtre qui officie) en allant baiser la patène. Aller à l'—. *Loc. prov.* L'— est à dévotion, facultative.
‖ **2°** *P. ext.* Ce qu'on offre à qqn. Veuillez agréer ma modeste —. Je vous présente l'— de mes vœux. En parlant d'une dédicace. La bassesse de mon —, MOL. *Éc. des m.* ép. dédicat.

OFFRANT [ò-fran]. *V.* offrir.

OFFRE [òfr'] *s. f.* et, *vieilli*, *m.*
[ÉTYM. Subst. verbal de offrir, § 52. ‖ XIIᵉ s. Porpensa sei que entre tant L'en vendreient ofres avant, *Énéas*, 133.]
‖ Action d'offrir. L'horreur et le mépris que cette — m'inspire, RAC. *Baj.* V, 4. Faire — de service, MOL. *Fâch.* III, 4. Et l'— de mon bras suivit celle du cœur, CORN. *Cinna*, V, 2. Ses offres acceptés, ID. *Veuve*, IV, 4. L'— de mon hymen l'eût-il tant effrayé? RAC. *Baj.* III, 7. ‖ *Spéciall.* (Droit.) Action d'offrir de payer ce qu'on doit, sous le coup de poursuites, pour les éviter. ‖ (Écon. polit.) L'—, la recherche d'acheteurs par le vendeur. (*Cf.* demande.) Le prix des denrées baisse quand l'— est supérieure à la demande.

OFFRIR [ò-frir] *v. tr.*
[ÉTYM. Du lat. pop. *offerire (class. offerre, § 629), devenu ofrir, §§ 366, 336 et 291, écrit plus récemment offrir par réaction étymologique, § 502.]
‖ **1°** Mettre (qqch) à la disposition de qqn, sans qu'il le demande. — de l'argent à qqn. Je lui ai offert ma place. Pendant qu'il lui offre le sien (son cheval), BOSS. *Condé.* Du prix qu'on m'offre il faut me contenter, RAC. *Ath.* V, 5. | *Absolt.* (Droit.) Le plus offrant, celui qui offre le plus. Vendre au plus offrant et dernier enchérisseur. *P. anal.* Vendre au plus offrant mon encens et mes vers, BOIL. *Sat.* 1. | Sans réserver autre chose que la dîme qu'il offrit à Dieu, BOSS. *Hist. univ.* II, 2. La justice vaut mieux devant Dieu que de lui — des sacrifices, ID. *Le Tellier.* C'était là que s'offraient les sacrifices sur l'autel, ID. *Hist. univ.* II, 4. *Ellipt.* — à Dieu, lui offrir le saint sacrifice. Le pontife, avant que d'entrer dans le sanctuaire, offrit pour ses péchés et pour ceux de son peuple, BOSS. *Médit. sur l'Év. Cène*, 78ᵉ jour. *P. anal.* — à Dieu ses afflictions, ses maux, en expiation. Le prince de Condé n'avait qu'une seule vie à —, BOSS. *Condé.* Un faux Astyanax fut offert au supplice, RAC. *Andr.* I, 2. Je vous offre mon bras, ID. *ibid.* I, 4. — la main à qqn. — à son adversaire le choix des armes. — le combat à qqn. Le vainqueur offrit le duel au nouveau roi, BOSS. *Hist. univ.* III, 4. — à qqn sa protection, son appui, ses hommages. Sa foi partout offerte, RAC. *Phèd.* I, 1. | Avec une proposition pour complément. Il vous offre, Seigneur, ou de venir ici, Ou d'attendre en son camp, RAC. *Théb.* III, 5. ‖ *P. ext.* En parlant d'une personne. Je vais l'— au Dieu par qui régnent les rois, RAC. *Ath.* I, 2. NÉARGUE : Dieu même a craint la mort. — POLY. : Il s'est offert pourtant, CORN. *Poly.* II, 6. Elle s'offre à demi, ID. *Oth.* III, 1. | S'— à, id. *vieilli*, S'— de faire qqch. Je m'offre à vous venger, RAC. *Baj.* IV, 6. Ceux qui... s'offriraient peut-être de lui aider, DESC. *Méth.* 6.

‖ **2°** Mettre (qqch) devant les yeux de qqn, sans qu'il le cherche. L'état horrible où le Ciel me l'offrit, RAC. *Ath.* I, 2. Voilà comme Pyrrhus vint s'— à ma vue, ID. *Andr.* III, 8. Cette pensée s'offrit à mon esprit. L'Évangile à l'esprit n'offre, de tous côtés, Que pénitence à faire, BOIL. *Art p.* 3. Jamais l'occasion ne s'offrira si belle, CORN. *Hér.* II, 2.

OFFUSCATION [ò-fûs'-kà-syon ; *en vers*, -si-on] *s. f.*
[ÉTYM. Emprunté du lat. offuscatio, *m. s.* ‖ XIVᵉ s. Obfuscacion, *Chirurg. de Brun de Long Borc*, dans GODEF. ‖ Admis ACAD. 1878.]
‖ (T. didact.) Action d'offusquer. *Spéciall.* (Astron.) Affaiblissement passager de l'éclat du soleil.

OFFUSQUER [ò-fûs'-ké] *v. tr.*
[ÉTYM. Emprunté du lat. offuscare, *m. s.* ‖ XIVᵉ s. L'esprit animal en est suffoqué ou offusqué, *Somme Mᵉ Gaulier*, mss franç. Bibl. nat. 1288, fᵒ 19, vᵒ.]
‖ Couvrir d'obscurité en interceptant la lumière. Les nuages qui offusquent l'éclat du soleil. Un obstacle qui offusque la vue. *P. ext.* Sa lourde tête offusquée d'une perruque, ST-SIM. IV, 93. ‖ *Fig.* Quelque nuage Qui m'offusque la vue et m'y jette un ombrage, CORN. *Nicom.* III, 4. Un triste nuage semble — l'éclat de ces beaux yeux, ID. *Psyché*, IV, 3. Sans que la mort ne s'y mêle aussitôt pour tout — de son ombre, BOSS. *D. d'Orl.* Beaucoup d'erreurs qui peuvent — notre lumière naturelle, DESC. *Méth.* 1. Faire tant de bruit dans le monde qu'il offusque le nom des autres, BOSS. *Élév. myst.* XXIV, 9. Sa vanité offusquait ses lumières, D'ALEMB. *Éloges, Abbé de Choisy.* ‖ *P. anal.* — qqn, troubler sa sérénité. Il s'occupa toute sa vie à décrier le mérite qui l'offusquait, DIDER. *Claude et Néron*, 1. Il s'offusque de tout.

OGIVAL, ALE [ò-gi-vàl] *adj.*
[ÉTYM. Dérivé de ogive, § 238. ‖ *Néolog.* Admis ACAD. 1878.]
‖ (Archéol.) Qui présente le caractère de l'ogive. Architecture ogivale.

OGIVE [ò-jiv'] *s. f.*
[ÉTYM. Origine incertaine; souvent écrit augive au moyen âge et jusqu'au XVIIIᵉ s. Qqns y voient un dérivé de auge, par allusion aux creux qui se trouvent entre les nervures des travées, § 125. ‖ 1325. Faire et asseir les œgives, dans DELB. *Rec.* Admis ACAD. 1762.]
‖ (Archéol.) Arc brisé que présentent, dans l'architecture gothique, les nervures des travées de la voûte, se croisant diagonalement au sommet. Une voûte à quatre branches d'ogives ; à double croisée d'ogives. ‖ Compartiment angulaire formé par ces nervures qui se croisent. ‖ *P. ext.* Arcade formée par deux arcs qui se coupent en angle curviligne aigu. Porte, fenêtre en —.

ˣOGNETTE [ò-ñĕt'] *s. f.*
[ÉTYM. Emprunté de l'ital. ugnetto, *m. s.* proprt, « onglet », § 12. Souvent altéré par les lexicographes en honguette et même hoquette. ‖ 1694. Hongnette, TH. CORN.]
‖ (Technol.) Ciseau de marbrier à tranchant très étroit.

OGNON. *V.* oignon.

OGRE [ògr'] *s. m.* et **OGRESSE** [ò-grĕs'] *s. f.*
[ÉTYM. Origine inconnue. On trouve ogrine pour ogresse, dans GHERARDI, *Th. ital.* VI, 630. ‖ 1527. Les ogres fiers leur soif mesme y estanchent, DASSY, *Peregrin*, dans DELB. *Rec.* Admis ACAD. 1740.]
‖ **1°** *S. m.* Géant des contes de fées, représenté comme se nourrissant de chair humaine. Savez-vous bien que c'est ici la maison d'un — qui mange les petits enfants, CH. PERRAULT, *Contes, Petit Poucet.* ‖ *P. ext.* Manger comme un —, manger excessivement. ‖ *Fig.* Un —, un personnage méchant qui fait peur. Son — de père, VOLT. *Lett.* mai 1740.
‖ **2°** *S. f.* Ogresse. Femme, fille d'un ogre.

OH [ó] *interj.*
[ÉTYM. Onomatopée, § 32. (*Cf.* ô et ho.)]
‖ Interjection marquant : | **1.** Surprise. Oh! dit-il, qu'est-ce ci? Ma femme est-elle veuve? LA F. *Fab.* III, 7. Oh! oh! dit-il, je saigne! ID. *ibid.* IX, 4. Oh! oh! je n'y prenais pas garde, MOL. *Préc. rid.* sc. 9. | **2.** Interpellation soudaine. Oh là, oh! descendez, LA F. *Fab.* III, 1. | **3.** Élan de l'âme vivement émue. Oh! qu'il est cruel de n'espérer plus, FÉN. *Tél.* 18.

ˣOHÉ [ò-hé] *interj.*
[ÉTYM. Composé de o et hé, § 727. ‖ *Néolog.*]
‖ *Trivial.* Interjection servant à appeler qqn.

OÏDIUM [ò-i-dyòm' ; *en vers*, -di-òm'] *s. m.*
[ÉTYM. Emprunté du lat. des naturalistes oidium, *m. s.*

diminutif du grec ᾠόν, œuf, § 282. || *Néolog.* Admis ACAD. 1878.]

|| (Hist. nat.) Champignon microscopique qui attaque certaines plantes. || *Spéciall.* Espèce qui attaque la vigne. *P. ext.* Maladie produite par ce champignon.

OIE [wà] *s. f.*

[ÉTYM. Du lat. pop. auca, *m. s.* dérivé de avis, oiseau, § 77, devenu oie, §§ 333, 380 et 291. Une forme parallèle en anc. franç. est oe, oue : Le proverbe est bon selon moi Que qui l'oue a mangé du roi Cent ans après en rend les plumes, LA F. *Lett.* 18 août 1689. (*Cf.* le nom de la rue aux Oues, à Paris, devenu par altération récente rue aux Ours.)]

|| Oiseau palmipède, de la même famille que le canard. — sauvage. — domestique. Écrire avec une plume d'—. Un pâté de foie d'—. Les oies du Capitole, oies consacrées à Junon qui, par leur cris, sauvèrent le Capitole d'une attaque nocturne des Gaulois. || *P. anal.* — à duvet, l'eider. — noire, la macreuse. || Il est bête comme une —, et, *ellipt*, C'est une —. || Couleur merde —, d'un jaune verdâtre. || Le jeu de l'—, jeu qu'on joue avec deux dés sur un carton où des figures d'oies sont disposées de neuf en neuf cases. Un jeu de l'— renouvelé des Grecs, MOL. *Av.* II, 1. || Par allusion à la forme des pattes palmées de l'oie. Mouiller en patte d'—, jeter trois ancres disposées en triangle. Avoir la patte d'—, une ride au coin de l'œil qui présente trois sillons. || Les contes de ma mère l'— (par allusion, selon les uns, à un fabliau où une mère oie instruit des petits oisons; selon les autres, à la légende de la reine Berthe aux pieds d'oie), contes dont on amuse les enfants.|| La petite —, nom donné jadis à l'abatis de l'oie, et, *fig. vieilli :* | 1. Accessoires d'une chose. Que vous semble de ma petite —? (accessoire du vêtement, gants, rubans, etc.), MOL. *Préc. rid.* sc. 9. | 2. Menues faveurs obtenues d'une femme. La petite —, enfin ce qu'on appelle En bon français les préludes d'amour, LA F. *Contes, Oraison.* | 3. Préliminaires. J'avais déjà la petite — de ce qu'on appelle usage du monde, MARIV. *Pays. parv.* 1.

OIGNON [ò-ñon] *s. m.*

[ÉTYM. Du lat. pop. *ŭnĭŏnem (class. ŭnĭonem, § 349), *m. s.* §§ 348, 482 et 291.]

I. || **1°** Plante potagère dont la racine bulbeuse, d'une odeur et d'une saveur fortes, est employée dans les préparations culinaires. Mince comme une pelure d'—. Être vêtu comme un —, avoir plusieurs vêtements superposés, comme l'oignon a plusieurs enveloppes. Flûte à l'—, mirliton, fermé aux deux bouts par une pelure d'oignon. Pleurer en épluchant de l'— (à cause de l'odeur piquante de l'oignon). Une soupe à l'—. Un ragoût aux petits oignons. Une botte d'oignons (frais), un chapelet, une corde d'oignons (secs). — brûlé, oignon caramélisé, pour donner de la couleur au bouillon. Être en rang d'oignons, sur une même ligne.

|| **2°** *P. anal.* Rhizome de certaines plantes. — de tulipe.

II. *P. ext.* || **1°** Callosité douloureuse qui vient aux pieds. || Gonflement des articulations du métatarse chez le cheval.

|| **2°** Montre ancienne, épaisse. *P. ext.* Mauvaise montre.

OIGNONET [ò-ño-nè] *s. m.*

[ÉTYM. Dérivé de oignon, § 133. || XIIIᵉ s. Bat. de karesme et de charnage, dans GODEF. Admis ACAD. 1762.]

|| **1°** *Vieilli.* Petit oignon.

|| **2°** *P. anal.* Poire d'été de forme renflée.

OIGNONIÈRE [ò-ñò-nyèr] *s. f.*

[ÉTYM. Dérivé de oignon, § 115. || 1552. Oignonniere, CH. EST. dans DELB. *Rec.*]

|| Lieu planté d'oignons.

OÏL [ò-il]. *V.* oui.

OILLE [òy'] *s. f.*

[ÉTYM. Emprunté de l'espagn. olla, *m. s.* de même étymologie que le franç. oule, § 13. || XVIIᵉ s. *V.* à l'article. Admis ACAD. 1718.]

|| *Vieilli.* Olla-podrida. Pot à —, grand vase de table en argent. Une — et un consommé qui cuisaient séparément, SÉV. 342.

OINDRE [wîndr'] *v. tr.*

[ÉTYM. Du lat. ŭngere, *m. s.* devenu 'oin're, oindre, §§ 327, 396, 290 et 291.]

|| *Vieilli.* Frotter de quelque matière grasse. Judith se lava le corps, se l'oignit d'un parfum précieux, SACI, *Bible*, *Judith*, x, 3. *Loc. prov.* Oignez vilain, il vous poindra; poignez vilain, il vous oindra, caressez un rustre, il vous rebute;

rebutez-le, il vous caresse. || *Spéciall.* Consacrer en frottant d'huile sainte. Charles et Carloman furent aussi oints et bénits, MONTESQ. *Espr. des lois*, XXXI, 17. *Au part. passé pris substantivt.* Les oints du Seigneur, prêtres, rois.

OING [wîn] *s. m.*

[ÉTYM. Du lat. ŭngen, *m. s.* §§ 327, 396, 291 et 473.]

|| *Vieilli.* Axonge. Vieux —, vieille graisse de porc.

OISEAU [wà-zó] *s. m.*

[ÉTYM. Du lat. pop. aucĕllum, dérivé de avis, *m. s.* devenu oisel, oiseau, §§ 333, 382, 366 et 456.]

I. Animal formant une classe des vertébrés, ovipare, à deux pieds, à membres antérieurs en forme d'ailes, couvert de plumes, à bec corné dépourvu de dents. Oiseaux domestiques, de basse-cour. Oiseaux d'eau ou aquatiques. Oiseaux de volière. Oiseaux émigrants, oiseaux de passage. *Fig.* En parlant d'une personne qui ne fait que passer dans un endroit. Qu'est-ce qu'un comédien italien? Un — de passage, REGNARD et DUFRESNY, *Chinois*, IV, 1. Oiseaux de proie. *Spéciall.* Oiseau de proie dressé pour la chasse. Oiseaux de leurre, faucon, gerfaut, dressés à revenir au leurre, et de là sur le poing. Oiseaux de poing, autours, éperviers. dressés à revenir directement sur le poing. *Fig.* Battu de l'—, maltraité. (*V.* battre.) — de mauvais augure, considéré chez les anciens comme présageant un malheur, et, *fig.* personne qui annonce qqch de fâcheux. || Le chant, le ramage des oiseaux. Aux petits des oiseaux il (Dieu) donne leur pâture, RAC. *Ath.* II, 7. Tirer l'—, chercher à abattre, avec un fusil ou une arbalète, un oiseau fixé au sommet d'une perche. *Fig.* La plume de l'—, ce qui est le meilleur dans une chose. C'est ce qui s'appelle la plume de l'— ou le pied du cerf, SÉV. 1110. A vue d'—, comme si on regardait d'en haut, en planant au-dessus. Le plan d'une ville à vue d'—. A vol d'—, comme si on allait à travers les airs, sans obstacle, en ligne droite. Être comme l'— sur la branche, n'être pas fixé. *Loc. prov.* Petit à petit l'— fait son nid, des efforts patients conduisent au but. || *Fig. Famil.* C'est un vilain —, et, *ironiqt*, Voilà un bel —, en parlant d'une personne déplaisante. C'est un — rare, en parlant d'une personne qui a une certaine vertu rare. L'— en a dans l'aile, en parlant d'une personne atteinte dans sa position, sa réputation. L'— s'est envolé, est déniché, la personne que l'on comptait surprendre n'est plus là. || L'— de Vénus, la colombe. Dès qu'il voit l'— de Vénus, LA F. *Fab.* II, 12. L'— de Minerve, le hibou. Connaissez-vous les miens? (mes petits) dit l'— de Minerve, LA F. *Fab.* V, 18. L'— de Jupiter, le roi des oiseaux, l'aigle. L'— de Junon, le paon.

II. *P. anal.* (Technol.) | 1. — de Limousin, et, *absolt*, —, assemblage de deux ais pourvu de mancherons qui se place sur l'épaule et dans lequel on porte le mortier. Les capitaines portant la hotte, et les pauvres soldats l'—, D'AUB. *Sancy*, I, 5. Ce riche architecte a commencé par porter l'—, a débuté comme garçon maçon. *P. ext.* Palette où l'on met le stuc. | 2. Chevalet que les couvreurs accrochent à la charpente du toit pour former échafaudage.

OISELER [wàz'-lé; *en vers*, wà-ze-lé] *v. tr. et intr.*

[ÉTYM. Dérivé de oiseau, §§ 64, 65 et 154. || XIIᵉ s. De li poïst l'an oiseler, CHRÉTIEN DE TROYES, *Erec*, 6468. Admis ACAD. 1762.]

I. *V. tr.* || **1°** Dresser (l'oiseau de proie) pour la chasse. — un épervier. Un faucon oiselé.

|| **2°** Lancer (l'oiseau) sur la proie.

II. *V. intr.* Tendre aux oiseaux des lacets, des gluaux.

OISELET [wàz'-lè; *en vers*, wà-ze-lè] *s. m.*

[ÉTYM. Dérivé de oiseau, §§ 64, 65 et 133. || XIIᵉ s. Li oiselet Chantent, WACE, *Rou*, dans DELB. *Rec.*]

|| *Vieilli.* Petit oiseau. (*Syn.* oisillon.)

OISELEUR [wàz'-leûr; *en vers*, wà-ze-leûr] *s. m.*

[ÉTYM. Dérivé de oiseler, § 112. Pour le sens 2° *cf.* le grec ὀρνιθίας ἄνεμος. || XIIᵉ-XIIIᵉ s. Quant l'oiselor l'oisel Tret a soi, EVERARD DE KIRKHAN, *Caton*, dans DELB. *Rec.*]

|| **1°** Celui qui prend des oiseaux (aux lacets, gluaux).

|| **2°** *Fig. Adj.* Vents oiseleurs, vents étésiens qui soufflent vers le printemps, quand les oiseaux se montrent.

OISELIER, *OISELIÈRE [wà-ze-lyé, -lyèr] *s. m. et f.*

[ÉTYM. Dérivé de oiseau, §§ 64, 65 et 115. || 1558. G. MOREL, dans DELB. *Rec.*]

|| Celui, celle qui élève, qui vend des oiseaux.

OISELLERIE [wà-zĕl-ri; *en vers*, -zè-le-ri] *s. f.*

[ÉTYM. Dérivé de oiselier, §§ 65 et 68. Se trouve en anc.

franç. comme dérivé de oisel avec le sens de « volière ».
|| xiv⁰ s. *Vocab. lat.-franç.* 145, Escallier.]

|| Métier d'oiselier.

OISEUX, EUSE [wà-zeū, -zeūz'] *adj.*
[étym. Du lat. ŏtiŏsum, *m. s.* §§ 348, 406, 325 et 291. (*Cf.* oisif.)]

|| Qui ne sert à rien. Les gens —. Les professions oiseuses, J.-J. ROUSS. *Ém.* 3. Paroles oiseuses. Une question oiseuse.

OISIF, IVE [wà-zīf', -zīv'] *adj.*
[étym. Tiré de oiseux par changement de suffixe, §§ 62 et 125. Anc. franç. oisdif, sur un type du lat. pop. *otiotı-vum.* || 1271. Chascune beste wisive, dans GODEF.]

|| Qui est à ne rien faire. Rester —. Mener une vie oisive. Cette oisive vertu, vous en contentez-vous? RAC. *Ath.* i, 1. || *P. ext.* Quand ces bleus sont oisifs (sans emploi), LA F. *Fab.* xii, 3. || *Substantivt, masc.* Les oisifs, les gens oisifs. Un —.

OISILLON [wà-zi-yon] *s. m.*
[étym. Dérivé de oiseau, §§ 64, 65 et 107. || xii⁰-xiii⁰ s. S'ol les oiselons chanter et esbaudir, *Aiol,* 5069.]

|| Petit oiseau. Ceci ne me plaît pas, dit-elle aux oisillons, LA F. *Fab.* i, 8.

OISIVEMENT [wà-ziv'-man; *en vers,* -zi-ve-...] *adv.*
[étym. Composé de oisive et ment, § 724. || 1611. COTGR. Admis ACAD. 1762.]

|| D'une manière oisive.

OISIVETÉ [wà-ziv'-té; *en vers,* -zi-ve-té] *s. f.*
[étym. Dérivé de oisif, §§ 64 et 122. || xiv⁰ s. Pour ce qu'oisiveté ne leur feûst contraire, *Girard de Roussillon,* 2378.]

|| État d'une personne oisive. Je commence à rougir de mon —, RAC. *Phèd.* i, 1. *Loc. prov.* L'— est la mère de tous les vices.

OISON [wà-zon] *s. m.*
[étym. Tiré de oiseau par substitution de suffixe, §§ 62 et 104. || xiii⁰ s. Chapons et oisons et poletes, *Renart,* ix, 1194.]

|| **1°** Petit de l'oie. — bridé, auquel on a passé une plume par les narines, pour l'empêcher de traverser les haies. *Fig.* — bridé, homme dont l'intelligence ne va pas loin. Que veut-elle faire, cet — bridé? MOL. *Escarb.* sc. 2. Ne souffrons point qu'on nous croie un —, ID. *Amph.* i, 2. || *P. ext.* Petit de la cane. Justement au milieu de l'un et l'autre —, LA F. *Fab.* x, 2.

|| **2°** *P. anal.* (T. rural.) Tas d'avoine.

OLÉACÉES [ò-lé-à-sé] *s. f. pl.*
[étym. Dérivé du lat. olea, olivier, § 233. || *Néolog.* Admis ACAD. 1878.]

|| (Botan.) Famille de plantes dont l'olivier est le type.

OLÉAGINEUX, EUSE [ò-lé-à-ji-neū, -neūz'] *adj.*
[étym. Dérivé du lat. oleaginus, « relatif à l'olivier (olea) », pris arbitrairement dans le sens de « relatif à l'huile (oleum) », § 251. || xiv⁰ s. Urine... grasse et oleagineuse, *Somme Mᵗ Gautier,* mss franç. Bibl. nat. 1288, fᵒ 46, rᵒ.]

|| (T. didact.) Qui est de la nature de l'huile. Un liquide —. Substance oléagineuse.

OLÉANDRE [ò-lé-āndr'] *s. m.*
[étym. Emprunté du lat. du moyen âge oleander, *m. s.* mot de formation inexpliquée. || xv⁰ s. Oleandre ou olixantrum, *Grand Herbier,* 337, Camus. Admis ACAD. 1762.]

|| (Botan.) Laurier-rose.

OLÉATE [ò-lé-ăt'] *s. m.*
[étym. Dérivé du lat. oleum, huile, § 282 *bis.* || *Néolog.*]

|| (Chimie.) Sel formé par la combinaison de l'acide oléique avec une base.

OLÉCRANE [ò-lé-kràn'] *s. m.*
[étym. Emprunté du grec ὠλέκρανον, *m. s.* de ὠλένη, bras, et κρανίον, tête. || xvi⁰ s. PARÉ, iv, 24.] ·

|| (Anat.) Apophyse de l'extrémité supérieure du cubitus, concourant à former le coude.

OLÉFIANT, ANTE [ò-lé-fyan, -fyānt'; *en vers,* -fi-...] *adj.*
[étym. Composé avec le lat. oleum, huile, et facere, faire, §§ 47 et 274. || *Néolog.*]

|| (Chimie.) Qui donne naissance à un produit oléagineux. *Spécialt.* Gaz —, gaz hydrogène carboné qui, combiné avec le chlore, produit un liquide oléagineux.

OLÉINE [ò-lé-in'] *s. f.*
[étym. Dérivé du lat. oleum, huile, §§ 245 et 282 *bis.* || *Néolog.* Admis ACAD. 1878.]

|| (Chimie.) Un des trois principes immédiats (oléine, stéarine, margarine) dont le mélange constitue le suif.

OLÉIQUE [ò-lé-ĭk'] *adj.*
[étym. Dérivé du lat. oleum, huile, §§ 229 et 282 *bis.* || *Néolog.* Admis ACAD. 1878.]

|| (Chimie.) Formé de l'oléine. Acide —, acide qu'on obtient par la saponification et la distillation des corps gras.

OLFACTIF, IVE [ŏl-făk'-tĭf', -tĭv'] *adj.*
[étym. Dérivé du lat. olfactus, odorat, § 257. || Admis ACAD. 1798 en remplacement de olfactoire (1762).]

|| (Anat.) Relatif à l'odorat. Nerf —. Membrane olfactive.

OLIBAN [ò-li-ban] *s. m.*
[étym. Emprunté du lat. olibanus, altération du grec λίϐανος, *m. s.* sous l'influence de oleum, huile, § 509. || xiii⁰-xiv⁰ s. Olimban, *Chirurg. de Mondeville,* fᵒ 88. Admis ACAD. 1762.]

|| (Pharm.) Résine qui fournit l'encens.

OLIBRIUS [ò-li-bri-ūs'] *s. m.*
[étym. Nom propre, § 36 : Olybrius, empereur d'Occident (472), présenté par la légende de sainte Marguerite comme un fanfaron, persécuteur des chrétiens. || 1537. Au lieu de faire ainsi l'olybrius, BON. DES PER. ii, 308, Bibl. elzév. Admis ACAD. 1798.]

|| *Famil.* Faiseur d'embarras. Faisons l'—, l'occiseur d'innocents, MOL. *Ét.* iii, 4. Messieurs les damoiseaux, les fendans, les —, pavillon bas, PALAPRAT, *Fille de bon sens,* iii, 2.

***OLIETTE** [ò-lyčt']. *V.* œillette.

OLIFANT [ò-li-fan] *s. m.*
[étym. Altération du lat. elephantus, éléphant. || xi⁰ s. Me prest son olifant, *Voy. de Charl. à Jérus.* 471. Admis ACAD. 1878.]

|| *Ancienn.* Ivoire. *P. ext.* Cor d'ivoire. L'— de Roland.

OLIGARCHIE [ò-li-gàr-chī] *s. f.*
[étym. Emprunté du grec ὀλιγαρχία, *m. s.* de ὀλίγοι, peu nombreux, et ἄρχειν, commander. || xiv⁰ s. ORESME, *Éth.* viii, 13. (*V.* aristocratie.)]

|| (T. didact.) Forme de gouvernement où l'autorité est aux mains d'un petit nombre de citoyens privilégiés.

OLIGARCHIQUE [ò-li-gàr-chĭk'] *adj.*
[étym. Emprunté du grec ὀλιγαρχικός, *m. s.* || xiv⁰ s. Policie oligarchique, ORESME, *Éth.* v, 6.]

|| (T. didact.) Qui appartient à l'oligarchie. Gouvernement —.

OLINDE [ò-lĭnd'] *s. f.*
[étym. Nom propre, § 36 : Olinda, ville du Brésil d'où provenaient ces sortes de lames (MÉNAGE). || 1680. RICHEL. Admis ACAD. 1762.]

|| *Vieilli.* Lame d'épée de qualité supérieure.

***OLINDER** [ò-lin-dé] *v. intr.*
[étym. Dérivé de olinde, § 154. || 1800. BOISTE, *Dict. univ.*]

|| *Vieilli.* Tirer l'épée, ferrailler. Prêt à — contre tout porteur d'une redingote neuve, CHATEAUBR. *Mém.* xi, 293.

***OLINDEUR** [ò-lin-deūr] *s. m.*
[étym. Dérivé de olinder, § 112. || 1812. MOZIN, *Dict. franç.-allem.*]

|| *Vieilli.* Celui qui aime à tirer l'épée, à ferrailler. (*Syn.* bretteur.)

OLIVAIRE [ò-li-vêr] *adj.*
[étym. Emprunté du lat. olivarius, *m. s.* (*Cf.* le doublet olivier.) || xiv⁰ s. Cautere olivaire, *Chirurg. d'Albucasis,* dans GODEF. Admis ACAD. 1835.]

|| (T. didact.) Qui est en forme d'olive. Polissoir à bouton —. Les corps olivaires, deux éminences que l'on observe à la face antérieure de la moelle allongée. || *Substantivt, au fém. plur.* Famille de mollusques comprenant les coquilles appelées olives.

OLIVAISON [ò-li-vè-zon] *s. f.*
[étym. Dérivé de olive, § 108. || 1642. OUD. Admis ACAD. 1762.]

|| (Technol.) Récolte des olives.

OLIVÂTRE [ò-li-vâtr'] *adj.*
[étym. Dérivé de olive, § 151. (*Cf.* l'anc. franç. olivastre, lat. oleastrum, olivier sauvage.) || 1575. Les habitans y sont noirs... combien qu'il s'en trouve d'un peu olivastres, THE-VET, *Cosmogr. univ.* fᵒ 98, vᵒ.]

|| Qui se rapproche de la couleur de l'olive. Avoir le teint —. Une lueur — et blafarde, B. DE ST-P. *Paul et Virg.*

OLIVE [ò-lïv'] *s. f.*
[étym. Du lat. ŏlīva, *m. s.* §§ 347 et 291.]

I. *Vieilli.* Olivier. Ses mains joignent l'— aux lauriers triomphants, VOLT. *Henriade*, 9. Jésus-Christ au jardin des Olives.

II. || **1°** Fruit à noyau, de forme ellipsoïde, de couleur verdâtre, que produit l'olivier, et dont on extrait une huile comestible. **Des olives confites. De l'huile d'—.** || *Ellipt.* **Une robe —,** de la couleur de l'olive. (*Cf.* olivâtre.)

|| **2°** *Fig.* Ce qui a la forme ellipsoïde du fruit de l'olivier. || *Spéciall.* | **1.** (Serrurerie.) Bouton de porte, piton, etc. | **2.** (Architect.) Ornement taillé sur les astragales. | **3.** (Marine.) Poulie pour l'artillerie. | **4.** (Hist. nat.) Coquille univalve. (*Cf.* olivaire.) | **5.** Moule de passementerie pour boutonner les brandebourgs.

***OLIVERIE** [ò-liv'-ri ; *en vers*, -li-ve-ri] *s. f.*

[ÉTYM. Dérivé de olive, § 69. || *Néolog.*]

|| (Technol.) Établissement où l'on fabrique l'huile d'olive. **Les oliveries de l'Algérie.**

OLIVÈTE [ò-li-vèt']. *V.* œillette.

OLIVETTE [ò-li-vèt'] *s. f.*

[ÉTYM. Dérivé de olive, § 133. ACAD. ne donne que le sens **II**, admis en 1694. || XIIᵉ-XIIIᵉ s. Desouz l'olivete, *Guill. de Dole*, 524.]

I. *Proprt.* Petit olivier, petite olive. || *P. anal.* | **1.** Raisin à grains de forme allongée. | **2.** Perle fausse qui sert aux échanges avec les nègres d'Afrique.

II. *P. ext. Au plur.* Ancienne danse de Provence, qui se dansait après l'olivaison.

OLIVIER [ò-li-vyé] *s. m.*

[ÉTYM. Dérivé de olive, § 115. (*Cf.* le doublet olivaire.) || XIᵉ s. Desoz un olivier, *Voy. de Charl. à Jérus.* 7.]

|| Arbre à feuillage toujours vert, qui produit l'olive. **— sauvage. — franc**, l'olivier cultivé. **Elle (la colombe de l'arche) revint... portant dans son bec un rameau d'—,** SACI, *Bible, Genèse*, VIII, 11. **Il a présenté un rameau d'— comme suppliant,** FÉN. *Tél.* 21. Jésus au mont des Oliviers.

OLLAIRE [òl'-lêr] *adj.*

[ÉTYM. Emprunté du lat. ollarius, *m. s.* de olla, pot. || Admis ACAD. 1762.]

|| (T. didact.) Propre à faire des pots. **Pierre, talc —.**

OLLA-PODRIDA [ò-yà-pò-dri-dà] *s. f.*

[ÉTYM. Emprunté de l'espagn. olla (pot) podrida (pourri), *m. s.* § 13. (*Cf.* oille.) || 1590. **Fruicts, chairs et poisson en forme d'une olla podrida,** *Brieve Descript. de Virginia*, dans DELB. *Rec.* Admis ACAD. 1878.]

|| Mets espagnol, ragoût de différentes viandes cuites ensemble. (*Cf.* pot-pourri.)|| *Fig. Famil.* Mélange informe.

OLOGRAPHE [ò-lò-gràf'] *adj.*

[ÉTYM. Emprunté du lat. olographus (pour holographus), grec ὁλόγραφος, *m. s.* de ὅλος, entier, et γράφειν, écrire. || Admis ACAD. 1694.]

|| (Droit.) **Testament —,** tout entier de la main du testateur.

OLYMPE [ò-lĭnp'] *s. m.*

[ÉTYM. Nom propre, § 36 : lat. Olympus, grec Ὄλυμπος, montagne de Thessalie. || XVᵉ-XVIᵉ s. **Au mont Olympe introniser**, J. LE MAIRE, dans DELB. *Rec.*]

|| (Mythol.) Séjour des divinités du paganisme. **Les dieux de l'Olympe.** *P. ext.* L'ensemble de ces dieux. **L'Olympe païen.** || *P. ext. Poét.* Ciel. **Le jour s'approche, et l'— blanchit**, RAC. *Poës. div.* I, 7.

OLYMPIADE [ò-lĭn-pyàd'; *en vers*, -pi-àd'] *s. f.*

[ÉTYM. Emprunté du lat. olympias, adis, grec ὀλυμπιάς, άδος, *m. s.* || 1553. RAB. *Briefve Desclar.*]

|| (Antiq. grecq.) Période de quatre ans, d'une célébration des jeux d'Olympie à la suivante.

OLYMPIEN, ENNE[ò-lĭn-pyin, -pyèn'; *en vers*, -pi-...] *adj.*

[ÉTYM. Dérivé du lat. olympius, grec ὀλύμπιος, *m. s.* || Admis ACAD. 1762.]

|| (Mythol.) Relatif à l'Olympe. || *P. ext. Néolog.* Majestueux. **Un air —.**

OMBELLE [on-bèl] *s. f.*

[ÉTYM. Emprunté du lat. umbella, parasol. || XVIᵉ s. **Persil aux petites umbelles**, J. DU BELLAY, *Jeux rust.* fᵒ 5, rᵒ. Admis ACAD. 1762.]

|| (T. didact.) || **1°** (Botan.) Mode d'inflorescence en forme de parasol déployé. **Les fleurs de sureau sont en —.**

|| **2°** (Typogr.) Ancien signe de typographie en forme de parasol déployé ou d'étoile à huit ou dix rayons.

OMBELLIFÈRE [on-bèl'-li-fèr] *adj.*

[ÉTYM. Composé avec le lat. umbella, pris au sens de

« ombelle », et fero, je porte, § 273. || 1698. **Plante umbellifere**, TOURNEF. *Hist. des plantes*, dans DELB. *Rec.* Admis ACAD. 1762.]

|| (Botan.) Qui porte des fleurs en ombelle. **Les plantes ombellifères**, et, *substantivt*, **Les Ombellifères.**

OMBILIC [on-bi-lĭk'] *s. m.*

[ÉTYM. Emprunté du lat. umbilicus, *m. s.* || 1556. **Umbilic**, HERET, *Banquet de Platon*, dans DELB. *Rec.* Admis ACAD. 1762.]

|| **1°** (Hist. nat.) Nombril. || *P. anal.* Hile, marque du point d'attache de la graine au funicule. || Enfoncement conique de la base au sommet, dans une coquille spirale. || Orifice intérieur du tube par où pénètre le bulbe dans la plume de l'oiseau.

|| **2°** *Fig.* (Géom.) Chacun des points d'une surface courbe pour lesquels les rayons de courbure de toutes les sections normales sont égaux.

OMBILICAL, ALE [on-bi-li-kàl] *adj.*

[ÉTYM. Dérivé de ombilic, § 238. || 1541. **Arteres dites ombilicales**, J. CANAPPE, *Tables anat.* dans DELB. *Rec.* Admis ACAD. 1762.]

|| (T. didact.) Qui tient au nombril. **Région ombilicale. Cordon —,** qui unit le fœtus au placenta. **Anneau —,** anneau fibreux qui ferme l'ouverture de l'ombilic, après la séparation du cordon ombilical. **Hernie ombilicale,** étranglement de l'anneau ombilical. || *P. anal.* **Cordon —,** funicule, partie qui unit la graine au placenta.

OMBILIQUÉ, ÉE [on-bi-li-ké] *adj.*

[ÉTYM. Dérivé de ombilic, § 253. || Admis ACAD. 1835.]

|| (T. didact.) Qui présente une dépression analogue à l'ombilic.

OMBRAGE [on-bràj'] *s. m.*

[ÉTYM. Dérivé de ombre, § 78. || XIIᵉ-XIIIᵉ s. **Noches font por trop caut ombrage**, RENCL. DE MOILIENS, *Miserere*, CXCVIII, 12.]

|| Feuillage qui donne de l'ombre. **Mes arrière-neveux me devront cet —,** LA F. *Fab.* XI, 8. **Se promener sous des ombrages verts.** || *P. ext.* Ombre qui empêche le soleil, la lumière, de pénétrer. **Jeter de grands arbres à bas parce qu'ils font —,** SÉV. 179. **Quelque nuage Qui m'offusque la vue et m'y jette un —,** CORN. *Nicom.* III, 4. || *Fig.* Ce qui offusque, inquiète. **Un visir aux sultans fait toujours quelque —,** RAC. *Baj.* I, 1. **Ton esprit amoureux n'aura-t-il point d'—?** CORN. *Cid*, II, 3. **Et mon mari de vous ne peut prendre d'—,** MOL. *Tart.* IV, 5. *Au plur.* (*rare*). **Idoménée a eu le malheur de vous donner des ombrages,** FÉN. *Tél.* 11.

OMBRAGER [on-brà-jé] *v. tr.*

[ÉTYM. Dérivé de ombrage, § 154. || XIIIᵉ s. **El novembre qu'iviers ombrage**, PH. MOUSKET, *Chron.* 27533.]

|| Protéger contre le soleil, en donnant de l'ombre. **Les beaux chemins ombragés d'arbres,** VOLT. *Mœurs*, 157. || *P. anal.* **Et son feutre à grands poils ombragé d'un panache,** BOIL. *Sat.* 3. || *P. ext.* Mettre, laisser dans l'ombre. **Ce pupitre fatal qui me doit — !** BOIL. *Lutr.* 4. (Peinture.) **Les peintres... choisissent une des principales (faces), qu'ils mettent seule vers le jour, et, ombrageant les autres...,** DESC. *Méth.* 5. || *Fig. Vieilli.* Voiler (le sens). **Ombrageant sa chanson du voile d'une fable,** RÉGNIER, *Sat.* 4. **Pour — un peu toutes ces choses et pouvoir dire ce que j'en pense,** DESC. *Méth.* V, 2.

OMBRAGEUX, EUSE [on-brà-jeù, -jeùz'] *adj.*

[ÉTYM. Dérivé de ombrage, § 116. || XIVᵉ s. **Un cheval ombrageux**, *Chron. de Flandre*, dans DELB. *Rec.*]

|| **1°** En parlant d'un animal qu'on attelle ou qu'on monte, qui s'inquiète, s'effraie d'une ombre, de la moindre chose qui le surprend.

|| **2°** *Fig.* En parlant d'une personne, qui s'offusque, s'inquiète d'un rien. **Le roi était — jusque dans les moindres choses,** FÉN. *Tél.* 3. **Un caractère —.**

1. OMBRE [ônbr'] *s. f.*

[ÉTYM. Du lat. ŭmbra, *m. s.* §§ 327 et 291. Le mot lat. a le sens **II** aussi bien que le sens **I**. Au sens **II**, on trouve aussi umble (ACAD.), forme altérée qui tend à disparaître de l'usage, § 509. Sur le genre, *V.* § 554.]

I. || **1°** Partie d'un espace éclairé où la lumière est interceptée, par l'interposition d'un corps opaque. **Son corps frappé des rayons du soleil ne projette plus d'—,** BARTHÉLEMY, *Anacharsis*, 65. **Les vallons Voyaient l'— en croissant tomber du haut des monts,** LA F. *Phil. et Baucis.* **— absolue**, projetée dans l'espace sans rencontrer aucun corps. **— relative**, projetée sur un corps. **— portée**, projetée sur un corps autre que celui qui intercepte la lumière. — droite, projetée sur un plan horizontal. — renversée, projetée sur un plan vertical. ‖ *Fig.* Cet hymen jetterait une — sur sa gloire, CORN. *Nicom.* IV, 5. Être dans l'—, laisser qqn dans l'—, dans une situation où il n'est pas en vue. Il faut que les femmes soient dans l'—, STAEL, *Cor.* VIII, 1. Faire — à qqn, l'offusquer, l'inquiéter. Sa vertu nous fait —, BOSS. *4e Passion*, 1. Des prêtres, des enfants lui feraient-ils quelque —? RAC. *Ath.* V, 2. ‖ (Peinture.) Partie d'un tableau que le peintre laisse obscure, pour représenter un lieu, une face d'un corps où la lumière serait interceptée. Le clair-obscur résulte du mélange et de l'opposition de la lumière et de l'—, LAMENN. *Esquisse d'une philos.* VIII, 5. — portée, imitation de l'ombre projetée sur un corps autre que celui qui intercepte la lumière. Mettre une figure dans l'—. Il y a des objets que l'— fait valoir, DIDER. *Essai sur la peint.* 3. Mettre des ombres à un dessin. Terre d'—, et, *ellipt,* —, ocre brune dont les peintres se servent surtout pour ombrer. ‖ *Fig.* C'est une — au tableau qui lui donne du lustre, BOIL. *Sat.* 9. *Absolt.* C'est une — au tableau, un léger défaut qui n'efface point le mérite.

‖ **2°** Cette partie non éclairée reproduisant la forme du corps opaque qui intercepte la lumière. L'— des objets grandit à mesure que le jour baisse. Mesure ton —, elle n'a pas augmenté d'une ligne, BARTHÉLEMY, *Anacharsis*, 82. *Spéciall.* Ombres chinoises, silhouettes d'objets, de personnages qu'on fait apparaître sur un écran. ‖ *P. anal.* Suivre qqn comme son —, ne pas le quitter. Une vieille... Qui la quittait aussi peu que son —, LA F. *Contes, On ne s'avise jamais de tout.* | *P. plaisant.* Ce coquin a marché dans mon — (m'a fréquenté), CORN. *Illus. com.* III, 9. C'est l'— et le corps, deux personnes qui ne se quittent pas. *Spéciall.* (Antiq.) Personne qu'un invité amenait toujours avec lui. Chaque convié avait la sienne (sa robe), et on en a encore trouvé de reste pour toutes les ombres, FÉN. *Dial. des morts, Lucullus et Crassus.* ‖ *Fig.* | **1.** Apparence vaine. Une — trompeuse, FÉN. *Tél.* 14. Lâcher la proie pour l'—, le réel pour l'apparence (allusion à la fable du chien qui lâche sa proie pour l'ombre, LA F. *Fab.* VI, 17). Sémiramis n'est plus que l'— d'elle-même, VOLT. *Sémir.* II, 3. Ils courent après une — trompeuse, FÉN. *Tél.* 14. Mon crédit n'est plus qu'une — vaine, RAC. *Mithr.* I, 1. | **2.** Faible apparence d'une chose. Pour souffrir sans horreur l'— même d'un crime, CORN. *Hér.* V, 5. Aux ombres du crime on prête aisément foi, MOL. *Mis.* III, 4. Un courroux si constant pour l'— d'une offense, ID. *Dép. am.* IV, 3. Ne donnera-t-il à ceux qu'il aime qu'une — de félicité? BOSS. *Hist. univ.* II, 19. La division des Asmonéens ne laissa à Hyrcan... qu'une — de puissance, ID. *ibid.* I, 9. *Loc. adv.* Sous — de, que, sous l'apparence de, que. Sous — que je suis de l'Académie, VOIT. *Lett.* 94. On raille les dévotions de l'Église sous — de crédulité, BOURD. *7e Dim. après la Pentecôte.* Sous — de venger sa grandeur méprisée, CORN. *D. Sanche,* II, 1. ‖ *P. ext.* L'— d'une personne, ce qui, dans la croyance des anciens, survit de la personne, le simulacre du corps qu'elle avait pendant sa vie. Toutes les ombres accouraient pour considérer cet homme vivant, FÉN. *Tél.* 18. *P. anal.* Morts... Que... Ce héros a forcés d'accompagner son —, RAC. *Baj.* V, 11. ‖ *P. ext.* Image d'une personne morte apparaissant à qqn. Son — vers mon lit a paru se baisser, RAC. *Ath.* II, 5. ‖ *Fig.* La personne morte revivant dans le souvenir qu'on a gardé d'elle. Viens-tu jusqu'ici braver l'— du comte? CORN. *Cid,* III, 1. Son — eût pu encore gagner des batailles, BOSS. *Condé.*

‖ **3°** Absence de clarté. Dans l'— de la nuit, CORN. *Cid,* III, 4. Les ombres par trois fois ont obscurci les cieux, RAC. *Phèd.* I, 3. ‖ *P. anal.* Environné des ombres de la mort, LES. *Gil Blas,* X, 2. ‖ *Fig.* | **1.** Obscurité de ce qui est caché. Dieu d'Israël, dissipe enfin cette —, RAC. *Esth.* II, 8. Les causes de cet événement restent dans l'— Dans l'— du mystère, VOLT. *Tancr.* II, 1. Dans l'— du secret, RAC. *Mithr.* IV, 4. Les actions que dans l'— il croit faire, LA F. *Fab.* IV, 19. | **2.** *Poét.* Ce qui obscurcit la sérénité. Du chagrin le plus noir elle écarte les ombres, RAC. *Esth.* II, 7.

‖ **4°** Protection que donne un ombrage contre les rayons du soleil. Il nous donne Ou des fleurs au printemps, ou des fruits en automne, L'— l'été, LA F. *Fab.* X, 1. Que des époux séjournent sous leur —! ID. *Phil. et Baucis.* Que ne suis-je assise à l'— des forêts! RAC. *Phèd.* I, 3. ‖ *Fig.* Abri protecteur. Dans l'— de la paix, CORN. *Sertor.* III, 1. Le soldat est trop lâche qui veut toujours être à l'—, BOSS. *1er*

Quinquag. 2. Croître à l'— du tabernacle, RAC. *Ath.* II, 9. A l'— de mon bras, CORN. *Cid,* I, 3. Pour se couvrir de nous, l'— des Pyrénées, ID. *Sertor.* II, 1. ‖ *P. plaisant.* Mettre qqn à l'—, en prison.

II. (Qqns le font masc.) Nom donné à divers poissons. *Spéciall.* —-chevalier, poisson de rivière. (*V.* chevalier.) — de mer, maigre. (*V.* maigre 2.)

2. OMBRE [ônbr']. *V.* hombre.

OMBRELLE [on-brèl] *s. f.*
[ÉTYM. Emprunté de l'ital. ombrello, *m. s.* § 12. Le mot a été d'abord masc. comme en italien; sur le changement de genre, *V.* § 550. ‖ XVIe s. Les ombrelles de quoy depuis les anciens Romains l'Italie se sert, MONTAIGNE, III, 8.]
‖ Petit parasol de dame.

OMBRER [on-bré] *v. tr.*
[ÉTYM. Emprunté de l'ital. ombrare, *m. s.* § 12. L'anc. franç. ombrer, « ombrager », vient du lat. umbrare. ‖ 1648. Les parties sont ombrées, A. BOSSE, *Man. univ. de M. Désargues,* p. 252.]
‖ (T. d'art.) Marquer de traits, de teintes qui mettent certaines parties dans l'ombre. — un dessin, un tableau.

OMBREUX, EUSE [on-breù, -breûz'] *adj.*
[ÉTYM. Emprunté du lat. umbrosus, *m. s.* ‖ XIIe-XIIIe s. Forest ombreuse, *Perceval en prose,* p. 174.]
‖ Qui donne de l'ombre (contre les rayons du soleil). Une vallée ombreuse, DELILLE, *Énéide,* 6.

OMÉGA [ò-mé-gà] *s. m.*
[ÉTYM. Emprunté du grec ὠμέγα, *m. s.* proprt, « o grand », nom de l'o long, par opposition à l'o bref, dit ὀμικρόν, « o petit ». ‖ 1752. TRÉV. Admis ACAD. 1702.]
‖ La dernière lettre de l'alphabet grec. ‖ *Fig.* L'alpha et l'—, le commencement et la fin. (*V.* alpha.)

OMELETTE [òm'-lèt' ; *en vers,* ò-me...] *s. f.*
[ÉTYM. Pour amelette (encore dans RICHEL. et FURET., qui préconisent cependant omelette), § 360, forme qui paraît issue par métathèse de alemette, § 360, tiré de alemelle (*V.* alumelle) par substitution de suffixe, §§ 62 et 133, ce mets étant plat comme une lame. ‖ XIVe s. Alumelle (var. alumette) frite au sucre, *Ménagier,* II, 208.]
‖ Mets fait avec des œufs battus et cuits dans la poêle avec du beurre et un assaisonnement. Une — aux fines herbes, au lard, etc. Une — baveuse, peu cuite, sur les bords de laquelle suinte un reste d'œuf liquide. Voilà ce qui s'appelle retourner un cœur comme une —! REGNARD et DU-FRESNY, *Chinois,* sc. dernière. *Loc. prov.* On ne fait pas d'— sans casser des œufs, on n'obtient pas certains résultats sans sacrifices. ‖ *Fig. Famil.* En parlant d'œufs et, *p. ext.* d'autres objets cassés et amalgamés. Mes œufs qui se cassèrent tous et firent une —, LES. *Guzm. d'Alfar.* II, 3.

OMETTRE [ò-mètr'] *v. tr.*
[ÉTYM. Emprunté du lat. omittere, *m. s.* rendu d'après mettre, § 503. ‖ 1539. Obmettre, R. EST.]
‖ Laisser de côté (qqch qu'on doit dire ou faire). Faire partout des dénombrements si entiers et des revues si générales, que je fusse assuré de ne rien —, DESC. *Méth.* 2. Pas une circonstance n'a été omise. Sans rien —. — de faire qqch, et, *vieilli,* à faire qqch. N'— à demander aucun des axiomes, PASC. *Espr. géom.* 2. Je ne dois pas — en ce lieu que le P. Bourgoing a été confesseur de Monseigneur, BOSS. *P. Bourgoing.*

OMISSION [ò-mi-syon; *en vers,* -si-on] *s. f.*
[ÉTYM. Emprunté du lat. omissio, *m. s.* ‖ 1350. GILLES LI MUISIS, dans DELB. *Rec.*]
‖ Action d'omettre. Pécher par —, en négligeant de faire ce qu'on doit. L'— d'une formalité. Il y a là une — volontaire. Sauf erreur ou —. ‖ *P. ext.* Chose omise. Signaler les omissions dans un ouvrage. Une — considérable.

OMNIBUS [òm'-ni-bûs'] *adj. invar.*
[ÉTYM. Emprunté du lat. omnibus, pour tous. ‖ *Néolog.* Admis ACAD. 1835.]
‖ *Famil.* Qui sert pour tous.
‖ *Spéciall.* ‖ **1°** Voiture —, et, *substantivt, au masc.* Un —, voiture publique parcourant divers quartiers d'une ville, et s'arrêtant en route pour prendre ou déposer des voyageurs qu'elle transporte en commun pour un prix modique. Une ligne d'—, trajet que parcourt un omnibus, et, *p. ext.* service des voitures qui font ce trajet. Établir une ligne d'—. ‖ *P. ext.* Voiture analogue faisant le service d'une gare, d'une station de chemin de fer, d'une administration, d'un hôtel, d'un établissement d'éducation, etc. ‖ *P. anal.* Bateau —, bateau à vapeur faisant un ser-

vice public de voyageurs sur un cours d'eau qui traverse une ville, sur un lac, etc.

‖ 2° **Train —**, train de chemin de fer qui dessert toutes les stations qui sont sur le parcours.

OMNIPOTENCE [ŏm'-ni-pŏ-tāns'] *s. f.*

[ÉTYM. Emprunté du lat. omnipotentia, *m. s.* ‖ 1527. Estend les bras de ton omnipotence, J. PARMENTIER, dans DELB. *Rec.* Admis ACAD. 1835.]

‖ (T. didact.) Pouvoir de faire ce qu'on veut.

OMNIPOTENT, ENTE [ŏm'-ni-pŏ-tan, -tānt'] *adj.*

[ÉTYM. Emprunté du lat. omnipotens, *m. s.* ‖ XII° s. Le rei omnipotente, *Roland*, 3599. Admis ACAD. 1878.]

‖ Qui a le pouvoir de faire tout ce qu'il veut.

OMNISCIENCE [ŏm'-ni-syāns'; *en vers*, -si-āns'] *s. f.*

[ÉTYM. Emprunté du lat. scolast. omniscientia, imité de omnipotentia, omnipotence, de omnis, tout, et scientia, science, § 217. ‖ Admis ACAD. 1762.]

‖ (T. didact.) Science de toutes choses. Cette prescience et cette — (de Dieu), VOLT. *Traité de métaph.* 7.

***OMNISCIENT, ENTE** [ŏm'-ni-syan, -syānt'; *en vers*, -si-...] *adj.*

[ÉTYM. Composé avec le lat. omnis, tout, et sciens, sachant, à l'imitation de omnipotens, omnipotent, § 270. ‖ 1737. *V.* à l'article.]

‖ Qui sait toutes choses. Dieu est —, VOLT. *Lett. au prince de Prusse*, oct. 1737.

OMNIVORE [ŏm'-ni-vŏr] *adj.*

[ÉTYM. Emprunté du lat. omnivorus, *m. s.* de omnis, tout, et vorare, dévorer. ‖ XVIII° s. *V.* à l'article. Admis ACAD. 1835.]

‖ (T. didact.) Qui se nourrit d'aliments de toute espèce, animale ou végétale. Le rat est carnassier et même —, BUFF. *Rat.*

OMOPLATE [ò-mò-plăt'] *s. f.*

[ÉTYM. Emprunté du grec ὠμοπλάτη, *m. s.* de ὦμος, épaule, et πλάτη, chose plate. ‖ 1546. CH. EST. *Dissect. des parties du corps humain*, p. 23.]

‖ (Anat.) Os triangulaire large et plat qui forme la partie postérieure de l'épaule et auquel s'articule l'os du bras. ‖ *P. ext. Famil.* Le plat de l'épaule. Par un fer chaud gravé sur l'—, VOLT. *Pauvre Diable.*

***OMPHALOTOMIE** [on-fà-lò-tò-mi] *s. f.*

[ÉTYM. Composé avec le grec ὀμφαλός, nombril, et τομή, section, § 279. ‖ 1606. GUILLEMEAU, *Heureux accouchement*, épistre.]

‖ (Chirurgie.) Section du cordon ombilical.

ON [on] *s. indéf.*

[ÉTYM. Du lat. homo, proprt, « homme », devenu régulièrement om, puis on, tandis que homme est sorti de l'accus. hŏminem, §§ 372, 327, 469 et 291.]

‖ Substantif indéfini, invariable, employé toujours comme sujet de la proposition. ‖ Désigne d'une manière générale une ou plusieurs personnes. On désespère, Alors qu'on espère toujours, MOL. *Mis.* I, 2. On souffre avec regret quand on n'ose s'offrir, CORN. *Poly.* II, 6. Que dit-on? Croit-on m'intimider? ‖ Précédé de l'article (généralement par euphonie). Puisque l'on s'obstine à m'y vouloir réduire, MOL. *Tart.* IV, 5. Ceux à qui l'on doit tant, CORN. *Nicom.* II, 1. Ce que l'on conçoit bien s'énonce clairement, BOIL. *Art p.* 1. ‖ *Substantivt.* Un on dit, des on dit, bruits qui circulent. Le qu'en-dira-t-on, l'opinion. *Loc. prov.* ON est un sot, un on dit doit être regardé comme sans valeur. ‖ *Spéciall.* Désigne, sous une forme générale, selon le sens du discours, celui qui parle, celui à qui l'on parle, ou celui dont on parle. | 1. Je, nous. C'est qu'on fut malheureux de ne pouvoir vous plaire, MOL. *F. sav.* III, 3. | 2. Tu, vous. A m'obéir, prince, qu'on se prépare, RAC. *Mithr.* III, 1. | 3. Il, elle; ils, elles. Et si l'on continue à m'offrir chaque jour Des vœux, MOL. *Mis.* III, 4. ‖ Désigne un sujet déterminé, dont le genre ou le nombre détermine le genre, le nombre, etc., qui s'accorde avec lui. L'embarras où l'on est de se trouver seule, LA BR. 4. Quelque spirituelle qu'on puisse être, MOL. *Préc. rid.* sc. 9. De tous vos façonniers on n'est point les esclaves, ID. *Tart.* I, 5. On est plus jolie à présent, MARMONTEL, *Mélanges, Rép. à Volt.*

ONAGRE [ò-nàgr'] *s. m.*

[ÉTYM. Emprunté du lat. onager ou onagrus, grec ὄναγρος, *m. s.* ‖ XII° s. Onager signefie Diable en ceste vie, PH. DE THAUN, *Best.* 910. Admis ACAD. 1798.]

‖ (Hist. nat.) Ane sauvage.

ONANISME [ò-nà-nism'] *s. m.*

[ÉTYM. Dérivé de Onan, nom d'un fils de Juda à qui la Bible attribue cette pratique, §§ 36 et 265. ‖ 1764. TISSOT, *L'Onanisme*, titre. Admis ACAD. 1835.]

‖ (T. didact.) Masturbation.

ONC et ONQUES [ŏnk'] *adv.*

[ÉTYM. Du lat. ŭnquam, *m. s.* devenu onque, §§ 327, 291 et 468, d'où l'on a tiré ensuite onques et onc, § 726.]

‖ *Vieilli.* Jamais. | 1. Sans négation. Valets aussi bas, aussi rampants que furent onques leurs pères, P.-L. COURIER, *Aux âmes dévotes.* | 2. Avec négation. Onques depuis il n'a revu mon père, ST-SIM. I, 78. Diable n'eut onc tant d'honneurs en sa vie, LA F. *Contes, Belphégor.*

1. ONCE [ŏns'] *s. f.*

[ÉTYM. Du lat. ŭncia, *m. s.* §§ 327, 383 et 291.]

‖ Ancien poids, douzième partie de la livre romaine, seizième partie de la livre française. Perles à l'—, qui ne sont pas comptées, à cause de leur petitesse, mais vendues au poids. ‖ *Fig.* | 1. Ne pas peser une —, être très léger; *p. ext.* ne pas offrir d'obstacle. Cela n'a pas pesé une —. *Dans un autre sens.* Il ne pèse pas une —, il ne se sent pas de joie. | 2. N'avoir pas une — de qqch. Un homme pâle et livide, qui n'a pas sur soi dix onces de chair, LA BR. 12. Il n'a pas une — de sens commun.

2. ONCE [ŏns'] *s. f.*

[ÉTYM. Du lat. pop. *lyncea (class. lynx, cis, § 67), prononcé de bonne heure *lŏncia, d'où lonce, §§ 327, 383 et 291, puis, par chute de l'l initiale, confondue avec l'article l', once, § 509. (*Cf.* l'espagn. onza, auquel se rattache directement le sens **2°**.) Les naturalistes font ordinairement once du masc. § 554. ‖ XIII° s. Chascune beste voudroit Que venist l'once, RUTEB. p. 71, Kressner.]

‖ **1°** *Anciennt.* Lynx. Pierre d'—, ambre fossile (dit en grec λυγκούριον).

‖ **2°** Variété de panthère, de jaguar.

***ONCHET.** *V.* jonchet.

***ONCIAIRE** [on-syèr; *en vers*, -si-èr] *adj.*

[ÉTYM. Emprunté du lat. unciarius, *m. s.* § 503. ‖ XVIII° s. *V.* à l'article.]

‖ (Antiq. rom.) Qui se rapporte à l'once, douzième partie de la livre romaine. *Spéciall.* Usure —. L'usure — était d'un pour cent par an et non d'un pour cent par mois, MONTESQ. *Défense de l'Espr. des lois*, 2.

ONCIAL, ALE [on-syàl] *adj.*

[ÉTYM. Emprunté du lat. uncialis, *m. s.* proprt, « d'un pouce », le lat. uncia signifiant la douzième partie du pied comme la douzième partie de la livre. ‖ 1587. Lettres onciales, VIGENÈRE, *Traité des chiffres*, dans DELB. *Rec.* Admis ACAD. 1762.]

‖ (Paléogr.) Caractères onciaux, lettres onciales, grands caractères employés dans les inscriptions, les titres d'ouvrages, etc., analogues aux capitales modernes, avec des formes plus arrondies. *Ellipt.* Un manuscrit en onciales, en lettres onciales.

ONCLE [ŏnkl'] *s. m.*

[ÉTYM. Du lat. pop. *ŭnculum (class. avunculum, § 509), *m. s.* §§ 327, 290 et 291. ‖ XI° s. Or gaberat mis uncles, *Voy. de Charl. à Jérus.* 565.]

‖ Frère du père ou de la mère. Grand-—, frère du grand-père ou de la grand-mère. —, grand-— paternel, maternel. — à la mode de Bretagne, cousin germain du père ou de la mère. — de comédie, — d'Amérique, oncle qui, dans certaines comédies, arrive à point des pays lointains pour apporter une fortune aux siens.

ONCTION [onk'-syon; *en vers*, -si-on] *s. f.*

[ÉTYM. Emprunté du lat. unctio, *m. s.* § 503. ‖ XII° s. Li onctions del chief, *Serm. de St Bern.* p. 135.]

‖ **1°** Action d'oindre. *Spéciall.* Action de consacrer, en frottant d'huile sainte. Il (Pépin) regarda l'— qu'il reçut du pape Étienne comme une chose qui le confirmait dans tous ses droits, MONTESQ. *Espr. des lois*, XXXI, 11. La sainte — des mourants, BOSS. *D. d'Orl.* (*Cf.* extrême-onction.) ‖ *Fig.* L'— intérieure du Saint-Esprit, BOSS. *Expos. de la doctr. de l'Église*, 9.

‖ **2°** Qualité de ce qui est onctueux. Le sang, liqueur douce, onctueuse, et propre par cette — à retenir les esprits les plus déliés, FÉN. *Exist. de Dieu*, 1, 2. ‖ *Fig.* Douceur pénétrante (surtout dans les écrits, les discours religieux). Prêcher avec —.

ONCTUEUSEMENT [onk'-tuéuz'-man ; *en vers*, -tu-eû-ze-...] *adv.*

[ÉTYM. Composé de *onctueuse* et *ment*, § 724. || 1582. La cire onctueusement grasse, R. et A. D'AIGNEAUX, *Énéide*, dans DELB. *Rec.* Admis ACAD. 1798.]

|| D'une manière onctueuse.

ONCTUEUX, EUSE [onk'-tuéu, -tuéuz' ; *en vers*, -tu-...] *adj.*

[ÉTYM. Emprunté du lat. *onctuosus*, *m. s.* || XIIIᵉ-XIVᵉ s. Plus unctueus et plus moiste, *Chirurg. de Mondeville*, fᵒ 10, dans LITTRÉ.]

|| 1ᵒ (T. didact.) Qui est propre à oindre, gras, huileux. Une liqueur onctueuse.

|| 2ᵒ *Fig.* Qui a une douceur pénétrante. Cette éloquence onctueuse et insinuante de Massillon, MARMONTEL, *Élém. de littér.* VI, 46.

ONCTUOSITÉ [onk'-tuó-zi-té ; *en vers*, -tu-ó-...] *s. f.*

[ÉTYM. Emprunté du bas lat. *onctuositas*, *m. s.* || XIIIᵉ-XIVᵉ s. Unctuosité, *Chirurg. de Mondeville*, fᵒ 10.]

|| (T. didact.) Caractère de ce qui est onctueux.

ONDE [ônd'] *s. f.*

[ÉTYM. Du lat. *ûnda*, *m. s.* §§ 327 et 291.]

|| 1ᵒ Eau de la mer, d'un lac, d'un fleuve, etc., qui se déplace en s'élevant et en s'abaissant tour à tour. L'— s'enfle dessous, CORN. *Cid*, IV, 3. Elle voyait pour ainsi dire les ondes se courber sous elle, BOSS. *R. d'Angl.* Les rameurs fendaient les ondes écumantes, FÉN. *Tél.* 3. L'— approche, se brise, RAC. *Phèd.* V, 6. || *Fig.* Les ondes de la colère s'élèvent plus fort, BOSS. *Charité frat.* 1. || *Spécialt.* L'— amère, la mer. Les monstres marins faisant avec leurs narines un flux et un reflux de l'— amère, FÉN. *Tél.* 4. Vénus Astarté, fille de l'— amère, MUSSET, *Rolla.* || *P. ext.* L'— noire, le Styx, et, *fig.* la mort. L'ours a passé l'— noire, LA F. *Daphné*, III, 10. A couvert des voleurs, mais non de l'— noire, ID. *Fab.* VIII, 23. || *Absolt.* Sur la terre et sur l'—, sur terre et sur mer. Cet empire absolu sur la terre et sur l'—, CORN. *Cinna*, II, 1.

|| 2ᵒ *P. anal.* Ce qui s'élève et s'abaisse comme l'onde. Le feu dont la flamme en — se déploie, BOIL. *Sat.* 6. || *P. anal.* (Physique.) Mouvements concentriques qui se propagent dans un fluide. Ondes sonores, ondes lumineuses, mouvements qu'on suppose produits dans l'air par la vibration des corps sonores, dans l'éther par la vibration des rayons lumineux, pour expliquer les phénomènes du son et de la lumière. || *P. ext.* | 1. Suite de courbes alternativement concaves et convexes. Les ondes d'une colonne torse. Outil à ondes, outil de menuisier à faire les moulures. *P. anal.* Les cheveux sont en —, REGNARD, *Bal.* sc. 6. | 2. Succession alternative de reflets. Les ondes de la moire. || (Technol.) Ce qui rappelle les mouvements alternatifs de l'onde. | 1. Levier qui se meut sur la barre fendue du métier à bas. | 2. Rateau mobile à la partie supérieure du métier à tricot.

ONDÉ, ÉE [on-dé] *adj.*

[ÉTYM. Dérivé de *onde*, § 118. || XIVᵉ s. Ondeit, JEH. DES PREIS, dans GODEF. *Compl.*]

|| (T. didact.) Qui s'élève et s'abaisse (comme les ondes). Il a les bords du bec supérieur non pas droits, mais ondés, BUFF. *Ois. étrang. Coukeel.* Des cheveux ondés, qui présentent des lignes sinueuses. *P. ext.* La queue est ondée de blanc (offre une ligne ondée), BUFF. *Ois. étrang. Cabure.*

ONDÉE [on-dé] *s. f.*

[ÉTYM. Dérivé de *onde*, § 119. || XIIᵉ-XIIIᵉ s. Ondete, *Dial. Gregoire*, p. 101.]

|| Averse subite de peu de durée. La tête couverte de son jupon pour se mettre à l'abri d'une — de pluie, B. DE ST-P. *Paul et Virg.* || *Fig.* Nous allons faire pleuvoir sur toi une — de coups de bâton, MOL. *Scap.* III, 2.

ONDIN, INE [on-din, -din'] *s. m. et f.*

[ÉTYM. Dérivé de *onde*, § 100. || XVIᵉ s. Verdine, ondine et bordine aux yeux verts, RONS. VI, 140. Admis ACAD. 1762.]

|| (Mythol.) Génie des eaux.

ONDOIEMENT [on-dwà-man] *s. m.*

[ÉTYM. Dérivé de *ondoyer*, §§ 65 et 145. || XIIᵉ s. Li braiement E li orrible undeiement, BENEEIT, *Ducs de Norm.* dans DELB. *Rec.* Admis ACAD. 1762.]

|| 1ᵒ Mouvement de ce qui ondoie. L'— que causent les vents (à la neige), DESC. *Météor.* 6.

|| 2ᵒ (Liturg. cathol.) Baptême administré d'une manière sommaire quand l'enfant est en danger de mort, ou en attendant la célébration solennelle.

ONDOYANT, ANTE [on-dwä-yan, -yänt'] *adj.*

[ÉTYM. Adj. particip. de *ondoyer*, § 47. || XIIᵉ s. La mer... Si undeianz, BENEEIT. *Ducs de Norm.* dans DELB. *Rec.*]

|| Qui s'élève et s'abaisse alternativement. Leur vol est — et se fait par élans et par bonds, BUFF. *Lavandière.* Une flamme ondoyante. || *P. anal.* Les contours ondoyants d'une draperie. || *Fig.* Caractère —.

ONDOYER [on-dwà-yé] *v. intr. et tr.*

[ÉTYM. Dérivé de *onde*, § 163. || XIIᵉ s. De ci la u Seigne undeie, BENEEIT, *Ducs de Norm.* 9154.]

|| 1ᵒ *V. intr.* S'élever et s'abaisser alternativement. Ses rangs pressés ondoyaient... comme une moisson que les vents agitent, BARTHÉLEMY, *Anacharsis*, 76. Je vois de ces pompeux sillons La richesse flottante — dessus ces vallons, RAC. *Poés. div. Ode* 2.

|| 2ᵒ *V. tr.* (Liturg. cathol.) Baptiser par ondoiement.

ONDULANT, ANTE [on-du-lan, -länt'] *adj.*

[ÉTYM. Adj. particip. de *onduler* 1, § 47. || 1767. *V.* à l'article. Admis ACAD. 1878.]

|| (T. didact.) Qui ondule. Le reflet de la lune sur ces eaux ondulantes, DIDER. *Salon de 1767.*

ONDULATION [on-du-là-syon ; *en vers*, -si-on] *s. f.*

[ÉTYM. Dérivé du lat. *undula*, petite onde, § 249. || 1682. Les ondulations de l'eau, dans *Journal des sav.* p. 112.]

|| (T. didact.) || 1ᵒ Mouvement sinueux. Les ondulations des vagues. Les ondulations d'un reptile. Du sein des épis lourds... Une — majestueuse et lente S'éveille et va mourir à l'horizon poudreux, LECONTE DE LISLE, *Poèmes antiques*, *Midi.* *Spécialt.* (Physique.) Système des ondulations, qui explique le son, la lumière, par des mouvements concentriques dus à la vibration des corps sonores dans l'air, des rayons lumineux dans l'éther.

|| 2ᵒ Ligne, contour sinueux. Les ondulations d'un terrain.

ONDULATOIRE [on-du-là-twàr] *adj.*

[ÉTYM. Dérivé de *ondulation*, § 249. || Admis ACAD. 1798.]

|| (T. didact.) Caractérisé par des ondulations. Mouvements ondulatoires.

ONDULÉ, ÉE [on-du-lé] *adj.*

[ÉTYM. Emprunté du lat. *undulatus*, *m. s.* || Admis ACAD. 1835.]

|| (Technol.) Qui a des lignes, des contours sinueux. Des cheveux ondulés.

ONDULER [on-du-lé] *v. intr. et tr.*

[ÉTYM. Tiré de *ondulation*, § 154. || Admis ACAD. 1798 (au sens 2ᵒ seulement).]

|| 1ᵒ *V. intr.* (T. didact.) Avoir des mouvements sinueux.

|| 2ᵒ *V. tr.* (Technol.) Rendre ondulé. — les cheveux.

ONDULEUX, EUSE [on-du-leû, -leûz'] *adj.*

[ÉTYM. Dérivé du lat. *undula*, petite onde, § 116. (*Cf.* le lat. *undosus*.) || 1787. FÉRAUD, *Dict. crit.* Admis ACAD. 1835.]

|| Qui a des mouvements sinueux. Un serpent En replis — sur le sable rampant, DELILLE, *Homme des champs*, 11.

ONÉRAIRE [ô-né-rèr] *adj.*

[ÉTYM. Emprunté du lat. *onerarius*, *m. s.* || XVIᵉ s. Naufz oneraires, RAB. I, 50.]

|| *Vieilli.* (Droit.) Qui a les charges d'une chose. *Spécialt.* Tuteur — (par opposition à *honoraire*).

ONÉREUSEMENT [ô-né-reûz'-man ; *en vers*, -reûze-...] *adv.*

[ÉTYM. Composé de *onéreuse* et *ment*, § 724. || Néolog.]

|| D'une manière onéreuse.

ONÉREUX, EUSE [ô-né-reû, -reûz'] *adj.*

[ÉTYM. Emprunté du lat. *onerosus*, *m. s.* de *onus*, *oneris*, poids. (*Cf.* *exonérer*.) || XIVᵉ s. ORESME, dans MEUNIER, *Essai sur Oresme.*]

|| Qui impose des charges, des frais. La société est fondée sur un avantage mutuel ; mais lorsqu'elle me devient onéreuse, qui m'empêche d'y renoncer ? MONTESQ. *Lett. pers.* 76. Payer des droits —. Acquérir un bien à titre —, sous condition de supporter certaines charges. *Fig.* N'envions point à une sorte de gens leurs grandes richesses : ils les ont à titre — (elles leur coûtent cher), LA BR. 6.

ᵒONGLADE [on-glàd'] *s. f.*

[ÉTYM. Dérivé de *ongle*, § 120. (*Cf.* le doublet *onglée*.) || XVIᵉ s. Pointes, onglades, estrapades, GÉNEBRARD, dans DELB. *Rec.* Paraît inusité aux XVIIᵉ-XVIIIᵉ s.]

|| (Médec.) Ongle entré dans la chair.

ONGLE [ôngl'] *s. m.*

[ÉTYM. Du lat. *ûngula*, *m. s.* §§ 327, 290 et 291. Fém. en anc. franç. et jusqu'au XVIIᵉ s. Elle sent son ongle maline, LA F. *Fab.* VI, 15. La plupart des patois ont conservé l'anc. genre. Le genre masc. qu'a pris le mot dans la langue officielle paraît dû à l'influence du lat. *unguis, m. s.* § 555.]

‖ **1°** Lame cornée implantée sur la face dorsale de l'extrémité des doigts, chez l'homme et chez un grand nombre d'animaux vertébrés. Les ongles sont plus petits dans l'homme que dans les autres animaux, BUFF. *Homme.* L'on se laisse croître les ongles pour marquer que l'on ne travaille point, MONTESQ. *Espr. des lois,* XIX, 9. L'— long qu'il porte au petit doigt, MOL. *Mis.* II, 1. — **incarné,** ongle qui entre dans la chair (surtout au pied) et y occasionne une plaie. (*Syn.* onglade.) Se couper les ongles, couper la partie de l'ongle qui dépasse, en croissant, l'extrémité des doigts. Se faire les ongles, les couper et. les nettoyer. *Famil.* Des ongles en deuil, qui ont le bord noir, par défaut de propreté. Manger, ronger ses ongles. *Fig.* Se ronger les ongles, montrer de l'impatience, du dépit. Donner à qqn sur les ongles, le châtier (par allusion à la férule des écoliers). *Vieilli.* Avoir les ongles pâles, être sans énergie. Le premier... a un peu les ongles bien pâles pour une charge où il ne faut rien craindre, SULLY, *Œcon. roy.* ann. 1597. Avoir du sang aux ongles, dans les ongles, être énergique en face du danger. Si nos ennemis avaient du sang aux ongles, SÉV. 565. Faire rubis sur l'—, vider si bien un verre de vin qu'en le renversant sur l'ongle, il n'en tombe plus qu'une goutte semblable à un rubis. Je me cautionne purgé rubis sur l'—, D. DE MONCHESNAY, *Originaux,* II, 5. Savoir une chose sur l'— (sur le bout des doigts), la savoir parfaitement. Avoir de l'esprit, de la malice jusqu'au bout des ongles, dans toute sa personne.

‖ **2°** *Spécialt.* Griffe, serre. Le lion par ses ongles compta, LA F. *Fab.* I, 6. *Fig.* C'est l'— du lion, c'est la marque d'un génie ou d'un caractère supérieur. Tout cet orgueil périt sous l'— du vautour, LA F. *Fab.* VII, 13. ‖ *Fig.* Avoir bec et ongles, être fort en état de se défendre. Avoir les ongles crochus, être rapace. Rogner les ongles à qqn, le mettre hors d'état d'agir. ‖ *P. ext.* Sabot des solipèdes, des ruminants. L'— d'un bœuf, FÉN. *Épiménide.*

‖ **3°** *P. anal.* Instrument de torture en forme d'ongle. J'ai vu couler leur sang sous des ongles de fer, ROTROU, *St Genest,* III, 2. ‖ Pellicule en forme d'ongle vers l'angle interne de l'œil. | Abcès en forme de croissant entre l'iris et la cornée. | (Fauconn.) Espèce de taie dans l'œil de l'oiseau. (*Cf.* onglée.)

ᵒONGLÉ, ÉE [on-glé] *adj.*
[ÉTYM. Dérivé de ongle, § 118. (*Cf.* le doublet onglé.) ‖ XIVᵉ-XVᵉ s. Lion vert rampant onglé et couronné d'argent, *Armorial,* dans *Cabinet histor.* V, 48.]

‖ (T. didact.) Qui a des ongles. ‖ *Spécialt.*] **1.** (Fauconn.) Oiseau —, qui a des serres. | **2.** (Blason.) Animal —, qui a le sabot, les serres, d'un autre émail que le corps. Coq d'argent — de sable. Biche d'or onglée de sable.

ONGLÉE [on-glé] *s. f.*
[ÉTYM. Dérivé de ongle, § 119. (*Cf.* le doublet onglade.) ‖ 1539. R. EST.]

I. Engourdissement douloureux du bout des doigts, causé par le froid. Avoir l'—.
II. (Art vétérin.) Excroissance membraneuse à l'œil du cheval. (*Cf.* ongle, 3°.)

ONGLET [on-glè] *s. m.*
[ÉTYM. Dérivé de ongle, § 133. ‖ 1579. Le seul petit bout du pied ou l'onglet, FEUARDENT, *Opusc. de St Éphrem,* dans DELB. *Rec.*]

I. *Proprt.* Petit ongle. *P. ext.* Sorte de dé à l'usage des brodeuses.
II. ‖ **1°** (Technol.) Extrémité taillée en forme d'ongle (qui va en se rétrécissant de la base au sommet). | **1.** Chaque pièce d'une corolle polypétale par laquelle les pétales tiennent à la fleur. | **2.** Partie d'un rameau laissée au-dessus de l'œil, quand on taille. | **3.** Coupe triangulaire d'une pièce de bois, de marbre, etc. Assemblage à —. | **4.** Sorte de burin à pointe en losange. (*Cf.* onglette.) | **5.** Bande partant du dos d'un album, d'un atlas, etc. *P. ext.* Carton de deux pages substitué, dans un livre imprimé, à deux pages fautives.
‖ **2°** (Géom.) — sphérique, portion d'une sphère comprise entre deux plans passant par le même diamètre. — cylindrique, portion d'un cylindre comprise entre sa base, sa surface courbe et un plan oblique rencontrant la base avant d'avoir coupé la surface entière du cylindre.
‖ **3°** (Hist. nat.) Sorte d'épine au bord de l'œil externe des insectes diptères. | Repli triangulaire de la conjonctive de l'œil chez certains animaux.

‖ **4°** (Boucherie.) Partie de la fressure attachée au foie et aux poumons.
III. Entaille destinée à introduire l'ongle, pour tirer qqch. *Spécialt.* Entaille faite au couvercle d'une boîte à coulisse, à la lame d'un couteau, d'un canif, au plat d'une règle, etc. ‖ *P. anal.* Échancrure sur le plat d'une lame, d'une règle, sur l'épaisseur d'une bande de marbre.

ONGLETTE [on-glèt] *s. f.*
[ÉTYM. Dérivé de ongle, § 133. ‖ 1676. FÉLIBIEN, *Princ. de l'architect.* p. 674.]

‖ (Technol.) ‖ **1°** Sorte de burin du graveur, à pointe en losange, dit aussi onglet et ognette.
‖ **2°** Échancrure sur le plat d'une lame, dite aussi onglet.

ᵒONGLON [on-glon] *s. m.*
[ÉTYM. Dérivé de ongle, § 104. ‖ XIIIᵉ s. Prometheus appela les aniaus onglons, GUIART DES MOULINS, *Bible hist.* dans GODEF.]

‖ Enveloppe cornée de l'extrémité des doigts chez les animaux à pied fourchu.

ONGUENT [on-ghan] *s. m.*
[ÉTYM. Emprunté du lat. unguentum, parfum. ‖ XVIᵉ s. Unguent ressuscitatif, RAB. II, 30.]

I. *Vieilli.* Parfum. Quatre boîtes d'onguents, une d'alun brûlé, RÉGNIER, *Sat.* 11.
II. *P. ext.* Substance médicamenteuse de consistance molle, destinée à des applications externes. — gris, napolitain, préparation mercurielle. — pour la brûlure, mélange d'huile et de cire. — de courrier, suif que les courriers appliquent sur les écorchures faites par la selle. — de saint Fiacre, mélange d'argile et de bouse de vache, que les jardiniers appliquent aux plaies des arbres. — miton mitaine. (*V.* miton.) *Loc. prov.* Dans les petites boîtes sont les bons onguents, une personne petite, une chose de faible dimension peut avoir des qualités précieuses.

ᵒONGUICULE [on-gui-kul] *s. m.*
[ÉTYM. Emprunté du lat. unguiculus, *m. s.* ‖ *Néolog.*]
‖ (T. didact.) Petit ongle.

ONGUICULÉ, ÉE [on-gui-ku-lé] *adj.*
[ÉTYM. Dérivé du lat. unguiculus, onguicule, § 253. ‖ 1799. Folioles onguiculés, VENTENAT, *Tabl. du règne végétal,* III, 97. Admis ACAD. 1878.]

‖ (T. didact.) Qui a des onguicules, de petits ongles. On distingue les mammifères en mammifères onguiculés et mammifères ongulés. ‖ *P. anal.* Qui est en forme de petit ongle. Pétale, opercule —. ‖ *P. ext.* Rayé comme avec l'ongle. Myrrhe onguiculée.

ONGULÉ, ÉE [on-gu-lé] *adj.*
[ÉTYM. Dérivé du lat. ungula, ongle, § 253. ‖ Admis ACAD. 1835.]

‖ (T. didact.) Qui a des ongles. Mammifères ongulés, à un ou plusieurs sabots.

ONIROCRITIE [ò-ni-rò-kri-si] et **ᵒONIROCRITIQUE** [-kri-tïk'] *s. f.*
[ÉTYM. Dérivé du grec ὀνειροκρίτης, celui qui interprète les songes, §§ 224 et 229. ‖ 1752. Onirocritie, TRÉV. Admis ACAD. 1762.]

‖ (T. didact.) Art d'interpréter les songes. Homme qui possède... optique, onirocritique, MOL. *Mar. forcé,* sc. 4.

ONIROMANCE [ò-ni-rò-màns'] et **ONIROMANCIE** [-man-si] *s. f.*
[ÉTYM. Dérivé du grec ὀνειρόμαντις, celui qui pratique la divination par le moyen des songes, § 224. ‖ 1623. Par oniromance, J. FERRAND, *Maladie d'amour,* p. 137. Admis ACAD. 1835.]

‖ (T. didact.) Divination par le moyen des songes.

ONOCROTALE [ò-nò-krò-tàl] *s. m.*
[ÉTYM. Emprunté du lat. onocrotalus, grec ὀνοκρόταλος, *m. s.* proprt, « sonnette (κρόταλος) d'âne (ὄνος) ». ‖ XIIIᵉ s. Onocrotaille, GUIART DES MOULINS, *Bible hist.* dans GODEF. Admis ACAD. 1762.]

‖ (Hist. nat.) Espèce de pélican blanc.

ᵒONOMASTIQUE [ò-nò-màs'-tïk] *adj.*
[ÉTYM. Emprunté du grec ὀνομαστικός, *m. s.* ‖ XVIᵉ-XVIIᵉ s. L'onomastic, D'AUB. *Trag.* avert.]

‖ (T. didact.) Qui a rapport aux noms propres. Table — d'un livre, table des noms propres qui s'y trouvent. *Substantivt, au fém.* L'—, l'étude des noms propres de personnes, de lieux.

ONOMATOPÉE [ò-nò-mà-tò-pé] *s. f.*

[ÉTYM. Emprunté du lat. onomatopœia, grec ὀνοματο-ποιία, *m. s.* ‖ XVIᵉ s. Par onomatopée du gargouillis et bruit que l'eaue fait, NICOT, gargouille. Admis ACAD. 1762.]

‖ (Gramm.) Formation des mots. *Spécialt.* Formation de mots par harmonie imitative (comme glouglou, cricri, frou-frou), et, *p. ext.* mot ainsi formé.

ONQUES [ŏnk']. *V.* onc.

ONTOLOGIE [on-tò-lò-ji] *s. f.*

[ÉTYM. Emprunté du lat. des philosophes ontologia (WOLF), *m. s.* composé avec le grec ὤν, ὄντος, l'être, λόγος, discours, et le suffixe ie, § 279. ‖ 1751. L'ontologie ou science de l'être, D'ALEMB. *Encycl.* disc. prélim. Admis ACAD. 1835.]

‖ (Philos.) Science métaphysique qui remonte à l'essence, à la cause première de l'être.

ONTOLOGIQUE [on-tò-lò-jĭk'] *adj.*

[ÉTYM. Dérivé de ontologie, § 229. ‖ Admis ACAD. 1835.]

‖ (Philos.) Qui a rapport à l'ontologie. *P. ext.* Les preuves ontologiques de l'existence de Dieu, les preuves métaphysiques.

ONYX [ò-nĭks'] *s. m.*

[ÉTYM. Emprunté du lat. onyx, ychis, grec ὄνυξ, υχος, *m. s.* proprt, « ongle », par allusion à la transparence cornée de cette pierre. Souvent oniche, onice, onique, en anc. franç., d'après l'accusatif lat. onychem. ‖ XIIᵉ s. Onix ait gres sunges aveir, *Lapid. de Marbode*, 283, Pannier.]

‖ (Hist. nat.) Agate fine à couches parallèles de diverses couleurs.

ONZE [hŏnz'; *vieilli*, ŏnz'] *adj.* et *s. m.*

[ÉTYM. Du lat. pop. *ŭndecim (class. ŭndecim, § 328), devenu *ond'ze, onze, §§ 327, 290, 414, 382 et 291.]

‖ **1°** Adjectif numéral cardinal indéclinable. Dix plus un. Il est — heures. Entre — heures et midi. ‖ *P. ext.* Au sens ordinal. Louis —. La page —. *Ellipt.* Le — du mois, et, *vieilli*, L'— du mois.

‖ **2°** Nom de nombre indéclinable. — et deux font treize. Avoir — dans son jeu.

ONZIÈME [hon-zyèm', *vieilli*, on-...] *adj.* et *s. m.*

[ÉTYM. Dérivé de onze, § 96 *ter.* ‖ XIIᵉ s. En l'unzime an, PH. DE THAUN, *Comput*, 3205.]

‖ **1°** Adjectif numéral ordinal. Qui vient immédiatement après le dixième. Le — jour du mois, et, *vieilli*, L'— du mois. Le — ; plusieurs parlent et écrivent ainsi, mais très mal; il faut dire l'—, VAUGEL. *Rem.* 87. Le — régiment de ligne, et, *ellipt*, Soldat au — de ligne. Être le — sur la liste. Peut-être que l'— (entreprise) est prête d'éclater, CORN. *Cinna*, II, 1.

‖ **2°** *S. m.* Une des parties d'un tout divisé en onze parties égales. On lui a remboursé le — de la dette.

ONZIÈMEMENT [hon-zyèm'-man; *en vers*, -zyè-me-...; *vieilli*, on-...] *adv.*

[ÉTYM. Composé de onzième et ment, § 724. ‖ 1552. Onziesmement, J. PELETIER, *Arithm.* fᵒ 77, vᵒ. Admis ACAD. 1740.]

‖ En onzième lieu (dans une énumération).

OOLITHE [ò-ò-lĭt'] *s. m.* (qqns le font fém.).

[ÉTYM. Composé avec le grec ὠόν, œuf, et λίθος, pierre, § 279. ‖ Admis ACAD. 1762.]

‖ (Géologie.) Calcaire formé de petits grains ovoïdes qui rappellent les œufs de poisson.

OOLITHIQUE [ò-ò-li-tĭk'] *adj.*

[ÉTYM. Dérivé de oolithe, § 229. ‖ *Néolog.* Admis ACAD. 1878.]

‖ (Géologie.) Formé d'oolithe. Terrains oolithiques.

OPACITÉ [ò-pà-si-té] *s. f.*

[ÉTYM. Emprunté du lat. opacitas, *m. s.* ‖ XVᵉ-XVIᵉ s. L'opacité des ombrages, J. LE MAIRE, dans DELB. *Rec.*]

‖ (T. didact.) Propriété qu'a un corps d'être opaque.

OPALE [ò-pàl] *s. f.*

[ÉTYM. Emprunté du lat. opalus, grec ὀπάλλιος, *m. s.* ‖ XVIᵉ s. L'agathe et l'opalle, R. BELLEAU, III, 79.]

‖ (Géologie.) Pierre volcanique d'un blanc laiteux et bleuâtre, à reflets chatoyants. — orientale ou de Hongrie. — de bois, à filaments ligneux. ‖ *P. ext.* | **1.** Croûte cristalline qui se forme à la surface du sucre, dans les formes. | **2.** Espèce de tulipe à quatre couleurs. Je vois les changeantes opales Que le jour sème à son réveil, VOIT. *Poés.* p. 174, édit. 1650.

OPALIN, INE [ò-pà-lin, -lin'] *adj.*

[ÉTYM. Dérivé de opale, § 245. ‖ 1801. Chrysolite opaline, FOURCROY, *Syst. des connaiss. chimiques*, 1, 426.]

‖ (T. didact.) Qui a la teinte de l'opale.

OPAQUE [ò-pàk'] *adj.*

[ÉTYM. Emprunté du lat. opacus, *m. s.* ‖ XVᵉ-XVIᵉ s. La terre grosse, opaque, *Nat. à l'alch. err.* 439.]

‖ (T. didact.) Qui ne laisse point passer la lumière. Un corps —.

OPE [ŏp'] *s. f.*

[ÉTYM. Emprunté du lat. opa, grec ὀπή, *m. s.* ‖ 1547. Les opes ou entresolives, J. MARTIN, *Vitruve*, fᵒ 52, rᵒ. Admis ACAD. 1762.]

‖ (Architect. ant.) Trou destiné à recevoir une poutre, un boulin, etc. ‖ *Spécialt.* Les opes de la frise dorique. (*Cf.* métope.)

OPÉRA [ò-pé-rà] *s. m.*

[ÉTYM. Emprunté de l'ital. opera, *m. s.* proprt, « œuvre », § 12. Sur le pluriel, *V.* § 557. ‖ XVIIᵉ s. *V.* à l'article.]

‖ **1°** *Anciennt.* Œuvre capitale. Vos deux lettres sont des choses admirables, dignes d'être apprises par cœur, et en un mot ce qu'on appelle des —, SCARR. *Lett.* dans RICHEL. Et, pour son —, d'une soupe à bouillon perlé, soutenue d'un jeune gros dindon, MOL. *B. gent.* IV, 1. C'est un — que de donner à manger à ces messieurs-là, MONCHESNAY, *Cause des femmes*, sc. 1. Mon — (de musique) fait, il s'agit d'en tirer parti : c'était un autre — bien plus difficile, J.-J. ROUSS. *Confess.* 7. ‖ (T. de jeu.) Faire —, se défaire de toutes ses cartes (nain jaune) ou amener toutes les cartes retournées avant d'amener la sienne (lansquenet).

‖ **2°** Œuvre dramatique et musicale, composée de récitatifs, de chants soutenus par un orchestre et quelquefois mêlée de danse. On ne peut jamais faire un bon —, parce que la musique ne saurait narrer, que les passions n'y peuvent être peintes dans toute l'étendue qu'elles demandent, BOIL. *Prol. d'opéra*, avert. Les opéras de Rameau commençaient à faire du bruit, J.-J. ROUSS. *Confess.* 5. Les opéras de Gluck, ACAD. Il en faut (des changements) aux opéras, et le propre de ce spectacle est de tenir les esprits, les yeux et les oreilles dans un égal enchantement, LA BR. 1. Un — sérieux, dont l'action est tragique. Un — bouffe, dont l'action est comique. —-comique, œuvre dramatique mêlée de chants soutenus par un orchestre et de dialogue parlé. ‖ *P. ext.* | **1.** Le genre que constituent ces sortes d'œuvres. L'— est l'ébauche d'un grand spectacle : il en donne l'idée, LA BR. 1. S'essayer dans l'—. | **2.** Théâtre où on le représente. *Spécialt.* A Paris, l'Académie nationale de musique. L'escalier de l'Opéra. L'Opéra-Comique.

OPÉRATEUR, TRICE [ò-pé-rà-teur, -trĭs'] *s. m.* et *f.*

[ÉTYM. Emprunté du lat. operator, trix, *m. s.* (*Cf.* le doublet ouvreur 2.) ‖ XIVᵉ s. De serfs sont deux especes, le curateur et le operateur, ORESME, dans MEUNIER, *Essai sur Oresme.*]

‖ Celui, celle qui fait une opération (de chirurgie). Ce chirurgien est un — habile. Voilà l'opératrice aussitôt en besogne, LA F. *Fab.* III, 9. ‖ *P. ext. Vieilli.* Empirique, charlatan.

OPÉRATION [ò-pé-rà-syon ; *en vers*, -si-on] *s. f.*

[ÉTYM. Emprunté du lat. operatio, *m. s.* ‖ XIVᵉ s. Chascune de ces operations et ars, ORESME, *Éth.* dans LITTRÉ.]

‖ Action d'opérer. L'— de la grâce se reconnaît dans ses fruits, BOSS. *A. de Gonz.* Par l'— du Saint-Esprit. Qui sont-elles, ces trois opérations de l'esprit? MOL. *B. gent.* II, 4. Une — chimique, pharmaceutique, action de faire certaines combinaisons chimiques, de préparer certains médicaments. La médecine commençait à faire heureusement son —, VAUGEL. *Q.-Curce*, 3. Une heureuse — commerciale, financière. Des opérations de bourse. ‖ Les opérations militaires, mouvements destinés à faire réussir l'attaque et la défense. Ligne d'—, direction suivie par l'armée dans ses mouvements stratégiques. Base d'—, ligne sur laquelle s'appuie une armée dans ses mouvements stratégiques et avec laquelle elle doit rester en communication. — chirurgicale, action mécanique exercée à l'aide de la main ou d'instruments sur une partie du corps lésée, soit pour la modifier, soit pour l'enlever. ‖ (Mathém.) Calculs qu'on effectue sur des quantités connues, pour trouver une ou plusieurs quantités inconnues.

OPÉRATOIRE [ò-pé-rà-twàr] *adj.*

[ÉTYM. Emprunté du lat. operatorius, *m. s.* (*Cf.* le doublet ouvroir.) ‖ 1796. SABATIER, *Médec. opératoire*, titre. Admis ACAD. 1878.]

|| (T. didact.) Relatif aux opérations (chirurgicales). **Médecine** —.

OPERCULE [ò-pèr-kul] *s. m.*

[ÉTYM. Emprunté du lat. **operculum**, couvercle. || 1752. TRÉV. Admis ACAD. 1835.]

|| (T. didact.) Appareil destiné à fermer certains orifices. *Spécialt.* | **1.** Réunion de pièces osseuses qui protège les branchies de la plupart des poissons. | **2.** Membrane qui recouvre l'ouverture des narines placées à la base du bec des oiseaux. | **3.** Pièce calcaire ou cornée fermant plus ou moins l'ouverture de certaines coquilles univalves. | **4.** Sorte de couvercle qui ferme l'urne des mousses. | **5.** Plaque de métal qui, dans certains obus, sépare les balles de la poudre.

OPERCULÉ, ÉE [ò-pèr-ku-lé] *adj.*

[ÉTYM. Dérivé de **opercule**, § 253. || 1771. TRÉV. Admis ACAD. 1835.]

|| (T. didact.) Fermé par un opercule. **Coquille operculée.**

OPÉRER [ò-pé-ré] *v. tr.*

[ÉTYM. Emprunté du lat. **operari**, *m. s. (Cf.* le doublet **ouvrer**, et **coopérer**.) || XVIᵉ S. MARG. DE FRANCE, dans DELB. *Rec.*]

|| (T. didact.) En parlant d'un principe d'action, accomplir l'œuvre qui lui est propre. **La foi opère des miracles. Ce Paul par qui vous opérez la conversion de tant de peuples,** BOSS. *Médit. sur l'Év.* 88ᵉ jour. **Ces lumières dont il a éclairé mon esprit ne sont point capables d' — mon salut,** SÉV. 912. **On les reconnaît (les bonnes œuvres) nécessaires, comme présentes, mais non pas comme opérantes le salut,** BOSS. *Proj. de réunion,* I, 1. **Il s'opère quelque chose de semblable dans la production de certaines malachites,** BUFF. *Cuivre.* || En parlant d'un général, d'une armée. **— une diversion.** || *Absolt.* **La grâce a opéré dans son âme. La foi vive et opérante par la charité,** MASS. 2ᵉ *Prof. relig.* 2. **Le terrain sur lequel l'armée a opéré. Vous avez bien opéré avec ce beau monsieur le comte,** MOL. *B. gent.* III, 3. **Le remède a opéré. Mon lavement d'aujourd'hui a-t-il bien opéré?** MOL. *Mal. im.* I, 2. || *Spécialt.* Faire un calcul d'arithmétique. || *P. ext.* Soumettre à une action chirurgicale. **— une fistule, un abcès. — un malade. Il a été opéré de la pierre.**

OPÉRETTE [ò-pé-rĕt'] *s. f.*

[ÉTYM. Emprunté de l'allem. **operette**, qui est lui-même pris de l'ital. **operetta**, diminutif de **opera**, opéra, §§ 7 et 12. || *Néolog.* Admis ACAD. 1878.]

|| Petit opéra-comique du genre bouffe.

OPHICLÉIDE [ò-fi-klé-id'] *s. m.*

[ÉTYM. Composé avec le grec ὄφις, serpent, et κλείς, κλείδος, clef, § 279. Sur le genre, *V.* § 550. || *Néolog.* Admis ACAD. 1835.]

|| (Musique.) Instrument à vent en cuivre et à embouchure, qui n'est autre chose que le serpent dont on se servait dans les églises, auquel on a ajouté des clefs.

OPHIDIEN, IENNE [ò-fi-dyin, -dyèn'; *en vers*, -di-...] *adj.*

[ÉTYM. Dérivé du grec ὄφις, serpent, auquel on a attribué par erreur un génitif en ιδος, § 244. || 1805. **Les ophidiens,** BRONGNIART, dans *Mém. des Sav. étrang.* p. 603. Admis ACAD. 1878.]

|| (Hist. nat.) Qui est de la nature du serpent. *Substantivt, au masc.* **Les ophidiens,** troisième ordre des reptiles.

OPHIOGLOSSE [ò-fyò-glòs'; *en vers,* -fi-ò-...] *s. f.*

[ÉTYM. Emprunté du lat. des botanistes **ophioglossum** (TOURNEF.), *m. s.* composé avec le grec ὄφις, serpent, et γλῶσσα, langue, § 279. || 1765. ENCYCL. Admis ACAD. 1878.]

|| (Botan.) Genre de fougères dont l'espèce type est la petite serpentaire ou langue de serpent.

OPHITE [ò-fit'] *s. m.*

[ÉTYM. Emprunté du lat. **ophites**, grec ὀφίτης, *m. s.* de ὄφις, serpent, à cause des rayures du marbre qui rappellent les bigarrures de la peau d'un serpent. || XIVᵉ s. **Saturne en une ophite,** J. DE VIGNAY, *Miroir hist.* dans DELB. *Rec.* Admis ACAD. 1798.]

|| (T. didact.) Marbre d'un vert sombre, rayé de filets jaunes, qu'on trouve dans les Pyrénées. *P. appos.* **Marbre —.**

OPHTALMIE et *OPHTHALMIE* [òf-tăl-mi] *s. f.*

[ÉTYM. Emprunté du lat. **ophthalmia**, grec ὀφθαλμία, *m. s.* de ὀφθαλμός, œil. ACAD. 1762-1835 écrit ophthalmie. || XIVᵉ s. **Une maladie es oilz appelee obtalmie,** ORESME, *Éth.* X, 4. Admis ACAD. 1762.]

|| (Médec.) Maladie inflammatoire de l'œil. **— sèche, sans écoulement. — purulente.**

OPHTALMIQUE et *OPHTHALMIQUE* [òf-tăl-mĭk'] *adj.*

[ÉTYM. Emprunté du lat. **ophthalmicus**, grec ὀφθαλμικός, *m. s.* ACAD. 1762-1835 écrit ophthalmique. || XIVᵉ s. Quant elle vient aux yeux ou aux oreilles, elle est appelee otalgique ou obthalmique, J. DE VIGNAY, *Miroir hist.* dans DELB. *Rec.* Admis ACAD. 1762.]

|| (Médec.) Qui a rapport aux yeux. **Ganglion —.**

OPHTALMOGRAPHIE et *OPHTHALMOGRAPHIE* [òf-tăl-mò-grà-fi] *s. f.*

[ÉTYM. Emprunté du lat. médical **ophthalmographia** (PLEMPIUS), *m. s.* composé avec le grec ὀφθαλμός, œil, γράφειν, décrire, et le suffixe **ia**, § 279. ACAD. 1762-1835 écrit ophthalmographie. || 1690. FURET. Admis ACAD. 1762.]

|| (T. didact.) Description anatomique de l'œil.

OPHTALMOSCOPE et *OPHTHALMOSCOPE* [òf-tăl-mòs'-kŏp'] *s. m.*

[ÉTYM. Composé avec le grec ὀφθαλμος, œil, et σκοπεῖν, examiner, § 279. Au XVIIᵉ s. G. NAUDÉ emploie ophthalmoscopie au sens de « science qui prétend connaître le caractère par l'inspection des yeux ». || *Néolog.* Admis ACAD. 1878.]

|| (T. didact.) Instrument pour examiner l'intérieur de l'œil, en envoyant au fond, à travers la pupille dilatée par l'atropine, les rayons d'une lampe, qui éclairent la rétine.

OPIACÉ, ÉE [ò-pyà-sé; *en vers*, -pi-à-sé] *adj.*

[ÉTYM. Dérivé du lat. **opium**, § 233. || 1812. MOZIN, *Dict. franç.-allem.* Admis ACAD. 1835.]

|| (T. didact.) Qui contient de l'opium. **Électuaire —.**

OPIAT [ò-pyà; *en vers*, -pi-à; *vieilli*, -pi-ăt'] *s. m.*

[ÉTYM. Emprunté du lat. du moyen âge **opiatum**, *m. s.* dérivé de **opium**, § 254. Au moyen âge on dit ordinairement **opiate** au fém., d'après le lat. **medicina opiata**, et FURET. 1690 ne connait que cette forme. || XVIᵉ-XVIIᵉ s. D'AUB. *Poës.* dans DELB. *Rec.*]

|| (T. didact.) Électuaire opiacé. || *P. ext.* Électuaire quelconque, pâte composée de poudre délayée dans un sirop. *Spécialt.* Pâte pour nettoyer les dents.

OPILATIF, IVE [ò-pi-là-tif', -tiv'] *adj.*

[ÉTYM. Dérivé de **opiler**, § 257. || 1425. **Tout pain moult delicatif Est par nature opilatif,** O. DE LA HAYE, dans DELB. *Rec.* Admis ACAD. 1762.]

|| (T. didact.) Qui obstrue les conduits naturels.

OPILATION [ò-pi-là-syon; *en vers*, -si-on] *s. f.*

[ÉTYM. Emprunté du lat. **opilatio** (mieux **oppilatio**), *m. s.* || Vers 1325. **L'opilacion est sanee,** *Poème sur les propr. des plantes,* dans DELB. *Rec.* Admis ACAD. 1762.]

|| (T. didact.) Obstruction des conduits naturels.

OPILER [ò-pi-lé] *v. tr.*

[ÉTYM. Emprunté du lat. **opilare** (mieux **oppilare**), *m. s.* (*Cf.* **désopiler**.) || XIVᵉ s. *Trad. de Lanfranc,* dans GODEF. *Compl.* Admis ACAD. 1762.]

|| (T. didact.) Obstruer (les conduits naturels).

OPIME [ò-pim'] *adj.*

[ÉTYM. Emprunté du lat. **opimus**, excellent, riche. || Admis ACAD. 1762.]

|| (Antiq. rom.) **Dépouilles opimes,** dépouilles d'un général ennemi tué par le général romain. **Sur le trophée —,** V. HUGO, *Crépusc.* 2.

OPINANT, OPINANTE [ò-pi-nan, -nänt'] *s. m. et f.*

[ÉTYM. Adj. particip. de **opiner**, § 47. || 1611. COTGR.]

|| Celui, celle qui opine. (*Cf.* **préopinant**.) **Le premier —.**

OPINER [ò-pi-né] *v. intr.*

[ÉTYM. Emprunté du lat. **opinari**, *m. s.* || XVᵉ s. **Quelque chose qui luy fut dit et opiné,** COMM. I, 3.]

|| Énoncer son opinion. **Philoctète et Nestor avaient déjà opiné qu'il fallait profiter d'une si heureuse occasion,** FÉN. *Tél.* 20. **— pour la paix,** ROTROU, *Antigone,* I, 5. **Nous fûmes priés de sortir pour laisser les juges — avec liberté,** ST-SIM. I, 316. **— du bonnet,** acquiescer en ôtant son bonnet (dans les anciennes assemblées) et, *fig.* acquiescer sans dire mot. **— pour,** et, *vieilli,* **— à qqch. Chacun opine à la vengeance,** LA F. *Contes, Cord. de Cat.* **On opine à le laisser,** D'ALEMB. *Éloges, Boileau.*

OPINIÂTRE [ò-pi-nyâtr'; *en vers*, -ni-âtr'] *adj.*

[ÉTYM. Dérivé du lat. **opinio**, opinion, § 151. || 1539. **Opiniastre,** R. EST.]

|| Tenace dans son opinion, dans sa résolution. **Vous êtes

—, me dirent-ils; vous le direz, ou vous serez hérétique, PASC. *Prov.* 1. Il est — dans ses idées. *Vieilli.* — à. Une personne qui est — à nous aimer, LE MAISTRE, *Plaid.* 29. *Substantivt.* Attendons-nous que les impies et les opiniâtres se taisent? BOSS. *Hist. univ.* II, 31. || *P. ext.* Des chrétiens l'— zéle, CORN. *Théod.* V, 1. Un travail, un combat —, poursuivi avec ténacité. Un rhume —, tenace.

OPINIÂTRÉMENT [ò-pi-nyá-tré-man; *en vers,* -ni-á-...] *adv.*
[ÉTYM. Pour opiniâtrement, composé de opiniâtre et ment, § 724. || 1539. Opiniastrement, R. EST. | 1680. Opiniâtrément, RICHEL.]
|| D'une manière opiniâtre. Soutenir — son avis. Si — conspirer ensemble contre le trône, BOSS. *R. d'Angl.* Soutenir — le combat.

OPINIÂTRER [ò-pi-nyá-tré; *en vers,* -ni-á-...] *v. tr. et pron.*
[ÉTYM. Dérivé de opiniâtre, § 154. || 1539. Opiniastrer, R. EST.]
I. *Vieilli.* **V. tr.** || **1°** Soutenir opiniâtrément (qqch). Elles ne vous laissent pas d' — leurs pleurs, leurs plaintes, LA ROCHEF. *Réflex.* 233. || *Absolt.* Il a opiniâtré de n'être point saigné, SÉV. 772. || *P. ext.* — le combat, le prolonger opiniâtrément. Faire — le combat... par tous les corps de l'armée française, VARILLAS, *François Ier,* préf. Le combat s'opiniâtre, GHERARDI, *Th. ital.* II, 428.
|| **2°** Rendre (qqn) opiniâtre. Cette promesse opiniâtre ce prince dans sa résolution, CORN. *Androm.* dessein.
II. **V. pron.** S'—, être tenace (dans son opinion, sa résolution). S'— dans son erreur. Vous vous étiez toujours opiniâtré à le refuser, PASC. *Prov.* 18.

OPINIÂTRETÉ [ò-pi-nyá-tre-té; *en vers,* -ni-á-...] *s. f.*
[ÉTYM. Dérivé de opiniâtre, § 122. || XVIe s. Une particuliere rancune et opiniastreté, AMYOT, *Agésil.* 44.]
|| Caractère opiniâtre. Vous avez une civile —, MOL. *B. gent.* III, 15. || *P. ext.* Les cruelles opiniâtretés de la mauvaise fortune, SÉV. 847.

OPINION [ò-pi-nyon; *en vers,* -ni-on] *s. f.*
[ÉTYM. Emprunté du lat. opinio, *m. s.* || XIIe-XIIIe s. *Dial. Gregoire,* p. 27.]
|| **1°** Manière de juger sur une question. Une — vraie, fausse. Des opinions contraires. On aime à voir dans les disputes les combats des opinions, PASC. *Pens.* VI, 31. Faire prévaloir son —. Je soutiendrai mon — jusqu'à la dernière goutte de mon encre, MOL. *Mar. forcé,* sc. 4. Changer d' —. Une assemblée où les opinions sont partagées. | *Vieilli.* Aller aux opinions, voter. | Je ne suis pas de votre —. Une chose d'—, qui n'a de valeur que par l'idée qu'on y attache. Un mal d'— ne touche que les sots, MOL. *Amph.* I, 4. L'— publique, l'— universelle, et, *absolt,* L'—. L'— est comme la reine du monde, PASC. *Pens.* V, 5. C'est l'— qui fait toujours la vogue, LA F. *Fab.* VII, 15. || *Spécialt.* | 1. Manière de juger en philosophie, en théologie. Les opinions des stoïciens, des nouveaux académiciens. Les opinions religieuses. (Théologie.) Opinions probables, autorisées par des personnes graves. Opinions relâchées, d'une morale trop facile. | 2. Manière de penser d'un parti politique. L'— légitimiste, démocratique. | *Absolt.* (Philos.) Manière de penser qui, vraie ou fausse, ne repose pas sur un fondement certain.
|| **2°** Manière dont on juge une personne. La bonne — qu'on a de ses lecteurs, LA BR. 1. Ils ont assez bonne — d'eux-mêmes, pour croire..., PASC. *Prov.* 5. Cette intrépidité de bonne —, MOL. *F. sav.* I, 3. Avoir une — avantageuse de qqn.

OPISTHOGRAPHE [ò-pïs'-tò-gráf'] *adj.*
[ÉTYM. Emprunté du lat. opisthographus, grec ὀπισθόγραφος, *m. s.* || 1732. TRÉV. Admis ACAD. 1878.]
|| (Paléogr.) Écrit sur le revers (comme sur la face).

OPIUM [ò-pyòm'; *en vers,* -pi-òm'] *s. m.*
[ÉTYM. Emprunté du lat. opium, grec ὄπιον, *m. s.* || XIIIe s. Opium est froiz el quart degré, *Simples medicines,* fo 54, ro.]
|| Substance narcotique, calmante à dose modérée, vénéneuse à haute dose, qu'on extrait du suc de certaines espèces de pavots. Les fumeurs d'— (en Orient). La ferme de l'— au Tonkin.

'OPOPANAX [ò-pò-pà-nàks'] *s. m.*
[ÉTYM. Emprunté du lat. opopanax, grec ὀποπάναξ, *m. s.* de ὀπός, suc, et πάναξ, nom d'une plante médicinale. (*Cf.* panacée.) La forme altérée opoponax, § 509, tend à s'implanter. || XIIIe s. Opoponac, *Simples medicines,* fo 54, ro. Admis ACAD. 1762; suppr. en 1798.]

|| Suc gommeux, odoriférant, d'un arbuste résineux.
OPPORTUN, UNE [ò-pòr-tun, -tun'] *adj.*
[ÉTYM. Emprunté du lat. opportunus, *m. s.* || XIVe-XVe s. Il est grandement opportun Que..., *Traité d'alchimie.* 582.]
|| Qui est à propos. En temps —. Il serait — de l'avertir.

OPPORTUNÉMENT [ò-pòr-tu-né-man] *adv.*
[ÉTYM. Pour opportunement, composé de opportune et ment, § 724. || 1564. J. THIERRY, *Dict. franç.-lat.* Admis ACAD. 1878.]
|| D'une manière opportune.

'OPPORTUNISME [ò-pòr-tu-nïsm'] *s. m.*
[ÉTYM. Dérivé de opportun, § 265. || *Néolog.*]
|| (Politiq.) Politique subordonnée à l'opportunité des circonstances.

'OPPORTUNISTE [ò-pòr-tu-nïst'] *s. m. et f.*
[ÉTYM. Dérivé de opportun, § 265. || *Néolog.*]
|| (Politiq.) Partisan de l'opportunisme.

OPPORTUNITÉ [ò-pòr-tu-ni-té] *s. f.*
[ÉTYM. Emprunté du lat. opportunitas, *m. s.* || XIIIe s. S'en ne fuit et eschive toute opportunité, J. DE MEUNG, *Test.* 2068.]
|| Caractère de ce qui est opportun. L'— des circonstances. L'— d'une démarche.

OPPOSABLE [ò-pó-zàbl'] *adj.*
[ÉTYM. Dérivé de opposer, § 93. || *Néolog.* Admis ACAD. 1878.]
|| Qui peut être opposé. Avoir le pouce — aux autres doigts. || *Fig.* Cette fin de non-recevoir n'est point —.

OPPOSANT, ANTE [ò-pó-zan, -zànt'] *adj.*
[ÉTYM. Adj. particip. de opposer, § 47. || 1539. R. EST.]
|| Qui s'oppose à (qqch). *Spécialt.* (Droit.) La partie opposante, qui s'oppose à un acte, à un jugement. || *Substantivt.* Les opposants, les opposantes, ceux, celles qui s'opposent à une mesure. *Spécialt.* Les opposants, ceux qui sont du parti opposé au gouvernement.

OPPOSER [ò-pó-sé] *v. tr.*
[ÉTYM. Emprunté du lat. opponere, rendu par opposer, d'après poser, § 503. || XIIe s. A li sole opose et respont, CHRÉTIEN DE TROYES, *Cligès,* 4408.]
|| **1°** Placer (une chose) vis-à-vis d'une autre, en sens contraire. Des feuilles qui s'opposent. Des angles opposés par le sommet. (Blason.) Pièces opposées, dont l'une a la pointe tournée vers le haut, l'autre vers le bas de l'écu. Les deux rives opposées. Je suis une direction opposée à la vôtre. Deux navires qui courent à bord opposé, qui suivent des routes opposées. || *Fig.* | 1. Une chose opposée à une autre, directement contraire. Il est d'un avis opposé au vôtre. *Absolt.* La reine dont nous parlons a également entendu deux leçons si opposées, BOSS. *R. d'Angl.* Deux termes opposés, de sens directement contraire. *Au part. passé pris substantivt, au masc.* L'opposé d'une chose, son contraire direct. Aucune créature Qui n'ait son opposé, LA F. *Fab.* XII, 8. | 2. — une chose à une autre, la mettre en contraste avec elle. J'oppose quelquefois, par une double image, Le vice à la vertu, la sottise au bon sens, LA F. *Fab.* V, 1. Ma rivale... Opposait un empire à mes faibles attraits, RAC. *Baj.* I, 4. Un homme que notre siècle oppose à toute l'antiquité, BALZ. *Lett.* I, 2.
|| **2°** Placer (une personne, une chose) en face d'une autre, pour lui faire obstacle. Un torrent qui renverse les digues qu'on lui a opposées. Comme un fleuve majestueux et bienfaisant qui... s'élève et ne s'enfle que lorsque avec violence on s'oppose à la douce pente qui le porte à continuer son tranquille cours, BOSS. *Condé.* Un soudain mouvement du prince, qui lui oppose des troupes fraîches, ID. *ibid.* || *Fig.* | 1. Faire résister à (qqch). Qui donc opposez-vous contre ses satellites? RAC. *Ath.* I, 2. Il est tard de vouloir — au vainqueur, ID. *Baj.* IV, 3. C'est toi qui... M'as vingt fois en un jour à moi-même opposée, ID. *Ath.* V, 6. Mon esprit en désordre à soi-même s'oppose, CORN. *Cinna,* I, 2. Il oppose à l'amour un cœur inaccessible, RAC. *Phèd.* III, 1. Insultant contre le premier qui s'opposait à son avis, PASC. *Prov.* 2. La fortune à mes vœux cesse d'être opposée, RAC. *Phèd.* III, 4. S'— aux projets de qqn. Son père s'oppose à ce mariage. | 2. Alléguer (qqch) contrairement à ce qu'un autre dit ou pense. Les arguments qu'il m'oppose. Les vérités de l'éternité sont assez bien établies; nous n'avons rien que de faible à leur —, BOSS. *D. d'Orl.* Il m'a opposé que cela était fait contre son ordre. A moins que d'— à tes plus forts appas Qu'un homme sans honneur ne te méritait pas, CORN. *Cid,* III, 4.

OPPOSITE [ò-pó-zït'] *adj. et s. m.*
[ÉTYM. Emprunté du lat. oppositus, *m. s.* § 38. || XIIIe s.

L'autre porte de Rome opposite a celle devant dite, *Sept Sages,* dans DELB. *Rec.*] || **1°** *Vieilli. Adj.* Opposé. Ils se jetaient chacun sur le pays qui lui était —, MÉZERAY, *Hist. de Fr. avant Clovis,* III, 6. || **2°** *S. m.* Situation opposée. | **1.** *Au propre.* Lieu opposé. (S'emploie surtout dans la locution à l'—.) Votre poignet à l'— de votre hanche, MOL. *B. gent.* II, 2. | **2.** *Fig. Vieilli.* Manière d'être opposée. L'— de ce qu'on appelle faiblesse, BOSS. *Lett. abbat.* 60.

OPPOSITION [ò-pô-zi-syon; *en vers,* -si-on] *s. f.*

[ÉTYM. Emprunté du lat. *oppositio, m. s.* || XIIe s. A li sole oppose et respont Et feit tel oposicion, CHRÉTIEN DE TROYES, *Cligès,* 4408.]

|| **1°** Position d'une chose vis-à-vis d'une autre, en sens contraire. *Spécialt.* (Astron.) Position de deux astres par rapport à un troisième, quand une droite passant par le centre de ce dernier rencontre d'un côté le centre du premier astre, et de l'autre le centre du second. (*Cf.* conjonction.) || *Fig.* | **1.** Rapport de deux choses directement contraires. Les situations qui mettent nos devoirs en — avec nos intérêts, J.-J. ROUSS. *Confess.* 2. | **2.** Contraste qu'on établit entre deux choses contraires. L'— des ombres et des lumières dans un tableau. L'— de deux termes qui font contraste.

|| **2°** Position d'une chose placée en face d'une autre de manière à lui faire obstacle. *Spécialt.* (Escrime.) Mouvement de la main pour parer une estocade. || *Fig.* Tentative pour résister à qqn, faire empêchement à qqch. Ces oppositions que nous avons à Dieu et à notre propre bien, PASC. *Pens.* XII, 1. Faire de l'— (à la politique du gouvernement). Être du parti de l'—, et, *p. ext.* Siéger à l'assemblée du côté de l'—, de ceux qui font de l'opposition. Ils sont en — l'un avec l'autre. Ses projets ont trouvé de l'—. (Droit.) Former — au mariage de qqn. La requête contiendra les moyens d'—, *Code de procéd. civ.* art. 161. Mettre — au paiement d'une rente, des appointements (d'un débiteur). || Lever une —. Le bureau des oppositions, dans un établissement financier (où l'on met opposition aux paiements).

OPPRESSER [ò-prè-sé] *v. tr.*

[ÉTYM. Dérivé du lat. *oppressus,* part. de *opprimere,* opprimer, § 266. L'anc. franç. dit ordinairement *apresser.* || XIIIe s. Opressés par aperte povreté, TAILLIAR, *Rec.* p. 263.]

I. *Vieilli.* Gêner par une contrainte pénible. M. de Luxembourg est un peu oppressé près de Maëstricht par l'armée de M. de Monterey et du prince d'Orange, SÉV. 365. || *P. ext.* Contraindre par une autorité tyrannique. Il est des seigneurs qui oppressent leurs vassaux, MERCIER, *Juge,* I, 7. Les royaumes qui l'ont oppressé sont humiliés, BOSS. *Hist. univ.* II, 10. Essuyer les larmes du pauvre oppressé, ID. *Le Tellier.* De douleur oppressée, BOIL. *Sat.* 10. Il entendra gémir une mère oppressée, RAC. *Iph.* III, 7. || *Au part. passé pris substantivt.* Cette compagnie était regardée comme l'asile des oppressés, BOSS. *Hist. univ.* III, 6.

II. *Spécialt.* Gêner (la poitrine) comme par une pression qui fait qu'on respire péniblement. Avoir la poitrine oppressée. Alors sa poitrine s'oppressa, B. DE ST-P. *Paul et Virg. P. ext.* Une personne oppressée, dont la poitrine est oppressée.

OPPRESSEUR [ò-prè-seûr] *s. m.*

[ÉTYM. Emprunté du lat. *oppressor, m. s.* || XIVe s. De tous oppresseurs, GILLES LI MUISIS, dans DELB. *Rec.*]

|| Celui qui opprime. D'Israël le superbe —, RAC. *Esth.* III, 3. Oppresseurs de l'humanité souffrante, DRIDAINE, *Nécess. du salut,* 1.

OPPRESSIF, IVE [ò-prè-sif', -siv'] *adj.*

[ÉTYM. Dérivé du lat. *oppressus,* part. de *opprimere,* opprimer, § 257. || 1480. Vexation oppressive, *Baratre infernal,* dans DELB. *Rec.* Semble inusité aux XVIIe-XVIIIe s. Admis ACAD. 1835.]

|| Qui a pour effet d'opprimer. Un gouvernement —.

OPPRESSION [ò-prè-syon; *en vers,* -si-on] *s. f.*

[ÉTYM. Emprunté du lat. *oppressio, m. s.* || XIIe s. BENEEIT, *Ducs de Norm.* 10077.]

I. *Vieilli.* Gêne, contrainte pénible. Pour vous tirer de l'— où vous êtes, SÉV. 125. D'un même joug souffrant l'—, RAC. *Esth.* I, 1. || *Spécialt.* Contrainte d'une autorité tyrannique. Il y a quatre cents ans que tu demeures dans l'—, BOSS. *Hist. univ.* II, 24.

II. *Spécialt.* État de gêne où l'on respire péniblement.

'**OPPRIMANT, ANTE** [ò-pri-man, -mānt'] *adj.*

[ÉTYM. Adj. particip. de *opprimer,* § 47. || XVIIIe s. *V.* à l'article.]

|| Qui opprime. Qu'elle (la religion) ne fût ni opprimée ni opprimante, VOLT. *Parlem. de Paris,* 40.

OPPRIMER [ò-pri-mé] *v. tr.*

[ÉTYM. Emprunté du lat. *opprimere, m. s.* (*Cf.* oppresser.) || XIVe s. Afin qu'il ne nous puisse grever ne obprimer, BERSUIRE, fo 24, dans LITTRÉ.]

|| **1°** *Vieilli.* Tenir courbé sous un poids. Encelade... Soulève le fardeau dont il est opprimé, DELILLE, *Trois Règnes,* 4. || *Fig.* Malgré le faix des ans et du sort qui m'opprime, RAC. *Mithr.* II, 3.

|| **2°** Contraindre par une autorité tyrannique. L'ennemi dont je suis opprimé, RAC. *Brit.* II, 6. Ce prince si longtemps par moi-même opprimé, ID. *Phèd.* I, 3. Je cède et laisse aux dieux — l'innocence, ID. *Iph.* I, 5. *Absolt.* S'il (un tyran) ne craint, il opprime, et s'il n'opprime, il craint, CORN. *Hér.* V, 5. S'il (le peuple) n'est opprimé, tôt ou tard il opprime, RAC. *Ath.* IV, 3. || *Au part. passé pris substantivt.* Défendre les opprimés.

OPPROBRE [ò-pròbr'] *s. m.*

[ÉTYM. Emprunté du lat. *opprobrium, m. s.* || XIIe s. Aemple les faces d'icels d'opprobre, *Psaut. d'Oxf.* LXXXII, 17.]

|| Déshonneur public. Et l'— éternel qu'il laisse au nom d'Horace, CORN. *Hor.* III, 6. Qu'un père furieux Te fasse avec — arracher de ces lieux, RAC. *Phèd.* IV, 2. Celui... que plusieurs de leurs auteurs ont chargé d'opprobres, BOSS. *Hist. univ.* II, 26. || *P. ext.* Celui, celle qui cause ce déshonneur. Un exécrable Juif, l'— des humains (dont les humains rougissent), RAC. *Esth.* III, 1.

OPTATIF, IVE [ŏp'-tà-tif', -tiv'] *adj.*

[ÉTYM. Emprunté du lat. *optativus, m. s.* de *optare,* souhaiter. || XVe s. Par maniere optative, CH. D'ORL. *Rond.* 42.]

|| (Gramm.) Qui exprime le souhait. La forme optative. *Spécialt.* Le mode —, et, *substantivt,* L'—, mode de la conjugaison exprimant le souhait.

OPTER [ŏp'-té] *v. intr.*

[ÉTYM. Emprunté du lat. *optare,* souhaiter. || XVIe s. Ceux qui en simplicité souhaitent et optent choses mediocres, RAB. IV, prol.]

|| (Droit.) Se déterminer entre plusieurs partis. Il faut —, des deux, être dupe ou fripon, REGNARD, *Joueur,* I, 7. C'est trop contre un mari d'être coquette et dévote : une femme devrait —, LA BR. 3. Les Alsaciens qui ont opté pour la nationalité française. Un député élu dans deux collèges doit —.

OPTICIEN [ŏp'-ti-syin, *en vers,* -si-in] *s. m.*

[ÉTYM. Dérivé du lat. *optice,* optique, § 244. || Vers 1640. Opticien ou maistre d'optique, *Janua aurea ling.* dans DELB. *Rec.* Admis ACAD. 1762.]

|| **1°** *Vieilli.* Celui qui possède la science de l'optique. || **2°** Celui qui fabrique, vend des instruments d'optique.

OPTIMISME [ŏp'-ti-mism'] *s. m.*

[ÉTYM. Dérivé du lat. *optimus,* très bon, § 265. || 1752. TRÉV. Admis ACAD. 1762.]

|| (Philos.) Doctrine suivant laquelle Dieu a créé le meilleur des mondes possibles. Qu'est-ce qu'— ? disait Cacambo..., c'est la rage de soutenir que tout est bien quand on est mal, VOLT. *Cand.* 19. || *P. ext.* Disposition à trouver que tout est pour le mieux. Être porté à l'—.

OPTIMISTE [ŏp'-ti-mist'] *adj.*

[ÉTYM. Dérivé du lat. *optimus,* très bon, § 265. || 1752. TRÉV. Admis ACAD. 1762.]

|| (T. didact.) || **1°** Qui appartient à la doctrine de l'optimisme. La théorie — de Leibnitz. *Substantivt.* Un, une —, celui, celle qui professe cette doctrine. || **2°** Qui est disposé à trouver tout pour le mieux.

OPTION [ŏp'-syon; *en vers,* ŏp'-si-on] *s. f.*

[ÉTYM. Emprunté du lat. *optio,* choix. || XIIe-XIIIe s. Options, *Dial. Gregoire,* p. 241.]

|| (Droit.) Action d'opter. Laisser l'— à qqn. Avoir l'—. *Spécialt.* Droit d'—. | **1.** Faculté de choisir entre la nationalité du lieu de sa naissance ou celle de son père. | **2.** Faculté que possède la femme de renoncer ou non à la communauté, après la dissolution du mariage. (Finances.) Prendre, souscrire des valeurs à —, l'achat ou la souscription n'étant effectifs qu'en certains cas déterminés au choix du preneur.

OPTIQUE [ŏp'-tik'] *adj. et s. f.*

[ÉTYM. Emprunté du lat. *opticus,* optice, grec ὀπτικός,

103

όπτική, *m. s.* || XIIIᵉ-XIVᵉ s. Les nerfs obtiques, *Chirurg. de Mondeville*, fᵒ 10, dans LITTRÉ.]

I. *Adj.* (T. didact.) Relatif aux phénomènes de la lumière et de la vision. **Axe** —, direction d'un rayon lumineux tombant perpendiculairement sur l'œil. **Angle** —, sous lequel on voit un objet. **Lieu** — **d'une étoile**, point du ciel où elle paraît être. **Nerfs optiques**, nerfs destinés à produire les sensations visuelles. **Cela a un peu dérangé l'économie du nerf** —, REGNARD et DUFRESNY, *Chinois*, III, 4.

II. *S. f.* || **1°** Partie de la physique, science des phénomènes de la lumière et de la vision. **Les lois de l'**—. **Une illusion d'**—. **Instruments d'**—.

|| **2°** *P. ext.* Vision des objets dans une certaine perspective. **Dans les décors et les costumes il faut tenir compte de l'**— **du théâtre.**

|| **3°** (Technol.) Boîte dans laquelle on regarde à travers une lentille des estampes couchées au fond de la boîte, que redresse un miroir incliné à 45 degrés.

OPULEMMENT [ò-pu-là-man] *adv.*

[ÉTYM. Pour opulentment, composé de opulent et ment, § 724. || XVIᵉ s. Opulentement, R. EST. (1549). Opulemment, AMYOT, *Démétr.* 73.]

|| D'une manière opulente.

OPULENCE [ò-pu-lāns'] *s. f.*

[ÉTYM. Emprunté du lat. opulentia, *m. s.* || 1549. R. EST.]

|| Déploiement d'une grande richesse. **Vivre dans l'**—. **Il y a même des stupides... qui savent mourir dans l'**—, LA BR. 6. **L'**— **brillait dans la maison de Philoclès**, BARTHÉLEMY, *Anacharsis*, 76. **Comme l'**— **est dans les mœurs et non pas dans les richesses, celles des Romains, qui ne laissaient pas d'avoir des bornes, produisirent un luxe et des profusions qui n'en avaient point**, MONTESQ. *Rom.* 10. **Mes richesses des rois égalent l'**—, RAC. *Esth.* II, 1.

OPULENT, ENTE [ò-pu-lan, -lānt'] *adj.*

[ÉTYM. Emprunté du lat. opulentus, *m. s.* || XIVᵉ s. Cité... puissant et opulent, BERSUIRE, fᵒ 8, dans LITTRÉ.]

|| Qui déploie une grande richesse. **Une personne, une maison, une contrée opulente. Dans un royaume aussi** — **que la France**, VOLT. *S. de L. XIV*, 31. || *Substantivt.* **L'**— **est bien près de l'envie**, LA BR. 6. || *Fig. Famil.* **Une beauté opulente. qui a de l'embonpoint.**

OPUSCULE [ò-pŭs'-kul] *s. m.*

[ÉTYM. Emprunté du lat. opusculum, *m. s.* Qqf fém. au XVIIᵉ s. § 550. || XIVᵉ J. DE VIGNAY, *Miroir hist.* dans DELB. Rec.]

|| (T. didact.) Petit ouvrage (littéraire, scientifique, etc.).

1. OR [òr] *s. m.*

[ÉTYM. Du lat. aurum, *m. s.* §§ 333 et 291.]

|| **1°** Métal jaune, précieux, très dense, très ductile, très malléable, inaltérable à l'air et à l'eau, qu'on emploie, allié avec un peu de cuivre, pour les monnaies de haute valeur, les bijoux, etc. **A quoi bon ravir l'or au sein du nouveau monde?** BOIL. *Ép.* 5. **Des mines d'or. Or natif, or vierge, trouvé pur dans la mine. Or de coupelle, affiné. De l'or en barre, en lingot, et,** *fig.* **C'est de l'or en barre, c'est d'une valeur certaine.** *Loc. prov.* **Tout ce qui reluit n'est pas or, il ne faut pas se fier à une apparence brillante. Juste comme de l'or, très juste** (l'or, étant un métal précieux, doit se peser exactement). **De l'or en feuilles. Un batteur d'or, qui réduit l'or en feuilles. Bas or, au-dessous du titre légal. Or mat, bruni. Vieil or, d'un jaune plus pâle.** *Au plur.* (Technol.) **Une boîte de deux ors, d'ors de couleurs différentes.** || **Une pièce d'or, de la vaisselle d'or. Une montre en or** (dont le boîtier est en or). **Que de l'or le plus pur un autel soit paré**, RAC. *Esth.* III, 9. **Je les veux faire graver** (ces mots) **en lettres d'or**, MOL. *Av.* III, 1. **Du fil d'or, et,** *fig.* **La Parque à filets d'or n'ourdira point ma vie**, LA F. *Fab.* XI, 4. **Des jours filés d'or et de soie** (très fortunés). **Des galons d'or. Du drap d'or. Une statue d'or massif. Le veau d'or, idole en or adorée par les Hébreux, pendant l'absence de Moïse.** *Loc. prov.* **Adorer le veau d'or, avoir le culte de la richesse.** || *Fig.* **Des cheveux d'or, de la couleur de l'or, de beaux cheveux blonds.** *Poét.* **Tes lèvres de rubis, l'or de tes blonds cheveux**, D'AUB. *Printemps, Sonnet* 25. **Cet or tout mouvant** (les blés mûrs), RAC. *Poés. div. Ode* 2. || *P. anal.* (Blason.) Couleur représentant le premier des émaux et qu'on figure dans la gravure par un pointillé. || **Or potable**, dissolution de chlorure d'or, à laquelle on attribuait une vertu curative. **Il fallait que ce fût quelque goutte d'or potable**, MOL. *Méd. m. l.* I, 4. **Or blanc**, ancien nom du platine. **Or de Judée, or musif. Or graphi-**

que, tellurure d'or argentifère. **Or de couleur**, vernis imitant l'or.

|| **2°** Objet précieux, ornement en or. **Sans mêler à l'or** (aux bijoux d'or) **l'éclat des diamants**, BOIL. *Art p.* 2. **Ce beau carrosse Où tant d'or se relève en bosse**, MOL. *F. sav.* III, 2. **Manger dans l'or, dans la vaisselle d'or. Un vêtement tout cousu d'or, galonné d'or.** *Fig.* **Être tout cousu d'or, très riche. Son voisin, au contraire, étant tout cousu d'or**, LA F. *Fab.* VIII, 2. **L'or éclate en ses vêtements**, RAC. *Esth.* II, 9. *Spéciall.* **Monnaie d'or. Payer en or. Nous n'avons pas les yeux à l'épreuve des belles, Ni les mains à celle de l'or**, LA F. *Fab.* VIII, 7. **Je ne ferais pas cela pour tout l'or du monde, ni pour or ni pour argent. Jeter l'or à pleines mains, être prodigue. Promettre à qqn des monts** (monceaux) **d'or. Acheter qqch au poids de l'or. Payer une chose son pesant d'or, et,** *fig.* **Une chose qui vaut son pesant d'or, qui est d'un très grand prix. Rouler sur l'or, avoir de l'or en abondance.** || *Fig.* **Richesse. Ni l'or ni la grandeur ne nous rendent heureux**, LA F. *Phil. et Baucis.*

|| **3°** *Fig.* Chose précieuse, excellente. **L'âge d'or**, âge fortuné d'innocence et de bonheur, que les anciens plaçaient sous le règne de Saturne, dans les commencements du monde. *Fig.* **C'est un homme de l'âge d'or, qui a les vertus de ce temps-là. C'est un cœur d'or, un cœur excellent. Faire un marché d'or, une affaire d'or, un excellent marché, une excellente affaire. Parler d'or, dire d'or, parler excellemment.** *P. ext.* **Un saint Jean Bouche d'or** (traduction du nom de saint Jean Chrysostome), un homme d'une grande franchise. **Un livre d'or, un excellent livre. Voyez ces lignes, elles sont toutes d'or**, PASC. *Prov.* 4. *Poét.* **Tout l'or de virgile** (les beautés de bon aloi de Virgile), BOIL. *Sat.* 9. **Tout ce qu'il** (Homère) **a touché se convertit en or** (en beautés poétiques), ID. *Art p.* 3. **Comment en un plomb vil l'or pur s'est-il changé?** (comment l'impiété a-t-elle remplacé la foi?) RAC. *Ath.* III, 7. *Loc. prov.* **Faire un pont d'or aux ennemis, leur faciliter le passage pour la retraite. M. de Bouillon leur fit un pont d'or pour retirer leurs troupes avec bienséance**, RETZ, *Mém.* ann. 1649, II, 448, Grands Écriv. *P. ext.* **Faire un pont d'or à qqn, lui ménager de grandes facilités, de grands avantages.**

2. OR, et, *vieilli*, *ORE, *ORES [òr] *adv.*

[ÉTYM. Du lat. pop. *hŏra, contraction familière pour hac hŏra, à cette heure, § 726. (*Cf.* encore, désormais, dorénavant.) || Xᵉ s. Si cum il ore sunt, *Fragm. de Valenciennes.*]

|| **1°** *Vieilli.* Maintenant. **Or, sage à mes dépens, j'esquive la bataille**, RÉGNIER, *Ép.* 2. **O débile raison, où est ores ta bride?** ID. *Sat.* 9. || Tantôt. **Faisant ore un tendon, Ore un repli**, LA F. *Contes, Faiseur d'oreilles.*

|| **2°** *P. ext.* Au point où nous sommes. **Or sus, nous voilà bien**, MOL. *Tart.* II, 1. **Or bien, je vas t'aider**, LA F. *Fab.* VI, 18. **Or çà, sire Grégoire, Que gagnez-vous par an?** ID. *ibid.* VIII, 2. **D'ores et déjà**, dès maintenant.

|| **3°** Au point où en est le raisonnement. **Or donc, nous avons montré, etc.** *Spéciall.* Pour amener la mineure, après la majeure du syllogisme. **La liberté est une perfection : or, Dieu est parfait, donc il est libre.**

ORACLE [ò-ràkl'] *s. m.*

[ÉTYM. Emprunté du lat. oraculum, *m. s.* || XIIᵉ s. BEN. DE STE-MORE, *Troie*, 28694.]

I. || **1°** (Antiq.) Réponse faite au nom de la divinité à celui qui vient la consulter dans son temple. **Avoir recours à la voix des oracles**, CORN. *Hor.* I, 2. **Les oracles sibyllins. L'**— **d'Apollon leur fit entendre qu'ils ne devaient point espérer**, FÉN. *Tél.* 15. **Je vois l'accomplissement d'un** — **d'Apollon**, ID. *ibid.* 5. || *P. ext.* La divinité rendant des oracles. **Consulter l'**— **de Delphes. Dans Delphes, dans Délos, les oracles se turent**, BOIL. *Sat.* 12. **Mon** — **est Bacchus, et ma sibylle est ma bouteille**, LA F. *Daphné*, III, 8.

|| **2°** *P. anal.* Parole de Dieu annoncée par les prophètes, les apôtres, etc. **L'arche sainte est muette et ne rend plus d'oracles**, RAC. *Ath.* I, 1. **Dieu, qui l'avait nommé deux cents ans avant sa naissance, dans les oracles d'Isaïe**, BOSS. *Condé.* **L'Église par laquelle le Saint-Esprit prononce ses oracles**, BOSS. *Hist. univ.* II, 31. || *P. ext.* Partie la plus sacrée et la plus secrète du temple (des Juifs). **Le lieu intérieur de l'**— **qui est le Saint des Saints**, SACI, *Bible, Rois*, VI, 16.

II. *Fig.* Réponse, décision considérée comme infaillible. **Ces augustes tribunaux où la justice rend ses oracles**, BOSS. *Le Tellier.* **En** — **on érigea ma voix**, RAC. *Ath.* III, 3. **L'honneur parle, il suffit : ce sont là nos oracles.** || *P. ext.* Celui

qui rend cette réponse, cette décision. Il est l'— d'une
maison, LA BR. 5. Si ce qu'on dit d'Ésope est vrai, C'était l'—
de la Grèce, LA F. *Fab.* II, 20. Vous êtes... Un —, un Caton,
dans le siècle où nous sommes, MOL. *Tart.* I, 5.

ORAGE [ò-ràj'] *s. m.*
[ÉTYM. Du lat. pop. *auraticum, m. s.* dérivé de aura,
vent, air, §§ 78, 333, 405, 290 et 291. Souvent fém. au
XVIIe s. et encore aujourd'hui dans beaucoup de patois,
§ 550. || XIe s. Molt fu granz li orages, la neif et li gresilz, *Voy.
de Chart. à Jérus.* 378.]
|| **1°** *Anciennt.* Souffle du vent. Comme un — de vent im-
pétueux, AMYOT, *Fab.* 8.
|| **2°** *P. ext.* Trouble de l'atmosphère, consistant le
plus souvent en vent violent, pluie ou grêle, éclairs et
tonnerre. L'— Maltraita le pigeon en dépit du feuillage, LA F.
Fab. IX, 2. Un — menaçant. L'— a éclaté, s'est dissipé. || *Fig.
Famil.* Je vais voir fondre sur moi un — soudain d'impétueuses
réprimandes, MOL. *Scap.* I, 1. Quels orages de coups vont
fondre sur ton dos I ID. *Amph.* III, 2.
|| **3°** *Fig.* | 1. Ce qui vient troubler la sécurité d'une per-
sonne, d'un peuple, etc. L'estime où l'on vous tient a dissipé
l'—, MOL. *Tart.* IV, 5. Quand l'— éclatera sur vous, CORN.
Poly. V, 6. Détourner, conjurer l'—. Les orages du monde. Les
orages d'une longue révolution. | 2. Ce qui vient troubler la
tranquillité de l'âme. Les orages du cœur, des passions. Il
pense voir en pleurs dissiper cet —, RAC. *Andr.* V, 1.

ORAGEUSEMENT [ò-rà-jeûz'-man ; *en vers,* -jeû-ze-...]
adv.
[ÉTYM. Composé de orageuse et ment, § 724. || *Néolog.*
Admis ACAD. 1878.]
|| D'une manière orageuse.

ORAGEUX, EUSE [ò-rà-jeû, -jeûz'] *adj.*
[ÉTYM. Dérivé de orage, § 116. || XIIe-XIIIe s. Que sor lui
soit mout curious Et ententis et oragous, *Règle de St Benoît,*
dans DELB. *Rec.*]
|| Troublé par l'orage. Une mer orageuse. Un temps, un
ciel —. Une nuit orageuse. || *Fig.* Malgré Jupiter même et les
temps —, LA F. *Fab.* XII, 23. Une séance, une discussion orageuse. La fin de cette année fut orageuse à Marly, ST-SIM. I,
286. *P. plaisant.* En parlant d'une personne. Monsieur
Crispin, vous êtes —, HAUTEROCHE, *Nobles de prov.* I, 14.

ORAISON [ò-rè-zon] *s. f.*
[ÉTYM. Du lat. ōrationem, m. s. §§ 348, 406 et 291.]
I. *Vieilli.* Discours. | 1. (Gramm.) Assemblage des
mots dont se forme le langage parlé ou écrit. Les parties
d'—, les parties du discours (substantif, adjectif, pronom, etc.). Barbare amas de vices d'—, MOL. *F. sav.* II, 7.
| 2. (Hist. littér.) OEuvre destinée à être prononcée devant
un auditoire, en public. Les oraisons de Cicéron. *Spéciall.*
— funèbre, discours prononcé à la mort d'un personnage,
pour honorer sa mémoire. Les oraisons funèbres de Bossuet.
L'— funèbre de Turenne par Fléchier.
II. (T. ecclés.) Prière à Dieu. Maintes dévotes oraisons,
LA F. *Fab.* VII, 11. L'Oraison dominicale, le Pater. — mentale,
qui se fait sans prononcer aucune parole. Elle lit Rodriguez, fait l'— mentale, BOIL. *Sat.* 10. Les divers états d'—.
Faire en —.

ORAL, ALE [ò-ràl] *adj.*
[ÉTYM. Dérivé du lat. os, oris, bouche, § 238. || 1701. FU-
RET. Admis ACAD. 1740.]
|| **1°** (T. didact.) Qui est dit, transmis par la bouche.
(*Cf.* verbal.) Tradition orale. Enseignement —. La loi orale
des Hébreux. Les épreuves orales d'un examen, et, *substantivt,* au masc. Être admis à subir l'—.
|| **2°** (Physiol.) Qui a rapport à la bouche. Cavité orale.

ORANGE [ò-rànj'] *s. f.*
[ÉTYM. Emprunté de l'arabe narandj, m. s. devenu *arange
par une sorte de dissimilation, § 361, puis orange par
étymol. pop., sous l'influence de or 1, § 509. (*Cf.* orangé.)
|| XIIIe-XIVe s. Pomme roonde... appelée en franchois pomme
d'orenge, *Chirurg. de Mondeville,* f° 83, dans LITTRÉ.]
|| **1°** *Anciennt.* Oranger. De bouquets de jasmin, de gre-
nade et d'—, CORN. *Ment.* I, 5. Cueillir des fleurs d'—, SÉV.
1191. De l'eau de fleurs d'—, BARON, *Homme à bonnes fortunes,* IV, 11.
|| **2°** Fruit de l'oranger, juteux, parfumé, dont l'écorce
est d'un jaune doré. Quelques bassins d'oranges de la Chine,
MOL. *Av.* III, 7. || — amère, la bigarade. || *Ellipt. Indécl.*
Une étoffe —, de couleur orange. Des rubans —.

ORANGÉ, ÉE [ò-ran-jé] *adj.*

[ÉTYM. Dérivé de orange, § 118. || XVIe s. Damas orangé,
RAB. V, 24.]
|| Qui est de couleur orange. *Substantivt.* L'—, la cou-
leur orange, la deuxième du prisme, ou de l'arc-en-ciel.

ORANGEADE [ò-ran-jàd'] *s. f.*
[ÉTYM. Dérivé de orange, à l'imitation de l'ital. aranciata,
m. s. §§ 12 et 120. || 1642. OUD.]
|| **1°** Boisson composée de jus d'orange, d'eau et de
sucre.
|| **2°** *Vieilli.* Orangeat.

ORANGEAT [ò-ran-jà] *s. m.*
[ÉTYM. Dérivé de orange, peut-être à l'imitation du pro-
venç. aranjat, m. s. §§ 11 et 254. || XIVe s. Pour faire orengat,
Ménagier, II, 265.]
|| *Vieilli.* Écorce d'orange confite.

1. ORANGER [ò-ran-jé] *s. m.*
[ÉTYM. Dérivé de orange, § 115. || 1389. Dathiers, orangers,
dans DELB. *Rec.*]
|| Arbuste toujours vert qui produit les oranges. Eau,
liqueur de fleurs d'—. Celle qui se marie pour la première fois
porte une couronne de boutons et de fleurs d'—.

2. ORANGER, ÈRE [ò-ran-jé, -jèr] *s. m.* et *f.*
[ÉTYM. Dérivé de orange, § 115. (*Cf.* orangiste.) || XVIIe-
XVIIIe s. *V.* à l'article. || Admis ACAD. 1835.]
|| *Vieilli.* Marchand, marchande d'oranges. La petite
orangère, HAMILT. *Gram.* p. 295. *P. appos.* Fruitier —.

ORANGERIE [ò-ranj'-ri ; *en vers,* -ran-je-ri] *s. f.*
[ÉTYM. Dérivé de oranger, §§ 65 et 68. || 1603. Je vous
prie de faire haster la charpente et couverture de mon — des
Tulleries, HENRI IV, *Lettres missives,* VI, 63.]
|| **1°** Partie d'un jardin où les orangers sont placés
pendant la belle saison.
|| **2°** Lieu où l'on met les orangers à l'abri du froid,
pendant l'hiver.

'ORANGETTE [ò-ran-jèt'] *s. f.*
[ÉTYM. Dérivé de orange, § 133. || *Néolog.*]
|| (Technol.) Orange cueillie toute petite, avant qu'elle
ait atteint la grosseur d'une noix, et que l'on confit.

'ORANGISTE [ò-ran-jîst'] *s. m.* et *f.*
[ÉTYM. Dérivé de orange, § 265. || 1690. Jardinier oran-
giste, LA QUINTINIE, *Instruct. pour les jard. fruit.* II, 415.]
|| *Vieilli.* Celui, celle qui se livre à la culture des oran-
gers.

ORANG-OUTANG [ò-ran-ou-tan] *s. m.*
[ÉTYM. Emprunté du malais orang houtan, m. s. proprt,
« homme (orang) des bois (houtan) », § 28. || 1707. Singes
que les Indiens nomment orangs octangs ou orangs outangs,
Voy. aux Indes de G. Schouten, II, 36. Admis ACAD. 1835.]
|| (Hist. nat.) Grand singe, sans queue, qui se rappro-
che de l'homme par sa conformation extérieure.

ORATEUR [ò-rà-teûr] *s. m.*
[ÉTYM. Emprunté du lat. orator, m. s. || XIVe s. Les orateurs
des Latins devers le Senat, BERSUIRE, f° 38, dans LITTRÉ.]
|| Celui qui fait, qui prononce des discours. Un —, voyant
sa patrie en danger, Court à la tribune, LA F. *Fab.* VIII, 4.
Un — politique, judiciaire. — sacré, évangélique. L'Orateur ro-
main, Cicéron. || *Spéciall.* Celui qui prend la parole au
nom des autres. L'— de la troupe (dans une compagnie de
comédiens). || *P. ext.* Homme éloquent. Il est —.

1. ORATOIRE [ò-rà-twàr] *adj.*
[ÉTYM. Emprunté du lat. oratorius, m. s. || 1564. J.
THIERRY, *Dict. franç.-lat.*]
|| (T. didact.) Qui appartient à l'orateur. L'art —. Le
geste —. La période —. Le nombre —.

2. ORATOIRE [ò-rà-twàr] *s. m.*
[ÉTYM. Emprunté du lat. oratorium, m. s. de orare, prier.
(*Cf.* oratorio.) L'anc. franç. a la forme pop. oreoir, con-
servée par beaucoup de noms de lieux, notamment Orcer
(Oise). De genre douteux au XVIIe s. (*V.* § 550.) || XIIe-
XIIIe s. Et tut le plus del jur ert en son oratur, GARN. DE PONT-
STE-MAX. *St Thomas,* 3823. Oratoire, *Dial. Gregoire,* p. 12.]
|| Petite pièce destinée à prier Dieu (dans une maison).

ORATOIREMENT [ò-rà-twàr-man ; *en vers,* -twà-
re-...] *adv.*
[ÉTYM. Composé de oratoire et ment, § 724. || 1611. COTGR.]
|| (T. didact.) D'une manière oratoire.

ORATORIO [ò-rà-tò-ryó ; *en vers,* -ri-ó] *s. m.*
[ÉTYM. Emprunté de l'ital. oratorio, m. s. proprt, « ora-
toire », § 12. || 1739. Un oratorio en musique, DE BROSSES,
Lett. d'Italie, dans DELB. *Rec.* Admis ACAD. 1835.]

|| (Musique.) Drame religieux mis en musique et destiné à être exécuté sans décors ni costumes. **Les oratorios de Haendel.**

1. ORBE [òrb'] *adj.*

[Étym. Du lat. **òrbum, òrbam**, privé de qqch, qui a pris le sens de « privé de la vue » dans la langue pop. et est devenu en anc. franç. **orb, orbe**, § 291, puis, par réaction du fém. sur le masc., **orbe** aux deux genres, § 583.]

|| **1°** *Anciennt.* Aveugle.

|| **2°** *Fig.* (Technol.) Sans jour, sans ouverture. **Mur —.** || *P. anal.* **Coup —,** meurtrissure sans plaie ouverte.

2. ORBE [òrb'] *s. m.*

[Étym. Emprunté du lat. **orbis,** *m. s.* (*Cf.* **orbite.**)|| XIIIᵉ s. **Uns orbes de feu,** BRUN. LATINI, *Trésor,* p. 123.]

|| (T. didact.) Surface circulaire. **Sur l'— éblouissant de son bouclier d'or,** DELILLE, *Énéide,* 7. || *Spécialt.* (Astron.) Aire que circonscrit l'orbite parcourue par les planètes, les comètes, etc. || *P. ext. Poét.* Globe, corps céleste.

ORBICULAIRE [òr-bi-ku-lèr] *adj.*

[Étym. Emprunté du lat. **orbicularis,** *m. s.* || XIVᵉ s. **Mouvement... orbiculaire,** J. LE FÈVRE, *Vieille,* dans DELB. *Rec.*]

|| (T. didact.) Dont le contour est circulaire. **L'— image** (de la lune), LA F. *Fab.* XI, 6. **Le mouvement — des planètes.** || *P. ext.* **Muscle — des paupières,** placé au bord de l'orbite de l'œil.

ORBICULAIREMENT [òr-bi-ku-lèr-man; *en vers,* -lère-...] *adv.*

[Étym. Composé de **orbiculaire** et **ment,** § 724. || XVIᵉ s. RAB. II, 11.]

|| (T. didact.) Suivant un contour circulaire.

ORBITAIRE [òr-bi-tèr] *adj.*

[Étym. Dérivé de **orbite,** § 248. || XVIᵉ s. PARÉ, IV, 1. Admis ACAD. 1835.]

|| (Anat.) Qui appartient à l'orbite de l'œil. **L'arcade —.**

ORBITE [òr-bìt'] *s. f.*

[Étym. Emprunté du lat. **orbita,** ligne circulaire. || XIVᵉ s. **L'orbite de l'œil,** *Chirurg. de Mondeville,* f° 17, dans LITTRÉ.]

|| **1°** (T. didact.) Cavité osseuse dans laquelle l'œil se trouve placé. **Les yeux semblaient sortir de leurs orbites.**

|| **2°** (Astron.) Courbe que décrivent, en vertu de leur mouvement propre, certains corps célestes (planètes, comètes, etc.). **Képler reconnut enfin que les carrés des temps des révolutions des planètes sont entre eux comme les cubes des grands axes de leurs orbites,** LAPLACE, *Exposit.* II, 5.

ORCANÈTE. *V.* **orcanette.**

'ORCANETTE [òr-kà-nèt'] *s. f.*

[Étym. Pour **arcanette,** dérivé de **arcanne** (*V.* ce mot), § 133. ACAD. écrit **orcanète.** On trouve au XIVᵉ s. la forme masc. **arquenet** dans *Ménagier,* II, 235. || XVIᵉ s. DU PINET, *Hist. nat. de Pline,* dans DELB. *Rec.* Admis ACAD. 1762.]

|| (Technol.) Plante vivace dont la racine ligneuse contient un principe colorant rouge. || *P. ext.* Cette racine elle-même.

ORCHESTIQUE [òr-kès'-tìk'] *adj. et s. f.*

[Étym. Emprunté du grec ὀρχηστικός, ὀρχηστική, *m. s.* || 1732. TRÉV. Admis ACAD. 1762.]

|| (Antiq.) || **1°** *Adj.* Relatif à la danse.

|| **2°** *S. f.* L'art de la danse et de la pantomime.

ORCHESTRATION [òr-kès'-trà-syon; *en vers,* -si-on] *s. f.*

[Étym. Dérivé de **orchestrer,** § 247. || *Néolog.* Admis ACAD. 1878.]

|| (Musique.) Composition, arrangement des parties d'orchestre.

ORCHESTRE [òr-kèstr'] *s. m.*

[Étym. Emprunté du lat. **orchestra,** grec ὀρχήστρα, *m. s.* Le mot est fém. jusqu'au XVIIIᵉ s. conformément au latin et au grec, § 556. || 1547. **Le diametre de l'orchestre,** J. MARTIN, *Vitruve,* dans DELB. *Rec.*]

|| **1°** (Antiq.) Partie du théâtre grec située en avant et au-dessous de la scène, où le chœur se tenait et faisait ses évolutions. || Partie correspondante du théâtre romain, où se plaçaient les sénateurs et les vestales.

|| **2°** Partie correspondante du théâtre moderne, où se placent les musiciens qui jouent des morceaux concertants. || *P. ext.* L'ensemble de ces musiciens. **Le chef d'—,** musicien qui le dirige. || *P. anal.* Tout ensemble de musiciens jouant des morceaux concertants. **L'— d'un bal,** d'un concert. **Les parties d'— d'un opéra, d'une symphonie,** parties instrumentales que chacun des musiciens a à exécuter. **Une partition pour —,** l'ensemble de ces parties. **Homme-—,** musicien ambulant ou forain qui, des pieds, des mains et de la bouche, joue de divers instruments à la fois.

|| **3°** *P. ext.* Partie d'un théâtre située entre l'orchestre et le parterre, contenant des rangs de places pour les spectateurs. **Un fauteuil, une stalle d'—.**

ORCHESTRER [òr-kès'-tré] *v. tr.*

[Étym. Dérivé de **orchestre,** § 154. || *Néolog.* Admis ACAD. 1878.]

|| (Musique.) Composer en arrangeant les parties instrumentales pour orchestre. (*Cf.* **instrumenter.**) **— un opéra.**

ORCHIDÉES [òr-ki-dé] *s. f. pl.*

[Étym. Dérivé du lat. **orchis, is,** grec ὄρχις, εως, auxquels on a attribué par erreur un génitif en ιδις, ιδος, § 223. || 1777. ENCYCL. *Suppl.* Admis ACAD. 1878.]

|| (Botan.) Famille de plantes monocotylédones bulbeuses, dont l'orchis est le type.

ORCHIS [òr-kìs'] *s. m.*

[Étym. Emprunté du lat. **orchis,** grec ὄρχις, *m. s.* proprt, « testicule » (*cf.* **orchite**), par allusion à la forme des racines. || XVIᵉ s. **Mandragore, cigue, orchis,** RAB. III, 31. Admis ACAD. 1762.]

|| (Botan.) Plante bulbeuse à fleurs en épi ou en grappe.

'ORCHITE [òr-kìt'] *s. f.*

[Étym. Dérivé du grec ὄρχις, testicule, § 282. || *Néolog.*]

|| (Médec.) Inflammation du testicule.

ORD, ORDE [òr, òrd'] *adj.*

[Étym. Du lat. **hòrridum,** *m. s.* §§ 372, 319, 366, 290 et 291.]

|| *Vieilli.* Qui est d'une saleté dégoûtante. (*Cf.* **ordure.**) **Eaux si troubles et si ordes,** AMYOT, *Lyc.* 14.

ORDINAIRE [òr-di-nèr] *adj.*

[Étym. Emprunté du lat. **ordinarius,** *m. s.* (*Cf.* le doublet **ornière.**) || XIIIᵉ s. **Ele la doit dire à l'ordenaire,** *Livre de jostice,* 13.]

|| **1°** Qui est selon l'ordre habituel. **Médecin, gentilhomme, musicien — du roi. Conseiller d'État en service —. Question —,** premier degré de la torture. **La nourriture — de qqn.** *P. anal.* Qui arrive habituellement à qqn. **On a vu son bonheur —,** CORN. *Pomp.* V, 3. || *Substantivt, au masc.* | **1.** Prières de la messe qui ne changent jamais. **L'— de la messe.** | **2.** L'autorité ecclésiastique diocésaine. **La juridiction de l'—.** | **3.** Juges naturels de qqn. **Régler un procès à l'—.** | **4.** Courrier partant à des jours réglés. **Je ne vous en parlerai que par le premier —,** PASC. *Prov.* 2. | **5.** Ce qui compose les repas habituels. **L'— d'une personne, d'une maison. Deux perroquets... Du rôt d'un roi faisaient leur —,** LA F. *Fab.* X, 11. **Avoir un bon —. Du vin d'—,** le vin qu'on boit habituellement aux repas. || *Loc. adv.* **À l'—,** contre l'—, selon, contre l'ordre habituel. **Le pasteur était à côté, Et récitait à l'— Maintes dévotes oraisons,** LA F. *Fab.* VII, 11. || *P. anal. Substantivt, au masc.* Ce qui arrive habituellement à qqn. **Votre — est-il de rêver en marchant?** CORN. *Ment.* I, 6. **A son —, contre son —.** || *Loc. adv.* **D'—,** pour l'—, comme il arrive habituellement. **C'est d'— ainsi que ses pareils agissent,** CORN. *Nicom.* II, 1. **L'amour, pour l'—, est peu fait à ces lois,** MOL. *Mis.* II, 4.

|| **2°** Qui est au degré habituel. **Votre flamme devient une flamme —,** RAC. *Phèd.* I, 5. **Vous n'êtes point sans doute un enfant —,** ID. *Ath.* II, 7. **Ce vin est très —. Une chose énoncée d'une façon —,** BOIL. *Sublime,* 25. || *Substantivt, au masc.* Ce qui constitue le degré habituel. **Et quand la renommée a passé l'—,** CORN. *Hor.* V, 2.

ORDINAIREMENT [òr-di-nèr-man; *en vers,* -nè-re-...] *adv.*

[Étym. Composé de **ordinaire** et **ment,** § 724. || 1381. **Lieu où ilz doivent respondre ordinairement,** dans VARIN, *Arch. admin. de Reims,* III, 513.]

|| D'une manière ordinaire, comme il arrive habituellement.

ORDINAL, ALE [òr-di-nàl] *adj.*

[Étym. Emprunté du lat. **ordinalis,** *m. s.* || 1653. OUD. **ordinale.**]

|| (T. didact.) Qui marque le rang, l'ordre d'une personne, d'une chose, dans une série. *Spécialt.* (Gramm.) **Les adjectifs numériques ordinaux** (premier, deuxième, etc.). **Les adverbes ordinaux** (premièrement, etc.).

ORDINAND [òr-di-nan] *s. m.*
[ÉTYM. Emprunté du lat. ecclés. ordinandus, qui doit
être ordonné, § 217. || 1690. Ordinant, FURET.]
|| (Liturgie.) Celui qui se prépare pour entrer dans
les ordres sacrés.

ORDINANT [òr-di-nan] *s. m.*
[ÉTYM. Emprunté du lat. ecclés. ordinans, qui ordonne,
§ 217. || 1690. FURET. Admis ACAD. 1762.]
|| (Liturgie. cathol.) Évêque qui confère les ordres sa-
crés. (*Cf.* ordinateur.)

°ORDINATEUR, TRICE [òr-di-nà-teùr,-trǐs'] *s. m.* et *f.*
[ÉTYM. Emprunté du lat. ordinator, trix (*cf.* le doublet
ordonnateur), *m. s.* || XVIᵉ s. PASQ. *Rech.* II, 8.]
|| (T. didact.) Celui, celle qui ordonne, qui dispose dans
un certain ordre. || *Spécialt.* Celui qui confère un ordre
de l'Église. (*Cf.* ordinant.) Celles (les églises) qui ne peuvent
pas rapporter la suite de leurs pasteurs aux apôtres comme à
leurs ordinateurs, BOSS. *Diss. sur Grotius,* 21. || *Adjectivt.*
La cause universelle, ordinatrice et première, DIDER. *Opin.
des anc. philos. Pythag.*

ORDINATION [òr-di-nà-syon ; *en vers,* -si-on] *s. f.*
[ÉTYM. Emprunté du lat. ecclés. ordinatio, *m. s.* § 216.
|| XIIᵉ s. A l'ordination de Deu, *Serm. de St Bern.* p. 13.]
|| (Liturgie.) Action de conférer, de recevoir les ordres
sacrés. Une — faite par l'archevêque. Avant son —.

ORDO [òr-dó] *s. m.*
[ÉTYM. Mot lat. signifiant « ordre », par lequel débute
le titre de ce livre, § 217. || 1752. TRÉV. Admis ACAD. 1762.]
|| (T. ecclés.) Petit livre indiquant aux ecclésiastiques
l'office à réciter chaque jour.

°ORDON [òr-don] *s. m.*
[ÉTYM. Dérivé de orde, forme dialect. de ordre, § 104. ||
1307. Et coperont a taille et a ordon, dans GODEF. ordon 1.]
|| (Technol.) Appareil de charpente supportant les
marteaux destinés à convertir la fonte en barres, en pla-
ques. || Appareil de lignes montées sur des cordes.

ORDONNANCE [òr-dò-nâns'] *s. f.*
[ÉTYM. Dérivé de ordonner, § 146. Sur le genre, *V.* § 554.
|| XIIIᵉ s. Ordenance, E. BOILEAU, *Livre des mest.* I, 1, 1.]
|| **1°** Disposition des choses dans un certain ordre. Du
festin la superbe —, BOIL. *Sat.* 3. D'un enterrement la funèbre —, ID. *ibid.* 6. Ils en admiraient (du temple) les pierres, l'—, la beauté, BOSS. *Hist. univ.* II, 22. Cette belle — de
figures en si grand nombre sans confusion, FÉN. *Exist. de
Dieu,* I, 1. L'— des colonnes d'une façade.
|| **2°** Prescription (du pouvoir exécutif ou de ses délé-
gués). Les ordonnances des rois. Les ordonnances de saint Louis,
de Louis XIV. Les ordonnances de police. *P. anal.* Une chose
d'—, conforme à ce qui est prescrit. Les faisceaux et les
bâtons d'— (des consuls), BOSS. *1ᵉʳ Démons,* 2. Son casque
n'est pas d'—. Officier d'—, attaché à un officier supérieur,
pour faire exécuter ses prescriptions. || *P. ext. Ellipt.* Une
—. | 1. Cavalier qui porte à un officier supérieur les or-
dres d'un haut fonctionnaire. | 2. Domestique militaire
d'un officier. (S'emploie qqf au masc. en ce sens.)
|| **3°** Prescription dont un médecin donne la formule.
|| **4°** Mandat de paiement. Une — de comptant.

ORDONNANCEMENT [òr-dò-nans'-man; *en vers,*
-nan-se-...] *s. m.*
[ÉTYM. Dérivé de ordonnancer, § 145. Un exemple isolé
(testament et ordonnancement de dernière volonté), de l'an-
née 1493, est cité dans DELB. *Rec.* || (Au sens actuel.) *Néo-
log.* Admis ACAD. 1878.]
|| (Administr.) Action d'ordonnancer.

ORDONNANCER [òr-dò-nan-sé] *v. tr.*
[ÉTYM. Dérivé de ordonnance, § 154. || 1812. MOZIN, *Dict.
franç.-allem.* Admis ACAD. 1835.]
|| (Administr.) Déclarer bon à payer (le montant d'un
état, d'un mémoire, etc.) par un ordre mis au bas de l'acte.

ORDONNATEUR, TRICE [òr-dò-nà-teùr, -trǐs'] *s. m.*
et *f.*
[ÉTYM. Dérivé de ordonner, § 249. (*Cf.* le doublet ordi-
nateur et l'anc. franç. ordenere, eor.) || 1587. Les ordonnateurs
des finances, dans DELB. *Rec.*]
|| Celui, celle qui ordonne, qui dispose dans un cer-
tain ordre. Les ordonnateurs de la fête. || *Spécialt.* Celui
qui est chargé par l'administration des pompes funèbres
de diriger les convois mortuaires.

°ORDONNÉMENT [òr-dò-né-man] *adv.*
[ÉTYM. Pour ordonnéement, composé de ordonnée, part.

passé de ordonner pris adjectivt, et ment, § 724. || XIIᵉ s.
Ki ordeneement veit, *Psaut. de Cambridge,* XLIX, 23.]
|| *Vieilli.* D'une manière ordonnée, en disposant les
choses avec ordre. Ce qu'elle faisait d'aumônes et combien
noblement et — elle les distribuait, ST-SIM. XII, 395.

ORDONNER [òr-dò-né] *v. tr.*
[ÉTYM. Emprunté du lat. ordǐnare, *m. s.* rendu d'abord
par ordener, puis, sans doute sous l'influence de donner,
par ordonner, §509. || XIIᵉ s. Ordenerent, PH. DE THAUN, *Com-
put,* 1979.]
|| **1°** Disposer dans un certain ordre. Les créatures qu'il
(Dieu) avait si bien ordonnées, BOSS. *Hist. univ.* II, 25. Que
prudemment les dieux savent tout —! CORN. *Méd.* IV, 9. Quelle
autre ordonnera cette pompe sacrée? RAC. *Iph.* III, 1. Attaquer une place, — une armée, CORN. *Cid,* I, 3. Une maison
bien ordonnée, une tête bien ordonnée. *Loc. prov.* Charité bien
ordonnée commence par soi-même. *Ellipt.* Une maison, une
tête ordonnée, bien ordonnée. || *Spécialt.* | **1.** (Algèbre.)
Disposer les termes suivant les puissances croissantes ou
décroissantes d'une certaine lettre. | **2.** (Géom.) Les lignes
ordonnées, et, *substantivt,* Les ordonnées, lignes droites
menées d'un point de la circonférence d'une courbe, perpendiculairement à un axe. La ligne des abscisses et celle
des ordonnées. || *P. ext.* (Liturgie.) — qqn prêtre, diacre, etc.,
l'élever au rang de prêtre, de diacre, etc., en lui conférant
cet ordre sacré. Les saintes précautions avec lesquelles les
chrétiens ordonnaient les ministres des choses sacrées, BOSS.
Hist. univ. II, 12.
|| **2°** *P. ext.* Prescrire (les dispositions à prendre) au
sujet de qqn, de qqch. Mais qui sait ce qu'il doit — de mon
sort? RAC. *Andr.* I, 1. Qu'allez-vous — d'un cœur au désespoir? VOLT. *Mér.* IV, 5. *Absoll.* — de qqn, de qqch. Le temps
de chaque chose ordonne, CORN. *Pomp.* I, 3.
|| **3°** *P. ext.* Imposer à qqn de faire qqch. Mon père
avec les Grecs m'ordonne de partir, RAC. *Andr.* II, 1. Quelle
voix salutaire ordonne que je vive? ID. *Esth.* II, 7. M'— du
repos, c'est croître mes malheurs, CORN. *Cid,* II, 8. || *Spécialt.*
(Médec.) Prescrire tel ou tel traitement. Le médecin a or-
donné la diète.

ORDRE [òrdr'] *s. m.*
[ÉTYM. Emprunté du lat. ordǐnem, *m. s.* devenu ordene,
ord'ne, ordre, §§ 290 et 484. La formation pop. a abouti à
orne. (*V.* orne 1.) Ordre est ordinairement fém. en anc.
franç. et qqf même au XVIIᵉ s. § 552. || XIᵉ s. L'arcevesques
Turpins qui maistre fut des ordres, *Voy. de Charl. à Jérus.*
828.]

I. Disposition régulière des choses, les unes par rapport aux autres.
|| **1°** Dans l'espace. Mettre en — des papiers, des livres.
Une maison où les choses ne sont pas en —. Je vois l'— pompeux de ses cérémonies, RAC. *Ath.* II, 7. L'— de bataille, l'—
de marche d'une armée. Il range les soldats d'Acaste, marche
à leur tête et s'avance en bon —, FÉN. *Tél.* 1. Ils combattent
sans —, ID. *ibid.* 10. Des troupes rangées en — mince, profond, oblique.
|| **2°** Dans le temps. L'— chronologique. Suivre l'— des
temps. L'— de succession. || *Spécialt.* L'— du jour. | **1.** Dans
un corps d'armée, indication ou dispositions prescrites
pour le jour présent. Faire lire un — du jour. Porter qqn à
l'— du jour. | **2.** Dans une assemblée, indication des af-
faires qui doivent être discutées à leur tour, chaque jour
de séance. Passer à l'— du jour, écarter une proposition et
revenir à la question qui est à l'ordre du jour.
|| **3°** Dans une hiérarchie. Ceci s'adresse à vous, esprits
du dernier —, LA F. *Fab.* V, 16. Ces deux puissances d'un —
si différent, BOSS. *R. d'Angl.* | *Spécialt.* (Liturgie.) Les or-
dres, degrés de la hiérarchie ecclésiastique. Les ordres
majeurs, mineurs. Sacrement de l'—, qui confère un de ces or-
dres. || *P. ext.* Chacun des groupes importants que com-
prend une classification. Les cinq ordres d'architecture. Chaque classe d'animaux est divisée en ordres. Les juges furent pris
dans l'— des sénateurs jusqu'au temps des Gracques, MON-
TESQ. *Espr. des lois,* XI, 18. Les trois ordres (dans l'ancienne monarchie), le clergé, la noblesse, le peuple. L'—
des avocats, l'ensemble des avocats inscrits sur le tableau
dans une cour, un tribunal. Le conseil de l'—, conseil de
discipline de l'ordre des avocats. Un — de chevalerie. Être
décoré d'un — de chevalerie. Les ordres monastiques, religieux.
|| **4°** Dans les affaires humaines, dans les pensées, les
sentiments, etc. Voilà l'— des conseils de Dieu, BOSS. *Hist.*

univ. II, 3. Et l'— du destin qui gêne nos pensées N'est pas toujours écrit dans les choses passées, CORN. *Cinna*, II, 1. Cela n'est pas dans l'— de la nature. L'— de la nature et l'— de la grâce. Tenir le dedans de l'État dans un bon —, BOSS. *Hist. univ.* III, 6. L'— public, l'— social. L'— moral. L'— de choses établi. Et que tout rentre ici dans l'— accoutumé, RAC. *Baj.* II, 2. Hors de l'— commun il nous fait des fortunes, CORN. *Hor.* II, 3. Remettre de l'— dans les idées. Le style n'est que l'— et le mouvement qu'on met dans les pensées, BUFF. *Style.* L'— ne peut être remis dans les choses que par la raison ni être entendu que par elle, BOSS. *Conn. de Dieu*, I, 8. Mettre sa conscience en —. Donner —, mettre — à qqch, disposer tout en vue d'établir ou de rétablir qqch. Cependant que Félix donne — au sacrifice, CORN. *Poly.* II, 1. Je le dirai à M. Purgon afin qu'il mette — à cela, MOL. *Mal. im.* I, 1.

II. || **1°** Disposition qu'on prescrit à qqn de prendre. Il donnait tranquillement tous ses ordres pendant que le pilote était troublé, FÉN. *Tél.* 1. Le diligent officier qui porte ses ordres, BOSS. *Condé.* Suivez de point en point ces ordres importants, RAC. *Ath.* V, 3. (T. milit.) Le mot d'—, et, *ellipt*, L'—. (*V.* mot.)

|| **2°** Action d'imposer à qqn de faire qqch. Qu'aujourd'hui par votre — Iphigénie expire, RAC. *Iph.* IV, 6. *P. ext.* Ce qu'on impose à qqn de faire. Prononcer cet — sanguinaire, RAC. *Iph.* IV, 8. Mon — au palais assemblait le sénat, ID. *Brit.* I, 1. Faire une chose par —.

ORDURE [òr-dür] *s. f.*

[ÉTYM. Dérivé de ord, § 111. || XII° s. E venim e ordure, PH. DE THAUN, *Best.* p. 100.]

|| **1°** Partie sale ou de rebut. Balayer les ordures. Jeter des débris dans le panier aux ordures. || *Spécialt.* Excréments. Accoutumer un chien à faire ses ordures dehors.

|| **2°** *Fig.* Grossièreté qui souille l'âme, la pensée. Ma vie... n'est qu'un amas de crimes et d'ordures, MOL. *Tart.* III, 6. Tant j'y ai découvert (dans cette pièce) d'ordures et de saletés, MOL. *Crit. de l'Éc. des f.* sc. 3. Marot et Rabelais sont inexcusables d'avoir semé l'— dans leurs écrits, LA BR. 1. Ils n'avaient fait que se déborder en ordures sur leurs théâtres, ST-SIM. I, 427.

1. *ORDURIER [òr-du-ryé] *s. m.*

[ÉTYM. Dérivé de ordure, § 115. || 1680. RICHEL.]

|| *Vieilli.* Pelle à mettre les ordures, les balayures.

2. ORDURIER, IÈRE [òr-du-ryé, -ryèr] *adj.*

[ÉTYM. Dérivé de ordure, § 115. || Admis ACAD. 1718.]

|| Qui souille l'âme, la pensée, par des grossièretés. Plein de politesse et d'esprit, mais —, J.-J. ROUSS. *Confess.* 7. Des vers orduriers. Un auteur —, et, *substantivt*, Un —.

***ORE.** *V.* or 2.

ORÉADE [ò-ré-àd'] *s. f.*

[ÉTYM. Emprunté du lat. oreas, adis, grec ὀρειάς, άδος, *m. s.* de ὄρος, montagne. || 1507. Les gentes oreades, *Myst. de la Nativité.* Admis ACAD. 1835.]

|| (Mythol.) Nymphe des montagnes, des bois.

ORÉE [ò-ré] *s. f.*

[ÉTYM. Dérivé de l'anc. franç. eur, lat. pop. ọrum (class. ọra), *m. s.* §§ 65 et 119. (*Cf.* ourlet.) || XIV° s. Pres de l'oerree du bachin, *Modus*, dans GODEF.]

|| *Vieilli.* Bord. Elle trouva une troupe de trente chevaux à l'— de la forêt, D'AUB. *Fœneste*, IV, 10. A l'— du bois, B. DE ST-P. *Études*, 5.

OREILLARD, ARDE [ò-rè-yàr, -yàrd'] et **ORILLARD, ARDE** [ò-ri-...] *adj.*

[ÉTYM. Dérivé de oreille, §§ 65 et 147. || 1642. OUD.]

|| Qui a les oreilles d'une longueur démesurée. Cheval —. *Substantivt.* L'—, chauve-souris à très grandes oreilles.

OREILLE [ò-rèy'] *s. f.*

[ÉTYM. Du lat. aurīcula (*cf.* auriculaire), diminutif de auris, *m. s.* §§ 333, 310, 390, 290 et 291.]

I. || **1°** Organe de l'ouïe. Se boucher les oreilles pour ne pas entendre. Avoir un tintement dans l'—. Les oreilles lui tintent, lui cornent, il éprouve la sensation de qqch qui résonne à son oreille. Le faiseur d'oreilles, LA F. *Contes*, titre. Dire qqch à l'— de qqn, de manière à n'être entendu que de lui. Et, jusques au bonjour, il dit tout à l'—, MOL. *Mis.* II, 4. Corner qqch aux oreilles de qqn, le lui dire d'une manière bruyante, prolongée. *Fig.* Une chose qui entre par une — et sort par l'autre, qu'on ne retient pas. Écouter de toutes ses oreilles, être tout oreilles, écouter très attentivement. Nous y sommes de toutes nos oreilles, MOL. *Préc. rid.* sc. 9. Prêter l'—, écouter. Prête, sans me troubler, l'— à mes discours, CORN. *Cinna*, V, 1. *P. ext.* Prêter, ouvrir l'—, écouter favorablement. Est-ce à vous de prêter l'— à leurs discours? RAC. *Brit.* IV, 4. Je ne doute point qu'il ne prêtât l'— à la proposition, MOL. *Av.* IV, 1. Byzance ouvre, dis-tu, l'— à ces menées, CORN. *Hér.* I, 1. Fermer l'—, ne pas écouter. On ferme l'— aux plaintes des innocents, BOSS. *1er Quinquag.* 1. *P. ext.* Fermer l'— de qqn à qqch, empêcher qu'il ne l'écoute. Je crains d'avoir fermé votre — à ses cris, RAC. *Phèd.* II, 5. Se boucher les oreilles, ne vouloir rien écouter. La cruelle qu'elle est se bouche les oreilles, MALH. *Poés.* 11. *P. plaisant.* Dormir sur les deux oreilles, et, *dans un sens analogue, vieilli*, Mettre l'— sur le coude, dormir de manière à ne rien entendre. Il n'entend pas de cette —-là, il ne se prête pas à ce qu'on lui demande. || *Fig.* Les murs ayant des oreilles, dit-on (qqn pouvant écouter derrière le mur), LA F. *Contes, Quiproquo.* Ventre affamé n'a point d'oreilles, on n'écoute rien quand on se sent pressé par le besoin.

|| **2°** *P. ext.* Ouïe. Avoir l'— dure. Être dur d'—. Avoir l'— fine. La voix qui frappe ton —, RAC. *Iph.* I, 1. Si cela venait à ses oreilles, MOL. *G. Dand.* I, 2. Faire la sourde —, feindre de ne pas entendre. N'avoir point d'oreilles pour qqch, ne pas être disposé à l'entendre. Rompre les oreilles de qqn, lui rebattre les oreilles de qqch, le lui faire entendre à satiété. || *Spécialt.* Délicatesse de l'ouïe pour apprécier les sons. La plus noble pensée Ne peut plaire à l'esprit si l'— est blessée, BOIL. *Art p.* 1. Écorcher les oreilles de qqn, lui faire entendre qqch de discordant. Avoir l'— juste, et, *ellipt*, Avoir de l'—, reconnaître si une note musicale est juste ou fausse. || *P. ext.* Avoir les oreilles délicates, être facile à choquer. Avoir les oreilles chastes, être choqué par les propos immodestes. Plus chastes des oreilles que de tout le reste du corps, MOL. *Crit. de l'Éc. des f.* sc. 3.

|| **3°** *Fig.* Action d'écouter, attention favorable qu'on prête à qqn. Ne possédez-vous pas son — et son cœur? RAC. *Esth.* III, 2. On dirait qu'ils ont seuls l'— d'Apollon, BOIL. *Disc. au roi.* Je dois ici l'— à d'autres intérêts, CORN. *Sophon.* IV, 2. J'ai l'— du premier ministre, LES. *Gil Blas*, XI, 13.

II. Partie externe de l'organe de l'ouïe, placée de chaque côté de la tête. Sa bouche, de fort grande étendue, témoignait vouloir parler de près à ses oreilles, FURET. *Rom. bourg.* II, 41. Il a l'— rouge et le teint bien fleuri, MOL. *Tart.* II, 3. Avoir les oreilles percées (pour y suspendre des anneaux, des pendants). Des pendants, des boucles d'—. Porter le chapeau sur l'—, penché de côté. Frotter les oreilles à qqn, lui donner sur les oreilles, lui tirer les oreilles (pour lui infliger une correction). Je saurai vous frotter les oreilles, MOL. *Tart.* I, 1. Je te donnerai sur les oreilles, ID. *Pourc.* III, 7. Avoir sur les oreilles, recevoir une correction. *P. ext.* Tirer l'— à qqn, tirer qqn par l'—, le gourmander pour qu'il fasse qqch. *Fig.* A qui l'ambition la nuit tire l'—, RÉGNIER. *Sat.* 12. Se faire tirer l'—, se faire presser, solliciter pour faire qqch. Faites les choses galamment et sans vous faire tirer l'—, MOL. *Mar. forcé*, sc. 9. Laissez-moi, je lui veux couper les deux oreilles, MOL. *Tart.* V, 2. Se gratter l'—, en signe d'embarras. Avoir la puce à l'—, être inquiet. Mettre la puce à l'— de qqn, le rendre inquiet. Échauffer les oreilles à qqn, lui faire monter le sang aux oreilles (en l'irritant). Retire-toi, te dis-je, et ne m'échauffe pas les oreilles, MOL. *Av.* II, 2. || Avoir des oreilles d'âne, de longues oreilles. Deux coursiers à longues oreilles, LA F. *Fab.* II, 10. *Fig.* Avoir de longues oreilles, des oreilles d'âne, être très ignorant. Montrer, laisser percer le bout de l'—, laisser voir par qq endroit ce qu'on est (allusion à la fable de l'âne qui, ayant revêtu la peau d'un lion, est reconnu par le bout de l'oreille qui passe). Un animal qui dresse l'—, dont qqch éveille l'attention. *Fig. Famil.* En parlant de l'homme. Dresser l'—, devenir attentif. Un animal qui a l'— basse, qui porte bas l'—, qui est abattu. *Fig. Famil.* En parlant de l'homme. Avoir l'— basse, être humilié. *Loc. prov.* Un chien hargneux a toujours l'— déchirée, les gens querelleurs attrapent toujours quelque mal. Jusqu'aux oreilles, des pieds à la tête. Il est crotté jusqu'aux oreilles. Par-dessus les oreilles, par-dessus la tête. *Fig.* Avoir de la besogne par-dessus les oreilles, en être surchargé.

III. *P. anal.* Partie latérale saillante. Les oreilles d'une écuelle. Les oreilles d'un soulier, pièce de cuir où on attache les cordons, les boucles. — d'un ballot, coin de la toile qui l'enveloppe qu'on laisse saillir, pour donner prise à celui qui veut remuer le ballot. — d'une charrue, le versoir. Les oreilles d'une ancre, les bouts pointus qui mordent dans le sable. Les oreilles d'un peigne, chacune des deux grosses dents qui le terminent de chaque côté. || (Hist. nat.) | **1.** Nom donné à diverses plantes. — **d'homme,** asaret. — **de souris,** myosotis. — **d'ours,** sorte de primevère. — **d'âne,** grande consoude. — **de houx,** girolle, champignon. | **2.** Nom donné à divers coquillages. — **de Vénus,** — **de Saint-Pierre,** etc.

*OREILLÉ, ÉE [ò-rò-yé] adj.
[ÉTYM. Dérivé de *oreille,* § 118. || 1493. **Cuvette oreillée,** dans GODEF. oreillié. Admis ACAD. 1762; suppr. en 1835.]
|| (T. didact.) Pourvu d'oreilles. *Spécialt.* (Blason.) **Dauphin d'argent — de gueules.**

OREILLER [ò-rè-yé] s. m.
[ÉTYM. Dérivé de *oreille,* § 115. (*Cf.* le doublet auriculaire.) || XIe s. **Oreilliers de velos et linçoels de cendal,** *Voy. de Charl. à Jérus.* 426.]
|| Coussin destiné à soutenir la tête. **Une taie d'—.** || *P. anal.* Coussin de toile rembourrée que le coutelier met au-dessus de la roue à repasser pour s'y appuyer. || *Fig.* Ce sur quoi on se repose. **Que l'ignorance et l'incuriosité sont deux doux oreillers pour une tête bien faite,** PASC. *Épict. et Mont.* || *P. anal.* Pièce de bois qui croise les deux varangues opposées de la membrure d'un bâtiment et leur sert d'appui. **L'— d'un soufflet de forge,** partie placée dans le culeton pour soutenir les bords.

*OREILLÈRE [ò-rò-yèr] s. f.
[ÉTYM. Dérivé de *oreille,* § 115. || XVIe s. **Oreilliere,** DU PINET, dans DELB. *Rec.*]
|| Perce-oreille, insecte.

OREILLETTE [ò-rò-yèt'] s. f.
[ÉTYM. Dérivé de *oreille,* § 133 ; proprt, « petite oreille ». || XIIe s. **Petites oreilletes,** *Fierabras,* 4112.]
|| **1°** Linge qu'on met derrière l'oreille malade, écorchée, pour prévenir le frottement. || *Ancient.* Petit cercle de métal supportant les pendants d'oreille quand l'oreille n'est pas percée.
|| **2°** (Anat.) Chacune des deux cavités supérieures du cœur. — **droite,** qui reçoit le sang ramené de toutes les parties du corps par les veines. — **gauche,** qui reçoit le sang ramené des poumons au cœur par les veines pulmonaires.
|| **3°** (Hist. nat.) Nom vulgaire de l'asaret, de la mâche, etc., d'une espèce de champignon, etc.

OREILLON [ò-rè-yon] et, *vieilli,* ORILLON [ò-ri-yon] s. m.
[ÉTYM. Dérivé de *oreille,* §§ 65 et 104. || XIIIe s. **Amboyn donne un si grant orillon** (coup sur l'oreille), *Gaydon,* 8094.]
|| **1°** (Hist. nat.) Prolongement de l'oreille (chez certains animaux). **La plupart ont la tête surmontée par quatre oreillons,** BUFF. *Chauve-souris.*
|| **2°** (Technol.) Morceau d'oreille et autres rognures de cuir destinées à faire de la colle-forte.
|| **3°** (Médec.) Gonflement du tissu cellulaire qui entoure la glande parotide. (Ne s'emploie qu'au pluriel.) **Avoir les oreillons.**
|| **4°** (Technol.) Tenon ménagé sur le pourtour d'une chaudière de plombier. || Versoir de la charrue. || (Fortif.) **Bastion à oreillons ou orillons,** à épaulements.

ORÉMUS [ò-ré-mûs'] s. m.
[ÉTYM. *Oremus,* mot lat. signifiant « prions », qui précède souvent la prière proprement dite dans la liturgie catholique, § 217. || XVIIe s. *V.* à l'article. Admis ACAD. 1740.]
|| (Liturgie.) Prière, oraison. **Dire, chanter des —. Voiture commence un —,** RETZ, *Mém.* I, 189, ann. 1642. **Le chantre... Chante les —,** BOIL. *Lutr.* 1.

ORÉOGRAPHIE [ò-ré-ò-grà-fî]. *V.* orographie.

ORES. *V.* or 2.

ORFÈVRE [òr-fèvr'] s. m.
[ÉTYM. Du lat. pop. **aurifabrum,** ouvrier qui travaille l'or, §§ 333, 342, 295, 434 et 291. (*Cf.* fèvre.) FURET. donne le fém. orfévresse, auj. inusité, § 568.]
|| Celui qui fabrique ou vend des objets en or ou en argent (autres que des bijoux). *Loc. prov.* **Vous êtes —, Monsieur Josse** (votre conseil est intéressé), allusion à une scène de l'*Amour médecin* de Molière (acte I, sc. 1.)

ORFÈVRERIE [òr-fò-vre-ri] s. f.
[ÉTYM. Dérivé de *orfèvre,* § 69. || XIIe s. **Maistres... de orfaverie,** *Rois,* III, 7.]
|| Profession de l'orfèvre. || Ouvrage de l'orfèvre.

ORFÉVRI, IE [òr-fé-vri] adj.
[ÉTYM. Dérivé de *orfèvre,* § 118. || XVIIIe s. *V.* à l'article. Admis ACAD. 1835.]
|| *Vieilli.* Mis en œuvre par l'orfèvre. **Meubles d'argent —,** VOLT. *S. de L. XIV,* 30.

ORFRAIE [òr-frè] s. f.
[ÉTYM. Du lat. ossifrega, m. s. proprt, « qui brise les os », devenu ostraie (*cf.* angl. osprey), §§ 342, 296, 394 et 291, orfraie, §§ 421 et 422. (*Cf.* effraie, qui se rattache plutôt à osfraie qu'à fresaie.) || 1555. **Orfraye ou offraye,** P. BELON, *Hist. nat. des ois.* p. 96.]
|| Pygargue, oiseau de proie, dit aussi **aigle de mer.**

ORFROI [òr-frwà] s. m.
[ÉTYM. Pour orfrois, § 509, du lat. aurum Phrygium, or de Phrygie (à cause de la célébrité des étoffes brochées d'or dites vestes phrygiæ), devenu bientôt aurum *frisium, orfreis, orfrois, §§ 496 et 497. || XIe s. **Orfreis reluisanz,** *Voy. de Charl. à Jérus.* 272. Admis ACAD. 1762.]
|| *Vieilli.* Bordure brodée d'or, pour vêtements, chapes, chasubles.

ORGANDI [òr-gan-di] s. m.
[ÉTYM. Origine inconnue. || 1723. SAVARY, *Dict. du comm.* Admis ACAD. 1835.]
|| (Technol.) Mousseline unie ayant reçu un apprêt. — **souple, — fort.**

ORGANE [òr-gàn'] s. m.
[ÉTYM. Emprunté du lat. organum, grec ὄργανον, m. s. (*Cf.* les doublets orgue et argue.) || XIIe s. **Et millia de li suspendimes nos organes,** *Psaut. d'Oxf.* CXXXVI, 2.]
|| (T. didact.) || **1°** *Vieilli.* Instrument. *Fig.* **La science est l'— le plus nécessaire pour la conduite et pour l'instruction des hommes,** PATRU, *Plaidoy.* 4.
|| **2°** *P. ext.* Dans un corps vivant, groupe d'éléments coordonnés de manière à accomplir une fonction spéciale. **Les organes digestifs. L'— de la vue, de l'ouïe.** *P. anal.* **Les jambes sont les organes qui suffisent pour marcher,** PASC. *Prov.* 2. || *P. anal.* Dans une machine. **Les organes d'une locomotive. L'— le plus délicat d'une montre est l'échappement.** || *Spécialt.* La voix, considérée comme servant à exprimer les pensées, les sentiments, par la parole, par le chant. **Cet orateur, ce chanteur a un bel —.** *P. anal.* **Faire dire aux roseaux, par un nouvel — : Midas, le roi Midas a des oreilles d'âne,** BOIL. *Sat.* 9. || *Fig.* Qui exprime la pensée, les sentiments d'un autre. **Un philosophe illustre qui a été longtemps le digne — de cette compagnie,** CONDORCET, *Éloge de Malouin.* **Un journal qui est l'— du gouvernement.**

ORGANEAU [òr-gà-nó] s. m.
[ÉTYM. Dérivé de *organe,* § 126. Souvent altéré en arganeau. (*Cf.* argue.) || 1382. **Orgueneaulx a soustenir les ancres,** dans DELB. *Rec.* Admis ACAD. 1762.]
|| (Marine.) Anneau de fer auquel est attaché un câble. *Spécialt.* **L'— de l'ancre.**

*ORGANICISME [òr-gà-ni-sìsm'] s. m.
[ÉTYM. Dérivé du lat. organicus, organique, § 265. || *Néolog.*]
|| (T. didact.) || **1°** Doctrine médicale qui attribue toute maladie à la lésion d'un organe.
|| **2°** Doctrine philosophique qui admet que la vie résulte non d'une force qui anime les organes, mais des organes eux-mêmes.

ORGANIQUE [òr-gà-nĭk'] adj.
[ÉTYM. Emprunté du lat. organicus, grec ὀργανικός, m. s. || XIIIe-XIVe s. **Les ners qui sont organiques de l'oie,** *Chirurg. de Mondeville,* fo 16, dans LITTRÉ. Admis ACAD. 1718.]
|| (T. didact.) || **1°** Qui a rapport aux organes d'un corps vivant. **La vie —. Les fonctions organiques. Lésion, maladie —.** || *Fig.* Qui a rapport aux parties essentielles de la constitution d'un État. **Lois organiques,** qui sont le complément de la constitution, qui font corps avec elle.
|| **2°** Qui a rapport aux êtres organisés. **Élément, substance —. Les tissus organiques. La chimie —,** qui étudie les produits des êtres organisés. || *Fig.* (Gramm.) **Voyelle, consonne —,** voyelle, consonne d'un mot qui a sa raison d'être dans l'étymologie du mot.

ORGANISATEUR, TRICE [òr-gà-ni-zà-teur, -trĭs'] s. m. et f.
[ÉTYM. Dérivé de *organiser,* § 249. || 1812. MOZIN, *Dict. franç.-allem.* Admis ACAD. 1878.]
|| (T. didact.) Celui, celle qui organise qqch. **Carnot,**

l'— de la victoire. || *Adjectivt.* La puissance organisatrice de Napoléon.

ORGANISATION [òr-gà-ni-zà-syon ; *en vers,* -si-on] *s. f.*

[ÉTYM. Dérivé de **organiser,** § 247. || 1729. **Votre organisation,** BOURGUET, *Lett. phil.* préf. p. 32. Admis ACAD. 1762.]

|| (T. didact.) État de ce qui est organisé.

|| **1°** État d'un corps organisé. **Étudier l'— des animaux, des végétaux.** *P. ext.* Manière d'être physique d'un individu. **Être d'une — frêle, maladive.**

|| **2°** *Fig.* État d'un ensemble constitué en vue d'une action à accomplir. **L'— de la société, de l'armée, des tribunaux. Il sera pourvu à l'— de la garde nationale,** *Charte de 1830,* art. 69.

ORGANISER [òr-gà-ni-zé] *v. tr.*

[ÉTYM. Dérivé de **organe,** § 267. (*Cf.* le grec ὀργανίζειν, *m. s.* et le bas lat. organizare, jouer de l'orgue.) || XIVᵉ s. Ce que Aristote appelle organizer, ÉVRART DE CONTY, *Probl. d'Aristote,* dans GODEF.]

|| (T. didact.) || **I.** || **1°** Pourvoir d'organes. **Les êtres organisés. La matière organisée.** || *P. ext.* **Une tête, un cerveau bien organisé. Un enfant bien organisé pour la science, les arts.**

|| **2°** Constituer en coordonnant les parties de manière à produire un résultat déterminé. **— l'armée. Un État bien organisé. — une fête, un concert.** || *P. ext.* **— le désordre, l'émeute.**

II. (Musique.) *Vieilli.* Augmenter d'un petit orgue (un piano, un clavecin, etc.), de sorte qu'en abaissant les touches de l'instrument on fasse jouer l'orgue en même temps.

ORGANISME [òr-gà-nïsm'] *s. m.*

[ÉTYM. Dérivé de **organe,** § 265. || 1729. **Cet organisme,** BOURGUET, *Lett. philos.* p. 6. Admis ACAD. 1878.]

|| (T. didact.) Ensemble des organes qui constituent un être vivant. **L'— humain se renouvelle incessamment. Un vibrion présente un — complet.**

ORGANISTE [òr-gà-nïsl'] *s. m.* et *f.*

[ÉTYM. Emprunté du bas lat. organista, *m. s.* § 265. || XVᵉ s. Musiciens et organistes, COQUILLART, dans DELB. *Rec.*]

|| (T. didact.) Musicien, musicienne dont la profession est de jouer de l'orgue. **L'— d'une Église. On — lui a donné quelques leçons d'accompagnement,** J.-J. ROUSS. *Ém.* 5.

ORGANSIN [òr-gan-sin] *s. m.*

[ÉTYM. Emprunté de l'ital. organzino, *m. s.* d'origine incertaine, § 12. (*Cf.* orgasin, dans GODEF.) || 1667. Organsin filé, *Stat. des march. de draps d'or,* dans LITTRÉ. Admis ACAD. 1762.]

|| (Technol.) Fil de soie qui a passé deux fois au moulin, et qui est destiné à former la chaîne des étoffes.

ORGANSINAGE [òr-gan-si-nàj'] *s. m.*

[ÉTYM. Dérivé de **organsiner,** § 78. || *Néolog.* Admis ACAD. 1835.]

|| (Technol.) Action d'organsiner.

ORGANSINER [òr-gan-si-né] *v. tr.*

[ÉTYM. Dérivé de **organsin,** § 154. || Admis ACAD. 1762.]

|| (Technol.) Passer deux fois et tordre au moulin (la soie). **Moulin à —,** CONDORCET, *Eloges, Vaucanson.*

ORGASME [òr-gàsm'] *s. m.*

[ÉTYM. Emprunté du grec ὀργασμός, *m. s.* || 1611. COTGR. Admis ACAD. 1762.]

|| (T. didact.) Excitation vitale dans une ou plusieurs parties du corps. **Il se fait un merveilleux — par tout le corps,** J. FERRAND, *Maladie d'amour* (1623), p. 110. **L'— qui se produit à l'âge de puberté.**

ORGE [òrj'] *s. f.* (masc. dans qqs locutions spéciales).

[ÉTYM. Du lat. hòrdeum, *m. s.* §§ 372, 319, 415 et 291. Sur le genre, *V.* § 550.]

|| **1°** Plante céréale annuelle, herbacée, à tige perpendiculaire garnie de feuilles alternes, linéaires, à fleurs en épi. **— commune. — à six rangs** (à fleurs sur six rangs), escourgeon. **— à deux rangs, paumelle. L'— coupée en vert sert de fourrage. Faire ses orges, les récolter,** et, *fig.* faire de gros profits. **Le neveu de Melchior faisait là ses orges,** LES. *Gil Blas,* VIII, 1.

|| **2°** Grain que produit cette plante, servant à faire un pain grossier, à nourrir les chevaux, le bétail, à fabriquer la bière, etc. (*Cf.* grain d'orge, sous grain, I, 2°.) **Du pain d'—.** *Loc. prov.* **Grossier comme du pain d'—. Être entre l'— et l'avoine,** entre deux choses entre lesquelles le choix est difficile. **Du sucre d'—. De l'eau d'—.** || *Spécialt. Au masc.*

— mondé, dépouillé de la première enveloppe. — perlé, dépouillé de la seconde enveloppe et devenu sphérique dans un moulin à râper.

ORGEAT [òr-jà] *s. m.*

[ÉTYM. Dérivé de **orge,** d'après le provenç. orjat, ourjat, *m. s.* §§ 11 et 254. On trouve qqf orgée, orgeade, au XVIIᵉ s. d'après l'ital. orzata, *m. s.* § 12. || XVᵉ s. Si nous voulons faire orgeat, *Prat. de B. de Gordon,* IV, 4.]

|| Sirop fait autrefois avec une décoction d'orge, aujourd'hui avec une émulsion d'amandes.

ORGELET [òr-je-lè] *s. m.*

[ÉTYM. Pour orgeolet, dérivé de l'anc. franç. orgeol, orgeul (OUD.), qui est le lat. hordeolum, *m. s.* proprt, « petit grain d'orge », §§ 133 et 134. || XVIᵉ s. Orgeolet, L. GUYON, *Miroir de beauté,* dans DELB. *Rec.* Admis ACAD. 1835.]

|| Petite tumeur, de la nature du furoncle, qui pousse près du bord libre des paupières. (*Cf.* loriot 1.)

ORGIAQUE [òr-jyàk' ; *en vers,* -ji-àk'] *adj.*

[ÉTYM. Emprunté du grec ὀργιακός, *m. s.* || *Néolog.* Admis ACAD. 1878.]

|| **1°** (Antiq.) Qui a rapport aux orgies.

|| **2°** Qui a rapport à la débauche.

ORGIE [òr-ji] *s. f.*

[ÉTYM. Emprunté du lat. orgia, grec τὰ ὄργια, fêtes de Bacchus. Le sens 2° ne s'est généralisé qu'au commencement du XVIIIᵉ s. || XVᵉ-XVIᵉ s. Les orgies de Bacchus, CL. DE SEYSSEL, *Appien,* dans DELB. *Rec.* Admis ACAD. 1762.]

|| **1°** *Au plur.* (Antiq.) Fêtes de Bacchus. || *P. ext.* Poésie en l'honneur de Bacchus, du vin.

|| **2°** *P. anal.* Débauche de table. **Faire une —.**

*****ORGNE** [òrgn']. *V.* orne 1.

ORGUE [òrg'] *s. m.* au sing. et *f.* au plur.

[ÉTYM. Emprunté du lat. organum, grec ὄργανον, instrument, et spécialement instrument de musique, devenu orguene, orgue, §§ 290 et 291. (*Cf.* le doublet organe.) || XIIIᵉ s. Es sauz en milieu de li pendismes nos orgres, *Psaut.* (Bibl. maz. 258), CXXXVI, 2.]

I. Instrument de musique, à vent, composé de tuyaux de dimensions diverses, qu'on fait résonner à l'aide d'un clavier, en y introduisant de l'air fourni par un soufflet. **Un bel —. De belles orgues. Buffet d'—,** menuiserie qui renferme le mécanisme d'un orgue. || **— hydraulique,** instrument des anciens où l'air était poussé dans les tuyaux par la pression de l'eau. **— expressif,** construit de manière qu'on puisse augmenter ou diminuer le son. **— de Barbarie** (corruption de Barberi, nom d'un fabricant de Modène), instrument portatif dont on joue au moyen d'un cylindre noté, mis en mouvement par une manivelle. *Absolt.* **Un joueur d'—.**

II. *P. anal.* | **1.** Ancienne machine de guerre formée de plusieurs canons de mousquet montés sur un même affût. | **2.** (Marine.) Tuyau de conduite pour l'eau des dalots, des gaillards et des ponts inférieurs d'un navire. || (Géologie.) Masse naturelle de colonnes prismatiques de basalte dont la disposition rappelle un jeu d'orgue. **Les orgues de Murat, de Bort.**

ORGUEIL [òr-gheûy'] *s. m.*

[ÉTYM. Emprunté de l'anc. haut allem. *urgoli, subst. que l'on suppose avoir été tiré de l'adj. urguol, remarquable, supérieur, §§ 6, 498 et 499. || XIᵉ s. Entr'els en ont e orgoill e cunfort, *Roland,* 1941.]

I. Excès d'estime de soi, qui fait qu'on se met au-dessus des autres. **Il faut définir l'— une passion qui fait que, de tout ce qui est au monde, l'on n'estime que soi,** LA BR. *Théophr. Orgueil.* **Vos maladies principales sont l'—, qui vous soustrait de Dieu, la concupiscence, qui vous attache à la terre,** PASC. *Pens.* XII, 2. **La misère persuade le désespoir, l'— persuade la présomption,** ID. *ibid.* 14. **Tout ce qui est au monde, ou concupiscence de la chair, ou concupiscence des yeux, ou — de la vie,** ID. *ibid.* 32. **Mon — est forcé de plier,** RAC. *Esth.* III, 5. || **L'— de la naissance, du pouvoir souverain. L'— du diadème,** RAC. *Esth.* I, 1. || *P. ext.* Sentiment légitime d'estime de soi. **Le noble — d'un sang si généreux,** CORN. *Cinna,* V, 1. **L'innocence et son noble —,** GILBERT, *Derniers vers.* **Elle fait tout l'— d'une superbe mère,** RAC. *Iph.* II, 1.

II. (Technol.) Cale de bois, de pierre, qui fait dresser la tête d'un levier et en supporte l'effort pendant qu'il soulève un poids.

ORGUEILLEUSEMENT [òr-gheu-yeûz'-man ; *en vers,* -yeû-ze-...] *adv.*

[ÉTYM. Composé de orgueilleuse et ment, § 724. || XIᵉ s.
Cil i ferrunt mult orgoillusement, *Roland*, 3199.]

|| Avec orgueil.

ORGUEILLEUX, EUSE [òr-gheu-yeu, -yeúz'] *adj.*

[ÉTYM. Dérivé de orgueil, § 116. || XIᵉ s. Mult i avrez or-
goillus parçunier, *Roland*, 474.]

|| Qui a de l'orgueil. Ces maîtres — fléchiraient comme
nous, RAC. *Brit.* IV, 4. *Substantivt.* Les — seront confondus, BOSS. *A. de Gonz.* En ses projets l'— est trompé, RAC.
Esth. I, 1. L'orgueilleuse m'attend encore à ses genoux, ID.
Andr. II, 5. || *P. anal.* Son coursier... tout — de la main qui
le guide, BOIL. *Ép.* 4. || *Poét.* Ces monts —, qui s'élèvent
si haut.

ORICHALQUE [ò-ri-kàlk'] *s. m.*

[ÉTYM. Emprunté du lat. orichalcum, grec ὀρείχαλκον,
m. s. propr. « airain (χαλκός) de montagne (ὄρος) ». (*Cf.*
le doublet archal.) || Admis ACAD. 1878.]

|| (Antiq.) Composition métallique analogue au laiton.

ORIENT [ò-ryan; en vers, -ri-an] *s. m.*

[ÉTYM. Emprunté du lat. oriens, entis, *m. s.* (*Cf.* occi-
dent.) || XIᵉ s. D'ici qu'en Orient, *Roland*, 401.]

I. || **1°** Côté de l'horizon où le soleil semble se lever.
Tout le côté que l'— regarde, RAC. *Ath.* IV, 5. || (Astron.)
— d'été, d'hiver, points où le soleil semble se lever en
été, en hiver. || *Spécialt.* Celui des quatre points cardi-
naux où le soleil se lève aux équinoxes. (*Syn.* est, levant.)
|| *Fig.* Cette inspiration, c'est votre étoile; elle s'est levée sur
votre —, c'est-à-dire dès vos premières années, BOSS. *Serm.
pour une profess. Épiphan.*

|| **2°** Région du globe située vers l'orient. Dans les car-
tes géographiques, l'Orient est à droite. Des tapis, des étoffes
d'Orient. Le commerce d'Orient, qui se fait dans l'Asie par
la mer des Indes (par opposition au commerce du Levant,
qui se fait dans l'Asie occidentale par la Méditerranée).
Va jusqu'en l'Orient pousser tes bataillons, CORN. *Hor.* I, 1.
L'extrême Orient, la Chine et le Japon. || L'empire d'Orient,
la partie de l'empire romain qui eut Constantinople pour
capitale. || *P. ext.* Partie, région d'un pays la plus rap-
prochée de l'orient. Un pays borné à l'— par la mer.

II. Par allusion aux prétentions qu'a la franc-maçon-
nerie de venir d'Orient. Grand Orient, sorte de loge centrale formée dans une capitale par les représentants de
toutes les loges maçonniques des provinces. Le grand
Orient de France.

III. (Technol.) L'— des perles, leur reflet nacré, coloré.
(*Cf.* oriental.) Une perle d'un bel —.

ORIENTAL, ALE [ò-ryan-tàl ; en vers, -ri-an-...] *adj.*

[ÉTYM. Emprunté du lat. orientalis, *m. s.* (*Cf.* occidental.)
|| XIIᵉ s. Devant la porte oriental, *Énéas*, 946.]

|| Situé à l'orient. Les peuples orientaux, et, *substantivt*,
Les Orientaux. La région orientale. Les Indes orientales, partie de l'Asie (par opposition aux Indes occidentales, l'Amé-
rique). || *P. ext.* | 1. Qui appartient aux peuples de l'Orient.
Les langues orientales. Luxe —, et, *p. ext. famil.* tout luxe
poussé à l'excès. Prendre une voiture par ce beau temps se-
rait un luxe —. | 2. Qui vient d'Orient. Topazes orientales.
Pierres orientales, rubis, saphirs, topazes, qui viennent ordinairement de l'Orient et sont les plus belles. *P. ext.* Les
naturalistes récents ont donné, avec les joailliers, la dénomination de pierres orientales à celles qui ont une belle transparence, BUFF. *Émeraude. Fig.* Je ne me mêlerai point de vous
en envoyer (un cuisinier), à moins que ce ne fût une perle
si orientale que l'on fût assuré de n'en avoir aucun reproche,
SÉV. 432.

'ORIENTALISME [ò-ryan-tà-lïsm' ; en vers,-ri-an-...]
s. m.

[ÉTYM. Dérivé de oriental, § 265. || *Néolog.*]

|| (T. didact.) Science, connaissance de l'histoire, des
langues, des peuples orientaux.

ORIENTALISTE [ò-ryan-tà-lïst'; en vers,-ri-an-...] *s.
m. et f.*

[ÉTYM. Dérivé de oriental, § 265. || 1799. Le savant orien-
taliste le père Paulinus, *Magasin encyclop.* XXV, 122. Admis
ACAD. 1835.]

|| (T. didact.) Personne versée dans la connaissance de
l'histoire, des langues, des peuples orientaux.

ORIENTATION [ò-ryan-tà-syon ; en vers, -ri-an-tà-
si-on] *s. f.*

[ÉTYM. Dérivé de orienter, § 247. || *Néolog.* Admis ACAD.
1878.]

|| **1°** Position d'un édifice orienté. L'— d'une église. ||
Position d'une voile orientée.

|| **2°** Détermination de la position d'une personne,
d'une chose, par rapport aux points cardinaux.

ORIENTER [ò-ryan-té] *v. tr.*

[ÉTYM. Dérivé de orient, § 154. || XVᵉ s. Le lieu est bien
orienté, *Myst. du Vieil Testam.* dans DELB. *Rec.*]

|| **1°** Poser (un édifice) en tournant la face principale
vers l'orient. Les anciennes églises étaient orientées. || *P. ext.*
| 1. Une maison mal orientée, qui n'a pas une exposition
favorable. | 2. (Marine.) — les voiles, les tourner du côté
d'où vient le vent.

|| **2°** Déterminer la position (d'une personne, d'une
chose) par rapport aux points cardinaux. — une carte,
un plan, y placer la rose des vents pour faire connaître
la position des lieux, des objets, par rapport aux points
cardinaux. S'—, déterminer la direction qu'on doit suivre,
et, *fig.* savoir se diriger. Il s'oriente dans cette région loin-
taine (la cour) comme s'il en était originaire, LA BR. 5.

ORIFICE [ò-ri-fís'] *s. m.*

[ÉTYM. Emprunté du lat. orificium, *m. s.* || XIVᵉ s. Le
fiel a trois orifices, *Somme Mᵉ Gautier*, mss franç. Bibl.
nat. 1288, fᵒ 129, vᵒ.]

|| (T. didact.) Ouverture qui forme l'entrée d'une ca-
vité. L'— d'un puits. L'— d'un matras. Le liquide s'écoule par
un — d'un pouce de diamètre. — d'une mince paroi. || (Phy-
siol.) L'— de l'oreille. Les orifices du tube digestif.

ORIFLAMME [ò-ri-flâm'] *s. f.*

[ÉTYM. Composé avec l'anc. franç. orie (lat. aureus, a),
doré, et flamme, § 173. || XIᵉ s. Gefreiz d'Anjou i portet l'o-
rieflambe, *Roland*, 3093.]

|| (Hist.) Petit étendard dont la partie flottante est ter-
minée en pointes, qui fut d'abord la bannière des abbés
de Saint-Denis, puis devint celle des rois de France.

ORIGAN [ò-ri-gan] *s. m.*

[ÉTYM. Emprunté du lat. origanum, grec ὀρίγανον, *m. s.*
|| XIIIᵉ s. Poldre d'origan, *Simples medicines*, fᵒ 54, vᵒ. Ad-
mis ACAD. 1762.]

|| (Botan.) Plante aromatique, de la famille des Labiées,
dite vulgairement marjolaine sauvage.

ORIGINAIRE [ò-ri-ji-nèr] *adj.*

[ÉTYM. Emprunté du lat. originarius, *m. s.* || 1365. (Vil-
les) d'ou ces estrangers sont originaires, dans DELB. *Rec.*]

|| (T. didact.) || **1°** Qui tire son origine (d'un lieu). Je suis
— de Naples, MOL. *Pourc.* I, 3. Le dindon est — du Mexique.
Une plante — d'Amérique.

|| **2°** Qui est à l'origine (d'une chose). Dieu est la source
— des êtres. L'état — d'une langue. (Droit.) Demandeur —,
celui qui a introduit l'instance.

ORIGINAIREMENT [ò-ri-ji-nèr-man ; en vers, -nè-
re-...] *adv.*

[ÉTYM. Composé de originaire et ment, § 724. || 1611.
COTGR.]

|| À l'origine (d'une chose).

1. ORIGINAL, ALE [ò-ri-ji-nàl] *adj.*

[ÉTYM. Emprunté du lat. originalis, *m. s.* (*Cf.* le dou-
blet original.) || XIIIᵉ s. De quel orignal et de quel ligne il
sont descendu, *Chron. de St-Denis*, mss de sainte Gene-
viève, fᵒ 1.]

|| **1°** Qui est l'origine, la source première (d'une chose).
C'est une copie du tableau —. Le texte — d'un livre. || *Subs-
tantivt, au masc.* | 1. L'œuvre primitive. L'— d'un contrat.
Collationner la copie sur l'—. L'— de ce tableau est à Dresde.
| 2. Chose ou personne qui a servi de modèle à un pein-
tre, à un statuaire. Quelle vanité que la peinture, qui attire
l'admiration par la ressemblance des choses dont on n'admire
pas les originaux! PASC. *Pens.* VII, 31. Qui donne le portrait
promet l'—, CORN. *Suite du Ment.* IV, 2. *Fig.* Les seules bonnes
copies sont celles qui nous font voir les ridicules des méchants originaux, LA ROCHEF. *Réflex.* 133. Rebours était, je
pense, le véritable — du marquis de Mascarille, ST-SIM. II, 234.
Chacun a (en soi) l'— de sa beauté dont il cherche la copie
dans le grand monde, PASC. *Passions de l'amour.* || *Loc.
adv.* D'—, de source première. Je ne raconte rien que je ne
sache d'—, LA BR. 5. || En —, en réalité propre. Oui, Madame,
vous-même en propre —, REGNARD, *Ménechmes*, I, 3. Je vous
envoie en — un morceau de la lettre, SÉV. 828.

|| **2°** Qui tire son origine de soi et non de qqch qu'il
imite. Je ne copie personne, Madame, je me pique d'être —,
BOISSY, *Franç. à Londres*, sc. 12. Corneille ne peut être

égalé dans les endroits où il excelle : Il a pour lors un caractère — et inimitable, LA BR. 1. A mesure qu'on a plus d'esprit, on trouve qu'il y a plus d'hommes originaux, PASC. *Pens.* VII, 1. ‖ En parlant des choses. Des idées originales. Cet auteur a un genre —. ‖ *P. ext.* Qui ne ressemble point aux autres, qui a qqch d'étrange. L'originale femme ! MARIV. *Pays. parv.* 4. *Substantivt.* Un —, une originale. Il amène un cousin, un grand —, REGNARD, *Bal*, sc. 5. Quoiqu'il soit, m'a-t-on dit, un franc —, DESTOUCHES, *Glor.* III, 8. C'est un vrai —, un — sans copie. ‖ En parlant des choses. Il a des manières bien originales.

2. ORIGINAL [ò-ri-ji-nàl]. *V.* orignac.

ORIGINALEMENT [ò-ri-ji-nàl-man ; *en vers,* -nàle-...] *adv.*

[ÉTYM. Composé de originale et ment, § 724. ‖ XIVᵉ s. Originalment, ÉVRART DE CONTY, *Probl. d'Aristote*, dans GODEF. Admis ACAD. 1798.]

‖ D'une manière originale.

ORIGINALITÉ [ò-ri-ji-nà-li-té] *s. f.*

[ÉTYM. Dérivé de original, § 255. ‖ 1699. Favoriser l'originalité d'un ouvrage, R. DE PILES, *Vies des peintres*, p. 100. Admis ACAD. 1762.]

‖ (T. didact.) Caractère de ce qui est original. L'— de Pascal. L'— de Dufresny est plus dans les choses, et celle de Marivaux dans le langage, D'ALEMB. *Éloges, Marivaux.* Il y a des gens qui affectent l'—.

ORIGINE [ò-ri-jin'] *s. f.*

[ÉTYM. Emprunté du lat. originem, *m. s.* A remplacé l'anc. franç. orine, de formation pop. ‖ 1512. Nous savons... ton origine, J. LE MAIRE, dans DELB. *Rec.*]

‖ Point de départ (lieu, race, etc.) de la naissance d'un individu, d'une famille, d'un peuple. A d'illustres parents s'il doit son —, RAC. *Ath.* II, 5. Les Iduméens se glorifient de la même —, BOSS. *Hist. univ.* II, 2. Vous êtes Grecs d'—, FÉN. *Tél.* 11. Être d'— noble, servile. Habitants de l'île la plus célèbre du monde, qui tirent leur — des Gaules, BOSS. *R. d'Angl.* La race humaine est maudite dans son —, ID. *Hist. univ.* II, 1. Albe est ton —, CORN. *Hor.* I, 1. ‖ *P. anal.* Point de départ de la formation d'une chose. Elles (les rivières) ont toutes cela de commun qu'elles viennent d'une petite —, BOSS. *Gournay.* Ce fut là l'— de ma fortune, MARIV. *Pays. parv.* 5. ‖ (Philos.) Rechercher l'— de nos idées, l'— du mal. ‖ (Hist. nat.) Les pieds sont couverts de plumes jusqu'à l'— des doigts, BUFF. *Oiseaux.* Au point d'— de la branche. ‖ (Géom.) Point à partir duquel on compte les coordonnées. ‖ (Astron.) Point à partir duquel on compte la latitude en l'ascension droite. **Méridien d'—.** ‖ *P. ext.* Le moment de la naissance, de la formation. Les choses n'étaient point ainsi à l'—, dans l'—. On pouvait prévoir, dès l'—, l'issue de la guerre.

ORIGINEL, ELLE [ò-ri-ji-nèl] *adj.*

[ÉTYM. Emprunté du lat. originalis, *m. s.* rendu par originel d'après les mots pop. comme mortel, où le suffixe lat. alis a pour correspondant le franç. el, § 503. (*Cf.* le doublet original.) ‖ 1369. Peut se déduire de l'existence de originelment à cette date. (*V.* originellement.)]

‖ (T. didact.) Qui remonte à l'origine (d'une personne, d'une chose). *Spécialt.* Le péché —, contracté par la race humaine dans son origine, de la personne du premier homme. La grâce originelle, l'état de grâce dans lequel le premier homme a été créé. ‖ *Fig.* Avoir la tache originelle, avoir dans sa famille quelque précédent fâcheux.

ORIGINELLEMENT [ò-ri-ji-nèl-man ; *en vers,* -nèle-...] *adv.*

[ÉTYM. Composé de originelle et ment, § 724. ‖ 1369. A ces présentes originelment doublees, dans GODEF.]

‖ (T. didact.) En remontant à l'origine.

ᵒORIGNAC [ò-ri-nàk'] *s. m.*

[ÉTYM. Emprunté du basque oregnac, pluriel de oregna, cerf, mot importé au Canada, §§ 19 et 507. Souvent altéré en orignal, original, au plur. des orignaux ou des originaux, § 509. ‖ XVIᵉ-XVIIᵉ s. Bestes sauvages, comme orignacs, cerfs, PALMA CAYET, *Chron. sept.* dans DELB. *Rec.* Admis ACAD. sous la forme orignal (1762), puis original (1878).]

‖ (Hist. nat.) Élan du Canada. Les peaux d'— et d'élan qui viennent du Canada, COLBERT, *Disc. sur les manuf.* (1663).

ORIGNAL [ò-ri-nàl]. *V.* orignac.

ORILLARD, ᵒORILLETTE, ORILLON. *V.* oreillard, oreillette, oreillon.

ORIN [ò-rin] *s. m.*

[ÉTYM. Origine inconnue ; écrit ancienn. hoirin, d'où,

par suite d'une erreur typographique, on a fait boirin. (*V.* ce mot.) ‖ XVᵉ s. Une drin (corr. orin) ou bouee, GARCIE, *Grant Routier*, fᵒ 69. | S'il y avoit hoyrin ou bonneau, *Rôles d'Oléron*, 45. Admis ACAD. 1762.]

‖ (Marine.) Cordage qui attache une bouée à une ancre. ‖ *P. anal.* Cordage qui attache un filet de fond.

ORIPEAU [ò-ri-pó] *s. m.*

[ÉTYM. Composé avec l'anc. franç. orie (lat. aureus, a), doré, et peau, § 173. Sur le changement de genre, *V.* § 552. ‖ XIIᵉ s. Perchié il a (l'écu), si deront l'oripel, RAIMBERT DE PARIS, *Chevalerie Ogier*, 9015. Admis ACAD. 1718.]

‖ Fil ou feuille de laiton polie, qui de loin brille comme de l'or, et dont on fait des ornements. Ses colonnes toutes d'— et son lambris doré, CORN. *Tois. d'or*, V, 6. Gaze fanée Que l'— rougit encor, TH. GAUTIER, *Carnaval de Venise.* ‖ *P. anal.* Ornement qui a un faux éclat. Vos dames sont bien dépeintes avec leurs habits d'—, SÉV. 204. Acteur couvert d'oripeaux. ‖ *Fig.* Un style chargé d'oripeaux.

ORLE [òrl'] *s. m.*

[ÉTYM. Anc. franç. ourle (modifié dans la prononciation sous l'influence de l'ital. orlo, *m. s.* § 12), du lat. pop. ᵒórulum, diminutif de ora, bord, §§ 87, 324, 290 et 291. ‖ XIIᵉ s. L'urle de son vestement. *Psaut. d'Oxf.* CXXXII, 3.]

‖ (Technol.) Ourlet. ‖ *Spécialt.* | 1. (Marine.) Ourlet d'une voile. | 2. (Blason.) Filet parallèle au bord de l'écu. De sable à — d'or. | 3. (Architect.) Filet sous l'ove d'un chapiteau. | 4. (Géologie.) Couloir d'un cratère de volcan.

ᵒORLÉ, ÉE [òr-lé] *adj.*

[ÉTYM. Dérivé de orle, § 118. ‖ *Néolog.*]

‖ (Blason.) Bordé d'un orle. Écu —.

ORLÉANS [or-lé-äns'] *s. f.*

[ÉTYM. Nom propre de ville, prononcé d'après l'orthographe par ignorance de l'étymologie, § 36. ‖ Admis ACAD. 1878.]

‖ (Technol.) Étoffe noire légère, de laine et de coton, employée pour les vêtements d'été. Un paletot, une robe d'—.

ᵒORLET [òr-lè] *s. m.*

[ÉTYM. Dérivé de orle, sous l'influence de l'ital. orletto, *m. s.* §§ 12 et 133. (*Cf.* le doublet ourlet.)]

‖ (Architect.) Moulure plate formant le couronnement d'une cimaise.

ORMAIE [òr-mè] et **ORMOIE** [òr-mwà] *s. f.*

[ÉTYM. Dérivé de orme, § 121. ‖ 1298. L'Ourmoie (nom de lieu, auj. Lormaye), dans MERLET, *Dict. top. d'Eure-et-Loir.*]

‖ Lieu planté d'ormes.

ORME [òrm'] *s. m.*

[ÉTYM. Du lat. ŭlmum, *m. s.* devenu olme, oulme, §§ 324 et 291, d'où, par dissimilation après l'article, l'ourme, au lieu de l'oulme, § 361. Le changement de ourme en orme paraît dû à l'influence de forme, § 509. Beaucoup de patois disent régulièrement ourme, ou même, par vocalisation de l'l latine avant la dissimilation, oume.]

‖ Arbre de grande taille, dont on borde des avenues, et dont le bois dur, serré, s'emploie dans les constructions navales, le charronnage, etc. — mâle ou à petite feuille. — femelle ou à large feuille. — pyramidal. — tortillard. Une allée d'ormes. Quelques ormes tortus, aux profils irrités, v. HUGO, *Contemplations, Lettre.* Danser sous l'—. Juges de dessous l'—, juges de village rendant la justice sous les ormes plantés d'ordinaire devant le manoir seigneurial. *P. ext.* Attendre sous l'—, avoir confiance en sa cause. Le cardinal Petrucci les attend sous l'—, et ils n'osent l'attaquer, CORBINELLI, dans SÉV. VIII, 138, Grands Écriv. *Fig.* Attendre en vain sous l'— (par allusion à une comédie de REGNARD (1694)). Dites-nous plutôt de vous attendre sous l'—, LES. *Gil Blas*, VI, 2.

ORMEAU [òr-mó] *s. m.*

[ÉTYM. Dérivé de orme, § 126. ‖ XIIIᵉ s. Conment il monta sus l'ormel, *Renart*, XVI, 1147.]

‖ Jeune orme. ‖ *P. ext.* Orme. A cet antique —, DELILLE, *Homme des champs*, 1. *Loc. prov.* S'attacher à qqn, à qqch, comme le lierre s'attache à l'—. Baume d'—, liqueur qu'on extrait des galles des feuilles de l'ormeau.

ORMILLE [òr-mīy'] *s. f.*

[ÉTYM. Dérivé de orme, § 95. ‖ Admis ACAD. 1762.]

‖ Plant, palissade de très jeunes ormeaux.

ORMIN [òr-min] *s. m.*

[ÉTYM. Emprunté du lat. orminum, grec ὄρμινον, *m. s.* On écrit aussi hormin, d'après une forme secondaire, lat.

hormiaum, grec ὅρμινον. || XVIᵉ s. La fleur du hormin, O. DE
SERRES, III, 10.]
|| (Botan.) Espèce de sauge.
1. ʼORNE [òrn'] s. m.
[ÉTYM. Du lat. ŏrdinem, m. s. devenu régulièrement en
anc. franç. ourne, §§ 324, 414, 290 et 291. Le changement
de ourne en orne paraît dû à l'influence du verbe orner,
§ 509. (Cf. le doublet ordre et ornière.)]
|| Dialect. Sillon. P. ext. Intervalle entre les lignes que
forment des ceps de vigne. || Fig. (T. forest.) Faire —,
abattre des arbres en droite ligne.
2. ORNE [òrn'] s. m.
[ÉTYM. Emprunté du lat. ornus, m. s. || 1582. Les ornes
charrier, R. et A. D'AIGNEAUX, Trad. de Virgile, dans DELB.
Rec. Admis ACAD. 1762.]
|| (Botan.) Variété de frêne, dit frêne à fleurs.
ORNEMANISTE [òr-ne-mà-nist'] s. m. et f.
[ÉTYM. Dérivé récent de ornement, d'après la prononc-
ciation, §§ 64 et 265. || 1800. BOISTE, Dict. univ. Admis
ACAD. 1835.]
|| Celui, celle qui fabrique les ornements pour la déco-
ration intérieure. P. appos. Sculpteur —.
ORNEMENT [òr-ne-man] s. m.
[ÉTYM. Du lat. ornamentum, m. s. §§ 335 et 291.]
|| Détail adapté à un ensemble, pour l'embellir. Des or-
nements d'architecture. Ses obélisques font... le principal —
de Rome, BOSS. Hist. univ. III, 3. Un peintre d'ornements.
Des ornements pour les autels, BOSS. A. de Gonz. Les ornements sacerdotaux. Le prêtre revêtu de ses ornements. Que
ces vains ornements, que ces voiles me pèsent! RAC. Phèd. I,
3. Spécialt. Dessin d'—, qui comprend tout ce qui concerne l'art décoratif. Ellipt. Apprendre l'—, le dessin d'or-
nement. || P. anal. Forme du discours destinée à embellir
le style. Tous (les fabulistes) ont fui l'—, LA F. Fab. VI, 1.
Les ornements du langage. || (Musique.) Trilles, notes d'a-
grément, etc. || Fig. Les hommes qui ont été l'— de leur siècle,
FÉN. Tél. 19. Cette rare beauté... Qui fait de ces cantons le
plus digne —, CORN. Ment. V, 1.
ORNEMENTAL, ALE [òr-ne-man-tàl] adj.
[ÉTYM. Dérivé de ornement, § 238. || Néolog. Admis ACAD.
1878.]
|| (T. didact.) Relatif à l'ornement.
ORNEMENTATION [òr-ne-man-tà-syon ; en vers, -si-
on] s. f.
[ÉTYM. Dérivé de ornementer, § 247. || Néolog. Admis
ACAD. 1878.]
|| (T. didact.) Disposition des ornements. || Art de l'or-
nemaniste.
ʼORNEMENTER [òr-ne-man-té] v. tr.
[ÉTYM. Dérivé de ornement, § 154. || Néolog.]
|| (T. didact.) Embellir par des ornements.
ORNER [òr-né] v. tr.
[ÉTYM. Du lat. ʼornare, m. s. devenu régulièrement our-
ner, en anc. franç. §§ 348, 295 et 291, puis orner par réaction
étymologique, § 502.]
|| Garnir d'ornements. Je lui bâtis un temple et pris soin
de l'—, RAC. Phèd. I, 3. Du temple, orné partout de festons
magnifiques, ID. Ath. I, 1. Le linge orné de fleurs, LA F. Phil.
et Baucis. Il (l'arbre) ornait les jardins, ID. Fab. X, 1. || P.
anal. Un langage, un style orné. || Fig. Un esprit orné, par la
connaissance des belles œuvres. — sa mémoire, en apprenant de beaux morceaux. Un roi... dont l'âme soit ornée
de la sagesse et de la vertu, FÉN. Tél. 5. Il les a faits pour —
le siècle présent, BOSS. Condé.
ORNIÈRE [òr-nyèr] s. f.
[ÉTYM. Dérivé de orne 1, § 115. || XIIIᵉ s. Pres de l'orniere
Entre le bois et la cariere, Renart, II, 725.]
|| Trace creusée sur le sol par le passage des roues.
Comble-moi cette —, LA F. Fab. VI, 18. || Fig. Routine,
habitude suivie machinalement. Suivre l'—.
ORNITHOGALE [òr-ni-tò-gàl] s. f.
[ÉTYM. Emprunté du lat. des botanistes ornithogalon,
lat. class. ornithogale, grec ὀρνιθόγαλη, m. s. proprt, « lait
(γάλα) d'oiseau (ὄρνις) ». || 1614. Ornithogalon, COTGR. Ad-
mis ACAD. 1762 (ornithogalon) et 1798 (ornithogale).]
|| (Botan.) Plante bulbeuse à belle fleur blanche.
ORNITHOLOGIE [òr-ni-tò-lò-ji] s. f.
[ÉTYM. Emprunté du lat. des naturalistes ornithologia
(WILLOUGBY, 1676), m. s. dérivé du grec ὀρνιθολόγος, qui
traite des oiseaux, § 279. || 1690. FURET. Admis ACAD. 1762.]

|| (T. didact.) Histoire naturelle des oiseaux.
ORNITHOLOGISTE [òr-ni-tò-lò-jist'] s. m. et f.
[ÉTYM. Dérivé de ornithologie, § 265. || 1701. FURET. Ad-
mis ACAD. 1762.]
|| (T. didact.) Celui, celle qui s'occupe de l'étude des
oiseaux. (Syn. ornithologue.)
ORNITHOLOGUE [òr-ni-tò-lòg'] s. m. et f.
[ÉTYM. Emprunté du grec ὀρνιθολόγος, m. s. || 1771. Or-
nithologiste ou ornithologue, TRÉV. Admis ACAD. 1798.]
|| (T. didact.) Ornithologiste.
ORNITHOMANCE [òr-ni-tò-màns'] et **ORNITHO-
MANCIE** [òr-ni-tò-man-si) s. f.
[ÉTYM. Emprunté du bas lat. ornithomantia, bas grec
ὀρνιθομαντεία, m. s. || 1717. Suivant les principes de l'orni-
thomancie, dans Mém. de l'Acad. des sc. p. 293. Admis
ACAD. 1762.]
|| (Antiq.) Divination par le chant, le vol des oiseaux.
ʼORNITHORRHYNQUE [òr-ni-tòr'-rink'] et **ORNI-
THORYNQUE** [òr-ni-tò-rink'] s. m.
[ÉTYM. Composé avec le grec ὄρνις, ιθος, oiseau, et
ῥύγχος, bec, § 279. || 1803. FAUJAS DE ST-FOND, Essai de
géolog. I, 321. Admis ACAD. 1878.]
|| (Hist. nat.) Mammifère de la Nouvelle-Hollande, à
museau en bec de canard.
OROBANCHE [ò-rò-bānch'] s. f.
[ÉTYM. Emprunté du lat. orobanche, grec ὀροβάγχη, m. s.
de ὄροβος, orobe, et ἄγχειν, étouffer. || XVIᵉ s. RAB. III, 51.
Admis ACAD. 1762.]
|| (Botan.) Plante parasite, dont l'espèce commune
croît sur les racines des légumineuses. L'— du chanvre.
OROBE [ò-ròb'] s. m. (fém. ACAD.).
[ÉTYM. Emprunté du lat. orobus, grec ὄροβος, m. s. Sur
le genre, V. § 550. || 1545. Orobe preparé comme lupin, G.
GUÉROULT, dans DELB. Rec. Admis ACAD. 1762.]
|| (Botan.) Ers, plante légumineuse à tubercules.
OROGRAPHIE [ò-rò-grà-fi] s. f.
[ÉTYM. Composé avec le grec ὄρος, montagne, γράφειν,
décrire, et le suffixe ie, § 279. A remplacé oréographie, formé
d'après le génitif ὄρεος. || Admis ACAD. 1878.]
|| (T. didact.) Description des montagnes.
ʼOROGRAPHIQUE [ò-rò-grà-fik'] adj.
[ÉTYM. Dérivé de orographie, § 229. || Néolog.]
|| (T. didact.) Qui a rapport à l'orographie. Système —.
ORONGE [ò-rònj'] s. f.
[ÉTYM. Emprunté du provenç. mod. ouronjo, mot qui cor-
respond au franç. orange (à cause de la couleur de ce
champignon), § 11. || 1793. Ce que nous appelons vulgairement
oronge, PAULET, Traité des champign. 1. Admis ACAD. 1835.]
|| Champignon comestible d'un rouge doré. Fausse —,
champignon vénéneux de même couleur.
ORPAILLEUR [òr-pà-yeur] s. m.
[ÉTYM. Altération, par étymologie pop. (V. § 509), de
harpailleur (FURET.), pour harpailleur, dérivé de harpailler,
saisir, § 115. || XVIᵉ s. Nestor harpailleur, RAB. II, 30. | 1762.
Orpailleur, ACAD.]
|| (Technol.) Celui qui recueille et lave les sables auri-
fères pour en séparer les paillettes d'or.
ORPHELIN, INE [òr-fe-lin, -lin'] s. m. et f.
[ÉTYM. Pour orfenin, § 361, dérivé de l'anc. franç. or-
fene, qui est le lat. orphanum, grec ὀρφανόν, m. s. § 100.
Sur la restauration étymologique du ph, V. 502. || XIᵉ-
XIIᵉ s. A la vedve e as orphanins, Lois de Guill. le Conq. 9.]
|| Enfant qui a perdu son père et sa mère. Je suis, dit-
on, un —, Entre les bras de Dieu jeté dès ma naissance, RAC.
Ath. II, 7. Protéger la veuve et les orphelins. || P. ext. — de
père, et, moins usité, — de mère, enfant qui a perdu son
père, sa mère. || Adjectivt. Là le fils — lui redemande un
père, BOIL. Art p. 4.
ORPHELINAT [òr-fe-li-nà] s. m.
[ÉTYM. Dérivé de orphelin, § 254. || Néolog. Admis ACAD.
1878.]
|| Asile pour les orphelins.
1. ʼORPHÉON [òr-fé-on] s. m.
[ÉTYM. Dérivé de Orphée, personnage mythologique cé-
lèbre comme musicien, §§ 36 et 282. || 1812. MOZIN, Dict.
franç.-allem.]
|| Vieilli. Sorte de grosse vielle.
2. ORPHÉON [òr-fé-on] s. m.
[ÉTYM. Dérivé de Orphée, d'après odéon, § 282. Mot dû
à WILHELM (1833) et admis ACAD. 1878.]

‖ École, société de chant choral.
ORPHÉONISTE [òr-fé-ò-nist'] *s. m.* et *f.*
[ÉTYM. Dérivé de orphéon, § 265. ‖ *Néolog.* Admis ACAD. 1878.]
‖ Membre d'un orphéon.
ORPIMENT [òr-pi-man] *s. m.*
[ÉTYM. Emprunté du lat. auripigmentum, *m. s.* § 503. ‖ XIIᵉ s. La volte... Est toute fete d'orpiment, *Thèbes*, II, 2181. Admis ACAD. 1762.]
‖ (Technol.) Sulfure jaune d'arsenic qu'on emploie en peinture (*syn.* réalgar) et pour dépiler les peaux.
ORPIN [òr-pin] *s. m.*
[ÉTYM. Semble une abréviation de orpiment, §§ 33 et 509. ‖ XIVᵉ s. Orpin qui autrement est appelé arsenic, J. COR-BICHON, *Propr. des choses*, dans LABORDE, *Émaux*, p. 419.]
‖ **1º** *Ancienn.* Orpiment.
‖ **2º** *P. anal.* Plante à feuilles charnues, de la famille des Crassulacées, dite herbe à la coupure, qui croît sur les toits, les murs.
ORQUE [òrk'] *s. f.*
[ÉTYM. Emprunté du lat. orca, *m. s.* ‖ XVIᵉ s. Je voy sortir des abysmes Une orque, J. DU BELLAY, *Musagnoco-machie*. Admis ACAD. 1762.]
‖ Espèce de marsouin, dit aussi épaulard.
ORSEILLE [òr-sèy'] *s. f.*
[ÉTYM. Anc. franç. orsole, d'origine incertaine, qui a modifié sa terminaison d'après oseille, § 509. L'ital. oricello paraît emprunté du français. ‖ XVᵉ s. Une grayne qui vault biaucoup que on appelle orsolle, J. DE BETHENCOURT, *Cana-rien*, p. 131, Gravier. ‖ 1518. Chascun baril d'orseille, dans GODEF. Admis ACAD. 1762.]
‖ (Technol.) Lichen qui donne une belle couleur vio-lette. Pâte, pastilles d'—, préparées avec ce lichen.
ORT [òr] *adj. invar.*
[ÉTYM. Semble être le même mot que ord. ‖ 1723. SA-VARY, *Dict. du comm.* Admis ACAD. 1742.]
‖ *Vieilli.* (Commerce.) Brut. *Adverbialt.* Une balle pesée ort (avec les enveloppes).
ORTEIL [òr-tèy'] *s. m.*
[ÉTYM. Pour arteil, du lat. artïculum, *m. s.* devenu de bonne heure *artĕclo, §§ 308, 290 et 468, artĕglo, arteil, §§ 390 et 291. Qqns attribuent au celtique ordïga, *m. s.* le changement de *artĕclo en *ortĕclo, d'où orteil, § 3. ‖ XIIᵉ s. Et les artelz a toz crochus, *Énéas*, 2566. E voleit baiser lur orteiz, BENEEIT, *Ducs de Norm.* 2825.]
‖ Doigt de pied. Le gros —, et, *absolt,* L'—.
ORTHODOXE [òr-tò-dòks'] *adj.*
[ÉTYM. Emprunté du lat. ecclés. orthodoxus, grec ὀρθό-δοξος, *m. s.* de ὀρθός, droit, et δόξα, opinion. ‖ 1554. Foy orthodoxe, J. DE MAUMONT, *St Justin*, dans DELB. *Rec.*]
‖ (T. didact.) (Théol.) Conforme à la saine doctrine. Des opinions orthodoxes. Les barbares ariens ayant trouvé le pays —, MONTESQ. *Rom.* 20. ‖ *Substantivt.* Les orthodoxes. ‖ *P. plaisant.* Qui est ce qu'il doit être. La mine peu — qu'il avait, HAMILT. *Gram.* p. 162. Vous n'êtes guère — en galan-terie, D. DE MONCHESNAY, *Phénix*, sc. du colonel.
ORTHODOXIE [òr-tò-dòk'-si] *s. f.*
[ÉTYM. Dérivé de orthodoxe, d'après le grec ὀρθοδοξία, *m. s.* § 282. ‖ 1701. FURET. Admis ACAD. 1740.]
‖ (T. didact.) Caractère de ce qui est orthodoxe. L'— d'une proposition. ‖ *P. ext.* Conformité à la saine doctrine.
ORTHODROMIE [òr-tò-drò-mi] *s. f.*
[ÉTYM. Dérivé du grec ὀρθόδρομος, qui court en ligne droite, § 282. ‖ 1701. FURET. Admis ACAD. 1762.]
‖ (Marine.) Route d'un navire par la voie la plus di-recte, arc de grand cercle passant par le point de départ et le point d'arrivée.
ORTHOGONAL, ALE [òr-tò-gò-nàl] *adj.*
[ÉTYM. Dérivé du lat. orthogonus, grec ὀρθόγωνος, *m. s.* § 238. ‖ 1552. Soct cete ortogonale AC, J. PELETIER, *Algèbre*, p. 217. Admis ACAD. 1762.]
‖ (Géom.) Qui tombe à angle droit. Projection orthogo-nale, où chaque ligne projetant un point de la figure est perpendiculaire au plan de projection.
ORTHOGRAPHE [òr-tò-gràf'] *s. f.*
[ÉTYM. Emprunté du lat. orthographia, grec ὀρθογραφία, *m. s.* de ὀρθός, droit, et γράφειν, écrire. (*Cf.* orthographie.) ‖ 1545. Dialogue de l'orthografe, J. PELETIER, titre.]
‖ (Gramm.) Manière d'écrire correctement une langue. Apprendre, savoir l'—. Les règles de l'—. L'— d'usage. Faire

des fautes d'—. ‖ *P. ext.* Manière d'écrire les mots. Avoir une — vicieuse, incorrecte.
ORTHOGRAPHIE [òr-tò-grà-fi] *s. f.*
[ÉTYM. *V.* orthographe. ‖ XIIIᵉ s. Li alaschierent son cheval Qui soustenoit Otografie, H. D'ANDELI, *Bat. des set ars*, 270.]
‖ **1º** *Ancienn.* Orthographe.
‖ **2º** (Géom.) Représentation d'un objet sur un plan, tous ses points étant projetés perpendiculairement sur le plan. ‖ Profil en coupe perpendiculaire d'une fortifica-tion. ‖ *P. ext.* Élévation géométrale d'un bâtiment sans égard à la perspective.
ORTHOGRAPHIER [òr-tò-grà-fyé ; *en vers*, -fi-é] *v. tr.*
[ÉTYM. Dérivé de orthographie, § 266. ‖ 1426. Qu'il saiche bien faire ne orthographier lettres, O. MORCHESNE, *Formul.* fº 195, vº.]
‖ (Gramm.) Écrire selon les lois de l'orthographe.
ORTHOGRAPHIQUE [òr-tò-grà-fik'] *adj.*
[ÉTYM. Dérivé de orthographe, orthographie, § 229. ‖ 1752. TRÉV. Admis ACAD. 1762.]
‖ **1º** (Gramm.) Relatif à l'orthographe. Règle, signe —.
‖ **2º** (Géom.) Relatif à l'orthographie des géomètres. Projection — de la sphère.
ORTHOPÉDIE [òr-tò-pé-di] *s. f.*
[ÉTYM. Composé avec le grec ὀρθός, droit, παῖς, παιδός, enfant, et le suffixe ie, § 279. ‖ 1741. ANDRY, titre. Admis ACAD. 1762.]
‖ (T. didact.) Art de prévenir, de corriger les diffor-mités du corps (surtout chez les enfants), à l'aide d'un appareil, ou au moyen d'un traitement.
ORTHOPÉDIQUE [òr-tò-pé-dik'] *adj.*
[ÉTYM. Dérivé de orthopédie, § 229. ‖ *Néolog.* Admis ACAD. 1835.]
‖ (T. didact.) Relatif à l'orthopédie. Appareil —.
ORTHOPÉDISTE [òr-tò-pé-dist'] *s. m.* et *f.*
[ÉTYM. Dérivé de orthopédie, § 265. ‖ *Néolog.* Admis ACAD. 1878.]
‖ (T. didact.) Celui, celle qui pratique l'orthopédie. *P. appos.* Un médecin —.
ORTHOPNÉE [òr-tòp'-né] *s. f.*
[ÉTYM. Emprunté du lat. orthopnœa, grec ὀρθόπνοια, *m. s.* de ὀρθός, droit, et πνέω, respirer. (*Cf.* dyspnée.) ‖ 1611. DUVAL, *Méth. pour guerir les catarrhes*, p. 234. Admis ACAD. 1762.]
‖ (Médec.) Difficulté de respirer qui oblige à rester droit.
ORTHOPTÈRE [òr-tòp'-tèr] *adj.*
[ÉTYM. Composé avec le grec ὀρθός, droit, et πτερόν, aile, § 279. ‖ Admis ACAD. 1878.]
‖ (Hist. nat.) Insecte —, et, *substantivt,* Un —, insecte à quatre ailes, les deux inférieures pliées en long.
ORTIE [òr-ti] *s. f.*
[ÉTYM. Du lat. ūrtïca, *m. s.* §§ 324, 380 et 291.]
‖ **1º** Plante sauvage dont la feuille et la tige piquent, en donnant la sensation d'une brûlure. (*Cf.* urticaire.) — brûlante. — grièche. ‖ *Fig. Loc. famil.* Jeter le froc aux orties, renoncer à la profession monacale, et, *p. ext.* à l'état ecclésiastique, à une profession quelconque.
‖ **2º** *P. anal.* Nom de plantes diverses dont les feuilles sont armées de piquants comme l'ortie proprement dite. — jaune, — rouge, — blanche, genres de labiées, etc. ‖ *P. anal.* — de mer, actinie, qui sécrète une humeur âcre.
‖ **3º** (Art vétérin.) Sorte de séton.
ORTIVE [òr-tiv'] *adj. fém.*
[ÉTYM. Emprunté du lat. ortïvus, qui se lève. ‖ 1558. Amplitude ortive, BASSANTIN, *Amplific. de l'usage de l'as-trolabe*, fº 88, vº. Admis ACAD. 1762.]
‖ (Astron.) Amplitude —, arc de l'horizon compris entre le centre d'un astre à son lever et l'orient vrai. (*Cf.* occase.)
ORTOLAN [òr-tò-lan] *s. m.*
[ÉTYM. Emprunté du provenç. ortolan, *m. s.* proprt, «jar-dinier», parce que cet oiseau fréquente les jardins, § 11. (*Cf.* l'ital. ortolano, *m. s.*) ‖ 1611. Hortolan, COTGR.]
‖ Petit oiseau de passage, d'un goût délicat. Des reliefs d'ortolans, LA F. *Fab.* I, 9. Le tout est couronné de soixante ortolans, REGNARD, *Bal*, sc. 3.
ORVALE [òr-vàl] *s. f.*
[ÉTYM. Origine inconnue. ‖ XIVᵉ s. L'orvalle laquelle est nommee toute bonne, J. DE BRIE, *Bon Berger*, dans DELB. *Rec.* Admis ACAD. 1762.]
‖ (Botan.) Espèce de sauge dite herbe aux plaies.
ORVET [òr-vè] *s. m.*

[ÉTYM. Mot de même famille que le provenç. **aneduelh** (var. **arguei, anivel**), berrichon **aneuil**, d'origine inconnue; **orvet** semble une forme influencée par l'anc. franç. **orb**, aveugle, § 509. || 1390. **Orvels, crapous,** J. LE PETIT. *Livre du champ d'or*, dans DELB. *Rec*. Admis ACAD. 1878.]

|| Petit reptile inoffensif, dit **aveugle**, à cause de la petitesse de ses yeux.

ORVIÉTAN [òr-vyé-tan; *en vers, abusivt*, -vi-é-...] *s. m.*
[ÉTYM. Emprunté de l'ital. **orvietano**, *m. s.* l'inventeur de cette drogue étant d'**Orvieto**, ville d'Italie, §§ 12 et 36. || 1642. OUD.]

|| Électuaire auquel on attachait autrefois de grandes vertus. **O grande puissance de l'—!** MOL. *Am. méd.* II, 7. *P. ext*. **Marchand d'—**, charlatan.

ORYCTOGRAPHIE [ò-rĭk'-tò-grà-fi] *s. f.*
[ÉTYM. Composé avec le grec ὀρυκτός, fossile, γράφειν, décrire, et le suffixe **ie**, § 279. || 1771. TRÉV. Admis ACAD. 1835.]

|| (T. didact.) Description des fossiles.

ORYCTOLOGIE [ò-rĭk'-tò-lò-ji] *s. f.*
[ÉTYM. Composé avec le grec ὀρυκτός, fossile, λόγος, discours, et le suffixe **ie**, § 279. || 1755. *Histoire naturelle éclaircie dans une de ses parties principales, l'orychtologie*, DEZALLIERS D'ARGENVILLE, titre. Admis ACAD. 1835.]

|| (T. didact.) Histoire des fossiles.

1. OS [ŏs'; au plur. ó, en liaison ŏz'] *s. m.*
[ÉTYM. Du lat. pop. **ŏssum** (class. **os**), *m. s.* §§ 319 et 291. (*Cf*. l'ital. **osso**, l'espagn. **bueso**, etc.)]

|| **1°** Partie dure et solide qui forme la charpente du corps chez les animaux vertébrés des classes supérieures. *Loc. prov*. **C'est lui-même, en chair et en os, en personne. N'avoir que la peau et les os, la peau sur les os, être très maigre. Vous n'avez tantôt plus que la peau sur les os**, RAC. *Plaid*. I, 4. *Dans le même sens*. **Les os lui percent la peau**, SÉV. 288. **De son maigre visage on eût compté les os**, BOURS. *Mort vivant*, I, 3. **Il ne fera pas de vieux os**, il ne vivra pas longtemps. **Je n'ai trouvé personne à qui rompre les os**, MOL. *Amph*. I, 2. **Gelé jusqu'aux os, jusqu'à la moelle des os, très profondément. Et mouillé jusqu'à l'os**, RÉGNIER, *Sat*. 11. **Quelle soudaine ardeur jusqu'aux os me consume?** ROTROU, *Hercule mourant*, III, 1. *Fig*. La partie la plus intime de l'être. **Alors Adam dit : Voilà maintenant la chair de ma chair, et l'os de mes os**, SACI, *Bible, Genèse*, II, 28. **Et les os humiliés tressailliront**, BOSS. *A. de Gonz.* || *Spéciall*. **Les os de qqn, ses restes mortels. Il y laissera ses os, il y mourra. Et d'un œil effrayé contemplera leurs os**, DELILLE, *Géorg*. 1. **Un horrible mélange D'os et de chair meurtris**, RAC. *Ath*. II, 5. || (Boucherie.) **La viande et les os. Un boucher qui donne trop d'os avec la viande**. *Loc. prov*. **Il n'y a pas de viande sans os**, il y a toujours qq inconvénient mêlé aux avantages. **Un os à la moelle**, qui contient de la moelle, et qu'on met dans le pot-au-feu. *Fig*. **Extraire la moelle de l'os**, tirer d'une chose ce qu'elle contient de plus important, de plus profitable. **Force reliefs de toutes les façons, Os de poulets, os de pigeons**, LA F. *Fab*. I, 5. **Sucer, ronger un os**. *Fig*. **Ronger qqn jusqu'aux os**, l'épuiser, le ruiner. **Jeter un os à un chien**, et, *fig*. **Jeter un os à qqn**, lui donner un petit profit dans une affaire, pour se l'attacher. **Donner à un chien un os à ronger**, et, *fig*. **Donner à qqn un os à ronger**, le mettre aux prises avec qq difficulté qui l'occupe. **Un os lui demeura bien avant au gosier**, LA F. *Fab*. III, 9. *Loc. prov*. **Voilà bien des chiens après un os**, bien des personnes pour partager le profit. || (Industrie.) **Un bouton, une bille en os. Polir avec un os. Couteaux à manche d'os.**

|| **2°** *P. ext*. **Os de cœur de cerf**, os qui se trouve dans la cloison du ventricule du cœur, très employé dans l'ancienne médecine. || **Os de seiche**, lame calcaire intérieure qui soutient le dos de la seiche, dont on garnit la cage des oiseaux captifs pour qu'ils s'y aiguisent le bec.

2. OS [ŏs'; au plur. ó, en liaison ŏz'] *s. m.*
[ÉTYM. Altération de l'anc. franç. **oste** (*V*. GODEF. **oste 1**), d'origine inconnue, § 509. || XIV° s. **Les ostes plus gros, Modus**, f° 3, dans LA C. | 1642. **Os, ergots du cerf**, OUD.]

|| (Vénerie.) Ergot du cerf.

'OSCILLANT, ANTE [ŏs'-sĭl'-lan, -lànt'] *adj.*
[ÉTYM. Adj. particip. de **osciller**, § 47. || *Néolog*.]

|| (T. didact.) Qui oscille.

OSCILLATION [ŏs'-sĭl'-là-syon; *en vers*, -si-on] *s. f.*
[ÉTYM. Emprunté du lat. **oscillatio**, *m. s.* || 1701. FURET. Admis ACAD. 1762.]

|| (T. didact.) Mouvement d'un corps qui oscille. **Les oscillations d'un navire. Les oscillations du pendule. Centre d'— d'un pendule**, point intermédiaire entre les molécules supérieures qui en accélèrent et les molécules inférieures qui en ralentissent le mouvement. || *Fig*. Alternative. **Les oscillations de l'opinion populaire.**

OSCILLATOIRE [ŏs'-sĭl'-là-twâr] *adj.*
[ÉTYM. Emprunté du lat. scientifique **oscillatorius** (HUYGENS), *m. s.* § 249. || 1741. COL-DE-VILLARS, *Dict. franç.-lat*. Admis ACAD. 1762.]

|| (T. didact.) Qui produit des oscillations. **Mouvement —.**

OSCILLER [ŏs'-sĭl'-lé] *v. intr.*
[ÉTYM. Emprunté du lat. **oscillari**, *m. s.* || 1752. TRÉV. Admis ACAD. 1762.]

|| (T. didact.) S'écarter de son centre de gravité et y revenir par un mouvement alternatif régulier. **Galilée avait observé que le pendule oscille en temps égaux**, BAILLY, *Hist. astron*. 3. || *Fig*. Présenter des alternatives.

'OSCITANT, ANTE [ŏs'-si-tan, -tànt'] *adj.*
[ÉTYM. Emprunté du lat. **oscitans, antis**, qui bâille. || 1812. MOZIN, *Dict. franç.-allem.*]

|| (Médec.) Qui a des bâillements. **Fièvre oscitante.**

'OSCULATEUR, TRICE [ŏs'-ku-là-tĕur, -trĭs'] *adj.*
[ÉTYM. Dérivé du lat. **osculari**, baiser, § 249. || 1752. **Cercle osculateur**, DE COURTIVRON, *Traité d'optiq*. p. 88.]

|| (Géom.) En parlant d'une courbe, d'une surface, qui a un contact d'ordre supérieur en un point d'une autre courbe, d'une autre surface.

'OSCULATION [ŏs'-ku-là-syon] *s. f.*
[ÉTYM. Emprunté du lat. **osculatio**, action de baiser. (*Cf*. **baisure**.) || XV°-XVI° s. **Osculations et approchemens amatoires**, J. LE MAIRE, dans DELB. *Rec*.]

|| (Géom.) Contact d'ordre supérieur d'une courbe, d'une surface, en un point d'une autre courbe, d'une autre surface.

OSÉ, ÉE [ò-zé] *adj.*
[ÉTYM. Adj. particip. de **oser**, § 44. || XII° s. **E s'il i eûst nul si hardi u osé**, GARN. DE PONT-STE-MAX. *St Thomas*, 378.]

|| Qui tente hardiment qqch. *P. ext*. **Il n'y a point de maladie si osée que de se jouer à la personne d'un médecin**, MOL. *Mal. im*. III, 14.

OSEILLE [ó-zĕy'] *s. f.*
[ÉTYM. Origine inconnue. || XIII° s. **Osile**, *Gloss. de Glasgow*, dans GODEF. *Compl*.]

|| Plante potagère, de la famille des Polygonées, d'une saveur un peu acide, que l'on emploie en potage, comme légume, etc. **Sur comme de l'—. Là croissait à plaisir l'— et la laitue**, LA F. *Fab*. IV, 4. **Sel d'—**, oxalate de potasse qu'on extrait de l'oseille, et dont on se sert pour enlever les taches.

OSER [ó-zé] *v. tr.*
[ÉTYM. Du lat. pop. *ausare (class. audere), m. s.* §§ 333, 295 et 291. || XI° s. **Muer nen oset**, *Voy. de Charl. à Jérus*. 44.]

|| **1°** Avoir la hardiesse de (faire qqch). **Ose me démentir**, CORN. *Cinna*, V, 1. **Que j'ose opprimer et noircir l'innocence!** RAC. *Phèd*. III, 3. **Si d'autres osaient le louer**, BOSS. *Condé*. **Oses-tu donc parler sans l'ordre de ton roi?** RAC. *Esth*. III, 4. **Si j'ose expliquer ma pensée**, ID. *Brit*. IV, 1.

|| **2°** Tenter hardiment (qqch). **Ayant vu ce que j'ose**, CORN. *Méd*. I, 4. **J'oserai davantage**, RAC. *Baj*. II, 1. **Ose tout pour ravir Une odieuse vie à qui le fait servir**, CORN. *Cinna*, III, 4.

OSERAIE [óz'-rè; *en vers*, ó-ze-rè] *s. f.*
[ÉTYM. Dérivé de **oster**, §§ 65 et 121. || XII°-XIII° s. **Une arbroie De viones et d'ossoroie**, GERVAISE, *Best*. 461.]

|| Lieu planté d'osiers.

OSIER [ó-zyé] *s. m.*
[ÉTYM. Origine inconnue; la parenté du radical de **osier** avec le grec οἶσος, *m. s.* n'est pas vraisemblable. || XIII° s. **Plus est frans que nul osier**, J. DE MEUNG, *Rose*, 21992.]

|| Petite espèce de saule, dont les rameaux, les jets flexibles, servent à faire des ouvrages de vannerie, des liens, etc. **Tresser des osiers. Une corbeille d'—. Un arbre taillé en tête d'—**, dont on a abattu toutes les branches, et où on laisse pousser seulement des branches au sommet, comme pour les saules déjà gros qu'on veut exploiter pour en tirer des osiers. || *Loc. prov*. **Franc comme l'—** (les rameaux de l'osier n'ayant pas de nœuds). **— de cour**, courtisan qui a le caractère souple. **Se maintenir, en — de cour, dans les contretemps qu'il essuya**, ST-SIM. XI, 218.

OSMAZÔME [ŏs'-mà-zôm'] *s. f.*

[ÉTYM. Composé avec le grec ὀσμή, odeur, et ζωμός, bouillon, § 279. || 1812. MOZIN, *Dict. franç.-allem.* Admis ACAD. 1835.]

|| (Chimie.) Matière azotée qu'on extrait de la chair, du sang, et qui donne au bouillon sa saveur.

OSMIUM [ŏs'-myòm'; *en vers*, -mi-òm'] *s. m.*

[ÉTYM. Dérivé du grec ὀσμή, odeur, à cause de l'odeur spéciale que dégage un de ses oxydes, § 282 *bis.* || 1806. L'osmium, ainsi nommé par M. Tennant, dans *Annales du Muséum d'histoire naturelle*, VII, 404. Admis ACAD. 1878.]

|| (Chimie.) Corps simple métallique trouvé dans certain minerai de platine.

OSMONDE [ŏs'-mŏnd'] *s. f.*

[ÉTYM. Origine inconnue. || XII° s. Et osmonde et fregon, *Naiss. du Cheval. au cygne*, dans DELB. *Rec.* Admis ACAD. 1762.]

|| (Botan.) Genre de fougères.

OSSATURE [ŏs'-sà-tūr] *s. f.*

[ÉTYM. Dérivé du lat. os, ossis, os, § 250. || *Néolog.* Admis ACAD. 1878.]

|| (T. didact.) Ensemble de la charpente osseuse d'un homme, d'un animal. || *Fig.* L'— terrestre, le noyau solide du globe. L'— d'une voûte, ce qui la soutient.

***OSSEC** [ò-sĕk'] *s. m.*

[ÉTYM. Altération du holland. hoosgat, *m. s.* proprt, « trou (gat) pour épuiser (hoozen) », § 10. On trouve aussi oussec, ousseau, et, avec agglutination de l'article, lossec, loussec, lousseau, § 509. (*V.* loussec.) || 1382. Un treeul pour ladite barge qui sert a tirer l'eaue de l'osset, dans DELB. *Rec.*]

|| (Marine.) Sentine.

OSSELET [ŏs'-lè; *en vers*, ò-se-lè] *s. m.*

[ÉTYM. Dérivé de os 1, § 134. || XII° s. Dous osselez l'en traist, GARN. DE PONT-STE-MAX. *St Thomas*, 3559.]

|| Petit os. Les osselets de l'oreille, petits os placés dans la cavité du tympan. Les mains sont un tissu de nerfs et d'osselets, FÉN. *Exist. de Dieu*, I, 2. || *Spécialt.* Petit os qu'on tire de la jointure d'un gigot de mouton et avec lequel jouent les enfants. Jouer aux osselets. || *Fig.* Lettres en osselets, lettres capitales dont les jambages figurent des osselets allongés. || *P. ext.* | 1. Petit noyau contenu dans le fruit charnu du sureau, du lierre, etc. | 2. Exostose du boulet (chez le cheval). | 3. Instrument de torture fait de petits os qu'on plaçait entre les doigts de la main du patient, qui étaient ensuite comprimés violemment. || *P. anal.* Menotte dont se servaient les archers du guet.

OSSEMENTS [ŏs'-man; *en vers*, ò-se-...] *s. m. pl.*

[ÉTYM. Dérivé de os 1, § 165. || XII° s. L'ossement Saul, *Rois*, II, 21.]

|| Os des hommes, des animaux morts, dépouillés de la chair, qui s'est décomposée. De nos bataillons Les ossements épars ont blanchi les sillons, DELILLE, *Énéide*, 12. Des défenses et des ossements d'éléphant, BUFF. *Époq. de la nat.* 5.

***OSSERET** [ŏs'-rè; *en vers*, ò-se-...] *s. m.*

[ÉTYM. Dérivé de os, § 82 *bis.* || 1752. TRÉV.]

|| (Technol.) Couperet de boucher pour trancher les parties osseuses.

OSSEUX, EUSE [ŏs'-seû, -seûz'] *adj.*

[ÉTYM. Dérivé du lat. os, ossis, os, § 251. || 1689. Les parties osseuses, DUVERNEY, *Lett. sur l'ostéologie*, p. 4.]

|| (T. didact.) Constitué par des os. La charpente osseuse. || Poisson —, dont le corps est muni d'arêtes.

OSSIFICATION [ŏs'-si-fi-kà-syon; *en vers*, -si-on] *s. f.*

[ÉTYM. Dérivé de ossifier, § 247. || 1709. *Merc. de France*, dans DELB. *Rec.* Admis ACAD. 1762.]

|| (T. didact.) Formation des os. Le moment où commence l'— chez le fœtus. || *P. ext.* Altération d'un tissu qui se convertit en substance osseuse.

OSSIFIER [ŏs'-si-fyé; *en vers*, -fi-é] *v. tr.*

[ÉTYM. Composé avec le lat. os, ossis, os, et facere, faire, § 274. || 1709. *Merc. de France*, dans DELB. *Rec.* Admis ACAD. 1762.]

|| (T. didact.) Convertir en substance osseuse.

***OSSU, UE** [ò-su] *adj.*

[ÉTYM. Dérivé de os 1, § 118. || XII° s. Chiere ossue, CHRÉTIEN DE TROYES, *Perceval*, dans GODEF.]

|| *Vieilli.* Qui a de gros os. —, membru, fessu, velu, SCARR. *Virg. trav.* 5.

OSSUAIRE [ŏs'-suèr; *en vers*, -su-èr] *s. m.*

[ÉTYM. Emprunté du lat. ossuarium, *m. s.* || *Néolog.* Admis ACAD. 1835.]

|| Dépôt, amas d'ossements humains. (*Cf.* charnier 1.)

***OST** [ŏst'] *s. f.* (masc. LA F.).

[ÉTYM. Du lat. hostem, proprt, « ennemi », §§ 372 et 291. Sur le genre, *V.* § 551. || XI° s. Por ferir en bataille ne por ost enchalcier, *Voy. de Charl. à Jérus.* 29.]

|| *Anc. franç.* Armée. On vit presque détruit L'— des Grecs, LA F. *Fab.* XI, 3.

OSTÉINE [ŏs'-té-in'] *s. f.*

[ÉTYM. Dérivé du grec ὀστέον, os, § 282 *bis.* || *Néolog.* Admis ACAD. 1878.]

|| (Chimie.) Substance du tissu osseux.

OSTENSIBLE [ŏs'-tan-sibl'] *adj.*

[ÉTYM. Dérivé du lat. ostensus, part. de ostendere, montrer, § 242. A remplacé ostensif. || Admis ACAD. 1740.]

|| (T. didact.) Fait, préparé avec l'intention d'être montré. Menacer qqn d'une manière —.

OSTENSIBLEMENT [ŏs'-tan-si-ble-man] *adv.*

[ÉTYM. Composé de ostensible et ment, § 724. || Admis ACAD. 1798.]

|| D'une manière ostensible. Désapprouver — qqn.

***OSTENSIF, IVE** [ŏs'-tan-sif', -siv'] *adj.*

[ÉTYM. Emprunté du lat. scolast. ostensivus, *m. s.* § 217. || XIV° s. Olive De paix avoir est ostensive, *Poème sur les plantes*, dans DELB. *Rec.*]

|| *Vieilli.* Ostensible. Vaines et ostensives visites, J.-J. ROUSS. *Rêv. du promen. solit.* 2.

***OSTENSION** [ŏs'-tan-syon; *en vers*, -si-on] *s. f.*

[ÉTYM. Emprunté du lat. ostensio, *m. s.* || XIII° s. Aperte ostension De la divinité, J. DE MEUNG, *Test.* 1863.]

|| (T. didact.) Action de montrer. *Spécialt.* (T. relig.) L'— des reliques, leur exposition à l'adoration des fidèles.

OSTENSOIR [ŏs'-tan-swàr] *s. m.*

[ÉTYM. Dérivé du lat. ostensus, part. de ostendere, montrer, § 249. On a dit ostensoire, au fém. (TRÉV.); ACAD. donne ostensoir et ostensoire, et fait ce dernier mot du masc. comme le premier. || Admis ACAD. 1798.]

|| Support en argent, en vermeil, en or, dans lequel on expose à l'adoration des fidèles l'hostie consacrée.

OSTENTATEUR, TRICE [ŏs'-tan-tà-tœur, -trĭs'] *adj.*

[ÉTYM. Emprunté du lat. ostentator, *m. s.* || 1535. Braves gens et ostentateurs de leur noblesse, G. DE SELVE, *Vies de Plutarque*, dans DELB. *Rec.* Admis ACAD. 1878.]

|| Qui témoigne de l'ostentation.

OSTENTATION [ŏs'-tan-tà-syon; *en vers*, -si-on] *s. f.*

[ÉTYM. Emprunté du lat. ostentatio, *m. s.* || 1366. Après l'ostentacion et publicacion de ces presentes, *Ordonn.* IV, 613.]

|| Montre que qqn fait avec affectation de ce qui peut flatter sa vanité. Il faut éviter l'— comme la perte des bonnes œuvres, BOSS. *Médit. sur l'Év. Serm. sur la montagne*, 28e jour. L'orgueil des ostentations, CORN. *Imit.* III, 54. L'— d'une certaine probité, LA BR. 6.

OSTÉOCOLLE [ŏs'-té-ò-kòl] *s. f.*

[ÉTYM. Emprunté du grec ὀστεόκολλα, colle d'os. || 1701. FURET. Admis ACAD. 1762.]

|| (Chimie.) Carbonate de chaux en suspension dans l'eau de certaines fontaines, qui se dépose sur les corps qu'on y plonge, et auquel on attribuait la vertu de hâter la formation du cal dans les fractures osseuses.

OSTÉOCOPE [ŏs'-té-ò-kŏp'] *adj.*

[ÉTYM. Emprunté du grec ὀστεοκόπος, qui brise les os. || 1701. FURET. Admis ACAD. 1835.]

|| (Médec.) Qui endolorit les os. Douleurs ostéocopes.

OSTÉOGÉNIE [ŏs'-té-ò-jé-ni] *s. f.*

[ÉTYM. Composé avec le grec ὀστέον, os, γένος, naissance, et le suffixe ie, § 279. On trouve ostéogonie au XVIII° s. (TRÉV.). || 1754. BERTIN, *Ostéologie*, I, 132. Admis ACAD. 1878.]

|| (T. didact.) Science qui étudie la formation des os.

OSTÉOGRAPHIE [ŏs'-té-ò-grà-fi] *s. f.*

[ÉTYM. Composé avec le grec ὀστέον, os, γράφειν, décrire, et le suffixe ie, § 279. || 1753. TARIN, titre. Admis ACAD. 1835.]

|| (T. didact.) Description des os.

OSTÉOLITHE [ŏs'-té-ò-lĭt'] *s. f.*

[ÉTYM. Composé avec le grec ὀστέον, os, et λίθος, pierre, § 279. || 1774. ISENFLAMM, *Descript. des zoolithes*, p. 6. Admis ACAD. 1835.]

|| (T. didact.) Os pétrifié.

OSTÉOLOGIE [ŏs'-té-ò-lò-ji] *s. f.*

[ÉTYM. Emprunté du lat. scientif. osteologia, qui est le

grec ὀστεολογία, *m. s.* || 1628. p. constant, *Anat. de Riolan*, i, 144. Admis acad. 1718.]

|| (T. didact.) Partie de l'anatomie qui traite des os.

OSTÉOTOMIE [ŏs'-té-ò-tò-mi] *s. f.*

[étym. Composé avec le grec ὀστέον, os, τομή, section, et le suffixe te, § 279. || 1765. encycl. Admis acad. 1835.]

|| (T. didact.) Dissection des os. *Spécialt.* Section des os du fœtus mort, pour l'extraire.

OSTRACÉ, ÉE [ŏs'-trà-sé] *adj.*

[étym. Dérivé du grec ὄστρακον, coquille, § 223. (*Cf.* huître.) On a dit d'abord ostracée aux deux genres. || 1727. Poissons testacées et ostracées, pierquin, dans *Suite de la Clef ou Journ. hist.* déc. p. 397. Admis acad. 1762.]

|| (T. didact.) Qui a la forme ou la nature d'une coquille. Les mollusques ostracés, et, *substantivt*, Les ostracés.

OSTRACISME [ŏs'-trà-sïsm'] *s. m.*

[étym. Emprunté du lat. ostracismus, grec ὀστρακισμός, *m. s.* dérivé de ὄστρακον, coquille ou terre cuite avec laquelle on votait à Athènes. || 1535. g. de selve, *Vies de Plutarque,* dans delb. *Rec.* Admis acad. 1740.]

|| (Antiq. grecq.) Bannissement de dix ans contre un citoyen devenu suspect, par son crédit, sa puissance dans la cité.

OSTRACITE [ŏs'-trà-sït'] *s. f.*

[étym. Emprunté du lat. ostracitis, grec ὀστρακίτις, *m. s.* || 1701. furet. Admis acad. 1762.]

|| (T. didact.) Coquille pétrifiée.

***OSTRÉICULTURE** [ŏs'-tré-i-kül-tûr] *s. f.*

[étym. Composé avec le lat. ostreum, huître, et cultura, culture, § 273. || *Néolog.*]

|| (T. didact.) Méthode de multiplication des huîtres.

OSTROGOT, *OSTROGOTE [ŏs'-trò-gó, -gŏt'] *s. m. et f.*

[étym. Nom propre signifiant proprt « Goth de l'Est », § 36. (*Cf.* gothique.) || Admis acad. 1718.]

|| *Famil.* Personne étrangère aux usages, aux bienséances. Une ostrogote faite en dépit de nature, th. corn. *Baron d'Albikrac,* i, 3. Tant mieux qu'elle ait refusé les ostrogots dont tu viens de parler, hamilt. *Gram.* 145. || *Adjectivt.* Ces vers ostrogots me faisaient mal au cœur, j.-j. rouss. *Confess.* 6.

OTAGE [ò-tâj'] *s. m.*

[étym. Du lat. pop. *obsidaticum (class. obsidatus), proprt, « le fait d'être otage, dérivé de obses, idis, otage, dont la déclinaison, influencée par celle de hospes, itis, est devenue obses, *obsitis, d'où *obsitaticum, ostage, §§ 370, 437, 336, 294, 380, 290 et 291, otage, § 422. || xiᵉ s. De noz ostages ferat trenchier les testes, *Roland,* 57.]

|| Personne livrée à des ennemis avec qui on traite, comme garantie des conditions convenues. D'un homme tel que vous la foi vaut cent otages, corn. *Sertor.* i, 2. Vous auriez pu leur donner des otages et en prendre d'eux, fén. *Tél.* 10. Si je n'ai de leur foi cet enfant pour —, rac. *Ath.* iii, 3. || *P. ext.* Les ennemis réclamèrent des villes d'—.

OTALGIE [ò-tăl-jï] *s. f.*

[étym. Emprunté du grec ὠταλγία, *m. s.* de οὖς, ὠτός, oreille, et ἄλγος, douleur. || 1701. trév. Admis acad. 1762.]

|| (Médec.) Névralgie de l'oreille.

***OTALGIQUE** [ò-tăl-jïk'] *adj.*

[étym. Emprunté du grec ὠταλγικός, *m. s.* || xivᵉ s. Maladie... otalgique, j. de vignay, dans delb. *Rec.*]

|| (Médec.) Relatif à l'otalgie.

***OTARIE** [ò-tà-ri] *s. f.*

[étym. Dérivé du grec οὖς, ὠτος, oreille, § 282. || Mot dû à péron (*V. Ann. du Mus. d'hist. nat.* xv, 300, ann. 1810.)]

|| (Hist. nat.) Espèce de phoque à oreilles apparentes.

ÔTER [ó-té] *v. tr.*

[étym. Pour oster, § 422, d'origine incertaine. Le lat. obstare, qui serait devenu régulièrement oster, ne convient pas au sens, puisqu'il est neutre et signifie « faire obstacle ». || xiiᵉ s. Ostez, ph. de thaun, *Comput,* 3500.]

|| **1°** Mettre hors d'une place. Ote d'autour de chaque roue Ce malheureux mortier, la f. *Fab.* vi, 18. —, pour faire bien, du grenier de céans Cette longue lunette, mol. *F. sav.* ii, 7. On l'ôte d'une place destinée à un ministre, la br. 2. Qu'on l'ôte de mes yeux! corn. *Poly.* v, 3. Ote-toi de mes yeux, maraud! mol. *Dép. am.* i, 4. *Absolt.* Otez deux, reste sept, boil. *Sat.* 8. Otons-nous, la f. *Fab.* v, 20. *Loc. prov.* Ote-toi de là que je m'y mette (dit ironiquement par celui qui prend la place d'un autre). || *Fig.* Il m'ôte des périls que j'aurais pu courir,

corn. *Poly.* iv, 3. Ote-moi d'un doute, id. *Cid,* ii, 2. Nous nous ôtons du pied une fâcheuse épine, mol. *Ét.* iii, 2. Otez-vous de l'esprit Qu'aucun être ait été composé sur le vôtre, la f. *Fab.* ix, 12. || *Absolt.* Mettre hors de telle ou telle partie du corps (ce qui la couvre). — À qqn ses chaussures. Il a ôté ses gants, ses bas, ses souliers, son habit, son chapeau. — son chapeau à qqn, le saluer. *P. anal.* — la bride à un cheval. *Fig.* Si on leur ôte le frein nécessaire, boss. *R. d'Angl.*

|| **2°** Mettre hors de la possession de qqn. Ce grand Dieu enseigne les princes et en leur donnant et en leur ôtant leur puissance, boss. *R. d'Angl.* Il vous rapporte un cœur qu'il n'a pu vous —, rac. *Andr.* ii, 1. Qui m'ose — l'honneur craint de m'ôter la vie! corn. *Cid,* ii, 2.

OTTOMANE [ŏt'-tò-màn'] *s. f.*

[étym. Dérivé du nom propre Ottoman, autre nom des Turcs, § 36. || 1812. mozin, *Dict. franç.-allem.* Admis acad. 1835.]

|| Grand siège sans dossier, où l'on peut se reposer à la manière des Orientaux.

OU [ou] *conj.*

[étym. Du lat. aut, *m. s.* devenu od, o, ou, § 726.]

|| Conjonction exprimant l'alternative. Sa perte ou son salut dépend de sa réponse, rac. *Baj.* i, 3. Jouer à pair ou impair. Est-ce moi qui vous quitte, ou vous qui me chassez? mol. *F. sav.* iv, 2. Les jugements de cour vous rendront blanc ou noir, la f. *Fab.* vii, 1. Le roi, l'âne ou moi, nous mourrons, id. *ibid.* vi, 19. Qui la chérit le plus ou d'Ulysse ou de moi, rac. *Iph.* i, 2. Ou vous me croirez, ou bien de ce malheur Ma mort m'épargnera la vue, id. *Brit.* iv, 3. || *Substantivt.* Cet ou me tue, la f. *Eunuque,* i, 2.

OÙ [ou] *adv.*

[étym. Du lat. ûbi, *m. s.* § 726.]

1. Dans lequel (en parlant du lieu où l'on est, où l'on va).

|| **1°** En parlant du lieu où l'on est, où l'on fait qqch. La ville où il habite. L'hôtel où il demeure. La maison où il est né. La chambre où il travaille. Le tombeau où son corps repose. *Avec interrogation.* Dans quel lieu? Où demeure-t-il? Où est-il né? || *P. anal.* Chez qui, en parlant de qqn. Le véritable Amphitryon Est l'Amphitryon où l'on dîne, mol. *Amph.* iii, 5. Ces âmes où domine l'ambition, boss. *Le Tellier.* || *Fig.* L'état obscur où les dieux l'ont caché, rac. *Iph.* i, 1. Cette mélancolie Où j'ai vu si longtemps votre âme ensevelie, id. *Andr.* i, 1. Quelquefois l'un se brise où l'autre s'est sauvé, corn. *Cinna,* ii, 1. L'attente où j'ai vécu n'a point été trompée, id. *Ment.* i, 1. Que sert la colère où manque le pouvoir? id. *Sertor.* i, 2. C'est une étrange et longue guerre que celle où la violence essaie d'opprimer la vérité, pasc. *Prov.* 12. *Avec interrogation.* Où en sommes-nous?

|| **2°** En parlant du lieu dans lequel on va, vers lequel on se dirige. Cette Troie où je cours, rac. *Iph.* iv, 6. *Avec interrogation.* Dans, vers quel lieu? Où menez-vous ces enfants et ces femmes? rac. *Ath.* iii, 7. Sur ses longs pieds, allait, je ne sais où, Le héron, la f. *Fab.* vii, 4. || *Ellipt.* Où que, en quelque lieu que. Où qu'il soit, quoi qu'il fasse, corn. *Imit.* i, 25. || *Fig.* Cette mer où tu cours est célèbre en naufrages, boil. *Ép.* 1. L'objet où vont mes vœux, corn. *Théod.* i, 2. Chacun a son défaut, où toujours il revient, la f. *Fab.* iii, 7. Cette mort où le cours, rac. *Andr.* ii, 2. *Avec interrogation.* Où veut-il en venir?

II. *P. anal.* En parlant du temps. S'étant su lui-même avertir Du temps où l'on se doit résoudre à ce passage, la f. *Fab.* viii, 1. Le premier instant où les enfants des rois Ouvrent les yeux à la lumière, id. *ibid.*

III. *P. ext. Vieilli.* Auquel, auxquels, à laquelle, auxquelles, à quoi, se rapportant à un substantif. La résistance où s'obstinait mon cœur, mol. *Tart.* iii, 3. C'est une chose où je suis déterminée, id. *Méd. m. l.* iii, 6. Un engagement où il n'est pas propre, la br. 2. Les jeux où mon esprit s'amuse, la f. *Fab.* vii, dédic. C'est là l'unique étude où je veux m'attacher, boil. *Ép.* 5. Et l'hymen d'Henriette est le bien où j'aspire, mol. *F. sav.* i, 4. C'est où je mets aussi ma gloire la plus haute, mol. *Tart.* ii, 1. Rien où l'on soit moins préparé, la f. *Fab.* viii, 1.

IV. Construit avec les prép. de, par.

|| **1°** D'où, duquel, en parlant du lieu duquel on vient. La maison d'où vous sortez. *Avec interrogation.* D'où sortez-vous? || *Ellipt.* D'où que, de quelque lieu que. D'où qu'il vienne. || *Fig.* La race d'où ils tirent leur origine. D'où lui vient, cher ami, cette impudente audace? rac. *Esth.* ii, 1. L'arrêt d'où dépend son sort. Le raisonnement d'où je conclus que...

‖ **2°** Par où, par lequel, en parlant du lieu par lequel on passe. Le chemin par où il a passé. *Avec interrogation.* Par où est-il sorti? ‖ *Fig.* Tu sais me frapper par où je suis sensible, CORN. *Cinna*, I, 2. Sans l'offre de ton cœur, par où peux-tu me plaire? RAC. *Baj.* V, 4. Par où sera jamais ma douleur apaisée? CORN. *Cid*, III, 3.

OUAICHE [wèch'] *s. f.*

[ÉTYM. Mot d'origine scandinave, § 9 : *cf.* angl. **wake**, *m. s.* suédois **vak**, norvégien **vok**, ouverture faite dans la mer glacée pour le passage d'un vaisseau. On trouve aussi en franç. ouage, houaiche, houache, etc. ‖ 1678. GUILLET, *Dict. mar.* Admis ACAD. 1762.]

‖ *Vieilli.* (Marine.) Sillage d'un vaisseau. Tirer un vaisseau en —, le remorquer dans son sillage. Traîner un pavillon ennemi en —, à l'arrière du vaisseau.

OUAILLE [wây'; *en vers*, ou-ây'] *s. f.*

[ÉTYM. Pour oueille, par substitution de suffixe, § 62, du lat. **ŏvĭcula**, diminutif de ovis, *m. s.* §§ 347, 445, 310, 291, 390 et 291.]

‖ **1°** *Vieilli et dialect.* Brebis. Garder du loup leur —, LA F. *Contes*, *Roi Candaule*.

‖ **2°** *Fig.* Personne confiée à la direction d'un pasteur spirituel. Les pasteurs ont tenu ferme, mais les ouailles se sont dispersées, LA BR. 15.

OUAIS [wè] *interj.*

[ÉTYM. Onomatopée, § 32. ‖ 1611. Hoûay, COTGR.]

‖ *Famil.* Exclamation qui marque la surprise.† — ! mon fils baise la main de sa prétendue belle-mère, MOL. *Av.* IV, 2.

OUATE [wât'; *en vers*, ou-ât'; *vieilli*, wêt', ou-êt'] *s. f.*

[ÉTYM. Origine incertaine; peut-être de l'allem. **watte**, *m. s.* que qqns considèrent au contraire comme emprunté du franç. §§ 7, 498 et 499. ‖ XVIIᵉ s. V. à l'article.]

‖ Coton préparé en nappe moelleuse, servant à divers usages. De la —, et, *vieilli*, De l'—. Une feuille de —. Sur l'— molle, BOIL. *Lutr.* 4.

OUATER [wà-té; *en vers*, ou-à-té; *vieilli*, wè-té, ou-è-té] *v. tr.*

[ÉTYM. Dérivé de ouate, § 154. ‖ XVIIᵉ s. V. à l'article. Admis ACAD. 1762.]

‖ Garnir de ouate. J'ai une robe de chambre ouatée, SÉV. 820. Un pansement ouaté.

OUBLI [ou-bli] *s. m.*

[ÉTYM. Subst. verbal de oublier, § 52. ‖ XIᵉ s. Mais lui meïsmes ne veit metre en ubli, *Roland*, 2384.]

‖ Action d'oublier. Le reste que son Dieu montre un — fatal, RAC. *Ath.* I, 1. Mettre en —, oublier. Nous mettrons notre honneur et son sang en — ? RAC. *Mithr.* I, 3. Laisser qqch, qqn dans l'—, Tomber dans l'—. Leur talent dans l'— demeurerait caché, BOIL. *Sat.* 9. Le mépris de sa mère et l'— de sa femme! RAC. *Brit.* III, 3. L'— des injures. L'— de ses devoirs. L'— de soi-même (l'abnégation). Réparer un —. ‖ (Mythol.) Le fleuve de l'— le Léthé.

OUBLIANCE [ou-bli-âns'] *s. f.*

[ÉTYM. Dérivé de oublier, § 146. ‖ XIIᵉ s. Nen iert ubliance de povre, *Psaut. d'Oxf.* IX, 19.]

‖ *Vieilli.* Tendance à oublier. L'art d'—, BALZ. *Lett.* III, 2.

OUBLIE [ou-bli] *s. f.*

[ÉTYM. Pour oublée, §§ 62 et 509, du lat. ecclés. **oblāta**, *m. s.* proprt, « chose offerte » (*cf.* oblat), §§ 347, 295, 402 et 291. ‖ XIIᵉ s. Niules, oublees, gibelès, *Floire et Blancheft.* I, 2875.]

‖ **1°** *Vieilli.* Pain d'autel préparé pour être consacré à la messe. (*Syn.* hostie.)

‖ **2°** *P. anal.* Pâtisserie mince, roulée d'ordinaire en cylindre creux ou en cornet. (*Syn.* plaisir.) Douze cornets d'oublies, DANCOURT, *S. Pança*, V, 12. ‖ *Fig. Vieilli.* Faire l'—, avoir les coins roulés.

‖ **3°** *P. anal.* Coquille univalve à bords enroulés.

OUBLIER [ou-bli-yé] *v. tr.*

[ÉTYM. Du lat. pop. *ŏblītāre*, tiré de oblitus, part. de oblīviscī, *m. s.* devenu oblider, oblier, oublier, §§ 347, 402, 295 et 291. ‖ XIᵉ s. Mais la dolor ne puedent oblider, *St Alexis*, 157.]

‖ Ne pas garder dans sa mémoire. J'ai oublié son nom. Dites que le sommeil vous l'a fait —, CORN. *Ment.* V, 3. De ce couple perfide J'avais presque oublié l'attentat parricide, RAC. *Esth.* II, 3. — de faire qqch, et, *vieilli*, — à. J'ai... oublié à vous dire qu'il y a des Escobars de différentes impressions, PASC. *Prov.* 8.

‖ *P. ext.* ‖ **1°** Ne plus avoir présent à l'esprit. — le reste du monde, QUINAULT, *Rol.* III, 2. Il a oublié l'heure. *P. ext.* — un objet, ne pas penser à le prendre. Vouloir — qqn, c'est y penser, LA BR. 4. Les morts sont vite oubliés. Oubliez-vous ici qui vous interrogez? RAC. *Iph.* IV, 6. Oubliez-vous Que Thésée est mon père? ID. *Phèd.* II, 5. ‖ *P. ext.* ‖ **1.** S'—, ne plus penser à ce qu'on est. Une grande princesse à ce point s'— ! CORN. *Cid*, I, 2. S'— jusqu'à m'offrir sa main, VOLT. *Mér.* II, 1. *Vieilli.* S'oubliant de ce qu'il est en lui-même, BOSS. *Honn. du monde*, 2. ‖ **2.** Ne plus penser à ce qu'on a à faire. S'— chez qqn. Je me suis oublié en causant.

‖ **2°** Ne pas penser à (qqn ou qqch) par négligence. L'Égypte n'oubliait rien pour polir l'esprit, ennoblir le cœur, BOSS. *Hist. univ.* III, 3. Tes prières m'ont fait — mon devoir, RAC. *Phèd.* IV, 6. — ce qu'on doit à qqn. N'oubliez pas les pauvres. S'— pour les autres. Et je dois d'autant moins — sa vertu Qu'elle-même s'oublie, RAC. *Esth.* II, 3. Qui... Du mérite oublié nous fassent souvenir, ID. *ibid.* Il ne s'est pas oublié. *Loc. prov.* Est bien fou qui s'oublie.

OUBLIETTES [ou-bli-yèt'] *s. f. pl.*

[ÉTYM. Dérivé de oublier, § 133. ‖ 1374. Mis en obliete en la court de l'evesque, dans DU C. oblivium.]

‖ Cachot où certains condamnés étaient oubliés, condamnés à une prison perpétuelle. ‖ *P. ext.* Trappe par laquelle on précipitait ceux dont on voulait se défaire secrètement. ‖ *Fig.* Mettre qqch aux —, le laisser de côté pour ne plus s'en occuper.

OUBLIEUR [ou-bli-yeûr et -yeü] *s. m.*

[ÉTYM. Dérivé de oublie, § 112. Qqf écrit oublieux, par confusion de suffixe, § 62. L'anc. franç. dit plus ordinairement oublayeur. ‖ XIVᵉ s. G. DE DIGULLEVILLE, dans GODEF. Admis ACAD. 1740.]

‖ *Ancienn.* Garçon pâtissier colportant des oublies (ordinairement le soir). Mᵐᵉ de Beaumont arrive-t-elle toujours comme l'oublieux (sur les huit heures)? SÉV. 343.

OUBLIEUX, EUSE [ou-bli-eû, -eûz'] *adj.*

[ÉTYM. Dérivé de oubli, § 116. ‖ XIIᵉ s. Li uns et li altres est oblivus, *Serm. de St Bern.* p. 55.]

‖ Sujet à oublier. — de sa destinée, BOSS. *Mort*, préamb. *Absolt.* Une personne oublieuse.

°OUCHE [ôuch'] *s. f.*

[ÉTYM. Du lat. pop. **olca**, mentionné par GRÉGOIRE DE TOURS avec le même sens, et qui est probablement celtique, § 3, devenu olche, ouche, §§ 459, 379 et 291.]

‖ *Vieilli et dialect.* Terrain de qualité supérieure situé près de la maison et ordinairement cultivé en jardin.

°OUDRIR [ou-drîr] *v. tr.*

[ÉTYM. Pour houdrir, heudrir, d'origine incertaine, probablement germanique, à cause de la présence de l'h dans la forme ancienne, §§ 6, 498 et 499. ‖ XIVᵉ s. Heudry, pourry et legier comme mort bois, *Ménagier*, II, 230.]

‖ *Dialect.* Flétrir, dessécher (les bourgeons). ‖ *P. anal.* Du linage oudri (ou ourdri), qui a des taches de moisissure.

OUEST [wèst'] *s. m.*

[ÉTYM. Emprunté de l'angl. **west**, *m. s.* mot qui se retrouve dans toutes les langues germaniques, § 8. ‖ XIIᵉ s. Devers le west, *Rois*, III, 6.]

‖ Celui des quatre points cardinaux qui est du côté où le soleil se couche. (*Syn.* couchant, occident.) Le vent vient de l'—. ‖ *P. ext.* Région située de ce côté. *P. appos.* Le côté —. Longitude —. ‖ *Spécialt.* Partie d'un pays située de ce côté. L'— de la France, et, *absolt*, Les départements de l'Ouest. La compagnie des chemins de fer de l'Ouest. La gare de l'Ouest à (Paris).

OUF [ôuf'] *interj.*

[ÉTYM. Onomatopée, § 32. ‖ 1642. Ouff, OUD.]

‖ *Famil.* Exclamation exprimant une sorte d'oppression. Ouf! tu m'étrangles, MOL. *Fâch.* I, 1. Ouf! je me sens déjà pris de compassion, RAC. *Plaid.* III, 3.

OUI [wi] *adv. et s. m.*

[ÉTYM. Pour ouil (*cf.* nenni), oïl, composé de l'anc. franç. o, qui est le lat. hoc, cela, et il, § 726. ‖ XIᵉ s. Oïl, ço dis Turpins, *Voy. de Charl. à Jérus.* 494.]

1. Mot invariable, équivalant à une proposition par laquelle on répond affirmativement à une interrogation exprimée ou sous-entendue.

‖ **1°** Réponse à une interrogation exprimée. ORGON : Avez-vous tout dit? — CLÉANTE : Oui, MOL. *Tart.* I, 5. HARPAG. : Lui avez-vous rendu visite? — CLÉANTE : Oui, mon père, ID. *Av.* IV, 3.

‖ **2°** Réponse à une interrogation sous-entendue. Que

maudite soit l'heure et le jour où je m'avisai d'aller dire oui!
MOL. *Méd. m. l.* I, 1. Je ne dis ni oui ni non. || Joint à des
adverbes qui augmentent la force de l'affirmation. La reine!
Vraiment oui, je la suis, LA F. *Fab.* X, 2. Oui certes. Oui-dà. Mais
oui. Oui bien. *Spéciall. Vieilli.* Précédant une affirmation
que l'on oppose à une autre. Que le « Cid » n'est point le
chef-d'œuvre du plus grand homme de France, mais oui bien la
moins judicieuse pièce de M. Corneille, SCUDÉRY, *Lett. à
l'Acad.*

|| **3°** Répétition elliptique d'une proposition déjà ex-
primée ou sous-entendue. Oui, c'est Agamemnon, c'est ton
roi qui t'éveille, RAC. *Iph.* I, 1. Notre sœur est folle, oui, MOL.
F. sav. II, 4. Oui, mon père, c'est ainsi que vous me jouez,
MOL. *Av.* IV, 3.

II. *S. m.* Et tarder tant à dire un oui si plein de charmes,
MOL. *Sgan.* sc. 2. || *Famil.* Savoir le oui et le non de qqch,
le pour et le contre. Pour un oui et un non, pour une cause
légère. Pour un oui et un non, il se fâche. Dire le grand oui, se
marier. La langue d'oui (ou, d'après la forme du moyen
âge, la langue d'oïl), où la particule d'affirmation est oui,
le français (par opposition au provençal ou langue d'oc).

'OUICHE [wich'] *interj.*
[ÉTYM. Semble tiré de oui, § 726. || 1696. Ouiche! tarare!
pompon! REGNARD et DUFRESNY, *Parodie de Cléopâtre.*]

|| Exclamation exprimant l'incrédulité.

OUÏ-DIRE [ou-i-dir] *s. m.*
[ÉTYM. Composé de ouï, part. de ouïr, et dire, § 178. Au
XVI° s. et même au XVII° s. on trouve plus souvent par
ouïr dire (NICOT, FURET.) que par ouï dire. || XVI° s. On le
nommoit Ouy-dire, RAB. V, 31.]

|| Le fait d'avoir entendu dire, raconter une chose. Il
ne sait que par — Ce que c'est que la cour, LA F. *Fab.* VII, 12.
Je le sais par —, RAC. *Poés.* 2° append. 1. Une grande partie
de l'histoire n'est fondée que sur des —, VOLT. *S. de L. XIV*,
suppl. 1.

OUÏE [ou-i] *s. f.*
[ÉTYM. Subst. particip. de ouïr, § 45. || XI° s. Del corn
qu'il tient l'oïe en est mult grant, *Roland*, 1765. L'oïe pert e
la veüe, *ibid.* 2012.]

|| **1°** *Vieilli.* Action d'ouïr. L'organe de l'—. A l'— de cette
nouvelle, J.-J. ROUSS. *Lett. à M. de Beaumont.* A perte
d'—. (*V.* perte.) *Spéciall.* (T. forest.) A l'— de la cognée,
dans l'espace où l'on ne pourrait couper du bois sans
qu'on entendît la cognée. Les adjudicataires sont responsables de tout délit commis dans leurs ventes à l'— de la cognée,
Code forestier, art. 45.

|| **2°** *P. ext. Au plur.* Organes respiratoires, placés de
chaque côté de la tête des poissons (comme des oreilles).
Ouvertures de ces organes. Tenir un poisson par les ouïes.
|| *P. anal.* Ouvertures pratiquées sur la table de certains
instruments de musique, pour augmenter la sonorité.

OUILLAGE [ou-yàj'] *s. m.*
[ÉTYM. Dérivé de ouiller, § 78. || 1322. Eullage, dans DU
C. *implagium.* Admis ACAD. 1878.]

|| (Technol.) Action d'ouiller (un tonneau).

OUILLER [ou-yé] *v. tr.*
[ÉTYM. Pour œouiller, aoiller, composé de à et œil sous
sa forme atone, §§ 194 et 196 : proprt, « remplir jusqu'à
l'œil (la bonde du tonneau) ». || 1322. Tonneaus... aem-
plis et aeuilliés, dans DU C. implagium. Admis ACAD. 1878.]

|| (Technol.) Remplir (un tonneau) à mesure qu'il se
vide par évaporation. || *Fig. Vieilli.* Rassasier. Étant ouil-
lés de la grande quantité de pièces, D'AUB. *Lett.* I, 455.

OUÏR [ou-ir] *v. tr.*
[ÉTYM. Du lat. audire, *m. s.* (*cf.* audience, etc.), devenu
odir, oïr, ouïr, §§ 333, 411 et 291.]

|| *Vieilli.* Entendre. Si j'ois maintenant quelque bruit, DESC.
Médit. 3. Déjà dans le ciel j'ois gronder mon supplice, ROTROU,
Cosroès, II, II. Oyez, peuple, oyez tous, CORN. *Poly.* III, 2.
Quelle partie du monde habitable n'a pas ouï les victoires du
prince de Condé? BOSS. *Condé.* Son sang criera vengeance, et
je ne l'orrai pas! CORN. *Cid*, III, 3. || *Spéciall.* (Droit.) Il
fut condamné sans être ouï, BOSS. *Var.* VII, 34. Les témoins
ouïs, oui les témoins, quand on eut entendu les témoins.
L'oyant compte, les oyants compte, celui; ceux à qui on rend
compte. *Ellipt.* Le compte de tutelle se rend aux dépens des
oyants.

OUISTITI [wis'-ti-ti] *s. m.*
[ÉTYM. Onomatopée reproduisant le cri de l'animal,
§ 32. || XVIII° s. BUFF. *De l'ouistiti.* Admis ACAD. 1835.]

|| (Hist. nat.) Petit singe du Brésil.

'OULE [oul] *s. f.*
[ÉTYM. Du lat. olla, *m. s.* §§ 324, 366 et 291. (*Cf.* oille.)]
|| *Ancienn et dialect.* Marmite. || *Spéciall. De nos jours.*
(Métallurg.) Cuvier enterré.

OURAGAN [ou-rà-gan] *s. m.*
[ÉTYM. Mot de la langue des Caraïbes, venu par le
créole, §§ 18 et 30. Souvent écrit au XVIII° s. houragan. ||
XVI° s. Les haurachans et borrasques du diable, P. LE LOYER,
dans DELB. *Rec.* | 1609. Uracan, *Hist. du roy. de Chine*,
ibid. | 1649. Uragan, V. LE BLANC, *Voy.* III, 53. | 1658. Ou-
ragan, ROCHEF. *Hist. nat. des Antilles*, p. 15.]

|| Tempête causée par des vents opposés qui forment des
tourbillons. *Fig.* Arriver comme un —, impétueusement.

'OURAQUE [ou-ràk'] *s. m.*
[ÉTYM. Emprunté du grec οὔραχος, *m. s.* || XVI° s. PARÉ,
I, 2.]

|| (Anat.) Partie du fœtus qui joint l'allantoïde externe
et interne.

OURDIR [our-dir] *v. tr.*
[ÉTYM. Du lat. pop. *ordire (class. ordiri, § 601), *m. s.*
§§ 348 et 291.]

|| **1°** Préparer (le tissage) en tendant les fils destinés à
former la chaîne. Voilà sa toile ourdie, LA F. *Fab.* III, 8. *Poét.*
La Parque à filets d'or n'ourdira point ma vie, LA F. *Fab.* XI, 4.
Vieilli. Loc. prov. A toile ourdie Dieu envoie le fil, l'œuvre
commencée trouve le moyen de s'achever. || *P. anal. Fig.*
Commencer à nouer (une intrigue, un complot). Que ne
sait point — une langue traîtresse! LA F. *Fab.* III, 6.

|| **2°** *P. ext.* (Technol.) Tendre (les fils de caret) pour
fabriquer un cordage. || Disposer (des cordons de paille,
des osiers, etc.) pour fabriquer les nattes, des claies, des
ouvrages de vannerie.

OURDISSAGE [our-di-sàj'] *s. m.*
[ÉTYM. Dérivé de ourdir, § 78. || 1765. ENCYCL. soie. Ad-
mis ACAD. 1835.]

|| (Technol.) Action d'ourdir.

OURDISSEUR, EUSE [our-di-seur, -seuz'] *s. m.* et *f.*
[ÉTYM. Dérivé de ourdir, § 112. || 1564. J. THIERRY, *Dict.
franç.-lat.* Admis ACAD. 1835.]

|| (Technol.) Celui, celle qui ourdit.

OURDISSOIR [our-di-swàr] *s. m.*
[ÉTYM. Dérivé de ourdir, § 113. || 1680. RICHEL. Admis
ACAD. 1835.]

|| (Technol.) Appareil sur lequel on dispose la chaîne
pour la tendre ensuite sur le métier. || *P. anal.* Assem-
blage de montants verticaux sur lesquels on tend les fils
de caret pour fabriquer les cordages.

'OURDRI, IE. *V.* oudrir.

OURLER [our-lé] *v. tr.*
[ÉTYM. Dérivé de l'anc. franç. ourle (*V.* orle), § 154. ||
XII°-XIII° s. De pieres precieuses fu tost entor orlés, *Aye
d'Avignon*, dans DELB. *Rec.*]

|| Garnir d'un ourlet. — un mouchoir, une serviette. || *Fig.*
Garnir d'un rebord. Oreille ourlée. Le bec du canard est
ourlé. *Vieilli. Loc. prov.* Il n'y a que le bec à —, et c'est une
cane, ironie à l'adresse de celui qui croit très aisée une
chose difficile.

OURLET [our-lè] *s. m.*
[ÉTYM. Dérivé de l'anc. franç. ourle (*V.* orle), § 133. ||
1564. Orlet, J. THIERRY, *Dict. franç.-lat.*]

|| Bord d'un tissu replié et cousu, pour empêcher qu'il
ne s'effile. Faux —, bord fait avec un morceau ajouté.
|| *P. anal.* Cuir mince avec lequel les coffretiers bordent
le gros cuir. || Rebord d'un chéneau, d'une cuvette, etc.

OURS [ours'; *vieilli*, oür] *s. m.* et **OURSE** [ours'] *s. f.*
[ÉTYM. Du lat. ŭrsum, ŭrsa, *m. s.* devenu ors, ours, §§ 324
et 291.]

I. *S. m.* || **1°** Mammifère carnassier plantigrade, à
poil épais. L'— brun d'Europe. L'— blanc de la mer glaciale.
Vivre comme un —, hors de la société des hommes. Un —
apprivoisé. Un meneur, un montreur d'—. Faire danser des —.
Fig. La danse des —, manière de danser lourde. || Par al-
lusion à une croyance répandue, que l'ourse lèche ses
petits pour les façonner. Un — mal léché, un individu grossier de corps et d'esprit. Toute sa personne velue (du paysan
du Danube) Représentait un —, mais un — mal léché, LA F.
Fab. XI, 7. *P. ext.* Que le juge se hâte; N'a-t-il point assez
léché l'— (travaillé à rendre la sentence belle)? LA F. *Fab.*
I, 21. *Loc. prov.* Vendre la peau de l'— avant qu'on l'ait mis

par terre, spéculer sur une chose qui n'est qu'une espérance. ‖ Jeu de l'—, jeu de collège dans lequel un joueur
saute sur les épaules de plusieurs autres réunis et accotés.
‖ **2°** *P. ext.* — **marin**, espèce de phoque. — **à fourmis**,
espèce de fourmilier. — **crabier**, autre nom du raton cra-
bier. — **terrestre**, espèce de rat-taupe.
II. *S. f.* **Ourse.** Femelle de l'ours. ‖ *P. ext.* (Astron.)
La grande, la petite **Ourse**, constellations boréales.
OURSIN [our-sin] *s. m.*
[ÉTYM. Dérivé de ours, § 100. ‖ (Au sens **I.**) 1611. COTGR.
Admis ACAD. 1762.]
I. Échinoderme globuleux hérissé de piquants, dit en-
core **hérisson de mer.**
II. Peau d'ours garnie de son poil. ‖ *P. ext.* Bonnet à
poil (des sapeurs, des anciens grenadiers), dit aussi **ourson.**
OURSON [our-son] *s. m.*
[ÉTYM. Dérivé de ours, § 104. ‖ 1549. R. EST. Admis
ACAD. 1718.]
‖ **1°** Petit de l'ours.
‖ **2°** Ours noir d'Amérique. ‖ Espèce de singe hurleur.
‖ **3°** Bonnet à poil. (*Syn.* oursin.)
OURVARI. *V.* hourvari.
***OUSSEAU** [ou-sò] et ***OUSSEC** [ou-sèk']. *V.* ossec.
***OÛT.** *V.* août.
OUTARDE [ou-tàrd'] *s. f.*
[ÉTYM. Du lat. avistarda (PLINE), proprt, « oiseau lent »,
prononcé de bonne heure *austarda (cf.* oie), d'où ostarde,
oustarde, §§ 333 et 291, outarde, § 422.]
‖ Grand oiseau échassier, voisin de l'autruche.
OUTARDEAU [ou-tàr-dó] *s. m.*
[ÉTYM. Dérivé de outarde, § 126. ‖ 1557. L'ostardeau, P.
BELON, *Portr. d'oiseaux*, p. 57. Admis ACAD. 1835.]
‖ Petit de l'outarde.
OUTIL [ou-ti] *s. m.*
[ÉTYM. Du lat. pop. *üsetilium, tiré de *üsetile, forme re-
faite du lat. class. ütensile, *m. s.* §§ 91 et 349, devenu ostil,
oustil, §§ 348, 336, 463 et 291, puis outil, § 422. (*Cf.* usten-
sile.) ‖ XIIᵉ s. Les ustilz as ovrers, GARN. DE PONT-STE-MAX.
St Thomas, 5318.]
‖ Instrument de travail que manie un artisan dans le
métier qu'il exerce. Des outils de menuisier, de serrurier. Un
bon ouvrier se sert de toutes sortes d'outils. *Loc. prov.* Un
méchant ouvrier se plaint toujours de ses outils, rejette sa
maladresse sur la mauvaise qualité de ses outils.
OUTILLAGE [ou-ti-yåj'] *s. m.*
[ÉTYM. Dérivé de outiller, § 78. L'anc. franç. dit outille-
ment. ‖ *Néolog.* Admis ACAD. 1878.]
‖ (Technol.) Ensemble des outils, des engins néces-
saires pour une exploitation. L'— d'une compagnie de chemins de fer.
OUTILLER [ou-ti-yé] *v. tr.*
[ÉTYM. Dérivé de outil, § 154. ‖ XVᵉ s. Frere Conrad es-
toit oustillé Dieu sait comment, A. DE LA SALLE, *Cent Nouv.
nouv.* 65.]
‖ (Technol.) Fournir d'outils. Être bien outillé.
OUTRAGE [ou-tràj'] *s. m.*
[ÉTYM. Dérivé de outre 1, § 78. ‖ XIᵉ s. Grant oltrage fels-
tes, *Voy. de Charl. à Jérus.* 686.]
I. *Anciennt.* Excès, chose excessive. (*Cf.* outrance.)
Hyperbole, c'est-à-dire excès et — de paroles, FAUCHET, *Orig.
des dignités de France*, II, 3.
II. Injure extrême. Meurtre pour meurtre, — pour —,
RAC. *Ath.* II, 7. Essuyer les outrages D'un faquin orgueilleux,
BOIL. *Sat.* 1. *Spécialt.* Faire subir le dernier —, les derniers
outrages à une femme, lui faire violence. ‖ *P. anal.* — à la
morale, à la religion, aux mœurs. ‖ *Fig.* Pour réparer des ans
l'irréparable —, RAC. *Ath.* II, 5. Et le mont la défend des outrages du nord, BOIL. *Ép.* 6. Exposée à tous les outrages de la
fortune, BOSS. *R. d'Angl.* C'est un — au bon sens, au bon
goût, à la raison.
OUTRAGEANT, ANTE [ou-trà-jan, -jänt'] *adj.*
[ÉTYM. Adj. particip. de outrager, § 47. ‖ XVIIᵉ s. *V.* à
l'article.]
‖ Qui constitue un outrage. Souvenez-vous, mes frères,
des outrageantes paroles dont a usé M. Jurieu, BOSS. 2ᵉ *Avert.
aux protest.* 12. D'un refus —, VOLT. *Zaïre*, IV, 2.
OUTRAGER [ou-trà-jé] *v. tr.*
[ÉTYM. Dérivé de outrage, § 154. ‖ XIVᵉ-XVᵉ s. Il ne cuidoit
pas trouver chevalier qui d'armes l'en oultrageast, *Lancelot*,
II, 43, édit. 1533.]

‖ Faire outrage à (qqn). Assassine-moi du moins sans m'—,
CORN. *Poly.* V, 3. Elle se sent comme vous outragée, RAC. *Brit.* I,
4. N'outragez plus les morts, CORN. *Nicom.* II, 3. *Spécialt.* —
une femme, lui faire violence. ‖ *P. ext.* Un bonheur qui m'outrage, RAC. *Phèd.* IV, 6. ‖ *P. anal.* — la nature, la morale.
OUTRAGEUSEMENT [ou-trà-jeùz'-man; *en vers,*
-jeù-ze-...] *adv.*
[ÉTYM. Composé de outrageuse et ment, § 724.‖ XIIIᵉ s. Mais
que ce ne soit pas trop outrageusement, BEAUMAN. XIV, 15.]
‖ D'une manière outrageuse. Il a été — chassé. ‖ *P. ext.
Famil.* D'une manière excessive qui indigne. Le père Païen
fut volé l'autre jour et battu — à la tête; on ne croit pas qu'il
en réchappe, SÉV. 828.
OUTRAGEUX, EUSE [ou-trà-jeù, -jeùz'] *adj.*
[ÉTYM. Dérivé de outrage, § 116. ‖ XIIᵉ s. Si utrajos, n'o-
teu deslei, BENEEIT, *Ducs de Norm.* 2879.]
‖ Qui fait outrage à qqn. Un soupçon —, MOL. *Av.* I, 1.
‖ Plût à Dieu que le sort te fût moins —, CORN. *Suiv.* II, 8.
OUTRANCE [ou-tràns'] *s. f.*
[ÉTYM. Dérivé de outrer, § 146. ‖ XIIIᵉ s. Combattre jusqu'a
outrance de mort, *Merlin*, fᵒ 51, dans LITTRÉ.]
‖ **1°** Degré qui est au delà des bornes. (S'emploie surtout dans la loc. adv. à —, au delà des bornes.) Ces adu-
lateurs à —, MOL. *Impr.* sc. 4. Poursuivi à toute — par l'implacable malignité de la fortune, BOSS. *R. d'Angl.* S'il faut
pousser à toute — ce passage de saint Paul, BOSS. *Var.* 14.
‖ *Spécialt.* Combat à —, combat singulier qui devait se
terminer par la mort de l'un des deux combattants, à
moins que le vaincu ne demandât merci.
‖ **2°** *Néolog.* Action de dépasser les bornes. Les outran-
ces de Corneille, STE-BEUVE, *Port-Royal*, I, p. 241.
1. OUTRE [oùtr'] *prép.*
[ÉTYM. Du lat. ültra, *m. s.* devenu oltre, outre, §§ 324,
459 et 291.]
‖ **1°** Au delà de. (Ne s'emploie au propre que dans
certaines locutions.) Aller —-mer (en Orient, en Amérique). Du bleu d'—-mer, et, *ellipt*, De l'outremer, bleu d'azur
fait de lapis-lazuli. Louis d'Outre-Mer (revenu d'Angleterre).
— monts (en Italie, en Espagne). (*Cf.* ultramontain.) Les
pays d'—-Meuse, d'—-Rhin, d'—-Loire. *P. anal.* Mémoires d'—-
tombe (publiés après la mort), titre adopté par Chateaubriand. *Fig.* Se plaindre — mesure. Discrétion française Est
chose — nature, LA F. *Contes, Roi Candaule.* (Droit.) Lésion
d'— moitié, de plus de la moitié. ‖ *Adverbt.* Au delà. Passer —. *Fig.* Passer —, aller plus loin (dans une entreprise,
un récit). Passer — au procès, sans entendre l'accusé, BOSS.
Var. VII, 97. Avant de passer —, il ne faut pas oublier deux
choses qui arrivèrent, ST-SIM. I, 373. *Vieilli.* Aller plus —.
J'irai plus —, CORN. *Cid*, exam. ‖ *Loc. adv.* D'— en —, en
dépassant d'un côté et de l'autre. L'épée le perça d'— en —.
‖ **2°** En plus de. — ce domaine, il possède plusieurs maisons. — cela. — que, en plus de ce que. — qu'on doit rougir, CORN. *Poly.* II, 4. ‖ *Loc. adv.* En —, en plus. Avec la
cavalerie, il faudrait en — de l'artillerie.
2. OUTRE [oùtr'] *s. f.* (masc. FURET.).
[ÉTYM. Semble emprunté de l'ital. otre (masc.), qui est
le lat. üter, ütrem (masc.), *m. s.* § 12. RAB. et d'autres emploient oire, forme provençale, § 11. On trouve aussi oudre
(P. BELON, *Observ. de plus. singul.* fᵒ 132, rᵒ), sans doute
d'après l'espagn. odre, § 13. Sur le genre, *V.* § 550. ‖ XVIᵉ s.
Les peaux sont accommodez en ouiltres, O. DE SERRES, IV, 14.]
‖ Sac en peau de bouc destiné à contenir des liquides.
Une — d'huile. ‖ *P. anal.* | **1.** (Botan.) Sac ouvert d'un côté,
que forme dans certaines plantes le limbe ou le pétiole
d'une feuille. | **2.** (Hist. nat.) — de mer, variété de mol-
lusque.
OUTRECUIDANCE [ou-tre-kui-däns'] *s. f.*
[ÉTYM. Dérivé de outrecuider, § 146. Condamné par
VAUGELAS et RICHEL. comme vieux mot, outrecuidance n'a
rien d'archaïque aujourd'hui. ‖ XIIᵉ-XIIIᵉ s. Fole outrecui-
dance, *Ysopet de Lyon*, 3332. Admis ACAD. 1762.]
‖ Confiance excessive en soi.
OUTRECUIDANT, ANTE [ou-tre-kui-dan, -dänt'] *adj.*
[ÉTYM. Adj. particip. de outrecuider, § 47. ‖ 1611. Peut
se déduire de l'adv. oultrecuidamment, dans COTGR. Ad-
mis ACAD. 1798.]
‖ Qui a en soi une confiance excessive. *P. ext.* Je ne sais
rien de plus — (pour me servir des termes du bon La Fontaine)
que l'insolente préface de l'édition des Contes en 1743, VOLT.
Mél. litt. Lett. à la Visclède.

OUTRECUIDÉ, ÉE. *V.* outrecuider.

***OUTRECUIDER (S')** [ou-tre-kui-dé] *v. pron.*

[ÉTYM. Composé de outre **1** et cuider, § 192. ACAD. ne donne que outrecuidé pris adjectivt. ‖ XIIᵉ s. Li oltrecuidiele orisons, *Serm. de St Bern.* p. 143.]

‖ *Vieilli.* Avoir en soi une confiance excessive. (Robert II) s'outrecuida jusqu'à dénoncer la guerre à l'empereur, ST-SIM. V, 89. *Au part. passé pris adjectivt.* (*Cf.* outrecuidant.) L'aveugle outrecuidé, CORN. *Veuve*, III, 8. L'outrecuidé géant, REGNARD, *Naiss. d'Amadis*, SC. 1.

OUTRÉMENT [ou-tré-man] *adv.*

[ÉTYM. Pour outréement, composé de outrée, part. de outrer, et ment, § 724. ‖ XIIᵉ s. L'altre creature tote Li obeïst oltreement, HERMAN DE VALENC. *Bible*, dans GODEF.]

‖ *Vieilli.* D'une manière outrée. Des résolutions — sévères, LE P. CATROU, *Hist. rom.* II, 10.

OUTREMER [ou-tre-mèr]. *V.* outre **1.**

OUTREPASSE [ou-tre-pâs'] *s. f.*

[ÉTYM. Subst. verbal de outrepasser, § 52. Fréquent en anc. franç. et jusqu'au commencement du XVIIᵉ s. au sens de « personne qui dépasse toutes les autres ». ‖ XIVᵉ s. Le outrepasse des bons escuiers, FROISS. *Chron.* XIII, 225, Kervyn. Admis ACAD. 1762.]

‖ *Vieilli.* Action d'outrepasser, ce qui outrepasse. *Spécialt.* (T. forest.) Abatis qui va au delà des limites de la coupe de bois dont on est adjudicataire.

OUTREPASSER [ou-tre-pâ-sé] *v. tr.*

[ÉTYM. Composé de outre **1** et passer, §§ 192 et 196. (*Cf.* outrer.) ‖ XIIᵉ s. Par Tarascon s'en sont outrepassé, *Prise d'Orange*, 405, Jonckbloet. Admis ACAD. 1740.]

‖ Aller au delà de (la limite). *Absolt.* (Chasse.) Les chiens outrepassent, s'emportent au delà des voies. ‖ *Fig.* Aller au delà de (la chose permise). — la loi. — ses pouvoirs.

OUTRER [ou-tré] *v. tr.*

[ÉTYM. Dérivé de outre **1**, § 154. ‖ XIIᵉ s. Liquens l'autre outrer deüst Se tant conbatre lor leüst Que la bataille fust outree, CHRÉTIEN DE TROYES, *Cligès*, 4959.]

‖ **1°** Pousser (qqch) au delà des bornes. Et la plus noble chose, ils la gâtent souvent Pour la vouloir — et pousser trop avant, MOL. *Tart.* I, 5. Ils outrent toutes choses, les bonnes et les mauvaises, LA BR. 11. Il est bon de parler et meilleur de se taire; Mais tous deux sont mauvais alors qu'ils sont outrés, LA F. *Fab.* VIII, 10. Avoir des sentiments outrés. Les vieillards de comédie, qui prennent des résolutions outrées, VOLT. *Comment. sur Nicom.* Je suis d'une fatigue outrée, REGNARD, *Coquette*, III, 3.

‖ **2°** Pousser (qqn) à un excès. ‖ **1.** *Vieilli.* A un excès de fatigue. Outré de viande et de vin, D'URFÉ, *Astrée*, II, 12. Ayant changé de cheval après en avoir outré plusieurs, VAUGEL. *Quinte Curce*, IV, 15. S'outrant pour acquérir des biens ou de la gloire, LA F. *Fab.* VIII, 25. ‖ **2.** A un excès de déplaisir. Ce manque de parole m'a outrée contre lui, SÉV. 999. ‖ *Spécialt. Au part. passé pris adjectivt.* (*Cf.* outrément.) Mon cœur, outré d'ennuis, CORN. *Cid*, II, 3. Outré de tant d'indignités, ID. *Pomp.* II, 4. Outrée de dépit, RAC. *Port-Royal*, 1. Avec les plus outrés allez au moins de pair, DESTOUCHES, *Philos. amour.* I, 1.

OUVERTEMENT [ou-vèr-te-man] *adv.*

[ÉTYM. Composé de ouverte, part. de ouvrir pris adjectivt, et ment, § 724. ‖ XIIᵉ s. Or poez veor auvertement, *Serm. de St Bern.* p. 136.]

‖ D'une manière ouverte, sans se cacher. Condamnant — leurs prédécesseurs, BOSS. *R. d'Angl.*

OUVERTURE [ou-vèr-tür] *s. f.*

[ÉTYM. Du lat. pop. *ōpertūra (class. apertūra), *m. s.* §§ 347, 426, 337 et 291. (*Cf.* ouvrir.)]

I. Action d'ouvrir. L' — des portes. L' — d'une fosse. L' — d'une tranchée, d'un canal de communication. ‖ L' — d'un testament. *Vieilli. Loc. adv.* A l' — du livre, à livre ouvert. ‖ *Fig.* Action de faire sortir (qqch) des délais préliminaires. L' — d'une succession. L' — d'une exposition. L' — de la chasse. L' — d'une session, d'une séance, d'un cours. Leçon d' —. (Droit.) Il y a — à cassation, à requête civile, à la requête civile, il y a lieu de se pourvoir. Il y a — à la substitution, la substitution commence à avoir lieu. ‖ (Musique.) L' — d'un opéra, morceau d'orchestre placé au commencement d'un opéra et destiné à préparer les auditeurs à la pièce. ‖ *P. ext.* Premier pas pour faire réussir qqch. Le roi n'avait point donné d' — ni de prétexte aux excès sacrilèges dont nous abhorrons la mémoire, BOSS. *R. d'Angl.*

S'il faut faire à la cour pour vous quelque —, MOL. *Mis.* I, 2. Faire des ouvertures de paix. Des ouvertures relatives à un mariage. J'en avais fait à sa mère quelque peu d' —, MOL. *Av.* IV, 3.

II. Solution de continuité qui permet l'entrée. L' — d'une grotte, d'un puits, d'une galerie de mine. Les ouvertures d'un bâtiment, les portes, les fenêtres. L' — d'un port. ‖ *P. ext.* Grandeur du vide, de la solution de continuité. L' — d'un angle, l'écartement des côtés. L' — d'un compas, l'écartement des branches. ‖ *Fig.* Les prières ne trouvaient aucune — pour entrer dans son cœur, FÉN. *Tél.* 14. *P. ext.* — de cœur, état d'un cœur où l'on peut lire aisément. — d'esprit, état d'un esprit où les idées entrent aisément. Il ne paraît personne avec qui elle ait plus d' — de cœur, CORN. *Poly.* exam. *Ellipt.* On ne doit que leur offrir des ouvertures (aux enfants), FÉN. *Éduc. des filles*, 5. Des enfants qui manquent d' — (d'esprit), ROLL. *Traité des études*, IV, 9.

OUVRABLE [ou-vrâbl'] *adj.*

[ÉTYM. Dérivé de ouvrer, § 93. ‖ XIIᵉ s. Jur uverable, *Rois*, dans DELB. *Rec.*]

‖ (Technol.) Où l'on travaille. Les jours ouvrables.

OUVRAGE [ou-vrâj'] *s. m.* (pop. *fém.*).

[ÉTYM. Dérivé de ouvrer, § 78. L'anc. franç. dit ordinairement ouvragne, subst. fém. Sur le genre, *V.* § 553. ‖ XIVᵉ-XVᵉ s. Tapis, carreaux d'ouvrage, EUST. DESCH. VIII, 137.]

‖ **1°** Travail par lequel on met qqch en œuvre. Se mettre à l' —. Il est à l' — depuis le matin. Quitter l' —. Une saison pendant laquelle on ne trouve pas d' —. Procurer de l' — à qqn. Un travail où il y a beaucoup d' —. (*Cf.* ouvrager.) Montrez-nous quelques collets d' —, CORN. *Gal. du Pal.* I, 6. Bois d' —, bois qu'on met en œuvre, dont on fait de petits ouvrages.

‖ **2°** Ce qu'on produit en mettant qqch en œuvre. D'abord les ouvrages donnent de la réputation à l'ouvrier, et ensuite l'ouvrier aux ouvrages, MONTESQ. *Pens. div.* Un — de maçonnerie. Les gros ouvrages, les murs, voûtes, etc. Des ouvrages de fortifications. Un — de menuiserie, d'ébénisterie. Un — d'art. *P. anal.* Le monde est l' — de Dieu. Que l'on célèbre ses ouvrages (de Dieu), RAC. *Esth.* III, 9. *P. ext.* Des ponts, Fruit de leur art (des castors), savant —, LA F. *Fab.* IX, 20, *Disc. à Mᵐᵉ de la Sablière.* Les ouvrages de femme, travaux à l'aiguille. Apporter son —. ‖ Les ouvrages d'un poète, d'un historien. Vingt fois sur le métier remettez votre —, BOIL. *Art p.* 1. Des ouvrages d'esprit. Les longs ouvrages me font peur, LA F. *Fab.* VI, épil. ‖ (*Cf.* ouvrager.) *P. anal.* Résultat obtenu par les efforts de qqn. L'aimable Esther a fait ce grand —, RAC. *Esth.* III, 9. Quoiqu'il soit votre fils, et même votre —, ID. *Brit.* IV, 1. Une paix dont je fais mon —, ID. *ibid.* V, 3.

OUVRAGÉ, ÉE. *V.* ouvrager.

OUVRAGER [ou-vrâ-jé] *v. tr.*

[ÉTYM. Dérivé de ouvrage, § 154. Le part. passé ouvragé est surtout en usage. ‖ XVIᵉ s. RONS. dans THIERRY, *Dict. franç.-lat.*]

‖ (Technol.) ‖ **1.** Façonner d'une manière compliquée. Garde d'épée bien ouvragée. Broderie ouvragée. ‖ **2.** (Métallurg.) — une mine, la décrasser d'heure en heure pendant qu'elle fond.

***OUVRAISON** [ou-vrè-zon] *s. f.*

[ÉTYM. Dérivé de ouvrer, § 108. (*Cf.* le doublet opération.) ‖ *Néolog.*]

‖ (Technol.) Action d'ouvrer. L' — de la soie grège. L' — des cheveux. ‖ *P. ext.* La matière ouvrée. Acheter, vendre des ouvraisons (des soies grèges retorses).

OUVRANT, ANTE [ou-vran, -vrant'] *adj.*

[ÉTYM. Adj. particip. de ouvrir, § 47. ‖ 1611. COTGR.]

‖ *Vieilli.* Qui s'ouvre. A portes ouvrantes, à l'heure où les portes s'ouvrent. A jour —, au point du jour. A audience ouvrante, au moment où l'audience commence. ‖ *Fig.* A portes ouvrantes, à porte ouverte, sans résistance. Les troupes françaises entrèrent dans toutes les places espagnoles des Pays-Bas à portes ouvrantes, ST-SIM. II, 432.

OUVREAU [ou-vró] *s. m.*

[ÉTYM. Dérivé de ouvrir, § 126. ‖ 1723. SAVARY, *Dict. du comm.* Admis ACAD. 1798.]

‖ (Technol.) Ouverture pratiquée dans le four à recuire les glaces, dans les meules à charbon, etc.

OUVRER [ou-vré] *v. intr. et tr.*

[ÉTYM. Du lat. *ōperāre, m. s.* devenu ovrer, ouvrer, §§ 347, 336, 426, 295 et 291. (*Cf.* le doublet opérer.) L'anc. conjug. j'œuvre, etc. a disparu; en revanche, qqs ouvriers disent œuvrer au lieu de ouvrer, d'après le subst. œuvre.]

‖ **1°** *Vieilli.* V. *intr.* Travailler. Il est défendu... d'— les fêtes et les dimanches, FURET. *Dict.*

‖ **2°** *V. tr.* (Technol.) Mettre en œuvre, façonner. — la monnaie. Bois ouvré. Linge de table ouvré (par opposition à uni). Métier ouvrant, à battant. ‖ *Spécialt.* (Papeterie.) Cuve à —, où l'on puise la pâte pour faire le papier. (*Cf.* ouvreur 1.)

1. °OUVREUR [ou-vreur] *s. m.*
[ÉTYM. Du lat. ŏperatŏrem, *m. s.* devenu ovredor, ovreor, ovreeur, ovreur, ouvreur, §§ 347, 336, 402, 358, 325 et 291. (*Cf.* le doublet opérateur.)]
‖ *Anc. franç.* Ouvrier. *Spécialt. De nos jours.* (Technol.) Ouvrier papetier qui puise la pâte dans la cuve à ouvrer.

2. OUVREUR, EUSE [ou-vreur, -vreûz'] *s. m.* et *f.*
[ÉTYM. Dérivé de ouvrir, § 112. ‖ 1611. COTGR. Admis ACAD. 1740.]
‖ Celui, celle qui ouvre. Un — de portières. Une ouvreuse de loges. Portier, limonadier, ouvreuse de loges, REGNARD et DUFRESNY, *Baguette de Vulcain*, sc. 1. Une ouvreuse d'huîtres. Ouvreurs, saleurs et décolleurs de morues, COLBERT, *Lett.* 28 févr. 1670.

OUVRIER, IÈRE [ou-vri-yé, -yèr] *s. m.* et *f.* et *adj.*
[ÉTYM. Du lat. ŏperarium, *m. s.* devenu ovrier, ouvrier, d'abord disyllabe, §§ 347, 336, 426, 298 et 291.]
I. *S. m.* et *f.* Celui, celle qui travaille à un métier. Un bon, un mauvais —. Un — charpentier, ébéniste. — estimé dans un art nécessaire, BOIL. *Art p.* 4. Une ouvrière en lingerie, en robes. Je ne puis rien souffrir qui ne soit de la bonne ouvrière (de l'ouvrière la plus renommée), MOL. *Préc. rid.* sc. 9. Ouvrière à la tâche, à façon, à la journée. Ouvriers en conscience, au marchandage. Une chose faite de main d'—, par qqn d'habile. ‖ En parlant des œuvres de l'esprit. Sans entrer dans l'esprit de l'— (l'auteur), BOSS. *Condé.* Ne cherchez pas une autre règle pour juger de l'ouvrage : il est bon et fait de main d'—, LA BR. 1. ‖ *Loc. prov.* A l'œuvre on connaît l'—. Il n'est d'ouvrage (bien fait) que d'ouvriers. La fin loue l'—. La marque de l'— sur son œuvre. *P. anal.* Que Dieu, en me créant, ait mis en moi cette idée pour être comme la marque de l'— empreinte sur son ouvrage, DESC. *Médit.* 3. *Fig. Vieilli.* — sous terre, celui qui pratique des menées secrètes. Le plus timide des hommes, quoique plus grand — sous terre, ST-SIM. IX, 254. ‖ *P. ext.* L'— de qqch, celui qui, par ses efforts, a obtenu ce résultat. Je suis l'— de ma fortune, BOSS. *Honneur du monde*, 3. L'âme est l'ouvrière de sa détermination, MONTESQ. *Lett. pers.* 69. *P. anal.* La tempérance, disait un ancien, est la meilleure ouvrière de la volupté, FÉN. *Éduc. des filles*, 5.
II. *Adj.* Qui se rapporte aux ouvriers. La classe ouvrière. Une cité ouvrière, destinée à l'habitation des ouvriers. *P. anal.* Cet esprit — qui a fait le moine, BOSS. *Sur la mort*, 2. La cheville ouvrière, qui joint le train de devant d'une voiture au timon. *Fig.* Être la cheville ouvrière, le principal agent. ‖ Jour —, où l'on travaille. (*Syn.* ouvrable.) Égaler les fêtes aux jours ouvriers, PASC. *Pens.* XXV, 64.

OUVRIR [ou-vrir] *v. tr.*
[ÉTYM. Du lat. ŏperīre, couvrir, qui s'est substitué dans la langue pop. à ăperīre, ouvrir, devenu obrir, ovrir, ouvrir, §§ 347, 336, 426 et 291. ‖ XIᵉ s. Les portes sont overtes, *Voy. de Charl. à Jérus.* 391.]
‖ **1°** Rendre accessible en enlevant ce qui ferme. — une armoire, un coffre, une chambre, une maison. — un magasin. Les boutiques ne sont pas ouvertes aujourd'hui. *Absolt.* Les marchands n'ouvrent pas aujourd'hui. — un tombeau, un tiroir, un robinet. ‖ *P. ext.* Enlever (ce qui intercepte l'entrée, la sortie). — la porte, la grille. ‖ — le pêne, le verrou. ‖ *P. anal.* Rendre accessible. — sa maison à qqn. O gens durs ! vous n'ouvrez vos logis ni vos cœurs ! LA F. *Phil. et Baucis.* Tenir table ouverte. Voilà donc de ces lieux ce qui m'ouvre l'entrée, RAC. *Baj.* I, 1. Mille chemins ouverts y conduisent toujours, ID. *Phèd.* I, 3. La Sardaigne, que la révolte... ouvrit aux Romains, BOSS. *Hist. univ.* I, 8. La ville lui ouvrit ses portes, et, *fig.* — la porte aux abus, les laisser s'introduire. Le sort qui de l'honneur nous ouvre la barrière, CORN. *Hor.* II, 3. — un champ plus libre à la justice, BOSS. *Le Tellier.* Une ville ouverte, un pays ouvert, où l'ennemi peut entrer, qui n'a pas de fortifications. ‖ *Fig.* Si tu veux enfin que je t'ouvre mon âme, CORN. *Hor.* IV, 5. Pour m'— à vous d'un secret, MOL. *Av.* I, 2. Nous nous ouvrîmes l'un à l'autre, LES. *Gil Blas*, V, 1. Si vous ouvrez votre âme à ces impressions, CORN. *Cinna*, II, 1. Mon âme... Oubliera ses douleurs pour s'— à la

joie, ID. *Pomp.* V, 2. A cœur ouvert, en ne renfermant rien de ses sentiments. Pauline a l'âme noble et parle à cœur ouvert, CORN. *Poly.* II, 2. Je ne suis pas même extrêmement ouvert avec la plupart de ceux que je connais, LA ROCHEF. *Portrait.* Un esprit ouvert, où les idées entrent facilement. *Spécialt.* Au part. passé pris adjectiv. (*Cf.* ouvertement.) Ouvert, ouverte, manifeste. Faire à qqn une guerre ouverte. Employer la force ouverte. On en vint bientôt à la force ouverte, BOSS. *Var.* 7. ‖ *P. ext. Fig.* Mettre en train. — la session. — un cours. — la discussion. L'exposition s'ouvrira, et, *intransitivt*, ouvrira le mois prochain. La chasse est ouverte. Les paris sont ouverts. La succession est ouverte. — la séance par la lecture du procès-verbal. — le bal, la danse, danser le premier. — la marche, marcher en tête. — le feu, commencer à tirer. — un avis, être le premier à le proposer. Je vous ouvre peut-être un avis salutaire, RAC. *Ath.* III, 6. ‖ (Gramm.) — une parenthèse, placer à l'endroit où elle commence le signe qui l'indique. — un compte, un crédit à qqn. — un courant électrique (en rapprochant les fils).

‖ **2°** Rendre accessible en écartant deux parties jointes. — la bouche. — le bec. J'ouvrirais pour si peu le bec ! LA F. *Fab.* VII, 4. *Fig.* — la bouche, les lèvres (pour parler). Au moment que j'ouvre la bouche pour célébrer ta gloire, BOSS. *Condé.* — la bouche à qqn, le faire parler. Le vôtre (intérêt) toutefois m'ouvrira seul la bouche, CORN. *Nicom.* II, 3. — les paupières, les yeux. *Spécialt.* — les yeux, s'éveiller. Il ouvre un œil mourant, RAC. *Phèd.* V, 6. Le premier instant où les enfants des rois Ouvrent les yeux à la lumière (naissent), LA F. *Fab.* VIII, 1. *Fig.* — les yeux, et, *famil.* — l'œil, observer attentivement. Je rends grâce au zèle officieux Qui sur tous mes périls vous fait — les yeux, RAC. *Ath.* I, 1. Tes yeux sur ma conduite incessamment ouverts, ID. *Brit.* I, 4. — de grands yeux, observer avec étonnement. *P. ext.* — les yeux, devenir clairvoyant. Les gentils ouvrent les yeux, BOSS. *Hist. univ.* II, 20. — les yeux à qqn, le rendre clairvoyant. La raison et le temps m'ouvrent assez les yeux, CORN. *Nicom.* II, 3. Ses yeux, longtemps fermés, s'ouvrirent à la fin, RAC. *Brit.* IV, 2. *P. anal.* — l'oreille, les oreilles, écouter attentivement. — de grandes oreilles, écouter avec étonnement. — l'oreille à une proposition, se montrer disposé à l'accueillir. ‖ *P. ext.* — les doigts, la main. *Fig.* Il a toujours la main ouverte (pour donner). — les bras (pour embrasser). Daignes m'— vos bras pour la dernière fois, RAC. *Iph.* V, 3. *Fig.* — les bras à qqn, l'accueillir avec affection. Recevoir qqn à bras ouverts. ‖ *P. anal.* Une fleur qui s'ouvre. — des noix. La plaie s'est ouverte. — les rideaux. — une lettre, un livre. *Loc. adv.* A livre ouvert, le livre étant ouvert au hasard. *Fig.* Expliquer à livre ouvert, sans préparation. — les rangs. Se mêler à la multitude qui va s'— ouvrir, LA BR. 9. Une robe ouverte. *P. anal. Poét.* Je vais lui présenter mon estomac ouvert (ma poitrine découverte), CORN. *Cid*, V, 1.

‖ **3°** Faire une solution de continuité (dans qqch). — une fenêtre dans le mur. — une mine, une galerie, une tranchée. — la veine à qqn. — un abcès. Se suicider en s'ouvrant le ventre avec un rasoir. — le corps de qqn après la mort, faire l'autopsie. — un pâté. La glace s'ouvrit sous leurs pas.

OUVROIR [ou-vrwàr] *s. m.*
[ÉTYM. Dérivé de ouvrer, § 113. ‖ XIIᵉ s. E ovreors et parleors, *Énéas*, 462. Admis ACAD. 1762.]
‖ Lieu de travail. ‖ *Spécialt.* ‖ **1.** *Vieilli.* Échoppe de savetier. ‖ **2.** *Vieilli.* Atelier où se fabrique la monnaie. ‖ **3.** Salle de saline où on travaille le sel avant de le mettre en pains. ‖ **4.** Lieu où les religieuses s'assemblent pour travailler à des ouvrages de couture. ‖ *P. ext.* ‖ **1.** Atelier de charité pour les ouvrières pauvres. ‖ **2.** Réunion où des dames viennent travailler pour les pauvres, les églises, etc.

OVAIRE [ò-vèr] *s. m.*
[ÉTYM. Emprunté du lat. scientif. ovarium, *m. s.* de ovum, œuf, § 248. ‖ 1690. FURET. Admis ACAD. 1718.]
‖ (T. didact.) ‖ **1°** (Zoologie.) Organe de la femelle renfermant les ovules destinés à produire le fœtus chez les vivipares, l'œuf chez les ovipares.
‖ **2°** (Botan.) Partie du pistil contenant les ovules destinés à produire les graines.

OVALAIRE [ò-và-lèr] *adj.*
[ÉTYM. Dérivé de ovale, § 248. (*Cf.* ovalier, employé au XVIᵉ s. dans GODEF.) ‖ 1690. Trou ovalaire, DIONIS, *Anat.* p. 99. Admis ACAD. 1762.]
‖ (T. didact.) Qui a la forme ovale. Trou —, trou de

l'ischion. *P. ext.* **Luxation** —, luxation du fémur, dans laquelle la tête de cet os vient se placer contre le trou ovalaire. || **Amputation** —, faite de manière à obtenir une plaie ovale.

OVALE [ŏ-vàl] *adj.*

[ÉTYM. Dérivé du lat. *ovum*, œuf, § 238. On a dit d'abord *oval* au masc., puis la forme du fém., à cause de son emploi plus fréquent, a supplanté celle du masc. § 583. || XVIᵉ s. Couillon oval, RAB. III, 26. Forme ovale, ID. V, 44. | 1642. Ovale, OUD.]

|| *Adj.* Qui a une courbure analogue à celle d'un œuf. **Un visage** —. **Un bassin** —. **Une table** —. *Spécialt.* (Anat.) **Trou** —, trou de l'ischion, dit aussi **trou ovalaire**. **Fosse** —, enfoncement au dedans de l'oreillette droite du cœur. **Centre** —, lame de substance blanche placée au milieu de chaque hémisphère cérébral, un peu au-dessus des ventricules latéraux. *Substantivt.* Un, et, *vieilli,* Une —, une figure ovale. **Décrire un** — **allongé.** L'— **du visage,** arrondi dans la femme, DIDER. *Essai sur la peinture,* 4. Une route dont la figure était une —, BAILLY, *Hist. de l'astron.* II, 71. **En** —, en forme d'ovale.

OVARIOTOMIE [ŏ-và-ryŏ-tŏ-mi ; *en vers,* -ri-ŏ-...] *s. f.*

[ÉTYM. Composé avec **ovaire**, d'après le type lat. *ovarium*, et le grec τομή, section, § 284. || *Néolog.* Admis ACAD. 1878.]

|| (Médec.) Ablation de l'ovaire, des ovaires.

***OVARITE** [ŏ-và-rit'] *s. f.*

[ÉTYM. Dérivé de **ovaire**, d'après le type lat. *ovarium,* § 282. || *Néolog.*]

|| (Médec.) Inflammation de l'ovaire, des ovaires.

OVATION [ŏ-và-syon ; *en vers,* -si-on] *s. f.*

[ÉTYM. Emprunté du lat. *ovatio, m. s.* de *ovis,* brebis. || XVIᵉ s. Celuy qui y entroit (à Rome) en ovation, RAB. I, 10.]

|| **1°** (Antiq. rom.) Cérémonie, moins solennelle que le triomphe, où l'on immolait une brebis et où le général vainqueur s'avançait à cheval.

|| **2°** *P. anal.* Honneur rendu à un personnage à qui l'on fait cortège, etc.

OVE [ŏv'] *s. m.*

[ÉTYM. Emprunté du lat. *ovum,* œuf. || 1676. FÉLIBIEN, *Princ. de l'architect.* p. 677. Admis ACAD. 1762.]

|| (Technol.) Ornement d'architecture, d'orfèvrerie, en forme d'œuf.

***OVICULE** [ŏ-vi-kul] *s. m.*

[ÉTYM. Dérivé du lat. *ovum,* œuf, § 241. || 1642. OUD.]

|| (Technol.) Petit ove. **Les ovicules du chapiteau ionique.**

OVIDUCTE [ŏ-vi-dŭct'] *s. m.*

[ÉTYM. Composé avec le lat. *ovum,* œuf, et *ductus,* conduit, § 273. || *Néolog.* Admis ACAD. 1878.]

|| (Zoologie.) Conduit par lequel l'œuf sort de l'ovaire.

OVINE [ŏ-vin'] *adj. f.*

[ÉTYM. Dérivé du lat. *ovis,* brebis, § 245. || *Néolog.* Admis ACAD. 1878.]

|| (T. didact.) Qui appartient au genre brebis. **La race** —.

OVIPARE [ŏ-vi-pàr] *adj.*

[ÉTYM. Emprunté du lat. *oviparus, m. s.* de *ovum,* œuf, et *parere,* produire. Au XVIᵉ s. THEVET emploie **oviparе.** (*V.* DELB. *Rec.*) || 1712. Ovipares et vivipares, DEBOZE, *Arsenal de chirurg. de Scultet.* Admis ACAD. 1762.]

|| (T. didact.) Qui produit ou féconde des œufs, d'où sortent les petits. (*Cf.* **vivipare.**) **Animaux ovipares,** oiseaux, reptiles, poissons, etc.

OVOÏDE [ŏ-vŏ-id'] *adj.*

[ÉTYM. Composé avec le lat. *ovum,* œuf, et le grec εἶδος, forme, § 284. || XVIIIᵉ s. BUFF. *Anim.* 11. Admis ACAD. 1835.]

|| Qui est en forme d'œuf. **Un fruit** —. *Substantivt, au masc.* Les **ovoïdes,** genre de poissons, de mollusques.

***OVOVIVIPARE** [ŏ-vŏ-vi-vi-pàr] *adj.*

[ÉTYM. Composé avec le lat. *ovum,* œuf, et *vivipare,* §§ 273 et 284. || 1806. DUMÉRIL, *Zoolog. analyt.* p. 84.]

|| (Zoologie.) Dont les œufs éclosent dans le corps et qui pond les petits vivants comme s'il était vivipare. *Substantivt, au masc.* Les **ovovivipares.**

***OVULATION** [ŏ-vu-là-syon ; *en vers,* -si-on] *s. f.*

[ÉTYM. Dérivé de **ovule,** § 247. || *Néolog.*]

|| (Physiol.) Chute de l'ovule hors de la vésicule de l'ovaire, accompagnée des phénomènes menstruels.

OVULE [ŏ-vul] *s. m.*

[ÉTYM. Dérivé du lat. *ovum,* œuf, § 240. || 1808. MIRBEL, dans *Mém. de l'Instit. Scienc.* p. 348. Admis ACAD. 1878.]

|| (T. didact.) || **1°** (Zoologie.) Produit de l'ovaire qui, après la fécondation, devient le fœtus chez les vivipares, l'œuf chez les ovipares.

|| **2°** (Botan.) Produit de l'ovaire qui, après la fécondation, devient la graine.

OXALATE [ŏk'-sà-làt'] *s. m.*

[ÉTYM. Dérivé du lat. **oxalis,** oxalide, § 282 *bis.* || 1787. G. DE MORVEAU, *Nomencl. chim.* p. 195. Admis ACAD. 1878.]

|| (Chimie.) Sel produit par la combinaison de l'acide oxalique avec une base.

OXALIDE [ŏk'-sà-lid'] *s. f.*

[ÉTYM. Emprunté du lat. **oxalis, idis,** grec ὀξαλίς, ίδος, *m. s.* || *Néolog.* Admis ACAD. 1878.]

|| (Botan.) Plante à saveur acide, dite **petite oseille.**

OXALIQUE [ŏk'-sà-lik'] *adj.*

[ÉTYM. Dérivé du lat. **oxalis,** oxalide, § 229. || 1787. G. DE MORVEAU, *Nomencl. chim.* p. 80. Admis ACAD. 1878.]

|| (Chimie.) **Acide** —, qu'on extrait de l'oseille et des plantes analogues.

OXYDABLE [ŏk'-si-dàbl'] *adj.*

[ÉTYM. Dérivé de **oxyder,** § 242. || 1806. Oxidable, THOUVENEL, *Mém. sur l'aérologie,* II, 264. Admis ACAD. 1835.]

|| (Chimie.) Susceptible de s'oxyder.

***OXYDANT, ANTE** [ŏk'-si-dan, -dânt'] *adj.*

[ÉTYM. Adj. particip. de **oxyder,** § 47. || 1806. Pôle oxidant, THOUVENEL, *Mém. sur l'aérologie,* II, 264.]

|| (Chimie.) Qui a la propriété d'oxyder.

OXYDATION [ŏk'-si-dà-syon ; *en vers,* -si-on] *s. f.*

[ÉTYM. Dérivé de **oxyder,** § 247. || 1806. Pôle d'oxidation, THOUVENEL, *Mém. sur l'aérologie,* II, 264. Admis ACAD. 1835.]

|| (Chimie.) Combinaison d'où naît un oxyde.

OXYDE [ŏk'-sid'] *s. m.*

[ÉTYM. Dérivé du grec ὀξύς, aigre, acide, § 282 *bis.* || 1787. Nous avons formé le mot oxide (*sic*) qui d'une part rappelle la substance avec laquelle le métal est uni, qui d'autre part annonce suffisamment que cette combinaison de l'oxigène ne doit pas être confondue avec la combinaison acide, G. DE MORVEAU, *Nomencl. chim.* p. 56. Admis ACAD. 1835.]

|| (Chimie.) Composé d'un corps simple avec l'oxygène, qui ne s'unit pas aux bases. — **métallique.** — **basique,** apte à se combiner avec les acides.

OXYDER [ŏk'-si-dé] *v. tr.*

[ÉTYM. Dérivé de **oxyde,** § 266. || 1787. Métaux oxidés, G. DE MORVEAU, *Nomencl. chim.* p. 58. Admis ACAD. 1835.]

|| (Chimie.) Transformer plus ou moins complètement en oxyde. **Le fer s'oxyde à l'humidité.**

OXYGÉNABLE [ŏk'-si-jé-nàbl'] *adj.*

[ÉTYM. Dérivé de **oxygéner,** § 93. || *Néolog.*]

|| (Chimie.) Qui peut se combiner avec l'oxygène.

OXYGÉNATION [ŏk'-si-jé-nà-syon ; *en vers,* -si-on] *s. f.*

[ÉTYM. Dérivé de **oxygéner,** § 247. || 1797. THOUVENEL, *Climat d'Italie,* I, 169. Admis ACAD. 1835.]

|| (Chimie.) Combinaison d'un corps simple avec l'oxygène. || *P. ext.* — **du sang,** absorption d'oxygène par le sang veineux, qui le change en sang artériel.

OXYGÈNE [ŏk'-si-jèn'] *s. m.*

[ÉTYM. Composé avec le grec ὀξύς, acide, et γενναν, engendrer, § 279, proprt. « engendrant les acides ». || 1787. G. DE MORVEAU, *Nomencl. chim.* p. 32. Admis ACAD. 1835.]

|| (Chimie.) Corps simple qui fait partie de l'air atmosphérique, et sert à la respiration et à la combustion.

OXYGÉNER [ŏk'-si-jé-né] *v. tr.*

[ÉTYM. Dérivé de **oxygène,** § 266. || 1787. Hidrogène oxigené, G. DE MORVEAU, *Nomencl. chim.* p. 33. Admis ACAD. 1835.]

|| (Chimie.) Combiner avec l'oxygène. || *P. ext.* **Sang oxygéné,** qui a absorbé de l'oxygène dans les poumons.

OXYGONE [ŏk'-si-gŏn'] *adj.*

[ÉTYM. Emprunté du lat. **oxygonius,** grec ὀξυγώνιος et ὀξύγονος, *m. s.* || 1613. Triangle oxygone, M. NOSTREDAME, *Hist. de Provence,* dans DELB. *Rec.* Admis ACAD. 1762.]

|| (Géom.) *Vieilli.* Acutangle.

OXYMEL [ŏk'-si-mèl] *s. m.*

[ÉTYM. Emprunté du lat. **oxymeli,** grec ὀξύμελι, *m. s.* || XIIIᵉ s. Faites oximel et donez au malade, *Simples medicines,* fᵒ 3, vᵒ. Admis ACAD. 1762.]

|| Mélange d'eau, de vinaigre et de miel.

***OXYRRHYNQUE** [ŏk'-si-rink'] *adj.*

[ÉTYM. Emprunté du grec ὀξύρρυγχος, *m. s.* de ὀξύς, aigu, et ῥύγχος, bec. || 1765. ENCYCL.]

|| Qui a le bec pointu. *Substantivt, au masc.* Les **oxyrhynques**. | **1.** Genre d'oiseaux omnivores. | **2.** Genre d'insectes coléoptères. | **3.** Famille de crustacés décapodes.
***OXYTON** [ŏk'-si-ton] *adj.*
[ÉTYM. Emprunté du grec ὀξύτονος, *m. s.* || 1570. Les Éoliens prononçoient plusieurs choses des paroxytones qui estoient communément oxytones, GENTIAN HERVET, *Cité de Dieu*, dans DELB. *Rec.*]
|| (Gramm.) Qui a l'accent tonique sur la dernière syllabe. Le nom « président » est un mot —, et, *substantivt,* un — (par opposition à ils président, qui est paroxyton).

OYANT, ANTE [wà-yan, -yänt']. *V.* ouïr.
***OZÈNE** [ò-zĕn'] *s. m.*
[ÉTYM. Emprunté du lat. ozæna, grec ὄζαινα, *m. s.* proprt, « puanteur ». || 1603. Les ozenes, J. DUVAL, *Hydrothérapeutique,* p. 318.]
|| (Médec.) Ulcère de la membrane pituitaire du nez.
OZONE [ò-zòn'] *s. m.*
[ÉTYM. Dérivé du grec ὄζειν, avoir une odeur, § 282 *bis.* || *Néolog.* Admis ACAD. 1878.]
|| (Chimie.) Odeur de l'oxygène modifié par l'électricité. || *P. ext.* Oxygène ainsi modifié.

P

P [pé; selon la nouvelle épellation, pe] *s. m.*
[ÉTYM. Emprunté du lat. p, *m. s.* || XIIIᵉ s. P senefie paradis, *Senefiance de l'A B C,* dans JUBINAL, *Nouv. Rec.* II, 282.]
|| Consonne labiale, la seizième lettre et la douzième consonne de l'alphabet français. Un grand P ou P majuscule. Un petit p ou p minuscule. || Le p est muet dans compter, dompter, coup. Le groupe ph se prononce comme f.
***PACA** [pà-kà] *s. m.*
[ÉTYM. Mot de la langue des Caraïbes, § 30. || 1580. Pag ou pague, car on ne peut bien distinguer lequel des deux ils proferent, J. DE LÉRY, *Voy. au Brésil,* p. 138. | 1704. Paca,... qqns l' appellent pak, TRÉV.]
|| (Hist. nat.) Mammifère rongeur de l'Amérique méridionale, voisin du cochon.
PACAGE [pà-kàj'] *s. m.*
[ÉTYM. Du lat. pop. *pascuaticum, dérivé de pascuum, *m. s.* § 78, prononcé de bonne heure *pasquaticum, § 356, d'où pascage, §§ 392, 294, 380, 290 et 291, pacage, § 422. || XIVᵉ s. Je croi qu'en l'autre siecle ferai anuit pasquage, *Baudouin de Sebourc,* XI, 438.]
I. Action de faire paître. Droit de —, droit qu'ont les habitants d'une même commune de faire paître les troupeaux dans certains terrains en jachère ou en friche.
II. *P. ext.* Lieu de pâture. Mettre les bœufs au —.
PACAGER [pà-kà-jé] *v. tr.*
[ÉTYM. Dérivé de pacage, § 154. || XVIᵉ s. Aucun ne peut envoyer ses bestes broutanz pasturer ne pascager, GUENOYS, *Conf. des coustumes,* dans DELB. *Rec.* Admis ACAD. 1762.]
|| Paître dans un pacage. Faire — du blé, du seigle, aux troupeaux, les laisser paître le blé, le seigle en herbe. || *Absolt.* — en terre vaine et vague.
PACANT [pà-kan] *s. m.*
[ÉTYM. Origine inconnue. || Admis ACAD. 1798.]
|| *Pop.* Rustre.
PACE (IN). *V.* in pace.
PACHA [pà-chà] *s. m.*
[ÉTYM. Emprunté du pers. bacha, badchah, *m. s.* altération de padchah, souverain, § 24. On a dit longtemps bacha et bassa, formes aujourd'hui inusitées. || XVIᵉ s. Baschat, RAB. II, 21. || 1771. Pacha, TRÉV. Admis ACAD. 1798.]
|| Fonctionnaire turc chargé de l'administration d'une province. On porte devant les pachas des queues de cheval, une, deux, ou trois, suivant le rang. — à trois queues.
PACHYDERMES [pà-chi-dèrm'] *s. m. pl.*
[ÉTYM. Emprunté du grec παχύδερμος, qui a la peau épaisse, de παχύς, épais, et δέρμα, peau, § 279. Le mot a été introduit dans la langue scientifique par CUVIER, *Tabl. élément. de l'hist. nat.* (1797), p. 91. || XVIᵉ-XVIIᵉ s. Pachuderme de corps, D'AUB. dans DELB. *Rec.* Admis ACAD. 1835.]
|| (T. didact.) Ordre de mammifères non ruminants, à cuir épais. L'éléphant, le rhinocéros, l'hippopotame, le cochon, le cheval, sont des pachydermes.
PACIFICATEUR, *PACIFICATRICE [pà-si-fi-kà-tĕur, -trïs'] *s. m. et f.*
[ÉTYM. Emprunté du lat. pacificator, *m. s.* || XVᵉ-XVIᵉ s. FOSSETIER, dans GODEF. *Compl.*]
|| Celui, celle qui pacifie. Pacificatrice de la Pologne, VOLT. *Lett. à Cath.* 27 mai 1769. Que je sois votre —, MOL. *Jal.*

du Barb. sc. 6. *Adjectivt.* L'esprit —, VOLT. *Philos. Sermon de Josias Rossette.*
PACIFICATION [pà-si-fi-kà-syon ; en vers, -si-on] *s. f.*
[ÉTYM. Emprunté du lat. pacificatio, *m. s.* || XVᵉ s. Pour la pacification de leur pays, COMM. VI, 9.]
|| Action de pacifier. La — d'un pays. — d'une famille. *Spéciall.* Édits de —, pour apaiser les guerres de religion.
PACIFIER [pà-si-fyé ; en vers, -fi-é] *v. tr.*
[ÉTYM. Emprunté du lat. pacificare, *m. s.* || 1250. En a pacefié a moi, dans GODEF.]
|| Ramener à la paix. L'Europe fut pacifiée. L'unique moyen de — l'Église, RAC. *Port-Royal,* 1. || *P. ext.* Calmer. Ils ont nommé un gentilhomme de leurs amis, à l'avis duquel j'ai passé pour — les choses, CORN. *Lett.* 22. —... les troubles de l'esprit, MOL. *Am. méd.* III, 7.
PACIFIQUE [pà-si-fïk'] *adj.*
[ÉTYM. Emprunté du lat. pacificus, *m. s.* || XVᵉ s. Pacificque, *Myst. de la Passion,* dans GODEF. *Compl.*]
|| **1°** Qui aime la paix. (*Syn.* paisible.) Homme —. Humeur —. Il leur tomba du ciel un roi tout —, LA F. *Fab.* III, 4.
|| **2°** Qui est en paix. Le règne de Numa, long et —, MONTESQ. *Rom.* 1. (Droit.) Possesseur —, dont la possession n'est pas contestée. | *Spéciall.* La mer Pacifique, l'océan Pacifique, et, *substantivt,* Le Pacifique, le Grand Océan.
|| **3°** Qui amène la paix. Desseins, vues pacifiques. Le rameau d'olivier qui était dans sa main le signe —, FÉN. *Tél.* 9. Que Dieu jette sur vous des regards pacifiques! RAC. *Esth.* I, 2. Du soir les ombres pacifiques, BOIL. *Sat.* 6.
PACIFIQUEMENT [pà-si-fïk'-man ; en vers, -fi-ke-...] *adv.*
[ÉTYM. Composé de pacifique et ment, § 724. || XVᵉ-XVIᵉ s. Pacificquement, FOSSETIER, dans DELB. *Rec.*]
|| D'une manière pacifique.
PACOTILLE [pà-kò-lïy'] *s. f.*
[ÉTYM. Semble dérivé de paquet avec changement de suffixe, §§ 62 et 95. On écrivait qqf pacquotille au XVIIIᵉ s. || 1723. SAVARY, *Dict. du comm.* Admis ACAD. 1740.]
|| **1°** *Vieilli.* Menues marchandises que l'équipage d'un navire peut emporter pour en faire commerce, sans payer de fret. || *P. ext.* Marchandises de —, de qualité inférieure.
|| **2°** *P. ext.* Assortiment de marchandises destinées à l'échange, au commerce en pays lointains.
PACTE [pàkt'] *s. m.*
[ÉTYM. Emprunté du lat. pactum, *m. s.* LA F. emploie l'anc. forme pact, condamnée par VAUGEL. || XIVᵉ s. Celui pact et celle aliance, BERSUIRE, fᵒ 2, dans LITTRÉ.]
|| Convention solennelle. — inviolable. Est-il besoin de — ou de serments? LA BR. 14. — tacite, illicite, secret. — de famille, conclu entre toutes les branches de la maison de Bourbon. Le — fédéral de la Suisse, par lequel les cantons ont établi la constitution. Le — de famine, statuts d'une compagnie de financiers qui organisa au XVIIIᵉ s. le monopole des grains. || Faire un — avec le diable, lui vendre son âme au prix de la richesse, de la puissance, etc. || *P. ext.* Rompez, rompez tout — avec l'impiété, RAC. *Ath.* I, 1.
***PACTION** [pàk'-syon ; en vers, -si-on] *s. f.*
[ÉTYM. Emprunté du lat. pactio, *m. s.* || XIVᵉ s. BERSUIRE, dans GODEF. *Compl.*]

|| *Vieilli.* Action de faire un pacte ; pacte fait avec qqn. *Pactions d'un royal hyménée*, CORN. *Poés.* 69.

PACTISER [păk'-li-zé] *v. intr.*

[ÉTYM. Dérivé de pacte, § 267. Bien que TRÉV. dise que pactiser « n'est plus en usage », le mot n'a pas vieilli. || XVIᵉ s. Ceux la qu'avoient pactisé avecques eux, MONLUC, *Comment.* II, 367.]

|| Faire un pacte. Être accusé de — avec l'ennemi. || *Fig.* Transiger. — avec les rebelles. — avec sa conscience.

PADOU et, *vieilli,* ***PADOUE** [pà-dou] *s. m.*

[ÉTYM. Nom propre de ville, § 36 : Padoue (Italie), où se fabrique ce ruban. || 1642. Padoûe, OUD.]

|| (Technol.) Ruban de bourre de soie.

***PADOUAN** [pà-dwan ; *en vers*, -dou-an] *s. m.* et **PA-DOUANE** [pà-dwàn'; *en vers*, -dou-àn'] *s. f.*

[ÉTYM. Nom propre signifiant « de Padoue », d'un célèbre faussaire originaire de cette ville, § 36. Padouane est plus usité que padouan. || 1695. Médailles frappées qu'on dit d'ordinaire du Padoûan, CH. PATIN, *Hist. des méd.* p. 196. Admis ACAD. 1762.]

|| (Numism.) Médaille moderne frappée en contrefaçon d'une médaille antique.

***PAF** [păf'] *interj.* et *adj. invar.*

[ÉTYM. Onomatopée, § 32.]

|| **1°** *Interj.* Exclamation représentant le bruit d'un coup, d'une chute. (Souvent précédé de pif et qqf suivi de pouf.) Faire paf (en tombant). *P. plaisant.* Être —, être pris de vin.

|| **2°** *Adj.* (Technol.) Grès, marbre, pierre —, de dureté moyenne.

PAGAIE [pà-ghè] *s. f.*

[ÉTYM. Parait emprunté de la langue des Caraïbes, § 30. On a dit aussi un pagai et une pagale. || 1686. Une rame qui s'appelle pagais, CHAUMONT, *Ambass. de Siam*, p. 46. Admis ACAD. 1762.]

|| **1°** (Navig.) Longue rame de pirogue, à simple ou à double pelle, que l'on manœuvre sans l'appuyer sur l'embarcation. *P. anal.* Petit aviron qu'on manœuvre comme la pagaie.

|| **2°** *P. ext.* (Technol.) Grande spatule de bois pour remuer le sucre en sirop (aux Antilles).

***PAGANISER** [pà-gà-ni-zé] *v. intr.* et *tr.*

[ÉTYM. Dérivé du lat. paganus, païen, § 266. || 1551. Scripteur non lascif et paganisant, *Quintil. horatian,* dans DELB. *Rec.*]

|| (Hist. ecclés.) || **1°** *Vieilli.* *V. intr.* En parlant d'un chrétien, se conduire en païen. Je paganise dans ce sanctuaire, BOSS. *Sign. des docteurs.*

|| **2°** *V. tr.* Revêtir d'un caractère païen.

PAGANISME [pà-gà-nïsm'] *s. m.*

[ÉTYM. Emprunté du lat. paganismus, *m. s.* L'anc. franç. a la forme plus pop. paienisme. || 1611. COTGR.]

|| (Hist. relig.) Religion des païens. De quelle antiquité se pouvait vanter le —? BOSS. *Hist. univ.* II, 26.

***PAGAYER** [pà-ghè-yé] *v. intr.*

[ÉTYM. Dérivé de pagaie, § 154. || 1686. Font force du corps pour pagaier, CHAUMONT, *Ambass. de Siam*, p. 46.]

|| (Navig.) Manier la pagaie.

1. PAGE [pàj'] *s. f.*

[ÉTYM. Emprunté du lat. pagina, *m. s.* devenu pagene, page, § 290. || XIIᵉ s. Escrit en ceste page, BENEEIT, *Ducs de Norm.* 7954.]

|| **1°** Chacun des côtés d'un feuillet sur lequel on écrit ou imprime. Numéroter les pages d'un cahier, d'un registre. Ce livre a tant de pages. Remplir les quatre pages d'une lettre. — blanche, où il n'y a rien d'écrit.

|| **2°** Ce qui est écrit ou imprimé dans une page. Une — d'écriture. Il m'a écrit quatre pages de reproches. Effaçant une —, BOIL. *Sat.* 2. Les notes sont au bas des pages. Il y a trente-cinq lignes à la —. Il est payé à tant la —. (Typogr.) Mettre en pages, rassembler les paquets de composition et en former des pages. Metteur en pages.

|| **3°** Le contenu d'une page écrite, imprimée. La première — de ce discours est admirable. Il y a de belles pages dans ce livre. Ces événements feront une belle — d'histoire. || *Fig.* C'est la plus belle — de son histoire, ce qu'il y a de plus beau dans sa vie.

2. PAGE [pàj'] *s. m.*

[ÉTYM. Origine incertaine ; le rapport entre page et le grec παιδίον, petit enfant, est très douteux. || XIIIᵉ s. Qui parleront plus bel c'uns pages, GAUT. DE COINCY, *Mir. de la Vierge,* col. 708, Poquet.]

|| **1°** Jeune garçon attaché au service d'un prince, d'une princesse, etc. — de la chambre du roi, ou, simplement, de la chambre. — de la reine. —, cherchez Rodrigue et l'amenez ici, CORN. *Cid,* II, 4. Tout marquis veut avoir des pages, LA F. *Fab.* I, 3. Malicieux, effronté comme un —. Être sorti, être hors de —, avoir accompli le temps de son service dans les pages. *Fig.* Hors de —, indépendant. Je vous ferai bien voir que je suis hors de —, TH. CORN. *D. Bertr. de Cigarral,* V, 11. Mettre... notre esprit hors de —, MOL. *F. sav.* III, 2. || *P. ext. Ellipt.* (Commerce.) Chaussette, caleçon —, de la plus petite dimension qui se fasse pour homme.

|| **2°** *P. anal.* Pince que les femmes se suspendent à la ceinture pour tenir relevé le bas de leur robe.

PAGINATION [pà-ji-nà-syon ; *en vers*, -si-on] *s. f.*

[ÉTYM. Dérivé de paginer, § 247. || Admis ACAD. 1835.]

|| (Technol.) || **1°** Action de paginer.

|| **2°** Manière dont un livre est paginé. La — est défectueuse.

PAGINER [pà-ji-né] *v. tr.*

[ÉTYM. Dérivé du lat. pagina, page, § 266. Le lat. paginare signifie « écrire ». || Admis ACAD. 1835.]

|| (Technol.) Numéroter page par page (un livre, un registre).

PAGNE [pàñ'] *s. m.*

[ÉTYM. Emprunté de l'espagn. paño, *m. s.* proprt, « pan (d'étoffe) », § 13. Qqs auteurs, parmi lesquels VOLT. et CHATEAUBR., font pagne du féminin, § 550. || 1650. Les Ombiasses... revestent de belles paignes, LE P. NACQUARD, *Lett. sur Madagascar,* dans *Corresp. hist.* 1897, p. 83. Admis ACAD. 1762.]

|| Morceau d'étoffe dont les nègres demi-nus se couvrent de la ceinture aux genoux.

PAGNON [pà-ñon] *s. m.*

[ÉTYM. Nom propre d'un fabricant de Sedan, qui obtint des lettres patentes du roi en juillet 1646, § 36. || Admis ACAD. 1762.]

|| (Technol.) Drap noir fin de Sedan.

PAGNOTE [pà-ñŏt'] *s. m.*

[ÉTYM. Emprunté de l'ital. pagnotta, *m. s.* proprt, « petit pain », nom donné par dérision à des soldats d'occasion qui se louaient pour un pain, § 12. Sur le changement de genre (l'ital. est fém.), V. § 554. || 1587. Ce qui fut appellé pagnotte en Piedmont et ailleurs, quand les soldats necessiteux se desbandent et vont à la guerre pour avoir du pain, et ce sobriquet fut inventé en l'an 1544, aux guerres du Piémont, par les Espagnols, par moquerie, qui appelloient nos soldats, soldats de la pagnotte, F. D'ABRA DE RACONIS, *Le Vrai But où doivent tendre tous les gens de guerre,* p. 13.]

|| *Vieilli.* (T. milit.) Soldat qui ne se bat pas. *P. appos.* Fuyez, troupes pagnotes, LEGRAND, *Mauvais Ménage,* sc. 21. *P. ext.* Le haut du mont — était leur mont Parnasse, PRADON, *Sat. contre Rac. et Boil.* J'étais sur le mont — (sans prendre part au combat) à regarder l'attaque, RAC. *Lett.* 88.

PAGNOTERIE [pà-ñŏt'-ri ; *en vers*, -ñŏ-te-ri] *s. f.*

[ÉTYM. Dérivé de pagnote, § 69. || 1690. FURET. Admis ACAD. 1762.]

|| *Vieilli.* Absence d'énergie, négligence. Cette — fait rire, VOLT. *Lett. à Panckouke,* 9 juill. 1766.

PAGODE [pà-gòd'] *s. f.*

[ÉTYM. Emprunté du portug. pagoda, *m. s.* § 14. || 1609. Une pagode et temple d'idoles, *Hist. du roy. de la Chine,* dans DELB. *Rec.*]

|| **1°** Temple consacré au culte des idoles, en Asie. || *P. ext.* Idole. *Fig.* Un héros qui tient toujours sa — à la main (d'une dévotion exagérée), CARTAUD DE LA VILATE, *Essai sur le goût,* p. 103, édit. 1751.

|| **2°** *P. anal.* Magot chinois, figurine d'étagère. Les pagodes se multiplient sur les cheminées, GHERARDI, *Th. ital.* V, 57.

|| **3°** *P. appos.* Manches pagodes, larges manches ouvertes.

***PAGURE** [pà-gùr] *s. m.*

[ÉTYM. Emprunté du lat. pagurus, grec πάγουρος, *m. s.* || 1552. Le pagure, la langouste, J. MASSÉ, *Galien,* dans DELB. *Rec.*]

|| (Hist. nat.) Crustacé décapode à longue queue molle.

PAIEMENT ou **PAÎMENT** [pè-man] *s. m.*

[ÉTYM. Dérivé de payer, §§ 65 et 145. ACAD. écrit aussi payement. || XIIᵉ-XIIIᵉ s. Pour paiement faire, VILLEHARD. 61.]

‖ **1°** Action de payer. Réclamer le — d'un mémoire. Ne rien laisser pour le — de ses dettes. Cette maison a suspendu ses paiements.

‖ **2°** Ce qu'on paie. Un — en or, en effets. Sans vouloir de nous aucun —, FÉN. *Tél.* 7. *Fig.* Voilà donc le — de l'hospitalité! V. HUGO, *Hern.* III, 5.

PAÏEN, ENNE [pà-yin, -yòn'] *adj.*

[ÉTYM. Du lat. paganum, *m. s.* proprt, « paysan », le paganisme s'étant maintenu plus longtemps dans les campagnes que dans les villes, §§ 394, 300 et 291.]

‖ Qui adore les faux dieux. Les peuples païens. Quatre monarchies idolâtres ou païennes, PASC. *Pens.* XVIII, 2. ‖ *P. ext.* Les auteurs païens. | En parlant des choses. Les religions païennes. Les temples païens. | *Substantivt.* Les païens voulaient bien adorer le vrai Dieu, mais non pas le vrai Dieu tout seul, BOSS. *Hist. univ.* II, 26. ‖ *P. anal.* Qui parle, agit, comme les païens. Mener une vie païenne. Ce n'est pas que j'approuve, en un sujet chrétien, Un auteur follement idolâtre et —, BOIL. *Art p.* 3. *Substantivt.* Vivre en —. Il me dit que j'étais une jolie païenne, que je faisais de vous une idole, SÉV. 162. Jurer comme un —, proférer de gros jurons.

***PAILLAGE** [pà-yàj'] *s. m.*
[ÉTYM. Dérivé de pailler 2, § 78. ‖ *Néolog.*]
‖ (Technol.) Action de pailler.

PAILLARD, ARDE [pà-yàr, -yàrd'] *s. m.* et *f.*
[ÉTYM. Dérivé de paille, § 147. ‖ XIIIᵉ s. Son atour En habit de paillart changié, *Couci*, 3978.]
‖ **1°** *Vieilli.* Gueux, gueuse (qui couche sur la paille). Deux forts paillards ont chacun un bâton, LA F. *Contes, Paysan.*
‖ **2°** *Famil.* Personne portée à la lubricité. *Adjectivt.* Il n'est ivrogne ni —, SCARR. *Virg. trav.* 6.

PAILLARDER [pà-yàr-dé] *v. intr.*
[ÉTYM. Dérivé de paillard, § 154. ‖ XVᵉ s. De paillarder tout elle me destruit, VILLON, *Gr. Test.* 1619.]
‖ *Famil.* Se conduire en paillard (lubriquement).

PAILLARDISE [pà-yàr-diz'] *s. f.*
[ÉTYM. Dérivé de paillard, § 124. (*Cf.* paillardie, dans VILLON, *Jargon*, 3.) ‖ 1539. R. EST.]
‖ Caractère, acte lubrique.

PAILLASSE [pà-yǎs'] *s. f.* et *m.*
[ÉTYM. Dérivé de paille, § 81. ‖ 1405. Une toile de paillasse, dans DELB. *Rec.*]
I. *S. f.* ‖ **1°** Sac garni de paille dont on garnit le fond d'un lit. Mettre, étendre un mourant sur la — (tirée du lit), comme acte d'humilité. Lui mis sur la — avec toute la contenance d'un mort, SÉV. 854. *Spécialt.* En parlant de la paillasse sur laquelle couchent les soldats. *Vieilli.* Être de —, être de garde. | *Pop.* Crever la — à qqn, lui ouvrir le ventre d'un coup de sabre, d'épée, etc.
‖ **2°** *P. anal.* Massif sur lequel les distillateurs élèvent leurs fourneaux.
II. *S. m.* Bateleur d'un théâtre forain (souvent habillé d'une toile à paillasse) chargé de faire la parade. ‖ *Fig. Famil.* Homme sans caractère, sans consistance. (Se dit surtout des hommes politiques.)

PAILLASSON [pà-yà-son] *s. m.*
[ÉTYM. Dérivé de paillasse, § 104. ‖ 1680. RICHEL.]
‖ **1°** Abri fait avec de la paille pour protéger les végétaux contre l'action du froid, du soleil, pour se protéger contre la chaleur.
‖ **2°** Natte de paille ou de roseau qu'on met à l'entrée d'un appartement pour s'essuyer les pieds, ou sur un parquet pour tenir les pieds chauds.

PAILLE [pày'] *s. f.*
[ÉTYM. Du lat. palea, *m. s.* §§ 301, 462, 463, 355 et 291.]
‖ **1°** Tige de plantes céréales dont on a enlevé le grain. — de froment, de seigle. Une botte de —. Ils sont aises comme rats en —, se dit de gens qui font bonne chère aux dépens d'autrui. Coucher sur la —, et, *fig.* Réduire qqn à coucher sur la —, le rendre très misérable. Mettre à la —, sur la —, ruiner. Il mourra sur la —, ruiné. ‖ Faire sécher des raisins sur la —, et, *p. ext.* Vin de —, vin de raisins ainsi séchés. Un feu de — et, *fig.* Cet amour n'a été qu'un feu de —, s'est vite éteint. *Fig.* Tout y va, la — et le blé, on n'épargne rien. De la — tressée. Ouvrages de —. Un chapeau de — d'Italie. Une chaise de —. *Spécialt.* Fétu, brin de —. Il m'est entré une — dans l'œil. *Fig.* (T. biblique.) Voir une — dans l'œil de son voisin et ne pas voir la poutre qui est dans le sien, voir les moindres défauts chez les autres et

non les plus grands chez soi. Qu'ils soient comme la poudre et la — légère Que le vent chasse devant lui, RAC. *Esth.* I, 5. Jeter la — au vent, pour savoir d'où le vent vient. Tirer à la courte —, tirer au sort avec des brins de paille inégaux. | *Vieilli.* Rompre la —, en signe de rupture d'un engagement, d'un accord, d'un marché. Il faut rompre la —, MOL. *Dép. am.* IV, 4. Lever, enlever la — (par allusion à la vertu de l'ambre qui attire les corps légers), avoir du succès. Racine a fait une comédie qui s'appelle Bajazet et qui enlève la —, SÉV. 237. ‖ *P. anal.* — de fer, brins de fer mis en botte et servant à nettoyer les parquets. ‖ *P. ext.* Une étoffe —, de la couleur de la paille. (*Cf.* paillet.) Mettre des gants —. ‖ *Fig.* En parlant de choses, de personnes sans valeur. La déclaration de César n'est pas de —, VOLT. *Lett. à d'Argental*, 15 sept. 1768. | J'écrivais... par-ci par-là quelques lettres de —, ST-SIM. VI, 41. Une croix de —, sur laquelle on ne peut jurer, locution indiquant qu'une chose ne se fera pas. Un homme de —, de nulle valeur, et, *spécialt*, celui qui sert de prête-nom dans une affaire. (*Cf.* forvêtu.)

‖ **2°** *P. anal.* (Marine.) — de bitte, mince cheville de fer qu'on introduit dans la tête d'une bitte pour retenir le câble enroulé. — d'arrimage, bûches droites, rondes, sans écorce, qui servent à arrimer, à fixer des cordages.

‖ **3°** *P. ext.* | 1. Défaut dans une pièce de métal, de verre. La lame de l'épée se casse à l'endroit où il y avait une —. | 2. Tache dans un diamant, une pierre précieuse.

PAILLE-EN-CUL [pà-yan-ku] *s. m.*
[ÉTYM. Composé de paille, en et cul, § 177. ‖ 1708. Des fregates, des paille-en-queue, LEGUAT, *Voyages*, I, 13. Admis ACAD. 1762.]
‖ **1°** Oiseau de mer dont la queue a deux longues plumes étroites, dit aussi paille-en-queue et fétu-en-cul.
‖ **2°** *P. anal.* (Marine.) Voile d'artimon de certains petits bâtiments.

PAILLE-EN-QUEUE [pà-yan-keu] *s. m.* *V.* paille-en-cul.

PAILLER [pà-yé] *s. m.*
[ÉTYM. Du lat. palearium, *m. s.* §§ 355, 462, 298 et 291. Souvent confondu avec palier. (*V.* à l'article.)]
‖ **1°** Meule de paille.
‖ **2°** Tas de paille dans une basse-cour. Hardi comme un coq sur son —, et, *fig.* Être sur son —, être sur son terrain. Il est difficile de contester un homme (médecin des eaux) sur son —, qui a tous les jours des expériences, SÉV. 1040. Je veux un peu rire sur mon pailler (sic), LA F. *Ragotin*, I, 1.

***PAILLER** [pà-yé] *v. tr.*
[ÉTYM. Dérivé de paille, § 154. (*Cf.* empailler, dépailler, rempailler.) ‖ 1671. Que la terre soit bien cultivée et paillée, *Instr. pour la teint.* dans LITTRÉ.]
‖ **1°** (Technol.) Couvrir de paille. — une corbeille de fleurs. — des arbustes.
‖ **2°** *Vieilli.* Garnir de paille tressée. — des chaises.

PAILLET [pà-yè] *adj. m.*
[ÉTYM. Dérivé de paille, § 133. COTGR. donne le fém. paillette. ‖ 1552. Vin clairet ou paillet, CH. EST. dans DELB. *Rec.*]
‖ Peu chargé en couleur. *Spécialt.* Du vin —, et, *substantivt*, Du —.

PAILLETÉ, ÉE [pày'-té; *en vers*, pà-ye-té]. *V.* pailleter.

***PAILLETER** [pày'-té; *en vers*, pà-ye-té] *v. tr.*
[ÉTYM. Dérivé de paillette, §§ 65 et 154. ‖ XIVᵉ s. Tout pailleté d'argent, CUVELIER, *Duguesclin*, 4841.]
‖ Semer de paillettes. Un habit pailleté. Mica pailleté, contenant de petits cristaux qui forment paillettes.

PAILLETTE [pà-yět'] *s. f.*
[ÉTYM. Dérivé de paille, § 133. ‖ 1386. Paillettes d'argent, dans DOUET D'ARCQ, *Nouv. Rec. de Comptes de l'argent.* p. 187.]
‖ Lamelle de métal brillante. — d'or, d'argent, d'acier, etc. *Spécialt.* Lamelle de métal découpée pour servir d'ornement. Un habit à paillettes. ‖ *P. ext.* Parcelle d'or qu'on trouve dans le sable de quelques rivières. ‖ *P. anal.* Paillettes de mica, petits cristaux libres ou disséminés dans le mica. ‖ *Spécialt.* — de soudure, lamelle de soudure dont se sert l'orfèvre pour souder. | (Serrurerie.) Lame faisant ressort dans un verrou. ‖ *P. ext.* Petites écailles formant l'involucre de la fleur de certaines plantes cynanthérées. *Fig.* Défauts dans un diamant, une pierre précieuse.

PAILLEUR, EUSE [pà-yeur, -yeuz'] *s. m.* et *f.*
[ÉTYM. Dérivé de paille, pailler, § 112. (*Cf.* empailleur, rempailleur.) Au sens **I** pailleur est peut-être pour pailleux, § 62. ‖ (Au sens **I.**) 1680. RICHEL. Admis ACAD. 1762.]

|| **1°** Celui, celle qui vend, qui voiture de la paille.
|| **2°** *Vieilli*. Celui, celle qui paille des chaises.
PAILLEUX, •PAILLEUSE [pà-yeŭ, -yeŭz'] *adj.*
[ÉTYM. Dérivé de **paille**, § 116. || XII°-XIII° s. **Ne pestrir fors paste paillouse**, RENCL. DE MOILIENS, *Miserere*, CLXXVIII, 12.]
|| (Technol.) || **1°** Fait de paille. **Litière pailleuse.** || Qui contient des fragments de paille. **Chiffons —. Fumier —,** dont la paille n'est pas suffisamment consommée.
|| **2°** Qui a une paille, un défaut. **Fer, acier —. Glace pailleuse.**

•**PAILLIS** [pà-yi] *s. m.*
[ÉTYM. Dérivé de **paille**, § 82. || XII° s. **Quatorze espis, Les set chargiez de blé, les autres en paliz**, HERMAN DE VALENC. *Bible*, dans GODEF.]
|| (Technol.) Fumier à demi consommé dont on couvre les plates-bandes, les corbeilles, pour entretenir l'humidité.

PAILLON [pà-yon] *s. m.*
[ÉTYM. Dérivé de **paille**, § 104. || 1560. **Termes propres a l'estat des orfevres qui appellent et disent paillons d'or, paillons d'argent**, J. POLDO D'ALBENAS, *Antiq. de Nismes*, dans DELB. *Rec.*]
|| (Technol.) || **I.** || **1°** Poignée de paille formant tamis au fond d'une cuve à papier, etc.
|| **2°** Panier d'osier sans anse, évasé à la partie supérieure, qu'on emploie dans quelques provinces.
II. Petite lamelle de métal. | **1.** Lamelle de métal découpée pour faire le fond brillant des divers ornements dans les franges, les galons, etc. | Grosse paillette. | **2.** Lamelle de cuivre colorée qu'on met au fond des chatons de pierres précieuses, de cristaux. | **3.** Chacune des lames d'acier dont l'assemblage forme la chaîne du ressort à fusée d'une montre. | **4.** Petite feuille d'étain, d'alliage de bismuth, pour souder ; morceau de soudure à l'usage des orfèvres.

•**PAILLOT** [pà-yó] *s. m.*
[ÉTYM. Dérivé de **paille**, § 134.]
|| Petite paillasse qu'on met dans le lit d'un enfant pour protéger la literie.

PAIN [pin] *s. m.*
[ÉTYM. Du lat. **panem**, *m. s.* §§ 299 et 291. (*Cf.* **panade, paner**, etc.)]
I. Aliment fait d'une masse de farine délayée dans l'eau, pétrie et cuite au four. **— frais, — tendre. — sec, — rassis. — de froment, de seigle, d'orge, d'avoine. Du — blanc, du — bis-blanc. — second ou de seconde qualité. — bis. — noir. — complet**, pain contenant le son avec la farine, qu'on a prétendu être plus nutritif. **Des tanières où ils vivent de — noir, d'eau et de racines**, LA BR. 11. **— de ménage**, pain ordinaire (par opposition au **— de luxe**). **Petit —. — mollet**, petit pain blanc et délicat. **— de rive**, pain cuit sur le bord du four, isolé des autres. **Un — de rive à biseau doré**, MOL. *B. gent.* IV, 1. **— au lait. — de gruau. — perdu**, pain rassis qu'on fait tremper dans du lait avec du sucre et qu'on fait frire. **Des croûtes de —. De la mie de —. De la chapelure de —. Une soupe au —. Tremper du — dans du vin. Manger du — sec**, sans rien autre chose, et, *dans le même sens* (style de procédure ecclésiastique), **Mettre qqn au — de douleur. — de munition**, fabriqué pour les soldats. || *P. ext.* **— de chien**, pain grossier dont on nourrit les chiens. || *P. ext.* Le morceau de pâte qu'on met au four. **Mettre le — au four. Faire cuire le —.** *Loc. prov.* **Avoir du — cuit**, de l'ouvrage fait d'avance, de l'épargne pour l'avenir. **Avoir du — cuit sur la planche**, de quoi vivre sans travailler. **Manger son — blanc le premier**, commencer par l'agréable. **Manger son — à la fumée du rôt**, voir le plaisir des autres sans y prendre part. **Liberté et — cuit**, l'indépendance et la nourriture assurée. **Il a du — quand il n'a plus de dents**, le bien lui arrive quand il ne peut plus en jouir. **Long comme un jour sans —. Une chose donnée pour un morceau de —**, vendue à très bas prix. **C'est un homme qui promet plus de beurre que de —**, plus qu'il ne veut tenir. **Être bon comme du bon —. Être grossier comme un — d'orge.** *Famil.* **Faire passer à qqn le goût du —**, le faire mourir. || *Spécialt.* **— bénit**, pain que le prêtre bénit et qu'on distribue aux fidèles dans une messe solennelle. **Un chanteau de — bénit. Rendre le — bénit**, donner à l'église le pain qui doit être bénit et le présenter à l'offrande. *P. ironie. Fig.* **C'est — bénit**, c'est bien fait. || **Pains de proposition**, les douze pains que les Hébreux offraient à Dieu les jours du sabbat, et

dont mangeaient seulement les prêtres et les lévites. || **— azyme, — sans levain**, pain non levé que les Juifs mangent pendant les huit jours de leur Pâque. **— à chanter** (la messe), dit aussi **— d'autel**, pain sans levain destiné à être consacré par le prêtre pour servir d'hostie. | *P. ext.* Pain (sans levain) dont on enveloppe les poudres médicinales, pour en faciliter l'absorption. | **— à cacheter**, pain sans levain découpé en rondelles, pour cacheter les lettres.
II. *P. ext.* Ce qui sert à la subsistance. **Gagner son — quotidien. Seigneur,... donnez-nous aujourd'hui notre — quotidien**, *Oraison dominicale*. **C'est son — quotidien**, son occupation de chaque jour. || **Gagner son — à la sueur de son front. Chaque jour amène son —**, LA F. *Fab.* VIII, 2. **Des travaux qui donnent du — aux ouvriers. Cet emploi lui assurera du —. Oter le — à qqn**, lui faire perdre le moyen de subsister. **Je n'avais qu'un héritage ; on me l'a brûlé : ah ! l'on m'ôte le — des mains**, BOSS. *Nécessités de la vie*, 1. **S'ôter le — de la bouche pour qqn**, se priver du nécessaire pour lui donner de quoi vivre. **Mettre le — à la main de qqn**, lui assurer sa subsistance. | *Vieilli.* (Droit.) **Être en — de père et de mère**, soumis à la puissance paternelle, recevant sa subsistance de ses parents. *P. anal.* **Au — du roi**, en prison. **Au — du roi comme un criminel**, ST-SIM. I, 333. || *Fig.* **Le — de la parole de Dieu**, les vérités religieuses et morales. **Le — des forts**, les vérités de la religion chrétienne. **Donner le lait aux infirmes et le — aux forts**, BOSS. *Le Tellier*. **Il ne faut pas donner aux chiens le — des enfants**, donner aux profanes l'enseignement réservé aux enfants de Dieu.
III. *P. ext.* **— aux champignons, à la crème**, entremets fait de croûtes de pain cuites avec des champignons, de la crème. **— de poissons, de poulet, de perdreaux, etc.**, mets dans la confection desquels entre de la mie de pain. **— d'épices**, sorte de gâteau fait avec de la farine de seigle, de l'écume de sucre, des épices, du miel, etc. || **— salé**, composition d'argile et de sel qu'on fait lécher aux cerfs, aux daims, aux chevreuils, pour exciter leur appétit. || **Arbre à —**, jaquier, arbre dont le fruit rappelle la saveur du pain frais.
IV. *P. anal.* Masse de certaines substances. **— de cire, de savon, de bougie, de beurre. — de sucre** (de forme conique), et, *fig.* **Le château de Castel-Follit, sur un — de sucre de roche**, ST-SIM. I, 188. || **— de noix, d'olives, de roses, etc.**, masse formée du résidu des noix, des olives, des roses, etc., quand on en a extrait l'huile, l'arome. **— de vendange**, la masse de la vendange qui surnage sur la cuve au-dessous du chapeau. **— de terre**, masse de terre à modeler, pour le sculpteur. **— de liquation**, alliage de cuivre avec trois fois son poids de plomb. **— d'affinage**, masse plate d'argent qui se fixe dans la coupelle où on l'affine. || **— de hanneton**, fruit de l'orme. **— de loup**, champignon. **— de pourceau**, cyclamen. **— de singe**, fruit du baobab.

PAIR, •PAIRE [pêr] *adj.* et *s. m.*
[ÉTYM. Du lat. **parem**, *m. s.* devenu régulièrement **per** en anc. franç. §§ 295 et 291, écrit plus récemment **pair** sous l'influence du subst. **paire**, § 509.]
I. *Adj.* || **1°** Égal. (Ne s'emploie plus au sens général que dans l'expression **sans pair**.) **C'est un homme sans —. Paris sans —**, LA F. *Contes, Aveux indiscr.* **Certaine chèvre au mérite sans —**, LA F. *Fab.* XII, 4. || *Loc. adv.* **De —**, et, *vieilli*, **Du —**, sur le même rang. **Il va de — avec les plus grands seigneurs. Cela va du — avec la crapule**, LA BR. 13. **Hors de —**, et, *vieilli*, **Hors du —**, au-dessus de ses égaux. **Nos deux filles sont hors du —**, BUSSY-RABUTIN, *Lett. à Mme de Sévigné*, 3 janv. 1676. *Au même sens. Vieilli.* **Se tirer de —.**
|| **2°** *Spécialt.* (Arithm.) Qui se divise en deux moitiés dont chacune forme un nombre entier, c'est-à-dire divisible par deux. **Les nombres pairs sont les nombres terminés par 2, 4, 6, 8 ou 0. Rang —**, représenté par un nombre pair. **Les séries paires.** || *Absolt.* **Jouer à — ou impair, à — ou non**, donner à deviner si des objets qu'on tient dans la main sont en nombre pair ou impair.
II. *S. m.* || **1°** En parlant des personnes. Personne de condition égale à une autre. **Vivre avec qqn de — à compagnon**, comme si on était son égal. **Ce chien, parce qu'il est mignon, Vivra de — à compagnon Avec Monsieur, avec Madame**, LA F. *Fab.* IV, 5. || *Spécialt.* (Féodal.) **Être jugé par ses pairs. Les pairs de France**, grands vassaux composant la cour de justice du roi. **Les douze pairs de Charlemagne.** *P.*

anal. Chambre des pairs, nom donné, dans différents pays constitutionnels, à la chambre haute.

‖ **2°** En parlant des animaux. Mâle ou femelle d'oiseaux vivant par couple. Cette tourterelle a perdu son —.

‖ **3°** *P. ext.* Rapport d'égalité entre deux termes. | 1. *Vieilli.* Paire, couple. Ce — d'amants sans — (sans égal), CORN. *Mélite* (édit. 1633-57), IV, 6. | 2. (Commerce.) Égalité de change entre deux places. | 3. (Bourse.) Égalité entre le capital nominal d'une valeur et le cours actuel. ‖ *Fig.* Être au —, ne pas avoir d'arriéré. Un employé au —, qui est nourri et logé, mais n'a pas d'appointements.

PAIRE [pèr'] *s. f.*

[ÉTYM. Du lat. paria, plur. de par, paris, *m. s.* §§ 296, 356 et 291. ‖ XIIᵉ s. Cinquante paire, *Énéas*, 890.]

‖ Réunion de deux choses, de deux personnes qui vont ensemble.

‖ **1°** Réunion de deux choses de même espèce, destinées à aller ensemble. Une — de chaussettes, de gants, de pistolets. Une — de manches. *Fig. Famil.* C'est une autre — de manches, c'est une affaire toute différente. *Famil.* Une — de joues, d'oreilles, les deux joues, les deux oreilles. (Anat.) Une — de nerfs, deux nerfs symétriques. ‖ *P. ext.* Réunion de deux pièces essentielles semblables et symétriques. Une — de lunettes, de pincettes.

‖ **2°** Réunion de deux animaux de même espèce. Une — de bœufs. Une — de chevaux. ‖ *Famil.* En parlant des personnes. Une — d'amis. Les deux font la —.

‖ **3°** *Spéciall.* Le mâle et la femelle d'animaux de même espèce.

PAIREMENT [pèr-man ; *en vers*, pè-re-...] *adv.*

[ÉTYM. Composé de paire, fém. de pair, et ment, § 724. ‖ 1582. Pairement pair, *Incert. et vanité des sc.* dans DELB. *Rec.* Admis ACAD. 1762.]

‖ (Arithm.) En nombre pair. Nombre — pair, nombre pair dont la moitié est un nombre pair. Nombre — impair, nombre pair dont la moitié est un nombre impair.

PAIRESSE [pè-rĕs'] *s. f.*

[ÉTYM. Dérivé de pair, d'après l'angl. peeress, *m. s.* §§ 8 et 129. ‖ 1727. Pairesses d'Angleterre, dans *Merc. de France*, sept. p. 2111. Admis ACAD. 1835.]

‖ Femme d'un membre de la chambre des pairs (d'Angleterre).

PAIRIE [pè-ri] *s. f.*

[ÉTYM. Dérivé de pair, § 68. ‖ 1331. La perie d'Artois, dans GODEF.]

‖ (Féodal.) Dignité attachée à un grand fief relevant directement de la couronne. *Ellipt.* Duché, comté-—, auquel cette dignité est attachée. ‖ *P. ext.* Dignité de membre de la chambre des pairs. — héréditaire, à vie.

***PAIRLE** [pèrl'] *s. m.*

[ÉTYM. Origine inconnue. ‖ 1658. LE LABOUREUR, *Disc. de l'orig. des armes*, p. 210.]

‖ (Blason.) Pièce honorable de l'écu composé d'un demi-pal et d'un demi-sautoir assemblés en une sorte d'Y. Meubles rangés en —, dans le sens du pairle.

PAISIBLE [pè-zìbl'] *adj.*

[ÉTYM. Dérivé de paix, § 93. ‖ XIIᵉ s. Puis iert plus paisible la mer, *Énéas*, 1712.]

‖ **1°** Qui vit en paix. Un homme —. Caractère —. Il est — possesseur de son héritage. ‖ *P. anal. Ellipt.* La Macédoine... demeura — à sa famille, BOSS. *Hist. univ.* I, 8. Tantôt dans le sérail j'ai laissé tout —, RAC. *Baj.* II, 3. [Un sage ami... Sur vos fautes jamais ne vous laisse —, BOIL. *Art p.*]

‖ **2°** Qui procure la paix. Une solitude —. Pendant que tout gardait un silence —, RAC. *Esth.* II, 1. La — nuit qui suit une victoire, SCUDÉRY, *Alaric*, 7.

PAISIBLEMENT [pè-zi-ble-man] *adv.*

[ÉTYM. Composé de paisible et ment, § 724. ‖ XIIᵉ s. *Psaut. d'Oxf.* XXXIV, 23.]

‖ D'une manière paisible. Il attend —, LA BR. 5.

***PAISSANT, ANTE** [pè-san, -sänt'] *adj.*

[ÉTYM. Adj. particip. de paître, § 47. ‖ XVIᵉ s. Les bestes paissantes, AMYOT, dans DELB. *Rec.* Admis ACAD. 1762; suppr. en 1798.]

‖ Qui paît. *Spéciall.* (Blason.) Animal —, représenté la tête baissée, comme pour paître.

***PAISSEAU** [pè-só] *s. m.*

[ÉTYM. Du lat. pop. *paxĕllum (class. paxĭllum, § 62), *m. s.* devenu paissel, paisseau, §§ 386, 456 et 291.]

‖ *Dialect.* Échalas.

PAISSON [pè-son] *s. f.*

[ÉTYM. Du lat. pastĭŏuem, *m. s.* §§ 419, 406, 356 et 291. (*Cf.* panage.) ‖ Admis ACAD. 1762.]

‖ *Vieilli.* Pâture des animaux qui paissent.

PAÎTRE [pêtr'] *v. tr. et intr.*

[ÉTYM. Du lat. pop. *pascere (class. pasci), *m. s.* devenu *paos're, *pais're, §§ 419, 290 et 291, paistre, § 421. (*Cf.* repaître, pâture, paisson, etc.)]

I. *V. tr.* ‖ **1°** *Anciennt.* Nourrir. Les corbeaux se paissent de charogne. Et le corps ne se paît Aux banquets de la Muse, RÉGNIER, *Sat.* 3. ‖ (Fauconn.) — l'oiseau, lui donner à manger. *Fig.* De peu de plaisir paissant mon espérance, THÉOPHILE, I, 72, Bibl. elzév. La dame voulait — encore ses yeux Du trésor qu'enfermait la bière, LA F. *Contes, Matr. d'Éph.* ‖ *P. anal.* (Technol.) — la meule qui écrase les olives, amener les olives sous le passage de la meule.

‖ **2°** *P. ext.* Mener (les bêtes) aux champs pour les faire paître. Ce grand homme (Moïse)... avait passé quarante ans à — les troupeaux de son beau-père, BOSS. *Hist. univ.* I, 3. ‖ *Fig.* En parlant des prêtres. Ils ne paissent le troupeau, c'est du troupeau qu'ils se paissent, FÉN. *Sacre de l'Élect.* II, 2.

II. *P. ext. V. intr.* En parlant des animaux herbivores, manger (l'herbe sur racine, les glands, etc.). (*Cf.* brouter.) Mener — une vache. S'il voulait encor me laisser —! LA F. *Fab.* X, 1. [*Fig.* Envoyer — qqn, qqch, s'en débarrasser. ‖ *Transitivt.* La bique allant... — l'herbe nouvelle, LA F. *Fab.* IV, 15.

PAIX [pè ; l'*x* se lie avec le son d'un *z*] *s. f.*

[ÉTYM. Du lat. pacem, *m. s.* devenu *paiz, pais, §§ 296, 382 et 291, écrit plus récemment paix d'après le nominatif lat. pax, § 502. (*Cf.* in pace, pacifier, etc.)]

‖ **1°** État de celui dont le repos n'est pas troublé. Tout respire en Esther l'innocence et la —, RAC. *Esth.* II, 7. La — des champs. Laisser qqn en —, en repos. Vivez heureuse au monde et me laissez en —, CORN. *Poly.* IV, 3. *P. anal.* Laisse en — ton cheval vieillissant, BOIL. *Ép.* 10. ‖ Exclamation. Paix ! tenez-vous en repos. ‖ *Fig.* Quelle injuste puissance Laisse le crime en —? RAC. *Andr.* III, 1. La — du cœur. Être en — avec soi-même. Mettre sa conscience en —. Qui suit bien ses leçons goûte une — profonde, MOL. *Tart.* I, 5. La loi de —, l'Évangile. Ministre de —, le prêtre. La — du paradis, dont jouissent les élus. Que Dieu fasse — [à son âme, que Dieu lui fasse —. Vos péchés vous sont pardonnés; allez en —. Baiser de —, que le célébrant et ses ministres se donnent à la grand messe. *Fig.* Se donner le baiser de —, se réconcilier. ‖ *P. ext.* [1. Plaque que l'acolyte, après l'*Agnus Dei*, porte à baiser aux principales personnes du chœur, en disant : Pax tecum. | 2. Patène que le prêtre donne à baiser quand on va à l'offrande.

‖ **2°** *P. anal.* État d'un pays où il n'y a pas de troubles intérieurs; d'une famille, d'une réunion d'hommes, entre lesquels il n'y a pas de désaccord. La — a été troublée dans qqs provinces. J'étais sûr que la — serait bientôt en Sorbonne, PASC. *Prov.* 1. Vivre en — avec ses voisins. *P. anal.* Deux coqs vivaient en —, LA F. *Fab.* VII, 13. ‖ Venez un peu mettre la — entre ces personnes-ci, MOL. *B. gent.* II, 3. Faire la — avec qqn, se réconcilier avec lui. Allez-vous-en faire la — ensemble, MOL. *G. Dand.* II, 8. Je ferai votre — (je vous réconcilierai), CORN. *Ment.* II, 2. ‖ Homme de —, qui aime la paix. Juge de —, magistrat chargé de concilier. Apporter des propositions, des paroles de —. Je viens chargé de paroles de —, RAC. *Ath.* III, 4. ‖ ‖ — de Dieu, institution du moyen âge interdisant les guerres privées pendant certains jours, certaines périodes.

‖ **3°** État d'une nation qui n'est pas en guerre avec une autre. Il aime mieux la — que la victoire la plus éclatante, FÉN. *Tél.* 9. Carthage reçut la — non pas d'un ennemi, mais d'un maître, MONTESQ. *Rom.* 5. Traité de —. En temps de —. Jouir de la —. Mettre l'armée sur le pied de —, en réduisant les forces militaires. — armée, où chacun se tient prêt à la guerre. Les arts de la —. L'olivier est l'arbre de la —. ‖ *Absolt.* Traité de paix. Faire une — avantageuse, glorieuse. A quoi bon faire une — honteuse avec un peuple pour en aller guerroyer un autre? MONTESQ. *Rom.* 2. — fourrée, — plâtrée, paix fausse.

PAL [pàl] *s. m.*

[ÉTYM. Emprunté du lat. palus, *m. s.* (*Cf.* le doublet pieu, de formation pop.) (*Cf.* palplanche.)]

‖ **1°** Pieu aiguisé par un bout. Les pals les plus serrés font passage à ses coups, CORN. *Poés. div.* 69.

|| **2°** *Spécialt.* Pieu aiguisé par un bout, employé comme instrument de supplice. (*V.* empaler.)

|| **3°** (Blason.) Pieu posé debout, qui divise l'écu de haut en bas. Il porte d'or à deux pals.

|| **4°** (Technol.) Pieu servant à faire des digues, des bâtardeaux.

***PALADE** [pà-làd'] *s. f.*
[ÉTYM. Dérivé de pale 1, § 120. || 1732. TRÉV.]
|| (Technol.) Coup d'aviron d'un rameur.

PALADIN [pà-là-din] *s. m.*
[ÉTYM. Emprunté de l'ital. paladino, *m. s.* de même origine que palatin (*V.* ce mot), § 12. || 1582. Les douze pers de France que nos poetes italiens appellent paladins, BELLE-FOREST, *Descr. des Pays-Bas*, dans DELB. *Rec.*]
|| Héros chevaleresque. Des paladins toujours armés trouvaient de l'honneur à poursuivre l'injustice, MONTESQ. *Espr. des lois*, XXVIII, 22. || *Fig.* Ferons-nous d'Émile... un redresseur de torts, un — ? J.-J. ROUSS. *Ém.* 4.

1. PALAIS [pà-lè ; l's se lie avec le son d'un z] *s. m.*
[ÉTYM. Du lat. palatium, *m. s.* §§ 296, 406 et 291. (*Cf.* palatin.)]
|| **1°** Riche habitation d'un roi, d'un prince, etc. Le — des Tuileries (à Paris). Le — des doges (à Venise). Au fond de leur — leur majesté terrible Affecte à leurs sujets de se rendre invisible, RAC. *Esth.* I, 3. Révolution de —, qui a lieu dans l'intérieur du palais. Maire du —. (*V.* maire.) || *P. anal.* Maison magnifique d'un riche particulier. Ce —, ces meubles, ces jardins... vous font récrier... sur l'extrême bonheur du maître, LA BR. 6. Le — Farnèse (à Rome). Le — Mazarin (à Paris).
|| **2°** *Spécialt.* Le Palais de la Cité, et, *absolt*, Le Palais, ancienne résidence des rois devenue le siège de la justice. || *P. ext.* — de justice, maison où siège le tribunal. Des sottises d'autrui nous vivons au —, BOIL. *Ép.* 2. Les gens du —, juges, avocats, etc.

2. PALAIS [pà-lè ; l's se lie avec le son d'un z] *s. m.*
[ÉTYM. Emprunté du lat. palatum, *m. s.* (cf. palatal), confondu avec palatium, §§ 503 et 509. || XIIIe s. Tes palais soit esmeüs par fain, BRUN. LATINI, *Trésor*, p. 382.]
|| Partie supérieure de la cavité de la bouche. La voûte du —. Voile du —, cloison membraneuse qui sépare la bouche de l'arrière-bouche. || *Fig.* Sens du goût (dont le siège est principalement le palais). Il a surtout un — sûr, LA BR. 11. Des mets qui flattent le —.

PALAN [pà-lan] *s. m.*
[ÉTYM. Emprunté de l'anc. ital. palanco, *m. s.* forme masc. correspondant à palanche (*V.* ce mot), § 12. L'ital. moderne dit palano, d'après la forme actuelle du franç. || 1606. NICOT. Admis ACAD. 1835.]
|| (Technol.) Système de deux poulies à un ou plusieurs rouets, servant à exécuter certaines parties des manœuvres.

***PALANCHE** [pà-lànch'] *s. f.*
[ÉTYM. Du lat. pop. *palanca, bâton de portefaix, qui vient du grec φάλαγξ, αγγος. *m. s.* (*cf.* phalange), §§ 497. 379 et 291. (*Cf.* palan, qui a désigné autrefois un rouleau.)]
|| *Dialect.* Pièce de bois cintré qu'on met sur l'épaule pour porter deux seaux accrochés aux extrémités.

PALANÇON [pà-lan-son] *s. m.*
[ÉTYM. Dérivé de palanche, § 106. || 1765. ENCYCL. Admis ACAD. 1835.]
|| (Technol.) Morceau de bois qui retient un torchis.

PALANQUE [pà-lànk'] *s. f.*
[ÉTYM. Emprunté de l'ital. palanca, *m. s.* qui semble se rattacher à palus, pieu, § 12. || Admis ACAD. 1694.]
|| (T. milit.) Retranchement fait de pièces de bois non équarries.

PALANQUIN [pà-lan-kin] *s. m.*
[ÉTYM. Emprunté du portug. palanquim, qui se rattache au sanscrit palyanka, *m. s.* §§ 14 et 25. || 1611. Littiere ou pallanquin, F. PYRARD, *Voy. des François aux Indes*, p. 205.]
|| Dans l'Inde, en Chine, etc., litière que des serviteurs portent sur leurs épaules.

PALASTRE [pà-làstr'] et **PALÂTRE** [pà-làtr'] *s. m.*
[ÉTYM. Semble dérivé du lat. pala, pelle, et, *p. ext.* surface large, § 151. (*Cf.* l'espagn. palastro, *m. s.*) On trouve palestrage, qui semble dérivé de palastre, dès 1368. (*V.* GODEF.) || 1457. Palastre, dans LONGNON, *Ét. biogr. sur Villon*, p. 149.]
|| (Technol.) Boîte de fer qui contient le mécanisme d'une serrure.

***PALATAL, PALATALE** [pà-là-tàl] *adj.*
[ÉTYM. Dérivé du lat. palatum, palais, § 238. || 1752. TRÉV. Admis ACAD. 1762.]
|| (T. didact.) Qui a rapport au palais (de la bouche). Consonne palatale, qu'on forme en approchant la langue du palais. *Substantivt.* Une palatale, une consonne palatale.

1. PALATIN, INE [pà-là-tin, -tin'] *adj.*
[ÉTYM. Emprunté du lat. palatinus, *m. s.* (*Cf.* paladin.) L'anc. franç. dit palaisin, dérivé de palais 1. || XVe s. Ravalé au dessous des autres palatins, A. CHARTIER, *Curial*, p. 393, édit. 1617.]
|| (Féodal.) Revêtu d'un office dans le palais du souverain. *Spécialt.* Le comte — du Rhin, l'électeur —. Une princesse palatine, femme ou fille d'un comte, d'un électeur palatin. *Substantivt.* Le — de Souabe, de Bavière, etc. Les palatins de Pologne (gouverneurs de province).

2. PALATIN, INE [pà-là-tin, -tin'] *adj.*
[ÉTYM. Dérivé du lat. palatum, palais (de la bouche), § 245. || 1611. COTGR.]
|| (Anat.) Qui a rapport au palais, à la partie supérieure de la bouche. Voûte palatine. Os palatins.

PALATINAT [pà-là-ti-nà] *s. m.*
[ÉTYM. Dérivé de palatin 1, § 254. || 1611. COTGR.]
|| (Féodal.) Dignité de comte palatin. | *P. ext.* Pays soumis à l'autorité d'un comte palatin. *Spécialt.* Le — du Rhin. La dévastation du Palatinat par Turenne.

PALATINE [pà-là-tin'] *s. f.*
[ÉTYM. Tiré de palatin 1, §§ 36 et 37 : mode inventée par une des dames de la princesse palatine, belle-sœur de Louis XIV. || 1680. RICHEL. Admis ACAD. 1740.]
|| Fourrure dont les femmes couvrent leurs épaules. Ces guerriers sont de terribles gens, et il n'y a ni — ni falbala qui en échappent, MONCHENAY, *Les Souhaits*, sc. des hommes.

1. PALE [pàl] *s. f.*
[ÉTYM. Autre forme de pelle, d'origine dialectale ou provençale, §§ 11 et 16. || XIIIe-XIVe s. Il nagoient a pales et a crois, *Baudouin de Sebourc*, 29.]
|| **1°** Sorte de pelle employée dans les greniers à sel, pour charger, décharger, livrer le sel.
|| **2°** *P. anal.* Partie plate de la rame qui frappe l'eau. || Vanne d'une écluse. (*Cf.* empalement 2.) || Aube de la roue d'un bateau à vapeur.

2. PALE et **PALLE** [pàl] *s. f.*
[ÉTYM. Emprunté du lat. palla, manteau, tenture. || Admis ACAD. 1718.]
|| **1°** Manteau de femme.
|| **2°** (Liturgie.) Voile de soie, carton garni de toile blanche, dont on couvre le calice pendant la messe. La palle et le purificatoire que vous m'avez envoyés, BOSS. *Lett. à la sœur Cornuau*, 66.

PÂLE [pàl] *adj.*
[ÉTYM. Emprunté du lat. pallidum, *m. s.* devenu *pallede, palle, pâle, § 503. || XIe s. Desculuret a pale, *Roland*, 1979.]
|| **1°** En parlant du visage, décoloré, d'un blanc terne. — comme un mort. Plus — que la mort, LES. *Guzm. d'Alfar.* VII, 3. Il est — et défait. Ces yeux fermés et éteints, ce visage — et défiguré, FÉN. *Tél.* 2. Minos juge aux enfers tous les pâles humains, RAC. *Phèd.* IV, 6. || Les pâles couleurs, la chlorose.
|| **2°** Qui est peu lumineux. Sa — et débile lumière (de la lune) s'évanouissant se perdit, BOSS. *Concupisc.* 32. *P. ext.* Peu coloré. Un bleu —. Un jaune —.

***PALÉ, ÉE** [pà-lé] *adj.*
[ÉTYM. Dérivé de pal, § 118. || XIIIe s. Un escu palé, J. DE MEUNG, *Trésor*, 1536.]
|| (Blason.) Meublé d'un ou plusieurs pals. Écu — d'or et d'azur. *Substantivt.* Le — d'un écu.

PALÉE [pà-lé] *s. f.*
[ÉTYM. Dérivé de pal, § 119. || 1415. La palee du port de Bourgogne, dans DU C. palada. Admis ACAD. 1762.]
|| (Technol.) Rang de pieux enfoncés en terre pour former une digue, supporter les poutres d'un pont, soutenir des terres, etc.

PALEFRENIER [pàl-fre-nyé ; *en vers*, pà-le-...] *s. m.*
[ÉTYM. Dérivé de palefroi, dont la terminaison a été, par étymologie pop., assimilée au mot frein, §§ 65, 115 et 509. || XIVe s. Le palefrenier du roy, *Contin. de Guill. de Nangis*, ann. 1378, dans DU C. paraveredus.]
|| Valet qui panse les chevaux.

PALEFROI [pàl-frwà ; *en vers*, pà-le-...] *s. m.*
[ÉTYM. Du lat. paraveredum, cheval de renfort, composé

avec le grec παρά, à côté, et **veredus**, cheval de poste, devenu de bonne heure **parafrędum**, § 448, **palafrędum**, § 361, d'où **palefroi**, §§ 335, 309, 411 et 291.]

‖ *Ancienn.* Cheval de marche (par opposition à **destrier**).

PALÉOGRAPHE [pà-lé-ò-grăf'] *s. m.* et *f.*

[ÉTYM. Composé avec le grec παλαιός, ancien, et γράφειν, écrire, sous l'influence de **paléographie**, § 279. ‖ *Néolog.* Admis ACAD. 1878.]

‖ (T. didact.) Celui, celle qui s'occupe de déchiffrer les inscriptions, les manuscrits anciens, les chartes, diplômes, etc. *P. appos.* Archiviste —.

PALÉOGRAPHIE [pà-lé-ò-grà-fî] *s. f.*

[ÉTYM. Emprunté du lat. scienlif. **palæographia** (MONTFAUCON), composé avec le grec παλαιός, ancien, γράφειν, écrire, et le suffixe ία, § 279. ‖ 1708. **Agreer que je l'imprime à la fin de ma Paleographie**, MONTFAUCON, *Lett. du 14 janv.* dans TAMIZEY DE LARROQUE, *Corresp. inéd. de Dom B. de Montf.* p. 19. Admis ACAD. 1798.]

‖ (T. didact.) Science du paléographe. Un traité de —.

***PALÉOGRAPHIQUE** [pà-lé-ò-grà-fîk'] *adj.*

[ÉTYM. Dérivé de **paléographie**, § 229. ‖ *Néolog.*]

‖ (T. didact.) Qui appartient à la paléographie. La science —.

PALÉONTOLOGIE [pà-lé-on-tò-lò-ji] *s. f.*

[ÉTYM. Composé avec le grec παλαιός, ancien, ὤν, ὄντος, être, λόγος, traité, et le suffixe ie, § 279. ‖ *Néolog.* Admis ACAD. 1878.]

‖ (T. didact.) Histoire naturelle des animaux et des végétaux fossiles.

PALÉONTOLOGIQUE [pà-lé-on-tò-lò-jîk'] *adj.*

[ÉTYM. Dérivé de **paléontologie**, § 229. ‖ *Néolog.* Admis ACAD. 1878.]

‖ (T. didact.) Qui a rapport à la paléontologie.

PALÉONTOLOGISTE [pà-lé-on-tò-lò-jîst'] *s. m.* et *f.*

[ÉTYM. Dérivé de **paléontologie**, § 265. ‖ *Néolog.* Admis ACAD. 1878.]

‖ (T. didact.) Celui, celle qui s'occupe de paléontologie.

***PALÉOZOÏQUE** [pà-lé-ò-zò-îk'] *adj.*

[ÉTYM. Composé avec le grec παλαιός, ancien, ζῶον, animal, et le suffixe ique, § 279. ‖ *Néolog.*]

‖ (T. didact.) Qui appartient aux races animales fossiles. **Période** —, pendant laquelle se sont déposés les anciens terrains sédimentaires contenant des fossiles.

PALERON [pàl-ron ; *en vers*, pà-le-...] *s. m.*

[ÉTYM. Dérivé de **pale**, pelle, §§ 65 et 105. ‖ XIIIᵉ s. Homoplata : **paleron**, J. DE GARLANDE, *Dict.*]

‖ (Technol.) Partie plate et charnue de l'épaule de certains animaux. **Cheval blessé au** —. ‖ *Spécialt.* (Boucherie.) Région supérieure et postérieure de l'épaule du bœuf, entre les côtes, le gîte et le talon du collier.

PALESTINE [pà-lĕs'-tin'] *s. f.*

[ÉTYM. Nom propre de pays, § 36. ‖ 1742. **Une ligne de palestine**, P. FOURNIER, *Modèles des caractères*, avis. Admis ACAD. 1762.]

‖ (Typogr.) Caractère d'imprimerie, dont le corps est aujourd'hui de vingt-deux points.

PALESTRE [pà-lòstr'] *s. f.*

[ÉTYM. Emprunté du lat. **palæstra**, grec παλαίστρα, *m. s.* ‖ XIIᵉ s. **Joent a la palestre**, *Énéas*, 2801. Admis ACAD. 1762.]

‖ (Antiq.) Lieu public pour les exercices du corps. ‖ *P. ext.* Exercices du corps (lutte, pugilat, saut, course, etc.).

PALESTRIQUE [pà-lĕs'-trik'] *adj.*

[ÉTYM. Du lat. **palæstricus**, ca, grec παλαιστρικός, *m. s.* ‖ 1557. **Discipline palestrique**, FOUQUELIN, *Rhétor.* fᵒ 60, vᵒ. Admis ACAD. 1762.]

‖ (Antiq.) Qui a rapport à la palestre. ‖ *Substantivt.* **La** —, l'art des exercices du corps.

PALET [pà-lè] *s. m.*

[ÉTYM. Dérivé de **pale**, pelle, §§ 65 et 133. (*Cf.* **palette 1.**) ‖ XIVᵉ s. **Un ject de palet**, *Modus*, fᵒ 56, vᵒ.]

‖ Petit disque de métal, de pierre, avec lequel on joue, en le jetant le plus près possible d'un but marqué. **Achille, dans les champs Élysées, joue au** — **sur l'herbe**, FÉN. *Dial. des morts, Ulysse et Gryllus.*

PALETOT [pàl-tó ; *en vers*, pà-le-tó] *s. m.*

[ÉTYM. Pour **paltoc** (*cf.* **paltoquet**), emprunté du holland. **paltrok**, ancienlat **palsrok**, proprt, « vêtement (**rok**, *cf.* **froc** et **rochet**) de palais (**pals**) », § 10. ‖ 1370. **Paltoke de velueté**, dans SKEAT, *Étym. Dict. of the English lang.* **paletot**.]

‖ **1ᵒ** *Vieilli et dialect.* Casaque de paysan, de pêcheur.

‖ **2ᵒ** Vêtement que les hommes portent par-dessus l'habit ou la redingote. ‖ *P. anal.* Vêtement analogue pour femme.

1. PALETTE [pà-lĕt'] *s. f.*

[ÉTYM. Dérivé de **pale**, pelle, §§ 65 et 133. (*Cf.* **palet.**) S'est confondu de bonne heure avec **palette 2.** ‖ XIIIᵉ s. **Li paelete** (sic) **al fu**, VILLARD DE HONNECOURT, *Album*, p. 90.]

‖ **1ᵒ** Sorte de raquette pleine. — **de maître d'école**, pour punir les enfants en les frappant dans la main. ‖ *P. ext.* | **1.** Planchette de bois mince dont on se sert dans le pansement des plaies de la main pour maintenir les doigts écartés. | **2.** Planchette plate qui termine chacun des bras d'une roue de bateau, de moulin. | **3.** Fer plat du doreur sur cuir. | **4.** Petite pelle de l'imprimeur pour étaler l'encre. | **5.** Pinceau plat du coucheur d'or pour prendre l'or et l'étaler. | **6.** Plaque de bois garnie d'acier que l'ouvrier qui fore appuie sur la poitrine. | **7.** (Horlog.) Petite aile qui, poussée par la roue de rencontre, entretient les vibrations du régulateur.

‖ **2ᵒ** *Spécialt.* Planchette mince sur laquelle le peintre dispose ses couleurs pour peindre, et qui est percée d'un trou où il passe le pouce pour la soutenir. | *Fig.* **La** — **d'un peintre**, son coloris. **La** — **brillante de Rubens.** | *P. anal.* **La** — **du poète moderne se couvre d'une variété infinie de teintes**, CHATEAUBR. *Génie*, II, II, 3.

2. PALETTE [pà-lĕt'] *s. f.*

[ÉTYM. Pour **paelette**, dérivé de **paele**, forme ancienne de **poêle 1**, § 133. (*Cf.* **palette 1.**) ‖ XIIIᵉ-XIVᵒ s. Patella : **paellete**, *Gloss. de Salins*, dans GODEF. **paelete 1.**]

‖ *Vieilli.* Petite écuelle d'étain pour recevoir le sang d'une personne que l'on saigne. **Sangrado... fit tirer à mon maître six bonnes palettes de sang**, LES. *Gil Blas*, II, 2.

PALÉTUVIER [pà-lé-tu-vyé] *s. m.*

[ÉTYM. Emprunté du créole de la Martinique, § 18. ‖ 1732. *Ordonn.* dans PETIT DE VIEVIGNE, *Code de la Martiniq.* (1767), I, 444. Admis ACAD. 1835.]

‖ Nom donné à divers grands arbres des régions intertropicales qui croissent sur les rivages de la mer.

PÂLEUR [pà-leùr] *s. f.*

[ÉTYM. Emprunté du lat. **pallōrem**, *m. s.* rendu par **pâleur**, d'après **pâle**, § 110. ‖ XIIᵒ s. **Pallor**, *Psaut. d'Oxf.* LXVII, 14.]

‖ Teinte pâle. (Se dit surtout du visage.) **Quelle étrange** — **De son teint tout à coup efface la couleur!** RAC. *Esth.* II, 7. **La** — **de la mort est déjà sur son teint**, ID. *Phèd.* V, 5. **Une** — **mortelle**, qui ressemble à celle de la mort.

***PALICOT** [pà-li-kó] *s. m.*

[ÉTYM. Dérivé de **palis**, § 136. ‖ 1765. ENCYCL.]

‖ (Pêche.) Parc tournant formé de filets tendus que les pêcheurs établissent dans les endroits poissonneux.

PALIER [pà-lyé] *s. m.*

[ÉTYM. Pour **paalier**, mot d'origine inconnue, mais distinct de **pailler 1.** ‖ 1328. **Faire le paalier et la chafere et tourner la queue du moulin**, dans GODEF. **poaillier.**]

‖ **1ᵒ** Plate-forme dans un escalier à l'endroit où finit un étage. *P. ext.* Étage. **Demeurer au même** —.

‖ **2ᵒ** *P. anal.* Portion d'une voie de chemin de fer horizontale ou en rampe douce.

‖ **3ᵒ** *P. ext.* Pièce d'une machine, qui facilite le mouvement horizontal d'une pièce sur une autre. **Le** — **d'un moulin à eau**, pièce qui supporte l'axe de la lanterne.

***PALIÈRE** [pà-lyèr] *adj. f.*

[ÉTYM. Tiré de **palier**, § 39. ‖ 1770. **Marche palière**, ROUBO FILS, *Art du menuis.* II, 433.]

‖ (Technol.) **Porte** —, ouvrant sur le palier. **Marche** —, et, *substantivt*, —, marche d'escalier de niveau avec le palier, dite aussi **marchepalier**.

PALIFICATION [pà-li-fi-kà-syon ; *en vers*, -si-on] *s. f.*

[ÉTYM. Emprunté de l'ital. **palificazione**, *m. s.* de **palificare**, composé avec le lat. **palus**, pieu, et **facere**, faire, § 12. ‖ 1765. ENCYCL. Admis ACAD. 1835.]

‖ (Technol.) Action d'affermir le sol avec des pilotis.

PALIMPSESTE [pà-linp'-sĕst'] *adj.*

[ÉTYM. Emprunté du lat. **palimpsestus**, grec παλίμψηστος, *m. s.* ‖ 1542. E. DOLET, *Epistres de Cicéron*, dans DELB. *Rec.* Admis ACAD. 1835.]

‖ (Paléogr.) Dont la première écriture a été grattée pour transcrire un nouveau texte. **Un manuscrit** —, et, *substantivt*, **Un** —, manuscrit.

PALINGÉNÉSIE [pà-lin-jé-né-zi] *s. f.*

[ÉTYM. Emprunté du lat. *palingenesia*, grec παλιγγενεσία, *m. s.* || 1556. La palingenesie pythagorique, THEVET, *Cosmogr. de Levant*, p. 28. Admis ACAD. 1762.]

|| (T. didact.) Action de renaître, de reparaître. *Spécialt.* Doctrine d'après laquelle les mêmes révolutions se reproduiraient périodiquement dans l'histoire.

PALINOD [pà-li-nó] *s. m.*
[ÉTYM. Tiré de palinode, anc. forme de palinodie, § 37. || 1521. Palinode est un terme grec qui signifie semblable consonance, FABRI, *Rhétor.* l. II, f° 27, v°. Admis ACAD. 1762.]

|| (Hist. littér.) Ancienne pièce de poésie française à refrain. *Spécialt.* Pièce en l'honneur de la Vierge. Le concours des palinods de Rouen, de Caen, etc.

PALINODIE [pà-li-nò-di] *s. f.*
[ÉTYM. Emprunté du lat. *palinodia*, grec παλινωδία, *m. s.* de πάλιν, en sens contraire, et ὠδή, chant. (*Cf.* palinod.) || 1512. Un chant contraire, lequel s'appelle palinodie en grec, J. LE MAIRE, dans DELB. *Rec.* Admis ACAD. 1762.]

|| (Antiq.) Poème dans lequel on rétracte ce qu'on a écrit dans un poème antérieur. || *Fig.* Rétractation. **Chanter la —**, se rétracter, changer d'opinion.

PÂLIR [pà-lir] *v. intr. et tr:*
[ÉTYM. Dérivé de pâle, § 154. || XIIᵉ s. La face aveit tote palie, *Énéas*, 2269.]

I. *V. intr.* || **1°** Devenir pâle. — à l'aspect du danger. Je rougis, je pâlis à sa vue, RAC. *Phèd.* I, 3. Vous eussiez vu... Leur front — d'horreur, CORN. *Cinna*, I, 3. L'auteur pâlissant de courroux, BOIL. *Sat.* 3. Que nos tyrans communs en pâlissent d'effroi, RAC. *Mithr.* III, 1. || *Absolt.* Faire — qqn, lui inspirer de l'effroi. Pour étonner les coupables et faire — les parjures, MONTESQ. *Espr. des lois*, XXVIII, 18. *Fig.* — sur les livres, s'épuiser dans l'étude. Après cela, docteur, va — sur la Bible, BOIL. *Sat.* 8.

|| **2°** En parlant de la lumière, de la couleur, devenir plus faible. Les étoiles pâlissent à l'approche du jour. *Fig.* Son étoile pâlit, sa prospérité décline. Une étoffe dont la couleur pâlit. *Fig.* La morale antique pâlit devant celle de l'Évangile.

II. *V. tr.* Rendre pâle. La fièvre l'a pâli. || Faire paraître pâle. La douce lumière qui éclairait son visage pâlissait son teint, STAEL, *Cor.* 17.

PALIS [pà-li] *s. m.*
[ÉTYM. Dérivé de pieu, d'après la forme primitive pel, pal, §§ 65 et 82. || XIIᵉ s. As bretesches et as palis, *Énéas*, 3157.]

|| (Technol.) Suite de pieux formant clôture. || *P. ext.* | 1. La clôture elle-même, et, *abusivt*, un pieu de la clôture. | 2. Filet de pêche tendu sur des pieux. (*Cf.* palicot.)

PALISSADE [pà-li-sàd] *s. f.*
[ÉTYM. Dérivé de palisser, § 120. || XVᵉ s. LE FEVRE DE ST-REMY, *Mém.* dans GODEF. *Compl.*]

|| **1°** Clôture en planches, perches, échalas, etc. || *Spécialt.* (T. milit.) Rangée de pièces de bois triangulaires destinées à fermer la gorge d'un ouvrage, à arrêter l'ennemi au bord du fossé, etc.

|| **2°** (Jardin.) Rangée d'arbres dont on laisse croître les branches dès le pied, de manière à former une sorte de haie. Une — de charmille.

PALISSADER [pà-li-sà-dé] *v. tr.*
[ÉTYM. Dérivé de palissade, § 154. || 1585. Il n'eust pas... palissadé la riviere de l'Escaut, MARNIX DE STE-ALDEGONDE, dans DELB. *Rec.*]

|| (Technol.) Garnir d'une palissade.

PALISSAGE [pà-li-sàj'] *s. m.*
[ÉTYM. Dérivé de palisser, § 78. || 1765. ENCYCL. Admis ACAD. 1835.]

|| (Technol.) Action de palisser.

PALISSANDRE [pà-li-sàndr'] *s. m.*
[ÉTYM. Paraît emprunté des langues indigènes de la Guyane, § 30. (*Cf.* le holland. palissander, etc.) On trouve palixandre au XVIIIᵉ s. et encore dans ACAD. 1878; mais palissandre est seul en usage. || 1723. Palixandre, SAVARY, *Dict. du comm.* Admis ACAD. 1798.]

|| Bois violet, nuancé de jaune, de noir, susceptible d'un poli brillant, employé en marqueterie, en ébénisterie.

PÂLISSANT, ANTE [pà-li-san, -sànt'] *adj.*
[ÉTYM. Adj. particip. de pâlir, § 47. || 1512. Visage palissant, J. LE MAIRE, dans DELB. *Rec.* Admis ACAD. 1835.]

|| Qui devient pâle. Front —. Visage —. Sur ce front —, VOLT. *Fanat.* V, 4. || Dont la lumière, la couleur devient plus faible. Ce soleil —, LAMART. *Médit.* I, 29.

PALISSER [pà-li-sé] *v. tr.*
[ÉTYM. Dérivé de palis, § 154. || 1417. Faire pallicier les rues de la ville, dans GODEF. Admis ACAD. 1718.]

|| (Technol.) Disposer en palissade. — un arbre, étendre contre un treillage les branches de cet arbre, en les fixant à l'aide de joncs, d'osier, de clous, de loques, etc., de manière à en faire un espalier. — des pêchers, des cerisiers. Une vigne palissée. || *P. anal.* (Blason.) Pièces de l'écu palissées, découpées en pointe comme des palissades et enclavées les unes dans les autres.

PALISSON [pà-li-son] *s. m.*
[ÉTYM. Dérivé de palis, § 104. || 1382. Toper les palesons aus bois des deux tours, dans GODEF. palissonner.]

|| **1°** *Anciennt.* Pieu.

|| **2°** *P. ext.* (Technol.) Sorte de battoir de fer avec lequel le chamoiseur assouplit les peaux.

PALIXANDRE. *V.* palissandre.

1. PALLADIUM [pàl'-là-dyòm'; en vers, -di-òm'] *s. m.*
[ÉTYM. Emprunté du lat. *palladium*, grec Παλλάδιον, *m. s.* || XIIᵉ s. Qui embla lor palladion (corr. palladion), BEN. DE STE-MORE, *Troie*, 639. Admis ACAD. 1762.]

|| **1°** (Antiq.) Statue de Pallas, considérée par les Troyens comme assurant le salut de leur ville.

|| **2°** *P. anal.* Ce qu'un peuple considère comme assurant son salut. || *Fig.* Il faut suivre à la rigueur la loi civile, qui est le — de la propriété, MONTESQ. *Espr. des lois*, XXVI, 15.

2. PALLADIUM [pàl'-là-dyòm'; en vers, -di-òm'] *s. m.*
[ÉTYM. Dérivé de Pallas, nom de déesse, §§ 224 et 282 *bis*. || 1806. FOURCROY et VAUQUELIN, dans *Annales du Muséum d'histoire naturelle*, VII, 405. Admis ACAD. 1835.]

|| (Chimie.) Métal blanc très malléable, peu fusible.

PALLIATIF, IVE [pàl'-lyà-tif', -tiv'; en vers, -li-à-...] *adj.*
[ÉTYM. Emprunté du bas lat. *palliativus*, *m. s.* § 257. || XIIIᵉ-XIVᵉ s. Cure paliative, *Chirurg. de Mondeville*, [f° 71, r°.]

|| (T. didact.) Qui pallie. Un remède —, et, *substantivt.* Un —. || *Fig.* C'était un remède —, et le mal restait toujours, MONTESQ. *Espr. des lois*, XXXI, 11.

PALLIATION [pàl'-lyà-syon; en vers, -li-à-si-on] *s. f.*
[ÉTYM. Emprunté du lat. *palliatio*, *m. s.* § 247. || XIIIᵉ-XIVᵉ s. Et se ne puent estre ostees, soit faite palliation, *Chirurg. de Mondeville*, [f° 71, r°.]

|| *Vieilli.* (T. didact.) Action de pallier.

PALLIER [pàl'-lyé; en vers, -li-é] *v. tr.*
[ÉTYM. Emprunté du lat. *palliare*, *m. s.* proprt, « couvrir d'un manteau ». (*Cf.* pallium.) || XIVᵉ s. Pour pallier leur male entente, ORESME, dans MEUNIER, *Essai sur Oresme*.]

|| (T. didact.) Atténuer (une maladie) sans la guérir. *Absolt.* Ces remèdes ne font que —. || *Fig.* Atténuer en présentant sous une apparence spécieuse. Circonstancier à confesse les défauts d'autrui, y — les siens, LA BR. 13. Cet honneur du monde qui palliait si bien tous vos crimes, BOSS. *Honneur du monde*, 2. Sa délation palliée de cet air de franchise, ST-SIM. VI, 420.

PALLIUM [pàl'-lyòm'; en vers, -li-òm'] *s. m.*
[ÉTYM. Emprunté du lat. *pallium*, *m. s.* (*Cf.* poêle 2.) || XIIᵉ s. Dunc aveit un avant le pallium porté, GARN. DE PONT-STE-MAX. *St Thomas*, 680.]

|| **1°** (Antiq.) Nom que les Romains donnaient au manteau des Grecs (par opposition à la toge).

|| **2°** (T. ecclés.) Bande de laine blanche, ornée de quatre croix, entourant les épaules et pendant devant et derrière, que le pape porte et qu'il envoie aux archevêques, primats, etc., comme signe de juridiction.

PALMAIRE [pàl-mér] *adj.*
[ÉTYM. Emprunté du lat. *palmaris*, *m. s.* || XVIᵉ s. Muscles... palmaire et plantaire, PARÉ, I, 8.]

|| (Anat.) Qui a rapport à la paume de la main.

PALMARÈS [pàl-mà-rès'] *s. m.*
[ÉTYM. Emprunté du lat. *palmares*, ceux qui ont mérité les palmes, les prix, § 217. || *Néolog.*]

|| (T. scolaire.) Liste des élèves couronnés dans une distribution de prix.

1. PALME [pàlm'] *s. f.*
[ÉTYM. Emprunté du lat. *palma*, *m. s.* A remplacé la forme pop. paume, qui ne s'est conservée que dans un sens spécial.]

|| **1°** *Vieilli.* Palmier. Beurre, huile, vin de —.

|| **2°** Branche de palmier, à feuilles disposées comme une main ouverte. La bénédiction des palmes, qui a lieu le dimanche des Rameaux, en souvenir des palmes que les

Juifs jetaient sur le passage de Jésus. || *Fig.* Signe de victoire. Remporter la —. On lui décerna la —. La — du vainqueur. Et couronnez vos feux d'une — si belle, RAC. *Alex.* III, 5. | *P. anal.* La — du martyre, récompense du martyre, la béatitude. Mais dans le ciel déjà la — est préparée, CORN. *Poly.* II, 6.

|| **3º** *P. anal.* Ornement en forme de palme. | **1.** Palme sculptée sur une doucine, dans une frise, etc. | **2.** Palme dessinée dans le tissu des châles de l'Inde. | **3.** Insignes, en forme de palmes, des officiers d'académie et de l'Instruction publique, etc.

2. PALME [pàlm'] *s. m.*

[ÉTYM. Emprunté du lat. palmus, *m. s.* tiré de palma, palme. || Admis ACAD. 1740.]

|| (Antiq.) Mesure d'environ un travers de main (longtemps usitée dans le midi de la France et en Italie).

PALMÉ, ÉE [pǎl-mé] *adj.*

[ÉTYM. Emprunté du lat. palmatus, *m. s.* || 1758. Feuilles conjuguées ou palmées, DUHAMEL DU MONCEAU, *Phys. des arbres,* I, 112. Admis ACAD. 1835.]

|| (T. didact.) || **1º** Qui ressemble à une main ouverte. Feuilles palmées.

|| **2º** Qui a les doigts réunis par une membrane. Oiseaux à pieds palmés.

'PALMER [pǎl-mé] *v. tr.*

[ÉTYM. Dérivé du lat. palma, au sens de « chose aplatie », § 154. || 1723. SAVARY, *Dict. du comm.*]

|| (Technol.) Aplatir (l'extrémité d'une aiguille) pour y percer le chas.

'PALMERAIE [pǎl-me-rè] *s. f.*

[ÉTYM. Dérivé de palmier, §§ 65 et 121. || Néolog.]

|| Lieu planté de palmiers.

PALMETTE [pǎl-mèt'] *s. f.*

[ÉTYM. Dérivé de palme 1, § 133. || XVIIº s. LIGER, *Nouv. Mais. rust.* dans DELB. *Rec.*]

|| **1º** Petite palme, ornement sculpté sur des doucines, des frises.

|| **2º** (Jardin.) Forme de palmes donnée aux arbres fruitiers en espalier.

PALMIER [pǎl-myé] *s. m.*

[ÉTYM. Dérivé de palme, § 115. || XIIº s. Puis del palmier decent, PH. DE THAUN, *Best.* p. 105.]

|| **1º** Arbre qui porte les dattes. Huile ou beurre de —. Natte de feuille de —, natte de —.

|| **2º** *P. anal.* Famille d'arbres monocotylédones intertropicale, à tige simple et couronnée au sommet de feuilles dites palmes.

PALMIPÈDE [pǎl-mi-pèd'] *adj.*

[ÉTYM. Emprunté du lat. palmipes, edis, *m. s.* || 1765. ENCYCL. Admis ACAD. 1835.]

|| (T. didact.) Qui a les pieds palmés. *Spécialt.* Oiseaux palmipèdes, et, *substantivt, au masc.* Les palmipèdes, ordre d'oiseaux à pieds palmés (canard, oie, etc.).

PALMISTE [pǎl-mìst'] *s. m.*

[ÉTYM. Mot créole, lequel parait être une altération de l'espagn. palmito, proprt, « petit palmier », §§ 18, 13, 62 et 265. (*Cf.* palmito.) || 1686. J'ai nommé ces arbres palmistes, à cause que les habitants les nomment ainsi, quoique l'on doive dire palmiers, ŒXMELIN, *Hist. des aventuriers,* I, 100. Admis ACAD. 1762.]

|| Palmier portant un bourgeon terminal dit chou de palmiste, et, *ellipt,* chou —.

PALMITE [pǎl-mìt'] *s. m.*

[ÉTYM. Emprunté de l'espagn. palmito, *m. s.* || XVIº s. De palmites et de dactes, VIGENÈRE, *Apoll.* dans DELB. *Rec.* Admis ACAD. 1762.]

|| Moelle de palmier, substance blanche comme du lait caillé, tendre et d'une saveur sucrée.

PALOMBE [pà-lönb'] *s. f.*

[ÉTYM. Emprunté du lat. palumba, *m. s.* || XVIº s. La palombe enrouee, MAROT, III, 124.]

|| Pigeon ramier.

'PALON [pà-lon] *s. m.*

[ÉTYM. Dérivé de pale, pelle, §§ 65 et 104. || 1312. Li pluseurs au palon et li autre aus fondans, J. DE LONGUYON, *Vœux du paon,* dans GODEF.]

|| (Technol.) Pelle de bois, spatule.

'PALONNEAU [pà-lò-nó] et **PALONNIER** [pà-lò-nyé] *s. m.*

[ÉTYM. Semble dérivé de pieu, autrefois pel, pal, à l'aide de deux suffixes, §§ 65, 104, 115 et 126. La forme palonnier n'a pas été rencontrée avant ACAD. 1694. || 1383. Un palonnel de charue, dans DU C.]

|| (Technol.) Pièce de bois de l'avant-train d'une voiture à laquelle s'attachent les traits des chevaux.

PALONNIER. *V.* palonneau.

1. PALOT [pà-lò] *s. m.*

[ÉTYM. Dérivé de pale, pelle, §§ 65 et 136. ACAD. ne donne que le sens **II.** || (Au sens **I.**) 1415-1416. Enhauser et ferer un pallot, dans GODEF. palot 1. | (Au sens **II.**) 1690. *V.* à l'article.]

I. *Dialect.* Sorte de pelle, de bêche.

II. *Fig. Vieilli.* Rustre, villageois grossier. Crotté comme un —, FURET. *Dict.* (1690).

2. 'PALOT [pà-lò] *s. m.*

[ÉTYM. Dérivé de pieu, autrefois pel, pal, §§ 65 et 136. || XVIIº s. On appelle ces bastons des palissons ou palots, LIGER, *Nouv. Mais. rust.* dans DELB. *Rec.*]

|| *Dialect.* Piquet ou pieu.

PÂLOT, OTTE [pá-lò, -lòt'] *adj.*

[ÉTYM. Dérivé de pâle, § 136. On trouve pâlaud au XVIº s. Jaunastres et pallaux, CYRE' FOUCAULT, dans DELB. *Rec.* || Admis ACAD. 1835.]

|| *Famil.* Un peu pâle.

'PALOURDE [pà-lourd'] *s. f.*

[ÉTYM. Pour 'pelourde, du lat. pop. 'pĕlŏrida (class. peloris, idis) qui est le grec πελωρίς, ίδος, *m. s.* §§ 344, 324, 290 et 291. || XVIº s.;RAB. IV, 60.]

|| *Dialect.* Sorte de coquillage bivalve.

PALPABLE [pǎl-pàbl'] *adj.*

[ÉTYM. Emprunté du lat. palpabilis, *m. s.* || XIVº-XVº s. Corps ymaginable et non palpable, CHR. DE PISAN, *Ch. V,* I, 4.]

|| Qui peut être palpé. Tous les corps sont palpables. || *Fig.* D'une évidence sensible. Dieu la rend (cette suite) sensible et — par des faits, BOSS. *Hist. univ.* II, 30.

PALPABLEMENT [pǎl-pà-ble-man] *adv.*

[ÉTYM. Composé de palpable et ment, § 724. || 1584. On peut palpablement appercevoir des qualitez en nostre Erasme, THEVET, *Hom. ill.* dans DELB. *Rec.*]

|| *Rare.* D'une manière palpable.

PALPE [pǎlp] *s. f.*

[ÉTYM. Subst. verbal de palper, § 52. Qqns le font masc. || 1802. LATREILLE, *Hist. nat. des crustacés,* I, 76. Admis ACAD. 1835.]

|| (T. didact.) Appendice mobile de chaque côté de la bouche des insectes pour palper les aliments et les maintenir pendant la mastication.

PALPÉBRAL, ALE [pǎl-pé-bràl] *adj.*

[ÉTYM. Emprunté du lat. palpebralis, *m. s.* || 1748. Portion palpebrale supérieure, JAMES, *Dict. de médec.* œil. Admis ACAD. 1835.]

|| (Anat.) Qui appartient aux paupières. Muscle —.

PALPER [pǎl-pé] *v. tr.*

[ÉTYM. Emprunté du lat. palpare, *m. s.* || XVIº s. Ayant veu, touché et palpé ladicte dame, PARÉ, V, 29. Admis ACAD. 1798.]

|| **1º** Explorer avec la main. Les aveugles palpent les objets pour les reconnaître. Le médecin a palpé le ventre du malade. || *A l'infinitif, substantivt.* Le — abdominal.

|| **2º** *Fig. Famil.* Toucher (de l'argent). Il a palpé la dot. *Absolt.* Dans cette affaire il a déjà palpé.

|| **3º** *P. anal.* (Navig.) — l'eau, tenir immobile dans l'eau les des avirons pour ralentir la marche.

PALPITANT, ANTE [pǎl-pi-tan, -tànt] *adj.*

[ÉTYM. Adj. particip. de palpiter, § 47. (*Cf.* l'anc. franç. palpiant.) || 1519. Langue palpitante, G. MICHEL, dans DELB. *Rec.*]

|| Qui palpite. Des entrailles palpitantes. Un prêtre... Dans son cœur — consultera les dieux, RAC. *Iph.* IV, 4. || Le cœur tout — de crainte. || *Fig. Famil.* Question palpitante, d'un vif intérêt.

PALPITATION [pǎl-pi-tà-syon ; *en vers,* -si-on] *s. f.*

[ÉTYM. Emprunté du lat. palpitatio, *m. s.* || 1545. Palpitation du cœur, G. GUÉROULT, dans DELB. *Rec.*]

|| Battement convulsif dans une partie du corps. — de la paupière. || *Spécialt.* Battement violent et déréglé du cœur. Avoir des palpitations.

PALPITER [pǎl-pi-té] *v. intr.*

[ÉTYM. Emprunté du lat. palpitare, *m. s.* (*Cf.* l'anc. franç. palpier.) || 1519. Se déduit de l'existence de palpitant.]

‖ Avoir des palpitations. Les entrailles des victimes qui palpitaient encore, FÉN. *Tél.* 9. ‖ *Spécialt.* En parlant du cœur. *Un ravissement qui fait* — *mon cœur,* J.-J. ROUSS. *Ém.* 5. ‖ *Fig.* Montrer un reste d'énergie. Son orgueil palpita assez pour oser se proposer un rang, ST-SIM. I, 220. Un reste de seigneurie palpitait encore en ce temps-ci, ID. II, 326.

***PALPLANCHE** [pål-plånch'] *s. f.*
[ÉTYM. Composé de pal et planche, § 199. ‖ 1729. Une palplanche, BÉLIDOR, *Science des ingénieurs*, III, 58. Admis ACAD. 1762; suppr. en 1798.]
‖ (Technol.) Pièce de bois fixée sur une rangée de pieux pour les maintenir.

PALSAMBLEU [pål-san-bleu] *interj.*
[ÉTYM. Altération de par le sang Dieu, § 727. (*Cf.* parbleu.) On trouve palsanqué dans la bouche des paysans de MOL. *D. Juan*, II, 3. ‖ Admis ACAD. 1878.]
‖ Juron affectant un air cavalier. Hé —, si je le savais, je ne le demanderais pas, REGNARD, *Sérén.* sc. 23.

PALTOQUET [pål-tò-kò] *s. m.*
[ÉTYM. Semble dérivé de paletot, au sens de « casaque de paysan », d'après l'anc. forme paletoc, § 133. ‖ XIVᵉ s. Couillon palletoqué, RAB. III, 26. Admis ACAD. 1740.]
‖ *Famil.* Individu sans consistance.

PALUDÉEN, ENNE [pà-lu-dé-in, -èn'] *adj.*
[ÉTYM. Dérivé du lat. palus, udis, marais, § 244. ‖ *Néolog.* Admis ACAD. 1878.]
‖ (T. didact.) De marais. (*Syn.* palustre.) Terrains paludéens, marécageux. Fièvres paludéennes, produites par les émanations des marais.

***PALUDIER, IÈRE** [pà-lu-dyé, -dyèr] *s. m.* et *f.*
[ÉTYM. Dérivé du lat. palus, dis, marais, § 115. On trouve paluyer en anc. franç. ‖ 1731. TH. CORN. *Dict. des arts.*]
‖ Homme, femme qui travaille dans les marais salants.

PALUSTRE [pà-lustr'] *adj.*
[ÉTYM. Emprunté du lat. palustris, *m. s.* de palus, marais. ‖ 1505. Eaue lymeuse et palustre, DESDIER, *Honn. Volupté*, fᵒ 87, rᵒ. Admis ACAD. 1878.]
‖ (T. didact.) De marais. (*Syn.* paludéen.) Terrains, plantes palustres.

PÂMER v. *intr.* (*vieilli*) et **PÂMER (SE)** [pá-mé] *v. pron.*
[ÉTYM. Du lat. pop. *pasmare (pour *spasmare, §§ 360 et 420), proprt, « avoir un spasme », devenu pasmer, §§ 295 et 291, pâmer, § 422. ‖ XIᵉ s. A terre chiet pasmede, *St Alexis*, 425.]
‖ Tomber en défaillance. Je n'en puis plus, je pâme, CORN. *Mélite*, IV, 3. Elle a pâmé au sortir de table. Le petit d'Elbœuf qui était jeté sur ce corps (de Turenne)... et qui se pâmait de crier, SÉV. 437. Aux pieds de son amant elle tombe pâmée, RAC. *Phèd.* V, 6. ‖ *P. exagération.* —, se — de rire, ne plus se sentir à force de rire. C'était des postures à — de rire, SÉV. 1222. Rire à —. Mon fils a ri à — de votre Madame, SÉV. 189. —, se — de joie. Sire, on pâme de joie, ainsi que de tristesse, CORN. *Cid*, IV, 5. On se sent à ces vers jusques au fond de l'âme couler je ne sais quoi qui fait que l'on se pâme, MOL. *F. sav.* III, 2. Se — d'admiration. ‖ Carpe pâmée, carpe retirée de l'eau, qui semble prête à expirer. *Fig. Famil.* C'est une carpe pâmée, en parlant d'une femme qui tombe en défaillance, qui s'émeut pour un rien. ‖ (Blason.) Dauphin pâmé, représenté sur l'écu la gueule béante. ‖ (Technol.) Se —, perdre sa trempe, en parlant de l'acier trop longtemps chauffé.

PÂMOISON [pá-mwà-zon] *s. f.*
[ÉTYM. Dérivé de pâmer, § 108. ‖ XIᵉ s. Li quens Rollanz revient de pasmeisun, *Roland*, 2233.]
‖ Action de se pâmer. L'effroi me jette en —, CORN. *Méd.* IV, 2. Tomber en —. Il est revenu de sa —.

PAMPE [pânp'] *s. f.*
[ÉTYM. Doublet de pampre. (*V.* ce mot.) Sur le genre, *V.* § 550. ‖ Admis ACAD. 1762.]
‖ *Vieilli.* Feuille des graminées.

PAMPHLET [pan-flè] *s. m.*
[ÉTYM. Emprunté de l'angl. pamphlet, *m. s.* § 8. ‖ 1705. Un pamphlet qui a pour titre Dutch Politics, BAYLE, *Lett. à des Moizeaux.* Admis ACAD. 1762.]
‖ 1º *Anciennt.* Écrit de peu de pages. Dans sa brochure, appelée en anglais —, VOLT. *Dict. philos.* Betsamès.
‖ 2º Écrit violent où l'on attaque qqn, qqch. Ce sont pourtant des pamphlets (les *Provinciales* de Pascal), P.-L. COURIER, *Pamphl. des pamphl.*

PAMPHLÉTAIRE [pan-flé-têr] *s. m.* et *f.*
[ÉTYM. Dérivé de pamphlet, à l'imitation de l'angl. pamphleteer, *m. s.* §§ 8 et 248. VOLT. écrit pamphleter, *Déf. de Bolingbroke.* On trouve qqf au XVIIIᵉ s. pamphletier et pamphletiste. ‖ Admis ACAD. 1835.]
‖ Auteur de pamphlets. Il m'apostropha de la sorte : Vil —! P.-L. COURIER, *Pamphl. des pamphl.*

PAMPLEMOUSSE [pan-ple-moûs'] *s. f.*
[ÉTYM. Emprunté du tamoul bambolmas, *m. s.* § 28. On trouve aussi pamplemouse, pampelmouse, pampelimouse, etc. La terminaison de la forme actuelle paraît influencée par mousse, § 509. ‖ 1696. Les pampelmouses y sont tres ordinaires, LE P. LECOMTE, *Nouv. Mém. sur la Chine*, I, 217. Admis ACAD. 1835.]
‖ Citronnier des Indes. ‖ Fruit de cet arbre.

PAMPRE [pânpr'] *s. m.*
[ÉTYM. Du lat. pampinum, *m. s.* devenu pampene, d'où d'une part pampe (*V.* ce mot), de l'autre pamp'ne, pampre, §§ 290, 484 et 291.]
‖ Feuillage de vigne.

PAN [pan] *s. m.*
[ÉTYM. Du lat. pannum, morceau d'étoffe, § 291.]
‖ 1º Morceau d'un vêtement, robe, manteau, etc. D'un des pans de sa robe il couvre son visage, CORN. *Pomp.* II, 2. ‖ *P. anal.* | 1. — de rets, filet que l'on tend sur des piquets autour d'un bois, d'une partie de bois, pour prendre des animaux. (*Cf.* panneau.) | 2. — de mur, partie plus ou moins considérable d'un mur. On abattit un — de la muraille. — de bois, assemblage de charpente dont on remplit les vides de maçonnerie. Une cloison en — de bois.
‖ 2º *P. ext.* Côté d'un ouvrage à plusieurs angles. Les pans d'un comble. Une tour à pans. Les pans d'un prisme. Une salière à pans. Pans coupés, où l'arête formée par la rencontre de deux pans est aplanie. Une armoire à pans coupés. Pans creux d'une épée, d'un sabre, évidements ménagés le long de la lame pour l'alléger. — de canon, surface aplatie du canon d'un fusil, d'une bouche à feu.

PANACÉE [pà-nà-sé] *s. f.*
[ÉTYM. Emprunté du lat. panacea, grec πανάχεια, *m. s.* ‖ XVIᵉ s. Le moly et la panacee, RONS. II, 124. Admis ACAD. 1718.]
‖ (T. didact.) Remède universel, unique, pour toute maladie. *P. pléonasme.* — universelle. L'écorce du kin, seconde —, LA F. *Quinquina.*

PANACHE [pà-nàch'] *s. m.*
[ÉTYM. Emprunté de l'ital. pennacchio, *m. s.* de penna, plume, § 12. ‖ 1564. J. THIERRY, *Dict. franç.-lat.*]
‖ 1º Faisceau de plumes le plus souvent multicolores, serrées en bas, flottantes en haut. Son feutre... ombragé d'un —, BOIL. *Sat.* 3. La fumée s'élevait en forme de —. La queue en — étalée, LA F. *Fab.* VI, 5. *Fig.* D'un — de cerf sur le front me pourvoir (me faire porter des cornes), MOL. *Sgan.* sc. 6. L'hypocrisie... arbore le — de l'orgueil, BUFF. *Projet de réponse à M. de Coetlosquet.*
‖ 2º *P. anal.* | 1. Surface triangulaire du pendentif d'une voûte. | 2. Partie supérieure d'une lampe d'église. | 3. Feuilles que le serrurier découpe dans une platine. | 4. — de mer, annélide dont les branchies présentent des rayures multicolores. | 5. Genre de coléoptères.

PANACHER [pà-nà-ché] *v. tr.*
[ÉTYM. Dérivé de panache, § 154. ‖ 1674. Tulipe qui se panache, MORIN, *Traité des fleurs*, p. 206.]
‖ 1º Orner d'un panache. Casque panaché. Un général tout panaché. Oiseau panaché, dont la tête porte une aigrette.
‖ 2º Orner de couleurs variées. Un œillet panaché. Les tulipes commencent à se —. Tulipes panachées. Une poule panachée. *P. anal.* Glace panachée, formée de glaces de couleurs et d'aromes différents. Salade panachée, composée de plusieurs sortes de salades.

PANACHURE [pà-nà-chûr] *s. f.*
[ÉTYM. Dérivé de panache, § 111. ‖ 1771. TRÉV. Admis ACAD. 1835.]
‖ Semis de couleurs diverses sur feuilles, fleurs, plumes.

PANADE [pà-nàd'] *s. f.*
[ÉTYM. Emprunté du provenç. panada, *m. s.* dérivé de pan, pain, § 11. ‖ XVIᵉ s. PARÉ, XXIV, 22. Admis ACAD. 1718.]
‖ Soupe faite d'eau, de beurre et de croûtes de pain qu'on a laissés mitonner. ‖ *Fig. Pop.* Homme mou.

PANADER (SE) [pà-nà-dé] *v. pron.*
[ÉTYM. Dérivé de l'anc. franç. panade, plus ancienne-

ment **pennade, penade,** mot d'origine incertaine, qui apparaît en franç. au milieu du xvᵉ s. au sens de « voltige », § 154. (*Cf.* parader.) ‖ xvᵉ s. A tournoier et pennader, MART. LE FRANC, *Champ. des Dames,* dans GODEF. estrader.]

‖ *Vieilli.* Se pavaner. Se — avec de riches accoutrements, SOREL, *Francion,* p. 232. Un geai... tout fier se panada, LA F. *Fab.* IV, 9.

PANAGE [pà-nàj'] *s. m.*

[ÉTYM. Pour pasnage, § 422, du lat. pop. *pastionaticum, dérivé de pastionem, paisson, §§ 336, 294, 370, 380, 290 et 291. ‖ 1272. Tout le pasnaage que il me doivent, dans GODEF. pasnage.]

‖ (T. rural.) Droit qu'on paie au propriétaire d'une forêt pour y faire paître les bestiaux.

*PANAIRE [pà-nĕr] *adj.*

[ÉTYM. Dérivé du lat. panis, pain, § 248. ‖ 1812. MOZIN, *Dict. franç.-allem.*]

‖ (T. didact.) Relatif à la fabrication du pain. Fermentation — de la pâte.

PANAIS [pà-nè; l'*s* se lie avec le son d'un *z*] *s. m.*

[ÉTYM. Anc. franç. pasnaie, § 422, du lat. pastinaca, *m. s.* devenu *past'naie, §§ 336, 295 et 291, pasnaie, § 370. (*Cf.* pastenade.) Sur le changement de genre, *V.* § 556. Sur l'emploi de la forme du plur. au lieu de celle du singulier, *V.* § 559.]

‖ Plante potagère à racines sucrées et odorantes.

PANARD [pà-nàr] *adj. invar.*

[ÉTYM. Origine inconnue. ‖ 1750. BOURGELAT, *Élém. d'hippiatrique,* I, 144. Admis ACAD. 1762.]

‖ (Art vétérin.) Dont les pieds de devant sont tournés en dehors (par opposition à cagneux). Cheval — du derrière, des pieds de derrière.

PANARIS [pà-nà-ri] *s. m.*

[ÉTYM. Emprunté du lat. panaricium, *m. s.* ‖ XVIᵉ s. PARÉ, VI, 21.]

‖ Inflammation phlegmoneuse à l'extrémité des doigts.

PANCARTE [pan-kàrt'] *s. f.*

[ÉTYM. Emprunté du bas lat. pancharta, mot hybride composé avec le grec πᾶν, tout, et le lat. charta, charte, papier. ‖ xvᵉ s. Et pancarte lui ay baillée, CH. D'ORL. *Ball.* 85.]

‖ 1° Placard affiché pour donner un avis. Une — à l'entrée du pont pour avertir de payer le péage. La — du sou par livre, annonçant l'imposition d'un sou par livre de chaque denrée vendue. ‖ *P. ext. Vieilli.* | 1. Billet donnant avis de qqch. Comment pourra-t-il soutenir ces odieuses pancartes (billets d'enterrement) qui déchiffrent les conditions? LA BR. 6. | 2. Registre pour inscrire les noms des visiteurs.

‖ 2° *Vieilli.* Charte. Le latin de nos vieilles pancartes, CORN. *Imit.* au lecteur.

‖ 3° Feuille de papier, de carton, pliée en deux et servant de chemise à des papiers.

PANCRACE [pan-kràs'] *s. m.*

[ÉTYM. Emprunté du lat. pancratium, grec παγκράτιον, *m. s.* de πᾶν, tout, et κράτος, force. ‖ xvᵉ s. La victoire du pancrace, VIGENÈRE, *Tableaux de Philostrate,* dans DELB. *Rec.* Admis ACAD. 1762.]

‖ (Antiq.) Exercice gymnastique (lutte et pugilat).

PANCRÉAS [pan-kré-às'] *s. m.*

[ÉTYM. Emprunté du grec πάγκρεας, *m. s.* de πᾶν, tout, et κρέας, chair. ‖ xvIᵉ s. PARÉ, I, 17. Admis ACAD. 1762.]

‖ (Anat.) Glande de l'abdomen, sécrétant un suc qui concourt à la digestion.

PANCRÉATIQUE [pan-kré-à-tik'] *adj.*

[ÉTYM. Dérivé de pancréas, d'après le grec πάγκρεας, κρέατος, § 229. ‖ 1671. CHAPELAIN, dans DELB. *Rec.* Admis ACAD. 1798.]

‖ (Anat.) Qui a rapport au pancréas. Canal —. Suc —.

PANDÉMONIUM [pan-dé-mò-nyòm'; *en vers,* -ni-òm'] *s. m.*

[ÉTYM. Emprunté de l'angl. pandemonium, mot fabriqué par MILTON pour désigner l'enfer, du grec πᾶν, tout, et δαίμων, démon, § 8. ‖ XVIIIᵉ s. Le pandémonion (sic) de Milton, VOLT. *Philos. Établ. du christian.* 12. Admis ACAD. 1835.]

‖ Lieu de réunion des esprits infernaux. ‖ *Fig.* Réunion de gens qui conspirent pour le mal.

PANDICULATION [pan-di-ku-là-syon; *en vers,* -si-on] *s. f.*

[ÉTYM. Dérivé du lat. pandiculari, s'étendre, avoir des pandiculations, § 247. ‖ 1765. ENCYCL. Admis ACAD. 1835.]

‖ (T. didact.) Mouvement par lequel on renverse la tête en arrière en étirant ses membres.

PANDOUR et, *vieilli,* *PANDOURE** [pan-doûr] *s. m.*

[ÉTYM. Nom propre d'une ville de Hongrie, §§ 23 et 36 : les pandours étaient une sorte de milice hongroise. ‖ Admis ACAD. 1762.]

‖ Soldat irrégulier. Laissons les pandoures détruire les troupes régulières, D'ALEMB. *Lett. à Volt.* 31 mars 1772. *Fig.* Des pandours littéraires, *Mém. de Trév.* dans TRÉV. ‖ *P. ext.* Homme brutal.

PANÉGYRIQUE [pa-né-ji-rïk'] *s. m.*

[ÉTYM. Emprunté du lat. panegyricus (s.-ent. sermo), grec πανηγυρικός (s.-ent. λόγος), *m. s.* ‖ 1512. Histoires et panegyriques, J. LE MAIRE, dans DELB. *Rec.*]

‖ 1° Discours public à l'éloge d'une personne. Le — de Trajan. Le — d'un homme qui a excellé pendant sa vie dans la bonté, dans l'équité, LA BR. 15. *P. ext.* Le — d'Athènes par Isocrate. | *Adjectivt.* La majesté du style —, BOSS. *St Franç. d'Ass.*

‖ 2° *P. ext. Famil.* Éloge. Il me siérait mal de faire votre — à vous-même, SÉV. 192.

PANÉGYRISTE [pà-né-ji-rïst'] *s. m. et f.*

[ÉTYM. Emprunté du lat. panegyrista, grec πανηγυριστής, *m. s.* ‖ xvIᵉ s. Panegyriste ou encomiaste, PASQ. dans DELB. *Rec.*]

‖ Celui, celle qui fait un panégyrique. Le — de M. Cornet, D'ALEMB. *Éloges, Bossuet.* Si l'on était sûr quelquefois d'avoir après sa mort des panégyristes tels que vous, il y aurait bien du plaisir à mourir, VOLT. *Lett. à Chabanon,* 9 déc. 1764. *P. ext.* Celui qui fait l'éloge de qqn, de qqch. Le parricide de Néron trouva des panégyristes. Ils veulent avoir des panégyristes de leur générosité, MASS. *Gloire.*

PANER [pà-né] *v. tr.*

[ÉTYM. Dérivé de pain, §§ 65 et 154. ‖ xvIᵉ s. De l'eau pannee, YVER, *Print.* p. 635, Panthéon littér.]

‖ 1° Envelopper (la viande) de mie de pain émiettée pour la faire cuire. Côtelettes panées.

‖ 2° En parlant d'un liquide, y faire bouillir du pain. De l'eau panée. (*Cf.* panade.)

PANERÉE [pǎn'-ré; *en vers,* pà-ne-ré] *s. f.*

[ÉTYM. Dérivé de panier, §§ 65 et 119. ‖ xivᵉ s. Une panneree d'œufs, *Ménagier,* I, 181. Admis ACAD. 1740.]

‖ Ce que contient un panier plein. Une — de pommes.

PANETERIE [pà-nĕt'-ri; *en vers,* -nè-te-ri] *s. f.*

[ÉTYM. Dérivé de panetier, §§ 65 et 68. ‖ XIIIᵉ-XIVᵉ s. Les paneteries et les despenses, JOINV. 97.]

‖ Lieu où l'on garde et distribue le pain dans une maison princière, un grand établissement. La — de la manutention militaire.

PANETIER [pǎn'-tyé; *en vers,* pà-ne-...] *s. m.*

[ÉTYM. Dérivé de pain, §§ 63, 65 et 115. ‖ XIIᵉ s. Bien comanda as penetiers Et as queus et as botelliers, CHRÉTIEN DE TROYES, *Erec,* 2061.]

‖ Celui qui est préposé à la paneterie. L'office de grand — de France. ‖ *P. ext.* Le — d'un navire, le cambusier.

PANETIÈRE [pǎn'-tyèr; *en vers,* pà-ne-...] *s. f.*

[ÉTYM. Dérivé de pain, §§ 63, 65 et 115. ‖ XIIᵉ s. CHRÉTIEN DE TROYES, dans GODEF. *Compl.*]

‖ Petit sac de cuir où les bergers portent leur pain, en allant garder leurs moutons. —, houlette, LA F. *Fab.* X, 9. ‖ *P. anal.* Filet de chasse, en forme de sac.

*PANETON** [pǎn'-ton; *en vers,* pà-ne-...] *s. m.*

[ÉTYM. Dérivé de panier, avec intercalation de suffixe, §§ 63, 65 et 104. ‖ 1701. FURET.]

‖ (Technol.) Corbeille où l'on met en forme et où l'on fait sécher la pâte avant de l'enfourner.

PANGOLIN [pan-gò-lin] *s. m.*

[ÉTYM. Emprunté du malais panggoling, *m. s.* § 28. ‖ 1796. LANGLÈS, *Voy. de Thunberg,* II, 404. Admis ACAD. 1878.]

‖ Édenté, au corps écailleux, de l'Afrique du sud et de l'Inde.

*PANICAUT** [pà-ni-kó] *s. m.*

[ÉTYM. Emprunté du provenç. panicaut, *m. s.* d'origine incertaine, § 11. ‖ XVIᵉ s. RAB. II, 33. Admis ACAD. 1762; suppr. en 1798.]

‖ (Botan.) Genre de plantes analogues au chardon.

PANICULE [pà-ni-kul] *s. f.*

[ÉTYM. Emprunté du lat. panicula, *m. s.* ‖ xvIᵉ s. Chattons d'arbres que les Latins appellent panicules, DU PINET, dans DELB. *Rec.* Admis ACAD. 1798.]

|| (Botan.) Mode d'inflorescence où les fleurs à pédoncules divisés s'élèvent inégalement.

PANICULÉ, ÉE [pà-ni-ku-lé] *adj*.

[ÉTYM. Dérivé de panicule, § 253. || Admis ACAD. 1835.]

|| (Botan.) Qui a des fleurs en panicule.

PANIER [pà-nyé] *s. m.*

[ÉTYM. Du lat. panarium, proprt, « corbeille à pain », §§ 295 et 291.]

|| **1°** Réceptacle en osier, en jonc, etc., de dimensions et de formes variées, qui sert à contenir, à transporter des provisions, des denrées, etc. — au pain. — à bouteilles, à compartiments, pour transporter des bouteilles. *Loc. prov.* Il ne faut pas mettre tous ses œufs dans un même —, ne pas placer sur une même valeur toute sa fortune. || — de vendangeur. *Loc. prov.* Adieu, paniers, vendanges sont faites, il n'y a plus rien à récolter, à attendre. Un — percé, un dissipateur. Son mari, — percé qui jouait tout et perdait tout, ST-SIM. I, 346. || Tenir un — par l'anse, et, *fig.* Faire danser l'anse du — (en parlant des domestiques), faire des profits illicites sur l'achat des denrées. || — aux ordures, où l'on jette les détritus. || — à ouvrage, petite corbeille où les femmes mettent leurs ouvrages d'aiguille. || — à salade, panier à jour, pour secouer et égoutter la salade, et, *p. plaisant.* voiture cellulaire pour le transport des prisonniers. || *P. ext.* Le contenu d'un panier. Vendre un — de raisins, de fruits, de pêches. Le dessus du —, ce qu'il y a de plus beau, qu'on place en évidence. *Fig.* Je vous donne avec plaisir le dessus de tous les paniers, c'est-à-dire la fleur de mon esprit, de ma tête, SÉV. 473.

|| **2°** *P. anal.* Sculpture figurant un panier. || Cage en osier, de forme conique, pour faire sécher le linge. || — roulant, ustensile d'osier, muni de roues, où l'on place les enfants, pour leur apprendre à marcher. || Ruche d'abeilles. || Grande caisse d'osier qui se plaçait devant ou derrière le coche, et où l'on mettait des marchandises. || Corps de jupe en baleines.

***PANIÈRE** [pà-nyèr] *s. f.*

[ÉTYM. Tiré de panier, § 37. || *Néolog.*]

|| *Dialect.* Grande corbeille à anses.

PANIFICATION [pà-ni-fi-kà-syon ; *en vers*, -si-on] *s. f.*

[ÉTYM. Dérivé de panifier, § 247. || 1781. Panification des pommes de terre, MERCIER, *Tabl. de Paris*, II, 286. Admis ACAD. 1798.]

|| (T. didact.) Transformation en pain. La pomme de terre est susceptible de —.

PANIFIER [pà-ni-fyé ; *en vers*, -fi-é] *v. tr.*

[ÉTYM. Composé avec le lat. panis, pain, et facere, faire, § 274. (*Cf.* l'anc. franç. panechier, de formation pop.) || XVIᵉ s. Farine assaisonnée par longue garde panifie mieux, O. DE SERRES, VIII, 1. Admis ACAD. 1878.]

|| (T. didact.) Transformer en pain. — des farines.

PANIQUE [pà-nīk'] *adj. fém.*

[ÉTYM. Emprunté du lat. panicus, grec πανιχός, du dieu Pan, qui passait pour troubler soudain les esprits. || XVIᵉ s. Terreur panice, RAB. I, 44. Fol panicque, ID. III, 38.]

|| Terreur —, et, *substantivt*, —, effroi subit et sans raison. De paniques terreurs, CORN. *Cid*, II, 6.

1. PANNE [pàn'] *s. f.*

[ÉTYM. Pour penne, du lat. penna, plume, § 477. Pour le sens, *cf.* l'allem. feder, qui signifie « plume » et « velours ». Le sens **II** paraît venu du provençal ; peut-être est-ce un mot différent. || XIIᵉ s. La penne en fu a eschaquiers, *Énéas*, 742.]

I. Étoffe de laine, de coton, de soie, imitant la peluche, mais à poil plus long et moins serré. Un manteau doublé de —. Il montre son manteau de —, COLLETET, *Tracas de Paris*, dans *Paris burlesque*, p. 265, Jacob. || *P. anal.* (Blason.) Fourrure d'hermine ou de vair. || *Ironiqt. Pop.* Être dans la —, dans la misère. (*Cf.* panné.)

II. Voilure d'un navire. *Spéciall.* En —, dans une disposition des voiles telle que le navire reste en place. Mettre le navire en —, et, *ellipt*, Mettre en —. Rouler — sur —, en parlant d'un navire, rouler tour à tour et également à droite et à gauche. *Fig.* Le duc de Monteleon voulait se tenir en — en attendant qu'il vît d'où viendrait le vent, ST-SIM. II, 489. *Famil.* Rester en —, ne pouvoir avancer.

2. PANNE [pàn'] *s. f.*

[ÉTYM. Origine incertaine ; l'anc. forme penne semble indiquer un sens figuré de panne 1, la graisse du ventre ayant plaisamment été comparée à la panne d'un man-

teau. || XIIIᵉ s. Penne d'oint, E. BOILEAU, *Livre des mest.* II, II, 75.]

|| Graisse qui garnit la peau du cochon et de quelques autres animaux, principalement au ventre.

3. PANNE [pàn'] *s. f.*

[ÉTYM. Origine incertaine ; qqns le considèrent comme un fém. de pan, § 37 ; mais l'anc. forme penne, aussi fréquente que panne, fait difficulté. || 1220. Il le puet remuer (le comble) sans autres panes remetre, dans GODEF. penne 1. Admis ACAD. 1762.]

|| (Technol.) Pièce de bois posée horizontalement sur la charpente d'un comble pour porter les chevrons.

4. PANNE [pàn'] *s. f.*

[ÉTYM. Semble emprunté de l'allem. bahn, m. s. § 8. || 1676. Marteaux à panne droite, A. FÉLIBIEN, *Princ. de l'architect.* p. 649. Admis ACAD. 1798.]

|| (Technol.) Partie du marteau opposée à la tête. Frapper de —. || Partie inférieure d'un marteau de forge par laquelle s'opère la percussion.

PANNÉ, ÉE [pà-né] *adj.*

[ÉTYM. Dérivé de panne 1, § 118. || *Néolog.* Admis ACAD. 1878.]

|| *Pop.* Qui est dans la panne, dans la misère.

PANNEAU [pà-nó] *s. m.*

[ÉTYM. Dérivé de pan, § 126. || XIIᵉ s. A lor pies liez lor pancis, WACE, *Rou*, III, 7694.]

I. || **1°** *Vieilli.* Pan d'étoffe. *Loc. prov.* J'en crève dans mes panneaux (je suffoque), LEGRAND, *Brouillerie*, sc. 4.

|| **2°** Nappe ou filet tendu pour prendre le gibier. Tendre du —, des panneaux. (*Cf.* panneauter.) || *Fig.* Piège. Quoique bien averti, j'étais dans le —, CORN. *Ment.* II, 6.

II. Pan de pierre, de bois, etc., encadré. — de lambris, de porte, de volets. — de carrosse. Peindre sur un —. | *Spéciall.* Planche préparée pour peindre un tableau sur bois. Y a-t-il en Sorbonne, une porte ou un — de vitre où vous n'ayez fait mettre vos armes ? FÉN. *Dial. des morts, Richel. et Mazar.* — de glace, de tapisserie. || Cadre de bois qui ferme l'écoutille. || Partie de l'échiffre d'un escalier entre le patin et le limon. || Plaque de marbre dans l'encadrement d'un foyer. || Chacune des faces d'une pierre taillée. || Patron employé dans la coupe des pierres. || — de maçonnerie, maçonnerie entre les pièces d'une cloison. || — de menuiserie, réunion d'ais collés ensemble qui remplissent le bâti d'un lambris. || Coussinet de crin qu'on met de chaque côté d'une selle, sous les arçons.

PANNEAUTER [pà-nó-té] *v. intr.*

[ÉTYM. Dérivé récent de panneau, §§ 63 et 154. || Admis ACAD. 1798.]

|| (Chasse.) Tendre des panneaux pour prendre du gibier.

***PANNEAUTEUR** [pà-nó-teùr] *s. m.*

[ÉTYM. Dérivé de panneauter, § 112. || *Néolog.*]

|| (Chasse.) Braconnier qui tend des panneaux.

***PANNEQUET** [pǎn'-kè ; *en vers*, pà-ne-...] *s. m.*

[ÉTYM. Emprunté de l'angl. pancake, crêpe, proprt, « gâteau (cake) à la poêle (pan) », §§ 8 et 509. || 1810. Mᵐᵉ DE GENLIS, *Maison rust.* II, 104.]

|| Sorte de crêpe roulée. — à la Richelieu, à la confiture.

***PANNERESSE** [pǎn'-rès ; *en vers*, pà-ne-...] *s. f.*

[ÉTYM. Dérivé de pan, § 82 bis. (*Cf.* boutisse.) || *Néolog.*]

|| (Technol.) Pierre assemblée de façon que sa plus grande surface soit en parement. || *P. anal.* Briques, pierres en —.

PANNETON [pǎn'-ton ; *en vers*, pà-ne-...] *s. m.*

[ÉTYM. Pour penneton, dérivé de pennon, § 63, proprt, « petit pennon », par analogie de forme. || 1611. Penneton d'une clef, COTGR.]

|| (Technol.) Partie de la clef qui entre dans la serrure. || *P. anal.* Partie de l'espagnolette qui entre dans l'agrafe.

***PANNICULE** [pǎn'-ni-kul] *s. m.*

[ÉTYM. Emprunté du lat. panniculus, proprt, « petit pan d'étoffe ». (*Cf.* l'anc. franç. panicle.) || XIVᵉ s. *Somme Mᵉ Gautier*, mss franç. Bibl. nat. 1288, fᵒ 16, vᵒ.]

|| (T. didact.) Couche de tissu musculeux ou cellulaire. || Peau qui couvre les cornes de certains ruminants.

***PANNON.** *V.* pennon.

PANONCEAU [pà-non-só] *s. m.*

[ÉTYM. Pour pennonceau, dérivé de pennon, §§ 63 et 126. || XIIᵉ s. Parmi le cors li mist le penoncel, *Raoul de Cambrai*, 2769.]

|| 1° Écusson d'armoiries.

|| 2° Écusson placé à la porte d'un notaire, d'un huissier, d'un commissaire-priseur.

PANOPLIE [pà-nò-pli] *s. f.*

[ÉTYM. Emprunté du grec πανοπλία, *m. s.* de πᾶν, tout, et ὅπλον, arme. || 1551. L'universelle armature françoyse... dite en grec panoplie, *Quintil. horatian*, dans DELB. *Rec.* Admis ACAD. 1835.]

|| Armure complète. *Spécialt.* Sorte d'écu sur lequel sont disposées symétriquement des armes diverses.

PANORAMA [pà-nò-rà-mà] *s. m.*

[ÉTYM. Mot anglais dû à BARKER (1788), composé avec le grec πᾶν, tout, et ὅραμα, vue, § 279, introduit en France par FULTON (*Bullet. des lois*, 14 germinal an VIII), § 8. || Admis ACAD. 1878.]

|| Peinture sur un mur circulaire qui donne au spectateur placé au centre l'illusion d'objets réels dont il serait environné. | *P. ext.* En parlant des objets eux-mêmes. Embrasser d'un seul coup d'œil le — des Alpes. | *Fig.* Son bal, nommé — moral, *Journal des gourmands*, I, 268 (1807).

PANSAGE [pan-sàj'] *s. m.*

[ÉTYM. Dérivé de panser, § 78. || Admis ACAD. 1798.]

|| Action de panser (un cheval, un mulet). Effets de —, tout ce qui sert à panser l'animal.

*PANSARD, ARDE** [pan-sàr, -sàrd']. *V.* pansu.

PANSE [pâns'] *s. f.*

[ÉTYM. Pour pance, du lat. panticem, *m. s.* §§ 290, 378, 405 et 291.]

|| 1° *Famil.* Ventre. Avoir la — pleine. Vous aviez lors la — un peu moins pleine, LA F. *Fab.* III, 17. *Pop.* Crever la — à qqn, le tuer.

|| 2° *Fig.* Partie renflée d'une chose. La — d'un a, la partie arrondie d'un a minuscule. La — d'une bouteille, d'une cornue. La — d'une cloche, partie renflée où le battant frappe. La — d'un collier de cheval, l'endroit de derrière où il est le plus large. La — inférieure d'un fût de balustre. La — d'un marteau de relieur.

PANSEMENT [pans'-man ; *en vers*, pan-se-...] *s. m.*

[ÉTYM. Dérivé de panser, § 165. Fréquent en anc. franç. au sens de « pensée ». ACAD. 1694 écrit encore pensement. || (Au sens actuel.) 1611. Pensement, COTGR.)

|| Action de panser (un blessé). || *Vieilli.* Pansage.

PANSER [pan-sé] *v. tr.*

[ÉTYM. Même mot que penser : on a dit d'abord penser de qqn, qqch, puis penser qqn, qqch. On écrit plutôt pancer au XVII° s. (RICHEL., FURET.), probablement sous l'influence de pance, panse, § 509.]

|| 1° *Vieilli.* Prendre soin de (qqn, qqch). | **1.** (Fauconn.) — des chiens, des oiseaux, leur donner à manger. | **2.** — un cheval de la main, et, *absolt, de nos jours*, — un cheval, l'étriller.

|| 2° *P. ext.* Traiter (un malade). Un homme... mis chez un médecin pour être pansé, MOL. *Pourc.* II, 6. *Spécialt.* — un blessé, soigner la plaie en y appliquant les appareils nécessaires. *P. ext.* — une blessure. | *Fig.* Amour... me fait — leurs maux, RÉGNIER, *Cloris et Philis.*

PANSU, UE [pan-su] *adj.*

[ÉTYM. Dérivé de panse, § 118. FURET. *Rom. bourg.* I, 161, emploie pansard, § 147. || 1564. J. THIERRY, *Dict. franç.-lat.*]

|| *Famil.* Qui a une grosse panse. Un homme, un vase —.

PANTALON [pan-tà-lon] *s. m.*

[ÉTYM. Nom propre d'un personnage de la comédie italienne, à culotte longue, originaire de Venise, où le culte de san Pantalone (saint Pantaléon) est très répandu, §§ 12 et 36. || 1550. L'un vestu en Pantalon, l'autre en Zani, *Chron. bordel.* dans DELB. *Rec.* | (Au sens **II.**) 1680. RICHEL.]

I. *Vieilli.* Celui qui, pour arriver à ses fins, prend diverses figures, joue divers rôles. Tout ce qui a rapport à ce — suisse, Mᵐᵉ DE MAINT. *Lett.* 19 juin 1710.

II. Culotte qui descend jusqu'aux pieds.

III. La première des figures du quadrille.

PANTALONNADE [pan-tà-lò-nàd'] *s. f.*

[ÉTYM. Dérivé de pantalon, § 120. || 1649. RETZ, *Mém.* **II**, 236.]

|| Bouffonnerie, danse comique (comme celles du Pantalon de la comédie italienne). Il est venu faire une plaisante —. | *Fig.* Subterfuge ridicule.

PANTELANT, ANTE [pant'-lan, -lànt' ; *en vers*, pan-te-...] *adj.*

[ÉTYM. Adj. particip. de panteler, § 47. || XVI°-XVII° s. *V.* à l'article.]

|| Qui pantelle. L'estomac —, J.-J. ROUSS. *Nouv. Hél.* II, 23. Chair pantelante, qui palpite encore. La Justice fuitive, en sueurs, pantelante, D'AUB. *Trag.* 3. || *Fig.* Mon cœur tout —, REGNARD, *Bal*, sc. 8.

PANTELER [pant'-lé ; *en vers*, pan-te-lé] *v. intr.*

[ÉTYM. Dérivé de pantois, dont la terminaison a été pris pour le suffixe ois, par substitution de suffixe, §§ 62 et 162. || 1572. Son las cœur panteloit, YVER, *Print.* p. 622.]

|| *Fig.* Haleter convulsivement. En parlant du cœur, être agité convulsivement par l'émotion. Mon pauvre cœur pantelle, TH. CORN. *Geôlier de soi-même*, III, 6.

*PANTELLEMENT** [pan-têl-man ; *en vers*, -tè-le-...] *s. m.*

[ÉTYM. Dérivé de panteler, §§ 65 et 145. || 1584. Souspirs et pantelemens, J. DE BARRAUD, dans GODEF.]

|| Action de panteler. Un — de cœur, FR. DE SALES, *Lett.* à Mᵐᵉ de Chantal, 21 nov. 1604.

*PANTENNE** [pan-tèn'] *s. f.*

[ÉTYM. Emprunté du provenç. mod. pantano, *m. s.* § 11. || 1687. DESROCHES, *Dict. de mar.* volle.]

|| (Marine.) Disposition des vergues à contresens et des voiles mal orientées, en signe de deuil ou par suite d'avaries, d'abordage, etc. Voiles, navire en —.

PANTHÉE [pan-té] *adj.*

[ÉTYM. Emprunté du grec πάνθεος, commun à tous les dieux, de πᾶν, tout, et θεός, dieu. (*Cf.* panthéon.) || 1686. Statue de Bacchus Panthee, BAUDELOT, *Utilité des voy.* I, 219. Admis ACAD. 1762.]

|| (Antiq.) Qui réunit les attributs de plusieurs dieux. Statue, figure —.

PANTHÉISME [pan-té-ìsm'] *s. m.*

[ÉTYM. Emprunté de l'angl. pantheism, mot créé par J. TOLAND, composé avec le grec πᾶν, tout, et θεός, dieu, §§ 8 et 265. || 1712. En la comparant au pantheisme, E. BENOIST, *Mélanges*, p. 265. Admis ACAD. 1835.]

|| (T. didact.) Système philosophique qui n'admet qu'une substance dont les divers êtres sont des modes.

PANTHÉISTE [pan-té-ìst'] *adj.*

[ÉTYM. Emprunté de l'angl. pantheist, mot créé par J. TOLAND, composé avec le grec πᾶν, tout, et θεός, dieu, §§ 8 et 265. || 1712. Tous les pantheistes, E. BENOIST, *Mélanges*, p. 252. Admis ACAD. 1878.]

|| (T. didact.) Qui appartient au panthéisme. Doctrine —. || Qui admet le panthéisme. Philosophe —, et, *substantivt*, Les panthéistes.

PANTHÉON [pan-té-on] *s. m.*

[ÉTYM. Emprunté du lat. pantheon, grec πάνθεον ou πάνθειον, *m. s.* (*Cf.* panthée.) || 1516. L'église... anciennement nommée pantheon, *Mir. hist. de France*, dans DELB. *Rec.*]

|| 1° (Antiq.) Temple consacré à tous les dieux.

|| 2° *P. ext.* Ensemble des dieux d'une religion polythéiste. Le — égyptien.

PANTHÈRE [pan-tèr] *s. f.*

[ÉTYM. Emprunté du lat. panthera, grec πάνθηρ, *m. s.* || XII° s. Pantere est une beste De mult precius estre, PH. DE THAUN, *Best.* p. 82.]

|| Carnassier du genre chat, à peau mouchetée.

PANTIÈRE [pan-tyèr] *s. f.*

[ÉTYM. Du lat. pop. *pantheria (class. pantherum, grec πάνθηρον), *m. s.* §§ 67, 373, 309 et 291.]

|| (Technol.) || 1° Filet pour prendre les petits oiseaux.

|| 2° *P. ext.* Sac à mailles pour mettre le gibier.

PANTIN [pan-tin] *s. m.*

[ÉTYM. Peut-être le nom de lieu Pantin, près de Paris, où les figurines de ce nom auraient été d'abord fabriquées, § 36. || XVIII° s. *V.* à l'article. Admis ACAD. 1835.]

|| Figurine qu'on fait mouvoir en tirant un fil. Se démener comme un —. | *Fig.* Celui qu'on fait changer à volonté d'opinions. || *Rare. Au fém.* Une pantine de Boucher, DIDER. *Promen. du sceptique, Allée de fleurs*, 11.

PANTOGRAPHE [pan-tò-gràf'] *s. m.*

[ÉTYM. Composé avec le grec πᾶν, παντός, tout, et γράφειν, écrire, § 279. || 1743. *Hist. de l'Acad. des sc.* p. 171. Admis ACAD. 1762.]

|| (T. didact.) Instrument à l'aide duquel on peut mécaniquement copier, réduire, amplifier un dessin, une gravure. || — des sculpteurs, instrument pour mettre au point les bustes, les statues.

PANTOGRAPHIE [pan-tò-grà-fi] *s. f.*
[ÉTYM. Dérivé de pantographe, § 282. || *Néolog.*]
|| (T. didact.) Art de reproduire par le pantographe.
PANTOIEMENT [pan-twà-man] *s. m.*
[ÉTYM. Dérivé de pantoyer, employé pour pantoiser au xvie s. par substitution de suffixe, §§ 62 et 145. || 1611. COTGR. Admis ACAD. 1835; suppr. en 1878.]
|| (Fauconn.) Asthme qui attaque l'oiseau.
PANTOIS, PANTOISE [pantwá, -twáz'] *adj.*
[ÉTYM. Tiré de l'anc. verbe pantoiser, plus anciennement pantaisier, être oppressé, qui est le lat. pop. *phantasiare, de phantasia, fantaisie, rêve, cauchemar, § 53. L'anc. franç. ne connaît pantois, pantais, que comme subst. verbal signifiant « oppression ». (*Cf.* panteler.) || xvie s. Couillon pantois, RAB. III, 28.]
|| *Vieilli.* Essoufflé. || *Fig.* Penaud. Le chevalier tout — et confus, VOLT. *Ce qui plaît aux dames.*
PANTOMÈTRE [pan-tò-mètr'] *s. m.*
[ÉTYM. Composé avec le grec πᾶν, παντός, tout, et μέτρον, mesure, § 279. || 1675. BULLET, *Usage du pantomètre*, titre. Admis ACAD. 1798.]
|| (T. didact.) *Anciennt.* Triple règle mobile servant à déterminer les trois angles d'un triangle.
PANTOMIME [pan-tò-mim'] *s. m.* et *f.*
[ÉTYM. Emprunté du lat. pantomimus, grec παντόμιμος, *m. s.* (*Cf.* mime.) || 1570. Les pantomimes sont ceux qui imitent toutes choses, G. HERVET, *Cité de Dieu*, dans DELB. *Rec.*]
I. *S. m.* Acteur qui ne représente que par des gestes les sentiments des personnages. Il suffisait à Bathylle d'être — pour être couru des dames romaines, LA BR. 12. *Fig.* Celui qui mime les gens. Le duc du Maine était, quand il voulait, excellent —, ST-SIM. X, 249. || *Adjectivt.* Une espèce de ton —, CARTAUD DE LA VILATE, *Essais sur le goût*, p. 136, édit. 1751.
II. *P. ext. S. f.* Art du pantomime. || *P. ext.* Pièce où les personnages ne s'expriment que par gestes. Jouer une —. *P. appos.* Danse, ballet —. *Fig.* Expression des sentiments par les gestes. La — est le premier langage de l'homme, B. DE ST-P. *Paul et Virg.*
PANTOUFLE [pan-toufl'] *s. f.*
[ÉTYM. Origine inconnue; le mot se retrouve, sous une forme analogue, dans la plupart des langues romanes. || 1489. Cordouaniers qui feront pantoufles, dans AUG. THIERRY, *Mon. Tiers État*, IV, 223.]
|| **1°** Chaussure de chambre légère et aisée. *Spéciall.* Chaussure de chambre où le quartier de derrière est supprimé. *P. anal.* Mettre ses souliers en pantoufles, en abaisser le quartier. *Fig.* En pantoufles, à l'aise. Les Impériaux faisaient ce petit siège en pantoufles, ST-SIM. I, 456. Raisonner comme un —, d'une manière déraisonnable. Raisonner —, à bâtons rompus. Je vis hier Mme de Souliers avec qui j'ai raisonné — assez longtemps, SÉV. 347.
|| **2°** *P. anal.* (Technol.) Fer à cheval plus épais en dedans qu'en dehors.
PANTOUFLER [pan-tou-flé] *v. intr.*
[ÉTYM. Dérivé de pantoufle, § 154. || xviie s. *V.* à l'article.]
|| *Vieilli. Famil.* Raisonner à tort et à travers. Voilà Corbinelli trop aise, nous allons bien —, SÉV. 529.
PAON [pan], **PAONNE** [pàn'] *s. m.* et *f.*
[ÉTYM. Du lat. pavōnem, *m. s.* §§ 445, 291 et 358.]
|| **1°** Oiseau de l'ordre des Gallinacés, à plumage éclatant et à queue formée de longues plumes offrant à leur extrémité des taches brillantes en forme d'yeux. Un — qui fait la roue, qui étale en demi-cercle les plumes de sa queue. Glorieux comme un — (vain de son plumage). Un — muait; un geai prit son plumage, LA F. *Fab.* IV, 9. *Fig.* C'est le geai paré des plumes du —, il se fait honneur de ce qui ne lui appartient pas.
|| **2°** *P. anal.* Papillon dont les ailes portent des yeux chatoyants comme ceux de la queue du paon. — de jour. — de nuit.
PAONNEAU [pà-nó] *s. m.*
[ÉTYM. Dérivé de paon, § 126. || xve s. Grues, panneaux, *Myst. du Vieil Testam.* 36112.]
|| Jeune paon.
PAPA [pà-pà] *s. m.*
[ÉTYM. Onomatopée, § 32. (*Cf.* le lat. pappa et le grec πάππας, *m. s.*) || 1552. Appeler son pere pappa, CH. EST. dans DELB. *Rec.*]
|| *Terme enfantin.* Père. Un enfant qui commence à dire — et maman. Mon petit — mignon! *Mal. im.* I, 5. || Grand-

—, bon —, grand-père. || *Fig. Famil.* En parlant d'un homme d'un certain âge. Vous aviez bien raison, — Michaud, COLLÉ, *Partie de chasse*, III, 4.
PAPABLE [pà-pàbl'] *adj.*
[ÉTYM. Dérivé de pape, à l'imitation de l'ital. papabile, *m. s.* §§ 12 et 93. || xvie s. Un chef visible, papable et palpable, M. DE STE-ALDEGONDE, dans DELB. *Rec.*]
|| *Vieilli.* Qui peut être élu pape. C'était un des plus capables et des plus papables (des cardinaux), ST-SIM. IX, 136.
PAPAL, ALE [pà-pàl] *adj.*
[ÉTYM. Emprunté du lat. ecclés. papalis, *m. s.* §§ 216 et 238. || 1398. Nom papal, dans DOUET D'ARCQ, *Pièces relat. à Ch. VI*, I, 149.]
|| Qui appartient au pape. Dignité papale. Terres papales, qui formaient le domaine temporel des papes.
PAPALIN, INE [pà-pà-lin, -lin'] *adj.*
[ÉTYM. Emprunté de l'ital. papalino, *m. s.* § 12. (*Cf.* popeline.) || xviie s. *V.* à l'article.]
|| *En mauvaise part.* Relatif au pape. Fanfreluches romaines et papalines, GUY PATIN, *Lett.* II, p. 41. *Substantivt.* Quand les papalins seront prêts d'entrer au duché de Milan, BASSOMP. *Ambass.* II, 119. Ces ânes de papalins (partisans du pape), BOSS. *Var.* 1. Vingt-quatre mille livres de papalins (monnaie du pape), FLEURY, *Disc. sur l'hist. ecclés.* XVIII, 376, édit. in-12.
PAPAUTÉ [pà-pó-té] *s. f.*
[ÉTYM. Dérivé de papal, papal, sur le modèle de royauté, § 122. || xive s. Papalitas : papauté, dans DU C. papa.]
|| **1°** Dignité, autorité du pape. Le pouvoir de la —.
|| **2°** Gouvernement d'un pape. Sous la — de Léon X.
PAPAVÉRACÉES [pà-pà-vé-rà-sé] *s. f. pl.*
[ÉTYM. Dérivé du lat. papaver, pavot, § 233. || 1804. ENCYCL. MÉTH. *Botan.* pavot. Admis ACAD. 1878.]
|| (Botan.) Famille de plantes dont le pavot est le type.
PAPAYE [pà-pè] *s. f.*
[ÉTYM. Emprunté du caraïbe papaya, *m. s.* § 30. || 1664. Le (*sic*) papaye est un fruit, BIET, *Voy. de la France équin.* p. 338. | 1705. Des ananas, des papees, LUILIER, *Voy. aux Grandes Indes*, p. 33.]
|| (Botan.) Fruit du papayer.
PAPAYER [pà-pè-yé] *s. m.*
[ÉTYM. Dérivé du caraïbe papaya, papaye, §§ 30 et 115. || 1658. DE ROCHEFORT, *Hist. nat. et mor. des Antilles*, p. 49. Admis ACAD. 1835.]
|| (Botan.) Arbre des régions tropicales dit vulgairement figuier des îles, dont le fruit rappelle le melon.
PAPE [pàp'] *s. m.*
[ÉTYM. Emprunté du lat. ecclés. papa, *m. s.* proprt, « père ». (*Cf.* papa.) Au moyen âge on dit souvent apostoile, de apostolicus. || xie s. Qui de Rome esteit pape, *St Alexis*, 373.]
I. Chef de l'Église catholique. Notre saint-père le —. Élire un —. Le pouvoir temporel des papes. Brefs, constitutions, bulles des papes. Légat, nonce du —. Baiser la mule du — (en signe de vénération pour le vicaire de Jésus-Christ). L'infaillibilité du — (en matière doctrinale). || *Fig. Famil.* Soldats du —, soldats peu aguerris.
II. *P. anal.* Petit oiseau d'Amérique, espèce de grosbec à plumage violet et rouge.
PAPEGAI [pàp'-ghè; *en vers*, pà-pe-...] *s. m.*
[ÉTYM. Emprunté de l'arabe babbagha, *m. s.* § 22, probablement par l'intermédiaire du provenç. papagai, espagn. papagayo, §§ 11 et 13. Souvent papegau, papegaut, en anc. franç. (*cf.* l'ital. papagallo), § 62. || xiie s. Suns i chantoit li papegais, *Brut de Munich*, 3920.]
|| **1°** *Vieilli.* Perroquet.
|| **2°** *P. anal.* Oiseau de carton, placé au bout d'une perche, pour servir de but aux tireurs d'arc, etc.
PAPELARD, ARDE [pàp'-làr, -làrd'; *en vers*, pà-pe-...] *s. m.* et *f.*
[ÉTYM. Semble composé avec l'anc. verbe paper, manger, et lard, § 209. || xiiie s. Tel fait devant le papelart Qui par derriere pape lart, G. DE COINCY, *Miracle de Notre-Dame*, dans DU C. papare.]
|| *Famil.* Faux dévot, fausse dévote, aux manières doucereuses. O papelards, qu'on se trompe à vos mines! LA F. *Contes, Hermite.* | *Adjectivt.* D'une voix papelarde Il demande qu'on ouvre, LA F. *Fab.* IV, 15.
PAPELARDIE [pàp'-làr-di; *en vers*, pà-pe-...] *s. f.*
[ÉTYM. Dérivé de papelard, § 68. || xiiie s. Afubler ma renardie Du mantel de papelardie, J. DE MEUNG, *Rose*, 11715.]

‖ *Vieilli.* Papelardise. Son fait était —, LA F. *Ball. sur les romans.*

PAPELARDISE [pǎp'-làr-dīz'; *en vers*, pà-pe-...] *s. f.*
[ÉTYM. Dérivé de **papelard**, § 124. ‖ XIIIᵉ-XIVᵉ s. Par faulse papelardisse, *Ovide moral.* dans GODEF. Admis ACAD. 1798.]
‖ *Famil.* Caractère papelard.

PAPELINE [pǎp'-lin'; *en vers*, pà-pe-...]. *V.* **popeline.**

PAPERASSE [pǎp'-rǎs'; *en vers*, pà-pe-...] *s. f.*
[ÉTYM. Dérivé de **papier**, §§ 65 et 81. ‖ XVIᵉ s. Paperasses poudreuses, MONTAIGNE, III, 9.]
‖ Papiers inutiles, bons à mettre au rebut. Un tas de paperasses.

PAPERASSER [pǎp'-rà-sé; *en vers*, pà-pe-...] *v. intr.*
[ÉTYM. Dérivé de **paperasse**, § 154. ‖ XVIᵉ s. Ayant bien... leu, releu, paperassé, RAB. III, 49, dans DELB. *Rec.* Admis ACAD. 1740.]
‖ 1° Faire des paperasses, des écritures inutiles. Ayant son saoûl paperassé, SCARR. *Poés. Req. à M. le présid. de Bellièvre.*
‖ 2° Remuer, classer des paperasses.

PAPERASSIER, *PAPERASSIÈRE [pǎp'-rà-syé, -syèr; *en vers*, pà-pe-...] *s. m. et f.*
[ÉTYM. Dérivé de **paperasse**, § 115. ‖ Admis ACAD. 1798.]
‖ *Famil.* Celui, celle qui aime à paperasser. ‖ *Adjectivt.* Une administration paperassière.

PAPESSE [pà-pès'] *s. f.*
[ÉTYM. Dérivé de **pape**, d'après le bas lat. papissa, § 129. ‖ 1567. La papesse Jeanne, *Papimanie de France,* fᵒ Aiij, vᵒ. Admis ACAD. 1835.]
‖ Femme revêtue de la papauté. *Spéciall.* La — Jeanne (personnage légendaire).

PAPETERIE [pà-pêt'-ri; *moins bien*, pǎpt'-ri; *en vers*, pà-pè-te-ri] *s. f.*
[ÉTYM. Dérivé de **papetier**, §§ 65 et 68. ‖ 1553. Villeneufve, bonne papeterie, CH. EST. *Guide des chemins de France,* dans DELB. *Rec.*]
‖ 1° Fabrication du papier. ‖ Lieu où il se fabrique.
‖ 2° Commerce de papier. ‖ *P. ext.* Magasin où l'on vend du papier, des fournitures de bureau, etc.
‖ 3° Nécessaire contenant ce qu'il faut pour écrire.

PAPETIER, *PAPETIÈRE [pǎp'-tyé, -tyèr; *en vers*, pà-pe-...] *s. m. et f.*
[ÉTYM. Dérivé irrégulier de **papier**, §§ 63, 65 et 115. ‖ 1414. Se déduit de l'existence du bas lat. papeterius, dans DU BOUL. *Hist. de l'univ. de Paris,* V, 279.]
‖ 1° Celui, celle qui fabrique du papier. *P. appos.* Un ouvrier —.
‖ 2° Celui, celle qui vend du papier et autres fournitures de bureau.

PAPIER [pà-pyé] *s. m.*
[ÉTYM. Emprunté du lat. papyrus, papyrus, devenu *papir, dont la terminaison a été de bonne heure remplacée par le suffixe ter, §§ 62 et 115. ‖ XIIIᵉ s. Queval qui porte papiers, *Péage de Péronne,* dans DELB. *Rec.*]
‖ Feuille pour écrire ou imprimer, pour envelopper, etc., fabriquée avec des chiffons, de vieux papiers, diverses matières végétales fibreuses (alfa, maïs, etc.) qu'on réduit en pâte, qu'on étend et qu'on fait sécher. — fait à la main, à la presse. — mécanique. Feuille, main, rame de —. — vergé, filigrané, etc. — à lettre. — de Hollande, sorte de papier à impression. — de Chine, fait avec la seconde pellicule de l'écorce du bambou broyée et réduite en pâte. — mouillé, mâché, et, *fig.* C'est un corps de — mouillé (sans force), SÉV. 159. Une figure, un visage de — mâché, pâle et blême. ‖ Confier, transmettre au —, mettre par écrit. S'il ne m'est permis de le dire au —, BOIL. *Sat.* 9. Barbouiller du —, écrire des choses inutiles. Ce projet est beau sur le —, en théorie. Une armée qui n'existe que sur le —, sur les contrôles, et non réellement. Livres en grand —, imprimés avec de grandes marges. — à musique, réglé en portées pour écrire la musique. *Fig.* Être réglé comme un — de musique, être très régulier.
‖ *Spéciall.* ‖ 1° Notes, titres, documents, etc. Inventorier des papiers. Les papiers d'une succession, d'une affaire. Mettre de l'ordre dans ses papiers. Il faut donc voir cela en détail, il faut mettre papiers sur table, PASC. *Pens.* XXIV, 46. Papiers d'affaire, que la poste transporte à prix réduits. Papiers de procédure. *Fig.* Être bien, être mal dans les papiers de qqn, être bien, mal noté dans son esprit. Être dans les petits papiers de qqn, lui être cher. Rayez cela de vos papiers,

ne comptez pas là-dessus. Moi, votre ami? rayez cela de vos papiers, MOL. *Mis.* I, 1. — volant, feuille volante sur laquelle on écrit qqch, et aussi, pièce qui ne fait pas foi en justice. Les papiers de qqn, pièces authentiques, passe-port, etc., certifiant sa qualité, sa profession, son état civil, etc. Avoir ses papiers en règle. ‖ Les papiers d'un navire, rôles d'équipage, commission, brevets, connaissements, etc. ‖ — timbré, papier marqué d'un timbre dont l'administration impose l'usage, par mesure fiscale, pour certains actes. — libre, non timbré.
‖ 2° Effet représentant une valeur d'argent, lettre de change, traite, billet payable au porteur, etc. Payer une créance en —. Recevoir le — d'un négociant. — court, long, à courte, à longue échéance. — sur Paris, sur Londres, traite tirée sur Paris, sur Londres, payable à Paris, à Londres. Acheter du — sur Londres. Bon —, mauvais —, signé par des gens solvables ou non solvables. —-monnaie, billet de banque représentant une valeur d'argent monnayé auquel le gouvernement donne cours forcé.
‖ 3° *Vieilli.* Les papiers publics, les papiers-nouvelles, les journaux.
‖ 4° Papier servant à divers usages. — à chandelle. — à sucre. — d'emballage. — bleu, pour envelopper les marchandises. — de paille, dans la pâte duquel entre de la paille hachée, et qui sert pour l'emballage. — marbré, teint de couleurs imitant les veines du marbre. — collé, trempé dans une dissolution qui le rend propre à recevoir l'écriture. — brouillard, qui, non collé, boit l'encre. — buvard, que l'on met sur une écriture fraîche pour absorber l'excès d'encre, et faire sécher l'écriture. — Joseph, pour filtrer. — végétal, papier mince et transparent pour décalquer. — à cigarettes. — pâte, bande de papier non lissé avec laquelle le doreur enlève le morceau de feuille d'or du coussinet pour le porter sur le livre à dorer. — peint, —-tenture, dont on tapisse les murs d'une chambre. — de verre, enduit de poudre de verre, dont on se sert pour polir. — médicamenté, enduit de préparations médicamenteuses. — à cautère. — chimique, sparadrap fait avec des feuilles de papier enduites d'huile siccative et d'emplâtre de minium.

PAPILIONACÉ, ÉE [pà-pi-lyò-nà-sé; *en vers*, -li-ò-...] *adj.*
[ÉTYM. Dérivé du lat. papilio, papillon, § 233. Qqns disent papilionacé, d'après papillon. ‖ 1734. Mouches papilionacées, RÉAUMUR, *Mém. sur les insectes,* III, 11, préf. Admis ACAD. 1762.]
‖ (T. didact.) Qui ressemble aux ailes d'un papillon. Mouche papilionacée, dont les ailes ont des poils fins et courts. Coquille papilionacée, dont les valves sont disposées comme les ailes d'un papillon. Corolle, fleur, plante papilionacée, et, *substantivt,* Les Papilionacées, ancien nom de la famille des Légumineuses.

PAPILLAIRE [pà-pìl'-lèr] *adj.*
[ÉTYM. Dérivé du lat. papilla, papille, § 248. ‖ 1690. Corps papillaires, DIONIS, *Anat.* p. 441. Admis ACAD. 1835.]
‖ (Anat.) Qui a rapport aux papilles. Glandes papillaires.

PAPILLE [pà-pil] *s. f.*
[ÉTYM. Emprunté du lat. papilla, *m. s.* (*Cf.* papule.) ‖ 1372. Le bout de la mamelle est appelé papille, J. CORBICHON, *Propr. des choses,* V, 34, mss franç. Bibl. nat. 216. Admis ACAD. 1835.]
‖ (Anat.) Petite éminence formée sous l'épiderme ou à la surface de certaines muqueuses par des ramifications nerveuses, vasculaires, qui donnent la sensibilité à la peau. Les papilles de la langue. Les papilles du nerf optique.

PAPILLON [pà-pi-yon] *s. m.*
[ÉTYM. Emprunté du lat. papilio, *m. s.* § 503. (*Cf.* le doublet pavillon.) ‖ XIIIᵉ s. Et mochetes et papillons, J. DE MEUNG, *Rose,* 20522.]
‖ 1° Insecte qui a quatre ailes colorées par des écailles fines comme de la poussière. (*Cf.* lépidoptères.) Larve du —, la chenille. Chrysalide du —, cocon que forme la chenille, où l'insecte se métamorphose en papillon. *Fig.* Sot, étourdi comme un —. Se brûler à la chandelle comme un —, se laisser attirer par une chose brillante et dangereuse. Courir après les papillons, s'amuser à des bagatelles. *Dans le même sens, vieilli.* Voler le —, locution prise du faucon laissant le gibier pour poursuivre des papillons. Ce serait voler le —, CH. DE SÉV. dans SÉV. XI, 328, Grands Écriv. C'est un —, un esprit léger, volage. *Poét.* — du Par-

nasse et semblable aux abeilles,... Je suis chose légère et vole à tout sujet, LA F. *Épit.* 17.

|| 2° *P. anal.* | 1. Partie d'une coiffe qui va en s'élargissant comme les ailes d'un papillon. **Bonnet à grand —.** | 2. Ornement en forme de papillon. **Un — de diamant.** | 3. Sorte de bec d'éclairage dont la flamme s'étale en ailes de papillon. | 4. Très petite voile que l'on grée quelquefois au-dessus du cacatois. | 5. Petite carte géographique. | 6. Petit feuillet imprimé inséré en tête d'un livre, d'une revue, etc., contenant un avis au lecteur, et destiné à être déchiré après que l'on en a pris connaissance. | 7. Registre mobile autour d'un axe qui sert à modérer ou à arrêter le tirage d'une cheminée de locomotive. | 8. Jeu de cartes. **Vendôme jouait l'après-midi à un —,** ST-SIM. VI, 375. **Faire —,** faire ses trois cartes, à ce jeu, avant que la partie soit terminée.

PAPILLONACÉ, ÉE [pà-pi-yò-nà-sé]. *V.* papilionacé.

*****PAPILLONAGE** [pà-pi-yò-nàj'] *s. m.*

[ÉTYM. Dérivé de papillonner, § 78. || XVIII° s. *V.* à l'article.]

|| *Rare.* Action de papillonner. **D'un esprit trop volage Arrêter le —,** DESMAHIS, *Poés.* p. 25.

*****PAPILLONNE** [pà-pi-yòn'] *adj. f.*

[ÉTYM. Tiré de papillon, sous l'influence de papillonner, § 39. || *Néolog.*]

|| Dans le système de Fourier, **Passion —,** et, *substantivt,* **—,** goût du changement. **Être atteint de la —.**

PAPILLONNER [pà-pi-yò-né] *v. intr.*

[ÉTYM. Dérivé de papillon, § 154. || 1608. Papillonner autour de maîtresses, *Requête à Marie de Médicis,* dans *Journal des débats,* 17 juill. 1876. Admis ACAD. 1762.]

|| Voltiger d'objet en objet, ne pouvoir se fixer. **Elle papillonne toujours... et rien ne la corrige,** DESHOUL. *Poés.* t. II, p. 76. *Spécialt.* Folâtrer autour des dames. **Je papillonne, je voltige de l'une à l'autre,** BOISSY, *Français à Londres,* sc. 6.

PAPILLOTAGE [pà-pi-yò-tàj'] *s. m.*

[ÉTYM. Dérivé de papilloter, § 78. || 1611. COTGR. Admis ACAD. 1762.]

|| 1° Action de faire des papillotes. || **Le — d'une perruque.** || 2° *Fig.* Effet de ce qui trouble les yeux, par le miroitement de lumières, de couleurs trop vives. **Le — des couleurs, des lumières dans un tableau.** || *P. anal.* **— d'une feuille imprimée,** état d'une feuille dont l'impression est tremblée ou maculée. || *Fig.* Effet de ce qui éblouit l'esprit par un excès de couleurs. **Le — du style.**

PAPILLOTE [pà-pi-yŏt'] *s. f.*

[ÉTYM. Subst. verbal de papilloter, § 52. Le sens **II,** qui ne date que du XVII° s., se rattache peut-être à papier. || 1420. *V.* à l'article.]

I. *Anciennt.* Paillette d'or, d'argent, semée sur une étoffe. **Plumes de paon, papillotées de papillotes d'or (1420),** dans L. DE LABORDE, *Émaux,* 430.

II. Morceau de papier dont on enveloppe les cheveux divisés en mèches pour les friser. **Tous les cheveux coupés sur la tête et frisés naturellement par cent papillotes,** SÉV. 146. | *P. ext.* Les boucles qui garnissent la tête. **Se coiffer en papillotes.** || *P. anal.* Côtelettes en papillotes, qu'on fait cuire enveloppées dans un papier beurré. **Dragées en papillotes,** et, *ellipt,* **Papillotes,** dragées, bonbons enveloppés dans un morceau de papier contenant une devise. || *Fig. Famil.* **Faire des papillotes d'un écrit,** ne le trouver bon qu'à cet usage. | **Avoir les yeux en papillotes,** avoir les yeux clignotants.

PAPILLOTER [pà-pi-yò-té] *v. tr.* et *intr.*

[ÉTYM. Semble dérivé de papillon, par substitution de suffixe, §§ 62 et 154. || 1420. *V.* papillote.]

I. *Anciennt. V. tr.* Semer de paillettes brillantes. *Fig.* **Un certain jargon papilloté qui a de faux brillants,** J.-J. ROUSS. *Dialog.* 3.

II. *V. intr.* En parlant des lumières, des couleurs, miroiter devant les yeux. *P. anal.* **Des yeux qui papillotent,** que le miroitement fait clignoter. || *Fig.* En parlant du style. **Les détails multipliés papillotent aux yeux de l'esprit,** MARMONTEL, *OEuvres.* VII, 22. || (Typogr.) En parlant d'un caractère, être tremblé, marqué double.

III. *Rare. V. tr.* Garnir de papillotes.

*****PAPIN** [pà-pin] *s. m.*

[ÉTYM. Dérivé du lat. pappare, manger, en parlant des enfants, § 100. || XIII° s. **Fleur demandent por papin fere,** dans JUBINAL, *Jongl. et trouv.* p. 141.]

|| *Vieilli et dialect.* Bouillie pour les enfants.

PAPISME [pà-pĭsm'] *s. m.*

[ÉTYM. Dérivé de pape (*cf.* l'angl. papism, *m. s.*), § 265. || 1578. Devant tous il abjura le papisme, J. DE LÉRY, *Voy. au Brésil,* dans DELB. *Rec.* Admis ACAD. 1718.]

|| *En mauvaise part.* Soumission à l'autorité du pape.

PAPISTE [pà-pĭst'] *s. m.* et *f.*

[ÉTYM. Dérivé de pape (*cf.* l'angl. papist, *m. s.*), § 265. || 1530. Les papistes, G. FAREL, dans DELB. *Rec.* Admis ACAD. 1718.]

|| *En mauvaise part.* Celui, celle qui se soumet à l'autorité du pape. **Pope était fils d'un — : c'est ainsi qu'on appelle en Angleterre les catholiques romains,** VOLT. *S. de L. XIV, Écriv. L. Racine.*

*****PAPOTAGE** [pà-pò-tàj'] *s. m.*

[ÉTYM. Dérivé de papoter, § 78. || *Néolog.*]

|| *Famil.* Action de papoter.

*****PAPOTER** [pà-pò-té] *v. intr.*

[ÉTYM. Semble formé par onomatopée, §§ 32 et 167. COTGR. donne papoter au sens de « chipoter »; mais c'est un mot différent, dérivé de l'anc. verbe paper. (*Cf.* papelard.) || (Au sens actuel.) *Néolog.*]

|| *Famil.* Bavarder.

PAPULE [pà-pul] *s. f.*

[ÉTYM. Emprunté du lat. papula, *m. s.* (*Cf.* papille.) || 1555. Papules ou boutonneures exulceratives, *Tresor de Evonime,* dans DELB. *Rec.* Admis ACAD. 1878.]

|| (T. didact.) Petite élevure de la peau. || *P. ext.* Glande papillaire du parenchyme des feuilles.

PAPYRACÉ, ÉE [pà-pi-rà-sé] *adj.*

[ÉTYM. Emprunté du lat. papyraceus, relatif au papyrus. || 1722. Nautile papyracée, dans *Hist. de l'Acad. des sc.* p. 4. Admis ACAD. 1835.]

|| (T. didact.) Mince, sec comme le papier. *Spécialt.* **Nautile —,** à coquille papyracée.

PAPYRUS [pà-pi-rûs'] *s. m.*

[ÉTYM. Emprunté du lat. papyrus, grec πάπυρος, *m. s.* Sur le genre (le lat. et le grec sont fém.), *V.* § 551. (*Cf.* papier.) || XVI° s. Faire du papier de papyrus, DU PINET, *Hist. nat. de Pline,* dans DELB. *Rec.* Admis ACAD. 1762.]

|| 1° Sorte de roseau qui croît en Égypte, dans l'Inde, etc. || 2° Feuillet détaché de la plante et préparé pour l'écriture. **Les — égyptiens du Louvre. Une bulle sur —.**

PÂQUE [pâk'] *s. f.*

[ÉTYM. Pour pasque, § 422, emprunté du lat. pascha, grec πάσχα, transcription de l'hébreu pasch'ah, proprt, « passage », § 216. Le plur. paschæ, pascharum, apparaît dès le IV° s. On trouve trace en anc. franç. de la forme pop. pasches, de paschas, §§ 375 et 502. (*V.* GODEF. *Compl.*)]

I. (Liturgie juive.) Fête solennelle célébrée en souvenir de la sortie d'Égypte. **Manger la —,** l'agneau que la loi de Moïse ordonne d'immoler le jour de cette fête.

II. (Liturgie chrétienne.) *Au plur.* Fête solennelle célébrée en souvenir de la résurrection de Jésus-Christ. **La fête de Pâques. Le dimanche de Pâques. La semaine de Pâques,** qui suit le dimanche de Pâques. **Le jour de Pâques,** et, *ellipt, au masc. sing.* **Pâques est arrivé.** | *P. ext.* **Faire ses pâques,** communier à Pâques. | *Vieilli.* **Pâques fleuries,** le dimanche des Rameaux. **Pâques closes,** le dimanche après Pâques. || **Œufs de Pâques,** œufs, bonbons en forme d'œufs dont il se fait commerce aux environs de Pâques.

PAQUEBOT [pâk'-bó ; *en vers,* pà-ke-...] *s. m.*

[ÉTYM. Emprunté de l'angl. packet-boat, *m. s.* bateau (boat) qui porte les paquets de dépêches (packet), § 8. || 1634. Paquebouc, CLEIRAC, *Termes de marine,* p. 35. Admis ACAD. 1718 et écrit d'abord paquet-bot.]

|| 1° *Anciennt.* Navire à marche rapide pour porter les ordres des amiraux commandants de ports. || *P. ext.* Navire transportant les lettres et les passagers.

|| 2° *De nos jours.* Bâtiment à vapeur faisant le transport des passagers, des lettres, des marchandises.

PÂQUERETTE [pák'-rèt' ; *en vers,* pà-ke-...] *s. f.*

[ÉTYM. Dérivé de Pâques, §§ 62, 82 *bis,* 133 et 134. || 1571. Pasquerette ou pasquette, DE LA PORTE, *Épith.* Admis ACAD. 1740.]

|| Petite marguerite des prés (fleurissant aux environs de Pâques).

PAQUET [pà-kè] *s. m.*

[ÉTYM. Emprunté de l'angl. packet, *m.s.* d'un radical pacc- qui semble d'origine celtique, §§ 3 et 8. || 1539. R. EST.]

‖ **1°** Assemblage de plusieurs choses liées, enveloppées ensemble. Gros, petit —. — d'allumettes, de livres. Faire un —. Mettre en —, par paquets. Tenir un — à la main. Faire son —, pour partir. ‖ *Spécialt.* | **1.** *Vieilli.* Réunion de lettres, de dépêches que portait un courrier, que qqn envoyait ou recevait. Chez Mme de Coulanges, où nous faisons nos paquets les jours ordinaires, SÉV. 137. | **2.** — de composition, une certaine quantité de lignes composées par l'ouvrier imprimeur et liées ensemble pour être remises au metteur en pages. (*Cf.* paquetier.) | **3.** — de mitraille, projectile en usage dans la marine, formé d'un amas de balles disposées par couches. | **4.** — de mer, masse d'eau produite par une lame, qui tombe à bord d'un navire. ‖ *Fig.* Faire son —, mourir. Qu'on sortit de la vie... et qu'on fit son —, LA F. *Fab.* VIII, 1. | Donner à qqn son —, le renvoyer. | Risquer le — (proprement, le remettre en des mains qui ne sont pas sûres), s'engager dans une entreprise hasardeuse. Chacun promet enfin de risquer le —, LA F. *Fab.* XII, 25.

‖ **2°** *P. ext.* Ce qui est lourd, pénible à supporter. Que je n'aie plus ce — sur la conscience, SÉV. 1362. Ah! le fâcheux — que nous venons d'avoir, MOL. *Ét.* II, 10. Avoir son —, donner à qqn son —, lui dire son fait. Voici votre —, MOL. *Mis.* V, 4. Voilà donc mon —, et vous le vôtre aussi, REGNARD, *Distrait,* III, 9. | Faire des paquets contre qqn, tenir des propos désobligeants contre lui. Prenez garde qu'elle ne vous fasse quelque — , Mme DE GENLIS, *Lingère,* I, 2.

PAQUETAGE [păk'-tàj'; en vers, pà-ke-...] s. m.
[ÉTYM. Dérivé de paqueter, § 78. ‖ *Néolog.*]
‖ Action de paqueter. ‖ *Spécialt.* En parlant d'un soldat, manière réglementaire de paqueter ses effets d'habillement, de campagne, etc. *P. ext.* Les effets ainsi paquetés.

PAQUETER [păk'-té; en vers, pà-ke-té] v. tr.
[ÉTYM. Dérivé de paquet, § 154. ‖ 1611. COTGR.]
‖ Mettre en paquet. — le tabac. — les effets d'habillements. ‖ *Fig.* | **1.** Lier, emprisonner. Mme des Ursins... le fit arrêter et — en France (enfermer à Vincennes), ST-SIM. VIII, 202. | **2.** Monter contre qqn en faisant sur lui des paquets. Monseigneur sera paqueté contre son fils, ST-SIM. V, 447.

PAQUETEUR, EUSE [păk'-teŭr, -teŭz'; en vers, pà-ke-...] s. m. et f.
[ÉTYM. Dérivé de paqueter, § 112. ‖ 1562. Emballeur ou pacqueteur, dans DELB. *Rec.*]
‖ Celui, celle qui paquette. Paqueteuses de tabac, de chocolat.

PAQUETIER, *PAQUETIÈRE [păk'-tyé, -tyèr; en vers, pà-ke-...] s. m. et f.*
[ÉTYM. Dérivé de paquet, § 115. Se trouve au sens de porteballe au XVIe s. (*V.* DELB. *Rec.*) ‖ 1812. MOZIN, *Dict. franç.-allem.* Admis ACAD. 1835.]
‖ (Technol.) Ouvrier, ouvrière typographe qui compose les paquets.

**PÂQUIS [pá-ki] s. m.*
[ÉTYM. Pour pasquis, § 422, tiré de pacage ou de l'anc. franç. pasquier (lat. pop. pascuarium), *m. s.*, par substitution de suffixe, §§ 62 et 82. ‖ 1284. Le paquis de Poisson, dans GODEF. pasquis. Admis ACAD. 1878.]
‖ *Dialect.* Lieu où le gibier vient paître. Les — humides à la rive du bois, BUFF. *Bécasse.*

**PAR [pàr] prép.*
[ÉTYM. Du lat. per, *m. s.* § 726. Dans les loc. comme de par le roi, la prép. par a pris la place du subst. part.]
‖ Préposition indiquant ce qui sert de passage, ce qui sert à produire un effet.
I. Ce qui sert de passage. Voyager par terre, par mer. Il a passé par le jardin. Il est entré par la fenêtre. Courir par les rues. Que j'aille un peu montrer mon habit par la ville, MOL. *B. gent.* III, 1. Le bruit s'en répandit par tout le voisinage, LA F. *Fab.* VII, 13. Aller par monts et par vaux. Le Nil se jette dans la mer par plusieurs embouchures. Venez par ici, par là. Par-ci, par-là. Par devant, par derrière. Par dessus, par dessous. Fusses-tu par delà les colonnes d'Alcide! RAC. *Phèd.* IV, 2. *Vieilli.* Féronde était un sot de par le monde, LA F. *Contes, Féronde.* Il commence, il est vrai, par où finit Auguste, RAC. *Brit.* I, 1. ‖ *P. ext.* Passer par les mains du bourreau. Il a passé par tous les grades. ‖ *Fig.* Une idée lui a passé par l'esprit. Il a passé par de rudes épreuves. ‖ *P. anal.* Voyager par tous les temps, par la neige, le brouillard. Le navire était par 10° de latitude. Il a mouillé par 7 brasses d'eau. Il a reçu un coup de fouet par la figure.

II. Ce qui sert à produire un effet.
‖ **1°** En parlant de la cause. (Régit en ce sens le complément de tous les verbes passifs.) César fut tué par Brutus. Annibal fut vaincu par Scipion. Rome fut fondée par Romulus. *P. anal.* Le meurtre de César par Brutus. La défaite d'Annibal par Scipion. La fondation de Rome par Romulus. ‖ Le chêne a été renversé par l'orage. Sodome fut détruite par le feu du ciel. Les vices extrêmes par le défaut ou par l'excès, LA BR. *Disc. sur Théophr.* ‖ *Loc. adv.* Par trop, avec excès. Il est par trop méchant. ‖ *Fig.* Agir par intérêt. Être poussé par l'ambition. Pécher par ignorance. Apprendre, savoir par cœur. Un délit est prescrit par cinq ans.

‖ **2°** En parlant du motif. Il (le loup) devient ingénieux par besoin et hardi par nécessité, BUFF. *Loup.* Faire une chose par force, par peur. Je donnai par devoir à son affection Tout ce que l'autre avait par inclination, CORN. *Poly.* I, 3. Il a fait cela par amitié pour moi. Cela est fâcheux par bien des raisons. J'ai ouï condamner cette comédie à certaines gens, par les mêmes choses que j'ai vu d'autres estimer le plus, MOL. *Crit. de l'Éc. des f.* sc. 5. Devenir député par une vacance. ‖ *Loc. adv.* Par là, pour ce motif. Et par là cet honneur n'était dû qu'à mon bras, CORN. *Cid,* I, 3. ‖ *Loc. conj.* Parce que. Polyeucte est chrétien parce qu'il l'a voulu, CORN. *Poly.* III, 3. | *Vieilli.* (En séparant parce et que.) Parce seulement que dans un si grand malheur il n'avait point désespéré des affaires de la République, BOSS. *Hist. univ.* III, 6.

‖ **3°** En parlant de l'instrument, du moyen. Il a été frappé par le fer. Il a été guéri par la quinine. Tenir qqn par la main. Prendre qqn par les cheveux. *Fig.* Mener qqn par le bout du nez. Prendre qqn par les sentiments. Je l'attaquai par là, par là je pris son âme, CORN. *Cinna,* V, 2. On regarde les gens par leurs méchants côtés, MOL. *Mis.* I, 2. L'ennui est entré dans le monde par la paresse, LA BR. 11. Agir par artifice. Appeler qqn par son nom. J'en jure par le Styx. ‖ Au nom de. Par le salut des Juifs, par ces pieds que j'embrasse, RAC. *Esth.* III, 5. Par ma barbe, dit l'autre, LA F. *Fab.* III, 5. ‖ Sur l'ordre de. De par le roi des animaux, LA F. *Fab.* VI, 14. ‖ Par autorité de justice. ‖ Comme je sais ma croix de par Dieu, MOL. *Pourc.* I, 5. ‖ *Vieilli.* Avec un infinitif pour complément. Mais ne confondons point, par trop approfondir, Leurs affaires avec les vôtres, LA F. *Fab.* II, 17. Ils y suppléaient par crier et parler à tort et à travers, ST-SIM. XIII, 379. *De nos jours.* Seulement avec les verbes commencer, finir. Il avait commencé par être esclave, il finit par être roi.

‖ **4°** En parlant de la manière. Reproduction par la photographie. Traction par l'électricité. Connaître par intuition. Prouver par des exemples. Par exemple. Par hypothèse. Par parenthèse. Diviser par tranches. Couper par morceaux. Inscrire jour par jour. Être payé tant par semaine.

**PARABASE [pà-rà-bàz'] s. f.*
[ÉTYM. Emprunté du grec παράβασις, *m. s.* proprt, « écart, digression ». ‖ Admis ACAD. 1878.]
‖ (Antiq.) Partie de la comédie grecque ancienne où le poète s'adresse aux spectateurs, en dehors de l'action.

**1. PARABOLE [pà-rà-bòl] s. f.*
[ÉTYM. Emprunté du lat. parabola, qui est le grec παραβολή, *m. s.* proprt, « action de mettre à côté ». (*Cf.* parabole 2, et le doublet de formation pop. parole.) ‖ XIIIe s. Si dist l'en bien en nos escoles, Maintes choses par paraboles, J. DE MEUNG, *Rose,* 7192.]
‖ Allégorie sous laquelle se cache un enseignement moral. Les paraboles de l'Évangile. La — de l'Enfant prodigue. La vérité a parlé aux hommes par paraboles, LA F. *Fab.* préf.

**2. PARABOLE [pà-rà-bòl] s. f.*
[ÉTYM. Emprunté du grec παραβολή, *m. s.* proprt, « action de mettre à part ». ‖ 1611. COTGR.]
‖ (Géom.) Courbe plane du second degré résultant de la section d'un cône par un plan parallèle au côté. Décrire une —. L'axe, le foyer d'une —. ‖ *P. ext.* Courbe que décrit la trajectoire d'un projectile.

**1. *PARABOLIQUE [pà-rà-bò-lĭk'] adj.*
[ÉTYM. Emprunté du lat. parabolicus, grec παραβολικός, *m. s.* ‖ XVe-XVIe s. Sentences paraboliques, *Alch. err. à nat.* 178.]
‖ Relatif à l'allégorie dite parabole. Prophéties obscures et paraboliques, BOSS. 2e *Instr. pastor.* 116.

**2. PARABOLIQUE [pà-rà-bò-lĭk'] adj.*
[ÉTYM. Dérivé de parabole 2, § 229. ‖ 1571. Rectangulaire ou parabolique, *Magie natur.* dans DELB. *Rec.*]
‖ (Géom.) Relatif à la courbe dite parabole. Courbe —.

Miroir —, miroir dont la coupe est une parabole et qui réfléchit en parallèles les rayons d'un corps lumineux placé à son foyer.

1. PARABOLIQUEMENT [pà-rà-bò-lǐk'-man ; *en vers*, -li-ke-...] *adv.*
[ÉTYM. Composé de parabolique 1 et ment, § 724. || 1567. Ceulx qui ont escript paraboliquement, ZECAIRE, *Vraie Philos. des metaux*, p. 139. Admis ACAD. 1835.]
|| D'une manière parabolique (allégorique). Parler —.

2. PARABOLIQUEMENT [pà-rà-bò-lǐk'-man ; *en vers*, -li-ke-...] *adv.*
[ÉTYM. Composé de parabolique 2 et ment, § 724. || 1732. TRÉV. Admis ACAD. 1835.]
|| (Géom.) En décrivant une courbe parabolique. Corps qui se meut —.

PARACHÈVEMENT [pà-rà-chèv'-man ; *en vers*, -chè-ve-...] *s. m.*
[ÉTYM. Dérivé de parachever, §§ 65 et 145. || 1413. Ja ne feras bonne amalgame N'aussi bon parachevement, J. DE LA FONTAINE, *Font. des amour. de science*, 460.]
|| Action de parachever.

PARACHEVER [pà-rǎch'-vé ; *en vers*, -rà-che-vé] *v. tr.*
[ÉTYM. Composé de par et achever, §§ 192 et 196. || XIVᵉ s. Il paracheveroient ce qu'il avoient commencié, BERSUIRE, fᵒ 58, dans LITTRÉ.]
|| Achever aussi complètement que possible.

PARACHRONISME [pà-rà-krò-nĭsm'] *s. m.*
[ÉTYM. Composé avec le grec παρά, préfixe marquant l'inexactitude, χρόνος, temps, et le suffixe isme, §§ 265 et 279. || Admis ACAD. 1762.]
|| *Rare.* Erreur de chronologie. (*Cf.* anachronisme, métachronisme.)

PARACHUTE [pà-rà-chǔt'] *s. m.*
[ÉTYM. Composé à l'imitation de parasol, de para et chute, §§ 12 et 209. || Mot dû à BLANCHARD, célèbre aéronaute (1753-1809). (*Cf.* BACHAUMONT, *Mém.* XXIX, 238 : Une machine qu'il (Blanchard) appelle parachute.) Admis ACAD. 1835.]
|| **1°** Appareil en forme de large parasol adapté aux aérostats, qui en se déployant amortit la vitesse de la chute. Descendre en —.
|| **2°** Appareil qui neutralise la rupture des câbles montant ou descendant les bennes dans les mines.
|| **3°** Pièce qui protège l'axe du balancier d'une montre contre les commotions.

PARACLET [pà-rà-klè] *s. m.*
[ÉTYM. Emprunté du lat. ecclés. paracletus (qqf paraclitus), grec παράκλητος, *m. s.* proprt, « invoqué, consolateur ». || XIIIᵉ s. J. DE MEUNG, *Trésor*, 1045. Admis ACAD. 1762.]
|| (Théol.) La troisième personne de la Trinité, dite aussi Saint-Esprit, Esprit saint. || *Adjectivt.* L'Esprit — ne descendra pas, BOSS. *Ascens.* 3.

'PARACROTTE [pà-rà-krŏt'] *s. m.*
[ÉTYM. Composé, à l'imitation de parasol, de para et crotte, §§ 12 et 209. || *Néolog.*]
|| (Technol.) Ce qui garantit contre la crotte. *Spécialt.* Bande de cuir bouilli placée devant les roues d'une voiture, d'une bicyclette, pour préserver des éclaboussures.

1. PARADE [pà-rǎd'] *s. f.*
[ÉTYM. Emprunté de l'espagn. parada, arrêt, station, § 13. Le sens **II** paraît s'être développé en partie sous l'influence du franç. parer 1. On trouve dans CHASTELL. VI, 235 un exemple de parade au sens de « bravade » dont il est difficile de rendre compte. || XVIᵉ s. Que maintenant les papistes facent parade de ce venerable concile, CALV. *Instit. chr.* I, XI, 15.]
I. || **1°** (Manège.) Action de retenir un cheval pour l'arrêter. — manquée, où le cheval ne s'arrête pas net.
|| **2°** *P. anal.* | 1. Évolution des cavaliers dans un carrousel, dans une revue. | 2. Revue des troupes allant monter la garde. *Fig. Pop.* Défiler la —.
II. *P. ext.* Exhibition. On fait — du luxe jusque dans l'église, BOSS. *Nécess. de la vie*, 2. Armes de —. Lit de —. || *Fig.* Faire — de qqch, en faire montre, pour s'en parer. Faire — de sa vertu. || *Spécialt.* Exhibition burlesque des bateleurs à la porte de leur baraque pour attirer les spectateurs. Jouer la —.

2. PARADE [pà-rǎd'] *s. f.*
[ÉTYM. Dérivé de parer 2, § 120. || 1628. Continuer sa parade, THIBAULT, *Acad. de l'espée*, II, XII, 3.)

|| (Escrime.) Action de parer. Venir à la —. Une — de tierce, de quarte.

PARADER [pà-rà-dé] *v. intr.*
[ÉTYM. Dérivé de parade 1, § 154. || 1784. Ils devoient y parader, DUVERNOIS, *Rech. sur les carrousels*, p. 88. Admis ACAD. 1835.]
|| Faire la parade.
|| **1°** En parlant du cheval, exécuter certains exercices, dans un carrousel.
|| **2°** En parlant de troupes, défiler dans une revue.
|| **3°** *Fig.* Faire le beau.

PARADIGME [pà-rà-dĭgm'] *s. m.*
[ÉTYM. Emprunté du lat. paradigma, grec παράδειγμα, *m. s.* proprt, « exemple ». || 1584. Pratiquer ce paradigme, THEVET, *Vies des hommes illustres*, dans DELB. *Rec.* Admis ACAD. 1762.]
|| (Gramm.) Type de déclinaison, de conjugaison, etc.

PARADIS [pà-rà-dî] *s. m.*
[ÉTYM. Emprunté du lat. paradisus, grec παράδεισος, mot d'origine persane qui signifie « enclos ». (*Cf.* le doublet parvis.) || XIᵉ s. Il est dignes dentrer en paradis, *St Alexis*, 173.]
|| **1°** Lieu de délices, jardin où Dieu avait mis le premier homme. Le — terrestre. Son innocence... et sa félicité dans le —, BOSS. *Hist. univ.* I, 1. || *Fig.* Ce pays est un —. Tours, que l'on appelait le jardin de la France, se doit à cette heure nommer le — de la terre, VOIT. *Lett.* 86. || *P. ext.* Oiseau de —, oiseau des Indes, à longues plumes brillantes dont les femmes se font une coiffure.
|| **2°** *P. ext.* Séjour de la béatitude céleste. Les joies du —. Aller en —. Être en —. Gagner le —. Le — de Mahomet, lieu de délices promis aux fidèles musulmans après leur mort. On déclame tous les jours contre le — sensuel de Mahomet, VOLT. *Mœurs*, 7. || *Loc. prov.* Il ne portera pas cela en — (il s'en repentira tôt ou tard, avant sa mort). || Les saints, les saintes du —. Le portier du —, saint Pierre, représenté tenant les clefs du paradis. || *Fig.* En parlant d'un lieu, d'un état très agréable. C'est le — sur terre. | *Loc. prov.* Paris est le — des femmes et l'enfer des chevaux. | *Fig.* Le chemin du —, chemin où il faut beaucoup monter, comme pour aller au ciel. | *P. plaisant.* Amphithéâtre placé dans la partie la plus haute d'un théâtre.

'PARADISIAQUE [pà-rà-di-zyǎk' ; *en vers*, -zi-ǎk'] *adj.*
[ÉTYM. Emprunté du lat. paradisiacus, *m. s.* || *Néolog.*]
|| (T. didact.) Qui appartient au paradis.

PARADOXAL, ALE [pà-rà-dŏk'-sàl] *adj.*
[ÉTYM. Dérivé de paradoxe, § 238. || 1584. Question paradoxale, G. BOUCHET, *Serées*, dans DELB. *Rec.* COTGR. ne donne que paradoxique. Admis ACAD. 1762.]
|| (T. didact.) || **1°** Qui tient du paradoxe. Opinion paradoxale.
|| **2°** Qui recherche le paradoxe. Esprit —. Écrivains paradoxaux.

'PARADOXALEMENT [pà-rà-dŏk'-sàl-man ; *en vers*, -sà-le-...] *adv.*
[ÉTYM. Composé de paradoxale et ment, § 724. || 1589. Combien que Ciceron ayt dit paradoxellement que..., P. DE ST-JULIEN, *Meslanges hist.* p. 204.]
|| (T. didact.) D'une manière paradoxale.

PARADOXE [pà-rà-dŏks'] *adj. et s. m.*
[ÉTYM. Emprunté du grec παράδοξος, qui est à côté de l'opinion, de παρά, à côté, et δόξα, opinion. || XIVᵉ s. Paradoxes qui est autant a dire comme sentences appartenantes a vraie gloire, J. DE VIGNAY, *Miroir hist.* dans DELB. *Rec.*]
I. *Vieilli. Adj.* Qui est ou paraît contraire à l'opinion commune. (*Syn.* paradoxal.) Les béatitudes de Jésus-Christ, en apparence si paradoxes et si incroyables, BOURD. *Récomp. des saints*, 2.
II. *S. m.* Opinion contraire à l'opinion commune. Soutenir un —. || *P. ext.* Fait incroyable. C'est... un — qu'un violent amour sans délicatesse, LA BR. 4. Connaissez donc, superbe, quel — vous êtes à vous-même, PASC. *Pens.* VIII, 1.

PARADOXISME [pà-rà-dŏk'-sĭsm'] *s. m.*
[ÉTYM. Dérivé de paradoxe, § 265. || 1812. MOZIN, *Dict. franç.-allem.* Admis ACAD. 1835.]
|| (Rhétor.) Figure consistant à attribuer à un même sujet des qualités qui semblent s'exclure.

PARAFE, PARAFER. *V.* paraphe, parapher.

PARAFFINE [pà-rà-fîn'] *s. f.*
[ÉTYM. Composé avec le lat. parum affinis, « qui a peu

d'affinité (pour les autres corps) », § 282 *bis*. || *Néolog.* Admis ACAD. 1878.]

|| (Chimie.) Résidu de la distillation des huiles minérales, substance grasse, blanche, cristalline, qui peut servir à l'éclairage.

1. PARAGE [pà-ràj'] *s. m.*
[ÉTYM. Origine incertaine; on le considère généralement comme dérivé de pair, §§ 65 et 78. || XIᵉ s. A grant poverte deduit sou grant parage, *St Alexis*, 248.]
|| Extraction (plus ou moins haute). *Spéciall.* De haut —. Chez les dames de haut —, LA F. *Contes, Joconde.* || *P. plaisant. Fig.* La bête de haut —'(un éléphant de cour), LA F. *Fab.* VIII, 15.

2. PARAGE [pà-ràj'] *s. m.*
[ÉTYM. Emprunté de l'espagn. paraje, proprt, « lieu de station », de parar, arrêter, § 13. || 1643. FOURNIER, *Hydrogr.* p. 379.]
|| Régions maritimes, étendue de côtes, espace de mer, etc. Des parages dangereux pour les navigateurs. Il ne fait pas bon s'aventurer dans ces parages. || *P. ext. Famil.* Région. Quand viendrez-vous dans nos parages?

3. *PARAGE [pà-ràj'] *s. m.*
[ÉTYM. Dérivé de parer 1, § 78. || 1763. FOUGEROUX, *Art du tonnelier*, p. 20.]
|| (Technol.) Action de parer. (*Cf.* paraison, parement, parure.) || *Spéciall.* | **1.** Polissage de la membrure d'un vaisseau. | **2.** Dressage des pièces métalliques avant de les ajuster. | **3.** Façon donnée aux vignes avant l'hiver. | **4.** Façon donnée aux peaux mégissées.

PARAGOGE [pà-rà-gòj'] *s. f.*
[ÉTYM. Emprunté du lat. paragoge, grec παραγωγή, addition. || XIVᵉ s. Paragoge, diastole, J. LE FÈVRE, *Matheolus*, dans DELB. *Rec.* Admis ACAD. 1835.]
|| (Gramm.) Addition d'une lettre (non étymologique) à la fin d'un mot. Il y a — d'une s dans encores, jusques, ores; d'un t dans rempart, etc.

PARAGOGIQUE [pà-rà-gò-jĭk'] *adj.*
[ÉTYM. Dérivé de paragoge, § 229. || 1732. TRÉV. Admis ACAD. 1835.]
|| (Gramm.) Relatif à la paragoge. Lettre —.

PARAGRAPHE [pà-rà-gràf'] *s. m.*
[ÉTYM. Emprunté du lat. paragrafus, grec παράγραφος, *m. s.* proprt, « écrit à côté ». (*Cf.* paraphe.) || XIIIᵉ s. El paragraphe devant cestui, BEAUMAN. XX, 3.]
|| **1°** Signe, petite figure (§) marquant la séparation des différentes sections, des différents alinéas d'un chapitre.
|| **2°** *P. ext.* Section d'un discours, d'un chapitre. || *Spéciall.* Dans un code, section d'une loi, d'un chapitre, d'un titre. *P. plaisant.* Un homme à — (qui s'occupe de droit) est un joli galant, CORN. *Ment.* I, 6.

PARAGUANTE [pà-rà-gwànt'] *s. f.*
[ÉTYM. Emprunté de l'espagn. paraguante, *m. s.* de para, pour, et guante, gant, proprt, « argent donné pour s'acheter des gants ». (*Cf.* pourboire.) Sur le genre, V. § 550. || XVIIᵉ s. V. à l'article.]
|| *Vieilli.* Récompense d'un service. L'avide espoir de quelque —, MOL. *Ét.* IV, 7. Une bonne —, FURET. *Rom. bourg.* I, 82.

***PARAISON** [pà-rè-zon] *s. f.*
[ÉTYM. Dérivé de parer, § 108. (*Cf.* le lat. paratio, *m. s.*) || 1700. Se déduit du dérivé paraisonnier à cette date.]
|| (Technol.) Action de parer. (*Cf.* parage 3, parement, parure.) *Spéciall.* Opération du verrier qui tourne la matière fondue sur une plaque de fer avant le soufflage.

***PARAISONNIER** [pà-ré-zò-nyé] *s. m.*
[ÉTYM. Dérivé de paraison, § 115. || 1700. V. à l'article.]
|| (Technol.) Ouvrier verrier qui fait la paraison. Ce sont les ouvriers vénitiens qui ont montré le métier aux paraisonniers français, *Mém. au contrôleur général des finances*, 24 juill. 1700.

PARAÎTRE [pà-rètr'] *v. intr.*
[ÉTYM. Pour paraistre, paroistre, pareistre, § 422, du lat. pop. *parẹscere, autre forme de parẹre (*cf.* paroir, comparoir), *m. s.* devenu *pareis're, §§ 419, 290 et 291, pareistre, § 421.]
I. Se montrer.
|| **1°** Se faire voir soudain. Il ne fit que — et disparaître. Quand le soleil paraît à l'horizon. Paraissez, Navarrais, Mores et Castillans! CORN. *Cid*, V, 1. Devant ce fier monarque, Élise, je parus, RAC. *Esth.* I, 1. Les mahométans parurent, conqui-

rent et se divisèrent, MONTESQ. *Espr. des lois*, XXI, 19. || — en public. Cet acteur ne paraît qu'au second acte. Un livre qui vient de —, d'être publié. Que le sort de tels esprits est hasardeux, et qu'il en paraît dans l'histoire à qui leur audace a été funeste! BOSS. *R. d'Angl.*
|| **2°** Se laisser voir. L'écriture de ce manuscrit est si effacée qu'elle paraît à peine. Les taches qui paraissent sur le disque du soleil. *Famil.* Cela paraît comme le nez au milieu du visage. || Il ne veut pas — en cette affaire. *P. ext.* Être mis en vue. Loin de les décrier, je les ai fait —, BOIL. *Sat.* 9. || *Fig.* Ce grand cœur paraît aux discours que tu tiens, CORN. *Cid*, II, 2. Elle a plus de mérite et d'esprit qu'elle n'en laisse —, SÉV. 1167. Quels sentiments aurai-je à lui faire —? MOL. *Tart.* V, 4. Je m'en fie aux transports qu'elle m'a fait —, RAC. *Brit.* V, 1. | *Vieilli.* L'amour s'y fait — avec la majesté, CORN. *Rodog.* V, 2. || *Impersonnellt.* Il y paraît, cela se laisse voir. Sans qu'il y paraisse, c'est un homme d'un grand mérite.
II. Se montrer sous un certain aspect.
|| **1°** Offrir aux yeux le signe extérieur d'une manière d'être. Il paraît triste, sombre, malade. Sa blessure paraît fermée. Pour — honnête homme, en un mot, il faut l'être, BOIL. *Sat.* 11. De son Tartuffe elle paraît coiffée, MOL. *Tart.* I, 2. Vous ne paraissez pas y croire. Il paraît bien âgé. Elle paraît avoir trente ans, et, *ellipt*, Elle paraît soixante ans, SÉV. 310. Ce bijou paraît d'or, ce n'est que du cuivre. Cela me paraît d'une effronterie sans pareille. Ces lunettes font — les objets beaucoup plus grands qu'ils ne sont. Ce qui paraît vrai. Cela me paraît de la plus haute importance. *Absolt. Vieilli.* Cela me paraît, fait effet sur moi. Un homme qui vous a vue,... qui vous a parlé, comme cela me paraît! SÉV. 157. *Impersonnellt. Absolt.* Il ne paraît pas qu'on ait fait tout ce qu'on devait. Il paraît que vous avez tort. A ce qu'il me paraît. Autant, suivant, selon qu'il me paraît. Me parut que je devais, en sauvant ma vie, sauver celle des autres, FÉN. *Tél.* 4.
|| **2°** *Absolt.* Se donner l'air d'être ce qu'on n'est pas. Être et — sont deux. Mieux vaut être que —. *Substantivt.* L'être et le —. Nous voulons vivre dans l'idée des autres d'une vie imaginaire, et nous nous efforçons pour cela de —, PASC. *Pens.* II, 1. C'est un homme vain qui ne veut que —.

PARALIPSE [pà-rà-lĭps'] *s. f.*
[ÉTYM. Emprunté du grec παράλειψις, *m. s.* || Admis ACAD. 1762.]
|| (Rhétor.) Figure dite plus communément prétérition.

PARALLACTIQUE [pà-ràl'-làk'-tĭk'] *adj.*
[ÉTYM. Dérivé du grec παράλλακτος, sujet à changer, § 229. || 1732. TRÉV. Admis ACAD. 1762.]
|| (Astron.) Qui tient à la parallaxe. Angle —. || *Spéciall.* Machine ou lunette —, lunette animée d'un mouvement de rotation correspondant au mouvement diurne de la terre.

PARALLAXE [pà-ràl'-làks'] *s. f.*
[ÉTYM. Emprunté du grec παράλλαξις, *m. s.* proprt, « changement », à cause du déplacement apparent de l'astre par le déplacement de l'observateur. || 1557. P. DE MESMES, *Instit. astron.* p. 71.]
|| (Astron.) Angle formé au centre d'un astre par deux droites aboutissant à deux observateurs placés en deux points différents. *Spéciall.* Angle formé au centre d'un astre par deux droites partant des extrémités d'un rayon de la terre, ou de l'orbite terrestre.

PARALLÈLE [pà-rà-lèl] *adj.*
[ÉTYM. Emprunté du lat. parallelus, grec παράλληλος, *m. s.* || XVIᵉ s. Suyvre au plus près le parallele de ladicte Indie, RAB. IV, 1.]
I. (Géom.) (En parlant de droites, de surfaces.) Dont la distance est toujours égale. Mener une droite — à une autre. Deux lignes parallèles à une troisième sont parallèles entre elles. Des droites parallèles, et, *substantivt, au fém.* Tracer une —. La théorie des parallèles. Cercles parallèles, et, *substantivt, au masc.* Parallèles (de déclinaison), petits cercles de la sphère parallèles à l'équateur. *P. anal.* Deux rues parallèles. Une rue — à une autre. | *Spéciall.* (T. milit.) Une tranchée —, et, *substantivt, au fém.* Une —, tranchée bordée d'un parapet avec banquette, tracée parallèlement au côté de la place qu'on assiège, pour resserrer graduellement les assiégés. Première, deuxième, troisième —.
II. *Fig.* Qui présente une comparaison suivie. Les Vies parallèles de Plutarque, biographies dans lesquelles Plutarque raconte la vie d'un Grec, puis celle d'un Romain présentant quelque analogie, et compare entre eux les

deux personnages. ‖ *Substantivt, au masc.* Comparaison suivie entre deux personnes, deux choses. La mettre (la raison) en — avec l'instinct des animaux, PASC. *Vide,* préf. Je pourrais continuer le — en disant que, quand Caton prévoyait, Cicéron craignait, MONTESQ. *Rom.* 12.

PARALLÈLEMENT [pà-rà-lèl-man ; *en vers,* -lò-le-...] *adv.*
[ÉTYM. Composé de parallèle et ment, § 724. ‖ 1671. V. à l'article. Admis ACAD. 1835.]
‖ (T. didact.) Dans une direction parallèle. — à la face de ces bâtiments, LE P. CHÉRUBIN, *Dioptr. ocul.* (1671), p. 139. La ligne des montagnes qui... va — au Danube, FONTEN. *Éloges, Marsigli.*

PARALLÉLÉPIPÈDE [pà-rà-lé-lé-pi-pèd'] et, *abusivt,*
PARALLÉLIPIPÈDE [pà-rà-lé-li-pi-pèd'] *s. m.*
[ÉTYM. Emprunté du lat. parallelepipedum, grec παραλληλεπίπεδον, *m. s.* de παράλληλος, parallèle, et ἐπίπεδον, surface. ‖ 1570. Parallelepipede, O. FINÉ, *Prat. de la géom.* f° 1, v°. Admis ACAD. 1762.]
‖ (Géom.) Solide terminé par six parallélogrammes égaux qui s'opposent parallèlement deux à deux.

PARALLÉLISME [pà-rà-lé-lïsm'] *s. m.*
[ÉTYM. Emprunté du grec παραλληλισμός, *m. s.* ‖ 1667. LE P. CHÉRUBIN, *Vision parf.* I, 39. Admis ACAD. 1740.]
‖ (T. didact.) Disposition parallèle (de lignes, de surfaces). Le — des étages, LE P. ANDRÉ, *Essai sur le beau,* p. 44. ‖ *Fig.* Ressemblance, correspondance suivie entre des personnes, des choses que l'on compare.

PARALLÉLOGRAMME [pà-rà-lé-lò-gràm'] *s. m.*
[ÉTYM. Emprunté du lat. parallelogrammum, grec παραλληλόγραμμον, *m. s.* ‖ 1542. Le parallélogramme ABCD, BOVELLES, *Arithm.* f° 41, v°.]
‖ (Géom.) Quadrilatère dont les côtés opposés sont égaux et parallèles. ‖ *P. ext.* (Mécan.) — des forces, formé sur deux droites représentent les grandeurs et les directions de deux forces concourantes en un point, et dont la diagonale représente la résultante des deux forces.

PARALOGISME [pà-rà-lò-jïsm'] *s. m.*
[ÉTYM. Emprunté du grec παραλογισμός, *m. s.* Altéré en paralisme en anc. franç. (*V.* GODEF.) ‖ 1556. R. LE BLANC, *Subtilité,* dans DELB. *Rec.*]
‖ (T. didact.) Raisonnement vicieux. C'est un — de dire que le bien particulier doit céder au bien public, MONTESQ. *Espr. des lois,* XXVI, 15.

*PARALYSANT, ANTE [pà-rà-li-zan, -zänt'] *adj.*
[ÉTYM. Adj. particip. de paralyser, § 47. ‖ *Néolog.*]
‖ (T. didact.) Qui produit la paralysie. L'action paralysante du curare.

PARALYSER [pà-rà-li-zé] *v. tr.*
[ÉTYM. Dérivé du lat. paralysis, grec παράλυσις, paralysie, § 266. ‖ XVI° s. La partie paralysée, PARÉ, VII, 13. Admis ACAD. 1798.]
‖ (Médec.) Frapper de paralysie. Il est paralysé de la moitié du corps. ‖ *Fig.* Frapper d'impuissance. L'émotion a paralysé ses facultés.

PARALYSIE [pà-rà-li-zi] *s. f.*
[ÉTYM. Emprunté du lat. paralysis, grec παράλυσις, *m. s.* avec changement de désinence. ‖ XII°-XIII° s. Cele maladie del cors cui li melde par un grijois nom apelent paralisin, *Dial. Gregoire,* p. 214. Paralisie de la langue, *Simples medicines,* f° 52, r°.]
‖ (Médec.) Perte totale ou partielle du mouvement et de la sensibilité, ou de l'un des deux. Tomber en —. Attaque de —. — d'un organe, d'un membre. — d'un côté du corps.

PARALYTIQUE [pà-rà-li-tïk'] *adj.*
[ÉTYM. Emprunté du lat. paralyticus, grec παραλυτικός, *m. s.* ‖ XIII° s. Et fait devenir l'oume paralitike, ALEBRANT DE SIENNE, f° 10, dans LITTRÉ.]
‖ (Médec.) Qui est atteint de paralysie. Être —. *Substantivt.* Un —, une —. La fable de l'aveugle et du —.

PARAMÈTRE [pà-rà-mètr'] *s. m.*
[ÉTYM. Composé avec le grec παρά, à côté, et μέτρον, mesure, § 279. ‖ 1732. TRÉV. Admis ACAD. 1762.]
‖ (Géom.) Ligne constante faisant partie de l'équation, de la construction d'une courbe, d'une surface, qui permet d'en déterminer les dimensions.

PARANGON [pà-ran-gon] *s. m.*
[ÉTYM. Emprunté de l'espagn. parangon, *m. s.* d'origine incertaine, § 13. On trouve aussi paragon. (*Cf.* ital. paragone, § 12.) ‖ 1532. Homere, paragon de tous philologes, RAB. I, prol. ‖ 1549. Parangon, R. EST.]
‖ 1° Comparaison. Nous ferons le — De Paris et de ta Rome, SCARR. *Poés. A Mignard.* Pierre de —, pierre de touche.
‖ 2° Modèle. Par ce — des présents Il croyait sa fortune faite, LA F. *Fab.* XII, 12. Anne... passait dans son village Pour la perle et le —, ID. *Contes, Cas de conscience.* ‖ *Spécialt.* En parlant des pierres précieuses. Ce diamant, cette perle, ce rubis est un — (sans défaut). *P. appos.* Un rubis —.
‖ 3° (Typogr.) Gros —, petit —, anciens noms de caractères d'imprimerie ayant vingt et un ou dix-huit points.

PARANGONNAGE [pà-ran-gò-nàj'] *s. m.*
[ÉTYM. Dérivé de parangonner, § 78. ‖ 1557. Parragonnage, MEIGRET, *Alb. Durer,* f° 84, r°. Admis ACAD. 1835.]
‖ (Typogr.) Action de parangonner.

PARANGONNER [pà-ran-gò-né] *v. tr.*
[ÉTYM. Dérivé de parangon, d'après l'espagn. paragonar, *m. s.* §§ 13 et 154. ‖ 1539. Paragonner, R. EST.]
‖ 1° *Vieilli.* Mettre en comparaison. Nul ne te parangonne à ma grandeur royale, GARNIER, *Juives,* 2. La maison de Rohan n'osa se — aux deux autres, ST-SIM. II, 180.
‖ 2° (Typogr.) Aligner suivant un modèle, ramener (des caractères inégaux) à la dimension du caractère le plus fort à l'aide d'épaisseurs complémentaires.

PARANT, ANTE [pà-ran, -ränt'] *adj.*
[ÉTYM. Adj. particip. de parer, § 47. A distinguer de l'anc. franç. paraat, de belle apparence, qui vient de l'anc. verbe paroir, paraître. ‖ XIII° s. Belles robes et parans, BEAUMAN. *Jehan et Blonde,* 5619. Admis ACAD. 1740.]
‖ *Vieilli.* Qui pare.

PARANYMPHE [pà-rà-ninf'] *s. m. et f.*
[ÉTYM. Emprunté du lat. paranymphus, pha, grec παράνυμφος, *m. s.* de παρά, à côté, et νύμφη, nouvelle mariée. ‖ XV° s. Paranympha : paranymphe, *Gloss. lat.-franç.* dans DU C.]
‖ 1° (Antiq.) Ami du marié, amie de la mariée, qui l'assistait le jour de la cérémonie du mariage.
‖ 2° Dans l'ancienne université de Paris, ami du candidat à la licence qui l'accompagnait pendant les formalités de l'examen et le complimentait après sa réception. *P. ext.* Compliment fait au licencié. S'il eût déclamé un — devant un recteur de l'Université, SOREL, *Francion,* p. 201. ‖ *Fig. Vieilli.* Un charlatan... bâtit un — à sa belle vertu, RÉGNIER, *Sat.* 5.

*PARANYMPHER** [pà-rà-nin-fé] *v. tr.*
[ÉTYM. Dérivé de paranymphe au sens 2°, § 266. ‖ XVII° s. V. à l'article.]
‖ Dans l'ancienne université de Paris, louer en prononçant un paranymphe. *P. ext. Vieilli.* Louer solennellement. Jamais il n'était assez paranymphé à sa fantaisie, T. DES RÉAUX, *Histor.* IV, p. 95.

PARAPET [pà-rà-pè] *s. m.*
[ÉTYM. Emprunté de l'ital. parapetto, *m. s.* proprt, « garde-poitrine », § 12. ‖ XVI° s. RAB. III, prol.]
‖ 1° Massif de terre ou de maçonnerie qui surmonte un rempart et sert à protéger contre les feux de l'ennemi.
‖ 2° Mur à hauteur d'appui élevé au bord d'un pont, d'un quai, d'une terrasse, pour servir de garde-fou.

PARAPHE [pà-ràf'] *s. m.*
[ÉTYM. Emprunté du bas lat. paraphus, *m. s.* altération du lat. paragraphus, grec παράγραφος, proprt, « paragraphe ». (*V.* ce mot.) L'altération paraît due au désir de maintenir l'accent tonique sur la syllabe ra. ‖ XV° s. Le II° chappitre contient trois parraphes, *Rosier des guerres,* dans GODEF.]
‖ 1° Traits de forme variée qu'on ajoute à son nom pour distinguer sa signature. Un beau —.
‖ 2° Signature abrégée qu'on met en marge des actes pour approuver les renvois, les ratures, etc.

PARAPHER [pà-rà-fé] *v. tr.*
[ÉTYM. Dérivé de paraphe, § 154. ‖ 1565. Parapher un certain signacle, TAHUREAU, dans DELB. *Rec.*]
‖ Signer d'un paraphe. Le testament est paraphé, LA BR. 14.

PARAPHERNAL, ALE [pà-rà-fèr-nàl] *adj.*
[ÉTYM. Emprunté du bas lat. paraphernalis, *m. s.* dérivé du grec παράφερνα, biens paraphernaux, de παρά, à côté, et φερνή, dot, § 238. ‖ 1575. Fonds paraphernal, J. PAPON, *Deuxième Notaire,* p. 597. Admis ACAD. 1740.]
‖ (Droit.) Qui est en dehors de la dot. Bien —, qu'une

femme mariée sous le régime dotal ne s'est pas constitué en dot, dont elle a gardé l'administration. *Substantivt.* **Les paraphernaux**, les biens paraphernaux.

PARAPHRASE [pà-rà-frâz'] *s. f.*

[ÉTYM. Emprunté du lat. paraphrasis, grec παράφρασις, *m. s.* de παρά, à côté, et φράσις, phrase. ǁ 1525. User de paraphrase, J. LEF. D'ÉTAPLES, *Nouv. Testam.* epistre exhort. des epistres.]

ǁ (T. didact.) Développement explicatif d'un texte. ǁ *P. ext.* Traduction où le texte est amplifié. ǁ *P. anal.* Développement verbeux. Une — des Pensées du duc de la Rochefoucauld, VOLT. *Lett. à Richelieu,* 22 juin 1762.

PARAPHRASER [pà-rà-frá-zé] *v. tr.*

[ÉTYM. Dérivé de paraphrase, § 266. ǁ 1547. Cela m'a contrainct à paraphraser aucunes fois le texte, J. MARTIN, *Vitruve,* dans DELB. *Rec.*]

ǁ Développer par paraphrase. ǁ (Mascaron) paraphrasait le Miserere et faisait pleurer tout le monde, SÉV. 245. *Absolt.* Ce n'est pas traduire, c'est —. *P. ext.* Vieilli. Développer longuement. Sans — ses faits et ses louanges, RÉGNIER, *Sat.* 6.

PARAPHRASEUR, EUSE [pà-rà-frá-zeùr, -zeùz'] *s. m. et f.*

[ÉTYM. Dérivé de paraphraser, § 112. ǁ XVIᵉ s. LA FRAMBOISIÈRE, dans GODEF. *Compl.* Admis ACAD. 1798.]

ǁ Celui, celle qui paraphrase, développe longuement.

PARAPHRASTE [pà-rà-frâst'] *s. m.*

[ÉTYM. Emprunté du lat. paraphrastes, grec παραφραστής, *m. s.* ǁ 1607. L'excellent paraphraste grec, J. SCALIGER, dans DELB. *Rec.*]

ǁ *Rare.* (T. didact.) Celui qui paraphrase un texte. Le — chaldaïque de la Bible.

PARAPLUIE [pà-rà-pluï] *s. m.*

[ÉTYM. Composé sur le modèle de parasol, avec parer 2 et pluie, §§ 12 et 209. ǁ 1622. Desormais on ne les appellera plus parasols, mais parapluies et garde-collets, TABARIN, *OEuvres,* préf. | 1680. Parapluie : quelques dames commencent à dire ce mot, mais il n'est pas établi, et tout au plus on ne le peut dire qu'en riant, et c'est ce qu'on appelle un parasol, RICHEL. Admis ACAD. 1718.]

ǁ Faisceau de tiges flexibles soutenant une étoffe circulaire, que l'on déploie pour se garantir de la pluie.

PARASÉLÈNE [pà-rà-sé-lèn'] *s. f.*

[ÉTYM. Composé avec le grec παρά, à côté, et σελήνη, lune, § 279. (*Cf.* parhélie.) COTGR. et OUD. donnent paraseline, d'après la prononc. du grec au moyen âge, § 504. ǁ 1547. Paraselenes, c'est-à-dire autres lunes, A. MIZAULD, *Mir. du temps,* fᵒ 35, rᵒ. Admis ACAD. 1762.]

ǁ (Astron.) Cercle lumineux qui paraît quelquefois autour de la lune.

***PARASITAIRE** [pà-rà-zi-tèr] *adj.*

[ÉTYM. Dérivé de parasite, § 248. ǁ *Néolog.*]

ǁ (T. didact.) Relatif aux parasites. **Maladies parasitaires,** dues à la présence de parasites.

PARASITE [pà-rà-zìt'] *s. m.*

[ÉTYM. Emprunté du lat. parasitus, grec παρασῖτος, *m. s.* de παρά, à côté, et σῖτος, nourriture. ǁ XVIᵉ s. Mes candidats, mes parasites, RAB. III, 3.]

ǁ **1°** (Antiq.) Commensal attaché à la table d'un riche et qui devait le divertir.

ǁ **2°** Celui qui fait métier de manger à la table d'autrui. Des parasites affamés, REGNARD, *Ménechmes,* prol. 2. ǁ *P. plaisant.* Ce — allé que nous avons mouche appelé, LA F. *Fab.* XII, 13. ǁ *Adjectivt.* Plantes parasites, qui croissent sur d'autres plantes. Insectes parasites, qui vivent sur d'autres animaux. *Fig.* Mots, expressions, ornements parasites, qui chargent inutilement la phrase. Bannis enfin tous ces mots parasites, J.-B. ROUSS. *Ép.* I, 1.

PARASITISME [pà-rà-zi-tïsm'] *s. m.*

[ÉTYM. Dérivé de parasite, § 265. On trouve parasitation au XVIᵉ s. et parasiterie dans CHAPELAIN. (*V.* DELB. *Rec.*) ǁ *Néolog.* Admis ACAD. (au sens **1°**) 1878.]

ǁ **1°** (T. didact.) État d'un corps organisé qui vit sur un autre corps organisé.

ǁ **2°** État, profession de parasite.

PARASOL [pà-rà-sòl] *s. m.*

[ÉTYM. Emprunté de l'ital. parasole, *m. s.* proprt, « pare-soleil », § 12. ǁ 1580. En ceste année furent mis en usage les parasols, *Chron. bordel.* dans DELB. *Rec.* Admis ACAD. 1762.]

ǁ Faisceau de tiges flexibles soutenant une étoffe circulaire que l'on déploie au-dessus de sa tête pour se garantir du soleil. Porter, ouvrir, fermer un —. ǁ *P. anal.* Ces chaleurs excessives élevèrent de l'Océan des vapeurs qui couvrirent l'île comme un vaste —, B. DE ST-P. *Paul et Virg.* Plantes en —, les ombellifères.

***PARASYNTHÉTIQUE** [pà-rà-sin-té-tïk'] *adj.*

[ÉTYM. Dérivé du grec παρασύνθετος, *m. s.* (*Cf.* synthèse, synthétique.) ǁ *Néolog.*]

ǁ (Gramm.) Composé par l'addition combinée d'un préfixe et d'un suffixe. Entablement est un mot — (composé de table, du préfixe en et du suffixe ment).

PARATONNERRE [pà-rà-tò-nèr] *s. m.*

[ÉTYM. Composé, sur le modèle de parasol, avec parer 2 et tonnerre, §§ 12 et 209. (*Cf.* antitonnerre.) ǁ 1779. Para-tonnerre, *Journal de phys.* II, 464. Admis ACAD. 1835.]

ǁ Tige métallique pointue qui, placée sur un édifice, le préserve des effets du tonnerre, soit en neutralisant l'électricité des nuages, soit en attirant et en conduisant dans le sol par une chaine métallique l'électricité de la foudre. *P. plaisant. Fig.* Celui sur lequel on détourne les soupçons d'un mari jaloux.

***PARÂTRE** [pà-râtr'] *s. m.*

[ÉTYM. Du lat. pop. patrastrum, *m. s.* dérivé de patrem, père, § 151, devenu padrastre, parastre, §§ 402 et 291, parâtre, § 422. ǁ XIᵉ s. Jo sui tis parastres, *Roland,* 308.]

ǁ *Vieilli.* Beau-père. (*Cf.* marâtre.) *Fig.* Mauvais père. Me prends-tu pour un — ? CH. DE BERNARD, *Peau du lion,* 3.

PARAVENT [pà-rà-van] *s. m.*

[ÉTYM. Emprunté de l'ital. paravento, *m. s.* §§ 12 et 209. ǁ 1642. Paravent, OUD. | 1653. Pare-vent ou para-vant, ID. paravento.]

ǁ Meuble à châssis mobiles qui sert à garantir de l'air. Les comédies qui se jouent chez les bourgeois avec un simple —, FURET. *Rom. bourg.* I, 8. Chinois de —, personnage d'aspect bizarre (par allusion aux figures grotesques de certains paravents chinois).

PARBLEU [pàr-bleù] *interj.*

[ÉTYM. Pour pardieu, composé de par et Dieu, § 727. (*Cf.* corbleu, morbleu, etc.) ǁ Admis ACAD. 1878.]

ǁ Sorte de jurement atténué. — ! je ne vois pas, lorsque je m'examine…, MOL. *Mis.* III, 1.

PARC [pàrk'] *s. m.*

[ÉTYM. Origine incertaine. Le mot se retrouve dans toutes les langues romanes sous une forme analogue. A noter que le provenç. a pargue, à côté de parc, ce qui montre que la forme primitive est parico ou parrico (*cf.* d'ailleurs l'allem. pferch, anc. haut allem. pfarrih, l'anglo-saxon pearroc, etc.), contractée en parco. Il n'y a donc pas à songer au lat. parcus, « qui épargne ». Le bas lat. parricus ou parcus apparaît dans la Loi ripuaire (VIIIᵉ s.).]

ǁ **1°** Étendue de terrain boisé, enclos de murs, de grilles, etc., dépendant généralement d'un château, d'une grande habitation, et servant soit à entretenir du gibier, soit à embellir une résidence, soit à faire un lieu de promenade pour le public. Le — de Rambouillet. Le — de la Muette. Le — de Saint-Cloud. Le — Monceau. ǁ *P. anal.* (Chasse.) Enceinte de toiles où l'on rabat le gros gibier pour le chasser.

ǁ **2°** *P. ext.* | 1. Pâtis entouré de fossés où l'on met des bœufs à l'engrais. | 2. Terrain fermé de claies, où l'on fait coucher les moutons pendant la belle saison.

ǁ **3°** *P. anal.* — de mer, pêcherie entourée de filets. ǁ — aux huîtres, réservoir où l'on engraisse les huîtres pêchées, et où on élève les jeunes huîtres.

ǁ **4°** (T. milit.) Partie réservée d'un camp où l'on place l'artillerie, les munitions, ou les vivres. — d'artillerie. — aux projectiles. — aux vivres. ǁ *P. ext.* L'ensemble du matériel contenu dans un parc.

ǁ **5°** Partie d'un marais salant où l'on fait séjourner l'eau de mer pour en extraire le sel.

PARCAGE [pàr-kàj'] *s. m.*

[ÉTYM. Dérivé de parquer, § 78. ǁ XIVᵉ s. Parquaige, J. LE FÈVRE, dans GODEF. *Compl.* Admis ACAD. 1718.]

ǁ (Technol.) Action de parquer. *Spécialt.* Le — des moutons. Le — des huîtres.

PARCE. *V.* par et ce.

PARCELLAIRE [pàr-sèl'-lèr] *adj.*

[ÉTYM. Dérivé de parcelle, § 248. ǁ *Néolog.* Admis ACAD. 1835.]

‖ (T. didact.) Qui embrasse, énumère les parcelles d'un tout. Plan —. Cadastre —.

PARCELLE [pàr-sèl] *s. f.*

[ÉTYM. Du lat. pop. *particělla (class. particula, § 87), *m. s.* devenu part'cella, § 336, parcele, §§ 409, 304, 366, 452 et 291, écrit parcelle par réaction étymologique, § 502.]

‖ Petite partie d'un tout. Dieu... qui suit toutes les parcelles de notre corps, BOSS. *D. d'Orl.* Une — de terrain. ‖ *P. ext.* Petite quantité d'une substance. Une — d'or. Prendre son thé sans une — de sucre. Diviser chacune des difficultés que j'examinerais, en autant de parcelles qu'il se pourrait et qu'il serait requis pour les mieux résoudre, DESC. *Méth.* 2.

PARCHEMIN [pàr-che-min] *s. m.*

[ÉTYM. Du lat. pop. *percamĭnum (lat. class. pergamēna [s.-ent. charta], de Pergame, où l'on imagina cette préparation, §§ 36, 497, 62 et 100), *m. s.* §§ 344, 335 et 291. ‖ XIᵉ s. E enque e parchamin, *St Alexis*, 281.]

‖ Peau de mouton, de brebis, d'agneau, préparée pour recevoir l'écriture, l'impression, la peinture, etc. Le — a remplacé peu à peu le papyrus. Des enluminures sur —. | Une reliure en —. | On se servait de — pour les contrats, titres, etc. | *Ellipt.* Titre de noblesse. Il ne peut rien offrir aux yeux de l'univers Que de vieux parchemins qu'ont épargnés les vers, BOIL. *Sat.* 5. Sacs et parchemins (finance et noblesse), titre d'un roman de J. Sandeau. Un visage de —, dont la peau est sèche et jaunâtre.

***PARCHEMINÉ, ÉE** [pàr-che-mi-né] *adj.*

[ÉTYM. Dérivé de parchemin, § 118. ‖ *Néolog.*]

‖ Qui a l'aspect du parchemin. Papier —. *Fig.* Visage —.

PARCHEMINERIE [pàr-che-min'-ri; *en vers,* -mi-ne-ri] *s. f.*

[ÉTYM. Dérivé de parcheminier, §§ 65 et 68. ‖ 1394. Au coing de la Parcheminerie, dans GODEF.]

‖ Fabrication, commerce de parchemin; usine où on le fabrique.

PARCHEMINIER [pàr-che-mi-nyé] *s. m.*

[ÉTYM. Dérivé de parchemin, § 115. ‖ XIIIᵉ s. Se le parcheminier despenoit son parchemin, FRÈRE LAURENT, *Somme*, dans GODEF.]

‖ Fabricant, marchand de parchemin.

PARCIMONIE [pàr-si-mò-ni] *s. f.*

[ÉTYM. Emprunté du lat. parcimonia, ou parsimonia, *m. s.* ‖ 1567. La parcimonie de Fabrice, G. DE LA PERRIÈRE, dans DELB. *Rec.* Admis ACAD. 1798 et écrit d'abord parsimonie.]

‖ Épargne mesquine. Vivre avec —.

PARCIMONIEUSEMENT [pàr-si-mò-nyeûz'-man; *en vers,* -ni-eû-ze-...] *adv.*

[ÉTYM. Composé de parcimonieuse et ment, § 724. ‖ *Néolog.* Admis ACAD. 1878.]

‖ D'une manière parcimonieuse.

PARCIMONIEUX, EUSE [pàr-si-mò-nyeû, -nyeûz'; *en vers,* -ni-...] *adj.*

[ÉTYM. Dérivé de parcimonie, § 116. ‖ 1788. FÉRAUD, *Dict. crit.* Admis ACAD. 1835.]

‖ Qui a de la parcimonie.

PARCOURIR [pàr-kou-rîr] *v. tr.*

[ÉTYM. Composé de par et courir, à l'imitation du latin percurrere, *m. s.* §§ 192 et 196. ‖ XVIᵉ s. MONTAIGNE, III, 9.]

‖ Traverser en divers sens. — la ville, la campagne. Il parcourait sans cesse son vaste empire, MONTESQ. *Espr. des lois*, XXXI, 18. ‖ *Fig.* — un livre. J'ai parcouru des yeux la cour, Rome et l'Empire, RAC. *Brit.* II, 3. Quand l'on parcourt... toutes les formes de gouvernement, LA BR. 10. ‖ *P. ext.* Accomplir (un trajet déterminé). Les espaces parcourus sont proportionnels aux carrés des temps employés à les —. Une distance rapidement parcourue. Le cheval a parcouru la carrière en quatre minutes.

PARCOURS [pàr-koûr] *s. m.*

[ÉTYM. Composé de par et cours, à l'imitation du lat. percursus, *m. s.* §§ 193 et 196. ‖ 1268. Le parcours de ces qui s'an vouldront aler de Dijon, dans DU C. percursus.]

‖ **1°** Action de parcourir. Droit de —, et, *absolt,* —, droit de faire paître son bétail sur les terres non closes et non cultivées d'une autre commune.

‖ **2°** Espace parcouru. Le — d'un chemin de fer, d'une ligne d'omnibus.

PARDESSUS [pàr-de-su] *s. m.*

[ÉTYM. C'est l'adverbe par-dessus (*V.* dessus) pris substantivt, § 56. ‖ *Néolog.* Admis ACAD. 1878.]

‖ Vêtement chaud que les hommes portent par-dessus l'habit, la redingote.

***PARDIEU** [pàr-dyeû] *interj.*

[ÉTYM. Composé de par et Dieu, § 727. (*Cf.* parbleu.) On dit aussi pardi, pardine, etc. ‖ XIIIᵉ s. Merveille est, dit Coflet, par Dé, *Renart*, XIII, 1177.]

‖ Sorte de jurement employé pour affirmer. —, les plus grands clercs ne sont pas les plus fins, RÉGNIER, *Sat.* 3.

PARDON [pàr-don] *s. m.*

[ÉTYM. Subst. verbal de pardonner, § 52. ‖ XIIᵉ s. Mesfait l'en ai, pardon l'en pri, *Enéas*, 9968.]

‖ Action de pardonner. Dieu a droit de nous ordonner en faveur du prochain le — des injures que nous en avons reçues, BOURD. *Sur le pardon des injures*, préamb. Sans espoir de — m'avez-vous condamnée? RAC. *Andr.* III, 6. Demander, obtenir son —. *P. ext.* Formule de politesse pour s'excuser de déranger qqn. Je vous demande —, et, *ellipt,* —, mille pardons. | Le — royal. Lettres de —, par lesquelles le roi remet un délit. La fête du Grand Pardon, chez les Juifs, jeûne solennel de vingt-quatre heures pour l'expiation des fautes commises. | Dans l'Église catholique. Le grand —, le jubilé. *Spéciall.* Au plur. Les pardons, les indulgences de l'Église. Gagner des pardons. ‖ *P. ext.* | **1.** *Vieilli.* L'Angélus, faisant gagner des pardons à ceux qui récitent la salutation angélique. Quoi! le — sonnant te retrouve en ces lieux? BOIL. *Lutr.* 2. | **2.** Pèlerinage accompagné d'indulgences. Le — de Notre-Dame d'Auray.

PARDONNABLE [pàr-dò-nàbl'] *adj.*

[ÉTYM. Dérivé de pardonner, § 93. ‖ XIIᵉ s. Pardonables a noz pechiez, *Psaut. de Cambridge*, LXXVIII, 10.]

‖ Qui peut être pardonné. | **1.** En parlant des choses. Ah! mon père, son crime à peine est —, CORN. *Poly.* V, 3. On n'a guère de défauts qui ne soient plus pardonnables que les moyens dont on se sert pour les cacher, LA ROCHEF. *Max.* 411. | **2.** *Rare.* En parlant des personnes. Comme ils imitent les mœurs des bêtes, ils sont pardonnables de s'en attribuer la nature, MASS. *Vérité d'un avenir.*

PARDONNER [pàr-dò-né] *v. tr.*

[ÉTYM. Composé de par et donner, §§ 192 et 196. ‖ XIᵉ s. Ainz priet Dieu qued il le lor pardoinst, *St Alexis*, 269.]

‖ **1°** Remettre (une faute) à qqn. — une offense, une injure. Nous disons tous les jours à Dieu : Seigneur, pardonnez-nous nos offenses comme nous les pardonnons à ceux qui nous ont offensés, BOURD. *Pardon des injures*, 2. Perfide, cet affront se peut-il —? RAC. *Iph.* II, 5. Le péché que l'on cache est demi pardonné, RÉGNIER, *Sat.* 13. Avec une proposition pour complément direct. Je lui pardonne d'avoir désobéi. *Absolt.* Qui pardonne aisément invite à l'offenser, CORN. *Cinna*, IV, 2. Pardonne! un dieu cruel a perdu ta famille, RAC. *Phéd.* IV, 6. Ce grand prince... joignit au plaisir de vaincre celui de —, BOSS. *Condé.* Dieu me pardonne! exclamation pour atténuer ce qu'on dit. Dieu me pardonne! mais il est fou. ‖ *Fig.* Épargner. (Ne s'emploie que dans des formes négatives.) La mort ne pardonne à personne. C'est une maladie qui ne pardonne pas.

‖ **2°** (Par affaiblissement de sens.) Excuser. L'on ne peut aller loin dans l'amitié si on n'est pas disposé à se — les uns aux autres de petits défauts, LA BR. 5. Nous nous pardonnons tout, et rien aux autres hommes, LA F. *Fab.* I, 7. ‖ *P. ext. Spéciall.* | **1.** Formule de politesse. Pardonnez-moi la liberté que je prends. | **2.** Formule polie de contradiction. Vous ne lui avez pas parlé. — Pardonnez-moi!

PARÉAGE [pà-ré-àj'] et, *mieux,* **PARIAGE** [pà-ri-àj'] *s. m.*

[ÉTYM. Dérivé du lat. pariare, faire aller de pair, § 78. ‖ 1290. Si yl troeve qe cel pariages soit al profit le roy, dans GODEF. Admis ACAD. 1718.]

‖ (Féodal.) Possession par indivis d'une même terre, d'une même justice par deux seigneurs.

PARÉATIS [pà-ré-à-tîs'] *s. m.*

[ÉTYM. Emprunté du lat. pareatis, obéissez. ‖ 1474. Lettres de pareatis, dans ISAMBERT, *Rec. des anc. lois franç.* X, 687.]

‖ (Anc. droit.) Ordre du roi rendant exécutoire l'arrêt d'un tribunal ailleurs que dans le ressort de ce tribunal. Aujourd'hui les jugements sont exécutoires sans — par tout le territoire.

PARÉGORIQUE [pà-ré-gò-rîk'] *adj.*

[ÉTYM. Emprunté du lat. paregoricus, grec παρηγορικός, *m. s.* ‖ 1732. TRÉV. Admis ACAD. 1762.]

|| *Vieilli.* (Médec.) Calmant. Élixir —, et, *substantivt,* Un —.

PAREIL, EILLE [pà-rèy'] *adj.*
[ÉTYM. Du lat. pop. *parjculum, diminutif de par, égal (*cf.* pair), §§ 310, 290, 390 et 291. || XIIᵉ-XIIIᵉ s. Sans pareil, RENCL. DE MOILIENS, *Carité,* CLXXIV, 6.]
|| Semblable (en parlant de deux). Déesse, venge-toi : nos causes sont pareilles, RAC. *Phèd.* III, 2. D'une fureur pareille ils courent à l'autel, CORN. *Poly.* III, 2. Faites à ma victoire un — traitement, ID. *Hor.* II, 4. Nos crimes sont pareils ainsi que nos misères, ID. *ibid.* IV, 7. Avec une innocence à nulle autre pareille, MOL. *Éc. des f.* I, 1. On ne trouverait pas un homme — à lui. On n'a pu retrouver de l'étoffe pareille, et, *substantivt, famil.* du —. || *Substantivt.* Il n'a pas son —. La valeur de son père en son temps sans pareille, CORN. *Cid,* I, 1. | *Spécialt.* Rendre à qqn la pareille, un traitement semblable à celui qu'on en a reçu. Et je pourrai vous rendre la pareille, MOL. *Sicil.* sc. 12. Attendez-vous à la pareille, LA F. *Fab.* I, 18. | *Vieilli. Loc. adv.* A la pareille, mêmement. Il feint à la pareille D'écouter leur réponse, LA F. *Fab.* VIII, 8. || Les pareils de qqn, ceux qui sont tels que lui. Voilà de vos pareils le discours ordinaire, MOL. *Tart.* I, 5. Mes pareils à deux fois ne se font point connaître, CORN. *Cid,* II, 2. Ils n'abordent plus leurs pareils, LA BR. 8. || *P. ext.* Tel, de telle espèce. Condamner une action dans un — cas, LA BR. 12. Tu te trouverais mal d'un — stratagème, LA F. *Fab.* IV, 19.

PAREILLEMENT [pà-rèy'-man; *en vers,* pà-rè-ye-...] *adv.*
[ÉTYM. Composé de pareille et ment, § 724. || XVᵉ s. Il est aussi pareillement Troublé, CH. D'ORL. *Ball.* 62.]
|| D'une manière pareille.

PARÉLIE [pà-ré-li] *s. m.*
[ÉTYM. Emprunté du lat. parelion, grec παρήλιος, *m. s.* de παρά, à côté, et ἥλιος, soleil. Qqns écrivent parhélie, d'après la variante lat. parhelion. (*Cf.* parasélène.) || 1547. Les parahelies, A. MIZAULD, dans DELB. *Rec.*]
|| (Astron.) Image du soleil réfléchie dans un nuage.

PARELLE [pà-rèl] *s. f.*
[ÉTYM. Du lat. du moyen âge paratella (MACER), *m. s.* devenu pareele, parele, §§ 335, 402, 358, 366 et 291, écrit parelle par réaction étymologique, § 502.]
|| 1° Plante voisine de l'oseille, dite aussi patience.
|| 2° Variété de lichen dont on tire l'orseille.

PAREMENT [pàr-man; *en vers,* pà-re-...] *s. m.*
[ÉTYM. Dérivé de parer, § 145. || Xᵉ s. Ne por or ned argent ne paramenz, *Ste Eulalie,* 7.]
I. Action de parer.
|| 1° (Technol.) Action de parer, d'apprêter. — du pavé, arrangement des pavés sur une même ligne. — de pierres de taille, taille et mise en ligne et d'aplomb des pierres formant la tête d'un mur. — de la chaîne, dans le tissage, action d'enduire la chaîne de colle pour la rendre plus glissante et plus résistante. || — d'une étoffe, action d'apprêter une étoffe pour la calandrer. || — d'un mouton, d'un agneau, action d'enlever la graisse qui est autour de la peau et de l'étendre sur les quartiers de derrière.
|| 2° *Vieilli.* Action de parer, d'orner. Lit de —, siège à dais garni de coussins où le roi était assis quand il tenait une réception solennelle. Épée de —, de cérémonie.
II. Ce qui est paré, ce qui pare.
|| 1° (Technol.) Ce qui est paré, apprêté. — du pavé, les pierres qui forment la bordure d'un chemin pavé. — d'une pierre, la face qui doit paraître en dehors dans la construction. — d'un mur, ce qui forme la surface extérieure, apparente, du mur. Parements de fagots, les bâtons les plus gros, qui forment le dessus d'un fagot. || — de four, les morceaux de bois dont on garnit le four à charbon.
|| 2° Ce qui pare, orne. Ornement enrichi de broderie, de franges, dont on pare le devant d'un autel. || Pièce unie ou ornée rapportée à l'extrémité de la manche d'un habit, d'un uniforme, d'une robe. Des parements de velours.

*PAREMENTER [pàr-man-té; *en vers,* pà-re-...] *v. tr.*
[ÉTYM. Dérivé de parement, § 154. || 1780. GARSAULT, *Art du tailleur,* XIV, 72.]
|| (Technol.) Disposer en parement. *Spécialt.* Un mur parementé, dont la surface extérieure est unie.

PARENCHYME [pà-ran-chim'] *s. m.*
[ÉTYM. Emprunté du grec παρέγχυμα, *m. s.* de παρά, à côté, et ἔγχυμα, action de répandre dans. || 1546. CH. EST. *Dissect. des parties du corps,* p. 194. Admis ACAD. 1762.]
|| (T. didact.) Tissu spongieux propre aux viscères. || *P. anal.* Tissu utriculaire des plantes.

PARÉNÈSE [pà-ré-nèz'] *s. f.*
[ÉTYM. Emprunté du lat. paraenesis, grec παραίνεσις, *m. s.* En 1585 J. SCALIGER emploie encore la forme lat. paraenesis. (*V.* DELB. *Rec.*) || 1752. TRÉV. Admis ACAD. 1762.]
|| *Vieilli.* (Rhétor.) Exhortation.

PARÉNÉTIQUE [pà-ré-né-tïk'] *adj.*
[ÉTYM. Emprunté du grec παραινετικός, *m. s.* || 1574. Oraison parenetique, J. TIGEON, *St Cyprien,* dans DELB. *Rec.* Admis ACAD. 1762.]
|| *Vieilli.* (Rhétor.) Qui a rapport à la parénèse. Théologie —, prédication.

PARENT, ENTE [pà-ran] *s. m. et f.*
[ÉTYM. Du lat. parentem (de parere, engendrer), *m. s.* § 291.]
|| 1° *Au masc. plur.* Ceux à qui on doit le jour, le père et la mère. Je suis, dit-on, un orphelin... Et qui de mes parents n'eus jamais connaissance, RAC. *Ath.* II, 7. || Les grands-parents, le grand-père et la grand-mère, l'arrière-grand-père et l'arrière-grand-mère. || Parents spirituels, le parrain et la marraine. || *P. ext.* Ceux de qui on descend. Né de parents illustres. Nos premiers parents, Adam et Ève.
|| 2° Celui, celle qui est de la même famille que qqn par le sang ou par alliance. Il est mon —. Il vient de perdre un — éloigné. Il a épousé une de ses parentes. Parents contre parents, CORN. *Cinna,* I, 3. Sans parents, sans amis, RAC. *Mithr.* I, 2. || *Fig.* Le sommeil est — de la mort.

PARENTAGE [pà-ran-tàj'] *s. m.*
[ÉTYM. Dérivé de parent, § 78. || XIIᵉ s. Et cel i mist cels de son parentage, Roncev. tir. 405.]
|| *Vieilli.* Lien de parenté. Un cousin abusant d'un fâcheux —, BOIL. *Ép.* 6. Ceux que le — ou l'alliance oblige à nous assister, MALH. *Bienf. de Sénèq.* III, 18. Un lion de haut —, LA F. *Fab.* IV, 1. || *Fig.* Imprudence, babil et sotte vanité... Ont ensemble étroit —, LA F. *Fab.* X, 2.

PARENTÉ [pà-ran-té] *s. f.*
[ÉTYM. Dérivé de parent, § 117. Le genre primitif est le masc., et il se maintient jusqu'au XVIᵉ s. (TAHUREAU); mais déjà R. EST (1539) le donne comme fém. || XIᵉ s. Fut la pulcele de molt halt parentet, *St Alexis,* 41.]
|| Union par le sang ou par alliance entre diverses personnes. Il y a — entre eux. Les degrés de —. Les hommes composent ensemble une même famille : Il n'y a que le plus ou le moins dans le degré de —, LA BR. 9. || *P. anal.* — spirituelle, entre parrain et filleul. || *P. ext.* L'ensemble de ceux qu'unit le lien de parenté. La — de madame Honesta, LA F. *Contes, Belphégor.*

PARENTÈLE [pà-ran-tèl] *s. f.*
[ÉTYM. Emprunté du lat. parentela, *m. s.* || XVᵉ s. Tout sang de bonne parentèle, CHASTELL. VI, 22.]
|| *Vieilli.* Parenté.

PARENTHÈSE [pà-ran-tèz'] *s. f.*
[ÉTYM. Emprunté du lat. parenthesis, grec παρένθεσις, *m. s.* de παρά, à côté, et ἔνθεσις, action de mettre. || XVᵉ s. Une parenteze ou syncoppe Fait venir l'heur ou le malheur, COQUILLART, dans DELB. *Rec.*]
|| (Gramm.) Phrase accessoire, complémentaire, marquée comme telle d'un signe particulier qui l'isole dans la phrase principale. Faire une —. Des parenthèses qui peuvent passer pour des épisodes, LA BR. 5. M. de Monmouth, qui par — s'en va à l'armée, SÉV. 273. L'ami, suis-je loin de chez moi, par —, REGNARD, *Sérén.* sc. 16. || *P. ext.* Signes indicatifs d'une parenthèse (). Mettre entre parenthèses. Ouvrir, fermer la —.

1. **PARER** [pà-ré] *v. tr.*
[ÉTYM. Du lat. parare, préparer, disposer, qui a pris par extension dans le lat. pop. le sens de « orner », §§ 295 et 291.]
|| 1° (Technol.) Préparer. — la viande, en ôtant les peaux, les graisses. Côtelette parée. — les cuirs, les apprêter. — la peau d'un livre, en amincir les bords pour qu'elle se colle plus facilement sur le dos. — le pied d'un cheval, ôter de la corne pour le ferrer plus facilement. — des racines, des plantes, les rogner légèrement avant de les planter. — un câble, une ancre, les disposer pour une manœuvre. (Marine.) Pare à virer, à mouiller! commandement de disposer tout pour virer, pour jeter l'ancre.

|| **2°** *P. ext.* Arranger d'une manière élégante. Que de l'or le plus pur son autel soit paré, RAC. *Esth.* III, 9. Embrasser leurs autels parés pour son supplice, ID. *Iph.* III, 5. Ménippe est l'oiseau paré de divers plumages qui ne sont pas à lui, LA BR. 2. — sa marchandise. || *Specialt.* Revêtir de vêtements élégants. Tantôt à vous — vous excitiez nos mains, RAC. *Phèd.* I, 3. Un jeune homme qui aime à se — vainement comme une femme, FÉN. *Tél.* 1. *P. anal.* — le vice. Quelle erreur... de — l'idole du monde! BOSS. *A. de Gonz.* On ne m'a pas appris à — mes discours, DUCIS, *Othello,* I, 7. J'ai le cœur trop bon pour me — de quelque chose qui ne soit point à moi, MOL. *Av.* V, 5. | *Dans le même sens.* Se — des plumes, des dépouilles d'autrui. || *P. ext.* Faire parade. Sans plus te — d'une vertu forcée, CORN. *Hér.* III, 3. Sans me — d'une innocence vaine, RAC. *Mithr.* III, 2. Elle a une nouvelle amie... dont elle se pare, SÉV. 172.

2. PARER [pà-ré] *v. tr.*

[ÉTYM. Emprunté de l'ital. parare, présenter un obstacle à ce qui menace, § 12. Le mot ital. se rattache, comme parer 1, au lat. parare, préparer, mais avec une extension de sens différente. On a dit d'abord : parer l'écu au-devant du coup (NICOT), puis parer le coup. || XVI° s. Et la paroît (sa masse) pour en ferir Pantagruel, RAB. II, 29.]

|| (Marine.) Prendre des mesures pour éviter. — un abordage. — un cap. — la tempête, CORN. *Pomp.* I, 1. Il faut esquiver aux coups que nous ne saurions —, MONTAIGNE, III, 10. Et ce sont de ces coups que l'on pare en fuyant, MOL. *Tart.* V, 6. Avoir un dessein, le suivre, — celui de son adversaire, LA BR. 8. || *Specialt.* (Escrime.) — un coup, une botte, l'éviter en détournant l'épée de l'adversaire. || *Absolt.* — et riposter. Tu n'as pas la patience que je pare, MOL. *B. gent.* III, 3. || *P. anal.* (Jeu de paume.) — la balle, la renvoyer avant qu'elle touche terre. || *Absolt.* — à qqch, prendre des dispositions en vue de ce qui doit arriver. — au plus pressé. On ne peut pas — à des événements qui naissent... de la nature des choses, MONTESQ. *Espr. des lois,* x, 13. || *P. ext.* — qqn de, contre qqch, l'en garantir. Rien ne m'a pu — contre ses derniers coups, RAC. *Baj.* II, 5. De ce coup imprévu songeons à nous —, ID. *Ath.* V, 2. Pour se — du malheur qu'il craint, MOL. *Crit. de l'Éc. des f.* sc. 6.

3. PARER [pà-ré] *v. tr.*

[ÉTYM. Emprunté de l'espagn. parar, arrêter (*cf.* parade 1), § 13 : le mot espagn. se rattache, comme parer 1, au lat. parare, préparer, mais avec une extension de sens différente. || XVI°-XVII° s. *V.* à l'article.]

|| Retenir (un cheval). Que me sert que je me sache bien aider d'un cheval et qu'à point nommé je le pare, si je me laisse emporter à mes passions? MALH. *Ép. de Sénèq.* LXXXVIII, 1. || *P. ext.* Intransitivt. Un cheval qui pare sur les hanches, qui galope en s'appuyant sur les hanches. || *Substantivt.* Un beau —, arrêt relevé du cheval.

PARÈRE [pà-rêr] *s. m.*

[ÉTYM. Emprunté de l'ital. parere, *m. s.* qui est le lat. parere, paraître, employé substantivt, § 12. || 1688. SAVARY, titre. Admis ACAD. 1762.]

|| *Vieilli.* Consultation de négociants, de jurisconsultes, sur une question de droit commercial.

PARESSE [pà-rès] *s. f.*

[ÉTYM. Du lat. pigritia, *m. s.* devenu *pereise, *pareise, §§ 342, 396, 309, 406 et 291, puis, par substitution de suffixe, parece, paresse, §§ 62 et 82 *bis.* || XII° s. Et coardise et parece, *Énéas,* 2406.]

|| Répugnance au travail, à l'action. Le mérite en repos s'endort dans la —, BOIL. *Ép.* 7. J'appellerai ma — une indolence philosophique, LES. *Gil Blas,* III, 1. L'ennui est entré dans le monde par la —, LA BR. 11. Sa naturelle — à soutenir la conversation, MOL. *Crit. de l'Éc. des f.* sc. 2. Des péchés... toujours mortels de leur nature, comme par exemple la —, PASC. *Prov.* 9. *Fig.* Relever qqn du péché de —, secouer son indolence. || *P. ext.* Lenteur à agir. Par des ambassadeurs accuser ma —, RAC. *Mithr.* III, 1. Nous avons plus de — dans l'esprit que dans le corps, LA ROCHEF. *Max.* 266. C'est la — d'esprit qui ôte le goût des bons livres, SÉV. 1102.

PARESSER [pà-rè-sé] *v. intr.*

[ÉTYM. Dérivé de paresse, § 154. || XV° s. Estre ennoiez, parecier, *Gloss. lat.-franç.* dans DELB. *Rec.* Admis ACAD. 1798.]

|| *Famil.* Se livrer à la paresse.

PARESSEUSEMENT [pà-rè-seûz'-man ; *en vers,* -seûze-...] *adv.*

[ÉTYM. Composé de paresseuse et ment, § 724. || XII°-XIII° s. Perezousement, *Dial. Gregoire,* p. 348.]

|| Avec paresse.

PARESSEUX, EUSE [pà-rè-seû, -seûz'] *adj.*

[ÉTYM. Dérivé de paresse, § 116. || XII° s. Pereçus, PH. DE THAUN, dans GODEF. *Compl.*]

|| Qui montre de la paresse. Un enfant —. Bernardine ne fut pas paresseuse à se lever, LES. *Estev. Gonzalez,* 38. Être — à, pour écrire. *Vieilli.* Quoiqu'il ne soit point — de m'écrire, SÉV. 564. — d'applaudir, BOIL. *Art p.* 3. Un auteur peut correct et — de repasser la lime, D'ALEMB. *Éloges, La Motte.* || *P. anal.* Un estomac —, dont la digestion est lente. Une balance paresseuse, qui manque de mobilité, le point de suspension étant trop au-dessous du centre de gravité. *Poét.* Notre muse souvent paresseuse et stérile, BOIL. *Ép.* 8. || *Substantivt.* Un —, une paresseuse, celui, celle qui répugne au travail, à l'action. Qu'un — t'apprenne, Antoine, ce que c'est que fatigue, BOIL. *Ép.* 11. | *P. ext.* Le —, l'aï, l'unau, animaux qui se meuvent très lentement. La paresseuse, chenille des rosiers, très lente à se mouvoir. | *Fig.* Corset à la paresseuse, qu'on n'a pas besoin de lacer. *Anciennt.* Coiffure à la paresseuse, et, *ellipt,* Paresseuse, coiffure postiche. Un bandeau sied au front mieux qu'une paresseuse, TH. CORN. *Baron d'Albikrac,* I, 5.

PAREUR, *PAREUSE [pà-reûr, -reûz'] *s. m. et f.*

[ÉTYM. Dérivé de parer 1, § 112. || 1262. Maistres pareres, dans GODEF. pareor.]

|| (Technol.) Celui, celle qui pare (apprête). *Specialt.* — de draps, aplaigneur.

PARFAIRE [pàr-fêr] *v. tr.*

[ÉTYM. Composé de par et faire, §§ 192 et 196. (*Cf.* le lat. perficere, *m. s.*) || XII°-XIII° s. Se tu parfais ton mauvais cours, RENCL. DE MOILIENS, *Carité,* CCXXXVI, 10.]

|| Achever, compléter en ajoutant tout ce qui manque. Le mariage fut fait et parfait, HAMILT. *Gram.* 9. — un paiement. Quelques nouveaux (compagnons) parfaisaient le nombre, SOREL, *Francion,* p. 224.

PARFAIT, AITE [pàr-fè, -fêt'] *adj.*

[ÉTYM. Adj. particip. de parfaire, § 44. L'anc. franç. emploie aussi parfit, du lat. perfectus, *m. s.* (*Cf.* perfection.) || XII°-XIII° s. S'il n'est parfais en carité, RENCL. DE MOILIENS, *Carité,* LVII, 12.]

I. Dont l'excellence est absolue. L'idée d'un être plus — que le mien, DESC. *Méth.* 4. A cause que Dieu est ou existe et qu'il est un être —, ID. *ibid.* Voilà donc un être —, voilà Dieu nature parfaite, BOSS. *Élévat. mystèr.* 1re *sem.* 2. | *S. m.* Le —, l'être parfait. On dit le — n'est pas, le — n'est qu'une idée, BOSS. *Élévat. mystèr.* 1re *sem.* 2.

II. Dont l'excellence est absolue dans son genre. Un — honnête homme. Voulant pour gendre un cavalier —, CORN. *Cid,* II, 2. Des grands rois le plus — modèle, RAC. *Ath.* IV, 2. Il a au doigt un gros diamant... qui est —, LA BR. 2. Quelle prodigieuse distance entre un bel ouvrage et un ouvrage — ou régulier! ID. 1. *P. ext. En mauv. part.* Un — imbécile. || Il est plus ordinaire de voir un amour extrême qu'une parfaite amitié, LA BR. 4. | La parfaite raison fuit toute extrémité, MOL. *Mis.* I, 1. Ton triomphe est —, RAC. *Phèd.* III, 2. | *Famil.* Filer le — amour. | (Musique.) Accord —, formé de la tonique, de la tierce, de la quinte. | (Arithm.) Nombre —, égal à la somme de ses parties aliquotes. || *Substantivt.* | **1.** Le —, l'état parfait. On ne saurait, en écrivant, rencontrer le —, LA BR. 1. | **2.** Les parfaits, ceux qui sont parfaits. C'est aux parfaits qu'elle (la Providence) cause cette paix, SÉV. 813. | **3.** (Gramm.) Le —, temps d'un verbe, indiquant d'une manière absolue qu'une action est passée, sans préciser l'époque. (*Cf.* plus-que-parfait.)

PARFAITEMENT [pàr-fêt'-man ; *en vers,* -fè-te-...] *adv.*

[ÉTYM. Composé de parfaite et ment, § 724. (*Cf.* l'anc. franç. parfitement, *St Alexis,* 23.) || XIII° s. Apprendre parfectement, *Image du monde,* dans GODEF. *Compl.*]

|| D'une manière parfaite. Jamais on n'a été aimée si —, SÉV. 934. Être — heureux. || *Specialt.* Employé à la place de oui, pour affirmer fortement. M'approuvez-vous? —.

PARFILAGE [pàr-fi-làj'] *s. m.*

[ÉTYM. Dérivé de parfiler, § 78. || 1765. ENCYCL. Admis ACAD. 1798.]

|| (Technol.) Action de parfiler.

PARFILER [pàr-fi-lé] *v. tr.*

[ÉTYM. Tiré de parfilure, § 37. COTGR. donne parfiler, filer complètement. || VIII° s. *V.* à l'article. Admis ACAD. 1798.]

|| (Technol.) Défisser fil à fil un tissu, un galon, pour employer les brins ainsi séparés à de menus ouvrages. || *Fig.* En parlant de la décomposition du spectre solaire. Il (Newton) a parfilé la lumière du soleil comme nos dames parfilent une étoffe d'or, VOLT. *Dial.* 13.

ᵗPARFILURE [pàr-fi-lùr] *s. f.*
[ÉTYM. Pour pourfilure, dérivé de l'anc. verbe pourfiler, composé avec pour et fil, §§ 111, 194 et 196. || 1324. Que la porfilleure du chappel soit ou toute de fil ou toute de soye, dans GODEF. porfileure.]
|| *Vieilli.* (Technol.) Fils d'or, d'argent, entremêlés à la soie dans le tissage des étoffes riches. *P. ext.* Fils d'or, d'argent, de soie, d'une étoffe défissée.

PARFOIS [pàr-fwà ; l's se lie avec le son de z] *adv.*
[ÉTYM. Composé de par et fois, § 726. (*Cf.* autrefois, toutefois.) || 1539. Aller voir quelqu'un par fois, R. EST. fois.]
|| Dans quelques occasions. Je lui disais — : Monsieur Perrin Dandin, RAC. *Plaid.* I, 1.

PARFONDRE [pàr-fôndr'] *v. tr.*
[ÉTYM. Composé de par et fondre, §§ 192 et 196. || XIVᵉ s. Voirre parfondu, PH. DE MAIZIÈRES, *Songe du vieil pelerin*, dans GODEF. Admis ACAD. 1798.]
|| (Technol.) Faire fondre uniformément. Émail parfondu.

PARFOURNIR [pàr-four-nìr] *v. tr.*
[ÉTYM. Composé de par et fournir, §§ 192 et 196. || XIIᵉ s. Bien vot Emenidus son poindre parfurnir, *Alexandre*, f° 23, Michelant. Admis ACAD. 1762.]
|| *Vieilli.* Fournir (ce qui manque) pour parfaire. Je suis prêt de — ce qui y manquera, FURET. *Rom. bourg.* I, 104. *Absolt.* — à concurrence de ce qui manquera.

PARFUM [pàr-fun] *s. m.*
[ÉTYM. Subst. verbal de parfumer, § 52. || 1549. R. EST.]
|| 1° Odeur agréable. Le — de la rose. | *Fig.* C'est (la renommée) le —, c'est l'encens des dieux de la terre, BOSS. *Vie cachée.*
|| 2° Substance qui donne cette odeur. Tu brûleras des parfums sur mes autels, FÉN. *Tél.* 4.

PARFUMER [pàr-fu-mé] *v. tr.*
[ÉTYM. Composé de par et fumer, §§ 192 et 196. (*Cf.* anc. ital. perfumare, auj. profumare, *m. s.* à l'imitation duquel le franç. peut avoir été fait, § 12.) || 1549. R. EST.]
|| Imprégner d'un parfum. Cheveux, gants parfumés. Les chemins encor tout parfumés Des fleurs dont sous ses pas on les avait semés, RAC. *Iph.* IV, 4. || *Fig.* La fleur de la vie, L'amour, s'épanouit et parfume le cœur, LAMART. *Harm. A un jeune Arabe.* Quelle terre n'est parfumée Des odeurs de sa renommée? MALH. *Poés.* 19.

PARFUMERIE [pàr-fům'-ri ; *en vers,* -fu-me-ri] *s. f.*
[ÉTYM. Dérivé de parfumeur, autrefois parfumier, §§ 62 et 68. || *Néolog.* Admis ACAD. 1878.]
|| Magasin, industrie du parfumeur.

PARFUMEUR, EUSE [pàr-fu-mœur, -mœuz'] *s. m. et f.*
[ÉTYM. Dérivé de parfumer, § 112. || 1532. Parfumeurs et testonneurs, RAB. I, 55.]
|| Celui, celle qui fabrique, qui vend des parfums, savons, pommades, etc., pour la toilette.

PARHÉLIE. *V.* parélie.

PARI [pà-ri] *s. m.*
[ÉTYM. Subst. verbal de parier, § 52. || 1642. Pary, OUD.]
|| Action de parier, résultat de cette action. Faire un — avec qqn. Il faut, Madame, que vous décidiez un — que j'ai fait, MONTESQ. *Lett. pers.* 52. Perdre, gagner un —. Le — est de mille francs. J'en fais le —. || *Spéciall.* | 1. Somme risquée pour ou contre un joueur. | 2. Somme risquée dans une course pour tel ou tel cheval. — mutuel, où ceux qui ont mis un enjeu sur le cheval gagnant se partagent la totalité des enjeux mis sur les autres chevaux. || *P. ext.* Enjeu du pari.

PARIA [pà-ryà ; *en vers,* -ri-à] *s. m.*
[ÉTYM. Emprunté du tamoul parayan, *m. s.* § 28. || 1745. Les Parreas... sont regardés comme gens de la plus vile condition, LE P. NORBERT, *Mém. hist.* I, 71. Admis ACAD. 1835.]
|| Homme de la dernière caste (dans l'Inde), qui est un objet de mépris. Qu'est-ce qu'un —? B. DE ST-P. *Chaum. ind.* || *Fig.* Homme dont on évite le commerce.

PARIADE [pà-ryàd' ; *en vers,* -ri-àd'] *s. f.*
[ÉTYM. Dérivé de parier, au sens de s'accoupler (*cf.* apparier), § 120. || 1690. FURET. Admis ACAD. 1718.]
|| (Chasse.) Action de s'accoupler. || *P. ext.* | 1. Saison où les perdrix s'accouplent. | 2. Couple de perdrix.

PARIAGE. *V.* paréage.

PARIER [pà-ryé ; *en vers,* -ri-é] *v. tr. et intr.*
[ÉTYM. Emprunté du lat. pariare, *m. s.* (*Cf.* l'anc. franç. pairier.) || XVᵉ s. S'ils parient et multiplient, P. MICHAULT, *Danse aux aveugles*, dans GODEF.]
I. *Vieilli.* || 1° *V. tr.* Mettre de pair. Quel champion se pariera à un tel homme? AMYOT, *Thésée*, 1.
|| 2° *V. intr.* Aller de pair. Parvenu à — avec ses ministres, ST-SIM. V, 123.
|| 3° *Vieilli et dialect.* *V. intr.* S'accoupler. (*Cf.* pariade.) Du désir qu'elles ont (les juments) de —, O. DE SERRES, IV, 10.
II. *V. tr.* Convenir d'un enjeu (généralement égal de part et d'autre) pour celui qui aura raison, sur une chose contestée. Je parie cent louis qu'il en ira comme je dis, HAMILT. *Gram.* 7. — vingt, cent, contre un. | *P. ext.* Risquer une somme au jeu, pour tel ou tel joueur; dans une course, pour tel ou tel cheval. | *Absolt.* — avec qqn, contre qqn, pour qqn. Sage ou non, je parie encore, LA F. *Fab.* VI, 10. Il faut —, PASC. *Pens.* X, 1. || *P. ext.* — une chose, soutenir qu'elle est ou sera telle qu'on le dit. Que son barbier l'ait mal rasé (le prédicateur),... je parie la perte de la gravité de notre sénateur, PASC. *Pens.* III, 3.

PARIÉTAIRE [pà-ryé-tèr ; *en vers,* -ri-é-tèr] *s. f.*
[ÉTYM. Emprunté du lat. parietaria (s.-ent. herba), *m. s.* de paries, mur. (*Cf.* paroi.) || XIIIᵉ s. Donez a mangier paritaire cuite, *Simples medicines*, f° 60, r°.]
|| (Botan.) Plante de la famille des Urticées, qui croît sur les murailles.

PARIÉTAL, ALE [pà-ryé-tàl ; *en vers,* -ri-é-...] *adj.*
[ÉTYM. Emprunté du lat. parietalis, dérivé de paries, mur, paroi. || XVIᵉ s. PARÉ, III, 4. Admis ACAD. 1762.]
|| (T. didact.) Relatif à une paroi. *Spéciall.* (Anat.) Os —, qui forme la paroi de la voûte du crâne. *Substantivt.* Le — droit, gauche; les pariétaux. | *Feuillet* — des séreuses, partie des séreuses qui revêt les parois d'une cavité.

PARIEUR, ᵗPARIEUSE [pà-ryœur, -ryœuz' ; *en vers,* -ri-...] *s. m. et f.*
[ÉTYM. Dérivé de parier, § 112. || 1653. Parieur, parieuse, OUD. scommettitore, trice.]
|| Celui, celle qui parie. Il y a encore des parieurs pour la paix, SÉV. 339.

PARISIS [pà-ri-zi] *adj. m.*
[ÉTYM. Du lat. parisiensem, de Paris, devenu régulièrement parisis (*cf.* Beauvaisis, Cambrésis, etc.), §§ 316 et 296. L'anc. franç. dit parisise, au fém.]
|| *Ancienn.* Denier —, et, *substantivt,* —, denier frappé à Paris. Un sou —, quinze deniers parisis (par opposition au sou tournois, de douze deniers tournois). Une livre de —, et *ellipt,* Une livre — (valant un quart de plus que la livre tournois). || *P. ext.* Payer le — (dans une vente), le quart en plus du prix d'adjudication.

PARISYLLABIQUE [pà-ri-sil'-là-bĭk'] *adj.*
[ÉTYM. Composé avec le lat. par, égal, syllabe, et le suffixe ique, §§ 229 et 273. || 1812. MOZIN, *Dict. franç.-allem.* Admis ACAD. 1835.]
|| (Gramm.) Dont les cas indirects n'ont pas plus de syllabes que le nominatif. Nom —. *P. ext.* Déclinaison —.

PARITÉ [pà-ri-té] *s. f.*
[ÉTYM. Emprunté du lat. paritas, *m. s.* || XIVᵉ s. Gens meslees par parité, J. LE FÈVRE, *Vieille*, dans DELB. *Rec.*]
|| Égalité entre deux termes. Il n'y a point de — entre ces deux cas. Cette — (entre les princes du sang et le duc du Maine) que le roi avait fort à cœur, ST-SIM. I, 169.

1. PARJURE [pàr-jùr] *s. m. et f.*
[ÉTYM. Emprunté du lat. perjurus, a, *m. s.* sous l'influence de parjure, § 503. || XIIᵉ-XIIIᵉ s. Parjure, *Dial. Gregoire*, p. 203.]
|| Celui, celle qui fait un faux serment, ou viole son serment. Donnez-moi tous les noms destinés aux parjures, RAC. *Andr.* IV, 5. || *Adjectivt.* Le — Thésée, TH. CORN. *Ariane*, IV, 2. Dieu s'apprête à te joindre à la race —, RAC. *Ath.* III, 5.

2. PARJURE [pàr-jùr] *s. m.*
[ÉTYM. Emprunté du lat. perjurium, *m. s.* sous l'influence de parjurer, § 503. || XVIᵉ s. Il condamnera les parjures et faux tesmoignages, CALV. *Instit. chr.* II, VIII, 22.]
|| 1° Faux serment. Voyez de quel mépris vous traite son —, CORN. *Méd.* I, 4.
|| 2° Violation de serment. Au — on ajoute l'outrage, RAC. *Iph.* IV, 6.

PARJURER [pàr-ju-ré] *v. tr. et pron.*

[ÉTYM. Du lat. perjurare, m. s. §§ 344, 295 et 291.]

I. *Vieilli. V. tr.* Renier par un parjure. Léandre a parjuré ses vœux, MOL. *Ét.* v, 8.

II. *V. pron.* Se —, faire un parjure. Je me parjurerais? RAC. *Baj.* II, 5.

PARLAGE [pàr-lâj'] *s. m.*

[ÉTYM. Dérivé de parler, § 78. (*Cf.* parlerie.) || 1789. Ce n'est souvent que du parlage, MIRABEAU, *Collect.* I, 389. Admis ACAD. 1798.]

|| *Famil.* Abus de paroles. A quoi bon tout ce — ?

PARLANT, ANTE [pàr-lan, -länt'] *adj.*

[ÉTYM. Adj. particip. de parler, § 47. || 1611. COTGR.]

|| Qui parle. Les arbres et les plantes Sont devenus chez moi créatures parlantes, LA F. *Fab.* II, 1.

|| *Fig.* || **1°** Portrait —, si ressemblant qu'il semble qu'il va parler.

|| **2°** *P. ext.* Expressif. Des yeux parlants. Son geste est —. Des preuves parlantes de certains faits, LA BR. 13. Que mon mariage est une leçon bien parlante à tous les paysans, MOL. *G. Dand.* I, 1. || (Blason.) Armes parlantes, armoiries rappelant, par une sorte de rébus, le nom de la famille. Les armes de Racine étaient un rat et un cygne.

PARLEMENT [pàr-le-man] *s. m.*

[ÉTYM. Dérivé de parler, § 145. (*Cf.* parlage, parlerie.) || XI° s. Ne pois a vus tenir lung parlement, *Roland*, 2836.]

I. *Ancienn.* Action de parler ensemble, entretien, pourparler, etc. (*Cf.* parlementer.) N'est heure... où un chef doive avoir plus l'œil au guet que celle des parlements et traités d'accord, MONTAIGNE, I, 5. — de Cassius et de Brute, RAC. *Livres annotés*, VI, p. 296, Grands Écriv.

II. *P. ext.* Assemblée de gens qui délibèrent.

|| *Spéciall.* || **1°** Dans l'ancienne monarchie française, cour souveraine de justice. Le — de Paris, de Toulouse, de Bordeaux, etc. Conseiller, président au —. Avocat au —.

|| **2°** En Angleterre, assemblée des barons, des prélats et des députés des villes, assistant le roi dans l'exercice du pouvoir souverain.

III. *P. anal.* Nom donné à l'assemblée, aux chambres qui exercent le pouvoir législatif dans les pays constitutionnels. Un membre du — français (un député, un sénateur).

1. PARLEMENTAIRE [pàr-le-man-tèr] *s. m. et f. et adj.*

[ÉTYM. Dérivé de parlement, § 248. || 1644. (Au sens **I.**) La mutinerie des parlementaires contre le roy, dans DELB. *Rec.*]

I. *S. m. et f.* Celui, celle qui prend le parti du parlement (contre la cour, les jésuites, etc.). Servir le roi (d'Angleterre) contre les parlementaires, SCARR. *Rom. com.* I, 18. Je ne serai jamais ni jésuite, ni janséniste, ni —, VOLT. *Lett. à Damilaville*, 2 mars 1763. || *Adjectiv.* Remontrances parlementaires (faites au roi par le parlement de Paris). Nos cannibales parlementaires, D'ALEMB. *Lettre au roi de Prusse*, 19 fév. 1780.

II. *Adj. Néolog.* Relatif au parlement, aux assemblées législatives. Les usages, les débats parlementaires. *Famil.* Cela n'est pas —, du ton d'une discussion polie. || *Substantiv.* Les parlementaires, les membres du parlement.

2. PARLEMENTAIRE [pàr-le-man-tèr] *adj.*

[ÉTYM. Dérivé de parlementer, § 248. || 1792. ROMME, *Dict. de mar.* Admis ACAD. 1798.]

|| Relatif à l'action de parlementer. Drapeau, pavillon —, qu'on arbore pour indiquer qu'on veut parlementer. Un vaisseau —, porteur de dépêches pour la flotte ennemie. || *Substantiv.* Un —. | **1.** Un vaisseau parlementaire. | **2.** Une personne chargée de parlementer avec l'ennemi.

PARLEMENTER [pàr-le-man-té] *v. intr.*

[ÉTYM. Dérivé de parlement, § 154. || XIV° s. Droit ou palais a Troiles ou il plaine parlementa, *Hugues Capet*, 5818.]

|| Entrer en pourparlers pour un accommodement. Le gouverneur de la place demande à —. A peine Mars se présenta Que la belle parlementa, LA F. *Songe de Vaux.* || *Loc. prov.* Ville ou fille qui parlemente est près de se rendre.

PARLER [pàr-lé] *v. intr. et tr.*

[ÉTYM. Du lat. pop. *paraulare*, m. s. (*V.* parole), devenu régulièrement parler, mais conjugué primitivement je parol, etc., nous parlons, etc., §§ 336, 333, 295 et 291. || XI° s. D'un suen fil vueil parler, *St Alexis*, 15. Sa custume est qu'il parolet a leisir, *Roland*, 141.]

I. *V. intr.* || **1°** Se servir du langage articulé. Un enfant qui commence à —. Il (la Fontaine) fait — les animaux, les arbres, les pierres, tout ce qui ne parle point, LA BR. 12. | *P. anal.* Apprendre à un perroquet à —, à reproduire des sons articulés, et, *fig.* — comme un perroquet, ne faire que répéter ce qui a été dit. — du nez. — entre les dents. — bas. Parlons bas, écoute, CORN. *Cid*, II, 2. Il parle trop vite. — à l'oreille de qqn. Il bredouille en parlant. | *Au sens trans.* Je rirais d'un homme qui voudrait sérieusement — mon ton de voix, LA BR. 1.

|| **2°** Exprimer sa pensée par le langage articulé. Est-ce un si grand mal d'être entendu quand on parle et de — comme tout le monde? LA BR. 5. Humanisez votre discours et parlez pour être entendu, MOL. *Crit. de l'Éc. des f.* sc. 6. Il est bon de — et meilleur de se taire, LA F. *Fab.* VIII, 10. *Loc. prov.* Trop — nuit, trop gratter cuit. Il y a des gens qui parlent un moment avant que d'avoir pensé, LA BR. 5. Elle a trouvé moyen de — longtemps sans rien dire, FÉN. *Tél.* 4. — correctement, élégamment, purement. Voilà un garçon qui parle clairement, MOL. *Méd. m. l.* III, 2. Voilà —, cela! GRESSET, *Méchant*, I, 2. Il parle comme un livre. Il y en a qui parlent bien et qui n'écrivent pas bien, PASC. *Pens.* VII, 6. Cet autre... Fait — les bergers comme on parle au village, BOIL. *Art p.* 2. — d'abondance, sans préparation. Deux personnes qui... parlent sur-le-champ (improvisent à tort à travers), MOL. *Mal. im.* II, 5. — à bâtons rompus. — sans réflexion, en l'air, au hasard, à la légère. Humainement, généralement, parlant, en parlant au point de vue humain, général. Pour ainsi —, si l'on peut s'exprimer ainsi. La France entière n'est plus, pour ainsi —, qu'une seule forteresse, BOSS. *Marie-Thérèse*. Pour vous — sérieusement et vous montrer que je ne suis pas si piqué..., CORN. *Rép. à Scudéri*. || — à qqn. Est-ce à moi que vous parlez? Un domestique parle à ses maîtres à la troisième personne (en signe de déférence). Autant vaudrait — à un sourd, à un mur. — en maître à qqn. Qu'un jour Domitius me dût — en maître, RAC. *Brit.* III, 8. C'est à vous d'en sortir, vous qui parlez en maître, MOL. *Tart.* IV, 7. Je n'ai trouvé personne à qui — dans ce salon. Vous trouverez à qui —. | **1.** Qui saura vous comprendre. | **2.** Qui saura vous répondre. | Se —. Les a-t-on vus souvent se —? RAC. *Phèd.* IV, 6. Voulez-vous qu'avec moins de contrainte, L'un et l'autre, une fois, nous nous parlions sans feinte? ID. *Brit.* I, 2. Je me parle à moi-même, MOL. *Tart.* II, 2. | *P. ext.* C'est à vous, mon esprit, à qui je veux —, BOIL. *Sat.* 9. Elle aux éléments parlant en souverain, RAC. *Ath.* I, 1. Je parle à mon bonnet, MOL. *Av.* I, 3. Tâchons de — à la fois aux yeux, aux oreilles et à l'âme, VOLT. *Lett. à d'Argental*, 4 avril 1764. — à l'imagination, aux passions. — en public, à une réunion d'hommes. Le Cicéron moderne Parlait éloquemment, FLOR. *Fab. Singe qui montre la lant. mag.* Pour peu de prévention qu'ils aient (les auditeurs) en faveur de celui qui parle, LA BR. 15. || *Absolt.* | **1.** Faire connaître sa volonté. Dieu parle, et d'un mortel vous craignez le courroux! RAC. *Esth.* I, 3. Il n'a plus qu'à —, Il verra le sénat m'apporter ses hommages, ID. *Bér.* I, 5. | **2.** Faire connaître ce qu'on devait taire. Il faut que qqn ait parlé. Vous êtes fille, Eudoxe, et vous avez parlé, CORN. *Hér.* II, 1. || Donner son opinion. Chacun des députés parla à son tour. *P. ext.* (T. de jeu.) Dire si l'on parle, annoncer son jeu, sa mise, etc. C'est à lui à —. || — de qqn, de qqch. Est-ce que vous croyez que je veux — de vous? MOL. *Av.* I, 3. Je parlais de vous encore ce matin dans la chambre du roi, ID. *B. gent.* III, 4. — bien, mal de qqn. Faire — de soi (soit en bien, soit en mal). Combien d'hommes admirables... sont morts sans qu'on en ait parlé! LA BR. 2. Ils parlent de guerre à un homme de robe, et de politique à un financier, LA BR. 9. — de ses affaires. Il en parle par ouï-dire. Cela ne vaut pas la peine d'en —. Ne m'en parlez pas. Il ne se parlera plus de tous ces faits éclatants dont elles (les histoires) sont pleines, BOSS. *Condé*. Il en parle comme un aveugle des couleurs, avec une incompétence absolue. Il en parle bien à son aise, se dit de celui qui donne un conseil difficile à suivre. Prenez femme, abbaye, emploi, gouvernement, Les gens en parleront, n'en doutez nullement, LA F. *Fab.* III, 1. En avez-vous ou non Oui —? ID. *ibid.* IX, 20, *Disc. à Mme de la Sablière.* On parle d'eaux, de Tibre, CORN. *Cinna*, IV, 4. Parle-t-on de la guerre? On parle de conclure la paix. Vous avez ouï — que ce monsieur Oronte a une fille? MOL. *Pourc.* II, 4. | En signe d'approbation. Parlez-moi des gens passionnés, BEAUMARCH. *B. de Sév.* I, 4. | En signe de désapprobation. Ne me parlez pas d'un protecteur à jeun, C. DELAV. *Éc. des vieillards*, I, 5. Que parlez-vous de Rome et de son alliance? RAC. *Mithr.* I, 3. || — pour, contre qqn. Vous parlez mieux pour lui qu'il ne parle lui-même, RAC. *Baj.* III, 6. L'a-

vocat qui parle (plaide) pour, contre vous. Ce long amas d'aïeux... Sont autant de témoins qui parlent contre vous, BOIL. *Sat.* 5. Je parlerai pour vous au ministre. *Ellipt.* L'un de mes amis, qui a promis de —, ne parle point, LA BR. 8.

‖ 3° *P. anal.* En personnifiant les choses. Trois sceptres à son trône attachés par mon bras Parleront au lieu d'elle, CORN. *Nicom.* I, 1. Si les paroles nous manquent,... les choses parleront assez d'elles-mêmes, BOSS. *R. d'Angl.* L'honneur parle, il suffit, RAC. *Iph.* I, 2. Votre trouble à Mathan n'a-t-il point trop parlé? ID. *Ath.* III, 6. Le fait parle de soi, MOL. *Amph.* II, 2. Mais tout, s'il est ingrat, lui parle contre moi, RAC. *Brit.* I, 1. Je devrais faire ici — la vérité, ID. *Phèd.* IV, 2. Leur posture suppliante parlait pour eux, FÉN. *Tél.* 14. L'indulgente vertu parle par votre bouche, VOLT. *Alzire*, I, 1. Dans les murs, hors des murs, tout parle de sa gloire, CORN. *Hor.* V, 3. La nature ou l'amour parle pour chacun d'eux, ID. *ibid.* III, 1. Car tout parle dans l'univers, Il n'est rien qui n'ait son langage, LA F. *Fab.* XI, épilogue.

‖ 4° *P. ext.* Exprimer ses pensées autrement que par le langage articulé. Les muets parlent au moyen de signes. — à qqu du geste, du regard. Elle laisse — ses regards, VOLT. *Zadig*, 8. *Poét.* Tu lui parles du cœur, tu la cherches des yeux, RAC. *Andr.* IV, 5. ‖ Exprimer sa pensée par un intermédiaire. Avant que tous les Grecs vous parlent par ma voix, RAC. *Andr.* I, 2. ‖ *P. ext.* Exprimer par écrit. Ainsi parle Cicéron. Pour — avec Montaigne, se servir des termes mêmes de Montaigne. A entendre — l'Écriture, BOURD. *Circonc. de J.-C.* 1. Les auteurs qui ont parlé sur ce sujet. ‖ *P. anal.* En parlant d'un instrument de musique, produire le son qui lui est propre. Faire — la lyre. Le nombre des instruments qu'il fait —, LA BR. 3. Une touche de piano qui ne parle pas, ne résonne pas. ‖ *P. ext.* Faire — la poudre, faire entendre la voix du canon, se battre.

II. *V. tr.* ‖ 1° Employer, pour s'exprimer (tel ou tel langage). — français, arabe, italien avec qqn. — l'italien, le français, savoir les parler. La langue parlée et la langue écrite. Numération parlée. Ce que je parle avec vous, ce que je vous dis à cette heure, qu'est-ce que c'est? MOL. *B. gent.* III, 3. Il faut — chrétien, si vous voulez que je vous entende, ID. *Préc. rid.* sc. 6. Je sais qu'un empereur doit — ce langage, CORN. *Tite et Bér.* V, 1. ‖ *P. anal.* Chaque passion parle un différent langage, *Art* p. 3.

‖ 2° Traiter (tel ou tel sujet). — musique, — affaires. Une spirituelle, Qui ne parlerait rien que cercle et que ruelle, MOL. *Éc. des f.* I, 1. ‖ *P. ext.* — raison, selon la raison. A cause qu'elle manque à — Vaugelas, MOL. *F. sav.* II, 7.

2. PARLER [pàr-lé] *s. m.*
[ÉTYM. Tiré de parler 1, § 49. ‖ XIIᵉ-XIIIᵉ s. Son beau parler, LE CHATEL. DE COUCY, p. 78, Fath.]

I. *Vieilli.* Action de parler. Partageons le — au moins, MOL. *Dép. am.* II, 7.

II. Manière de parler.

‖ 1° Manière de prononcer. Un — lent, traînant. L'affectation dans le geste, dans le —, LA BR. 11. Le — gascon.

‖ 2° Manière de s'exprimer. Avoir son franc —. Le doux — ne nuit de rien, LA F. *Fab.* III, 12.

III. *Néolog.* Idiome (d'un individu, d'un village, d'une province, etc.). La Société des parlers de France (pour l'étude des patois).

PARLERIE [pàr-le-ri] *s. f.*
[ÉTYM. Dérivé de parler, § 69. (*Cf.* parlage, parlement, parlote.) ‖ XIIIᵉ s. Deux mos de ma parlerie, GUILL. LE VINIER, dans GODEF. Admis ACAD. 1718.]

‖ *Vieilli.* Exercice de la parole. En matière de —, SCARR. *Virg. trav.* 8.

PARLEUR, EUSE [pàr-leûr, -leûz'] *s. m. et f.*
[ÉTYM. Dérivé de parler, § 112. ‖ XIIᵉ-XIIIᵉ s. Devien privés et dous parlere, RENCL. DE MOILIENS, *Carité*, CX, 12.]

‖ Celui, celle qui parle. C'est un — étrange, MOL. *Mis.* I, 4. Un beau —. Grand — et mauvais plaisant, LA BR. 3. Pour servir de modèle aux parleurs (orateurs) à venir, LA F. *Fab.* XI, 7. Ne soyez... Ni fade adulateur ni — trop sincère, ID. *ibid.* VII, 7. ‖ *Adjectiv.* Elle n'est point parleuse, COLLIN D'HARLEV. *Optim.* I, 11. L'oiseau —, LA F. *Fab.* X, 11.

PARLOIR [pàr-lwàr] *s. m.*
[ÉTYM. Dérivé de parler, § 113. (*Cf.* parlote.) ‖ XIIᵉ s. Et ovreors et parleors, *Énéas*, 462.]

‖ Lieu où l'on se réunit pour parler. *Anciennt.* — aux bourgeois, hôtel de ville. ‖ *Spécialt.* Dans une communauté, un collège, etc., lieu où sont admis les visiteurs.

Pour apprendre à s'y comporter (dans le monde), Un — de province est une triste école, LA CHAUSSÉE, *École des mères*, III, 3.

'PARLOTE [pàr-lŏt'] *s. f.*
[ÉTYM. Dérivé de parler, § 136. (*Cf.* parloir.) ‖ *Néolog.*]

‖ *Famil.* ‖ 1° Local où les avocats causent entre eux au Palais.

‖ 2° Réunion où les jeunes avocats s'exercent à la parole.

PARMI [pàr-mi] *prép.*
[ÉTYM. Composé de par et mi, § 726. ‖ XIᵉ s. Parmi les rues, *St Alexis*, 513.]

‖ Au milieu de.

‖ 1° *Vieilli.* En parlant d'une seule chose. Force moutons — la plaine, LA F. *Fab.* XI, 1. Mais — ce plaisir quel chagrin me dévore, RAC. *Brit.* II, 6. — ce grand amour que j'avais pour Sévère, CORN. *Poly.* I, 3.

‖ 2° En parlant de plusieurs choses, ou de ce qui est collectif. Les a-t-on vus marcher — vos ennemis? RAC. *Esth.* III, 4. Le mensonge qui passa toujours — eux pour un vice honteux, BOSS. *Hist. univ.* III, 5. Quelle est ton occupation — ces arbres? MOL. *D. Juan*, III, 2. Il court — le monde un livre abominable, ID. *Mis.* V, 1. ‖ *Adverbt. Vieilli.* Ces deux emplois sont beaux, mais je voudrais — Quelque doux et discret ami, LA F. *Fab.* VIII, 10.

PARODIE [pà-rò-di] *s. f.*
[ÉTYM. Emprunté du lat. parodia, grec παρῳδία, *m. s.* proprt, « chant à côté ». (*Cf.* palinodie.) ‖ 1622. Ingenieuses parodies, LE P. GARASSE, *Doctr. cur.* dans DELB. *Rec.*]

I. *Vieilli.* Couplets composés sur un air connu. Louis XIV faisait de petites parodies sur les airs qui étaient en vogue, VOLT. *S. de L. XIV*, 28. Dans la —, les paroles sont faites sur le chant, J.-J. ROUSS. *Dict. de musique*, parodie.

II. Travestissement burlesque d'une œuvre sérieuse. Le « Virgile travesti » de Scarron est une — de l'Énéide. ‖ *Fig.* Là, le drame de la liberté, ici sa —, CHATEAUBR. *Quatre Stuarts, Henr.-Marie.*

PARODIER [pà-rò-dyé, *en vers*, -di-é] *v. tr.*
[ÉTYM. Dérivé de parodie, § 266. ‖ 1690. FURET. Admis ACAD. 1718.]

‖ Imiter par une parodie. On parodia la pièce de Molière, VOLT. *Vie de Molière.* | *Fig.* — qqn, le contrefaire plaisamment.

PARODISTE [pà-rò-dĭst'] *s. m. et f.*
[ÉTYM. Dérivé de parodie, § 265. ‖ 1723. *V.* à l'article. Admis ACAD. 1762.]

‖ Auteur de parodies. Le — oisif et les forains l'attendent, PIRON, *Métrom.* (1723), III, 7.

PAROI [pà-rwà] *s. f.*
[ÉTYM. Du lat. pop. *parĕtem (class. parĭetem ou parjetem, §§ 289 et 356), devenu pareid, parei, paroi, §§ 309, 402 et 291. (*Cf.* pariétaire, pariétal.)]

‖ Muraille. S'appuyer contre la —. | *P. anal.* Une — de rocher. | *P. ext.* Les parois d'un vase. La — de l'estomac. ‖ *Spécialt.* (Vétérin.) La corne du pied du cheval.

'PAROIR [pà-rwàr] *s. m.*
[ÉTYM. Dérivé de parer 1, § 113. ‖ 1611. COTGR.]

‖ (Technol.) Instrument dont on se sert pour parer (apprêter). — de maréchal ferrant, de mégissier, etc.

PAROISSE [pà-rwàs'] *s. f.*
[ÉTYM. Emprunté du lat. ecclés. paroçhia, altération de paroecia, grec παροιχία, proprt, « réunion d'habitations voisines », par confusion entre πάροιχος, voisin, et πάροχος, fournisseur, § 216. ‖ XIᵉ-XIIᵉ s. Mere yglise de paroisse, *Lois de Guill. le Conq.* 1.]

‖ Circonscription ecclésiastique où s'exerce le ministère d'un curé. Le curé, les habitants de la —. Il habite sur la —. ‖ *P. ext.* | 1. L'église de la paroisse. Aller à la messe à sa —. | 2. Ceux qui appartiennent à la paroisse. La — est en deuil de son curé. ‖ *Fig.* Une chose de plusieurs paroisses, composée d'éléments mal assortis. Leurs cheveux de deux paroisses, SÉV. 157. | *P. ext.* Porter habit de deux paroisses (louvoyer entre deux partis), LA F. *Fab.* XII, 11.

PAROISSIAL, ALE [pà-rwà-syàl; *en vers*, -si-àl] *adj.*
[ÉTYM. Dérivé de paroisse, d'après le bas lat. parochialis, *m. s.* § 238. ‖ XIIᵉ-XIIIᵉ s. Prestres parrochiaus, RENCL. DE MOILIENS, *Carité*, LV, 12.]

‖ Qui appartient à la paroisse. L'église paroissiale. Messe paroissiale, célébrée le dimanche dans l'église de la paroisse, et particulièrement obligatoire pour les fidèles.

PAROISSIEN, ENNE [pà-rwà-syin, -syèn' ; *en vers*, -si-...] *s. m.* et *f.*

[ÉTYM. Dérivé de paroisse, d'après le bas lat. parochianus, *m. s.* § 244. || XIIᵉ-XIIIᵉ s. Plorer dois pour tes parochiens (var. paroissiens), RENCL. DE MOILIENS, *Carité*, LXXXII, 6.]

|| **1º** *S. m.* et *f.* Celui, celle qui appartient à une paroisse. || *Fig. Famil.* C'est un drôle de —.

|| **2º** *S. m.* Livre de prières pour suivre les offices.

PAROLE [pà-ròl] *s. f.*

[ÉTYM. Du lat. pop. *paraula (lat. class. parabola, grec παραβολή, §§ 496 et 497), qui du sens spécial de « parabole » a passé au sens général qu'a pris le mot parole, §§ 333 et 291. (*Cf.* le dérivé parler.) || XIᵉ s. De sa pleine parole la prist a araisnier, *Voy. de Charl. à Jérus.* 8.]

I. Expression de la pensée par le langage articulé.

|| **1º** Suite de mots qui exprime une pensée. Si on regardait la — de Dieu comme — de Dieu, on y apporterait tout un autre esprit, BOURD. *Parole de Dieu*, 1. *Dans le même sens.* Je réserve au troupeau que je dois nourrir de la — de vie les restes d'une voix qui tombe, BOSS. *Condé.* Il faut... faire retentir bien loin une — qui ne peut être assez entendue, ID. *R. d'Angl.* Porter la — au nom de qqn. Selon la — d'Aristote. Jurer sur la — du maître. Croire qqn sur —, sur un simple dire. Ce n'est pas — d'Évangile, on peut en douter. || *Spécialt.* Promesse verbale. Dieu pourra vous montrer... Que sa — est stable et ne trompe jamais, RAC. *Ath.* I, 1. La — des rois doit être inviolable, CORN. *Œdipe*, I, 2. Qu'il te souvienne De garder ta —, ID. *Cinna*, V, 1. Donner sa — d'honneur. Être homme de —. Ma — est donnée. N'avoir qu'une —. Madame n'a pas deux paroles, MARIV. *Fausses Confid.* I, 7. Sur ma —. Jouer sur —, sans mettre l'argent sur table. Prisonnier sur —. Fausser — à qqn. Reprendre sa —. | *Spécialt.* (Droit anc.) Engagement de mariage pris par-devant notaire. Épouser par paroles de futur, de présent. *P. plaisant.* *Fig.* En parlant de deux amants qui devancent le mariage. Nos vieux romans, en leur style plaisant, Nomment cela « paroles de présent », LA F. *Contes, Remède.*

|| **2º** Mot qui sert à exprimer la pensée. Peser ses paroles. Ce sont ses propres paroles. Les paroles de Notre-Seigneur. Les Sept Paroles, les dernières paroles prononcées par Jésus-Christ. Paroles sacramentelles, que le prêtre doit prononcer pour la validité d'un sacrement. Paroles magiques, considérées comme ayant une vertu magique. Quelle impétuosité de paroles ! MOL. *Méd. m. l.* III, 6. De belles paroles. Des paroles perdues. Je viens chargé de paroles de paix, RAC. *Ath.* III, 4. Aux grosses paroles (invectives) On en vient, pour un rien, LA F. *Fab.* XII, 8. Dire à qqn des paroles blessantes. | Un roi me prête ses paroles pour leur dire..., BOSS. *R. d'Angl.* Pour me servir des paroles fortes du plus grave des historiens, ID. *D. d'Orl.* Paroles font en amour des merveilles, LA F. *Contes, Oraison.* || *Spécialt.* | 1. Le mot par opposition à la pensée qu'il exprime. Il pense, il sent, et la — suit, FÉN. *Lett. à l'Acad.* 4. Si les paroles nous manquent, les choses parleront assez d'elles-mêmes, BOSS. *Condé.* Un même sens change selon les paroles qui l'expriment, PASC. *Pens.* VII, 32. Sensible au charme de l'heureux arrangement des paroles, D'ALEMB. *Éloges, Fléchier.* | 2. Ce qu'on dit, par opposition à ce que l'on fait. Il faut faire et non pas dire, et les effets décident mieux que les paroles, MOL. *D. Juan*, II, 4. Il faut des actions et non pas des paroles, RAC. *Iph.* III, 7. | 3. Mot d'une phrase sur laquelle est un chant, par opposition au chant. Un air de Lulli et des paroles de Quinault.

II. Faculté d'exprimer la pensée par le langage articulé.

|| **1º** Cette faculté considérée comme propre à l'homme. La — a été donnée à l'homme pour expliquer sa pensée, MOL. *Mar. forcé*, sc. 4. Perdre la —. Il demeure à ces mots sans —, CORN. *Attila*, V, 6. On trouva qu'il ne manquait rien A Jupiter (sa statue) que la —, LA F. *Fab.* IX, 6.

|| **2º** Cette faculté considérée comme exprimant la pensée. L'homme digne d'être écouté est celui qui ne se sert de la — que pour la pensée, FÉN. *Lett. à l'Acad.* 4. Avoir la — facile, le don de la —. S'exercer à la —. | *Spécialt.* Action de parler. La — est d'argent, et le silence est d'or.

|| **3º** Cette faculté considérée comme articulant le son. Avoir la — nette, embarrassée. Sa — n'est pas distincte.

|| **4º** Exercice de cette faculté. Donner, retirer, couper la — à qqn. | *Spécialt.* (T. de jeu.) Vous avez la —, c'est à vous de dire si vous tenez, combien vous mettez au jeu, etc. | Passer —, renoncer à son tour de —.

PAROLI [pà-rò-li] *s. m.*

[ÉTYM. Emprunté de l'ital. paroli, *m. s.* d'étymologie inconnue, § 12. || 1653. OUD. paroli.]

|| Dans certains jeux (pharaon, bassette, trictrac, etc.), le double de la première mise. | *Fig. Vieilli.* faire, donner, rendre le — à qqn, renchérir sur ce qu'il dit, ce qu'il fait. Un vénérable magistrat, donner le — à tous les petits maîtres ! MONGIN, *Promen. de Paris*, II, 1. *Absolt.* J'ai de quoi faire — de ces sortes de faveurs, HAMILT. *Gram.* p. 166.

*PAROLIER, IÈRE** [pà-rò-lyé, -lyèr] *s. m.* et *f.*

[ÉTYM. Dérivé de parole, § 115. || *Néolog.*]

|| Auteur des paroles d'un opéra, d'une cantate, etc.

PARONOMASE [pà-rò-nò-màz'] et **PARONOMASIE** [pà-rò-nò-mà-zi] *s. f.*

[ÉTYM. Emprunté du lat. paronomasia, grec παρονομασία, *m. s.* ACAD. définit paronomasie « ressemblance entre des mots de différentes langues qui peut marquer une origine commune », mais le mot n'est pas usité dans ce sens. || 1557. Paronomasie, FOUQUELIN, *Rhétor.* fº 33, rº. | 1732. Paronomase, TRÉV. Admis ACAD. 1798.]

|| (Rhétor.) Rapprochement dans la phrase de mots ayant à peu près le même son avec des sens différents (Qui terre a guerre a).

PARONOMASIE. V. paronomase.

PARONYME [pà-rò-nim'] *adj.*

[ÉTYM. Emprunté du grec παρώνυμος, *m. s.* de παρά, à côté, et ὄνομα, nom. || 1805. LUNIER, *Dict. des sc.* Admis ACAD. 1835.]

|| (Gramm.) Presque homonyme. Mots paronymes, el. *substantivt*, Chasse et châsse, cotte et côte, etc., sont des paronymes.

PAROTIDE [pà-rò-tid'] *s. f.*

[ÉTYM. Emprunté du lat. parotis, idos, bas lat. parotida, grec παρωτίς, ίδος, *m. s.* || 1545. G. GUÉROULT, *Hist. des plantes*, dans DELB. *Rec.* Admis ACAD. 1762.]

|| (Anat.) Glande salivaire située près de l'oreille.

PAROXYSME [pà-ròk'-sìsm'] *s. m.*

[ÉTYM. Emprunté du bas lat. paroxysmus, grec παροξυσμός, *m. s.* || XIIIᵉ-XIVᵉ s. Peroxime, *Chirurg. de Mondeville*, dans DELB. *Rec.* Admis ACAD. 1762.]

|| (Médec.) Maximum d'intensité d'un accès. Le — de la douleur. *P. anal.* Dans le — de la colère.

*PAROXYTON** [pà-ròk'-si-ton] *adj. m.*

[ÉTYM. Emprunté du grec παροξύτονος, *m. s.* (*Cf.* oxyton et proparoxyton.) || 1570. V. oxyton.]

|| (Gramm.) Qui a l'accent tonique sur l'avant-dernière syllabe. Un mot —, et, *substantivt*, Un —.

*PARPAIGNE** [pàr-pèñ']. V. parpoing.

*PARPAILLOT, OTE** [pàr-pà-yó, -yòt'] *s. m.* et *f.*

[ÉTYM. Mot provençal, § 11, signifiant proprt « papillon », appliqué d'abord comme terme d'injure aux sectateurs de Calvin. || XVIᵉ s. Fille du roy des Parpaillots, RAB. I, 3.]

|| *Famil.* Mécréant, mécréante.

PARPAING [pàr-pin] *s. m.*

[ÉTYM. Peut-être du lat. pop. *perpaginem, de per, à travers, et pangere, enfoncer, qui serait devenu parpaing comme propaginem provaing, écrit à tort provin, §§ 344, 393, 290 et 291. On a dit adjectivt pierre parpaigne, locution qui est encore dans ACAD. § 39. || 1306. Que Hues retraissist le marrien a moitlet du mur, qu'il avoit mis a perpain, dans VARIN, *Arch. admin. de Reims*, II, p. 50. Admis ACAD. 1762.]

|| (Maçonn.) Pierre de construction qui, tenant toute l'épaisseur d'un mur, a ses deux parements à découvert. || *P. ext.* Pierre à deux parements qui forme l'appui d'une fenêtre, qui supporte une grille. — d'échiffre, mur qui porte les marches d'un escalier.

PARQUE [pàrk'] *s. f.*

[ÉTYM. Emprunté du lat. Parca, nom de chacune des trois déesses qui filent, dévident et coupent le fil de la vie des hommes, § 36. || XVIᵉ s. RAB. IV, 18.]

|| *Poét.* La mort personnifiée. La Parque, ravissant ou son fils ou sa fille, BOIL. *Sat.* 10.

PARQUER [pàr-ké] *v. tr.*

[ÉTYM. Dérivé de parc, § 154. || XVᵉ s. La se parca et fortifia de tranchees, *Palanus*, dans GODEF. *Compl.*]

|| Mettre dans un parc. — des moutons, des huîtres. || *Fig.* Tenir enfermé dans un espace restreint. On a parqué les émigrants dans l'entrepont. Se — dans des études spéciales.

PARQUET [pàr-kè] *s. m.*

[ÉTYM. Dérivé de parc, § 133. L'anc. franç. dit plus régulièrement parchet (*cf.* archet, de arc, etc.), § 64. || XIVᵉ s. En ce parchet (petit parc), GUILL. DE MACHAUT, p. 87.]

I. Compartiment, espace réservé.

|| **1°** *Vieilli.* Partie d'un parc. Le roi alla tirer dans les parquets nouveaux, DANGEAU, I, 240.

|| **2°** *Anciennt.* Partie d'une salle de justice où se tiennent les juges. C'était non pas un — de justice, mais une caverne de tyrannie, LA BOÉTIE, *Serv. volont.* || *De nos jours.* Partie du palais de justice où se tiennent les membres du ministère public hors de l'audience. Le — du procureur général, du procureur de la république. || *P. ext.* Le —, le ministère public. Déposer une plainte au —.

|| **3°** Partie d'une bourse de commerce où se réunissent les agents de change, les courtiers, etc.

|| **4°** *Anciennt.* Partie d'une salle de théâtre, de concert, dite aujourd'hui orchestre. Une stalle de —.

II. Assemblage de compartiments, de pièces de rapport.

|| **1°** Assemblage de pièces de bois sur lequel on fixe une glace, la toile d'un tableau.

|| **2°** Assemblage de lames de bois dur et poli à dispositions variées dont on fait les planchers élégants. Un — de chêne. Un — en point de Hongrie. Feuilles de —, les lames de bois dont il se compose.

PARQUETAGE [pàr-ke-tàj'] *s. m.*

[ÉTYM. Dérivé de parqueter, § 78. Se trouve au XVIᵉ s. comme dérivé de parquet. || (Au sens actuel.) 1676. A. FÉLIBIEN, *Princ. de l'architect.* p. 682.]

|| Action de parqueter. || Ouvrage en parquet.

PARQUETER [pàr-ke-té] *v. tr.*

[ÉTYM. Dérivé de parquet, §§ 65 et 154. || 1382. Fault la calengue toute a parqueter, dans DELB. *Rec.*]

|| Garnir de parquet. Un appartement parqueté.

PARQUETERIE [pàr-kět'-ri; *en vers,* -kè-te-ri] *s. f.*

[ÉTYM. Dérivé de parquet, § 69. || *Néolog.* Admis ACAD. 1835.]

|| Fabrication, pose des parquets.

PARQUETEUR [pàr-ke-teur] *s. m.*

[ÉTYM. Dérivé de parqueter, § 112. || *Néolog.* Admis ACAD. 1835.]

|| Ouvrier qui pose les parquets.

PARRAIN [pà-rin; selon d'autres, pá-...] *s. m.*

[ÉTYM. Du lat. pop. *patranum*, *m. s.* dérivé de patrem, père, § 97 (*cf.* marraine), devenu padrain, parrain, §§ 404 et 291. || XIIᵉ s. Li pareins fu ocis, GARN. DE PONT-STE-MAX. St Thomas, 5766.]

|| **1°** Celui qui, avec la marraine, présente un enfant au baptême et lui donne un prénom dit nom de baptême. Il est le — de ma fille.

|| **2°** *P. anal.* | **1.** Celui qui, lors de la bénédiction d'une cloche, d'un navire, est choisi pour lui donner son nom. | **2.** Dans les ordres militaires, le chevalier qui présente le novice à sa réception. | **3.** Dans une compagnie savante, un cercle, etc., celui qui introduit un nouveau venu.

***PARRAINAGE** [pà- ou pá-rè-nàj'] *s. m.*

[ÉTYM. Dérivé récent de parrain, §§ 64 et 78. || *Néolog.*]

|| Qualité, obligation du parrain, et, *p. ext.* de la marraine.

1. PARRICIDE [pà-ri-sid'] *s. m. et f.*

[ÉTYM. Emprunté du lat. parricida, *m. s.* || XIIIᵉ s. Faire justice de ces cruels parricides, BRUN. LATINI, *Trés.* p. 515.]

|| Celui, celle qui tue son père ou sa mère, ou l'un de ses ascendants. Je suis le —, CORN. *Œdipe*, IV, 5. || *P. ext.* Auteur d'un crime dénaturé. La conscience du — (Caïn), BOSS. *Hist. univ.* I, 1. Ravaillac et tous les autres parricides de ce temps-là, VOLT. *Polit. et Législ. Espr. des lois.* || *Adjectiv.* L'une fut impudique, et l'autre est· —, CORN. *Cinna*, V, 2. Pensez-vous que les dieux... D'une main — acceptent de l'encens? ID. *Hor.* V, 2. Les perfides Qui vous osent donner ces conseils parricides, RAC. *Brit.* IV, 3.

2. PARRICIDE [pà-ri-sid'] *s. m.*

[ÉTYM. Emprunté du lat. parricidium, *m. s.* || 1564. J. THIERRY, *Dict. franç.-lat.*]

|| Crime de celui, de celle qui est parricide. Punis son —, CORN. *Cinna*, IV, 2. || *P. ext.* | **1.** En parlant d'un fratricide. Ils mettront ma vengeance au rang des parricides, RAC. *Brit.* IV, 4. | **2.** En parlant d'un régicide. Ce misérable... A commencé le — (attentat contre Henri IV), MALH. *Poés.* 19.

PARSEMER [pàr-se-mé] *v. tr.*

[ÉTYM. Composé de par et semer, §§ 192 et 196. DOCHEZ cite un exemple de RONS. qui n'a pas été retrouvé. || 1637. MONET, *Abrégé du parallèle.*]

|| **1°** Couvrir par places (en répandant çà et là). On avait parsemé de fleurs le parvis. Ce sont petits chemins tout parsemés de roses, MOL. *F. sav.* III, 2.

|| **2°** Couvrir par places (en étant répandu çà et là). Les fleurs qui parsèment la prairie.

1. PART [pàr] *s. f.*

[ÉTYM. Du lat. partem, *m. s.* § 291. Dans la loc. à part soi, le subst. part a pris la place de la prép. par.]

I. Partie d'une chose.

|| **1°** *Vieilli.* Partie, en général. Pour causer avec elle une — de la nuit, CORN. *Ment.* II, 5. Pour voir la moindre — de ce que je prévois, ID. *Pulch.* IV, 2. Et ce toit faisait — D'une maison voisine du rempart, LA F. *Contes, Oraison.* (*Cf.* plupart.)

|| **2°** Portion d'une chose qui revient à chacun quand on la divise entre plusieurs. En autant de parts le cerf il (le lion) dépeça, LA F. *Fab.* I, 6, et, *fig.* La — du lion, la plus grosse part, que qqn s'attribue. César trouvait le moyen d'avoir la meilleure —, BOSS. *Hist. univ.* III, 7. Et j'espérais ma — d'une si riche proie, RAC. *Ath.* III, 3. Il réclame sa quote-—. (*V.* quote.) Une — de gâteau, et, *fig.* Il réclame sa — du gâteau, sa part dans les profits de l'affaire. — à deux, se dit quand on prétend avoir sa part de ce que qqn trouve. Faire à qqn sa —, faire la — de qqn. *P. anal.* Faire la — de la jeunesse, de l'entraînement, dans l'appréciation d'un acte, en attribuer une part à l'entraînement, à la jeunesse. Faire la — du feu, abandonner à l'incendie une partie des bâtiments pour sauver les autres, et, *fig.* sacrifier une partie pour sauver le reste. Avoir sa — de prise, de la cargaison d'un navire capturé. Naviguer à la —, en ayant pour paiement une part des bénéfices de la campagne (d'un navire de commerce). Recueillir, abandonner sa — d'héritage. Une — d'enfant, lorsqu'il y a plusieurs enfants, la part qui revient à chacun. || *Fig.* Pour ma —, pour ce qui me concerne. Pour ma —, je refuse.

|| **3°** *Fig.* | **1.** Ce qui revient de bon ou de mauvais à qqn dans une chose où il est intéressé. La reine a eu — à cette grandeur, BOSS. *Marie-Thérèse.* Il fut le seul (la Fontaine) des grands hommes de son temps qui n'eut point de — aux bienfaits de Louis XIV, VOLT. *S. de L. XIV, Écriv. La F.* J'avais — à l'affront, j'en ai cherché l'auteur, CORN. *Cid*, III, 4. Vous n'avez point encor de — à nos misères, ID. *Hor.* III, 6. Nous avons en son cœur, vous et moi, peu de —, ID. *Rodog.* II, 4. En ses bontés peut-être aurais-je —, ID. *Pulch.* II, 1. Dieu fait —, au besoin, de sa force infinie, ID. *Poly.* II, 6. Elles vous feraient — enfin de leur faiblesse, ID. *Hor.* II, 7. | *P. ext.* Faire — à qqn de qqch, le lui communiquer. Faire —, et, *vieilli,* Donner — à qqn de qqch. Il faudra sur le tard De vos heureux succès lui faire quelque —, CORN. *Veuve*, V, 3. J'ose en donner — à Votre Éminence comme à un ami, BOSS. *Lett.* 203. Lettre de faire —, par laquelle on fait part d'un mariage, d'un décès, etc. Prendre une chose en bonne, en mauvaise —, la prendre en bien ou en mal. | **2.** Concours apporté à l'exécution de qqch. Les Samaritains voulurent prendre — à ce grand ouvrage, BOSS. *Hist. univ.* I, 3. Le hasard et la force ont beaucoup de — au succès, FÉN. *Tél.* 22. Et pour être punis avons-nous — au crime? CORN. *Cid*, IV, 2. Il a pris — au complot. | *P. ext.* Prendre —, avoir — à ce qui arrive à qqn, s'y associer de cœur. Chimène, je prends — à votre déplaisir, CORN. *Cid*, II, 8. A tout ce qui le touche Il sait que je prends —, MOL. *Éc. des f.* I, 4. | *Vieilli.* La — que je prends en votre délivrance, CORN. *Veuve*, V, 8. Je sens toute la — que vous avez dans mon malheur, SÉV. 1468. Semblait-il seulement qu'il eût — à mes larmes? RAC. *Andr.* V, 1.

II. Partie d'un lieu. C'est (le monde) une sphère infinie dont le centre est partout, la circonférence nulle —, PASC. *Pens.* I, 1. Un lieu dont Amphitrite Défendait aux voleurs de toutes parts l'abord, LA F. *Fab.* XII, 3. Et Dieu de toute — a su t'envelopper, RAC. *Ath.* V, 5. Je l'ai vu quelque —. Il l'attaque quelque — où il se trouve, LA BR. *Disc. sur Théophr.* Autre — que chez moi cherchez qui vous encense, MOL. *Mis.* I, 2. Un homme... Qu'on a de deux grands coups percé de — en —, CORN. *Ment.* IV, 3. Courir de — et d'autre. | *P. ext.* De — et d'autre, d'une et d'autre —, des deux côtés. Je crois qu'on est fort content de — et d'autre, Mᵐᵉ DE MAINT. *Lett.* 4 mars 1698. Même sottise des deux parts. *P. ext.* Je sais cela de bonne —, de source certaine. Venir de la — de qqn, de chez qqn par qui on est envoyé. | *Vieilli*. De sa —, de son côté. Deux chèvres... Quittèrent les bas prés, chacune de sa —, LA F. *Fab*. XII, 4. Allez de votre — assembler vos amis, CORN. *Hér*. III, 4. A —, séparément. Elle passa dans une chambre à —, MARIV. *Pays. parv.* 4. Nous avions dîné à —, SÉV. 195. Faire lit à —. Ils affichaient chacun à —, LA F. *Fab*. IX, 3. Il prit à — Télémaque et Mentor, FÉN. *Tél.* 8. Faire bande à —. Former un peuple à — au milieu de leur peuple, MASS. *Petit Nombre des élus*, 2. Une personne, une chose à —, qui fait exception, en bien ou en mal. | Mettre qqch à —, en réserve ; *dans un sens opposé*, laisser de côté. Quitte cette grimace et mets à — la feinte, CORN. *Gal. du Pal.* III, 5. *Dans le même sens*. Laisse la feinte à —, CORN. *Clit.* I, 8. | *Ellipt*. Amour à —, je vous en fais arbitre, CORN. *Nicom.* I, 2. Plaisanterie à —, sans plaisanterie. ‖ A — soi, seul avec soi-même. Je disais à — moi, RÉGNIER, *Dial.* | *Ellipt*. Terme de théâtre. A — (*V.* à-parte), indication que l'acteur parle à part soi.

2. PART [pàr] *s. m.*

[ÉTYM. Emprunté du lat. *partus*, *m. s.* (*Cf.* parturition.) ‖ 1481. Le temps de son part et enfantement, dans DU C. *parturitio*.]

I. *Vieilli*. Enfantement. ‖ *P. ext.* En parlant des animaux. Le lait du quatrième jour qui suit le —, Mᵐᵉ DE GENLIS, *Mais. rust.* II, 35.

II. (*Droit*.) Enfant dont une femme vient d'accoucher. Suppression, supposition, substitution de —. Confusion de —.

PARTAGE [pàr-tàj'] *s. m.*

[ÉTYM. Dérivé de *partir* (partager), § 78. ‖ XIIIᵉ s. S'aucuns est semons sor partage, BEAUMAN. II, 6.]

I. Division en parts. Faire le — d'une succession. Demander le — des terres. Le — de l'empire d'Alexandre. Entrer en — avec qqn. Je veux moi-même en faire le — (des armes), RAC. *Ath.* III, 7. ‖ *P. anal.* Action d'avoir part à qqch avec qqn. Comment souffriez-vous cet horrible —? RAC. *Phèd.* V, 3. Je suis obstiné A ne point souffrir de —, MOL. *Amph.* III, 6. | Se donner à qqn sans —. Dieu ne peut souffrir de —, BOURD. *Purific. de la Vierge*. Une âme comme la sienne ne souffre point de tels partages, BOSS. *A. de Gonz.* ‖ *P. ext.* Ce qui est attribué à qqn pour sa part. Le Pont est son —, et Colchos est le mien, RAC. *Mithr.* I, 1. Croyez-vous donc avoir tant d'esprit en —? MOL. *Mis.* I, 2. Les uns ont la grandeur et la force en —, LA F. *Fab*. II, 17. Le prodigue de l'Évangile qui n'eut avoir son —, BOSS. *A. de Gonz.*

II. Division en parties. Trois conditions admirables de cette dette sacrée qui feront le — de ce discours, BOSS. *Char. frat.* préamb. | (Géogr.) Ligne de — des eaux, limite où les eaux se partagent et coulent les unes sur un versant, les autres sur le versant opposé. ‖ *Fig.* Division. Le — des opinions. Le — qu'il y a entre les femmes, sur l'estime des unes et des autres, PASC. *Amour*. Un témoin qui affirme et un accusé qui nie font un —, MONTESQ. *Espr. des lois*, XII, 3. Le — des voix, des votes, division en nombre égal de voix pour et contre.

PARTAGEABLE [pàr-tà-jàbl'] *adj.*

[ÉTYM. Dérivé de *partager*, § 93. ‖ 1611. COTGR. Admis ACAD. 1835.]

‖ Qui peut être partagé.

PARTAGEANT, PARTAGEANTE [pàr-tà-jan, -jànt'] *s. m. et f.*

[ÉTYM. Subst. particip. de *partager*, § 47. ‖ Admis ACAD. 1835.]

‖ Celui, celle qui partage. (*Cf.* copartageant.) Chacun des partageants.

PARTAGER [pàr-tà-jé] *v. tr.*

[ÉTYM. Dérivé de *partage*, § 154. ‖ 1398. Qu'il ne la puissent faire partaigier, se elle ne l'est, *Ordonn.* VIII, 293.]

I. Diviser en parts.

‖ **1°** En faisant la part de chacun. Il a partagé son bien entre ses enfants. Il (l'oiseau) partage son butin à ses petits, BOSS. *Marie-Thérèse*. Je vais aux prisonniers Des aumônes que j'ai — les deniers, MOL. *Tart*. III, 2. ‖ *Fig.* — le travail entre les ouvriers. Le père partage également sa tendresse entre ses enfants. Il se partage entre l'étude et le plaisir. La nature... Sait entre les auteurs — les talents, BOIL. *Art p.* 1. L'or se peut —, mais non pas la louange, LA F. *Lett*. 18. C'est ainsi qu'Attila se partage à vous deux, CORN. *Attila*, III, 4.

‖ **2°** En prenant chacun sa part. — le gâteau. Ils partagent en frères. *Fig. Famil.* — la poire en deux, accepter chacun la moitié de ce que chacun réclamait en totalité.

| *Fig.* Je ne veux point... — de son cœur rien du tout avec vous, MOL. *Mis*. V, 2. — avec qqn les joies, les tristesses, et, *ellipt*, — les joies, les tristesses de qqn. Je condamne sa faute en partageant ses larmes, BOIL. *Art p.* 4. — les sentiments, les idées de qqn. Mes sentiments sont partagés par lui. *P. anal.* Un amour partagé, que les deux amants éprouvent également. — l'exil de qqn, s'exiler avec lui.

‖ **3°** En gratifiant qqn d'une certaine part. Les dieux vous ont mal partagé pour tous les dons de la fortune, FÉN. *Tél.* 1. Ce que Dieu a mieux partagé de ses grâces, DESC. *Méth.* 2. Boileau avait raison de dire que Thomas Corneille avait été partagé en cadet de Normandie, VOLT. *Lett.* 8 août 1741. ‖ *Vieilli*. — qqch à qqn, le lui donner pour sa part. Un bien qu'il vous doit —, CORN. *Pulch.* I, 3. Dites quel sort votre cœur nous partage, MOL. *Mélic.* II, 6.

II. Diviser en parties. Le général partagea sa troupe en deux corps. Amis, partageons-nous, RAC. *Ath.* IV, 5. Les montagnes qui partagent un territoire en deux bassins. — un triangle en deux parties égales. — les rênes, prendre une rêne dans chaque main. ‖ *Fig.* | **1.** Agiter de sentiments contraires. Mille desseins partagent mes esprits, RAC. *Mithr.* II, 5. Il (l'amour) déchire mon cœur sans — mon âme, CORN. *Cid*, III, 3. | *Absolt*. Un cœur... partagé par mille affections étrangères, MASS. *Tiédeur*, 2. | **2.** Diviser en partis opposés. Rome en deux factions trop longtemps partagée, CORN. *Sertor*. V, 6. Ces deux peuples, jaloux l'un de l'autre, partagèrent toute la Grèce, BOSS. *Hist. univ.* 1, 8. Serez-vous toujours prête à — l'empire? RAC. *Brit.* I, 2. *Poét.* Achille furieux Épouvantait l'armée et partageait les dieux, RAC. *Iph.* V, 6. Les avis se partagent, sont partagés.

***PARTAGEUR** [pàr-tà-jéur] et ***PARTAGEUX, EUSE** [pàr-tà-jeu, -jeûz'] *s. m. et f.*

[ÉTYM. Dérivé de *partager*, §§ 62, 112 et 116. ‖ XVIᵉ s. Mauvais partageur, AMYOT, *Cimon*, 15.]

‖ *Famil*. Partisan, partisane du partage des biens.

PARTANCE [pàr-tàns'] *s. f.*

[ÉTYM. Dérivé de *partir*, § 146. ‖ XIVᵉ s. Amis, ne puis consentir De bon gré vostre partence, CHR. DE PISAN, dans GODEF.]

‖ (Marine.) Départ imminent d'un navire. L'escadre était en —. Pavillon de —, signal qui indique qu'on s'apprête à partir.

PARTANT [pàr-tan] *adv.*

[ÉTYM. Composé de *par* et *tant*, § 726. (*Cf.* pourtant.) ‖ XIIᵉ s. Par tant s'en est aperceüs, *Énéas*, 5121.]

‖ Par suite. Plus d'amour, — plus de joie, LA F. *Fab*. VII, 1.

PARTENAIRE [pàr-te-nèr] *s. m. et f.*

[ÉTYM. Emprunté de l'angl. *partner*, anciennement *partener*, pour *parcener*, qui est l'anc. franç. *parcenier*, *parçonier*, associé, §§ 8 et 507. Qqns écrivent *partner*, comme en anglais. (ACAD.) ‖ 1812. MOZIN, *Dict. franç.-allem.* Admis ACAD. 1835.]

‖ (T. de jeu.) Celui, celle avec qui l'on joue contre d'autres joueurs. ‖ *P. ext. Vieilli*. Celui, celle avec qui l'on fait vis-à-vis à d'autres danseurs.

PARTERRE [pàr-tèr] *s. m.*

[ÉTYM. Composé de *par* et *terre*, § 201. ‖ 1549. R. EST.]

‖ **1°** Partie de jardin où le terrain est uni, sans arbres, et divisé par des plates-bandes. Jamais — plein de fleurs N'eut tant de sortes de nuances, LA F. *Psyché*, 2.

‖ **2°** Partie d'une salle de spectacle entre l'orchestre et le fond du théâtre, où les spectateurs se tenaient jadis debout. Un clerc pour quinze sous... Peut aller au —, BOIL. *Sat.* 9. Prendre une place de —. *P. plaisant. Pop.* Prendre un billet de —, se laisser tomber. ‖ *P. ext.* Le —, ceux qui sont au parterre. Les applaudissements du —. Ces messieurs du bel air qui ne veulent pas que le — ait du sens commun, MOL. *Crit. de l'Éc. des f.* sc. 5.

PARTI [pàr-ti] *s. m.*

[ÉTYM. Subst. particip. de *partir* (partager), § 45. (*Cf.* partie.) ‖ XIVᵉ s. Il se metoient en parti de tout perdre, FROISS. *Chron.* II, p. 288, Kervyn.]

I. Ce qui est attribué à qqn pour sa part.

‖ **1°** *Vieilli*. Appointements d'un employé. Si le — te semble bon pour toi, MOL. *Ét.* II, 7. Êtes-vous convenu du — que vous lui faites? MARIV. *Fausses Confid.* I, 6. ‖ *Fig.* Traitement, situation qu'on fait à qqn. Faire à qqn un mauvais —, le maltraiter. ‖ *Spécialt*. Et si votre parole à Clitandre est donnée, Offrez-lui le — d'épouser son aînée, MOL. *F. sav.* V, 3. Il y a un temps où les filles les plus riches doivent prendre —

(se décider au mariage), LA BR. 3. *P. ext.* Un bon —, un mariage avantageux. Si la rigueur de tes parents à quelque autre — plus sortable t'engage, CORN. *Poés. Dial. Tyrcis et Calist.*

|| **2°** Part attribuée à celui qui affermait certains impôts, certaines fournitures de l'État. (*V.* partisan.) Mettre, prendre en — les vivres de l'armée. Il vous faut... un Jacquier qui prenne en — le pain de munition, SÉV. 190. | *Fig.* Ergaste... trafiquerait des arts et des sciences et mettrait en — jusqu'à l'harmonie, LA BR. 6. *Fig.* Tirer — d'une chose, en tirer profit, avantage. Il sait tirer — de tout.

|| **3°** (T. de jeu.) Partage, balance des chances de gain et de perte. S'il y a autant de hasards d'un côté que de l'autre, le — est à jouer égal contre égal, PASC. *Pens.* X, 1. Déterminer les partis qu'on doit faire entre deux joueurs, ID. *Traité du triangle.* (Arithm.) La règle des partis (la règle du calcul des chances), PASC. *Pens.* V, 9 *bis.*

II. Groupe à part.

|| **1°** Détachement de gens de guerre qui vont battre la campagne, reconnaître l'ennemi, etc. Il tomba dans un — de lansquenets. Ses partis lui rapportent jusqu'aux moindres choses, BOSS. *Condé.* Un — des nôtres a été attiré dans une embuscade, LA BR. 10.

|| **2°** Groupe de personnes suivant une même ligne de conduite. Cet Agrippa fut toujours du — des Romains, BOSS. *Hist. univ.* II, 10. Se ranger, se mettre du — de qqn. Il se met du — de ceux qu'il fait régner, CORN. *Cinna*, III, 4. *Fig.* Je permets à son esprit d'être du — de son cœur, MOL. *Crit. de l'Éc. des f.* sc. 6. | *Poét.* Et ranger tous les cœurs du — de ses larmes, RAC. *Brit.* III, 5. | *P. ext.* Prendre le — de qqn, se mettre parmi ses défenseurs. | Le — des Guelfes, des Gibelins. Les partis politiques. Le — d'Hannon voulait qu'on livrât Annibal aux Romains, MONTESQ. *Espr. des lois*, X, 6. Un chef de —. Un homme de —, que l'attachement à son parti rend intolérant. L'esprit de —, intolérance commune aux gens d'un parti. Avoir un —, être soutenu par un groupe. | *P. anal. Fig.* Léandre fait — (réunit une mascarade) Pour enlever Célie, MOL. *Él.* III, 5.

III. Résolution que qqn adopte pour sa part. Prends-moi le bon —, laisse là tous les livres, BOIL. *Sat.* 8. Prenez votre —, RAC. *Bér.* III, 2. De — pris, en étant décidé d'avance. Il prenait des partis extrêmes, contraires à ses intérêts, FÉN. *Tél.* 1. Prenons —, mon âme, en de telles disgrâces, CORN. *Hor.* III, 1. | *P. anal.* Nous devions... prendre chacun notre —, les uns vers Paris, les autres à Autry, SÉV. 658. | Prendre — pour qqn, se déterminer en sa faveur. Prendre — contre qqn, se déterminer en sens contraire. | *P. ext.* Prendre son — d'une chose, s'y résoudre, s'y résigner.

PARTIAIRE [pàr-syèr; *en vers*, -si-èr] *adj.*

[ÉTYM. Emprunté du lat. partiarius, *m. s.* || 1514. Compagnie partiaire, dans GODEF. Admis ACAD. 1835.]

|| Qui a droit à une partie des produits. Colon —.

PARTIAL, ALE [pàr-syàl; *en vers*, -si-àl] *adj.*

[ÉTYM. Emprunté du bas lat. partialis, qui s'est employé au sens de « partial » et au sens de « partiel ». || XIV° s. Volenté parcial, ORESME, dans DELB. *Rec.*]

I. *Vieilli.* Attaché à un parti. Homme fort ambitieux et — des Lacédémoniens, AMYOT, *Artax.* 16.

II. Que la prévention en faveur de qqn rend injuste. Un homme — est exposé à de petites mortifications, LA BR. 12.

PARTIALEMENT [pàr-syàl-man; *en vers*, -si-à-le-...] *adv.*

[ÉTYM. Composé de partiale et ment, § 724. (*Cf.* partiellement.) || Admis ACAD. 1740.]

|| D'une manière partiale.

***PARTIALISER** [pàr-syà-li-zé; *en vers*, -si-à-...] *v. tr.*

[ÉTYM. Dérivé de partial, § 267. || XVI° s. Il y avoit beaucoup des assistens... qui se partialisoient avec luy, AMYOT, *Dion*, 46.]

|| *Vieilli.* Diviser en partis. Tout se divise et se partialise parmi les hommes, BOSS. *Polit. tirée de l'Écr. sainte*, I, 3. Toute la cour se partialisa, ST-SIM. I, 309.

PARTIALITÉ [pàr-syà-li-té; *en vers*, -si-à-...] *s. f.*

[ÉTYM. Dérivé de partial, § 255. || XIV° s. Partialités et differents, FROISS. *Chron.* XI, p. 7, Kervyn.]

I. *Vieilli.* Attachement à un parti. Votre Majesté éteindra dans ses États les nouvelles partialités, BOSS. *Dev. des Rois*, 2.

II. Caractère de celui que la prévention en faveur de qqn rend injuste. La — d'un juge. Ne montrez ni — ni prévention, FÉN. *Tél.* 23.

PARTIBUS (IN). *V.* in partibus.

PARTICIPANT, ANTE [pàr-ti-si-pan, -pänt'] *adj.*

[ÉTYM. Adj. particip. de participer, § 47. || XIII°-XIV° s. Je suis participans et personnieirs de tous ceulx qui te doubtent, *Psaut. de Metz*, dans DELB. *Rec.*]

|| Qui participe. Pour... les rendre participants de ses grâces, BOSS. *Hist. univ.* II, 20.

PARTICIPATION [pàr-ti-si-pà-syon; *en vers*, -si-on] *s. f.*

[ÉTYM. Emprunté du lat. participatio, *m. s.* || XIII° s. De sa pesme transgression Orent participation, BENEEIT, *Ducs de Norm.* 23833.]

|| Action de participer. (Se construit avec de ou à.) Exclu de la — aux prières, VOLT. *Mœurs*, 184. Elle (la religion) élève (les justes) jusques à la — de la divinité même, PASC. *Pens.* XII, 11. Il a nié toute — au complot. Cela a été fait sans sa —. || (Commerce.) Société en —, association momentanée entre négociants, entrepreneurs, etc., pour l'exploitation d'une affaire avec partage des bénéfices suivant des conventions déterminées.

1. PARTICIPE [pàr-ti-sïp'] *s. m.*

[ÉTYM. Emprunté du lat. participium, *m. s.* || XIII° s. Parmi le cors d'un participle, H. D'ANDELI, *Bat. des set ars*, 259.]

|| (Gramm.) Partie du discours (participant du verbe et de l'adjectif), mode impersonnel du verbe, qui en exprime l'action sous forme d'adjectif. — présent. — passé. Règle des participes, suivant laquelle ils s'accordent ou restent invariables.

2. *PARTICIPE [pàr-ti-sïp'] *s. m. et f.*

[ÉTYM. Emprunté du lat. particeps, cipis, *m. s.* || XV° s. Elemens participes, *Alchimie*, dans GODEF.]

|| *Vieilli.* celle qui participe à qqch. *Spéciall.* Associé. Un financier et ses participes.

PARTICIPER [pàr-ti-si-pé] *v. intr. et tr.*

[ÉTYM. Emprunté du lat. participare, *m. s.* || XIV° s. Les autres bestes ne participent pas en felicité, ORESME, *Éth.* X, 15.]

I. *V. intr.* || **1°** — à, avoir part à qqch. Il a participé à cette entreprise. Participe à ma gloire au lieu de la souiller, CORN. *Hor.* IV, 7.

|| **2°** — de, tenir de la nature de qqch. Le sublime participe du beau et de l'agréable, BOIL. *Longin*, 24.

II. *Vieilli. V. tr.* Posséder (qqch) par participation. Ce peu que je participais de l'être parfait, DESC. *Méth.* 4. Une raison subalterne, bornée, participée, FÉN. *Exist. de Dieu*, I, 2.

PARTICULARISER [pàr-ti-ku-là-ri-zé] *v. tr.*

[ÉTYM. Dérivé du lat. particularis, particulier, § 267. || XV° s. De ce ledit Gentien n'avoit rien particularisé, JUV. DES URSINS, *Chron.* ann. 1412.]

|| **1°** Rendre particulier. Dans une grande république... les intérêts se particularisent, MONTESQ. *Espr. des lois*, VIII, 16. | Il faut — cette proposition générale, PASC. *Pens.* IV, 6.

|| **2°** Faire connaître jusque dans les circonstances particulières. On ne saurait écrire pour trop de monde ni — trop les cas, PASC. *Prov.* 8. Il particularise et circonstancie toutes choses, BOSS. *Hist. univ.* II, 3.

PARTICULARISME [pàr-ti-ku-là-rïsm'] *s. m.*

[ÉTYM. Dérivé du lat. particularis, particulier, § 265. || (Au sens **1°**.) XVII° s. *V.* à l'article. | (Au sens **2°**.) *Néolog.* Admis ACAD. 1878.]

|| (T. didact.) || **1°** (Théol.) Doctrine religieuse qui enseigne que Jésus-Christ n'est mort que pour le salut des élus. Ce détestable —, comme ils (les luthériens) l'appellent, BOSS. *1er Avert.* 8.

|| **2°** Doctrine politique qui réclame l'autonomie pour telle ou telle partie d'un État.

PARTICULARISTE [pàr-ti-ku-là-rïst'] *s. m. et f.*

[ÉTYM. Dérivé du lat. particularis, particulier, § 265. || 1701. FURET. Admis ACAD. 1878.]

|| (T. didact.) Celui, celle qui professe le particularisme.

PARTICULARITÉ [pàr-ti-ku-là-ri-té] *s. f.*

[ÉTYM. Emprunté du lat. particularitas, *m. s.* || XIII° s. Et les particularités De toutes possibilités, J. DE MEUNG, *Rose.*]

|| **1°** Caractère de ce qui est particulier.

|| **2°** Circonstance particulière. Il faut connaître les particularités de cette action, PASC. *Prov.* 4.

PARTICULE [pàr-ti-kul] *s. f.*

[ÉTYM. Emprunté du lat. particula, *m. s.* (*Cf.* parcelle.) || 1484. L'une des particules... est racine seconde, CHUQUET, *Triparty*, 223.]

‖ **1°** (T. didact.) Petite partie d'un corps. **L'air se charge des particules de la terre**, MONTESQ. *Lett. pers.* 121.

‖ **2°** (Gramm.) Petit mot généralement monosyllabique, qui n'est usité que dans la composition d'autres mots. **Les particules més (mésallier, mésaventure, etc.), dés (désunir, etc.). (*Cf.* préfixe.)** ‖ *P. ext.* Mot invariable monosyllabique. | *Spécialt.* La — nobiliaire, la préposition de qui précède le nom de beaucoup de familles nobles. *Ellipt.* **Avoir la —, être noble.**

PARTICULIER, IÈRE [pàr-ti-ku-lyé, -lyèr] *adj.* et *s. m.* et *f.*

[ÉTYM. Emprunté du lat. *particularis, m. s.* devenu d'abord particuler, § 503, puis, par confusion de suffixe, particulier, § 62. ‖ 1327. **Es propres utilités d'aucune particulierre personne**, dans DELB. *Rec.*]

I. *Adj.* ‖ **1°** Qui est propre exclusivement à une personne, à une chose. **C'est mon talent —**, MOL. *Préc. rid.* sc. 9. **Cette plante a une vertu particulière. La sotte vanité nous est particulière**, LA F. *Fab.* VIII, 15. **C'est son ennemi —.** | *Substantivt.* **En mon —, en ce qui me concerne.** *Dans ce même sens, vieilli.* **Pour mon —. Pour mon —, je me promettais de perfectionner de plus en plus mes jugements**, DESC. *Méth.* 3. ‖ *P. ext.* Qui se distingue des autres personnes, des autres choses. **Quelles mœurs étranges et particulières ne décrit-il pas !** LA BR. 12. **Un cas —, peu ordinaire. Il me dit des choses particulières et bien agréables**, SÉV. 865. **Nous n'avons rien de — à te dire**, PASC. *Lett.* 5 nov. 1648. **Des opinions extraordinaires et particulières**, BOSS. *Var.* 2. **J'en fais, je l'avoue, un cas —** (une estime particulière), MOL. *Mis.* IV, 1. **Il est — en ses distractions**, REGNARD, *Distr.* I, 1. **Nous tâchons de rencontrer quelque habile homme, quelque médecin —**, MOL. *Méd. m. l.* I, 4. **Voilà qui est —, peu ordinaire.** ‖ *P. ext.* Qui ne se communique pas aux autres. **Étant assez particulière sans pourtant être farouche**, LA BR. 12.

‖ **2°** Qui s'applique à l'individu. **Sacrifier l'intérêt général à l'intérêt —. Un legs —. Prendre des leçons particulières.** { *P. ext.* (Logique.) **Proposition particulière**, qui s'applique à qqns et non à tous.

‖ **3°** Qui a un caractère privé. **Secrétaire —. Recevoir en audience particulière**, et, *substantivt*, **Recevoir, prendre qqn en —. Il ne pourra lui donner leçon comme il faut s'ils ne sont en —**, MOL. *Mal. im.* II, 2. **Il le prit en —** (à part), FÉN. *Tél.* 12.

‖ **4°** Qui concerne le détail. **Énumérer les circonstances particulières d'un événement.** *Substantivt.* **Ces vérités importantes qu'on reconnaît d'autant plus qu'on entre dans le —**, BOSS. *Hist. univ.* II, 5. ‖ **L'attraction de la terre sur les corps placés à sa surface est un cas — de l'attraction universelle.**

II. *S. m.* et *f.* Personne privée. **S'il n'est pas permis aux particuliers de faire des leçons aux princes**, BOSS. *R. d'Angl.* **Les vertus d'un roi et celles d'un —. Vous êtes —, je suis en communauté**, PASC. *Prov.* 2. **Est-ce la maison d'un —**, LA BR. 6. |‖ **Nous autres, petites particulières**, Mᵐᵉ DE PUISIEUX, *Ridic. à la mode*, p. 150. ‖ *Famil.* **Dans un sens défavorable. Quel est ce —? Voilà une étrange particulière.**

PARTICULIÈREMENT [pàr-ti-ku-lyèr-man ; *en vers,* -lyè-re-...] *adv.*

[ÉTYM. Composé de particulière et ment, § 724. ‖ XIVᵉ s. **Savoir particulierement les comptes**, ORESME, dans MEUNIER, *Essai sur Oresme.*]

‖ D'une manière particulière. **Je le connais —. Il m'est recommandé —. Je vous raconterai cela plus —.**

PARTIE [pàr-ti] *s. f.*

[ÉTYM. Subst. particip. de partir (partager), § 45. (*Cf.* parti.) ‖ XIIᵉ s. **La primière partie**, PH. DE THAUN, *Comput*, 1207.]

I. Élément composant d'un tout. **Les cinq parties du monde. Les différentes parties du corps. Les parties sexuelles. Les parties d'un édifice. Les parties aliquotes d'un nombre. Il a donné une — de son bien. Une — du camp était déjà brûlée**, FÉN. *Tél.* 20. | (Philos.) En parlant de l'âme. **La — supérieure, la raison. La — animale. Où donc est la morale Qui sait si bien régir la — animale?** MOL. *F. sav.* I, 2. **Ce livre se divise en cinq parties.** ‖ *Spécialt.* Article d'un compte. **Ce qui me plaît de monsieur Fleurant, mon apothicaire, c'est que ses parties sont toujours fort civiles**, MOL. *Mal. im.* I, 1. **Je ne vois ici que des marchands qui apportent des parties**, REGNARD, *Divorce*, II, 2. **On pouvait appeler ce mémoire de vraies parties d'apothicaire**, LE SAGE, *Gil Blas*, VII, 16. **Tenue des livres en — double**, et, *vieilli*, **à — double**, qui, établissant pour chaque opération un débiteur et un créancier, fait figurer chaque somme deux fois au grand livre. ‖ *P. ext.* Une — de marchandises, certaine quantité de telle ou telle marchandise. | **Travailler dans une —, dans telle ou telle branche de commerce, d'industrie. Dans quelle — êtes-vous? Il est de la —. Ce n'est pas ma —.**

II. Élément qui concourt à un ensemble. **Les diverses parties d'un mécanisme. Que d'un art délicat les pièces assorties N'y forment qu'un seul tout de diverses parties**, BOIL. *Art p.* 1.

‖ *Spécialt.* ‖ **1°** (Musique.) Ce que chaque voix a à chanter, chaque instrument à jouer, dans un ensemble. **Un morceau à trois, à quatre parties. La — de violon, d'alto. La — de ténor, de contralto. Tenir telle ou telle —. Faire sa — dans un chœur.** | *Fig.* **La comédie ne serait pas moins bien jouée quand je serais demeuré derrière le théâtre; ma — est bien petite en ce monde**, BOSS. *Fragm. Briév. de la vie.*

‖ **2°** (Gramm.) — du discours, chacune des espèces de mots (substantif, adjectif, verbe, etc.) qui servent à exprimer les idées par le langage.

‖ **3°** Chacune des qualités dont la réunion rend qqn accompli en son genre. **Où trouvera-t-on un poète... qui ait possédé à la fois tant d'excellentes parties**, RAC. *Disc. à la réception de Th. Corn.* **La principale — de l'orateur, c'est la probité**, LA BR. 14. **Il ne serait pas juste de lui nier (à Villars) des parties : il en avait de capitaine**, ST-SIM. III, 326. **Cicéron, avec des parties admirables pour un second rôle, était incapable du premier**, MONTESQ. *Rom.* 12. **La vaste érudition qui était sa — dominante**, D'ALEMB. *Éloges, Bouhier.*

‖ **4°** — de plaisir, plaisir que l'on prend en commun avec d'autres. | **Faire une — avec qqn. Organiser une — de chasse, de pêche, etc. Quelle occupation pour faire venir parties de plaisir sur parties !** MONTESQ. *Lett. pers.* 111. **Ce n'est plus cet homme doux et galant qui liait (combinait) toutes les parties**, BOSS. *Vérit. convers.* 1. | *P. anal.* **La proposition (d'un duel) fut acceptée : voilà la — bien liée, le lieu pris**, SÉV. 895. ‖ *P. ext.* Une — de jeu, sorte de lutte entre deux ou plusieurs joueurs, soumise à certaines règles suivant la nature du jeu, et dont l'issue décide lequel des joueurs gagne ou perd. **Faire une — de cartes, de dames, d'échecs, de billard, de barres, de ballon, etc. Faire la — de qqn. Faire sa —. Jouer, gagner, perdre une —. — liée, où il faut gagner deux parties de suite ou deux parties sur trois pour être vainqueur. Un coup de —, qui décide du gain de la partie, et, *fig.* action, événement qui décide du succès. La — n'est pas égale, les joueurs ne sont pas d'égale force, et, *fig.* (dans un duel, une bataille, etc.), l'un des adversaires est inférieur à l'autre. Quitter la —, renoncer à jouer, et, *fig.* renoncer à tenir tête à qqn. Mettez dans vos discours un peu de modestie, Ou je vais sur-le-champ vous quitter la —**, MOL. *Tart.* III, 2. ‖ *Fig.* En parlant d'un combat auquel on renonçait. **La — est rompue, et les dieux la renouent**, CORN. *Hor.* IV, 4.

‖ **5°** *P. ext.* Chacun de ceux dont l'antagonisme donne lieu à une guerre, à un procès. **Les parties belligérantes, puissances qui sont en guerre les unes des autres. La — adverse de qqn, son adversaire dans un procès. Votre — est forte**, MOL. *Mis.* I, 1. | *Fig.* **Avoir affaire à forte —, à un adversaire redoutable. Se porter — civile, intenter une action personnelle contre celui qui est accusé d'un crime, d'un délit, pour obtenir réparation du préjudice qu'on a souffert. La — lésée, le plaignant.** | *P. ext.* En parlant de ceux qui ont des intérêts différents dans une affaire commune. **Parties intéressées**, ceux qui contractent ensemble. **Parties prenantes**, créanciers qui viennent en ordre utile dans le partage d'une créance.

PARTIEL, ELLE [pàr-syèl ; *en vers,* -si-èl] *adj.*

[ÉTYM. Emprunté du lat. **partialis, m. s.** (*Cf.* partial.) L'anc. franç. dit partial au sens de « partiel » et de « partial ». ‖ Admis ACAD. 1762.]

‖ Qui n'existe, n'a lieu qu'en partie. **Une éclipse partielle de lune. Une amnistie partielle. Les produits partiels d'une multiplication.**

PARTIELLEMENT [pàr-syèl-man ; *en vers,*-si-è-le-...] *adv.*

[ÉTYM. Composé de partielle et ment, § 724. ‖ XIVᵉ s. **Parcialement**, ORESME, dans MEUNIER, *Essai sur Oresme.* Admis ACAD. 1835.]

‖ D'une manière partielle.

PARTIR [pàr-tir] *v. tr.* et *intr.*

[ÉTYM. Du lat. pop. partîre (class. partîri, § 601), partager, § 291.]

I. *V. tr. Vieilli.* Partager. Nous partons le fruit de notre chasse avecque nos chiens, MONTAIGNE, II, 12. Sur le point de — leur chevance, LA F. *Contes, Oraison.* | *P. ext.* Cela est tout parti (le gain et la perte sont répartis), PASC. *Pens.* X, 1. | *De nos jours. Fig.* Avoir maille à — avec qqn, avoir à partager une maille, ancienne monnaie très petite, et, *fig.* avoir des difficultés avec qqn. (*Cf.* maille 2.) Et l'on nous voit sans cesse avoir maille à —, MOL. *Ét.* I, 7. | (Blason.) Partager en parties égales. Écu parti, et, *ellipt,* Il porte parti d'or et de gueules. || *P. ext.* Séparer. Se —, s'éloigner. Cela fait, Theseus se partit pour aller combattre le taureau de Marathon, AMYOT, *Thésée,* 16. Ainsi se partit ce berger, D'URFÉ, *Astrée,* II, 3.

II. *V. intr.* || **1°** S'éloigner d'un lieu. Il est parti d'ici ce matin. — pour la campagne. Vous voulez que je parte demain, Et moi j'ai résolu de — tout à l'heure, RAC. *Bér.* V, 5. Nous partîmes cinq cents, CORN. *Cid,* IV, 3. *Au part. prés. pris substantivt.* Aux partants un adieu, LAMART. *Jocelyn,* 232. | Le courrier vient de —. Le train part. Le navire partira demain. | — de ce monde, mourir. *Absolt.* C'est la règle et la raison, ma fille, que je parte la première, SÉV. 770. | *P. anal.* Le peu d'argent qui lui restait est déjà parti. Allez, partez, mes vers, BOIL. *Ép.* 10. *Substantivt.* Au —, au moment où l'on part. Plus belle qu'elle n'était au — de Londres, HAMILT. *Gram.* 8. || Commencer soudain son mouvement. Il partit comme un trait, LA F. *Fab.* VI, 10. Le chien a fait — un perdreau. Un cheval qui part au galop. | (Musique.) Les chœurs ne sont pas partis en mesure. Une flèche a parti d'une main inconnue, CORN. *Suréna,* V, 5. Le fusil est parti. J'ai vu — le coup. | *Fig.* — d'un éclat de rire. Les bourgeons commencent à —. Le mot était à peine parti qu'il le regretta.

|| **2°** Émaner. Les rayons qui partent d'un foyer de lumière. Les nerfs qui partent du cerveau. || *Fig.* Ce langage part du cœur. Votre compassion... Part d'un bon naturel, LA F. *Fab.* I, 22. Le coup qui l'a perdu n'est parti que de lui, RAC. *Andr.* III, 3. Ce conseil ne part pas de vous. Les ordres partis du palais. Jamais deux pièces ne partirent d'une même main plus différentes, CORN. *Clit.* préf. || *P. ext.* — d'un principe, d'une donnée (pour en tirer les conséquences). Partez de là, de ce qui vient d'être dit. || *Loc. prép.* A — de. A — de cette époque, en considérant ce qui a eu lieu depuis cette époque.

PARTISAN, *PARTISANE [pàr-ti-zan, -zàn'] *s. m.* et *f.* [ÉTYM. Emprunté de l'ital. partigiano, *m. s.* §§ 12 et 507. Le fém. partisane est peu répandu; qqns disent partisante, § 62. || XVᵉ s. Grande partisane des François, COMM. VIII, 9.]

I. *S. m.* et *f.* Celui, celle qui s'attache à un parti. Les partisans de Pompée, de César. Pourvu que vous soyez toujours ma partisane, BOISSY, *Frivolité.* | *Fig.* Les partisans de la peine de mort. | *Poét.* L'éclat de mes hauts faits fut mon seul —, CORN. *Cid,* I, 3.

II. *P. ext. S. m.* Soldat, officier de troupes irrégulières faisant une guerre d'avant-postes, de surprises, etc. Un corps de partisans.

III. *S. m. Anciennt.* Celui qui prenait à ferme certains impôts, certaines fournitures de l'État, moyennant une part qu'il se réservait. Quelque gros — m'achètera bien cher, LA F. *Fab.* V, 3.

PARTITIF, IVE [pàr-ti-tif', -tiv'] *adj.* [ÉTYM. Dérivé du lat. partitum, supin de partiri, partager, § 257. || 1550. Du et de sont aussi quelquefois partitifs, MEIGRET, dans DELB. *Rec.* Admis ACAD. 1762.]

|| (Gramm.) Qui désigne une partie d'un tout. Un adjectif, un substantif —. La préposition de se prend souvent au sens — (de la viande, du pain).

PARTITION [pàr-ti-syon ; *en vers,* -si-on] *s. f.* [ÉTYM. Emprunté du lat. partitio, *m. s.* (*Cf.* l'anc. franç. parçon, de formation pop., et répartition.) || XIIᵉ s. Icist avront particion De la regeneracion, BENEEIT, *Ducs de Norm.* II, 1587.]

I. *Vieilli.* Division. La — de l'échelle barométrique. Il semble que la grâce de la conversion soit attachée à ces énormes partitions (divisions d'un sermon), LA BR. 15. Les partitions oratoires, livres où sont analysés les principes de l'art oratoire. | *Spécialt.* — d'un accordeur, règle particulière dont se sert un accordeur d'orgue, de piano, pour accorder ces instruments.

II. Réunion de toutes les parties d'une composition musicale. Grande —, contenant toutes les parties de chant et d'orchestre. — de chant, contenant les parties de chant et une réduction au piano des parties d'orchestre.

PARTNER. *V.* partenaire.

PARTOUT [pàr-tou ; le *t* se lie] *adv.* [ÉTYM. Composé de par et tout, § 726. || XIIᵉ s. Partot ira sa poestez, *Énéas,* 2956.]

|| En tout lieu. — en ce moment on me bénit, on m'aime, RAC. *Brit.* IV, 3. Que les Romains... Doutent où vous serez et vous trouvent —, ID. *Mithr.* III, 1. — on voit la douleur et le désespoir, BOSS. *D. d'Orl.* Venez ; — ailleurs (en tout autre lieu) on pourrait nous entendre, RAC. *Esth.* II, 1. — où je trouverai des hommes, MONTESQ. *Lett. pers.* 67. Vous m'avez écrit de —, SÉV. 136. | *Spécialt.* Au jeu de dominos. Six —, des deux côtés il faut poser du six.

PARTURITION [pàr-tu-ri-syon ; *en vers,* -si-on] *s. f.* [ÉTYM. Emprunté du lat. parturitio, *m. s.* || *Néolog.* Admis ACAD. 1878.]

|| (T. didact.) Accouchement naturel. (*Cf.* part 2.)

PARURE [pà-rūr] *s. f.* [ÉTYM. Pour pareûre, § 358, dérivé de parer 1, § 111. (*Cf.* le lat. paratura, apprêt, dans TERTULL.) || XIIIᵉ s. El gué jeta la pareûre, *Vie des Pères,* dans GODEF. pareure.]

I. (Technol.) Action de parer, de préparer. La — des peaux. | *P. ext.* Ce qu'on enlève en parant. On fait de la colle forte avec les parures de peaux. — de graisse, graisse qu'on fait tomber des morceaux de viande et qui sert à faire du suif.

II. Action de parer, d'arranger d'une manière élégante. Une trop grande négligence comme une excessive — dans les vieillards, font mieux voir leur caducité, LA BR. 11. | *P. ext.* Ce qui sert à parer. Toutes les diverses parures qu'une vaine curiosité a inventées, BOSS. *La Vall.* Une riche —. Une — de diamants, garniture de diamants. || *Fig.* Vous devez en guerre être habillés de fer, ce qui est sans mentir une jolie —, LA BR. 12. C'est toujours Mˡˡᵉ de Grignan : ce nom est une —, SÉV. 1112. Une grande — pour le favori disgracié, c'est la retraite, LA BR. 12, var. 1ʳᵉ édit.

PARVENIR [pàr-ve-nîr] *v. intr.* [ÉTYM. Du lat. pervenire, *m. s.* §§ 344 et 291.]

|| **1°** Arriver enfin au lieu où l'on veut aller. — au sommet. | *P. anal.* Jusqu'à mon cœur le venin parvenu, RAC. *Phèd.* V, 7. Ma lettre lui est parvenue. Des pays où mon nom ne soit point parvenu, RAC. *Phèd.* IV, 2.

|| **2°** *Fig.* Arriver enfin au but qu'on veut atteindre. — à un grand âge. Je suis parvenu à le décider. — aux honneurs, aux dignités. | *Absolt.* Arriver à une haute fortune. Les artifices que les ambitieux appellent les moyens de —, FLÉCH. *M. de Montausier.* | *Au part. passé pris substantivt.* Un parvenu, celui qui, parti de bas, est arrivé à une haute fortune. Une vulgaire parvenue.

PARVIS [pàr-vi] *s. m.* [ÉTYM. Du lat. paradisum, paradis (nom donné dans le haut moyen âge au portique qui se trouvait devant Saint-Pierre de Rome), devenu pareïs, §§ 335, 411 et 291, parevis, parvis, § 358. || XIIᵉ-XIIIᵉ s. En cel parevis parmei cui hom vat à la glise, *Dial. Gregoire,* p. 212.]

|| Place devant la porte principale d'une église. Le — Notre-Dame. || *P. anal.* | 1. Vestibule d'un temple. Assis tous deux dans le sacré —, LA F. *Phil. et Baucis.* | 2. Enceinte d'un temple. De ses — sacrés j'ai deux fois fait le tour, RAC. *Ath.* III, 7. | 3. Partie intérieure du temple. Dans un des —, aux hommes réservé, RAC. *Ath.* II, 2. || *Fig.* Les célestes —, le paradis.

1. PAS [pá ; l's se lie avec le son d'un *z*] *s. m.* [ÉTYM. Du lat. passum, *m. s.* §§ 366 et 291.]

I. Mouvement pour avancer.

|| **1°** Mouvement que fait une personne, un animal, en mettant un pied devant l'autre pour marcher. Le — d'un homme, le — d'un enfant, le — d'un cheval. Elle allait à grands —, LA F. *Fab.* VII, 10. Aller d'un bon —. Vous marchez d'un tel — qu'on a peine à vous suivre, MOL. *Tart.* I, 1. Marcher à — de loup, de manière à surprendre. Aller — à pas. | *Fig.* J'y vais de ce —, et, *vieilli,* tout d'un —, immédiatement. Je vais trouver Roxane de ce —, RAC. *Baj.* II, 5. Faire les premiers —, aller à la rencontre de qqn, et, *fig.* faire des avances. Faire le premier —, s'engager dans une voie. Dés le premier — regarder en arrière, CORN. *Hor.* II, 3. *Loc. prov.* Il n'y a que le premier — qui coûte, le plus difficile est de commencer. A — comptés, avec une lenteur mesurée. Marchant à — comptés Comme un recteur suivi des quatre facultés, BOIL. *Sat.* 3. || *Fig.* La vengeance vient à — lents. Il marche à grands — vers la mort, MASS. *Mort du pécheur.* Prendre le — sur qqn, passer devant lui, et, *fig.* Avoir le

— sur qqn, avoir le droit de passer avant lui. *Ellipt*. Disputer le — à qqn. *Fig*. L'esprit doit sur le corps prendre le — devant, MOL. *F. sav*. II, 7. Le mortier (la magistrature) et la pairie se disputent le —, LA BR. 14. Suivre les — de qqn, l'accompagner. Ne suivez point mes —, RAC. *Bér*. V, 7. Au nom de cet amour, daignez suivre mes —, CORN. *Poly*. IV, 3. Faire un grand —, et, *fig*. faire un progrès. Voilà un grand — de fait. Faire un — en arrière, reculer. Faire un faux —, et, *fig*. commettre une faute. Nous repassons avec amertume sur tous nos faux —, BOSS. *R. d'Angl*. || *Fig*. | **1**. Acte. Poursuis; tu n'as pas fait ce — pour reculer, RAC. *Brit*. V, 6. Ne peut-il faire un — qu'il ne vous soit suspect? ID. *ibid*. I, 2. | **2**. Démarche active. Valère a fait pour vous des —, MOL. *Tart*. II, 3. Faire un — de clerc, une démarche de novice, maladroite. C'était un autre — de clerc, ST-SIM. I, 140. Il ne regrette point ses —, il ne regrette pas de s'être dérangé.

|| **2°** Mouvement plus ou moins rythmé de la marche. | **1**. (T. milit.) Mouvement de marche mesuré. Aller au — ordinaire. Prendre le — accéléré. S'élancer au — de charge. On les accoutumait à aller le — militaire, MONTESQ. *Rom*. 2. Marquer le —, faire le mouvement sur place, et, *fig*. ne pas avancer. — redoublé. Mettre qqn au —, et, *fig*. l'obliger à obéir. | **2**. (Danse.) Chacun des divers mouvements cadencés qu'on fait en dansant. — marché, glissé, sauté, jeté, battu. Un — de valse, de menuet, de gigue. | *P. ext*. Une suite de —. Un — de deux, de quatre, que dansent deux, quatre personnes. | **3**. Allure du cheval qui marche, par opposition au trot, au galop. Remettre son cheval au —. Un cheval qui a le — relevé, dont le pas rapide est voisin du trot.

|| **3°** Traces laissées par le pied en marchant. On voit sur le sable des — d'hommes, de cheval. Les — empreints sur la poussière, LA F. *Fab*. VI, 14. Revenir sur ses —, refaire le chemin parcouru, et, *fig*. reprendre, recommencer qqch. Marcher sur les — de qqn, suivre ses traces, et, *fig*. l'imiter. A marcher sur mes — Bajazet se dispose, RAC. *Baj*. III, 2. Va marcher sur leurs — où l'honneur te convie, CORN. *Cinna*, I, 3. *Ellipt*. Sur les — (à l'imitation) de Brébeuf, BOIL. *Art p*. 1. | Mon fils devrait baiser les — que j'y fais tous les jours, SÉV. 851. Croit-il, le traître, que mille cinq cents livres se trouvent dans le — d'un cheval (qu'il n'y ait qu'à se baisser pour les ramasser? MOL. *Scap*. II, 7.

II. Court espace parcouru, à parcourir.

|| **1°** Intervalle d'un pas à un autre pas. Elle (l'allée) contient douze cents —, SÉV. 851. Des bornes placées de mille en mille —. Que je me vas désaltérant, Dans le courant, Plus de vingt — au-dessous d'elle, LA F. *Fab*. I, 10. On ne se voit pas à dix —. Ne pas s'éloigner d'un —. || *Fig*. Il ne faut pas quitter la nature d'un —, LA F. *Relat. d'une fête à Vaux*. A deux, à quatre — d'ici, tout près. A quatre — d'ici, je te le fais savoir, CORN. *Cid*, II, 2. || *Fig*. (Technol.) — de vis, intervalle entre les deux filets d'une vis.

|| **2°** Passage. Il y a des — où il faut descendre de carrosse, SÉV. 331. Un — glissant, difficile, étroit. | *Fig*. — de souris, chemin étroit entre un rempart et le fossé. Elle évita heureusement tous les mauvais —, HAMILT. *Gram*. 9. *Fig*. Un mauvais —, situation dont il est difficile de sortir. Il sait bien se tirer d'un — si hasardeux, CORN. *Hor*. IV, 2. Dieu veuille nous tirer d'un aussi mauvais —, REGNARD, *Légat. univ*. V, 1. | Passer, franchir, sauter le —, se décider à une chose qui coûte. | *Spécialt. P. anal*. Sauter le —, mourir. || *Spécialt*. | **1**. Passage étroit dans les montagnes. Le — de Suse. Nous emparer du — des Thermopyles, BARTHÉLEMY, *Anacharsis*, 61. *P. anal*. Détroit. Le — de Calais. | **2**. Seuil d'une porte. Une fille... qui causait sur le — d'une porte, MARIV. *Épreuve*, sc. 1. | *Fig*. En parlant d'un boutiquier qui cède son fonds. Le — de porte, le droit à l'enseigne et au nom. Il a cédé son — de porte.

2. PAS [pá ; l's se lie avec le son d'un *z*] *adv*.

[ÉTYM. Tiré de pas **1** (*cf*. point, goutte, etc.), § 726. || XI° s. Pas ne vos esmaiiez, *Voy. de Charl. à Jérus*. 681.]

|| Particule servant à renforcer les négations ne et non. Je crains votre silence, et non — vos injures, RAC. *Andr*. IV, 5. Je ne suis — un être nécessaire, PASC. *Pens*. 1, 11. Je le perds pour ne me perdre —, CORN. *Poly*. III, 5. N'attendons — que l'on nous environne, RAC. *Andr*. V, 5. Peut-on, en le voyant, ne le connaître —? ID. *Esth*. III, 3. Ce n'est — qu'en effet, contre mon père et moi, Ma flamme assez longtemps n'ait combattu pour toi, CORN. *Cid*, III, 4. *Ellipt, dans le même sens*. Non — qu'elle vous croie avoir trop acheté, ID. *Cinna*,

II, 1. Il n'est — que vous ne confessiez quelqu'un, PASC. *Prov*. 4. || Se construit qqf, mais rarement, avec les mots rien, aucun, etc. Et tu n'as — sujet de rien appréhender, MOL. *Ét*. V, 5. Les bruits que j'ai faits... Ne sont — envers vous l'effet d'aucune haine, ID. *Tart*. III, 3. || Avec la négation sous-entendue dans les phrases interrogatives. | **1**. *Famil*. Ai-je — réussi? MOL. *Ét*. IV, 4. Et sais-tu — pour lui jusqu'où va mon ardeur? ID. *Tart*. II, 3. Fit-il — mieux que de se plaindre? LA F. *Fab*. III, 11. | **2**. Dans les réponses négatives. ÉRASTE : Vous êtes donc facile à contenter? — VALÈRE : — tant Que vous pourriez penser, MOL. *Dép. am*. I, 3. || *Ellipt*. — d'argent, — de suisse. Pauvre esprit | — deux mots | MOL. *Ét*. IV, 2. | *Famil*. Un individu — trop mal tourné. | C'est un — grand chose. (*Cf*. vaurien.)

PASCAL, ALE [pás'-kàl] *adj*.

[ÉTYM. Emprunté du lat. ecclés. paschalis, *m. s*. || XII°-XIII° s. Li jors de la feste pascale, *Dial. Gregoire*, p. 168.]

|| Relatif à la Pâque, à Pâques. L'Agneau — (chez les Juifs). Le temps —, le temps pendant lequel on doit faire ses Pâques. La communion pascale. Le cierge —.

PASQUIN [pás'-kin] *s. m*.

[ÉTYM. Emprunté de l'ital. pasquino, *m. s*. nom d'une statue antique de Rome sur laquelle on affichait des placards satiriques, §§ 12 et 36. Souvent pasquin au commencement du XVII° s. par substitution de suffixe, § 62. || 1611. Pasquille, pasquil, pasquin, COTGR.]

|| *Vieilli*. Écrit satirique. D'un — qu'on a fait, au Louvre on vous soupçonne, BOIL. *Ép*. 6.

PASQUINADE [pás'-ki-nàd'] *s. f*.

[ÉTYM. Emprunté de l'ital. pasquinata, *m. s*. § 12. || 1680. RICHEL.]

|| Raillerie bouffonne.

°PASQUINER [pás'-ki-né] *v. tr*.

[ÉTYM. Dérivé de pasquin, § 154. || XVII° s. *V*. à l'article.]

|| *Vieilli*. Mettre en pasquin, tourner en ridicule. Nous pasquinerons leurs malices, CORN. *Poés. div*. 1.

PASSABLE [pá-sàbl'] *adj*.

[ÉTYM. Dérivé de passer, § 93. || XIII° s. Tant fust soutille ne passable, *Rose*, dans GODEF.]

|| Qui peut passer, être accepté. Je la trouve assez —, MOL. *Scap*. I, 3. Ma foi! tout est — (en parlant des mets). BOIL. *Sat*. 3. Je me trouve assez de bien pour tenir dans le monde un rang assez —, MOL. *B. gent*. III, 12.

PASSABLEMENT [pá-sà-ble-man] *adv*.

[ÉTYM. Composé de passable et ment, § 724. || XIV° s. Savoir et entendre passablement, J. DE VIGNAY, dans DELB. *Rec*.]

|| D'une manière passable. | *Famil*. Suffisamment.

PASSACAILLE [pà-sà-kày'] *s. f*.

[ÉTYM. Emprunté de l'espagn. pasacalle, *m. s*. proprt, « passe (pasa) rue (calle) », § 13. || 1690. Passecaille, FURET.]

|| *Vieilli*. Air de guitare populaire. | Air de danse, d'un mouvement plus lent que la chaconne.

PASSADE [pá-sàd'] *s. f*.

[ÉTYM. Emprunté de l'ital. passata ou du provenç. passada, *m. s*. §§ 11 et 12. || XV° s. Au moins tant qu'il luy suffise pour la passade, *Sidrac*, 504 rép., édit. 1486.]

I. Action de passer.

|| **1°** *Vieilli*. Action de passer dans un lieu sans y séjourner. Être de —. Aller qqpart en —. || *Fig*. A la —, en passant. Le duc de Bourgogne conférait quelquefois, mais à la —, ST-SIM. IX, 217. || *P. anal*. | **1**. Assistance que qqn demande en passant. Nous ne voulons que la —, LEGRAND, *Cartouche*, divert. Crois-tu qu'Elisène m'accorde la — amoureuse? REGNARD, *Naiss. d'Amadis*, sc. 1. | **2**. Caprice qui ne dure pas. *Spécialt*. Liaison passagère avec une femme.

|| **2°** Action de passer d'un endroit à un autre. | **1**. *Vieilli*. (Marine.) Couper la —, couper le passage aux vaisseaux ennemis. Couper la — avec agilité, BRÉBEUF, *Pharsale*, 3. | **2**. (Manège.) Mouvement d'un cheval qu'on porte rapidement aux deux extrémités d'une piste pour revenir au point de départ. Talonne le genet et le chasse aux passades, RÉGNIER, *Sat*. 5. Revenir à la —, au point de départ, et, *fig*. recommencer qqch. Je reviens à la — pour vous dire encore une fois, SÉV. 968.

II. Action de faire passer. (Natation.) Mouvement par lequel un nageur en enfonce un autre dans l'eau et le fait passer sous lui. Donner, recevoir une —.

1. PASSAGE [pá-sàj'] *s. m*.

[ÉTYM. Dérivé de passer, § 78. || XI° s. Sel pois truver a port ne a passage, *Roland*, 657.]

I. Action de passer.

|| **1°** Action de traverser un lieu. | **1.** En parlant du lieu traversé. Le — du pont. Le — de la mer Rouge par les Hébreux. Le — du Rhin. Le — du Saint-Bernard. Le — de la Ligne, d'un tropique. | **2.** En parlant de ceux qui traversent. Le — des gens de guerre. Alexandre... dompta tous les pays qu'il trouva sur son —, BOSS. *Hist. univ.* III, 5. Se trouver sur le — de qqn. Je vois voler partout les cœurs à mon —, RAC. *Brit.* IV, 3. Des paveurs en ce lieu me bouchent le —, BOIL. *Sat.* 6. Nous avons eu beau temps pendant notre — (la traversée). Payer son — à bord d'un paquebot. | *P. anal.* Son — sur cette terre a été court. | (Jurispr.) Droit de —, droit de passer sur la propriété d'autrui. | Être de — dans un lieu. || *P. ext.* | **1.** En parlant des animaux, action de passer par troupes en certaines saisons. Le — des harengs. Le — des cailles, des bécasses. *Fig.* C'est un oiseau de —, c'est une personne qui ne se fixe pas dans un lieu. | **2.** En parlant d'un astre, interposition de l'astre entre l'œil de l'observateur et un point déterminé. Le — d'un astre au méridien. Le — de Vénus sur le soleil. | **3.** En parlant d'un liquide, d'un gaz, action de s'échapper. Laisser une ouverture pour le — de l'air, de la fumée. Le — de l'eau dans les conduites.

|| **2°** *Fig.* Action de passer d'un état à un autre. Le — du jour à la nuit. Le — d'un corps de l'état solide à l'état liquide. Tous mes moments ne sont qu'un éternel — De la crainte à l'espoir, RAC. *Bér.* V, 4. (Musique.) Le — d'un ton à un autre. || *P. ext.* (Technol.) Opération qui fait passer un corps dans une préparation destinée à le modifier. — des peaux (qqns disent bassage), action de faire passer les peaux dans certains liquides pour les travailler. — des tissus, action de les faire passer dans certains liquides pour les apprêter, les teindre, etc.

II. Endroit par où l'on passe.

|| **1°** Endroit que l'on traverse pour passer. Un ais sur deux pavés forme un étroit —, BOIL. *Sat.* 6. Le parti le plus assuré était de s'emparer promptement de certains passages dans les montagnes qui étaient mal gardés, FÉN. *Tél.* 10. Ouvrir, se frayer un —. Un — à niveau, endroit où un chemin, une route, traverse une voie ferrée, sans différence de niveau. || *Spécialt.* Galerie entre deux rues, généralement couverte, et réservée aux piétons. Le — des Panoramas. || *P. anal.* L'eau s'ouvrit un — en rompant la digue. Le pylore livre — aux aliments transformés en chyle. || *Fig.* Dans le sein l'un de l'autre ils cherchent un —, RAC. *Théb.* V, 3. Mille sanglots qui se firent —, ID. *Iph.* I, 1. Sa tristesse s'est fait un — au travers de ma joie, SÉV. 227. Et l'heureux trépas que j'attends Ne vous sert que d'un doux —, CORN. *Poly.* IV, 2. Je puis donner — à mes tristes soupirs, ID. *Cid*, III, 3. || *Spécialt.* (Musique.) Note de —, note de transition, d'ornement. || *P. ext.* Trait de chant. C'était... Merveilles de l'ouïr; il faisait des passages, LA F. *Fab.* VIII, 2.

|| **2°** *P. ext.* Endroit d'un livre, d'un discours, etc., dont l'esprit est frappé en passant. Chrysippe mêlait à ses livres, non les passages seulement, mais des livres entiers d'autres auteurs, MONTAIGNE, I, 25. Citer un — de Cicéron, de Virgile. Avoir retenu certains passages d'un opéra.

2. *PASSAGE. (T. de manège.) *V.* passége.

1. PASSAGER, ÈRE [pá-sà-jé, -jèr] *adj.* et *s. m.* et *f.*
[ÉTYM. Dérivé de passage 1, § 115. || XIVᵉ s. Vassiaus passagiers, FROISS. *Chron.* I, 259.]

I. *Adj.* Qui ne fait que passer (dans un lieu). Un hôte —. Je suis médecin — qui vais de ville en ville, MOL. *Mal. im.* III, 10. Les oiseaux passagers. | *P. ext.* Par où l'on passe. Les chemins passagers... traversant le domaine, O. DE SERRES, VIII, concl. || *Fig.* Qui passe. Fortifications passagères, provisoires. Ils n'aspirent enfin qu'à des biens passagers, CORN. *Poly.* IV, 3. De nos ans passagers le nombre est incertain, RAC. *Ath.* II, 9.

II. *S. m.* et *f.* || **1°** Celui, celle qui ne fait que passer en un lieu. Il accueillit le jeune —, J.-J. ROUSS. *Confess.* 3.

|| **2°** *Spécialt.* Celui, celle qui prend passage à bord d'un navire. Un — pendant l'orage Avait voué cent bœufs, LA F. *Fab.* IX, 13. Une dame de ses parentes qui y était passagère, B. DE ST-P. *Paul et Virg.*

2. PASSAGER (T. de manège.) *V.* passéger.

PASSAGÈREMENT [pá-sà-jèr-man; *en vers*, -jè-re-...] *adv.*
[ÉTYM. Composé de passagère (fém. de passager 1) et ment, § 724. || XVIIᵉ-XVIIIᵉ s. *V.* à l'article. Admis ACAD. 1798.]

|| D'une manière passagère. D'Aumont ne reprit — sa charge... qu'à la prière de la reine, ST-SIM. VII, 246.

PASSANT, ANTE [pá-san, -sànt'] *adj.* et *s. m.* et *f.*
[ÉTYM. Adj. et subst. particip. de passer, § 47. || 1347. Sainture de cuir a boucle, mordant et passant, dans GODEF.]

I. *Adj.* || **1°** (Blason.) Qui passe. Animaux passants, qui sont représentés marchant sur leurs quatre pieds.

|| **2°** *Par ext. Famil.* Où l'on passe beaucoup. La plus brillante et la plus passante province de France, SÉV. 1243.

II. *S. m.* et *f.* || **1°** *S. m.* et *f.* Celui, celle qui passe en un lieu. Font aboyer les chiens et hurler les passants, BOIL. *Sat.* 6. Un homme qui se met à la fenêtre pour voir les passants, PASC. *Pens.* V, 17. | *P. plaisant.* Donner, jeter de l'eau bénite des passants, jeter des pierres, par allusion à l'ancienne coutume de déposer des pierres sur les tombes que l'on rencontrait.

|| **2°** *S. m.* (Technol.) | **1.** Partie du baudrier où passe le fourreau du sabre, de l'épée. | **2.** Anneau de cuir où passe l'extrémité d'une courroie. | **3.** Scie sans monture avec laquelle on peut traverser d'un seul trait dans toute son épaisseur la pièce à diviser.

PASSATION [pá-sà-syon; *en vers*, -si-on] *s. f.*
[ÉTYM. Dérivé de passer, § 247. || 1658. La passation du contrat, GAURET, *Style du Châtelet*, p. 337. Admis ACAD. 1740.]

|| (T. didact.) Action de passer un acte.

PASSAVANT [pá-sà-van] *s. m.*
[ÉTYM. Composé de passe (du verbe passer) et avant, § 209. || XIIᵉ-XIIIᵉ s. Vo baniere a nou Passe avant, J. BODEL, *Congés*, dans *Romania*, IX, 235. Admis ACAD. 1718.]

I. (Marine.) Partie du pont supérieur servant de passage entre l'avant et l'arrière du navire.

II. (Douanes.) Laissez-passer pour les marchandises qui ont acquitté les droits de douane.

PASSE [pâs'] *s. f.*
[ÉTYM. Subst. verbal de passer, § 52. || 1383. Baston... qui faisoit criee et passe de leur jeu, dans DU C. passarela.]

I. Action de passer. Dans le Béarn il y a deux passes d'ortolans, BUFF. *Oiseaux.* Mot de —, formule convenue qui permet de passer librement. *Ellipt.* Une —, permis d'aller gratuitement d'un lieu à un autre sur un chemin de fer, un bateau, etc. || *Spécialt.* | **1.** (Escrime.) Action de marcher sur l'adversaire. *P. ext.* Une — d'armes, sorte de tournoi, de joute entre deux adversaires. | **2.** Maison de —, sorte de maison de tolérance, lieu de rendez-vous galants. | **3.** Passes magnétiques, mouvements par lesquels le magnétiseur passe les mains devant son sujet.

II. Endroit par où l'on passe.

|| **1°** Passage étroit entre deux terres, deux écueils, etc. *Spécialt.* Passage étroit qui donne accès dans un port.

|| **2°** Dans l'ancien jeu de billard, de mail, arcade par laquelle devait passer la bille. Prendre la —, la traverser. Nous songeons tous les jours à lui dans ce mail, et avec quelle bonne grâce il irait en — en deux coups et demi, SÉV. 849. Être en —, en bonne —, en bonne position pour traverser la passe. | *Fig.* La noblesse est un grand avantage qui... met un homme en —, PASC. *Pens.* V, 15. Il est fort peu d'emplois dont je ne sois en —, MOL. *Mis.* III, 1. Nous ne sommes pas encore connues, mais nous sommes en — de l'être, ID. *Préc. rid.* sc. 9. Être dans une bonne, une mauvaise —, dans une bonne, une mauvaise situation.

III. Ce qui dépasse.

|| **1°** *Vieilli.* Petite somme complétant la valeur primitive d'une monnaie qui a été réduite. A deux cent six mille six cents livres, à cause de la — des écus, DANCOURT, *Folle enchère*, sc. 22. || Petite somme servant d'appoint pour un paiement. Solder une note de trente et une livres avec six écus et une livre pour la —. || — du sac, somme retenue pour le prix du sac à celui qu'on paie en écus. | — de caisse, somme allouée au caissier d'une grande administration pour couvrir certaines erreurs de caisse.

|| **2°** (Imprimerie.) | **1.** Main de —, main de papier, dite aussi main de remplacement, fournie en sus de chaque rame à l'imprimeur pour servir à la mise en train, remplacer les feuilles gâtées, etc. | **2.** Volumes de —, imprimés en plus du chiffre fixé pour le tirage.

|| **3°** Partie d'un chapeau de femme, d'un bonnet, qui couvre le devant de la tête. Tour de faux cheveux passant sous le chapeau, sous le bonnet.

PASSÉ [pá-sé] *s. m.*

[ÉTYM. Subst. particip. de passer, § 45.]

I. || **1°** Ce qui a eu lieu autrefois. Je ne veux point ici rappeler le —, RAC. *Ath.* II, 5. Le — ne nous doit point embarrasser, puisque nous n'avons qu'à avoir regret de nos fautes, PASC. *Lett. à Mlle de Roannez*, 7. Son — est suspect. Élever le — aux dépens du présent, VOLT. *Fragm. sur l'hist.* 20.

|| **2°** Le temps qui n'est plus. Nous ne nous tenons jamais au temps présent ;... nous rappelons le —, pour l'arrêter comme trop prompt, PASC. *Pens.* III, 5. Il n'y a ni — ni présent dans l'éternité. || *P. ext.* (Gramm.) Temps du verbe marquant le passé. Le — défini, indéfini.

II. (Broderie.) Point où la soie passe au-dessus et au-dessous de l'étoffe. Broder au —.

PASSE-CARREAU [pás'-kâ-ró ; *en vers,* pá-se-...] *s. m.*
[ÉTYM. Composé de passe (du verbe passer) et carreau, § 209. || 1769. GARSAULT, *Art du tailleur*, p. 11. Admis ACAD. 1835.]
|| (Technol.) Morceau de bois que le tailleur introduit sous la partie d'un vêtement qu'il repasse avec le carreau.

PASSE-CHEVAL [pás'-che-vàl] *s. m.*
[ÉTYM. Composé de passe (du verbe passer) et cheval, § 209. || 1611. Passe-chevaux, COTGR. Admis ACAD. 1798.]
|| (Technol.) Petit bac pour faire passer l'eau à un cheval.

PASSE-DEBOUT [pás'-de-bou ; *en vers,* pá-se-...] *s. m.*
[ÉTYM. Composé de passe (du verbe passer) et debout, les marchandises ne devant pas être déchargées, § 210. (*Cf.* passavant.) || 1723. SAVARY, *Dict. du comm.* Admis ACAD. 1798.]
|| (T. d'admin.) Pièce constatant que des marchandises, qui ne font que traverser une ville, un pays, ne sont pas soumises aux droits d'octroi, de douane, ou qu'il y a lieu de rembourser à la sortie les droits perçus à l'entrée.

PASSE-DIX [pás'-dîs] *s. m.*
[ÉTYM. Composé de passe (du verbe passer) et dix, § 210. || XVIe-XVIIe s. Prendre les dez pour passe-dix, D'AUB. *Faneste*, IV, 14. Admis ACAD. 1762.]
|| Jeu à trois dés où l'on doit amener plus de dix.

PASSE-DROIT [pás'-drwà ; *en vers,* pá-se-...] *s. m.*
[ÉTYM. Composé de passe (du verbe passer) et droit 2, § 209. || 1549. Passedroict, R. EST.]
|| **1°** *Vieilli.* Faveur faite à qqn qui n'y a pas droit. | *Fig.* Tolérance. L'unité de lieu est assez exactement gardée... avec ce — toutefois que..., CORN. *Suiv.* exam.
|| **2°** *P. ext.* Injustice qu'on fait à qqn en lui préférant un autre qui a moins de droits. On lui a fait un —. Il a essuyé bien des passe-droits, ACAD.

PASSÉE [pá-sé] *s. f.*
[ÉTYM. Subst. particip. de passer, § 119. (*Cf.* passade.) || XIIIe s. Et qui sachent bien ta pessee Et bien faire la retornee, J. PRIORAT, *Végèce*, dans GODEF.]
|| **1°** *Vieilli.* Action de passer. Une ville où il y a eu une — de troupes. Une — de bécasses. *P. ext.* (Chasse.) Trace laissée en passant par certains animaux. Relever les passées d'un cerf. || *P. anal.* La — de la navette, son mouvement de va-et-vient. | — du fil, action de passer le fil qui borde les boutonnières, et, *p. ext.* le fil ainsi passé.
|| **2°** (Technol.) Action de passer des cheveux dans le tissu de soie qui sert à fabriquer les perruques. || Action de faire passer successivement dans des cuves contenant certains liquides, les peaux que l'on veut tanner.

PASSE-FLEUR [pás'-fleur ; *en vers,* pá-se-...] *s. f.*
[ÉTYM. Composé de passe (du verbe passer) et fleur, § 209. || 1539. Herbe appelée passefleurs, R. EST.]
|| Variété d'anémone.

***PASSÉGE** [pà-séj'] *s. m.*
[ÉTYM. Emprunté de l'ital. passeggio, *m. s.* § 12. Ordinairement altéré en passage, seule forme admise par ACAD. § 509. || 1625. Passeige, PLUVINEL, *Instr. du roi*, p. 96. | 1732. Passège : on dit aujourd'hui passage, TRÉV.]
|| (Manège.) Action de passéger un cheval.

PASSÉGER [pà-sé-jé] *v. tr.*
[ÉTYM. Emprunté de l'ital. passeggiare, promener, § 12. Souvent altéré en passager, par étymologie pop. § 509. || XVIe s. Je passageoy pompeusement en Romme, J. DU BELLAY, *Jeux rust.* Admis ACAD. 1835.]
|| (Manège.) Porter (un cheval) dans une direction en lui faisant faire des pas de côté.

PASSE-LACET [pás'-là-sè ; *en vers,* pá-se-...] *s. m.*
[ÉTYM. Composé de passe (du verbe passer) et lacet, § 209. || *Néolog.* Admis ACAD. 1878.]
|| Grosse aiguille à pointe mousse servant à passer un lacet dans des œillets, dans des coulisses, etc.

PASSEMENT [pás'-man ; *en vers,* pá-se-...] *s. m.*
[ÉTYM. Dérivé de passer, §§ 65 et 145. || XIIIe s. S'or i eûst un pont au passement, *Auberi*, p. 110. | 1539. Robbes couvertes de passemens, R. EST.]
|| **1°** *Anciennt.* Action de passer. (*Cf.* passage, passation, passée.)
|| **2°** *P. ext.* Ouvrage fait en passant, en entrelaçant des fils. *Spécialt.* Ouvrage d'or, d'argent, de soie, fabriqué sur un oreiller avec des fuseaux et des épingles, et employé en bordure ou en applique sur des vêtements, des meubles, etc. Le — de Milan, SOREL, *Francion*, p. 433.
|| **3°** (Technol.) Liquide dans lequel le tanneur passe les peaux (qqns disent bassement).

PASSEMENTER [pás'-man-té ; *en vers,* pá-se-...] *v. tr.*
[ÉTYM. Dérivé de passement, § 154. || XVIe s. RAB. III, 2.]
|| Orner de passements.

PASSEMENTERIE [pás'-mant'-ri ; *en vers,* pá-se-mante-ri] *s. f.*
[ÉTYM. Dérivé de passementier, § 65 et 68. || XVIe s. Passementerie d'or et d'argent, BELLEFOREST, dans DELB. *Rec.* Admis ACAD. 1835.]
|| Industrie, commerce, ouvrage de passementier.

PASSEMENTIER, IÈRE [pás'-man-tyé, -tyèr ; *en vers,* pá-se-...] *s. m.* et *f.*
[ÉTYM. Dérivé de passement, § 115. || 1564. J. THIERRY, *Dict. franç.-lat.*]
|| Celui, celle qui fabrique, qui vend des passements, galons, torsades, etc.

PASSE-MÉTEIL [pás'-mé-tèy' ; *en vers,* pá-se-...] *s. m.*
[ÉTYM. Composé de passe (du verbe passer) et méteil, § 209. || 1752. TRÉV. Admis ACAD. 1762, au mot méteil.]
|| (T. agric.) Méteil où le froment entre pour les deux tiers.

PASSE-PAROLE [pás'-pà-ròl ; *en vers,* pá-se-...] *s. m.*
[ÉTYM. Composé de passe (du verbe passer) et parole, à l'imitation de l'ital. passaparola, *m. s.* §§ 12 et 210. || 1642. OUD.]
|| *Vieilli.* (T. milit.) Commandement donné en tête d'une troupe et que l'on fait passer jusqu'au dernier homme.

PASSE-PARTOUT [pás'-pàr-tou ; *en vers,* pá-se-...] *s. m.*
[ÉTYM. Composé de passe (du verbe passer) et partout, § 209. || 1606. NICOT.]
|| (Technol.) || **1°** Sorte de clef pouvant ouvrir plusieurs serrures. Elle ouvrit la porte avec un —, SOREL, *Francion*, p. 250. | *Fig.* L'argent est un — qui ouvre toutes les portes. || *P. ext.* Chacune des clefs qui ouvrent une même porte.
|| **2°** Scie pouvant se manœuvrer dans tous les sens.
|| **3°** Encadrement de papier, généralement orné de filets, pouvant s'adapter à toutes sortes de dessins, photographies, etc. || (Typogr.) Encadrement d'une lettre ornée.

PASSE-PASSE [pás'-pás' ; *en vers,* pá-se-...] *s. m.*
[ÉTYM. Composé de passe, impératif redoublé du verbe passer, le mot muscade étant sous-entendu, § 210. || Vers 1420. Lequel juolt de passe passe, *Myst. de la Passion d'Arras*, dans DELB. *Rec.* Admis ACAD. 1740.]
|| Escamotage de bateleur qui fait passer d'un gobelet sous l'autre la muscade ou tout autre objet sans que le spectateur s'en aperçoive. Venez, Messieurs, je fais cent tours de —, LA F. *Fab.* IX, 3. | *Fig.* Tromperie adroite. Il... ne fait que jouer des tours de —, CORN. *Ment.* V, 6. C'étaient là des tours de — de M. Louvois, ST.-SIM. I, 144. Aucun tour de — dans mon administration, LES. *Gil Blas*, VII, 1.

PASSE-PIED [pás'-pié ; *en vers,* pá-se-...] *s. m.*
[ÉTYM. Composé de passe (du verbe passer) et pied, § 210. || XVIe s. Danseurs de passe-pieds, BON. DES PER. *Nouv.* 5.]
|| Danse (de Bretagne) à trois temps d'un mouvement rapide.

PASSE-PIERRE [pás'-pyèr ; *en vers,* pá-se-...]. *V.* perce-pierre.

PASSEPOIL [pás'-pwàl ; *en vers,* pá-se-...] *s. m.*
[ÉTYM. Composé de passe (du verbe passer) et poil, § 209. || 1611. Passe-poil, COTGR.]
|| (Technol.) Liseré de soie, de drap, qui borde certaines parties d'un vêtement, d'un uniforme.

PASSEPORT [pâs'-pôr ; *en vers*, pà-se-...] *s. m.*
[ÉTYM. Composé de *passe* (du verbe *passer*) et *port* (au sens de passage), § 210. || 1539. R. EST.]

|| Pièce délivrée par un État, permettant à ses nationaux de voyager librement et leur assurant la protection de ses représentants à l'étranger. || *Spécialt.* Demander ses passeports, en parlant d'un ambassadeur qui rompt les relations diplomatiques avec l'État près duquel il est accrédité. || *Fig.* Ce qui fait passer qqch. Le peu de charmes de son style servit de — à la hardiesse de ses idées, D'ALEMB. *Éloges, Abbé de St-P.* Les enfants du Midi, les habitants du Nord... Venaient dans son salon prendre leur —, DELILLE, *Conversat.* 3.

PASSER [pà-sé] *v. intr.* et *tr.*
[ÉTYM. Du lat. pop. *passare*, *m. s.* dérivé de *passus*, *pas*, § 154, devenu *passar*, *passer*, §§ 295 et 291. || XIᵉ s. Quant li jorz passet, *St Alexis*, 51.]

I. *V. intr.* Traverser le chemin qui mène en un lieu ; se rendre dans un lieu. Je l'ai laissé — dans son appartement, RAC. *Brit.* II, 2. Il a passé par Paris. — devant, derrière qqn. Les villes par où on passe, PASC. *Pens.* II, 7. Si je passe par là, puis-je dire qu'il s'est mis là pour me voir? ID. *ibid.* V, 17. On ne passe pas. Passez au large. — par la porte, par la fenêtre. — par-dessus le mur. — sur le corps de qqn. — sous le joug. — à l'ennemi. Se construit exceptionnellement avec le mot chemin comme complément direct. — son chemin, continuer à le suivre. Passez votre chemin, la fille, LA F. *Fab.* III, 1. || *Fig.* — de vie à trépas. Il vient de — entre mes bras, MOL. *Mal. im.* III, 12. || *P. anal.* La Seine passe à Paris. Ne laissez nulle place Où la main ne passe et repasse, LA F. *Fab.* V, 9. Avant que cela n'arrive, il passera de l'eau sous le pont. Les choses qui ont passé sous nos yeux. *Famil.* Cela lui a passé devant le nez. Son dîner n'a pas passé. || — par-dessus les scrupules, les convenances. J'en vois — devant moi, d'autres me verront —, BOSS. *Fragment sur la brièveté de la vie.* — en jugement. — en cour d'assises. — à la visite du médecin. Son procès doit — prochainement. | La loi a passé, a été votée. Il a passé plusieurs fois de suite (il a gagné au jeu). *Dans un autre sens.* —, ne pas tenir le jeu. Cette monnaie ne passe plus, n'a plus cours. Une chose qui peut —, qui est acceptable. — pour un honnête homme, être considéré comme tel. — à la postérité. Cette lettre a passé dans ses mains, RAC. *Baj.* V, 1. — du grade de lieutenant au grade de capitaine, et, *ellipt*, — capitaine. *Dans le même sens.* Maître passé, passé maître, celui qui a obtenu le grade de maître. L'autre était passé maître en fait de tromperie, LA F. *Fab.* III, 5. — du grave au doux, du plaisant au sévère, BOIL. *Art p.* 1. Un corps qui passe de l'état liquide à l'état gazeux. *Absolt.* Ce vers a passé en proverbe. Cela est passé en habitude. — sur une chose, n'en pas tenir compte. Il a passé par de rudes épreuves. Il faut avoir passé par là pour en juger. Cela est comme si le notaire y avait passé, c'est convenu. || *Spécialt.* | 1. S'écouler. La rapidité avec laquelle le temps passe. Cette heure a passé bien vite. Huit ans déjà passés, RAC. *Ath.* I, 1. Avec des livres le temps passe, SÉV. 1196. Mes beaux jours... sont passés, BOIL. *Ép.* 5. Les siècles passés. *P. ext.* Récompenser les services passés, CORN. *Cid*, I, 3. | 2. S'effacer, s'altérer. Madame... a passé du matin au soir ainsi que l'herbe des champs, BOSS. *D. d'Orl.* La parole de Dieu ne passera pas. | La mode passe vite. Une étoffe dont les couleurs sont passées. Un vin passé, qui s'est altéré.

II. || 1° *V. tr.* Traverser, parcourir (un espace). — un fleuve. Quand César eut passé le Rubicon. — une rivière sur un pont. J'ai passé les déserts, mais nous n'y bûmes point, LA F. *Fab.* VIII, 9. Que cent peuples... Passent pour la détruire et les monts et les mers! CORN. *Hor.* IV, 5. C'est à vous de sortir et de — la porte, REGNARD, *Légat. univ.* III, 2. || *P. ext.* et *p. anal.* Parcourir un espace de temps. — sa vie à ne rien faire. — le temps à travailler. — le dimanche en prières. Il a passé une mauvaise nuit. — l'été à la campagne. | *Fig. Famil.* — le pas (passage), mourir. || *Fig.* | 1. — des papiers en revue, les parcourir successivement. — des troupes en revue, parcourir leurs rangs. | 2. — un examen, parcourir la série des épreuves qui le composent. || *P. ext.* Aller au delà de. Nous sommes trop loin, nous avons passé la maison. — le but. *Ellipt.* Un lacet qui passe. Sa chemise passe. | *Fig.* Elle passait alors cinquante ans, CORN. *Pulch.* au lecteur. Je crois qu'elle ne passera pas la journée, MOL. *Am. méd.* I, 6. Le crime de la sœur passe celui des frères, RAC. *Phèd.* IV, 6.

|| 2° Faire traverser. Le batelier nous a passés. Empêcher que Caron dans la fatale barque Ainsi que le larron ne passe le monarque, BOIL. *Art p.* 3. || *Fig.* Se —, avoir lieu, en parlant d'un événement. Cela se passait hier. La scène se passe à Rome. Comment cela s'est-il passé? Cela ne se passera pas ainsi. || En parlant d'une personne. | 1. *Anciennt.* Se — de qqch, s'en tirer. Il s'en passe sans amende, BEAUMAN. XXX, 57. Ils s'en passèrent et excusèrent (du soupçon de meurtre), FROISS. I, 1. | 2. *Vieilli.* Se tirer d'affaire au moyen de qqch, s'accommoder de qqch. (Se construit avec *à* ou *de*.) Il s'est fallu — à cette bagatelle, CORN. *Ment.* I, 5. Ayant peu, passez-vous de peu, BOURD. *Pénitence*, 1. Je me passe à peu, GHERARDI, *Th. ital.* VI, 264. | 3. Se mettre en dehors de qqch, savoir s'en priver. Celui qui croit qu'on ne peut se — de lui se trompe, LA ROCHEF. *Max.* 201. Se — de boire, de dormir. ORONTE : Je me passerai bien que vous les approuviez. — ALCESTE : Il faut bien, s'il vous plaît, que vous vous en passiez, MOL. *Mis.* I, 2. || *P. anal.* — la main à travers les barreaux. On lui passa la corde au cou. — une bague au doigt. — un rasoir sur la pierre. — l'éponge sur qqch. — la jambe à qqn, lui donner un croc-en-jambe. — une courroie dans la boucle, et, *fig.* — une plume par le bec à qqn, le leurrer d'une vaine espérance. — au crible, au filtre. *Absolt.* — un liquide, le filtrer. — les cartes à qqn, et, *dans le même sens*, — la main (à un autre). — des peaux à l'alun. — du linge au bleu. Ils passent au fil de l'épée les habitants, MONTESQ. *Espr. des lois*, XVIII, 20. || *Fig.* | 1. Faire figurer, porter, inscrire à une place déterminée. — en compte un article. — une somme par profits et pertes. — les écritures, porter chaque article à son compte. Un acte passé par-devant notaire. Le notaire a passé cet acte avec son confrère. | 2. Laisser aller, omettre. Il a passé une ligne en recopiant. — une chose sous silence, n'en point parler. | 3. Accepter. — condamnation sur qqch, se laisser condamner, ne pas se défendre sur un point. — un marché avec qqn. | 4. Concéder. Je vous le passe pour cette fois. Passe encor de bâtir, mais planter à cet âge! LA F. *Fab.* XI, 8.

PASSERAGE [pâs'-ràj ; *en vers*, pà-se-...] *s. f.*
[ÉTYM. Composé de *passe* (du verbe *passer*) et *rage*, § 209. || 1549. R. EST. Admis ACAD. 1762.]

|| (Botan.) Variété de lépidier, plante à laquelle on a attribué la propriété de guérir la rage.

PASSEREAU [pâs'-rô ; *en vers*, pà-se-...] *s. m.*
[ÉTYM. Dérivé du lat. *passer*, moineau, § 126. || 1539. R. EST.]

|| 1° Moineau franc. Le —... Lui donnait force coups de bec, LA F. *Fab.* XII, 2.

|| 2° *P. ext.* Les passereaux, nom collectif du second ordre de la classe des Oiseaux.

PASSERELLE [pâs'-rèl ; *en vers*, pà-se-...] *s. f.*
[ÉTYM. Dérivé de *passer*, § 126. || *Néolog.* Admis ACAD. 1835.]

|| (Technol.) Petit pont étroit sur un cours d'eau, une voie ferrée, un navire.

PASSE-ROSE [pâs'-rôz' ; *en vers*, pà-se-...] *s. f.*
[ÉTYM. Composé de *passe* (du verbe *passer*) et *rose*, § 209. || XIIIᵉ s. Et de sa bouche estoit vermeille Que ele sanbloit passerose, *Fab.* dans DELB. *Rec.* Admis ACAD. 1835.]

|| (Botan.) Nom vulgaire de la nielle des blés (caryophyllée) et de la rose trémière.

PASSE-TEMPS [pâs'-tan ; *en vers*, pà-se-...] *s. m.*
[ÉTYM. Composé de *passe* (du verbe *passer*) et *temps*, § 209. || XVᵉ s. Il ne avoit aucun passetemps que de jouer des orgues, JUV. DES URSINS, *Chron.* ann. 1413.]

|| Ce qui fait passer agréablement le temps. Hé quoi! vous n'avez pas de — plus doux! RAC. *Ath.* II, 7.

PASSEUR, *PASSEUSE [pà-seûr, -seûz'] *s. m.* et *f.*
[ÉTYM. Dérivé de *passer*, § 112. || XIIᵉ s. N'i avoit autre passeor, BENEEIT, *Ducs de Norm.* dans DELB. *Rec.*]

|| Batelier, batelière qui fait passer l'eau.

PASSE-VELOURS [pâs'-velour ; *en vers*, pà-se-...] *s. m.*
[ÉTYM. Composé de *passe* (du verbe *passer*) et *velours*, § 209. || 1557. La passevelours a tiges rondes, CH. DE LÉCLUSE, *Hist. des plantes*, p. 125.]

|| (Botan.) Espèce d'amaranthe.

PASSE-VOLANT [pâs'-vò-lan ; *en vers*, pà-se-...] *s. m.*
[ÉTYM. Composé de *passe* (du verbe *passer*) et *volant*, part. de *voler* 1, § 209. || 1529. Un coup de passevolant, J. et R. PARMENTIER, dans DELB. *Rec.*]

|| *Anciennt.* Soldat ou marin de rencontre que les capitaines faisaient passer en revue pour compléter l'effec-

tif et dont ils touchaient indûment la solde. | *P. anal.* Passager de contrebande. | *Fig. Famil.* Intrus. Des passe-volants qui s'occupent à voir jouer des après-dînées pour recevoir quelques ducats, LES. *Guzm. d'Alfar.* V, 8.

PASSIBILITÉ [păs'-si-bi-li-té] *s. f.*
[ÉTYM. Dérivé de **passible**, § 255. || 1425. Foiblesse et grant passibilité De humaine creature, O. DE LA HAYE, dans DELB. *Rec.* Admis ACAD. 1762.]
|| (T. didact.) Qualité de ce qui est passible.

PASSIBLE [păs'-sibl'] *adj.*
[ÉTYM. Emprunté du lat. **passibilis**, *m. s.* || XII° s. Passible seient et mortel, *Énéas*, 2888.]
· || (T. didact.) || **1°** *Rare.* (Théol.) Qui peut souffrir. Il (Jésus-Christ) s'est revêtu d'une chair —, BOURD. *3° Jugem. dernier*, préamb.
|| **2°** (Droit.) Qui peut être condamné à subir une peine. Être — d'une amende.

PASSIF, IVE [păs'-sĭf', -sĭv'] *adj.*
[ÉTYM. Emprunté du lat. **passivus**, *m. s.* || XIV° s. L'actif et le passif ne peuent tousjours estre en une disposicion, ORESME, *Éth.* x, 7.]
|| (T. didact.) Qui subit l'action (de qqn, de qqch). Si nous étions purement passifs dans l'usage de nos sens, il n'y aurait entre eux aucune communication, J.-J. ROUSS. *Ém.* 4. || *P. ext.* Obéissance passive, de celui qui obéit aveuglément. L'obéissance passive envers les lois, VOLT. *S. de L. XIV*, 22. | Dettes passives, qu'on est tenu de payer (par opposition à dettes actives, dont on peut exiger le paiement). Tu tiendras ici le registre de mes dettes actives et passives, de ce qu'on me doit et de ce que je dois, LES. *Gil Blas*, x, 10. | Verbe —, voix, conjugaison passive, qui exprime par la flexion que le sujet subit l'action exprimée par le verbe. || *Substantivt.* Le —. | 1. (Commerce.) Ce qu'on doit. L'actif dépasse le —. | 2. (Gramm.) La voix passive d'un verbe.

PASSIFLORE [păs'-si-flŏr] *s. f.*
[ÉTYM. Emprunté du lat. des botanistes **passiflora**, *m. s.* de passio, passion, et flor, fleur, § 271. || 1812. MOZIN, *Dict. franç.-allem.* Admis ACAD. 1878.]
|| (Botan.) Genre de plantes dont le type est la grenadille, dite **fleur de la Passion**, parce que ses organes floraux semblent rappeler par leur forme le marteau, les clous, etc., instruments de la passion de Jésus-Christ.

PASSION [pá-syon ; *en vers*, -si-on] *s. f.*
[ÉTYM. Emprunté du lat. **passio**, *m. s.* || XI° s. Por cui sustint tels passions, *St Léger*, 240.]
I. *Vieilli.* Souffrance. Un quart d'heure de —, MONTAIGNE, III, 12. | Se dit du supplice de Jésus-Christ. Les douleurs de sa — commencèrent par la trahison d'un de ses apôtres, BOSS. *2° Passion*, 1. La — selon saint Jean, saint Mathieu, le récit de la passion dans les Évangiles de saint Jean, de saint Mathieu. La semaine de la Passion, qui précède la semaine sainte et où l'on commence à dire l'office de la passion. Le dimanche de la Passion, qui ouvre cette semaine. Un sermon sur la —, et, *ellipt*, Je veux demain aller à la — du P. Bourdaloue, SÉV. 149. La confrérie de la Passion, corporation qui, au XV° et au XVI° siècle, avait le privilège des représentations dramatiques de la Passion, des mystères. || *Fig. Famil.* Il a souffert mort et —, il a cruellement souffert.
II. Vive inclination à rechercher ou à fuir qqch. Nous pouvons définir la — un mouvement de l'âme qui, touchée du plaisir ou de la douleur ressentie ou imaginée dans un objet, le poursuit ou s'en éloigne, BOSS. *Conn. de Dieu*, I, 6. Cette guerre intérieure de la raison contre les passions, PASC. *Pens.* VIII, 8. La — fait sentir et jamais voir, MONTESQ. *Rom.* 12. Les passions sont les seuls orateurs qui persuadent toujours, LA ROCHEF. *Réflex.* 8. || *P. ext.* Mouvement violent, impétueux, de l'âme vers ce qu'elle désire. En sachant la — dominante de chacun, on est sûr de lui plaire, PASC. *Pens.* VII, 14. Suis moins ta —, CORN. *Hor.* IV, 5. Les spectacles où on ne représente les passions corrompues que pour les allumer, FÉN. *Lett. à l'Acad.* 6. La — du vrai, du bien. La — du jeu, du vin. Retranche de l'âme Désirs et passions, le bon et le mauvais, LA F. *Fab.* XII, 20. *P. ext.* La musique est sa seule —. || *Spécialt.* Amour violent. Inspirer de grandes passions. Une femme cache à un homme toute la — qu'elle sent pour lui, LA BR. 3. Une — malheureuse, qui n'est pas payée de retour. | *P. plaisant. Fig.* Avoir une — malheureuse pour un art, un exercice, s'y adonner sans y réussir.

PASSIONNÉ, ÉE [pá-syò-né ; *en vers*, -si-ò-...] *adj.*
[ÉTYM. Adj. particip. de **passionner**, § 44. || XIII° s. Tes cuers mout fu passionnez, G. DE COINCY, *Mir. Notre-Dame*, p. 745.]
|| **1°** Qui est animé de passions. Il était — pour une autre femme, FÉN. *Tél.* 3. *Substantivt.* Un vieux —.
|| **2°** Qui marque de la passion. Que voilà un air qui est — ! MOL. *Préc. rid.* sc. 9.

'PASSIONNEL, ELLE [pá-syò-nèl ; *en vers*, -si-ò-...] *adj.*
[ÉTYM. Emprunté du lat. **passionalis**, *m. s.* Inusité aux XVII°-XVIII° s. || XIII°-XIV° s. Paroles passionnelles, H. DE GAUCHY, *Gouv. des princes*, dans GODEF.]
|| (T. didact.) Relatif aux passions, Attraction passionnelle (dans le système de Fourier), penchant par lequel chacun est attiré vers sa passion dominante. || *P. ext.* Crime —, causé par la passion de l'amour.

PASSIONNÉMENT [pá-syò-né-man ; *en vers*, -si-ò-...] *adv.*
[ÉTYM. Pour passionnéement, composé de passionnée et ment, § 724. || 1611. COTGR.]
|| D'une manière passionnée. Aimer qqn, désirer qqch —. La mignarde aimait — à rire, SOREL, *Francion*, p. 261.

PASSIONNER [pá-syò-né ; *en vers*, -si-ò-...] *v. tr.*
[ÉTYM. Dérivé de **passion**, § 154. || XIII° s. Paissionné de passion... Seront sanz fin, GAUT. DE COINCY, dans GODEF.]
|| **1°** Animer d'une passion. Le censeur qui est grand dans sa censure se passionne pour ce qui est grand dans l'ouvrage, FÉN. *Lett. à l'Acad.* 10. Tous les amusements dont nous nous passionnions successivement, J.-J. ROUSS. *Confess.* 1. Ne vous passionnez donc point (en parlant à qqn qui est en colère), MOL. *Mal. im.* I, 6. On doit tenir pour suspect l'historien visiblement passionné, FLÉCH. *Théodose*, II, 29.
|| **2°** Marquer du caractère de la passion. Virgile anime et passionne tout, FÉN. *Lett. à l'Acad.* 5.

PASSIVEMENT [păs'-siv'-man ; *en vers*, -si-ve-...] *adv.*
[ÉTYM. Composé de passive et ment, § 724. || XIV° s. Mais or sont pris passivement, J. LE FÈVRE, *Matheolus*, dans DELB. *Rec.* Admis ACAD. 1740.]
|| D'une manière passive. Obéir —. | (Gramm.) Verbe conjugué —.

PASSIVETÉ [păs'-siv'-té ; *en vers*, -si-ve-té] (*vieilli*) et **PASSIVITÉ** [păs'-si-vi-té] *s. f.*
[ÉTYM. Dérivé de **passif**, §§ 256 et 503. || XVII° s. *V.* à l'article. Admis ACAD. 1878.]
|| (T. didact.) État de ce qui est passif. || *Spécialt.* (Théol.) État de l'âme restant passive pour laisser agir Dieu. (*V.* quiétisme.) C'est introduire la passiveté... dans l'oraison la plus commune, BOSS. *États d'orais.* 3.

PASSOIRE [pá-swăr] *s. f.*
[ÉTYM. Dérivé de **passer**, § 113. || XIII° s. Cernicla : passoere, *Pariser Glos.* 267.]
|| Ustensile percé de trous plus ou moins fins, pour passer des jus, des légumes en purée, etc.

1. PASTEL [păs'-tèl] *s. m.*
[ÉTYM. Emprunté du provenç. **pastel**, *m. s.* diminutif de pasta, pâte, § 11. (*Cf.* l'anc. franç. pastel, pâte, emplâtre, etc.) Le mot s'est appliqué d'abord à la matière colorante obtenue par la réduction en pâte des tiges de la plante, puis à la plante elle-même. || 1510. A Thoulouse Aller marchander du pastel, dans MONTAIGLON, *Anc. Poés. franç.* XII, 80.]
|| Nom de la guède dans le midi de la France. Orangé-—, orangé tirant sur le brun. || *Vieilli.* — d'Inde, indigo.

2. PASTEL [păs'-tèl] *s. m.*
[ÉTYM. Emprunté de l'ital. **pastello**, *m. s.* diminutif de pasta, pâte, § 12. (*Cf.* pastel 1.) || 1676. FÉLIBIEN, *Princ. de l'architect.* p. 683.]
|| Crayon fait de couleurs broyées et réduites en pâte avec de l'eau de gomme. || *P. ext.* Tableau peint au pastel. Les pastels de Latour.

'PASTELLISTE [păs'-tèl'-list'] *s. m. et f.*
[ÉTYM. Dérivé de **pastel 2**, § 265. || *Néolog.*]
|| Celui, celle qui peint au pastel.

PASTENADE [păs'-te-năd'] *s. f.*
[ÉTYM. Pour pastenague, §§ 62 et 120, emprunté du provenç. **pastenaga**, *m. s.* qui correspond à panais. (*V.* ce mot.) || Vers 1501. Pastinade domestique, *Jardin de santé*, f° 169, r°.]
|| *Vieilli* et *dialect.* Panais.

PASTÈQUE [păs'-tĕk'] *s. f.*
[ÉTYM. Pour patèque, batèque, § 509, emprunté de l'arabe

baticha, *m. s.* § 22. || 1512. Melons, pateques, cocombres, THÉNAUD, *Voy. d'outre-mer*, dans DELB. *Rec.* | 1732. Pastéque, TRÉV. Admis ACAD. 1762.]

|| Melon d'eau, plante des pays méridionaux; fruit de cette plante. Confiture de —.

PASTEUR [pàs'-teur] *s. m.*
[ÉTYM. Du lat. pastǫrem, *m. s.* devenu pastor, pasteur, *pâteur (cf. le berrichon pâtour), §§ 422, 325 et 291. La forme pop. *pâteur (cf. pâtre) a disparu devant la forme savante pasteur, reprise au latin par réaction étymologique, § 502.]

|| Celui qui élève, qui garde des troupeaux. (Se dit surtout en parlant des anciens.) Trois pasteurs, enfants de cette terre, CHÉN. *Aveugle.* | Les peuples pasteurs ont une subsistance bien plus assurée, MONTESQ. *Rom.* 17. Le — phrygien (Pàris). Tel que le vieux — des troupeaux de Neptune (Proiée), J.-B. ROUSS. *Ode au comte du Luc.* Le — de Mantoue (Virgile). || *Fig.* Le bon —, qui, dans l'Évangile, ramène la brebis égarée. *P. anal.* Les pasteurs des âmes, les prêtres. | *Spécialt.* Ministre protestant. || — des peuples, le souverain, considéré comme devant exercer une autorité paternelle. O vous, pasteurs des peuples, FÉN. *Tél.* 21.

PASTICHE [pàs'-tïch'] *s. m.*
[ÉTYM. Emprunté de l'ital. pasticcio, *m. s.* de pasta, pâte, § 12. (*Cf.* pâtisser.) || 1752. TRÉV. Admis ACAD. 1762.]

|| (T. d'art.) Ouvrage où l'on contrefait la manière d'un maître, écrivain, musicien, peintre, etc.

*****PASTICHER** [pàs'-ti-ché] *v. tr.*
[ÉTYM. Dérivé de pastiche, § 154. || *Néolog.*]

|| (T. d'art.) Contrefaire par manière de pastiche.

PASTILLE [pàs'-lly'] *s. f.*
[ÉTYM. Emprunté du lat. pastillus, *m. s.* transcrit littéralement pastille, mot qui a été prononcé avec l mouillée et fait du fém. par confusion avec le suffixe ille, §§ 62 et 503. || 1561. Pour laquelle forme il ha pleu à aucuns les denommer pastilles, M. DUSSEAU, *Enchirid.* p. 150.]

|| **1º** Bonbon, en forme de petit disque, de sucre aromatisé, de chocolat, etc.

|| **2º** Pâte odorante qu'on brûle pour parfumer l'air. Des pastilles du sérail.

PASTORAL, ALE [pàs'-tò-ràl] *adj.*
[ÉTYM. Emprunté du lat. pastoralis, *m. s.* || XIIe-XIIIe s. Senz pastural governement, FRÈRE ANGER, dans DELB. *Rec.*]

|| **1º** Qui appartient aux pasteurs de troupeaux. La vie pastorale. || Poésie pastorale, églogue. Le genre —. || *Substantivt, au fém.* Pastorale, pièce de théâtre dont les personnages sont des bergers et des bergères. (*Cf.* pastourelle.)

|| **2º** Qui appartient aux pasteurs spirituels. Instruction pastorale, adressée par un évêque à ses diocésains.

PASTORALEMENT [pàs'-tò-ràl-man; *en vers*, -rà-le-...] *adv.*
[ÉTYM. Composé de pastorale et ment, § 724. || 1512. Voyent... pastoralement, J. LE MAIRE, dans DELB. *Rec.*]

|| D'une manière pastorale.

PASTOUREAU, ELLE [pàs'-tou-ró, -rèl] *s. m. et f.*
[ÉTYM. Dérivé de pasteur, §§ 65, 126 et 502. || XIIe s. Ne me tenrés buimais por pastorel, *Raoul de Cambrai*, 4657.]

|| *Vieilli.* Petit berger, petite bergère.

PASTOURELLE [pàs'-tou-rèl] *s. f.*
[ÉTYM. Tiré de pastoureau, § 37. || XIIIe s. Plus volentiers chant pastoreles, G. DE COINCY, *Mir. de Notre-Dame*, col. 305, Poquet.]

|| **1º** *Ancienn.* Chanson de bergère. (*Cf.* bergerette.)
|| **2º** Quatrième figure du quadrille.

PAT [pàt'] *s. m.*
[ÉTYM. Origine incertaine; semble fait à l'imitation de mat. (*V.* mat 1.) || 1689. Le pat ou mat suffoqué, *Jeu des eschels de Greco*, avert.]

|| Coup du jeu d'échecs où le roi, obligé de jouer, ne peut le faire qu'en se mettant en échec. | *Adjectivt.* Le roi est —.

PATACHE [pà-tàch'] *s. f.*
[ÉTYM. Emprunté de l'espagn. patache, d'origine incertaine, § 13. || 1588. La perte de trois pataches qu'ils ont éprouvée au Canada, dans DELB. *Rec.*]

|| **1º** *Ancienn.* Bâtiment léger pour le service des grands navires, l'usage de la douane et du fisc, le transport des lettres sur certaines rivières, etc. Brûlots et pataches d'avis, COLBERT, *Lett.* 4 janv. 1672.

|| **2º** *P. ext.* Voiture publique peu confortable.

*****PATACHON** [pà-tà-chon] *s. m.*
[ÉTYM. Dérivé de patache, § 104. || *Néolog.*]

|| Conducteur de pataches. | *Pop.* Mener une vie de —, être toujours en fêtes (par allusion au conducteur de pataches qui est toujours en route).

PATAGON [pà-tà-gon] *s. m.*
[ÉTYM. Emprunté de l'espagn. patacon, *m. s.* (*cf.* patard), § 13. || 1625. Dalers de l'empire appelés vulgairement patacons, dans GODEF.]

|| *Ancienn.* Monnaie d'argent d'Espagne, de Flandres, valant environ 3 francs. Il alla plusieurs fois en course et amassa quatre cents patagons, LES. *Diable boit.* 15.

PATAQUÈS [pà-tà-kès'] *s. m.*
[ÉTYM. Tiré, dit-on, de la phrase « je ne sais pas-t-à qu'est-ce », pour « je ne sais pas à qui c'est », attribuée à un plaisant qui voulait se moquer des fautes de liaison, § 213. On a écrit d'abord pat-à-qu'est-ce (LITTRÉ). || *Néolog.* Admis ACAD. 1878.]

|| *Famil.* Faute grossière de langage, consistant surtout à faire une fausse liaison.

PATARAFE [pà-tà-ràf'] *s. f.*
[ÉTYM. Corruption de parafe, § 509. || 1690. FURET. Admis ACAD. 1694 et écrit d'abord pataraffe.]

|| Traits d'écriture irréguliers. Excusez mes pataraffes (*sic*) et mes ratures, BOIL. *Lett. à Brossette*, 3 juillet 1700.

PATARD [pà-tàr] *s. m.*
[ÉTYM. Emprunté, avec substitution de suffixe, § 62, du provenç. patac, *m. s.* lequel se rattache à l'espagn. pataca, d'origine arabe, §§ 11 et 22. || XVe s. Devoye environ ung patart, VILLON, *Gr. Testam.* 1232. Admis ACAD. 1762.]

|| *Ancienn.* Monnaie de deux deniers. *Fig. Vieilli.* Il n'a pas un — (pas un sou). Je ne donnerais pas un — de la meilleure, CHATEAUBR. *Mém.* XI, 306.

PATATE [pà-tàt'] *s. f.*
[ÉTYM. Emprunté de l'espagn. batata ou patata, mot d'origine américaine, §§ 13 et 30. || 1519. Orenges, limons, batates, *Voy. d'Ant. Pigaphetta*, dans DELB. *Rec.* Admis ACAD. 1762.]

|| Plante dont la racine tuberculeuse est comestible.

PATATRAS [pà-tà-trá] *interj.*
[ÉTYM. Onomatopée, § 32. || XVIIe s. *V.* à l'article. Admis ACAD. 1835.]

|| Onomatopée exprimant le bruit d'un corps qui tombe. Ou sur un malheureux verglas Faire un malheureux —, D'ASSOUCY, *Avent.* p. 283.

PATAUD, AUDE [pà-tó, -tôd'] *s. m. et f.*
[ÉTYM. Dérivé de patte, § 138. || 1611. Pataut, aute, COTGR.]

|| **1º** *S. m.* Jeune chien à grosses pattes. || *Loc. prov.* Être à nage-—. | **1.** Patauger, barboter dans l'eau. | **2.** *P. ext. Fig.* Nager dans l'abondance.

|| **2º** *S. m. et f.* Lourdaud, lourdaude.

PATAUGER [pà-tó-jé] *v. intr.*
[ÉTYM. Dérivé irrégulier de pataud, §§ 63 et 154. (*Cf.* patrouiller et l'anc. franç. patoyer.) || XVIIIe s. *V.* à l'article. Admis ACAD. 1762.]

|| Traverser péniblement un passage boueux. Le diable de Milton pataugeant dans le chaos, VOLT. *Lett. à Helvetius*, 11 sept. 1739. | *Fig.* Avoir de la peine à se tirer d'une explication, d'une affaire, d'une entreprise.

PATCHOULI [pàt'-chou-li] *s. m.*
[ÉTYM. Paraît emprunté de l'angl. patch-leaf, mot hybride composé de patch, nom indigène de la plante, et leaf, feuille, §§ 8 et 25. || *Néolog.* Admis ACAD. 1878.]

|| Plante labiée aromatique originaire de l'Inde. || *P. ext.* Le parfum extrait de cette plante.

PATE. *V.* patte.

PÂTE [pàt'] *s. f.*
[ÉTYM. Du lat. pasta, grec πάστη, *m. s.* devenu paste, § 291, pàte, § 422.]

|| **1º** Farine délayée et pétrie pour faire du pain, de la galette, etc. Mettre la main à la —, pour pétrir, et, *fig.* travailler soi-même à qqch. Mettre de la viande en —, la mettre dans une pâte préparée pour la faire cuire au four. | *P. plaisant. Dans un autre sens.* Être comme un coq en — (comme un coq que l'on empâte), être bien traité, avoir toutes ses aises. || Pâtes d'Italie, pâtes diverses séchées et découpées (vermicelle, macaroni, etc.) pour potages, ragoûts, etc. || *Fig.* C'est une bonne — d'homme. La bonne — de mari! LES. *Turcar.* IV, 12. Vous êtes d'une — à vivre jusques à cent ans, MOL. *Avare*, II, 5.

|| **2º** *P. anal.* | **1.** Nom donné à diverses préparations

de confiserie, de pharmacie, de parfumerie, etc. — d'a-
mandes. — d'abricots. — de guimauve. *P. anal.* Un fromage
dont la — est onctueuse. | 2. — à papier, faite de chiffons,
de plantes filamenteuses. — à porcelaine, faite de kaolin.
De la porcelaine de — tendre, porcelaine fine, translucide.
| 3. (Peinture.) Couche de couleur plus ou moins épaisse.
Peindre en pleine —. | 4. (Typogr.) Caractères tombés en —,
brouillés de manière à former une masse confuse.

PÂTÉ [pá-té] *s. m.*
[ÉTYM. Dérivé de pâte, § 118. || XIIᵉ s. S'en fist fors treire
deus pastez, CHRÉTIEN DE TROYES, *Érec*, 5145.]
|| **1°** Pâtisserie renfermant de la chair, du poisson, etc.,
cuit dans la pâte. Un — chaud, froid. Un — de veau, de lièvre,
de foie gras, de saumon. Hacher menu comme chair à —. Des
petits pâtés. || *Fig.* En parlant d'un enfant gras, potelé.
C'est un gros —.
|| **2°** *P. anal.* | **1.** Un — de maisons, assemblage de mai-
sons formant une masse séparée des maisons voisines.
| **2.** Terre-plein construit pour couvrir la porte d'une
place de guerre. | **3.** Goutte d'encre tombée de la plume,
sur un papier, sur un livre. Le mot est si mal écrit,... il y a
un —, BEAUMARCH. *Mar. de Fig.* III, 15.

PÂTÉE [pá-té] *s. f.*
[ÉTYM. Dérivé de pâte, § 119. || 1332. Leurs cendrees, leurs
pastees et leurs viandees, dans GODEF. pastee.]
|| Mélange de farine, de tourteaux, de pain, de son, etc.,
délayé dans l'eau ou le lait, pour engraisser la volaille,
nourrir les animaux domestiques, etc. | *Fig. Famil.* Don-
ner la — aux enfants, leur donner à manger.

PATELIN, INE [pät'-lin, -lin' ; *en vers*, pà-te-...] *adj.*
[ÉTYM. Héros de la célèbre *Farce de Patelin* (xvᵉ s.),
qui dupe les gens avec de belles paroles, § 36. || xvᵉ s. Et
aux ouvriers? — Le pathelin, *Dial. de Mallepaye et Baille-
vent.*]
|| Qui cajole pour duper. C'est un maître —. Des manières
patelines. Un langage —, et, *ellipt*, *vieilli*, Un —. Et ruines
chacun avec ton —, RÉGNIER, *Sat.* 15. || *Substantivt.* Ce n'é-
tait point un —, SÉV. 799.

PATELINAGE [pät'-li-náj' ; *en vers*, pà-te-...] *s. m.*
[ÉTYM. Dérivé de pateliner, § 78. || xvᵉ s. A point Ay son or
par patelinage, *Mir. de St Nicolas*, dans DELB. *Rec.*]
|| Manière d'être pateline.

PATELINER [pät'-li-né ; *en vers*, pà-te-...] *v. intr.
et tr.*
[ÉTYM. Dérivé de patelin, § 154. || 1470. Vous cuidez pa-
teliner, dans *Bibl. de l'Éc. des Chartes*, 1847-48, p. 259.]
|| **1°** *V. intr.* Agir en patelin.
|| **2°** *V. tr.* Traiter d'une manière pateline. — qqn. —
une affaire, en ménager habilement la réussite.

PATELINEUR, EUSE [pät'-li-neur, -neûz' ; *en vers*, pà-
te-...] *s. m. et f.*
[ÉTYM. Dérivé de pateliner, § 112. || xvrᵉ s. O quel pate-
lineux! RAB. III, 22.]
|| Celui, celle qui pateline.

PATELLE [pà-tèl] *s. f.*
[ÉTYM. Emprunté du lat. des naturalistes patella, *m. s.*
proprt, « plat rond », à cause de la forme du coquillage.
(*Cf.* le doublet poêle 1.) || 1555. P. BELON, *Nat. et div. des
poiss.* p. 396. Admis ACAD. 1762.]
|| (Hist. nat.) Lépas, mollusque à coquille univalve.

PATEMMENT [pà-là-man] *adv.*
[ÉTYM. Pour patentment, composé de patent et ment,
§ 724. || xvᵉ s. Mis et establis patemment en l'aire de ladite
eglise, P. DESREY, dans LA C. Admis ACAD. 1878.]
|| *Rare.* D'une manière patente.

PATÈNE [pà-tèn] *s. f.*
[ÉTYM. Emprunté du lat. patena, plat. || 1380. Calice... ou il
a en la patene un Dieu, dans L. DE LABORDE, *Émaux*, p. 432.]
|| (Liturgie cathol.) || **1°** Plat sur lequel on offrait le
pain quand on communiait sous les deux espèces.
|| **2°** Vase sacré, en forme de plat rond, destiné à re-
couvrir le calice, à recevoir les parcelles de l'hostie, et
que l'officiant fait baiser aux personnes qui vont à l'offrande.

PATENÔTRE [pät'-nôtr' ; *en vers*, pà-te-...] *s. f.*
[ÉTYM. Emprunté du lat. pater noster (notre père), dé-
but de l'Oraison dominicale, § 216. || xiᵉ s. Un alter de sainte
Paternostre, *Voy. de Charl. à Jérus.* 114. | xiiᵉ s. De pa-
trenostre et d'evangile, GAUT. D'ARRAS, *Eracle*, 4198.]
|| **1°** *Ancienn.* Oraison dominicale. (*Cf.* Pater.) || *P. ext.*
Suite de prières. Dire ses patenôtres. | *Fig.* Les patenôtres
du loup, paroles magiques pour protéger les brebis contre
le loup. Dire la — du singe, grogner entre ses dents.
|| **2°** *Vieilli.* Grains de chapelet, chapelet. Jamais on ne
lui vit aux mains de patenôtres RÉGNIER, *Sat.* 7. | *Fig.* Ils
se suivaient en files ainsi que patenôtres, LA F. *Lett.* 1. | *P.
ext.* Enfilade de paroles. Il marmotte toujours certaines pa-
tenôtres Où je ne comprends rien, RAC. *Plaid.* I, 1. || *Spé-
ciall.* | **1.** (Blason.) Chapelet entourant l'écu des cheva-
liers de Malte et de certains dignitaires ecclésiastiques.
| **2.** (Architect.) Chapelet de perles rondes, ovales, ornant
une corniche, une pièce. | **3.** (Pêche.) Chapelet de mor-
ceaux de liège qui soutiennent un filet. | **4.** Chapelet de
seaux de la machine hydraulique dite noria.

PATENÔTRIER [pät'-nó-tri-yé] *s. m.*
[ÉTYM. Dérivé de patenôtre, § 115. || xiiiᵉ s. Des patenos-
triers, E. BOILEAU, *Livre des mest.* I, XXXVIII, 1.]
|| *Ancienn.* Fabricant de patenôtres (chapelets).

PATENT, ENTE [pà-tan, -tänt'] *adj.*
[ÉTYM. Emprunté du lat. patens, *m. s.* || 1307. Les paten-
tes lettres des vicaires, dans GODEF. *Compl.*]
|| **1°** *Vieilli.* Ouvert. Nous n'avons rien pour cette heure
qui ne se puisse écrire en lettres patentes, MALH. *Lett. à
Peiresc*, 144. || *Spéciall.* Lettres patentes, lettres (d'un roi,
d'un prince, etc.) scellées du grand sceau et laissées ouvertes. (*Cf.* patente.)
|| **2°** *Fig.* Dont l'évidence est manifeste. Le fait est —.

PATENTABLE [pà-tan-tàbl'] *adj.*
[ÉTYM. Dérivé de patente, § 93. || 1791. S'il était patent-
table, LINGUET, *Ann. polit. civ. et litter.* XVIII, 84. Admis
ACAD. 1878.]
|| Sujet à l'impôt de la patente.

PATENTE [pà-tänt'] *s. f.*
[ÉTYM. Tiré de patent, § 38. || xvrᵉ-xviiᵉ s. Des marques
et patentes de sa commission, FRANÇ. DE SALES, dans GODEF.
Compl.]
|| **1°** *Vieilli.* Commission, diplôme, brevet accordé
(sous forme de lettres patentes) par un souverain, un
corps, une université, etc. Les patentes de généralissime,
BOSS. *Quiét.* lett. 69. Une — de docteur, d'imprimeur. —
nationale, nom donné au brevet sous la Convention. *P.
ext.* Essieu à —, et, *ellipt*, —, essieu (breveté à l'origine)
dont la fusée tourne dans une boîte disposée de façon à
diminuer le frottement.
|| **2°** Certificat de santé qu'on délivre dans les ports de
mer aux vaisseaux qui partent. — nette, attestant que le
navire est parti d'un port non infecté. — brute, constatant
le contraire. || *P. ext.* Pièce déclarant la nature des mar-
chandises transportées à bord d'un navire.
|| **3°** Contribution annuelle imposée aux commerçants
et à ceux qui exercent certaines industries ou professions
déterminées. Être inscrit au rôle des patentes.

PATENTÉ, ÉE [pà-tan-té] *adj.*
[ÉTYM. Dérivé de patente, § 118. || *Néolog.* Admis ACAD.
1835.]
|| Qui a une patente. Un acte pour lequel il faut deux té-
moins patentés.

PATER [pà-tèr] *s. m.*
[ÉTYM. Emprunté du lat. pater (père), premier mot de
l'Oraison dominicale, § 216. || xvrᵉ-xviiᵉ s. Le jésuite Jouan-
deau jouoit aux dez des paters contre les testons de Lamoignon, D'AUB. *Fœneste*, IV, 13.]
|| Oraison dominicale. (*Cf.* patenôtre.) Dire son Pater. Il
sait cela comme son Pater. Cinq Pater et cinq Avé, ACAD. | *P.
ext.* Temps que dure un Pater. Charost fut plus de trois ou
quatre Pater à se remettre, ST-SIM. II, 58.

PATÈRE [pà-tèr] *s. f.*
[ÉTYM. Emprunté du lat. patera, *m. s.* || xvᵉ-xvrᵉ s.
En tasses et pateres, O. DE ST-GELAIS, dans DELB. *Rec.* Admis ACAD. 1762.]
|| **1°** (Antiq.) Coupe employée surtout pour les sacrifices.
|| **2°** (Architect.) Ornement imitant une patère antique.
|| **3°** *P. ext.* Pièce de métal, de bois, plus ou moins
ornée, de forme circulaire, et fixée au mur par un pied
analogue à celui de la coupe, pour suspendre des rideaux,
des vêtements, etc. | *P. anal.* Rondelle de cuivre em-
ployée dans la serrurerie pour balcons, rampes, etc.

PATERNE [pà-tèrn'] *adj.*
[ÉTYM. Emprunté du lat. paternus, *m. s.* || xiᵉ s. Veire
paterne (Dieu), *Roland*, 2384. Admis ACAD. 1835.]

‖ **1°** *Anciennt.* Paternel.

‖ **2°** Qui montre une bienveillance doucereuse. Un air, un ton —.

PATERNEL, ELLE [pà-tèr-nèl] *adj.*

[ÉTYM. Dérivé du lat. paternus, *m. s.* § 238. ‖ XII° s. La gloire de la paternel pitiet, *Serm. de St Bern.* p. 54.]

‖ Relatif au père. L'autorité paternelle. La puissance paternelle se perdit à Rome avec la république, MONTESQ. *Espr. des lois*, v, 7. L'héritage —. La maison paternelle. Chassé du — logis, LA F. *Fab.* VII, 16. ‖ *P. anal.* Parler à qqn d'un ton —. Dieu veut qu'on espère en son soin —, RAC. *Ath.* I, 2.

PATERNELLEMENT [pà-tèr-nèl-man ; *en vers*, -nèle-...] *adv.*

[ÉTYM. Composé de paternelle et ment, § 724. ‖ 1564. J. THIERRY, *Dict. franç.-lat.*]

‖ D'une manière paternelle.

PATERNITÉ [pà-tèr-ni-té] *s. f.*

[ÉTYM. Emprunté du lat. paternitas, *m. s.* ‖ XII° s. Sur la seinte paternité Dunt un nos avez poesté, BENEEIT, *Ducs de Norm.* dans DELB. *Rec.*]

‖ Qualité de père. La loi interdit la recherche de la —. Intenter une action en désaveu de —. ‖ *P. anal.* — spirituelle, lien qui unit le parrain au filleul, le prêtre à ses ouailles. ‖ *Fig.* Il désavoue la — de ce livre.

PÂTEUX, EUSE [pá-teu, -teûz'] *adj.*

[ÉTYM. Dérivé de pâte, § 116. ‖ XIII° s. Piece de chair... mole et pasteuse, *St Graal*, dans DELB. *Rec.*]

‖ Qui a les caractères de la pâte. Pain —, mal levé. Poire pâteuse, dont la chair n'est pas fondante. Encre pâteuse, vin —, trop épais. Un peintre qui a une touche pâteuse, épaisse. [*P. ext.* Avoir la langue, la bouche pâteuse, chargée de mucosités. ‖ *Fig.* Un style —, lourd.

PATHÉTIQUE [pà-té-tïk'] *adj.*

[ÉTYM. Emprunté du lat. patheticus, grec παθητικός, *m. s.* de πάθος, passion. (*Cf.* pathos.) ‖ XVI° s. Figures patétiques, *Precetti di retorica*, p. 37, Camus.]

‖ Qui remue les passions. Un ton —. Un discours, un orateur —. Chant —. Une situation — (au théâtre). Le second acte est un des plus pathétiques qui soient sur la scène, CORN. *Hor. exam.* ‖ *Substantivt.* Le —, le genre pathétique. Racine... à qui le grand et le merveilleux n'ont pas même manqué, ainsi qu'à Corneille ni le touchant ni le —, LA BR. 1.

PATHÉTIQUEMENT [pà-té-tïk'-man ; *en vers*, -tike-...] *adv.*

[ÉTYM. Composé de pathétique et ment, § 724. ‖ 1611. COTGR.]

‖ D'une manière pathétique.

PATHOGNOMONIQUE [pà-tŏg'-nò-mò-nïk'] *adj.*

[ÉTYM. Emprunté du grec παθογνωμονικός, *m. s.* (*Cf.* gnomonique.) ‖ 1741. COL-DE-VILLARS, *Dict. franç.-lat.* Admis ACAD. 1762.]

‖ (T. didact.) Qui caractérise une maladie. Signes pathognomoniques... de cette maladie, MOL. *Pourc.* I, 11.

PATHOLOGIE [pà-tò-lò-ji] *s. f.*

[ÉTYM. Emprunté du grec παθολογία, *m. s.* de πάθος, maladie, et λόγος, discours. ‖ XVI°-XVII° s. La doctrine de Galien est honorable pour la pathologie, D'AUB. *Sancy*, II, 2.]

‖ (T. didact.) Partie de la science médicale qui traite des fonctions des organes dans l'état morbide. — interne, médicale. — externe, chirurgicale.

PATHOLOGIQUE [pà-tò-lò-jïk'] *adj.*

[ÉTYM. Emprunté du grec παθολογικός, *m. s.* ‖ XVI° s. Etiologique ou pathologique, G. PARADIN, *Méthode de Fuchs*, p. 24. Admis ACAD. 1762.]

‖ (T. didact.) Relatif à la pathologie.

PATHOLOGISTE [pà-tò-lò-jïst'] *s. m. et f.*

[ÉTYM. Dérivé de pathologie, § 265. ‖ *Néolog.* Admis ACAD. 1878.]

‖ (T. didact.) Celui, celle qui s'occupe de pathologie.

PATHOS [pà-tŏs'] *s. m.*

[ÉTYM. Emprunté du grec πάθος, passion. (*Cf.* ithos.) ‖ XVII° s. V. à l'article.]

‖ **1°** *Vieilli.* (Rhétor.) Le pathétique. On voit partout chez vous l'ithos et le —, MOL. *F. sav.* III, 3.

‖ **2°** Pathétique affecté, emphatique. Faut-il qn'on vous guérisse du —? V. HUGO, *Ruy-Blas*, III, 5.

PATIBULAIRE [pà-ti-bu-lèr] *adj. et s. m.*

[ÉTYM. Dérivé du lat. patibulum, gibet, § 248. ‖ 1408. Fourches ou gibès patibulaires, NIC. DE BAYE, *Journal*, dans DELB. *Rec.*]

I. *Adj.* Relatif au gibet. Les fourches, les bois patibulaires, la potence. ‖ *Fig.* Je n'ai pas, Dieu merci, les inclinations fort patibulaires, MOL. *Av.* II, 1. Une mine, une physionomie —, d'homme fait pour la potence.

II. *Vieilli.* *S. m.* Potence. Le scélérat... Passa près d'un —, LA F. *Fab.* XII, 23.

PATIEMMENT [pà-syà-man ; *en vers*, -si-à-...] *adv.*

[ÉTYM. Pour patientment, composé de patient et ment, § 724. ‖ XII° s. Si ceu nen estoit k'il pacienment ne puyent oïr, *Serm. de St Bern.* p. 18.]

‖ D'une manière patiente.

1. PATIENCE [pà-syàns' ; *en vers*, -si-àns] *s. f.*

[ÉTYM. Emprunté du lat. patientia, *m. s.* ‖ XII° s. Tu les la meie patience, *Psaut. d'Oxf.* LXX, 5.]

‖ **1°** Qualité de celui qui sait supporter les maux. Nous sommes saints par la — dans nos misères, BOURD. *Fête des saints*, 2. Je me sens un si grand fonds de — pour supporter cette incommodité, SÉV. 557. Le silence de — dans les afflictions, BOSS. *Instruct. sur le silence*, 3. Il prend son mal en —, HAUTEROCHE, *Deuil*, sc. 2. On voit aller des patiences Plus loin que la sienne (celle de Job) n'alla, BENSER. *Sonnet sur Job.* La — lui échappa.

‖ **2°** Qualité de celui qui supporte l'attente de ce qui tarde, la durée de ce qui se prolonge. Attendez en paix et avec — que Dieu vous manifeste sa volonté, BOSS. *Extrait sur le nécess. du silence.* Vous n'avez qu'à vous donner un peu de —, SÉV. 1110. Il n'a pas eu la — d'attendre. ‖ — et longueur de temps font plus que force ni que rage, LA F. *Fab.* II, 11. Il n'a jamais eu de — qu'il n'en ait fait un de ses commensaux, SÉV. 855. ‖ *P. ext.* Un ouvrage de —, *Spéciall.* Jeu de —, qui consiste à retrouver l'ordre des parties disjointes d'un tout. Faire une —, réaliser certaines combinaisons de cartes.

2. PATIENCE [pà-syàns' ; *en vers*, -si-àns] *s. f.*

[ÉTYM. Semble une corruption de lapathium (où la a été pris pour l'article), nom lat. de cette plante, § 509. ‖ 1564. La patience ou parelle, J. THIERRY, *Dict. franç.-lat.*]

‖ (Botan.) Plante, voisine de l'oseille, dite aussi parelle.

PATIENT, ENTE [pà-syan, -syânt' ; *en vers*, -si-...] *adj. et s. m. et f.*

[ÉTYM. Emprunté du lat. patiens, *m. s.* de pati, souffrir. ‖ XIII°-XIV° s. Soies passiens, *Brun de la Mont.* 3126.]

I. *Adj.* ‖ **1°** *Vieilli.* Passif. Dans les passions comme nous les considérons, l'âme est patiente, BOSS. *Conn. de Dieu*, III, 2.

‖ **2°** Qui supporte les maux. C'est pour vous apprendre à être — que les Dieux exercent votre patience, FÉN. *Tél.* 24. — dans les maux, BOURD. *Pensée de la mort*, 3.

‖ **3°** Qui supporte l'attente de ce qui tarde, la durée de ce qui se prolonge. Dieu est —, parce qu'il est éternel. Un créancier —. Un auditeur —.

II. *S. m. et f.* ‖ **1°** *Vieilli.* Celui qui est passif. Bien que l'agent et le — soient souvent fort différents, DESC. *Passions*, I, 1.

‖ **2°** Celui, celle qui a de la patience. Le — vaut mieux que le fort, BOSS. *D. d'Orl.*

‖ **3°** Celui, celle qui a à subir une opération. L'état où l'on met les pauvres patients, SÉV. 246.

‖ **4°** Celui, celle qui subit un supplice. Voyons dans le — endurci (le mauvais larron) la marque certaine de réprobation, BOSS. *Nécessité des souffrances*, préamb.

PATIENTER [pà-syan-té ; *en vers*, -si-an-té] *v. intr.*

[ÉTYM. Dérivé de patient, § 154. ‖ 1611. COTGR.]

‖ Prendre patience.

PATIN [pà-tin] *s. m.*

[ÉTYM. Origine incertaine ; peut-être dérivé de patte, § 100. ‖ XIII° s. En wise d'esperons a caucié ses patins, dans LA C.]

I. Chaussure.

‖ **1°** Soulier à semelle de bois épaisse, que les femmes portaient autrefois pour se grandir. La trop courte beauté monta sur des patins, BOIL. *Ép.* 9. Celle-ci doit sa taille à son — trompeur, REGNARD, *Bal*, sc. 6. | *P. anal.* Espèce de socque. ‖ Semelle qu'on ajoute à la chaussure pour préserver de l'humidité.

‖ **2°** Sorte de sandale garnie par-dessous d'une lame de fer verticale pour courir sur la glace.

II. (Technol.) Toute pièce de bois, de fer, servant à soutenir. Le — sur lequel repose la charpente d'un escalier. | Le — d'un guéridon, d'un berceau, etc. | Le — d'un bouton de manchette.

***PATINAGE** [pà-ti-nâj'] *s. m.*
[ÉTYM. Dérivé de patiner 2, § 78. || *Néolog.*]
|| Action de glisser sur la glace avec des patins.

PATINE [pà-tin'] *s. f.*
[ÉTYM. Origine incertaine; peut-être subst. verbal de patiner 1, § 52. || XVIIIᵉ s. *V.* à l'article. Admis ACAD. 1835.]
|| 1° Oxydation verdâtre qui s'est formée avec le temps sur les statues, les vases ou les médailles antiques de bronze. Cet enduit, qu'on appelle —, BUFF. *Minéraux.*
|| 2° *P. anal.* Teinte unie, sorte de poli que le temps donne aux statues, aux tableaux, aux ivoires, etc.

1. PATINER [pà-ti-né] *v. tr.*
[ÉTYM. Dérivé de patte, § 168. || 1611. COTGR.]
|| *Famil.* Manier sans ménagements. || *Spécialt.* — une femme, prendre des libertés avec elle. (*Cf.* peloter.) *Absolt.* On patine, on se joue, LA F. *Contes, Rémois.* Ce n'est point la mode de — parmi le beau monde, FURET. *Dict.*

2. PATINER [pà-ti-né] *v. intr.*
[ÉTYM. Dérivé de patin, § 154. || 1732. Admis ACAD. 1740.]
|| 1° Glisser sur la glace avec des patins.
|| 2° *P. ext.* En parlant des roues d'une locomotive, tourner sur place sans avancer.

1. PATINEUR [pà-ti-neur] *s. m.*
[ÉTYM. Dérivé de patiner 1, § 112. || XVIIᵉ s. *V.* à l'article.]
|| Celui qui aime à manier sans ménagements. *Spécialt.* Celui qui prend des libertés avec les femmes. Les provinciaux... sont grands patineurs, SCARR. *Rom. com.* I, 8. Doucement! je n'aime point les patineurs, MOL. *G. Dand.* II, 1.

2. PATINEUR, *PATINEUSE [pà-ti-neur, -neuz'] *s. m. et f.*
[ÉTYM. Dérivé de patiner 2, § 112. || 1752. TRÉV. Admis ACAD. 1798.]
|| Celui, celle qui glisse sur la glace avec des patins.

PÂTIR [pá-tir] *v. intr.*
[ÉTYM. Emprunté du lat. pati, m. s. § 503. || XVIᵉ s. Ilz peuvent patir solution de continuité, RAB. III, 23.]
I. *Vieilli.* Souffrir qqch. Je ne puis — de me voir rejeté, RÉGNIER, *Sat.* 2. Avez-vous de la peine à — dans vos traverses, envisagez Jésus-Christ, BOSS. *Sur le silence,* 3. || *Substantivt.* Le — (terme mystique), l'état passif. Le — et le souffrir, BOSS. *États d'orais.* VII, 2.
II. Éprouver du dommage. Un gland tombe : le nez du dormeur en pâtit, LA F. *Fab.* IX, 4. Si vous laissez — les enfants, J.-J. ROUSS. *Ém.* 2. Que le pauvre pâtisse dans la disette, BOURD. *Aumône,* 1. De tout temps Les petits ont pâti des sottises des grands, LA F. *Fab.* II, 4.

PÂTIS [pá-ti] *s. m.*
[ÉTYM. Du lat. pop. *pasticium, m. s. de pastus, supin de pascere, paître, § 82, devenu pastiz, pastis, §§ 383 et 291, pâtis, § 422. || XIIᵉ s. Cum guarderat berbiz Ki nen at nul pastiz? PH. DE THAUN, *Comput,* 69.]
|| Terre où on laisse paître les troupeaux. Je vous enseignerai les — les plus gras, LA F. *Fab.* IV, 21.

PÂTISSER [pá-ti-sé] *v. intr.*
[ÉTYM. Du lat. pop. *pasticiare, de *pasticium, pâté, dérivé de pasta, pâte, §§ 82 et 154, devenu pasticier, pasticer, §§ 383, 297, 291 et 634, puis pâticer, écrit à tort pâtisser, § 422. (*Cf.* pastiche.) || 1395. Cuire et pasticier, dans GODEF. pasticier.]
|| Travailler la pâte pour faire des gâteaux.

PÂTISSERIE [pá-tis'-ri; *en vers,* -ti-se-ri] *s. f.*
[ÉTYM. Dérivé de pâtisser, §§ 65 et 68. || 1360. Cuire pain, pasticerie et autres choses, dans DELB. *Rec.*]
|| 1° Profession, boutique de pâtissier.
|| 2° *P. ext.* Gâteau. Faire de la —. Manger de la —.

PÂTISSIER, IÈRE [pá-ti-syé, -syèr] *s. m. et f.*
[ÉTYM. Dérivé de pâtisser, § 115. || XIIIᵉ s. Pastillarii : pastigiers, J. DE GARLANDE, dans GODEF. *Compl.*]
|| Celui, celle qui fait, vend des gâteaux. *P. appos.* Un garçon —.

PÂTISSOIRE [pá-ti-swâr] *s. f.*
[ÉTYM. Dérivé de pâtisser, § 113. || Admis ACAD. 1798.]
|| Table sur laquelle on pâtisse.

PATOIS [pà-twá] *s. m.*
[ÉTYM. Origine inconnue. || XIIIᵉ s. Lais d'amors et sonnès cortois Chantoit chascuns en son patois, G. DE LORRIS, *Rose,* 709.]
|| Parler dialectal, ordinairement privé de culture littéraire et réservé à la conversation familière. Le — bourguignon, picard, etc. Les patois du midi de la France. *P. plaisant.* L'âne... Se plaint en son —, LA F. *Fab.* III, 1.

PÂTON [pá-ton] *s. m.*
[ÉTYM. Dérivé de pâte, § 104. || 1483. Deux patons de paste, dans GODEF. paston.]
|| Morceau de pâte. || *Spécialt.* | 1. Morceau de pâte que le boulanger manie dans le pétrin. | 2. Morceau de pâte qu'on fait avaler aux volailles pour les engraisser. || *P. plaisant. Fig.* N'y a-t-il point de degrés entre votre maigreur excessive et un — de graisse? SÉV. 626.

***PATOUILLER** [pà-tou-yé]. *V.* patrouiller.

PATRAQUE [pà-trăk'] *s. f.*
[ÉTYM. Origine inconnue. || 1752. TRÉV. Admis ACAD. 1762.]
|| 1° *Famil.* Machine qui fonctionne mal. Cette montre est une —.
|| 2° *P. anal.* Personne d'une mauvaise santé. *Adjectivt.* Je suis —.

PÂTRE [pátr'] *s. m.*
[ÉTYM. Du lat. pastor, m. s. devenu pastre, § 291, pâtre, § 422. Servait en anc. franç. de cas sujet à pasteur, § 538.]
|| Celui qui fait paître les troupeaux.

PATRES (AD). *V.* ad patres.

PATRIARCAL, ALE [pà-tri-àr-kàl] *adj.*
[ÉTYM. Emprunté du lat. patriarchalis, m. s. || XIVᵉ-XVᵉ s. Yglises patriarchaus, *Chron. de France,* dans GODEF. *Compl.*]
|| 1° Qui a rapport aux patriarches de la Bible. Les mœurs patriarcales.
|| 2° Qui a rapport à la dignité de patriarche. Église patriarcale.

PATRIARCAT [pà-tri-àr-kà] *s. m.*
[ÉTYM. Emprunté du lat. ecclés. patriarchatus, m. s. §§ 217 et 254. || XVᵉ-XVIᵉ s. Le patriarchat d'Aquilee, J. LE MAIRE, dans DELB. *Rec.*]
|| Dignité, fonction, juridiction d'un patriarche.

PATRIARCHE [pà-tri-àrch'] *s. m.*
[ÉTYM. Emprunté du lat. ecclés. patriarcha, grec πατριάρχης, m. s. § 503. || XIᵉ s. Vint al patriarche, *Voy. de Charl. à Jérus.* 134.]
I. (T. bibliq.) Chef de famille dont la vie fut fort longue. Autant qu'un — il vous faudrait vieillir, LA F. *Fab.* XI, 8. [Le — Noé. || *Fig.* Vieillard vénérable entouré d'une nombreuse famille. C'est un —.
II. || 1° (Hist. ecclés.) Évêque des premiers sièges épiscopaux. Le — de Jérusalem, de Constantinople.
|| 2° Chef de l'Église grecque.

PATRICE [pà-tris'] *s. m.*
[ÉTYM. Emprunté du lat. patricius, m. s. de pater, père. || XIIᵉ-XIIIᵉ s. Patrices, *Dial. Gregoire,* p. 65.]
|| (Antiq. rom.) Dignitaire des derniers temps de l'empire romain. On le créa —, LA F. *Fab.* XI, 7.

PATRICIAT [pà-tri-syà; *en vers,* -si-à] *s. m.*
[ÉTYM. Emprunté du lat. patriciatus, m. s. || 1690. FURET.]
|| (Antiq. rom.) || 1° Dignité de patricien. || *P. ext.* Ordre des patriciens.
|| 2° Dignité de patrice.

PATRICIEN, ENNE [pà-tri-syin; -syèn'; *en vers,* -si-...] *s. m. et f.*
[ÉTYM. Dérivé du lat. patricius, m. s. § 244. || XIVᵉ s. Toutz ceulx qui d'eux descendirent furent appelez patriciens, BERSUIRE, fᵒ 3, dans LITTRÉ.]
|| 1° (Antiq. rom.) Celui, celle qui appartient à la classe noble. Aux patriciens appartenaient les emplois, BOSS. *Hist. univ.* III, 6. || *Adjectivt.* Les familles patriciennes, MONTESQ. *Rom.* 8.
|| 2° *P. ext.* En parlant des États modernes. Les patriciens de Florence, de Gênes. Il se forma de ces patriciens orgueilleux, CONDILL. *Ét. hist.* I, 3. || *Adjectivt.* L'orgueil —.

PATRIE [pà-tri] *s. f.*
[ÉTYM. Emprunté du lat. patria, m. s. || 1549. Le devoir en quoy je suis obligé à la patrie, J. DU BELLAY, *Déf. et illustr.* II, 1.]
|| Pays où l'on est né et auquel on appartient comme citoyen. Le fond d'un Romain, pour ainsi parler, était l'amour de sa liberté et de sa —, BOSS. *Hist. univ.* III, 6. Que de la — il soit, s'il veut, le père, RAC. *Brit.* I, 1. Combattre, mourir pour sa —. Mère —, nation à laquelle se rattache une colonie. || *Fig.* Pour moi point de — où vous ne serez pas, CORN. *Tois. d'or,* II, 2. Le premier qui a écrit que la — est partout

où on se trouve bien est, je crois, Euripide dans son Phaéton, VOLT. *Dict. philos.* patrie. | La — céleste, le séjour des élus, le paradis. | *P. anal.* La Grèce est la — des arts.

PATRIMOINE [pà-tri-mwàn'] *s. m.*
[ÉTYM. Emprunté du lat. patrimonium, *m. s.* || XIIe s. Son patrimoine ert, ce diseit, La ou l'abeie seeit, BENEEIT, *Ducs de Norm.* 39791.]
|| Bien que l'on tient par héritage des ascendants paternels ou maternels. Moins appliqués à dissiper ou à grossir leur — qu'à le maintenir, LA BR. 7. || *P. ext.* Le — de saint Pierre, domaine temporel de la papauté en Italie. || *Fig.* Les biens donnés au clergé étaient le — des pauvres. Toute grande découverte est le — de l'humanité.

PATRIMONIAL, ALE [pà-tri-mò-nyàl; *en vers*, -ni-àl] *adj.*
[ÉTYM. Emprunté du lat. patrimonialis, *m. s.* || 1575. Biens propres et patrimoniaux, J. PAPON, *Second Not.* p. 540.]
|| Relatif au patrimoine. Biens patrimoniaux.

PATRIOTE [pà-tri-ŏt'] *s. m.*
[ÉTYM. Emprunté du lat. ecclés. patriota, grec πατριώτης, compatriote. Le sens II n'apparait qu'au XVIIIe s. || XVe s. Massacre... d'aucuns de leurs citoyens et patriotes, J. CHARTIER, *Chron.* dans GODEF. *Hist. de Ch. VII*, p. 172. Admis ACAD. 1762.]
I. *Anciennt.* Compatriote. Au milieu de son pays, de ses amis, de ses parents, de ses patriotes, J.-J. ROUSS. *Lett. à Guy*, 2 août 1766.
II. Personne dévouée à sa patrie. Être bon —, VOLT. *Dict. philos.* patrie. Sans être un mauvais —, Mme DU DEFFAND, *Corresp. inéd.* II, 107. | *Adjectivt.* — comme il l'était (Vauban), ST-SIM. V, 149. Un ministre —.

PATRIOTIQUE [pà-tri-ò-tĭk'] *adj.*
[ÉTYM. Dérivé de patriote, § 229. (*Cf.* le lat. ecclés. patrioticus, grec πατριωτικός, relatif aux compatriotes, et l'expression lares patriotiques que RAB. II, 6 met dans la bouche de l'écolier limousin. || Admis ACAD. 1762.]
|| Relatif au patriotisme. Le sentiment —. Un chant —.

PATRIOTIQUEMENT [pà-tri-ò-tĭk'-man ; *en vers*, -tike-...] *adv.*
[ÉTYM. Composé de patriotique et ment, § 724. || 1797. J. LAVALLÉE, *Semaines crit.* III, 137. Admis ACAD. 1798.]
|| D'une manière patriotique.

PATRIOTISME [pà-tri-ò-tĭsm'] *s. m.*
[ÉTYM. Dérivé de patriote, § 265. || XVIIIe s. *V.* à l'article. Admis ACAD. 1762.]
|| Dévouement à la patrie. Exciter les rois au —, D'ARGENSON, *Mém.* (1750), dans DELB. *Rec.* Ne prostituez pas ces mots de patrie et de —, MIRAB. *Disc. sur la banqueroute.* Le — académique, D'ALEMB. *Éloges, Languet de Gergy.*

*PATRISTIQUE [pà-trĭs'-tĭk'] *s. f.*
[ÉTYM. Dérivé du grec πατήρ, πατρός, père, §§ 265 et 229. || *Néolog.*]
|| (T. didact.) Étude des Pères de l'Église. (*Cf.* patrologie.)

PATROCINER [pà-trò-si-né] *v. intr.*
[ÉTYM. Emprunté du lat. patrocinari, patronner, de patronus, avocat. || 1367. Bien et loyaulment patrociner, *Ordonn.* VII, 705.]
|| *Vieilli.* Exhorter longuement. Prêchez, patrocinez jusqu'à la Pentecôte, MOL. *Éc. des f.* I, 1.

PATROLOGIE [pà-trò-lò-ji] *s. f.*
[ÉTYM. Composé avec le grec πατήρ, πατρός, père, λόγος, discours, et le suffixe ie, § 279. || *Néolog.* Admis ACAD. 1878.]
|| (T. didact.) Étude des Pères de l'Église. (*Cf.* patristique.) || *P. ext.* Collection des œuvres des Pères.

PATRON, ONNE [pà-tron, -trŏn'] *s. m. et f.*
[ÉTYM. Emprunté du lat. patronus, na, *m. s.* (*Cf.* patronnesse.) Quelques emplois viennent de l'ital. padrone ou patrone, § 12. || XIIe s. Que aprof le patrun Recoillit sun sermun, PH. DE THAUN, *Comput*, 151.]
I. || 1° (Antiq. rom.) Personne riche, puissante, autour de laquelle se groupaient des clients. || *P. ext. Anciennt.* Le maître, la maîtresse, par rapport à l'affranchi. | *Spécialt. au masc.* Avocat. || *Fig. De nos jours.* Protecteur. Il vise également à se faire des patrons et des créatures, LA BR. 7. Talbot s'était porté pour — des Irlandais opprimés, HAMILT. *Gram.* p. 228.
|| 2° Saint, sainte dont on a reçu le nom au baptême, sous l'invocation et la protection de qui est une église, une ville, une corporation, etc. C'est le jour de mon saint patron que je vous écris, BOSS. *Lett. abbat.* 32. Sainte Geneviève, patronne de Paris. Saint Fiacre, — des jardiniers. || *Fig. Loc. prov.* Le hasard est le — des fous.
|| 3° Maître, maîtresse. Le — d'une barque. *Spécialt.* Maître, maîtresse d'un établissement commercial, industriel, occupant des employés, des ouvriers. | *Famil.* (Loc. d'origine italienne.) Le — de la case, le maître de la maison. Le Génois qui devint à son tour le — de la case, LES. *Guzm. d'Alfar.* I, 4. || *P. anal.* La fortune cruelle A ramené des champs le — de la belle, MOL. *Éc. des f.* III, 4. || *Anciennt.* Cardinal —, premier ministre à la cour pontificale.
II. *S. m.* Modèle suivant lequel on confectionne certains objets. Le — d'un corsage, d'une broderie. | *Spécialt.* | 1. Modèle des diverses parties dont se compose un instrument à cordes (violon, basse, etc.). | 2. Modèle dont se servent les cartiers, pour faire les figures des cartes à jouer. *Fig.* Ils sont taillés sur le même —. Chaque mère à sa bru l'alléguait pour — (modèle), LA F. *Contes, Matr. d'Éph.*

PATRONAGE [pà-trò-nàj'] *s. m.*
[ÉTYM. Dérivé de patron, § 78. || XIVe s. Rendre defense et patronage à la loi, BERSUIRE, fo 100, dans LITTRÉ.]
|| 1° (Antiq. rom.) Protection du patron pour le client. | *P. anal.* Les cantons d'Uri, de Schwitz et de Underwald étaient sous le — de la maison d'Autriche, VOLT. *Ann. de l'Emp.* ann. 1307.
|| 2° Protection d'un saint, d'une sainte. Une chapelle, une œuvre sous le — de saint Pierre.
|| 3° Protection de certaines sociétés de bienfaisance. Le — des jeunes apprentis. Le — de l'enfance abandonnée.

PATRONAL, ALE [pà-trò-nàl] *adj.*
[ÉTYM. Dérivé de patron, § 238. (*Cf.* le bas lat. patronalis.) || 1611. COTGR. Admis ACAD. 1798.]
|| Relatif au saint qui est le patron du lieu. La fête patronale.

PATRONAT [pà-trò-nà] *s. m.*
[ÉTYM. Emprunté du lat. patronatus, *m. s.* || 1587. Patronnat, TAILLEPIED, *Antiq. de Pontoise*, dans DELB. *Rec.* Admis ACAD. 1878.]
|| (Antiq. rom.) Titre, droit de patron (vis-à-vis du client, de l'affranchi).

1. PATRONNER [pà-trò-né] *v. tr.*
[ÉTYM. Dérivé de patron, au sens II, § 154. || 1437. Droict de chastellenie... se patronne o lui mesmes, *Cout. d'Anjou*, II, 141.]
|| (Technol.) Reproduire d'après un patron. Le cartier patronne les figures des cartes à jouer. *Fig.* La nature vive Se patronne elle-même en ta toile naïve, TAHUREAU, *Poés.* p. 78.

2. PATRONNER [pà-trò-né] *v. tr.*
[ÉTYM. Dérivé de patron, au sens I, § 154. (*Cf.* patrociner.) || *Néolog.* Admis ACAD. 1878.]
|| Faire office de patron pour (qqn, qqch). — qqn, agir en sa faveur. — une affaire, travailler à sa réussite.

PATRONNESSE [pà-trò-nĕs'] *s. f.*
[ÉTYM. Dérivé de patron, § 129. | *Néolog.* Admis ACAD. 1878.]
|| Celle qui patronne. *P. appos. Spécialt.* Dame —, qui préside à une œuvre de charité, à un bal de bienfaisance, etc.

PATRONYMIQUE [pà-trò-ni-mĭk'] *adj.*
[ÉTYM. Emprunté du lat. patronymicus, grec πατρωνυμικός, *m. s.* de πατήρ, père, et ὄνομα, nom. || XIIIe s. Patrenomique, H. D'ANDELI, *Bat. des set arts*, 290. Admis ACAD. 1762.]
|| (Antiq.) Qui rappelle un ancêtre. Atride était le nom — de tous les descendants d'Atrée. || *P. ext. De nos jours.* Nom —, le nom de famille, par opposition au nom de terre, au prénom, etc.

PATROUILLAGE [pà-trou-yàj'] *s. m.*
[ÉTYM. Dérivé de patrouiller, § 78. || 1606. Rejaillir un tel patrouillage, *Hist. macar. de Merlin Coccaye*, I, 313.]
|| *Famil.* Action de patrouiller.

PATROUILLE [pà-trŏuy'] *s. f.*
[ÉTYM. Subst. verbal de patrouiller, § 52. (*Cf.* anc. franç. patoier.) || 1539. R. EST.]
|| Ronde de nuit que fait un détachement de soldats pour la sûreté d'une ville, d'un camp. | *P. ext.* Détachement qui fait cette ronde.

PATROUILLER [pà-trou-yé] *v. intr.*
[ÉTYM. Pour patouiller, § 361, dérivé de patte, § 161. (*Cf.* patauger.) || XVe s. Viande froide... le demourant des matrones, qu'elles ont patrouillé, A. DE LA SALE, *Quinze Joies de mar.* p. 26.]

‖ **1°** *Famil.* Piétiner dans la boue.

‖ **2°** *Vieilli.* Aller en patrouille. Les Suisses étaient chargés... de —, ST-SIM. IV, 318.

PATROUILLIS [pà-trou-yi] *s. m.*

[ÉTYM. Dérivé de patrouiller, § 82. ‖ XVI° s. Adonc y eut beau patrouillis, *Sermon de l'Endouille*, dans DELB. *Rec.*]

‖ *Famil.* Endroit fangeux où l'on patrouille.

PATTE [pât'] *s. f.*

[ÉTYM. Origine incertaine. L'anc. franç. dit ordinairement poe (d'où l'angl. paw), qui suppose un primitif *pauta (cf. provenç. pauta) apparenté à l'allem. pfote, *m. s.* § 6. ‖ XIII° s. Et pateoit vers lui ses pates, G. DE COINCY, *Mir. de la Vierge*, dans GODEF. patoier.]

‖ **1°** Membre de l'animal servant à marcher, à saisir. Entre les pattes d'un lion, Un rat sortit de terre, LA F. *Fab.* II, 11. Que fait-il? (le petit chien) il donne la patte, ID. *ibid.* IV, 5. Raton (le chat) avec sa —... Écarte un peu la cendre, ID. *ibid.* IX, 17. ‖ Faire — de velours, en parlant du chat, rentrer ses griffes, et, *fig.* ne pas laisser soupçonner des intentions hostiles. Donner un coup de —, faire sentir ses griffes, et, *fig.* dire une parole piquante. Ne tombez jamais sous ma —, LA F. *Fab.* III, 9. Un chat qui retombe sur ses pattes, et, *fig.* Retomber sur ses pattes, se tirer d'un mauvais pas. Marcher à quatre pattes, en parlant de l'homme, marcher sur les pieds et les mains. *Fig.* Il prend envie de marcher à quatre pattes (de devenir bête) quand on lit votre ouvrage, VOLT. *Lett. à Rousseau*, 30 août 1755. ‖ *P. anal. Famil.* Cet homme a de grosses pattes, de grosses mains. Se tirer des pattes de qqn. J'ai eu toutes les peines du monde à m'échapper de leurs pattes, MOL. *Pourc.* II, 4, et, *fig.* Graisser la — à qqn, lui donner de l'argent pour le mettre dans ses intérêts. ‖ Des pattes de mouche, caractères d'écriture trop fins, peu lisibles. ‖ *P. anal.* Nom donné à diverses plantes. — d'oie, chénopode. — d'ours, achante. — de griffon, ellébore. ‖ *Spécialt.* — de lièvre, extrémité de la patte d'un lièvre, servant à étendre le fard, la poudre de riz, etc.

‖ **2°** *Fig.* Ce qui figure l'extrémité d'une patte. — d'oie (ACAD. écrit patte-d'oie). ‖ 1. Carrefour formé de plusieurs routes qui, partant d'un même point, vont en s'écartant les unes des autres. ‖ 2. Entrecroisement de rides qui partent du coin de l'œil. ‖ 3. Mouiller en — d'oie, sur trois ancres disposées en triangle. ‖ — d'ancre, pièce triangulaire qui termine le bras et qui mord sur le fond. ‖ — de bouline, bout de filin épissé sur les ralingues d'une voile carrée pour recevoir les branches de bouline. ‖ (Jardinage.) Racines, dites aussi griffes, de l'anémone, de la renoncule. ‖ Instrument dit aussi griffe pour régler le papier à musique en traçant d'un seul coup les cinq lignes de la portée.

‖ **3°** Ce qui rappelle la patte servant de support. Un verre à —. La — d'un flambeau. ‖ Crochet en fer pour suspendre la viande, pour enlever des futailles. ‖ — à glace, grand clou à tête plate pour supporter une glace, un châssis, etc.

‖ **4°** Ce qui rappelle la patte considérée comme appendice. ‖ 1. Languette d'une couverture de portefeuille, d'une gaine, qui sert à les fermer. ‖ 2. Languette d'étoffe qui, fixée par un bout à un vêtement, entre de l'autre dans une boucle. La — d'un gilet, d'un pantalon. ‖ Les pattes d'un uniforme, petites bandes d'étoffe, de couleurs tranchantes, que l'on applique pour servir d'ornement et de marques distinctives.

PATTE-D'OIE [pât'-dwà; *en vers*, pà-te-...] *V.* patte, **2°**.

PATTE-PELU, UE [pât'-pe-lu; *en vers*, pà-te-...] *s. m.* et *f.*

[ÉTYM. Tiré de patte pelue, composé de patte et pelue, § 173. ‖ XVI° s. Cafars, cagots, pates pelues, RAB. IV, 1er prol.]

‖ *Vieilli.* Personne doucereuse. Deux francs patte-pelus, LA F. *Fab.* IX, 14.

PATTU, UE [pà-tu] *adj.*

[ÉTYM. Dérivé de patte, § 118. ‖ 1492. Un calice patu, dans DU C. pata 3.]

‖ *Famil.* Qui a de grosses pattes. ‖ *P. ext.* Pigeon —, dont la patte est élargie par une touffe de plumes.

PÂTURAGE [pâ-tu-ràj'] *s. m.*

[ÉTYM. Dérivé de pâturer, § 78. ‖ XII°-XIII° s. Pasturage, dans GODEF. *Compl.*]

‖ **1°** Action de pâturer. Droit de —.

‖ **2°** Lieu où les animaux trouvent de quoi pâturer. La génisse languit dans un vert —, DELILLE, *Géorg.* 3.

PÂTURE [pá-tûr] *s. f.*

[ÉTYM. Du lat. pastŏra, *m. s.* de pascere, paître, devenu pasture, § 291, pâture, § 422.]

I. Nourriture des animaux. Deux bons chevaux... Trouvaient dans l'écurie une pleine —, BOIL. *Sat.* 10. Aux petits des oiseaux il donne leur —, RAC. *Ath.* II, 7. ‖ *P. anal.* Tous les hommes suivaient la grossière nature, Dispersés dans les bois, couraient à la —, BOIL. *Art p.* 4. *Poét.* Tes saints sont la — Des tigres et des léopards, RAC. *Esth.* I, 5. ‖ *P. ext.* En parlant de l'animal, action de prendre sa nourriture. Un beau soir qu'il (l'aigle) était en —, LA F. *Fab.* V, 18. Droit de vaine —, de faire paître les troupeaux sur les terrains communaux. Vive —, saison de la glandée. ‖ *Fig.* Tout ce qui peut servir de — à son esprit d'intrigue, LA BR. 9. Ces puérilités, la — des sots, GRESSET, *Méchant*, III, 9. Cette — spirituelle (la parole de Dieu), BOURD. *Parole de Dieu*, 1.

II. *Vieilli et dialect.* Entrave qu'on met à un animal (surtout au cheval) au pâturage. (*Cf.* paturon et empêtrer.)

PÂTURER [pá-tu-ré] *v. intr.*

[ÉTYM. Dérivé de pâture, § 154. ‖ XII° s. El cors li entrent li oisel Et pasturent en son dormant Ce que mangié ot de devant, *Énéas*, 493.]

‖ Prendre sa pâture. ‖ *Transilivt (rare).* — la feuille naissante, B. DE ST-P. *Harm. Anim.* 5.

PÂTUREUR [pá-tu-reûr] *s. m.*

[ÉTYM. Dérivé de pâture, § 112. ‖ Admis ACAD. 1740.]

‖ Soldat qui mène les chevaux à l'herbe.

PATURON [pá-tu-ron; selon d'autres, pà-...] *s. m.*

[ÉTYM. Dérivé de pâture, au sens **II**, § 104. ‖ 1563. A l'entour des pasturons, DU POY MONCLAR, *Vegèce*, f° 1, r°.]

‖ (Technol.) Partie du bas de la jambe du cheval (entre le canon et la couronne), de la jambe du bœuf, etc., où l'on attache une entrave qui le retient quand il paît.

PAULETTE [pó-lèt'] *s. f.*

[ÉTYM. Dérivé de Paulet, premier fermier de cet impôt (1604), § 36. ‖ XVII° s. SULLY, *Œcon. roy.* dans GODEF. *Compl.*]

‖ *Anciennt.* Privilège octroyé aux membres du Parlement de céder leur charge à leurs héritiers, moyennant un impôt de la soixantième partie du prix de la charge.

PAULOWNIA [pó-lò-nyà; *en vers*, -ni-à] *s. m.*

[ÉTYM. Dérivé du nom d'Anna Paulowna, fille du tsar Paul Ier, à qui cet arbre avait été dédié, §§ 36 et 224. ‖ Admis ACAD. 1878.]

‖ Arbre d'ornement originaire du Japon.

PAUME [pôm'] *s. f.*

[ÉTYM. Du lat. palma, *m. s.* devenu palme, § 291, paume, § 455. (*Cf.* le doublet palme.)]

‖ Le dedans de la main. ‖ Jeu de —, qu'on jouait primitivement en lançant une balle avec la main, et plus tard avec une raquette ou un battoir. Courte —, sur un terrain enfermé de murs. Longue —, sur un terrain qui n'est pas fermé. Quand on joue à la —, c'est une même balle dont on joue l'un et l'autre, PASC. *Pens.* VII, 9.

1. '**PAUMELLE** [pó-mèl] *s. f.*

[ÉTYM. Dérivé de paume, § 126. Souvent confondu avec pommelle. (*V.* ce mot.) ‖ 1321. Une cleif et une paumelle du dresseur, dans GODEF. paumele 3.]

‖ **1°** (Technol.) Morceau de cuir dont l'ouvrier garnit sa main (le cordier pour filer le chanvre, le voilier pour coudre les voiles, le sellier pour tirer son fil, etc.).

‖ **2°** Sorte de planche cintrée dont le corroyeur couvre sa main et son bras pour assouplir le cuir.

‖ **3°** Petite penture fixée à plat sur le battant d'une porte et tournant autour du gond.

2. **PAUMELLE** [pó-mèl] *s. f.*

[ÉTYM. Emprunté du provenç. paumola (lat. palmula, petite palme), avec changement de suffixe, §§ 11 et 63. ‖ 1611. Paulmelle, COTGR. Admis ACAD. 1762.]

‖ Variété d'orge dont l'épi rappelle une petite palme.

PAUMER [pó-mé] *v. tr.*

[ÉTYM. Dérivé de paume, § 154. (*Cf.* empaumer.) L'anc. franç. dit ordinairement paumoyer. ‖ XIV° s. Teste paumee dessus de tres longue et diverse paumeure, GASTON PHÉBUS, *Chasse*, dans DELB. *Rec.* Admis ACAD. 1762.]

‖ **1°** *Vieilli.* Frapper avec la paume de la main. Si j'osais... te bien — la gueule, TH. CORN. *Baron d'Albikrac*, 1, 3.

‖ **2°** (Technol.) Touer à la main (une embarcation).

PAUMIER, '**PAUMIÈRE** [pó-mié, -myèr] *s. m.* et *f.*

[ÉTYM. Dérivé de paume, § 115. ‖ 1579. La paumiere, c'est

à dire la maistresse du jeu de paume d'Agen, L. JOUBERT, *Traité du ris*, p. 347. Admis ACAD. (au sens **1°**) 1740.]

|| **1°** Celui, celle qui tient un jeu de paume.

|| **2°** Celui, celle qui fabrique des balles de jeu de paume.

PAUMURE [pô-mûr] *s. f.* (Vénerie.) *V.* empaumure.

PAUPÉRISME [pô-pé-rĭsm'] *s. m.*

[ÉTYM. Dérivé du lat. pauper, pauvre, § 265. || *Néolog.* Admis ACAD. 1878.]

|| (T. didact.) Plaie de la pauvreté dans un État. L'extinction du —.

PAUPIÈRE [pô-pyèr] *s. f.*

[ÉTYM. Du lat. pop. palpĕtra (VARRON), lat. class. palpebra, *m. s.* devenu palpiedre, palpiére, §§ 305, 404 et 291, paupière, § 422.]

|| Chacune des deux membranes mobiles qui en se rapprochant recouvrent le globe de l'œil. La — supérieure, inférieure. Ma — débile, ROTROU, *Venceslas*, IV, 4. Fermer la —, dormir. Sans qu'elle pût fermer un moment la —, MOL. *Tart.* I, 4. Fermer la — à qqn, lui fermer les yeux lorsqu'il est mort. Dès que ma triste main eut fermé sa —, RAC. *Bér.* II, 2. | *Poét.* Le premier instant où les enfants des rois Ouvrent les yeux à la lumière, Est celui qui vient quelquefois Fermer pour toujours leur — (les voir mourir), LA F. *Fab.* VIII, 1.

PAUSE [pôz'} *s. f.*

[ÉTYM. Emprunté du lat. pausa, *m. s.* (*Cf.* le doublet pose.) Comme terme musical, pause vient de l'ital. pausa, *m. s.* § 12. || XIVᵉ s. Plorer une moult grant pause, FROISS. *Espinette amour.* 2845.]

|| Interruption d'un acte. Faisons une — sous ces arbres. Nous allons nous reposer à Langlar;... cette — sera jolie, SÉV. 652. Fais à ce discours quelque —, MOL. *Amph.* II, 3. || *Spécialt.* (Musique.) Intervalle dont la durée correspond à celle de la ronde, pendant lequel le musicien cesse de chanter, de jouer. Compter une, deux pauses.

PAUSER [pô-zé] *v. intr.*

[ÉTYM. Dérivé de pause, d'après l'ital. pausare, *m. s.* §§ 12 et 154. || XVᵉ s. Il se pausoit un petit, A. DE LA SALLE, *Cent Nouv. nouv.* 66.]

|| (Musique.) Faire une pause.

PAUVRE [pôvr'] *adj.* et *s. m.* et *f.* et **PAUVRESSE** [pô-vrès'] *s. f.*

[ÉTYM. Du lat. pop. pauperum (class. pauperem, *m. s.* devenu en anc. franç. povre, §§ 333, 431, 290 et 291, écrit plus récemment pauvre par réaction étymologique, § 502.]

I. *Adj.* || **1°** Qui n'a pas de quoi se suffire. — comme Job. Celui-là est — dont la dépense excède la recette, LA BR. 6. Comme eux vous fûtes —, RAC. *Ath.* IV, 3. Un gentilhomme —. | *P. ext.* Qui est insuffisant. Une maison —. Tout devint — dans sa maison et sur sa personne, BOSS. *A. de Gonz.* Un pays —. La — Ithaque, FÉN. *Tél.* 21. Une langue — (d'idées, d'expressions). Une rime —, qui satisfait à peine l'oreille.

|| **2°** *Famil.* (Placé avant le substantif.) Qui inspire de la commisération. Le — homme ! MOL. *Tart.* I, 4. Va-t'en, ma — enfant, ID. *F. sav.* II, 6. | *P. ext.* Pas un — petit procès, BRUEYS, *Avocat Path.* I, 1. M. de Lavardin m'a vue, un — moment qu'il a été ici, SÉV. 345. || Avec une nuance de dédain. Un — sire, un — hère. Il n'y a si — esprit qui n'en fît bien autant, MOL. *Av.* III, 1. Cancres, hères et pauvres diables, Dont la condition est de mourir de faim, LA F. *Fab.* I, 5.

II. *S. m.* et *f.* Pauvre, pauvresse. Celui, celle qui n'a pas de quoi se suffire. Faire l'aumône aux pauvres. Le — en sa cabane où le chaume le couvre, MALH. *Poés.* 11. Un — honteux, qui cache sa pauvreté. Un — volontaire, qui renonce volontairement aux biens du monde. | *Dans un sens analogue.* Un — d'esprit, celui qui a l'esprit de pauvreté, de détachement. Bienheureux les pauvres d'esprit, SACI, *Bible, Év. Math.* V, 3. *P. jeu de mots.* Les pauvres d'esprit, ceux qui ont peu d'intelligence. | Le droit des pauvres, prélevé sur la recette des théâtres, concerts, bals, etc. Quêter pour les pauvres.

PAUVREMENT [pô-vre-man] *adv.*

[ÉTYM. Composé de pauvre et ment, § 724. || XIIIᵉ s. Dedens ceste forest sui povrement deduite, ADENET, *Berte*, 919.]

|| D'une manière pauvre. Être vêtu, logé —. Il vit —. Un poète qui rime —.

PAUVRET, ETTE [pô-vrè, -vrèt'] *s. m.* et *f.*

[ÉTYM. Dérivé de pauvre, § 133. || XIVᵉ s. Pour gaaignier leur tres povrete vie, *Girard de Roussillon*, 2329.]

|| Pauvre petit, pauvre petite. Le — se débattant sur

l'onde, LA F. *Fab.* IV, 11. Peu s'en faut que d'amour la pauvrette ne meure, MOL. *Ét.* I, 5.

PAUVRETÉ [pô-vre-té] *s. f.*

[ÉTYM. Du lat. paupertatem, *m. s.* devenu poverté, §§ 333, 426, 295 et 291, puis povreté, plus récemment pauvreté, d'après pauvre, §§ 122 et 502.]

|| **1°** État de celui qui n'a pas de quoi se suffire. Leur — est extrême et honteuse, LA BR. 6. J'aime la —, parce que Jésus-Christ l'a aimée, PASC. *Pens.* XXIV, 69. | *Loc. prov.* — n'est pas vice, on n'a pas à rougir d'être pauvre. La — évangélique, volontaire, le détachement des biens de ce monde. | *P. ext.* La — d'un pays, d'une ville, d'une maison.

|| **2°** État de ce qui est insuffisant. La — d'une langue. La — des rimes. La — de l'esprit. Tâcher d'ennoblir la — des moyens par l'importance des objets, BEAUMARCH. *Mar. de Fig.* III, 5. || *P. ext.* Chose misérable. Et les soins où je vois tant de femmes sensibles, Me paraissent aux yeux des pauvretés horribles, MOL. *F. sav.* I, 1.

PAVAGE [pà-vàj'] *s. m.*

[ÉTYM. Dérivé de paver, § 78. || 1331. Le pavage accoustumé a lever a Laon, dans DU C. pavagium 2.]

|| Action de paver, résultat de ce travail. Le — d'une cour. — en grès. *P. ext.* — en bois.

PAVANE [pà-vàn'] *s. f.*

[ÉTYM. Origine inconnue. || 1542. Pavanes, madrigales, dans DELB. *Rec.*]

|| Ancienne danse d'un caractère grave. || *P. ext.* Air de cette danse.

PAVANER (SE) [pà-và-né] *v. pron,*

[ÉTYM. Dérivé de pavane, § 154. || 1611. COTGR.]

|| Marcher en faisant des embarras. Cheval... Qui tantôt se pavane et puis qui tantôt trotte, LA F. *Ragotin*, I, 2. Tessé avec un chapeau gris... piaffait et se pavanait de son chapeau, ST-SIM. II, 111.

PAVÉ [pà-vé] *s. m.*

[ÉTYM. Subst. particip. de paver, § 45. || 1539. R. EST.]

|| **1°** Chacun des morceaux de grès, de granit, etc., taillés en cubes, qu'on assemble pour rendre résistant le sol d'une chaussée, d'une route, d'une rue, d'un chemin. Un ais sur deux pavés forme un étroit passage, BOIL. *Sat.* 6. Construire une barricade avec des pavés. Le fidèle émoucheur (l'ours) Vous empoigne un —, le lance avec raideur, Casse la tête à l'homme, LA F. *Fab.* VIII, 10. *Fig.* C'est le — de l'ours, un acte d'amitié maladroite. | *P. anal.* Un — de pain d'épice, morceau de pain d'épice en forme de pavé.

|| **2°** *P. ext.* Assemblage de pavés. Le — d'une cour, d'une rue. Un — de marbre, de mosaïque. Baiser avec respect le — de tes temples, RAC. *Esth.* prol. || *Spécialt.* La rue, la voie publique garnie de pavés. Se promener sur le — de Paris. Le — est glissant. Battre le —, se promener à droite et à gauche. Battre le — comme un tas de galants, RAC. *Plaid.* I, 4. Brûler le —, galoper en faisant jaillir des étincelles. *Vieilli.* Être sur le — du roi, dans un endroit public, où on a le droit de se tenir. *Fig.* Être sur le —, sans domicile. Prendre, tenir, céder le haut du —, la partie voisine de la muraille (la meilleure, le ruisseau étant autrefois au milieu de la rue). *Fig.* Tenir le haut du —, être au premier rang.

PAVEMENT [pàv'-man ; *en vers*, pà-ve-...] *s. m.*

[ÉTYM. Dérivé de paver, § 145. L'anc. franç. pavement (En piez se drece el pavement, *Thèbes*, 681) est emprunté du lat. pavimentum. || 1611. COTGR.]

|| *Vieilli.* Action de paver. || Genre de pavage.

PAVER [pà-vé] *v. tr.*

[ÉTYM. Semble tiré de l'anc. franç. pavement plutôt qu'emprunté du lat. pavire, *m. s.* qui aurait donné pavir, § 154. || XIIᵉ s. En sa chambre pavee, *Énéas*, 1862.]

|| Garnir de pavés. Il n'y a point de ville pavée comme Paris, VOLT. *S. de L.* XIV, 29. Un palais qu'on a pavé de marbre. || *Fig.* Couvrir le sol. D'Espagnols abattus la campagne pavant, MALH. *Poés.* 7. | *Loc. prov.* L'enfer est pavé de bonnes intentions, on y trouve en foule des gens qui n'ont eu que l'intention de faire le bien et ne l'ont pas fait.

PAVESADE [pà-ve-zàd'] *s. f.*

[ÉTYM. Emprunté de l'ital. pavesata, *m. s.* dérivé de pavese, pavois, § 12. || 1550. Pavesade et chorme, RAB. *Sciom.*]

|| *Anciennt.* Sorte de bouclier qu'on plaçait aux deux côtés d'une galère pour protéger les rameurs. || Tenture qu'on disposait autour d'une galère pour dérober aux ennemis les préparatifs du combat.

PAVEUR [pà-veùr] *s. m.*

[ÉTYM. Dérivé de paver, § 112. || 1292-1300. *Rôles de la taille*, dans DELB. *Rec.*]

|| Celui qui fait les travaux de pavage. Des paveurs en ce lieu me bouchent le passage, BOIL. *Sat.* 6.

PAVIE [pà-vi] *s. m.* (ACAD.) et *f.*

[ÉTYM. Nom propre, § 36 : Pavie, ville d'Italie, d'où cette espèce de pêche a été importée en France. On trouve qqf un pavi (PERRAULT, BERNIS). || XVIᵉ s. Pavies, perdigoines, R. BELLEAU, II, 193.]

|| Pêche à chair ferme adhérente au noyau.

PAVILLON [pà-vi-yon] *s. m.*

[ÉTYM. Du lat. papilionem, *m. s.* proprt, « papillon », devenu paveillon, pavillon, §§ 426, 343, 462 et 291.]

|| **1°** Sorte de tente de forme ronde ou carrée terminée en pointe par le haut, servant de campement. || *P. anal.* | 1. Bâtiment s'élevant au-dessus d'autres constructions, de la hauteur du comble. Le — de Rohan. | 2. Bâtiment isolé dans une cour, un jardin. Habiter un —. — d'angle, construction en saillie flanquant le bâtiment principal. || *P. ext.* Sorte de dais surmontant un lit. Un — à queue, d'une bonne serge d'Aumale, MOL. *Av.* II, 1. || (Blason.) Sorte de dôme surmontant le manteau. || Tenture dont on couvre qqf l'autel, le saint ciboire. || *P. anal. de forme.* Partie évasée en forme d'entonnoir. Le — d'une trompette, d'un cor, d'un porte-voix, etc. | Le — de l'oreille.

|| **2°** Sorte d'étendard. Sur ces murs renversés planter mes pavillons, CORN. *Méd.* IV, 5. || *Spécialt.* Étendard arboré au mât d'arrière d'un navire pour indiquer la nation à laquelle il appartient, ou à d'autres mâts pour indiquer le rang de l'officier qui commande ou pour faire des signaux. Hisser, arborer son —. Assurer son —, l'arborer en tirant un coup de canon. Amener son —, abaisser, mettre bas le pavillon dans un combat, pour indiquer que l'on se rend, et, *fig.* Baisser —, mettre — bas devant qqn, reconnaître son infériorité. *P. plaisant.* Un stratagème Devant qui tous les tiens, dont tu fais tant de cas, Doivent, sans contredit, mettre — bas, MOL. *Ét.* II, 11. Mettre le — en berne, en signe de détresse ou de deuil. *P. ext.* Le vaisseau qui porte le pavillon d'une nation. *Fig.* Soutenir l'honneur de son —. Trafiquer sous — neutre (en cas de guerre), en parlant des nations belligérantes, continuer à faire le commerce au moyen des navires appartenant à des nations neutres, ce qu'exprime la locution : Le — couvre la marchandise. || *P. anal.* Marque en forme d'étendard dont on se sert au jeu de trictrac.

PAVOIS [pà-vwá] *s. m.*

[ÉTYM. Emprunté de l'ital. pavese, *m. s.* peut-être du nom de la ville de Pavie, où se fabriquaient à l'origine ces boucliers, §§ 12, 36 et 143. || 1337. Vint escus pavaiz, dans L. DELISLE, *Actes norm. de la ch. des comptes*, p. 153.]

|| **1°** *Anciennt.* Bouclier. Les Francs élevaient sur un — le chef qu'ils avaient élu roi. *Fig.* Élever qqn sur le —, le mettre en grand honneur. | *P. anal.* Pavesade. (*V. ce mot.*)

|| **2°** Décoration d'un navire au moyen de tentures, de pavillons de diverses couleurs. Arborer le grand, le petit — (selon l'importance de la fête).

PAVOISEMENT [pà-vwăz'-man ; *en vers*, -vwà-ze-...] *s. m.*

[ÉTYM. Dérivé de pavoiser, § 145. || Admis ACAD. 1878.]

|| Action de pavoiser.

PAVOISER [pà-vwà-zé] *v. tr.*

[ÉTYM. Dérivé de pavois, § 154. On trouve qqf pavier (TRÉV.). || XIVᵉ s. Il fist toutes gens d'armes descendre a piet et yaus paveschier, FROISS. *Chron.* V, 76.]

|| **1°** *Anciennt.* Entourer (un navire) d'une pavesade.

|| **2°** Décorer (un navire) de tentures, de pavillons, de flammes. | *P. anal.* — les maisons, les édifices publics, les décorer de drapeaux, d'écussons, etc., en signe de fête.

PAVOT [pà-vó] *s. m.*

[ÉTYM. Pour pavo, §§ 62 et 136, du lat. pop. *papavum (class. papaver), *m. s.* §§ 246, 295, 447 et 291. || XIIᵉ s. Et la rose sor le pavo, CHRÉTIEN DE TROYES, *Erec*, 2412.]

|| Plante narcotique. Une infusion de têtes de pavots. || *Fig.* Une nuit libérale en pavots : Chacun était plongé dans un profond repos, LA F. *Fab.* XI, 3.

PAYABLE [pè-yàbl'] *adj.*

[ÉTYM. Dérivé de payer, § 93. (*Cf.* impayable.) || 1255. Sain et paiavle, dans GODEF.]

|| Qui doit être payé. Un effet — à vue.

PAYANT, ANTE [pè-yan, -yănt'] *adj.*

[ÉTYM. Adj. particip. de payer, § 47. || 1690. FURET. Admis ACAD. 1762.)

|| Qui paye. Les personnes payantes (dans un spectacle, un concert). *P. ext.* Billets payants, par opposition aux billets de faveur.

PAYE et **PAIE** [pèy'] *s. f.*

[ÉTYM. Subst. verbal de payer, § 52. || XIIIᵉ s. Dedens le lit fu fait la paie, *Sept Sages*, 2586, Keller.]

|| **1°** Action de payer. Le jour de —, où l'on paie à l'ouvrier son salaire, au militaire sa solde. Être de bonne —, payer régulièrement ce qu'on doit.

|| **2°** Ce qu'on paie (salaire de l'ouvrier, solde du militaire). Il a reçu sa —. Donner aux soldats une haute —, une solde plus forte qu'à l'ordinaire.

PAYEMENT [pèy'-man ou pè-man]. *V.* paiement.

PAYEN, ENNE. *V.* païen, enne.

PAYER [pè-yé] *v. tr.*

[ÉTYM. Du lat. pacare, calmer, satisfaire, §§ 346, 380, 295 et 291.]

I. — qqn, s'acquitter de ce qu'on lui doit. — ses créanciers, ses ouvriers. Elle bat ses gens et ne les paie point, MOL. *Mis.* III, 4. Je vous paierai, lui dit-elle, Avant l'oût, LA F. *Fab.* I, 1. Les meurtriers payés pour l'assassiner. | *Fig.* L'amant est trop payé quand son service oblige, CORN. *Perth.* II, 1. Je suis payé pour me défier de lui, il m'a déjà trompé. Puisse le juste Ciel dignement te — (du mal que tu m'as fait), RAC. *Phèd.* IV, 6. | *Absolt.* Il refuse de —. Il paie mal. J'ai dû — pour lui. Voilà cent francs, payez-vous. Avoir de quoi —. || Construit avec en ou de pour indiquer la nature du paiement. — qqn en or, en argent. Un chien Que le royaume de la Chine Ne paierait pas de tout son or, LA F. *Contes, Petit Chien.* — en monnaie de singe, en grimaces. | *Fig.* Lorsqu'un homme vous vient embrasser avec joie, Il faut bien le — de la même monnoie, MOL. *Mis.* I, 1. — qqn de retour, lui rendre les sentiments qu'il a pour vous. || *P. ext.* — qqn d'ingratitude, de mauvaises raisons, de belles paroles. || *Absolt.* — d'audace, d'effronterie. — de sa personne, en s'offrant en personne à la peine, au danger. Il ne paie pas de mine. (*Cf.* faire crédit à qqn sur sa bonne mine.) || Avec de, pour indiquer la nature de la dette. — qqn de ses services. Çà, Messieurs les chevaux, payez-moi de ma peine, LA F. *Fab.* VII, 9. || *Fig.* Te voilà payé de ta raillerie, MOL. *Crit. de l'Éc. des f.* sc. 6. La terre le payait de ses peines avec usure, FÉN. *Tél.* 20. La gloire de leur mort m'a payé de leur perte, CORN. *Hor.* III, 6.

II. — qqch, acquitter ce qu'on doit.

|| **1°** Remettre ce qui est dû. — son loyer, ses contributions, sa patente. — ses dettes. *Loc. prov.* Qui paie ses dettes s'enrichit. J'ai mille francs à —. | *P. anal.* L'hectolitre de vin paie à Paris vingt francs d'entrée. | — une lettre de change. || *Fig.* — à Dieu ce que vous lui devez, RAC. *Ath.* IV, 2. — sa dette à la patrie. — sa dette à la nature, mourir. | — une amende. — son écot.

|| **2°** Libérer ce qu'on a acheté. — une propriété. Il a payé cher sa maison, il l'a payée de ses deniers. Une marchandise payée comptant. | *P. anal. Famil.* Se — un voyage. — à dîner à qqn. Un médecin qui fait — cher ses visites. || *Fig.* Mon père paya cher ce dangereux honneur, RAC. *Mithr.* I, 3. La nature, Excessive à — ses soins avec usure, LA F. *Fab.* XII, 20. || On a payé le zèle, on punira le crime, RAC. *Esth.* III, 2. Néarque a payé son forfait, CORN. *Poly.* III, 4. Je laisse à juger De combien de plaisirs ils payèrent leurs peines, LA F. *Fab.* IX, 2. (Ces plaisirs) Que tout autre que lui me paierait de sa vie, RAC. *Brit.* II, 3. || *Ellipt.* Il me paiera cela, je me vengerai, et, dans un sens analogue, Il le paiera plus cher qu'au marché. — les pots cassés, être rendu responsable des dommages causés. — les violons, faire les frais d'une chose dont un autre a les profits.

PAYEUR, EUSE [pè-yeur, -yeûz'] *s. m.* et *f.*

[ÉTYM. Dérivé de payer, § 112. || XIIIᵉ s. Li paierres qui bien paie, RUTEB. p. 77, Kressner.]

|| Celui, celle qui paie. C'est un mauvais —. *Loc. prov.* Les conseilleurs ne sont pas les payeurs, nous conseillons aisément à autrui ce qui ne nous coûte rien. || *Spécialt.* Celui qui est chargé de payer pour une administration, rentes, pensions, etc. Officier —. Caissier — central (du trésor public). Trésorier — général. Garçon —.

1. PAYS [pè-yi ; l'*s* se lie avec le son d'un *z*] *s. m.*

[ÉTYM. Du lat. pagensem (sous-ent. agrum, le territoire d'un canton ou pagus), devenu *paieis, pais, pays, §§ 34ᵗ 394, 316 et 291.]

|| **1°** Territoire d'une nation, d'un peuple. Le beau — de France. Les — catholiques. Les — étrangers. Les Pays-Bas. Traiter une province en — conquis. | *Spécialt.* Partie du territoire d'un peuple. — d'états, provinces de l'ancienne France où les impôts étaient répartis par l'assemblée des états (par opposition aux pays d'élections). — de droit écrit, qui suivaient le droit romain. — coutumiers, qui étaient régis par les coutumes locales ou provinciales. *P. plaisant.* Un — de cocagne, où l'on trouve tout en abondance.

|| **2°** *P. ext.* Patrie. Si l'amour du — doit ici prévaloir, CORN. *Cinna,* II, 1. Du doux — de nos aïeux Serons-nous toujours exilées? RAC. *Esth.* I, 2. Albe, mon cher — et mon premier amour, CORN. *Hor.* I, 1. Mourir pour le — est un si digne sort, ID. *ibid.* II, 3. | *Loc. prov.* Nul n'est prophète en son —. || *Spécialt. Famil.* Localité où qqn est né. Retourner au —. Avoir le mal du —. Du vin de —, vin du cru. Il est bien de son —, on voit bien qu'il n'est pas sorti de son village. | *Fig.* Je définis la cour un — où les gens... Sont ce qu'il plaît au prince, LA F. *Fab.* VIII, 14. La feinte (fiction) est un — plein de terres désertes, ID. *ibid.* III, 1. Les Tuileries, Le — du beau monde et des galanteries, CORN. *Ment.* I, 1.

|| **3°** *P. ext.* Contrée. Courir le —. Voir du —. Tirer —, s'en aller. Si vous ne tirez —, j'irai chercher le commissaire, HAUTEROCHE, *Crisp. méd.* III, 13. Gagner —, du pays. (*V.* gagner.) Habiter un — perdu, isolé. | *Fig.* Décider à vue de —, à première vue. Être en — de connaissance.

2. PAYS, PAYSE [pè-yi, -yîz'] *s. m.* et *f.*
[ÉTYM. Tiré de pays 1, § 37. || 1690. Pays est aussi un salut de gueux, un nom dont ils s'appellent l'un l'autre quand ils sont du mesme pays, FURET. Admis ACAD. 1694.]
|| *Famil.* Celui, celle qui est du même pays. Il a épousé sa payse. Mon cher —, secourez-moi, VOLT. *Pauvre Diable.*

PAYSAGE [pò-yi-zàj'] *s. m.*
[ÉTYM. Dérivé de pays, § 78. || 1556. Le paysage des environs, BEAUGUÉ, *Guerre d'Écosse,* f° 13, r°.]
|| Site plus ou moins pittoresque. | *Fig.* Tableau représentant un site pittoresque. Un peintre de —. *Ellipt.* Ce genre de peinture. Faire du —. *Fig. Famil.* Cela fait bien dans le —, en parlant d'une chose qui fait bon effet.

PAYSAGISTE [pò-yi-zà-jist'] *s. m.* et *f.*
[ÉTYM. Dérivé de paysage, § 265. || 1676. Païsagistes, FÉLIBIEN, *Princ. de l'architect.* p. 679.]
|| Celui, celle qui peint des paysages.

PAYSAN, ANNE [pè-yi-zan, -zàn'] *s. m.* et *f.*
[ÉTYM. Ancien franç. païsenc, païsent, païsant, dérivé de pays avec le suffixe german. ing, § 142, devenu païsan, paysan, par substitution de suffixe, §§ 62 et 97. || XIIe s. Li païsant de la contree, *Énéas,* 3631.]
|| Homme, femme de la campagne. Avoir l'air d'un —, avoir les manières de la campagne. | *Loc. adv.* A la paysanne, à la manière des paysans. Un bonnet à la paysanne.

PAYSANNERIE [pè-yi-zàn'-ri; *en vers,* -zà-ne-ri] *s. f.*
[ÉTYM. Dérivé de paysan, § 69. On trouve paysanterie au XVIe s. (*V.* GODEF.) || XVIIe s. *V.* à l'article. Admis ACAD. 1835.]
|| **1°** Milieu composé de paysans. J'aurais bien mieux fait de m'allier... en bonne et franche —, MOL. *G. Dand.* I, 1.
|| **2°** Petite pièce où l'on représente des paysans.

PÉAGE [pé-àj'] *s. m.*
[ÉTYM. Du lat. pop. pedaticum, *m. s.* dérivé de pes, pedis, pied, § 78, devenu *pedage, peage, péage, §§ 411, 294, 405, 290 et 291. || XIIe s. Costume ne paage, J. BODEL, *Saisnes,* tir. 33.]
|| Droit sur les personnes, les animaux, les marchandises, pour le passage sur un chemin, sur un pont, etc.

PÉAGER, *PÉAGÈRE [pé-à-jé, -jèr] *s. m.* et *f.* et *adj.*
[ÉTYM. Dérivé de péage, § 115. || XIIIe s. Le paagier puet prendre une aguille, E. BOILEAU, *Livre des mest.* II, II, 89.]
|| **1°** *S. m.* et *f.* Celui, celle qui perçoit les droits de péage.
|| **2°** *Adj.* Relatif au péage. La taxe péagère.

PEAU [pó] *s. f.*
[ÉTYM. Du lat. pĕllem, *m. s.* devenu pel, peau, §§ 313, 456 et 291. (*Cf.* pelage, peler, pelure, etc.)]
|| **1°** Membrane extérieure qui recouvre toutes les parties du corps de l'homme et des animaux. La — du visage. Il a les dents belles et la — douce, LA BR. 11. Maladies de la —. Une boisson qui porte à la —, qui fait transpirer. Il n'a que la — sur les os, il est très maigre. *Famil.* Ne pas tenir dans sa —, ne pouvoir se contenir. Crever dans sa —,

être si gras que la peau est sur le point d'éclater et, *fig.* être gonflé d'orgueil. *P. plaisant.* Il mourra dans la — d'un imbécile, il sera toujours un imbécile. Un serpent qui fait —neuve. || *P. ext.* Fausses membranes qui se forment dans certaines maladies. || *Fig. Famil.* La personne même. Risquer sa —. Avoir peur pour sa —. Je crains en ce cas pour leur —, LA F. *Fab.* V, 18. Je ne voudrais pas être dans sa —, à sa place. Le beau museau Pour nous donner envie encore de sa — I MOL. *Dép. am.* IV, 4.

|| **2°** Dépouille de l'animal. Une — de tigre, de renard. Des sauvages vêtus de peaux de bêtes. Hercule... ôtant la — du lion de Némée qui avait si longtemps couvert ses épaules, FÉN. *Tél.* 12. Il ne faut jamais Vendre la — de l'ours qu'on ne l'ait mis par terre, LA F. *Fab.* V, 20. | *Fig.* Coudre la — du renard à celle du lion, joindre la ruse à la force. || *Spécialt.* La dépouille de l'animal préparée pour divers usages. Des gants de — d'agneau, de chevreau. Des bottines de — de chèvre, de veau, etc. Un étui en — de requin. La — d'âne d'un tambour, d'un portefeuille. || *P. anal.* | 1. Enveloppe des fruits, des amandes. La — d'une pêche. Une — d'orange. Les oignons sont couverts de plusieurs peaux. | 2. Pellicule qui se montre à la surface de certaines substances par l'action de l'air, du feu, etc. Il se forme une — sur le lait bouilli.

PEAUSSERIE [pós'-ri; *en vers,* pó-se-ri] *s. f.*
[ÉTYM. Dérivé de peaussier, §§ 65 et 68. || 1723. SAVARY, *Dict. du comm.* Admis ACAD. 1762.]
|| Commerce, industrie du peaussier.

PEAUSSIER [pó-syé] *s.* et *adj. m.*
[ÉTYM. Dérivé de peau, §§ 63 et 115. (*Cf.* pelletier.) || 1292-1300. Pauciers, *Rôles de la taille,* dans DELB. *Rec.*]
|| **1°** *S. m.* Celui qui travaille les peaux.
|| **2°** *Adj. m.* (T. didact.) Ce qui se rapporte à la peau. *Spécialt.* Le muscle — du cou.

1. PEAUTRE [pôtr'] *s. m.*
[ÉTYM. Origine inconnue. || XIIIe s. Maint autre Qui soloient gesir en pautre, RUTEB. p. 161, Kressner.]
|| *Anciennt.* Paillasse, grabat. *Spécialt. Loc. prov.* Envoyer qqn au —, le chasser. Ils l'enverront aux peautres, VADÉ, *Pipe cassée,* 2. Aller au —, s'en aller. (*Cf.* coucher.)

2. *PEAUTRE [pôtr'] *s. m.*
[ÉTYM. Pour peltre, § 456 (*cf.* ital. peltro, espagn. peltre), d'origine incertaine, l'angl. pewter, le holland. piauter, etc., paraissant être empruntés du français. || XIIe s. Lors Se devisa l'un de l'altre Ausi com le bon or de pialtre, EVRAT, *Bible,* dans GODEF. peautre 3.]
|| *Vieilli.* Étain. *P. ext.* Fard. Leur visage reluit de céruse et de —, RÉGNIER, *Sat.* 9.

3. *PEAUTRE [pôtr'] *s. f.* (qqns le font *masc.*).
[ÉTYM. Origine inconnue. || XIIIe-XIVe s. Le gouvernement Des nez et le piautre a tenir, *Ovide moralisé,* dans GODEF. peautre 1.]
|| *Vieilli et dialect.* Gouvernail. Vire le —, Bassompierre, T. DES RÉAUX, *Histor.* 130.

***PEAUTRÉ, ÉE** [pó-tré] *adj.*
[ÉTYM. Dérivé de peautre 3, la queue du poisson étant comparée à un gouvernail, § 118. || 1644. VULSON DE LA COLOMBIÈRE, *Science héroïque,* p. 308. Admis ACAD. 1762; suppr. en 1835.]
|| (Blason.) Qui a une queue (d'un émail différent de celui du corps). Dauphin de sable — d'or.

PÉBRINE [pé-brin'] *s. f.*
[ÉTYM. Emprunté du provenç. mod. pebrino, *m. s.* de pebre, poivre, § 11. || *Néolog.* Admis ACAD. 1878.]
|| (Technol.) Maladie du ver à soie.

PEC [pĕk'] *s. m.*
[ÉTYM. Emprunté du holland. pekelharing, *m. s.* de pekel, saumure, § 10. || XVe s. Tonneaux de pec, dans GODEF.]
|| Hareng —, fraîchement salé. Plus maigre qu'un hareng —, PANARD, *Chansons,* III, 407.

***PÉCARI** [pé-kà-ri] *s. m.*
[ÉTYM. Emprunté des langues américaines, § 30. || 1730. On appelle pecaris cette espèce de cochons, DES MARCHAIS, *Voy. en Guinée,* III, 312.]
|| Mammifère de l'Amérique, voisin du cochon.

PECCABLE [pèk'-kàbl'] *adj.*
[ÉTYM. Dérivé du lat. peccare, pécher, à l'imitation de impeccable, § 242. (*Cf.* l'anc. franç. pechable.) || Admis ACAD. 1762.]
|| *Rare.* (T. didact.) Capable de pécher.

PECCADILLE [pèk'-kà-diy'] *s. f.*

[ÉTYM. Emprunté de l'espagn. pecadillo, *m. s.* diminutif de pecado, péché, § 13. Écrit par deux c d'après le lat. peccatum, et devenu fém. sous l'influence de la terminaison, § 550. || XVIᵉ s. Un tel peccatille, MARG. DE VALOIS, *Heptam.* 72. Une peccadille, PASQ. *Rech.* X, 24. Admis ACAD. 1718.]

|| Faute légère. Sa — fut jugée un cas pendable, LA F. *Fab.* VII, 1.

PECCANT, ANTE [pĕk'-kan, -kānt'] *adj.*

[ÉTYM. Emprunté du lat. peccans, qui pèche. || XIIIᵉ-XIVᵉ s. Humeurs pechantes, *Chirurg. de Mondeville*, fᵒ 73.]

|| (Anc. médec.) Qui est de mauvaise nature. Certaines humeurs, qu'entre nous autres savants nous appelons humeurs peccantes, MOL. *Méd. m. l.* II, 6.

PECCATA [pĕk'-kà-tà] *s. m.*

[ÉTYM. Emprunté du lat. peccata, les péchés, l'âne servant de souffre-douleur, § 216. || Admis ACAD. 1798.]

|| *Famil.* Bourrique. || *P. ext.* Imbécile. C'est un —.

PECCAVI [pĕk'-kà-vi] *s. m.*

[ÉTYM. Emprunté du lat. de la Bible peccavi, j'ai péché (*Rois*, II, XII, 13), § 216. || XVᵉ s. Dire a Dieu peccavi, CHASTELL. dans DELB. *Rec.* Admis ACAD. 1718.]

|| Aveu du péché commis. Je dis mon —, BOSS. *Rechute*, 2.

1. PÊCHE [pêch'] *s. f.*

[ÉTYM. Du lat. pop. *persica (class. persicum, § 541), m. s.* proprt, « fruit de Perse », devenu *persche, §§ 290, 379 et 291, pesche, § 492, pêche, § 422. || XIIᵉ s. Pesches, castaignes a planté, *Floire et Blancheft.* I, 1473.]

|| Fruit du pêcher, à peau veloutée, à chair savoureuse, à noyau très dur. Le duvet de la —. | *P. plaisant.* Un coussin rembourré de noyaux de —, très dur.

2. PÊCHE [pêch'] *s. f.*

[ÉTYM. Subst. verbal de pêcher 1, § 52. || 1317. En la peeche de la riviere, dans GODEF. pesche.]

|| Action de pêcher. La — à la ligne, à l'épervier. La — du hareng, de la morue, et, *dans le même sens*, La — aux écrevisses. *P. ext.* La — des perles, du corail. || *P. ext.* | 1. Le poisson pêché. J'ai mangé de sa —. | 2. Le droit de pêcher. Il a affermé la — de l'étang.

PÉCHÉ [pé-ché] *s. m.*

[ÉTYM. Du lat. peccatum, *m. s.* devenu pechié, peché, péché, §§ 379, 297, 402, 291 et 502. (*Cf.* peccata et peccadille.)]

|| Faute contre la loi divine, religieuse. Confesser ses péchés, absoudre qqn de ses péchés. Le — est un mouvement de la volonté de l'homme contre les ordres suprêmes de la sainte volonté de Dieu, BOSS. *Nécess. de la pénit.* 1. Le — originel, le péché d'Adam, dont la conséquence est transmise à tous ses descendants. — mortel, dont la gravité entraîne la mort spirituelle du pécheur. — véniel, d'une gravité moindre. Les sept péchés capitaux. *Fig. Famil.* Dire de quelqu'un les sept péchés mortels, tout le mal imaginable. Laid comme le —. | Que celui qui est sans — lui jette la première pierre. | Un — de jeunesse, excusable par la jeunesse du pécheur. A tout — miséricorde. Mettre qqch au rang des vieux péchés, des péchés oubliés. — avoué est à demi pardonné.

PÉCHER [pé-ché] *v. intr.*

[ÉTYM. Du lat. peccare, *m. s.* devenu pechier, pecher, §§ 379, 297, 291, 634 et 502.]

|| Commettre une faute contre la loi divine, religieuse. Nos pères ont péché... Et nous portons la peine de leurs crimes, RAC. *Esth.* I, 5. — par action, par omission. — en intention. Le sage pèche sept fois par jour. Pouvez-vous dire comme David, en gémissant et en pleurant, j'ai péché contre le Seigneur? BOURD. *Pénitence*, 1. *P. ext.* Commettre une faute. — contre l'honneur, contre la bienséance. Vous péchez contre la vérité et la discrétion, PASC. *Prov.* 11. Il a péché par ignorance. | *Fig. Famil.* Il ne pèche pas par là, ce n'est pas son défaut. || *P. ext.* Cette comédie pèche contre toutes les règles de l'art, MOL. *Crit. de l'Éc. des f.* sc. 6. Ce raisonnement pèche par la base. De tels regrets Pourraient — par leur excès, LA F. *Contes, Matrone d'Éph.*

1. PÊCHER [pê-ché] *v. tr.*

[ÉTYM. Du lat. pop. *piscare (class. piscari, § 601), devenu peschier, pescher, §§ 342, 379, 297, 634 et 291, pêcher, § 422.]

|| Prendre du poisson en le tirant hors de l'eau à l'aide de lignes, de filets, etc. — dans une rivière, dans un étang, dans la mer. — à la ligne, à l'épervier. Il a pêché une carpe.

— le hareng, la morue. | *P. anal.* — des perles, du corail. || *Fig.* — en eau trouble, susciter des embarras pour en tirer profit. | *Famil.* Où avez-vous pêché cela? où avez-vous été prendre cela? | *P. anal.* Au jeu de dominos, lorsqu'on n'a pas de domino que l'on puisse poser, en prendre parmi ceux qui restent jusqu'à ce qu'on trouve celui dont on a besoin.

2. PÊCHER [pê-ché] *s. m.*

[ÉTYM. Dérivé de pêche 1, § 115. || XIIᵉ s. Peskiers ne periers ne noters, *Floire et Blancheft.* I, 1764.]

|| Arbre, originaire de Perse, qui produit la pêche.

PÉCHERESSE. V. **pécheur.**

PÊCHERIE [pêch'-ri; *en vers*, pê-che-ri] *s. f.*

[ÉTYM. Dérivé de pêche 2, § 69. || XIIᵉ s. Et le flun o la pescherie, *Thèbes*, 6497. Admis ACAD. 1762.]

|| Lieu destiné à la pêche.

PÊCHEUR, ERESSE [pé-chëur, péch'-rês'; *en vers*, pé-che-rês'] *s. m. et f.*

[ÉTYM. Du lat. peccatọrem, *m. s.* devenu pechedor, pecheor, pecheeur, §§ 379, 346, 402, 325 et 291, pecheur, § 358, pécheur, § 502. Sur la formation du fém. V. § 568.]

|| Celui, celle qui pèche. Dieu ne veut pas la mort (spirituelle) du —. Deux sortes d'hommes : les uns justes, qui se croient pécheurs; les autres pécheurs, qui se croient justes, PASC. *Pens.* XXV, 72. Un malheureux — tout plein d'iniquité, MOL. *Tart.* III, 6. La conversion de la pécheresse qui oignait les pieds du Sauveur, FÉN. *Éduc. des filles*, 6. Adjectivt. Le partage des âmes pécheresses, FÉN. *Éduc. des filles*, 8.

PÊCHEUR, PÊCHEUSE [pê-chëur, -chëuz'] *s. m. et f.*

[ÉTYM. Du lat. piscatọrem, *m. s.* devenu peschedor, pescheor, pescheeur, §§ 342, 379, 346, 402, 325 et 291, pescheur, § 358, pêcheur, § 422.]

|| Celui, celle qui pêche du poisson. Les pêcheurs d'Islande, qui pêchent dans les parages de l'Islande. Un — à la ligne. Une pêcheuse de moules. | *Fig.* Pêcheurs d'hommes, pêcheurs dont Jésus-Christ fit des apôtres. L'anneau du —, sceau du pape, successeur de saint Pierre, qui avait été pêcheur. | *Adjectivt.* Bateau —.

PÉCORE [pé-kŏr] *s. f.*

[ÉTYM. Emprunté de l'ital. pecora, *m. s.* lat. pecora, plur. de pecus, oris, pris pour un fém. sing. § 12. (*Cf.* pecque.)|| 1542. Povre pecore, ver de terre, P. DE CHANGY, dans DELB. *Rec.*]

|| *Vieilli.* Bête. La chétive —, LA F. *Fab.* I, 3. || *Fig.* Vous ne serez jamais qu'une pauvre —, MOL. *Él.* III, 4, édit. 1682.

PECQUE [pĕk'] *s. f.*

[ÉTYM. Emprunté du provenç. mod. pèco, fém. de pèc, sot, qui est le lat. pecus, bétail, § 11. (*Cf.* pécore et bêta.) || 1630. Ce que la pecque pouvoit faire, CHAPELAIN, dans DELB. *Rec.* Admis ACAD. 1718.]

|| *Vieilli.* Sotte. Deux pecques provinciales, MOL. *Préc. rid.* sc. 1. Une — provinciale, HAMILT. *Gram.* p. 370.

PECTORAL, ALE [pĕk'-tò-ràl] *adj.*

[ÉTYM. Emprunté du lat. pectoralis, *m. s.* (*Cf.* poitrail.) || 1355. Un amit et trois pectoraux, dans DU C. pectorale.]

|| Qui a rapport à la poitrine. Croix pectorale, que les évêques portent sur la poitrine. *Substantivt.* Le —, ornement que le grand prêtre des Juifs portait sur la poitrine. || Les muscles pectoraux, et, *substantivt*, Les pectoraux, muscles du thorax. | *P. anal.* Nageoires pectorales, nageoires antérieures. || Pâte pectorale, vin, sirop —, remèdes adoucissants pour les rhumes, bronchites, etc.

PÉCULAT [pé-ku-là] *s. m.*

[ÉTYM. Emprunté du lat. peculatus, *m. s.* || 1568. L. LEROY, *Polit. d'Aristote*, dans DELB. *Rec.*]

|| (Antiq. rom.) Infidélité dans le maniement des deniers publics.

PÉCULE [pé-kul] *s. m.*

[ÉTYM. Emprunté du lat. peculium, *m. s.* || 1611. COTGR.]

|| 1ᵒ (Antiq. rom.) Argent gagné et économisé par un esclave, avec lequel il pouvait acheter sa liberté. || 2ᵒ *P. ext.* Ce que qqn a économisé. Il ne veut pas toucher à son petit —.

PÉCUNE [pé-kun'] *s. f.*

[ÉTYM. Emprunté du lat. pecunia, *m. s.* || XIIᵉ s. Sa pecunie ne dunat a usure, *Psaut. de Cambridge*, XIV, 5. Admis ACAD. 1762.]

|| *Vieilli.* Argent. Plein de courroux et vide de —, LA F. *Contes, Diable de Papefig.*

PÉCUNIAIRE [pé-ku-nyèr; *en vers*, -ni-êr] *adj.*

[ÉTYM. Emprunté du lat. pecuniarius, *m. s.* || XIIIᵉ s. Porter tesmoingnage en cens... d'iretage et de pecuniaire, *Cout. d'Artois*, dans DELB. *Rec.*]

|| Qui a rapport à l'argent. Des embarras pécuniaires. Être condamné à une peine —.

PÉCUNIEUX, EUSE [pé-ku-nyeû, -nyeûz'; *en vers,* -ni-...] *adj.*

[ÉTYM. Emprunté du lat. pecuniosus, *m. s.* || XIVᵉ s. Le riche pecunieux, ORESME, *Éth.* dans LITTRÉ.]

|| *Vieilli.* Qui a beaucoup d'argent. Mes compagnons étaient si — et si riches, SOREL, *Francion,* p. 225. Soyez mieux que —, soyez riches, J.-J. ROUSS. *Gouv. de Pologne,* 11.

PÉDAGOGIE [pé-dà-gò-jì] *s. f.*

[ÉTYM. Emprunté du grec παιδαγωγία, *m. s.* || XVIᵉ s. Le Seigneur les a entretenues en ceste pedagogie, CALVIN, *Instit. chr.* II, XI, 6. Admis ACAD. 1762.]

|| (T. didact.) Méthode d'éducation des enfants.

PÉDAGOGIQUE [pé-dà-gò-jìk'] *adj.*

[ÉTYM. Dérivé de pédagogie, d'après le grec παιδαγω-γικός, *m. s.* || 1702. Fonctions pédagogiques, HUET, *Orig. de Caen,* p. 398. Admis ACAD. 1762.]

|| (T. didact.) Qui a rapport à la pédagogie. Les systèmes pédagogiques. *Substantiv, fém.* La —, la pédagogie.

PÉDAGOGUE [pé-dà-gòg'] *s. m.*

[ÉTYM. Emprunté du grec παιδαγωγός, lat. pædagogus, *m. s.* de παῖς, παιδός, enfant, et ἄγειν, conduire. || XIVᵉ s. Selon le commandement du pedagoge, ORESME, *Éth.* III, 27.]

|| Celui qui enseigne les enfants. Comme un grave —, me prenant pour un de ses petits écoliers, il me tance, DESC. *Rem. 7ᵉ Object.* 55. || *En mauvaise part.* Pédant. N'allez point déployer toute votre doctrine, Faire le —, MOL. *Dép. am.* II, 6. Il lui faut un mari, non pas un —, ID. *F. sav.* V, 3. Vous souvenez-vous du vieux — de la cour (Malherbe), appelé le tyran des mots et des syllabes? BALZ. *Socrate chret.* 10.

PÉDALE [pé-dàl] *s. f.*

[ÉTYM. Emprunté de l'ital. pedale, *m. s.* qui est le lat. pedalis, qui a rapport au pied, adjectif pris substantivt, § 12. (*Cf.* l'expression à doubles pedales appliquée par RAB. IV, 13 à une jument au trot.) || (Au sens actuel.) 1642. OUD.]

|| (Technol.) Pièce d'un mécanisme qu'on manœuvre avec le pied.

|| 1º Dans un orgue, touche en bois formant le clavier grave, que l'organiste meut avec le pied. | *P. ext.* Note basse tenue qu'on exécutait sur le clavier de pédale.

|| 2º Dans la harpe, levier qui sert à élever les cordes et qu'on manœuvre avec le pied.

|| 3º Dans le piano, levier que l'exécutant abaisse avec le pied pour augmenter ou pour diminuer le son.

|| 4º Pièce que l'on meut avec le pied pour faire tourner une meule, un tour, une bicyclette, etc.

***PÉDALER** [pé-dà-lé] *v. intr.*

[ÉTYM. Dérivé de pédale, § 154. || *Néolog.*]

|| Faire mouvoir les pédales (d'une bicyclette).

PÉDANÉ, *PÉDANÉE [pé-dà-né] *adj.*

[ÉTYM. Emprunté du lat. pedaneus, qui est à pied. || XVIᵉ s. Juges pedanees, RAB. IV, 16.]

|| *Anciennt.* Juge —, juge de village qui juge debout, en plein air, n'ayant pas de siège d'audience.

PÉDANT, ANTE [pé-dan, -dànt'] *s. m. et f.*

[ÉTYM. Emprunté de l'ital. pedante, *m. s.* d'origine incertaine, § 12. || 1566. Ce que maintenant on appelle un pedant, H. EST. *Apol.* p. 19.]

I. *Vieilli. S. m.* Celui qui enseigne. Un — de collège. On ne s'imagine Platon et Aristote qu'avec de grandes robes de pédants, PASC. *Pens.* VI, 52. Le —... Accrut le mal en amenant Cette jeunesse mal instruite, LA F. *Fab.* IX, 5.

II. *S. m. et f.* Celui, celle qui fait parade de savoir. Chez plusieurs, savant et — sont synonymes, LA BR. 12. Un — enivré de sa vaine science, BOIL. *Sat.* 4. La pédante au ton fier, ID. *Sat.* 10. | *Adjectivt.* Ce qu'étale en tous lieux sa pédante personne, MOL. *F. sav.* I, 3.

PÉDANTER [pé-dan-té] et **PÉDANTISER** [pé-dan-ti-zé] *v. intr.*

[ÉTYM. Dérivé de pédant, §§ 154 et 267. || XVIᵉ s. Il pedantoit avec son pere, FOUGEROLLES, *Diog. Laerce* (1602), dans DELB. *Rec.* Pedantizer, COTGR. (1611).]

|| *Vieilli.* Faire le métier de pédant de collège, prendre un ton doctoral.

PÉDANTERIE [pé-dant'-ri; *en vers,* -dan-te-ri] *s. f.*

[ÉTYM. Dérivé de pédant, § 69. || 1560. Remplis d'une pedanterie affectee, PASQ. *Pourparler du prince.*]

|| Ce qui caractérise les pédants. Tout le savoir obscur de la —, MOL. *F. sav.* IV, 3.

PÉDANTESQUE [pé-dan-tèsk'] *adj.*

[ÉTYM. Emprunté de l'ital. pedantesco, *m. s.* § 12. || 1559. Sçavoir pedantesque, *Medec. court.* dans MONTAIGLON, *Anc. Poés. franç.* X, 102.]

|| 1º Qui tient du pédant. Un parler... non —, non plaideresque, mais plutôt soldatesque, MONTAIGNE, I, 25.

|| 2º Qui sent le pédant (étalant sa science). Un ton —. De ses grands mots le faste —, BOIL. *Art p.* 1.

PÉDANTESQUEMENT [pé-dan-tès'-ke-man] *adv.*

[ÉTYM. Composé de pédantesque et ment, § 724. || XVIᵉ s. Je traitte et agis icy non scholastiquement ou pedantesquement, CHARRON, *Sagesse,* 2ᵉ édit. préf.]

|| D'une manière pédantesque.

PÉDANTISER. *V.* pédanter.

PÉDANTISME [pé-dan-tìsm'] *s. m.*

[ÉTYM. Dérivé de pédant, § 265. || XVIᵉ s. La medecine, le pedantisme et la theologie, MONTAIGNE, I, 24.]

|| Manière d'être de celui qui est pédant (qui étale sa science). Ceux que les grands et le vulgaire confondent avec les savants, et que les sages renvoient au —, LA BR. 1.

PÉDÉRASTE [pé-dé-ràst'] *s. m.*

[ÉTYM. Emprunté du grec παιδεραστής, *m. s.* de παῖς, παιδός, enfant, et ἐράν, aimer. || XVIᵉ s. TABOUROT, *Bigarr.* dans GODEF. *Compl.* Admis ACAD. 1762.]

|| Celui qui se livre à la pédérastie.

PÉDÉRASTIE [pé-dé-ràs'-tì] *s. f.*

[ÉTYM. Emprunté du grec παιδεραστεία, *m. s.* || 1581. J. BODIN, *Démonom.* dans DELB. *Rec.* Admis ACAD. 1762.]

|| Amour dépravé des jeunes garçons.

PÉDESTRE [pé-dèstr'] *adj.*

[ÉTYM. Emprunté du lat. pedestris, *m. s.* || 1540. Cent et trente pedestres, G. MICHEL, *Justin,* dans DELB. *Rec.* Admis ACAD. 1762.]

|| Relatif à l'homme à pied. Un voyage —, que l'on fait à pied. Une statue —, TRÉV. (*Cf.* équestre.)

PÉDESTREMENT [pé-dès'-tre-man] *adv.*

[ÉTYM. Composé de pédestre et ment, § 724. || Admis ACAD. 1762.]

|| D'une manière pédestre. Me suivre —, J.-J. ROUSS. *Confess.* 12.

PÉDICELLE [pé-di-sèl] *s. m.*

[ÉTYM. Emprunté du lat. pedicellus, petit pied. (*Cf.* pédicule et pédoncule.) || 1799. PHILIBERT, *Introd. à l'étude de la botan.* I, 145. Admis ACAD. 1878.]

|| (T. didact.) Extrémité d'un pédoncule ramifié qui porte la fleur.

PÉDICULAIRE [pé-di-ku-lèr] *adj. et s. f.*

[ÉTYM. Emprunté du lat. pedicularius, *m. s.* de pediculus, pou. || 1545. Maladie pediculaire, G. GUÉROULT, *Hist. des plantes,* dans DELB. *Rec.*]

|| 1º *Adj.* Relatif aux poux. Maladie —.

|| 2º *S. f.* Plante dite herbe aux poux.

PÉDICULE [pé-di-kul] *s. m.*

[ÉTYM. Emprunté du lat. pediculus, *m. s.* (*Cf.* pédicelle et pédoncule.) || 1557. Petites queues ou pedicules, CH. DE L'ESCLUSE, *Hist. des plantes,* p. 133.]

|| (Hist. nat.) Support allongé et grêle (du champignon, du lichen, de l'ovule, etc.).

PÉDICULÉ, ÉE [pé-di-ku-lé] *adj.*

[ÉTYM. Dérivé de pédicule, § 253. || 1798. L.-C. RICHARD, *Dict. de botan. de Bulliard,* p. 114. Admis ACAD. 1835.]

|| (Hist. nat.) Pourvu d'un pédicule.

PÉDICURE [pé-di-kür] *s. m. et f.*

[ÉTYM. Composé avec le lat. pes, pedis, pied, et curare, soigner, § 273. || 1781. Chirurgien-pédicure, LAFOREST, *Art de soigner les pieds,* titre. Admis ACAD. 1835.]

|| Celui, celle qui soigne les pieds, extirpe les cors, etc.

PÉDILUVE [pé-di-lûv'] *s. m.*

[ÉTYM. Emprunté du lat. médical pediluvium, *m. s.* de pes, pedis, pied, et luere, laver, § 273. || 1747. JAMES, *Dict. de médec.* Admis ACAD. 1835.]

|| (Médec.) Bain de pied.

PÉDIMANE [pé-di-màn'] *s. m.*

[ÉTYM. Composé avec le lat. pes, pedis, pied, et manus, main, § 271. || 1797. CUVIER, *Tabl. élément. de l'hist. nat.* p. 123. Admis ACAD. 1835.]

|| (Hist. nat.) Animal qui, comme la sarigue, a le pouce des pieds opposable. *Adjectivt.* La sarigue est —.

PÉDOMÈTRE [pé-dò-mètr']. *V.* podomètre.

***PÉDON** [pé-don] *s. m.*
[ÉTYM. Emprunté de l'ital. pedone, *m. s.* qui correspond au franç. pion, § 12. (*Cf.* piéton.) || Admis ACAD. 1762 ; suppr. en 1878.]
|| *Anciennt.* Courrier à pied. *Spécialt.* Le — d'Avignon à Gênes.

PÉDONCULE [pé-don-kul] *s. m.*
[ÉTYM. Emprunté du lat. pedunculus, *m. s.* (*Cf.* pédicelle et pédicule.) || 1765. Peduncule, ENCYCL. Admis ACAD. 1835.]
|| (T. didact.) || **1°** (Botan.) Support d'une fleur. | Queue d'un fruit.
|| **2°** (Zoologie.) Prolongement de la moelle allongée.

PÉDONCULÉ, ÉE [pé-don-ku-lé] *adj.*
[ÉTYM. Dérivé de pédoncule, § 253. || 1798. L.-C.-M. RICHARD, *Dict. de botan. de Bulliard*, p. 114. Admis ACAD. 1835.]
|| (T. didact.) Pourvu d'un pédoncule. Fleur pédonculée. Yeux pédonculés d'un insecte.

PÉGASE [pé-gàz'] *s. m.*
[ÉTYM. Emprunté du lat. Pegasus, grec Πήγασος, *m. s.* || Admis ACAD. 1762.]
|| (Mythol.) Cheval ailé qui fit jaillir de l'Hélicon la fontaine d'Hippocrène, où l'on puisait l'inspiration poétique. || *Fig.* Symbole de l'inspiration poétique. Pour lui Phébus est sourd et Pégase est rétif, BOIL. *Art p.* 1.

***PEIGNAGE** [pè-ñàj'] *s. m.*
[ÉTYM. Dérivé de peigner, § 78. || 1765. Cardage et peignage, ENCYCL. laine.]
|| (Technol.) Action de peigner la laine, le chanvre, etc.

PEIGNE [pèñ'] *s. m.*
[ÉTYM. Du lat. pĕctinem, *m. s.* (*cf.* pétoncle), devenu *peit'ne, peigne, §§ 315, 386, 405, 290, 484 et 291. L'anc. franç. dit aussi pigne, qui est plus régulier. (*Cf.* pis, de pĕctus.)]
|| **1°** Instrument à dents de corne, d'écaille, d'ivoire, etc., pour démêler, nettoyer, accommoder les cheveux, la barbe. Se donner un coup de —. Il est sale comme un —. | *Vieilli. Loc. prov.* Un — dans un chausson, un mince équipage. L'équipage de Jean de Paris n'était qu'un — dans un chausson auprès du sien, SÉV. 274. || Instrument analogue dont les femmes se servent pour retenir leurs cheveux ou pour orner leur coiffure. Un — de corail, de diamants.
|| **2°** Instrument à dents dont se sert le cardeur pour apprêter la laine, le tisserand pour passer ses fils, l'ouvrier qui peigne la laine, le chanvre, etc.

1. *PEIGNÉE [pè-ñé] *s. f.*
[ÉTYM. Dérivé de peigne, § 119. || *Néolog.*]
|| (Technol.) La quantité de laine, de chanvre, etc., que l'ouvrier prend avec le peigne.

2. *PEIGNÉE [pè-ñé] *s. f.*
[ÉTYM. Subst. particip. de peigner, § 45. || *Néolog.*]
|| *Pop.* Donner une — à qqn, l'empoigner aux cheveux, le maltraiter.

PEIGNER [pè-ñé] *v. tr.*
[ÉTYM. Du lat. pectinare, *m. s.* devenu peignier, §§ 315, 386, 405, 336, 482, 297 et 291, peigner, § 634.]
|| **1°** Démêler, nettoyer, accommoder avec le peigne. — sa barbe, ses cheveux. Se —. Il se peigne, il s'apprête, BOIL. *Lutr.* 5. *P. plaisant.* Deux femmes qui se peignent, qui se prennent aux cheveux. (*Cf.* peignée 2.) Voilà où les chats se peignent, où commencent les difficultés. || *Fig.* Un jardin bien peigné, où tout est arrangé, taillé, nettoyé avec soin. Un style peigné, d'une correction apprêtée. L'un (des deux sonnets) est le mieux peigné, l'autre est le plus naïf, CORN. *Poés.* 39.
|| **2°** Démêler (de la laine, du chanvre, etc.). *Au part. passé* MASC. *pris substantivt.* Le peigné, la laine peignée.

***PEIGNERAN** [pèñ'-ran ; *en vers*, pè-ñe-...]. *V.* peignier.

***PEIGNEUR, EUSE** [pè-ñeur, -ñeůz'] *s. m.* et *f.*
[ÉTYM. Dérivé de peigner, § 112. L'anc. franç. dit peigneresse au fém. § 568. || 1243. Pinerrece, dans GODEF. peigneresse.]
|| Celui, celle qui peigne la laine, le chanvre, etc. || *P. ext.* Peigneuse, métier à peigner la bourre de soie.

PEIGNIER [pè-ñyé] *s. m.*
[ÉTYM. Dérivé de peigne, § 115. TRÉV. donne aussi peigneran comme particulièrement en usage à Amiens, § 142. || XIII° s. Li pignier et li lenternier, E. BOILEAU, *Livre des mest.* I, LXVII, 8. Admis ACAD. 1718.]

|| Celui qui vend, qui fabrique des peignes.

1. PEIGNOIR [pò-ñwàr] *s. m.*
[ÉTYM. Dérivé de peigner, § 113. || XVI° s. Puis me torchay d'une serviette, d'un peignouoir, RAB. I, 13.]
|| **1°** Sorte de mantelet en toile, pour préserver le vêtement lorsque l'on se peigne. || *P. anal.* Sorte de manteau de toile, de flanelle, qu'on met en sortant du bain.
|| **2°** *P. ext.* Robe flottante sans taille que les femmes portent en déshabillé. Votre gorge? Est-ce qu'elle n'est pas sous votre —, DUFRESNY, *Les Mal Assortis*, II, 4.

2. *PEIGNOIR [pè-ñwàr] *s. m.*
[ÉTYM. Dérivé de peigne, § 113. || 1611. Peignoir, peignouoir, pignoñer, COTGR.]
|| *Rare.* Étui, trousse à mettre un ou plusieurs peignes.

PEIGNURE [pè-ñur] *s. f.*
[ÉTYM. Dérivé de peigner, § 111. || XVII° s. *V.* à l'article.]
|| Cheveux qui restent dans le peigne quand on se coiffe. (S'emploie surtout au plur.) J'en ai finement ramassé des peignures, QUINAULT, *Mère coq.* 1, 4.

PEINDRE [pindr'] *v. tr.*
[ÉTYM. Du lat. pingere, *m. s.* devenu *peng're, *peny're, peindre, §§ 308, 396, 290, 291 et 484.]
I. Enduire de couleurs.
|| **1°** Revêtir d'une couche de couleur. — une boiserie, un lambris. Des barreaux peints en gris. Faire — un mur, un plafond. | *P. ext.* — son visage, et Se —, se farder. | *Poét.* Cet éclat emprunté, Dont elle eut soin de — et d'orner son visage, RAC. *Ath.* II, 5.
|| **2°** Revêtir de couleurs variées. Des toiles peintes, des papiers peints. — une carte, un plan.
II. Représenter au moyen de couleurs. — un homme, un arbre, un paysage. Tous ces événements sont peints sur le lambris, LA F. *Phil. et Baucis.* Elle s'est fait — en pied, en buste. Jamais, s'il me veut croire, il ne se fera —, LA F. *Fab.* I, 7. — à l'huile, à l'aquarelle. *Absolt.* Apprendre à —. Nous aurions le dessus, Si mes confrères savaient —, LA F. *Fab.* III, 10. — en miniature. — d'après nature. Être fait à —; être d'une beauté qui mériterait d'être reproduite par la peinture. Des Alleurs était un Normand fait à — et de grande mine, ST-SIM. I, 475. || *P. anal.* Cet art ingénieux (l'écriture) De — la parole et de parler aux yeux, BRÉBEUF, *Pharsale*, 3. || *P. ext.* L'image des objets se peint sur la rétine. Une longue trace de lumière qui peignait un nuage de mille diverses couleurs, FÉN. *Tél.* 16. *Fig.* Représenter au moyen du discours. Lorsque vous peignez les hommes (dans la comédie), il faut — d'après nature, MOL. *Crit. de l'Éc. des f.* sc. 6. *Absolt.* Tout l'esprit d'un auteur consiste à bien définir et à bien —, LA BR. 1. Horace nous recommande de — Achille farouche, inexorable, RAC. *Andr.* 1re préf. Corneille peint les hommes tels qu'ils devraient être, Racine les peint tels qu'ils sont, LA BR. 1. || *Spécialt.* Représenter par une image sensible. Et j'ai peint à ses yeux le trouble de votre âme, RAC. *Bér.* IV, 2. Votre mémoire vous la peindra mieux avec tous ses traits, BOSS. *D. d'Orl.* Peins-toi dans ces horreurs Andromaque éperdue, RAC. *Andr.* III, 8. *Vieilli.* Pour achever de —, pour compléter le tableau. Et la honte pour l'or qui me saisit le cœur, Pour m'achever de — éteignit ma vigueur, RÉGNIER, *Élég.* 4. || *P. ext.* Traduire par des signes sensibles. Que votre âme et vos mœurs peintes dans vos ouvrages, BOIL. *Art p.* 4. Cela peint l'homme. Cela peint la situation. La terreur est peinte sur son visage. Quelle aimable pudeur sur leur visage est peinte! RAC. *Esth.* I, 2.

PEINE [pèn'] *s. f.*
[ÉTYM. Du lat. pœna, *m. s.* §§ 332 et 291.]
|| **1°** Souffrance infligée pour une faute commise. Vous qui savez son crime, ordonnez de sa —, CORN. *Nicom.* V, 6. Nos pères ont péché,... Et nous portons la — de leurs crimes, RAC. *Esth.* I, 5. Il (Jésus-Christ) a porté en sa personne la — de mes iniquités, PASC. *Prière*, 12. — afflictive, infamante. — corporelle, pécuniaire. La — capitale, la peine de mort. Cela est défendu sous — de mort, ou sous — de la vie, et, *dans le même sens, vieilli,* sur, à — de la vie. Sur — de péché mortel, PASC. *Prov.* 5. A — de la vie, BOSS. *Hist. univ.* I, 9. Les peines éternelles, les peines de l'enfer. Une âme en —, qui souffre les peines de l'enfer ou du purgatoire, et, *fig.* Être comme une âme en —, être tourmenté.
|| **2°** Douleur morale. Tout redouble ma —, CORN. *Cid*, I, 6. Je laisse à juger De combien de plaisirs ils payèrent leurs peines, LA F. *Fab.* IX, 2. Faire de la — à qqn. *Famil.* Avoir des peines de cœur. Être dans la —. Une personne qui fait —

à voir. Les peines de la vie. *Spécialt.* Souci, inquiétude. Ne saurais-tu trouver quelque moyen pour me tirer de —, MOL. *Scap.* III, 2. Voilà, mes chers amis, ce qui me met en —, CORN. *Cinna*, II, 1. Être en — de qqn, être inquiet de lui.

‖ **3°** Effort qui coûte. Travaillez, prenez de la —, LA F. *Fab.* V, 9. Toute — mérite salaire. Il a réussi, mais non sans —. A chaque jour suffit sa —. Vous perdez votre —. C'est — perdue. Un homme de —, chargé des gros ouvrages. Voilà pour votre —, se dit à celui à qui on donne un pourboire. Un homme qui ne plaint pas (ne ménage pas) sa —. Il est mort à la —. *Famil.* Cela n'en vaut pas la —. Ce n'était pas la — de changer.

‖ **4°** Difficulté qui entrave. Il a de la — à marcher. L'affaire a bien de la — à réussir. Il aura de la — à me convaincre. Il eut une — extrême à m'aborder, FÉN. *Tél.* 15. J'ai — à croire ces témoins, CORN. *Nicom.* III, 8. Toutes les dignités que tu m'as demandées, Je te les ai sur l'heure et sans — accordées, CORN. *Cinna*, V, 1. Il rappelle un amour à grand — banni, ID. *Poly.* III, 5. L'Albain percé de coups ne se traînait qu'à —, CORN. *Hor.* IV, 2. ‖ *P. ext.* A —. | **1.** Presque pas. Il m'a à — regardé. Elle tombe et ne vit plus qu'à —, RAC. *Baj.* IV, 3. | **2.** Depuis un moment tout au plus. A — nous sortions des portes de Trézène, RAC. *Phèd.* V, 6.

PEINER [pè-né] *v. tr.* et *intr.*
[ÉTYM. Dérivé de peine, §§ 65 et 154. ‖ X° s. Mult laboret et mult penet, *Fragm. de Valenciennes.*]

I. *V. tr.* ‖ **1°** *Vieilli.* Affliger. Une âme peinée par les terreurs de l'enfer, BOSS. *États d'orais.* IX, 8. Le soulagement de quelque chose qui vous peine, SÉV. 425.

‖ **2°** Fatiguer. Il faut se trop — pour avoir de l'esprit, MOL. *F. sav.* III, 6.

II. *V. intr.* Se fatiguer, se donner de la peine. Nous suons, nous peinons comme bêtes de somme, LA F. *Fab.* III, 2.

'PEINEUX, EUSE [pè-neù, -neúz'] *adj.*
[ÉTYM. Dérivé de peine, §§ 65 et 116. (*Cf.* pénible.) ‖ XI° s. Si penuse est ma vie, *Roland*, 4000. Admis ACAD. 1694; suppr. en 1798.]

‖ *Vieilli.* Qui apporte de la peine. Ceux qui en mille façons ont changé à la mort une vie peineuse, MONTAIGNE, II, 3. | *Spécialt.* La semaine peineuse, la semaine de la Passion. Je voudrais bien vous écrire des nouvelles, mais cette semaine peineuse les a étonnées, MALH. *Lett. à divers*, 14.

PEINTRE [pintr'] *s. m.*
[ÉTYM. Du lat. pop. *pinctor (class. pictor, § 645), m. s. §§ 308, 386 et 291. Peintre était à l'origine un cas sujet sing. § 538; le cas régime correspondant était peinteur. ‖ XIII° s. Li ymagier paintre, E. BOILEAU, *Livre des mest.* I, LXII, 4.]

‖ Celui qui fait métier de peindre.

‖ **1°** Celui qui met en couleurs des murailles, des plafonds, des lambris. Un — en bâtiments. — décorateur. Mettre les peintres dans un appartement, faire faire les peintures. L'on bâtit dans sa vieillesse, et l'on meurt quand on en est aux peintres et aux vitriers, LA BR. 6.

‖ **2°** Celui qui exerce l'art de peindre. Un — de genre, d'histoire, de paysage, de portraits. Une femme —, et, *vieilli*, Une — ou une peintresse. Je crois que la peintresse ne vous a pas flattée, J.-J. ROUSS. *Lett. à M*me *Latour*, oct. 1763. ‖ *Fig.* En parlant d'un écrivain. Buffon est le — de la nature. J'avais copié mes personnages d'après le plus grand — de l'antiquité, Je veux dire d'après Tacite, RAC. *Brit.* 2° préf.

PEINTURAGE [pin-tu-râj'] *s. m.*
[ÉTYM. Dérivé de peinturer, § 78. ‖ 1791. ENCYCL. MÉTH. *Beaux-Arts*, impression. Admis ACAD. 1798.]

‖ **1°** Action de peinturer. Le — d'un mur.

‖ **2°** *P. ext.* Peinture grossière.

PEINTURE [pin-tûr] *s. f.*
[ÉTYM. Du lat. pop. *pinctūra (class. pictura, § 645), §§ 342, 86 et 291. ‖ XI° s. Se déduit de l'existence de peinturer.]

‖ Action de peindre; résultat de cette action.

‖ **1°** En parlant du peintre en bâtiments. La — d'un mur, d'un plafond. Entrepreneur de —. La — est encore fraîche. ‖ *P. anal.* La — dont elles (les femmes) se fardent, LA BR. 3.

‖ **2°** En parlant de l'artiste peintre. L'art de la —. La — à l'huile, sur verre, sur porcelaine. La — Se vante de tenir école d'imposture, LA F. *Songe de Vaux.* | *Vieilli.* La — de qqn, son portrait. Je n'ai pas reconnu les traits de sa —, MOL. *Sgan.* sc. 22. | Une personne qu'on ne peut souffrir même en —. *Fig.* N'être roi qu'en —, CORN. *Nicom.* V, 6. ‖ *P. anal.* Image de l'objet. Ayant ainsi vu cette — dans l'œil d'un animal mort,

DESC. *Dioptr.* 5. | *P. ext.* Les couleurs d'un objet. Il donne aux fleurs leur aimable —, RAC. *Ath.* I, 4. ‖ *Fig.* L'éloquence est une — de la pensée, PASC. *Pens.* XXIV, 87 *bis.* Les peintures qu'on fait là des femmes qui se gouvernent mal, MOL. *Crit. de l'Éc. des f.* sc. 6. J'ajoute à ces tableaux la — effroyable De leur concorde impie, CORN. *Cinna*, I, 3.

PEINTURER [pin-tu-ré] *v. tr.*
[ÉTYM. Dérivé de peinture, § 154. ‖ XI° s. Vit de cleres culurs le mustier peinturet, *Voy. de Charl. à Jérus.* 124.]

‖ Couvrir d'une couche de couleurs. ‖ *En mauvaise part.* Barbouiller de couleurs.

PEINTUREUR, 'PEINTUREUSE [pin-tu-reùr, -reúz'] *s. m.* et *f.*
[ÉTYM. Dérivé de peinturer, § 112. ‖ Admis ACAD. 1835.]

‖ Celui, celle qui peinture. (*Syn.* barbouilleur.)

'PÉJORATIF, IVE [pé-jò-rà-tìf, -tìv'] *adj.*
[ÉTYM. Dérivé du lat. pejorare, rendre pire, § 257. ‖ *Néolog.*]

‖ (Gramm.) Qui donne un sens défavorable. Épithète, terminaison péjorative.

PÉKIN [pé-kin] *s. m.*
[ÉTYM. Nom propre de ville, § 36 : Pékin, capitale de la Chine, où cette étoffe se fabriquait à l'origine. Le rapport du sens **II** au sens **I** est incertain; on a d'abord écrit péquin. ‖ (Au sens **I.**) XVIII° s. *V.* à l'article. Admis ACAD. 1835. | (Au sens **II.**) *Néolog.*]

I. Étoffe de soie où une raie satinée alterne avec une raie mate. Valence fabrique des pékins supérieurs à ceux de la Chine même, RAYNAL, *Hist. philos.* V, 33.

II. Dans l'argot militaire, Un —, un civil.

PELADE [pe-làd'] *s. f.*
[ÉTYM. Dérivé de peler 1, § 120. ‖ 1545. Les pelades qui demangent, G. GUÉROULT, dans DELB. *Rec.*]

‖ (Médec.) Maladie qui fait tomber le poil et les cheveux avec l'épiderme. (*Cf.* alopécie.) *P. plaisant. Fig.* Ma robe a gagné la — (est râpée), CORN. *Poés. div.* 7.

PELAGE [pe-làj'] *s. m.*
[ÉTYM. Dérivé de poil, §§ 65 et 78. ‖ XVI° s. Tu prends gloire au pelage, M. DE ST-GELAIS, I, 208.]

‖ Le poil de l'animal caractérisé par sa couleur. (*Cf.* robe, qui se dit plutôt du cheval.) Le — le plus ordinaire pour le cerf est le fauve, BUFF. *Cerf.*

'PELAIN [plin]. *V.* plain 2.

PÉLAMIDE [pé-là-mid'] *s. f.*
[ÉTYM. Emprunté du lat. pelamis, idis, grec πηλαμίς, *m. s.* ‖ 1552. Pelamides, moules, sardines, J. MASSÉ, *Galien*, dans DELB. *Rec.* Admis ACAD. 1762.]

‖ (Hist. nat.) Poisson voisin du thon.

PELARD [pe-làr] *adj. m.*
[ÉTYM. Dérivé de peler 2, § 147. ‖ 1611. COTGR. Admis ACAD. 1718.]

‖ (Technol.) Dépouillé de l'écorce. Bois —.

PÊLE [pòl]. *V.* pêne.

PÊLE-MÊLE [pèl-mèl; *en vers*, pè-le-...] *adv.*
[ÉTYM. Origine incertaine; mêle vient du verbe mêler, mais le sens et l'origine de pêle sont obscurs. ‖ XII° s. Saietes et pierres reondes Volent autresi mesle mesle (var. melle pelle, pesle mesle, etc.), CHRÉTIEN DE TROYES, *Cligès*, 1526.]

‖ Dans une confusion complète. Des livres, des papiers jetés —. ‖ *Substantivt.* Confusion complète. C'est un —.

1. PELER [pe-lé] *v. tr.*
[ÉTYM. Du lat. pilare, *m. s.* §§ 342, 295 et 291.]

‖ Dégarnir de poil. Il vit le col du chien pelé, LA F. *Fab.* I, 5. *Au part. passé pris substantivt.* Ce pelé, ce galeux d'où venait tout leur mal, LA F. *Fab.* VII, 1. ‖ *Fig.* Un habit... tout pelé (râpé), LES. *Diable boit.* 19. Des collines pelées, nues.

2. PELER [pe-lé] *v. tr.* et *intr.*
[ÉTYM. Dérivé de peau, anciennement pel, §§ 65 et 154. ‖ XI° s. Une verge pelee, *Roland*, 3323.]

‖ **1°** *V. tr.* Dépouiller de sa peau. — une langue de bœuf. | *P. anal.* — une pomme, une poire. En hiver ils (les cerfs) pèlent les arbres et se nourrissent d'écorces, BUFF. *Cerf.*

‖ **2°** *V. intr.* Se dépouiller de l'épiderme. A la suite de la scarlatine le corps pèle.

PÈLERIN, INE [pèl-rin, -rin'; *en vers*, pè-le-...] *s. m.* et *f.*
[ÉTYM. Du lat. peregrinum, voyageur, devenu 'peregrin, 'pererin, §§ 291 et 396, pelerin, § 361, pèlerin, § 502.]

‖ Celui, celle qui fait par dévotion un voyage à qq lieu consacré. Prendre le bâton de —. Un manteau de —. (*Cf.*

pèlerine.) Les pèlerins de la Mecque. || *P. ext.* Voyageur. Nos
gaillards pèlerins... Au gué d'une rivière à la fin arrivèrent,
LA F. *Fab.* II, 10. Pour transporter la pèlerine, ID. *ibid.* X, 2.
Loc. prov. Pluie du matin n'arrête pas le —. | *P. plaisant.*
Si tu connaissais le — (l'individu), MOL. *D. Juan,* I, 1.

PÈLERINAGE [pèl-ri-nàj'; *en vers,* pè-le-...] *s. m.*
[ÉTYM. Dérivé de pèlerin, § 78. || XIIᵉ s. Plusur rei le re-
quierent en dreit pelerinage, GARN. DE PONT-STE-MAX. *St
Thomas,* 5796.]

|| **1°** Voyage à un lieu consacré. Faire un — en terre
sainte. Aller en — à Lourdes. || *P. ext.* Voyage. | *Fig.* Le
voyage de la vie. Jacob, amené au roi d'Égypte, lui raconte
la courte durée de son laborieux —, BOSS. *Le Tell.*
|| **2°** Lieu où viennent les pèlerins. Un — très fréquenté.

PÈLERINE [pèl-rin'; *en vers,* pè-le-...] *s. f.*
[ÉTYM. Tiré de pèlerin, § 37. || 1813. Notre pèlerine de
batiste, Mᵐᵉ DE GENLIS, *Mˡˡᵉ de la Fayette,* p. 137. Admis
ACAD. 1835.]

|| **1°** Collet du manteau de pèlerin.
|| **2°** Grand collet rabattu qui couvre les épaules et la
poitrine. Une — pareille à la robe. Une — de fourrure.

PÉLICAN [pé-li-kan] *s. m.*
[ÉTYM. Emprunté du lat. pelicanus, *m. s.* || 1210. Pelican
est oisel mirable, GUILL. LE CLERC, *Best.* dans DELB. *Rec.* |
1532. Un daviet, un pellican, RAB. II, 16.]

|| **1°** Oiseau aquatique à large bec, dont la mandibule
inférieure est garnie d'une grande poche membraneuse
où il met en réserve le produit de sa pêche.
|| **2°** *P. anal. avec le bec du pélican.* Instrument de
dentiste pour l'extraction des molaires.

PELISSE [pe-lîs'] *s. f.*
[ÉTYM. Du lat. pop. *pellicia (class. pellicia, § 82), *m. s.*
proprt, « de peau », en sous-entendant vestis, vêtement,
devenu pelice, écrit arbitrairement pelisse, §§ 366 et 291.
|| XIᵉ s. Se déduit de l'existence du dérivé peliçon, dans
Voy. de Charl. à Jérus. 337.]

|| **1°** Robe fourrée.
|| **2°** Manteau fourré ou ouaté.
|| **3°** Veste garnie de fourrure de certains uniformes.

PELLAGRE [pèl'-làgr'] *s. f.*
[ÉTYM. Composé avec le lat. pellis, peau, et le grec
ἄγρα, action de saisir, qui se trouve dans chiragre, po-
dagre, etc. § 284. || *Néolog.* Admis ACAD. 1878.]

|| (Médec.) Maladie de peau qui dégénère en cachexie.

PELLE [pèl] *s. f.*
[ÉTYM. Du lat. pala, *m. s.* devenu péle, pèle, écrit arbitrairement pelle, §§ 295 et 291. (*Cf.* pale, palette, empale-
ment, etc.)]

|| Outil formé d'une palette de bois ou de fer adaptée
à un long manche et qui sert à enlever la terre, le sable,
le charbon, etc. — à feu. — de jardin. — de terrassier. —
de mineur. | — à four. *Loc. prov.* La — se moque du fourgon.
(*V.* fourgon.) | *Fig.* Remuer l'argent à la —, avoir beaucoup
d'argent. || *P. anal.* | **1.** Palette de l'aviron. | **2.** Planche
mobile qui ferme une retenue d'eau.

PELLÉE [pè-lé], **PELLERÉE** [pèl-ré; *en vers,* pè-
le-ré] et **PELLETÉE** [pèl-té; *en vers,* pè-le-té] *s. f.*
[ÉTYM. Dérivé de pelle, §§ 63, 65 et 119. || XVᵉ-XVIᵉ s.
Grandes pellees de terre, J. D'AUTHON, dans GODEF. *Hist. de
Louis XII,* II, 265. | 1611. Palerée, COTGR. | 1690. Pelletee,
FURET.]

|| Ce que tient une pelle pleine. Une — de terre.

PELLETERIE [pè-lèt'-ri, et, *plus usité,* pèl-tri; *en
vers,* pè-lò-te-ri] *s. f.*
[ÉTYM. Dérivé de pelletier, §§ 65 et 68. || XIIIᵉ s. Qui por-
tera peleterie au marchié, E. BOILEAU, *Livre des mest.* I,
LXXVI, 26.]

|| Industrie, commerce du pelletier. || *P. ext.* Peaux
préparées par le pelletier. Commerce de pelleteries.

PELLETIER, IÈRE [pèl-tyé, -tyèr; *en vers,* pè-le-...]
s. m. et f.
[ÉTYM. Dérivé de peau, anciennement pel, §§ 63, 64, 65
et 115. || XIIᵉ s. Dan peletier, Savez vos rien de ce mestier?
BENEEIT, *Ducs de Norm.* dans DELB. *Rec.*]

|| Celui, celle qui prépare, qui vend des fourrures.

PELLICULE [pèl-li-kul] *s. f.*
[ÉTYM. Emprunté du lat. pellicula, *m. s.* || 1505. Une pel-
licule, DESDIER, *Honn. Volupté,* fᵒ 13, vᵒ.]

|| (T. didact.) Petite peau. La — qui tapisse l'œuf, qui se
forme sur le lait. || Les pellicules du cuir chevelu.

***PELOTAGE** [pe-lò-tàj' et plò-tàj'] *s. m.*
[ÉTYM. Dérivé de peloter, § 78. || XVIIᵉ-XVIIIᵉ s. *V.* à
l'article.]

|| Action de peloter. *Fig.* La prise de Barcelone... rendit
effectif et sérieux... ce qui jusqu'alors n'avait été qu'un indécent
—, ST-SIM. IV, 232.]

PELOTE [pe-lòt' et plòt'] *s. f.*
[ÉTYM. Du lat. pop. *pilòtta, § 136, dérivé de pila, *m. s.*
§§ 342, 366 et 291. || XIᵉ s. Veez cele pelote, *Voy. de Charl.
à Jérus.* 508.]

|| **1°** *Anciennt.* Balle à jouer.
|| **2°** Petite masse en forme de balle. Une — de neige.
Une — de fil, de laine. Une — de charpie. *Fig.* Faire sa —,
arrondir sa fortune. | *P. anal.* Une — à épingles, coussinet
sur lequel sont fichées des épingles. Une — de beurre, de
graisse. | Une — de bandage, coussinet pour maintenir la
pression. || Chez certains insectes, partie élargie des pat-
tes garnie de villosités.

PELOTER [pe-lò-té et plò-té] *v. tr.*
[ÉTYM. Dérivé de pelote, § 154. || 1489. Chacun s'avance De pe-
loter dez ou pelote, R. GAGUIN, *Passetemps,* dans DELB. *Rec.*]

|| **1°** Manier (la balle). || *Absolt.* Manier la balle, la
lancer, la faire sauter en attendant que la partie commence. — en attendant partie, et, *fig.* préluder à qqch. Cette
expédition de Nice n'est que — en attendant partie, SÉV. 1318.
|| *Fig. Famil.* Manier (qqn) comme une balle. | **1.** — qqn,
le rouler dans une lutte. | **2.** — une femme, lui prendre les
seins.
|| **2°** Rouler en pelote. — du fil, de la laine.

***PELOTEUR** [pe-lò-teur et plò-teur] *s. m.*
[ÉTYM. Dérivé de peloter, § 112. || *Néolog.*]

|| *Famil.* Celui qui aime à peloter les femmes. (*Cf.* pa-
tineur 1.)

PELOTON [pe-lò-ton et plò-ton] *s. m.*
[ÉTYM. Dérivé de pelote, § 104. || XVᵉ s. Les pelotons de
neige, *Eurialus,* fᵒ 50, édit. 1493.]

|| **1°** Petite pelote. Un — de fil. Un — de graisse. *Fig.* La
vieille reine... était rapetissée de la moitié et toute en un —,
FÉN. *Fab.* 1. Des chenilles en —, en petits tas.
|| **2°** *Fig.* Groupe de personnes. Je trouvai le monde par
pelotons, ST-SIM. I, 22. Le peuple s'assemble dans les places
par pelotons, VAUVEN. *Lentulus.* | *Spécialt.* Petite bande
de soldats, et particulièrement subdivision d'une compagnie, d'un escadron. L'école de —. Feu de —, où tous les
soldats font feu en même temps.

PELOTONNER [pe-lò-tò-né et plò-...] *v. tr.*
[ÉTYM. Dérivé de peloton, § 154. || 1735. Matières qui se
pelotonnent, PLUCHE, *Spectacle de la nature,* III, 365. Admis ACAD. 1762.]

|| Mettre en peloton (du fil, de la soie). | *P. anal.* La
neige se pelotonne. | *Fig.* Se —, se ramasser sur soi. Quand
on saute, on se pelotonne, BEAUMARCH. *Mar. de Fig.* II, 21.

PELOUSE [pe-loûz' et ploûz'] *s. f.*
[ÉTYM. Dérivé de poil, §§ 65 et 116. Pelouse, forme dialect. pour *peleuse, §§ 16 et 325, est un adj. pris comme
subst. § 38. || XVIIᵉ s. *V.* à l'article.]

|| Étendue de terrain couverte de gazon. L'autre étourdi
tombe à l'envers, Quilles amont sur la —, ST-AMANT, *Rome
ridicule.*

PELTE [pèlt'] *s. f.*
[ÉTYM. Emprunté du lat. pelta, grec πέλτη, *m. s.* || 1732.
TRÉV. Admis ACAD. 1835.]

|| (Antiq.) Petit bouclier en forme de croissant.

PELU, UE [pe-lu]. *V.* poilu.

PELUCHE [pe-luch'] et ***PLUCHE** [pluch'] *s. f.*
[ÉTYM. Dérivé de poil, §§ 65, 79 et 84. (*Cf.* éplucher et
l'angl. plush, qui vient du français.) La forme masc. peluc
se trouve dès 1253 au sens de « balle du blé ». || 1611.
Peluche, espeluche, COTGR.]

|| Tissu analogue au velours, mais moins ras.

PELUCHÉ, ÉE [pe-lu-ché] et ***PLUCHÉ, ÉE** [plu-...]
adj.
[ÉTYM. Dérivé de peluche, § 118. (*Cf.* pelucheux.) || 1674.
Anémone peluchée, MORIN, *Traité des fleurs,* p. 78. Admis
ACAD. 1762.]

|| (Technol.) Qui imite la peluche. Serviettes peluchées.
P. anal. Anémone peluchée, duvetée.

PELUCHER [pe-lu-ché] et ***PLUCHER** [plu-...] *v. intr.*
[ÉTYM. Dérivé de peluche, § 154. L'anc. franç. peluchier
(en picard pelukier, RENCL. DE MOILIENS, *Miserere,* CLIX.

11) signifie « éplucher » et au fig. « grappiller ». || Admis ACAD. 1798.]

|| Devenir semblable à la peluche. Étoffe qui peluche, où des brins de fil, de laine, se relèvent par le frottement.

*PELUCHEUX, EUSE [pe-lu-cheu, -cheûz'] et PLU-CHEUX, EUSE [plu-...] adj.

[ÉTYM. Dérivé de pelucher, § 116. (Cf. peluché.) || Néolog. Admis ACAD. 1878 (au mot peluché).]

|| Qui peluche. Du linge —.

PELURE [pe-lûr et plûr] s. f.

[ÉTYM. Dérivé de peler, § 111. || XIIe s. Chascuns en a sa peleûre, Thèbes, 7923, dans DELB. Rec.]

I. Enveloppe qu'on détache des fruits, des légumes, en les pelant. Des pelures de pommes, de carottes, d'oignons. Fig. Du papier —, fin comme une pelure d'oignon.

II. (Technol.) Laine que le mégissier fait tomber des peaux.

PELVIEN, IENNE [pĕl-vyin, -vyèn'; en vers, -vi-...] adj.

[ÉTYM. Dérivé du lat. pelvis, bassin, § 244. || Admis ACAD. 1835.]

|| (Anat.) Qui appartient au bassin. Les membres pelviens. La cavité pelvienne.

*PENAILLE [pe-nây'] s. f.

[ÉTYM. Semble dérivé de penne, plume, pris au sens métaphorique, § 95. (Cf. dépenaillé.) || XIIIe s. Quant eulx moynent leurs escuiers, Leurs hommes avec leur pennallye, dans MONTAIGLON et RAYNAUD, Rec. de fabliaux, II, 266.]

|| 1° Vieilli. Tas de loques. (Cf. dépenaillé.)

|| 2° P. plaisant. Fig. La — (réunion de moines mendiants), ensemble enfermée, LA F. Contes, Cord. de Cat.

PENAILLON [pe-nâ-yon] s. m.

[ÉTYM. Dérivé de penaille, § 104. || XVIe s. Ce penaillon de moine, RAB. IV, 24. Admis ACAD. 1718.]

|| 1° Vieilli. Haillon, loque.

|| 2° P. plaisant. Moine mendiant. Tout — y vante sa besace, VOLT. Hypocrisie.

PÉNAL, ALE [pé-nàl] adj.

[ÉTYM. Emprunté du lat. pœnalis, m. s. || XIIe-XIIIe s. Fut meneiz a poinal liu, Dial. Gregoire, p. 257. Admis ACAD. 1718.]

|| (T. didact.) Relatif aux peines (châtiments). Lois pénales. Code —. Clauses pénales d'un contrat, stipulant des dommages et intérêts en cas d'inexécution.

PÉNALITÉ [pé-nà-li-té] s. f.

[ÉTYM. Dérivé de pénal, § 255. || XVe s. Par la penalité de ceste mortalité, Intern. Consol. II, 26. Admis ACAD. 1835.]

|| (T. didact.) Système de peines établi par la loi. La — varie suivant qu'il s'agit d'un crime ou d'un délit. La — s'est adoucie avec les mœurs.

PENARD [pe-nàr] s. m.

[ÉTYM. Dérivé de peine, §§ 65 et 147. || XVIe-XVIIe s. Une arbaleste que cette vieille apporta au penart, D'AUB. Fœneste, II, 14.]

|| Vieilli. Homme déplaisant. Ces penards chagrins, MOL. Ét. I, 2. Ce vieux — s'imagine qu'on l'idolâtre, LES. Gil Blas, IV, 7.

PÉNATES [pé-nàt'] s. m. pl.

[ÉTYM. Emprunté du lat. penates, m. s. || XVe-XVIe s. Et tout le peuple et les pénates dieux, O. DE ST-GELAIS, dans DELB. Rec.]

|| (Antiq.) || 1° Dieux protecteurs du foyer auxquels on rendait un culte domestique. | P. appos. Les dieux pénates. || P. ext. Statues de ces dieux. Saluer ces pénates d'argile, LA F. Phil. et Baucis. || Fig. Foyer domestique. Il... Revient en son pays, voit de loin ses pénates, LA F. Fab. VII, 12. Porter en un lieu ses pénates, y fixer sa demeure. Elle porta chez lui ses pénates, LA F. Fab. VII, 16.

|| 2° Dieux protecteurs de la cité auxquels on rendait un culte public. Virgile nous montre Énée portant en Italie les pénates de Troie.

PENAUD, AUDE [pe-nó, -nôd'] adj.

[ÉTYM. Semble dérivé de peine, §§ 65 et 138. || XVIe s. Le gentilhomme fut bien penaud, BON. DES PER. Nouv. 74.]

|| Tout honteux d'une déconvenue. Demeurer —.

1. PENCHANT, ANTE [pan-chan, -chânt'] adj.

[ÉTYM. Adj. particip. de pencher, § 47. || 1549. Au lieu plus pancheant de la playe, TAGAULT, dans GODEF. Compl.]

|| Qui penche. Appuyé d'une main sur son urne penchante, BOIL. Ép. 4. | Fig. Qui décline. Son âge imbécile et —, RO-TROU, Cosroès, I, 3. Quand nous nous voyons penchants sur le retour de notre âge, BOSS. Panég. St Bernard, 1. Oh! d'un État — l'inespéré secours! CORN. Hor. IV, 2.

2. PENCHANT [pan-chan] s. m.

[ÉTYM. Subst. particip. de pencher, § 47. (Cf. l'anc. franç. pendant.) || 1642. OUD.]

|| 1° Partie en pente d'un terrain. La grotte de la déesse était sur le — d'une colline, FÉN. Tél. 1. || Fig. (L'État) est... sur le — de sa ruine, LA BR. 10. Le — de la Suède après la mort du grand Gustave-Adolphe, ST-SIM. I, 429. Bien qu'il parût déjà dans le — de l'âge, CORN. Œd. IV, 4. J'ai vu mes tristes journées décliner vers leur —, J.-B. ROUSSEAU, Odes, I, 10. Le soleil est sur son —, BOSS. Charité frat. 3. (Syn. déclin.)

|| 2° Fig. Inclination forte vers qqn ou qqch. Quel que soit vers vous le — qui m'attire, RAC. Mithr. II, 6. | Absolt. Ils suivaient sans remords leur — amoureux, RAC. Phèd. IV, 6.

PENCHEMENT [panch'-man; en vers, pan-che-...] s. m.

[ÉTYM. Dérivé de pencher, § 145. || 1539. Panchement, R. EST.]

|| Action de pencher. Des penchements de tête, CORN. Veuve, I, 1.

PENCHER [pan-ché] v. tr. et intr.

[ÉTYM. Du lat. *pendicare, m. s. dérivé de pendere, pendre, § 159, devenu *pend'car, §§ 336 et 290, penchier, §§ 297 et 379, pencher, § 634.]

I. V. tr. Mettre hors de son aplomb. — un vase. Se — en avant. Sa tête sur un bras languissamment penchée, CORN. Rodog. V, 4. Prendre des airs penchés. La tour penchée de Pise. || Fig. Non qu'une folle ardeur de son côté me penche, CORN. Cid, V, 4. Dieu répand dans l'âme quelque amour qui la penche vers la chose commandée, PASC. Prov. 4. La faiblesse humaine trop penchée par elle-même aux relâchements, BOSS. Comédie, 1.

II. V. intr. Être hors de son aplomb. Ce mur penche. Faire — la balance, et, fig. ne pas être impartial. || Fig. Claudius penchait vers son déclin, RAC. Brit. IV, 2. Tous les cœurs penchent vers Bajazet, ID. Baj. I, 2. Cette princesse penchait au judaïsme, BOSS. Hist. univ. I, 10.

PENDABLE [pan-dàbl'] adj.

[ÉTYM. Dérivé de pendre, § 93. || XIIIe s. Aucunes gens cuident que cil... ne soient pas pendavle, BEAUMAN. XXX, 105.]

|| Qui mérite d'être pendu. Un homme est — après les avoir faits, MOL. Mis. II, 6. || P. ext. Qui mérite qu'on soit pendu. Sa peccadille fut jugée un cas —, LA F. Fab. VII, 1. Il m'a joué un tour —.

PENDAISON [pan-dè-zon] s. f.

[ÉTYM. Dérivé de pendre, § 108. || 1680. V. à l'article. Admis ACAD. 1718.]

|| Action de pendre qqn ou de se pendre. Je crains la —, HAUTEROCHE, Deuil (1680), sc. 1.

PENDANT, ANTE [pan-dan, -dânt'] adj., prép. et s. m.

[ÉTYM. Tiré du part. prés. de pendre, §§ 47 et 48. (Cf. penchant.) || XIIe s. Pour donner grans cous maintenant Sont tuit li autre a lui pendant, Thèbes, 4783. Estreit lacez a forz pendanz, Vie du pape Greg. p. 58, Luzarche.]

I. Adj. Qui pend. Mais que font là tes bras pendants à ton côté? RAC. Plaid. III, 3. Récolte pendante par les racines, non encore coupée. Quelque mont — en précipices, LA F. Fab. XII, 4. Le visage plein et les joues pendantes, LA BR. 6. | Fig. Suspendu, menaçant. Les châtiments pendants sur nos têtes, FÉN. Mandement p. le carême de 1711. || Fig. Qui est en suspens. Depuis tantôt six mois que la cause est pendante, LA F. Fab. I, 21. Le procès est toujours —.

II. Prép. Dans l'espace de temps où une chose a lieu. — le procès, le procès étant pendant. C'était — l'horreur d'une profonde nuit, RAC. Ath. II, 5. — sa vie. — la représentation. Loc. conj. — que. C'est ce malheureux-là qui, — que j'écris, M'embarrassait l'esprit de ses impertinences, RE-GNARD, Distr. V, 7. (Cf. cependant.)

III. S. m. Ce qui pend. — de ceinturon, de baudrier, pièce qui, pendant au côté, soutient l'épée. La belle mit son corset des bons jours, Son demi-ceint, ses pendants (rubans) de velours, LA F. Contes, Ermite. Des pendants d'oreilles. || P. ext. Ce qui correspond symétriquement à un autre objet (comme les pendants d'oreilles). Ce tableau est le — de l'autre. Ces deux vases se font —.

PENDARD, ARDE [pan-dàr, -dàrd'] s. m. et f.

[ÉTYM. Dérivé de pendre, § 147. || 1380. Le pendart (bourreau) n'y estoit pas, dans DU C. pendere.]

|| *P. hyperb.* Celui, celle qui mérite d'être pendu. Je te prive, —, de ma succession, MOL. *Tart.* III, 6. Ces pendardes-là... ont, je pense, envie de me ruiner, ID. *Préc. rid.* sc. 3.

PENDELOQUE [pand'-lŏk' ; *en vers*, pan-de-...] *s. f.*
[ÉTYM. Forme dialect. pour pendeloche, §§ 16 et 391, subst. verbal de *pendelocher*, dérivé de l'anc. verbe pendeler, pendiller, §§ 162 et 169. || XIIIᵉ s. Cele deable pendeloche, MONTAIGLON et RAYNAUD, *Rec. de fabliaux*, v, 102. | 1642. Pendeloques et pendilloches, OUD.]
|| **1°** Pièce de cristal qui pend à un lustre.
|| **2°** Pendant d'oreilles. Des pendeloques de diamant.

PENDENTIF [pan-dan-tif'] *s. m.*
[ÉTYM. Dérivé du lat. pendens, dentis, qui pend, § 257. || 1567. PH. DELORME, *Archilect.* fᵒ 107, vᵒ.]
|| (Architect.) Portion de voûte comprise entre les grands arcs qui supportent une coupole, un dôme.

***PENDERIE** [pand'-ri ; *en vers*, pan-de-ri] *s. f.*
[ÉTYM. Dérivé de pendre, § 69. || 1611. COTGR.]
|| **1°** Exécution de gens condamnés à être pendus. Il y aura bien de la —, SÉV. 457.
|| **2°** Lieu où l'on pend qqch. | 1. Hangar où le mégissier fait sécher les peaux. | 2. *Vieilli.* Garde-robe de femme.

1. PENDEUR, *PENDEUSE [pan-dœr, -dœz'] *s. m. et f.*
[ÉTYM. Dérivé de pendre, § 112. || 1365. Willaume Tistel, pendeur, dans GODEF. Admis ACAD. 1878.]
|| *Famil.* Celui, celle qui pend. Monluc fut un grand — de huguenots. || *Spécialt.* (Technol.) Celui qui suspend les harengs.

2. PENDEUR [pan-dœr] *s. m.*
[ÉTYM. Emprunté du provenç. pendour, m. s. rendu par pendeur au lieu de pendoir par confusion de suffixe, § 11. On emploie aussi pendour (TRÉV.). || 1694. TH. CORN.]
|| (Marine.) Cordage qui suspend une poulie, un palan, etc.

PENDILLER [pan-di-yé] *v. intr.*
[ÉTYM. Dérivé de pendre, § 161. || XIIIᵉ s. Les martelez Qui dehors erent pendillans, J. DE MEUNG. *Rose*, 21916.]
|| Pendre avec des oscillations légères.

***PENDILLON** [pan-di-yon] *s. m.*
[ÉTYM. Dérivé de pendiller, §§ 104 et 107. || XVIIᵉ s. V. à l'article.]
|| Verge qui transmet le mouvement au balancier d'une horloge. || *P. plaisant. Fig.* Je vous recommande la rate de ma mère ; vous êtes pour ses vapeurs le meilleur — (en lui désopilant la rate), Mᵐᵉ DE GRIGNAN, dans SÉV. 560.

***PENDOIR** [pan-dwâr] *s. m.*
[ÉTYM. Dérivé de pendre, § 113. || XIIIᵉ s. Les pendouers doivent estre fichez en terre, *Ordonn.* XIX, 588.]
|| (Technol.) Ce qui sert à suspendre les pièces de boucherie.

***PENDOUR** [pan-doûr]. V. pendeur 2.

PENDRE [pãndr'] *v. tr. et intr.*
[ÉTYM. Du lat. pop. *pĕndĕre (class. pendĕre, § 629), m. s. §§ 290 et 291.]
I. *V. tr.* Attacher par le haut à distance du sol). Linge pendu à la fenêtre. Un quartier de viande pendu dans une boucherie. Le fils de Dieu a été pendu à la croix, BOSS. *Exalt. de la Ste Croix*, préamb. Se — par les mains à un arbre. Le galant fait le mort, et du haut d'un plancher Se pend la tête en bas, LA F. *Fab.* III, 18. — la crémaillère, accrocher à la cheminée la crémaillère à laquelle on suspend le chaudron, et, *fig.* célébrer par un repas l'installation dans un nouveau logement. Un lustre pendu au plafond. || *P. hyperb.* Être toujours pendu après qqn, ne pas le quitter. Se — au cou de qqn (pour l'embrasser). Se — à la sonnette, la tirer fortement sans lâcher. || *Fig.* Avoir la langue bien pendue, parler avec facilité. L'auditoire qui paraissait pendu et suspendu à tout ce qu'il disait (captivé par l'orateur), SÉV. 1020. Les glaives qu'il (Dieu) tient pendus Sur les plus fortunés coupables (les châtiments qui les menacent), CORN. *Poly.* IV, 2. || *Spécialt.* Attacher à une potence à l'aide d'une corde passée autour du cou pour faire mourir par strangulation. Il fut pendu à la potence qu'il avait préparée à Mardochée, SACI, *Bible, Esth.* VII, 10. Je ne te quitterai point que je ne t'aie vu pendu, MOL. *Méd. m. l.* III, 9. Il ne vaut pas la corde pour le —. Je veux être pendu si je vous aime, MOL. *F. sav.* I, 4. *Au part. passé pris substantivt.* Un pendu. Détacher un pendu. Avoir de la corde de pendu (qui passe pour porter bonheur). On vous a pris votre pendu, LA F. *Contes, Matr. d'Éph.* — qqn haut et

court, de manière qu'on ne puisse le détacher. | Se —. Je m'irais de regret — tout à l'instant, MOL. *Mis.* I, 1.
II. *V. intr.* Être attaché par le haut à distance du sol. Des fruits qui pendent à l'arbre. Ce sac qui pend à ma fenêtre, RAC. *Plaid.* I, 6. Un sabre pendait à son côté. | *P. hyperb.* La goutte lui pend au nez, va tomber, et, *fig.* Cela lui pend au nez, qqch de fâcheux va lui arriver. || *P. ext.* Sa robe pend d'un côté. Rattacher un cordon qui pend. || *Fig.* Être en suspens. Le procès pend, et pendra de la sorte Encor longtemps, LA F. *Contes, Gageure.*

PENDULE [pan-dul] *s. m. et f.*
[ÉTYM. Emprunté du lat. pendulus, qui pend. || 1664. Au sieur Huggens, Hollandois, grand mathematicien, inventeur de l'horloge de la pendulle, *Comptes des bâtiments du roi*, I, 57, Guiffrey.]
I. *S. m.* Balancier qui se meut dans un plan vertical et dont les oscillations sont isochrones. — *mathématique*, qu'on suppose formé d'un point matériel suspendu à un fil sans pesanteur. || *Spécialt.* Balancier d'une horloge. — *compensateur*, formé de divers métaux combinés de manière que, les dilatations et les contractions étant compensées, le centre d'oscillation ne change pas.
II. *S. f.* Horloge portative qu'on place sur une cheminée, un support, un meuble, et dont le mouvement est réglé par les oscillations isochrones d'un pendule (balancier). Le cadran, les aiguilles d'une —. Une — qu'on lui envoyait, SÉV. 419. || *P. ext.* En parlant de ce qui contient, encadre cette horloge. Une — de marbre, de bronze doré. Un sujet de —, groupe qui l'orne.

***PENDULETTE** [pan-du-lĕt'] *s. f.*
[ÉTYM. Dérivé de pendule, § 133. || *Néolog.*]
|| Petite pendule.

PÊNE [pèn'] *s. m.*
[ÉTYM. Pour pesne, § 422, altération de pesle, §§ 465 et 509, du lat. pessulum, grec πάσσαλος, barre, verrou, etc. §§ 290 et 291. On dit pêne ou pêle, mais le plus usité de ces deux, c'est pêle, RICHEL. (1680). || XIIᵉ s. Pedles, *Psaut. de Cambridge*, CXLVII, 2.]
|| Pièce d'une serrure dont l'extrémité, en s'engageant dans la gâche, tient la porte fermée. Une porte fermée au —. — à demi-tour ou à ressort, qu'un ressort repousse toujours et tient fermé. — dormant, qui ne fonctionne qu'avec la clef.

PÉNÉTRABILITÉ [pé-né-trà-bi-li-té] *s. f.*
[ÉTYM. Dérivé de pénétrable, § 255. || 1690. HUYGENS, *Traité de la lumière*, p. 34. Admis ACAD. 1718.]
|| (T. didact.) Propriété de ce qui est pénétrable.

PÉNÉTRABLE [pé-né-tràbl'] *adj.*
[ÉTYM. Emprunté du lat. penetrabilis, m. s. || XIVᵉ s. Cité de legier penetrable, ORESME, dans MEUNIER, *Essai sur Oresme*.]
|| (T. didact.) Qui se laisse pénétrer.

PÉNÉTRANT, ANTE [pé-né-tran, -trãnt'] *adj.*
[ÉTYM. Adj. particip. de pénétrer, § 47. || XIIIᵉ-XIVᵉ s. Plaies penetrantes, *Chirurg. de Mondeville*, fᵒ 51.]
|| Qui pénètre. Une plaie pénétrante, qui traverse profondément les tissus. Une pluie pénétrante, qui traverse les vêtements. || *P. anal.* Un froid —, qui se fait sentir à travers les vêtements. Un œil, un regard —, qui atteint jusqu'aux plus petits détails. || *Fig.* Reconnaissez le monde,... ses douleurs... plus vives et plus pénétrantes que ses joies, BOSS. *A. de Gonz.* Un esprit —, qui va jusqu'au fond des choses.

PÉNÉTRATIF, IVE [pé-né-trà-tif', -tiv'] *adj.*
[ÉTYM. Emprunté du lat. scolast. penetrativus, m. s. §§ 217 et 257. || XIIIᵉ s. Aisil... est devisis et penetratis, *Simples medicines*, fᵒ 7, rᵒ.]
|| *Vieilli.* (T. didact.) Qui a la propriété de pénétrer.

PÉNÉTRATION [pé-né-trà-syon ; *en vers*, -si-on] *s. f.*
[ÉTYM. Emprunté du lat. penetratio, m. s. || XIVᵉ s. Penetration de dimensions, ORESME, dans MEUNIER, *Essai sur Oresme*.]
|| Action de pénétrer. La force de — d'un boulet, d'un projectile. || *Fig.* La — d'esprit, et, *absolt,* La —, faculté d'aller jusqu'au fond des choses. Le plus grand défaut de la — n'est point de n'aller point jusqu'au but, c'est de le passer, LA ROCHEF. *Max.* 337.

PÉNÉTRER [pé-né-tré] *v. intr. et tr.*
[ÉTYM. Emprunté du lat. penetrare, m. s. || XIIIᵉ-XIVᵉ s. Toutes plaies qui penetrent duc' a la concavité du pis, *Chirurg. de Mondeville*, fᵒ 35.]
I. *V. intr.* Entrer avant en traversant ce qui fait obs-

tacle. La balle a pénétré jusqu'à l'os. Il pénètre dans la caverne. Philippe avait passé les Thermopyles et pénétré dans la Phocide, BARTHÉLEMY, *Anacharsis*, 82. Pénétrant jusqu'au pied du Caucase, RAC. *Mithr.* II, 3. *P. anal.* Son nom pénétrait chez tous les peuples du monde, VOLT. *S. de L. XIV*, 14. || *Fig.* Ces paroles ont pénétré jusqu'au fond de mon cœur, FÉN. *Tél.* 3. Je pénétrai par là dans leur dessein, PASC. *Prov.* 1.

II. *V. tr.* Entrer avant dans (qqch). La lame a pénétré les chairs. L'humidité avait pénétré les murs. Leurs vêtements étaient pénétrés par l'eau. Croirai-je qu'un mortel, avant sa dernière heure, Peut — des morts la profonde demeure? RAC. *Phèd.* II, 1. || *P. anal.* Ma prière a pénétré les cieux, CORN. *Ment.* IV, 4. Sa voix douce pénétrait le cœur du jeune fils d'Ulysse, FÉN. *Tél.* 23. || *Fig.* Vous savez mon secret, j'ai pénétré le vôtre, RAC. *Mithr.* I, 5. — les desseins de qqn, et, *ellipt*, — qqn. Le remords pénètre son âme. Il faut — les esprits de cette vérité. || *Absoll.* Émouvoir profondément. Un accident si étrange qui devrait nous — jusqu'au fond de l'âme, BOSS. *D. d'Orl.* L'autre (Racine) plaît, remue, touche, pénètre, LA BR. 1.

PÉNIBLE [pé-nĭbl'] *adj.*
[ÉTYM. Dérivé de peine, § 93. Signifie ordinairement « dur à la peine » en anc. franç. || XIIᵉ s. Li Goz, une genz molt penible, BENEEIT, *Ducs de Norm.* 1, 288.]
|| **1º** Qui se fait avec peine. Un travail —. Un métier —. L'ascension a été —. Fatigués d'une longue et — retraite, RAC. *Mithr.* III, 1. | *P. ext.* Le chemin est glissant et — à tenir, BOIL. *Art p.* 1. Un ouvrage écrit d'un style —, qu'on a de la peine à lire. Est-il si difficile Et si — de l'aimer (Dieu)? RAC. *Ath.* I, 4.
|| **2º** Qui cause de la peine. Un spectacle —. Une séparation —. Il n'y aurait en cela rien de — pour nous, PASC. *Pens.* XXIV, 61. Une nécessité —.

PÉNIBLEMENT [pé-ni-ble-man] *adv.*
[ÉTYM. Composé de pénible et ment, § 724. || 1653. OUD. penosamente.]
|| D'une manière pénible.

PÉNICHE [pé-nich'] *s. f.*
[ÉTYM. Emprunté de l'angl. pinnace, prononcé pi-nès', qui semble être devenu *pénisse par métathèse, § 360, puis péniche, par substitution de suffixe, §§ 62 et 82. (*Cf.* pinace.) ||*Néolog.* Admis ACAD. 1835.]
|| **1º** Canot léger servant d'auxiliaire à un navire de guerre.
|| **2º** Bateau plat servant au transport des marchandises sur les canaux.

PÉNICILLÉ, ÉE [pé-ni-sĭl'-lé] *adj.*
[ÉTYM. Dérivé du lat. penicillum, pinceau, § 253. ||1798. L.-C.-M. RICHARD, *Dict. de botan. de Bulliard*, p. 115. Admis ACAD. 1835.]
|| (Botan.) Qui présente des poils disposés en pinceau. Stigmate —.

PÉNIL [pé-nil, et, *mieux*, -nĭy'] *s. m.*
[ÉTYM. Du lat. pop. *pectiniculum (class. pecten, proprt, « peigne », par analogie de forme, § 88), m. s. devenu *peitnil, peinil, pénil, §§ 344, 386, 405, 336, 290, 390 et 291. || XIIᵉ-XIIIᵉ s. Le cuir del penil li depart, *Escoufle*, 6858.]
|| (Anat.) Partie inférieure du ventre qui se couvre de poils au moment de la puberté.

PÉNINSULAIRE [pé-nin-su-lêr] *adj.*
[ÉTYM. Dérivé de péninsule, § 248. Semble inusité aux XVIIᵉ-XVIIIᵉ s. || 1556. Chef des peninsulaires de l'Hellesponte, SALIAT, *Hérodote*, dans GODEF. Admis ACAD. 1878.]
|| Qui appartient à une péninsule.

PÉNINSULE [pé-nin-sul] *s. f.*
[ÉTYM. Emprunté du lat. pæninsula, m. s. de pæne, presque, et insula, île. || 1544. G. FRISON, *Cosmogr. d'Appian*, fº 27, rº.]
|| (Géogr.) Grande presqu'île. La — ibérique.

PÉNITENCE [pé-ni-tãns'] *s. f.*
[ÉTYM. Emprunté du lat. pœnitentia, m. s. L'anc. franç. a aussi la forme à demi pop. peneance, penance. || XIᵉ s. Par penitence s'en puet tres bien salver, *Alexis*, 547.]
|| **1º** Repentir du péché. Dieu absout aussitôt qu'il voit la — dans le cœur, PASC. *Pens.* XXIV, 62. | *Spéciall.* Aveu du péché fait à un prêtre qui absoudre. Le sacrement de —. Se présenter au tribunal de la —, au confessionnal. La — publique des premiers temps de l'Église.
|| **2º** Expiation du péché. Il fit — avec tout son peuple, BOSS. *Hist. univ.* 1, 6. Les psaumes de la —. Pour votre —,

formule du prêtre imposant au pécheur une expiation. | *P. ext.* Châtiment d'une faute. Mettre un enfant en —.

PÉNITENCERIE [pé-ni-tans'-rī; *en vers*, -tan-se-rī]*s. f.*
[ÉTYM. Dérivé de pénitencier 1, §§ 65 et 68. || 1578. La grand'penitencerie, J. PAPON, *Troisième Notaire*, p. 301.]
|| (T. ecclés.) Charge, tribunal du pénitencier.

1. PÉNITENCIER [pé-ni-tan-syé] *s. m.*
[ÉTYM. Dérivé de pénitence, à l'imitation du lat. ecclés. pœnitentiarius, § 115. (*Cf.* l'anc. franç. peneancier, penancier, encore dans COTGR. 1611, et pénitentiaire.)|| XIVᵉ s. Penitanchier, FROISS. *Chron.* XV, 190, Kervyn.]
|| (T. ecclés.) Prêtre commis par l'évêque pour absoudre, s'il y a lieu, certains cas réservés. Grand —, cardinal investi à Rome de cette fonction.

2. PÉNITENCIER [pé-ni-tan-syé] *s. m.*
[ÉTYM. Dérivé de pénitence, § 115. On a dit d'abord penitentiaire. (*V.* ce mot.) || *Néolog.* Admis ACAD. 1878.]
|| Prison où l'on détient, où l'on tâche de corriger les malfaiteurs. *Spéciall.* — militaire, où sont enfermés les soldats condamnés.

PÉNITENT, ENTE [pé-ni-tan, -tãnt'] *adj. et s. m. et f.*
[ÉTYM. Emprunté du lat. pœnitens, entis, m. s. (*Cf.* l'anc. franç. peneant.) || XIVᵉ s. Non penitent ou non repentant, ORESME, *Éth.* VII, 11.]
|| **1º** *Adj.* Qui se repent d'avoir péché. Quelque témoignage que vous puissiez donner d'un cœur contrit et —, BOURD. *1ᵉʳ Pénitence*, 2. Un pécheur —. | *P. ext.* Il a vu mes pleurs pénitents, GILBERT, *Odes*, 9. Son œil tout — ne pleure qu'eau bénite, RÉGNIER, *Sat.* 13.
|| **2º** *S. m. et f.* Celui, celle, qui se repent d'avoir péché. Les vrais pénitents, touchés du repentir le plus vif et le plus sincère, HOURD. *Pens. J. Bapt. Fausse conscience.* || *P. ext.* | 1. Celui, celle qui confesse son péché. Chaque prêtre a ses pénitents. C'est mon — et mon ami, LES. *Gil Blas*, x, 2. | 2. Celui, celle qui expie son péché. Plus blême Que n'est un — sur la fin d'un carême, BOIL. *Sat.* 1. | *Spéciall.* Membre d'une confrérie vouée à certains exercices de pénitence. Les pénitents blancs. Les filles pénitentes de la Madeleine.

PÉNITENTIAIRE [pé-ni-tan-syèr; *en vers*, -si-èr] *adj.*
[ÉTYM. Dérivé du lat. pœnitentia, pénitence, § 248. (*Cf.* pénitencier 2.) || 1806. *V.* à l'article. Admis ACAD. 1835.]
|| Qui a rapport à l'amélioration morale des détenus. Établissement, système —, et, *vieilli, substantivt*, Le — des condamnés, THOUVENEL, *Mém. sur l'aérologie* (1806), 1, 344.

PÉNITENTIAL, ALE [pé-ni-tan-syàl; *en vers*, -si-àl] *adj.*
[ÉTYM. Emprunté du lat. ecclés. pœnitentialis, m. s. (*Cf.* pénitentiel.) ACAD. ne donne que la forme du masc. plur. || XIVᵉ s. Mal penible et penitencial, J. GOLEIN, *Trad. du Rational*, dans GODEF. Admis ACAD. 1740.]
|| (T. ecclés.) Qui a rapport à la pénitence. Ayant le sens tout —, E. DU BOULAY, *Combat de la chair*, p. 67. *Spéciall.* Au plur. Les psaumes pénitentiaux, les sept psaumes de la pénitence. Canons pénitentiaux, relatifs aux pénitences publiques.

PÉNITENTIEL, ELLE [pé-ni-tan-syèl; *en vers*, -si-èl] *adj. et s. m.*
[ÉTYM. Emprunté du lat. pœnitentialis, m. s. (*Cf.* pénitential.) ACAD. ne donne pour l'adj. que la forme du fém. plur. || XVIᵉ s. Juridiction penitentielle, PITHOU, 31. Admis ACAD. 1762.]
|| (T. ecclés.)|| **1º** *Adj.* Pénitential. Œuvres pénitentielles.
|| **2º** *S. m.* Rituel de la pénitence.

PENNAGE [pò-nàj'] *s. m.*
[ÉTYM. Dérivé de penne, § 78. (*Cf.* plumage.) || XVIᵉ s. Toutes les plumes et tout le pennage, AMYOT, *Flamin.* 42.]
|| Ensemble des plumes, particulièrement chez les oiseaux de proie.

PENNE [pèn'] *s. f.*
[ÉTYM. Du lat. penna ou pinna, m. s. (cf. panne), §§ 308 et 291.]
|| Longue plume de l'aile et de la queue des oiseaux. | *P. anal.* | 1. Plume qui garnit la baguette d'une flèche. | 2. Houppe de laine au bout d'un bâton dont se servent les calfats. | 3. Extrémité de la vergue à antenne de la voile latine. | 4. Tête de la chaîne d'un tisserand.

PENNÉ, ÉE [pèn'-né] et **PINNÉ, ÉE** [pĭn'-né] *adj.*
[ÉTYM. Emprunté du lat. pennatus ou pinnatus, m. s. || 1798. Feuille pinnée, L.-C.-M. RICHARD, *Dict. de botan. de*

Bulliard, p. 116. ACAD. admet pinné en 1835 et penné en 1878.]

|| (T. didact.) Dont la disposition rappelle celle des barbes d'une plume. Feuille pennée.

PENNON [pĕn'-non, et, *mieux*, pe-non]. V. penon.

PÉNOMBRE [pé-nônbr'] s. f.

[ÉTYM. Composé avec le lat. pæne, presque, et umbra, ombre, § 275. || 1671. La pen-ombre (*sic*), LE P. CHÉRUBIN, *Dioptr. ocul.* p. 300. Admis ACAD. 1762.]

|| (T. didact.) Zone d'ombre moins foncée que l'ombre véritable d'un corps.| *P. ext.* Demi-jour. Il était dans la —.

PENON [pe-non] s. m.

[ÉTYM. Dérivé de penne (par analogie de forme), § 104. (*Cf.* panonceau.) ACAD. écrit pennon au sens 1° et penon au sens 2°. || XIIᵉ s. Mil que enseignes que penons, *Énéas*, 4276.]

|| 1° *Ancienn.* Petit drapeau féodal, qui se terminait en queue; enseigne du simple chevalier.

|| 2° *P. anal.* (Marine.) Girouette où des plumes implantées sur des lièges indiquent la direction du vent.

PENSANT, ANTE [pan-san, -sânt'] adj.

[ÉTYM. Adj. particip. de penser, § 47. || XIIᵉ-XIIIᵉ s. Par mainte fois m'effroie Amors et fait pensant, CHATEL. DE COUCY, p. 53, Fath.]

|| Qui pense. Les hautes connaissances, les délices des êtres pensants, LAPLACE, *Expos. Syst. du monde*, lin. L'homme n'est qu'un roseau... mais c'est un roseau —, PASC. *Pens.* I, 6. Dire que Dieu ne peut rendre la matière pensante, VOLT. *Dict. philos.* âme. Un homme bien, mal —, ayant de bonnes, de mauvaises opinions (en religion, en politique).

1. PENSÉE [pan-sé] s. f.

[ÉTYM. Subst. particip. de penser, § 45. (*Cf.* penser 2.) L'anc. franç. dit plus ordinairement pensé. || XIIᵉ s. Li reis oï que la reine En pensee ert por la meschine, *Énéas*, 3331, var.]

I. Ce qu'on pense.

|| 1° Conception de l'esprit. Les grandes pensées viennent du cœur, VAUVEN. *Réflex. et Max.* 127. Conduire par ordre mes pensées, en commençant par les objets les plus simples, DESC. *Méth.* 2. Le style n'est que l'ordre et le mouvement que l'on met dans ses pensées, BUFF. *Style.* Le choix des pensées est invention, LA BR. 1. Les pensées sont les images des choses, comme les paroles sont les images des pensées, ROLL. *Traité des études*, III, 3. Il faut avoir une — de derrière, et juger de tout par là, PASC. *Pens.* XXIV, 90. || *Spéciall.* Conception de l'esprit plus ou moins frappante. Pourquoi supprimer cette —? Elle est neuve, elle est belle, et le tour en est admirable, LA BR. 1. Rien n'est plus opposé à la véritable éloquence que l'emploi de ces pensées fines, BUFF. *Style.* | (Rhétor.) Figures de —, résultant de la nature de la pensée, et non de l'expression. || *P. ext.* Recueil de réflexions détachées. Les Pensées de Marc-Aurèle, de Pascal.

|| 2° Jugement, opinion. Vous parlez contre votre —, RAC. *Brit.* II, 6. Un enfant est peu propre à trahir sa —, ID. *Ath.* II, 6. Serais-je si malheureuse, Madame, que vous eussiez de moi cette —? MOL. *Crit. de l'Éc. des f.* sc. 3. J'ai dit ailleurs ma — touchant l'infante, CORN. *Cid*, exam.

|| 3° Dessein. Et d'apaiser leur Dieu j'ai conçu la —, RAC. *Ath.* II, 5. Je leur écris qu'Achille a changé de —, ID. *Iphig.* I, 1. Son esprit modéré ne se perdait pas dans ces vastes pensées, BOSS. *Le Tell.* Quittez le long espoir et les vastes pensées, LA F. *Fab.* XI, 8.

II. Action de penser.

|| 1° Action de penser à qqn, à qqch. Celui qui n'a aucune — de Dieu ni de ses péchés, PASC. *Prov.* 4. Avoir la — de la mort toujours présente. O mort, éloigne-toi de notre —, BOSS. *D. d'Orl.* La mort est plus aisée à supporter sans y penser, que la — de la mort sans péril, PASC. *Pens.* VI, 58. Sa —, son souvenir m'est toujours présent. Monime... Avec tous ses attraits revint en ma —, RAC. *Mithr.* I, 1. Mais il ne put sitôt en bannir la — (de Vasthi), ID. *Esth.* I, 1.

|| 2° Manière de penser. Deviner la — de qqu. Ne devais-tu pas lire au fond de ma —? RAC. *Andr.* V, 3.

|| 3° *P. ext.* La faculté de penser. La connaissance que nous avons de notre — précède celle que nous avons du corps, DESC. *Principes*, I, 11. Par l'espace l'univers me comprend et m'engloutit comme un point; par la — je le comprends, PASC. *Pens.* I, 6 *bis.* La — toute seule est donc l'essence de l'esprit, ainsi que l'étendue toute seule est l'essence de la matière, MALEBR. *Rech. de la vérité*, III, I, 1. Celle (l'inhumanité) que vos préteurs ont sur nous exercée N entre qu'à peine en la —, LA F. *Fab.* XI, 7. L'un et l'autre se dit adieu de la —, ID. *Phil. et Baucis.* Tel qu'un songe effrayant l'a peint à ma —, RAC. *Ath.* II, 5.

2. PENSÉE [pan-sé] s. f.

[ÉTYM. Tiré de pensée 1, § 36, cette plante étant considérée comme symbole du souvenir. (*Cf.* son nom en anglais, heart-ease, c'est-à-dire « aise du cœur ».) || 1536. Violæ inodoræ genus esse putaverim quam vulgus gallicum penseam vocat, RUELLIUS, *De Stirp.* p. 595.]

|| Plante du genre violette, nuée de violet. La couleur —, nuance de violet qui domine d'ordinaire dans la fleur.

*PENSEMENT [pans'-man; *en vers*, pan-se-...] s. m.

[ÉTYM. Dérivé de penser, § 145. (*Cf.* le doublet pansement.) || XIIᵉ-XIIIᵉ s. Li tres dous pensemens, CHATEL. DE COUCY, p. 46, Fath.]

|| *Vieilli.* Action de penser. Dont Teudelingue entra par plusieurs fois En —, LA F. *Contes, Muletier.*

1. PENSER [pan-sé] v. tr. et intr.

[ÉTYM. Du lat. pensare, dérivé du part. pensus, refait sur pendere, peser, examiner. (*Cf.* les doublets peser et panser.) || XIᵉ s. Por vostre honte ne fut dit ne penset, *Voy. de Charl. à Jérus.* 38.]

I. Appliquer son esprit à concevoir, à juger qqch.

|| 1° Concevoir. Ma pensée leur devient conforme (aux choses), car je les pense telles qu'elles sont, BOSS. *Conn. de Dieu*, IV, 8. Ne puis-je pas — après eux une chose vraie? LA BR. 1. Ils (les compilateurs) disent ce que les auteurs ont pensé, ID. *ibid.*

|| 2° Juger. Le péril est pressant plus que vous ne pensez, RAC. *Mithr.* I, 5. Je pense Qu'il est bon que chacun s'accuse ainsi que moi, LA F. *Fab.* VII, 1. Si César et Pompée avaient pensé comme Caton, MONTESQ. *Rom.* 11. Combien tout ce qu'on dit est loin de ce qu'on pense! RAC. *Brit.* V, 1. Je ne sais qu'en —. Honni soit qui mal y pense. Dire à qqu sa façon de —. La liberté qu'on se donne de — tout ce qu'on veut (en religion), BOSS. *A. de Gonz.* Travaillons à bien — : voilà le principe de la morale, PASC. *Pens.* I, 6. Il faut chercher seulement à — et à parler juste, LA BR. 1. || *P. ext.* Croire, s'imaginer. Le plus âne des trois n'est pas celui qu'on pense, LA F. *Fab.* III, 1. Les prêtres ne sont point ce qu'un vain peuple pense, VOLT. *Œd.* IV, 1. — mal de qqn. Pensez-vous que ma voix Ait fait un empereur pour m'en imposer trois? RAC. *Brit.* I, 2. Par de stériles vœux pensez-vous m'honorer? ID. *Ath.* I, 1. Chacun dans ce miroir pense voir son visage, BOIL. *Sat.* 7. || *P. ext.* Se voir sur le point de. Mon tailleur m'a envoyé des bas de soie que j'ai pensé ne mettre jamais, MOL. *B. gent.* I, 2. Ce chien... pensa se noyer, LA F. *Fab.* VI, 17. | *P. ext.* Leur hôtel de Paris a pensé brûler, SÉV. 768. || — à qqu ou à qqch, avoir la personne ou la chose présente à l'esprit. Quand nous voulons — à Dieu, n'y a-t-il rien qui nous détourne? PASC. *Pens.* XXIV, 55. Nous ne pensons jamais ou presque jamais à quelque objet que ce soit que le nom dont nous l'appelons ne nous revienne, BOSS. *Conn. de Dieu*, III, 14. Pensez à moi. *Spéciall.* — à une personne, en avoir l'esprit, le cœur occupé, en être épris. A quoi pensez-vous? || — à une chose. | 1. Ne pas l'oublier. Pensez à ma commission. Un homme de cœur pense à remplir ses devoirs, LA BR. 2. | 2. Y réfléchir. Cela donne à —. Ce n'est guère probable quand on y pense. J'ai fait cela sans y —. Le premier pas se fait sans qu'on y pense.

II. *Absolt.* Exercer la faculté de concevoir, de juger. Les Anglais pensent profondément, LA F. *Fab.* XII, 23. La liberté de —. Ils (les compilateurs) ne pensent point, LA BR. 1. || *P. ext.* Posséder cette faculté. Descartes... soutient nettement Qu'elle (la bête) ne pense nullement, LA F. *Fab.* IX, 20, *Disc. à Mme de la Sablière.* Cette vérité : Je pense, donc je suis, était si ferme et si assurée..., DESC. *Méth.* 4.

2. PENSER [pan-sé] s. m.

[ÉTYM. Infinitif du verbe penser, pris substantivt, § 49. || XIIᵉ s. Vains pensers toilent et tristur, *Lapid. de Marbode*, 346.]

|| 1° Faculté de penser. Quel est l'homme... qui peut assurer... qu'il est impossible à Dieu de donner à la matière le sentiment et le —? VOLT. *Dict. philos.* âme, 8.

|| 2° *Poét.* Pensée. Comme ils se confiaient leurs pensers et leurs soins, LA F. *Fab.* III, 1. N'écoutons plus ce — suborneur, CORN. *Cid*, I, 6.

PENSEUR, *PENSEUSE [pan-seùr, -seûz'] s. m. et f.

[ÉTYM. Dérivé de penser, § 112. || XIIIᵉ s. N'i poet plus cler veoir nus penseres, *Poés. picardes*, dans GODEF. *Compl.*

|| **1°** Celui, celle qui pense. Un libre —. (*V.* libre.)
|| **2°** Celui qui pense profondément. Pascal est un —.
PENSIF, IVE [pan-sif', -sìv'] *adj.*
[ÉTYM. Dérivé de penser, § 125. || xɪᵉ s. Siedent es bans pensif e corrocos, *St Alexis*, 327.]
|| Absorbé par une pensée. Il suivait tout — le chemin de Mycènes, RAC. *Phèd.* v, 6.
PENSION [pan-syon ; *en vers*, -si-on] *s. f.*
[ÉTYM. Emprunté du lat. pensio, paiement. || Vers 1225. Que nus rendre a Dieu ne despise La pensiun de sun servise, NICOLE, *Règle de St Ben.* dans DELB. *Rec.*]
|| **1°** Ce qu'on paie régulièrement à qqn, soit pour assurer son existence, soit comme récompense de ses services ou comme libéralité. Une — sur l'État, que paie l'État. Une — accordée à la veuve d'un fonctionnaire, à des gens de lettres. Une — de retraite. Il fait une — à ses vieux serviteurs. Une — viagère réversible. Une — alimentaire.
|| **2°** Ce qu'on paie à qqn pour être logé et nourri par lui. Payer —. Être en — chez qqn. Avoir qqn en —. || *P. ext.* Maison où on loge et nourrit pour un prix convenu. Une — bourgeoise. | *P. anal.* Mettre un chien, un cheval en —.
|| **3°** Ce qu'on paie dans une maison d'éducation pour le logement, la nourriture et l'instruction d'un enfant. Payer le premier trimestre de la —. — entière, pour l'enfant qui est nourri et logé. Demi-—, pour l'enfant qui n'est pas logé. || *P. ext.* Maison d'éducation (libre), par opposition à lycée, collège. Mettre son fils dans une —, en —.
PENSIONNAIRE [pan-syò-nèr; *en vers*, -si-ò-...] *s. m. et f.*
[ÉTYM. Dérivé de pension, § 248. On trouve pensionnier et pensionnataire au xivᵉ s. || 1397. Pencionnaire d'icelle ville, dans DELB. *Rec.*]
|| **1°** Celui, celle qui reçoit une pension de l'État ou d'un particulier. — de la Comédie française, artiste qui reçoit un traitement fixe et ne participe pas aux bénéfices de la société. | *P. plaisant.* — du roi, celui qui est en prison. || *Spécialt.* En Hollande, ministre de la régence de chaque ville. Grand —, premier ministre de l'État.
|| **2°** Celui, celle qui est logé, nourri, dans une pension bourgeoise.
|| **3°** Élève qui est en pension.
PENSIONNAT [pan-syò-nà; *en vers*, -si-ò-...] *s. m.*
[ÉTYM. Dérivé de pension, § 254. || Admis ACAD. 1798.]
|| Petite pension où l'on reçoit des enfants pour les instruire.
PENSIONNER [pan-syò-né; *en vers*, -si-ò-...] *v. tr.*
[ÉTYM. Dérivé de pension, § 154. || xvᵉ s. Le feu roy les soubdoloit et pensionnoit, J. MAUPOINT, *Journal*, ann. 1465, dans DELB. *Rec.* Admis ACAD. 1762.]
|| Gratifier d'une pension. Être pensionné par l'État.
PENSUM [pin-sòm'] *s. m.*
[ÉTYM. Mot lat. signifiant tâche, part. passé de pendere, peser, employé substantivt (*cf.* le doublet poids), § 217. || Admis ACAD. 1762.]
|| (T. scolaire.) Travail imposé à un élève (comme punition) aux heures de récréation ou aux jours de sortie.
PENTACORDE [pin-tà-kòrd'] *s. m.*
[ÉTYM. Emprunté du lat. pentachordus, grec πεντάχορδος, à cinq cordes. || 1732. TRÉV. Admis ACAD. 1762.]
|| (Antiq.) Lyre à cinq cordes.
***PENTAGONAL, ALE** [pin-tà-gò-nàl] *adj.*
[ÉTYM. Dérivé de pentagone, § 238. || 1553. O. FINÉ, *Descr. de l'horl. planetaire.*]
|| (Géom.) Qui a la forme d'un pentagone.
PENTAGONE [pin-tà-gòn'; *selon qqns*, -gòn'] *s. m.*
[ÉTYM. Emprunté du lat. pentagonum, grec πεντάγωνον, *m. s.* || 1542. L'angle du pentagone, BOVELLES, *Géom.* fᵒ 20.]
|| (Géom.) Figure géométrique qui a cinq angles et cinq côtés. — régulier, qui a les cinq côtés égaux.
PENTAMÈTRE [pin-tà-mètr'] *s. m.*
[ÉTYM. Emprunté du lat. pentameter, grec πεντάμετρος, *m. s.* || Vers 1500. Septains ou penthametres, *Art de rhétor.* dans MONTAIGLON, *Anc. Poés. franç.* III, 122.]
|| (Métr. anc.) Vers de cinq pieds.
PENTANDRIE [pin-tan-dri] *s. f.*
[ÉTYM. Emprunté du lat. scientif. pentandria (LINNÉ), *m. s.* grec πέντε, cinq, et ἀνήρ, homme, mâle, § 279. || 1787. A. GOUAN, *Expl. du syst. botan. de Linné*, p. 24. Admis ACAD. 1835.]

|| (Botan.) Dans la classification de Linné, groupe de plantes qui ont cinq étamines.
PENTATHLE [pin-tàtl'] *s. m.*
[ÉTYM. Emprunté du lat. pentathlum, grec πένταθλον, *m. s.* de πέντε, cinq, et ἆθλος, combat. (*Cf.* athlète.) || 1732. TRÉV. Admis ACAD. 1762.]
|| (Antiq.) Réunion des cinq exercices athlétiques (lutte, course, saut, disque, javelot).
PENTE [pànt'] *s. f.*
[ÉTYM. Tiré de pendre sur le modèle de tente, vente, etc., rapportés à fendre, vendre, etc. § 45. || 1358. Keir a pente sour le partie de l'iretage, *Charte de Tournay*, dans GODEF. *Compl.*]
|| **1°** Direction d'un plan formant un angle oblique avec l'horizontale. Une — vallonnée. Une rue en —. La — d'un comble. Une chaussée en —, pour l'écoulement des eaux. || *Fig.* Ce par quoi on est entraîné. On se détourne un seul pas de la droite route, aussitôt une — inévitable nous entraîne, J.-J. ROUSS. *Nouv. Hél.* III, 18. La — entraîne le peuple à l'idolâtrie, BOSS. *Hist. univ.* II, 3. Du plaisir la — trop aisée, RAC. *Bér.* II, 2. J'ai une — naturelle à me laisser aller à tout ce qui m'attire, MOL.. *D. Juan*, III, 5.
|| **2°** Chose qui pend. Les pentes d'une garniture de lit, de fenêtre, longue bande d'étoffe qui tombe du lambrequin, du ciel de lit, et forme draperie.
PENTECÔTE [pant'-kôt'; *en vers*, pan-te-...] *s. f.*
[ÉTYM. Emprunté du lat. pentecoste, grec πεντήκοστη, *m. s.* de πεντήκοντα, cinquante, devenu pentecoste, pentecôte, § 422. || xiiᵉ s. Pentecuste, PH. DE THAUN, *Comput*, 3305.]
|| **1°** Fête des Juifs instituée en souvenir de la loi donnée sur le Sinaï, célébrée sept semaines après le second jour de Pâques et dans laquelle on offrait à Dieu les prémices de la récolte.
|| **2°** Fête des chrétiens célébrée le septième dimanche après Pâques, en mémoire de la descente du Saint-Esprit sur les apôtres.
PENTIÈRE [pan-tyèr]. *V.* pantière.
PENTURE [pan-tûr] *s. f.*
[ÉTYM. Du lat. pop. *penditūra, dérivé de *penditum (class. pensum), part. de pendere, pendre, §§ 111, 336, 414 et 291 ; proprt, ce qui tient la porte suspendue. || 1333. Pentures de huis ou de fenestres, dans DELB. *Rec.*]
|| (Technol.) Longue patte de fer fixée à plat sur le battant d'une porte et repliée par un bout de manière à tourner autour d'un gond.
PÉNULTIÈME [pé-nül-tyèm'] *adj.*
[ÉTYM. Emprunté du lat. pænultimus, *m. s.* de pæne, presque, et ultimus, dernier, avec assimilation à deuxième, troisième, etc. §§ 96 *ter* et 503. || xiiiᵒ-xivᵉ s. La tauxacion du penultieme deffault, dans E. BOILEAU, *Livre des mest.* p. 437, Depping.]
|| (T. didact.) Avant-dernier. La syllabe — d'un mot, et, *substantivt*, La —. (*Cf.* antépénultième.)
PÉNURIE [pé-nu-ri] *s. f.*
[ÉTYM. Emprunté du lat. penuria, *m. s.* RAB. met pénurie de pecune dans la bouche de l'écolier limousin. || 1752. TRÉV. Admis ACAD. 1762.]
|| Extrême indigence.
PÉOTTE [pé-òt'] *s. f.*
[ÉTYM. Emprunté de l'ital. peotta, *m. s.* § 12. || 1739. *V.* à l'article. Admis ACAD. 1718.]
|| (Technol.) Grande gondole de l'Adriatique. Les péottes et gondoles dorées de la République, DE BROSSES, dans DELB. *Rec.*
PÉPERIN [pĕp'-rin; *en vers*, pé-pe-...] *s. m.*
[ÉTYM. Emprunté de l'ital. peperino, *m. s.* de pepe, poivre, par analogie de couleur, § 12. || 1694. Peperin, TH. CORN. Admis ACAD. 1835.]
|| (Technol.) Roche volcanique des environs de Rome employée pour bâtir.
PÉPIE [pé-pi] et, *vieilli*, ***PEPIE** [pe-pi] *s. f.*
[ÉTYM. Origine incertaine; selon qqns, du lat. pituita, *m. s.* prononcé de bonne heure *pitvita, d'où *pitbita, pitpita, et, par dissimilation, §§ 341 et 360, *petpita, devenu *pepide, pepie, §§ 405, 402 et 291. (*Cf.* le doublet pituite.) || xivᵉ s. Il a la pepie, *Ménagier*, II, 325.]
|| Pellicule écailleuse qui vient au bout de la langue des oiseaux, particulièrement des poules, et les empêche de boire. | *Fig. Famil.* Avoir la —, être très altéré.
PÉPIN [pé-pin] et, *vieilli*, ***PEPIN** [pe-pin] *s. m.*

[ÉTYM. Origine inconnue, sans rapport, à ce qu'il semble, avec le lat. pepo, melon. (*Cf.* pepite.) ACAD. écrit pepin de 1694 à 1835. || XIIᵉ s. Fist li dus planter des pepins, BENEIT, *Ducs de Norm.* 25394.]

|| Graine qui se trouve au centre de certains fruits charnus. Fruits à —, pommes, groseilles, melons.

PÉPINIÈRE [pé-pi-nyèr'] *s. f.*
[ÉTYM. Dérivé de pépin, § 115. || 1539. R. EST.]
|| Terrain où l'on fait des semis d'arbres pour obtenir de jeunes plants destinés à être transplantés. || *Fig.* Ce qui fournit des sujets pour remplacer ceux qui manquent. Cette —... de citoyens que les Romains trouvèrent dans leurs esclaves, MONTESQ. *Rom.* XXIII, 20. | *P. ext.* L'habitude vicieuse... devient dans nos cœurs comme une — de nouveaux péchés, BOSS. *Satisf.* 2.

PÉPINIÉRISTE [pé-pi-nyé-rist'] *s. m. et f.*
[ÉTYM. Dérivé de pépinière, § 265. || 1732. TRÉV. Admis ACAD. 1762.]
|| Jardinier, jardinière qui fait des pépinières.

PÉPITE [pé-pit'] *s. f.*
[ÉTYM. Emprunté de l'espagn. pepita, *m. s.* proprt, « grain », de même famille que pépin, § 13. || 1649. Pepitas, VINC. LE BLANC, *Voyages*, III, 128. || 1738. Les Espagnols appellent pépites..., GEOFFROY, dans *Mém. Acad. des sc.* p. 104. Admis ACAD. 1878.]
|| Petite masse de métal que l'on trouve à l'état natif, sans gangue. Des pépites d'or, de platine, de cuivre.

PÉPLUM [pé-plòm'] et **PÉPLON** [pé-plon'] *s. m.*
[ÉTYM. Emprunté du lat. peplum, grec πέπλον, *m. s.* || XVIᵉ s. Couverte d'un peple, *Entrée de Henri II à Rouen*, dans GODEF. Peplum, qui est une manière d'habit, DU VERDIER, *Images des dieux*, dans DELB. *Rec.* Admis ACAD. 1835.]
|| (Antiq.) || **1°** Tissu léger agrafé sur l'épaule que les femmes grecques portaient par-dessus la tunique. || **2°** Long voile richement brodé que l'on mettait sur la statue de certaines déesses.

PEPSINE [pěp'-sin'] *s. f.*
[ÉTYM. Dérivé du grec πέψις, digestion, § 282 *bis*. || *Néolog.* Admis ACAD. 1878.]
|| (Chimie.) Principe actif du suc gastrique qui dissout les matières albuminoïdes.

*PÉQUIN. V. pékin.

PERCALE [pèr-kàl] *s. f.*
[ÉTYM. Semble emprunté des langues de l'Inde, § 25. || 1723. Percalle, SAVARY, *Dict. du comm.* Admis ACAD. 1835.]
|| Calicot fin dont une opération a fait disparaître le duvet. Les percales de Pondichéry.

PERCALINE [pèr-kà-lin'] *s. f.*
[ÉTYM. Dérivé de percale, § 100. || *Néolog.* Admis ACAD. 1835.]
|| Percale teinte et unie.

PERÇANT, ANTE [pèr-san, -sànt'] *adj.*
[ÉTYM. Adj. particip. de percer, § 47. || XIVᵉ s. Regart si est trop perçant chose, BRUYANT, dans *Ménagier*, II, 14.]
|| **1°** *Peu usité.* Qui perce (au propre). || **2°** *Fig.* | 1. En parlant du son, qui pénètre vivement dans l'oreille. | 2. En parlant des yeux, de la vue, qui distingue du premier coup d'œil. Jupiter, dont les regards sont plus perçants que son tonnerre, FÉN. *Tél.* 8. | 3. En parlant de l'esprit, qui discerne à première vue. Il avait l'esprit si vif,... si —, qu'il comprenait d'abord d'une chose tout ce qui en pouvait être connu, LA BR. *Disc. sur Théophr.*

PERCE [pèrs'] *s. f.*
[ÉTYM. Subst. verbal de percer, § 52. || 1539. R. EST.]
|| **1°** (Technol.) Outil pour percer. (*Cf.* percerette.) || **2°** Action de percer. Mettre un tonneau en —, y faire une ouverture par laquelle on tire le vin. || **3°** Trou que l'on fait dans qqch. | *Spécialt.* Les perces d'un instrument à vent.

PERCÉ *s. m.* et **PERCÉE** [pèr-sé] *s. f.*
[ÉTYM. Subst. particip. de percer, § 45. Rare au masc. || Admis ACAD. 1798 (au fém.) et 1835 (aux deux genres).]
|| Ouverture ménagée pour livrer passage. Une percée dans un bois. Une forêt dont les percés formaient autour de nous plusieurs arcades de feuillage, B. DE ST-P. *Paul et Virg.* Faire des percées dans un mur (pour ouvrir une porte, une fenêtre). *Fig. Au fém.* Action de pénétrer (en voyageant). Il a fait une percée assez avant dans l'Écosse. (*Syn.* pointe.)

PERCE-BOIS [pèr-se-bwá] *s. m.*
[ÉTYM. Composé de perce (du verbe percer) et bois, § 209. || 1752. TRÉV. Admis ACAD. 1835.]
|| Insecte qui attaque le bois.

PERCÉE [pèr-sé]. *V.* percé.

PERCE-FEUILLE [pèr-se-fêuy'] *s. f.*
[ÉTYM. Composé de perce (du verbe percer) et feuille, § 209. || 1557. La persefueille, L'ESCLUSE, *Hist. des plantes*, p. 104. Admis ACAD. 1762.]
|| Nom vulgaire du buplèvre, plante.

PERCE-FORÊT [pèr-se-fò-rè] *s. m.*
[ÉTYM. Composé de perce (du verbe percer) et forêt, § 209 ; probablement allusion plaisante au héros du célèbre roman de *Perceforest* (XIVᵉ s.), § 36. || Admis ACAD. 1718.]
|| *Vieilli.* Chasseur que rien n'arrête.

PERCEMENT [pèr-se-man] *s. m.*
[ÉTYM. Dérivé de percer, § 145. || 1539. R. EST. Admis ACAD. 1762.]
|| Action de percer. | 1. En parlant de la chose percée. Le — de l'isthme de Suez. | 2. En parlant de l'ouverture pratiquée. Le — d'une rue.

PERCE-NEIGE [pèr-se-nèj'] *s. f.*
[ÉTYM. Composé de perce (du verbe percer) et neige, § 209. || 1680. RICHEL.]
|| Plante qui fleurit dès la première fonte de la neige.

PERCE-OREILLE [pèr-sò-rèy'] *s. m.*
[ÉTYM. Composé de perce (du verbe percer) et oreille, § 209. || 1564. Perc'oreille, J. THIERRY, *Dict. franç.-lat.*]
|| Nom vulgaire de la forficule, insecte. (*Cf.* oreillère.)

PERCE-PIERRE [pèrs'-pyĕr ; *en vers*, pèr-se-...] *s. f.*
[ÉTYM. Composé de perce (du verbe percer) et pierre, § 209. Souvent, par altération, passe-pierre, § 509. || 1545. La filipende ou percepierre rouge, G. GUÉROULT, dans DELB. *Rec.* | 1558. Ce poisson en Languedoc a esté nommé percepierre, RONDELET, *Hist. des poiss.* I, 172.]
|| **1°** Saxifrage, plante qui pousse au milieu des rochers. || **2°** Poisson qui vit dans les trous des rochers.

PERCEPTEUR [pèr-sěp'-teur] *s. m.*
[ÉTYM. Emprunté du lat. perceptor, celui qui perçoit. || Admis ACAD. 1798.]
|| Employé chargé de la perception des impôts.

PERCEPTIBILITÉ [pèr-sěp'-ti-bi-li-té] *s. f.*
[ÉTYM. Dérivé de perceptible, § 255. || XVIIIᵉ s. DIDER. dans ENCYCL. MÉTH. *Philos.* III. 640. Admis ACAD. 1798.]
|| (T. didact.) Caractère de ce qui est perceptible.

PERCEPTIBLE [pèr-sěp'-tibl'] *adj.*
[ÉTYM. Emprunté du lat. perceptibilis, *m. s.* || 1372. Qualité perceptible par le sens de odorer, J. CORBICHON, *Propr. des choses*, dans DELB. *Rec.*]
|| **1°** (T. didact.) Qui peut être perçu par les sens. Cette œuvre non pareille Est-elle — à l'esprit curieux ? RÉGNIER, *Sonnets relig.* 2. Un avant-goût (du paradis) à leurs sens —, LA F. *Contes*, Féronde. || *Absolt.* Notre corps qui tantôt n'était pas — dans l'univers, PASC. *Pens.* I, 1. || **2°** *Peu usité.* Qui peut être perçu par le percepteur.

PERCEPTION [pèr-sěp'-syon ; *en vers*, -si-on] *s. f.*
[ÉTYM. Emprunté du lat. perceptio, *m. s.* || XIIᵉ-XIIIᵉ s. La perception del Saint Espir, *Job*, dans *Rois*, p. 477.]
|| **1°** (T. didact.) Action de percevoir (les données des sens). La — du son. || Faculté de percevoir. La — externe. | *P. ext.* Ce que l'esprit perçoit. Les perceptions sensibles. Nos jugements ont plus d'étendue que nos perceptions, MALEBR. *Rech. de la vérité*, III, II, 9. || **2°** Action de percevoir l'impôt. || *P. ext.* Charge de celui qui perçoit les impôts. Il a été nommé à une —.

PERCER [pèr-sé] *v. tr. et intr.*
[ÉTYM. Du lat. pop. *pertusiare, dérivé de pertusum, part. de pertundere, percer, § 154 *bis*, devenu *pertsier, §§ 336, 297 et 291, persier, § 405, perser, écrit arbitrairement percier, percer, § 634. (*Cf.* pertuis.) || XIᵉ s. Tut sun escut perciet, *Roland*, 2077.]
I. *V. tr.* || **1°** Traverser en pratiquant un trou, une ouverture. — un mur, une montagne. — un tonneau. Un tonneau bas percé, et, *fig.* Un homme bas percé, ruiné. Une forêt bien percée, par de belles routes. Une chose percée à jour, de part en part, et, *fig.* Un artifice percé à jour, clair pour tout le monde, transparent. — un abcès. || *P. ext.* Trouer. Un vêtement percé au coude. Des souliers percés. La poche est percée. Un panier percé, qui laisse passer ce qu'on y met, et, *fig.* Un panier percé, un dissipateur. *P. hyperb.* En parlant d'une personne très maigre. Les os lui percent la

peau. || *Spéciall*. Traverser une partie du corps de manière à blesser ou à tuer. Par les traits de Jéhu je vis — le père, RAC. *Ath.* I, 1. L'un le tenait, l'autre lui perçait le cœur à loisir, SÉV. 786. Le bras levé pour lui — le sein, CORN. *Poly.* I, 3. Le mulet... Se sent — de coups, LA F. *Fab.* I, 4. || *P. anal.* — les bataillons ennemis, s'y frayer un passage. Je n'ai percé qu'à peine Les flots toujours nouveaux d'un peuple adorateur, RAC. *Bér.* I, 3. Le soleil perce la nue. La pluie a percé ses vêtements. || *Fig.* Nous avons percé la nue du cri de vive le roi, SÉV. 367. Un cri qui perce les oreilles, BOSS. *Tristesse*, 2. On commence, seigneur, à — le mystère, RAC. *Ath.* III, 6. Homme Dont la vaste science... A fouillé la nature, en a percé les causes, BOIL. *Sat.* 8. | Percé jusques au fond du cœur D'une atteinte imprévue, CORN. *Cid*, I, 6. Retenez des soupirs dont vous me percez l'âme, ID. *Nicom.* IV, 1. Plût à Dieu que... Ce cœur trop endurci se pût enfin — I ID. *Poly.* IV, 3. Il n'y avait personne qui n'eût l'âme percée de voir un si bon naturel, MOL. *Scap.* I, 2.

|| 2° Pratiquer, ménager (un trou, une ouverture). — une rue, un boulevard. — une porte, une fenêtre.

II. *V. intr.* ||1° Donner passage. L'abcès a percé.

|| 2° Se faire passage. Condé, suivi de deux mille chevaux, perça à travers l'armée des assiégeants, VOLT. *S. de L. XIV*, 6. Sa dent a percé. || *Fig.* Il perçait dans tous les secrets, BOSS. *Le Tellier*. L'orgueil perce sous sa modestie affectée. || *Absolt.* Le mérite finit toujours par —.

*PERCERETTE [pèr-se-rèt'] *s. f.*
[ÉTYM. Dérivé de percer, §§ 62, 82 *bis* et 134. || 1752. TRÉV.]
|| Petite vrille.

*PERCEVABLE [pèr-se-vàbl'] *adj.*
[ÉTYM. Dérivé de percevoir, § 93. || XIVᵉ s. ÉVRART DE CONTY, *Probl. d'Aristote*, dans GODEF.]
|| (T. didact.) Qui peut être perçu. | 1. En parlant de l'impôt. | 2. En parlant d'une sensation. (*Syn.* perceptible.)

PERCEVOIR [pèr-se-vwàr] *v. tr.*
[ÉTYM. Du lat. pop. *percipĕre (class. percĭpere), § 629, *m. s.* devenu perceveir, percevoir, §§ 338, 342, 426, 309 et 291.]
I. Recueillir (l'impôt). Aucun impôt ne peut être établi ni perçu s'il n'a été consenti par les deux chambres, *Charte de 1830*, art. 40.
II. Saisir (les données des sens). — les sons.

1. PERCHE [pèrch'] *s. f.*
[ÉTYM. Du lat. perca, *m. s.* §§ 379 et 291.]
|| Poisson d'eau douce à nageoires épineuses.

2. PERCHE [pèrch'] *s. f.*
[ÉTYM. Du lat. pertica, *m. s.* devenu *pert'ca, § 290, perche, §§ 405, 379 et 291.]
|| 1° Longue pièce de bois. Conduire un bateau à la —. Tendre la — à qqn qui se noie, et, *fig.* Tendre la — à qqn, lui venir en aide. Un faucon qui se bat à la —, qui, attaché à une perche, se débat. *Fig. Vieilli.* Se battre à la —, faire de vains efforts. *Spéciall.* Pièce de bois disposée pour que des oiseaux s'y tiennent. Dormir sur pied comme un coq sur la —, RÉGNIER, *Sat.* 11. Un faucon sur sa —, LA F. *Fab.* VIII, 21. | *Fig.* C'est une grande —, en parlant d'une personne longue et maigre.

|| 2° Ancienne mesure de superficie, centième partie de l'arpent.

PERCHER [pèr-ché] *v. intr. et pron.*
[ÉTYM. Dérivé de perche 2, § 154. || XIVᵉ s. Le faulcon perche volentiers aussi comme au milieu de l'arbre, *Modus*, f° 120.]
|| 1° *V. intr.* En parlant des oiseaux, se tenir habituellement sur une perche, sur une branche d'arbre. Tous les oiseaux ne perchent pas. Les poules perchent pour dormir. || *P. ext.* Les cigognes perchent sur les clochers.

|| 2° *V. pron.* Se —, se poser sur une perche, sur une branche. Maître Corbeau sur un arbre perché, LA F. *Fab.* I, 2. || *P. ext.* Le volant, le ballon est perché quand le ballon lancé est allé se loger qqpart et ne retombe plus.

PERCHLORURE [pèr-klò-rûr] *s. m.*
[ÉTYM. Composé avec le préfixe lat. per et chlorure, § 282 *bis*. || *Néolog*. Admis ACAD. 1878.]
|| (Chimie.) Composé renfermant autant de chlore qu'il peut en contenir à l'état de combinaison.

PERCHOIR [pèr-chwàr] *s. m.*
[ÉTYM. Dérivé de percher, § 113. || 1680. RICHEL.]
|| 1° Bâton sur lequel on fait percher un oiseau. Un — de perroquet.
|| 2° Endroit où perche la volaille.

PERCLUS, USE [pèr-klu, -klûz'] *adj.*
[ÉTYM. Emprunté du bas lat. perclusus, fermé entièrement, variante de præclusus, obstrué. || XVᵉ s. Corps perclus, CHARLES D'ORL. *Ball.* 88.]
|| 1° Qui ne peut plus se mouvoir. Avoir les membres perclus. || *Fig.* Mes sens sont demeurés —, ROTROU, *Antig.* III, 2.
|| 2° Qui ne peut plus mouvoir un membre ou tout le corps. — de mes membres, SCARR. *Poés.* VII, 168, édit. 1786. || *Fig.* — des appétits du monde, THÉOPHILE, *Immort.* I, p. 20, Bibl. elzév.

PERÇOIR [pèr-swàr] *s. m.* et *PERÇOIRE [pèr-swàr] *s. f.*
[ÉTYM. Dérivé de percer, § 113. || XIVᵉ-XVᵉ s. Perçoyeurs bien agus, CHR. DE PISAN, *Ch. V*, II, 38.]
|| Ce qui sert à percer. (*Cf.* percerette.)

PERCUSSION [pèr-ku-syon; *en vers*, -si-on] *s. f.*
[ÉTYM. Emprunté du lat. percussio, *m. s.* (*Cf.* percuter.)
|| XIVᵉ s. Percussion ou bature, *Somme Mᵉ Gautier*, mss franç. Bibl. nat. f° 21, v°.]
|| (T. didact.) Action résultant d'un coup donné. Instruments de —, dont on joue en les frappant: timbale, grosse caisse, tambour. || Fusil à —, où le feu est communiqué à la charge par le choc d'une pièce sur une capsule fulminante. || (Médec.) Méthode d'exploration consistant à frapper sur les parois d'une cavité du corps pour reconnaître, suivant la nature du bruit, l'état des organes contenus dans cette cavité. (*V.* auscultation.)

*PERCUTANT, PERCUTANTE [pèr-ku-tan, -tânt'] *adj.*
[ÉTYM. Adj. particip. de percuter, § 47. || *Néolog*. Admis ACAD. 1878.]
|| (Technol.) Qui agit par percussion. *Spéciall.* Fusée percutante, qui s'enflamme par le choc.

*PERCUTER [pèr-ku-té] *v. tr.*
[ÉTYM. Emprunté du lat. percutere, frapper. || *Néolog*.]
|| (Médec.) Soumettre à la percussion.

*PERCUTEUR [pèr-ku-teûr] *s. m.*
[ÉTYM. Dérivé de percuter, § 112. || *Néolog*.]
|| (Technol.) Pièce agissant par percussion. *Spéciall.* Pièce dont le choc enflamme la capsule d'une arme à feu.

PERDABLE [pèr-dàbl'] *adj.*
[ÉTYM. Dérivé de perdre, § 93. || XIVᵉ-XVᵉ s. L'avoir acquesté Par cas soudain est a un coup perdable, EUST. DESCH. III, 17. Admis ACAD. 1798.]
|| *Famil.* Qui peut être perdu. Le procès n'est pas —.

PERDANT, *PERDANTE [pèr-dan, -dânt'] *s. m. et f.*
[ÉTYM. Subst. particip. de perdre, § 47. || XIVᵉ-XVᵉ s. Le perdant les dez a frappez, EUST. DESCH. VII, 254.]
|| 1° Celui, celle qui perd, particulièrement au jeu. Les gagnants et les perdants. *Adjectivt.* Un numéro —.
|| 2° (Marine.) *S. m.* Le — de l'eau, et, *absolt*, Le —, mouvement de la marée qui baisse. (*Syn.* reflux, jusant.)

PERDITION [pèr-di-syon; *en vers*, -si-on] *s. f.*
[ÉTYM. Emprunté du lat. perditio, *m. s.* || XIᵉ s. Guenes est turnez a perdiciun grant, *Roland*, 3969.]
|| 1° État de celui, de celle qui perd son âme. La voie qui conduit à la —. Enfants de —, pécheurs endurcis. Lieu de —.
|| 2° (Sens repris postérieurement du latin.) État de ce qui se perd. Un vaisseau en —.

PERDRE [pèrdr'] *v. tr.*
[ÉTYM. Du lat. perdere, *m. s.* §§ 290 et 291.]
I. Amener à une ruine complète.
|| 1° Une personne. Le malade est perdu. Antiochus... conçut le dessein de — ce peuple, BOSS. *Hist. univ.* II, 14. Amour, tu perdis Troie, LA F. *Fab.* VII, 13. Je perdrai qui me perd, ne pouvant me sauver, CORN. *Pomp.* II, 4. Et pour nous rendre heureux, perdons les misérables, RAC. *Brit.* II, 8. Que je me perde ou non, je songe à me venger, ID. *Andr.* IV, 4. Des enfants perdus, soldats qu'on risque dans des missions périlleuses. *Spéciall.* — qqn, l'égarer, le mettre hors de son chemin. Pourrais-tu bien toi-même mener — les enfants? PERRAULT, *Contes, Petit Poucet*. Il s'est perdu dans la montagne. *P. anal.* Un village perdu dans la montagne, qui est hors de toute communication. Habiter un pays, un quartier perdu. Une sentinelle perdue, placée aux avant-postes, loin de toute communication. || — qqn (moralement, en le corrompant). Les passions qui ont perdu Salomon et tant d'autres rois, BOSS. *R. d'Angl.* Voilà comme tu m'as perdue! RAC. *Phèd.* IV, 6. Ses spéculations l'ont perdu. L'amour, qui perd tant d'honnêtes femmes, J.-J. ROUSS. *Nouv. Hél.* V, 13. Une femme, une

fille perdue, débauchée. Les libertins et les impies déclarés se perdent (se damnent) par un défaut de confiance, BOURD. *Exhort. Trahis. de Judas*, 2. || — qqn dans l'esprit d'un autre. — qqn de réputation. Voulez-vous que pour lui je me perde d'honneur? CORN. *Pulch.* I, 5. Un tas d'hommes perdus de dettes et de crimes, ID. *Cinna*, v, 1. || *Fig.* Ils se perdent eux-mêmes et s'égarent dans des embarras inexplicables, PASC. *Espr. géom.* 1. Se — en conjectures. Ma tête s'y perd. Je me perds dans cette pensée, SÉV. 651.

|| **2°** Une chose. Le navire s'est perdu corps et biens. Les pluies ont perdu la récolte. Les espèces perdues, qui ont cessé d'exister. Moulage à cire perdue. (*V.* cire.) || *Fig.* | **1.** Faire disparaître. Ces bords Où l'on voit l'Achéron se — chez les morts, RAC. *Phèd.* I, 1. Les montagnes qui se perdaient dans les nues, FÉN. *Tél.* 1. Un événement qui se perd dans la nuit des temps. Les monarchies vont se — dans le despotisme, MONTESQ. *Espr. des lois*, VIII, 17. Les dix tribus dispersées se perdent parmi les gentils, BOSS. *Hist. univ.* II, 8. Se — en Dieu, s'anéantir dans la contemplation de Dieu. Il se perdit dans la foule. Un ballon qui se perd dans les nuages, et, *p. ext.* Un ballon perdu, qui a chance de se perdre, étant abandonné à lui-même. Cet usage se perd. Une acception perdue. Le chemin se perd, cesse d'être frayé. Reprise perdue, faite de manière à se confondre avec l'étoffe. | **2.** Dépenser inutilement. — le temps. Les moments perdus. Vous perdez vos raisonnements et vos paroles. — ses pas. La salle des pas perdus. Ma vengeance est perdue S'il ignore en mourant que c'est moi qui le tue, RAC. *Andr.* IV, 4. Coups perdus, tirés au hasard.

II. Voir disparaître.

|| **1°** Une personne. Il vient de — son père. — un enfant. J'ai perdu dans la fleur de leur jeune saison Six frères, RAC. *Phèd.* II, 1. Mère lionne avait perdu son faon, LA F. *Fab.* X, 12. — un ami, un conseiller. Presque en même temps on perdit le célèbre Racine, ST-SIM. II, 193. Le général a perdu le tiers de ses hommes dans cette bataille. Le navire a perdu son capitaine. || *Fig.* — qqn dans une foule, ne plus le retrouver. — qqn de vue, ne plus l'apercevoir, et, *p. ext.* cesser de le voir, de le fréquenter.

|| **2°** Une chose. — son bien. C'est un homme qui n'a rien à —. Je perdrai mes États et garderai mon rang, CORN. *Nicom.* III, 1. — son argent au jeu. — sa fortune à la bourse. — une créance. Placer de l'argent à fonds perdus. Il a perdu un bras, un œil. Il perd ses dents, ses cheveux. Il perd chaque jour de ses avantages, et, *absolt*, Il a beaucoup perdu depuis qq temps. Un arbre qui perd ses feuilles. — l'ouïe. — la parole. Avez-vous donc perdu, dites-moi, la parole? MOL. *Tart.* II, 3. — le sommeil, l'appétit. — patience. Courir à — haleine. Une monnaie qui a perdu de sa valeur, et, *absolt*, Une monnaie qui perd (au change). — l'espérance. Il a perdu courage. Mais voit-on que le somme en perde de son prix? LA F. *Fab.* XI, 4. — son chemin. Il a perdu sa place. — contenance. Je réussirai, ou j'y perdrai mon nom. On ne perd pas un mot de ce qu'il dit. — la tête, ne plus savoir ce que l'on fait. — la raison. — pied, ne plus sentir le fond sous ses pieds. — le premier rang. — la première place. — l'avance sur son concurrent. — l'avantage, la prééminence. *P. ext.* — la partie au jeu, et, *absolt*, — au jeu. — un procès. — une bataille.

PERDREAU [pèr-dró] *s. m.*

[ÉTYM. Du lat. pop. *perdicalem*, *m. s.* dérivé de **perdicem**, perdrix, § 90, devenu perdial, perdrial, §§ 380, 361, 301 et 291, au plur. perdriaus, §§ 455 et 456, d'où, par substitution de suffixe, perdriau, perdreau, §§ 62 et 126. || XIIᵉ-XIIIᵉ s. Pernez pierres et perdrials, *Hist. de Guill. le Maréchal*, 561.]

|| Jeune perdrix. Une compagnie de perdreaux, la couvée.

PERDRIGON [pèr-dri-gon] *s. m.*

[ÉTYM. Emprunté du provenç. perdigon, perdrigon, *m. s.* proprt, « perdreau », § 11. || XVIᵉ s. VAUQ. DE LA FRESN. *Sat.* 2.]

|| Variété de prune (dont la couleur rappelle la gorge des perdrix rouges).

PERDRIX [pèr-dri] *s. f.*

[ÉTYM. Du lat. perdicem, *m. s.* devenu perdiz, perdis, §§ 382 et 291, perdris, § 361, écrit perdrix d'après le nominatif lat. perdix, § 502.]

|| Oiseau gallinacé, non domestique, qui se tient en compagnie, dans les blés, dans les prairies. La — grise, rouge. [*P. ext.* — des neiges, le lagopède. || *Fig.* Œil de —. (*V.* œil.)

PÈRE [pèr] *s. m.*

[ÉTYM. Du lat. patrem, *m. s.* devenu pedre, pere, §§ 295, 404 et 291. (*Cf.* paternel.)]

|| **1°** Celui qui a engendré un enfant. Je voue à votre fils une amitié de —, RAC. *Andr.* V, 3. A Rome, les pères avaient droit de vie et de mort sur leurs enfants, MONTESQ. *Espr. des lois*, V, 7. De — en fils, par transmission du père au fils. — nourricier, le mari de la nourrice. — adoptif, qui a adopté qqn pour enfant. — putatif, qui est réputé le père d'un enfant, quoiqu'il ne le soit pas. || *P. ext.* Le — de famille, le chef de la famille. Administrer une chose, en user en bon — de famille. — noble, l'emploi de père au théâtre, dans la tragédie et la haute comédie. || Notre premier —, le — des humains, Adam. Nos pères, nos aïeux. Nos pères ont péché... Et nous portons la peine de leurs crimes, RAC. *Esth.* I, 5. Au tombeau de mes pères, ID. *ibid.* III, 9.

|| **2°** Titre de vénération, de respect. — spirituel, celui qui dirige la conscience de qqn. Le — des miséricordes. Le Père éternel, Dieu. Dieu le Père, la première personne de la Trinité. Notre — qui êtes aux cieux, début du Pater. Le saint-—, le — des fidèles, le pape. Les pères de l'Église, premiers docteurs de l'Église. Parlons d'avance le langage de la postérité, un — de l'Église (Bossuet), LA BR. *Disc. à l'Acad.* | *Speciall.* Membre d'une congrégation. Les pères Jésuites. Le — des pauvres, le — de la patrie, nom donné à celui qui a beaucoup fait pour les pauvres, pour la patrie. Que de la patrie il soit, s'il veut, le —, RAC. *Brit.* I, 1.

|| **3°** Créateur de qqch. Le — de la tragédie, Eschyle, Corneille. Socrate... fut le — de la philosophie morale, BOSS. *Hist. univ.* I, 8. Si la pauvreté est la mère des crimes, le défaut d'esprit en est le —, LA BR. 11.

|| **4°** Appellation familière à un homme d'un certain âge. Bonjour, — Jean. Un bon gros —. Un — douillet, qui tient à ses aises. Il (Poussin) ne peut s'imaginer un Christ, en quelque action que ce soit, avec un visage de torticolis ou d'un — douillet, A. FÉLIBIEN, *Entret. sur les vies des peintres*, IV, 288.

PÉRÉGRINATION [pé-ré-gri-nà-syon ; *en vers*, -si-on] *s. f.*

[ÉTYM. Emprunté du lat. peregrinatio, *m. s.* || XIIᵉ s. En la misere de ceste peregrination, *Serm. de St Bern.* p. 90. Admis ACAD. 1718.]

|| Voyage en pays étranger. (*Cf.* pèlerinage.)

PÉRÉGRINITÉ [pé-ré-gri-ni-té] *s. f.*

[ÉTYM. Emprunté du lat. peregrinitas, *m. s.* || XVIᵉ s. Amateurs de peregrinité, RAB. IV, 12. Admis ACAD. 1798.]

|| (Droit.) Qualité d'étranger.

PÉREMPTION [pé-ranp'-syon ; *en vers*, -si-on] *s. f.*

[ÉTYM. Emprunté du lat. peremptio, *m. s.* (*Cf.* périmer.) || 1575. Juger une peremption, J. PAPON, *Second Notaire*, p. 660.]

|| (Droit.) Annulation par prescription d'une procédure civile.

PÉREMPTOIRE [pé-ranp'-twàr] *adj.*

[ÉTYM. Emprunté du lat. peremptorius, *m. s.* || XIIIᵉ s. Exeptions peremptoires, BEAUMAN. VII, 2.]

|| **1°** (Droit.) Relatif à la péremption.

|| **2°** Qui détruit d'avance ce qu'on pourrait lui opposer. Une réponse —.

PÉREMPTOIREMENT [pé-ranp'-twàr-man ; *en vers*, -twà-re-...] *adv.*

[ÉTYM. Composé de péremptoire et ment, § 724. || 1349. Respondre peremptoirement, dans VARIN, *Arch. admin. de Reims*, II, 1243. Admis ACAD. 1762.]

|| D'une manière péremptoire.

PÉRENNITÉ [pé-rèn'-ni-té] *s. f.*

[ÉTYM. Emprunté du lat. perennitas, *m. s.* || XIIᵉ s. Perhennitez durable, BENEEIT, *Ducs de Norm.* II, 1049. Admis ACAD. 1878.]

|| (T. didact.) Perpétuité.

PÉRÉQUATION [pé-ré-kwà-syon ; *en vers*, -si-on] *s. f.*

[ÉTYM. Emprunté du lat. peræquatio, *m. s.* (*Cf.* équation.) || 1611. COTGR. Admis ACAD. 1878.]

|| (T. d'admin.) Répartition égale. La — des impôts.

PERFECTIBILITÉ [pèr-fĕk'-ti-bi-li-té] *s. f.*

[ÉTYM. Dérivé de perfectible, § 255. || XVIIIᵉ s. Mém. de Trév. dans TRÉV. 1771. Admis ACAD. 1798.]

|| (T. didact.) Caractère de ce qui est perfectible. L'idée de la — humaine.

PERFECTIBLE [pèr-fĕk'-tibl'] *adj.*

[ÉTYM. Dérivé du lat. perfectus, parfait, § 244. || XVIIIᵉ s. V. à l'article. Admis ACAD. 1798.]

|| (T. didact.) Qui peut se perfectionner. L'homme est —.

Ils étudient la nature comme parfaite et non comme —, DIDEROT, *Salon de 1767.*

PERFECTION [pèr-fĕk'-syon ; *en vers,* -si-on] *s. f.*
[ÉTYM. Emprunté du lat. *perfectio, m. s.* ‖ XIIᵉ s. Si vos ne poez ancor consevre la perfection que vos desirez, *Serm. de St Bern.* p. 30.]
‖ Caractère de ce qui est parfait.
‖ **1°** État de ce qui est achevé, accompli dans son genre. Comme leur — (des sciences) dépend du temps et de la peine, PASC. *Vide,* préf. Un tableau qui s'avançait à la — avec une incroyable diligence, BOSS. *D. d'Orl.* Il y a dans l'art un point de —, LA BR. 1. Souvent il n'y a pas tant de — dans les ouvrages... faits de la main de divers maîtres, qu'en ceux auxquels un seul a travaillé. Faire une chose dans la —, en —, et, *vieilli,* à la —. La — chrétienne, la pratique de toutes les vertus du chrétien. ‖ *Au plur.* Qualités excellentes (dans l'objet aimé). Ils comptent les défauts pour des perfections, MOL. *Mis.* II, 4. Les perfections divines.
‖ **2°** (Philos.) Dont l'excellence est absolue, sans limite. J'ai en moi l'idée de l'infini et d'une infinie —, FÉN. *Exist. de Dieu,* II, 2. Il ne se peut rien ajouter à la souveraine — qu'il (Dieu) possède, DESC. *Médit.* 3. Comment (entends-tu) la —, si ce n'est par la — dont elle déchoit? BOSS. *Élevat. Mystères,* 1ʳᵉ sem.

PERFECTIONNEMENT [pèr-fĕk'-syŏn'-man ; *en vers,* -si-ò-ne...] *s. m.*
[ÉTYM. Dérivé de perfectionner, § 145. ‖ 1725. *V.* à l'article. Admis ACAD. 1762.]
‖ Action de perfectionner, résultat de cette action. Une compagnie perpétuelle attentive au — perpétuel de la loi, ABBÉ DE ST-PIERRE, *Mém. pour diminuer le nombre des procès* (1725), p. 15. Le — d'une industrie, d'une machine. Le conseil de — d'un établissement. Travailler au — des lois. ‖ Le — moral.

PERFECTIONNER [pèr-fĕk'-syò-né ; *en vers,* -si-ò-né] *v. tr.*
[ÉTYM. Dérivé de perfection, § 154. ‖ 1611. COTGR.]
‖ Rapprocher de la perfection. — un ouvrage. — son goût, son style. Se — dans une langue. ‖ *Absolt.* Se —, travailler à devenir meilleur (moralement).

PERFIDE [pèr-fìd'] *adj.*
[ÉTYM. Emprunté du lat. *perfidus, m. s.* ‖ Xᵉ s. Li perfides tam fut cruels, *St Léger,* XXVI, 3.]
‖ Qui agit en traître envers qqn qui se fie à lui. Et vers l'un ou vers l'autre il faut être —, CORN. *Cinna,* III, 2. Ce — ennemi de la grandeur romaine, ID. *Nicom.* II, 3. ‖ *P. ext.* Un langage —. *Poét.* D'une bouche —, RAC. *Baj.* V, 4. Un dessein —. ‖ *Substantivt.* Le — ; l'infâme Tente le noir dessein de suborner ma femme, MOL. *Tart.* V, 3. La — a tremblé, VOLT. *Adél. du Guescl.* II, 7.

PERFIDEMENT [pèr-fìd'-man ; *en vers,* -fi-de-...] *adv.*
[ÉTYM. Composé de perfide et ment, § 724. ‖ 1642. OUD.]
‖ Avec perfidie.

PERFIDIE [pèr-fi-di] *s. f.*
[ÉTYM. Emprunté du lat. *perfidia, m. s.* ‖ 1635. *V.* à l'article.]
‖ **1°** Caractère perfide. On tire ce bien de la — des femmes, qu'elle guérit de la jalousie, LA BR. 3. La —... est un mensonge de toute la personne, ID. *ibid.*
‖ **2°** Action perfide. Créon seul et sa fille ont fait la —, CORN. *Médée* (1635), II, 1. Dans ses yeux confus je lis ses perfidies, RAC. *Esth.* III, 6. Et voilà couronner toutes tes perfidies, MOL. *Tart.* V, 7.

PERFOLIÉ, ÉE [pèr-fò-lyé ; *en vers,* -li-é] *adj.*
[ÉTYM. Composé avec le lat. per, à travers, et folium, feuille, §§ 275 et 253. On a dit aussi perfeuillé (MOZIN). ‖ 1797. L.-C.-M. RICHARD, *Dict. de botan. de Bulliard,* p. 115. Admis ACAD. 1835.]
‖ (Botan.) Roulé autour de la tige. Feuille perfoliée. *P. ext.* Plante perfoliée, à fleurs perfoliées.

PERFORANT, ANTE [pèr-fò-ran, -rant'] *adj.*
[ÉTYM. Adj. particip. de perforer, § 47. ‖ 1783. Les perforants percent les adducteurs, POISSONNIER, *Abrégé d'anat.* II, 67. Admis ACAD. 1878.]
‖ (T. didact.) Qui perfore. Tige perforante.

★PERFORATEUR, TRICE [pèr-fò-rà-tèur, -tris'] *adj.*
[ÉTYM. Emprunté du lat. *perforator, m. s.* ‖ *Néolog.*]
‖ (T. didact.) Qui perfore. *Substantivt, au masc.* Un —, instrument qui sert à perforer.

PERFORATION [pèr-fò-rà-syon ; *en vers,* -si-on] *s. f.*

[ÉTYM. Emprunté du lat. *perforatio, m. s.* ‖ XIVᵉ s. Contre perforacion et poinctures, *Somme Mᵉ Gautier,* mss franç. Bibl. nat. 1288, fᵒ 92, vᵒ. Admis ACAD. 1762.]
‖ (T. didact.) ‖ **1°** Action de perforer.
‖ **2°** État de ce qui est perforé. ‖ *Spécialt.* (Médec.) — de l'intestin, par lésion interne ou externe.

PERFORER [pèr-fò-ré] *v. tr.*
[ÉTYM. Emprunté du lat. *perforare, m. s.* (*Cf.* forer.) ‖ XIIᵉ-XIIIᵉ s. De bou perforet nostre sires le massele de cest Leviathan, *Job,* dans *Rois,* p. 505. Admis ACAD. 1798.]
‖ (T. didact.) Traverser en faisant un trou. Le boulet a perforé la cuirasse du navire. Il a fallu — la roche pour percer l'isthme. L'intestin est perforé.

★PERFORMANCE [pèr-fòr-mäns'] *s. f.*
[ÉTYM. Emprunté de l'angl. performance, *m. s.* de perform, accomplir, qui est l'anc. franç. parfournir (*cf.* fournir), § 8. ‖ *Néolog.*]
‖ (Courses.) Preuve qu'un cheval de course a donnée de ce qu'on peut attendre de lui. Les performances de ce cheval le désignaient comme devant gagner la course.

★PERGOUTE [pèr-goût']. *V.* spergule.

PÉRIANTHE [pé-ryänt' ; *en vers,* -ri-änt'] *s. m.*
[ÉTYM. Emprunté du lat. des botanistes perianthum, *m. s.* du grec περί, autour, et ἄνθος, fleur, § 281. ‖ 1797. L.-C.-M. RICHARD, *Dict. de botan. de Bulliard,* p. 115. Admis ACAD. 1835.]
‖ (Botan.) Ensemble des enveloppes florales.

PÉRIBOLE [pé-ri-bòl] *s. m.*
[ÉTYM. Emprunté du lat. peribolus, grec περίβολος, *m. s.* ‖ Admis ACAD. 1835.]
‖ (Antiq.) Espace clos, ordinairement planté d'arbres, laissé autour d'un temple, d'un édifice.

PÉRICARDE [pé-ri-kàrd'] *s. m.*
[ÉTYM. Emprunté du grec περικάρδιον, *m. s.* de περί, autour, et καρδία, cœur. ‖ XVIᵉ s. PARÉ, II, 10. Admis ACAD. 1740.]
‖ (Anat.) Sac membraneux qui enveloppe le cœur.

PÉRICARDITE [pé-ri-kàr-dìt'] *s. f.*
[ÉTYM. Dérivé de péricarde, § 282. ‖ 1810. LE MAZURIER, *Disc. sur la pericardite,* titre. Admis ACAD. 1878.]
‖ (Médec.) Inflammation du péricarde.

PÉRICARPE [pé-ri-kàrp'] *s. m.*
[ÉTYM. Emprunté du grec περικάρπιον, *m. s.* ‖ 1556. La semence est contenue en tout fruit sous le pericarpe, R. LE BLANC, *Subtilité,* dans DELB. *Rec.* Admis ACAD. 1762.]
‖ (Botan.) Tout ce qui entoure la graine d'un fruit (épicarpe, mésocarpe, endocarpe).

PÉRICHONDRE [pé-ri-kòndr'] *s. m.*
[ÉTYM. Composé avec le grec περί, autour, et χόνδρος, cartilage, § 281. (*Cf.* hypocondre.) ‖ Admis ACAD. 1835.]
‖ (Anat.) Membrane fibreuse qui recouvre les cartilages.

PÉRICLITER [pé-ri-kli-té] *v. intr. et tr.*
[ÉTYM. Emprunté du lat. periclitari, *m. s.* ‖ 1390. Appareils contenus et estans periclitez avec le chalan, dans GODEF.]
‖ **1°** *V. intr.* Être en péril. (Se dit surtout des choses.) L'affaire périclite. Elle (votre fille) peut — si on ne lui donne du secours, MOL. *Am. méd.* II, 5.
‖ **2°** *Vieilli. V. tr.* Mettre en péril. (*Cf.* risquer.) Croyez-vous... qu'il n'y ait rien à —? MOL. *Av.* II, 2.

PÉRICRÂNE [pé-ri-krän'] *s. m.*
[ÉTYM. Emprunté du grec περικράνιον, *m. s.* ‖ 1541. Pericrane, J. CANAPPE, dans DELB. *Rec.*]
‖ (Anat.) Périoste des os du crâne.

PÉRIDOT [pé-ri-dó] *s. m.*
[ÉTYM. Origine inconnue. ‖ 1220. Peritot, dans DU C.]
‖ (Minéral.) Pierre fine, verdâtre, silicate de fer et de magnésium.

PÉRIDROME [pé-ri-dròm'] *s. m.*
[ÉTYM. Emprunté du grec περίδρομος, *m. s.* ‖ 1732. TRÉV. Admis ACAD. 1835.]
‖ (Architect.) Galerie couverte servant de promenade autour d'un édifice.

PÉRIGÉE [pé-ri-jé] *s. m.*
[ÉTYM. Emprunté du grec περίγειος, περίγειον, *m. s.* de περί, autour, et γῆ, terre. (*Cf.* apogée et hypogée.) ‖ 1557. P. DE MESMES, *Instit. astron.* p. 52.]
‖ (Astron.) Point de l'orbite d'une planète où elle est le plus rapprochée de la terre. ‖ *Adjectivt.* Lorsque la lune est —.

PÉRIGUEUX [pé-ri-gheu] *s. m.*

[ÉTYM. Nom propre, § 36 : cette pierre est surtout abondante dans les environs de **Périgueux**; on l'appelle aussi **périgord.** ‖ xvɪᵉ s. Pierigot, autrement manganese, VIGENÈRE, *Tableaux de Philostr.* dans DELB. *Rec.* Admis ACAD. 1762.]

‖ (Technol.) Pierre noire employée pour polir le verre, l'émail, la poterie.

PÉRIHÉLIE [pé-ryé-li; *en vers,* -ri-é-li] *s. m.*

[ÉTYM. Composé avec le grec περί, autour, et ἥλιος, soleil, à l'imitation de περίγειος, περίγειον, § 281. (*Cf.* aphélie.) ‖ 1740. CASSINI, *Élém. d'astron.* p. 313. Admis ACAD. 1762.]

‖ (Astron.) Point de l'orbite d'une planète où elle est le plus rapprochée du soleil. ‖ *Adjectivt.* Une planète —.

PÉRIL [pé-ril] *s. m.*

[ÉTYM. Du lat. periculum, *m. s.* devenu perịclum, peril (d'abord avec l mouillée), §§ 290, 390 et 291, puis prononcé péril par réaction étymologique, § 502.]

‖ État, situation où l'on est menacé dans sa sûreté, dans ses intérêts. Hélas ! de quel — je l'avais su tirer ! RAC. *Ath.* ɪ, 2. L'Italie... mit leur empire en —, BOSS. *Hist. univ.* ɪ. 9. Un navire qui est en —. | *Vieilli.* Quand il tombe en — de quelque ignominie, CORN. *Hor.* v, 2. Faire une chose au — de sa vie, à ses risques et périls. ‖ *Loc. prov.* Il n'y a pas en la demeure, on peut attendre sans danger.

PÉRILLEUSEMENT [pé-ri-yeúz'-man; *en vers,* -yeúzc-...] *adv.*

[ÉTYM. Composé de périlleuse et ment, § 724. ‖ xɪɪᵉ s. Mais onc home n'alerent si perillousement, J. BODEL, *Saisnes*, tir. 21.]

‖ D'une manière périlleuse.

PÉRILLEUX, EUSE [pé-ri-yeú, -yeúz'] *adj.*

[ÉTYM. Du lat. periculosum, *m. s.* devenu *periclos, §§ 336 et 291, perillos, § 390, perilleus, § 325, écrit perilleux, puis devenu périlleux, § 502.]

‖ **1°** Où l'on est en péril. Un poste —. Une situation périlleuse. Le théâtre... pour se produire est un champ —, BOIL. *Art p.* 3.

‖ **2°** *Vieilli.* Qui aime le péril. Je suis fort —, TH. CORN. *Geôlier de soi-même*, ɪɪɪ, 6.

PÉRIMER [pé-ri-mé] *v. tr.*

[ÉTYM. Emprunté du lat. perimere, détruire. (*Cf.* péremption.) ‖ xvᵉ s. Dido... Pour Eneas soy voulant perimer, *Eurialus*, dans GODEF.]

‖ (Droit.) Rendre non recevable (le délai étant expiré). **L'instance est périmée.**

PÉRIMÈTRE [pé-ri-mètr'] *s. m.*

[ÉTYM. Emprunté du lat. perimetros, grec περίμετρος, *en. s.* ‖ 1541. Perimetre, c'est à dire egale circonference, J. CANAPPE, dans DELB. *Rec.* Admis ACAD. 1762.]

‖ (T. didact.) Contour qui limite un espace déterminé. **Le —** du champ de Mars. | *Spécialt.* Contour d'une figure géométrique. Le — d'un polygône.

PÉRINÉE [pé-ri-né] *s. m.*

[ÉTYM. Emprunté du lat. perineos, grec περίνεος, *m. s.* ‖ 1546. CH. EST. *Dissect. des parties du corps humain*, p. 212. Admis ACAD. 1718.]

‖ (Anat.) Région comprise entre les parties sexuelles et l'anus.

PÉRIODE [pé-ryòd'; *en vers,* -ri-òd'] *s. f.* et *m.*

[ÉTYM. Emprunté du lat. periodus, grec περίοδος, *m. s.* proprt, « circuit », de περί, autour, et ὁδός, chemin. ‖ xɪvᵉ s. Contre periode de lievres flemmatiquez, *Trad. de B. de Gordon*, mss franç. Bibl. nat. 1288, fᵒ 139, rᵒ.]

I. *S. f.* ‖ **1°** Temps qu'une chose met à accomplir les phases de sa durée. *Spécialt.* | 1. En parlant de la formation des terrains. — tertiaire, quaternaire. — neptunienne. | 2. En parlant de la révolution d'un astre. — solaire, lunaire. | 3. En parlant des événements historiques. La — des Juges. La — de la Fronde. La — révolutionnaire. ‖ *P. ext.* Chacune des phases parcourues. La maladie est dans sa — d'accroissement. Dans la dernière — de sa vie.

‖ **2°** Enchaînement de phrases où la pensée suit un développement régulier. Une — harmonieuse. Arrondir une —. La — est longue, il faut reprendre haleine, LA F. *Fab.* ɪɪ, 1. ‖ *P. anal.* Enchaînement de phrases musicales.

II. *S. m.* Chacun des divers degrés par lesquels une chose passe pendant sa durée. Les temps destinés à cette attente sont leur dernier —, BOSS. *Hist. univ.* ɪɪ, 10. La puissance de Rome était à son plus haut —. ‖ *Ellipt.* Le —, le plus haut degré. Les sciences et les arts ne sont jamais à

leur —, CORN. *Clit.* préf. ‖ (le rhumatisme) à son commencement, son augmentation, son — et sa fin, SÉV. 499.

PÉRIODICITÉ [pé-ryò-di-si-té; *en vers,* -ri-ò-...] *s. f.*

[ÉTYM. Dérivé de périodique, § 255. ‖ 1796. H.-B. DE SAUSSURE, *Voyage dans les Alpes*, ɪv, 489. Admis ACAD. 1835.]

‖ Caractère de ce qui est périodique.

PÉRIODIQUE [pé-ryò-dĭk'; *en vers,* -ri-ò-...] *adj.*

[ÉTYM. Emprunté du lat. periodicus, grec περιοδικός, *m. s.* ‖ xɪvᵉ s. Tiersaine periodique, *Somme Mᵉ Gautier*, mss franç. Bibl. nat. 1288, fᵒ 114, rᵒ.]

‖ **1°** Qui se produit par périodes, dont la succession est régulière. Les révolutions périodiques des astres. Une fièvre à accès périodiques. Une fraction —, fraction décimale dans laquelle un ou plusieurs chiffres reviennent régulièrement. Publication —, journal, revue qui paraît à intervalles réguliers.

‖ **2°** Qui présente le caractère de la période (en littérature, en musique). Le tour — de la langue du dix-septième siècle. Une phrase —. Le caractère — d'une composition musicale.

PÉRIODIQUEMENT [pé-ryò-dĭk'-man; *en vers,* -ri-ò-di-ke-...] *adv.*

[ÉTYM. Composé de périodique et ment, § 724. ‖ 1611. COTGR.]

‖ D'une manière périodique.

PÉRIŒCIENS [pé-ryé-syin; *en vers,* -ri-é-si-in] *s. m. pl.*

[ÉTYM. Dérivé du grec περίοικοι, *m. s.* de περί, autour, et οἰκεῖν, habiter, § 244. On écrit aussi périéciens. (*Cf.* antéciens.) ‖ 1576. Perieciens, J. LEROY, *Viciss. des choses*, fᵒ 8, vᵒ. Admis ACAD. 1762.]

‖ (Géogr. anc.) Ceux qui, de chaque côté de l'équateur, habitent sous le même parallèle, c'est-à-dire à la même distance du pôle et de l'équateur.

PÉRIOSTE [pé-ryòst'; *en vers,* -ri-òst'] *s. m.*

[ÉTYM. Emprunté du grec περιόστεον, *m. s.* de περί, autour, et ὀστέον, os. ‖ xvɪᵉ s. PARÉ, ɪ, préf.]

‖ (Anat.) Membrane fibreuse qui recouvre les os.

***PÉRIOSTITE** [pé-ryòs'-tĭt'; *en vers,* -ri-òs'-...] *s. f.*

[ÉTYM. Dérivé de périoste, § 282. ‖ *Néolog.*]

‖ (Médec.) Inflammation du périoste.

PÉRIOSTOSE [pé-ryòs'-tôz'; *en vers,* -ri-òs-...] *s. f.*

[ÉTYM. Dérivé de périoste, § 282. ‖ 1812. MOZIN, *Dict. allem.-franç.* Admis ACAD. 1835.]

‖ (Médec.) Gonflement du périoste et de l'os qu'il recouvre.

PÉRIPATÉTICIEN, IENNE [pé-ri-pà-té-ti-syin, -syèn'; *en vers,* -si-...] *adj.*

[ÉTYM. Dérivé du lat. peripateticus, grec περιπατητικός, *m. s.* de περιπατεῖν, se promener (Aristote enseignait en se promenant), § 244. ‖ xɪvᵉ s. Opinion d'Aristote et des perypatheticiens, ORESME, *Éth.* dans LITTRÉ. Admis ACAD. 1762.]

‖ (T. didact.) Qui suit la philosophie d'Aristote. La doctrine péripatéticienne. Un philosophe —, et, *substantivt,* Un —, une péripatéticienne.

***PÉRIPATÉTIQUE** [pé-ri-pà-té-tĭk'] *adj.*

[ÉTYM. Emprunté du lat. peripateticus, grec περιπατητικός, *m. s.* (*Cf.* péripatéticien.) ‖ xɪvᵉ s. Du propos des perypatetiques, J. DE VIGNAY, *Miroir hist.* dans DELB. *Rec.*]

‖ (T. didact.) Qui appartient au péripatétisme. ‖ *P. ext. Substantivt.* L'autorité du — (d'Aristote), RAC. *Plaid.* ɪɪɪ, 3.

PÉRIPATÉTISME [pé-ri-pà-té-tĭsm'] *s. m.*

[ÉTYM. Dérivé de péripatétique, § 265. ‖ xvɪɪᵉ s. V. à l'article. Admis ACAD. 1762.]

‖ Philosophie d'Aristote. Le — n'avait condamné que les interlocutions mal conduites, LA MOTTE LE VAYER, *Hexam. rust.* (1670), dans DELB. *Rec.* Je m'attache pour l'ordre au —, MOL. *F. sav.* ɪɪɪ, 2.

PÉRIPÉTIE [pé-ri-pé-si] *s. f.*

[ÉTYM. Emprunté du grec περιπέτεια, *m. s.* de περί, autour, et πίπτειν, tomber. ‖ xvɪɪᵉ s. V. à l'article.]

‖ (T. didact.) Brusque revirement de l'action vers un autre dénouement. Nous savons ce que c'est que de —, CORN. *Ment.* v, 5, var. ‖ *P. ext.* Événement imprévu. Après bien des péripéties, il a eu gain de cause.

PÉRIPHÉRIE [pé-ri-fé-ri] *s. f.*

[ÉTYM. Emprunté du lat. peripheria, grec περιφέρεια, *m. s.* de περί, autour, et φέρειν, porter. ‖ 1544. G. FRISON, *Cosmogr. d'Appian*, fᵒ 12, rᵒ. Admis ACAD. 1762.]

‖ (Géom.) Contour d'une figure curviligne. La — d'une ellipse. ‖ *P. ext.* Surface extérieure d'un corps. Le cœur envoie le sang par les artères jusqu'à la —.

PÉRIPHRASE [pé-ri-fräz'] *s. f.*
[ÉTYM. Emprunté du lat. periphrasis, grec περίφρασις, *m. s.* (*Cf.* paraphrase.) ‖ 1555. Affecté en periphrases, *Quintil horatian*, f° 85, r°.]
‖ (Rhétor.) Tour de phrase employé comme équivalent du mot propre, par exemple le vainqueur de Rocroi, pour Condé.

PÉRIPHRASER [pé-ri-frä-zé] *v. intr.* et *tr.*
[ÉTYM. Dérivé de périphrase, à l'imitation du grec περιφράζειν, *m. s.* § 266. (*Cf.* paraphraser.) ‖ 1611. COTGR.]
‖ 1° *V. intr.* User de périphrases.
‖ 2° *Rare. V. tr.* Rendre, traduire par une périphrase.

PÉRIPLE [pé-ripl'] *s. m.*
[ÉTYM. Emprunté du lat. periplus, grec περίπλους, *m. s.* de περί, autour, et πλεῖν, naviguer. ‖ 1717. Periple du Pont-Euxin, TOURNEF. *Voy. du Levant*, II, 177. Admis ACAD. 1762.]
‖ (Antiq.) Voyage de circumnavigation.

PÉRIPNEUMONIE [pé-rĭp'-nĕu-mò-nĭ] *s. f.*
[ÉTYM. Emprunté du lat. peripneumonia, grec περιπνευμονία, *m. s.* de περί, autour, et πνεύμων, poumon. ‖ XIVᵉ s. Peripleumonie, *Trad. de B. de Gordon*, dans LITTRÉ. Admis ACAD. 1762.]
‖ (Médec.) Inflammation du poumon. (*Syn.* pneumonie.) *Spéciall.* Inflammation pulmonaire des bêtes à cornes.

PÉRIPTÈRE [pé-rĭp'-têr] *adj.*
[ÉTYM. Emprunté du lat. peripteros, grec περίπτερος, *m. s.* de περί, autour, et πτερόν, aile. (*Cf.* diptère 1.) ‖ 1559. L'ouvrage est periptere, J. GARDET, *Epitome de Vitruve*, p. 57. Admis ACAD. 1762.]
‖ (Architect.) Dont le pourtour extérieur présente une colonnade. ‖ *Substantivt.* Un —, un édifice à colonnade extérieure.

PÉRIR [pé-rĭr] *v. intr.*
[ÉTYM. Du lat. perire, *m. s.* devenu perir, §§ 344 et 291, prononcé plus récemment périr, d'après la prononciation du mot latin, § 503.]
‖ Être enlevé par une mort violente. Périssez dans les combats, plutôt que de faire douter de votre courage, FÉN. *Tél.* 12. Ceux qui ont péri dans le naufrage. Périsse le Troyen, auteur de nos alarmes! RAC. *Iph.* II, 2. Vous périssez d'un mal que vous dissimulez, ID. *Phèd.* I, 1. ‖ *P. anal.* Être détruit. Le navire a péri corps et biens. ‖ *Fig.* Nos noms ne sauraient plus —, CORN. *Hor.* II, 3. Cette grandeur périt, j'en veux une immortelle, ID. *Poly.* IV, 3. ‖ *P. ext.* Être anéanti. Les corps peuvent donc changer, mais ils ne peuvent pas —, MALEBR. *Rech. de la vérité*, II, II, 4. ‖ *Vieilli.* Votre père qui doit être péri dans les flots, FÉN. *Tél.* 21. Elle (l'âme) considère les choses périssables comme périssantes et même déjà péries, PASC. *Convers. du pécheur.*

PÉRISCIENS [pé-rĭs'-syin ; *en vers,* -si-in] *s. m. pl.*
[ÉTYM. Dérivé du grec περίσκιοι, *m. s.* de περί, autour, et σκιά, ombre, § 244. (*Cf.* amphisciens, antisciens, asciens.) ‖ 1576. L. LEROY, *Vicissit. des choses*, f° 8, v°. Admis ACAD. 1762.]
‖ (Géogr.) Habitants de la terre qui, étant voisins des pôles, voient dans l'espace de vingt-quatre heures le soleil tourner en apparence autour de leur horizon et tracer leur ombre dans tous les sens.

'PÉRISCOPIQUE [pé-rĭs'-kò-pĭk'] *adj.*
[ÉTYM. Dérivé du grec περισκοπεῖν, regarder autour, § 229. ‖ *Néolog.*]
‖ (T. didact.) Qui permet de voir tout autour. Verres périscopiques, qui donnent au champ visuel une plus grande étendue.

'PÉRISPERME [pé-rĭs'-pèrm'] *s. m.*
[ÉTYM. Composé avec le grec περί, autour, et σπέρμα, graine, § 275. Mot dû à JUSSIEU. ‖ 1789. Corps que Jussieu nomme perisperme, ENCYCL. MÉTH. *Botan.* grain.]
‖ (Botan.) Tissu cellulaire végétal placé sous l'épisperme ou enveloppe de la graine et fournissant à l'embryon les premiers matériaux de son accroissement.

PÉRISSABLE [pé-ri-sàbl'] *adj.*
[ÉTYM. Dérivé de périr, § 93. ‖ XIVᵉ-XVᵉ s. Perilleuse es et perissable, EUST. DESCH. I, 173.]
‖ Destiné à périr. L'homme trop désireux du — argent, D'AUB. *Création*, 4. Le bien de la fortune est un bien —, RACAN, *Retraite.*

'PÉRISSOIRE [pé-ri-swàr] *s. f.*
[ÉTYM. Dérivé de périr, § 113. ‖ *Néolog.*]
‖ (Navig.) Embarcation très légère et très instable, qu'on manœuvre avec une pagaie.

PÉRISTALTIQUE [pé-rĭs'-tăl-tĭk'] *adj.*
[ÉTYM. Emprunté du grec περισταλτικός, *m. s.* de περιστέλλειν, envelopper, comprimer. ‖ 1680. Mouvement peristaltique, ST-HILAIRE, *Anat.* I, 72. Admis ACAD. 1740.]
‖ (T. didact.) Qui a lieu par contraction. *Spéciall.* Mouvement —, contraction successive de haut en bas des fibres circulaires du tube digestif, qui a pour effet de pousser toujours en avant les matières alimentaires. (*Syn.* péristole.)

PÉRISTOLE [pé-rĭs'-tòl] *s. f.*
[ÉTYM. Emprunté du grec περιστολή, contraction. (*Cf.* diastole, systole.) ‖ 1812. MOZIN, *Dict. franç.-allem.* Admis ACAD. 1878.]
‖ (Anat.) Mouvement péristaltique du tube digestif.

PÉRISTYLE [pé-rĭs'-tĭl] *adj.*
[ÉTYM. Emprunté du lat. peristylus, grec περίστυλος, *m. s.* (*Cf.* épistyle, prostyle.) ‖ 1554. Un peristyle, c'est-à-dire une closture de colonnes serrees, J. MARTIN, *Hypnerotomachie*, f° 112, v°.]
‖ (Architect.) Dont le pourtour intérieur présente une colonnade. ‖ *Substantivt, au masc.* | 1. Édifice péristyle. | 2. *P. ext.* Vestibule monumental.

PÉRISYSTOLE [pé-ri-sĭs'-tòl] *s. f.*
[ÉTYM. Composé avec le grec περί, autour, et συστολή, contraction, § 275. ‖ Admis ACAD. 1762.]
‖ (Anat.) Temps qui s'écoule entre la systole (contraction) et la diastole (dilatation) du cœur.

PÉRITOINE [pé-ri-twàn'] *s. m.*
[ÉTYM. Emprunté du lat. peritonæum, grec περιτόναιον, *m. s.* de περί, autour, et τείνειν, étendre. ‖ 1541. J. CANAPPE, dans DELB. *Rec.*]
‖ (Anat.) Membrane séreuse qui tapisse la cavité abdominale et enveloppe les viscères qui y sont contenus.

PÉRITONITE [pé-ri-tò-nĭt'] *s. f.*
[ÉTYM. Emprunté du lat. médical peritonitis (pour peritonæitis), *m. s.* dérivé du lat. peritonæum, grec περιτόναιον, péritoine, § 282. ‖ 1802. Une peritonite, LAENNEC, dans *Journ. de médec.* p. 510. Admis ACAD. 1878.]
‖ (Médec.) Inflammation du péritoine.

PERKALE, PERKALINE. *V.* percale, percaline.

PERLE [pèrl'] *s. f.*
[ÉTYM. Peut-être du lat. pop. pĭrula, proprt. « petite poire », § 87, que l'on trouve dans ISIDORE DE SÉVILLE, au sens métaphorique de « bout du nez », §§ 308, 290 et 291.]
‖ Globule le plus souvent d'un blanc argenté, à reflets irisés, qui se forme dans certaines coquilles. Huître à perles. Une — ronde. Une — baroque, de forme irrégulière. L'orient d'une —, son reflet. Une — rose, noire. Un collier de perles, formé de perles percées et enfilées. Nacre de perles, substance à reflets irisés qui tapisse l'intérieur de certaines coquilles. — fausse, globule en verre soufflé imitant la perle. — fine, la perle vraie. Ses dents ressemblent à des perles. Des notes qui s'égrènent comme des perles. *Loc. prov.* Jeter des perles devant les pourceaux, présenter à qqn qqch d'excellent qu'il n'est pas en état d'apprécier. ‖ *P. anal.* Petite boule de métal, d'émail, de verroterie, qu'on perce et qu'on enfile pour faire divers ouvrages de femmes, de la passementerie, etc. ‖ (Architect.) Ornement consistant en une suite de grains ronds. ‖ *P. ext.* | 1. Petite bulle qui se forme à la surface de certains liquides quand on les agite. Eau-de-vie qui fait la —. | 2. Globule contenant un médicament. Des perles d'éther. ‖ *Fig.* Ce qui est le plus parfait dans son genre. C'est la — des maris. Voilà la — des servantes, LA F. *Florentin*, sc. 3.

PERLER [pèr-lé] *v. tr.* et *intr.*
[ÉTYM. Dérivé de perle, § 154. ‖ XIVᵉ s. Les dames furent orfrisies, Drut perlees, FROISS. *Poés.* I, 29, Scheler.]
I. *V. tr.* Façonner en forme de perles. — des dragées, leur donner la forme de perles. (Blason.) La couronne de comte est formée d'un cercle perlé. ‖ *P. ext.* Sucre perlé, arrivé à un degré de cuisson où il retombe en perles de l'écumoire. Bouillon perlé, consommé au point que, jeté dans l'eau, il forme des perles au fond. Orge perlée, dont les grains, entièrement dépouillés de leurs téguments, sont tout à fait blancs. ‖ *Fig.* Un trille perlé, dont les notes sont égrenées comme des perles. Un ouvrage perlé, exécuté avec un soin minutieux.

II. *V. intr.* Se détacher en forme de perles. Le sucre perle. La sueur perlait sur son visage.

***PERLETTE** [pèr-lĕt'] *s. f.*

[ÉTYM. Dérivé de perle, § 133. || XVIᵉ s. Mille perlettes rondes, J. DU BELLAY, *Olive*, fᵒ 28, vᵒ, édit. 1569.]

|| Petite perle.

PERLIER, IÈRE [pèr-lyé, -lyèr] *adj.*

[ÉTYM. Dérivé de perle, § 115. || 1686. Barques perlières, CEXMELIN, *Hist. des boucaniers*, I, table. Admis ACAD. 1878.]

|| Relatif aux perles. | **1.** Qui produit des perles. Huître perlière. | **2.** *Vieilli.* Qui sert pour la pêche des huîtres perlières. Barque perlière.

PERLIMPINPIN [pèr-lin-pin-pin] *s. m.*

[ÉTYM. Origine inconnue. || 1680. Poudre de prelinpinpin, RICHEL. Admis ACAD. 1878.]

|| Poudre de —, poudre (de vertus imaginaires) que débitent les charlatans.

PERLURE [pèr-lûr] *s. f.*

[ÉTYM. Dérivé de perle, § 111. || XVIᵉ s. A la grosse perleure, RONS. I, 254. Admis ACAD. 1762.]

|| (Vénerie.) Nom donné aux petites bosses qui se forment sur les andouillers du cerf.

PERMANENCE [pèr-mà-nãns'] *s. f.*

[ÉTYM. Emprunté du lat. scolast. permanentia, *m. s.* § 217. || XIIᵉ s. En si ferme parmanance L'ont fait ester, MARIE DE FRANCE, *Purg. de St Patrice*, 1886.]

|| Caractère de ce qui est permanent. La — de l'Être, FÉN. *Exist. de Dieu*, II, 5. Le transformisme nie la — des espèces. Un détachement de troupes en — près de la frontière. Une assemblée qui se déclare en —, qui déclare qu'elle siégera sans interruption. Commission de —, qu'une assemblée délègue dans l'intervalle des sessions.

PERMANENT, ENTE [pèr-mà-nan, -nãni'] *adj.*

[ÉTYM. Emprunté du lat. permanens, part. prés. de permanere, durer. (*Cf.* manoir, manant.) || XIIᵉ s. Corune d'or avreit el ciel a parmenant, GARN. DE PONT-STE-MAX. *St Thomas*, app. 195.]

|| Qui dure, se maintient sans interruption. L'homme n'a point ici de cité permanente, CORN. *Imit.* II, 1. Le malade est dans un état — de prostration. Fortifications permanentes, par opposition à passagères. Les armées permanentes, qui existent en temps de paix comme en temps de guerre.

PERMÉABILITÉ [pèr-mé-à-bi-li-té] *s. f.*

[ÉTYM. Dérivé de perméable, § 255. || 1625. La perméabilité du mercure, BEGUIN, *Élém. de chimie*, dans DELB. *Rec.* Admis ACAD. 1798.]

|| (T. didact.) Propriété de ce qui est perméable.

PERMÉABLE [pèr-mé-àbl'] *adj.*

[ÉTYM. Emprunté du lat. permeabilis, *m. s.* || 1587. Outrepassable ou (pardonnez-moi ce mot) permeable, P. DE THYARD, *Disc. philos.* fᵒ 228. Admis ACAD. 1798.]

|| (T. didact.) Qui laisse passer un liquide, un gaz, à travers ses pores. Un corps —.

PERMETTRE [pèr-mètr'] *v. tr.*

[ÉTYM. Emprunté du lat. permittere, *m. s.* rendu par permettre, d'après mettre, *Cf.* mettre, § 503. || 1539. R. EST.]

|| **1ᵒ** Donner liberté (de faire qqch). (*Syn.* autoriser.) Il n'était pas permis d'être inutile à l'État, BOSS. *Hist. univ.* III, 3. Il (Dieu) permet à l'esprit de séduction de tromper les âmes hautaines, ID. *R. d'Angl.* Permettez qu'à mon tour je parle avec franchise, CORN. *Sertor.* III, 1. Elle convient qu'il n'est pas permis à un certain âge de faire la jeune, LA BR. 3. || Se — (prendre la liberté) de faire qqch. Je me permets de n'être pas de votre avis. Je m'étonne qu'il se soit permis d'enfreindre mes ordres. || Formule de politesse pour s'excuser de prendre une liberté. S'il m'est permis de parler ainsi. Permettezmoi, Monsieur Trissotin, de vous dire..., MOL. *F. sav.* IV, 3. || Avec le nom de la chose permise pour complément. Et du temple bientôt on permettra l'entrée, RAC. *Ath.* I, 3. Un espoir si charmant me serait-il permis? ID. *Andr.* I, 4. Vous êtes souverain, et tout vous est permis, CORN. *Nicom.* IV, 5. *Ellipt.* Permis à vous de ne pas me croire. Permis à vous d'avoir cette pensée, MOL. *Tart.* II, 4. Sans leur — rien de ce qui passe l'amitié, LA BR. 3. Le médecin lui permet l'usage du café, et, *ellipt,* lui permet le café. Si Dieu le permet. Dieu permet le mal, mais n'en est pas l'auteur.

|| **2ᵒ** Donner la possibilité (de faire qqch). La tempête ne leur permit pas d'aborder. Je viendrai si ma santé me le permet. Enfin, elle arrive à Brest, où... il lui fut permis de respirer un peu, BOSS. *R. d'Angl.* C'est la seule réflexion que me permet... une si juste et si sensible douleur, ID. *D. d'Orl.* Le temps ne permet pas de sortir.

PERMIS [pèr-mi] *s. m.*

[ÉTYM. Subst. particip. de permettre, § 45. || *Néolog.* Admis ACAD. 1835.]

|| Permission écrite. Un — de chasse. Un — de circulation (sur une ligne de chemin de fer). Un — de séjour.

PERMISSION [pèr-mi-syon; *en vers,* -si-on] *s. f.*

[ÉTYM. Emprunté du lat. permissio, *m. s.* || 1539. R. EST.]

|| Liberté donnée à qqn de faire qqch. (*Syn.* autorisation.) Faire qqch sans —. Une — verbale, écrite. Cela est arrivé par la — de Dieu. Il a obtenu la — de sortir. *Absolt.* Un soldat qui est en —, qui a obtenu la permission de s'absenter. || *P. ext.* — de dix heures, permission donnée à un soldat de ne rentrer qu'à dix heures. Les femmes ont — d'être faibles, SÉV. 918. *P. plaisant.* Pellisson abusait de la — qu'ont les hommes d'être laids, SÉV. 367. | Avec votre —, formule pour atténuer ce qui pourrait froisser. Avec votre —, il n'a pas dit la vérité, MOL. *Scap.* II, 3.

***PERMISSIONNAIRE** [pèr-mi-syò-nér; *en vers,* -si-ò-...] *s. m. et f.*

[ÉTYM. Dérivé de permission, § 248. || 1680. RICHEL.]

|| Porteur, porteuse d'un permis. || *Spécialt.* | **1.** Avant la Révolution, maître d'école autorisé par le chantre de Notre-Dame de Paris à tenir une pension. | **2.** Soldat en permission.

***PERMISSIONNER** [pèr-mi-syò-né; *en vers,* -si-ò-...] *v. tr.*

[ÉTYM. Dérivé de permission, § 154. || *Néolog.*]

|| (Admin.) Donner permission (de stationner, de vendre, etc., sur la voie publique). Un marchand des quatresaisons permissionné par la police.

PERMUTABLE [pèr-mu-tàbl'] *adj.*

[ÉTYM. Dérivé de permuter, § 242. (*Cf.* le lat. scolast. permutabilis, et l'anc. franç. permutable, permuable, qui ont un sens différent.) || *Néolog.* Admis ACAD. 1878.]

|| (T. didact.) Qui peut être permuté.

PERMUTANT, *PERMUTANTE [pèr-mu-tan, -tãnt'] *s. m. et f.*

[ÉTYM. Subst. particip. de permuter, § 47. || 1680. RICHEL.]

|| Celui, celle qui permute. (*Cf.* copermutant.)

PERMUTATION [pèr-mu-tà-syon; *en vers,* -si-on] *s. f.*

[ÉTYM. Emprunté du lat. permutatio, *m. s.* || XIVᵉ s. Eschange et permutacion de heritaiges, J. DE VIGNAY, *Miroir hist.* dans DELB. *Rec.*]

|| Action de permuter. La — des lettres d'un mot, des chiffres d'un nombre, des termes d'une série. La — d'emplois (entre deux fonctionnaires).

PERMUTER [pèr-mu-té] *v. tr. et intr.*

[ÉTYM. Emprunté du lat. permutare, *m. s.* (*Cf.* muer, remuer et l'anc. franç. permuer, parmuer.) || XIVᵉ s. Pour les naturelles richesses plus legierement permuter, ORESME, dans DELB. *Rec.*]

|| **1ᵒ** *V. tr.* Mettre une chose à la place d'une autre, et réciproquement. — les lettres d'un mot, les chiffres d'un nombre, les termes d'une série.

|| **2ᵒ** *V. intr.* — avec qqn, prendre le poste qu'il occupe en échange du sien. Ces deux capitaines ont permuté.

PERNICIEUSEMENT [pèr-ni-syeûz'-man; *en vers,* -si-eù-ze-...] *adv.*

[ÉTYM. Composé de pernicieuse et ment, § 724. || 1516. Trop pernicieusement, *Miroir hist. de France*, dans DELB. *Rec.*]

|| D'une manière pernicieuse.

PERNICIEUX, EUSE [pèr-ni-syeù, -syeùz'; *en vers,* -si-...] *adj.*

[ÉTYM. Emprunté du lat. perniciosus, *m. s.* de pernicies, ruine. || XIIIᵉ-XIVᵉ s. Les unes (lésions) sont plus pernicieuses, les autres moins, *Chirurg. de Mondeville*, fᵒ 81.]

|| Qui contient un principe malfaisant. Renvoyez-lui, seigneur, ce don —, CORN. *Méd.* IV, 3. Il a succombé à une fièvre pernicieuse. || Les pernicieuses rêveries de l'oisiveté, BOSS. *A. de Gonz.* Vos pernicieuses maximes, PASC. *Prov.* 13. | *P. ext.* De ligues, de complots —, auteur, RAC. *Ath.* V, 5. Jetez cet animal traître et —, LA F. *Fab.* X, 9.

PÉRONÉ [pé-rò-né] *s. m.*

[ÉTYM. Emprunté du grec περόνη, *m. s.* proprt, «agrafe». || 1541. Os de tibia qu'on appelle perone, J. CANAPPE, dans DELB. *Rec.* Admis ACAD. 1762.]

‖ (Anat.) Os long de la jambe fixé au côté externe du tibia.

PÉRONNELLE [pé-rò-nèl] s. f.
[ÉTYM. Nom propre de femme, diminutif de Perronne (lat. Petronilla), qui figure dans le refrain d'une chanson célèbre du xvᵉ s. § 36. ‖ xviiᵉ s. V. à l'article.]
‖ Petite sotte. Taisez-vous, —! MOL. F. sav. iii, 6.

PÉRORAISON [pé-rò-rè-zon] s. f.
[ÉTYM. Emprunté du lat. peroratio, m. s. rendu par péroraison, d'après oraison, de orationem, § 503. On trouve peroration au xviᵉ s. (V. GODEF.), et OUD. 1642 ne connait que cette forme. ‖ 1680. RICHEL.]
‖ (Rhétor.) La dernière des parties qui composent un discours. La — est une partie essentielle du discours, parce que c'est elle qui donne la dernière impulsion aux esprits, MARMONTEL, Élém. de littér. péroraison.

PÉRORER [pé-rò-ré] v. intr.
[ÉTYM. Emprunté du lat. perorare, discourir. ‖ 1507. Hortensia par eloquence Perora si tres doulcement, N. DE LA CHESN. Condamn. de Bancquet. Admis ACAD. 1835.]
‖ Discourir d'une manière prolixe et prétentieuse. Il me laisse — tout seul, J.-J. ROUSS. Ém. 3. ‖ Transitivt (rare). Ce roi qui va — le perroquet, CHAMFORT, Comment. sur La Fontaine, Fab. x, 11.

PÉROREUR, *PÉROREUSE [pé-rò-reur, -reuz'] s. m. et f.
[ÉTYM. Dérivé de pérorer, § 112. ‖ xviiiᵉ s. V. à l'article. Admis ACAD. 1835.]
‖ Celui, celle qui pérore. Brillants péroreurs, J.-J. ROUSS. Dialog. 2.

PÉROT [pé-ró] s. m.
[ÉTYM. Dérivé de pére, §§ 65 et 136. ‖ 1465. Estallon, tayon ou perot, dans GODEF. Admis ACAD. 1762.]
‖ (T. forest.) Baliveau qui a l'âge de deux coupes.

PÉROU [pé-rou] s. m.
[ÉTYM. Nom propre, § 36 : contrée de l'Amérique du Sud riche en mines d'or. ‖ Admis ACAD. 1835.]
‖ Famil. Trésor. L'opéra, c'est un Pérou, REGNARD, Divorce, i, 6. Quelque abbaye... qui serait un Pérou pour lui, ST-SIM. viii, 101. Gagner le Pérou, faire une grosse fortune. Ce n'est pas le Pérou, cela ne vaut pas cher.

PEROXYDE [pò-rŏk-sid'] s. m.
[ÉTYM. Composé avec la particule lat. per et oxyde, §§ 282 bis et 284. ‖ Admis ACAD. 1835.]
‖ Combinaison d'un corps avec la plus grande quantité d'oxygène qu'il puisse absorber.

PERPENDICULAIRE [pèr-pan-di-ku-lèr] adj.
[ÉTYM. Emprunté du lat. perpendicularis, m. s. ‖ xivᵉ s. Ligne perpendiculère, ÉVRART DE CONTY, Probl. d'Aristote, dans GODEF. Compl. ‖ 1529. Ligne perpendiculaire, G. TORY, dans DELB. Rec.]
‖ (Géom.) Qui fait avec une droite, avec un plan, deux angles adjacents égaux. Une ligne — à une autre, et, substantivt, au fém. Une —. La — est plus courte que l'oblique. ‖ Écriture —, dont les lignes sont disposées verticalement. ‖ P. ext. Famil. Des révérences perpendiculaires, ST-SIM. i, 108.

PERPENDICULAIREMENT [pèr-pan-di-ku-lèr-man; en vers, -lò-re-...] adv.
[ÉTYM. Composé de perpendiculaire et ment, § 724. ‖ 1542. Quand une ligne droicte eschet et repose perpendiculairement sur une autre ligne droicte, BOVELLES, Géom. fᵒ 7, vᵒ.]
‖ (Géom.) D'une manière perpendiculaire. La verticale d'un lieu est la ligne menée — à l'horizon.

PERPENDICULARITÉ [pèr-pan-di-ku-là-ri-té] s. f.
[ÉTYM. Dérivé de perpendiculaire, § 255. ‖ 1741. V. à l'article. Admis ACAD. 1762.]
‖ (Géom.) Direction perpendiculaire. La — des colonnes, LE P. ANDRÉ, Essai sur le beau (1741), p. 47.

PERPENDICULE [pèr-pan-di-kul] s. m.
[ÉTYM. Emprunté du lat. perpendiculum, m. s. VOLT. fait le mot fém. sous l'influence de la terminaison, § 550. ‖ xivᵉ s. Perpendicles, Gloss. lat.-franç. dans DU C. perpendiculum. ‖ 1530. Perpendicule, J. LEF. D'ÉTAPLES, Bible, Isaïe, 34. Admis ACAD. 1718.]
‖ Vieilli. ‖ 1ᵒ Fil à plomb.
‖ 2ᵒ Verticale d'un lieu.

PERPÉTRATION [pòr-pé-trà-syon; en vers, -si-on] s. f.
[ÉTYM. Emprunté du lat. perpetratio, m. s. ‖ Néolog. Admis ACAD. 1878.]
‖ Action de perpétrer. La — d'un crime.

PERPÉTRER [pèr-pé-tré] v. tr.
[ÉTYM. Emprunté du lat. perpetrare, m. s. ‖ xivᵉ s. Ceulx qui les ont fais et perpetrés, FROISS. Chron. xi, 147, Kervyn.]
‖ 1ᵒ Vieilli. Exécuter.
‖ 2ᵒ Spécialt. De nos jours. Faire un acte criminel.

PERPÉTUATION [pèr-pé-tuà-syon; en vers, -tu-à-si-on] s. f.
[ÉTYM. Dérivé de perpétuer, § 247. ‖ xviᵉ-xviiᵒ s. La perpetuation d'une langue, PASQ. Lett. t. Iᵉʳ, p. 8.]
‖ Action de perpétuer.

PERPÉTUEL, ELLE [pèr-pé-tuèl; en vers, -tu-èl] adj.
[ÉTYM. Emprunté du lat. perpetualis, m. s. ‖ xiiᵉ s. V. perpétuellement.]
‖ Qui dure constamment. Une contrée où règne un printemps —. La promesse d'un empire —, BOSS. Hist. univ. ii, 4. La recherche du mouvement —, d'un mouvement qui ne s'arrête jamais (chose impossible), et, fig. Qui aurait trouvé le secret de se réjouir du bien sans être touché du mal contraire, aurait trouvé le point : c'est le mouvement —, PASC. Pens. vi, 63. Effets mobiliers que le propriétaire a attachés au fonds à perpétuelle demeure, Code civil, art. 524. Rente perpétuelle, fondée pour toujours en faveur d'une œuvre. ‖ P. anal. Qui dure constamment pendant un temps déterminé. Être condamné à un bannissement —. Le secrétaire — de l'Académie. ‖ Édit —, édit que publiait le préteur romain entrant en charge, et d'après lequel il jugeait pendant la durée de ses fonctions. ‖ P. ext. Qui a lieu fréquemment. Ses perpétuelles réclamations. La vie d'un homme de lettres est un combat —, VOLT. Lett. 3 nov. 1766.

PERPÉTUELLEMENT [pèr-pé-tuèl-man; en vers, -tu-è-le-...] adv.
[ÉTYM. Composé de perpétuelle et ment, § 724. ‖ xiiᵒ s. Durablement E senz fin perpetuament, BENEEIT, Ducs de Norm. ii, 1051.]
‖ D'une manière perpétuelle.

PERPÉTUER [pèr-pé-tué; en vers, -tu-é] v. tr.
[ÉTYM. Emprunté du lat. perpetuare, m. s. ‖ xivᵒ s. Et l'englise de Mes at tot perpetueit Sa vilhe et tos ses bins, JEH. DES PREIS, Geste de Liège, 6255.]
‖ Faire durer constamment. Le désir de — sa race, son nom. — le trône d'Espagne dans la maison d'Autriche, VOLT. S. de L. XIV, 17. Par là, nous perpétuons l'erreur parmi les hommes, MASS. Épiphanie. Pompée veut, disait l'un, se — dans le commandement, MONTESQ. Rom. 11. La nature n'a donné aux individus pour se — (dans leur race) que des moments, ID. Espr. des lois, xvi, 12. Emploi qui se perpétuait de père en fils, BOSS. Hist. univ. iii, 3.

PERPÉTUITÉ [pèr-pé-tui-té; en vers, -tu-i-té] s. f.
[ÉTYM. Emprunté du lat. perpetuitas, m. s. ‖ xiiiᵒ s. A perpetuité, Stat. de la maison Dieu de Troyes, p. 25, Guignard.]
‖ Durée constante. La — de l'Église. La — des fiefs s'établit plus tôt en France qu'en Allemagne, MONTESQ. Espr. des lois, xxxi, 30. ‖ P. anal. Durée constante pendant la vie de qqn. Être condamné aux travaux forcés à —.

PERPLEXE [pèr-plèks'] adj.
[ÉTYM. Emprunté du lat. perplexus, m. s. On a d'abord dit perplex au masc., forme conservée par LA F. Contes, Juge. ‖ xivᵒ s. Se déduit de perplexement, employé par BERSUIRE, fᵒ 313.]
‖ Embarrassé entre plusieurs partis contraires.

PERPLEXITÉ [pèr-plèk'-si-té] s. f.
[ÉTYM. Emprunté du lat. perplexitas, m. s. ‖ xivᵒ s. ORESME, dans MEUNIER, Essai sur Oresme.]
‖ État de celui qui est perplexe. Vous me voyez dans une — d'esprit inconcevable, LES. Diable boit. 12.

PERQUISITION [pèr-ki-zi-syon; en vers, -si-on] s. f.
[ÉTYM. Emprunté du lat. perquisitio, m. s. ‖ xvᵒ s. Vie de St Hubert, dans GODEF. Compl.]
‖ 1ᵒ Vieilli. Recherche, action de rechercher. Celui qui sait tout fait une si soigneuse —, BOSS. Justice, 2.
‖ 2ᵒ Spécialt. Recherche judiciaire au sujet d'une personne, d'une chose. Faire une — au domicile de qqn.

*PERQUISITIONNER [pèr-ki-zi-syò-né; en vers, -si-ò-...] v. intr.
[ÉTYM. Dérivé de perquisition, § 154. ‖ Néolog.]
‖ Faire des perquisitions. On a perquisitionné chez lui.

*PERRÉ [pè-ré] s. m.
[ÉTYM. Dérivé de pierre, §§ 65 et 118. ‖ 1767. Les perrés, PERRONET, Descript. des ponts, i, 12.]

‖ (Technol.) Revêtement en pierres pour protéger les berges d'une rivière, les abords d'un pont.

PERRON [pè-ron] *s. m.*

[ÉTYM. Dérivé de pierre, §§ 65 et 104. ‖ XIᵉ s. En un perron marbrin, *Voy. de Charl. à Jérus.* 439.]

‖ Escalier de qqs marches construit devant la façade d'une maison et terminé par une plate-forme sur laquelle s'ouvre l'entrée principale. Une façade ornée d'un — à double rampe. ‖ *P. ext.* La plate-forme. Se tenir sur le —. Ils gagnent les degrés et le — antique, BOIL. *Lutr.* 5.

PERROQUET [pè-rò-kè] *s. m.*

[ÉTYM. Emprunté de l'ital. parrochetto, *m. s.* diminutif de parroco, curé, titre donné plaisamment à cet oiseau, § 12. ‖ XIVᵉ s. Et lors dist la dame : Paroquet, paroquet, veez cy la bone viande que je vous apporte, THOMAS DE SALUCES, *Cheval. errant,* dans *Romania,* 1892, p. 74.]

I. Oiseau de l'ordre des Grimpeurs, à plumage le plus souvent varié de vert, de rouge, etc., à bec dur et recourbé, qui imite facilement la voix humaine, les cris des autres animaux. Un nez en bec de —. Apprendre à parler à un —, et, *fig.* C'est un —, il répète ce qu'on dit sans le comprendre. Bâton de —, bâton établi sur un plateau en bois, garni d'échelons, sur lequel grimpe et se tient un perroquet qu'on a chez soi, et, *fig.* en parlant d'une maison étroite, à plusieurs étages, C'est un bâton de —.

II. *P. anal.* ‖ 1° (Marine.) (Par comparaison avec le bâton de perroquet.) Mât gréé sur la grande hune, sur la hune de misaine. [*P. ext.* Vergue, voile de ce mât.

‖ 2° Au XVIIᵉ siècle, sorte de siège pliant. Des sièges à dos de maroquin noir, qui se pouvaient briser pour les voiturer, et qu'on appelait des perroquets, ST-SIM. XII, 171.

PERRUCHE [pè-rüch'] *s. f.*

[ÉTYM. Semble dérivé de perroquet par substitution de suffixe, §§ 62 et 84. On a dit aussi perriche, § 82. ‖ Admis ACAD. 1740.]

‖ 1° Petit perroquet dont le plumage est d'un beau vert.

‖ 2° *Fig.* (Marine.) Nom donné au plus petit des mâts de perroquet (perroquet d'artimon).

PERRUQUE [pè-rük'] *s. f.*

[ÉTYM. Emprunté de l'ital. perruca ou parrucca, *m. s.* d'origine inconnue, § 12. ‖ XVᵉ s. Ils ont une perruque feincte, COQUILLART, I, 101.]

‖ Chevelure postiche. Employer de l'argent à des perruques, lorsque l'on peut porter des cheveux de son cru, MOL. *Av.* I, 4. Une — à la Louis XIV. Une tête à —, tête de bois sur laquelle on posait la perruque pour l'accommoder, et, *fig.* Une tête à —, une vieille —, une personne arriérée. ‖ *Poét. Vieilli.* Feuillage, moisson. Le tronc de branches dévêtu... reprenant sa — verte, RÉGNIER, *Stances.* De l'or d'une — blonde La terre enfin se parera, ROTROU, *Ode à Richelieu.*

PERRUQUIER, IÈRE [pè-ru-kyé, -kyèr] *s. m.* et *f.*

[ÉTYM. Dérivé de perruque, § 115. ‖ 1564. J. THIERRY, *Dict. franç.-lat.*]

‖ Celui, celle dont la profession est de faire des perruques, et, *p. ext.* de coiffer, de raser, etc. Les perruquiers français décident en législateurs sur la forme des perruques étrangères, MONTESQ. *Lett. pers.* 100. Anne, sa perruquière, BOIL. *Lutr.* 1.

PERS, PERSE [pèr, pèrs'] *adj.*

[ÉTYM. Origine incertaine : il faut peut-être supposer en lat. vulgaire un adj. *persus, au lieu de persicus, de couleur de pêche. (*V.* pêche 1.) ‖ XIᵉ s. Teint fut e pers, *Roland,* 1979.]

‖ Qui est d'un bleu tirant sur le violet. La déesse aux yeux — (Minerve), LA F. *Filles de Minée.*

PERSE [pèrs'] *s. f.*

[ÉTYM. Nom propre du pays d'origine, § 30 : les toiles dites perses venaient des Indes, mais on a cru longtemps qu'elles venaient de la Perse. ‖ 1730. SAVARY, *Dict. du comm. suppl.* Admis ACAD. 1762.]

‖ Toile peinte pour tentures. Un meuble de —.

PERSÉCUTANT, ANTE [pèr-sé-ku-tan, -tãnt'] *adj.*

[ÉTYM. Adj. particip. de persécuter, § 47. ‖ XVIIᵉ s. V. à l'article.]

‖ Qui persécute. Ceux (les amants) de la contrée étaient plus persécutants que les autres, LA F. *Psyché,* 2. ‖ *Substantivt.* Le — le persécuté... celui qui fait souffrir et celui qui souffre, CORN. 2ᵉ *Disc. Trag.*

PERSÉCUTER [pèr-sé-ku-té] *v. tr.*

[ÉTYM. Tiré de persécuteur, §§ 35 et 154. ‖ XIVᵉ s. Que tele chose soit selon pouoir persecutee ou fule, ORESME. *Éth.* III, 7.]

‖ Poursuivre sans relâche par des traitements cruels. S'il arrive que les méchants vous haïssent et vous persécutent, LA BR. 15. Les Grecs sur le fils persécutent le père, RAC. *Andr.* I, 2. ‖ *Spécialt.* En parlant des tourments auxquels on condamnait les chrétiens. Ils (les chrétiens) font des vœux pour nous, qui les persécutons, CORN. *Poly.* IV, 6. Néron... est le premier empereur qui ait persécuté l'Église, BOSS. *Hist. univ.* I, 10. *Absolt.* Persécutez, et soyez l'instrument de nos félicités, CORN. *Poly.* V, 2. ‖ *P. ext. Fig.* Ceux qui persécutent... en eux-mêmes leurs mauvais désirs, BOSS. *Médit. sur l'Év. Sermon sur la montagne,* 9ᵉ jour. Au Cid persécuté Cinna doit sa naissance, BOIL. *Ep.* 7. Mille malheurs persécutent sa vie, RAC. *Brit.* III, 8. ‖ *P. hyperb.* — qqn, l'importuner sans cesse. Ses créanciers le persécutent. Je le fais seulement (je me fais imprimer) pour donner à gagner aux libraires, qui me persécutent, MOL. *Préc. rid.* sc. 9.

PERSÉCUTEUR, TRICE [pèr-sé-ku-tœur, -trīs'] *s. m.* et *f.*

[ÉTYM. Emprunté du lat. persecutor, trix, *m. s.* ‖ XIIᵉ s. De Saul persecutur, GARN. DE PONT-STE-MAX. *St Thomas,* 475.]

‖ Celui, celle qui persécute. Cruels et lâches persécuteurs, PASC. *Prov.* 16. Votre main... A leurs persécuteurs les livrait sans secours, RAC. *Esth.* III, 4. Rome... persécutrice du peuple de Dieu, BOSS. *Hist. univ.* III, 1. ‖ *P. ext.* De toute vertu zélé —, RAC. *Ath.* I, 1. ‖ *Fig.* — irréconciliable de ses propres passions, BOSS. *R. d'Angl.*

PERSÉCUTION [pèr-sé-ku-syon; *en vers,* -si-on] *s. f.*

[ÉTYM. Emprunté du lat. persecutio, *m. s.* ‖ XIIᵉ s. De l'eissil, de l'occision E de la persecution, BENEEIT, *Ducs de Norm.* I, 1912.]

‖ Action de persécuter. Ceux qui souffrent — pour la justice, BOSS. *Hist. univ.* II, 30. Les persécutions qui travaillent l'Église, PASC. *Pens.* XXIV, 31. ‖ *Spécialt.* Tourments auxquels étaient condamnés les chrétiens. Les historiens ecclésiastiques comptent dix persécutions sous dix empereurs, BOSS. *Hist. univ.* I, 10.

PERSÉVÉRAMMENT [pèr-sé-vé-rà-man] *adv.*

[ÉTYM. Pour persévérantment, composé de persévérant et ment, § 724. ‖ XIIᵉ s. S'il totevoies s'enforcent piement et perseveranment, *Serm. de St Bern.* p. 89. Admis ACAD. 1798.]

‖ Avec persévérance. Elle n'avait qu'à l'aimer — pour le posséder toujours, BOSS. *La Vall.* Il est inconcevable qu'il l'ait laissé — mourir de faim, ST-SIM. I, 111.

PERSÉVÉRANCE [pèr-sé-vé-rãns'] *s. f.*

[ÉTYM. Emprunté du lat. perseverantia, *m. s.* ‖ XIIᵉ s. D'amor et d'aliance E de boene perseverance, BENEEIT, *Ducs de Norm.* 6440.]

‖ 1° Action de persévérer. La — à prier par laquelle nous obtenons la — à bien faire, BOSS. *Médit. sur l'Év.* 2, 2ᵉ jour. Plus capables d'un grand effort que d'une longue —, LA BR. 11. ‖ *Ironiqt.* Oui, je te loue, ô Ciel, de ta — (à me poursuivre), RAC. *Andr.* V, 5. ‖ *Spécialt.* Catéchisme de —, qui complète le catéchisme fait pour la première communion.

‖ 2° Faculté de persévérer. Avez-vous... une pleine assurance D'avoir assez de vie ou de —? CORN. *Poly.* I, 1.

PERSÉVÉRANT, ANTE [pèr-sé-vé-ran, -rãnt'] *adj.*

[ÉTYM. Adj. particip. de persévérer, § 47. ‖ XIIᵉ s. Por ceu ke li devotions soit perseveranz, *Serm. de St Bern.* p. 76.]

‖ Qui persévère.

PERSÉVÉRER [pèr-sé-vé-rè] *v. intr.*

[ÉTYM. Emprunté du lat. perseverare, *m. s.* ‖ XIIᵉ s. Je jurai et persevererai que je guarde les jugemens de ta justise, *Psaut. de Cambridge,* CXVIII, 106.]

‖ Demeurer ferme et constant dans une manière d'être, d'agir. — dans la règle ou dans le désordre, LA BR. 11. La grâce qui fait qu'on persévère dans la piété, PASC. *Prov.* 18. — dans sa résolution. Si votre haine Persévère à vouloir l'arracher de mes mains, RAC. *Iph.* IV, 9.

PERSICAIRE [pèr-si-kèr] *s. f.*

[ÉTYM. Emprunté du lat. du moyen âge persicaria, *m. s.* dérivé de persicus, pêcher, à cause de la ressemblance des feuilles, § 248. ‖ XIIIᵉ s. Jus d'aluine et de persicaire, *Simples medicines,* f° 4, v°. Admis ACAD. 1798.]

‖ (Botan.) Espèce de renouée, plante. — âcre, brûlante, curage. (*V.* curage 2.)

PERSICOT [pèr-si-kó] *s. m.*

[ÉTYM. Dérivé du lat. persicum, pêche, § 136. MÉN. écrit persico et dit que le mot est venu de Savoie, § 11. || 1692. MÉN. *Dict. étymol.* Admis ACAD. 1760.]

|| Liqueur faite avec de l'alcool où ont macéré des noyaux de pêches.

PERSIENNE [pèr-syèn'; *en vers*, -si-èn'] *s. f.*

[ÉTYM. Adj. dérivé de perse, §§ 36 et 244, pris substantivt, § 38. || 1752. TRÉV. Admis ACAD. 1762.]

|| Espèce de contrevent à jour, formé de lames fixes ou mobiles, qui garantit contre le soleil.

PERSIFLAGE [pèr-si-flåj'] *s. m.*

[ÉTYM. Dérivé de persifler, § 78. || 1735. *V.* à l'article. Admis ACAD. 1762.]

|| Action de persifler. L'ennuyeux —, *Pour et contre* (1735), VI, 71. Cette réponse parut à l'Assemblée une ironie perpétuelle et ce que nous appellerions aujourd'hui une espèce de —, D'ALEMB. *Éloges, Clermont-Tonnerre.*

PERSIFLER [pèr-si-flé] *v. tr.*

[ÉTYM. Composé avec la particule lat. per et siffler, § 284. || Mot du XVIIIᵉ s. Admis ACAD. 1762.]

|| Railler légèrement. — qqn avec grâce. — les gens sans qu'ils le sentent, J.-J. ROUSS. *Ém.* 1.

PERSIFLEUR, *PERSIFLEUSE [pèr-si-fleùr, -fleúz'] *s. m. et f.*

[ÉTYM. Dérivé de persifler, § 112. || Mot du XVIIIᵉ s. Admis ACAD. (au masc.) 1762.]

|| Celui, celle qui a l'habitude de persifler.

PERSIL [pèr-si] *s. m.*

[ÉTYM. Du lat. pop. *petrosilium, altération inexpliquée de petroselinum, grec πετροσέλινον, *m. s.* devenu pedresil, perresil, persil, §§ 404, 337, 347, 463 et 291. || XIIIᵉ s. Peresil est chauz, *Simples medicines*, fᵒ 58, rᵒ.]

|| Plante potagère à saveur piquante, employée surtout comme assaisonnement. Un carré de mouton gourmandé de —, MOL. *B. gent.* IV, 1. *Fig.* Grêler sur le —. (*V.* grêler.)

PERSILLADE [pèr-si-yàd'] *s. f.*

[ÉTYM. Dérivé de persil, § 120. || 1690. FURET.]

|| (*Cuisine.*) Assaisonnement avec du persil. Une — de bœuf, et, *absolt*, —, tranches de bœuf froid assaisonnées de persil.

PERSILLÉ, ÉE [pèr-si-yé] *adj.*

[ÉTYM. Dérivé de persil, § 118. || XVIIᵉ s. *V.* à l'article. Admis ACAD. 1694.]

|| Se dit de certains fromages, qui ne sont à point que lorsque la fermentation a développé dans la pâte certains points verdâtres qui rappellent le persil haché. Pâte persillée, c'est-à-dire parsemée de veines bleuâtres, LIGER, *Nouv. Mais. rust.* (1700), dans DELB. *Rec.* | *P. plaisant. Fig.* Un cœur tout — de poudre à canon, GHERARDI, *Th. ital.* III, 147.

PERSIQUE [pèr-sìk'] *adj.*

[ÉTYM. Emprunté du lat. Persicus, de Perse, § 36. (*Cf.* pêche 1, persienne.) || Admis ACAD. 1798.]

|| (*Architect.*) Ordre —, ordre dorique sauf les colonnes, que remplacent des cariatides représentant des captifs.

PERSISTANCE [pèr-sìs'-täns'] *s. f.*

[ÉTYM. Dérivé de persister, §§ 146 et 262. || XVᵉ s. En espoir doy avoir persistence, CHASTELL. [dans DELB. *Rec.* Admis ACAD. 1835.]

|| Action de persister.

PERSISTANT, ANTE [pèr-sìs'-tan, -tänt'] *adj.*

[ÉTYM. Adj. participe. de persister, § 47. || XVᵉ s. En ardeur persistente, G. CHASTELL. dans DELB. *Rec.* Admis ACAD. 1835.]

|| Qui persiste. Un mauvais vouloir —. || *P. ext.* (*Botan.*) Arbre à feuillage —, dont les feuilles ne tombent pas en hiver.

PERSISTER [pèr-sìs'-té] *v. intr.*

[ÉTYM. Emprunté du lat. persistere, *m. s.* || XIVᵉ s. Demourer et persister en fausse opinion, ORESME, *Éth.* VII, 3.]

|| Demeurer ferme dans une résolution malgré les résistances. Dans son aveuglement pensez-vous qu'il persiste? CORN. *Poly.* III, 3. Il persiste à demeurer chrétien, ID. *ibid.* III, 5. L'accusé persiste à nier.

PERSONNAGE [pèr-so-nàj'] *s. m.*

[ÉTYM. Dérivé de personne, § 78. || XIIIᵉ s. Provende, personnage ou rente, *Mir. de St Éloi*, p. 66.]

I. *Anciennt.* Charge, situation importante, principalement charge ecclésiastique. (*Cf.* personnat.) || *P. ext.* De nos jours. Manière d'être. Un homme de grand, de petit —.

II. || **1ᵒ** Personne qui occupe une certaine situation. Se croire un — est fort commun en France, LA F. *Fab.* VIII,

15. Vous dirai-je les noms de ces grands personnages? CORN. *Cinna,* I, 3. || *P. ext.* Figure d'un tableau, d'une tapisserie à personnages. Les personnages du premier plan.

|| **2ᵒ** Rôle que joue un acteur, une actrice. Je ne me souviens pas d'un mot de mon —, MOL. *Impr.* sc. 1. || *Fig.* Que vous jouez au monde un petit —! MOL. *F. sav.* I, 1. L'intérêt... joue toutes sortes de personnages, même celui de désintéressé, LA ROCHEF. *Réflex.* 39. || *P. ext.* Personne représentée d'une manière fictive dans une pièce de théâtre, un roman, etc. La liste des personnages (mise en tête d'une pièce imprimée). Le — principal. Tous les personnages qu'il représente sont des personnages en l'air, MOL. *Impr.* sc. 4. Les personnages d'un roman, et, *fig.* Un — de roman, homme, femme dont l'existence est romanesque. || *Fig.* Un homme... sans lequel cette grande comédie du monde manquerait d'un — nécessaire, BOSS. *Impén. fin.* 2.

PERSONNALITÉ [pèr-sò-nà-li-té] *s. f.*

[ÉTYM. Emprunté du lat. scolast. personalitas, *m. s.* de personalis, personnel, §§ 217 et 255, écrit avec deux n d'après § 503. || XIVᵉ s. La personne de Dieu... contient en soy trois personalitez, J. DE VIGNAY, dans DELB. *Rec.* Admis ACAD. 1762.]

|| (*T. didact.*) || **1ᵒ** Ce qui constitue la personne en général, la possession de soi-même (par opposition à chose). Le libre arbitre est une condition essentielle de la —. La — de l'âme dans une autre vie. L'esclave n'avait plus de —, on le considérait comme une chose.

|| **2ᵒ** Ce qui caractérise une personne. La — de Pascal.

|| **3ᵒ** Caractère de celui qui ne songe qu'à sa personne. On lui reproche sa —.

|| **4ᵒ** Paroles, allusions qui visent la personne de qqn. Des personnalités offensantes.

***PERSONNAT** [pèr-sò-nà] *s. m.*

[ÉTYM. Emprunté du lat. ecclés. personatus, *m. s.* dérivé de persona, personne, § 254. || XVᵉ-XVIᵉ s. Les personats de l'église cathédrale, ÉT. DE MÉDICIS, *Chron.* dans DELB. *Rec.* Admis ACAD. 1694 ; suppr. en 1878.]

|| (*T. ecclés.*) Bénéfice sacerdotal donnant au titulaire préséance sur les chanoines. (*Cf.* personnage.)

PERSONNE [pèr-sòn'] *s. f. et m.*

[ÉTYM. Du lat. persòna, *m. s.* §§ 327 et 291.]

I. *S. f.* Individu de l'espèce humaine. Monsieur est la — qui veut vous emprunter, MOL. *Av.* II, 2. Quelques jeunes personnes ne connaissent point assez les avantages d'une heureuse nature, LA BR. 3. Une belle —. Tu me parais si douce et si bonne —, MOL. *Éc. des f.* IV, 4. | *Vieilli.* Avec l'attribut au masculin, quand l'esprit est porté à substituer au mot personne un mot masculin sous-entendu. Jamais je n'ai vu deux personnes (deux amants) être si contents l'un de l'autre, MOL. *D. Juan,* I, 2. || Une — de qualité, d'un haut rang. Les voilà dans l'État d'importantes personnes, MOL. *F. sav.* IV, 3. Celle (la monarchie) des Assyriens finie en la — de Sardanapale, BOSS. *Hist. univ.* I, 7.

|| *Spéciall.* || **1ᵒ** Ce qui constitue la personne même. C'est toi-même en propre —, MOL. *Impr.* sc. 3. Je gageai que c'était Trissotin en —, ID. *F. sav.* I, 3. Parlant à ma —, RAC. *Plaid.* II, 5. Estimer le fantôme autant que la —, MOL. *Tart.* I, 5. Envoyez-moi cet habit et ces bijoux de Philémon, je vous quitte de la —, LA BR. 2. Il est bien fait de sa —. On s'est assuré de sa — (on l'a arrêté). Être attaché à la — du roi.

|| **2ᵒ** Ce qui est considéré comme une personne, comme ayant une personnalité. (*V. ce mot.*) Un seul Dieu en trois personnes. || Une — civile, association à laquelle la loi reconnaît les droits civils de l'individu. | L'esclave était considéré comme chose, et non comme —.

|| **3ᵒ** (*Gramm.*) Forme de la conjugaison servant à distinguer la personne qui parle, celle à qui l'on parle, celle dont on parle. Parler à la première, à la seconde, à la troisième —.

II. *S. m. sing.* Quelqu'un. Non content de n'être pas sincère, il ne souffre pas que — le soit, LA BR. 8. Il sait du grec plus que — au monde. Il (Dieu) ne veut pas que — périsse, BOSS. *Bonté,* 1. — ne dansait mieux et — n'était si coquet, HAMILT. *Gram.* p. 101. N'est-il pas mieux de voir s'il vient —? MOL. *Amph.* III, 7. Il n'est venu —. | Avec un attribut qui le détermine. Il n'y a — de raisonnable qui puisse parler de la sorte, PASC. *Pens.* IX, 1. Il n'y a — de vraiment heureux ici-bas. Il n'y a — de blessé. || En sous-entendant la négation. Est-il venu quelqu'un? — (il n'est venu personne).

PERSONNÉ, ÉE [pèr-sò-né] *adj.*

[ÉTYM. Dérivé du lat. *persona*, masque, §§ 253 et 503. (*Cf.* le lat. *personata*, nom de la grande bardane.) ACAD. ne donne que le fém. || 1771. TRÉV. Admis ACAD. 1835.]

|| (Botan.) Qui est en forme de masque. **Corolle personnée**, qui rappelle le mufle d'un animal. *Substantivt.* **Les personnées, les fleurs personnées.**

PERSONNEL, ELLE [pèr-sò-nèl] *adj.* et *s. m.*

[ÉTYM. Emprunté du lat. **personalis**, *m. s.* écrit par deux n d'après **personne**, § 503. || XIIe s. Tel ki fist **personal** de verbe impersonal, GARN. DE PONT-STE-MAX. *St Thomas,* 2209.]

I. *Adj.* Relatif à la personne.

|| **1°** Qui concerne une personne. **Rendre à qqn un service —. Les fautes sont personnelles. Cette opinion lui est personnelle. Une allusion personnelle. Une indication personnelle. Contribution personnelle.** *Spécialt.* (Gramm.) **Pronom —,** qui désigne la personne qui parle, à qui on parle, dont on parle (je, tu, il). **Mode —** d'un verbe, qui se conjugue avec une des trois personnes pour sujet (par opposition au participe et à l'infinitif).

|| **2°** Qui concerne la personne en général, par opposition à la chose. **Le droit réel et le droit —.**

|| **3°** Qui ne songe qu'à sa personne. **Un caractère —.**

II. *S. m.* L'ensemble des personnes qui constituent un service public ou privé. **Le — administratif, judiciaire. Le directeur du —. Le — d'un magasin, d'une usine.**

PERSONNELLEMENT [pèr-sò-nèl-man ; *en vers,* -nè-le-...] *adv.*

[ÉTYM. Composé de **personnelle** et **ment**, § 724. || XIIIe s. Mis persona[l]ment en saisine, *Ass. de Jérus.* I, 267.]

|| D'une manière personnelle.

PERSONNIFICATION [pèr-sò-ni-fi-kà-syon ; *en vers,* -si-on] *s. f.*

[ÉTYM. Dérivé de **personnifier**, § 247. || Admis ACAD. 1835.]

|| (T. didact.) Action de personnifier, résultat de cette action.

PERSONNIFIER [pèr-sò-ni-fyé ; *en vers,* -fi-é] *v. tr.*

[ÉTYM. Composé avec le lat. **persona**, **personne**, et **facere**, faire, § 274, écrit par deux n d'après **personne**, § 503. || XVIIe s. *V.* à l'article.]

|| **1°** Faire parler, agir, comme une personne, un être abstrait ou inanimé. Il n'y a point de figure plus ordinaire dans la poésie que de — les choses inanimées, BOIL. *Longin, Réfl.* 11. || *P. anal.* Représenter sous les traits d'une personne (un être abstrait ou inanimé). Les peintres personnifient le temps sous les traits d'un vieillard armé d'une faux.

|| **2°** Réaliser dans sa personne, de la manière la plus complète (une qualité, un défaut, etc.). Il personnifie en lui l'honneur, la probité. C'est la sottise personnifiée.

PERSPECTIF, IVE [pèrs'-pĕk'-tif', -tiv'] *adj.*

[ÉTYM. Emprunté du lat. **perspectivus**, *m. s.* || 1536. Astronomie qui est perspective des astres, J. BOUCHET, *Triomphe de noble dame.* Admis ACAD. 1762.]

|| (T. didact.) Qui représente un objet en perspective. **Plan —.**

PERSPECTIVE [pèrs'-pĕk'-tiv'] *s. f.*

[ÉTYM. Emprunté du lat. scolast. **perspectiva** (s.-ent. **ars**), *m. s.* de **perspectivus**, **perspectif**, § 217. || XIVe s. Ung autre livre qui est dit la perspective, J. DE VIGNAY, dans DELB. *Rec.*]

|| (T. didact.) || **1°** Représentation des objets selon les différences d'aspect qu'y apportent l'éloignement et la disposition. — **linéaire,** figurée par la seule disposition des lignes. — **aérienne,** figurée par la dégradation des couleurs. Le véritable lieu (pour voir un tableau), la — l'assigne dans l'art de la peinture, PASC. *Pens.* III, 2. || *Fig.* Les hommes et les affaires ont leur point de —, LA ROCHEF. *Réflex.* 104.

|| **2°** *Fig.* Aspect sous lequel on se représente un événement plus ou moins éloigné. La pensée d'une vie meilleure est une — consolante. La vieillesse avec ses infirmités est une — peu agréable. Je m'en irai avec cette douce espérance de vous revoir,... c'est une — agréable, SÉV. 1145. || *Absolt.* Avoir qqch en —, l'entrevoir dans l'avenir. Avoir en — une belle position. J'ai en — de vous aller voir, SÉV. 1079. Vous faites ici l'amour en —, BEAUMARCH. *B. de Sév.* I, 4.

PERSPICACE [pèrs'-pi-kås'] *adj.*

[ÉTYM. Emprunté du lat. **perspicax, acis,** *m. s.* || 1546. Yeux perspicaces et vifs, J. DE GAIGNY, *Sermons,* dans DELB. *Rec.* Admis ACAD. 1835.]

|| (T. didact.) Qui a de la perspicacité.

PERSPICACITÉ [pèrs'-pi-kà-si-té] *s. f.*

[ÉTYM. Emprunté du lat. **perspicacitas**, *m. s.* || XVe-XVIe s. Les tablettes de la haulte perspicacite, J. LE MAIRE, *Pallas parlant à Paris.*]

|| (T. didact.) Faculté de pénétrer la vérité.

PERSPICUITÉ [pèrs'-pi-kui-té ; *en vers,* -ku-i-té] *s. f.*

[ÉTYM. Emprunté du lat. **perspicuitas**, *m. s.* || 1556. R. LE BLANC, *Cardan,* 9, f° 122, r^o. Admis ACAD. 1798.]

|| *Rare.* (T. didact.) Action de saisir la vérité à travers ce qui l'obscurcit. **Clarté ou — de connaissances,** DESC. *Rép. aux 3es object.* 69.

PERSPIRATION [pèrs'-pi-rà-syon ; *en vers,* -si-on] *s. f.*

[ÉTYM. Emprunté du lat. **perspiratio**, *m. s.* || XVI° s. PARÉ, XXIV, 9. Admis ACAD. 1762.]

|| (Médec.) Exhalation par les pores de la peau, d'une membrane, etc. **— cutanée, pulmonaire.**

*PERSUADANT, ANTE** [pèr-suà-dan, -dånt' ; *en vers,* -su-à-...] *adj.*

[ÉTYM. Adj. particip. de **persuader**, § 47. || 1629. Penetratif persuadant et brave, DORIVAL, dans DELB. *Rec.* Admis ACAD. 1694 ; suppr. en 1740.]

|| *Vieilli.* Qui persuade. (*Cf.* persuasif.) Ce que vous écrivez est fort et —, VOIT. *Lett.* 176. Plus éloquentes Que Cicéron, et mieux persuadantes, LA F. *Contes, Faucon.*

PERSUADER [pèr-suà-dé ; *en vers,* -su-à-...] *v. tr.*

[ÉTYM. Emprunté du lat. **persuadere**, *m. s.* || XIVe s. Rethorique est science ou art de persuader, ORESME, *Éth.* X, 20.]

I. Amener (qqn) à croire qqch. C'est un mauvais moyen de plaire aux autres ou de les —, LA ROCHEF. *Réflex.* 139. Je ne veux — personne, FÉN. *Dial. des morts, Ulysse et Grillus.* Vous croirez... nous — de votre respect, PASC. *Prov.* 13. Si l'on n'en est pas assez persuadé, on le deviendra bien vite, ID. *Pens.* VIII, 1. Je suis persuadé qu'il tiendra parole. On se persuade mieux, pour l'ordinaire, par les raisons qu'on a soi-même trouvées, PASC. *Pens.* VII, 10. || *Absolt.* L'art de — a un rapport nécessaire à la manière dont les hommes consentent à ce qu'on leur propose, PASC. *Espr. géom.* IX, 2. Les passions sont les seuls orateurs qui persuadent toujours, LA ROCHEF. *Réflex.* 8.

II. Faire croire (qqch). Elle (la raison) est trop faible en cette rencontre pour nous — ce que nous voulons, LA ROCHEF. *Réflex.* 504. Vous ne m'aurez rien persuadé du tout, MOL. *Éc. des f.* I, 1. Vous voulez me — la dureté de votre cœur, SÉV. 622. || *P. ext.* — à qqn qu'il doit faire une chose, lui faire croire qu'il doit la faire. Elle veut me — de passer ici cet été, et qu'il est ridicule d'aller plus loin, SÉV. 300.

*PERSUASIBLE** [pèr-suà-zibl' ; *en vers,* -su-à-...]. *V.* persuasif.

PERSUASIF, IVE [pèr-suà-zif', -ziv' ; *en vers,* -su-à-...] *adj.*

[ÉTYM. Du lat. scolast. **persuasivus**, *m. s.* de **persuasum**, supin de **persuadere**, **persuader**, §§ 217 et 257. On a dit persuasible, lat. **persuasibilis**, admis par ACAD. en 1762 et supprimé en 1798. || XVe s. Tendans en persuasive, MARTIAL D'AUVERGNE, *Vig. de Ch. VII,* f^o MVII, r^o, édit. 1493.]

|| (T. didact.) Qui a la vertu de persuader. **Dans le genre —,** BALZ. *Lett.* VII, 49. Madame a une éloquence si persuasive, MOL. *Crit. de l'Éc. des f.* sc. 3. **Un orateur —.**

PERSUASION [pèr-suà-zyon ; *en vers,* -zi-on] *s. f.*

[ÉTYM. Emprunté du lat. **persuasio**, *m. s.* || XIVe s. A la persuacion de Ulixes, ORESME, *Éth.* VII, 14.]

|| **1°** Action de persuader. **La douce — coulait de ses lèvres,** FÉN. *Tél.* 10. **Obtenir qqch de qqn par —.**

|| **2°** État de celui qui est persuadé. Tout cela n'ébranla pas ma —, J.-J. ROUSS. *Confess.* 12. Rien ne ressemble plus à la vive — que le mauvais entêtement, LA BR. 12.

PERTE [pèrt'] *s. f.*

[ÉTYM. Du lat. pop. *perdita**, part. de **perdere**, perdre, pris substantivt, § 47, devenu **perd'te**, §§ 290 et 291, **perte**, § 414. || XI° s. Jo ai fait si grant perte, *St Alexis,* 148.]

|| Action de perdre, résultat de cette action.

|| **1°** Ruine qui frappe (une personne, une chose). **Tu cours à ta — infaillible,** RAC. *Phèd.* IV, 3. Les dieux ont résolu sa —, FÉN. *Tél.* 1. Jurer la — de qqn. Aller à sa —. Être à deux doigts de sa —. Le Maure voit sa —, CORN. *Cid,* IV, 3. La — d'un navire. | *Spécialt.* Perdition de l'âme. La — entière de nous-même est une — irréparable, BOURD. *Éternité malheureuse,* 2. || *P. ext.* Dépense inutile de qqch. **Tailler une étoffe de manière à n'avoir pas de —. La — du temps. Agir en pure —.**

|| **2°** Disparition d'une personne, d'une chose qui nous,

échappe. Celui qui a perdu une chose peut la revendiquer pendant trois ans, à compter du jour de la —, *Code civil*, art. 2279. La — d'un époux ne va point sans soupirs, LA F. *Fab.* VI, 21. La — de nos biens et de nos libertés, CORN. *Cinna*, I, 3. La — de la santé, de la vue, du sommeil. L'ennemi a fait de grandes pertes. La — de la raison. La — de l'honneur, du crédit. Il est affaibli par la — de sang qu'il a faite. *Absolt.* Une femme qui a des pertes (hémorragie utérine). *P. ext.* Courir à — d'haleine, jusqu'à perdre la respiration. Un paysage qui s'étend à — de vue, si loin que les objets cessent d'être visibles. *Rare.* A — d'ouïe, si loin que l'on cesse d'entendre. | *P. anal.* La — d'un fleuve, cours souterrain qui le fait disparaître qq temps à la vue. || *Spéciall.* | 1. Action de perdre de l'argent au jeu, dans les affaires. Il a fait de grosses pertes à la bourse, au cercle. Être en —. Passer une créance par profits et pertes, comme étant définitivement perdue. Vendre à —. | 2. Action de perdre l'avantage dans une lutte. La — d'une partie, d'un procès, d'une bataille.

PERTINACITÉ [pèr-ti-nà-si-té] *s. f.*
[ÉTYM. Emprunté du lat. pertinacitas, *m. s.* || 1419. La parcialité... et pertinaxité des dessus nommez, *Ordonn.* XII, 280. Admis ACAD. 1878.]
|| *Rare.* Opiniâtreté.

PERTINEMMENT [pèr-ti-nà-man] *adv.*
[ÉTYM. Pour pertinentment, composé de pertinent et ment, § 724. || 1536. Pertinamment, CHRESTIAN, *Philalethes*, p. 21.]
|| (T. didact.) D'une manière pertinente. Il parle, ce me semble, assez —, RAC. *Plaid.* II, 13.

PERTINENCE [pèr-ti-nàns'] *s. f.*
[ÉTYM. Dérivé de pertinent, § 262. || XVe s. Selon leurs degrés et pertinences, J. MOLINET, *Chron.* 51. Admis ACAD. 1835.]
|| (T. didact.) Caractère de ce qui est pertinent.

PERTINENT, ENTE [pèr-ti-nan, -nànt'] *adj.*
[ÉTYM. Emprunté du lat. pertinens, entis, *m. s.* || XIVe-XVe s. Chose tres convenable et pertinent aux causes, CHR. DE PISAN, *Ch. V*, I, 6.]
|| (T. didact.) Qui se rapporte à la question. *Spéciall.* (Droit.) Faits et articles pertinents. Ils (les reproches) seront circonstanciés et pertinents, *Code de procéd. civ.* art. 270.

PERTUIS [pèr-tui] *s. m.*
[ÉTYM. Du lat. pop. *pertusium (Gloss. Reichenau*, IX, 323), au lieu de pertŭsum, chose percée, d'après le verbe *pertusiare, percer, § 52. (Cf. pertuiser.) || XIe s. Par un pertus petit, *Voy. de Charl. à Jérus.* 441. | XIIe s. Les treteskes garnir e les pertuis garder, WACE, *Rou*, II, 3520.]
|| Ouverture. Le — d'une clef forée. || *Spéciall.* | 1. Passe étroite. Le — d'Antioche, entre les îles de Ré et d'Oléron. | 2. Passage pratiqué dans une digue pour les bateaux. | 3. Ouverture à barrage mobile pour lâcher ou retenir l'eau.

PERTUISANE [pèr-tui-zàn'] *s. f.*
[ÉTYM. Altération, par étymologie pop. § 509 (sous l'influence de pertuiser), de partisane, emprunté de l'ital. partegiana, *m. s.* d'origine incertaine, § 12. || 1468. Une javeline ou pourtisaine, dans DU C. pertixana.]
|| Ancienne arme d'hast, à lame plus longue, plus large et plus tranchante que la hallebarde ordinaire. Les gardes qui sont proches de la personne du roi portent des pertuisanes, TRÉV. Mon intention est que tous les matelots soient armés chacun d'un sabre et d'une —, COLBERT, *Lett.* 11 mars 1679.

*****PERTUISER** [pèr-tui-zé] *v. tr.*
[ÉTYM. Doublet de percer. (V. ce mot et § 624.) || XIIe s. Un vaissel de araim ki est pertusied, *Rois*, IV, 21.]
|| *Vieilli.* Percer. Scandalisé De se voir le corps pertuisé, SCARR. *Virg. trav.* 7.

PERTURBATEUR, TRICE [pèr-tur-bà-teur, -tris'] *s. m. et f.*
[ÉTYM. Emprunté du lat. perturbator, trix, *m. s.* de perturbare, troubler. (Cf. l'anc. franç. perturbeur.) || XVIe s. Perturbateurs du repos public, CONDÉ, *Mém.* p. 646.]
|| Celui, celle qui cause du trouble dans un État, dans une réunion. — du repos du ménage, LA F. *Florentin*, sc. 2. | *Adjectivt.* L'action d'une force perturbatrice.

PERTURBATION [pèr-tur-bà-syon ; *en vers*, -si-on] *s. f.*
[ÉTYM. Emprunté du lat. perturbatio, *m. s.* || XIVe s. Les perturbacions des amistés, ORESME, *Éth.* IX, 1.]
|| Trouble produit dans le fonctionnement d'un système, d'un organe, d'un mécanisme. Les perturbations d'un corps céleste, déviation de sa marche normale, produite par l'attraction d'un astre voisin. La — économique causée par l'abondance de l'argent. Jeter la — dans la société. La — dans les fonctions organiques. || La — produite dans l'âme par les passions.

PERVENCHE [pèr-vànch'] *s. f.*
[ÉTYM. Du lat. pervĭnca, *m. s.* §§ 308, 311 et 291.]
|| Plante à feuilles d'un vert luisant, à fleurs bleues découpées en cinq festons.

PERVERS, ERSE [pèr-vèr, -vèrs'] *adj.*
[ÉTYM. Emprunté du lat. perversus, *m. s.* part. de pervertere, pervertir. || XIIe s. Od les pervers n'aiés mes nul communement, GARN. DE PONT-STE-MAX. *St Thomas*, 3075.]
|| Tourné au mal. Un homme —. Un siècle —. Une âme perverse. | *Substantivt.* Les injustices des — servent souvent d'excuse aux nôtres, LA F. *Fab.* VI, 15.

PERVERSION [pèr-vèr-syon ; *en vers*, -si-on] *s. f.*
[ÉTYM. Emprunté du lat. perversio, *m. s.* || XVIe s. PARÉ, VII, 9. Admis ACAD. 1762.]
|| Changement en mal. La — des mœurs. La — des doctrines. La — du goût. | *Spéciall.* — de l'appétit, désir déréglé de certains aliments qui se produit parfois dans la grossesse.

PERVERSITÉ [pèr-vèr-si-té] *s. f.*
[ÉTYM. Emprunté du lat. perversitas, *m. s.* || XIIe s. Si grant perversiteit, *Serm. de St Bern.* p. 118.]
|| Caractère pervers. La — des mœurs. La — des doctrines. La — précoce d'un libertin. Trop de — règne au siècle où nous sommes, MOL. *Mis.* V, 1.

PERVERTIR [pèr-vèr-tir] *v. tr.*
[ÉTYM. Emprunté du lat. pervertere, *m. s.* || XIIe s. Pervertir les saintes Escriptures, *Serm. de St Bern.* p. 162.]
|| Tourner au mal. Les mauvaises lectures l'ont perverti. || *Vieilli.* Se —, abjurer. Il avait été catholique, mais il s'était perverti, ST-SIM. XIV, 167. || *P. ext.* | 1. Déranger. C'est l'ordre des choses, BOURD. *Oisiveté*, 2. | 2. Dénaturer. — le sens d'un passage. L'esprit du monde en a perverti le véritable usage (des honneurs), FLÉCH. *Mme de Montausier.*

PERVERTISSEMENT [pèr-vèr-tis'-man ; *en vers*, -ti-se-...] *s. m.*
[ÉTYM. Dérivé de pervertir, § 145. || XIVe s. Ce seroit pervertissement d'ordre, CHASTELL. dans DELB. *Rec.* Admis ACAD. 1878.]
|| Action de pervertir ; état de ce qui est perverti. — de la religion naturelle, VOLT. *Philos. Serm. des cinquante.*

*****PERVERTISSEUR, EUSE** [pèr-vèr-ti-seur, -seûz'] *s. m. et f.*
[ÉTYM. Dérivé de pervertir, § 112. || XVIe s. Qu'on ne me reprenne point comme pervertisseur de Dioscoride, DU PINET, dans DELB. *Rec.*]
|| *Rare.* Celui, celle qui pervertit. L'ami de Perrault et le — de la Motte, D'ALEMB. *Éloges, Mauroy.*

PESADE [pe-zàd'] *s. f.*
[ÉTYM. Altération de posade (sous l'influence de peser, § 509), emprunté de l'ital. posata, action de se poser, §§ 12 et 120. || 1579. Posade, *Escuirie du sieur Grison*, f° 15, v°. | 1611. Pesade, voy. posade, COTGR. | 1690-1771. Posade ou pesade, FURET., TRÉV. Admis ACAD. 1762.]
|| (Manège.) Parade où le cheval se dresse sur les pieds de derrière. || Arrêt du cheval à la fin du galop.

PESAGE [pe-zàj'] *s. m.*
[ÉTYM. Dérivé de peser, § 78. || 1396. Aulnages comme pezages, *Cout. de Dieppe*, dans DELB. *Rec.* Admis ACAD. 1878.]
|| Action de peser. || *Spéciall.* (Courses.) | 1. Action de peser ceux qui montent pour parfaire le poids que les chevaux doivent porter. | 2. Enceinte où l'on pèse.

PESAMMENT [pe-sà-man] *adv.*
[ÉTYM. Pour pesantment, composé de pesant et ment, § 724. || XIIe-XIIIe s. Pesanment armé, VILLEHARD. 157.]
|| D'une manière pesante. Les Albains étaient — armés, MONTESQ. *Rom.* 20. || *Fig.* M. de Chaulnes parla bien aussi un peu —, SÉV. 212.

PESANT, ANTE [pe-zan, -zànt'] *adj.*
[ÉTYM. Adj. particip. de peser, § 47. || XIe s. La bataille est merveilluse e pesant, *Roland*, 1412.]
|| 1° Qui a beaucoup de poids. Un roitelet pour vous est un — fardeau, LA F. *Fab.* I, 22. Cette pesante masse (l'éléphant), ID. *ibid.* VIII, 15. Laissez là ces mousquets trop pesants pour vos bras, BOIL. *Ép.* 4. Ses mains sont un peu trop pesantes (il frappe trop 'ort), MOL. *Amph.* II, 1. P.

anal. Un sommeil —, qui engourdit. || *P. ext.* Qui a de la peine à se mouvoir. Elle lui demande pourquoi elle devient pesante, LA BR. 11. || *Fig.* | **1.** Qui est à charge. La garde de deux filles est une charge un peu trop pesante, MOL. *Préc. rid.* sc. 4. | **2.** Qui a une allure pénible. Un style —. Un esprit —. || **2°** Qui a du poids. Tous les corps sont pesants, sont attirés vers le centre de la terre. || *Substantivt* (avec le possessif). Ce que qqn, qqch pèse. Valoir son — d'or. || *Adverbialt.* Cent livres — d'or. Un jambon de quinze livres —, REGNARD et DUFRESNY, *Foire St-Germ.* III, 4.

|| **3°** (Technol.) Qui a le poids requis. Espèces pesantes. Pain — (par opposition au pain de luxe).

PESANTEUR [pe-zan-tèur] *s. f.*

[ÉTYM. Dérivé de pesant, § 110. || XII° s. La terre od sa grant pesantur, BENEEIT, *Ducs de Norm.* 23897.]

|| **1°** Caractère de ce qui a un grand poids. La — des peaux, LA F. *Fab.* VI, 11. La — du coup souvent nous étourdit, CORN. *Rodog.* III, 6. Dès qu'il sentit de la — dans ses jambes, BARTHÉLEMY, *Anacharsis*, II, 67. *P. anal.* — de tête, d'estomac, malaise où il semble qu'on ait un poids sur la tête, l'estomac. L'âme asservie sous la — du corps, BOSS. *Élévat. sur les mystèr.* VII, 5. || *Fig.* La — d'esprit, d'imagination. La — du style. La — du péché qui l'accable, BOURD. *Impén. fin.* 1.

|| **2°** (Physique.) Caractère de ce qui a du poids. La — de l'air. La — des corps, leur tendance vers le centre de la terre. La — spécifique des corps, leur densité, ce que pèse chacun d'eux comparativement au même volume d'un autre corps pris pour unité.

***PESAT** [pe-zà] *s. m.*

[ÉTYM. Pour pesas, § 62, dérivé de pois, §§ 65 et 81. || XIII° s. L'en avoit ja les pois soiez Et li pesaz estoit loiez, *Renart*, II, 1221.]

|| *Dialect.* Tige sèche de pois.

***PÈSE-ACIDE** [pè-zà-sid] *s. m.*

[ÉTYM. Composé de pèse (de peser) et acide, § 209. || *Néolog.*]

|| (T. didact.) Aréomètre pour mesurer la densité des acides.

PESÉE [pe-zé] *s. f.*

[ÉTYM. Subst. particip. de peser, § 45. || 1344. Pour vint quatre pesees de fer, dans DELB. *Rec.* Admis ACAD. 1740.]

|| **1°** Action de peser un corps. La — des marchandises.

|| **2°** Action de peser sur un levier pour soulever un corps, l'écarter. Les voleurs ont fait une — sur la porte.

***PÈSE-ESPRIT** [pè-zĕs'-pri] *s. m.*

[ÉTYM. Composé de pèse (du verbe peser) et esprit, § 209. || *Néolog.*]

|| (T. didact.) Aréomètre pour mesurer la densité des spiritueux.

***PÈSE-LAIT** [pèz'-lè; *en vers*, pò-ze-lè] *s. m.*

[ÉTYM. Composé de pèse (du verbe peser) et lait, § 209. || *Néolog.*]

|| (T. didact.) Aréomètre pour mesurer la densité du lait.

***PÈSE-LETTRE** [pèz'-lètr'; *en vers*, pò-ze-...] *s. m.*

[ÉTYM. Composé de pèse (du verbe peser) et lettre, § 209. || *Néolog.*]

|| Sorte de peson pour vérifier le poids d'une lettre.

PÈSE-LIQUEUR [pèz'-li-keùr; *en vers*, pò-ze-...] *s. m.*

[ÉTYM. Composé de pèse (du verbe peser) et liqueur, § 209. || 1694. Peseliqueur, TH. CORN. Admis ACAD. 1740.]

|| (T. didact.) Aréomètre pour mesurer la densité des liquides.

PESER [pe-zé] *v. tr. et intr.*

[ÉTYM. Du lat. pensāre, m. s. prononcé pesāre, § 485, d'où peser, §§ 295 et 291. L'anc. franç. conjugue je pois, tu poises, il poise, nous pesons, etc. (*Cf.* poids.)]

I. *V. tr.* Mesurer le poids d'un corps en le comparant à un poids pris comme unité. — du pain, de la viande, etc. — une lettre, un paquet. — des bagages. — avec une balance, une bascule, etc. || *P. anal.* Apprécier en comparant. Il (Dieu) tient la balance éternelle Qui doit — tous les humains, J.-B. ROUSS. *Odes*, I, 11. On pèse leurs plus indifférentes actions dans une balance rigoureuse, DIDER. *Claude et Néron*, I, 95. La gloire Ne compte pas toujours les voix; Elle les pèse quelquefois, LA F. *Épit. dédic.* 2. || *Fig.* Se rendre compte de la valeur d'une chose en examinant le pour et le contre. Pesez bien les effets qui suivront mes paroles, ROTROU, *St Genest*, II, 8. — les conséquences d'une affaire. Tout bien pesé, examiné mûrement. — ses paroles. Pesez votre réponse avant de la faire, J.-J. ROUSS. *Nouv. Hél.* VI, 6.

II. *V. intr.* || **1°** Avoir un poids déterminé. Cinq francs en argent pèsent vingt-cinq grammes. *P. plaisant.* Il ne pèse pas une once, en parlant d'un homme que le contentement rend léger. || *Fig.* Ces raisons ne pèseront pas beaucoup dans la discussion. L'un et l'autre (le héros et le grand homme) mis ensemble ne pèsent pas un homme de bien, LA BR. 2. | *P. anal.* Tu sauras ce que pèse ma main, LA F. *Eunuque*, V, 5.

|| **2°** Avoir du poids. Tous les corps connus pèsent, VOLT. *Philos. de Newton*, III, 1.

|| **3°** Faire sentir son poids. — sur un levier. Un fardeau qui pèse sur les épaules. Un cheval qui pèse à la main, en s'appuyant sur le mors. Que ces vains ornements, que ces voiles me pèsent! RAC. *Phèd.* I, 3. Cette viande pèse sur l'estomac. *Fig.* | **1.** Insister sur qqch. Pesons davantage sur cette parole, BOSS. *1er Annonc.* | **2.** Être à charge. Rien ne pèse tant qu'un secret, LA F. *Fab.* VIII, 6. Ma funeste amitié pèse à tous mes amis, RAC. *Mithr.* III, 1. Que sa présence me pèse sur les épaules! MOL. *B. gent.* III, 6. Quelque chose vous pesait-il sur le cœur? SÉV. 296.

***PÈSE-SEL** [pèz'-sèl; *en vers*, pò-ze-...] *s. m.*

[ÉTYM. Composé de pèse (du verbe peser) et sel, § 209. || *Néolog.*]

|| (T. didact.) Aréomètre pour mesurer la densité d'une dissolution saline.

***PÈSE-SIROP** [pèz'-si-ró; *en vers*, pò-ze-...] *s. m.*

[ÉTYM. Composé de pèse (du verbe peser) et sirop, § 209. || *Néolog.*]

|| (T. didact.) Aréomètre pour mesurer la densité d'un sirop de sucre.

***PESETTE** [pe-zĕt'] *s. f.*

[ÉTYM. Dérivé de peser, § 133. || *Néolog.*]

|| Petite balance de précision.

PESEUR, *PESEUSE [pe-zeùr, -zeùz'] *s. m. et f.*

[ÉTYM. Dérivé de peser, § 112. || 1252. Peseur de par le roi, dans GODEF. pesere. Admis ACAD. (au masc.) 1798.]

|| Celui, celle qui pèse. — public.

***PÈSE-VIN** [pèz'-vin; *en vers*, pò-ze-...] *s. m.*

[ÉTYM. Composé de pèse (du verbe peser) et vin, § 209. || *Néolog.*]

|| (T. didact.) Aréomètre pour mesurer le degré d'alcool du vin. (Syn. œnomètre.)

PESON [pe-zon] *s. m.*

[ÉTYM. Dérivé de peser, § 104. || XIV° s. Et est le pezon attaché au laz, *Modus*, f° 121, v°.]

|| **1°** Petit poids placé au bout du fuseau à filer pour le faire tourner plus facilement.

|| **2°** Levier coudé, balance où le poids est évalué par l'écart d'une aiguille fixée à angle droit sur le levier.

PESSAIRE [pò-sèr] *s. m.*

[ÉTYM. Emprunté du lat. pessarium, dérivé du grec πεσσός, m. s. || XIII° s. Metez par desoz ovec pessaire, *Simples medicines*, f° 5, r°. Admis ACAD. 1762.]

|| (Médec.) Bandage destiné à maintenir l'utérus.

***PESSE** [pĕs'] *s. f.*

[ÉTYM. Du lat. picea, m. s. proprt, « arbre à poix, à résine », de pix, picis, devenu pece, pesse, §§ 308, 383 et 291.]

|| (Botan.) Arbre conifère, voisin du sapin, dit aussi picéa, épicéa.

PESSIMISME [pĕs'-si-mism'] *s. m.*

[ÉTYM. Dérivé du lat. pessimus, très mauvais, § 265. || *Néolog.* Admis ACAD. 1878.]

|| (T. didact.) Doctrine des pessimistes.

PESSIMISTE [pĕs'-si-mist'] *s. m. et f.*

[ÉTYM. Dérivé du lat. pessimus, très mauvais, § 265. || *Néolog.* Admis ACAD. 1835.]

|| **1°** Celui, celle qui voit tout en mal.

|| **2°** (Philos.) Celui, celle qui croit que, le mal étant la loi de l'existence, on doit haïr la vie.

PESTE [pĕst'] *s. f.*

[ÉTYM. Emprunté du lat. pestis, m. s. || 1539. R. EST.]

|| **1°** Maladie épidémique, contagieuse, qui décime les populations. *Spéciall.* Le typhus d'Orient. Un mal qui répand la terreur, Mal que le Ciel en sa fureur Inventa pour punir les crimes de la terre, La —, LA F. *Fab.* VII, 1. | — bovine, maladie contagieuse qui attaque les bêtes à cornes. || *P. hyperb.* (*Cf.* pester.) Dire la — de qqn, en dire tout le mal possible. La — soit de lui! imprécation familière. La — soit du causeur! MOL. *Dép. am.* II, 6. — soit des carognes! ID. *Mar. forcé*, sc. 6. — de l'avocat! RAC. *Plaid.* III, 3.

Vieilli. — soit le coquin! MOL. *Méd. m. l.* I, 2. | La — soit fait l'homme! MOL. *Éc. des f.* IV, 2. La — m'étouffe, Monsieur, si je le sais, ID. *Impr.* sc. 2. || La —! ou —! exclamation ironique pour marquer l'étonnement. —, Madame la nourrice! comme vous dégoisez! MOL. *Méd. m. l.* II, 1.

|| 2º *Fig.* Personne, chose pernicieuse. Vous avez là, ma fille, une — avec vous, MOL. *Tart.* II, 2. Mainte — de cour, LA F. *Fab.* X, 9. Cela me raccommode avec ces pestes de femmes, MARIV. *Surpr. de l'am.* I, 2. Il ne manquait pas de flatteurs,... — fatale, VAUGEL. *Q.-Curce*, 5. Une petite —, un enfant malicieux (garçon ou fille), et, *vieilli*, en parlant d'un garçon, Un petit —. Tous les livres semblables que nosseigneurs les Évêques appellent la — des consciences, PASC. *2e Fact.* Nous fûmes extrêmement incommodés des moucherons, qui sont la — de ce pays, REGNARD, *Voyage en Laponie*. || *Vieilli. Adjectivt.* Un homme, une femme un peu —, qui a de la malignité, de la malice.

PESTER [pĕs'-té] *v. intr.*
[ÉTYM. Dérivé de peste, § 154. || 1617. Pester un homme, pour l'outrager et decrier, Mˡˡᵉ DE GOURNAY, dans DELB. *Rec.*]
|| Se répandre en malédictions (contre qqn ou qqch). — contre le sort. Je suis parti... Pestant fort contre vous, MOL. *Amph.* II, 1. Pestant... Contre son char, contre lui-même, LA F. *Fab.* VI, 18. J'aurai droit de — Contre l'iniquité de la nature humaine, MOL. *Mis.* V, 1.

PESTIFÈRE [pĕs'-ti-fêr] *adj.*
[ÉTYM. Emprunté du lat. pestiferus, *m. s.* || XIVᵉ s. Estoille pestifere, BERSUIRE, f⁰ 129.]
|| (T. didact.) Qui communique la peste.

PESTIFÉRÉ, ÉE [pĕs'-ti-fé-ré] *adj.*
[ÉTYM. Dérivé de pestifère, § 253. || XVIᵉ s. PARÉ, XXIII, 10.]
|| (T. didact.) Atteint de la peste. | *Substantivt.* Un —, une pestiférée.

PESTILENCE [pĕs'-ti-läns'] *s. f.*
[ÉTYM. Emprunté du lat. pestilentia, *m. s.* || XIIᵉ s. La chaere de pestilence, *Psaut. d'Oxf.* I, 1.]
|| (T. didact.) Peste répandue dans un pays. || *Fig.* (Loc. bibliq.) Mauvaise doctrine qui infecte les esprits. Une chaire de —.

PESTILENT, ENTE [pĕs'-ti-lan, -länt'] *adj.*
[ÉTYM. Emprunté du lat. pestilentus, *m. s.* || XIVᵉ s. Ceulx qui sont mauvais, pestillens ou mal disposés, ORESME, *Polit.* dans GODEF.]
|| (T. didact.) Qui répand la peste. Une vapeur pestilente, BOSS. *1er Démons*, 2.

PESTILENTIEL, ELLE [pĕs'-ti-lan-syèl; *en vers*, -si-èl] *adj.*
[ÉTYM. Dérivé du lat. pestilentia, pestilence, § 238. || 1549. R. EST.]
|| (T. didact.) Qui a les caractères de la peste. Maladie pestilentielle. || Qui donne la peste. Émanations pestilentielles.

PET [pè] *s. m.*
[ÉTYM. Pè] Du lat. pĕditum, *m. s.* devenu *ped'tum, § 290, *pettum, § 414, pet, § 291.]
|| Gaz, vent évacué par en bas avec bruit. Lâcher un —. *P. plaisant.* — de nonne, beignet soufflé.

PÉTALE [pé-tàl] *s. m.*
[ÉTYM. Emprunté du lat. scientif. petalum (F. COLONNE, 1649), *m. s.* grec πέταλον, feuille. || 1718. Enveloppes qui... se nomment en langage de botaniste petales, JUSSIEU, *Disc. sur les progrès de la botan.* p. 20. Admis ACAD. 1762.]
|| (Botan.) Partie de la corolle d'une fleur.

PÉTARADE [pé-tà-ràd'; *vieilli*, pe-...] *s. f.*
[ÉTYM. Emprunté du provenç. petarrada, *m. s.* dérivé de petarra, augmentatif de peta, péter, §§ 11 et 120. || XVIᵉ s. Prompte petarrade, MAROT, II, 218.]
|| Suite de pets que font certains animaux quand ils ruent. Le cheval refusa, fit une —, LA F. *Fab.* VI, 16. || *P. anal.* Explosion de pièces d'artifice. Se divertir la nuit à quelque —, ST-SIM. I, 199.

PÉTARD [pé-tàr; *vieilli*, pe-...] *s. m.*
[ÉTYM. Dérivé de péter, § 147. || 1585. L'esclat de son petart, G. BOUCHET, *Serées*, III, 270.]
|| Explosif pour faire sauter un obstacle. *Fig.* (cf. poudre). Allons mettre promptement le feu au —, LA F. *Ragotin*, II, 9. || *P. anal.* Pièce d'artifice qui éclate avec bruit.

PÉTARDER [pé-tàr-dé; *vieilli*, pe-...] *v. tr.*
[ÉTYM. Dérivé de pétard, § 154. || 1603. Petarder le temple, L. DE MONTGOMMERY, *Milice franç.* p. 2.]

|| *Vieilli.* Faire sauter avec un pétard. || *P. plaisant. Fig.* Ma foi, tu le pétardes (mon cœur), TH. CORN. *Charme de la voix*, IV, 4.

PÉTARDIER [pé-tàr-dyé; *vieilli*, pe-...] *s. m.*
[ÉTYM. Dérivé de pétard, § 115. || 1611. COTGR. Admis ACAD. 1718.]
|| *Anciennt.* Artificier préparant, employant les pétards.

PÉTASE [pé-tàz'] *s. m.*
[ÉTYM. Emprunté du lat. petasus, grec πέτασος, *m. s.* || XVIIᵉ s. *V.* à l'article. Admis ACAD. 1798.]
|| (Antiq.) Chapeau à large bord. On distinguait assez apparemment le — près de son siége au lieu de l'avoir sur la tête, PEIRESC, *Lett.* dans DELB. *Rec.*

PÉTAUD [pé-tó; *vieilli*, pe-...] *s. m.*
[ÉTYM. Nom propre de fantaisie, dérivé plaisamment de péter, §§ 36 et 138. || XVIᵉ s. Le roy Petault est encores cherchant la sienne (maison), RAB. III, 7. C'est la court du roy Petaud, ou chascun est maistre, COTGR.]
|| Ne s'emploie que dans cette locution : La cour du roi Pétaud, où chacun veut être maître. Et c'est tout justement la cour du roi Pétaud, MOL. *Tart.* I, 1.

PÉTAUDIÈRE [pé-tó-dyèr; *vieilli*, pe-...] *s. f.*
[ÉTYM. Dérivé de Pétaud, § 115. || Admis ACAD. 1694.]
|| Réunion confuse, où personne ne s'entend. Après une longue —, ST-SIM. I, 315.

PÉTÉCHIAL, ALE [pé-té-chyàl] *adj.*
[ÉTYM. Dérivé de pétéchie, § 238. || 1741. COL-DE-VILLARS, *Dict. franç.-lat.* petechies. Admis ACAD. 1878.]
|| (Médec.) Relatif à la pétéchie.

PÉTÉCHIE [pé-té-chi] *s. f.*
[ÉTYM. Emprunté de l'ital. petecchia, *m. s.* d'origine inconnue, §§ 12 et 507. || 1741. COL-DE-VILLARS, *Dict. franç.-lat.* Admis ACAD. 1762.]
|| (Médec.) Tache pourprée dans certaines maladies.

PET-EN-L'AIR [pò-tan-lêr] *s. m.*
[ÉTYM. Pour pète-en-l'air, composé avec pète (du verbe péter), en, l' et air, § 210. || 1729. Sa robe transformée en pet-en-l'air, *Merc. de Fr.* sept. p. 2015. Admis ACAD. 1835.]
|| *Famil.* Veston qui descend juste au bas des reins.

PÉTER [pé-té; *vieilli*, pe-...] *v. intr.*
[ÉTYM. Dérivé de pet, §§ 65 et 154. L'anc. franç. dit poire, du lat. pĕdere, § 1539. R. EST.]
|| Faire un pet. || *P. anal.* Éclater. Ce vin fait — les bouteilles. || *Fig. Famil.* Me faire — dans la main une telle affaire (la faire manquer), ST-SIM. XIII, 269. Nous plaiderons, morbleu, nous plaiderons; la gueule du juge en pétera (nous lui romprons la tête), REGNARD, *Divorce*, III, 2.

PÉTEUR et *PÉTEUX, PÉTEUSE* [pé-teu, -teuz'; *vieilli*, pe-...] *s. m. et f.*
[ÉTYM. Dérivé de péter, § 112. || XVᵉ-XVIᵉ s. Peteur, *Catholicon*, dans GODEF. *Compl.*]
|| Celui, celle qui a l'habitude de péter. On l'a chassé comme un —.

PÉTILLANT, ANTE [pé-ti-yan, -yànt'; *vieilli*, pe-...] *adj.*
[ÉTYM. Adj. particip. de pétiller, § 47. | XVIᵉ s. Jeunesse petillante, AMYOT, *Œuvr. mor. Comm. nourrir les enf.* 39.]
|| Qui pétille. Un vin —. || *Fig.* Être — d'esprit. Le feu sort de vos yeux pétillants, BOIL. *Ép.* 3.

PÉTILLEMENT [pé-tiy'-man; *en vers*, -ti-ye-...; *vieilli*, pe-...] *s. m.*
[ÉTYM. Dérivé de pétiller, § 145. || 1549. Petillement, R. EST. Admis ACAD. 1718.]
|| Action de pétiller. Le — du champagne.

PÉTILLER [pé-ti-yé; *vieilli*, pe-...] *v. intr.*
[ÉTYM. Dérivé de péter, § 161. || 1549. Petiller, R. EST.]
|| Laisser échapper de petits bruits secs qui se succèdent vivement. Le bois pétille dans le foyer. Des veines d'un caillou, qu'il frappe au même instant, il fait jaillir un feu qui pétille en sortant, BOIL. *Lutr.* 3. || *Fig.* [1. Jeter un vif éclat. Dès que le vin commence à — dans la coupe, BOSS. *Élévat. sur les mystèr.* XI, 4. Un feu séditieux fait bouillonner mon sang et — mes yeux, BOIL. *Ép.* 9. Des traits d'esprit semés de temps en temps pétillent, ID. *Art p.* 1. | 2. Laisser échapper des signes de vive impatience. — du désir de faire qqch, et, *ellipt*, — de qqch. (*Cf.* brûler, griller.) Son aile (d'une armée) qui pétillait d'entrer en action, ST-SIM. I, 262.

PÉTIOLE [pé-syòl; *en vers*, -si-òl] *s. m.*
[ÉTYM. Emprunté du lat. petiolus, petit pied. || 1783. BERGERET, *Phytonomatotechnie*, I, 3. Admis ACAD. 1835.]

|| (Botan.) Queue de la feuille, qui l'unit à la tige.

PÉTIOLÉ, ÉE [pé-syò-lé; *en vers*, -si-ò-lé] *adj.*

[ÉTYM. Dérivé de pétiole, § 253. || 1783. Feuilles pétiolées, BERGERET, *Phytonomatotechnie*, II, 61. Admis ACAD. 1835.]

|| (Botan.) Qui a un pétiole (par opposition à sessile). Feuille pétiolée.

*PETIOT, OTE** [pe-tyó, -tyòt'] *adj.*

[ÉTYM. Diminutif dérivé de petit, § 136. || XIVe s. Deux petios chandeliers d'argent, *Invent. de Ch. V*, dans DELB. *Rec.*]

· || *Famil.* Tout petit. Son enfant est —. *Substantivt.* Viens, mon —, ma petiote.

PETIT, ITE [pe-ti, -tit'; le *t* se lie] *adj.* et *s. m.* et *f.*

[ÉTYM. Origine incertaine. Le type primitif paraît être *pittittum, peut-être *pettittum, que l'on croit d'origine celtique, § 3. (*Cf.* pièce.) || XIe s. Li grant e li petit, *St Alexis*, 184.]

I. *Adj.* || **1°** Qui n'atteint pas les dimensions ordinaires (particulièrement en longueur et en hauteur). Un — homme. Une petite femme. Une petite ville. Une petite rue. Une petite maison. Avoir un — nez, de petits yeux. Avoir le pied —. | *Fig. Loc. adv.* Au — pied, dans de petites proportions. Un tyran au — pied. | Des petits arbres. Du — bois, cassé menu. Un — pain. Des petits souliers, et, *fig.* Être dans ses petits souliers, être mal à l'aise. Marcher à petits pas, faire de petites enjambées. || *P. anal.* Qui n'a pas atteint toute sa dimension. — poisson deviendra grand, LA F. *Fab.* V, 3. Le — chat est mort, MOL. *Éc. des f.* II, 5. Un — garçon. Une petite fille. Ce — monde, en parlant d'une réunion d'enfants. || *P. ext.* Pour marquer deux degrés de génération. Le —-fils, la petite-fille, le —-neveu, etc., le fils du fils ou de la fille, du neveu ou de la nièce, etc. Les petits-enfants, les enfants des enfants. || *Fig.* Se sentir — garçon devant qqn, se sentir inférieur à lui. || *P. anal.* | 1. Terme de protection familière. Mon — ami. | 2. Terme d'affection. Mon — mari. Ma petite femme. | *Ironiqt.* Mais, mon — Monsieur, prenez-vous un peu moins haut, MOL. *Mis.* I, 2.

|| **2°** Qui n'atteint pas la mesure ordinaire, en quantité, en qualité. Une petite somme d'argent. Une petite charité. Un — sou, s'il vous plaît. Il n'est resté qu'une petite heure. Le village est à une petite lieue. D'adorateurs zélés à peine un — nombre, RAC. *Ath.* I, 1. Jouer — jeu. Petite pluie abat grand vent. Frapper à petits coups. Du — vin, de la petite bière. (*Cf.* bière 2.) || Faire à qqn une petite visite, lui dire un — mot. Un — souper. C'est un — malheur. Au — bonheur, exclamation marquant qu'on veut courir la chance favorable, si faible qu'elle soit. Être aux petits soins pour qqn. De petits vers doux, tendres et langoureux, MOL. *Mis.* I, 2. La petite guerre, simulacre de guerre. Cette maison est un — Louvre, un Louvre en miniature.

|| **3°** Qui n'atteint pas le niveau ordinaire, quant au rang, à la condition. On a souvent besoin d'un plus — que soi, LA F. *Fab.* II, 11. Que vous jouez au monde un — personnage! MOL. *F. sav.* I, 1. Le — peuple. Les petites gens. D'Aubigné courait les petites filles aux Tuileries, ST-SIM. I, 479. Le — deuil, moins sévère que le grand deuil. || Un — commerçant. Le — commerce. Il est de petite noblesse. Les petits frères, les petites sœurs, nom que portent par humilité des religieux, des religieuses. Les petites sœurs des pauvres.

· || **4°** Qui n'atteint pas le niveau ordinaire, quant au mérite, aux qualités du cœur ou de l'esprit. Votre — esprit se mêle de railler, MOL. *F. sav.* I, 2. C'est un bourgeois fort simple, un — génie, LES. *Crisp. riv.* sc. 3. Laissons pour les petites âmes Ce commerce rampant, CORN. *Sertor.* I, 3. La fourbe n'est le jeu que des petites âmes, ID. *Nicom.* IV, 2. Il n'a jamais conçu que de petits desseins.

II. *S. m.* et *f.* || **1°** *Famil.* Enfant encore petit. La petite a été malade. Le — fait ses dents. Consolez-vous du — (de la mort du petit), SÉV. 625. *Spécialt.* Les petits, dans une maison d'éducation, les plus jeunes élèves. || *P. ext.* Progéniture des animaux. Aux petits des oiseaux il donne leur pâture, RAC. *Ath.* II, 7. Comme une lionne à qui on vient d'arracher ses petits, FÉN. *Tél.* 15. || *Fig.* Ses écus ont fait des petits, son pécule s'est accru.

|| **2°** Personne d'humble condition. De tout temps Les petits ont pâti des sottises des grands, LA F. *Fab.* II, 4.

|| **3°** Ce qui est petit. Le calcul des infiniment petits, des quantités infiniment petites. || *Absolt.* Le —, ce qui a un caractère de petitesse. Il (Louis XIV) n'aimait le — en aucun

genre, VOLT. *Mél. hist. Lett. de la Visclède.* Du — au grand, en comparant ce qui est petit à ce qui est grand. | En —, en raccourci. La reproduction en — d'un tableau.

|| **4°** Petite quantité. *Vieilli.* Un —, un peu. Je commence, à mon tour, à le croire un —, MOL. *Amph.* I, 2. Ne lui donnez plus rien qu'un — de panade, LA F. *Songe de Vaux*, 4. || *Loc. adv.* — à —, peu à peu. *Loc. prov.* — à — l'oiseau fait son nid.

*PETIT-DUNKERQUE** [pe-ti-dun-kèrk'] *s. m.*

[ÉTYM. D'une enseigne parisienne, Au petit Dunkerque, la ville de Dunkerque étant renommée pour la fabrication des bibelots en ivoire, § 36. || *Néolog.*]

|| Bibelot d'étagère.

PETITE-FILLE. *V.* petit.

PETITEMENT [pe-tit'-man; *en vers*, -ti-te-...] *adv.*

[ÉTYM. Composé de petite et ment, § 724. || XIIIe s. Car en leur couvent vivent assez petitement, J. DE MEUNG, *Test.* 1035.]

|| D'une manière petite. Vivre —. Être — logé. Avocat... Qui dans une petite et proche élection — possède une petite charge, LA F. *Ragotin*, I, 2.

PETITE-OIE. *V.* oie.

PETITES-MAISONS. *V.* maison.

PETITESSE [pe-ti-tès'] *s. f.*

[ÉTYM. Dérivé de petit, § 124. || XIIe s. Guillaume out nom des petitece, BENEEIT, *Ducs de Norm.* dans DELB. *Rec.*]

|| Caractère de ce qui est petit. L'infinité en —, PASC. *Pens.* I, 1. La — de sa taille. || La — de sa condition. Rome née dans la — pour arriver à la grandeur, MONTESQ. *Espr. des lois*, II, 2. Il y a... une fausse grandeur qui est —, LA BR. 3. || La — d'esprit, du cœur. || *P. ext.* Action qui dénote la petitesse de l'esprit ou du cœur. Des petitesses indignes de la haute réputation qu'ils avaient acquise, LA BR. 11.

PETIT-FILS. *V.* petit.

PETIT-GRIS. *V.* gris.

PÉTITION [pé-ti-syon; *en vers*, -si-on] *s. f.*

[ÉTYM. Emprunté du lat. petitio, *m. s.* de petere, demander. || XIIe s. Remplisset li sire tutes les tues peticiuns, *Psaut. d'Oxf.* XIX, 5.]

|| Action de demander. | 1. (Droit.) — d'hérédité, demande d'être mis en possession de l'héritage. | 2. (Logique.) — de principe, sophisme où l'on prend pour accordé ce qui est à prouver. | 3. Requête écrite aux représentants de l'autorité, aux grands corps politiques. Droit de —.

PÉTITIONNAIRE [pé-ti-syò-nèr; *en vers*, -si-ò-...] *s. m.* et *f.*

· [ÉTYM. Dérivé de pétition, § 248. || 1792. NECKER, *Pouv. exécutif*, II, 110. Admis ACAD. 1835.]

|| Celui, celle qui pétitionne.

PÉTITIONNEMENT [pé-ti-syòn'-man; *en vers*, -si-ò-ne-...] *s. m.*

[ÉTYM. Dérivé de pétitionner, § 145. || *Néolog.* Admis ACAD. 1878.]

|| Action de pétitionner.

PÉTITIONNER [pé-ti-syò-né; *en vers*, -si-ò-...] *v. intr.*

[ÉTYM. Dérivé de pétition, § 154. || 1792. On introduit chaque jour des nouveaux verbes : petitionner, vetoter, NECKER, *Pouv. exécutif*, II, 205. Admis ACAD. 1878.]

|| Présenter une pétition.

PETIT-LAIT. *V.* lait.

PETIT-MAÎTRE, PETITE-MAÎTRESSE. *V.* maître.

PETIT-NEVEU, PETITE-NIÈCE. *V.* petit et neveu, nièce.

PÉTITOIRE [pé-ti-twàr] *s. m.*

[ÉTYM. Emprunté du lat. petitorius, *m. s.* || XIVe s. Ne consentir au petitoire, J. LE FÈVRE, *Vieille*, dans DELB. *Rec.*]

|| (T. didact.) Relatif à une pétition. *Spécialt.* (Droit.) Action —, et, *substantivt*, *au masc.* —, action par laquelle on réclame un droit de propriété. (*Cf.* possessoire.)

PETITS-PIEDS. *V.* pied.

PETON [pe-ton] *s. m.*

[ÉTYM. Dérivé de pied, §§ 63, 65 et 104. (*Cf.* pion et piéton.) || XVIe s. Mon petit-filz, mon peton, que tu es joly! RAB. II, 3. Admis ACAD. 1740.]

|| *Famil.* Petit pied. Heureux de baiser seulement les petits bouts de vos petons, MOL. *Méd. m. l.* III, 3.

PÉTONCLE [pé-tônkl'] *s. m.*

[ÉTYM. Pour pectoncle, § 503, emprunté du lat. pectunculus, *m. s.* proprt, « petit peigne ». || 1555. Le petoncle, P. BELON, *Nat. et div. des poiss.* p. 413. Admis ACAD. 1762.]

‖ (Hist. nat.) Mollusque acéphale à coquille bivalve.

***PÉTRÉ, PÉTRÉE** [pé-tré] *adj.*
[ÉTYM. Emprunté du lat. petræus, *m. s.* ‖ 1545. La grande consyre a pareille vertu que la consyre petrée, O. GUÉROULT, *Hist. des plantes,* dans DELB. *Rec.* Admis ACAD. (au fém.) 1762.]
‖ (T. didact.) Qui ressemble à de la pierre. Apophyse pétrée, le rocher, partie de l'os temporal qui contient l'oreille interne.

PÉTREL [pé-trèl] *s. m.*
[ÉTYM. Se rattache au lat. Petrus, nom propre, par allusion au miracle de saint Pierre marchant sur les eaux, § 36. ‖ XVIII° S. BUFF. *Pétrel.* Admis ACAD. 1835.]
‖ (Hist. nat.) Oiseau de mer à longues ailes qui dans son vol rapide semble effleurer l'eau.

PÉTRIFIANT, ANTE [pé-tri-fyan, -fyânt'; *en vers,* -fi-...] *adj.*
[ÉTYM. Adj. particip. de pétrifier, § 47. ‖ XVIII° S. Suc petrifiant, BUFF. *Minéraux, Pierre calcaire.* Admis ACAD. 1798.]
‖ (T. didact.) Qui pétrifie. Fontaine pétrifiante.

PÉTRIFICATION [pé-tri-fi-kà-syon ; *en vers,* -si-on] *s. f.*
[ÉTYM. Dérivé de pétrifier, § 247. ‖ XVI° S. La petrification des coquilles, B. PALISSY, p. 334.]
‖ (T. didact.) Action de pétrifier ; résultat de cette action.

PÉTRIFIER [pé-tri-fyé ; *en vers,* -fi-é] *v. tr.*
[ÉTYM. Composé avec le lat. petra, pierre, et facere, faire, § 274. ‖ XVI° S. Poissons petrifiés, B. PALISSY, dans GODEF. *Compl.*]
‖ (T. didact.) Convertir en pierre. ‖ *P. ext.* Revêtir d'une couche pierreuse. Certaines sources calcaires pétrifient les objets. ‖ *Fig.* Immobiliser. Ai-je, par un écrit, Pétrifié sa veine et glacé son esprit? BOIL. *Sat.* 9. (La doctrine stoïcienne) sous laquelle on restait de chair, avec quelque zèle que l'on travaillât à se —, DIDER. *Claude et Néron,* II, 64.

PÉTRIN [pé-trin] *s. m.*
[ÉTYM. Pour pestrin, § 422, du lat. pistrīnum, lieu où l'on fait le pain, §§ 308 et 291. ‖ Admis ACAD. 1718.]
‖ Caisse dans laquelle on pétrit le pain. ‖ *Fig. Pop.* Situation embarrassante. Être dans le —.

PÉTRIR [pé-trîr] *v. tr.*
[ÉTYM. Du lat. pop. *pisturīre, *m. s.* de pistura, action de piler, § 154, devenu pestrir, §§ 308, 336 et 291, pétrir, § 422. ‖ XII° S. Prestir, *Loherains,* dans GODEF. *Compl.*]
‖ Presser, manier (une substance pâteuse). — de la farine, de l'argile. *P. anal.* Plusieurs sages-femmes prétendent, en pétrissant la tête des enfants nouveau-nés, lui donner une forme plus convenable, J.-J. ROUSS. *Ém.* 1. ‖ *Fig.* Façonner. On dirait que... Dieu l'a pétri d'autre limon que moi, BOIL. *Sat.* 5. A mon plaisir j'ai pétri sa jeune âme, VOLT. *Enf. prodigue,* I, 1. Lasse de — l'univers, A. BARBIER, *Idole.*

PÉTRISSABLE [pé-tri-sàbl'] *adj.*
[ÉTYM. Dérivé de pétrir, § 93. ‖ *Néolog.* Admis ACAD. 1878.]
‖ (T. didact.) Qui peut être pétri.

PÉTRISSAGE [pé-tri-sàj'] *s. m.*
[ÉTYM. Dérivé de pétrir, § 78. ‖ 1767. MALOUIN, *Art du boulanger,* p. 164. Admis ACAD. 1835.]
‖ (Technol.) Action de pétrir.

PÉTRISSEUR, *PÉTRISSEUSE [pé-tri-seùr, -seùz'] *s. m. et f.*
[ÉTYM. Dérivé de pétrir, § 112. ‖ XIII° S. Pestriseur, E. BOILEAU, *Livre des mest.* I, I, 44. Admis ACAD. (au masc.) 1835.]
‖ Celui, celle qui pétrit.

PÉTROLE [pé-tròl] *s. m.*
[ÉTYM. Emprunté du bas lat. petroleum, *m. s.* proprt, « huile (oleum) de pierre (petra) ». ‖ XIII° S. Petroleum est chauz... por ce le claime l'en petrole que c'est une huile que l'en fait de pierre, *Simples medicines,* f° 59, v°. Admis ACAD. 1762.]
‖ Huile minérale tirée de sources naturelles, employée pour l'éclairage, le chauffage des machines, etc. Lampe à —. Machine à —.

***PÉTROLER** [pé-trò-lé] *v. tr.*
[ÉTYM. Dérivé de pétrole, § 154. ‖ *Néolog.*]
‖ *Néolog.* Enduire de pétrole. | *P. ext.* Incendier avec du pétrole.

***PÉTROLERIE** [pé-tròl-ri ; *en vers,* -trò-le-ri} *s. f.*
[ÉTYM. Dérivé de pétrole, § 69. ‖ *Néolog.*]
‖ (Technol.) Usine où l'on épure, où l'on rectifie le pétrole.

PÉTROLEUR, EUSE [pé-trò-leur, -leùz'] *s. m. et f.*
[ÉTYM. Dérivé de pétrole, § 112. ‖ *Néolog*. Admis ACAD. 1878.]
‖ Celui, celle qui se sert de pétrole pour incendier.

PÉTROSILEX [pé-trò-si-lèks'] *s. m.*
[ÉTYM. Emprunté du lat. des naturalistes petrosilex, *m. s.* du lat. petra, pierre, et silex, § 284. ‖ 1753. Petrosilex, D'HOLBACH, *Minéralog. de Walérius,* I, 176. Admis ACAD. 1835.]
‖ (Minéral.) Pierre siliceuse analogue au feldspath.

PETTO (IN). *V.* in petto.

***PÉTULAMMENT** [pé-tu-là-man] *adv.*
[ÉTYM. Pour pétulantment, composé de pétulant et ment, § 724. ‖ 1553. Petulamment interrompre, *Apopht. d'Érasme,* dans DELB. *Rec.* Admis ACAD. 1718 ; suppr. en 1878.]
‖ *Rare.* Avec pétulance.

PÉTULANCE [pé-tu-làns'] *s. f.*
[ÉTYM. Emprunté du lat. petulantia, *m. s.* ‖ 1529. Par petulance, inobedience, L. LASSERE, *Vie de Mgr St Hierosme,* dans DELB. *Rec.*]
‖ Vivacité turbulente.

PÉTULANT, ANTE [pé-tu-lan, -lânt'] *adj.*
[ÉTYM. Emprunté du lat. petulans, *m. s.* ‖ 1350. GILLES LI MUISIS, dans DELB. *Rec.*]
‖ Qui a de la pétulance. Des sylvains pétulants, des faunes indiscrets, REGNARD, *Démocr.* I, 5. Compagnon Du — pierrot, LA F. *Fab.* XII, 2. D'Achy très vif et très —, ST-SIM. I, 81.

PETUN [pé-tun] *s. m.*
[ÉTYM. Emprunté du portug. petum, *m. s.* mot de la langue des indigènes du Brésil, §§ 14 et 30. ‖ 1572. Les veluz sauvages Dont s'est connu ce haut feuillu petun, J. PELLETIER, *Savoye,* p. 298, édit. 1856.]
‖ *Vieilli.* Tabac. Pour Mars, Il prenait du —, SCARRON, *Typhon,* I.

PETUNER [pé-tu-né] *v. intr.*
[ÉTYM. Dérivé de petun, § 154. ‖ 1612. L'homme prist son petunoir et le donna à Dieu qui petuna beaucoup, M. LESCARBOT, *Hist. de la Nouv.-France,* I, p. 284, Tross.]
‖ *Vieilli.* Fumer du tabac. A — il s'était mis, SCARRON, *Typhon,* 1, p. 479.

PÉTUNIA [pé-tu-nyà ; *en vers,* -ni-à} *s. m.*
[ÉTYM. Dérivé de petun, § 224. ‖ *Néolog.* Admis ACAD. 1878.]
‖ (Botan.) Plante d'ornement à fleurs variées et odorantes.

PEU [peù] *s. m. et adv.*
[ÉTYM. Du lat. paucum, *m. s.* devenu pou, peu, §§ 333, 380 et 291.]
I. *S. m.* Petite quantité. Le — qu'il en restait, n'osant quitter son trou, LA F. *Fab.* II, 2. Le — de jours qu'il lui reste à vivre. Le — de sûreté que j'ai vu pour ma vie, MOL. *Av.* V, 5. | *Ironiqt. Famil.* Quand il s'agit de qqch de très considérable. Excusez du —. ‖ Ayez un — de patience. Après avoir fait un — plus de bruit... les uns que les autres, BOSS. *D. d'Orl.* Il me reste quelque — d'argent. Il a — d'argent. — de chose nous console, parce que — de chose nous afflige, PASC. *Pens.* VI, 22 *bis. Absolt.* Tout votre sang est — pour un bonheur si doux, CORN. *Poly.* IV, 3. C'est — de me quitter, tu veux donc me séduire? ID. *Poly.* IV, 3. Pour en venir à bout, c'est trop — que de vous, ID. *Cid,* V, 1. Il sait se contenter de —. Que l'homme considère le — qu'il est. Un homme de —, de petite valeur. — de temps, et, *absolt,* Je viendrai dans —, bientôt. Pour — que l'on s'oppose à ce que veut sa tête, MOL. *F. sav.* II, 9. J'espère encore un —, CORN. *Rodog.* III, 5. Cela m'est sorti un — bien vite de la bouche, MOL. *D. Juan,* I, 1. L'autre (femme) un — bien mûre, LA F. *Fab.* I, 17. Attendez un —. Expliquez-moi un — ce que cela veut dire. ‖ *Loc. adv.* — à —, par degrés insensibles. — à — il s'enhardit.
II. *Adv.* En petite quantité. Je le crains —. Il est — intelligent. Si — que rien.

PEUPLADE [peù-plàd'] *s. f.*
[ÉTYM. Dérivé de peupler, § 120. On trouve dans le même sens peuplée au XVI° S. ‖ XVI°-XVII° S. *V.* à l'article.}
I. *Vieilli.* Action de peupler. Exposant son désir d'aller faire — en l'Amérique, D'AUB. *Hist.* I, p. 117, de Ruble. Le

devoir d'un gouvernement sage est évidemment la — et le travail, VOLT. *Dial.* 4. || *P. ext.* Colonie envoyée pour peupler un pays. Envoyer des peuplades en quelque lieu, P. D'ABLANC. dans RICHEL.]

II. Groupe de familles formant une société imparfaitement organisée. Les peuplades de l'Afrique centrale.

1. PEUPLE [pĕupl'] *s. m.*

[ÉTYM. Du lat. pŏpulum, *m. s.* devenu puople, pueple, peuple, §§ 320, 290 et 291.]

|| **1°** Réunion d'hommes qui habitent un même pays, sont le plus souvent de même race et parlent la même langue. Le — français. Les peuples étrangers. Que cent peuples... Passent pour la détruire et les monts et les mers! CORN. *Hor.* IV, 5. Le — roi, le peuple romain. Chaque — a le sien (gouvernement) conforme à sa nature, CORN. *Cinna*, II, 1. Elles (les lois) doivent être... propres aux peuples pour lesquels elles sont faites, MONTESQ. *Espr. des lois*, I, 3. || *P. ext.* | 1. Les habitants d'une même ville. Le — de Paris. | 2. Ceux qui ont une même religion. Le — élu, le — de Dieu. Dieu, voulant se former un — saint, PASC. *Pens.* XI, 5 *ter.* Le — juif est dispersé sur toute la terre.

|| **2°** Le corps de la nation, par opposition au souverain, aux grands. On m'élit roi, mon — m'aime, LA F. *Fab.* VII, 10. Que diriez-vous de cet homme qui aurait été fait roi par l'erreur du — ? PASC. *Condit. des grands*, 1. Le sénat et le — romain. Les tribuns du —. L'assemblée du —. Il y a le — qui est opposé aux grands, c'est la populace et la multitude, LA BR. 9. Le — n'a guère d'esprit, et les grands n'ont point d'âme : faut-il opter ?... Je veux être —, *ip.* 9. La souveraineté du —, doctrine suivant laquelle le droit de souveraineté réside dans la volonté du peuple. *Loc. prov.* La voix du — c'est la voix de Dieu. || *P. ext.* La multitude, par opposition à ceux qui sont éclairés. Le — appelle éloquence la facilité que quelques-uns ont de parler seuls et longtemps, LA BR. 1. Dans le gouvernement même populaire, la puissance ne doit point tomber entre les mains du bas —, MONTESQ. *Espr. des lois*, XV, 18. Le petit —, la basse classe. | *P. plaisant.* En parlant de petits enfants. Parlez-moi de ce petit —, SÉV. 620.

|| **3°** *Fig.* Rassemblement de personnes. Un grand — les suit, RAC. *Bér.* IV, 8. Les cabales Que formait en ces lieux ce — de rivales, RAC. *Esth.* I, 1. Un — d'importuns, BOIL. *Sat.* 6.

2. PEUPLE [pĕupl'] *s. m.*

[ÉTYM. Du lat. pŏpulum, *m. s.* devenu pople, peuple, §§ 325, 290 et 291. Admis ACAD. 1878.]

|| *Vieilli et dialect.* Peuplier. || *Spéciall.* (Technol.) Bois de —, tout bois blanc servant à faire des voliges.

PEUPLEMENT [pĕu-ple-man] *s. m.*

[ÉTYM. Dérivé de peupler, § 145. || 1260. Après le peuplement, *Ordonn.* I, 90. Admis ACAD. 1878.]

|| Action de peupler. || *Spéciall.* Action de peupler un étang de poissons, un parc de gibier, un terrain d'arbres.

PEUPLER [pĕu-plé] *v. tr.*

[ÉTYM. Dérivé de peuple, §§ 65 et 154. || XIIᵉ s. Commencèrent a restorer Et a refaire et pupler, BENEEIT, *Ducs de Norm.* I, 2066.]

|| Pourvoir d'habitants. La Chine, par la force du climat, se peuplera toujours, MONTESQ. *Espr. des lois*, VIII, 31. Les pays habités par les sauvages sont ordinairement peu peuplés, ID. *Lett. pers.* 121. Rebâtissez son temple et peuplez vos cités, RAC. *Esth.* III, 7. || En parlant des habitants qui forment la population. Les indigènes qui peuplent l'Afrique. || *Absoll.* Le rustique... une fois marié, peuplera indifféremment, soit qu'il soit riche, soit qu'il soit pauvre, MONTESQ. *Lett. pers.* 122. || *P. anal.* — un étang de poissons — un parc de gibier. La race s'étend bien loin par ce moyen (par les semences des arbres), et peuple les montagnes voisines, BOSS. *Conn. de Dieu*, IV, 2. || *P. ext.* Les déserts, autrefois peuplés de sénateurs, RAC. *Brit.* I, 2. || *Fig.* Les fantômes qui peuplent son imagination.

PEUPLIER [pĕu-pli-yé] *s. m.*

[ÉTYM. Dérivé de peuple 2, § 115. || XIIIᵉ s. Sous un poplier, J. DE MEUNG, *Rose*, 15887.]

|| Arbre de la famille du saule, à tige droite, à feuilles alternes. Le — blanc. Le — d'Italie. Le — argenté.

PEUR [pĕur] *s. f.*

[ÉTYM. Du lat. pavŏrem, *m. s.* devenu paor, §§ 445 et 291, peor, § 346, peeur, § 325, peur, § 358.]

|| Faiblesse de cœur en présence du danger. Ma — à chaque pas s'accroît, MOL. *Amph.* I, 1. Le drôle parle ainsi Pour me cacher sa —, ID. *ibid.* I, 2. La — se corrige-t-elle ?

LA F. *Fab.* II, 14. Quand on cède à la — du mal, on ressent déjà le mal de la —, BEAUMARCH. *B. de Sév.* II, 2. Souvent la — d'un mal nous conduit dans un pire, BOIL. *Art p.* 1. Il a eu plus de — que de mal. Il en est quitte pour la —. La — grossit les objets. Mourir de —. | Avoir — de qqn, de qqch. On a — de nos larmes, CORN. *Hor.* III, 2. Il a — de son ombre, FÉN. *Tél.* 3. As-tu — de mourir ? CORN. *Cid*, II, 2. Vous m'avez fait —, PASC. *Prov.* 5. | Faire — à qqn de qqch. Fais-lui — d'une prison sévère, MOL. *Attila*, III, 1. J'ai — qu'elle ne soit mal payée de son amour, MOL. *D. Juan*, I, 1. *Vieilli* (sans négation). Tu trembles de — qu'on t'ôte ton galant, MOL. *Sgan.* sc. 22. || *P. hyperb.* J'ai — de vous déranger. Il ne réussira pas, j'en ai —. || *P. anal.* Le cheval a eu —. A travers des rochers la — les précipite (les chevaux), RAC. *Phèd.* V, 6. || *Loc. adv. et conj.* De — de et de — que. Non de — d'aucun blâme, CORN. *Cid*, V, 3. Il faut rire avant que d'être heureux, de — de mourir sans avoir ri, LA BR. 4. | De — qu'en le voyant quelque trouble indiscret Ne fasse avec mes pleurs échapper mon secret, RAC. *Ath.* I, 2.

PEUREUSEMENT [pĕu-reŭz'-man ; *en vers*, -reŭze-...] *adv.*

[ÉTYM. Composé de peureuse et ment, § 724. || XIIᵉ-XIIIᵉ s. Paurosement, *Job*, dans *Rois*, p. 491. Admis ACAD. 1878.]

|| D'une manière peureuse.

PEUREUX, EUSE [pĕu-reŭ, -reŭz'] *adj.*

[ÉTYM. Dérivé de peur, § 115. || XIIᵉ s. Peoros sont et sofrent mal, *Énéas*, 2765.]

|| Sujet à la peur. Être —. Les gens de naturel —, LA F. *Fab.* II, 14. | *Substantivt.* C'est un —, une peureuse.

PEUT-ÊTRE [pĕu-têtr'] *loc. adv.*

[ÉTYM. Composé de peut (du verbe pouvoir) et être, §§ 182 et 726. L'anc. franç. dit plutôt puet cel estre (cela peut être).]

|| Adverbe qui signifie par ellipse cela peut être. — on t'a conté la fameuse disgrâce De l'altière Vasthi, RAC. *Esth.* I, 1. Pour la dernière fois je vous parle —, ID. *Andr.* IV, 5. | *Famil.* Vous n'attendez — pas (vous ne supposez pas) que. Je n'irai — pas employer mon temps à terminer vos différends, MONTESQ. *Lett. pers.* 11. — qu'adouci Il songe à terminer une guerre si lente, RAC. *Théb.* III, 5. || *Substantivt. Famil.* Un —, ce qui est incertain. — qu'il le dit, mais c'est un grand —, CORN. *Ment.* IV, 9. La mort est le grand —.

PHAÉTON [fa-é-ton] *s. m.*

[ÉTYM. Nom propre, § 36 : Phaéton, fils du Soleil, qui, voulant conduire le char de son père, faillit embraser le monde. || (Au sens **I.**) XVIIᵉ s. *V.* à l'article. | (Au sens **II.**) 1723. Les chaises roulantes, les soufflets, les guinguettes et les phaétons, SAVARY, *Dict. du comm.* Admis ACAD. 1762.]

I. *P. plaisant.* Cocher. Le — d'une voiture à foin, LA F. *Fab.* VI, 18.

II. *P. ext.* Voiture découverte à quatre roues, haute et légère. Mon — est à la porte, VIGÉE, *Matinée d'une coquette* (1792).

PHAGÉDÉNIQUE [fa-jé-dé-nĭk'] *adj.*

[ÉTYM. Emprunté du lat. phagedænicus, grec φαγεδαινι-κός, *m. s.* de φαγέδαινα, faim dévorante, ulcère. || 1545. Ulcères rongeans dits phagedeniques, G. GUÉROULT, dans DELB. *Rec.* Admis ACAD. 1762.]

|| (Médec.) Qui ronge. Eau —, pour consumer les chairs fongueuses. Ulcère —, qui ronge les parties voisines.

PHALANGE [fa-länj'] *s. f.*

[ÉTYM. Emprunté du lat. phalanx, grec φάλαγξ, bâton, os allongé, ligne de soldats, etc. (*Cf.* palan, palanche.) || XIIIᵉ s. Eschelles que il appeloient phalanges, J. DE MEUNG, *Végèce*, II, 2.]

I. (Anat.) Chacun des petits os longs qui forment les doigts des mains et des pieds.

II. (Antiq. grecque.) Corps de fantassins. La — macédonienne. || *Fig.* Les célestes phalanges (les anges), LA F. *Fab.* IX, 20, *Disc. à Mᵐᵉ de la Sablière*. Ces phalanges ailées d'insectes, BUFF. *Lièvre*. || Dans le système de Fourier, association de cent familles.

PHALANSTÈRE [fa-lans-têr'] *s. m.*

[ÉTYM. Composé arbitrairement avec phalange et la désinence de monastère, § 284 *bis*. || Mot dû à FOURIER (1772-1837). Admis ACAD. 1878.]

|| Dans le système de Fourier, habitation de la phalange. || *P. ext.* Maison où nombre de ménages sont réunis.

PHALANSTÉRIEN, IENNE [fa-lans'-té-ryin, -ryòn' ; *en vers*, -ri-...] *s. m.* et *f.*

[ÉTYM. Dérivé de **phalanstère**, § 244. || *Néolog.* Admis ACAD. 1878.]

|| Adepte de la doctrine de Fourier. *Adjectivt.* **Le système —.**

PHALÈNE [fà-lên'] *s. m.* et *f.*

[ÉTYM. Emprunté du grec φάλαινα, *m. s.* Sur le genre (le grec est fém.), *V.* § 554. || 1734. **Phalènes ou papillons nocturnes,** RÉAUMUR, *Mém. sur les insectes,* I, 285. Admis ACAD. 1762.]

|| (Hist. nat.) Papillon de nuit. **L'œil du nocturne —,** v. HUGO, *Ball.* 9.

PHALLIQUE [fàl'-lĭk'] *adj.*

[ÉTYM. Emprunté du lat. **phallicus,** grec φαλλικός, *m. s.* || Admis ACAD. 1878.]

|| (Antiq.) Relatif au phallus.

PHALLUS [fàl'-lüs'] *s. m.*

[ÉTYM. Emprunté du lat. **phallus,** grec φαλλός, *m. s.* || Admis ACAD. 1835.]

|| (Antiq.) Représentation du membre viril, portée dans certaines fêtes comme emblème de la fécondité.

PHANÉROGAME [fà-né-rò-gàm'] *adj.*

[ÉTYM. Composé avec le grec φανερός, visible, et γάμος, mariage, § 279. || 1813. **Plusieurs phanérogames,** LAMOUROUX, *Ann. du Museum,* XX, 25. Admis ACAD. 1835.]

|| (Botan.) Qui a les organes de la fructification apparents. (*Cf.* cryptogames.) **Les plantes phanérogames,** et, *substantivt,* **Les phanérogames.**

PHANTASMAGORIE, PHANTASMAGORIQUE. *V.* **fantasmagorie, fantasmagorique.**

PHARAON [fà-rà-on] *s. m.*

[ÉTYM. Semble être le nom propre **Pharaon,** titre des souverains de l'ancienne Égypte, § 36. || Admis ACAD. 1740.]

|| Jeu de hasard où le banquier, tirant deux cartes qu'il met l'une à sa droite, l'autre à sa gauche, gagne tous les enjeux mis à droite sur les cartes de même valeur, et les double à gauche. **Le produit du lansquenet et du —,** DANCOURT, *Déroute du pharaon,* sc. 3.

PHARE [fàr] *s. m.*

[ÉTYM. Emprunté du lat. **pharus,** grec φάρος, *m. s.* proprt, nom propre d'une île près d'Alexandrie, où l'on avait établi une tour surmontée d'un foyer lumineux, § 36. (*Cf.* l'anc. franç. **far,** détroit, encore dans RAB. III, prol.) || 1553. **Phares, haultes tours sur le rivage de la mer esquelles on allume une lanterne,** RAB. *Briefve Desclar.*]

|| Tour élevée sur un littoral, portant à son sommet un feu qui sert à guider la nuit la marche des navires. — **à feu fixe, à feu tournant, à feu intermittent, à feu changeant. Le — d'Alexandrie. Le — de Messine.** *P. ext.* **Le — de Messine,** détroit sur le rivage duquel est placé ce phare. || *Fig. P. anal.* | 1. **—** de cimetière, colonne destinée à recevoir une lampe, dite lanterne des morts. | 2. **—** d'église, chandelier portant circulairement plusieurs cierges. | 3. *P. ext.* (Marine.) Mât d'un bâtiment avec ses vergues et ses voiles. **Le — de l'avant,** le mât de misaine. **Les phares de l'arrière,** le grand mât, le mât d'artimon.

PHARISAÏQUE [fà-ri-zà-ĭk'] *adj.*

[ÉTYM. Emprunté du lat. **pharisaïcus,** grec φαρισαϊκός, *m. s.* (*V.* pharisien.) || XVIᵉ s. **Opinion pharisaïque,** CALV. *Instit. chr.* IV, XIX, 30. Admis ACAD. 1762.]

|| Qui a le caractère du pharisien. **Cette prétendue sévérité —,** BOURD. *Sévérité évang.* 1. **Une austérité — le rendait redoutable,** ST-SIM. I, 136.

PHARISAÏSME [fà-ri-zà-ĭsm'] *s. m.*

[ÉTYM. Dérivé de **pharisaïque,** § 265. || XVIᵉ s. **Saint Paul a esté irreprehensible en son pharisaïsme,** CALV. *Instit. chr.* III, XXIV, 10. Admis ACAD. 1762.]

|| Caractère du pharisien.

PHARISIEN, *PHARISIENNE* [fà-ri-zyin, -zyèn' ; *en vers,* -zi-...] *s. m.* et *f.*

[ÉTYM. Pour **pharisæen,** dérivé du lat. **pharisæus,** grec φαρισαῖος, mot d'origine araméenne désignant, au temps de Jésus-Christ, une secte des Juifs, §§ 21 et 244. || XIIIᵉ s. **Li Pharisien portoient briés en leur frons pendans,** G. DES MOULINS, *Bible hist.* dans GODEF. filatiere. Admis ACAD. 1762.]

|| Celui, celle qui observe les pratiques extérieures, mais dont la piété est plus apparente que réelle. **La fausse piété des pharisiens,** BOURD. *Vraie et fausse piété,* 3. **On l'aurait si bien pris pour un —; il en avait tant l'air, l'austérité,** ST-SIM. I, 349. **Ces pharisiens de la loi nouvelle (les jésuites),** PASC. 2ᵉ *Fact.* || *Adjectivt.* **Qu'était-ce que cette piété pharisienne? Une piété hypocrite,** BOURD. *Vraie et fausse piété,* préamb.

PHARMACEUTIQUE [fàr-mà-seù-tĭk'] *adj.*

[ÉTYM. Emprunté du lat. **pharmaceuticus,** grec φαρμακευτικός, *m. s.* || 1547. FLESSELLES, *Introd. de chirurgie,* fᵒ 3, rᵒ. Admis ACAD. 1762.]

|| (T. didact.) Qui a rapport à la pharmacie. **Préparations pharmaceutiques.**

PHARMACIE [fàr-mà-si] *s. f.*

[ÉTYM. Emprunté du lat. **pharmacia,** grec φαρμακεία, *m. s.* || XIIIᵉ-XIVᵉ s. **Farmacie ne soit faite devant que trois jours soient passés,** *Chirurg. de Mondeville,* fᵒ 85.]

|| (T. didact.) Art de préparer les médicaments. **École de —.** || *P. ext.* Officine où les médicaments sont préparés, conservés, débités. || *Fig.* **—** de poche, de voyage, assortiment des médicaments les plus usuels.

PHARMACIEN [fàr-mà-syin ; *en vers,* -si-in] *adj.* et *s. m.*

[ÉTYM. Dérivé de **pharmacie,** § 244. || XVIIᵉ s. *V.* à l'article.]

|| 1° *Vieilli. Adj.* Relatif à la pharmacie. **Quelque auteur —,** GUY PATIN, *Lett.* II, p. 191.

|| 2° *S. m.* Celui qui exerce la pharmacie. (*Cf.* apothicaire et pharmacopole.)

PHARMACOPÉE [fàr-mà-kò-pé] *s. f.*

[ÉTYM. Emprunté du grec φαρμακοποιΐα, *m. s.* de φάρμακον, remède, et ποιεῖν, faire. || 1571. J. BESSON, *Art et moyen de tirer huyles,* fᵒ 17, rᵒ. Admis ACAD. 1718.]

|| (T. didact.) Livre qui traite de l'art de préparer les médicaments.

PHARMACOPOLE [fàr-mà-kò-pòl] *s. m.*

[ÉTYM. Emprunté du lat. **pharmacopola,** grec φαρμακοπώλης, *m. s.* de φάρμακον, remède, et πωλεῖν, vendre. || 1690. FURET. Admis ACAD. 1835.]

|| *Vieilli.* Vendeur de drogues.

PHARYNGITE [fà-rin-jĭt'] *s. f.*

[ÉTYM. Dérivé de **pharynx,** § 282. || *Néolog.* Admis ACAD. 1878.]

|| (Médec.) Inflammation du pharynx.

PHARYNX [fà-rĭnks'] *s. m.*

[ÉTYM. Emprunté du lat. **pharynx,** grec φάρυγξ, gorge. || XVIᵉ s. PARÉ, IV, 14. Admis ACAD. 1762.]

|| (Anat.) Arrière-bouche.

PHASE [fàz'] *s. f.*

[ÉTYM. Emprunté du grec φάσις, apparence. || 1690. FURET. Admis ACAD. 1740.]

|| Chacun des aspects successifs sous lesquels se montrent à nous, durant leur révolution, la lune, les planètes, selon la position, par rapport à la terre, de la partie éclairée par le soleil. || *Fig.* Chacun des états successifs par lesquels passe une chose au cours de son développement. **Les phases de la gestation, de la civilisation.**

PHASÉOLE. *V.* **faséole.**

PHÉBUS [fé-büs'] *s. m.*

[ÉTYM. Emprunté du lat. **Phœbus,** grec Φοῖβος, autre nom d'Apollon, dieu de la poésie, § 36. || 1622. *V.* à l'article.]

|| (T. didact.) Manière de parler, d'écrire, obscure par raffinement. **Il lui parlait toujours — dans son transport,** SOREL, *Francion* (1622), p. 218. **Les diseurs de —,** LA BR. 5. **Donner sur le —,** CORN. *Mélite,* I, 1. **La magnificence de paroles avec de faibles idées est proprement du —,** VAUVEN. *De l'éloq.*

PHÉNAKISTICOPE [fé-nà-kĭs'-ti-kŏp'] *s. m.*

[ÉTYM. Composé avec le grec φενακιστικός, qui trompe, et σκοπεῖν, voir, § 279. || *Néolog.*]

|| (T. didact.) Disque sur le contour duquel sont représentées les phases successives d'un mouvement et qui, tournant sur son axe, nous donne la sensation du mouvement complet.

PHÉNICOPTÈRE [fé-ni-kŏp'-tèr] *s. m.*

[ÉTYM. Emprunté du lat. **phœnicopterus,** grec φοινικόπτερος, *m. s.* de φοῖνιξ, rouge, et πτερόν, aile. (*Cf.* phœnicure.) || XVIᵉ s. **Flammans, qui sont phœnicopteres,** RAB. I, 37. Admis ACAD. 1762.]

|| (T. scientif.) Flamant, oiseau. **Le brillant — aux ailes de pourpre,** P. D'ABLANC. *Lucien, Suppl. à l'hist. vérit.* 3.

PHÉNICURE. *V.* **phœnicure.**

PHÉNIQUE [fé-nĭk'] *adj.*

[ÉTYM. Dérivé du radical de **phénol,** §§ 229 et 282 *bis.* || *Néolog.* Admis ACAD. 1878.]

|| (Chimie.) Qui est de la nature du phénol. Acide —, le phénol ordinaire.

*PHÉNIQUÉ, ÉE [fé-ni-ké] *adj.*
[ÉTYM. Dérivé de phénique, § 154. || *Néolog.*]
|| Composé avec du phénol. Eau phéniquée. Ouate phéniquée. Pansement —.

PHÉNIX [fé-nĭks'] *s. m.*
[ÉTYM. Emprunté du lat. phœnix, grec φοῖνιξ, *m. s.* || XIIᵉ s. Phenix cinc cenz anz vit, PH. DE THAUN, *Best.* p. 114.]
|| (Antiq.) Oiseau fabuleux, qui passait pour être unique en son espèce, et renaître de ses cendres. || *Fig.* Personne, chose unique en son genre. Diana appelle Vasquez le — des esprits, PASC. *Prov.* 5. Vous êtes le — des hôtes de ces bois, LA F. *Fab.* 1, 2. Cet heureux — (un sonnet sans défaut) est encore à trouver, BOIL. *Art* p. 2.

PHÉNOL [fé-nòl] *s. m.*
[ÉTYM. Composé avec le grec φαίνειν, briller, et la finale ol, § 282 *bis.* || *Néolog.* Admis ACAD. 1878.]
|| (Chimie.) Substance désinfectante extraite des huiles lourdes, provenant de la distillation de la houille et du goudron.

PHÉNOMÉNAL, ALE [fé-nò-mé-nàl] *adj.*
[ÉTYM. Dérivé de phénomène, § 238. || *Néolog.* Admis ACAD. 1878.]
|| 1º (T. didact.) Qui tient du phénomène. L'observation ne nous fait connaître que la nature phénoménale des corps.
|| 2º *Famil.* Qui constitue un phénomène peu ordinaire. Il a un aplomb — pour son âge.

PHÉNOMÈNE [fé-nò-mén'] *s. m.*
[ÉTYM. Emprunté du grec φαινόμενον, ce qui apparaît. || 1570. Le phenomene des estoilles, GENTIAN HERVET, *Cité de Dieu,* dans DELB. *Rec.*]
|| 1º (T. didact.) Modification d'un corps qui affecte nos sens. Les phénomènes de l'électricité, de la chaleur. Les phénomènes de la circulation, de la respiration. Les lois qui régissent les phénomènes. Rattacher les phénomènes à leurs causes.
|| 2º Fait qui frappe comme n'étant pas ordinaire. C'est un —, qu'un homme insensible aux éloges. Tout a été — dans la Révolution, LAHARPE, *Langue révolut.* III, p. 14. || — vivant, homme, femme, animal, présentant qq particularité extraordinaire, qu'on exhibe le plus souvent à la foire.

PHILANTHROPE [fi-lan-tròp'] *s. m.*
[ÉTYM. Emprunté du grec φιλάνθρωπος, *m. s.* de φιλεῖν, aimer, et ἄνθρωπος, homme. (*Cf.* misanthrope.) || XIVᵉ s. Ceulz que l'en appelle philantropos, ORESME, *Éth.* VIII, 1. Admis ACAD. 1762.]
|| (T. didact.) Celui qui aime le genre humain.

PHILANTHROPIE [fi-lan-trò-pi] *s. f.*
[ÉTYM. Emprunté du grec φιλανθρωπία, *m. s.* || 1567. Philanthropie, c'est à dire amour et inclination envers les hommes, I. P. G. *Occultes merveilles de nature,* dans DELB. *Rec.* Admis ACAD. 1762.]
|| (T. didact.) Amour des hommes, fondé sur le sentiment de la fraternité humaine. La charité chrétienne, c'est la — animée par l'amour de Dieu. La — se perd, FÉN. *Essai sur le gouv. civil,* 18.

PHILANTHROPIQUE [fi-lan-trò-pĭk'] *adj.*
[ÉTYM. Emprunté du grec φ:λανθρωπικός, *m. s.* || XVIIIᵉ s. Système philanthropique, MIRABEAU, *Collection,* v, 363. Admis ACAD. 1835.]
|| (T. didact.) Relatif à la philanthropie.

PHILHARMONIQUE [fi-làr-mò-nĭk'] *adj.*
[ÉTYM. Composé avec le grec φιλεῖν, aimer, ἁρμονία, harmonie, et le suffixe ique, § 279. (*Cf.* l'ital. filarmonico, plus ancien que le français et qui lui a probablement servi de modèle, § 12.) || 1789. On la nomme (cette académie, à Vérone) des philharmoniques, DE BROSSES, *Lett. d'Italie,* dans DELB. *Rec.* Admis ACAD. 1835.]
|| (T. didact.) Qui aime l'harmonie. *Spéciall.* Société —, nom pris par certaines sociétés musicales.

*PHILIPPINE [fi-li-pin'] *s. f.*
[ÉTYM. Emprunté de l'allem. philpchen, *m. s.* qui est, dit-on, une altération de vielliebchen, bien-aimé, §§ 7, 498, 499 et 509. || *Néolog.*]
|| Jeu où deux personnes conviennent que celle des deux qui, après un délai fixé, dira la première à l'autre : Bonjour, Philippine, recevra un cadeau. Faire une — avec qqn.

PHILIPPIQUE [fi-lĭp'-pĭk'] *s. f.*
[ÉTYM. Emprunté du grec φιλιππικός (λόγος), discours

(de Démosthène) contre Philippe (de Macédoine), § 36. || Admis ACAD. 1798.]
|| Discours violent contre qqn qui est au pouvoir.

*PHILISTIN, INE [fi-lĭs'-tin, -tin'] *s. m.* et *f.*
[ÉTYM. Emprunté de l'allem. philistin, lat. philistinus, mot d'origine hébraïque désignant une nation de Palestine ennemie des Juifs, §§ 7, 21 et 36. || *Néolog.*]
|| Nom donné par des lettrés, des artistes à ceux qu'ils considèrent comme fermés aux choses de l'esprit, de l'art.

PHILOLOGIE [fi-lò-lò-ji] *s. f.*
[ÉTYM. Emprunté du lat. philologia, grec φιλολογία, *m. s.* de φιλεῖν, aimer, et λόγος, langage. || Vers 1535. Une excellente dame qui... s'appelle philologie, G. BUDÉ, *Instit. du prince,* p. 88. Admis ACAD. 1740.]
|| (T. didact.) Science qui étudie les langues comme organes de la vie intellectuelle des peuples. — classique, antique, qui étudie la vie intellectuelle des Grecs et des Romains. — romane, celtique, etc. (*Cf.* linguistique.) || *Spéciall.* — comparée, grammaire, linguistique comparée.

PHILOLOGIQUE [fi-lò-lò-jĭk'] *adj.*
[ÉTYM. Dérivé de philologie, § 229. || 1668. Vos ouvrages philologiques, CHAPELAIN, dans DELB. *Rec.* Admis ACAD. 1762.]
|| (T. didact.) Relatif à la philologie.

PHILOLOGUE [fi-lò-lòg'] *s. m.*
[ÉTYM. Emprunté du lat. philologus, grec φιλόλογος, *m. s.* || XVIᵉ s. Homere, paragon de tous philologes, RAB. I, prol. Satisfaire aux philologues, J. MARTIN, *Vitruve,* fᵒ 97, vᵒ. Admis ACAD. 1740.]
|| (T. didact.) Celui qui s'occupe de philologie.

PHILOMATHIQUE [fi-lò-mà-tĭk'] *adj.*
[ÉTYM. Dérivé du grec φιλομαθής, *m. s.* de φιλεῖν, aimer, et μανθάνειν, apprendre, § 229. || 1802. Société philomathique, GIROD-CHANTRANS, *Rech. chimiq.* introd. p. 6. Admis ACAD. 1835.]
|| (T. didact.) Qui aime les sciences. *Spéciall.* Société —, nom pris par différentes sociétés créées pour l'avancement des sciences.

*PHILOSOPHAL, PHILOSOPHALE [fi-lò-zò-fàl] *adj.*
[ÉTYM. Dérivé de philosophe, § 238. || XVᵉ s. Sel philosophal, *Turbe des philosophes,* dans GODEF.]
|| *Vieilli.* Conforme à la science des philosophes (alchimistes). *Spéciall.* Pierre philosophale, pouvant changer les métaux ordinaires en métaux précieux. Il est vrai qu'on ne peut trouver la pierre philosophale, mais il est bon qu'on la cherche ; en la cherchant on trouve de fort beaux secrets qu'on ne cherchait pas, FONTEN. *Dial. des morts,* 2.

PHILOSOPHE [fi-lò-zòf'] *s. m.*
[ÉTYM. Emprunté du lat. philosophus, grec φιλόσοφος, *m. s.* de φιλεῖν, aimer, et σοφία, sagesse. || XIIᵉ s. Des philosophes les traitiez, BEN. DE STE-MORE, *Troie,* 9.]
|| (T. didact.) || 1º Celui qui se consacre à la science des principes et des causes. Ces philosophes qui, mesurant les conseils de Dieu à leurs pensées, ne le font auteur que d'un certain ordre général, BOSS. *Marie-Thérèse.* On ne saurait rien imaginer de si étrange et de si peu croyable qu'il n'ait été dit par quelqu'un des philosophes, DESC. *Méth.* 2. || *Au fém.* C'est une —, enfin, MOL. *F. sav.* II, 8. *P. plaisant.* La philosophesse, GHERARDI, *Th. ital.* IV, 6. || *Spéciall.* Celui qui s'adonne à la science morale, à la connaissance de l'homme. Épictète est un des philosophes du monde qui ait le mieux connu les devoirs de l'homme, PASC. *Épict. et Mont.* Le — consume sa vie à observer les hommes, LA BR. 1. || *P. appos.* Cette reine — (Christine de Suède), VOLT. *S. de L. XIV,* 6. || *P. ext.* Libre penseur. De dévot il devint —, ST-SIM. IV, 100. | *Adjectivt.* La mort du roi d'Angleterre devient plus — et anglaise que chrétienne et catholique, SÉV. 956. || (T. scolaire.) Élève de la classe de philosophie.
|| 2º Celui qui pratique la sagesse. Les peuples seraient heureux si l'empereur philosophait, ou si le —... venait à l'empire, LA BR. 12. | *Spéciall.* Celui qui sait supporter les coups du sort. Accepter en — un revers. || *Adjectivt.* Mon flegme est — autant que votre bile, MOL. *Mis.* I, 1.

PHILOSOPHER [fi-lò-zò-fé] *v. intr.*
[ÉTYM. Emprunté du lat. philosophari, *m. s.* || XVIᵉ s. Cicero dict que philosopher ce n'est autre chose que s'apprester a la mort, MONTAIGNE, I, 18.]
|| (T. didact.) || 1º Raisonner sur la philosophie. Quand Descartes voulut —, il quitta la France, VOLT. *Lett.* 14 mars 1764. Se moquer de la philosophie, c'est vraiment —, PASC.

Pens. VII, 34. || *Spécialt.* Raisonner sur la morale. Les peuples seraient heureux si l'empereur philosophait, LA BR. 12.

|| *2° P. ext.* Raisonner doctement sur qqch. Médecin… toujours prêt à — admirablement de la maladie après la mort, BOSS. *P. Bourgoing.* || *P.plaisant.* Miraut (chien de chasse), sur leur odeur ayant philosophé, LA F. *Fab.* v, 17.

PHILOSOPHIE [fi-lò-zò-fî] *s. f.*

[ÉTYM. Emprunté du lat. philosophia, grec φιλοσοφία, *m. s.* || XII° s. De grant clergie Des ars e de filosofie, BENEEIT, *Ducs de Norm.* dans DELB. *Rec.*]

|| (T. didact.) || **1°** Science des principes et des causes. Je ne dirai rien de la —, sinon que… il ne s'y trouve encore aucune chose dont on ne dispute, DESC. *Méth.* 1. || — première, la métaphysique, recherche des premiers principes. | *Spécialt.* — des sciences, de l'histoire, du droit, etc., recherches des principes premiers que suppose chacune de ces sciences particulières. || *P. ext.* | 1. Système philosophique. La — d'Aristote, de Descartes. | 2. Classe où l'on enseigne la philosophie. Un élève de —.

|| **2°** Pratique de la sagesse. Il y a une — qui nous élève au-dessus de l'ambition et de la fortune, LA BR. 12. Défions-nous d'une — en paroles, J.-J. ROUSS. *Nouv. Hél.* III, 18. || *Spécialt.* Sagesse de celui qui sait supporter les coups du sort. Il prend son mal avec —. La — triomphe aisément des maux passés et des maux à venir, mais les maux présents triomphent d'elle, LA ROCHEF. *Max.* 22.

PHILOSOPHIQUE [fi-lò-zò-fîk'] *adj.*

[ÉTYM. Emprunté du lat. philosophicus, grec φιλοσοφικός, *m. s.* || XV°-XVI° s. Tenter l'œuvre philosophique, *Nat. à l'alch. err.* 104.]

|| (T. didact.) Qui a rapport à la philosophie. Méditation, recherche —. Avoir l'esprit —.

PHILOSOPHIQUEMENT [fi-lò-sò-fîk'-man ; *en vers,* -fi-ke-…] *adv.*

[ÉTYM. Composé de philosophique et ment, § 724. || 1529. Scavoir philosophiquement, G. TORY, *Champfleury*, dans DELB. *Rec.*]

|| (T. didact.) D'une manière philosophique.

PHILOSOPHISME [fi-lò-sò-fîsm'] *s. m.*

[ÉTYM. Dérivé de philosophe, § 265. || Mot dû à ARNAULD (1612-1694). Admis ACAD. 1798, suppl.]

|| (T. didact.) Abus de la philosophie.

PHILOTECHNIQUE [fi-lò-têk'-nîk'] *adj.*

[ÉTYM. Composé avec le grec φιλεῖν, aimer, τέχνη, art, et le suffixe ique, § 279. || Admis ACAD. 1835.]

|| (T. didact.) Qui aime les arts. *Spécialt.* Société —, nom pris par différentes sociétés fondées pour encourager les arts et les sciences.

PHILTRE [filtr'] *s. m.*

[ÉTYM. Emprunté du lat. philtrum, grec φίλτρον, *m. s.* || 1568. Boissons amoureuses que les Grecs ont nommé philtres, J. GREVIN, *Deux Livres des Venins,* p. 37.]

|| Breuvage magique, spécialement pour inspirer l'amour. L'amoureuse Nérie Employa philtres et brevets, LA F. *Contes, Coupe enchantée.*

PHLÉBITE [flé-bit'] *s. f.*

[ÉTYM. Dérivé du grec φλέψ, φλεβός, veine, § 282. || *Néolog.* Admis ACAD. 1878.]

|| (Médec.) Inflammation de la membrane interne des veines.

PHLÉBOTOME [flé-bò-tòm'] *s. m.*

[ÉTYM. Emprunté du lat. phlebotomus, grec φλεβοτόμος, *m. s.* de φλέψ, veine, et τέμνειν, couper. (*Cf.* flamme 2.) || 1533. Flebotome, *Mareschallerie de Laurent Ruse*, f° 40, v°. Admis ACAD. 1835.]

|| (Médec.) Sorte de lancette.

PHLÉBOTOMIE [flé-bò-tò-mi] *s. f.*

[ÉTYM. Emprunté du lat. phlebotomia, grec φλεβοτομία, *m. s.* || XIII° s. Flebothomie, *Rom. du moine,* dans GODEF. *Compl.* Admis ACAD. 1762.]

|| *Vieilli.* (Médec.) Saignée.

PHLÉBOTOMISER [flé-bò-tò-mi-zé] *v. tr.*

[ÉTYM. Dérivé de phlébotome, § 267. On dit plutôt phlebotomer aux XV° et XVI° s. || XVI° s. Un chirurgien pour les phlebotomiser, *Sat. Ménipp.* I, 209. Admis ACAD. 1762.]

|| *Vieilli.* (Médec.) Saigner. Qu'il soit phlébotomisé libéralement, MOL. *Pourc.* I, 8.

PHLÉBOTOMISTE [flé-bò-tò-mîst'] *s. m.*

[ÉTYM. Dérivé de phlébotomie, § 265. || 1732. TRÉV. Admis ACAD. 1835.]

|| **1°** *Vieilli.* (Médec.) Celui qui pratique la phlébotomie. || **2°** *P. ext.* Anatomiste qui étudie les veines.

***PHLEGMAGOGUE** [flêg'-mà-gòg'] *adj.*

[ÉTYM. Emprunté du bas lat. phlegmagogus, grec φλεγμαγωγός, *m. s.* || XIV° s. Fleumagogue, c'est medicine qui purge et vuyde fleume, *Somme M° Gautier,* mss franç. Bibl. nat. 1288, f° 37, v°. Admis ACAD. 1762; suppr. en 1878.]

|| (Anc. médec.) Qui évacue le phlegme, la pituite. *Substantivt.* Un —, un remède phlegmagogue.

PHLEGMASIE [flêg'-mà-zi] *s. f.*

[ÉTYM. Emprunté du grec φλεγμασία, *m. s.* || XIV° s. Les humidités et les flegmazies, ÉVRART DE CONTY, *Probl. d'Aristote,* dans GODEF. *Compl.* Admis ACAD. 1835.]

|| (Médec.) Inflammation. (*Cf.* phlogose.)

PHLEGMATIQUE, PHLEGME. V. flegmatique, flegme.

PHLEGMON [flêg'-mon] *s. m.*

[ÉTYM. Emprunté du bas lat. phlegmon, lat. class. phlegmone, grec φλεγμονή, *m. s.* || XIII°-XIV° s. La cure du fleugmon, *Chirurg. de Mondeville,* f° 80.]

|| (Médec.) Foyer purulent produit par l'inflammation du tissu cellulaire sous-cutané.

PHLEGMONEUX, EUSE [flêg'-mò-neù, -neùz'] *adj.*

[ÉTYM. Dérivé de phlegmon, § 251. || 1545. Erisepeles phlegmoneux, G. GUÉROULT, *Hist. des plantes,* dans DELB. *Rec.* Admis ACAD. 1762.]

|| (Médec.) Relatif au phlegmon.

PHLOGISTIQUE [flò-jîs'-tîk'] *s. m.*

[ÉTYM. Emprunté du lat. scientif. phlogisticum, *m. s.* (STAHL), dérivé du grec φλογιστός, brûlé, § 229. || 1757. DEMACHY, *Élém. de chimie de Stahl,* I, 65. Admis ACAD. 1762.]

|| (Chimie anc.) Prétendu principe qui, combiné avec tous les corps, produirait la combustion.

PHLOGOSE [flò-gòz'] *s. f.*

[ÉTYM. Emprunté du grec φλόγωσις, *m. s.* || 1741. COL-DE-VILLARS, *Dict. franç.-lat.* Admis ACAD. 1762.]

|| (Médec.) Inflammation des veines. (*Cf.* phlegmasie.)

PHLOX [flòks'] *s. m.*

[ÉTYM. Emprunté du grec φλόξ, flamme. || *Néolog.* Admis ACAD. 1878.]

|| (Botan.) Plante à inflorescence en pyramide.

PHLYCTÈNE [flîk'-tên'] *s. f.*

[ÉTYM. Emprunté du grec φλύκταινα, *m. s.* de φλύζειν, bouillonner. || 1741. COL-DE-VILLARS, *Dict. franç.-lat.* Admis ACAD. 1835.]

|| (Médec.) Vésicule formée par un amas de sérosités.

PHŒNICURE [fé-ni-kür] *s. m.*

[ÉTYM. Emprunté du lat. phœnicurus, grec φοινίκουρος, *m. s.* de φοῖνιξ, rouge, et οὐρά, queue. || 1752. TRÉV. Admis ACAD. 1762.]

|| (Hist. nat.) Fauvette à queue rouge.

PHOLADE [fò-làd'] *s. f.*

[ÉTYM. Emprunté du grec φωλάς, άδος, *m. s.* de φωλεά, trou. || 1558. La pelorde ou pholade, RONDEL. *Hist. des poissons,* II, 19. Admis ACAD. 1762.]

|| (Hist. nat.) Mollusque bivalve perforant les roches.

PHONÉTIQUE [fò-né-tîk'] *adj.*

[ÉTYM. Emprunté du grec φωνητικός, *m. s.* de φωνή, voix. (*Cf.* phonique.) || *Néolog.* Admis ACAD. 1878.]

|| (T. didact.) Relatif à la voix, au son. Écriture —, qui représente les sons articulés d'une langue sans distinction orthographique. || *Substantivt, au fém.* La —, partie de la linguistique qui étudie les sons.

PHONIQUE [fò-nîk'] *adj.*

[ÉTYM. Dérivé du grec φωνή, voix, § 229. || Admis ACAD. 1835.]

|| (T. didact.) Phonétique. Signe —. Accent —. || *Vieilli. Substantivt, au fém.* La —, l'acoustique.

***PHONOGRAPHE** [fò-nò-gràf'] *s. m.*

[ÉTYM. Composé avec le grec φωνή, voix, et γράφειν, écrire, § 279. || *Néolog.*]

|| (T. didact.) Appareil enregistreur de la voix, disque vibrant muni d'un style d'acier qui imprime sur un cylindre tournant les vibrations reçues, de manière à reproduire à volonté, quand on fait tourner le cylindre, les paroles prononcées devant l'appareil.

PHONOLITHE [fò-nò-lit'] *s. m.*

[ÉTYM. Composé avec le grec φωνή, voix, et λίθος, pierre, § 270. || 1812. MOZIN, *Dict. franç.-allem.* Admis ACAD. 1878.]

|| (Minéral.) Roche volcanique qui résonne sous le marteau.

PHONOMÈTRE [fò-nò-mètr'] *s. m.*
[ÉTYM. Composé avec le grec φωνή, voix, et μέτρον, mesure, § 279. || *Néolog.* Admis ACAD. 1878.]
|| (Physiq.) Instrument pour mesurer l'intensité du son.

PHOQUE [fòk'] *s. m.*
[ÉTYM. Emprunté du lat. phoca, grec φώκη, *m. s.* Sur le genre (le lat. et le grec sont fém. et COTGR. donne le même genre à phoque), V. § 556. || 1532. Grands focques et grandes baleines, *Rec. des isles nouvellement trouvees*, f° 49, r°. Admis ACAD. 1835.]
|| (Hist. nat.) Mammifère amphibie des mers polaires.

PHORMION [fòr-myon; *en vers*, -mi-on] et **PHORMIONE** [fòr-myòn'; *en vers*, -mi-òn'] *s. m.*
[ÉTYM. Emprunté du grec φορμίον, petite natte, nom d'une plante inconnue. ENCYCL. MÉTH. (1804) écrit phormium. || Admis ACAD. 1878.]
|| (Hist. nat.) Lin de la Nouvelle-Zélande.

PHOSPHATE [fòs'-fàt'] *s. m.*
[ÉTYM. Dérivé du radical de phosphore, § 282 *bis*. || 1787. G. DE MORVEAU, *Nomencl. chim.* p. 49. Admis ACAD. 1835.]
|| (Chimie.) Combinaison de l'acide phosphorique avec une base. — de chaux, de soude.

***PHOSPHÈNE** [fòs'-fèn'] *s. m.*
[ÉTYM. Composé avec le grec φῶς, lumière, et φαίνειν, paraître, § 279. || *Néolog.*]
|| (Physiol.) Phénomène lumineux qu'on peut provoquer sur la rétine en comprimant le globe de l'œil.

PHOSPHITE [fòs'-fìt'] *s. m.*
[ÉTYM. Dérivé du radical de phosphore, § 282 *bis*. || 1787. G. DE MORVEAU, *Nomencl. chim.* p. 49. Admis ACAD. 1835.]
|| (Chimie.) Combinaison de l'acide phosphoreux avec une base.

PHOSPHORE [fòs'-fòr] *s. m.*
[ÉTYM. Emprunté du lat. phosphorus, grec φωσφόρος, lumineux, de φῶς, lumière, et φέρειν, porter. || 1680. Experience curieuse du phosphore, dans *Journ. des Sav.* p. 426. Admis ACAD. 1740.]
|| (Chimie.) Corps simple, très inflammable, vénéneux, laissant échapper à la température ordinaire des vapeurs alliacées, qui jette une lueur dans l'obscurité. — rouge ou amorphe, porté en vase clos à une haute température pour lui enlever son caractère vénéneux.

***PHOSPHORÉ, ÉE** [fòs'-fò-ré] *adj.*
[ÉTYM. Dérivé de phosphore, § 253. || *Néolog.*]
|| (Chimie.) Qui contient du phosphore. Pâte phosphorée (pour la destruction des animaux nuisibles).

PHOSPHORESCENCE [fos'-fò-rès'-sâns'] *s. f.*
[ÉTYM. Dérivé de phosphore, § 262. || XVIII° s. BUFF. *Minér. Spaths pesans*. Admis ACAD. 1835.]
|| (Chimie.) Propriété des corps phosphorescents. La — du ver luisant. La — de la mer, produite par des milliers d'animalcules phosphorescents.

PHOSPHORESCENT, ENTE [fòs'-fò-rès'-san, -sànt'] *adj.*
[ÉTYM. Dérivé de phosphore, § 262. || Admis ACAD. 1835.]
|| (Chimie.) Lumineux dans l'obscurité (comme le phosphore).

PHOSPHOREUX [fòs'-fò-reû] *adj.*
[ÉTYM. Dérivé de phosphore, §§ 251 et 282 *bis*. || 1787. G. DE MORVEAU, *Nomencl. chim.* p. 49. Admis ACAD. 1878.]
|| (Chimie.) Formé par une combinaison de phosphore et d'oxygène. Acide —. (*Cf.* phosphorique.)

PHOSPHORIQUE [fòs'-fò-rìk'] *adj.*
[ÉTYM. Dérivé de phosphore, §§ 229 et 282 *bis*. || 1765. Propriété phosphorique, ENCYCL. phosphore. Admis ACAD. 1798.]
|| (T. didact.) Qui contient du phosphore. Briquet —, flacon rempli de phosphore où l'on plongeait une allumette soufrée pour obtenir de la lumière. Allumettes phosphoriques, qui s'enflamment par le frottement. || *Spécialt.* (Chimie.) Acide —, combinaison de phosphore et d'oxygène, contenant plus d'oxygène que l'acide phosphoreux.

PHOSPHURE [fòs'-fùr] *s. m.*
[ÉTYM. Dérivé du radical de phosphore, § 282 *bis*. || *Néolog.* Admis ACAD. 1878.]
|| (Chimie.) Combinaison du phosphore avec un corps simple.

PHOTOGRAPHE [fò-tò-gràf'] *s. m.*

[ÉTYM. Composé avec le grec φῶς, φωτός, lumière, et γράφειν, écrire, § 279. || *Néolog.* Admis ACAD. 1878.]
|| (Technol.) Celui dont la profession est de faire de la photographie.

PHOTOGRAPHIE [fò-tò-grà-fì] *s. f.*
[ÉTYM. Composé avec le grec φῶς, φωτός, lumière, γράφειν, décrire, et le suffixe ie, § 279. || *Néolog.* Admis ACAD. 1878.]
|| (Technol.) Art de fixer l'image des corps obtenue à l'aide d'une chambre noire, sur une plaque recouverte d'une substance impressionnable à la lumière. || *P. ext.* Reproduction ainsi obtenue. La — de qqn, son portrait obtenu par la photographie.

PHOTOGRAPHIER [fò-tò-grà-fyé; *en vers*, -fì-é] *v. tr.*
[ÉTYM. Dérivé de photographie, § 266. || *Néolog.* Admis ACAD. 1878.]
|| (T. didact.) Reproduire par la photographie.

PHOTOGRAPHIQUE [fò-tò-grà-fìk'] *adj.*
[ÉTYM. Dérivé de photographie, § 229. || *Néolog.* Admis ACAD. 1878.]
|| (T. didact.) Relatif à la photographie.

***PHOTOGRAVURE** [fò-tò-grà-vùr] *s. f.*
[ÉTYM. Composé avec le grec φῶς, φωτός, lumière, et gravure, § 284. || *Néolog.*]
|| (Technol.) Application de la photographie à la gravure au moyen d'une plaque sensibilisée.

PHOTOLITHOGRAPHIE [fò-tò-li-tò-grà-fì] *s. f.*
[ÉTYM. Composé avec le grec φῶς, φωτός, lumière, et lithographie, § 279. || *Néolog.* Admis ACAD. 1878.]
|| (Technol.) Application de la photographie à la lithographie au moyen d'une épreuve photographique décalquée sur la pierre.

PHOTOMÈTRE [fò-tò-mètr'] *s. m.*
[ÉTYM. Composé avec le grec φῶς, φωτός, lumière, et μέτρον, mesure, § 279. || 1803. *Mém. de l'Institut, Sc. math. et phys.* v, 259. Admis ACAD. 1878.]
|| (Physique.) Instrument pour mesurer l'intensité de la lumière.

PHOTOPHOBIE [fò-tò-fò-bì] *s. f.*
[ÉTYM. Composé avec le grec φῶς, φωτός, lumière, φόβος, crainte, et le suffixe ie, § 279. || *Néolog.* Admis ACAD. 1878.]
|| (Médec.) Aversion pour la lumière.

***PHOTOPHONE** [fò-tò-fòn'] *s. m.*
[ÉTYM. Composé avec le grec φῶς, φωτός, lumière, et φωνή, voix, § 279. || *Néolog.*]
|| (Physique.) Appareil où les ondes sonores, reçues sur un miroir vibrant qui les transforme en ondes lumineuses, vont se reproduire à distance.

PHOTOSPHÈRE [fò-tòs'-fèr] *s. f.*
[ÉTYM. Composé avec le grec φῶς, φωτός, lumière, et σφαῖρα, sphère, § 279. || *Néolog.* Admis ACAD. 1878.]
|| (Astron.) Atmosphère lumineuse qui entoure le soleil.

PHRASE [fràz'] *s. f.*
[ÉTYM. Emprunté du lat. phrasis, grec φράσις, *m. s.* || XVI° s. Ignorant des phrases et vocables qui servent aux choses plus communes, MONTAIGNE, I, 20.]
|| **1°** (Gramm.) Proposition simple ou réunion de propositions formant un sens complet. Une — correcte. Une — périodique. L'on a... secoué le joug du latinisme, et réduit le style à la — purement française, LA BR. 1. Un tour de — élégant. Le tour de —... toujours uniforme déplait, MONTESQ. *Goût*. Faire de grandes phrases, et, *ellipt*, Faire des phrases. *Dans un autre sens*. Faire des phrases, parler pour ne rien dire. Des phrases toutes faites, formules banales. Il y a un certain nombre de phrases toutes faites, que l'on prend comme dans un magasin, LA BR. 8.
|| **2°** *P. anal.* (Musique.) Succession de sons présentant à l'oreille un développement régulier et complet.

PHRASÉOLOGIE [frà-zé-ò-lò-jì] *s. f.*
[ÉTYM. Emprunté du grec φρασεολογία, *m. s.* de φράσις, phrase, et λόγος, discours. || 1812. MOZIN, *Dict. franç.-allem.* Admis ACAD. 1835.]
|| **1°** (Gramm.) Construction des phrases propre à une langue ou à un écrivain.
|| **2°** *P. ext.* Emploi de phrases vides de sens.

PHRASER [frà-zé] *v. intr.*
[ÉTYM. Dérivé de phrase, § 154. || 1755. Art de phraser, FRÉRON, *Année litt.* II, 54. Admis ACAD. 1835.]

|| **1°** Faire des phrases. || *Transitivt.* Articuler en détachant les phrases, les membres de phrase.

|| **2°** (Musique.) Faire bien sentir le rythme et la progression d'une phrase musicale, en jouant, en chantant. Savoir —. || *Transitivt.* — un air, le jouer, le chanter en phrasant.

PHRASEUR, ***PHRASEUSE** [frà-zeùr, -zeŭz'] et, *vieilli*, **PHRASIER**, ***PHRASIÈRE** [frà-zyé, -zyèr] *s. m. et f.*

[ÉTYM. Dérivé de phrase, §§ 112 et 115. || XVIII° s. *V.* à l'article. ACAD. admet phrasier en 1798, et phraseur en 1878.]

|| *Famil.* Faiseur, faiseuse de phrases. Des phrasiers, GRESSET, *Chartreuse* (1736). Plus phrasière que jamais, Mᵐᵉ DE GENLIS, *Mères riv.* I, p. 91. Des phraseurs et de grands diseurs de riens, BABEUF, dans *Pièces*, I, 156.

PHRÉNÉSIE, PHRÉNÉTIQUE. *V.* frénésie, frénétique.

PHRÉNIQUE [fré-nĭk'] *adj.*

[ÉTYM. Dérivé du grec φρήν, diaphragme, § 229. || 1690. DIONIS, *Anat. de l'homme*, p. 299.]

|| (Anat.) Qui a rapport au diaphragme.

PHRÉNOLOGIE [fré-nò-lò-ji] *s. f.*

[ÉTYM. Composé avec le grec φρήν, intelligence, λόγος, discours, et le suffixe ie, § 279. || Mot dû à J. GALL : La phrœnologie (*sic*) ou la connaissance de l'homme moral et intellectuel, *Anat. et physiol. du cerveau*, III (1818), préf. p. 15. Admis ACAD. 1878.]

|| (T. didact.) Doctrine suivant laquelle chacune de nos facultés, chacun de nos instincts a son siège dans telle ou telle partie du cerveau et peut être connu par des protubérances ou des dépressions correspondantes du crâne.

PHRÉNOLOGIQUE [fré-nò-lò-jĭk'] *adj.*

[ÉTYM. Dérivé de phrénologie, § 229. || *Néolog.* Admis ACAD. 1878.]

|| (T. didact.) Relatif à la phrénologie.

PHRÉNOLOGISTE [fré-nò-lò-jĭst'] et **PHRÉNOLOGUE** [fré-nò-lòg'] *s. m.*

[ÉTYM. Dérivé et tiré de phrénologie, §§ 222 et 265. || *Néolog.* Admis ACAD. 1878.]

|| (T. didact.) Celui qui s'adonne à la phrénologie.

PHTISIE et ***PHTHISIE** [fti-zi] *s. f.*

[ÉTYM. Emprunté du lat. phthisis, grec φθίσις, *m. s.* ACAD. écrit phtisie (1694), phthisie (1762-1835), puis phtisie (1878). || 1545. Ceux qui toussent et qui son disposez a pthysie, G. GUÉROULT, dans DELB. *Rec.*]

|| Consomption. Il (le docteur Sangrado) définissait la vieillesse une — naturelle qui nous consume, LES. *Gil Blas*, II, 3. — pulmonaire, affection tuberculeuse des poumons. — laryngée, affection tuberculeuse du larynx.

PHTISIQUE et ***PHTHISIQUE** [fti-zĭk'] *adj.*

[ÉTYM. Emprunté du lat. phthisicus, grec φθισικός, *m. s.* ACAD. écrit phtisique (1694), phthisique (1762-1835), puis phtisique (1878). || XIII° s. Ceux qui sunt tisikes, *Simples medicines*, f° 44, v°.]

|| Atteint de phtisie pulmonaire. Un homme, une femme —, et, *substantivt*, Un, une —.

PHYLACTÈRE [fi-lăk'-tèr] *s. m.*

[ÉTYM. Emprunté du lat. phylacterium, grec φυλακτήριον, *m. s.* de φυλάσσειν, préserver. || XII° s. La sainte croiz e l'evangire E un autre chev filatire, BENEEIT, *Ducs de Norm.* 13273. Admis ACAD. 1762.]

|| **1°** *Vieilli.* Amulette.

|| **2°** *Spécialt.* Parchemin où sont inscrits les chapitres de la loi, que les juifs s'attachent au front, au bras, pendant la prière du matin.

PHYLLITHE [fil'-lĭt'] *s. m.*

[ÉTYM. Composé avec le grec φύλλον, feuille, et λίθος, pierre, § 279. || 1812. MOZIN, *Dict. franç.-allem.* Admis ACAD. 1835.]

|| (Hist. nat.) Feuille pétrifiée. | Pierre portant des empreintes de feuille.

PHYLLOXÉRA [fil'-lŏk'-sé-rà] *s. m.*

[ÉTYM. Emprunté du lat. des naturalistes phylloxera (PLANCHON), *m. s.* composé avec le grec φύλλον, feuille, et ξῆρος, sec, § 279. Sur le genre, *V.* § 551. || *Néolog.* Admis ACAD. 1878.]

|| (Hist. nat.) Insecte qui ronge les racines de la vigne. | *P. ext.* Maladie de la vigne causée par cet insecte.

PHYSICIEN, ***PHYSICIENNE** [fi-zi-syin, -syòn'; *en vers*, -si-...] *s. m. et f.*

[ÉTYM. Dérivé du lat. physicus, *m. s.* § 244. || XII° s. Fisicien par lur escoles En firent lunges granz paroles, WACE, *Rou*, III, 2367.]

|| **1°** *Anciennt.* Celui, celle qui exerce la médecine. Physiciens me font mourir, SARRAZIN, *Poés.* p. 57, édit. 1656.

|| **2°** Celui, celle qui s'occupe de physique.

PHYSICO-MATHÉMATIQUE [fi-zi-kò-mà-té-mà-tĭk'] *adj.*

[ÉTYM. Composé avec physique et mathématique, § 279. || 1812. MOZIN, *Dict. franç.-allem.* Admis ACAD. 1835.]

|| (T. didact.) Qui a rapport à la physique et aux mathématiques. L'optique est une science —.

PHYSIOCRATE [fi-zyò-kràt'; *en vers*, -zi-ò-...] *s. m.*

[ÉTYM. Tiré de physiocratie, § 279. || *Néolog.* Admis ACAD. 1878.]

|| (T. didact.) Partisan de la physiocratie.

***PHYSIOCRATIE** [fi-zyò-krà-sì; *en vers*, -zi-ò-...] *s. f.*

[ÉTYM. Composé avec le grec φύσις, nature, κράτος, puissance, et le suffixe ie, à l'imitation de aristocratie, etc. § 279. || Mot dû à DUPONT DE NEMOURS, *La Physiocratie*, titre (1767).]

|| (T. didact.) Doctrine économique qui considère la terre comme l'unique source de la richesse.

PHYSIOGNOMONIE [fi-zyŏg'-nò-mò-ni; *en vers*, -zi-ŏg'-...] *s. f.*

[ÉTYM. Emprunté du lat. physiognomonia, grec φυσιογνωμονία, *m. s.* de φύσις, nature, et γιγνώσκειν, connaitre. (*Cf.* physionomie.) || 1576. G. CHAPUIS, *Hiérogl.* dans DELB. *Rec.* Admis ACAD. 1835.]

|| (T. didact.) Art de déterminer le caractère d'une personne d'après les traits du visage.

PHYSIOGNOMONIQUE [fi-zyŏg'-nò-mò-nĭk'; *er vers*, -zi-ŏg'-...] *adj.*

[ÉTYM. Emprunté du lat. physiognomonicus, grec φυσιογνωμονικός, *m. s.* || 1732. TRÉV. Admis ACAD. 1835.]

|| (T. didact.) Relatif à la physiognomonie.

PHYSIOGRAPHIE [fi-zyò-grà-fi; *en vers*, -zi-ò-...] *s. f.*

[ÉTYM. Composé avec le grec φύσις, nature, γράφειν, décrire, et le suffixe ie, § 279. || 1812. MOZIN, *Dict. franç.-allem.* Admis ACAD. 1835.]

|| *Rare.* (T. didact.) Description des produits de la nature.

PHYSIOGRAPHIQUE [fi-zyò-grà-fĭk'; *en vers*, -zi-ò-...] *adj.*

[ÉTYM. Dérivé de physiographie, § 229. || *Néolog.* Admis ACAD. 1835.]

|| *Rare.* (T. didact.) Relatif à la physiographie.

PHYSIOLOGIE [fi-zyò-lò-ji; *en vers*, -zi-ò-...] *s. f.*

[ÉTYM. Emprunté du lat. physiologia, grec φυσιολογία, *m. s.* || 1547. J. MARTIN, *Vitruve*, f° 4, r°. Admis ACAD. 1762.]

|| (T. didact.) Partie de l'histoire naturelle qui traite des fonctions des organes chez les êtres vivants dans l'état normal. (*Cf.* pathologie.) La — animale, végétale.

PHYSIOLOGIQUE [fi-zyò-lò-jĭk'; *en vers*, -zi-ò-...] *adj.*

[ÉTYM. Emprunté du lat. physiologicus, grec φυσιολογικός, *m. s.* || XVI° s. Les anciens philosophes ou poetes physiologicques, G. BUDÉ, *Instit. du prince*, p. 45. Admis ACAD. 1798.]

|| (T. didact.) Relatif à la physiologie.

PHYSIOLOGISTE [fi-zyò-lò-jĭst'; *en vers*, -zi-ò-...] *s. m.*

[ÉTYM. Dérivé de physiologie, § 265. || 1757. Plusieurs physiologistes, DEMACHY, *Élém. de chimie de Stahl*, I, 15. Admis ACAD. 1798.]

|| (T. didact.) Celui qui s'adonne à la physiologie.

PHYSIONOMIE [fi-zyò-nò-mi; *en vers*, -zi-ò-...] *s. f.*

[ÉTYM. Pour physiognomie, § 503, emprunté du bas lat. physiognomia, bas grec φυσιογνωμία, altération de φυσιογνωμονία, *m. s.* || XIII° s. Un art que l'on appelle phisonomie, *Voy. de Marc Pol*, p. 819.]

|| **1°** *Anciennt.* Physiognomonie.

|| **2°** *P. ext.* Expression du visage. Une — heureuse, agréable, spirituelle. Qui es-tu donc, vieux Romain?... tu as la — assez mauvaise, FÉN. *Dial. des morts*, 37. Les traits du visage d'un homme viennent insensiblement à se former et à prendre de la — par l'impression fréquente et habituelle de certaines affections de l'âme, J.-J. ROUSS. *Ém.* 4. La — n'est

pas une règle... donnée pour juger des hommes : elle nous peut servir de conjecture, LA BR. 12. Je jurai de ne me plus fier aux physionomies, SÉV. 468. | On ne peut faire une bonne — (dans un portrait) qu'en accordant toutes nos contrariétés, PASC. *Pens.* XVI, 10 *bis.* ‖ *P. ext.* La — des lieux, leur aspect particulier.

PHYSIONOMISTE [fi-zyò-nò-mĭst'; *en vers,* -zi-ò-...] *s. m.* et *f.*
[ÉTYM. Dérivé de physionomie, § 265. ‖ 1557. JULYOT, *Elégie,* dans GODEF. *Compl.*]
‖ Celui, celle qui se connaît en physionomie. Selon qu'il sera —, PASC. *Imag.* 7.

PHYSIQUE [fi-zĭk'] *adj.* et *s. m.* et *f.*
[ÉTYM. Emprunté du lat. physicus, grec φυσικός, *m. s.* de φύσις, nature, qui s'emploie substantivt (physica, φυσική) pour désigner la science de la nature en général. Le moyen âge n'emploie physique (fisique, fusique) que comme subst. et lui donne ordinairement le sens de « médecine ». (*Cf.* physicien.) ‖ XII° s. De nigremance et de fusique, *Énéas,* 2207.]
I. *Adj.* et *s. m.* ‖ **1°** *Adj.* Qui a rapport au corps de l'homme. Les qualités physiques, les exercices physiques. Les plaisirs physiques.
‖ **2°** *S. m.* Ce qui concerne le corps. L'influence du — sur le moral. | *P. anal. Famil.* Les avantages corporels. (Se dit surtout en parlant de l'homme.) Il a un beau —. *P. ext.* (*rare*) Ces lois doivent être relatives au — du pays, MONTESQ. *Espr. des lois,* I, 3.
II. *Adj.* et *s. f.* ‖ **1°** *Adj.* Qui se rapporte aux corps en général, à la matière. Les phénomènes physiques. Les propriétés physiques des corps. Les sciences physiques, celles qui ont pour objet l'étude des corps en général. ‖ *P. ext.* Certitude —, fondée sur des faits positifs.
‖ **2°** *S. f.* Science qui étudie les propriétés générales des corps et les lois qui régissent leurs actions extérieures sans tenir compte de leur composition. (*Cf.* chimie.) La — expérimentale. La — mathématique. La — amusante, ensemble d'expériences de physique faciles, curieuses, destinées à amuser les enfants.

PHYSIQUEMENT [fi-zĭk'-man; *en vers,* -zi-ke-...] *adv.*
[ÉTYM. Composé de physique et ment, § 724. ‖ XV°-XVI° s. Hardiment le puis affirmer Et physiquement confermer, *Alch. err. à nature,* dans GODEF. *Compl.*]
‖ (T. didact.) D'une manière physique. La première (musique) géométriquement exacte, et la seconde qui ne l'est que —, LE P. ANDRÉ, *Essai sur le beau,* p. 230.

PHYTOLITHE [fi-tò-lĭt'] *s. m.*
[ÉTYM. Composé avec le grec φυτόν, plante, et λίθος, pierre, § 279. ‖ 1812. MOZIN, *Dict. franç.-allem.* Admis ACAD. 1835.]
‖ (Hist. nat.) Plante fossile. ‖ Pierre portant l'empreinte d'une plante. ‖ Concrétion pierreuse dans une plante.

PHYTOLOGIE [fi-tò-lò-jĭ] *s. f.*
[ÉTYM. Composé avec le grec φυτόν, plante, λόγος, discours, et le suffixe ie, § 279. ‖ 1753. D'HOLBACH, *Minéralogie de Walérius,* II, 5. Admis ACAD. 1835.]
‖ *Vieilli.* (T. didact.) Botanique.

PIACULAIRE [pyà-ku-lěr; *en vers,* pi-à-...] *adj.*
[ÉTYM. Emprunté du lat. piacularis, *m. s.* de piare, expier. ‖ 1752. TRÉV. Admis ACAD. 1762.]
‖ *Rare.* (Antiq.) Expiatoire. Sacrifice —.

PIAFFE [pyāf'] *s. f.*
[ÉTYM. Origine inconnue. ‖ 1574. BOISSEREAU, *Le Songe de la piaffe,* titre.]
‖ Action de faire de l'embarras. Je sais celui de qui procède Cette —, LA F. *Contes, Serv. justifiée.*

PIAFFER [pyà-fé] *v. intr.*
[ÉTYM. Dérivé de piaffe, § 154. ‖ XVI° s. Plein de paroles piaffees, RONS. *Franciade,* préf. édit. 1586.]
I. *Vieilli.* Faire de l'embarras. Ils (les sujets) murmurent... que l'on piaffe de leur substance, CHARRON, *Sagesse,* III, 2.
II. En parlant du cheval, frapper bruyamment du pied en relevant haut les jambes de devant. Un cheval qui piaffe d'impatience. Faire — un cheval, lui faire exécuter ce mouvement en cadence.

PIAFFEUR, *' **PIAFFEUSE** [pyà-feur, -feuz'] *s. m.* et *f.*
[ÉTYM. Dérivé de piaffer, § 112. ‖ XVI° s. De là est venu le chastiment de tant de piaffeurs, *Sat. Ménipp.* I, 40.]
‖ Celui, celle qui fait de l'embarras. Quelqu'un de nos piaffeurs d'aujourd'hui, MALH. *Ép. de Sénèq.* LXXXVII, 3. ‖ *Adjectivt.* Cheval —, jument piaffeuse.

*' **PIAILLARD, ARDE** [pyà-yàr, -yàrd'; *en vers,* pi-à-...] *adj.*
[ÉTYM. Dérivé de piailler, § 147. ‖ 1746. *V.* à l'article.]
‖ *Famil.* Qui a l'habitude de piailler. | *Substantivt.* Un —, une piaillarde. Une piaillarde de princesse, VOLT. *Lett.* 9 nov. 1746.

PIAILLER [pyà-yé; *en vers,* pi-à-...] *v. intr.*
[ÉTYM. Dérivé de pie, § 161. (*Cf.* agacer.) ‖ 1611. COTGR.]
‖ *Famil.* Pousser de petits cris aigus. On entendait — les petits oiseaux. Les enfants piaillent. ‖ *Fig.* Criailler.

PIAILLERIE [pyày'-ri; *en vers,* pi-à-ye-ri] *s. f.*
[ÉTYM. Dérivé de piailler, § 69. ‖ 1642. Piailleries, OUD.]
‖ *Famil.* Action de piailler.

PIAILLEUR, EUSE [pyà-yeur, -yeuz'; *en vers,* pi-à-...] *s. m.* et *f.*
[ÉTYM. Dérivé de piailler, § 112. ‖ 1611. COTGR.]
‖ Celui, celle qui piaille.

PIAN [pyan; *en vers,* pi-an] *s. m.*
[ÉTYM. Emprunté des langues indigènes d'Amérique, § 36. ‖ 1578. Une maladie incurable qu'ils nomment pians, J. DE LÉRY, *Voy. au Brésil,* p. 333. Admis ACAD. 1762.]
‖ (Médec.) Éruption pustuleuse commune dans l'Amérique du Sud.

*' **PIANE-PIANE** [pyăn'-pyăn']. *V.* piano 1.

*' **PIANISSIMO** [pyà-nĭs'-si-mó]. *V.* piano 1.

PIANISTE [pyà-nĭst'; *en vers,* pi-à-...] *s. m.* et *f.*
[ÉTYM. Dérivé de piano 2, § 265. ‖ *Néolog.* Admis ACAD. 1835.]
‖ Celui, celle qui joue du piano.

1. PIANO [pyà-nó] *adv.*
[ÉTYM. Mot ital. correspondant au franç. plain, plan, § 12. On se sert aussi du superlatif pianissimo. ‖ 1611. Marcher pian, COTGR. | 1618. Elles vont pian piano, *La fameuse compagnie de la lesine,* f° 93, r°. Admis ACAD. 1762.]
‖ (Musique.) En rendant le son doux. (*Cf.* forte.) ‖ *Fig.* Doucement. Telle bouche le recueille (le bruit calomnié) et —, —, vous le glisse en l'oreille, BEAUMARCH. *B. de Sév.* II, 8. ‖ Qqns disent dans le même sens piane piane, en ital. piano piano ou pian piano, § 507. Le jardinier... Vers la cité s'avança piane piane, *École des mondes,* IV, p. 59, dans TRÉV.

2. PIANO [pyà-nó] *s. m.*
[ÉTYM. Abréviation pour piano-forte ou forte-piano, emprunté de l'ital. pianoforte ou fortepiano, *m. s.* § 12. ACAD. donne encore piano-forte et forte-piano, aujourd'hui hors d'usage. ‖ 1778. Le piano-forté est un instrument à cordes, BEDOS DE CELLES, *Art du facteur d'orgues,* p. 634. Admis ACAD. 1798.]
‖ (Musique.) Instrument à clavier où les cordes ne sont pas pincées par des becs de plume, comme dans le clavecin, mais frappées par des marteaux, ce qui permet de renforcer ou d'adoucir le son à volonté en appuyant plus ou moins sur la touche qui met en mouvement le marteau. — vertical ou — droit, où les cordes et la table d'harmonie sont posées verticalement. — à cordes obliques, piano vertical où l'on donne aux cordes un peu plus d'étendue en les disposant obliquement. — à queue, où les cordes et la table d'harmonie sont placées horizontalement et où l'on donne aux cordes plus d'étendue. Tenir le —, dans un concert, exécuter la partie de piano.

PIANO-FORTE [pyà-nò-fòr-té]. *V.* piano 2.

PIASTRE [pyàstr'] *s. f.*
[ÉTYM. Emprunté de l'ital. piastra, *m. s.* de même famille que plastron, plâtre, emplâtre, § 12. ‖ 1611. COTGR.]
‖ Monnaie d'argent, de valeur variable selon les pays. La — espagnole (dite aussi — forte), environ 5 francs. — turque, environ 23 centimes, etc.

*' **PIAT** [pyà; *en vers,* pi-à] *s. m.*
[ÉTYM. Dérivé de pie, § 131. ‖ 1611. COTGR.]
‖ Petit de la pie. Les piats... sont aveugles et à peine ébauchés en naissant, BUFF. *Pie.*

*' **PIAULEMENT** [pyól-man; *en vers,* pyó-le-...] *s. m.*
[ÉTYM. Dérivé de piauler, § 145. ‖ XVI° s. Piolement, O. DE SERRES, V, 4.]
‖ Action de piauler.

PIAULER [pyó-lé] *v. intr.*
[ÉTYM. Onomatopée, § 32. ‖ XVI° s. Pioler en son langage de poullet, M. DE STE-ALDEGONDE, dans DELB. *Rec.* Admis ACAD. 1762.]

‖ En parlant des petits de certains gallinacés, pousser de petits cris. ‖ *Fig.* Un enfant qui piaule, qui crie en pleurnichant.

1. PIC [pĭk'] *s. m.*

[ÉTYM. Origine inconnue. Il semble qu'à côté du primitif *pico-*, d'où *pic*, *piquer*, etc., il y ait eu une forme parallèle avec un seul *c*, d'où *pioche*, provenç. *pigasso*, etc. ‖ XIIᵉ s. *Creuser souz terre a pic et a martel*, J. BODEL, *Saisnes*, tir. 9.]

I. Instrument de fer pointu dont se servent les mineurs, les carriers, les terrassiers, etc. *Prends ton — et me romps ce caillou*, LA F. *Fab.* VI, 18. ‖ *P. anal.* | 1. Tisonnier. | 2. Corne d'artimon.

II. *Fig.* Au jeu de piquet, coup par lequel on arrive à soixante, si on a compté trente points avant que l'adversaire ait rien compté. *Faire —, repic et capot.*

III. Pointe de montagne. *Le — de Ténériffe. Le — du Midi. Loc. adv.* A —, verticalement. *Un sentier qui monte à —. Un bâtiment qui est à — sur son ancre*, le câble de l'ancre étant tendu verticalement. *Couler à —*, couler droit au fond de l'eau. (*Cf.* apiquer.)

2. PIC [pĭk'] *s. m.*

[ÉTYM. Du lat. *picum*, *m. s.* devenu *pi*, §§ 380 et 291, puis, par réaction étymologique, *pic*, § 505. La forme pop. *pi* s'est conservée dans le composé *pivert*. (*Cf.* pie.)]

‖ Oiseau de l'ordre des Grimpeurs, à bec droit, anguleux, qui, en perçant l'écorce des arbres, fait sa proie des insectes qui les minent.

PICA [pi-kà] *s. m.*

[ÉTYM. Emprunté du lat. *pica*, pie, à cause de la gloutonnerie de cet oiseau. Sur le genre, *V.* § 551. ‖ XVIᵉ s. *Appetit depravé avec nausée dit des anciens pica*, PARÉ, XVIII, 64. Admis ACAD. 1798.]

‖ (*Médec.*) Dépravation du goût.

PICADOR [pi-kà-dôr] *s. m.*

[ÉTYM. Mot espagn. correspondant au franç. *piqueur*, § 13. ‖ 1788. *Les picadores quels qu'ils soient*, BOURGOING, *Voy. en Espagne*, II, 272. Admis ACAD. 1878.]

‖ Dans les courses de taureaux, cavalier qui attaque le taureau avec une lance à courte pointe.

***PICAILLON** [pi-kà-yon] *s. m.*

[ÉTYM. Emprunté du provenç. mod. *picaïoun*, *m. s.* d'origine incertaine, § 11. ‖ 1750. *Avons parfois des picaillons*, VADÉ, *Paquet de mouchoirs*, p. 39.]

‖ Ancienne monnaie de cuivre (du Piémont) valant à peine un centime. | *P. ext. Pop.* Argent. *Avoir des picaillons.*

***PICÉA** [pi-sé-à]. *V.* épicéa et pesse.

***PICHENETTE** [pĭch'-nèt'; *en vers*, pi-che-...] *s. f.*

[ÉTYM. Origine inconnue. ‖ *Néolog.*]

‖ *Famil.* Petite chiquenaude.

***PICHET** [pi-chè] *s. m.*

[ÉTYM. Pour *pichier*, §§ 62 et 133, anc. franç. *pichier*, mot d'origine incertaine, en bas lat. *picarium* et *bicarium*, allem. *becher*, angl. *beaker* et *pitcher*, etc. ‖ XIIᵒ s. *Nos bevrons de l'autre picier*, *Partenopeus de Blois*, 3971.]

‖ *Dialect.* Pot à anse. *Un — de vin.*

PICHOLINE [pi-chò-lin'] *s. f.*

[ÉTYM. Emprunté du provenç. mod. *pichoulino*, *m. s.* d'un certain Picciolini qui aurait inventé, au XVIIIᵉ s., cette préparation, §§ 11 et 36. ‖ 1752. TRÉV. Admis ACAD. 1762.]

‖ Olive qui a subi une préparation et qu'on sert en hors-d'œuvre.

PICORÉE [pi-kò-ré] *s. f.*

[ÉTYM. Emprunté de l'espagn. *pecorea*, *m. s.* subst. verbal de *pecorear*, voler les troupeaux (*cf.* pécore), § 13. Le mot espagn. paraît avoir été modifié sous l'influence de *piquer*, *picoter*, § 509. ‖ XVIᵉ s. L'un se nomme Massacre et l'autre Picoree, LA NOUE, *Disc. polit.* 2.]

‖ Action de picorer. *Ceux (des soldats) qui étaient allés à la —*, MALH. *Tite-Live*, XXIII, 19. *Des écoliers qui font la —, qui dérobent des fruits.* ‖ *P. anal. Je m'amusais à les voir (les abeilles) revenir de la —*, J.-J. ROUSS. *Confess.* 6. ‖ *Fig. Cet étourdi qui durant ses leçons envoyait son esprit à la —*, MALH. *Ép. de Sénèq.* 91. *Des faunes indiscrets Qui du soir au matin vont à la — Et n'ont nulle pitié d'une fille égarée*, REGNARD, *Démocr.* I, 5.

PICORER [pi-kò-ré] *v. intr.*

[ÉTYM. Tiré de *picorée*, § 154. ‖ XVIᵉ s. CL. HATON, dans GODEF. *Compl.*]

‖ 1° *Vieilli.* Marauder. *Aller — sur les terres ensemencées*, BASSOMP *Mém.* IV, p. 277. *P. ext. Des écoliers qui picorent dans un verger. Fig. Mes affaires qu'il avait tellement embarrassées pour y —*, BASSOMP. *Mém.* IV, p. 311.

‖ 2° *P. anal.* En parlant des animaux qui cherchent leur nourriture de droite et de gauche. (*Cf.* butiner.) *Des poules qui picorent sur le fumier. Des chèvres qui picorent le long des haies. Les abeilles picorent sur les fleurs. Transitivt. Nous voyant — ces grains*, J.-J. ROUSS. *Rêv. du promen. solit.* 7.

PICOREUR, *PICOREUSE [pi-kò-rœr, -reuz'] *s. m. et f.*

[ÉTYM. Dérivé de *picorer*, § 112. ‖ XVIᵉ s. *V.* à l'article.]

‖ Celui, celle qui picore. | *Spéciall.* Soldat maraudeur. *Les ennemis à ma porte, d'autre part les picoreurs, pires ennemis*, MONTAIGNE, III, 12. ‖ *Fig. Un —, un maître drille*, SCARR. *Virg. trav.* 12. *Greffiers, altérés picoreurs*, GHERARDI, *Th. ital.* I, p. 163.

PICOT [pi-kó] *s. m.*

[ÉTYM. Dérivé de *pic* 1, § 136. ‖ XIIᵉ s. *A grans picos ont la terre effondree*, *Fierabras*, 5342.]

‖ Petit piquant. ‖ *Spéciall.* (*Technol.*) | 1. Pointe d'un marteau de carrier. | Coin de bois dur employé dans le boisage des puits de mine. | 2. *P. anal.* Engrêlure en pointe formant le bord d'une dentelle.

***PICOTAGE** [pi-kò-tàj'] *s. m.*

[ÉTYM. Dérivé de *picoter*, § 78. ‖ 1611. COTGR.]

‖ Action de picoter.

PICOTEMENT [pi-kŏt'-man; *en vers*, -kò-te-...] *s. m.*

[ÉTYM. Dérivé de *picoter*, § 145. ‖ 1611. *Piquotement*, COTGR.]

‖ Sensation de piqûre légère. | *P. anal.* Démangeaison qui donne une sensation analogue.

PICOTER [pi-kò-té] *v. tr.*

[ÉTYM. Dérivé de *piquer*, § 167. ‖ XIVᵉ-XVᵉ s. *Nue et picotee d'espines*, L. DE PREMIERFAIT, dans GODEF. *Compl.*]

‖ 1° Piquer légèrement et à plusieurs reprises. *L'on n'a point de regret à ces feuilles picotées*, SÉV. 750. *Un visage picoté de petite vérole. Les oiseaux picotent les fruits. Les abeilles... picotant les fleurs*, SCARR. *Virg. trav.* 6. ‖ *P. anal. Des fourmillements qui picotent les pieds. Du vin d'Espagne qui lui a picoté la vessie*, GUY PATIN, *Lett.* II, p. 349. ‖ *Fig.* Attaquer par des traits piquants. *Les ducs d'Elbeuf et de Vendôme s'aigrirent, se picotèrent*, ST-SIM. I, 163.

‖ 2° (*Technol.*) | 1. *— un puits de mine*, enfoncer des picots entre les lambourdes et le cadre de boisage. | 2. *— de la dentelle*, en garnir le bord d'un picot.

PICOTERIE [pi-kŏt'-ri; *en vers*, -kò-te-ri] *s. f.*

[ÉTYM. Dérivé de *picoter*, § 69. ‖ XVᵉ s. *La quantité a quoy montoit icelle belle picquoterie*, RENÉ D'ANJOU, *Œuvres*, IV, 117.]

‖ Action d'attaquer qqn par des traits piquants. *Leurs petites picoteries (de Sophonisbe et d'Éryxe) n'élèvent l'âme du spectateur ni ne la remuent*, VOLT. *Comment. sur* Sophonisbe, I, 3.

PICOTIN [pi-kò-tin] *s. m.*

[ÉTYM. Dérivé de l'anc. franç. *picot*, *m. s.* d'origine inconnue, § 100. ‖ 1389. *Huit picotins d'avayne*, dans DELB. *Rec.*]

‖ Mesure pour donner l'avoine aux chevaux.

PICRATE [pi-kràt'] *s. m.*

[ÉTYM. Dérivé du radical de *picrique*, § 282 *bis.* ‖ *Néolog.* Admis ACAD. 1878.]

‖ (*Chimie.*) Sel détonant, formé de l'acide picrique et d'une base.

PICRIQUE [pi-krĭk'] *adj.*

[ÉTYM. Dérivé du grec πικρός, amer, § 282 *bis.* ‖ *Néolog.* Admis ACAD. 1878.]

‖ (*Chimie.*) Nom donné à un acide formé par l'action de l'acide azotique sur le phénol.

PIC-VERT [pi-vêr]. *V.* pivert.

1. PIE [pi] *s. f.*

[ÉTYM. Du lat. *pica*, *m. s.* forme fém. de *picus*, *pic*, §§ 379 et 291. (*Cf.* piette, pie-grièche, piailler, etc.)]

‖ Oiseau babillard de la famille des Corbeaux, à plumage blanc et noir, à longue queue étagée. *Jaser comme une —.* ‖ *Fig. Trouver la — au nid*, trouver qqch de rare. ‖ *Loc. prov. Voleur comme une —* (la pie étant portée à prendre et à cacher les choses qui brillent). ‖ *P. appos. Un cheval —, une jument —*, dont le poil rappelle le plumage noir et blanc de la pie. *Ellipt. Vieilli.* ‖ (Mignard) *a peint M. de Turenne sur sa —* (sa monture pie), SÉV. 531. *Il varie du blanc au noir et au —*, BUFF. *Maki.*

2. PIE [pi] *adj. f.*

[ÉTYM. Emprunté du lat. pius, *m. s.* (*Cf.* pie-mère.) L'anc. franç. disait au masc. piu, d'où il avait tiré le fém. piue ou pive. || XII⁰ s. Juste ert e pie e dreituriere, DEN. DE STE-MORE, *Troie*, 5497.]

|| Pieux. (Ne s'emploie que dans la locution œuvre —.)

`PIÉÇA [pyé-sà] *adv.*

[ÉTYM. Pour pièce a, « il y a une pièce de temps », § 726. (*Cf.* naguère.) || XII⁰ s. Pieça qu'el l'aveit desirré, *Énéas*, 1526. Biens le savoie grant pleç'a, CHRÉTIEN DE TROYES, *Chevalier au lion*, 6390.]

|| *Vieilli.* Depuis longtemps. Son nom serait — Delà le ciel, LA F. *Poés. div. Dizains*, 1.

PIÈCE [pyĕs'] *s. f.*

[ÉTYM. Origine incertaine; les plus anciens textes latins du moyen âge donnent pecia, peut-être pour `pettia, où qqns voudraient voir le radical de petit. || XI⁰ s. Une piece en abat, *Roland*, 3437.]

|| **1⁰** Partie formant elle-même un tout dans qqch de collectif. Une — de bétail. Sa mère... Vit qu'il manquait une — au troupeau, LA F. *Contes, Clochette*. Une — de gibier. On a abattu soixante pièces. Une — de volaille. | Une — de bœuf. Une — de résistance. Une — montée, pièce de pâtisserie présentant une forme architecturale. | Une — de drap, de toile. | Une — de bois. Une — de terre. *P. ext.* Une — de blé, d'avoine, une pièce de terre où l'on a semé du blé, de l'avoine. | Une — de vin, une certaine quantité de vin dans un fût. *P. ext.* Le fût. Mettre une — en perce. | Une — de monnaie. Une — d'or, d'argent. Une — de cent sous. Donner la — à qqn, donner un pourboire. | *P. plaisant.* Être près de ses pièces, en voir la fin. | — d'orfèvrerie, d'argenterie. — de mariage, médaille d'or, d'argent, commémorative du mariage. | Une — d'artillerie. Une batterie de six pièces. Une — de campagne, de siège. Canonniers, à vos pièces, commandement de se tenir prêt à tirer. | Une — de théâtre. L'auteur de la —. La représentation d'une —. Les acteurs qui ont joué la —. *Fig.* Jouer une — à qqn, lui faire —, se divertir à ses dépens. C'est une — sanglante qu'ils nous ont faite, MOL. *Préc. rid.* sc. 16. Clarice m'a fait —, CORN. *Ment.* V, 6. | — d'éloquence. Je hais les pièces d'éloquence Hors de leur place, LA F. *Fab.* IX, 5. Une — de vers. Une — d'écriture. Les pièces pour clavecin, de Rameau. || Ces objets coûtent tant la —. *Famil.* Des oranges à trois sous —. Une ouvrière payée à la —. Un ouvrier à ses pièces, qu'on paie selon le travail fait, et non à la journée.

|| **2⁰** Chacune des parties dont l'agencement, dont l'assemblage forme un tout complet. Les pièces de rapport d'une mosaïque. | Les pièces d'une machine, d'un mouvement d'horlogerie. Les pièces d'une charpente. | Un ouvrage fait de pièces et de morceaux. Tant d'ouvrages faits de pièces de rapport, BUFF. *Style*. | Une chemise, un corsage à pièces, dont la partie supérieure s'ajuste au moyen de morceaux rapportés. (*Cf.* empiècement.) (Tulipe) à pièces emportées (qui semblent faites à l'emporte-pièce), LA BR. 13. || Les pièces d'un harnais. Les pièces d'un trousseau, d'un costume. *Fig.* Habiller qqn de toutes pièces, en dire tout le mal possible. On ne saurait aller nulle part où l'on ne vous entende accommoder de toutes pièces, MOL. *Av.* III, 6. *P. ext.* Mettre des pièces à un vêtement. (*Cf.* rapiécer.) Sa robe en vain de pièces rajeunie, BOIL. *Sat.* 10. Les pièces d'une armure. Être armé de toutes pièces. || Un appartement composé de six pièces. Les pièces d'un mobilier. (Un homme) qui me vend — à — tout ce qui est dans le logis, MOL. *Méd. m. l.* I, 1. || Les pièces d'un jeu d'échecs. Perdre une —. Faire — pour —, faire prendre et prendre une pièce de même valeur. Avancer une —. C'était (les souverains ecclésiastiques) des pièces que Charlemagne mettait en avant contre les Saxons, MONTESQ. *Espr. des lois*, XXXI, 19. Pièces anatomiques, parties d'un cadavre préparées pour les études anatomiques. || (Blason.) Les pièces de l'écu, ornements héraldiques qui entrent dans la composition des armoiries. | Les pièces d'une collection. Une — de cabinet, de musée, digne de figurer dans un cabinet, un musée. C'est (une femme savante) une — de cabinet, que l'on montre aux curieux, qui n'est pas d'usage, LA BR. 3. Une — rare. | *Fig. Ironiqt.* Taisez-vous, bonne —, MOL. *G. Dand.* I, 6. || Les pièces d'un procès, les actes, les documents qui s'y rapportent. *Fig.* C'est la meilleure — de son sac, c'est son meilleur titre. Pièces de conviction, et, *famil.*, dans un procès criminel, objets produits à la charge de l'accusé. | Pièces diplomatiques. Pièces justificatives d'un livre. || *Fig.* Il (Dieu) laisse tomber — à — ce vieux bâtiment de ton corps, BOSS. *Mort*, 2. L'homme est un composé de pièces très inégales qui ont leur fort et leur faible, ID. *1er Nativité*, fragm. Nos deux pièces, l'esprit et l'automate, PASC. *Pens.* X, 8. | *Loc. adv.* Tout d'une —, toutes les parties agissant d'un seul mouvement. La phalange... ne pouvait se mouvoir que tout d'une —, BOSS. *Hist. univ.* III, 6. Un homme tout d'une —, qui n'a pas le caractère souple. Faire la nuit tout d'une — (sans interruption), LES. *Estev. Gonzalez*, 43.

|| **3⁰** Partie d'une chose déchirée, cassée. Les bancs de rameurs mis en pièces, FÉN. *Tél.* 1. | Une statue brisée en mille pièces. Des bâtiments qui tombent en pièces. Les vêtements sont en pièces. | Le chien l'a mordu et a emporté la —. *Fig.* Cet homme à la satire, il emporte la — (il est très mordant), RÉGNIER, *Sat.* 12. Un lion qui tient sa proie dans ses ongles, tout prêt à la mettre en pièces, BOSS. *A. de Gonz. Fig.* Mettre qqn en pièces, le déchirer par des médisances, des calomnies. Je me verrai trahir, mettre en pièces, MOL. *Mis.* I, 1. || Mettre en pièces un auteur. | 1. Le défigurer. Elle y met Vaugelas en pièces tous les jours, MOL. *F. sav.* II, 7. | 2. Le piller. Dans mes vers recousus mettre en pièces Malherbe, BOIL. *Sat.* 2.

PIÉCETTE [pyé-sĕt'] *s. f.*

[ÉTYM. Dérivé de pièce, §§ 64, 65 et 133. ACAD. n'admet le mot qu'en 1878, et seulement comme équivalent de l'espagn. peseta, petite monnaie d'argent, § 13. || XIII⁰ s. Par petites pecetes, *Prise de Jérus.* dans GODEF. Deus piecetes, *Charte de 1247, ibid.*]

|| *Famil.* Petite pièce.

PIED [pyé ; le *d* ne se lie, avec le son d'un *t*, que dans qqs loc.] *s. m.*

[ÉTYM. Du lat. pĕdem, *m. s.* devenu pied, piet, pié, §§ 305, 411 et 291, écrit plus récemment pied par réaction étymologique, § 502. Le son d'un t pris par le d de pied dans les locutions mettre pied à terre, tenir pied à boule et de pied en cap est peut-être dû à l'influence de piéter, empiéter, etc.]

I. Partie articulée à l'extrémité de la jambe de l'homme, de la patte de l'animal, qui, posant sur le sol, lui sert à se soutenir et à marcher.

|| **1⁰** En parlant de l'homme. Les doigts du —. La plante des pieds. Avoir le — cambré, le — plat. *Fig.* Un — plat, un caractère bas. Ce — plat... Par de sales emplois s'est poussé dans le monde, MOL. *Mis.* I, 1. — bot, déformé par la rétraction de certains muscles. Donner, envoyer à qqn un coup de —. Lier les pieds et les mains à qqn. Livrer qqn pieds et poings liés, et, *fig.* Avoir pieds et poings liés, être réduit à l'impuissance. Sortir de sa maison les pieds devant, être porté en terre. Ne souhaitant autre chose que de me voir sortir d'ici les pieds devant, SOREL, *Francion*, p. 332. Avoir un — dans la tombe, être sur le point de mourir. Se tenir les pieds chauds. Avoir les pieds sur les chenets. Prendre un bain de pieds. *Famil.* Mettre les pieds dans le plat, ne garder aucun ménagement. Se tenir sur ses pieds, sur la pointe du —. Être, se tenir en —, debout, et, *p. ext.* Un portrait en —, qui représente la personne entière (assise ou debout). *Fig.* Être en — dans un emploi, dans une place, dans une maison, y être complètement installé. | Être sur ses pieds. Remettre qqn sur ses pieds, le relever lorsqu'il est tombé. Être sur —, être levé. Remettre qqn sur —, le guérir d'une maladie qui le tenait au lit. *Fig.* Remettre qqn sur ses pieds, sur —, le rétablir dans ses affaires. Mettre des troupes sur —, en état de combattre. Être sur le — de guerre, prêt à faire la guerre. Sauter à pieds joints. Aller à cloche-—. Sauter sur un —. *Fig.* Avoir toujours un — en l'air, être toujours en mouvement. Ne savoir sur quel — danser, ne savoir quel parti prendre. Sur quel — êtes-vous ensemble? dans quelles dispositions êtes-vous vis-à-vis l'un de l'autre? Traiter sur le — d'égalité avec qqn. Ne vous mettez pas sur ce —-là. Être sur un grand — dans le monde. La maison est sur un grand —. Être sur un bon —, dans une bonne situation. | De la tête aux pieds, depuis le haut du corps jusqu'au bas. Habiller qqn de la tête aux pieds. Armer qqn de — en cap. C'est de la tête aux pieds un homme tout mystère, MOL. *Mis.* II, 4. || Fouler aux pieds, mettre sous ses pieds (qqn, qqch). *Fig.* Mépriser. Mettons sous nos pieds les soupirs et les larmes, MOL. *Sgan.* sc. 17. Tenir à qqn le — sur la gorge, et, *fig.* le tenir à sa merci. *Vieilli.* Mettre qqn à ses pieds, le soumettre. Lui seul (Dieu) mit à vos pieds le Parthe et l'Indien, RAC. *Esth.* III, 4. Alexandre mit tout à ses pieds, BOSS. *Hist. univ.* III, 5. Mettre

une personne, une chose aux pieds de qqn (en signe d'hommage). Allons mettre à ses pieds cette haute fortune, CORN. *Poly.* II, 1. Tomber, se jeter aux pieds de qqn (pour le supplier). S'il venait à mes pieds me demander sa grâce ! RAC. *Andr.* II, 1. Baiser les pieds de qqn, s'humilier devant lui. Par ces pieds que j'embrasse, RAC. *Esth.* III, 5. | Avoir — (dans l'eau), sentir le fond sous ses pieds. Un endroit où il n'y a pas —. Perdre —, être entraîné par le courant, et, *fig.* ne plus être maître de la situation. Tenir — à boule. (*V.* boule.) Attendre de — ferme, sans reculer d'un pas. Lâcher —, reculer, prendre la fuite. Faire qqch d'arrache-—, sans relâche. Prendre —, se poser, s'établir solidement. Notre engeance Prit — sur cette indulgence, LA F. *Fab.* VIII, 20. Laissez-leur prendre un — chez vous, Ils en auront bientôt pris quatre, ID. *ibid.* II, 7. | Tirer une épine du — à qqn, et, *fig.* lui ôter un grand souci. Couper l'herbe sous le — à qqn, le supplanter. Ne pas se laisser marcher sur le —, ne pas se laisser manquer. Il a trouvé chaussure à son —, il a trouvé justement ce qu'il lui fallait. *P. plaisant.* C'est un homme qui ne se mouche pas du —. (*V.* moucher.) Monsieur Tartuffe... N'est pas un homme, non, qui se mouche du —, MOL. *Tart.* II, 3. | Partir du — gauche, se mettre en marche. Marcher pieds nus. Il fait un temps à ne pas mettre les pieds dehors. Lever le —, pour partir, et, *fig.* s'en aller en emportant la caisse. Prendre qqn au — levé, le surprendre. Faire qqch au — levé, sans préparation. | Avoir, mettre le — à l'étrier, être prêt à partir à cheval, et, *fig.* commencer à faire son chemin dans une carrière. Mettre — à terre, descendre de cheval, de voiture, de bateau. (*Cf.* pied-à-terre.) Ne pas mettre un — devant l'autre, ne pas marcher. Ne pas mettre les pieds qqpart, n'y pas aller. Il fera beau temps quand j'y mettrai le —, MOL. *Tart.* I, 1. *Vieilli.* Gagner au —, s'enfuir. Marcher d'un — leste. Avoir bon —, bon œil. Être à —, par opposition à être en voiture. Le comédien, couché dans son carrosse, jette de la boue au visage de Corneille, qui est à —, LA BR. 12. *Fig.* Mettre un cocher à —, lui interdire de conduire pendant un certain temps. *P. ext.* Mettre un employé à —, lui retirer momentanément son emploi. Avancer — à —, graduellement. Défendre un poste — à —, de manière à ne laisser avancer l'ennemi qu'insensiblement. Un aubergiste qui loge à — et à cheval, qui loge piétons et cavaliers. *Vieilli.* Les gens de —, les fantassins. Valet de —, qui suit à pied les princes, les grands personnages dans les cérémonies, qui descend de la voiture pour ouvrir les portières, etc. | Avoir le — marin, savoir se tenir à bord d'un bâtiment ballotté par les vagues. Les Hébreux traversèrent la mer Rouge à — sec (la mer s'étant retirée). | Haut le —, vite en route. Et haut le —, LA F. *Fab.* XII, 17. | *Vieilli. Substantivt.* Un haut-le-—, un homme qui n'a pas de demeure fixe.

|| **2°** En parlant de l'animal. Un coup de — de cheval. Un jour, sur les longs pieds, allait, Je ne sais où, Le héron, LA F. *Fab.* VII, 4. Ruminants à — fourchu, dont le sabot est fendu. Le canard a les pieds palmés. Le chat retombe toujours sur ses pieds, et, *fig.* Une personne qui retombe toujours sur ses pieds, qui sait toujours se tirer d'affaire. Un cheval qui galope sur le bon —, en portant en avant le pied qui est du côté où il doit tourner. *Fig.* Vous galopez sur le bon —, je l'avoue, mais vous allez trop loin, SÉV. 1159. Faire changer de — un cheval. Un cheval qui manque des quatre pieds. Un animal qui se dresse sur ses pieds de derrière. *Fig. Famil.* Être sur ses pieds de derrière, se guinder. Un — de biche, de cerf. || *P. ext.* (Vénerie.) Marque laissée sur le sol par la bête. Le veneur a reconnu au — que c'était un cerf. || *Fig.* Faire le — de grue, demeurer longtemps debout à attendre. Des pieds de mouche, écriture très fine et peu lisible. L'écriture de Pauline visait sans vous aux pieds de mouche, SÉV. 1179. || (Cuisine.) Des pieds de veau, de mouton. Des pieds de cochon truffés. *Vieilli.* Petits pieds ou petits-pieds, ortolans, becfigues, etc. Il s'acharna sur les entrées et ne fit pas moins d'honneur aux petits pieds, LES. *Gil Blas*, II, 1. *Fig.* Tirer de qqn — ou aile, en tirer de manière ou d'autre quelque aubaine.

|| **3°** Nom donné par métaphore à certains animaux, à certaines plantes, à certains instruments. — gris, alouette de mer. — de cheval, grande huître. || — d'alouette, plante renonculacée. — de corbin, renoncule. — de griffon, ellébore. — de loup, lycopode, etc. || — de biche. | 1. Petit levier fendu à son extrémité pour arracher des clous. | 2. Blaireau pour lisser les couleurs. || — de chat, instrument pour sonder les bouches à feu.

II. *Fig.* || **1°** Base par laquelle un objet pose sur le sol. Être au — d'une montagne, d'une colonne. Des chambres de plain-—. Au — d'un mur, et, *fig.* Mettre qqn au — du mur, ne pas lui laisser d'échappatoire. Donner du — à un mur, élargir la base. *P. anal.* Donner du — à une échelle, l'appuyer en l'inclinant pour lui donner plus d'équilibre. Amener des matériaux à — d'œuvre, au pied du bâtiment à construire. S'agenouiller au — de l'autel. Être au — du lit d'un malade. || *P. anal.* Être assis au — d'un arbre. || *P. ext.* | **1.** La partie de la tige qui sort du sol. Un arbre que l'on coupe au —. Une plante qui a séché sur —. Vendre, acheter une récolte sur —, avant qu'elle ne soit coupée. | **2.** La plante tout entière avec ses racines (se dit surtout des arbustes). Un — de giroflée. Un — d'estragon. || *Fig.* (Géom.) Le — d'une perpendiculaire, le point où elle fait un angle droit avec le plan, la ligne qu'elle rencontre.

|| **2°** Chacun des supports d'un meuble, d'un ustensile. Les pieds d'un fauteuil, d'une chaise. Les pieds d'un lit, les montants sur lesquels il repose, et, *p. ext.* Le — du lit (opposé à la tête), extrémité du côté de laquelle sont les pieds de la personne couchée. Les pieds d'une marmite, d'un réchaud. *P. plaisant.* Un nez en — de marmite.

III. *P. ext.* || **1°** —, — de roi, ancienne mesure de longueur représentant la longueur moyenne d'un pied d'homme, contenant à peu près le tiers d'un mètre (0m,324) et divisé en douze pouces. Petits hommes hauts de six pieds, LA BR. 12. A-t-il quelque chose de plus que le dernier des hommes, cinq pieds de terre (pour sa fosse) et un suaire ? BOURD. *Pens. de la mort*, 1. || *P. ext.* | **1.** Longueur, quantité indéterminée. Sans y posséder un — de terre, BOSS. *Hist. univ.* II, 2. Tirer la langue d'un — de long. Il est connu par un — de nez (un nez très long), BALZ. *Barbon.* *Fig.* Faire un — de nez à qqn, geste de moquerie consistant à agiter la main étendue au bout du nez. Une femme qui a un — de rouge (une couche épaisse) sur le visage. Il voudrait être à cent pieds sous terre, profondément caché. Avoir d'une chose cent pieds par-dessus la tête, en être excédé. | **2.** Mesure indéterminée. Est-ce au — du savoir qu'on mesure les hommes ? BOIL. *Sat.* 8. Prendre les choses au — de la lettre, selon la lettre, et non selon l'esprit. Ce fou qui réduit tout au — de la chicane, RAC. *Plaid.* III, 2. Quand j'y compare mes affaires réduites au petit —, SÉV. 1286. Les cours des parlements sont des états généraux au petit —, VOLT. *Parlem. de Paris*, 29.

|| **2°** Mesure prosodique (unité de mesure du vers). L'hexamètre grec ou latin est composé de six pieds. Un vers français de douze pieds, de dix pieds.

PIED-À-TERRE [pyé-tà-têr'] *s. m.*
[ÉTYM. Composé de pied, à et terre, § 177. || Admis ACAD. 1798.]

|| Logement où l'on ne vient qu'en passant.

PIED-DROIT [pyé-drwà] *s. m.*
[ÉTYM. Composé de pied et droit, § 173. || Admis ACAD. 1694.]

|| (Technol.) Chacun des murs verticaux qui portent la naissance d'une voûte. || Chacun des jambages d'une porte, d'une fenêtre.

PIÉDESTAL [pyé-dès'-tàl] *s. m.*
[ÉTYM. Emprunté de l'ital. piedistallo, piedestallo, *m. s.* proprt, « pied d'étal », § 12. Souvent au XVIe-XVIIe s. piédestail par substitution de suffixe, § 62. || 1547. Pilastres et piedestalz, J. MARTIN, *Vitruve*, dans DELB. *Rec.*]

|| Support d'une colonne, d'un vase, d'une statue, établi sur le sol. || *Fig.* Mettre qqn sur un piédestal, l'admirer (le considérer comme méritant une statue).

PIED-FORT [pyé-fòr] *s. m.*
[ÉTYM. Composé de pied, au sens de mesure, et fort, § 173. || Admis ACAD. 1694.]

|| (Technol.) Pièce d'or ou d'argent, plus épaisse que les pièces ordinaires, que l'on frappe pour servir d'essai.

PIÉDOUCHE [pyé-dòuch'] *s. m.*
[ÉTYM. Emprunté de l'ital. pieduccio, *m. s.* proprt, « petit pied », § 12. || Admis ACAD. 1694.]

|| (T. d'art.) Petite base, ronde ou carrée, d'un buste, d'une figure de ronde bosse.

PIÈGE [pyèj'] *s. m.*
[ÉTYM. Du lat. pĕdica, *m. s.* §§ 305, 290, 414, 389 et 291. (*Cf.* empêcher et empiéger.) Le mot est fém. à l'origine. Prendre a la piege, BEN. DE STE-MORE, *Troie*, 17922. Sur le changement de genre, *V.* § 553.]

|| Engin pour prendre certains animaux. Un — à loups. Tendre, dresser des piéges pour les oiseaux. || *Fig.* Artifice dressé contre qqn. Combien la concupiscence leur tend de piéges secrets, PASC. *Prov.* 4. Dans quel — as-tu conduit mes pas ! RAC. *Ath.* V, 5.

PIE-GRIÈCHE et **PIGRIÈCHE** [pi-gri-yèch'] *s. f.*

[ÉTYM. Composé de pie 1 et grièche, § 173. ACAD. n'admet l'orthographe pigrièche qu'en 1835. || 1555. La grande pie griesche, P. BELON, *Nature des oiseaux*, p. 126.]

|| Passereau à bec conique crochu par le bout, qui combat les oiseaux plus forts que lui et vole en jetant des cris aigus. || *Fig.* Femme acariâtre et querelleuse. *Adjectivt* ou *p. appos.* Cette femme pigrièche, GHERARDI, *Th. ital.* V, 7.

PIE-MÈRE [pi-mĕr] *s. f.*

[ÉTYM. Composé de pie 2 et mère, à l'imitation du bas lat. qui emploie pia mater dans le même sens, § 173. || XIIIᵉ-XIVᵉ s. Et est dite pie mere car ele envolepe debonnaire-ment le cervel si comme la debonnaire mere son filz, *Chirurg. de Mondeville*, fᵒ 15. Admis ACAD. 1762.]

|| (Anat.) Partie interne de la triple membrane qui enveloppe le cerveau. (*Cf.* dure-mère.)

PIERRAILLE [pyè-rây'] *s. f.*

[ÉTYM. Dérivé de pierre, §§ 64 et 95. || XVIIᵉ-XVIIIᵉ s. V. à l'article.]

|| Réunion de petites pierres. Charger une route avec de la —. Des puits qu'on emplit ensuite de pierrailles, LIGER, *Nouv. Mais. rust.* (1700), dans DELB. *Rec.* Admis ACAD. 1740.]

PIERRE [pyèr] *s. f.*

[ÉTYM. Du lat. pĕtra, m. s. devenu piedre, pierre, §§ 305, 404 et 291. (*Cf.* perré, perron, empierrer, pétré, etc.)]

I. Matière inorganique, dure, solide, composée de diverses substances agrégées, répandue à la surface et dans le sein de la terre.

|| **1ᵒ** Cette matière considérée en général. Un escalier, un pont de —. Adorez-vous des dieux ou de — ou de bois? CORN. *Poly.* III, 2. Nous demeurâmes tous comme des gens de —, SÉV. 184. L'age de la —, époque préhistorique où les hommes n'avaient, pour fabriquer leurs armes, leurs instruments, que la pierre, le silex.

|| **2ᵒ** Fragments détachés de cette matière. Un tas de pierres. Un éboulement de pierres. Écarter les pierres du chemin, et, *fig.* Mener qqn par un chemin où il n'y a pas de pierres, lui rendre les choses faciles. Lancer des pierres à qqn. Certain fou poursuivait à coups de — un sage, LA F. *Fab.* XII, 22. | *Fig.* Jeter des pierres dans le jardin de qqn, l'attaquer indirectement. Quand un coupable était puni de la lapidation, les témoins lançaient les premières pierres. Que celui d'entre vous qui est sans péché lui jette le premier la —, SACI, *Bible, St Jean*, VIII, 7. *Fig.* Jeter la —, la première — à qqn, être le premier à l'accuser. || Faire d'une — deux coups, obtenir deux résultats par un seul acte. — qui roule n'amasse pas mousse, celui qui change sans cesse de profession n'arrive pas à la fortune. || Buter contre une pierre. *Fig.* — d'achoppement, de scandale, personne, chose qui est un danger pour les âmes. || Être comme une —, immobile, inerte. A tous ces beaux discours j'étais comme une —, BOIL. *Sat.* 3. Des âmes dures comme des pierres, BOURD. *Exhort. à la charité envers les pauvres*, 2. *Fig.* Un cœur de —, dur comme la pierre.

|| **3ᵒ** Concrétion qui se forme chez certaines plantes, certains animaux. Fruit à pierres, la poire. Juger... quel est de meilleure eau, Ou bien le fruit à — ou le fruit au couteau, CORN. *Poës. div. App.* 3. On appelle bézoard une — qui se forme dans l'estomac de certains animaux. — biliaire, rénale, vésicale, concrétion qui se forme dans le foie, dans les reins, dans la vessie. Opérer qqn de la —. *Fig.* Il a une mauvaise — dans son sac, il est en mauvais état.

II. Cette matière propre à divers usages en ses différents états.

|| **1ᵒ** (Construction.) De la — à bâtir. De la — de taille. De la — de liais. — meulière. — calcaire. — à chaux. — artificielle, fabriquée pour la construction avec des mortiers, des ciments comprimés. Un tailleur de —. L'appareillage des pierres. | La première — d'un édifice, pierre contenant des médailles, des monnaies, des inscriptions commémoratives, qu'on place dans les fondements de l'édifice. Poser la première — d'un pont. — d'attente, laissée dans un mur pour s'emboîter dans le mur d'une construction nouvelle.

— d'angle, — angulaire, pierre qui fait le coin d'une construction et, appartenant à deux murs, doit être plus solide que les autres. *Fig.* En parlant de la fondation de l'Église. Ils ont rejeté la — d'angle (Jésus-Christ). || Un mur en pierres sèches. Aux accords d'Amphion les pierres se mouvaient Et sur les murs thébains en ordre s'élevaient, BOIL. *Art p.* 4. Il ne resta pas — sur — de l'édifice. La maison a été démolie — à —. || Une — sépulcrale, tombale, dalle qui couvre une tombe. Une — d'autel. Une — milliaire, borne placée de mille en mille pas sur les voies romaines. Une — levée, monument antique formé de pierres de grandes dimensions placées debout.

|| **2ᵒ** (Arts, Industrie.) — lithographique. — à aiguiser. — à fusil, à feu. — ponce. — de touche. — de meule. | *P. ext.* — pourrie, pour polir les métaux. — à détacher, substance argileuse. — d'aimant, oxyde de fer. — infernale, azotate d'argent. | (Alchimie.) — philosophale, qui devait transformer les métaux ordinaires en or ou en argent || *Spéciall.* Pierres précieuses, pierres de couleur, rubis, émeraude, saphir, etc. Pierres fines, agathe, onyx, cornaline, etc. Un camée en — dure. Une — gravée.

PIERRÉE [pyè-ré] *s. f.*

[ÉTYM. Dérivé de pierre, §§ 62 et 119. (*Cf.* perré.) || 1431. Deux pierrees par lui vendues et livrees, *Comptes de Tournai*, dans GODEF. *Compl.*]

|| (Technol.) Lit de pierres. || Rigole faite de pierres sèches. Des pierrées ou des puisards, LIGER, *Nouv. Mais. rust.* dans DELB. *Rec.*]

PIERRERIES [pyèr'-ri ; *en vers*, pyè-re-ri] *s. f. pl.*

[ÉTYM. Dérivé de pierre, § 69. Anc. franç. perrerie, § 65. || 1328. Perrerie, dans L. DE LABORDE, *Émaux*, p. 437.]

|| Joyaux de pierres précieuses. Chargée d'or et de pierreries, BOSS. *La Vall.*

PIERRETTE [pyè-rĕt'] *s. f.*

[ÉTYM. Dérivé de pierre, §§ 62 et 133. Anc. franç. perrette, § 65. || XIIᵉ-XIIIᵉ s. Une perrette, *Rois*, II, 17. Petites pieretes, RICH. DE FOURNIVAL, *Best.* dans GODEF.]

|| *Famil.* Petite pierre. Jouer à la —.

PIERREUX, EUSE [pyè-reû, -reûz'] *adj.*

[ÉTYM. Dérivé de pierre, §§ 62 et 116. L'anc. franç. dit plutôt perreus, du lat. petrŏsum, m. s. || XIIᵉ s. Les montaignes ke sovent sont saches et pierouses, *Serm. de St Bern.* p. 147.]

|| Qui contient des pierres. Des terres sèches et pierreuses, BOSS. *Sur l'Égl.* 3. Des poires pierreuses. || *P. ext.* Colique pierreuse, due à la présence d'une pierre dans la vessie. *P. plaisant.* Il y a eu même à Rennes une colique pierreuse : M. de Chaulnes... fut repoussé chez lui à coups de pierres, SÉV. 408.

PIERRIER [pyè-ryé] *s. m.*

[ÉTYM. Dérivé de pierre, §§ 62 et 115. Anc. franç. perrier, § 65. || XIIᵉ-XIIIᵉ s. Cil entendirent al perrier, *Hist. de Guill. le Mareschal*, 565.]

|| *Anciennt.* Machine à lancer des boulets de pierre. || *P. ext.* Petit canon, lançant des boulets de fer, qui armait les chaloupes.

PIERROT [pyè-rô] *s. m.*

[ÉTYM. Nom propre dérivé de Pierre, §§ 36, 62 et 136. || Admis ACAD. 1835.]

I. Nom vulgaire du moineau franc.

II. Personnage de pantomime, au visage enfariné, costumé de blanc.

PIERRURE [pyè-rûr] *s. f.*

[ÉTYM. Dérivé de pierre, §§ 62 et 111. || 1561. Pierreure, DU FOUILLOUX, *Vénerie*, p. 49. Admis ACAD. 1762.]

|| (Vénerie.) Aspérité de la couronne qui est à la racine du bois des cerfs, daims, etc. (S'emploie surtout au plur.)

PIÉTÉ [pyé-té ; *en vers*, pi-é-té] *s. f.*

[ÉTYM. Emprunté du lat. pietas, m. s. (*Cf.* le doublet pitié.) || XIIᵉ s. N'i a dont faire pieté, *Énéas*, 1806.]

I. *Vieilli.* Pitié. Touché de — la prend et la relève, RÉGNIER, *Ép.* 1. Mont-de-—. (*V. ce mot.*)

II. Affection respectueuse. La — filiale. Sa — pour moi, RAC. *Iph.* 1, 1. || *Spéciall.* Dévotion religieuse vive et sincère. La — est le tout de l'homme, BOSS. *Condé.* Dieu... lui donna... dans ce livre divin la solide nourriture de la — ID. *ibid.* Soutenir la — jusqu'à la superstition, c'est la détruire, PASC. *Pens.* XIII, 5.

PIÉTER [pyé-té] *v. intr. et tr.*

[ÉTYM. Dérivé de pied, §§ 62, 63 et 154. (*Cf.* empiéter.)
‖ 1487. Qui l'autre... plettera de piet, dans GODEF.]

I. *V. intr.* ‖ **1°** En parlant de l'oiseau, aller sur ses pieds. Lorsqu'on croit la trouver (la bécasse), elle a déjà piété et fui, DUFF. *Bécasse.*

‖ **2°** Au jeu de boules, de quilles, tenir le pied à la ligne marquée qu'on ne doit pas dépasser. ‖ *P. anal.* Se —, se planter sur ses pieds. Ninant s'était piété pour les combattre, Mme D'ÉPINAY, *Mém.* I, p. 371.

II. *V. tr.* — le drap, en garnir le pied en faisant ressortir la laine par le chardon. — le gazon, le couper au pied pour qu'il repousse plus dru.

ʼPIÉTIN [pyé-tin] *s. m.*

[ÉTYM. Dérivé de pied, §§ 62, 63 et 100. ‖ 1770. CARLIER, *Traité des bêtes à laine,* II, 498.]

‖ Maladie du pied des moutons.

PIÉTINEMENT [pyé-tin'-man ; *en vers,* -ti-ne-...] *s. m.*

[ÉTYM. Dérivé de piétiner, § 154. ‖ XVIIIe s. *V.* à l'article. Admis ACAD. 1835.]

‖ Action de piétiner. Des troupeaux... par leur — enfoncent le grain dans la terre, RAYNAL, *Hist. philos.* IV, 4.

PIÉTINER [pyé-ti-né] *v. tr. et intr.*

[ÉTYM. Dérivé de pied, §§ 62, 63 et 168. (*Cf.* l'anc. franç. piétoyer et piétonner.) ‖ 1642. OUD.]

I. *V. tr.* Fouler aux pieds. Il a été piétiné par les chevaux.

II. *V. intr.* Remuer, agiter les pieds, sur place. — dans sa chambre.

PIÉTON, ONNE [pyé-ton, -tòn'] *s. m. et f.*

[ÉTYM. Dérivé de pied, §§ 62, 63 et 104. ‖ XIVe s. Et tout chil de Paris, a cheval et pieton, *Hugues Capel,* 838.]

‖ Celui, celle qui va à pied. Le — modeste, un bâton à la main, DELILLE, *Jardins,* 2. ‖ *Spécialt. Vieilli.* ‖ **1.** Fantassin. (*Cf.* pion.) ‖ **2.** Facteur rural. (*Cf.* pedon.)

PIÈTRE [pyètr'] *adj.*

[ÉTYM. Anc. franç. peestre, §§ 358 et 422, proprt, « à pied », du lat. pedęstrem, *m. s.* §§ 411 et 291. (*Cf.* le doublet pédestre.) ‖ XIIIe s. Un deable tot peestre, G. DE COINCY, dans GODEF. peestre.]

‖ Pauvre, mesquin. Jouer un — rôle. Un mari de votre âge est — marchandise, DESTOUCHES, *Irrésolu,* I, 3.

PIÈTREMENT [pyè-tre-man] *adv.*

[ÉTYM. Composé de piètre et ment, § 724. ‖ XIIIe s. Peestrement t'emporteront, G. DE COINCY, dans GODEF. peestrement.]

‖ D'une manière piètre.

PIÈTRERIE [pyè-tre-ri] *s. f.*

[ÉTYM. Dérivé de piètre, § 69. ‖ 1611. COTGR.]

‖ Caractère de ce qui est piètre.

PIETTE [pi-yèt'] *s. f.*

[ÉTYM. Dérivé de pie, § 133. ‖ 1555. P. BELON, *Nature des oiseaux,* p. 171. Admis ACAD. 1762.]

‖ Oiseau d'eau à plumage blanc et noir.

PIEU [pyeú] *s. m.*

[ÉTYM. Du lat. pālum, *m. s.* (*cf.* pal), devenu pel, §§ 295 et 291, au plur. peus, § 456, et dialectalement pieus, § 313, forme sur laquelle on a refait le singulier pieu, § 559.]

‖ Brin de bois aiguisé par un bout, dont on fait généralement des palissades. Ficher un — en terre. Arracher les pieux d'une clôture.

PIEUSEMENT [pyeùz'-man ; *en vers,* pi-eù-ze-...] *adv.*

[ÉTYM. Composé de pieuse et ment, § 724. ‖ 1611. COTGR.]

‖ D'une manière pieuse. ‖ *Famil.* Je crus — (avec une foi entière) la petite fille, LES. *Gil Blas,* II, 1.

PIEUVRE [pyeùvr'] *s. f.*

[ÉTYM. Du lat. pōlypum, *m. s.* devenu ˣpŏlepo, ˣpŏlebe, ˣpueleve, ˣpuelve, §§ 320, 290, 431 et 291, ˣpueuve, pieuve (*cf.* yeux pour ˣueux), §§ 321 et 461, pieuvre, § 361. Sur le genre, *V.* § 550. ‖ Mot popularisé par V. HUGO, § 16. Admis ACAD. 1878.]

‖ *Dialect.* (Norm.). Poulpe commun. Ce monstre que les marins appellent poulpe,... dans les îles de la Manche on le nomme la —, V. HUGO, *Trav. de la mer,* IV, 2.

PIEUX, PIEUSE [pyeù, pyeùz' ; *en vers,* pi-...] *adj.*

[ÉTYM. Dérivé du lat. pius, § 116. (*Cf.* pie 2.) ‖ 1539. R. EST.]

‖ Qui a de la piété. L'amour — qu'un fils doit à son père, FÉN. *Tél.* 18. ‖ *Spécialt.* Les — serviteurs de Jésus-Christ. Les âmes pieuses. C'est une chose délicate à un prince religieux de réformer la cour et de la rendre pieuse, LA BR. 13. Je ne dis pas ceci par le zèle — d'une dévotion spirituelle, PASC. *Pens.* IX, 1. ‖ *P. ext.* Legs —, destiné à des œuvres pies.

ʼPIÉZOMÈTRE [pyé-zò-mètr' ; *en vers,* pi-é-...] *s. m.*

[ÉTYM. Composé avec le grec πιέζειν, presser, et μέτρον, mesure, § 279. ‖ *Néolog.*]

‖ (T. didact.) Appareil pour mesurer la compressibilité des liquides.

PIFFRE, ESSE [pifr', pi-frĕs'] *s. m. et f.*

[ÉTYM. Paraît identique à pifre, employé par RAB. IV, 36, et d'autres auteurs du XVIe s. au sens de « fifre », d'après l'ital. piffero, *m. s.* § 12. ‖ (Au sens actuel.) XVIe-XVIIe s. Ce gros piffre de Portugais, SULLY, dans DOCHEZ.]

‖ *Famil.* Personne replète, ventrue. Je ne veux point d'une grosse piffresse : J'aime la chair, et non la graisse, BOISSY, dans TRÉV. ‖ *P. ext.* Personne goulue.

ʼPIFFRER [pi-fré] *v. tr.*

[ÉTYM. Dérivé de piffre, § 154. ‖ XVIIIe s. *V.* à l'article.]

‖ *Vieilli.* Gorger de nourriture. (*Syn.* empiffrer.) Ils... se sont si pleinement piffrés, que la plupart en ont été malades, J.-J. ROUSS. *Lett. à Mme de Warens,* févr. 1747.

PIGEON [pi-jon] *s. m.*

[ÉTYM. Du lat. pipiǫnem, *m. s.* devenu ˣpibiǫnem, ˣpibjon, pijon, pigeon, §§ 426, 356 et 291.]

I. Oiseau intermédiaire entre les gallinacés et les passereaux, dont la gorge a des reflets variés. — domestique, qu'on élève dans un colombier. — de volière. — voyageur, variété de pigeon qui, transporté à une grande distance, revient au colombier, et dont on utilise l'instinct d'orientation pour transmettre des messages. Un vêtement couleur gorge de —. ‖ *Fig.* Dupe que l'on dépouille. Plumer le —. Un semblable — ne se peut rattraper, CORN. *Mélite,* IV, 1.

II. (Technol.) Poignée de plâtre pétri, pour dresser des coffres, des hottes de cheminées.

PIGEONNEAU [pi-jò-nô] *s. m.*

[ÉTYM. Dérivé de pigeon, § 126. ‖ XVIe s. BON. DES PER. *Contes,* 3. Admis ACAD. 1878.]

‖ **1°** Jeune pigeon.

‖ **2°** *Famil.* Ampoule qui vient à la main des ouvriers qui manient les peaux préparées à la chaux.

ʼPIGEONNER [pi-jò-né] *v. tr.*

[ÉTYM. Dérivé de pigeon, § 154. (*Cf.* duper.) ‖ XVIe s. *V.* à l'article.]

I. *Vieilli.* Plumer (comme un pigeon), dépouiller. S'il a de l'argent, il se trouvera incontinent pigeonné, LA NOUE, *Disc. polit.* 13.

II. (Technol.) Construire par pigeons (de plâtre). Coffre de cheminée pigeonné.

PIGEONNIER [pi-jò-nyé] *s. m.*

[ÉTYM. Dérivé de pigeon, § 115. ‖ 1549. R. EST.]

‖ Construction, généralement élevée, où on loge des pigeons. ‖ *Fig. Famil.* Habitation élevée. Éberbourg, c'est un — sur une pointe de rochers, ST.-SIM. I, 456.

PIGMENT [pig'-man] *s. m.*

[ÉTYM. Emprunté du lat. pigmentum, matière colorante. (*Cf.* piment et orpiment.) ‖ XIIe-XIIIe s. Purrière de pigment, *Job,* dans *Rois,* p. 447. Admis ACAD. 1878.]

‖ (Anat.) Matière composée de granulations de diverses couleurs, qui se trouve dans les cellules de la couche muqueuse de l'épiderme et qui produit les différentes nuances de la peau chez l'homme et les animaux.

PIGNE [piñ'] *s. f.*

[ÉTYM. Emprunté de l'espagn. piña, *m. s.* proprt, « pomme de pin », § 13. (*Cf.* pignon 2.) ‖ 1716. Or en pigne, FRÉZIER, *Voyage à la mer du Sud,* p. 97. Admis ACAD. 1762.]

‖ (Technol.) Masse d'or et d'argent qui reste après l'évaporation du mercure qu'on avait amalgamé avec le minerai pour l'en dégager.

PIGNOCHER [pi-ñò-ché] *v. intr.*

[ÉTYM. Altération de épinocher sous l'influence de peigner, § 509. ‖ 1642. OUD.]

‖ **1°** Manger du bout des dents, en épluchant chaque petit morceau. Rester à table aujourd'hui tête à tête cinq grands quarts d'heure à la voir —, Mme DU DEFFANT, *Corresp. inéd.* II, 18.

‖ **2°** *P. anal. Famil.* Peindre à petits coups de pinceau.

1. PIGNON [pi-ñon] *s. m.*

[ÉTYM. Du lat. pop. ˣpinniǫnem, *m. s.* dérivé de pinna, créneau de muraille, §§ 106, 356, 482 et 291. ‖ XIIIe s. Maison de piere Dont li pignon sont covert d'yerre, *Blancandin,* dans DELB. *Rec.*]

I. Partie supérieure du mur terminé en pointe qui

porte le bout du faîtage du comble. | *P. ext.* Avoir — sur rue, être propriétaire. Bourgeois qui ont — sur rue, et toujours un « chez moi » à la bouche, PASC. *Pens.* XXIV, 68.

II. (Mécanique.) Roue à dents qui engrènent dans les dents d'une autre roue.

2. PIGNON [pi-ñon] *s. m.*

[ÉTYM. Du lat. pop. *piniônem, dérivé de pinea, pomme de pin, §§ 106, 356, 482 et 291.]

‖ Amande de la pomme de pin.

PIGNORATIF, *PIGNORATIVE [pĭg'-nò-rà-tĭf', -tĭv'] *adj.*

[ÉTYM. Dérivé du lat. pignorare, mettre en gage, § 257. ‖ 1567. J. PAPON, *Premier Notaire*, p. 18. Admis ACAD. 1762.]

‖ (Droit.) Fondé sur un gage. *Spéciall.* Contrat —, contrat de gage, interdit comme usuraire, par lequel le créancier devient propriétaire de la chose engagée si, au jour fixé, le débiteur n'a pas payé. (*V.* commissoire.)

PIGRIÈCHE. *V.* pie-grièche.

PILAIRE [pi-lèr] *adj.*

[ÉTYM. Dérivé du lat. pilus, poil, § 248. ‖ Admis ACAD. 1878.]

‖ (T. didact.) Relatif aux poils. (*Syn.* pileux.) Le système —.

PILASTRE [pi-làstr'] *s. m.*

[ÉTYM. Emprunté de l'ital. pilastro, *m. s.* § 12. ‖ 1545. Ses pilastres, VAN AELST, *Architect.* fº 5, vº.]

‖ (Architect.) Colonne carrée, le plus souvent engagée dans un mur. ‖ *P. anal.* Montant qu'on fixe de distance en distance dans une grille, une rampe, un balcon.

1. PILE [pil] *s. f.*

[ÉTYM. Du lat. pila, colonne, qui paraît se rattacher à pangere, enfoncer, § 291. (*Cf.* pilier.)]

‖ Réunion d'objets de même nature posés régulièrement les uns sur les autres. Une — d'écus, de livres. Des boulets mis en —. *Spéciall.* | 1. Chacune des assises de pierres sur lesquelles reposent les arches d'un pont. | 2. — électrique, composée primitivement d'une série de disques disposés en colonne. | 3. (Pêche.) Chacune des lignes attachées aux lignes latérales partant de la maîtresse corde.

2. PILE [pil] *s. f.*

[ÉTYM. Du lat. pila, mortier où l'on pile, qui paraît se rattacher à pisere, piler, § 291.]

‖ **1º** (Technol.) Auge où l'on met le drap qu'on veut fouler, la matière propre à faire le papier, etc.

‖ **2º** *Fig. Vieilli.* Mettre à la — et au verjus, maltraiter. ‖ *De nos jours. Dans le même sens.* Donner une — à qqn.

3. PILE [pil] *s. f.*

[ÉTYM. Origine inconnue. ‖ XIIIe s. Ne fist mie de sa croix pile, RUTEB. p. 87, Kressner.]

‖ Côté d'une pièce de monnaie opposé à la face, dite autrefois croix. Il arrivera croix ou —, PASC. *Pens.* X, 1. Jouer à — ou face.

PILER [pi-lé] *v. tr.*

[ÉTYM. Du lat. pilare, *m. s.* §§ 295 et 291.]

‖ Réduire en petits fragments par un choc répété. — des amandes, — des drogues. Du sucre pilé. — du poivre, et, *fig.* sauter sur la selle à chaque réaction du cheval.

PILEUR, *PILEUSE [pi-leur, -leuz'] *s. m.* et *f.*

[ÉTYM. Dérivé de piler, § 112. ‖ 1462. Pilleurs et pressoureurs de vendenges, dans DELB. *Rec.*]

‖ Celui, celle qui pile.

PILEUX, EUSE [pi-leu, -leuz'] *adj.*

[ÉTYM. Emprunté du lat. pilosus, *m. s.* (*Cf.* pilaire.) ‖ XVIe s. Parties pileuses, PARÉ, XI, 4. Admis ACAD. 1878.]

‖ (T. didact.) Relatif aux poils. Les follicules — de la peau.

PILIER [pi-lyé] *s. m.*

[ÉTYM. Du lat. pilare, *m. s.* devenu piler, §§ 295 et 291, puis pilier par substitution de suffixe, §§ 62 et 115.]

‖ **1º** Pile de pierres servant à soutenir diverses parties d'un édifice. Les piliers d'une voûte. Un — manque, et le plafonds... Tombe sur le festin, LA F. *Fab.* I, 14. Les piliers des halles. — de moulin à vent, massif en maçonnerie sur lequel il tourne. — de mine, massif ménagé pour soutenir le ciel d'une carrière. ‖ *Fig.* | 1. Soutien. La mère et l'épouse de ce roi qui étaient des piliers de leur religion, ST-SIM. XIV, 195. | 2. Habitué d'un lieu. Un — d'antichambre, RAC. *Plaid.* I, 4. Un — d'estaminet.

‖ **2º** (Manège.) Chacun des poteaux entre lesquels on met le cheval pour le dresser ou exercer les cavaliers.

‖ **3º** (Anat.) Prolongement de la substance médul-

laire du cerveau. | Faisceau de fibres charnues qui naissent du diaphragme. | Repli musculeux qui va du voile du palais à la base de la langue, du pharynx.

‖ **4º** (Horlog.) Petite colonne qui maintient la distance entre les platines.

PILLAGE [pi-yàj'] *s. m.*

[ÉTYM. Dérivé de piller, § 78. ‖ XIVe s. Choses perdues par pillage de ennemis, BERSUIRE, fº 71.]

‖ Action de piller. Trêves se croit déjà voir au —, RAC. *Campagnes de L. XIV.* Ils couraient au —, CORN. *Cid,* IV, 3. Du — du temple épargnez-moi l'horreur, RAC. *Ath.* V, 2. Livrer, mettre une ville, une maison au —. ‖ *P. anal.* Les enfants ont mis le jardin au —. Une maison où tout est au —, où l'on gaspille, où l'on vole. Les finances de l'État sont au — (par des concussions). L'État n'est plus en — aux armées, CORN. *Cinna,* II, 1. ‖ *Fig.* Je n'ai point fait de scrupule d'enrichir notre langue du — que j'ai pu faire chez lui (Lucain), CORN. *Pomp.* exam.

PILLARD, ARDE [pi-yàr, -yàrd'] *s. m.* et *f.*

[ÉTYM. Dérivé de piller, § 147. ‖ XIVe s. Tuit pillart, murdrier, traiteur et larron, CUVELIER, *Duguesclin,* 7129.]

‖ Celui, celle qui pille. Vos pères... Étaient des conquérants, vous êtes des pillards, V. HUGO, *Burgr.* II, 6. *Fig.* Un effronté — qui sans façon se faisait un revenu des ouvrages des autres, J.-J. ROUSS. *Confess.* 10. ‖ *Adjectivt.* Soldat —. Un capitaine d'humeur pillarde.

PILLER [pi-yé] *v. tr.*

[ÉTYM. Du lat. pop. *pillare (class. pilare, § 157), *m. s.* devenu piller, §§ 356, 462, 297 et 291, piller, § 634.]

‖ Dépouiller violemment de ce qu'on trouve à son gré. La ville, la maison a été pillée. Surprendre la ville et — la contrée, CORN. *Cid,* III, 6. Mes habitants pillés, ID. *Tois. d'or,* prol. 1. Là, il n'y a que des misérables qui pillent et des misérables qui sont pillés, MONTESQ. *Espr. des lois,* XVI, 10. ‖ *P. ext.* S'emparer violemment de (qqch). Vos effets ont été pillés, tant par les archers que par vos propres domestiques, LES. *Gil Blas,* IX, 7. ‖ *P. anal.* Assaillir violemment. Ils le pillèrent avec tant d'animosité et de furie, SCARR. *Rom. com.* I, 15. Un chevalier, dit-elle, m'a pillée (m'a fait violence), VOLT. *Ce qui plaît aux dames.* ‖ *Spéciall.* En parlant du chien de chasse, se jeter sur le gibier. Quand le chasseur croit que son chien la pille (la perdrix), LA F. *Fab.* IX, 20, *Disc. à Mme de la Sablière.* Il est comme ces chiens à qui l'on dit longtemps : Tout beau, et puis tout d'un coup : Pille, SÉV. 1112. ‖ *Fig.* Vous avez pillé cette galanterie-là quelque part, MARIV. *Jeu de l'am. et du has.* I, 8. Me soutenir que mon air est pillé! REGNARD, *Bal,* sc. 11. Ce qu'il pille, il l'appelle ses pensées, VOLT. *Lett.* 18 déc. 1752.

PILLERIE [piy'-ri; *en vers,* pi-ye-ri] *s. f.*

[ÉTYM. Dérivé de piller, § 69. ‖ 1345. Aucuns de sa compaignie... firent pluseurs pilleries, dans *Chron. normande du quatorz. siècle,* p. 225, Molinier.]

‖ Action de piller.

PILLEUR, *PILLEUSE [pi-yeur, -yeuz'] *s. m.* et *f.*

[ÉTYM. Dérivé de piller, § 112. ‖ 1345. Robeur, pilleur, murtrier et larron, dans *Chron. normande du quatorz. siècle,* p. 230, Molinier.]

‖ Celui, celle qui a l'habitude de piller.

***PILOIR** [pi-lwàr] *s. m.*

[ÉTYM. Dérivé de piler, § 113. ‖ 1611. COTGR.]

‖ (Technol.) Bâton, ordinairement garni d'une petite masse, pour enfoncer les peaux dans la cuve à plain.

PILON [pi-lon] *s. m.*

[ÉTYM. Dérivé de piler, § 104. ‖ 1539. R. EST.]

‖ (Technol.) Petite masse de fer, de marbre, de bois, etc., pour piler une substance. ‖ *P. anal.* | 1. Maillet employé dans les moulins à tan, à papier, etc. | 2. Rondin de bois muni d'un manche pour tasser les terres. ‖ *Fig.* Mettre un livre au —, le détruire.

***PILONNER** [pi-lò-né] *v. tr.*

[ÉTYM. Dérivé de pilon, § 154. ‖ 1752. TRÉV.]

‖ (Technol.) Fouler avec le pilon.

PILORI [pi-lò-ri] *s. m.*

[ÉTYM. Origine inconnue. ‖ 1168. Mittetur in pellori, dans DELB. *Rec.*]

‖ Poteau où l'on attachait avec un carcan celui qui était condamné à l'exposition publique. Être mis au —. ‖ *Fig.* Qui fait encourir le mépris public. Néron reste attaché au — de l'histoire.

PILORIER [pi-lò-ryé; *en vers,* -ri-é] *v. tr.*

[ÉTYM. Dérivé de pilori, § 154. || XVᵉ s. On vous pilloria, *Pathelin*, 487.]

|| Mettre au pilori. Que l'on me pilorie Si j'ai hanté ni vu ce Gascon de ma vie, REGNARD, *Bal*, sc. 15. Femme à pendre et commis à —, EDM. BARBIER, *Journal*, I, 304.

PILOSELLE [pi-lò-zèl'] *s. f.*
[ÉTYM. Emprunté du lat. du moyen âge pilosella, dérivé de pilosus, pileux, § 258. || 1545. Les fueilles de la piloselle, G. GUÉROULT, *Hist. des plantes*, dans DELB. *Rec.*]

|| (Botan.) Plante couverte de poils, dite vulgairement épervière.

***PILOT** [pi-lò] *s. m.*
[ÉTYM. Dérivé de pile 1, § 136. || XIVᵉ s. A oster et traire hors les pilos dont il y avoit semés en l'Escaut grant fuison, FROISS. *Chron*. II, 64.]

|| (Technol.) Pieu de forte dimension qui sert à former un pilotis.

1. PILOTAGE [pi-lò-tàj'] *s. m.*
[ÉTYM. Dérivé de piloter 1, § 78. || 1491. Pillotaige, dans GODEF.]

|| (Technol.) Construction de pilotis.

2. PILOTAGE [pi-lò-tàj'] *s. m.*
[ÉTYM. Dérivé de piloter 2, § 78. || 1540. Pilotage et encrage, dans DELB. *Rec.* Admis ACAD. 1740.]

|| 1° Art de diriger les vaisseaux à l'entrée, à la sortie d'un port, dans les passages difficiles. École de —.
|| 2° Action de diriger ainsi un navire. Droit de —.

PILOTE [pi-lòt'] *s. m.*
[ÉTYM. Emprunté de l'ital. piloto, anc. pedotto, *m. s.* qui paraît se rattacher au grec πηδόν, gouvernail, §§ 5 et 12. || 1529. Un bon pillotte, J. et R. PARMENTIER, *Voyages*, p. 120, Schefer. | 1539. Pilot ou pilote, R. EST.]

|| 1° Celui qui est chargé de diriger les navires dans les passages difficiles, à l'entrée, à la sortie d'un port. Il ne suffit pas qu'elle (l'âme) soit logée dans le corps humain ainsi qu'un — en son navire, DESC. *Méth*. 5. — côtier, lamaneur. — hauturier. *P. appos*. Bateau —, dont se servent les pilotes lamaneurs. | *P. anal*. Locomotive —, qui parcourt la voie pour s'assurer qu'elle est libre. Drap —, drap solide employé dans la marine. || *P. ext*. | 1. Vaisseau qui doit toujours se tenir près de l'amiral dans la route et dans le combat. | 2. Atlas contenant des cartes et des plans des côtes. || *Fig*. Ce qui sert de guide. N'est-ce pas son flambeau (la raison), son — fidèle? BOIL. *Sat*. 8.

|| 2° Petit poisson qui suit les vaisseaux et que les matelots considèrent comme servant de guide au requin.
|| 3° (Technol.) Baguette qui lève les soupapes dans l'orgue et fait agir les étouffoirs dans le piano.

1. PILOTER [pi-lò-té] *v. tr.*
[ÉTYM. Dérivé de pilot, § 154. || 1321. Tout cest ouvrage dessus dit piloter bien et souffisamment, dans DELB. *Rec.*]

|| Garnir de pilots.

2. PILOTER [pi-lò-té] *v. tr.*
[ÉTYM. Dérivé de pilote, § 154. || 1530. PALSGR. p. 709. Admis ACAD. 1835.]

|| En parlant d'un pilote, diriger le navire. || *Fig. Famil*. — qqn, lui servir de guide. — qqu dans Paris.

PILOTIN [pi-lò-lin] *s. m.*
[ÉTYM. Dérivé de pilote, § 100. || XVIIIᵉ-XIXᵉ s. V. à l'article. Admis ACAD. 1835.]

|| 1° (Marine.) Apprenti pilote.
|| 2° Pilote, petit poisson. Plusieurs petits poissons appelés pilotins, B. DE ST-P. dans DELB. *Rec*.

PILOTIS [pi-lò-ti] *s. m.*
[ÉTYM. Dérivé de pilot, § 82. || 1365. Pilotich, texte de Cambrai, dans *Bull. hist. et philol*. 1889, p. 64.]

|| (Technol.) Ensemble de pilots enfoncés en terre pour affermir un ouvrage construit dans l'eau ou sur un fond peu solide. || *Fig*. Les — sur lesquels Dieu a bâti le monde, BALZ. *Socrate chrét*. 5.

PILULE [pi-lul] *s. f.*
[ÉTYM. Emprunté du lat. pilula, *m. s. (Cf*. pelote.) || XIIIᵉ s. Fetes en piles, *Simples medicines*, fº 2, rº. | 1507. Pillule a force laxative, N. DE LA CHESNAYE, *Condamn. de Bancquet*.]

|| Médicament façonné en petite boule, le plus souvent revêtue d'une feuille légère d'or, d'argent, qui empêche son adhérence et facilite la déglutition. || *Fig*. Chose désagréable à subir. Ma sœur, tout doucement avalez la —, REGNARD, *Joueur*, II, 8. La fâcheuse — I MOL. *Éc. des f*. I, 4.

Dorer la — à qqn, présenter une chose fâcheuse sous un aspect favorable. Le seigneur Jupiter sait dorer la —, MOL. *Amph*. III, 10.

PIMBÊCHE [pin-bèch'] *s. f.*
[ÉTYM. Origine inconnue. || XVIᵉ s. Ceste petite pimbesche, A. LE MAÇON, *Décameron*, dans DELB. *Rec*.]

|| *Famil*. Femme qui fait des embarras.

PIMENT [pi-man] *s. m.*
[ÉTYM. Du lat. pop. pigmentum, *m. s.* §§ 396 et 291. (*Cf*. pigment.) || XIIᵉ s. Del piument me servez au disner, *Raoul de Cambrai*, 570. Admis ACAD. 1762.]

|| 1° Boisson composée de miel et d'épices.
|| 2° Poivre long.

***PIMENTER** [pi-man-té] *v. tr.*
[ÉTYM. Dérivé de piment, § 154. || *Néolog*.]

|| Assaisonner avec du piment. Un ragoût pimenté. || *Fig*. Un conte pimenté, de haut goût. (*Cf*. saler.)

PIMPANT, ANTE [pin-pan, -pânt'] *adj*.
[ÉTYM. Adj. particip. de l'anc. verbe pimper, forme nasalisée de piper, § 47. || XVIᵉ s. Demoiselles bien pimpantes et atourees, RAB. IV, 10.]

|| Dont l'extérieur, le costume est séduisant. Il vit passer une jeune jolie, Leste, pimpante, LA F. *Contes, Cocu battu*.

PIMPESOUÉE [pin-pe-sou-é] *s. f.*
[ÉTYM. Composé de pimpe, de l'anc. verbe pimper (*cf*. pimpant), et de l'anc. adj. souef (lat. suavis), doux, employé adverbt, § 209. || XVᵉ s. Doux yeux pipesouers (var. pipesoués, pipesonnés, pimpesouez), MARTIAL D'AUVERGNE, *Amant rendu cordelier*, 1609. Admis ACAD. 1718.]

|| *Anciennt*. Femme prétentieuse. Voilà... une — bien bâtie, pour vous donner tant d'amour I MOL. *B. gent*. III, 9.

PIMPRENELLE [pin-pre-nèl] *s. f.*
[ÉTYM. Origine inconnue. *Cf*. le bas lat. pimpernella, angl. pimpernel, ital. pimpinella, etc. *m. s.* || XIIᵉ s. Pipinella : piprenelle, *Gloss. de Tours*, dans *Bibl. de l'Éc. des Chartes*, 1869, p. 331.]

|| (Botan.) Plante herbacée, aromatique, de la famille des Rosacées, employée comme assaisonnement. || *P. ext*. Boucage, plante de la famille des Ombellifères.

PIN [pin] *s. m.*
[ÉTYM. Du lat. pop. pinum, *m. s.* § 291. (*Cf*. pigne, pignon.)]

|| Grand arbre résineux, toujours vert, de la famille des Conifères. — sylvestre, maritime, parasol. Les grands pins, gémissant sous les coups de hache, tombent en roulant du haut des montagnes, FÉN. *Tél*. 13. Pomme de —, le fruit du pin.

PINACE et **PINASSE** [pi-nàs'] *s. f.*
[ÉTYM. Dérivé de pin, § 81. (*Cf*. péniche.) || XVᵉ s. Vaisseaux nommez espinaces, BERRY, *Chron*. dans GODEF. *Hist. de Ch. VII*, p. 465.]

|| *Anciennt*. (Marine.) Vaisseau long, léger, étroit, pour faire la course. || Grande chaloupe.

PINACLE [pi-nàkl'] *s. m.*
[ÉTYM. Emprunté du lat. pinnaculum, *m. s.* || 1261. Du pinacle del Temple, *Itin. de Jérus*. dans DELB. *Rec*.]

|| Comble décoré et terminé en pointe. Il (Satan) transporte le fils de Dieu sur le — du temple, BOSS. *1ᵉʳ Démons*, 2. || *Fig*. Mettre qqn sur le —, le mettre très haut. M. de Lauzun qu'elle voulait mettre sur le —, SÉV. 1124.

PINASSE. *V.* pinace.

PINASTRE [pi-nàstr'] *s. m.*
[ÉTYM. Emprunté du lat. pinaster, *m. s.* || XVIᵉ s. DU PINET, dans DELB. *Rec*. Admis ACAD. 1835.]

|| (Botan.) Pin sauvage (maritime).

PINÇARD, *PINÇARDE [pin-sàr, -sàrd'] *adj*.
[ÉTYM. Dérivé de pince, § 147. || 1772. Cheval pinçart, LA-FOSSE, *Hippiatrique*, explic. des planches, p. 13.]

|| (Technol.) Cheval —, jument pinçarde, qui marche sur la pince. || *P. ext*. Pied —, rampin. (*V. ce mot*.)

PINCE [pins'] *s. f.*
[ÉTYM. Subst. verbal de pincer, § 52. || 1521. Vostre argent... est subject à la pince, MAROT, I, 196.]

|| Ce qui sert à pincer.

|| 1° Petite tenaille servant à différents usages dans les métiers, en chirurgie, etc. — de forgeron, de treillageur, de chaînetier, etc. — à disséquer, à ligature, à pansement, etc. *P. ext*. Levier coudé dont une extrémité est aplatie et fendue. — de paveur, de carrier, pour enlever les pierres. — monseigneur, pour forcer les portes.

|| **2°** *P. anal.* | **1.** Main qui serre fortement. **Il avait bonne —**, LA F. *Contes, Juge.* | **2.** Pattes antérieures de certains crustacés qui leur servent à saisir. **— de homard, d'écrevisse.** | **3.** Dents incisives de certains animaux herbivores. | **4.** Chez le cheval, partie inférieure du devant du sabot. Chez les bêtes fauves, extrémité de l'ongle. **Des pinces de mon cerf**, MOL. *Fâch.* II, 6. || *P. ext.* (T. de couture.) Pli cousu pour resserrer certaines parties d'un vêtement. **Faire des pinces à un corsage.**

PINCEAU [pin-só] *s. m.*

[ÉTYM. Du lat. pop. *penicellum (class. penicillum, §§ 126 et 128), *m. s.* qui semble s'être altéré en *pinicellum, § 509, d'où pincel, §§ 336 et 291, pinceau, § 456. || XIII° s. **Toute œuvre enlevee doit estre faite de plastre a pincel**, E. BOILEAU, *Livre des mest.* I, LXXVIII, 14.]

|| **1°** Touffe de poils liée au bout d'un bâton servant de manche, qui sert à étaler des couleurs, de la colle, etc. **Donner le dernier coup de — à un tableau**, le terminer. | *P. ext. Poét.* Travail du peintre. **D'un — délicat l'artifice agréable**, BOIL. *Art p.* 3. **Un portrait réservé pour le — d'Apelle**, ID. *Disc. au roi.* || *Fig.* En parlant de la description des personnes, des choses, par le langage. **Pour en achever le portrait (de Don Juan), il faudrait bien d'autres coups de —**, MOL. *D. Juan*, I, 1. **La délicatesse et la vigueur du — de Sénèque**, DIDER. *Claude et Néron*, II, 33. || *Spécialt.* | **1.** Espèce de brosse à l'usage du graveur, du relieur. | **2. — à barbe**, qui sert à étaler le savon sur la figure pour raser la barbe.

|| **2°** *P. ext.* Touffe de poils, de plumes, qu'on trouve chez certains animaux. **Les oreilles... surmontées à leur extrémité d'un — de poils noirs**, BUFF. *Lynx.*

|| **3°** Réunion de rayons lumineux passant par une ouverture étroite.

PINCÉE [pin-sé] *s. f.*

[ÉTYM. Subst. particip. de pincer, § 45. || 1642. OUD.]

|| La quantité de certaines choses qu'on peut prendre entre le pouce et un ou deux doigts. (*Cf.* prise.) **Une — de sucre, de sel, de poivre. Prendre une — de tabac.**

PINCELIER [pins'-lyé; *en vers*, pin-se-...] *s. m.*

[ÉTYM. Dérivé de pinceau, autrefois pincel, §§ 64, 65 et 115. || 1676. A. FÉLIBIEN, *Princ. de l'architect.* p. 695.]

|| (Technol.) Petit bassin de fer-blanc à deux compartiments dont l'un contient l'eau, l'essence pour nettoyer les pinceaux, et l'autre l'huile pour mêler les couleurs.

PINCE-MAILLE [pins'-máy'; *en vers*, pin-se-...] *s. m. et f.*

[ÉTYM. Composé de pince (du verbe pincer) et maille 2, § 209. || 1539. Pinsemaille, R. EST.]

|| Homme, femme d'une extrême avarice. **Un — avait tant amassé**, LA F. *Fab.* X, 4.

PINCEMENT [pins'-man; *en vers*, pin-se-...] *s. m.*

[ÉTYM. Dérivé de pincer, § 145. || 1560. Pincemens cuisans, RONS. *Epitaphe de Hugues Salel.* Admis ACAD. 1878 (au sens 2°).]

|| Action de pincer.

|| *Spécialt.* || **1°** Action de pincer les cordes d'une guitare, d'une harpe, etc. **Un — plus sec et plus vigoureux**, DESC. *Musiq. Degrés.*

|| **2°** (Jardin.) Action de détacher en la pinçant avec les doigts l'extrémité des jeunes rameaux, pour en arrêter le développement au profit des autres branches ou des fruits.

PINCE-NEZ [pins'-né; *en vers*, pin-se-...] *s. m.*

[ÉTYM. Composé de pince (du verbe pincer) et nez, § 209. || *Néolog.*]

|| Double lorgnon à verres simples, qu'on fixe sur le nez au moyen d'un ressort qui le serre.

PINCER [pin-sé] *v. tr.*

[ÉTYM. Pour plucier, § 634, d'origine inconnue. Qqns considèrent l'n comme épenthétique et y voient le même radical que dans piquer. || XII° s. Je ne voi dame ne princier **De cui tu puisses rien pincier**, GAUT. D'ARRAS, *Eracle*, 3982.]

|| **1°** Serrer entre les doigts. **— l'oreille, le nez à qqn. — le bras. — qqn jusqu'au sang.** | *Fig.* **Ceux de ce temps que je pince sans rire (que je raille sans paraître plaisanter)**, RÉGNIER, *Sat.* 2. *Substantiv.* **Un, une pince-sans-rire**, celui, celle qui raille à froid. **— la taille d'une femme**, la serrer en lui prenant la taille, et, *p. ext.* **Une robe, un corset qui pince la taille**, qui fait paraître la taille plus mince. || *P. anal.* **— le corsage d'une robe**, en faisant dans certaines parties des plis que l'on coud, pour resserrer. || **— un arbre**, serrer entre les doigts et détacher l'extrémité des jeunes rameaux pour arrêter leur développement au profit des autres branches ou des fruits. || **— les cordes d'une guitare, d'une harpe**, pour la faire résonner, et, *absolt*, **— de la guitare**, en jouer.

|| **2°** Serrer entre les branches d'un instrument. **— une barre de fer avec les tenailles. — dans un étau (une pièce que l'on travaille).** || *P. anal.* **Le perroquet lui a pincé les doigts avec son bec. Il s'est pincé les doigts dans la porte.** || *Fig.* **Le froid pince**, cause une sensation pénible. || *P. ext.* **— qqn**, le prendre sur le fait. **Il s'est fait —. — un joueur qui fait sauter la coupe. — un voleur.**

|| **3°** Serrer fortement. **— les lèvres**, les serrer l'une contre l'autre. **Se — les lèvres pour ne pas rire. Il se pinçait les lèvres de dépit.** *Fig.* **Prendre un air pincé**, un air raide, contraint. || *P. ext.* (Marine.) **— le vent**, se tenir le plus près possible du vent.

PINCE-SANS-RIRE. *V.* pincer.

*PINCETER** [pins'-té; *en vers*, pin-se-té] *v. tr.*

[ÉTYM. Dérivé de pincette, §§ 65 et 154. (*Cf.* épinceter.) || XVI° s. **Qu'on pincette mon corps de bouillantes tenailles**, JEAN DE LA TAILLE, *Famine*, 3, édit. 1572.]

|| *Vieilli.* Arracher (le poil) avec une pincette. *P. ext.* Épiler.

PINCETTE [pin-sĕt'] *s. f.*

[ÉTYM. Dérivé de pincer, § 133. || 1365. **Une tenaille, une pincette**, dans L. DE LABORDE, *Émaux*, p. 449.]

I. Action de pincer légèrement. **Un enfant qui embrasse sa mère à —**, en lui prenant les deux joues avec les doigts.

II. Ce qui sert à pincer.

|| **1°** Petite pince à épiler. **Voilà aussi des pincettes pour cette barbe incomparable**, SÉV. 255.

|| **2°** Sorte de pince dont on se sert pour arranger le feu. **La pelle et la —.** | *P. ext.* Chacune des branches. **Une paire de pincettes. La pelle et les pincettes (la pincette).**

PINCHINA et, mieux, *PINCHINAT** [pin-chi-nà] *s. m.*

[ÉTYM. Emprunté du provenç. mod. penchinat, *m. s.* proprt, « peigné », § 11. || XVII°-XVIII° s. *V.* à l'article. Admis ACAD. 1762.]

|| *Vieilli.* Étoffe de laine grossière non croisée. **Un habit de —. Obligés de jouer les empereurs en pinchinat**, REGNARD et DUFRESNY, *Chinois*, sc. dern.

1. PINÇON [pin-son] *s. m.*

[ÉTYM. Dérivé de pincer, § 104. || 1690. FURET.]

|| *Famil.* Marque qui reste sur la peau à l'endroit où l'on a été pincé.

2. PINÇON [pin-son] *s. m.*

[ÉTYM. Dérivé de pince, § 104. || 1423. **Brolers et pinchons**, dans GODEF. pinchon. Admis ACAD. 1762.]

|| (Technol.) Rebord d'un fer à cheval pour garantir la corne du côté de la pince.

*PINÇOTER** [pin-sò-té] *v. tr.*

[ÉTYM. Dérivé de pincer, § 167. || 1569. **A esté tant pinsé et pinsotté**, DU TRONCHET, *Ep. missives*, f° 197, r°.]

|| *Famil.* Pincer légèrement, à plusieurs reprises. **Laissons-le discourir, sa barbe —**, RÉGNIER, *Sat.* 8.

PINDARISER [pin-dà-ri-zé] *v. intr.*

[ÉTYM. Dérivé de Pindare, célèbre poète lyrique, §§ 36 et 267. || XV°-XVI° s. **J'ay d'autres fois voulu pindariser**, O. DE ST-GELAIS, *Séj. d'honneur*, édit. 1526, f° 6, v°. Admis ACAD. 1694.]

|| *Vieilli.* Écrire, parler avec affectation. || *Transitivt.* **Un éloge pindarisé**, M.-J. CHÉNIER, *Épigr.*

PINDARISEUR, *PINDARISEUSE [pin-dà-ri-zeur, -zeuz'] *s. m. et f.*

[ÉTYM. Dérivé de pindariser, § 112. || XVI°-XVII° s. **Ces beaux pindariseurs de mots**, BRANT. IV, 295. Admis ACAD. 1762.]

|| *Vieilli.* Celui, celle qui pindarise. **Un sot —**, ACAD.

PINÉAL, ALE [pi-né-àl] *adj.*

[ÉTYM. Dérivé du lat. pinea, pomme de pin, § 238. (*Cf.* pigne.) || XVII° s. *V.* à l'article.]

|| (T. didact.) Qui a la forme d'une pomme de pin. *Spécialt.* (Anat.) **Glande pinéale**, petit corps situé au-devant du cervelet. **Il (Descartes) a assuré que c'est à la glande pinéale que l'âme est immédiatement unie**, MALEBR. *Rech. de la vérité*, II, 1, 1.

PINEAU [pi-nó] *s. m.*

[ÉTYM. Dérivé de pin (par ressemblance de la grappe

du pineau avec la pomme de pin), § 126. || 1532. Raisins pineaulx, RAB. I, 25.]

|| Cépage estimé qui produit de petites grappes dont les grains sont petits.

PINGOUIN et **PINGUIN** [pin-gwin] *s. m.*

[ÉTYM. Origine inconnue. || XVI⁰-XVII⁰ s. Oyseaux qu'on appelle penguyns, HOUTMANN (1600), dans YULE, *Gloss. of anglo-indian colloq.* penguin. Admis ACAD. 1762.]

|| Oiseau palmipède des mers du Nord, à ailes courtes.

PINGRE [pingr'] *adj.*

[ÉTYM. Origine inconnue. || Admis ACAD. 1878.]

|| *Famil.* Très chiche. *Substantivt.* C'est un —.

°PINGRERIE [pin-gre-ri] *s. f.*

[ÉTYM. Dérivé de pingre, § 69. || *Néolog.*]

|| *Famil.* Caractère d'une personne pingre; acte de pingre.

PINNE [pin'] *s. f.*

[ÉTYM. Emprunté du lat. pinna, grec πίννη, *m. s.* || 1558. RONDELET, *Hist. des poiss.* II, 35. Admis ACAD. 1762.]

|| (Hist. nat.) — marine, mollusque bivalve à longue coquille en éventail. Drap de — marine, fait avec les filets soyeux qui attachent la pinne marine aux rochers.

°PINNÉ, PINNÉE. *V.* penné.

PINNULE [pin'-nul] *s. f.*

[ÉTYM. Emprunté du lat. pinnula, petite aile. || 1528. Mettez deux pinnules, O. FINÉ, *Théorique des cielz*, fᵒ 41, vᵒ. Admis ACAD. 1762.]

|| (Technol.) Chacune des plaques perpendiculaires aux deux extrémités d'une alidade, percées de trous qui se correspondent et servent à prendre des alignements.

°PINOCHER [pi-nò-ché]. Altération de épinocher. (*V.* ce mot.)

PINQUE [pink'] *s. f.*

[ÉTYM. Emprunté du holland. pink, pour espink, *m. s.* § 10. || 1634. Pinquet, dans DELB. *Rec.* | 1690. Pinque, FURET.]

|| (Marine.) Navire à fond plat et à voiles latines.

PINSON [pin-son] *s. m.*

[ÉTYM. Pour pinçon, bas lat. pincionem (PAPIAS), *m. s.* d'origine incertaine. || XII⁰ s. De l'egle e del pinçun, MARIE DE FRANCE, *Purg. de St Patrice*, 1407.]

|| Oiseau chanteur, passereau conirostre. Gai comme un —.

PINTADE [pin-tàd'] *s. f.*

[ÉTYM. Emprunté du portug. pintada, *m. s.* proprt. « peinte », § 14. || 1671. Des poules pintades, COLBERT, *Lett.* V, 311, P. Clément. Admis ACAD. 1740.]

|| Oiseau criard, gallinacé à tête nue, à queue courte, à plumage gris bleuâtre, semé de taches blanches.

PINTE [pint'] *s. f.*

[ÉTYM. Origine inconnue : l'angl. pint vient du français; le bas lat. pinta n'apparaît qu'au commencement du XIV⁰ s. || XIII⁰ s. Ou quarte ou pinte, J. DE MEUNG, *Rose*, 6852.]

|| Ancienne mesure pour les liquides, valant un peu moins d'un litre. Une — de vin. On lui a tiré une — de sang.

PINTER [pin-té] *v. intr.*

[ÉTYM. Dérivé de pinte, § 154. || XIII⁰ s. N'est nus qui chascun jor ne pinte De ces tonneaux ou quarte ou pinte, J. DE MEUNG, *Rose*, 6851.]

|| *Pop.* Boire avec excès.

PIOCHE [pyòch'] *s. f.*

[ÉTYM. Semble dérivé d'un verbe °pier, non attesté, tiré de pic (*V.* pic 1), § 52. || 1403. Se déduit de l'existence du diminutif piochet à cette date. (*V.* GODEF.)]

|| Outil de terrassier, composé d'un manche et d'un fer qui d'un côté présente un pic et de l'autre une houe.

PIOCHER [pyò-ché] *v. tr.*

[ÉTYM. Dérivé de pioche, § 154. || XIV⁰ s. Ils commencerent a piocher, FROISS. *Chron.* dans GODEF. *Compl.*]

|| Creuser, fouiller la terre avec une pioche. || *Fig. Famil.* Travailler assidûment.

PIOCHEUR, °PIOCHEUSE [pyò-cheur, -cheuz'] *s. m. et f.*

[ÉTYM. Dérivé de piocher, § 112. || XVI⁰ s. RAB. dans DELB. *Rec.* Admis ACAD. 1878 (au masc.).]

|| Celui, celle qui pioche. || *Fig. Famil.* Celui, celle qui travaille assidûment.

PIOLER [pyò-lé]. *V.* piauler.

°PIOLET [pyò-lè] *s. m.*

[ÉTYM. Mot du patois des Alpes, diminutif de piolo, de même radical que pioche, § 11. || *Néolog.*]

|| Sorte de pioche dont se servent les guides dans les glaciers des Alpes.

PION [pyon; *en vers*, pi-on] *s. m.*

[ÉTYM. Du lat. pedǫnem, qui n'est attesté qu'au sens de « qui a de grands pieds », mais qui a dû prendre de bonne heure en lat. pop. celui de « qui va à pied », devenu pedon, § 291, peon, § 411, pion, §§ 342 et 358.]

I. *Vieilli.* Celui qui va à pied.

|| **1⁰** Soldat à pied, fantassin. Aller aux coups comme un simple —, SCARR. *Ép. à M. le prince.*

|| **2⁰** (Aux colonies.) Domestique qui va à pied. Les pions du docteur coururent l'annoncer, B. DE ST-P. *Chaum. ind.* préamb.

|| **3⁰** *P. ext.* Pauvre diable. *Spécialt.* Nom donné par les écoliers aux maîtres d'étude.

II. *P. anal.* Pièce du jeu d'échecs qui ne fait qu'un pas en avant (par opposition au cavalier). || *P. anal.* Chacune des pièces du jeu de dames. Un — qui va à dame, qui acquiert la valeur de la dame lorsqu'il est arrivé à occuper une des cases de dernière ligne de l'adversaire. Avec des pions qu'on ménage bien, on va à dame, et l'on gagne la partie, LA BR. 8. Un — damé. *Fig.* Damer le — à qqn, prendre l'avantage sur lui.

PIONNER [pyò-né; *en vers*, pi-ò-...] *v. intr.*

[ÉTYM. Dérivé de pion, § 154. || Admis ACAD. 1798.]

|| (T. du jeu de dames.) Prendre beaucoup de pions en en laissant prendre autant à l'adversaire.

PIONNIER [pyò-nyé; *en vers*, pi-ò-...] *s. m.*

[ÉTYM. Dérivé de pion, § 115. || XII⁰ s. Or fera de ses chevaliers Une grant masse paoniers, *Thèbes*, III, 8851.]

|| **1⁰** Dans une armée, travailleur qu'on emploie à frayer les chemins, creuser des tranchées, etc.

|| **2⁰** *P. ext.* Défricheur de terres incultes. Les pionniers d'Amérique.

PIOT [pyó; *en vers*, pi-ó] *s. m.*

[ÉTYM. Semble dérivé du grec πιεῖν, boire, § 136. || XVI⁰ s. Cette... deifique liqueur qu'on nomme piot, RAB. I, 39.]

|| *Vieilli.* Boisson. *Spécialt.* Vin. Leur voyant de — la cervelle échauffée, RÉGNIER, *Sat.* 10.

PIPE [pip'] *s. f.*

[ÉTYM. Subst. verbal de piper, § 52. (*Cf.* fifre.) || XII⁰-XIII⁰ s. Flajot, pipe et baston, JOCELIN DE BRUGES, dans SCHELER, *Trouvères belges*, p. 154.]

I. *Vieilli.* || **1⁰** Pipeau.

|| **2⁰** Tuyau.

|| **3⁰** Mesure pour les liquides. || *Spécialt. De nos jours.* Grande futaille. Une — d'eau-de-vie.

II. Tuyau terminé par un petit fourneau où l'on met du tabac que l'on allume pour en aspirer la fumée. Bourrer sa —. Fumer la — (par opposition à la cigarette, au cigare). | *P. ext.* Fumer une —, la quantité de tabac que contient une pipe.

PIPEAU [pi-pó] *s. m.*

[ÉTYM. Dérivé de pipe, § 126. || XVI⁰ s. Son pipeau de prunier, RONS. IV, 94.]

|| **1⁰** Flûte champêtre, de roseau ou de bois. Sur ses pipeaux rustiques, BOIL. *Art p.* 2. || *P. anal.* Instrument servant à appeler les oiseaux pour les prendre.

|| **2⁰** Branche mince enduite de glu pour prendre les petits oiseaux.

PIPÉE [pi-pé] *s. f.*

[ÉTYM. Subst. particip. de piper, § 45. || XIV⁰ s. Comme on prent oyseaulx a la pipee, *Modus*, fᵒ 132 *bis*.]

|| Chasse où l'on attire les oiseaux vers les gluaux, en les excitant par l'imitation du cri de la chouette ou de leur propre cri.

PIPER [pi-pé] *v. intr. et tr.*

[ÉTYM. Du lat. pop. °pippare (class. pipare), glousser, §§ 426, 428, 295 et 291.]

I. *Vieilli. V. intr.* || **1⁰** Pousser un petit cri. Le poulet casse sa coquille après avoir pipé, BUFF. *Coq.* | *Fig. Pop.* Il n'a pas pipé, il n'a pas dit une parole.

|| **2⁰** Imiter le cri de la chouette ou le cri de certains oiseaux, pour les attirer et les prendre. (*Cf.* pipée.) || *Fig.* Réussir dans un artifice. En matière de fourbe il est maître, il y pipe, CORN. *Ment.* III, 3. (*Cf.* pimpant.)

II. *V. tr.* Attirer les oiseaux pour les prendre, en imitant le cri de la chouette ou le cri de leur espèce. || *Fig.* Duper en séduisant. Un minois à — les plus fins, LES. *Gil Blas*, IV, 5. L'espérance nous pipe, PASC. *Pens.* VIII, 2. ||

taut qu'il... se pipe lui-même, ID. *ibid.* IV, 2. | *Spéciall.* Vous pipâtes au jeu... ce jeune seigneur étranger, MOL. *Pourc.* I, 2. || *P. anal.* Dés pipés, préparés de manière à amener certains numéros. Glisser des dés heureux, ou chargés ou pipés, REGNARD, *Joueur*, I, 10. *Dans le même sens.* Les cartes se trouvèrent pipées, ST-SIM. II, 37.

PIPERIE [pĭp'-ri ; *en vers*, pi-pe-ri] *s. f.*
[ÉTYM. Dérivé de piper, § 69. || XIIᵉ-XIIIᵉ s. Celle part vont li bergier a grant piperie, dans BARTSCH, *Rom. und Pastour.* II, XXX, 48.]
|| Duperie. Cette même — qu'ils (les sens) apportent à la raison, PASC. *Pens.* III, 19.

'PIPETTE [pi-pĕt'] *s. f.*
[ÉTYM. Dérivé de pipe, § 133. || 1462. Jouer de la pipete, dans AUG. THIERRY, *Mon. Tiers État*, II, 256.]
|| (Technol.) Tube de verre, évidé à un bout, effilé à l'autre, qu'on peut boucher du doigt, et servant à transvaser un liquide.

PIPEUR, EUSE [pi-peur, -peûz'] et, *vieilli, au fém.* **PIPERESSE** [pĭp'-rĕs' ; *en vers*, pi-pe-...] *s. m. et f.*
[ÉTYM. Dérivé de piper, §§ 112 et 129. || XVᵉ s. Pipeurs et crocheteurs, J. DE ROYE, *Journal*, I, p. 3, Mandrot.]
|| *Vieilli.* Celui, celle qui pipe. *Spéciall. Fig.* Dupeur. —, larron, jureur, MAROT, I, 195, Jannet. || *Adjectivt.* Mystère —, CORN. *Illus. com.* I, 2. Une pipeuse espérance, MONTAIGNE, I, 46. Loyauté... aucunement piperesse, ID. I, 40.

'PIPI [pi-pi] *s. m.*
[ÉTYM. Redoublement enfantin de la première syllabe de pisser, § 509. (Cf. caca.) || 1692. V. à l'article.]
|| (T. enfantin.) Urine. Des enfants piaillent, un mari gronde, caca d'un côté, — de l'autre, DUFRESNY, *Opéra de camp.* III, 2.

'PIQUAGE [pi-kâj'] *s. m.*
[ÉTYM. Dérivé de piquer, § 78. || 1812. MOZIN, *Dict. franç.-allem.*]
|| (Technol.) Action de piquer, résultat de cette action. *Spéciall.* — d'once, vol de quantités minimes commis par les ouvriers tisseurs de soies, retordeurs, etc., sur les quantités qu'on leur confie, et qu'ils attribuent au déchet.

PIQUANT, ANTE [pi-kan, -kânt] *adj.*
[ÉTYM. Adj. particip. de piquer, § 47. || 1372. Pour lequel piquant ledit Sandrars dist plusieurs paroles injurieuses, dans DU C. picare 3.]
|| **1º** Qui pique. Arme piquante et tranchante. Une barbe dure et piquante. | *Substantivt, au masc.* Pointe qui se trouve sur la tige, les rameaux, chez certaines plantes, sur le corps de certains animaux. Les piquants de l'acacia, du hérisson. || *Fig.* Qui blesse. Des mots, des traits piquants. De mots piquants partout Dorante vous outrage, MOL. *F. sav.* II, 3. Parler et offenser, pour de certaines gens, est... la même chose : ils sont piquants et amers, LA BR. 5.
|| **2º** Qui donne une sensation vive, pénétrante. Un froid —. L'odeur piquante de l'alcali. Une moutarde piquante. Sauce piquante, fortement relevée. Et le turbot fut mis à la sauce piquante, BERCHOUX, *Gastron.* 1. || *Fig.* Qui frappe vivement l'esprit, le cœur, l'imagination. Une beauté piquante. L'originalité piquante de son style. Le sel — de ses bons mots. *Substantivt.* Les Lettres provinciales ont perdu beaucoup de leur —, VOLT. *S. de L. XIV*, 32. Le — de l'histoire, de l'aventure, c'est que...

1. PIQUE [pĭk'] *s. f. et m.*
[ÉTYM. Semble tiré de pic, §§ 37 et 64. || 1376. Certain baston... appellé piques de Flandres, dans DU C. pica 1.]
I. *S. f.* Arme d'hast, hampe garnie d'un fer plat et pointu, plus courte que la lance. Soldats armés de piques. On voyait aussi les piques hérissées, FÉN. *Tél.* 9. | *Fig. Vieilli.* Négocier à la longueur de la — (avec des gens dont on se défie). | *P. ext. Vieilli.* Cette arme prise comme mesure de longueur. Être à cent piques au-dessus de qqn, lui être très supérieur. Vous en êtes à cent piques, très loin.
II. *P. anal. S. m.* Une des deux figures noires du jeu de cartes, celle qui affecte la forme d'un fer de pique. Le roi, la dame, l'as de —. Il tourne —. Avec les sept carreaux il avait quatre piques, MOL. *Fâch.* II, 2.

2. PIQUE [pĭk'] *s. f.*
[ÉTYM. Subst. verbal de piquer, § 52. || XVᵉ s. Assemblee de mocquerie et de picque, COMM. II, 8.]
|| Brouille légère entre personnes piquées l'une contre l'autre. Il y a de la — entre eux. Qui les a mis en —, CORN. *Place Royale*, II, 5. L'esprit de — et de jalousie, LA BR. 12.

PIQUÉ [pi-ké] *s. m.* V. piquer.

PIQUE-ASSIETTE [pi-kà-syĕl'] *s. m. et f.*
[ÉTYM. Composé de pique (du verbe piquer) et assiette, § 209. || Admis ACAD. 1835, au mot assiette.]
|| Celui, celle qui fait métier de manger à la table d'autrui. (*Syn.* parasite.)

PIQUE-NIQUE [pĭk'-nĭk' ; *en vers*, pi-ke-...] *s. m.*
[ÉTYM. Origine inconnue : l'angl. picnic, *m. s.* paraît emprunté du français. || 1692. Faire un repas a piquenique, MÉN. *Dict. étym.* Admis ACAD. 1740.]
|| Repas dans lequel chacun paie son écot ou apporte son plat.

PIQUER [pi-ké] *v. tr.*
[ÉTYM. Dérivé de pic 1, §§ 64 et 154. || XIIᵉ-XIIIᵉ s. Et pikent et machonent comme gent forsené, *Élie de St-Gilles*, 2432.]
I. *Au propre.* || **1º** Entamer légèrement avec une pointe. — qqn avec une épingle. Elle s'est piqué le doigt en cousant. Le pivert pique l'écorce des arbres. — un cheval de l'éperon, et, *ellipt*, — des deux (éperons), enfoncer les éperons de droite et de gauche pour partir au galop. Être piqué par des ronces, des épines. Il a été piqué par une vipère. Un taureau qu'une guêpe en furie A piqué dans les flancs, BOIL. *Lutr.* 1. *Fig.* On ne sait bien souvent quelle mouche le pique, ce qui l'irrite, ID. *Sat.* 9. Un vêtement piqué des vers, et, *fig. famil.* Une chose qui n'est pas piquée des vers, qui est excellente. — une pierre, la pointiller. — un dessin, marquer les contours par de petits trous, pour obtenir un poncis. *P. anal.* — des noms sur une liste, en faisant une marque avec une pointe, un crayon, et, *p. ext.* — les absents, les retardataires. Un livre, une gravure qui se pique, où il se fait de petites taches d'humidité. Des confitures qui se piquent, qui prennent des taches de moisissure. *Dans un sens analogue.* Du vin qui se pique, qui est piqué, qui a tourné. Se — le nez, se rendre le nez rouge à force de boire. | *P. ext.* — une bille (au jeu de billard), la pousser presque perpendiculairement avec le bout de la queue. || (Marine.) — la cloche, la frapper d'un coup sec avec l'extrémité du battant. *P. ext.* — l'heure. — la fin du quart.
|| **2º** Traverser avec qqch qu'on fait pénétrer à l'aide d'une pointe. — de la viande, en y enfonçant des lardons. Du veau piqué. Des oignons piqués de clous de girofle. | — une étoffe, la traverser avec un point arrière régulier dont chaque point entre dans le trou fait par le précédent. Un manteau ouaté et piqué. — des devants de chemise, des cols, des poignets. — des bottines. — à la main, à la machine. *Au part. passé pris substantivt.* Du piqué, autrefois étoffe de coton faite de deux tissus appliqués l'un sur l'autre et unis par des points formant des dessins (*cf.* courte-pointe) ; aujourd'hui, étoffe de coton épaisse présentant des dessins qui imitent ce travail. Un gilet de piqué blanc.
|| **3º** Faire pénétrer (qqch) par la pointe. — des épingles sur une pelote. — une fourchette dans un morceau de viande. (*Cf.* pique-assiette.) — des clous de girofle dans un oignon. || *P. ext.* — une tête, se lancer ou être lancé la tête la première dans l'eau. Un navire qui pique au vent, qui se lance dans le vent. — à la queue des chiens, se lancer à leur suite. — dans le fort, se lancer dans le fort du bois. | (Musique.) Notes piquées, qu'on lance en les détachant. || *Fig.* Blesser. Sans — au vif, me mettre à la satire, RÉGNIER, *Élég.* 4. Entre amis, on ne va pas se — pour si peu de chose, MOL. *Préc. rid.* sc. 14. Le sujet qui contre moi te pique, ID. *Ét.* II, 11.
II. || **1º** Stimuler vivement. Le blâme piquait au vif les cœurs généreux, BOSS. *Hist. univ.* III, 6. Un brûlant aiguillon lui pique le courage, RÉGNIER, *Ép.* 1. Piqué d'une juste colère, CORN. *Nicom.* I, 5. — de désir. Certaine Égyptienne Dont j'ai l'âme piquée, MOL. *Ét.* V, 4. Les plaisirs défendus n'auront rien qui vous pique, LA F. *Contes, Coupe enchantée.* — la curiosité de qqn. Il me persuada qu'il fallait vous — d'honneur, FÉN. *Dial. des morts, Mod.* Se — d'honneur, tenir à honneur de faire qqch. Se — de qqch, mettre son honneur à s'en déclarer capable. Je ne me pique pas de fermeté ni de philosophie, SÉV. 255. Le chien se pique d'être soigneux et fidèle à son maître, LA F. *Fab.* VIII, 25. Se — au jeu, persister à jouer quoiqu'on perde, et, *fig.* persister dans une entreprise malgré les obstacles.
|| **2º** Frapper d'une sensation vive, pénétrante. Le froid pique la figure. De la moutarde qui pique la langue. L'alcali pique le nez. *Ellipt.* Du vin qui pique, qui est acide. | *Fig.* C'est la plus divine lettre du monde ; il n'y a rien qui ne pique et qui ne soit salé, SÉV. 418.

1. PIQUET [pi-kè] *s. m.*

[ÉTYM. Dérivé de piquer, § 133. || 1380. Un pichet et un petit piquestin ferrez, dans GODEF. piquetin.]

|| **1°** Bâton pointu qu'on enfonce en terre. Jalonner un tracé de route, tracer un alignement avec des piquets. Ne sois point dans ma maison planté tout droit comme un —, MOL. *Av.* I, 3. *P. ext.* Mettre un écolier au —, le punir en le tenant debout contre un arbre, un mur, pendant une heure de récréation. | Planter des piquets pour dresser une tente. *P. ext.* Planter le —, dresser sa tente qqpart, s'y établir. Attacher des chevaux à un —. (T. milit.) Être de —, de ceux qui ont leurs chevaux attachés, prêts à partir. Un —, petite troupe de cavalerie, prête à partir au premier signal. | *P. ext.* Tout détachement placé dans un poste.

|| **2°** *Fig.* Un — de fleurs, fleurs, feuilles artificielles réunies sur un pied commun, qu'on peut planter comme ornement sur un chapeau.

2. PIQUET [pi-kè] *s. m.*

[ÉTYM. Semble dérivé de piquer, § 133. || XVIᵉ s. Jouer au piquet, à l'homme et reversin, *Chron. bordel.* dans DELB. *Rec.*]

|| Jeu de cartes qui se joue avec trente-deux cartes, où celui qui compte trente points avant que l'autre en ait un, en compte soixante, ce qui s'appelle faire pic. || *P. ext.* Un jeu de —, l'ensemble des trente-deux cartes qui servent à jouer ce jeu.

*** PIQUETER** [pĭk'-té ; *en vers,* pi-ke-té] *v. tr.*

[ÉTYM. Dérivé de piquer, § 167. (*Cf.* picoter.) || 1347. Faukier et piketer les blés, dans GODEF.]

I. (Technol.) Établir à l'aide de piquets. — un alignement. — des fascines.

II. Parsemer de points semblables à des piqûres. Le plumage de la pintade est d'un gris bleuâtre, piqueté de blanc.

PIQUETTE [pi-kĕt'] *s. f.*

[ÉTYM. Dérivé de piquer, § 133. || 1611. COTGR.]

|| Boisson d'eau et de marc de raisin. || Vin aigrelet.

PIQUEUR, EUSE [pi-keûr, -keûz'] *s. m.* et *f.*

[ÉTYM. Dérivé de piquer, § 112. || XIVᵉ s. Les piqueurs qui estoient aux murs, FROISS. *Chron.* dans GODEF.]

|| **1°** *S. m.* Valet de chasse à cheval (qui pique, éperonne le cheval) qui suit la bête ou qui règle la course des chiens. (En ce sens, on dit encore, d'après la prononciation des XVIIᵉ et XVIIIᵉ s., piqueux.) || *P. anal.* Celui qui, dans un manège, dresse, exerce les chevaux.

|| **2°** *S. m.* et *f.* Ouvrier, ouvrière qui pique les chaussures. Piqueuse de bottines. || Ouvrier qui pique les moellons, qui détache le charbon de la roche dans une mine, etc.

|| **3°** *S. m.* Celui qui sert d'aide à un conducteur des ponts et chaussées, pour jalonner, etc.

PIQUIER [pi-kyé] *s. m.*

[ÉTYM. Dérivé de pique, § 115. || XIIIᵉ s. Piquiers, dans GÉRAUD, *Paris sous Phil. le Bel*, p. 531.]

|| *Anciennt.* | 1. Fabricant de piques. | 2. Soldat armé d'une pique.

PIQÛRE [pi-kür] *s. f.*

[ÉTYM. Dérivé de piquer, § 111. || XVIᵉ s. Toutes ces moqueries et piqueures, AMYOT, *Périclès*, 65.]

|| **1°** Blessure étroite, plus ou moins profonde, faite par quelque chose de pointu. Une — d'épingle. Une — de guêpe. Des piqûres de vers dans un vêtement. — anatomique, que se fait qqf un chirurgien en disséquant ou en pratiquant une opération. || *Fig.* Des piqûres d'amour-propre.

|| **2°** Trou fait avec une pointe, pour quelque usage. *Spécialt.* Rangée de points arrière faite sur une étoffe. La — d'un devant de chemise, de la doublure d'un manteau.

|| **3°** Point, petite tache semblable à une piqûre. Des piqûres de mouche, points noirs que laissent leurs chiures. Un livre qui a des piqûres, des taches d'humidité.

PIRATE [pi-rät'] *s. m.*

[ÉTYM. Emprunté du lat. pirata, grec πειρατής, *m. s.* || 1448. Larrons et piratres, dans DELB. *Rec.*]

|| Celui qui court les mers pour faire des prises. (*Syn.* corsaire.) Les premiers Grecs étaient tous pirates, MONTESQ. *Espr. des lois*, XXI, 7. Les pirates barbaresques. || *Fig.* Un — de lettres, un plagiaire.

PIRATER [pi-rà-té] *v. intr.*

[ÉTYM. Dérivé de pirate, § 154. || XVIᵉ-XVIIᵉ s. Un navire de guerre... qui piratoit à l'entour du Havre, D'AUB. *Hist. univ.* IV, 205, de Ruble.]

|| Faire le métier de pirate. || *Fig.* Faire son profit de ce qu'ils (les anciens) ont écrit, c'est — au delà de la ligne (où la piraterie était tolérée), LA MOTHE LE VAYER, *Lett.* 139.

PIRATERIE [pi-rät'-ri ; *en vers,* -rà-te-ri] *s. f.*

[ÉTYM. Dérivé de pirate, § 69. || 1505. Un fourban anglois deja condamné pour pirateries, *Voy. du capit. de Gonneville*, dans *Annales des Voyages*, 1869, juill. p. 74.]

|| Métier de pirate. Se livrer à la —. Teuta... qui exerçait... la — sur toute la côte, BOSS. *Hist. univ.* I, 8. || *P. ext.* Acte de pirate. Les Algériens, qui n'ont guère que ce qu'ils gagnent par les pirateries, VOLT. *S. de L.* XIV, 30. || *Fig.* | **1.** Exaction, concussion. | **2.** Plagiat.

PIRE [pir] *adj.*

[ÉTYM. Du lat. pĕjor, *m. s.* devenu *peire, pire, §§ 315, 398, 290 et 291. (*Cf.* pis 2.) Pire était primitivement un cas sujet ; le régime pieur a disparu au XVᵉ s.]

|| Plus mauvais. Les femmes sont extrêmes ; elles sont meilleures ou pires que les hommes, LA BR. 3. Souvent la peur d'un mal nous conduit dans un pire, BOIL. *Art p.* 1. Il y a de mauvais exemples qui sont pires que les crimes, MONTESQ. *Rom.* 8. Je ne sais bête au monde — Que l'écolier, si ce n'est le pédant, LA F. *Fab.* IX, 5. L'état de l'homme qui retombe devient — que le premier, BOSS. *A. de Gonz.* Je ne suis pas — (plus mal portante), SÉV. 826. | *Loc. prov.* Il n'est — eau que l'eau qui dort, les personnes d'apparence calme sont souvent les plus dangereuses. Le remède est — que le mal, ce qu'on propose pour améliorer l'état des choses serait encore plus fâcheux. || Le —, le plus mauvais. Les pires de tous les flatteurs, ce sont les plaisirs, BOSS. *Am. des plaisirs*, 1. Elle était du monde où les plus belles choses Ont le — destin, MALH. *Poés.* 11. *Dans le même sens.* Ils prennent de la cour ce qu'elle a de —, LA BR. 7. || *Substantivt.* Ce qui est le plus mauvais. Il n'est point de degrés du médiocre au —, BOIL. *Art p.* 4.

PIROGUE [pi-ròg'] *s. f.*

[ÉTYM. Emprunté des langues indigènes de l'Amérique, § 30. || 1555. Les dicts Caribes les appellent piraguas, J. POLEUR, *Hist. nat. des Indes*, fᵒ 89, rᵒ. | 1635. Six pirogues, LE P. PELLEPRAT, *Relat. des missions*, I, 88. Admis ACAD. 1762.]

|| Barque de sauvages, le plus souvent faite d'un tronc d'arbre creusé.

PIROLE [pi-ròl] *s. f.*

[ÉTYM. Emprunté du lat. des botanistes pirola (BAUHIN), dérivé de pirus, poirier, § 239. || 1611. COTGR. Admis ACAD. 1762.]

|| (Botan.) Bruyère dont la feuille ressemble à celle du poirier.

PIROUETTE [pi-rwĕt' ; *en vers,* -rou-èt'] *s. f.*

[ÉTYM. Origine inconnue; paraît apparenté à l'ital. piruolo ou pirlo (OUD.), sabot, toupie. La forme masc. pirouet se trouve au XVᵉ s. dans GREBAN, *Passion*, 5538. || 1510. Pyrouettes et peignes, *Test. de Ruby*, 33.]

|| **1°** Jouet d'enfant, petit disque que traverse un pivot, sur lequel on le fait tourner en lui donnant une impulsion. (*Cf.* toton.) La poussière que l'on jette sur une — pendant qu'elle tourne s'en écarte tout aussitôt, DESC. *Monde*, 11.

|| **2°** *P. anal.* Tour que qqn fait sur lui-même, en se tenant sur un pied. Il fit une — et s'en alla. | *Spécialt.* Tour complet qu'un danseur, une danseuse fait sur la pointe des pieds. || *P. plaisant.* Payer ses créanciers en pirouettes, leur échapper par des détours. || *P. anal.* (Manège.) Volte sur place qu'on fait exécuter au cheval sur un pied.

PIROUETTER [pi-rwè-té; *en vers,* -rou-è-té] *v. intr.*

[ÉTYM. Dérivé de pirouette, § 154. || 1549. R. EST.]

|| Faire une pirouette. — sur la jambe droite. | Faire — son cheval. || *P. ext.* Tourner sur soi-même. Le vent fait — la girouette. Qu'elle (la boule) tournoie et qu'elle pirouette, LA BR. 16. Hercule le fit — comme un frondeur fait tourner la pierre avec sa fronde, FÉN. *Tél.* 15.

1. PIS [pi] *s. m.*

[ÉTYM. Du lat. pop. pĕctus, *m. s.* devenu *pieits, pits, pis, §§ 315, 386, 408 et 291.]

I. *Anciennt.* Poitrine. Les femmes, plus mortes que vives,... De la main se battent le pis, SCARR. *Virg. trav.* 2. || *De nos jours.* (Boucherie.) Partie inférieure du ventre du bœuf.

II. *P. ext. Spécialt.* Mamelle d'une vache, d'une chèvre, etc. Ses doigts, tout pleins de lait,... Pressaient les bouts du pis, MOL. *Princ. d'Él.* 2ᵉ interm. 1.

2. PIS [pi] *adv.*

[ÉTYM. Du lat. pĕjus, *m. s.* devenu * piets, pis, §§ 315, 398 et 291.]

I. Comparatif de l'adv. mal. Il a fait — que cela. Je mets à faire —, en l'état où nous sommes, Le sort et les démons, CORN. *Hor.* II, 3. Je les mets à — faire, RAC. *Plaid.* II, 3. Hérétique Et janséniste, qui — est, BOIL. *Poés. div.* 6. Il ne m'en fera jamais ni — ni mieux, LA BR. 6. Tant — pour lui. | Aller de mal en —, de — en —. Il ne pouvait lui arriver rien de —. Dire — que pendre de qqn (plus qu'il ne faut pour le faire pendre), tout le mal possible. || *Adjectivt.* (*Cf.* mal 3, **II.**) La prose est — encore que les vers, MOL. *Impr.* sc. 1. || *Substantivt.* Par crainte, et, *ellipt,* Crainte de —.

II. (Avec l'article.) Superlatif absolu de l'adv. mal. Il fit tout du — qu'il put, STAAL, *Mém.* I, 293. Au — aller, au cas où les choses iraient le plus mal. *Substantivt.* Le — aller, un — aller, ce qu'on accepte, faute de mieux. Mon jaloux, après tout, sera mon — aller, CORN. *Ment.* III, 3. Ton — aller n'est que d'être pendu, TH. CORN. *Feint astrol.* IV, 12. Il disait toujours tout le — contre notre pauvre ami, SÉV. 58.

PISCICULTURE [pĭs'-si-kŭl-tŭr] *s. f.*

[ÉTYM. Composé avec le lat. piscis, poisson, et cultura, culture, § 273. || *Néolog.* Admis ACAD. 1878.]

|| (T. didact.) Art de multiplier et d'élever les poissons.

*****PISCIFORME** [pĭs'-si-fòrm'] *adj.*

[ÉTYM. Composé avec le lat. piscis, poisson, et' forma, forme, § 271. || *Néolog.*]

|| (T. didact.) Qui a la forme d'un poisson. La baleine est un mammifère —.

PISCINE [pĭs'-sin'] *s. f.*

[ÉTYM. Emprunté du lat. piscina, *m. s.* proprt, « vivier », bassin pour les poissons. || XIIIe s. La sainte pecine Qui tous pechiez esleve, *Priere Theophilus,* dans RUTEB. II, 327, Jubinal.]

I. (Antiq.) Bassin rempli d'eau où l'on purifiait les victimes pour les sacrifices.

II. (Liturgie cathol.) Dans une sacristie, bassin où l'on jette l'eau qui a servi à nettoyer les vases sacrés et les linges d'autel. || *Fig.* La — où l'enfant est lavé de la tache originelle, fonts du baptôme. [La — sacrée qui lave les souillures du péché, le sacrement de pénitence.

III. Bassin rempli d'eau où l'on se baigne en commun, où on se livre à l'exercice de la natation.

PISÉ [pi-zé] *s. m.*

[ÉTYM. Subst. particip. de piser, § 45. || 1566. Fait à la mode de pisé, DU PINET, *Le monde de Pline,* II, 704. Admis ACAD. 1835.]

|| (Technol.) Maçonnerie grossière faite avec de la terre grasse battue et comprimée.

*****PISER** [pi-zé] *v. tr.*

[ÉTYM. Du lat. pisare, *m. s.* §§ 16, 295 et 291.]

|| *Dialect.* Battre, comprimer (la terre à bâtir).

PISSAT [pi-sà] *s. m.*

[ÉTYM. Dérivé de pisser, § 131. || 1314. Laquele acosité est dite pisat, *Chirurg. de Mondeville,* fo 29.]

|| Urine. (*Cf.* pisse.) *Spécialt.* En parlant des animaux. — de chat, de vache.

*****PISSE** [pis'] *s. f.*

[ÉTYM. Subst. verbal de pisser, § 52. || 1611. COTGR.]

|| Action de pisser. || *P. ext.* Pissat.

PISSEMENT [pis'-man ; en vers, pi-se-...] *s. m.*

[ÉTYM. Dérivé de pisser, § 145. || 1588. Le pissement du sang. L. JOUBERT, *Pharmac.* p. 238.]

|| Action de pisser. Un — de sang.

PISSENLIT [pi-san-li] *s. m. et f.*

[ÉTYM. Pour pisse-en-lit, composé de pisse (du verbe pisser), en et lit, §§ 209 et 210. || 1545. Œil de bœuf ou pisse en lict, G. GUÉROULT, *Hist. des plantes,* dans DELB. *Rec.*]

I. *Famil. S. m. et f.* Enfant qui pisse au lit.

II. *S. m.* Plante diurétique, dont les feuilles se mangent en salade.

PISSER [pi-sé] *v. intr.*

[ÉTYM. Origine inconnue ; la forme primitive du franç. est pisser, § 634. || XIIe s. Et sor li pissa li goupiz, MARIE DE FRANCE, *Fab.* 6.]

|| Évacuer l'urine. Avoir envie de —. || *P. ext. Transitivt.* — du sang, évacuer du sang avec l'urine.

PISSEUR, EUSE [pi-seûr, -seûz'] *s. m. et f.*

[ÉTYM. Dérivé de pisser, § 112. || 1482. G. FLAMANG, *Myst. de St Didier,* dans GODEF. *Compl.*]

|| Celui, celle qui pisse fréquemment.

*****PISSEUX, EUSE** [pi-seû, -seûz'] *adj.*

[ÉTYM. Dérivé de pisse, § 116. || XVIe s. Murailles pisseuses, B. PALISSY, p. 302, France.]

|| Qui a l'aspect de l'urine. Couleur pisseuse, qui a le ton jaunâtre de l'urine.

PISSOIR [pi-swàr] *s. m.*

[ÉTYM. Dérivé de pisser, § 113. || 1489. Pot pissoir d'estain, dans GODEF.]

|| Lieu, baquet disposé pour qu'on y pisse.

PISSOTER [pi-sò-té] *v. intr.*

[ÉTYM. Dérivé de pisser, § 167. || XVIe s. PARÉ, XV, 60.]

|| Pisser peu à la fois et fréquemment.

PISSOTIÈRE [pi-sò-tyér] *s. f.*

[ÉTYM. Dérivé de pissoter, § 115. || XVIe s. RAB. I, 5.]

|| **1o** *Vieilli.* Jet d'eau peu abondant.

|| **2o** Pissoir public.

PISTACHE [pĭs'-tàch'] *s. f.*

[ÉTYM. Emprunté du lat. pistacium, grec πιστάκιον, *m. s.* || XIIIe s. Pistaces sont chaudes, *Simples medicines,* fo 61, ro.]

|| **1o** Amande du fruit du pistachier, enveloppée d'une pellicule verte, employée en confiserie. Une glace à la —. || *Ellipt.* La couleur —, vert-—.

|| **2o** *P. anal.* Amande du fruit du pin, dont les confiseurs font de petites dragées.

|| **3o** Fruit de l'arachide.

PISTACHIER [pĭs'-tà-chyé] *s. m.*

[ÉTYM. Dérivé de pistache, § 115. || 1557. Pistacier, CH. DE LÉCLUSE, *Hist. des plantes,* p. 515. | 1611. Pistacher, COTGR.]

|| Arbre de la famille des Térébinthacées, dont le fruit contient une amande employée dans la confiserie.

PISTE [pĭst'] *s. f.*

[ÉTYM. Emprunté de l'ital. pista, variante de pesta, *m. s.* subst. verbal de pistare, pestare, presser, piler, § 13. || 1579. Piste : routte brisee, terre battue et frayee, B. DU POY MONCLAR, *L'Escuirie de F. Grisone,* fo 10.]

|| **1o** (Manège.) Ligne tracée par le cheval sur le chemin qu'il a parcouru. || Partie du manège où marchent les chevaux, le long du mur. || Voie que les chevaux qui prennent part à une course doivent suivre.

|| **2o** (Chasse.) Suite de traces que laisse le pied de l'animal là où il a passé. Perdre la —. Suivre la bête à la —. La — d'un lièvre. || *P. ext.* Suivre la — d'un voleur, et, *fig.* Suivre qqn, qqch à la —, ne pas s'en écarter. Suivre à la — les brillants auteurs du siècle, J.-J. ROUSS. 2e *Dial.* Qu'on ne perde pas, s'il se peut, la — de l'Évangile, BOSS. 2e *Instr. pastor.* (*Cf.* dépister.)

PISTIL [pĭs'-til] *s. m.*

[ÉTYM. Emprunté du lat. pistillus, pilon, par analogie de forme. || 1694. J'appelle pistile cette partie de la fleur qui en occupe ordinairement le centre, TOURNEFORT, *Botan.* p. 54. Admis ACAD. 1762.]

|| (Botan.) Verticille intérieur de la fleur, organe femelle de la fructification, formé d'un ou de plusieurs carpelles, dont la partie principale, l'ovaire, est destinée à devenir le fruit.

PISTOLE [pĭs'-tòl] *s. f.*

[ÉTYM. Semble tiré de pistolet, § 37. L'espagn. et l'ital. pistola signifient exclusivement « pistolet », et c'est en France seulement que pistolet (plus récemment pistole) s'est appliqué à une monnaie qui était, par rapport à l'écu, comme le pistolet par rapport à l'arquebuse. || (Au sens **I.**) Vers 1572-1574. D'AUB. *Printemps,* 4.]

I. *Anciennt.* Arme à feu de la cavalerie, dite aussi pistolet à rouet.

II. *Anciennt.* Pièce d'or (d'origine espagnole, italienne) valant environ onze livres. On me viendra chez moi couper la gorge, dans la pensée que je suis tout cousu de pistoles, MOL. *Av.* I, 4. *Loc. prov.* Avoir la — volante (qu'on supposait revenir toujours à celui qui l'avait dépensée), avoir toujours de l'argent. || *P. ext.* Chambre à part, dans une prison (obtenue moyennant une pistole).

III. Monnaie de compte valant dix livres ou francs.

PISTOLET [pĭs'-tò-lè] *s. m.*

[ÉTYM. Emprunté de l'ital. pistolese, proprt, « de Pistoie », devenu, par substitution de suffixe, pistolet, §§ 12 et 62. || Commencement du XVIe s. Plus n'avons pistolets n'escus, *Regrets des gosiers alterés,* dans MONTAIGLON, *Anc. Poés. franç.* VII, 77.]

I. *Anciennt.* || **1o** Court poignard de fabrication italienne. || *P. anal.* | **1.** Lancette de chirurgien. | **2.** *De nos jours.* Trépan de mineur, dit aussi fleuret.

II. *P. ext.* Arme à feu de petite dimension, très portative, qu'on tient d'une seule main quand on tire. — de poche. — d'arçon, de gros calibre, que les cavaliers portent à l'arçon de la selle. || *P. anal.* | **1.** *Dialect.* Petit pain (en forme de pistolet). | **2.** — électrique, flacon de métal où l'on introduit un mélange d'air et d'hydrogène qui fait explosion en chassant le bouchon quand on le fait traverser par une étincelle électrique.

PISTON [pĭs'-ton] *s. m.*

[ÉTYM. Dérivé de l'anc. verbe pister, piler, qui est le lat. pistare, § 104. (*Cf.* pilon.) On trouve en anc. franç. les formes pop. pestel et peston. (*V.* GODEF.) || XVIe s. RAB. IV, 41.]

|| (Technol.) Pièce mouvante d'un mécanisme qui agit par pression ou par percussion.

|| **1°** *Ancienn.* Pièce d'un fusil qui, s'abattant sur de la poudre fulminante, enflamme la charge.

|| **2°** Bouton qu'on presse pour faire jouer le ressort de la fermeture d'une boîte.

|| **3°** Cylindre qui se meut dans un corps de pompe au moyen d'une tige, refoulant un fluide, ou poussé par lui. Le — d'une machine à vapeur, d'une machine pneumatique, d'une pompe. Pour sucer quelque liqueur, les lèvres servent de tuyau, et la langue sert de —, BOSS. *Conn. de Dieu*, III, 2.

|| **4°** (Musique.) Dans certains instruments à vent, chacune des pièces qui se trouvent sous la pression des doigts pour régler le mouvement de l'air. Cornet à pistons.

PITANCE [pi-tăns'] *s. f.*

[ÉTYM. Dérivé du radical de pitié (au sens de piété), §§ 62 et 146 : la pitance donnée aux moines était le plus souvent assurée par des fondations pieuses. || XIIe s. Ne ce movrait de toi pitance, *Psaut. d'Oxf.* p. 274, Michel. | XIIIe s. Les grasses pitances, J. DE MEUNG, *Rose*, 8146.]

|| **1°** Portion donnée à chacun au réfectoire d'un couvent. Maigre —.

|| **2°** *P. ext.* Ce qui fait le repas de qqn. On m'apporta ma —, LES. *Gil Blas*, VII, 9. | *Spécialt. Famil.* La chair ou le poisson, par opposition au pain.

*PITANCIER, IÈRE [pi-tan-syé, -syèr] *s. m.* et *f.*

[ÉTYM. Dérivé de pitance, § 115. || 1297. Pidenciers et procurierres des dix religieux, dans GODEF.]

|| Moine, religieuse dont l'office est de veiller à la pitance.

PITAUD, AUDE [pi-tō, -tōd'] *s. m.* et *f.*

[ÉTYM. Origine inconnue ; paraît distinct de pétaud et de l'anc. franç. pitaut. || XVIe s. Un pitaut qui prend bien en patience que sa femme lui fasse porter des cornes, H. EST. *Apol.* p. 19.]

|| *Vieilli.* Lourdaud, lourdaude. Sottise et peur contiendront ce —, LA F. *Contes, Mandrag.* Vous êtes une vraie pitaude, SÉV. 539.

1. *PITE [pit'] *s. f.*

[ÉTYM. Pour picte, emprunté du bas lat. picta, *m. s.* que l'on considère comme une abréviation de Pictavis, Poitiers, où cette monnaie aurait été frappée à l'origine, § 36. || 1462. Une picte, dans GODEF. *Compl.* Admis ACAD. 1694 ; suppr. en 1878.]

|| *Ancienn.* Monnaie de cuivre valant le quart d'un denier. S'il fallait peser les sous, les liards, les deniers et les pites, NICOLE, *Vigile chrét.* ch. 7.

2. **PITE** [pit'] *s. f.*

[ÉTYM. Emprunté de l'espagn. pita, *m. s.* § 13. || 1694. TH. CORN. Admis ACAD. 1762.]

|| Agavé vivace de l'Amérique, espèce d'aloès à feuilles filamenteuses. || Matière textile qu'on en retire. Filets de —.

PITEUSEMENT [pi-teûz'-man ; *en vers,* -teû-ze-...] *adv.*

[ÉTYM. Composé de piteuse et ment, § 724. || XIIe s. Pitousement recorde son duel et son irois, J. BODEL, *Saisnes*, tir. 18.]

|| D'une manière piteuse.

PITEUX, EUSE [pi-teû, -teûz'] *adj.*

[ÉTYM. Du lat. pietōsum, pieux, qui a suivi le développement de sens de pietatem, pitié, et est devenu *peitos, pitos, piteus, piteux, §§ 356, 325 et 291.]

I. *Ancienn.* Qui éprouve de la pitié. *Loc. prov.* Un — médecin fait une mortelle plaie, COTGR.

II. || **1°** *Vieilli.* Digne de pitié. Le — jouet de plus de changements, CORN. *Hor.* IV, 4. Ce spectacle —, LA F. *Fab.* VIII, 27.

|| **2°** *Famil.* Qui a l'air à la fois malheureux et gauche. La piteuse figure! SCARR. *Virg. trav.* 2. Faire une piteuse mine. || *P. anal.* L'on mit en — équipage Le pauvre potager, LA F. *Fab.* IV, 4.

PITIÉ [pi-tyé] *s. f.*

[ÉTYM. Du lat. pietatem, *m. s.* devenu *peitié, pitié, §§ 563, 297, 490 et 291. (*Cf.* piété.)]

|| **1°** Vif intérêt pour le malheur d'un autre, et désir de le soulager. (*Syn.* compassion.) La — est souvent un sentiment de nos propres maux dans les maux d'autrui, LA ROCHEF. *Réflex.* 264. S'il est vrai que la —... soit un retour vers nous-mêmes, qui nous met en la place des malheureux, LA BR. 4. Ces passions,... que les tragiques aimaient à exciter sur les théâtres, et qu'on nomme la terreur et la —, ID. 1. La tragédie doit exciter de la — et de la crainte, CORN. *D. Sanche*, épît. Je serais sensible à la — RAC. *Ath.* II, 7. Jamais femme ne fut plus digne de —, ID. *Phèd.* II, 5. Cet âge est sans —, LA F. *Fab.* IX, 2. Prendre — de qqn. Prendre qqn en —. Il nous dit cela si tristement, qu'il me fit —, PASC. *Prov.* 2. Dieu regarde en — son peuple malheureux, RAC. *Esth.* III, 4. (Enfant) A qui j'ai par — daigné servir de père, ID. *Ath.* I, 2. Un spectacle fait pour exciter la —. C'est —. C'est grande —, cela est fait pour inspirer la pitié. Je deviens maigre, C'est —, RAC. *Plaid.* I, 1. Ce fut — là-dessus de l'entendre, LA F. *Fab.* V, 1. *Loc. prov.* Il vaut mieux faire envie que —.

|| **2°** Intérêt méprisant qu'on témoigne pour l'infériorité d'autrui. Du haut de son esprit Il regarde en — tout ce que chacun dit, MOL. *Mis.* II, 4. Vous me faites —, PASC. *Prov.* 16. Hélas! Ils font —, LA F. *Fab.* VII, 5. | *Au plur.* Il est vrai que ce sont des pitiés, MOL. *F. sav.* II, 6.

PITON [pi-ton] *s. m.*

[ÉTYM. Origine incertaine ; paraît apparenté à l'espagn. piton, corne naissante, bourgeon. || 1382. Un gon sans piton, dans DELB. *Rec.*]

|| **1°** Pointe, vis dont la tête forme un anneau destiné à retenir un crochet, une tringle, une attache.

|| **2°** *P. anal.* Aux colonies, petit sommet en pointe. L'île avec ses mornes surmontés de leurs pitons, B. DE ST-P. *Paul et Virg.*

PITOYABLE [pi-twà-yàbl'] *adj.*

[ÉTYM. Dérivé de pitié (*cf.* apitoyer), §§ 65 et 93. (*Cf.* piteux.) || XIIIe s. Le cuer si piteable, G. DE LORRIS, *Rose*, 1211.]

|| **1°** Accessible à la pitié. Si le Ciel — eût écouté ma voix, CORN. *Hor.* III, 5. D'un regard — ils ont séché mes larmes, MOL. *F. sav.* I, 2.

|| **2°** Digne de pitié. O — reste, CORN. *Pomp.* V, 1. || *Substantivt.* S'attendrir sur le —, LA BR. 1.

|| **3°** Qui inspire une pitié méprisante. Quels pitoyables vers! BOIL. *Ép.* 10.

PITOYABLEMENT [pi-twà-yà-ble-man] *adv.*

[ÉTYM. Composé de pitoyable et ment, § 724. || XIIIe-XIVe s. *Vies des saints*, dans GODEF.]

|| D'une manière pitoyable.

*PITRE [pitr'] *s. m.*

[ÉTYM. Origine incertaine ; peut-être identique au provenç. mod. pitre, poitrine (lat. pectus, oris). || *Néolog.*]

|| Celui qui fait la parade à la porte d'un théâtre forain. || *P. ext.* Bouffon grossier.

PITTORESQUE [pit'-tò-rèsk'] *adj.*

[ÉTYM. Emprunté de l'ital. pittoresco, *m. s.* § 12. || 1732. Se déduit de l'existence de pittoresquement à cette date. Admis ACAD. 1762.]

|| **1°** Relatif à la peinture. Les règles de la composition —. | *Fig.* Style —, qui semble peindre les personnes, les choses. Ces expressions pittoresques dont Il (Virgile) enrichit la belle langue latine, VOLT. *Dict. philos.* imagination. || *P. ext.* Où le texte est accompagné de gravures. Le Magasin —, l'Univers —, titres de livres, de revues.

|| **2°** Qui, par sa disposition, semble propre à fournir un sujet de peinture. Un site —. || *Substantivt.* Rechercher le —.

PITTORESQUEMENT [pit'-tò-rès'-ke-man] *adv.*

[ÉTYM. Composé de pittoresque et ment, § 724. || 1732. Drappé pittoresquement, dans *Merc. de France*, déc. I, 2706. Admis ACAD. 1762.]

|| D'une manière pittoresque.

PITUITAIRE [pi-lui-tèr] *adj.*

[ÉTYM. Emprunté du lat. pituitarius, *m. s.* || XVIe s. Glande pituitaire, PARÉ, III, 7. Admis ACAD. 1762.]

|| (T. didact.) Qui a rapport à la pituite. La membrane —.

PITUITE [pi-tuït'] *s. f.*

[ÉTYM. Emprunté du lat. pituita, *m. s.* (*Cf.* pépie.) || 1541. J. BEAUFILS, *Les Livres de Marsille Fiscine*, I, fº 27, rº.]

|| (T. didact.) || **1º** Une des humeurs constituantes que distinguait l'ancienne médecine. Le sang d'un hydropique en — se change, RÉGNIER, *Sat.* 5.

|| **2º** Humeur visqueuse que sécrète la membrane pituitaire. *Spéciall.* Humeur aqueuse qu'elle sécrète, dans le coryza. || *P. anal.* Mucosité que rejette l'estomac.

PITUITEUX, EUSE [pi-tui-teû, -teûz'] *adj.*

[ÉTYM. Emprunté du lat. pituitosus, *m. s.* || XVIº s. Humeurs froides et pituiteuses, PARÉ, *Introd.* 6.]

|| (T. didact.) Qui a de la pituite en abondance. Tempérament —. || *Substantivt.* Un —.

*PITYRIASIS** [pi-ti-ryà-zïs'; *en vers,* -ri-à-...] *s. m.*

[ÉTYM. Emprunté du grec πιτυρίασις, *m. s.* On trouve la forme francisée pityriase à la fin du XVIIIº s.]

|| (T. didact.) Maladie de la peau, caractérisée par des taches roses, suivies de desquamation furfuracée.

PIVERT [pi-vèr] *s. m.*

[ÉTYM. Pour pi-vert, composé de pi, anc. forme de pic, et vert, § 173. || XVIº s. Les picz mars, vous les nommez pivars, RAB. IV, 62. Oiseau nommé picverd, P. BELON, *Observ. de plus. singul.* (1553), fº 106, vº.]

|| Oiseau à plumage jaune et vert, du genre des pics.

PIVOINE [pi-vwàn'] *s. f.* et *m.*

[ÉTYM. Emprunté du lat. pæonia, grec πιωνία, *m. s.* devenu *peonie, peoine, pioine, pivoine,* §§ 356 et 360. || XIIº s. Un rain de peone, *Alexandre,* fº 30, Michelant.]

|| **1º** *S. f.* Plante renonculacée à grandes fleurs d'un rouge vif, panachées ou blanches. | *Fig.* Elle est devenue rouge comme une —.

|| **2º** *P. anal. S. m.* Bouvreuil, oiseau dont le plumage rappelle la pivoine.

PIVOT [pi-vó] *s. m.*

[ÉTYM. Origine inconnue ; semble apparenté au provenç. moderne pivo (var. pugo, puo) et à l'espagn. pua, chose pointue. || XIIº N'ont sain de pilete en lor pot Ne en leur branle de pivot, ÉT. DE FOUGÈRES, *Livre des man.* 1115.]

|| **1º** Support de l'axe autour duquel un corps tourne. Le — d'une roue de montre. Le pupitre enfin tourne sur son —, BOIL. *Lutr.* 3. || *P. anal.* Dans un mouvement de conversion d'une troupe, point autour duquel il s'exécute. || *Fig.* Mobile principal des actions humaines. La sage conduite roule sur deux pivots, le passé et l'avenir, LA BR. 12. La sotte vanité jointe avecque l'envie, Deux pivots sur qui roule aujourd'hui notre vie, LA F. *Fab.* V, 1. On tourne toujours sur le même — (la vie est uniforme), SÉV. 1092.

|| **2º** Racine d'un végétal, s'enfonçant perpendiculairement dans le sol. Abattre un arbre en —, avec partie de cette racine.

PIVOTANT, ANTE [pi-vò-tan, -tânt'] *adj.*

[ÉTYM. Adj. particip. de pivoter, § 47. || 1750. Racines pivotantes, *Hist. de l'Acad. des sc.* p. 108. Admis ACAD. 1835.]

|| (T. didact.) Qui pivote. | **1.** (Botan.) Racine pivotante. | **2.** (T. milit.) Aile pivotante. Mouvement —.

PIVOTER [pi-vò-té] *v. intr.*

[ÉTYM. Dérivé de pivot, § 154. || 1611. Pivotter un huis, COTGR. Admis ACAD. 1762.]

|| **1º** Tourner sur un pivot. || *P. anal.* (T. milit.) Opérer une conversion autour d'un point.

|| **2º** (Botan.) Enfoncer sa racine perpendiculairement dans le sol. Racines qui vont naturellement à —, LA QUINTINIE, *Instruct. pour les jard. fruitiers,* I, 509.

PLACAGE [plà-kâj'] *s. m.*

[ÉTYM. Dérivé de plaquer, § 78. || 1392. De pel, de latte et de placage, dans GODEF. parue.]

|| **1º** En ébénisterie, en tabletterie, application, sur du bois commun, de plaques minces de bois précieux, d'ivoire, etc. Un — d'acajou et de bois de rose. || *Fig.* En littérature, en musique, morceau rapporté, qui ne tient pas au fond de l'œuvre. Le — épisodique n'avait pas été mis sans dessein, J.-J. ROUSS. *Rêv. du promen. solit.* 9.

|| **2º** Application de plaques de gazon sur une pelouse.

|| **3º** Application, dans une entaille faite sur un sauvageon, d'une plaque d'écorce munie d'un œil avec un peu de bois, enlevée d'un arbre fruitier.

PLACARD [plà-kàr] *s. m.*

[ÉTYM. Dérivé de plaquer, § 147. || 1410. Plackart, dans GODEF. *Compl.*]

I. Revêtement d'une porte de menuiserie. Porte à —, à — double. || *P. ext.* Armoire pratiquée dans un retrait du mur, de manière à ne pas faire saillie.

II. Écrit ou imprimé qu'on affiche sur les murs. || *P. ext.* Écrit injurieux, séditieux, qu'on affiche, ou qu'on fait circuler. Les placards furent répandus dans tout Paris,... attachés jusqu'à la porte de la chambre du roi, BOSS. *Var.* x, 51.

III. Pièce officielle dont le parchemin, le papier, n'est pas plié. Un arrêt en —. || *P. ext.* (Typogr.) Épreuve en —, et, *absolt,* —, épreuve imprimée par colonnes, sans pagination, pour faciliter les corrections.

PLACARDER [plà-kàr-dé] *v. tr.*

[ÉTYM. Dérivé de placard, § 154. || XVIº s. PASQ. *Lett.* III, 945.]

|| **1º** Afficher en placard. — des écrits injurieux.

|| **2º** (Typogr.) Imprimer en placard.

PLACE [plàs'] *s. f.*

[ÉTYM. Du lat. pop. *plattia, altération de *platia, du lat. class. platea, grec πλατεῖα, *m. s.* §§ 406, 355 et 291. L'altération de platea paraît due à l'influence de plat. (*V.* ce mot.) || XIº s. Un espiet fort e reit m'aportes en la place, *Voy. de Charl. à Jérus.* 604.]

|| Lieu assigné à une personne, à une chose, à un usage.

|| **1º** Lieu qu'occupe une personne. Marquer sa — dans une réunion. Louer une — au théâtre. C'est là ma — au soleil, PASC. *Pens.* VI, 53. Il se met le premier à table et dans la première —, LA BR. 5. Tenir beaucoup de —. Il ne tient pas en —. La — n'est pas tenable. Quitter, céder la —. Faire de la — à qqn. Faire — à qqn, se ranger pour le laisser passer. Ses esclaves qui détournent le peuple et font faire —, LA BR. 6. Le chantre... arrive et se fait —, BOIL. *Lutr.* 5. Faites —, et, *ellipt,* — ! rangez-vous. En — les danseurs (pour danser). Reconduire une danseuse à sa —. Faire — nette. Occuper la — de qqn. Se mettre à la — de qqn. *Fig.* Aucun de ces deux hommes n'est à sa —, MARIV. *Jeu de l'am. et du has.* I, 8. Remettre qqn à sa —. Jésus-Christ, dont le prêtre tient la —, PASC. *Prov.* 10. La créature adorée à la — du Créateur, BOSS. *Hist. univ.* II, 26. Je ne voudrais pas être à sa —. Se mettre à la — de qqn, se représenter ce qu'on sentirait, ce qu'on ferait à sa place. Un retour vers nous-mêmes, qui nous met en la — des malheureux, LA BR. 4. (Je) ne veux nulle — en des cœurs corrompus, MOL. *Mis.* I, 1. Savoir se tenir à sa —. Il occupe une grande — dans la mémoire des hommes. || *Fig. Spéciall.* Situation, emploi. Toute autre — qu'un trône eût été indigne d'elle, BOSS. *R. d'Angl.* Demander une — dans une administration. Perdre sa —. Un employé sans —. Les gens en —, ceux qui ont des emplois.

|| **2º** Lieu qu'occupe une chose. Ces livres ne sont pas à leur —. Il faut changer ces objets de —. Remettre qqch en —. Cet objet tient trop de —. Ce n'est pas la — de cet objet. C'est une — excellente pour y construire une maison. Puisque vous ne touchiez jamais à cet argent, Mettez une pierre à la —, LA F. *Fab.* IV, 20. Les bois abattus font — aux champs, aux pâturages, BOSS. *Hist. univ.* I, 2. | *Fig.* L'étude tient grande — dans son existence. Mes soins à vos soupçons ne laissent point de —, RAC. *Brit.* V, 3. Un retour à la volonté de Dieu... remet la raison à sa —, SÉV. 1239. (Malherbe) D'un mot mis en sa — enseigna le pouvoir, BOIL. *Art p.* 1.

|| **3º** Lieu qui sert à un usage. Les uns assassinés dans les places publiques, CORN. *Cinna,* I, 3. *Fig.* Ces dévots de — (ceux qui ne sont dévots que sur la place publique, quand on les regarde), MOL. *Tart.* I, 5. On a élevé une statue sur cette —. Une — de fiacres, lieu où stationnent des voitures publiques. Une voiture de —. | — marchande, commode, bien située pour le commerce. || Lieu où les banquiers, les négociants, s'assemblent pour traiter de leurs affaires. | *P. ext.* L'ensemble des commerçants d'une ville. Avoir du crédit sur la —. Faire la —, aller offrir les marchandises aux divers commerçants d'une ville. || — d'armes. | **1.** Terrain où s'assemble la garnison d'une ville de guerre, où elle fait des exercices. | **2.** Ville frontière où l'on assemble des troupes et qui est le dépôt principal des munitions et des vivres. || — de guerre, — forte, ville fortifiée pour soutenir un siège. La — a été prise d'assaut. Investir une —. Commandant de —. Elle assiège et prend d'assaut une — considérable, BOSS. *R. d'Angl.* | *Fig.* Ouvrez mon cœur, Seigneur, entrez dans cette — rebelle, PASC. *Prière.* Elle (ma vertu) chancelle et défend mal la —, CORN. *Hor.* II, 5. || *P. anal.* Lieu où qqch s'est accompli. Au milieu de ces places Qu'on

voit fumer encor du sang des Curiaces, CORN. *Hor.* v, 3. Reconnais la — Où fut empreint l'affront, ID. *Cid*, III, 6.

PLACEMENT [plăs'-man ; *en vers*, plà-se-...] *s. m.*
[ÉTYM. Dérivé de placer, § 145. || XVIᵉ-XVIIᵉ s. Placement des armées, D'AUB. *Hist. univ.* I, 15, de Ruble. Admis ACAD. 1798.]
|| Action de placer. Le — des meubles dans un appartement. | Un — d'argent à gros intérêts. | Le — d'un employé, d'un domestique. Bureau de —, où l'on indique, moyennant une rétribution, des places vacantes.

PLACENTA [plà-sin-tà] *s. m.*
[ÉTYM. Emprunté du lat. des naturalistes placenta, *m. s.* proprt, « gâteau plat ». || 1694. TOURNEF. *Botan.* p. 553. Admis ACAD. 1762.]
|| (Anat.) Organe charnu, spongieux, adhérant à l'utérus, communiquant par le cordon ombilical avec le fœtus, par les vaisseaux duquel le sang maternel arrive au fœtus et revient à la mère. || *P. anal.* Partie interne de l'ovaire de la plante à laquelle sont attachés les ovules.

1. PLACER [plà-sé] *v. tr.*
[ÉTYM. Dérivé de place, § 154. || 1606. NICOT.]
|| Mettre en un lieu déterminé.
|| 1° Une personne. — les spectateurs au théâtre. — ses invités. Être placé au haut bout de la table. Être bien, mal placé. — qqn en sentinelle. | Se — devant, derrière qqn. — des soldats sur deux rangs. | *P. anal.* — qqn à cheval, le mettre dans la position où il doit être. || *P. ext.* Mettre qqn dans une position déterminée. Un souverain placé sur le trône... par des rebelles, DIDER. *Claude et Néron*, I, 73. — qqn dans une administration. — un domestique. Quelques grandes difficultés qu'il y ait à se — à la cour, il est encore... plus difficile de se rendre digne d'être placé, LA BR. 8. | Une fille difficile à —, à marier. || *Fig.* Parmi tant de héros je n'ose me —, RAC. *Brit.* I, 2. Dans le vulgaire obscur si le sort l'a placé, ID. *Ath.* II, 5. Être placé entre son devoir et son intérêt. Être placé au premier rang. Chacune se place et se met à son rang, MONTESQ. *Rom.* 2. || *P. anal.* ('I'. de courses.) Cheval placé, qui, n'ayant été distancé que de quelques longueurs, est classé comme étant arrivé second, troisième, etc.
|| 2° Une chose. Une maison bien placée. — des livres sur des rayons. — les meubles dans un appartement. — une table près de la fenêtre. — des tableaux dans un jour favorable. Avoir les yeux placés de travers. || *Spéciall.* — des billets de loterie, les faire prendre. — des marchandises, des denrées, trouver à les vendre. — de l'argent, le faire valoir. Il a de l'argent placé à la banque de France. Des fonds placés en rentes sur l'État. || *Fig.* Il a mal placé ses affections, sa confiance. Avoir le cœur bien placé. — un mot dans la conversation. Elles (les femmes) sont heureuses dans le choix des termes, qu'elles placent si juste..., LA BR. 1. — le bonheur dans la vertu.

2. PLACER [plà-sèr] *s. m.*
[ÉTYM. Emprunté de l'espagn. placer, variante de placel, *m. s.* § 13. || *Néolog.* Admis ACAD. 1878.]
|| (Technol.) Gisement d'or.

1. PLACET [plà-sè] *s. m.*
[ÉTYM. Emprunté du lat. placet, il plaît, formule de réponse à une requête, § 217. || 1493. Se déduit du bas lat. littera placeti, lettre de placet, dans DU C. placetum.]
|| Requête adressée à un souverain, à des ministres. Les placets au roi sur la comédie du Tartuffe. || *Fig.* Nous fatiguons le Ciel à force de placets, LA F. *Fab.* VI, 11. || *Spéciall.* Requête à un tribunal pour obtenir audience.

2. PLACET [plà-sè] *s. m.*
[ÉTYM. Dérivé de place, § 133. || 1539. De placet, de selle et scabelle, G. CORROZET, *Blas. dom est.* f° 15, v°.]
|| *Vieilli.* Tabouret. Cette amante enflammée Sur un — voisin tombe à demi pâmée, BOIL. *Lutr.* 2. Il n'y a qu'un grabat, un — et une table, LES. *Diable boit.* 3.

'PLACEUR, EUSE [plà-seur, -seûz'] *s. m.* et *f.*
[ÉTYM. Dérivé de placer, § 112. || *Néolog.*]
|| Celui, celle qui place les personnes dans un théâtre. || Celui, celle qui place des domestiques, des employés.

PLACIDE [plà-sid'] *adj.*
[ÉTYM. Emprunté du lat. placidus, *m. s.* || XVᵉ-XVIᵉ s. Placide oisiveté, J. LE MAIRE, dans DELB. *Rec.* Admis ACAD. 1878.]
|| Qui reste calme et paisible.

PLACIDEMENT [plà-sid'-man; *en vers,* -si-de-...] *adv.*
[ÉTYM. Composé de placide et ment, § 724. || 1611. COTGR. Admis ACAD. 1878.]

|| D'une manière placide.

PLACIDITÉ [plà-si-di-té] *s. f.*
[ÉTYM. Emprunté du lat. placiditas, *m. s.* || *Néolog.* Admis ACAD. 1878.]
|| Caractère placide.

PLACIER, 'PLACIÈRE [plà-syé, -syèr] *s. m.* et *f.*
[ÉTYM. Dérivé de place, § 115. || (Au sens 1°.) 1690. FURET. Admis ACAD. (au masc. et au sens 3°) 1878.]
|| 1° *Vieilli.* Fermier, fermière des places d'un marché.
|| 2° Celui, celle qui loue les places des personnes dans un théâtre, une cérémonie. (*Syn.* placeur.)
|| 3° Celui, celle qui fait la place, s'occupe de placer des marchandises.

PLAFOND [plà-fon] *s. m.*
[ÉTYM. Pour plat-fond, composé de plat, adj., et fond, § 173. || 1559. Les platfons des couronnes, J. GARDET, *Épitome de Vitruve*, p. 171. [1680. Pla-fond, RICHEL. | 1690. Platfonds, FURET.]
|| (Technol.) Surface qui forme la partie supérieure d'une salle, d'une galerie, d'une église, etc. Il compte des plafonds les ronds et les ovales, BOIL. *Art p.* 1. Regarder au —, avoir les yeux en l'air. Peindre un —.

PLAFONNAGE [plà-fò-nàj'] *s. m.*
[ÉTYM. Dérivé de plafonner, § 78. || *Néolog.* Admis ACAD. 1835.]
|| (Technol.) Action de plafonner.

PLAFONNER [plà-fò-né] *v. tr.*
[ÉTYM. Dérivé de plafond, §§ 64 et 154. || 1690. Platfonner, FURET. Admis ACAD. 1718.]
|| (Technol.) Garnir d'un plafond. — une chambre. || *P. ext.* Peindre avec les raccourcis nécessaires (un tableau destiné à décorer un plafond). — une figure, et, *intransitivt,* Cette figure plafonne bien.

PLAFONNEUR [plà-fò-neur] *s. m.*
[ÉTYM. Dérivé de plafonner, § 112. || 1812. MOZIN, *Dict. franç.-allem.* Admis ACAD. 1835.]
|| (Technol.) Ouvrier qui fait les plafonds.

PLAGAL, 'PLAGALE [plà-gàl] *adj.*
[ÉTYM. Dérivé du lat. ecclés. plaga, qui désigne ce mode, §238. || Vers 1620. M'estant contenté de distinguer l'authentique du plagal, D'AUB. *Lett. à M. de Bouillon.* Admis ACAD. 1798.]
|| (Musique.) Mode —, mode inférieur du plain-chant, par opposition au mode authentique, où la quinte est à l'aigu, et la quarte au grave.

PLAGE [plàj'] *s. f.*
[ÉTYM. Emprunté de l'ital. piaggia, qui est le lat. pop. 'plagea (class. plăga), *m. s.* §§ 12 et 507. Le sens 2° se rattache directement au lat. plăga. || XVIᵉ s. Cette plage de mer, AMYOT, *Alex.* 30.]
|| 1° Étendue plus ou moins grande de rivage de mer. Une — de sable, — de galets.
|| 2° *Poét.* Étendue de terre. Est-il dans l'univers de — si lointaine? BOIL. *Ép.* 4.

PLAGIAIRE [plà-jyèr; *en vers,* -ji-èr] *s. m.* et *f.*
[ÉTYM. Emprunté du lat. plagiarius, *m. s.* proprt, celui qui est coupable de détournement d'esclaves (plagium, grec πλάγιον, oblique). PARÉ, XX, préf. emploie plagiaire au sens de plagiat. || 1584. Se déduit de l'existence de l'adverbe plagiairement, dans DELB. *Rec.*]
|| Celui, celle qui pille les ouvrages d'autrui. Allez, fripier d'écrits, impudent — ! MOL. *F. sav.* III, 3. *Ajectivt.* Un auteur —. Ménage..., le plus — des hommes, CHAPELAIN, *Lett.* dans DELB. *Rec.*

PLAGIAT [plà-jyà; *en vers,* -ji-à] *s. m.*
[ÉTYM. Dérivé du radical de plagiaire, § 254. || Admis ACAD. 1762.]
|| Vol littéraire.

1. PLAID [plè] *s. m.*
[ÉTYM. Du lat. placitum, volonté, résolution (du pouvoir souverain), devenu 'plegitum, playidum, plaid, §§ 382, 290, 409 et 291.]
I. *Anciennt.* Assemblée réunie pour rendre la justice. Des espèces de plaids ou d'assises où les notables étaient convoqués, MONTESQ. *Espr. des lois,* xxx, 18.
II. *Vieilli.* Procès. Tous les jours le premier aux plaids, et le dernier, RAC. *Plaid.* I, 1. Celui devant qui se faisait le —, MONTESQ. *Espr. des lois,* XXVIII, 24.

2. PLAID [plè] *s. m.*
[ÉTYM. Emprunté de l'angl. plaid, *m. s.* § 8. || *Néolog.* Admis ACAD. 1835.]

|| **1°** Manteau à carreaux (des montagnards de l'Écosse).

|| **2°** Couverture de voyage, en général de dessin écossais.

PLAIDANT, ANTE [plè-dan, -dänt'] *adj.*

[ÉTYM. Adj. particip. de plaider, § 47. || 1278. Chascuns des plaidans, dans LANGLOIS, *Textes relatifs à l'hist. du Parlement*, p. 97.]

|| (Droit.) Qui plaide. Avocat —. Partie plaidante.

PLAIDER [plè-dé] *v. intr.* et *tr.*

[ÉTYM. Dérivé de plaid, § 154. || XI° s. Ad Ais u Carles soelt plaidier, *Roland*, 2667.]

I. *V. intr.* Soutenir un procès. Puisqu'on plaide... et qu'on devient malade, il faut des médecins, il faut des avocats, LA F. *Fab.* XII, 27. L'un veut — toujours, l'autre toujours juger, RAC. *Plaid.* I, 5. Ils plaident l'un contre l'autre.

II. *V. tr.* || **1°** *Vieilli.* Attaquer (qqn) en justice, lui faire un procès. S'il conclut votre affaire Sans — le curé, le gendre et le notaire, RAC. *Plaid.* I, 5. Et s'ils vont nous —, ANDRIEUX, *Étourdis*, III, 5.

|| **2°** Défendre (une cause) devant les juges. L'avocat qui doit — cette affaire. — sa cause soi-même. Votre avocat... ne se trouvera point lorsqu'on plaidera votre cause, MOL. *Scap.* II, 5. *Absolt.* Vraiment, il plaide bien, RAC. *Plaid.* III, 3. || *Spécialt.* En parlant de ce que l'avocat cherche à prouver. l'irresponsabilité de son client. || *Fig.* Parler en faveur de. — la cause de la justice. — le faux pour savoir le vrai. | *Absolt.* Sa sincérité plaide pour lui.

***PLAIDERIE** [plèd'-ri ; *en vers*, plè-de-ri] *s. f.*

[ÉTYM. Dérivé de plaider, § 69. || XIII° s. Par ma plederie, *Avocacie Nostre Dame*, dans GODEF.]

|| *Vieilli.* Procès. Dans cette —, MOL. *Mis.* I, 1.

PLAIDEUR, EUSE [plè-deùr, -deùz'] *s. m.* et *f.*

[ÉTYM. Dérivé de plaider, § 112. || XIII° s. Le meilor plaideor de la court, *Ass. de Jérus.* 34.]

|| Celui, celle qui est en procès. *Vieilli.* Le —, la plaideuse de qqn, celui, celle qui lui fait un procès. — de sa famille, ST-SIM. I, 2.

PLAIDOIRIE [plè-dwà-ri] *s. f.*

[ÉTYM. Pour plaidoierie, dérivé de l'anc. verbe plaidoyer, plaider, §§ 65 et 69. || XIV° s. La furent longuement en celle plaidoirie, CUVELIER, *Duguesclin*, 10347.]

|| Action de plaider une cause. Interrompre la — de l'avocat.

PLAIDOYABLE [plè-dwà-yàbl'] *adj.*

[ÉTYM. Dérivé de l'anc. verbe plaidoyer, § 93. || 1364. En un jour plaidoiable, *Ordonn.* IV, 507. Admis ACAD. 1762.]

|| *Vieilli.* (Droit.) Où l'on peut plaider. Les jours plaidoyables.

PLAIDOYER [plò-dwà-yé] *s. m.*

[ÉTYM. Infin. de l'anc. verbe plaidoyer, plaider, pris substantivt, §§ 49 et 163 ; l'anc. franç. dit plaidoyé dans le même sens, et cette forme est encore employée par CORN. § 45. || 1539. Ung plaidoyé ou plaidoyer, R. EST.]

|| Discours prononcé devant des juges pour soutenir la cause d'une des parties. J'ai toujours dans le vin conçu mes plaidoyers, LA F. *Ragotin*, II, 7.

PLAIE [plè] *s. f.*

[ÉTYM. Du lat. plâga, *m. s.* §§ 394 et 291.]

I. *Ancienn.* Blessure. Ils (les gladiateurs) reçoivent des coups s'ils refusent d'aller aux plaies, MALH. *Épit. de Sénèq.* VII, 2. || *P. ext.* Fléau. Le Seigneur frappa de très grandes plaies Pharaon et sa maison, SACI, *Bible, Genèse*, XIII, 17. Les sept plaies d'Égypte. || *Fig.* Hérode, qui ait commencé à faire cette — à leur liberté, BOSS. *Hist. univ.* II, 23. Autant de plaies qui le déchirent, MASS. *Mort du pécheur*, 1. *Loc. prov.* — d'argent n'est pas mortelle, une perte d'argent est réparable.

II. *P. ext.* Déchirure extérieure ou interne avec désorganisation des tissus dans une des parties du corps, amenée par une blessure ou une cause morbide. Panser une —. Une — béante. Une — contuse. La — s'est envenimée. La suppuration de la —. Tout son corps n'est bientôt qu'une —, RAC. *Phèd.* V, 6. Les cinq plaies de Notre-Seigneur. La — s'est rouverte. Rouvrir une —, en écarter les lèvres qui tendaient à se réunir. | *Famil.* Je ne demandai plus que — et bosse, LES. *Gil Blas*, II, 3. || *P. plaisant.* Trouée, horrible et large — Que l'on fit à la pauvre haie, LA F. *Fab.* IV, 4. | *P. ext.* Marque d'une plaie, cicatrice. Ceux-ci, avec de longs services, bien des plaies sur le corps, LA BR. 8. || *Fig.* La pro-

fondeur de la — que l'amour m'avait faite, FÉN. *Tél.* 17. Mettre le doigt sur la —, découvrir où est le mal, quelle en est la cause. Rouvrir une —, raviver la douleur de qqn.

PLAIGNANT, ANTE [plè-ñan, -ñänt'] *adj.*

[ÉTYM. Adj. particip. de plaindre, § 47. || XIII° s. Se déduit de l'existence de l'adverbe plaignanment employé par GAUT. DE COINCY.]

|| (Droit.) Qui porte plainte. La partie plaignante. *Substantivt.* Le —, la plaignante.

1. PLAIN, PLAINE [plin, plèn'] *adj.*

[ÉTYM. Du lat. planum, *m. s.* §§ 299 et 291. (*Cf.* plan 1 et plaine.)]

|| *Vieilli.* Qui présente une surface plane. Un endroit de la rive qui était uni et —, AMYOT, *Romulus*, 3. La bataille s'est donnée en plaine campagne. Velours, satin, linge —, uni. Tir de — fouet (souvent écrit de plein fouet), tir tendu, presque horizontal, d'une batterie. Armes plaines (souvent écrit pleines), sans écartelure et brisure. —-chant. (*V. ce mot.*) || *Loc. adv.* De —-pied, au même niveau. L'appartement de Mme de Maintenon était de —-pied avec celui du roi, VOLT. *S. de L. XIV*, 27. *Fig.* De —-pied, sans obstacle. | (Fauconn.) Aller de —, planer.

2. *PLAIN [plin] *s. m.*

[ÉTYM. Pour pelain, § 342, dérivé de peler 1, § 96. (*Cf.* plamée.) || XII°-XIII° s. Un grant vilain Noir, cenu et de noir pelain, *Cheval. as deus espees*, 3744.]

|| (Technol.) Bain de chaux vive pour faciliter l'épilage des peaux.

PLAIN-CHANT [plin-chan] *s. m.*

[ÉTYM. Composé de plain et chant, § 173.]

|| (Musique.) Psalmodie de la liturgie catholique, sans modulation, dont les notes sont presque toutes égales, la mesure et la tonalité uniformes, l'harmonie toujours syllabique.

PLAINDRE [plïndr'] *v. intr., pron.* et *tr.*

[ÉTYM. Du lat. plangere, *m. s.* devenu *plany're, *plain're, plaindre, §§ 396, 291 et 290.]

I. *Vieilli. V. intr.* Exprimer par des paroles ou par des soupirs, des gémissements, l'excès de la peine. J'ai beau — et beau soupirer, MALH. *Poés.* 112. O nouveau sujet de pleurer et de —! CORN. *Méd.* V, 1.

II. *V. pron.* Se —. || **1°** *Absolt.* Exprimer l'excès de sa peine. Je souffre, mais je souffre sans me —, BOURD. *Afflict. des justes*, 2. Quiconque se plaint cherche à se consoler, CORN. *Pomp.* V, 1. || *P. ext.* Se — de maux de tête, faire connaître qu'on en souffre.

|| **2°** Se — de qqn, de qqch, exprimer qu'on en est mécontent. Si vous vous plaignez de moi, Je ne sais pas... Ce qu'il faut pour vous satisfaire, MOL. *Amph.* II, 2. Ceux qui emploient mal leur temps sont les premiers à se — de sa brièveté, LA BR. 12. Quand vous me haïriez, je ne m'en plaindrais pas, RAC. *Phèd.* II, 5. Tout le monde se plaint de sa mémoire, et personne ne se plaint de son jugement, LA ROCHEF. *Réflex.* 89. Fût-il pas mieux que de se —? LA F. *Fab.* III, 11. Phèdre se plaint que je suis outragé, RAC. *Phèd.* III, 5. || *Spécialt.* Aller se — chez le commissaire, au parquet, aller déposer un grief pour obtenir protection, réparation. (*Cf.* plaignant.) Tu te plains, quoiqu'on ne t'ait rien pris, LA F. *Fab.* II, 3.

III. *V. tr.* Prendre (qqn) en pitié. Je plains les malheureux depuis que je le suis, FÉN. *Tél.* 24. Qu'une femme est à — quand elle a tout ensemble de l'amour et de la vertu! LA ROCHEF. *Max. posth.* 548. Je vous plains ; car, pour moi, dans ce péril extrême, Je saurai m'éloigner, LA F. *Fab.* I, 8. Je plains le triste sort d'un enfant tel que vous, RAC. *Ath.* II, 7. — Le sort d'un ennemi quand il n'est plus à craindre, CORN. *Pomp.* V, 1. Je te plains de tomber dans ses mains redoutables, RAC. *Ath.* II, 5. || *P. ext.* — une chose. | 1. La regretter. J'aime ce qu'il me donne, et je plains ce qu'il m'ôte, CORN. *Hor.* II, 3. Je révoque des lois dont j'ai plaint la rigueur, RAC. *Phèd.* II, 2. Mon âme... D'un superbe convoi plaindrait peu la dépense, BOIL. *Ép.* 5. | 2. La donner à regret. En amour, comme en guerre, On ne doit — un métal qui fait tout, LA F. *Contes, Faucon.* Mon fils ne plaindrait pas de plus gros gages pour avoir un vrai bon cuisinier, SÉV. 954. — sa peine. Il ne plaint ni sa peine ni ses soins.

PLAINE [plèn'] *s. f.*

[ÉTYM. Du lat. plana, plur. neutre de planus, plain, employé comme nom fém. sing. §§ 38 et 545.]

|| Grande étendue de pays uni. Les plaines de la Beauce. Un pays de —. || *P. anal. Poét.* Sur le dos de la — liquide (de

la mer), RAC. *Phéd.* v, 6. Quand la sérénité règne aux plaines du ciel (au firmament), VOLT. *Fanat.* v, 1.

PLAINTE [plint'] *s. f.*

[ÉTYM. Subst. particip. de plaindre, §45. (*Cf.* complainte.) || XIᵉ-XIIᵉ s. Ne face hom pleinte al rei, *Lois de Guill. le Conq.* 41.]

|| **1°** Paroles, gémissements par lesquels on exprime l'excès de sa peine. Qui... pourrait exprimer ses justes douleurs, qui pourrait raconter ses plaintes? BOSS. *R. d'Angl.* Je ne veux point entendre ces plaintes dans la bouche d'un chrétien, ID. *Nécess. des souffr.* 2. La douleur est toujours moins forte que la —, LA F. *Contes, Matr. d'Éph.*

|| **2°** Paroles par lesquelles on exprime son mécontentement. Je n'entends résonner que des plaintes frivoles, LA F. *Fab.* x, 12. La —... guérit-elle son homme ? ID. *ibid.* x, 15. [*Spécialt.* Expression d'un grief contre qqn. Il me faut, de ce pas, aller faire mes plaintes au père, MOL. *G. Dand.* I, 3. Porter —, et, *vieilli,* Rendre — en justice. Aller porter — contre qqn chez le commissaire, au parquet. Retirer sa —.

PLAINTIF, IVE [plin-tif', -tiv'] *adj.*

[ÉTYM. Dérivé de plainte, § 125. || XIIᵉ-XIIIᵉ s. Li plaintif plorement, *Job,* dans *Rois,* p. 459.]

|| Qui a l'accent de la plainte. Pour apaiser mon sang et mon ombre plaintive, RAC. *Phéd.* v, 6. Quelle plaintive voix crie au fond de mon cœur? ID. *ibid.* v, 4.

PLAINTIVEMENT [plin-tiv'-man ; *en vers,* -ti-ve-...] *adv.*

[ÉTYM. Composé de plaintive et ment, § 724. || Admis ACAD. 1694.]

|| D'une manière plaintive.

PLAIRE [plèr] *v. intr.* et *pron.*

[ÉTYM. Forme secondaire de plaisir (d'où le subst. actuel plaisir), qui est le lat. placęre, *m. s.* devenu *plaisteir, plaisir, §§ 382, 316, 291 et 629.]

I. *V. intr.* Offrir de l'attrait (à qqn).

|| **1°** En parlant des choses. La maison lui plaît-elle ? Qu'elle prenne ce qui lui plaira. La louange plaît à tout âge. Le mets ne lui plut pas, LA F. *Fab.* VII, 4. Cette comédie ayant plu à ceux pour qui elle est faite, je trouve que c'est assez pour elle, MOL. *Crit. de l'Éc. des f.* sc. 6. Il me plaît d'être battue, ID. *Méd. m. l.* I, 2. Cela vous plaît à dire. Vous plaît-il, don Juan, nous éclaircir ces beaux mystères? MOL. *D. Juan,* I, 3. Plût aux dieux que ce fût le dernier de ses crimes! RAC. *Brit.* v, 8. Tout ce n'est que trop véritable, Et, plût au Ciel, te fût-il moins! MOL. *Amph.* I, 2. Plaise à Dieu, à Dieu ne plaise! Pensez-en ce qu'il vous plaira. Tout ce qu'il vous plaira, mais fort méchant auteur, MOL. *Mis.* IV, 1. S'il vous plaît, formule de politesse. *Famil.* Plaît-il? que demandez-vous? que dites-vous?

|| **2°** En parlant des personnes. En sachant la passion dominante de chacun, on est sûr de lui —, PASC. *Pens.* VII, 14. Votre fille me plut; je prétendis lui —, RAC. *Iph.* IV, 6. Les femmes ne se plaisent point les unes aux autres par les mêmes agréments qu'elles plaisent aux hommes, LA BR. 3. Jusqu'au chien du logis il s'efforce de —, MOL. *F. sav.* I, 3. Il plaît à tout le monde et ne saurait se —, BOIL. *Sat.* 2.

II. *V. pron.* Se — à qqch, et, *vieilli,* en qqch, y trouver de l'attrait. Dieu ne se plaisait pas aux temples faits de main, mais en un cœur pur, PASC. *Prov.* XV, 3 *bis.* Malheur à la créature qui se plaît en elle-même et non pas en Dieu! BOSS. *Hist. univ.* II, 1. Il se plaît à la campagne. Ce sont là les jeux où tu te plais! RAC. *Esth.* III, 1. || Avec un infinitif précédé de à ou, *vieilli,* de de. PAULINE : Il est aveuglé. — FÉLIX : Mais il se plaît à l'être, CORN. *Poly.* III, 3. J'écris rarement, et me plais de le faire, RÉGNIER, *Sat.* 15. Temple où notre Dieu se plaît d'être adoré, RAC. *Esth.* III, 9.

PLAISAMMENT [plè-zà-man] *adv.*

[ÉTYM. Pour plaisantment, composé de plaisant et ment, § 724. || XIIIᵉ s. Bien sot chanter et plesamment, G. DE LORRIS, *Rose,* 739.]

|| D'une manière plaisante.

PLAISANCE [plè-zâns'] *s. f.*

[ÉTYM. Dérivé de l'anc. verbe plaisir, plaire, § 146. (*Cf.* le bas lat. placentia, *m. s.*) || XIIIᵉ s. Pensons quantes plaisances pueent estre trovees En ces quatre elemens, J. DE MEUNG, *Test.* 1933.]

|| *Vieilli.* Plaisir qu'on trouve dans une chose. *Spécialt. De nos jours.* Lieu de —, maison de —, embarcation de —, qui ne sert qu'au plaisir.

PLAISANT, ANTE [plè-zan, -zânt'] *adj.*

[ÉTYM. Adj. particip. de plaire, autrefois plaisir, § 47. ||

XIIᵉ s. Car mout estoit pleisanz li leus, CHRÉTIEN DE TROYES, *Erec,* 5190.]

|| **1°** Qui plaît. *Vieilli.* C'est une chose, hélas ! si plaisante et si douce! MOL. *Éc. des f.* II, 5.

|| **2°** Qui divertit en faisant rire. Je ne croyais pas être si — que je suis, MOL. *Mis.* II, 6. Je tiens cette comédie une des plus plaisantes que l'auteur ait produites, MOL. *Crit. de l'Éc. des f.* sc. 3. *Substantivt.* C'est là le — de l'aventure, ce qu'il y a de plaisant en elle. | Le —, le genre plaisant. Passer du grave au doux, du — au sévère, BOIL. *Art p.* 1. || *Ironiqt.* Je vous trouve — d'user d'un tel empire, MOL. *Mis.* IV, 3. Les humains sont plaisants de prétendre exceller Par-dessus nous! LA F. *Fab.* XI, 5. Le — repos que vous avez eu à Lyon, SÉV. 738. O le — projet d'un poète ignorant! BOIL. *Art p.* 3. || *Substantivt.* Un —, celui qui cherche à divertir en faisant rire. Des plaisants qui font rire avant que de parler, REGNARD, *Joueur,* III, 6. Roquelaure, duc à brevet, et — de profession, ST-SIM. 1, 229. Un mauvais —, celui qui ne réussit pas à être plaisant. L'on marche sur les mauvais plaisants... Un bon — est une pièce rare, LA BR. 5.

PLAISANTER [plè-zan-té] *v. intr.* et *tr.*

[ÉTYM. Dérivé de plaisant, § 154. || 1539. R. EST.]

|| **1°** *V. intr.* Faire, dire qqch qui divertisse en faisant rire. — finement, lourdement. Aux dépens du bon sens gardez de —, BOIL. *Art p.* 3. || *P. ext.* Faire, dire qqch qu'on ne prend pas au sérieux. Je ne plaisante pas. C'est un homme avec qui il ne faut pas —. Il ne plaisante pas là-dessus. Je parlais en plaisantant. C'était pour —.

|| **2°** *V. tr.* — qqn, se moquer légèrement de lui pour faire rire. Qu'il m'en plaisante ou non, GRESSET, *Méch.* III, 12.

PLAISANTERIE [plè-zant'-ri ; *en vers,* -zan-te-ri] *s. f.*

[ÉTYM. Dérivé de plaisant, § 69. || XIIIᵉ s. Fole plesanterie, FRÈRE LAURENT, *Somme,* dans GODEF.]

|| Ce qu'on dit, ce qu'on fait pour être plaisant. Une — de bon, de mauvais goût. Que la — est de mauvaise grâce! MOL. *Mis.* I, 1. Tourner tout en —. || Par —, en ne prenant pas les choses au sérieux. Je disais cela par —. || *P. ext.* Raillerie légère pour divertir, en faisant rire de qqn, de qqch. Prendre qqn, qqch pour sujet de ses plaisanteries. Cela passe le —. Il n'entend pas la —.

***PLAISANTIN** [plè-zan-tin] *s. m.*

[ÉTYM. Nom propre de bouffon de tréteaux, dérivé de plaisant, §§ 36 et 100. || (Au sens général.) *Néolog.*]

|| Celui qui affecte la plaisanterie.

PLAISIR [plè-zîr] *s. m.*

[ÉTYM. Infinitif pris substantivt, § 49. (*V.* plaire.) || XIᵉ s. Tot al vostre plaisir, *Voy. de Charl. à Jérus.* 592.]

I. Sentiment de bien-être, né de la satisfaction d'un désir, d'une inclination. Il n'est pas honteux à l'homme de succomber sous la douleur, et il lui est honteux de succomber sous le —, PASC. *Pens.* XXV, 5. Le — le plus délicat est de faire celui d'autrui, LA BR. 5. Mes vers vous pourraient-ils donner quelque —? LA F. *Songe de Vaux,* 2. Jamais un — pur, ID. *Fab.* II, 14. Un horizon à souhait pour le — des yeux, FÉN. *Tél.* 1. Sans goûter le — des amours printanières, LA F. *Fab.* IV, 22. Le grand prince... joignit au — de vaincre celui de pardonner, BOSS. *Condé.* D'un vain — les trompeuses amorces, BOIL. *Art p.* 1. | Prendre, trouver du — à qqch. J'y prends —, LA F. *Fab.* VIII, 14. Un clystère que j'avais pris — à composer moi-même, MOL. *Mal. im.* III, 5. *Vieilli. Avec la prép. de.* Je prendrais — de causer de tout cela, SÉV. 339. | Il y a —... à travailler pour des personnes qui soient capables de sentir les délicatesses d'un art, MOL. *B. gent.* I, 1. *Vieilli. Avec la prép.* de. Il y a — d'être dans un vaisseau battu de l'orage, PASC. *Pens.* XXIV, 31. | J'aurai le — de perdre mon procès, MOL. *Mis.* I, 1. C'est un — de lui enseigner qqch. Je me fais un —... De pouvoir, moi vivant, dans peu les désoler (mes héritiers), BOIL. *Sat.* 10. Faire qqch avec —. J'étais bête à faire —, DESFORGES, *Sourd,* I, 1. *Loc. adv.* A —, pour se divertir. Une histoire à —, MOL. *Ét.* III, 2. Par —. Tricoter quelque bas par —, MOL. *Éc. des m.* I, 2.

II. *P. ext.* || **1°** Ce qui cause ce sentiment. De plaisirs en plaisirs Promenons nos désirs, RAC. *Ath.* II, 9. Les plaisirs près de moi vous chercheront en foule, ID. *ibid.* II, 7. Vous auriez bientôt la foi si vous aviez quitté les plaisirs, PASC. *Pens.* X, 3. | *Collectivt.* Le —. Ma jeunesse... suivait du — la pente trop aisée, RAC. *Bér.* II, 2. Mener une vie de —. Un homme de —. || *Spécialt.* Plaisirs du roi, étendue de pays où la chasse était réservée pour le roi. || *Fig.* De quel droit il vient chasser sur mes plaisirs, REGNARD, *Joueur,* II, 4.

|| **2°** Ce qui plaît à qqn. **Tel est notre —, notre bon —,** formule de certains actes royaux, impériaux. **Le régime du bon —,** de l'arbitraire.

|| **3°** Ce qui rend service à qqn. *Je sais... reconnaître les plaisirs qu'on me fait,* MOL. *B. gent.* III, 4. *Il n'y a pas de — que l'on fasse plus volontiers à un ami que de lui donner conseil,* LA ROCHEF. *Pens.* 33. *Pour vous faire —,* MOL. *Tart.* II, 4. *Faites-moi le — de ne dire à personne...,* J.-J. ROUSS. *Confess.* 11.

III. Sorte d'oublie, roulée en cornet. **Voilà le —, Mesdames,** cri du marchand qui vend cette pâtisserie.

PLAMÉE [plà-mé] *s. f.*
[ÉTYM. Dérivé de **plain 2,** §§ 64 et 119. || 1752. TRÉV. Admis ACAD. 1762.]

|| (Technol.) Eau de chaux pour amollir les peaux et faire tomber le poil.

*****PLAMER** [plà-mé] *v. tr.*
[ÉTYM. Dérivé de **plain 2,** §§ 64 et 154. || 1752. TRÉV.]

|| (Technol.) Préparer (les peaux) à l'aide du plain.

1. PLAN, ANE [plan, plàn'] *adj.* et *s. m.*
[ÉTYM. Emprunté du lat. **planus,** peut-être sous l'influence de l'ital. **piano,** *m. s.* § 12. (*Cf.* le doublet **plain 1.**) || 1553. *Un plan ou autre lieu uny,* J. MARTIN, *Art de bastir de l'Albert.* f° 120, r°.]

I. *Adj.* Qui ne présente ni courbure ni ondulation. **Un terrain —.** || (Géom.) **Surface plane,** sur laquelle une droite peut s'appliquer dans tous les sens. **Angle —,** intersection de deux droites qui sont dans le même plan. **Figure plane,** tracée sur une surface plane. || (Physique.) **Miroir —,** dont la surface réfléchissante est plane. | **Verre —-concave, —-convexe,** qui présente d'un côté une surface plane, et de l'autre une surface sphérique concave ou convexe.

II. *S. m.* Surface plane. **— vertical, incliné.** || *P. anal.* Éloignement plus ou moins grand où sont placées en perspective les personnes, les choses représentées. **Le premier —** d'un paysage, d'un bas-relief. **La dégradation des plans,** la différence de proportion, d'intensité, de ce qui est représenté, selon le plus ou moins d'éloignement.

2. PLAN [plan] *s. m.*
[ÉTYM. Altération de **plant** (*V.* ce mot), § 509. (*Cf.* ital. **pianta,** *m. s.*) || XVIe s. *Le plan de Rome est la carte du monde,* J. DU BELLAY, *Regrets,* édit. 1569, f° 58, v°. *Le desseing du plan,* ANDROUET DU CERCEAU, *Livre d'architect.* (1582), p. 8.]

I. *Anciennt.* Assiette de ce qui est édifié sur le sol. *Je savais le Capitole et son — avant que je susse le Louvre,* MONTAIGNE, III, 9. || *De nos jours.* *Fig.* **Laisser qqn en —** (le planter là), le laisser où il se tient et ne pas revenir. **Laisser l'ouvrage en —,** le laisser où il en est sans l'achever.

II. *P. ext.* Dessin représentant la disposition d'une ville, d'une contrée, d'un édifice, avec les proportions et la place relative des diverses parties. **— géométral,** qui donne les proportions et les mesures exactes. **— à vol d'oiseau,** qui représente les choses vues de haut en bas. **— en relief. Lever, tracer un —.** | *Spécialt.* **Dresser un —,** établir le plan d'une chose à construire. *L'architecte a dessiné dans son esprit un palais ou un temple avant que d'en avoir mis le — sur le papier,* BOSS. *Conn. de Dieu,* IV, 8. || *Fig.* Dessein d'un ouvrage. *Je pourrai bientôt vous montrer, en amie, Huit chapitres du — de notre académie,* MOL. *F. sav.* III, 2. **Le — d'une tragédie, d'un discours.** *P. anal.* **Un — de bataille. Un — d'études. Des plans de gouvernement. Un — de vie.** *Chaque famille particulière doit être gouvernée sur le — de la grande famille qui les comprend toutes,* MONTESQ. *Espr. des lois,* IV, 1.

PLANCHE [plànch'] *s. f.*
[ÉTYM. Du lat. pop. **planca,** *m. s.* §§ 380 et 291.]

I. Pièce de bois refendue, plus longue que large, ayant peu d'épaisseur. **Une — de sapin, de chêne. Scier des planches.** *Le plus grand philosophe du monde, sur une — plus large qu'il ne faut, s'il y a au-dessous un précipice, quoique sa raison le convainque de sa sûreté, l'imagination prévaudra,* PASC. *Pens.* III, 10. *Un ruisseau se rencontre, et pour pont une —,* LA F. *Fab.* XII, 4. **Se sauver sur une —** (dans un naufrage), et, *fig.* **— de salut,** ressource dernière dans une catastrophe. **C'est sa dernière —. S'appuyer sur une — pourrie, sur qqn, sur qqch de fragile, d'incertain. Faire la — en nageant,** se laisser flotter, étendu sur le dos. || *Fig.* **Faire la —, faire — à qqn, à qqch,** faciliter le succès. *Elle fait une — à sa bonne fortune,* CORN. *Suiv.* II, 1. || Mettre le pain, la viande, sur les planches d'une armoire, et, *fig.* **Avoir du pain sur la —,** avoir des ressources pour l'avenir. || *Spécialt.* Les planches du théâtre, la scène sur laquelle paraissent les acteurs. **Monter sur les —,** se faire acteur. **Brûler les planches,** jouer avec passion, avec ardeur. || *Famil.* **Une —,** une personne maigre, plate.

II. *P. anal.* Plaque de métal, planchette de bois préparée sur laquelle on grave un dessin, de la musique, etc. *Ils firent graver une — où l'on voyait Jansénius en habit d'évêque,* RAC. *Port-Royal,* 1. || *P. ext.* Les planches d'un livre, les estampes tirées sur une planche gravée.

III. *P. ext.* Espace de terrain régulier, plus long que large, destiné à recevoir une plantation spéciale dans un champ, dans un potager. **Une — de fraisiers, de salades.**

PLANCHÉIER [plan-ché-yé] *v. tr.*
[ÉTYM. Pour **plancheer,** § 358, dérivé de **planché,** anc. forme de **plancher,** §§ 65 et 154. L'anc. franç. dit ordinairement **plancher,** dérivé de **planche.** || 1539. Plancheer, R. EST. | 1611. Plancheier, planchayer, plancheyer, COTGR.]

|| Garnir d'un fond de planches assemblées. **— une chambre.**

PLANCHER [plan-ché] *s. m.*
[ÉTYM. Dérivé de **planche,** § 115. On trouve qqf **planché** (MONET), d'où **planchéier.** || XIIe s. *Sus le plancher se jut,* BENEEIT, *Ducs de Norm.* II, 2101.]

|| Assemblage de solives recouvert de planches, formant plate-forme sur l'aire d'un rez-de-chaussée ou séparant les étages d'une maison, etc. **Faux —,** établi au-dessus d'un autre pour diminuer la hauteur. || *P. ext.* | **1.** L'une des faces de cet assemblage formant le sol d'une chambre, d'un appartement. **Un — carrelé, parqueté.** *Spécialt.* **Un —** (par opposition à un parquet), cette surface faite de planches de bois tendre, peu uni. **Le — d'un navire.** | *Fig.* **Le — des vaches,** la terre ferme, par opposition au navire ballotté par les flots. | **2.** La face inférieure de cet assemblage formant plafond. *Le galant fait le mort, et du haut d'un — Se pend la tête en bas,* LA F. *Fab.* III, 18. *Pour sauter au —,* BOIL. *Lutr.* 1. *Famil.* **Vous me feriez sauter au —,** vous me faites bondir d'impatience.

PLANCHETTE [plan-chèt'] *s. f.*
[ÉTYM. Dérivé de **planche,** § 133. || XIIIe s. *Du solier ont tantost une plancheite ostee, Doon de Mayence,* dans DELB. Rec.]

|| Petite planche.

PLANÇON [plan-son] *s. m.*
[ÉTYM. Du lat. pop. *plantiǫnem, dérivé de **planta,** plante, §§ 106, 406 et 291. || XIIe s. *Au plançon fraisnin,* RAIMBERT DE PARIS, *Chevalerie Ogier,* 599.]

|| **1°** Jeune plante.
|| **2°** Branche de saule, de peuplier, qu'on plante en terre pour faire une bouture.
|| **3°** Tronc d'arbre qu'on refend.

1. PLANE [plàn'] *s. m.*
[ÉTYM. Du lat. **platanum,** grec πλάτανος, platane, devenu **plạdene,** §§ 290 et 291, **plane,** § 405. (*Cf.* le holland. **plaanboom** et l'angl. **plane-tree,** platane, formés sur le franç.) || Admis ACAD. 1718.]

|| *Dialect.* Platane. *Comme un — sur le bord des eaux,* CORN. *Off. de la Vierge, à matines,* leç. 3. || *P. ext.* Variété d'érable, dite faux platane.

2. PLANE [plàn'] *s. f.*
[ÉTYM. Du lat. **plạna,** *m. s.* devenu **plaine** (forme qui se trouve en anc. franç. et qu'ont conservée quelques dialectes), §§ 299 et 291, puis **plane,** d'après **planer,** § 65. || Admis ACAD. 1762.]

|| (Technol.) Outil tranchant, ayant une poignée à chaque bout, qui sert à aplanir le bois.

1. PLANER [plà-né] *v. tr.*
[ÉTYM. Du lat. **planare,** *m. s.* §§ 295 et 291. (*Cf.* **plane.**)]

|| (Technol.) Rendre plain, uni. *Spécialt.* | **1.** Unir avec la plane. **— une douve.** (*Cf.* doler.) | **2.** Dresser au marteau. **— une pièce de cuivre, une pièce d'argenterie.**

2. PLANER [plà-né] *v. intr.*
[ÉTYM. Dérivé de **plain 1,** §§ 65 et 154. || XVIe s. *S'il advenoyt que le faulcon se meist a planer,* RAB. II, prol.]

|| (Fauconn.) Se soutenir en l'air, les ailes étendues horizontalement, sans mouvement apparent. *Un autour planant sur les sillons,* LA F. *Fab.* VI, 15. | *P. anal.* *L'esprit de Dieu planait sur les eaux.* || *Fig.* | **1.** Dominer du regard. *De cette hauteur on plane sur la campagne.* | **2.** Dominer de

la pensée. Un roi philosophe qui plane d'en haut sur toutes les sottises de notre espèce, D'ALEMB. *Lett. au roi de Prusse*, déc. 1782.

PLANÉTAIRE [plà-né-tèr'] *adj.*

[ÉTYM. Dérivé de planète, § 248. (*Cf.* le lat. planetarius, astrologue.) || 1553. Description de l'orloge planetaire construicte par Oronce Finé, titre. Admis ACAD. 1740.]

|| (T. didact.) Relatif aux planètes. Le système —, l'ensemble des planètes qui gravitent autour du soleil. || *Substantivt.* Un —, mécanisme qui reproduit le mouvement des planètes autour du soleil.

PLANÈTE [plà-nèt'] *s. f.*

[ÉTYM. Emprunté du lat. planeta, grec πλανήτης, *m. s.* proprt, « errant ». Sur le genre, *V.* § 550. || XIIᵉ s. Estelles... principales Que en latin numum Planetes, planete, PH. DE THAUN, *Comput*, 2797.]

|| 1° (Astron. anc.) Astre errant (par opposition aux étoiles fixes). (|| *P. ext.* (Astrol.) Astre auquel on attribue une influence sur la destinée de l'homme. Être né sous une heureuse —. Je veux t'associer à l'heur de ma —, MONCHESNAY, *Les Souhaits*, sc. du laquais.

|| 2° (Astron. mod.) Astre qui décrit une ellipse autour du soleil (placé à l'un des foyers) et que nous voyons éclairé par la lumière qu'il en reçoit. La — Jupiter. Planètes inférieures, dont la distance au soleil est moindre que celle de la terre. Planètes télescopiques, qu'on ne peut distinguer qu'à l'aide du télescope.

PLANEUR [plà-neur'] *s. m.*

[ÉTYM. Dérivé de planer 1, § 112. || 1680. RICHEL. Admis ACAD. 1835.]

|| (Technol.) Ouvrier qui plane les métaux. — en cuivre.

PLANIMÉTRIE [plà-ni-mé-tri] *s. f.*

[ÉTYM. Composé avec le lat. planus, plan, le grec μέτρον, mesure, et le suffixe ie, § 284. || 1520. Seconde partie de geometrie dicte planimetrie, P. VERNEY, *Succincte Collection geometrale*, Bij, rᵒ. Admis ACAD. 1762.]

|| (T. didact.) Partie de la géométrie, art de mesurer les surfaces planes.

PLANISPHÈRE [plà-nïs'-fèr] *s. m.*

[ÉTYM. Composé avec le lat. planus, plain, et sphæra, sphère, à l'imitation de hémisphère, § 272. || 1555. *Paraphrase de l'astrolabe*, dans DELB. *Rec.*]

|| (Géogr.) Carte où la sphère terrestre est divisée en deux moitiés représentées sur une surface plane, avec la réduction que demande la perspective.

PLANT [plan] *s. m.*

[ÉTYM. Subst. verbal de planter, § 52. Employé dès 1455 dans l'argot des voleurs au sens de « faux lingot » (*Mém. de la Soc. de linguist. de Paris*, VII, 180.) || 1556. Le plant du fort d'Édimton, BEAUGUÉ, *Hist. de la guerre d'Écosse*, I, 8.]

I. En parlant des végétaux. || 1° *Vieilli.* Action de planter. Le labour, la semence, le —, LA BOÉTIE, *Mesnagerie de Xénoph.* || *P. ext.* Manière d'être planté. Tant d'arbres en leur — n'ont point de ligne oblique, CORN. *Poés. div.* append. 3.

|| 2° Ce qui est planté. | 1. Réunion d'arbres, d'arbustes, etc., plantés dans un même terrain. Un — d'ormes. Un — d'artichauts. | 2. Jeune sujet destiné à être repiqué ou nouvellement planté. Un — de vigne. Il avait de — vif fermé cette étendue, LA F. *Fab.* IV, 4.

II. *Vieilli.* En parlant de ce qui est édifié sur le sol. Assiette d'une statue, d'un bâtiment. César voulut que la statue demeurât en son —, AMYOT, *Brut. et Dion*, 8. (*V.* plan 2.)

PLANTAGE [plan-tàj'] *s. m.*

[ÉTYM. Dérivé de planter, § 78. || 1539. R. EST.]

I. Action de planter (des végétaux). Pour ses bâtiments et pour ses plantages, ST-SIM. V, 178. || *P. ext.* Ce qui est planté. Cet engoulevent se tient dans les plantages, BUFF. *Engoulevent.*

II. (Technol.) Charpente élevée sur le sol, dans une corderie, pour porter les manivelles qui servent à tordre les cordages.

***PLANTAGINÉES** [plan-tà-ji-né] *s. f. pl.*

[ÉTYM. Dérivé du lat. plantago, plantain, § 223. || 1797. VENTENAT, *Tabl. du règne végét.* I, disc. p. 45.]

|| (Botan.) Famille de plantes dont le plantain est le type.

PLANTAIN [plan-tin] *s. m.*

[ÉTYM. Du lat. plantaginem, *m. s.* devenu *plantay'ne, plantain, §§ 290, 291 et 394.]

|| Plante herbacée à épi chargé de petites semences, type de la famille des Plantaginées. || *P. ext.* — d'eau, — aquatique, plante d'une famille différente, dite pain de crapaud.

PLANTARD [plan-tàr] *s. m.*

[ÉTYM. Dérivé de planter, § 147. Souvent plantal en anc. franç. § 62. || 1597. Sauvages plantars, GRANGIER, *Enfer de Dante*, dans DELB. *Rec.*]

|| *Vieilli.* Plançon. *Spécialt.* Plantards de saule.

PLANTATION [plan-tà-syon ; *en vers*, -si-on] *s. f.*

[ÉTYM. Emprunté du lat. plantatio, *m. s.* (*Cf.* l'anc. franç. plantaison.) || 1552. Plantement, plantation, CH. EST. dans DELB. *Rec.*]

|| 1° Action de planter.

|| 2° Ce qui est planté. *Spécialt.* Aux colonies, plants de tabac, de cannes à sucre, avec les habitations dont ils dépendent.

PLANTE [plant'] *s. f.*

[ÉTYM. Du lat. planta, *m. s.* § 291.]

I. Partie du pied qui pose sur le sol quand on est debout ou quand on marche. Chatouiller la — des pieds. Recevoir la bastonnade sur la — des pieds.

II. Tout ce qui est fixé dans le sol par des racines. Des plantes annuelles. Des plantes tinctoriales, textiles. Des plantes vénéneuses. || *Spécialt.* Végétal non ligneux (par opposition à arbre). Les arbres et les plantes, LA F. *Fab.* II, 1.

PLANTER [plan-té] *v. tr.*

[ÉTYM. Du lat. plantare, *m. s.* §§ 295 et 291.]

I. Fixer dans le sol par des racines (un végétal). — des arbres, des légumes. *P. ext.* — un bois, une avenue. — un jardin. *Fig. Famil.* Aller — ses choux, se retirer à la campagne. *Ellipt. Loc. prov.* Arrive qui plante (qui que ce soit qui vienne planter), il en arrivera ce qui pourra. | *Absolt.* Un octogénaire plantait, LA F. *Fab.* XI, 8. | *Fig.* La foi plantée dans l'Amérique... ne cesse pas d'y porter ses fruits, FÉN. *Serm. Epiph.* || *P. ext.* Avoir les cheveux bien plantés.

II. *P. anal.* || 1° Fixer en enfonçant dans le sol. — des poteaux. Va sur les bords du Rhin — tes pavillons, CORN. *Hor.* I, 1. — une tente, et, *fig.* — sa tente qqpart, s'y fixer. | *Fig.* — des cornes à qqn, le faire cornard. *Ellipt.* Les subtiles trames Dont, pour nous en —, savent user les femmes, MOL. *Éc. des f.* I, 1.

|| 2° Fonder sur le sol. — un édifice. Une maison bien plantée. | *Fig.* Un homme bien planté sur ses jambes. Me voilà plantée au coin de mon feu, SÉV. 1104. — un baiser sur la joue de qqn, l'appliquer fortement. — là qqn, le laisser là et ne pas revenir. Marinette aussi... M'a planté là comme elle, MOL. *Dép. am.* IV, 2. — là un travail, le laisser où il en est et ne pas le continuer. Ma plume n'était pas en train, j'ai tout planté là, SÉV. 793.

PLANTEUR, *PLANTEUSE [plan-teur, -teuz'] *s. m. et f.*

[ÉTYM. Dérivé de planter, § 112. (*Cf.* lat. plantator, *m. s.*) Le sens 2° est venu de l'angl. planter au XVIIIᵉ s. § 8 (TRÉV. édit. 1752). || 1365. As planteresses qui planterent pois, dans GODEF.]

|| 1° Celui, celle qui plante des végétaux. Cet homme, disent-ils, était — de choux, LA F. *Fab.* VII, 12.

|| 2° *Spécialt. Au masc.* Celui qui exploite une plantation coloniale.

PLANTIGRADE [plan-ti-gràd'] *adj.*

[ÉTYM. Composé avec le lat. planta, plante du pied, et gradi, marcher, § 273. || 1795. Plantigrades, GEOFFROY et CUVIER, dans *Magasin encycl.* II, 187. Admis ACAD. 1878.]

|| (T. didact.) Qui marche sur la plante des pieds. (*Cf.* digitigrade.) || *Substantivt, au masc.* Les plantigrades, mammifères qui, en marchant, appuient la plante du pied sur le sol (ours, blaireau, etc.).

***PLANTIS** [plan-ti] *s. m.*

[ÉTYM. Dérivé de planter, § 82. || XIIᵉ s. Ne maison ne recet ne plantels, *Aiol*, 4071.]

|| *Vieilli.* Action de planter. || Lieu planté.

PLANTOIR [plan-twàr'] *s. m.*

[ÉTYM. Dérivé de planter, § 113. || 1642. OUD.]

|| (Technol.) Morceau de bois dur et pointu avec lequel le jardinier fait des trous en terre pour y repiquer des plantes.

PLANTON [plan-ton] *s. m.*

[ÉTYM. Dérivé de **planter**, § 104. || (Au sens **I.**) 1584. Texte dans GODEF. | (Au sens **II.**) *Néolog.* Admis ACAD. 1878.]

I. *Anciennt.* Jeune plant. (*Cf.* **plançon, plantard.**)

II. *Fig.* Soldat qui se tient à la porte d'un officier supérieur pour transmettre un ordre, etc. || *P. ext.* Service de ce soldat. **Être de —.**

PLANTULE [plan-tul] *s. f.*

[ÉTYM. Dérivé de **plante**, § 240. (*Cf.* bas lat. **plantula**, *m. s.*) || 1808. Développement d'une plantule, L.-C.-M. RICHARD, *Anal. du fruit*, p. 80. Admis ACAD. 1835.]

|| (Botan.) Embryon de la plante qui commence à se développer.

PLANTUREUSEMENT [plan-tu-reûz'-man ; *en vers,* -reû-ze-...] *adv.*

[ÉTYM. Composé de **plantureuse** et **ment**, § 724. || XIIᵉ-XIIIᵉ s. Plantivousement, *Dial. Gregoire*, p. 35.]

|| D'une manière plantureuse.

PLANTUREUX, EUSE [plan-tu-reû, -reûz'] *adj.*

[ÉTYM. Dérivé de l'anc. franç. **planté, plenté** (lat. **plenitatem**, plénitude, §§ 336, 295, 402 et 291), par l'intermédiaire de **plantéif, plantif,** § 125, d'où **planteïveux, plantiveux,** § 116, dont la transformation en **planteûreux, plantureux,** est inexpliquée. || XIIᵉ-XIIIᵉ s. Marchié si plenteûreus, VILLEHARD. 56.]

|| Largement abondant. **Un repas —. Un pays —. Que les saignées soient fréquentes et plantureuses,** MOL. *Pourc.* I, 8.

PLANURE [plà-nûr] *s. f.*

[ÉTYM. Dérivé de **planer**, § 111. Mot distinct de planure, plaine, employé au XVIᵉ s. d'après l'ital. **pianura.** || 1680. RICHEL. Admis ACAD. 1762.]

|| (Technol.) Copeaux qui tombent d'une pièce de bois, de métal, qu'on plane.

PLAQUE [plàk'] *s. f.*

[ÉTYM. Subst. verbal de **plaquer,** § 52. || XVᵉ s. En ce temps (1425) couroit une monnoie a Paris nommee plaques, *Journ. d'un bourg. de Paris,* p. 206, Tuetey.]

|| Lame de métal, le plus souvent destinée à être appliquée sur une surface plane. **— de cheminée,** appliquée au fond du foyer d'une cheminée, pour protéger le mur. **— de blindage,** appliquée sur la coque d'un navire de guerre qui est cuirassé. **— tournante** (sur une voie ferrée), disque horizontal sur lequel on amène une locomotive, un wagon, pour changer de voie en faisant tourner la plaque. || *P. ext.* **— d'une épée,** placée au bas de la garde pour protéger la main qui tient l'épée. **— de couche,** qui garnit la face inférieure de la crosse d'un fusil. **— d'un shako, d'un ceinturon. — de commissionnaire, de marchand des rues,** délivrée par la police pour les autoriser à faire leur métier, et portant le numéro d'ordre de leur inscription. || Ornement que portent sur la poitrine les dignitaires supérieurs de certains ordres. **La — de la Légion d'honneur.** || *P. anal.* | **1.** (Hortic.) **— de gazon,** morceau de gazon détaché pour être appliqué ailleurs. | **2.** (Médec.) **— muqueuse,** tache violacée qui se développe sur la peau, sur les muqueuses, dans la syphilis.

PLAQUEMINIER [plàk'-mi-nyé ; *en vers,* plà-ke-...] *s. m.*

-[ÉTYM. Mot créole, § 18. || 1744. Piakiminier ou plakminier de la Floride, CHARLEVOIX, *Hist. de la Nouvelle France,* II, 37. Admis ACAD. 1835.]

|| Arbre des régions tropicales, dont une espèce fournit le bois d'ébène.

PLAQUER [plà-ké] *v. tr.*

[ÉTYM. Le son explosif qu et la provenance des plus anc. exemples indiquent un emprunt du bas allem., flam. ou holl. **placken,** coller, tacher, § 10. || XIIIᵉ s. Bien sait cele plaquier sans brai, J. BRETEL et GRIEVILER, *Jeu parti,* Bibl. du Vatican, fonds Regina, 1522, fᵒ 168.]

|| **1º** Appliquer (qqch) sous la forme de plaque. **— une feuille d'or, d'argent, sur du cuivre. — de l'acajou sur du bois blanc. Des meubles d'acajou plaqué.** || *P. anal.* **— du gazon,** appliquer sur un terrain des plaques de gazon. **— des autres qu'ils plaquent dans les leurs comme des plaques du mortier, du plâtre, sur un mur.** *Fig.* **Ils s'y tenaient plaqués** (immobiles) **tout le jour,** RAC. *Lett.* 102. **Lambeaux des ouvrages de gazon dans un parterre,** MONTESQ. *Lett. pers.* 66. **— qqch au nez de qqn,** lui appliquer quelque observation désagréable. **Des développements plaqués,** qui semblent appliqués après coup. || (Musique.) **— un accord,** frapper d'un même coup toutes les notes qui le constituent.

|| **2º** Revêtir d'une plaque. **— de la vaisselle, des bijoux,** les revêtir d'une plaque d'or, d'argent. || *Au part. passé pris substantivt.* **Du plaqué,** métal plaqué d'or ou d'argent. **Un service de table en plaqué.**

PLAQUETTE [plà-kĕt'] *s. f.*

[ÉTYM. Dérivé de **plaque,** § 133. || 1752. TRÉV. Admis ACAD. 1762.]

|| Petite plaque. **Une — de schiste.** || *P. anal.* Volume très mince relié ou broché.

PLAQUEUR, *PLAQUEUSE [plà-keûr, -keûz'] *s. m. et f.*

[ÉTYM. Dérivé de **plaquer,** § 112. || 1239. Engerran le plackeur, dans GODEF. Admis ACAD. (au masc.) 1835.]

|| Ouvrier, ouvrière qui fait du placage, du plaqué.

***PLASMA** [plàs'-mà] *s. m.*

[ÉTYM. Emprunté du grec πλάσμα, formation. || *Néolog.*]

|| (Anat.) Partie liquide du sang, dans laquelle nagent les globules sanguins.

PLASTICITÉ [plàs'-ti-si-té] *s. f.*

[ÉTYM. Dérivé de **plastique,** d'après la forme lat. plasticus, § 255. || 1785. FOURCROY, *Art de connaître les médicam.* I, 344. Admis ACAD. 1878.]

|| (T. didact.) Qualité de ce qui est plastique.

PLASTIQUE [plàs'-tĭk'] *adj.*

[ÉTYM. Emprunté du lat. **plasticus,** grec πλαστικός, *m. s.* || 1556. Œuvre plastique, R. LE BLANC, *Subtilité,* dans DELB. *Rec.*]

|| (T. didact.) Relatif aux formes corporelles. **Aliments plastiques** (par opposition à respiratoires), aliments azotés qui servent à renouveler les tissus. **Arts plastiques,** qui ont pour objet de reproduire les formes des corps. **Substances plastiques,** qui servent à modeler (cire, argile, etc.).

PLASTRON [plàs'-tron] *s. m.*

[ÉTYM. Emprunté de l'ital. **plastrone,** *m. s.* §§ 12 et 507. (*Cf.* **plastre** et **plâtre.**) || 1546. Plastrons, lamines, aulbers, RAB. III, prol.]

|| **1º** Pièce de l'ancienne armure protégeant le devant de la poitrine. || *P. anal.* Pièce de cuir rembourrée dont les maîtres d'armes et les élèves se couvrent la poitrine, pour amortir les coups de fleuret. **Voilà un plaisant animal avec son —!** MOL. *B. gent.* II, 2. || *Fig.* Celui qui reçoit les attaques, les railleries des autres. **Servir de — à qqn.**

|| **2º** *P. anal.* Pièce de bois garnie de fer s'appliquant sur la poitrine et sur laquelle l'ouvrier appuie le foret pour percer. | Tablier de cuir que le cordonnier met devant lui. | Partie antérieure de la carapace de la tortue. || Pièce d'étoffe qui s'applique sur le devant d'un corsage. | Devant de chemise.

PLASTRONNER [plàs'-trò-né] *v. tr. et intr.*

[ÉTYM. Dérivé de **plastron,** § 154. || 1611. COTGR. Admis ACAD. 1762.]

|| **1º** *V. tr.* Protéger au moyen d'un plastron.

|| **2º** *V. intr.* Tirer au plastron, s'exercer à toucher avec le fleuret le plastron du maître d'armes.

PLAT, ATE [plà, plàt'] *adj. et s. m.*

[ÉTYM. Du lat. pop. *plattum,* *m. s.* §§ 366, 401 et 291. Le mot se retrouve dans toutes les langues romanes, ce qui assure son existence en lat. pop., bien qu'il ne soit pas attesté directement. Le rapport avec le grec πλατύς, large, est douteux ; mais en tout cas *plattus* paraît avoir agi sur platea pour le changer en *plattea.* (*V.* **place.**) || XIᵉ s. Gambes ad plates, *Roland,* 1652.]

1. *Adj.* Qui présente une surface sans saillies, sans courbure. **Pays, terrain —. Bateau à fond —. Ayant mis ce jour-là, pour être plus agile, Cotillon simple et souliers plats,** LA F. *Fab.* VII, 10. **Se coucher à — ventre.** | *P. ext.* **Visage —,** écrasé. **Une femme qui a la poitrine plate. Pied —,** non cambré. || **Course plate,** sur un terrain plat (par opposition à course d'obstacles). || **Vaisselle plate,** anciennement, vaisselle en métal d'or, d'argent, non montée, d'une seule pièce (plats, assiettes), par opposition aux pièces d'argenterie montées ; de nos jours, vaisselle d'argent en général. **Le potier et l'orfévre travaillent en besogne plate et en besogne ronde,** FURET. besogne. || *P. ext.* **Calme —,** où la mer n'a aucune vague. || *Fig.* **Rimes plates,** qui se suivent uniment, deux par deux. **Vin —,** d'un goût fade. **Vin... qui... N'avait rien qu'un goût —,** BOIL. *Sat.* 3. **Un style... terre à terre. L'ouvrage le plus —,** BOIL. *Art p.* 1. **Physionomie plate,** commune, sans expression. **Je vis des figures aussi plates que mal vêtues, LES. *Gil Blas*, x, 5. Un — personnage, d'un caractère bas. || *Loc. adv.* A —, tout —. Tomber à —. Tu l'étendras tout —, LA F. *Fab.* VIII, 17. || *Fig.* | 1. Tout uniment. Je vis libre... Et te dis tout net et tout — : Je ne veux point changer d'état, LA F. *Fab.* XII, 1. | 2. Aussi bas que possible. La pièce est tombée à —.

II. *S. m.* || **1°** La partie, le côté d'une chose qui est sans saillie, sans courbure. Frapper du — de la main, du — de l'épée. || *Fig.* Ce qui est sans élévation. La cour... Distingua le naïf du — et du bouffon, BOIL. *Art p.* 1.

|| **2°** Objet plat. Plats de verre, feuilles de verre telles qu'elles sortent de la verrerie. Plats d'une balance, les plateaux. || *Spécialt.* Vaisselle à fond plat destinée à contenir les mets qu'on sert sur la table. Un — d'argent, de faïence, de porcelaine. Un — long, rond. Un — creux. Des œufs sur le —. | *Fig.* Mettre les petits plats dans les grands, faire de la cérémonie, de l'apparat. Mettre les pieds dans le —, ne garder aucun ménagement. || *P. ext.* Mets qu'on sert dans le plat. Un — de viande, de poisson. || *Fig.* C'est un fort méchant — que sa sotte personne, MOL. *Mis.* II, 4. D'animaux malfaisants c'était un très bon —, LA F. *Fab.* IX, 17. Servir à qqn un — de son métier, de son pays, lui jouer un tour de sa façon. Et je lui vais servir un — de mon métier, RAC. *Plaid.* III, 3. Vous lui donneriez d'un — de votre pays, GHERARDI, *Th. ital.* I, 368.

***PLATANAIE** [plà-tà-nè] *s. f.*
[ÉTYM. Dérivé de platane, § 121. (*Cf.* lat. platanetum, *m. s.*) || 1812. MOZIN, *Dict. franç.-allem.*]
|| Lieu planté de platanes.

PLATANE [plà-tàn'] *s. m.*
[ÉTYM. Emprunté du lat. platanus, *m. s.* (*Cf.* le doublet plane 1, de formation pop.) Rendu par platan, platain, plantain, plantoine, platanier en anc. franç. || 1535. Comme on faict a un platane, ils se retiroient sous luy, G. DE SELVES, *Vies de Plutarq.* dans DELB. *Rec.* Admis ACAD. 1740.]
|| Arbre à larges feuilles palmées, type de la famille des Platanées.

***PLATANÉES** [plà-tà-né] *s. f. pl.*
[ÉTYM. Dérivé de platane, § 223. || *Néolog.*]
|| (Botan.) Famille de plantes dont le platane est le type.

PLAT-BORD [plà-bòr] *s. m.*
[ÉTYM. Composé de plat adj. et bord, § 173. || 1606. Bord plat qu'on dit plat bord, NICOT.]
|| (Marine.) Large bordage qui termine le pourtour d'un navire.

PLATEAU [plà-tó] *s. m.*
[ÉTYM. Dérivé de plat, § 126. || XII° s. Le vent II fist a un platel d'argent, *Prise d'Orange*, 664.]
I. Pièce plate.
|| **1°** Plat de métal, de laque, de porcelaine, de cristal, sur lequel on sert le thé, le café, les rafraichissements. | Plat de tôle sur lequel on met la pâtisserie cuire au four. | — électrique, disque de verre qu'on électrise.
|| **2°** Bassin d'une balance.
|| **3°** Pièce de bois plate à long manche qui sert à fouler la terre.
|| **4°** *P. ext.* (Botan.) Disque mince qui forme le fond des bulbes.
II. Surface plate. | 1. (Géogr.) Étendue de terre plane élevée au-dessus d'une plaine. Le — de Langres. | 2. (Marine.) Haut-fond plat et uni.

PLATE-BANDE [plàt'-bànd'; *en vers*, plà-te-...] *s. f.*
[ÉTYM. Composé de plate et bande 1, § 173. || 1547. L'épistyle avec sa platte-bande, J. MARTIN, *Vitruve*, f° 56, v°.]
I. (Jardin.) Bande de terre qu'on garnit de fleurs, d'arbustes, dans le parterre d'un jardin.
II. (Architect.) Moulure plate et unie.

1. PLATÉE [plà-té] *s. f.*
[ÉTYM. Dérivé de plat adj. § 119. || 1710. Leur fondation forme une platée, DAVILER, *Cours d'architect.* I, 234. Admis ACAD. 1762.]
|| (Architect.) Massif de fondation d'un édifice.

2. PLATÉE [plà-té] *s. f.*
[ÉTYM. Dérivé de plat subst. § 119. L'anc. franç. dit platelée, encore dans OUD. 1642. || Admis ACAD. 1798.]
|| Contenu d'un plat. Une — de pommes de terre.

PLATE-FORME [plàt'-fòrm'; *en vers*, plà-te-...] *s. f.*
[ÉTYM. Composé de plate et forme, § 173. ACAD. ne donne que le sens **II**, qui vient de l'angl. platform, plan, emprunté de l'anc. franç. et employé aux États-Unis dans ce sens spécial. || XV° s. Plate forme des villes et villages enclavés en la conté d'Auxerre, dans GODEF.]
I. Disposition en surface plane. Un toit en —. || *P. ext.* Ce qui est ainsi disposé. La — d'une maison, d'une batterie d'artillerie. La — d'une locomotive, où se tient le mécanicien. La — d'un omnibus, d'un tramway, où qqs voyageurs se tiennent debout.
II. *Fig. Néolog.* Plan, exposé de principes d'un parti politique, en vue des élections.

PLATE-LONGE [plàt'-lònj'; *en vers*, plà-te-...] *s. f.*
[ÉTYM. Composé de plate et longe, § 173. || 1690. Platte-longe, FURET.]
|| (Technol.) Longe plate et longue servant à maintenir les chevaux quand on les ferre, quand on leur fait une opération. || Longe plate et large adaptée au harnais de la croupe, pour empêcher les chevaux de carrosse de ruer. || Longue courroie avec laquelle un écuyer à pied fait exercer un cheval à tourner en rond.

PLATÉMENT [plàt'-man; *en vers*, plà-te-...] *adv.*
[ÉTYM. Composé de plate et ment, § 724. || 1557. Refuser plattement, J. DE CARTHENY, *Voy. du cheval. err.* f° 148. Admis ACAD. 1798.]
|| D'une manière plate.

***PLATERIE** [plàt'-ri; *en vers*, plà-te-ri] *s. f.*
[ÉTYM. Dérivé de plat adj. § 69. || 1802. Ce qui s'appelle platerie, FOURMY, *Mém. sur les ouvrages de terre cuite*, p. 82.]
|| (Technol.) Les pièces plates de la céramique. La — et les creux.

***PLATEUR** [plà-teùr] *s. f.*
[ÉTYM. Dérivé de plat adj. § 110. ACAD. écrit plateure. || 1421-1423. Et y a ung canal et cours d'eau en celle plateur, GHILLEB. DE LANNOY, *Œuvres*, p. 133. Admis ACAD. 1762.]
|| (Technol.) Lieu horizontal où vient aboutir l'inclinaison d'un filon de mine.

PLATEURE. *V.* plateur.

1. PLATINE [plà-tin'] *s. f.*
[ÉTYM. Dérivé de plat adj. § 100. || XII°-XIII° s. Une grant platine pendue De coivre, *Cheval. as deus espees*, 3723.]
|| Pièce plate dans divers instruments. || *Spécialt.* | 1. Plaque de fer fixée au devant d'une serrure, et percée pour le passage de la clef. | 2. Plaque qui couvre la lumière d'une bouche à feu dans un arsenal. | 3. Plaque d'un moule à fondre les caractères d'imprimerie. | 4. Lame d'acier qui garnit l'intérieur du manche d'un couteau à ressort. | 5. Pièce des armes à feu portatives à laquelle est fixé le mécanisme destiné à enflammer l'amorce. | 6. Plaque qui soutient les pièces du mouvement d'une montre, d'une pendule. | 7. Partie plate de l'aviron. || *Fig. Famil.* Langue. Cet avocat a une bonne —.

2. PLATINE [plà-tin'] *s. m.*
[ÉTYM. Emprunté de l'espagn. platina, *m. s.*, diminutif de plata, argent, § 13. Le mot a été d'abord féminin, conformément à l'espagnol : M. Ulloa est le premier qui ait parlé de la platine, RAYNAL, *Hist. philos.* VII, 30. Sur le changement de genre, consacré par ACAD. 1835, V. § 553. || 1752. On appelle platine une pierre si dure qu'on ne peut la briser, MAUVILLON, *Voyage de Ulloa*, I, 375. Admis ACAD. 1762.]
|| Métal précieux, dit autrefois or blanc, d'un blanc gris, plus lourd que l'or, inaltérable à l'air. Mousse de —, platine à l'état spongieux, qui a la propriété d'absorber et de condenser les gaz. Noir de —, platine pulvérulent, de couleur noire, qui a la même propriété.

PLATITUDE [plà-ti-tud'] *s. f.*
[ÉTYM. Dérivé de plat adj. § 236. || Admis ACAD. 1694.]
|| **1°** Caractère de ce qui est plat. (S'emploie surtout au fig.) La — d'un vin. La — du style. La — du caractère.
|| **2°** Acte, parole qui marque un esprit, un caractère plat. Dire, faire des platitudes. Un tissu de fautes et de platitudes, DESTOUCHES, *Envieux*, sc. 15.

PLATONIQUE [plà-tò-nĭk'] *adj.*
[ÉTYM. Emprunté du lat. platonicus, grec πλατωνικός, de Plato, Πλάτων, célèbre philosophe grec, § 36. || 1527. Les ethniques, stoïques, platoniques, J. PARMENTIER, *Moral. de l'Assomption*, dans DELB. *Rec.* Admis ACAD. 1762.]
|| (T. didact.) *Proprt.* Qui appartient à la doctrine de Platon. || *Spécialt.* | 1. Année —, où s'achève la révolution au terme de laquelle tous les corps célestes doivent se retrouver dans le même ordre et à la même place qu'au début. | 2. Amour —, purement idéal.

PLATONISME [plà-tò-nism'] *s. m.*
[ÉTYM. Dérivé de Platon, § 265. || Admis ACAD. 1762.]
|| (T. didact.) Philosophie de Platon. **Pour les abstractions, l'aime le —**, MOL. *F. sav.* III, 2. || *Spéciall.* Caractère idéal (de l'amour).

PLÂTRAGE [plà-tràj'] *s. m.*
[ÉTYM. Dérivé de plâtrer, § 78. || Admis ACAD. 1718.]
|| (Technol.) Action de plâtrer.

PLÂTRAS [plà-trà] *s. m.*
[ÉTYM. Dérivé de plâtre, § 81. || 1371. **Lequel mur est de platras et de terre**, dans DELB. *Rec.*]
|| Débris d'ouvrage de plâtre. **Les grands palais tomber à bas Et n'être plus que des —**, SCARR. *Virg. trav.* 2.

PLÂTRE [plàtr'] *s. m.*
[ÉTYM. Du lat. pop. *plastrum, tiré de emplastrum, par comparaison entre le plâtre gâché et un emplâtre, devenu plastre, § 291, plâtre, § 422.]
|| Sulfate de chaux hydraté qu'on trouve par couches dans le sein de la terre. **Carrière de —, plâtrière. Pierre de —. Four à —.** || *Spéciall.* Cette matière calcinée et réduite en poudre, qu'on emploie à la construction, en la mouillant pour en faire une pâte qui reprend en séchant sa dureté première. **Battre le — (pour le réduire en poudre)**, et, *fig. famil.* **Battre qqn comme —, très fort. Gâcher le —. Les plâtres, les travaux en plâtre d'une construction. Essuyer les plâtres, habiter le premier une maison nouvellement construite, dont les plâtres sont encore humides.** || **Un vase moulé en —. Jeter une statue en —.** | *P. ext.* **Des plâtres, des statues, bas-reliefs, ornements en plâtre.** || *P. ext.* | **1.** Plâtre dont Pierrot se couvre le visage dans les pantomimes. **Ses bons mots ont besoin de farine et de —**, BOIL. *Ép.* 9. | **2.** Blanc dont se fardent les femmes. **Mettant la céruse et le — en usage,** BOIL. *Ép.* 9.

PLÂTRER [plà-tré] *v. tr.*
[ÉTYM. Dérivé de plâtre, § 154. On trouve plastrir au XIIᵉ s. || 1539. Plastrer, R. EST.]
|| **1°** Enduire d'une couche de plâtre. **— un mur, une cloison.** || *Fig.* | **1.** Farder. **Elle se plâtre, elle se farde,** BOSS. *Haine pour la vérité,* 2. | **2.** Revêtir d'une apparence trompeuse. **Le dehors plâtré d'un zèle spécieux,** MOL. *Tart.* I, 5. **Jusqu'ici vous avez... plâtré vos malversations,** ID. *G. Dand.* III, 6. **Une paix plâtrée,** SÉV. 1227.
|| **2°** Parsemer de plâtre. **— un terrain pour l'amender.**
|| **3°** Clarifier à l'aide du plâtre. **— du vin.**

PLÂTREUX, EUSE [plà-treú, -treúz'] *adj.*
[ÉTYM. Dérivé de plâtre, § 116. || 1616. **Des bains gypsés ou plastreux,** J. DUVAL, *Le Grand Dispensaire,* dans DELB. *Rec.* Admis ACAD. 1718.]
|| Qui contient du plâtre. **Terrain —. Eau plâtreuse.**

PLÂTRIER [plà-tri-yé] *s. m.*
[ÉTYM. Dérivé de plâtre, § 115. || XIIIᵉ s. **Li mortelier et li platrier,** E. BOILEAU, *Livre des mest.* I, XLVIII, 5.]
|| Marchand de plâtre. || Ouvrier qui prépare le plâtre. || Ouvrier qui emploie le plâtre, maçon.

PLÂTRIÈRE [plà-tri-yèr] *s. f.*
[ÉTYM. Dérivé de plâtre, § 115. || 1564. Plastriere, J. THIERRY, *Dict. franç.-lat.*]
|| **1°** Carrière de plâtre.
|| **2°** Endroit où l'on calcine le plâtre.

PLAUSIBILITÉ [plô-zi-bi-li-té] *s. f.*
[ÉTYM. Dérivé de plausible, § 255. || 1725. *Journ. de Trév.* dans ABBÉ DESFONTAINES, *Dict. néolog.* Admis ACAD. 1798.]
|| (T. didact.) Caractère de ce qui est plausible.

PLAUSIBLE [plô-zibl'] *adj.*
[ÉTYM. Emprunté du lat. plausibilis, m. s. de plaudere, applaudir, || 1552. **Qui plaist, plausible,** CH. EST. dans DELB. *Rec.*]
|| (T. didact.) Qui semble devoir être approuvé. **La première cache des faibles sous de plausibles dehors,** LA BR. 3. **Une explication —. De cette illusion l'apparence —,** CORN. *Perth.* I, 4.

PLAUSIBLEMENT [plô-zi-ble-man] *adv.*
[ÉTYM. Composé de plausible et ment, § 724. || XVIᵉ-XVIIᵉ s. CHARRON, *Sagesse,* I, 8. Admis ACAD. 1762.]
|| (T. didact.) D'une manière plausible.

PLÈBE [plèb'] *s. f.*
[ÉTYM. Emprunté du lat. plebs, plebis, m. s. || XIVᵉ s. Plebe emportoit seulement les baz et les petis et le commun, BERSUIRE, fᵒ 3, dans LITTRÉ. Admis ACAD. 1878.]
|| Le bas peuple.

PLÉBÉIEN, IENNE [plé-bé-yin, -yèn'] *s. m.* et *f.*
[ÉTYM. Dérivé du lat. plebeius, m. s. § 244. || XIVᵉ s. **Tribuns plébeiens,** BERSUIRE, fᵒ 3, dans LITTRÉ.]
|| Celui, celle qui appartient à la plèbe. *Adjectivt.* **Une famille plébéienne. Des goûts plébéiens.**

PLÉBISCITE [plé-bĭs-sĭt'] *s. m.*
[ÉTYM. Emprunté du lat. plebiscitum, m. s. || XIVᵉ s. **Plebiscite estoit appelé aucun establissement...,** BERSUIRE, fᵒ 3, dans LITTRÉ. Admis ACAD. 1762.]
|| **1°** (Antiq. rom.) Résolution votée dans l'assemblée du peuple.
|| **2°** Vote par lequel le corps électoral d'un pays se prononce sur une question qu'on lui soumet.

PLECTRE [plèktr'] *s. m.*
[ÉTYM. Emprunté du lat. plectrum, grec πληκτρόν, m. s. || XIVᵉ s. **Le plectre de ton psalterion,** *Lég. dorée,* dans GODEF.]
|| (Antiq.) Petite verge d'ivoire servant à faire vibrer les cordes de la lyre.

PLÉIADE [plé-yàd'] *s. f.*
[ÉTYM. Emprunté du grec πλειάς, άδος, m. s. proprt, « fille de Pléione ». || 1372. **Pliades en France est appelé l'estoile poucintere,** J. CORBICHON, *Propr. des choses,* VIII, 38, mss franç. Bibl. nat. 216, fᵒ 148.]
|| Chacune des six étoiles (les anciens en comptaient sept) qui forment un groupe dans la constellation du Taureau. **Le lever, le coucher des Pléiades.** *Collectivt, dans le même sens.* **La — céleste.** || *Fig.* **La — poétique,** groupe de sept poètes (à Alexandrie, en France au XVIᵉ s.). *Rare.* **La — philosophique,** les sept sages de la Grèce.

PLEIGE [plèj'] *s. m.*
[ÉTYM. Origine inconnue; semble de même famille que l'anc. franç. plevir, garantir, engager, promettre. || XIᵉ s. **Bons pleges en demant,** *Roland,* 3846.]
|| *Vieilli.* Caution. **Ma tête sur ce point vous servira de —,** CORN. *Mélite,* II, 5.

PLEIGER [plè-jé] *v. tr.*
[ÉTYM. Dérivé de pleige, § 154. || XIIᵉ-XIIIᵉ s. **Et nostre enfant nous unt plegié,** *St Graal,* 1866, Michel.]
|| *Vieilli.* Cautionner, garantir. **Je te pleige encor son retour dans deux jours,** CORN. *Place Royale,* II, 4.

PLEIN, EINE [plin, plèn'] *adj., s. m.* et *adv.*
[ÉTYM. Du lat. plenum, m. s. §§ 310 et 291.]
I. *Adj.* || **1°** Qui contient toute la quantité qu'il peut contenir. **Une carafe pleine d'eau. Un verre — de vin. Une bourse pleine. Verser à — verre. La rivière coule à pleins bords.** *P. anal.* **A pleines voiles, les voiles entièrement gonflées par le vent. La mer est pleine, arrivée à sa plus grande hauteur. — comme un œuf. La salle est pleine. Table en acajou —, massif.** || *Fig.* | **1.** Complet. **Un jour —. La pleine lune. Un domaine en — rapport. Un — succès. Donner — pouvoir à qqn. L'ennemi est en pleine déroute. De — droit. En pleine liberté. Avez-vous cependant une pleine assurance?** CORN. *Poly.* I, 1. **Le travail est en pleine activité. Une pleine conviction. Institution de — exercice, autorisée à donner un enseignement complet.** | **2.** Qui est dans toute son intensité. **Être en pleine moisson. Chanter à pleine voix, à pleins poumons. Avoir le pouls —.** *P. ext.* **Avoir le visage —, les joues pleines. Être en — soleil, en — air. Des arbres en — vent. Des arbustes en pleine terre. Nager en pleine eau. Naviguer en pleine mer. Faire qqch en — jour. En — conseil.** | *P. ext.* **Qui présente sa partie essentielle. Le boulet a frappé le navire en — bois. Frapper qqn en — visage. L'épée l'a atteint en pleine poitrine.** *P. anal.* **Sculpter en — bois. Peindre en pleine pâte. Tailler en — drap.** || *Loc. adv.* **En —, et,** *vieilli,* **A —, à pur et à —,** complètement. **Le soleil donne en — sur la maison. Il a donné en — dans le panneau. Qui voudra connaître à — la vanité de l'homme,** PASC. *Pens.* VI, 43 *bis.* **Au travers de son masque on voit à — le traitre,** MOL. *Mis.* I, 1. | (Droit.) **Être absous à pur et à —. Un compte soldé à pur et à —.**
|| **2°** Qui contient une grande quantité. **Le port est — de navires. La forêt est pleine de gibier. Un jardin — de fleurs. De chantres buvants les cabarets sont pleins,** BOIL. *Lutr.* 2. *P. anal.* **Elle est dans un palais tout — de ses aïeux,** RAC. *Brit.* I, 2. **Avoir les mains pleines. Donner à pleines mains. Avoir la bouche pleine. Vous puez le vin à pleine bouche,** MOL. *G. Dand.* III, 7. **Avoir le ventre, l'estomac —, être bien repu. L'un meurt vide de sang, l'autre — de séné,** BOIL. *Art p.* 4. | *Spéciall.* **Une femelle pleine,** qui porte des petits. || *Fig.* **Avoir la tête pleine de préoccupations. Être — d'inquié-**

tude. Il est — de défauts. Les grands seigneurs sont pleins d'é-
gards pour les princes, LA BR. 8. Être — de vie. Qu'ils meurent
pleins de jours, GILBERT, *Odes*, 9. Ses écrits pleins de feu,
BOIL. *Art* p. 2. | *Absolt.* Avoir le cœur —, prêt à déborder.
‖ **3°** (Physique.) Rempli tout entier de matière solide,
liquide ou gazeuse. Pour concevoir Comment, tout étant —,
tout a pu se mouvoir, BOIL. *Ép.* 5.
‖ **4°** Par confusion avec plain. Tir de — fouet. Armes pleines. (*V.* plain et fouet.) Terre-plein. (*V. ce mot.*)
‖ **5°** Par confusion avec prin. Sauter un fossé de — saut.
(*V.* prin et saut.)
II. *S. m.* ‖ **1°** État de ce qui est plein. La mer bat son
—. La lune est dans son —. | (T. de jeu de trictrac.) Faire son
—, couvrir les six flèches.
‖ **2°** Partie pleine. Les pleins et les vides d'une construc-
tion. | *P. ext.* Mettre dans le —, en plein but.
‖ **3°** (Physique.) Ce qui est plein. Le —, l'espace considéré comme entièrement rempli de matière. Décider sur
le vide et le —, VOLT. *Poës. mélées*, 60.
III. *Adv. Famil.* Tout —, et, *absolt*, —, beaucoup. Tout
— de gens, MALH. *Tite Live*, XXXIII, 47. De l'argent tout —,
FAVART, *Ann. et Lubin*, sc. 3.

PLEINEMENT [plèn'-man ; *en vers*, plè-ne-...] *adv.*
[ÉTYM. Composé de pleine et ment, § 724. ‖ XIV° s. Onc-
ques... les juridictions ne furent plainement gardées, FROISS.
Chron. IX, 173, Kervyn.]
‖ D'une manière pleine.

PLÉNIER, IÈRE [plé-nyé, -nyèr] *adj.*
[ÉTYM. Dérivé de plein, § 115. MONTESQ. *Lett. pers.* 55,
emploie plénier dans le sens de « facile » : c'est une im-
propriété due à l'influence du gascon planey, de même
famille que plain. ‖ XI° s. A colps pleniers les en vunt ociant,
Roland, 2463.]
‖ Complet. Liberté plénière, GRESSET, *Vert-Vert*, 4. Spécialt. Cour plénière, où tous les grands étaient réunis. Indulgence plénière, par laquelle tous les péchés sont absous.

PLÉNIPOTENTIAIRE [plé-ni-pò-tan-syèr ; *en vers*,
-si-èr] *s. m.*
[ÉTYM. Composé avec le lat. plenus, plein, potentia, puissance, et le suffixe aire, §§ 271 et 248. ‖ XVII° s. Les plé-
nipotentiaires des rois, BALZAC, *Disc. à la rég.*]
‖ Celui qui est chargé des pleins pouvoirs d'un souverain auprès d'une cour étrangère. *Adjectivt.* Ministre —.

PLÉNITUDE [plé-ni-tud'] *s. f.*
[ÉTYM. Emprunté du lat. plenitudo, *m. s.* ‖ XIII°-XIV° s.
En la plenitude del tans, *Vie des saints*, Bibl. nat. mss franç.
20330, f° 1, v°.]
‖ État de ce qui est plein. — d'estomac. | (T. biblique.)
La — des jours, existence prolongée. Cette — de jours qui
consomme la prudence de l'homme juste, FLÉCH. *Le Tellier*.
La — des temps, l'accomplissement du temps marqué pour
la venue du Messie. ‖ *Fig.* Il y a une — de passion, PASC.
Amour. Dans le temps que la vérité devait être montrée aux
hommes avec cette —, BOSS. *Hist. univ.* II, 19.

PLÉONASME [plé-ò-nàsm'] *s. m.*
[ÉTYM. Emprunté du lat. pleonasmus, grec πλεονασμός,
m. s. COTGR. donne le dérivé pléonasmique (RAB. III, 38),
mais non pléonasme. ‖ 1613. Les especes de quantité estant
telles quelles sont divisees en endele et pleonasme, CL. DURET,
Thresor de l'histoire des langues, p. 678.]
‖ (Gramm.) Emploi de mots superflus pour le sens
(monter en haut). ‖ (Rhétor.) Surabondance de termes
pour insister sur la pensée (Je l'ai vu, dis-je, vu, MOL.
Tart. v, 3.]

***PLÉONASTIQUE** [plé-ò-nàs'-tìk'] *adj.*
[ÉTYM. Emprunté du grec πλεοναστικός, *m. s.* ‖ *Néo-
log.*]
‖ (Gramm.) Relatif au pléonasme.

PLÉSIOSAURE [plé-zyò-sòr ; *en vers*, -zi-ò-...] *s. m.*
[ÉTYM. Composé avec le grec πλησίος, voisin, et σαῦρος, lézard, § 279. ‖ *Néolog.* Admis ACAD. 1878.]
‖ (Hist. nat.) Reptile saurien qu'on ne trouve qu'à l'é-
tat fossile.

PLÉTHORE [plé-tòr] *s. f.*
[ÉTYM. Composé avec le grec πληθώρη, plénitude. ‖
XVI° s. Plethore ou plenitude, PARÉ, *Introd.* 17.]
‖ (Médec.) Plénitude des vaisseaux, par surabondance
du sang, des humeurs.

PLÉTHORIQUE [plé-tò-rìk'] *adj.*
[ÉTYM. Emprunté du grec πληθωρικός, *m. s.* ‖ XIII°-

XIV° s. Se le cors est molt plectorique, *Chirurg. de Mondeville*, f° 85. Admis ACAD. 1835.]

PLEUR [pleùr] *s. m.*
[ÉTYM. Subst. verbal de pleurer, § 52. ‖ XII° s. Et plaint
et plor et felonie, *Énéas*, 2408.]
‖ **1°** *Vieilli.* Lamentation. Là commencera ce — éternel,
BOSS. *A. de Gonz.* Princes et rois... Jetaient maint —, poussaient maint et maint cri, LA F. *Contes, Belphégor.*
‖ **2°** Larme (surtout de tristesse). Vois ce visage en pleurs,
RAC. *Mithr.* II, 1. Sèche tes pleurs, Sabine, CORN. *Hor.* IV, 7.
Sur la tombe où lentement j'arrive Nul ne viendra verser des
pleurs, GILBERT, *Odes*, 9. Pour me tirer des pleurs, il faut que
vous pleuriez, BOIL. *Art* p. 3. J'ai vu couler des pleurs qu'il
voulait retenir, RAC. *Bér.* IV, 2. ‖ *P. anal.* Pleurs de vigne,
gouttes de sève qui s'échappent des jeunes bourgeons.
Pleurs de terre, eaux de pluie qui filtrent entre les terres.
Ce puits est alimenté par un —.

PLEURANT, ANTE [pleu-ran, -rànt'] *adj.*
[ÉTYM. Adj. particip. de pleurer, § 47. (*Cf.* l'anc. adverbe plorantment, usité dès le XII° s.) ‖ 1606. NICOT. Admis ACAD. 1798.]
‖ Qui pleure. Pleurante après son char vous voulez qu'on
me voie, RAC. *Andr.* IV, 5.

PLEURARD, *PLEURARDE [pleu-ràr, -ràrd'] *s. m.*
et *f.*
[ÉTYM. Dérivé de pleurer, § 147. ‖ XVI° s. Grant veau
plourart, RAB. IV, 21. Admis ACAD. 1835.]
‖ *Famil.* Celui, celle qui se lamente sans cesse. *Adjectivt.* Un ton —.

PLEURE. *V.* plèvre.

PLEURER [pleu-ré] *v. intr.*
[ÉTYM. Du lat. plōrāre, *m. s.* devenu plorer, §§ 295 et
291, puis pleurer, par réaction des formes à radical accentué (il pleure, de plōrat, § 325) sur les autres, § 620.]
I. Témoigner de l'affliction. J'ai pleuré quand la gloire
entrait dans leur maison, CORN. *Hor.* I, 1. Pleure, Jérusalem,
RAC. *Ath.* III, 7. Sans — du fond de mon cœur, SÉV. 230. —
sur qqn, sur sa mort, sur son infortune. Ne pleurez point
sur moi, mais sur vous, BOURD. *Myst. 1er Passion*, préamb.
Vieilli. — de qqn. Il pleurera de ses enfants qui seront morts,
MALH. *Ép. de Sénèq.* LXXIV, 1. | — de qqch, s'en affliger.
Alexandre pleura de n'avoir point d'Homère, DELILLE, *Imagin.*
5. ‖ *Transitivt.* — qqn, qqch, s'affliger de la perte d'une
personne, d'une chose. Elle va donc bientôt — Britannicus,
RAC. *Brit.* IV, 3. Il a été pleuré de tous. Et pleurés du vieillard,
LA F. *Fab.* XI, 8. Ne les pleurez pas tous, CORN. *Hor.* III, 6.
Il faut — les hommes à leur naissance, et non à leur mort,
MONTESQ. *Lett. pers.* 40. | — la mort de qqn. — un péché.
Elle pleure en secret le mépris de ses charmes, RAC. *Andr.* I, 1.
II. Répandre des larmes. Tel qui rit vendredi, dimanche
pleurera, RAC. *Plaid.* I, 1. Pleurez, mes yeux, CORN. *Cid*, III,
3. — à chaudes larmes. *Dans le même sens.* — des larmes
de sang. Son œil tout pénitent ne pleure qu'eau bénite, RÉ-
GNIER, *Sat.* 13. Il pleure d'un œil et il rit de l'autre, LA BR.
8. Jean qui pleure et Jean qui rit, homme mobile qui passe
en un moment de la tristesse à la joie. On pleure pour être
plaint, on pleure pour avoir la réputation d'être tendre, LA
ROCHEF. *Max.* 233. Annibal... pleura de douleur en cédant
aux Romains cette terre, MONTESQ. *Rom.* 5. | Je reconnais
Néarque, et j'en pleure de joie, CORN. *Poly.* II, 6. ‖ *A l'infin.*
pris *substantivt.* Il les fait jouir du —, LA F. *Psyché*, 1. ‖
P. anal. Il lui fut inutile (au cerf) De — aux veneurs, LA F.
Fab. V, 15. ‖ *P. ext.* L'oignon fait —.

PLEURÉSIE [pleu-ré-zi] *s. f.*
[ÉTYM. Emprunté du bas lat. pleuresis, altération du
grec πλευρῖτις, *m. s.* de πλευρά, plèvre. ‖ XIII° s. Pleurisie,
Antid. Nicolas, 77, Dorveaux.]
‖ (Médec.) Inflammation de la plèvre.

PLEURÉTIQUE [pleu-ré-tìk'] *adj.*
[ÉTYM. Emprunté du bas lat. pleureticus, grec πλευρι-
τικός, *m. s.* ‖ XIII° s. Muet, gutus et pleuretic, *Vie d'Édouard
le Conf.* 4427. Admis ACAD. 1878.]
‖ (Médec.) Relatif à la pleurésie. Point —, point douloureux déterminé par la pleurésie.

PLEUREUR, EUSE [pleu-reùr, -reùz']*s. m.* et *f.* et *adj.*
[ÉTYM. Dérivé de pleurer, § 112. L'r finale étant muette
dans la prononciation familière du XVII° s., BOIL. a employé pleureux pour pleureur : Qu'on me chasse ce grand pleureux, *Héros de roman.* ‖ XIII° s. Appelez les ploreresses, *Bible*, dans GODEF.]

I. || **1°** *S. m.* et *f.* Celui, celle qui pleure. **En faisant la pleureuse**, SCARR. *Virg. trav.* 4. | *Spécialt.* Personne payée pour assister aux funérailles. || *P. ext.* **Des pleureuses, bandes de toile blanche portées jadis sur les manches de l'habit en signe de deuil.**

|| **2°** Celui, celle qui a l'habitude de pleurer. **Pour moi, qui suis une pleureuse**, SÉV. 1294.

II. *Adj.* Qui pleure et, *p. ext.* qui fait pleurer. **Le comique — (la comédie larmoyante) aujourd'hui veut séduire**, VOLT. *Deux Siècles.* **Ces drames pleureurs**, GILBERT, *Dixhuitième Siècle.* || *Fig.* **Roche pleureuse, qui laisse filtrer l'eau.** | *P. ext.* **Saule, frène —, à branches pendant vers la terre.**

PLEUREUX, EUSE [plèu-reù, -reúz'] *adj.*
[ÉTYM. Dérivé de pleur, §.116. || XIᵉ s. **Pensif e ploros,** *St Alexis*, 327, var.]
|| Prêt à pleurer.

PLEURNICHER [plèur-ni-ché] *v. intr.*
[ÉTYM. Dérivé de pleurer, § 169. || 1774. Se déduit de l'existence de pleurnicheur à cette époque. Admis ACAD. 1798.]
|| Affecter de pleurer.

PLEURNICHEUR, EUSE [plèur-ni-cheùr, -cheúz'] *s. m.* et *f.*
[ÉTYM. Dérivé de pleurnicher, § 112. || 1774. *V.* à l'article. Admis ACAD. 1835.]
|| Celui, celle qui pleurniche. *Adjectivt.* **Le plus insigne — vieillard que vous ayez jamais connu,** DIDER. *Lett. à Mˡˡᵉ Volland* (1774), dans *Œuvres*, XIX, 352, Assézat. **Un ton —. Une mine pleurnicheuse.**

PLEURONECTES [plèu-rò-nĕkt'] *s. m. pl.*
[ÉTYM. Composé avec le grec πλευρόν, côté, et νηκτός, nageant, § 279. || 1798. LACÉPÈDE, *Hist. nat. des poissons*, IV, 643. Admis ACAD. 1835.]
|| (Hist. nat.) Genre de poissons plats qui nagent sur le côté.

PLEUROPNEUMONIE [plèu-rŏp'-neu-mò-ni] *s. f.*
[ÉTYM. Composé avec le grec πλευρά, côté, et πνευμονία, pneumonie, § 279. || XVIᵉ s. PARÉ, XVIII, 68. Admis ACAD. 1762.]
|| (Médec.) Inflammation de la plèvre qui enveloppe le poumon et du poumon lui-même.

PLEUTRE [pleùtr'] *s. m.*
[ÉTYM. Origine inconnue. || Admis ACAD. 1798.]
|| Individu méprisable.

PLEUVOIR [plèu-vwâr] *v. impers.* et *intr.*
[ÉTYM. Du lat. pop. *plŏvĕre (class. plŭere, § 629), *m. s.* devenu ploveir, plovoir, §§ 309 et 291, puis pluvoir, pleuvoir, par réaction des formes à radical accentué sur les autres, § 620.]
I. *V. impers.* En parlant de la vapeur d'eau des nuages, se condenser, tomber par gouttes. **Il commence à —. Il a plu. Il pleut à verse, à torrents. Il pleuvra demain. Je ne crois pas qu'il pleuve. Hélas! dirai-je, il pleut,** LA F. *Fab.* IX, 2. || *P. anal.* **Que le courroux du Ciel... Fasse — sur elle un déluge de feux!** CORN. *Hor.* IV, 5. || *Fig.* Tomber d'en haut. **Des couvreurs... font — l'ardoise et la tuile à foison,** BOIL. *Sat.* 6. | Arriver en abondance. **Les balles pleuvaient autour de nous. Veux-tu qu'à tous moments il pleuve des pistolets?** CORN. *Suite du Ment.* II, 5. **Je pense qu'il en pleut (des fâcheux) ici de tous côtés,** MOL. *Fâch.* II, 1. **Les biens et les honneurs pleuvaient sur sa personne,** LA F. *Contes, Petit Chien.*

II. *V. intr.* Faire pleuvoir. **Lui (Dieu) qui... pleut sur les justes et les injustes,** BOSS. *Nécess. de la vie,* 1. **Notre homme Tranche du roi des airs, pleut, vente,** LA F. *Fab.* VI, 4.

PLÈVRE [plèvr'] *s. f.*
[ÉTYM. Emprunté du grec πλευρά, côté, transcrit d'après la prononciation du moyen âge, § 504. ACAD. admet aussi pleure, inusité. (*Cf.* pleurésie, etc.) || XVIᵉ s. **La plevre,** RAB. IV, 30. Admis ACAD. 1740.]
|| (Anat.) Membrane séreuse qui enveloppe les poumons et revêt les parois du thorax.

PLEXUS [plèk'-sûs] *s. m.*
[ÉTYM. Mot lat. signifiant « entrelacement », § 217. || XVIᵉ s. **Le plexus admirable,** PARÉ, II, 17. Admis ACAD. 1762.]
|| (Anat.) Réseau de filets nerveux ou de vaisseaux entrelacés. **— lombaire.**

PLEYON [plè-yon] *s. m.*
[ÉTYM. Forme dialectale pour ployon, § 16, dérivé de ployer, § 104. || XIIᵉ s. **Fait ses ploions tendre et aler,** *Psaut. d'Oxf.* p. 316.]
|| (Agricult.) Brin d'osier servant à lier la vigne, les branches d'arbres, etc.

PLI [pli] *s. m.*
[ÉTYM. Subst. verbal de plier, § 52. Primitivement ploi, d'après la forme ancienne du verbe. || XIIᵉ s. **Puis a de la vantaille fait deslacier le ploi,** J. BODEL, *Saisnes,* tir. 71. | XIIIᵉ s. **Metre en pli,** J. DE MEUNG, *Rose,* 20936.]
|| **1°** Double que présente une matière flexible (étoffe, papier, etc.) dont une partie est rabattue contre l'autre. **Une manchette à petits plis. Faire un — à une jupe.** || *P. anal.* | **1.** Sinuosité que présente une étoffe flottante. **Des draperies pleines et flottantes à longs plis,** FÉN. *Éduc. des filles,* 10. **Arranger les plis d'un rideau.** | **2.** Sinuosité que présente l'étoffe dans un vêtement trop large. **Ce corsage ne fait pas un —,** et, *fig.* **Cela ne fait pas un —, ne souffre pas de difficulté.** *P. anal.* **La peau fait des plis sur le cou. Nul souci sur son front n'avait laissé son —,** LAMART. *Harm.* IV, 10. | **Le — du bras, du jarret.** || *Spécialt.* | **1.** Manière de plier une lettre. **La forme, le — du cachet,** J.-J. ROUSS. *Nouv. Hél.* VI, 7. *P. ext.* L'enveloppe de la lettre. **Je vous envoie sous ce —...** | La lettre elle-même dans son enveloppe. **Un — cacheté.** | **2.** *P. ext.* **Un — de terrain,** sinuosité du sol. | **3.** Charnière qui unit les deux canons d'un mors brisé.
|| **2°** Marque qui reste à une étoffe qui a été pliée. **Remettre une étoffe dans ses plis. Cette étoffe a pris son —,** et. *fig.* **L'étoffe a pris son —,** l'habitude est invétérée. *Dans le même sens.* **On commence à prendre un —,** BOSS. *Panég. St Bernard,* 1. **Faux —,** marque que garde une étoffe qui a été mal pliée. *Fig.* **Donner un bon — à une affaire,** la tourner dans un sens favorable.

PLIABLE [pli-yàbl'] *adj.*
[ÉTYM. Dérivé de plier, § 93. (*Cf.* ployable.) || 1586. **Malleable et pliable,** LE LOYER, *Spectres,* I, 157.]
|| Qui peut être plié.

PLIAGE [pli-yàj'] *s. m.*
[ÉTYM. Dérivé de plier, § 78. || 1611. COTGR. Admis ACAD. 1762.]
|| (Technol.) Action, manière de plier. **Le — des feuilles d'un livre, des journaux.** || *P. ext.* Toute manutention des soies en écheveaux.

PLIANT, ANTE [pli-yan, -yānt'] *adj.*
[ÉTYM. Adj. particip. de plier, § 47. (*Cf.* ployant.) || 1690. FURET.]
|| **1°** Qui plie aisément. **Une branche pliante.** | *Fig.* **Un homme... d'un esprit —,** BOSS. *Var.* III, 3. **L'on désirerait... qu'ils fussent toujours pliants, faciles,** LA BR. 11.
|| **2°** Fait de parties assemblées qui peuvent se rabattre les unes sur les autres. **Une table pliante. Un lit —. Un siège —,** et, *substantivt,* **Un —.**

PLICA [pli-kà]. *V.* plique.

PLICATILE [pli-kà-til] *adj.*
[ÉTYM. Emprunté du lat. plicatilis, *m. s.* || 1799. L.-C.-M. RICHARD, *Dict. de botan. de Bulliard,* p. 118. Admis ACAD. 1835.]
|| (Botan.) Qui se plisse. **Corolle —.**

PLIE [pli] *s. f.*
[ÉTYM. Pour plis, plus anciennement pleis, plais (*cf.* l'angl. plaice), d'origine inconnue. || XIIIᵉ s. **Barbues grasses, plais lees,** *Bat. de Karesme,* 450. Admis ACAD. 1740.]
|| Poisson plat, dit aussi carrelet.

PLIER [pli-yé] *v. tr.* et *intr.*
[ÉTYM. Autre forme de ployer due à l'analogie de prier. (*V.* ployer.)]
I. *V. tr.* || **1°** Mettre en double une ou plusieurs fois (une matière flexible, étoffe, papier, etc.) en rabattant une partie contre l'autre. **— une étoffe. — sa serviette. — un journal. — une lettre.** | *P. ext.* **— ses effets, son bagage,** les serrer, les empaqueter pour partir, et, *fig.* **— bagage,** partir. **Il faut — bagage,** MOL. *Mis.* IV, 4. || *Fig.* **Les autres ont des pensées si fortement pliées vers le mauvais côté...,** FONTEN. *Bonheur.*
|| **2°** Resserrer un objet fait de parties articulées en les rabattant les unes sur les autres. **— un éventail. — une table à volets. — un paravent, un triptyque.**
|| **3°** Courber fortement en deux (ce qui est flexible). **— une baguette, une branche d'arbre.** || *P. anal.* **— le cou d'un cheval. — les reins. — le cou. — les genoux, les jarrets.** *Au part. passé pris substantivt.* (Danse.) **Un plié,** l'action de

plier les genoux.| Je suis plié en deux (par la maladie), VOLT. *Lett. à Richel.* 25 mai 1772.|| *Fig.* Faire céder. Ⅱ (l'homme) plia jusqu'aux métaux à son usage, BOSS. *Hist. univ.* I, 2. Vous — à faire ce choix, LA BR. *Disc. à l'Acad.* Tout se plie à mes principes, MONTESQ. *Espr. des lois*, XXXVIII, 6. Se — aux circonstances. Ces âmes inflexibles qu'on ne peut —, BOURD. *Exhort. Obéissance relig.* 1.

II. *V. intr.* Se courber en deux sous une pression. Une lame d'épée, de fleuret, qui plie jusqu'à la garde. L'arbre tient bon, le roseau plie, LA F. *Fab.* I, 22. || *P. anal.* En parlant de soldats, céder le terrain, reculer. L'aile droite fut la première à —. || *Fig.* C'est un roseau qui plie à tout vent, une personne qui cède à toutes les influences. | *Fig.* Ils plient sous le faix (de ce qu'ils ont appris), LA BR. 8. Contraint de — sous les coups de la mauvaise fortune, BOSS. *Panég. St Franç. de Paule*, 1. Dans la société, c'est la raison qui plie la première, LA BR. 5. C'en est fait, mon orgueil est forcé de —, RAC. *Esth.* III, 5.

PLIEUR, EUSE [pli-yeŭr, -yeŭz'] *s. m.* et *f.*
[ÉTYM. Dérivé de plier, § 112. || 1310. Agnés la ploieresse, dans GODEF. ploieresse.]
|| Celui, celle qui plie les journaux, les étoffes, etc. *Spécialt.* Celui, celle qui met les soies teintes en écheveaux.

PLINTHE [plint'] *s. f.* (masc. LA F.).
[ÉTYM. Emprunté du lat. plinthus, grec πλίνθος, *m. s.* propr, « brique carrée ». || 1547. J. MARTIN, *Vitruve*, annot.]
|| (Architect.) || **1°** Tablette carrée formant socle.
|| **2°** Bande plate qui règne au pied d'un édifice, au bas d'un mur d'appartement.
|| **3°** Bande de bois qui règne autour d'un lambris.

PLIOIR [pli-ywàr] *s. m.*
[ÉTYM. Dérivé de plier, § 113. || Comm. du XVIIe s. Fendre les feuilles avec le pleyoir, PEIRESC, *Lett.* dans DELB. *Rec.* Admis ACAD. 1718.]
|| (Technol.) Lame de bois, d'ivoire, etc., qui sert à plier les feuilles d'un livre et à couper les pages. || Lame de bois qui sert à plier les étoffes.

***PLION** [pli-yon]. *V.* pleyon.

PLIQUE [plĭk'] *s. f.*
[ÉTYM. Emprunté du lat. médical plica, tiré de plicare, plier. || 1752. TRÉV. Admis ACAD. 1762 sous les formes plica et plique.]
|| (Médec.) Suintement du cuir chevelu qui agglutine les cheveux en mèches.

PLISSEMENT [plĭs'-man; *en vers*, pli-se-...] *s. m.*
[ÉTYM. Dérivé de plisser, § 145. || 1642. OUD. Admis ACAD. 1835.]
|| Action de plisser, résultat de cette action.

PLISSER [pli-sé] *v. tr.* et *intr.*
[ÉTYM. Dérivé de pli d'après la forme du pluriel, § 154. || 1539. Robe plissée, R. EST.]
I. *V. tr.* Arranger à plusieurs plis. — une collerette, un jabot. *Au part. passé pris substantiv.* Le plissé d'une chemise, la partie plissée. || Se —, contracter des plis.
II. *V. intr.* Faire des plis.

PLISSURE [pli-sŭr] *s. f.*
[ÉTYM. Dérivé de plisser, § 111. || XVIe s. Des plissures, O. DE SERRES, IV, 10.]
|| Assemblage de plusieurs plis.

PLOC [plŏk'] *s. m.*
[ÉTYM. Origine inconnue. (*Cf.* ploquer.) || 1567. Une balle de plocq, dans DELB. *Rec.* Admis ACAD. 1762.]
|| (Technol.) Poil de vache employé comme matière textile. || Laine de rebut. || *P. ext.* Poil grossier amalgamé avec du goudron pour protéger le bordage des navires contre le ravage des vers.

PLOMB [plon] *s. m.*
[ÉTYM. Du lat. plŏmbum, *m. s.* §§ 327, 438 et 291. (*Cf.* plonger.)]
|| Métal d'un blanc bleuâtre, mou, pesant. Des tuyaux de —. Une soudure de — et d'étain. Un cercueil en —. Le paroissien en — (dans un cercueil de plomb) entraîne son pasteur, LA F. *Fab.* VII, 11. Verser du — fondu. Fondre des balles avec du —. *Fig.* Déjà du — d'un brave est atteint, BOIL. *Ép.* 4. Une cuvette de —. *Ellipt.* Les plombs, cuvettes où l'on jette les eaux sales aux différents étages d'une maison. Un toit en —. Les plombs de Venise, combles du palais de Saint-Marc sous lesquels on tenait les prisonniers. *Fig.* Comment en un — vil l'or pur s'est-il changé? RAC. *Ath.* III, 7. Il lui faudrait un peu de — dans la tête, il a la tête trop

légère. *Famil.* Un cul de —, individu sédentaire qui ne se remue pas aisément. Un sommeil de —, très lourd. || Soldats de —, jouet d'enfant. Fil à —, masse de plomb suspendue à une ficelle, dont on se sert pour déterminer la direction verticale. Colique de —, causée par l'oxyde de plomb contenu dans les couleurs à l'huile. || *P. ext.* Mine de —, plombagine. || *Loc. adv.* À —, perpendiculairement, et, *fig.* directement. (*Cf.* aplomb.) En sorte qu'elle ne descende pas tout droit et à —, DESC. *Monde*, 2. Cette disgrâce porta à — sur ce dernier, ST-SIM. V, 9.

PLOMBAGE [plon-bàj'] *s. m.*
[ÉTYM. Dérivé de plomber, § 78. || Admis ACAD. 1835.]
|| Action de plomber. Le — d'un ballot. Le — d'une dent.

PLOMBAGINE [plon-bà-jin'] *s. f.*
[ÉTYM. Emprunté du lat. plumbago, ginis, *m. s.* à cause de son éclat métallique, semblable à celui du plomb. || 1556. Plombagine, RICH. LEBLANC, *Subtilité*, dans DELB. *Rec.* | 1572. Plombagine, J. DES MOULINS, *Comment. sur Matthiole*, p. 711. Admis ACAD. 1762.]
|| (T. didact.) Graphite, carbure de fer dont on fait des crayons.

PLOMBER [plon-bé] *v. tr.*
[ÉTYM. Dérivé de plomb, § 154. (*Cf.* plonger.) || 1539. R. EST.]
|| **1°** Garnir de plomb. Une canne plombée, dont la tête est garnie de plomb, ce qui en fait une arme. — un toit, y appliquer des feuilles de plomb. — un ballot d'étoffe, y fixer un petit sceau de plomb indiquant qu'il a payé les droits. — une dent, remplir la cavité d'une dent cariée avec du plomb, et, *p. ext.* avec de l'or, du platine, etc.
|| **2°** Rendre de la couleur du plomb. Les envieux ont ordinairement le teint plombé, DESC. *Passions*, 184.

PLOMBERIE [plonb'-ri; *en vers*, plon-be-ri] *s. f.*
[ÉTYM. Dérivé de plomb, plombier, §§ 65, 68 et 69. || 1304. Œvres de plommerie, dans GODEF. Admis ACAD. 1762.]
|| Ouvrage de plombier. || Lieu où l'on travaille le plomb.

PLOMBEUR [plon-beŭr] *s. m.*
[ÉTYM. Dérivé de plomber, § 112. Signifie « plombier » en anc. franç. || 1723. SAVARY, *Dict. du comm.*]
|| Celui qui plombe les ballots d'étoffe. Les plombeurs de la douane.

PLOMBIER [plon-byé] *s. m.*
[ÉTYM. Dérivé de plomb, § 115. || 1552. Ung plombier, qui besongne de plomb, CH. EST. dans DELB. *Rec.*]
|| Ouvrier qui fabrique, pose les ouvrages en plomb.

PLONGEANT, ANTE [plon-jan, -jänt'] *adj.*
[ÉTYM. Adj. particip. de plonger, § 47. || 1611. COTGR. Admis ACAD. 1798.]
|| Qui plonge. || *Fig.* Dirigé de haut en bas. Vue plongeante. Feu, tir —.

PLONGÉE [plon-jé] *v. tr.*
[ÉTYM. Subst. particip. de plonger, § 45. || XVe s. La mer si venoit Et le flot à grandes plongees, MART. D'AUV. *Vig. de Ch. VII*, dans LA C. Admis ACAD. 1762.]
|| (Technol.) || **1°** Action de plonger. *Spécialt.* (T. milit.) Tirer par —, de —. (*Cf.* plongeant.)
|| **2°** Ce qui plonge. *Spécialt.* Talus d'un parapet.

PLONGEON [plon-jon] *s. m.*
[ÉTYM. Dérivé de plonger, § 104. || XIIe s. Pertris, bistardes et plongons, *Floire et Blancheft.* I, 1466.]
I. Oiseau aquatique qui reste longtemps sous l'eau.
II. Action de plonger. Faire le — |. *Fig.* Action de disparaître volontairement. Pompadour fit le — au grand monde, ST-SIM. VI, 6.

PLONGER [plon-jé] *v. intr.* et *tr.*
[ÉTYM. Du lat. pop. *plŭmbicāre*, dérivé de plumbus, plomb, par allusion au plomb employé pour faire descendre les filets au fond de l'eau, § 159, devenu *plomb'gar*, plongier, §§ 348, 439, 336, 388, 297 et 291, plonger, § 634. || XIIe s. E la tempestet plunjat mei, *Psaut. d'Oxf.* LXVIII, 3.]
I. *V. intr.* S'enfoncer sous l'eau. Il plonge comme un canard. Les pêcheurs de perles plongent profondément pour rapporter les huîtres. || *Fig.* Descendre profondément. De ces sommets le regard plonge sur la mer. Les tribunes... où je me mis pour — à mon aise sur la cérémonie, ST-SIM. VIII, 25. | *P. anal.* L'homme... plonge dans l'avenir, DELILLE, *Jardins*, 4. || *P. ext.* Saluer profondément. M. de Chaulnes, plongé comme vous savez, SÉV. 1148.
II. *V. tr.* Enfoncer sous l'eau, dans un liquide. Thétis

plongea son fils Achille dans le Styx, pour le rendre invulnérable. On les eût vus (le cygne et l'oison) Tantôt courir sur l'onde et tantôt se —, LA F. *Fab.* III, 12. En l'Océan plongeant leur large tête, DELILLE, *Énéide*, 9. || (Technol.) — des peaux, des étoffes, dans un bain de teinture. || *P. anal.* Le soleil se plonge dans l'Océan. || *Fig.* On se plonge soir et matin Dans la fontaine de Jouvence, LA F. *Fab.* VI, 21. Dans le sang d'un enfant voulez-vous qu'on se plonge? RAC. *Ath.* II, 5. || *Fig.* Enfoncer. Un homicide acier Que le traître en mon sein a plongé tout entier, RAC. *Ath.* II, 5. Jupiter pourrait vous — au fond de l'abîme, FÉN. *Tél.* 5. Ces vains plaisirs où leur âme se plonge, RAC. *Ath.* II, 9. Plongé dans un profond sommeil, LA F. *Fab.* VII, 12. En d'éternels chagrins vous-même vous —, RAC. *Bér.* IV, 5. Être plongé dans des réflexions. Dans un profond ennui ce lièvre se plongeait, LA F. *Fab.* II, 14.

PLONGEUR, ***PLONGEUSE** [plon-jeur, -jeuz'] *s. m.* et *f.*

[ÉTYM. Dérivé de plonger, § 112. || XIIIᵉ-XIVᵉ s. Liquel envolerent quatre plungeours en la mer aval, JOINV. 623.]

|| **1°** Celui, celle qui plonge. Un habile —. Cloche à —.
|| **2°** (Technol.) | **1.** Ouvrier papetier qui plonge les formes dans la cuve où est la pâte. | **2.** Laveur de vaisselle, dans un restaurant.

PLOQUER [plò-ké] *v. tr.*

[ÉTYM. Dérivé de ploc, § 154. || 1752. TRÉV. Admis ACAD. 1762.]

|| (Marine.) Garnir de ploc. — le bordage d'un navire.

***PLOYABLE** [plwà-yàbl'] *adj.*

[ÉTYM. Dérivé de ployer, § 93. (*Cf.* pliable.) || XIVᵉ-XVᵉ s. Se déduit de l'existence de ployablement, ployableté, à cette époque. (*V.* GODEF.)]

|| Qui peut être ployé. | *Fig.* Elle (la raison) est — à tous sens, PASC. *Pens.* VII, 4.

***PLOYANT, ANTE** [plwà-yan, -yànt'] *adj.*

[ÉTYM. Adj. particip. de ployer, § 47. (*Cf.* pliant.) || XIIᵉ s. Si benignes e si pleianz, BENEEIT, *Ducs de Norm.* 8025.]

|| Qui ploie. Une branche ployante. || *Vieilli.* Un siège —, et, *substantivt*, Assis sur un —, ST-SIM. I, 487.

PLOYER [plwà-yé] *v. tr. et intr.*

[ÉTYM. Du lat. plĭcāre, *m. s.* devenu pleier, plotier, ployer, §§ 342, 380, 297 et 291. (*Cf.* plier.)]

|| **1°** *V. tr.* Courber malgré la résistance. L'ouragan a ployé cette barre de fer. — une grosse branche. || *Fig.* Toutes les choses qui ploient la machine vers le respect et la terreur, PASC. *Pens.* V, 7.

|| **2°** *V. intr.* Se courber sous une force à laquelle on ne peut résister. Le vendangeur ravi de — sous le faix, BOIL. *Ép.* 6. || *Fig.* Un joug sous lequel tout l'univers avait ployé, BOSS. *Hist. univ.* II, 8. Soutiendrez-vous un faix... Sous qui le grand Pompée a lui-même ployé? CORN. *Pomp.* I, 1. || *Fig.* Devant moi refusant de —, RAC. *Esth.* II, 1. Il faut que toutes les passions ploient et lui obéissent, PASC. *Amour.*

PLUCHE. *V.* peluche.

PLUIE [plui] *s. f.*

[ÉTYM. Du lat. pop. *plŏia (class. plŏvia), *m. s.* §§ 329, 445 et 291.]

|| Eau que la condensation des vapeurs qui forment les nuages fait tomber en gouttes sur la terre. Pour se sauver de la —, Entre un passant, LA F. *Fab.* V, 7. Une — fine. Une grosse —. Il est venu par une — battante. Une — d'orage. Le temps est à la —. La saison des pluies. *Loc. prov.* Petite — abat grand vent, une cause minime peut apaiser un grand trouble. Parler de la — et du beau temps, de choses insignifiantes. Faire la — et le beau temps chez qqn, y exercer une influence absolue. Se jeter dans l'eau de peur de la —, dans un grand mal, pour en éviter un moindre. Ennuyeux comme la —. || *P. anal.* En parlant de ce qui tombe en abondance. Une — de balles. Le Vésuve lançait une — de cendres. Une — de feu, dans un embrasement, dans un feu d'artifice. — d'or (allusion à la légende mythologique de Jupiter pénétrant sous cette forme dans la tour de Danaé), largesse employée pour séduire qqn.

PLUMAGE [plu-màj'] *s. m.*

[ÉTYM. Dérivé de plume, § 78. (*Cf.* pennage.) || XIVᵉ s. Trois manieres de plumaiges, *Modus*, fᵒ 95, rᵒ.]

|| L'ensemble des plumes qui couvrent le corps d'un oiseau. Si votre ramage Se rapporte à votre —, LA F. *Fab.* I, 2. || *Fig.* Ménippe est l'oiseau paré de divers plumages qui ne sont pas à lui, LA BR. 2.

***PLUMAIL** [plu-mày'] *s. m.*

[ÉTYM. Dérivé de plume, § 88. (*Cf.* panache.) || XVᵉ s. J'ay mis le plumail au vent, VILLON, *Gr. Test.* 721.]

|| *Vieilli.* || **1°** Plumet. Les seigneurs, sur leur tête Ayant chacun un —, LA F. *Fab.* IV, 6.
|| **2°** Plumeau pour épousseter.

PLUMASSEAU [plu-mà-só] *s. m.*

[ÉTYM. Dérivé de plume, §§ 81 et 126. || XIIIᵉ-XIVᵉ s. Soit mis un plumacel desus, *Chirurg. de Mondeville*, fᵒ 39.]

|| **1°** Petit balai de plumes. (*Cf.* plumail et plumeau.)
|| **2°** *P. ext.* (Médec.) Réunion de fils de charpie pour un pansement.

PLUMASSERIE [plu-màs'-ri; *en vers*, -mà-se-ri] *s. f.*

[ÉTYM. Dérivé de plumassier, §§ 65 et 68. || 1505. Manteaux qui de peau, qui de plumasseries, *Voy. du capit. de Gonneville*, dans *Ann. des voy.* juillet 1869, p. 62.]

|| Industrie, commerce du plumassier.

PLUMASSIER, ***PLUMASSIÈRE** [plu-mà-syé, -syèr] *s. m.* et *f.*

[ÉTYM. Dérivé de plume, §§ 81 et 115. || 1480. Plumassiers, chasubliers, dans DELB. *Rec.*]

|| Celui, celle qui prépare, qui vend des ouvrages de plumes, pour ornement, parure.

PLUME [plum'] *s. f.*

[ÉTYM. Du lat. plŭma, *m. s.* § 291.]

I. Tuyau corné, garni de barbes et de duvet, qui couvre le corps des oiseaux. Les ailes des oiseaux ont des plumes, avec un duvet qui s'enfle à l'air, FÉN. *Exist. de Dieu*, I, 2. Un oiseau qui n'a pas encore de plumes. Un oiseau qui perd ses plumes. Arracher des plumes à un oiseau. Quelque — y périt, LA F. *Fab.* IX, 2. *Loc. prov.* Arracher à qqn une — de l'aile, tirer de lui qq profit. Il y a laissé des plumes, il ne s'en est pas tiré sans dommage. C'est le geai paré des plumes du paon, il se fait honneur de ce qui n'est pas à lui. Passer une — par le bec à qqn, le leurrer d'une vaine espérance. Jeter la — au vent, remettre au hasard sa décision. Se sentir léger comme une —. || Un chien qui chasse au poil et à la —, le gibier à poil et à plumes, et, *fig.* Être au poil et à la —, bon à tout. Je vous ferai voir que je suis au poil et à la —, MOL. *Escarb.* sc. 8.

II. || **1°** La plume de certains oiseaux employée à divers usages. | **1.** Plume façonnée pour ornement, parure. Une aigrette de plumes. Les faisceaux de plumes d'un dais, d'un baldaquin. Un chapeau orné de plumes. Une — au chapeau, CORN. *Ment.* III, 3. | **2.** Touffe de plumes adaptée à un manche pour épousseter. Un balai de plumes.

|| **2°** Duvet de la plume préparé pour coussins, oreillers, etc. Mettre de la — dans un coussin, dans un oreiller. Un lit de —, matelas moelleux, rempli avec de la plume. *Ellipt.* Dormir sur la —. Tous ses valets tremblants quittent la — oiseuse, BOIL. *Lutr.* 4.

|| **3°** Tuyau de la plume taillé pour écrire. Un bec de —, l'extrémité du tuyau, taillée en pointe. Une — d'oie, de corbeau. Faire courir sa — sur le papier, écrire vite. Un trait de —. Un dessin à la —. Tailler sa —. | *Fig.* Tailler sa —, se préparer à écrire. Ses plumes me paraissent bien taillées, il ne demande qu'à les exercer, SÉV. 472. Tenir la —, écrire sous la dictée de qqn. Mettre la main à la —, commencer à écrire. Lire un ouvrage la — à la main, en prenant des notes. Au courant de la —, en se laissant aller à ce qui vient à l'esprit. || *P. anal.* — métallique, et, *absolt*, —, petite lame de métal en forme de bec de plume taillée qu'on emploie au lieu du tuyau de plume d'oiseau. || *P. ext.* | **1.** Écriture. Avoir une belle —. | **2.** Art d'écrire, style. D'une — libre et inégale, LA BR. 1. Scudéri, dont la fertile — Peut tous les mois sans peine enfanter un volume, BOIL. *Sat.* 2. Tout ce qui part de sa — est excellent. Une guerre de —, au moyen d'écrits.

III. *Fig.* | **1.** *P. anal.* avec le duvet de la plume. Partie supérieure d'une graine qui commence à germer. Alun de —, alun raffiné, très léger. Sucre à la —, amené à un certain degré de cuisson où, en soufflant à travers l'écumoire, il forme de légers globules. | Je reçois votre lettre... écrite sur la — des vents, SÉV. 260. | **2.** *P. anal.* avec la couleur de certains plumages. — de paon, sorte d'agate à reflets changeants.

PLUMEAU [plu-mó] *s. m.*

[ÉTYM. Dérivé de plume, § 126. (*Cf.* plumail.) || Admis ACAD. 1835.]

|| **1°** Sorte de balai de plumes pour épousseter.
|| **2°** Sorte d'édredon, de couverture en plumes.

‖ **3°** *Rare.* Boîte où l'on met les plumes et autres objets servant à écrire. (*Syn.* plumier.)

1. PLUMÉE [plu-mé] *s. f.*
[ÉTYM. Dérivé de plume, § 119. ‖ 1642. Une plumée d'encre, OUD. Admis ACAD. 1762.]
‖ Ce qu'une plume à écrire contient d'encre. Prendre une — d'encre.

2. *PLUMÉE [plu-mé] *s. f.*
[ÉTYM. Subst. particip. de plumer, § 45. ‖ *Néolog.*]
‖ Action de plumer. Faire la — des oies. ‖ *P. ext.* Ce qu'un oiseau plumé fournit de plumes.

PLUMER [plu-mé] *v. tr.*
[ÉTYM. Dérivé de plume, § 154. Le lat. plumare signifie « emplumer ». ‖ XIIᵉ s. Quant son grenon senti qu'il a plumé, *Charoi de Nîmes*, 1339.]
‖ Dégarnir de ses plumes (un oiseau). — une volaille (avant de la faire cuire). Par messieurs les paons plumé d'étrange sorte, LA F. *Fab.* IV, 9. ‖ *Fig.* — qqn, lui faire donner son argent, le dépouiller. Qu'un homme soit plumé par des coquettes, LA F. *Contes, Femme avare.* — la poule sans la faire crier, frustrer adroitement les gens, sans qu'ils croient pouvoir se plaindre.

PLUMET [plu-mè] *s. m.*
[ÉTYM. Dérivé de plume, § 133. ‖ 1642. OUD.]
‖ **1°** Plume, bouquet de plumes qui sert d'ornement à une coiffure, spécialement à une coiffure militaire. ‖ *P. ext.* Homme d'épée. Un — d'humeur bouillante, DUFRESNY, *Pasq. et Marfor.* III, 8. Et toujours le — aura la préférence, LA F. *Songe de Vaux*, 9.
‖ **2°** (Marine.) — de pilote, plumes fixées à de petits morceaux de liège, qu'on laisse voltiger pour voir d'où vient le vent.

***PLUMETÉ, ÉE** [plŭm'-té ; *en vers*, plu-me-té] *adj.*
[ÉTYM. Dérivé de plume, §§ 63 et 118. ‖ 1380. Un hanap d'or couvert, plumeté dehors, dans L. DE LABORDE, *Émaux*, p. 454. Admis ACAD. 1762 ; suppr. en 1798.]
‖ Qui imite la plume. *Spécialt.* (Blason.) Écu —, semé de petites plumes de deux émaux.

PLUMETIS [plŭm'-ti ; *en vers*, plu-me-ti] *s. m.*
[ÉTYM. Dérivé de plumeté, § 82. (*Cf.* plumitif.) ‖ 1498. Cinq autres apoustres environnés d'un plumetis, dans L. DE LABORDE, *Émaux*, p. 454.]
‖ (Technol.) Broderie à l'aiguille où l'on bourre le dessous pour que les fleurs, feuilles, etc., aient du relief. Broder au —.

PLUMEUX, EUSE [plu-meû, -meûz'] *adj.*
[ÉTYM. Dérivé de plume, § 116. (*Cf.* lat. plumosus, *m. s.*)
‖ XIIᵉ s. Nen est plumeus com il estoit devant, RAIMBERT DE PARIS, *Chevalerie Ogier*, 11622. Admis ACAD. 1835.]
‖ *Vieilli.* Qui tient de la nature de la plume.

***PLUMIER** [plu-myé] *s. m.*
[ÉTYM. Dérivé de plume, § 115. ‖ *Néolog.*]
‖ Boîte où l'on met les plumes et autres objets servant à écrire. (*Cf.* plumeau.)

PLUMITIF [plu-mi-tif'] *s. m.*
[ÉTYM. Altération de plumetis, §§ 62 et 125, dérivé de l'anc. franç. plumeter, prendre des notes avec la plume, § 82. ‖ 1611. Plumetis, COTGR. | 1629. Les plumetifs de feu Passerat, PEIRESC, *Lett.* dans DELB. *Rec.* | 1690. Plumitif, FURET.]
I. Texte original du sommaire des arrêts, des délibérations d'un tribunal. Greffier du —.
II. *Famil.* Homme de plume, commis aux écritures, greffier, etc.

PLUM-PUDDING [plŏm'-pou-din'g']. *V.* pouding.

PLUMULE [plu-mul] *s. f.*
[ÉTYM. Emprunté du lat. plumula, petite plume. ‖ 1798. L.-C.-M. RICHARD, *Dict. de botan. de Bulliard*, p. 118. Admis ACAD. 1835.]
‖ **1°** (T. didact.) Petite plume.
‖ **2°** *P. anal.* (Botan.) Sommet de l'embryon végétal.

PLUPART [plu-pàr] *s. f.*
[ÉTYM. Pour pluspart, § 422, composé de plus et part **1**, § 173. ‖ XVᵉ s. La plus part du jour, COMM. II, 9.]
‖ La plus grande quantité. La — des hommes, et, *avec ellipse du complément*, La —, emportés d'une fougue insensée, BOIL. *Art p.* 1. Les hommes, la —, sont étrangement faits ! MOL. *Tart.* I, 5. La — des choses. ‖ *P. ext.* La — du monde, RAC. *Ath.* préf. La — du temps.

PLURALITÉ [plu-rà-li-té] *s. f.*]

[ÉTYM. Emprunté du lat. pluralitas, *m. s.* ‖ XIVᵉ s. Pluralité de princez, ORESME, dans MEUNIER, *Essai sur Oresme*.]
‖ **1°** (T. didact.) Le grand nombre. La — des mondes. Le polythéisme croyait à la — des dieux. La — des femmes chez les musulmans. ‖ *Rare.* (Gramm.) Nombre pluriel.
‖ **2°** Le plus grand nombre. Il a la — des suffrages. Pourquoi suit-on la — ? PASC. *Pens.* V, 4.

PLURIEL, ELLE [plu-ryèl ; *vieilli, au masc.* -ryé] *adj.*
[ÉTYM. Emprunté du lat. pluralis, *m. s.* dérivé de plus, pluris, plus, rendu d'abord par plurel, puis devenu plurier (encore dans ACAD.) d'après singulier, et finalement pluriel par un retour à la terminaison du latin préconisé par VAUGELAS, §§ 502 et 503. ‖ XIIᵉ s. Singuler et plurer (*var.* plurel), GARN. DE PONT-STE-MAX. *St Thomas*, 2205.]
‖ (Gramm.) Qui marque qu'il s'agit de plusieurs personnes ou de plusieurs choses. Le nombre —. Un substantif, un adjectif —. La troisième personne plurielle du présent de l'indicatif. | *Substantivt, au masc.* Le —, le nombre pluriel. Mettre le substantif, l'adjectif, au —. La deuxième personne du — du présent de l'indicatif.

PLUS [plu ; l'*s* se lie en se prononçant *z*] *adv.* et *s. m.*
[ÉTYM. Du lat. plŭs, *m. s.* (*Cf.* plupart, pluriel, plusieurs, plutôt.)]
‖ Terme de comparaison marquant supériorité en qualité ou en quantité.
I. *Adv.* D'une manière supérieure en qualité, ou en quantité.
‖ **1°** En qualité. Il est — grand et — fort. Vous n'en serez pas — riche. La chose est — grave. Il devient chaque jour — habile. Il est — bête que méchant. On n'est pas — aimable. Vous n'en sauriez avoir une — juste cause, CORN. *Poly.* III, 2. Je suis — que content, LA F. *Fab.* I, 15. Ils sont tous — ou moins coupables. Il est on ne peut — heureux. Ils ne sont pas — ravis que de voir pendre un Limosin, MOL. *Pourc.* III, 2. [Marchez — lentement. Tenez-vous — près. Venez — tôt. Vous êtes allé — vite que lui. Parlez — clairement. Remontons — haut. Je ne le connais pas — que vous. Les bontés de mon Dieu sont bien — à chérir, CORN. *Poly.* IV, 3. Il travaille — que jamais. Il aime la peinture, et — encore la musique. [Vous n'êtes pas — avancé que lui. S'il n'est pas juste, vous ne l'êtes pas non — (vous ne l'êtes pas plus que lui). Il n'en sera ni — ni moins aimé. *Vieilli.* Ne —, ne moins. Ne — ne moins que la statue de Memnon rendait un son harmonieux, MOL. *Mal. im.* II, 5. ‖ Plus répété pour marquer une augmentation corrélative. — le tour est bizarre, et — elle (la fortune) est contente, LA F. *Fab.* IX, 16. — je vois mes défauts et — je vous contemple, — j'admire, CORN. *Poly.* II, 4. D'autant —... soigneusement j'examine ces choses, d'autant — clairement... je constate qu'elles sont vraies, DESC. *Médit.* III, 12. En sous-entendant plus dans l'un des termes. Ma bonté, qui croît — tu l'irrites, CORN. *Poly.* V, 2. ‖ Plus combiné avec moins pour marquer qu'à mesure qu'une chose augmente une autre diminue. — je médite, et moins je me figure Que..., RAC. *Brit.* I, 2. Et je te connais moins, tant — je le contemple, CORN. *Suite du Ment.* I, 4.
‖ **2°** En quantité. Ce serviteur a été — de dix ans à mon service. François II ne régna pas — d'un an. La course de mes jours est — qu'à demi faite, RACAN, *Retraite.* Un fripon d'enfant... Tua — d'à moitié La volatile malheureuse, LA F. *Fab.* IX, 2. [Quatre — quatre égale huit. Premièrement un lit de quatre pieds... — un pavillon à queue, MOL. *Av.* II, 1. ‖ *P. ext.* Pour marquer le superlatif. | **1.** *Vieilli.* Sans déterminatif. Je vais employer mes efforts — puissants, MOL. *Ét.* V, 7. Les vieillards sont ceux dont le sommeil a été — long, LA BR. 2. Ceux de ses citoyens qu'elle exerçait avec — de soin, BOSS. *Hist. univ.* III, 3. | **2.** Précédé de l'art. défini. Ils mettaient sur le trône le — grand et le — fort, BOSS. *Hist. univ.* III, 3. Le — âne des trois n'est pas celui qu'on pense, LA F. *Fab.* III, 1. Les — difficiles à contenter en toute autre chose, DESC. *Méth.* 1. Combien en as-tu vu, je dis des — huppés, RAC. *Plaid.* I, 4. Le — semblable aux morts meurt le — à regret, LA F. *Fab.* VIII, 1. ‖ *Absolt.* Davantage. Si j'y retombe —, je veux bien qu'on m'affronte, MOL. *Éc. des f.* II, 5. Le besoin de l'État défend de — attendre, CORN. *Her.* I, 2. On ne veut — cultiver pour eux les campagnes, LA F. *Fab.* XI, 7. Ce n'est — cet époux si charmant à vos yeux, CORN. *Poly.* III, 2. Je ne vous connais —, ID. *Hor.* II, 3. Je n'ai fait que passer, Il n'était déjà —, RAC. *Esth.* III, 9. Je ne dirai — rien, ID. *Plaid.* III, 3. ‖ En sous-entendant la négation. — d'amour pour l'ingrate, RAC. *Mithr.* IV, 5.

II. *S. m.* Supériorité de quantité ou de qualité.

|| **1°** De quantité. Que gagnez-vous, dites-moi, par journée? Tantôt —, tantôt moins, LA F. *Fab.* VIII, 2. Après mille ans et — de guerre déclarée, ID. *ibid.* III, 13. Il a reçu — d'argent que les autres. Faites —. Un peu moins de respect, et — de confiance, RAC. *Brit.* I, 1. Il a — de fermeté que de talent. Vous lui donnez — qu'il ne demande. Le — ou moins de confiance que vous avez en lui. Je ne veux rien de —. Il est laid, de — il est sot. C'est un paresseux, il y a —, c'est un ivrogne. Il est paresseux et, qui — est, ivrogne. Trois ans de — font une grande différence. Un rat, sans —, LA F. *Fab.* III, 18. Il n'en fera ni — ni moins. Ces deux facultés ne diffèrent entre elles que du — et du moins, MALEBR. *Rech. de la vérité,* I, 94. Il a trente ans au —. Je ne saurais fournir Au — qu'une demi-bouchée, LA F. *Fab.* V, 3. J'ai cinq ans de — que lui. Il devient de — en — beau. || (Algèbre.) Quantité positive. — par — donne —.

|| **2°** De qualité. Je te dirai bien —, CORN. *Poly.* IV, 6. Il fait —, il vous cède, ID. *ibid.* IV, 5. PAULINE : Y va-t-il de la vie? — POLYEUCTE : Il y va de bien —, ID. *ibid.* I, 2. Son nom seul me prépare à — que le trépas, ID. *Suréna,* I, 2. Sois —, sois citoyen, VOLT. *Brutus,* IV, 6.

PLUSIEURS [plu-zyeùr; l's se lie en se prononçant z] *adj. plur.*

[ÉTYM. Du lat. pop. *plusiores, comparatif pléonastique de plus, § 588, devenu en anc. franç. pluiseurs, plus récemment plusieurs, §§ 356, 325 et 291. || XIᵉ s. Alquant i chantent, li pluisor gietent lairmes, *St Alexis,* 584.]

|| Certain nombre de (choses ou personnes). Il est venu — fois. J'ai reçu — visites. — personnes. J'ai — amis à dîner. || *Absolt.* Certain nombre de personnes. — pensent...

PLUS-PÉTITION [plüs'-pé-ti-syon; *en vers,* -si-on] *s. f.*

[ÉTYM. Composé de plus et pétition, § 275. || 1752. TRÉV. Admis ACAD. 1762.]

|| (Droit.) Demande exagérée.

PLUS-QUE-PARFAIT [plüs-ke-pàr-fè] *s. m.*

[ÉTYM. Composé de plus, que et parfait, à l'imitation du lat. plus quam perfectum, *m. s.* § 196. || 1550. Nostre langue a plusieurs preteriz plus que parfaits, MEIGRET, *Gramm.* dans DELB. *Rec.*]

|| (Gramm.) Temps du verbe qui indique un passé antérieur à un autre temps passé lui-même.

PLUS-VALUE [plu-và-lu] *s. f.*

[ÉTYM. Composé de plus et value, § 196. (*Cf.* plus-valeur dans COTGR. et moins-value.) || 1569. Il n'y avoit plusvalue, J. PAPON, *Rec. d'arrests,* p. 497.]

|| Excédent dans le rendement, le revenu de qqch. J'ai donné ordre de tenir compte au roi de cette —, COLBERT, *Lett.* 3 mars 1679.

PLUTONIEN, *PLUTONIENNE [plu-tò-nyin, -nyèn'; *en vers,* -ni-...] et **PLUTONIQUE** [plu-tò-nĭk'] *adj.*

[ÉTYM. Dérivé de Pluton, dieu des choses souterraines, §§ 36, 229 et 244. || (Au sens actuel.) *Néolog.* Admis ACAD. 1878.]

|| (Géologie.) Produit par le feu souterrain. Terrain —.

PLUTÔT [plu-tó] *adv.*

[ÉTYM. Pour plustôt, § 422, composé de plus et tôt, § 196. || XIIIᵉ s. Eles me mengeront plus tost crue que cuite, ADENET, *Berte,* 926.]

|| **1°** Plus encore. Il venait — pour condamner que pour couronner leur ambition aveugle, BOSS. *Hist. univ.* II, 23. Le travail... fait leur félicité — que leur misère, BOIL. *Ép.* 11. Il faut vous oublier, ou — vous haïr, RAC. *Andr.* I, 4. Écolier ou — singe de Bourdaloue, BOIL. *Sat.* 10. || *Vieilli.* J'ai entrepris de vous faire amis, d'autant — qu'il me semble que..., SÉV. 701.

|| **2°** De préférence. — souffrir que mourir, LA F. *Fab.* I, 16. C'est — Alexandre qui a de la sagesse, MONTESQ. *Espr. des lois,* X, 14. Accepter la mort — que l'esclavage.

1. PLUVIAL [plu-vyàl; *en vers,* -vi-àl] *s. m.*

[ÉTYM. Emprunté du lat. ecclés. pluviale (s.-ent. pallium), *m. s.* à l'origine « vêtement pour se garantir de la pluie ». || XIIᵉ s. Qui vest le roge pluvial, ÉT. DE FOUGÈRES, *Livre des man.* dans DELB. *Rec.*]

|| (Liturgie cathol.) Chape, vêtement de cérémonie que porte l'officiant lorsqu'il encense.

2. PLUVIAL, ALE [plu-vyàl; *en vers,* -vi-àl] *adj.*

[ÉTYM. Emprunté du lat. pluvialis, *m. s.* ACAD. 1694-1835 ne donne que le fém. || 1521. En temps pluviaulx, dans GODEF.]

|| (T. didact.) Relatif à la pluie. Les eaux pluviales.

PLUVIER [plu-vyé] *s. m.*

[ÉTYM. Du lat. pop. *plovarium (*cf.* pleuvoir), *m. s.* devenu plovier, puis modifié en pluvier d'après pluie, § 509. || XIIᵉ s. Un esprevier Que pot de l'ele d'un plovier, *Thèbes,* 3857.]

|| Oiseau de rivage, de l'ordre des Échassiers, qui arrive en troupe dans la saison des pluies.

PLUVIEUX, EUSE [plu-vyeú, -vyeûz'; *en vers,* -vi-...] *adj.*

[ÉTYM. Emprunté du lat. pluviosus, *m. s.* (*Cf.* l'anc. franç. pluieus, dérivé de pluie, et pluviôse.) || 1539. R. EST.]

|| Qui amène la pluie. Temps —. Saison pluvieuse. Vent —.

***PLUVIOMÈTRE** [plu-vyò-mètr'; *en vers,* -vi-ò-...] *s. m.*

[ÉTYM. Composé avec le lat. pluvia, pluie, et le grec μέτρον, mesure, § 284. || 1788. Les pieces du pluviomètre, COTTE, *Mém. sur la météorol.* I, 565.]

|| (Physique.) Instrument qui sert à mesurer la quantité de pluie qui tombe en un lieu dans un temps donné.

PLUVIÔSE [plu-vyôz'; *en vers,* -vi-ôz'] *s. m.*

[ÉTYM. Emprunté du lat. pluviosus, pluvieux. || Mot dû à FABRE D'ÉGL. Admis ACAD. 1798, suppl.]

|| Cinquième mois du calendrier républicain (du 20 janvier au 18 février), d'ordinaire pluvieux.

PNEUMATIQUE [pnéu-mà-tĭk'] *adj.*

[ÉTYM. Emprunté du lat. pneumaticus, grec πνευματικός, relatif au souffle. || 1520. Pneumatique esperit, P. VERNEY, *Succ. Collect. geom.* epistre. | 1547. Pneumatiques sont instruments qui moyennant un air enclos..., J. MARTIN, *Vitruve,* annot. Admis ACAD. 1740.]

|| (T. didact.) Relatif à l'air. Machine —, avec laquelle on pompe l'air d'un récipient pour y faire le vide. | Briquet —, dans lequel on allume de l'amadou en comprimant brusquement l'air. | Un bandage —, et, *substantivt,* Un —, tube de caoutchouc gonflé d'air, fixé autour de la jante d'une roue, pour amortir les chocs. Le — d'un vélocipède. || *Rare.* Physique, chimie —, et, *substantivt, au fém.* La —, science qui traite de l'air, des gaz. (*Cf.* pneumatologie.)

PNEUMATOCÈLE [pnéu-mà-tò-sèl] *s. f.*

[ÉTYM. Emprunté du grec πνευματοκήλη, *m. s.* (*Cf.* hydrocèle, etc.) || XVIᵉ s. PARÉ, V, 14. Admis ACAD. 1762.]

|| (Médec.) Fausse hernie du scrotum, causée par des gaz.

PNEUMATOLOGIE [pnéu-mà-tò-lò-ji] *s. f.*

[ÉTYM. Composé avec le grec πνεῦμα, souffle, λόγος, discours, et le suffixe ie, § 279. || 1751. D'ALEMB. dans ENCYCL. *Disc. prélim.* Admis ACAD. 1762.]

|| *Vieilli.* (T. didact.) Science qui traite des substances spirituelles, des esprits.

PNEUMONIE [pnéu-mò-ni] *s. f.*

[ÉTYM. Emprunté du grec πνευμονία, *m. s.* (*Cf.* péripneumonie et pleuropneumonie.) || 1812. MOZIN, *Dict. franç.-allem.* Admis ACAD. 1835.]

|| (Médec.) Inflammation du parenchyme du poumon. (*Cf.* pulmonie.)

PNEUMONIQUE [pnéu-mò-nĭk'] *adj.*

[ÉTYM. Emprunté du grec πνευμονικός, *m. s.* || 1694. TH. CORN. Admis ACAD. 1762.]

|| (Médec.) Relatif à la pneumonie. (*Cf.* pulmonique.) Affection, remède —.

POCHADE [pò-chàd'] *s. f.*

[ÉTYM. Dérivé de pocher, § 120. || *Néolog.* Admis ACAD. 1835.]

|| (T. d'art.) Croquis jeté de verve en quelques coups de crayon, de pinceau.

***POCHARD, ARDE** [pò-chàr, -chàrd'] *s. m. et f.*

[ÉTYM. Dérivé de poche, § 147, proprt, « rempli comme une poche ». (*Cf.* la locution sac à vin.) || *Néolog.*]

|| *Pop.* Ivrogne, ivrognesse.

POCHE [pòch'] *s. f.*

[ÉTYM. Origine incertaine, le radical poc- se retrouvant à la fois dans les langues celtique et germanique, §§ 3 et 6. || XIIᵉ s. Pleine puche en ai, MARIE DE FRANCE, *Fables,* 98, Warnke.]

|| **1°** Petit sac de toile, d'étoffe, cousu dans l'épaisseur d'un vêtement, pour y mettre ce qu'on veut emporter sur soi. Une — de pantalon, de gilet, d'habit, de robe. Emplir, vider ses poches. Avoir les mains dans ses poches. Avoir de l'argent dans sa —. J'ai mis fort prudemment mon argent dans

ma —, REGNARD, *Ménechmes*, II, 2. Avoir la — vide, sans argent. Argent de —, destiné aux petites dépenses journalières. Mettre la main à la —, pour payer. Payer de sa —, de son argent. Dictionnaire de —, de format assez petit pour tenir dans la poche. *Dans le même sens.* Pistolet de —. Un violon de —, et, *ellipt,* Une —, petit violon que portent sur eux les maîtres de danse pour aller donner une leçon. || *Fig.* Ce diable d'homme a toujours ses poches pleines d'arguments irrésistibles, BEAUMARCH. *B. de Sév.* IV, 8. J'ai mes poches pleines de compliments pour vous, SÉV. 1100. | *Famil.* N'avoir pas sa langue dans sa —, n'être pas embarrassé pour parler. On le mettrait dans sa —, en parlant de qqn de très petit. Se mettre dans la — de qqn, être toujours à ses côtés.

|| 2° *P. anal.* | 1. Sac. Une — de blé. *Fig.* Acheter chat en — (dans un sac), acheter sans voir la marchandise. | 2. Filet en forme de sac, pour prendre les lapins au furet, les blaireaux, etc. | 3. — membraneuse, jabot des oiseaux, repli abdominal des marsupiaux. | 4. Boursouflure. Cet habit fait des poches. *P. anal. Vieilli.* Plein de l'écriture. | 5. Grande cuillère pour servir le potage.

POCHER [pò-ché] *v. tr.*
[ÉTYM. Dérivé de poche, § 154. || XIII° s. De son doit li deit chascuns les yex pochier, GAUT. DE COINCY, *Mir. de N.-D.* p. 273.]
|| 1° *Anciennt.* Enfermer dans un sac, une poche. *P. anal.* — des œufs, les casser et en verser le contenu dans de l'eau, du bouillon, du beurre très chaud, de manière que le blanc soit saisi et enveloppe le jaune d'une légère couche solide. Des œufs pochés au beurre noir. || Lettre pochée, qui s'étale comme une tache, pour avoir été formée avec une plume trop chargée d'encre, ou sur du papier qui boit. *P. plaisant. Famil.* Œil poché au beurre noir, œil poché, gonflé et meurtri par suite d'un coup.
|| 2° *P. ext.* (T. d'art.) Jeter rapidement sur le papier, sur la toile, un croquis en qqs coups de crayon, de pinceau. Ce n'est absolument que poché, mais... expressif et plein de vie, DIDER. *Salon de 1767.*

POCHETER [pòch'-té; *en vers,* pò-che-té] *v. tr.*
[ÉTYM. Dérivé de poche, §§ 63 et 154. || XVI° s. Des fruicts pochetez, LOUIS GUYON, *Div. leçons,* dans DELB. *Rec.*]
|| *Vieilli.* Garder dans sa poche. Des olives pochetées. Des papiers pochetés, salis pour être trop restés dans la poche.

POCHETTE [pò-chèt'] *s. f.*
[ÉTYM. Dérivé de poche, § 133. || XII° s. Que la puchete ne deslies? MARIE DE FRANCE, *Fables,* 98, Warnke.]
|| Petite poche. | 1. *Au propre.* Il tira encore d'autres vers de sa —, SOREL, *Francion,* p. 230. | 2. *P. anal.* Petit filet à prendre le gibier. | 3. *P. ext.* Violon de poche.

1. PODAGRE [pò-dàgr'] *s. f.*
[ÉTYM. Emprunté du lat. podagra, grec ποδάγρα, *m. s.* (*Cf.* anc. franç. pouacre.) || 1372. Quant elle est es piedz, elle est appellee podagre, J. CORBICHON, *Propr. des choses,* dans DELB. *Rec.* Admis ACAD. 1835.]
|| (Médec.) Goutte aux pieds. (*Cf.* chiragre.)

2. PODAGRE [pò-dàgr'] *adj.*
[ÉTYM. Emprunté du lat. podager, grec ποδαγρός, *m. s.* (*Cf.* le doublet pouacre.) || 1507. Je suis podagre, sciatique, N. DE LA CHESNAYE, *Condamn. de Bancquet.*]
|| (Médec.) Qui a la goutte aux pieds. Un vieillard —, et, *substantivt,* Un, une —.

PODESTAT [pò-dès'-tà] *s. m.*
[ÉTYM. Emprunté du provenç. podestat, ital. podestà, *m. s.* lat. potestatem, pouvoir (*cf.* magistrat), §§ 11 et 12. Au XIII° s. PH. MOUSKET emploie poestat en parlant des magistrats d'Avignon. Au XVII° s. on hésite entre podestat et potestat. || Admis ACAD. 1762.]
|| Ancien nom du premier magistrat de certaines villes du midi de la France et de l'Italie.

***PODOMÈTRE** [pò-dò-mètr'] *s. m.*
[ÉTYM. Composé avec le grec πούς, ποδός, pied, et μέτρον, mesure, § 279. ACAD. donne dans le même sens pédomètre, mot hybride composé avec le lat. pes, pedis, pied, § 284. || 1712. Le podomètre ou conte-pas, HAUTEFEUILLE, *Machine arpentante,* p. 10.]
|| (T. didact.) Compte-pas. (*Syn.* odomètre.)

1. POÊLE [pwàl] *s. f.*
[ÉTYM. Du lat. patella, diminutif de patena, plat (*cf.* patène), devenu padele, paele, poele, poêle, §§ 346, 402, 452, 291 et 358. (*Cf.* le doublet patelle et palette 2.)]
|| 1° Ustensile de cuisine à longue queue, pour frire, fricasser, etc. Poisson, mon bel ami,... Vous irez dans la —, LA F. *Fab.* V, 3. || *Loc. prov.* Il n'y a plus embarrassé que celui qui tient la queue de la — (qui a la conduite, la responsabilité d'une affaire). || *P. anal.* Une — à rôtir les marrons. Une — à faire les confitures. (*Syn.* bassine.)
|| 2° (Technol.) Chaudière à fondre le suif. || Vase à fondre l'étain. || Chaudière pour l'évaporation de l'eau des salines. || *P. anal.* Partie profonde d'un étang, près de la bonde.

2. POÊLE [pwàl] *s. m.*
[ÉTYM. Emprunté du lat. pallium, manteau, couverture, etc., devenu palie, paile, prononcé poile (comme Amboise, grimoire, etc.) et écrit poêle sous l'influence de poêle 1. || XI° s. N'i remest palie ne neul ornement, *St Alexis,* 138.]
|| 1° Voile tenu au-dessus de la tête des mariés, pendant la bénédiction nuptiale, par des garçons d'honneur, de proches parents, etc. | *Ancienn.* Mettre un enfant sous le —, placer sous le poêle des mariés un enfant né avant le mariage, pour montrer qu'il a été reconnu et légitimé.
|| 2° Dais sous lequel on porte le saint sacrement.
|| 3° Étoffe noire dont on couvre le cercueil pendant les cérémonies funèbres. Tenir les cordons du —.

3. POÊLE. *V.* poile.

***POÊLÉE** [pwà-lé] *s. f.*
[ÉTYM. Dérivé de poêle 1, § 119. || XIII° s. Chascune paelee de sui, E. BOILEAU, *Livre des mest.* II, II, 24.]
|| Ce que contient une poêle.

POÊLIER. *V.* poilier.

POÊLON [pwà-lon] *s. m.*
[ÉTYM. Dérivé de poêle 1, § 104. || 1611. COTGR.]
|| Petite poêle.

POÊLONNÉE [pwà-lò-né] *s. f.*
[ÉTYM. Dérivé de poêlon, § 119. || XVII° s. *V.* à l'article.]
|| Ce que contient un poêlon. Une — d'eau chaude, SÉV. 545.

POÈME [pò-èm'; *vieilli,* pwèm'] *s. m.*
[ÉTYM. Emprunté du lat. poema, grec ποίημα, *m. s.* ACAD. 1694-1835 écrit poëme. || XIV° s. Ilz aiment souverainement leur poemes ou dictés, ORESME, *Éth.* IX, 9.]
|| Ouvrage en vers d'une certaine étendue. — épique, dramatique, lyrique. — didactique. — burlesque. Les poèmes homériques. Qui croira que l'Iliade d'Homère, ce — si parfait, n'ait jamais été composé par un effort de génie d'un grand poète? FÉN. *Exist. de Dieu,* I, 1. || *Spécialt.* Le — d'un opéra, la composition versifiée sur laquelle on écrit la musique. || *P. ext.* Ouvrage analogue au poème par le fond, par le style, mais écrit en prose. On demande s'il peut y avoir des poèmes en prose, CHATEAUBR. *Martyrs,* préf. de la 1re et 2e édit. Lorsque le Télémaque parut, on ne fit aucune difficulté de lui donner le nom de —, ID. *ibid.*

POÉSIE [pò-é-zi; *vieilli,* pwé-zi] *s. f.*
[ÉTYM. Emprunté du lat. poesis, grec ποίησις, *m. s.* ACAD. 1694-1762 écrit poësie. || 1514. FABRI, *Dial. en l'honneur de Dieu,* f° 33, r°.]
I. Art de faire des ouvrages en vers. Cultiver la —. La religion a consacré la — à son usage dès l'origine du genre humain, FÉN. *Lett. à l'Acad.* 5. La — est la musique de l'âme, VOLT. *Dict. philos.* poètes. || *P. ext.* Beauté du fond et de l'expression essentielle à la poésie, indépendamment de la versification. Toute l'Écriture est pleine de —, dans les endroits mêmes où l'on ne trouve aucune trace de versification, FÉN. *Lett. à l'Acad.* 5. | *P. anal.* La — d'un tableau, d'une symphonie. Tous les arts sont poésies, RAC. VI, 271, Gr. Écriv.
II. Ouvrage en vers. Les poésies de Ronsard, de Malherbe. Des poésies fugitives. || *P. ext.* | 1. Genre d'ouvrages en vers. La — épique, lyrique, dramatique. | 2. Ensemble des ouvrages en vers composés dans une langue. L'histoire de la — grecque, latine. Vous pouvez faire de plus en plus honneur à la — française par vos ouvrages, FÉN. *Lett. à Lamotte,* 9 sept. 1713.

POÈTE [pò-òt'; *vieilli,* pwòt'] *s. m.*
[ÉTYM. Emprunté du lat. poeta, grec ποιητής, *m. s.* ACAD. 1694-1835 écrit poëte. || XII° s. Merveilles dient granz li poete en lur chanz, EVERARD DE KIRKHAN, *Caton,* dans LEROUX DE LINCY, *Prov. franç.* II, 369.]
|| 1° Celui qui s'adonne à la poésie. Un — lyrique, épique, dramatique. Un — satirique. Les poètes anciens et modernes. *P. appos.* Il y a des femmes poètes. (*Cf.* poétesse.)
|| 2° Celui qui est doué pour la poésie. Si son astre en naissant ne l'a formé —, BOIL. *Art p.* 1. Bossuet est souvent —.

POÉTEREAU [pò-ĕt'-ró ; *en vers*, pŏ-è-te-ró ; *vieilli*, pwĕt'-..., pwè-te-ró] *s. m.*
[ÉTYM. Dérivé de poète, §§ 63 et 126.|| xviie s. *V.* à l'article.]
|| *Famil.* Petit poète médiocre. Comme un malheureux poetereau, SCARR. *Foire St-Germain.*

POÉTESSE [pò-é-tĕs'; *vieilli*, pwé-...] *s. f.*
[ÉTYM. Dérivé de poète, § 129. || 1642. OUD. Admis ACAD. 1798.]
|| Femme poète.

POÉTIQUE [pò-é-tĭk'; *vieilli*, pwé-...] *adj.*
[ÉTYM. Emprunté du lat. poeticus, grec ποιητικός, *m. s.* ACAD. 1694-1762 écrit poëtique. || 1480. Selon la lycence poétique, *Baratre infernal*, dans DELB. *Rec.*]
|| **1°** Relatif à la composition en vers. Diction —. Licence —. Art —, et, *substantivt, fém.* —, ouvrage didactique où sont exposées les règles de la composition en vers. La Poétique d'Aristote, d'Horace, de Boileau.
|| **2°** Relatif aux beautés essentielles à la poésie, indépendamment de la versification. Une conception, une image —. || *P. ext.* Ce tableau, ce paysage, a quelque chose de —.

POÉTIQUEMENT [pò-é-tĭk'-man; *en vers*, -li-ke-...; *vieilli*, pwé-...] *adv.*
[ÉTYM. Composé de poétique et ment, § 724. ACAD. 1694-1762 écrit poëtiquement. || xve s. Livret fait poetiquement en metres, CHASTELL. dans DELB. *Rec.*]
|| D'une manière poétique.

POÉTISER [pò-é-ti-zé; *vieilli*, pwé-...] *v. intr. et tr.*
[ÉTYM. Dérivé de poète, § 267. || xive s. Poetiser est faire poeme, ORESME, dans GODEF. *Compl.*]
|| **1°** *Vieilli. V. intr.* Faire de la poésie. — trop mieux que moi savez, MAROT, *Épigr.* 17.
|| **2°** *V. tr.* Rendre poétique.

POIDS [pwà; l's se lie en se prononçant z] *s. m.*
[ÉTYM. Du lat. pop. pensum, proprt, « chose pesée », supin de pendere, prononcé pĕso, § 485, et devenu peis, pois, §§ 309 et 291, écrit poids à l'époque de la Renaissance, sous l'influence du lat. pondus, *m. s.* (*Cf.* le doublet pensum.)]
|| **I.** Force de pression d'un corps sur ce qui le supporte, de traction d'un corps sur ce à quoi il est suspendu, plus ou moins grande selon sa masse. Le — que peut supporter un pont. Succomber sous le —. Un chargement d'un — trop lourd. Tomber de tout son —, sans que rien amortisse la chute. || *Fig.* Être courbé sous le — des ans. Le — des affaires. Porter le — du jour, supporter tout le travail, toute la peine. || (Physique.) Somme des forces attractives de la terre appliquées à chaque molécule d'un corps. Le — d'un corps est égal au produit de son volume par sa densité. Les — sont proportionnels aux masses.
|| **II.** Mesure de cette force, évaluée par rapport à une masse déterminée servant d'unité de comparaison. L'unité de —, le gramme (dans le système métrique). Le gramme est le — d'un centimètre cube d'eau distillée. — spécifique d'un corps, rapport du poids d'un corps au poids d'un égal volume d'eau. | Le — d'un sac de blé, d'un chargement de charbon, d'un morceau de viande. Vendre, acheter au — de l'or, vendre, acheter très cher. Tromper sur le —. Une monnaie qui est de —, qui a le poids fixé par la loi. Cela est-il de —? MOL. *Méd. m. l.* II, 4. Donner, faire bon —, donner à l'acheteur un peu plus que le poids. *Fig.* Parmi ces distributeurs de réputation, les uns faisaient meilleur — que les autres, MONTESQ. *Lett. pers.* 36. Faire le —, ajouter ce qui manque pour que les plateaux de la balance soient en équilibre. | — vif, ce que pèse sur pied un animal de boucherie. || *Fig.* Importance plus ou moins grande donnée à une chose, à une personne. Vous verrez de quel — sera votre promesse, RAC. *Baj.* II, 3. Il met peu de — aux choses qu'il résout, MOL. *F. sav.* I, 3. Elle savait de quel — est... la moindre parole... des princes, BOSS. *R. d'Angl.* Vous fûtes hier loué par des gens d'un grand —, MOL. *Mis.* III, 5.
|| **III.** Masse de métal qui sert d'unité de poids. Un — d'un kilogramme, de cinq, de dix grammes. Peser avec de faux —. Avoir deux — et deux mesures, pour ce qu'on vend et pour ce qu'on achète, et, *fig.* ne pas juger impartialement. De mesure et de — je changeais à leur gré, RAC. *Ath.* III, 3. *Fig.* Faire tout avec — et mesure, avec une parfaite exactitude. *P. plaisant.* Un bâton qu'ils font tomber par — et par mesure, LA F. *Contes, Paysan.* || — du sanctuaire, chez les anciens Hébreux, poids dont les prêtres gardaient l'étalon dans le temple. *Fig.* Peser au — du sanctuaire, avec

une exactitude parfaite. || *Fig.* | **1.** Terme de comparaison. Faire au — du bon sens peser tous ses écrits, BOIL. *Ép.* 7. | **2.** Ce qui oppresse l'âme. Vous m'ôtez un — de dessus la poitrine. Cette nouvelle m'ôta de dessus la poitrine un — de cinq cents livres, J.-J. ROUSS. *Nouv. Hél.* IV, 6. || *P. ext.* — public, lieu où l'on peut faire constater officiellement le poids d'une chose. || *P. anal.* Les — d'une horloge, d'un tournebroche, etc., masses fixées à une corde, à une chaîne, et dont le poids imprime le mouvement au mécanisme.

POIGNANT, ANTE [pò-ūan, -ñánt'] *adj.*
[ÉTYM. Adj. particip. de poindre, § 47. || xiie s. Beste puignante, PH. DE THAUN, *Comput*, 1391.]
|| **I.** *Vieilli.* Qui pique. Présenter de tous côtés des armes défensives, poignantes, BUFF. *Hérisson.*
|| **II.** *Fig.* Qui perce le cœur. Des émotions poignantes.

POIGNARD [pò-ñàr] *s. m.*
[ÉTYM. Dérivé de poing, § 147. (*Cf.* l'anc. franç. poignal et l'ital. pugnale, *m. s.*) || 1519. Poignars avec manches d'or, dans DELB. *Rec.*]
|| **I.** Arme offensive, à lame courte, aiguë, fixée à un manche, qu'on tient avec le poing. Un — à la main, l'implacable Athalie, RAC. *Ath.* I, 2. || *Fig.* Mettre à qqn le — sur la gorge, lui imposer qqch par la violence. Te portais-je à la gorge un —? CORN. *Ment.* V, 3. C'est lui mettre moi-même un — dans le sein (lui causer une douleur aiguë), RAC. *Andr.* II, 5. Retourner à qqn le — dans la plaie, raviver sa douleur. Cinq cents écus qu'on lui demande sont... cinq cents coups de — qu'on lui donne, MOL. *Scap.* III, 3.
|| **II.** *P. anal.* (Technol.) Pièce en pointe mise à un vêtement pour l'élargir.

POIGNARDER [pò-ñàr-dé] *v. tr.*
[ÉTYM. Dérivé de poignard, § 154. || xvie s. L'acheverent de poignarder, VIGENÈRE, dans DELB. *Rec.*]
|| Frapper, tuer avec un poignard. César fut poignardé en plein sénat. Se —. || *Fig.* La jalousie le poignardait (Villars), ST-SIM. III, 432.

POIGNE [pòñ'] *s. f.*
[ÉTYM. Forme fém. de poing, § 37. || *Néolog.* Admis ACAD. 1878.]
|| *Famil.* Force du poignet. Avoir de la —. | *Fig.* Préfet à —, énergique.

POIGNÉE [pò-ñé] *s. f.*
[ÉTYM. Dérivé de poing, §§ 64 et 119. || xiie s. E gengibre e girofre a puigniés mangeit, GARN. DE PONT-STE-MAX. *St Thomas*, p. 102, Bekker.]
|| **I.** Action de serrer à plein poing. Donner à qqn une — de main (en signe de salutation amicale).
|| **II.** Ce que peut tenir la main fermée. Une — de farine. Une — de haricots. Arracher à qqn une — de cheveux. | *Loc. adv.* A —, à pleine main. Jeter de l'argent à —. || *P. ext.* | **1.** Une — de verges, brins de bouleau liés ensemble. | **2.** Une — de soldats, un petit nombre de soldats réunis.
|| **III.** Ce qui sert à tenir un objet avec la main fermée. La — d'un sabre, d'une épée.

POIGNET [pò-ñè] *s. m.*
[ÉTYM. Dérivé de poing, § 133. || 1243. Des pugnés (mesure) et de la hale, dans GODEF.]
|| Partie du bras qui joint la main à l'avant-bras. || *P. ext.* Bande qui termine la manche d'une chemise, d'une robe, et l'endroit où elle couvre le poignet.

POIL [pwàl] *s. m.*
[ÉTYM. Du lat. pĭlum, *m. s.* devenu peil, poil, §§ 309 et 291. (*Cf.* peler 1, pileux, etc.)]
|| **1°** Production épidermique en forme de filets déliés, qui recouvre le corps de la plupart des mammifères. De longs poils, des poils roux, bruns. Des poils raides, frisés. || *P. ext.* | **1.** Le —, l'ensemble des poils qui couvrent le corps d'un animal. Un chien à long —, à — ras. Faire le — à un cheval, le lui arranger. | **2.** Le —, le pelage. Ce cheval a le — bai. Des chiens de tout —. *Fig.* Gens de tous états, de tout —, LA F. *Contes, Coupe enchantée.* || Monter un cheval à —, sans selle. Chasser au — et à la plume, le gibier à poil et le gibier à plume. *Fig.* Être au — et à la plume, bon à tout. Je suis médecin au — et à la plume, GHERARDI, *Th. ital.* I, 316. Reprendre du — de la bête, revenir résolument à une chose qui n'a pas réussi. || Un vêtement en — de chèvre, en — de chameau. || *P. anal.* Partie velue du drap, du velours, du feutre, etc. Son feutre à grands poils ombragé d'un panache, BOIL. *Sat.* 3. Velours à trois poils, dont la trame a trois fils de soie. *Fig.* Un brave à trois poils, un homme

d'une bravoure éprouvée. C'est un brave à trois poils, MOL.. *Préc. rid.* sc. 11. Les poils d'un pinceau (empruntés à certains animaux).

‖ 2° Cette production épidermique chez l'homme, où elle pousse sur certaines parties du corps (joues, lèvres, menton, aisselles, pubis). On leur brûla les cheveux et le —, MONTESQ. *Espr. des lois*, VI, 16. *Fig. Pop.* Un homme à —, énergique, viril. ‖ *Spécialt.* | 1. La barbe. Il trouve encor le gland pris au — du menton, LA F. *Fab.* IX, 4. Sans — au menton, ID. *Contes, Gageure.* Son fils dont le — va fleurir, BOIL. *Sat.* 8. — follet, duvet qui vient avant la barbe. | 2. *Vieilli.* Les cheveux. L'air sombre et le — hérissé, RAC. *Iph.* V, 6. Et, comme notre —, blanchissent nos désirs, RÉGNIER, *Sat.* 5. La vieille... emportait un peu du — noir qui restait, LA F. *Fab.* I, 17. ‖ *Fig. Pop.* Avoir du — dans la main, avoir de la répugnance au travail.

‖ 3° *P. anal.* Filets déliés et flexibles de certaines parties des plantes.

POILE et, *moins bien*, **POÊLE** [pwâl] *s. m.*
[ÉTYM. Du lat. pop. pensilem, propri. « suspendu » (c.-à-d. chauffé par en dessous), prononcé pésile, devenu peisle, poisle, §§ 309, 390 et 391, poile, § 422.]

‖ 1° *Anciennt.* Chambre chauffée. Je demeurais tout le jour enfermé dans un —, DESC. *Méth.* 2.

‖ 2° *P. ext.* Fourneau de fonte, de faïence, pour le chauffage d'une chambre.

***POILEUX, EUSE** [pwâ-leú, -leúz'] *adj.*
[ÉTYM. Dérivé de poil, §§ 65 et 116. ‖ XIIIᵉ s. Oreilles pelouses (var. pelouses), BRUN. LATINI, *Tresor*, p. 228.]

‖ *Vieilli.* Qui a du poil. (*Cf.* pileux.) Cet homme est très —, VOLT. *Dict. philos.* Rois, *Élie.*

***POILIER** et, *moins bien*, **POÊLIER** [pwâ-lyé] *s. m.*
[ÉTYM. Dérivé de poile, § 115. ‖ Admis ACAD. 1762.]

‖ Ouvrier, marchand qui fabrique, vend, pose les poiles.

POILU, UE [pwà-lu] *adj.*
[ÉTYM. Dérivé de poil, §§ 65 et 118. A remplacé pelu dans l'usage général. (*Cf.* patte-pelu.)‖ XVᵉ s. Cuysses pelues, A. DE LA SALE, *Petit Jehan de Saintré*, dans GODEF. *Compl.* Admis ACAD. 1798.]

‖ Couvert de poil.

POINCILLADE [pwin-si-yàd'] *s. f.*
[ÉTYM. Dérivé de Poinci, nom propre, §§ 36 et 120. ‖ 1694. La poincillade... porte un nom de feu M. de Poinci, gouverneur des Antilles, TOURNEF. *Botan.* p. 491. Admis ACAD. 1835.]

‖ (Botan.) Arbrisseau des pays chauds, dont une espèce a des feuilles employées comme purgatives, sous le nom de séné.

1. POINÇON [pwin-son] *s. m.*
[ÉTYM. Du lat. pop. *punctiōnem, *m. s.* dérivé de puncta, pointe, §§ 106, 348, 386, 482, 406 et 291. ‖ XIIIᵒ s. Et poinchons et alesnes, *Chans. d'Antioche*, VI, 318.]

I. Instrument terminé en pointe, pour percer, pour graver. ‖ *Spécialt.* | 1. Morceau d'acier gravé en relief, qui donne en creux les matrices des monnaies et médailles. | 2. Outil au moyen duquel on imprime sur les ouvrages d'or et d'argent une marque indiquant qu'ils sont au titre légal. Le — de l'État.

II. Pièce de bois verticale qui, dans un comble, s'appuie sur le milieu de l'entrait et sur le haut de laquelle sont assemblés les arbalétriers.

2. POINÇON [pwin-son] *s. m.*
[ÉTYM. Origine inconnue; le mot n'a aucun rapport avec poisson 2. ‖ XIIIᵉ s. Autant doit... li ponçons comme la queue, E. BOILEAU, *Livre des mest.* II, IV, 1.]

‖ *Vieilli et dialect.* Tonneau contenant à peu près la valeur d'une feuillette. Six douves de —, RÉGNIER, *Sat.* 11.

·POINÇONNAGE [pwin-sò-nâj'] *s. m.*
[ÉTYM. Dérivé de poinçonner, § 78. ‖ 1455. Poinchonnage des cuirs, dans GODEF. Admis ACAD. 1878.]

‖ (Technol.) Action de poinçonner.

POINÇONNER [pwin-sò-né] *v. tr.*
[ÉTYM. Dérivé de poinçon 1, § 154. ‖ 1324. Taules toutes ponchonnees de fuellage, dans DELB. *Rec.* Admis ACAD. 1878.]

‖ (Technol.) Marquer avec un poinçon. — des pièces d'orfèvrerie.

POINDRE [pwîndr'] *v. tr.* et *intr.*
[ÉTYM. Du lat. pungere, piquer, devenu *pong're, §§ 290 et 327, poin're, § 396, poindre, § 484.]

I. *Vieilli.* *V. tr.* Piquer. L'usage a préféré... piquer à —, LA BR. 14. Les remords qui le poignaient. Quel taon vous point?

(quelle mouche vous pique?), LA F. *Contes, Gageure.* | *Loc. prov.* Poignez vilain, il vous oindra; Oignez vilain, il vous poindra, maltraitez un vilain, il vous caressera; caressez-le, il vous fera du mal.

II. *V. intr.* Pointer. Sa barbe commence à —. On voit — les bourgeons. | *P. ext.* Le jour venant à —, LA F. *Contes, Berceau.* Où la lumière de l'intelligence... commence à —, BOSS. *Conn. de Dieu*, V, 13.

POING [pwin] *s. m.*
[ÉTYM. Du lat. pŭgnum, *m. s.* §§ 327, 386, 291 et 482.]

‖ La main fermée. Le cimeterre au —, CORN. *Cid*, IV, 3. Il voit... La javelle à plein — tomber sous la faucille, RACAN, *Pastor.* Le visage pas plus gros que le —, MOL. *Sicil.* sc. 11. Pieds et poings liés. *Fig.* Dormir à poings fermés, de toute sa force. Oiseaux de —, qui reviennent, sans leurre, sur le poing du fauconnier. *Vieilli.* Mener une dame sur le —, sans lui donner la main, en tendant respectueusement le poing fermé sur lequel elle s'appuie. Après dîné, me revoilà sur le — de M. de Marseille, à voir la citadelle, SÉV. 313. On coupait le — aux parricides. Donner à qqn un coup de —. Faire le coup de —, se battre à coups de poing. ‖ *P. ext.* Coup de —. | 1. Petite armature d'acier, adaptée au poing, qu'on emploie comme arme. | 2. Pistolet de poche.

1. POINT [pwin; le *t* se lie] *s. m.*
[ÉTYM. Du lat. pŭnctum, *m. s.* de pŭngere, poindre, §§ 327, 386, 482 et 291.]

I. Action de poindre.

‖ 1° Action de piquer, résultat de cette action. | 1. Piqûre faite dans un tissu avec une aiguille enfilée. Coudre à points réguliers, à petits points, à points arrière. Le — de marque, de feston, de chausson, etc. (*V.* ces mots.) (Chirurgie.) — de suture, pour tenir réunis les bords d'une plaie. *Absolt.* Du —, dentelle faite à l'aiguille. Le — de Venise. Le — d'Angleterre. Le — d'Alençon. — coupé, sorte de dentelle à jours. Le — coupé d'une chemise, MALH. *Poés.* 117. Juger d'une jupe... Ou des beautés d'un —, MOL. *F. sav.* III, 2. *P. anal.* — de Hongrie, disposition des solives du parquet en lignes obliques. | 2. Trou fait dans une courroie, de distance en distance, pour recevoir l'ardillon. Allonger une courroie de plusieurs points. | 3. *P. ext.* Orifice très étroit. Les points lacrymaux. Les points ciliaires. | 4. *Fig.* Douleur aiguë. Un — de côté. Un — pleurétique.

‖ 2° Action de pointer. Le — du jour, La mort à laquelle nous sommes tous destinés dès le — de notre naissance, MALH. *Quest. nat. de Sén.* préf. | *P. ext.* Instant où qqch va commencer. Sur le — que la vie Par mes propres sujets m'allait être ravie, RAC. *Esth.* II, 3. Un misérable coq à — nommé chantait, LA F. *Fab.* V, 6. Quand il voulut partir et qu'il fut sur le —, ID. *ibid.* VII, 6. Le sénat, sur le — de rétablir la liberté, BOSS. *Hist. univ.* III, 7.

II. Marque faite par une pointe.

‖ 1° Signe orthographique. | 1. Signe qu'on met au-dessus de la lettre i et de la lettre j. Mettre les points sur les i, pour rendre l'écriture plus lisible, et, *fig.* dire clairement les choses. | 2. Signe de ponctuation. — final, qui marque la fin d'une phrase. Mettre les points et les virgules. Deux points (:) signe qui annonce ce qui va suivre. — et virgule (;), qui sépare des membres de phrase. — d'interrogation (?), — d'exclamation (!), qui se met à la fin des phrases interrogatives, exclamatives. Points suspensifs (...), qui indiquent que le sens de la phrase est suspendu. | — en haut, qui, dans l'écriture grecque, se place en haut et à droite d'un mot et correspond à notre point et virgule. | — voyelle, signe représentatif, dans l'écriture sémitique, des voyelles d'un mot qui ne sont pas écrites. ‖ *P. ext.* Points conducteurs (.....), qui, dans une table des matières, servent à prolonger une ligne et à mettre en rapport les termes qui se correspondent.

‖ 2° (Musique.) Signe de notation qui, placé à côté d'une note, en augmente la valeur, qui indique un temps d'arrêt dans la mesure. — d'orgue, qui suspend la mesure et l'accompagnement.

‖ 3° (Sculpt.) Marque que le statuaire fait pour indiquer au praticien les endroits à dégrossir. Mettre le marbre aux points.

‖ 4° (Jeu.) Marque faite après chaque coup gagné. Marquer les points au loto, à l'écarté, au piquet, au jeu de billard, etc. Rendre des points à qqn, donner un certain nombre de points d'avance à un adversaire qui joue moins bien. *Fig.* Rendre des points à qqn, être plus habile que lui. | Au jeu de dés, marque faite de un à six sur chaque dé. Amener cinq points, jeter un dé qui retombe sur la face portant cinq points.

|| **5°** (Pédagogie.) Marque des cas où un élève est en faute, ou fait quelque chose de bien. Donner à un élève de bons, de mauvais points.

|| **6°** *P. ext.* Marque indiquant les degrés d'une échelle de mesure. Se chausser à neuf points. *Fig.* Vous êtes à peu près chaussés à même — (dans une situation analogue), TH. CORN. *Am. à la mode*, I, 3. | (Typogr.) Mesure qui détermine la force des caractères d'imprimerie. Des lettres de huit points. *Dans un autre sens.* Lettre de deux points, capitale dont la force de corps égale celle de deux lignes du texte qu'elle accompagne. || *P. ext.* Degré. Le — de congélation de l'eau, le — de fusion d'un métal, degré de température où la fusion, la congélation a lieu. Faire le — d'un navire, déterminer le degré de longitude et de latitude où il se trouve. | *Fig.* Craintif au dernier —, LA F. *Fab.* VIII, 9. Notre malheur est grand, il est au plus haut —, CORN. *Hor.* II, 3.

|| **7°** *P. anal.* Tache très petite sur une surface. Avoir des points rouges sur la peau. Une fleur tachetée de points noirs. Il y a un — noir dans le ciel, le commencement d'un nuage orageux. *Fig.* Il y a un — noir à l'horizon, la situation est menaçante.

III. Partie de l'étendue infiniment petite. Que la terre lui paraisse un — (à l'homme) au prix du vaste tour que cet astre (le soleil) décrit, PASC. *Pens.* I, 1. || *Spécialt.* (Géom.) Élément générateur de la ligne, considéré par abstraction comme n'ayant ni longueur, ni largeur, ni profondeur. L'intersection de deux lignes forme un —. On nomme circonférence une courbe dont tous les points sont à égale distance d'un — intérieur appelé centre.

|| *P. ext.* || **1°** Endroit précis où qqch a lieu. Le — saillant, endroit de l'œuf où le cœur du poulet commence à battre. Le — de contact de deux corps. Le — d'application d'une force. Le — d'appui, qui porte la charge d'une masse quelconque, et, *fig.* ce qui sert de soutien. Le — de départ. Le — d'arrêt. Le — mort, arrêt de la marche d'une machine au moment où le mouvement change de direction. Le — d'incidence, de réflexion, d'un rayon lumineux. Les quatre points cardinaux. Des éclairs partaient de tous les points de l'horizon. Les points équinoxiaux. — de vue, place d'où l'on voit le mieux un paysage, un édifice, un tableau, et, *fig.* manière de juger. Se placer à un autre — de vue pour juger les choses. Des points de repère. Le — de partage des eaux, entre deux bassins. Mettre au — une lunette d'approche, un appareil photographique, à la distance voulue pour que l'image soit nette. Le — de ralliement des troupes. L'attaque eut lieu sur plusieurs points.

|| **2°** *Fig.* État déterminé dans lequel qqn, qqch se trouve. Être en bon —, en mauvais —. (*Cf.* embonpoint.) Voilà mon loup par terre, Mal en —, LA F. *Fab.* XII, 17. | Êtes-vous à ce — parmi nous étrangère ? RAC. *Ath.* II, 4. Cette affaire, venue au — où la voilà, MOL. *Dép. am.* IV, 1. Faire venir qqn à son —. Prendre à son — le temps de sa vengeance, CORN. *Méd.* I, 5. || *Loc. adv.* A —. | 1. Dans l'état voulu. Le dîner cuit à —, LA F. *Fab.* I, 18. | 2. Au moment voulu. Tout vient à — à qui sait attendre. Rien ne sert de courir ; il faut partir à —, LA F. *Fab.* VI, 10. || Sur ce —, BOIL. *Sat.* 3.

|| **3°** *P. ext.* Sujet spécial dont on s'occupe. Le — qui est en discussion. Étudier un — d'histoire. Toucher le vrai — de la question. Rien de trop est un — Dont on parle sans cesse, et qu'on n'observe point, LA F. *Fab.* IX, 11. Et je vais n'épargner personne sur ce —, MOL. *Mis.* I, 1. Un discours, un sermon en trois points. Le grand — est de réussir. C'est le — capital. || *Spécialt.* Le — d'honneur, ce qu'on regarde comme intéressant particulièrement l'honneur. Être délicat sur le — d'honneur. || La prédiction s'est accomplie de — en —. Contez-moi bien tout de — en —, MOL. *Dép. am.* V, 4. Obéir à qqn en tout —. Équiper un homme de tout —, le pourvoir de tout ce qui est nécessaire.

2. POINT [pwin ; le *t* se lie] *adv.*

[ÉTYM. Tiré de point 1 (*cf.* pas 2, goutte, etc.), § 726. || XII⁰ S. Es morz n'ont point d'esperance, *Enéas*, 300.]

|| Particule servant, comme pas, à renforcer la négation ne, mais d'une manière plus absolue. Ne nous flattons donc —, LA F. *Fab.* VII, 1. Je sens que je peux n'avoir — été, PASC. *Pens.* I, 11. Je ne t'ai — aimé ! RAC. *Andr.* IV, 5. Non, je ne flatte —, MOL. *Mis.* I, 2. || Avec ellipse de la négation ne Vous ennuyez-vous — De coucher toujours seul ? LA F. *Fab.*

VIII, 11. ANGÉL. : Montrez-vous généreux. — DANDIN : Non. — ANGÉL. : De grâce ! — DANDIN : —, MOL. *G. Dand.* III, 6. MAITRE JACQ. : Je vous mettrais en colère. — HARPAGON : — du tout, ID. *Av.* III, 1. — de franche lippée ! LA F. *Fab.* I, 5. Quand je dis —, je veux dire très peu, ID. *Contes, Calendrier. Loc. prov.* — d'argent, — de suisse, RAC. *Plaid.* I, 1.

POINTAGE [pwin-tàj'] *s. m.*

[ÉTYM. Dérivé de pointer 1, § 78. || 1628. Le coup trop haut de ce pointage, *Traité d'artill.* dans DELB. *Rec.* Admis ACAD. 1762.]

|| (Technol.) Action de pointer.

|| **1°** Action de marquer d'un point. Le — des articles d'un mémoire. Le — des absents, dans un appel. Le — des votes.

|| **2°** Action de diriger vers un point. Le — d'une bouche à feu. Le — d'une lunette.

POINTAL [pwin-tàl] *s. m.*

[ÉTYM. Dérivé de pointe, § 90. (*Cf.* l'ital. pontale, étai, dans OUD.) || 1676. A. FÉLIBIEN, *Princ. de l'architect.* p. 130. Admis ACAD. 1835.]

|| (Technol.) || **1°** Extrémité de la tige placée au centre de la meule courante d'un moulin et soutenant la nille.

|| **2°** Étai de bois posé verticalement pour soutenir une charpente.

POINTE [pwint'] *s. f.*

[ÉTYM. Du lat. pŭncta, *m. s.* subst. particip. de pŭngere, poindre, §§ 327, 386, 482 et 291.]

I. Ce qui présente une extrémité amincie de manière à poindre.

|| **1°** L'extrémité ainsi amincie. La — d'une aiguille, et, *fig.* Des pointes d'aiguille, des subtilités. La — d'un compas. La — d'un couteau, d'un poignard, d'une épée. Tout à la — de l'épée, LA F. *Fab.* I, 5. Parer de la — (à l'escrime). Répare cette injure à la — des armes, CORN. *Cid*, II, 6. || *P. anal.* La — d'un clocher, d'une flèche d'église, d'une pyramide. Avoir la barbe en —. La — du pied. Marcher sur la — du pied. *P. ext.* Un danseur qui fait des pointes, qui danse sur la pointe des pieds. Un fichu en —, et, *p. ext.* Une — de dentelle, dentelle en pointe. Une — de rocher. Déjà de ses vaisseaux la — (la proue) était tournée, RAC. *Phèd.* III, 1. | La — d'un paratonnerre. Le pouvoir des pointes, propriété qu'ont les corps terminés en pointe de laisser écouler le fluide électrique. || *Fig.* Vivacité piquante dans une chose. La — du plaisir s'émousse par la souffrance, BOSS. *Danger des plaisirs des sens*, 3. D'une — frivole Aiguiser par la queue une épigramme folle, BOIL. *Art p.* 2.

|| **2°** L'objet dont l'extrémité est ainsi amincie. La — d'un graveur, d'un sculpteur. Une — en diamant, pour couper le verre. Des pointes, clous longs et minces sans tête, ou à tête très petite. — de feu, cautère en pointe, et, *p. ext.* brûlure faite par cette pointe. || *P. anal.* Une — de terre, rivage qui s'avance en pointe dans la mer. La — de Grave, de Saint-Gildas. || *Fig.* | 1. Ce qui perce l'âme. Les pointes de la douleur me pénètrent plus vivement, SÉV. 1463. Toutes les pointes de la conscience s'émoussent, BOURD. *Pensées, Essai d'Avent, Fréquente Confession*, 1. | 2. Ce qui a une finesse extrême. La justice et la vérité sont deux pointes si subtiles que nos instruments sont trop mousses pour y toucher exactement, PASC. *Pens.* III, 3. | 3. Ce qui a une vivacité piquante. Assaisonner un mets d'une — d'ail. Une petite — de vin qui réveille, SÉV. 940. Mettre dans ce qu'on dit une — de malice. | *Absolt.* Des pointes, traits d'esprit piquants. Jadis de nos auteurs les pointes ignorées, BOIL. *Art p.* 2.

II. Action de pointer, de se pousser en avant. Pousser, suivre sa —, aller résolument en avant. Telle est la nature et complexion des Français qu'ils ne valent qu'à la première —, RAB. I, 48. Il poursuit sa — jusqu'au bout, MOL. *Él.* III, 4. Vous faites bien de pousser votre —, ID. *Escarb.* sc. 8. | *P. anal.* Un cheval qui fait —, qui s'élance brusquement hors de la voie. La — de l'oiseau, son brusque essor. | A la première — du printemps, ST-SIM. I, 3. A la petite — du jour, SÉV. 342.

POINTEMENT [pwint'-man ; *en vers*, pwin-te-...] *s. m.*

[ÉTYM. Dérivé de pointer, § 145. || 1752. TRÉV. Admis ACAD. 1835.]

|| (Technol.) Action de pointer (un canon, une lunette). (*Syn.* pointage.)

1. POINTER [pwin-té] *v. tr.*

[ÉTYM. Dérivé de point 1, § 154. || XIII⁰ S. Notant tous les dis de son adversaire et bien pointant chascun, *Ass. de Jérus. Livre de J. d'Ibelin*, 26.]

I. Marquer d'un point. — les votes, les noms des absents, dans un appel. | — une note de musique, la faire suivre d'un point qui en augmente de moitié la valeur. Une note pointée. || *P. ext.* — une feuille d'imprimeur, la placer dans les marques, de manière que le recto et le verso concordent.

II. Diriger vers un point. — une bouche à feu. — une longue-vue. || *Fig.* Je pointai mes oreilles et mon entendement,' ST-SIM. XI, p. 408.

2. POINTER [pwin-té] *v. tr. et intr.*
[ÉTYM. Dérivé de pointe, § 154. (*Cf.* appointer 2, empointer 1, épointer.) || XVIᵉ s. Flesches seulement pointees d'os, faute de fer, RODOLPHUS MAGISTER, *Tacite*, dans DELB. *Rec.*]
I. *V. tr.* || 1° Frapper de la pointe. — avec l'épée.
|| 2° Façonner en pointe. — des aiguilles.
II. *V. intr.* Pousser sa pointe. Les oiseaux furent vus — jusqu'en la région des nues, SCARR. *Virg. trav.* 6. Les bourgeons commencent à —.

1. POINTEUR, POINTEUSE [pwin-teùr, -teùz'] *s. m. et f.*
[ÉTYM. Dérivé de pointer 1, § 112. || 1499. Ung poincteur pour poincter les fautes des absens, dans DELB. *Rec.*]
|| Celui, celle qui fait le pointage. *Spécialt.* Le — d'une bouche à feu.

2. POINTEUR, EUSE [pwin-teùr, -teùz'] *s. m. et f.*
[ÉTYM. Dérivé de pointer 2, § 112. (*Cf.* empointeur.) || *Néolog.*]
|| Celui, celle qui façonne en pointe. — d'aiguilles.

3. POINTEUR [pwin-teùr] *s. m.*
[ÉTYM. Adaptation de l'angl. pointer, *m. s.* dérivé de to point, indiquer, qui vient lui-même du franç. pointer 1, §§ 8 et 112. || *Néolog.* Admis ACAD. 1878.]
|| (Chasse.) Chien d'arrêt, de race anglaise. *P. appos.* Un chien —.

POINTILLAGE [pwin-ti-yàj'] *s. m.*
[ÉTYM. Dérivé de pointiller, § 78. || Admis ACAD. 1694.]
|| Action de pointiller, résultat de cette action.

POINTILLE [pwin-tiy'] *s. f.*
[ÉTYM. Adaptation de l'ital. puntiglio, *m. s.* § 12. Sur le genre, *V.* 550. || XVIᵉ s. Sur une pointille d'honneur, PASQ. *Lett.* III, 1. Admis ACAD. 1694; suppr. en 1762; repris en 1878.]
|| Minutie dans un débat. Cette — dont la daterie fait toute sa défense, PATRU, *Plaidoy.* 4. La — de savoir à qui est dû l'honneur des éclaircissements, BOSS. *Lett. à Leibnitz,* 27 juillet 1692. Les vétilles, les pointilles, ST-SIM. I, 4.

1. POINTILLER [pwin-ti-yé] *v. tr.*
[ÉTYM. Dérivé de pointer, § 161. || 1611. COTGR.]
|| Parsemer de petits points. — une miniature, et, *au part. passé pris substantivt,* Une gravure au pointillé. | Une fleur rouge pointillée de jaune.

2. POINTILLER [pwin-ti-yé] *v. intr. et tr.*
[ÉTYM. Dérivé de pointille, § 154. || 1611. COTGR.]
|| 1° *V. intr.* Discuter sur des pointilles. — sans cesse Sur le genre et l'espèce, CORN. *Imit.* I, 3.
|| 2° *V. tr.* Chicaner sur des pointilles. Ils s'étaient plaisantés, pointillés devant moi, ROCHON DE CHABANNES, *Jaloux,* III, 4.

POINTILLERIE [pwin-tiy'-ri; *en vers,* -ti-ye-ri] *s. f.*
[ÉTYM. Dérivé de pointiller, § 69. || Admis ACAD. 1694.]
|| Discussion sur des pointilles.

POINTILLEUX, EUSE [pwin-ti-yeù, -yeùz'] *s. m. et f.*
[ÉTYM. Dérivé de pointiller, § 116. || 1642. OUD. Admis ACAD. 1740.]
|| Qui pointille sans cesse. Un esprit —. Le théâtre, fertile en censeurs —, BOIL. *Art* p. 3. — sophiste, GILBERT, *Dix-huitième Siècle.* || *P. ext.* Susceptible sur les moindres choses. Il faut être bien — pour être blessé..., SÉV. 1229.

POINTU, UE [pwin-tu] *adj.*
[ÉTYM. Dérivé de pointe, § 118. || 1420. Couvescle pointu, dans DOUET D'ARCQ, *Pièces relat. à Ch. VI,* II, 372.]
|| Terminé en pointe. Un couteau —. Un bâton —. Un chapeau —. Avoir le menton, le nez —. La dame au nez —, LA F. *Fab.* VII, 16. || *Fig.* Qui a un caractère aigre. Une voix pointue. Un caractère —.

1. POINTURE [pwin-tùr] *s. f.*
[ÉTYM. Du lat. pŭnctŭra, *m. s.* de pungere, poindre, §§ 348, 386, 482 et 291.]
|| 1° *Vieilli.* Piqûre. *Fig.* Mon cœur tendre à l'amour en

reçoit la —, RÉGNIER, *Sat.* 7. L'impatience des pointures de la peur, MONTAIGNE, I, 17.
|| 2° *P. ext.* Ce qui pique. *Spécialt.* (Typogr.) Lame de fer pointue qui fixe la feuille à imprimer sur le tympan.

2. POINTURE [pwin-tùr] *s. f.*
[ÉTYM. Dérivé de point, § 111. || *Néolog.* Admis ACAD. 1878.]
|| (Technol.) Nombre de points qui forment la mesure d'une chaussure, d'une paire de gants. Quelle est votre — ?

POIRE [pwàr] *s. f.*
[ÉTYM. Du lat. pop. *pīra (class. pīrum, § 545), devenu peire, poire, §§ 309 et 291.]
|| Fruit du poirier, de forme oblongue, qui va en diminuant vers la queue. Une — fondante. Une — molle, qui commence à blettir. *Fig.* La dureté de votre âme... ne me promet pas poires molles, MOL. *Escarb.* sc. 4. Entre la — et le fromage, au dessert. La — est mûre, l'occasion est favorable. Garder une — pour la soif, se précautionner pour l'avenir. || *P. anal.* | 1. Perle en forme de poire. | 2. — d'angoisse, instrument de fer en forme de poire, à ressort, qui servait à bâillonner. | 3. — à poudre, récipient de cuir, de corne, en forme de poire, où l'on met la poudre de chasse.

POIRÉ [pwà-ré] *s. m.*
[ÉTYM. Dérivé de poire, §§ 65 et 117. || XIIIᵉ s. Peré, G. DE COINCY, dans GODEF. *Compl.* | 1529. Poiré nouveau, J. et R. PARMENTIER, dans DELB. *Rec.*]
|| Boisson fermentée faite avec du jus de poire.

POIREAU [pwà-ró] et **PORREAU** [pò-ró] *s. m.*
[ÉTYM. Du lat. pop. *porrĕllum, diminutif de porrum, *m. s.* § 126, devenu porrel, porreau, §§ 456 et 291. La variante poireau est difficile à expliquer, § 509. || XIIIᵉ s. Semence de poiraus, E. BOILEAU, *Livre des mest.* II, XXIII, 6.]
|| Plante potagère. Une soupe aux poireaux. || *Fig.* Excroissance en forme de verrue qui vient aux mains, aux pieds. Il avait un porreau au bas de la joue, FURET. *Rom. bourg.* I, 13.

POIRÉE [pwà-ré] *s. f.*
[ÉTYM. Du lat. pop. *porrăta, dérivé de porrum, poireau, § 119, devenu porrède, porrée, §§ 295, 402 et 291, puis poirée, d'après poireau, § 509. || XIIIᵉ s. Semenche de poree, E. BOILEAU, *Livre des mest.* II, XXIII, 6.]
|| Espèce de bette, plante potagère.

POIRIER [pwà-ryé] *s. m.*
[ÉTYM. Dérivé de poire, §§ 65 et 115. || XIIIᵉ s. Fin cuer de chaisne sanz aube, de perier, E. BOILEAU, *Livre des mest.* I, XLVI, 3.]
|| Arbre de la famille des Rosacées, qui produit les poires. Bois de cet arbre qui, teint en noir, s'emploie en ébénisterie. Un meuble en —.

POIS [pwà; l's se lie avec le son de z] *s. m.*
[ÉTYM. Du lat. pĭsum, *m. s.* devenu peis, pois, § 309. (*Cf.* pesat.)]
|| 1° Chacune des graines d'une plante légumineuse, enfermées dans une cosse verte. Écosser des —, et, *dans le même sens,* des petits — (par opposition aux haricots, dits pois dans plusieurs provinces). Des — verts. Des — secs. Des — sans cosse, dont la cosse est tendre et se mange. (*Cf.* mange-tout.) Des — gris, espèce de pois commun. Des — chiches. || Des — de senteur, plante grimpante à fleur odorante. | *Loc. prov.* Rendre à qqn — pour fève, lui rendre la pareille. Manger des — chauds, ne savoir que dire. Il ne sait que répondre, il mange des — chauds, SÉV. 739. Avaleur de — gris, celui qui mange de tout. Et les avaliez tous ainsi que des — gris, MOL. *Ét.* IV, 4.
|| 2° *P. anal.* — à cautère, petite boule d'iris qu'on met dans les cautères pour entretenir la suppuration.

POISON [pwà-zon] *s. m.*
[ÉTYM. Du lat. potĭŏnem, *m. s.* (*cf.* le doublet potion), §§ 406 et 291. Poison a été féminin jusqu'au commencement du XVIIᵉ s. (donner de la poison, MALH. *Bienf. de Sénèq.* III, 24) et l'est encore dans le parler populaire, conformément au genre du lat. potionem, § 553.]
|| 1° *Anciennt.* Breuvage. *Spécialt.* Breuvage malfaisant.
|| 2° *P. ext.* Substance délétère qui, introduite dans l'organisme, donne la mort ou altère profondément les fonctions vitales. J'ai fait couler dans mes brûlantes veines Un — que Médée apporta dans Athènes, RAC. *Phèd.* V, 7. Les vices entrent dans la composition des vertus comme les poisons entrent dans la composition des remèdes, LA ROCHEF. *Réflex.*

182. || *P. plaisant.* Boisson désagréable. Avec l'eau que j'y mets à foison (dans le vin) J'espérais adoucir la force du —, BOIL. *Sat.* 3. || *Fig.* Ce qui est malfaisant pour l'âme. Craignez le — flatteur des louanges, FÉN. *Tél.* 4. Quel funeste — L'amour a répandu sur toute sa maison! RAC. *Phèd.* III, 6. Le — de l'erreur, des fausses doctrines.

POISSARD, ARDE [pwà-sàr, -sàrd'] *adj.* et *s. f.*
[ÉTYM. Dérivé de poix, § 147. Au XVI° s. poissard signifie « voleur » (qui a comme de la poix au bout des doigts). L'application de poissarde à une marchande de poisson (OUD.) peut s'expliquer par la peau gluante du poisson; mais peut-être est-elle due à un jeu de mots. || Admis ACAD. 1762.]
|| 1° *Adj.* Qui imite le langage grossier du peuple. Le genre appelé —, qui immortalisera le nom de Vadé, D'ALEMB. *Éloges, La Chaussée.* Le ton —. Une chanson poissarde.
|| 2° *S. f.* Poissarde, vendeuse de poisson, femme aux manières hardies, au langage grossier.

POISSER [pwà-sé] *v. tr.* et *intr.*
[ÉTYM. Dérivé de poix, § 154. L'anc. franç. a poyer, du lat. picare. || 1589. R. EST.]
I. *V. tr.* Enduire de poix. || *P. ext.* Barbouiller avec qqch de gluant.
II. *V. intr.* Être gluant.

POISSEUX, EUSE [pwà-seù, -seùz'] *adj.*
[ÉTYM. Dérivé de poix, § 116. || XVI° s. La poisseuse navire, A. JAMYN, *Poés.* p. 90. Admis ACAD. 1878.]
|| Qui poisse.

1. POISSON [pwà-son] *s. m.*
[ÉTYM. Du lat. pop. *piscionem, dérivé de piscem, *m. s.* § 106, devenu peisson, poisson, §§ 419, 378 et 291. || XI° s. Cel pescion, *Fragm. de Valenciennes.*]
|| Animal vertébré qui vit dans l'eau, en respirant l'air qui s'y trouve dissous, au moyen d'organes particuliers appelés branchies. — de mer, d'eau douce. Pêcher du —. Manger du —. — volant, l'exocet, muni de grandes nageoires qui lui permettent de se soutenir qq temps hors de l'eau. || *Loc. prov.* Être comme le — dans l'eau, hors de l'eau, dans une bonne, dans une mauvaise situation. Il avalerait la mer et les poissons, il est très altéré. Rester muet comme un —. Il n'est ni chair ni —, il ne se décide dans aucun sens. La sauce vaut mieux que le —, l'accessoire vaut mieux que le principal. || — d'avril, attrape que l'on fait à qqn le 1er avril (sans doute à cause du signe des Poissons que le soleil semble parcourir à cette époque).

2. POISSON [pwà-son] *s. m.*
[ÉTYM. Altération, par étymologie pop. § 509, de poçon, dérivé de pot, § 106. || XII° s. Le poçon li port plein de let, MARIE DE FRANCE, *Œuvres,* II, 269, Roquef. Admis ACAD. 1740.]
|| Ancienne mesure de liquides, quart de setier.

POISSONNAILLE [pwà-sò-này'] *s. f.*
[ÉTYM. Dérivé de poisson, § 95. || XV°-XVI° s. Poissonaille, COLARD MANSION, dans GODEF. *Compl.* Admis ACAD. 1762.]
|| Menu poisson, fretin.

POISSONNERIE [pwà-sòn-ri; *en vers,* -sò-ne-ri] *s. f.*
[ÉTYM. Dérivé de poissonnier, §§ 65 et 68. || 1376. On quarrefour de la poissonnerie de Beauvais, dans DELB. *Rec.* Admis ACAD. 1718.]
|| Lieu où l'on vend du poisson.

POISSONNEUX, EUSE [pwà-sò-neù, -neùz'] *adj.*
[ÉTYM. Dérivé de poisson, § 116. || XVI° s. Mers poissonneuses, RONS. dans GODEF. *Compl.*]
|| Qui abonde en poisson. Un étang —.

POISSONNIER, IÈRE [pwà-sò-nyé, -nyèr] *s. m.* et *f.*
[ÉTYM. Dérivé de poisson, § 115. || XIII° s. Nus ne puet estre poissonniers, E. BOILEAU, *Livre des mest.* I, c, 1.]
|| Marchand, marchande de poisson.

POISSONNIÈRE [pwà-sò-nyèr] *s. f.*
[ÉTYM. Dérivé de poisson, § 115. || XVI° s. O. DE SERRES, VIII, 3.]
|| Ustensile de cuisine, vase de forme oblongue pour faire cuire le poisson.

POITRAIL [pwà-trày'] *s. m.*
[ÉTYM. Altération, par confusion de suffixe, § 62, de poitral, du lat. pectorale, *m. s.* devenu peitral, poitral, §§ 386, 343, 336 et 291. (*Cf.* le doublet pectoral.) || XII° s. O frains o seles o peitrals, *Énéas,* 3259. Des cous dont li poitrail sont rot, *Méraugis,* 3009.]

I. || 1° *Ancienn.* Partie du harnais couvrant la poitrine du cheval.
|| 2° *P. anal.* (Technol.) Poutre, ferrure qui sert à soutenir la partie antérieure d'un mur.
II. *P. ext.* Région antérieure de la poitrine du cheval.

POITRINAIRE [pwà-tri-nèr] *adj.*
[ÉTYM. Dérivé de poitrine, § 248. || 1752. TRÉV. Admis ACAD. 1762.]
|| Qui a la poitrine attaquée, phtisique. Un malade —, et, *substantivt,* Un, une —.

POITRINE [pwà-trin'] *s. f.*
[ÉTYM. Du lat. pop. *pectorina, dérivé de pectus (*cf.* pis 1), *m. s.* § 100, devenu peitrine, poitrine, §§ 386, 343, 336 et 291. || XII° s. Et maigre et seche la peitrine, *Énéas,* 2572.]
|| Partie du corps qui contient les poumons et le cœur.
|| 1° Le devant de cette partie du corps. Avoir la — nue. Frapper sa —, battre sa coulpe. Voyez comme elle frappe cette — innocente, BOSS. *Marie-Thérèse.* | *Spécialt.* Les seins, chez la femme.
|| 2° Les organes de la respiration contenus dans cette partie du corps. Avoir une maladie de —. Il a la — attaquée. Il a la — faible. Voix de —, voix prise en pleins poumons, qui ne vient ni de la gorge ni de la tête.
|| 3° (Boucherie.) La partie des côtes articulée au sternum, avec la chair qui y est attachée. — de bœuf, de veau, de mouton.

POIVRADE [pwà-vràd'] *s. f.*
[ÉTYM. Dérivé de poivre, § 120. || 1505. Poyvrade, DESDIER, *Honneste Volupté,* f° 77, v°.]
|| (Cuisine.) Assaisonnement de poivre et de sel. Manger des artichauts à la —. | *P. ext.* Sauce où domine le poivre.

POIVRE [pwàvr'] *s. m.*
[ÉTYM. Du lat. piper, *m. s.* devenu peivre, poivre, §§ 309, 426 et 291.]
|| Petite baie d'odeur et de saveur forte qui, desséchée et moulue, est employée comme assaisonnement. Rapporter de Goa le — et le gingembre, BOIL. *Sat.* 8. — noir, non décortiqué. || *Fig.* Une barbe — et sel, grisonnante. *P. plaisant.* Le — tragique ou le sel comique, REGNARD, *Les Chinois,* sc. dern.

POIVRER [pwà-vré] *v. tr.*
[ÉTYM. Dérivé de poivre, § 154. || XIII° s. Sauces pevrees, *Serm.* dans GODEF. *Compl.* | XVI° s. Tu seras bien poyvré, RAB. III, 25.]
|| Assaisonner de poivre. Un mets trop poivré. || *Fig.* Une anecdote poivrée, de haut goût. (*Cf.* épicer, saler.)

POIVRIER [pwà-vri-yé] *s. m.*
[ÉTYM. Dérivé de poivre, § 115. Poivrier s'est employé au moyen âge au sens de marchand de poivre, épicier. || (Au sens **I.**) 1611. Poyvrier, COTGR. | (Au sens **II.**) 1642. Poivrier, OUD.]
I. Arbrisseau sarmenteux qui produit le poivre.
II. Petit vase à mettre du poivre. (*Cf.* poivrière.)

POIVRIÈRE [pwà-vri-yèr] *s. f.*
[ÉTYM. Dérivé de poivre, § 115. || Admis ACAD. 1718.]
|| 1° *Ancienn.* Boîte à poivre, à épices.
|| 2° Petit ustensile de table à mettre du poivre.
|| 3° *Spécialt.* Vase cylindrique à couvercle conique, percé d'un trou au sommet, renfermant du poivre. || *P. anal. de forme.* (T. milit.) Petite guérite placée à l'angle d'un bastion, sur le faîte d'un mur.

POIVRON [pwà-vron] *s. m.*
[ÉTYM. Dérivé de poivre, § 104. || *Néolog.*]
|| Fruit du piment.

POIX [pwà] *s. f.*
[ÉTYM. Du lat. picem, *m. s.* devenu peiz, peis, pois, §§ 309, 382 et 291, écrit plus récemment poix d'après le nom lat. pix, § 502.]
|| Substance résineuse, bitumineuse. — blanche, térébenthine fondue à chaud dans l'eau et filtrée à travers un lit de paille. — noire, tirée par combustion et distillation de ces filtres de paille. — des cordonniers. — de Bourgogne, mélange de résine et de cire jaune. — de Judée, asphalte.

POLAIRE [pò-lèr] *adj.*
[ÉTYM. Emprunté du bas lat. polaris, *m. s.* || 1556. Elevation polaire, O. FINÉ, dans DELB. *Rec.*]
|| (T. didact.) || 1° Relatif aux pôles du globe terrestre. Région, mer —. Les glaces polaires. Cercle —, petit cercle de la sphère terrestre parallèle à l'équateur. Le cercle — arctique, antarctique. Étoile —, étoile de la petite Ourse, la plus voisine du pôle arctique.

|| **2°** Relatif aux pôles d'un aimant, d'un courant électrique. Charbon —, dont le contact produit la lumière électrique.
|| **3°** Relatif aux pôles d'une sphère, d'un cercle.

POLARISATION [pò-là-ri-zà-syon ; *en vers*, -si-on] *s. f.*
[ÉTYM. Dérivé de polariser, § 247. || 1811. BIOT, dans *Mém. de l'Inst. Sc. phys. et math.* XII, 135. Admis ACAD. 1835.]
|| (T. didact.) || **I.** (Physique.) Action de polariser (un rayon lumineux), résultat de cette action.
II. (Botan.) Tendance de la radicule et de la gemmule à se diriger dans deux sens opposés.

POLARISER [pò-là-ri-zé] *v. tr.*
[ÉTYM. Dérivé du grec πολεῖν, tourner, d'après polaire, les premières expériences ayant eu lieu sur un cristal biréfringent qu'on faisait tourner sur lui-même, § 267. || 1811. BIOT, dans *Mém. de l'Inst. Sc. phys. et math.* XII, 135. Admis ACAD. 1835.]
|| (T. didact.) || **I.** Rendre (un rayon lumineux), par la réflexion sous un certain angle, par la réfraction à travers certains milieux, incapable de se réfléchir, de se réfracter de nouveau.
II. Porter à tel ou tel pôle d'une pile électrique.

POLARITÉ [pò-là-ri-té] *s. f.*
[ÉTYM. Dérivé de polaris, polaire, § 255. || 1806. Polarité électrique, THOUVENEL, *Mém. sur l'aérologie*, II, 137. Admis ACAD. 1835.]
|| (T. didact.) Propriété qu'a l'aimant de se diriger vers un point fixe, voisin du pôle.

PÔLE [pôl] *s. m.*
[ÉTYM. Emprunté du lat. polus, grec πόλος, *m. s.* de πολεῖν, tourner. || 1372. Entre ces deux poles, J. CORBICHON, *Propr. des choses*, VIII, 2, mss franç. Bibl. nat. 216.]
|| **I.** Chacune des extrémités de l'axe du monde, autour duquel semble se mouvoir en vingt-quatre heures la sphère céleste. Les cieux sur leurs pôles assis, LA F. *Phil. et Baucis.* || Chacune des extrémités de l'axe de la terre, autour duquel le globe terrestre semble tourner en vingt-quatre heures. Le — arctique ou boréal, le — antarctique ou austral. Une expédition au — nord. Hauteur ou élévation du —, arc de méridien compris entre le pôle et l'horizon du lieu où l'on est. L'aiguille aimantée de la boussole se tourne toujours vers le — nord. Trois degrés d'élévation du — renversent toute la jurisprudence, PASC. *Pens.* III, 8. Aller d'un — à l'autre, par toute la terre. || *Fig.* Par allusion à l'étoile polaire qui guide les voyageurs. Aussi mon cœur... tournera-t-il toujours vers les astres resplendissants de vos yeux adorables, ainsi que vers son — unique, MOL. *Mal. im.* II, 5.
|| **II.** (Géom.) Chacune des extrémités de l'axe autour duquel est censé tourner un corps sphérique, elliptique. Les pôles d'un ellipsoïde. | Pôles d'un cercle de la sphère, les deux extrémités du diamètre de la sphère perpendiculaire au plan du cercle. | — d'une droite par rapport à une conique qu'elle coupe, point d'où partent les tangentes menées à la conique par les points d'intersection de la droite.
|| **III.** (Physique.) Chacun des deux points opposés d'un aimant, où se produisent avec le plus de force les attractions et les répulsions magnétiques. || Chacune des deux extrémités opposées d'un courant électrique. Le — positif et le — négatif d'une pile.

POLÉMIQUE [pò-lé-mĭk'] *adj.*
[ÉTYM. Emprunté du grec πολεμικός, relatif à la guerre. || XVIᵉ-XVIIᵉ s. Deux livres d'épigrammes, puis des polemiques, D'AUB. *Trag.* préf. Admis ACAD. 1718.]
|| (T. didact.) Relatif à un débat par écrit. Ouvrage —. Style —. || *Substantivt.* La —, et, *vieilli*, Le —, débat par écrit. Exceller dans la —. Une — religieuse, littéraire.

1. POLICE [pò-lîs'] *s. f.*
[ÉTYM. Emprunté du lat. politia, grec πολιτεία, gouvernement, de πόλις, cité. (*Cf.* politique.) On trouve souvent policie au moyen âge, et J.-J. ROUSSEAU a employé politie. || XVᵉ s. Et est une chose hors de police faire le contraire, dans *Bibl. de l'École des chartes*, 1865, p. 139.]
|| **1°** *Vieilli.* Forme de gouvernement établie. Le commencement des lois et de la — des Égyptiens, BOSS. *Hist. univ.* I, 2. La — et le gouvernement de son peuple élu, ID. *ibid.* I, 4. L'ignorance de la religion et de la — du pays n'était excusée en aucun état, ID. *ibid.* III, 3.
|| **2°** *Vieilli.* Action de gouverner. Ils (les Cyclopes) ne connaissent point de loi, ils n'observent aucune règle de —,

FÉN. *Odyss.* 9. La — céleste avec laquelle Dieu régit les hommes, BOSS. *Rechute*, 2.
|| **3°** Règlements établis en vue de l'ordre et de la sécurité publique. C'était là (à Sparte) une de leurs plus importantes polices, FÉN. *Éduc. des filles*, 12. Des polices établies par la politique des législateurs, MASS. *Vérité de la relig.* 2. Ordonnance, tribunal de —. || *P. anal. Vieilli.* La — de ces sociétés était inviolable, FÉN. *Tél.* 10. Cette — de la plupart de nos collèges m'a toujours déplu, MONTAIGNE, I, 25. Pour l'ordre, la — et les lois de cette assemblée (l'Académie), PELLISS. *Hist. de l'Acad.* 1. La — d'une armée, d'un camp. Salle de —, où l'on fait subir aux soldats de courtes détentions pour des fautes légères. | Bonnet de —, coiffure de petite tenue.
|| **4°** *P. ext.* Surveillance exercée pour l'exécution de ces règlements, le maintien de l'ordre et de la sécurité publique. Faire la —. Lieutenant de —. Préfet de —. Commissaire de —. Agent, inspecteur de —. || *P. ext.* Administration chargée de cette surveillance. Être sous la surveillance de la —. Prévenir la —. Si, par un arrêt, la grossière — D'un jeu si nécessaire interdit l'exercice, BOIL. *Sat.* 10.

2. POLICE [pò-lîs'] *s. f.*
[ÉTYM. Emprunté du provenç. polissa, *m. s.* qui se rattache au grec ἀπόδειξις, preuve, § 11. || 1371. Bullete autrement dite police, dans DU C. pollex.]
|| **I.** Contrat d'assurance, état des meubles, marchandises, etc., pour lesquels l'assureur s'engage, en cas de dommage ou de perte, à indemniser l'assuré, en échange d'une prime que celui-ci s'engage à payer. || Contrat d'abonnement, pour l'eau, le gaz, etc.
|| **II.** État des lettres et signes composant une fonte de caractères d'imprimerie, de leur quantité, de leurs proportions.

POLICER [pò-li-sé] *v. tr.*
[ÉTYM. Dérivé de police, § 154. Au XVIᵉ s. on dit politier, policier, d'après le lat. politia. Le passage du sens **1°** au sens **2°** est dû à l'influence de polir. || 1461. Desirans nostre vile... estre bien polices, dans GODEF. policier.]
|| **1°** *Vieilli.* Régir par une police, gouverner. — sagement les peuples dans la paix, FÉN. *Tél.* 5. | On devrait proscrire de tels personnages d'une ville bien policée, LA BR. 7. Ce grand nombre de républiques d'animaux si bien policées, FÉN. *Exist. de Dieu*, I, 2.
|| **2°** *P. ext.* Rendre poli, adoucir par la culture. Les Grecs ainsi polices peu à peu, BOSS. *Hist. univ.* III, 5. Quelque peuple sauvage... qu'il puisse assembler, —, FÉN. *Tél.* 18.

POLICHINELLE [pò-li-chi-nèl] *s. m.*
[ÉTYM. Nom propre, § 36 : napolit. Polecenella, ital. Pulcinella, personnage bouffon des farces napolitaines popularisé par les marionnettes, § 12. || 1680. RICHEL.]
|| Bouffon. Chaque — cherche à s'attirer la foule, VOLT. *Lett.* 15 sept. 1768. || *P. ext.* Personnage ridicule, de mince valeur. Un vilain —.

*****POLICIER, IÈRE** [pò-li-syé, -syèr] *adj.*
[ÉTYM. Dérivé de police 1, § 115. || *Néolog.*]
|| *Famil.* Relatif à la police (surveillance pour le maintien de l'ordre). Le régime —. Une mesure policière. || *Substantivt.* Un —, un homme au service de la police.

1. POLIMENT [pò-li-man] *adv.*
[ÉTYM. Pour poliement, composé de polie, part. du verbe polir employé adjectivement, et ment, § 724. || 1539. Poliement, R. EST.]
|| D'une manière polie.

2. POLIMENT [pò-li-man] *s. m.*
[ÉTYM. Emprunté de l'ital. pulimento, *m. s.* § 12. (*Cf.* l'anc. franç. polissement.) || 1676. Le poliment d'un diamant, A. FÉLIBIEN, *Princ. de l'architect.* 703. Admis ACAD. 1694.]
|| *Vieilli.* (Technol.) Action de polir.

POLIR [pò-lîr] *v. tr.*
[ÉTYM. Du lat. pŏlīre, *m. s.* §§ 347 et 291.]
|| Rendre uni par le frottement. — le marbre, l'acier. On polit l'émeraude, BOIL. *Ép.* 9. Verre poli. || *Au part. passé pris substantivt.* Donner le poli à une glace. || *P. anal.* Lustrer (le poil d'un animal). Un dogue aussi puissant que beau, Gras, poli, LA F. *Fab.* I, 5. || *Fig.* Rendre plus châtié. — un écrit, un discours. Polissez-le sans cesse (votre ouvrage), BOIL. *Art p.* 1. — la langue. || *P. ext.* Adoucir par la culture. On voit les lois s'établir, les mœurs se —, BOSS. *Hist. univ.* I, 2. La Grèce devenait tous les jours plus... polie, ID. *ibid.* I, 6. || *Spéciall.* Une personne polie, qui a appris à observer

les égards que l'on doit aux autres en société. La plupart des jeunes gens croient être naturels lorsqu'ils ne sont que mal polis et grossiers, LA ROCHEF. *Réflex*. 372. Des manières polies. La cour est... composée d'hommes fort durs, mais fort polis, LA BR. 8.

POLISSAGE [pò-li-sàj'] *s. m.*
[ÉTYM. Dérivé de polir, § 78. || 1749. Premier polissage, PLUMIER, *Art du tourneur*, p. 240. Admis ACAD. 1878.]
|| (Technol.) Action de polir.

POLISSEUR, EUSE [pò-li-seùr, -seùz'] *s. m.* et *f.*
[ÉTYM. Dérivé de polir, § 112. || 1389. Ouvriers polisseurs de Paris, dans DELB. *Rec.*]
|| (Technol.) Celui, celle qui fait métier de polir.

POLISSOIR *s. m.* et **POLISSOIRE** [pò-li-swàr] *s. f.*
[ÉTYM. Dérivé de poli, § 113. || 1411. Polissouere, dans DE SAULCY, *Doc. relat. à l'hist. des monnaies*, II, 164.]
|| (Technol.) Outil pour polir.

POLISSON, ONNE [pò-li-son, -sòn'] *s. m.* et *f.*
[ÉTYM. Emprunté de l'argot, § 31. || 1616. Du temps que j'étois parmi les mattois, cagoux, polissons, casseurs de hannes, A. DE MONLUC, *Comédie des prov*. II, 5.]
|| 1° Petit garçon, petite fille qui vagabonde, qui désobéit. Il va jouer avec les polissons de son âge. Un — de collège, J.-J. ROUSS. *Ém.* 4.
|| 2° P. ext. Celui, celle qui fait des choses inconvenantes. Depuis que je me suis amusé à immoler ce — à la risée publique, VOLT. *Dict. philos. ana*. || P. plaisant. Vieilli. Personne qui est tolérée, mais non invitée dans une réunion. Il était à la campagne en qualité de généalogiste et de —, VOLT. *Lett. à d'Alemb*. déc. 1764.
|| 3° Celui, celle qui est immodeste. Je devins —, mais non libertin, J.-J. ROUSS. *Confess*. 2. || Adjectivt. Les entretiens polissons préparent les mœurs libertines, J.-J. ROUSS. *Ém.* 4. Des regards polissons.

POLISSONNER [pò-li-sò-né] *v. intr.*
[ÉTYM. Dérivé de polisson, § 154. || Admis ACAD. 1718.]
|| 1° Faire le polisson.
|| 2° Dire, faire des polissonneries.

POLISSONNERIE [pò-li-sòn'-ri; *en vers*, -sò-ne-ri] *s. f.*
[ÉTYM. Dérivé de polisson, § 69. || Admis ACAD. 1718.]
|| 1° Acte de polisson.
|| 2° Parole, action immodeste.

POLISSURE [pò-li-sùr] *s. f.*
[ÉTYM. Dérivé de polir, § 111. || 1539. R. EST. Admis ACAD. 1762.]
|| Éclat d'une chose polie. Une belle arme... d'une — admirable, LA BR. 3.

POLITESSE [pò-li-tès'] *s. f.*
[ÉTYM. Emprunté de l'ital. pulitezza, *m. s.* rendu par politesse (et non poulitesse) d'après poli, § 12. || 1611. COTGR.]
|| 1° Vieilli. Culture qui adoucit les mœurs. Les Romains y ont établi presque partout, avec leur empire, les lois et la —, BOSS. *Hist. univ*. III, 6. Le luxe et la trop grande — dans les États sont le présage assuré de leur décadence, LA ROCHEF. *Max*. 629. C'est plus la — des mœurs que celle des manières qui doit nous distinguer des barbares, MONTESQ. *Espr. des lois*, XIX, 27.
|| 2° Vieilli. Culture intellectuelle. La — de l'esprit consiste à penser des choses honnêtes et délicates, LA ROCHEF. *Max*. 99. Ils voyaient dans leurs ouvrages plus de tour et de délicatesse, plus de — d'esprit, LA BR. 16.
|| 3° Ensemble des égards que l'on a les uns pour les autres en société. Il y a une sorte de — qui est nécessaire dans le commerce des honnêtes gens, LA ROCHEF. *Réflex. div. De la société*. La — des manières, simple respect des convenances. Il faut très peu de fonds pour la — dans les manières, LA BR. 12. La — du cœur, inspirée par la bonté. || P. ext. Acte de politesse. Faire des politesses à qqn. *Famil*. Brûler la — à qqn, le quitter brusquement.

***POLITICIEN, ENNE** [pò-li-ti-syin, -syèn'] *s. m.* et *f.*
[ÉTYM. Dérivé de politique, d'après le type lat. politicus, § 244. || Néolog.]
|| Celui, celle qui s'occupe de politique, des affaires publiques.

POLITIQUE [pò-li-tìk'] *adj.* et *s. m.* et *f.*
[ÉTYM. Emprunté du lat. politicus, grec πολιτικός, *m. s.* de πόλις, cité. || XIIIᵉ s. Politique, ce est a dire le governement des citez, BRUN. LATINI, *Trésor*, p. 575.]
I. *Adj.* Relatif au gouvernement d'un État. Les insti-

tutions politiques. Les droits politiques, par lesquels un citoyen participe au gouvernement de l'État. Domicile —, où l'on exerce ses droits politiques. Les partis politiques. Un journal —. La comédie d'Aristophane est —. L'économie —, science qui traite de la richesse dans les États. Les sciences politiques. Les hommes politiques. La ligne — d'un député, d'un journal. Avoir l'esprit —. Des citoyens... étudient le gouvernement, deviennent fins et politiques, LA BR. 9. || P. ext. Un homme —, prudent, avisé, dans la direction d'une affaire. La société des Jésuites est trop — pour les choquer ouvertement, PASC. *Prov*. 2. Ils couvrent leur prudence humaine et — du prétexte d'une prudence divine et chrétienne, ID. *ibid*. 5. Je fus assez — pour cacher ma joie, LES. *Estev. Gonzalez*, 11.
II. *S. m.* et *f.* || 1° *S. m.* Celui qui s'occupe des affaires publiques. C'est un profond —. Connaître le faible des grands politiques, BOSS. *A. de Gonz*. Un roi qui s'y résout est mauvais —, CORN. *Pomp*. I, 2. || P. ext. Celui qui est prudent, avisé, dans la direction d'une affaire. Ces fins politiques (les Jésuites) se gardèrent de réclamer, ST-SIM. II, 434.
|| 2° *S. f.* | 1. Art de gouverner un État. J'enseignerai la —, Reprit le fils de roi, LA F. *Fab*. X, 17. | 2. Manière de gouverner. De tout cela s'est formée la meilleure milice et la — la plus prévoyante, BOSS. *Hist. univ*. III, 6. La — qui ne consiste qu'à répandre le sang est fort bornée, LA BR. 10. | 3. Manière d'entendre la direction des affaires publiques. Soutenir la — du ministère. La — d'un journal. Changer de —. | 4. Ce qui concerne les affaires publiques. Parler —. On est rarement d'accord en —. || P. ext. Manière prudente, avisée, de conduire une affaire. Ménagez cela suivant cette — dont vous me donnez des leçons, SÉV. 911. La clémence des princes n'est souvent qu'une — pour gagner l'affection des peuples, LA ROCHEF. *Réflex*. 15.

POLITIQUEMENT [pò-li-tìk'-man; *en vers*, -ti-ke-...] *adv.*
[ÉTYM. Composé de politique et ment, § 724. || XVᵉ s. Cette puissance s'appelle politiquement thimocratie, A. CHARTIER, dans DELB. *Rec.*]
|| D'une manière politique.

POLITIQUER [pò-li-ti-ké] *v. intr.*
[ÉTYM. Dérivé de politique, § 154. || XVIIᵉ s. V. à l'article. Admis ACAD. 1718.]
|| *Famil*. Raisonner sur la politique. Nous politiquerons d'un air à faire trembler tout ce qui nous hait, SÉV. 372.

POLKA [pòl-kà] *s. f.*
[ÉTYM. Mot polonais, § 20. || Néolog. Admis ACAD. 1878.]
|| Danse à deux temps (importée de Pologne, vers 1845).

POLLEN [pòl'-lèn'] *s. m.*
[ÉTYM. Emprunté du lat. pollen, proprt, « farine ». || Admis ACAD. 1835.]
|| (Botan.) Poussière fécondante des végétaux.

POLLICITATION [pòl'-li-si-tà-syon; *en vers*, -si-on] *s. f.*
[ÉTYM. Emprunté du lat. pollicitatio, promesse. || XVᵉ s. Ceste joieuse responce et pollicitacion du roy, *Chron. et hist. sainte et prof*. dans GODEF. Admis ACAD. 1762.]
|| (Droit.) Promesse que qqn fait, et qui n'est pas encore acceptée.

POLLUER [pòl'-lué; *en vers*, -lu-é] *v. tr.*
[ÉTYM. Emprunté du lat. polluere, *m. s.* || 1539. R. EST.]
|| (T. didact.) Souiller.

POLLUTION [pòl'-lu-syon; *en vers*, -si-on] *s. f.*
[ÉTYM. Emprunté du lat. pollutio, *m. s.* || XIIᵉ s. Tes corage suiet expurgiz de totes polluncions, *Dial. anime conquer*. dans *Romania*, 1876, fᵒ 307.]
|| (T. didact.) Souillure.

POLONAISE [pò-lò-nèz'] *s. f.*
[ÉTYM. Nom propre, §§ 36 et 38. || Admis ACAD. (au sens I seulement) 1878.]
I. Danse nationale de Pologne.
II. Redingote ornée de brandebourgs.

POLTRON, ONNE [pòl-tron, -tròn'] *adj.*
[ÉTYM. Emprunté de l'ital. poltrone, *m. s.* dérivé de poltro, poulain (*cf.* poutre), § 12. MAROT emploie le verbe poltronniser, *Épît*. 43. || XVIᵉ s. Ces poltrons magnigoules Gastrolatres, RAB. IV, 59.]
|| 1° Qui a peur du danger. Nous serions volontiers poltrons pour acquérir la réputation d'être vaillants, PASC. *Pens*. II, 1. Il n'est, je le vois bien, si — sur la terre, Qui ne puisse

trouver un plus — que soi, LA F. *Fab.* II, 14. || *Substantivt.* Un —, une poltronne. Les poltrons se laissent tuer de peur de se défendre, LA ROCHEF. *Max.* 420. Cet usage (le duel) n'a pas laissé au — la liberté de vivre, LA BR. 13. Vous avez donc donné un souper magnifique, comme un — va au combat en désespéré, FÉN. *Dial. des morts, Lucullus et Crassus.* Un — révolté, celui qui, poussé à bout, déploie de l'énergie.

|| 2° *P. ext.* (Fauconn.) Oiseau —, à qui on a rogné les ongles.

POLTRONNERIE [pŏl-trŏn'-ri; *en vers,* -trŏ-ne-ri] *s. f.*

[ÉTYM. Dérivé de poltron, § 69. || 1573. La grant poltronnerie qui estoit en son meschant corps, LARIVEY, *Facet. nuits,* VIII, 1.]

|| Peur du danger. Profiter de la — De ceux qu'attaque notre bras, MOL. *Amph.* I, 2. Je te veux bien faire toucher au doigt ta —, ID. *D. Juan,* III, 5.

POLYADELPHIE [pŏ-li-à-dĕl-fî] *s. f.*

[ÉTYM. Composé avec le grec πολύς, nombreux, ἀδελφός, frère, et le suffixe ie, § 279. || 1787. GOUAN, *Expl. du syst. botan. de Linné,* p. 29. Admis ACAD. 1835.]

|| (Botan.) Dans le système de Linné, classe de plantes qui ont vingt étamines ou plus réunies par leurs filets en plus de deux corps ou faisceaux dans une même fleur hermaphrodite.

POLYANDRIE [pŏ-li-an-dri] *s. f.*

[ÉTYM. Composé avec le grec πολύς, nombreux, ἀνήρ, ἀνδρός, homme, mâle, et le suffixe ie, § 279. || 1787. GOUAN, *Expl. du syst. botan. de Linné,* p. 26. Admis ACAD. 1835.]

|| (T. didact.) || I. État d'une femme qui a plusieurs maris. La — existe au Thibet.

II. (Botan.) Classe de plantes qui ont vingt étamines ou plus insérées sous un pistil simple ou multiple. (*Cf.* polygynie.)

POLYCHRESTE [pŏ-li-krĕst'] *adj.*

[ÉTYM. Emprunté du grec πολύχρηστος, *m. s.* de πολύς, nombreux, et χρηστός, utile. || 1690. FURET. Admis ACAD. 1762.]

|| (Pharm.) Qui a des effets multiples. Remède —. *Spécialt.* Sel — purgatif.

POLYCHROME [pŏ-li-krŏm'; selon d'autres, -krŏm'] *adj.*

[ÉTYM. Emprunté du grec πολύχρωμος, *m. s.* de πολύς, nombreux, et χρῶμα, couleur. || *Néolog.* Admis ACAD. 1878.]

|| (T. didact.) Qui présente plusieurs couleurs. Colonne, statue —. Un plat en faïence de Delft —.

*POLYCHROMIE [pŏ-li-krŏ-mi] *s. f.*

[ÉTYM. Dérivé de polychrome, § 282. || *Néolog.*]

|| (T. didact.) État de ce qui est polychrome.

POLYÈDRE [pŏ-li-èdr'] *s. m.*

[ÉTYM. Emprunté du grec πολύεδρος, *m. s.* de πολύς, nombreux, et ἕδρα, face. || 1690. Poliedre, FURET. Admis ACAD. 1762.]

|| (Géom.) Corps solide qui a plusieurs faces.

POLYGAME [pŏ-li-gàm'] *s. m. et f. et adj.*

[ÉTYM. Emprunté du grec πολύγαμος, *m. s.* de πολύς, nombreux, et γάμος, mariage. || XVII° s. *V.* à l'article. Admis ACAD. 1718.]

|| (T. didact.) || 1° *S. m. et f.* Homme marié avec plusieurs femmes; femme mariée avec plusieurs hommes. On reproche au landgrave d'être —, BOSS. *Var.* 6.

|| 2° *Adj.* (Botan.) Plante —, qui porte sur le même pied des fleurs hermaphodites et des fleurs dont les unes sont mâles et les autres femelles.

POLYGAMIE [pŏ-li-gà-mi] *s. f.*

[ÉTYM. Emprunté du lat. polygamia, grec πολυγαμία, *m. s.* || 1578. Polygamie, ce est pluralité des femmes, J. DE LÉRY, dans DELB. *Rec.* Admis ACAD. 1694.]

|| (T. didact.) || 1° État de celui, de celle qui est polygame. *Spécialt.* État d'un homme qui se marie avec plusieurs femmes. La — existe en Orient. La — est interdite par nos lois. La — est un cas, Est un cas pendable, MOL. *Pourc.* II, 11.

|| 2° (Botan.) Classe des plantes polygames.

. **POLYGLOTTE** [pŏ-li-glŏt'] *adj.*

[ÉTYM. Emprunté du grec πολύγλωττος, *m. s.* de πολύς, nombreux, et γλῶττα, langue. || 1639. *V.* à l'article. Admis ACAD. 1718.]

|| 1° Rédigé en plusieurs langues. La Bible —, et, *subs-tantivt.* La — de Giustiniani (Bible polyglotte dédiée à Léon X).

|| 2° Qui sait plusieurs langues. Un guide —. *Substantivt.* Cet homme est un habile —. Cette femme est une — distinguée. C'est à un — comme vous à qui l'on doit demander avis, CHAPELAIN, *Lett.* 6 janv. 1639.

POLYGONE [pŏ-li-gòn'] *adj. et s. m.*

[ÉTYM. Emprunté du lat. polygonus, grec πολύγωνος, *m. s.* de πολύς, nombreux, et γῶνος, coin. || 1611. Poligone, COTGR.]

|| (T. didact.) || 1° *Adj.* Qui a plusieurs angles et plusieurs côtés. Une figure —.

|| 2° *S. m.* | 1. (Géom.) Figure qui a plusieurs angles et plusieurs côtés. | 2. (T. milit.) Figure qui détermine le tracé d'une place de guerre. | 3. *P. ext.* (T. milit.) Place où les artilleurs s'exercent au tir des bouches à feu.

POLYGRAPHE [pŏ-li-gràf'] *s. m. et f.*

[ÉTYM. Emprunté du grec πολύγραφος, *m. s.* de πολύ, beaucoup, et γράφειν, écrire. || 1536. Livres... collationnez par le polygraphe, dans DELB. *Rec.* Admis ACAD. 1762.]

|| (T. didact.) Auteur qui écrit sur des matières diverses.

POLYGRAPHIE [pŏ-li-grà-fî] *s. f.*

[ÉTYM. Emprunté du grec πολυγρφία, *m. s.* || 1561. Polygraphie de Tritheme, DE COLLANGE, titre. Admis ACAD. 1835.]

|| (T. didact.) || 1° *Rare.* État du polygraphe.

|| 2° Section des polygraphes, dans une bibliothèque.

*POLYGYNIE [pŏ-li-ji-ni] *s. f.*

[ÉTYM. Composé avec le grec πολύς, nombreux, γυνή, femme, femelle, et le suffixe ie, § 279. || *Néolog.*]

|| (Botan.) Classe des plantes qui ont plusieurs pistils. (*Cf.* polyandrie.)

POLYMATHIE [pŏ-li-mà-ti] *s. f.*

[ÉTYM. Emprunté du grec πολυμάθεια, *m. s.* de πολύ, beaucoup, et μάνθανειν, apprendre. || XVII° s. *V.* à l'article. Admis ACAD. 1878.]

|| *Rare.* (T. didact.) Multiplicité des connaissances. Leur grande doctrine et —, NAUDÉ, *Apol.* p. 384. L'esprit de — commence à l'agiter, MALEBR. *Rech. de la vérité,* IV, 7.

POLYMATHIQUE [pŏ-li-mà-tĭk'] *adj.*

[ÉTYM. Dérivé de polymathie, § 229. || *Néolog.* Admis ACAD. 1878.]

|| *Rare.* (T. didact.) Relatif à la polymathie. (*Cf.* polytechnique.) École —.

POLYMORPHE [pŏ-li-mòrf'] *adj.*

[ÉTYM. Emprunté du grec πολύμορφος, *m. s.* de πολύς, nombreux, et μορφή, forme. (*Cf.* amorphe.) || *Néolog.* Admis ACAD. 1878.]

|| (T. didact.) Qui change souvent de forme.

POLYMORPHISME [pŏ-li-mòr-fĭsm'] *s. m.*

[ÉTYM. Dérivé de polymorphe, § 265. || *Néolog.* Admis ACAD. 1878.]

|| (T. didact.) Propriété de ce qui est polymorphe. Le — du soufre.

POLYNÔME [pŏ-li-nôm'] *s. m.*

[ÉTYM. Composé avec le grec πολύς, nombreux, et la finale de binôme, monôme (*V.* ces mots), § 279. || 1697. LAGNY, *Nouv. Élem. d'arithm.* avert. Admis ACAD. 1762.]

|| (Mathém.) Quantité algébrique formée de plusieurs termes liés entre eux par les signes plus (+) ou moins (—).

POLYPE [pŏ-lĭp'] *s. m.*

[ÉTYM. Emprunté du lat. polypus, grec πολύπους, *m. s.* de πολύς, nombreux, et πούς, pied. (*Cf.* pieuvre, poulpe et polypode.) || XIII° s. Ce meismes font polipes (var. polpes) en mer, BRUN. LATINI, *Trésor,* p. 250.]

|| (T. didact.) || I. (Hist. nat.) || 1° Poulpe, mollusque céphalopode.

|| 2° *P. anal.* Zoophyte à tête entourée de tentacules. Le — du corail.

II. (Médec.) Excroissance qui se développe dans les cavités revêtues d'une membrane muqueuse. — du nez.

POLYPÉTALE [pŏ-li-pé-tàl] *adj.*

[ÉTYM. Composé avec le grec πολύς, nombreux, et πέταλον, pris au sens de pétale, § 279. || 1732. TRÉV. Admis ACAD. 1762.]

|| (Botan.) Qui a plusieurs pétales distincts. Fleur —.

POLYPEUX, EUSE [pŏ-li-peů, -peůz'] *adj.*

[ÉTYM. Dérivé de polype, § 251. || 1552. CH. EST. dans DELB. *Rec.* Admis ACAD. 1835.]

|| (T. didact.) Qui est de la nature de l'excroissance dite polype. Tumeur polypeuse.

***POLYPHONIE** [pò-li-fò-ni] *s. f.*
[ÉTYM. Emprunté du grec πολυφωνία, pluralité des sons, de πολύς, nombreux, et φωνή, voix. (*Cf.* cacophonie, symphonie.) || *Néolog.*]
|| (T. didact.) Effet musical résultant de l'ensemble harmonique des instruments et des voix. La — est le caractère dominant de la musique de Wagner.

POLYPIER [pò-li-pyé] *s. m.*
[ÉTYM. Dérivé de polype, § 115. || 1812. MOZIN, *Dict. franç.-allem.* Admis ACAD. 1835.]
|| (Zoologie.) Sécrétion calcaire que fournit un groupe de polypes et sur laquelle ils vivent en agrégation.

POLYPODE [pò-li-pòd'] *s. m.*
[ÉTYM. Emprunté du lat. polypodium, grec πολυπόδιον, *m. s.* de πολύς, nombreux, et πούς, πόδος, pied. || XIIIᵉ s. Polipode, *Antid. Nicolas*, 8. Admis ACAD. 1762.]
|| (Botan.) Fougère dont les racines s'attachent par des fibres nombreuses au pied des troncs d'arbres.

POLYPTYQUE [pò-lĭp'-tĭk'] *s. m.*
[ÉTYM. Emprunté du lat. polyptychon, grec πολύπτυχον, *m. s.* de πολύς, nombreux, et πτύξ, pli. || 1732. TRÉV. Admis ACAD. (au sens **II**) 1878.]
|| 1° (Antiq.) Tablettes à plusieurs feuillets. (*Cf.* diptyque, triptyque.)
|| 2° (Moyen âge.) Pouillé. (*V. ce mot.*) Le — de l'abbé Irminon.

POLYSTYLE [pò-lĭs'-tĭl] *adj.*
[ÉTYM. Emprunté du grec πολύστυλος, *m. s.* de πολύς, nombreux, et στύλος, colonne. || Admis ACAD. 1835.]
|| (Architect.) Qui a plusieurs colonnes. Temple, salle —.

POLYSYLLABE [pò-li-sĭl'-làb'] *adj.*
[ÉTYM. Emprunté du grec πολυσύλλαβος, *m. s.* de πολύς, nombreux, et συλλαβή, syllabe. (*Cf.* monosyllabe, etc.) || 1550. Un dissyllabe entier ou polissyllabe, MEIGRET, *Gramm.* dans DELB. *Rec.*]
|| (T. didact.) Qui a plusieurs syllabes. Un mot —, et, *substantivt*, Un —.

POLYSYLLABIQUE [pò-li-sĭl'-là-bĭk'] *adj.*
[ÉTYM. Dérivé de polysyllabe, § 229. || 1550. La dernière syllabe des... polisyllabiques, MEIGRET, *Gramm.* dans DELB. *Rec.* Admis ACAD. 1878.]
|| (T. didact.) Composé de plusieurs syllabes. || *P. ext.* Écho —, qui répète plusieurs syllabes.

POLYSYNODIE [pò-li-si-nò-di] *s. f.*
[ÉTYM. Composé avec le grec πολύς, nombreux, σύνοδος, conseil (*cf.* synode), et le suffixe ie, § 279. || Mot dû à l'ABBÉ DE ST-PIERRE, *Discours sur la polysynodie* (1718). Admis ACAD. 1762.]
|| (T. didact.) Gouvernement où chaque ministre est remplacé par un conseil (système essayé par le Régent à la mort de Louis XIV).

POLYTECHNICIEN [pò-li-tĕk'-ni-syin ; *en vers*, -si-in] *s. m.*
[ÉTYM. Dérivé de polytechnique, § 244. || *Néolog.* Admis ACAD. 1878.]
|| Élève de l'École polytechnique.

POLYTECHNIQUE [pò-li-tĕk'-nĭk'] *adj.*
[ÉTYM. Dérivé du grec πολύτεχνος, *m. s.* de πολύς, nombreux, et τέχνη, art, § 229. || 1795. École polytechnique, C.-A. PRIEUR, *Rapport*, dans LALLEMANT, *Choix de rapports*, XV, 308. Admis ACAD. 1835.]
|| (T. didact.) Qui embrasse plusieurs arts, plusieurs sciences. (*Cf.* polymathique.) Association —. || *Spécialt.* École —, où l'on forme des élèves destinés à devenir ingénieurs de l'État, officiers du génie ou d'artillerie.

POLYTHÉISME [pò-li-té-ĭsm'] *s. m.*
[ÉTYM. Dérivé du grec πολύθεος, qui a plusieurs dieux, de πολύς, nombreux, et θεός, dieu, § 265. || XVIᵉ s. Le polytheisme est un droit atheisme, J. BODIN, *Demonomanie*, dans DELB. *Rec.* Admis ACAD. 1762.]
|| (T. didact.) Religion qui admet plusieurs dieux.

POLYTHÉISTE [pò-li-té-ĭst'] *s. m.* et *f.*
[ÉTYM. Dérivé du grec πολύθεος, *m. s.* de πολύς, nombreux, et θεός, dieu, § 265. || Admis ACAD. 1762.]
|| (T. didact.) Celui, celle qui professe le polythéisme.

***POLYURIE** [pò-li-u-ri] *s. f.*
[ÉTYM. Composé avec le grec πολύ, beaucoup, οὖρον, urine, et le suffixe ie, § 279. (*Cf.* dysurie.) || *Néolog.*]
|| (Médec.) Sécrétion surabondante d'urine.

1. POMMADE [pò-màd'] *s. f.*

[ÉTYM. Emprunté de l'ital. pomata ou pomada (OUD.), *m. s.* § 12. || 1611. COTGR.]
|| 1° Cosmétique, fait à l'origine de graisse et de pulpe de pomme, aujourd'hui d'une matière grasse à laquelle on mêle des essences, des parfums. — pour les cheveux. Un pot de — à la vanille, à la violette.
|| 2° Préparation pharmaceutique, matière grasse à laquelle on mêle une substance médicamenteuse. — camphrée. — mercurielle.

2. POMMADE [pò-màd'] *s. f.*
[ÉTYM. Emprunté de l'ital. pomata, *m. s.* (OUD.) de pomo, pommeau, § 12. || XVIᵉ-XVIIᵉ s. *V.* à l'article.]
|| *Vieilli.* Tour de voltige qu'on fait en appuyant une main sur le pommeau de la selle. Monte un cheval de bois, fait dessus des pommades, RÉGNIER, *Sat.* 5.

POMMADER [pò-mà-dé] *v. tr.* et *intr.*
[ÉTYM. Dérivé de pommade 1, § 154. || XVIᵉ s. Mains pommadées, SIBILET, dans GODEF. *Compl.* Admis ACAD. 1762.]
|| 1° *V. tr.* Enduire de pommade. Je descends dans le jardin sans me — et me parfumer, LES. *Gil Blas*, IV, 2.
|| 2° *P. plaisant. V. intr.* Faire de la pommade (cosmétique). C'est trop pommadé, MOL. *Préc. rid.* sc. 3.

POMME [pòm'] *s. f.*
[ÉTYM. Du lat. pōma, plur. de pomum, fruit, employé comme fém. sing. § 543, qui a remplacé en lat. pop. malum au sens de « pomme », et est devenu pome, § 291, pomme, §§ 327 et 467. (*Cf.* poncire.) || XIᵉ s. Une vermeille pume, *Roland*, § 386.]
|| 1° Fruit du pommier, de forme ronde, à pulpe abondante, dont le jus fermenté produit le cidre. — de reinette, d'api. — à cidre. || *Spécialt.* 1. Nom donné au fruit de l'arbre défendu dans le paradis terrestre. *Fig.* — d'Adam, saillie du cartilage thyroïde à la partie antérieure du cou de l'homme. | 2. (Mythol.) Les pommes d'or du jardin des Hespérides. Personne ne doutait que Troie et Agamemnon n'avaient non plus été que la — d'or, PASC. *Pens.* XIV, 6. | 3. (Mythol.) La — de discorde, pomme jetée par la Discorde parmi les déesses, et que le berger Pâris dut adjuger à la plus belle. | *Fig.* Cet héritage a été une — de discorde.
|| 2° *P. anal.* Nom donné à diverses productions végétales. — de pin, fruit du pin et du sapin. | — d'amour, tomate. — de terre, solanum tubéreux, popularisé en France par Parmentier. — de chêne, noix de galle.
|| 3° *P. ext.* Nom donné à divers ornements arrondis en forme de pomme. Une — d'arrosoir. (*Cf.* pommelle.) *Vieilli.* La — de l'arçon, le pommeau. (*Cf.* pommade 2.)

POMMEAU [pò-mó] *s. m.*
[ÉTYM. Dérivé de l'anc. franç. pom, forme masculine de pomme, lat. pomum, § 126. (*Cf.* pommeau.) || XIIᵉ s. Sus el pomel et quatre esmals, *Énéas*, 4437.]
|| 1° Tête arrondie de la poignée d'un sabre, d'une épée.
|| 2° Éminence arrondie au milieu de l'arçon du devant d'une selle. (*Cf.* pommade 2.)

POMMELER [pòm'-lé ; *en vers*, pò-me-lé] *v. tr.*
[ÉTYM. Dérivé de pommeau, au sens général de « objet de forme ronde », §§ 65 et 154. || XIIIᵉ s. Un baston pomelé, *Gaydon*, 864.]
|| Marquer de taches rondes. *Spécialt.* Un cheval gris pommelé, dont le poil est parsemé de taches rondes mêlées de gris et de blanc. Commencer à se —. Un ciel pommelé, parsemé de nuages grisâtres arrondis. *Loc. prov.* Ciel pommelé, femme fardée Ne sont pas de longue durée.

POMMELLE [pò-mèl] *s. f.*
[ÉTYM. Dérivé de pomme, § 126. Souvent confondu avec paumelle 1. (*V. ce mot.*) || XVIᵉ s. Par le mouvement du chapiteau ou pommelle inferieure, R. BELLEAU, II, 164.]
|| (Technol.) Plaque de métal percée de trous, qu'on met à l'embouchure d'un conduit pour empêcher les ordures d'y pénétrer.

POMMER [pò-mé] *v. intr.*
[ÉTYM. Dérivé de pomme, § 154. || 1545. Laictue pommee, G. GUÉROULT, dans DELB. *Rec.*]
|| S'arrondir en pomme. Les laitues commencent à —. Un chou pommé. || *Fig.* Une chose pommée, achevée. Un impertinent pommé, ST-SIM. II, 234.

POMMERAIE [pòm'-rè ; *en vers*, pò-me-...] *s. f.*
[ÉTYM. Dérivé de pommier, §§ 65 et 121. || XIIIᵉ-XIVᵉ s. Pomeroie, J. DES ALLEUX, *Sermons*, dans GODEF. *Compl.*]

|| Lieu planté de pommiers.

POMMETTE [pò-mĕt'] *s. f.*
[ÉTYM. Dérivé de pomme, § 133. || XIIe s. Pumetes que j'ai u bos trouvé, *Huon de Bord.* 3089.]
I. *Vieilli.* Petite pomme. || *P. ext.* Fruit de l'azerolier.
II. *P. anal.* | **1.** Plaque arrondie qui garnit la crosse d'un pistolet. | **2.** Partie saillante de la joue sous l'angle externe de l'œil.

POMMIER [pò-myé] *s. m.*
[ÉTYM. Dérivé de pomme, § 115. || XIe s. Hanstes de fraisne e de pumier, *Roland*, 2537.]
|| Arbre qui produit les pommes.

1. POMPE [pônp'] *s. f.*
[ÉTYM. Emprunté du lat. pompa, grec πομπή, convoi, appareil magnifique. || XIVe s. Grans disners comme noces, ou il fait mettre pompe, ORESME, *Éth.* dans LITTRÉ.]
|| **1°** Cortège solennel. Quelle autre ordonnera cette — sacrée? RAC. *Iph.* III, 1. Deux carrosses qu'on appelait de la —, ST-SIM. I, 109. La plus triomphante — funèbre, SÉV. 1015. | L'administration des pompes funèbres, chargée du service des inhumations.
|| **2°** Appareil magnifique. Tu verras d'Esther la — et les honneurs, RAC. *Esth.* I, 1. | *Spécialt.* (T. ecclés.) Les pompes du monde, ses vanités. Le néant de ses pompes et de ses grandeurs, BOSS. *R. d'Angl.* Renoncer à Satan, à ses pompes et à ses œuvres.

2. POMPE [pônp'] *s. f.*
[ÉTYM. Origine inconnue. || 1517. Pompes, seilles de boys, dans DELB. *Rec.*]
|| Machine à élever, à refouler un liquide. — aspirante, foulante. — mixte. — à feu, mue par la vapeur. — à incendie. Manœuvrer les pompes sur un navire, pour étancher une voie d'eau. || *P. ext.* — à gaz. || *P. ext.* | **1.** Partie de certains instruments à vent qu'on hausse ou qu'on baisse pour hausser ou baisser le ton dans lequel on joue. | **2.** Ressort qui fait rentrer une lame dans le manche. Canif à —. Ressort que doit pousser la clef pour tourner dans la serrure. Serrure à —.

POMPER [pon-pé] *v. tr.*
[ÉTYM. Dérivé de pompe 2, § 154. || 1611. COTGR.]
|| Aspirer ou refouler (un liquide, un gaz) avec une pompe. — de l'eau. Lorsqu'on a appliqué un verre à la machine du vide et qu'on en a pompé l'air, MALEBR. *Éclairciss. sur la lum.* 1. || *Fig.* En parlant d'une personne qui rapporte tout à elle. Je trouvais qu'il pompait l'air de partout où il était et qu'il en faisait une machine pneumatique, ST-SIM. III, 367. || *P. anal.* Le soleil pompe les eaux de la mer. *Fig.* — qqn, lui soutirer ce qu'il sait. Moins pour le —... que pour lui faire honte de son ignorance, ST-SIM. VI, 294.

POMPEUSEMENT [pon-peûz'-man; *en vers*, -peûze-...] *adv.*
[ÉTYM. Composé de pompeuse et ment, § 724. || XIVe s. Avec les roys pompeusement, J. LE FÈVRE, *Matheolus*, dans DELB. *Rec.*]
|| D'une manière pompeuse. — parée, RAC. *Ath.* II, 5.

POMPEUX, EUSE [pon-peû, -peûz'] *adj.*
[ÉTYM. Dérivé de pompe 1, à l'imitation du lat. pomposus, *m. s.* § 116. || XIVe s. Homme pompeus et en faiz et en diz, ORESME, dans MEUNIER, *Essai sur Oresme.*]
|| Qui a de la pompe. — de vos cérémonies, RAC. *Ath.* II, 7. Les ennemis de Dieu — et florissants, CORN. *Poly.* IV, 2. Faire un éloge — de qqn. Prononcer de ces pompeuses sentences, BOSS. *Condé.* — galimatias, ST-SIM. I, 204.

POMPIER [pon-pyé] *s. m.*
[ÉTYM. Dérivé de pompe 2, § 115. || 1517. Josse Cormillan, fontenyer, et Achilles de Beaulieu, pompier, dans DELB. *Rec.* Admis ACAD. 1798.]
|| **1°** Fabricant de pompes.
|| **2°** Homme faisant partie d'un corps organisé pour porter secours dans les incendies, et manœuvrer les pompes. Le corps des pompiers. Les sapeurs-pompiers.

POMPON [pon-pon] *s. m.*
[ÉTYM. Origine incertaine. Le mot, dans son sens actuel, est peut-être trop récent pour qu'on l'identifie avec l'anc. franç. pompon, petit melon, du lat. pepo. || 1725. Un moulinet et des pompons, *Fable*, dans *Merc. de France*, p. 312. Admis ACAD. 1762.]
|| Houppe dont on orne les coiffures, les ajustements de femme. Un fil de soie garni de pompons couleur de rose, J.-J. ROUSS. *Confess.* 7. Mettre des pompons à la coiffure de Thé-

mis, A. PIRON, *Lett. d'un Savoyard* (1726), p. 9. || *Fig.* Ornement futile. Un — de plus à votre âge, VOLT. *Ép.* 84. || *Spécialt.* Houppe de laine que les soldats portent à leur coiffure.| *Fig. Famil.* Avoir le —, l'emporter sur les autres. || *P. ext.* Rose —, rose d'espèce très petite.

POMPONNER [pon-pò-né] *v. tr.*
[ÉTYM. Dérivé de pompon, § 154. || XVIIIe s. V. à l'article. Admis ACAD. 1798.]
|| Orner de pompons. || *P. ext.* Parer coquettement. Se —, se regarder dans des miroirs, CARMONTELLE, *Prov. dram.* (1768-1781), IV, 19. Un enfant pomponné. || *Fig.* Style pomponné. La rage de — son chant, GRÉTRY, *Essai sur la musique* (1790), III, 345.

PONANT [pò-nan] *s. m.*
[ÉTYM. Emprunté du provenç. ponent, *m. s.* § 11. || XIIIe-XIVe s. Cil de ponant, *Sydrac*, dans *Hist. litt. de la France*, XXXI, 304.]
|| *Vieilli.* Le couchant ou occident. L'escadre du — (de l'Océan, par opposition à celle de la Méditerranée).

PONCE [pôns'] *s. f.*
[ÉTYM. Du lat. pŭmicem, *m. s.* devenu *pom'ce, ponce, §§ 327, 472, 291 et 290.]
|| **I.** Pierre volcanique, poreuse et légère, employée à frotter, polir, etc. P. appos. La pierre —. Dans le même sens. *Vieilli.* La pierre de —. *Fig.* Passer la pierre —, polir. Qui veut vous faire une réponse Plus d'une fois sur ses écrits Doit passer la pierre de —, VOLT. *Pucelle*, 15.
|| **II.** *P. anal.* Sachet de poudre de charbon ou de craie, qu'on promène sur les contours d'un dessin, piqués à l'aiguille, pour les calquer. || *P. ext.* Encre à marquer le bout des toiles.

1. PONCEAU [pon-só] *s. m.*
[ÉTYM. Dérivé de pont, § 128. || XIIe s. Ogiers estoit sus le poncel montés, RAIMBERT DE PARIS, *Cheval. Ogier*, 8714.]
|| Petit pont, ordinairement d'une seule arche.

2. PONCEAU [pon-só] *s. m.*
[ÉTYM. Pour paonceau, § 358, dérivé de paon, § 128; proprt, « petit paon ». (*Cf.* le nom de coquelicot donné à la même plante.)|| XIIe s. Papaver : pouncel, *Gloss. de Tours*, dans *Bibl. de l'Éc. des chartes*, 1869, p. 328.]
|| **1°** Pavot rouge sauvage, dit aussi coquelicot.
|| **2°** Couleur d'un rouge vif.

PONCER [pon-sé] *v. tr.*
[ÉTYM. Dérivé de ponce, § 154. || XIIIe s. S'il ne la ret ou ponce, J. DE MEUNG, *Test.* 732.]
|| (Technol.) || **I.** Polir avec la ponce (pierre). — du cuir, de la vaisselle.
|| **II.** *P. anal.* | **1.** *Vieilli.* Régler avec la ponce (sachet). Je ne puis aller droit... si je ne ponce mon papier, RICHEL. *Dict.* | **2.** Calquer avec la ponce (sachet). — un dessin. || *P. ext.* Marquer avec la ponce (encre). — de la toile.

PONCIF [pon-sif'] et, *vieilli,* **PONCIS** [pon-si] *s. m.*
[ÉTYM. Dérivé de ponce, §§ 62, 82 et 125. Poncif date de ce siècle : ACAD. ne l'enregistre pas avant 1878. || 1680. Poncis, RICHEL.]
|| Dessin dont les contours ont été piqués et sur lequel on promène un sachet de poudre pour le calquer. || *Fig.* Type banal, convenu. Cette peinture, ce roman sent le —.

PONCIRE et *PONCIR** [pon-sîr] *s. m.*
[ÉTYM. Emprunté du provenç. ponsire, *m. s.* proprt, « pomme de Syrie », § 11. || XVIe s. Oranges, limons, poncilles, LIÉBAULT, *Mais. rust.* dans DELB. *Rec.*]
|| Variété de citron. Limons et poncirs fastueux, BERNIS, *Quatre saisons, Automne.* || Arbre qui porte ce fruit.

PONCIS. V. poncif.

PONCTION [ponk'-syon; *en vers*, -si-on] *s. f.*
[ÉTYM. Emprunté du lat. punctio, *m. s.* (*Cf.* poinçon.) || XIIIe s. Torcions, poncions, dans DELB. *Rec.* Admis ACAD. 1718.]
|| (T. didact.) Piqûre chirurgicale pour évacuer un liquide épanché dans une cavité du corps, naturelle ou accidentelle. Faire la — dans une pleurésie, une hydropisie.

PONCTUALITÉ [ponk'-tuà-li-té; *en vers*, -tu-à-...] *s. f.*
[ÉTYM. Dérivé de ponctuel, § 255. || 1629. PEIRESC, *Lett.* dans DELB. *Rec.*]
|| Qualité de celui qui est ponctuel.

PONCTUATION [ponk'-tuâ-syon; *en vers*, -tu-à-si-on] *s. f.*
[ÉTYM. Dérivé de ponctuer, § 247. || 1540. E. DOLET, *Man. de bien traduire*, p. 24.]

‖ Action, manière de ponctuer. Des fautes de —. Les règles de la —. Les signes de —.

PONCTUEL, ELLE [ponk'-tuèl; *en vers*, -tu-èl] *adj*.
[ÉTYM. Emprunté du bas lat. punctualis, *m. s.* dérivé de punctum, point, § 238. ‖ XIVᵉ s. A le heure punctuele de l'eclipse, EVRART DE CONTY, *Probl. d'Aristote*, dans GODEF.]
‖ Qui fait qqch à point nommé, ou de point en point. Puisque vous avez été si — à me mander ses sentiments, SÉV. 44. ‖ *P. ext.* Qui est fait à point nommé. Votre soin à me faire des réponses si ponctuelles, SÉV. 465.

PONCTUELLEMENT [ponk'-tuél-man; *en vers*, -tu-è-le-...] *adv*.
[ÉTYM. Composé de ponctuelle et ment, § 724. ‖ 1611. COTGR.]
‖ D'une manière ponctuelle. Jamais dessein horrible ne fut plus — exécuté, MONTESQ. *Lett. pers.* 122.

PONCTUER [ponk'-tué; *en vers*, -tu-é] *v. tr*.
[ÉTYM. Emprunté du bas lat. punctuare, *m. s.* dérivé de punctum, point. ‖ XVᵉ-XVIᵉ s. Maint serventois la endroict se punctue, J. LE MAIRE, dans DELB. *Rec.* ‖ Ponctuer les cartes, BERNARD, *Dial. de la longitude* (1574), p. 83.]
‖ Marquer de points. Une plante à fleurs ponctuées. Un trait ponctué. ‖ *Spécialt.* Distinguer par des points, des virgules et autres signes, selon le sens, les phrases et les membres de phrase. ‖ *Fig.* — ses phrases en parlant, marquer avec force les repos. *Dans le même sens.* — une phrase musicale.

PONDÉRABLE [pon-dé-râbl'] *adj*.
[ÉTYM. Emprunté du lat. ponderabilis, *m. s.* (*Cf.* impondérable.) ‖ XVᵉ-XVIᵉ s. En ce ponderable et gref somme, *Actes des Apôtres*, vol. I, fᵒ 9, édit. 1537. Admis ACAD. 1835.]
‖ (T. didact.) Qui a un poids appréciable. La matière —.

PONDÉRATION [pon-dé-rà-syon; *en vers*, -si-on] *s. f*.
[ÉTYM. Emprunté du lat. ponderatio, *m. s.* ‖ 1519. GUILL. MICHEL, *Géorgiques*, dans DELB. *Rec.* Admis ACAD. 1762.]
‖ (T. didact.) Équilibre des corps, des forces. ‖ *P. anal.* Équilibre établi dans une œuvre de peinture, de sculpture, entre les lignes, les figures, les masses. ‖ *Fig.* La — des pouvoirs (dans un État).

PONDÉRER [pon-dé-ré] *v. tr*.
[ÉTYM. Emprunté du lat. ponderare, peser, de pondus, poids. ‖ XIVᵉ s. Toutes ces choses ensemble ponderees, BERSUIRE, fᵒ 59. Admis ACAD. 1835.]
‖ (T. didact.) ‖ 1° *Anciennt.* Peser.
‖ 2° *P. ext.* Équilibrer. ‖ *Fig.* Un esprit pondéré, bien équilibré.

ᵒPONDEUR, PONDEUSE [pon-deùr, -deûz'] *s. m. et f*.
[ÉTYM. Dérivé de pondre, § 112. ‖ 1580. Poule grasse, ponneuse ou ponneresse, DE LA PORTE, *Epithètes.*]
‖ Celui, celle qui pond. La femme du — s'en retourne chez elle, LA F. *Fab.* VIII, 6. *Spécialt,* au fém. Femelle qui pond. Une bonne pondeuse. ‖ *Adjectivt.* Poule pondeuse. ‖ *P. plaisant.* Une pondeuse, une femme qui a beaucoup d'enfants. Un — infatigable, un auteur très fécond.

PONDRE [pôndr'] *v. tr*.
[ÉTYM. Du lat. pŏnere, déposer, devenu ᵒpon're, pondre, §§ 290, 484 et 291.]
‖ Déposer (ses œufs), en parlant de la femelle des ovipares. Frais et nouveau pondu, LA F. *Fab.* VIII, 6. ‖ *Absolt.* Elle bâtit un nid, pond, couve et fait éclore, LA F. *Fab.* IV, 22. ‖ La tortue et les couleuvre pondent leurs œufs dans le sable. ‖ *P. plaisant.* ‖ 1. En parlant d'une femme qui a un enfant. Poupon que... elle était venue — en pleine hôtellerie, ST-SIM. III, 49. ‖ 2. *Fig.* En parlant d'un auteur qui publie un livre. Le dernier ouvrage qu'il vient de —.

PONEY [pò-nè] *s. m*.
[ÉTYM. Emprunté de l'angl. pony, *m. s.* § 8. ‖ 1801. Une petite espèce de chevaux que l'on nomme pooni, GRANDPRÉ, *Voy. dans l'Inde*, II, 4. Admis ACAD. 1878.]
‖ Cheval de petite taille.

PONT [pon] *s. m*.
[ÉTYM. Du lat. pŏntem, *m. s.* § 291. (*Cf.* ponceau.) Le *t* lie dans qqs locutions : le pont aux ânes, le pont au Change, le pont au Double, etc.]
‖ 1° Construction servant à passer d'un bord à l'autre d'un cours d'eau, d'un fossé, d'une dépression de terrain. Un — de pierre, de fer, de bois. Les arches d'un —. Un ruisseau se rencontre, et pour — une planche, LA F. *Fab.* XII, 4. Un — suspendu, dont le tablier est suspendu à des chaînes, à des câbles de fil de fer. Un — tournant, un — tubulaire. Un — de bateaux. Un —-levis (*V. ce mot.*) ‖ *Loc. prov.*

D'ici là, il passera de l'eau sous le —, cela n'arrivera pas de sitôt. Laisser couler l'eau sous les ponts (laisser les choses suivre leur cours), FÉN. *Lett. spirit.* 79. Faire le — à qqn, lui faciliter qqch. *Spécialt.* En parlant des employés. Faire le —, allonger un congé que le dimanche suit de près. Faire un — d'or à qqn, lui donner de grands avantages. C'est le — aux ânes, une chose à la portée de tous.
‖ 2° Plancher établi dans la longueur d'un navire, pour couvrir la cale ou pour former des étages. Un vaisseau à deux, à trois ponts. Le — supérieur, et, *absolt,* Le —, le tillac. Faux —, plancher mobile sur lequel on installe des malades, des blessés. ‖ *P. anal.* Charpente légère établie dans un théâtre pour le travail des machinistes. ‖ *P. ext.* Base des tuyaux d'orgue. ‖ Pièce qui reçoit le pivot d'une roue de montre, de pendule. ‖ (Anat.) — de Varole, protubérance annulaire qui réunit les deux moitiés du cerveau. ‖ Partie du pantalon ou de la culotte qui se lève ou s'abaisse par devant. Un pantalon à —.
‖ 3° *Fig.* (T. de jeu.) Courbure légère donnée à certaines cartes par ceux qui trichent, pour que celui contre qui l'on joue coupe de préférence à l'endroit où les cartes sont ainsi préparées. Faire le —. Couper dans le —, et, *fig.* Il n'a pas coupé dans le —, il n'est pas tombé dans le piège.

1. PONTE [pônt'] *s. f*.
[ÉTYM. Dérivé de pondre, sur le modèle de fonte, tonte, etc. § 45. ‖ XVIᵉ s. La ponte que les femmes du Languedoc appellent poustaignade, O. DE SERRES, V, 3.]
‖ Action de pondre. L'époque de la —.

2. PONTE [pônt'] *s. m*.
[ÉTYM. Emprunté de l'espagn. punto, point, as, § 13. ‖ Admis ACAD. 1718.]
‖ (T. de jeu.) A l'hombre, l'as de cœur, de carreau, quand on fait jouer en cœur, en carreau.

3. PONTE [pônt'] *s. m*.
[ÉTYM. Subst. verbal de ponter, § 52. ‖ Admis ACAD. 1718.]
‖ (T. de jeu.) Au pharaon, au baccara, etc., chacun de ceux qui jouent contre celui qui tient la banque. Douze tristes pontes, VOLT. *Cand.* 22.

1. PONTÉ, ÉE [pon-té] *adj*.
[ÉTYM. Dérivé de pont, § 118. ‖ 1558. Leur nef est toute pomptee, PH. DE CLEVES, *Instr. de toute man. à bien guerroyer*, p. 136. Admis ACAD. 1762.]
‖ (Marine.) Garni d'un pont. Une barque pontée.

2. ᵒPONTÉ [pon-té] *s. m*.
[ÉTYM. Dérivé de pont, § 118. ‖ 1680. RICHEL.]
‖ (Technol.) Partie de l'épée qui couvre le corps de la garde. (*Cf.* pontet.) Une garde à —.

PONTER [pon-té] *v. intr*.
[ÉTYM. Origine inconnue. (*Cf.* ponte 3.) ‖ Admis ACAD. 1718.]
‖ (T. de jeu.) Jouer contre celui qui tient la banque. Je me suis mis à — au pharaon, VOLT. *Cand.* 22.

PONTET [pon-tè] *s. m*.
[ÉTYM. Dérivé de pont, § 133. (*Cf.* ponceau.) ‖ 1536. Le pontet des Arenes, dans GODEF. Admis ACAD. 1835.]
‖ *Proprt.* Petit pont.
‖ *P. anal.* (Technol.) ‖ 1° Partie de la sous-garde, en forme de demi-cercle, qui entoure la détente d'une arme à feu et la protège contre les chocs accidentels. (*Cf.* ponté 2.)
‖ 2° Partie d'une selle, en forme d'arcade.

PONTIFE [pon-tif'] *s. m*.
[ÉTYM. Emprunté du lat. pontifex, *m. s.* proprt, « faiseur de ponts ». ‖ XVᵉ-XVIᵉ s. Pontif, FOSSETIER, dans GODEF. *Compl.*]
‖ Ministre d'une religion. Les pontifes de l'ancienne Rome. Aaron était le grand — des Hébreux. L'empereur de la Chine est le souverain —, MONTESQ. *Espr. des lois*, XXV, 8. ‖ *Spécialt.* Dans la religion catholique, évêque. Un saint — et martyr. Le souverain —, le pape.

PONTIFICAL, ALE [pon-ti-fi-kàl] *adj*.
[ÉTYM. Emprunté du lat. pontificalis, *m. s.* ‖ 1404. Gants pontifficaulx, dans DELB. *Rec.*]
‖ Qui a rapport aux pontifes. Collèges pontificaux de l'ancienne Rome. ‖ *Substantivt.* Le Pontifical, livre contenant le rituel de l'ordination et du ministère des évêques. ‖ *Spécialt.* Qui a rapport au souverain pontife. Les ornements pontificaux. La tiare pontificale.

PONTIFICALEMENT [pon-ti-fi-kàl-man; *en vers*, -kà-le-...] *adv*.

[ÉTYM. Composé de pontificale et ment, § 724. || XIVᵉ s. Seant en une chaiere pontificalement, FROISS. *Chron.* XIV, 36.]

|| D'une manière pontificale. Officier —. Il (l'archevêque de Bourges) dit tout de suite la messe —, ST-SIM. XIII, 245.

PONTIFICAT [pon-ti-fi-kà] *s. m.*

[ÉTYM. Emprunté du lat. pontificatus, *m. s.* || XVᵉ s. En pontificat honorable, MARTIAL D'AUVERGNE, *Vig. de Ch. VII*, dans LA C.]

|| Dignité, règne du souverain pontife.

PONT-LEVIS [pon-le-vi] *s. m.*

[ÉTYM. Composé de pont et levis, § 173. || XIVᵉ s. Pont leveys, CUVELIER, *Duguesclin*, 18569.]

|| **1°** Petit pont qui se lève et s'abaisse à volonté sur un fossé, pour la défense d'un château fort, d'une ville, etc.

|| **2°** *P. anal. Ancienn.* | 1. Partie du pantalon ou de la culotte qui se lève ou se baisse par devant. | 2. Talon très élevé de la chaussure. Soulier à —. (*Cf.* l'espagn. pon-levi.) || *Fig.* (Manège.) Faire le —, se cabrer très haut.

PONT-NEUF [pon-neuf'] *s. m.*

[ÉTYM. Du nom donné à un pont de Paris (bâti par Henri IV) sur lequel se chantaient des chansons populaires, § 173. || 1717. *V.* à l'article. Admis ACAD. 1835.]

|| *Vieilli.* Chanson, air populaire. Une vieille chanson française,... c'est-à-dire ce qu'on appelle vulgairement un —, *Journal des sav.* ann. 1717, p. 376. || *P. ext.* Pensée banale.

PONTON [pon-ton] *s. m.*

[ÉTYM. Du lat. pontǫnem, *m. s.* § 291.]

|| **1°** Pont flottant fait de deux bateaux joints par des poutres.

|| **2°** Grand bateau plat employé au service des ports.

|| **3°** Vieux vaisseau rasé sur lequel on enferme quelquefois des prisonniers de guerre.

|| **4°** Sorte de cale servant de station de départ et d'arrivée pour les bateaux qui transportent des voyageurs.

PONTONAGE [pon-tò-nàj'] *s. m.*

[ÉTYM. Dérivé de ponton, § 78. || 1225. Pontenaige, dans DELB. *Rec.* Admis ACAD. 1762.]

|| Droit perçu sur ceux qui traversent une rivière sur un pont, dans un bac.

PONTONNIER [pon-tò-nyé] *s. m.*

[ÉTYM. Dérivé de ponton, § 115. || XIIᵒ s. A cel cor venoient Et le pontonier apeloient, *Floire et Blancheft.* I, 1296.]

|| Soldat employé à la construction des ponts de bateaux. || Préposé aux stations de départ et d'arrivée des bateaux qui transportent des voyageurs.

PONTUSEAU [pon-tu-zó] *s. m.*

[ÉTYM. Origine inconnue. || 1776. Fils que nous avons nommés pontuseaux, LALANDE, *Descr. des arts et mét.* IV, 461. Admis ACAD. 1798.]

|| (Technol.) Dans la fabrication du papier à la main, tringle qui soutient les vergeures de la forme. || *P. ext.* Trace laissée par cette tringle dans la pâte du papier.

POPELINE [pòp'-lin'; *en vers*, pò-pe-...] et, *vieilli*, **PAPELINE** [pàp'-lin'; *en vers*, pà-pe-...] *s. f.*

[ÉTYM. Emprunté de l'ital. papalina, proprt, « du pape », cette étoffe étant originaire d'Avignon, ville papale, § 12. || 1667. Papelines et autres etoffes, *Statuts*, dans LITTRÉ. Admis ACAD. 1762.]

|| Étoffe dont la chaîne est de soie, et la trame de laine.

POPLITÉ, ÉE [pò-pli-té] *adj.*

[ÉTYM. Dérivé du lat. poples, itis, jarret, § 253. || XVIᵒ s. PARÉ, IV, 37. Admis ACAD. 1762.]

|| (Anat.) Qui se rapporte au jarret. Muscle —.

POPULACE [pò-pu-làs'] *s. f.*

[ÉTYM. Emprunté de l'ital. populaccio, *m. s.* § 12. Le mot a été d'abord masculin, comme en italien, et ST-AMAND dit encore le sot populace, *Poète crotté*, p. 226. Sur le changement du genre, *V.* § 550. || XVIᵒ s. Plaire à une populace, AMYOT, *Œuv. mor. Comm. nourrir les enf.* 15.]

|| Le bas peuple. La raison n'agit point sur une —, RAC. *Théb.* II, 3. La — soulevée contre les lois est le plus insolent de tous les maîtres, FÉN. *Dial. des morts, Socr. et Alcib.* De mots sales et bas charmer la —, BOIL. *Art* p. 3.

POPULACIER, IÈRE [pò-pu-là-syé, -syèr] *adj.*

[ÉTYM. Dérivé de populace, § 115. || 1571. Le parler populacier, J. LEBON, dans DELB. *Rec.* Admis ACAD. 1878.]

|| Qui appartient à la populace. Un langage —.

POPULAIRE [pò-pu-lèr] *adj.*

[ÉTYM. Emprunté du lat. popularis, *m. s.* || XIIᵉ-XIIIᵉ s.

Turbes populeirs, *Dial. Gregoire*, p. 141. | 1319. Conspiracion populaire, dans DELB. *Rec.*]

|| **1°** Qui appartient au peuple. Les croyances populaires. Les mots de formation —, par opposition aux mots de formation savante. Les usages populaires. Un soulèvement —. Le pire des États, c'est l'État — (où le peuple est souverain), CORN. *Cinna*, II, 1. | *Vieilli. Substantivt.* Le —, le bas peuple. Pour tromper le jaloux —, RÉGNIER, *Élég.* 3.

|| **2°** Qui est accessible au peuple. Rendre la science —. Une éloquence —. Il (le prédicateur) n'est plus —, il est abstrait ou déclamateur, LA BR. 15. | La véritable grandeur est libre, douce, familière, —, LA BR. 2.

|| **3°** Qui a la faveur du peuple. Devenir —. Un roi —. Pour se rendre —, MONTESQ. *Espr. des lois*, XII, 21.

POPULAIREMENT [pò-pu-lèr-man; *en vers*,-lè-re-...] *adv.*

[ÉTYM. Composé de populaire et ment, § 724. || XVIᵉ s. Plus populairement que de coustume, AMYOT, *Démétr.* 58.]

|| D'une manière populaire.

POPULARISER [pò-pu-là-ri-zé] *v. tr.*

[ÉTYM. Dérivé du lat. popularis, populaire, § 267. || Admis ACAD. 1798, suppl.]

|| Rendre populaire. — la science. || Se —.

POPULARITÉ [pò-pu-là-ri-té] *s. f.*

[ÉTYM. Emprunté du lat. popularitas, *m. s.* || XVᵒ s. Toute popularité se fust versee et tournee contre la noblesse, dans GODEF. Admis ACAD. 1762.]

|| **1°** Manière d'être propre à se concilier la faveur du peuple. Affecter la —. Charmé de la — du gouverneur, B. DE ST-P. *Paul et Virg.*

|| **2°** Faveur dont on jouit parmi le peuple.

POPULATION [pò-pu-là-syon; *en vers*, -si-on] *s. f.*

[ÉTYM. Emprunté de l'angl. population, qui est le bas lat. populatio, *m. s.* § 8. Aux XIVᵒ et XVᵒ s. on trouve des exemples isolés de population; mais le mot n'a pénétré dans l'usage général qu'au XVIIIᵉ s. (*Cf.* L. SCHONE, *Hist. de la popul. franç.* p. 1.) || Admis ACAD. 1798.]

|| **1°** Action de peupler (un pays). Le mariage n'est établi que pour la —, M. DE SAXE, *Réflex. sur la propag. de l'espèce humaine* (1750). Il n'y a point d'exemple d'une — si prodigieuse, VOLT. *Disc. philos.* Juifs, 1.

|| **2°** Ensemble des habitants qui peuplent un pays. Le recensement de la —. La — barbare dont elle (la religion chrétienne) charmait la simplicité, CHATEAUBR. *Ét. histor.* 1. || *P. ext.* Cette — animale, CUVIER, *Révol.* p. 311.

POPULÉUM [pò-pu-lé-òm'] *s. m.*

[ÉTYM. Emprunté du lat. du moyen âge populeum (s.-ent. unguentum), *m. s.* de populus, peuplier, § XIIIᵒ s. Unguent populeon, *Antid. Nicolas*, 73. Admis ACAD. 1835.]

|| (Pharm.) Onguent dans la composition duquel entrent des bourgeons de peuplier.

POPULEUX, EUSE [pò-pu-leù, -leůz'] *adj.*

[ÉTYM. Emprunté du lat. populosus, *m. s.* || 1564. J. THIERRY, *Dict. franç.-lat.* Admis ACAD. 1798.]

|| Très peuplé. Région populeuse. Quartier —.

***POPULO** [pò-pu-ló] *s. m.*

[ÉTYM. Emprunté du lat. populo, ablatif de populus, peuple. || 1611. COTGR. Admis ACAD. 1694; suppr. en 1878.]

|| *Vieilli.* Petit enfant.

PORACÉ. *V.* porracé.

PORC [pòrk'; *vieilli*, pòr] *s. m.*

[ÉTYM. Du lat. pǫrcum, *m. s.* §§ 319 et 291. (*Cf.* pourceau, porc-épic, etc.)]

|| Mammifère domestique, dit aussi cochon, qu'on engraisse pour l'alimentation. Tuer un —. Les Juifs, les mahométans, ne mangent pas de la viande de —. Du — frais, salé, fumé. Soie de —, grand poil rude qui vient aux porcs sur le dos et au cou. | — sauvage, sanglier. || *Fig.* C'est un —, un homme sale.

PORCELAINE [pòr-se-lèn'] *s. f.*

[ÉTYM. Emprunté de l'ital. porcellana, nom donné à la coquille par assimilation de forme, semble-t-il, avec la vulve d'une truie, § 12. Au sens **II**, le peuple disait porceline au XVIIᵒ s. (RICHEL.), § 62. || XIIIᵒ-XIVᵒ s. Pourcelaines blanches que l'en trouve en la mer, *Voy. de Marc Pol*, p. 389.]

I. Coquille univalve très polie. || *P. ext.* | 1. Nacre de cette coquille. | 2. Vase fait de cette nacre.

II. *P. anal.* Poterie blanche, très fine, introduite de l'Orient en Europe au XVIᵉ s. La — de Chine, du Japon. La — de Saxe, de Sèvres.

PORCELAINIER, *PORCELAINIÈRE [pòr-se-lè-nyé, -nyèr] *s. m.* et *f.*
[ÉTYM. Dérivé de porcelaine, § 115. ‖ *Néolog.* Admis ACAD. (au masc.) 1878.]
‖ Celui, celle qui fabrique, vend la poterie dite porcelaine. *Adjectivt.* L'industrie porcelainière.

PORC-ÉPIC [pòr-ké-pĭk'] *s. m.*
[ÉTYM. Composé de porc et épi, § 199. Le c final de la forme actuelle paraît dû à l'influence de piquer. ‖ XIIIᵉ s. Ves et un porc espi, VILLARD DE HONNECOURT, p. 181.]
‖ Mammifère rongeur dont le corps est armé de piquants. ‖ *Fig. Famil.* Personne inabordable.

PORCHAISON [pòr-chè-zon] *s. f.*
[ÉTYM. Dérivé de porc, §§ 64 et 108. ‖ XIVᵉ s. En la saison de porchoisons, *Ménagier*, II, 259.]
‖ (Vénerie.) Époque où le sanglier est bon à chasser.

PORCHE [pòrch'] *s. m.*
[ÉTYM. Du lat. pŏrticum, m. s. §§ 319, 290, 405, 389 et 290. (*Cf.* le doublet portique.)]
‖ Sorte de vestibule, souvent orné de colonnes, à l'entrée d'un temple, d'une église, d'un palais. Le — de Notre-Dame. ‖ — intérieur, qui précède la nef de l'église, à l'intérieur et sur lequel on installe d'ordinaire l'orgue.

PORCHER, ÈRE [pòr-ché, -chèr] *s. m.* et *f.*
[ÉTYM. Du lat. porcarium, m. s. devenu porchier, porcher, §§ 379, 297 et 291.]
‖ Gardien, gardienne de pourceaux.

PORCHERIE [pòr-che-ri] *s. f.*
[ÉTYM. Dérivé de porcher, §§ 65 et 68. ‖ XIIIᵉ s. Nueo a granz guaaigneries Et granz torbes de porcheries, *Thèbes*, 7329. Admis ACAD. 1878.]
‖ Étable à porcs.

PORCINE [pòr-sin'] *adj. f.*
[ÉTYM. Emprunté du lat. porcinus, a, m. s. ‖ XIIIᵉ s. Vilains porcins, *Vie des Pères*, dans GODEF. porcin. | 1480. Bestes porchines, dans DU C. appanagium. Admis ACAD. 1878.]
‖ (T. didact.) Relatif au porc. La race —.

PORE [pòr] *s. m.*
[ÉTYM. Emprunté du lat. porus, grec πόρος, passage. ‖ 1312. Porres sont petis pertuis, *Chirurg. de Mondeville*, 401, Bos.]
‖ (T. didact.) Chacun des orifices presque imperceptibles de la peau de l'animal, par lesquels se fait la transpiration. Les parties... ont toutes, ou presque toutes, de petits passages qu'on appelle pores, par où s'échappent et s'évaporent les matières les plus... subtiles, BOSS. *Conn. de Dieu*, II, 8. ‖ *P. anal.* Chacun des orifices analogues dont les végétaux sont criblés. ‖ *P. ext.* Chacun des interstices qui séparent les molécules d'un corps et le rendent plus ou moins perméable.

POREUX, EUSE [pò-reù, -reùz'] *adj.*
[ÉTYM. Dérivé de pore, § 251. ‖ XIVᵉ s. Plus espès et plus porreux, *Chirurg. de Mondeville*, 138, Bos.]
‖ (T. didact.) Qui a des pores, des interstices qui le rendent perméable. Tous les corps sont —.

PORISME [pò-rĭsm'] *s. m.*
[ÉTYM. Emprunté du grec πόρισμα, m. s. ‖ 1701. FURET. Admis ACAD. 1762.]
‖ (Géom. anc.) Théorème incomplet, établissant une propriété commune entre certains éléments que l'énoncé détermine, et d'autres qui résultent de l'hypothèse. Les porismes d'Euclide.

***PORNOGRAPHE** [pòr-nò-gràf'] *s. m.*
[ÉTYM. Emprunté du grec πορνογράφος, m. s. de πόρνη, prostituée, et γράφειν, écrire, décrire. ‖ 1769. Le pornographe, RESTIF DE LA BRETONNE, titre.]
‖ 1° Auteur qui traite de la prostitution.
‖ 2° *P. ext.* Auteur, peintre obscène.

***PORNOGRAPHIE** [pòr-nò-grà-fî] *s. f.*
[ÉTYM. Dérivé de pornographe, § 279. ‖ *Néolog.*]
‖ (T. didact.) ‖ 1° Traité sur la prostitution.
‖ 2° *P. ext.* Immoralité de certaines œuvres littéraires, artistiques, mises au service du libertinage.

POROSITÉ [pò-rό-zi-té] *s. f.*
[ÉTYM. Dérivé de poreux, § 255. ‖ XIIIᵉ-XIVᵉ s. Pour ce que le sanc... soit gardé en sa porosité, *Chirurg. de Mondeville*, fᵒ 13. Admis ACAD. 1762.]
‖ (T. didact.) Propriété qu'ont les corps d'être poreux.

PORPHYRE [pòr-fîr] *s. m.*
[ÉTYM. Emprunté de l'ital. porfiro, m. s. qui se rattache irrégulièrement au lat. porphyrites, grec πορφυρίτης, proprt, « qui ressemble à la pourpre », § 12. Sur le rétablissement du ph latin, V. § 502. L'anc. franç. a la forme porfie, d'après l'ital. porfido, variante de porfiro. ‖ XIIIᵉ s. Vo palais de porfie, *Chans. d'Ant.* II, 468. | XIVᵉ s. Palais de porfire, *Naiss. du Cheval. au Cygne*, dans DELB. *Rec.*]
‖ (Minéral.) Roche dure d'un rouge foncé semé de taches blanches, que les anciens tiraient de la haute Égypte. Un vase de —. ‖ *P. ext.* Pierre basaltique présentant une disposition analogue.

PORPHYRISATION [pòr-fî-ri-zà-syon; *en vers,* -si-on] *s. f.*
[ÉTYM. Dérivé de porphyriser, § 247. ‖ 1771. TRÉV. Admis ACAD. 1835.]
‖ (T. didact.) Action de porphyriser.

PORPHYRISER [pòr-fî-ri-zé] *v. tr.*
[ÉTYM. Dérivé de porphyre, § 267. ‖ 1752. TRÉV. Admis ACAD. 1762.]
‖ (T. didact.) Broyer en poudre impalpable (sur une table de porphyre, avec une molette de même matière). ‖ *P. ext.* Papier porphyrisé, glacé avec de la poudre de sandaraque.

PORRACÉ, ÉE [pòr'-rà-sé] *adj.*
[ÉTYM. Emprunté du lat. porraceus, m. s. ACAD. admet aussi l'orthographe fautive poracé. ‖ XVIᵉ s. PARÉ, *Introd.* 6. Admis ACAD. 1762.]
‖ (T. didact.) Qui est de la nature du poireau. ‖ *Fig.* (Médec.) Bile porracée, de couleur verdâtre.

PORREAU [pò-rό]. V. poireau.

PORRECTION [pòr'-rĕk'-syon; *en vers,* -si-on] *s. f.*
[ÉTYM. Emprunté du lat. porrectio, m. s. ‖ 1604. *Trium Ling. Dict.* dans GODEF. Admis ACAD. 1762.]
‖ (Liturgie cathol.) Action de présenter (qqch) en étendant le bras. Les ordres mineurs se confèrent par la — des objets qui en désignent les fonctions.

1. PORT [pòr] *s. m.*
[ÉTYM. Du lat. pŏrtum, m. s. §§ 319 et 291.]
‖ Enfoncement de la mer dans les terres, naturel ou artificiel, qui offre un abri aux navires. Le vent qui nous flattait nous laissa dans le —, RAC. *Iph.* I, 1. — marchand, où stationnent les bâtiments de commerce. — militaire, où stationnent les bâtiments de guerre d'un État. — de marée, où les bâtiments ne peuvent entrer qu'à marée haute. La Fortune Prenait soin d'amener son marchand à bon —, LA F. *Fab.* VII, 14. *Fig.* Afin que l'aventure... aille à bon — (réussisse), LA F. *Contes, Mandrag.* Échouer en vue du —, et, *fig.* se perdre quand on était presque hors de péril. ‖ *Fig.* Refuge. Cette situation a été pour lui un — de salut. Je m'assure un — dans la tempête, RAC. *Brit.* I, 1. ‖ *P. anal.* Endroit où l'on embarque et débarque les marchandises sur un cours d'eau. Le — de Bercy. ‖ *P. ext.* Ville qui a un port de mer. Marseille est un — de commerce. Toulon est un — militaire. Ils étaient maîtres des ports de la mer Rouge, MONTESQ. *Espr. des lois*, II, 9.

2. PORT [pòr] *s. m.*
[ÉTYM. Subst. verbal de porter, § 52. ‖ 1265. Du bon port qu'il font vers vous, dans GODEF. port 2.]
I. Action de porter. Le — d'une arme prohibée. Un permis de — d'arme (pour la chasse), et, *ellipt*, Un — d'arme, permis délivré par l'autorité. Un soldat qui se met au — d'arme, prêt à porter les armes devant son supérieur. ‖ Payer pour le — de ses bagages, pour le — d'un message. Tu n'y perdras rien, et voici pour le —, CORN. *Ment.* IV, 6. Pour le — de si bonnes nouvelles, ID. *Clit.* V, 3 (1ʳᵉ édit.). Le — d'une lettre, d'un paquet. Envoyer un paquet franc de —. Se ruiner en ports de lettres. ‖ *Fig.* (Musique.) — de voix, action de faire arriver la voix à une intonation, soit pour monter, soit pour descendre, en prenant au-dessous ou au-dessus de la note et en glissant sur les sons intermédiaires.
II. Manière de porter le corps ou une partie du corps. Ai-je bien d'un sergent le — et le visage? RAC. *Plaid.* II, 1. Je vois d'Okosias et le — et le geste, ID. *Ath.* V, 6. Elle a un — de reine. Avoir un beau — de tête. ‖ *P. anal.* Le — d'un cheval. Le — d'un arbre, d'une plante.

PORTABLE [pòr-tàbl'] *adj.*
[ÉTYM. Dérivé de porter, § 93. ‖ XIIIᵉ s. Orgues i r'a bien maniables, A une sole main portables, *Rose*, dans DELB. *Rec.* Admis ACAD. 1762.]
‖ Qui peut être porté.

PORTAGE [pòr-tâj'] *s. m.*
[ÉTYM. Dérivé de porter, § 78. ‖ 1846. Le portaige par mer des marchandises, dans DU C. portagium.]

‖ *Rare*. Action de porter.

PORTAIL [pòr-tây'] *s. m.*
[ÉTYM. Pour portal (encore usité au XVIe s.), § 62, dérivé de porte, § 90. LA F. dit portaux au plur. Je n'entends, quant à moi, Tours ni portaux, LA F. *Contes, Rémois*. ‖ XIIIe s. Si a quatre portaus, G. DE LORRIS, *Rose*, 3833.]
‖ Façade d'une église où est la porte principale. Des portails gothiques.

PORTANT, ANTE [pòr-tan, -tânt'] *adj.* et *s. m.*
[ÉTYM. Adj. et subst. particip. de porter, § 47. ‖ XIIIe s. Et se partirent del port a vent molt bien portant, *Comtesse de Ponthieu*, dans D'HÉRICAULT, *Nouv. franç.* p. 197. Admis ACAD. 1835.]
I. *Adj.* ‖ **1°** Qui porte. Des parties portantes et des parties portées.
‖ **2°** Qui se porte (de telle ou telle façon). Être bien, mal —.
II. *S. m.* (Technol.) Ce qui porte qqch.
‖ **1°** Montant de bois qui soutient les coulisses d'un théâtre.
‖ **2°** Ferrure qui porte les bâtons d'une chaise à porteur. [Anse d'un coffre, d'une malle, pour les soulever.
‖ **3°** Pièce de fer qu'on met sous l'armure d'un aimant et à laquelle on suspend le poids que doit enlever l'aimant.

PORTATIF, IVE [pòr-là-tif', -tiv'] *adj.*
[ÉTYM. Dérivé de porter, § 257. ‖ XIVe s. Une loge portative, *Modus*, fo 120, vo.]
‖ **1°** Qu'on peut porter sur soi. Une arme portative. Une lunette portative. Un dictionnaire —. ‖ *P. ext.* Une somme portative, qu'on n'a à sa disposition. L'argent, comme vous savez, est plus —, LES. *Crisp. riv.* sc. 15. Si j'avais encore... quelque somme portative, SÉV. 1257.
‖ **2°** Qu'on peut aisément transporter. Un fourneau —. [*Fig.* On n'est point — quand on est attaché inséparablement à deux ou trois personnes, SÉV. 1333.

PORTE [pòrt'] *s. f.*
[ÉTYM. Du lat. pọrta, *m. s.* §§ 319 et 291. (*Cf.* huis.)]
I. Baie pratiquée dans le mur d'une ville, d'un enclos, d'un édifice, d'une chambre, pour entrer ou sortir.
‖ **1°** — d'une ville. Thèbes aux cent portes. Ses cent portes (de Thèbes) chantées par Homère, BOSS. *Hist. univ.* III, 3. L'ennemi est aux portes, menace la ville. Tes plus grands ennemis, Rome, sont à tes portes, RAC. *Mithr.* III, 1. Alexandrie lui ouvre ses portes (capitule), BOSS. *Hist. univ.* I, 9. ‖ P. *ext.* [**1.** Endroit où étaient les portes de l'ancienne enceinte d'une ville. Ses deux grands-pères vendaient du drap auprès de la — Saint-Innocent. [**2.** Arc de triomphe élevé à cet endroit. La — Saint-Martin. La — Saint-Denis. ‖ *P. anal.* La Chine a longtemps fermé ses portes aux étrangers, l'entrée du pays. ‖ *P. ext.* Passage étroit donnant accès dans une vallée. Les portes Caspiennes (dans le Caucase).
‖ **2°** — d'un édifice, d'un appartement. L'imposition des portes et fenêtres. — cochère, charretière. Le seuil, le pas de la —. Dès que cette reine... De la — du temple aura passé le seuil, RAC. *Ath.* v, 3. [*Spécialt.* L'entrée de la cour, et, *p. ext.* la cour du sultan. La Porte Ottomane, la Sublime Porte, et, *absolt*, La Porte. Prendre ses billets à la — d'un théâtre. C'est un droit (de siffler) qu'à la — on achète en entrant, BOIL. *Art p.* 3. *Spéciall.* Entrée d'une baraque à la foire. A la — on ne prend point d'argent, FLOR. *Fab.* II, 7. Les bagatelles de la —, le boniment destiné à faire entrer les spectateurs, et, *fig.* les menus préliminaires d'une chose. Être — à —, dans des maisons contiguës. Être à la — de qqn, près d'entrer dans sa maison. Les chiens... Déjà sont à ta — et demandent leur proie, RAC. *Ath.* III, 5. Mettre qqn à la —, le renvoyer de chez soi. Mettre un domestique à la —. Faire passer la — à qqn, le chasser. Être à la —, ne pouvoir rentrer. Si on le chasse par la —, il rentre par la fenêtre, on ne peut se débarrasser de lui. Entrer, sortir par la belle, par la bonne —, d'une manière honorable.
‖ **3°** *P. anal.* Une — d'agrafe, petit anneau dans lequel l'agrafe entre et est retenue. ‖ *P. appos.* (Anat.) Éminences portes, saillies du bas du foie analogues aux montants d'une porte. La veine —, qui reçoit le sang des viscères abdominaux et le distribue dans le foie.
II. Battant, vantail qui ferme cette baie et peut s'ouvrir pour laisser passer. Une — pleine, vitrée. Une — battante. Une —-fenêtre. Une fausse —, simulée, pour la symétrie. Une — dérobée, secrète. Une — de derrière, et, *fig.* une échappatoire. Fermer, ouvrir une —. Fermer, défendre sa —, ne pas recevoir de visites. Les portes de Janus, portes du temple de Janus qui étaient ouvertes en temps de guerre et fermées en temps de paix. Les portes de Janus par vos mains sont fermées, CORN. *Cinna*, II, 1. *Loc. prov.* Il faut qu'une — soit ouverte ou fermée, il faut se décider dans un sens ou dans l'autre. Frapper à la — (pour se faire ouvrir), et, *fig.* Frapper à toutes les portes, solliciter de tous les côtés. Mettre la clef sous la —, s'en aller furtivement. Écouter aux portes. Enfoncer, forcer une —, et, *fig.* Forcer la — de qqn, entrer malgré la consigne de ne pas recevoir. ‖ *P. anal.* Les portes d'une armoire, d'un buffet, d'un four. Une — d'écluse, clôture qui retient l'eau. ‖ *Fig.* Ils (les chrétiens) aspirent aux cieux, Et, croyant que la mort leur en ouvre la —..., CORN. *Poly.* III, 3. Les portes de l'éternité s'ouvrent à lui, MASS. *Mort du pécheur*, 1. Les portes de l'enfer ne prévaudront jamais contre elle (l'Église), BOURD. *Récomp. des saints*, 3. Voilà la — ouverte... à la plus haute tyrannie, PASC. *Pens.* VI, 1 *bis*. Et nous fermer la — aux sublimes clartés, MOL. *F. sav.* III, 2. C'est la vraie — pour en sortir honnêtement, SÉV. 255.

PORTE-AIGUILLE [pòr-tè-guÏy'] *s. m.*
[ÉTYM. Composé de porte (du verbe porter) et aiguille, § 209. ‖ 1741. COL-DE-VILLARS, *Dict. franç.-lat.* Admis ACAD. (au sens **1°**) 1762.]
‖ (Technol.) ‖ **1°** Instrument de chirurgien qui permet de manier plus sûrement l'aiguille.
‖ **2°** Instrument de tabletier, sorte de pince pour saisir l'aiguille.

'PORTE-AIGUILLES [pòr-tè-guÏy'] *s. m.*
[ÉTYM. Composé de porte (du verbe porter) et aiguille au plur. § 209. ‖ *Néolog.*]
‖ (Technol.) Sorte de portefeuille pour renfermer des aiguilles de divers numéros. (*Cf.* aiguillier.)

PORTE-ALLUMETTES [pòr-tà-lu-mèt'] *s. m.*
[ÉTYM. Composé de porte (du verbe porter) et allumette au plur. § 209. ‖ *Néolog.* Admis ACAD. 1878.]
‖ Boîte, récipient à allumettes.

'PORTE-AMARRE [pòr-tà-mâr'] *s. m.*
[ÉTYM. Composé de porte (du verbe porter) et amarre, § 209. ‖ *Néolog.*]
‖ (Marine.) Cylindre contenant une amarre roulée qu'on lance avec une bouche à feu à un navire en détresse, un bout restant fixé au rivage.

PORTE-ARQUEBUSE [pòr-tàr-ke-bûz'] *s. m.*
[ÉTYM. Composé de porte (du verbe porter) et arquebuse, § 209. ‖ 1680. RICHEL.]
‖ *Anciennt.* Officier portant le fusil (primitivement l'arquebuse) pour roi, du prince, à la chasse.

PORTE-BAGUETTE [pòr-te-bà-ghèt'] *s. m.*
[ÉTYM. Composé de porte (du verbe porter) et baguette, § 209. ‖ 1690. FURET. Admis ACAD. 1762.]
‖ (Technol.) Rainure du fût d'une arme à feu destinée à recevoir la baguette.

PORTEBALLE [pòr-te-bàl] *s. m.*
[ÉTYM. Composé de porte (du verbe porter) et balle 2, § 209. ‖ XVIe s. Bisouars et porteballes, RAB. dans DELB. *Rec.* ACAD. écrit d'abord porte-balle (1740-1835), puis porteballe (1878).]
‖ *Vieilli*. Mercier ambulant qui porte ses marchandises sur le dos, dans une balle. (*Syn.* haut-à-bas.)

PORTE-BARRES [pòr-te-bâr] *s. m.*
[ÉTYM. Composé de porte (du verbe porter) et barre au plur. § 209. ‖ Admis ACAD. 1762.]
‖ (Technol.) Sorte d'anneau de corde qui supporte les barres des chevaux accouplés.

PORTE-BOUGIE [pòr-te-bou-ji] *s. m.*
[ÉTYM. Composé de porte (du verbe porter) et bougie, § 209. ‖ Admis ACAD. 1762.]
‖ (Chirurgie.) Sorte de canule servant à conduire la bougie qu'on introduit dans l'urètre.

'PORTE-BOUQUET [pòr-te-bou-kè] *s. m.*
[ÉTYM. Composé de porte (du verbe porter) et bouquet, § 209. ‖ 1680. RICHEL.]
‖ Petit vase pour mettre un bouquet.

'PORTE-BOUTEILLES [pòr-te-bou-tèy'] *s. m.*
[ÉTYM. Composé de porte (du verbe porter) et bouteille au plur. § 209. ‖ *Néolog.*]
‖ Casier en fer destiné à empiler des bouteilles dans une cave.

PORTE-CARABINE [pòr-te-kà-rà-bin'] *s. m.*
[ÉTYM. Composé de porte (du verbe porter) et carabine, § 209. ‖ *Néolog.* Admis ACAD. 1835.]

‖ (T. milit.) Crochet au bas de la bandoulière d'un cavalier pour supporter la carabine. (*Cf.* porte-mousqueton.)

˙PORTE-CARNIER [pòr-te-kàr-nyé] *s. m.*

[ÉTYM. Composé de porte (du verbe porter) et carnier, § 209. ‖ *Néolog.*]

‖ Celui qui, à la chasse, porte le carnier d'un chasseur.

˙PORTE-CHAISE [pòr-te-chêz'] *s. m.*

[ÉTYM. Composé de porte (du verbe porter) et chaise, § 209. ‖ 1642. Porte-chaire, OUD.]

‖ *Anciennt.* Porteur de chaise (à porteurs). Sangle au dos, bâton à la main, —, que l'on s'ajuste, SCARR. *Foire St-Germ.* dans L. JACOB, *Paris burl.* p. 213.

PORTECHAPE [pòr-te-chàp'] *s. m.*

[ÉTYM. Composé de porte (du verbe porter) et chape, § 209. ‖ Au sens 1°.) 1285. Texte dans GODEF.]

‖ **1°** *Anciennt.* Officier de cuisine (portant les mets recouverts d'une chape).

‖ **2°** Celui qui porte la chape dans une église. (*Syn.* chapier.)

PORTECHOUX [pòr-te-chou] *s. m.*

[ÉTYM. Composé de porte (du verbe porter) et chou au plur. § 209. ‖ Admis ACAD. 1798.]

‖ *Famil.* Cheval de jardinier (qui porte les choux au marché).

PORTE-CIGARES [pòr-te-si-gàr'] *s. m.*

[ÉTYM. Composé de porte (du verbe porter) et cigare au plur. § 209. ‖ *Néolog.* Admis ACAD. 1878.]

‖ Étui, boîte à cigares.

˙PORTE-CIGARETTES [pòr-te-si-gà-rèt'] *s. m.*

[ÉTYM. Composé de porte (du verbe porter) et cigarette au plur. § 209. ‖ *Néolog.*]

‖ Étui, boîte à cigarettes.

PORTE-CLEFS et **˙PORTE-CLÉS** [pòr-te-klé] *s. m.*

[ÉTYM. Composé de porte (du verbe porter) et clef ou clé au plur. § 209. ‖ XVIᵉ-XVIIᵉ s. Le porteclef et le portier, J. GAULTIER, *Estat du christ.* dans DELB. *Rec.*]

I. Celui qui est chargé des clefs d'une prison.

II. Anneau pour porter des clefs.

PORTECOLLET [pòr-te-kò-lè] *s. m.*

[ÉTYM. Composé de porte (du verbe porter) et collet, § 209. ‖ Admis ACAD. 1718.]

‖ *Anciennt.* Pièce de carton recouverte d'étoffe, qui soutenait le collet, le rabat. Entre le haut de sa soutane et son —, ST-SIM. II, 347.

PORTECRAYON [pòr-te-krè-yon] *s. m.*

[ÉTYM. Composé de porte (du verbe porter) et crayon, § 209. ‖ 1676. A. FÉLIBIEN, *Princ. de l'architect.* p. 414.]

‖ Instrument de métal dans lequel on met un crayon, pour s'en servir plus commodément. (*Cf.* porte-mine.)

PORTE-CROIX [pòr-te-krwà] *s. m.*

[ÉTYM. Composé de porte (du verbe porter) et croix, § 209. ‖ XVIᵉ-XVIIᵉ s. Porter la teste plus basse que ne devoit un porte-croix, D'AUB. *Hist. univ.* V, 349, de Ruble.]

‖ Celui qui porte la croix devant le pape, un légat, un archevêque, etc. Illustre —, BOIL. *Lutr.* 5.

PORTE-CROSSE [pòr-te-kròs'] *s. m.*

[ÉTYM. Composé de porte (du verbe porter) et crosse, § 209. ‖ 1680. RICHEL. Admis ACAD. 1740.]

‖ Celui qui porte la crosse devant un évêque.

PORTE-DIEU [pòr-te-dyeû] *s. m.*

[ÉTYM. Composé de porte (du verbe porter) et Dieu, § 209. ‖ 1606. NICOT.]

‖ Prêtre qui porte le bon Dieu (le saint viatique) à un malade.

PORTE-DRAPEAU [pòr-te-drà-pó] *s. m.*

[ÉTYM. Composé de porte (du verbe porter) et drapeau, § 209. ‖ 1578. H. EST. *Nouv. Lang. franç.-italian.* dans GODEF. *Compl.* Admis ACAD. 1798.]

‖ (T. milit.) Officier qui porte le drapeau d'un régiment. (*Cf.* porte-enseigne, porte-étendard.)

PORTÉE [pòr-té] *s. f.*

[ÉTYM. Subst. particip. de porter, § 45. ‖ XIIᵉ s. Une portee aportoient de vin, *Prise d'Orange*, 1632.]

I. Charge que qqch porte.

‖ **1°** La totalité des petits que la femelle d'un animal portait d'une seule gestation et qu'elle met bas. La — d'une chatte, d'une chienne.

‖ **2°** Ce que porte de fils le faisceau qui sert à faire un cordage. ‖ Totalité des fils de la chaîne d'une étoffe.

‖ **3°** Charge que porte dans sa partie libre une pou-

tre, une pierre appuyée à chaque bout. ‖ *P. ext.* Ce qui porte qqch. — musicale, réunion de lignes parallèles sur lesquelles ou entre lesquelles sont posées les notes.

II. Distance jusqu'à laquelle qqch peut porter. La — d'un fusil, d'un canon. Être hors de la — des balles. Être à —, à une distance où l'on peut être atteint. Jamais auprès des fous ne te mets à —, LA F. *Fab.* IX, 8. Être à une — de fusil, à la distance jusqu'à laquelle porte un fusil. ‖ Être à la — de la main, pouvoir être saisi par la main. Être hors de la — des yeux, de l'oreille, de la voix, à une distance où l'œil, l'oreille, ne peut percevoir. ‖ *Fig.* J'en ai prévu la suite et j'en sais la —, CORN. *Sertor.* V, 4. Connaissons donc notre —, PASC. *Pens.* I, 1. Cela passe la — de notre esprit. Je vous manderai s'il est (ce livre) à la — de mon intelligence, SÉV. 819. Je ne suis pas encore à — de recevoir cette joie, ID. 456.

PORTE-ENSEIGNE [pòr-tan-sêñ] *s. m.*

[ÉTYM. Composé de porte (du verbe porter) et enseigne, § 209. ‖ 1529. Nicolas Bout estoit port'enseigne, J. et R. PARMENTIER, *Voy.* dans DELB. *Rec.*]

‖ *Vieilli.* (T. milit.) Porte-drapeau.

PORTE-ÉPÉE [pòr-té-pé] *s. m.*

[ÉTYM. Composé de porte (du verbe porter) et épée, § 209. ‖ 1564. J. THIERRY, *Dict. franç.-lat.*]

‖ (T. milit.) Morceau de cuir, d'étoffe, attaché à la ceinture et servant à porter l'épée.

PORTE-ÉTENDARD [pòr-té-tan-dàr] *s. m.*

[ÉTYM. Composé de porte (du verbe porter) et étendard, § 209. ‖ 1680. RICHEL. Admis ACAD. 1718.]

‖ (T. milit.) ‖ **I.** Cavalier qui porte l'étendard. (*Cf.* porte-drapeau, porte-enseigne.)

II. Pièce de cuir attachée à la selle pour soutenir la hampe de l'étendard.

PORTE-ÉTRIER [pòr-té-tri-yé] *s. m.*

[ÉTYM. Composé de porte (du verbe porter) et étrier, § 209. ACAD. écrit porte-étriers. ‖ 1611. Portestrieux, COTGR. Admis ACAD. 1835.]

‖ Sangle attachée à l'arrière de la selle pour porter l'étrier quand on le retrousse après avoir mis pied à terre. (*Syn.* trousse-étrier.)

PORTE-ÉTRIVIÈRE [pòr-té-tri-vyèr] *s. m.*

[ÉTYM. Composé de porte (du verbe porter) et étrivière, § 209. ACAD. écrit porte-étrivières. ‖ Admis ACAD. 1762.]

‖ Anneau placé près de la pointe de l'arçon, dans lequel passe l'étrivière.

PORTEFAIX [pòr-te-fè] *s. m.*

[ÉTYM. Composé de porte (du verbe porter) et faix, § 209. ACAD. écrit porte-faix (1694-1740), puis portefaix (1762-1878). ‖ 1334. Guyon le Breton, portefaix, *Reg. de St Jean d'Angély*, I, p. 107.]

‖ Celui qui fait métier de porter des fardeaux.

˙PORTE-FENÊTRE [pòr-te-fe-nêtr'] *s. f.*

[ÉTYM. Composé de porte subst. et fenêtre, § 199. ‖ 1676. A. FÉLIBIEN, *Princ. de l'architect.* p. 706.]

‖ Fenêtre dont le bas est au niveau du parquet, et qui s'ouvre sur un balcon, une terrasse, un jardin.

PORTE-FERS [pòr-te-fèr] *s. m.*

[ÉTYM. Composé de porte (du verbe porter) et fer au plur. § 209. ACAD. écrit porte-fer. ‖ *Néolog.* Admis ACAD. 1835.]

‖ (Technol.) Poche de cuir placée sous chaque quartier de la selle et contenant des fers à cheval de rechange.

PORTEFEUILLE [pòr-te-feùy'] *s. m.*

[ÉTYM. Composé de porte (du verbe porter) et feuille, § 209. ‖ 1544. Boetes de cartes, toutes sortes de portefeuilles, dans DELB. *Rec.*]

‖ Carton à poche destiné à recevoir du papier, des dessins, etc. Avoir des valeurs en —, et, *p. ext.* Le — d'un négociant, de la banque, les effets publics ou de commerce qui sont dans son portefeuille. Le — d'un avocat. Le — d'un ministre, et, *fig.* Avoir le — de la justice, des affaires étrangères, être ministre de la justice, des affaires étrangères. Un ministre sans —, qui n'a pas de département spécial. ‖ Avoir un ouvrage en —, en manuscrit.

˙PORTE-FORT [pòr-te-fòr] *s. m.*

[ÉTYM. Composé de porte (du verbe porter) et fort adj. § 209. ‖ *Néolog.*]

‖ (Droit.) Celui, celle qui dans un acte, une convention, se porte fort pour un tiers.

PORTE-HACHE [pòr-te-hàch'] *s. m.*

[ÉTYM. Composé de porte (du verbe porter) et hache, § 209. ‖ *Néolog.* Admis ACAD. 1835.]

|| (T. milit.) Étui d'une hache de sapeur.

⁕PORTE-JUPE [pòr-te-jŭp'] *s. m.*

[ÉTYM. Composé de porte (du verbe porter) et jupe, § 209. || *Néolog.*]

|| Pince suspendue à la ceinture pour permettre de tenir la jupe relevée.

PORTE-LIQUEURS [pòr-te-li-keŭr] *s. m.*

[ÉTYM. Composé de porte (du verbe porter) et liqueur au plur. § 209. || *Néolog.* Admis ACAD. 1878.]

|| **1°** Coffret à compartiments contenant les verres, les flacons pour liqueurs de table. (*Syn.* cabaret.)

|| **2°** Plateau de cristal sur lequel sont disposés ces verres, ces flacons.

PORTE-MALHEUR [pòr-te-mà-leŭr] *s. m.*

[ÉTYM. Composé de porte (du verbe porter) et malheur, § 209. || 1690. FURET. Admis ACAD. 1798.]

|| Chose, personne qu'on regarde comme portant malheur.

PORTEMANTEAU [pór-te-man-tó] *s. m.*

[ÉTYM. Composé de porte (du verbe porter) et manteau, § 209. ACAD. écrit d'abord porte-manteau (1694-1798), puis portemanteau (1835-1878). || 1558. Texte dans GODEF. *Compl.*]

I. *Anciennt.* Officier portant le manteau du roi, du prince.

II. || **1°** Partie de l'équipement du cavalier qui s'attache au devant de la selle et contient un manteau, des effets roulés. || Valise contenant des effets pour voyager.

|| **2°** Attache pour suspendre les manteaux, pelisses, etc.

⁕PORTEMENT [pòr-te-mãn'] *s. m.*

[ÉTYM. Dérivé de porter, § 145. || xiiiᵉ s. Ne soit en toi nus portemens blasmables, BRUN. LATINI, *Trésor*, p. 364.]

|| *Rare.* Action de porter. *Spécialt.* — de croix, peinture représentant Jésus-Christ portant sa croix.

⁕PORTE-MINE [pòr-te-min'] *s. m.*

[ÉTYM. Composé de porte (du verbe porter) et mine 2, § 209. || *Néolog.*]

|| Petit tube de métal dans lequel on met la mine de crayon pour s'en servir plus commodément. (*Cf.* porte-crayon.)

PORTE-MONNAIE [pòr-te-mò-nè] *s. m.*

[ÉTYM. Composé de porte (du verbe porter) et monnaie, § 209. || *Néolog.* Admis ACAD. 1878.]

|| Bourse de cuir en forme de petit portefeuille.

PORTE-MONTRE [pòr-te-mŏntr'] *s. m.*

[ÉTYM. Composé de porte (du verbe porter) et montre, § 209. || 1812. MOZIN, *Dict. franç.-allem.* Admis ACAD. 1835.]

|| Petit support auquel on accroche sa montre quand on ne la porte pas sur soi.

PORTE-MONTRES [pòr-te-mŏntr'] *s. m.*

[ÉTYM. Composé de porte (du verbe porter) et montre au plur. § 209. || *Néolog.* Admis ACAD. 1835.]

|| (Technol.) Petite armoire vitrée où l'horloger expose les montres.

PORTE-MORS [pòr-te-mòr] *s. m.*

[ÉTYM. Composé de porte (du verbe porter) et mors, § 209. || 1611. COTGR.]

|| Partie de la bride qui soutient le mors.

PORTE-MOUCHETTES [pòr-te-mou-chĕt'] *s. m.*

[ÉTYM. Composé de porte (du verbe porter) et mouchettes, § 209. || 1680. RICHEL.]

|| *Anciennt.* Petit plateau pour poser les mouchettes.

PORTE-MOUSQUETON [pòr-te-moŭs'-ke-ton] *s. m.*

[ÉTYM. Composé de porte (du verbe porter) et mousqueton, § 209. || Admis ACAD. 1762.]

|| **1°** (T. milit.) Crochet au bas de la bandoulière d'un cavalier pour supporter son mousqueton.

|| **2°** *P. anal.* Sorte d'agrafe qui d'un côté est attachée à la montre et de l'autre tient la chaîne, les breloques, etc.

PORTE-PAGE [pòr-te-pàj'] *s. m.*

[ÉTYM. Composé de porte (du verbe porter) et page subst. fém. § 209. || 1765. ENCYCL. Admis ACAD. 1835.]

|| (Typogr.) Feuille sur laquelle on pose les paquets de composition et les pages, en attendant la mise en châssis.

PORTE-PIERRE [pòr-te-pyèr] *s. m.*

[ÉTYM. Composé de porte (du verbe porter) et pierre, § 209. || 1752. TRÉV. Admis ACAD. 1762.]

|| (Médec.) Instrument dans lequel on met la pierre infernale pour cautériser.

PORTE-PLUME [pòr-te-plum'] *s. m.*

[ÉTYM. Composé de porte (du verbe porter) et plume, § 209. || *Néolog.* Admis ACAD. 1878.]

|| Tige de bois, d'ivoire, etc., qui reçoit à son extrémité une plume métallique, pour écrire.

⁕PORTE-QUEUE [pòr-te-keŭ] *s. m.*

[ÉTYM. Composé de porte (du verbe porter) et queue, § 209. || 1564. J. THIERRY, *Dict. franç.-lat.*]

|| Caudataire, celui qui dans les cérémonies porte la queue de la robe d'une princesse, du manteau royal, etc.

PORTER [pòr-té] *v. tr. et intr.*

[ÉTYM. Du lat. portare, m. s. §§ 347, 295 et 291.]

I. *V. tr.* || **1°** Tenir (dans les mains, entre les bras, sur les épaules, etc.) qqch qui pèse. Cet homme et son fils le portent (l'âne) comme un lustre, LA F. *Fab.* III, 1. L'autre (mulet) portant l'argent de la gabelle, ID. *ibid.* I, 4. — un ballot, une hotte. — un enfant dans ses bras. Dieu... dont le trône est porté par les anges, RAC. *Esth.* I, 5. Pyrrhus porté sur des soldats, ID. *Andr.* V, 5. Jésus-Christ portant sa croix, et, *fig.* Chacun porte sa croix, a ses misères à supporter. | Le valeureux comte de Fontaine, qu'on voyait porté dans sa chaise, BOSS. *Condé.* — un fardeau sur ses épaules, et, *fig.* — qqn sur ses épaules, le trouver fatigant. | La glace est assez forte pour — plusieurs personnes. Une rivière qui porte bateau. Un navire qui porte bien la voile. | Les piliers qui portent la voûte. || *P. anal.* Heureuses les entrailles qui n'ont point porté d'enfants! BOSS. *Hist. univ.* II, 21. Ces enfants qu'en son sein elle n'a point portés, RAC. *Ath.* III, 7. Les fruits que porte un arbre. Les arbres tardifs sont ceux qui portent les meilleurs fruits, MOL. *Mal. im.* II, 5. || *P. ext.* Du vin qui porte bien l'eau. Une personne qui porte bien le vin. Il porte bien son âge. || *Fig.* On ne veut pas que, mêlant nos douleurs, Nous nous aidions l'un l'autre à — nos malheurs, RAC. *Brit.* I, 3. Quelle injustice... que les pauvres portent tout le fardeau! BOSS. *Émin. dign. des pauvres*, 2. Du labeur des ans Pour nous seuls il portait les soins les plus pesants, LA F. *Fab.* X, 1. Nos pères ont péché... Et nous portons la peine de leurs crimes, RAC. *Esth.* I, 5. — le joug, les fers, être asservi, être esclave. | Ils n'ont pas plus d'esprit que ne porte leur condition, LA BR. 9.

|| **2°** Avoir habituellement sur soi. — la couronne, le sceptre. — une bague au doigt, des diamants aux oreilles. — une canne. Aux gens Portant bâtons et mendiants, LA F. *Fab.* I, 5. — perruque. Lorsque l'on peut — des cheveux de son cru, qui ne coûtent rien, MOL. *Av.* I, 4. — toute sa barbe. — des lunettes. — la livrée, l'uniforme. — le deuil. Les vêtements qu'il porte. Cela ne se porte plus, n'est plus à la mode. Une chose mal portée, que portent seulement les personnes communes ou peu recommandables. || *Fig.* — les armes. — la soutane, le froc. — l'épée. Je porte un cœur sensible, CORN. *Poly.* V, 3. Ce monsieur Loyal porte un air bien déloyal, MOL. *Tart.* V, 4. La ville qui porte le nom d'Alexandre. | — dans son cœur. Je vous porte toutes dans mon sein, BOSS. *2e Exhort. Nécess. du silence.* || *P. ext.* Avoir sur soi. L'or qu'il portait sur lui. — un nœud sur l'épaule. || *Fig.* Un jeune prince du sang qui portait la victoire dans ses yeux, BOSS. *Condé.* | Ce que porte le texte.

|| **3°** Prendre avec soi et déposer en un lieu. — un paquet à son adresse, une lettre à la poste. — le pain, les journaux à domicile. *Absolt.* Un pâtissier qui porte en ville. — qqn en terre. || *P. ext.* Faire arriver en un lieu. Les vagues portèrent le navire contre un rocher. On est porté par la foule. On est porté sur le corps des mourants, VOLT. *Mér.* V, 6. Se — en avant. Se — à la rencontre de l'ennemi. Se — candidat. Se — bien, mal, aller bien, mal, pour la santé. | — la main à son chapeau. — un verre à ses lèvres. — la main sur qqn. Le sang se porte à la tête. — les yeux, la vue sur qqch. — la tête haute. — l'oreille basse. Un cheval qui porte le nez au vent, et, *fig.* Le — haut, — au vent, prendre de grands airs. Portez-le moins haut, MOL. *Mis.* V, 4. Ils portent au vent, attelés tous deux au char de la fortune, LA BR. 3. || *P. anal.* — un coup à qqn. — un article au compte de qqn. — témoignage contre qqn. Se — accusateur, caution. — plainte contre qqn. — une affaire devant les tribunaux. — un arrêt contre qqn. || *Fig.* Pour vous — au trône où vous n'osiez prétendre, RAC. *Mithr.* IV, 4. La religion chrétienne à laquelle Clotilde sa femme ne cessait de le —, BOSS. *Hist. univ.* I, 11. Les tentations qui les portent au péché, PASC. *Prov.* 4. Quel démon vous irrite et vous porte à médire? BOIL. *Sat.* 9. Trois saints... Portés d'un même esprit, tendaient à même but, LA F. *Fab.* XII, 25. Je me sens portée pour elle, SÉV. 1171. C'est vous qui vous

portez à ces honteuses actions? MOL. *Av.* II, 2. Se — aux dernières extrémités. — qqn aux nues. Chacun l'admire Et porte jusqu'au ciel... De ce jeune héros les glorieux exploits, CORN. *Cid*, IV, 1. Je n'ai jamais vu — si haut l'élégance de l'ajustement, MOL. *Préc. rid.* sc. 9. | Si nous portons plus loin nos pensées, BOSS. *Panég. St Bernard.* Que l'on porte ailleurs les honneurs qu'on m'envoie, RAC. *Phéd.* III, 1. — honneur, respect, envie à qqn. Cette amour... Que tu m'avais promise et que je t'ai portée, LA BR. *Poly.* IV, 3. L'amitié que j'ai pour vous porte bien des peines avec elle, SÉV. 425. Un portrait porte absence et présence, PASC. *Pens.* XVI, 7. Le commerce entre nous porterait du scandale, MOL. *Tart.* IV, 1. | On porte à dix mille le nombre des morts.

|| **II.** *V. intr.* || **1°** Peser (sur qqch). La galerie porte sur des colonnes. La selle porte sur le garrot du cheval. *Absolt.* Une poutre qui porte à faux, qui n'est pas dans son aplomb. Tirer à bout portant, le bout de l'arme appuyant sur le but. || *Fig.* Le reproche porte sur vous. Sa confiance doit — sur l'autorité de la raison, J.-J. ROUSS. *Ém.* 4.

|| **2°** Atteindre le but. Le coup a porté juste. Un fusil qui porte loin. *Fig.* Tous tes traits ont porté, RAC. *Phéd.* III, 2. Le reproche a porté juste. Chaque mot porte. Une vue qui porte loin. | La tête a porté contre une pierre. | Laisser — le navire, le laisser arriver. || *Fig.* Du vin qui porte à la tête, au cerveau. Ce bruit lui porte sur les nerfs.

PORTE-RESPECT [pòr-te-rĕs'-pĕk'] *s. m.*
[ÉTYM. Composé de porte (du verbe porter) et respect, § 209. || XVIIe s. *V.* à l'article. Admis ACAD. 1798.]
|| *Famil.* || **1°** Personne dont la présence fait respecter celui qu'elle accompagne.
|| **2°** Ce qu'on porte pour se défendre. Que n'ai-je avec moi pris mon — ! MOL. *Ét.* III, 6.

PORTE-TAPISSERIE [pòr-te-tà-pis'-ri ; *en vers*, -pi-se-ri] *s. m.*
[ÉTYM. Composé de porte (du verbe porter) et tapisserie, § 209. || Admis ACAD. 1740.]
|| (Technol.) Châssis sur lequel on applique une tapisserie qui retombe en portière.

PORTE-TRAIT [pòr-te-trè] *s. m.*
[ÉTYM. Composé de porte (du verbe porter) et trait, § 209. || 1680. RICHEL. Admis ACAD. 1835.]
|| (Technol.) Courroie qui porte les traits qui servent à atteler.

PORTEUR, EUSE [pòr-teûr, -teûz'] *s. m. et f.*
[ÉTYM. Dérivé de porter, § 112. || XIIe s. Li porterre de la lei, *Psaut. d'Oxf.* LXXXIII, 7.]
|| Celui, celle qui porte. Les porteurs de la halle. Un — d'eau. Une chaise à porteurs. Une porteuse de pain. Les porteurs de journaux. | En vertu d'un contrat duquel je suis —, MOL. *Tart.* V, 4. Remettre de l'argent au — d'un billet. Un billet au —, payable au porteur. Être — d'une bonne nouvelle. || *Spéciall.* Cheval monté par le postillon.

PORTE-VENT [pòr-te-van] *s. m.*
[ÉTYM. Composé de porte (du verbe porter) et vent, § 209. || 1680. RICHEL. Admis ACAD. 1762.]
|| (Technol.) Tuyau qui porte le vent du soufflet dans le sommier d'un orgue, dans une musette, etc.

PORTE-VERGE [pòr-te-vèrj] *s. m.*
[ÉTYM. Composé de porte (du verbe porter) et verge, § 209. || 1680. RICHEL.]
|| Bedeau qui porte une verge, une baguette, devant le curé, les marguilliers.

PORTE-VIS [pòr-te-vis'] *s. m.*
[ÉTYM. Composé de porte (du verbe porter) et vis, § 209. || 1765. ENCYCL. Admis ACAD. 1740.]
|| (Technol.) Pièce qui tient la vis de la platine d'un fusil, d'un pistolet.

PORTE-VOIX [pòr-te-vwá] *s. m.*
[ÉTYM. Composé de porte (du verbe porter) et voix, § 209. || 1680. RICHEL. Admis ACAD. 1835.]
|| (Technol.) Tuyau de métal, largement évasé à la base, qui sert à porter au loin le son, la voix.

PORTIER, IÈRE [pòr-tyé, -tyèr] *s. m. et f.*
[ÉTYM. Du lat. portarium, *m. s.* §§ 347, 297 et 291. (*Cf.* huissier.)]
|| Celui, celle qui garde une porte. (*Syn.* concierge.) Le — d'un couvent, d'un collège. La loge du —. Le — du logis et moi Nous serons tout à l'heure à toi, LA F. *Fab.* IX, 10. | *Anciennt.* Le — de la comédie, celui qui recevait l'argent à la porte du théâtre. *Fig.* J'étais un franc — de comédie (qu'il

fallait payer pour entrer), RAC. *Plaid.* I, 1. || *Spéciall.* | **1.** (T. milit.) — consigne, portier qui garde l'avancée d'une forteresse. | **2.** (Liturgie cathol.) Clerc qui a reçu le premier des ordres mineurs (les clercs inférieurs étant à l'origine gardiens de la porte de l'église).

1. PORTIÈRE [pòr-tyèr] *s. f.*
[ÉTYM. Dérivé de porte subst. § 115. || 1539. R. EST.]
|| Ce qui forme clôture.
|| **1°** Panneau qui ferme l'ouverture par laquelle on entre ou sort d'une voiture. Ouvrir, refermer la —. | *P. ext.* Cette ouverture. Ménalque se jette hors de la —, LA BR. 11.
|| **2°** Tenture qu'on laisse retomber devant une porte. Une — de tapisserie.
|| **3°** (Technol.) Assemblage de plusieurs bateaux formant une des travées d'un pont de bateaux. Construire un pont par portières.

2. PORTIÈRE [pòr-tyèr] *adj. et s. f.*
[ÉTYM. Dérivé de porter, § 115. || 1326. Les brebis portieres, dans GODEF. Admis ACAD. 1835.]
|| **1°** *Adj.* Qui porte des petits. Vache, jument, truie —.
|| **2°** *S. f. Dialect.* Utérus (d'animal). Les portières de toutes les vaches et de toutes les brebis, BUFF. *Hist. anim.* 6.

PORTION [pòr-syon ; *en vers*, -si-on] *s. f.*
[ÉTYM. Emprunté du lat. portio, *m. s.* || XIIe s. O comunes portions Fu toz li aveirs asingniez, BEN. DE STE-MORE, *Troie*, 26260.]
|| Part qui revient à qqn (dans une distribution). Une — de pain, de viande. Avoir tous les pauvres d'une ville assemblés à sa porte, qui y reçoivent leurs portions, LA BR. 16. Cet homme... Leur laissa tout son bien par portions égales, LA F. *Fab.* II, 20. — virile, qui revient à chaque héritier. — congrue, prélevée pour la subsistance du desservant, et souvent à peine suffisante. | *Fig.* Être réduit à la — congrue. || *P. ext.* Peut-être que ce que j'appelle mon esprit n'est qu'une — de matière, LA BR. 16. La chambre des pairs est une — essentielle de la puissance législative, *Charte de 1830*, art. 20.

PORTIONCULE [pòr-syon-kul ; *en vers*, -si-on-...] *s. f.*
[ÉTYM. Emprunté du lat. portiuncula, *m. s.* || 1611. Portiuncule, COTGR. Admis ACAD. 1835.]
|| *Rare.* Petite partie.

PORTIQUE [pòr-tik'] *s. m.*
[ÉTYM. Emprunté du lat. porticus, *m. s.* (*Cf.* porche, de formation pop.) || 1564. J. THIERRY, *Dict. franç.-lat.*]
|| Galerie couverte soutenue par des colonnes. Du temple... Le peuple saint en foule inondait les portiques, RAC. *Ath.* I, 1. || *P. anal.* | **1.** Un — de treillage (dans un jardin). | **2.** Construction pour servir aux exercices gymnastiques, où des poteaux supportent une poutre transversale à laquelle sont suspendus les agrès.

PORTOR [pòr-tòr] *s. m.*
[ÉTYM. Emprunté de l'ital. portoro, pour porta oro, proprt, « porte-or », §§ 12 et 209. || 1676. Marbre... qu'ils appellent portoro à cause que ses veines semblent d'or, A. FÉLIBIEN, *Princ. de l'architect.* p. 59. Admis ACAD. 1762.]
|| (Technol.) Marbre noir veiné de jaune d'or.

PORTRAIRE [pòr-trèr] *v. tr.*
[ÉTYM. Pour pourtraire, § 502, composé de pour et traire, tirer, § 196. || XIIe s. Cil ki forment te portraira, *Énéas*, 2944.]
|| *Vieilli.* Représenter. Son image entière, portraite au naturel, AMYOT, *Philop.* 3. | *Fig.* A vous, en qui je vois portraits De ses perfections les plus aimables traits, CORN. *Veuve*, V, 7.

PORTRAIT [pòr-trè] *s. m.*
[ÉTYM. Subst. particip. de portraire, § 45. || XIIIe s. Molt honorera le portret Et les ouvrages qui i sont, dans MONTAIGLON et RAYNAUD, *Rec. de fabliaux*, III, 9.]
|| Représentation d'une personne par la peinture, le dessin. Un — à l'huile, au pastel, en miniature. Un — en pied. Un — de face, de profil. Des portraits de famille. Un — flatté. Jamais peintre ne fit — si ressemblant, REGNARD, *Ménechmes*, IV, 3. Un peintre de portraits. || *P. ext.* | **1.** Ressemblance. Toi, son vivant —, CORN. *Rodog.* III, 3. | *Famil.* C'est tout le — de son père. | **2.** Description exacte. Ce — que j'ai fait de lui d'après nature, LA BR. préf. Je dois aux yeux d'Alcmène un — militaire Du grand combat, MOL. *Amph.* I, 1. On n'a point fait de la vertu de — qui lui ressemble, PASC. *Prov.* 9. | *Spéciall.* Description d'une personne, jeu d'esprit à la mode dans les salons du XVIIe siècle. Les portraits sont difficiles et demandent un esprit profond, MOL. *Préc. rid.* sc. 9.

PORTRAITURE [pòr-trè-tür] *s. f.*

[ÉTYM. Dérivé de portrait, § 111. || XIIᵉ-XIIIᵉ s. A riches purtraitures, *Rois*, III, 6.]

|| *Vieilli.* Action de portraire. || OEuvre de celui qui portrait.

PORTULAN [pòr-tu-lan] *s. m.*
[ÉTYM. Emprunté de l'ital. portolano, *m. s.* § 12. || 1578. Le Portulant contenant..., titre. Admis ACAD. 1762.]

|| *Ancienn.* (Géogr.) Carte, livre contenant la description des ports de mer et des côtes.

POSAGE [pó-zâj'] *s. m.*
[ÉTYM. Dérivé de poser, § 78. || 1532. Posage de bateaux, dans DELB. *Rec.*]

|| (Technol.) Action de poser.(*Syn.* pose.) Le — des tuyaux à gaz, des sonnettes électriques.

POSE [pôz'] *s. f.*
[ÉTYM. Subst. verbal de poser, § 52. Qqs auteurs emploient pose au sens de pause. (*V.* ce mot.) || 1694. La pose des grandes pierres est difficile, ACAD.]

|| 1° Action de poser (qqch). La — d'un tapis. La — des rideaux, des tentures. La — des sonnettes. La — de la première pierre d'un édifice (accompagnée d'ordinaire d'une cérémonie). *Vieilli.* Caporal de —, chargé de poser les sentinelles. | *Spécialt.* Au jeu de dominos, action de poser le premier dé. A vous la —.

|| 2° Action de se poser. Prendre une — naturelle, affectée. La — d'un portrait. Les poses d'une danseuse. | *Néolog.* Attitude, manière d'être affectée.

POSÉMENT [pó-zé-man] *adv.*
[ÉTYM. Pour posément, composé de posé, part. de poser employé comme adj. et ment, § 724. || XVᵉ s. Parler si posement, COMM. VIII, 19.]

|| D'une manière posée.

POSER [pó-zé] *v. intr.* et *tr.*
[ÉTYM. Du lat. pausare, §§ 333, 295 et 291. (*Cf.* le doublet pauser.) Pausare, qui signifie proprt « cesser », a pris le sens de « reposer » dans le lat. pop., puis a passé au sens actif de « faire reposer », d'où s'est peu à peu développé le sens de « placer », par confusion avec ponere (*cf.* pondre), posui, positum.]

I. *V. intr.* || 1° Être appuyé sur qqch. Le cintre pose sur les impostes.

|| 2° Prendre une certaine attitude. — devant un peintre pour son portrait. Faire — un modèle. Un modèle qui pose pour la tête, pour l'ensemble. || *P. ext.* Avoir une attitude, une manière d'être affectée.

II. *V. tr.* || 1° Mettre à une place. Posez sur cette table De notre sainte loi le livre redoutable, RAC. *Ath.* IV, 1. — un vase sur le buffet. — ses mains sur le piano. — le pied sur le rivage. — son paquet sur un banc. — un pion, une pièce, au jeu de dames, d'échecs. — un dé, au domino. Écrire à main posée, en assurant la main sur la table. Un soldat posé en sentinelle. Se — quelque part. Un oiseau qui se pose. Soit qu'elle (l'aigle) vole au milieu des airs, soit qu'elle se pose sur quelque rocher, BOSS. *Condé.* | *P. ext.* — quelqu'un, le mettre dans une certaine attitude, pour faire son portrait. || *P. ext.* (Arithm.) — des chiffres, les mettre dans un certain ordre, selon l'opération à faire. || *Fig.* — une question à qqn. La question est mal posée. Une personne bien posée, en bonne situation dans le monde. Se — en réformateur.

|| 2° Mettre en place, à demeure. — des rideaux, des tentures. — des sonnettes. — des glaces, des tableaux. Se faire — des dents. — les fondements, la première pierre d'un édifice. — un parquet. — un tapis. || *P. ext.* Une personne posée, d'un caractère bien rassis. Une voix posée, bien tenue, qui ne vacille pas dans l'émission du son. | — qqch en principe. Ce fondement posé (étant une fois posé), LA F. *Fab.* IX, 20, *Disc. à Mᵐᵉ de la Sablière.* Posé (étant posé) que cela soit permis, CORN. *Mélite,* préf.

|| 3° Mettre ailleurs ce qu'on avait sur soi. — les armes, faire la paix. Ne — le fer entre nos mains remis Qu'après l'avoir vengé, RAC. *Ath.* IV, 3. Faire — le masque à cette âme hypocrite, MOL. *Tart.* IV, 4.

POSEUR, EUSE [pó-zeür, -zeúz'] *s. m.* et *f.*
[ÉTYM. Dérivé de poser, § 112. || 1676. Les poseurs qui posent les pierres, A. FÉLIBIEN, *Princ. de l'architect.* p. 71. Admis ACAD. 1762.]

|| 1° (Technol.) Celui, celle qui pose (qqch). — de parquets, de rails, de sonnettes.

|| 2° *Néolog.* Celui, celle qui a une attitude, une manière d'être affectée.

POSITIF, IVE [pó-zi-tíf', -tīv'] *adj.*
[ÉTYM. Emprunté du lat. positivus, *m. s.* de ponere, placer, poser. || XIIIᵉ s. Vie positive, J. DE MEUNG, *Trésor,* 995.]

I. *Ancienn. Au propre.* Qui doit être posé sur qqch. *Spécialt.* Orgue —, et, *substantivt,* Un —, petit orgue qui se posait sur un meuble. || *P. ext. De nos jours.* Le — d'un orgue, du grand orgue, le petit clavier.

II. *Fig.* || 1° Qui repose sur qqch d'assuré. Le fait est —. On ne sait rien de — à ce sujet. | *Spécialt.* Lois positives, les lois écrites (par opposition au droit naturel). Religion positive, par opposition à la religion naturelle. Philosophie positive, doctrine philosophique qui rejette l'absolu, n'admettant que les faits constatés par l'expérience. (*Cf.* positivisme.) || *P. ext.* Un homme —, qui considère avant tout ce qui est pratique, ce qui est utile. *Substantivt.* Tenir au —, à ce qui est pratique, utile.

|| 2° Qui pose, affirme qqch d'assuré. Devoirs positifs, qui prescrivent qqch (par opposition aux devoirs négatifs, qui interdisent qqch). | (Algèbre.) Quantité positive, supérieure à zéro, et indiquée par le signe plus (+). | (Physique.) Électricité positive, électricité vitrée, que l'on considérait comme produite par un excès du fluide. Le pôle — de la pile. | (Photogr.) Épreuve positive, renversée.

|| 3° (Gramm.) Qui est au premier degré, où la qualité est affirmée simplement. (S'oppose à comparatif, superlatif.) Adjectif —, et, *substantivt,* Un adjectif au —.

POSITION [pó-zi-syon; *en vers,* -si-on] *s. f.*
[ÉTYM. Emprunté du lat. positio, *m. s.* || XIVᵉ s. La position et assiette de la cité, ORESME, dans MEUNIER, *Essai sur Oresme.*]

|| 1° Place où une chose est posée. Déterminer la — d'un astre. Cette ville, cette maison est dans une — agréable. L'ennemi occupait une forte —. Déloger l'ennemi de ses positions.

|| 2° Manière dont une chose, une personne est posée. La — de la main sur le piano, le violon. La — des pieds en dansant. Être à la première, à la deuxième —. La — du soldat sous les armes, du cavalier à cheval. Rectifier sa —. Une — fatigante, une fausse —. La — de l'enfant dans le sein de sa mère. || *Fig.* Être en — d'obliger qqn. | La — du malade est inquiétante. | Être dans une belle —. Il est à la recherche d'une —. On lui offre une — avantageuse. || La — de la question. Les positions d'une thèse, les solutions posées comme vraies et qu'on doit soutenir. | (Prosodie anc.) Une syllabe longue, brève, par —, qu'on pose, qu'on admet comme longue ou brève, selon les lettres qui la suivent. | (Arithm.) Règle de la fausse —, où l'on fait sur les valeurs inconnues d'un problème des suppositions qu'on sait fausses et que l'on rectifie ensuite à l'aide des conditions de l'énoncé.

POSITIVEMENT [pó-zi-tiv'-man; *en vers,* -ti-ve-...] *adv.*
[ÉTYM. Composé de positive et ment, § 724. || XVIᵉ-XVIIᵉ s. V. à l'article.]

|| D'une manière positive. On l'assura — qu'il lui donnerait de l'emploi, D'AUB. *Vie,* 156.

POSITIVISME [pó-zi-ti-vísm'] *s. m.*
[ÉTYM. Dérivé de positif, § 265. || *Néolog.* Admis ACAD. 1878.]

|| (T. didact.) Système de philosophie positive, qui rejette l'absolu et n'admet que les données de l'expérience.

POSITIVISTE [pó-zi-ti-víst'] *s. m.* et *f.*
[ÉTYM. Dérivé de positif, § 265. || *Néolog.* Admis ACAD. 1878.]

|| (T. didact.) Celui, celle qui professe le positivisme. *Adjectivt.* La doctrine —.

POSSÉDER [pò-sé-dé] *v. tr.*
[ÉTYM. Emprunté du lat. possidere, *m. s.* rendu très anciennement par possedeir, posseoir, puis par possider, et enfin (d'après possesseur, possession), par posséder.]

|| 1° Avoir en sa possession. — de grands biens. Un amateur du jardinage... Possédait... Un jardin, LA F. *Fab.* IV, 4. Il possède plusieurs maisons. — de bonne foi, avec la conviction qu'on a la propriété de ce qu'on possède. Qui vit content de rien possédé toute chose, BOIL. *Ép.* 5. Sentir s'écouler tout ce qu'on possède, PASC. *Pens.* XXIV, 16 *bis.* | Être comme eux (les anges) capable de — Dieu, BOSS. *Hist. univ.* II, 26.

|| 2° Avoir en son pouvoir. — le secret de qqn. Possédez-les (les grandeurs)... sans qu'elles vous possèdent, CORN. *Cinna,* II, 1. — l'esprit, le cœur de qqn. Ne possédez-vous pas son oreille et son cœur? RAC. *Esth.* III, 2. Il possédait mon cœur, mes désirs, ma pensée, CORN. *Poly.* I, 3. Toute la terre

était possédée de la même erreur, BOSS. *Hist. univ.* II, 16. — son âme en paix. Se —, être maître de soi. Celui qui ne se possède point dans les dangers, FÉN. *Tél.* 12. | — une femme, avoir ses faveurs. Pour s'être vanté De — certaine belle, LA F. *Contes, Gascon.* | Être possédé du démon. Ceux qui sont possédés du malin esprit, BOSS. *Nouv. Myst.* 17. *Ellipt.* Être possédé, et, *substantivt*, Un possédé. Jurant comme un possédé, LES. *Diable boit.* 8. Je fus comme une possédée, ID. *Bachel. de Salam.* VI, 9. ‖ — qqn, l'avoir avec soi. Le bonheur de les — un siècle entier, BOSS. *Marie-Thérèse.* ‖ *Fig.* Connaître à fond. — son sujet. Ceux qui possèdent Aristote et Horace, MOL. *Crit. de l'Éc. des f.* sc. 6. — plusieurs langues.

POSSESSEUR [pò-sè-seùr] *s. m.*
[ÉTYM. Emprunté du lat. possessor, *m. s.* ‖ XIVᵉ s. Les possesseurs des terres publiques, BERSUIRE, fᵒ 42.]
‖ Celui qui possède. Le — est de bonne foi quand il possède comme propriétaire, en vertu d'un titre... dont il ignore les vices, *Code civil*, art. 550. Nous rendre comme maîtres et possesseurs de la nature, DESC. *Méth.* 6. Ce sceptre, cet empire... fatiguent souvent leur triste —, RAC. *Esth.* II, 7. | Néron n'est pas encor tranquille — De l'ingrate, RAC. *Brit.* III, 5. — d'un trésor dont je n'étais pas digne, CORN. *Poly.* IV, 4.

POSSESSIF, ˙POSSESSIVE (pò-sè-sif', -siv') *adj.*
[ÉTYM. Emprunté du lat. possessivus, *m. s.* ‖ XVᵉ s. Mais quant au fait du possessif, E. LE GOUST, dans *Poés. de Ch. d'Orl.* II, 102, d'Héricault.]
‖ (Gramm.) Qui marque la possession. Un adjectif —, un nom —, et, *substantivt*, Un —.

POSSESSION [pò-sè-syon; *en vers*, -si-on] *s. f.*
[ÉTYM. Emprunté du lat. possessio, *m. s.* ‖ XIIᵉ s. Possessiun, *Psaut. d'Oxf.* II, 8.]
‖ Faculté actuelle de jouir d'un bien. (*Cf.* propriété.) Avoir qqch en sa —. La — est la détention ou la jouissance d'une chose ou d'un droit, *Code civil*, art. 2228. En fait de meubles, la — vaut titre, *Id.* art. 2279. Envoi en —, acte judiciaire par lequel les ayants droit sont mis en possession de ce qui leur est dévolu. — d'état, établie par une longue notoriété, non interrompue. L'usage seulement fait la —, LA F. *Fab.* IV, 20. La — d'un domaine. *P. ext.* Terre qu'on possède. Il a de grandes possessions en Bretagne. | *P. anal.* Hérode... se maintient... dans la — du royaume, BOSS. *Hist. univ.* I, 9. Les possessions des Anglais aux Indes, des Français en Afrique. | Être en — d'un droit, et, *fig.* En — de dire toutes choses sans qu'on ose s'en fâcher, SÉV. 424. Les agréments qui sont en — de faire réussir, CORN. *Sertor.* exam. ‖ *Speciall.* La — d'une femme, la jouissance de ses faveurs. La — de beaucoup de femmes, MONTESQ. *Espr. des lois*, XVI, 6.

˙POSSESSIONNÉ, ÉE [pò-sè-syò-né; *en vers*, -si-ò-né] *adj.*
[ÉTYM. Dérivé de possession, § 118. ‖ XVIIIᵉ s. *V.* à l'article.]
‖ *Rare.* (Droit.) Qui a des possessions (dans un pays). Un écu de trois livres de tout autre fabricant non —, VOLT. *Lett.* 14 fév. 1776.

POSSESSOIRE [pò-sè-swàr] *adj.*
[ÉTYM. Emprunté du lat. possessorius, *m. s.* ‖ XIVᵉ-XVᵉ s. Om pert adonc le possessoire, EUST. DESCH. VI, 158.]
‖ (Droit.) Relatif au droit de posséder. Action —, et, *substantivt, au masc.* —, action en justice pour être maintenu ou réintégré dans la possession de fait de qqch. (*Cf.* pétitoire.) Que devient le pétitoire et le —? LA BR. 12.

POSSIBILITÉ [pò-si-bi-li-té] *s. f.*
[ÉTYM. Emprunté du lat. possibilitas, *m. s.* ‖ XIIIᵉ s. Faiz qui aviengnent Ça jus par possibilité, J. DE MEUNG, *Rose*, 17560.]
‖ Caractère de ce qui est possible.

POSSIBLE [pò-sibl'] *adj.*
[ÉTYM. Emprunté du lat. possibilis, *m. s.* ‖ 1337. Se déduit de l'existence à cette date de l'adverbe possiblement.]
‖ 1º Qui peut se faire. Un projet qu'il n'est pas — d'exécuter. Une chose qui n'est pas —. L'escalade est — de ce côté. Est-il — que vous serez toujours embéguiné de vos apothicaires ! MOL. *Mal. im.* III, 3. Faire une chose le mieux —. ‖ *Substantivt.* Faire son —. Dépasser les bornes du —.
‖ 2º Qui peut arriver. Tout est pour le mieux dans le meilleur des mondes possibles. Prévoir tous les cas possibles. Est-il — que toujours j'aurai du dessous avec elle? MOL. *G. Dand.* II, 8. ‖ *Ellipt.* Peut-être. Il arrivera —, LA F. *Fab.* préf. Notre mort... Ne tardera — guères, LA F. *Fab.* III, 6. ‖ *Substantivt.* N'espérer que le —.

˙**POSSIBLEMENT** [pò-si-ble-man] *adv.*
[ÉTYM. Composé de possible et ment, § 724. ‖ 1337. Pourveoir possiblement aux commoditez de noz subjects, dans GODEF.]
‖ *Rare.* D'une manière possible. Pour les conduire — au trône, ST-SIM. X, 218.

POSTAL, ALE [pòs'-tàl] *adj.*
[ÉTYM. Dérivé de poste subst. fém. § 238. ‖ *Néolog.* Admis ACAD. 1878.]
‖ Relatif à la poste (aux lettres). Service —. Tarifs postaux. Convention postale (entre deux États). Carte postale, affranchie à prix réduit. Colis —, expédié à prix réduit.

POSTCOMMUNION [pòst'-kò-mu-nyon; *en vers*, -ni-on] *s. f.*
[ÉTYM. Emprunté du lat. ecclés. postcommunio, *m. s.* de post, après, et communio, communion, § 275. ‖ XIIIᵉ-XIVᵉ s. La postcommunion chanté Ont après, J. DE CONDÉ, dans DELB. *Rec.*]
‖ (Liturgie cathol.) Oraison que dit le prêtre après la prière dite communion qui termine la messe.

˙**POSTCRIT** [pòst'-kri]. *V.* postscriptum.

POSTDATE [pòst'-dàt] *s. f.*
[ÉTYM. Composé avec le lat. post, après, et date, § 275. (*Cf.* postdater.) ‖ 1549. Postidate, R. EST. | 1752. Postdate, TRÉV. Admis ACAD. 1835.]
‖ *Rare.* Date postérieure substituée sur un acte, une lettre, à la date vraie. (*Cf.* antidate.)

POSTDATER [pòst'-dà-té] *v. tr.*
[ÉTYM. Composé avec le lat. post, après, et dater, § 275. On a dit d'abord postidater, d'après antidater. ‖ 1549. Postidater, R. EST. | 1752. Postdater, TRÉV. Admis ACAD. 1835.]
‖ *Rare.* Dater en substituant une date postérieure à la véritable. (*Cf.* antidater.)

1. POSTE [pòst'] *s. f.*
[ÉTYM. Subst. particip. de pondre, au sens primitif de « poser », § 45, correspondant pour la forme au lat. pŏsita, devenu poste, §§ 290 et 291. Le maintien de l's paraît dû à l'influence de l'ital. posta, *m. s.* § 12. ‖ XIIᵉ s. *V.* à l'article.]
‖ 1º *Anciennt.* Position. Car fust arse iceste coste Qui m'ad mis en si male — ! *Myst. d'Adam*, dans BARTSCH, *Chrestomathie*, col. 84. ‖ *De nos jours.* (Marine.) Mettre l'ancre à —, à sa place. ‖ Être à la — de qqn, dans la position qu'il souhaite, à sa convenance. Qu'ils (les historiens) jugent à leur —, mais qu'ils nous laissent aussi de quoi juger après eux, MONTAIGNE, II, 10. Ç'aurait été une bonne affaire de pouvoir introduire ici un médecin à notre —, MOL. *Mal. im.* III, 2. ‖ *P. ext.* (Architect.) Chose posée, appliquée. *Speciall.* Ornement plat courant sur une plinthe. (S'emploie surtout au plur.)
‖ 2º Relai de chevaux, de distance en distance, sur une route, pour le service des voyageurs, le transport des dépêches, etc. S'arrêter à la première —. Chaise, chevaux de —. Un maître de —. ‖ *P. ext.* | 1. Action de voyager de cette manière. Voyager en —. Prendre la —. Courir la —. *Fig.* Aller un train de —, très vite. | 2. Espace d'un relai à l'autre. Ne me retarde point, de grâce, Je dois faire aujourd'hui vingt postes sans manquer, LA F. *Fab.* II, 15. ‖ *P. ext.* Transport public des correspondances privées. L'administration des postes. Le service de la —. Bureau de —. *Ellipt.* Porter une lettre à la —, à un bureau de poste. La grande —, le bureau central de la poste. Un bon, un mandat sur la —. Une lettre — restante, qui doit être gardée à la poste jusqu'à ce que le destinataire vienne la réclamer. Un timbre—, pour l'affranchissement des lettres. Un train-—, un bateau-—, une malle-—, qui porte les dépêches. ‖ *Absolt.* La —, l'administration des postes. Faire une réclamation à la —.

2. POSTE [pòst'] *s. m.*
[ÉTYM. Emprunté de l'ital. posto, *m. s.* § 12. L'ital. di aussi posta dans le même sens (OUD.) : de là le genre fém. du mot dans quelques anciens exemples. ‖ XVᵉ-XVIᵉ s. Pour la deffence de la breche, sept postes, chacune de trente hommes, J. D'AUTHON, *Chron. de Louis XII*, IV, 122, de Maulde.]
‖ 1º Emplacement occupé par un corps de troupes pour une opération militaire. On délogea l'ennemi du — qu'il occupait. Des postes avancés. Les avant-postes. ‖ *P. ext.* Place assignée aux combattants. — d'honneur, place périlleuse. Que chacun... Garde en mourant le — où je l'aurai placé, RAC. *Ath.* IV, 5. Mourir à son —. ‖ *Fig.* Position assignée à un fonctionnaire. Retourner à son —, être à —

fixe dans un lieu. Occuper un — éminent. Les postes éminents rendent les grands hommes encore plus grands, et les petits beaucoup plus petits, LA BR. 11.

|| **2°** Corps de garde. Le — de la mairie. Un — de sergents de ville. Un — de pompiers. Conduire un perturbateur au —. || *P. ext.* Les hommes placés dans un poste. Doubler les postes.

3. POSTE [pŏst'] *s. f.*

[ÉTYM. Origine inconnue. || 1680. RICHEL.]

|| (Technol.) Petite balle de plomb dont on charge en nombre un fusil, un pistolet.

POSTER [pŏs'-té] *v. tr.*

[ÉTYM. Dérivé de poste 2, § 154. (*Cf.* aposter.) || XVIᵉ-XVIIᵉ s. Les vedettes qui avoient esté postez pendant le jour, D'AUB. *Vie*, 97.]

|| Mettre dans un poste. — les troupes sur les hauteurs. Se — avantageusement. || Mettre à la place qui convient. Je suis ici posté commodément pour attendre, MOL. *Préc. rid.* sc. 8. Il se trouve sur leur passage, se poste devant leurs yeux, LA BR. 2.

POSTÉRIEUR, EURE [pŏs'-té-ryeûr ; *en vers*, -ri-eûr] *adj.*

[ÉTYM. Emprunté du lat. posterior, *m. s.* de post, derrière, après. || XVᵉ s. Parties posteriores, *Mer des histoires*, dans GODEF. *Compl.*]

|| **1°** Qui vient après (dans le temps). Une époque postérieure.

|| **2°** Qui est en arrière (dans l'espace). La partie postérieure de la tête. La partie postérieure du corps, et, *substantiv, au masc.* Le —, le derrière.

POSTÉRIEUREMENT [pŏs'-té-ryeûr-man ; *en vers*, -ri-eû-re-...] *adv.*

[ÉTYM. Composé de postérieure et ment, § 724. || 1690. FURET.]

|| D'une manière postérieure (dans le temps). — à cette date.

POSTERIORI (A). *V.* à posteriori.

POSTÉRIORITÉ [pŏs'-té-ryò-ri-té ; *en vers*, -ri-ò-...] *s. f.*

[ÉTYM. Dérivé du lat. posterior, postérieur, § 255. || XVᵉ s. Quant plus ancienne est la lignee, de tant est plus la posteriorité noble, P. FERGET, *Mir. de la vie hum.* fº 74, édit. 1482.]

|| (T. didact.) Caractère de ce qui est postérieur à autre chose. (S'oppose à antériorité, priorité.)

POSTÉRITÉ [pŏs'-té-ri-té] *s. f.*

[ÉTYM. Emprunté du lat. posteritas, *m. s.* || XIVᵉ s. Prendre gaing par mutacion de monnoie prejudicie a toute la royale posterité, ORESME, dans MEUNIER, *Essai sur Oresme.*]

|| **1°** Suite de ceux qui descendent d'une tige commune. De l'antique Jacob jeune —, RAC. *Esth.* I, 1. Une — d'éternelle durée, ID. *ibid.* I, 4. || Mourir sans laisser de —.

|| **2°** Suite des générations à venir. Le juge sans reproche est la —, RÉGNIER, *Sat.* 15. Cette justice qui nous est quelquefois refusée par nos contemporains, la — sait nous la rendre, LA BR. 1. En appeler au jugement de la —.

POSTFACE [pŏst'-fàs'] *s. f.*

[ÉTYM. Composé avec le lat. post, après, sur le modèle de préface, § 275. || XVIIIᵉ s. *V.* à l'article. Admis ACAD. 1835.]

|| *Rare.* Avertissement placé à la fin d'un livre. Êtes-vous content... de la — à M. Thiriol? VOLT. *Lett.* 16 mars 1736.

POSTHUME et, *mieux*, 'POSTUME [pŏs'-tum'] *adj.*

[ÉTYM. Emprunté du lat. posthumus, mieux postumus, *m. s.* de post, après. || 1564. Posthume, J. THIERRY, *Dict. franç.-lat.*]

|| Né après la mort du père. Fils, fille —. || *Fig.* Ouvrage —, publié après la mort de l'auteur.

POSTICHE [pŏs'-tich'] *adj.*

[ÉTYM. Emprunté de l'ital. posticcio, *m. s.* de posto, placé, § 12. (*Cf.* apostis.) || 1585. Franges et postiches, dans *Hist. du théâtre*, XII, 500.]

|| **1°** Qui remplit un rôle accessoire. Deux ou trois vers postiches, pour en amener un dont il a besoin, FÉN. *Lett. à l'Acad.* 5. | *Anciennt.* Caporal —, faisant provisoirement fonction de caporal. || *Fig.* L'orgueil du seigneur —, ST-SIM. I, 345.

|| **2°** Qui remplace artificiellement la nature. Blanches épaules et gorge —, DANCOURT, *Enfant de Paris*, I, 7. Mettre sur les jambes des ulcères postiches, LES. *Gil Blas*, I, 5. Une barbe —. Des cheveux, des dents postiches.

POSTILLON [pŏs'-ti-yon] *s. m.*

[ÉTYM. Dérivé de poste, peut-être à l'imitation de l'ital. postiglione, § 107. || XVIᵉ s. Là vint un postillon, MAROT, *Épît.* 61.]

|| **1°** Conducteur d'une chaise de poste, ordinairement habillé de couleurs voyantes, à chapeau enrubanné, qui monte un des chevaux attelés. Messieurs les postillons qui sont incessamment sur les chemins pour porter et reporter nos lettres, SÉV. 183. || *P. ext.* Second cocher d'un carrosse attelé à quatre ou à six chevaux, celui qui mène les chevaux de devant.

|| **2°** *Fig.* Carte percée que les enfants font passer dans la corde du cerf-volant, et que le vent fait monter jusqu'en haut. || Ornement de ruban attaché par derrière à un bonnet de femme.

POST-SCRIPTUM [pŏst'-skrĭp'-tòm'] *s. m.*

[ÉTYM. Mots latins signifiant « écrit après ». Les formes francisées postscript (VOLT.) et postcrit (FURET.) sont hors d'usage. || Admis ACAD. 1762.]

|| Ce qu'on ajoute au bas d'une lettre, d'un mémoire, après avoir terminé.

POSTULANT, ANTE [pŏs'-tu-lan, -länt'] *adj. et s. m. et f.*

[ÉTYM. Adj. et subst. particip. de postuler, § 47. || 1542. Ceulx qui ont foibles advocatz ou postulans ou nulz, P. DE CHANGY, dans DELB. *Rec.*]

I. *Anciennt. Adj.* Qui postule. || *Spécialt.* Avocat, procureur —. | 1. Avocat, procureur en exercice. | 2. Avocat, procureur de village.

II. *S. m. et f.* Celui, celle qui postule. || *Spécialt.* | 1. Celui, celle qui demande un emploi, une place. | 2. Celui, celle qui demande à entrer en religion.

POSTULAT [pŏs'-tu-là] *s. m.*

[ÉTYM. Emprunté du lat. postulatum, chose demandée. Qqns emploient le mot sous sa forme lat. postulatum, au plur. postulata. || 1771. TRÉV. Admis ACAD. 1878.]

|| (T. didact.) Proposition qu'on présente comme devant être accordée pour vraie sans la démontrer. Le — d'Euclide.

POSTULATION [pŏs'-tu-là-syon ; *en vers*, -si-on] *s. f.*

[ÉTYM. Emprunté du lat. postulatio, *m. s.* || XIIIᵉ s. Et distrent li borjois qu'il fesoient postulacion pour meor de Crepi, *Livre de jostice*, 25. Admis ACAD. 1718.]

|| Action de postuler.

POSTULER [pŏs'-tu-lé] *v. tr. et intr.*

[ÉTYM. Emprunté du lat. postulare, *m. s.* || XIVᵉ s. Tout ce qui avoit esté requis et postulé, BERSUIRE, fº 57.]

I. *V. tr.* Demander à diverses reprises. — un emploi. L'on postule une place dans l'Académie française, LA BR. 8. || *Spécialt.* Demander à l'autorité ecclésiastique la dispense d'un empêchement canonique pour une élection.

II. *V. intr.* (Droit.) Faire, comme avoué, les procédures pour un client.

POSTURE [pŏs'-tûr] *s. f.*

[ÉTYM. Emprunté de l'ital. postura, *m. s.* § 12. || XVIᵉ s. L'instabilité de ma posture, MONTAIGNE, II, 1.]

|| Attitude du corps. Une — commode. Une — modeste, décente. Je me prosternai; il fut surpris de voir un inconnu dans cette —, FÉN. *Tél.* 4. Qui vous eût deviné là dans cette —? MOL. *Amph.* prol. Il imite les postures d'un lutteur, LA BR. *Théophr. Tard. Instr.* || *Fig.* Situation de qqn (par rapport à l'opinion). La cour d'Égypte, où il était en assez bonne —, CORN. *Rodog.* exam. On en verra demain en meilleure —, MOL. *Mis.* V, 1. Je suis auprès de vous en fort bonne — De passer pour un homme à donner tablature, CORN. *Ment.* I, 1.

POT [pó ; le *t* se lie devant la prép. à et ses composés] *s. m.*

[ÉTYM. Origine incertaine; le mot existe très anciennement en lat. pop. sous la forme 'pŏttum, d'où pot, §§ 319 et 291.]

|| Vase de ménage, de matière, de forme, de dimension variable. Un — de terre, de grès, de fer, d'étain. || *Fig.* C'est le — de terre contre le — de fer, le faible contre le fort, incapable de résister. Un — à eau, un — au lait, un — à beurre, un — à tabac, vase destiné à contenir de l'eau, du lait, etc. Perrette, sur sa tête ayant un — au lait, LA F. *Fab.* VII, 10. | *P. allus. à cette fable. Fig.* Ce — au lait de la bonne femme (ce projet chimérique), ST-SIM. IX, 141. Un — d'eau, de lait, de beurre, etc., vase contenant de l'eau, du lait, etc. Se faire servir un — de bière, de cidre, de vin. *Ellipt.* Les pots, les pots où l'on met du vin. On continua de vider les pots, LA F.

Ésope. **Tout le peuple en liesse Noyait son souci dans les pots**, ID. *Fab.* VI, 12. *Fig.* — de vin. (*Cf.* pourboire.) | **1.** Argent qu'on donne comme cadeau, en sus du prix convenu, dans une affaire. | **2.** Argent qu'on donne en secret comme cadeau pour acheter la complaisance de qqn dans une affaire à conclure, une concession à obtenir. *Loc. prov.* **Payer les pots cassés**, être rendu responsable du dommage. **Mettre les petits pots dans les grands**, faire de l'apparat, de la cérémonie pour donner à dîner. || — de chambre, anciennement pot à eau pour la toilette, aujourd'hui vase de nuit. *Fig.* **Tenir le — de chambre à qqn**, être avec lui d'une basse servilité. **Villeroy, grand routier de cour, disait plaisamment qu'il fallait tenir le — de chambre aux ministres tant qu'ils étaient en puissance, et le leur renverser sur la tête sitôt qu'on s'apercevait que le pied commençait à leur glisser**, ST-SIM. IV, 104. || **Un — de crème, Un — de pommade. Un — de fleurs.** | Le — au noir, où l'on met le cirage, ou quelque autre substance noire. *Fig.* **Tomber dans le — au noir**, dans quelque mésaventure. — aux roses, où l'on met le fard. *Fig.* **Découvrir le — aux roses**, ce qu'on tenait mystérieusement caché. || *Spécialt.* Le —, marmite où l'on fait bouillir la viande. **Mettre le — au feu. Mettre la poule au —. Cuillère à —.** | —-au-feu, la marmite pleine d'eau et de viande qu'on met sur le feu pour avoir du bouilli et du bouillon. *P. ext.* Le bouilli et le bouillon, et la quantité de viande destinée à faire le pot-au-feu. **Un —-au-feu de trois livres.** *Ellipt.* **Brûler ma viande ou saler trop mon —**, MOL. *F. sav.* II, 7. **Recevoir qqn à la fortune du —**, lui offrir le dîner tel quel. **Être à — et à rôt dans une maison**, y être nourri, hébergé. **Cela fera bouillir le —**, cela aidera aux dépenses du ménage. **Tourner autour du —**, dans l'espoir d'en avoir sa part, et, *fig.* ne pas aller droit au but. **A quoi bon tant barguigner et tant tourner autour du —?** MOL. *Pourc.* I, 5. **Faire — à part**, agir de son côté. | Un — pourri (traduction de l'espagnol olla podrida), mélange de plusieurs sortes de viandes et de légumes cuits ensemble. (*Cf.* **olle** et **olla podrida.**) *Fig.* Ouvrage musical, littéraire, fait de morceaux de provenance diverse. || *P. ext.* — à feu. | **1.** Vase rempli de fusées pour un feu d'artifice, ou de pièces fulminantes pour lancer dans un siège. | **2.** Ornement d'architecture représentant un vase d'où sortent des flammes. || Papier au —, portant la marque d'un pot. || *Spécialt.* (Blason.) Vase à fleurs (par opposition à **aiguière**, vase à eau).

POTABLE [pò-tàbl'] *adj.*

[ÉTYM. Emprunté du lat. *potabilis*, *m. s.* de *potare*, boire. (*Cf.* potion.) || XVᵉ-XVIᵉ s. Or potable, *Nat. à l'alch.* 562.]

|| (T. didact.) Bon à boire. De l'eau —. || (Alchim.) Or —, dissolution de chlorure d'or dans une huile volatile, qu'on regardait comme élixir de santé. **Il fallait que ce fût quelque goutte d'or —**, MOL. *Méd. m. l.* I, 4.

POTAGE [pò-tàj'] *s. m.*

[ÉTYM. Dérivé de *pot*, § 78. || 1267. Char salée et potage, dans GODEF.]

I. *Anciennt.* Viande et légumes cuits dans le pot. **Il allait l'égorger (le cygne), puis le mettre en —**, LA F. *Fab.* III, 12. **On apporte un — : Un coq y paraissait**, BOIL. *Sat.* 3. **Quelque plat de —**, LA F. *Fab.* XII, 8. **Du pain pour tout —**, ID. *Contes, Féronde.* || *Fig.* En parlant d'une chose, d'une personne qui satisfait médiocrement. **Vous n'êtes, pour tout —, qu'un faquin de cuisinier**, MOL. *Av.* III, 2. **Renfort de —**, mets qu'on ajoute au potage, et, *fig.* **Il a pris aujourd'hui, pour renfort de —, un maître de philosophie**, MOL. *B. gent.* III, 3.

II. Bouillon dans lequel on a fait cuire ou tremper des tranches de pain (*V.* **soupe**), des pâtes alimentaires, etc. **Un — au pain. Un — gras, maigre. Relevé de —**, plat qu'on sert immédiatement après le potage.

POTAGER, ÈRE [pò-tà-jé, -jèr] *adj.*

[ÉTYM. Dérivé de *potage*, § 115. || XIVᵉ-XVᵉ s. Potagiers, hasteurs, gens d'espices, EUST. DESCH. VII, 182.]

|| Relatif au potage. **Herbes, plantes, racines potagères**, propres à entrer dans le potage. **Jardin —**, où l'on cultive ces herbes. *Vieilli.* **Assiettes potagères**, où l'on sert le potage. || *Substantivt, au masc.* | **1.** Jardin potager. | **2.** Foyer établi dans une cuisine pour recevoir les casseroles, etc.

POTASSE [pò-tàs'] *s. f.*

[ÉTYM. Emprunté de l'allem. *pottasche*, proprt, cendre (*asche*) de pot (*pott*), § 7. || 1577. Du pottas, texte de Liège, dans GODEF. Admis ACAD. 1762.]

|| (Chimie.) Carbonate de potassium qu'on extrait de la cendre de certains végétaux.

POTASSIUM [pò-tà-syòm'; *en vers*, -si-òm'] *s. m.*

[ÉTYM. Dérivé de *potasse*, § 224. || Mot dû à DAVY (1807). Admis ACAD. 1835.]

|| (Chimie.) Corps simple métallique, volatil, qui s'oxyde au contact de l'air humide.

POTE [pòt'] *adj. f.*

[ÉTYM. Origine inconnue. (*Cf.* potelé.) || XIIᵉ s. Or se governe a la main pote, EVRAT, *Bible*, dans GODEF. Admis ACAD. 1762.]

|| *Vieilli.* Gourde. **Les mains potes**, OUD. *Rech. ital.* 2ᵒ p. || *P. ext.* Gonflée. **La jambe gauche — et circonflexe**, BEAUMARCH. *B. de Sév.* II, 13.

POTEAU [pò-tó] *s. m.*

[ÉTYM. Pour posteau, § 422, dérivé de l'anc. franç. post (lat. postem), *m. s.* § 126. || XIIᵉ s. A ce que il en traient i metent le postel, J. BODEL, *Saisnes*, tir. 9.]

|| **1ᵒ** Pièce de charpente posée debout. **Les poteaux d'une cloison. — d'huisserie. — cornier**, posé dans l'encoignure de deux pans de bois.

|| **2ᵒ** Longue pièce de bois plantée en terre. — **indicateur**, pour indiquer les chemins. — **télégraphique**, pour porter les fils du télégraphe. — **du turf**, indiquant le but. — **d'arrivée.**

POTÉE [pò-té] *s. f.*

[ÉTYM. Dérivé de *pot*, § 119. || XIIᵉ s. Vers la fontaine pour prendre une potee, *Naiss. du Cheval. au Cygne*, dans DELB. *Rec.*]

|| **1ᵒ** Ce que contient un pot. **Une — d'eau.** || *Fig. Famil.* Quantité. **Une — d'enfants. Éveillé comme une — de souris**, SÉV. 644.

|| **2ᵒ** *P. ext.* | **1.** Dissolution d'ocre rouge dont on enduit une pièce de poterie, pour la plomber. | **2.** — **d'étain**, poudre d'oxyde d'étain, pour polir les métaux. | **3.** Poudre que fournit la taille des pierreries, et qui sert à polir le marbre. | **4.** Mélange d'argile, de fiente de cheval et de sable, dont on fait les moules pour le fondeur.

POTELÉ, ÉE [pòt'-lé; *en vers*, po-te-lé] *adj.*

[ÉTYM. Semble dérivé de *pote*, §§ 63, 118 et 126. || XIVᵉ-XVᵉ s. Comme lis blanches et potellees, CHR. DE PISAN, II, 179.]

|| Gras et rebondi. **Un bras —. Un enfant —.**

POTELET [pòt'-lè; *en vers*, pò-te-lè] *s. m.*

[ÉTYM. Dérivé de *poteau*, §§ 64, 65 et 133. || 1407. Un postielet, texte de Tournay, dans GODEF. postelet.]

|| (Technol.) Petit poteau.

POTENCE [pò-tàns'] *s. f.*

[ÉTYM. Emprunté du lat. *potentia*, puissance, appui. || XIIᵉ s. Chascun il crolle sa potence, *Tristan*, I, 62, Michel.]

|| **1ᵒ** (Technol.) Pièce d'appui. **Une planche soutenue par deux potences.** | (Marine.) Sorte d'arc-boutant. **La — du mât d'artimon.** | (Manège.) Pièce de bois fixée au haut d'un poteau et soutenant les bagues que le cavalier doit enlever au passage. **Brider la —**, toucher le bois au lieu d'emporter la bague. | Pièce de fer fixée au mur audessus d'une boutique, et portant l'enseigne. | (Horlogerie.) Dans une montre à roues de rencontre, pièce de laiton qui soutient certains pivots des pièces d'échappement. | **Poteau gradué** le long duquel glisse une pièce de bois faisant équerre, pour mesurer la taille des hommes, des animaux. || *Spécialt.* Bâton d'appui en forme de T, sorte de béquille. *P. anal.* **Table en —**, table longue au bout de laquelle il y en a une autre disposée en travers. **Troupes rangées en —**, en équerre.

|| **2ᵒ** Assemblage d'un poteau vertical et d'une poutre horizontale, au bout de laquelle glisse la corde destinée à suspendre celui qui est condamné à la pendaison. **Maître juré filou, vrai gibier de —!** MOL. *Av.* I, 3.

POTENTAT [pò-tan-tà] *s. m.*

[ÉTYM. Emprunté du bas lat. *potentatus*, souveraineté, de *potens*, puissant, § 254. (*Cf.* magistrat, podestat.) || XIVᵉ s. *V.* à l'article.]

I. *Anciennt.* Souveraineté. **— est quand le prince ou princes se attribuent pleine puissance**, ORESME, dans F. MEUNIER, *Essai sur Oresme.*

II. *P. ext.* Prince souverain. **Cessez, princes et potentats**, VOSS. *Marie-Thérèse.*

POTENTIEL, ELLE [pò-tan-syèl; *en vers*, -si-èl] *adj.*

[ÉTYM. Emprunté du lat. *potentialis*, *m. s.* || XVᵉ-XVIᵉ s. L'une des parties potenciales d'icelle, J. LE MAIRE, dans DELB. *Rec.* Admis ACAD. 1762.]

‖ (T. didact.) ‖ **1°** (Philos.) Qui n'est qu'en puissance. (*Syn.* virtuel.) **Qualité potentielle.**

‖ **2°** (Mécan.) **Énergie potentielle**, somme des forces nécessaires pour mettre en action un système. ‖ *Substantiv, au masc.* Le — d'élasticité, l'intensité de force nécessaire pour ramener une molécule déformée à sa forme première.

‖ **3°** (Gramm.) Conditionnel. **Le mode —.**

‖ **4°** (Médec.) **Cautère —** (par opposition au cautère actuel), fer rouge, substance caustique qui n'agit que quelque temps après son application.

POTERIE [pŏt'-ri ; *en vers*, pò-te-ri] *s. f.*
[ÉTYM. Dérivé de potier, §§ 65 et 68. ‖ XIII° s. Le mestier de poterie, E. BOILEAU, *Livre des mest.* I, LXXIV, 14.]

‖ **1°** Atelier, art du potier. ‖ *P. ext.* Vaisselle de terre, d'étain, de fonte.

‖ **2°** *P. ext.* Tuyaux en terre cuite pour cheminées, fosses d'aisances, etc.

POTERNE [pò-tèrn'] *s. f.*
[ÉTYM. Pour posterne, § 422, altération de posterle, § 148, du lat. pŏstĕrula, propr., issue de derrière, §§ 290 et 291. ‖ XII° s. Normant firent lez Seigne une posterne ovrir, WACE, *Rou*, II, 3340.]

‖ (T. milit.) Galerie voûtée souterraine dans une fortification, pour communiquer avec l'extérieur. | Porte qui ferme cette galerie.

***POTESTATIF, IVE** [pò-těs'-tà-tǐf', -tǐv'] *adj.*
[ÉTYM. Emprunté du lat. potestativus, *m. s.* ‖ XVI° s. Une cause potestative présuppose une cause active, CHAMPEYNAC, *Physiq.* dans DELB. *Rec.*]

‖ (Droit.) Qui ne peut avoir son effet si l'une des parties contractantes s'y oppose. **Contrat —. Condition potestative.**

POTICHE [pò-tǐch'] *s. f.*
[ÉTYM. Dérivé de pot, § 82. ‖ *Néolog.* Admis ACAD. 1878.]

‖ Vase en porcelaine de Chine ou du Japon.

POTIER [pò-tyé] *s. m.*
[ÉTYM. Dérivé de pot, § 115. ‖ XII° s. *Psaut. d'Oxf.* II, 9.]

‖ Celui qui fabrique, vend de la vaisselle de terre, d'étain, de fonte, etc.

1. POTIN [pò-tin] *s. m.*
[ÉTYM. Dérivé de pot, § 100. ‖ XIII° s. Croiseus pour argent fondre potins, gravelle, voirre, *Péage de Bapaume*, dans DELB. *Rec.*]

‖ Alliage de cuivre dont on fait des vases. **— jaune. — gris.**

2. *POTIN [pò-tin] *s. m.*
[ÉTYM. Mot dialectal, d'origine inconnue, fréquent au XVII° s. dans la *Muse normande* de D. FERRAND (*V.* DELB. *Rec.*), mais qui n'a pénétré que de nos jours dans l'usage général. ‖ *Néolog.*]

‖ *Famil.* Commérage. ‖ *P. ext.* Bruit, vacarme.

***POTINER** [pò-ti-né] *v. intr.*
[ÉTYM. Dérivé de potin 2, § 154. ‖ *Néolog.*]

‖ *Famil.* Faire des commérages.

***POTINEUR, EUSE** [pò-ti-neur, -neuz'] *s. m. et f.*
[ÉTYM. Dérivé de potiner, § 112. ‖ *Néolog.*]

‖ *Famil.* Celui, celle qui potine.

POTION [pó-syon ; *en vers*, -si-on] *s. f.*
[ÉTYM. Emprunté du lat. potio, *m. s.* (*Cf.* poison, de formation pop.) ‖ XII°-XIII° s. *Dial. Gregoire*, p. 96.]

‖ Médicament que l'on prend en boisson.

POTIRON [pò-ti-ron] *s. m.*
[ÉTYM. Origine inconnue. ‖ XVI° s. Champignons et potirons, DU PINET, *Hist. nat. de Pline*, dans DELB. *Rec.*]

I. *Vieilli et dialect.* Gros champignon. | *Loc. prov.* Il est venu comme un —, tout en une nuit, sa fortune a été soudaine.

II. Grosse courge comestible. **Soupe au —.**

POTRON-JAQUET [pò-tron-jà-kè] et **POTRON-MINET** [pò-tron-mi-nè] *s. m.*
[ÉTYM. Origine inconnue. Beaucoup disent, par étymologie pop., patron au lieu de potron, § 509. ‖ 1649. Dès le poitron jaquet, OUD. *Curios. franç.* Admis ACAD. 1835.]

‖ *Famil.* Le point du jour. **Dès le —.**

POU [pou] *s. m.*
[ÉTYM. Pour pouil (*cf.* le dérivé pouilleux), plus anciennement peouil, § 358, du lat. pop. *pedŭculum (class. pediculus, § 88 ; *cf.* pédiculaire), §§ 411, 324, 290, 390 et 291.]

‖ Insecte parasite aptère qui s'attache aux cheveux et au corps de l'homme, au poil des animaux. **Avoir des poux. Chercher ses poux. Laid comme un —.** ‖ **Herbe aux poux.** | **1.** Renonculaire dont la graine réduite en poudre détruit les poux. | **2.** Scrofulaire qui passe pour faire venir des poux aux animaux. (*V.* pédiculaire.) ‖ *P. ext.* **— des chiens des oiseaux, ricin. — de bois, termite.**

POUACRE [pwăkr' ; *en vers*, pou-ăkr'] *adj.*
[ÉTYM. Anc. franç. poacre, de même étymologie que podagre 2. Du sens de « podagre », le mot a passé à celui de « rogneux », puis à celui de « sale ». ‖ XII° s. Poacre, damagos e laiz, BENEEIT, *Ducs de Norm.* 12069.]

‖ *Vieilli.* Sale. *Fig.* Qui est d'une avarice sordide. *Substantiv.* Un —, une pouacresse.

***POUACRERIE** [pwá-kre-ri ; *en vers*, pou-á-...] *s. f.*
[ÉTYM. Dérivé de pouacre, § 69. ‖ XVI° s. Fangeats et pouacreries, MONTLYARD, dans DELB. *Rec.*]

‖ *Vieilli.* Saleté. *Fig.* Avarice sordide.

POUAH [pwá] *interj.*
[ÉTYM. Onomatopée, § 32. ‖ XVI° s. Pouac, vous avez vessy, *Farce de Calbain.* Admis ACAD. 1798.]

‖ Interjection marquant le dégoût. Fit — ! MOL. *G. Dand.* II, 1.

POUCE [pŏus] *s. m.*
[ÉTYM. Du lat. pŏllicem, *m. s.* devenu polce, pouce, §§ 319, 459, 290, 378 et 291.]

I. Le plus gros et le plus fort des doigts de la main et du pied. ‖ *Spécialt.* Le pouce de la main. **Tenir qqch entre le — et l'index. Manger sur le —**, sans se mettre à table. **Lire du —**, rapidement, en tournant feuillet sur feuillet. **Compter sur le —**, compter sur ses doigts. **Se mordre les pouces de qqch**, s'en repentir vivement. **Donner le coup de — à un tableau**, y mettre la dernière main. ‖ **Serrer les pouces à qqn**, le soumettre à une torture qui consiste à comprimer violemment les pouces, et, *fig.* le tourmenter pour qu'il avoue. **Mettre les pouces**, s'avouer vaincu, céder.

II. Ancienne mesure de longueur, la douzième partie du pied. *Fig.* Il ne possède pas un — de terre. ‖ **— d'eau**, ancienne mesure pour la quantité d'eau coulant en une minute par un orifice d'un pouce carré.

***POUCE-PIED.** *V.* **pousse-pieds.**

POUCETTE [pou-sèt'] *s. f.*
[ÉTYM. Dérivé de pouce, § 133. (*Cf.* menotte.) ‖ *Néolog.* Admis ACAD. 1878.]

‖ Corde, chaînette pour attacher ensemble les pouces d'un prisonnier. (S'emploie surtout au plur.)

POUCIER [pou-syé] *s. m.*
[ÉTYM. Dérivé de pouce, § 115. A distinguer de l'anc. franç. pouchier, pouce. ‖ 1549. Ung poulcier, R. EST. Admis ACAD. 1835.]

‖ (Technol.) ‖ **1°** Doigtier de cuir, de corne, de métal, pour préserver le pouce, dans certains métiers.

‖ **2°** Pièce du loquet sur laquelle on appuie le pouce pour soulever la clenchette.

POU-DE-SOIE et **POUT-DE-SOIE** [pou-de-swà] *s. m.*
[ÉTYM. Origine incertaine. (*Cf.* l'angl. paduasoy, soie de Padoue.) ‖ 1667. Le gros de Naples, poux de soie, les satins, *Stat. des march.* dans LITTRÉ.]

‖ (Technol.) Étoffe de soie, sans lustre.

POUDING et **POUDINGUE** [pou-dĭng'] *s. m.*
[ÉTYM. Emprunté de l'angl. pudding, *m. s.* § 8. ‖ (Au sens 1°.) 1754. Son cuisinier exécuta un pouding quintessencié, ABBÉ COYER, *Bagatelles morales*, p. 164. ‖ (Au sens 2°.) 1765. Poudingue ou pudding-stone, ENCYCL. Admis ACAD. 1798.]

‖ **1°** Pouding. Gâteau, d'origine anglaise, composé de fruits, séchés ou confits, cuits dans une pâte.

‖ **2°** Poudingue. (Géologie.) Amalgame naturel de cailloux réunis par un ciment pierreux.

POUDRE [poŭdr'] *s. f.*
[ÉTYM. Du lat. pŏlverem (cf. pulvérin, pulvériser, etc.), devenu *polv're, poldre, §§ 324, 448, 449, 290 et 291, poudre, § 459.]

‖ **1°** *Vieilli.* Poussière. **Qu'ils soient comme la — et la paille légère**, RAC. *Esth.* I, 5. Il parle, et dans la — il les fait tous rentrer, ID. *ibid.* I, 3. Contre le vent, la — et le soleil, LA BR. 7. Ce grand escogriffe de maître d'armes qui remplit de — tout mon ménage, MOL. *B. gent.* III, 3. Dans la — du greffe, BOIL. *Ép.* 5. Que d'écrits obscurs... de la — tirés ! ID. *Lutr.* 5. Secouer la — de ses souliers. Vous êtes — et vous retournerez en —, SACI, *Bible, Genèse*, III, 19. Ce cœur... se réveille, tout —

qu'il est, BOSS. *R. d'Angl.* Un peu de — en une bière, RONS. *Odes,* IV, 32. || *Fig.* Faire de la —, faire des embarras. O que je fais de —, SÉV. 617. || Jeter à qqn de la — aux yeux. | 1. *Vieilli.* Le mettre hors d'état de lutter, le vaincre. Il y a longtemps que vous lui avez mis de la — aux yeux, MALH. *Ép. de Sénèq.* XXXIV, 1. | 2. Éblouir. Un air de persuasion qui me jette de la — aux yeux, LES. *Estev. Gonzalez,* 55.

|| 2° Substance solide réduite en particules très fines. Voir ses maisons en cendre et tes lauriers en —, CORN. *Hor.* IV, 5. Nabuchodonosor met tout en —, BOSS. *Hist. univ.* II, 5. On m'aurait mis en —, CORN. *Poly.* IV, 5. || *Fig.* Dieu qui foudroie toutes nos grandeurs, jusqu'à les réduire en —, BOSS. *D. d'Orl.* || Poivre, tabac en —. De la — d'iris, de corail. De la — d'or, d'argent. || *Spéciall.* | 1. — à écrire, qu'on met sur l'écriture fraîche pour sécher l'encre. | 2. Amidon en poudre, aromatisé, pour les cheveux, pour le teint. Elle met de la —. | 3. Substance médicamenteuse en poudre. De la — purgative. — de sympathie, — de perlimpinpin. (*V. ces mots.*) | *Fig. Famil.* Prendre de la — d'escampette, s'enfuir. | 4. Mélange de soufre, de salpêtre et de charbon pulvérisé, qui, enflammé, a une grande puissance d'explosion et est employé dans les armes à feu pour lancer des projectiles. La — à canon. Un baril de —. Magasin à —. La soute aux poudres. La — de chasse. Une poire à —. La — de mine. L'administration des poudres et salpêtres. Faire parler la —, commencer la bataille, la guerre. Mettre le feu aux poudres, et, *fig.* exciter un mouvement violent. Être vif comme la —. *Loc. prov.* Il n'a pas inventé la —, il n'est pas très intelligent. || *P. ext.* — fulminante, qui détone par choc, frottement. —-coton. *V.* fulmicoton.

POUDRER [pou-dré] *v. tr.*
[ÉTYM. Dérivé de poudre, § 154. (*Cf.* saupoudrer.) || XIII° s. Se de charbon ne sont poudrees, *Clef d'amour,* dans DELB. *Rec.*]
|| Couvrir de poudre. || *Spéciall.* | 1. (Chasse.) Couvrir de poussière. | 2. Couvrir de poudre d'amidon. — ses cheveux. Se —. Avoir les cheveux poudrés, être poudré à blanc.

***POUDRERIE** [pou-dre-rî] *s. f.*
[ÉTYM. Dérivé de poudre, § 69. || *Néolog.*]
|| Lieu où l'on fabrique la poudre à tirer.

POUDRETTE [pou-drèt'] *s. f.*
[ÉTYM. Dérivé de poudre, § 133. || XII° s. Met sai en la puldrete, PH. DE THAUN, *Best.* 535. Admis ACAD. 1878.]
|| Poudre, poussière fine. || *Spéciall.* Excréments humains desséchés et réduits en poudre, qu'on emploie comme engrais.

POUDREUX, EUSE [pou-dreū, -dreūz'] *adj.*
[ÉTYM. Dérivé de poudre, § 116. || XI° s. Les granz chemins puldrus, *Roland,* 2426.]
|| Couvert de poussière. Souliers, vêtements —. Un vainqueur — au bout de la carrière, BOIL. *Art p.* 2.

1. POUDRIER [pou-dri-yé] *s. m.*
[ÉTYM. Dérivé de poudre, § 115. A distinguer de l'anc. franç. poudrier, poussière. || (Au sens 1°.) 1599. Ung poudrier de porcelayne, *Inv. de Gabr. d'Estrées,* dans GODEF.]
|| 1° Boîte où l'on met la poudre à sécher l'encre. (*Cf.* poudrière.)
|| 2° *Vieilli.* Sablier.

2. POUDRIER [pou-dri-yé] *s. m.*
[ÉTYM. Dérivé de poudre, § 115. || 1574. Jehan Coillard, poudrier, J. DE LÉRY, *Hist. de Sancerre,* p. 245.]
|| Ouvrier qui fabrique la poudre à tirer.

POUDRIÈRE [pou-dri-yèr] *s. f.*
[ÉTYM. Dérivé de poudre, § 115. A distinguer de l'anc. franç. poudrière, poussière, usité jusqu'à la fin du XVI° s. Bien que le mot actuel (au sens 3°) se trouve dans les *Mémoires de François de Guise,* I, p. 45, il paraît inusité au XVII° et au XVIII° s. || Admis ACAD. 1835.]
|| 1° *Vieilli.* Boîte où l'on met la poudre à sécher l'encre (dite plus ordinairement poudrier).
|| 2° Boîte, dite poire à poudre, où un tireur met son approvisionnement de poudre.
|| 3° Lieu où l'on fabrique, où l'on conserve la poudre à tirer. (*Syn.* poudrerie.)

POUDROYER [pou-drwà-yé] *v. tr. et intr.*
[ÉTYM. Dérivé de poudre, § 163. || XIV° s. Je pouldroye la plaie de la teste o ceste poudre, *Chirurg. de Lanfranc,* dans LITTRÉ. Admis ACAD. 1878.]
I. *V. tr.* (rare). | 1. Couvrir légèrement de poudre. | 2. Pulvériser. Chaque parcelle encor s'y poudroie en parcelle, LAMART. *Jocelyn,* IV, 134.

II. *V. intr.* S'élever en fine poussière. || *P. anal.* Le soleil qui poudroie, dans les rayons duquel on aperçoit la fine poussière qui est en suspension dans l'air. Je ne vois rien que le soleil qui poudroie, CH. PERRAULT, *Contes, Barbe bleue.*

1. POUF [pou'f] *interj.*
[ÉTYM. Onomatopée, § 32. (*Cf.* pouffer.) || 1458. Pouf, pouf, dans GODEF. *Compl.*]
|| Exclamation exprimant le bruit d'une chute. (*Cf.* paf.) Faire —, tomber. Alecton lui vint faire —, SCARR. *Virg. trav.* 7. || *Fig. Famil.* Faire —, faire un —. | 1. *Vieilli.* Faire des embarras. | 2. Disparaître sans prévenir, sans payer. | 3. Faire faillite. || *Adjectivt.* (Technol.) Marbre, grès —, qui s'égrène sous l'outil.

2. *POUF [pou'f] *s. m.*
[ÉTYM. Semble tiré de pouf 1, bien que le rapport du sens n'apparaisse pas nettement, § 56. || 1775. Bonnet nommé pouf, *Journ. des dames,* I, 132.]
|| 1° Coiffure de femme, touffe de plumes, de fleurs, de rubans.
|| 2° Retroussis de robe.
|| 3° Gros tabouret cylindrique, rembourré.

POUFFER [pou-fé] *v. intr.*
[ÉTYM. Onomatopée, § 32. (*Cf.* bouffer.) || 1530. Le vent pouffoit et souffloit, PALSGR. dans GODEF. *Compl.* Admis ACAD. 1740.]
|| Éclater bruyamment de rire. Villars se mit à — à la matamore, ST-SIM. VI, 401.

POUILLE. *V.* pouilles.

POUILLÉ [pou-yé] *s. m.*
[ÉTYM. Semble se rattacher au lat. polyptychon (*cf.* polyptyque), avec altération due à l'influence de dépouiller, dépouillement, § 509. || 1650. Pouilier, MÉN. *Orig.*]
|| (T. ecclés.) Dénombrement des possessions d'une maison religieuse, des bénéfices d'un diocèse, etc.

1. *POUILLER [pou-yé] *v. tr.*
[ÉTYM. Dérivé de pouil, ancienne forme de pou, §§ 64 et 154. || XIII° s. Il me venoient pooillier Et entre les jambes bechier, *Renart,* VIII, 37.]
|| *Dialect.* Chercher les poux à (qqn), épouiller.

2. POUILLER [pou-yé] *v. tr.*
[ÉTYM. Dérivé de pouilles, § 154. || 1690. FURET. Admis ACAD. 1762.]
|| Dire des pouilles à (qqn). Je me licenciai à le — un peu, ST-SIM. VII, 269. ,

POUILLES [poŭy'] *s. f. pl.*
[ÉTYM. Origine inconnue. || XVI° s. Dire des pouilles, MONTAIGNE, II, 27. Admis ACAD. 1762.]
|| *Famil.* Reproche injurieux. Dire, chanter — à qqn. Il me chanta mille —, SOREL, *Francion,* p. 76. || *Vieilli. Au sing.* Il n'est point de pouille et d'injure que... Elle ne dit au pauvre époux, PERRAULT, *Contes, Souhaits ridic.* Je vais lui chanter pouille, LEGRAND, *Roi de Cocagne,* III, 4.

POUILLEUX, EUSE [pou-yeū, -yeūz'] *adj.*
[ÉTYM. Dérivé de pouil, forme ancienne de pou, §§ 64 et 116. || XIII° s. Pute, ribaude, poeilleuse, *Fab.* dans DELB. *Rec.*]
|| Qui a des poux. Une tête pouilleuse. Un enfant —. || *Substantivt.* Un —, une pouilleuse. || *P. ext.* Sale. *Fig.* Champagne pouilleuse, partie la plus aride de la Champagne. Bois —, couvert de taches indiquant qu'il commence à pourrir. Mer pouilleuse, dont la surface a des taches visqueuses provenant du frai des poissons.

***POULAILLE** [pou-lây'] *s. f.*
[ÉTYM. Dérivé de poule, § 95. || XIII° s. Toute poulaile, E. BOILEAU, *Livre des mest.* I, X, 12.]
|| *Vieilli.* Volaille d'une basse-cour. Ses chapons, sa —, LA F. *Fab.* II, 3.

1. POULAILLER [pou-là-yé] *s. m.*
[ÉTYM. Dérivé de poulaille, § 115. || 1390. Quant ilz trouvoyent les poulaillers fermez, *Reg. crim. du Châtelet,* I, 148, Duplès-Agier.]
|| 1° Endroit où on élève des poules, de la volaille. | *Spéciall.* Lieu où juchent les poules. || *Fig.* Partie la plus élevée d'un théâtre, où sont juchés les spectateurs.
|| 2° *Vieilli.* Voiture de marchand d'œufs.

2. POULAILLER, *POULAILLÈRE [pou-là-yé, -yèr] *s. m. et f.*
[ÉTYM. Dérivé de poulaille, § 115. || XIII° s. Fame du poulailler, E. BOILEAU, *Livre des mest.* I, LXX, 6.]
|| Celui, celle qui vend de la volaille.

POULAIN [pou-lin] *s. m.*

[ÉTYM. Du lat. pop. *pŏllŭnum, dérivé de pullus (*cf.* poule, poulet), petit d'un animal, § 97, devenu polain, poulain, §§ 348, 366, 299 et 291. (*Cf.* poulin et poutre.) || (Au sens 1°.) xiiᵉ s. Eracles choisist un poulain, GAUT. D'ARRAS, *Eracle*, dans DELB. *Rec.* | (Au sens 2°.) 1280. Pour aide de leurs cordes et de leurs poulains, dans GODEF. poulain 4. | (Au sens 3°.) 1529. La verole et les poulains, J. et R. PARMENTIER, *Voy.* p. 41, Schefer.]

|| **1°** Jeune cheval. Le — reconnaît le pré qu'il a quitté, FLOR. *Fab.* II, 10.

||**2°** (Technol.) Etai sous l'étambot d'un navire en chantier. | Échelle servant à encaver les barriques. | Traîneau pour le transport de lourds fardeaux.

|| **3°** Bubon inguinal, d'origine syphilitique.

POULAINE [pou-lèn'] *s. f.*

[ÉTYM. Nom propre d'un pays appelé aujourd'hui Pologne, § 36 : la mode des souliers à la poulaine, qui date du xivᵉ siècle, a dû venir de Pologne. || xivᵉ s. Ortaulx de bourre... sont nommez poulennes, *Modus*, fᵒ 65. Admis ACAD. 1762.]

|| **1°** Au moyen âge, pointe allongée et relevée de la chaussure. Souliers à la —.

|| **2°** *P. anal.* (Marine.) Assemblage de pièces de bois en pointe, à l'avant d'un navire.

POULAN [pou-lan] *s. m.*

[ÉTYM. Origine inconnue. || Admis ACAD. 1762.]

|| Dans certains jeux de cartes, fiche que met au jeu celui qui donne, ou que les joueurs mettent aux derniers tours, où l'on paie double.

POULARDE [pou-làrd'] *s. f.*

[ÉTYM. Dérivé de poule, § 147. || 1526. Pollarde, dans GODEF. *Compl.*]

|| Jeune poule qu'on a engraissée.

POULE [poul] *s. f.*

[ÉTYM. Du lat. pŭlla, devenu pole, poule, §§ 324, 366 et 291. Pulla est le fém. de pullus, petit d'un animal, et poule a dû désigner primitivement une jeune poule, avant de supplanter geline au sens de « femelle du coq ».]

|| **1°** Femelle du coq, oiseau de basse-cour. — huppée, pattue. Une — et ses poussins. Une — devenue mère, empressée autour des petits qu'elle conduisait, BOSS. *A. de Gonz.* || *Fig. Loc. prov.* Tuer la — aux œufs d'or (par allusion à une fable : *cf.* LA F. *Fab.* v, 13), tarir la source des bénéfices en les réalisant trop vite. Une — mouillée, un cœur de —, personne pusillanime. Lâche! vrai cœur de — I MOL. *Sgan.* sc. 21. Une — laitée, homme efféminé. Avec leur ton de — laitée, MOL. *Av.* II, 5. || Chair de —, frisson où la peau présente de petites élevures, comme la peau d'une poule plumée. | Cuir de —, canepin, superficie de la peau de mouton. | Lait de —, boisson faite de jaunes d'œuf battus dans de l'eau chaude sucrée. || *Fig.* Plumer la —, dépouiller qqn. || *P. ext.* Femelle de certains oiseaux. — faisane. | — de Numidie, pintade. — d'eau, espèce d'échassier. — d'Inde. (*Cf.* dinde.)

|| **2°** Au jeu de cartes, de billard, dans les paris de courses, etc., partie, épreuve où les mises de tous les joueurs sont pour un seul gagnant (peut-être par allusion au coq qui prend toutes les poules).

|| **3°** Troisième figure de la contredanse.

POULET [pou-lè] *s. m.*

[ÉTYM. Dérivé de poule, § 133. || xiiiᵉ s. Un froit poulet, BEAUMAN. *Jehan et Blonde*, 1353.]

|| **1°** Petit de la poule. Élever des poulets autour de ma maison, LA F. *Fab.* VII, 10. Les poulets sacrés, que les augures élevaient à Rome pour en tirer des présages. — de grain. (*V.* grain.) Un — rôti. Vos poulets sont-ils tendres? LA F. *Fab.* IV, 4. || *Fig. Famil.* Terme de caresse. Mon —,... es-tu content de mon ordinaire? LES. *Gil Blas*, x, 10.

|| **2°** Billet doux (ainsi nommé, selon Furetière, parce que, étant plié en triangle, il imite les ailes d'un oiseau). Une lettre en — cachetée, MOL. *Éc. des m.* II, 3. La cassette de ses poulets, SÉV. 50.

POULETTE [pou-lèt'] *s. f.*

[ÉTYM. Dérivé de poule, § 133. || xiiiᵉ s. Chapons et oisons et poletes, *Renart*, ix, 1194.]

|| **1°** Jeune poule. Une — jeune et sans expérience, FLOR. *Fab.* II, 17. || *Fig. Famil.* Fillette. Adieu, belle —, DESTOUCHES, *Irrésolu*, II, 8.

|| **2°** (Cuisine.) Sauce —, où il entre un jaune d'œuf, du beurre, du sel, du poivre et un filet de vinaigre.

POULEVRIN [poul-vrin ; *en vers,* pou-le-...]. *V.* pulvérin.

POULICHE [pou-lich'] *s. f.*

[ÉTYM. Forme normanno-picarde pour poulisse, dérivé de poulain, par changement de suffixe, §§ 16, 62, 82 et 391. || xviᵉ s. BAIF, dans GODEF. *Compl.*]

|| Jeune jument.

POULIE [pou-li] *s. f.*

[ÉTYM. Dérivé d'un radical bas allemand qui se retrouve dans l'angl. to pull, tirer, § 10. || xiiᵉ s. Amont ert mise en la poulie, *Énéas*, 7671.]

|| Petit engin pour soulever ou faire descendre des fardeaux, rouet de bois, de métal, tournant sur un axe et creusé à sa circonférence d'une gorge où passe une corde dont les extrémités reçoivent l'une la force motrice, l'autre la résistance. — fixe, mobile.

POULIN, INE [pou-lin, -lin'] *s. m. et f.*

[ÉTYM. Du lat. pop. *pŭllĭnum, dérivé de pullus, petit d'un animal, § 100, devenu polin, poulin, §§ 348, 366 et 291. (*Cf.* pouliner, etc.)]

|| Jeune cheval (dit plus communément poulain), jeune jument (dite plus communément pouliche).

POULINER [pou-li-né] *v. intr.*

[ÉTYM. Dérivé de poulin, § 154. || 1564. Poulener ou poulainer, J. THIERRY, *Dict. franç.-lat.*]

|| Mettre bas un poulain.

POULINIÈRE [pou-li-nyèr] *adj. f.*

[ÉTYM. Dérivé de poulin, § 115. || xviiiᵉ s. *V.* à l'article.]

|| Qui donne des poulins. Une jument —, et, *substantivt,* Une —. Montant superbement sa jument —, MOL. *Fâch.* II, 6.

1. POULIOT [pou-lyó ; *en vers,* -li-ó] *s. m.*

[ÉTYM. Du lat. pulegium, *m. s.* avec addition du suffixe ot, qui a pris la place du suffixe iol, ieul, §§ 62 et 136. || xiiᵉ s. Pulegium : puliel, *Gloss. de Tours*, dans *Bibl. de l'Éc. des chartes*, 1869, p. 327. | xviᵉ s. Poulliot, RAB. III, 49. Admis ACAD. 1762.]

|| (Botan.) Plante aromatique du genre menthe.

2. *POULIOT [pou-lyó ; *en vers,* -li-ó] *s. m.*

[ÉTYM. Dérivé de poulie, § 136. || 1517. Gros poullyots de cuivre, dans DELB. *Rec.*]

|| (Marine.) Rouet de poulie fixé sur le plat-bord d'un navire.

1. POULPE [poulp'] *s. m.*

[ÉTYM. Autre forme de polype. (*V.* ce mot et pieuvre.)]

|| Mollusque céphalopode, sorte de sac visqueux, à grosse tête d'où partent huit tentacules.

2. POULPE [poulp']. *V.* pulpe.

***POULPETON** [poul-pe-ton] *s. m.*

[ÉTYM. Emprunté de l'ital. polpettone, *m. s.* § 12. || Admis ACAD. 1718; écrit poupeton en 1798; suppr. en 1835.]

|| (Cuisine.) Hachis recouvert de tranches de veau.

POULS [pou] *s. m.*

[ÉTYM. Du lat. pŭlsum, *m. s.* devenu pols, §§ 324 et 291, pous, § 459, écrit plus récemment pouls par réaction étymologique, § 502.]

|| Battement des artères produit par l'ondée de sang que projette chaque contraction du ventricule gauche du cœur. *Spécialt.* Battement de l'artère radiale au-dessus du poignet, généralement choisie par le médecin pour tâter le pouls. — fort, faible, réglé, fréquent, fiévreux. *Fig.* Tâter le — à qqn, sonder ses intentions. Se tâter le —, se consulter. Je sonde ma portée et me tâte le —, RÉGNIER, *Sat.* 1. Être sans —, en syncope. Sans — et sans haleine, BOIL. *Lutr.* 5.

POUMON [pou-mon] *s. m.*

[ÉTYM. Du lat. pŭlmŏnem (*cf.* pulmonaire, etc.), *m. s.* devenu polmon, §§ 348 et 291, poumon, § 459.]

|| Chacun des deux viscères spongieux placés symétriquement dans la cavité thoracique, par lesquels s'effectue, d'une part, la respiration, de l'autre la production de la voix. Le — droit, gauche. Respirer à pleins poumons. Inflammation du —. || Crier à pleins poumons. Il a de bons poumons, une voix forte.

POUPARD [pou-pàr] *s. m. et* **POUPARD, ARDE** [pou-pàr, -pàrd'] *adj.*

[ÉTYM. Dérivé de l'anc. franç. poupe, mamelle, qui vient probablement du lat. pop. *pŭppa, class. pūpa, petite fille,

§ 147. (*Cf.* poupée, etc.) || XIII° s. Cil n'a pas grandeur de poupart, J. DE MEUNG, *Trésor*, 919.]

|| 1° *S. m.* Enfant au maillot. || *P. ext.* Poupée représentant un poupard.

|| 2° *Adj.* Qui rappelle un poupard. Physionomie pouparde.

POUPART [pou-pâr] *s. m.*

[ÉTYM. Origine incertaine : peut-être variante orthographique de poupard; peut-être dérivé de poulpe. || 1752. TRÉV. Admis ACAD. 1762.]

|| Crustacé, dit autrement crabe tourteau.

POUPE [poûp'] *s. f.*

[ÉTYM. Emprunté de l'ital. poppa, lat. puppis, *m. s.* § 12. || XIV°-XV° s. Pope, CHRIST. DE PISAN, dans GODEF. *Compl.*]

|| (Marine.) Arrière d'un vaisseau. Avoir le vent en —, et, *fig.* être secondé par les circonstances. Sa flotte... Avait le vent en —, ainsi que sa fortune, CORN. *Pomp.* III, 1.

POUPÉE [pou-pé] *s. f.*

[ÉTYM. Dérivé du même radical que poupard (*V.* ce mot), § 119. || XIII° s. D'aornement envelopee Por neiant fust une poupee, J. DE MEUNG, *Rose*, 14312.]

|| 1° Petite figure humaine de carton, de cire, de bois, servant de jouet. Habiller une —. Elle joue encore à la —. *Vieilli.* Temps de —, enfance des filles. Après le temps de — passé, ST-SIM. I, 336. Une figure de —, aux joues pleines et colorées. (*Cf.* poupard, poupin.) C'est une —, une femme un peu nulle, mais bien parée.

|| 2° *P. anal.* Figurine de plâtre servant de but dans un tir. | Mannequin sur lequel on essaie des chapeaux, des coiffures. Une — de modiste, de coiffeur. | Doigt malade entouré d'un chiffon. | Greffe entourée d'un linge.

|| 3° *P. ext.* Paquet d'étoupe dont on garnit le fuseau à filer.

POUPIN, INE [pou-pin, -pin'] *adj.*

[ÉTYM. Dérivé du même radical que poupard (*V.* ce mot), § 100. || XVI° s. Dames tant poupines, MAROT, *Épit.* 13.]

|| Qui ressemble à une poupée. Bien joufflu, bien frais, bien —, MARMONTEL, *Mém.* 5. C'est par là donc qu'on me voit si —, TH. CORN. *Amour à la mode*, IV, 7.

POUPON, ONNE [pou-pon, -pòn'] *s. m. et f.*

[ÉTYM. Dérivé du même radical que poupard (*V.* ce mot), § 104. || XVI°-XVII° s. Cette pauvre petite pouponne, FR. DE SALES, dans DELB. *Rec.*]

|| Petit garçon, petite fille. Quand lui verrai-je un — sur le sein? LA F. *Contes, Mandrag.* || *Famil.* Terme de caresse. Pouponne de mon âme! MOL. *Éc. des m.* II, 9.

POUR [poûr] *prép.*

[ÉTYM. Du lat. pop. *por (class. pro), m. s.* § 726.]

I. A la place de.

|| 1° Au lieu de. Pourquoi vous pressez-vous de répondre — lui? RAC. *Ath.* II, 7. Qu'un autre eût — lui fait les frais du cordeau, LA F. *Fab.* IX, 16. Un dauphin le prit — un homme, ID. *ibid.* IV, 7. Le cuisinier... Prit — oison le cygne, ID. *ibid.* III, 12.

|| 2° En échange de. — un de perdu, dix de retrouvés. La cour... — deux que l'on cherchait en eût présenté mille, RAC. *Brit.* I, 2. Je n'aurais pas... Rendu meurtre — meurtre, ID. *Ath.* II, 7. Scélérat — scélérat, Il vaut mieux être un loup qu'un homme, LA F. *Fab.* XII, 1. Que me donnerez-vous — l'avis que je porte? QUINAULT, *Mère coquette*, V, 3. Traduire un passage mot — mot. Changer des billets — de l'or. En donnait à ses amis (des étoffes) — de l'argent, MOL. *B. gent.* IV, 3. || *P. ext.* Au prix de. Être d'une affaire — telle ou telle somme. *Ellipt.* En parlant d'une affaire onéreuse. Il en est — vingt mille francs. *Fig.* Il en est — ses frais, — sa peine. Le prévôt des marchands en étant... — son argent, VOLT. *Lett. à Thiriot*, 19 déc. 1754. Il n'y a pas de femme qui n'en soit — sa réputation, HAMILT. *Gram.* 9.

|| 3° En guise de. N'avoir — arme qu'un bâton. Il ne me restait — tout bien qu'un pot de bois, FÉN. *Tél.* 12. Un serpent... N'y rencontra — tout potage Qu'une lime d'acier, LA F. *Fab.* V, 16.

|| 4° En qualité de. C'est un homme qui dit qu'il me veut — sa femme, MOL. *Éc. des f.* V, 4. Ces mutins ont — chefs les gens de Laodice, CORN. *Nicom.* V, 3. Voulez-vous demeurer — otage en ces lieux? RAC. *Andr.* II, 2. Homère a fait un roman qu'il donne — tel, PASC. *Pens.* XIV, 6. La valeur de son père... a passé — merveille, CORN. *Cid*, I, 1. Joas, laissé — mort, RAC. *Ath.* I, 2. Donner qqch — certain.

|| 5° Au nom de. Je vous réponds — lui de son obéissance, RAC. *Brit.* IV, 3. Le mandat... est un acte par lequel une personne donne à une autre le pouvoir de faire quelque chose — le mandant et en son nom, *Code civil*, art. 1984. Il commande ici — le roi. Il stipulait — le genre humain, MONTESQ. *Espr. des lois*, X, 5. CHICAN. : — qui venez-vous? — L'INTIMÉ : — une brave dame, RAC. *Plaid.* II, 4.

II. A destination de.

|| 1° Dans la direction de. Partir — Rome. Il part — la campagne. Il est en route — la Chine. Le train — Toulouse est en gare. Les voyageurs — Bordeaux. || *P. anal.* En parlant d'une époque. Ce sera — demain. Le mariage est — le mois prochain. Adieu — toujours. Je puis vous l'ouvrir ou fermer — jamais, RAC. *Baj.* II, 1. | *Famil.* — lors. — quand? Donner congé — le terme. Il est ici — huit jours. Il n'en a pas — huit jours.

|| 2° En vue de. Celui-là destiné — les regards du maître, LA F. *Fab.* III, 12. Écrire — la postérité. Il faut aimer les gens — eux et non — soi. Leur vraie gloire (des princes) est de n'être pas — eux-mêmes, BOSS. *Polit.* III, 2. Régnez — vous; c'est trop régner — elle, RAC. *Brit.* II, 2. Tout ce que nous faisons — Dieu, BOURD. *Grâce*, préamb. Se dévouer — qqn. Si mourir — son prince est un illustre sort, Quand on meurt — son Dieu, quelle sera la mort! CORN. *Poly.* IV, 3. | Prier — qqn. | Travailler — la gloire. Écrire — réformer les abus. L'on n'écrit que — être entendu, LA BR. 1. — de ce grand dessein assurer le succès, CORN. *Pomp.* IV, 1. | Un remède — la fièvre. Que n'est cet avantage — les ruines du visage! LA F. *Fab.* VII, 5. | Esprit né — la cour, BOIL. *Ép.* 5. Peuple lâche en effet et né — l'esclavage, RAC. *Ath.* III, 7. Agrippine Que mon père épousa jadis — ma ruine, ID. *Brit.* I, 4. Un compartiment réservé — les dames. Médecin — dames. Des vêtements — femmes et enfants. Ce n'est pas un livre — les enfants, — les jeunes filles. Cela n'est pas fait — vous plaire. *Ellipt.* Cela n'est pas — vous plaire. C'est — en mourir, SÉV. 455. Le sentiment d'autrui n'est jamais — lui plaire, MOL. *Mis.* II, 4. Cette affaire... N'est pas assurément — en demeurer là, MOL. *Dép. am.* IV, 1. L'un d'eux... Fut assez fou — entreprendre Un voyage en lointain pays, LA F. *Fab.* IX, 2.

|| 3° En faveur de. J'ai — moi les dieux, RAC. *Théb.* IV, 3. Je sens que — toi ma pitié s'intéresse, CORN. *Cid*, II, 2. Il est — les riches, LA BR. 13. La mère de Néron se déclare — nous, RAC. *Brit.* II, 6. Il laissa — son fils échapper quelque plainte, ID. *ibid.* IV, 2. Je suis furieusement — les portraits, MOL. *Préc. rid.* sc. 9. Parler — qqn. Prendre fait et cause — qqn. Se prononcer — un avis, une opinion. *Adverbialt.* Examiner les raisons — et contre. | *Substantivt.* Peser le — et le contre.

|| 4° A l'égard de. Rien ne s'arrête — nous, PASC. *Pens.* I, 1. C'est un bonheur — moi qui n'est pas grand — vous, CORN. *Poly.* IV, 3. Toute chose — toi semble être évanouie, LA F. *Fab.* VIII, 1. La tendresse d'une mère — ses enfants. C'est un grand malheur, une grande perte — nous. La seule mort d'Horace est à craindre — vous, CORN. *Hor.* III, 4. Je suis hors de souci — ce qui me regarde, ID. *Nicom.* V, 6. || *P. anal.* Quant à. — moi, je l'ose dire, CORN. *Hor.* II, 3. — de l'esprit, j'en ai, MOL. *Mis.* III, 1. — ce qui est de cela, ID. *G. Dand.* I, 6. *Ellipt.* De vos affaires, vous êtes le maître, mais — des miennes (pour ce qui est des miennes)..., ST-SIM. I, 243. || *P. ext.* | 1. Relativement à un terme de comparaison. Il est grand — son âge. C'est montrer — le sexe assez de fermeté, CORN. *Hor.* I, 1. — un pauvre animal, Grenouilles, à mon sens, ne raisonnaient pas mal, LA F. *Fab.* VI, 12. | 2. Par proportion à. Gagner dix — cent. Imposer le revenu de quatre — cent. La rente rapporte trois — cent. Un député — dix mille habitants.

|| 5° A cause de. On m'oblige de vous quitter; Je ne sais pas — quelles fautes, LA F. *Fab.* VII, 6. C'est — vous que j'ai fui, CORN. *Méd.* III, 3. Des crimes — vous commis à votre vue, RAC. *Brit.* IV, 2. On abattit un pin — son antiquité, LA F. *Fab.* XI, 9. Faire qqch — l'amour de Dieu. Je te le donne — l'amour de l'humanité, MOL. *D. Juan*, III, 2. || Suivi d'une proposition, parce que. — ce qu'on me persuadait..., DESC. *Méth.* 1. — être dévot (parce qu'on est dévot), je n'en suis pas moins homme, MOL. *Tart.* III, 3. — sages que soient les hommes, ils ne sont pas infaillibles, ST-SIM. II, 122. — grands que soient les rois, ils sont (ils n'en sont pas moins) ce que nous sommes, CORN. *Cid*, I, 3.

POURBOIRE [pour-bwâr] *s. m.*

[ÉTYM. Composé de pour et boire, §§ 193 et 196. || 1776. *V.* à l'article. Admis ACAD. 1798.]

|| Petite gratification donnée par le consommateur, le

client à celui qui le sert. (*Cf.* paraguante.) Ses lettres lui ont valu quelques pourboires du cardinal, D'ALEMB. *Lett. à Volt.* 5 nov. 1776.

POURCEAU [pour-só] *s. m.*
[ÉTYM. Du lat. pŏrcĕllum, diminutif de porcum, porc, devenu porcel, pourcel, §§ 347, 366 et 291, pourceau, § 456.]
|| Cochon. || *Fig. Loc. prov.* C'était des marguerites devant des pourceaux, SÉV. 911. (*V.* marguerite.)

***POURCHAS** [pour-chà] *s. m.*
· [ÉTYM. Subst. verbal de pourchasser, § 52. || XIIᵉ S. Par purchaz et par engin, MARIE DE FRANCE, *Fab.* III, Warnke.]
|| *Vieilli.* Action de pourchasser. N'étant homme en tel — nouveau..., LA F. *Contes, Cocu battu.*

POURCHASSER [pour-chà-sé] *v. tr.*
[ÉTYM. Composé de pour et chasser, §§ 192 et 196. || XIᵉ S. Li reis Marsilies s'en purcaçat asez, *Roland*, 2612.]
|| Poursuivre avec ardeur. | **1.** *Vieilli. Au propre.* — un cerf. | **2.** *Fig.* Je pourchassais Finette la suivante, REGNARD, *Ménechmes*, I, 2. Être pourchassé par ses créanciers.

POURFENDEUR, ***POURFENDEUSE** [pour-fan-deur, -deuz'] *s. m.* et *f.*
[ÉTYM. Dérivé de pourfendre, § 112. || Admis ACAD. 1798 (au masc.).]
|| Celui, celle qui pourfend. { *Ironiqt.* Fanfaron, fanfaronne.

POURFENDRE [pour-fändr'] *v. tr.*
[ÉTYM. Composé de pour et fendre, §§ 192 et 196. || XIIᵉ-XIIIᵉ S. E le ventre lui purfendi, *Rois*, II, 20.]
|| Fendre complètement. La mort fit lâcher prise au géant pourfendu, LA F. *Contes, F. du roi de Garbe.*

POURLÉCHER [pour-lé-ché] *v. tr.*
[ÉTYM. Composé de pour et lécher, §§ 192 et 196. || XVIIIᵉ S. V à l'article. Admis ACAD. 1878.]
|| Lécher tout autour. Se — les babines, passer la langue sur les lèvres, et, *fig.* se délecter à la pensée de qqch de friand. *Absolt.* Il se pourléchait, DIDER. *Salon de 1767.*

POURPARLER [pour-pàr-lé] *s. m.*
[ÉTYM. Tiré de l'infinitif de l'anc. verbe pourparler, § 49, composé de pour et parler, §§ 192 et 196. || XIIᵉ S. Et jo i fui al porparler, *Thèbes*, 2796.]
|| Conférence en vue de se mettre d'accord. Nous entrâmes en pourparlers, J.-J. ROUSS. *Confess.* 7.

***POURPENSER** [pour-pan-sé] *v. tr.*
[ÉTYM. Composé de pour et penser, §§ 192 et 196. Mot vieilli dès le XVIIᵉ s. et qui même chez ST-SIM. est un archaïsme. || XIᵉ S. Donc se porpenset del siecle ad en avant, *St Alexis*, 38.]
|| *Vieilli.* Méditer longuement. Un crime pourpensé et amené de si loin, ST-SIM. XI, 418.

POURPIER [pour-pié] *s. m.*
[ÉTYM. Pour poulpied, §§ 453 et 509, du lat. pŭllĭpĕdem, *m. s.* § 174. || XIIIᵉ S. Semence de porpié, *Antid. Nicolas*, 5, Dorveaux.]
|| (Botan.) Plante potagère à feuilles épaisses, dite pied de poulet. Deux salades, L'une de — jaune, BOIL. *Sat.* 3.

POURPOINT [pour-pwin] *s. m.*
[ÉTYM. Subst. particip. de l'anc. verbe pourpoindre, § 45, composé de pour et poindre, §§ 192 et 196. || XIIIᵉ S. Pourpoinz et cuirees, *Récits d'un ménestrel de Reims*, p. 65, de Wailly.]
|| Ancien vêtement d'homme (primitivement en toile piquée) descendant jusqu'au bas des reins. Un bon — bien long, MOL. *Éc. des m.* I, 1. || *Fig. Loc. prov.* Tirer un coup à brûle-—, à bout portant.

POURPRE [pourpr'] *s. f.* et *m.*
[ÉTYM. Du lat. pŭrpura, *m. s.* devenu porpre, pourpre, §§ 324, 290 et 291.]
I. *S. f.* || **1°** Matière colorante d'un beau rouge, que les anciens tiraient d'un coquillage dit murex. La — de Tyr. || *P. ext.* Couleur d'un rouge éclatant. La riche — de sa robe, FÉN. *Tél.* 1. Préfères-en la — à celle de mon sang, CORN. *Cinna*, V, 3. *Dans le même sens. Au masc.* Cette étoffe est d'un beau —, ACAD. Le — est une des couleurs du blason.
|| **2°** Vêtement teint de cette couleur. || *Spécialt.* | **1.** Vêtement impérial, royal. Esther dans la — est assise, RAC. *Esth.* 1, 1. Jésus-Christ... que l'on a revêtu de — pour le tourner en ridicule, BOSS. *Honn. du monde*, préamb. | **2.** Vêtement des cardinaux. *P. ext.* Après les pourpres et les fourrures (les cardinaux et les magistrats), LA BR. 14. || *Adjectivt.* Il devint —.

II. *S. m.* | **1.** *Vieilli.* Scarlatine maligne et petite vérole. Seignelay mourut fort brusquement d'une manière de —, ST-SIM. IX, 275. | **2.** Exanthème à taches rouges.

POURPRÉ, ÉE [pour-pré] *adj.*
[ÉTYM. Dérivé de pourpre, § 118. (*Cf.* le lat. purpuratus.) L'anc. franç. dit pourprin (*cf.* purpurin), et RONS. a repris le mot. || XVIᵉ s! *V.* à l'article.]
|| Qui a la couleur de la pourpre. De ses lèvres pourprées, RONS. *Odes*, V, 12. || *P. anal.* De bonnes fièvres pourprées, MOL. *Mal. im.* III, 10.

POURPRIER [pour-pri-yé] *s. m.*
[ÉTYM. Dérivé de pourpre, § 115. || 1752. TRÉV. Admis ACAD. 1878.]
|| (Hist. nat.) Murex, coquillage qui fournissait autrefois la pourpre.

POURPRIS [pour-pri] *s. m.*
[ÉTYM. Subst. particip. de l'anc. verbe pourprendre, § 45, composé de pour et prendre, §§ 192 et 196. || XIIIᵉ s. Qui en ces porpris l'amena, G. DE LORRIS, *Rose*, 2943.]
|| *Vieilli.* Enceinte. Tout brille en ce —, LA F. *Phil. et Baucis.* | *Poét.* Les célestes —, le ciel.

POURQUOI [pour-kwà] *conj.* et *adv.*
[ÉTYM. Composé de pour et quoi, § 726. || XIᵉ s. Filz Alexis, por queit portat ta medre? *St Alexis*, 131.]
I. Pour lequel, laquelle, etc. (*vieilli*). Les raisons — elle est belle, LA BR. 5. Est-ce un sujet — Vous fassiez sonner vos mérites? LA F. *Fab.* IV, 3. || *Absolt.* Pour cela. Et c'est — ceux à qui Dieu a donné la religion par sentiment de cœur sont bien heureux, PASC. *Pens.* VIII, 6.
II. Pour quel motif. Il est plus à propos qu'il vous cèle —, CORN. *Poly.* I, 3. Lorsque l'on pend quelqu'un, on lui dit — c'est, MOL. *Amph.* III, 4. Demandez-moi —, LA F. *Fab.* VII, 15. || *Substantivt.* Le —. Même aux plus avancés demandant le —, RÉGNIER, *Sat.* 16. Ne t'amuse point à savoir le —, CORN. *Place Royale*, II, 5. || *Adv. interrog.* — suit-on la pluralité? PASC. *Pens.* V, 4. — chacun n'en fait-il pas de même? MOL. *Éc. des f.* II, 3. — l'assassiner? Qu'a-t-il fait? RAC. *Andr.* V, 3. — ce livre saint, ce glaive? ID. *Ath.* IV, 1. Êtes-vous satisfait? Moi, dit-il, — non? LA F. *Fab.* I, 7.

POURRIR [pou-rîr] *v. intr.* et *tr.*
[ÉTYM. Du lat. pop. *pŭtrïre (class. putrére, § 629), devenu podrir, porrir, pourrir, §§ 348, 404 et 291.]
I. *V. intr.* Se décomposer. Le bois pourrit dans l'eau. D'un tronc qui pourrissait le oiseau fit un dieu, L. RAC. *Relig.* 3. Ce foudre ridicule Dont arme un bois pourri ce peuple trop crédule, CORN. *Poly.* II, 6. Des fruits pourris. Des chairs pourries, gangrenées. Pour un âne rogneux, Pour un mouton pourri, LA F. *Fab.* X, 5. Un membre pourri, et, *fig.* un individu qui déshonore la société dont il fait partie. || *Au part. passé pris substantivt.* Un fruit qui a une odeur de pourri. || *Fig.* Et d'un tronc fort illustre une branche pourrie, BOIL. *Sat.* 5. Un froid panégyrique Peut — à son aise au fond d'une boutique, BOIL. *Sat.* 7. — dans l'ordure, dans le vice. Laisser — un prisonnier dans un cachot. | Bourg pourri (en Angleterre), vendant son vote à quelque famille influente. Pot pourri. (*V.* pot.) || *P. anal.* (Géologie.) Filon pourri, formé de matières argileuses provenant de roches décomposées.
II. *V. tr.* Décomposer. L'estomac gâté pourrit tout ce qu'il mange, RÉGNIER, *Sat.* 5. Un corps mort se corrompt et se pourrit, BOSS. *Conn. de Dieu*, II, 9.

POURRISSAGE et **POURISSAGE** [pou-ri-sàj'] *s. m.*
[ÉTYM. Dérivé de pourrir, § 78. || *Néolog.* Admis ACAD. 1835.]
|| (Technol.) Action de pourrir. *Spécialt.* Opération qui consiste à macérer les chiffons pour en faire la pâte du papier.

POURRISSOIR et **POURISSOIR** [pou-ri-swàr'] *s. m.*
[ÉTYM. Dérivé de pourrir, § 113. || XVIIᵉ-XVIIIᵉ s. V. à l'article. Admis ACAD. 1835.]
|| Lieu où pourrissent les cadavres. Un troisième lieu (à l'Escurial)... s'appelle proprement le — (espagn. pudridero), ST-SIM. IX, 320. || *Spécialt.* (Technol.) Lieu où l'on opère le pourrissage des chiffons.

POURRITURE et **POURITURE** [pou-ri-tûr] *s. f.*
[ÉTYM. Dérivé de pourrir, §§ 111 et 250. || XIIᵉ S. Entred purretare es miens os, *Psaut. d'Oxf.* Abacuc, 24. | XIIᵉ-XIIIᵉ S. En celui tens de porriture, *Ysopet de Lyon*, 1840.]
|| **1°** État de ce qui est pourri. Tomber en —. || *Spécialt.* — d'hôpital, gangrène qui attaque les blessés, dans un endroit dont l'air est vicié

par l'encombrement des malades. — des bêtes à cornes,
épizootie.
|| **2°** Ce qui est pourri. Enlever la — d'un fruit.
POURSUITE [pour-suit'] *s. f.*
[ÉTYM. Dérivé de poursuivre, d'après suite de suivre, § 45.
|| XIIIᵉ s. Grant deference a entre ces deux poursuites, BEAU-
MAN. LXVII, 2.]
|| Action de poursuivre.
I. Action de suivre de près.
|| **1°** Pour atteindre qqn. Se mettre à la — de qqn. Échap-
per à la — de l'ennemi. David d'un fils rebelle évita la —,
RAC. *Ath.* III, 6. Les voleurs se sont dérobés aux poursuites
de la gendarmerie. || *Fig. Poét.* Le sort, dont la — Me fait
courir alors au piège que j'évite, RAC. *Andr.* I, 1. || *Spécialt.*
| 1. Acte juridique dirigé contre qqn pour le punir d'avoir
enfreint une loi, ou pour le contraindre à respecter une
obligation. Des poursuites criminelles, civiles. | 2. Démarche
pressante auprès de qqn. J'éludais tous les jours sa — obs-
tinée, BOIL. *Sat.* 3. Une femme obsédée par les poursuites d'un
amant.
|| **2°** Pour obtenir qqch. Des récompenses corruptibles
dont la — vous cause tant d'inquiétudes, BOURD. *Myst. As-
cens.* 1.
II. Action de continuer sans relâche. La — d'une entreprise. La — des plus saintes entreprises, BOURD. *Zèle*, 3.
POURSUIVANT, ***POURSUIVANTE** [pour-sui-van,
-vànt'] *adj.* et *s. m.* et *f.*
[ÉTYM. Adj. et subst. particip. de poursuivre, § 47. || 1266.
Il covient que li estains soit porsivans, dans GODEF. porsui-
vant.]
I. *Adj.* (*rare*). Qui poursuit. Ces poursuivantes recher-
ches, ST-SIM. VII, 323. | (Gramm.) Points poursuivants, an-
cien nom des points suspensifs.
II. *S. m.* et *f.* || **1°** *Anciennt. S. m.* — d'armes, second
du héraut d'armes.
|| **2°** *Vieilli. S. m.* Celui qui recherche une femme en
mariage. Vous étiez tous des poursuivants (auprès de la
reine Élisabeth), FONTEN. *Dial. des morts, Mod.* 3.
|| **3°** Celui, celle qui exerce des poursuites judiciaires.
POURSUIVRE [pour-suivr'] *v. tr.*
[ÉTYM. Composé de pour et suivre, §§ 192 et 196. (*Cf.* le
lat. prosequi, *m. s.*) || XIᵉ-XIIᵉ s. Persuir son apel, *Lois de
Guill. le Conq.* 25.]
I. Suivre de près.
|| **1°** Pour atteindre qqn. — l'ennemi l'épée dans les reins.
— un voleur. — un cerf à la chasse. | *Fig.* Je le poursuis par-
tout, comme un chien fait sa proie, BOIL. *Sat.* 7. Rimeur...
Qui... poursuitde ses vers les passants dans la rue, ID. *Art p.* 4.
Je l'évite partout (ce songe), partout il me poursuit, RAC.
Ath. II, 5. Le malheur le poursuit. || *Spécialt.* | 1. Attaquer
en justice. — qqn devant les tribunaux. — au criminel, au
civil. *P. ext.* Si je poursuis un crime, aimant le criminel, CORN.
Cid, III, 3. | 2. Presser une femme de se rendre à l'amour
qu'on a pour elle. Il m'a été rapporté, Monsieur, que vous
aimez et poursuivez une jeune personne, MOL. *G. Dand.* I, 5.
|| **2°** Pour obtenir qqch. Elle poursuit sur nous la ven-
geance d'Hector, RAC. *Andr.* V, 5, var. — la réalisation d'un
projet. — la gloire, le plaisir.
II. Continuer sans relâche. Je ne laissais pas de — mon
dessein, DESC. *Méth.* 3. Je vais — mon ouvrage, RAC. *Brit.*
III, 3. Poursuivait le cours de ses assassinats, ID. *Ath.* I, 2.
Le dieu poursuivant sa carrière, LEFR. DE POMP. *Ode à J.-B.
Rouss.* | *Absolt.* Mais poursuis (continue ton discours),
CORN. *Cid*, IV, 3. Poursuis, Néron (continue d'agir ainsi),
RAC. *Brit.* V, 6.
POURTANT [pour-tan] *adv.*
[ÉTYM. Composé de pour et tant, § 726. || XIIᵉ s. Portant
blanche vos vei et bloie, *Énéas*, 7091.]
I. *Anciennt.* Pour tout cela. —, mon fils bien-aimé, le
plus tôt que faire se pourra, retourne, RAB. I, 29.
II. Avec, malgré tout cela. Ses ouvrages, tout pleins
d'affreuses vérités, Étincellent — de sublimes beautés, BOIL.
Art p. 2. Le style le moins noble a — sa noblesse, ID. *ibid.* 1.
POURTOUR [pour-tour] *s. m.*
[ÉTYM. Composé de pour et tour 2, d'après contour,
§ 196. || 1676. Les ouvriers disent le pourtour, au lieu de tour,
A. FÉLIBIEN, *Princ. de l'archit.* p. 709. Admis ACAD. 1740.]
|| Partie qui fait le tour d'un lieu. Le — d'une église,
d'une nef, d'une salle de théâtre.
POURVOI [pour-vwà] *s. m.*

[ÉTYM. Subst. verbal de pourvoir, § 52. || Admis ACAD.
1835.]
|| Action de se pourvoir. *Spécialt.* Recours à une ju-
ridiction supérieure pour faire modifier un arrêt. — en
cassation, en grâce.
POURVOIR [pour-vwàr] *v. intr.* et *tr.*
[ÉTYM. Composé de pour et voir, §§ 192 et 196. (*Cf.* le
lat. providere, *m. s.*) L'anc. franç. emploie porvesir pour
« prévoir » et pour « pourvoir ». || XIIᵉ s. Je purveeie le
Seignur al mien esguardement, *Psaut. d'Oxf* XV, 8.]
I. *V. intr.* Aviser aux mesures nécessaires. Ce fut alors
aux Insubriens à — à leurs affaires, MALH. *Tite-Live*, XXXIII, 36.
Qui pourvoira de nous au dîner de demain ? LA F. *Fab.* X, 15.
Auguste a su — A ne te laisser pas ta fuite en ton pouvoir,
CORN. *Cinna*, I, 4. — à la vacance d'un bénéfice, d'une charge.
Ellipt. Honorius mourut sans enfants et sans — à l'empire,
BOSS. *Hist. univ.* I, 11. || *Spécialt. Loc. conj.* Pourvu que,
étant donné que. Il y a un art... pour faire voir la liaison des
vérités avec leurs principes... pourvu que les principes qu'on
a une fois avoués demeurent fermes, PASC. *Espr. géom.* 2.
Pourvu qu'ils soient laborieux et dociles aux lois, vous n'aurez
point de meilleurs sujets, FÉN. *Tél.* 10. || *Ellipt.* Pourvu qu'il
ne lui arrive pas malheur !
II. *V. tr.* Mettre en possession de ce qui est nécessaire.
Je songe à me — d'esquif et d'avirons, BOIL. *Ép.* 5. Pourvu
de mille écus de rente, RÉGNIER, *Sat.* 4. Chacun pense en
être si bien pourvu (du bon sens), DESC. *Méth.* 1. Pourvoyez-
vous de quelque autre compère, LA F. *Contes, Mandrag.*
|| *Spécialt.* (Jurispr.) Se —, recourir à une juridiction su-
périeure pour faire modifier un arrêt. (*Cf.* pourvoi.) Se —
en cassation. || *Absolt.* Établir. Il me reste à — un arrière-
neveu, LA F. *Fab.* VIII, 1. Il est bon de — Henriette, MOL. *F.
sav.* II, 8. | *Fig.* De grâces et d'attraits je vois qu'elle est
pourvue, MOL. *Mis.* II, 4.
POURVOIRIE [pour-vwà-ri] *s. f.*
[ÉTYM. Pour pourvoierie, dérivé de pourvoyeur, §§ 65 et
68. || 1510. Office de pourverrie, dans DU C. provisor. Admis
ACAD. 1798.]
|| *Anciennt.* Approvisionnement. *Spécialt.* Adminis-
tration des pourvoyeurs du roi.
POURVOYEUR, ***POURVOYEUSE** [pour-vwà-yeur,
-yeuz'] *s. m.* et *f.*
[ÉTYM. Dérivé de pourvoir, § 112. (*Cf.* proviseur.) || 1248.
Pourveeres de l'hospital, dans GODEF. porveor.]
|| Celui, celle qui a la charge d'approvisionner. Un petit
— qui lui apportait seulement deux charges de marée, SÉV.
161.
POURVU [pour-vu]. *V.* pourvoir.
***POUSSA** [pou-sà] *s. m.*
[ÉTYM. Emprunté du chinois pou-sa, nom d'une idole
assise les jambes croisées, § 27. || *Néolog.*]
|| Sorte de magot, figurine grotesque.
***POUSSE** [pous'] *s. f.*
[ÉTYM. Subst. verbal de pousser, § 52. || XVᵉ s. S'en vin-
drent de tres grant pousse assalir l'ost, J. WAUQUELIN, *Merv.
d'Inde*, II, 36, X. de Ram.]
|| **1°** Action de pousser. La — des feuilles. || *P. anal.* La
— des dents, des cheveux. La — des plumes chez les oiseaux.
|| *P. ext.* | 1. Maladie du cheval poussif. | 2. Altération
du vin qui pousse, où il se développe un ferment organisé.
|| **2°** Ce qui pousse. *Spécialt.* Premier développement
du bourgeon. Les pousses nouvelles, les jeunes pousses.
***POUSSE-CAILLOUX** [pous'-kà-you ; *en vers*, pou-
se-...] *s. m.*
[ÉTYM. Composé de pousse (du verbe pousser) et caillou
au plur. § 209. || *Néolog.*]
|| *P. plaisant.* Fantassin.
***POUSSE-CUL** [pous'-ku ; *en vers*, pou-se-...] *s. m.*
[ÉTYM. Composé de pousse (du verbe pousser) et cul,
§ 209. || 1665. *V.* à l'article. Admis ACAD. 1694 ; suppr. en
1878.]
|| *Anciennt. Pop.* Agent aidant à mener les délinquants
en prison. O Dieu, combien de — ! F. COLLETET, *Tracas de
Paris* (1665), dans L. JACOB, *Paris burl.* p. 238.
POUSSÉE [pou-sé] *s. f.*
[ÉTYM. Subst. particip. de pousser, § 45. || 1530. Par
poulcees, PALSGR. dans GODEF. *Compl.*]
|| Action de pousser. La — de la foule. Donner une — à
qqn. || *P. anal.* La — des eaux contre une digue, des terres
contre un mur de soutènement. || *P. ext.* Brusque éruption

cutanée. || *Fig.* Un esprit qui en serait bien touché pourrait faire des poussées plus hardies, CORN. *Lett. à Voyer d'Argenson*, 18 mai 1646.

POUSSE-PIEDS et, *mieux,* ***POUCE-PIED** [pŏus'pyé ; *en vers,* pou-se-...] *s. m.*

[ÉTYM. Composé de pouce et pied, § 119. || 1558. Une espece de poisson imparfait appellé... poussepié, G. MOREL, dans DELB. *Rec.* Admis ACAD. 1762.]

|| Nom vulgaire de l'anatife, annélide à pédoncule en forme de pouce.

POUSSER [pou-sé] *v. tr.* et *intr.*

[ÉTYM. Du lat. pŭlsare, *m. s.* devenu polser, §§ 348, 295 et 291, pousser, § 459. A peu à peu supplanté bouter. (*V.* ce mot.)]

I. *V. tr.* || **1°** Déplacer par une pression, un coup, un choc. Ce n'est pas comme ça qu'il faut — les gens, MOL. *D. Juan*, II, 3. Les enfants qui naissent, à mesure qu'ils croissent et qu'ils s'avancent, semblent nous — de l'épaule, BOSS. *Mort*, 1. Je le poussai avec tant de violence que ses reins plièrent, FÉN. *Tél.* 5. Le moine me poussa dehors, MONTESQ. *Lett. pers.* 133. — qqn du coude, du genou, par un léger coup, une légère pression, pour l'avertir. — une pierre avec le pied. — une porte, pour la fermer. — la porte au nez de qqn. — un fauteuil près du feu. || *Fig.* Quand il (le temps) me déplaît, je le pousse à l'épaule, SÉV. 1157. — qqn, le presser vivement. Quoiqu'il ait trop appuyé sur cet endroit où on le pouvait —, SÉV. 57. Je ne sais pourquoi votre âme ainsi s'emporte, Madame, à me — de cette étrange sorte, MOL. *Mis.* III, 4.

|| **2°** Porter vivement en avant (qqn). J'allais de tous côtés... Ranger ceux qui venaient, les — à leur tour, CORN. *Cid*, IV, 3. Va jusqu'en l'Orient — tes bataillons, ID. *Hor.* I, 1. — les ennemis, les faire reculer devant soi. — l'aile droite des ennemis, BOSS. *Condé.* Mentor... poussa les fuyards jusque dans les forêts, FÉN. *Tél.* 1. Dans le temple des Juifs un instinct m'a poussée, RAC. *Ath.* II, 5. || *P. anal.* — un troupeau devant soi. — un cheval. Lorsqu'il poussait son char dans la carrière, BARTHÉLEMY, *Anacharsis*, 53. Résister aux vents qui nous poussaient avec violence vers les rochers, FÉN. *Tél;* 5. || *Fig.* | 1. Porter vers qqch. — le peuple à la révolte. Il y a été poussé par sa destinée, MOL. *Scap.* I, 4. Quelque diable aussi me poussant, LA F. *Fab.* VII, 1. Je sais par quels ressorts on le pousse, RAC. *Esth.* III, 5. Qui diantre vous pousse à vous faire imprimer? MOL. *Mis.* I, 2. | 2. Aider à s'élever. Il le poussa... aux premières charges de l'armée, VERTOT, *Révol. rom.* 9. Je te servirai, je te pousserai, PICARD, *Marionnettes*, IV, 4. Ce pied-plat... Par de sales emplois s'est poussé dans le monde, MOL. *Mis.* I, 1. — un écolier dans ses études. | 3. Réduire à qq extrémité. Poussons à bout l'ingrat, RAC. *Baj.* IV, 4. La reine... me pousse trop à bout, CORN. *Nicom.* II, 3.

|| **3°** Porter vivement en avant (qqch). — une brouette. — la charrue. — un rabot, et, *p. ext.* — une moulure. | (Escrime.) — une botte à qqn. | Jusque dans ses ports Les flots en ont poussé le débris et les morts, RAC. *Iph.* I, 2. Leurs années se poussent successivement comme des flots, BOSS. *D. d'Orl.* || *Fig.* Porter à un certain point. — un objet aux enchères. Il a poussé sa chance, MOL. *Fâch.* I, 1. Il pousse sa fortune, ID. *Scap.* I, 4. Poussons notre pointe, LES. *Guzm. d'Alfar.* IV, 2. N'allez point — les choses dans les dernières violences, MOL. *Av.* V, 4. Si jusqu'à l'approcher tu pousses ton audace, ID. *Amph.* I, 2. Je crains que le pendard... Un peu plus fort que jeu n'ait poussé les affaires, ID. *Éc. des f.* II, 5. Pour — jusqu'au bout la ruse, LA F. *Fab.* III, 3. Jusqu'au bout il a poussé l'outrage, RAC. *Andr.* V, 2. — trop loin la patience. L'époux ne voulut pas — plus loin la chose, LA F. *Contes, Coupe enchantée.* Nous sommes ici sur une matière que je serai bien aise que nous poussions, MOL. *Crit. de l'Éc. des f.* sc. 6. C'est trop — l'amusement, ID. *Amph.* II, 2. Je ne pousserai point ce séjour-ci plus loin que le beau temps, SÉV. 581. || *P. ext.* — un travail, le faire avancer. Les travaux sont poussés avec activité.

|| **4°** Faire croître. Quand on dit que la terre pousse beaucoup d'herbe ou qu'une branche a poussé un grand rejeton, BOSS. *Libre Arb.* 9. Cet arbuste a poussé de profondes racines. La vigne pousse du bois.

|| **5°** Exhaler, émettre. Les soupirs qu'il pousse vers les cieux, CORN. *Hor.* I, 1. D'une voix qu'il poussait avec peine, RAC. *Mithr.* V, 4. — des cris, des gémissements. | *Vieilli.* Des flûtes,... des hautbois, Qui tour à tour dans l'air poussaient des harmonies, CORN. *Ment.* I, 5. L'ardeur dont au Ciel il pous-

sait sa prière, MOL. *Tart.* I, 5. — les beaux sentiments, ID. *Amph.* I, 4. || *P. anal. Ellipt.* Un cheval qui pousse, qui bat des flancs. (*Cf.* pousse et poussif.)

II. *V. intr.* || **1°** Exercer une pression. Les terres poussent contre le mur de la terrasse. — à la roue, pour aider à tirer la voiture ; et, *fig.* aider de tous ses moyens à qqch. Le duc de Noailles... poussait incessamment à la roue, ST-SIM. II, 45.

|| **2°** Se porter vivement en avant. Il pousse dans nos rangs, il les perce, CORN. *Pomp.* V, 3. Hippolyte lui seul... Pousse au monstre, RAC. *Phèd.* V, 6. Si vous voulez — jusqu'à Essonne, SÉV. 1043. Un navire qui pousse au large. *P. anal.* Du vin qui pousse, où il se produit un ferment organisé. (*Cf.* pousse.) || *Fig.* Un tableau qui pousse au noir. Vous poussez jusqu'à dire que j'ai tourné les choses saintes en raillerie, PASC. *Prov.* 10. Allons, ferme, poussez, mes bons amis de cour, MOL. *Mis.* II, 4.

|| **3°** Croître. Une terre où pousse le blé. Faire — des fleurs. Un enfant dont les dents commencent à —. Sa barbe pousse. Laisser — ses moustaches.

POUSSETTE [pou-sĕt'] *s. f.*

[ÉTYM. Dérivé de pousser, § 133. || *Néolog.* Admis ACAD. 1835.]

|| Jeu d'enfants qui consiste à croiser l'une sur l'autre deux épingles, chacun poussant la sienne à son tour, et celle qui finit par se trouver dessus faisant gagner.

***POUSSEUR, EUSE** [pou-sŏur, -sŏuz'] *s. m.* et *f.*

[ÉTYM. Dérivé de pousser, § 112. || XVIIe s. *V.* à l'article.]

|| *Rare.* Celui, celle qui pousse. || *Fig.* Pousseuses de tendresse et de beaux sentiments, MOL. *Éc. des f.* I, 3.

POUSSIER [pou-syé] *s. m.*

[ÉTYM. Dérivé de l'anc. franç. pous, lat. pop. *pŭlvus, (class. pulvis), *m. s.* § 115. || XIVe s. Pulsier, J. DES PREIS, dans GODEF. *Compl.* Admis ACAD. 1718.]

|| (Technol.) Menus débris de certains corps friables. — de charbon. — de paille, de foin. — de mottes à brûler.

POUSSIÈRE [pou-syĕr] *s. f.*

[ÉTYM. Dérivé de l'anc. franç. pous, lat. pop. *pŭlvus (class. pulvis), *m. s.* § 115. || XIIe s. Vos ki estes en la pousiere, *Serm. de St Bern.* p. 25.]

|| **1°** Terre réduite en particules fines, que la moindre agitation de l'air soulève, transporte. Un nuage de — s'élevait jusqu'aux nues, FÉN. *Tél.* 12. Couvert de sang et de —, RAC. *Mithr.* V, 4. Au travers d'une noble —, Suivre de l'œil un char, ID. *Phèd.* I, 3. Un grain de —. Enlever la — des meubles. Mordre la —, être renversé. Un roi... Devant qui tout fléchit et baise la —, RAC. *Esth.* II, 7. Dormir dans la — avec les grands de la terre, BOSS. *D. d'Orl.* Réduire en —, détruire. Tu n'es plus que —, RAC. *Esth.* I, 2. Nous y trouverons leur —, R. DE L'ISLE, *Marseillaise.* Ce n'est plus que —, Que cette majesté si pompeuse et si fière, MALH. *Poés.* 100. || *Fig. Famil.* Faire de la —, faire des embarras. | *Dans un sens opposé.* Quelle — au prix de ce que je voudrais faire ! (combien peu de chose !) SÉV. 202. || *P. ext.* La — de l'école, du greffe, des bibliothèques, considérée comme signe d'obscurité, d'oubli, etc. Un corps qui fasse... sortir les lois de la — où elles seraient ensevelies, MONTESQ. *Espr. des lois*, II, 4.

|| **2°** *P. anal.* Particules fines. La — fécondante des plantes, le pollen. La — qui couvre les ailes du papillon. De la — de diamant. L'eau retombait en fine —.

POUSSIF, IVE [pou-sif', -siv'] *adj.*

[ÉTYM. Dérivé de pousser, § 125. || XIIIe s. Le palefroi en maine Qui n'estoit pas poussieus d'alaine, BEAUMAN. *Jehan et Blonde*, 2439.]

|| Qui pousse péniblement sa respiration. (Se dit surtout du cheval.)

POUSSIN [pou-sin] *s. m.*

[ÉTYM. Du lat. pop. *pŭllicinum (class. pullicenum), *m. s.* diminutif de pullus (*cf.* poulain, poule, etc.), devenu polcin, §§ 348, 336 et 291, puis poucin, écrit arbitrairement poussin, § 459.]

|| Poulet nouvellement éclos.

POUSSINIÈRE [pou-si-nyĕr] *adj.* et *s. f.*

[ÉTYM. Dérivé de poussin, § 115. || 1196. Geline pociniere, AMBROISE, *Estoire de la guerre sainte*, 1249. | 1372. Estoille pouciniere, J. CORBICHON. (*V.* pléiade.)]

|| **1°** *Adj.* (*rare*). Qui a des poussins. *Speciall. Fig.* L'étoile —, et, *substantivt,* La —, constellation des Pléiades. Ayant ouï parler de l'étoile —, FURET. *Rom. bourg.* II, 42.

|| **2°** *S. f.* Cage à compartiments pour les jeunes poulets. || Appareil d'incubation artificielle.

POUSSOIR [pou-swàr] *s. m.*

[ÉTYM. Dérivé de **pousser**, || 113. || 1258. **Ne peschier a nul engien fors que a roit et a pousoir**, dans GODEF. Admis ACAD. 1835.]

|| (Technol.) Pièce qu'on pousse pour faire sonner une montre à répétition.

POUSSOLANE. *V.* **pouzzolane.**

POUT-DE-SOIE. *V.* **pou-de-soie.**

POUTRE [poutr'] *s. f.*

[ÉTYM. Du lat. pop. ***pŭllītra**, dérivé de **pullus**, petit d'un animal (*cf.* **poulain**), devenu **poltre**, §§ 324, 290 et 291, **poutre**, § 459. (*Cf.* **poltron.**) Pour le rapport du sens **II** au sens **I**, *cf.* **chevalet**, **chèvre**, **chevron**, **baudet**, etc.]

I. *Anciennt.* Pouliche, jeune jument. **Les poutres hennissantes**, RONS. *Chans. Amours de Marie.*

II. *Fig.* (Technol.) Pièce de bois équarrie destinée à supporter certaines parties d'une construction. **Les poutres d'un plancher.** || *Fig.* (Loc. bibl.) Par allusion à une parabole de l'Évangile (MATTH. VII, 4). **Voir une paille dans l'œil du voisin et ne pas voir une — dans le sien**, voir le plus léger défaut chez les autres et ne pas voir les plus grands chez soi.

POUTRELLE [pou-trèl] *s. f.*

[ÉTYM. Dérivé de **poutre**, § 126. || 1676. A. FÉLIBIEN, *Princ. de l'architect.* p. 709. Admis ACAD. 1718.]

|| Petite poutre (pièce de bois).

1. POUVOIR [pou-vwàr] *v. intr.*

[ÉTYM. Du lat. pop. ***potēre** (class. **posse**) devenu **podeir**, **poeir**, **pooir**, **pouoir**, §§ 347, 402, 309 et 291, **pouvoir**, § 358. || 842. **Savir et podir**, *Serments de Strasb.*]

|| Être en état de faire qqch, ayant la force, l'habileté ou le droit, l'autorité nécessaire.

|| **1°** Avec un infinitif exprimant l'action pour complément. | **1.** En parlant des personnes. **Calypso ne pouvait se consoler du départ d'Ulysse**, FÉN. *Tél.* 1. **A peine pouvez-vous dire comme il se nomme**, MOL. *Mis.* I, 1. **Puis-je vous être utile? Il faut autant qu'on peut obliger tout le monde**, LA F. *Fab.* II, 11. **Je me sauve où je puis**, BOIL. *Sat.* 6. **Je ne puis troubler sa boisson**, LA F. *Fab.* I, 10. **Tout pédant Se peut connaître au discours que j'avance**, ID. *ibid.* I, 19. *Ellipt.* **On ne peut rien (s.-ent. trouver) de plus joli que toutes vos imaginations**, SÉV. 1308. **On ne peut mieux. Comment les Romains purent s'agrandir**, MONTESQ. *Rom.* 3, titre. **La liberté ne peut consister qu'à — faire ce que l'on doit vouloir**, ID. *Espr. des lois*, XI, 3. **Pour que celui qui exécute ne puisse pas opprimer**, ID. *ibid.* XI, 6. **La puissance législative ne peut pas juger**, ID. *ibid.* **Lorsque la domination de Rome était bornée dans l'Italie, la république pouvait facilement subsister**, ID. *Rom.* 9. **Sauve qui peut (s.-ent. se sauver)!** | *Spéciall.* Pour exprimer une chose incertaine. **Pourriez-vous n'être plus ce superbe Hippolyte?** RAC. *Phèd.* I, 1. **Il peut quitter cet orgueil qui te blesse**, ID. *ibid.* III, 1. | Pour exprimer un souhait. **Puissé-je de mes yeux y voir tomber ce foudre!** CORN. *Hor.* IV, 5. **Puisse périr comme eux quiconque leur ressemble!** RAC. *Ath.* IV, 2. | **2.** En parlant des choses. **La salle ne peut contenir tout le monde.** *Ellipt. Vieilli.* **Il y peut (s.-ent. tenir) huit personnes**, VAUGEL. *Rem.* **Ce champ ne se peut tellement moissonner Que les derniers venus n'y trouvent à glaner**, LA F. *Fab.* III, 1. **Cette entreprise ne peut réussir. Leurs seules actions les peuvent louer**, BOSS. *Condé.* **Il ne peut entrer dans les esprits Que tout mal et toute injustice**, LA F. *Fab.* XI, 7. **Une nuit que les rayons du soleil ne pouvaient percer**, FÉN. *Tél.* 1.

|| **2°** Avec un complément indéterminé. **Tu peux ce que tu veux**, CORN. *Cinna*, V, 1. **Nous ne pouvons rien, faibles orateurs, pour la gloire des âmes extraordinaires**, BOSS. *Condé.* **Que peuvent des évêques qui ont anéanti eux-mêmes l'autorité de leur chaire?** ID. *R. d'Angl.* **Il peut tout sur les peuples, mais les peuples peuvent tout sur lui**, FÉN. *Tél.* 5. **Ce que n'a pu jamais Aragon ni Grenade**, CORN. *Cid*, II, 8. **N'en — plus**, être à bout de force. **N'en pouvant plus d'effort et de douleur**, LA F. *Fab.* I, 16. | **N'en — mais**, n'y pouvoir rien. **Puis-je mais des soins qu'on ne va pas vous rendre?** MOL. *Mis.* III, 4. **Je ne sais pas si cela se peut**, ID. *Am. méd.* II, 2. **Se peut-il que Renaud tienne Armide asservie?** QUINAULT, *Armide*, III, 1.

2. POUVOIR [pou-vwàr] *s. m.*

[ÉTYM. Tiré de l'infin. de **pouvoir 1**, § 49. || XII° s. **Gel maintendrai a mon poeir**, *Énéas*, 3229.]

|| **1°** Faculté qui met qqn en état de faire qqch. **Oter à qqn le — de nuire. Cela n'est pas en mon —. Autant qu'il est en notre —**, PASC. *Prov.* 7. **J'ai fait mon —**, CORN. *Cid*, II, 6. **Faites votre —**, MOL. *Dép. am.* I, 2. **Servir qqn de tout son —. Il ne me paraît pas au — de l'inconstante Fortune de nous faire changer d'avis**, SÉV. 906. **Cela dépasse son —. Un mineur n'a pas le — de tester.** || *P. ext.* Propriété que possède une chose. **Le — rayonnant de la chaleur. D'un mot mis en sa place enseigna le —**, BOIL. *Art p.* 1. || *Spéciall.* (Jurispr.) Droit d'agir pour un autre, et, *p. ext.* acte qui donne ce droit. **Avoir les pouvoirs de qqn. Être le fondé de — de qqn. Avoir de pleins pouvoirs.** (*Cf.* **plénipotentiaire.**) **La vérification des pouvoirs** (des titres d'éligibilité et des conditions de l'élection des députés, sénateurs, délégués, etc.)

|| **2°** Empire qu'on a sur qqn, qqch. **Le — du père sur ses enfants. Le — paternel. Une femme en — de mari**, qui ne peut faire aucun acte sans l'autorisation de son mari. **Le cœur d'Émilie est hors de son —**, CORN. *Cinna*, III, 4. **L'honneur d'un homme comme vous n'est point au — d'un autre**, J.-J. ROUSS. *Nouv. Hél.* I, 57. | **L'homme n'a pas même — sur sa propre vie**, PASC. *Prov.* 18. **Voilà notre — sur les esprits des hommes**, CORN. *Poly.* I, 3. | **Il a trop bien senti le — de vos charmes**, RAC. *Andr.* II, 1.

|| **3°** Autorité de celui qui gouverne l'État. **S'emparer du —. De l'absolu — vous ignorez l'ivresse**, RAC. *Ath.* IV, 3. **Il faut que, par la disposition des choses, le — arrête le —**, MONTESQ. *Espr. des lois*, XI, 4. **Le — temporel, spirituel, des papes. Le — législatif, exécutif, judiciaire. Les anciens, qui ne connaissaient pas la distinction des trois pouvoirs**, MONTESQ. *Espr. des lois*, XI, 9.

POUZZOLANE [pou-zò-làn'] et, *vieilli*, **POUSSOLANE** [pou-sò-làn'] *s. f.*

[ÉTYM. Emprunté de l'ital. **pozzolana**, *m. s.* proprt, « de Pouzzoles », ville voisine du Vésuve, §§ 12 et 36. Au XVI° s. on dit poudre de Poussol (COTGR.), et FURET. donne encore **pouzzol**, *s. m.* || 1670. **Lester de pouzzolane tous les bastiments**, COLBERT, *Lett.* 6 juin. Admis ACAD. 1762.]

|| Sable volcanique rougeâtre, qui sert à faire un ciment.

PRAGMATIQUE [pràg'-mà-tĭk'] *adj.*

[ÉTYM. Emprunté du lat. **pragmaticus**, grec πραγματικός, relatif aux affaires, aux faits. || XV° s. **Mais que la pramatique sancion et coustume y soit anullée**, dans G. DE BEAUCOURT, *Hist. de Charles VII*, III, 380.]

|| (Diplom.) **— sanction**, et, *substantivt*, *au fém.* **—**, acte solennel qui règle souverainement les intérêts de la famille d'un monarque ou ceux de l'État. **La — sanction de l'empereur Charles VI** (pour régler sa succession). **La — sanction de Charles VII** (pour régler les relations de l'Église avec le pape).

PRAIRIAL [prè-ryàl; *en vers*, -ri-àl] *s. m.*

[ÉTYM. Dérivé de **prairie**, § 238. || 1793. Mot dû à FABRE D'ÉGLANTINE. Admis ACAD. 1798, suppl.]

|| Neuvième mois du calendrier républicain (du 20 mai au 18 juin).

PRAIRIE [prè-ri] *s. f.*

[ÉTYM. Pour **praerie**, § 358, dérivé de **pré**, §§ 65, 68 et 69. || XII° s. **Le flun o la pescherie Et environ la praerie**, *Thèbes*, 6497.]

|| Terrain semé de plantes fourragères qu'on fauche ou qu'on fait consommer sur place par le bétail. (*Syn.* **pré**.) **— naturelle**, où l'herbe une fois semée se perpétue par ensemencement naturel. **— artificielle**, où l'on cultive certaines espèces, semées de main d'homme.

PRALINE [prà-lin'] *s. f.*

[ÉTYM. Du nom [du maréchal du Plessis-Praslin (1598-1675), dont le cuisinier inventa ce bonbon, § 36. || 1690. **Amandes a la prasline**, FURET. **amande.** Admis ACAD. 1718.]

|| Amande rissolée dans du sucre.

PRALINER [prà-li-né] *v. tr.*

[ÉTYM. Dérivé de **praline**, § 154. || 1748. **Fleur d'orange pralinée**, MENON, *Cuisinier bourg.* p. 281. Admis ACAD. 1835.]

|| Faire rissoler dans du sucre. **Amandes pralinées.** || *P. ext.* Remplir, saupoudrer de pralines pilées. **Chocolat praliné. Crème pralinée.**

PRAME [pràm'] *s. f.*

[ÉTYM. Emprunté de l'allem. **prahm**, *m. s.* § 7. || 1752. TRÉV. Admis ACAD. 1762.]

|| (Marine.) Grand bâtiment à rames et à voile, à fond plat et à un seul pont.

PRATICABLE [prà-ti-kàbl'] *adj.*

[ÉTYM. Dérivé de pratiquer, § 93. (*Cf.* lat. praticabilis, *m. s.*) || 1594. Pratiquable, O. LOYSEL., dans DELB. *Rec.*]

|| Qu'on peut pratiquer. Ce qu'on propose n'est pas —. || *Spécialt.* Où l'on peut passer. La brèche est —. Un chemin —. Portes, fenêtres praticables, dans un décor de théâtre, qui ne sont pas figurées, peintes, et que l'on peut ouvrir, fermer, et, *substantivt, au masc.* Les praticables, par opposition aux décors figurés.

PRATICIEN [prà-ti-syin; *en vers*, -si-in] *s. m.*

[ÉTYM. Dérivé de pratique, § 244. || xiiie s. Par la priere de ses deciples practiciens, *Antid. Nicolas*, préamb.]

|| Celui qui exerce un art.

|| **1°** (Droit.) Homme de loi qui a la pratique des affaires. Des praticiens et des jurisconsultes, MONTESQ. *Espr. des lois*, XXVIII, 42. || *P. ext.* Nom d'un traité de jurisprudence. Je t'achèterai le Praticien françois, RAC. *Plaid.* II, 3.

|| **2°** Médecin pratiquant. Je répondis que j'étais un jeune —, LES. *Gil Blas*, II, 4.

|| **3°** Ouvrier sculpteur qui dégrossit le marbre, la pierre, d'après le modèle fait par l'artiste.

PRATIQUANT, ANTE [prà-ti-kan, -kànt'] *adj.*

[ÉTYM. Subst. particip. de pratiquer, § 47. || *Néolog.* Admis ACAD. 1878.]

|| Qui pratique sa religion. Une personne pratiquante.

PRATIQUE [prà-tîk'] *adj. et s. f.*

[ÉTYM. Emprunté du lat. practicus, a, grec πρακτικός, κή, *m. s.* devenu practique, puis pratique, § 503. || xiiie s. Sciences... de pratique et de logique, BRUN. LATINI, *Tresor*, dans DELB. *Rec.* | xive s. De l'entendement speculatif et del pratik, *Ars d'amours*, I, 213.]

I. *Adj.* Qui a rapport à l'application, à l'action (par opposition à théorique, spéculatif). La morale —. La médecine —. Un enseignement —. || Un esprit —, qui connaît le maniement des affaires, qui sait les traiter. Un homme —, qui sait exécuter les choses. [*Vieilli.* (*Cf.* l'ital. pratico, *m. s.*) Être — d'un lieu, l'avoir fréquenté. Un pilote — de la côte.

II. *S. f.* || **1°** Application de certains préceptes (par opposition à théorie). Si ma — répondait à ma théorie, SÉV. 1045. On doit suivre cette opinion dans la —, PASC. *Prov.* 6. Essayons de mettre en — cette méthode, ID. *ibid.* 7. La — du bien. Chacun doit avoir la libre — de sa religion. *P. ext.* Pratiques religieuses, actes par lesquels on pratique la religion. Les pratiques extérieures. || *Spécialt.* La — de la médecine, de la chirurgie. Un médecin qui a de la —.

|| **2°** Emploi de certains moyens. C'est la — habituelle des courtisans. La louable — de perdre en frais de noces le tiers de la dot, LA BR. 7. C'est la — de ce pays. Le renard, ménager de secrètes pratiques, LA F. *Fab.* V, 19. Les sanglantes pratiques Que formaient contre lui deux ingrats domestiques, RAC. *Esth.* I, 1. Sourdes pratiques que les Tarquins faisaient dans Rome pour y rétablir leur domination, BOSS. *Hist. univ.* III, 6. || *Spécialt.* Manière d'agir en justice selon les règles de la procédure. Termes, style de —. Les détours de la —, FURET. *Rom. bourg.* II, 34.

|| **3°** Fréquentation de certaines personnes. Comme s'il y gardait encor quelque —, CORN. *Place Royale*, III, 11. Dans un petit couvent, loin de toute —, MOL. *Éc. des f.* I, 1. || *P. ext.* Liberté de communiquer avec un port, pour les navigateurs. Obtenir la libre —.

|| **4°** Habitude de se fournir chez un marchand. Donner à un marchand sa —. Il a perdu ma — || *P. ext.* Celui, celle qui se fournit chez un marchand. Il a perdu ses meilleures pratiques. | *Famil.* C'est une —, un homme qui fréquente les mauvais endroits.

|| **5°** *P. ext.* Petit instrument de métal que les montreurs de marionnettes tiennent dans leur bouche, pour changer leur voix. La — de Polichinelle.

PRATIQUEMENT [prà-tîk'-man; *en vers*, -ti-ke-...] *adv.*

[ÉTYM. Composé de pratique adj. et ment, § 724. || 1812. MOZIN, *Dict. franç.-allem.*]

|| D'une manière pratique.

PRATIQUER [prà-ti-ké] *v. tr.*

[ÉTYM. Dérivé de pratique, § 154. || xive s. Plus attis et miex pratiquans, ORESME, *Éth.* VI, 8.]

|| **1°** Appliquer (certains préceptes). Avoir... Trop du grand Annibal pratiqué les maximes, CORN. *Nicom.* IV, 2. — envers lui la doctrine de Lessius, PASC. *Prov.* 13. Quelques heures que

j'employais à la — (sa méthode), DESC. *Méth.* III. 6. | — la médecine. — la vertu, la charité. — sa religion. (*Cf.* pratiquant.)

|| **2°** Employer (certains moyens). Romulus avait pratiqué le premier ce moyen d'augmenter la ville, BOSS. *Hist. univ.* I, 7. Comme entre grands il se pratique, LA F. *Fab.* XI, 1. *Spécialt.* En parlant de moyens condamnables. Sans — sa perte, CORN. *Nicom.* III, 8. — des intelligences avec l'ennemi. || *P. ext.* Le roi pratiquait, cherchait à séduire les serviteurs dudit duc, COMM. III, 6. || *P. anal.* — une saignée. — une ouverture dans un mur.

|| **3°** Fréquenter (certaines personnes). Villeroy... qui avait fort pratiqué Bartet chez lui, ST-SIM. V, 340. || *P. ext. Absolt.* (Marine.) Avoir libre accès dans un port, libre communication avec les habitants.

PRÉ [pré] *s. m.*

[ÉTYM. Du lat. pratum, *m. s.* §§ 295, 402 et 291. (*Cf.* prairie, préau.)]

|| Terrain où poussent des herbes qui servent à la nourriture du bétail. (*Syn.* prairie.) Je tondis de ce — la largeur de ma langue, LA F. *Fab.* VII, 1. | —-salé, voisin de la mer, et dont l'herbe imprégnée de sel rend la chair des animaux qui y paissent plus savoureuse. Un gigot de —-salé. || *Fig.* Faire son — carré, arrondir son domaine. Aller sur le —, se battre en duel (par allusion au Pré-aux-Clercs, à Paris, rendez-vous ordinaire des duellistes).

PRÉALABLE [pré-à-làbl'] *adj.*

[ÉTYM. Composé avec le lat. præ, devant, et alable, dérivé de aler (auj. aller) au sens de « qui doit aller », § 93, à l'imitation du lat. præambulum, § 275. || xive s. Choses preallables l'une après l'autre, BOUTEILL. *Somme rural*, dans GODEF. *Compl.*]

|| Qui doit précéder (qqch). Ne rien décider sans examen —. C'est une connaissance nécessairement — aux choses qu'il est temps de raconter, ST-SIM. X, 360. | Question —, décision provoquée dans une assemblée, pour écarter une proposition sans la discuter. || *Loc. adv.* Au —, préalablement.

PRÉALABLEMENT [pré-à-la-ble-man] *adv.*

[ÉTYM. Composé de préalable et ment, § 724. || 1477. Sans prealablement en avoir fait pac, dans DU C. carnalegium.]

|| Avant de procéder à autre chose. (*Syn.* au préalable.)

PRÉAMBULE [pré-an-bul] *s. m.*

[ÉTYM. Emprunté du lat. præambulum, *m. s.* de præ, devant, et ambulare, marcher. (*Cf.* préalable.) || xiiie-xive s. Preambule ou commencement du second traité, *Chirurg. de Mondeville*, f° 87.]

|| Ce qui sert d'entrée en matière. A quelle fin tendait son —, RÉGNIER, *Sat.* 13. | Le — d'une loi, exposé des motifs.

PRÉAU [pré-ó] *s. m.*

[ÉTYM. Pour praeau, prael, dérivé de pré, §§ 65 et 126. || xiie s. Et desoz l'ante est li pralaus, CHRÉTIEN DE TROYES, *Cligès*, 6411.]

I. *Anciennt.* Petit pré. Un — couvert de cerisiers, MARG. DE VALOIS, *Heptam.* 44.

II. Terrain découvert au milieu de bâtiments. *Spécialt.* | **1.** Cour de récréation d'un collège. | **2.** Cour d'une prison.

PRÉBENDE [pré-bànd'] *s. f.*

[ÉTYM. Emprunté du bas lat. præbenda, *m. s.* propri, « choses devant être fournies », de præbere, fournir. (*Cf.* le doublet provende, de formation pop.) || xive-xve s. Chascuns vouloit avoir prebende, EUST. DESCH. IX, 304.]

|| (T. ecclés.) Revenu attaché à un canonicat.

PRÉBENDÉ, ÉE [pré-ban-dé] *adj.*

[ÉTYM. Dérivé de prébende, §§ 118 et 253. || xive s. Prebendés ou boins monnes, GILLES LI MUISIS, dans DELB. *Rec.*]

|| (T. ecclés.) Qui jouit d'une prébende. Un chanoine —.

PRÉBENDIER [pré-ban-dyé] *s. m.*

[ÉTYM. Dérivé de prébende, §§ 115 et 248. (*Cf.* l'anc. franç. provendier.) || 1365. Un prebendier de froment, dans GODEF.]

|| (T. ecclés.) Celui qui a une prébende. || *P. ext.* Celui qui sert au chœur, au-dessous des chanoines.

PRÉCAIRE [pré-kèr] *adj.*

[ÉTYM. Emprunté du lat. precarius, *m. s.* de prex, cis, prière. (*Cf.* le doublet prière, de formation pop.) || 1336. Action precoire, dans GODEF. *Compl.*]

|| **1°** (Droit.) Accordé sur requête. Un bénéfice —, et, *substantivt*, Un —, usufruit accordé sur requête par l'Église, le roi, et toujours révocable. Jouir, posséder à titre de —.

|| **2°** *P. ext.* Qui n'offre pas de garantie de durée. Une position —. Un état de santé —. Toute vie — cesse bientôt d'être vie, D'AUB. *Hist. univ.* III, p. 226, de Ruble. Le peuple chinois a une vie —, MONTESQ. *Espr. des lois*, XIX, 20. La liberté — d'un esclave à qui l'on n'a rien commandé, J.-J. ROUSS. *Ém.* 5.

PRÉCAIREMENT [pré-kèr-man; *en vers*, -kè-re-...] *adv.*

[ÉTYM. Composé de précaire et ment, §724. || XVIᵉ-XVIIᵉ s. V. à l'article. Admis ACAD. 1798.]

|| D'une manière précaire. Toutes les régentes règnent —, D'AUB. *Hist. univ.* II, p. 14, de Ruble.

PRÉCAUTION [pré-kô-syon; *en vers*, -si-on] *s. f.*

[ÉTYM. Emprunté du lat. præcautio, *m. s.* de præ, avant, et cautio, garde. || XVIᵉ s. Tant de precautions de longue et prealable conversation, MONTAIGNE, 1, 27.]

|| **1°** Disposition prise pour se garantir de qqch. J'aime mieux craindre sans sujet que m'exposer sans —, BEAUMARCH. *B. de Sév.* II, 4. Nous avons assez bien pris nos précautions, SÉV. 250. || *P. ext.* Action de prendre garde. Marcher avec — (pour ne pas éveiller qqn). || *Spécialt.* — oratoire, développement destiné à disposer favorablement l'auditoire.

|| **2°** Prévoyance qui fait prendre ces dispositions. Tant de — commence à me lasser, CORN. *Sertor.* IV, 2. Quand la — aux voyageurs est bonne, LA F. *Fab.* VI, 3.

PRÉCAUTIONNER [pré-kô-syò-né; *en vers*, -si-ò-né] *v. tr.*

[ÉTYM. Dérivé de précaution, § 266. || 1671. On dit encore : prendre sés precautions, se precautionner, BOUH. *Entret.* 2.]

|| Prémunir à l'aide de précautions. Il ne laissait pas de se — contre elle, FÉN. *Tél.* 8. Se — contre le froid. *Au part. passé pris adjectiv.* Cette confiance le rend moins précautionné, LA BR. 2. On peut sans tromperie être discret, précautionné, FÉN. *Éduc. des filles*, 9.

PRÉCÉDEMMENT [pré-sé-dà-man] *adv.*

[ÉTYM. Pour précédentment, composé de précédent et ment, §724. || 1439. Precedentement, dans GODEF. *Compl.* | 1579. Précedemment, N. DU FAIL, *Mém. du parl. de Bretagne*, p. 29.]

|| Dans un temps qui a précédé.

PRÉCÉDENT, ENTE [pré-sé-dan, -dänt'] *adj.*

[ÉTYM. Emprunté du lat. præcedens, entis, *m. s.* || XIIIᵉ-XIVᵉ s. La saison precedente, *Sept Sages*, dans DELB. *Rec.*]

|| Qui précède. Sous le — règne. Le bonheur des temps précédents, MONTESQ. *Rom.* 14. Le chapitre —. Le jour —. || *Substantiv.* Un —, ce qui a eu lieu précédemment. C'est un fait sans précédents. *Spécialt.* Fait passé dont on s'autorise pour établir, justifier un fait analogue.

PRÉCÉDER [pré-sé-dé] *v. tr.*

[ÉTYM. Emprunté du lat. præcedere, *m. s.* de præ, devant, et cedere, aller. || XIVᵉ s. Les ars precedent les operacions, ORESME, *Éth.* dans LITTRÉ.]

|| **1°** Aller devant (qqn, qqch). Le roi était précédé de ses gardes. Les présidents... qui ont ces huissiers dans la main s'en font —, ST-SIM. X, 428. Une troupe de cavaliers précédait ce cortège. *Spécialt.* Aller devant par droit de préséance. Qui aurait osé imaginer... de — les pairs? ST-SIM. X, 460.

|| **2°** Être placé avant (qqn, qqch). Le vestibule qui précède la galerie. L'avant-propos qui précède le livre. La ritournelle qui précède le chant. || *Fig.* | 1. *Vieilli.* Primer. S'il précède Philiste en vaines dignités, CORN. *Veuve*, II, 2. | 2. Être logiquement antérieur. Supposant même de l'ordre entre ceux (les objets) qui ne se précèdent point naturellement les uns les autres, DESC. *Méth.* 2. Logiquement, la cause précède l'effet.

|| **3°** Venir avant (qqn, qqch). Un orage précédé d'un coup de tonnerre. Quelques crimes toujours précèdent les grands crimes, RAC. *Phèd.* IV, 2. Son empire a des temps précédé la naissance, ID. *Ath.* I, 4. Les anciens ont trouvée (ces sciences) seulement ébauchées par ceux qui les ont précédés, PASC. *Vide.* Sylla m'a précédé dans ce pouvoir suprême, CORN. *Cinna*, II, 1. || — qqn, arriver avant lui. Je précède mon maître de quelques moments, PONT DE VEYLE, *Somn.* sc. 8.

PRÉCEINTE [pré-sint'] *s. f.*

[ÉTYM. Altération de l'anc. franç. pourceinte, subst. particip. de pourceindre, entourer, §§ 45, 505 et 275. || 1275. La prochainte de ceste vile, dans GODEF. porceinte. | (Au sens actuel.) 1638. Deux cours de preceintes, dans DELB. *Rec.* Admis ACAD. 1762.]

|| (Marine.) Ceinture de bordages épais établie autour d'un bâtiment au niveau de chaque étage. (*Syn.* lice.)

PRÉCEPTE [pré-sèpt'] *s. m.*

[ÉTYM. Emprunté du lat. præceptum, *m. s.* || XIIᵉ s. Precept, PH. DE THAUN, *Comput*, 619.]

|| Formule qui enseigne ce qu'on doit faire. Une morale nue apporte de l'ennui; Le conte fait passer le — avec lui, LA F. *Fab.* VI, 1. Un roi sage... Craint le Seigneur son Dieu, sans cesse a devant lui Ses préceptes, ses lois, RAC. *Ath.* IV, 2. Les préceptes de l'art d'écrire. Il (l'Art poétique de Boileau) donne toujours le — et l'exemple, VOLT. *Dict. philos.* art poétique.

PRÉCEPTEUR [pré-sèp'-tèur] *s. m.*

[ÉTYM. Emprunté du lat. præceptor, *m. s.* || XVᵉ s. Precepteur de Philippe, fils du duc de Bourgogne, dans LA C.]

|| **1°** Celui qui enseigne. Les animaux sont les précepteurs des hommes dans mon ouvrage, LA F. *Fab.* XII, A Mᵍʳ le duc de Bourgogne. Ces grands précepteurs du genre humain (les philosophes), P. D'ABLANC. *Lucien, Parasite.* || *Au fém.* (rare). Préceptrice. Il est dangereux d'avoir pour préceptrice la délicieuse ignorance des anciens, D'AUB. *Hercule chrétien.*

|| **2°** Celui qui est chargé de l'éducation d'un enfant. Donner un — à son fils. Fénelon fut le — du duc de Bourgogne.

PRÉCEPTORAL, ALE [pré-sèp'-tò-ràl] *adj.*

[ÉTYM. Dérivé du lat. præceptor, précepteur, § 238. On trouve anciennement preceptorial (ACAD. 1694-1798). || Admis ACAD. 1798.]

|| *Rare.* Relatif au précepteur. Fonction préceptorale.

PRÉCEPTORAT [pré-sèp'-tò-rà] *s. m.*

[ÉTYM. Dérivé du lat. præceptor, précepteur, § 254. CHAPELAIN emploie préceptoriat. (*V.* DELB. *Rec.*) || XVIIᵉ-XVIIIᵉ s. BAYLE, *Dict. histor.* Alling. Admis ACAD. 1798.]

|| Fonction de précepteur.

PRÉCESSION [pré-sès-syon; *en vers*, -si-on] *s. f.*

[ÉTYM. Emprunté du lat. præcessio, *m. s.* || 1690. FURET. Admis ACAD. 1762.]

|| (T. didact.) Avance. *Spécialt.* (Astron.) — des équinoxes, déplacement graduel de l'axe de la terre, qui fait que le retour de l'équinoxe du printemps précède le retour de la terre au même point de son orbite.

PRÊCHE [prêch'] *s. m.*

[ÉTYM. Subst. verbal de prêcher, § 52. || XVIᵉ s. Defenses leur ont esté faites de faire presches, PASQ. *Lett.* I, p. 257.]

|| Prédication (d'un ministre protestant); assemblée où cette prédication a lieu.

PRÊCHER [prè-ché] *v. tr.*

[ÉTYM. Emprunté du lat. prædicare, *m. s.* (*cf.* prédicateur, etc.), rendu par predechier sous l'influence des mots de formation pop. § 503, d'où ensuite preechier, § 411, preecher, § 634, prêcher, § 358. || Xᵒ s. Et sanz Ledgiers lis prediat, *St Léger*, 213.]

I. Annoncer (la parole de Dieu). — l'Évangile. Afin d'être instruits et d'entendre quelquefois — Jésus-Christ, SÉV. 904. J'appelle véritable pénitence... celle que le saint précurseur Jean-Baptiste prêchait aux peuples, BOURD. *Pénitence*, préamb. || *P. ext.* — l'avent, le carème, faire dans une église pendant l'avent, le carème, une suite de sermons. || *Absolt.* Le P. Bourdaloue a prêché ce matin au delà de tous les plus beaux sermons qu'il ait jamais faits, SÉV. 142. | Suivi d'une proposition. Prêchons que l'on ne peut se sauver dans ce monde, BOSS. *Panég. Fr. de Sales.* || *Loc. prov.* — dans le désert, n'être point écouté. — pour son saint, parler dans son intérêt. — d'exemple, pratiquer ce qu'on recommande aux autres. || *P. ext.* Recommander aux autres. Ces gens... Qui... prêchent la retraite au milieu de la cour, MOL. *Tart.* 1, 5. — la concorde, la sobriété, l'économie. | Je ne veux point que... vous me prêchiez que je suis un grand homme, MALH. *Ép. de Sénèq.* LXVIII, 2. || *Fig.* Son teint mortifié prêche la continence, RÉGNIER, *Sat.* 13. || *Absolt.* Un homme qui prêche à tout propos. Prêchez, patrocinez, MOL. *Éc. des f.* I, 1.

II. Instruire (qqn) en enseignant la parole de Dieu. Il (St Paul) prêche les gentils et les amène au vrai Dieu, BOSS. *Hist. univ.* II, 20. *Loc. prov.* — un converti, chercher à persuader qqn qui est d'avance de votre avis.

PRÊCHEUR, PRÊCHEUSE [prè-chèur, -chèuz'] *s. m. et f.*

[ÉTYM. Dérivé de prêcher, § 112. || XIIIᵉ s. Tex preeschieres, J. DE MEUNG, *Rose*, 5126.]

|| **1°** *Vieilli. S. m.* Prédicateur. Elle fait jà la leçon aux prêcheurs, RÉGNIER, *Sat.* 13. *Spécialt.* Les frères prêcheurs, les moines de l'ordre de Saint-Dominique, voués à la prédication.

· || **2°** *S. m. et f.* Celui, celle qui fait la leçon aux gens

Poisson, mon bel ami, qui faites le —, LA F. *Fab.* v, 3. Charmante prêcheuse, J.-J. ROUSS. *Nouv. Hél.* VI, 19.

PRÉCIEUSEMENT [pré-syeù'-man ; *en vers*, -si-eù-ze-…] *adv.*
[ÉTYM. Composé de *précieuse* et *ment*, § 724. || 1539. Pretieusement, R. EST.]
|| **1°** Comme il convient pour qqch qui a du prix. Conserver — qqch.
|| **2°** Avec préciosité. Parler —.

PRÉCIEUX, EUSE [pré-syeù, -syeù'z' ; *en vers*, -si-…] *adj.*
[ÉTYM. Emprunté du lat. *pretiosus*, m. s. || XIᵉ s. Pieres precioses, *Voy. de Charl. à Jérus.* 179.]
I. Qui est d'un grand prix. Un bijou —. Des pierres précieuses. || *Fig.* Le — sang de Notre-Seigneur Jésus-Christ. Ces enfants si chers, si —, RAC. *Ath.* II, 7. Des qualités précieuses. Le barbier, qui tient les moments —, BOIL. *Lutr.* 3. Ses services me sont —. Votre amitié m'est précieuse. Un — souvenir.
II. Qui a une délicatesse raffinée. Vous êtes bien délicat et bien —, SÉV. 1007. Sophie n'était ni précieuse ni ridicule, J.-J. ROUSS. *Ém.* 5. Pour les filles, il ne faut pas qu'elles soient savantes : la curiosité les rend vaines et précieuses, FÉN. *Éduc. des filles*, 1. || Un langage —. L'air — n'a pas seulement infecté Paris, MOL. *Préc. rid.* sc. 1. *Substantivt, au masc.* Le —, l'air précieux. Nanon se rendait aussi rare que sa maîtresse, imitant son —, son langage, ST-SIM. I, 339. || Un homme —, une femme précieuse, et, *substantivt*, Un —, une précieuse. | 1. Celui, celle qui a une délicatesse raffinée. Les véritables précieuses auraient tort de se piquer lorsqu'on joue les ridicules qui les imitent mal, MOL. *Préc. rid.* préf. | 2. Celui, celle qui affecte une délicatesse raffinée. C'est… un composé du pédant et du —, LA BR. 2. Les précieuses font dessus tout les dédaigneuses, LA F. *Fab.* VII, 5.

PRÉCIOSITÉ [pré-syô-zi-té ; *en vers*, -si-ô-…] *s. f.*
[ÉTYM. Dérivé du lat. *pretiosus*, *précieux*, § 255. (*Cf.* l'anc. franç. precieuseté.) || XIIIᵉ-XIVᵉ s. La preciosité de leur pucellaige ne l'onneur de leur chasteté, *Ovide moralisé*, dans GODEF. precieuseté. Admis ACAD. 1835.]
|| Caractère précieux (qui a une délicatesse raffinée). Sa — changea lors de langage, LA F. *Fab.* VII, 5.

PRÉCIPICE [pré-si-pis'] *s. m.*
[ÉTYM. Emprunté du lat. *præcipitium*, m. s. || XVIᵉ s. Soy saisir de haults precipices, AMYOT, *Aratus*, 60.]
|| Pente, versant très escarpé. Quelque mont pendant en précipices, LA F. *Fab.* XII, 4. Un chemin dont l'issue est un — affreux, BOSS. *Joie du chrétien*, 2. S'il y a au-dessous un —, PASC. *Pens.* III, 3. || *Fig.* Cause de ruine. — élevé d'où tombe mon honneur, CORN. *Cid*, I, 4. Je leur semai de fleurs le bord des précipices, RAC. *Ath.* III, 3.

PRÉCIPITAMMENT [pré-si-pi-tà-man] *adv.*
[ÉTYM. Pour précipitantment, composé de *précipitant*, part. prés. de *précipiter*, et *ment*, § 724. On a dit aussi précipitément, aujourd'hui hors d'usage. || 1611. COTGR.]
|| D'une manière précipitée.

PRÉCIPITATION [pré-si-pi-tà-syon ; *en vers*, -si-on] *s. f.*
[ÉTYM. Emprunté du lat. *præcipitatio*, m. s. || 1549. R. EST.]
I. *Vieilli.* Action de se précipiter. || *Fig.* L'amour… est une — de pensée que porte d'un côté, PASC. *Amour.* || *Spécialt.* (Chimie.) Dépôt que forme un corps solide en dissolution dans un liquide lorsqu'il retombe au fond. (*Syn.* précipité.) Après lui en avoir montré plusieurs précipitations métalliques, J.-J. ROUSS. *Ém.* 3.
II. Hâte excessive. Agir avec —. Les fautes qu'il avait faites par —, FÉN. *Tél.* 3.

PRÉCIPITER [pré-si-pi-té] *v. tr.*
[ÉTYM. Emprunté du lat. *præcipitare*, m. s. de *præ*, avant, et *caput*, tête, proprt, « pousser la tête en avant ». || 1443. Nos subgés… sont tellement precipités et chargés, dans *Annales du Midi*, 1897, p. 35.]
I. Faire tomber brusquement d'un lieu élevé dans un fond. J'aurai vu… Du haut de son palais — ma mère, RAC. *Ath.* II, 7. Il (Ésope) fut… condamné à être précipité, LA F. *Ésope.* | Quelques-uns se précipitèrent dans les ondes, BOSS. *R. d'Angl.* Un ruisseau… se précipite du haut d'un rocher, FÉN. *Tél.* 1. || *Fig.* | 1. Faire tomber tout à coup d'une situation élevée. Faut-il me voir précipité De l'espoir glorieux dont je m'étais flatté? MOL. *D. Garcie*, III, 2. Du trône… Britannicus par moi s'est vu —, RAC. *Brit.* I, 1. | 2. Faire tomber tout à coup dans une situation funeste. Les dieux irrités Dans les der-

niers malheurs nous ont précipités, CORN. *Nicom.* v, 8. Tous les peuples se précipitaient dans l'idolâtrie, BOSS. *Hist. univ.* II, 2. Une liberté précipitée jusqu'au voisinage du vice, BOSS. *Impén. fin.* 1. Se — dans tous les excès, et, *ellipt*, Serait-on reçu à dire qu'on ne peut se passer de voler, d'assassiner, de se —? LA BR. 6. Désespoir Où j'ai précipité celui qu'elle aime à voir, MOL. *Éc. des m.* III, 2. || *Spécialt.* (Chimie.) Faire retomber au fond du vase qui contient un liquide un solide qui s'y trouvait en dissolution. *Au part. pris substantivt.* Un précipité, matière qui se dépose ainsi. Un précipitant, ce qui opère la précipitation.
II. Faire aller impétueusement. A travers les rochers la peur les précipite, RAC. *Phèd.* v, 6. Se — aux pieds de qqn. Le peuple, pour le voir, court et se précipite, RAC. *Phèd.* III, 3. || *Fig.* Il fallait la conduire et non pas la — dans le bien, BOSS. *A. de Gonz.* Ses jours… se précipitèrent trop vite, BOSS. *Hist. univ.* I, 10. Mon vers coule à flots précipités, BOIL. *Ép.* 8. || *P. ext.* Hâter vivement. Beck précipite sa marche, BOSS. *Condé.* Une course précipitée. Valens… précipite le combat, BOSS. *Hist. univ.* I, 11. Ne précipitons rien, RAC. *Bér.* IV, 4. La faveur… précipite sa perte, CORN. *Poly.* v, 6. Les femmes… précipitent le déclin de leur beauté par des artifices, LA BR. 8.

PRÉCIPUT [pré-si-pu] *s. m.*
[ÉTYM. Pour *précipu*, § 509, emprunté du lat. juridique *præcipuum*, m. s. || 1521. Par precipuut ou advantage sur ses puisnez, *Cout. de Saintonge*, dans *Nouv. Cout. gén.* IV, 877.]
|| (Droit.) Avantage stipulé par testament à l'un des cohéritiers. || Avantage stipulé par contrat de mariage pour l'époux survivant.

PRÉCIS, ISE [pré-si, -siz'] *adj.*
[ÉTYM. Emprunté du lat. *præcisus*, m. s. de *præ*, devant, et *cædere*, tailler. || XIVᵉ-XVᵉ s. A jour prescis, CHR. DE PISAN, dans GODEF. *Compl.*]
|| Strictement circonscrit, déterminé. Un ordre —. S'exprimer en termes —. Une définition, une indication précise. Détails, renseignements —. Une mesure précise. La réunion est pour quatre heures précises. | Un écrivain —, dont le style est précis. || *Substantivt.* Un — d'histoire, de morale, etc., exposé dont on a retranché ce qui n'est pas essentiel. Cette règle (de saint Benoît) c'est un — du christianisme, BOSS. *Panég. St Benoît*, 3.

PRÉCISÉMENT [pré-si-zé-man] *adv.*
[ÉTYM. Pour précisement, composé de *précise* et *ment*, à l'imitation du lat. *præcise*, m. s. § 724. || XIVᵉ s. Les forces ne trenceront ja precisement ce qui est surajousté, *Chirurg. de Mondeville*, f° 102. Preciseement (1324), dans GODEF. *Compl.*]
|| D'une manière précise. Répondre — à ce qu'on lui dit, LA ROCHEF. *Réflex.* 139.

PRÉCISER [pré-si-zé] *v. tr.*
[ÉTYM. Dérivé de *précis*, § 266. || XIVᵉ s. Et toutes ses paroles mout tres bien preciser, GILLES LI MUISIS, dans DELB. *Rec.*]
|| Déterminer strictement. — les dates. *Absolt.* Être précis (en parlant, en écrivant).

PRÉCISION [pré-si-zyon ; *en vers*, -zi-on] *s. f.*
[ÉTYM. Emprunté du lat. *præcisio*, m. s. || 1520. FABRI, *Rhétor.* dans DELB. *Rec.*]
I. *Vieilli.* Action de retrancher, de circonscrire par la pensée. Les précisions de l'esprit, autrement appelées abstractions mentales, BOSS. *Logique*, 22. Par une — dont le libertin s'accommoderait volontiers, on voudrait que ce qu'on aime ne fût pas défendu, BOURD. *Pénitence*, 1.
II. Détermination stricte. La — dans les recherches scientifiques, dans les calculs. Donner ses ordres avec —. Des mouvements exécutés avec —. Instruments de —. Armes de —. La — du dessin. La — du style. Les lois des douze tables sont un modèle de —, MONTESQ. *Espr. des lois*, XXIX, 16.

PRÉCITÉ, ÉE [pré-si-té] *adj.*
[ÉTYM. Composé avec le lat. *præ*, avant, et le part. passé de *citer*, §§ 44 et 275. || *Néolog.* Admis ACAD. 1835.]
|| Précédemment cité. Le passage —.

PRÉCOCE [pré-kòs'] *adj.*
[ÉTYM. Emprunté du lat. *præcox*, ocis, m. s. (*Cf.* le doublet abricot.) || 1680. RICHEL.]
|| Dont la maturité est hâtive. L'on mange ailleurs des fruits précoces, LA BR. 6. *Substantivt. Vieilli.* Des précoces, des cerises précoces (ACAD. 1694). || *Fig.* Développé

avant l'âge. Croissance —. Intelligence —. Célébrité —. Un enfant —.

PRÉCOCITÉ [pré-kò-si-té] *s. f.*

[ÉTYM. Dérivé de précoce, § 255. || XVIIe s. La precocité des fruits, LA QUINTINIE, dans TRÉV. Admis ACAD. 1762.]

|| Caractère de ce qui est précoce.

PRÉCOMPTER [pré-kon-té] *v. tr.*

[ÉTYM. Composé avec le lat. præ, avant, et compter, § 275. || 1437. Ce qu'il y auroit seroit precompté, *Cout. d'Anjou*, II, 179, Beautemps-Beaupré.]

|| *Vieilli.* (Droit.) Déduire en comptant par avance. L'époux qui a ameubli un héritage a, lors du partage, la faculté de le retenir en le précomptant sur sa part, *Code civil*, art. 1509.

PRÉCONÇU, UE [pré-kon-su] *adj.*

[ÉTYM. Composé avec le lat. præ, avant, et le part. passé de concevoir, §§ 44 et 275. || XVIIIe s. V. à l'article. Admis ACAD. 1878.]

|| Conçu, admis d'avance, sans examen. Idée, opinion préconçue. Une disposition préconçue à s'immoler, DIDER. *Éloge de Richardson.*

PRÉCONISATION [pré-kò-ni-zà-syon ; *en vers*, -si-on] *s. f.*

[ÉTYM. Dérivé de préconiser, § 247. || 1321. Subbastacions et preconizacions, dans GODEF.]

|| Action de préconiser.

PRÉCONISER [pré-kò-ni-zé] *v. tr.*

[ÉTYM. Emprunté du bas lat. præconizare, *m. s.* de præco, crieur public. || 1321. Commandé à Robert de la Hanlie sergent... il feist à savoir et preconizer par trois dimanches continuels, dans GODEF.]

|| 1° (T. ecclés.) Déclarer en consistoire que celui qui a été nommé à un évêché par l'État a les qualités requises. || 2° *P. ext.* Louer publiquement. — qqn. | Recommander vivement. — un remède.

PRÉCORDIAL, ALE [pré-kòr-dyàl ; *en vers*,-di-àl] *adj.*

[ÉTYM. Dérivé du lat. præcordia, diaphragme, § 238. || 1555. G. GUÉROULT, dans DELB. *Rec.* Admis ACAD. 1835.]

|| (Anat.) Relatif au diaphragme. La région précordiale.

PRÉCURSEUR [pré-kur-seür] *s. m.*

[ÉTYM. Emprunté du lat. præcursor, *m. s.* propri, « celui qui court devant ». || Vers 1415. Jehan mon precurseur, *Myst. de la Passion d'Arras*, dans DELB. *Rec.*]

|| Celui qui prépare la venue d'un autre. Jésus-Christ se fait baptiser par ce divin — (saint Jean-Baptiste), BOSS. *Hist. univ.* I, 10. Socrate fut le — de Platon. || *P. ext.* Les précurseurs de la révolution française. || *Adjectiv.* Des signes précurseurs, qui annoncent qq événement. Les symptômes précurseurs d'une maladie.

PRÉDÉCÉDER [pré-dé-sé-dé] *v. intr.*

[ÉTYM. Composé avec le lat. præ, avant, et décéder, § 275. || XVIe s. Dettes du predecedé, LOYSEL, p. 664.]

|| (Droit.) Décéder avant un autre.

PRÉDÉCÈS [pré-dé-sè] *s. m.*

[ÉTYM. Composé avec le lat. præ, avant, et décès, § 275. || 1690. FURET.]

|| (Droit.) Décès antérieur à celui d'un autre.

PRÉDÉCESSEUR [pré-dé-sè-seür] *s. m.*

[ÉTYM. Emprunté du lat. prædecessor, *m. s.* || XIIIe s. Les detes que li predecesseur avoient fetes, BEAUMAN. XIV, 5.]

|| Celui qui a précédé qqn dans un emploi, dans une fonction, etc. Les Juifs ne sont pas mieux traités sous Démétrius que sous ses prédécesseurs, BOSS. *Hist. univ.* I, 9. Il (l'homme) tire avantage non seulement de sa propre expérience, mais encore de celle de ses prédécesseurs, PASC. *Vide.*

PRÉDESTINATION [pré-dès-ti-nà-syon ; *en vers*, -si-on] *s. f.*

[ÉTYM. Emprunté du lat. prædestinatio, *m. s.* || XIIe s. Ke sa predestinations soit aemplie, *Serm. de St Bern.* p. 32.]

|| 1° Dessein de Dieu sur la destinée des hommes, en prévision de leurs mérites et de leurs démérites. Adorons en cette princesse le mystère de la — et de la grâce, BOSS. *D. d'Orl.* Le fils de Dieu est déjà son fils (de Marie)... selon l'ordre de Dieu, selon sa — éternelle, ID. *1er Conception*, 1. || 2° *Spécialt.* (Théol.) Doctrine (condamnée par l'Église) suivant laquelle certains hommes sont d'avance élus, et d'autres réprouvés. Sous prétexte d'exalter le mystère impénétrable de la — divine, elles inspiraient un mépris secret des œuvres de salut, BOURD. *Prédest.* 1. La — mahométane, MONTESQ. *Espr. des lois*, XXIV, 14.

PRÉDESTINER [pré-dès'-ti-né] *v. tr.*

[ÉTYM. Emprunté du lat. prædestinare, *m. s.* || XIIe s. Li benigniteiz en cuy nos sommes predestineit, *Serm. de St Bern.* p. 32.]

|| 1° Destiner d'avance à qqch. Dieu qui l'avait prédestiné à être un exemple de justice, BOSS. *Le Tellier.* || *Spécialt.* En parlant de Dieu, élire qqn en prévision de ses mérites. De quelque manière que Dieu nous ait prédestinés, il est de la foi qu'il ne nous sauvera jamais sans notre coopération, BOURD. *Prédest.* 1. Les noms prédestinés des rois que tu chéris, RAC. *Esth.* prol. || *Au part. passé pris substantivt.* C'est un prédestiné ; on respecte la grâce de Dieu dont il a été comblé, SÉV. 1090.

|| 2° *Spécialt.* (Théol.) Vouer d'avance, d'une manière inévitable, au salut ou à la damnation. Si je ne suis pas prédestiné, comment puis-je me convertir? Et si je le suis, comment puis-je ne me convertir pas? BOURD. *Prédest.* 1.

PRÉDÉTERMINANT, ANTE [pré-dé-tèr-mi-nan, -nänt'] *adj.*

[ÉTYM. Adj. particip. de prédéterminer, § 47. || Admis ACAD. 1762.]

|| (Théol.) Qui prédétermine. Décret —.

PRÉDÉTERMINATION [pré-dé-tòr-mi-nà-syon ; *en vers*, -si-on] *s. f.*

[ÉTYM. Dérivé de prédéterminer, § 247. || 1636. Son efficace predetermination, J. DENEYROLLES, *Jésus crucifié*, dans DELB. *Rec.* Admis ACAD. 1762.]

|| (Théol.) Action de prédéterminer. — physique, doctrine suivant laquelle l'impulsion divine précède toute détermination de l'être libre. (*Syn.* prémotion.)

PRÉDÉTERMINER [pré-dé-tèr-mi-né] *v. tr.*

[ÉTYM. Composé avec le lat. præ, avant, et determinari, déterminer, § 275. || 1530. Ils avoient predeterminé, devant qu'il desirast la terre, que point ne luy donneroient, BOURGOING, *Bat. jud.* v, 5. Admis ACAD. 1762.]

|| (Théol.) Déterminer (la volonté humaine) par une impulsion première à laquelle l'homme peut correspondre ou résister.

PRÉDICABLE [pré-di-kàbl'] *adj.*

[ÉTYM. Emprunté du lat. prædicabilis, *m. s* || 1582. (Au sens 1°.) Incert. et vanité des sciences, dans DELB. *Rec.*]

|| 1° (Logique.) Qui peut être affirmé du sujet. || 2° *Rare.* Qui peut être prêché (ACAD. 1694).

PRÉDICAMENT [pré-di-kà-man] *s. m.*

[ÉTYM. Emprunté du lat. prædicamentum, énonciation. || XIIIe s. Predicamens et sex principes, H. D'ANDELI, *Bat. des set arts*, 230.]

|| (Logique.) || 1° Attribut d'une proposition. || 2° Catégorie de l'être. | *Famil. Vieilli.* Être en bon, en mauvais —, avoir bonne, |mauvaise réputation. Il se voyait pour le moment dans un — à le noyer, ST-SIM. I, 379.

PRÉDICANT [pré-di-kan] *s. m.*

[ÉTYM. Emprunté du lat. prædicans, qui prêche. || XVIe s. Par une autorité de predicant, BON. DES PER. *Nouv.* 32.]

|| *En mauvaise part.* Celui qui prêche. *Spécialt.* Ministre protestant.

PRÉDICAT [pré-di-kà] *s. m.*

[ÉTYM. Emprunté du lat. prædicatum, énoncé. || XIVe s. Homme est un commun predicat, ORESME, *Éth.* I, 7. Admis ACAD. 1878.]

|| (Logique.) Attribut d'une proposition.

PRÉDICATEUR [pré-di-kà-teür] *s. m.*

[ÉTYM. Emprunté du lat. prædicator, *m. s.* (*Cf.* le doublet prêcheur.) || XIVe s. Haut predicatour, GILLES LI MUISIS, dans DELB. *Rec.*]

|| Celui qui prêche. Non seulement défenseur, mais encore zélé — de la foi, BOSS. *Hist. univ.* II, 20. Ne songez point au — qui vous a parlé. Il y a un — invisible qui prêche dans le fond des cœurs, BOSS. *La Vall.*

PRÉDICATION [pré-di-kà-syon ; *en vers*, -si-on] *s. f.*

[ÉTYM. Emprunté du lat. prædicatio, *m. s.* || XIIe s. Quant il oent sermun E predicaciun, PH. DE THAUN, *Best.* p. 104.]

|| Action de prêcher. La — de l'Évangile. (Jésus-Christ) a voulu commencer son ministère par la — de la pénitence, PASC. *Fact. Curés d'Amiens.* || La — de Bourdaloue.

PRÉDICTION [pré-dik'-syon ; *en vers*, -si-on] *s. f.*

[ÉTYM. Emprunté du lat. prædictio, *m. s.* || 1549. R. EST.]

|| 1° Action de prédire. Outre les prédictions de Jésus-

Christ, il y eut des prédictions de plusieurs de ses disciples, BOSS. *Hist. univ.* II, 22.

|| **2°** Chose prédite. La — en fut vraie, LA F. *Fab.* I, 14.

PRÉDILECTION [pré-di-lĕk'-syon ; *en vers,* -si-on] *s. f.*

[ÉTYM. Emprunté du bas lat. prædilectio, *m. s.* de præ, avant, et dilectio, amour. (*Cf.* dilection.) || 1519. De ses parens la predilection, G. MICHEL, *Géorg.* dans DELB. *Rec.*]

|| Affection de préférence. La — d'une mère pour un de ses enfants. C'est mon auteur de —. || En parlant de Dieu. La prédestination n'est qu'un composé de la — et de la prescience, FÉN. *Lett. au P. Lami sur la grâce,* 5.

PRÉDIRE [pré-dîr] *v. tr.*

[ÉTYM. Emprunté du lat. prædicere, *m. s.* rendu par prédire d'après dire de dicere, § 503. || XVᵉ-XVIᵉ s. Predit et prognostiqua, J. LE MAIRE, dans DELB. *Rec.*]

|| Annoncer d'avance (l'avenir).

|| **1°** Par un don prophétique. Les Juifs n'entendaient ni la grandeur ni l'abaissement du Messie prédit dans leurs prophéties, PASC. *Pens.* XV, 4. Jésus-Christ est venu dans le temps prédit, ID. *ibid.* 3 *bis.* Ces imposteurs qui se vantent de — l'avenir, BOSS. *Hist. univ.* II, 22.

|| **2°** Par conjecture. Je vous l'avais prédit qu'en dépit de la Grèce De votre sort encor vous seriez la maîtresse, RAC. *Andr.* III, 8.

***PRÉDISPOSANT, PRÉDISPOSANTE** [pré-dïs'-pó-zan, -zänt'] *adj.*

[ÉTYM. Adj. particip. de prédisposer, § 47. ACAD. ne donne que la forme fém. || Admis ACAD. 1835.]

|| (T. didact.) Qui prédispose. *Spéciali.* (Médec.) Cause prédisposante, qui dispose à telle ou telle maladie.

PRÉDISPOSER [pré-dïs'-pó-zé] *v. tr.*

[ÉTYM. Composé avec le lat. præ, avant, et disposer, § 275. || XVᵉ s. Duisant a sa predisposee nature, J. ROBERTET, dans DELB. *Rec.* Admis ACAD. 1835.]

|| (T. didact.) Disposer d'avance (qqn à qqch).

PRÉDISPOSITION [pré-dïs'-pó-zi-syon ; *en vers,* -si-on] *s. f.*

[ÉTYM. Composé avec le lat. præ, avant, et disposition, § 275. || Admis ACAD. 1835.]

|| (T. didact.) État de l'âme, du corps, qui prédispose à qqch.

PRÉDOMINANCE [pré-dò-mi-näns] *s. f.*

[ÉTYM. Dérivé de prédominer, § 262. || XVIᵉ s. CHAMPEYNAC, dans DELB. *Rec.* Admis ACAD. 1835.]

|| (T. didact.) Action de ce qui prédomine.

PRÉDOMINANT, ANTE [pré-dò-mi-nan, -nänt'] *adj.*

[ÉTYM. Adj. particip. de prédominer, § 47. || 1599. Une sieurie predominante, *Cout. de Norm.* dans DELB. *Rec.*]

|| (T. didact.) Qui prédomine. Astre —, CORN. *Sertor.* II, 1. Une qualité prédominante.

PRÉDOMINER [pré-dò-mi-né] *v. intr.*

[ÉTYM. Composé avec le lat. præ, avant, et dominari, dominer, § 275. || XVIᵉ s. La... plus digne partie d'icelle exerçant ses offices et predominant, MONTAIGNE, I, 27.]

|| (T. didact.) Exercer l'action, l'influence principale. Ce qui prédominait en lui, c'était la prudence.

PRÉÉMINENCE [pré-é-mi-näns'] *s. f.*

[ÉTYM. Emprunté du lat. præeminentia, *m. s.* || XIVᵉ s. Aussi peut l'en dire de noblesse que c'est une preeminence, *Songe du vergier,* I, 150.]

|| (T. didact.) Supériorité de rang, de degré. Avoir la — sur qqn. Le gouvernement monarchique suppose des prééminences, MONTESQ. *Espr. des lois,* III, 7.

PRÉÉMINENT, ENTE [pré-é-mi-nan, -nänt'] *adj.*

[ÉTYM. Emprunté du lat. præeminens, *m. s.* || Admis ACAD. 1718.]

|| (T. didact.) Qui a la prééminence.

PRÉEMPTION [pré-anp'-syon ; *en vers,* -si-on] *s. f.*

[ÉTYM. Composé avec le lat. præ, avant, et emptio, achat, § 275. || 1812. MOZIN, *Dict. franç.-allem.* Admis ACAD. 1878.]

|| (Droit.) Action d'acheter avant un autre. Droit de —, droit qu'on a dans certains cas d'acheter qqch avant toute autre personne. Certaines compagnies se réservent le droit de — sur leurs actions.

PRÉÉTABLIR [pré-é-tà-blïr] *v. tr.*

[ÉTYM. Composé avec le lat. præ, avant, et établir, § 275. || 1710. L'harmonie preetablié, LEIBNITZ, *Théodicée,* disc. prél. Admis ACAD. 1798.]

|| (T. didact.) Établir d'avance. *Spéciali.* L'harmonie préétablie de Leibnitz, doctrine suivant laquelle les esprits et les corps n'ayant pas d'action les uns sur les autres, leurs mouvements ne concordent qu'en vertu d'une harmonie établie d'avance par Dieu. Cette correspondance antérieure à leur union, cette harmonie préétablie, FONTEN. *Éloges, Leibnitz.*

PRÉEXISTANT, ANTE [pré-ĕg'-zïs'-tan, -tänt'] *adj.*

[ÉTYM. Adj. particip. de préexister, § 47. || XVᵉ s. Chouse preexistant, PIERRE DE LANOY, *St Antoine,* dans DELB. *Rec.* Admis ACAD. 1762.]

|| (T. didact.) Qui existe antérieurement (à qqch). Dieu a créé le monde de rien et non d'une matière préexistante.

PRÉEXISTENCE [pré-ĕg'-zïs'-täns'] *s. f.*

[ÉTYM. Composé avec le lat. præ, avant, et existence, § 275. || XVIIᵉ-XVIIIᵉ s. ABBÉ E. DU PIN, dans TRÉV. Admis ACAD. 1762.]

|| (T. didact.) Caractère de ce qui préexiste. La — des germes.

PRÉEXISTER [pré-ĕg'-zïs'-té] *v. intr.*

[ÉTYM. Emprunté du lat. scolast. præexistere, *m. s.* || XVᵉ s. Se déduit de l'existence de préexistant à cette époque. Admis ACAD. 1762.]

|| (T. didact.) Exister antérieurement (à qqch).

PRÉFACE [pré-fäs'] *s. f.*

[ÉTYM. Emprunté du lat. præfatio, *m. s.* || XIVᵉ-XVᵉ s. Ainsi fine lors sa preface, EUST. DESCH. IX, 117.]

|| **1°** Exposé préliminaire placé par un auteur en tête de son livre, pour en indiquer l'objet, le caractère, etc. Si l'on ôte de beaucoup d'ouvrages de morale l'avertissement au lecteur, l'épître dédicatoire, la —, la table, les approbations, il reste à peine assez de pages pour mériter le nom de livre, LA BR. 1. || *P. anal.* Entrée en matière. Point de —, au fait, COLLIN D'HARLEV. *Artistes,* II, 8. Ne jamais nommer qqn sans une — d'honneur, sans commencer par des éloges.

|| **2°** (Liturgie.) Partie de la messe qui précède le canon, prière qui doit opérer la consécration.

PRÉFECTORAL, ALE [pré-fĕk'-tò-ràl] *adj.*

[ÉTYM. Dérivé de préfet, d'après le type lat. præfectus, sous l'influence de préceptoral, doctoral, etc. § 238. || *Néolog.* Admis ACAD. 1878.]

|| Qui a rapport au préfet. Administration préfectorale. Arrêtés préfectoraux.

PRÉFECTURE [pré-fĕk'-tûr] *s. f.*

[ÉTYM. Emprunté du lat. præfectura, *m. s.* || XIIIᵉ-XIVᵉ s. *Consol. de Boèce,* dans GODEF. *Compl.*]

|| Charge de préfet. La — de la Seine. La — du Rhône. La — de police. La — maritime de Toulon. || *P. ext.* | 1. Circonscription territoriale qu'administre le préfet. | 2. Ville, hôtel et bureaux où résident le préfet et ceux qui sont sous ses ordres.

PRÉFÉRABLE [pré-fé-ràbl'] *adj.*

[ÉTYM. Dérivé de préférer, § 93. || 1611. COTGR.]

|| Qui doit être préféré.

PRÉFÉRABLEMENT [pré-fé-rà-ble-man] *adv.*

[ÉTYM. Composé de préférable et ment, § 724. || 1677. V. à l'article.]

|| D'une manière préférable, de préférence. Je l'ai lue — à toutes les embrassades, SÉV. 660.

PRÉFÉRENCE [pré-fé-räns'] *s. f.*

[ÉTYM. Dérivé de préférer, § 262. || XIVᵉ s. Vie parfaite en preference, ORESME, *Éth.* I, 14.]

|| Action de préférer. Sur quelque — une estime se fonde, MOL. *Mis.* I, 1. Donner la — à qqn, à qqch. Avoir de la — pour qqn. De —, et, *vieilli,* Par —, en préférant. || (Dieu) exige de moi que je l'aime comme Dieu, par — à tout ce qui n'est pas Dieu, BOURD. *Amour de Dieu,* 1. || *Spéciali.* (Droit.) En parlant de l'avantage fait à certains créanciers. Les causes légitimes de — sont les privilèges et hypothèques, *Code civil,* art. 2094.

PRÉFÉRER [pré-fé-ré] *v. tr.*

[ÉTYM. Emprunté du lat. præferre, *m. s.* proprt, « porter, mettre devant ». || XIVᵉ s. Estre comparez ou preferez, BERSUIRE, f° 20.]

|| Aimer mieux. La brebis perdue préférée par le bon pasteur à tout le reste du troupeau, BOSS. *Marie-Thérèse.* Vous préférez le monde à la bonté divine ! CORN. *Poly.* IV, 3. Il préfère mourir, et, *vieilli,* J'ai préféré de payer mes dettes, SÉV. 964.

PRÉFET [pré-fè] *s. m.*

[ÉTYM. Emprunté du lat. præfectus, m. s. § 503. || xiie-xiiie s. En la maisun Arsa le prefect de Thersa, *Rois*, iii, 16.]

|| Celui qui est à la tête d'un service, de l'administration d'une circonscription déterminée. Le — du prétoire. Le — des Gaules (sous l'empire romain). Le — des études (dans une maison d'éducation). || *Spécialt.* Celui qui administre un département. Le — de la Seine. || *P. anal.* Le — de police, celui qui est chargé de la direction de la police dans le département de la Seine. | — maritime, celui qui est chargé d'administrer un arrondissement maritime. || *Famil. Au fém.* La préfète, la femme du préfet.

PRÉFINIR [pré-fi-nir] *v. tr.*

[ÉTYM. Emprunté du lat. præfinire, m. s. || 1530. Ordonné et prefiny, LEF. D'ÉTAPLES, *Bible, Sam.* i, 30.]

|| (Droit.) Fixer d'avance. Délai préfini par la loi.

PRÉFIX, IXE [pré-fiks'] *adj.*

[ÉTYM. Emprunté du lat. præfixus, m. s. (*Cf.* préfixe.) || 1381. Certein temps qui par le juge il sera prefix, dans GODEF. prefire.]

|| (Droit.) Déterminé d'avance. Au terme —, BOSS. *Hist. univ.* ii, 14. Douaire —, fixé par le contrat de mariage.

PRÉFIXE [pré-fiks'] *adj.*

[ÉTYM. Composé avec le lat. præ, devant, et fixus, fixé, § 275. (*Cf.* affixe, suffixe.) || xviiie s. Des prepositifs qu'on appelle préfixes, DUMARSAIS, *Œuvres*, iv, 165. Admis ACAD. 1878.]

|| (Gramm.) Qui est placé devant. *Spécialt.* Une particule —, un adverbe —, et, *substantivt,* Un —, particule qui, placée devant un mot, modifie le sens en formant un mot nouveau (comme dé, par, re, dans défaire, parfaire, refaire).

PRÉFIXION [pré-fik'-syon ; *en vers,* -si-on] *s. f.*

[ÉTYM. Emprunté du bas lat. præfixio, m. s. || 1394. Par prefixion, dans DELB. *Rec.* Admis ACAD. 1762.]

|| (T. didact.) Action de fixer d'avance.

PRÉGNANT, ANTE. V. preignant.

PRÉGNANTE [prèg'-nànt'] *adj. f.*

[ÉTYM. Emprunté du lat. prægnans, m. s. L'anc. franç. a dans le même sens le mot preïn, de formation pop. || 1550. Fusees pregnantes, RAB. *Sciomachie.*]

|| (T. didact.) En parlant d'une femelle, pleine, enceinte. || *Fig.* (Gramm.) Construction —, contenant en soi une ellipse.

PRÉHENSION [pré-an-syon ; *en vers,* -si-on] *s. f.*

[ÉTYM. Emprunté du lat. prehensio, m. s. || 1798. Droit de prehension, ACAD. suppl.]

|| (T. didact.) Action de prendre un objet. (*Cf.* prise.) Organes de —, la main, la patte de certains animaux, etc. | *Vieilli.* Droit de —, droit de réquisition. (*V. ce mot.*)

PRÉHISTORIQUE [pré-is'-tò-rik'] *adj.*

[ÉTYM. Composé avec le lat. præ, avant, et historique, § 275. || *Néolog.* Admis ACAD. 1878.]

|| (T. didact.) Antérieur à l'histoire. L'époque —. L'homme —. *P. ext.* Archéologie —, des temps préhistoriques.

PREIGNANT, ANTE [pré-ñan, -ñànt'] *adj.*

[ÉTYM. Adj. particip. de l'anc. verbe preindre (lat. premere), presser, § 47. (*Cf.* épreindre, empreindre, etc.) || 1585. Conjectures pregnantes, G. BOUCHET, *Serées*, iii, 74. Admis ACAD. 1694 (pregnant ou preignant) ; suppr. en 1718.]

|| *Vieilli.* Pressant. Maux preignants. | *Fig.* La forte considération de raisons si preignantes, ST-SIM. xi, 271.

PRÉJUDICE [pré-ju-dis'] *s. m.*

[ÉTYM. Emprunté du lat. præjudicium, jugement précipité, et, par suite, dommage. On trouve aussi prejuïse au xiiie s. || xiiie s. Sans autrui prejudice, J. DE MEUNG, *Test.* 802.]

|| Tort causé à qqn par une personne, une chose. Je n'entreprendrai rien à votre —, CORN. *D. Sanche*, iii, 3. On blâme l'injustice, non par l'aversion que l'on a pour elle, mais par le — que l'on en reçoit, LA ROCHEF. *Premières pensées*, 25. Porter — à qqn. || Sans — de, sans que cela puisse faire tort à. Sans — de ses droits.

PRÉJUDICIABLE [pré-ju-di-syàbl'; *en vers,* -si-àbl'] *adj.*

[ÉTYM. Dérivé de préjudicier, § 242. || xive s. Plus prejudiciables ordenances, BERSUIRE, fo 48.]

|| Qui peut faire tort (à qqn, à qqch).

PRÉJUDICIAL, ALE [pré-ju-di-syàl; *en vers,* -si-àl] *adj.*

[ÉTYM. Emprunté du lat. præjudicialis, m. s. (*Cf.* préjudiciel.) ACAD. ne donne que le plur. préjudiciaux. || 1321. Contraires ou prejudicial au sien, dans GODEF.]

|| (Droit.) Qui précède le jugement. *Spécialt.* Frais préjudiciaux, qu'on doit acquitter avant d'être reçu à faire appel d'un jugement.

PRÉJUDICIEL, ELLE [pré-ju-di-syèl ; *en vers,* -si-èl] *adj.*

[ÉTYM. Emprunté du lat. præjudicialis, m. s. (*Cf.* préjudicial.) || 1304. Laquele occupacioun... ne nous doit estre prejudiciel, dans GODEF.]

|| (Droit.) Qui précède le jugement. Question préjudicielle, qui doit être jugée avant la question principale.

PRÉJUDICIER [pré-ju-di-syé ; *en vers,* -si-é] *v. intr.*

[ÉTYM. Dérivé du lat. præjudicium, préjudice, § 266. || xive s. Prendre gaing par mutacion de monnoie prejudicie a toute la royale posterité, ORESME, dans MEUNIER, *Essai sur Oresme.*]

|| Porter préjudice.

PRÉJUGÉ [pré-ju-jé] *s. m.*

[ÉTYM. Subst. particip. de préjuger, § 45. || xvie s. Je fais ici un prejugé des evenemens de la guerre, LA NOUE, *Disc. polit.* 22.]

|| 1° Opinion qu'on se fait par avance. De ces méditations faites un — à votre belle âme qu'ayant son origine au ciel elle est de celles qui auront quelque jour la grâce d'y retourner, MALH. *Lett.* 107.

|| 2° Opinion qu'on se fait sans examen. Le — est une opinion sans jugement, VOLT. *Dict. philos.* préjugé. Avoir des préjugés contre qqn, contre qqch.

PRÉJUGER [pré-ju-jé] *v. tr.*

[ÉTYM. Composé avec le lat. præ, avant, et juger, à l'imitation du lat. præjudicare, m. s. || xvie s. Opinions qu'on a prejugees en soy, MONTAIGNE, ii, 12.]

|| 1° (Droit.) Décider d'avance. Sans — le fond.

|| 2° Juger par conjecture. Autant qu'on peut le —.

PRÉLART [pré-làr] et *PRÉLAT* [pré-là] *s. m.*

[ÉTYM. Origine inconnue. || 1691. Prelart, J. OZANAM, *Dict. math.* p. 242.]

|| (Technol.) Grosse toile peinte ou goudronnée pour garantir de l'eau des marchandises, des chargements de voiture, des constructions, etc.

PRÉLASSER (SE) [pré-là-sé] *v. pron.*

[ÉTYM. Dérivé irrégulier de prélat, §§ 154 et 169. || xvie s. Me prelasser pour les bandes, RAB. ii, 24.]

|| Se laisser aller nonchalamment. L'Ane, se prélassant, marche seul devant eux, LA F. *Fab.* iii, 1.

PRÉLAT [pré-là] *s. m.*

[ÉTYM. Emprunté du bas lat. prælatus, m. s. proprt « porté, mis en avant ». (*Cf.* préférer.) || xiie s. Li prelaz sunt serf Deu, GARN. DE PONT-STE-MAX. *St Thomas*, 2731.]

|| Haut dignitaire ecclésiastique. || *Spécialt.* Officier de la maison du pape, autorisé à porter le violet.

PRÉLATION [pré-là-syon, *en vers,* -si-on] *s. f.*

[ÉTYM. Emprunté du lat. prælatio, m. s. || xiiie s. Aucun eurent prelacion Et porterent croches et mitres, *Vie de St Éloi*, dans GODEF. Admis ACAD. 1762.]

|| (Anc. droit.) Préférence. || *Spécialt.* Préférence réservée au suzerain pour l'acquisition d'un fonds noble, au bailleur pour l'acquisition des constructions que le preneur veut aliéner, à l'enfant pour l'acquisition des charges de son père.

PRÉLATURE [pré-là-tür] *s. f.*

[ÉTYM. Dérivé de prélat, § 250. || xive s. Qu'il obtenist la prelature, J. LE FÈVRE, *Vieille*, dans DELB. *Rec.*]

|| 1° Dignité de prélat. Quand je vois dans les prélatures de l'Église des pasteurs vraiment apostoliques, BOURD. *Sainteté de la loi chrét.* 1.

|| 2° *P. ext.* Ensemble des prélats. La —... se moqua cruellement de lui, ST-SIM. xi, 100.

PRÊLE [prèl] *s. f.*

[ÉTYM. Pour aprelle, dérivé de apre, § 126, dont l'a initial s'est perdu par confusion avec l'a final de l'article fém. § 509. L'anc. orthogr. presle, donnée encore par ACAD., est erronée. || xiiie s. Cascuns ot chapiau d'asprele, dans SCHELER, *Trouv. belges*, p. 108. | 1539. Prelé (*sic*), R. EST.]

|| Plante cryptogame, à tige rugueuse, dite queue de rat.

PRÉLEGS [pré-lè] *s. m.*

[ÉTYM. Composé avec le lat. præ, avant, et legs, à l'imitation du lat. prælegatum, m. s. § 275. || 1690. FURET. Admis ACAD. 1762.]

|| (Droit.) Legs particulier à prélever sur la masse.

PRÉLÉGUER [pré-lé-ghé] *v. tr.*

[ÉTYM. Emprunté du lat. prælegare, *m. s.* || 1506. En leur prelegant, *Cout. de Sens*, dans *Nouv. Cout. gén.* III, 490. Admis ACAD. 1762.]

|| (Droit.) Attribuer par prélegs.

***PRÊLER** [prè-lé] *v. tr.*

[ÉTYM. Dérivé de prêle, § 154. || 1680. RICHEL.]

|| (Technol.) Frotter avec de la prêle. — une anche de clarinette (pour l'amincir).

PRÉLÈVEMENT [pré-lèv'-man ; *en vers*, -lè-ve-...] *s. m.*

[ÉTYM. Dérivé de prélever, §§ 65 et 145. || 1804. *Code civil*, art. 830. Admis ACAD. 1835.]

|| Action de prélever. *P. ext.* Ce qui est prélevé.

PRÉLEVER [prêl-vé ; *en vers*, pré-le-vé] *v. tr.*

[ÉTYM. Emprunté du lat. prælevare, *m. s.* || 1690. FURET. Admis ACAD. 1740.]

|| (Droit.) Prendre une part sur le total avant tout partage, toute attribution. — la part des pauvres.

***PRÉLIBATION** [pré-li-bà-syon ; *en vers*, -si-on] *s. f.*

[ÉTYM. Emprunté du lat. prælibatio, action de goûter le premier. || XVIIIᵉ s. *V.* à l'article.]

|| (Droit.) Action de jouir d'avance. — d'hérédité, prélèvement sur un héritage. || *Spécialt.* (Féod.) Droit réclamé par le seigneur sur la nuit de noces de sa vassale. Les seigneurs avaient imaginé le droit de —, VOLT. *Mœurs*, 51.

PRÉLIMINAIRE [pré-li-mi-nèr] *adj.* et *s. m.*

[ÉTYM. Emprunté du bas lat. præliminaris, *m. s.* de præ, avant, et limen, seuil. (*Cf.* liminaire.) Le mot a pénétré dans l'usage général à la suite des traités de Westphalie (1648). || Admis ACAD. 1694.]

I. *Adj.* Qui précède, prépare l'objet principal. Notions préliminaires. Discours —. Les articles préliminaires d'un traité.

II. *S. m.* Ce qui précède, prépare l'objet principal. Les préliminaires de la paix.

PRÉLIMINAIREMENT [pré-li-mi-nèr-man ; *en vers*, -nè-re-...] *adv.*

[ÉTYM. Composé de préliminaire et ment, § 724. || 1778. FONTANIEU, *Art de faire les cristaux colorés*, p. 4. Admis ACAD. 1798.]

|| *Rare.* D'une manière préliminaire.

PRÉLIRE [pré-lir] *v. tr.*

[ÉTYM. Composé avec le lat. præ, avant, et lire, § 275. (*Cf.* le lat. prælegere, qui a un sens différent.) || Admis ACAD. 1798.]

|| (Typogr.) Soumettre à une première lecture. Une épreuve prélue, lue par le prote avant l'auteur.

PRÉLUDE [pré-lud] *s. m.*

[ÉTYM. Emprunté du lat. præludium, *m. s.* de præ, avant, et ludus, jeu. || 1532. A quel propos tend ce prelude ? RAB. I, prol.]

|| **1º** Ce qui annonce et prépare qqch. Rocroi ne fut que le — des victoires du prince de Condé. Des grincements de dents, préludes de ceux de l'enfer, BOSS. *Marie-Thérèse*.

|| **2º** Suite de notes qu'on chante, qu'on joue, pour essayer la voix, pour voir si l'instrument est d'accord. || *P. ext.* Courte introduction qui prépare le morceau principal. || *Spécialt.* Pièce qui précède une fugue. Un — de Bach, de Chopin.

PRÉLUDER [pré-lu-dé] *v. intr.*

[ÉTYM. Emprunté du lat. præludere, *m. s.* (*Cf.* prélude.) || XVIIᵉ s. *V.* à l'article. Admis ACAD. 1694.]

|| **1º** Se préparer par quelque essai à ce qu'on veut faire. Athlètes qui préludaient aux combats, BARTHÉLEMY, *Anacharsis*, 38. | *Absolt.* De la façon dont ce drôle-là prélude, MARIV. *Double inconst.* I, 4.

|| **2º** Essayer sa voix, son instrument, en chantant, en jouant une suite de notes. Avant que de chanter, il faut que je prélude un peu, MOL. *Mal. im.* interm. I, 4.

PRÉMATURÉ, ÉE [pré-mà-tu-ré] *adj.*

[ÉTYM. Emprunté du lat. præmaturatus, *m. s.* || 1690. FURET.]

|| **1º** *Vieilli. Au propre.* Arrivé trop tôt à maturité. (*Cf.* précoce.)

|| **2º** *Fig.* Développé trop tôt. Ces éducations prématurées qui font tant de bruit, FÉN. *Éduc. des filles*, 3. Croissance prématurée. || *P. ext.* Qui arrive trop tôt. Une mort prématurée. Une vieillesse prématurée. Des démarches prématurées.

PRÉMATURÉMENT [pré-mà-tu-ré-man] *adv.*

[ÉTYM. Composé à l'imitation du lat. præmature, *m. s.* § 724. || XVIᵉ s. Permaturement (corr. prematurement) et devant le temps, DU VERDIER, *Div. Leçons*, dans DELB. *Rec.*]

|| D'une manière prématurée.

PRÉMATURITÉ [pré-mà-tu-ri-té] *s. f.*

[ÉTYM. Composé avec le lat. præ, avant, et maturitas, maturité, § 275. || XVIᵉ s. O. DE SERRES, VI, 7. Admis ACAD. 1762.]

|| *Vieilli.* Maturité trop hâtive.

PRÉMÉDITATION [pré-mé-di-tà-syon ; *en vers*, -si-on] *s. f.*

[ÉTYM. Emprunté du lat. præmeditatio, *m. s.* || XIVᵉ s. Par previdence ou premeditacion, ORESME, *Éth.* V, 17.]

|| Action de préméditer. Une offense commise avec —. Tout meurtre commis avec — est un assassinat, *Code pénal*, art. 296.

PRÉMÉDITER [pré-mé-di-té] *v. tr.*

[ÉTYM. Emprunté du lat. præmeditari, *m. s.* || 1530. Premeditant en mon esprit, R. DE COLLERYE, dans DELB. *Rec.*]

|| Décider d'avance (ce qu'on fera). — un crime. Meurtre prémédité. Il avait prémédité de le tuer. | Il me faudrait, pour l'ambassade, Quelque discours prémédité, MOL. *Amph.* I, 1.

PRÉMICES [pré-mis'] *s. f. pl.*

[ÉTYM. Du lat. pop. primitiæ, *m. s.* devenu primices, puis, par dissimilation, premices, prononcé prémices par confusion entre la syllabe initiale et le préfixe pré, § 509. || XIIᵉ s. Les premices de tut le travail d'eis, *Psaut. d'Oxf.* CXXXV, 10.]

|| Premiers fruits de la terre, du bétail, que l'on offrait à la Divinité. (Tous) De leurs champs dans leurs mains portant les nouveaux fruits, Au Dieu de l'univers consacraient ces —, RAC. *Ath.* I, 1. || *P. anal. Poét.* Libation. Ma main de cette coupe épanche les —, RAC. *Brit.* V, 5. || *Fig.* Début. Toujours la tyrannie a d'heureuses —, RAC. *Brit.* I, 1. Déjà coulait le sang, — du carnage, ID. *Iph.* V, 6.

PREMIER, IÈRE [pre-myé, -myèr] *adj.*

[ÉTYM. Du lat. primarium, dérivé de primum, *m. s.* (*cf.* prin), altéré de bonne heure en premarium, d'où premier, §§ 341, 297 et 291. (*Cf.* le doublet primaire.)]

I. *Adj.* Qui vient en tête d'une série.

|| **1º** Quant au temps. Le — jour du mois, de l'année, et *ellipt*, Le — janvier, le — de l'an. Aux — beaux jours. Arriver le —. Être pris le —, le — pris. *Spécialt.* (Au jeu de lansquenet.) Être le — pris, et, *fig. vieilli* (ACAD. écrit —-pris, dans ce sens), Avoir l'air d'un — pris, un air triste et embarrassé. Être le — arrivé, le — venu. *Dans un autre sens.* Le — venu, la première venue, le premier, la première qui se présente, que le hasard amène. S'adresser au — venu. C'est le — offert qu'elle accepte à l'instant, CORN. *Cid*, V, 3. Une perle qu'il donna Au beau — lapidaire, LA F. *Fab.* I, 20. Le —-né de cette femme. La première représentation d'une pièce, et, *ellipt*, Assister à une première. Une première épreuve d'imprimerie, celle qui reçoit les premières corrections, et, *ellipt*, Corriger en première. Les Égyptiens sont les premiers où l'on ait su les règles du gouvernement, BOSS. *Hist. univ.* III, 3. Les matières premières, produits naturels que l'industrie transforme. Saisir la première occasion. Être étonné au — moment. Revenir à sa première idée. Être le — à jouer. Rétablir les choses dans leur — état. Dans la chaleur d'un — mouvement, CORN. *Cid*, II, 6. Albe, mon cher pays et mon — amour, ID. *Hor.* I, 1. Dès ses premiers pas.

|| **2º** Quant à l'espace. Le — étage d'une maison, et, *ellipt*, Habiter au —. Le — rang des loges dans un théâtre, les premières loges, et, *ellipt*, Être aux premières. Le — article d'un journal, le — chapitre d'un livre. Tomber la tête la première. Prendre la première rue à droite.

|| **3º** Quant au rang. Avoir le — rang, la première place. Apprenez... que la vertu est le premier titre de noblesse, MOL. *D. Juan*, IV, 4. Une chose de première nécessité. Le — écuyer de la grande écurie du roi, et, *substantivt*, Monsieur le Premier. Le — président de la cour d'appel. J'aimerais mieux être ici le — que le second à Rome, AMYOT, *César*, 13. Les premiers seront les derniers, parole de l'Évangile (*Math.* XX, 16). Jouer les premiers rôles, et, *substantivt*, Un jeune —, celui qui joue les rôles d'amoureux. Le — terme d'un composé. Le — mot d'une charade, et, *ellipt*, Mon — est, etc. *Loc. adv.* En —, au premier rang. Être nommé en —. Un lieutenant en —. || *Spécialt.* (Arithm.) Nombres premiers, qui forment par des multiples les autres nombres.

II. *Vieilli. Adv.* Pour la première fois. L'endroit où — je le vis, RÉGNIER, *Plainte.* || *Loc. conj.* Avant que. — que d'avoir mal, ils trouvent le remède, MALH. *Poés.* 3. — qu'il expirât, ST-AMANT, p. 62.

PREMIÈREMENT [pre-myèr-man ; *en vers*, -myè-re-...] *adv.*
[ÉTYM. Composé de première et ment, § 724. || XIᵉ-XIIᵉ s. Primerament, *Lois de Guill. le Conq.* 9.]
|| En premier lieu. Leur bien —, et puis le mal d'autrui, LA F. *Fab.* IX, 17.

PRÉMISSE [pré-mîs'] *s. f.*
[ÉTYM. Emprunté du lat. scolast. præmissa (s.-ent. sententia), proposition mise en avant, § 217. ACAD. ne donne le mot qu'au plur. || XIVᵉ s. Faulz sillogisme de falses premisses, ORESME, *Éth.* 183, dans LITTRÉ.]
|| (Logique.) Chacune des deux premières propositions (majeure et mineure) d'un syllogisme, d'où se tire la conclusion. (S'emploie surtout au plur.)

PRÉMONITOIRE [pré-mò-ni-twàr] *adj.*
[ÉTYM. Composé avec le lat. præ, avant, et monitoire, § 275. || *Néolog.* Admis ACAD. 1878.]
|| (Médec.) Qui avertit d'avance. Symptôme —.

PRÉMOTION [pré-mò-syon ; *en vers*, -si-on] *s. f.*
[ÉTYM. Emprunté du lat. præmotio, *m. s.* || 1713. L.-F. BOURSIER, *De l'action de Dieu*, titre. Admis ACAD. 1762.]
|| (Théol.) Impulsion première donnée par Dieu à la volonté. (*Cf.* prédétermination.)

PRÉMUNIR [pré-mu-nîr] *v. tr.*
[ÉTYM. Emprunté du lat. præmunire, *m. s.* || XIVᵉ s. Les premuniz de bonnes meurs, J. LE FÈVRE, *Vieille*, dans DELB. *Rec.*]
|| Munir par précaution. Pour les — contre la présomption, FÉN. *Éduc. des filles*, 3. Se — contre le froid, contre l'erreur.

PRENABLE [pre-nàbl'] *adj.*
[ÉTYM. Dérivé de prendre, § 93. (*Cf.* imprenable.) || XIIᵉ s. Tintaïol... N'estoit de nule part prenable, WACE, *Brut*, dans DELB. *Rec.*]
|| *Famil.* Qui peut être pris. La place n'est pas —. | *Fig.* On a su vous prendre par l'endroit seul que vous êtes —, MOL. *Tart.* 1ᵉʳ placet.

PRENANT, ANTE [pre-nan, -nànt'] *adj.*
[ÉTYM. Adj. particip. de prendre, § 47. || XIIᵒ s. Pernanz e coveitos, BENEEIT, *Ducs de Norm.* 14378.]
|| Qui prend. || *Spécialt.* | 1. Qui reçoit de l'argent, etc. (Droit.) La partie prenante. *P. plaisant.* L'âme prenante de Mᵐᵉ de Grancey, SÉV. 760. | 2. Qui saisit. Singe à queue prenante, par laquelle il peut s'accrocher aux branches. | 3. Qui entre en action, qui commence. Carême-prenant. (*V.* ce mot.)

PRENDRE [pràndr'] *v. tr. et intr.*
[ÉTYM. Du lat. pop. *prendere, class. prehendere (*cf.* préhension), *m. s.* §§ 290 et 291.]
I. *V. tr.* || **1ᵒ** Mettre dans sa main, de manière à tenir. Quand nous voulons — quelque chose,... nous étendons la main, BOSS. *Conn. de Dieu*, dessein de ce traité. — un livre dans la bibliothèque, un verre dans le buffet. — son couteau, sa fourchette. — sa montre, sa clef. — qqch à pleine main. — une pincée de tabac dans sa tabatière. — délicatement qqch entre le pouce et l'index. | *P. anal.* — qqn, qqch dans ses bras, sur son dos. — un enfant sur ses genoux. — qqch avec ses dents. — un panier par l'anse. — un bâton. Non, ce n'est pas... un bâton qu'il faut —, MOL. *Mis.* II, 1. Puis chaque canard prend ce bâton par un bout, LA F. *Fab.* X, 2. — une épée, un fusil, une arme. Chacun prend un épieu, LA F. *Fab.* V, 21. — les armes (pour combattre). — la main, la taille de qqn. (Le seigneur) la fait asseoir, Prend une main, un bras, LA F. *Fab.* IV, 4. — qqn à la gorge, au collet. *Fig.* — qqn à part. — qqn par le cou, par les cheveux, par la main. — qqn aux cheveux. Nos braves, s'accrochant, se prennent aux cheveux, HOIL. *Sat.* 3. — un cheval par la bride. — le taureau par les cornes, et, *fig.* aborder de front la difficulté. || En parlant des animaux. — avec les pattes, les griffes, les dents, le bec. Un cheval qui prend le mors aux dents. (*V.* mors.) L'un (des rats)... prit l'œuf entre ses bras, LA F. *Fab.* IX, 20, *Disc. à Mᵐᵉ de la Sablière*. || *P. ext.* En substituant à la main un instrument. — avec des tenailles, des pincettes, une pelle. — avec une cuillère, une écuelle. — de l'encre avec sa plume. — un morceau de viande avec sa fourchette. Se — le doigt dans une porte, prendre par son vêtement dans une portière. || *Fig.* Vouloir — la lune avec les dents, vouloir l'impossible. — son courage à deux mains, rassembler tout son courage. — la

clef des champs, s'en aller. — ses jambes à son cou, lever les jambes très haut, courir très fort. — en main une affaire, s'en occuper. — une chose à cœur, s'y intéresser vivement. — une chose sur soi, en assumer la responsabilité. On ne sait par quel bout le —, comment traiter avec lui. — les choses du bon, du mauvais côté, — bien, mal qqch, interpréter dans le bon, le mauvais sens. — qqch de haut, Prenez-le un peu moins haut, MOL. *Mis.* I, 2. — qqn par l'intérêt, par les sentiments. L'on a su vous — par l'endroit seul que vous êtes prenable, MOL. *Tart.* 1ᵉʳ placet. — les choses comme elles viennent. Prenons l'occasion tandis qu'elle est propice, CORN. *Cinna*, I, 3. S'en — à qqn, le rendre responsable. Se — à qqn, l'attaquer. Tu te prends à plus dur que toi, LA F. *Fab.* V, 16. — qqn en traître. Se — à qqch, s'y mettre. Il s'y est pris à deux fois. Il ne sait pas s'y —. Elle baissa la tête et se prit à pleurer, C. DELAV. *Messén.* 5. — l'ennemi en tête, en queue, l'aborder de front, par derrière. — une phrase à contresens. Grammaire est prise à contresens par toi, MOL. *F. sav.* II, 6. — qqn, qqch au sérieux. — qqn en grippe, en gré. — une chose au rebours, à l'envers. — qqch de biais.

|| **2ᵒ** S'emparer de. — une ville d'assaut. Dunkerque est pris en treize jours, BOSS. *Condé.* — un territoire, une province. (T. de jeu.) — la carte de l'adversaire, faire la levée, en jouant une carte supérieure. Je prends votre roi avec mon as. *Absolt.* Je prends et je joue. — une femme de force, lui faire violence. — un voleur. L'assassin a été pris. | — du gibier à la chasse, du poisson à la pêche. Dans les lacs de la chèvre un cerf se trouva pris, LA F. *Fab.* I, 6. Un carpeau... Fut pris par un pêcheur, ID. *ibid.* V, 3. | *Loc. prov.* On ne prend pas les mouches avec du vinaigre, on ne prend pas les gens en les rudoyant. — la mouche, se blesser pour des vétilles. || *P. anal.* — qqn au piège, dans ses filets, le tromper, le séduire. Par là je pris son âme, CORN. *Cinna*, V, 2. | *P. ext.* Atteindre inopinément. L'orage nous a pris en route. Il a été pris de vomissements. Ma colique m'a pris assez mal à propos, REGNARD, *Légat. univ.* II, 4. Le repentir m'a pris, MOL. *D. Juan*, I, 3. La faim le prit, LA F. *Fab.* VII, 4. Être pris de peur, de compassion. | — qqn en flagrant délit. — qqn au dépourvu, en faute, en défaut. Va, tu l'as pris en traître, CORN. *Cid*, V, 5. — qqn au saut du lit. — qqn à voler. Je vous y prends. || *Spécialt.* | 1. Dérober. On lui a pris sa bourse. On vous a pris de l'argent? MOL. *Av.* V, 2. Il m'a pris le ruban que vous m'aviez donné, ID. *Éc. des f.* II, 5. On lui a pris son enfant. Il lui prit un baiser. | 2. Usurper. — la place de qqn. — la part d'un autre. Le lion... Prit pour lui la première (part), LA F. *Fab.* I, 6. — le meilleur morceau. Laissez-leur — un pied chez vous, Ils en auront bientôt pris quatre, LA F. *Fab.* II, 7. — des libertés avec qqn.

|| **3ᵒ** Se pourvoir de. — des denrées chez des fournisseurs. — de la marchandise à crédit. — de la rente, des obligations, une hypothèque. — un grand appartement. — des places pour une représentation, des billets de loterie. | — des notes, des informations, le plan d'une ville. — des leçons. — un congé. — des distractions, du repos. Où a-t-il pris ces idées? Où prenez-vous cela? Où prend mon esprit toutes ces gentillesses? MOL. *Amph.* I, 1. || *P. ext.* Un escalier qui prend jour sur la cour. || — pied. — terre. — racine. || S'adjoindre (qqn). — un intendant, un cuisinier. Il a pris aujourd'hui... un maître de philosophie, MOL. *B. gent.* III, 3. — une nourrice, un précepteur. — femme, se marier. Cléonte et Lysidas ont pris femme tous deux, MOL. *F. sav.* III, 3. Son miroir lui disait : Prenez vite un mari, LA F. *Fab.* VII, 5. — qqn à partie, à témoin. — qqn comme secrétaire. — qqn comme pensionnaire. — qqn en pension. — un enfant comme nourrisson. — un enfant en nourrice. — qqn sous sa protection. Porsenna les prit en sa protection, BOSS. *Hist. univ.* III, 6. *Dans le même sens.* — qqn pour secrétaire, pour guide, pour chef, pour confident, pour modèle. *P. ext.* — ce que dit qqn pour parole d'Évangile. — qqch pour accordé. | — une chose, une personne pour une autre, à la place d'une autre. | *Loc. prov.* Faute de grives, on prend des merles, on prend ce qu'on trouve, faute de mieux. | Un dauphin le prit pour un homme, LA F *Fab.* IV, 7. Le cuisinier... Prit pour oison le cygne, ID. *ibid.* III, 12. Pour qui prenez-vous monsieur Jourdain? MOL. *B. gent.* IV, 1. || *P. ext.* | 1. Recevoir, accepter. Prenez ce qu'on vous offre. J'aurais honte à la — (la bague), MOL. *Dép. am.* I, 2. Je n'en prendrai pas (de l'argent), ID. *Méd. m. l.* II, 4. *Absolt.* Quiconque prend, se vend, CORN. *Suite du Ment.* II, 5. Celui-là peut — qui goûte un plaisir aussi délicat à recevoir que son ami en sent à lui donner, LA BR. 4. *P. anal.* — les choses comme

elles sont, le temps comme il vient. — son mal en patience.
| 2. Absorber. — des aliments. — du bouillon, du café, du
thé. — un verre de vin, un sorbet. — un remède, une médecine, de la tisane. — du poison. J'ai pris, j'ai fait couler dans
mes brûlantes veines Un poison, RAC. *Phèd.* v, 7. *P. anal.*
— un bain, une douche, une fumigation. — un lavement. — du
tabac. — l'air, le frais. | 3. Contracter. — des habitudes. Où
a-t-il pris ce rhume? — la maladie de qqn (par contagion).
P. anal. La maison a pris feu. Des chaussures qui prennent
l'eau. — de l'embonpoint. — de l'âge, des années. — goût à
qqch. Il a pris le goût de la lecture. — un goût, une odeur. —
de la consistance, de la couleur. Cela prend tournure.

‖ 4° Mettre en œuvre, en usage. — un parapluie, un
manteau (pour sortir). Prends des lunettes, dit Esculape, LA
BR. 11. — une chaise, un fauteuil (pour s'asseoir). Prends un
siège, Cinna, CORN. *Cinna,* v, 1. — le lit, s'aliter. — ses
habits du dimanche. — des vêtements de deuil, et, *ellipt,* —
le deuil. — un masque, un déguisement. — un voile. — le
froc, se faire moine. — le voile, l'habit, se faire religieuse.
— une voiture. — l'omnibus, le bateau, le chemin de fer. —
un chemin. — le chemin le plus court. — la file. — le pont, la
chaussée, le trottoir. — le haut du pavé. — une profession,
un emploi. — la carrière des armes. | — sa course, son élan.
Un oiseau qui prend son vol. — de l'avance. Un cheval qui
prend le trot, le galop. Les chiens ont pris le change. — les
devants. — sa distance. — son temps. — du temps pour faire
qqch. Je prendrai un autre temps pour vous la rendre, MOL.
Av. III, 7. Prends un an, si tu veux, CORN. *Cid,* v, 7. — des
ménagements, des précautions. — garde. — patience. Prends
courage, ma fille, CORN. *Cid,* II, 8. Travaillez, prenez de la
peine, LA F. *Fab.* v, 9. — un parti, une résolution. — le
parti de qqn. — parti pour qqn. — la défense, la cause de qqn.
Ellipt. Être pour moi contre elle et — mon courroux, MOL.
F. sav. II, 6. — fait et cause pour qqn. Prenons parti, mon
âme, en de telles disgrâces, CORN. *Hor.* III, 1. — un croquis.
— mesure à qqn. — les mesures nécessaires. — un sujet de
discours. — conseil de qqn. — les avis de qqn. De Maxime et
de toi j'ai pris les seuls avis, CORN. *Cinna,* v, 1. — de l'influence sur qqn. — pitié de qqn. — part à la douleur de qqn.
— part à une entreprise. — sa revanche. ‖ *Absolt. A l'infin.
pris substantiv.* Au fait et au —, quand on vient à l'exécution.

II. *V. intr.* ‖ 1° Se figer. Faire — une crème. Faire —
du jus en gelée. La Seine charrie, elle ne tardera pas à — (à
être gelée). La Seine est prise. | La colle a pris (adhère).

‖ 2° Prendre pied, prendre racine. Un terrain où la vigne
ne prend pas. Ces arbres n'ont pas pris. Les boutures ont pris.

‖ 3° Produire son effet. Le feu a pris. La flamme commençait
à — au bûcher, FÉN. *Tél.* 15. | Le vésicatoire n'a pas pris. Les
sangsues ont pris. ‖ *Fig.* Elle (la douche) prenait trop sur moi,
SÉV. 653. Les plus saintes paroles ne prennent point sur nous,
PASC. *Lett. sur la mort de son père.* Cette raison prend
peu sur nous, riches, J.-J. ROUSS. *Ém.* 2. | *P. ext.* Réussir.
Cette mode a pris. Bien lui prend de n'être pas de verre, MOL.
F. sav. III, 2. Il en prit aux uns comme aux autres, LA F. *Fab.*
I, 8.

PRENEUR, EUSE [pre-neùr, -neùz'] *s. m.* et *f.*
[ÉTYM. Dérivé de prendre, § 112. ‖ XIIe-XIIIe s. Prendeor,
Job, dans *Rois,* p. 507.]
‖ Celui, celle qui prend. Grâce à ce conquérant, à ce —
de villes, CORN. *Nicom.* IV, 2. Grand — de lapins, LA F. *Fab.*
v, 5. Une preneuse de tabac. Un — de rats, de taupes. ‖ *Spéciall.* (Droit.) Celui, celle qui prend à bail, à loyer. Le —
s'engage, etc. ‖ Celui qui offre d'acheter à un certain prix.
Il y a — à mille francs.

PRÉNOM [pré-non] *s. m.*
[ÉTYM. Emprunté du lat. prænomen, *m. s.* ‖ Admis ACAD.
1694.]
‖ Nom qu'on donne à un enfant à sa naissance et qui
précède le nom de famille.

PRÉNOTION [pré-nó-syon ; *en vers,* -si-on] *s. f.*
[ÉTYM. Emprunté du lat. prænotio, *m. s.* ‖ XVIe s. Pto-
lemee, en son livre de l'utilité des prenotions, CHOLIÈRES,
Après-disnees, fo 246, vo, édit. 1587. Admis ACAD. 1762.]
‖ *Rare.* (T. didact.) Connaissance anticipée d'une chose.

PRÉOCCUPATION [pré-ò-ku-pà-syon ; *en vers,* -si-
on] *s. f.*
[ÉTYM. Emprunté du lat. præoccupatio, *m. s.* ‖ XVIe s.
Nous nous portons, par preoccupation, où il nous plaist, MON-
TAIGNE, I, 3.]
‖ 1° *Vieilli.* Idée, sentiment préconçu. La — de son
cœur pour cet innocent. La — de l'opinion commune.
‖ 2° Souci qui absorbe qqn. Dans ma —, je vous ai prise
pour elle, MARIV. *Heur. stratag.* II, 5. Être exempt de —.

PRÉOCCUPER [pré-ò-ku-pé] *v. tr.*
[ÉTYM. Emprunté du lat. præoccupare, *m. s.* ‖ XIVe s. Li
courage du pueple estoient preoccupé du meschief fait aus Lo-
crois, BERSUIRE, dans GODEF. *Compl.*]
I. *Vieilli.* Prendre d'avance. Besoin est-il d'aller au-
devant de nos maux, — une douleur que nous sentirons assez
tôt? MALH. *Ép. de Sénèq.* XXIV, 1.
II. ‖ 1° Occuper (l'esprit) d'une idée, (le cœur) d'un
sentiment préconçu. L'Église autorisée par les miracles qui
ont préoccupé la créance, PASC. *Pens.* XXIII, 13. Il est malaisé
de le lire (Montaigne) sans se laisser —, MALEBR. *Rech.* II,
III, 5. Nous sommes si préoccupés en notre faveur, LA ROCHEF.
Premières pensées, 56. En abusant ce cœur préoccupé, RAC.
Baj. IV, 5. Rome de ma faveur est trop préoccupée, ID. *Brit.*
I, 2.
‖ 2° Absorber par un souci. Avoir l'esprit préoccupé. Se
— de qqch.

PRÉOPINANT, *PRÉOPINANTE [pré-ò-pi-nan,
-nant'] *s. m.* et *f.*
[ÉTYM. Subst. particip. de préopiner, § 47. ‖1690. FURET.]
‖ Celui, celle qui préopine.

PRÉOPINER [pré-ò-pi-né] *v. intr.*
[ÉTYM. Composé avec le lat. præ, avant, et opiner, § 275.
‖ Admis ACAD. 1718.]
‖ Exprimer son opinion avant un autre.

PRÉORDINATION [pré-òr-di-nà-syon ; *en vers,* -si-
on] *s. f.*
[ÉTYM. Composé avec le lat. præ, avant, et ordinatio,
action d'ordonner, § 275. ‖ 1513. Dieu par sa preordinacion
nous faict grace, *L'Estoille du monde,* dans DELB. *Rec.*
Admis ACAD. 1878.]
‖ (T. didact.) Action de préordonner. Encore que peut-
être il y en ait qui, lorsqu'ils considèrent la — de Dieu, ne
peuvent comprendre comment notre liberté peut... s'accorder
avec elle, DESC. *Rép. aux 3es object.* 64.

PRÉORDONNER [pré-òr-dò-né] *v. tr.*
[ÉTYM. Composé avec le lat. præ, avant, et ordonner,
§ 275. ‖ 1412. La voye j'ay preordonnée, J. DE LA FONTAINE,
Font. des am. de science, 1007. Admis ACAD. 1878.]
‖ Ordonner d'avance (les choses). L'abominable erreur
de faire Dieu auteur du péché, de dire qu'il le préordonne, BOSS.
2e Avert. aux protest. 8.

PRÉPARANT, *PRÉPARANTE [pré-pà-ran, -ränt']
adj.
[ÉTYM. Adj. particip. de préparer, § 47. ‖ XVIe s. Vais-
seaux preparans, PARÉ, I, 1.]
‖ (T. didact.) Qui sert à préparer. *Spéciall.* (Anat.)
Vaisseaux préparants, où se prépare la liqueur séminale.

PRÉPARATEUR [pré-pà-rà-teùr] *s. m.*
[ÉTYM. Dérivé de préparer, § 247. ‖ *Néolog.* Admis ACAD.
1878.]
‖ (T. didact.) Celui qui prépare. *Spéciall.* Celui qui,
dans un cours de physique, de chimie, prépare ce qui
est nécessaire pour les expériences.

PRÉPARATIF, *PRÉPARATIVE [pré-pà-rà-tif, -tiv']
adj. et s. m.
[ÉTYM. Dérivé de préparer, § 257. ‖ XIVe-XVe s. Le sage
roi Charles avoit fait le preparatif de ceste grande felicité,
CHR. DE PISAN, *Ch. V,* II, 15.]
I. *Anciennt. Adj.* Qui prépare. (*Syn.* préparatoire.) Connaissance de soi préparative à la sagesse, CHARRON, *Sagesse,*
préf. de la 2e édit.
II. *S. m.* Ce qu'on fait pour préparer qqch. Darius en
faisait les préparatifs (de la guerre), BOSS. *Hist. univ.* I, 8.
Faire les préparatifs de départ.

PRÉPARATION [pré-pà-rà-syon ; *en vers,* -si-on] *s. f.*
[ÉTYM. Emprunté du lat. præparatio, *m. s.* ‖ XIIIe-XIVe s.
La maniere de la preparacion de la playe, *Chirurg. de Mondeville,* fo 2.]
‖ 1° Action de préparer (qqch). La — d'un discours, d'une
leçon. La — d'un médicament, d'un remède. La — des aliments.
La — des peaux, des cuirs. | *Fig.* (Musique.) La — d'une dis-
sonance, art de l'amener graduellement. ‖ *P. ext.* Chose
préparée. Des préparations chimiques, pharmaceutiques, ana-
tomiques.
‖ 2° Action de préparer (qqn). La — à la première com-

munion. La — à la mort. La — à un examen. Ce poème n'a pas besoin d'autre — pour cet effet extraordinaire, CORN. *3e Disc. Trag.* | *Absolt.* Annoncer à qqn sans — un malheur.

PRÉPARATOIRE [pré-pà-rà-twàr] *adj.* et *s. m.*

[ÉTYM. Emprunté du lat. præparatorius, *m. s.* || 1322. Congnoissance preparatoire a la congnoissance principal, dans VARIN, *Arch. admin. de Reims*, II, 325.]

|| **1°** *Adj.* Qui prépare. Des épreuves préparatoires. Un cours, une école —. Un scrutin, une adjudication —.

|| **2°** *Vieilli. S. m.* Ce qui prépare. (*Syn.* préparatif.) Son baptême qui n'était qu'un —, BOSS. *Élév. myst.* XXIV, 3.

PRÉPARER [pré-pà-ré] *v. tr.*

[ÉTYM. Emprunté du lat. præparare, *m. s.* de præ, avant, et parare, disposer. || XIVe-XVe s. EUST. DESCH. dans GODEF. *Compl.*]

|| **1°** Mettre en état de remplir sa destination. — un repas. Des aliments mal préparés. — un médicament, une pièce anatomique. — la guerre, la paix. — un discours, une leçon. Parler sur un sujet sans être préparé. — ses malles pour partir. — ses armes. Faites-lui — une chambre. — les voies à qqn, à qqch. Quoique le bûcher soit déjà préparé, RAC. *Iph.* IV, 1. Se — pour la lutte. Se — au combat. || *Fig.* Ignorez-vous encore ce que les destinées vous ont préparé? FÉN. *Tél.* 7. J'ai su lui — des craintes et des veilles, RAC. *Baj.* I, 1.

|| **2°** Acheminer à une réalisation prochaine. De grands événements se préparent. Il se prépare un orage. | *P. anal.* Il se prépare à sortir.

|| **3°** Amener progressivement. — une dissonance, un coup de théâtre. Dès les premiers vers, l'action préparée, BOIL. *Art p.* 3. || *Spéciall.* Disposer (qqn) avec ménagement à qqch de fâcheux. A son malheur dois-je la — ? RAC. *Iph.* II, 2.

PRÉPONDÉRANCE [pré-pon-dé-ràns] *s. f.*

[ÉTYM. Dérivé de prépondérant, § 262. || XVIIIe s. V. à l'article. Admis ACAD. 1798.]

|| **1°** *Rare.* Supériorité de poids. La — de l'eau (sur l'air), BUFF. *Minér.* introd. 2e p.

|| **2°** *Fig.* Supériorité d'autorité, d'influence. La — de l'assemblée issue du suffrage universel. Une nécessaire et légitime —, DIDER. *Claude et Néron,* I, 50.

PRÉPONDÉRANT, ANTE [pré-pon-dé-ran,-rànt] *adj.*

[ÉTYM. Emprunté du lat. præponderans, *m. s.* part. de præponderare, de præ, avant, et ponderare, peser. Le verbe prépondérer se trouve au XVIe s. (*V.* DELB. *Rec.*) || 1723. Voix prépondérante, *Arrêt*, dans TRÉV. Admis ACAD. 1762.]

|| **1°** *Rare.* Qui l'emporte en poids.

|| **2°** *Fig.* Qui l'emporte en autorité, en influence. Venise devenait la puissance prépondérante, VOLT. *Mœurs,* 141. La voix du président est prépondérante, en cas de partage des voix, celle du président décide.

PRÉPOSER [pré-pó-zé] *v. tr.*

[ÉTYM. Composé avec le lat. præ, avant, et poser, à l'imitation du lat. præponere, *m. s.* § 275. (*Cf.* prévôt.) || 1521. Les mondains qui preposent les choses terrestres aux celestes, *Violier des hist.* rom. 86.]

|| **1°** Mettre devant. *Spéciall.* (Gramm.) Les mots deviennent composés en leur préposant quelques particules, FURET. *Dict.*

|| **2°** *Fig.* Placer à la direction de qqch. Être préposé à la garde du temple. *Au part. passé pris substantivt.* Le préposé, la préposée à la vente.

PRÉPOSITIF, IVE [pré-pó-si-tif, -tiv] *adj.*

[ÉTYM. Emprunté du lat. præpositivus, placé devant. || XIVe s. Prepositif a la diminution du peché, J. DE VIGNAY, dans DELB. *Rec.* Admis ACAD. 1835.]

|| (Gramm.) || **1°** Placé devant. Déterminatif —, qui se place devant le substantif (mon, ce, etc.).

|| **2°** Qui est de la nature de la préposition. Locution prépositive.

PRÉPOSITION [pré-pó-zi-syon ; *en vers,* -si-on] *s. f.*

[ÉTYM. Emprunté du lat. præpositio, *m. s.* || XVe-XVIe s. Avecques toutes preposicions, *Donait françois,* 5.]

|| (Gramm.) Partie du discours invariable qui, placée devant un nom, une proposition infinitive, etc., les lie par un rapport déterminé à un terme précédent.

***PRÉPOTENCE** [pré-pò-tàns] *s. f.*

[ÉTYM. Emprunté du lat. præpotentia, *m. s.* || XVe s. A vostre haulte prepotence, A. GREBAN, *Passion,* 407.]

|| *Rare.* Supériorité de puissance.

PRÉPUCE [pré-pûs] *s. m.*

[ÉTYM. Emprunté du lat. præputium, *m. s.* || XVe s. Circoncis Il soit et son prepuce incis, *Myst. du Vieil Test.* dans DELB. *Rec.*]

|| (Anat.) Prolongement de la peau de la verge qui recouvre le gland.

PRÉROGATIVE [pré-rò-gà-tiv'] *s. f.*

[ÉTYM. Emprunté du lat. prærogativa, *m. s.* || XIVe s. Especial prerogative, ORESME, dans MEUNIER, *Essai sur Oresme.*]

|| Droit attaché à certaines conditions privilégiées. Les prérogatives de la couronne. Le droit de faire grâce est une — du pouvoir royal. La — parlementaire, en vertu de laquelle un député ne peut être poursuivi sans l'autorisation de la Chambre. Elle (la Providence) leur donne (aux pauvres) les premiers rangs dans l'Église, avec une telle — que les riches n'y sont reçus que pour les servir, BOSS. *Émin. dign. des pauvres,* 1..

PRÈS [prè ; l's se lie avec le son de z] *adv.*

[ÉTYM. Du lat. prĕssum, proprt, « pressé, serré contre », § 726. (*Cf.* presque et auprès.)]

|| A très petite distance (d'espace, de temps, de degré). Il demeure tout —. Venez ici —. Quand elle (la mesure) est pleine, il la rase... le plus — qu'il peut, LA BR. *Théophr. Impudent. Vieilli. Loc. adv.* — à —, l'un près de l'autre. Les ennemis avaient rangé leurs batteries — à —, ST-SIM. I. 88. | (Marine.) Gouverner au plus — (du vent). || A beaucoup —, à peu de chose, à peu —, à cela —, pour indiquer qu'il s'en faut de beaucoup, de peu, de cela, qu'on approche. Vous n'y êtes pas à beaucoup —. C'est exact à peu de chose —, à peu —, à cela —. A une grande vanité —, les héros sont faits comme les autres hommes, LA ROCHEF. *Max.* 24. Il n'en est pas à cela —. || *Loc. adv.* De —. Un mouton tondu de —. Serrer qqn de —. Les Troyens nous voyant de —, FÉN. *Tél.* 1. Regarder de — à la dépense. Il n'y regarde pas de si —. J'observe de trop — un chagrin passager, RAC. *Baj.* III, 7. Elle l'a suivi de — dans la tombe. Cela me touche de —. Il n'en veut entendre parler ni de — ni de loin. Tenir qqn de très —, étroitement. || — de, locution prépositive marquant : | 1. L'espace. Échouer — du port. S'asseoir — de qqn. Il demeure — de l'église, et, *famil.* — l'église. | *Fig.* Avoir la tête — du bonnet, être très irritable. | 2. Le temps. Il y a — de deux heures que j'attends. Cela s'est passé il y a — de deux mois. Il est — de son départ. Il est — de mourir. — d'achever, CORN. *Hor.* IV, 2. | 3. Le nombre. Ils étaient — de deux cents. | 4. Le degré. Être — du premier rang. Être assez — de la perfection. Rien n'est si — de la sottise que la vanité. | 5. La comparaison. Il paraît difforme — de ses portraits, LA BR. 8. Et — de vous, ce sont des sots que tous les hommes, MOL. *Tart.* I, 6.

PRÉSAGE [pré-zàj'] *s. m.*

[ÉTYM. Emprunté du lat. præsagium, *m. s.* || XVe-XVIe s. J. LE MAIRE, *Illustr. de Gaule,* p. 52, édit. 1547.]

|| **1°** Signe où l'on voit l'annonce d'un événement futur. Le corbeau sert pour le —, LA F. *Fab.* II, 17. Ses présages (d'un songe) sont vains, CORN. *Poly.* I, 2.

|| **2°** Annonce tirée de ce songe. J'accepte ces présages que je crois heureux, FÉN. *Tél.* 18. || *P. ext.* Conjecture tirée d'un fait. Le peuple... Observant la rougeur qui couvrait mon visage De ma chute certaine en tirait le —, RAC. *Esth.* III, 1. Mon ami prenait ce discours à bon —, PASC. *Prov.* 2.

PRÉSAGER [pré-zà-jé] *v. tr.*

[ÉTYM. Dérivé de présage, § 266. On trouve plus souvent présagier au XVIe s. || XVIe s. Comme si le cueur luy eust presagé et dit ceste infortune, MART. DU BELLAY, *Mém.* 7.]

|| **1°** Annoncer par qq signe (un événement futur). Les dieux semblent me — Un honneur qu'avec lui je prétends partager, RAC. *Bér.* I, 4. | Que présage, Mathan, ce prodige incroyable? ID. *Ath.* II, 5. || *P. ext.* Faire conjecturer. Certain homme dont l'encolure Ne me présage rien de bon, MOL. *Amph.* I, 2.

|| **2°** Conjecturer. D'Ilion présageant la conquête, RAC. *Iph.* IV, 4. Voilà ce que mon cœur se présage de toi, ID. *Brit.* IV, 6.

***PRÉSANCTIFIER** [pré-sank'-ti-fyé ; *en vers,* -fi-é] *v. tr.*

[ÉTYM. Composé avec le lat. præ, avant, et sanctifier, § 275. || XVIIe s. V. à l'article.]

|| (Liturgie.) Consacrer d'avance. *Spéciall. Au part. passé pris substantivt.* Messe des présanctifiés, la messe du vendredi saint, où les saintes espèces ont été consacrées d'avance. Qui ne connaît pas le sacrifice des présanctifiés? BOSS. *Ire Instr. pastor.* 41.

PRESBYTE [prĕs'-bit'] *s. m.* et *f.*

[ÉTYM. Emprunté du grec πρεσβύτης, vieillard, les vieillards étant sujets à ne voir que de loin. || 1690. Presbite, FURET. Admis ACAD. 1798.]

|| (T. didact.) Celui, celle qui ne voit que de loin, le muscle ciliaire ne donnant plus au cristallin la courbure nécessaire. *Adjectivt.* Un vieillard —.

PRESBYTÉRAL, ALE [prĕs'-bi-té-ràl] *adj.*
[ÉTYM. Emprunté du lat. ecclés. **presbyteralis**, *m. s.* || XIVe s. Caractere presbyteral, J. DE VIGNAY, dans DELB. *Rec.*]

|| (T. didact.) Relatif au prêtre, au curé. La maison presbytérale, le presbytère.

PRESBYTÈRE [près'-bi-tèr] *s. m.*
[ÉTYM. Emprunté du lat. **presbyterium**, *m. s.* || XIIe-XIIIe s. En la nef et al presbiterie, *Rois*, III, 6.]

|| Maison du prêtre, du curé.

PRESBYTÉRIANISME [près'-bi-té-ryà-nism'; en vers, -ri-à-...] *s. m.*
[ÉTYM. Dérivé de presbytérien, § 265. || Admis ACAD. 1762.]

|| (Hist. relig.) Doctrine, secte des presbytériens.

PRESBYTÉRIEN, IENNE [près'-bi-té-ryin, -ryèn'; en vers, -ri-...] *s. m. et f.*
[ÉTYM. Dérivé du lat. **presbyter**, prêtre, § 244. || Admis ACAD. 1718.]

|| (Hist. relig.) Membre d'une secte chrétienne qui n'admet pas les évêques, et donne la direction de l'Église aux prêtres ou ministres.

***PRESBYTIE** [près'-bi-tî; qqns prononcent -bi-si] *s. f.*
[ÉTYM. Dérivé de presbyte, § 282. || *Néolog.*]

|| (T. didact.) Défaut de la vue propre au presbyte.

PRESCIENCE [pré-syâns'; en vers, -si-âns'] *s. f.*
[ÉTYM. Emprunté du lat. **præscientia**, *m. s.* || XIIIe s. La prescience divine, J. DE MEUNG, *Rose*, 17474. Admis ACAD. 1694, suppl.]

|| Connaissance (par Dieu) des choses futures. La — universelle de Dieu, BOSS. *Libre Arb.* 3.

PRESCRIPTIBLE [près'-krīp'-tībl'] *adj.*
[ÉTYM. Dérivé de prescrire, d'après la forme lat. **præscriptum**, § 242. || 1642. Prescrittible, OUD.]

|| (Droit.) Qui peut être abrogé par prescription.

PRESCRIPTION [près'-krīp'-syon ; en vers, -si-on] *s. f.*
[ÉTYM. Emprunté du lat. **præscriptio**, *m. s.* || XIIIe s. Livre de justice, dans GODEF. *Compl.*]

I. Ordre formulé. Les prescriptions de la morale. Les prescriptions d'un médecin.

II. (Droit.) Libération d'une dette, d'une poursuite juridique, d'une servitude, par un certain laps de temps écoulé. *Fig.* Ni la mode ni la coutume ne feront jamais de — contre le droit divin, BOURD. *Impureté*, 1.

PRESCRIRE [près'-krīr] *v. tr.*
[ÉTYM. Emprunté du lat. class. **præscribere**, formuler d'avance, rendu par prescrire, d'après écrire, § 503. || 1411. Prescripre le droit l'un de l'autre, *Cout. d'Anjou*, dans DELB. *Rec.*]

I. Ordonner par une formule expresse. Ce que prescrit la morale. Un remède que le médecin a prescrit. Quel temps à mon exil, quel lieu prescrivez-vous? RAC. *Phèd.* IV, 1. Avant le temps prescrit.

II. (Droit.) | **1.** Abroger par prescription. Une dette, une condamnation prescrite. | *Fig.* Il y a si longtemps, cela est prescrit, LES. *Turcar.* III, 6. | **2.** *Absolt.* S'autoriser de la prescription. Quelque temps qu'ait duré un schisme, il ne prescrira jamais contre la vérité, BOSS. *Polit.* VII, III, 7.

PRÉSÉANCE [pré-sé-âns'] *s. f.*
[ÉTYM. Composé avec le lat. **præ**, avant, et séance, § 275. (*Cf.* le doublet présidence.) || XVIe s. Ceste science qui s'attribue la presseance sur toutes les aultres, MONTAIGNE, II, 12.]

|| Droit de préséance au-dessus de qqn, de passer avant lui dans une cérémonie. Tel et tel corps se disputent l'un à l'autre la —, LA BR. 14.

PRÉSENCE [pré-zâns'] *s. f.*
[ÉTYM. Du lat. **præsentia**, *m. s.* devenu presence, §§ 332, 406 et 291, puis prononcé présence par réaction étymologique, § 502.]

I. *Vieilli.* Aspect. (*Cf.* prestance.) L'autorité que donne une belle — et majesté corporelle, MONTAIGNE, II, 17. Ce port majestueux, cette douce —, RAC. *Bér.* I, 5. Depuis quand... Craignez-vous la — De ces paisibles lieux, si chers à votre enfance? ID. *Phèd.* I, 1.

II. Le fait d'être dans un lieu avec quelqu'un qui y vient ou s'y trouve. Sa — à la fin pourrait être importune, RAC.

Ath. II, 7. Mes soldats... Dans ce même moment demandent ma —, ID. *Mithr.* II, 5. A la nuit qu'il fallut passer en — des ennemis, BOSS. *Condé.* Les mutins n'oseraient soutenir ma —, RAC. *Mithr.* IV, 6. Loin de Rome éviter sa —, ID. *Bér.* I, 3. Faire acte de —, se montrer un moment. Droits, jetons de —, attribués aux membres de certaines compagnies lorsqu'ils assistent aux réunions. Personne ne parle de nous en notre — comme il en parle en notre absence, PASC. *Pens.* II, 8. Les deux adversaires, les deux armées sont en —, en face l'un de l'autre, prêts à s'attaquer. Dieu remplit l'univers de sa —, Se tenir en la — de Dieu, vivre en songeant que Dieu est présent à tout ce qu'on fait. || *Spéciall.* | **1.** (Droit.) Le fait de résider au lieu de son domicile. | **2.** (Théol.) La — réelle, la présence substantielle du corps, du sang, de l'âme et de la divinité de Jésus-Christ sous les espèces ou apparences du pain et du vin, dans le sacrement de l'eucharistie. Ils (les réformés) nient ordinairement cette — réelle, et substituent en sa place une — morale, BOSS. *Eucharistie*, II, 2. || *P. ext.* En parlant des choses. Se troubler en — du danger, de la mort. L'on fait assaut d'éloquence jusqu'au pied de l'autel et en — des mystères, LA BR. 15. On a constaté la — du poison dans les intestins. || *Fig.* — d'esprit, qualité de celui qui, sans se déconcerter en présence de qqch d'imprévu, trouve aussitôt ce qu'il y a de mieux à faire ou à dire. Personne ne conservait assez de — d'esprit ni pour ordonner les manœuvres, ni pour les faire, FÉN. *Tél.* 4.

1. PRÉSENT, ENTE [pré-zan, -zänt'] *adj. et s. m.*
[ÉTYM. Du lat. **præsentem**, *m. s.* part. de **præsum**, je suis devant, devenu present, §§ 332 et 291, puis prononcé présent par réaction étymologique, § 502.]

I. *Adj.* || **1°** Qui est dans un lieu quand qqn y vient, ou s'y trouve. J'étais — quand la chose arriva. Les personnes présentes sont exceptées. Monsieur ici —, RAC. *Plaid.* II, 5. Derrière un voile, invisible et présente, ID. *Brit.* I, 1. Dieu est partout —. Répondre — dans un appel nominal. Étaient présents MM. un tel et un tel. | *Substantivt.* Faire signer les présents. | Être — à un spectacle, à une revue. || *Fig.* Votre image sans cesse est présente à mon âme, RAC. *Brit.* III, 7. Toujours Bérénice est présente à mes yeux, ID. *Bér.* II, 4. Remords... Qui rendent à mes yeux tous ses bienfaits présents, CORN. *Cinna*, III, 2. Ceux à qui l'histoire de l'Ancien Testament ne sera pas assez présente, RAC. *Ath.* préf. Il n'est ni — ni attentif à ce qui fait le sujet de la conversation, LA BR. 11. Pour délasser l'esprit et le rendre plus —, ID. préf. Avoir la mémoire présente, toujours prête à rappeler les choses passées. J'ai souvent souhaité d'avoir... la mémoire aussi ample et présente que quelques autres, DESC. *Méth.* 2.

|| **2°** Qui a lieu, qui existe dans la partie de la durée où l'on est. Le — acte, la présente lettre. *Ellipt.* Ordonnons par ces présentes (s.-ent. lettres) à tous, présents et à venir... Notre condition jamais ne nous contente; la pire est toujours la présente, LA F. *Fab.* VI, 11. Nous ne nous tenons jamais au temps —, PASC. *Pens.* III, 5. || *Loc. adv.* A —, dans cette partie de la durée. Je lui donne à — congé d'être Sosie, MOL. *Amph.* III, 9. Je vous plains à —, CORN. *Cid*, I, 3. Des louanges pareilles De nos dames d'à — N'écorchent point les oreilles, LA F. *Contes, le Roi Candaule.*

|| **3°** *Vieilli.* Qui agit immédiatement. Des moyens aussi présents, SÉV. 1470.

II. *S. m.* La partie de la durée où l'on est. Le — qui s'enfuit est déjà bien loin, puisqu'il s'anéantit dans le moment que nous parlons, FÉN. *Tél.* 14. Nous ne pensons presque point au —, PASC. *Pens.* III, 5. Sacrifier le — à l'avenir. || *Spéciall.* (Gramm.) Temps du verbe qui exprime le moment où l'on est. L'indicatif —. Le — de l'indicatif.

2. PRÉSENT [pré-zan] *s. m.*
[ÉTYM. Subst. verbal de présenter, § 52. || Xe s. Molt est genz li presenz que li reis Charles offret, *Voy. de Charl. à Jérus.* 112.]

|| Ce qu'on offre en don à qqn. Les sérénades et les cadeaux que les présents ont suivis, MOL. *B. gent.* III, 15. Faire de magnifiques présents qui ne nous coûtent rien, LA BR. 7. Faites des présents de tout ce qui vous est inutile, SÉV. 954. Recevez un — passant tous les présents passés et présents, ID. 255. || *Fig.* Il lui fit de son cœur un — volontaire, RAC. *Baj.* II, 3. En vain de ce — (l'empire) ils m'auraient honoré, ID. *Brit.* II, 3. Sa beauté, sa grâce tant vantée, Présents dont la nature a voulu l'honorer, ID. *Phèd.* II, 1. Détestables flatteurs, — le plus funeste Que puisse faire aux rois la colère céleste! ID. *ibid.* IV, 6.

PRÉSENTABLE [pré-zan-tàbl'] *adj.*
[ÉTYM. Dérivé de présenter, § 93. || Admis ACAD. 1798.]
|| *Famil.* Qu'on peut présenter.

PRÉSENTATEUR, TRICE [pré-zan-tà-teùr, -trïs'] *s. m. et f.*
[ÉTYM. Dérivé de présenter, § 249. || XVIᵉ-XVIIᵉ s. J'ay esté... presentateur, PASQ. *Rech.* II, 14, édit. 1615. Admis ACAD. 1762.]
|| Celui, celle qui présente. || *Spécialt.* | 1. (Hist. ecclés.) Celui, celle qui a droit de présenter à un bénéfice. | 2. (Commerce.) Celui qui présente un billet à l'échéance.

PRÉSENTATION [pré-zan-tà-syon ; *en vers*, -si-on] *s. f.*
[ÉTYM. Dérivé de présenter, § 247. || 1263. La presentacions de ladite chapelerie, JOINV. *Charte*, dans *Bibl. de l'Éc. des Chartes*, 1866-1867, p. 564.]
|| Action de présenter (une chose, une personne). | 1. Une chose. La — d'un effet de commerce, d'une lettre de change. Un billet payable à —. | 2. Une personne. La — de qqn à la cour. La — d'un candidat à un poste vacant. | *Spécialt.* La — de la Vierge (au temple, dans sa troisième année).

PRÉSENTEMENT [pré-zant'-man ; *en vers*, -zan-te-...] *adv.*
[ÉTYM. Composé de présente et ment, § 724. || XIIIᵉ s. Devant moi presentement, *Récits d'un ménestrel de Reims*, 203, de Wailly.]
|| A l'heure présente. (*Syn.* maintenant.) Appartement à louer —. *Vieilli. Loc. conj.* — que, maintenant que.

PRÉSENTER [pré-zan-té] *v. tr.*
[ÉTYM. Du lat. præsentāre, *m. s.* devenu presenter, §§ 332, 295 et 291, puis prononcé présenter par réaction étymologique, § 502.]
|| 1° Mettre (une chose) devant qqn pour qu'il la prenne. — un bouquet, des fruits. — une tasse à qqn. — un miroir. — des lettres de créance. — un placet. — la main à qqn. Aller à sa rencontre, Lui — la main, MOL. *Mis.* II, 5. | *P. anal.* — les armes, porter en avant le fusil, en signe de déférence. — à qqn ses compliments, ses civilités. || *Fig.* Offrir. Cette affaire présente des difficultés, des avantages. Il n'a jamais manqué les occasions qu'elle (la fortune) lui a présentées, BOSS. *R. d'Angl.* Les premières paroles que me présente l'Ecclésiaste, ID. *D. d'Orl.* — la bataille à l'ennemi. Tout d'un calme profond lui présente l'image, RAC. *Ath.* V, 3. — le flanc à l'ennemi. — ses idées avec netteté. Une affaire qui se présente bien. Il se présente une difficulté. Lorsqu'elle (la mort) se présente au milieu du feu, sous l'éclat de la victoire, BOSS. *Condé.* || (Technol.) Mettre en place (un objet) pour qu'on juge s'il s'ajuste, s'il convient. — une glace, un lambrequin.
|| 2° Mettre (une personne) devant qqn pour qu'il la voie, l'accueille, etc. Qu'un rivage à mes vœux si funeste Présenterait d'abord Pylade aux yeux d'Oreste, RAC. *Andr.* I, 1. La cour... en eût présenté mille (esclaves), ID. *Brit.* I, 2. — qqn au maître de la maison, et, *ellipt*, — qqn. Se — pour un poste, une place. — un enfant à l'officier de l'état civil. | Se — à qqn, s'offrir à ses yeux. A mes yeux se présente Un jeune enfant, RAC. *Ath.* II, 5. Se — chez qqn. Savoir se — (dans un salon). Sa manière de se — n'est ni modeste ni vaine, J.-J. ROUSS. *Ém.* 4.

PRÉSERVATEUR, TRICE [pré-zèr-và-teùr, -trïs'] *adj.*
[ÉTYM. Dérivé de préserver, § 249. || 1514. FABRI, *Dialogue*, fᵒ 30, vᵒ. Admis ACAD. 1835.]
|| Qui préserve.

PRÉSERVATIF, IVE [pré-zèr-và-tif', -tïv'] *adj.*
[ÉTYM. Dérivé de préserver, § 257. || XIIIᵉ-XIVᵉ s. La maniere qui est preservative que spasme ne soit engendré, *Chirurg. de Mondeville*, fᵒ 64.]
|| (T. didact.) Qui a la vertu de préserver. Un remède —, et, *substantivt*, Un — contre le choléra.

PRÉSERVATION [pré-zèr-và-syon ; *en vers*, -si-on] *s. f.*
[ÉTYM. Dérivé de préserver, § 247. || XIIIᵉ-XIVᵉ s. Preservation de spasme, *Chirurg. de Mondeville*, fᵒ 65. Admis ACAD. 1878.]
|| Action de préserver.

PRÉSERVER [pré-zèr-vé] *v. tr.*
[ÉTYM. Emprunté du lat. præservare, *m. s.* || XIVᵉ-XVᵉ s. Un pappe sera Que Dieux a preservé saint homme, EUST. DESCH. IX, 165.]
|| Garantir de l'atteinte d'un mal. — de la contagion. — du froid, de la corruption. Un Juif m'a préservé du glaive des Persans, RAC. *Esth.* II, 3. Guide... qui la préserve (la barque

de saint Pierre) de tous les écueils, BOURD. *Panég. St Pierre.* Que Dieu nous préserve de ce malheur ! Me préserve le Ciel de soupçonner... ! RAC. *Mithr.* III, 3.

PRÉSIDE [pré-zid'] *s. m.*
[ÉTYM. Emprunté de l'espagn. presidio, *m. s.* lat. præsidium, garnison, § 13. || Admis ACAD. 1835.]
|| (Hist. d'Espagne.) Place forte servant de bagne. *Spécialt.* Les présides d'Afrique.

PRÉSIDENCE [pré-zi-dåns'] *s. f.*
[ÉTYM. Dérivé de président, § 262. (*Cf.* préséance.) || 1380. Mons' d'Anjou aura la presidence, dans DELB. *Rec.*]
|| Action de présider. Être chargé de la — d'une assemblée. || Fonction de celui qui préside. Être nommé à la — du sénat. || *Spécialt.* Fonction du président d'une république.

PRÉSIDENT, ENTE [pré-zi-dan, -dànt'] *s. m. et f.*
[ÉTYM. Emprunté du lat. præsidens, *m. s.* || 1296. Tuit li president et li resident dou parlement, dans CH.-V. LANGLOIS, *Textes relat. au parlem.* p. 162.]
|| I. *S. m.* Celui qui préside une assemblée, une réunion, un tribunal, une société, etc., pour en diriger les travaux, les délibérations, etc. Le — du sénat, de la chambre des députés. Le — d'un tribunal. Le premier — de la cour de cassation, de la cour d'appel. || *P. ext.* Chef du pouvoir exécutif d'une république.
|| II. *S. f.* Présidente. | 1. Celle qui préside une réunion, une société de charité, etc. | 2. Femme d'un président.

***PRÉSIDENTIEL, ELLE** [pré-zi-dan-syèl] *adj.*
[ÉTYM. Dérivé de présidence, § 238. || *Néolog.*]
|| (T. didact.) Qui a rapport à la présidence. Pouvoir —.

PRÉSIDER [pré-zi-dé] *v. intr. et tr.*
[ÉTYM. Emprunté du lat. præsidere, *m. s.* de præ, avant, et sedere, siéger. || 1485. Presider sur les autres seigneurs, *Lett. de Ch. VIII*, dans *Bull. du comité de la langue*, III, 585.]
|| I. *V. intr.* || 1° Diriger les travaux, les délibérations d'une assemblée. Pour — aux conseils du plus sage de tous les rois, BOSS. *Le Tellier. Absolt.* Le magistrat veut —, LA BR. 6. || *P. anal.* — aux opérations du recrutement.
|| 2° Avoir la haute direction. Voyez sur quels états l'un et l'autre préside, CORN. *Théod.* II, 2. Serviteurs... sur qui tu présides, ID. *Poés. div.* 65. || Pour — ici sur les honneurs divins, LA F. *Phil. et Baucis.* Combien la raison préside dans les conseils du prince, BOSS. *Marie-Thérèse.* La volonté divine préside à cet univers, ID. *Loi de Dieu*, 2.
|| II. *V. tr.* — une assemblée, en diriger les travaux, les délibérations. — une séance. — un tribunal. — les assises. — un concours.

PRÉSIDIAL, ALE [pré-zi-dyàl ; *en vers*, -di-àl] *adj.*
[ÉTYM. Emprunté du lat. præsidialis, qui appartient à un gouverneur de province (præses, idis). || 1435. Court presidial, dans GODEF. *Compl.*]
|| (Anc. droit.) Siège, tribunal —, et, *substantivt*, —, tribunal jugeant sans appel jusqu'à concurrence de 250 livres. Le — de Poitiers, de Clermont. En 1789, il y avait 118 présidiaux en France. Cas —, du ressort du présidial. Juge —. Sentence présidiale.

PRÉSIDIALEMENT [pré-zi-dyàl-man ; *en vers*, -di-à-le-...] *adv.*
[ÉTYM. Composé de présidiale et ment, § 724. || 1611. COTGR.]
|| (Anc. droit.) Selon la compétence présidiale. *Spécialt.* Juger —, sans appel.

PRESLE [prèl]. V. prêle.

PRÉSOMPTIF, IVE [pré-zonp'-tif', -tïv'] *adj.*
[ÉTYM. Emprunté du lat. præsumptivus, *m. s.* de præsumere, présumer. || 1411. Heritiers presumptiz, *Cout. d'Anjou*, dans DELB. *Rec.*]
|| (Droit.) Indiqué d'avance. Héritier —, appelé naturellement à hériter.

PRÉSOMPTION [pré-zonp'-syon ; *en vers*, -si-on] *s. f.*
[ÉTYM. Emprunté du lat. præsumptio, *m. s.* || XIIᵉ-XIIIᵉ s. Et emprant per presumpcion Plus que nature ne li done, *Ysopet de Lyon*, 1744.]
|| 1° Action de présumer qqch. Je ne m'en tiendrai pas à de simples présomptions, DIDER. *Lett. sur les aveugles.* En fait de —, celle de la loi vaut mieux que celle de l'homme, MONTESQ. *Espr. des lois*, XXIX, 16. Il n'y a que de l'avantage pour celui qui parle peu : la — est qu'il a de l'esprit, LA BR. 12.
|| 2° Action de trop présumer de soi. Sa — à sacrifier sans les prêtres, BOSS. *Hist. univ.* I, 5. Pencher vers le côté de la défiance plutôt que vers celui de la —, DESC. *Méth.* 1.

‖ *P. ext.* Défaut de celui qui présume trop de soi. La constante hauteur de sa —, MOL. *F. sav.* I, 3.

PRÉSOMPTUEUSEMENT [pré-zonp'-tueûz'-man ; *en vers*, -tu-cû-ze-...] *adv.*

[ÉTYM. Composé de présomptueuse et ment, § 724. ‖ XVᵉ s. Trop curieusement et presumptueusement vouloir enquerir, *Intern. Consolat.* II, 58.]

‖ D'une manière présomptueuse.

PRÉSOMPTUEUX, EUSE [pré-zonp'-tueù, -tueûz' ; *en vers*, -tu-...] *adj.*

[ÉTYM. Emprunté du lat. præsumptuosus, *m. s.* ‖ XIIᵉ s. Cil de l'ost sont presuntuex, *Thèbes*, 5977, var.]

‖ Qui présume trop de soi. La jeunesse présomptueuse, FÉN. *Tél.* 1. Têtus —, LA F. *Ragotin*, I, 2. (Une confiance présomptueuse. ‖ *Substantivt.* Jeune —! CORN. *Cid*, II, 2.

PRESQUE et, *poét.* **PRESQUES** [prèsk'] *adv.*

[ÉTYM. Composé de près et que, § 724. ‖ XIIIᵉ s. Pres que ge n'ai pas le cuer vif, J. DE MEUNG, *Rose*, 10452. Les coustumes sunt preske corrumpues, P. DE FONTAINES, *Conseil*, 1.

‖ A peu près. — déchiré par le peuple, BOSS. *Panég. St Paul*, 2. Il est — du même âge. — tous, — personne. Il n'y a pas un trait... dont il ne m'ait donné l'idée, RAC. *Brit.* 2ᵉ préf. Il faisait — nuit. ‖ J'en eus presques envie, CORN. *Méd.* II, 4.

PRESQU'ÎLE [près'-kil] *s. f.*

[ÉTYM. Composé de presque et île, § 202. ‖ XVIᵉ s. La presque isle du Peloponnese, AMYOT, *Arat.* 19.]

‖ (Géogr.) Terre environnée d'eau de tous les côtés, sauf un par lequel elle lient au continent. (*Syn.* péninsule.)

PRESSAMMENT [prè-sà-man] *adv.*

[ÉTYM. Pour pressantment, composé de pressant et ment, § 724. On trouve aussi pressédment (FURET., ST-SIM.). ‖ XVIIᵉ s. *V.* à l'article. Admis ACAD. 1694 ; suppr. en 1878.]

‖ *Vieilli.* D'une manière pressante. M'écrit familièrement et — lettres sur lettres, CHAPELAIN, *Lett.* dans DELB. *Rec.* Grâce si — demandée, ST-SIM. IV, 224.

PRESSANT, ANTE [prè-san, -sant'] *adj.*

[ÉTYM. Adj. particip. de presser, § 47. (*Cf.* preignant.) ‖ 1539. R. EST.]

‖ 1º *Rare au propre.* Qui appuie en serrant fortement. Ses pieds Que de ses bras pressants elle tenait liés, RAC. *Brit.* V, 8. ‖ *Fig.* Sous ce — remords, CORN. *Cinna*, IV, 1. Le — embarras d'une surprise extrême, MOL. *Éc. des m.* III, 9. Cette douleur pressante, CORN. *Hor.* V, 2. A ces discours pressants que pourrait-on répondre? BOIL. *Ép.* 12. Se montrer — dans la discussion, dans l'attaque. En ses vers... serrés et pressants, BOIL. *Art p.* 2.

‖ 2º Qui pousse à agir sans délai. L'occasion, Néarque, est-elle si pressante? CORN. *Poly.* I, 1. Le péril est — plus que vous ne pensez, RAC. *Mithr.* I, 5. Que vous êtes pressante, ô déesse cruelle! LA F. *Fab.* VIII, 1.

1. PRESSE [près'] *s. f.*

[ÉTYM. Subst. verbal de presser, § 52. ‖ XIᵉ s. Devant Marsilie s'escriet en la presse, *Roland*, 933.]

I. *Au propre.* ‖ 1º Action de presser. Ces ligatures qui tiennent nos membres en —, J.-J. ROUSS. *Ém.* 5. Mettre des étoffes en —. ‖ *Fig.* Quand mon cœur est en —, SÉV. 178. Perdez bien de l'argent, mettez-vous dans une grande —, ID. 255. *Spécialt.* Mettre à la —, engager. Si je suis contraint de mettre qqch à la —, J.-J. ROUSS. *Lett. à Mᵐᵉ de Warens*, 23 oct. 1737. ‖ *P. ext.* Foule où l'on se presse les uns les autres. La — est dans les églises durant cette sainte quarantaine, BOSS. *Prédication*, 3. D'une odieuse cour j'ai traversé la —, RAC. *Brit.* V, 5. Il fend la — et se relève, LA BR. *Théophr. Avarice.* ‖ *Spécialt.* En Angleterre, enrôlement forcé, pour la marine de l'État, des matelots de la marine marchande.

‖ 2º Machine à presser. Une — hydraulique. Une — à copier. ‖ *Spécialt.* Une — à imprimer. Mettre un ouvrage sous —. ‖ *P. ext.* Les produits de l'imprimerie. Dans les pays où la — n'est pas libre, D'ALEMB. *Éloges, Boileau.* La — périodique, et, *absolt*, La —, les journaux. La liberté de la —.

II. *Fig.* ‖ 1º Action de presser qqn de faire qqch. Écoutez avec quelle — il (Dieu) vous parle par son prophète, BOSS. *Pénit.* 2. Avec des presses et des instances à le mettre au désespoir, ST-SIM. II, 343.

‖ 2º Action de se presser de faire qqch. Vous voilà, tant vous avez de —, Découragé sans attendre un moment, LA F. *Contes, Mandrag.* Je ne m'étonne pas si l'on trouve si peu de — dans l'exercice de ces belles vertus, SÉV. 546. Il n'y a pas de —.

2. PRESSE [près'] *s. m.* (*fém.* ACAD.).

[ÉTYM. Emprunté du provenç. mod. (gascon) pressec, lat. persicum, *m. s.* § 11. ‖ 1539. R. EST. Admis ACAD. 1762.]

‖ *Inusité.* Pêche dont la chair adhère au noyau.

***PRESSEMENT** [près'-man ; *en vers*, prò-se-...] *s. m.*

[ÉTYM. Dérivé de presser, § 145. ‖ 1539. R. EST.]

‖ *Vieilli.* Pression. Le — continuel que cause... le mouvement du diaphragme sur les boyaux, BOSS. *Conn. de Dieu*, II, 10.

***PRESSÉMENT** [prè-sé-man]. *V.* pressamment.

PRESSENTIMENT [pré-san-ti-man] *s. m.*

[ÉTYM. Dérivé de pressentir, § 145. ‖ XVIᵉ s. Un pressentiment qui les rend soupçonneux, AMYOT, *OEuvr. mor. Quels animaux sont les plus advisez*, 66.]

‖ Sentiment non raisonné qui fait attendre, craindre, espérer qqch. D'où vous vient aujourd'hui ce noir —? RAC. *Ath.* I, 1. Un — de son malheur, FÉN. *Tél.* 5. ‖ (Médec.) — de fièvre, malaise qui fait craindre un accès.

PRESSENTIR [pré-san-tir] *v. tr.*

[ÉTYM. Emprunté du lat. præsentire, *m. s.* ‖ 1571. Qui pressentoit desja je ne scay quel malheur, MONTAIGNE, *Préf. aux œuvres de la Boétie.*]

‖ 1º Attendre, — qqch, craindre, espérer qqch par un sentiment non raisonné. On eût dit qu'il pressentait sa fin. ‖ *P. ext.* Entrevoir. Vous avez pressenti jusqu'au moindre danger, RAC. *Baj.* II, 1. Il laissa — son projet. Je pressens l'objection, J.-J. ROUSS. *Ém.* 3.

‖ 2º — qqn, chercher à entrevoir ses intentions. J'ai voulu sur ce point — sa pensée, CORN. *Oth.* I, 3.

PRESSE-PAPIERS [près'-pà-pyé ; *en vers*, prò-se-...] *s. m.*

[ÉTYM. Composé de presse (du verbe presser) et papier au plur. § 209. ‖ *Néolog.* Admis ACAD. 1878.]

‖ Objet de bureau, pièce de bronze, de marbre, de cristal, qu'on pose sur des papiers volants pour les maintenir.

PRESSER [prè-sé] *v. tr. et intr.*

[ÉTYM. Du lat. pop. *pressare, de pressum, supin de premere, *m. s.* §§ 295 et 291.]

I. *Au propre.* ‖ 1º Serrer en appuyant fortement. — un citron, pour en exprimer le jus. — une éponge mouillée, pour en faire sortir l'eau. ‖ *Spécialt.* Soumettre à l'action d'une presse, d'un pressoir. — du raisin, des olives, des betteraves, etc. *Fig.* On se nourrit des anciens,... on les presse, on en tire le plus qu'on peut, LA BR. 1. — le sens d'un mot, en tirer tout ce qu'il renferme. ⎪ De ses bras innocents je me sentis —, RAC. *Ath.* I, 2. — qqn dans ses bras, sur son cœur. La foule se presse dans cette enceinte. Tant les rangs y sont pressés, BOSS. *D. d'Orl.* Les convives étaient trop pressés à table. ⎪ *P. anal.* Les événements sont trop pressés dans cette pièce. Soyez vif et pressé dans vos narrations, BOIL. *Art p.* 3. Frapper à coups pressés. ‖ *Fig.* Être pressé par la faim, par la soif. Le péril dont son frère est pressé, RAC. *Baj.* I, 2. Les indignes frayeurs dont je me sens —, CORN. *Hér.* V, 2. Un tas d'hommes perdus... Que pressent de mes lois les ordres légitimes, CORN. *Cinna*, V, 1. L'état où l'on s'est mis, qui presse et qui contraint, SÉV. 789.

‖ 2º Attaquer en serrant de près. Nous les pressons sur l'eau, nous les pressons sur terre, CORN. *Cid*, IV, 3. Un seul vit des voleurs, et, se sentant —..., LA F. *Fab.* VIII, 23. ⎪ *Fig.* — qqn de questions. Calypso n'osa le — davantage, FÉN. *Tél.* 1. Pressez, demandez tout, RAC. *Andr.* I, 1. ‖ *Spécialt. Néolog.* (venu de l'anglais). Enrôler de force dans la marine de l'État (les matelots de la marine marchande).

II. *Fig.* ‖ 1º Pousser vivement (qqn) à faire qqch. Un autre objet... qui nous presse plus fortement à la pénitence, BOSS. *Impén. fin.* Le sénat équitable Vous pressait de souscrire à la mort d'un coupable, RAC. *Brit.* IV, 3. Je vais... Le — d'accomplir ses serments immortels, RAC. *Phèd.* IV, 4.

‖ 2º *P. ext.* Hâter vivement. Vous pressez si fort les personnes, que je me suis donné un grand coup, MOL. *Mal. im.* I, 2. Un Dieu qui d'aiguillons pressait leurs flancs poudreux, RAC. *Phèd.* V, 6. Qui vous presse? LA F. *Fab.* IX, 2. Travaillez à loisir, quelque ordre qui vous presse, BOIL. *Art p.* 1. ⎪ — le pas. — la marche. — son départ. — la mesure. Mathan... Demande le signal et presse le carnage, RAC. *Ath.* V, 2. Je vais — un entretien si doux, ID. *Brit.* IV, 3. Il ne faut pas — les enfants, FÉN. *Éduc. des filles*, 5. ‖ Se —, se hâter vivement. Qu'il vienne, qu'il se presse, RAC. *Ath.* II, 3. Pourquoi vous pressez-vous de répondre pour lui? ID. *ibid.* II, 7. Être pressé, avoir besoin de se presser, ou que l'on se presse.

|| *Intransitiv.* Être urgent. Une chose qui presse. Le péril des Juifs presse, RAC. *Esth.* III, 8. Le temps presse, ID. *Brit.* v, 8. Cela ne presse pas. Une lettre pressée, urgente. *Au part. passé pris substantiv.* Courir au plus pressé, à ce qui est le plus urgent.

PRESSIER [prè-syé] *s. m.*
[ÉTYM. Dérivé de presse, § 115. || 1723. SAVARY, *Dict. du comm.* Admis ACAD. 1762.]
|| (Technol.) Ouvrier typographe qui travaille à la presse.

PRESSION [prè-syon; *en vers,* -si-on] *s. f.*
[ÉTYM. Emprunté du lat. pressio, *m. s.* || 1594. Achepté une pression et impression avec tous les caracteres y requis, dans GODEF.]
|| Action de presser. La — d'un liquide sur le fond d'un vase. La — atmosphérique. Un cheval qui obéit à la — des jambes. Une machine à haute, à basse —. || *Fig.* Contrainte morale. Exercer une — sur qqn pour lui faire faire qqch.

PRESSIS [prè-si] *s. m.*
[ÉTYM. Dérivé de presser, § 82. || XVIe s. Pressis de chapon, PARÉ, XVIII, 34.]
|| *Vieilli.* Suc exprimé de certaines herbes. || Jus exprimé de la viande.

PRESSOIR [prè-swàr] *s. m.*
[ÉTYM. Du lat. pop. *pressorium, m. s.* de pressum, supin de premere, presser, §§ 329 et 291.]
|| Machine à presser le raisin, les pommes, les olives, etc. || *P. plaisant. Fig.* Ce qui sert à tirer de l'argent. Notre — est bon, il n'y a qu'à serrer, SÉV. 600.

PRESSURAGE [prè-su-ràj'] *s. m.*
[ÉTYM. Dérivé de pressurer, § 78. || 1296. Pressorage, dans GODEF.]
|| (Technol.) Action de presser (du raisin, des pommes, des olives, des betteraves, etc.).

PRESSURER [prè-su-ré] *v. tr.*
[ÉTYM. Pour pressoirer, forme fréquente au moyen âge et que RICHEL. signale encore dans les environs de Paris au XVIIe s., dérivé de pressoir, § 154. Le changement de pressoirer en pressurer paraît dû à l'influence du lat. class. pressura, § 502. || XIIIe s. Pressoir pressoirant, BEAUMAN. XXXVIII, 19.]
|| Presser (du raisin, des pommes, des olives, etc.). || *Fig.* | **1.** Accabler (le peuple) d'impôts. | **2.** Violenter (qqn) pour en obtenir qqch. Il ne sera de fort loin que pour vous —, DESTOUCHES, *Philos. marié,* III, 13.

PRESSUREUR, *PRESSUREUSE [prè-su-reùr, -reùz'] *s. m. et f.*
[ÉTYM. Dérivé de pressurer, § 112. || 1291. Le presseureur, dans DELB. *Rec.* Admis ACAD. 1762.]
|| (Technol.) Ouvrier, ouvrière qui pressure. *Fig. Vieilli.* Trogne de —, figure d'ivrogne.

PRESTANCE [près'-tàns'] *s. f.*
[ÉTYM. Emprunté de l'ital. prestanza, § 12. A distinguer de l'anc. franç. prestance, excellence, qui vient du lat. præstantia, || 1611. COTGR.]
|| Extérieur imposant. Avoir une belle —. Le vulgaire appelle majesté une certaine —, BOSS. *Ambition,* fragm.

PRESTANT [près'-tan] *s. m.*
[ÉTYM. Emprunté de l'ital. prestante, excellent, § 12. || 1690. FURET.]
|| (Technol.) Jeu fondamental de l'orgue sur lequel tous les autres doivent être accordés.

PRESTATION [près'-tà-syon; *en vers,* -si-on] *s. f.*
[ÉTYM. Emprunté du lat. præstationem, *m. s.* de præstare, fournir. (*Cf.* prêter.) || XVIe s. Prestations iniques, CHARRON, *Sagesse,* p. 224.]
|| **1°** Action de fournir. — de vivres aux soldats. | *Spécialt.* — en nature, travail de qqs journées (rachetable en argent) exigible des habitants d'une commune pour l'entretien des chemins vicinaux.
|| **2°** Action de prêter. — de serment.

PRESTE [près''] *adj.*
[ÉTYM. Emprunté de l'ital. presto, *m. s.* qui correspond au français prêt, § 12. || XVIIe s. *V.* à l'article.]
|| Agile dans ses mouvements, dans ses actes. Deux coureurs des plus prestes, LA CHAUSSÉE, *Retour imprévu,* 1, 7. Ses membres sont plus souples, ses mouvements plus prestes, BUFF. *Chevreuil.* Un homme bien — à la riposte, J.-J. ROUSS. 2e *Dial.* | *Adverbialt.* Allons, —! Adieu, —! SCARR. *Virg. trav.* 4.

PRESTEMENT [près'-te-man] *adv.*
[ÉTYM. Composé de preste et ment, § 724. (*Cf.* l'anc. franç. prestement, qui existe dès le XIIe s. et se maintient jusqu'à la fin du XVIe s.) || 1690. FURET.]
|| D'une manière preste.

PRESTESSE [près'-tês'] *s. f.*
[ÉTYM. Emprunté de l'ital. prestezza, *m. s.* § 12. || XVIe-XVIIe s. En telle pretezze et allarme, BRANT. VIII, 143.]
|| Agilité dans les mouvements, dans les actes.

PRESTIDIGITATEUR [près'-ti-di-ji-tà-teùr] *s. m.*
[ÉTYM. Composé avec preste, le lat. digitus, doigt, et le suffixe ateur, §§ 249 et 273. || *Néolog.* Admis ACAD. 1878.]
|| Celui qui fait des tours d'escamotage.

PRESTIDIGITATION [près'-ti-di-ji-tà-syon; *en vers,* -si-on] *s. f.*
[ÉTYM. Composé avec preste, le lat. digitus, doigt, et le suffixe ation, §§ 247 et 273. || *Néolog.* Admis ACAD. 1878.]
|| Art du prestidigitateur.

PRESTIGE [près'-tij'] *s. m.*
[ÉTYM. Emprunté du lat. præstigium, *m. s.* || XVIe s. Conjurations, prestiges, exorcismes, YVER, *Print.* p. 560.]
|| **1°** Ce qui frappe par le merveilleux. Les prestiges des démons, FONTEN. *Oracles,* 1, 5. | *P. ext.* Fantasmagorie. Dans ces lieux où l'on voit des prestiges, LA BR. *Théophr. Image d'un coquin.*
|| **2°** Ce qui frappe par son éclat. Le — d'un grand nom. Le — de l'éloquence.

PRESTIGIEUX, EUSE [près'-ti-jyeù, -jyeùz'; *en vers,* -ji-...] *adj.*
[ÉTYM. Emprunté du lat. præstigiosus, *m. s.* || XVIe s. Grand et prestigieux malheur, CHOLIÈRES, *Matinées,* dans DELB. *Rec.* Admis ACAD. 1835.]
|| **1°** Qui opère des prestiges.
|| **2°** Qui a du prestige.

PRESTIMONIE [près'-ti-mò-ni] *s. f.*
[ÉTYM. Emprunté du bas lat. præstimonium, prôt. || 1690. FURET. Admis ACAD. 1762.]
|| (Droit canon.) Fonds affecté à l'entretien d'un prêtre sans titre de bénéfice.

PRESTOLET [près'-tò-lè] et, *vieilli,* *PRESTOLÉ** [-lé] *s. m.*
[ÉTYM. Origine inconnue. || 1690. Prestolé, FURET. Admis ACAD. 1740.]
|| Petit prêtre sans considération. Ce petit prestolet-là, ST-SIM. III, 199.

PRÉSU [pré-su] *part. passé.*
[ÉTYM. Part. passé de l'anc. verbe présavoir, composé avec le lat. præ et savoir, à l'imitation du lat. præscire, *m. s.* § 275. || 1488. Les presceux, c'est a dire ceux que Dieu a sceu debvoir estre dampnes, *Mer des hist.* 1, fo 11.]
|| Su d'avance. Tout ce qui est arrivé a été de tout temps — et préordonné en Dieu, PASC. *Lettre sur la mort de son père.*

PRÉSUMABLE [pré-zu-màbl'] *adj.*
[ÉTYM. Dérivé de présumer, § 93. || 1796. GRÉTRY, *Essai sur la musiq.* III, 414. Admis ACAD. 1835.]
|| Qui peut être présumé.

PRÉSUMER [pré-su-mé] *v. tr.*
[ÉTYM. Emprunté du lat. præsumere, *m. s.* proprt, « prendre d'avance ». (*Cf.* présomption.) || XIIe-XIIIe s. Il ne presumeroit les choses nient useles, *Dial. Gregoire,* p. 12.]
|| **1°** Croire (qqch) sur une probabilité. Je n'en présume rien de bon. L'affaire a eu le résultat que vous présumiez. Telle on voit le Flamand — ta venue, CORN. *Poés. div.* 69. Ne présume pas que... De tes nouveaux docteurs je suive l'imposture, ID. *Poly.* v, 2. | *Absolt.* Lorsque le juge présume, les jugements deviennent arbitraires, MONTESQ. *Espr. des lois,* XXIX, 16.
|| **2°** Croire (qqch) de qqn. Qui n'appréhende rien présume trop de soi, CORN. *Poly.* II, 6. | *Absolt.* Nous présumons de nous-mêmes, BOSS. *Panég. St Bernard,* 1. Ces miracles dont nous ne pouvons —, mais qui sont toujours dans la main de Dieu, BOURD. *Pens.* III, 383.

PRÉSUPPOSER [pré-su-pó-zé] *v. tr.*
[ÉTYM. Composé avec le lat. præ, avant, et supposer, § 275. || XIVe s. Election presuppose deliberacion, ORESME, *Éth.* III, 9.]
|| (T. didact.) Supposer préalablement.

PRÉSUPPOSITION [pré-su-pó-zi-syon; *en vers,* -si-on] *s. f.*

[ÉTYM. Composé avec le lat. præ, avant, et supposition, § 275. || xvi° s. MONTAIGNE, ii, 12. Admis ACAD. 1718.]

|| (T. didact.) Supposition préalable.

PRÉSURE [pré-zür] *s. f.*

[ÉTYM. Du lat. pop. *presūra, dérivé de *presus (class. prensus), participe de prendere, prendre, § 111. || xii°-xiii° s. Li livains de malice et de felonie et li prisure de malvestict, *Serm. de St Bern.* p. 9. Presure, mettre en presure : cragulum, cragulare, *Vocab. lat.-franç.* p. 17, Chassang.]

|| (Technol.) Matière acide qu'on extrait de la caillette des jeunes ruminants, et dont on se sert pour faire prendre ou cailler le lait.

1. PRÊT, PRÊTE [prè, prèt'] *adj.*

[ÉTYM. Du lat. pop. *præstum, *m. s.* tiré de l'adv. præsto, à la disposition, § 56, devenu prest, §§ 382 et 291, prêt, § 422. (*Cf.* preste.)]

|| **1°** *Entièrement préparé.* Me voilà prête à vous ouïr, MOL. *Av.* I, 2. Je suis — à tout, ID. *Mal. im.* iii, 14. La mort ne surprend point le sage, Il est toujours — à partir, LA F. *Fab.* viii, 1. | Je le voudrais — aussi sur les généalogies, LA BR. *Lett. à Condé,* 2. Un flegme tout — pour recevoir indifféremment les plus grands désastres, ID. 11. | *Vieilli.* Je suis — d'obéir, CORN. *Hor.* v, 2. Qu'il vienne me parler, je suis — de l'entendre, RAC. *Phèd.* v, 5. || *Absolt.* Me voilà —, Seigneur, RAC. *Brit.* iv, 3. Il n'est jamais —. || *P. ext.* Le dîner est —. La voiture est prête. Sur mes vaisseaux tout prêts, RAC. *Baj.* v, 11.

|| **2°** — à, et — de, qui est sur le point de. L'oiseau — à mourir, LA F. *Fab.* iii, 12. Prête à devenir folle, SÉV. 445. Lorsque votre vieillard sera — à sortir, CORN. *Ment.* iii, 5. | *Vieilli.* — de. Prête d'expirer et n'en pouvant plus, LA F. *Psyché,* 2. — d'épouser la sœur, CORN. *Hor.* ii, 3. — d'étouffer la pauvre bête, LA F. *Fab.* iv, 19.

2. PRÊT [prè] *s. m.*

[ÉTYM. Subst. verbal de prêter, § 52. || xii° s. Ou a prest ou a don, CHRÉTIEN DE TROYES, *Charrette,* 286.]

|| **1°** *Anciennt.* Action de préparer. *Spécialt.* Essai que fait le chef du gobelet de tout ce qui doit servir au roi pour manger (pain, sel, cuillère, fourchette).

|| **2°** Action de prêter qqch à qqn. Le — d'un livre. Un — d'argent. Un — usuraire. Les prêts que les marchands se faisaient les uns aux autres, FÉN. *Tél.* 12. — sur gages. || *Spécialt.* | 1. Paiement de la solde des sous-officiers et soldats, qui a lieu par anticipation, tous les cinq jours. | 2. *P. anal.* Acompte sur le salaire de l'ouvrier.

PRETANTAINE et **PRETENTAINE** [pre-tan-tĕn'] *s. f.*

[ÉTYM. Origine inconnue. || 1645. Venir en pretentaine, DAVID FERRAND, *Muse norm.* dans DELB. *Rec.* Admis ACAD. 1718 (pretentaine) et 1740 (pretantaine).]

|| Courir la —, courir çà et là, être d'humeur vagabonde. Courir la pretantaine Par les buissons et par la plaine, CHAPELLE, *Lett. à sa maîtresse.*

PRÉTENDANT, ANTE [pré-tan-dan, -dänt'] *s. m. et f.*

[ÉTYM. Subst. particip. de prétendre, § 47. || xv°-xvi° s. Menelaus et tous ses pretendans, O. DE ST-GELAIS, dans DELB. *Rec.*]

|| Celui, celle qui prétend à qqch.

|| *Spécialt.* || **1°** Celui, celle qui prétend avoir des droits à régner. On vit paraître, sur la fin du règne de Valérien,... trente prétendants divers, MONTESQ. *Rom.* 16.

|| **2°** Celui qui prétend à la main d'une femme, celle qui brigue le choix d'un époux. Les prétendants de Pénélope. On présentait un habit de noce à celle sur qui le choix secret était tombé; on distribuait d'autres habits aux prétendantes, VOLT. *Hist. de Russie,* I, 3.

PRÉTENDRE [pré-tändr'] *v. tr.* et *intr.*

[ÉTYM. Emprunté du lat. prætendere, *m. s.* proprt, « tendre en avant ». || Vers 1420. Mais au contraire pretendez, *Myst. de la Passion d'Arras,* dans DELB. *Rec.*]

I. *V. tr.* || **1°** Affirmer fermement. Il prétend qu'on le calomnie. — avec Descartes que les animaux sont de pures machines, VOLT. *S. de L. XIV, Écrivains.* Un remède que l'on prétend souverain. Les expériences des prétendues découvertes de notre siècle, MOL. *Mal. im.* ii, 5. La religion prétendue réformée, nom que donnent les catholiques au protestantisme. *Ellipt.* Il était de la religion prétendue, G. BOUCHET, *Serées,* iv, 143. || *P. ext.* Vouloir fermement. C'est à Rome, mes fils, que je prétends marcher, RAC. *Mithr.* iii, 1. Que prétendez-vous donc? ID. *Brit.* i, 2. Est bien fou du cerveau Qui prétend contenter tout le monde, LA F. *Fab.* iii, 1. Je prétends vous traiter comme mon propre fils, RAC. *Ath.* ii, 7.

|| **2°** Poursuivre ouvertement. | 1. Une chose à laquelle on dit avoir droit. Comme le plus vaillant je prétends la troisième (part), LA F. *Fab.* i, 6. Un aigle sur un champ prétendant droit d'aubaine, BOIL. *Sat.* 8. Son frère... prétendit l'empire par droit de succession, BOSS. *Hist. univ.* i, 10. *P. ext. Vieilli.* — de, en qqch. Ils prétendent du monseigneur, SÉV. 423. — en belle tête, LA ROCHEF. *Portrait.* | 2. Une chose à laquelle on aspire. Lorsque nous ne pouvons pas parvenir au but que nous prétendons, BOSS. *Loi de Dieu,* 3. Ce long séjour prétend quelque autre chose, CORN. *Nicom.* i, 1. Je croyais mon fils hors d'état de pouvoir — un bon parti, SÉV. 922. | *Spécialt.* — qqn en mariage. Ces deux nymphes, Myrtil, à la fois te prétendent, MOL. *Mélic.* i, 5. Ne plus souffrir qu'Alceste vous prétende, ID. *Mis.* v, 2. Le prétendu d'une fille, d'une femme, celui qu'elle doit épouser. *P. ext.* Ce gendre prétendu, MOL. *Mal. im.* i, 5. Sa prétendue belle-mère (celle que doit épouser son père), ID. *Av.* iv, 2.

II. *V. intr.* Aspirer ouvertement à. — aux honneurs. Sans — à l'honneur de l'instruire, RAC. *Brit.* i, 2. Se persuadent facilement qu'il n'y a rien à quoi ils ne puissent —, BOSS. *Panég. St Bernard,* 1. — à la main de qqn. *Absolt.* Punir des insolents qui prétendent trop haut, CORN. *Suiv.* i, 8. || *P. ext.* — à l'esprit, à la distinction, se flatter ouvertement de posséder ces avantages.

PRÊTE-NOM [prèt'-non ; *en vers,* prè-te-...] *s. m.*

[ÉTYM. Composé de prête (du verbe prêter) et nom, § 209. || 1718. BRETONNIER, *Quest. de droit,* p. 458, dans TRÉV. Admis ACAD. 1740.]

|| Celui, celle qui prête son nom dans un acte, dans une affaire où l'intéressé ne veut pas paraître. (*Cf.* torvêtu.)

PRETENTAINE. *V.* pretantaine.

PRÉTENTIEUX, EUSE [pré-tan-syeü, -syeüz'] *adj.*

[ÉTYM. Dérivé de prétention, § 251. || *Néolog.* Admis ACAD. 1835.]

|| Qui affiche certaines prétentions. Une personne prétentieuse. Un ton —, un style —.

PRÉTENTION [pré-tan-syon ; *en vers,* -si-on] *s. f.*

[ÉTYM. Dérivé du lat. prætentum, supin de prætendere, prétendre, § 247. || xvi° s. MONTAIGNE, I, 25.]

|| **1°** Action de prétendre à qqch comme y ayant droit. Avoir des prétentions sur un héritage, un domaine. On a jugé ses prétentions mal fondées. Diverses prétentions qui toutes vous ont manqué, BOSS. *Loi de Dieu,* 3.

|| **2°** Action de prétendre à quelque avantage, de s'en flatter. Il a la — d'être un cavalier accompli. Je n'ai pas la — de vous convaincre. Avoir des prétentions ridicules.

PRÊTER [prè-té] *v. tr.* et *intr.*

[ÉTYM. Du lat. præstare, *m. s.* devenu prester, §§ 332, 295 et 291, prêter, § 422. (*Cf.* prestation.)]

I. *V. tr* || **1°** Mettre à la disposition de qqn. — à qqn son appui. Je lui prête mon bras (pour le défendre), CORN. *Sertor.* iii, 1. Il m'a prêté sa main. — main forte à qqn. Ce lévite à Baal prête son ministère, RAC. *Ath.* i, 1. C'est moi qui prête ici ma voix aux malheureux, ID. *ibid.* ii, 5. Pourvu que Dieu lui prête vie, LA F. *Fab.* v, 3. Est-ce à vous de — l'oreille à leurs discours? RAC. *Brit.* iv, 4. Prêtez-moi toute votre attention. — silence. — serment de fidélité à qqn. — le collet à qqn, se mettre à sa disposition pour lutter. Je vous prêterai le collet en tout genre d'érudition, MOL. *Am. méd.* ii, 4. | Tes malheurs te prêtaient encor de nouveaux charmes, RAC. *Phèd.* ii, 5. || *P. ext.* — le flanc aux attaques. Se — à une combinaison. Savoir se — aux circonstances. Elle sut se — au monde, BOSS. *Marie-Thérèse.* Un sujet qui se prête à des développements variés.

|| **2°** *Spécialt.* Mettre (qqch) à la disposition de qqn pour un temps, après lequel il doit le rendre. — un livre à qqn. — un meuble. *P. plaisant.* Il (l'avare) ne dit jamais : Je vous donne, mais : Je vous prête le bonjour, MOL. *Av.* ii, 4. — à qqn de l'argent. — à intérêt. — sur gages. *Vieilli. À l'infin.* pris substantivt. *Loc. prov.* Ami au —, ennemi au rendre, FURET. *Dict.* | *Fig.* — son nom à qqn, lui laisser faire sous son nom une chose dans laquelle il ne veut pas paraître. (*Cf.* prête-nom.) — sa plume à qqn, écrire pour lui. || *P. ext.* Attribuer gratuitement qqch à qqn. — à qqn des torts, des ridicules. Il n'a pas tenu le langage qu'on lui prête. *Loc. prov.* On ne prête qu'aux riches, on n'attribue les choses qu'à ceux qu'on en sait capables.

II. *V. intr.* || **1°** Fournir matière à qqch. — aux attaques, à la critique. Sa conduite prête à de fâcheuses interprétations. Ce sujet — au lyrisme.

|| 2° S'étendre aisément. Cette étoffe prête.

PRÉTÉRIT [pré-té-rît'] *s. m.*

[ÉTYM. Emprunté du lat. præteritum, *m. s.* de præterire, laisser en arrière. || XIIIᵉ s. Des presenz ne des preteriz, II. D'ANDELI, *Bat. des set ars*, 377.]

|| (Gramm.) Temps d'un verbe qui marque le passé. — défini, indéfini.

PRÉTÉRITION [pré-té-ri-syon ; *en vers*, -si-on] *s. f.*

[ÉTYM. Emprunté du lat. præteritio, *m. s.* || 1622. *V.* à l'article. Admis ACAD. 1762.]

|| 1° Omission. — du fils rend nul le testament de la mère, *Remarq. du droit* (1622), p. 856.

|| 2° (Rhétor.) Figure par laquelle on appelle l'attention sur une chose en disant qu'on ne s'y arrête pas .(*Cf.* prétermission.)

PRÉTERMISSION [pré-tèr-mi-syon ; *en vers*, -si-on] *s. f.*

[ÉTYM. Emprunté du lat. prætermissio, action d'omettre. ||1549. R. EST. Admis ACAD. 1835.]

|| (Rhétor.) Figure par laquelle on appelle l'attention sur une chose en disant qu'on la laisse de côté. (*Cf.* prétérition.)

PRÉTEUR [pré-teùr] *s. m.*

[ÉTYM. Emprunté du lat. prætor, *m. s.* contraction de prætitor, celui qui va devant. (*Cf.* propréteur.) || XIIIᵉ s. Un pretor de Rome, BRUN. LATINI, *Trésor*, p. 552.]

|| (Antiq. rom.) Magistrat rendant la justice, dirigeant les expéditions militaires, administrant une province, etc.

PRÉTEUR, EUSE [prè-teùr, -teùz'] *s. m.* et *f.*

[ÉTYM. Dérivé de prêter, § 112. || XIIIᵉ s. Li presteres aime plus son detor que ses detors lui, BRUN. LATINI, *Trésor*, p. 320.]

|| Celui, celle qui prête. Comme ledit — n'a pas chez lui la somme, MOL. *Av.* II, 1. Adjectivt. La fourmi n'est pas prêteuse, LA F. *Fab.* I, 1.

1. PRÉTEXTE [pré-tĕkst'] *s. m.*

[ÉTYM. Emprunté du lat. prætextus, *m. s.* || 1549. R. EST.]

|| Motif spécieux mis en avant pour cacher le motif réel d'une action. Chercher un —. De vains prétextes. Quelque — que nous donnions à nos afflictions, ce n'est souvent que l'intérêt et la vanité qui les causent, LA ROCHEF. *Réflex.* 232. Il n'attend qu'un → à l'éloigner de lui, RAC. *Andr.* II, 3. Chercher querelle à qqn sous un — frivole. Sous — qu'ils adoraient le Dieu d'Israël, BOSS. *Hist. univ.* I, 8. Prendre une chose pour —. Prendre — d'une chose. ·

2. PRÉTEXTE [pré-tĕkst'] *s. f.*

[ÉTYM. Emprunté du lat. prætexta, *m. s.* proprt, « vêtement bordé ». || XIVᵉ s. Pretexte estoit une maniere de noble vestement, BERSUIRE, fᵒ 3. Admis ACAD. 1762.]

|| (Antiq. rom.) Vêtement blanc, bordé d'une bande de pourpre, que portaient les jeunes patriciens et ceux qui étaient revêtus de certaines dignités. *P. appos.* Robe —.

PRÉTEXTER [pré-tĕks'-té] *v. tr.*

[ÉTYM. Dérivé de prétexte 1, § 266. || XVIIᵉ s. *V.* à l'article.]

|| 1° *Vieilli.* Couvrir d'un prétexte. Pour — sa sortie avec une épée, RAC. VI, 240, Grands Écriv.

|| 2° Prendre pour prétexte. — son âge, CORN. *OEd.* III, 4. Il prétexte des raisons pour ne pas se mettre à table, LA BR. *Théophr. Orgueil.*

PRETINTAILLE [pre-tin-tåy'] *s. f.*

[ÉTYM. Origine inconnue. || 1708. *V.* à l'article. Admis ACAD. 1762.]

|| 1° *Anciennt.* Découpure dont on ornait les robes des femmes. La première qui ait porté des pretintailles dans la ville de Valogne, LES. *Turcar.* (1708), V, 7. *Fig.* Menu accessoire. Il a gagné son procès avec les pretintailles, ACAD.

|| 2° (T. du jeu de l'hombre.) Chacune des quatorze combinaisons qui compliquent le jeu, et qui se paient à part.

***PRETINTAILLER** [pre-tin-tá-yé] *v. tr.*

[ÉTYM. Dérivé de pretintaille, § 154. || XVIIᵉ-XVIIIᵉ s. *V.* à l'article. Admis ACAD. 1762 ; suppr. en 1878.]

|| *Vieilli.* Orner de pretintailles. Savez-vous qu'on pretintaille les mouches? Mᵐᵉ DE MAINTEN. *Prov.* p. 88.

PRÉTOIRE [pré-twàr] *s. m.*

[ÉTYM. Emprunté du lat. prætorium, *m. s.* || XIIᵉ-XIIIᵉ s. Un livre qui por ce estoit et pretoire, ANDRÉ DE COUTANCES, *Évang. de Nicod.* dans DELB. *Rec.*]

I. (Antiq. rom.) Emplacement entourant la tente du préteur. || *P. ext.* | 1. Tribunal du préteur chargé de rendre la justice. | 2. Garde de l'empereur. Le préfet du —.

II. Enceinte d'un tribunal.

PRÉTORIEN, ENNE [pré-tò-ryin, -ryòn', *en vers*, -ri-...] *adj.*

[ÉTYM. Dérivé du lat. prætorius, *m. s.* § 244. || XIVᵉ s. Juges pretoriens, ORESME, dans MEUNIER, *Essai sur Oresme*.]

|| (Antiq. rom.) Relatif au préteur. Cohorte prétorienne, cohorte du préteur, devenue, sous l'empire, la garde de l'empereur. Les soldats prétoriens, et, *substantivt,* Les prétoriens, les soldats de cette cohorte. Tous les prétoriens murmurent contre lui, CORN. *Oth.* I, 3. || Province prétorienne, administrée par un préteur. Droit —, résultant des édits des préteurs.

PRÊTRAILLE [prè-tråy'] *s. f.*

[ÉTYM. Dérivé de prêtre, § 95. || 1572. *Disc. de la vermine et prestraille de Lyon*, titre. Admis ACAD. 1798.]

|| *En mauvaise part.* Clergé.

PRÊTRE [prêtr'] *s. m.*

[ÉTYM. Du lat. prĕsbiter, *m. s.* grec πρεσϐύτερος, ancien, devenu *presb'tre, §§ 290 et 291, prestre, § 439, prêtre, § 422. (*Cf.* presbytéral, etc.) Le cas régime presbỹterum a passé en français sous la forme prouvoire, prouvaire, conservée dans le nom de la rue des Prouvaires à Paris.]

|| Celui qui préside au culte divin, aux cérémonies religieuses. Le grand — des Juifs. Le — de Jupiter. Le — de Baal. D'un — est-ce là le langage? RAC. *Ath.* II, 5. || *Spécialt.* Dans le catholicisme, celui qui a reçu de l'évêque, avec l'ordre du sacerdoce, le pouvoir de dire la messe et d'administrer les sacrements.

PRÊTRESSE [prè-très'] *s. f.*

[ÉTYM. Dérivé de prêtre, § 129. || XIIᵉ s. La prestresse parla premiers, RENAUD, *Ignaure*, dans BARTSCH et HORNING, *Langue et littér. franç.* col. 550.]

|| Femme présidant au culte d'une divinité. La — de Diane. || *Fig.* — de Vénus, courtisane. Celles qui sont prêtresses de Vénus, LA F. *Contes, Courtisane amoureuse.*

PRÊTRISE [prè-trîz'] *s. f.*

[ÉTYM. Dérivé de prêtre, § 124. || XVᵒ s. Prestrise, *Ancienn. des Juifs*, dans GODEF. *Compl.*]

|| Dignité de prêtre. L'évêque lui conféra la —. || *P. anal.* Et par là de Baal (je) méritai la —, RAC. *Ath.* III, 3. || *P. ext.* Le corps des prêtres. Du célibat affranchir la —, BOIL. *Sat.* 12.

PRÉTURE [pré-tûr] *s. f.*

[ÉTYM. Emprunté du lat. prætura, *m. s.* || Admis ACAD. 1694.]

|| (Antiq. rom.) Charge, fonction de préteur.

PREUVE [preuv'] *s. f.*

[ÉTYM. Du lat. pop. prŏba, *m. s.* subst. verbal de prŏbare, prouver, éprouver, § 52, devenu prueve, preuve, §§ 320, 434 et 291.]

|| Ce qui sert à établir qu'une chose est vraie. Affirmer, croire sans —. Donner, faire la — de ce qu'on avance. Condamner sans preuves. Vous convaincre, par mille et mille preuves, de l'honnêteté de mes feux, MOL. *Av.* I, 1. Dieu fait bien ce qu'il fait : sans en chercher la — En tout cet univers, LA F. *Fab.* IX, 4. Les preuves de l'existence de Dieu. Chapitre... où les preuves de Dieu... sont apportées, LA BR. *Disc. à l'Acad.* préf. Être admis en justice à faire la — de ses allégations. || Faire ses preuves de noblesse, montrer ses titres. Avoir fait ses preuves, avoir montré ce qu'on vaut (courage, talent, etc.).

|| *Spécialt.* || 1° (Arithm.) Opération par laquelle on vérifie l'exactitude d'un calcul. Faire la — d'une multiplication, d'une division.

|| 2° (Technol.) Dans les sucreries, vérification du degré de concentration du sirop. | Dans les distilleries, vérification du degré de l'alcool, éprouvette destinée à cette vérification.

PREUX [preù] *adj. m.*

[ÉTYM. Anc. franç. preuz, au cas régime preu, du lat. pop. *prŏdem, *m. s.* d'origine incertaine, § 538. (*Cf.* prouesse, prude, prud'homme.) || XIᵉ s. Mais n'est mie si prez ne si bons chevaliers, *Voy. de Charl. à Jérus.* 28.]

|| *Anciennt.* Vaillant. Un — chevalier. || *Substantivt.* Charlemagne et ses —. Les neuf —.

PRÉVALOIR [pré-và-]wàr] *v. intr.*

[ÉTYM. Emprunté du lat. prævalere, *m. s.* rendu par prévaloir d'après valoir, § 503. || XVᵉ-XVIᵉ s. L'ung et l'autre est bon, mais le Lesbiien prevault, FOSSETIER, *Chron. Margar.* dans GODEF.|

|| Remporter l'avantage (sur qqn ou qqch). — sur son concurrent. Il fut donné à celui-ci... de — contre les rois, BOSS. *R. d'Angl.* || L'Église, contre qui l'enfer jamais ne peut... —, BOSS. *Hist. univ.* II, 31. Sur mes justes remords tes pleurs ont prévalu, RAC. *Phèd.* III, 3. | *Vieilli.* — à. L'esprit de jalousie... prévaut chez eux à l'intérêt de l'honneur, de la religion, LA BR. 12. | *Absolt.* Faire — son opinion. L'erreur et l'impiété prévalaient partout, BOSS. *Hist. univ.* II, 16. || Se — de qqch, prétendre en tirer avantage. Se — de sa richesse, de sa naissance.

PRÉVARICATEUR, *PRÉVARICATRICE [pré-và-ri-kà-teŭr, -trĭs'] *s. m.* et *f.*

[ÉTYM. Emprunté du lat. prævaricator, *m. s.* || XIVᵉ s. Juge prevaricateur, ORESME, dans MEUNIER, *Essai sur Oresme.*]

|| (T. didact.) Celui, celle qui prévarique. *Adjectivt.* Un juge —.

PRÉVARICATION [pré-và-ri-kà-syon; *en vers,* -si-on] *s. f.*

[ÉTYM. Emprunté du lat. prævaricatio, *m. s.* || XIIᵉ s. Prevaricaciuns, *Psaut. d'Oxf.* C, 4.]

|| (T. didact.) Action de prévariquer.

PRÉVARIQUER [pré-và-ri-ké] *v. intr.*

[ÉTYM. Emprunté du lat. prævaricari, *m. s.* proprt, dévier, de præ, outre, et varicari, marcher de travers. (*Cf.* varice.) Rendu par prevarier au XIIᵉ s. (*Psaut. d'Oxf.* CXVIII, 158). A la fin du XIVᵉ s. EUST. DESCH. emploie prevaricant, à l'imitation du lat. prævaricans. || XVᵉ s. Mais les prevariqueront (les lois) et pervertiront, G. FILLASTRE, *Hist. de la Toison d'or,* dans GODEF.]

|| (T. didact.) S'écarter de la justice. Un juge qui prévarique. Sans rien omettre et sans —, RAC. *Plaid.* III, 3.

PRÉVENANCE [prév'-nâns'; *en vers,* pré-ve-...] *s. f.*

[ÉTYM. Dérivé de prévenant, § 146. || 1732. Vous ne trouvez que des prevenances, *Merc. de France,* déc. p. 2531. Admis ACAD. 1740.]

|| Qualité, action de celui qui se montre prévenant.

PRÉVENANT, ANTE [prév'-nan, -nänt'; *en vers,* pré-ve-...] *adj.*

[ÉTYM. Adj. particip. de prévenir, § 47. || 1514. Par grace prevenante, dans DELB. *Rec.*]

I. *Vieilli.* || **1°** Qui arrive avant qqn. Des assiégeants le — amas, MOL. *Remerc. au roi* (1663).

|| **2°** Qui arrive avant qqch. *Spécialt.* (Théol.) La grâce prévenante, qui précède, qui amène la bonne résolution.

II. *Fig.* || **1°** Qui va au-devant de ce qui peut plaire aux autres. Une personne prévenante.

|| **2°** Qui donne de prime abord une impression favorable. Il a une physionomie prévenante.

PRÉVENIR [prév'-nir; *en vers,* pré-ve-...] *v. tr.*

[ÉTYM. Emprunté du lat. prævenire, venir en avant. || 1539. Prevenir, R. EST.]

I. || **1°** Devancer (qqn) dans une action. C'est en vain que... Beck précipite sa marche, le prince l'a prévenu, BOSS. *Condé.* Prévenons Alexandre et marchons contre lui, RAC. *Alex.* I, 2. | *Spécialt.* (Théol.) L'âme prévenue de cette grâce, BOURD. *Pens. Or. dominicale.* | *Fig.* Devancer l'effet de qqch. — les objections, y répondre d'avance. Prévenez par la pénitence cette heure de troubles, BOSS. *Condé.* — la colère de qqn. Mes refus ont prévenu vos larmes, RAC. *Andr.* I, 4. Un remède pour — le retour de l'accès. — les désirs de qqn. *Ellipt.* Je la préviens sur tout et la comble de présents, BEAUMARCH. *Mar. de Fig.* III, 5.

|| **2°** Disposer d'avance (qqn) dans un sens favorable ou défavorable. Il s'en va lui — l'esprit, RAC. *Plaid.* II, 12. Être prévenu en faveur de qqn, contre qqn. *Absolt.* Juger avec un esprit prévenu. || *P. ext.* (Droit.) Être prévenu d'un délit, d'un crime, être considéré comme pouvant l'avoir commis. *Au part. passé pris substantivt.* Un prévenu, une prévenue. Le prévenu a été interrogé par le juge d'instruction.

II. Avertir d'avance (qqn). Il m'avait prévenu de son arrivée. Je vous préviens qu'il doit arriver aujourd'hui. Vous voilà prévenu de ce qui peut résulter de là.

PRÉVENTIF, IVE [pré-van-tif', -tiv'] *adj.*

[ÉTYM. Dérivé de præventum, supin de prævenire, prévenir, § 257. || *Néolog.* Admis ACAD. 1835.]

|| (T. didact.) || **1°** Qui sert à prévenir (un mal). Remède —. Mesures préventives.

|| **2°** (Droit.) Qui concerne un prévenu. Détention préventive.

PRÉVENTION [pré-van-syon; *en vers,* -si-on] *s. f.*

[ÉTYM. Emprunté du bas lat. præventio, dérivé du lat. præventum, supin de prævenire, prévenir, § 247. || XIVᵉ s. Prevention matutinal, J. GOLEIN, *Rational,* dans GODEF.]

I. *Vieilli.* (T. didact.) Action de devancer qqn dans l'exercice d'un droit. || *Spécialt.* (Anc. droit.) | **1.** Le pape avait la — sur les collateurs ordinaires pour la nomination à certains bénéfices. | **2.** Les juges royaux avaient la — sur les juges subalternes pour la connaissance de certaines affaires.

II. || **1°** État d'un esprit disposé d'avance en sens favorable ou défavorable. La — du peuple en faveur des grands, LA BR. 9. Avoir de la —, des préventions contre qqn. Inspirer des préventions à qqn. Examiner qqch sans —.

|| **2°** (Droit.) Situation de celui qui est prévenu d'un délit ou d'un crime. Être en état de —.

PRÉVENTIVEMENT [pré-van-tiv'-man; *en vers,* -tive-...] *adv.*

[ÉTYM. Composé de préventive et ment, § 724. || *Néolog.* Admis ACAD. 1878.]

|| (T. didact.) D'une manière préventive. Un homme averti —. | Il a été détenu —.

PRÉVISION [pré-vi-zyon; *en vers,* -zi-on] *s. f.*

[ÉTYM. Emprunté du bas lat. prævisio, *m. s.* dérivé de prævisum, supin de prævidere, prévoir, § 247. || XIVᵉ s. Loy... faitte sans prevision, ORESME, *Éth.* V, 2.]

|| Action de prévoir. Épargner en — de l'avenir. L'événement a justifié ses prévisions.

PRÉVOIR [pré-vwâr] *v. tr.*

[ÉTYM. Emprunté du lat. prævidere, *m. s.* de præ, avant, et videre, voir, rendu par prévoir d'après voir, § 503. L'anc. franç. emploie ordinairement pourvoir au sens de « prévoir ». || XIIIᵉ s. Garde toi de prevoir ce qui nous est devee, BRUN. LATINI, *Trésor,* p. 369.]

|| Concevoir d'avance (ce qui doit arriver). Je ne sais point — le malheur de si loin, RAC. *Andr.* I, 2. Dès que j'ai su l'affront, j'ai prévu la vengeance, CORN. *Cid,* II, 7. Je prévois que tes coups viendront jusqu'à ta mère, RAC. *Brit.* V, 6. || *P. ext.* Prendre des mesures d'avance. J'ai tout prévu pour une mort si juste, RAC. *Brit.* IV, 4.

PRÉVÔT [pré-vó] *s. m.*

[ÉTYM. Du lat. præpŏsitum, préposé, devenu prevost. §§ 332, 426, 290 et 291, prevôt, § 422, prononcé prévôt par réaction étymologique, § 502.]

I. *Anciennt.* || **1°** Agent du roi, du seigneur, chargé en son nom de lever les impôts, rendre la justice, etc.. dans une circonscription déterminée. Le — de Paris siégeait au Châtelet. *P. ext.* Grand —, chargé de connaître des cas criminels qui se produisaient dans l'entourage du roi. — des marchands de Paris, chef de l'hôtel de ville, sorte de maire. — de la maréchaussée, préposé à la sûreté des grands chemins.

|| **2°** Chef du chapitre d'une église collégiale, supérieur de certains ordres religieux.

II. *De nos jours.* || **1°** Officier chargé de connaître des cas criminels qui se produisent dans l'armée.

|| **2°** Juge d'une cour prévôtale.

|| **3°** — de salle, sous-maître dans une salle d'escrime. *P. anal.* Le — d'un maître de danse.

PRÉVÔTAL, ALE [pré-vó-tàl] *adj.*

[ÉTYM. Dérivé de prévôt, § 90. On a dit longtemps prevôtable, § 93, encore dans ACAD. 1740, à côté de prévôtal. || 1611. Prevostal, COTGR.]

|| (Droit.) Qui concerne la juridiction du prévôt. | *Spécialt.* Cour prévôtale, tribunal criminel temporaire, jugeant sans appel.

PRÉVÔTALEMENT [pré-vó-tàl-man; *en vers,* -tale-...] *adv.*

[ÉTYM. Composé de prévôtale et ment, § 724. A remplacé prevôtablement (ACAD. 1694-1740). || XVIIᵉ s. *V.* à l'article.]

|| (Droit.) Selon la justice prévôtale. Il a été jugé — par ordre de la cour, G. PATIN, *Lett.* II, p. 345.

PRÉVÔTÉ [pré-vó-té] *s. f.*

[ÉTYM. Dérivé de prévôt, § 122. || XIIᵉ s. E de Beverlei ot Idunc la prevosté, GARN. DE PONT-STE-MAX. *St Thomas,* 3332.]

|| Fonction, juridiction du prévôt.

PRÉVOYANCE [pré-vwà-yäns'] *s. f.*

[ÉTYM. Dérivé de prévoir, § 146. (*Cf.* l'anc. franç. porveance, pourvoyance.) || 1539. Prevoyance, R. EST.]

|| Faculté de prévoir. Un homme... qui ne laissait rien à la fortune de ce qu'il pouvait lui enlever par conseil et par —,

BOSS. *R. d'Angl.* Je vois que rien n'échappe à votre —, RAC. *Baj.* II, 1. Un âge où l'on n'a ni — de l'avenir ni expérience du passé, FÉN. *Tél.* 1.

PRÉVOYANT, ANTE [pré-vwà-yan, -yànt'] *adj.*

[ÉTYM. Adj. particip. de prévoir, § 47. (*Cf.* l'anc. franç. porveant, pourvoyant.) || 1642. OUD.]

|| Qui prévoit. Le moins — est toujours le plus sage, LA F. *Fab.* VIII, 12. || *P. ext.* Qui prend ses mesures en vue de ce qui doit arriver. Sa ferme et prévoyante conduite, BOSS. *Le Tellier.* Par vos soins prévoyants, RAC. *Ath.* I, 2.

***PRIANT, ANTE** [pri-yan, -yànt'] *adj.*

[ÉTYM. Adj. particip. de prier, § 47. || XVIIᵉ s. V. à l'article.]

|| *Rare.* Qui est en prière. Brûlants et priants, MOL.. *Tart.* I, 6. Une société priante, édifiante, VOLT. *Dial.* XXIV, 1.

PRIAPÉE [pri-à-pé] *s. f.*

[ÉTYM. Emprunté du lat. priapeia, proprt, fêtes en l'honneur de Priape, dieu de l'amour physique. || 1548. Mimes et priapees, SIBILET, dans DELB. *Rec.* Admis ACAD. 1762.]

|| (T. didact.) Poésie, peinture licencieuse, obscène.

PRIAPISME [pri-à-pism'] *s. m.*

[ÉTYM. Emprunté du lat. priapismus, grec πριαπισμός, *m. s.* de Πρίαπος, dieu de l'amour physique. || XVIᵉ s. Priapus plein de priapisme, RAB. V, 40. Admis ACAD. 1762.]

|| (Médec.) Érection maladive.

PRIE-DIEU [pri-dyeù] *et*, *vieilli*, ***PRIÉ-DIEU** [pri-yé-dyeù] *s. m.*

[ÉTYM. Composé avec le verbe prier et Dieu, § 209. Il faut dire un prié-Dieu, et non pas un prie-Dieu, MÉN. *Observ.* p. 251, édit. 1675. || ACAD. écrit prié-Dieu (1694-1762), puis prie-dieu (1798-1878).]

|| 1° Sorte de chaise basse sur laquelle on s'agenouille pour prier Dieu. Il croit voir un prié-Dieu, LA BR. 11.

|| 2° Le moment où l'on prie Dieu. Au sortir du prié-Dieu, ST-SIM. VI, 334.

PRIER [pri-yé] *v. tr.*

[ÉTYM. Du lat. pop. *prĕcare (class. precari, § 601), *m. s.* devenu preier, §§ 345, 380, 297 et 291, puis priier, prier, sous l'influence de il prie, §§ 621 et 634.]

|| 1° Adorer (la Divinité) en lui demandant une grâce ou en lui rendant grâce. Les païens priaient les dieux de l'Olympe. Qu'est-ce donc qu'un homme qui, reconnaissant l'Être suprême, ne le prie pas? MASS. *Jeudi,* 1. — Dieu. — le Ciel. Si le Ciel encore est touché de mes pleurs, Je le prie en mourant d'oublier mes douleurs, RAC. *Bér.* IV, 5. — la Vierge, les saints, pour obtenir leur intercession. || *Absolt.* — pour la conversion, pour le salut de qqn. — pour ses ennemis. Priez que toujours le Ciel vous illumine, MOL. *Tart.* III, 2. Moïse prie, et Dieu retire son bras prêt à frapper, BOURD. *Pens. Prière.* Ils (les Mahométans) prient cinq fois par jour, MONTESQ. *Espr. des lois,* XXIV, 11.

|| 2° Presser (qqn) d'accorder qqch. Une mère pour vous croit devoir me —, RAC. *Iph.* III, 6. Jésus a prié les hommes, et il n'en a pas été exaucé, PASC. *Myst. de Jésus,* 1. — qqn avec larmes. Je vous prie en grâce, au nom de Dieu, au nom du Ciel. Se faire — pour faire qqch, ne le faire que sur des instances réitérées. Acceptez, sans vous faire —. | Par formule de politesse. Priez-le de venir. Je vous prie de ne me point faire de remontrance, MOL. *Av.* I, 2. Si on le prie de s'asseoir, LA BR. 6. Je vous prie de croire qu'il n'en est rien. Excusez-moi, je vous prie.

|| 3° Inviter. — qqn à dîner. Il le prie à souper, LA BR. 11. *Absolt.* A quelque temps de là, la cigogne le prie, LA F. *Fab.* I, 18. Vous êtes prié d'assister aux convoi, service et enterrement, etc. Vous êtes prié d'assister à la bénédiction nuptiale.

PRIÈRE [pri-yèr] *s. f.*

[ÉTYM. Du lat. pop. *prĕcaria, dérivé de prex, cis, *m. s.* § 115, devenu preiiere, prière, comme *prĕcare est devenu prier. (*Cf.* le doublet précaire.) || XIIᵉ s. Se preiere li a mestier, *Énéas,* 1884.]

|| 1° Action de prier Dieu. (*Syn.* oraison.) Adresser à Dieu une — fervente. Seigneur, exaucez ma —. Ne m'oubliez pas dans vos prières. — mentale. Il y a une — de l'esprit, du cœur, de la parole, BOURD. *Pens. Prière.* Faire sa —. Réciter la — du matin, du soir. Un livre de prières. Nous ne connaissons aucune religion sans prières, VOLT. *Dict. philos.* prière.

|| 2° Action de presser qqn d'accorder qqch. Il a fait cela à ma —. Il a été sourd à mes prières. Vos prières sont inutiles.

PRIEUR, EURE [pri-yeùr] *s. m. et f.*

[ÉTYM. Emprunté du lat. prior, qui est le premier. || XIIᵉ s.

Dunc ad fait le priur tres qu'al covent aler, GARN. DE PONT-STE-MAX. *St Thomas,* p. 160, Bekker.]

|| Supérieur, supérieure d'un couvent.

PRIEURÉ [pri-yeù-ré] *s. m.*

[ÉTYM. Dérivé de prieur, § 117. || XIIᵉ s. Priorez, abele, GARN. DE PONT-STE-MAX. *St Thomas,* 2432.]

|| 1° Couvent dirigé par un prieur, par une prieure. || *P. ext.* | 1. Église de ce couvent. | 2. Maison du prieur, de la prieure.

|| 2° Dignité de prieur, de prieure.

PRIMAGE [pri-màj'] *s. m.*

[ÉTYM. Dérivé de prime 2, § 78. || 1771. TRÉV. Admis ACAD. 1835.]

|| *Dialect.* (Marine.) Prime. *Spéciall.* Bonification accordée au capitaine sur le fret du navire.

PRIMAIRE [pri-mèr] *adj.*

[ÉTYM. Emprunté du lat. primarius, *m. s.* (*Cf.* le doublet premier, de formation pop.) || Admis ACAD. 1835.]

|| (T. didact.) Qui appartient au premier, au plus bas degré. L'enseignement —. Les écoles primaires. Assemblées primaires, celles qui, dans le suffrage à deux degrés, nomment les électeurs du second degré, auxquels appartient le vote définitif. || (Géologie.) Terrains primaires, de formation primitive.

PRIMAT [pri-mà] *s. m.*

[ÉTYM. Emprunté du lat. ecclés. primas, atis, *m. s.* || XIIᵉ s. N'i voldrent arcevesque ne primat apeller, GARN. DE PONT-STE-MAX. *St Thomas,* 4693.]

|| (T. ecclés.) Archevêque ayant sur les archevêques et évêques d'une région une suprématie effective ou honorifique. L'archevêque de Lyon, — des Gaules.

PRIMATIAL, ALE [pri-mà-syàl; *en vers,* -si-àl] *adj.*

[ÉTYM. Dérivé de primat, § 238. || 1607. L'insigne eglise de N.-D. de Nancy, primatiale de Lorraine, *Nouv. Cout. gén.* II, 1066. Admis ACAD. 1762 au fém., puis 1835 aux deux genres.]

|| (T. ecclés.) Relatif au primat. Siège —.

PRIMATIE [pri-mà-si] *s. f.*

[ÉTYM. Dérivé de primat, § 282. || XIVᵉ s. Primacie, *Chron. de St-Denis,* dans GODEF. *Compl.*]

|| (T. ecclés.) Dignité, juridiction d'un primat.

PRIMAUTÉ [pri-mô-té] *s. f.*

[ÉTYM. Dérivé du lat. primus, premier, d'après royauté, principauté, § 122. || XVIᵉ s. La primauté du siege de Rome, CALV. *Instit. chr.* IV, VII, 1.]

|| Premier rang. La — du saint-siège. Obtenir la —. | *Spéciall.* (T. de jeu.) Avantage de celui qui est le premier à jouer. A vous la —.

1. PRIME [prim'] *adj. et s. f.*

[ÉTYM. Emprunté du lat. primus, prima, *m. s.* (*Cf.* prin.) La loc. de prime saut, que l'ACAD. ne donne pas avant 1798, a remplacé de prin saut, concurremment avec de plein saut.]

I. *Vieilli. Adj.* Premier. De — abord, au premier abord. De — saut, du premier coup. (*Cf.* prime-sautier.) De — face, au premier aspect. || (Algèbre.) A prime (a'), a pris au premier degré.

II. *S. f.* || 1° La première heure canoniale. Chanter —. || 2° (Astron. anc.) La première apparition d'un astre. La lune est en —.

|| 3° (Escrime.) Première position de l'épée, engagée dans la ligne du dedans, la pointe basse.

|| 4° (T. de jeu.) Nom d'un jeu où le coup de partie (dit aussi prime) consiste à avoir quatre cartes de couleur différente. Le roi joua aussi au brelan et à petite —, ST-SIM. II, 302.

|| 5° (Commerce.) Laine de première qualité. — de Ségovie.

2. PRIME [prim'] *s. f.*

[ÉTYM. Emprunté de l'angl. premium, prononcé primieum, du lat. præmium, récompense, § 8. SAVARY signale la forme premie à côté de prime. || 1681. La prime ou coust de l'assurance, *Ordonn. sur la marine,* VI, 3. Admis ACAD. 1762.]

|| 1° Somme payée par l'assuré à une compagnie d'assurance. Une — d'assurance. Une — annuelle.

|| 2° Encouragement pécuniaire donné par l'État, par des sociétés, à ceux qui se distinguent dans un concours agricole, industriel, etc. | *P. anal.* — d'exportation.

|| 3° Don offert aux abonnés d'un journal, d'une revue, pour encourager les abonnements.

114

‖ 4° (T. de bourse.) | 1. Excédent du prix actuel d'une valeur sur le prix d'émission. Cette valeur fait —. | 2. Indemnité due au vendeur par l'acheteur qui annule son marché. Vendre à —. Réponse des primes.

3. PRIME [prim'] *s. f.*
[ÉTYM. Autre forme de prisme, § 422.]
‖ (Technol.) Cristal de roche coloré. — de rubis, de topaze, qui rappelle la couleur du rubis, de la topaze.

1. PRIMER [pri-mé] *v. tr.*
[ÉTYM. Dérivé de prime 1, § 154. ‖ XVIᵉ-XVIIᵉ s. Le roi de Navarre delibera de primer, D'AUB. *Hist. univ.* VI, p. 688, de Ruble.]
‖ Tenir le premier rang. Un homme qui prime, qui règne sur la scène, LA BR. *Disc. à l'Acad.*

2. PRIMER [pri-mé] *v. tr.*
[ÉTYM. Dérivé de prime 2, § 154. ‖ *Néolog.* Admis ACAD. 1878.]
‖ Gratifier d'une prime (encouragement pécuniaire). Être primé au concours agricole.

PRIME-SAUTIER, IÈRE [prim'-sô-tyé, -tyèr; *en vers,* pri-me-...] *adj.*
[ÉTYM. Dérivé de prime saut considéré comme nom composé, § 115. L'anc. franç. dit prinsautier, d'après prin saut : Ge criembreie m'en tenissiez por prinsaltiere, *Énéas*, 8366 (XIIᵉ s.). Prinsautier est encore dans COTGR. ACAD. ne donne pas prime-sautier avant 1798.]
‖ Qui conçoit, décide du premier coup. Un esprit —. Je vous ai entendu dire que vous étiez —, VOLT. *Lett. à Richel.* 3 mai 1756.

PRIMEUR [pri-meur] *s. f.*
[ÉTYM. Dérivé de prime 1, § 110. ‖ XIIIᵉ s. Recordès totes les amors Et les vostres des lors primors, *Amadas*, 4526.]
I. Caractère de ce qui est tout à fait nouveau. Boire du vin dans sa —, aussitôt après la vendange. Lire un livre dans sa —, aussitôt après son apparition.
II. *P. ext.* ‖ **1°** Apparition de légumes, de fruits hâtifs, avant la pleine saison. Ces pois sont dans la —.
‖ **2°** Légumes, fruits hâtifs. Manger des primeurs. ‖ *Fig.* Les primeurs plaisent, et surtout celles du cœur, B. DE ST-P. *Chaum. ind.* préamb.

PRIMEVÈRE [prim'-vèr; *en vers,* pri-me-...] *s. f.*
[ÉTYM. Du lat. pop. prima vêra, plur. de primum ver (premier printemps), § 173, employé comme fém. sing. § 544, et devenu prime voire, §§ 309 et 291, puis primevère, soit par réaction étymologique, soit sous l'influence de l'ital. primavera, § 502. Au sens **1°**, ACAD. 1798-1878 fait primevère du masc. ‖ 1532. En la prime vere, RAB. I, 4.]
‖ **1°** *Rare.* Printemps. A la — les animaux sont épris du désir de s'accoupler, PARÉ, *Animaux*, 2.
‖ **2°** Plante qui fleurit aux premiers jours du printemps. (*Cf.* primulacées.)

PRIMICÉRIAT [pri-mi-sé-ryà; *en vers,* -ri-à] *s. m.*
[ÉTYM. Dérivé de primicier, § 254. ‖ Admis ACAD. 1798.]
‖ (T. ecclés.) Office de primicier. (*Syn.* princerie.)

PRIMICIER [pri-mi-syé] et **PRINCIER** [prin-syé] *s. m.*
[ÉTYM. Du lat. primicêrium, *m. s.* proprt, « le premier inscrit sur les tablettes de cire ». La forme primicier est due à une réaction étymologique, § 502. ‖ Admis ACAD. 1694 (primicier) et 1798 (princier).]
‖ (T. ecclés.) Premier dignitaire de certains chapitres. *Spécialt.* Le princier de l'église de Metz.

PRIMIDI [pri-mi-di] *s. m.*
[ÉTYM. Composé avec le lat. primus, premier, et dies, jour, § 270. ‖ Admis ACAD. 1798 suppl. sous la forme primedi, puis primidi (1835).]
‖ Dans le calendrier républicain, premier jour de la décade.

***PRIMIPARE** [pri-mi-pàr] *s. f.*
[ÉTYM. Emprunté du lat. primipara, *m. s.* de primus, premier, et parere, enfanter. ‖ *Néolog.*]
‖ (T. didact.) Femme, femelle qui est mère pour la première fois. *Adjectivt.* Une femme, une femelle —.

PRIMIPILAIRE [pri-mi-pi-lèr] et **PRIMIPILE** [pri-mi-pil] *s. m.*
[ÉTYM. Emprunté du lat. primipilaris, primipilus, *m. s.* ‖ XIVᵉ s. Chascune estoit appelée primipile, BERSUIRE, dans GODEF. | XVIᵉ s. Un des primipilaires, ROD. MAGISTER, dans DELB. *Rec.* Admis ACAD. 1762 (primipile) et 1835 (primipilaire).]
‖ (Antiq. rom.) Centurion commandant la première compagnie d'une cohorte.

PRIMITIF, IVE [pri-mi-tif', -tiv'] *adj.*
[ÉTYM. Emprunté du lat. primitivus, *m. s.* ‖ XIVᵉ s. Primitives sciences tous les jours disputees, GILLES LI MUISIS, dans DELB. *Rec.*]
‖ Qui a paru à l'origine et en garde un certain caractère. Le monde, l'homme —. Les langues primitives. La primitive Église. Une monnaie qui a perdu sa valeur primitive. Les peintres primitifs, et, *substantivt*, Les primitifs. | (Géologie.) Terrains primitifs, les plus anciennement formés. Couleurs primitives, les sept couleurs principales que donne la décomposition du spectre.

PRIMITIVEMENT [pri-mi-tiv'-man; *en vers,* -ti-ve-...] *adv.*
[ÉTYM. Composé de primitive et ment, § 724. ‖ XVᵉ s. CHASTELL. dans DELB. *Rec.* Admis ACAD. 1762.]
‖ A l'origine. (*Syn.* primordialement.)

PRIMOGÉNITURE [pri-mô-jé-ni-tûr] *s. f.*
[ÉTYM. Dérivé du lat. primogenitus, aîné, § 250. ‖ XIIIᵉ-XIVᵉ s. Orose, dans GODEF. *Compl.*]
‖ (Droit.) Aînesse. Droit de —.

PRIMORDIAL, ALE [pri-môr-dyàl; *en vers,* -di-àl] *adj.*
[ÉTYM. Emprunté du lat. primordialis, *m. s.* de primordium, commencement. ‖ 1480. Les choses primordiales, *Baratre infernal*, dans DELB. *Rec.*]
‖ (T. didact.) Qui sert d'origine. Les éléments, les principes primordiaux des choses.

PRIMORDIALEMENT [pri-môr-dyàl-man; *en vers,* -di-à-le-...] *adv.*
[ÉTYM. Composé de primordiale et ment, § 724. ‖ Admis ACAD. 1798.]
‖ *Rare.* A l'origine. (*Syn.* primitivement.)

***PRIMORDIALITÉ** [pri-môr-dyà-li-té; *en vers,* -di-à-...] *s. f.*
[ÉTYM. Dérivé de primordial, § 255. ‖ *Néolog.*]
‖ (T. didact.) Caractère de ce qui est primordial.

PRIMULACÉES [pri-mu-la-sé] *s. f. pl.*
[ÉTYM. Dérivé du lat. des botanistes primula, primevère, § 233. ‖ 1812. MOZIN, *Dict. franç.-allem.* Admis ACAD. 1878.]
‖ (Botan.) Famille de plantes dont le type est la primevère.

***PRIN, PRIME** [prin, prim'] *adj.*
[ÉTYM. Du lat. prîmum, *m. s.* devenu prim, prin, §§ 291 et 469. (*Cf.* prime 1 et le composé printemps.) La locution de prin saut a été altérée dès la fin du XVIIᵉ s. en de plein saut.]
‖ *Anciennt.* Premier. *Spécialt. Loc. adv.* De — saut, d'un — saut, ou, en un seul mot, de prinsaut, d'un prinsaut, du premier saut, et, *fig.* d'emblée. Il est parvenu de prinsaut à cette charge, FURET. saut.

PRINCE, PRINCESSE [prins', prin-sès'] *s. m. et f.*
[ÉTYM. Emprunté du lat. princeps, *m. s.* Sur la formation du fém. V. § 129. ‖ XIIᵉ s. Al prince vint de la contree, *Énéas*, 392.]
‖ **1°** *S. m. et f.* Celui, celle qui possède une souveraineté, ou qui est d'une maison souveraine; et aussi, au fém., femme d'un prince. Un — régnant. Tout petit — a des ambassadeurs, LA F. *Fab.* I, 3. Princes du sang, issus de la maison royale par descendance masculine. Le — de Condé. La princesse d'Orléans. [En parlant des souverains. Le roi Henri VIII, — en tout le reste accompli, BOSS. *R. d'Angl.* La princesse palatine. ‖ *Fig.* Jeux de princes, amusements des grands au détriment des petits. Le bonhomme disait : Ce sont là jeux de —, LA F. *Fab.* IV, 4. Être vêtu comme un —, magnifiquement. Faire la princesse, prendre de grands airs. Il est bon —, débonnaire. | *Ironiqt.* Adieu donc, ma princesse, REGNARD, *Ménechmes*, II, 6.
‖ **2°** *S. m.* Celui qui est le premier, le chef. Le — du sénat (à Rome). Les princes du peuple, les chefs des tribus (chez les Juifs). | Les princes de l'Église, cardinaux, archevêques et évêques. Les princes des apôtres, saint Pierre et saint Paul. Le — des sots, des fous, le chef de la confrérie (au moyen âge). ‖ *Fig.* Le — des philosophes, Aristote. Le — des orateurs, Démosthènes.

PRINCEPS [prin-sèps'] *adj.*
[ÉTYM. Emprunté du lat. princeps, *m. s.* (*Cf.* prince.) ‖ Admis ACAD. 1835.]
‖ Premier. (Ne s'emploie que dans l'expression : Édition —, la première édition d'un livre.)

1. PRINCERIE [prins'-ri; *en vers,* prin-se-ri] *s. f.*

[ÉTYM. Dérivé de princier 1, variante de primicier, §§ 65 et 115. || Admis ACAD. 1798.]

|| (T. ecclés.) Dignité de princier ou primicier. (*Syn.* primicériat.) *Spéciall.* La — de Metz.

2. 'PRINCERIE [prins'-ri ; *en vers*, prin-se-ri] *s. f.*

[ÉTYM. Dérivé de prince, § 69. || XVIIe s. *V.* à l'article.]

|| *Famil.* Dignité de prince. Tous les avantages qu'il pouvait tirer de sa —, ST-SIM. X, 2. || *P. plaisant.* Ensemble de princes. Le plus grand prince de toute la —, GUERARDI, *Th. ital.* VI, 478.

1. PRINCIER. *V.* primicier.

2. PRINCIER, IÈRE [prin-syé, -syèr] *adj.*

[ÉTYM. Dérivé de prince, § 115. || 1714. Abbayes princieres, LE P. HÉLIOT, *Hist. des ordres mon.* v, p. 429. Admis ACAD. 1835.]

|| Qui appartient à un prince, à une princesse. Titre —. Famille princière. Luxe —. || *P. ext.* Abbaye princière, où l'on ne recevait que des filles de princes.

PRINCIPAL [prin-si-pàl] *adj.* et *s. m.*

[ÉTYM. Emprunté du lat. principalis, *m. s.* || XIe s. L'alter principel, *Voy. de Charl. à Jérus.* 59. En l'elme princi-pal, *Roland*, 3433.]

I. *Adj.* Le plus important.

|| 1° En parlant des personnes. Le — personnage. Les principaux citoyens. Commis —. — locataire. C'était son — appui. Médecin —,

|| 2° En parlant des choses. Le — motif, la principale cause. C'est son — défaut. Sa principale occupation. Les principaux points d'un discours. Jouer le — rôle. || (Gramm.) Proposition principale, par opposition aux incidentes.

II. *S. m.* || 1° En parlant des personnes. Le — d'un collège, le directeur de l'établissement.

|| 2° En parlant des choses. | 1. La chose principale. Le — est de réussir. | 2. (Droit.) Le fond d'une affaire. Évoquer le — et y faire droit. | 3. Capital d'une somme prêtée. Intérêt et —, LA F. *Fab.* I, 1.

PRINCIPALEMENT [prin-si-pàl-man ; *en vers*, -pà-le-...] *adv.*

[ÉTYM. Composé de principale et ment, § 724. || XIIe s. Consacranz principaiment lo siege de son cuer, *Serm. de St Bern.* p. 33.]

|| D'une manière principale.

PRINCIPALITÉ [prin-si-pà-li-té] *s. f.*

[ÉTYM. Dérivé de principal, § 255. (*Cf.* le doublet principauté.) A distinguer de principalité, fréquent en anc. franç. d'après le bas lat. principalitas. On a dit aussi principauté d'un collège (LE MAISTRE, *Plaidoy.* 4). || 1680. RICHEL.]

|| *Vieilli.* Fonction de principal (de collège).

PRINCIPAT [prin-si-pà] *s. m.*

[ÉTYM. Emprunté du lat. principatus, *m. s.* (*Cf.* l'anc. franç. princeé.) S'est employé au XVIIe s. au sens de « principauté » en parlant de la Catalogne : dans ce sens, il vient du catalan principat, *m. s.* || Admis ACAD. 1878.]

|| (T. didact.) Dignité de prince. *Spéciall.* (Antiq. rom.) Dignité impériale. Le — d'Auguste.

PRINCIPAUTÉ [prin-si-pó-té] *s. f.*

[ÉTYM. Dérivé du lat. princeps, ipis, prince, à l'imitation de royauté, § 122. (*Cf.* le doublet principalité et l'anc. franç. princauté.) || XVe s. Ceulx qui obtiennent les principautez et les grans puissances, ORESME, *Éth.* dans LITTRÉ.]

|| Petit État, terre qui donne le titre de prince. La — de Monaco. || *P. ext.* Les principautés, le troisième chœur des anges.

PRINCIPE [prin-sîp'] *s. m.*

[ÉTYM. Emprunté du lat. principium, *m. s.* || XIVe s. Les principes mathematiques, ORESME, *Éth.* I, 10.]

|| 1° Commencement. Dieu... Règne au ciel, sans — et sans fin, RAC. *Poés. div.* IV, 113. Nos sens sont le — de nos connaissances, parce que c'est aux sens qu'elles commencent, CONDILLAC, *Log.* II, 6. Dans le —, dès le —, tout d'abord. || *P. ext.* Origine, source d'une chose. Nous avons un autre — d'erreur, les maladies, PASC. *Pens.* III, 3. Il jetait dans les esprits le — de cette licence, BOSS. *R. d'Angl.* Je vois de tes froideurs le — odieux, RAC. *Phèd.* IV, 2. Le — de la vie. Les principes nutritifs. Le — du mouvement. Elles (les expériences) sont les seuls principes de la physique, PASC. *Vide*, préf. Ce secret — de toutes nos actions, BOSS. *D. d'Orl.* Ils (les Manichéens) enseignaient deux principes et attribuaient au mauvais la création de l'univers, BOSS. *Var.* XI, 201.

|| 2° Raison d'être d'une chose. Il est de la nécessité de mon sujet de remonter jusqu'au —, BOSS. *R. d'Angl.* Le — d'Archimède, d'après lequel tout corps plongé dans un liquide perd une partie de son poids égale au poids du volume de ce liquide qu'il déplace. Lorsque les principes du gouvernement sont une fois corrompus, les meilleures lois deviennent mauvaises, MONTESQ. *Espr. des lois*, VIII, 11. || *Spéciall.* Vérité fondamentale sur laquelle s'appuie le raisonnement. Aller du — aux conséquences. L'omission d'un — mène à l'erreur, PASC. *Pens.* VII, 2 *bis.* Ceux qui sont accoutumés à raisonner par principes, ID. *ibid.* VII, 33. Les premiers principes de la connaissance. Les principes de la géométrie. Un — faux. || *P. ext.* Règle de conduite. Le — de la morale. Au fond on a un — de religion, SÉV. 174. Il faut avoir des principes certains de justice, FÉN. *Tél.* 24. La plupart des femmes n'ont guère de principes ; elles se conduisent par le cœur, LA BR. 3. J'ai pour — de ne jamais remettre les choses au lendemain. Un homme sans principes.

'PRINCIPICULE [prin-si-pi-kul] et, *vieilli*, **'PRINCI-PION** [prin-si-pyon ; *en vers*, -pi-on] *s. m.*

[ÉTYM. Dérivé du lat. princeps, cipis, prince, §§ 241 et 247. ACAD. admet principion en 1718 et le supprime en 1878. || XVIe s. Hault et puissant principion, *Sat. Ménipp.* II, p. 67.]

|| *En mauvaise part.* Petit prince.

PRINTANIER, IÈRE [prin-tà-nyé, -nyèr] *adj.*

[ÉTYM. Dérivé irrégulier de printemps, §§ 62, 64 et 115. || XVIe s. Et des vents printanniers le gracieux murmure, *Rons.* I, 401.]

|| Relatif au printemps. La saison printanière. Fleurs printanières. Sans goûter le plaisir des amours printanières, LA F. *Fab.* IV, 22. || *P. ext.* Potage —, composé de légumes frais. Étoffe printanière, étoffe claire et d'un tissu léger, qu'on porte au printemps, en été.

PRINTEMPS [prin-tan] *s. m.*

[ÉTYM. Composé de prin, premier, et temps, § 173. (*Cf.* primevère.) || XIIe s. Al tor de l'an revient et avriels et prins tans, *Naiss. du Cheval. au Cygne*, dans DELB. *Rec.*]

|| Saison de l'année qui succède à l'hiver, où s'adoucit la température et où renaît la végétation. (Intervalle compris entre l'équinoxe qui suit l'hiver et le solstice d'été.) Les fruits que le — promet et que l'automne répand sur la terre, FÉN. *Tél.* 1. C'était quand le — a reverdi les prés, A. CHÉNIER, *Mendiant.* Un climat rigoureux qui n'a presque ni — ni automne, VOLT. *Ch. XII*, 1. *Fig. Loc. prov.* Une hirondelle ne fait pas le —, un fait isolé ne peut servir de preuve. || *Fig.* | 1. Année (comptée par les printemps). *Spéciall.* Année de jeunesse. Elle compte dix-huit —. | 2. Age de la jeunesse. Le — de la vie. Elle est dans son —, GRESSET, *Méch.* III, 9.

PRIORI (À). *V.* à priori.

PRIORITÉ [pri-ò-ri-té] *s. f.*

[ÉTYM. Emprunté du lat. scolast. prioritas, *m. s.* §§ 217 et 255. (*Cf.* l'anc. franç. priorté, dignité de prieur.) || XIVe s. Ceste priorité est selon nature, ORESME, dans MEUNIER, *Essai sur Oresme.*]

|| (T. didact.) Le fait de venir avant dans l'ordre du temps. — d'origine. — d'hypothèque. L'orateur réclame la —, le droit de parler avant un autre. Donner la — à un amendement, déclarer qu'il sera discuté avant un autre.

PRISABLE [pri-zàbl'] *adj.*

[ÉTYM. Dérivé de priser, § 93. (*Cf.* appréciable et mépri-sable.) || XVIe s. *V.* à l'article. Admis ACAD. 1878.]

|| *Rare.* Digne d'être prisé. Le savoir est moins — que le jugement, MONTAIGNE, I, 24, et ACAD.

PRISE [priz'] *s. f.*

[ÉTYM. Subst. particip. de prendre, § 45. || XIIe s. Poi dure malveise prise, ÉT. DE FOUGÈRES, *Livre des man.* dans DELB. *Rec.*]

|| Action de prendre. (*Cf.* préhension.)

|| 1° De manière à tenir. Lâcher —, cesser de tenir. La mort fit lâcher — au géant pourfendu, LA F. *Contes, F. du roi de Garbe.* | *P. ext.* Donner —, présenter une partie par laquelle on peut prendre. Le moins qu'on peut laisser de — aux dents d'autrui, LA F. *Fab.* X, 8. Être hors de —. | *P. ext.* (Vétérin.) — de longe, blessure que se fait au paturon un cheval qui s'est pris dans sa longe. || *Fig.* Quelque terme où nous pensions nous attacher et nous affermir,... il échappe à nos prises, PASC. *Pens.* I, 1. Tels n'approuvent la satire que lorsque, commençant à lâcher — et à s'éloigner de leurs personnes, elle va mordre quelque autre, LA BR. *Disc. sur Théophr.* Cette fièvre a bientôt quitté —, MOL. *Tart.* III,

3. Donner — à la critique. Ainsi... j'échappe à toutes vos prises, PASC. *Prov.* 17. C'est la seule — que la médisance aura sur elle, CORN. *Cid*, exam. Tous vos déportements Pourraient moins donner — aux mauvais jugements, MOL. *Mis.* III, 4. La douleur n'a pas de — sur lui. Ni les honneurs perdus ni la richesse acquise N'auront sur leur esprit ni puissance ni —, RÉGNIER, *Sat.* 16. ‖ *P. ext.* En parlant de lutteurs. Les voilà aux prises, pieds contre pieds, mains contre mains, FÉN. *Tél.* 16. Les deux armées sont aux prises, en viennent aux mains. Une — de bec, lutte entre deux oiseaux, et, *fig.* querelle en paroles. Avoir une — avec qqn, une querelle. Nous eûmes — ensemble, CORN. *Gal. du Palais*, I, 9. ‖ *Fig.* Être aux prises avec l'adversité. (Droit.) — à partie (du juge), recours du plaideur contre le juge dans certains cas déterminés par la loi.

‖ **2°** Pour s'emparer. — de possession. La — d'une forteresse, d'une ville. La — d'un navire. Ce vaisseau est de bonne —, en parlant d'un navire ennemi chargé de contrebande. Consul des prises, établi autrefois pour juger des prises de navires ennemis. Part de —, ce qui revient à chaque marin dans le partage du prix d'une cargaison, d'une prise. ‖ La — d'un voleur, d'un meurtrier. — de corps, action d'arrêter qqn en vertu d'un mandat judiciaire. *Spéciall.* Emprisonnement de celui qui ne pouvait pas payer une dette. ‖ La — d'une bête à la chasse. On aime mieux la chasse que la —, PASC. *Pens.* IV, 2. ‖ Au jeu, action de prendre une carte, une pièce, à son adversaire. Mettre une pièce en —. La reine est en — (aux échecs). La — du roi par l'as.

‖ **3°** Pour appliquer à un usage. — d'armes, action de s'armer pour aller se battre. — d'habit, de voile, par celle qui entre en religion. ‖ La — d'un médicament. J'ai pris hier de la poudre du bonhomme,... je crois que la dernière — achèvera de me guérir, SÉV. 514. *P. ext.* Une — de rhubarbe, de thé, etc., dose qu'on prend en une fois. *Spéciall.* Une — de tabac, pincée de tabac que l'on aspire par le nez. *Absolt.* Prenez une —. ‖ Une — d'eau, action de détourner l'eau d'une rivière, d'un étang, etc., pour un certain usage. Une — d'air, action de faire entrer de l'air dans un endroit clos. Une — de vapeur.

PRISÉE [pri-zé] *s. f.*
[ÉTYM. Dérivé de priser 1, § 119. ‖ XIII° s. Trente livres de terre a prendre par prisie, *Cout. d'Artois*, dans DELB. *Rec.*]
‖ (Droit.) Évaluation d'une chose qui doit être vendue, inventoriée. On fit... une — de tous les effets mobiliers (de Monseigneur), ST-SIM. IX, 48.

1. PRISER [pri-zé] *v. tr.*
[ÉTYM. Du lat. prĕtĭăre, *m. s.* dérivé de prĕtĭum, prix, devenu preisier, §§ 406, 297 et 291, prisier, § 621, priser, § 634.]
‖ Évaluer à un certain prix. — un mobilier, une bibliothèque. ‖ *Fig.* On ne peut assez — un tel avantage, PASC. *Prov.* 5. Nous ne nous prisons pas, tout petits que nous sommes, D'un grain moins que les éléphants, LA F. *Fab.* VIII, 15. *Absolt.* Évaluer à un haut prix. Mon faquin qui se voyait —, BOIL. *Sat.* 3.

2. PRISER [pri-zé] *v. tr.*
[ÉTYM. Dérivé de prise, § 154. ‖ *Néolog.* Admis ACAD. 1878.]
‖ Aspirer par le nez. — du tabac, et, *absolt*, —. ‖ — du camphre, de l'acide borique.

1. PRISEUR [pri-zeûr] *s. m.*
[ÉTYM. Dérivé de priser 1, § 112. ‖ XIII° s. Nus... ne doit dire vilonie a nul des priseurs devant diz, E. BOILEAU, *Livre des mest.* I, c, 19.]
‖ (Droit.) Celui qui fait la prisée. Commissaire —.

2. PRISEUR, EUSE [pri-zeûr, -zeûz'] *s. m.* et *f.*
[ÉTYM. Dérivé de priser 2, § 112. ‖ *Néolog.* Admis ACAD. 1878.]
‖ Celui, celle qui a l'habitude de priser du tabac.

PRISMATIQUE [prĭs'-mà-tik'] *adj.*
[ÉTYM. Dérivé de prisme, d'après la forme du grec, § 229. ‖ 1690. FURET. Admis ACAD. 1762.]
‖ (T. didact.) Qui est en prisme. Cristal —. Forme —.

PRISME [prĭsm'] *s. m.*
[ÉTYM. Emprunté du grec πρίσμα, *m. s.* de πρίζειν, scier. (*Cf.* prime 3.) ‖ 1680. RICHEL. Admis ACAD. 1718.]
‖ **1°** (Géom.) Polyèdre dont la base inférieure et la base supérieure sont des polygones parallèles égaux, et les faces latérales des parallélogrammes unissant les côtés homologues des bases. Un — triangulaire, quadrangulaire, etc.

‖ **2°** (Physique.) Prisme triangulaire de cristal qui, lorsqu'un rayon lumineux le traverse, le réfracte et le décompose en ses couleurs primitives. Les faïenciers qui vendent de ces prismes ne les appellent pas prismes, mais triangles : le mot de — est du bas breton pour eux, RICHEL. *Dict.* (1680). ‖ *Fig.* Voir les choses à travers un —, en les parant de couleurs brillantes.

PRISON [pri-zon] *s. f.*
[ÉTYM. Du lat. pop. prensiŏnem (class. prehensionem), *m. s.* devenu preison, §§ 485, 356 et 291, puis prison, sous l'influence du part. pris, du verbe prendre.]
‖ **1°** Le fait d'être détenu, privé de sa liberté. Quel plaisir tu auras, Crassus, quand tu entendras ma —! AMYOT, *Crassus*, 12. De là vient que la — est un supplice si horrible, PASC. *Pens.* IV, 2. La peine de ce délit est la —. Faire de la —. Il a eu deux ans de —.

‖ **2°** Lieu où l'on est ainsi détenu. O Ciel! De ma — pourquoi m'as-tu tiré? RAC. *Phéd.* III, 5. Félix, dans la — j'ai triomphé de toi, CORN. *Poly.* IV, 1. Mener, mettre qqn en —. Une — d'État, où l'on enferme les prisonniers d'État. *Loc. prov.* Triste comme la porte d'une —. ‖ *Fig.* Considérer le corps comme la — de l'âme. ‖ *Poét.* ‖ 1. En parlant de la mesure à laquelle le vers est astreint. Donnant à ses mots une étroite —, BOIL. *Sat.* 2. ‖ 2. En parlant du servage amoureux. Bénir leur martyre, adorer leur —, BOIL. *Art p.* 2.

PRISONNIER, IÈRE [pri-zò-nyé, -nyèr] *s. m.* et *f.*
[ÉTYM. Dérivé de prison, § 115. Le mot est rare au moyen âge, parce que l'anc. franç. emploie prison au sens concret de « celui qui est pris » aussi bien qu'au sens abstrait de « prise ». ‖ XII°-XIII° s. Al senescal de Franche le rendent prisonier, *Aiol*, 7939.]
‖ Celui, celle qui est en prison. Un — d'État, être —. Un — de guerre. Faire des prisonniers (dans une bataille). Faire qqn —. Être — sur parole. Le destin... Me fait ta prisonnière et non pas ton esclave, CORN. *Pomp.* III, 4. ‖ *Fig.* Vous avez retenu mon âme prisonnière, CORN. *Poés. div.* 49.

*PRIVANCE [pri-vâns']. V. privauté.

PRIVATIF, IVE [pri-và-tif', -tiv'] *adj.*
[ÉTYM. Emprunté du lat. privativus, *m. s.* ‖ 1570. Particule privative, G. HERVET, dans DELB. *Rec.*]
‖ (T. didact.) Qui marque privation de qqch. Expression, disposition privative. ‖ *Spéciall.* (Gramm.) Particule privative, qui, placée devant un mot exprimant une qualité, indique l'absence de cette qualité. In — (dans infidèle, injustice).

PRIVATION [pri-và-syon ; *en vers*, -si-on] *s. f.*
[ÉTYM. Emprunté du lat. privatio, *m. s.* ‖ XIV° s. Celle privation ne leur fut pas faite par maniere de punission, BERSUIRE, f° 100, dans LITTRÉ.]
‖ Le fait d'être privé de qqch. La — de la vue. La — des droits civils. S'imposer des privations volontaires, de petites privations. La douleur est un mal réel;... elle n'est pas plus la — du plaisir, que le plaisir n'est la — de la douleur, MALEBR. *Rech. de la vérité*, V, 3. La — de nourriture. Vivre de privations, en étant obligé de se priver.

PRIVATIVEMENT [pri-và-tiv'-man ; *en vers*, -ti-ve-...] *adv.*
[ÉTYM. Composé de privative et ment, § 724. ‖ XVI° s. Privativement à tous autres, LOYSEL, p. 12.]
‖ *Vieilli.* (T. didact.) A l'exclusion de. Le rire appartient à l'homme — au reste des animaux, LA F. *Psyché*, 1.

PRIVAUTÉ [pri-vô-té] *s. f.*
[ÉTYM. Dérivé de privé, sur le modèle de royauté, § 122. ST-SIM. VII, 386, emploie dans le même sens l'anc. mot privance, § 146. ‖ XII°-XIII° s. N'acatent il mout kier le feste De lor caitive privauté? RENCL. DE MOILIENS, *Miserere*, CC, 12.]
‖ Familiarité intime. Elle se trouve naturellement dans la — (de la dauphine), SÉV. 419. Garde-toi de troubler leurs douces privautés, MOL. *Amph.* III, 2. ‖ *P. ext.* Familiarité inconvenante. Vous avez pris céans certaines privautés Qui ne me plaisent point, MOL. *Tart.* II, 2.

PRIVÉ, ÉE [pri-vé] *adj.* et *s. m.*
[ÉTYM. Du lat. privatum, part. passé de privare, priver, et par suite séparer (du public), §§ 295, 402 et 291.]
I. *Adj.* ‖ **1°** Relatif à un simple particulier. Ceux qui gouvernent font plus de fautes que les hommes privés, VAUVEN. *Max.* 126. Il ne manque rien à un roi que les douceurs de la vie privée, LA BR. 10. La vie privée doit être murée, on n'a pas le droit d'y pénétrer. Prison, chartre privée, par opposition à prison publique. Tenir qqn en chartre privée. Acte

sous seing —, fait sans l'intervention d'un officier public.
Faire qqch de son autorité privée, sans mandat. Conseil —,
conseil particulier du souverain. *P. ext.* Un conseiller —.
‖ **2°** *Vieilli.* Familier. Son plus — ami. Se rendre — avec
qqn.
‖ **3°** *P. ext.* Apprivoisé. Dans le verger courait une perdrix
privée, LA F. *Phil. et Baucis.*
II. *Vieilli. S. m.* ‖ **1°** La vie privée. Il en provenait des
fruits très utiles au — et au public, MONTAIGNE, I, 27.
‖ **2°** *P. ext.* Endroit retiré où sont les lieux d'aisances.
PRIVÉMENT [pri-vé-man] *adv.*
[ÉTYM. Pour privéement, composé de privée et ment, § 724.
‖ XIIᵉ s. S'al conseil non priveement, *Énéas,* 6504.]
‖ **1°** En qualité de simple particulier.
‖ **2°** Familièrement.
PRIVER [pri-vé] *v. tr.*
[ÉTYM. Du lat. privare, *m. s.* §§ 295 et 291. Le sens **II**
appartient à la formation savante et n'apparaît qu'au
XIVᵉ s.]
I. *Vieilli.* Apprivoiser. Le loup pris jeune se prive, mais
ne s'attache point, BUFF. *Loup.*
II. Affliger de la perte ou du manque de qqch. Être privé
de la vue, de la lumière, de l'usage de ses membres. Je te prive,
pendard, de ma succession! MOL. *Tart.* III, 6. Un César, un
Alexandre, tous privés de la connaissance de Dieu, BOSS. *Condé.*
Se — du nécessaire pour avoir le superflu, LA BR. 7. Les êtres
privés de raison. Être privé de ses droits civils. — un enfant
de dessert. Un écolier privé de récréation, de sortie. Dois-je
oublier Hector privé de funérailles? RAC. *Andr.* III, 8. ‖ *P.
ext.* Un corps privé de vie.
PRIVILÈGE [pri-vi-lèj'] *s. m.*
[ÉTYM. Emprunté du lat. privilegium, *m. s.* ‖ XIIᵉ s.
Tes privileges as et leis et poesté, GARN. DE PONT-STE-MAX.
St Thomas, 2846.]
‖ Avantage personnel accordé par exception au droit
commun. (*Syn.* prérogative.) Immunités, exemptions, privilèges, que manque-t-il à ceux qui ont un titre? LA BR. 14. Les
privilèges du clergé, de la noblesse (avant la Révolution).
‖ *Spécialt.* ‖ **1.** — du roi, autorisation exclusive d'imprimer un ouvrage, que donnait le gouvernement après
examen de la censure. ‖ **2.** Le — de la Banque de France.
‖ **3.** — d'un créancier, droit d'être payé avant les autres, en
vertu de la qualité de sa créance. ‖ *P. anal.* Le sang ni
l'amitié n'ont plus de —, CORN. *Poly.* III, 3. Le — que vous
avez de mentir, PASC. *Prov.* 15.
PRIVILÉGIER [pri-vi-lé-jyé; *en vers,* -ji-é] *v. tr.*
[ÉTYM. Dérivé du lat. privilegium, privilège, § 266. ACAD.
ne donne que privilégié, part. employé comme adj. et
comme subst. ‖ XIIIᵉ s. Personnes privileties, si comme egli-
ses, BEAUMAN. IV, 2.]
‖ Faire jouir d'un privilège. — une compagnie. ‖ Aussi
n'est-il supportable qu'aux grandes âmes et illustres de se —
au-dessus de la coutume, MONTAIGNE, I, 25. Aussi a-t-il plu
au Seigneur, qui, dans l'ordre de la grâce, avait assez privilégié
le pauvre au-dessus du riche, BOURD. *Aumône,* 2. ‖ *Spécialt. Au part. passé.* Qui jouit d'un privilège. Les classes privilégiées, et, *substantivt, au masc.* Les privilégiés. Un
créancier privilégié. Autel privilégié, auquel sont attachées
des indulgences. *Spécialt.* Nulle (étude) n'est privilégiée,
si ce n'est peut-être l'histoire, LA BR. *Lett. à Condé,* 1.
PRIX [pri; *l'x* se lie avec le son d'un *z*] *s. m.*
[ÉTYM. Du lat. prĕtium, *m. s.* devenu *prieis,* pris, écrit
abusivement prix, §§ 315, 406 et 291.]
I. Valeur d'une chose, d'une personne.
‖ **1°** Valeur vénale. Acheter à vil —. Vendre à bas —.
Payer un — exorbitant. Un diamant d'un grand —. Une chose
qui n'a pas de —, qu'on ne saurait payer assez cher. Baisser, hausser, majorer le — d'une chose. Un objet hors de —,
d'un prix excessif. Les fruits sont hors de — cette année.
Vendre à — fixe. — courant, aperçu des prix qui ont cours
à un moment donné. — de fabrique, de revient. — fait,
fixe, et, *spécialt,* convenu d'avance, pour un travail à
exécuter. Édifice construit à — fait. (*Cf.* forfait 2.) Mettre à
— la tête de qqn, promettre une somme à celui qui appor-
tera sa tête, et, *p. ext.* à celui qui le livrera. Ce n'est qu'à
— d'argent qu'on dort dans cette ville, BOIL. *Sat.* 6. Une chose
qu'on ne peut obtenir qu'à — d'or, en la payant très cher.
‖ *Fig.* Ce qu'il en coûte pour arriver à qqch. La mort est
le — de tout audacieux Qui, sans être appelé, se présente à
leurs yeux, RAC. *Esth.* I, 3. ‖ (Dieu) met la vie éternelle à ce

—, BOSS. *Hist. univ.* II, 19. Vouloir réussir à tout —. Acheter
crédit et dignités A — de faux clins d'yeux et d'élans affectés,
MOL. *Tart.* I, 5.
‖ **2°** Valeur morale. L'ingrate, qui mettait son cœur à si
haut —, RAC. *Andr.* II, 1. J'ai mis votre choix à tel —, LA
BR. *Disc. à l'Acad.* On doit tenir notre art en quelque —,
LA F. *Fab.* I, 14. L'honneur est un jugement que les hommes
portent sur le — et sur la valeur de certaines choses, BOSS.
Honneur du monde, préamb. Décider du mérite et du —
des auteurs, BOIL. *Sat.* 9. La mouche et la fourmi disputaient
de leur —, LA F. *Fab.* IV, 3. ‖ *Loc. prép.* Au — de, par
comparaison à la valeur de. Les souricières N'étaient que
jeux au — de lui, LA F. *Fab.* III, 18. Que l'homme... considère
ce qu'il est, au — de ce qui est, PASC. *Pens.* I, 1.
II. Récompense. Pour — de son silence, de ses soins, de
ses peines. Il a reçu le — de sa trahison. Ceux qui tuent sans
en recevoir aucun —, PASC. *Prov.* 6. Leur triste servitude
Devint le juste — de leur ingratitude, RAC. *Esth.* III, 4. ‖
Spécialt. Récompense donnée à celui qui l'emporte sur
des concurrents. Remporter, gagner le — de la course. Le —
a été partagé entre deux concurrents. Le grand — de Rome,
prix décerné annuellement par l'Académie des beaux-
arts aux artistes (peintres, sculpteurs, etc.), à la suite
d'un concours, et qui consiste en une bourse de séjour
à Rome, à l'Académie de France. ‖ Dans les écoles, collèges, facultés, récompense décernée aux plus méritants.
La distribution des —. Remporter le — d'honneur au Concours
général. ‖ *Fig.* Molière... Peut-être de son art eût remporté le
—, BOIL. *Art p.* 3. Sors vainqueur d'un combat dont Chimène
est le —, CORN. *Cid,* V, 1.
PROBABILISME [prò-bà-bi-lîsm'] *s. m.*
[ÉTYM. Dérivé du lat. probabilis, probable, § 265. ‖ XVIIIᵉ s.
V. à l'article. Admis ACAD. 1798.]
‖ (T. didact.) ‖ **1.** (Théol.) Doctrine enseignant qu'en
matière de morale on peut, en sûreté de conscience,
adopter une opinion, dès qu'un auteur grave l'a émise.
Le contraire du fameux — des Jésuites, VOLT. *Dial.* XXIV,
10. ‖ **2.** *Néolog.* (Philos.) Doctrine suivant laquelle l'es-
prit humain, ne pouvant arriver à la certitude, doit s'en
tenir à ce qui est le plus probable.
PROBABILISTE [prò-bà-bi-lîst'] *s. m. et f.*
[ÉTYM. Dérivé du lat. probabilis, probable, § 265. ‖ XVIIᵉ s.
V. à l'article.]
‖ (T. didact.) Partisan, partisane du probabilisme. ‖ **1.**
Du probabilisme des casuistes. Après M. Pascal est-il encore
un — au monde? *Port-Royal,* dans TRÉV. ‖ **2.** *Néolog.* Du
probabilisme philosophique.
PROBABILITÉ [prò-bà-bi-li-té] *s. f.*
[ÉTYM. Emprunté du lat. probabilitas, *m. s.* ‖ XIVᵉ s.
Cest dit a aucune probabilité, ORESME, *Éth.* I, 7.]
‖ (T. didact.) Caractère de ce qui est probable.
I. Caractère de ce dont la vérité est probable. La nou-
velle Académie, ne croyant pas à la certitude, se contentait de
la —. Vingt probabilités ne peuvent équivaloir à la certitude,
VOLT. *Dict. philos.* vérité. ‖ *Spécialt.* Doctrine des opi-
nions probables en casuistique. Ces probabilités dont le
nom seul nous choquait, BOURD. *Fausse conscience,* 1. Otez
la —, on ne peut plus plaire au monde, PASC. *Pens.* XXIV, 12.
II. Caractère de ce dont la réalisation est probable.
Il y a — qu'il réussira. ‖ *Spécialt.* (Mathém.) Calcul des probabilités, calcul des chances qu'un événement a de se produire.
PROBABLE [prò-bâbl'] *adj.*
[ÉTYM. Emprunté du lat. probabilis, *m. s.* (*Cf.* le doublet prouvable.) ‖ XIIIᵉ-XIVᵉ s. Et es chose proubable que ilz
sont nobles, H. DE GAUCHY, *Gouv. des princes,* dans GODEF.]
‖ Dont la vérité a plus de raisons pour que contre. A
défaut de certitude, les nouveaux académiciens se contentaient
de ce qui est —. ‖ *Spécialt.* (Théol.) Opinion —, qui est considérée par certains casuistes comme pouvant être ad-
mise, du moment qu'elle a été émise par un auteur grave.
‖ *Substantivt, au masc.* Ce qui est probable. Je ne me
contente pas du —,... je cherche le sûr, PASC. *Prov.* 5.
PROBABLEMENT [prò-bà-ble-man] *adv.*
[ÉTYM. Composé de probable et ment, § 724. ‖ XIVᵉ s.
Probablement et vraysemblablement, ORESME, *Éth.* II, 2.]
‖ D'une manière probable. Le premier président a plus
que — bien fait, PASC. *Prov.* 8.
PROBANT, ANTE [prò-ban, -bânt'] *adj.*
[ÉTYM. Emprunté du lat. probans, part. prés. de pro-

bare, prouver. || 1690. En forme probante, FURET. Admis ACAD. 1762 (au fém.) et 1878 (aux deux genres).]

|| (T. didact.) Qui prouve. Une démonstration probante. Un témoignage —. | Des pièces probantes.

PROBATION [prò-bà-syon ; *en vers*, -si-on] *s. f.*

[ÉTYM. Emprunté du lat. probationem, *m. s.* de probare, prouver. || XIVᵉ s. Sans autre probacion, ORESME, v, 4.]

|| (T. ecclés.) Temps de l'épreuve qui précède le noviciat religieux.

PROBATIQUE [prò-bà-tīk'] *adj*.

[ÉTYM. Emprunté du lat. probaticus, grec προβατικός, relatif au bétail (πρόβατον). || XIIIᵉ s. Probatique piscine, *Trad. de G. de Tyr*, dans DELB. *Rec.* Admis ACAD. 1762.]

|| (Antiq. judaïque.) Piscine —, pour laver les animaux destinés aux sacrifices.

PROBATOIRE [prò-bà-twàr] *adj*.

[ÉTYM. Emprunté du lat. probatorius, *m. s.* de probare, prouver. || Admis ACAD. 1762.]

|| (T. didact.) Qui prouve. *Spécialt. Vieilli.* Acte —, qui prouve la capacité d'un candidat à un grade. (*Syn.* épreuve.)

PROBE [pròb'] *adj*.

[ÉTYM. Emprunté du lat. probus, *m. s.* || *Néolog.* Admis ACAD. 1835.]

|| Qui est d'une honnêteté scrupuleuse.

PROBITÉ [prò-bi-té] *s. f.*

[ÉTYM. Emprunté du lat. probitas, *m. s.* || 1570. Probité louée des hommes, G. HERVET, dans DELB. *Rec.*]

|| Honnêteté scrupuleuse. La fidélité aux lois, aux mœurs et à la conscience fait l'exacte —, DUCLOS, *Consid. sur les mœurs*, 4. La — sévère est digne qu'on l'estime, Elle a tout ce qui fait un grand homme de bien, CORN. *Oth.* II, 4. La principale partie de l'orateur, c'est la —, LA BR. 14. || *Spécialt.* En parlant des devoirs du citoyen. La — est un attachement à toutes les vertus civiles, VAUVEN. *Espr. hum.* 45. Le peuple romain avait de la —, MONTESQ. *Espr. des lois*, VI, 11.

PROBLÉMATIQUE [prò-blé-mà-tīk'] *adj*.

[ÉTYM. Emprunté du lat. problematicus, grec προβλη-ματικός, *m. s.* de προβλήμα, problème. || XVᵉ s. Question problématique, G. TARDIF, dans DELB. *Rec.*]

|| (T. didact.) || **1°** Dont la solution est douteuse. Question —. Cette opinion est —, PASC. *Prov.* 1.

|| **2°** *P. ext.* Dont l'issue est douteuse. Une entreprise dont le succès est fort —.

PROBLÉMATIQUEMENT [prò-blé-mà-tīk'-man ; *en vers*, -ti-ke-...] *adv*.

[ÉTYM. Composé de problématique et ment, § 724. || 1649. DAVID BLONDEL, *Sibylles*, p. 399.]

|| (T. didact.) D'une manière problématique.

PROBLÈME [prò-blèm'] *s. m.*

[ÉTYM. Emprunté du lat. problema, grec προβλήμα, *m. s.* || XIVᵉ s. Les Problèmes d'Aristote, ÉVRART DE CONTY, titre, dans GODEF. *Compl.*]

|| (T. didact.) Question, difficulté à résoudre. Un — d'arithmétique, de géométrie, de physique. Un — philosophique, historique. Le — social. || *Fig.* Sa conduite est un — pour moi. L'homme est dans ses écarts un étrange —, ANDRIEUX, *Moulin Sans-Souci*.

PROBOSCIDE [prò-bòs'-sid'] *s. f.*

[ÉTYM. Emprunté du lat. proboscis, idis, grec προβοσκίς, ιδος, *m. s.* || XVIᵉ s. Ils ont le museau long et le nommons proboscide, RAB. v, 30. Admis ACAD. 1762.]

|| Trompe d'animal (éléphant, insecte diptère, etc.). Ces petits éléphants ailés (les cousins) pourvus de proboscides, SCARR. *Rom. com.* II, 16.

PROBOSCIDIENS [prò-bòs'-si-dyin ; *en vers*, -di-yin] *s. m. pl.*

[ÉTYM. Dérivé de proboscide, § 244. || *Néolog.* Admis ACAD. 1878.]

|| (Hist. nat.) Famille d'animaux à trompe (éléphant, tapir).

PROCÉDÉ [prò-sé-dé] *s. m.*

[ÉTYM. Subst. particip. de procéder, § 45. || 1642. OUD.]

|| Manière de s'y prendre.

|| **1°** A l'égard de qqn. Son — est fort honnête. Il a eu envers moi les meilleurs procédés. Quelle estime... voulez-vous que nous fassions du — irrégulier de ces gens-là ! MOL. *Préc. rid.* SC. 4. Un sanglant — qui ne me plut jamais (le duel), CORN. *Cid*, IV, 5. || *Spécialt. Vieilli.* Préliminaires d'un duel. Deux procédés valent un combat, SÉV. 543. La jurispru-

dence était toute en procédés ; tout fut gouverné par le point d'honneur, MONTESQ. *Espr. des lois*, XXVIII, 19.

|| **2°** A l'égard de qqch. Les nouveaux procédés de fabrication, de construction, d'éclairage. Un — nouveau pour les opérations chirurgicales, les pansements. || *P. ext. Fig.* Au jeu de billard, petit rond de cuir appliqué au bout de la queue pour rendre le coup moelleux.

PROCÉDER [prò-sé-dé] *v. intr.*

[ÉTYM. Emprunté du lat. procedere, s'avancer. || XIIIᵉ-XIVᵉ s. Avicene,... Thederic,... Lanfranc, procederent tres bien, *Chirurg. de Mondeville*, fº 4. Le Saint Esperit qui procede ou ist du pere, J. CORBICHON, *Propr. des choses*, I, 2, mss franç. Bibl. nat. 216, fº 15, rº.]

|| **1°** à qqch, venir à l'exécution de cette chose. On a procédé à la célébration du mariage. — à l'audition des témoins. — à l'installation d'un nouveau juge. | *Absolt.* — avec mesure. — par ordre. — avec méthode. || *Spécialt.* (Droit.) — contre qqn, agir contre lui en justice. (*Cf.* procédure.)

|| **2°** de qqch, être l'effet de cette chose. Mon avis... est que cela (son mal) procède d'une grande chaleur de sang, MOL. *Am. méd.* II, 4. De là procède la longueur ou la brièveté de mes réflexions, LA BR. préf. Il n'y a pas moins de répugnance que... l'imperfection procède de Dieu... qu'il y en a que la perfection procède du néant, DESC. *Méth.* 4. || *Spécialt.* (Théol.) Le Saint-Esprit procède du Père et du Fils.

PROCÉDURE [prò-sé-dür] *s. f.*

[ÉTYM. Dérivé de procéder, § 250. || XIVᵉ-XVᵉ s. Tousjours robant sa procedure, *Traité d'alch.* 462, dans LITTRÉ.]

|| (Droit.) Formes suivant lesquelles on doit procéder en justice. La — civile, criminelle. Le code de —. Un homme innocent à qui la précipitation et la — ont trouvé un crime, LA BR. 14. Un jugement cassé pour vice de —. Le Code de —.

PROCÈS [pro-sè] *s. m.*

[ÉTYM. Emprunté du lat. processus, marche en avant. (*Cf.* processus et procès-verbal.) || 1209. Par pruchés de tans, *Charte de Douai*, dans GODEF.]

|| Affaire poursuivie en justice. Faire un — à qqn. Avoir un — avec qqn. Le franc scélérat avec qui j'ai —, MOL. *Mis.* I, 1. J'aurai le plaisir de perdre mon —, ID. *ibid.* Faire le — à qqn, le poursuivre, et, *fig.* mettre qqn en cause, l'attaquer. Tous ces gens... Font d'abord le — à quiconque ose rire, BOIL. *Disc. au roi.* Je ne veux point ici lui faire son — (au Tasse), ID. *Art p.* 3. | Sans forme de —, sans respecter les formes de la justice, et, *fig.* sans autre façon. Le loup... le mange, Sans autre forme de —, LA F. *Fab.* 1, 10.

PROCESSIF, IVE [prò-sè-sif', -sïv'] *adj*.

[ÉTYM. Dérivé de procès, § 257. || 1511. Voyes illicites, litigieuses et processives, J. LE MAIRE, dans DELB. *Rec.*]

|| Qui a rapport aux procès. || *P. ext.* Qui aime les procès. Un homme —, d'humeur processive.

PROCESSION [prò-sè-syon ; *en vers*, -si-on] *s. f.*

[ÉTYM. Emprunté du lat. processio, marche en avant. || XIᵉ s. A grant procession en est al rei alez, *Voy. de Charl. à Jérus.* 144.]

I. Marche solennelle du clergé et du peuple défilant en ordre, dans l'église ou au dehors, en chantant des psaumes, des hymnes, des litanies, à l'occasion de certaines fêtes religieuses. La — de la Fête-Dieu. Suivre la —. || *Fig.* Longue file de personnes qui vont les unes à la suite des autres. Je vois de janvier à décembre La — des bourgeois, TH. GAUTIER, *Émaux et Camées, Obélisque.*

II. (Théol.) Acte par lequel le Saint-Esprit procède éternellement du Père et du Fils. La — du Saint-Esprit.

ʻPROCESSIONNAIRE [prò-sè-syò-nèr; *en vers*, -si-ò-...] *adj*.

[ÉTYM. Dérivé de procession, § 248. Signifie « processionnal » en anc. français : Un prouçessionnaire noté (1328), dans GODEF. || XVIᵉ-XVIIᵉ s. Devotions processionnaires, P. DE L'ESTOILE, dans DELB. *Rec.*]

|| (T. didact.) Qui va en procession. *Spécialt. P. anal.* Chenilles processionnaires, qui vont en troupe.

PROCESSIONNAL [prò-sè-syò-nàl ; *en vers*, -si-ò-...] *s. m.*

[ÉTYM. Dérivé de procession, § 238. Au moyen âge on dit processionnaire et processionnier. || 1563. Deux procession-naiz, dans DELB. *Rec.*]

|| (Liturgie.) Livre contenant les prières qu'on récite aux processions.

PROCESSIONNEL, ELLE [prò-sè-syò-nèl ; *en vers*, -si-ò-...] *adj*.

[ÉTYM. Dérivé de procession, § 238. || 1566. Se déduit de l'existence de processionnellement à cette date. Admis ACAD. 1718.]

|| (Liturgie.) Relatif aux processions. Défilé —. Cortège —.

PROCESSIONNELLEMENT [prò-sè-syò-nĕl-man; en vers, -si-ò-nò-le-...] adv.

[ÉTYM. Composé de processionnelle et ment, § 724. || 1566. L'Université et le clergé... marcherent processionnellement, G. PARADIN, Ann. de Bourg. dans DELB. Rec.]

|| (Liturgie.) En procession.

***PROCESSUS** [prò-sĕs'-sùs'] s. m.

[ÉTYM. Mot latin signifiant « marche en avant ». Qqns le francisent et emploient procès à la place de processus. || XVIᵉ s. Le processus ou voye du peritoine, PARÉ, I, 29.]

|| (T. didact.) || **1°** (Zoologie.) Prolongement de telle ou telle partie. — cérébelleux, prolongement du cervelet. || **2°** (Philos.) Marche progressive.

PROCÈS-VERBAL [prò-sè-vèr-bàl] s. m.

[ÉTYM. Composé de procès et verbal (les actes de ce genre se faisant autrefois verbalement), § 173. || 1611. Procés verbal, COTGR. verbal.]

|| (T. didact.) Acte d'un officier de justice constatant un délit, une contravention. Dresser — contre un délinquant. || P. ext. | 1. Relation par laquelle une personne ayant droit ou qualité constate ce qu'elle a fait, vu, entendu. Dresser un — d'opposition, de levée des scellés. | 2. Relation de ce qui s'est passé dans une des séances d'une assemblée, d'une réunion. Lire, adopter le — de la séance précédente.

PROCHAIN, AINE [prò-chin, -chĕn'] adj. et s. m.

[ÉTYM. Dérivé de proche, § 97. || XIIᵉ s. La tribulatiun est pruceine, Psaut. de Cambridge, XXI, 11.]

I. Adj. Qui est très rapproché.

|| **1°** Dans l'espace. Au — village. A la ville prochaine. Dans la chambre prochaine, RAC. Esth. II, 9.

|| **2°** Dans le temps. La semaine prochaine. Lundi —. || Sa nomination est prochaine. Sa prochaine grandeur, RAC. Bér. I, 3. J'ai lu dans ses regards sa prochaine vengeance, ID. Mithr. IV, 2.

|| **3°** Dans l'ordre logique. Il faut définir par le genre — et la différence spécifique. La finesse est l'occasion prochaine de la fourberie, LA BR. 8. | (Théol.) Le pouvoir —, pouvoir immédiat de faire le bien en vertu de la grâce efficace.

II. S. m. Le —, notre semblable. Il faut aimer son — comme soi-même. La charité envers le —. Avec quelle circonspection celle-ci ménageait le —, BOSS. D. d'Orl.

PROCHAINEMENT [prò-chèn'-man; en vers, -chò-ne-...] adv.

[ÉTYM. Composé de prochaine et ment, § 724. || XIIᵉ s. El li donra prochainement La plus bele femme del mont, Énéas, 160.]

|| Dans un temps prochain. Il reviendra —.

PROCHE [prŏch'] adv. et adj.

[ÉTYM. Du lat. prŏpius, comparatif de prope, près, devenu *propje, *propche, proche, § 724. L'anc. franç. emploie comme adv. pruef, du lat. prŏpe. || 1259. Se déduit de l'existence de l'adv. procement, pour prochement, à cette date, dans GODEF.]

I. Adv. A très peu de distance. Il est tout —. Il demeure ici —. | Le feu s'étend de — en —. | — de, locution prépositive. — de la ville. Il habite — de chez moi, et, famil. Il demeure — le palais. || P. ext. A un très petit intervalle de temps. Quand ils sont — de mourir, PASC. Pens. XXV, 8.

II. Adj. Qui est à très peu de distance.

|| **1°** Dans l'espace. Son plus — voisin.

|| **2°** Dans le temps. Le jour fatal est —, BOIL. Ép. 3. Il semblait nous parler de ton — hyménée, CORN. Hor. V, 4. || Fig. | 1. Au caprice est, dans les femmes, tout — de la beauté, LA BR. 3. | 2. Ses proches parents, et, ellipt, Ses proches. Deux personnes qui m'étaient très proches, DESC. Lett. 10 janv. 1641.

PROCHRONISME [prò-krò-nĭsm'] s. m.

[ÉTYM. Composé avec le grec πρό, avant, χρόνος, temps, et le suffixe isme, §§ 265 et 279. || Admis ACAD. 1762.]

|| (T. didact.) Erreur de chronologie consistant à placer les faits trop tôt. (Cf. métachronisme.)

PROCLAMATION [prò-klà-mà-syon; en vers, -si-on] s. f.

[ÉTYM. Emprunté du lat. proclamatio, m. s. || 1370. Criees ou proclamacions, Ordonn. V, 309.]

|| **1°** Action de proclamer. La — d'un roi, d'un président. La — du résultat d'un scrutin. La — des lauréats d'un concours. La — de la république.

|| **2°** Discours, écrit contenant ce qu'on proclame. Une — au peuple. Les proclamations de Bonaparte à l'armée d'Italie.

PROCLAMER [prò-klà-mé] v. tr.

[ÉTYM. Emprunté du lat. proclamare, m. s. composé de pro, devant, et clamare, crier. (Cf. clamer.)|| 1549. R. EST.]

|| Annoncer publiquement. Il fut proclamé roi. Quinze ou vingt révoltés... Viennent de — Othon pour empereur, CORN. Oth. IV, 7. La république a été proclamée. On a proclamé le résultat du scrutin. — une ordonnance à son de trompe. || Fig. La postérité proclamera ses hauts faits.

PROCLITIQUE [prò-kli-tïk'] adj.

[ÉTYM. Emprunté du grec προκλιτικός, formé par le grammairien Hermann sur le modèle de ἐγκλιτικός (cf. enclitique), dérivé de προκλίνειν, pencher en avant.|| 1812. MOZIN, Dict. franç.-allem. Admis ACAD. 1878.]

|| (Gramm.) Qui, n'ayant pas d'accent tonique, s'appuie sur le mot qui suit. Un mot —, et, substantivt, Un —.

***PROCLIVITÉ** [prò-kli-vi-té] s. f.

[ÉTYM. Emprunté du lat. proclivitas, m. s. de proclivus, penché en avant. (Cf. proclif, fréquent au XVIᵉ s.) || XVIᵉ-XVIIᵉ s. La proclivité de vos corps a subir et endurer diverses infirmitez, J. DUVAL, Hydrotherap. p. 5, édit. 1603.]

|| (T. didact.) État de ce qui penche en avant. La — du terrain.

PROCONSUL [prò-kon-sul] s. m.

[ÉTYM. Emprunté du lat. proconsul, m. s. || XVᵉ-XVIᵉ s. Lucius Julius proconsul, J. LE MAIRE, dans DELB. Rec.]

|| (Antiq. rom.) Consul sortant de charge, auquel on donnait le commandement d'une armée, d'une province. Soumis dans les provinces au pouvoir arbitraire d'un —, MONTESQ. Espr. des lois, XI, 19. || P. anal. Pendant la révolution française, commissaire envoyé auprès des armées, dans les départements.

PROCONSULAIRE [prò-kon-su-lêr] adj.

[ÉTYM. Emprunté du lat. proconsularis, m. s. || 1771. TRÉV. Admis ACAD. 1835.]

|| (Antiq. rom.) Qui appartient au proconsul. Dignité, pouvoir —.

PROCONSULAT [prò-kon-su-là] s. m.

[ÉTYM. Emprunté du lat. proconsulatus, m. s. || 1552. Proconsulat d'Espagne, G. GUÉROULT, dans DELB. Rec. Admis ACAD. 1718.]

|| (Antiq. rom.) Fonctions de proconsul; durée de ces fonctions.

***PROCRÉATEUR, TRICE** [prò-kré-à-tèur, -trïs'] adj.

[ÉTYM. Emprunté du lat. procreator, m. s. ||.1547. Procreateur et progeniteur de tout homme, G. BUDÉ, dans DELB. Rec.]

|| (T. didact.) Qui procrée. Le pouvoir —. Vertu procréatrice, BUFF. Anim. 1.

PROCRÉATION [prò-kré-à-syon; en vers, -si-on] s. f.

[ÉTYM. Emprunté du lat. procreatio, m. s. || XIVᵉ s. Procreacion de lignee, ORESME, Éth. IX, 1.]

|| (T. didact.) Action de procréer.

PROCRÉER [prò-kré-é] v. tr.

[ÉTYM. Emprunté du lat. procreare, m. s. || XIIIᵉ-XIVᵉ s. Les vertus desus procriees Des deus amors, MACÉ DE LA CHARITÉ, Bible, fᵒ 116, vᵒ.]

|| (T. didact.) Produire par l'acte de la génération. Pour... — des enfants bien conditionnés, MOL. Mal. im. II, 6.

PROCURATEUR [prò-ku-à-tèur] s. m.

[ÉTYM. Emprunté du lat. procurator, m. s. Le fém. procuratrice sert à procureur. || XIIIᵉ s. Tres diligens procuratours, Vie de St Evroult, II, 939, Blin.]

|| Vieilli. Procureur. || Spécialt. | 1. (Antiq. rom.) — impérial, fonctionnaire chargé du gouvernement d'une province, des finances, de la levée des impôts. | 2. Dans certaines républiques italiennes, principal magistrat.

PROCURATION [prò-ku-rà-syon; en vers, -si-on] s. f.

[ÉTYM. Emprunté du lat. procuratio, m. s. || XIIIᵉ s. Lesqueles procuracions valent et lesqueles non, BEAUMAN. 10, Salmon.]

|| Pouvoir donné légalement par quelqu'un à une personne d'agir en son nom. Signer une —. Agir par —.

PROCURATRICE. V. procureur.

PROCURER [prò-ku-ré] v. intr. et tr.

[ÉTYM. Emprunté du lat. procurare, m. s. de pro, pour,

et curare, avoir soin. || XIII° s. Procurer... Que bonne pes entre eux eûst, J. DE MEUNG, *Rose*, 3039.]

I. *Vieilli. V. intr.* Prendre soin. Le prince doit — que le peuple soit instruit de la loi de Dieu, BOSS. *Polit.* VII, IV, 14.

II. *V. tr.* || **1°** *Vieilli.* Amener (un résultat) par ses soins. Non point en flattant le peuple, mais en procurant son bien, BOSS. *Hist. univ.* III, 5. Agrippine procura la ruine d'une autre femme de condition, P. D'ABLANC. *Tacite, Ann.* XII, 22. Une pensée qui l'obligeait de — ce mariage, RAC. *Lett.* 22.]

|| **2°** Faire obtenir. — à qqn un régisseur, un fermier. — un emploi, une situation avantageuse à qqn. Ce n'est jamais que sous ce nom (de bien) que nous nous procurons des maux, SÉV. 1296. || *P. anal.* Avec un nom de chose pour sujet. Les profits que lui a procurés cette affaire.

PROCUREUR [prò-ku-reûr] et, *au fém.* **PROCU- REUSE** [-reûz'] et **PROCURATRICE** [-rà-trĭs'] *s. m.* et *f.*

[ÉTYM. Dérivé de procurer, § 112. || XIII° s. Qui puet fere procureeur, BEAUMAN. 10, Salmon.]

|| Celui qui agit pour un autre. || *Spéciallt.* | **1.** *S. m.* et *f.* —, procuratrice, celui, celle qui a reçu, en vertu d'une procuration, pouvoir d'agir pour un autre. Si quelque affaire t'importe, Ne la fais point par —, LA F. *Fab.* XI, 3. | **2.** *S. m.* Ancien officier de justice, dit aussi procureur postulant (*V. ce mot*), chargé d'agir en justice au nom de ceux qui plaidaient. *Famil. Au fém.* Procureuse, femme de cet officier. | **3.** Magistrat chargé du ministère public. — du roi, — impérial, — de la république, chargé sous la royauté, sous l'empire, sous la république, du ministère public près d'un tribunal. — général, chargé du ministère public près d'une cour d'appel ou près de la cour de cassation. *Famil. Au fém.* Procureuse, femme de ce magistrat. | **4.** (T. ecclés.) Religieux chargé des intérêts de l'ordre. Le père — des Chartreux. | **5.** *S. f. En mauvaise part.* Procureuse, entremetteuse.

PRODIGALEMENT [prò-di-gàl-man ; *en vers*, -gà- le-...] *adv.*

[ÉTYM. Composé avec l'anc. franç. prodigal (lat. prodi- galis), prodigue, et ment, à l'imitation du lat. prodigaliter, *m. s.* § 724. || 1539. R. EST. Admis ACAD. 1694 ; suppr. en 1798 ; rétabli en 1878.]

|| Avec prodigalité. (*Cf.* prodiguement.) L'or semé —, THÉOPHILE, *Maison de Silvie, Ode*, 7.

PRODIGALITÉ [prò-di-gà-lĭ-té] *s. f.*

[ÉTYM. Emprunté du lat. prodigalitas, *m. s.* || XIII° s. Le mi- lieu entre avarice et prodigalité, BRUN. LATINI, *Trésor*, p. 272.]

|| **1°** Disposition à dépenser sans mesure. L'avarice pro- duit quelquefois la —, et la — l'avarice, LA ROCHEF. *Réflex. morales*, 12.

|| **2°** Action de dépenser sans mesure. De folles prodi- galités. Son immense — (d'Alexandre) pour les grandes cho- ses, MONTESQ. *Espr. des lois*, X, 14.

PRODIGE [prò-dĭj'] *s. m.*

[ÉTYM. Emprunté du lat. prodigium, *m. s.* || XIV° s. Pro- diges estoient appellées aucunes merveilleuses aventures, BER- SUIRE, f° 3.]

|| Événement qui a qqch de miraculeux. Tous les jours il y paraissait (dans le temple) de nouveaux prodiges, BOSS. *Hist. univ.* II, 21. || *Fig.* | **1.** Chose extraordinaire. Les pro- diges de l'industrie. Faire des prodiges de valeur. Les Romains firent des prodiges pour leur liberté, BOSS. *Hist. univ.* I, 8. | **2.** Personne extraordinaire. M. du Maine est un — d'esprit, SÉV. 566. Rome fut un — de constance, MONTESQ. *Rom.* 4. Un petit —, enfant très avancé pour son âge. Quelle chimère est-ce donc que l'homme,... quel — ! PASC. *Pens.* VIII, 1.

PRODIGIEUSEMENT [prò-di-jyeûz'-man ; *en vers*, -ji-eû-ze-...] *adv.*

[ÉTYM. Composé de prodigieuse et ment, § 724. || 1549. R. EST.]

|| D'une manière extraordinaire. Un homme — grand, RAC. *Rem. sur l'Odyss.* VI, 146, Grands Écriv. Il est si — flatté dans tous les portraits que l'on fait de lui, LA BR. 8.

PRODIGIEUX, EUSE [prò-di-jyeû, -jyeûz' ; *en vers*, -ji-...] *adj.*

[ÉTYM. Emprunté du lat. prodigiosus, *m. s.* || 1549. R. EST.]

|| **1°** Qui tient du prodige. L'homme est à lui-même le plus — objet de la nature, PASC. *Pens.* I, 1.

|| **2°** Extraordinaire. L'excès — de ce fatal amour, MOL. *Mis.* IV, 3. La différence des esprits des hommes, aussi prodigieuse en eux que celle de leur visage, LA BR. *Disc. sur Théophr.*

PRODIGUE [prò-dig'] *adj.*

[ÉTYM. Emprunté du lat. prodigus, *m. s.* || XIII° s. Prodi- gues est cil qui se desmesure en doner, BRUN. LATINI, *Trésor*, p. 284.]

|| **1°** Qui dépense sans mesure. L'héritier — paie de su- perbes funérailles et dévore le reste, LA BR. 6. La parabole de l'Enfant —, parabole évangélique représentant le pécheur repentant sous les traits d'un fils de famille qui, ayant dissipé son patrimoine, revient misérable vers son père, et à qui le père pardonne. || *Substantivt.* Un, une —. Faire donner à un — un conseil judiciaire.

|| **2°** *Fig.* Qui donne sans mesure. Le Ciel fut pour toi si — en miracles, BOIL. *Lutr.* 6. — de son sang. — surtout du sang des misérables, RAC. *Ath.* III, 3. De nouveaux bienfaits dont il lui fut —, CORN. *Cinna*, ép. Un menteur est toujours — de serments, ID. *Ment.* III, 5. Ces mêmes héros, prodigues de leur vie, RAC. *Baj.* II, 3. | *Poét.* Sa — amitié ne se réserve rien, RAC. *Brit.* I, 1.

***PRODIGUEMENT** [prò-dĭg'-man ; *en vers*, -di- ghe-...] *adv.*

[ÉTYM. Composé avec prodigue et ment, § 724. || XV°- XVI° s. O. DE ST-GELAIS, dans DELB. *Rec.*]

|| *Vieilli.* Avec prodigalité. (*Syn.* prodigalement.)

PRODIGUER [prò-di-ghé] *v. tr.*

[ÉTYM. Dérivé de prodigue, § 154. || 1564. Prodiguer ses biens, J. THIERRY, *Dict. franç.-lat.*]

|| **1°** Dépenser sans mesure. Ce que l'on prodigue, on l'ôte à son héritier, LA BR. 6.

|| **2°** *Fig.* Donner sans mesure. Dieu prodigue ses biens A ceux qui font vœu d'être siens, LA F. *Fab.* VII, 3. Rome sur les autels prodiguant ces victimes, RAC. *Brit.* IV, 4. Se —, ne pas se ménager. — à qqn ses soins. Vous lui pourrez bien- tôt — vos bontés, RAC. *Andr.* IV, 1. | *Poét.* C'est à vous... de ne pas — vos secrets, RAC. *Brit.* I, 4.

PRODITOIREMENT [prò-di-twàr-man ; *en vers*, -twà- re-...] *adv.*

[ÉTYM. Composé avec l'anc. franç. proditoire, lat. pro- ditorius, et ment, à l'imitation du lat. proditorie, *m. s.* § 724. || 1577. FORGET, *Paraphr. sur les lois des anc. republ.* f° 14, r°. Admis ACAD. 1694.]

|| *Vieilli.* En trahison. Tuer qqn —. L'amiral de Chatillon fut tué cruellement et —, GUY PATIN, *Lett.* II, p. 353.

PRODROME [prò-dròm'] *s. m.*

[ÉTYM. Emprunté du grec πρόδρομος, *m. s.* de πρό, avant, et δρόμος, course. || XVI°-XVII° s. Prodromes..., c'est à dire avant-coureurs, MONTLYARD, dans DELB. *Rec.* Admis ACAD. 1835.]

|| (T. didact.) Signe précurseur. (Se dit spécialement d'une maladie.)

PRODUCTEUR, TRICE [prò-dŭk'-teûr, -trĭs'] *adj.*

[ÉTYM. Emprunté du lat. productor, *m. s.* || 1504. Chief et producteur de ce noble germe, J. LE MAIRE, dans DELB. *Rec.* Admis ACAD. 1835.]

|| (T. didact.) Qui produit. La force productrice du mou- vement. || *Substantivt.* Celui, celle qui produit. Le — et le consommateur.

PRODUCTIF, IVE [prò-dŭk'-tĭf, -tĭv'] *adj.*

[ÉTYM. Emprunté du lat. scolast. productivus, *m. s.* § 257. || XVI° s. Fleur productive, YSAMBERT DE ST-LEGER, *Miroir aux dames*, dans DELB. *Rec.* Admis ACAD. 1835.]

|| (T. didact.) Qui est d'un bon rapport. Une terre pro- ductive. Un commerce —.

PRODUCTION [prò-dŭk'-syon ; *en vers*, -si-on] *s. f.*

[ÉTYM. Emprunté du lat. productio, *m. s.* || XIII° s. Requerre seconde prodution, BEAUMAN. IV, 4.]

I. Action de faire paraître, de mettre en évidence. La — des pièces d'un procès. On exige la — de l'acte de naissance. | Sans aucune — au dehors de science, PASC. *Pens.* XVII, 1.

II. Action de faire naître, de mettre au jour. La — du blé. | (Philos.) La — de l'être. On ne peut pas feindre que plusieurs causes ont ensemble concouru à ma —, DESC. *Médit.* 3. || *P. ext.* Ce qui est produit. Les productions de la terre, de l'esprit. Le défaut des auteurs, dans leurs productions..., MOL. *F. sav.* III, 5. | *Spéciallt.* (Médec.) — morbide, pro- duction accidentelle aux dépens de quelque tissu naturel.

PRODUIRE [prò-duîr] *v. tr.*

[ÉTYM. Emprunté du lat. producere, *m. s.* rendu par pro- duire, d'après l'anc. franç. duire, de ducere, conduire, de conducere, etc., § 503. || XV° s. Nature et beauté... produirent et formerent un corps de femme, MART. D'AUV. *Arresta amo- rum*, p. 298, dans LA C.]

I. Faire paraître.

‖ **1°** Des personnes. — des témoins. Les deux accusateurs que lui-même a produits, CORN. *Nicom.* III, 8. Quoi! vous osez, dit-elle, à mes yeux vous — ? LA F. *Fab.* II, 5. — qqn dans une société. En vous le produisant, je ne crains pas le blâme, MOL. *F. sav.* III, 3. Se — dans le monde. Les femmes qui... s'étaient produites sur le théâtre, MONTESQ. *Espr. des lois*, XXV, 21. Deux Amphitryons ici nous sont produits, MOL. *Amph.* III, 5.

‖ **2°** Des choses. — ses titres. — les pièces du procès. D'aujourd'hui seulement je produis mon visage, CORN. *Ment.* II, 8. — ses autorités. En vain je l'ai produite (ma pièce) sous le titre de l'Imposteur, MOL. *Tart.* 2° placet.

II. Faire naître, mettre au jour. Les brebis... ne produisent ordinairement qu'un agneau, BUFF. *Brebis.* Apprenez d'elle enfin quel sang vous a produits, CORN. *Hér.* V, 7. Les fruits que produit la terre. ‖ *P. ext.* Ce pays produit de l'or. ‖ *Fig.* Ce pays a produit de grands hommes. Je tiens cette comédie une des plus plaisantes que l'auteur ait produites, MOL. *Crit. de l'Éc. des f.* sc. 3. Le revenu que produit un immeuble.

PRODUIT [prò-dui] *s. m.*

[ÉTYM. Subst. particip. de produire, § 45. ‖ 1554. Ajoutez le au produit, J. PELETIER, *Arithm.* p. 56.]

‖ Ce qui est produit, mis au jour. Le mulet est le — d'un cheval et d'une ânesse, ou d'un âne et d'une jument. Les produits de la nature, de l'industrie. Des produits chimiques. | Le — d'une vente. Le — d'une maison. — brut, net. Un — naturel, artificiel. ‖ *P. ext. Fig.* (Arithm.) Le — d'un nombre par un autre, résultat de la multiplication de l'un par l'autre.

PROÉMINENCE [prò-é-mi-nãns] *s. f.*

[ÉTYM. Dérivé de proéminent, § 262. ‖ Admis ACAD. 1798.]

‖ (T. didact.) État de ce qui est proéminent. ‖ *P. ext.* Partie proéminente.

PROÉMINENT, ENTE [prò-é-mi-nan, -nãnt'] *adj.*

[ÉTYM. Emprunté du lat. proeminens, entis, *m. s.* (Cf. prominent.) ‖ 1556. R. LE BLANC, dans DELB. *Rec.* Admis ACAD. 1798.]

‖ (T. didact.) Qui dépasse le relief de ce qui l'entoure. Le nez est la partie proéminente du visage. Les nègres ont les mâchoires proéminentes.

PROFANATEUR, TRICE [prò-fà-nà-teur, -trĭs'] *s. m. et f.*

[ÉTYM. Emprunté du lat. profanator, *m. s.* ‖ 1566. Un tel profanateur, H. EST. *Apol.* dans DELB. *Rec.*]

‖ Celui, celle qui profane. Le temple dont il (Jésus-Christ) chassa les profanateurs, BOSS. 2° *Instr. pastor.* | *Adjectivt.* Un peuple —, J.-B. ROUSS. *Odes*, III, 10.

PROFANATION [prò-fà-nà-syon ; *en vers*, -si-on] *s. f.*

[ÉTYM. Emprunté du lat. profanatio, *m. s.* ‖ XV° s. Prophanations des lieux saints, JUVÉNAL DES URSINS, dans DELB. *Rec.*]

‖ Action de profaner. La — des églises, des vases sacrés. La — des sacrements, PASC. 2° *Fact.* Je mets au rang des profanations Leur table, leurs festins, RAC. *Esth.* I, 4. ‖ *Fig.* Faire un tel usage de son talent est une véritable —.

PROFANE [prò-fàn'] *adj.*

[ÉTYM. Emprunté du lat. profanus, *m. s.* de pro, devant, et fanum, temple. ‖ 1278. Enterré en terre profahane, dans DELB. *Rec.*]

‖ Qui est étranger aux choses sacrées. Tout — exercice est banni de son temple, RAC. *Ath.* II, 7. Les histoires profanes, par opposition à l'histoire sainte. ‖ *P. ext.* Qui outrage les choses sacrées. Ce peuple... infecte votre empire, RAC. *Esth.* II, 1. *Substantivt.* Un, une —, celui, celle qui est profane. C'est des ministres saints la demeure sacrée; Les lois à tout — en défendent l'entrée, RAC. *Ath.* III, 2. Quel — en ce lieu s'ose avancer vers nous ? ID. *Esth.* I, 3. Le —, ce qui est profane. Mêler le sacré au —. ‖ *Fig.* Qui est étranger à un art, une science. *Substantivt.* C'est un — en musique, en peinture.

PROFANER [prò-fà-né] *v. tr.*

[ÉTYM. Emprunté du lat. profanare, *m. s.* ‖ 1549. R. EST.]

‖ Violer la sainteté des choses sacrées. Les mystères troublés, le temple profané, CORN. *Poly.* III, 2. J'ai profané leur temple et brisé leurs autels, ID. *ibid.* V, 3. — une église, en y commettant un acte criminel. ‖ *P. anal.* — une tombe. ‖ *Fig.* Violer le respect dû à qqn, à qqch. La royauté a été profanée, BOSS. *R. d'Angl.* J'aime fort la beauté qui n'est point profanée, MOL. *Ét.* III, 3. C'est... en — le nom (de l'amitié) Que de vouloir le mettre à toute occasion, MOL. *Mis.* I, 2. Et ce fer (souillé par mon contact)... profanerait ses

mains, RAC. *Phèd.* III, 1. La bassesse de mon discours profanerait des choses si relevées, CORN. *Veuve*, ép.

PROFECTIF, IVE [prò-fĕk'-tif', -tiv'] *adj.*

[ÉTYM. Dérivé du lat. profectus, qui provient, § 257. ‖ Admis ACAD. 1762.]

‖ (Droit.) Qui vient de succession. Biens profectifs.

PROFÉRER [prò-fé-ré] *v. tr.*

[ÉTYM. Emprunté du lat. proferre, porter en avant, § 503. ‖ XIII° s. Se tu les proferes (les dits) gentilment, BRUN. LATINI, *Trésor*, p. 363.]

‖ Dire tout haut. — des injures, des blasphèmes. Il n'osa pas — un seul mot. L'accusation que vous osez — contre lui.

PROFÈS, ESSE [prò-fè, -fĕs'] *adj.*

[ÉTYM. Emprunté du lat. professus, part. passé de profiteri, faire profession. ‖ XII° s. Professe, WACE, *Brut*, dans GODEF. *Compl.*]

‖ **1°** (T. ecclés.) Qui a fait profession (après le noviciat), qui a prononcé les vœux (de religion). Un religieux —, une religieuse professe, et, *substantivt*, Un —, une professe.

‖ **2°** *P. plaisant. Fig.* Initié, hâbleur. — dans l'ordre des coteaux (association de gourmets), BOIL. *Sat.* 3. Un scélérat — d'abord, et sans noviciat, GRESSET, *Vert-Vert*, 3.

PROFESSER [prò-fè-sé] *v. tr.*

[ÉTYM. Dérivé du lat. professus, part. passé de profiteri, *m. s.* ‖ 1680. RICHEL.]

‖ **1°** Déclarer hautement. — sa foi. — l'athéisme. | *Rare.* Avec la prép. de et un infinitif. Ils professent de connaître Dieu, BOSS. *Haine pour la vérité*, 1.

‖ **2°** Enseigner publiquement. — la philosophie, l'histoire.

PROFESSEUR [prò-fè-seur] *s. m.*

[ÉTYM. Emprunté du lat. professor, *m. s.* ‖ XIV° s. Les professeurs de cest art, *Chirurg. de Lanfranc*, f° 30.]

‖ Personne qui enseigne un art, une science. Un — de musique, de chant, de déclamation. Un — de mathématiques, d'histoire, de philosophie. Un — de grec, de latin. Un — de collège, de lycée. Un — de faculté. Il est — à la faculté de droit, de médecine. ‖ *Fig.* Cette science (le charlatanisme) de tout temps Fut en professeurs très fertile, LA F. *Fab.* VI, 19.

PROFESSION [prò-fè-syon ; *en vers*, -si-on] *s. f.*

[ÉTYM. Emprunté du lat. professio, *m. s.* ‖ XII° s. Sovenir vus devreit de la profession Qu'offristes sur l'autel, GARN. DE PONT-STE-MAX. *St Thomas*, 3086.]

‖ **1°** Action de déclarer hautement. Faire — de catholicisme, de déisme, d'athéisme. — de foi, action de confesser publiquement sa foi, et, *p. ext.* déclaration que fait qqn de ses opinions, de ses sentiments. — de foi politique, adressée par un candidat à ses électeurs. Une — de foi républicaine, royaliste, socialiste. | Eux qui faisaient — d'une sagesse si austère, MOL. *Tart.* préf. | Suivi de la prép. de et d'un infinitif. J'ai fait jusques ici — de l'être (d'être votre ami), MOL. *Mis.* I, 1. ‖ *Spéciall.* (T. ecclés.) Déclaration solennelle par laquelle on prononce des vœux pour entrer en religion. La — d'une Carmélite. Assister à une —.

‖ **2°** Genre d'occupation que qqn exerce notoirement. Un médecin, un savant de —. La — des armes. La — de médecin, d'avocat. Les professions libérales. | *Fig.* Un chicaneur de —, LA BR. *Théophr. Image d'un coquin.*

PROFESSIONNEL, ELLE [prò-fè-syò-nèl ; *en vers*, -si-ò-...] *adj.*

[ÉTYM. Dérivé de profession, § 238. ‖ *Néolog.* Admis ACAD. 1878.]

‖ Relatif à une profession. Habileté professionnelle. ‖ *Spéciall.* École professionnelle, enseignement —, qui prépare à exercer une profession. ‖ *Substantivt.* Lutte entre amateurs et professionnels.

PROFESSO (EX), V. ex professo.

PROFESSORAL, ALE [prò-fè-sò-ràl] *adj.*

[ÉTYM. Dérivé du lat. professor, professeur, § 238. On trouve professorial au XVIII° s. Un reste d'esprit professorial, LIEUTAUD, dans CONDORCET, *Éloges.* ‖ Admis ACAD. 1835.]

‖ (T. didact.) Qui appartient au professeur. Fonctions professorales.

PROFESSORAT [prò-fè-sò-rà] *s. m.*

[ÉTYM. Dérivé de professor, professeur, § 254. ‖ Admis ACAD. 1835.]

‖ (T. didact.) Emploi, fonction de professeur.

PROFIL [prò-fil] *s. m.*

[ÉTYM. Emprunté de l'ital. profilo, subst. verbal de profilare, profiler, § 12. (Cf. l'anc. franç. porfil, bordure, et parfiler.) La prononciation pourfil est ordinaire au XVI° s.

et se maintient jusqu'à la fin du xviiᵉ.‖ 1539. Le pourfil de l'homme, R. EST.]

‖ (T. didact.) Aspect d'un visage vu de côté. Être posé de —. Être de —. Avoir un — de médaille. Il a le — d'un lion. | Peindre, dessiner une tête de —. Dessiner une tête en — perdu, la tête tournée de manière qu'on voie un peu moins la face, un peu plus le derrière de la tête. ‖ P. anal. Le — d'un bâtiment, d'une forteresse, d'un terrain, d'une moulure. | 1. Leur aspect vu d'un côté. | 2. Leur coupe par un plan perpendiculaire.

PROFILER [prò-fi-lé] v. tr.

[ÉTYM. Dérivé de profil, § 154. (Cf. l'ital. proffilare.) ‖ 1653. Pourtiler, faire en pourfil, OUD. Admis ACAD. 1762.]

‖ 1° Représenter en coupe perpendiculaire. — un entablement, une corniche.

‖ 2° P. ext. Représenter par un trait qui indique le contour. ‖ P. anal. Présenter des contours. Des collines... qui se profilent avec majesté sur la voûte des cieux, B. DE ST-P. Ét. de la nat. 5.

PROFIT [prò-fi] s. m.

[ÉTYM. Du lat. prŏfēctum, m. s. devenu en anc. franç. pourfit et proufit, §§ 361, 343, 315, 386 et 291, puis profit par réaction étymologique, § 503.]

‖ 1° Avantage qu'on tire de qqch. Le héron en eût fait aisément son —, LA F. Fab. VII, 4. Ne sois point dans ma maison... à observer ce qui se passe et faire ton — de tout, MOL. Av. I, 3. Mettre le temps à —. Mettre à — son expérience. J'y trouve mon —. Fais ton — de ce conseil. C'est tout —. Cette étoffe vous fera du —. Mettant à — vos caprices divers, BOIL. Sat. 9. | Vieilli. A — de ménage, d'une manière avantageuse pour le ménage. C'était (à la Saint-Jean) des feux à — de ménage, nous nous y chauffions tous, SÉV. 824. Un gros bâton dont elle se soutient à — (d'une manière utile), ID. 832. Lire avec —. Il a tiré un grand — de ses lectures. ‖ Spécialt. (Droit.) Avantage accordé par le juge à la partie qui se présente contre celle qui fait défaut. Il fallait trois défauts de comparaître pour qu'on jugeât en — de défaut. — joint, où le juge, donnant défaut contre le défendeur absent, joint sa cause à celle du défendeur présent pour qu'elles soient jugées ensemble.

‖ 2° Spécialt. Gain qu'on retire de qqch. En faisant de beaux et licites profits, PASC. Prov. 8. Se tromper à son — dans un compte. Les profits d'un commerçant. Le compte des profits et pertes, où sont passés tous les profits et toutes les pertes que fait un commerçant. P. ext. Passer une créance par profits et pertes, la juger perdue. — aventureux, argent placé sur un navire marchand, non assuré. | Les profits d'un domestique, menus gains qu'il peut faire en dehors de ses gages.

PROFITABLE [prò-fi-tàbl'] adj.

[ÉTYM. Dérivé de profit, § 93. ‖ XIIᵉ s. Li miedre chose et li plus profeitavle, Serm. de St Bern. p. 67.]

‖ Qui donne du profit. Son voyage lui a été —. Cet avis —, MOL. Mis. III, 5.

*PROFITANT, ANTE** [prò-fi-tan, -tänt'] adj.

[ÉTYM. Adj. particip. de profiter, § 47. ‖ XIIIᵉ s. Mieus vaut la plus profitans, J. DE MEUNG, Rose, 5521.]

‖ Famil. Qui profite. Un enfant —, qui vient bien.

PROFITER [prò-fi-té] v. intr. et tr.

[ÉTYM. Dérivé de profit, § 154. ‖ XIIᵉ s. Envers lui ki profite en sa veie, Psaut. de Cambridge, XXXVI, 7.]

I. V. intr. ‖ 1° — de qqch, en faire son profit. Elle-même a su — de ses malheurs et de ses disgrâces, BOSS. R. d'Angl. Votre père a eu le même bonheur que vous, mais, hélas ! il n'a pas su en —, FÉN. Tél. 1. Profitez d'un si triste exemple, ID. ibid. Son fils en pourrait bien — à son tour, RAC. Andr. 1, 2. — d'un avis. — de l'occasion, des fautes d'autrui. Il n'a pas profité de vos leçons. ‖ Spécialt. En parlant d'un gain. Il ne pense point à — de toute sa succession, LA BR. 13. ‖ Absolt. Avoir du profit. Je ne laissais pas de — en la connaissance de la vérité, DESC. Méth. 3. C'est avoir profité que de savoir s'y plaire, BOIL. Art p. 3. On profite toujours dans la conversation des honnêtes gens. ‖ P. anal. Un enfant qui profite, qui vient bien. Un terrain où la vigne ne profite pas. De l'étoffe qui profite, qui fait de l'usage.

‖ 2° — à qqn, lui apporter du profit. De quoi m'ont profité mes inutiles soins? RAC. Phèd. II, 5. Plutarque est celui (le livre) qui m'attache et me profite le plus, J.-J. ROUSS. Rêv. du promen. solit. 4. Son argent ne lui profite pas. Ils

ne sauraient manger morceau qui leur profite, LA F. Fab. II, 14. | Absolt. Loc. prov. Bien mal acquis ne profite pas.

II. Vieilli. V. tr. Recueillir comme profit. Ce qu'en commun dans la règle on profite, CORN. Imit. III, 13. Votre sévérité... n'a rien profité, CORN. Cinna, IV, 3, var.

PROFOND, ONDE [prò-fon, -fŏnd'] adj.

[ÉTYM. Emprunté du lat. profundus, m. s. de pro, en avant, et fundus, fond. Anc. franç. parfond, par substitution de préfixe. ‖ XIᵉ s. Mult est parfunde, Roland, 2466. | 1539. Profond, R. EST.]

I. ‖ 1° Dont le fond est très bas par rapport à l'orifice, à la surface. Un puits —. Un lac —. L'onde Est rapide autant que profonde, LA F. Fab. X, 13. Lieux profonds et voisins de l'empire des ombres, RAC. Phèd. III, 5. ‖ P. anal. Qui descend très bas. Des racines profondes. ‖ Fig. Une voix profonde, très grave. Une basse profonde. Une révérence profonde, où l'on s'incline très bas.

‖ 2° Qui s'étend très loin d'avant en arrière. Une galerie profonde. Une grotte profonde. Cette maison est plus large que profonde. ‖ P. anal. Une blessure profonde, qui a pénétré très avant dans les chairs. L'ordre —, disposition des troupes sur plusieurs lignes en arrière du front.

II. Fig. ‖ 1° Qui va au fond des choses. Une profonde sagesse. Une profonde érudition. Un esprit —. Un — politique. Paraître — quand on n'est, comme on dit, que vide et creux, BEAUMARCH. Mar. de Fig. III, 5.

‖ 2° Qui est extrême. Un — mystère. Un — sommeil. Un silence —. Une douleur, une obscurité profonde. La solitude était profonde, LA F. Fab. VII, 3. Un — mépris, un — respect. Dans un — ennui ce lièvre se plongeait, LA F. Fab. II, 14.

PROFONDÉMENT [prò-fon-dé-man] adv.

[ÉTYM. Pour profondement, composé de profonde et ment, § 724. ‖ XIᵉ s. Li reis paiens parfondement l'enclinet, Roland, 974. | 1521. Profondement, Violier, dans DELB. Rec.]

‖ En allant très loin vers le fond. Creuser —. ‖ Fig. | 1. En allant au fond des choses. Méditer, réfléchir —. | 2. D'une manière extrême. Il est — malheureux. Dormir —.

PROFONDEUR [prò-fon-deŭr] s. f.

[ÉTYM. Dérivé de profond, § 110. ‖ XIIᵉ-XIIIᵉ s. De mer le parfondor, Alexandre, dans P. MEYER, Alexandre le Grand, t. I, p. 158. | 1539. Profondeur, R. EST.]

‖ Caractère de ce qui est profond. | 1. De ce qui s'étend beaucoup de haut en bas. La — d'un puits, d'une mine. La — d'un fleuve. Celui qui domine sur la — de la mer, BOSS. R. d'Angl. La mer est remuée jusque dans ses profondeurs. | 2. De ce qui s'étend beaucoup d'avant en arrière. La — d'une caverne, d'une galerie. Les profondeurs d'un bois. P. anal. Sonder la — d'une plaie. Donner à un corps d'armée plus de — que de front. Spécialt. (Géom.) Dimension d'un corps qui s'oppose à la longueur et à la largeur. La — de la carène, le tirant d'eau. Ce meuble a un mètre de —. Fig. Ils (certains hommes) n'ont pas, si j'ose dire, deux pouces de — : si vous les enfoncez, vous rencontrez le tuf, LA BR. 7. | 3. De ce qui va au fond des choses. Ce qui manque aux orateurs —, ils vous le donnent en longueur, MONTESQ. Pens. div. Un homme s'est rencontré, d'une — d'esprit incroyable, BOSS. R. d'Angl. Entrant dans les profondeurs des conseils de Dieu, BOSS. Hist. univ. II, 20. | 4. De ce qui est extrême. La — de son amour. Quelle — d'hypocrisie !

PROFUSÉMENT [prò-fu-zé-man] adv.

[ÉTYM. Composé à l'imitation de l'adv. lat. profuse, m. s. § 724. ‖ XVIᵉ s. Et ces dons la profusement jettés, M. DE ST-GELAIS, 35.]

‖ Vieilli. Avec profusion.

PROFUSION [prò-fu-zyon ; en vers, -zi-on] s. f.

[ÉTYM. Emprunté du lat. profusio, m. s. (Cf. foison.) ‖ XVIᵉ s. L'avarice et la profusion, MONTAIGNE, I, 54.]

‖ 1° Grande abondance. Il y avait une — de fleurs. L'immense — de ses aumônes, BOSS. R. d'Angl.

‖ 2° Largesse excessive. Je suis tombé pour toi dans la —, CORN. Cinna, V, 1.

PROGÉNITURE [prò-jé-ni-tür] s. f.

[ÉTYM. Dérivé du lat. progenitum, supin de progignere, engendrer, § 250. (Cf. géniture.) ‖ Admis ACAD. 1835.]

‖ En parlant de l'homme, ses enfants; en parlant de l'animal, ses petits. Tout père est fou de sa —, JONEL, dans TRÉV.

PROGNATHE [prŏg'-nàt'] adj.

[ÉTYM. Composé avec le grec πρό, en avant, et γνάθος, mâchoire, § 279. ‖ Néolog. Admis ACAD. 1878.]

|| (T. didact.) Qui a les mâchoires proéminentes. **Les races prognathes.**

PROGNATHISME [prŏg'-nà-tĭsm'] *s. m.*
[ÉTYM. Dérivé de prognathe, § 265. || *Néolog.* Admis ACAD. 1878.]
|| (T. didact.) Caractère de celui qui est prognathe.

PROGNOSTIC. *V.* pronostic.

PROGNOSTIQUE [prŏg'-nŏs'-tĭk'] *adj.* '
[ÉTYM. Emprunté du grec προγνωστικός, *m. s.* de πρό-γνωσις, prévision. (*Cf.* pronostic.) || Admis ACAD. 1835.]
|| (Médec.) Qui annonce d'avance une maladie. **Signes prognostiques.**

PROGRAMME [prŏ-gràm'] *s. m.*
[ÉTYM. Emprunté du grec πρόγραμμα, écrit public. || 1680. RICHEL.]
|| **1°** Écrit ou imprimé annonçant le détail d'une cérémonie, d'une fête publique, d'un concert, d'une représentation théâtrale, etc.
|| **2°** Annonce des matières qu'un professeur traitera dans son cours.
|| **3°** *P. ext.* Exposé des vues politiques d'un parti, d'un individu. **Le — de la gauche. Le — des socialistes.**

PROGRÈS [prŏ-grè; l's se lie, avec le son d'un *z*] *s. m.*
[ÉTYM. Emprunté du lat. progressus, *m. s.* || 1564. Faire de grands progrets, J. THIERRY, *Dict. franç.-lat.*]
|| **1°** Marche en avant. **Lui seul peut arrêter les — d'Alexandre**, RAC. *Alex.* I, 1. **Le mal fait du —.** || *P. anal.* Il (l'homme) dans l'ignorance au premier âge de sa vie, mais il s'instruit sans cesse dans son —, PASC. *Vide, préf.* **Le poème tragique… vous laisse à peine, dans tout son —, la liberté de respirer**, LA BR. 1. | *Poét.* Le Rhin, tranquille et fier du — de ses eaux, BOIL. *Ép.* 4. | (Philos.) Supposer un — de causes à l'infini, c'est n'en point supposer du tout, J.-J. ROUSS. *Ém.* 4.
|| **2°** *Fig.* Action de s'avancer vers un degré supérieur. **Un si grand mal faisait des — étranges**, BOSS. *Hist. univ.* II, 2. **Le — des sciences, des lettres. Il fait des — dans ses études. Vous avez dans son cœur fait de si grands —?** CORN. *Nicom.* III, 3. *Absolt.* La doctrine du —, suivant laquelle le progrès est la loi de l'humanité. **La loi du —.**

***PROGRESSER** [prŏ-grè-sé] *v. intr.*
[ÉTYM. Dérivé de progrès, § 154. || *Néolog.*]
|| Faire des progrès.

PROGRESSIF, IVE [prŏ-grè-sĭf', -sĭv'] *adj.*
[ÉTYM. Dérivé du lat. progressus, marche en avant, progrès, § 257. || 1372. Vertu alant, que les clercs appellent vertu progressive, J. CORBICHON, *Propr. des choses*, III, 12, mss franç. Bibl. nat. 216, f° 34, r°.]
|| (T. didact.) || **1°** Qui porte en avant. **Les désirs sont à l'âme ce que le mouvement — est au corps**, BOSS. *Conn. de Dieu*, III, 11.
|| **2°** *Fig.* | 1. Qui se développe par degrés. **La marche progressive de la maladie.** | 2. *Néolog.* **Impôt —,** dont le taux n'est pas seulement en proportion de la fortune des contribuables, mais change et s'accroît en raison directe de la fortune de chacun d'eux.

PROGRESSION [prŏ-grè-syon; *en vers,* -si-on] *s. f.*
[ÉTYM. Emprunté du lat. progressio, *m. s.* || 1425. Progression temporele, OL. DE LA HAYE, dans DELB. *Rec.*]
|| (T. didact.) || **1°** Action de marcher. **Mouvement de —.**
|| **2°** *Fig.* Développement par degrés. **On ne peut admettre une — de causes à l'infini.** || *Spécialt.* | 1. (Musique.) Succession de sons suivant une loi déterminée. | 2. (Mathém.) Suite de termes entre lesquels le rapport arithmétique (différence) ou géométrique (quotient) est constant. **— ascendante, descendante.**

PROGRESSIVEMENT [prŏ-grè-sĭv'-man; *en vers,* -si-ve-…] *adv.*
[ÉTYM. Composé de progressive et ment, § 724. || Admis ACAD. 1694.]
|| D'une manière progressive.

PROHIBER [prŏ-i-bé] *v. tr.*
[ÉTYM. Emprunté du lat. prohibere, empêcher. || 1549. R. EST.]
|| (T. didact.) Défendre absolument (qqch) par une mesure générale. (*Syn.* interdire.) **— l'importation des bestiaux. Le mariage entre ascendants et descendants est prohibé.** || *P. ext.* **Armes prohibées,** dont le port n'est pas permis. **Livre prohibé,** dont la vente n'est pas permise. **Chasser en temps prohibé,** quand la chasse n'est pas autorisée. **Degré prohibé,**

degré de parenté où le mariage n'est pas autorisé. **Marchandises prohibées,** dont l'importation n'est pas permise.

PROHIBITIF, IVE [prŏ-i-bi-tĭf', -tĭv'] *adj.*
[ÉTYM. Dérivé de prohibitum, supin de prohibere, empêcher, § 257. || XVI° s. Precepte prohibitif, LIÉBAULT, dans DELB. *Rec.* Admis ACAD. 1762.]
|| (T. didact.) Qui prohibe. **Lois, mesures prohibitives.** || *P. ext.* **Droits prohibitifs,** droits tellement élevés qu'ils équivalent à la prohibition d'une marchandise.

PROHIBITION [prŏ-i-bi-syon; *en vers,* -si-on] *s. f.*
[ÉTYM. Emprunté du lat. prohibitio, empêchement. || 1549. R. EST.]
|| Action de prohiber. **La — de la chasse, de la pêche, à certaines époques de l'année. Prendre des mesures de —.**

PROHIBITIONNISTE [prŏ-i-bi-syŏ-nĭst'; *en vers,* -si-ò-…] *s. m. et f.*
[ÉTYM. Dérivé de prohibition, § 265. || *Néolog.* Admis ACAD. 1878.]
|| (T. didact.) Partisan des droits prohibitifs.

PROIE [prwà] *s. f.*
[ÉTYM. Du lat. pop. *prĕda, classique præda, m. s.* devenu preide, preie, proie, §§ 322, 411 et 291.]
I. Être vivant que les animaux carnassiers saisissent pour le dévorer. **Ni loups ni renards n'épiaient La douce et l'innocente —,** LA F. *Fab.* VII, 1. **Comme un lion qui tient sa — dans ses ongles,** BOSS. *A. de Gonz.* **Oiseaux de —,** qui se repaissent de la chair des animaux. **Le corps de mon frère aurait été la — des vautours,** FÉN. *Tél.* 17. **De cette double — L'oiseau se donne au cœur joie,** LA F. *Fab.* IV, 11. **L'araignée fait sa — des mouches prises dans sa toile.** || *P. ext.* Ce dont un animal s'est emparé pour s'en repaître. **Il (le corbeau) ouvre un large bec, laisse tomber sa — (un fromage),** LA F. *Fab.* I, 2. || **Et l'avare Achéron ne lâche point sa —,** RAC. *Phèd.* II, 5. **C'est Vénus tout entière à sa — attachée,** ID. *ibid.* I, 3. **Grand Dieu! voici ton heure, on t'amène ta —,** ID. *Ath.* V, 3. **Enlever à l'Épire une si belle —,** ID. *Andr.* II, 3. **Sa fortune devint la — d'avides héritiers. La maison a été la — des flammes.** || *Loc. prov.* **Lâcher la — pour l'ombre,** la réalité pour l'apparence.
II. Ce dont on se rend maître à la guerre. (*Syn.* butin.) **Tout nage dans le sang, tout est en —,** BOSS. *Condé.* **Rome devenue la — des barbares,** ID. *Hist. univ.* III, 1. **Au pied des murs fumants de Troie, Les vainqueurs tout sanglants partagèrent leur —,** ID. *Andr.* I, 2. || *Fig.* Ce qui est la victime de qqch. **Pour sortir des tourments dont mon âme est la —,** RAC. *Bér.* V, 6. **Le pays est en — à la famine. Aux conseils des méchants ton roi n'est plus en —,** RAC. *Esth.* III, 7.

PROJECTILE [prŏ-jĕk'-tĭl] *adj. et s. m.*
[ÉTYM. Dérivé du lat. projectus, supin de projicere, jeter en avant, projeter, § 242. || Admis ACAD. 1762.]
|| (T. didact.) || **1°** *Adj.* Relatif à la projection. **Le mouvement, la force —.**
|| **2°** *S. m.* Tout corps lancé par l'impulsion d'une force quelconque, pour atteindre qqn ou qqch. || *Spécialt.* Corps lancé par une arme de jet ou par une arme à feu. **Une grêle de projectiles.**

PROJECTION [prŏ-jĕk'-syon; *en vers,* -si-on] *s. f.*
[ÉTYM. Emprunté du lat. projectio, *m. s.* || XIII°-XIV° s. Pollution est projection de semence, *Chirurg. de Mondeville,* f° 31.]
|| (T. didact.) Action de projeter. (*Cf.* projet et projecture.)
I. Action de lancer en avant. **La force de —. Mouvement de —. La — primitive des planètes dans l'espace.** || *Spécialt.* | 1. Action de jeter le métal fondu dans un moule. | 2. Action de jeter dans le creuset une poudre qu'on veut calciner. | 3. (Alchim.) **Poudre de —,** qui, projetée sur un métal quelconque, doit le changer en or ou en argent.
II. Action d'abaisser des perpendiculaires de tous les points d'un solide sur un plan, pour le figurer sur ce plan. **La — d'un prisme, d'une pyramide, d'une sphère.** || *Spécialt.* **— du globe terrestre,** pour le représenter sur les cartes géographiques. **— stéréographique, orthogonale,** etc. || *P. ext.* **— lumineuse.** | 1. Rayon émanant d'un foyer lumineux. **Des projections électriques.** | 2. Image éclairée réfléchie sur un écran.

PROJECTURE [prŏ-jĕk'-tür] *s. f.*
[ÉTYM. Emprunté du lat. projectura, *m. s.* (*Cf.* projet et projection.) || 1629. Projecture et saillie, A. DORIVAL, *Église de Gisors,* dans DELB. *Rec.* Admis ACAD. 1835.]

‖ (T. didact.) ‖ **1°** (Architect.) Saillie horizontale.
‖ **2°** (Botan.) Petite côte saillante partant de l'origine de la feuille et se prolongeant sur la tige.

PROJET [prò-jè] *s. m.*
[ÉTYM. Subst. verbal de projeter, § 52. ‖ 1518. Pourget, dans GODEF. *Compl.*]
‖ Idée qu'on met en avant, comme étant à réaliser. Tous ses projets semblaient l'un l'autre se détruire, RAC. *Ath.* III, 3. Faire de beaux projets. Il n'a pu réaliser ses projets. J'ai vu tous mes projets tant de fois démentis, RAC. *Bér.* v, 2. Le — de ce philosophe était de traiter de toutes les vertus et de tous les vices, LA BR. *Disc. sur Théophr.* ‖ *P. ext.* Plan proposé pour réaliser cette idée. Un — de loi. Un — de contrat. Faire le — de l'ouvrage que j'entreprenais, DESC. *Méth.* 2. Un — de bâtiment, de chemin de fer. Étudier un — de canalisation. Un chemin de fer en —.

PROJETER [pròj'-té et pròch'-té; *en vers*, prò-je-té] *v. tr.*
[ÉTYM. Composé avec le lat. pro, en avant, et jeter, à l'imitation du lat. projicere, *m. s.* §§ 275 et 503. ACAD. 1694-1718 écrit projetter. ‖ XIᵉ s. La sus amunt pargetent tel luiserne, *Roland*, 2634. ‖ XIIᵉ s. Deus purjetad eals, *Psaut. de Cambridge*, LII, 5. ‖ XIVᵉ s. Une embusque que il pourjeta, FROISS. dans GODEF. *Compl.*]
I. Lancer en avant. La force de l'explosion l'a projeté violemment contre la paroi. ‖ — une image sur un écran. L'ombre projetée sur le mur. ‖ *P. ext.* — un solide sur un plan.
II. Mettre en avant une idée à exécuter. Le voyage que vous aviez projeté. Quoi qu'il craigne ou projette, CORN. *Tite et Bér.* v, 4. Le roi projetait de faire mourir Cinna, VOLT. *Essai sur les guerres civiles de France.*

PROLÉGOMÈNES [prò-lé-gò-mèn'] *s. m. pl.*
[ÉTYM. Emprunté du grec προλεγόμενα, choses dites avant. ‖ XVIᵉ-XVIIᵉ s. Chemise peu cousue aux extremitez, comme ce livre à ses prolegomenes, D'AUB. *Sancy*, II, 6.]
‖ (T. didact.) Préliminaires placés en tête d'un ouvrage.

PROLEPSE [prò-lĕps'] *s. f.*
[ÉTYM. Emprunté du lat. prolepsis, grec πρόληψις, *m. s.* propr. « anticipation ». (*Cf.* proleptique.) ‖ XVIᵉ s. Transcendantes prolepsies, RAB. V, 20. Admis ACAD. 1762.]
‖ (Rhétor.) Figure qui consiste à prévenir une objection.

PROLEPTIQUE [prò-lĕp'-tĭk'] *adj.*
[ÉTYM. Emprunté du grec προληπτικός, *m. s.* (*Cf.* prolepse.) ‖ Admis ACAD. 1835.]
‖ (T. didact.) Qui anticipe. *Spéciall.* (Médec.) Fièvre —, dont les accès anticipent, au lieu d'être périodiques.

'PROLEPTIQUEMENT [prò-lĕp'-tĭk'-man; *en vers*, -ti-ke-...] *adv.*
[ÉTYM. Composé de proleptique et ment, § 724. ‖ XVIIᵉ-XVIIIᵉ s. *V.* à l'article.]
‖ *Rare.* (T. didact.) Par prolepse. Parler —, CL. CHASTELAIN, *Martyrol.* I, p. 287.

PROLÉTAIRE [prò-lé-tèr] *s. m. et f.*
[ÉTYM. Emprunté du lat. proletarius, *m. s.* de proles, lignée. ‖ 1748. *V.* à l'article. Admis ACAD. 1835.]
‖ (Antiq. rom.) Citoyen de la dernière classe, exempt d'impôt. Confondus dans la sixième classe avec les prolétaires, MONTESQ. *Espr. des lois* (1748), XXVII, 1. ‖ *P. anal.* De nos jours. Celui, celle qui est dans l'indigence. ‖ *Adjectivt.* La classe —.

PROLÉTARIAT [prò-lé-tà-ryà; *en vers*, -ri-à] *s. m.*
[ÉTYM. Dérivé du lat. proletarius, prolétaire, § 254. ‖ *Néolog.* Admis ACAD. 1878.]
‖ (Antiq. rom.) Condition de prolétaire. ‖ *P. anal.* De nos jours. Condition des gens qui sont dans l'indigence.

PROLIFÈRE [prò-li-fèr] *adj.*
[ÉTYM. Emprunté du lat. prolifer, *m. s.* de proles, lignée, et ferre, porter. ‖ 1771. TRÉV. Admis ACAD. 1835.]
‖ (Botan.) Qui produit accidentellement un organe nouveau. Organe —. Rose —.

PROLIFIQUE [prò-li-fĭk'] *adj.*
[ÉTYM. Emprunté du lat. prolificus, *m.s.* de proles, lignée, et facere, faire. ‖ XVIᵉ s. Germe prolifique, RAB. III, 31.]
‖ (T. didact.) Doué du pouvoir générateur. Une race —. Il possède... la vertu —, MOL. *Mal. im.* II, 6.

PROLIXE [prò-lĭks'] *adj.*
[ÉTYM. Emprunté du lat. prolixus, *m. s.* ‖ XIIᵉ-XIIIᵉ s. Se déduit de l'emploi de l'adv. prolixement à cette époque.]
‖ (T. didact.) Qui délaie ce qu'il a à dire (en écrivant, en parlant). Un orateur —. ‖ Un style —.

PROLIXEMENT [prò-lĭk'-se-man] *adv.*
[ÉTYM. Composé de prolixe et ment, § 724. ‖ XIIᵉ-XIIIᵉ s. Cil qui prolixement dient Esguerent souvent, *Hist. de Guill. le Mareschal*, 11097.]
‖ (T. didact.) D'une manière prolixe.

PROLIXITÉ [prò-lĭk'-si-té] *s. f.*
[ÉTYM. Emprunté du lat. prolixitas, *m. s.* ‖ XIIIᵉ s. Et la prolixité ennuie en tout endroit, J. DE MEUNG, *Test.* 2158.]
‖ Caractère de ce qui est prolixe. Dépêchons, évitons la —, MOL. *Jal. du Barb.* sc. 6.

PROLOGUE [prò-lòg'] *s. m.*
[ÉTYM. Emprunté du lat. prologus, grec πρόλογος, *m. s.* de πρό, avant, et λόγος, discours. ‖ XIIᵉ s. Icoe est le prologe, BENEEIT, *Ducs de Norm.* t. I, p. 518.]
‖ (T. didact.) Dans une pièce de théâtre, sorte d'introduction qui annonce et prépare l'action. Les prologues de Plaute, de Térence. Le — de la tragédie d'Esther. ‖ *P. ext.* Introduction. (*Syn.* préambule.) Le — de la loi salique.

PROLONGATION [prò-lon-gà-syon; *en vers*, -si-on] *s. f.*
[ÉTYM. Emprunté du lat. prolongatio, *m. s.* (*Cf.* prolongement.) ‖ 1314. La prolongacion... des boiaus, *Chirurg. de Mondeville*, f° 26.]
‖ Action d'étendre la durée de qqch. La — d'un armistice, d'un congé. Une — de séjour. La — d'une note, en musique, action de la tenir plus longtemps.

PROLONGE [prò-lònj'] *s. f.*
[ÉTYM. Subst. verbal de prolonger, § 52. ‖ XIVᵉ s. Longues et prolongues, G. DE MACHAUT, *Poës.* dans GODEF. prolongue.]
‖ (Technol.) ‖ **1°** Long cordage servant au besoin à traîner des pièces d'artillerie, sans le secours de bêtes de trait. ‖ *P. ext.* Long chariot qui sert au transport des munitions, des bagages de l'artillerie.
‖ **2°** Long cordage qui sert à assujettir les bâchos sur les wagons, à manœuvrer certains freins.

PROLONGEMENT [prò-lonj'-man; *en vers*, -lon-je-...] *s. m.*
[ÉTYM. Dérivé de prolonger, § 145. ‖ XIIᵉ s. Onques n'i ot prolongement, GAUT. D'ARRAS, *Éracle*, 4755.]
‖ **1°** Ce qui prolonge (qqch) en étendue. Le — d'une rue, d'un boulevard, d'une voie ferrée. Une maison construite dans le — d'une route. Le — de l'épine dorsale.
‖ **2°** *Rare.* Action de prolonger. (*Cf.* prolongation.)

PROLONGER [prò-lon-jé] *v. tr.*
[ÉTYM. Emprunté du lat. prolongare, *m. s.* rendu par prolonger d'après allonger, § 503. (*Cf.* éloigner et l'anc. franç. pourloigner.) ‖ XIIIᵉ s. Qui prolongue la vie à ses ennemis, BRUN. LATINI, *Trésor*, p. 399.]
I. Étendre en durée. — son absence, RAC. *Iph.* I, 1. Ne prolonges point de dangereux adieux, ID. *Baj.* II, 5. — la vie d'un malade. Un silence prolongé. Les jeux se prolongèrent bien avant dans la nuit. — une discussion, un entretien.
II. Étendre dans l'espace. — une galerie, un boulevard. — sa ligne de bataille. La route se prolonge à travers bois.

PROMENADE [pròm'-nàd'; *en vers*, prò-me-...] *s. f.*
[ÉTYM. Dérivé de promener, § 120. ‖ 1557. JULYOT, *Élegie de la belle fille*, dans DELB. *Rec.*]
‖ Action de se promener. Faire une —. Aller à la —. Mener des enfants en —. Une — à pied, à cheval, à bicyclette. — militaire, marche qu'on fait faire à des troupes, pour les exercer. ‖ *Fig.* | 1. Distance si peu considérable qu'on peut la parcourir en se promenant. De Paris à Saint-Cloud, c'est une —. | 2. Expédition où les troupes n'ont pas trouvé de résistance sérieuse. La conquête de la Franche-Comté fut une —. ‖ *P. ext.* Lieu disposé pour se promener. Il y a à Paris de nombreuses promenades. La — des boulevards.

PROMENER [pròm'-né; *en vers*, prò-me-né] *v. tr.*
[ÉTYM. Du lat. prominare, pousser en avant, devenu en anc. franç. pourmener, qui a été remplacé par la forme actuelle par réaction étymologique, § 502. ‖ XIIIᵉ-XIVᵉ s. Il lou conduisit et pourmenait, *Cantiq. de Moïse*, 14, dans APFELSTEDT, *Lothr. Psalter*, p. 154.]
‖ **1°** Faire aller (qqn) de côté ou d'autre pour qu'il prenne l'air, de l'exercice. — un enfant. — des étrangers dans une ville, pour leur faire voir les curiosités. Quatre bœufs attelés, d'un pas tranquille et lent, Promenaient dans Paris le monarque indolent, BOIL. *Lutr.* 2. Portez ce livre, cela vous promènera. | Se —. Elle se promenait souvent seule sur les gazons fleuris, FÉN. *Tél.* 1. Je vais me — tous les

jours au milieu d'un grand peuple avec autant de liberté et de repos que vous en auriez dans vos allées, DESC. *Lett. à Balzac.* || *P. anal.* — un cheval, un chien. — un cheval en main, sans le monter. || *P. ext. Famil.* Envoyer qqn se —, lui déclarer que sa présence est importune. Dis-lui qu'il se promène, MOL. *Dép. am.* IV, 2. || *Avec ellipse du pron. pers.* Si j'avais été en votre place, je l'aurais envoyé —, MOL. *D. Juan*, IV, 5. Obtenir... qu'elle veuille bien venir — avec moi, J.-J. ROUSS. *Lett. à Mme de Créqui*, sept. 1770. Les champs à — tout le jour me convient, V. HUGO, *Contemplations, Lettre.*

|| **2°** *P. ext.* Faire aller de côté et d'autre. Il me promène après de terrasse en terrasse, BOIL. *Art p.* 1. Thespis... Promena dans les bourgs cette heureuse folie, ID. *ibid.* 3. || *P. anal.* Ruisseau qui, sur la molle arène, Dans un pré plein de fleurs lentement se promène, BOIL. *Art p.* 1. || *P. ext.* — qqn, lui faire faire des démarches inutiles, en l'abusant par de vaines promesses. || *Fig.* — ses yeux de côté et d'autre. De plaisirs en plaisirs Promenons nos désirs, RAC. *Ath.* II, 9. Toutes les énumérations où il (l'orateur) se promène, LA BR. 15. Qui promènent leurs civilités à droite et à gauche, MOL. *Impr.* sc. 4.

PROMENEUR, EUSE [prŏm'-neûr, -neûz'] *s. m.* et *f.*
[ÉTYM. Dérivé de promener, § 112. || *Néolog.* Admis ACAD. 1835.]
|| **1°** Celui, celle qui promène qqn. Promeneuse d'enfants.
|| **2°** Celui, celle qui se promène. La foule des promeneurs.

PROMENOIR [prŏm'-nwàr; *en vers*, prŏ-me-...] *s. m.*
[ÉTYM. Dérivé de promener, § 113. || XVIe s. Tout lieu retiré requiert un promenoir, MONTAIGNE, III, 3.]
|| Lieu destiné à la promenade, dans l'intérieur d'un édifice clos. Le — d'un collège, d'une prison, d'un hospice.

PROMESSE [prŏ-mês'] *s. f.*
[ÉTYM. Du lat. promissa, *m. s.* §§ 348, 308 et 291. (*Cf.* promission.)]
|| Parole donnée de faire qqch. Tenir sa —. Manquer à sa —. On ne m'abuse point par des promesses vaines, RAC. *Iph.* IV, 6. Dégager vers lui votre —, MOL. *Sgan.* sc. 23. || Aux promesses du Ciel pourquoi renoncez-vous? RAC. *Ath.* I, 1. || (Théol. cathol.) Les enfants de la —, les élus. || *P. ext. Fig.* Belle espérance que l'on conçoit de qqn, de qqch. Et les fruits passeront la — des fleurs, MALH. *Poés.* 18.

PROMETTEUR, EUSE [prŏ-mè-teûr, -teûz'] *s. m.* et *f.*
[ÉTYM. Dérivé de promettre, § 112. || XIIIe s. Prometeor de victoire, *Machab.* II, 10, mss de la Bibl. Maz.]
|| Celui, celle qui promet. A notre — l'un dit : Mon camarade, Tu te moques de nous, LA F. *Fab.* IX, 13. Les muses sont de grandes prometteuses, MOL. *Remerc. au roi.*

PROMETTRE [prŏ-mètr'] *v. tr.*
[ÉTYM. Du lat. promittere, *m. s.* §§ 348, 308, 290 et 291.]
|| Donner parole de faire qqch. Je promets d'observer ce que la loi m'ordonne, RAC. *Ath.* IV, 3. Avez-vous bien promis de me haïr toujours? ID. *Bér.* V, 5. Il a promis qu'il reviendrait. Chose promise, chose due. Je promettais beaucoup et j'exécutais peu, CORN. *Rodog.* I, 4. Prêts à tenir ce qu'ils vous ont promis, ID. *Cinna*, I, 3. || *P. ext.* — qqch, donner parole de l'accorder. — monts et merveilles. Nous promettons selon nos espérances, et nous tenons selon nos craintes, LA ROCHEF. *Max.* 38. Tu leur promis... Une postérité d'éternelle durée, RAC. *Esth.* I, 4. L'empire d'Asie à la Grèce promis, ID. *Iph.* I, 1. La terre promise à leurs pères, BOSS. *Hist. univ.* II, 3. *Absolt.* Il (Moïse) n'eut pas même la consolation d'entrer dans la terre promise, BOSS. *Hist. univ.* II, 3. *Fig.* Le ciel est notre patrie, c'est la terre promise, FÉN. *Exh. pour l'admin. des sacr.* IV, 2. — sa fille à qqn. Elle lui est promise, et, *substantivt*, Le promis, la promise, le fiancé, la fiancée. || *P. ext.* Donner à espérer. Le vent qui enflait nos voiles nous promettait une heureuse navigation, FÉN. *Tél.* 6. Les fruits que le printemps promet, ID. *ibid.* || *Absolt.* Un enfant qui promet, qui donne des espérances. || *Se* — qqch, y compter. Agrippine, Seigneur, se l'était bien promis, RAC. *Brit.* IV, 4. La jeunesse se promet tout d'elle-même, FÉN. *Tél.* 1. Quel fruit te promets-tu de ta coupable audace? RAC. *Mithr.* V, 1. Qui peut se — d'éviter dans la société la rencontre de certains esprits? LA BR. 5. || *Famil.* — qqch. | 1. L'annoncer. Je vous promets du beau temps pour demain. | 2. L'assurer. Je vous promets que je ne saurais te donner à moins, MOL. *Méd. m. l.* I, 5.

PROMINENCE [prŏ-mi-nâns'] *s. f.*
[ÉTYM. Dérivé de prominent, § 262. (*Cf.* proéminence.) ||

XVIe s. Prominences ou esleveures, PARÉ, III, 4. Admis ACAD. 1798.]
|| *Vieilli.* (T. didact.) État de ce qui est prominent.

PROMINENT, ENTE [prŏ-mi-nan, -nänt'] *adj.*
[ÉTYM. Emprunté du lat. prominere, prominer. (*Cf.* proéminent.) || XVIe s. L'œil estant prominent, PARÉ, *Introd.* 2. Admis ACAD. 1798.]
|| *Vieilli.* (T. didact.) Qui promine.

PROMINER [prŏ-mi-né] *v. intr.*
[ÉTYM. Emprunté du lat. prominere, *m. s.* || Admis ACAD. 1798.]
|| *Vieilli.* (T. didact.) Faire saillie.

PROMISCUITÉ [prŏ-mis'-kui-té; *en vers*, -ku-i-té] *s. f.*
[ÉTYM. Emprunté du lat. promiscuitas, *m. s.* || 1752. V. à l'article. Admis ACAD. 1835.]
|| Mélange choquant. Cette — civile qui confond les deux sexes, J.-J. ROUSS. *Ém.* 5 (1752).

PROMISSION [prŏ-mi-syon; *en vers*, -si-on] *s. f.*
[ÉTYM. Emprunté du lat. promissio, *m. s.* || XIIe s. La promission del tens qui est a avenir, *Serm. de St Bern.* p. 18.]
|| (T. biblique.) Promesse. *Spécialt.* Terre de —, la terre promise (aux Hébreux).

PROMONTOIRE [prŏ-mon-twàr] *s. m.*
[ÉTYM. Emprunté du lat. promontorium, *m. s.* || XVe-XVIe s. D'Apollon le plaisant promontoire, O. DE ST-GELAIS, dans DELB. *Rec.*]
|| (Géogr.) Pointe de terre élevée s'avançant dans la mer. || *Fig.* Un brin d'herbe dans l'eau par elle étant jeté, Ce fut un — où la fourmis arrive, LA F. *Fab.* II, 12.

PROMOTEUR, *PROMOTRICE [prŏ-mŏ-teûr, -trïs'; selon d'autres, -mŏ-...] *s. m.* et *f.*
[ÉTYM. Emprunté du bas lat. promotor, *m. s.* || 1336. Nostre promoteur et procureur, dans DELB. *Rec.*]
|| Celui, celle qui donne la première impulsion à qqch. Il a été le — de cette entreprise. || *Spécialt.* — d'un diocèse, celui qui y fait fonction de ministère public. Un — intervient, LA F. *Contes, Troqueurs.*

PROMOTION [prŏ-mŏ-syon; *en vers*, -si-on; selon d'autres, -mŏ-...] *s. f.*
[ÉTYM. Emprunté du lat. promotio, *m. s.* || XIVe s. Par leurs promotions, FROISS. *Chron.* IV, p. 52.]
|| Élévation à une dignité, à un grade. La nouvelle de sa — est arrivée en sept jours, SÉV. 1268. Chacun... fait sa —, LA BR. 12. || *P. ext.* Élévation simultanée de plusieurs personnes à une même dignité, à un même grade. Le pape a fait une — de quatre cardinaux. Une — de capitaines. Deux officiers de la même —. || Admission simultanée de candidats à une école du gouvernement, ensemble des candidats admis. Des polytechniciens de la même —.

PROMOUVOIR [prŏ-mou-vwàr] *v. tr.*
[ÉTYM. Emprunté du lat. promovere, pousser en avant, rendu par promouvoir d'après mouvoir, de movere, § 503. || XIIe-XIIIe s. Que il nului ne promovist desordineement as saintes ordenes, *Job*, dans *Rois*, p. 511.]
I. *Vieilli.* Faire réussir. — de toute leur force la victoire, BOSS. 5e *Avert.*
II. Élever à une dignité, à un grade. Il a été promu à la dignité de grand officier. — un évêque à la dignité de cardinal.

PROMPT, OMPTE [pron, prŏnt'] *adj.*
[ÉTYM. Emprunté du lat. promptus, *m. s.* part. passé de promere, tirer. || XIVe s. Deniers prompts et comptans, BOUTEILL. *Somme rural*, 70.]
I. *Vieilli.* Qui est prêt à qqch. Tu lui donnes un fils — à le seconder, RAC. *Esth.* prol.
II. Qui met peu de temps à faire qqch.
|| **1°** En faisant vite. Un coursier aussi — que les vents, FÉN. *Tél.* 16. Leur abord fut bien —, leur fuite encor plus prompte, CORN. *Cid*, IV, 1. D'un mouvement — comme l'éclair. Le fer est moins — pour trancher une vie, RAC. *Brit.* IV, 4.
|| **2°** En faisant sans délai. Apporter un — remède au mal. Avoir la repartie prompte. Leur prompte servitude, RAC. *Brit.* IV, 4. Ma prompte obéissance, ID. *Esth.* I, 4. Cette déclaration est suivie d'un — courroux, MOL. *Préc. rid.* sc. 4. J'eus le sang un peu chaud et le bras un peu —, CORN. *Cid*, II, 1, var. | Un esprit — à concevoir. A convoiter... je ne suis pas si prompte, MOL. *Tart.* III, 2. Faites-vous des amis prompts à vous censurer, BOIL. *Art p.* 1. Il est — à s'irriter, à s'émouvoir. *Ellipt.* Si j'étais aussi — que vous, MOL. *Amph.* I, 2. Que vous êtes prompte! ID. *Ét.* I, 10.

PROMPTEMENT [pront'-man; *en vers*, pron-te-...] *adv.*

[ÉTYM. Composé de prompte et ment, § 724. || Vers 1340. Donné promptement... la somme de cent florins, dans A. MOLINIER, *Obituaires*, p. 299.]

|| D'une manière prompte.

PROMPTITUDE [pron-ti-tud'] *s. f.*

[ÉTYM. Emprunté du lat. promptitudo, *m. s.* || XVᵉ s. La promptitude et habilleté d'entendement, G. TARDIF, *Facecies de Pogge*, dans DELB. *Rec.*]

|| Le fait de mettre peu de temps à faire qqch. La — de son action ne donnait pas le loisir de la traverser, BOSS. *Condé*. La — à croire le mal, LA ROCHEF. *Réflex. mor.* 267. || Idoménée déjà revenu de sa première —, FÉN. *Tél.* 10.

PROMULGATION [prò-mŭl-gà-syon; *en vers*, -si-on] *s. f.*

[ÉTYM. Emprunté du lat. promulgatio, *m. s.* || XIVᵉ s. ORESME, dans MEUNIER, *Essai sur Oresme*. Admis ACAD. 1740.]

|| Action de promulguer. La — d'une loi.

PROMULGUER [prò-mŭl-ghé] *v. tr.*

[ÉTYM. Emprunté du lat. promulgare, *m. s.* || XIVᵉ s. ORESME, dans MEUNIER, *Essai sur Oresme*. Admis ACAD. 1740.]

|| Publier (une loi) dans les formes requises, pour qu'elle devienne obligatoire.

PRONATEUR [prò-nà-teŭr] *adj. m.*

[ÉTYM. Emprunté du bas lat. pronator, *m. s.* de pronare, pencher en avant, § 249. || XVIᵉ s. PARÉ, I, 8. Admis ACAD. 1835.]

|| (Anat.) Qui détermine le mouvement de pronation. Les muscles pronateurs.

PRONATION [prò-nà-syon; *en vers*, -si-on] *s. f.*

[ÉTYM. Emprunté dr. bas lat. pronatio, *m. s.* de pronare, pencher en avant, § 247. || Admis ACAD. 1762.]

|| (Anat.) Position du poignet où la paume de la main se trouve en dessous. (S'oppose à supination.)

PRÔNE [prôn'] *s. m.*

[ÉTYM. Origine inconnue. Le mot désigne primitivement la grille qui sépare le chœur de la nef, grille près de laquelle se plaçait le curé pour s'adresser aux fidèles. L'anc. forme prone s'oppose à tout rapprochement avec le lat. præconium, proclamation. || XIIᵉ s. Home qu'on ne puet chastiier Devroit an au mostier liier Come desvé devant les prones, CHRÉTIEN DE TROYES, *Chevalier au lion*, 627.]

|| Instruction faite par le curé, le vicaire, à la messe paroissiale du dimanche et des fêtes, accompagnée des recommandations qu'il peut avoir à faire aux fidèles, publications de mariage, etc. Monsieur le curé De quelque nouveau saint charge toujours son — (annonce toujours au prône quelque fête de saint), LA F. *Fab.* VIII, 2. Recommander qqn au —, demander pour lui, au prône, les prières des fidèles, le recommander à leur charité, et, *fig. ironiqt*, le désigner à la sévérité de qqn. || *Fig.* Action de prêcher qqch à qqn. Sur ce début de —, BOIL. *Ép.* 11. Si vous pensez me venir faire des prônes, SÉV. 287.

PRÔNER [prô-né] *v. tr.*

[ÉTYM. Dérivé de prône, § 154. || XVIᵉ-XVIIᵉ s. Il ne pronoit autre chose... que le roi de France estoit un ange, D'AUB. *Vie*, 73.]

|| 1° *Vieilli*. Faire le prône devant (qqn). Le curé, le vicaire a prôné les fidèles.

|| 2° *Fig.* | 1. Prêcher (qqch) à qqn. Quoi qu'en ses beaux discours Saint-Évremond nous prône, BOIL. *Sat.* 11. | 2. Vanter publiquement (qqch, qqn). — son nom et sa naissance, MOL. *Tart.* II, 2. Comme un prodige on le prône partout, GILBERT, *Dix-huitième Siècle*. La vertu du vieux Caton Chez les Romains tant prônée, J.-B. ROUSS. *Odes*, II, 2.

PRÔNEUR, *PRÔNEUSE* [prô-neŭr, -neŭz'] *s. m. et f.*

[ÉTYM. Dérivé de prôner, § 112. || 1680. C'est un grand prôneur, RICHEL.]

|| 1° *Vieilli*. S. m. Ecclésiastique qui fait le prône.

|| 2° S. m. et f. Celui, celle qui prône qqn, qqch. Quelle horrible peine a un homme qui est sans prôneurs... de se faire jour, LA BR. 2. N'ayant pour prôneurs que son muet ouvrage, GILBERT, *Dix-huitième Siècle*. Rameau, dont elle est la prôneuse, J.-J. ROUSS. *Confess.* 7.

PRONOM [prò-non] *s. m.*

[ÉTYM. Emprunté du lat. pronomen, *m. s.* de pro, à la place de, et nomen, nom, § 503. || 1482. Verbes ou noms ou pronoms, *Propr. des choses*, I, 7.]

|| (Gramm.) Partie du discours qui tient la place et remplit le rôle du nom sous-entendu. Le — personnel (je, tu, il, etc.). Le — démonstratif (celui, celle, etc.).

PRONOMINAL, ALE [prò-nò-mi-nàl] *adj.*

[ÉTYM. Emprunté du lat. pronominalis, *m. s.* || Admis ACAD. 1762.]

|| (Gramm.) Relatif au pronom. Adjectif —, formé du pronom qui s'y rapporte par sa signification (mon, ton, son, etc.). Verbe —, qui se conjugue avec le pronom personnel (je me plains).

PRONOMINALEMENT [prò-nò-mi-nàl-man; *en vers*, -nà-le-...] *adv.*

[ÉTYM. Composé de pronominale et ment, § 724. || Admis ACAD. 1835.]

|| (Gramm.) En qualité de pronom. Un mot employé —.

PRONONÇABLE [prò-non-sàbl'] *adj.*

[ÉTYM. Dérivé de prononcer, § 93. || 1611. COTGR. Admis ACAD. 1878.]

|| Qui peut se prononcer. Mot difficilement —.

PRONONCER [prò-non-sé] *v. tr.*

[ÉTYM. Emprunté du lat. pronuntiare, *m. s.* rendu par pournoncier, plus récemment prononcer, d'après annoncer, §§ 502 et 503. || XIIᵉ s. Desque ore purnuncierai tes merveilles, *Psaut. de Cambridge*, LXX, 17.]

I. Faire entendre publiquement. — un discours. Quel avantage n'a pas un discours prononcé sur un ouvrage qui est écrit! LA BR. 15. Il prononce de graves plaidoyers, ID. *ibid.* — l'éloge funèbre de qqn. — une sentence, un arrêt. Puis-je leur — cet ordre sanguinaire? RAC. *Iph.* IV, 8. — sa propre condamnation, se condamner par ses propres paroles. Le jugement prononcé, et, *substantivt*, Le prononcé du jugement, le fait de le prononcer. *Absolt.* Le tribunal a prononcé. Faites-le —, j'y souscrirai, Madame, RAC. *Andr.* III, 4. || *P. anal.* Déclarer sa décision. Prononcez ! Que voulez-vous qu'on fasse? RAC. *Brit.* IV, 2. Quelques habiles prononcent en faveur des anciens contre les modernes, LA BR. 1. Avec le pronom réfléchi. Se — sur une question. || *Fig.* Marquer fortement. Avoir un goût prononcé pour qqch. [Des muscles trop prononcés.

II. Énoncer en articulant les syllabes, les mots. — de médiocres vers avec toute l'emphase d'un mauvais poète, LA BR. 1. Vous ne leur prononcez mon nom qu'avec horreur, RAC. *Ath.* II, 7. Il passait des heures entières sans — aucune parole, FÉN. *Tél.* 21. Un mot difficile à —. | *Absolt.* Écrire comme on prononce. Il ne prononce pas distinctement.

PRONONCIATION [prò-non-syà-syon; *en vers*, -si-à-si-on] *s. f.*

[ÉTYM. Emprunté du lat. pronunciatio, *m. s.* || 1281. Ceste pronunciation et nostre dit desus diz, dans GODEF. *Compl.*]

|| Action de prononcer. | 1. *Rare.* Action de faire entendre publiquement. La — du jugement a eu lieu hier. Le lendemain de la — de ma harangue, LA BR. *Disc. à l'Acad.* préf. | 2. Action d'énoncer, en articulant, les syllabes, les mots. Une — vicieuse. Avoir un défaut de —. La — de l'anglais est difficile.

PRONOSTIC [prò-nŏs'-tik'] *s. m.*

[ÉTYM. Pour prognostic, même mot que pragnostique, § 501. || XIIIᵉ s. Ce tu pronostique de mal, R. DE FOURNIVAL, *Best.* dans DELB. *Rec.*]

|| Conjecture sur ce qui doit arriver, tirée de certains signes. Se tromper dans ses pronostics. Les pronostics du médecin sur l'issue de la maladie. | *P. ext.* Signe d'après lequel on fait une conjecture sur ce qui doit arriver. Voilà de fâcheux pronostics.

PRONOSTIQUER [prò-nŏs'-li-ké] *v. tr.*

[ÉTYM. Dérivé de pronostic, § 154. || Vers 1340. Et les pronostikoient prebendés ou boins monnes, GILLES LI MUISIS, dans DELB. *Rec.*]

|| Conjecturer d'après certains signes (ce qui doit arriver). On pouvait aisément — le rejet du projet de loi.

PRONOSTIQUEUR, *PRONOSTIQUEUSE* [prò-nŏs'-ti-keŭr, -keŭz'] *s. m. et f.*

[ÉTYM. Dérivé de pronostiquer, § 112. || XIVᵉ-XVᵉ s. Le pronostikeur de vérité, *Enfances Vivien*, dans DELB. *Rec.*]

|| Celui, celle qui aime à pronostiquer.

PROPAGANDE [prò-pà-gànd'] *s. f.*

[ÉTYM. Emprunté du lat. de propaganda fide, « pour propager la foi », titre donné à une congrégation établie à Rome pour la propagation de la foi chrétienne. || Admis

ACAD. 1740 (comme nom propre désignant la congréga-
tion dite de la Propagande) et 1835 (au sens général).]

|| Propagation d'une doctrine. *Absolt.* Faire de la —.

PROPAGATEUR, *PROPAGATRICE [prô-pà-gà-teûr,
-trĭs'] *s. m. et f.*

[ÉTYM. Emprunté du lat. propagator, trix, *m. s.* || 1516.
Propagateur et semlateur de la parolle de Dieu, *Mir. histor.
de France,* dans DELB. *Rec.*]

|| (T. didact.) Celui, celle qui propage. | 1. Qui multi-
plie par reproduction. Du sang troyen —, SCARR. *Virg.
trav.* 8. *Adjectivt.* L'instinct — de leur race amoureuse, DE-
LILLE, *Trois Règnes,* 8. | 2. Qui répand de proche en pro-
che. Les propagateurs de la foi chrétienne.

PROPAGATION [prô-pà-gà-syon ; *en vers,* -si-on] *s. f.*

[ÉTYM. Emprunté du lat. propagatio, *m. s.* || XIIIᵉ s. Ostez
lui ses propagations, car il ne sont mie de Nostre Seigneur, *Bible,* mss de la Bibl. Maz. 684, fᵒ 122.]

|| (T. didact.) Action de propager. | 1. De multiplier par
reproduction. La — de l'espèce. *Absolt.* Qualités requises
pour le mariage et la —, MOL. *Mal. im.* II, 5. | 2. De ré-
pandre de proche en proche. L'œuvre de la — de la foi. La
— des idées nouvelles. La — d'une épidémie. La — du son, de
la lumière.

PROPAGER [prô-pà-jé] *v. tr.*

[ÉTYM. Emprunté du lat. propagare, *m. s.* (*Cf.* provigner.)
|| 1480. Stix, palud infernal, est propagié et né d'Acheron, *Ba-
ratre infernal,* dans DELB. *Rec.*]

|| (T. didact.) || **I.** Multiplier par reproduction. — une
espèce.

II. Répandre de proche en proche. L'épidémie s'est pro-
pagée rapidement. — une doctrine. — des erreurs, de faux
bruits. La manière dont se propage le son, la lumière.

***PROPAROXYTON** [prô-pà-rŏk-si-ton] *s. m.*

[ÉTYM. Emprunté du grec προπαροξύτονος, *m. s.*]

|| (Gramm.) Mot qui a l'accent tonique sur la syllabe
antépénultième.

PROPENSION [prô-pan-syon ; *en vers,* -si-on] *s. f.*

[ÉTYM. Emprunté du lat. propensio, *m. s.* || XVIᵉ s. Forcer
les propensions naturelles, MONTAIGNE, I, 25.]

|| (T. didact.) Tendance naturelle. La — des végétaux à
se tourner vers la lumière. || Un enfant qui a de la — à mentir.
La — au mal, au bien.

***PROPET, ETTE** [prô-pè, -pêt']. *V.* propret.

PROPHÈTE, ÉTESSE [prô-fèt', -fò-tês'] *s. m. et f.*

[ÉTYM. Emprunté du lat. propheta, grec προφήτης, *m. s.*
|| XIᵉ s. Des les Apostles ne fut mais tels prophete, *Roland,*
2255.]

I. Celui, celle que Dieu inspire, qui prédit l'avenir ou
révèle des vérités cachées aux autres hommes. Dieu a
parlé par la bouche de ses prophètes. Ce qu'à son — il vient
de révéler, Qui pourra nous le faire entendre? RAC. *Ath.* III,
8. L'orgueil monte toujours, dit le roi — (David), BOSS. *Honn.
du monde,* 1. La prophétesse Déborah. Dieu a suscité des prophètes durant seize cents ans, PASC. *Pens.* XVIII, 1. Dieu a pris
une longue étendue de siècles durant lesquels il a distribué
ses miracles et ses prophètes, BOSS. *Hist. univ.* II, 27. Les
quatre grands prophètes hébreux (Isaïe, Jérémie, Ezéchiel
et Daniel). La loi et les prophètes, les livres qui contiennent la législation de Moïse et les écrits des prophètes.
Fig. Voici la loi et les prophètes, cela fait autorité. || Cité
perfide, Des prophètes divins malheureuse homicide, RAC. *Ath.*
III, 7. *Loc. prov.* Nul n'est — en son pays, on trouve plus de
créance hors de son pays. C'est parce que je ne suis plus
dans mon pays que je suis —, VOLT. *Lett.* 28 sept. 1761. Faux
—, celui qui se dit prophète. Leurs faux prophètes les en-
chantent par les promesses d'un règne imaginaire, BOSS. *Hist.
univ.* II, 20. Des prophètes menteurs la troupe confondue, RAC.
Ath. I, 1. || *Spécialt.* Dieu est Dieu, et Mahomet est son —.
L'étendard du — (de Mahomet). || *P. ext.* Sous la direction
de cette prophétesse (Mᵐᵉ Guyon), ST-SIM. I, 275. Faisant
(Cromwell) le docteur et le — aussi bien que le soldat et le
capitaine, BOSS. *R. d'Angl.*

II. *Fig.* Celui, celle qui prédit ce qui doit arriver. Il a
été bon —. J'ai été — sans le savoir, VOLT. *Lett.* 28 sept.
1761. Un — de malheur, celui qui ne prédit que des malheurs. — de malheur, babillarde, LA F. *Fab.* I, 8.

PROPHÉTIE [prô-fé-sî] *s. f.*

[ÉTYM. Emprunté du lat. prophetia, *m. s.* || XIIᵉ s. Pro-
fecie, PH. DE THAUN, *Comput,* 879.]

|| Prédiction d'un prophète. Les prophéties d'Isaïe. L'ac-

complissement des prophéties. Cette route leur était marquée
dans leurs prophéties, principalement dans celles qui désignaient le temps du Christ, BOSS. *Hist. univ.* II, 23. Avoir le
don de —. || *Fig.* Prédiction. Les sages sont-ils crus en ces
temps d'emportement, et ne se rit-on pas de leurs prophéties?
BOSS. *R. d'Angl.*

PROPHÉTIQUE [prô-fé-tĭk'] *adj.*

[ÉTYM. Emprunté du lat. propheticus, *m. s.* || XVᵉ s. Es-
perit prophetique, *Myst. de la Passion,* dans GODEF. *Compl.*]

|| Relatif aux prophéties. L'esprit —. L'inspiration —. ||
Fig. Une céleste flamme D'un rayon — illumine mon âme,
CORN. *Cinna,* V, 3.

PROPHÉTIQUEMENT [prô-fé-tĭk'-man ; *en vers,* -ti-
ke-...] *adv.*

[ÉTYM. Composé de prophétique et ment, § 724. || XVᵉ s.
De Vita Christi, dans GODEF. *Compl.*]

|| En prophète. Parler —.

PROPHÉTISER [prô-fé-ti-zé] *v. tr.*

[ÉTYM. Emprunté du lat. prophetizare, *m. s.* || XIIᵉ s. Le
dit mon pere bien recort Ki profetisier me soleit, *Énéas,*
3076.]

|| Prédire par inspiration divine. Jérémie nous mène au
temps du roi Josias, sous lequel il a commencé à —. || *Fig.*
Prédire. Il prophétisait vrai, LA F. *Fab.* III, 18.

PROPHYLACTIQUE [prô-fi-làk'-tĭk'] *adj.*

[ÉTYM. Emprunté du grec προφυλακτικός, *m. s.* de προ-
φυλάσσειν, préserver. || XVIᵉ s. La partie prophylactique et
conservatrice de la santé, RAB. III, 29. Admis ACAD. 1762.]

|| (Médec.) Qui préserve du mal. Traitement —.

PROPHYLAXIE [prô-fi-làk'-sî] *s. f.*

[ÉTYM. Emprunté du grec προφύλαξις, *m. s.* || *Néolog.*
Admis ACAD. 1878.]

|| (Médec.) Régime qui préserve du mal.

PROPICE [prô-pĭs'] *adj.*

[ÉTYM. Emprunté du lat. propitius, *m. s.* || XIIᵉ s. Soies
propices a mi pecheor, *Serm. de St Bern.* p. 143.]

|| Favorable. (Se dit surtout en parlant de la faveur
divine.) Seigneur, soyez-moi —, à moi qui suis un pécheur,
BOURD. *Pensées, De l'humilité.* Toujours — aux âmes pu-
res, RAC. *Poés. div.* 58. || *P. anal.* Prenons l'occasion tandis
qu'elle est —, CORN. *Cinna,* I, 3. Un vent —. || *Vieilli.* A la
—, au gré de. A la — d'un valet de joueur, REGNARD, *Joueur,*
III, 4. J'en prendrai peut-être une (femme), si j'en trouve à
ma —, REGNARD et DUFRESNY, *Foire St-Germ.* III, 4.

***PROPITIATEUR, TRICE** [prô-pi-syà-teûr, -trĭs' ; *en
vers,* -si-à-...] *s. m. et f.*

[ÉTYM. Emprunté du lat. propitiator, trix, *m. s.* || 1519.
Propiciateur, GUILL. MICHEL, *Géorgiques,* dans DELB. *Rec.*]

|| (T. ecclés.) Celui, celle qui rend Dieu propice. Votre
Fils, mon grand —, BOSS. *Élév. myst.* XVIII, 9.

PROPITIATION [prô-pi-syà-syon ; *en vers,* -si-à-si-
on] *s. f.*

[ÉTYM. Emprunté du lat. propitiatio, *m. s.* || XIVᵉ s. En ti
est propiciation, *Psaut. de Metz,* dans DELB. *Rec.* ACAD.
1694-1740 écrit propiciation.]

|| (T. ecclés.) Action de rendre Dieu propice. La victime
de — pour nos péchés (Jésus-Christ), SACI, 1ʳᵉ *Ép. Jean,*
II, 2.

PROPITIATOIRE [prô-pi-syà-twâr ; *en vers,* -si-à-...]
adj.

[ÉTYM. Emprunté du lat. propitiatorius, *m. s.* || XIIᵉ-XIIIᵉ s.
La fud li propiciatories, *Rois,* p. 5. ACAD. 1694-1740 écrit
propiciatoire.]

|| (T. ecclés.) Qui rend Dieu propice. Sacrifice —. || *Subs-
tantivt.* (Antiq. jud.) Le —, table d'or pur placée au-dessus de l'arche.

PROPOLIS [prô-pò-lĭs'] *s. m.* (fém. ACAD.).

[ÉTYM. Emprunté du lat. propolis, grec πρόπολις, *m. s.*
Sur le genre, *V.* § 551. || XVIᵉ s. PARÉ, XXI, 28. Admis
ACAD. 1762.]

|| (T. didact.) Substance résineuse que les abeilles re-
cueillent sur certains arbres et qu'elles préparent pour en
enduire leur ruche.

PROPORTION [prô-pòr-syon ; *en vers,* -si-on] *s. f.*

[ÉTYM. Emprunté du lat. proportio, *m. s.* || XIIIᵉ s. Il ont
une meisme proportion entr'eals, *Comput,* dans LITTRÉ.]

I. Dans le langage ordinaire. || **1ᵒ** Grandeur d'une partie
relativement au tout et aux autres parties, dans un ensemble. La — entre une statue et son piédestal. Les proportions du
corps. Quelle — de mes pieds à ma tête! Disait-il (le cerf),

LA F. *Fab.* VI, 9. Cette — si exacte de toutes ses parties (d'un vaisseau), FÉN. *Tél.* 3.

‖ **2°** Grandeur d'une chose relativement à une chose analogue prise pour type. Une statue de petites proportions, de proportions ordinaires, de proportions colossales. *Ellipt.* — gardée, en tenant compte de la grandeur relative.

‖ **3°** Grandeur d'une chose relativement à une autre, la première croissant ou décroissant dans la mesure où la seconde croît ou décroît. La — qui doit être entre les fautes et les peines, MONTESQ. *Lett. pers.* 102. Il n'étend ses désirs qu'à — de ses besoins, FLÉCH. *Turenne.* Récompenser qqn en — des services qu'il a rendus. Six-vingts colonnes de six brassées de grosseur, grandes à —, BOSS. *Hist. univ.* III, 3. Il (un scandale) ne se forme dans nous qu'à — que nos mœurs se pervertissent, BOURD. *Scand. de la croix*, 1.

II. Dans le langage scientifique. ‖ **1°** (Mathém.) — géométrique, égalité de deux rapports par quotient. Règle de —, dite règle de trois, opération par laquelle, étant donné l'un des deux rapports et un terme du second, on détermine l'autre terme. — arithmétique, égalité de deux rapports par différence.

‖ **2°** (Chimie.) Proportions définies, quantités fixes invariables suivant lesquelles s'unissent les corps pour former des combinaisons chimiques.

PROPORTIONNALITÉ [prò-pòr-syò-nà-li-té] *s. f.*
[ÉTYM. Emprunté du lat. proportionalitas, *m. s.* ‖ XIVᵉ s. Proporcionalité geometrique, ORESME, *Éth.* V, 8.]

‖ (T. didact.) Caractère des quantités qui sont proportionnelles entre elles. La — de la force attractive aux masses, LAPLACE, *Syst. du monde*, IV, 10.

PROPORTIONNEL, ELLE [prò-pòr-syò-nèl; *en vers*, -si-ò-...] *adj.*
[ÉTYM. Emprunté du lat. proportionalis, *m. s.* § 503. ‖ XIVᵉ s. Chose juste est proporcionel, ORESME, *Éth.* V, 6.]

‖ (T. didact.) Qui est dans un rapport de proportion avec une autre quantité. La surface des polygones réguliers est proportionnelle au carré des côtés. Lignes proportionnelles. Moyenne proportionnelle, le second et le troisième terme d'une proportion lorsqu'ils sont égaux (2 : 4 : : 4 : 8). Le poids d'un corps est — à la masse.

PROPORTIONNELLEMENT [prò-pòr-syò-nèl-man; *en vers*, -si-ò-nè-le-...] *adv.*
[ÉTYM. Composé de proportionnelle et ment, § 724.‖ XIVᵉ s. Ainsi est il es autres choses proportionnelment, ORESME, *Éth.* II, 11.]

‖ (T. didact.) Suivant un rapport proportionnel. La vitesse croît — au temps.

PROPORTIONNÉMENT [prò-pòr-syò-né-man; *en vers*, -si-ò-...] *adv.*
[ÉTYM. Pour proportionnéement, composé de proportionnée, part. de proportionner pris comme adj. et ment, § 724. ‖ XVIᵉ s. Departir les quatre temperatures des aages proportionnément aux quatre saisons des ans, PARÉ, *Introd.* 5.]

‖ (T. didact.) D'une manière proportionnée.

PROPORTIONNER [prò-pòr-syò-né; *en vers*, -si-ò-...] *v. tr.*
[ÉTYM. Emprunté du lat. proportionare, *m. s.* ‖ 1335. Li diz prioux, ou autre pour luy, y proporcienoit ou participoit, dans GODEF.]

‖ Soumettre aux lois de la proportion. Une statue bien proportionnée. Avoir les membres bien proportionnés. Le piédestal n'est pas proportionné à la colonne. ‖ — les peines aux délits, la récompense au mérite. Dieu, qui aime infiniment, en donne des preuves proportionnées à l'infinité de son amour, BOSS. *A. de Gonz.* ‖ — son enseignement à l'intelligence de ses auditeurs. Se — aux autres, se mettre à la portée de chacun d'eux. S'accommodant et se proportionnant à tous, BOURD. *Condé.*

PROPOS [prò-pó] *s. m.*
[ÉTYM. Subst. verbal de proposer, fait sous l'influence du lat. propositum, *m. s.* § 52. ‖ XIIIᵉ s. Ains vendrés a vostre propos, J. DE MEUNG, *Rose*, 7831.]

I. Résolution qu'on se propose. Agir de — délibéré. Une volonté forte... qui ne forme pas des — vagues, MASS. *Confess.* 3. Le ferme —, la ferme résolution de ne plus retomber dans le péché.

II. Sujet proposé.

‖ **1°** Ce qui est proposé comme la chose dont il s'agit. Laissant à part les autres débats qui ne font rien à notre —, BOSS. *Lett.* 53. Suivons notre —, BOIL. *Sat.* 10. Simonide...

Se met sur le — De Castor et Pollux, LA F. *Fab.* I, 14. Écoutez, à ce —, le profond raisonnement..., BOSS. *D. d'Orl.* Ce pauvre genre humain qui s'égorge à — de quelques arpents de glace au Canada, VOLT. *Lett.* 27 mars 1757. A — de bottes. (*V.* botte 2.) Des histoires hors de —, PASC. *Prov.* 6. A quel me traitez-vous ainsi ? CORN. *Méd.* II, 2. La mort à tout —, ID. *Cinna*, II, 1. Faire, dire qqch à —, mal à —, d'une manière qui convient, qui ne convient pas à ce dont il s'agit. Ne rien souffrir qui ne soit à —, MOL. *Tart.* V, 4. Un bon génie à — nous l'envoie, CORN. *Hor.* I, 1. Il est plus à — qu'il vous cèle pourquoi, ID. *Poly.* I, 3. Une personne qui a de l'à-—, qui sait trouver sur l'heure ce qu'il convient de dire, de faire dans la circonstance. ‖ *Spéciall.* Un à-—, une œuvre composée spécialement pour une circonstance.

‖ **2°** Ce qui est proposé comme sujet d'entretien. — Où le hasard fournit cent matières diverses, LA F. *Fab.* IX, 20, *Disc. à Mᵐᵉ de la Sablière.* De — en — on a parlé de vers, BOIL. *Sat.* 3. Des — de table. Ne vous entretenir que de — d'amour, CORN. *Hor.* III, 3. Entrer en —, en conversation. Le loup donc l'aborde humblement, Entre en —, LA F. *Fab.* I, 5. ‖ — interrompus, conversation sans suite. Tenir de méchants — sur qqn, des médisances, et, *ellipt*, Tenir des — sur qqn. Il faut éviter les —. Pour ne vous point mettre aussi dans le —, MOL. *F. sav.* IV, 3.

PROPOSABLE [prò-pó-zàbl'] *adj.*
[ÉTYM. Dérivé de proposer, § 93. ‖ XVIIIᵉ s. *V.* à l'article. Admis ACAD. 1762.]

‖ Qui peut être proposé. Ces articles n'étaient plus proposables, D'ARGENSON, *Mém.* dans DELB. *Rec.*

PROPOSANT, *PROPOSANTE* [prò-pó-zan, -zänt'] *s. m. et f.*
[ÉTYM. Subst. particip. de proposer, § 47. ‖ 1390. Sauve la grace des proposans, dans DELB. *Rec.* Admis ACAD. 1762 (au sens **1**) et 1835 (au sens **2**).]

‖ (T. didact.) Celui, celle qui propose qqch. ‖ *Spéciall.*, au masc. ‖ **1.** Étudiant en théologie protestante qui expose un texte sacré. ‖ **2.** Cardinal qui reçoit la profession de foi des évêques nommés dans les pays d'obédience, pour les proposer aux autres cardinaux.

PROPOSER [prò-pó-zé] *v. tr.*
[ÉTYM. Composé avec le lat. pro et le franç. poser, à l'imitation du lat. proponere, *m. s.* §§ 275 et 503. ‖ XIIᵉ s. Ne proposerent (var. purposeront) Deu en lur esguardement, *Psaut. de Cambridge*, L.III, 3.]

‖ **1°** Mettre en avant comme objet d'examen. — un avis. Le cas est proposé, LA F. *Fab.* X, 1. — un plan, une opinion. On propose l'affaire en Sorbonne, PASC. *Prov.* 1. Qu'il est difficile de — une chose au jugement d'un autre sans corrompre son jugement par la manière de la lui —, ID. *Pens.* VI, 39. — un amendement. — à qqn un arrangement, une affaire. *P. anal.* — de l'argent à qqn, vouloir le lui faire accepter. Cette difficulté vaut bien qu'on la propose, LA F. *Fab.* VIII, 11. — un problème à résoudre, un sujet de concours. Les sujets proposés par l'Académie. *P. anal.* Quelques prix glorieux qui me soient proposés, RAC. *Iph.* IV, 8. Aux grands desseins que mon cœur se propose, ID. *Mithr.* II, 5. ‖ — que l'on fasse qqch. Le seul chanoine Évrard, d'abstinence incapable, Ose encor — qu'on apporte à la table, BOIL. *Lutr.* 4. — à qqn de faire qqch. Il me proposa de l'accompagner. *P. ext.* Se — qqch, de faire qqch, en former le dessein. Il ne se propose rien moins que d'instruire tout l'univers, BOSS. *A. de Gonz.* C'est l'unique fin que l'on se — en écrivant, LA BR. préf. ‖ *Absolt.* ‖ **1.** *Vieilli.* Former un dessein. Pourvu qu'elle propose bien de ne plus pécher, PASC. *Prov.* 10. *Loc. prov.* L'homme propose, et Dieu dispose. ‖ **2.** Exposer un texte sacré, en parlant d'un étudiant en théologie protestante. (*Cf.* proposant.)

‖ **2°** Mettre en avant comme règle, modèle à suivre. Je ne vous propose point le sentiment d'un autre ou le mien pour règle, J.-J. ROUSS. *Ém.* 4. Chacun se proposait leur hymen pour modèle, LA F. *Filles de Minée.* Puisse-t-elle (cette leçon) être utile aux siècles à venir; Je la présente aux rois, je la propose aux sages, ID. *Fab.* XII, 25.

‖ **3°** Mettre en avant comme candidat. — qqn pour un emploi, une charge. Les candidats proposés au choix du ministre. Un colonel proposé pour le grade de général. ‖ *Spéciall.* — en mariage. A moi, les — ! hélas ! ils font pitié, LA F. *Fab.* VII, 5.

PROPOSITION [prò-pó-zi-syon; *en vers*, -si-on] *s. f.*
[ÉTYM. Emprunté du lat. propositio, *m. s.* ‖ XIIᵉ s. Aoverrai en saltier la meie propositiun, *Psaut. d'Oxf.* XLVIII, 4.]

I. Action de poser devant. *Spécialt.* (T. bibliq.) Pains de —, que le prêtre posait chaque semaine sur la table du sanctuaire. **II.** *Fig.* || **1°** Ce qu'on propose à l'examen, à l'approbation de qqn. Une — de loi. Délibérer sur une —. Sa — a été repoussée. Faire une — à qqn. Des propositions de paix, de mariage. Écouter les propositions de qqn. Il y fit ses propositions en pleine assemblée, BOSS. *Hist. univ.* III, 6. || **2°** Énonciation d'un jugement. Une — universelle, particulière, affirmative, négative. Les principes se sentent, les propositions se concluent, PASC. *Pens.* VIII, 6. Prouver toutes les propositions un peu obscures, PASC. *Espr. géom.* 2. || *Spécialt.* | **1.** (Gramm.) Réunion d'un sujet, d'un verbe, d'un attribut. Une — principale, incidente. | **2.** (Géom.) Énoncé d'un théorème à démontrer. Une — de géométrie. | **3.** (Théol.) Affirmation dogmatique. Une — malsonnante, non orthodoxe. Les cinq propositions de Jansénius, condamnées par l'Église. Les quatre propositions, établies par l'assemblée du clergé de France, sous Louis XIV. | **4.** (Musique.) Exposition du sujet d'une fugue.

PROPRE [pròpr'] *adj. et s. m.*
[ÉTYM. Emprunté du lat. *proprius*, *m. s.* || XIᵉ-XIIᵉ s. Li burgeis qui ad en soun propre chatel demi marc vaillant, *Lois de Guill. le Conq.* 18.]
I. *Adj.* || **1°** Qui est à une personne, à une chose, à l'exclusion de toute autre. La raison qui est — à l'homme. La poésie et l'éloquence ont chacune une harmonie —. Chaque métier a un langage qui lui est —. Autant admirateur du mérite que s'il lui eût été moins —, LA BR. 2. || *Absolt.* Je prétends vous traiter comme mon — fils, RAC. *Ath.* II, 7. Moi-même, en — personne, MOL. *Mar. forcé*, sc. 1. Je l'ai vu,... de mes propres yeux vu, ID. *Tart.* V, 3. Il le tua de sa — main. On ne peut être juge dans sa — cause. Ce sont ses propres paroles. Il a tué son — frère. Savoir qqch par sa — expérience. Nom —, qui désigne l'individu (par opposition au nom commun, qui désigne l'espèce, le genre). Sens — d'un mot, sa signification réelle, exacte (par opposition aux sens dérivés, figurés). L'amour—, l'amour de soi. (*V. amour-propre.*) || **2°** Qui convient à qqch d'une manière spéciale. Un jeu de l'oie... fort — à passer le temps, MOL. *Av.* II, 1. Ce texte devient — à mon lamentable sujet, BOSS. *D. d'Orl.* Un terrain — à bâtir. | Un enfant est peu — à trahir sa pensée, RAC. *Ath.* II, 6. Je suis mal — à décider la chose, MOL. *Mis.* I, 2. Il est — à tout,... ce qui signifie... qu'il n'a pas plus de talent pour une chose que pour une autre, ou, en d'autres termes, qu'il n'est — à rien, LA BR. 2. | *Vieilli.* — pour. Un chaudeau — pour Lucifer, LA F. *Fab.* III, 7.
|| **3°** *Absolt.* | **1.** Convenablement arrangé. Un petit dîner aussi beau, aussi délicat, aussi — qu'il est possible, SÉV. 956. Une écriture très —. Vous voilà le plus — du monde | MOL. *B. gent.* III, 4. | **2.** *P. ext.* Net (par opposition à sale). Être — sur soi. Mettre du linge —. Avoir les mains propres. Une domestique qui n'est pas —. (*Cf.* malpropre.)
II. *S. m.* || **1°** Ce qui est à qqn. Posséder qqch en —. N'avoir rien en —. Gnathon... fait son — de chaque service, LA BR. 11. *Spécialt.* Bien du mari ou de la femme qui n'entre pas dans la communauté.
· || **2°** Ce qui est spécial à qqn, à qqch. C'est le — de l'homme de désirer la perfection. Le — de ce spectacle est de tenir l'esprit, les yeux et les oreilles dans un égal enchantement, LA BR. 1. | *P. ext.* | **1.** Le —, sens propre d'un mot. Le — et le figuré. Prendre un mot au —. | **2.** (Liturgie cathol.) Le — du temps, office spécial pour certaines époques (avent, carême, etc.). Le — des saints, office spécial pour la fête de tel ou tel saint.
|| **3°** Ce qui est net. (Ne s'emploie que dans l'expression ironique C'est du —, dite de qqch de malpropre.)

PROPREMENT [pròpre-man] *adv.*
[ÉTYM. Composé de propre et ment, § 724. || XIIᵉ s. E jeo l'ai rimé en franceis Si cum jol trovai proprement, MARIE DE FRANCE, *Fab.* épil. 18.]
|| D'une manière propre. || **1°** D'une manière spéciale à qqn, à qqch. Et c'est là — le partage des femmes, CORN. *Nicom.* IV, 2. C'est — un charme, LA F. *Fab.* VII, dédic. || *P. ext.* D'une manière exacte. A — parler. La Grèce — dite, par opposition à la Grande Grèce, etc. || **2°** D'une manière convenable. Danser —, MOL. *Préc. rid.* sc. 12. Travailler, chanter —. || *P. ext.* D'une manière nette. Ils s'appliquaient à les tenir —, FÉN. *Tél.* 17.

PROPRET, ETTE [prò-prè, -prèt'] et, *vieilli*, *PRO-PET, ETTE [prò-pè, -pèt'] *adj.*
[ÉTYM. Dérivé de propre, §§ 133 et 361. || 1611. Propret, COTGR.]
|| Bien net. Certaine nièce assez proprette, LA F. *Fab.* VII, 11. Des novices proprettes, GRESSET, *Vert-Vert.* 1. *Vieilli. Substantivt.* Un —, une proprette, un homme propret, une femme proprette.

PROPRETÉ [prò-pre-té] *s. f.*
[ÉTYM. Dérivé de propre, § 122. (*Cf.* le doublet propriété.) || 1539. R. EST.]
|| Caractère de ce qui est propre. | **1.** *Vieilli.* Convenance. Pourvu qu'on ait un reste de pudeur et de retenue,... on croit être dans la — et dans les règles de la modestie, FLÉCH. *Panég.* II, 400. | **2.** Netteté (par opposition à saleté, malpropreté). Exhorte-les à la —, qui est l'image de la netteté de l'âme, MONTESQ. *Lett. pers.* 2. Empêcher le mauvais air par cette —, FÉN. *Tél.* 17.

PROPRÉTEUR [prò-pré-teûr] *s. m.*
[ÉTYM. Emprunté du lat. *proprætor*, *m. s.* || 1552. Propreteur d'Affrique, G. GUÉROULT, dans DELB. *Rec.* Admis ACAD. 1762.]
|| (Antiq. rom.) Lieutenant du préteur.

PROPRIÉTAIRE [prò-pri-yé-tèr] *adj. et s. m. et f.*
[ÉTYM. Emprunté du lat. *proprietarius*, *m. s.* || 1335. Tenir par droit propriétaire, dans GODEF.]
I. *Vieilli. Adj.* || **1°** Propre à qqn, à qqch. Ils ne l'ont pas voulu rendre (la couronne) — en faveur du roi, BALZ. *De la Cour*, 7ᵉ disc. || **2°** Attaché à son intérêt propre. L'âme... deviendrait — et intéressée, BOSS. *Quiét.* lett. 12.
II. *S. m. et f.* Celui, celle qui a la propriété de qqch. Rendre un objet trouvé à son —. || *Spécialt.* | **1.** Celui, celle qui a la propriété d'un immeuble. Les grands propriétaires. Le — d'un champ. | **2.** Celui, celle qui a la propriété d'un immeuble et le loue. Le locataire a donné congé au —.

PROPRIÉTÉ [prò-pri-yé-té] *s. f.*
[ÉTYM. Emprunté du lat. *proprietas*, *m. s.* (*Cf.* le doublet propreté.) || XIIᵉ s. Ainz qu'il eûst saisine de sa propriété, GARN. DE PONT-STE-MAX. *St Thomas*, 4469.]
I. Le fait de posséder en propre, complètement et légitimement. (*Cf.* possession.) L'amour de la —. La — est le droit de jouir et disposer des choses de la manière la plus absolue, *Code civil*, art. 544. Avoir la nue — de qqch, en avoir la propriété, sans la jouissance. La — littéraire, artistique, droit que l'auteur garde sur son œuvre, quand il ne l'a point aliénée, et qu'il transmet à ses héritiers pour un temps déterminé par la loi. || *Spécialt.* Immeuble. Avoir de grandes propriétés. Acheter, vendre une —. | *Collectivt.* La grande —, l'ensemble des grands propriétaires.
II. Qualité propre d'une chose. L'aimant a la — d'attirer le fer. Les propriétés des corps. || *Fig.* La plupart des hommes ont, comme les plantes, des propriétés cachées que le hasard fait découvrir, LA ROCHEF. *Max.* 344. || Qualité par laquelle un mot exprime exactement l'idée. La — des termes. Parler, écrire avec —.
III. *Vieilli.* Attachement de qqn à son intérêt propre. Nous en perdons une — injuste et maligne, FÉN. *Instruction sur divers points de morale*, 33.

PROPULSEUR [prò-pûl-seûr] *s. m.*
[ÉTYM. Emprunté du lat. *propulsor*, *m. s.* || *Néolog.* Admis ACAD. 1878.]
|| (T. didact.) Ce qui pousse en avant. Le — d'un bateau à vapeur (l'hélice, la roue à aubes, etc.).

PROPULSION [prò-pûl-syon ; *en vers*, -si-on] *s. f.*
[ÉTYM. Emprunté du lat. *propulsio*, *m. s.* || 1642. OUD. Admis ACAD. 1878.]
|| (T. didact.) Action de pousser en avant. Mouvement de —.

PROPYLÉE [prò-pi-lé] *s. m.*
[ÉTYM. Emprunté du lat. *propylæon*, grec προπύλαιον, *m. s.* propri, « ce qui est devant la porte ». || Admis ACAD. 1835.]
|| (Architect. anc.) Vestibule d'un temple. || *P. ext. Au plur.* Construction formant l'entrée principale de l'enceinte d'un temple, d'une citadelle. Les propylées du temple de Minerve à Athènes.

PRORATA [prò-rà-tà] *s. m.*
[ÉTYM. Emprunté du lat. pro rata (s.-ent. parte), pour la part fixée, § 217. || 1396. Et doit avoir le fermier pour chascun

muy mesuré des choses dessus dites pro rata, *Cout. de Dieppe*, dans DELB. *Rec.*]

|| (T. didact.) Proportion. || *Spéciall.* Au — de, proportionnellement. Partager les bénéfices au — de la mise de fonds de chaque associé. || *Fig.* Les Grignans... que j'honore tous au — de leurs dignités, SÉV. 202.

PROROGATIF, IVE [prò-rò-gà-tĭf', -tĭv'] *adj.*

[ÉTYM. Emprunté du lat. prorogativus, *m. s.* || Admis ACAD. 1835.]

|| (Droit.) Qui produit la prorogation.

PROROGATION [prò-rò-gà-syon ; *en vers,* -si-on] *s. f.*

[ÉTYM. Emprunté du lat. prorogatio, *m. s.* || 1313. Prorogacion, dans GODEF. *Compl.*]

|| (Droit.) Action de proroger. — d'enquête. La — d'une assemblée.

PROROGER [prò-rò-jé] *v. tr.*

[ÉTYM. Emprunté du lat. prorogare. *m. s.* || XIV° s. Sanz proroguer termine, *Girard de Roussillon*, 2795.]

|| (Droit.) Renvoyer officiellement à un terme plus ou moins éloigné. Le délai fixé a été prorogé. Le juge a prorogé l'enquête, reculé le terme de l'enquête. || *Spéciall.* — une assemblée, décider qu'elle cesse de tenir séance jusqu'à une époque déterminée. La chambre des députés s'est prorogée jusqu'au mois d'octobre.

PROSAÏQUE [prò-zà-ĭk'] *adj.*

[ÉTYM. Emprunté du lat. prosaïcus, *m. s.* || 1520. Rethorique tant prosaïque que rithmique, J. FABRI, dans DELB. *Rec.*]

|| (T. didact.) Qui tient de la prose. Style, tour —. || *P. ext.* Une personne, une chose —, qui manque de poésie.

PROSAÏQUEMENT [prò-zà-ĭk'-man ; *en vers,* -zà ï ke-...] *adv.*

[ÉTYM. Composé de prosaïque et ment, § 724. || XV° s. *Térence en français,* dans GODEF. *Compl.* Admis ACAD. 1878.]

|| (T. didact.) D'une manière prosaïque.

PROSAÏSER [prò-zà-i-zé] *v. intr.*

[ÉTYM. Dérivé de prosaïque, § 267. || XVIII° s. V. à l'article. Admis ACAD. 1835.]

|| *Rare.* (T. didact.) Écrire en prose. || Écrire d'une manière prosaïque. Maître Vincent... Si bien que vous n'eût su —, J.-B. ROUSS. *Épigr.* III, 6.

PROSAÏSME [prò-zà-ĭsm'] *s. m.*

[ÉTYM. Dérivé de prosaïque, § 265. || *Néolog.* Admis ACAD. 1835.]

|| (T. didact.) Caractère prosaïque.

PROSATEUR [prò-zà-tèur] *s. m.*

[ÉTYM. Emprunté de l'ital. prosatore, *m. s.* dérivé de prosa, prose, § 12. || 1666. V. à l'article. Mot dû à MÉNAGE, qui s'est peu à peu établi malgré les critiques de BOUHOURS et de RICHEL. Admis ACAD. 1762.]

|| Écrivain en prose. Les prosateurs, aussi bien que les poètes, en usent de la sorte, MÉNAGE, *Poésies de Malherbe* (1666), p. 248.

PROSCRIPTEUR [prŏs'-krĭp'-tèur] *s. m.*

[ÉTYM. Emprunté du lat. proscriptor, *m. s.* || 1767. V. à l'article. Admis ACAD. 1835.]

|| Celui qui proscrit. Un lâche —, DIDER. *Salon de 1767.*

PROSCRIPTION [prŏs'-krĭp'-syon ; *en vers,* -si-on] *s. f.*

[ÉTYM. Emprunté du lat. proscriptio, *m. s.* || 1539. R. EST.]

|| Action de proscrire. Les tables de —. Les proscriptions de Marius, de Sylla. || *Fig.* Qui pourrait rendre raison de la fortune de certains mots et de la — de quelques autres? LA BR. 14.

PROSCRIRE [prŏs'-krīr] *v. tr.*

[ÉTYM. Emprunté du lat. proscribere, *m. s.* rendu par proscrire d'après écrire de scribere, § 503. || XII° s. Lui et les suens aveit li reis proscriz, GARN. DE PONT-STE-MAX. *St Thomas*, 2558.]

|| **1°** (Antiq. rom.) Décréter de mort sans formes judiciaires, par simple inscription sur une affiche publique. Sylla proscrivit des milliers de citoyens romains. Cicéron fut proscrit par Antoine. || *Au part. passé pris substantivt.* Les biens des proscrits étaient confisqués. Vous dirai-je les noms... De ces fameux proscrits? CORN. *Cinna,* I, 3. || *P. anal.* Condamner à mort, en masse. Punissons l'assassin, proscrivons les complices, CORN. *Cinna,* IV, 3. Toute la nation à la fois est proscrite, RAC. *Esth.* I, 3.

|| **2°** *P. ext.* Décréter de bannissement. Keith... avait quitté son pays dans sa jeunesse, et y fut proscrit pour s'être attaché à la maison Stuart, J.-J. ROUSS. *Confess.* 12. || *Au part. passé*

pris substantivt. Donner asile à des proscrits. || *Fig.* Rejeter. Quoique ces rois des Visigoths eussent proscrit le droit romain, MONTESQ. *Espr. des lois,* XXVIII, 7. On s'est mis depuis quelque temps à — le comique de la comédie, VOLT. *Lett.* 4 févr. 1762. — l'usage d'un mot.

PROSE [prōz'] *s. f.*

[ÉTYM. Emprunté du lat. prosa, *m. s.* || XIII° s. La voie de prose est large et pleniere, BRUN. LATINI, *Trésor,* p. 481.]

I. (T. didact.) Forme du discours non assujettie à la mesure et au rythme du vers. Écrire en —. Le langage de la —. Tout ce qui n'est point vers est —, MOL. *B. gent.* II, 4. — poétique, qui a le style poétique, sans la mesure et le rythme du vers. [*Famil.* J'ai reçu de sa —, il m'a écrit. Le maître est tout à vous, et voici de sa —, CORN. *Ment.* IV, 8.

II. (Liturgie cathol.) Hymne latine en vers syllabiques rimés, non soumis à la quantité prosodique. La — du Dies iræ.

PROSECTEUR [prò-sĕk'-tèur] *s. m.*

[ÉTYM. Emprunté du lat. prosector, celui qui coupe d'avance. || *Néolog.* Admis ACAD. 1835.]

|| (T. didact.) Aide qui prépare, pour le professeur de médecine, les pièces de dissection.

PROSÉLYTE [prò-zé-lĭt'] *s. m.* et *f.*

[ÉTYM. Emprunté du lat. ecclés. proselytus, grec προσήλυτος, *m. s.* proprt, « nouveau venu ». || XIII° s. Proselite, *Évang. de Nicodème,* dans DELB. *Rec.*]

|| (T. didact.) Nouveau, nouvelle adepte d'une religion. Faire des prosélytes. || *P. ext.* Nouveau, nouvelle adepte d'une doctrine philosophique, politique.

PROSÉLYTISME [prò-zó-li-tĭsm'] *s. m.*

[ÉTYM. Dérivé de prosélyte, § 265. || 1721. V. à l'article. Admis ACAD. 1798.]

|| (T. didact.) Zèle pour faire des prosélytes. Cet esprit de — que les Juifs ont pris des Égyptiens, MONTESQ. *Lett. pers.* (1721), 86.

PROSODIE [prò-zò-di] *s. f.*

[ÉTYM. Emprunté du lat. prosodia, grec προσῳδία, *m. s.* || 1562. RAMUS, *Gramm. franç.* dans LIVET, *Les gramm. franç.* p. 181.]

|| (Gramm.) Prononciation régulière des mots conformément à l'accent. || *P. ext.* Règles de la quantité des syllabes et de la mesure des différents vers. La — grecque, latine.

PROSODIQUE [prò-zò-dĭk'] *adj.*

[ÉTYM. Emprunté du lat. prosodicus, *m. s.* || 1752. TRÉV. Admis ACAD. 1762.]

|| (Gramm.) Relatif à la prosodie. Vers —, fondé sur la quantité, par opposition au vers syllabique, fondé sur le nombre des syllabes.

PROSOPOPÉE [prò-zò-pò-pé] *s. f.*

[ÉTYM. Emprunté du lat. prosopopœia, grec προσωποποιία, *m. s.* || XVI° s. RAB. III, prol.]

|| (Rhétor.) Figure consistant à prêter la vie à des choses inanimées, à des personnes mortes ou absentes. Les prosopopées et toutes ces belles figures que je pratique sans en savoir le nom, RACAN, *Lett.* 17 oct. 1654.

PROSPECTUS [prŏs'-pĕk'-tŭs'] *s. m.*

[ÉTYM. Emprunté du lat. prospectus, vue, aspect, § 217. || 1723. *Règlem. pour la libr. et l'impr.* art. 19. Admis ACAD. 1762.]

|| (T. didact.) Annonce, généralement imprimée, d'un ouvrage, d'un établissement destiné au public, d'une marchandise, etc., que l'on distribue pour attirer les acheteurs, les clients.

PROSPÈRE [prŏs'-pèr] *adj.*

[ÉTYM. Emprunté du lat. prosper, *m. s.* || XII° s. Tut ceo que il ferat serat feit prospre, *Psaut. de Cambridge,* I, 4. | XIV° s. Bataille prospere, BERSUIRE, f° 86, dans LITTRÉ.]

|| Dont l'état est florissant. Le cours de leurs destins prospères, RAC. *Esth.* III, 4. Être dans une situation —.

PROSPÉRER [prŏs'-pé-ré] *v. intr.*

[ÉTYM. Emprunté du lat. prosperare, *m. s.* || XIV° s. Que les Troyens creussent et prosperassent, BERSUIRE, f° 8.]

|| Devenir prospère. Tout prospère aux âmes innocentes, RAC. *Esth.* I, 1. Tout semblait — par sa présence, BOSS. *R. d'Angl.* Prospérez, cher espoir d'une nation sainte, RAC. *Esth.* I, 2.

PROSPÉRITÉ [prŏs'-pé-ri-té] *s. f.*

[ÉTYM. Emprunté du lat. prosperitas, *m. s.* || XII° s. Celui chi at prosperitet en sa veie, *Psaut. d'Oxf.* XXXVI, 7.]

|| État de ce qui prospère. La — d'un État. Celui qui est dans la — doit craindre d'en abuser, FÉN. *Tél.* 15. Les attraits enchanteurs de la —, LA F. *Élég.* 1, *aux Nymphes de Vaux.* Les grandes prospérités nous aveuglent, BOSS. *R. d'Angl.* || *Famil.* Avoir un air, un visage de —, de santé et de contentement.

PROSTATE [prŏs'-tăt'] *s. f.*

[ÉTYM. Emprunté du grec προστάτης, qui se tient en avant. Prostate est pour glande prostate, § 38. || XVIᵉ s. Corps glanduleux nommés prostates, PARÉ, I, 29. Admis ACAD. 1762.]

|| (Anat.) Glande située, chez l'homme, à la jonction du col de la vessie et de l'urètre.

PROSTERNATION [prŏs'-tèr-nà-syon; *en vers*, -si-on] *s. f.*

[ÉTYM. Dérivé de prosterner, § 247. (*Cf.* prostration.) || 1599. La prosternation du corps, R. BENOIST, *Vie de J.-C.* dans DELB. *Rec.* Admis ACAD. 1762.]

|| Action de se prosterner. Les prosternations des courtisans, LA BR. 10.

PROSTERNEMENT [prŏs'-tèr-ne-man] *s. m.*

[ÉTYM. Dérivé de prosterner, § 145. || 1611. COTGR. Admis ACAD. 1718.]

|| État de celui qui est prosterné. Il n'y a plus que le — et le visage contre terre qui puissent être leur posture, ST-SIM. X, 473.

PROSTERNER [prŏs'-tèr-né] *v. tr.*

[ÉTYM. Emprunté du lat. prosternere, coucher en avant. (*Cf.* consterner.) || XVᵉ s. Elle prosterna plusieurs gros villages, JUVÉNAL DES URSINS, *Chron.* dans GODEF. *Hist. de Ch. VI*, p. 172.]

|| **1°** *Vieilli.* Abattre. Grégoire de Tours dit que Dieu prosternait tous les jours ses ennemis (de Clovis), MONTESQ. *Espr. des lois*, XXX, 24.

|| **2°** Abaisser jusqu'à terre, devant qqn, en signe de respect. Jusqu'aux pieds de César sa couronne, CORN. *Pomp.* III, 1. Se —, se coucher la face contre terre. Se — au pied des autels. Vous voyez l'univers prosterné devant vous, RAC. *Esth.* II, 1. Les rois des nations, devant toi prosternés, De tes pieds baisent la poussière, ID. *Ath.* III, 7.

PROSTHÈSE [prŏs'-tèz'] *s. f.*

[ÉTYM. Emprunté du lat. prosthesis, grec πρόσθεσις, action de poser devant. || Admis ACAD. 1835.]

|| **1°** (Gramm.) Addition d'une lettre, d'une syllabe, au commencement d'un mot (iscala pour scala, échelle, en latin populaire ; lierre pour ierre, en français, etc.).

|| **2°** (Chirurgie.) *V.* prothèse.

'PROSTHÉTIQUE [prŏs'-té-tĭk'] *adj.*

[ÉTYM. Dérivé du grec πρόσθετος, ajouté, § 282. || *Néolog.*]

|| (Gramm.) Relatif à la prosthèse. Voyelle, consonne —.

PROSTITUER [prŏs'-ti-tué ; *en vers*, -tu-é] *v. tr.*

[ÉTYM. Emprunté du lat. prostituere, *m. s.* de pro, en avant, et statuere, placer. || XIVᵉ s. Aucuns... prostituent et deshonorent moult de dignes choses, ORESME, dans MEUNIER, *Essai sur Oresme.*]

|| **1°** Livrer à la débauche. Si un prince commandait à un sien sujet de lui — sa femme, LA NOUE, *Disc. polit.* 10. || *Spéciall.* Livrer à la débauche publique (une fille, une femme). Une mère qui prostitue sa fille. Une femme qui se prostitue. *Au part. passé pris substantivt.* Une prostituée, celle qui se livre à la débauche publique, qui se donne au premier venu pour de l'argent. (*Syn.* courtisane.) || *Fig.* (Style ecclés.) La grande prostituée, la Rome païenne.

|| **2°** *Fig.* — la justice, la sacrifier à la vénalité, à la faveur, etc. — sa plume, la vendre pour de l'argent, des places, etc. — l'amitié, faire son ami du premier venu. Il n'est point d'âme un peu bien située Qui veuille d'une estime ainsi prostituée, MOL. *Mis.* I, 1.

'PROSTITUTEUR, TRICE [prŏs'-ti-tu-tŭr, -trĭs'] *s. m.* et *f.*

[ÉTYM. Emprunté du lat. prostitutor, trix, *m. s.* D'AUB. emploie prostitueur. || XVIIᵉ s. *V.* à l'article.]

|| Celui, celle qui prostitue. || *Fig.* Ces docteurs licencieux, indignes prostituteurs de leur intégrité, BOSS. *Cornet.*

PROSTITUTION [prŏs'-ti-tu-syon; *en vers*, -si-on] *s. f.*

[ÉTYM. Emprunté du lat. prostitutio, *m. s.* || XIIIᵉ s. Eniverez sount... Del vin... de sa prostitution, *Apocal. anglonorm.* 960, P. Meyer.]

|| Action de se prostituer. Se livrer à la —. Un lieu de —, maison de débauche. La —, l'adultère, l'inceste... C'est exemple qu'à suivre offrent vos immortels, CORN. *Poly.* V, 3. Les

prostitutions qui étaient établies pour l'adorer (Vénus), BOSS. *Hist. univ.* II, 16. || *Fig.* Une lâche — de la conscience, BOSS. *Déf. Var.* 1ᵉʳ disc.

PROSTRATION [prŏs'-trà-syon ; *en vers*, -si-on] *s. f.*

[ÉTYM. Emprunté du lat. prostratio, *m. s.* de prostratum, supin de prosternere, prosterner. (*Cf.* prosternation.) || XIVᵉ s. Ne ne fait on nulle prostracion, J. GOLEIN, *Trad. du Rational*, dans GODEF. Admis ACAD. 1835.]

|| État d'abattement profond.

PROSTYLE [prŏs'-til] *adj.*

[ÉTYM. Emprunté du lat. prostylos, grec πρόστυλος, *m. s.* de πρό, devant, et στύλος, colonne. (*Cf.* péristyle.) || 1691. J. OZANAM, *Dict. math.* p. 572. Admis ACAD. 1835.]

|| (Architect. anc.) Qui a des colonnes à la partie antérieure. Un temple —, et, *substantivt*, Un —.

'PROSYLLOGISME [prò-sil'-lò-jĭsin'] *s. m.*

[ÉTYM. Emprunté du lat. prosyllogismus, grec προσυλλογισμός, *m. s.* || 1611. COTGR.]

|| (Logique.) Enchaînement de syllogismes où la conclusion du premier devient la prémisse du second, et ainsi de suite.

PROTAGONISTE [prò-tà-gò-nĭst'] *s. m.* et *f.*

[ÉTYM. Emprunté du grec πρωταγωνιστής, *m. s.* || Admis ACAD. 1835.]

|| (T. didact.) Celui, celle qui, dans une pièce de théâtre, joue le rôle principal.

PROTASE [prò-tàz'] *s. f.*

[ÉTYM. Emprunté du lat. protasis, grec πρότασις, *m. s.* || XVIIᵉ s. *V.* à l'article. Admis ACAD. 1740.]

|| (T. didact.) Exposition d'une pièce de théâtre. La — où se doit faire la proposition et l'ouverture du sujet, CORN. *1ᵉʳ Disc. sur le poème dram.*

PROTATIQUE [prò-tà-tĭk'] *adj.*

[ÉTYM. Emprunté du lat. protaticus, grec προτατικός, *m. s.* || XVIIᵉ s. *V.* à l'article. Admis ACAD. 1835.]

|| (T. didact.) Relatif à la protase. Un personnage —, CORN. *Rodog.* exam.

PROTE [prŏt'] *s. m.*

[ÉTYM. Emprunté du grec πρῶτος, premier. || Admis ACAD. 1798.]

|| (Typogr.) Celui qui est chargé de diriger le travail dans une imprimerie.

PROTECTEUR, TRICE [prò-tĕk'-tŭr, -trĭs'] *s. m.* et *f.* et *adj.*

[ÉTYM. Emprunté du lat. protector, *m. s.* || XIVᵉ s. Lour ayde et lour protectour, *Psaut. de Metz*, dans DELB. *Rec.*]

I. *S. m.* et *f.* Celui, celle qui protège. Un illustre — du peuple de Dieu, BOSS. *R. d'Angl.* Les catholiques d'Angleterre dont elle est la fidèle protectrice, ID. *ibid.* Un — des arts. Avoir qqn pour —. Elle a été ingrate envers sa protectrice. Être le — des pauvres, des opprimés. || *Spéciall.* Nom donné à certains personnages exerçant une sorte de souveraineté. Cromwell gouverna l'Angleterre sous le titre de —.

II. *Adj.* Qui protège. Les dieux protecteurs de Rome. Pallas, la divinité protectrice d'Athènes. Un abri —. Prendre un ton — avec qqn, se donner des airs protecteurs, un ton, des airs de supériorité. || *Spéciall.* (Écon. polit.) Droits protecteurs, dont on grève les produits étrangers pour empêcher qu'ils ne fassent concurrence aux produits nationaux. Système, régime —, qui protège l'industrie, le commerce du pays en établissant des droits protecteurs.

PROTECTION [prò-tĕk'-syon; *en vers*, -si-on] *s. f.*

[ÉTYM. Emprunté du lat. protectio, *m. s.* || XIIᵉ-XIIIᵉ s. Sa plus lage protection entor nos, *Dial. Gregoire*, p. 357.]

|| Action de protéger. Implorer la — divine. Avoir recours à la — d'un homme puissant. Se mettre sous la — de qqn. Prendre qqn sous sa —. Il a dû cette place à la — et non à son mérite. Prendre avec qqn un air de —, de supériorité. || *P. ext.* Personne qui protège. Avoir des protections. || *Spéciall.* (Écon. polit.) Système de la —, où l'on grève les produits étrangers de droits de douane, pour protéger les produits nationaux.

PROTECTIONNISTE [prò-tĕk'-syò-nĭst' ; *en vers*, -sì-ò-...] *s. m.* et *f.*

[ÉTYM. Dérivé de protection, § 265. || *Néolog.* Admis ACAD. 1878.]

|| (Écon. polit.) Partisan du système de la protection. *Adjectivt.* Le système —.

PROTECTORAT [prò-tĕk'-tò-rà] *s. m.*

[ÉTYM. Dérivé du lat. protector, protecteur, § 254. || (Au sens **I.**) xviiie s. *V.* à l'article. Admis ACAD. 1835.]

I. Fonction, dignité de protecteur (d'un royaume). Le — de Cromwell. Après sa démission du —, VOLT. *S. de L. XIV*, 6.

II. *Néolog.* Dépendance imposée à un État, à un territoire placé sous la protection d'un État plus puissant, chargé de l'administrer. La Tunisie est sous le — de la France.

PROTÉE [pro-té] *s. m.*

[ÉTYM. Emprunté du lat. Proteus, grec Πρωτεύς, dieu marin qui peut prendre toute sorte de formes, § 36. || xviie-xviiie s. *V.* à l'article. Admis ACAD. 1762.]

|| (T. didact.) Homme qui joue tous les personnages. Vous êtes un — qui prenez indifféremment toutes les formes les plus contraires, FÉN. *Dial. des morts*, *Anc.* 17.

PROTÉGER [pro-té-jé] *v. tr.*

[ÉTYM. Emprunté du lat. protegere, *m. s.* || 1611. OTGR.]

|| **1°** Couvrir de manière à garantir. Des arbres qu! protègent contre le soleil. Des murs épais qui protègent contre le froid. Être protégé par une cuirasse, une cotte de mailles. Une enceinte fortifiée protège la ville contre toute attaque. — la retraite d'un corps d'armée.

|| **2°** Défendre contre ce qui menace. Dieu, qui de l'orphelin protège l'innocence, RAC. *Ath.* I, 2. Le Ciel protège Troie, ID. *Iph.* I, 2. — hautement les vertus malheureuses, CORN. *Sertor.* III, 2. — les faibles, les opprimés. Pour — la foi catholique, BOSS. *R. d'Angl.*

|| **3°** Aider de son crédit, de ses ressources. Demander, obtenir un emploi pour une personne qu'on protège. Être protégé par un personnage puissant. *Au part. passé pris substantivt.* Intéresser qqn à son protégé. || — les arts, les lettres.

PROTESTANT, ANTE [pro-tès'-tan, -tänt'] *s. m. et f.*

[ÉTYM. Subst. particip. de protester, § 47. Le sens **II** a une origine historique : le nom fut donné d'abord à certains États d'Allemagne, partisans de Luther, qui protestèrent contre la diète de Spire (1529). || 1546. Tout le monde se rend protestant, MART. DU BELLAY, *Lett.* dans *Bullet. hist. et philolog.* 1895, p. 28.]

I. Celui, celle qui proteste. *Spécialt. Vieilli. S. m.* Celui qui proteste de son amour pour une femme, amoureux déclaré. Le — de madame Clitie, LA F. *Contes, Faucon.* Vous avez en moi Un — tout prêt à vous donner sa foi, DESTOUCHES, *Irrésolu,* III, 4.

II. Celui, celle qui appartient à la religion dite réformée. (S'oppose à catholique.) Les protestants d'Allemagne, d'Angleterre. Les protestants ne croient pas à la présence réelle dans l'eucharistie. || *Adjectivt.* Les pays protestants. La religion protestante.

PROTESTANTISME [pro-tès'-tan-tïsm'] *s. m.*

[ÉTYM. Dérivé de protestant, § 265. || 1623. Ils ne seront contraints de faire nul acte de protestantisme, dans DELB. *Rec.*]

|| La religion protestante. Embrasser, abjurer le —.

PROTESTATION [pro-tès'-tà-syon ; *en vers,* -si-on] *s. f.*

[ÉTYM. Emprunté du lat. protestatio, *m. s.* || xiiie s. Ge fais bien protestacion Que..., J. DE MEUNG, *Rose,* 15463.]

|| **1°** Attestation solennelle que qqn fait de ses sentiments. Faire à qqn des protestations de fidélité. — d'attachement, d'amitié. Ces grands faiseurs de protestations, MOL. *Mis.* I, 1. On ne crut pas à ses protestations d'innocence.

|| **2°** Réclamation formelle contre un acte, une mesure que l'on déclare illégitime. — verbale, écrite. Signer une —. La — des partisans de Luther contre le décret de la diète de Spire. Cette élection a soulevé de nombreuses protestations.

PROTESTER [pro-tès'-té] *v. tr. et intr.*

[ÉTYM. Emprunté du lat. protestari, attester publiquement. || xive s. Il protestoit a chascun que..., BERSUIRE, f° 31.]

I. *V. tr.* || **1°** *Vieilli.* Attester solennellement. Cet intérêt vrai ou simulé que les hommes protestent aux femmes, DIDER. *Lett.* 31 juill. 1762. Quand il veut lui — son ignorance, L. RAC. *Rem. sur* Athalie, v, 5. || *Spécialt. De nos jours.* Suivi de que. En protestant que tout avait été fait malgré lui, VOLT. *Hist. de Russie,* II, 4.

|| **2°** (Commerce.) — un billet à ordre, un effet de commerce, prendre acte qu'il est resté impayé et que celui qui devait payer est responsable de tous frais et préjudices. (*Cf.* protêt.) *P. ext.* Le débiteur s'est laissé —.

II. *V. intr.* || **1°** — de. Faire une attestation solennelle de (qqch). — de son innocence, de son dévouement, de sa fidélité. Le prisonnier proteste d'innocence, CORN. *Suite du Ment.* I, 4. [— de violence, attester qu'on a été contraint par la force. — d'incompétence, déclarer qu'on regarde le juge comme incompétent. [Je proteste de ne prétendre rien à tous vos biens, MOL. *Av.* V, 3. Moi que vous protestez d'aimer, CORN. *Sophon.* I, 4.

|| **2°** — contre. Faire une réclamation formelle contre un acte, une mesure que l'on déclare illégitime. — contre la violence. — contre une mesure illégale. — contre une élection entachée de fraude. || *Absolt.* J'aurai beau —, LA F. *Fab.* V, 4.

PROTÊT [pro-tè] *s. m.*

[ÉTYM. Pour protest, § 422, subst. verbal de protester, § 52. || 1479. Le protest que pareillement ils firent, *Lett. de Franç. de Genas à Louis XI,* dans GODEF. protest.]

|| (Commerce.) Acte par lequel un billet à ordre, un effet de commerce est protesté. — faute d'acceptation, de paiement.

PROTHÈSE [pro-tèz'] *s. f.*

[ÉTYM. Altération de prosthèse, par suite d'une confusion entre le grec πρόθεσις, projet, proposition, et πρόσθεσις, prosthèse. || Admis ACAD. 1835.]

|| (Chirurgie.) Remplacement artificiel d'un organe qui a été enlevé. || *Spécialt.* — dentaire, pose de dents artificielles.

PROTOCANONIQUE [pro-to-kà-no-nïk'] *adj.*

[ÉTYM. Composé avec le grec πρωτο, thème de πρῶτος, premier, et canonique, § 279. || Admis ACAD. 1762.]

|| (T. ecclés.) Reconnu pour authentique avant la constitution des canons. (*Cf.* deutérocanonique.) Les livres protocanoniques de la Bible.

PROTOCARBURE, PROTOCHLORURE, etc. [pro-to-kàr-bür, -klo-rür] *s. m.*

[ÉTYM. Composé avec le grec πρωτο, thème de πρῶτος, premier, et carbure, chlorure, etc. § 279. || *Néolog.* Admis ACAD. 1878.]

|| (Chimie.) Premier degré de combinaison d'un corps simple avec le carbone, le chlore, etc.

PROTOCOLE [pro-to-kòl] *s. m.*

[ÉTYM. Emprunté du lat. protocollum, grec πρωτόκολλον, *m. s.* proprt, « première feuille collée ». || 1335. Ceste cedulle ou protocolle, dans DELB. *Rec.*]

I. (Droit rom.) Papier destiné à recevoir les actes publics.

II. *P. anal.* || **1°** Formulaire pour dresser les actes publics. Le — des greffiers, des huissiers, des notaires.

|| **2°** Formulaire des lettres officielles des souverains, ministres, etc.

III. Procès-verbal des résolutions d'un congrès, d'une conférence diplomatique. || Résolution formulée dans le congrès, la conférence.

IV. Formulaire de l'étiquette à observer pour un chef d'État dans les cérémonies officielles, les rapports avec les ambassadeurs, les souverains étrangers, etc. Le chef du —.

***PROTONIQUE** [pro-to-nïk'] *adj.*

[ÉTYM. Composé avec le grec πρό, devant, τόνος, accent tonique, et le suffixe ique, § 279. || *Néolog.*]

|| (Gramm.) Placé avant la syllabe accentuée.

PROTONOTAIRE [pro-to-no-tèr] *s. m.*

[ÉTYM. Emprunté du lat. ecclés. protonotarius, *m. s.* du grec πρῶτος, premier, et notarius, notaire. || xive s. Leon. prothonotaire de sainct palais, J. LE FÈVRE, *Vieille,* dans DELB. *Rec.*]

|| (T. ecclés.) Prélat de la cour de Rome chargé d'expédier les actes dans les affaires importantes.

PROTOTYPE [pro-to-tïp'] *s. m.*

[ÉTYM. Emprunté du lat. prototypus, grec πρωτότυπος, *m. s.* || xvie s. Original et prototype, RAB. dans DELB. *Rec.*]

|| **1°** (T. didact.) Type primitif. Il y a dans la nature un — général dans chaque espèce, sur lequel chaque individu est modelé, BUFF. *Cheval.* || *Fig.* Modèle supérieur. Du bel esprit se font les prototypes, J.-B. ROUSS. *Épigr.* II, 2.

|| **2°** (Typogr.) Outil dont se sert le fondeur pour régler le corps des caractères d'imprimerie.

PROTOXYDE [pro-tòk'-sid'] *s. m.*

[ÉTYM. Composé avec le grec πρωτο, thème de πρῶτος, premier, et oxyde, § 279. || Admis ACAD. 1835.]

|| (Chimie.) Le composé le moins oxygéné que peut former un corps simple en se combinant avec l'oxygène. — d'azote.

***PROTOZOAIRE** [pro-to-zo-èr] *s. m.*

[ÉTYM. Composé avec le grec πρωτο, thème de πρῶτος, premier, et ζωάριον, animalcule, § 279. || *Néolog.*]

|| (Hist. nat.) Animalcule que son organisme élémentaire place au plus bas degré de l'échelle animale.

PROTUBÉRANCE [prò-tu-bé-rāns'] *s. f.*
[ÉTYM. Dérivé de protubérant, § 262. || 1738. *V.* à l'article. Admis ACAD. 1762.]
|| (T. didact.) Saillie en forme de bosse à la surface d'un corps. Les protubérances du crâne. La — de la terre à l'équateur, VOLT. *Lett.* août 1788.

PROTUBÉRANT, ANTE [prò-tu-bé-ran, -rānt'] *adj.*
[ÉTYM. Emprunté du lat. protuberans, *m. s.* de pro, en avant, et tuber, bosse. (*Cf.* tubercule.) || XVIᵉ s. Espaules protuberantes, PARÉ, XXII, 16. Admis ACAD. 1878.]
|| (T. didact.) Qui présente une saillie en forme de bosse.

PROTUTEUR [prò-tu-teur] *s. m.*
[ÉTYM. Emprunté du lat. protutor, *m. s.* || Admis ACAD. 1762.]
|| (Droit.) Celui qui, sans être tuteur, a qualité pour gérer les affaires d'un mineur. Celui qui épouse une tutrice devient —. (*Cf.* cotuteur.) || Celui qui est nommé pour gérer les affaires d'un mineur domicilié en France, ayant des biens dans les colonies, ou domicilié dans les colonies et ayant des biens en France. Le tuteur et le — seront indépendants, *Code civil*, art. 417.

1. *PROU [prou] *s. m.*
[ÉTYM. Origine incertaine ; peut-être tiré du radical du lat. prōdesse, être utile. || XIᵉ s. Si ert credance, dont or n'i at nul prot, St Alexis, 3.]
|| *Vieilli.* Avantage, profit. Bon — vous fasse, LA F. *Contes, Paysan.*

2. PROU [prou] *adv.*
[ÉTYM. Semble tiré de prou **1**, § 56. || XIᵉ s. Ne l'ad prod entendut, *Roland*, 2098.]
|| *Vieilli.* Beaucoup. Qu'ils ne se goberaient leurs petits peu ni —, LA F. *Fab.* V, 18. || *P. ext.* Assez. J'ai — de ma frayeur en cette conjoncture, MOL. *Ét.* II, 4.

PROUE [prou] *s. f.*
[ÉTYM. Emprunté de l'ital. proa, *m. s.* lat. prora, § 12. || XIVᵉ s. Et demouroyent tousjours a la proue de la nave, PII. DE MAIZIÈRES, *Songe du vieil pelerin*, dans GODEF. prouier.]
|| (Marine.) Avant d'un navire.

PROUESSE [prou-ès'] *s. f.*
[ÉTYM. Dérivé de preux, §§ 65 et 124. || XIᵉ s. Ki de sun cors feïst tantes proecces, *Roland*, 1564.]
|| Vaillance. Pleurant son antique —, LA F. *Fab.* III, 14. *P. ext.* Nation... où la force, le courage et la — sont en honneur, MONTESQ. *Espr. des lois*, XXVIII, 17. || Acte de vaillance. Tout retentit de nos prouesses, MOL. *Amph.* I, 1.

***PROUVABLE** [prou-vàbl'] *adj.*
[ÉTYM. Dérivé de prouver, § 93. (*Cf.* le doublet probable.) || XIIIᵉ s. N'est ce donc chose bien provable? J. DE MEUNG, *Rose*, 6647.]
|| (T. didact.) Qui peut être prouvé.

PROUVER [prou-vé] *v. tr.*
[ÉTYM. Du lat. prŏbāre, *m. s.* proprt, « éprouver », §§ 347, 434, 295 et 291. (*Cf.* preuve, probatoire, etc.)]
|| Établir comme vrai par preuve (de raisonnement ou de fait). Le principal argument dont je me sers pour — l'existence de Dieu, DESC. *Médit.* préf. Cette véritable méthode... consisterait... à définir tous les termes et à — toutes les propositions, PASC. *Espr. géom.* 1. — l'innocence d'un accusé. Des témoignages accablants prouvent sa culpabilité. Un auteur moderne prouve ordinairement que les anciens nous sont inférieurs en deux manières, par raison et par exemple, LA BR. 1. *Loc. prov.* Qui veut trop — ne prouve rien, l'exagération de la preuve la rend suspecte. || *Absolt.* Nous avons une impuissance de — invincible à tout le dogmatisme, nous avons une idée de la vérité invincible à tout le pyrrhonisme, PASC. *Pens.* VIII, 9. || *P. ext.* | 1. En parlant des personnes, faire preuve de. Il a prouvé dans cette circonstance sa capacité. Qu'ils viennent donc sur moi — leur zèle impie, RAC. *Iph.* V, 3. Il a prouvé par son énergie qu'il était digne d'occuper ce poste. | 2. En parlant des choses, servir de preuve. Cette action prouve son courage et son sang-froid. Sa conduite prouve qu'on avait raison de compter sur lui.

PROVENANCE [pròv'-nāns' ; *en vers*, prò-ve-...] *s. f.*
[ÉTYM. Dérivé de provenir, § 146. || Admis ACAD. 1835.]
|| **1º** Origine d'un produit. Des marchandises de — étrangère. || *Fig.* La — d'un mot.

|| **2º** Produit d'une certaine origine. Les provenances du Midi, des colonies.

PROVENANT, ANTE [pròv'-nan, -nānt' ; *en vers*, prò-ve-...]. *V.* provenir.

PROVENDE [prò-vānd'] *s. f.*
[ÉTYM. Du lat. ecclés. præbenda, *m. s.* devenu *prevende, provende, §§ 332, 434 et 291. (*Cf.* le doublet prébende.)]
|| **1º** Provision de vivres. Aller à la —.
|| **2º** *Spécialt.* Mélange de pois, d'avoine, de vesce, qu'on donne aux bestiaux.

PROVENIR [pròv'-nir] *v. intr.*
[ÉTYM. Emprunté du lat. provenire, *m. s.* || XIVᵉ s. Une nouvelleté qui est provenue en l'ostel d'Engleterre, FROISS. *Chron.* II, 355, Kervyn.]
|| Tirer son origine (de qqn, de qqch). Les enfants provenus de ce mariage. Dans cet état il ne peut — Que des enfants pesants et qui ne sauraient vivre, MOL. *Amph.* II, 3. || Des marchandises provenant d'Algérie. || D'où provient cet argent? Une maladie qui provient de fatigues excessives. || *Spécialt.* (Droit.) Avec accord du part. prés. Les biens provenants de la succession. Les sommes provenantes de la vente.

PROVERBE [prò-vòrb'] *s. m.*
[ÉTYM. Emprunté du lat. proverbium, *m. s.* || XIIᵉ s. Par moralité escriveient Les bons proverbes qu'il oeïent, MARIE DE FRANCE, *Fab.* prol. 87.]
|| **1º** Courte maxime de sagesse pratique, d'un emploi populaire. Ne t'attends qu'à toi seul, c'est un commun —, LA F. *Fab.* IV, 22. Une phrase qui est devenue —, qui a passé en —, et, *vieilli*, qui a fait —. Voir bientôt vos bons mots... Devenir quelquefois proverbes en naissant, BOIL. *Ép.* 10. Plusieurs de ses bons mots ont même fait — dans la langue, D'ALEMB. *Éloges, Bossuet.* || *P. ext. Fig.* Leur amitié passait en —, était partout citée comme modèle. || *P. ext.* Petite comédie qui met en action la maxime exprimée par un proverbe. Composer, jouer un —.
|| **2º** *Spécialt.* Maxime de sagesse. Les Proverbes de Salomon, le livre des Proverbes.

PROVERBIAL, ALE [prò-vèr-byàl ; *en vers*, -bi-àl] *adj.*
[ÉTYM. Emprunté du lat. proverbialis, *m. s.* || 1556. Comme ont dit les vieux proverbiaux, LÉON, *Descr. de l'Afriq.* commend.]
|| Qui est de la nature du proverbe. Une locution proverbiale. || *P. ext.* Sa science est proverbiale, citée comme un modèle.

PROVERBIALEMENT [prò-vèr-byàl-man ; *en vers*, -bi-à-le-...] *adv.*
[ÉTYM. Composé de proverbiale et ment, § 724. || XVIIᵉ s. Nous joustions bien tous deux Proverbialement, J. SARRAZIN, dans RICHEL.]
|| D'une manière proverbiale. On dit — : « Tel père, tel fils. »

PROVIDENCE [prò-vi-dāns'] *s. f.*
[ÉTYM. Emprunté du lat. providentia, *m. s.* de providere, pourvoir. (*Cf.* l'anc. franç. pourveance, pourvoyance, de formation pop.) || XIIᵉ s. Les destinees Que li Deu ont en providence, BEN. DE STE-MORE, *Troie*, 12622.]
|| **1º** *Vieilli.* Sagesse qui pourvoit à tout. Par une royale —, BOSS. *Polit.* VII, V, 18.
|| **2º** *Spécialt.* Sagesse divine qui gouverne toutes choses. Jetée dans les bras de sa — paternelle, BOSS. *D. d'Orl.* || *P. ext.* Dieu considéré comme gouvernant toutes choses avec sagesse. La Providence Sait ce qu'il nous faut mieux que nous, LA F. *Fab.* VI, 4. Et le financier se plaignait Que les soins de la Providence N'eussent pas au marché fait vendre le dormir, LA F. *Fab.* VIII, 2. || *Fig. Famil.* Être la — de qqn, être son aide, son appui constant. Il est la — des pauvres.

PROVIDENTIEL, ELLE [prò-vi-dan-syèl ; *en vers*, -si-èl] *adj.*
[ÉTYM. Dérivé du lat. providentia, providence, § 238. || XVIIIᵉ-XIXᵉ s. *V.* à l'article. Admis ACAD. 1878.]
|| Qui a rapport à la Providence. Un événement —. Avec une partialité providentielle, DELILLE, *Trois Règnes*, disc. prélim.

***PROVIDENTIELLEMENT** [prò-vi-dan-syèl-man ; *en vers*, -si-è-le-...] *adv.*
[ÉTYM. Composé de providentielle et ment, § 724. || *Néolog.*]
|| D'une manière providentielle.

PROVIGNEMENT [prò-viñ'-man ; *en vers*, -vi-ñe-...] *s. m.*

[Éтʏм. Dérivé de provigner, § 145. || 1539. R. ᴇsᴛ. Admis ᴀᴄᴀᴅ. 1835.]

|| (Technol.) Action de provigner. (*Cf.* propagation.)

PROVIGNER [prò-vi-ñé] *v. tr.*

[Éтʏм. Dérivé de provin, §§ 64 et 154. (*Cf.* propager.) || xiiiᵉ s. Et prooignier et atorner, *Chastoiement*, vii, 3.]

|| Multiplier (une plante) par provins. — une vigne pour la regarnir. *Vieilli. Intransitivt.* Se multiplier. | **1.** *Au propre.* Ce plant a beaucoup provigné. | **2.** *Fig.* Cette famille provigne beaucoup. L'hérésie provigna rapidement.

PROVIN [prò-vin] *s. m.*

[Éтʏм. Du lat. prôpaginem, *m. s.* devenu provain, écrit abusivement provin, §§ 348, 426, 394, 290 et 291.]

|| (Technol.) Jeune pousse de plante qu'on couche en terre pour qu'elle y prenne racine.

PROVINCE [prò-vins'] *s. f.*

[Éтʏм. Emprunté du lat. provincia, *m. s.* || xiiiᵉ-xivᵉ s. Abbasie est une grant province, *Voy. de Marc Pol*, p. 690.]

I. (Antiq. rom.) Territoire conquis en dehors de l'Italie et administré par un gouverneur. La Grèce fut réduite en — romaine.

II. Division territoriale d'un État, administrée au nom du souverain par un gouverneur particulier. Les anciennes provinces de la France. Les Provinces-Unies, la Hollande. || *P. anal.* — ecclésiastique, juridiction d'un métropolitain. La — de Lyon. || *P. ext.* Réunion de maisons religieuses dépendant d'un même supérieur. Les Augustins de la — d'Aquitaine.

III. *Spécialt.* En France, par opposition à la capitale, le reste du pays. Se fixer en —. La vie de —. Dois-je dans la — établir mon séjour? ʟᴀ ꜰ. *Fab.* iii, 1. La noblesse de —. Il fit avertir sa — (ses vassaux de province), ʟᴀ ꜰ. *Fab.* viii, 14. Avoir un air, des manières de —. *P. plaisant.* Elle avait de beaux yeux, pour des yeux de —, ɢʀᴇssᴇᴛ, *Méchant*, iii, 9.

PROVINCIAL, ALE [prò-vin-syàl ; *en vers*, -si-àl] *adj.* et *s. m. et f.*

[Éтʏм. Emprunté du lat. provincialis, *m. s.* || xiiiᵉ s. Conciles provinciax, dans ᴅᴇʟʙ. *Rec.*]

I. *Adj.* || **1°** Qui appartient à une province. États provinciaux, par opposition aux états généraux. Administration provinciale.

|| **2°** Qui appartient à la province, par opposition à ce qui tient à la capitale. Des manières, des habitudes provinciales. *Substantivt.* Un —. une provinciale, un habitant, une habitante de la province. Me prenez-vous pour une provinciale? ᴍᴏʟ. *Escarb.* sc. 2.

II. *S. m.* Supérieur d'un certain nombre de maisons religieuses formant une province. Le — des Cordeliers de France.

PROVINCIALAT [prò-vin-syà-là ; *en vers*, -si-à-...] *s. m.*

[Éтʏм. Dérivé de provincial, § 254. || Admis ᴀᴄᴀᴅ. 1694.]

|| Fonctions d'un provincial (supérieur d'une province religieuse) ; durée de ces fonctions.

PROVINCIALISME [prò-vin-syà-lïsm' ; *en vers*, si-à-...] *s. m.*

[Éтʏм. Dérivé de provincial, § 265. || *Néolog.* Admis ᴀᴄᴀᴅ. 1878.]

|| (Gramm.) Locution provinciale, par opposition au langage de la capitale.

PROVISEUR [prò-vi-zeùr] *s. m.*

[Éтʏм. Emprunté du lat. provisor, celui qui pourvoit. (*Cf.* pourvoyeur.) || xivᵉ s. Proviseurs sont ceux qui sont commis a garder et recevoir les biens aux povres publiques, ʙᴏᴜᴛᴇɪʟʟᴇʀ, *Somme rural*, 1ʳᵉ p. fᵒ 20, édit. 1486.]

|| Directeur. Le — de l'ancienne Sorbonne. *Spécialt.* Directeur d'un lycée.

PROVISION [prò-vi-zyon ; *en vers*, zi-on] *s. f.*

[Éтʏм. Emprunté du lat. provisio, action de pourvoir. || 1320. Nous feismes provision a oster lesdites fraudes, dans ɢᴏᴅᴇꜰ.]

|| Action de pourvoir, de fournir d'avance.

|| **1°** (Droit.) Jugement par —, déclaré exécutoire en attendant le résultat de l'appel. | *P. ext.* Ce qui est adjugé par ce jugement. On lui a assigné une — de deux mille francs. — alimentaire, somme allouée par le tribunal jusqu'au règlement définitif de la pension alimentaire. | *Fig.* Je me formai une morale par —, ᴅᴇsᴄ. *Méth.* 3. *P. plaisant.* Hé! par —, mon père, couchez-vous, ʀᴀᴄ. *Plaid.* i, 4. || *P. anal.* | **1.** Somme remise d'avance comme à-compte à un

avocat, à un avoué, pour les premiers frais d'un procès ; à un agent de change, à un courtier, pour l'exécution d'un ordre. | **2.** Somme remise d'avance à un banquier pour qu'il accepte une traite tirée sur lui.

|| **2°** Action de désigner qqn pour remplir un poste vacant. Lettres de —. Le cardinal de Richelieu n'eut les provisions de premier ministre qu'en 1629, ᴠᴏʟᴛ. *Mél. histor. Testam. de Richel.*

|| **3°** Action de réunir en certaine quantité ce dont on peut avoir besoin. Faire — de blé, de vin, de poudre, d'argent. Des provisions de bouche. Des provisions de guerre. Aller à la —. Avoir qqch en —. *Loc. prov.* —, profusion, on est porté à gaspiller ce qu'on a à discrétion. || *Fig.* Faire — de patience. Son cœur en a sa — (d'amour), ᴍᴏʟ. *Princ. d'Él.* iv, 5.

PROVISIONNEL, ELLE [prò-vi-zyò-nèl ; *en vers*, -zi-ò-...] *adj.*

[Éтʏм. Dérivé de provision, § 238. || 1484-1485. Appointement provisionnal, *Procès-verbal du conseil de rég. de Ch. VIII*, p. 175.]

|| (Droit.) Qui a lieu par provision. Partage —.

PROVISIONNELLEMENT [prò-vi-zyò-nèl-man ; *en vers*, -zi-ò-nè-le-...] *adv.*

[Éтʏм. Composé de provisionnelle et ment, § 724. || 1690. ꜰᴜʀᴇᴛ.]

|| (Droit.) Par provision. Il partagea — avec le palatin de Neubourg, sᴛ-sɪᴍ. ii, 412.]

PROVISOIRE [prò-vi-zwàr] *adj.*

[Éтʏм. Emprunté du lat. provisorius, *m. s.* || 1611. ᴄᴏᴛɢʀ.]

|| Qui pourvoit momentanément à un besoin, en attendant ce qui sera définitif. Ordonner l'exécution — d'un jugement, en attendant le résultat de l'appel. Nommer un gouvernement —. Un arrangement —. || *Substantivt.* Le —, ce qui est provisoire. Rien ne dure quelquefois aussi longtemps que le —. || *P. ext. Néolog.* Qui remplit momentanément une fonction, sans en avoir le titre. Liquidateur —.

PROVISOIREMENT [prò-vi-zwàr-man ; *en vers*, -zwà-re-...] *adv.*

[Éтʏм. Composé de provisoire et ment, § 724. || Admis ᴀᴄᴀᴅ. 1694.]

|| D'une manière provisoire. L'autorisation pourra être — accordée, *Ordonn. de juill. 1820*, art. 3.

PROVISORAT [prò-vi-zò-rà] *s. m.*

[Éтʏм. Dérivé du lat. provisor, proviseur, § 254. (*Cf.* provisorerie.) || Admis ᴀᴄᴀᴅ. 1835.]

|| Fonctions de proviseur d'un lycée, durée de ces fonctions.

PROVISORERIE [prò-vi-zòr'-ri ; *en vers*, -zò-re-ri] *s. f.*

[Éтʏм. Dérivé du lat. provisor, proviseur, § 69. || 1752. ᴛʀᴇᴠ. Admis ᴀᴄᴀᴅ. 1798.]

|| *Anciennt.* Fonctions de proviseur ; durée de ces fonctions. La — de Sorbonne.

PROVOCANT, ANTE [prò-vò-kan, -kànt'] *adj.*

[Éтʏм. Emprunté du lat. provocans, *m. s.* || xviiiᵉ s. V. à l'article. Admis ᴀᴄᴀᴅ. 1878.]

|| Qui a pour effet de provoquer.

|| **1°** Qui a qqch d'agressif. Un ton —. Toujours amère et provocante, ʙᴇᴀᴜᴍᴀʀᴄʜ. *Mar. de Fig.* i, 4.

|| **2°** Qui incite au désir. Des regards provocants.

PROVOCATEUR, TRICE [prò-vò-kà-teùr, -trïs'] *s. m. et f.*

[Éтʏм. Emprunté du lat. provocator, *m. s.* || 1534. Malediction sur toy, provocateresse, ʟᴇꜰ. ᴅ'ᴇᴛᴀᴘʟᴇs, *Bible*, dans ɢᴏᴅᴇꜰ.]

|| Celui, celle qui provoque. *Adjectivt.* Qui provoque. Un langage —. Agent —, agent de la police qui, s'affiliant à des gens suspects, les provoque à se trahir par des actes coupables qu'il encourage.

PROVOCATION [prò-vò-kà-syon ; *en vers*, -si-on] *s. f.*

[Éтʏм. Emprunté du lat. provocatio, *m. s.* || xiiᵉ-xiiiᵉ s. En cele eure oront tout la provocation, ʜᴇʀᴍᴀɴ ᴅᴇ ᴠᴀʟᴇɴᴄ. *Bible*, dans ɢᴏᴅᴇꜰ.]

|| Action de provoquer. — à la révolte. Une — en duel.

PROVOQUER [prò-vò-ké] *v. tr.*

[Éтʏм. Emprunté du lat. provocare, *m. s.* || xiiᵉ s. Kar il purvuchierent tei, *Psaut. de Cambridge*, v, 12. Provochievent, *Dial. Gregoire*, p. 89.]

I. — une personne, l'exciter à qqch. — qqn à boire. — des soldats à la rébellion. — qqn à la résistance. || Une potion qui provoque au sommeil. || *Absolt.* — qqn, l'exciter à la lutte en se montrant agressif. Provoqué par les interpellations, le ministre monte à la tribune. Lequel des deux a provoqué l'autre ? — qqn en duel. || *P. ext.* Inciter au désir. Une femme qui provoque les hommes.

II. — une chose, la susciter. Un orateur qui provoque l'hilarité, les murmures de l'auditoire. Une mesure provoquée par l'intérêt public. Ce projet de loi a provoqué de nombreuses protestations. | Ce remède a provoqué des vomissements. || (Droit.) — une action en justice, une procédure. — l'interdiction d'un parent.

PROXÉNÈTE [prŏk'-sé-nèt'] *s. m. et f.*
[ÉTYM. Emprunté du lat. proxeneta, grec προξενητής, *m. s.* || 1611. COTGR. Admis ACAD. 1762.]
|| Entremetteur, entremetteuse. | *Fig. Vieilli.* Un beau titre est le vrai — d'un livre, FURET. *Rom. bourg.* II, 100.

*****PROXÉNÉTISME** [prŏk'-sé-né-tĭsm'] *s. m.*
[ÉTYM. Dérivé de proxénète, § 265. || *Néolog.*]
|| Office de proxénète.

PROXIMITÉ [prŏk'-si-mi-té] *s. f.*
[ÉTYM. Emprunté du lat. proximitas, *m. s.* (*Cf.* l'anc. franç. proismeté, dérivé de proisme, lat. proximus.) || XIVe s. Cas de proximité, BOUTEILL. *Somme rural*, 70, dans LA C.]
|| Situation d'une chose qui est près d'une autre. La — des lieux. La — de la mer, des montagnes, des bois. Demeurer à — des théâtres. || *Fig.* Parenté. La — du sang. Je ne sais où vous avez pris cette —, SÉV. 345.

*****PROYER** [prwà-yé] *s. m.*
[ÉTYM. Pour prayer, dérivé de pré, §§ 65 et 115.]
|| Variété de bruant, oiseau qui fréquente les prés.

PRUDE [prŭd'] *adj. f.*
[ÉTYM. V. prud'homme.]
|| **1°** *Vieilli.* Qui est d'une vertu sévère. Et l'on sait qu'elle est — à son corps défendant, MOL. *Tart.* I, 1. || *P. ext.* En parlant d'un homme. Ce marquis sage et —, BOIL. *Sat.* 4.
|| **2°** Qui affecte une vertu sévère. Une femme — paie de maintien et de paroles, une femme sage paie de conduite, LA BR. 3. || *Substantivt.* Pour — consommée en tous lieux elle passe, MOL. *Mis.* III, 3.

PRUDEMMENT [pru-dà-man] *adv.*
[ÉTYM. Pour prudentment, composé de prudent et ment, § 724. || XIVe s. Prudentement, ORESME, *Éth.* I, 16.]
|| D'une manière prudente.

PRUDENCE [pru-dâns'] *s. f.*
[ÉTYM. Emprunté du lat. prudentia, *m. s.* || XIIIe s. Prudence est cil habiz par cui l'on puet conseiller a veraie raison, BRUN. LATINI, *Trésor*, p. 298.]
|| Sagesse qui règle la conduite et fait éviter les fautes. Parler, agir avec —. Il devrait montrer plus de —, RAC. *Ath.* III, 5. Amour ! amour ! quand tu nous tiens, On peut bien dire : Adieu, — ! LA F. *Fab.* IV, 1. Votre — est endormie, MOL. *F. sav.* III, 2. || — humaine, mondaine, du siècle, qui sait sauvegarder nos intérêts temporels, par opposition à — chrétienne, qui sait préserver l'âme du péché. *Loc. prov.* — est mère de sûreté. || *P. ext.* Habileté cauteleuse. Avoir la — du serpent (allusion au serpent qui séduisit Ève).

PRUDENT, ENTE [pru-dan, -dânt'] *adj.*
[ÉTYM. Emprunté du lat. prudens, entis, *m. s.* || 1455. Prudente circonspection, J. MIELOT, *Adv. direct.* dans GODEF. *Compl.*]
|| Qui a de la prudence. Une personne prudente. || *P. ext.* Une conduite prudente. De Conrart le silence —, BOIL. *Ép.* 1.

PRUDERIE [prŭd'-ri ; *en vers,* pru-de-ri] *s. f.*
[ÉTYM. Dérivé de prude, § 69. || 1666. *V.* à l'article. BOUH. en 1671 qualifie le mot de « terme assez nouveau ».]
|| **1°** Caractère de prude. Il en est une aussi (une saison) propre à la —, MOL. *Mis.* (1666), III, 5. Une fausse sagesse qui est —, LA BR. 3.
|| **2°** Acte de prude. Je ne m'accommode guère bien de toutes les pruderies, SÉV. 181.

PRUD'HOMIE [pru-dò-mĭ] *s. f.*
[ÉTYM. Dérivé de prud'homme, § 68. || XVe s. Voulant essayer la prud'hommie de leurs dictes femmes, MART. D'AUV. *Arrêts d'amour*, dans LA C. | ACAD. 1694-1762 écrit prud'hommie.]
|| *Vieilli.* Loyauté parfaite. M. de Boistel, dont vous connaissez la sagesse et la —, BALZ. VI, 8. Déshonter une fille, Duper sa —, TH. CORN. *Baron d'Albikrac*, IV, 6. Me confier à sa — (du Rhône), SÉV. 443. *Fig.* Votre cœur peut dormir en assurance sur leur — (de nos yeux), MOL. *Préc. rid.* sc. 9.

PRUD'HOMME [pru-dòm'] *s. m.*
[ÉTYM. Anc. franç. preu d'homme, au cas sujet preuz

d'homme, mot composé de preux, d' et homme, § 178. On disait de même preudefemme, prudefemme, pour preu de femme, pru de femme, d'où est sorti l'adj. prude, par suite d'une méprise sur la syntaxe, § 179. On trouve même au commencement du XVIIe s. prude au masc. qui semble tiré de prud'homme, indépendamment de prude féminin : Un prude l'abordant, RACAN, *Vie de Malherbe.* || XIe s. Produme i out pur sun seignur aidier, *Roland*, 26.]
|| **1°** *Vieilli.* Homme d'une parfaite loyauté.
|| **2°** *Spécialt.* Patron, ouvrier délégué pour former un conseil chargé de juger les différends entre ouvriers et patrons. Le conseil des prud'hommes.

PRUNE [prun'] *s. f.*
[ÉTYM. Du lat. prūna, plur. du neutre prunum, *m. s.* employé comme fém. sing. §§ 291 et 545.]
|| Fruit à noyau, à peau lisse et fleurie. Des prunes de Monsieur. *Loc. pop.* Ce n'est pas pour des prunes, pour peu de chose. Si je suis affligé, ce n'est pas pour des prunes, MOL. *Sgan.* sc. 16.

PRUNEAU [pru-nó] *s. m.*
[ÉTYM. Dérivé de prune, § 126. || 1507. Proniaulx, dans GODEF. *Compl.*]
|| Prune séchée au four.

PRUNELAIE [prun'-lè ; *en vers,* pru-ne-lè] *s. f.*
[ÉTYM. Pour pruneraie, § 361, dérivé de prunier, §§ 65 et 121. || XVIIe s. Prunelaye est un endroit tout planté en pruniers, LA QUINTINIE, *Instruct. pour les jard. fruit.* I, p. 117, édit. 1697. Admis ACAD. 1762.]
|| Lieu planté de pruniers.

PRUNELLE [pru-nòl'] *s. f.*
[ÉTYM. Dérivé de pruno, § 126. || XIIe s. Hyene naist en la prunele D'une beste, *Lapid. de Marbode*, 809.]
I. Prune sauvage noire, d'un goût âpre.
II. *P. anal.* || **1°** Pupille de l'œil. *Loc. prov.* Une mère qui vous chérira comme la — de ses yeux, LES. *Guzm. d'Alfar.* X, 5. || *P. ext.* Œil. Il... baissait la —, LA F. *Contes, Hermite.* Jouant de la — (lançant des œillades), MOL. *Ét.* IV, 4.
|| **2°** Étoffe de laine noire. Des souliers de —.

PRUNELLIER [pru-nè-lyé] *s. m.*
[ÉTYM. Dérivé de prunelle, §§ 65 et 115. || XVIe s. Prunelier, AMYOT, dans DELB. *Rec.* | 1694. Prunellier, ACAD.]
|| Épine noire qui produit la prunelle.

PRUNIER [pru-nyé] *s. m.*
[ÉTYM. Dérivé de prune, § 115. || XIIIe s. Prune de pruner, *Otinel*, dans DELB. *Rec.*]
|| Arbre de la famille des Rosacées qui produit la prune.

PRURIGINEUX, EUSE [pru-ri-ji-neŭ, -neŭz'] *adj.*
[ÉTYM. Emprunté du lat. pruriginosus, *m. s.* de prurigo, démangeaison, mot latin donné par ACAD. 1878. || 1615. Gens qui de nature sont prurigineux, LOUIS GUYON, *Miroir de beauté*, dans DELB. *Rec.* Admis ACAD. 1835.]
|| (Médec.) Qui cause de la démangeaison. Mal —.

PRURIGO [pru-ri-gó]. *V.* prurigineux.

PRURIT [pru-rī'] *s. m.*
[ÉTYM. Emprunté du lat. pruritus, *m. s.* || XVIe s. PARÉ, *Introd.* 17. Admis ACAD. 1694.]
|| (T. didact.) Démangeaison irritante.

PRUSSIATE [prŭs'-syăt' ; *en vers,* -si-ăt'] *s. m.*
[ÉTYM. Dérivé de Prussia, nom latin de la Prusse, pays, § 282 *bis* : le bleu de Prusse a été trouvé en 1709 par C. Dippel, de Berlin. || Admis ACAD. 1878.]
|| (Chimie.) Cyanure. (*V. ce mot.*)

PRUSSIQUE [pru-sĭk'] *adj.*
[ÉTYM. Dérivé de Prusse, §§ 229 et 282 *bis*. || Admis ACAD. 1835.]
|| (Chimie.) Cyanhydrique. (*V. ce mot.*)

PRYTANÉE [pri-tà-né] *s. m.*
[ÉTYM. Emprunté du grec πρυτανεῖον, *m. s.* proprt, édifice où s'assemblaient les magistrats dits πρυτανοί. || 1579. Les prytanees presque mis en friche, P. DE LOSTAL, dans DELB. *Rec.* Admis ACAD. 1762.]
|| **1°** (Antiq.) Édifice où étaient logés et entretenus aux frais de l'État les citoyens qui avaient bien mérité de la patrie.
|| **2°** *P. anal. Vieilli.* Fondation en faveur de ceux qui ont bien mérité de la patrie, des lettres, etc. Ce riche et pompeux — des belles-lettres (l'Académie française), PELLISSON, *Hist. de l'Acad.* 2. || *Spécialt.* De nos jours. Le — de la Flèche, école d'éducation militaire.

PSALLETTE [psà-lèt'] *s. f.*

[ÉTYM. Dérivé du grec ψάλλειν, faire résonner les cordes d'un instrument, § 133. || Admis ACAD. 1762.]

|| *Vieilli*. (T. ecclés.) Lieu où l'on exerce des enfants de chœur. (*Syn*. maîtrise.)

PSALMISTE [psăl-mīst'] *s. m.*
[ÉTYM. Emprunté du lat. ecclés. psalmista, *m. s.* || XII° s. Davi li psalmistres, GARN. DE PONT-STE-MAX. *St Thomas*, 2988.]
|| (T. ecclés.) Auteur de psaumes. | *Spéciall*. Le Psalmiste, le roi David. C'est ce que chantait le Psalmiste, BOSS. *Hist. univ.* II, 26.

PSALMODIE [psăl-mò-di] *s. f.*
[ÉTYM. Emprunté du lat. ecclés. psalmodia, *m. s.* || XII°-XIII° s. *Dial. Grégoire*, p. 65.]
|| (T. ecclés.) Chant des psaumes, sans inflexion de voix. || *Fig*. Débit monotone. Ta lecture enfin, dolente —, COLLIN D'HARLEV. *Chât. en Esp.* III, 7.

PSALMODIER [psăl-mò-dyé; *en vers*, -di-é] *v. intr.*
[ÉTYM. Dérivé de psalmodie, § 266. (*Cf.* l'anc. franç. (p)salmeier, *m. s.* du lat. ecclés. psalmizare.) || 1549. R. EST.]
|| (T. ecclés.) Chanter les psaumes. || *Fig*. Avoir un débit monotone. *Transitivt*. Débiter d'un ton monotone.

PSALTÉRION [psăl-té-ryon; *en vers*, -ri-on] *s. m.*
[ÉTYM. Emprunté du lat. psalterium, grec ψαλτήριον, *m. s.* (*Cf.* le doublet psautier.) || XIII° s. Psalterion prent et viele, J. DE MEUNG, *Rose*, 21305.]
|| (Antiq.) Instrument de musique à cordes que l'on touchait avec le plectre.

PSAUME [psôm'] *s. m.*
[ÉTYM. Du lat. ecclés. psalmum, grec ψαλμόν, *m. s.* devenu en anc. franç. salme, § 497, saume, § 455, puis psaume par réaction étymologique, § 502. ACAD. 1694-1762 écrit pseaume.]
|| Cantique religieux. Les Psaumes de David. Le livre des Psaumes. Les Psaumes de la pénitence, choix de sept psaumes où le pécheur exprime plus particulièrement son repentir.

PSAUTIER [psó-tyé] *s. m.*
[ÉTYM. Du lat. psaltérium, grec ψαλτήριον, *m. s.* devenu saltier, §§ 496 et 497, sautier, § 455, puis psautier par réaction étymologique, § 502. (*Cf.* le doublet psaltérion.))
|| 1° Recueil des psaumes.
|| 2° *P. anal.* (Boucherie.) Feuillet, troisième estomac des ruminants.

PSEUDO [psèu-dò] *préfixe.*
[ÉTYM. Emprunté du grec ψευδο, thème de ψεῦδος, mensonge, ψευδής, menteur, etc. § 281. || Admis ACAD. 1835.]
|| Préfixe qui se joint aux substantifs, avec le sens de l'adj. qualific. faux. Un —-prophète. Le —-narcisse. Un —-républicain.

PSEUDONYME [psèu-dò-nim'] *adj.*
[ÉTYM. Emprunté du grec ψευδώνυμος, *m. s.* || 1690. FURET. Admis ACAD. 1762.]
|| (T. didact.) Qui publie, qui est publié sous un nom supposé. Un auteur —. Un livre —. *Substantivt*. Un —, un écrivain qui publie un ouvrage qui est publié sous un nom supposé. *P. ext.* Prendre un —, un nom supposé.

PSORE [psòr] *s. f.*
[ÉTYM. Emprunté du lat. psora, grec ψώρα, gale. Qqns se servent de psora, subst. masc. ACAD. 1762 ne donne que psora, s. m. ACAD. 1835, psora ou psore, s. m. || XVI° s. Ladrerie et psora, PARÉ, *Introd.* 6.]
|| (Médec.) Éruption cutanée.

PSORIQUE [psò-rīk'] *adj.*
[ÉTYM. Dérivé de psore, § 229. || 1771. TRÉV. Admis ACAD. 1878.]
|| (Médec.) Relatif à la psore. Virus —. Remède —.

PSYCHÉ [psi-ché] *s. f.*
[ÉTYM. Nom propre d'une jeune fille de la mythologie, § 36. || Admis ACAD. 1835.]
|| Grand miroir mobile où une femme qui fait sa toilette peut se voir de la tête aux pieds.

PSYCHIQUE [psi-chik'] *adj.*
[ÉTYM. Emprunté du grec ψυχικός, *m. s.* de ψυχή, âme. En 1622, le P. GARASSE dit les psychiques pour « les matérialistes », d'après TERTULLIEN. || *Néolog*. Admis ACAD. 1878.]
|| (T. didact.) Relatif à l'âme.

PSYCHOLOGIE [psi-kò-lò-ji] *s. f.*
[ÉTYM. Composé avec le grec ψυχή, âme, λόγος, discours, et le suffixe ie, § 279. Au XVI° s. TAILLEPIED emploie psychologie au sens de « science de l'apparition des esprits ». (*V.* DELB. *Rec.*). Au XVII° s. DIONIS l'oppose à anatomie, *Anat. de l'homme* (1690), 1re démonstr. || 1762. Psycologie, ACAD.]
|| (T. didact.) Science philosophique de l'âme.

PSYCHOLOGIQUE [psi-kò-lò-jīk'] *adj.*
[ÉTYM. Dérivé de psychologie, § 229. || Admis ACAD. 1835.]
|| (T. didact.) Relatif à la psychologie. L'observation —. | *P. ext.* Le moment —, le moment où l'âme est dans l'attente de qqch qui doit s'accomplir.

PSYCHOLOGISTE [psi-kò-lò-jīst'] et **PSYCHOLOGUE** [psi-kò-lòg'] *s. m. et f.*
[ÉTYM. Dérivé de psychologie, § 265. || 1760. *V.* à l'article. Admis ACAD. 1835.]
|| (T. didact.) Celui, celle qui s'occupe de psychologie. Le psychologue étudie l'homme comme le physicien étudie la nature, CH. BONNET, *Essai anal. de l'âme* (1760), p. 191.

*****PTARMIQUE** [ptàr-mīk']. *V.* arnica.

PTÉRODACTYLES [pté-rò-dăk'-til] *s. m. pl.*
[ÉTYM. Composé avec le grec πτερόν, aile, et δάκτυλος, doigt, § 279. || Admis ACAD. 1878.]
|| (Hist. nat.) Genre de reptiles fossiles, à doigts réunis par une membrane.

*****PTYALINE** [ptyà-lin'; *en vers*, pti-à-...] *s. f.*
[ÉTYM. Dérivé du grec πτύαλον, crachat, § 245. || *Néolog*.]
|| (Chimie.) Ferment de la salive.

PTYALISME [ptyà-lĭsm'; *en vers*, pti-à-...] *s. m.*
[ÉTYM. Emprunté du grec πτυαλισμός, *m. s.* de πτύαλον, crachat. || 1723. Ptialisme, J.-L. PETIT, *Maladies des os*, I, 352. Admis ACAD. 1762.]
|| (Médec.) Salivation anormale.

PUAMMENT [puà-man; *en vers*, pu-à-...] *adv.*
[ÉTYM. Pour puantment, composé de puant et ment, § 724. || XVI° s. Ceulx qui rottent puamment, DU PINET, dans DELB. *Rec.*]
|| *Rare*. D'une manière puante. *Fig*. Mentir —.

PUANT, ANTE [puan, puănt'; *en vers*, pu-...] *adj.*
[ÉTYM. Adj. particip. de puer, puir, § 47. || XII°-XIII° s. Puant luxure, RENCL. DE MOILIENS, *Carité*, LXXIX, 10.]
|| Qui pue. *Spéciall*. Bêtes puantes, renards, blaireaux, putois. *Fig*. Menteur, mensonge —. *Substantivt. Pop*. Un —, une puante, celui, celle qui ment effrontément.

PUANTEUR [puan-teùr; *en vers*, pu-an-...] *s. f.*
[ÉTYM. Dérivé de puant, § 110. || XV°-XVI° s. Pour la puanteur de ton soulfre, *Nat. à l'alch. err.* 26.]
|| Odeur de ce qui pue.

PUBÈRE [pu-bĕr] *adj.*
[ÉTYM. Emprunté du lat. puber, *m. s.* (*Cf.* impubère.) || 1511. En aage pubere, *Vies des saints Pères*, dans DELB. *Rec.* Admis ACAD. 1762.]
|| (T. didact.) Qui a l'âge de puberté. Citoyens pubères, MONTESQ. *Rom.* 3.

PUBERTÉ [pu-bèr-té] *s. f.*
[ÉTYM. Emprunté du lat. pubertas, *m. s.* || 1474. Les ans de puberté, *Myst. de l'Incarn. et Nativ.* dans DELB. *Rec.*]
|| (T. didact.) Moment où le jeune homme, la jeune fille, sont formés. Les signes de la —. *Spéciall*. (Droit.) Age de —, âge auquel la loi permet qu'on se marie.

PUBESCENT, ENTE [pu-bĕs'-san, -sănt'] *adj.*
[ÉTYM. Emprunté du lat. pubescens, *m. s.* || 1516. En leur façon et forme pubescente, GUILL. MICHEL, dans DELB. *Rec.* Admis ACAD. 1835.]
|| (T. didact.) Garni de petits poils. Feuilles pubescentes.

PUBIEN, ENNE [pu-byin, -byèn'; *en vers*, -bi-...] *adj.*
[ÉTYM. Dérivé de pubis, § 244. || *Néolog*. Admis ACAD. 1835.]
|| (Anat.) Relatif au pubis.

PUBIS [pu-bĭs'] *s. m.*
[ÉTYM. Emprunté du lat. pubis, génitif de pubes, poil follet. || XVI° s. Entre le diaphragme et l'os pubis, PARÉ, I, 1. Admis ACAD. 1762.]
|| (Anat.) Os —, et, *absolt*, —, os de la partie antérieure et supérieure du bassin, près de la région hypogastrique qui se couvre de poils au moment de la puberté, et, *p. ext.* cette région même.

PUBLIC, IQUE [pu-blĭk'] *adj. et s. m.*
[ÉTYM. Emprunté du lat. publicus, *m. s.* || 1311. Instrumens publikes, dans GODEF. *Compl.*]
I. *Adj.* || 1° Relatif à la nation. Le salut —. Le bien —. La chose publique, l'État. (*Cf.* république.) Un ennemi — dont je reviens vainqueur, CORN. *Hor.* IV, 5. L'autorité publique. Un fonctionnaire —. La dette publique, les fonds publics. Le trésor

—. L'ordre — est renversé, BOSS. *Polit.* VI, II, 1. L'esprit —. De la reine et de moi que dit la voix publique? RAC. *Bér.* II, 2. Les charges publiques. La vie publique, la vie politique. Le droit —. | *Spécialt.* Le ministère —, magistrats chargés de requérir au nom du gouvernement.

|| **2°** Qui est à l'usage de tous. La voie publique. Un marché —. Jardin —. Cours —. Séance publique. Discussion, débats publics. (*Spécialt.* Femme, fille publique, prostituée. Proclamation publique. Rendre à qqn un — hommage.

II. *S. m.* || **1°** *Vieilli.* Le —, la nation. O vous dont le — emporte tous les soins, Magistrats, princes et ministres, LA F. *Fab.* XII, 25. Au — immoler ce qu'on aime, CORN. *Hor.* II, 3.

|| **2°** Le —, tout le monde indistinctement. Je rends au — ce qu'il m'a prêté : j'ai emprunté de lui la matière de cet ouvrage, LA BR. préf. Travailler pour le —. Avis au —. Le — n'entre pas ici. Entrée du —. Parler en —. En —, en secret, contre vous déclarée, RAC. *Phèd.* II, 5. || *Spécialt.* Ceux qui assistent à un spectacle. Le — des premières représentations. Le — a applaudi les acteurs.

PUBLICAIN [pu-bli-kin] *s. m.*
[ÉTYM. Emprunté du lat. publicanus, *m. s.* || XIIe s. Ceste reule wardat molt miez li publicains ke ne fesist li phariseus, *Serm. de St Bern.* p. 17.]
|| **1°** (Antiq. rom.) Fermier des deniers publics.
|| **2°** *En mauv. part.* Traitant. Les vexations des publicains, VOLT. *Lett.* 8 janv. 1764.

PUBLICATION [pu-bli-kà-syon ; *en vers*, -si-on] *s. f.*
[ÉTYM. Emprunté du lat. publicatio, *m. s.* || XIVe s. Après la publicacion, J. LE FÈVRE, *Matheolus,* dans DELB. *Rec.*]
|| Action de publier. La — d'une loi. La — des bans d'un mariage. | La — d'un livre, d'un journal, action de le faire paraître, de le mettre en vente. | *P. ext. Néolog.* Une —, écrit, ouvrage publié. Les publications nouvelles.

PUBLICISTE [pu-bli-sist'] *s. m.* et *f.*
[ÉTYM. Dérivé de public, § 265. || 1762. Il y a de grands publicistes en Allemagne, ACAD.]
|| Celui, celle qui écrit sur le droit public, la politique.

PUBLICITÉ [pu-bli-si-té] *s. f.*
[ÉTYM. Dérivé de public, § 255. || Admis ACAD. 1694.]
|| Le fait d'être rendu public, porté à la connaissance de t°us. La — des débats parlementaires. La — est une des conditions de la validité du mariage. Donner à une entreprise la — nécessaire. Les frais de —.

PUBLIER [pu-bli-yé] *v. tr.*
[ÉTYM. Emprunté du lat. publicare, *m. s.* § 503. || XIIe-XIIIe s. S'est ja tant dit et poploié (var. publié), CHRÉTIEN DE TROYES, *Cligès,* 2978. Leur pechié font celleement Et les biens que il font puplient, J. LE MARCHANT, *Mir. de N.-D. de Chartres,* dans GODEF.]
|| Rendre public, porter à la connaissance de tous. L'Évangile publié par toute la terre. — une fausse nouvelle. — un édit. — les bans d'un mariage. | *Spécialt.* — un livre, un journal, le faire paraître. || J'entends de tous côtés — vos vertus, RAC. *Bér.* II, 2. *Vieilli.* Et je l'entends partout — hautement Aussi brave guerrier..., CORN. *Cid,* IV, 2.

PUBLIQUEMENT [pu-blik'-man ; *en vers,* -bli-ke-...] *adv.*
[ÉTYM. Composé de publique et ment, § 724. || XIVe s. Publiquement il demandoient la restitucion, BERSUIRE, fo 28.]
|| En public. Elle s'en est vantée assez —, RAC. *Brit.* IV, 4.

PUCE [pûs'] *s. f.*
[ÉTYM. Du lat. pŭlicem, *m. s.* devenu pulce, §§ 290, 378 et 291, puce, § 460.]
|| Petit insecte, parasite de l'homme et de certains animaux, qui se nourrit de leur sang. Un sot par une — eut l'épaule mordue, LA F. *Fab.* VIII, 5. Chercher ses puces. | *Fig. Famil.* Avoir la — à l'oreille, être inquiet. Secouer les puces à qqn, le battre. || *Adjectiv.* Couleur —, d'un brun semblable à la couleur de la puce.

PUCEAU, CELLE [pu-só, -sèl] *s. m.* et *f.*
[ÉTYM. Semble dérivé de puce, encore que le rapport du sens demeure obscur, § 126. Le masc. puceau est relativement récent et fait d'après le fém. || Xe s. Buona pulcella fut Eulalia, *Ste Eulalie.*]
|| **1°** *Famil. S. m.* et *f.* Garçon, fille vierge. La Pucelle d'Orléans, Jeanne d'Arc. *Adjectiv.* Il n'est rien De plus — que cette belle, LA F. *Contes, Joconde.*
|| **2°** *S. f.* Pucelle, nom vulgaire d'un poisson analogue à l'alose.

PUCELAGE [pûs'-làj' ; *en vers*, pu-se-...] *s. m.*
[ÉTYM. Dérivé de puceau, §§ 64, 65 et 78. || XIIe s. Perdi, dame, mun pucelage, *Tristan,* II, p. 1, Michel.]
|| **1°** *Famil.* État d'un puceau, d'une pucelle.
|| **2°** Nom vulgaire d'un coquillage.

PUCERON [pûs'-ron ; *en vers*, pu-se-...] *s. m.*
[ÉTYM. Dérivé de puce, § 105. || XIIIe s. Esmeraude... Nette et pure et sans pucerons, *Lapid.* dans DELB. *Rec.*]
|| Très petit insecte qui s'attache aux feuilles et aux rameaux des plantes pour les sucer.

PUDDLAGE [pûd'-làj'] *s. m.*
[ÉTYM. Dérivé de puddler, § 78. || *Néolog.* Admis ACAD. 1878.]
|| (Technol.) Action de puddler.

PUDDLER [pûd'-lé] *v. tr.*
[ÉTYM. Emprunté de l'angl. to puddle, *m. s.* § 8. || *Néolog.* Admis ACAD. 1878.]
|| (Technol.) Affiner (la fonte).

PUDDLEUR [pûd'-leur] *s. m.*
[ÉTYM. Dérivé de puddler, § 112. || *Néolog.* Admis ACAD. 1878.]
|| (Technol.) Ouvrier employé au puddlage.

PUDEUR [pu-deur] *s. f.*
[ÉTYM. Emprunté du lat. pudor, honte. || XVIe s. Pudeur enfantine, MONTAIGNE, II, 15.]
|| **1°** Appréhension de ce qui peut blesser la décence. Respecter la — d'une jeune fille. Rougir de —. Blesser la —. De l'austère — les bornes sont passées, RAC. *Phèd.* III, 1. Quelle aimable — sur leur visage est peinte! ID. *Esth.* I, 2. || *P. ext.* Chasteté. Quand par un faux serment il vainquit ma —, CORN. *Méd.* I, 4.
|| **2°** Appréhension de ce qui peut blesser la délicatesse. Vous... Qui ne pûtes jamais écouter sans — La louange la plus permise, LA F. *Fab.* X, 14. Il (un ami) vous épargne la — De les lui découvrir vous-même (vos besoins), ID. *ibid.* VIII, 11. Je l'avoue avec quelque —, RAC. *Iph.* I, 1.

PUDIBOND, ONDE [pu-di-bon, -bônd'] *adj.*
[ÉTYM. Emprunté du lat. pudibundus, *m. s.* || 1542. Pudibunde ou craintive, P. DE CHANGY, dans DELB. *Rec.*]
|| Qui pousse la pudeur à l'excès.

PUDICITÉ [pu-di-si-té] *s. f.*
[ÉTYM. Emprunté du lat. pudicitas, *m. s.* || XVIe s. La cause de continence et de pudicité, AMYOT, *OEuvr. mor. Comment il faut lire les poètes,* 48.]
|| Respect de la pudeur, de la chasteté.

PUDIQUE [pu-dik'] *adj.*
[ÉTYM. Emprunté du lat. pudicus, *m. s.* Quoique l'adv. pudiquement se trouve au XIVe s. l'adj. pudique ne semble avoir passé dans l'usage qu'au XVIe s. || 1507. Sage et pudique, NIC. DE LA CHESN. *Condamn. de Bancquet,* dans DELB. *Rec.*]
|| Qui respecte la pudeur. Une — flamme, CORN. *Hor.* IV, 7. Les grâces pudiques de la reine Esther, BOSS. *R. d'Angl.*

PUDIQUEMENT [pu-dik'-man ; *en vers,* -di-ke-...] *adv.*
[ÉTYM. Composé de pudique et ment, § 724. || XIVe s. Qu'il se vueille Maintenir bien pudiquement, J. LE FÈVRE, *Vieille,* dans DELB. *Rec.*]
|| D'une manière pudique.

PUER [pué ; *en vers,* pu-é] *v. intr.*
[ÉTYM. Pour puir (encore usité au XVIIe s. à l'indic. prés. je pus, tu pus, il put, cette dernière forme dans MOL.), § 628, du lat. pop. *pûtîre (class. putêre, § 629), devenu pudir, puir, §§ 402 et 291.]
|| *V. intr.* Sentir mauvais. || *Transitivt.* Vous puez le vin à pleine bouche, MOL. *G. Dand.* III, 7. *Fig.* Il (ce mot) put étrangement son ancienneté, MOL. *F. sav.* II, 7.

PUÉRIL, ILE [pué-ril ; *en vers,* pu-é-...] *adj.*
[ÉTYM. Emprunté du lat. puerilis, *m. s.* || XVe s. Des lorsque j'appris mes pueriles, CHASTELL. dans DELB. *Rec.*]
|| Relatif à l'enfant. (Rare au sens propre.) La Civilité puérile, livre enseignant aux enfants les règles de la civilité. || *Fig.* Qui conviendrait à un enfant. Un amusement —. Des raisonnements puérils. Une crainte puérile.

PUÉRILEMENT [pué-ril-man ; *en vers,* pu-é-ri-le-...] *adv.*
[ÉTYM. Composé de puérile et ment, § 724. || XVIe s. Traittans si puerilement l'Escripture, CALV. *Instit. chr.* I, XI, 15.]
|| D'une manière puérile.

PUÉRILITÉ [pué-ri-li-té ; *en vers,* pu-é-...] *s. f.*
[ÉTYM. Emprunté du lat. puerilitas, *m. s.* || XVe s. Enfance,

puerilité et adolescence, *Roman de Cligès,* dans CHRÉTIEN DE TROYES, *Cligès,* p. 283, Fœrsker.]

|| Caractère puéril. || Acte, discours puéril.

PUERPÉRAL, ALE [puèr-pé-ràl; *en vers,* pu-èr-...] *adj.*

[ÉTYM. Dérivé du lat. puerpera, femme en couche, de puer, enfant. et parere, enfanter, § 238.|| Admis ACAD. 1835.]

|| (Médec.) Qui a rapport à l'accouchement. Fièvre puerpérale.

PUGILAT [pu-ji-là] *s. m.*

[ÉTYM. Emprunté du lat. pugilatus, *m. s.* || 1570. Pugillat, GENTIAN HERVET, *Cité de Dieu,* dans DELB. *Rec.*]

|| (T. didact.) Combat à coups de poing.

PUINE [puin'] *s. m.* et *f.*

[ÉTYM. Dérivé de puer, puir, § 100. || XVe s. Pin, puisne, sœu et ronche, *Cout. des forêts,* dans GODEF. puisne. Admis ACAD. 1762.]

|| (Dialect.) Nom vulgaire de différents arbrisseaux considérés comme mort-bois (cornouiller sanguin, troène, nerprun).

PUÎNÉ, ÉE [pui-né] *adj.*

[ÉTYM. Pour puisné, composé de puis et né, § 196. (*Cf.* aîné.) || XIIe-XIIIe s. Li einnez ont num Johel, li puisnez Abia, *Rois.* I, 8.]

|| Qui est né après (un frère ou une sœur). Le frère —, la sœur puînée, et, *substantivt,* Le —, la puînée.

PUIS [pui; l's se lie avec le son d'un z] *adv.*

[ÉTYM. Du lat. pop. *pòsteis, class. postea, *m. s.* devenu *postius, pois, puis, § 726.]

|| Après cela. Elle sent chaque jour Déloger quelques Ris...; — ses traits choquer et déplaire; — cent sortes de fards..., LA F. *Fab.* VII, 5. Elle a rougi, — s'est mise à sourire, CORN. *Oth.* I, 3. || *P. ext.* En outre. Et — comment percer cette foule effroyable? BOIL. *Sat.* 1. || *Vieilli.* — après. Des difficultés auxquelles ils verront — après que j'aurai satisfait, DESC. *Rép. aux 2es object.* 47. — donc que. (*V.* puisque.)

PUISAGE [pui-zàj'] *s. m.*

[ÉTYM. Dérivé de puiser, § 78. || 1731. Personnes préposées au puisage des différentes eaux minérales, *Merc. de France,* avril, p. 760. Admis ACAD. 1835.]

|| (Technol.) Action de puiser.

PUISARD [pui-zàr] *s. m.*

[ÉTYM. Dérivé de puits, § 147. || 1690. FURET.]

|| Petit puits où s'écoulent et se perdent les eaux inutiles.

***PUISATIER** [pui-zà-tyé] *s. m.*

[ÉTYM. Dérivé de puits, §§ 63, 115 et 131. || *Néolog.*]

|| Ouvrier qui creuse les puits. *P. appos.* Ouvrier —.

PUISER [pui-zé] *v. tr.*

[ÉTYM. Dérivé de puits, § 154. || XIIe s. Por le grant fais la nes puisa, Par crevaces l'eve i entra, *Énéas,* 2555.]

|| Prendre dans un puits, une source, un tonneau, etc., du liquide qui y est contenu. — de l'eau à la fontaine, dans la rivière. — d. vin dans le tonneau. || *Absolt.* — au tonneau. || *Fig.* Pouvez-vous nier que ce ne soit dans Plutarque, dans Lucain, dans Sénèque que M. de Corneille a puisé ses grandes idées? BOIL. *Lett. à Perrault.* La fierté des Nérons qu'il puisa dans mon flanc, RAC. *Brit.* I, 1. Pour paraître ne devoir rien aux autres, mais — tout de votre fonds, LA BR. *Disc. à l'Acad.* || *Absolt.* — dans la bourse de qqn.

PUISQUE [puisk'] *conj.*

[ÉTYM. Composé de puis et que, § 726. || XIIe s. Puisque si lor est avenu, *Énéas,* 9821.]

|| Du moment que. Puisqu'on ne veut point croire à tout ce qu'on peut dire,... Il faut bien s'y résoudre, MOL. *Tart.* IV, 5. Puisqu'on plaide,... il faut des avocats, LA F. *Fab.* XII, 25. || *Vieilli.* En séparant puis de que. Puis donc qu'on nous permet de prendre Haleine, RAC. *Plaid.* III, 3.

PUISSAMMENT [pui-sà-man] *adv.*

[ÉTYM. Pour puissantment, composé de puissant et ment, § 724. || XIIe s. Od tel esforz, si puissantment, BENEEIT, *Ducs de Norm.* 33212.]

|| D'une manière puissante. Le grand seigneur arme —, LA BR. 10. | *Famil.* Il est — riche.

PUISSANCE [pui-sàns'] *s. f.*

[ÉTYM. Dérivé de puissant, § 146. (*Cf.* potence et toute-puissance.) || XIIe s. Quel poissance unt e quels valurs, *Lapid. de Marbode,* 30.]

I. Force de produire de grands effets. La — de la parole. Vos pleurs sur moi prennent trop de —, CORN. *Poly.* I, 2.

Après cela, doutez de la — Des oraisons, LA F. *Contes, Oraison.* Marcelle qui vous sert de toute sa —, CORN. *Théod.* IV, 1. De vos raisons combattre la —, RAC. *Andr.* II, 4. La — d'un talisman. || (Physique.) La — d'un télescope. La — d'une machine, d'un moteur. La — motrice. La — et la résistance, nom donné à deux forces mécaniques qui s'opposent. Il y a équilibre quand la — est égale à la résistance.

|| *Spécialt.* || **1°** (Philos.) | **1.** Faculté de l'âme. Peut-être qu'il y a en moi quelque faculté ou — capable de produire ces idées, DESC. *Méth.* 3. Cet état, qui tient le milieu entre deux extrêmes, se trouve en toutes nos puissances, PASC. *Pens.* I, 1. | **2.** Possibilité de produire tel ou tel effet, non encore réalisé. Le gland contient en — le chêne. Passer de la — à l'acte, réaliser ce qui était en puissance.

|| **2°** (Mathém.) Valeur d'une quantité numérique multipliée une, deux, trois fois, etc., par elle-même. Cent est la deuxième — de mille, la troisième de dix.

II. Force d'imposer son autorité. Soit qu'il (Dieu) communique sa — aux princes, soit qu'il la retire à lui-même, BOSS. *R. d'Angl.* Rome victorieuse... réduit tout l'univers sous sa —, ID. *Hist. univ.* III, 7. La — temporelle des papes. Voyant d'un temps si court leur — bornée, CORN. *Cinna,* II, 1. Les lois de Rome avaient sagement divisé la — publique en un grand nombre de magistratures, MONTESQ. *Rom.* 11. La — législative. La — exécutive. || Avoir, tenir qqn en sa —. Une femme en — de mari. La — paternelle. || *P. ext.* Ceux qui possèdent cette force. Les puissances célestes. Les puissances des ténèbres. Les puissances de la terre. Considérez ces grandes puissances que nous regardons de si bas, BOSS. *D. d'Orl.* || *Spécialt.* Les puissances, les États souverains. Les puissances européennes. Traiter de — à —.

PUISSANT, ANTE [pui-san, -sànt'] *adj.*

[ÉTYM. Du lat. pop. *pòssientem, part. prés. de *potere, pouvoir (class. potentem), devenu *pòssiantem, § 614, poissant, §§ 356 et 291, puissant, §§ 350 et 623. (*Cf.* tout-puissant.) || XIe s. Li amiralz est riches e poissanz, *Roland,* 2731.]

I. Qui a la force de produire de grands effets. Cet intérêt si — sur votre âme, RAC. *Mithr.* I, 3. La mort, plus puissante, nous l'enlevait entre ces royales mains, BOSS. *D. d'Orl.* — en paroles et en œuvres, ID. *Hist. univ.* III, 3. Que je revole un si — vainqueur! CORN. *Poly.* I, 4. Le fer ne produit point de si puissants efforts, RAC. *Brit.* V, 5. || *P. ext.* Un — capitaliste. Un — logicien. Je vois sur la frontière une puissante armée, CORN. *Nicom.* III, 2. | Une personne puissante, très grosse, très forte. Un bœuf est plus — que toi, LA F. *Fab.* II, 9.

II. Qui a la force d'imposer son autorité. Un monarque —. Tu es grand, tu es —, ce n'est pas assez, LA BR. 9. Un État —. Tout ce que Henri le Grand avait amassé pour rendre sa nation puissante, VOLT. *Mœurs,* 175. || *Substantivt.* Les puissants de la terre, les princes, les grands.

PUITS [pui] *s. m.*

[ÉTYM. Du lat. pop. *pùtium (class. pùteum, altéré peut-être sous l'influence de *pùttus pour pùtidus, puant), devenu puiz, puis, §§ 329, 406 et 291, écrit plus récemment puits par réaction étymologique, § 502.]

|| **1°** Excavation pratiquée dans le sol pour en tirer de l'eau, fournie, à une certaine profondeur, par des sources ou des infiltrations. Le bord, la margelle d'un —. Une corde à —, qui sert à descendre et à remonter les seaux pour tirer de l'eau du puits. || — artésien, trou de sonde foré, souvent à une grande profondeur, jusqu'à une nappe d'eau souterraine. || *Fig.* La vérité est au fond d'un —, profondément cachée. La vérité toute nue Sortit un jour de son —, FLOR. *Fab.* I, 1. Cet homme est un — de science, il a une science profonde. | (Style biblique.) Le — de l'abîme, l'enfer.

|| **2°** *P. anal.* | **1.** Excavation pratiquée pour l'exploitation d'une mine, d'une carrière. | **2.** Excavation creusée par des assiégés pour découvrir et éventer les mines pratiquées par les assiégeants. | **3.** Trou creusé devant un retranchement, et recouvert de fascines et de terre, pour y faire tomber la cavalerie ennemie.

PULLULATION [pül'-lu-là-syon; *en vers,* -si-on] *s. f.*

[ÉTYM. Emprunté du lat. pullulatio, *m. s.* || 1569. Une pullulation de diverses sectes et heresies, NIC. DE NICOLAY, *Descr. du Bourbonnais,* dans DELB. *Rec.* Inusité aux XVIIe-XVIIIe s. Admis ACAD. 1878.]

|| (T. didact.) Le fait de pulluler.

PULLULER [pül'-lu-lé] *v. intr.*

[ÉTYM. Emprunté du lat. *pullulare*, *m. s.* (*Cf.* poulain, etc.) || 1349. S'il voient pulluler heresies, GILLES LI MUISIS, dans DELB. *Rec.*]

|| Se multiplier abondamment. Le chiendent pullule. Environ le temps Que tout aime et que tout pullule dans le monde, LA F. *Fab.* IV, 22. || *Fig.* Les hérésies pullulèrent de toutes parts, J.-J. ROUSS. *Rép. au roi de Pologne*. Les mauvais livres pullulent.

PULMONAIRE [pŭl-mò-nêr] *adj.* et *s. f.*
[ÉTYM. Emprunté du lat. *pulmonaris*, *m. s.* || (Au sens **II.**) 1611. COTGR. Admis ACAD. 1762.]

I. *Adj.* Qui a rapport aux poumons. Artère —, qui porte le sang veineux aux poumons. Phtisie —, affection tuberculeuse du poumon.

II. *S. f.* Nom de différentes plantes qui rappellent plus ou moins l'aspect du poumon. *Spécialt.* — du chêne, sorte de lichen. — officinale, plante de la famille de la bourrache, dite sauge de Jérusalem.

PULMONIE [pŭl-mò-ni] *s. f.*
[ÉTYM. Dérivé du lat. *pulmo, onem*, poumon, sous l'influence de pneumonie, § 224. || XVIᵉ s. La moutonnaille travaillée de la poulmonie, DU PINET, *Hist. nat. de Pline*, dans DELB. *Rec.* Admis ACAD. 1718.]

|| *Vieilli*. Affection du poumon.

PULMONIQUE [pŭl-mò-nĭk] et, *vieilli*, **POUMONIQUE** [pou-mò-nĭk] *adj.*
[ÉTYM. Dérivé du lat. *pulmo*, du franç. poumon, §§ 229 et 503. Pulmonique : les provinciaux disent poumonique, TRÉV. || XVIᵉ s. Medicamens nommés pulmoniques, PARÉ, XXV, 6.]

|| Qui a une affection du poumon. (*Syn.* poitrinaire.) La duchesse de Choiseul mourut pulmonique, ST-SIM. II, 104. || *Substantivt.* Un, une —. || *Fig.* Une sécheresse de — (la fièvre rendant la peau sèche), une grande sécheresse d'âme. Pour tout autre une sécheresse de pulmonique, LA BR. 8.

PULPATION [pŭl-pà-syon ; *en vers*, -si-on] *s. f.*
[ÉTYM. Dérivé de pulper, § 247. || Admis ACAD. 1835.]

|| (Pharm.) Action de pulper.

PULPE [pulp'] *s. f.*
[ÉTYM. Emprunté du lat. *pulpa*, *m. s.* On trouve qqf poulpe dans le même sens, § 503. || 1539. Poulpe ou charnure, R. EST. | 1611. Pulpe, COTGR. Admis ACAD. 1762.]

|| **1°** Substance charnue de certains fruits, légumes, etc. || *P. ext.* Partie charnue de certaines plantes réduite en pâte pour préparations pharmaceutiques. (*Cf.* pulper.)

|| **2°** *P. anal.* — cérébrale, partie médullaire du cerveau. || — digitale, renflement charnu qui termine les doigts.

PULPER [pŭl-pé] *v. tr.*
[ÉTYM. Dérivé de pulpe, § 266. || Admis ACAD. 1835.]

|| (Pharm.) Réduire en pulpe.

PULPEUX, EUSE [pŭl-peū, -peūz'] *adj.*
[ÉTYM. Dérivé de pulpe, § 251. || 1539. Poulpeux et charnu, R. EST. Admis ACAD. 1835.]

|| Qui a le caractère de la pulpe.

PULSATIF, IVE [pŭl-sà-tĭf, -tĭv'] *adj.*
[ÉTYM. Dérivé du lat. *pulsatum*, supin de pulsare, pousser, § 257. || XIVᵉ s. Mouvement pulsatif, *Chirurg. de Lanfranc*, dans LITTRÉ. Admis ACAD. 1762.]

|| (T. didact.) Caractérisé par des battements. Douleur pulsative, à battements douloureux.

PULSATION [pŭl-sà-syon ; *en vers*, -si-on] *s. f.*
[ÉTYM. Emprunté du lat. *pulsatio*, action de pousser. || XIVᵉ s. Pointure nuysible et pulsacion, *Chirurg. de Lanfranc*, dans LITTRÉ.]

|| (T. didact.) Battement des artères. (*Cf.* pouls.) Il a soixante pulsations à la minute. || *P. ext.* Battement douloureux qui accompagne les inflammations.

***PULTACÉ, ÉE** [pŭl-là-sé] *adj.*
[ÉTYM. Dérivé du lat. *puls, pultis*, bouillie, § 233. (*Cf.* époutier.) || *Néolog.*]

|| (T. didact.) Qui a l'aspect de la bouillie. Angine pultacée.

PULVÉRIN [pŭl-vé-rin] et, *vieilli*, **POULEVRIN** [poul-vrin ; *en vers*, pou-le-...] *s. m.*
[ÉTYM. Emprunté de l'ital. *polverino*, *m. s.* § 12, rendu d'abord par *poulverin, poulevrin, § 507, puis, d'après le lat. *pulverem*, par pulvérin, § 502. || XVIᵉ s. Par la bouche du pulverin, RAB. IV, 62. | 1718. Pulverin : plusieurs disent poulvrin ou poulverin, ACAD.]

|| **1°** (Technol.) Poudre à canon tamisée qui sert à amorcer, à faire des pièces d'artifice.

|| **2°** Boîte à mettre la poudre à canon. (*Cf.* poudrier, poudrière.)

***PULVÉRISATEUR** [pŭl-vé-ri-zà-tchr] *s. m.*
[ÉTYM. Dérivé de pulvériser, § 249. || *Néolog.*]

|| (T. didact.) Instrument pour réduire en poudre. || *P. anal.* Instrument pour lancer un liquide en gouttelettes.

PULVÉRISATION [pŭl-vé-ri-zà-syon ; *en vers*, -si-on] *s. f.*
[ÉTYM. Dérivé de pulvériser, § 247. || 1642. OUD. Admis ACAD. 1762.]

|| (T. didact.) Action de pulvériser.

PULVÉRISER [pŭl-vé-ri-zé] *v. tr.*
[ÉTYM. Emprunté du lat. *pulverisare*, *m. s.* || XIVᵉ s. Encens bien polverisé, GAST. PHÉBUS, *Chasse*, dans DELB. *Rec.* | XVIᵉ s. Pulveriser, PARÉ, *Introd.* 27.]

|| (T. didact.) Réduire en poudre. (*Cf.* poudroyer.) || *P. ext.* Lancer un liquide en gouttelettes.

PULVÉRULENT, ENTE [pŭl-vé-ru-lan, -lãnt'] *adj.*
[ÉTYM. Emprunté du lat. *pulverulentus*, *m. s.* || 1801. *V.* à l'article. Admis ACAD. 1835.]

|| (T. didact.) Qui se met en poudre. Un corps —. Un précipité —, FOURCROY, *Syst. des connaiss. chimiq.* I, p. CLII. || Qui est couvert de poudre. Narines pulvérulentes.

PUMICIN [pu-mi-sin] *s. m.*
[ÉTYM. Origine inconnue. || 1723. SAVARY, *Dict. du comm.* Admis ACAD. 1762.]

|| Huile de palme.

PUNAIS, AISE [pu-nè, -nèz'] *adj.*
[ÉTYM. Semble venir du lat. pop. *püttinæsium, pour *putidinasium, composé de putidus, puant, et nasus, nez, devenu putnais, §§ 336, 296 et 291, punais, § 405. || XIIᵉ s. Ja li pugnés n'i avra part, *Partenopeus*, dans GODEF.]

|| *Vieilli*. Qui a une odeur fétide du nez. Un homme —, et, *substantivt*, Un —. Une femme punaise.

PUNAISE [pu-nèz'] *s. f.*
[ÉTYM. Tiré de punais, § 38. || XIIIᵉ s. Qui prent ewe ou lupin sont cuit et le giete deseur punaises, si les tue, ALEBRANT DE SIENNE, dans LITTRÉ.]

|| **1°** Insecte à corps plat, à odeur fétide, qui suce le sang des personnes endormies. Plat comme une —.

|| **2°** *P. anal.* (Technol.) Clou à tête large et plate, qui sert à fixer au mur des dessins, des plans, etc.

PUNAISIE [pu-nò-zi] *s. f.*
[ÉTYM. Dérivé de punais, § 68. || XIIIᵉ s. Trop i a de pusnaiste, *Mir. de St Éloi*, p. 21.]

|| *Vieilli*. Affection d'un homme punais, d'une femme punaise.

PUNCH [pŏnch'] *s. m.*
[ÉTYM. Emprunté de l'angl. *punch*, *m. s.* hindoustani *panch*, cinq, allusion au nombre d'ingrédients qui servent à préparer cette boisson, §§ 8 et 25. (*Cf.* boule-ponche.) || 1722. De la ponche, LE P. LABAT, *Voy. aux îles de l'Amériq.* VIII, 361. Admis ACAD. 1762 sous la forme ponche, écrit punch en 1835.]

|| Mélange d'eau ou de thé avec de l'eau-de-vie ou du rhum, du citron et du sucre.

PUNIR [pu-nîr] *v. tr.*
[ÉTYM. Du lat. *punîre*, *m. s.* § 291.]

|| **1°** Frapper (qqn) d'une peine. Punissons l'assassin, CORN. *Cinna*, IV, 2. Le meurtrier a été puni du dernier supplice. — un écolier. Il (Dieu) ne nous punit que pour nous convertir, BOURD. *Dominic.* 24ᵉ *Dim. après la Pentec.* Pour la — de cette comédie, BOIL. *Sat.* 10. Et je te punirais de m'avoir épargné, CORN. *Hér.* III, 2. || *Absolt.* Un père, en punissant, Madame, est toujours père, RAC. *Phéd.* III, 3. Être puni par où on a péché, souffrir par où on a cherché une satisfaction. || Se — soi-même. Elle s'en est punie, RAC. *Phéd.* V, 7. || *P. ext.* Être puni de qqch, en être mal récompensé. Il est puni de sa trop grande confiance, de son indulgence excessive, de sa folle tendresse.

|| **2°** Faire expier (une faute). Des crimes les plus noirs vous souillez tous vos dieux, Vous n'en punissez point qui n'ait son maître aux cieux, CORN. *Poly.* V, 3. Pour — les scandales, BOSS. *R. d'Angl.* Sa sotte flatterie Eut un mauvais succès et fut encor punis, LA F. *Fab.* VII, 7.

PUNISSABLE [pu-ni-sàbl'] *adj.*
[ÉTYM. Dérivé de punir, § 93. || XIVᵉ-XVᵉ s. Justice est la fort dure et pugnissable, EUST. DESCH. VII, 79.]

|| Qui mérite d'être puni.

PUNISSEUR, *PUNISSEUSE [pu-ni-sœur, -seūz'] *adj.*

[ÉTYM. Dérivé de punir, § 112. || XIVᵉ s. Vengeur et punisseur, BERSUIRE, fᵒ 31.]

|| *Rare.* Qui punit. Le foudre —, CORN. *Pomp.* IV, 4 (1ʳᵉ édit.).

PUNITION [pu-ni-syon; *en vers*, -si-on] s. f.
[ÉTYM. Emprunté du lat. punitio, m. s. || XIVᵉ s. La punicion des crimineulx, BERSUIRE, fᵒ 59.]

|| **1°** Action de punir. C'est une — de Dieu. La — des crimes est réservée aux tribunaux. Je vous réponds déjà de sa —, CORN. *Nicom.* V, 6. En — de leur endurcissement, BOSS. *Hist. univ.* II, 20.

|| **2°** Peine dont on punit. La — doit être proportionnée à la faute. Une — légère. Donner une — à un écolier.

1. PUPILLAIRE [pu-pïl'-lèr] adj.
[ÉTYM. Emprunté du lat. pupillaris, m. s. || 1409. Temps pupillaire, dans GODEF. Admis ACAD. 1718.]

|| (Droit.) Relatif au pupille. *Spécialt.* (Droit rom.) Substitution —, où le pupille institué héritier, étant décédé, est remplacé par une autre personne.

2. PUPILLAIRE [pu-pïl'-lèr] adj.
[ÉTYM. Dérivé de pupille 2, § 248. || *Néolog.* Admis ACAD. 1835.]

|| (Anat.) Relatif à la pupille de l'œil. Membrane —.

PUPILLARITÉ [pu-pïl'-là-ri-té] s. f.
[ÉTYM. Dérivé du lat. pupillaris, de pupille, § 255. || 1398. En jeune aage et pupillarité, dans DU C. pupillarietas. Admis ACAD. 1718.]

|| (Droit.) État de pupille.

1. PUPILLE [pu-pil] s. m. et f.
[ÉTYM. Emprunté du lat. pupillus, a, m. s. || 1334. Oncle maternau dudit pupille, *Reg. de délib. de St-Jean-d'Angély*, I, 97.]

|| (Droit.) Enfant mineur, orphelin de père et de mère ou de l'un des deux, sous la conduite d'un tuteur.

2. PUPILLE [pu-pil] s. f.
[ÉTYM. Du lat. pupilla, m. s. qui paraît identique au mot qui signifie « petite fille ». || XIIIᵉ-XIVᵉ s. Choses visibles a la pupille, *Chirurg. de Mondeville*, 203, Bos.]

|| (Anat.) Ouverture du milieu de l'iris par laquelle les rayons lumineux pénètrent dans l'œil.

PUPITRE [pu-pitr'] s. m.
[ÉTYM. Emprunté du lat. pulpitum, m. s. devenu pulpite, puis pulpitre, pupitre, § 361. || 1357. Pepistre, dans GODEF. Compl.]

|| Meuble qui présente un plan incliné sur lequel on pose des livres, de la musique, du papier, pour lire, chanter ou jouer, écrire commodément. Un — de table, de bibliothèque. Un — d'église. Un — d'orchestre.

PUR, PURE [pür] adj.
[ÉTYM. Du lat. pūrum, m. s. § 291.]

|| **1°** Dont la nature n'est mélangée d'aucun élément étranger. Du pain de — froment. Comment en un plomb vil l'or — s'est-il changé? RAC. *Ath.* III, 7. Du vin —, sans eau. Un cheval de — sang. C'est le — sang du dieu qui lance le tonnerre, RAC. *Iph.* V, 4. De purs esprits. L'état de pure nature. || *P. anal.* Travailler en pure perte. Attribuer qqch à qqn en — don. Une promesse pure et simple. Une pure et simple réflexion. | *Loc. adv. Vieilli.* A — et à plein, sans réserve. (V. plein.) En — chef, tête nue. | C'est une pure calomnie. C'est pure méchanceté. C'est pure folie. C'est un miracle — que le cours de sa vie, CORN. *D. Sanche*, IV, 1. Un — caprice. Un — hasard. La raison pure, la faculté de concevoir les vérités nécessaires. Les mathématiques pures, la mécanique pure, qui n'ont pour objet que la théorie, sans application pratique.

|| **2°** Dont la nature n'est altérée par aucun élément mauvais. Respirer un air —. Un ciel —, sans nuage. Le jour n'est pas plus — que le fond de mon cœur, RAC. *Phéd.* IV, 2. || Animaux purs, considérés comme n'ayant point de souillure, par leur nature ou par le contact de qqch d'impur. Offrir à Dieu des victimes pures. || *Fig.* Ames pures et innocentes, BOSS. *Marie-Thérèse.* Aurions-nous bien le cœur et les mains assez pures Pour présider ici sur les honneurs divins? LA F. *Phil. et Baucis.* Une âme pure de l'iniquité de son siècle, BOSS. *Le Tellier.* Il est écrit que rien n'est — sur la terre, ID. *Marie-Thérèse.* Plutôt que de souiller une gloire si pure, CORN. *Poly.* IV, 5. || *P. ext.* Un style —, une latinité pure, un dessin —. Des contours purs. Un chant —.

PUREAU [pu-rô] s. m.
[ÉTYM. Dérivé de pur, § 126. || 1690. FURET. Admis ACAD. 1835.]

|| (Technol.) Dans la couverture d'un toit, la partie d'une tuile, d'une ardoise, qui n'est pas recouverte par la tuile ou l'ardoise voisine.

PURÉE [pu-ré] s. f.
[ÉTYM. Subst. particip. de l'anc. verbe purer, presser (des légumes) pour en faire sortir le jus ou la pulpe, § 45. Purer paraît être le lat. purare, suppurer, plutôt que purare, purifier. (Cf. purin.) || 1314. Puree de pois, *Chirurg. de Mondeville*, 785, Bos. La puree de Bourgoingne, EUST. DESCH. VIII, 24.]

|| Mets fait de légumes réduits en bouillie. Une — de lentilles, de haricots, de pommes de terre. || *P. anal.* — de gibier, de volaille, etc., gibier, volaille pilés et réduits en bouillie. || *P. ext. Famil.* — de septembre, le vin (raisin écrasé).

PUREMENT [pur-man; *en vers*, pu-re-...] adv.
[ÉTYM. Composé de pure et ment, § 724. || XIIIᵉ s. Les pomes qui sont doces purement, *Simples medicines*, fᵒ 47, vᵒ.]

|| D'une manière pure. Vivre —. || Écrire —. || *P. ext.* Uniquement. Agir par des motifs — humains. Un pays — agricole. Il a — et simplement accepté.

PURETÉ [pur-té; *en vers*, pu-re-té] s. f.
[ÉTYM. Dérivé de pur, § 124. A remplacé l'anc. franç. purté, du lat. puritatem. || XIIᵉ s. Li fontaine de purteit, *Serm. de St Bern.* p. 124. [1539. Pureté, R. EST.]

|| **1°** État de ce qui n'est mélangé d'aucun élément étranger. De l'or à l'état de — absolue. Un vin dont la — est garantie. La — du sang, de la race. La — des couleurs.

|| **2°** État de ce qui n'est altéré par aucun élément mauvais. La — de l'air. La — du ciel. | Ternir la — d'un miroir. || *Fig.* Corrompant de vos mœurs l'aimable —, RAC. *Ath.* IV, 3. La — de la foi. Ne rien souffrir qui blesse la —. Dieu de la —, CORN. *Théod.* III, 1. Cette — Où du parfait amour consiste la beauté, MOL. *F. sav.* IV, 2. Rien n'altère la — de sa gloire. || *P. ext.* La — du style, de la langue. La — des contours. La — du son.

PURGATIF, IVE [pur-gà-tïf', -tïv'] adj.
[ÉTYM. Emprunté du lat. purgativus, m. s. || Vers 1325. De purgative est nature, *Propr. des plantes*, dans DELB. *Rec.*]

|| **1°** *Vieilli.* Qui a la propriété de nettoyer. Le feu —, BUFF. *Minéraux*, I, 76. || *Fig.* (T. ascétique.) Vie purgative, vie de pénitence.

|| **2°** Qui a la propriété de purger. Des sels purgatifs. Une eau purgative. Un remède —, et, *substantivt*, Un —. Évacuer par purgatifs propres et convenables, MOL. *Pourc.* I, 8.

PURGATION [pur-gà-syon; *en vers*, -si-on] s. f.
[ÉTYM. Emprunté du lat. purgatio, m. s. || XIIᵉ s. Forfetent a purgation, *Dialog. anime conquer.* dans *Romania*, 1876, p. 285.]

|| **1°** *Vieilli.* Action de nettoyer. || *Fig.* | 1. — judiciaire, épreuve du combat par laquelle on se lavait d'une accusation. | 2. La — des passions, doctrine d'Aristote suivant laquelle le théâtre corrige certaines passions par la mesure avec laquelle il les représente. La — des passions par le moyen de la pitié et de la crainte, CORN. *1ᵉʳ Disc. Trag.*

|| **2°** Action de purger. Faire les saignées et les purgations en nombre impair, MOL. *Pourc.* I, 8. || *P. ext.* Remède purgatif. Prendre une —.

PURGATOIRE [pur-gà-twàr] s. m.
[ÉTYM. Emprunté du lat. ecclés. purgatorium, m. s. || XIIᵉ s. Des grans peines del purgatoire, MARIE DE FRANCE, *Purg. de St Patrice*, 5.]

|| (T. ecclés.) Lieu où ceux qui meurent en état de grâce expient les péchés dont ils n'ont pas fait en ce monde une pénitence suffisante. Prier pour les âmes du —. Délivrer une âme du —. || *Fig.* Faire son — en ce monde, y avoir beaucoup à souffrir.

PURGE [purj'] s. f.
[ÉTYM. Subst. verbal de purger, § 52. || XIVᵉ s. S'il est aucun qui... se mette a loy et a purge comme innocent, BOUTEILL. *Somme rural*, 34.]

|| **1°** *Vieilli.* Action de nettoyer. || *Spécialt.* Action de désinfecter des lettres, marchandises, etc., venant d'un pays contaminé. || *Fig.* — d'hypothèques, action d'affranchir un immeuble des hypothèques dont il est grevé.

|| **2°** Action de se purger. || *P. ext.* Purgatif. Prendre une —.

PURGER [pur-jé] v. tr.
[ÉTYM. Du lat. purgare, m. s. devenu purgier, §§ 297 et 291, purger, § 634.]

|| **1°** Débarrasser de ce qui souille, altère, gâte. — l'or,

l'argent de toute matière étrangère. — le sucre, en faisant égoutter le sirop non cristallisé. — le cocon de soie, en enlevant la bourre. || — qqn, lui faire prendre médecine. Se — avec du séné. || *P. anal.* Purgez votre cerveau de cette frénésie, CORN. *Mél.* II, 2. Ma commère, il vous faut — Avec quatre grains d'ellébore, LA F. *Fab.* VI, 10. || *P. anal.* La mer purgée des pirates qui l'infestaient. Reste impur des brigands dont j'ai purgé la terre! RAC. *Phèd.* IV, 2. De ton horrible aspect purge tous mes États, ID. *ibid.* || *Fig.* Ma flamme De ces vices du temps pourra — son âme, MOL. *Mis.* I, 1. (Le baptême) qui, purgeant notre âme..., CORN. *Poly.* I, 1. — les passions, les corriger par la mesure avec laquelle on les représente au théâtre. Par la pitié et la crainte elle (la tragédie) purge de semblables passions, CORN. *1er Disc. Trag.* || *Spécialt.* Se — d'une accusation, s'en justifier. Purge-toi d'un forfait si honteux et si bas, CORN. *Nicom.* IV, 2.

|| **2°** Effacer, faire disparaître (ce qui a des conséquences fâcheuses). || (Jurispr.) | **1.** — le défaut, faire tomber par une opposition un jugement porté par défaut. | **2.** — une contumace, annuler une condamnation par contumace en se présentant pour être jugé. — une hypothèque, la faire disparaître en remplissant les formalités légales.

PURIFIANT, ANTE [pu-ri-fyan, -fyänt'; *en vers,* -fi-...] *adj.*
[ÉTYM. Subst. particip. de purifier, § 47. || Admis ACAD. 1878.]
|| (T. didact.) Qui purifie.

PURIFICATEUR, °PURIFICATRICE [pu-ri-fi-kà-téur, -tris'] *s. m. et f.*
[ÉTYM. Emprunté du lat. purificator, trix, *m. s.* || 1547. De divine justice Es purificateur, *Marg. de la Marg.* dans DELB. *Rec.* Admis ACAD. (au masc.) 1878.]
|| (T. didact.) Celui, celle qui purifie. *Adjectivt.* Vertu purificatrice.

PURIFICATION [pu-ri-fi-kà-syon ; *en vers,* -si-on] *s. f.*
[ÉTYM. Emprunté du lat. purificatio, *m. s.* || XIIᵉ s. La purification de la bienaurouse Virgine, *Serm. de St Bern.* p. 124.]
|| Action de purifier. La — de l'or, de l'argent. La — du sang. | Les purifications légales, rites religieux par lesquels on se purifie, dans la religion juive. || *Spécialt.* Rites par lesquels une femme devait se purifier lorsqu'elle relevait de couches. La Purification, fête en l'honneur de la sainte Vierge qui se soumit, comme les autres femmes, à la cérémonie légale, après la naissance de Jésus.

PURIFICATOIRE [pu-ri-fi-kà-twär] *s. m.*
[ÉTYM. Emprunté du lat. purificatorium, *m. s.* || 1680. RICHEL.]
|| (Liturgie.) Linge avec lequel le prêtre essuie le calice après la communion. La paile et le —, BOSS. *Lett. à la sœur Cornuau,* 66.

PURIFIER [pu-ri-fyé ; *en vers,* -fi-é] *v. tr.*
[ÉTYM. Emprunté du lat. purificare, *m. s.* § 503. || XIIᵉ s. A purifier et alaveir, *Serm. de St Bern.* p. 124.]
|| Rendre pur. — l'air, l'eau. — le sang. || Se —, en accomplissant certains rites religieux. || *Fig.* Que l'âme s'affermisse et se purifie par la pénitence, BOSS. *Marie-Thérèse.* On répond que, pour prévenir le péché, le théâtre purifie l'amour, BOSS. *Comédie,* 5. Ils satisfont à l'Évangile en purifiant les intentions, PASC. *Prov.* 7.

PURIFORME [pu-ri-fòrm'] *adj.*
[ÉTYM. Composé avec le lat. pus, puris, pus, et forma, forme, § 271. || Admis ACAD. 1835.]
|| (T. didact.) Qui a l'apparence du pus. Crachats puriformes.

PURIN [pu-rin] *s. m.*
[ÉTYM. Dérivé de l'anc. franç. purer, § 100. (*Cf.* purée.) || Admis ACAD. 1878.]
|| (T. rural.) Partie liquide du fumier.

PURISME [pu-rism'] *s. m.*
[ÉTYM. Dérivé de pur, § 265. || 1680. RICHEL. Admis ACAD. 1718.]
|| (T. didact.) Caractère du puriste.

PURISTE [pu-rist'] *s. m. et f.*
[ÉTYM. Dérivé de pur, § 265. || 1586. Evangelistes, puristes, TAILLEPIED, *Trésor de l'Égl. cath.* dans DELB. *Rec.*]
|| (T. didact.) Celui, celle qui, en parlant, en écrivant, affecte une correction excessive. Ils sont puristes, LA BR. 5.

PURITAIN, AINE [pu-ri-tin, -tèn'] *s. m. et f.*
[ÉTYM. Emprunté de l'angl. puritan, *m. s.* dérivé du lat. puritas, pureté, § 8. || XVIIᵉ s. *V.* à l'article.]
|| Membre d'une secte protestante très rigide qui prétend ramener le christianisme à sa pureté primitive. On leur donna le nom de puritains en Angleterre et en Écosse, BOSS. *Var.* IX, 75. || *Fig.* Personne d'une rigidité scrupuleuse.

PURITANISME [pu-ri-tà-nism'] *s. m.*
[ÉTYM. Dérivé de puritain, § 265. || XVIIᵉ s. *V.* à l'article. Admis ACAD. 1798.]
|| Doctrine des puritains. Il a fallu que la doctrine de l'inviolable majesté des rois cédât au —, BOSS. *Déf. de l'Hist. des var.* I, 40.

PURPURIN, INE [pur-pu-rin, -rin'] *adj.*
[ÉTYM. Emprunté du lat. purpurinus, *m. s.* || 1545. Fleurs blanchatres qui ont quelque peu de purpurin, G. GUÉROULT, dans DELB. *Rec.* Admis ACAD. 1762.]
|| (T. didact.) Qui est couleur de pourpre. || *Substantivt. au fém.* Purpurine. | **1.** Principe colorant rouge extrait de la garance. | **2.** Bronze moulu qu'on applique à l'huile ou au vernis.

PURULENCE [pu-ru-làns'] *s. f.*
[ÉTYM. Emprunté du lat. purulentia, *m. s.* || 1555. Reigne, gratelle et purulences, *Tresor de Evonime,* dans DELB. *Rec.* Admis ACAD. 1835.]
|| (Médec.) Caractère de ce qui est purulent.

PURULENT, ENTE [pu-ru-lan, -lànt'] *adj.*
[ÉTYM. Emprunté du lat. purulentus, *m. s.* || 1545. Matiere purulente, G. GUÉROULT, dans DELB. *Rec.*]
|| (Médec.) Qui a rapport au pus. Le foyer — d'un abcès. Des urines purulentes. Résorption purulente.

PUS [pu] *s. m.*
[ÉTYM. Emprunté du lat. pus, *m. s.*]
|| Humeur morbide épaisse que produit la corruption des tissus, dans l'état inflammatoire. Faire sortir le — d'un abcès.

PUSILLANIME [pu-zil-là-nim'] *adj.*
[ÉTYM. Emprunté du lat. pusillanimus, *m. s.* de pusillus, petit, et animus, esprit. || XIIIᵉ s. Pusillanimes, ce est a dire de povre cuer, BRUN. LATINI, *Trésor,* p. 272.]
|| Qui a l'âme faible, timide.

PUSILLANIMITÉ [pu-zil-là-ni-mi-té] *s. f.*
[ÉTYM. Emprunté du lat. pusillanimitas, *m. s.* || XIVᵉ s. Li visces qui est defaillans si a non pusillanimité, *Ars d'amour,* dans DELB. *Rec.*]
|| Caractère pusillanime.

PUSTULE [püs'-tul] *s. f.*
[ÉTYM. Emprunté du lat. pustula, *m. s.* || XIIIᵉ-XIVᵉ s. Chancres et pustules, *Chirurg. de Mondeville,* f° 98.]
|| (Médec.) Petite tumeur qui suppure. Des pustules de petite vérole.

PUSTULEUX, EUSE [püs'-tu-leu, -leûz'] *adj.*
[ÉTYM. Emprunté du lat. pustulosus, *m. s.* || 1611. COTGR. Admis ACAD. 1835.]
|| (Médec.) Qui a des pustules. Dartre pustuleuse.

PUTAIN [pu-tin] *s. f.*
[ÉTYM. Anc. cas régime de pute (*V.* ce mot), § 533. || XIIᵉ s. Quant putain l'ad liet, PH. DE THAUN, *Best.* p. 88.]
|| *Trivial.* Prostituée.

°PUTANISME [pu-tà-nism'] *s. m.*
[ÉTYM. Dérivé de putain, § 265. (*Cf.* l'espagn. putanismo et l'ital. puttanesimo, *m. s.*) || XVIᵉ-XVIIᵉ s. Inclinaison au putanisme, D'AUB. *Divorce satirique.* Admis ACAD. 1694; suppr. en 1878.]
|| *Trivial. Vieilli.* Prostitution.

°PUTASSER [pu-tà-sé] *v. intr.*
[ÉTYM. Dérivé de pute, § 169. || XVᵉ s. Tout briser, Rompre et casser Et putasser, G. ALEXIS, *Blason de fausses am.* 1326, Piaget et Picot.]
|| *Trivial.* Fréquenter les prostituées.

PUTASSERIE [pu-tàs'-ri ; *en vers,* -tà-se-ri] *s. f.*
[ÉTYM. Dérivé de putasser, § 69. || XVIᵉ s. LARIVEY, *Le Fidèle,* II, 12. Admis ACAD. 1798.]
|| *Trivial.* Fréquentation des prostituées.

PUTASSIER [pu-tà-syé] *s. m.*
[ÉTYM. Dérivé de putasser, § 115. || 1549. Rapineur, putacier, *Ixion espagnol.*]
|| *Trivial.* Celui qui fréquente les prostituées.

PUTATIF, IVE [pu-tà-tíf', -tív'] *adj.*
[ÉTYM. Emprunté du lat. putativus, *m. s.* || XIVᵉ-XVᵉ s. Du pere a l'enfant putatif, EUST. DESCH. IX, 349.]
|| (Droit.) Réputé pour être ce qu'il n'est pas. Père —. Mariage —, contracté de bonne foi par ignorance des empêchements légaux.

***PUTE** [pũt'] *s. f.*

[ÉTYM. Du lat. pũtida, proprt, « puante », § 38, devenu en lat. pop. *'put'da*, **putta*, d'où pute, §§ 291, 404, 414 et 290. || XIᵉ s. Malvais hum de put aire, *Roland*, 763.]

|| *Vieilli et dialect. Trivial.* Prostituće. (*Syn.* putain.)

PUTOIS [pu-twá] *s. m.*

[ÉTYM. Dérivé de l'anc. franç. put, puant (*cf.* pute), § 143. || XIIIᵉ s. Li putois qui Foinez ot non, *Renart*, V*, 1068.]

|| Mammifère carnivore, de la famille des Martres, qui répand une odeur fétide.

PUTRÉFACTION [pu-tré-fãk'-syon ; *en vers*, -si-on] *s. f.*

[ÉTYM. Emprunté du lat. putrefactio, *m. s.* || XIVᵉ s. Putrefaction de sang, *Somme Mᶜ Gautier*, mss franç. Bibl. nat. 1288, fᵒ 52, vᵒ.]

|| (T. didact.) Décomposition plus ou moins complète des corps organisés privés de vie.

PUTRÉFAIT, AITE [pu-tré-fè, -fèt'] *adj.*

[ÉTYM. Emprunté du lat. putrefactus, *m. s.* § 503. || 1555. Sang putrefaict, *Tresor de Evonime*, dans DELB. *Rec.*]

|| *Vieilli.* (T. didact.) Putréfié. Sa charogne putréfaite, SCARR. *Virg. trav.* 6.

PUTRÉFIER [pu-tré-fyé ; *en vers*, -fi-é] *v. tr.*

[ÉTYM. Emprunté du lat. putrefieri, tomber en putréfaction. || XVIᵉ s. Le sang se putrefie, PARÉ, V, 7.]

|| (T. didact.) Faire tomber en putréfaction. Des matières putréfiées.

PUTRESCIBLE [pu-très'-sïbl'] *adj.*

[ÉTYM. Emprunté du lat. putrescibilis, *m. s.* || XIVᵉ s. Superfluitez putrescibles, EVRART DE CONTY, *Probl. d'Aristote*, dans GODEF. Admis ACAD. 1878.]

|| (T. didact.) Qui peut se putréfier.

PUTRIDE [pu-trid'] *adj.*

[ÉTYM. Emprunté du lat. putridus, *m. s.* || XIIIᵉ-XIVᵉ s. Fievres putrides, *Chirurg. de Mondeville*, fᵒ 97.]

|| (T. didact.) Qui est en état de putréfaction.

PUTRIDITÉ [pu-tri-di-té] *s. f.*

[ÉTYM. Dérivé de putride, § 255. || 1794. HASSENFRATZ, *Cours d'administr. Santé des troupes.* Admis ACAD. 1835.]

|| (T. didact.) État de ce qui est putréfié. Tel le poison dissous par la —, DELILLE, *Trois Règnes*, 1.

***PUY** [pui] *s. m.*

[ÉTYM. Du lat. pŏdium, grec πόδιον, base (*cf.* appuyer), §§ 329, 415 et 291.]

|| (Géogr.) Mont. *Spéciall.* La chaîne des puys d'Auvergne. Le Puy de Dôme.

PYGARGUE [pi-gàrg'] *s. m.*

[ÉTYM. Emprunté du lat. pygargus, grec πύγαργος, *m. s.* de πυγή, croupion, et ἀργός, blanc. || XVᵉ s. Pigart est un oyseau petit, dans J. CORBICHON, *Propr. des choses*, XVIII, 83, édit. 1482. Admis ACAD. 1762.]

|| (Hist. nat.) Oiseau de proie de la famille des Aigles.

PYGMÉE [pïg'-mé] *s. m.*

[ÉTYM. Emprunté du lat. pygmæus, grec πυγμαῖος, *m. s.* de πυγμή, mesure de petite dimension. Au XIVᵉ s. on trouve pimain, dans J. LE FÈVRE, *Matheolus*, et pymeau, dans J. CORBICHON, *Propr. des choses*, XVIII, 82. || XVIᵉ s. Et les nomma Pygmees, RAB. II, 27.]

|| Homme de très petite taille.

PYLÔNE [pi-lôn'] *s. m.*

[ÉTYM. Emprunté du grec πυλών, *m. s.* de πύλη, porte. || Admis ACAD. 1835.]

|| (Archéol.) Grand portail. *Spéciall.* Les pylones des temples égyptiens.

PYLORE [pi-lòr] *s. m.*

[ÉTYM. Emprunté du lat. pylorus, grec πυλωρός, *m. s.* de πύλη, porte, et ὥρα, garde. || XVIᵉ s. PARÉ, XX, 23. Admis ACAD. 1762.]

|| (Anat.) Orifice inférieur de l'estomac par où les aliments passent dans l'intestin.

PYLORIQUE [pi-lò-rik'] *adj.*

[ÉTYM. Dérivé de pylore, § 229. || 1771. TRÉV. Admis ACAD. 1835.]

|| (Anat.) Relatif au pylore.

PYRACANTHE [pi-rà-kãnt'] *s. f.*

[ÉTYM. Emprunté du lat. pyracantha, grec πυράκανθα, *m. s.* de πῦρ, feu, et ἄκανθα, épine. || 1732. TH. CORN. *Dict. des arts.* Admis ACAD. 1762.]

|| (Botan.) Plante de la famille des Rosacées, dite buisson ardent.

PYRALE [pi-ràl] *s. f.*

[ÉTYM. Emprunté du lat. pyralis, grec πυραλίς, *m. s.* (*Cf.* pyralide, dans RONS.) || *Néolog.* Admis ACAD. 1878.]

|| (Hist. nat.) Insecte de la famille des Lépidoptères. La — de la vigne.

PYRAMIDAL, ALE [pi-rà-mi-dàl] *adj.*

[ÉTYM. Emprunté du lat. pyramidalis, *m. s.* || 1507. Forme pyramidalle, J. LE MAIRE, dans DELB. *Rec.*]

|| (T. didact.) Qui est en forme de pyramide. || *Substantivt, au fém.* La pyramidale, campanule qui s'élève en pyramide.

PYRAMIDE [pi-rà-mid'] *s. f.*

[ÉTYM. Emprunté du lat. pyramis, idis, grec πυραμίς, ίδος, *m. s.* || XIIᵉ s. La piramide au roi fu molt et grans et lee, *Alexandre*, dans DELB. *Rec.*]

I. Monument à quatre faces triangulaires et à base quadrangulaire qui servait de tombeau aux anciens rois d'Égypte. Les pyramides d'Égypte. La — de Chéops.

II. *P. anal.* (Géom.) Solide à faces triangulaires réunies par un sommet commun, à base polygonale ayant autant de côtés qu'il a de faces. — triangulaire, hexagonale, à trois, à six faces. || *Fig.* Une — de fruits, de gâteaux, fruits, gâteaux disposés en pyramide. Des arbres taillés en —.

PYRAMIDER [pi-rà-mi-dé] *v. intr.*

[ÉTYM. Dérivé de pyramide, § 266. || 1490. Quadranter et piramider, *Puy de Tournay*, dans GODEF. quadranter. Admis ACAD. 1798.]

|| *Rare.* (T. d'art.) S'élever en pyramide. *Poét.* Le voit (le chêne) tout noyé dans l'aurore, — dans le lointain, LAMART. *Harm.* II, 9.

PYRÈTHRE [pi-rètr'] *s. m.*

[ÉTYM. Emprunté du lat. pyrethrum, grec πύρεθρον, *m. s.* || XIIIᵉ s. Piretre, *Antidotaire de Nicolas*, 1, Dorveaux. Admis ACAD. 1762.]

|| (Botan.) Plante de la famille des Composées. — matricaire, employé comme stimulant. — à feuilles de cinéraire, dont les capitules séchés servent à préparer une poudre insecticide.

PYRIQUE [pi-rïk'] *adj.*

[ÉTYM. Dérivé du grec πῦρ, feu, § 229. || 1771. TRÉV. Admis ACAD. 1835.]

|| (T. didact.) Qui a rapport au feu. Expériences pyriques.

PYRITE [pi-rït'] *s. f.*

[ÉTYM. Emprunté du lat. pyrites, grec πυρίτης, de πῦρ, feu. Sur le genre, V. § 550. || XIIᵉ s. Pyrites a falve culur, *Lapid. de Marbode*, 909. Admis ACAD. 1762.]

|| (Hist. nat.) Sulfure métallique natif inflammable. — de fer, d'étain, de cuivre.

PYRITEUX, EUSE [pi-ri-teú, -teúz'] *adj.*

[ÉTYM. Dérivé de pyrite, § 251. || XVIIIᵉ s. V. à l'article. Admis ACAD. 1835.]

|| (T. didact.) Qui est de la nature de la pyrite. Minerai —, BUFF. *Minéraux.*

PYROLIGNEUX [pi-rò-lïg'-neü] *adj.*

[ÉTYM. Composé avec le grec πῦρ, feu, le lat. lignum, bois, et le suffixe eux, § 284. || Admis ACAD. 1835.]

|| (Chimie.) Acide —, acide acétique tiré du bois. Acide — purifié.

PYROMÈTRE [pi-rò-mètr'] *s. m.*

[ÉTYM. Composé avec le grec πῦρ, feu, et μέτρον, mesure, § 279. || XVIIIᵉ s. V. à l'article. Admis ACAD. 1835.]

|| (T. didact.) Instrument de physique qui sert à mesurer les hautes températures. — de Wegwood. L'ingénieuse invention du —, VOLT. *Philos. de Newton*, II, 4.

PYROPHORE [pi-rò-fòr] *s. m.*

[ÉTYM. Emprunté du grec πυροφόρος, qui porte du feu. || Admis ACAD. 1762.]

|| (Chimie.) Composition chimique qui s'enflamme à l'air.

PYROSCAPHE [pi-rôs'-kãf'] *s. m.*

[ÉTYM. Composé avec le grec πῦρ, feu, et σκάφη, barque, § 279. || *Néolog.* Admis ACAD. 1878.]

|| *Rare.* Bateau à vapeur.

PYROTECHNIE [pi-rò-tèk'-ni] *s. f.*

[ÉTYM. Composé avec le grec πῦρ, feu, τέχνη, art, et le suffixe ie, § 279. || 1556. La pyrotechnie ou l'art du feu, J. VINCENT, titre. Admis ACAD. 1718.]

|| (T. didact.) Art d'employer le feu. || *Spéciall.* Art de fabriquer les pièces d'artifice, les munitions de guerre.

PYROTECHNIQUE [pi-rò-tèk'-nïk'] *adj.*

[ÉTYM. Dérivé de pyrotechnie, § 229. || 1630. HANZELAT, titre. Admis ACAD. 1762.]

|| (T. didact.) Relatif à la pyrotechnie.

PYROXÈNE [pi-rŏk'-sèn'] s. m.

[ÉTYM. Composé avec le grec πῦρ, feu, et ξένος, étranger, § 279. || Néolog. Admis ACAD. 1878.]

|| (Hist. nat.) Minéral qui se rencontre accidentellement dans les produits volcaniques.

PYRRHIQUE [pir'-rik'] s. f.

[ÉTYM. Emprunté du grec πυρρίχη, m. s. || XIVe s. A la danse de la perrique, J. LE FÈVRE, Vieille, dans DELB. Rec. Admis ACAD. 1762.]

|| (Antiq. grecque.) Danse guerrière.

PYRRHONIEN, ENNE [pir'-rò-nyin, -nyèn'; en vers, -ni-...] s. m. et f.

[ÉTYM. Dérivé de Pyrrhon, philosophe grec sceptique du IVe s. avant J.-C. §§ 36 et 244. || XVIe s. L'escholle des Pyrrhoniens, RAB. III, 36. Admis ACAD. 1718.]

|| (T. didact.) Sceptique. Je mets en fait qu'il n'y a jamais eu de — effectif parfait, PASC. Pens. VIII, 1.

PYRRHONISME [pir'-rò-nĭsm'] s. m.

[ÉTYM. Dérivé de Pyrrhon, philosophe sceptique du IVe s. avant J.-C. §§ 36 et 265. || XVIIe s. V. à l'article. Admis ACAD. 1718.]

|| (T. didact.) Scepticisme. Nous avons une idée de la vérité invincible à tout le —, PASC. Pens. VIII, 9.

PYTHIE [pi-tí] s. f.

[ÉTYM. Emprunté du lat. pythia, grec πυθία, m. s. de Πυθώ, nom de la contrée où se trouvait Delphes. || XVIe s. La divinatrice pythie, RAB. III, 45. Admis ACAD. 1762.]

|| (Antiq. grecque.) Prêtresse de l'oracle d'Apollon à Delphes.

PYTHON [pi-ton] s. m.

[ÉTYM. Emprunté du lat. python, grec Πύθων, nom d'un serpent monstrueux tué par Apollon près de Delphes. (Cf. pythie.) || Admis ACAD. 1878.]

|| Sorte de serpent boa de l'Inde et de l'Afrique.

PYTHONISSE [pi-tò-nĭs'] s. f.

[ÉTYM. Emprunté du lat. pythonissa, grec πυθώνισσα, m. s. || XVIIe s. V. à l'article. Admis ACAD. 1762.]

|| (T. biblique.) Femme qui prédit l'avenir. La — d'Endor. Votre voix sortant de terre sera semblable à celle d'une —, SACI, Bible, Isaïe, XXIX, 4. Une femme à Paris faisait la —, LA F. Fab. VII, 15.

Q

Q [ku ; selon la nouvelle épellation, ke] s. m.

[ÉTYM. Emprunté du lat. q, m. s. || XIIIe s. Li qest lettre bestornee, Senefiance de l'A B C, dans JUBINAL, Nouv. Rec. II, 283.]

|| Dix-septième lettre et treizième consonne de l'alphabet français, toujours suivie d'un u, sauf en fin de syllabe (coq). Un grand Q, un Q majuscule. Un petit q. La lettre q, qu'elle (l'Université) voulait que l'on prononçât comme un k (dans les mots latins), MONTESQ. Lett. pers. 110.

***QUADERNES** [kà-dern'] s. m. pl.

[ÉTYM. Emprunté de l'ital. quaderno, m. s. lat. quaternus, dérivé de quatuor, quatre, § 12. (Cf. carme, cahier et quaterne.) || XVIe s. Quines, quadernes, ternes, RAB. V, 10. Admis ACAD. 1694 ; suppr. en 1798.]

|| Anciennt. Au jeu de trictrac, coup où chacun des deux dés donne quatre. (Syn. carmes.)

QUADRAGÉNAIRE [kwà-drà-jé-nèr] adj.

[ÉTYM. Emprunté du lat. quadragenarius, m. s. || 1611. COTGR.]

|| (T. didact.) Qui a quarante ans. Substantivt. Un, une —, un homme, une femme quadragénaire.

QUADRAGÉSIMAL, ALE [kwà-drà-jé-si-màl] adj.

[ÉTYM. Emprunté du lat. ecclés. quadragesimalis, m. s. || XVe-XVIe s. Durant le temps kadragesimal, ÉTIENNE DE MÉDICIS, dans DELB. Rec.]

|| (T. ecclés.) Qui appartient à la Quadragésime. L'abstinence quadragésimale. P. ext. Vie quadragésimale, vie d'abstinence. Les religieux qui sont obligés par un vœu particulier à la vie quadragésimale, PASC. Prov. 6.

QUADRAGÉSIME [kwà-drà-jé-zim'] s. f.

[ÉTYM. Emprunté du lat. ecclés. quadragesima, m. s. proprt, « quarantième », par extension « quarantaine ». (Cf. le doublet carême.) || 1680. RICHEL.]

|| (T. ecclés.) La sainte quarantaine, le carême. Le premier dimanche de la Quadragésime, et, ellipt, La Quadragésime, le premier dimanche de carême.

***QUADRANGLE** [kwà-drängl'] s. m.

[ÉTYM. Emprunté du lat. quadrangulum, m. s. § 503. || XIIIe s. Un quadrangle duquel li uns des costés soit de cinc piés, Comput, dans GODEF.]

|| Vieilli. (Géom.) Figure quadrangulaire.

QUADRANGULAIRE [kwà-dran-gu-lèr] adj.

[ÉTYM. Emprunté du lat. quadrangularis, m. s. || 1542. Par les costez quadrangulaires, BOVELLES, Géom. fo 50, ro.]

|| (Géom.) Qui a quatre angles et quatre côtés. | P. ext. Prisme, pyramide —, dont un quadrilatère forme la base.

QUADRAT *QUADRATE [kwà-drá, -drăt'] adj.

[ÉTYM. Emprunté du lat. quadratus, carré. (Cf. cadrat.) || 1532. J'ay calculé les quadratz de la lune, RAB. Pantagr. prognostic. préf. Admis ACAD. 1718.]

|| (Astrol.) Égal au quart (de la circonférence). — aspect, et, substantivt, —, quadrature, position de deux astres qui se présentent distants l'un de l'autre de la quatrième partie du zodiaque (90 degrés).

QUADRATIN. V. cadratin.

QUADRATRICE [kwà-drà-trĭs'] adj. et s. f.

[ÉTYM. Emprunté du lat. scientif. quadratrix, m. s. fém. de quadrator, qui rend carré. || XVIIe s. Helice quadratrice, DE ROBERVAL, dans Mém. de l'Acad. des sc. VI, 40. Admis ACAD. 1798.]

|| (Géom.) Courbe géométrique conduisant à la quadrature approchée du cercle.

QUADRATURE [kwà-drà-tûr] s. f.

[ÉTYM. Emprunté du lat. quadratura, carré, action de rendre carré. (Cf. cadrature et carrure.) || 1529. Angle droict et egal en quadrature, G. TORY, Champfleury, dans DELB. Rec.]

|| (T. didact.) || 1o Réduction géométrique d'une figure curviligne à un carré de surface équivalente, pour en mesurer l'aire. La — du cercle. Fig. Chercher la — du cercle, une chose impossible (la quadrature exacte du cercle ne pouvant être trouvée).

|| 2o (Astrol.) Action de deux astres distants l'un de l'autre de la quatrième partie du zodiaque ou de 90 degrés. (Syn. quadrat.)

QUADRIENNAL, ALE [kà-dri-ĕn'-nàl] et, moins bien ; **QUATRIENNAL, ALE** [kà-tri-...] adj.

[ÉTYM. Emprunté du lat. quadriennalis, m. s. La forme quatriennal est due à l'influence de quatre, § 509. || 1690. Quadriennal, quatriennal, FURET.]

|| (T. didact.) || 1o Qui dure quatre ans. Rotation quadriennale.

|| 2o Vieilli. Qui a lieu, qui s'exerce un an sur quatre. Spéciall. Office —, et, p. ext. Officier —. Substantivt. On a supprimé les quadriennaux, les offices, les officiers quadriennaux.

QUADRIFIDE [kwà-dri-fid'] adj.

[ÉTYM. Emprunté du lat. quadrifidus, m. s. || Admis ACAD. 1835.]

|| (Botan.) Qui a quatre découpures. Calice —.

QUADRIFLORE [kwà-dri-flôr] adj.

[ÉTYM. Composé avec le lat. quadrus, divisé en quatre, et flor, fleur, § 271. || 1812. MOZIN, Dict. franç.-allem. Admis ACAD. 1878.]

|| (Botan.) Qui a quatre fleurs.

QUADRIFOLIÉ [kwà-dri-fò-lyé; *en vers*, -li-é] *adj.*
[ÉTYM. Composé avec le lat. *quadrus*, divisé en quatre, *folium*, feuille, et le suffixe *é*, §§ 271 et 253. || *Néolog.* Admis ACAD. 1878.]
|| (Botan.) Qui a les feuilles disposées par quatre.

QUADRIGE [kwà-drij'] *s. m.*
[ÉTYM. Emprunté du lat. *quadriga*, *m. s.* || XVIIᵉ s. *V.* à l'article. Admis ACAD. 1762.]
|| (Antiq.) Char attelé de quatre chevaux de front. Les quadriges rapides, A. CHÉN. *Bucoliques, Erichton.* Mettre des statues equestres ou des quadriges sur le haut des arcs de triomphe, CHAPELAIN, *Lett. à Colbert*, 16 juin 1667.

QUADRIJUMEAUX [kwà-dri-ju-mó] *adj. m. pl.*
[ÉTYM. Composé avec le lat. *quadrus*, divisé en quatre, et *jumeaux*, §§ 271 et 284. || 1771. TRÉV. Admis ACAD. 1878.]
|| (Anat.) Qui vont par quatre. **Tubercules —.**

QUADRILATÉRAL [kwà-dri-là-té-ràl] *adj.*
[ÉTYM. Dérivé de *quadrilatère*, § 238. || *Néolog.* Admis ACAD. 1878.]
|| (T. didact.) Relatif à un quadrilatère.

QUADRILATÈRE [kwà-dri-là-têr] *adj.*
[ÉTYM. Emprunté du lat. *quadrilaterus*, *m. s.* || 1554. Figures quadrilateres, J. PELETIER, *Algèbre*, p. 218. Admis ACAD. 1762.]
|| (T. didact.) || **1°** (Géom.) Figure qui a quatre côtés. || **2°** (T. milit.) Espace quadrangulaire dont quatre forteresses occupent les angles.

QUADRILLAGE [kà-dri-yàj'] *s. m.*
[ÉTYM. Dérivé de *quadrille* 3, § 78 || *Néolog.* Admis ACAD. 1878.]
|| (Technol.) Disposition qui figure un assemblage de carrés, de losanges.

1. QUADRILLE [kà-drïy'] *s. f. et m.*
[ÉTYM. Emprunté de l'espagn. *cuadrilla*, *m. s.* proprt, « réunion de quatre personnes (au moins) », § 13. Fém. à l'origine, quadrille est devenu masc. au sens **2°** à la fin du XVIIIᵉ s. (*V.* § 556.) Qqns le font masc. même au sens **1°**. || 1611. COTGR.]
|| **1°** *S. f.* Troupe de cavaliers, divisée d'ordinaire en quatre groupes, figurant dans un carrousel. | *P. ext.* Chacun de ces groupes, distingué par des couleurs, par des costumes différents.
|| **2°** *S. m.* Nombre pair de couples de danseurs et de danseuses figurant les uns en face des autres dans une contredanse. || *P. ext.* | **1.** La contredanse elle-même. **Danser un —.** | **2.** La musique de la contredanse. **Jouer un —. Un recueil de quadrilles.**

2. QUADRILLE [kà-drïy'] *s. m.*
[ÉTYM. Emprunté de l'espagn. *cuartillo*, *m. s.* confondu avec *cuadrilla*, § 13. || 1725. *Acad. des jeux*, dans TRÉV. Admis ACAD. 1740.]
|| Sorte de jeu d'hombre à quatre. Ce marchand... fait journellement sa partie de —, MARQUIS DE MIRABEAU, *l'Ami des hommes*, 8.

3. *QUADRILLE [kà-drïy'] *s. m.*
[ÉTYM. Emprunté de l'espagn. *cuadrillo*, qui correspond au franç. *carreau*, § 13. || 1780. *V.* à l'article.]
|| (Technol.) Ce qui figure un carré, un losange plein ou à jour dans le dessin d'une étoffe, d'une guipure, d'une passementerie, etc. Étamines rayées et à quadrilles, *Lett. pat.* du 22 juill. 1780, dans LITTRÉ.

QUADRILLÉ, ÉE [kà-dri-yé] *adj.*
[ÉTYM. Dérivé de *quadrille* 3, § 118. || *Néolog.* Admis ACAD. 1878.]
|| (Technol.) Qui présente un assemblage de carrés, de losanges. Une étoffe quadrillée. Du papier —, réglé en petits carrés.

***QUADRILLER** [kà-dri-yé] *v. tr.*
[ÉTYM. Dérivé de *quadrille* 3, § 154. || *Néolog.*]
|| (Technol.) Disposer en carrés, en losanges. — un dessin, du papier.

***QUADRILLION** [kà-dri-yon] *s. m.*
[ÉTYM. Composé avec le lat. *quadrus*, divisé en quatre, et la finale de *million*, *billion*, etc. §§ 275 et 284 *bis*. Qqns disent *quatrillion*. || 1520. Un quadrillion vaut mille millions de trillions, ÉT. DE LA ROCHE, *Arith.* fᵒ 7.]
|| (Arithm.) Nombre formé de mille trillions.

QUADRILOBÉ, ÉE [kwà-dri-lò-bé] *adj.*
[ÉTYM. Composé avec le lat. *quadrus*, divisé en quatre,

le grec λοβός, lobe, et le suffixe *é*, §§ 275, 253 et 284. || *Néolog.* Admis ACAD. 1878.]
|| (Botan.) Qui a quatre lobes.

QUADRINÔME [kwà-dri-nôm'] *s. m.*
[ÉTYM. Composé avec le lat. *quadrus*, divisé en quatre, et le grec νομός, division (*cf.* *binôme*), § 284. || 1554. Comme des quadrinomes et autres, J. PELETIER, *Algèbre*, p. 183. Admis ACAD. 1762.]
|| (Algèbre.) Expression algébrique contenant quatre termes.

***QUADRISAÏEUL, EULE** [kwà-dri-zà-yeul] *s. m. et f.*
[ÉTYM. Composé avec le lat. *quadrus*, divisé en quatre, et *aïeul*, d'après *bisaïeul*, § 275. || XVIIIᵉ s. *V.* à l'article.]
|| Père, mère du trisaïeul ou de la trisaïeule. Sa quadrisaïeule livrée au même supplice, VOLT. *S. de L.* XV, 24.

QUADRIVALVE [kwà-dri-vàlv'] *adj.*
[ÉTYM. Composé avec le lat. *quadrus*, divisé en quatre, et *valva*, valve, § 271. Qqns disent *quadrivalvé*, § 253. || *Néolog.* Admis ACAD. 1878.]
|| (Botan.) Qui a quatre valves.

QUADRUMANE [kwà-dru-màn'] *adj.*
[ÉTYM. Emprunté du lat. *quadrumanus*, *m. s.* || XVIIIᵉ s. *V.* à l'article. Admis ACAD. 1835.]
|| (T. didact.) Qui a quatre mains. Le singe est —, BUFF. *Quadrup. Substantivt, au masc.* Les quadrumanes, second ordre des mammifères, caractérisé par la disposition des quatre extrémités en forme de main (singes et lémuriens).

QUADRUPÈDE [kwà-dru-pèd'] *adj.*
[ÉTYM. Emprunté du lat. *quadrupes, edis,* ou *quadrupedus*, *m. s.* || XVIᵉ s. Quadrupede, DON. DUC PÈRI. *Nouv.* dans DELB. *Rec.*]
|| (T. didact.) Qui a quatre pieds. Les animaux quadrupèdes. *Substantivt, au masc.* Les quadrupèdes, animaux, et, *spéciall,* mammifères à quatre pieds.

QUADRUPLE [kwà-drupl'] *adj. et s. m.*
[ÉTYM. Emprunté du lat. *quadruplus*, *m. s.* || XIIIᵉ s. C'est quadruple (var. *quadruble*) sans reison N'ai pas tet en tel seison, dans GODEF. *quadruble.*]
|| **1°** *Adj.* Qui égale quatre fois la valeur d'une quantité donnée. Sa fortune est triple ou — de la mienne. Un corps dont la vitesse devient double, triple, —. || *Substantivt, au masc.* Le —, quantité quadruple. Le voleur manifeste fut condamné au —, MONTESQ. *Espr. des lois*, XXIX, 13. Le mal se rend chez vous au — du bien, LA F. *Fab.* VIII, 3. || *P. ext.* La — alliance, alliance fournie par quatre puissances. | — croche, huitième de croche, figuré par une croche à quatre crochets. || **2°** *S. m.* (qqns le font *fém.*). Pièce d'or espagnole valant deux doublons. Tirer un beau — d'un de ses goussets, HAMILT. *Gram.* p. 24.

QUADRUPLER [kwà-dru-plé] *v. tr.*
[ÉTYM. Emprunté du lat. *quadruplare*, *m. s.* || 1520. ÉT. DE LA ROCHE, *Arithm.* fᵒ 15.]
|| Rendre quadruple. Les billets doublaient, quadruplaient ces richesses, VOLT. *S. de L.* XV, 2.

QUAI [kè] *s. m.*
[ÉTYM. Mot normanno-picard, §§ 16 et 391, emprunté du celtique *cai*, *m. s.* § 3. || 1167. Se déduit de l'existence du bas lat. *caiagium* à cette date. (*V.* quayage.)]
|| Levée soutenue par un mur de pierre et protégée par un parapet, faite le long d'une rivière pour la contenir en temps de crue, dans la partie de son cours qui traverse une ville. Se promener sur les quais. || *P. ext.* | **1.** Rivage d'un port où l'on charge et décharge les marchandises. Mettre le navire à —, au bord du quai. | **2.** *Néolog.* Berge d'un embarcadère de chemin de fer.

QUAIAGE. *V.* quayage.

QUAICHE [kèch'] *s. f.*
[ÉTYM. Emprunté de l'angl. *ketch,* même mot que *caïque,* d'origine turque, §§ 8 et 23. Ordinairement écrit *caiche* au XVIIᵉ s. || 1666. La caiche anglaise prise sur les côtes de Bretagne, COLBERT, *Lett. à Duquesne,* 26 févr. Admis ACAD. 1762.]
|| (Marine.) Petit navire à un pont, des mers du nord.

QUAKER et **QUACRE, QUAKERESSE** et ***QUACRESSE** [kwàkr', kwàk'-rěs'; *en vers,* kwà-ke-rěs'] *s. m. et f.*
[ÉTYM. Emprunté de l'angl. *quaker, m. s.* proprt, « trembleur », § 8. || Admis ACAD. 1762.]
|| Membre d'une secte de théistes philanthropes qui admettent une révélation intérieure de Dieu et prêchent

la fraternité et la paix universelle. Ces quakers pacifiques dont la religion a été tant tournée en ridicule, et dont on a été forcé de respecter les mœurs, VOLT. *Mœurs*, 136. Le quacre au grand chapeau, ID. *Loi natur.* 4.

QUALIFICATEUR [kà-li-fi-kà-teûr] *s. m.*
[ÉTYM. Dérivé de qualifier, § 249. || xviie s. *V.* à l'article. Admis ACAD. 1718.]
|| (T. didact.) Celui qui qualifie (qqch). *Spécialt.* Théologien du saint-office chargé d'apprécier les propositions déférées au tribunal. Consulteur et — du saint-office, BOSS. *Espr. de la doct. cath.* avertiss.

QUALIFICATIF, IVE [kà-li-fi-kà-tīf, -tīv'] *adj.*
[ÉTYM. Dérivé de qualifier, § 257. || xviiie s. *V.* à l'article. Admis ACAD. 1835.]
|| (Gramm.) Qui sert à exprimer la qualité, la manière d'être. L'adjectif —, et, *substantivt*, Le —. Un — individuel, DUMARSAIS, *OEuvres*, IV, p. 208.

QUALIFICATION [kà-li-fi-kà-syon ; *en vers*, -si-on] *s. f.*
[ÉTYM. Emprunté du lat. scolast. qualificatio, *m. s.* || Admis ACAD. 1694.]
|| (T. didact.) Action de qualifier. Une — injurieuse. Donner à qqn la — de comte. Il faut prouver les qualifications par les choses, et non pas les choses par les qualifications, MONTESQ. *Défense de l'Espr.* des lois, 2. *Spécialt.* Action d'apprécier une proposition théologique. (*Cf.* qualificateur.)

QUALIFIER [kà-li-fyé ; *en vers*, -fi-é] *v. tr.*
[ÉTYM. Emprunté du lat. scolast. qualificare, composé de qualis, et facere, faire, § 217. || xve s. Pour mieux califfier le don, dans L. DE LABORDE, *Émaux*, p. 197.]
|| (T. didact.) Caractériser par l'attribution d'une qualité. Toute profession... Traite les autres d'ignorantes, Les qualifie impertinentes, LA F. *Fab.* XI, 5. La soustraction frauduleuse est qualifiée vol, *Code pénal*, art. 379. || *Absolt.* | 1. Vol qualifié, qui a toutes les conditions qui, selon la loi, constituent le vol. | 2. Censure qualifiée, avec mention de ce qui la motive. *P. hyperb.* Une conduite qu'on ne saurait —, telle qu'il n'y a pas d'expression assez forte pour la blâmer. || *Spécialt.* Avec la prép. de. On doit — une telle réponse d'impertinente. Ils (les jurisconsultes) n'ont jamais qualifié ces jugements que d'assassinats, VOLT. *Lett.* mai 1771. || *P. ext.* Une personne qualifiée. | 1. Personne de qualité (noble). | 2. Personne considérable par son mérite, sa position.

QUALITATIF, IVE [kà-li-tà-tīf, -tīv'] *adj.*
[ÉTYM. Emprunté du lat. scolast. qualitativus, *m. s.* §§ 217 et 257. || xve s. Se déduit de l'existence de l'adv. qualitativement à cette époque. (*V.* GODEF.)]
|| (T. didact.) Relatif à la qualité. *Spécialt.* (Chimie.) Analyse qualitative, qui détermine la qualité des corps qui entrent dans un composé, sans indiquer dans quelles proportions. (*Cf.* quantitatif.)

QUALITÉ [kà-li-té] *s. f.*
[ÉTYM. Emprunté du lat. qualitas, *m. s.* || xiie s. Qualitez, PH. DE THAUN, *Comput*, 234.]
|| 1° Manière d'être, bonne ou mauvaise, d'une chose. Des aliments de bonne, de mauvaise —. Apprécier la — d'une étoffe. Les qualités d'un bâtiment, la manière dont il se comporte à la mer. | *Absolt.* Manière d'être bonne. Ce vin a de la —. Bois de —, d'une dimension qui passe l'ordinaire. On doit préférer la — à la quantité. || (Philos.) Propriété des corps. Qualités premières, considérées comme essentielles à la matière (étendue, résistance). Qualités secondes, considérées comme accessoires (odeur, saveur, etc.). Nous ne sentons ni l'extrême chaud ni l'extrême froid ; les qualités excessives nous sont ennemies, PASC. *Pens.* I, 1.
|| 2° Manière d'être morale d'une personne. Il (l'orgueil) nous porte à mépriser les bonnes qualités que nous n'avons pas, LA ROCHEF. *Réflex.* 462. Il (Louis XIV) ne se lassait pas d'admirer les excellentes qualités de Madame, BOSS. *D. d'Orl.* Vous donnez sottement vos qualités aux autres, MOL. *F. sav.* III, 3. | *Absolt.* Manière d'être bonne. Il a des qualités. Avoir les qualités de l'âme. || *P. ext.* Manière d'être, condition sociale, civile, politique. La — de citoyen, de célibataire, de magistrat, d'électeur, etc. Abîme où l'on ne reconnaît plus ni prince ni roi, ni toutes ces autres qualités superbes qui distinguent les hommes, BOSS. *D. d'Orl. Spécialt.* (Droit.) Manière d'être qui rend apte à exercer un droit. La — de fille majeure, de légataire. Avoir — pour vendre, traiter, etc. (T. de pratique.) Qualités d'un jugement, énoncé présenté par l'avoué au tribunal, des noms, professions, etc., des parties, des noms des avoués, des conclusions, des points de fait

et de droit. *Loc. prép.* En —, selon la condition où l'on est. Servir en — de simple soldat, de volontaire. || *Absolt.* Condition de celui qui est noble. Les gens de — savent tout sans avoir jamais rien appris, MOL. *Préc. rid.* sc. 9. La — l'entête, ID. *Mis.* II, 4. Un homme de ma —, LA BR. 5.

QUAND [kan ; le *d* se lie et se prononce *t*] *conj. et adv.*
[ÉTYM. Emprunté du lat. quando, devenu quant, §§ 291 et 412, écrit plus récemment quand par réaction étymologique, § 502.]
I. *Conj.* || **1°** Au moment où. Nous commencerons — vous voudrez, — il vous plaira. — je vois le soleil et — je vois la lune, RAC. *Plaid.* III, 3. — un livre au Palais se vend et se débite, BOIL. *Sat.* 9. || *Vieilli. Loc. conj.* — et — ou — et, en même temps que. Nos prières partirent l'une — et — l'autre, MARIV. *Pays. parv.* 2. Menant leur butin — et eux, MALH. *Tite Live*, XXXIII, 37.
|| **2°** Du moment que. Amour ! — tu nous tiens, On peut bien dire : Adieu prudence ! LA F. *Fab.* IV, 1. On ne se trompe pas — on attribue tout à la prière, BOSS. *Marie-Thérèse.*
|| **3°** En admettant que (avec le conditionnel). — vous me haïriez, je ne m'en plaindrais pas, RAC. *Phèd.* II, 5. — le malheur ne serait bon Qu'à mettre un sot à la raison, LA F. *Fab.* VI, 7. — même, — bien même il aurait tort, je dois lui obéir. | *Vieilli* (avec l'indicatif). — Sertorius ne l'épousera pas, CORN. *Sertor.* II, 4. — même votre cœur n'est pas de la partie, SÉV. 1035.
II. *Adv.* A quel moment? — viendra-t-il, par son retour..., Rendre mon âme satisfaite? MOL. *Amph.* I, 1. — verrai-je, ô Sion ! relever tes remparts? RAC. *Esth.* I, 2. — la marierons-nous? LA F. *Fab.* IV, 4. *P. ext.* Dites-moi — vous viendrez. || *Loc. adv.* Jusqu'à — ? Jusqu'à — souffre-t-on que ce peuple respire? RAC. *Esth.* II, 1. *P. ext.* Dieu détermine jusqu'à — doit durer l'assoupissement, BOSS. *R. d'Angl.* | Depuis —, Seigneur, tenez-vous ce langage? RAC. *Iph.* I, 1. | *Famil.* De —, à —, pour —. De — est cette lettre? A — la fête est-elle remise? Pour — est la réunion?

QUANQUAM [kwan-kwàm'] *s. m.*
[ÉTYM. Emprunté du lat. quanquam ou quamquam, quoique, mot par lequel commençaient souvent les harangues, § 217. (*Cf.* cancan.) || xvie s. Ces grands parleurs... abbrevieroient leur quanquam, G. BOUCHET, *Serées*, II, p. 267. Admis ACAD. 1718; écrit quamquam en 1718 et en 1740.]
|| *Anciennt.* (T. universit.) Harangue latine prononcée par un étudiant à l'ouverture de certaines thèses.

QUANQUAN [kan-kan]. *V.* cancan.

1. ***QUANT, ANTE** [kan, kànt'] *adj.*
[ÉTYM. Du lat. quantum, combien grand, qui a pris dans le lat. pop. le sens de « combien nombreux », en remplacement de quot, § 291. ACAD. n'enregistre que quantes, adj. fém. plur.]
|| **1°** Pour si nombreux que. *Spécialt.* Avec le mot fois. Toutes et quantes fois que, toutes fois et quantes que, toutes les fois que. Toutes fois et quantes que je le trouverais à propos, BOSS. *Lett. relig.* 63. *Absolt.* Je le ferai toutes fois et quantes, toutes les fois que je voudrai, que je pourrai.
|| **2°** Pour exprimer une interrogation, une exclamation. Combien nombreux. Quantes fois... Plaignit-il le feu qu'il sentait ! MALH. *Poés.* 12.

2. QUANT [kan ; le *t* se lie] *adv.*
[ÉTYM. Du lat. quantum, *m. s.* §§ 291 et 412.]
|| **1°** *Vieilli.* En tant que. — est de moi, ST-AMANT, *Poète crotté*, p. 210, Bibl. elzév. Et — est de lui, SCARR. *Typhon*, II, p. 488.
|| **2°** *Loc. prép.* — à, pour ce qui se rapporte à (qqn, qqch). — à l'heureux Sylla, je n'ai rien à vous dire, CORN. *Sertor.* III, 1. — à l'avenir, ID. *ibid.* II, 4. — à moi. || *P. ext. S. m.* Le —-à-moi, le —-à-soi, réserve dans laquelle qqn se renferme. Garder son —-à-soi. Elle se tient sur son —-à-moi, LA F. *Psyché*, 2.

QUANTIÈME [kan-tyèm'] *adj.*
[ÉTYM. Dérivé de quant, § 96 *ter*. || 1539. Quantième, R. EST.]
|| *Vieilli.* De quel rang (dans une série). Je ne sais à la — visite ce fut, FURET. *Rom. bourg.* II, 59. || *De nos jours. Substantivt, au masc.* Quel — du mois avons-nous? quel rang a le jour où nous sommes (dans la série des jours qui composent le mois)? *P. ext.* Demander, dire à qqn le —.

QUANTITATIF, IVE [kan-ti-tà-tīf, -tīv'] *adj.*
[ÉTYM. Dérivé du lat. quantitas, quantité, § 257. || 1586. Sans manière quantitative, BERSON, *Resp. aux ministres*, dans DELB. *Rec.* Admis ACAD. 1878.]

|| (T. didact.) Relatif à la quantité.
|| **1°** (Gramm.) Adverbes quantitatifs, adverbes de quantité (peu, beaucoup, etc.).
|| **2°** (Chimie.) Analyse quantitative, qui détermine en quelles proportions chaque élément entre dans un composé. (*Cf.* qualitatif.)

QUANTITÉ [kan-ti-té] *s. f.*
[ÉTYM. Emprunté du lat. quantitas, *m. s.* || XIIᵉ s. La multitudine et la quantiteit des pechiez, *Serm. de St Bern.* p. 25.]
|| **1°** (Mathém.) Tout ce qui est considéré comme formé de parties homogènes, susceptible d'accroissement ou de diminution. — numérique, résultat de la comparaison d'une quantité à son unité. — discrète, dont les parties forment des unités distinctes. — continue, dont les parties sont liées les unes aux autres. Le nombre est une — discrète; l'étendue, une — continue. || (Algèbre.) — positive, précédée du signe plus. — négative, précédée du signe moins.
|| **2°** Dans le langage ordinaire, nombre plus ou moins considérable de choses, de personnes. Quelle — de blé produit la France? Une petite — de grains. Une grande — de victimes. | *P. ext.* Grande quantité. Qu'on m'aille querir des médecins, et en —, MOL. *Am. méd.* I, 6. Il sort — de ruisseaux du mont Taurus, MONTESQ. *Espr. des lois*, XVIII, 7.
|| **3°** (Métriq.) Durée d'une syllabe. La — des syllabes est le principe de la prosodie grecque et latine.

QUARANTAINE [kà-ran-tên'] *s. f.*
[ÉTYM. Pour quaranteine, § 62, dérivé de quarante, § 99. || XIIᵉ s. Et quant la quaranteine des meis fut trespassee, GARN. DE PONT-STE-MAX. *St Thomas*, p. 163, Bekker. La geune de la quarantaine, *Serm. de St Bern.* p. 139.]
|| **1°** Espace de quarante jours. || *Spéciall.* | **1.** La sainte —, les quarante jours du carême. | **2.** *Anciennt.* Trève de quarante jours pendant laquelle l'offensé ne pouvait venger son injure. | **3.** Séjour de quarante jours que doivent faire à bord, ou dans un lazaret, les voyageurs, les effets, les marchandises arrivant d'un pays où règne une maladie contagieuse. | *P. ext.* La — a duré dix jours.
|| **2°** Age de quarante ans. Il a la —. Il a passé la —.
|| **3°** Nombre d'environ quarante. Il a une — d'années. Dépenser une — de louis.

QUARANTE [kà-rānt'] *adj.* et *s. m.*
[ÉTYM. Du lat. quadraginta, *m. s.* contracté de bonne heure en *quarrạnta, *quarạnta (*cf.* le provenç. caranta, et non *cairanta), §§ 289 et 413, d'où quarante, § 291.]
|| **1°** Adj. numéral cardinal indéclinable. Quatre fois dix (trente-neuf plus un). Un ouvrage en — volumes. Une femme de — ans. Une pièce de — francs. Prières des — heures, faites devant le saint sacrement exposé, pendant un jubilé, dans une calamité publique, à certains temps de l'année, en expiation des offenses faites à Dieu. || *P. ext.* Au sens ordinal. La page —, le chapitre —. L'an mil huit cent —. (*V.* an.)
|| **2°** Nom de nombre indéclinable. Nous étions —. *Spéciall.* Les Quarante, les quarante membres de l'Académie française. Le tribunal des Quarante (à Venise).

QUARANTIE [kà-ran-ti] *s. f.*
[ÉTYM. Emprunté de l'ital. quarantia, *m. s.* § 12. || 1615. FOUGASSES, *Advis du Parnasse*, dans DELB. *Rec.* Admis ACAD. 1762.]
|| Tribunal de quarante membres (spécialement à Venise).

QUARANTIÈME [kà-ran-tyèm'] *adj.*
[ÉTYM. Dérivé de quarante, § 96 *ter.* || XIIᵉ s. Al quarantisme jur, GARN. DE PONT-STE-MAX. *St Thomas*, 3887. Al quarantime an, *Rois*, II, 15.]
|| Adj. numéral ordinal. Qui vient immédiatement après le trente-neuvième (dans une série). Le — jour de l'année. Le — régiment de ligne, et, *ellipt*, Le — de ligne. || *P. ext.* La — partie d'un tout, et, *substantivt, au masc.* Le —, une des parties d'un tout divisé en quarante parties égales.

QUARDERONNER [kàrd'-rò-né; *en vers*, kàr-de-...] *v. tr.*
[ÉTYM. Dérivé irrégulier de quart-de-rond, §§ 64 et 154. || 1691. DAVILER, *Explic. des termes d'architect.* Admis ACAD. 1835.]
|| (Technol.) Tailler en quart de rond. — les marches d'un escalier. Poutre quarderonnée.

QUARRE, QUARRÉ, etc. *V.* carre, carré, etc.
QUART, ARTE [kàr, kàrt'] *adj.* et *s. m.*
[ÉTYM. Du lat. quartum, *m. s.* § 291. (*Cf.* quarte.)]
I. *Vieilli. Adj.* Quatrième. Un — voleur survient, LA F. *Fab.* I, 13. Le — an, et, *en un seul mot*, Le quartan d'un sanglier, sa quatrième année. (*Cf.* quartanier.) *P. ext.* Fièvre quarte, quartaine. (*V. ce mot.*) Fièvre double-quarte, qui se manifeste le premier, le deuxième et le quatrième jour. | (Art vétérin.) Seime quarte, qui affecte un des quartiers du sabot du cheval. || *Substantivt.* Le —, la quatrième personne. Consulter le tiers et le —, les uns et les autres indifféremment. Être en —, en quatrième avec trois autres personnes.
II. *S. m.* Une quelconque des parties d'un tout divisé en quatre parties égales. Il ne dépense pas le — de son revenu. L'écornifleur étant à demi-— de lieue, LA F. *Fab.* IX, 20, *Disc. à Mᵐᵉ de la Sablière.* Acheter le — d'une charge d'agent de change. *Ellipt. Néolog.* Un — d'agent de change, celui qui est intéressé pour un quart dans une charge d'agent de change. Un — d'heure, la quatrième partie d'une heure. Je n'ai demeuré qu'un — d'heure à le faire, MOL. *Mis.* I, 2. *Ellipt.* Il est une heure et un —, une heure trois quarts, une heure moins un —. *Ellipt.* Il est le —, l'heure et un quart. Une horloge qui sonne les quarts. Pièce des quarts, qui sonne les quarts dans une montre à répétition. (Manège.) Travailler un cheval de — en —, dans un carré où on le conduit trois fois sur chacun des côtés du carré. | (Droit.) — de réserve, quart de bien appartenant aux communes, aux hospices, etc., qui doit être réservé pour croître en futaie. || *P. ext.* Le — d'une chose, une petite partie. Ne trouvait à manger que le — de son soûl, LA F. *Fab.* II, 2. Les trois quarts d'une chose, la plus grande partie. Les trois quarts du temps, bien souvent. Plus des trois quarts du temps, LA F. *Fab.* XII, 8. Un — d'heure, un moment. Passer un mauvais — d'heure. Avoir de bons moments et de mauvais quarts d'heure, être qqf de bonne et souvent de méchante humeur. Le — d'heure de Rabelais (par allusion à une aventure de Rabelais n'ayant pas de quoi payer la note de ses dépenses dans une hôtellerie), le moment où il s'agit de payer. || Un levraut de trois quarts, qui est presque parvenu à la taille d'un lièvre. | Se tenir de trois quarts, de manière à montrer seulement une moitié de la figure, et l'autre en raccourci. Prendre une personne de trois quarts. *P. ext.* Un portrait de trois quarts. || *Spéciall.* — d'écu, ancienne monnaie qui valait le quart d'un écu de trois francs. Il se ferait fesser pour moins d'un — d'écu, MOL. *Ét.* I, 2. | — de cercle, instrument de mathématiques, figurant la quatrième partie d'un cercle, et qui sert, avec l'alidade, à mesurer des angles. | — de vent, — de minute, sablier qui met un quart de minute à se vider. — de réflexion, octant. — de conversion, mouvement en forme de quart de cercle qu'on fait faire à un bataillon pour le tourner sur une autre face. | (Architect.) — de rond, moulure qui est le quart d'un cercle. (*Cf.* quarderonner.) | (Musique.) — de soupir, le quart d'un soupir, silence qui a la durée d'une double croche. *P. ext.* — de ton, intervalle plus petit que le demi-ton. || *Absolt.* | **1.** Mesure d'un quart de livre. Acheter un — de farine, de beurre. *P. ext.* Un quatre quarts, gâteau où (pour une livre) il entre un quart de farine, un quart de beurre, un quart d'œufs et un quart de sucre. | *P. ext.* Vaisseau, baril contenant le quart d'un muid. (*Cf.* quartaut.) | **2.** (Marine.) — de la journée, espace de six heures. Être de —, être de service pendant ce temps; *p. ext., aujourd'hui*, être de service pendant quatre heures. Prendre le —, relever celui qui est de quart. Faire son —. Grand —, le service de six heures à minuit. Les hommes de —, et, *p. ext.* Le —, les hommes de quart. Relever le —.

QUARTAINE [kàr-tên'] *adj.*
[ÉTYM. Dérivé de quart, à l'imitation du lat. quartana (tebris), *m. s.* § 97. || XIIIᵉ s. Il valt contre quartaine, *Simples medicines*, fᵒ 32, vᵒ.]
|| *Vieilli.* Fièvre —, qui revient tous les quatre jours. Que la fièvre — puisse serrer bien fort le bourreau de tailleur! MOL. *B. gent.* II, 4.

QUARTAN [kàr-tan]. *V.* quart.
QUARTANIER [kàr-tà-nyé] *s. m.*
[ÉTYM. Dérivé de quart an ou quartan, § 115. On trouve quadrannier (sous l'influence du lat. quadriennis, *m. s.* [*cf.* quadriennal]), dans RAB. V, 11. (*Cf.* l'anc. franç. quartenor.) || XVIᵉ-XVIIᵉ s. Haut quartanier, HARDY, *Meleagre*, dans DELB. *Rec.* Admis ACAD. 1740.]
|| (Vénerie.) Sanglier de quatre ans.

QUARTATION [kàr-tà-syon; *en vers*, -si-on] *s. f.*

[ÉTYM. Dérivé de quart, § 247. || Admis ACAD. 1762.]

|| (Technol.) Opération qui consiste à ajouter à un alliage d'or et d'argent l'argent nécessaire pour qu'il égale les trois quarts de la masse, afin de faciliter le départ de l'or à l'aide de l'acide azotique. (*Syn.* inquart, inquartation.)

QUARTAUT [kàr-tó] *s. m.*
[ÉTYM. Pour quartau, §§ 62 et 138, forme dialect. pour quartal ou quartel, § 16, dérivé de quart, § 90. ACAD. 1694-1718 écrit quartaud. || 1280. Dous quartaux de froment, dans DELB. *Rec.*]

|| Vaisseau, baril de la capacité d'un quart de muid. Ce petit — de vin d'Espagne dont on vous fit présent, MOL. *Scap.* II, 3.

QUARTE [kàrt'] *s. f.*
[ÉTYM. Selon les sens, tiré de quart, § 38, emprunté du lat. quarta, ou de l'ital. quarta, § 12.]

|| **1°** Ancienne mesure de liquides valant un pot ou deux pintes. (*Cf.* quartaut.)

|| **2°** (Droit rom.) Quatrième partie des biens d'une succession. — Falcidienne, le quart accordé à l'héritier surchargé de legs à servir. — Trébellienne, le quart accordé à l'héritier qui devait rendre l'hérédité à un autre.

|| **3°** (Musique.) Intervalle de quatre degrés (d'une note à la quatrième, ascendante ou descendante). — juste, comprenant deux tons et un demi-ton diatonique. — diminuée, comprenant un ton et deux demi-tons diatoniques. — augmentée, comprenant deux tons, un demi-ton diatonique et un demi-ton chromatique.

|| **4°** *Vieilli.* (Jeu.) Quatrième, réunion de quatre cartes de même couleur qui se suivent. (*Cf.* quinte.)

|| **5°** (Escrime.) La quatrième sorte de parade qui se fait le poignet placé en dehors, en supination, et la pointe de l'épée haute. (*Cf.* prime, seconde, tierce, et quarter.)

*QUARTENAIRE** [kàr-te-nèr]. V. quaternaire.

QUARTENIER [kàr-te-nyé] *s. m.*
[ÉTYM. Pour *quartelier, § 361, dérivé de quartier, §§ 65 et 115. On trouve aussi quartinier, moins usité (RICHEL. 1680 et ACAD. 1762). || 1389. Quartenier du quatriesme des vins, dans DU C. quartanerius.]

|| *Anciennt.* || **1°** Officier public ayant la surveillance d'un des quartiers d'une ville.

|| **2°** (Marine.) Maître de quartier, commandant les hommes de quart. (*Syn.* quartier-maître.)

*QUARTER** [kàr-té] *v. tr.*
[ÉTYM. Dérivé de quarte, § 154. || 1622. E. BINET, *Merv. de la nature*, dans DELB. *Rec.*]

|| (Escrime.) Mettre en quarte. L'épaule gauche plus quartée, MOL. *B. gent.* II, 2.

1. QUARTERON [kàrt'-ron; *en vers*, kàr-te-...] *s. m.*
[ÉTYM. Dérivé de quartier, §§ 65 et 104. || 1244. Un quarteron de quinze onces, *Règl. des manuf. de Châlons*, dans FAGNIEZ, *Doc. relat. à l'industrie*, I, p. 152.]

|| **1°** Quatrième partie d'une livre. Un — de beurre. *Loc. prov.* Il ne faut point tant de beurre pour faire un — (il ne faut point tant d'affaire); si tu veux, tu seras ma femme, MOL. *G. Dand.* II, 1.

|| **2°** Quatrième partie d'un cent. Un — de noix (généralement de vingt-six au lieu de vingt-cinq, pour faire bonne mesure). *Loc. prov.* En parlant d'une chose rare. Il n'y en a pas trois douzaines au —. || *Spécialt.* | **1.** Réunion de vingt-cinq feuilles d'or ou d'argent battu, placées entre les feuillets d'un petit cahier de papier. | **2.** Outil à vingt-cinq pointes pour trouer les cartes d'épingles.

2. QUARTERON, ONNE [kàrt'-ron, -ròn'; *en vers*, kàr-te-...] *s. m. et f.*
[ÉTYM. Emprunté de l'espagn. cuarteron, m. s. § 13. TRÉV. 1771 donne quarteroné, tiré maladroitement du pluriel espagn. cuarterones. || Admis ACAD. 1798.]

|| Homme, femme provenant de l'union d'un blanc avec une mulâtresse, ou d'un mulâtre avec une blanche.

*QUARTETTE** [kwàr-tèt'] et *QUARTETTO** [kwàr-tèt'-tó] *s. m.*
[ÉTYM. Emprunté de l'ital. quartetto, m. s. § 12. || *Néolog.*]

|| (Musique.) Petit quatuor.

QUARTIDI [kwàr-ti-di] *s. m.*
[ÉTYM. Composé avec le lat. quartus, quatrième, et dies, jour, d'après lundi, etc. § 270. || Admis ACAD. 1798, suppl.]

|| Quatrième jour de la décade républicaine.

QUARTIER [kàr-tyé] *s. m.*

[ÉTYM. Dérivé de quart, § 115. (*Cf.* écarteler.) || XI° s. Lur escuz de quartiers, *Roland*, 3867.]

|| **1°** Quatrième portion d'un tout. Couper une pomme, une orange, en quatre quartiers. *Anciennt.* Bois de —, fendu en quatre. (T. de boucherie.) Les quatre quartiers, la partie antérieure et la partie postérieure de l'animal divisées chacune en deux parties symétriques. Poids des quatre quartiers, poids net de l'animal prêt à débiter. *P. ext.* Le cinquième —, les issues des animaux de boucherie (suif, cuir, abats rouges, etc.). | *Anciennt.* Le quart de l'aune. Les princesses ont paru, les trois quartiers moins hautes (pour la coiffure) qu'à l'ordinaire, SÉV. 1321. || *Spécialt.* | **1.** Quatrième partie du cours de la lune. Le premier, le dernier —. | **2.** Quatrième partie de l'année. Médecin par —, qui est de service, auprès d'un souverain, un quart d'année. *P. plaisant. Fig.* Avoir des amants par — (en changer tous les trois mois), CORN. *Place Royale*, I, 1. | *P. ext.* Paiement qui a lieu tous les trois mois. Il a touché le premier — de ses rentes. Plus pâle qu'un rentier A l'aspect d'un arrêt qui retranche un —, BOIL. *Sat.* 3. | **3.** (Blason.) Quatrième partie d'un écusson écartelé (le premier contenant les armes de la maison principale, et les autres les alliances). *P. ext.* Chaque degré de descendance noble du côté paternel ou maternel. Vous pouvez fournir deux fois seize quartiers, BOIL. *Sat.* 5.

|| **2°** *P. ext.* Portion d'un tout (sans qu'il soit exactement divisé en quatre parties). Un morceau de viande qu'il met sur un — de pain, LA BR. *Théophr. Effronterie.* Le mettre en quartiers (en pièces), Sire loup l'eût fait volontiers, LA F. *Fab.* I, 5. Un — de rocher. | *Vieilli.* Un — de terre. | — de soulier, la pièce ou les deux pièces de cuir qui forment le talon. — du sabot (d'un cheval), partie latérale, soit interne, soit externe. — tournant d'un escalier, les marches qui sont dans l'angle de l'escalier et tournent autour du noyau. Franc — d'une ardoisière, la partie où l'ardoise est de la meilleure qualité. || Partie d'une ville. Habiter un — commerçant. Ce perruquier superbe est l'effroi du —, BOIL. *Lutr.* 1. Médecin de —, dont la clientèle est circonscrite au quartier qu'il habite. Une jeune personne qui loge depuis peu en ces quartiers, MOL. *Av.* I, 2. || *Spécialt.* | **1.** Partie d'une ville où les troupes sont casernées. Le — d'infanterie, de cavalerie. | Emplacement qu'un corps de troupes occupe en campagne. — de cantonnement, de campement. — général, lieu où est établi celui qui commande en chef, avec son état-major. — d'assemblée, lieu où les troupes doivent se rassembler pour prendre les armes. — d'hiver, lieu où logent les troupes pendant l'hiver. | **2.** Partie d'un lycée, d'un collège, qu'occupent les élèves de certaines divisions. Les élèves du grand, du petit —. *Spécialt.* Les salles d'étude. Rentrer au —. Le — de rhétorique. || *P. anal.* Lieu où qqn se retire, et particulièrement lieu de sûreté. Pense à ta retraite, Pour en délibérer et choisir le —, CORN. *Méd.* II, 2. | *Fig.* Donner — à qqn, lui donner la vie sauve. Ne point faire de — aux prisonniers, n'en épargner aucun. *Loc. adv. Vieilli.* A —, à part. Écoute quatre mots à —, CORN. *Mél.* V, 6. Tire-le à —, lui, pendant que je m'éloigne, MARIV. *Heur. stratag.* III, 2. *P. ext.* Mettre à —, laisser de côté. Ceux qui savent le désaveu qu'en a fait l'histoire, la mettent aisément à —, CORN. *Disc. Trag.*

QUARTIER-MAÎTRE [kàr-tyé-mètr'] *s. m.*
[ÉTYM. Composé de quartier et maître, à l'imitation de l'allem. quartiermeister, proprt, « maître de quartier », §§ 7 et 200; le mot s'est appliqué d'abord aux maréchaux des logis des régiments de cavalerie étrangère, et s'est écrit aussi quartier-mestre (au sens **1°**). || XVII° s. V. à l'article. Admis ACAD. 1762.]

|| **1°** *Anciennt.* Officier (lieutenant ou capitaine) chargé des subsistances, des distributions, de la comptabilité d'un corps de troupes. Avec ordre d'enlever les quartiers-maîtres à mesure qu'ils arriveraient pour faire le logement, PELLISSON, *Lett. histor.* II, p. 212.

|| **2°** *P. anal.* (Marine.) Sous-officier dont le grade, dans l'équipage, est immédiatement inférieur à celui de contre-maître et correspond à celui de caporal dans l'armée de terre. Pilote, contre-maître, —, *Ordonn. du 4 mars 1670.*

QUARTIER-MESTRE [kàr-tyé-mèstr']. V. quartier-maître.

QUARTIL, ILE [kwàr-til] *adj.*
[ÉTYM. Dérivé du lat. quartus, quatrième, § 242. (*Cf.*

quintil, etc.) ACAD. écrit quartile même au masc. || Admis ACAD. 1762.]

|| (Astrol.) Quadrat. (*V. ce mot.*)

***QUARTINIER** [kàr-ti-nyé]. *V.* quartenier.

QUARTO (IN-). *V.* in-quarto.

QUARTZ [kwàrts'] *s. m.*

[ÉTYM. Emprunté de l'allem. quarz, *m. s.* § 7. || Admis ACAD. 1762.]

|| (Minéral.) Silice pure. — hyalin, cristal de roche. — hyalin violet, améthyste.

QUARTZEUX, EUSE [kwàr-tseu, -tséuz'] *adj.*

[ÉTYM. Dérivé de quartz, § 251. || XVIII° S. BUFF. *Minéraux,* I, p. 152. Admis ACAD. 1798.]

|| (Minéral.) Qui est de la nature du quartz.

1. QUASI [ká-zi] *adv.*

[ÉTYM. Emprunté de l'ital. quasi, qui est le lat. quasi, *m. s.* § 12. (*Cf.* l'anc. franç. quainses, comme si.) || XV° S. CHASTELL. *Chron.* dans DELB. *Rec.*]

|| *Famil.* En quelque sorte. C'est une ville, en vérité, Aussi grande — que Thèbe, MOL. *Amph.* I, 1.

2. QUASI [ká-zi] *s. m.*

[ÉTYM. Origine inconnue. || *Néolog.* Admis ACAD. 1835.]

|| (Boucherie.) Morceau entre la queue et le rognon.

QUASI-CONTRAT [ká-zi-kon-trà] *s. m.*

[ÉTYM. Composé de quasi 1 et contrat, § 275. || Admis ACAD. 1762.]

|| (Droit.) Fait dont résulte un engagement envers un tiers, sans convention préalable.

***QUASI-CRIME** [ká-zi-krim']. *V.* quasi-délit.

QUASI DÉLIT [ká-zi-dú-li] *s. m.*

[ÉTYM. Composé de quasi 1 et délit, § 275. On trouve quasi-crime avec le même sens dans TRÉV. || Admis ACAD. 1762.]

|| (Droit.) Dommage qu'on a causé involontairement ou par négligence.

QUASIMENT [ká-zi-man] *adv.*

[ÉTYM. Composé de quasi et ment, § 724. || 1756. *V.* à l'article. Admis ACAD. 1878.]

|| *Famil.* En quelque sorte. Ils m'ont — écrasé, FAVART, *Minette* (1756), II, 9.

QUASSIA [kwás'-syà ; *en vers,* -si-à] *s. m.*

[ÉTYM. Emprunté du lat. des botanistes quassia, *m. s.* tiré par LINNÉ du nom (Quassi) d'un nègre qui découvrit les vertus de l'écorce du quassier, §§ 36 et 224. TRÉV. dit quassia ou bois de quassi. || Admis ACAD. 1878.]

|| (Botan.) Quassier. (*V. ce mot.*) || (Pharm.). Écorce, racine de quassier.

QUASSIER [kwà-syé] *s. m.*

[ÉTYM. Dérivé de quassia, § 115. || *Néolog.* Admis ACAD. 1878.]

|| (Botan.) Arbrisseau exotique dont l'écorce, la racine, dite quassia amara, est employée comme tonique.

QUATERNAIRE [kwà-tèr-nèr] *adj.*

[ÉTYM. Emprunté du lat. quaternarius, *m. s.* Qqf altéré en quartenaire, par confusion entre quaternarius et quartanarius (BUFF. *OEuvres,* X, p. 166 ; BARTHÉLEMY, *Anacharsis,* 30). || 1515. Un aultre quaternaire, J. DE LORTIE, *Arithm.* f° 2, v°. Admis ACAD. 1798.]

|| (T. didact.) || **1°** Disposé par quatre. Numération —, où quatre unités simples forment une unité de second ordre, et ainsi de suite. *P. ext.* Nombre —, et, *substantivt,* —, total des quatre premiers nombres, un, deux, trois et quatre. Deux binaires font le —, PASC. *Espr. géom.* 1. || (Chimie.) Corps —, composé de quatre corps simples.

|| **2°** *P. ext.* Qui vient en quatrième lieu. *Spécialt.* (Géologie.) Terrain —, le plus récent des terrains de formation sédimentaire. Temps quaternaires, qui terminent la série des périodes géologiques.

QUATERNE [kà-tèrn'] *s. m.*

[ÉTYM. Emprunté de l'ital. quaterno, *m. s.* qui est le lat. quaternus, qui va par quatre, § 12. (*Cf.* cahier, carillon.)]

|| (T. de jeu.) || **1°** *Anciennt.* Au trictrac, coup où chacun des deux dés amène quatre points. (*Syn.* carme, quaderne.)

|| **2°** A la loterie, quatre numéros pris ensemble.

|| **3°** Au loto, quatre numéros marqués sur une même ligne.

***QUATERNÉ, ÉE** [kwà-tèr-né] *adj.*

[ÉTYM. Dérivé du lat. quaternus, qui va par quatre, § 253. || 1812. MOZIN, *Dict. franç.-allem.*]

|| (T. didact.) Disposé quatre par quatre. Feuilles quaternées. Cristaux quaternés.

QUATORZAINE [kà-tòr-zèn'] *s. f.*

[ÉTYM. Dérivé de quatorze, §§ 62 et 99. || XIII° S. Apres icele quatorzieine, *Comput,* dans GODEF.]

|| Espace de quatorze jours. | *Spécialt. Vieilli.* (Droit.) Intervalle de quatorze jours entre chacune des criées (pour les biens saisis réellement).

QUATORZE [kà-tòrz'] *adj.* et *s. m.*

[ÉTYM. Du lat. quattuọrdecim, *m. s.* devenu *quattọrdecim, § 356, *quatord'ze, §§ 296, 389, 291 et 468, quatorze, § 370.]

I. Adj. numéral invariable. || **1°** Adj. cardinal. Dix plus quatre. Il est âgé de — ans. | *Loc. prov.* Faire en — jours quinze lieues, aller très lentement. Chercher midi à — heures, chercher des difficultés là où il n'y en a pas. *Ellipt. Fig.* Renvoyer de sept en — (jours), ajourner toujours. Compter — points, et, *absolt,* Compter —, au jeu de piquet (quand on a en main quatre as, quatre rois, etc.). *Dans le même sens. Substantivt.* Faire un —. Un — d'as, de rois, etc. Attendant son destin d'un — ou d'un sept, BOIL. *Sat.* 4. Avoir quinte et —.

|| **2°** Adj. numéral ordinal. Quatorzième. Le chapitre —. En l'an — de l'ère chrétienne. Le roi Louis — (Louis XIV). *Substantivt.* Le — du mois de juillet, et, *ellipt,* Le — juillet. || De l'argent au denier —, rapportant le quatorzième du capital. Le numéro —, et, *substantivt,* Je demeure au — de telle rue.

II. *S. m.* (invariable). La quantité formée de dix plus quatre. — divisé par deux égale sept.

QUATORZIÈME [kà-tòr-zyèm'] *adj.*

[ÉTYM. Dérivé de quatorze, § 96 *ter.* || XII° S. El quatorzime an, PH. DE THAUN, *Comput,* 2435.]

|| Qui vient immédiatement après le treizième (dans une série). Le — jour du mois. Le — régiment d'artillerie, et, *ellipt,* Le — d'artillerie. || *P. ext.* La — partie d'un tout, et, *substantivt, au masc.* Le —, une quelconque des parties d'un tout divisé en quatorze parties égales.

QUATORZIÈMEMENT [kà-tòr-zyěm'-man ; *en vers,* -zvè-me-...] *adv.*

[ÉTYM. Composé de quatorzième et ment, § 724. || Admis ACAD. 1798.]

|| En quatorzième lieu (dans une énumération).

QUATRAIN [kà-trin] *s. m.*

[ÉTYM. Dérivé de quatre, § 99. || XVI° S. Quatrains, dixains, rondeaux, ballades, MAROT, *Épit.* 64.]

|| Stance, partie d'un sonnet, ou petite pièce de poésie de quatre vers. Les Quatrains de Pibrac, MOL. *Sgan.* sc. 1.

QUATRE [kàtr' ; dans certaines locutions, devant une voyelle, l'usage populaire introduit une *s* euphonique prononcée *z* : entre quatre yeux, prononcez kà-tre-zyeù, ACAD.] *adj.* et *s. m.*

[ÉTYM. Du lat. quattuor (variante de quatuor), *m. s.* devenu *quattor, *quattro, quatre, §§ 356, 291, 366 et 487.]

I. Adj. numéral invariable. || **1°** Adj. cardinal. Trois plus un. — francs. — cents hommes. — mille ans. Avec les sept carreaux il avait — piques, MOL. *Fâch.* II, 2. Les orages sont venus des — coins du monde et ont fondu sur une petite barque, VOLT. *Lett. à Damilaville,* 31 déc. 1764. Entre — yeux, en tête-à-tête. Il n'y va pas par — chemins, il va droit à son but. Un drame en — actes. Ouïr la messe en entendant — quarts de messe à la fois de différents prêtres, PASC. *Prov.* 11. Les — parts aussi des humains se repentent, LA F. *Fab.* VII, 2. — hommes et un caporal. *Absolt.* En avant —, invitation à deux couples de danseurs qui se font vis-à-vis de s'avancer au-devant l'un de l'autre. Les — épices (girofle, muscade, poivre noir, cannelle). Les — fleurs (mauve, pied de chat, pas d'âne et coquelicot). Les — mendiants. (*V.* mendiant.) Le vinaigre des — voleurs. || Morceau de musique à — mains, que deux personnes jouent ensemble sur le même piano, l'une faisant la basse, et l'autre le dessus. Pièce, diablerie à — personnages, et, *fig.* Faire le diable à —. (*V.* diablerie, diable.) || (Liturgie cathol.) Les —-temps, série de trois jours de jeûne au commencement de chacune des quatre saisons. Tirer un criminel à — chevaux, l'écarteler, en attachant les quatre membres à quatre chevaux tirant chacun en sens opposé. Tirer à — épingles, en fixant par des épingles à chaque coin, et, *fig.* Une personne tirée à — épingles, ajustée avec soin. | Plier une feuille en — parties, et, *ellipt,* Plier en —. Cordage, fil en —, formé par le commettage de quatre torons, de quatre brins. *Fig.* Du fil en —, mauvaise eau-de-vie de cabaret, eau-de-vie très forte. | Briser, casser, fendre en — morceaux, et, *ellipt*, Fendre une bûche en —. *Fig.* Avoir la tête fendue en —, avoir la tête brisée de fatigue, comme si elle venait d'éclater. Hélas ! je les ai lues (ces belles choses), quoique j'aie la tête en —, sÉv. 63. Fendre, couper un cheveu en —, faire des raisonnements d'une subtilité extrême. Couper un fil en —. | Marcher à — pattes, sur les mains et les pieds, et, *fig.* être bête. | Enjamber — marches, en montant ou en descendant un escalier, et, *ellipt*, Monter, descendre un escalier — à —, en enjambant quatre marches d'un coup, pour aller plus vite. || Pour désigner un petit nombre indéterminé. A — pas d'ici je te le fais savoir, CORN. *Cid*, II, 2. Écrire — lignes, — mots. Pour — jours qu'on a à vivre, je vivrais à ma mode, sÉv. 433. || *Absolt.* Se mettre à — pour faire qqch, se mettre plusieurs ensemble. Il faut le tenir à —, en parlant de qqn qu'on ne peut contenir facilement. Il fallut tenir Monseigneur à —, sÉv. 1076. *Fig.* Se tenir à —, faire un grand effort sur soi-même. Il faut que je me tienne à — pour ne pas vous dire en bon français ce que je pense, Mᵐᵉ DU DEFFAND, *Lettre à Walpole*, II, 237. Se faire tenir à —, opposer, paraître opposer la plus vive résistance. || Il mange comme —, autant à lui seul que plusieurs personnes. Elle a de l'esprit comme —, MOL. *G. Dand.* II, 4. || Faite comme les — chats (d'une façon désordonnée), sÉv. 482.

||2° Adj. ordinal. Quatrième. Page —. Henri — (Henri IV). *Substantivt.* Le — du mois d'août, et, *ellipt*, Le — août. Son domicile est au — (au numéro quatre) de cette rue.

II. *S. m.* (invariable). La quantité formée de trois plus un. Deux fois deux font —. *Loc. prov.* Clair comme deux et deux font —. Cinq et — font neuf, ôtez deux, reste sept, BOIL. *Sat.* 8. | *P. ext.* Le chiffre qui représente cette quantité (4). *P. anal.* Un — de chiffre, piège à rats en forme de quatre. || *Spéciali.* (T. de jeu.) Carte, domino, face de dé marquée de quatre figures, de quatre points. Le — de cœur, de pique, etc. Le double — (aux dominos). Amener deux — (au trictrac), faire carme.

QUATRE-TEMPS [kà-tre-tan]. *V.* quatre.

QUATRE-VINGTIÈME [kà-tre-vin-tyèm'] *adj.*
[ÉTYM. Dérivé de quatre-vingts, § 96 *ter.* || Admis ACAD. 1835.]
|| Qui vient le dernier dans une série de quatre-vingts. Il est — sur la liste. Le — régiment de ligne, et, *substantivt*, Le — de ligne. La — partie d'une chose, une quelconque des parties d'une chose divisée en quatre-vingts parties égales. || Quatre-vingt-unième, quatre-vingt-deuxième, etc., adj. numéraux ordinaux correspondants aux adj. cardinaux quatre-vingt-un, quatre-vingt-deux, etc.

QUATRE-VINGTS [kà-tre-vin ; l's se lie avec le son d'un z] *adj.* et *s. m.*
[ÉTYM. Composé de quatre et vingt, § 173. L'usage supprime l's de quatre-vingts si on l'énonce avant un chiffre d'unités, ou si on le prend au sens ordinal. || XIIIᵉ-XIVᵉ s. La ou il ot quatre-vins chevaliers, JOINV. 35.]
I. Adj. numéral. || **1°** Adj. numéral cardinal. Quatre fois vingt, ou huit fois dix. (*Syn. vieilli*, octante.) Mourir à — ans. Quatre-vingt-deux, quatre-vingt-trois, etc., quatre-vingts plus deux, plus trois, etc. Quatre-vingt-dix. (*Syn. vieilli*, nonante.) La mort termine ordinairement à l'âge de quatre-vingt-dix ou cent ans la vieillesse et la vie, BUFF. *Homme, Vieillesse. Loc. prov.* Quatre-vingt-dix-neuf moutons et un Champenois font cent bêtes.
||2° Adj. numéral ordinal. Quatre-vingtième. Page quatre-vingt. L'an huit cent quatre-vingt. *Ellipt.* La Révolution de quatre-vingt-neuf (1789). En quatre-vingt-treize (en 1793). || Le numéro quatre-vingt, et, *substantivt*, Habiter au quatre-vingt-trois.
II. *S. m.* La quantité formée par quatre fois vingt. — et vingt font cent. Trente et soixante font quatre-vingt-dix.

QUATRIÈME [kà-tri-yèm'] *adj.* et *s. m.*
[ÉTYM. Dérivé de quatre, § 96 *ter.* || XIVᵉ s. Impositions, gabelles et quatriesmes, *Chron. de Flandre*, dans DELB. *Rec.*]
I. Adj. numéral ordinal. Qui vient immédiatement après le troisième. (*Syn. vieilli*, quart.) Son cheval est arrivé — dans cette course. Le — enfant. Parents au — degré. Dans la — année de son règne. Le — régiment de ligne, et, *substantivt*, Le — de ligne. Il habite au — étage, et, *substantivt*, au —. La — classe d'un lycée, et, *substantivt*, *au fém.* Un élève de —. Le — jour du mois, de la lune, et, *substantivt*, Le — du mois, de la lune. Un cerf, un daim qui fait son — bois, et, *dans le même sens*, Un cerf, un daim de — tête.

II. *S. m.* et *f.* || **1°** *S. m.* Quatrième partie d'un tout divisé en quatre parties égales. (*Syn.* quart.)
|| **2°** *S. f.* (T. de jeu.) Série de quatre cartes consécutives. Une — au roi (à partir du roi), à la dame, etc. Une — basse (à partir du dix).

QUATRIÈMEMENT [kà-tri-yèm'-man ; *en vers*, -yè-me-...] *adv.*
[ÉTYM. Composé de quatrième et ment, § 724. || Signalé par RICHEL. 1680 comme « hors d'usage ». Admis ACAD. 1694.]
|| En quatrième lieu.

QUATRIENNAL, ALE [kà-tri-yèn'-nàl]. *V.* quadriennal.

*** QUATRILLION** [kwà-tri-lyon ; *en vers*, -li-on]. *V.* quadrillion.

QUATUOR [kwà-tuŏr ; *en vers*, -tu-òr] *s. m.*
[ÉTYM. Emprunté du lat. quatuor, quatre. || Admis ACAD. 1835.]
|| (Musique.) Morceau composé pour quatre voix ou pour quatre instruments (deux violons, alto et basse). (*Cf.* quartette.) || Les — de ce compositeur, ACAD. || Dans un orchestre, ensemble des premiers et deuxièmes violons, altos, violoncelles (ou contrebasses), formant quatre parties.

QUAYAGE et **QUAIAGE** [kè-yàj'] *s. m.*
[ÉTYM. Dérivé de quai, § 78. || 1167. Se déduit du bas lat. caiagium attesté à cette date. (*V.* DU C. *caya*.) Admis ACAD. 1762.]
|| (Marine.) Usage du quai, facilité accordée aux marchands de débarquer leurs marchandises sur le quai d'un port. Payer le droit de —, et, *ellipt*, le —.

1. QUE [ke] et devant une voyelle **QU'** [k'] *pron.*
[ÉTYM. Du lat. quem, accusatif masc. sing. de qui, employé en lat. pop. aux trois genres et aux deux nombres, § 598.]
|| **1°** Pronom relatif. | **1.** Complément direct. L'homme que Dieu a fait à son image, BOSS. *D. d'Orl.* L'enfant que le Seigneur aime, RAC. *Ath.* II, 9. Celui que pour époux on me veut présenter, MOL. *Tart.* II, 4. Ces pleurs, que je regarde avec un œil d'époux, CORN. *Poly.* I, 1. Au pied des autels que je faisais fumer, RAC. *Phèd.* I, 3. Il fait ce qu'il doit faire. *Ellipt.* Il fait ce qu'il peut, ce qu'il doit. Fais ce que dois, advienne que pourra. Il ne sait que dire (ce qu'il doit dire). *Vieilli.* Il ferait que sage (ce que ferait un sage), LA F. *Fab.* V, 2. Il n'avait jamais éprouvé Que (ce que) peut un courage d'Alcide, MALH. IV, 5. | **2.** Attribut. La cruelle qu'elle est se bouche les oreilles, MALH. *Poés.* 11. David, tout roi qu'il était, BOURD. 1ᵉʳ *Purif. de la Vierge*, 1.
|| **2°** Pronom interrogatif. | **1.** Complément direct. Que voulez-vous de moi, flatteuses voluptés? CORN. *Poly.* IV, 2. Que vouliez-vous qu'il fît contre trois? ID. *Hor.* III, 6. Que faire? | **2.** Attribut. Qu'est-ce là? Que suis-je? Qu'est-il devenu? Qu'ont été durant ce temps les Alboins? BOSS. *Var.* XIII, 34. NÉRINE : Que vous reste-t-il? — MÉD. : Moi, CORN. *Méd.* I, 5. Que vous semble, mes sœurs, de l'état où nous sommes? RAC. *Esth.* II, 8. | *P. ext.* Que sert la bonne chère Quand on n'a pas la liberté? LA F. *Fab.* IV, 13. Du zèle de ma loi que sert de vous parer? RAC. *Ath.* I, 1. Que m'importe cela? Qu'est-il besoin de tant de paroles?

2. QUE [ke] et devant une voyelle **QU'** [k'] *conj.* et *adv.*
[ÉTYM. Du lat. quĭd (atone), qui a peu à peu supplanté quod et quam, et s'est devenu qued, que, §§ 412 et 726. (*Cf.* quoi, du lat. quĭd.)]
|| **1°** Conjonction relative. | **1.** Précédant une proposition subordonnée. Je désire qu'il vienne. Je veux qu'on soit sincère, MOL. *Mis.* I, 1. Je vois qu'on m'a trahi, CORN. *Cinna*, V, 1. Croyez-vous qu'il suffit d'être sorti de moi? ID. *Ment.* V, 3. C'est là que les plus grands rois n'ont plus de rang que par leurs vertus, BOSS. *D. d'Orl.* Il semble à Garo Que l'on a fait un quiproquo, LA F. *Fab.* IX, 4. J'espère qu'il aura de vous quelque souci, ID. *ibid.* VII, 3. | *P. anal.* Vu que, attendu que. Considérant que. | *Avec inversion.* Qu'il m'ait vu, je le nie. | **2.** Formant avec un antécédent une locution conjonctive. C'est alors que. Depuis que. Avant que. Tandis que. Bien que. Suivant que. Pourvu que. Pour, afin que. Parce que. De peur que. Plus, moins, autant que. Meilleur, pire, tel, autre que. De même que. De sorte que. Avant que de combattre, CORN. *Cid*, IV, 3. De la façon... qu'avec toi j'ai vécu, ID. *Cinna*, V, 1. Du temps que les bêtes parlaient, LA F. *Fab.* IV, 1. Du côté que le vent poussait encor les flots, CORN. *Pomp.* V, 1. | **3.** Résumant l'antécédent sous-entendu. Que (j'ordonne que)

chacun se retire et qu'aucun n'entre ici, CORN. *Cinna*, II, 1. Qu'on (il faut qu'on) l'adore, ce Dieu, RAC. *Ath.* I, 4. Qu'est-ce que tout cela, qu'un (si ce n'est) avertissement? LA F. *Fab.* VIII, 1. Sors vite, que (de peur que) je ne t'assomme, MOL. *Av.* I, 3. Venez çà tous, que (pour que) je vous distribue mes ordres, ID. *ibid.* III, 1. Que bien (tant bien) que mal, elle arriva, LA F. *Fab.* IX, 2. On n'entend que (rien autre que) des cris, CORN. *Cid*, III, 6. Il n'est que (il n'est telle chose que) de jouer d'adresse en ce monde, MOL. *Mal. im.* interm. I, 6. Si j'étais que de vous, ID. *Am. méd.* I, 1. Vos conseils sur mon cœur n'ont eu que (autre chose que) trop d'empire, RAC. *Iph.* I, 3. Il n'est que blessé. Que (s'il arrive que) le bon soit toujours camarade du beau, LA F. *Fab.* VII, 2. La douce chose que (que c'est) d'aimer, MOL. *Scap.* III, 1. Sans que (sans cette circonstance que) mon bon génie au-devant m'a poussé, MOL. *Ét.* I, 11. Que si (j'ajoute que si) son rang la distinguait, j'ai eu raison de vous dire..., BOSS. *D. d'Orl.* Que si ce loup t'atteint, casse-lui la mâchoire, LA F. *Fab.* VIII, 17. | En tête d'un chapitre, pour en indiquer la matière. Que (on y montre que) notre désir s'accroît par la malaysance, MONTAIGNE, II, 15.

|| 2° Adverbe interrogatif ou exclamatif. | 1. Interrogatif. (*Syn.* pourquoi.) Que tardez-vous, Seigneur, à la répudier? RAC. *Brit.* II, 2. Que parlez-vous ici d'Albe? CORN. *Hor.* IV, 2. Que n'est cet avantage Pour les ruines du visage! LA F. *Fab.* VII, 5. | 2. Exclamatif. (*Syn.* combien.) Que nous nous pardonnons aisément nos fautes! BOSS. *R. d'Angl.* Que la tendresse d'un père est aisément rappelée! MOL. *D. Juan*, V, 1. Que de craintes, mes sœurs! RAC. *Ath.* III, 8.

QUEL, QUELLE [kèl] *adj.*

[ÉTYM. Du lat. *qualem*, *m. s.*, §§ 295 et 291. (*Cf.* lequel.)]

|| Adjectif conjonctif, interrogatif ou exclamatif appelant l'attention sur la qualité d'une personne ou d'une chose.

|| **1°** *Adj.* conjonctif. Qu'ils apprennent au moins quelle est la religion qu'ils combattent, PASC. *Pens.* IX, 1. Vous pourrez avec eux avoir — mal il vous plaira, MOL. *Av.* I, 5. Voilà quelle je suis, CORN. *Hér.* I, 2. En voici la preuve,... et Dieu sait quelle, PASC. *Prov.* 5. Un je ne sais — charme encor vers vous m'emporte, CORN. *Poly.* II, 2. — qu'il soit, le Français veut un maître, VOLT. *Henriade*, 6. En — lieu que ce soit, je veux suivre tes pas, MOL. *Fdch.* III, 4. — que soit le plaisir que cause la vengeance, LA F. *Fab.* IV, 13. Tel —. (*V.* tel.)

|| **2°** *Adj.* interrogatif. Quels sont donc vos plaisirs? RAC. *Ath.* II, 7. — est tous les jours votre emploi? ID. *ibid.* Quelle réponse t'a-t-on faite? MOL. *Av.* II, 1. — homme est-ce? BEAUMARCH. *Barb. de Sév.* I, 4. Quelle heure est-il? Quels courages Vénus n'a-t-elle pas domptés? RAC. *Phèd.* I, 1. | *Vieilli.* Pour lequel. Quels de vos diamants me faut-il lui porter? CORN. *Suite du Ment.* II, 3.

|| **3°** *Adj.* exclamatif. — charme de s'ouïr louer! LA F. *Filles de Minée.* — feu! quelle naïveté! LA BR. 1. Quelle ville qu'Athènes! ID. *Disc. sur Théophr.* — carnage de toutes parts! RAC. *Esth.* I, 5.

QUELCONQUE [kèl-kŏnk'] *adj.*

[ÉTYM. Emprunté du lat. *qualiscumque*, *m. s.* || XII° s. Tutes genz quelesquunques tu fesis, *Psaut. d'Oxf.* LXXXV, 8.]

|| Il n'importe lequel. Un homme —. Un espace —. Nonobstant opposition —. Ni pressé de scrupule —, MALH. *Bienf. de Sénèq.* III, 7. Toute discussion et toute délibération quelconques sont interdites, *Ordonn. de juillet 1830*, art. 20. Sur un point — d'une droite, élever une perpendiculaire.

QUELLEMENT [kèl-man ; *en vers*, kè-le-...] *adv.*

[ÉTYM. Composé de quelle et ment, § 724. || XIV° s. Tellement quellement, ORESME, *Éth.* IX, 11.]

|| *Famil.* Tellement —, d'une manière telle quelle, ni bien ni mal.

QUELQUE [kèlk' ; *très famil.* kèk'] *adj.* et *adv.*

[ÉTYM. Composé de quel et que, § 580. || XII° s. A quelque poinne se dreça, CHRÉTIEN DE TROYES, *Érec*, 5206.]

I. *Adj.* indéfini. || **1°** Désignant une quantité indéterminée, un ou plusieurs, par rapport à un plus grand nombre. Adressez-vous à — autre. Récitez-nous — chose. Il viendra — jour. — part. Vois s'il s'offre à tes yeux — grand de ma cour, RAC. *Esth.* II, 4. Quelques raisons que vous me puissiez dire, ID. *Mithr.* II, 2. Quelques crimes toujours précèdent les grands crimes, ID. *Phèd.* IV, 2. — indignation dont leur cœur soit rempli, LA F. *Fab.* VIII, 14. — industrie qui paraisse dans ce que font les animaux, BOSS. *Conn. de Dieu*, V, 2. Quelques vains lauriers que promette la guerre, BOIL. *Ép.* 1. — part que vous soyez, et, *vieilli*, — part où

vous soyez, BOSS. *Panég. St Benoît*, 3. | Quelques-uns vous diront, CORN. *Nicom.* III, 2. Est-il quelqu'un de vous de si peu de vertu? VOLT. *M. de César*, III, 7. Si j'aimais quelqu'un, MOL. *Sicil.* sc. 6. Quand ce grand Dieu a choisi quelqu'un, BOSS. *R. d'Angl.* A ce plaisant objet si quelqu'une recule, LA F. *Contes, Tableau.* || *Ellipt.* — sot (ferait cela). LÉLIE : Tu te vas emporter d'un courroux sans égal. — MASCAR. : Moi, Monsieur? — sot, MOL. *Ét.* II, 6. Holà quelqu'un, pour appeler.

|| **2°** Désignant une petite quantité. Cela ne vous coûtera que quelques francs. Nous étions quarante et quelques (et quelques personnes en plus). Il resta — temps silencieux. Il y a — courage à faire cela.

|| **3°** Désignant une quantité approximative. Il y peut avoir quelques huit jours, CORN. *Clit.* II, 2. | Considéré en ce sens comme invariable. CHICAN. : Et quel âge avez-vous? — LA COMT. : Hé! — soixante ans, RAC. *Plaid.* I, 7.

II. Adverbe désignant une quantité indéterminée. Un loup, — peu clerc, LA F. *Fab.* VII, 1. — élevés qu'ils soient, ils sont ce que nous sommes, J.-B. ROUSS. *Odes*, II, 3. — fort qu'on s'en défende, MOL. *Princ. d'Él.* 6° interm. Dans — haut rang que vous soyez placé, TH. CORN. *Essex*, I, 3.

QUELQUEFOIS [kèl-ke-fwà ; *très fam.* kèk'-fwà] *adv.*

[ÉTYM. Composé de quelque et fois, §§ 173 et 726. || 1539. R. EST.]

|| **1°** *Vieilli.* Une certaine fois. J'ai — aimé, LA F. *Fab.* IX, 2.

|| **2°** Certaines fois. — il vous plaint, RAC. *Ath.* I, 1. Un fat — ouvre un avis important, BOIL. *Art p.* 4. Le vrai peut — n'être pas vraisemblable, ID. *ibid.* 3.

QUELQU'UN, UNE [kèl-kun, -kun'; *très famil.* kè-kun, -kun']; *au plur.* **QUELQUES-UNS, UNES** [kèl-ke-zun, -zun'; *très famil.* kèk'-zun, -zun']. V. quelque.

'QUÉMAND, ANDE [ké-man, -mànd'] *s. m.* et *f.*

[ÉTYM. Anc. franç. caimand (primitivement trisyllabe), d'origine inconnue. || 1393. Un caymant appelé Jehan, dans GODEF. caimant. Suppr. ACAD. 1798.]

|| *Anciennt.* Mendiant, mendiante. *Adjectivt.* Plus que pauvre et quémande on voit la poésie, RÉGNIER, *Sat.* 4.

QUÉMANDER [ké-man-dé] *v. intr.* et *tr.*

[ÉTYM. Dérivé de quémand, § 154. ACAD. 1694-1740 écrit caimander. || 1611. Queymander, COTGR.]

|| **1°** *Vieilli. V. intr.* Mendier.

|| **2°** *V. tr.* Aller solliciter avec importunité. — une place.

QUÉMANDEUR, EUSE [ké-man-deùr, -deùz'] *s. m.* et *f.*

[ÉTYM. Dérivé de quémander, § 112. || Admis ACAD. 1740.]

|| Celui, celle qui quémande.

'QUENAILLE [ke-này'] *s. f.*

[ÉTYM. Forme normanno-picarde pour chenaille, canaille, §§ 16 et 391. || XIII° s. Pour destruire l'orde kienaille, PH. MOUSKET, *Chron.* 10285.]

|| *Vieilli.* Canaille. Cent sortes de —, RÉGNIER, *Sat.* 6.

QU'EN-DIRA-T-ON [kan-di-rà-ton] *s. m.*

[ÉTYM. Composé de que, en, dira et on, § 178. || Admis ACAD. 1835.]

|| *Famil.* Ce qu'en pourra dire l'opinion. Se moquer du —. Le mépris du —, ST-SIM. I, 178.

QUENELLE [ke-nèl] *s. f.*

[ÉTYM. Semble emprunté de l'allem. knœdel, *m. s.* § 7. || *Néolog.* Admis ACAD. 1878.]

|| (Cuisine.) Boulette allongée de viande, de poisson, qui sert de garniture.

QUENOTTE [ke-nŏt'] *s. f.*

[ÉTYM. Mot normand, §§ 16 et 391, dérivé de quene, dent, § 136, d'origine scandinave, § 9 : island. kenna, joue. (*Cf.* allem. kinn, angl. chin, menton.) || 1642. OUD.]

|| *Famil.* Petite dent (d'enfant). Montre-moi tes quenottes. || *P. plaisant.* En parlant d'un ours. Petites quenottes jolies! MOL. *Princ. d'Él.* 2° interm.

QUENOUILLE [ke-noùy'] *s. f.*

[ÉTYM. Du lat. pop. *conŭcla*, forme dissimilée de *colŭcla*, § 361, pour *colŭcula*, § 290, diminutif de colus, *m. s.* § 88, devenu conoille, conouille, §§ 324, 390 et 291, kenouille, quenouille, § 348.]

|| **1°** Tige de roseau, bâton dont on garni t l'extrémité supérieure avec du lin, du chanvre, du coton, etc., pour filer. Filer sa —. Elle donna à ce prince trois quenouilles enchantées, CH. PERRAULT, *Contes, Adroite princesse.* || *Loc. prov.* Avoir des étoupes dans sa —, rencontrer des embarras. || *Fig.* Une maison tombée en —, où une fille est

devenue héritière. Le royaume de France ne tombe pas en —, les femmes ne succèdent point au trône de France.

‖ 2° *P. anal.* Chacun des piliers qui supportent, aux quatre coins, un ciel de lit, un dais. ‖ Perche au bout de laquelle le cordier attache une queue de chanvre, pour la filer. ‖ Tige de certaines plantes. Des quenouilles de maïs. — des prés, variété de chardon. ‖ (Jardin.) Arbre fruitier dont les branches sont taillées en pyramide étroite et longue.

QUENOUILLÉE [ke-nou-yé] *s. f.*
[ÉTYM. Dérivé de quenouille, § 119. ‖ 1611. COTGR.]
‖ Quantité de lin, de chanvre qui garnit une quenouille.

***QUENOUILLETTE** [ke-nou-yèt'] *s. f.*
[ÉTYM. Dérivé de quenouille, § 133. ‖ XVI° s. L'art de la quenouillette, J. BOUCHET, dans GODEF.]
‖ 1° *Vieilli.* Petite quenouille.
‖ 2° *P. anal.* (Technol.) Verge de fer arrondie en forme de quenouille pour boucher l'ouverture par laquelle le métal fondu coule dans les moules.

QUÉRABLE [ké-râbl'] *adj.*
[ÉTYM. Dérivé de querir, § 93. La prononciation de la première voyelle est due à l'influence du lat. § 502. ‖ Admis ACAD. 1835.]
‖ (Droit.) Qu'on doit aller querir. Rente, redevance —, que le créancier doit aller réclamer chez le débiteur (par opposition à portable).

QUERCITRON [kèr-si-tron] *s. m.*
[ÉTYM. Composé avec le lat. quercus, chêne, et le franç. citron, § 284. ‖ 1812. MOZIN, *Dict. franç.-allem.* Admis ACAD. 1835.]
‖ (Botan.) Grand chêne vert de l'Amérique du Nord, dont l'écorce fournit une matière tinctoriale jaune.

QUERELLE [ke-rèl] *s. f.*
[ÉTYM. Du lat. querella, *m. s.* devenu querele, §§ 366 et 291, écrit plus récemment querelle par réaction étymologique, § 502.]
I. *Anciennt.* Plainte. La gente Philomèle, Lamentant... son antique —, R. GARNIER, *Marc-Antoine*, II, 329. ‖ *Spécialt.* Plainte en justice. Les simples gens... laissent perdre les querelles parce qu'ils ne les osent maintenir, BEAUMAN. I, 4. ‖ *P. ext.* Parti du plaignant. ‖ *Fig.* La cause de qqn. Prendre, embrasser, épouser la — de qqn. Amis tout prêts à prendre sa —, RAC. *Brit.* IV, 3. Trois en ce même jour sont morts pour sa —, CORN. *Hor.* V, 3. Voilà donc quels vengeurs s'arment pour ta —! RAC. *Ath.* III, 7.
II. *P. ext.* Différend entre personnes amenant échange de plaintes, de reproches. Être en — avec qqn. Avoir — avec qqu. Il passa par Poitiers, où nous prîmes —, CORN. *Ment.* IV, 1. Vider une — par les armes. Arbitres... des querelles des rois, BOIL. *Ép.* 4. Une — littéraire. La — des anciens et des modernes. Faire, chercher — à qqn, la provoquer. Vous aimez les gens pour leur faire —, MOL. *Mis.* II, 1. Chercher à qqn une — d'Allemand, sans sujet. (*V.* allemand.) Les querelles ne dureraient pas longtemps si le tort n'était que d'un côté, LA ROCHEF. *Max.* 496.

QUERELLER [ke-rè-lé] *v. tr.*
[ÉTYM. Dérivé de querelle, § 154. ‖ XII° s. Deus le het et querele, GARN. DE PONT-STE-MAX. *St Thomas*, 2870.]
I. *Anciennt.* Porter plainte en justice.
‖ 1° *Vieilli.* — qqch à qqn, le réclamer, le lui disputer. ‖ *Fig.* Ne lui querelle point un bien que tu possèdes, CORN. *Suiv.* IV, 8.
‖ 2° *Vieilli.* — qqn, l'attaquer en justice. ‖ *Fig.* — qqn, lui chercher querelle, lui adresser des plaintes, des reproches. C'est pour me —... Que vous avez voulu me ramener chez moi, MOL. *Mis.* II, 1. C'est toi... qui as été cause que j'ai tant querellé la servante, ID. *Scap.* II, 3. Querellez ciel et terre, CORN. *Hor.* II, 4. ‖ *Vieilli.* — à qqn. ‖ *Absolt.* Je ne querelle point, MOL. *Mis.* II, 1.
II. Se — avec qqn, avoir une querelle avec lui. Se sont-ils querellés? CORN. *Poly.* III, 2. Faire — les sens et la raison, BOIL. *Art* p. 2.

QUERELLEUR, EUSE [ke-rè-leur, -leuz'] *s. m.* et *f.*
[ÉTYM. Dérivé de quereller, § 112. ‖ XIII° s. En cest cas li sires seroit querelerres, *Établissem. de St Louis*, II, p. 28, Viollet.]
‖ Celui, celle qui cherche les querelles. C'est un —, RICHEL. *Dict. Adjectivt.* Tous les gens querelleurs,... Au dire de chacun, étaient de petits saints, LA F. *Fab.* VII, 1. Une femme querelleuse.

'**QUERELLEUX, EUSE** [ke-rè-leu, -leuz'] *adj.*
[ÉTYM. Dérivé de querelle, § 116. ‖ XIII° s. Que il soit riotous ne querelous, *Ass. de Jérus.* 103. ACAD. 1694 donne querelleux comme synonyme de querelleur.]
‖ *Vieilli.* Qui aime les querelles. (*Cf.* querelleur.)

QUÉRIMONIE [ké-ri-mò-ni] *s. f.*
[ÉTYM. Emprunté du lat. querimonia, *m. s.* ‖ XIV° s. Querymone, JEH. DES PREIS, dans GODEF. querimoine. ‖ 1500. Terribles querimonies, dans MONTAIGLON, *Anc. Poés. franç.* XII, 289. Admis ACAD. 1762.]
‖ *Vieilli.* Plainte. Finissez votre —, SCARR. *Jodelet duelliste*, V, 2. ‖ *Spécialt.* (Droit canon.) Plainte, requête présentée à l'official pour obtenir la permission de publier un monitoire.

QUERIR [ke-rîr; *pop.* kri] *v. tr.*
[ÉTYM. Tiré de querre 1, par changement de conjugaison, § 629.]
‖ *Vieilli.* Aller chercher (qqn, qqch). (Ne s'emploie plus qu'à l'infinitif et après un verbe de mouvement.) Qu'ils aillent — des violons, MOL. *Préc. rid.* sc. 11. Quand on les allait — pour commander les armées, BOSS. *Hist. univ.* III, 6. *Loc. prov.* Mieux vaut tenir que —. Personne bonne à aller — la mort, lente à agir.

1. *QUERRE [kèr] *v. tr.*
[ÉTYM. Du lat. quærere, *m. s.* §§ 332, 290 et 291.]
‖ *Anciennt.* Chercher. *Spécialt.* N'avoir rien à — (rien à voir, rien à faire) qqpart. Messieurs, dit-il, en ce lieu n'ont que —, LA F. *Ball. des Augustins.*

2. *QUERRE [kèr] *s. f.*
[ÉTYM. Du lat. quadra, forme carrée, devenu quedre, querre, §§ 295, 413 et 291. (*Cf.* équerre et carre.)]
‖ *Dialect.* Carne, coin à angle droit. Les quatre querres ou côtés qui joignent ces quatre faces, DESC. *Méth.* 3.

QUESTEUR [kuès-teur] *s. m.*
[ÉTYM. Emprunté du lat. quæstor, *m. s.* ‖ 1539. Declus questeur, E. DE LAIGUE, *Comm. de Aulus Hirtius*, dans DELB. *Rec.* Admis ACAD. 1718.]
‖ 1° (Antiq. rom.) Magistrat administrant les finances.
‖ 2° Celui qui, dans certains corps, est chargé de surveiller l'emploi des fonds. Les questeurs de la chambre des députés, du sénat.

QUESTION [kès-tyon; *en vers*, -ti-on] *s. f.*
[ÉTYM. Emprunté du lat. quæstio, *m. s.* ‖ XII° s. Vos i avez tot oblié La premeraine question, *Énéas*, 8499.]
I. Demande faite à qqn pour s'éclairer sur qqch. Adresser, poser une — à qqn. Accabler, presser qqn de questions. Répondre à une —. Il m'a fait à l'abord cent questions frivoles, MOL. *Fâch.* I, 1. *Ironiqt.* Belle —! en parlant d'une question inutile ou ridicule. ‖ Poser une — à un élève, l'interroger sur les matières de l'examen. ‖ *P. ext.* Point à éclaircir. Une — bien posée est à demi résolue. Sortir de la —. Rappeler l'orateur à la —. Vous n'êtes pas à la —. Ce n'est pas la —. Ce qui est en —. De quoi est-il —? La — préalable, dans une assemblée délibérante, le fait de décider si on mettra une chose en délibération. Poser la — de cabinet, déclarer que le ministère se retire si la proposition est rejetée. L'affaire en —. La personne en —, dont il s'agit. Qu'il n'en soit plus —. Son adhésion ne fait pas —. Il n'est point — qu'elle guérisse si promptement, SÉV. 950.
II. *P. ext.* Torture infligée à un accusé pour lui arracher des aveux. La — ordinaire, extraordinaire, selon le degré de violence de la torture. Appliquer, mettre à la —. La — est une invention merveilleuse et tout à fait sûre pour perdre un innocent qui a la complexion faible, et sauver un coupable qui est né robuste, LA BR. 14. N'avez-vous jamais vu donner la —? RAC. *Plaid.* III, 4. ‖ *Fig.* Traitement pénible infligé à qqn. Figurez-vous la — qu'au sire On donna lors, LA F. *Contes, Lunettes.*

1. QUESTIONNAIRE [kès-tyò-nèr; *en vers*, -ti-ò-...] *s. m.*
[ÉTYM. Emprunté du lat. quæstionarius, *m. s.* ‖ XVI°-XVII° s. Un engin... que les questionnaires appellent chausse d'hypocras, D'AUB. *Hist. univ.* I, p. 214, de Ruble.]
‖ *Anciennt.* Bourreau chargé de donner la question aux accusés.

2. QUESTIONNAIRE [kès-tyò-nèr; *en vers*, -ti-ò-...] *s. m.*
[ÉTYM. Dérivé de question, § 248. ‖ 1555. Aucuns vegetables que cy après nous dirons au questionaire, *Tresor de Evonime*, dans DELB. *Rec.* Admis ACAD. 1878.]

|| (T. didact.) Recueil, série de questions à adresser (pour une enquête, pour un examen).

QUESTIONNER [kĕs'-tyò-né; *en vers,* -ti-ò-né] *v. tr.*
[ÉTYM. Dérivé de question, § 266. En latin quæstionare signifie « mettre à la question ». || XIII° s. Et ge si le questionai, De gramaire li demandai, *Renart*, XII, 635.]
|| Interpeller par une question. Ma grand-tante... m'ayant questionnée sur mes talents, B. DE ST-P. *Paul et Virg.* || *P. plaisant. Fig.* Tâter. Mépriser ma jambe (malade), et... ne la point — à tout moment, SÉV. 967.

QUESTIONNEUR, EUSE [kĕs'-tyò-neûr, -neûz'; *en vers,*-ti-ò-...] *s. m.* et *f.*
[ÉTYM. Dérivé de questionner, § 112. || 1554. Demandeur et questionneur, J. DE MAUMONT, *St Justin,* dans DELB. *Rec.*]
|| Celui, celle qui aime à faire des questions. Ils n'écoutent plus ce qu'un obstiné — leur demande, J.-J. ROUSS. *Ém.* 2.

QUESTURE [kŭĕs'-tür] *s. f.*
[ÉTYM. Emprunté du lat. quæstura, *m. s.* || 1680. RICHEL. Admis ACAD. 1718.]
|| **1°** (Antiq. rom.) Charge, dignité de questeur.
|| **2°** Fonction de questeur (dans certains corps). || Bureau du questeur.

1. QUÊTE [kĕt'] *s. f.*
[ÉTYM. Pour queste, § 422, subst. particip. de querre, quérir, chercher, § 45. (*Cf.* conquête, enquête, etc.) || XII° s. Usure est trop laide queste, ÉT. DE FOUGÈRES, *Livre des man.* dans DELB. *Rec.*]
|| **1°** Action d'aller à la recherche de qqn, de qqch. Être, se mettre en —. A votre — ayant perdu mes peines, MOL. *Ét.* v, 9. En — de nourriture et d'abri, CHATEAUBR. *Génie,* I, v, 9. || *Spécialt.* (Chasse.) Action de chercher le gibier. Ils conviennent de prix et se mettent en —, LA F. *Fab.* v, 20. Les autres chiens... abandonnent leur —, ID. *Adonis.* Limier bon pour la —.
|| **2°** Action de demander, de recueillir des aumônes pour des œuvres charitables ou pieuses. Faire la — dans l'église. — à domicile. — pour les pauvres. || *P. ext.* Argent donné pour une quête. Apprêtez la — | Voilà frère Philippe ! LA F. *Contes, Oies de frère Philippe.*

2. QUÊTE [kĕt'] *s. f.*
[ÉTYM. Paraît être une forme normanno-picarde pour chête, §§ 16 et 391, autrefois cheaite, cheoite, cheeite, chute. (*V.* ce mot.) || 1690. Queste, FURET. Admis ACAD. 1762.]
|| (Marine.) Saillie formée par l'inclinaison de l'arrière d'un navire du couronnement à la quille.

QUÊTER [kĕ-té] *v. tr.*
[ÉTYM. Dérivé de quête 1, § 154. || XII° s. Or ne vous sai u quester, *Aucassin et Nicol.* xxxv, 11.]
|| **1°** *Vieilli.* Aller chercher. Le père Wolf que j'envoyai —, ST-SIM. I, 182. || *Spécialt.* (Chasse.) Chercher le gibier. Le lièvre était gîté dessous un maître chou; On le quête, on le lance, LA F. *Fab.* IV, 4. *Absolt.* Un épagneul qui quête bien.
|| **2°** Demander, recueillir (de l'argent) pour des œuvres charitables ou pieuses. | *Absolt.* Va pour les malheureux quêtant dans les maisons, BOIL. *Sat.* 10. — pour les pauvres. En quêtant par le bourg, LA F. *Contes, Hermite.* || *Fig.* Mendier. — des louanges, des suffrages.

QUÊTEUR, EUSE [kò-teûr, -teûz'] *s. m.* et *f.*
[ÉTYM. Dérivé de quêter, § 112. || XII°-XIII° s. Quant li quest[e]or aprochoient, *Guill. de Palerme,* 3767.]
|| Celui, celle qui quête. | 1. Celui, celle qui quête le gibier. *Adjectivt.* Un chien —. | 2. Celui, celle qui quête des aumônes. *Spécialt.* Celui, celle qui se charge de quêter pour des œuvres charitables ou pieuses. || *Adjectivt.* Un frère —. Une dame quêteuse.

1. QUEUE [keû] *s. f.*
[ÉTYM. Du lat. cǫda (variante de cauda), *m. s.* devenu code, coe, keue, queue, §§ 325, 411 et 291.]
I. Prolongement plus ou moins allongé qui termine postérieurement le tronc des vertébrés. La — d'un bœuf, d'un mouton, d'un chien. Le malheureux lion... Fait résonner sa — à l'entour de ses flancs, LA F. *Fab.* II, 9. Coup de —, donné avec la queue. Serrant la — et portant bas l'oreille, LA F. *Fab.* I, 18. Le sapajou a une — prenante. *Loc. prov.* Quand on parle du loup, on en voit la —, se dit quand une personne survient au moment où l'on parle d'elle. Quand il faut passer l'eau, l'écureuil se sert d'une écorce pour vaisseau, et de sa — pour voile et pour gouvernail, BUFF. *Écureuil.* Un cheval à longue —. *Spécialt.* — de cheval, insigne qu'on porte devant un pacha. Un pacha à deux, à trois queues. || Le diable est représenté avec une —. *Loc. prov.* Tirer le diable par la —. (*V.* diable.)
|| *P. anal.* || **1°** Chez les oiseaux, longues plumes disposées au-dessus du croupion. Oiseau jaloux (le paon), Toi... qui déploies Une si riche —, LA F. *Fab.* II, 17. La — d'une pie, et, *fig. famil.* Un habit en — de pie.
|| **2°** Chez les reptiles, les poissons, les insectes, partie qui termine le corps par derrière. Le serpent a deux parties Du genre humain ennemies, Tête et —, LA F. *Fab.* VII, 17. Une — de saumon, de morue. *Fig. Famil.* Un habit en — de morue. (*V.* morue.) Comme on mesure le poisson entre — et tête, LA BR. 3. || *Loc. prov.* Écorcher l'anguille par la —, commencer par l'endroit le plus difficile.
|| **3°** Dans les plantes, pédoncule par lequel une feuille, une fleur, un fruit tient à la branche. La — d'une rose, d'une pomme, d'un melon. De la tisane de queues de cerise.
II. *Fig.* Ce qui termine qqch, en forme de queue. La — d'un g, d'un p, le trait vertical qui descend sous la ligne. | (Musique.) La — d'une noire, d'une croche, le trait vertical qui s'attache à la figure d'une note de musique. La — d'une comète, traînée lumineuse qui suit le corps de la comète. La — de la grande, de la petite Ourse, les étoiles qui vont en s'éloignant du quadrilatère formé par ces constellations. La — d'une poêle, d'une casserole, long manche qui sert à les tenir. *Fig.* Tenir la — de la poêle, avoir à diriger les choses. Un piano à —, dont les cordes sont étendues horizontalement dans le sens de leur longueur. La — d'un bouton, appendice par lequel on le coud. La — d'une robe, d'un manteau, l'extrémité de la traîne. Allons, petit garçon, qu'on tienne bien ma —, MOL. *Mar. forcé,* sc. 2. || Porter la —. | 1. Avoir une robe à queue. *Fig.* Étaler du luxe. La vertu ne s'abaisse jamais à porter la —, MALH. *Bienf. de Sénéq.* IV, 2. | 2. Avoir les cheveux de derrière en longue mèche nouée avec un ruban. Faire la — à qqn, lui arranger ainsi les cheveux par derrière, et, *fig.* le tromper. Une — de billard : *ancienn,* petit bout de la tige dite billard, qui servait à pousser les billes ; *aujourd'hui,* tige terminée par un petit bout garni de cuir qui sert à pousser les billes. La — d'un cortège, d'une procession. Prendre la —, se mettre aux derniers rangs. Attaquer une armée en —, par derrière. Vaisseau de —, qui termine une ligne de marche ou de bataille. || *Spécialt.* File de gens qui attendent l'ouverture d'un théâtre, d'un bureau, etc. Faire la —, faire —, prendre rang à la file. | *Famil.* A la leu leu (*anciennt* A la — le leu, à la queue du loup), l'un derrière l'autre. | La — d'un parti, les derniers débris de ce parti. *Fig.* Couper sa —, se séparer de la partie compromettante de son parti. Laisser une — dans un paiement, laisser un arriéré. Prendre une chose par la tête et la —, l'examiner en tous les sens. | Commencer le roman par la —, par la fin, et, *fig.* parler de mariage avant de parler d'amour. Ne faire l'amour qu'en faisant le contrat du mariage, et prendre justement le roman par la —, MOL. *Préc. rid.* sc. 4. | A certains jeux, somme qui s'ajoute à l'enjeu principal, pour celui qui gagne. | — du chat, figure de contredanse. || (Marine.) — de chat, fouet de corde avec lequel on infligeait des peines corporelles.

2. QUEUE [keû] *s. f.*
[ÉTYM. Paraît identique à queue 1, si l'on s'en rapporte aux textes latins du moyen âge qui traduisent une queue de vin par cauda vini. || XIII° s. Atant doit la queue come le tonel, E. BOILEAU, *Livre des mest.* II, IV, 11.]
|| Futaille d'un muid et demi environ. Une demi-—.

3. QUEUE. *V.* queux 1.

QUEUSSI-QUEUMI [keû-si-keû-mi] *adv.*
[ÉTYM. Origine incertaine. (*V.* § 726.) || 1616. A. DE MONLUC, *Comédie des proverbes,* III, 1. Admis ACAD. 1798.]
|| *Vieilli.* Pareillement.

QUEUTER [keû-té] *v. intr.*
[ÉTYM. Dérivé irrégulier de queue 1, §§ 63, 64 et 154. || 1812. MOZIN, *Dict. franç.-allem.* Admis ACAD. 1835.]
|| (T. de jeu de billard.) Pousser à la fois sa bille et celle sur laquelle on joue, quand elles sont rapprochées.

1. QUEUX [keû] *s. f.*
[ÉTYM. Du lat. cǫtem, *m. s.* qui aurait dû donner queu, §§ 325, 402 et 291. L'x actuel a remplacé le z de l'anc. franç. dont l'origine est inexpliquée : Se je sui preuz Me porrai tochier a la queuz, CHRÉTIEN DE TROYES, *Cligès,* 4251. Qqns écrivent queue, par confusion avec queue 1.]

|| *Vieilli.* Pierre à aiguiser.

2. QUEUX [keu] *s. m.*

[ÉTYM. Du lat. cŏcus (variante de coquus), *m. s.* devenu cuecs, cues, cuous, queus, queux, §§ 320, 388 et 291. Sur le maintien du cas sujet queux à la place du cas régime queu, *V.* § 538.]

|| *Vieilli.* Cuisinier. La corporation des maltres —.

QUI [ki] *pron. relat. et interr.*

[ÉTYM. Du lat. qui, pron. relat. masc. qui, en lat. pop., a absorbé le fém. (quæ) et le neutre (quod) et remplacé le pron. interrog. (quis). Dans le français actuel, qui représente à la fois l'anc. sujet (ki) et l'anc. régime direct et indirect (cui).]

I. Pronom relatif conjonctif. || **1°** Sujet ou attribut. Celui qui règne dans les cieux, BOSS. *R. d'Angl.* L'amour avidement croit tout ce qui le flatte. N'accuse point mon sort, c'est toi seul qui l'as fait, CORN. *Cinna*, III, 4. C'est moi qui, la première, Seigneur, vous appelai de ce doux nom de père, RAC. *Iph.* IV, 4. | Le sujet qui vous amène. La querelle qui les divise. || *Ellipt.* Celui qui. A qui (à celui qui) venge son père il n'est rien d'impossible, CORN. *Cid*, II, 2. Écrive qui voudra, BOIL. *Sat.* 9. Qui dit prude au contraire, il dit laide, LA F. *Contes, Coupe enchantée.* Qui veut mourir ou vaincre est vaincu rarement, CORN. *Hor.* II, 1. J'ai tort d'en parler à qui ne peut m'entendre, ID. *Poly.* V, 3. | *Ellipt. Vieilli.* Bonne chasse, dit-il, qui (pour celui qui) l'aurait à son croc, LA F. *Fab.* V, 8. | *Vieilli.* Ce qui. Vous pensâtes même ne me pas trouver, qui eût été une belle chose, SÉV. 594. Et, qui pis est. | Qui répété : celui-ci, celui-là. Les médecins... n'ont pas manqué de dire que cela procédait, qui du cerveau, qui des entrailles, MOL. *Méd. m. l.* II, 5. | Toi donc, qui que tu sois, ô père de famille, LA F. *Fab.* XI, 3. Qui que vous soyez. Qui que ce soit. *Vieilli.* Qui qu'il soit, même prix est acquis à sa peine, CORN. *Cid*, IV, 5.

|| **2°** Complément direct. Je vois bien qui vous préférez. Je ne sais qui je dois admirer davantage Ou de ce grand amour ou de ce grand courage, CORN. *Illus. com.* V, 3.

|| **3°** Complément indirect, avec une préposition. Il y a du plaisir à rencontrer les yeux de celui à qui l'on vient de donner, LA BR. 4. Votre vie est pour moi d'un prix à qui tout cède, RAC. *Phèd.* III, 3. Deux pivots sur qui roule aujourd'hui notre vie, LA F. *Fab.* V, 1. Une aimable présence Contre qui mon devoir a trop peu de défense, CORN. *Poly.* II, 2.

II. Pronom interrogatif. || **1°** Sujet. Qui de vous deux aujourd'hui m'assassine? CORN. *Poly.* V, 3. Qui te l'a dit? RAC. *Andr.* V, 3. Entre tant d'animaux qui sont ceux qu'on estime? BOIL. *Sat.* 5. Et qui sait ce qu'un jour ce fils peut entreprendre? RAC. *Andr.* I, 2.

|| **2°** Complément direct. Qui préférez-vous? Qui croyez-vous des deux?

|| **3°** Complément indirect, avec une préposition. Ciel, à qui voulez-vous désormais que je fie Les secrets de mon âme? CORN. *Cinna*, IV, 2. Pour qui sont ces serpents qui sifflent sur vos têtes? RAC. *Andr.* V, 5. Contre qui que ce soit que mon pays m'emploie, CORN. *Hor.* II, 3.

QUIA [kui-yà] *adv.*

[ÉTYM. Mot latin signifiant « parce que », emprunté aux disputes scolastiques, § 217. || XV° s. Par femmes viennent a quia, G. ALEXIS, *Débat*, 21, Piaget et Picot.]

|| Mettre qqn à —, le réduire à ne pouvoir répondre. Être à —. Si quelqu'un lui réplique et qu'il soit à —, RÉGNIER, *Sat.* 10.

QUIBUS [kui-büs'] *s. m.*

[ÉTYM. Mot latin signifiant « desquels », c'est-à-dire « de quoi », § 217. (*Cf.* la locution avoir de quoi.) || XV° s. Qui ne fonce de quibus, COQUILLART, II, 22. Admis ACAD. 1835.]

|| *Pop.* Argent. Toucher un peu de —, POUSSIN, *Lett.* 19 févr. 1639.

QUICONQUE [ki-kŏnk'] *pron. indéf. masc. sing.*

[ÉTYM. Emprunté du lat. quicumque, *m. s.* L'anc. franç. dit quionques, quiquionques, par une juxtaposition de qui, simple ou répété, avec onques. || XII° s. Saichet bien, kikionkes k'il soit, k'il est en estacion, *Serm. de St Bern.* p. 123.]

|| **1°** Celui, quel qu'il soit, qui. — a beaucoup vu Peut avoir beaucoup retenu, LA F. *Fab.* I, 8. Esclave-né de — l'achète, BOIL. *Sat.* 9. — ne sait pas dévorer un affront... Loin de l'aspect des rois qu'il s'écarte, RAC. *Esth.* III, 1. | *P. syllepse.* — n'est pas d'accord avec la vérité, elle les repousse et les condamne, BOSS. *Haine pour la vérité*, 3.

|| **2°** *Rare.* Qui que ce soit qui. O — des deux avez versé son sang, CORN. *Rodog.* V, 4.

|| **3°** Il n'importe qui. Une envie de railler de toutes choses et de —, BOURD. *Retraite spirit.* 3° jour.

QUIDAM [ki-dan] *s. m.*

[ÉTYM. Emprunté du lat. quidam, quelqu'un, § 217. || XIV° s. Un quidam fut qui rapporta..., *Récits d'un bourg. de Valenciennes*, dans DELB. *Rec.*]

|| Certain individu. Un — les rencontre, LA F. *Fab.* III, 1. || *Spécialt.* (Droit.) Personne dont on tait le nom. Lesdits quidams... Ont obtenu déjà sentence par défaut, REGNARD, *Joueur*, III, 4. *Au fém.* Une quidane. Lesdites deux quidanes.

QUIDANE [ki-dàn']. *V.* quidam.

QUIDDITÉ [kuïd'-di-té] *s. f.*

[ÉTYM. Emprunté du lat. scolast. quidditas, *m. s.* dérivé de quid, quoi, §§ 217 et 255. || XIV° s. En son essence et quiddité, *Ars d'amour*, dans DELB. *Rec.* Admis ACAD. 1835.]

|| (Scolast.) Qualité constituant l'essence d'une personne, d'une chose.

QUIESCENT, ENTE [kui-yĕs'-san, -sänt'] *adj.*

[ÉTYM. Emprunté du lat. quiescens, *m. s.* part. de quiescere, être en repos. || *Néolog.* Admis ACAD. 1835.]

|| (T. didact.) Qui est inactif. || *Spécialt.* | **1.** (Gramm.) Lettres hébraïques quiescentes, qui ne se prononcent pas quand elles ne sont pas accompagnées de points indiquant les voyelles. | **2.** (Chimie anc.) Affinités quiescentes, affinités d'acides pour leurs bases sans décomposition.

QUIET, ÈTE [kui-yè, -yèt'] *adj.*

[ÉTYM. Emprunté du lat. quietus, *m. s.* (*Cf.* le doublet coi et inquiet.) || XIII° s. Home quiete, ce est a dire home paisible, *Bible*, dans GODEF.]

|| *Vieilli.* Tranquille. Je me contente d'une mort recueillie en soi, quiète et solitaire, MONTAIGNE, III, 9.

QUIÉTISME [kui-yé-tïsm'] *s. m.*

[ÉTYM. Dérivé de quiet, § 265. || XVII° s. *V.* à l'article. Admis ACAD. 1718.]

|| (T. didact.) Doctrine mystique qui met la perfection de l'homme dans l'anéantissement de sa volonté en Dieu et une vie de contemplation passive. Le — est une adresse du diable, NICOLE, *Essais de morale*, t. VIII, 2° part., p. 181.

QUIÉTISTE [kui-yé-tïst'] *s. m.* et *f.*

[ÉTYM. Dérivé de quiet, § 265. || XVII° s. *V.* à l'article. Admis ACAD. 1718.]

|| (T. didact.) Celui, celle qui professe le quiétisme. Molinos, chef des quiétistes, NICOLE, *Essais de morale*, t. VIII, 2° part., p. 168. Les nouveaux mystiques ou contemplatifs connus sous le nom de quiétistes, BOSS. *États d'orais.* I, 12.

QUIÉTUDE [kui-yé-tud'] *s. f.*

[ÉTYM. Emprunté du lat. ecclés. quietudo, *m. s.* || Vers 1500. Sans aucune refocillation ou quietude, *Livre du faucon*, dans DELB. *Rec.*]

|| Douce tranquillité d'âme. || *P. ext.* Anéantissement de la volonté en Dieu. Oraison de —.

1. QUIGNON [ki-ñon] *s. m.*

[ÉTYM. Semble être une forme altérée pour coignon, dérivé de coin, § 104. (*Cf.* cuignet, fréquent en anc. franç. pour coignet.) || XIV° s. Avec leur quatre quignons, *Mir. de Ste Genev.* dans LITTRÉ.]

|| Gros morceau de pain. (*Cf.* chanteau.)

2. 'QUIGNON [ki-ñon] *s. m.*

[ÉTYM. Origine incertaine. Peut-être du lat. quiniqnem, réunion de cinq choses.]

|| (T. rural.) Tas de lin recouvert de chaume qu'on laisse dans les champs pour qu'il achève de mûrir.

'QUILBOQUET [kĭl-bò-kè] *s. m.*

[ÉTYM. Mot analogue à bilboquet, de formation obscure. Qqns disent équilboquet. || XVI°-XVII° s. Quillebouquet, E. BINET, *Merv. de la nature*, dans GODEF. *Compl.*]

|| (Technol.) Outil à équarrir les mortaises.

QUILLAGE [ki-yàj'] *s. m.*

[ÉTYM. Dérivé de quille 2, § 78. || Admis ACAD. 1762.]

|| *Anciennt.* Indemnité due par tout navire marchand étranger entrant pour la première fois dans un port de France. Droit de —.

1. QUILLE [kĭy'] *s. f.*

[ÉTYM. Mot d'origine germanique, §§ 6, 498 et 499 : allem. kegel, *m. s.* et keil, au moyen âge kil, piquet. || 1320. Cum... luderent ad quillias, alias quilles, dans DU C. quillia.]

I. Chacun des neuf cônes de bois qu'on pose sur le sol par leur base et qu'on doit abattre avec une boule qu'on lance à distance. Jouer aux quilles. Abattre des quilles. || *Loc. prov.* Grand abatteur de quilles. (*V.* abatteur.) Planté là comme une —, immobile sur ses pieds. Être reçu comme un chien dans un jeu de quilles, recevoir mauvais accueil. Louville fut reçu comme un chien dans un jeu de quilles, ST-SIM. XIII, 140. Le sac et les quilles, les quilles avec le sac où on les serre. Prendre son sac et ses quilles, trousser ses quilles, plier bagage. Et ne laisse aux plaideurs que le sac et les quilles (il ne leur reste qu'à se retirer), LA F. *Fab.* IX, 9.

II. *Par anal. de forme.* | **1.** (Technol.) Gros coin de bois à l'usage des ardoisiers. | **2.** *Trivial.* Jambe.

2. QUILLE [kĭy'] *s. f.*
[ÉTYM. Emprunté du holland. kiel (*cf.* allem. kiel, angl. keel), *m. s.* § 10. || 1382. Mettre une neuve quille, *Compte du clos des galees de Rouen,* dans DELB. *Rec.*]
|| (Marine.) Longue et forte membrure de bois qui va de la proue à la poupe d'un navire, formant la base sur laquelle on fixe les varangues, l'étambot et l'étrave. Virer en —, incliner le navire de manière à mettre la quille hors de l'eau. || Fausse —, planche qu'on applique au-dessous de la quille, pour la préserver.

'QUILLÉ, ÉE [ki-yé] *adj.*
[ÉTYM. Dérivé de quille 2, § 118. || *Néolog.*]
|| (Marine.) Muni d'une quille. Embarcation quillée.

QUILLER [ki-yé] *v. intr. et tr.*
[ÉTYM. Dérivé de quille 1, § 154. || Vers 1330. De jouer au gieu de la boule D'aler quillier, d'aler billier, G. DE DIGUL-LEVILLE, *Pelerinage de vie humaine,* 11842, Stürzinger.]
|| **1°** *V. intr.* Lancer une quille le plus près possible de la boule, pour savoir qui jouera le premier.
|| **2°** *Famil. V. tr.* Atteindre avec des projectiles (comme une quille avec la boule).

QUILLETTE [ki-yĕt'] *s. f.*
[ÉTYM. Dérivé de quille 1, § 133. || Admis ACAD. 1762.]
|| (T. rural.) Rejeton qu'on enfonce en terre pour qu'il prenne racine. Planter des osiers en quillettes.

QUILLIER [ki-yé] *s. m.*
[ÉTYM. Dérivé de quille 1, § 115. || 1471. Une grant pierre de quillier, dans GODEF.]
|| Espace sur lequel on range les neuf quilles du jeu.

'QUILLON [ki-yon] *s. m.*
[ÉTYM. Dérivé de quille, § 104. || 1611. Quillons de la garde d'une espée, COTGR.]
|| (Technol.) Chacune des deux branches qui partent de l'assise centrale de la garde d'une épée, entre la poignée et la lame. — de garde, recourbé vers le pommeau. — de parade, recourbé vers la lame.

'QUIN [kin], **QUINA** [ki-nà]. *V.* quinquina.

QUINAIRE [ki-nèr] *adj. et s. m.*
[ÉTYM. Emprunté du lat. quinarius, *m. s.* || XVIᵉ s. Le nombre quinaire, RAB. III, 20. Admis ACAD. 1835.]
I. *Adj.* (T. didact.) Qui a pour base le nombre cinq. Système de numération —, où cinq unités du premier ordre formeraient une unité du second, et ainsi de suite.
II. *S. m.* (Antiq. rom.) Pièce d'argent valant cinq as. || *P. ext.* Monnaie romaine, d'argent ou d'or, de troisième grandeur.

QUINAUD, AUDE [ki-nó, -nôd'] *adj.*
[ÉTYM. Origine incertaine; peut-être de l'expression faire quines, aux dés, § 138. || XVIᵉ s. Faire gobe quinault, N. DE LA CHESN. *Condamn. de Bancquet.* Comment Panurge feist quinaud l'Angloys, RAB. II, 19.]
|| *Vieilli.* Honteux d'avoir le dessous. Faire qqn —. | *Fig.* Fit-il, avec son art, la nature quinaude? RÉGNIER, *Sat.* 11.

QUINCAILLE [kin-kày'] *s. f.*
[ÉTYM. Pour clincaille, § 361, dérivé de l'anc. verbe clinquer (*cf.* clinquant), § 95. || XVᵉ s. Je ne quier riens que la cliquaille, A. GREBAN, *Passion,* 7591. Admis ACAD. 1740.]
|| Objets, ustensiles de fer, de cuivre. || *P. ext. Famil.* Monnaie de cuivre.

QUINCAILLERIE [kin-kày'-ri; *en vers,* -kà-ye-ri] *s. f.*
[ÉTYM. Dérivé de quincaillier, §§ 65 et 68. || XIIIᵉ-XIVᵉ s. Tous marchans vendans quincaillerie, *Droits de la foire de St-Ladre,* dans E. BOILEAU, *Livre des mest.* p. 440, Depping.]
|| Commerce de quincaillier.

QUINCAILLIER, 'QUINCAILLIÈRE [kin-kà-yé, -yèr] *s. m. et f.*
[ÉTYM. Dérivé de quincaille, § 115. || 1539. Un quinqualier, R. EST.]
|| Marchand, marchande de quincaille.

'QUINCAJOU. *V.* kinkajou.

QUINCONCE [kin-kôns'] *s. m.*
[ÉTYM. Emprunté du lat. quincunx, monnaie valant cinq onces, où cinq boucles étaient figurées. Au XVIIᵉ et au XVIIIᵉ s. la langue hésite entre quinconche, forme due à l'influence italienne, § 12 (FURET. 1690 et ACAD. 1740), quinconge (ACAD. 1740) et quincunx (ROLLIN). || XVIᵉ s. Arbres fruictiers en ordre quinconce, RAB. I, 55. Admis ACAD. 1718.]
|| (T. didact.) Réunion d'objets disposés par cinq, quatre en carré et un au milieu. || *Spéciall.* Arbres en —, disposés par cinq, et, *p. ext.* Un —, plantation d'arbres ainsi disposés.

QUINDÉCAGONE [kuin-dé-kà-gòn'] *s. m.*
[ÉTYM. Composé hybride formé avec le lat. quindecim, quinze, et le grec γῶνος, angle, d'après décagone, § 284. || Admis ACAD. 1762.]
|| (Géom.) Figure qui a quinze côtés et quinze angles.

QUINDÉCEMVIR et, *mieux,* **'QUINDÉCIMVIR** [kuin-dé-sĭm'-vĭr] *s. m.*
[ÉTYM. Emprunté du lat. quindecimvir, *m. s.* et influencé par décemvir, § 509. || Admis ACAD. 1762.]
|| (Antiq. rom.) Chacun des quinze officiers préposés à la garde des livres sibyllins.

QUINE [kin'] *s. m.*
[ÉTYM. Anc. franç. quines (au sens **I**), du lat. quinas, accusatif plur. fém. de quini (inusité au sing.), cinq par cinq, § 291. ACAD. 1694-1762 ne connaît que quines, remplacé par quine en 1798. || XIIᵉ s. A la foiee giettent quines, WACE, *Brut,* var. dans LA C.]
I. Au jeu de dés, de trictrac, coup où chacun des dés amène un cinq.
II. *P. ext.* || **1°** Au loto, réunion de cinq numéros sur la même ligne horizontale.
|| **2°** A la loterie, cinq numéros pris et sortis ensemble. Gagner un —. || *Loc. prov.* C'est un — à la loterie, une chance inespérée.

QUININE [ki-nin'] *s. f.*
[ÉTYM. Dérivé de quina, forme abrégée de quinquina, §§ 245 et 282 *bis.* || *Néolog.* Admis ACAD. 1835.]
|| (Chimie.) Alcaloïde végétal extrait du quinquina. Sulfate de —, fébrifuge formé de quinine et d'acide sulfurique.

QUINOLA [ki-nò-là] *s. m.*
[ÉTYM. Emprunté de l'espagn. quinola, *m. s.* § 13. || 1545. Jouer au quinoula, *Farce des cinq sens.*]
|| Au jeu de reversi, le valet de cœur, principale carte de ce jeu. *P. ext.* Le jeu de reversi. || *Fig. Famil.* Valet. Je vaux moins qu'un —, CORN. *Poés. div.* 31.

QUINQUAGÉNAIRE [kuin-kwà-jé-nèr] *adj.*
[ÉTYM. Emprunté du lat. quinquagenarius, *m. s.* || XVIᵉ s. PARÉ, V, 28. Admis ACAD. 1740.]
|| (T. didact.) Agé de cinquante ans. Un homme, une femme —, et, *substantivt,* Un, une —.

QUINQUAGÉSIME [kuin-kwà-jé-zim'] *s. f.*
[ÉTYM. Emprunté du lat. ecclés. quinquagesima (s.-ent. dies, jour), *m. s.* § 216. || 1372. La quinquagesime, J. COR-BICHON, *Propr. des choses,* IX, 29, mss franç. Bibl. nat. 216, fᵒ 158, rᵒ.]
|| (Liturgie.) Le cinquantième jour avant Pâques. Le dimanche de Quinquagésime, de la Quinquagésime.

QUINQUE [kuin-kué] *s. m.*
[ÉTYM. Mot latin signifiant « cinq ». (*Cf.* quatuor.) || 1772. VOLT. *Lett.* 3 avril. Admis ACAD. 1835.]
|| *Vieilli.* Morceau de musique à cinq parties, dit aujourd'hui quintette.

QUINQUENNAL, ALE [kuin-kŭen'-nàl] *adj.*
[ÉTYM. Emprunté du lat. quinquennalis, *m. s.* || Admis ACAD. 1740.]
|| (T. didact.) || **1°** Qui dure cinq ans. Assolement —. Magistrature quinquennale.
|| **2°** Qui a lieu tous les cinq ans. Jeux quinquennaux.

QUINQUENNIUM [kuin-kŭen'-nyòm'; *en vers,* -ni-òm'] *s. m.*
[ÉTYM. Mot lat. signifiant « cinq ans », § 217. (*Cf.* l'anc. franç. quinquannion et quinquenelle, termes de droit.) || Admis ACAD. 1762.]
|| *Vieilli.* (T. universit.) Cours d'études de cinq ans.

QUINQUENOVE [kĭnk'-nòv'; *en vers,* kin-ke-...] *s. m.*
[ÉTYM. Mot venu de Flandre au commencement du XVIIᵉ s., composé avec le lat. quinque, cinq, et novem, neuf, §§ 10 et 269. || 1642. OUD.]
|| Ancien jeu de dés où l'on perdait la mise quand on amenait cinq ou neuf. Joueur de —, SCARR. *Virg. trav.* 7.

QUINQUÉRÈME [kuin-kué-rêm'] s. f.
[ÉTYM. Emprunté du lat. quinqueremis, m. s. || 1530. Trad.
de Titus Livius, dans DELB. Rec. Admis ACAD. 1762.]
|| (Antiq. rom.) Galère à cinq rangs de rames. (Cf. tri-
rème.)
QUINQUET [kin-kè] s. m.
[ÉTYM. Nom propre de fabricant, § 36. || 1789. Lampe à
la Quinquet, dans Journal offic. 1877, 23 janv. p. 493. Admis ACAD. 1835.]
|| Lampe à mèche creuse livrant passage à l'air, ali-
mentée par un réservoir qui verse l'huile goutte à goutte.
Allumer les quinquets.
QUINQUINA [kin-ki-nà] s. m.
[ÉTYM. Pour quinaquina, nom donné au Pérou à une
écorce fébrifuge, § 30. || 1680. RICHEL.]
|| 1° Écorce fébrifuge fournie par les arbres exotiques
du genre Cinchona. (Cf. cinchonine.) Une fièvre dont le — a
eu toutes les peines du monde à le tirer, SÉV. 1324. || P. abrév.
Famil. | 1. Vieilli. Quin. Le quin règne aujourd'hui, LA F.
Quinquina, 2. | 2. Quina. Et toi que le quina guérit si promp-
tement, LA F. Quinquina, 2.
|| 2° P. ext. Arbre qui fournit cette écorce.
QUINT, INTE [kin, -kint'] adj. et s. m. et f.
[ÉTYM. Du lat. quintum, m. s. § 291.]
I. Vieilli. Adj. Cinquième. Charles-Quint, Sixte-Quint. |
Fièvre quinte, dont les accès reviennent tous les cinq jours.
(Syn. quintane.)
II. S. m. et f. || 1° Vieilli. S. m. Cinquième partie
d'un tout. Percevoir le — d'un revenu. || Spéciallt. Cin-
quième d'une succession. Droit de —.
|| 2° S. f. | 1. (Musique.) Intervalle de cinq notes.
Quinte juste ou naturelle, formée de sept demi-tons. Quinte
diminuée, fausse quinte, formée de six demi-tons. || P. ext.
Ancienat. Alto, espèce de violon plus grand que le violon
ordinaire, ayant également quatre cordes, mais montées
à une quinte au-dessus. | 2. (T. de jeu de piquet.) Série
de cinq cartes consécutives dans la même couleur. Quinte
majeure, commençant par l'as. | 3. (Escrime.) Cinquième
garde. | 4. Violent accès de toux (que l'on croyait autre-
fois se produire de cinq en cinq heures). || Fig. Accès de
mauvaise humeur.
QUINTAINE [kin-tên'] s. f.
[ÉTYM. Du lat. quintana, emplacement dans le camp, et
par extension poteau destiné à l'exercice militaire, §§ 299
et 291.]
|| 1° Anciennt. Poteau fiché en terre, et garni d'un
bouclier contre lequel on s'exerce à frapper de la lance,
à lancer des traits, etc.
|| 2° P. ext. (Manège.) Mannequin sur pivot armé d'un
bâton qui venait frapper celui qui, en courant, le tou-
chait maladroitement de la lance. (En ce sens ACAD.
donne quintan, s. m. formé sans autorité.) Paquin de —, ce
mannequin. Courir la —. Fig. Lasse enfin de servir au peuple de —, RÉGNIER, Sat. 13.
QUINTAL [kin-tàl] s. m.
[ÉTYM. Emprunté du bas lat. quintale, de l'arabe quintar,
m. s. § 22. || XIIIᵉ s. Douze mile quintaus pesant, Voy. de
Marc Pol, p. 478.]
|| Poids de cent livres. | — métrique, poids de cent kilo-
grammes.
QUINTAN [kin-tan]. V. quintaine.
QUINTANE [kin-tàn] adj. f.
[ÉTYM. Emprunté du lat. quintana (s.-ent. febris), m. s.
|| XVIᵉ s. Fievres quintaines, PARÉ, Introd. 6.]
|| (Médec.) Fièvre —, qui se produit tous les cinq jours.
QUINTEFEUILLE [kint'-feùy'] s. f.
[ÉTYM. Composé avec quint et feuille, à l'imitation du
lat. quinquefolium, m. s. § 173. || XIIIᵉ s. Quintefuille, Anti-
dotaire de Nicolas, 75, Dorveaux.]
|| Potentille, plante dont la feuille a cinq folioles.
QUINTESSENCE [kin-tês'-sâns] s. f.
[ÉTYM. Pour quinte-essence, composé de quinte et essence,
§ 173, à l'imitation du lat. scolast. quinta essentia, § 217. ||
XIVᵉ s. Ce est le ciel que l'on appelle la quinte essence, ORESME,
dans MEUNIER, Essai sur Oresme.]
|| 1° Anciennt. Substance éthérée, considérée comme
le cinquième et le plus subtil des éléments.
|| 2° P. ext. De nos jours. La partie la plus subtile
d'une substance. Je subtiliserais un morceau de matière,...
— d'atome, extrait de la lumière, LA F. Fab. IX, 20, Disc. à

Mᵐᵉ de la Sablière. || Fig. Mᵐᵉ d'Armagnac, impérieuse et
dure, tirait la — de sa charge, du gouvernement et des biens de
son mari, ST-SIM. V, 365.
QUINTESSENCIER [kin-tês'-san-syé; en vers, -si-é]
v. tr.
[ÉTYM. Dérivé de quintessence, sous l'influence du lat.
scolast. quinta essentia, § 266. ACAD. 1694 écrit quintessen-
tier. || 1611. Quintessencer, quintessentier, COTGR.]
|| (T. didact.) Réduire à la quintessence. || Fig. Raffiner
subtilement. En quelque façon que vous quintessenciiez mes
écrits, THÉOPHILE, Apol. II, 239. Des sentiments quintessen-
ciés. Une pensée quintessenciée.
QUINTETTE [kuin-têt'] et, vieilli, **QUINTETTO** [kuin-
têt'-tó] s. m.
[ÉTYM. Emprunté de l'ital. quintetto, m. s. § 12. || ACAD.
1835 donne quintetto, remplacé par quintette en 1878.]
|| Morceau de musique à cinq parties. (Cf. quinque.)
QUINTEUX, EUSE [kin-teû, -teûz'] adj.
[ÉTYM. Dérivé de quinte, § 112. || XVIᵉ s. Subtiles et quin-
teuses nventions, DU PINET, Hist. nat. de Pline, dans DELB.
Rec.]
I. (Médec.) Qui se produit par quintes. La toux quinteuse
de la coqueluche.
II. Sujet à des accès de mauvaise humeur. Un vieillard
—. Une femme maussade et quinteuse. Loc. prov. — comme
la mule du pape. | Substantivt. Quand je veux dire blanc, la
quinteuse (la rime) dit noir, BOIL. Sat. 2.
QUINTIDI [kuin-ti-di] s. m.
[ÉTYM. Composé avec le lat. quintus, cinquième, et dies,
jour, d'après lundi, etc. § 270. || Admis ACAD. 1798, suppl.]
|| Cinquième jour de la décade républicaine.
QUINTIL, ILE [kuin-til] adj.
[ÉTYM. Dérivé du lat. quintus, cinquième, § 242. En lat.
quintilis signifie « juillet ». || Admis ACAD. 1762.]
|| (Astrol.) — aspect, position de deux planètes distantes
de la cinquième partie du zodiaque (72 degrés).
'QUINTILLE [kin-tïy'] s. m.
[ÉTYM. Emprunté de l'espagn. quintillo, m. s. § 13. ||
XVIIᵉ s. V. à l'article.]
|| Le jeu de l'hombre à cinq. Montgomeri me parle de —,
SÉV. 857.
'QUINTIN [kin-tin] s. m.
[ÉTYM. Nom propre de ville, § 36 : Quintin (Côtes-du-
Nord), célèbre par ses toiles. || XVIᵉ s. La gorge... D'un petit
quintain clair couverte, Rubr. et fallace du monde, dans
Variétés histor. et littér. I, 344. Admis ACAD. 1694; suppr.
en 1835.]
|| Vieilli. Toile fine pour collets et manchettes.
QUINTUPLE [kuin-tupl'] adj.
[ÉTYM. Emprunté du lat. quintuplex, m. s. || 1484. Le
quintuple de la premiere multiplicacion, CHUQUET, Triparty,
219. Admis ACAD. 1762.]
|| Qui vaut cinq fois autant. Payer un prix —, et, subs-
tantivt, Payer, rendre le —.
QUINTUPLER [kuin-tu-plé] v. tr.
[ÉTYM. Dérivé de quintuple, § 266. || Admis ACAD. 1798.]
|| Rendre quintuple. — une somme.
QUINZAIN [kin-zin] s. m.
[ÉTYM. Dérivé de quinze, §§ 62 et 99. || XIIᵉ s. Al quinzen
jor, AIMON DE VARENNES, Florimont, dans GODEF.]
|| Vieilli. Réunion de quinze objets de même nature.
Spéciallt. (T. de jeu de paume.) Coup où les joueurs ont
chacun quinze points. Ellipt. Être —, quinze à quinze.
QUINZAINE [kin-zên'] s. f.
[ÉTYM. Dérivé de quinze, §§ 62 et 99. || XIIᵉ s. Einçois
quinzaine Ne senti il mal ne dolor, CHRÉTIEN DE TROYES, Érec,
5218.]
|| 1° Réunion de quinze objets de même nature. Spé-
ciallt. Espace de quinze jours. Je partirai dans une — de
jours, et, absolt, dans une —, dans la —. Ajourner à —. La
lice lui demande encore une —, LA F. Fab. II, 7. La — de
Pâques, la semaine avant et la semaine après Pâques. |
P. ext. | 1. L'office de cette quinzaine. | 2. Ouvrage qui
contient cet office.
|| 2° P. ext. Quantité voisine de quinze. Cela coûtera une
— de francs.
QUINZE [kïnz'] adj. et s. m.
[ÉTYM. Du lat. quindecim, m. s. devenu quind'ze, §§ 290,
389 et 291, quinze, §§ 370 et 414.]
I. Adj. numéral invariable. || 1° Adj. cardinal. Qua-

torze plus un. — hommes. Dans — jours, et, *ellipt*, D'aujourd'hui en —. Une somme de — francs. Un clerc, pour — sous, sans craindre le holà, Peut aller au parterre attaquer Attila, BOIL. *Sat.* 9. Une jeune fille de — ans. *Loc. prov.* Avoir ses jambes de — ans, avoir la force, l'agilité de la jeunesse. ‖ Avoir — points au jeu, et, *ellipt*, Avoir —, être à —.

‖ 2° Adj. ordinal. Quinzième. Le roi Louis — (Louis XV). La page —, *Substantivt*. Le — du mois d'avril, et, *ellipt*, Le — avril. Le numéro —, et, *substantivt*, Habiter au —.

II. *S. m.* (invariable). La quantité formée par quatorze plus un. Trois fois cinq font —.

QUINZE-VINGTS [kinz'-vin; *en vers*, kin-ze-...] *adj.*
[ÉTYM. Composé de quinze et vingt, § 173. ‖ XIVᵉ-XVᵉ s. Les aveugles que fonda saint Loys Qui quinze vins sont en une maison, EUST. DESCH. V, 388.]

‖ *Vieilli*. Adj. numéral. Quinze fois vingt (300). *Spécialt*. *Substantivt*. Les Quinze-Vingts, les trois cents aveugles recueillis par saint Louis dans un hôpital dit des Quinze-Vingts. P. *ext*. *Famil*. Un Quinze-Vingt, un aveugle. Les Quinze-Vingts disent que je suis borgne, RÉGNIER, *Sat.* 5.

QUINZIÈME [kin-zyèm'] *adj.*
[ÉTYM. Dérivé de quinze, § 96 *ter*. ‖ XIIᵉ s. El quinzime an, PH. DE THAUN, *Comput*, 2440.]

‖ Adj. numéral ordinal. Qui en a quatorze avant lui. Dans la — année de son règne. Le — jour du mois, et, *substantivt*, Le — du mois, de la lune. Avoir la — place, et, *substantivt*, Être le —, la — de sa classe. La — partie d'une chose, et, *substantivt*, Le —, une quelconque des parties d'un tout divisé en quinze parties égales. Il entre pour un — dans la faillite de cette maison.

QUINZIÈMEMENT [kin-zyèm'-man; *en vers*, -zyème-...] *adv.*
[ÉTYM. Composé de quinzième et ment, § 724. ‖ Admis ACAD. 1835.]

‖ En quinzième lieu.

QUIPROQUO [ki-prò-kó] *s. m.*
[ÉTYM. Emprunté de l'expression scolast. quid pro quod (un quid pour un quod), § 217. ACAD. 1694-1740 écrit en trois mots qui pro quo. ‖ XVIᵉ s. Ils vous feront lire un quid pro quod, BON. DES PER. *Nouv.* 1. Ils useroient de qui pro quo, RAB. III, 23.]

‖ Erreur qui fait prendre une chose, une personne pour une autre. Il semble à Garo Que l'on a fait un —, LA F. *Fab.* IX, 4. Les quiproquos d'apothicaires sont très dangereux, ACAD.

QUITTANCE [ki-tāns'] *s. f.*
[ÉTYM. Dérivé de quitter, § 146. ‖ XIIᵉ s. Je li feïse la quitance, *Tristan*, I, p. 24, Michel.]

‖ Écrit par lequel on reconnaît quelqu'un quitte d'une somme qu'il devait payer. Donner — à qqn. Signer une —. ‖ *Fig*. Donner — à qqn de qqch, l'en tenir quitte. De ce côté-là, je leur donrais —, RÉGNIER, *Sat.* 12.

QUITTANCER [ki-tan-sé] *v. tr.*
[ÉTYM. Dérivé de quittance, § 154. ‖ 1396. Quittancé le 29 octobre, dans GODEF.]

‖ (Droit). Libérer en donnant quittance. — un mémoire. Il ne vous faudra point... — le contrat que vous n'ayez reçu, MOL. *Éc. des f.* IV, 2.

QUITTE [kit'] *adj.*
[ÉTYM. Emprunté du lat. quietus, en repos, employé de bonne heure comme terme juridique et altéré (peut-être sous l'influence germanique) en *quittus*. (*Cf.* le doublet coi.) ‖ XIᵉ s. Quite li cleim, se il la voelt aveir, *Roland*, 2748.]

I. Entièrement libéré d'une obligation.

‖ 1° D'une obligation pécuniaire. Il n'est pas — qui doit de reste, COTGR. quitte. Monsieur le Prince n'en sera pas — pour quarante mille écus, SÉV. 158. Un domaine franc et — de toutes dettes et hypothèques. Être — envers qqn, et, *vieilli*, à qqn. L'acheteur est — au vendeur quand il a bien payé ce qu'il a pris, MALH. *Bienf. de Sénèq.* VI, 15.

‖ 2° D'une obligation morale. — à peine d'un vœu nouvellement payé, LA F. *Élég.* 3. — envers l'honneur et — envers mon père, CORN. *Cid*, III, 4. Ils se persuadent d'être quittes par là... de tous les devoirs de l'amitié, LA BR. 8. | Tenir qqn — d'une chose, l'en dispenser. Être — d'un danger, en être sauvé. Il en a été — pour la peur. Tout heureux Qu'à si bon compte il en ait été —, LA F. *Contes, Gageure des trois commères*. ‖ — à, au risque de. J'avouerai, — à être grondé. ‖ En parlant d'une chose. Ta gloire est dégagée, et ton devoir est —, CORN. *Cid*, V, 6.

II. *Loc. invar.* Être, faire — à —, ne rien se devoir

l'un à l'autre quand on règle les comptes, et, *fig*. s'être rendu la pareille. — à —, si vous voulez, MOL. *Mal. im.* 1, 2. Jouer à — et à double, jouer — ou double, une partie où tout ce qu'un des joueurs a perdu est acquitté s'il gagne, doublé s'il perd, et, *fig*. risquer le tout pour le tout.

QUITTEMENT [kit'-man; *en vers*, ki-te-...] *adv.*
[ÉTYM. Composé de quitte et ment, § 724. ‖ XIIᵉ s. S'en puet aler tot quitement, *Énéas*, 9399.]

‖ *Vieilli*. De manière à être quitte.

QUITTER [ki-té] *v. tr.*
[ÉTYM. Dérivé de quitte, § 154. (*Cf.* l'anc. franç. coisier, tranquilliser, du lat. pop. *quetiare*.) Acquitter est plutôt composé avec à et quitte que de à et quitter. ‖ XIIᵉ s. Come il quitast et lui et sei, *Thèbes*, I, 9416.]

I. Libérer entièrement (qqn) de ce qu'il devait.

‖ 1° D'une obligation pécuniaire. — qqn d'une dette, d'une amende. Il a payé la moitié de la somme, on l'a quitté du reste.

‖ 2° D'une obligation morale. Je vous quitte de la peine de me répondre, SÉV. 56. Envoyez-moi cet habit et ces bijoux de Philémon, et je vous quitte de la personne, LA BR. 2. Les autres... quittent un auteur de tout le reste, ID. *Disc. sur Théophr*. Rendre à mon tombeau des soins dont je vous quitte, RAC. *Mithr*. V, 5.

II. Laisser complètement à qqn (ce qu'il devait). Celui qui reçoit la grâce, à qui l'on quitte toutes ses dettes, BOSS. *Pénitence (Jubilé)*, 1. J'aurais même regret qu'il me quittât l'empire, RAC. *Théb.* IV, 1. Je n'en eusse quitté ma part pour un empire, LA F. *Fab.* XII, 12. Il ne quitte rien du sien. ‖ P. *ext*. Céder. Je ferai bien mieux de lui — la place, MOL. *Tart.* II, 4. — la partie. Ou je vais sur-le-champ vous — la partie, MOL. *Tart.* III, 2. *Ellipt*. Je le quitte, j'y renonce. Je le quitte et ne raisonne plus, MOL. *Dép. am.* II, 1.

III. Laisser là définitivement.

‖ 1° Une personne. Ma femme... m'a quitté pour un autre, LA F. *Contes, Coupe enchantée*. Être quitté pour un valet, ID. *ibid*. *Joconde*. Je ne te quitterai point que je ne t'aie vu pendu, MOL. *Méd. m. l.* III, 9. Me —, me reprendre! RAC. *Andr*. IV, 5. — ses parents. Ils se sont quittés bons amis. Ils font mille serments de ne se point —, RAC. *Phèd.* IV, 6. ‖ P. *ext*. Elle ne le quitte pas des yeux. Peut-être la fortune est prête à vous —, ID. *Brit*. I, 2. Son souvenir ne me quittera pas. Son portrait ne me quitte jamais. La vie est prête à le —. ‖ (T. mystique.) Se — soi-même, renoncer à soi.

‖ 2° Une chose. Quand l'âme a quitté le corps. — ses vêtements, sa chaussure. — le deuil. — les étriers. Laissez là cet habit, quittez ce vil métier, RAC. *Ath.* II, 7. — le barreau, le théâtre, le monde, les plaisirs. — la vie, mourir. Vous voulez — le fruit de tant de peines! CORN. *Cinna*, IV, 3. Il a quitté sans peine ce qu'il avait acquis sans empressement, BOSS. *Le Tellier*. Quittez ce souci, LA F. *Fab.* I, 22.

‖ 3° Un lieu. — son pays. Je... quitte le séjour de l'aimable Trézène, RAC. *Phèd.* I, 1. — la maison paternelle. Un malade qui ne quitte pas la chambre, le lit. Le fleuve a quitté son lit. — son poste. — la terre, mourir. Qui quitte sa place, la perd.

QUITUS [kui-tūs'] *s. m.*
[ÉTYM. Emprunté du lat. du moyen âge quitus, fait d'après quitte, écrit autrefois quite, § 217. ‖ XVIᵉ s. Le quittus, RAB. V, 18. Admis ACAD. 1762.]

‖ (T. financ.) Quittance. Avoir son —.

QUI VA LÀ et **QUI-VA-LÀ** [ki-và-là] *excl.*
[ÉTYM. Composé de qui, va (du verbe aller) et là, §§ 182 et 726. ‖ XVIᵉ-XVIIᵉ s. On respondit à son qui va là, D'AUB. *Hist. univ.* V, p. 185 de Ruble.]

‖ Locution interrogative qu'on dit de peur d'être surpris quand on entend qqn venir. —? Heu! ma peur à chaque pas s'accroît! MOL. *Amph.* I, 1. ‖ *Vieilli*. *Loc. prov*. Avoir toujours réponse à —, n'être jamais embarrassé. Avoir réponse à tout, hormis à —, être embarrassé sur le point décisif.

QUI VIVE et **QUI-VIVE** [ki-viv'] *excl.*
[ÉTYM. Composé de qui et vive, subjonct. de vivre, §§ 182 et 726 : proprt, « vive qui? » ‖ XVIᵉ-XVIIᵉ s. Il respondit « Vezins » au qui vive, D'AUB. *Hist. univ.* VI, p. 16, de Ruble.]

‖ Locution interrogative, cri d'une sentinelle, d'une patrouille, en entendant ou en voyant qqn venir. —? Ami. ‖ *Substantivt*. On entendit le — de la patrouille. | *Fig*. Être sur le —, être toujours sur ses gardes.

QUOAILLER [kwà-yé; *en vers*, kò-h-...] *v. intr.*

[ÉTYM. Dérivé de queue, §§ 65 et 161. (*Cf.* couaille.) ‖ Admis ACAD. 1762.]

‖ (Manège.) Remuer continuellement la queue. Un cheval qui quoaille.

QUOI [kwà] *pron.* et *interj.*

[ÉTYM. Du lat. quĭd, *m. s.* devenu queid, quel, quoi, §§ 309 et 412. (*Cf.* quoique et pourquoi.)]

I. Pronom conjonctif régi par une préposition. ‖ **1°** *Vieilli.* Lequel, laquelle, lesquels, lesquelles (en parlant des choses). Ce point sur — vous me pressez, MOL. *Dép. am.* II, 1. Ce n'est pas le bonheur après — je soupire, ID. *Tart.* III, 3. C'est (chez la Fontaine) une manière de narrer et un style à — l'on ne s'accoutume point, SÉV. 723. Est-ce un sujet pour — Vous fassiez sonner vos mérites? LA F. *Fab.* IV, 3. Je manque à faire plusieurs choses à — je suis obligé, PASC. *Lett. à Mlle de Roannez*, 7.

‖ **2°** Laquelle chose. Voilà sur — je veux que Bajazet prononce, RAC. *Baj.* I, 3. Moyennant — votre salaire Sera force reliefs, LA F. *Fab.* I, 5. Ce sur — l'on discute. C'est en — vous vous trompez. Je ne sais — qui fait que je me pâme, MOL. *F. sav.* III, 2. Je ne sais de — l'on m'accuse. Voici de — il s'agit. Voilà comme — on peut se tromper. ‖ *Spécialt.* De —, chose suffisante pour. Avoir de — vivre. (*Cf.* quibus.) *Ellipt.* Ils trouvaient aux champs trop de —, LA F. *Fab.* I, 8. Avoir de —. Cléopâtre a de — vous mettre tous en poudre, CORN. *Pomp.* II, 2. Il n'y a pas là de — se fâcher, de — s'étonner, et, *elliptt*, Il me manque de foi Et me demande encor si c'est là tant de —, CORN. *Place Royale*, II, 3. Voilà bien de —! MOL. *Av.* II, 5.

‖ **3°** Construit avec la conjonction que, le relatif que ou qui. Quelque chose que. A — qu'en reprenant l'on soit assujettie, MOL. *Mis.* III, 4. Faites-la sortir — qu'on die, ID. *F. sav.* III, 2. — qui vous afflige, ne vous laissez pas abattre. Un lourdaud, — qu'il fasse, Ne saurait passer pour galant, LA F. *Fab.* IV, 5. — qu'il en soit. — qu'il en arrive, Dans la foi des chrétiens je souffrirai qu'on vive, CORN. *Poly.* V, 2. Il n'a pu réussir à — que ce soit. Je n'en témoignai — que ce soit. ‖ *Spécialt.* Quelque quantité que. — qu'on ait pour soi-même ou d'amour ou d'estime, CORN. *Tite et Bér.* I, 2. — que mon amour ait sur moi de pouvoir, ID. *Cid*, III, 3. (*Cf.* quoique.)

II. Pronom interrogatif régi par une préposition. Quelle chose. A — vous divertissez-vous? LA BR. 12. A — aboutira tout cela? En — diffèrent-ils d'avis? Sur — vous fondez-vous? *Vieilli.* De — donc connaissez-vous Monsieur? MOL. *Am. méd.* II, 2. De — vous mêlez-vous? En — peut un pauvre reclus Vous assister? LA F. *Fab.* VII, 3. ‖ Pris pour complément direct. Je tiens là quelque chose, devinez —. Vous ne considérez Qui ni —, LA F. *Fab.* V, 18. ‖ *Ellipt.* Qu'y a-t-il? — de plus noble que ce procédé? — de plus beau? — de plus heureux?

III. Interjection marquant la surprise. — ! vous avez le front de trouver cela beau? MOL. *Mis.* I, 2. Hé — ! Vous ne ferez nulle distinction Entre l'hypocrisie et la dévotion? ID. *Tart.* I, 5. Mais — ! Aucun n'est prophète chez soi, LA F. *Fab.* VIII, 26. — donc !... pouvais-je refuser? FÉN. *Tél.* 4. — ! je mettrais, dit-il, un tel chanteur en soupe! LA F. *Fab.* III, 12.

QUOIQUE [kwắk'] *conj.*

[ÉTYM. Composé de quoi et que (forme atone de quoi, § 726). (*Cf.* le lat. quidquid, *m. s.*) ‖ XIe s. Que que Rollanz Guenelun forsfesist, *Roland*, 3827. ‖ XIIe s. Quoi que paien vont Renier fort loiant, *Jourdain de Blaives*, dans DELB. *Rec.*]

‖ Conjonction amenant l'énoncé de l'obstacle malgré lequel qqch a lieu. | **1.** Avec le subjonctif. — Dieu et la nature aient fait tous les hommes égaux,... la vanité humaine ne peut souffrir cette égalité, BOSS. *Gournay.* Mon père, quoiqu'il eût la tête des meilleures, Ne m'a jamais rien fait apprendre que mes heures, MOL. *Dép. am.* II, 6. | **2.** *Vieilli.* Avec l'indicatif. La mienne, — aux yeux elle n'est pas si forte, MOL. *Éc. des f.* IV, 9, 1re édit. | **3.** *Rare.* Avec le conditionnel. —, à ne vous rien taire, Ce même amour peut-être et ces mêmes bienfaits Auraient dû suppléer à mes faibles attraits, RAC. *Baj.* V, 4. | **4.** En sous-entendant le verbe. — amis, enfin, MOL. *Mis.* I, 1. Sans chagrin, — en solitude, LA F. *Fab.* VII, 5.

QUOLIBET [kò-li-bè] *s. m.*

[ÉTYM. Emprunté du lat. scolast. quodlibet, *m. s.* proprt, « ce qu'on voudra », § 217. ‖ XIIIe-XIVe s. Il n'est si bon livre apres mangier comme quolibez, JOINV. 668.]

‖ **1°** (T. scolast.) Question à discuter, à élucider.

‖ **2°** *P. ext.* Propos gouailleur. Après maints quolibets coup sur coup renvoyés, LA F. *Fab.* III, 1. Ce n'est que pour rire Et répondre à tes quolibets, MOL. *Amph.* I, 2.

***QUORUM** [kò-ròm'] *s. m.*

[ÉTYM. Emprunté de l'angl. quorum, *m. s.* § 8, qui n'est autre que le gén. plur. du pron. lat. qui, lequel, qui figurait dans les anc. formules de délibérations telles que « quorum maxima pars, la plus grande partie desquels », § 217. ‖ *Néolog.*]

‖ (T. parlem.) Minimum de membres présents dans une assemblée pour qu'elle puisse délibérer valablement.

QUOTE-PART [kŏt'-pàr; *en vers*, kò-te-...] *s. f.*

[ÉTYM. Emprunté du lat. quota pars, *m. s.* (*Cf.* cote.)]

‖ (Droit.) Part qui revient à chacun dans la répartition d'une somme à recevoir ou à payer. (*Syn.* quotité.) Payer, toucher sa —.

QUOTIDIEN, ENNE [kò-ti-dyin,-dyèn'; *en vers*,-di-...] *adj.*

[ÉTYM. Emprunté du lat. quotidianus, *m. s.* ‖ XIIIe s. Ne cotidianes ne quartes, G. DE LORRIS, *Rose*, 2291.]

‖ Qui se produit chaque jour. Les journaux quotidiens. Une feuille quotidienne. | Fièvre quotidienne, qui revient tous les jours. | Pain —, la nourriture de chaque jour, et, *p. ext.* ce qui permet de suffire aux besoins de chaque jour. Gagner son pain —. Ce travail est son pain —.

***QUOTIDIENNEMENT** [kò-ti-dyĕn'-man ; *en vers*,-di-è-ne-...] *adv.*

[ÉTYM. Composé de quotidienne et ment, § 724. ‖ 1476. Une petite croix d'or, laquelle est quotidianement mise sur l'autel, *Invent. de Bayeux*, dans *Bullet. archéol.* 1896, p. 373.]

‖ D'une manière quotidienne.

QUOTIENT [kò-syan ; *en vers*, -si-an] *s. m.*

[ÉTYM. Emprunté du lat. quotiens, combien de fois. ‖ 1484. La part ou le quotiens, N. CHUQUET, *Triparty*, 47.]

‖ (Arithm.) Résultat de la division d'un nombre par un autre.

QUOTITÉ [kò-ti-té] *s. f.*

[ÉTYM. Dérivé du lat. quotus, combien, § 255. ‖ XVIe s. Pour certaines quotitez, MONTAIGNE, II, 16.]

‖ Le montant d'une somme à payer ou à recevoir. La — du cens, ce qu'il faut payer pour être électeur, éligible, en certains pays. Impôt de —, qui, variant selon la quantité des objets ou des personnes imposables, ne peut être réparti à l'avance.

***QUOUETTE.** *V.* couette 2.

R

R [ĕr] *s. f.* ou, selon la nouvelle épellation, **R** [re] *s. m.*

[ÉTYM. Emprunté du lat. r, *m. s.* ‖ XIIIe s. R est une lettre qui graigne, *Senefiance de l'A B C*, dans JUBINAL, *Nouv. Rec.* II, 283.]

‖ Consonne dentale vibrante, la dix-huitième lettre de l'alphabet français. Une petite r ou r minuscule. Une grande R ou R majuscule. Rouler, grasseyer les r. L'r est muette dans acier, aimer. L'r se prononce dans cher, mer, amer.

RABÂCHAGE [rà-bá-châj'] *s. m.*

[ÉTYM. Dérivé de rabâcher, § 78. ‖ XVIIe s. *V.* à l'article. Admis ACAD. 1762.]

‖ *Famil.* Action de rabâcher; discours, écrit, où l'on

rabâche. Les rabâchages de Paris, VOLT. *Lett. à Thiriot,* 15 mai 1735.

RABÂCHER [rà-bá-ché] *v. intr.*

[ÉTYM. Origine inconnue. COTGR. donne rabascher comme synonyme de l'anc. mot rabaster, faire du vacarme; mais le mot ne paraît avoir passé dans l'usage général qu'au XVIII° s. Ni RICHEL. ni FURET. ni les premières éditions de TRÉV. ne le connaissent. Admis ACAD. 1762.]

|| *Famil.* Redire fastidieusement la même chose. Il ne fait que —. *Transitivt.* — toujours la même chose.

RABÂCHERIE [rà-bách'-ri; *en vers,* -bá-che-ri] *s. f.*

[ÉTYM. Dérivé de rabâcher, § 69. || XVIII° s. *V.* à l'article. Admis ACAD. 1835.]

|| *Famil.* Discours, écrit, où l'on rabâche. Le sujet... prêtait à mille rabâcheries, GRIMM, *Corresp. littér.* II, p. 307.

RABÂCHEUR, EUSE [rà-bá-cheùr, -cheûz'] *s. m.* et *f.*

[ÉTYM. Dérivé de rabâcher, § 112. || XVIII° s. *V.* à l'article. Admis ACAD. 1762.]

|| *Famil.* Celui, celle qui rabâche. Des rabâcheurs l'insupportable engeance, DELILLE, *Conversat.* 1. Une vieille rabâcheuse. *Adjectivt.* Quand il est —, D'ALEMB. *Lett. à Voltaire,* 17 nov. 1762.

RABAIS [rà-bè; l's se lie, avec le son d'un z] *s. m.*

[ÉTYM. Subst. verbal de rabaisser, § 52. || 1397. Baillé en tasche a rabbez accoustumé, dans DELB. *Rec.*]

|| **1°** *Vieilli.* Action de rabaisser. Relever l'un par le — de l'autre, LE P. SIM. MARS, *Myst. du roy. de Dieu,* p. 202. || Action de baisser le ton. Monsieur toujours sur le haut ton, et le roi toujours au —, ST-SIM. III, 10.

|| **2°** *Spécialt.* Réduction de la valeur, du prix d'une chose. Le — des monnaies, réduction dont elles sont frappées. Inquiètes sur le — ou sur le décri des monnaies, LA BR. 6. Faire un — sur une facture. Vendre des marchandises au —. Adjudication au —, où l'on adjuge les travaux, les fournitures, au soumissionnaire qui s'en charge au prix le plus bas.

RABAISSEMENT [rà-bès'-man; *en vers,* -bè-se-...] *s. m.*

[ÉTYM. Dérivé de rabaisser, § 145. || XVI° s. Rabaissement de la gravité, AMYOT, *Pomp.* 26.]

|| Action de rabaisser. | 1. *Au propre.* Le — d'un tableau. | 2. Le — des monnaies. Un — de notre nature, VOLT. *Rem. sur les Pensées de Pascal,* 24.

RABAISSER [rà-bè-sé] *v. tr.*

[ÉTYM. Composé de re et abaisser, §§ 192 et 196. || XII° s. E rabaissa si lor mautez, BENEEIT, *Ducs de Norm.* dans DELB. *Rec.*]

I. Abaisser de nouveau. J'espère que tu pourras un jour — l'œil sur moi, CORN. *Psyché,* V, 3.

II. Ramener en bas.

|| **1°** En faisant descendre. — un tableau. L'oiseau a rabaissé son vol. (Manège.) — les hanches du cheval, le rasseoir. || *Fig.* | 1. Amener à un degré moindre. En voulant soulager les peuples... vous rabaissez la puissance royale, FÉN. *Tél.* 11. Sa condition est toujours rabaissée de la dépendance, PASC. *Lett. à la reine Christine.* | *P. anal.* — le ton, le caquet, les prétentions de qqn. | 2. Amener à une valeur moindre. Ses exigences rabaissent le mérite des services qu'il a rendus. *Spécialt.* En parlant de la valeur vénale. — le taux de l'escompte. | — un fermage. *Absolt.* J'ai fait un nouveau bail sans —, SÉV. 337. *Intransitivt (peu usité).* Nos terres rabaissent, SÉV. 817. | 3. Estimer au-dessous de la valeur. — les mérites, les talents d'autrui. En rabaissant ainsi ma réputation, FÉN. *Tél.* 21. Chercher à — ses rivaux. Que l'ignorance rabaisse tant qu'elle voudra l'éloquence et la poésie, RAC. *Disc. à la réception de Th. Corneille.*

|| **2°** En raccourcissant. — un arbre, une plante. — une branche. | (Technol.) — les plats d'un livre, les amincir du côté de la gouttière.

RABAN [rà-ban] *s. m.*

[ÉTYM. Emprunté du holland. raaband, *m. s.* proprt, lien (band) de vergue (raa), § 10. || 1606. Rabans, NICOT.]

|| (Marine.) Petit cordage de vergue, de filet.

RABANER [rà-bà-né] et **RABANTER** [rà-ban-té] *v. tr.*

[ÉTYM. Dérivé de raban, §§ 64 et 154. || 1752. Rabaner, TRÉV.]

|| (Marine.) Lier avec des rabans.

RABAT [rà-bà] *s. m.*

[ÉTYM. Subst. verbal de rabattre, § 52. || 1262. Sans nul rabat, dans GODEF.]

I. *Vieilli.* Action de rabattre. | 1. Chasse où l'on rabat le gibier. | 2. Au jeu de paume, renvoi de la balle par le toit. | 3. Au jeu de quilles. Coup de —, que le joueur rejoue de l'endroit où sa boule s'est arrêtée. | 4. *Fig.* — de prix, rabais.

II. Ce qui sert à rabattre. | 1. Pièce de peau qui, dans un soufflet d'orgue, rassemble les éclisses. | 2. Toit du jeu de paume. | 3. Dessus d'une cage. | 4. Sable argileux qui sert à dégrossir le marbre.

III. Ce qui est rabattu. *Spécialt.* Pièce de toile, de dentelle, qui se rabat sur le haut de la poitrine. Son — jadis blanc, BOIL. *Sat.* 3.

***RABAT-EAU** [rà-bà-tó] et ***RABAT-L'EAU** [rà-bà-ló] *s. m.*

[ÉTYM. Composé de rabat (du verbe rabattre), I' et eau, § 209. || 1812. MOZIN, *Dict. franç.-allem.*]

|| (Technol.) Morceau de feutre, de cuir, appliqué au-dessus de l'auge d'une meule pour arrêter l'eau que le mouvement de la meule fait jaillir contre l'ouvrier.

RABAT-JOIE [rà-bà-jwà] *s. m.*

[ÉTYM. Composé de rabat (du verbe rabattre) et joie, § 209. || XIV°-XV° s. Pour ce l'appelle on rabatjoye, EUST. DESCH. VIII, 195.]

|| Personne, chose qui vient troubler la joie. Pouvons-nous craindre un plus grand et plus cruel —? SÉV. 976. Ces gens-là sont de vrais —.

***RABATTAGE** [rà-bà-tàj'] *s. m.*

[ÉTYM. Dérivé de rabattre, § 78. || *Néolog.*]

|| (Technol.) Action de rabattre. Le — de la laine. Le — des arbres.

***RABATTEMENT** [rà-bàt'-man; *en vers,* -bà-te-...] *s. m.*

[ÉTYM. Dérivé de rabattre, § 145. || 1284. En rabatement des trente livres, dans GODEF.]

|| Opération qui consiste à rabattre. || *Spécialt.* | 1. (Géom.) Action de rabattre une figure, un plan sur un autre plan. | 2. (Droit.) — de défaut, suppression du défaut prononcé contre qqn.

***RABATTEUR, EUSE** [rà-bà-teùr, -teûz'] *s. m.* et *f.*

[ÉTYM. Dérivé de rabattre, § 112. || XVI° s. Le sommeil est un terrible rabateur de coleres, N. DU FAIL, dans DELB. *Rec.*]

|| Celui, celle qui rabat. *Spécialt.* (Chasse.) Celui qui rabat le gibier.

***RABATTOIR** [rà-bà-twàr] *s. m.*

[ÉTYM. Dérivé de rabattre, § 113. || *Néolog.*]

|| (Technol.) Outil à rabattre les bords d'un objet. *Spécialt.* Outil à rabattre l'ardoise.

RABATTRE [rà-bàtr'] *v. tr.*

[ÉTYM. Composé de re et abattre, §§ 192 et 196. || XII°-XIII° s. Lou barat per barat rabatre, *Ysopet de Lyon,* 1532.]

I. Ramener vivement à un niveau plus bas.

|| **1°** En faisant redescendre. Le vent rabat la fumée. — le fer de l'adversaire. | — le collet de son habit. Un chapeau rabattu, dont les bords retombent. — une feuille de papier sur une autre, une figure sur un plan. — les plis d'une étoffe. — une couture. || *Fig.* Ramener à un degré moindre. (Teinture.) — une couleur, en diminuer l'intensité. || — l'orgueil, les prétentions de qqn. Je saurai bien — une humeur si hautaine, CORN. *Cid,* II, 6. J'ai de quoi — ici votre caquet, REGNARD, *Joueur,* III, 1. — l'avoine, le gazon, en passant le rouleau pour faire taller les racines.

|| **2°** En retranchant. — une branche, la raccourcir. — un arbre, couper les branches jusqu'à la naissance. — l'ardoise, la tailler. (*Cf.* rabattoir.) — le marbre, le dégrossir. — la laine, la débourrer. || *P. anal.* Retrancher sur une quantité. — les centimes sur le montant d'une facture. Je n'en rabattrai pas un centime. S'il... se casse quelque chose, je m'en prendrai à vous et le rabattrai sur vos gages, MOL. *Av.* III, 1. || *Fig.* Il me reprocha malicieusement que j'avais bien rabattu de ma diligence, LES. *Gil Blas,* IV, 2. Je ne rabats rien des éloges que je lui ai donnés. Il n'en rabattrait pas une seule brigade, LA BR. 10. Un petit baiser seulement, en rabattant sur notre mariage, MOL. *G. Dand.* II, 1.

II. *P. ext.* Ramener vivement vers un lieu. Le corps d'armée s'est rabattu sur la ville. *Absolt.* Vous rabattrez à main droite. || *Spécialt.* (Chasse.) Ramener (le gibier) vers le lieu où sont les chasseurs. (*Cf.* rabatteur.) Les chiens ont rabattu le cerf, et, *absolt,* Des chiens qui rabattent bien. || *Fig.* Se — sur qqch, y revenir faute de mieux. Lorsque le levraut lui manque (au renard), il se rabat sur les rats, BUFFON, *Renard.*

RABBANISTE [rà-bà-nȋst']. *V.* rabbiniste.

RABBIN [rà-bȋn] et **RABBI** [rà-bi] *s. m.*
[ÉTYM. Emprunté de l'hébreu (araméen) rabb, *m. s.* § 21. Rabbi ne s'emploie qu'au vocatif, ou comme titre précédant un nom propre, toujours sans article. || XVIᵉ s. Entre ces rabbins et docteurs, MARNIX DE STE-ALDEGONDE, dans DELB. *Rec.*]
|| Docteur de la loi juive. Les rabbins qui ont composé le Talmud. Les anciens rabbins. La doctrine des rabbins. || *Spéciall.* Docteur du culte judaïque, placé à la tête d'une communauté. Le grand — de Paris, de Bordeaux. Grand — de France, chef religieux de tous les israélites français.

RABBINAGE [rà-bi-nàj'] *s. m.*
[ÉTYM. Dérivé de rabbin, § 78. || XVIIᵉ s. *V.* à l'article. Admis ACAD. 1718.]
|| *En mauvaise part.* Étude des livres rabbiniques. Ce — ne lui empêche pas de dire ses heures, CHAPELAIN, *Lett.* dans DELB. *Rec.*

RABBINIQUE [rà-bi-nȋk'] *adj.*
[ÉTYM. Dérivé de rabbin, § 229. On trouve rabbinesque au XVIᵉ s. (*V.* DELB. *Rec.*) || 1611. Rabinique, COTGR.]
|| (T. didact.) Relatif aux rabbins. La littérature —. L'hébreu —, mêlé d'araméen et d'arabe, qu'écrivaient les rabbins du moyen âge. || École —, qui forme des rabbins pour le culte juif.

RABBINISME [rà-bi-nȋsm'] *s. m.*
[ÉTYM. Dérivé de rabbin, § 265. || XVIᵉ-XVIIᵉ s. *V.* à l'article. Admis ACAD. 1762.]
|| (T. didact.) Doctrine des rabbins. || *P. ext.* Subtilité, comme en font les rabbins. Une tricherie de la Rota ou un —, JOS. SCALIGER, *Lett.* 33, Tamizey de Larroque.

RABBINISTE [rà-bi-nȋst'] *s. m.*
[ÉTYM. Dérivé de rabbin, § 265. || XVIᵉ s. Un tas d'aultres vieulx rabanistes, RAB. II, 10. | 1680. Rabiniste, RICHEL.]
|| (T. didact.) Partisan des doctrines des rabbins.

RABDOLOGIE. *V.* rhabdologie.

RABDOMANCIE. *V.* rhabdomancie.

*RABELAISIEN, ENNE [ràb'-lè-zyȋn, -zyèn'; *en vers,* -zi-...] *adj.*
[ÉTYM. Dérivé de Rabelais (1495-1553), §§ 36 et 244. || *Néolog.*]
|| Qui rappelle le genre de Rabelais. Plaisanterie rabelaisienne, grosse et cynique. Rire —, largement épanoui.

RABÊTIR [rà-bè-tȋr] *v. intr.* et *tr.*
[ÉTYM. Composé de re et abêtir, §§ 292 et 296. || 1625. Rabestir, DAVID FERRAND, *Muse norm.* dans DELB. *Rec.* | 1680. Rabestir, FURET.]
|| 1º *V. intr.* Devenir plus bête.
|| 2º *V. tr.* Rendre plus bête.

*RABIAU et *RABIOT [rà-byó] *s. m.*
[ÉTYM. Origine inconnue. || *Néolog.*]
|| (T. milit.) Ce qui reste de vin après la distribution faite à l'escouade. || *Fig.* Ce qui reste de temps à passer au régiment à un soldat après sa libération, par suite d'une peine disciplinaire. || *P. ext.* Excédent. Un écu de —.

*RABIAUTER et *RABIOTER [rà-byò-té] *v. intr.*
[ÉTYM. Dérivé de rabiau, rabiot, §§ 64 et 154. || *Néolog.*]
|| (T. milit.) Boire le rabiau. *Fig.* Faire de petits profits par surcroît. *Transitivt.* — du tabac, de l'argent.

*RABIBOCHER [rà-bi-bò-ché] *v. tr.*
[ÉTYM. Origine inconnue. || *Néolog.*]
|| *Pop.* || 1º Raccommoder.
|| 2º Remettre en fonds (un joueur décavé).

RABIOLE [rà-byòl] *s. f.*
[ÉTYM. Mot provençal, § 11, dérivé de raba, rave, § 86. || XVIᵉ s. Les raves qu'ils appellent radix ou rabiolles, LIÉBAULT, *Mais. rust.* dans DELB. *Rec.* Admis ACAD. 1798.]
|| *Dialect.* Grosse rave. || Chou-rave.

*RABIOT, *RABIOTER. *V.* rabiau, rabiauter.

RABIQUE [rà-bȋk'] *adj.*
[ÉTYM. Dérivé du lat. rabies, rage, § 229. || *Néolog.* Admis ACAD. 1878.]
|| (T. didact.) Qui appartient à la rage. Le virus —.

1. RÂBLE [râbl'] *s. m.*
[ÉTYM. Du lat. rôtabulum, *m. s.* devenu rodable, roable, §§ 348, 402, 290 et 291, raable, râble, § 358. Beaucoup de patois disent encore rouable. (*Cf.* RICHEL. 1680 : Le mot de rouable n'est usité qu'en province.)]

|| (Technol.) Ringard pour remuer la matière, dans un four, un haut fourneau, un creuset. || Râteau de bois avec lequel le teinturier agite le liquide dans la cuve. || Pelle pour enlever la terre qui recouvre le charbon, quand il est à point. || Outil pour étendre en table le plomb coulé.

2. RÂBLE [râbl'] *s. m.*
[ÉTYM. Origine inconnue ; peut-être apparenté à l'espagn. rabo, queue, partie postérieure. || 1539. R. EST.]
|| La partie du dos de certains mammifères, lièvre, lapin, qui s'étend du bas des épaules à la queue. Un — de lièvre. || *P. ext. Famil.* En parlant de l'homme, la partie du bas du dos correspondant aux reins. Il a les épaules larges et le — épais.

3. *RÂBLE [râbl'] *s. m.*
[ÉTYM. Origine inconnue. || 1690. FURET.]
|| (Marine.) Chacune des pièces de bois transversales qui garnissent le fond d'un bateau plat, et sur lesquelles on cloue les semelles (planches de fond).

*RÂBLÉ, ÉE [rà-blé] *adj.*
[ÉTYM. Dérivé de râble 2, § 118. (*Cf.* rablu.) || XVIᵉ s. Chiens rablés, CH. IX, *Chasse,* 8.]
|| Qui a le râble fort. Un lièvre —, bien —. || *P. ext.* C'est un garçon —.

RÂBLU, UE [rá-blu] *adj.*
[ÉTYM. Dérivé de râble 2, § 118. (*Cf.* râblé.) || 1670. *V.* à l'article. Admis ACAD. 1694.]
|| Qui a le râble solide. Qu'il est — t TH. CORN. *Comtesse d'Orgueil* (1670), III, 9.

*RABOBINER [rà-bò-bi-né] et, *vieilli,* *RABOBLINER [rà-bòb'-li-né] *v. tr.*
[ÉTYM. Composé de re, à et bobeliner, §§ 192 et 196. || XVIᵉ s. Rabobeliner voz souliers, *Farce,* dans *Anc. Th. franç.* II, 106. ACAD. 1694 donne rabobliner, écrit rabobeliner en 1718.]
|| *Pop.* Rapiécer tant bien que mal.

RABONNIR [rà-bò-nȋr] *v. tr.* et *intr.*
[ÉTYM. Composé de re et abonnir, §§ 192 et 196. || XIIIᵉ s. Par losengier les cuida rabonnir, *Ste Agnès,* dans GODEF. Admis ACAD. 1718 et écrit d'abord rabonir (1718-1762).]
|| *Famil.* || 1º *V. tr.* Rendre meilleur.
|| 2º *V. intr.* Devenir encore meilleur.

RABOT [rà-bó] *s. m.*
[ÉTYM. Origine inconnue ; ne peut être rattaché à rebouter, comme le font certains étymologistes. || XIVᵉ s. Fait de cuer de chesne au rabot, *Modus,* f° CXXXI.]
|| (Technol.) Outil pour aplanir, remuer, mélanger.
|| 1º *Spéciall.* Outil de menuisier, ciseau d'acier fixé obliquement à l'intérieur d'un fût de bois qui laisse dépasser le tranchant, pour dresser, aplanir, diminuer la surface d'une pièce de bois. Le fer, la gouge d'un —, le ciseau. La lumière d'un —, l'ouverture pratiquée dans la pièce par où passe le fer. Les joues d'un —, les deux faces latérales. — à moulures. Donner un coup de — à une planche. Que pensez-vous de celui qui veut scier avec un — et qui prend sa scie pour raboter? LA BR. 2. | *Fig.* Passer le — sur un ouvrage littéraire, le corriger pour lui donner le poli, la perfection. L'autre, en vain se lassant à polir une rime Et reprenant vingt fois le — et la lime, BOIL. *Disc. au roi.*
|| 2º *P. anal.* | 1. Coupoir dont se sert le fondeur pour enlever les parties superflues des caractères d'imprimerie. | Pince tranchante pour raser le velours, la peluche. | 2. Planchette à long manche pour ramasser le grain après le battage, unir la surface d'un terrain labouré et ratissé, remuer la chaux quand on la détrempe, agiter le minerai dans les eaux de détrempe, troubler l'eau afin de prendre plus facilement le poisson, etc. | 3. Outil de bois dur qui sert à polir les glaces, les marbres.

*RABOTAGE [rà-bò-tàj'] *s. m.*
[ÉTYM. Dérivé de raboter, § 78. || *Néolog.*]
|| (Technol.) Action de raboter.

RABOTER [rà-bò-té] *v. tr.*
[ÉTYM. Dérivé de rabot, § 154. || 1520. Si ces ays ne soyent mieux rabottez, PALSGR. p. 660.]
|| 1º Aplanir, diminuer (une surface) à l'aide du rabot. — une planche, un parquet. || *P. anal.* — le sabot d'un cheval, en râper le bord inférieur.
|| 2º *Fig.* Polir (une œuvre littéraire). Comment — à la fois la Henriade, mes tragédies et toutes mes pièces? VOLT. *Lett. à Thiriot,* 24 nov. 1738. Mais tant plus je me lime et plus je me rabote, RÉGNIER, *Sat.* 14.

RABOTEUR [rà-bò-teùr] *s. m.*
[ÉTYM. Dérivé de raboter, § 112. || Admis ACAD. 1835.]
|| (Technol.) Ouvrier dont le métier est de raboter. Un
— de parquets.

RABOTEUX, EUSE [rà-bò-teù, -teûz'] *adj.*
[ÉTYM. Dérivé de rabot, § 116. || 1539. Mains raboteuses,
Le Pourpoint fermant à boutons, dans MONTAIGLON, *Anc.
Poés. franç.* IV, 273.]
|| Dont la surface présente une suite d'aspérités. Planche
raboteuse. Des chemins —. || *Fig.* La défiance, l'aigreur, l'a-
version, sont... mêlées dans toutes les paroles;... on n'est point
accoutumé à ces chemins —, SÉV. 868. Sophocle enfin... Des
vers trop — polit l'expression, BOIL. *Art p.* 3. || *P. ext.* La
lecture de ses pièces est raboteuse et pénible, D'ALEMB. *Éloges, Crébillon.*

RABOUGRIR [rà-bou-grir] *v. tr.*
[ÉTYM. Composé de re et abougrir, §§ 192 et 196. || XVIᵉ s.
D'effeuiller inconsidérément, c'est les rabougrir, O. DE SERRES,
V, 15.]
|| Arrêter dans son développement normal. Les grandes
gelées rabougrissent le jeune bois. Les arbres se rabougrissent
dans ce terrain. Plantes rabougries et étiolées. || Un corps chétif
et rabougri. || *Intransitivt.* Un arbre qui rabougrit.

RABOUILLÈRE [rà-bou-yèr] *s. f.*
[ÉTYM. Origine incertaine. (*Cf.* l'angl. rabbit, autrefois
rabet, wallon robette, lapin.) || XVIᵉ s. RAB. I, 5.]
|| (T. rural.) Terrier que la lapine creuse pour y faire
ses petits.

RABOUTIR [rà-bou-tir] *v. tr.*
[ÉTYM. Composé de re, à et bout, §§ 194 et 196. || Admis
ACAD. 1718.]
|| Joindre bout à bout. — des pièces de fer (par un ajus-
tement). — des dentelles.

RABROUER [rà-brou-é] *v. tr.*
[ÉTYM. Origine incertaine, en tout cas sans rapport
avec brave. || XIVᵉ-XVᵉ s. Qui ainsi m'alez rabrouant, EUST.
DESCH. VII, 183.]
|| Rebuter (qqn) avec rudesse. Bien que ce philosophe la
rabrouât fort rudement, RAC. V, p. 506, Grands Écriv. Il fut
étrangement rabroué par M. le Prince, ST-SIM. II, 290.

***RACAGE** [rà-kàj'] *s. m.*
[ÉTYM. Dérivé de raque, § 78. || 1634. Racques ou raccage,
Termes de marine, dans DELB. *Rec.*]
|| (Marine.) Collier, chapelet de pommes et de bigots
en bois qui lie la vergue au mât par le milieu pour qu'elle
glisse sans s'en écarter.

RACAHOUT [rà-kà-ou] *s. m.*
[ÉTYM. Emprunté de l'arabe raqaout, *m. s.* § 22. || *Néo-
log.* Admis ACAD. 1878.]
|| Mélange de fécule, de glands doux, de farine de riz,
de tubercules de souchet, sucré et aromatisé.

RACAILLE [rà-kày'] *s. f.*
[ÉTYM. Origine incertaine. L'anc. forme rascaille (*cf.*
angl. rascal, coquin, canaille, emprunté du français) interdit tout rapprochement avec le scandinave racki, chien,
et avec l'anc. verbe rakier, rachier, cracher. || XIIᵉ s. Tute
fu morte sa rascaille, GEFFREY GAIMAR, *Hist. des Angl.* 1826.]
|| Rebut de la société. Vous n'êtes que —, Gens grossiers,
LA F. *Fab.* VIII, 21. La — dans des trous... Se sauva sans grand
travail, ID. *ibid.* IV, 6.

***RACCOISER** [rà-kwà-zé] *v. tr.*
[ÉTYM. Composé de re et accoiser, §§ 192 et 196. || XIIIᵉ s.
Li sains... Les racoisoit mout douchement, *Mir. de St Éloi*,
p. 30.]
|| *Vieilli.* Apaiser. Pour laisser — les humeurs et refroidir
les esprits, ST-SIM. XVII, 302.

RACCOMMODAGE [rà-kò-mò-dàj'] *s. m.*
[ÉTYM. Dérivé de raccommoder, § 78. || 1690. FURET.]
|| Action de raccommoder.

RACCOMMODEMENT [rà-kò-mòd'-man; *en vers,*
-mò-de-...] *s. m.*
[ÉTYM. Dérivé de raccommoder, § 145. || XVIIᵉ-XVIIIᵉ s. Pour
empescher le raccommodement, D'AUB. VIII, p. 129, de Ruble.]
|| Le fait de se raccommoder avec qqn, après une
brouille. Petits soins, rendez-vous, doux raccommodements,
REGNARD, *Distrait*, IV, 9.

RACCOMMODER [rà-kò-mò-dé] *v. tr.*
[ÉTYM. Composé de re et accommoder, §§ 192 et 196. ||
XVIᵉ s. Ayant gaigné ceste place, il la faudroit raccommoder,
LA NOUE, *Disc. polit.* 22.]

|| Remettre en état. Les chemins... sont devenus si impra-
ticables qu'on les fait — par ordre du roi, SÉV. 819. — un vêtement. Vous passeriez gaiement vos jours à tenir les comptes
du ménage et — ses serviettes, HAMILT. *Gram.* p. 260. —
des souliers. *P. anal.* Vous me mandez que l'air d'Aix vous a
toute raccommodée, que vous n'êtes plus si maigre, SÉV. 334.
|| *Fig.* Je n'avais que dix-huit ans quand je fis cette ode, mais
je l'ai raccommodée, BOIL. *Note sur l'ode 2. Absolt.* Quand
je m'aperçois de ces répétitions, je fais une grimace épouvan-
table; mais... je ne sais point —, SÉV. 256. | Pour — nos affai-
res, tu veux donner à souper, HAMILT. *Gram.* p. 28. | *P. ext.*
— qqn avec un autre, le remettre d'accord avec lui, après
une brouille. — deux amants. Une coquette, qui se raccom-
modait avec un époux pour se venger d'un amant, HAMILT.
Gram. p. 218. Quand les dames querellent longtemps, elles
ont envie de se —, DANCOURT, *Chevalier à la mode*, V, 6. |
Fig. Vous me paraissez raccommodée avec le mot de vapeurs,
SÉV. 1198.

RACCOMMODEUR, EUSE [rà-kò-mò-deùr, -deûz'] *s.
m. et f.*
[ÉTYM. Dérivé de raccommoder, § 112. || 1612. Les rac-
commodeurs de bas, dans DELB. *Rec.*]
|| Celui, celle dont le métier est de raccommoder. —
de faïences. — de souliers. — de dentelles. — des voies de
roulage d'une mine, ouvrier attaché à l'entretien des voies.

RACCORD [rà-kòr] *s. m.*
[ÉTYM. Subst. verbal de raccorder, § 52. || XIIᵉ s. Cour-
roux, mautalent et racort, ALEX. DE BERNAY, *Athis*, dans GO-
DEF. Admis ACAD. 1835.]
|| (Technol.) Ce qui raccorde. Faire le — de deux corps
de bâtiments. Faire un — de peinture, de papier de tenture.
Joindre par un — deux planchers de niveau différent, deux
tuyaux, etc. || *Fig.* Il a fait dans son poème d'heureux raccords.

RACCORDEMENT [rà-kòr-de-man] *s. m.*
[ÉTYM. Dérivé de raccorder, § 145. || XIIᵉ s. Por le racorde-
ment de nos toz, *Serm. de St Bern.* p. 125. Admis ACAD. 1740.]
|| Action de raccorder. Faire le — de deux voies, de deux
terrains, de deux portions de bâtiment. Courbe de —, qui sert
à passer sans ressaut d'un alignement à un autre. —
d'une bouche à feu, jonction de l'âme de la bouche à feu
avec la chambre qui reçoit la poudre.

RACCORDER [rà-kòr-dé] *v. tr.*
[ÉTYM. Composé de re et accorder, §§ 192 et 196. || XIIᵉ s.
Par qui les choses prevarient, Movent, racordent et raillent, BE-
NEEIT, *Ducs de Norm.* II, 11. Admis ACAD. 1740.]
|| Remettre d'accord en rajustant les parties séparées
ou dissemblables. — deux bâtiments par une construction.
— deux voies ferrées à l'aide d'un rail. — deux terrains de niveau différent. — deux tuyaux.

RACCOURCIR [rà-kour-sir] *v. tr. et intr.*
[ÉTYM. Composé de re et accourcir, §§ 192 et 196. L'anc.
franç. dit racorcir. || XIVᵉ-XVᵉ s. De beaulté vray raccourci,
Traité d'alchimie, dans LITTRÉ.]
I. *V. tr.* Rendre plus court. — une robe, une corde. Cette
trompe... l'animal... peut la —, l'allonger, la courber et la
tourner en tous sens, BUFF. *Éléphant.* — la bride du cheval.
|| — le bras (en le pliant). Tomber sur qqn à bras raccourcis,
en pliant le bras pour le déployer ensuite et frapper plus
fort. || *Loc. bibl.* Le bras de Dieu n'est pas raccourci, ne cesse
pas de déployer sa puissance. Quand il raccourcit son bras
à notre égard et qu'il ne daigne pas l'étendre pour nous secourir,
BOURD. *Prière*, 2. || (Blason.) Pièces raccourcies, pièces ho-
norables qui ne vont pas jusqu'au bord de l'écu. || *Pop.*
— qqn, le décapiter. || *Se* —, se replier sur soi-même. Ils
se saisissent (pour lutter entre eux)... ils se raccourcissent,
ils s'allongent, FÉN. *Tél.* 16. Une taille raccourcie. || *Au part.
passé pris substantivt.* Un raccourci. | 1. Abrégé d'une
chose. Ce raccourci d'atome (un ciron), PASC. *Pens.* I, 1. Je
suis un raccourci de la misère humaine, SCARR. *Portrait.* Représenter... en raccourci toute la suite des siècles, BOSS. *Hist.
univ.* avant-propos. Voici le personnage en raccourci, LA F.
Fab. XI, 7. | 2. (Peinture.) Effet de perspective par lequel
une figure ou une portion de figure qui se présente de
face, bien qu'elle ne se voie pas dans tout son développement, donne l'impression de sa dimension naturelle.
Une figure vue de raccourci. || Un détour qui raccourcit le che-
min. (Vénerie.) — une enceinte, resserrer l'enceinte où se
trouve enfermé le cerf. Les chagrins ont raccourci ses jours.
La vie déjà raccourcie s'abrège encore par les violences qui
s'introduisent dans le genre humain, BOSS. *Hist. univ.* II, 1.

II. *V. intr.* Devenir plus court. Cette toile a raccourci au blanchissage. ‖ Les jours commencent à —.

RACCOURCISSEMENT [rà-kour-sïs'-man; *en vers,* -si-se-...] *s. m.*
[ÉTYM. Dérivé de raccourcir, § 145. ‖ 1564. J. THIERRY, *Dict. franç.-lat.*]
‖ Action de raccourcir.

RACCOUTREMENT [rà-kou-tre-man] *s. m.*
[ÉTYM. Dérivé de raccoutrer, § 145. ‖ 1547. Raccoustrement de navires, J. MARTIN, *Vitruve,* dans DELB. *Rec.*]
‖ *Vieilli.* Action de raccoutrer.

RACCOUTRER [rà-kou-tré] *v. tr.*
[ÉTYM. Composé de re et accoutrer, §§ 192 et 196. ‖ 1539. Raccoustrer, R. EST.]
‖ *Vieilli.* Raccommoder. — un manteau troué. ‖ *Fig.* Charost se raccoutra (se remit), ST-SIM. II, 59.

RACCOUTUMER [rà-kou-tu-mé] *v. tr.*
[ÉTYM. Composé de re et accoutumer, §§ 192 et 196. ‖ 1539. Raccoustumer, R. EST. Admis ACAD. 1835.]
‖ *Famil.* Accoutumer de nouveau. Votre sœur commence à se — avec nous, RAC. *Lett.* 32.

RACCROC [rà-kró] *s. m.*
[ÉTYM. Subst. verbal de raccrocher, § 52. ‖ 1374. S'en revenoient du raccroc d'unes noces, dans DU C. receptum. Admis ACAD. 1798.]
‖ *Famil.* Action de raccrocher, d'attraper par hasard. Un coup de —. Faire un — au billard. Obtenir un prix par —.

RACCROCHER [rà-krò-ché] *v. tr. et pron.*
[ÉTYM. Composé de re et accrocher, §§ 192 et 196. ‖ 1611. COTGR.]
I. *V. tr.* ‖ **1°** Accrocher de nouveau. — un tableau, une tenture. ‖ *Fig.* Rétablir solidement. Fénelon n'était pas sans soins et sans recherches de ce qui pouvait le — et le conduire aux premières places, ST-SIM. VIII, 422.
‖ **2°** Ressaisir. Enfin je vous raccroche, Mon argent bien-aimé, MOL. *Ét.* II, 5. Pour — une partie de leurs biens d'Italie, ST-SIM. XVIII, 298.
‖ **3°** *Fig.* Attraper par hasard. Il a fini par — cette place. ‖ *Absolt.* Faire un coup heureux par chance, dans un jeu d'adresse. — au billard. ‖ *P. ext. Pop.* Une fille publique qui raccroche les passants, qui les arrête au passage.
II. *V. pron.* Se — à qqch, à qqn, s'y retenir pour ne pas tomber. Il se serait noyé s'il ne s'était raccroché à cette branche d'arbre. ‖ *Fig.* Il se raccroche à cette dernière espérance.

***RACCROCHEUR, RACCROCHEUSE** [rà-krò-cheur, -cheùz'] *s. m. et f.*
[ÉTYM. Dérivé de raccrocher, § 112. ‖ Admis ACAD. (au sens **II**) 1798.]
I. *S. m. et f.* Celui, celle qui raccroche au jeu, surtout au billard.
II. *S. f.* Raccrocheuse, fille publique qui raccroche les passants.

RACE [ràs'] *s. f.*
[ÉTYM. Emprunté de l'ital. razza, *m. s.* d'origine incertaine, peut-être slave, §§ 12 et 20. ‖ 1512. Il estoit extrait de la mesme rasse et païs des Turcs, J. LE MAIRE, *Illustr. de Gaule,* dans DELB. *Rec.*]
I. Ensemble des ascendants et descendants d'une même famille, d'un même peuple. Être de — royale. Le règne éternel de la — de David, PASC. *Pens.* XXV, 161. 0 déplorable —, RAC. *Phèd.* I, 3. Vous périrez peut-être et toute votre —, ID. *Esth.* I, 3. Les Suisses s'offensent d'être dits gentilshommes, et prouvent la roture de — pour être jugés dignes de grands emplois, PASC. *Pens.* V, 8. Les rois de France de la première, de la seconde, de la troisième —. ‖ *Spécialt.* ‖ 1. Les ancêtres. Une profonde nuit enveloppe sa —, RAC. *Ath.* III, 4. ‖ 2. Les descendants. Orgon à prix d'argent veut anoblir sa —, GILBERT, *Dix-huitième Siècle.* ‖ 3. Génération d'hommes. Les familles royales les mieux établies vivent à peine quatre ou cinq races, BOSS. *Polit.* IX, III, 6. ‖ 4. La postérité. Et ton nom paraîtra dans la — future Aux plus cruels tyrans une cruelle injure, RAC. *Brit.* V, 6. ‖ *P. ext.* Catégorie de gens. La — des financiers, des usuriers. Les imitateurs, — servile. Les dragons, — assez peu dévote, Ne parlaient là que langue de gargote, GRESSET, *Vert-Vert.* Dieu s'apprête à te joindre à la — parjure, RAC. *Ath.* III, 5. *Loc. bibl.* — de vipères, pharisiens.
II. (Hist. nat.) Groupe d'une espèce animale ou végétale dont les caractères sont constants et transmis par la reproduction. Les races, dans chaque espèce d'animal, ne sont que des variétés constantes qui se perpétuent par la génération, BUFF. 7e *Expos. de la nat.* La — noire, la — jaune, la — blanche. La meilleure — de chèvres. Un chien, un cheval de pure —, et, *ellipt.,* de —. Ce cheval a de la —. *Loc. prov.* Bon chien chasse de —, chasse bien comme ceux dont il descend, et, *fig.* on a les qualités ou les défauts de ses parents.

RACHAT [rà-chà] *s. m.*
[ÉTYM. Subst. verbal de rachater, anc. forme de racheter, § 52. ‖ XIIe-XIIIe s. Sans repentir et sans racat, RENCL. DE MOILIENS, *Carité,* CLVI, 7.]
‖ **1°** Action de racheter. Vente avec faculté de —.
‖ **2°** *P. ext.* Action d'obtenir la mise en liberté moyennant rançon. Le — des prisonniers, des esclaves. ‖ *Fig.* Le — du genre humain par Jésus.
‖ **3°** Action de libérer, en payant une somme. Le — d'une servitude, d'une rente, d'une redevance.

RACHETABLE [ràch'-tàbl'; *en vers,* rà-che-...] *adj.*
[ÉTYM. Dérivé de racheter, § 93. ‖ XVIe s. Rentes constituées à deniers sont rachetables, LOYSEL, p. 511.]
‖ Qui peut être racheté.

RACHETER [ràch'-té; *en vers,* rà-che-té] *v. tr.*
[ÉTYM. Composé de re et acheter, §§ 192 et 196. ‖ XIIe s. Raschatas mei, *Psaut. d'Oxf.* XXX, 5.]
‖ **1°** Acheter de nouveau. J'ai racheté des terres autour de mon domaine. ‖ Je viens de — ce tableau que j'avais vendu. ‖ Il n'y a plus d'encre, il faudra en —.
‖ **2°** Obtenir qu'on mette en liberté, moyennant rançon. — un esclave, un prisonnier. ‖ *P. anal.* Libérer d'une obligation en payant une somme. — un jeune homme du service militaire. Se — d'une redevance, d'une servitude. La ville conquise se racheta du pillage par une indemnité. ‖ Se —, à certains jeux, payer un enjeu convenu pour rentrer au jeu quand on en a été écarté. ‖ *P. ext.* — une redevance, une rente. Les crimes pouvaient se — à prix d'argent. ‖ *Fig.* S'armer pour la patrie Contre un sang qu'on voudrait — de sa vie, CORN. *Hor.* II, 3. Ces mêmes héros, prodigues de leur vie, Ne la rachetaient point par une perfidie, RAC. *Baj.* II, 3. Je me rachéterai toujours fort volontiers d'être fourbe, par être stupide et passer pour tel, LA BR. 11. Jésus-Christ a racheté les hommes par sa mort, il a acheté leur salut éternel au prix de sa mort. Dieu a voulu — les hommes et ouvrir le salut à ceux qui le chercheraient, PASC. *Pens.* XX, 1. — ses défauts par de grandes qualités. Sa bonté rachète bien des fautes.

RACHIDIEN, ENNE [rà-chi-dyin, -dyèn'; *en vers,* -di-...] *adj.*
[ÉTYM. Dérivé du grec ῥάχις (ῥάχεως), rachis, auquel on a attribué par erreur un génitif ῥαχίδος, § 244. ‖ Admis ACAD. 1835.]
‖ (Anat.) Qui appartient à la colonne vertébrale. Bulbe —.

RACHIS [rà-chïs'] *s. m.*
[ÉTYM. Emprunté du grec ῥάχις, *m. s.* ‖ Admis ACAD. 1878.]
‖ **1°** (Anat.) Colonne vertébrale.
‖ **2°** *P. anal.* (Botan.) Axe central de l'épi des graminées, des chatons, des grappes, etc.

RACHITIQUE [rà-chi-tïk'] *adj.*
[ÉTYM. Dérivé du grec ῥαχῖτις, rachitis, § 229. ‖ Admis ACAD. 1762.]
‖ (Médec.) Affecté de rachitisme. Enfant —, et, *substantivt,* Un —.

RACHITIS [rà-chi-tïs'] et **RACHITISME** [rà-chi-tïsm'] *s. m.*
[ÉTYM. Emprunté et dérivé du grec ῥαχῖτις, *m. s.* § 265. ‖ Admis ACAD. 1762.]
‖ **1°** (Médec.) Arrêt de développement, souvent manifesté par une déformation de la colonne vertébrale.
‖ **2°** *P. anal.* Maladie du blé qui rend la tige noueuse, écourtée.

RACINAGE [rà-si-nàj'] *s. m.*
[ÉTYM. Dérivé de racine, § 78. ‖ (Au sens **I.**) 1674. Dans les gris et racinage des laines, *Instr. pour la teinture,* dans LITTRÉ. Admis ACAD. 1762.]
‖ (Technol.) ‖ **I.** Teinture, décoction de la racine, de l'écorce, des feuilles de noyer, de la coque des noix.
II. Dessin imitant les veines des racines d'arbres (certaines reliures).

RACINAL [rà-si-nàl] *s. m.*
[ÉTYM. Dérivé de racine, § 90. ‖ 1690. FURET. Admis ACAD. 1762.]

|| (Technol.) Grosse poutre qui en supporte d'autres. **Racinaux de fondation**, sur lesquels est fixé le plancher de la construction. | **Racinaux de comble**, corbeaux de bois supportant une ferme ronde qui couvre en saillie un pignon. **Racinaux d'écurie**, petits poteaux supportant la mangeoire.

RACINE [rà-sin'] *s. f.*
[ÉTYM. Du lat. pop. *radicina*, dérivé de *radicem*, *m. s.* § 100, devenu *rad'cina, § 336, *rad'cine, § 201, racine, § 414.]
I. Partie inférieure d'un végétal, ordinairement enfoncée dans la terre, où elle se développe en sens inverse de la tige, et qui sert à fixer la plante au sol et à pomper les éléments dont elle se nourrit. *Les racines d'un arbre. — pivotante, traçante, fibreuse, noueuse. Jeter des racines. Pousser de profondes racines. Fruits pendants par les racines, par racines, récolte encore sur pied.* || *Fig.* Le Ciel même peut-il réparer les ruines De cet arbre (la race de David) séché jusque dans ses racines? RAC. *Ath.* I, 1. Vous le voyez (l'amateur de fleurs) planté et qui a pris — au milieu de ses tulipes, LA BR. 8. Quand elle fait visite, elle prend — chez les gens, elle reste trop longtemps. Il y a tant de liaison entre la spéculation et la pratique que, quand l'une a pris —, vous ne faites plus difficulté de permettre l'autre sans déguisement, PASC. *Prov.* 13. || *P. anal.* Principe d'une chose. *Couper le mal dans sa —. Le fond du cœur où il (l'ennui) a des racines naturelles*, PASC. *Pens.* II, 8. Des défauts sans nombre arracher les racines I BOIL. *Ép.* 11. || *P. ext.* Cette partie de la plante employée à divers usages. | 1. (Alimentation.) *Racines comestibles, carotte, navet, betterave, rave, salsifis, etc.* | 2. (Pharmacie.) *Racines médicinales. Racines apéritives majeures* (ache, asperge, fenouil, etc.), *Racines apéritives mineures* (chiendent, câprier, etc.). *— du Brésil*, ipécacuana. | 3. (Ébénisterie.) *Une boîte en — de buis.*
II. *P. anal.* Portion d'un organe par laquelle il s'implante dans un autre. *La — des dents, des cheveux, des poils, des ongles. — d'un nerf*, point par lequel il naît d'un centre nerveux (cerveau, moelle épinière). *Racines d'un polype*, d'une verrue, partie par laquelle ils naissent dans les tissus. || *P. anal. — d'une montagne*, partie par où elle commence à s'élever au-dessus du sol.
III. *Fig.* || **1°** (Gramm.) | 1. Mot primitif d'où dérivent d'autres mots. *Le jardin des racines grecques.* | 2. Monosyllabe ou dissyllabe irréductible auquel on arrive en dépouillant un mot des préfixes, suffixes, flexions.
|| **2°** (Mathém.) — *d'une quantité*, quantité qui, multipliée par elle-même, reproduit cette quantité (dite *puissance* de la première). *Extraire la — carrée, cubique d'un nombre*, retrouver le nombre qui, multiplié une fois, deux fois par lui-même, donne ce nombre. *Racines d'une équation*, quantités qui peuvent se substituer aux inconnues, comme satisfaisant également aux données de l'équation.

RACK [răk']. *V.* arack.

***RACLAGE** [rá-klàj'] *s. m.*
[ÉTYM. Dérivé de racler, § 78. || *Néolog.*]
|| (Technol.) Action de racler.

***RACLE** [rákl'] *s. f.*
[ÉTYM. Subst. verbal de racler, § 52. || 1771. TRÉV.]
|| (Technol.) Outil qui sert à racler. (*Cf.* racloir, racloire.)

RACLÉE [rá-klé] *s. f.*
[ÉTYM. Subst. particip. de racler, § 45. || *Néolog.* Admis ACAD. 1878.]
|| *Pop.* Coups multipliés donnés à qqn. (*Cf.* frottée.)

RACLER [rá-klé] *v. tr*
[ÉTYM. Il est impossible de séparer le mot du provenç. *rasclar, m. s.* que les uns rattachent à *rasus*, part. de *radere, raire* (d'où le lat. pop. *rasculare pour *rasiculare), les autres à *rastulum, pour *rastrum*, râteau. L'absence de l's dans les plus anc. exemples franç. de racler fait croire à un emprunt fait aux patois intermédiaires entre le français et le provençal, §§ 11 et 16. || XIVᵉ s. Et soit raclé de voirre, *Trad. de B. de Gordon*, dans LITTRÉ.]
|| **1°** Frotter de manière à enlever une partie de la surface. *— du parchemin, de la peau, de la corne. On peut enlever ces écailles (de la peau du castor) en les raclant au couteau*, BUFF. *Castor.* || *P. anal. — une allée*, la ratisser.
|| **2°** Frotter rudement. *Les filets raclaient le fond de la mer.* || *Famil. Un vin si âpre qu'il racle le gosier.* || *Famil. — les cordes d'un violon*, les frotter maladroitement avec l'archet. || *P. ext. Il racle de temps en temps une guitare, en chantant des romances de sa composition*, LES. *Diable boit.*

3. *Deux méchantes voix dont l'une chantait le dessus et l'autre raclait une basse*, SCARR. *Rom. com.* I, 15.

***RACLETTE** [rá-klĕt'] *s. f.*
[ÉTYM. Dérivé de racle, § 133. || *Néolog.*]
|| (Technol.) Petite racle. *Une — de ramoneur.*

RACLEUR, ***RACLEUSE** [rá-kleur; -kleùz'] *s. m. et f.*
[ÉTYM. Dérivé de racler, § 112. || XVIᵉ s. Racleurs de cheminee, D'AUB. *Fœneste*, I, 2. Admis ACAD. (au sens **2°**) 1740.]
|| (Technol.) Celui, celle qui racle. *Fig. — de boyau*, et, *absolt, —,* mauvais joueur d'instrument à cordes.

RACLOIR [rá-klwàr] *s. m.*
[ÉTYM. Dérivé de racler, § 113. || 1539. R. EST.]
|| Outil employé en divers métiers, et qui sert à racler, à ratisser. *— de tonnelier, de parcheminier.* (*Cf.* racloire.)

RACLOIRE [rá-klwàr] *s. f.*
[ÉTYM. Dérivé de racler, § 113. || 1680. RICHEL. Admis ACAD. 1762.]
|| **1°** (Technol.) Planchette qui sert à racler le dessus d'une mesure de grain pour faire tomber ce qui dépasse les bords. (*Syn.* radoire.)
|| **2°** (Médec.) Instrument qui sert à enlever les matières qui chargent la langue.
|| **3°** *Anciennt.* Anneau de fer mobile à frottement dans une main de fer, qui servait de heurtoir.

RACLURE [rá-klür] *s. f.*
[ÉTYM. Dérivé de racler, § 111. || XVᵉ s. Racleure de piez, VILLON, *Gr. Testam.* 1428.]
|| **1°** Action de racler. || *Spéciall.* Grattage du minerai.
|| **2°** Partie enlevée d'un corps qu'on racle.

RACOLAGE [rà-kò-làj'] *s. m.*
[ÉTYM. Dérivé de racoler, § 78. || Admis ACAD. 1762.]
|| Action de racoler. || Métier de racoleur.

RACOLER [rà-kò-lé] *v. tr.*
[ÉTYM. Dérivé de re et accoler, §§ 192 et 196. || XIIᵉ s. Atant ses amis la racole, *Floire et Blanchefl.* I, 2295. Admis ACAD. 1762.]
|| **1°** *Anciennt.* Accoler, embrasser de nouveau.
|| **2°** *Fig.* Engager dans le service militaire. || *P. anal. Famil.* Il a racolé des partisans, il est arrivé à en réunir.

RACOLEUR, ***RACOLEUSE** [rà-kò-leùr, -leùz'] *s. m. et f.*
[ÉTYM. Dérivé de racoler, § 112. || Admis ACAD. 1762.]
|| **1°** *S. m. et f.* Celui, celle qui racole.
|| **2°** *Spéciall. S. f.* Racoleuse, raccrocheuse.

***RACONTABLE** [rà-kon-tàbl'] *adj.*
[ÉTYM. Dérivé de racon, § 93. || XIIᵉ-XIIIᵉ s. Laquelle faite chose joskes or... maint racontable, *Dial. Gregoire*, p. 211.]
|| Qui peut être raconté.

***RACONTAR** [rà-kon-tàr] *s. m.*
[ÉTYM. Pour racontard, dérivé de raconter, § 147. || *Néolog.*]
|| *Famil.* Commérage.

RACONTER [rà-kon-té] *v. tr.*
[ÉTYM. Composé de re et l'anc. franç. aconter, conter, §§ 192 et 196. || XIIᵉ s. Si li racontent an plorant, CHRÉTIEN DE TROYES, *Cligès*, 3444.]
|| Conter (qqch) dans tous ses détails. *Racontez-moi, je vous prie, ce que vous savez des anciens habitants de ce désert*, B. DE ST-P. *Paul et Virg.* Ils suppriment quelques noms pour déguiser l'histoire qu'ils racontent, LA BR. 5. A — ses maux souvent on les soulage, CORN. *Poly.* I, 3. Cette histoire ne peut pas se — devant des enfants. Se — soi-même, raconter sa propre histoire. Il se raconte lui-même si naïvement qu'on lui attribue sans aucune peine ses folles irrégularités, VAUVEN. *Enthousiaste.* || *Absolt.* Il raconte avec agrément. Les enfants ne se lassent pas d'entendre —. || *Fig.* Les cieux racontent la gloire de Dieu, le font connaître par leurs merveilles.

RACONTEUR, **EUSE** [rà-kon-teùr, -teùz'] *s. m. et f.*
[ÉTYM. Dérivé de raconter, § 112. || XVᵉ s. La femme du raconteur de l'histoire, A. DE LA SALLE, *Cent Nouv. nouv.* 65. Admis ACAD. 1762.]
|| Celui, celle qui aime à raconter. *Adjectivt. Un homme... d'un esprit —*, ST-SIM. I, 328.

RACORNIR [rà-kòr-nir] *v. tr.*
[ÉTYM. Composé de re, et corne, §§ 194 et 196. || XIVᵉ s. Endurci En son erreur et racorni, G. DE DIGULLEVILLE, *Pèlerinage de vie hum.* 11259, Sturzinger. ACAD. 1694-1718 écrit raccornir.]

‖ Rendre dur comme la corne. Le toucher du violon, du violoncelle, racornit les doigts. La viande se racornit à un feu violent. ‖ *P. anal. Famil.* Cette pauvre vieille se racornit tous les jours, sa peau devient de plus en plus sèche. Un vieux bonhomme tout racorni. ‖ *Fig.* Vieilles idées, racornies dans mon cerveau, J.-J. ROUSS. *Lettre à M. de Mirabeau.* Le cœur, à force de souffrir, se racornit, se dessèche et devient dur.

RACORNISSEMENT [rà-kòr-nĭs'-man ; *en vers,* -ni-se-...] *s. m.*
[ÉTYM. Dérivé de racornir, § 145. ‖ Admis ACAD. 1798.]
‖ État de ce qui se racornit. Le — du cuir au feu.

RACQUITTER [rà-ki-té] *v. tr.*
[ÉTYM. Composé de re et acquitter, §§ 192 et 196. ‖ XIVᵉ s. Ançois raquitta messire Bertrans de Claiekin le chastiel de Roleboise, FROISS. *Chron.* VII, 6, Kervyn.]
‖ *Vieilli.* Rendre quitte de ce qu'on a perdu. Si je gagne cette partie, elle me racquittera. Une seconde affaire l'a racquitté de ce qu'il a perdu dans la première. ‖ *Fig.* Se —, se dédommager de quelque perte, de quelque échec, en agissant d'un autre côté. Peut-être, mon esprit, prompt à ressusciter, Du temps qu'il a perdu saurait se —, BOIL. *Ép.* 8.

RADE [rà-dó] *s. f.*
[ÉTYM. Emprunté de l'anc. angl. rade, auj. road, *m. s.* § 8, mot d'origine scandinave, § 9, de même famille que arroi. ‖ 1483. Le prochain radde du bout de Bellisle, GARCIE, *Grant Routier,* fᵒ 57, vᵒ.]
‖ Partie de mer qui s'enfonce dans les terres, et forme un bassin naturel où les navires peuvent s'abriter. Entrer en —. Ses trois vaisseaux en — avaient mis voiles bas, CORN. *Pomp.* II, 2. Le vent le fit entrer dans une —, FÉN. *Tél.* 9. — fermée, où tous les bâtiments ne peuvent être attaqués. — foraine. (*V.* forain.) Faire campagne de —, rester à l'ancre en rade.

RADEAU [rà-dó] *s. m.*
[ÉTYM. Emprunté du provenç. radel, dérivé du lat. ratem, *m. s.* § 11. Au XIVᵉ s. BERSUIRE emploie la forme fém. radelle. ‖ 1485. Ung radeau de bois, *Procès-verbal du cons. de rég. de Charles VIII,* p. 81.]
‖ Assemblage de poutres liées ensemble de manière à former un plancher flottant. — de fortune, que l'on construit dans un sinistre de mer. Pont de radeaux, pont militaire sur radeaux. — d'arbres, train de bois qu'on lie en radeau. ‖ Plate-forme flottante pour réparer les parties inférieures de la coque d'un navire.

1. RADER [rà-dó] *v. tr.*
[ÉTYM. Dérivé de rade, § 154. ‖ XVIᵉ-XVIIᵉ s. Aiant radé longtemps devant Rameken, D'AUB. *Hist. univ.* IX, p. 438, de Ruble. Admis ACAD. 1762.]
‖ (Marine.) Mettre en rade (un navire).

2. RADER [rà-dé] *v. tr.*
[ÉTYM. Tiré de radoire, §§ 35 et 154. ‖ 1723. SAVARY, *Dict. du comm.* Admis ACAD. 1798.]
‖ 1° *Vieilli.* Faire tomber avec la radoire ce qui dépasse le bord.
‖ 2° *P. anal.* (Technol.) Entamer avec le ciseau (un bloc de pierre, de marbre) en dessus et en dessous, pour le diviser.

RADEUR [rà-deur] *s. m.*
[ÉTYM. Dérivé de rader, § 112. ‖ 1690. FURET. Admis ACAD. 1762.]
‖ *Anciennt.* Officier des gabelles chargé de rader le sel.

RADIAIRE [rà-dyèr ; *en vers,* -di-yèr] *adj.*
[ÉTYM. Dérivé du lat. radius, rayon, § 248. ‖ 1812. MOZIN, *Dict. franç.-allem.* Admis ACAD. 1878.]
‖ (T. didact.) Disposé en rayons. ‖ *Substantivt.* ‖ 1. *Au masc. plur.* Les radiaires, animaux invertébrés, formant le quatrième embranchement du règne animal (échinodermes, polypes, etc.). ‖ 2. *Au fém.* La —, Ombellifère à bractées en rayons.

RADIAL, ALE [rà-dyàl ; *en vers,* -di-yàl] *adj.*
[ÉTYM. Emprunté du bas lat. radialis, *m. s.* ‖ (Au sens **I.**) 1611. COTGR. Admis ACAD. 1835.]
I. (Anat.) Qui a rapport à l'os dit radius. Muscles radiaux. Région radiale. Nerf, muscle —, et, *substantivt,* Le —. Artère, veine radiale, et, *substantivt,* La radiale.
II. (T. didact.) Qui rayonne. Couronne radiale. ‖ 1. (Antiq. rom.) (*V.* radié.) ‖ 2. (Mathém.) Courbe radiale, dont les ordonnées vont toutes aboutir au même point.

RADIANT, ANTE [rà-dyan, -dyànt'; *en vers,* -di-...] *adj.*
[ÉTYM. Emprunté du lat. radians, part. prés. de radiare, rayonner. ‖ Admis ACAD. 1835.]
‖ (T. didact.) Qui s'étend en rayonnant. Chaleur radiante. (Astron.) Point —, d'où certains éléments partent en rayonnant. Le point — d'une étoile filante. ‖ (Botan.) Couronne radiante, couronne de synanthérées, où les fleurs dépassent le disque. ‖ (Chimie.) État — d'un corps gazeux, qui lui fait produire un rayonnement phosphorescent.

1. RADIATION [rà-dyà-syon] *s. f.*
[ÉTYM. Dérivé du bas lat. radiare, rayer, § 247. ‖ 1469. Non obstant icelles radiacions, *Lett. de Louis XI,* dans DELB. *Rec.*]
‖ Action de rayer d'une liste, d'un compte, d'un écrit. Article sujet à —. Il a obtenu sa — du rôle des contribuables. La — d'un condamné sur la liste électorale. — d'inscription hypothécaire, suppression de l'inscription. ‖ *P. ext.* Raie que l'on passe sur un article de compte pour l'effacer.

2. RADIATION [rà-dyà-syon ; *en vers,* -si-on] *s. f.*
[ÉTYM. Emprunté du lat. radiatio, rayonnement. ‖ 1557. Radiations, aspectz ou regars, J.-P. DE MESMES, *Instit. astron.* p. 41. Admis ACAD. 1762.]
‖ (T. didact.) Émission de rayons lumineux, caloriques.

RADICAL, ALE [rà-di-kàl] *adj.*
[ÉTYM. Emprunté du bas lat. radicalis, *m. s.* § 238. ‖ XVᵉ-XVIᵉ s. L'humide radical, *Nat. à l'alch. err.* 980.]
‖ (T. didact.) ‖ 1° Qui appartient à la racine. Fibres radicales. Pédoncules radicaux.
‖ 2° *Fig.* ‖ 1. Qui a rapport au principe d'une chose. Cure radicale, qui détruit le mal dans sa racine. Fluide —, fluide imaginaire qu'on regardait comme le principe de la vie. Vice —, qui déprave complètement. Nullité radicale, qui vicie entièrement un acte. Je représentai le schisme — de la cour, ST-SIM. VII, 391. ‖ 2. (Gramm.) Qui appartient à la racine d'un mot. Lettres radicales. *Substantivt.* Le —, ce qui constitue la racine d'un mot. ‖ 3. (Algèbre.) Signe —, et, *substantivt,* Le — (√), signe qui se met devant les quantités dont on doit extraire la racine. Les quantités qui sont sous le —. Une quantité radicale, et, *substantivt,* Un —, quantité précédée du signe radical. ‖ 4. (Chimie.) Corps —, et, *substantivt,* —, qui, uni à l'oxygène, forme des oxydes, des acides. Le potassium est le — de la potasse. ‖ 5. (Politiq.) Qui change de fond en comble les institutions établies. Réformes radicales. Défendre des idées radicales. Politique radicale. Le parti —, et, *substantivt,* Les radicaux, les partisans de la politique radicale.

RADICALEMENT [rà-di-kàl-man ; *en vers,* -kà-le-...] *adv.*
[ÉTYM. Composé de radicale et ment, § 724. ‖ 1314. Ne ne l'entent pas a desclairier radicalement, *Chirurg. de Mondeville,* 38, Bos.]
‖ (T. didact.) D'une manière radicale. Guérir — une maladie. Acte — nul. Détruire — une erreur.

RADICALISME [rà-di-kà-lism'] *s. m.*
[ÉTYM. Dérivé de radical, § 265. ‖ *Néolog.* Admis ACAD. 1878.]
‖ Doctrine politique radicale. Le — de ses opinions. ‖ Les doctrines du —.

RADICANT, ANTE [rà-di-kan, -kànt'] *adj.*
[ÉTYM. Emprunté du lat. radicans, part. prés. de radicare, pousser des racines. ‖ Admis ACAD. 1835.]
‖ (Botan.) Qui pousse des racines à côté de la racine principale. La tige du chiendent est radicante. ‖ Plantes radicantes, plantes dont les branches jettent des racines adventives, par lesquelles elles s'accrochent.

RADICELLE [rà-di-sèl] *s. f.*
[ÉTYM. Dérivé du lat. radix, cis, racine, § 258. ‖ *Néolog.* Admis ACAD. 1878.]
‖ (Botan.) Petite racine. (*Cf.* radicule.) ‖ *P. ext.* Dernière division d'une racine.

RADICULE [rà-di-kul] *s. f.*
[ÉTYM. Emprunté du lat. radicula, diminutif de radix, racine. ‖ 1690. FURET. Admis ACAD. 1762.]
‖ (Botan.) Petite racine. (*Cf.* radicelle.) ‖ *P. ext.* Partie de l'embryon qui la première perce la graine pour s'enfoncer dans la terre.

RADIÉ, ÉE [rà-dyé] *adj.*
[ÉTYM. Emprunté du lat. radiatus, *m. s.* (*Cf.* radiaire, radial.) ‖ 1690. FURET. Admis ACAD. 1762.]
‖ (T. didact.) Qui présente des rayons. ‖ 1. (Antiq.) Couronne radiée (dite aussi radiale), couronne à rayons,

placée, dans les médailles, sur la tête des empereurs divinisés après leur mort. | **2.** (Botan.) Fleur radiée, à couronne radiante. | **3.** (Zoologie.) Opercule — des mollusques, à stries qui rayonnent du sommet. (*V.* radiaire.)

1. RADIER [rà-dyé] *s. m.*
[ÉTYM. Origine incertaine; peut-être même radical que radeau. || Admis ACAD. 1762.]
|| (Technol.) Travail de charpente, de maçonnerie, qui soutient ou protège une construction hydraulique, défend les piles d'un pont, les bajoyers d'une écluse. || Construction sur laquelle tournent les portes d'un bassin de radoub, d'une écluse, etc.

2. RADIER [rà-dyé; *en vers,* -di-é] *v. tr.*
[ÉTYM. Tiré de radiation 1, §§ 33 et 154. || *Néolog.* Admis ACAD. 1878.]
|| Rayer (d'une liste, d'un compte).

RADIEUX, EUSE [rà-dyeu, -dyeuz'; *en vers,* -di-...] *adj.*
[ÉTYM. Emprunté du lat. radiosus, *m. s.* || XVᵉ-XVIᵉ s. Que le ciel... Soit embelly de radieux soleil, O. DE ST-GELAIS, *Énéide,* dans DELB. *Rec.*]
|| Qui jette des rayons lumineux. Corps —. Le soleil —. || *P. ext.* *Poét.* Le jour —, le ciel —. || *Fig.* Dont le visage rayonne. Elle est toute radieuse.

***RADIOGRAPHIE** [rà-dyò-grà-fi; *en vers,* -di-ò-...] *s. f.*
[ÉTYM. Composé avec le lat. radius, rayon, et le grec γράφειν, décrire, et le suffixe ie, § 284. || *Néolog.*]
|| (T. didact.) Étude des rayons lumineux.

RADIOMÈTRE [rà-dyò-mètr'; *en vers,* -di-ò-...] *s. m.*
[ÉTYM. Composé avec le lat. radius, rayon, et le grec μέτρον, mesure, §284. || 1690. FURET. Admis ACAD. 1762.]
|| (T. didact.) || **1º** *Ancienn.* Instrument, dit aussi arbalestrille, qui sert à prendre en mer la hauteur du soleil ou des astres.
|| **2º** Instrument qui sert à mesurer l'intensité des rayons lumineux.

RADIS [rà-di] *s. m.*
[ÉTYM. Emprunté de l'ital. radicchio ou radice, *m. s.* proprt, « racine », § 12. (*Cf.* raifort.) || 1507. Cytrons, carottes et radices, N. DE LA CHESN. *Condamn. de Bancquet,* p. 311, Jacob. Admis ACAD. 1762.]
|| Variété du genre raifort, à racine comestible. Le petit — rose. Le gros — noir. — de cheval, raifort commun.

RADIUS [rà-dyûs'; *en vers,* -di-ùs'] *s. m.*
[ÉTYM. Emprunté du lat. radius, *m. s.* (CELSE), proprt, « rayon », par assimilation à un rayon de roue. || 1541. L'articulation de radius, J. CANAPPE, *Tables anatom.* dans DELB. *Rec.* Admis ACAD. 1762.]
|| **1º** (Anat.) Celui des deux os de l'avant-bras qui est du côté externe.
|| **2º** *P. anal.* Première nervure du bord externe de l'aile des insectes.

RADOIRE [rà-dwàr] *s. f.*
(ÉTYM. Du lat. pop. *rasitŏria, tiré de *rasitus, pour rasus, part. de radere, raser, § 113, devenu rasdoire (*cf.* le provenç. rasdoira, *m. s.*), §§ 336, 405, 329 et 356, radoire, § 422. On a dit aussi ratoire (OUD.), de *raditŏria. || Admis ACAD. 1762.)
|| Instrument qui sert à rader.

RADOTAGE [rà-dò-tâj'] *s. m.*
(ÉTYM. Dérivé de radoter, § 78. || Admis ACAD. 1740.]
|| Action de radoter. || Discours de celui qui radote. Quel — me faites-vous là, Basile? BEAUMARCH. *B. de Sév.* II, 8.

RADOTER [rà-dò-té] *v. intr.*
[ÉTYM. Tiré de l'anc. adj. radoté, redoté, engourdi par l'âge, d'origine germanique ou scandinave, §§ 9 et 10 : angl. to dote, radoter, holland. dutten, radoter, sommeiller, island. dotta, s'assoupir, etc. || XIᵉ s. Vielz est e redotez, *Roland,* 905. | XIIIᵉ s. Il redote (var. radote) ou a trop boû, *Renart,* x, 1455.]
|| Tenir des propos décousus, qui dénotent un affaiblissement d'esprit. Tous les vieillards ne radotent pas, MALEBR. *Rech. de la vérité,* II, II, 1. L'on radote, je pense : A. moi les proposer! LA F. *Fab.* VII, 5. || *P. ext.* Un octogénaire plantait; Passe encor de bâtir, mais planter à cet âge!... Assurément il radotait, LA F. *Fab.* XI, 8.

RADOTERIE [rà-dôt'-ri; *en vers,* -dò-te-ri] *s. f.*
[ÉTYM. Dérivé de radoter, § 69. || XIIᵉ s. Tels paroles diseit sovent Qui sembloent redoterie, WACE, *Rou,* III, 4560.]
|| Habitude de radoter. Me voilà tombée dans la —, SÉV. 175.

RADOTEUR, EUSE [rà-dò-téur, -téuz'] *s. m. et f.*
[ÉTYM. Dérivé de radoter, § 112. || 1642. OUD.]
|| Celui, celle qui radote. Un vieux —. C'est une radoteuse; elle a perdu l'esprit, LA F. *Fab.* x, 1.

RADOUB [rà-dou] *s. m.*
[ÉTYM. Subst. verbal de radouber, § 52. || 1611. COTGR.]
|| (Technol.) Action de radouber. || *Spécialt.* | **1.** (Marine.) Réparation au corps d'un bâtiment qui a subi des avaries. Bassin de —. | **2.** Poudre de —, poudre avariée qu'on a remise en état de servir.

RADOUBER [rà-dou-bé] *v. tr.*
[ÉTYM. Composé de re et adouber, §§ 192 et 196. || XIIIᵉ s. Rappareillier et redauber les viez fuz, E. BOILEAU, *Livre des mest.* I, XLVI, 5. | XVᵉ s. Le comte de Charolois se radouba et rappaisa avec son pere, COMM. I, 2.]
|| **1º** *Ancienn.* Réparer, remettre en état.
|| **2º** *Spécialt.* (Marine.) Réparer le corps d'un bâtiment avarié. — la carène. || *P. plaisant.* Remettre en bon état. Mˡˡᵉ d'Hamilton et Mᵐᵉ Wetenhall tâchaient de — la Muskerry, HAMILT. *Gram.* p. 311. || *P. anal.* — une poudre avariée.

***RADOUBEUR, EUSE** [rà-dou-bèur, -bèuz'] *s. m. et f.*
[ÉTYM. Dérivé de radouber, § 112. || XVᵉ s. Radoubeur de pourpoins, RENÉ D'ANJOU, *Œuvres,* IV, 119.]
|| *Ancienn.* Celui, celle qui radoube. *Spécialt.* Rebouteur, rebouteuse. *P. plaisant.* *Fig.* Un — de noblesse, GHERARDI, *Th. ital.* VI, 600.

RADOUCIR [rà-dou-sîr] *v. tr.*
[ÉTYM. Composé de re et adoucir, §§ 192 et 196. || XIIᵉ s. Mes de son cucre et de ses bresches Li radoucist novele amors, CHRÉTIEN DE TROYES, *Chevalier au lion,* 1356.]
|| Rendre plus doux. La pluie a radouci le temps. Le temps s'est radouci, est radouci. — les métaux, les rendre moins aigres par une fonte réitérée. || *Fig.* — qqn, le caractère de qqn. Comme il se radoucit! MOL. *Tart.* III, 2. Ses roulements d'yeux et son ton radouci, ID. *Mis.* I, 1.

RADOUCISSEMENT [rà-dou-sîs'-man; *en vers,* -sise-...] *s. m.*
[ÉTYM. Dérivé de radoucir, § 145. || 1690. FURET.]
|| Action de radoucir, état de ce qui est radouci.

RAFALE [rà-fàl] *s. f.* (*masc.* FURET.).
[ÉTYM. Origine incertaine; peut-être apparenté à l'espagn. rafaga, *m. s.* §12. || 1690. FURET. Admis ACAD. 1762.]
|| (Marine.) Coup de vent court et violent.

***RAFALÉ, ÉE** [rà-fà-lé] *adj.*
[ÉTYM. Dérivé de rafale, § 118. || *Néolog.*]
|| (Marine.) Qui a subi une rafale. || *Fig. Famil.* Qui vient de subir un revers de fortune.

***RAFF** [ràf'] *s. m.*
[ÉTYM. Origine inconnue. || *Néolog.*]
|| Nageoires du flétan qu'on sale pour les manger.

RAFFE [ràf']. *V.* rafle.

RAFFERMIR [rà-fèr-mîr] *v. tr.*
[ÉTYM. Composé de re et affermir, §§ 192 et 196. || 1394. Pour avoir raffermi aucuns des piliers, dans DELB. *Rec.*]
|| Rendre plus ferme. — les dents. Le froid a raffermi le sol. || *Fig.* — les courages. Sa santé s'est raffermie.

RAFFERMISSEMENT [rà-fèr-mîs'-man; *en vers,* -mise-...] *s. m.*
[ÉTYM. Dérivé de raffermir, § 145. || 1690. FURET.]
|| Action de raffermir; état de ce qui est raffermi. Le — des chairs, du sol. || *Fig.* Le — de la santé, des caractères.

RAFFINAGE [rà-fi-nàj'] *s. m.*
[ÉTYM. Dérivé de raffiner, § 78. || 1611. COTGR. Admis ACAD. 1718.]
|| (Technol.) Action de raffiner une substance. — du sucre. — du salpêtre, du soufre. — du papier, opération qui donne le dernier fini à la pâte du papier.

RAFFINEMENT [rà-fin'-man; *en vers,* -fi-ne-...] *s. m.*
[ÉTYM. Dérivé de raffiner, § 145. || 1611. COTGR.]
|| **1º** État de ce qui est raffiné, plus fin. Une des causes de la distribution et peut-être aussi du — des esprits (animaux), BOSS. *Conn. de Dieu,* II, 6.
|| **2º** Recherche de ce qui est raffiné. Une délicatesse de langage qui va jusqu'au —. Je vous dis ici les secrets du métier où j'ai vieilli; je vous en fais voir les raffinements, MONTESQ. *Lett. pers.* 57. || — de cruauté. Les raffinements de la volupté, MASS. *Serm. pour le 4ᵉ dim. de carême.* Mon maître en fait de tendresse, Plein de —, DESTOUCHES, *Irrésolu,* III, 54.

RAFFINER [rà-fi-né] *v. tr.*

[ÉTYM. Composé de re et affiner, §§ 192 et 196. || 1611. COTGR.]

|| Rendre plus fin. — le sucre (en le purifiant des matières étrangères, au moyen de charbon et de sang de bœuf, etc.). — le salpêtre (en lui enlevant les substances étrangères qu'il contient). — le fromage (en le soumettant à une fermentation). — le papier, réduire à la plus grande ténuité le chiffon effiloqué, de manière à rendre la pâte du papier plus fine. || *Fig.* Rendre plus délicat, plus subtil. — son langage, son style, ses manières. — son art. — ses plaisirs. Une vengeance raffinée. Des supplices raffinés. — le goût. Un goût, un esprit raffiné, et, *au part. passé pris substantiv,* Un raffiné, une raffinée, une personne d'un goût, d'un esprit raffiné. Il fallait, en effet, être bien raffiné! MOL. *Ét.* ι, 6. Les nations d'Europe se raffinent tous les jours, MONTESQ. *Lett. pers.* 19. || *Absolt.* Rechercher ce qui est délicat, subtil, dans qqch. Philippe, déjà vieux, raffine sur la propreté et sur la mollesse, LA BR. 11. Quand on parle de sauce, il faut qu'on y raffine, BOIL. *Sat.* 3. — en matière de religion. Ceux qui raffinent sur le point d'honneur.

RAFFINERIE [rà-fîn'-ri ; *en vers,* -fi-ne-ri] *s. f.*
[ÉTYM. Dérivé de raffiner, § 69. || 1670. Establir une troisieme raffinerie, COLBERT, *Lett.* 17 oct. Admis ACAD. 1718.]
|| (Technol.) Usine à raffiner certaines substances. *Spécialt.* Une — de sucre.

RAFFINEUR, *RAFFINEUSE [rà-fi-neùr, -neùz'] *s. m.* et *f.*
[ÉTYM. Dérivé de raffiner, § 112. || 1611. COTGR.]
|| 1º S. m. et f. (Technol.) Celui, celle qui exploite une raffinerie. — de salpêtre. Raffineuse de sucre.
|| 2º S. f. Raffineuse, pile qui achève la trituration du chiffon pour le transformer en pâte propre à fabriquer le papier.

RAFFOLER [rà-fò-lé] *v. intr.*
[ÉTYM. Composé de re et affoler, §§ 192 et 196. || XIVᵉ s. Ce vieillart raffote, J. LE FÈVRE, *Vieille,* dans DELB. *Rec.* Admis ACAD. 1762.]
|| Être follement épris de qqn, qqch. Il raffole de la musique. Il raffole de vous, IMBERT, *Jaloux sans amour,* ι, 6. Mᵐᵉ de Maintenon était raffolée du comte d'Ayen malade, ST-SIM. III, 420.

RAFFOLIR [rà-fò-lîr] *v. intr.*
[ÉTYM. Composé de re et affolir, §§ 192 et 196. || XVIᵉ s. Raffolis, forsennez, SIBILET, *Paradoxe,* édit. 1581, p. 84. Gentilles dames rafoliroient en mon amour, LARIVEY, *Laquais* (1579), ι, 2.]
|| *Vieilli.* Devenir tout à fait fou.

***RAFFÛTER** [rà-fu-té] *v. tr.*
[ÉTYM. Composé de re et affûter, §§ 192 et 196. || 1477. Rafusté et rassis de nouvel sur leurs viez afustz quatre serpentins, dans GODEF. rafuster.]
|| (Technol.) Affûter de nouveau, mettre de nouveau en état. *Spécialt.* — un chapeau, le remettre à neuf.

***RAFIAU** [rà-fyó] *s. m.*
[ÉTYM. Origine inconnue. || *Néolog.*]
|| (Marine.) Petite embarcation à rames, gréée d'une voile à antenne sur un mât portant foc.

***RAFISTOLAGE** [rà-fís'-tò-làj'] *s. m.*
[ÉTYM. Dérivé de rafistoler, § 78. || *Néolog.*]
|| *Famil.* Action de rafistoler ; résultat de cette action.

RAFISTOLER [rà-fís'-tò-lé] *v. tr.*
[ÉTYM. Composé de re et l'anc. franç. afistoler, §§ 192 et 196. L'anc. franç. afistoler, qui apparaît au XVᵉ s. avec le sens de « tromper », semble formé plaisamment avec le lat. fistula, flûte, d'après piper, de pipe. || 1649. Les peintres... Rafistolent tous leurs crayons, *Mazarinades, Le Retour et restabl. des arts et mestiers.* Admis ACAD. 1878.]
|| *Famil.* Remettre en état. — des chaussures.

1. ***RAFLE** [ràfl'] *s. f.*
[ÉTYM. Anc. franç. roife, roifle, rafle, même mot que crafe, d'origine germanique, § 6 : *cf.* le moyen haut allem. rapfe, teigne. || XIIᵉ-XIIIᵉ s. Li chiet la roifle dont il estoit sozprins, *Amis et Amiles,* 3075, Hofman.]
|| *Dialect.* Maladie éruptive des bêtes bovines.

2. **RAFLE** [ràfl'] *s. f.*
[ÉTYM. Origine incertaine. (*Cf.* râpe 2.) || 1549. La raffle d'une grappe de raisin, R. EST.]
|| Grappe de raisin dépouillée de ses grains. || Épi de maïs dépouillé de la graine. (*Syn.* râpe 2.)

3. **RAFLE** [ràfl'] *s. f.*
[ÉTYM. Origine incertaine ; considéré comme subst. verbal de rafler, mais les textes, où rafle apparaît bien avant rafler, ne favorisent pas cette opinion. || 1362. Dans DU C. raffla : Ludendo inter se ad rafflam cum taxillis.]
|| 1º Action de rafler, d'enlever vivement, sans rien laisser. Les voleurs ont fait —. Où qu'ils jettent la main, ils font rafles entières, CORN. *Suite du Ment.* ι, 1. La police a fait une — de vagabonds. || *Fig.* D'une humeur vagabonde, Faisant — partout, de la brune à la blonde, REGNARD, *Ménechmes,* ι, 2. || *Spécialt.* Coup où chacun des dés amène le même point, ce qui fait gagner toute la mise.
|| 2º P. ext. (Technol.) | 1. Filet à doubles mailles pour prendre en quantité de petits oiseaux. | 2. Filet garni d'ailes pour prendre en quantité le poisson.

RAFLER [rà-flé] *v. intr.* et *tr.*
[ÉTYM. Origine incertaine. On rattache ordinairement rafler à l'allem. raffen, enlever, § 6 ; mais il est plus probable qu'il dérive de rafle 3. || 1611. COTGR.]
I. *V. intr.* Faire rafle au jeu de dés.
II. *V. tr.* Enlever vivement, en un tour de main et sans rien laisser. Tout cela me fut raflé sans miséricorde (par le corsaire), LES. *Gil Blas,* V, 1.

RAFRAÎCHIR [rà-frè-chîr] *v. tr.*
[ÉTYM. Pour rafraischir, rafreschir, § 422, composé avec re, à et frais, §§ 64, 194 et 196. L'anc. franç. dit plutôt refreschir, *Énéas,* 7277. || XIIIᵉ s. Et li poulains se rafraiscit, GAUT. D'ARRAS, *Éracle,* 1737, dans DELB. *Rec.*]
|| 1º Rendre plus frais. La pluie a rafraîchi la température. Le temps se rafraîchit. — une boisson avec de la glace. Se —. Pour... humecter et — les entrailles, MOL. *Mal. im.* ι, 1. Avec ellipse du pronom personnel. Faire — qqn. Mettre le vin à —. || *Fig.* — le sang, rendre plus calme. Il n'y a rien qui rafraîchisse le sang comme d'avoir su éviter de faire une sottise, LA BR. 11. || *Spécialt.* — un canon, humecter l'intérieur, quand on a tiré plusieurs coups.
|| 2º Remettre dans sa fraîcheur primitive. — un tableau, une peinture (en les nettoyant). — des lits de pierre (en les retaillant). — le mortier, remettre de l'eau, du lait de chaux dans le mortier. — le sol (par un nouveau labour). || — les cheveux, la barbe de qqn (en les taillant légèrement). — la queue d'un cheval (en enlevant les crins qui dépassent). — les racines d'une plante (en en rognant les extrémités). || *Fig.* — la mémoire de qqn. — la mémoire de ceux qui l'avaient un peu tardive sur le paiement, HAMILT. *Gram.* p. 230. Irai-je — sa honte ? RÉGNIER, *Élégie,* 2.

RAFRAÎCHISSANT, ANTE [rà-frè-chi-san, -sànt'] *adj.*
[ÉTYM. Adj. particip. de rafraîchir, § 47. || 1690. Rafraischissant, FURET. Admis ACAD. 1762.]
|| Qui rafraîchit. Brise rafraîchissante. Boisson rafraîchissante. || *Spécialt.* Qui calme l'irritation. Les légumes verts sont rafraîchissants. *Substantiv.* Donner des rafraîchissants à un malade.

RAFRAÎCHISSEMENT [rà-frè-chîs'-man ; *en vers,* -chi-se-...] *s. m.*
[ÉTYM. Dérivé de rafraîchir, § 145. || XIIIᵉ s. Cil rafraischissemenz ne fu mie ez homes seulement, *Trad. de Guill. de Tyr,* dans DELB. *Rec.*]
I. Action de rafraîchir ; résultat de cette action.
|| 1º Action de rendre plus frais. Le — de la température. Le — du vin, de l'eau, dans la glace.
|| 2º Action de remettre dans sa fraîcheur perdue. Le — d'un tableau, d'une peinture. || *Fig.* Le — de la mémoire.
II. Ce qui rafraîchit. Offrir des rafraîchissements dans une soirée, des boissons fraîches, des fruits, etc. || *Spécialt.* (Médec.) Remède qui enlève l'irritation.

RAFRAÎCHISSEUR [rà-frè-chi-seùr] et ***RAFRAÎCHISSOIR** [rà-frè-chi-swàr'] *s. m.*
[ÉTYM. Dérivé de rafraîchir, §§ 112, 113. || 1547. De la on entre dans le rafraichissouer, J. MARTIN, dans DELB. *Rec.*]
|| (Technol.) Appareil à rafraîchir. || *Spécialt.* | 1. Partie de l'alambic, grand vaisseau de bois qu'on emplit d'eau froide. | 2. Vase où l'on fait rafraîchir (dans de l'eau fraîche, dans de la glace) des liqueurs, des substances alimentaires. | 3. Vase où le fabricant de sucre place le sirop, après sa sortie de la chaudière à cuire, pour le refroidir.

RAGAILLARDIR [rà-gà-yàr-dîr] *v. tr.*
[ÉTYM. Composé avec re, à et gaillard, §§ 194 et 196. (*Cf.* regaillardir.) || 1549. Se ragaillardir, R. EST.]
|| Rendre de nouveau gaillard. Il se sent tout ragaillardi.

RAGE [ràj'] *s. f.*

[Étym. Du lat. pop. *rabia (class. rabiem), m. s. devenu *rabje, rafe, rage, §§ 356 et 291.]

‖ Maladie virulente qui éclate spontanément chez le chien, plus rarement chez le chat, le loup, etc., peut être communiquée par la morsure de ces animaux, et se termine par d'affreux accès de convulsions, suivies de la mort. (*Cf.* hydrophobie.) — blanche, où le chien écume et mord. — mue, où il écume sans mordre. *Loc. prov.* Qui veut noyer son chien l'accuse de la —, MOL. *F. sav.* II, 5. ‖ *P. anal.* Accès de douleur violente. Avoir une — de dent. ‖ *Fig.* Irritation violente. Sa mort mettra ce peuple en —, CORN. *Poly.* v, 1. Assouvir ta — impuissante, BOSS. *Marie-Thérèse.* Je n'aurais pas du moins à cette aveugle — Rendu meurtre pour meurtre, outrage pour outrage, RAC. *Ath.* II, 7. Télémaque sortit en frémissant de —, FÉN. *Tél.* 16. ‖ *P. ext.* Passion violente pour qqch ou pour qqn. L'avarice est une étrange —, BOIL. *Sat.* 4. Il a la — du jeu. La — des vers. Ils ont la — tous deux de vouloir être veufs, LES. *Turcar.* v, 10. Aimer à la —, jusqu'à la —. Sa femme qui était jalouse à la —, VOLT. *Candide*, 24. ‖ Faire —, faire des efforts violents. Le courtier... dit qu'il a fait — pour vous, MOL. *Av.* II, 1. *P. anal.* Le vent, la pluie et l'orage Contre l'enfant faisaient —, LA F. *Imit. d'Anacréon.* ‖ *Vieilli.* Dire — de qqn, dire tout le mal possible.

RAGER [rà-jé] *v. intr.*

[Étym. Dérivé de rage, § 154. Le mot signifie ordinairement « faire rage, s'agiter » en anc. franç. et jusqu'au XVIᵉ s. ‖ XIIᵉ s. A poi qu'ele de duel ne rage, *Brut de Munich*, 3326. Admis ACAD. 1878.]

‖ *Famil.* Être en proie à une violente irritation. Vendôme... gagna sa chambre, où il ragea à son loisir, ST-SIM. VI, 371.

RAGEUR, EUSE [rà-jeúr, -jeúz'] *s. m.* et *f.*

[Étym. Dérivé de rager, § 112. ‖ *Néolog.* Admis ACAD. 1878.]

‖ Personne qui rage facilement. *Adjectivt.* Un enfant —. Un caractère —.

***RAGEUSEMENT** [rà-jeúz'-man; *en vers*, -jeú-ze-...] *adv.*

[Étym. Composé de rageuse et ment, § 724. ‖ *Néolog.*] ‖ Avec rage.

1. RAGOT, OTE [rà-gó, -gót'] *s. m.* et *f.*

[Étym. Origine inconnue. ‖ 1411. Cinq pourceaulx, c'est assavoir trois petiz raguoz et deux aultres un poy plus grans, dans DU C. ragazinus.]

I. *S. m.* (Chasse.) Sanglier qui a quitté les compagnies, mais qui n'a pas encore trois ans.

II. *S. m.* et *f.* ‖ **1°** Personne grosse et courte. Un petit — grassouillet et rond comme une boule, HAMILT. *Gram.* 3. *Adjectivt.* Un homme —, une femme ragote.

‖ **2°** *P. anal.* Cheval qui a la taille ramassée. Un bon —. Une solide ragote. *Adjectivt.* Une jument ragote.

2. *RAGOT [rà-gó] *s. m.*

[Étym. Semble être le subst. verbal de ragoter, § 52. ‖ *Néolog.*]

‖ *Pop.* Commérage. Faire des ragots.

***RAGOTER** [rà-gò-té] *v. tr.*

[Étym. Dérivé de ragot 1, § 154 ; proprt, « grogner comme un sanglier ». ‖ 1642. Ragotter, OUD.]

‖ *Vieilli.* Quereller. Elle l'appelle panier percé et le ragote sans cesse sur sa dépense, T. DES RÉAUX, *Histor.* VIII, 102.

RAGOÛT [rà-gou] *s. m.*

[Étym. Subst. verbal de ragoûter, § 52. ‖ 1642. Ragoust, OUD.]

‖ **1°** *Vieilli.* Mets appétissant. Je m'étonne Que d'un mets si plein de bonté Vous soyez sitôt dégoûté ; Ne vous ai-je pas ouï dire Que c'était votre grand — ? LA F. *Contes, Pâté d'anguille.* ‖ *P. ext.* Viande accommodée avec une sauce. Une langue en —, de persil couronnée, BOIL. *Sat.* 3. Ragoûts, entrées, entremets, LA BR. 14.

‖ **2°** Ce qui rend appétissant. Un peu de grosse viande sans —, FÉN. *Tél.* 5. ‖ *Fig.* Ce sont de beaux morveux, de beaux godelureaux, pour donner envie de leur peau ; et je voudrais bien savoir quel — il y a à eux! MOL. *Av.* II, 5. C'est ce qui fait le — de votre amour-propre, SÉV. 1412.

RAGOÛTANT, ANTE [rà-gou-tan, -tänt'] *adj.*

[Étym. Adj. particip. de ragoûter, § 47. ‖ 1690. Ragoustant, FURET.]

‖ Qui ragoûte. Un mets mal servi n'est point —. ‖ *Fig.* Ce qu'on pourrait s'imaginer de plus — et de plus délicieux,

BOIL. *Longin, Sublime*, 34. ‖ Ses yeux lui parurent brillants et sa personne ragoûtante, HAMILT. *Gram.* 4.

RAGOÛTER [rà-gou-té] *v. tr.*

[Étym. Composé de re, à et goût, §§ 194 et 196. ‖ XIVᵉ s. Ce dist pour le mieus ragouster, FROISS. *Meliador*, dans DELB. *Rec.*]

‖ **1°** Flatter le goût de (qqn). La viande ne me ragoûte pas.

‖ **2°** Réveiller le goût de (qqn). — un malade. Ils essayent de nouveaux remèdes pour se guérir et de nouveaux mets pour se —, FÉN. *Dial. des morts, Denys et Diogène.*

RAGRAFER [rà-grà-fé] *v. tr.*

[Étym. Composé de re et agrafer, §§ 192 et 196. ‖ 1680. RICHEL. Admis ACAD. 1835.]

‖ Agrafer de nouveau.

RAGRANDIR [rà-gran-dir] *v. tr.*

[Étym. Composé de re et agrandir, §§ 192 et 196. ‖ 1611. Raggrandir, COTGR. Admis ACAD. 1835.]

‖ Agrandir de nouveau.

RAGRÉER [rà-gré-é] *v. tr.*

[Étym. Composé de re et agréer, §§ 192 et 196. ‖ 1554. Jointoyer, ragreer, dans GODEF. Admis ACAD. 1718 et écrit d'abord raggreer.]

‖ (Technol.) ‖ **1°** Gréer de nouveau (un navire désemparé). — un petit bâtiment. Nous dûmes nous —.

‖ **2°** *P. ext.* ‖ 1. Repasser les parements d'un mur pour les rendre unis. ‖ Regratter une façade. ‖ 2. — une branche d'arbre, unir avec la serpette l'extrémité sciée.

RAGRÉMENT [rà-gré-man] *s. m.*

[Étym. Dérivé de ragréer, § 145. ‖ Admis ACAD. 1762.]

‖ (Technol.) Action de ragréer ; résultat de cette action.

RAGUER [rà-ghé] *v. tr.*

[Étym. Emprunté de l'angl. to rag, m. s. § 8. ‖ 1682. Couper et raguer ceux (les câbles) qu'on y mouille, dans JAL, *Gloss. naut.* ACAD. 1762 admet ragué, part. passé pris adjectivement.]

‖ (Marine.) User par le frottement. Un câble ragué. *Intransitivt.* Le câble rague contre le fond.

RAI [rè] *s. m.*

[Étym. Du lat. radium, m. s. devenu *rajo, rai, §§ 296, 415 et 291.]

‖ **1°** *Vieilli.* Rayon. La lune... couvrant de ses rais l'émail d'une prairie, LA F. *Adonis.* ‖ (Blason.) Il porte de gueules à une étoile à seize rais d'argent.

‖ **2°** *P. anal.* ‖ 1. Chacune des parties de la roue qui vont du moyeu aux jantes. ‖ 2. (Architect.) Rais de cœur, baguette séparant des ornements (fleurons, feuilles d'eau) en forme de cœur évidé.

RAIDE [rèd'] *adj.*

[Étym. Du lat. rigidum, rigide, m. s. devenu *regdo, reid, reit, roit, au masc., et reide, roide, au fém. §§ 315, 290, 396 et 291. Le fém. a supplanté le masc. § 583. Sur le passage de roide à raide, V. § 331. ACAD. 1835 admet encore roide à côté de raide.]

‖ Qui ne ploie pas. — comme un bâton, une barre de fer. Tenir le bras, la jambe —. Le cadavre est —. Il est tombé — mort. — mort étendu sur la place il le couche, LA F. *Fab.* VIII, 10. Danser sur la corde —. Ce linge est empesé trop —, est tout — d'empois. ‖ *P. anal.* Qui manque de souplesse. Attitude — ; mouvements raides. Être — à cheval. Les contours de cette figure sont raides. Les draperies sont raides et manquent de grâce. ‖ *P. anal.* ‖ 1. Qui offre une pente dure à gravir. Un sentier, un escalier —. ‖ *Néolog.* Un dénouement —, difficile à accepter. ‖ 2. Qui va sans dévier. — comme balle. ‖ *Fig.* Qui ne cède pas. Un caractère —.

RAIDEUR [rè-deúr] *s. f.*

[Étym. Dérivé de raide, § 110. ‖ XIIᵉ s. Et se s'espee trenche la mele ad grant reddur, GARN. DE PONT-STE-MAX. *St Thomas*, 1594.]

‖ Qualité de ce qui est raide. La — des membres après la mort. La — des bras. La — d'une corde bien tendue. ‖ *P. ext.* La — des mouvements, de la marche, du maintien. Un maintien plein de —. ‖ *P. anal.* ‖ 1. Caractère de ce qui est difficile à gravir. La — d'un escalier. ‖ 2. Caractère de ce que rien ne fait dévier. Lancer une pierre avec —. ‖ *Fig.* Un caractère plein — inflexible. Cette grande — des vertus des vieux âges, MOL. *Mis.* 1, 1. Un homme d'esprit, et qui est né fier, ne perd rien de sa fierté et de sa — pour se trouver pauvre, LA BR. 5.

RAIDILLON [rè-di-yon] *s. m.*

[ÉTYM. Dérivé de raide, § 107. || Admis ACAD. 1762.]

|| *Famil.* Petite pente raide. Les chevaux ont de la peine à monter ce —. || *P. plaisant. Fig.* Un monsieur Raidillon, homme de caractère un peu raide.

RAIDIR [rè-dîr] *v. tr.*

[ÉTYM. Dérivé de raide, § 154. || XIII° s. Pour leur frons defroncier et pour redir la pel, *Contenance des femmes*, dans LITTRÉ.]

|| Tendre de manière à empêcher de ployer. — les bras, les muscles. Le froid avait raidi ses membres. Se —, raidir ses membres. || *Fig.* Se —, tenir ferme. Se — contre la mauvaise fortune, contre les menaces, contre les obstacles. Avec ellipse du pronom personnel. Quel bourru transport Contre vos propres vœux vous fait — si fort? MOL. *Dép. am.* III, 9.

'RAIDISSEMENT [rè-dîs'-man ; *en vers,* -di-se-...] *s. m.*

[ÉTYM. Dérivé de raidir, § 145. || 1547. Roydissemens... de cordes, J. MARTIN, *Vitruve*, dans DELB. *Rec.*]

|| Action de raidir, de se raidir.

1. RAIE [rè] *s. f.*

[ÉTYM. Du lat. rīga, *m. s.* subst. verbal de rigare, irriguer, devenu reie, roie, raie, §§ 309, 394 et 291.]

|| Ligne tracée sur une surface. Faire des raies sur du papier avec un crayon. Passer une — un mot, pour le raturer. Étoffe à petites raies. — de mulet, ligne foncée allant de la crinière à la queue chez certains chevaux à robe claire. La — du dos, la ligne médiale qui sépare en arrière les deux parties symétriques du corps humain. Les raies du spectre, lignes verticales du spectre lumineux et dont la couleur et la disposition varient selon la nature des matières en ignition qui constituent la source lumineuse. || *P. ext.* Sillon produit par le soc de la charrue. || Sillon figuré sur la tête par la séparation des cheveux. Se faire la — sur le milieu, sur le côté de la tête.

2. RAIE [rè] *s. f.*

[ÉTYM. Du lat. rāia, *m. s.* §§ 296 et 291.]

|| Poisson de mer plat et cartilagineux.

RAIFORT [rè-fòr] *s. m.*

[ÉTYM. Pour raisfort, composé de l'anc. franç. rais, raīs, raīz, racine (lat. radīcem), *s. f.* et fort, adj. des deux genres, § 173. Sur le changement de genre, *V.* § 551. || XII° s. Raphanum : raīz, *Gloss. de Tours,* dans *Bibl. de l'Ec. des Chartes,* 1869, p. 331. | 1539. Un réfort ou rave, R. EST.]

|| Espèce du genre rave. — sauvage, cran. (*V.* cran **3.**) — cultivé, radis noir.

RAIL [rày' ; *selon d'autres,* rèl] *s. m.*

[ÉTYM. Emprunté de l'angl. rail, *m. s.* proprt, « barre », § 8. Qqns disent railway pour « chemin de fer », mot anglais enregistré par ACAD. 1878. || *Néolog.* Admis ACAD. 1878.]

|| (Technol.) Chacune des deux bandes de fer ou d'acier poli posées le long d'une voie de chemin de fer, de tramway, grâce auxquelles les roues des voitures roulent facilement, et sont maintenues dans la direction voulue.

RAILLER [rá-yé] *v. tr.*

[ÉTYM. Origine incertaine ; comme le mot n'apparaît en franç. qu'au XV° s., il est peu probable qu'il se rattache au lat. rallum, racloir. || XV° s. Pour railler et deviser avec luy, *Jehan de Paris,* p. 107, Montaiglon.]

|| Se moquer, en s'adressant à la personne. Tel vous semble applaudir qui vous raille et vous joue, BOIL. *Art* p. 1. *Absolt.* Votre petit esprit se mêle de —, MOL. *F. sav.* I, 2. *V. pron.* Se — de qqn. C'est une méchante raillerie que de se — du Ciel, MOL. *D. Juan,* I, 2. (*Syn.* se moquer.)

RAILLERIE [ráy'-ri ; *en vers,* rá-ye-ri] *s. f.*

[ÉTYM. Dérivé de railler, § 69. || XV° s. En railleries dissolues, *Jehan de Paris,* p. 2, Montaiglon.]

|| Action de railler. Une — fine, légère, mordante. Il en faisait des railleries, le traitant de faible et d'efféminé, FÉN. *Tél.* 16. La — naît d'un mépris content, VAUVEN. *Espr. humain,* II, 40. Pousser trop loin la —. Il a tort, et ceci passe la — (les bornes de la raillerie permise), MOL. *Ec. des m.* II, 7. — à part, sérieusement. Il entend —, il ne s'offense pas des railleries qu'on lui adresse. Les hypocrites n'ont point entendu —, MOL. *Tart.* préf. Nous n'entendons point — sur les matières de l'honneur, ID. *G. Dand.* I, 4. Ce n'est plus —, BOIL. *Sat.* 9.

RAILLEUR, EUSE [rá-yœur, -yœûz'] *s. m.* et *f.*

[ÉTYM. Dérivé de railler, § 112. || XV° s. Vous estes par trop grands railleurs, *Pathelin,* 1499.]

|| Celui, celle qui raille. Souvent les railleurs sont raillés. *Adjectivt.* Discours —. Humeur railleuse, esprit —.

RAILWAY [rèl-wè]. *V.* rail.

RAINCEAU ou **RINCEAU** [rin-só] *s. m.*

[ÉTYM. Du lat. pop. 'ramuscellum, dérivé de ramus, rameau, devenu 'ramscello, § 336, 'ramcsello, rainsel, rainseau, §§ 389, 419 et 456, écrit plus récemment rainceau, rinceau. || XII° s. Un rainsel mist par devers son escu, *Raoul de Cambrai,* 6421. Admis ACAD. 1718.]

|| (T. didact.) Ornement en forme de branche.

RAINE [rèn'] *s. f.*

[ÉTYM. Du lat. rana, *m. s.* §§ 299 et 291.]

|| *Vieilli.* Grenouille. (*Cf.* rainette.)

RAINETTE [rè-nèt'] *s. f.*

[ÉTYM. Dérivé de raine, §§ 64 et 133. || 1425. Rainettes et petiz crapaux, OL. DE LA HAYE, dans DELB. *Rec.*]

|| 1° Grenouille de buisson.

|| 2° *P. anal.* Pomme dont la peau tachetée rappelle celle de la grenouille de buisson. (*V.* reinette.)

RAINURE [rè-nûr] *s. f.*

[ÉTYM. Origine inconnue ; une parenté avec rouanne est peu probable. || 1410. Et sy y a auber en jointure et en royneure, dans DELB. *Rec.*]

|| (Technol.) Sillon pratiqué dans une pièce de bois pour servir de coulisse ou pour recevoir une pièce d'assemblage. | *P. anal.* Sillon à la surface de certains os.

RAIPONCE [rè-pôns'] *s. f.*

[ÉTYM. Origine incertaine. (*Cf.* l'ital. raponzolo et ramponzolo, l'espagn. reponche et raiponce, etc.) Il est peu probable que le radical soit le lat. rapum, rave. || 1508. Responces, *Noms des plantes du livre d'heures d'Anne de Bretagne,* p. 27, Camus.]

|| Campanule dont les racines se mangent en salade.

1. 'RAIRE [rèr] *v. tr.*

[ÉTYM. Du lat. radere, *m. s.* devenu redre, rère, §§ 295, 290 et 414, écrit plus récemment raire par réaction étymologique, § 502. || Admis ACAD. 1694 ; suppr. en 1835.]

|| *Anciennt.* Raser. *Loc. prov.* A barbe de fou on apprend à —, on apprend son métier en faisant des expériences sur ceux qui sont assez fous pour s'y prêter. Un barbier rait l'autre, les gens du même métier se soutiennent. *Au part. passé pris substantivt.* Ne se soucier des rais ni des tondus (de personne).

2. RAIRE [rèr] et **RÉER** [ré-é] *v. intr.*

[ÉTYM. Origine inconnue ; apparenté à l'ital. ragghiare, braire, en parlant de l'âne, et raitare, bramer, en parlant du cerf. || XIV° s. Li raires du cerf, *Ars d'amour,* dans DELB. *Rec.* Iz reent quant ilz sont en ruit, GAST. PHÉBUS, *Chasse,* dans GODEF. guargueter. Admis ACAD. 1762.]

|| (Vénerie.) En parlant du cerf, pousser son cri.

RAISIN [rè-zin] *s. m.*

[ÉTYM. Du lat. pop. 'racimum (*cf.* le provenç. razin), qui a remplacé le lat. class. racēmum, *m. s.* devenu raisim, raisin, §§ 346, 382, 316, 469 et 291.]

|| 1° Le fruit de la vigne. Grappe, grain de —. Au haut d'une treille Des raisins mûrs apparemment Et couverts d'une peau vermeille, LA F. *Fab.* III, 11. — blanc. — noir. — sec. Manger une grappe de —, et, *p. ext.* Manger un —. || *Fig. Loc. prov.* Moitié figue, moitié —, moitié sérieusement, moitié en plaisantant. (*V.* figue.) || *Spécialt.* — de caisse, raisin du midi de la France séché au soleil. — de Corinthe, raisin sec très petit, presque noir, envoyé de Corinthe, des îles Ioniennes. — de Damas, raisin sec de Syrie, gros, rougeâtre, aplati, demi-transparent, à saveur de muscat.

|| 2° *P. anal.* | 1. (Hist. nat.) — de bois, airelle. — de murs, groseille. — d'ours, arbouse. — de chèvre, nerprun purgatif. — de loup, morelle noire. — de mer, œufs de seiche, déposés en grappes. — de chêne, galles produites sur le chêne par le cynips. | 2. (Technol.) Grappe de —, —, projectile dit plus ordinairement mitraille. Grand —, grand format de papier (ainsi dit d'une grappe marquée à l'origine dans la pâte du papier).

RAISINÉ [rè-zi-né] *s. m.*

[ÉTYM. Dérivé de raisin, § 118. || 1611. COTGR.]

|| Confiture de raisin ou de vin doux mêlé avec des poires, des coings, etc. — de Bourgogne.

RAISON [rè-zon] *s. f.*

[ÉTYM. Du lat. ratiǫnem, *m. s.* §§ 346, 406 et 291.]

I. Ce qui sert à établir la vérité.

|| 1° Explication d'un fait. Pour les trouver ainsi vous avez

vos raisons, MOL. *Mis.* I, 2. Le cœur a ses raisons, que la — ne connaît point, PASC. *Pens.* XXIV, 5. Demander, donner la — de qqch. Quelle est la — de votre tristesse? Tes raisons sont frivoles, LA F. *Fab.* X, 1. Donner de bonnes, de mauvaises raisons. Sans — il est gai, sans — il s'afflige, BOIL. *Sat.* 8. A plus forte —, — de plus. Pour — à moi connue (que je ne veux pas faire connaître). La — d'être d'une chose. La nature ordonna ces choses sagement ; J'en dirai quelque jour les raisons amplement, LA F. *Fab.* VII, 18. | (Philos.) La — suffisante (dans la doctrine de Leibnitz), ce qui explique une chose de manière à satisfaire l'esprit. || *P. ext.* Justification d'un acte. La — du plus fort est toujours la meilleure, LA F. *Fab.* I, 10. Donner — à qqn. Avoir —. La mort avait —, LA F. *Fab.* VIII, 1. Rendre — de ses actes. Je ne veux point ici rappeler le passé, Ni vous rendre — du sang que j'ai versé, RAC. *Ath.* II, 5. — d'État, qui justifie des mesures exceptionnelles par la sûreté de l'État. || *P. ext.* Satisfaction pour une injure. Une bonne potence, pendard effronté ! me fera — de ton insolence ! MOL. *Av.* V, 4. Se faire — à soi-même, se faire justice soi-même. *Fig.* Faire — à qqn d'une santé qu'il a portée, boire à son tour à sa santé. | *Spéciall.* Demander, tirer — d'un affront, satisfaction par les armes. Mourir sans tirer ma —! CORN. *Cid,* I, 6. Avoir — de qqn, le vaincre. || Entendre —, se faire une —, admettre ce qui sert à justifier qqch. Il n'entend pas — là-dessus. Elle n'entend ni pleurs, ni conseil, ni —, RAC. *Bér.* IV, 7. Faire entendre — à qqn. Mettre qqn à la —. Mettre un sot à la —, LA F. *Fab.* VI, 7. Votre fils n'est pas si étrange que vous le dites, et il se met à la —, MOL. *Av.* IV, 4. C'est — qu'il en soit ainsi. Agir contre toute —. *Fig.* Il fait un froid et une pluie contre toute —, SÉV. 820. *Ellipt.* Comme de —, comme il est juste. Plus que de —. || *Spéciall.* (Droit.) Pour valoir ce que de —. Pour servir à telle fin que de —.

|| **2°** Rapport d'un terme avec un ou plusieurs autres. | **1.** *Vieilli.* Livre de —, livre de comptes, par doit et avoir. Antoine se saisit du livre de — de César, AMYOT, *Antoine,* 17. | **2.** Part de chacun dans une association commerciale. | *P. ext.* La — sociale d'une maison de commerce, sa dénomination par les noms des associés. | **3.** (Mathém.) Rapport de deux quantités. — géométrique, rapport par quotient. — arithmétique, rapport par différence. — composée, formée par le produit des antécédents et des conséquents de plusieurs termes. — directe, où l'un des termes s'accroît dans la même proportion que l'autre. — inverse, où l'un des termes diminue dans la proportion où l'autre s'accroît. Les corps s'attirent en — directe de leur masse et en — inverse du carré des distances. *Loc. adv.* En ou à — de, proportionnellement. L'ambition s'accroît en — du succès. Payer un ouvrier à — de l'ouvrage qu'il fait. Louer une maison à — de tant par mois.

II. Pouvoir de discerner la vérité.

|| **1°** Faculté de connaître le vrai. Avoir toute sa —. Perdre la —. L'homme est un animal doué de —. Écouter, suivre la —. Les philosophes soumirent leur — orgueilleuse à cette sainte folie, MASS. *Jour de Pâques, Triomphe de la Relig.* 2. Corriger les hommes par la seule force de la —, ID. *ibid.* Ma —, il est vrai, dompte mes sentiments, CORN. *Poly.* II, 2. PHILINTE : Qui voulez-vous donc qui pour vous sollicite? — ALCESTE : Qui je veux? la —, mon bon droit, l'équité, MOL. *Mis.* I, 1. Aimez donc la — ; que toujours vos écrits Empruntent d'elle seule et leur lustre et leur prix, BOIL. *Art p.* 1. Sacrifier la rime à la —. *Fig.* Une chose qui n'a ni rime ni —, que rien ne justifie. Un mariage de —, où l'on consulte les convenances plutôt que l'inclination. Parler —, selon la raison.

|| **2°** *Spéciall.* (Philos.) Faculté de concevoir les vérités absolues. La — pure. Au-dessus de notre faible —, restreinte à certains objets, nous avons reconnu une — première et universelle, BOSS. *Conn. de Dieu,* V, 2.

RAISONNABLE [rò-zò-nâbl'] *adj.*
[ÉTYM. Dérivé de raison, § 93. (*Cf.* l'anc. franç. raisnable, du lat. rationabilem, *m. s.*) || XIII° s. Ou par quelque fait raisonnable, J. DE MEUNG, *Rose,* 7053.]
I. Doué de raison. L'homme est un animal —.
II. Conforme à la raison.
|| **1°** Qui agit selon la raison. Le comte est donc si vain et si peu —, CORN. *Cid,* II, 6. Un enfant — pour son âge.
|| **2°** Qui est fait selon la raison. Sa conduite n'est pas —. Ce que vous dites n'est pas —. || *P. ext.* Qui est dans la juste mesure. Vendre à des prix raisonnables. Chercher tous les jours le secours des marchands, pour avoir moyen de porter

des habits raisonnables, MOL. *Av.* I, 2. Cette propriété est d'étendue —. Le porc à s'engraisser coûtera peu de son; Il était, quand je l'eus, de grosseur —, LA F. *Fab.* VII, 10.

RAISONNABLEMENT [rè-zò-nà-ble-man] *adv.*
[ÉTYM. Composé de raisonnable et ment, § 724. || XII° s. Raisnablement, *Énéas,* 6639.]
|| D'une manière raisonnable. Parler, agir —.

***RAISONNANT, ANTE** [rè-zò-nan, -nânt'] *adj.*
[ÉTYM. Adj. particip. de raisonner, § 47. || XVII° s. V. à l'article.]
|| Qui raisonne. Je vous trouve aujourd'hui bien raisonnante, MOL. *Mal. im.* II, 6. | Une folie raisonnante.

RAISONNEMENT [rè-zòn'-man ; *en vers,* -zò-ne-...] *s. m.*
[ÉTYM. Dérivé de raisonner, § 45. || 1349. R. EST.]
|| **1°** Faculté de raisonner, de démontrer par un enchaînement de propositions. — inductif, déductif. Ceux qui sont accoutumés à juger par le sentiment ne comprennent rien aux choses de —, PASC. *Pens.* VII, 33. Un homme d'un — sûr.
|| **2°** Enchaînement de propositions servant à démontrer qqch. J'attends que ton — soit fini, MOL. *D. Juan,* III, 1. Que de raisonnements pour conserver ses jours! LA F. *Fab.* IX, 20, *Disc. à Mme de la Sablière.* En beaux raisonnements abondez toujours, MOL. *Mis.* V, 1. Faire des raisonnements à perte de vue. Point tant de raisonnements. *P. plaisant. Fig.* Je te baillerai de ce —-ci (un soufflet) par les oreilles, MOL. *Av.* I, 3.

RAISONNER [rò-zò-né] *v. intr.* et *tr.*
[ÉTYM. Dérivé de raison, § 154. (*Cf.* l'anc. franç. raisnier, du lat. pop. *rationare.) || XII° s. Quant il furent raisoné, *Évang. de Nicodème,* II, 574.]
I. *V. intr.* || **1°** *Anciennt.* Discourir, parler. || *Spéciall. De nos jours.* | 1. (Marine.) Parlementer, pour entrer dans un port, montrer ses passeports, etc. | 2. (Commerce.) Déclarer des marchandises soumises au droit de douane.
|| **2°** Faire usage de la raison. C'est le propre de l'homme de —. La passion ne raisonne pas. *Substantivt.* Le — tristement s'accrédite, VOLT. *Ce qui plaît aux dames.*
|| **3°** Faire un enchaînement de propositions servant à démontrer qqch. — c'est prouver une chose par une autre, BOSS. *Conn. de Dieu,* I, 13. — par induction, par déduction. || C'est bien, c'est mal raisonné. Je suis bien sot de m'amuser à — avec vous, MOL. *D. Juan,* III, 1. Qui sait porter une couronne, Quand il a prononcé, n'aime point qu'on raisonne, CORN. *Sertor.* IV, 2.
II. *V. tr.* || **1°** Soumettre (qqch) au raisonnement. Il raisonne tout ce qu'il fait. Faire un choix raisonné. Analyse raisonnée. Grammaire raisonnée.
|| **2°** Chercher à amener (qqn) à la raison. Non, vous avez beau faire et beau me —, MOL. *Mis.* V, 1. Il faut savoir se —.

RAISONNEUR, EUSE [rè-zò-neür, -neûz'] *s. m.* et *f.*
[ÉTYM. Dérivé de raisonner, § 112. || XVII° s. V. à l'article.]
|| Celui, celle qui raisonne.
|| **1°** Celui, celle qui fait des raisonnements. | **1.** Pour prouver ce qu'il, elle avance. *Spéciall. En mauvaise part.* Celui, celle qui importune par de longs raisonnements. Un ennuyeux —. Un sot qui fait le —. | *Adjectivt.* Je le prenais tout de bon pour raisonnable, parce qu'il était —, J.-J. ROUSS. *Confess.* 6. | **2.** Pour s'excuser. Tu fais le —! MOL. *Av.* I, 3. Sans tant faire la raisonneuse, ID. *Méd. m. l.* II, 1.
|| **2°** (Théâtre.) Personnage qui raisonne les autres. Jouer les raisonneurs.

RAJEUNIR [rà-jeu-nîr] *v. intr.* et *tr.*
[ÉTYM. Composé de re, à et jeune, §§ 194 et 196. L'anc. franç. dit aussi rejeunir ou renjeunir. || XII° s. Se déduit de l'existence de rajeunissement à cette époque.]
I. *V. intr.* Revenir à la jeunesse. Il (le public) veut en vieillissant que nous rajeunissions, BOIL. *Ép.* 6.
II. *V. tr.* Ramener à la jeunesse. Le secret de — les gens. La fontaine de Jouvence, qui rajeunissait les vieillards. Cela ne nous rajeunit pas, indique que nous ne sommes pas jeunes. J'ai une fille à marier, cela ne me rajeunit pas. || *Absoll.* Je sens un soleil capable de — par sa douce chaleur, SÉV. 1305. | *P. anal.* — qqn, lui donner moins que son âge. Se — de dix ans. Cette coiffure la rajeunit. O lac! rochers muets! grottes ! forêt obscure ! Vous que le temps épargne ou qu'il peut —, LAMART. *Médit.* 13. Tout vieillit excepté elle seule (la terre); elle se rajeunit chaque année au printemps, FÉN. *Exist. de Dieu,* I, 2. || *Fig.* Ses petits-enfants entouraient ses genoux et le rajeunissaient de leur jeunesse, CHATEAUBR. *Génie,* IV,

I, 9. Nous, vieillards nés d'hier, qui nous rajeunira? MUSSET, *Rolla*. Point de procès si vieux qui ne se rajeunisse, BOIL. *Sat.* 10. Ceux qui ont rajeuni nos anciens poèmes. Sa robe en vain de pièces rajeunie, BOIL. *Sat.* 10.

RAJEUNISSEMENT [rà-jéu-nĭs'-man ; *en vers*, -nise-...] *s. m.*
[ÉTYM. Dérivé de rajeunir, § 145. || XIIᵉ s. Li grans arbres ki fent Deus fois en l'an par rajonissement, *Aliscans*, 5708.]
|| Action de rajeunir.

RAJUSTEMENT [rà-jùs'-te-man] *s. m.*
[ÉTYM. Dérivé de rajuster, § 145. || 1690. FURET.]
|| Action de rajuster, résultat de cette action.

RAJUSTER [rà-jùs'-té] *v. tr.*
[ÉTYM. Composé de re et ajuster, §§ 192 et 196. || XIIIᵉ s. Ne plus ne doit il du seignier ne du rajuster, E. BOILEAU, *Livre des mest.* I, IV, 8.]
|| Ajuster de nouveau. — des balances. — le cadran d'une horloge. || *Spécialt.* En parlant des diverses parties de la toilette. ✦ son habillement, ses cheveux. Rajustez-vous avant d'entrer. || *Fig.* Un soupir mortifié et deux roulements d'yeux rajustent dans le monde tout ce qu'ils (les hypocrites) peuvent faire, MOL. *D. Juan*, V, 2.

***RAJUSTEUR, EUSE** [rà-jùs'-teûr, -teûz'] *s. m. et f.*
[ÉTYM. Dérivé de rajuster, § 112. || *Néolog.*]
|| Celui, celle qui rajuste.

***RÂLANT, ANTE** [rà-lan, -lànt'] *adj.*
[ÉTYM. Adj. particip. de râler, § 47. || *Néolog.*]
|| Qui râle. Blessé —. | Voix, respiration râlante.

1. RÂLE [ràl] *s. m.*
[ÉTYM. Origine incertaine : l'anc. forme raalle (en trois syllabes) empêche de rattacher le mot à râler. || XIIIᵉ-XIVᵉ s. Li raalles est un oyseaux, MACÉ DE LA CHARITÉ, *Bible*, fᵒ 33.]
|| Genre d'échassiers, dont les principales espèces sont le — d'eau, le — de terre, le — de genêt ou — rouge, le — noir.

2. RÂLE [ràl] *s. m.*
[ÉTYM. Subst. verbal de râler, § 52. || 1611. Rasle, COTGR.]
|| Bruit anormal que produit dans les voies respiratoires le passage de l'air à travers des mucosités secrétées par les bronches, par les poumons. Râles vésiculaires, bronchiques, caverneux, produits dans les cellules du poumon, dans les bronches, ou dans des lésions accidentelles (cavernes) des poumons. — trachéal, qui se produit à la suite d'inflammation de la trachée. Le ronflement est une sorte de —.

RÂLEMENT [ràl-man ; *en vers*, rà-le-...] *s. m.*
[ÉTYM. Dérivé de râler, § 145. || 1611. Rallement, COTGR.]
|| Action de râler.

RALENTIR [rà-lan-tĭr] *v. tr.*
[ÉTYM. Composé de re et alentir, §§ 192 et 196. || XVIᵉ s. Il... rallentiroit un peu leur impetuosité, MONTAIGNE, III, 13.]
|| Rendre plus lent. — le mouvement, la marche. — un cheval. Leur fougue impétueuse enfin se ralentit, RAC. *Phèd.* V, 6. || *Fig.* — l'ardeur, la passion.

RALENTISSEMENT [rà-lan-tĭs'-man ; *en vers*, -tise-...] *s. m.*
[ÉTYM. Dérivé de ralentir, § 145. || XVIIᵉ s. V. à l'article. Admis ACAD. 1740.]
|| Action de ralentir, de se ralentir ; état de ce qui est ralenti. Le — du mouvement. Il y a un air de — dans tout le mouvement de la guerre, SÉV. 1064. || *Fig.* Le — du zèle.

RÂLER [rà-lé] *v. intr.*
[ÉTYM. Origine inconnue ; le rapprochement avec l'angl. rattle, faire du bruit, ne paraît pas fondé. || 1549. On ronfle du nez, on râle de la gorge, R. EST.]
|| Faire entendre un râle. Il est à l'agonie, il râle.

RALINGUE [rà-lĭng'] *s. f.*
[ÉTYM. Mot d'origine scandinave, dont le premier élément est ra, vergue (*cf.* raban), et dont le second paraît être un diminutif, § 9. || XIIᵉ s. Bien fermer es rallingues, WACE, *Brut*, p. 140. Admis ACAD. 1762.]
|| (Marine.) || **1ᵒ** Cordage cousu autour des bords d'une voile, d'un filet, pour les renforcer.
|| **2ᵒ** *P. ext.* Mettre une voile en —, l'orienter de façon que la ralingue soit dans le lit du vent. (*V.* ralinguer.)

RALINGUER [rà-lin-ghé] *v. tr.*
[ÉTYM. Dérivé de ralingue, § 154. || 1694. TH. CORN. Admis ACAD. 1835.]
|| (Marine.) Border (une voile) de son filet de ralingue.

P. *ext. Absolt.* Orienter une voile de telle façon que la ralingue soit dans le lit du vent.

RALLIEMENT [rà-li-man] *s. m.*
[ÉTYM. Dérivé de rallier, § 145. || XIIᵒ s. Deus par qui unt raliementz, BENEEIT, *Ducs de Norm.* II, 15.]
|| Action de rallier des troupes ; action de troupes qui se rallient. Le — de l'armée, de la flotte. Manœuvre de —. Le point de — des soldats, où ils doivent se rallier. Signe, mot de —, signe, mot convenu qu'un chef donne à ses troupes, pour qu'elles se rallient en cas de séparation, de déroute. *Spécialt.* Mot qu'on donne en réponse au mot d'ordre. *Fig.* Signe, mot de —, mot, signe caractéristique auquel les membres d'un parti se reconnaissent. | Point de —, lieu où se réunissent les personnes d'une même société, d'un même parti.

RALLIER [rà-lyé ; *en vers*, -li-é] *v. tr.*
[ÉTYM. Composé de re et allier, §§ 192 et 196. || XIᵉ s. Sunet sun gresle por les soens ralier, *Roland*, 1319.]
I. || **1ᵒ** Réunir (ceux qui sont dispersés). Pousser l'aile droite des ennemis, soutenir la nôtre ébranlée, — le Français à demi vaincu, BOSS. *Condé*. — ses escadrons épars. L'amiral rallia ses vaisseaux dispersés par la tempête. — les chiens, quand ils prennent le change. La meute se rallie.
|| **2ᵒ** (Marine.) Rejoindre (ceux dont on a été séparé). — le vaisseau amiral. — son poste, manœuvrer pour le reprendre. — un port, une terre. — le vent, au vent, gouverner au plus près de la direction du vent.
II. *Fig.* Amener à une opinion, un sentiment (diverses personnes d'abord dissidentes). Il rallia toute l'assemblée à sa proposition. Cette proposition a rallié tous les votes. || *P. anal.* — qqn à un parti. Il s'est rallié aux républicains.

RALLONGE [rà-lônj'] *s. f.*
[ÉTYM. Subst. verbal de rallonger, § 52. (*Cf.* l'anc. franç. raloigne, délai.) || 1812. MOZIN, *Dict. franç.-allem.* Admis ACAD. 1835.]
|| (Technol.) Ce qui sert à rallonger une chose. *Spécialt.* Une table à rallonges.

RALLONGEMENT [rà-lonj'-man ; *en vers*, -lon-je-...] *s. m.*
[ÉTYM. Dérivé de rallonger, § 145. || 1346. Ralloignement, dans GODEF. raloignement. Admis ACAD. 1835.]
|| Action de rallonger.

RALLONGER [rà-lon-jé] *v. tr.*
[ÉTYM. Composé de re et allonger, §§ 192 et 196. || 1346. La lantefride qui ralloignie est, dans GODEF. raloignier. | 1354. Dou dit compromis ralongier, *ibid.* ralongier.]
|| Rendre plus long. — un rideau. || *P. anal.* — une courroie. — les étriers. Ses griffes, vainement par Pussort accourcies, Se rallongent déjà, d'encre toutes noircies, BOIL. *Lutr.* 5.

RALLUMER [rà-lu-mé] *v. tr.*
[ÉTYM. Composé de re et allumer, §§ 192 et 196. || XIᵉ s. Par cest saint ome doûssons ralumer, *St Alexis*, 620.]
|| Allumer de nouveau.
|| **1ᵒ** *Au propre.* Ils rallument le feu de leur bougie éteinte, BOIL. *Lutr.* 3. || *Fig.* De David éteint (Dieu a) rallumé le flambeau, RAC. *Ath.* I, 2.
|| **2ᵒ** *Fig.* — la colère de qqn. Il voyait tous les jours Cet objet — sa haine et son courage, LA F. *Fab.* VII, 13. Et je bénis déjà cette heureuse froideur Qui de notre amitié va — l'ardeur, RAC. *Brit.* IV, 2. La guerre se ralluma.

RAMAGE [rà-màj'] *adj. et s. m.*
[ÉTYM. Du lat. pop. *ramaticum*, dérivé de ramus, rameau, §§ 78, 889, 409, 290 et 291.]
I. *Anciennt. Adj.* Rameux, rameuse. Oisel du bois —, EUST. DESCH. *Poésies*, II, 61. Un beau cerf — (qui a son bois), *Rose*, 4831. Une robe —, sur laquelle des branches, des feuillages sont représentés. Chant —, chant des oiseaux, qu'on entend dans la ramée.
II. *S. m.* || **1ᵒ** *Anciennt.* | 1. Branchage, ramée. Arbrisseau... croissant en beaux ramages, S. CERTON, *Odyss.* fᵒ 199, édit. 1604. | 2. Bois du cerf. | 3. *Fig.* Lignage.
|| **2ᵒ** *De nos jours. Fig.* | 1. Représentation de branches, de feuillage sur une étoffe. Une robe de soie à grands ramages. Un simple abbé en velours gris et à ramages comme une éminence, LA BR. 14. | 2. Chant des oiseaux dans la ramée, et, *p. ext.* chant des oiseaux en général. Si votre — Se rapporte à votre plumage, LA F. *Fab.* I, 2. Les coqs, commençant leur —..., BOIL. *Sat.* 6. | 3. *P. ext. Vieilli.* Manière de parler d'un terroir. Il a écrit selon le — de son pays, PASQ. *Rech.* VIII, 3.

RAMAGER [rà-mà-jé] *v. intr.*

[ÉTYM. Dérivé de ramage, § 154. || 1625. Chante o lieutrain, ramage des canchons, DAVID FERRAND, *Muse normande*, dans DELB. *Rec.* Admis ACAD. 1762.]

|| *Vieilli.* En parlant de l'oiseau, faire entendre son ramage.

RAMAIGRIR [rà-mè-grīr] *v. intr.* et *tr.*

[ÉTYM. Composé de re et amaigrir, §§ 192 et 196. || 1549. R. EST.]

|| **1°** *V. intr.* Devenir de nouveau maigre.
2° *V. tr.* Rendre de nouveau maigre.

RAMAS [rà-má] *s. m.*

[ÉTYM. Subst. verbal de ramasser, § 52. || 1549. R. EST.]

I. *Vieilli.* Action de ramasser. || *Spéciall. De nos jours.* Action de ramasser dans les forêts des feuilles mortes, des faînes, des glands. Le — est interdit.

II. Amas confus. Un — de vieux livres. D'un — d'étrangers l'indiscrète fureur, RAC. *Ath.* v, 2. || *Fig.* Mon livre n'étant qu'un — de sottises, j'espère que chaque sot y trouvera un petit caractère de ce qu'il est, SCARR. *Rom. com.* I, 9.

RAMASSE [rà-mâs'] *s. f.*

[ÉTYM. Emprunté de l'ital. ramazza, *m. s.* dérivé de ramo, branche d'arbre, § 12. || 1606. NICOT. Admis ACAD. 1718.]

|| *Dialect.* Traîneau (fait primitivement de branches) sur lequel on fait descendre rapidement aux voyageurs les pentes unies des Alpes.

1. RAMASSER [rà-má-sé] *v. tr.*

[ÉTYM. Composé de re et amasser, §§ 192 et 196. || 1539. R. EST.]

|| **1°** Resserrer en une masse. Le hérisson ramasse son corps en boule. Son corps, ramassé dans sa courte grosseur, BOIL. *Lutr.* 1. Avoir la taille ramassée. Leurs jambes sont plus courtes, et leur mufle plus ramassé, BUFF. *Vigogne.* || *Fig.* J'enseigne à — en moi (Dieu) tout son désir (de l'homme), CORN. *Imit.* II, 43. Il ne faut pas s'étonner si la passion des richesses est si violente, puisqu'elle ramasse en elle toutes les autres, BOSS. *La Vall.* Toutes les vertus que la princesse palatine a pratiquées se ramassent dans cette parole, ID. *A. de Gonz.* Me ramassant tout entier en moi-même, J'ai conçu, digéré, produit un stratagème, MOL. *Ét.* II, 11. — toutes ses forces pour un effort, une action. Jésus ramasse ses forces épuisées, BOSS. *2e Passion*, 2.

|| **2°** Réunir en un corps (des choses éparses de divers côtés). Il ramassa les débris de son armée. A l'aspect de l'orage, la poule ramasse ses poussins sous ses ailes. La foule s'est ramassée bien vite sur la place publique. Romulus... bâtit Rome, qu'il peupla de gens ramassés, bergers, esclaves, voleurs, BOSS. *Hist. univ.* III, 7. — des textes, des citations à l'appui. Il s'applique à — tout ce que les anciens ont écrit sur la question. || (T. de jeu.) — les cartes, en faire un tas. || *Spéciall.* Prendre ce qui est çà et là à terre pour le mettre ensemble. — des épis, des branches mortes. Il (l'écureuil) ramasse des noisettes pendant l'été, en remplit les trous, les fentes d'un vieux arbre, et a recours en hiver à sa provision, BUFF. *Écureuil.* Chiffons ramassés dans la plus noire ordure, BOIL. *Sat.* 10. || *P. ext.* — les morts sur le champ de bataille. *Pop.* La police a ramassé ces vauriens, elle les a arrêtés et conduits en prison. || *Fig.* Des nouvelles ramassées dans les antichambres.

|| **3°** *P. ext.* Prendre (une chose tombée à terre), pour la remettre de nouveau en place. — son mouchoir. Il (l'éléphant) ramasse à terre les plus petites pièces de monnaie, BUFF. *Éléphant.* On ne ramasserait pas cela, c'est sans valeur. | *Substantivt.* Cela ne vaut pas le —. || *P. anal.* Relever. Un ivrogne ramassé par des passants. *Pop.* Se —, se relever. || *P. ext.* Recueillir (qqn qui est abandonné). Un malheureux ramassé on ne sait où. Il a légué sa fortune à une petite mendiante qu'il a ramassée dans la rue.

2. RAMASSER [rà-mà-sé] *v. tr.*

[ÉTYM. Dérivé de ramasse, § 154. || 1606. NICOT. Admis ACAD. 1718.]

|| *Dialect.* Traîner dans une ramasse.

1. RAMASSEUR, *RAMASSEUSE [rà-má-seŭr, -seŭz'] *s. m.* et *f.*

[ÉTYM. Dérivé de ramasser 1, § 112. || 1548. Austre... ramasseur de nues, A. MIZAULD, *Mirouer de l'air*, dans DELB. *Rec.*]

|| Celui, celle qui ramasse. Un — de bouts de cigares.

2. RAMASSEUR [rà-mà-seŭr] *s. m.*

[ÉTYM. Dérivé de ramasser 2, § 112. || Admis ACAD. 1835.]

|| *Dialect.* Celui qui traîne les voyageurs dans une ramasse.

RAMASSIS [rà-má-si] *s. m.*

[ÉTYM. Dérivé de ramasser 1, § 82. || XVIIe s. *V.* à l'article. Admis ACAD. 1762.]

|| Amas confus de personnes, de choses sans valeur. C'est avec ce — de sac et de corde qu'on servait Sa Majesté, SÉV. 373. Un — d'hommes sans aveu. Un — de paperasses.

***RAMBADE** [ran-bàd'] *s. f.*

[ÉTYM. Emprunté de l'ital. rambata, *m. s.* § 12. || XVIe s. Coursies et rambades, RAB. III, 52. Admis ACAD. 1694; suppr. en 1718.]

|| (Marine.) Construction élevée à la proue d'une galère, d'où les combattants dominaient les galères ennemies.

***RAMBERGE** [ran-bèrj'] *s. f.*

[ÉTYM. Emprunté de l'angl. rowbarge, proprt, « barge à rames », § 8. || XVIe s. Triremes, ramberges, galions, RAB. IV, 1. Admis ACAD. 1694; suppr. en 1835.]

|| (Marine.) Ancien bâtiment de mer des Anglais.

RAMBOUR [ran-boŭr] *s. m.*

[ÉTYM. Altération de Rambures, nom de lieu près d'Amiens, § 36. || 1536. Quæ ab Ambianensi municipio rambura vulgus nominat, J. RUELLIUS, *De Naturæ Stirpium*, p. 251. Admis ACAD. 1762.]

|| Variété de pommier. || Fruit de ce pommier.

1. RAME [ràm'] *s. f.*

[ÉTYM. Emprunté de l'anc. haut allem rama (allem. mod. rahmen), support, §§ 6, 498 et 499. (*Cf.* ramette.) || 1405. Ly rameours, folliours ne mettent draps eis ranmes, dans GODEF. rameor.]

|| (Technol.) || **1°** Piquet servant de tuteur aux plantes grimpantes, pois, haricots, etc.
|| **2°** Châssis en bois sur lequel on étend les pièces de drap dans les manufactures.
|| **3°** Chacune des ficelles qui soutiennent les lices du métier du rubanier.

2. RAME [ràm'] *s. f.*

[ÉTYM. Subst. verbal de ramer 1, § 52. L'anc. franç. dit rein, du lat. rēmum, *m. s.* || 1539. R. EST.]

|| Longue pièce de bois à palette dont on bat l'eau pour faire avancer une embarcation. Manier la —. Aller à la — à voile et à rames. Galère à trois rangs de rames. La — inutile Fatigua vainement une mer immobile, RAC. *Iph.* I, 1. Nous fîmes les derniers efforts pour aborder, à force de rames, sur la côte voisine de Sicile, FÉN. *Tél.* 1. Faire force de rames, ramer avec énergie. || *Spéciall.* Tirer la —, tirer à la —, être forçat, ramer sur les galères. Garantir mes épaules Du malheur de la —, ROTROU, *Sœur*, IV, 2. || *Fig.* Qui a donné aux oiseaux et aux poissons ces rames naturelles qui leur font fendre les eaux et les airs? BOSS. *Éléval. sur les mystères*, v, 1.

3. RAME [ràm'] *s. f.*

[ÉTYM. Emprunté de l'espagn. resma, *m. s.* qui est l'arabe rizma, ballot, §§ 13 et 22. || 1392. Quatre raymes de papier, dans DU C. rama 3.]

|| (Technol.) Réunion de vingt mains de papier. La — de papier contient cinq cents feuilles. || *P. ext. Vieilli.* Mettre à la — (un livre qui ne trouve pas d'acheteur), le débiter par feuilles pour envelopper des denrées. || *P. anal.* Réunion de vingt rouleaux de papier de tenture.

RAMEAU [rà-mó] *s. m.*

[ÉTYM. Du lat. pop. *ramĕllum*, dérivé de ramum, *m. s.* § 126, devenu ramel, rameau, §§ 304 et 456.]

|| **1°** Petite branche, née d'une branche principale. Une branche est un rameau. Détacher un —. La grêle... Abat l'honneur naissant des rameaux fructueux, BOIL. *Lutr.* 5. || — d'olivier, branche d'olivier que les anciens portaient comme symbole de la paix ou en signe de supplication. *Fig.* Présenter le — d'olivier, offrir la paix. || Le dimanche, le jour des Rameaux, le dimanche avant Pâques, où les chrétiens portent des rameaux à l'église, en mémoire de l'entrée de Jésus-Christ à Jérusalem dans les rues jonchées de feuillage. || *Fig.* Lauriers, sacrés rameaux qu'on veut réduire en poudre, CORN. *Hor.* v, 3.

|| **2°** *P. anal.* Subdivision. La voie ferrée se partage en deux branches qui jettent chacune plusieurs rameaux. Les divers rameaux d'une science, d'une langue. || (Anat.) Subdivision des vaisseaux, des nerfs. || Massif qui se détache d'une chaîne de montagnes, dans une autre direction. || Embranchement d'une mine, d'une voie souterraine. || Subdivision d'une branche d'une même famille, dans un arbre généalogique.

RAMÉE [rà-mé] *s. f.*
[ÉTYM. Du lat. pop. *ramata, dérivé de ramum, rameau, § 119, devenu ramede, ramée, §§ 295, 402 et 291.]
‖ **1°** Assemblage de branches entrelacées. **Une verte —. Danser sous la —.**
‖ **2°** Branches coupées avec les feuilles, pour chauffage, ou fourrage. **On pauvre bûcheron, tout couvert de —,** LA F. *Fab.* I, 16.
***RAMENDER** [rà-man-dé] *v. tr.*
[ÉTYM. Composé de re et amender, §§ 192 et 196. ‖ 1274. Redifier et ramender, dans GODEF. Admis ACAD. 1694 (au sens 3°); suppr. en 1878.]
‖ **1°** Amender une seconde fois (la terre).
‖ **2°** (Technol.) Remettre une étoffe à la teinture. ‖ Redorer un cadre, dans les parties détériorées.
‖ **3°** *Vieilli.* Diminuer de prix. Les boulangers ont ramendé le pain. ‖ *Intransitivt.* Le vin, le pain a ramendé.
RAMENER [răm'-né; *en vers*, rà-me-né] *v. tr.*
[ÉTYM. Composé de re et amener, §§ 192 et 196. ‖ XIIᵉ s. Il rameinet les lîiez en tortesce, *Psaut. de Cambridge*, LXVII, 7.]
‖ Faire venir de nouveau (une personne, une chose) au lieu qu'elle a quitté. Mon fils, quel sujet vous ramène? RAC. *Ath.* II, 2. Les voitures publiques emmènent et ramènent les voyageurs. Je t'ai ramenée des extrémités de la terre, des lieux les plus éloignés, BOSS. *A. de Gonz.* Qu'on le ramène en prison. — un cheval à l'écurie. Sa main puissante (de Dieu) ramène en arrière le Suédois indompté, BOSS. *A. de Gonz.* Vivons, si vers la vie on peut me —, RAC. *Phéd.* I, 5. La vieillesse ramène l'homme à l'enfance. ‖ *P. anal.* — un membre à sa position normale. — ses cheveux sur son front. ‖ (Technol.) — un cheval, le forcer à baisser le nez, à maintenir la tête. — la balle (au jeu de paume), la rechasser. ‖ *Fig.* — qqn à la question. — qqn au devoir, au bien. — les hommes aux principes de la vertu, FÉN. *Tél.* 20. Par un chemin plus doux Vous lui pourrez plutôt — son époux, RAC. *Brit.* III, 3. ‖ *Absolt.* — qqn, le faire venir à des sentiments meilleurs. Tout ce dont un amour ingénieux peut s'aviser pour — un cœur rebelle, MASS. *Fausse dévotion.* Socrate ramena la philosophie à l'étude de l'âme. Cette proposition se ramène à cette autre. Il ramenait toutes choses à une noble et simple frugalité, FÉN. *Tél.* 12. L'égoïste ramène tout à soi, se fait le centre de tout. ‖ — la joie dans les cœurs. Il... avait ramené l'âge d'or dans ces déserts presque inhabitables, FÉN. *Tél.* 2.
RAMENTEVOIR [rà-man-te-vwàr] *v. tr.*
[ÉTYM. Composé de re et l'anc. franç. amentevoir, §§ 192 et 196. Amentevoir est composé de à et mentevoir, lat. mente habere, avoir dans l'esprit. ‖ XIIᵉ s. Onques autrui n'i ramenturent, dans BARTSCH et HORNING, *Langue et littér. franç.* col. 558.]
‖ *Vieilli.* Remettre en l'esprit.
RAMEQUIN [răm'-kin; *en vers*, rà-me-...] *s. m.*
[ÉTYM. Mot d'origine germanique, de rahm, crème, § 7. La terminaison quin est obscure; faut-il voir dans ramequin l'allem. rahmkannen, rahmkænchen, pot de crème? ‖ 1690. RICHEL.]
‖ *Dialect.* Gâteau au fromage.
1. RAMER [rà-mé] *v. intr.*
[ÉTYM. Du lat. pop. *rĕmare, dérivé de rĕmus, rame, devenu remer, §§ 295 et 291, ramer, § 342. ‖ XIIIᵉ-XIVᵉ s. Il y convient à chascun quatre mariniers au ramer, *Voy. de Marc Pol*, p. 535.]
‖ **1°** Se servir des rames pour faire marcher une embarcation. Nous voulons, contre vent et marée, arriver à Nantes, nous ramons tous, SÉV. 446. Condamné à — sur les galères du roi. ‖ *Fig.* — contre le courant, contre le fil de l'eau, s'y prendre au rebours.
‖ **2°** *P. anal.* En parlant de l'oiseau, voler en manœuvrant les ailes comme des rames.
2. RAMER [rà-mé] *v. tr.*
[ÉTYM. Dérivé de rame 1, § 154. ‖ 1549. Ramer des poix, R. EST.]
‖ (Technol.) ‖ **1°** Soutenir (une plante grimpante) à l'aide de piquets dits rames. ‖ *Fig. Famil.* Il s'y entend comme à — des choux, il ne s'y entend pas du tout.
‖ **2°** Étendre (une pièce de drap) sur le châssis appelé rame.
RAMEREAU [răm'-ró; *en vers*, rà-me-...] *s. m.*
[ÉTYM. Dérivé de ramier, §§ 65 et 126. ‖ XVIᵉ s. Deux petits rameraux je porte a mon Olive, RONS. p. 743. édit. 1623.]

‖ Jeune ramier.
1. RAMETTE [rà-mĕt] *s. f.*
[ÉTYM. Dérivé de rame 1, § 133. ‖ 1690. FURET. Admis ACAD. 1762.]
‖ (Typogr.) Châssis de fer sans barre, pour imposer les ouvrages d'une seule page (affiches, tableaux, etc.).
2. *RAMETTE [rà-mĕt'] *s. f.*
[ÉTYM. Dérivé de rame 3, § 133. ‖ *Néolog.*]
‖ Rame de papier de petit format.
RAMEUR, *RAMEUSE [rà-meŭr, -meŭz'] *s. m.* et *f.*
[ÉTYM. Dérivé de ramer 1, § 112. ‖ XIIIᵉ-XIVᵉ s. Li boins vent et li boin rimeur, B. DE CONDÉ, I, 235.]
‖ Celui, celle qui rame. Les rameurs fendent les ondes paisibles, FÉN. *Tél.* 4. ‖ *Fig.* (Hist. nat.) Les rameurs, famille d'insectes hémiptères nageant à la surface de l'eau.
***RAMEUTEMENT** [rà-meŭt'-man; *en vers*, -meŭ-te-...] *s. m.*
[ÉTYM. Dérivé de rameuter, § 145. ‖ XVIIᵉ-XVIIIᵉ s. V. à l'article.]
‖ (Vénerie.) Action de rameuter. ‖ *Fig.* Des gens dont le — ne tendait qu'à le culbuter, ST-SIM. XIV, 376.]
***RAMEUTER** [rà-meŭ-té] *v. tr.*
[ÉTYM. Composé de re et ameuter, §§ 192 et 196. ‖ XVIIᵉ-XVIIIᵉ s. V. à l'article.]
‖ (Vénerie.) Ramener (les chiens qui donnent trop en avant) vers ceux qui sont restés en arrière, pour qu'ils chassent ensemble. ‖ *Fig.* Le premier écuyer, vieilli dans les intrigues,... qui les rameutait tous, ST-SIM. VI, 459.
RAMEUX, EUSE [rà-meŭ, -meŭz'] *adj.*
[ÉTYM. Emprunté du lat. ramosus, *m. s.* ‖ 1314. La veine rameuse ou kilis, *Chirurg. de Mondeville*, 393, Bos. Admis ACAD. 1762.]
‖ Qui a des rameaux. **Plante, tige rameuse.** ‖ Comme un vieux cerf... porte son bois —, FÉN. *Tél.* 5. ‖ *P. anal.* Dans chaque partie de ces atomes vivants, des veines,.... du sang; dans ce sang, des esprits, des parties rameuses et des humeurs, FÉN. *Exist. de Dieu*, I, 1.
***RAMIE** [rà-mi] *s. f.*
[ÉTYM. Emprunté du malais rami, *m. s.* § 26. ‖ *Néolog.*]
‖ Plante textile, originaire de l'extrême Orient.
RAMIER [rà-myé] *s.*
[ÉTYM. Du lat. pop. *ramarium, dérivé de ramus, rameau, § 115. (*Cf.* branchier.) ‖ XIIᵉ s. El parfont gaut ramier, *Aiol*, 1841.]
‖ **Pigeon —,** et, *substantivt*, —, pigeon sauvage, qui niche sur les arbres.
RAMIFICATION [rà-mi-fi-kà-syon; *en vers*, -si-on] *s. f.*
[ÉTYM. Emprunté du lat. scolast. ramificatio, *m. s.* § 217. ‖ 1541. De laquelle veine nous donnerons... la ramification, J. CANAPPE, dans DELB. *Rec.*]
‖ (T. didact.) ‖ **1°** Production de rameaux. La — d'une tige, du bois d'un cerf.
‖ **2°** Chacun des rameaux produits. Les ramifications d'un arbre. ‖ *Fig.* ‖ 1. Les ramifications des veines, des artères. ‖ 2. Les ramifications d'une voie ferrée. ‖ 3. Les ramifications d'une science.
RAMIFIER [rà-mi-fyé; *en vers*, -fi-é] *v. tr.*
[ÉTYM. Emprunté du lat. scolast. ramificare, *m. s.* de ramus, rameau, et facere, faire, §§ 217 et 274. ‖ 1314. Et la se remifie et se depart en plusieurs branches, *Chirurg. de Mondeville*, 398, Bos. Admis ACAD. 1762.]
‖ (T. didact.) Diviser en rameaux. (S'emploie surtout au sens réfléchi.) Le bois du cerf se ramifie comme celui des arbres. ‖ *Fig.* Les artères se ramifient à l'infini.
1. RAMILLE [rà-miy] *s. f.*
[ÉTYM. Du lat. pop. *ramilia, dérivé de ramus, rameau, §§ 95, 545, 462 et 291. ‖ XIIIᵉ s. Un villain qui taille Ramille pour son four chaufer, *Renart*, XVII, 1148. Admis ACAD. 1835.]
‖ Petites branches sèches propres à faire des fagots. (S'emploie surtout au pluriel.)
2. RAMILLE [rà-miy'] *s. f.*
[ÉTYM. Dérivé du lat. ramus, rameau, §§ 258 et 503. ‖ 1812. MOZIN, *Dict. franç.-allem.*]
‖ (T. didact.) Dernière division d'un rameau.
RAMINGUE [rà-ming'] *adj.*
[ÉTYM. Emprunté de l'ital. ramingo, dérivé de ramo, branche, mot qui s'est d'abord appliqué au faucon qui vole de branche en branche (*cf.* branchier), puis par ana-

logie au cheval qui ne se tient pas tranquille, § 12. || 1611. COTGR. Admis ACAD. 1762.]

|| (Manège.) Qui regimbe. Cheval —.

RAMOITIR [rà-mwà-tîr] *v. tr.*

[ÉTYM. Composé de re et l'anc. franç. amoitir, §§ 192 et 196. || XIVᵉ-XVᵉ s. Terre ramoitie, CHR. DE PISAN, *Ch. V*, II, 1.]

|| Ramener à un état de moiteur. || *Spécialt.* (Typogr.) — les tympans, les humecter avec une éponge.

RAMOLLIR [rà-mò-lîr] *v. tr.*

[ÉTYM. Composé de re et amollir, §§ 192 et 196. ACAD. 1694 écrit ramolir. || 1549. R. EST.]

|| Rendre plus mou. — de la cire. L'huile ramollit les tissus. || *Fig.* Rendre moins résistant, moins vigoureux. Les Mèdes... ramollis par leur abondance, BOSS. *Hist. univ.* III, 4. || *Néolog.* Être ramolli, devenir gâteux.

RAMOLLISSANT, ANTE [rà-mò-li-san, -sänt'] *adj.*

[ÉTYM. Adj. particip. de ramollir, § 47. RICHEL. 1680 donne ramollitif, dans le même sens, § 257. || 1771. TRÉV. Admis ACAD. 1835.]

|| (Médec.) Qui ramollit, relâche les tissus. (*Cf.* émollient.) Un remède —, et, *substantivt*, Un —.

RAMOLLISSEMENT [rà-mò-lìs'-man] *s. m.*

[ÉTYM. Dérivé de ramollir, § 145. || 1611. COTGR. Admis ACAD. 1878.]

|| Action de se ramollir. Le — de la cire à la chaleur. || — des tissus, altération des tissus qui perdent leur fermeté naturelle. — du cerveau, lésion du cerveau, qu'accompagne un affaiblissement des facultés intellectuelles.

ʻRAMOLLITIF, IVE [rà-mò-li-tîf', -tîv']. *V.* ramollissant.

RAMON [rà-mon] *s. m.*

[ÉTYM. Dérivé de l'anc. franç. raim (lat. ramum), rameau, §§ 64, 65 et 104. || XIIIᵉ-XIVᵉ s. Plane ou ramon, *Gloss. lat.-franç.* dans GODEF.]

|| *Vieilli et dialect.* Balai de rameaux.

RAMONAGE [rà-mò-näj'] *s. m.*

[ÉTYM. Dérivé de ramoner, § 78. || 1439. Pour ramonnages de queminees, dans GODEF. Admis ACAD. 1835.]

|| Action de ramoner; résultat de cette action.

RAMONER [rà-mò-né] *v. tr.*

[ÉTYM. Dérivé de ramon, § 154. ACAD. 1694 écrit ramonner. || XIIIᵉ s. Il n'y a chambrete petite Qui ne soit si bien ramonee, RUTEB. II, 234.]

|| Nettoyer avec un ramon. || *Spécialt.* Nettoyer le tuyau d'une cheminée, en faire tomber la suie. — une cheminée du haut en bas.

RAMONEUR [rà-mò-nœur] *s. m.*

[ÉTYM. Dérivé de ramoner, § 112. ACAD. 1694 écrit ramonneur. || Vers 1520. Ramonneux, dans *Romania*, 1887, p. 488.]

|| Celui qui fait métier de ramoner les cheminées.

RAMPANT, ANTE [ran-pan, -pänt'] *adj.*

[ÉTYM. Adj. particip. de ramper, § 47. || XIIᵉ s. Ciel e terre, mer e tutes choses rampantes en els, *Psaut. d'Oxf.* LXVIII, 38.]

I. *Anciennt.* Qui grimpe. || *Spécialt.* (Blason.) Animaux rampants, représentés debout, jambes en avant, comme s'ils grimpaient. (S'oppose à passant.) || *P. anal. De nos jours.* (Technol.) Disposé en pente. Voûte rampante. La partie rampante, et, *substantivt, au masc.* Le — d'une voûte, d'un fronton. Limon —, limon d'un escalier tournant que n'interrompt aucun palier.

II. Qui se traîne sur le ventre. Croyons, dit la rampante bête (le serpent), LA F. *Fab.* X, 2. || *P. anal.* Plante rampante, dont la tige, couchée sur le sol, s'y fixe par des racines adventives. Bandage —, tournant autour de la partie malade. || *Fig.* | 1. Qui vit dans une situation humble. Ce dédain qui empêche de jeter les yeux sur les mortels trop rampants, BOSS. *Marie-Thérèse.* | *P. anal.* Style —, sans élévation. Expressions basses et rampantes. | 2. Qui se montre humble par bassesse de cœur. On les voit aussi rampants qu'ils ont été hautains, FÉN. *Tél.* 13. Des hommes rampants, et, *substantivt*, Des rampants, des rampantes. Des rampantes eussent été bien aises qu'elle eût fait voir par là qu'elle avait généreusement attiré cette indignation, SÉV. 666. Ils restèrent toujours dans une soumission rampante, HAMILT. *Gram.* p. 72.

RAMPE [ranp'] *s. f.*

[ÉTYM. Subst. verbal de ramper, § 52. || XVIIᵉ s. *V.* à l'article.]

I. Ce qui va en pente. | 1. Inclinaison des chevrons dans un comble. | 2. Plan incliné sur lequel sont établies les marches d'un escalier. Un amphithéâtre en rampes divisé, LA F. *Psyché.* | 3. Terrain en pente. La — d'une colline. Une — bordée d'arbres, de gazon.

II. *P. ext.* || 1° Balustrade qui borde un escalier, pour servir d'appui à ceux qui montent ou descendent. Se tenir à la —.

|| 2° Balustrade bordant la scène du côté de l'orchestre, le long de la rangée de lumières qui éclaire la scène; cette rangée de lumières même. Allumer la —. Lever, baisser la —. Les feux de la —.

RAMPEMENT [ranp'-man; *en vers*, ran-pe-...] *s. m.*

[ÉTYM. Dérivé de ramper, § 145. || 1539. R. EST. Admis ACAD. 1762.]

|| Action de ramper.

RAMPER [ran-pé] *v. intr.*

[ÉTYM. Origine inconnue; le mot semble germanique, mais aucun rapprochement n'est assuré. || XIIᵉ s. Amont les murs prist a ramper, *Thèbes*, 10092.]

I. *Anciennt.* Grimper. || *P. anal. De nos jours.* (Technol.) Être disposé en pente. (*Cf.* rampant, rampe.)

II. *P. ext.* En parlant de certains animaux, s'avancer en se traînant sur le ventre. Dieu condamna le serpent à —. Les vers qui rampent sous l'herbe. || *P. ext.* Marcher en se rasant contre terre. C'était un beau sujet de guerre Qu'un logis où lui-même il n'entrait qu'en rampant, LA F. *Fab.* VII, 16. Des soldats qui s'avancent en rampant dans les herbes. || *P. ext.* Rester attaché à la terre. Comme si l'homme qui porte une âme immortelle, créée à votre image, n'était fait que pour —, comme la bête, un petit nombre de jours sur la terre, MASS. *Paraphr. du ps. 18.* || *Fig.* Manquer d'élévation. L'autre (un auteur) a peur de —, BOIL. *Art p.* 1. || *P. anal.* S'étendre sur une surface. Le lierre rampe contre les murailles. Une vapeur qui rampe à la surface du sol. | Les veines rampent sous la peau. || *Fig.* S'humilier bassement. L'on rampe vilement devant ceux qui sont au-dessus de soi, LA BR. 6.

RAMPIN [ran-pin] *adj. m.*

[ÉTYM. Dérivé de ramper, § 100. || 1664. Il y a des gens qui voyant un cheval rampin disent qu'il est juché, SOLLEYSEL, *Parfait Mareschal*, p. 134. Admis ACAD. 1762.]

|| (Manège.) Qui marche sur la pince des pieds de derrière (sans appuyer le talon). Cheval —.

RAMURE [rà-mûr] *s. f.*

[ÉTYM. Pour rameûre, § 358, dérivé de l'anc. franç. raim, rameau, branche, §§ 64, 65 et 111. || 1376. Edifier en ladite masure trois ramures de maison, dans GODEF. rameure.]

|| 1° *Vieilli.* Ensemble des branches d'un arbre.

|| 2° *P. anal.* Ensemble du bois d'un cerf, d'un daim. (*Cf.* paumure, empaumure.)

RANCART [ran-kàr] *s. m.*

[ÉTYM. Origine inconnue. || *Néolog.* Admis ACAD. 1878.]

|| *Famil.* Rebut. Mettre qqch au —.

RANCE [räns'] *adj.*

[ÉTYM. Emprunté du lat. rancidus, *m. s.* (*Cf.* rancio.) || XVIᵉ s. La loenge... estoit desja chose si rance (par maniere de dire), AMYOT, *Galba*, 3.]

|| En parlant d'un corps gras, qui a pris une odeur forte et un goût âcre. Du lard, de l'huile —. || *Substantivt.* Sentir le —.

ʻRANCHE [ränch'] *s. f.*

[ÉTYM. Du lat. pop. ʻramica (class. ramicem), pieu, devenu ʻram'ca, § 290, ranche, §§ 472, 389 et 291.]

|| *Dialect.* Barre, pieu. || *Spécialt.* | 1. Barre transversale d'un rancher, formant échelon. | 2. Pieu qui soutient les ridelles d'une charrette. (*Cf.* ranchet.)

RANCHER [ran-ché] *s. m.*

[ÉTYM. Dérivé de ranche, § 115. || 1400. Un ranchier de charrette, dans DU C. ranchonum. Admis ACAD. 1762.]

|| (Technol.) Pièce de bois garnie de ranches formant échelons. (*Syn.* échelier.) Le — d'une grue.

ʻRANCHET [ran-chè] *s. m.*

[ÉTYM. Dérivé de ranche, § 133. || *Néolog.*]

|| (Technol.) Ranche de charrette. || *Spécialt.* Montant des voitures d'artillerie qui unit la ridelle au brancard.

RANCIDITÉ [ran-si-di-té] *s. f.*

[ÉTYM. Dérivé du lat. rancidus, rance, § 255. || Admis ACAD. 1762.]

|| (T. didact.) Caractère de ce qui est rance. (*Cf.* rancissure.)

RANCIO [ran-syó; *en vers*, -si-ó] *s. m.*

[Étym. Emprunté de l'espagn. rancio (lat. rancidus), rance, § 13. || 1812. MOZIN, *Dict. franç.-allem.* Admis ACAD. 1835.]

|| **1°** Vin liquoreux, devenu très doux en vieillissant dans le fût.

|| **2°** Moelleux qu'acquiert l'eau-de-vie en vieillissant dans le fût.

RANCIR [ran-sîr] *v. intr.*

[Étym. Dérivé de rance, § 154. || 1539. Ranci, R. EST.]

|| Devenir rance.

RANCISSURE [ran-si-sûr] *s. f.*

[Étym. Dérivé de rancir, § 111. || 1539. R. EST.]

|| État de ce qui est devenu rance. (*Cf.* rancidité.)

RANCŒUR [ran-kœ̆r] *s. f.*

[Étym. Du lat. rancôrem, *m. s.* proprt, « rancissure », devenu rancor, § 291, rankeur, § 325, écrit rancœur (plutôt que ranqueur) sous l'influence de cœur.]

|| *Vieilli.* Ressentiment tenace. Excuse par pitié ma jalouse —, RÉGNIER, *Élég.* 2.

RANÇON [ran-son] *s. f.*

[Étym. Du lat. redemptiônem, *m. s.* (*cf.* rédemption), devenu redempçon, §§ 408 et 291, reençon, §§ 411, 472, 429 et 430, raençon, § 344, rançon, § 358.]

|| Prix exigé pour la délivrance d'un prisonnier de guerre, d'un captif. Une grosse —. Payer une —. Payer —. Je te fais apporter la — de Zaïre, VOLT. *Zaïre*, I, 3. Mettre à —. || *Loc. prov.* C'est la — d'un roi, une somme qu'un roi seul pourrait payer pour sa rançon. || *Fig.* Mettre à —, faire payer de force. Les voleurs mettent les passants à —.

RANÇONNEMENT [ran-sŏn'-man ; *en vers*, -sŏ-ne-...] *s. m.*

[Étym. Dérivé de rançonner, § 145. || XIVᵉ s. Ranchonnemens, *Récits d'un bourg. de Valenciennes*, dans DELB. *Rec.* Admis ACAD. 1762.]

|| Action de rançonner.

RANÇONNER [ran-sŏ-né] *v. tr.*

[Étym. Dérivé de rançon, § 154. || XIIIᵉ s. Li Soudans de Babiloine avoit rançonnet le roy, *Récits d'un ménestrel de Reims*, 391, var.]

|| Mettre à rançon. || *Fig.* Faire payer de force. Les corsaires rançonnaient les bâtiments marchands. Les habitants... rançonnés par le roi de Suède, VOLT. *Ch. XII*, 3.

RANÇONNEUR, EUSE [ran-sŏ-neŭr, -neŭz'] *s. m. et f.*

[Étym. Dérivé de rançonner, § 112. (*Cf.* rédempteur.) || 1549. R. EST. Admis ACAD. 1718.]

|| Celui, celle qui rançonne (les gens).

RANCUNE [ran-kun] *s. f.*

[Étym. Du lat. pop. *rancûra, variante de rancôrem (*cf.* rancœur), §§ 62 et 111, devenu régulièrement rancure, § 291, puis rancune par dissimilation, § 361. || XIᵉ s. Par doel et par rancune, *Roland*, 2301.]

|| Haine invétérée. Garder — à qqn. Avoir une vieille — contre qqn. Sans —, oublions de part et d'autre tout sujet de ressentiment.

***RANCUNEUX, EUSE** [ran-ku-neŭ, -neŭz'] *adj.*

[Étym. Dérivé de rancune, § 112. || XIIᵉ s. E plein d'angoisse e rancurus, BENEEIT, *Ducs de Norm.* I, 630. | XIVᵉ-XVᵉ s. Le record rancuneux, *Chron. de Boucicaut*, II, 12.]

|| Qui a de la rancune.

RANCUNIER, IÈRE [ran-ku-nyé, -nyèr] *adj.*

[Étym. Dérivé de rancune, § 115. || Admis ACAD. 1718.]

|| Qui garde rancune. Personne rancunière. *Substantivt.* Un —, une rancunière.

***RANDON** [ran-don] *s. m.*

[Étym. Dérivé de l'anc. verbe randir, courir rapidement, § 104. Randir paraît se rattacher au german. rand, bord, lisière. || XIIᵉ s. Forment les chacent un randon, *Thèbes*, I, 5766.]

|| *Vieilli.* Mouvement rapide. Monceaux de neige et grands randons de pluie, LA F. *Ball. à Fouquet.* || *Spécialt.* (Fauconn.) Fondre en —, s'élever avec impétuosité. (ACAD. donne par erreur rondon, § 509.)

RANDONNÉE [ran-dŏ-né] *s. f.*

[Étym. Subst. particip. de randonner, § 45. || XIIᵉ s. Li borgois ont la grant cloque sonee Et la petite tot d'une randonee, RAIMBERT DE PARIS, *Chevalerie Ogier*, 3816.]

|| *Vieilli.* Course rapide. Il m'a fait faire une grande —. || *Spécialt.* (Vénerie.) Circuit plus ou moins long que fait la bête autour de l'endroit où on l'a lancée.

***RANDONNER** [ran-dŏ-né] *v. intr.*

[Étym. Dérivé de randon, § 154. || XIIᵉ s. Si com girfauz grue randone, CHRÉTIEN DE TROYES, *Chevalier au lion*, 882.]

|| *Vieilli.* Courir rapidement.

RANG [ran ; le *g* se lie en se prononçant *k*] *s. m.*

[Étym. Emprunté du german. hring (allem. mod. ring), cercle, devenu reng, rang, §§ 6, 498 et 499. || XIᵉ s. Saillent li escuier en renc de totes parz, *Voy. de Charl. à Jérus.* 417.]

I. Chacune des lignes sur lesquelles une suite de choses, de personnes, sont disposées. Un — d'arbres. Un — de colonnes. Un — de bancs. Un — de perles. Un hameau bâti sur le penchant d'un long — de collines, BOIL. *Ép.* 6. || Loges de théâtre de premier, de second —. | Un — de rameurs (dans les galères). Mettre les soldats en —, sur un —, sur deux rangs. Serrer, rompre les rangs. Aussitôt qu'il eut porté de — en — l'ardeur dont il était animé, BOSS. *Condé.* Dans leurs rangs à ce lâche ils ont donné retraite ! CORN. *Hor.* III, 6. Entrer dans le —. Sortir des rangs. *Fig.* Un officier sorti du —, qui n'a pas passé par les Écoles (Saint-Cyr, Polytechnique). Se mettre sur les rangs, prendre place parmi les prétendants à un emploi.

II. Dans une série de personnes, de choses, place qui revient à chacune avant ou après les autres. Ils prirent place chacun selon son —. — d'ancienneté. Se placer à son —. Parler, opiner à son —, selon la place qu'on occupe. Prendre — avant, après qqn, dans l'ordre de la série. Le capitaine prend — après le colonel. || *Fig.* Place que qqn tient dans l'estime des autres. C'est une pure hypocrisie à un homme d'une certaine élévation de ne pas prendre le — qui lui est dû, LA BR. 9. Lui qui d'un honnête homme à la cour tient le —, MOL. *Mis.* V, 1. Une personne de haut —. La distinction des rangs. Appartenir aux derniers rangs de la société. Mettre au même —, sur le même —. Il (Jésus-Christ) met au même — sa résurrection et sa mort, BOSS. *Vertu de la croix*, 1. Mettre qqn au — de ses amis. J'aimerais mieux être au — des ignorants, MOL. *F. sav.* IV, 3. Silanus... comptait Auguste au — de ses aïeux, RAC. *Brit.* 1, 1. Et l'on doit mettre au — des plus cuisants malheurs La mort d'un ennemi qui coûte tant de pleurs, CORN. *Cinna*, I, 1. || *Spécialt.* (Marine.) En parlant du degré de puissance des bâtiments. Vaisseaux de premier, de second, de troisième —.

RANGÉE [ran-jé] *s. f.*

[Étym. Subst. particip. de ranger 1, § 45. || XIIᵉ-XIIIᵉ s. Dous rengies de chantanz, *Dial. Gregoire*, p. 214.]

|| Suite de choses disposées sur une même ligne. Une — de maisons, de peupliers.

RANGEMENT [ranj'-man ; *en vers*, ran-je-...] *s. m.*

[Étym. Dérivé de ranger 1, § 145. || 1630. MONET, *Abrégé du parallèle.* Admis ACAD. 1878.]

|| *Famil.* Action de ranger. Le — de sa bibliothèque, CHAPELAIN, *Lett.* dans DELB. *Rec.*

1. RANGER [ran-jé] *v. tr.*

[Étym. Dérivé de rang, § 145. || XIIᵉ s. En bataille rangie, J. BODEL, *Saisnes*, tir. 32.]

|| **1°** Mettre en rangs. — ses troupes en ordre de bataille. En bataille rangée. Ses gardes affligés imitaient son silence, autour de lui rangés, RAC. *Phèd.* V, 6. Les soldats se rangent autour de leur chef, autour de son drapeau, et, *p. ext.* Se — sous les enseignes, les étendards, les drapeaux de qqn, servir sous lui, et, *fig.* embrasser son parti. Se — du côté, du parti de qqn, à l'avis de qqn. Il faut que chacun prenne parti et se range nécessairement ou au dogmatisme ou au pyrrhonisme, PASC. *Pens.* VIII, 1. || — une escadre. — l'équipage sur le pont. — des livres sur les rayons d'une bibliothèque. — des bouteilles dans un casier.

|| **2°** Mettre en place. — du linge dans une armoire. — une voiture sous la remise. — les meubles dans une chambre. || Faire — la foule, les curieux. Rangeons-nous chacun immédiatement contre un des côtés de la porte, MOL. *G. Dand.* III, 6. || *P. ext.* Mettre en ordre. Je m'en vais m'établir et me — dans mon petit logis, SÉV. 266. — une chambre, une armoire. Elle tombe, et, tombant, range ses vêtements, Dernier trait de pudeur à ses derniers moments, LA F. *Filles de Minée.* | Il y a plusieurs maisons où il fournissait de ces bonnes cartes rangées (mises dans un ordre déterminé pour tricher), SÉV. 146. *Absolt.* Ramener à la vie régulière. Le mariage l'a rangé. Ce jeune homme s'est rangé. || *Fig.* Donner place dans un ensemble (qqn ou qqch). — qqn au nombre des héros. — parmi les grands hommes. Et je veux nous venger, toutes tant que nous sommes, De cette indigne classe où nous rangent

les hommes, MOL. *F. sav.* III, 2. On range les cétacés dans la classe des mammifères.

‖ **3°** Mettre dans une dépendance. Si le Ciel sous mes lois eût rangé la Syrie, VOLT. *Zaïre*, I, 1. Lorsque Albe sous ses lois range notre destin, CORN. *Hor.* IV, 2. Se range qui voudra sous le joug du mariage, MARIV. *Serm. indiscr.* II, 2. Qu'on se range à son devoir, DANCOURT, *Folle Enchère*, sc. 21.

2. *RANGER [ran-jé] et ***RANGIER** [ran-jyé] *s. m.*

[ÉTYM. Mot composé d'origine scandinave (danois rens-dyr, etc.), dont le premier élément signifie « renne » et le second « bête sauvage », § 9. (*Cf.* angl. reindeer, allem. rennthier, etc.) ‖ XIII° s. Rengiers et daims, J. DE MEUNG, *Rose*, 15915. Admis ACAD. 1740; suppr. en 1835.]

‖ (Blason.) Renne.

***RANGETTE (À LA)** [à-là-ran-jět'] *loc. adv.*

[ÉTYM. Dérivé de ranger 1, §§ 133 et 182. ‖ 1556. A la rangette, LÉON, *Descr. de l'Afriq.* I, 94. Admis ACAD. 1694; suppr. en 1718.]

‖ *Vieilli.* En rang, à la file. La maison royale se mettait — sur le drap de pied du roi, ST-SIM. II, 398.

RANIMER [rà-ni-mé] *v. tr.*

[ÉTYM. Composé de re et animer, §§ 192 et 196. ‖ 1549. R. EST.]

‖ **1°** Rendre à la vie. Les morts se ranimant à la voix d'Élisée, RAC. *Ath.* I, 1.

‖ **2°** *Fig.* Rendre à sa vigueur première. Par tes conseils flatteurs tu m'as su —, RAC. *Phèd.* III, 1. Sa vue a ranimé mes esprits abattus, ID. *Ath.* II, 5. — les courages. Sa colère se ranime. ‖ *P. anal.* — le feu qui s'éteint.

***RANULAIRE** [rà-nu-lèr] *adj.*

[ÉTYM. Dérivé de ranule, § 248. ‖ 1611. COTGR. Admis ACAD. 1762; suppr. en 1878.]

‖ (T. didact.) Relatif à la ranule.

RANULE [rà-nul] *s. f.*

[ÉTYM. Emprunté du lat. ranula, *m. s.* proprt, « petite grenouille ». ‖ 1611. COTGR. Admis ACAD. 1762.]

‖ **1°** (Anat.) Chacune des deux veines situées sous la langue (toujours humectée par la salive).

‖ **2°** *P. ext.* (Médec.) Tumeur sous la langue, dite vulgairement grenouillette.

RAPACE [rà-pàs'] *adj.*

[ÉTYM. Emprunté du lat. rapax, acis, *m. s.* ‖ XV°-XVI° s. Rapaces harpyes, O. DE ST-GELAIS, *Énéide*, dans DELB. *Rec.*]

‖ Avide à saisir sa proie. Le vautour est —. *Substantivt.* Les rapaces, les oiseaux de proie. ‖ *Fig.* Avide à se saisir du bien d'autrui. Un usurier —.

RAPACITÉ [rà-pà-si-té] *s. f.*

[ÉTYM. Emprunté du lat. rapacitas, *m. s.* ‖ XIV°-XV° s. Avaricieuse rapacité, GERSON, mss franç. Bibl. nat. 936, f° 77, v°.]

‖ Avidité à saisir sa proie. La — du vautour. ‖ *Fig.* Avidité à se saisir du bien d'autrui. La — d'un usurier.

***RÂPAGE** [rá-pàj'] *s. m.*

[ÉTYM. Dérivé de râper, § 78. ‖ *Néolog.*]

‖ (Technol.) Action de râper.

***RAPAISER** [rà-pè-zé] *v. tr.*

[ÉTYM. Composé de re et apaiser, §§ 192 et 196. ‖ XIII° s. Et trouva ses deus chevresons plourans et les rapaisa, *Récits d'un ménestrel de Reims*, 411.]

‖ Ramener à la paix. Je viens prendre le temps de — Alcmène, MOL. *Amph.* II, 4.

RAPATELLE [rà-pà-tèl] *s. f.*

[ÉTYM. Origine inconnue. ‖ 1640. *Tarif*, dans LITTRÉ.]

‖ (Technol.) Toile grossière, de crin de cheval, servant surtout à faire des tamis, des sas.

RAPATRIAGE [rà-pà-tri-àj'] *s. m.*

[ÉTYM. Dérivé de rapatrier, § 78. ‖ XVII° s. V. à l'article. Admis ACAD. 1762.]

‖ *Vieilli.* Action de se rapatrier avec qqn. Veux-tu qu'à leur exemple ici Nous fassions... Quelque petit — ? MOL. *Amph.* II, 7.

RAPATRIEMENT [rà-pà-tri-man] *s. m.*

[ÉTYM. Dérivé de rapatrier, § 145. ‖ Admis ACAD. 1694 au sens **I**, et 1878 au sens **II**.]

I. *Vieilli.* Action de se rapatrier avec qqn.

II. *Néolog.* Action de rapatrier qqn, de le rendre à sa patrie.

RAPATRIER [rà-pà-tri-yé] *v. tr.*

[ÉTYM. Composé de re, à et patrie, §§ 194 et 196. A remplacé repatrier, du lat. repatriare. (*Cf.* repaire.) Le sens **I**,

quoique primitif, paraît inconnu aux XVII° et XVIII° s. et n'a été repris que de nos jours. ‖ 1611. COTGR. Admis ACAD. 1694 au sens **II** et 1878 au sens **I**.]

I. Rendre (qqn) à sa patrie. — des émigrants. *P. ext.* — un joueur qui a tout perdu, lui donner de quoi rentrer chez lui.

II. *Famil.* Amener à une réconciliation. Ils se sont rapatriés. Pour couper tout chemin à nous —, MOL. *Dép. am.* IV, 4.

1. RÂPE [ráp'] *s. f.*

[ÉTYM. Pour rasper, § 422, mot d'origine germanique qui offre le radical de l'anc. haut allem. raspon, gratter, §§ 6, 498 et 499. ‖ 1202. Se déduit du bas lat. raspa, râpe de raisin, attesté à cette date; le sens **II** figure dans un texte de 1389. (*V.* DU C. raspa.)]

I. ‖ **1°** Rafle, grappe dont on a détaché les grains. ‖ *P. anal.* Partie d'un épi qui soutient les graines.

‖ **2°** Marc du raisin, reste de la grappe qui a été pressée. Lorsqu'on les laisse (les vins nouveaux) cuver sur la —, DESC. *Méth.* V, 4.

II. *P. anal.* Ustensile de ménage, plaque de fer-blanc hérissée d'aspérités sur laquelle on frotte certaines substances pour les réduire en pulpe ou en poudre. — du fromage, du raifort, du sucre, du tabac. ‖ *P. ext.* Lime à grosses entailles dont se servent les menuisiers, les serruriers, etc. ‖ (Médec.) Bruit de —, bruit analogue au frottement d'une râpe sur le bois, que l'on entend dans certaines maladies du cœur.

2. RÂPE [ráp'] *s. f.*

[ÉTYM. Emprunté de l'allem. rappe, *m. s.* §§ 7, 498 et 499. ‖ 1611. Rappes, COTGR.]

‖ (Art vétérin.) Malandre, crevasse au pli du genou du cheval. (S'emploie surtout au pluriel.)

RÂPÉ [rá-pé] *s. m.*

[ÉTYM. Dérivé de râpe, § 118. ‖ XII°-XIII° s. Ne sai se raspeit ou moreit Aporte a une cope d'or, *Dolopathos*, dans DELB. *Rec.*]

I. ‖ **1°** Liqueur vineuse qu'on obtient en faisant passer de l'eau sur la râpe (marc de raisin qui reste dans la cuve).

‖ **2°** Vin qu'on fabrique en faisant passer un vin affaibli, éventé ou trop léger, dans un tonneau dont on a rempli le tiers de raisin nouveau.

‖ **3°** Vin qu'on fabrique en éclaircissant les vins troubles, les lies, les vins trop chargés, avec des copeaux de hêtre, de chêne, qu'on y laisse tremper.

II. *Fig. Anciennt.* Titre honorifique d'une charge que l'on n'exerce plus effectivement. Boucherat eut le — de chancelier de l'ordre, dont M. de Barbezieux eut la charge, ST-SIM. II, 218.

RÂPER [rá-pé] *v. tr.*

[ÉTYM. Dérivé de râpe 1, § 154. ‖ 1611. Raspé, COTGR.]

‖ **1°** User en frottant. Des vêtements râpés. *Fig.* Être râpé, dans la misère.

‖ **2°** *P. ext.* Réduire en pulpe ou en poudre, avec la râpe. — de la betterave, du raifort, du sucre, du fromage. Du tabac râpé.

***RAPETASSAGE** [ràp'-tà-sàj'; en vers, rà-pe-...] *s. m.*

[ÉTYM. Dérivé de rapetaser, § 78. ‖ XVIII° s. *V.* à l'article.]

‖ Action de rapetasser; résultat de cette action. Il ne s'agit plus que de copier ces rapetassages, VOLT. *Lett. à d'Argental*, sept. 1751.

RAPETASSER [ràp'-tà-sé; en vers, rà-pe-...] *v. tr.*

[ÉTYM. Composé de re, à et petas, pièce, §§ 194 et 196. (*Cf.* rapiécer.) Le mot rapetasser, comme petas lui-même, est d'origine provençale, § 11 : il se rattache au lat. pittacium, grec πιττάκιον, emplâtre. ‖ XVI° s. Alexandre le Grand qui rapetassoyt des vieilles chausses, RAB. II, 30.]

‖ *Famil.* Rapiécer grossièrement. — un vieil habit. Saint François revêt ses compagnons d'habits vieux et rapetassés, CORN. *Imit.* III, 54, note. Ses souliers... vingt fois rapetassés, BOIL. *Sat.* 10. ‖ *Fig.* Je ne suis guère en train à présent de — une tragédie, VOLT. *Lett. à d'Argental*, 19 août 1757.

***RAPETISSEMENT** [ràp'-tís'-man; en vers, rà-pe-ti-se-...] *s. m.*

[ÉTYM. Dérivé de rapetisser, § 145. ‖ 1611. COTGR.]

‖ Action de rapetisser qqch, de se rapetisser.

RAPETISSER [ràp'-ti-sé; en vers, rà-pe-...] *v. tr.* et *intr.*

[ÉTYM. Composé de re et apetisser, §§ 192 et 196. ‖ 1611. COTGR.]

I. *V. tr.* || **1°** Rendre plus petit. — un habit. — une salle. La taille de certaines espèces animales s'est rapetissée.

|| **2°** Faire paraître plus petit. Les verres concaves rapetissent les objets. Les objets se rapetissent à distance. || *Fig.* Soins... puérils qui à la longue rapetissent l'âme, J.-J. ROUSS. *Narcisse*, préf.

II. *V. intr.* Devenir plus petit. Les jours commencent à —.

RAPIDE [rà-pid'] *adj.*

[ÉTYM. Emprunté du lat. **rapidus**, *m. s.* qui a donné l'anc. franç. **rade**, de formation pop., conservé par quelques patois. || 1611. COTGR.]

I. Dont la pente entraîne avec vitesse. Une pente, une descente —. Un courant —. Si l'onde Est — autant que profonde, LA F. *Fab.* X, 14. || *Fig.* Emporté par le courant — Des flots impétueux de ses bouillants désirs, CORN. *Imit.* I, 3. || *Substantivt, masc.* Ressaut d'un fleuve déterminé par une forte pente. Les rapides sont formés par une roche qui s'étend sous l'eau, CHATEAUBR. *Amér. Journal sans date.*

II. Qui est entraîné avec vitesse. Qui guide les cieux et leur course —? LA F. *Fab.* IX, 20, *Disc. à M*^{me} *de la Sablière.* Le mouvement des roues de son chariot était si —..., FÉN. *Tél.* 5. Un train — (de chemin de fer), et, *substantivt*, Un —, train de grande vitesse. La marche — du temps. Dans ces rapides moments d'où dépendent les victoires, BOSS. *Condé.*

III. Qui agit avec une extrême vitesse. Prompt et dans l'exécution, FÉN. *Tél.* 17. — conquérant, BOSS. *Hist. univ.* I, 10. Une marche —. Un vol —. | Les aquilons fougueux fondent d'un vol —, VOLT. *Henr.* 8. | Une conception —. Un style si — et qui court en rimant, BOIL. *Art p.* 1. Moments trop rigoureux, Que vous paraissez lents à mes rapides vœux! RAC. *Bér.* IV, 1. Le progrès du mal a été —.

RAPIDEMENT [rà-pïd'-man ; *en vers*, -pi-de-...] *adv.*

[ÉTYM. Composé de rapide et ment, § 724. || 1611. COTGR.]

|| D'une manière rapide.

RAPIDITÉ [rà-pi-di-té] *s. f.*

[ÉTYM. Emprunté du lat. **rapiditas**, *m. s.* || 1611. COTGR.]

|| Caractère de ce qui est rapide. La — du courant, de la pente. La — d'un torrent, BOSS. *Bonté et rigueur de Dieu*, 2. Il faut marcher, il faut courir, telle est la — des années, ID. *Motifs de la foi du chrétien*, 2. Se soustraire à leur poursuite (des chiens) par la — de sa première course et par ses détours multipliés, BUFF. *Chevreuil.* || *Fig.* Le voyez-vous... le conquérant, avec quelle — il s'élève de l'occident comme par bonds et ne touche pas à terre? BOSS. *Condé.* | La — de la conception, de l'exécution. La — du style.

RAPIÉÇAGE [rà-pyé-sàj] *s. m.*

[ÉTYM. Dérivé de rapiécer, § 78. || *Néolog.* Admis ACAD. 1878.]

|| Action de rapiécer. (*Cf.* rapiécetage.)

RAPIÉCER [rà-pyé-sé] *v. tr.*

[ÉTYM. Composé avec re, à et pièce, §§ 65, 194 et 196. || XIV° s. On ne le scet refaire Rapiecier ne remettre ensemble, FROISS. *Dit du florin.*]

|| Raccommoder en mettant des pièces. — des vêtements, du linge.

RAPIÉCETAGE [rà-pyès'-tàj'; *en vers*, -pyè-se-...] *s. m.*

[ÉTYM. Dérivé de rapiéceter, § 78. || 1694. ACAD.]

|| *Vieilli.* Action de rapiéceter.

RAPIÉCETER [rà-pyès'-té ; *en vers*, -pyè-se-té] *v. tr.*

[ÉTYM. Composé avec re, à et piécette, §§ 65, 194 et 196. || 1624. Raillons rapiecetez, dans DELB. *Rec.*]

|| *Vieilli.* Raccommoder en mettant de petites pièces. Des chaussures rapiécetées.

RAPIÈRE [rà-pyèr] *s. f.*

[ÉTYM. Origine incertaine. Le mot s'est d'abord employé comme adj. qualificatif d'épée, § 38. || 1474. Espee rapiere, dans DU C. rapperia.]

|| Ancienne épée longue, affilée, à garde en forme de coquille percée de trous où pouvait s'engager l'épée de l'adversaire. J'ai des archers de nuit vu briller les rapières, V. HUGO, *Marion Delorme*, II, 4.

RAPIN [rà-pin] *s. m.*

[ÉTYM. Origine inconnue. || *Néolog.* Admis ACAD. 1878.]

|| *Famil.* Apprenti peintre. || *P. ext.* Peintre sans talent.

RAPINE [rà-pin'] *s. f.*

[ÉTYM. Emprunté du lat. **rapina**, *m. s.* (*Cf.* ravin et l'anc. franç. ravine, de formation pop.) || XII° s. Ki ne tenuit mies a rapine, *Serm. de St Bern.* p. 150.]

|| Action de ravir, d'enlever de force. Les Germains, comme eux, deviendront Gens de —, LA F. *Fab.* XI, 7. Son penchant (du loup) pour la — et la destruction, BUFF. *Chien.* Que de mains souillées de crimes et de rapines, MASS. *Paraphr. du ps. 23.* Vivre de rapines.

RAPINER [rà-pi-né] *v. tr.*

[ÉTYM. Dérivé de rapine, § 266. || 1507. ÉLOI D'AMERVAL, *Deablerie*, f° E vj, v°.]

|| Ravir, enlever de force. || *P. ext.* Faire des concussions.

RAPPAREILLER [rà-pà-rò-yé] *v. tr.*

[ÉTYM. Composé de re et appareiller 2, §§ 192 et 196. || 1690. FURET. Admis ACAD. 1835.]

|| Compléter en rassortissant des pièces qui manquent. — des boutons, des flacons, des vases. — des chevaux.

RAPPARIER [rà-pà-ryé ; *en vers*, -ri-é] *v. tr.*

[ÉTYM. Composé de re et apparier, §§ 192 et 194. || 1690. FURET. Admis ACAD. 1835.]

|| Compléter une pièce en retrouvant une pièce pareille à celle qui manque.

RAPPEL [rà-pèl] *s. m.*

[ÉTYM. Subst. verbal de rappeler, § 52. || 1260. A toz jors mais sans rapea, *Charte du Poitou*, dans GODEF.]

|| Action d'appeler (qqn) pour le faire revenir. Le — d'un ambassadeur, d'un général. Le — d'un banni. Lettres de —, lettres du souverain rappelant un proscrit. | *Fig.* Si les pensées, les livres et leurs auteurs dépendaient des riches,... quelle proscription! Il n'y aurait plus de —, LA BR. 6. || *Spéciallt.* (T. milit.) Battre le —, faire sur le tambour la batterie qui rassemble les soldats, et, *fig.* réunir toutes les ressources disponibles. | *P. ext.* — au règlement, à la question, action d'inviter qqn à ne plus s'écarter du règlement, de la question. — à l'ordre, réprimande pour faire rentrer dans l'ordre un orateur qui a manqué aux convenances parlementaires. || *P. ext.* En parlant des choses. — de médaille, dans une exposition, action de rappeler la médaille obtenue par un exposant, qui empêche de lui décerner la même récompense. — de succession, disposition testamentaire qui appelle à une succession des personnes qui n'y avaient pas droit. — de compte, invitation à acquitter ou à toucher le surplus d'un paiement reconnu incomplet. — de lumière, dans un tableau, accent lumineux distribué de manière à faire ressortir les figures principales.

RAPPELER [ràp'-lé ; *en vers*, rà-pe-lé] *v. tr.*

[ÉTYM. Composé de re et appeler, §§ 192 et 196. || XI° s. Ki ques rapelt, ja n'en returnerunt, *Roland*, 1912.]

I. Faire revenir qqn.

|| **1°** Appeler de nouveau, à plusieurs reprises.

|| **2°** Appeler pour faire revenir. — un acteur, le faire revenir sur la scène pour l'applaudir de nouveau. Qu'on rappelle mon fils, qu'il vienne se défendre, RAC. *Phèd.* V, 5. Craignez que je ne vous rappelle, ID. *Andr.* IV, 3. Tous deux de l'exil rappelés par moi-même, ID. *Brit.* III, 3. — un général, un ambassadeur. Du tombeau, quand tu veux, tu sais nous —, RAC. *Ath.* III, 7. Le peuple vous rappelle au rang de vos aïeux, VOLT. *Mér.* II, 4. || *Absolt.* Battre le rappel, ou sonner le clairon pour rassembler des soldats. | *P. anal.* La femelle a un cri... qui ne lui sert que pour — son mâle, BUFF. *Caille.* || *P. ext.* Dieu l'a rappelé à lui. — à la vie, faire revenir d'un évanouissement. Ismène toute en pleurs La rappelle à la vie, RAC. *Phèd.* V, 6. || *Fig.* Inviter à revenir à une manière d'être. — qqn à son devoir. — qqn à la question, au règlement, l'inviter à ne plus s'écarter. — qqn à l'ordre, réprimander, pour le faire rentrer dans l'ordre, un orateur qui a manqué aux convenances parlementaires.

|| **3°** En parlant d'une chose, obliger qqn à revenir. Le soin de tes sujets te rappelle à Versailles, BOIL. *Ép.* 8. Ses affaires le rappellent à Paris.

II. Faire revenir qqch.

|| **1°** Faire revenir un état, une manière d'être qui n'était plus. Rappelant votre force première, RAC. *Phèd.* I, 3. Rappelez cette vertu sublime, CORN. *Cinna*, IV, 5. Rappelle tous tes sens, MOL. *Amph.* II, 1. Rappelez tout votre courage, FÉN. *Tél.* 7. Rappelle en sa faveur tes antiques bontés, RAC. *Ath.* III, 7.

|| **2°** Faire revenir dans la mémoire. — à qqn ce qu'il a dit, ce qu'il a fait. Je vous rappelle que vous devez venir demain. — à qqn sa promesse. Il rappelle en lui-même... les sages conseils de Mentor, FÉN. *Tél.* 16. Se — un fait, une date. Je vous ai vu,... mais je ne puis me — si c'est en Égypte ou à Tyr, FÉN. *Tél.* 8. Je me rappelle l'avoir rencontré. Rappelez-vous qu'il se trouvait ici. Se — au souvenir de qqn.

‖ **3°** *P. ext.* Faire revenir la pensée de qqch. Il me rappelle Égisthe, VOLT. *Mér.* II, 2. Un paysage qui rappelle la campagne romaine.

RAPPORT [rà-pòr] *s. m.*

[ÉTYM. Subst. verbal de rapporter, § 52. ‖ XIIIᵉ s. Des rapors qui doivent estre fet coustume entre enfans qui reviennent a partie, BEAUMAN. XXX, 87.]

I. Action de rapporter.

‖ **1°** *Rare.* Action de rapporter qqch. Terres de —, prises dans un lieu et portées dans un autre. ‖ *Spéciall.* (Droit.) Action de rapporter ce qu'on avait reçu par avance, qui doit faire compte au partage. Le rapport n'est dû que par le cohéritier à son cohéritier, *Code civil*, art. 857. ‖ *P. ext.* Renvoi de l'estomac. Avoir des rapports.

‖ **2°** *Fig.* Action d'apporter un profit. Terres d'excellent —. Des arbres en plein —. Une maison de —.

‖ **3°** Action de rapporter à qqn ce qu'on a vu, entendu, etc. On nous faisait, Arbate, un fidèle —, RAC. *Mithr.* I, 1. Au — de cet historien, selon ce qu'il rapporte. | *Fig.* Les sens tromperont Tant que sur leur — les hommes jugeront, LA F. *Fab.* VII, 18. On noircit par d'infâmes rapports et on écarte de lui tout ce qui pourrait ouvrir les yeux, FÉN. *Tél.* 24. Le — d'un officier de police. Le — qu'un chef de poste envoie à la place sur ce qui s'est passé pendant sa garde. Aller au —. | Faire un — sur une pétition, sur un projet de loi. | Juger sur le — des experts.

II. Lien par lequel une chose, une personne est rattachée à une autre par qq trait commun.

‖ **1°** Ce que l'esprit conçoit de commun entre deux choses. Le — qu'ont ensemble les livres des deux Testaments, BOSS. *Hist. univ.* II, 27. Il doit y avoir un — exact entre l'ensemble et les détails d'un édifice. Le style n'est pas en — avec le sujet. Sa dépense est en — avec son revenu. N'ayant ni parties ni bornes, Il (Dieu) n'a nul — à nous, PASC. *Pens.* X, 1. L'amour dans les cœurs N'est pas toujours produit par un — d'humeurs, MOL. *Mis.* IV, 1. Les lois... sont les rapports nécessaires qui dérivent de la nature des choses, MONTESQ. *Espr. des lois*, I, 1. *Spéciall.* Pièces de —, pièces de formes, de couleurs diverses formant une mosaïque. ‖ *Loc. prépos.* Par —. à. Juger du travail d'autrui seulement par — à celui qui nous occupe, LA BR. 12. Ces attributs conviennent au tout par — à chacune de ses deux parties, BOSS. *Hist. univ.* II, 19. Nous ne pouvons rien aimer que par — à nous, LA ROCHEF. *Max.* 81. La terre est très petite par — au soleil.

‖ **2°** (Mathém.) Résultat de la comparaison de deux quantités. — par différence ou — arithmétique. — géométrique ou — par quotient. On appelle proportion l'égalité de deux rapports.

‖ **3°** Commerce entre des personnes. Mettre une personne en — avec une autre. Rompre tout — avec qqn. Avoir avec qqn de bons, de mauvais rapports. Les rapports de la France avec l'Angleterre. | *Absolt.* Commerce intime. Elle a eu des rapports avec lui.

RAPPORTABLE [rà-pòr-tàbl'] *adj.*

[ÉTYM. Dérivé de rapporter, § 93. ‖ Admis ACAD. 1762.]

‖ (T. didact.) Qui doit, qui peut être rapporté. *Spéciall.* (Droit.) Qui doit être rapporté à la succession.

RAPPORTER [rà-pòr-té] *v. tr.*

[ÉTYM. Composé de re et apporter, §§ 192 et 196. ‖ XIIIᵉ s. La vieille prent Tybert son cousin a rouver Que le cuer l'en raporte, ADENET, *Berte*, 544.]

I. *Au propre.* ‖ **1°** Apporter de nouveau. — un plat qu'on avait enlevé. — un vêtement qui a été retouché. ‖ *Fig.* Il vous rapporte un cœur qu'il n'a pu vous ôter, RAC. *Andr.* II, 1.

‖ **2°** Apporter, pour le rendre, ce qu'on a pris, reçu. — à qqn ce qu'il a prêté. — un livre qu'on a emprunté. ‖ *Fig.* Je suis... comme rapporté et rendu à moi-même (quand je me souviens), FÉN. *Exist. de Dieu*, I, 2. ‖ *Spéciall.* (Droit.) — à la succession, remettre à la masse ce qu'on a reçu comme avance d'hoirie. Fig. Mieux il est partagé, plus il est obligé de —, BOURD. *Pensées, État religieux*, 7. ‖ *P. ext.* Apporter ce qui manque. Des terres rapportées. — une bordure à une tapisserie. Des pièces rapportées.

‖ **3°** Apporter en revenant. Les objets rares qu'il a rapportés de ses voyages. Il rapporta treize cent trente-six nouvelles espèces de plantes, VOLT. *S. de L.* XIV, *Écrivains*, *Tournefort*. ‖ *P. anal.* Un chien qui rapporte le gibier, et, *ellipt*, Un chien qui rapporte. ‖ *P. anal.* Il n'a rapporté de cette affaire que de la honte. Il a rapporté de cette expédition le grade de colonel. ‖ *P. ext.* Les profits que lui a rapportés cette

entreprise. Cette terre rapporte beaucoup. Cette maison rapporte dix mille francs par an. Ce que rapporte la rente.

‖ **4°** *P. anal.* Venir redire, communiquer qqch. — à qqn ce qu'on dit de lui. Je n'ose vous le —, PASC. *Prov.* 6. Il rapporte les faits sans les juger, J.-J. ROUSS. *Ém.* 4. ‖ *Spéciall.* Redire en dénonçant. Il fut accusé de —, ST-SIM. VII, 333. | Sans vous — des exemples vulgaires, RAC. *Baj.* II, 1. Les textes qu'il rapporte dans son ouvrage. ‖ *Spéciall.* — une affaire, un projet de loi, en rendre compte.

II. ‖ **1°** Rattacher (qqch) à son principe, à sa fin, au genre ou à l'espèce dont il fait partie. — tout à Dieu, chaque chose a sa fin. Tu as rapporté toute ta vertu à toi-même, et non aux dieux qui te l'avaient donnée, FÉN. *Tél.* 18. | — une plante à tel genre, à telle espèce. L'adjectif s'accorde en genre et en nombre avec le mot auquel il se rapporte. | *P. anal.* Cet article de ma lettre se rapporte à une lettre antérieure. Toute la morale se rapporte à Dieu. Si votre ramage Se rapporte à votre plumage..., LA F. *Fab.* I, 2. Un attelage... Qui bien souvent ne se rapporte en rien, LA F. *Contes, Calendrier*. *Absolt.* Ces deux fragments se rapportent.

‖ **2°** Se — à qqn de qqch, lui en remettre la décision, la direction. Je veux bien aussi me — à toi... de notre différend, MOL. *Av.* IV, 4. Rapportons-nous, dit-elle, à Raminagrobis, LA F. *Fab.* VII, 16. Ils convinrent de se — au jugement du peuple romain, BOSS. *Hist. univ.* III, 6. *Absolt.* S'en —, et, *vieilli*, Se —. Je pourrais décider, car ce droit m'appartient; Mais rapportons-nous-en, LA F. *Fab.* X, 1. *Ellipt.* Je m'en rapporte, j'accepte la décision. Que l'autre usage ait la raison pour soi, Je m'en rapporte, LA F. *Contes, Purgatoire*.

III. *Fig.* (Droit.) Révoquer. — une loi, un décret.

RAPPORTEUR, EUSE [rà-pòr-tëùr, -tëùz'] *s. m.* et *f.*

[ÉTYM. Dérivé de rapporter, § 112. ‖ XIIIᵉ-XIVᵉ s. Moult de flateurs et de rapporteux de mal, H. DE GAUCHY, *Gouv. des princes*, dans GODEF.]

I. Celui, celle qui rapporte.

‖ **1°** Celui, celle qui dénonce qqn en rapportant ce qu'il a dit ou fait. C'est un —, une rapporteuse.

‖ **2°** *S. m.* Celui qui rend compte d'un procès d'un projet de loi. Aborder après un clerc de —, BOIL. *Lutr.* 3.

II. *S. m.* (Technol.) Demi-cercle gradué qui sert à rapporter sur le papier des angles mesurés sur le terrain, ou à mesurer les angles tracés sur le papier.

RAPPRENDRE [rà-prăndr'] *v. tr.*

[ÉTYM. Composé de re et apprendre, §§ 192 et 196. ‖ 1611. COTGR. Admis ACAD. 1798.]

‖ Apprendre de nouveau. Il faut presque toujours qu'ils rapprennent, étant grands, les choses dont ils ont appris les mots dans l'enfance, J.-J. ROUSS. *Ém.* 2.

RAPPROCHEMENT [rà-pròch'-man ; *en vers*, -pròche-...] *s. m.*

[ÉTYM. Dérivé de rapprocher, § 145. ‖ XVIIIᵉ s. V. à l'article. Admis ACAD. 1762.]

‖ Action de rapprocher, résultat de cette action. | 1. *Au propre.* Le — des lèvres d'une plaie. | 2. *Fig.* Le — de deux termes dans une comparaison. Ce — est aussi juste que bien vu, D'ALEMB. *Éloges, Fléchier*, note 5. | *Spéciall.* — entre personnes désunies, divisées, tentative de réconciliation. Opérer un — entre les deux époux.

RAPPROCHER [rà-prò-ché] *v. tr.* et *intr.*

[ÉTYM. Composé de re et approcher, §§ 192 et 196. ‖ XVIᵉ s. Les choses visibles plus rapprochantes de la perfection, MARG. DE VALOIS, *Heptam.* 19. Admis ACAD. 1740.]

I. *V. tr.* ‖ **1°** Placer plus près. — une chaise de la table. Ses ais demi-pourris, que l'âge a relâchés, Sont, à coups de maillet, unis et rapprochés, BOIL. *Lutr.* 3. — les lèvres d'une plaie. Se — de qqn. | *P. ext.* Le bruit de la fusillade se rapprochait. ‖ *P. anal.* Faire paraître plus proche. Les chemins de fer ont rapproché les distances (en permettant de les parcourir plus vite). *Fig.* L'amour rapproche les distances, fait disparaître les inégalités de condition. Le télescope rapproche les objets, et, *absolt*, Cette lunette rapproche beaucoup. ‖ *Fig.* Leurs goûts, leurs études, les rapprochent l'un de l'autre. Se — de qqn (par son caractère, sa manière d'être, sa conduite). Une bassesse qui, loin de nous — des héros, nous confond avec les bêtes, MASS. *Enfant prodigue.* | — deux personnes que des divisions avaient séparées. — deux partis. Les relations commerciales avaient rapproché ces deux peuples. Leur malheur commun les avait rapprochés. | — deux termes. Tous ces traits rapprochés forment le tableau qui peint ce ministère (de Richelieu), VOLT. *Mœurs*, 176. —

deux passages d'un texte pour les expliquer l'un par l'autre. Votre âge se rapproche du sien.

|| **2°** *Vieilli.* — qqn, se rapprocher de lui. Il y en eut qui ne la rapprochèrent plus, ST-SIM. IX, 273. | *Spéciall.* (Vénerie.) Les chiens rapprochent le cerf, et, *substantivt*, Un beau —.

II. *Vieilli. V. intr.* — de qqn, de qqch, s'en rapprocher. Empêcher Qu'un si fidèle amant n'en puisse —, CORN. *Gal. du Palais*, IV, 1. *Spéciall.* (Marine.) Navire qui rapproche du vent, qui diminue son angle avec la direction du vent.

RAPSODE et **RHAPSODE** [răp'-sòd'] *s. m.*
[ÉTYM. Emprunté du grec ῥαψῳδός, *m. s.* proprt, « celui qui coud ensemble des chants ». || 1554. Le rhapsode recollecteur, B. ANEAU, *Tresor de Evonime*, dans DELB. *Rec.* Admis ACAD. 1798.]
|| (Antiq. grecque.) Récitateur de morceaux de poésie épique.

*RAPSODER, *RHAPSODER [răp'-sò-dé] et *RAPSODIER, *RHAPSODIER [...-dyé; *en vers*, -di-é] *v. tr.*
[ÉTYM. Dérivé de rapsode, rapsodie, § 266. || XVI° s. Rapsodier une milliace de... sornettes, PARÉ, XIX, 33.]
|| *Vieilli.* Recoudre, raccommoder. | *Fig.* Quand on gâte ses affaires, on passe le reste de sa vie à les rapsoder, SÉV. 177. Anciens auteurs corrigés, apostillés ou rapsodiés, FURET. *Rom. bourg.* II, 107.

RAPSODIE et **RHAPSODIE** [răp'-sò-di] *s. f.*
[ÉTYM. Emprunté du grec ῥαψῳδία, *m. s.* || 1611. COTGR.]
|| **1°** (Antiq. grecque.) Déclamation de rapsode.
|| **2°** *Fig.* Œuvre faite de pièces mal recousues. Cette méchante — de l'École des femmes, MOL. *Crit. de l'Éc. des f.* sc. 3.

RAPSODISTE et **RHAPSODISTE** [răp'-sò-dĭst'] *s. m.* et *f.*
[ÉTYM. Dérivé de rapsodie, § 265. || Admis ACAD. 1762.]
|| Auteur de rapsodies.

RAPT [răpt'] *s. m.*
[ÉTYM. Emprunté du lat. raptus, *m. s.* || XIII° s. On apele rat feme efforcier, BEAUMAN. XXX, 95.]
|| (Droit.) Enlèvement par séduction ou par violence. Faire un — de sa fille, LA F. *Ragotin*, V, 12. Le — et le divorce, RAC. *Brit.* III, 8.

RÂPURE [râ-pŭr] *s. f.*
[ÉTYM. Dérivé de râper, § 111. || 1646. De la rapure de mesme bois, E. DE CLAVE, *Chimie*, dans DELB. *Rec.* Admis ACAD. 1762.]
|| Ce qu'on enlève en râpant.

*RAQUE [răk'] *s. f.*
[ÉTYM. Emprunté du holland. rak, *m. s.* § 10. || 1382. Une raque, une coupple de haubens, *Comptes du clos des galees de Rouen*, dans DELB. *Rec.*]
|| (Marine.) Boule percée servant à faire un racage.

RAQUETTIER [răk'-tyé; *en vers*, rà-ke-...] *s. m.*
[ÉTYM. Dérivé de raquette, §§ 65 et 115. ACAD. a écrit raquettier (1694, 1835) et raquétier (1762). || 1597. Vergetier, raquettier, brossier, *Édit*, dans LITTRÉ.]
|| Fabricant, marchand de raquettes.

RAQUETTE [rà-kĕt'] *s. f.*
[ÉTYM. Emprunté de l'arabe rahat, paume de la main, § 22. Le sens **II**, **1°** vient peut-être de l'ital. racchetta, qui a d'ailleurs la même origine que raquette au sens **I**. || 1314. La rachete de la main, *Chirurg. de Mondeville*, 271, Bos. | (Au sens **II**, **1°**.) XVI° s. Les chordes de raquettes, RAB. I, 58.]
I. *Anciennt.* Paume de la main, plante du pied. (*Cf.* rassette.)
II. *P. anal.* || **1°** Palette à réseau de cordes à boyau, pour envoyer la balle au jeu de paume, le volant au jeu du volant. *Loc. prov.* C'est une belle affaire qui m'est venue sur la —, qui s'est présentée pour ainsi dire d'elle-même.
|| **2°** Large semelle pour marcher dans la neige.
|| **3°** Nom vulgaire du nopal, dit aussi semelle du pape.

RARE [râr] *adj.*
[ÉTYM. Emprunté du lat. rarus, *m. s.* On trouve qqs traces en anc. franç. de la forme pop. rer, rere. (*Cf.* rarement.) || 1539. R. EST.]
I. Qui est en très petit nombre. Les gens d'esprit sont rares. Les rares survivants de cette catastrophe. Rien n'est plus commun que ce nom (d'ami), Rien n'est plus — que la chose, LA F. *Fab.* IV, 17. Un livre —. Après l'esprit de dis-

cernement, ce qu'il y a au monde de plus —, ce sont les diamants et les perles, LA BR. 12. || *P. anal.* Très peu fréquent. Vos visites sont de plus en plus rares. Vous devenez —. Mme de Saint-Simon avec qui même il (Lauzun) fut — dans les premiers temps, ST-SIM. I, 324. Qu'il est — de trouver cette pureté! BOSS. *Marie-Thérèse.*
II. *P. ext.* Qui n'est pas commun. — et fameux esprit, BOIL. *Sat.* 2. Qu'ont-ils voulu, ces hommes rares? BOSS. *Condé.* Votre — valeur a bien rempli ma place, CORN. *Cid*, I, 3. Un homme d'un — mérite. | *En mauvaise part.* Un ouvrage moral qui est — par le ridicule, LA BR. 1. La pièce est riche et —, MOL. *Dép. am.* IV, 4. || (Physique.) Qui n'est pas dense, dont les molécules sont dilatées. La rate est de substance molle, — et spongieuse, PARÉ, I, 20. Il n'y a pas moyen de concevoir autrement un corps —, DESC. *Monde*, 4. | *P. anal.* Une chevelure —, clairsemée.

RARÉFACTIF, IVE [rà-ré-făk'-tĭf', -tĭv'] *adj.*
[ÉTYM. Emprunté du lat. scolast. rarefactivus, *m. s.* §§ 217 et 257. || XVI° s. PARÉ, VI, 22. Admis ACAD. 1762.]
|| *Vieilli.* (T. didact.) Qui raréfie. (*Cf.* raréfiant.)

RARÉFACTION [rà-ré-făk'-syon; *en vers*, -si-on] *s. f.*
[ÉTYM. Emprunté du lat. scolast. rarefactio, *m. s.* § 217. || XIV° s. ORESME, dans MEUNIER, *Essai sur Oresme.*]
|| (T. didact.) Action de raréfier; résultat de cette action. La — de l'air sur les hautes montagnes.

RARÉFIABLE [rà-ré-fyàbl'; *en vers*, -fi-àbl'] *adj.*
[ÉTYM. Dérivé de raréfier, § 242. || *Néolog.* Admis ACAD. 1878.]
|| (T. didact.) Qui peut se raréfier.

RARÉFIANT, ANTE [rà-ré-fyan, -fyànt'; *en vers*, -fi-...] *adj.*
[ÉTYM. Adj. particip. de raréfier, § 47. || Admis ACAD. 1798.]
|| (T. didact.) Qui raréfie. (*Cf.* raréfactif.)

RARÉFIER [rà-ré-fyé; *en vers*, -fi-é] *v. tr.*
[ÉTYM. Emprunté du lat. scolast. rarefieri, devenir rare, §§ 217 et 274. || XIV° s. Matiere rarefiee, ORESME, dans MEUNIER, *Essai sur Oresme.*]
|| Rendre moins dense en dilatant les molécules. (Se dit surtout des corps gazeux.) L'air de la ventouse qui était raréfié, PASC. *Pesanteur de l'air*, 2. || *P. ext.* En parlant des liquides. Si l'eau était un peu plus raréfiée, FÉN. *Exist. de Dieu*, I, 2. Ces gouttes (de sang) se raréfient et se dilatent, DESC. *Méth.* 5.

RAREMENT [râr-man; *en vers*, rá-re-...] *adv.*
[ÉTYM. Composé de rare et ment, § 724. || XII° s. Maintes gent se deplaignent... de ceu k'il rerement sentent ceste deleitaule affection, *Serm. de St Bern.* p. 155.]
|| D'une manière rare, très peu fréquente. Qui veut mourir ou vaincre est vaincu —, CORN. *Hor.* II, 1.

RARETÉ [râr-té; *en vers*, rá-re-té] *s. f.*
[ÉTYM. Dérivé de rare, d'après le lat. raritas, *m. s.* § 122. Rarité est fréquent au XVI° s. et encore dans D'AUB. *Préf. des petites œuvres mêlées.* || XV° s. La grande rareté de vivres, J. MOLINET, dans GODEF. *Compl.*]
|| **1°** État de ce qui est rare, peu commun. La — de l'or. Je veux bien t'écouter pour la — du fait, MOL. *Princ. d'Él.* interm. IV, 2. *Vieilli.* On l'allait voir par —, LA F. *Contes, Matr. d'Éphèse.* || *P. ext.* Objet rare. Je suis ravi de te voir, tu es une —, FÉN. *Dial. des morts*, 49. Il a rapporté des raretés de ses voyages. Fais-lui voir de ces lieux toutes les raretés, LA F. *Astrée*, II, 3.
|| **2°** État de ce qui n'est pas dense. Le froid et la — de l'air, DE SAUSSURE, *Voyage dans les Alpes*, VII, 342.

RARISSIME [rá-rĭs'-sim'] *adj.*
[ÉTYM. Superlatif de rare, § 589. || Admis ACAD. 1798.]
|| Très rare. Cette médaille est —.

1. RAS, RASE [rá, râz'] *adj.*
[ÉTYM. Emprunté du lat. rasus, part. de radere, raser. La formation pop. a donné au moyen âge, rés, écrit depuis rez et rais. (*V.* ces mots.) || 1429. Deux raz d'avoine, dans GODEF.]
|| Tondu de près.
|| **1°** En parlant du poil. Avoir les cheveux —. Une étoffe à poil —, et, *substantivt, au masc.* et *au fém.* Du —, de la rase, de la serge à poil ras. Elle était de — de Châlons, SCARR. *Virg. trav.* 4. Étoffes de laine, comme rases, frises et étamines, Mis DE VILLARS, *Lett. à Colbert*, 17 avril 1669.
|| *P. anal.* Un chien à poil —, dont le poil est très court.

‖ **2°** En parlant de ce qui porte le poil. Avoir la tête rase. Tondre — un cheval.

‖ **3°** *P. ext.* Dont la surface est unie. Être en rase campagne. Table rase, sur laquelle il n'y a rien de gravé. Mesure rase, dont le contenu ne dépasse pas les bords. Bâtiment —, navire qui n'a pas de mâts. — comme un ponton. ‖ *Substantivt, au masc.* Niveau où rien ne dépasse. Au — de terre. Verser à — de bord.

2. RAS. *V.* raz.

RASADE [rá-zàd'] *s. f.*
[ÉTYM. Dérivé de ras **1**, § 120. ‖ 1680. RICHEL.]
‖ Ce qui remplit un verre à ras de bord. Verser une —. Je la remplis (sa tasse) d'une — de vin pur, MARIV. *Pays. parv.* 2. Je m'en vais boire à vous —, LA F. *Ragotin*, II, 7.

***RASAGE** [rá-zàj'] *s. m.*
[ÉTYM. Dérivé de raser, § 78. ‖ *Néolog.*]
‖ Action de raser. — et coupe de barbe. Le — d'un cheval. ‖ Le — des draps, du velours.

RASANT, ANTE [rá-zan, -zànt'] *adj.*
[ÉTYM. Adj. particip. de raser, § 47. ‖ 1611. COTGR. Admis ACAD. 1762.]
‖ Qui est au ras d'une surface. Fortifications rasantes, qui ne dépassent pas le sol. Vol — des oiseaux, qui rase le sol. Tir —, horizontal.

***RASCETTE.** *V.* rassette.

RASEMENT [ráz-man ; *en vers*, rá-ze-...] *s. m.*
[ÉTYM. Dérivé de raser, § 145. ‖ 1539. R. EST. Admis ACAD. 1762.]
‖ **1°** *Vieilli.* Action de raser, de tondre.
‖ **2°** *P. anal.* Action de raser, d'abattre au ras de terre une place, un édifice.
‖ **3°** *P. ext.* Usure progressive des incisives, chez le cheval, le bœuf.

RASER [rá-zé] *v. tr.*
[ÉTYM. Du lat. pop. *rasạre, de rasum, supin de radere, *m. s.* devenu rasar, § 291, raser, § 295. (*Cf.* rader, raire.)]
I. Tondre ras. ‖ 1. Le poil. — la barbe, les cheveux. Moustache rasée. ‖ 2. Ce qui porte le poil. Se —. Se faire —. On lui a rasé la tête. Toujours rasé, bien disant, LA F. *Contes, Tableau.* Que son barbier l'ait mal rasé, PASC. *Pens.* III, 3. *Loc. prov.* Un barbier rase l'autre, les gens de même profession se soutiennent. ‖ *Fig. Famil.* — qqn, le fatiguer par de longs discours. ‖ *P. anal.* — le drap, le velours.
II. Abattre au ras du sol. — une maison, une citadelle. On a rasé les fortifications de la ville. — un navire, couper ses mâts. — une mesure, mettre le contenu juste au niveau des bords. (*Cf.* rader.) Quand elle est pleine (la mesure), il la rase lui-même, LA BR. *Théophr. Impudent.* ‖ *P. anal.* Se —, se mettre au ras du sol. Le tigre se rase dans les herbes. ‖ *Fig.* Un cheval rasé, dont les incisives ont subi une usure progressive qui marque l'âge.
III. Passer au ras d'une surface. — la muraille en marchant. Un navire qui rase le rivage. Le volume effroyable Lui rase le visage, BOIL. *Lutr.* 5. Les hirondelles rasent le sol. Elle semblait — les airs à la manière Que les dieux marchent dans Homère, LA F. *Poés.* 6, *Le songe.*

***RASETTE** [rá-zět'] *s. f.*
[ÉTYM. Semble dérivé de raser, § 133. ‖ 1690. FURET.]
‖ (Technol.) Fil de fer replié qui, appuyant plus ou moins sur la languette des jeux d'anche de l'orgue, rend le son plus aigu ou plus grave.

***RASEUR, EUSE** [rá-zeur, -zeuz'] *s. m. et f.*
[ÉTYM. Dérivé de raser, § 112. (*Cf.* radeur.) ‖ 1604. Ce raseur de citez, S. CERTON, *Odyssée*, dans DELB. *Rec.*]
‖ Celui, celle qui rase. Un — de chevaux, de mulets. ‖ Un — de drap, de velours. ‖ *Fig. Famil.* Celui, celle qui fatigue par de longs discours.

RASIBUS [rá-zi-bûs'] *adv.*
[ÉTYM. Dérivé de ras, lequel a été affublé plaisamment de la désinence de certains ablatifs pluriels latins, § 217. ‖ XIVᵉ-XVᵉ S. Pour avoir fait mon devoir Me veulent faire rasibus, EUST. DESCH. dans DELB. *Rec.*]
‖ *Trivial.* Au ras. Il a coupé à son chien tout — la queue et les oreilles. La balle lui a passé — du nez. *Fig.* Je lui coupe — la parole, DE MONCHESNAY, *Cause des femmes*, sc. du More.

RASOIR [rá-zwár] *s. m.*
[ÉTYM. Du lat. pop. *rasọrium, *m. s.* §§ 329 et 291.]
‖ Instrument d'acier à tranchant très fin, avec lequel on rase la barbe, les cheveux. Pierre, cuir à —, pour affi-

ler le tranchant. ‖ *Fig.* C'était marcher sur des charbons ardents, sur des rasoirs, que de traiter cette matière, SÉV. 909.

RASSADE [rá-sàd'] *s. f.*
[ÉTYM. Origine inconnue. ‖ 1614. Chargé de rassades, c'est à dire grains de verre que leur portent les François, YVES D'ÉVREUX, *Voy. au Brésil*, dans DELB. *Rec.* Admis ACAD. 1835.]
‖ (Commerce.) Perles de verre, d'émail, dont on fait des colliers, des bracelets, des glands, etc., surtout pour commercer avec les sauvages.

RASSASIANT, ANTE [rá-sà-zyan, -zyànt' ; *en vers*, -zi-...] *adj.*
[ÉTYM. Adj. particip. de rassasier, § 47. ‖ 1612. Fruicts... fort rassasians, dans GODEF. *Compl.*]
‖ Qui rassasie.

RASSASIEMENT [rá-sà-zi-man] *s. m.*
[ÉTYM. Dérivé de rassasier, § 145. ‖ XIVᵉ-XVᵉ S. CHR. DE PISAN, *Ch. V*, III, 71.]
‖ État d'une personne rassasiée. ‖ *Fig.* Le bienheureux — d'une âme affamée de la vue de Dieu, BOSS. *2ᵉ Instr. sur les passages*, 5.

RASSASIER [rá-sà-zyé ; *en vers*, -zi-é] *v. tr.*
[ÉTYM. Composé avec re et l'anc. franç. assasier (bas lat. assatiare, lat. class. satiare), *m. s.* §§ 192 et 196. ‖ XIIIᵉ S. Il les rassazia plenteïvement, *Psaut.* dans LITTRÉ.]
‖ Satisfaire pleinement la faim de (qqn). Cette nombreuse multitude enfin nourrie et rassasiée, BOURD. *1ᵉʳ Provid.* préamb. Le tigre,... quoique rassasié de chair, semble toujours altéré de sang, BUFF. *Tigre.* ‖ *Fig.* Satisfaire pleinement le désir de (qqn). Leurs cœurs sont rassasiés de la vérité et de la vertu, FÉN. *Tél.* 19. Quand mon âme, à soi-même rendue, Vient se — d'une si chère vue, RAC. *Phéd.* III, 5. Je ne pouvais — mes yeux du spectacle magnifique de cette grande ville, FÉN. *Tél.* 3. ‖ *P. ext.* Satisfaire jusqu'à satiété. Même beauté, tant soit exquise, Rassasie et soûle à la fin, LA F. *Contes, Pâté d'anguille.* ‖ *P. anal.* Rassasié d'années et de jours, BOSS. *Le Tellier.* Tout ce qu'on dit de trop est fade et rebutant ; L'esprit rassasié le rejette à l'instant, BOIL. *Art p.* 1. Rassasiés de trouble, VOLT. *Scythes*, I, 5.

RASSEMBLEMENT [rá-san-ble-man] *s. m.*
[ÉTYM. Dérivé de rassembler, § 145. ‖ 1426. Le rassemblement du comble de la tour, dans GODEF. Admis ACAD. 1798.]
‖ Action de rassembler. Le — des troupes. Se rendre au lieu du —. ‖ *P. ext.* Concours de gens rassemblés. Dissiper un —.

RASSEMBLER [rá-san-blé] *v. tr.*
[ÉTYM. Composé de re et assembler, §§ 192 et 196. ‖ XIVᵉ S. Grans compaignies de gens qui s'estoient rassemblés, *Récits d'un bourg. de Valenciennes*, dans DELB. *Rec.*]
‖ **1°** Assembler de nouveau. Eussiez-vous pensé, pendant qu'elle versait tant de larmes en ce lieu, qu'elle dût sitôt vous y — pour la pleurer elle-même? BOSS. *D. d'Orl.*
‖ **2°** Assembler en réunissant des personnes, des choses éparses. Troupes fugitives... Rassemblez-vous des bouts de l'univers, RAC. *Esth.* III, 9. — les débris de son armée. Les soldats sont rassemblés sur la place d'armes. Les Persans rassemblés marchaient à son secours, RAC. *Baj.* I, 1. Voir sept ou huit personnes se — sous un même toit, LA BR. 11. Travaillez à rappeler vos frères dispersés, à les —, BOURD. *Panég. St Pierre.* Et quel fâcheux démon, durant les nuits entières, Rassemble ici les chats de toutes les gouttières? BOIL. *Sat.* 6. Une collection où sont rassemblées les pièces les plus rares. ‖ *Fig.* Tout ce que peuvent faire... la naissance et la fortune... pour l'élévation d'une princesse, se trouve rassemblé, et puis anéanti dans la nôtre, BOSS. *D. d'Orl.* — en un corps de preuves tous les indices des changements physiques, BUFF. *Époq. de la nat.* préf. — ses idées. — ses forces.
‖ **3°** *P. ext. Spécialt.* — un cheval, le tenir dans la main et dans les jambes pour qu'il soit prêt à exécuter les mouvements qu'on lui demande.

RASSEOIR [rá-swár] *v. tr.*
[ÉTYM. Composé de re et asseoir, §§ 192 et 196. ‖ XIᵉ S. Quant li plons iert toz pris e rassises les ondes, *Voy. de Charl. à Jérus.* 572.]
I. Asseoir de nouveau. Il s'était levé pour partir, je l'ai fait —. Rasseyez-vous. Quand il fut rassis.
II. *Fig.* ‖ **1°** Faire reposer. L'eau de pluie lorsqu'on la laisse — en quelque vase, DESC. *Météor.* 7. *Au part. passé pris substantivt.* Eau-de-vie qui prend son rassis, qu'on laisse reposer après la distillation.

|| 2° Remettre dans son assiette. Tout commence à se — ici, DIDER. *Père de famille*, v, 7. Je vais prendre l'air pour me — un peu, MOL. *Tart.* II, 2. C'est ce qui doit — votre âme effarouchée, ID. *Mis.* II, 1. D'un esprit plus rassis, CORN. *Cid*, v, 5. De sens rassis. Vous vous souviendrez mieux, étant rassis, LA F. *Ragotin*, III, 7. || *Spécialt.* | 1. (Technol.) — un fer à cheval, le remettre en état. *Au part. passé pris substantivt.* Un rassis, fer qu'on a remis en état. | 2. Pain rassis, qu'on a laissé reposer après la cuisson et dont la mie est moins spongieuse. *Au part. passé pris substantivt.* Des rassis, gâteaux, débris rassis, que le pâtissier vend au rabais.

RASSÉRÈNEMENT [rà-sé-rĕn'-man ; en vers, -rò-ne-...] s. m.
[ÉTYM. Dérivé de rasséréner, §§ 65 et 145. || *Néolog.*]
|| Action de redevenir serein.

RASSÉRÉNER [rà-sé-ré-né] *v. tr.*
[ÉTYM. Composé avec re, à et serein, §§ 194 et 196. || XVIe s. Comme l'esté rasserenant le ciel, J. DU BELLAY, *Énéide*, 6.]
|| Ramener à la sérénité. Le ciel s'est rasséréné. || *Fig.* Son visage s'est rasséréné. Rassérénant son âme, LA F. *Contes, Richard Minutolo.*

RASSETTE [rà-sĕt'] s. f.
[ÉTYM. Autre forme de raquette, §§ 12 et 22. || 1561. La main... se divise en trois parties dont la première... s'appelle rascette, *Chirom. de Patrice Tricasse*, p. 4.]
|| (Chiromancie.) Partie de la paume de la main, près du poignet, où se trouvent les lignes transversales.

RASSIETTE [rà-syĕt'] s. f.
[ÉTYM. Tiré de rasseoir, d'après assiette, de asseoir. || XVIIe s. *V.* à l'article.]
|| *Vieilli.* (Droit.) Nouvelle assiette (de terre) pour reconstituer un bien dotal. Elle (la coutume de Bretagne) ordonne que l'on fasse une — en terre, SÉV. 1472.

RASSORTIMENT [rà-sòr-ti-man] *s. m.*
[ÉTYM. Dérivé de rassortir, § 145. || Admis ACAD. 1878.]
|| Action de rassortir ; résultat de cette action. Aller au —.

RASSORTIR [rà-sòr-tîr] *v. tr.*
[ÉTYM. Composé de re et assortir, §§ 192 et 196. || *Néolog.* Admis ACAD. 1878.]
|| Assortir de nouveau.

RASSOTER [rà-sò-té] *v. tr.*
[ÉTYM. Composé de re et assoter, §§ 192 et 196. || XIIe s. Laissons Karlon qui tous est rasotés, *Huon de Bordeaux*, dans DELB. *Rec.*]
|| Rendre sottement épris (de qqn ou de qqch). Votre nation... est toute rassotée de vos lits de justice, de vos parlements, VOLT. *Lett.* 22 juin 1763.

RASSURANT, ANTE [rà-su-ran, -rànt'] *adj.*
[ÉTYM. Adj. particip. de rassurer, § 47. || *Néolog.* Admis ACAD. 1835.]
|| Qui rassure. Nouvelles rassurantes.

RASSURER [rà-su-ré] *v. tr.*
[ÉTYM. Composé de re et assurer, §§ 192 et 196. || XIIIe s. Elle est rasseürée toute, BEAUMAN. *Jehan et Blonde*, 4442.]
|| 1° Remettre en assurance. Elle... rassurait tout le monde par sa fermeté, BOSS. *R. d'Angl.* Vous... Qui rassurâtes seul nos villes alarmées, RAC. *Ath.* I, 1. Sa beauté la rassure, ID. *Andr.* II, 5. Mon cœur tant soit peu se rassure, MOL. *Amph.* I, 2. || *P. anal.* le commerce, les capitaux, rendre confiance aux commerçants, aux capitalistes.
|| 2° Raffermir. Un homme qui semblait devoir — la fortune de la France, VOLT. *S. de L. XIV*, 18.

*RASTACOUÈRE et *RASTAQUOUÈRE [ràs'-tà-kwèr] s. m.*
[ÉTYM. Pour rastracouère, § 361, emprunté de l'espagn. d'Amérique rastracuero, proprt, « traîne-cuir », terme méprisant appliqué aux parvenus qui ont fait fortune dans le commerce des cuirs, § 13. || *Néolog.*]
|| Personnage exotique étalant un luxe et des titres suspects.

RAT, *RATE [rà, rằt'] s. m. et f.*
[ÉTYM. Origine incertaine ; les langues germaniques et les langues romanes possèdent le mot sous une forme analogue, et il est difficile de décider de quel côté est l'emprunt. || XIIe s. Une grosse rate, *Ysopet de Lyon*, 1297.]
I. Petit quadrupède de l'ordre des Rongeurs, à museau pointu, à pattes courtes, à longue queue, qui ronge et mange les grains, la paille, etc. Un gros — est plus méchant et presque aussi fort qu'un jeune chat, BUFF. *Rat.* Mort aux rats, préparation où entre de l'arsenic, pour détruire les rats, les souris. La mort aux rats, les souricières, N'étaient que jeux au prix de lui (un chat), LA F. *Fab.* III, 18. *Loc. prov.* A bon chat, bon —, à bonne attaque, bonne défense. Nid à rats, logement étroit, obscur.
II. *Fig.* || 1° — de cave, commis des aides, des contributions indirectes, qui visite les caves pour empêcher les fraudes, et, *p. ext.* bougie mince, enroulée sur elle-même, et dont on se sert pour descendre à la cave. — d'église, bedeau, sacristain, etc. | A l'opéra. Un —, élève de la classe de danse.
|| 2° Avoir un —, une fantaisie malencontreuse. Le contrat était prêt à signer lorsqu'il lui prend un —, LEGRAND, *Amour diable*, sc. 1. | *P. anal.* Une serrure qui a un —, dont le ressort ne joue pas, sans cause apparente. (*Cf.* rater.)
|| 3° Queue de —. | 1. Cordage court, plus gros d'un bout que de l'autre. | 2. Lime ronde de serrurier.
III. *P. anal.* — d'eau. | — araignée, musaraigne. | — des Alpes, de montagne, marmotte. — des champs, mulot. — de Madagascar, sorte de lémurien. — de Pharaon, d'Égypte, ichneumon. — du blé, hamster. — musqué, sorte de campagnol d'Amérique, etc., etc.

RATAFIA [rà-tà-fyà ; *en vers*, -fi-à] *s. m.*
[ÉTYM. Origine inconnue. (*Cf.* tafia.) || XVIIe s. *V.* à l'article. Admis ACAD. 1718.]
|| Liqueur composée d'eau-de-vie, de sucre et d'aromates ou de jus de fruits. Sirops exquis, ratafias vantés, BOIL. *Sat.* 10. — de brou de noix, de cerises, de fleurs d'oranger.

RATANHIA [rà-tà-nyà ; *en vers*, -ni-à] *s. m.*
[ÉTYM. Mot originaire du Pérou, § 30, affublé de la terminaison latine ia, § 224, passé en français par l'intermédiaire de l'espagn. § 13. || *Néolog.* Admis ACAD. 1878.]
|| (Botan.) Plante dont le rhizome est employé en médecine comme astringent.

RATATINER (SE) [rà-tà-ti-né] *v. pron.*
[ÉTYM. Origine inconnue ; le sens ne favorise pas un rapprochement avec l'anc. franç. tatin, coup. || 1611. Ratatiné, rattatiné, COTGR. ACAD. ne donne l'infin. qu'en 1762.]
|| Se rapetisser en se desséchant. Un parchemin qui s'est ratatiné. Une pomme ratatinée. Une vieille toute ratatinée.

RATATOUILLE [rà-tà-tõuy'] s. f.
[ÉTYM. Emprunté du provenç. moderne ratatoulho, *m. s.* d'origine inconnue, § 11. Le holland. ratjetoe vient du français. || *Néolog.*]
|| *Pop.* Ragoût peu appétissant.

1. RATE [rằt'] *s. f.*
[ÉTYM. Semble emprunté du moyen néerl. rate (auj. raat), rayon de miel, par analogie de forme, § 10. || XIIIe s. De deus roignons et d'une rate, *Renart*, XXIV, 228.]
|| Viscère spongieux gorgé de sang, situé dans l'hypocondre gauche, dont la fonction est mal connue, et jadis considéré comme le siège de l'atrabile ou bile noire. Obstruction de la —. *Fig.* Décharger sa —, dire ce qu'on a sur le cœur. Il faut qu'enfin j'éclate, Que je lève le masque et décharge ma —, MOL. *F. sav.* II, 7. La —, dont la chaleur et l'inflammation portent au cerveau... beaucoup de fuligines épaisses, ID. *Pourc.* I, 8. Épanouir, désopiler la —, faire rire. Tu épanouiras la — de tous mes sujets, VOLT. *Dial.* 27. *Famil.* Se fouler la —, se fatiguer à la besogne. Il ne s'est pas foulé la —. (*Cf.* dératé.)

2. *RATE [rằt']. V. rat.

RÂTEAU [rà-tó] *s. m.*
[ÉTYM. Pour rastel, § 422, du lat. rastĕllum, *m. s.* § 456.]
|| 1° Outil de jardinage, à dents de bois ou de fer, pour ratisser les allées, ramasser les feuilles tombées, le foin coupé, etc. | *P. plaisant. Fig.* Un — mal rangé pour ses dents paraissait, RÉGNIER, *Sat.* 10.
|| 2° *P. anal.* Instrument en forme de râteau sans dents, avec lequel on ramasse l'argent sur le tapis vert dans les maisons de jeu. Le — du croupier. | Outil de pêche pour gratter le sable et en retirer les poissons, les coquillages. | Garde d'une serrure. | Fourche à charger le charbon dans les fourneaux. | Racle horizontale placée transversalement sur la pierre, dans la presse lithographique. | Segment de roue dentée qu'une aiguille fait mouvoir pour avancer ou retarder une montre.

RÂTELÉE [rằt'-lé ; en vers, rà-te-lé] s. f.
[ÉTYM. Dérivé de râteau, §§ 64, 65 et 119. || XVe s. Quand

nostre homme eut tout au long conté sa ratelee, A. DE LA SALLE, *Cent Nouv. nouv.* 8.]

‖ Plein râteau. Une — de foin. ‖ *Fig.* Vieilli. Dire sa —, parler librement. Chacun y dit sa —, SCARR. *Virg. trav.* 2.

RÂTELER [rát'-lé; *en vers*, rá-te-lé] *v. tr.*

[ÉTYM. Dérivé de râteau, §§ 64, 65 et 154. ‖ XIII° s. Et puis après bien rasteler, *Renart*, XXII, 87.]

‖ Amasser, nettoyer avec le râteau.

RÂTELEUR, *RÂTELEUSE [rát'-leur, -leúz'; *en vers*, rá-te-...] *s. m.* et *f.*

[ÉTYM. Dérivé de râteler, § 112. ‖ Admis ACAD. 1694.]

‖ Celui, celle qu'on emploie à râteler.

*RÂTELEUX, EUSE** [rát'-leu, -leúz'; *en vers*, rá-te-...] *adj.*

[ÉTYM. Dérivé de ratelle, §§ 65 et 116. ‖ XVI° s. Le jus de choux... guarit les rateleux, A. MIZAULD, *Maison champêtre*, dans DELB. *Rec.* Admis ACAD. 1694; suppr. en 1835.]

‖ *Vieilli.* Sujet au mal de rate.

RÂTELIER [rá-te-lyé] *s. m.*

[ÉTYM. Dérivé de râteau, §§ 64, 65 et 115. ‖ 1549. Rasteller de chevaux, R. EST.]

I. Meuble d'écurie fixé au-dessus de la mangeoire, où le foin destiné aux bêtes est retenu par des barres de bois disposées comme les dents d'un râteau. Mettre du foin au —. ‖ *Fig.* Manger à deux râteliers, tirer profit de deux côtés différents.

II. *P. anal.* ‖ **1°** Sorte d'étagère où les soldats placent leurs fusils dans une caserne. Mettre son fusil au —. ‖ *Fig.* Remettre ses armes au —, quitter le métier des armes.

‖ **2°** Petite étagère destinée à recevoir des pipes.

‖ **3°** (Marine.) Planche munie de chevilles autour desquelles on tourne les manœuvres courantes.

‖ **4°** Tringle attachée au côté de l'établi du menuisier pour recevoir les outils à manche.

‖ **5°** Dans une corderie, traverse qui porte les cordages.

III. *Fig.* Les deux rangées de dents. Un beau —. | Se faire poser un — de fausses dents.

*RATELLE** [rà-tèl] *s. f.*

[ÉTYM. Dérivé de rate 1, § 125. ‖ XIV° s. La ratelle, *Somme M° Gautier*, mss franç. Bibl. nat. 1288, f° 14, v°.]

‖ *Anciennt.* Rate. ‖ *P. ext.* Mal de rate. (*Cf.* rateleux.) ‖ *Spécialt.* Maladie dangereuse des porcs, où la rate est gorgée de sang.

RATER [rà-té] *v. intr.* et *tr.*

[ÉTYM. Dérivé de rat au sens **II, 2°**, dont l'origine n'est pas élucidée, § 154. ‖ Admis ACAD. 1718.]

I. *V. intr.* En parlant d'une arme à feu, ne pas faire partir son coup. Le fusil a raté. | *Fig.* L'affaire a raté, a échoué.

II. *V. tr.* En parlant du tireur, ne pas atteindre (ce qu'il vise). Il a raté le lièvre. Il a raté son coup. Un coup raté, et, *ellipt*, *s. m.* Un raté. ‖ *Fig.* — une affaire. Une affaire ratée.

*RATIER, IÈRE** [rà-tyé, -tyèr] *adj.* et *s. f.*

[ÉTYM. Dérivé de rat, § 115. ‖ XII°-XIII° s. Car de ce n'iert ratiers ne chiens, *Cheval. as deus espees*, 21.]

I. *Adj.* ‖ **1°** Qui a rapport au rat. Un chien —, et, *substantivt*, Un —, un chien qui chasse les rats.

‖ **2°** Qui a des rats (caprices). Je la crois plus ratière que malicieuse, MARIV. *Surpr. de l'amour*, II, 5.

II. *S. f.* ‖ **1°** Piège à rats. Pris comme un rat dans une ratière, LES. *Gil Blas*, I, 3.

‖ **2°** *P. anal.* Métier de rubanier pour la ganse.

RATIÈRE [rà-tyèr]. *V.* ratier.

RATIFICATION [rà-ti-fi-kà-syon; *en vers*, -si-on] *s. f.*

[ÉTYM. Emprunté du bas lat. ratificatio, *m. s.* ‖ XV° s. Faisant ratification, CH. D'ORL. I. 119, d'Héric.]

‖ (T. didact.) Action de ratifier. ‖ Acte par lequel on ratifie.

RATIFIER [rà-ti-fyé; *en vers*, -fi-é] *v. tr.*

[ÉTYM. Emprunté du bas lat. ratificare, *m. s.* de ratum, confirmé, et facere, faire, § 274. ‖ 1297. Ratiffierent et approuverent, *Cartul. de N.-D. de Voisins*, dans DELB. *Rec.*]

‖ (T. didact.) Confirmer authentiquement. Je ratifie en tout le présent testament, REGNARD, *Légat. univ.* V, 8. — un traité. ‖ *Fig.* — la bonne opinion qu'on avait de vous, BALZ. *Lett.* V, 15.

RATINE [rà-tin'] *s. f.*

[ÉTYM. Origine inconnue. ‖ 1642. OUD.]

‖ (Technol.) Étoffe de laine croisée, à poils tirés en dehors et bouclés. — de Beauvais.

RATINER [rà-ti-né] *v. tr.*

[ÉTYM. Dérivé de ratine, § 154. ‖ Admis ACAD. 1798.]

‖ (Technol.) Manufacturer en ratine. — une étoffe.

*RATIOCINATION** [rà-syò-si-nà-syon; *en vers*, -si-ò-...-si-on] *s. f.*

[ÉTYM. Emprunté du lat. ratiocinatio, *m. s.* ‖ XVI° s. RAB. III, 31. Admis ACAD. 1694; suppr. en 1718.]

‖ *Vieilli.* (T. didact.) Action de ratiociner.

*RATIOCINER** [rà-syò-si-né; *en vers*, -si-ò-...] *v. intr.*

[ÉTYM. Emprunté du lat. ratiocinari, *m. s.* ‖ XVI° s. RAU. III, 4. Admis ACAD. 1694; suppr. en 1718.]

‖ *Vieilli.* (T. didact.) Faire des raisonnements. Puisque vous avez la faculté de —, MOL. *Mar. forcé*, SC. 4.

RATION [rà-syon; *en vers*, -si-on] *s. f.*

[ÉTYM. Emprunté du lat. ratio, compte, mesure. (*Cf.* le doublet raison, de formation pop.) ‖ 1376. Les droiz et rentes desdites racions, dans DU C. rationarius.]

‖ (T. milit.) Portion de vivres, de fourrages distribuée chaque jour aux troupes. Mettre à la — (quand on est à court), mesurer la quantité donnée à chacun.

RATIONAL [rà-syò-nàl; *en vers*, -si-ò-...] *s. m.*

[ÉTYM. Emprunté du lat. rationale, *m. s.* traduction du grec λόγιον ou λογεῖον, *m. s.* ‖ Admis ACAD. 1762.]

‖ (Antiq. juive.) Morceau d'étoffe carré que le grand prêtre des Hébreux porte sur la poitrine. Vous graverez ces deux mots sur le — du jugement : doctrine et vérité, SACI, *Bible, Exode*, XXVIII, 30.

RATIONALISME [rà-syò-nà-lism'; *en vers*, -si-ò-...] *s. m.*

[ÉTYM. Dérivé du lat. rationalis, rationnel, § 265. ‖ *Néolog.* Admis ACAD. 1878.]

‖ (T. didact.) Doctrine qui n'admet que l'autorité de la raison.

RATIONALISTE [rà-syò-nà-list'; *en vers*, -si-ò-...] *s. m.* et *f.*

[ÉTYM. Dérivé du lat. rationalis, rationnel, § 265. ‖ 1539. Les empyriques... ny les rationalistes, CL. GRUGET, *Leçons de P. Messie*, dans DELB. *Rec.* Admis ACAD. 1878.]

‖ (T. didact.) Celui, celle qui professe le rationalisme. *Adjectivt.* Doctrine —.

RATIONNEL, ELLE [rà-syò-nèl; *en vers*, -si-ò-...] *adj.*

[ÉTYM. Emprunté du lat. rationalis, *m. s.* § 503. ‖ XII° s. Parfiz est hum de anme rationel e de humaine carn, *Psaut. d'Oxf.* p. 258, Michel.]

‖ (T. didact.) ‖ **I.** Qui appartient à la raison.

‖ **1°** Fondé sur la raison. La méthode rationnelle, par opposition à la méthode expérimentale. Les vérités rationnelles. La mécanique rationnelle. Horizon — (idéal et non réel), grand cercle de la sphère dont le plan est perpendiculaire à la verticale du lieu.

‖ **2°** Conforme à la raison. Une déduction rationnelle. Un traitement —.

II. (Mathém.) Qui exprime un rapport défini. Quantité rationnelle, dont le rapport avec l'unité peut être exprimé par un nombre entier ou fractionnaire. Expression rationnelle, qui ne contient aucune racine à extraire.

*RATIONNELLEMENT** [rà-syò-nèl-man; *en vers*, -si-ò-nè-le-...] *adv.*

[ÉTYM. Composé de rationnelle et ment, § 724. ‖ *Néolog.*]

‖ (T. didact.) D'une manière rationnelle.

RATIONNEMENT [rà-syòn'-man; *en vers*, -si-ò-ne-...] *s. m.*

[ÉTYM. Dérivé de rationner, § 145. ‖ *Néolog.* Admis ACAD. 1878.]

‖ Action de rationner; résultat de cette action.

RATIONNER [rà-syò-né; *en vers*, -si-ò-né] *v. tr.*

[ÉTYM. Dérivé de ration, § 266. ‖ *Néolog.* Admis ACAD. 1878.]

‖ **1°** Distribuer par ration. — le pain, la viande.

‖ **2°** Mettre à la ration. — les passagers, la garnison.

RATISSAGE [rà-ti-sàj'] *s. m.*

[ÉTYM. Dérivé de ratisser, § 78. ‖ 1771. TRÉV. Admis ACAD. 1835.]

‖ Action de ratisser.

RATISSER [rà-ti-sé] *v. tr.*

[ÉTYM. Dérivé de l'anc. verbe rater, tiré de rature, §§ 36, 154 et 169. ‖ XVI° s. Ratisser et tabuster le cerveau, RAB. II, 12.]

‖ **1°** Racler légèrement. — des carottes. — une planche. *Famil.* Je t'en ratisse, refus moqueur qu'on fait en montrant un doigt qu'on fait semblant de ratisser.
‖ **2°** (Par confusion avec le mot râteau.) Passer au râteau. — les allées d'un jardin.

RATISSOIRE [rà-ti-swàr'] *s. f.*
[ÉTYM. Dérivé de ratisser, § 113. ‖ XVIᵉ s. PARÉ, XXIV, 23.]
‖ Instrument de jardinage pour ratisser, sarcler, etc.

RATISSURE [rà-ti-sûr] *s. f.*
[ÉTYM. Dérivé de ratisser, § 111. ‖ XVIᵉ s. PARÉ, XXIII, 47.]
‖ Ce qui tombe de ce qu'on ratisse. Ratissures de carottes.

1. RATON [rà-ton] *s. m.*
[ÉTYM. Dérivé de rat, § 104. ‖ XIIIᵉ s. Chaton Qui onques rate ne raton Veû n'avroit, J. DE MEUNG, *Rose*, 14243.]
‖ **1°** Petit rat. ‖ *Fig. Famil.* (T. de caresse.) Mon petit —.
. ‖ **2°** (Zoologie.) Petit quadrupède voisin du blaireau.

2. *RATON [rà-ton] *s. m.*
[ÉTYM. Origine inconnue. ‖ XIIIᵉ s. Des restons et des wastelès, GAUT. LE LONG, dans SCHELER, *Trouvères belges*, I, 240. Admis ACAD. 1694; suppr. en 1878.]
‖ *Dialect.* Petite pièce de pâtisserie garnie de crème. Des ratons tout chauds, REGNARD et DUFRESNY, *Foire St-Germ.* I, 1.

***RATTACHAGE** [rà-tà-chàj'] *s. m.*
[ÉTYM. Dérivé de rattacher, § 78. ‖ *Néolog.*]
‖ (Technol.) Action de rattacher.

RATTACHER [rà-tà-ché] *v. tr.*
[ÉTYM. Composé de re et attacher, §§ 192 et 196. ‖ XIIᵉ s. Et les enarmes ratachies, CHRÉTIEN DE TROYES, *Perceval*, 24390.]
‖ **1°** Attacher de nouveau (ce qui est détaché). — un chien. — sa jarretière. *Fig.* Un... intérêt qui pourrait le — à la vie, STAEL, *Delph.* 5. — ce vainqueur à ses derniers liens, CORN. *Perth.* v, 1.
‖ **2°** Attacher (ce qui était sans lien). Des agrafes de diamants rattachaient leurs manteaux, Mᵐᵉ DE GENLIS, *Veill. du chât.* II, p. 105. Son voile venait se — sur l'épaule. *Fig.* — une question à une autre, établir entre elles un lien.

RATTEINDRE [rà-tîndr'] *v. tr.*
[ÉTYM. Composé de re et atteindre, §§ 192 et 196. ‖ XIIᵉ s. Tot les rattaint li destriers sejorné, *Huon de Bordeaux*, dans DELB.. *Rec.*]
‖ *Rare.* ‖ **1°** Atteindre (qqn, qqch qui s'est échappé).
‖ **2°** Atteindre (qqn qui a de l'avance).

RATTRAPER [rà-trà-pé] *v. tr.*
[ÉTYM. Composé de re et attraper, §§ 192 et 196. ‖ XIIIᵉ s. Se on le povoit ratraper, ADENET, *Cléomadès*, 4618.]
‖ **1°** Attraper de nouveau (qqn, qqch qui s'est échappé). On a rattrapé le prisonnier. Gare à lui si je le rattrape. Se laisser — au piège. *Ellipt. Fig.* On ne m'y rattrapera pas, je ne m'y risquerai plus. J'espère — mon argent. On ne rattrape pas le temps perdu. ‖ *P. ext.* Se — (quand on s'est laissé glisser), se retenir. Se — à une branche.
‖ **2°** Atteindre (qqn qui a de l'avance). Sa servante Alison la rattrape et la suit, BOIL. *Lutr.* 2. ‖ *P. anal.* Et pour la — (la rime) le sens court après elle, BOIL. *Art p.* 1. ‖ *P. ext.* Se —, se remettre au courant.

RATURE [rà-tûr] *s. f.*
[ÉTYM. Du lat. pop. *raditûra, de radere, raser, gratter, devenu *rad'ture, §§ 336 et 291, rature, § 414.]
‖ Action d'enlever en grattant. *P. ext.* Ce qu'on enlève.
‖ **1°** (Technol.) ‖ 1. Ce que le potier enlève en tournant l'étain sur la roue. ‖ 2. Ce que le mégissier enlève du dessus des peaux dont il veut faire du parchemin. ‖ 3. Ce que l'essayeur enlève d'un lingot pour faire l'essai. Faire l'essai à la — ou à l'échoppe.
‖ **2°** *Spécialt.* Action d'enlever ce qui est écrit en le surchargeant à l'encre ou au crayon; résultat de cette action. Faire une — sur un mot. La page est chargée de ratures.

RATURER [rà-tu-ré] *v. tr.*
[ÉTYM. Dérivé de rature, § 154. ‖ 1611. Raturé, COTGR.]
‖ Enlever par une rature.
‖ **1°** (Technol.) Enlever le dessus des peaux pour faire le parchemin.
. ‖ **2°** Annuler ce qui est écrit en le surchargeant à l'encre ou au crayon. — un mot, une ligne. Un manuscrit très raturé.

RAUCITÉ [ró-si-té] *s. f.*

[ÉTYM. Emprunté du lat. raucitas, *m. s.* ‖ XVᵉ s. G. TARDIF, *Faulconnerie*, dans DELB. *Rec.* Admis ACAD. 1694.]
‖ (T. didact.) Son rauque de la voix. (*Cf.* enrouement.)

RAUQUE [rók'] *adj.*
[ÉTYM. Emprunté du lat. raucus, *m. s.* (*Cf.* enrouer.) ‖ 1406. Ma voix en est faicte rauque, dans DELB. *Rec.*]
‖ Qui a un son âpre, rude. Sa voix était —, tremblante et entrecoupée, FÉN. *Tél.* 6.

RAVAGE [rà-vàj'] *s. m.*
[ÉTYM. Dérivé de ravir, § 78. ‖ XIVᵉ s. Par maniere de pille et de ravage, BERSUIRE, dans LITTRÉ.]
I. *Anciennt.* Cours impétueux des eaux. Soudainement il tomba un grand — de pluyes, AMYOT, *Alcib.* 58. Elle (l'armée) fut accablée d'un... horrible — de neige, MONTAIGNE, I, 367. Que je trouve doux le — De ces fiers torrents vagabonds, THÉOPHILE, *OEuvres*, III, 199.
II. *P. ext.* ‖ **1°** Dégât causé par la violence des eaux. De même qu'une eau débordée ne fait pas partout les mêmes ravages, BOSS. *R. d'Angl.* ‖ *Fig.* La furie de votre sang qui vous a fait si souvent du —, SÉV. 939.
‖ **2°** Dégât causé par toute action violente. Le — des champs, le pillage des villes, CORN. *Cinna*, I, 3. Rien ne peut de leur temple empêcher le —, RAC. *Ath.* III, 3. Les ravages causés par la peste. Le choléra a fait de cruels ravages dans la ville. ‖ *Fig.* Son visage portait la trace du — des passions.

***RAVAGEANT, ANTE** [rà-và-jan, -jänt'] *adj.*
[ÉTYM. Adj. particip. de ravager, § 47. ‖ XVIIᵉ s. *V.* à l'article.]
‖ *Rare.* Qui porte le ravage. Cette vertu ravageante (du déluge), BOSS. *Élévat. Mystér.* XXII, 3.

RAVAGER [rà-và-jé] *v. tr.*
[ÉTYM. Dérivé de ravage, § 154. ‖ XVIᵉ s. Cleomenes se meit en fantaisie de l'aller ravager, AMYOT, *Agis et Cleom.* 53.]
‖ Détruire par le ravage. Les orages ont ravagé la campagne. Il aura passé comme un torrent pour — la terre, MASS. *Tentat. des grands.* Ils (les Goths) ravagèrent tout jusques le Danube, MONTESQ. *Rom.* 17. — le troupeau comme des loups dévorants, FÉN. *Tél.* 18. Pendant que le choléra ravageait l'Europe. ‖ Un visage ravagé par la petite vérole.

RAVAGEUR, *RAVAGEUSE [rà-và-jeur, -jeûz'] *s. m. et f.*
[ÉTYM. Dérivé de ravager, § 112. ‖ XVIᵉ s. Le ravageur sanglier, CL. GAUCHET, *Poés.* dans DELB. *Rec.* Admis ACAD. 1835.]
‖ **1°** Celui, celle qui détruit par le ravage. Les César et les Alexandre et tous ces autres ravageurs de provinces, BOSS. *1ᵉʳ Circoncis.* 1.
‖ **2°** *Pop.* Celui, celle qui fouille la vase, les ruisseaux, pour en retirer les objets de valeur, la ferraille, etc., entraînés par l'eau.

RAVALEMENT [rà-vàl-man ; en vers, -và-le-...] *s. m.*
[ÉTYM. Dérivé de ravaler, § 145. ‖ 1460. Trebucher en la fosse de ravalement douloureux, *Droits de la couronne de France*, dans DELB. *Rec.*]
‖ Action de ravaler.
I. ‖ **1°** *Vieilli.* Action de faire descendre. *Spécialt.* Abaissement d'une partie du pont inférieur d'un navire, pour certains aménagements.
‖ **2°** Action de diminuer en hauteur ou en épaisseur. ‖ 1. Diminution, recepage des souches coupées trop haut. ‖ 2. Enfoncement pratiqué dans un corps de maçonnerie ou de menuiserie. ‖ 3. Diminution de l'épaisseur d'une pièce de bois. ‖ *Spécialt.* — d'un mur, opération par laquelle on enlève l'enduit de la maçonnerie pour recrépir. ‖ *P. ext.* Simple grattage ou badigeonnage.
II. *Fig.* ‖ **1°** *Vieilli.* Action de rabaisser. Quel mal et préjudice il est advenu au monde du — de la puissance paternelle, CHARRON, *Sagesse*, I, 49.
‖ **2°** Action de déprécier. Le — du mérite d'autrui. ‖ *P. ext.* Action de se déprécier. Les vertus que le Ciel aime Par les ravalements trouvent l'art d'y monter, CORN. *Imit.* II, 10.

RAVALER [rà-và-lé] *v. tr.*
[ÉTYM. Composé de re et avaler, §§ 192 et 196. ‖ XIIᵉ s. Et jusques as rives ravale, CHRÉTIEN, *Du roi Guillaume*, 2298.]
I. ‖ **1°** *Vieilli.* Faire descendre. — son capuchon sur ses épaules. ‖ *Spécialt. De nos jours.* Faire descendre dans son gosier, avaler de nouveau. — sa salive. ‖ *Fig. Famil.* — ses paroles, faire rentrer les paroles qui allaient s'échapper.

|| **2°** Diminuer (qqch) en hauteur ou en épaisseur. | **1.** Diminuer, receper des souches coupées trop haut. Couper les branches jusqu'au talon. | **2.** Abaisser le sol après le labour. | **3.** Diminuer l'épaisseur d'une pièce de bois. | **4.** Creuser un corps de maçonnerie, de menuiserie, pour y pratiquer un enfoncement. || *Spéciall.* — un mur, enlever l'enduit de la maçonnerie pour recrépir. | *P. ext.* Gratter, badigeonner la surface.

II. *Fig.* || **1°** Rabaisser. La partie animale Dont l'appétit grossier aux bêtes nous ravale! MOL. *F. sav.* I, 1. Qu'à des pensers si bas mon âme se ravale, CORN. *Poly.* II, 1.

|| **2°** Déprécier. Un flot de vains auteurs vainement te ravale, BOIL. *Ép.* 7. Un choix qui semblait — son mérite, HAMILT. *Gram.* p. 313.

***RAVALEUR, EUSE** [rà-và-leûr, -leûz'] *s. m.* et *f.*
[ÉTYM. Dérivé de ravaler, § 112. || XVe s. Ravalleur de ses glorieux vieux jours, CHASTELL. *Chron.* III, 95, Buchon.]
|| Celui, celle qui ravale. *Spéciall.* Ouvrier maçon qui ravale les murs.

RAVAUDAGE [rà-vô-dâj'] *s. m.*
[ÉTYM. Dérivé de ravauder, § 78. || XVIe-XVIIe s. Ravaudage de folle doctrine, BEROALDE DE VERVILLE, dans DELB. *Rec.*]
|| Action de ravauder; résultat de cette action.
|| **1°** Action de rapiécer, de repriser de vieilles hardes. | *Spéciall.* Action de rapiécer, de repriser des bas. || *P. ext.* Ouvrage grossièrement fait. C'est du —.
|| **2°** *Fig.* | **1.** Œuvre faite de pièces. Comme si j'y avais fait (dans mon Longus) quelque petit —, P.-L. COURIER, *Lett.* II, 37. | **2.** Action de reprendre, de tourner et retourner une idée. La première page est un — de rien pour choisir un jour, SÉV. 279.

RAVAUDER [rà-vô-dé] *v. tr.*
[ÉTYM. Origine inconnue. || 1530. Qui n'a poynt d'habillemens nouveaux, fault qu'il ravaulde souvent ses vieulx, PALSGR. p. 655.]
I. *V. tr.* || **1°** Rapiécer, repriser (de vieilles hardes). | *Spéciall.* Rapiécer, repriser des bas.
|| **2°** *Fig. Vieilli.* Rabâcher (qqch). On a encore soupçonné nos pauvres frères de vouloir — qqch à Rome sur le relâchement, SÉV. 615.
II. *Vieilli. V. intr.* | **1.** Reprendre, tourner et retourner (une idée). Qu'il ne s'amuse point à — et répliquer à Rome, SÉV. 416. | **2.** Tourner et retourner les choses. Nous ravaudions l'autre jour dans les paperasses de feu Mme de la Trémouille, SÉV. 473.

RAVAUDERIE [rà-vôd'-ri; *en vers,* -vô-de-ri] *s. f.*
[ÉTYM. Dérivé de ravauder, § 69. || 1611. COTGR.]
|| *Vieilli.* || **1°** Le fait de rapiécer, de raccommoder. || *Fig.* Raccommodage de gens brouillés. On me mande partout qu'il y a de la — entre eux, SÉV. 749.
|| **2°** Œuvre faite de pièces et de morceaux. On a grand soin de mettre de temps en temps sous mon nom des dictionnaires philosophiques et autres ravauderies, VOLT. *Lett. à Richelieu,* 23 août 1765.
|| **3°** Propos décousus. Des gens... qui recueillent toutes ces ravauderies pour me les mander, SÉV. 471.

RAVAUDEUR, EUSE [rà-vô-deûr, -deûz'] *s. m.* et *f.*
[ÉTYM. Dérivé de ravauder, § 112. || 1539. R. EST.]
|| Celui, celle dont le métier est de rapiécer, de raccommoder de vieilles hardes. | *Spéciall.* Une ravaudeuse de bas. || *Fig. Vieilli.* | **1.** Celui qui fait des œuvres de compilation. J'emprunterai d'une douzaine de tels ravaudeurs, MONTAIGNE, III, 12. | **2.** Celui qui rabâche, tourne et retourne une même idée. Défiez-vous de... M. le premier président, c'est un —, MAINTEN. *Lett. au card. de Noailles,* 15 nov. 1695.

RAVE [ràv'] *s. f.*
[ÉTYM. Emprunté du franco-provenç. rava, provenç. raba, qui est le lat. pop. rapa (class. rapum, § 545), *m. s.* § 11. On trouve aussi dans l'anc. franç. rabe, d'après la forme provenç. || XIVe-XVe s. Mengant chouls et rabes, CHR. DE PISAN, *Ch.* V, III, 22.]
|| Variété de chou à racine charnue alimentaire. || Racine alimentaire de cette plante. Soupe aux raves. || *P. ext.* Petite —, radis.

1. *RAVELIN [ràv'-lin; *en vers,* rà-ve-...] *s. m.*
[ÉTYM. Origine inconnue; la forme la plus ancienne est revelin. || XIIe s. Uns revelins avoit chauciez, CHRÉTIEN DE TROYES, *Perceval,* dans GODEF. rovelin.]
|| *Anciennt.* Soulier de peau non préparée. || *P. ext.*

De nos jours. (Technol.) Chaussure défraîchie en magasin.

2. RAVELIN [ràv'-lin; *en vers,* rà-ve-...] *s. m.*
[ÉTYM. Emprunté de l'ital. rivellino, *m. s.* § 12. || XVIe s. RAB. III, prol.]
|| *Vieilli.* (T. milit.) Demi-lune.

***RAVIER** [rà-vyé] *s. m.*
[ÉTYM. Dérivé de rave, § 115. || *Néolog.*]
|| Petit vase de table en forme de bateau, où l'on sert des radis et autres hors-d'œuvre.

***RAVIÈRE** [rà-vyèr] *s. f.*
[ÉTYM. Dérivé de rave, § 115. || 1549. Raviere ou rabiere, R. EST.]
|| *Dialect.* Champ semé de raves.

RAVIGOTE [rà-vi-gŏt'] *s. f.*
[ÉTYM. Subst. verbal de ravigoter, § 52. || 1720. LE P. DUCERCEAU, *La Ravigote,* titre, dans *Merc. de France,* juill. p. 43. Admis ACAD. 1798.]
|| (Cuisine.) Condiment de saveur piquante, fait de civette, de pimprenelle, d'estragon pilés. Sauce à la —. Moutarde à la —.

RAVIGOTER [rà-vi-gò-té] *v. tr.*
[ÉTYM. Semble tiré de l'anc. verbe ravigorer, redonner de la vigueur, par substitution de suffixe, §§ 62 et 167. || 1611. Ravigotter, COTGR.]
|| *Famil.* Remettre en vigueur. Ce vin vieux l'a ravigoté. [*P. plaisant.* Il dit qu'il est comme le bonhomme Éson; il veut se faire bouillir dans une chaudière, avec des herbes fines, pour se — un peu, SÉV. 157.

RAVILIR [rà-vi-lîr] *v. tr.*
[ÉTYM. Composé de re et avilir, §§ 192 et 196. || XVIIe s. V. à l'article. Admis ACAD. 1740.]
|| Avilir au plus bas degré. Celui qui se ravilit par ses vices au-dessous des derniers esclaves, BOSS. *Honneur du monde,* 1.

RAVIN [rà-vin] *s. m.*
[ÉTYM. Subst. verbal de raviner, § 52. || 1690. FURET.]
|| Lieu, chemin profondément creusé par les eaux. Passer un —. L'ennemi était caché dans un —.

RAVINE [rà-vin'] *s. f.*
[ÉTYM. Du lat. rapina, action d'entraîner, de ravir, §§ 426 et 291. (*Cf.* le doublet rapine.)]
I. *Vieilli.* Torrent d'eau. Après — d'eau (pluie torrentielle), Selon son vueil la gelee survint, MAROT, *Épigr.* 251. Les chemins étaient tout rompus des torrents et des ravines, VAUGEL. *Q.-Curce,* VI, 4.
II. *P. ext.* Ravin. C'est des montagnes inaccessibles; c'est des ravines et des précipices, BOSS. *Condé.*

RAVINEMENT [rà-vin'-man; *en vers,* -vi-ne-...] *s. m.*
[ÉTYM. Dérivé de raviner, § 145. || *Néolog.* Admis ACAD. 1878.]
|| Action de raviner; résultat de cette action.

RAVINER [rà-vi-né] *v. tr.*
[ÉTYM. Dérivé de ravine, § 154. || XIIe s. Li chien chacent, li cers ravine, *Tristan,* I, 1648.]
|| Creuser le sol de ravins. Des champs ravinés par un orage.

RAVIR [rà-vîr] *v. tr.*
[ÉTYM. Du lat. pop. *rapire (class. rapere, § 629), *m. s.* §§ 426 et 291.]
|| **1°** Enlever de force (ce qui est à un autre). Hélène fut ravie par Pâris. — le bien d'autrui. Le loup ravit sa proie. || *Spéciall.* En parlant du trépas. Princesse,... pourquoi leur avez-vous été sitôt ravie? BOSS. *D. d'Orl.* La mort ravit tout sans pudeur, LA F. *Fab.* VIII, 1. || *P. anal.* Le royaume de Dieu souffre violence, et... les violents le ravissent, PASC. *Lett. à Mlle de Roannez,* 4. || *Fig.* — l'honneur à une fille. Quelle main en un jour t'a ravi tous tes charmes? RAC. *Ath.* III, 7.
|| **2°** (T. bibliq.) Transporter au ciel. Ravi, comme Paul, jusque dans le ciel, MASS. *Prière,* 1. || *Fig.* Ces ailes de feu qui ravissent une âme Au céleste séjour, J.-B. ROUSS. *Odes,* III, 1.
|| **3°** *Fig.* Exalter, mettre hors de soi, dans un mouvement d'enthousiasme. Ravi hors de lui-même et transporté bien loin au delà, BOSS. *Hist. univ.* II, 4. Être ravi en extase. Tout le monde était ravi en admiration de ses paroles, BOSS. *Nouv. Myst.* 4. Que tu sais bien, Racine, à l'aide d'un acteur, Émouvoir, étonner, — un spectateur! BOIL. *Ép.* 7. Et, se laissant — à l'amour maternelle, CORN. *Hor.* I, 1. || *P. exagér.* Elle chante à —. Je suis ravi de vous voir.

RAVISEMENT [rà-viz'-man; *en vers,* -vi-ze-...] *s. m.*
[ÉTYM. Dérivé de raviser, § 145. || XIIIe s. Que si fort me

roflle a son ravisement, *Doon de Mayence*, 7785. Admis ACAD. 1878.]

|| Action de se raviser.

RAVISER (SE) [rà-vi-zé] *v. pron.*

[ÉTYM. Composé de re et aviser, §§ 192 et 196. || XIIᵉ s. Qui bien les ravise, CHRÉTIEN DE TROYES, *Cligès*, 777.]

|| Revenir sur un avis, une résolution. Vous avez beau vous —, il n'est plus temps, MASS. *Tiédeur*, 2.

RAVISSANT, ANTE [rà-vi-san, -sânt'] *adj.*

[ÉTYM. Adj. particip. de ravir, § 47. || 1539. R. EST.]

|| 1° Qui enlève de force. Des loups ravissants.

|| 2° Qui transporte d'admiration. Une beauté ravissante. Une musique ravissante.

RAVISSEMENT [rà-vîs'-man ; *en vers*, -vi-se-...] *s. m.*

[ÉTYM. Dérivé de ravir, § 145. || XIIIᵉ s. Et se douterent les physiciens du ravissement de la matiere, *Mir. de St Louis*, p. 161.]

|| Action de ravir.

|| 1° *Vieilli.* Action d'enlever de force. Le — d'Europe et son passage en Crète au travers des flots, FÉN. *Tél.* 9. || *P. ext.* Action de transporter au ciel. Le — de saint Paul.

|| 2° État de l'âme transportée d'enthousiasme, d'admiration ou de joie. Vous seriez charmé de la connaître, Et vos ravissements ne prendraient point de fin, MOL. *Tart.* I, 5.

RAVISSEUR, *RAVISSEUSE [rà-vi-seùr, -seûz'] *s. m.* et *f.*

[ÉTYM. Dérivé de ravir, § 112. || XIIIᵉ s. Ou traistres ou ravissieres, G. DE LORRIS, *Rose*, 1517.]

|| Celui, celle qui ravit qqch. Un — du bien d'autrui, BOURD. *Dominic.* 22ᵉ *Dim. après Pentec.* Un cruel —. || *Specialt.* Celui qui ravit une femme, une fille. Voilà donc le succès qu'aura votre ambassade! Oreste —! RAC. *Andr.* III, 1.

RAVITAILLEMENT [rà-vi-tày'-man ; *en vers*, -tà-ye-...] *s. m.*

[ÉTYM. Dérivé de ravitailler, § 145. || 1561. Le secours et ravitaillement des villes de Piemont, CL. PARADIN, dans DELB. *Rec.*]

|| Action de ravitailler.

RAVITAILLER [rà-vi-tà-yé] *v. tr.*

[ÉTYM. Emprunté de re et avitailler, §§ 192 et 196. || XVᵉ s. Pour le ravitailler, MONSTREL. *Chron.* II, p. 12.]

|| Pourvoir à nouveau de vivres, de munitions. — une ville assiégée. La flotte rentra dans le port pour se —.

RAVIVER [rà-vi-vé] *v. tr.*

[ÉTYM. Composé de re et aviver, §§ 192 et 196. || XIIᵉ s. El terme d'icou temporal Se raviverent plusor mal, BENEEIT, *Ducs de Norm.* 35187.]

|| Ramener à sa vivacité première. — le feu. — les couleurs d'un tableau. (Chirurgie.) — une plaie, remettre à nu la chair vive. || *Fig.* — la douleur de qqn. — les souvenirs.

RAVOIR [rà-wâr] *v. tr.*

[ÉTYM. Emprunté de re et avoir, §§ 192 et 196. || XIIᵉ s. Si ravion sejor grant masse, *Énéas*, 871.]

|| Avoir de nouveau. (N'est usité qu'à l'infin.) Elle qu'on voulait — à Paris, J.-J. ROUSS. *Confess.* 9. Cent moyens ridicules pour — son fils, MOL. *Scap.* III, 3. Une parole échappe,... il est impossible de la —, LA BR. 8. || *Vieilli.* Se —, se ressaisir, retrouver ses forces.

RAYER [rè-yé] *v. tr.*

[ÉTYM. Dérivé de raie, § 154. || XIIᵉ-XIIIᵉ s. Un brun roié, vilain et gros, *Cheval. as deus espees*, 6163. Li articles qui est royés, dans E. BOILEAU, *Livre des mest.* p. 363, Depping.]

|| 1° Marquer d'une ou plusieurs raies. — de l'argenterie. — une vitre avec un diamant. || *Specialt.* — son papier, pour écrire droit. || (Vénerie.) — les voies d'une bête, pour les signaler aux chasseurs. || Une étoffe rayée. Le zèbre a la robe rayée. || — le canon d'une arme à feu, pour forcer la balle. Canon rayé, carabine rayée.

|| 2° *P. ext.* Annuler par une raie sur l'écriture. — un nom. — qqn d'une liste. || *Fig.* — qqn du nombre des humains. Moi, votre ami? rayez cela de vos papiers, MOL. *Mis.* I, 1.

RAY-GRASS [rè-grá] *s. m.*

[ÉTYM. Emprunté de l'angl. ray-grass, *m. s.* proprt, « herbe (grass) à rayons ou épis radiés (ray) », § 8. || 1812. MOZIN, *Dict. franç.-allem.* Admis ACAD. 1878.]

|| Variété d'ivraie qui donne un beau gazon.

1. RAYON [rè-yon] *s. m.*

[ÉTYM. Dérivé de rai, § 104. || 1539. Ray ou rayon du soleil, R. ᵉˢᵀ.]

|| 1° Chacun des jets de lumière rectilignes qui éma-

nent en tous sens d'un centre lumineux. Les rayons du soleil, jets lumineux qui émanent du disque du soleil. | *Poét.* Apollon, dépouillé de tous ses rayons, fut contraint de se faire berger, FÉN. *Tél.* 2. || (Physique.) — réfléchi, réfracté, convergent, divergent. — visual, qui va du foyer lumineux au centre de l'œil. | *P. anal.* Rayons caloriques, qui émanent d'une source de chaleur. || *Fig.* Une céleste flamme D'un — prophétique illumine mon âme, CORN. *Cinna*, v, 3. Le Seigneur... Fit luire aux yeux mortels un — de sa gloire, RAC. *Ath.* I, 4. | *P. anal.* C'est dans les monarchies que l'on verra autour du prince les sujets recevoir ses rayons, MONTESQ. *Espr. des lois*, v, 12. Un — d'espérance, de joie.

|| 2° (Géom.) Chacune des droites qui vont du centre à la circonférence du cercle, à la surface de la sphère. | *P. ext.* A deux lieues de —, dans un — de deux lieues, dans un espace circulaire dont le rayon aurait deux lieues.

|| 3° *P. anal.* Ce qui diverge à partir d'un centre. Les rayons d'une roue, bâtons qui vont du moyeu aux jantes. Les rayons médullaires (dans les arbres dicotylédones), lignes qui vont du centre médullaire à la circonférence, en coupant les couches ligneuses.

|| 4° *P. ext.* (*rare*). Os long de l'avant-bras, dit radius.

2. RAYON [rè-yon] *s. m.*

[ÉTYM. Dérivé de raie, § 104. || XIIᵉ s. Les reuns de li enivre, *Psaut. de Cambridge*, LXIV, 11.]

|| (Technol.) Sillon tracé au cordeau sur une planche labourée. Semer, planter en rayons.

3. RAYON [rè-yon] *s. m.*

[ÉTYM. Dérivé de l'anc. franç. ree, *m. s.* § 104. Ree, confondu par la suite avec raie, représente le bas allem. rata, *m. s.* devenu rede, ree, §§ 10, 498 et 499. (*Cf.* rate 1.) || 1539. Un bournal et rayon de miel, R. EST. miel.]

|| 1° Partie de la gaufre, gâteau de cire des abeilles divisé en alvéoles.

|| 2° *P. anal.* Casier, tablette d'une bibliothèque, d'une armoire, d'une étagère. || *P. ext.* Dans les étalages des grands magasins, groupe des articles de même espèce. Le — de la chaussure, de la mercerie, etc. Chef de —, celui qui a la direction supérieure d'un de ces groupes.

RAYONNANT, ANTE [rè-yò-nan, -nânt'] *adj.*

[ÉTYM. Adj. particip. de rayonner, § 47. || 1611. COTGR.]

I. Qui lance des rayons lumineux. | (Blason.) Étoile rayonnante, figurée sur l'écu avec des rayons. || *P. anal.* Calorique —, qui émane d'une source de chaleur. || *Fig.* — de gloire, de beauté. Il devint — de joie, MARMONTEL, *Contes moraux, Heureux.*

II. (T. didact.) Disposé en rayons. L'actinote rayonnante. Ombelle rayonnante, qui a des fleurs régulières au centre et des fleurs irrégulières plus grandes à la circonférence.

RAYONNÉ, ÉE [rè-yò-né] *adj.*

[ÉTYM. Dérivé de rayon 1, § 118. (*Cf.* rayonnant.) || Admis ACAD. 1835.]

|| (T. didact.) Disposé en rayons. Tête rayonnée, couronnée de rayons. Nimbe —, formé de rayons. Les animaux rayonnés, *substantivt*, animaux à organes disposés en rayons autour d'un centre.

RAYONNEMENT [rè-yòn'-man ; *en vers*, -yò-ne-...] *s. m.*

[ÉTYM. Dérivé de rayonner, § 145. || 1694. ACAD.]

|| Action de rayonner. Le — du soleil, des étoiles. || *P. anal.* Le — d'une source de chaleur. | *Fig.* Le — de la joie.

RAYONNER [rè-yò-né] *v. intr.*

[ÉTYM. Dérivé de rayon 1, § 154. || 1549. R. EST.]

|| Lancer des rayons lumineux. || *P. anal.* Émettre des rayons de calorique. || *Fig.* Il (Apollon) rayonne d'orgueil, de jeunesse et de joie, DELILLE, *Imag.* 5.

RAYURE [rè-yûr] *s. f.*

[ÉTYM. Dérivé de rayer, § 111. || 1611. Rayeure, COTGR.]

|| Partie rayée d'une chose. Les rayures d'une étoffe. La — d'un diamant sur le verre. || *Specialt.* Rainure, d'ordinaire en hélice, à l'intérieur du canon d'une arme à feu, qui imprime à la balle forcée une rotation rapide.

RAZ et **RAS** [rá] *s. m.*

[ÉTYM. Emprunté du bas breton raz, *m. s.* § 4. || XVᵉ-XVIᵉ s. Jusques au ras de Fontenaux, GARCIE, *Grant Routier*, fᵒ 5, vᵒ. Admis ACAD. 1878.]

|| (Marine.) Courant violent dans un canal étroit qui fait communiquer deux mers. || *Specialt.* — de marée, sou-

lèvement extraordinaire de la mer, qui porte en un instant les vagues sur la terre à plusieurs mètres de hauteur.

RAZZIA [rà-zyà ; *en vers*, -zi-à] *s. f.*

[ÉTYM. Emprunté de l'arabe rhaziat, *m. s.* § 22. || *Néolog.* Admis ACAD. 1878.]

|| (T. milit.) Invasion d'un territoire ennemi pour enlever des troupeaux, des grains, etc.

RAZZIER [rà-zyé ; *en vers*, -zi-é] *v. tr.*

[ÉTYM. Dérivé de razzia, § 154. || *Néolog.*]

|| (T. milit.) Soumettre à une razzia. Les tribus révoltées furent razziées.

RÉ [ré] *s. m.*

[ÉTYM. Première syllabe du mot resonare, dans l'hymne latine de saint Jean-Baptiste. (*V.* fa.)|| Admis ACAD. 1740.]

|| (Musique.) Seconde note de la gamme naturelle d'ut.

*RÉABONNER** [ré-à-bò-né] *v. tr.*

[ÉTYM. Composé de ré et abonner, § 275. || *Néolog.*]

|| Abonner de nouveau. Se — à un journal.

RÉACTIF, IVE [ré-ăk'-tīf', -tīv'] *adj.*

[ÉTYM. Composé de ré et actif, § 275. || XVIIIᵉ S. LE P. CASTEL, dans TRÉV. Admis ACAD. 1835.]

|| (T. didact.) Qui exerce une réaction. *Spécialt.* (Chimie.) Un corps —, et, *substantivt*, Un —, corps qui provoque la manifestation des caractères distinctifs d'un autre corps, en agissant sur lui.

RÉACTION [ré-ăk'-syon ; *en vers*, -si-on] *s. f.*

[ÉTYM. Composé de ré et action, § 275. || 1690. FURET. Admis ACAD. 1740.]

|| (T. didact.) Action qu'un corps agissant sur un autre détermine en retour chez celui-ci. Dans les mouvements physiques, l'action est toujours suivie d'une —, MONTESQ. *Espr. des lois*, V, 1. C'est une loi de la nature que la — est égale et contraire à l'action, LAPLACE, *Exposit.* IV, 1. || *Fig.* Il en est (des parties d'un État) comme des parties de cet univers, éternellement liées par l'action des unes et la — des autres, MONTESQ. *Rom.* 9. || *Spécialt.* | 1. (Chimie.) Action d'un corps sur un autre qui provoque la manifestation des caractères distinctifs de celui-ci. | 2. (Physiologie.) Mouvement provoqué dans l'organisme par une cause morbide ou l'application d'un remède. | 3. (Manège.) Secousse qu'un cheval en action imprime au cavalier par contre-coup. | 4. Action en sens contraire provoquée par une action littéraire, religieuse, politique, etc. La — contre le naturalisme, contre le positivisme. *Spécialt.* Action politique d'un parti conservateur combattant l'action d'un parti révolutionnaire.

RÉACTIONNAIRE [ré-ăk'-syò-nèr ; *en vers*, -si-ò-...] *adj.*

[ÉTYM. Dérivé de réaction, § 248. || *Néolog.* Admis ACAD. 1835.]

|| Qui tend à opérer une réaction politique. Mesure —. Parti —. | *Substantivt.* Partisan de la réaction.

RÉAGGRAVE [ré-à-gràv'] *s. f.*

[ÉTYM. Subst. verbal de réaggraver, § 52. || 1680. RICHEL.]

|| (Droit canon.) Dernier monitoire qui ajoute une pénalité à celle qu'inflige l'aggrave.

RÉAGGRAVER [ré-à-grà-vé] *v. tr.*

[ÉTYM. Composé de ré et aggraver, § 275. (*Cf.* l'anc. franç. ragrever.) || XVᵉ S. Excommuniez, agravez, reagravez et renforcez, MONSTREL. *Chron.* I, 87.]

|| (Droit canon.) Aggraver (les censures ecclésiastiques) par un dernier monitoire.

RÉAGIR [ré-à-jir] *v. intr.*

[ÉTYM. Composé de ré et agir, § 275. || XVIIIᵉ S. *V.* à l'article. Admis ACAD. 1835.]

|| Exercer sur un corps une action provoquée par l'action reçue de celui-ci. Tout agit et tout réagit dans la nature, VOLT. *Principe d'action*, 1. Les objets agissent sur l'animal par le moyen des sens, et l'animal réagit sur les objets par ses mouvements extérieurs, BUFF. *Disc. sur la nat. des anim.* || *Spécialt.* (Chimie.) En parlant d'un corps, manifester ses caractères distinctifs par l'effet de l'action qu'un autre corps a exercée sur lui. || *Fig.* La pensée et le sentiment réagissent l'un sur l'autre, MARMONTEL, *Mém.* 1. | *Spécialt.* Faire effort pour résister. — contre le chagrin, la douleur. *Absolt.* Ne vous laissez pas abattre par ce coup : réagissez.

RÉAJOURNEMENT [ré-à-jour-ne-man] *s. m.*

[ÉTYM. Dérivé de réajourner, § 145. || 1680. RICHEL.]

|| (Droit.) Action de réajourner.

RÉAJOURNER [ré-à-jour-né] *v. tr.*

[ÉTYM. Composé de ré et ajourner, § 275. L'anc. franç. dit rajourner, §§ 192 et 196. || 1611. Readjourner, COTGR.]

|| (Droit.) Ajourner de nouveau.

RÉAL, ALE [ré-àl] *adj. et s. m. et f.*

[ÉTYM. Emprunté de l'espagn. real, *m. s.* § 13. Au XVᵉ S. on trouve un reau dans VILLON, appliqué à une monnaie française. || XVIᵉ-XVIIᵉ S. Poyé une realle (1580), dans GO-DEF. reale 1. A la poupe de la realle, BRANT. II, 116. Admis ACAD. 1718 (sens 1) et 1798 (sens 2).]

|| *Anciennt.* Royal. || *Spécialt.* | 1. (Marine.) La galère réale, et, *substantivt*, La réale, galère destinée au roi, à l'amiral. *P. ext.* Le pavillon — (de la galère réale). | 2. Un —, une réale, nom de différentes monnaies des rois d'Espagne. Pas un — chez moi, C. DELAV. *Fille du Cid*, I, 4. Assuré de mes six réaux par jour, LES. *Gil Blas*, III, 2.

RÉALGAR [ré-àl-gàr] *s. m.*

[ÉTYM. Emprunté de l'espagn. rejalgar, d'origine arabe, §§ 13 et 22. || 1377. Riagal mistionné, dans DU C. resegale. | 1556. Reagal, R. LE BLANC, dans DELB. *Rec.* [1762. Réalgar, ACAD.]

|| (Chimie anc.) Sulfure rouge d'arsenic.

RÉALISABLE [ré-à-li-zàbl'] *adj.*

[ÉTYM. Dérivé de réaliser, § 242. || Admis ACAD. 1878.]

|| Qui peut se réaliser. Projet —.

RÉALISATION [ré-à-li-zà-syon ; *en vers*, -si-on] *s. f.*

[ÉTYM. Dérivé de réaliser, § 247. || XVIᵉ s. Les realisations par devant le Seigneur, LOYSEL, p. 498. Admis ACAD. 1762.]

|| Action de réaliser.| 1. La — d'un projet, d'une promesse. | 2. La — d'un domaine.

RÉALISER [ré-à-li-zé] *v. tr.*

[ÉTYM. Dérivé de réel, d'après le type lat. realis, § 267. || XVIᵉ S. Rentes foncieres et realisees ou nanties, LOYSEL, p. 518. Admis ACAD. 1718.]

|| 1° Rendre réel. — un projet, une promesse. — des offres. Sa prédiction est réalisée. Concevoir un idéal qu'on ne peut —. — des abstractions, les considérer comme réelles.

|| 2° Convertir (un bien-fonds, des valeurs de crédit) en espèces. — sa fortune. Bientôt après tout le monde se vit pauvre, excepté ceux qui avaient réalisé ; c'était un terme nouveau introduit dans la langue par ce système (de Law), VOLT. *Parlem. de Paris*, 61.

RÉALISME [ré-à-lism'] *s. m.*

[ÉTYM. Dérivé de réel, d'après le type lat. realis, § 265. || *Néolog.* Admis ACAD. 1878.]

|| (T. didact.) || 1° (Scolastique.) Doctrine qui considère les universaux (espèces, genres) comme réels, étant les types dont les individus empruntent leur réalité. (*Cf.* nominalisme.)

|| 2° Reproduction de la réalité, avec ce qu'elle peut offrir de laid, de vulgaire. Le — dans la littérature, dans l'art.

RÉALISTE [ré-à-list'] *s. m. et f.*

[ÉTYM. Dérivé de réel, d'après le type lat. realis, § 265. (*Cf.* nominaliste.) VOLT. dit : Les réaux et les nominaux, *Philos. ignor.* 49. || XVIᵉ S. Nominalistes et realistes, MARNIX DE STE-ALDEGONDE, dans DELB. *Rec.* Admis ACAD. 1798.]

|| (T. didact.) Celui, celle qui professe le réalisme. *Adjectivt.* Un philosophe —. Un écrivain —.

RÉALITÉ [ré-à-li-té] *s. f.*

[ÉTYM. Dérivé de réel, d'après le bas lat. realitas, *m. s.* § 255. || 1530. Pour enrichir, contre realité, Un sot ou fou, J. BOUCHET, *Triomphes de la noble dame*, f° 90.]

|| 1° Le fait d'être réel. La — des choses du monde extérieur. La — du corps de Jésus-Christ dans l'eucharistie, sa présence réelle. Nous n'enfantons que des atomes, au prix de la — des choses, PASC. *Pens.* I, 1. Donner de la —, une — à ses rêves. || *Loc. adv.* En —, en fait.

|| 2° Chose réelle. Quand même les douces erreurs et les songes sur lesquels votre esprit s'endort deviendraient des réalités, MASS. *Drapeaux.* Elle fait des tableaux couvrir les nudités, Mais elle a de l'amour pour les réalités, MOL. *Mis.* III, 4. Et je ne croirai rien, que vous n'ayez, Madame, Par des réalités su convaincre ma flamme, ID. *Tart.* IV, 5.

*RÉAPPARAÎTRE** [ré-à-pà-rétr'] *v. intr.*

[ÉTYM. Composé de ré et apparaître, § 275. (*Cf.* reparaitre et l'anc. franç. raparoir.) || *Néolog.*]

|| Apparaître de nouveau.

RÉAPPARITION [ré-à-pà-ri-syon ; *en vers*, -si-on] *s. f.*

[ÉTYM. Composé de ré et apparition, § 275. || 1771. TRÉV. Admis ACAD. 1835.]

|| Action de réapparaître. La — d'une comète. La — de la fièvre.

RÉAPPEL [ré-à-pèl] *s. m.*
[ÉTYM. Composé de ré et appel, § 275. (*Cf.* rappel.)|| *Néolog.* Admis ACAD. 1835.]
|| (T. milit.) Nouvel appel. (*Syn.* contre-appel.)

RÉAPPELER [ré-àp'-lé ; *en vers*, -à-pe-lé]*v. intr. et tr.*
[ÉTYM. Composé de ré et appeler, § 175. (*Cf.* rappeler.)
|| XVIIIᵉ s. *V.* à l'article. Admis ACAD. (au sens 2°) 1835.]
|| **1°** *V. intr.* (Droit.) Interjeter appel de nouveau. On appelait, on réappelait, VOLT. *S. de L. XIV*, 37.
|| **2°** *V. tr.* (T. milit.) Appeler de nouveau. *Absolt.* Faire un nouvel appel.

RÉAPPOSER [ré-à-pô-zé] *v. tr.*
[ÉTYM. Composé de ré et apposer, § 275. || 1690. FURET. Admis ACAD. 1835.]
|| Apposer de nouveau. — les scellés.

RÉAPPOSITION [ré-à-pô-zi-syon ; *en vers*, -si-on]*s. f.*
[ÉTYM. Composé de ré et apposition, § 275. || *Néolog.* Admis ACAD. 1835.]
|| Action de réapposer. La — des scellés.

*****RÉARGENTER** [ré-àr-jan-té] *v. tr.*
[ÉTYM. Composé de ré et argenter, § 275. || *Néolog.*]
|| Argenter de nouveau.

RÉARMEMENT [ré-àr-me-man] *s. m.*
[ÉTYM. Dérivé de réarmer, § 145. || 1771. TRÉV. Admis ACAD. 1878.]
|| Action de réarmer.

RÉARMER [ré-àr-mé] *v. tr.*
[ÉTYM. Composé de ré et armer, § 275. (*Cf.* l'anc. franç. rarmer.) || 1771. TRÉV. Admis ACAD. 1878.]
|| Armer de nouveau. — la milice. | — un vaisseau.

RÉASSIGNATION [ré-à-si-ñà-syon ; *en vers*, -si-on] *s. f.*
[ÉTYM. Composé de ré et assignation, § 275. || 1669. Exploit de reassignation, dans DELB. *Rec.*]
|| (Droit.) Nouvelle assignation.

RÉASSIGNER [ré-à-si-ñé] *v. tr.*
[ÉTYM. Composé de ré et assigner, § 275. || 1690. FURET.]
|| (Droit.) Assigner de nouveau. — qqn devant un tribunal. — qqn sur meilleur fonds (en garantie de paiement).

*****RÉASSURANCE** [ré-à-su-ràns] *s. f.*
[ÉTYM. Composé de ré et assurance, § 275. || *Néolog.*]
|| (Commerce.) Assurance par laquelle l'assureur s'assure lui-même contre les risques dont il s'est chargé.

*****RÉASSURER** [ré-à-su-ré] *v. tr.*
[ÉTYM. Composé de ré et assurer, § 275. || *Néolog.*]
|| (Commerce.) Assurer (l'assureur) contre les risques dont il s'est chargé.

RÉATTELER [ré-àt'-lé ; *en vers*, -à-te-lé] *v. tr.*
[ÉTYM. Composé de ré et atteler, § 275. (*Cf.* l'anc. franç. rateler.) || XVᵉ s. Et a son premier mestier reattelé et restably, A. DE LA SALLE, *Cent Nouv. nouv.* 10. Admis ACAD. 1878.]
|| Atteler de nouveau.

*****RÉAUX** [ré-ó]. *V.* réaliste.

REBAISSER [re-bè-sé] *v. tr.*
[ÉTYM. Composé de re et baisser, §§ 192 et 196. ||Admis ACAD. 1835.]
|| Baisser de nouveau.

REBANDER [re-ban-dé] *v. tr.*
[ÉTYM. Composé de re et bander, §§ 192 et 196. || XIIᵉ s. Plaies Ressuties et rebandees, CHRÉTIEN DE TROYES, *Érec*, dans DELB. *Rec.* Admis ACAD. 1835.]
|| Bander de nouveau. — un arc. — une plaie.

REBAPTISANT [re-bà-ti-zan] *s. m.*
[ÉTYM. Subst. particip. de rebaptiser, § 37. || Admis ACAD. 1762.]
|| (Théol.) Partisan d'un second baptême pour ceux qui ont été baptisés par un hérétique. (*Cf.* anabaptiste.)

*****REBAPTISATEUR** [re-bà-ti-zà-teur] *s. m.*
[ÉTYM. Dérivé de rebaptiser, à l'imitation du lat. ecclés. rebaptizator, § 249. On trouve rebaptiseur au XVIᵉ s. || XVIIᵉ s. *V.* à l'article.]
|| (Théol.) Celui qui rebaptise. *Spéciall.* Rebaptisant. Ces nouveaux rebaptisateurs, BOSS. *Var.* XI, 176.

REBAPTISER [re-bà-ti-zé] *v. tr.*
[ÉTYM. Composé de re et baptiser, à l'imitation du lat. ecclés. rebaptizare, §§ 192 et 196. || XIVᵉ s. Heretiques qui rebaptizoient noz petis enfans, J. DE VIGNAY, *Miroir hist.* dans DELB. *Rec.* Admis ACAD. 1835.]

|| Baptiser de nouveau. L'Église romaine n'a jamais rebaptisé ceux qui avaient été baptisés par qui que ce fût au nom du Père, du Fils et du Saint-Esprit, BOSS. *Var.* XI, 176.

RÉBARBATIF, IVE [ré-bàr-bà-tif, -tiv'] *adj.*
[ÉTYM. Dérivé de l'anc. franç. se rebarber, faire face à l'ennemi (proprt, « se mettre barbe contre barbe » ; *cf.* se rebéquer), § 257. LA F. *Florentin*, sc. 7, a dit plaisamment rébarbaratif. || XIVᵉ s. Plus rabarbatifs que singes, FROISS. *Chron.* XI, 379, Kervyn.]
|| Qui a un aspect peu engageant. Visage —. Mine rébarbative. Est-ce que ton maître sera plus — que moi? LA F. *Coupe enchantée*, sc. 1. || *Fig.* Voilà des mots qui sont trop rébarbatifs : cette logique-là ne me revient point, MOL. *B. gent.* II, 4.

REBÂTIR [re-bá-tir] *v. tr.*
[ÉTYM. Composé de re et bâtir, §§ 192 et 196. || XIIᵉ s. Qui vos rebastira tel plait, BENEEIT, *Ducs de Norm.* dans DELB. *Rec.* Admis ACAD. 1835.]
|| Bâtir de nouveau. — une maison. || *Fig.* Je ne puis pas me — moi-même, me refaire, BOIL. *Lett. à Brossette*, 42.

REBATTRE [re-bàtr'] *v. tr.*
[ÉTYM. Composé de re et battre, §§ 192 et 196. || XIVᵉ s. En tavernes rebattre, GILLES LI MUISIS, *Poésies*, I, 377.]
|| **1°** Battre de nouveau. — un habit. — la laine d'un matelas, pour le refaire. — un tonneau, pour resserrer les douves. — les cartes, les mêler de nouveau. (Chasse.) Un chien, une bête qui rebat ses voies, qui revient sur ses pas.
|| **2°** Battre à plusieurs reprises. Il a été battu et rebattu. Un chemin rebattu, où l'on passe souvent. Il faut suivre un sentier qui soit moins rebattu, RÉGNIER, *Sat.* 2. || *Fig.* — les oreilles à qqn de qqch, et, *p. ext.* — qqch aux oreilles de qqn, le lui répéter à satiété. Faut-il vous le — Aux oreilles cent fois? MOL. *Tart.* V, 3. Il m'en a si souvent rebattu les oreilles, HAMILT. *Gram.* p. 131. Je suis si rebattue de ces discours que je n'en puis plus, SÉV. 177. Ce discours rebattu, CORN. *Sertor.* III, 1. || *P. ext.* (Musique.) Répéter une note. Dans le plain-chant, la dominante est la note qu'on rebat le plus souvent, à quelque degré qu'on soit de la note finale.

REBAUDIR [re-bó-dir] *v. tr. et intr.*
[ÉTYM. Composé de re et baudir, §§ 192 et 196. (*Cf.* l'anc. franç. resbaldir, resbandir.) || XIVᵉ s. Gaufrois rebaudissoit ses gens a bien frapper, JEH. DES PREIS, *Myr. des hist.* II, p. 381. Admis ACAD. 1762.]
|| (Vénerie.) || **I.** *V. tr.* Exciter, et, *p. ext.* caresser (le chien).
II. *V. intr.* En parlant du chien, s'animer. *P. ext.* Dresser la queue.

REBEC [re-bĕk'] *s. m.*
[ÉTYM. Altération, par étymologie populaire (*V.* §509), de l'anc. franç. rebebe (subst. fém.), emprunté de l'arabe rabeb, *m. s.* § 22. || XIIIᵉ s. Harpes et gigues et rubebes (var. rebebes), J. DE MEUNG, *Rose*, 21286.]
|| Ancien instrument de musique à archet, monté de trois cordes. Vos paroles... Résonnent doux à nos oreilles Comme les cordes d'un —, RÉGNIER, *Macette. Loc. prov.* Vieilli. Sec comme —.

REBELLE [re-bèl] *adj.*
[ÉTYM. Emprunté du lat. rebellis, *m. s.* || XIIᵉ s. A ses rebelles enimis, BENEEIT, *Ducs de Norm.* dans DELB. *Rec.*]
|| Qui refuse obéissance à l'autorité légitime. Syracuse et Capoue, l'une infidèle aux traités, et l'autre —, BOSS. *Hist. univ.* III, 6. Ils devinrent factieux, rebelles, ID. *R. d'Angl.* Un fils —. Tremblez, troupe —, RAC. *Ath.* V, 5. Les esprits rebelles, les démons. || *Substantivt.* Un, une —. Contre un — armer toute la Grèce, RAC. *Andr.* II, 2. Cette seule — entre tous mes sujets, ROTROU, *Antig.* IV, 6. Voici la —, RAC. *Plaid.* II, 5. || Avec un adj. possessif (*vieilli*). Arracher mon sceptre à mon —, CORN. *D. Sanche*, III, 1. || *Fig.* Jamais à ses désirs mon cœur ne fut —, CORN. *Poly.* II, 1. — à tous nos soins, ID. *Phéd.* I, 3. La chair est — à l'esprit. || *P. anal.* Ulcère —, qui ne cède pas aux remèdes. Métaux rebelles, qui ne cèdent pas à l'action du feu. Sujet — à la poésie, difficile à traiter en vers. Lorsqu'on la néglige (la rime), elle devient —, BOIL. *Art p.* 1.

REBELLER (SE) [re-bĕl'-lé] *v. pron.*
[ÉTYM. Emprunté du lat. rebellare, *m. s.* L'anc. franç. a le verbe reveler, et le subst. verbal revel, rébellion, de formation pop. || 1539. Rebeller, R. EST.]
|| Refuser obéissance à l'autorité légitime. En sa faveur déjà la ville se rebelle, CORN. *Poly.* III, 5. Le Tage et le Pô contre toi rebellés, MAIRET, *Sophon.* V, 9. || *Fig.* Si contre

cet arrêt le siècle se rebelle, BOIL. *Art* p. 3. De tous les deux côtés mon âme se rebelle, CORN. *Cid*, v, 4. Amour dont la douce puissance Contre ce fier tyran fait — mes vœux ? ID. *ibid.* v, 2, édit. 1637-1660.

RÉBELLION [ré-bél'-lyon ; *en vers*, -li-on] *s. f.*
[ÉTYM. Emprunté du lat. rebellio, *m. s.* || XIVᵉ s. Concupiscence ne fait nulle rebellion contre raison, ORESME, *Éth.* I, 2.]
|| 1º Acte de rebelle. Rapportez-lui le prix de sa —, RAC. *Andr.* II, 2. Punir une —. *Spécialt.* (Droit.) Acte de celui qui s'oppose à l'action de la justice. Je sais que pour un million, Vous ne voudriez pas faire —, MOL. *Tart.* v, 4. Lequel... après plusieurs rébellions, Aurait atteint, frappé, moi sergent, à la joue, RAC. *Plaid.* II, 4. || *Fig.* La — des sens contre la raison. Mon devoir... étonné, Cède aux rébellions de mon cœur mutiné, CORN. *Cinna*, I, 2.
|| 2º L'ensemble des rebelles. La — longtemps retenue, à la fin tout à fait maîtresse, BOSS. *R. d'Angl.*

REBÉNIR [re-bé-nîr] *v. tr.*
[ÉTYM. Composé de re et bénir, §§ 192 et 196. || XIIIᵉ s. Lors fu li lieus par lui rebeneis, ADENET, *Enf. Ogier*, 7373.]
|| Bénir de nouveau. M. Vialart, évêque de Châlons,... rebénit l'église, RAC. *P.-Royal*, 1.

REBÉQUER *v. intr.* et **REBÉQUER (SE)** [re-bé-ké] *v. pron.*
[ÉTYM. Composé avec re et bec, §§ 194 et 196. Rebecquer dans VILLON paraît être un mot différent. || XVIᵉ s. L'on ne faict que rebecquer, RAB. II, 12.]
|| *Famil.* Tenir tête avec aigreur. Il se rebéqua par des remontrances, ST-SIM. III, 358. Vous n'êtes plus la maîtresse au logis, Chacun rebéque, VOLT. *Droit du seign.* I, 5.

REBIFFER [re-bi-fé] *v. tr.* et pron.
[ÉTYM. Composé avec re et un radical de sens et d'origine inconnus, §§ 194 et 196. (*Cf.* biffe, biffer.) || XIIᵉ s. Les lez roelle, si rebife du nés, *Garin le Loherain*, dans DELB. *Rec.* Admis ACAD. 1878.]
|| 1º *Anciennt.* V. *tr.* Retrousser. *Fig.* Rabrouer.
|| 2º *Fig. Famil.* V. *pron.* Se —, se mettre en état de résistance. N'avez-vous pas de conscience à vous — contre un pauvre valet ? DOMINIQUE, *Précaution inutile*, III, 3.

REBLANCHIR [re-blan-chîr] *v. tr.*
[ÉTYM. Composé de re et blanchir, §§ 192 et 196. || XVIᵉ s. PARÉ, XXIV, 10. Admis ACAD. 1798.]
|| Blanchir de nouveau. Un sculpteur expert à — les vieux bâtiments, DUFRESNY, *Opéra de campagne*, III, 4.

REBOISEMENT [re-bwáz'-man ; *en vers*, -bwà-ze-...] *s. m.*
[ÉTYM. Dérivé de reboiser, § 145. || *Néolog.* Admis ACAD. 1878.]
|| (Technol.) Action de reboiser.

REBOISER [re-bwá-zé] *v. tr.*
[ÉTYM. Composé de re et boiser, §§ 192 et 196. || *Néolog.* Admis ACAD. 1878.]
|| Replanter de bois (un terrain dénudé). — les montagnes pour arrêter les torrents.

REBONDIR [re-bon-dîr] *v. intr.*
[ÉTYM. Composé de re et bondir, §§ 192 et 196. || XIIᵉ s. Tute la terre rebundi, *Rois*, I, 4.]
|| 1º En parlant d'un corps renvoyé par une surface, faire un ou plusieurs bonds. La balle rebondit sur le sol.
|| 2º En parlant de ce qui, étant gonflé, repousse la pression. Cela fait — les tetons aux jeunes filles, RICHEL. *Dict.* | *Spécialt. Au part. passé pris adjectivt.* Un ventre rebondi. Des joues rebondies. *P. ext.* Grasse, mafflue et rebondie, LA F. *Fab.* III, 17. | *P. anal.* Ce rouleau d'argent... me paraissait la rebondir, MARIV. *Pays. parv.* 1.

REBONDISSEMENT [re-bon-dis'-man ; *en vers*, -dis-se-...] *s. m.*
[ÉTYM. Dérivé de rebondir, § 145. || XIVᵉ-XVᵉ s. Ocis par rebondissement de la barre, CHR. DE PISAN, dans GODEF. Admis ACAD. 1762.]
|| Action de rebondir.

REBORD [re-bôr] *s. m.*
[ÉTYM. Composé de re et bord, §§ 193 et 196. || 1642. OUD.]
|| Bord relevé. Le — d'un fossé. Le — d'une fenêtre, d'une cheminée, d'une étagère. Les rebords d'un vase.

REBORDER [re-bòr-dé] *v. tr.*
[ÉTYM. Composé de re et border, §§ 192 et 196. || 1476. Avoir refait, rivé et rebordé de fer les rives, dans DELB. *Rec.*]
|| 1º Border de nouveau. — une jupe, le bas d'une robe.
|| 2º Garnir d'un bord relevé. Oreilles rebordées.

REBOTTER [re-bò-té] *v. tr.*
[ÉTYM. Composé de re et botter, §§ 192 et 196. || 1549. R. EST. Admis ACAD. 1835.]
|| Botter de nouveau. Se —, remettre ses bottes.

1. REBOUCHER [re-bou-ché] *v. tr.*
[ÉTYM. Origine incertaine ; il est peu vraisemblable que le mot soit composé avec re et bouche, §§ 194 et 196. || XIIᵉ s. Rebuchié furent lur bustilz de fer, *Rois*, I, 13.]
|| *Vieilli.* Émousser. Le fer (de la flèche) en était rebouché, FURET. *Rom. bourg.* I, 140. Son corps sera la cuirasse qui rebouchera tous les traits, J.-J. ROUSS. *Ém.* 2.

2. REBOUCHER [re-bou-ché] *v. tr.*
[ÉTYM. Composé de re et boucher, §§ 192 et 196. || 1642. Reboucher un trou, OUD.]
|| Boucher de nouveau. — des trous, des fissures.

REBOUILLIR [re-bou-yîr] *v. intr.*
[ÉTYM. Composé de re et bouillir, §§ 192 et 196. || XIVᵉ-XVᵉ s. Or fay qu'elle soit rebouli, EUST. DESCH. VI, 232. Admis ACAD. 1835.]
|| Bouillir de nouveau. Faire — le lait.

REBOURS, OURSE [re-boûr, -bours'] *adj. et s. m.*
[ÉTYM. Du lat. pop. *rebŭrsum (class. reburrum), m. s.* §§ 324 et 291. || XIIᵉ s. U il estuet vivre a rebours, MARIE DE FRANCE, *Lais, Guiguemar*, 498, Warnke.]
I. *Adj.* || 1º *Vieilli.* Qui est à contre-poil.
|| 2º *Fig.* Qui prend le contre-pied des choses. Avec un esprit aussi — que celui-là, J.-J. ROUSS. *Ém.* 5. Une femme revêche, rebourse. | *P. anal.* Cheval —, qui se défend. Bois —, noueux, qui repousse la hache, le rabot.
II. *S. m.* || 1º *Vieilli.* Le contre-poil. Le — d'une étoffe.
|| 2º *Fig.* Le contre-pied d'une chose. *Loc. adv.* A —, au —, en sens contraire. Descendre un escalier à —, à reculons. Lire à —, en commençant par la fin. Un esprit chaussé tout à —, MOL. *Ét.* II, 11. Quoi que vous disiez, je l'entends au —, CORN. *Ment.* v, 4.

***REBOUTER** [re-bou-té] *v. tr.*
[ÉTYM. Composé de re et bouter, §§ 192 et 196. || XIIᵉ s. Ainz me rebute si ariere Que n'ai talent que la requière, MARIE DE FRANCE, *Fab.* LXXIII, 51, Warnke.]
|| *Vieilli.* Bouter de nouveau, remettre. *Spécialt.* Remettre (un membre luxé) par des procédés empiriques.

REBOUTEUR, EUSE [re-bou-teûr, -teûz'] *s. m. et f.*
[ÉTYM. Dérivé de rebouter, § 112. || XVᵉ s. Rebouteresse de tant de vaillans hommes, CHASTELL. *Chron.* II, 49, Kervyn.]
|| Celui, celle qui fait métier de rebouter les membres luxés. (*Syn.* renoueur, rhabilleur.)

REBOUTONNER [re-bou-tò-né] *v. tr.*
[ÉTYM. Composé de re et boutonner, §§ 192 et 196. || 1611. COTGR. Admis ACAD. 1835.]
|| Boutonner de nouveau. Et reboutonna son pourpoint, SCARR. *Virg. trav.* 5.

***REBRAS** [re-brà] *s. m.*
[ÉTYM. Subst. verbal de rebrasser, § 52. || XIVᵉ-XVᵉ s. Dedens mon rebras, CHR. DE PISAN, *Poés.* II, 226, Roy.]
|| *Vieilli.* || 1º Action de rebrasser (retrousser) ses manches. || *Fig. Loc. prov.* Donner un soufflet à double —, de toute sa force.
|| 2º Bord retroussé d'une manche. *P. ext.* (Technol.) Partie du gant qui recouvre le bras.

***REBRASSÉ, ÉE** [re-brà-sé] *adj.*
[ÉTYM. Dérivé de rebras, § 118. || XVIIIᵉ s. V. à l'article.]
|| (Blason.) Qui a un rebras. Robes traînantes... rebrassées d'hermines, VOLT. *Lois de Minos*, note.

REBRASSER [re-brà-sé] *v. tr.*
[ÉTYM. Du lat. pop. *rebrachiare (de re et brachium, bras), m. s. devenu rebracier, §§ 375, 297 et 291, rebracer, écrit rebrasser, d'après bras, § 634. || XIIᵉ s. Escorcies et rebracies, De bien ferir apareillies, WACE, *Rou*, III, 1099. Admis ACAD. 1835.]
|| *Vieilli.* Se —, mettre le bras à nu en retroussant ses manches. *P. ext.* Retrousser. — ses manches, son chapeau.

REBRIDER [re-bri-dé] *v. tr.*
[ÉTYM. Composé de re et brider, §§ 192 et 196. || 1549. R. EST. Admis ACAD. 1835.]
|| Brider de nouveau.

REBROCHER [re-brò-ché] *v. tr.*
[ÉTYM. Composé de re et brocher, §§ 192 et 196. || XIIIᵉ s. Ainz rebrochierent moult aireement, ADENET, *Enf. Ogier*, 808. Admis ACAD. 1835.]
|| 1º (Reliure.) Brocher de nouveau. — un volume.

|| **2°** (Tissage.) Brocher par-dessus ce qui est déjà broché. Habits rabattus et rebrochés d'or, sév. 756.|| *Fig. Vieilli.* Maximes rebrochées et rebrodées avec du clinquant nouveau, volt. *Lett. à Mᵐᵉ du Deffand*, 31 mai 1751.

REBRODER [re-brò-dé] *v. tr.*

[Étym. Composé de re et broder, §§ 192 et 196. || XVII° s. *V.* à l'article. Admis ACAD. 1740.]

|| Broder de nouveau. || *Fig.* Un fond d'inclination rebrodé de passion, sév. 855.

***REBROUSSEMENT** [re-broŭs'-man ; *en vers,* -brouse-...] *s. m.*

[Étym. Dérivé de rebrousser, § 145. || 1733. La courbure aura son contour au point de rebroussement, LA CONDAMINE, dans LE P. PLUMIER, *Traité de l'art de tourner* (1749), p. 221.]

|| Action de rebrousser; état de ce qui est rebroussé. Le — des poils. Le — d'un courant. || *Spécialt.* (Géom.) — d'une courbe, retour d'une courbe sur elle-même. Point de —, où la courbe se divise en deux bandes, avec tangente commune en ce point. Arête de — d'une surface développable, courbe formée par les points d'intersection des génératrices rectilignes consécutives de la surface.

REBROUSSE-POIL (À) [re-broŭs'-pwàl ; *en vers,* -brou-se-...] *loc. adv.*

[Étym. Composé de à, rebrousse (du verbe rebrousser) et poil, § 212. || Admis ACAD. 1694.]

|| En rebroussant le poil. (*Syn.* à contre-poil.) Brosser un chapeau —. || *Fig.* Prendre une affaire —, à contresens.

REBROUSSER [re-brou-sé] *v. tr.*

[Étym. Pour rebourser, § 361, dérivé de rebours, § 154. || XII° s. Li communs biens faut et reborce, WACE, *Rou*, 5558.]

|| **1°** Manier à contre-poil. — les poils d'un chapeau. — la moustache. || *Spécialt.* | 1. — le drap, en relever le poil couché. | 2. *P. anal.* — le cuir, frotter la fleur en sens contraire pour abattre le grain.

|| **2°** *Fig.* Diriger en sens inverse. — chemin, revenir en arrière. Cependant le roi rebrousse chemin, RAC. *Camp. de L. XIV*, v, 290, Gr. Écriv. L'arche qui... força le Jourdain de — son cours, ID. *Ath.* v, 1. || *Intransitivt.* Peu s'en fallut que le soleil Ne rebroussât d'horreur vers le manoir liquide, LA F. *Fab.* XI, 8.|| *P. ext.* En parlant d'un tranchant que repousse une matière résistante. (*Cf.* reboucher 1.) Le bois de cet arbre fait — les meilleures haches, B. DE ST-P. *Paul et Virg.*

REBUFFADE [re-bu-fàd] *s. f.*

[Étym. Dérivé de rebuffe, mot usité au XVI° s. et emprunté de l'ital. ributfo, *m. s.* § 120. || 1642. OUD. ributfo.]

|| Refus brutalement exprimé. Essuyer des rebuffades.

RÉBUS [ré-bûs'] *s. m.*

[Étym. Emprunté du lat. rebus, ablatif plur. de res, chose (*cf.* rien), dans l'expression de rebus quæ geruntur, « des choses qui se passent », employée par les clercs de Picardie pour désigner les pièces satiriques à devinettes qu'ils composaient pendant le carnaval, § 217. || 1512. Car leurs rebus Ne sont que abus, *Contreblason des faulses amours*, dans DELB. *Rec.*]

|| Jeu d'esprit consistant à représenter un mot, une phrase par des figures d'objets dont les noms rappellent, par homonymie, ce mot, cette phrase. Deviner un —. || *P. ext.* Énigme. Parler par —.

REBUT [re-bu] *s. m.*

[Étym. Subst. verbal de rebuter, § 52. || 1549. R. EST.]

I. Action de rebuter. Depuis ce — -là, les Gaulois commencèrent à perdre courage, AMYOT, *Camille*, 48. Lorsque par les rebuts une âme est détachée, MOL. *Dép. am.* I, 1. Endurer pour toi l'outrage et le —, CORN. *Imit.* III, v. 2093. Un objet de —. Il ramasse sur la table des morceaux de —, LA BR. *Théophr. Effronterie.*

II. Ce qui est rebuté. Gloire et — de l'univers! PASC. *Pens.* VIII, 1. Les Juifs qui étaient le — du monde, BOSS. *Hist. univ.* II, 22. — de la nature entière, RAC. *Phéd.* IV, 6. Le — de Madame est une marchandise Dont on aurait grand tort d'être si fort éprise, MOL. *Mis.* v, 6. Mettre au —, parmi les choses rebutées. || *Spécialt.* Les rebuts de la poste, les lettres, envois dont on n'a pu trouver les destinataires et qui sont détruits au bout d'un certain temps.

REBUTANT, ANTE [re-bu-tan, -tänt'] *adj.*

[Étym. Adj. particip. de rebuter, § 37. || XVII° s. *V.* à l'article.]

|| Qui rebute. Tout ce qu'on dit de trop est fade et —, BOIL. *Art p.* 1.

REBUTER [re-bu-té] *v. tr.*

[Étym. Composé avec re et but, §§ 194 et 196. A remplacé rebouter au commencement du XVI° s. || XV° s. Il n'est homme qui n'en fust rompu et rebuté, A. DE LA SALLE, *Cent Nouv. nouv.* 10.]

|| **1°** Repousser avec rudesse. Il me rebuta rudement, PASC. *Prov.* 1. Encore rebuté? MOL. *Dép. am.* IV, 2. Assez coquette pour ne — personne, HAMILT. *Gram.* 6. || *P. ext.* L'œil humide de pleurs par l'ingrat rebutés ! RAC. *Phéd.* III, 3.

|| **2°** Rejeter comme étant de mauvaise qualité. Ces gens... rebutent un grand nombre de pièces (de monnaie) qu'ils croient légères, LA BR. *Théophr. Rusticité.* La tanche rebutée, il trouva du goujon, LA F. *Fab.* VII, 4. || *Fig.* Mille de ces beaux traits, aujourd'hui si vantés, Furent des sots esprits à nos yeux rebutés, BOIL. *Ép.* 7.

|| **3°** Dégoûter d'une entreprise par les difficultés, les obstacles. Nos troupes semblent rebutées autant par la résistance des ennemis que par l'effroyable disposition des lieux, BOSS. *Condé.* Il (Alexandre) fut contraint de céder à ses soldats rebutés, ID. *Hist. univ.* III, 5. Si cette cruauté ne rebute un amant, ROTROU, *Bélis.* III, 2. || *P. anal.* C'est... ce qu'il y a d'humble et de simple dans la religion qui le rebute, LA BR. 16. Les Juifs, rebutés de ces séducteurs, BOSS. *Hist. univ.* II, 22. Il (le chien) ne se rebute pas par les mauvais traitements, BUFF. *Chien.*

RECACHETER [re-kâch'-té ; *en vers,* -kà-che-té] *v. tr.*

[Étym. Composé de re et cacheter, §§ 192 et 196. || 1549. R. EST. Admis ACAD. 1835.]

|| Cacheter de nouveau.

RÉCALCITRANT, ANTE [ré-kâl-si-tran, -tränt'] *adj.*

[Étym. Adj. particip. de récalcitrer, § 37. || XVII°-XVIII° s. *V.* à l'article. Admis ACAD. 1762.]

|| En parlant du cheval, qui résiste en ruant, en se cabrant. || *Fig.* Qui résiste opiniâtrément. Être d'humeur récalcitrante. L'âme aux leçons un peu récalcitrante, REGNARD. *Joueur*, I, 10. Il se montra si — contre ce remède, LES. *Gil Blas*, II, 4. || *Substantivt.* Faire le —. Les récalcitrants furent punis.

RÉCALCITRER [ré-kâl-si-tré] *v. intr.*

[Étym. Emprunté du lat. recalcitrare, *m. s.* || XII° s. Engraissiez est li amez, e recalcitrat, *Cant. de Moïse*, 22, dans *Psaut. de Cambridge*, p. 274.]

|| *Vieilli.* En parlant du cheval, résister en ruant, en se cabrant. || *Fig.* Résister opiniâtrément.

RÉCAPITULATIF, IVE [ré-kà-pi-tu-là-tĭf', -tĭv'] *adj.*

[Étym. Dérivé de récapituler, § 257. || *Néolog.* Admis ACAD. 1878.]

|| (T. didact.) Destiné à récapituler. Chapitre —. Table récapitulative.

RÉCAPITULATION [ré-kà-pi-tu-là-syon ; *en vers,* -si-on] *s. f.*

[Étym. Emprunté du lat. recapitulatio, *m. s.* || XIII°-XIV° s. De la recapitulacion et du nombre de tous les os, *Chirurg. de Mondeville*, 531, Bos.]

|| (T. didact.) Action de récapituler.

RÉCAPITULER [ré-kà-pi-tu-lé] *v. tr.*

[Étym. Emprunté du lat. recapitulare, *m. s.* || XIV° s. Il recapitule par ordre retrograde, ORESME, *Éth.* I, 3.]

|| (T. didact.) Reprendre point par point.

RECARDER [re-kàr-dé] *v. tr.*

[Étym. Composé de re et carder, §§ 192 et 196. || 1549. R. EST. Admis ACAD. 1835.]

|| Carder de nouveau. Faire — des matelas.

RECASSER [re-kà-sé] *v. tr.*

[Étym. Composé de re et casser, §§ 192 et 196. || 1549. R. EST. Admis ACAD. 1835.]

|| Casser de nouveau. Il s'est recassé le bras.

RECÉDER [re-sé-dé] *v. tr.*

[Étym. Composé de re et céder, §§ 192 et 196. (*Cf.* rétrocéder.) || 1596. P. DE LA NOUE, *Dict. des rimes.* Admis ACAD. 1835.]

|| **1°** Céder à qqn ce qu'il vous a précédemment cédé. (*Syn.* rétrocéder.) Je lui ai recédé son mobilier.

|| **2°** Céder à qqn ce qu'un autre vous avait cédé. Je lui ai recédé mon acquisition.

RECEL [re-sèl] *s. m.*

[Étym. Subst. verbal de receler, § 52. Inusité aux XVII° et XVIII° s. || XII° s. Sans noise et sans recel, *Alexandre*, dans GODEF. Admis ACAD. 1835.]

|| (Droit.) Acte de celui qui recèle. Le — est puni par la loi.

RECÉLÉ [re-sé-lé] *s. m.*
[ÉTYM. Subst. particip. de recéler, § 45. || XVIᵉ s. Si perdra sa part au recelé, LOYSEL, p. 133. Admis ACAD. 1718.]
|| (Droit.) Action de recéler. *Spécialt.* Recèlement des effets d'une société, d'une succession.

RECÈLEMENT [re-sĕl-man ; *en vers,* -sè-le-...] *s. m.*
[ÉTYM. Dérivé de recéler, § 145. || XIIᵉ s. Senz nul recelement, GARN. DE PONT-STE-MAX. *St Thomas,* 1612.]
|| (Droit.) Action de recéler. Le — d'objets volés. Le — d'un criminel, d'un déserteur. — de grossesse, action d'une fille, d'une femme qui cèle sa grossesse, dans l'intention de supprimer l'enfant.

RECÉLER [re-sé-lé] *v. tr.*
[ÉTYM. Composé de re et céler, §§ 192 et 196. || XIIᵉ s. Celes choses ke receleies sunt as saiges, *Serm. de St Bern.* p. 1.]
|| Tenir caché. Les métaux que la terre recèle dans son sein. Eurydice fuyait, hélas ! et ne vit pas Un serpent que les fleurs recélaient sous ses pas, DELILLE, *Géorg.* 4. || *Spécialt.* Cacher frauduleusement. | 1. — des objets volés. | 2. — un criminel, un déserteur, le soustraire à la justice.

RECELEUR, EUSE [re-se-leur, -leuz'] *s. m. et f.*
[ÉTYM. Dérivé de receler, § 112. || 1340. Recelaresse de apprentisses, *Registre crim. de St-Martin des Champs,* p. 533, Tanon.]
|| Celui, celle qui se rend coupable de recel. Les lois grecques et romaines punissaient le — du vol comme le voleur, MONTESQ. *Espr. des lois,* XXIX, 12. Loc. prov. Les receleurs font les voleurs.

RÉCEMMENT [ré-sà-man] *adv.*
[ÉTYM. Pour récentment, composé de récent et ment, § 724. || 1549. Recentement, R. EST.]
|| A une époque récente.

RECENSE [re-sâns'] *s. f.*
[ÉTYM. Subst. verbal de recenser, § 52. || *Néolog.*]
|| (Technol.) Nouveau contrôle appliqué sur les pièces de bijouterie, d'orfèvrerie.

RECENSEMENT [re-sâns'-man ; *en vers,* -san-se-...] *s. m.*
[ÉTYM. Dérivé de recenser, § 145. || 1611. COTGR. Admis ACAD. 1762.]
|| Action de recenser. Le — de la population, compte du nombre d'habitants qui se trouvent dans un pays. — des votes, compte des votes, dans une élection. Conseil de —, chargé de vérifier la liste des conscrits de l'année.

RECENSER [re-san-sé] *v. tr.*
[ÉTYM. Emprunté du lat. recensere, *m. s.* || XIIIᵉ s. Cuers ne porroit mie penser Ne bouche d'omme recenser, G. DE LORRIS, *Rose,* 2977. Admis ACAD. 1762.]
I. Constater le nombre des habitants d'un pays, faire le compte des votes dans une élection.
II. (Technol.) Contrôler de nouveau (des pièces de bijouterie, d'orfèvrerie) quand le fisc change le poinçon. (*Cf.* recense.)

RECENSEUR [re-san-seur] *s. m.*
[ÉTYM. Dérivé de recenser, § 112. || *Néolog.*]
|| Agent employé aux opérations de recensement.

RECENSION [re-san-syon ; *en vers,* -si-on] *s. f.*
[ÉTYM. Emprunté du lat. recensio, *m. s.* || *Néolog.* Admis ACAD. 1878.]
|| (Philol.) Vérification du texte d'un auteur sur les manuscrits. La — d'Homère par Aristarque.

RÉCENT, ENTE [ré-san, -sânt'] *adj.*
[ÉTYM. Emprunté du lat. recens, entis, *m. s.* (*Cf.* l'anc. franç. roisent, frais, de formation pop.) || 1508. Dames... iresches, frasees, recentes, MAXIMIEN, *Avocat des dames,* dans MONTAIGLON, *Anc. Poés. franç.* XII, 42.]
|| 1° Qui s'est produit depuis peu de temps. Une découverte récente. Un crime —. Des faits récents, LA BR. 14. Le souvenir — d'une chose.
|| 2° *Vieilli.* Qui vient de quitter qqch depuis peu. Je ne suis pas assez — de mon latin pour me vanter d'entendre tous les mots. CORN. *Lett. à l'abbé de Pure,* 25 août 1660.

RECEPAGE [re-se-pàj'] (*vieilli*) et **RECÉPAGE** [-sé-...] *s. m.*
[ÉTYM. Dérivé de receper. § 78. || 1690. Ressepage, FURET. Admis ACAD. 1762.]
|| (Technol.) Action de recéper.

RECEPÉE [re-se-pé] (*vieilli*) et **RECÉPÉE** [-sé-...] *s. f.*
[ÉTYM. Subst. particip. de recéper, § 45. || Admis ACAD. 1798.]
|| (Technol.) Partie d'un bois qui a été recépée.

RECEPER [re-se-pé] (*vieilli*) et **RECÉPER** [-sé-...] *v. tr.*
[ÉTYM. Composé avec re et cep, §§ 194 et 196. || 1395. Ilz peuvent receper et prendre toutes les receppes, dans GODEF. recepe. Admis ACAD. 1718.]
|| (Technol.) Rabattre (un cep de vigne) pour le rajeunir par une pousse nouvelle. || *P. anal.* | 1. Soumettre à la même opération toute espèce d'arbres, d'arbustes. | 2. Rabattre les têtes de pilotis qui dépassent le niveau voulu.

RÉCÉPISSÉ [ré-sé-pïs'-sé] *s. m.*
[ÉTYM. Emprunté du lat. recepisse (avoir reçu), employé dans les formules : cognosco me recepisse..., § 217. || XVIᵉ s. Il a demandé recepicé, CONDÉ, *Mém.* p. 663.]
|| Écrit par lequel on reconnaît avoir reçu de qqn des papiers, des pièces, des objets, de l'argent.

RÉCEPTACLE [ré-sép-tàkl'] *s. m.*
[ÉTYM. Emprunté du lat. receptaculum, *m. s.* || 1314. L'esplein est... receptacle de melancolie, *Chirurg. de Mondeville,* 406, Bos.]
|| (T. didact.) Lieu où plusieurs choses se rassemblent de divers endroits. La mer qui est le — de toutes les eaux, DESC. *Météor.* 3. Les égouts qui sont le — des immondices d'une ville. || *P. ext.* La veine cave qui est le principal — du sang, DESC. *Méth.* 5. | Le — d'une machine à vapeur, chambre où s'amasse la vapeur. | *Fig.* En mauvaise part, en parlant des personnes. Sa cour était le — de ce qu'il avait pu ramasser de plus vil chez les Grecs, CONDILLAC, *Hist. anc.* II, 9.

RÉCEPTEUR [ré-sép-teur] *s. m.*
[ÉTYM. Emprunté du lat. receptor, *m. s.* (*Cf.* récipient.) || XIIIᵉ s. Majeur ou juré ou receteur, BEAUMAN. L, 7.]
|| 1° *Anciennt.* Receveur.
|| 2° *De nos jours.* (Technol.) Partie d'une machine sur laquelle la force motrice s'applique directement. || *Spécialt.* Dans un télégraphe électrique, appareil qui reçoit le message transmis par le manipulateur.

RÉCEPTION [ré-sép'-syon ; *en vers,* -si-on] *s. f.*
[ÉTYM. Emprunté du lat. receptio, *m. s.* || XIIᵉ-XIIIᵉ s. Li oste a la receptiun Soient mené a ouroisun, NICOLE, *Règle de St-Benoit,* dans DELB. *Rec.*]
|| 1° Action par laquelle qqn reçoit ce qui lui est adressé. Accuser — d'un envoi d'argent.
|| 2° Action par laquelle on donne entrée à qqn. La — d'un candidat à un examen, à une école. *Spécialt.* L'installation dans une charge, dans une compagnie. Une — à l'Académie française. || Le jour de — d'une maîtresse de maison, le jour où elle reçoit des visites. La — qui est faite à qqn, l'accueil qu'il reçoit. La — que son mari vous a faite mérite bien cette politesse, SÉV. 139. La — du tzar à Paris.
|| 3° Action par laquelle on donne entrée à qqch. La — d'une doctrine. Cette — générale du péripatétisme parmi les chrétiens, LA MOTHE LE VAYER, *Vertu des païens, Aristote.* La — d'une pièce par le directeur d'un théâtre. La — de travaux, de fournitures, le fait de les accepter comme remplissant les conditions.

RECERCELÉ, ÉE [re-sèr-se-lé] *adj.*
[ÉTYM. Composé avec re et cerceau, §§ 65, 193 et 196. || XIᵉ s. Le chef recercelet, *Roland,* 3161. Admis ACAD. 1762; suppr. en 1835.]
|| *Anciennt.* Bouclé. Cheveux recercelés. *Spécialt.* (Blason.) Croix ancrée recercelée, dont les pointes sont bouclées. Lévrier à la queue recercelée.

RECERCLER [re-sèr-klé] *v. tr.*
[ÉTYM. Composé de re et cercler, §§ 192 et 196. || *Néolog.* Admis ACAD. 1835.]
|| Cercler de nouveau (un tonneau).

RECETTE [re-sĕt'] *s. f.*
[ÉTYM. Du lat. recĕpta, chose reçue, §§ 45, 429 et 291.]
I. Total de ce qui a été reçu en argent, en valeurs. La — d'un théâtre. La — de la journée (dans un magasin). Celui-là est pauvre dont la dépense excède la —, LA BR. 6. Garçon de —, employé chargé d'aller encaisser des valeurs. || *Spécialt.* Emploi de celui qui reçoit les contributions pour le compte de l'État. Une — générale, particulière.
II. Indication qu'on reçoit sur la préparation de cer-

tains médicaments, de certains mets. Une — pharmaceutique, médicale. Une — qu'il appelle un prompt remède et qui quelquefois est un poison violent, LA BR. 14. C'est là — d'un potage, VOLT. *Ép.* 9. ‖ *Fig.* Sachons perdre dans l'occasion, la — est infaillible, LA BR. 9.

RECEVABILITÉ [re-se-và-bi-li-té] *s. f.*
[ÉTYM. Dérivé de recevable, § 255. ‖ *Néolog.* Admis ACAD. 1878.]
‖ (Droit.) Qualité de ce qui est recevable. La — d'un appel.

RECEVABLE [re-se-vàbl'] *adj.*
[ÉTYM. Dérivé de recevoir, § 93. ‖ XIII° s. La semonce de l'hostel le roi doit estre recevable, *Livre de jostice*, 83.]
‖ Qui peut être reçu. [1. En parlant des choses. Cette excuse n'est pas —. *Spécialt.* (Droit.) Un appel — en justice. | 2. En parlant des personnes. On n'est d'autant moins — ici d'alléguer l'exemple commun..., MASS. *Confér. Ambition des clercs.* ‖ (Droit.) Il a été déclaré — dans sa demande.

RECEVEUR, EUSE [re-se-veùr, -veùz'] *s. m. et f.*
[ÉTYM. Dérivé de recevoir, § 112. (*Cf.* récepteur.) ‖ XII° s. Li sire est receverre de la meie anesme, *Psaut. d'Oxf.* LIII, 4.]
‖ Personne chargée de recevoir. Le — des billets, dans un théâtre. ‖ *Spécialt.* Personne chargée de gérer une recette particulière ou publique. Un — des contributions. Une receveuse des postes. Un conseiller et un — sont des amants un peu bien minces pour une grande comtesse comme vous, MOL. *Escarb.* sc. 2. — général. — de l'enregistrement et des domaines.

RECEVOIR [re-se-vwàr] *v. tr.*
[ÉTYM. Du lat. pop. *recìpĕre (class. recìpere, anc. franç. reçoivre), devenu receveir, recevoir, §§ 426, 309 et 291.]
I. Se voir adresser (qqch).
‖ **1°** Être l'objet d'un envoi, d'un don, etc. — une lettre, un message, un colis postal. — des vivres, du gibier, une pièce de vin. L'armée a reçu des renforts. — un cadeau. — un legs. *Absolt.* Toutes personnes peuvent disposer et —, soit par donation entre vifs, soit par testament, *Code civil*, art. 902. — de l'argent. — un salaire. Les médecins reçoivent pour leurs visites ce qu'on leur donne, LA BR. 14. — une indemnité, une gratification. — le prix de ses services. — le corps et le sang de Jésus-Christ, communier. — l'extrême-onction. — le chapeau de cardinal, la croix de la Légion d'honneur. ‖ *Fig.* — des nouvelles de qqn. — des renseignements. — des consolations. — un service de qqn. — des offres, des garanties. — une promesse. Il s'avance pour — la parole de ces braves gens, BOSS. *Condé.* J'ai reçu sa foi. Contents de ce qu'ils avaient reçu de la fortune, FLÉCHIER, *Lamoignon.* Quel fruit recevront-ils de leurs vaines amours? RAC. *Phèd.* IV, 6. Ces hommes vains ont reçu une récompense aussi vaine que leurs désirs, BOSS. *La Vall.* Le nom qu'il a reçu au baptême. Au milieu de leur camp tu reçus la naissance, CORN. *Cinna*, V, 1. Je rendrai mon sang pur comme je l'ai reçu, ID. *Cid*, I, 6. — des éloges, des compliments. — une confidence. — les dernières volontés d'un mourant. — le dernier soupir de qqn. — les adieux de qqn. L'honneur que je reçois. Il a reçu une bonne éducation. Recevez par cette lettre un pouvoir absolu sur tout le sérail, MONTESQ. *Lett. pers.* 148.
‖ **2°** Être l'objet d'une action que l'on subit. — un choc. Il a reçu une balle dans la poitrine. Seigneur, j'ai reçu un soufflet, MOL. *Sicil.* sc. 12. — des coups de bâton. — une tuile sur la tête. — une blessure. — le coup mortel. — la mort. Contente de l'envisager (la mort) sans émotion et de la — sans trouble, BOSS. *D. d'Orl.* ‖ *Fig.* Il a reçu une sévère leçon. — un affront et demeurer vaincu, CORN. *Cid*, II, 8. — un blâme, des reproches sanglants. — la loi de qqn. — un ordre formel. Il a reçu l'ordre de partir. — une impulsion. — une bonne, une mauvaise influence... Est imprimé à — l'impression des vices, BOIL. *Art p.* 3. ‖ Le projet a reçu de nombreuses modifications. Jamais une démonstration dans laquelle ces circonstances sont gardées, n'a pu — le moindre doute, PASC. *Espr. géom.* 2. Cela ne reçoit point de contradiction, MOL. *Av.* I, 5.
II. Laisser entrer (qqn ou qqch).
‖ **1°** Une personne. Qu'Esther puisse à sa table — aujourd'hui son souverain seigneur, RAC. *Esth.* II, 7. Lorsqu'un époux mortel fut reçu dans son lit, ID. *Iph.* I, 2. — qqn dans ses bras. — un enfant à sa naissance. Ne le recevez point en meurtrier d'un frère, CORN. *Hor.* II, 4. Il m'a assez mal reçu, FÉN. *Tél.* 24. *P. anal.* L'ennemi a été reçu à coups de canon. Être reçu dans une maison. — des visiteurs, et, *p. ext.* — des visites. A — le monde on vous voit toujours prête, MOL. *Mis.* II, 2. Recevant

les amants sous le doux nom d'amis, BOIL. *Sat.* 10. *Absolt.* Le jour où une dame reçoit. | — un ambassadeur en audience privée. Ils furent reçus dans l'alliance des Romains. | Il a été reçu docteur. Être reçu à un examen. Il a été reçu à l'Académie. | Être reçu à faire qqch, y être autorisé. Serait-on reçu à dire qu'on ne peut se passer de voler? LA BR. 6.
‖ **2°** Une chose. Le vase où l'on recevait le sang des victimes. Les fleuves que la mer reçoit dans son sein. Les affluents que reçoit la Seine. Une citerne qui reçoit les eaux pluviales. Un port qui peut — les grands navires. La lune reçoit la lumière du soleil. Ce corridor ne reçoit le jour que par une imposte. Des monnaies qui ne sont plus reçues dans les caisses de l'État. | *Fig.* Les opinions que j'avais reçues jusqu'alors en ma créance, DESC. *Méth.* 2. La Grèce... avait reçu ces mystères abominables, BOSS. *Hist. univ.* II, 16. Cette petite licence n'a pas été bien reçue, SÉV. 261. Je reçois vos excuses. Je ne sais comment vous aurez reçu la perte de vos lettres, PASC. *Lett. à Mlle de Roannez*, 5. Tout genre d'écrire reçoit-il le sublime? LA BR. 1.

RECEZ [re-sè] *s. m.*
[ÉTYM. Emprunté du lat. recessus, action de se retirer. ‖ Admis ACAD. 1798.]
‖ **1°** (Histoire.) Acte dans lequel la diète d'Allemagne consignait les délibérations qu'elle avait prises.
‖ **2°** *P. ext.* (Diplomatie.) Procès-verbal résumant les conventions arrêtées.

RÉCHAMPIR [ré-chan-pīr] *v. tr.*
[ÉTYM. Composé de re et échampir, §§ 192 et 196. ‖ 1676. Reschampir, A. FÉLIBIEN, *Princ. de l'architect.* p. 291. Admis ACAD. 1762.]
‖ (Technol.) Détacher les objets peints sur un fond, en accentuant les contours ou l'opposition des couleurs. ‖ *P. ext.* Recouvrir de blanc de céruse les bavures laissées par la couleur jaune destinée à recevoir la dorure.

1. RECHANGE [re-chānj'] *s. m.*
[ÉTYM. Subst. verbal de rechanger, § 52. ‖ XV° s. A rechange de place, OL. DE LA MARCHE, *Mém.* II, p. 266, Beaune et d'Arbaumont.]
‖ Remplacement, en cas de besoin, d'une chose par une autre semblable qu'on tient en réserve. Vêtement de —. Roue de —. Voiles, mâts de —, et, *ellipt*, Les rechanges d'un vaisseau. Corps de — (dans un instrument à vent), pièces qu'on change selon le ton dans lequel on doit jouer.

2. RECHANGE [re-chānj'] *s. m.*
[ÉTYM. Composé de re et change, §§ 193 et 196. ‖ 1680. RICHEL.]
‖ (Commerce.) Second change qu'on doit payer quand une lettre de change a été protestée, pour le compte de retour.

*'**RECHANGER** [re-chan-jé] *v. tr.*
[ÉTYM. Composé de re et changer, §§ 192 et 196. ‖ XII° s. Si rechanja l'affaire, BENEEIT, *Ducs de Norm.* dans DELB. *Rec.*]
‖ Changer de nouveau.

*'**RECHANTER** [re-chan-té] *v. tr.*
[ÉTYM. Composé de re et chanter, §§ 192 et 196. ‖ 1288. Cele recanta pié estant Ce motet plaisant et joli, J. GELÉE, *Renart le nouvel*, dans DELB. *Rec.*]
‖ Chanter de nouveau. Il rechante la fin, MOL. *Fâch.* I, 3. ‖ Ces murs de Troie si rechantés, CORN. *Poés. div. Vict. du roi* (1667).

RÉCHAPPER [ré-chà-pé] *v. intr. et tr.*
[ÉTYM. Composé de re et échapper, §§ 192 et 196. ‖ XIII°-XIV° s. Se il nous reschapoit de ce peril, JOINV. 632.]
I. *V. intr.* Échapper contre toute attente. Notre chat est réchappé depuis peu d'un saut qu'il fit du haut de la maison, MOL. *Am. méd.* II, 1. Je me dédis de ma parole si tu réchappes, ID. *Scap.* III, 14. *Absolt.* Il vaut mieux mourir selon les règles que de — contre les règles, MOL. *Am. méd.* II, 5.
II. *V. tr.* (*rare*). Faire échapper contre toute attente. Maître fou,... je t'ai réchappé des galères, VOLT. *Cand.* 29.

*'**RECHARGE** [re-chàrj'] *s. f.*
[ÉTYM. Subst. verbal de recharger, § 52. ‖ 1433. A nos commandement, commission et recharge, dans GODEF.]
‖ Action de revenir à la charge. O Seigneur! que vous me pressez! Encore une nouvelle —, BOSS. *Impén. fin.* 2.

RECHARGEMENT [re-chàr-je-man] *s. m.*
[ÉTYM. Dérivé de recharger, § 145. ‖ XV° s. Conseil et rechairgement, J. DE STAVELOT, *Chron.* p. 97, Borgnet. Admis ACAD. 1835.]
‖ Action de recharger. Le — d'une voiture, d'une route.

RECHARGER [re-chàr-jé] *v. tr.*
[ÉTYM. Composé de re et charger, §§ 192 et 196. || XIIIᵉ s. Se hom... le descharge et ne le vant pas, rechargier le puet, E. BOILEAU, *Livre des mest.* II, VI, 5.]
|| Charger de nouveau.
|| **1°** Remettre sous le poids d'une charge. — qqn d'un fardeau, et, *p. ext.* — un fardeau. C'est, dit-il, afin de m'aider A — ce bois, LA F. *Fab.* I, 16. *Fig.* — qqn d'injures, de malédictions. Il charge et recharge ses discours de citations. || — qqn d'un travail, d'une commission. || — un prisonnier par un nouvel écrou, s'opposer par un nouvel écrou à son élargissement.
|| **2°** Garnir de nouveau d'un poids, d'une quantité déterminée. — une arme à feu. Il déchargea et rechargea son fusil. — une bouteille de Leyde. — sa pipe. — une bobine. — un champ, y ajouter de la terre. — une pioche, un essieu, remettre du métal pour remplacer les parties usées. — une route, l'empierrer de nouveau.
|| **3°** Se porter de nouveau de tout son poids contre qqn. La cavalerie rechargea l'ennemi. || *Fig. Absolt.* Revenir à la charge.

RECHASSER [re-chà-sé] *v. tr.*
[ÉTYM. Composé de re et chasser, §§ 192 et 196. || XIIIᵉ s. Li nature le rechace as membres, ALEBRANT DE SIENNE, dans LITTRÉ.]
|| **1°** Chasser de nouveau. Il a rechassé le valet qu'il avait repris. En vain on avait rechassé les barbares dans leur pays, MONTESQ. *Rom.* 19. || *Absolt.* J'ai chassé et rechassé dans ce pays.
|| **2°** Faire repartir d'un lieu dans un autre, en chassant, en poussant devant soi. Rechassez ces bêtes dans l'étable. Fit — le More au pied de sa muraille, CORN. *D. Sanche,* I, 3. — le cerf dans le bois, l'y faire rentrer quand il en est sorti. || Un joueur de paume qui rechasse une balle.

RÉCHAUD [ré-chô] *s. m.*
[ÉTYM. Pour réchauf, subst. verbal de réchauffer, § 52, écrit réchaud d'après chaud, § 509. || 1549. Reschauld, R. EST.]
I. Ustensile de ménage pour faire chauffer. — à charbon, à esprit-de-vin. S'asphyxier avec un —. Quand on est pauvre et fier..., on allume un —, MUSSET, *Rolla.* || *Spécialt.* Ustensile de métal, à l'intérieur duquel est une bougie allumée pour tenir les plats chauds. | Ustensile de graveur pour chauffer les planches. || *P. ext.* — de rempart, gros chandelier de fer sur lequel on fait brûler des artifices, pour éclairer, la nuit, les points attaqués.
II. (Jardin.) Fumier neuf qu'on applique sur les couches refroidies. (*Syn.* réchauffement.)

RÉCHAUFFEMENT [ré-chôf'-man; *en vers,* -chôfe-...] *s. m.*
[ÉTYM. Dérivé de réchauffer, § 145. || 1611. COTGR.]
|| Action de réchauffer. || *P. ext.* Ce qui réchauffe. || *Spécialt.* (Jardin.) Fumier neuf (dit aussi réchaud) qu'on applique sur les couches refroidies pour les réchauffer par la fermentation.

RÉCHAUFFER [ré-chô-fé] *v. tr.*
[ÉTYM. Composé de re et échauffer, §§ 192 et 196. || XIIᵉ s. E que tost rechalfast quant batre se faiseit, GARN. DE PONT-STE-MAX. *St Thomas,* 5700.]
|| **1°** Chauffer de nouveau (ce qui s'est refroidi). — l'eau d'un bain. La poule réchauffe ses poussins sous ses ailes. Il l'étend (le serpent engourdi de froid) le long du foyer, Le réchauffe, LA F. *Fab.* VI, 13. *Fig.* En parlant d'une personne ingrate. C'est un serpent que j'ai réchauffé dans mon sein. || — un plat. Un dîner réchauffé ne valut jamais rien, BOIL. *Lutr.* 1. *Fig.* Une chose réchauffée, qui a déjà servi et qu'on redonne comme nouvelle. L'ancien conte réchauffé, VOLT. *Dict. philos.* sottise. || *Au part. passé pris substantivt.* Le réchauffé n'est jamais bien reçu, VOLT. *Lett. à d'Argental,* mars 1772. || *P. anal.* (Jardin.) — une couche, la couvrir de fumier neuf.
|| **2°** *Fig.* Ranimer (un sentiment affaibli). Dans un âge où le cœur a déjà perdu sa chaleur naturelle, celui de ce bon vieillard se réchauffa pour lui, J.-J. ROUSS. *Confess.* 12. L'amitié se réchauffe quand on est dans les mêmes intérêts, SÉV. 51. — le zèle de qqn. Sa bile se réchauffa, RAC. *P.-Royal,* 1. || *P. ext.* Aviver. — les tons des couleurs.

RÉCHAUFFOIR [ré-chô-fwàr] *s. m.*
[ÉTYM. Dérivé de réchauffer, § 113. || 1455. Rescauffoir, dans GODEF. reschauffoir.]
|| Réchaud de cuisine.

RECHAUSSER [re-chô-sé] *v. tr.*
[ÉTYM. Composé de re et chausser, §§ 192 et 196. || XIIIᵉ s. Et tant estroit vous rechauciés, *Renart,* 9329, Méon.]
|| Chausser de nouveau. — un enfant. Se —. || *Fig.* (Technol.) — un mur, en refaire le pied dégradé. — un arbre, remettre de la terre au pied. | *P. ext.* — une roue dentée, remettre des dents.

RÈCHE [rèch'] *adj.*
[ÉTYM. Pour resche (*cf.* le picard resque), § 422, d'origine inconnue. || XIVᵉ s. Se déduit de l'existence de l'adv. reskement, dans FROISS. *Chron.* VII, 120, Kervyn. Admis ACAD. 1835.]
|| Apre au toucher. Étoffe —. || *P. ext.* Apre au palais. Vin, pomme —. *Fig.* Apre de caractère. Je lui trouve... l'esprit un peu —, J.-J. ROUSS. *Nouv. Hél.* I, 44.

RECHERCHANT, ANTE [re-chèr-chan, -chant'] *adj.*
[ÉTYM. Adj. particip. de rechercher, § 47. || XVIIᵉ s. V. à l'article.]
|| Qui recherche trop minutieusement. Ces supérieures timides et trop recherchantes, qui prennent ombrage de tout, BOURD. *Pens.* II, 469.

RECHERCHE [re-chèrch'] *s. f.*
[ÉTYM. Subst. verbal de rechercher, § 52. || 1539. Recerche, R. EST.]
|| Action de rechercher. | **1.** Pour retrouver. Aller à la — de qqn. La — des sources du Nil. Il ne faut pas s'imaginer qu'il y ait beaucoup à souffrir dans la — de la vérité, MALEBR. *Rech. de la vérité,* I, I, 1. Des recherches philosophiques, scientifiques. *Spécialt.* Enquête judiciaire. La — de la paternité est interdite, *Code civil,* art. 340. Il ne se fait point de — contre les ingrats, MALH. *Bienf. de Sénéq.* III, 16. | **2.** (Technol.) Pour réparer, remplacer. Réparation de couverture en —, où l'on remplace les ardoises qui manquent. | **3.** Pour raffiner. Être vêtu avec —. La — dans le style.

RECHERCHER [re-chèr-ché] *v. tr.*
[ÉTYM. Composé de re et chercher, §§ 192 et 196. || XIᵉ s. Rollanz s'en turnet, le camp vait recerchier, *Roland,* 2200.]
I. Chercher de nouveau. Vous avez mal cherché; il faut — plus attentivement. Je viendrai vous — demain à la même heure.
II. || **1°** Chercher à retrouver. Affection... qui va les — (les morts) dans le tombeau même, BOSS. *1ᵉʳ Panég. St Franç. de Paule,* 1. Je venais — le passé qui n'était plus, J.-J. ROUSS. *Confess.* 6. Un éclat que vos yeux recherchent encore, BOSS. *D. d'Orl.* Le chien... recherche ses traces (du gibier), BUFF. *Chien.* — dans les histoires les exemples de ces grandes mutations, BOSS. *R. d'Angl.* || *P. ext.* Chercher soigneusement à trouver. — les secrets de la nature. A — le vrai j'ai consumé ma vie, VOLT. *Dial. Pégase et le vieillard.* | — les auteurs d'un crime. || *Spécialt.* Soumettre à une enquête judiciaire. Ceux-ci peuvent être recherchés et punis, MONTESQ. *Espr. des lois,* XI, 6. Il peut être ingrat sans en être recherché, MALH. *Bienf. de Sénéq.* VII, 31. Il (Dieu) ne recherche point... Sur le fils qui le craint l'impiété du père, RAC. *Ath.* I, 2.
|| **2°** Chercher à obtenir. Les rois qui recherchaient son alliance, BOSS. *Hist. univ.* II, 2. Les autres admiraient ses talents et recherchaient son amitié, HAMILT. *Gram.* p. 11. Deux étrangers qui refusaient la royauté recherchée par tant d'autres, FÉN. *Tél.* 6. Tous les hommes recherchent d'être heureux, PASC. *Pens.* VIII, 2. — le commerce de qqn, et, *dans le même sens,* — qqn. Les habiles gens sont toujours recherchés, MOL. *Méd. m. l.* I, 5. Le Parthe vous recherche et vous demande un gendre, RAC. *Mithr.* III, 1. || *P. anal.* Se —, chercher sa propre satisfaction. Il nous arrive presque toujours de nous — nous-mêmes dans la vertu, MASS. *2ᵉ Profess. relig.* 1. || *Spécialt.* — qqn en mariage. En épousant la fille que je recherche, MOL. *Mar. forcé,* sc. 1. Pourra-t-il suffire à tant d'héritiers qui le recherchent? LA BR. 7. Achille... Recherche votre fille, RAC. *Iph.* I, 1. || *Vieilli.* — qqn de qqch, en vue de qqch. Ils l'avaient fait — d'accord, CORN. *Lett.* t. X, p. 481, Grands Écriv. Il recherche de paix un prince, VAUGEL. *Q.-Curce,* IV, 11.
|| **3°** Chercher à raffiner. Elles se composent, elles se recherchent, LA BR. 3. Fuyons les expressions trop recherchées, LA ROCHEF. *Réflex. div. De la Conversation,* var. Une belle arme, d'un travail fort recherché, LA BR. 3.

RECHIGNER [re-chi-ñé] *v. intr.*
[ÉTYM. Composé avec re et le german. kînan, *m. s.* §§ 192, 196, 498 et 499. || XIIᵉ s. Denz rechignier, bras degeter, WACE, *Rou,* I, 588.]
|| Faire la grimace pour une chose à laquelle on a peine

à se décider. Écrire en rechignant quelques malheureuses lettres, J.-J. ROUSS. *Confess.* 12. Il rechigne à faire ce qu'on lui
demande. || *Absolt.* Avoir l'air rechigné, maussade. De petits
monstres fort hideux, Rechignés, LA F. *Fab.* V, 18.

RECHOIR [re-chwâr] *v. intr.*
[ÉTYM. Composé de re et choir, §§ 192 et 196. || XIIᵉ s.
Lors rechiet a terre pasmee, CHRÉTIEN DE TROYES, *Érec*, 4650.]
|| *Vieilli.* Choir de nouveau.

RECHUTE [re-chut'] *s. f.*
[ÉTYM. Dérivé de rechoir, d'après chute, de choir, § 45.
(*Cf.* récidive.) || XVIᵉ s. Une recheute pire que la maladie, BON.
DES PER. *Nouv.* 106.]
|| **1°** Le fait de retomber dans une maladie récente. La
—, dit-on, est pire que le mal, TH. CORN. *Galant double*, IV, 1.
Il y a des rechutes dans les maladies de l'âme comme dans celles
du corps, LA ROCHEF. *Max.* 193.
|| **2°** Le fait de retomber dans une faute, une habitude.
La — ordinaire et habituelle dans le péché rend la pénitence...
suspecte, BOURD. *Rechute dans le péché*, préamb. || Tant
sur ce point mes vers font de rechutes, LA F. *Contes, Lunettes*.

RÉCIDIVE [ré-si-dîv'] *s. f.*
[ÉTYM. Emprunté du bas lat. recidiva, *m. s.* subst. tiré
de l'adj. recidivus, qui retombe, qui reparaît, § 217. || XVIᵉ s.
Sans aucune recidive, PARÉ, VI, 15.]
|| **1°** *Vieilli.* Action d'une maladie qui reparaît.
|| **2°** Acte de celui qui commet de nouveau un crime,
un délit, une faute dont il s'était déjà rendu coupable.
Peines de la — pour crimes et délits, *Code pénal*, I, 4, titre.
De pas mis avec rien tu fais la —, MOL. *F. sav.* II, 6.

RÉCIDIVER [ré-si-di-vé] *v. intr.*
[ÉTYM. Emprunté du bas lat. recidivare, *m. s.* || 1517.
S'ilz estoient incorrigibles et obstinez et recidivoient, *Ordonn.*
dans DELB. *Rec.*]
|| Faire récidive.

RÉCIDIVISTE [ré-si-di-vîst'] *s. m. et f.*
[ÉTYM. Dérivé de récidive, § 265. || *Néolog.* Admis ACAD.
1878.]
|| (Droit.) Celui, celle qui récidive. Les récidivistes peu-
vent être condamnés à la relégation.

RÉCIF [ré-sif'] *s. m.*
[ÉTYM. Emprunté de l'espagn. (ar)recife, *m. s.* propr',
« chaussée », arabe ar-recif, §§ 13 et 22. || 1702. AUBIN,
Dict. de marine. Admis ACAD. 1798.]
|| (Marine.) Rocher, suite de rochers à fleur d'eau, dans
la mer. Le fracas des vagues qui brisent au loin sur les récifs,
B. DE ST-P. *Paul et Virg.* début.

RÉCIPÉ [ré-si-pé] *s. m.*
[ÉTYM. Mot lat. signifiant « prends », ordinairement
abrégé en R., en tête des ordonnances, § 217. || XVᵉ s. Un
recipe par escrit, A. DE LA SALLE, *Cent Nouv. nouv.* 21.]
|| *Vieilli.* Ordonnance, formule par laquelle le méde-
cin prescrit ce que doit prendre le malade. || *P. ext.*
Remède. Ce mal... S'obstine aux recipés, et ne se veut guérir,
RÉGNIER, *Sat.* 15. *Fig.* C'est un mal dont vous ne guérirez que
par le — d'un hymen salutaire, REGNARD, *Distr.* III, 1.

RÉCIPIENDAIRE [ré-si-pyan-dêr; *en vers*, -pi-an-...]
s. m. et f.
[ÉTYM. Dérivé du lat. recipiendus, qui doit être reçu,
§ 248. || 1680. RICHEL.]
|| Celui, celle qu'on reçoit solennellement dans une
compagnie, un corps savant. Le discours du — à l'Académie.

RÉCIPIENT [ré-si-pyan; *en vers*, -pi-an] *s. m.*
[ÉTYM. Emprunté du lat. recipiens, qui reçoit. || 1554.
En un mesme vaisseau recipient, B. ANEAU, *Tresor de Evonime*, dans DELB. *Rec.*]
|| (T. didact.) Vase adapté à certains appareils pour
recueillir des gaz, des liquides, etc. Le — d'une cornue,
d'un alambic. || *P. ext.* Le — d'une machine pneumatique,
cloche de verre sous laquelle on fait le vide.

***RÉCIPROCATION** [ré-si-prò-kà-syon; *en vers*, -si-on]
s. f.
[ÉTYM. Emprunté du lat. reciprocatio, *m. s.* || 1549.
R. EST.]
|| *Vieilli.* Action réciproque. Le bienfait et la revanche
ont une — qui n'est point en un homme seul, MALH. *Bienf. de
Sénèq.* V, 11.

RÉCIPROCITÉ [ré-si-prò-si-té] *s. f.*
[ÉTYM. Emprunté du bas lat. reciprocitas, *m. s.* || 1729.
La reciprocité d'ouverture de cœur, *Merc. de France*, août,
p. 1724. Admis ACAD. 1762.]

|| Caractère de ce qui est réciproque. Une — de ser-
vices, de bons offices.

RÉCIPROQUE [ré-si-prŏk'] *adj.*
[ÉTYM. Emprunté du lat. reciprocus, *m. s.* || XIVᵉ-XVᵉ s.
De beau traict les saluerent et au reciproque les Sarrazins eux,
Chron. de Boucicaut, II, 20.]
|| (T. didact.) En parlant de deux termes, dont chacun
a sur l'autre une action équivalente à celle qu'il en reçoit.
Le roi, le Sénat et le peuple étaient, pour ainsi dire, dans une
dépendance —, VERTOT, *Révol. rom.* 1. Une confiance —.
L'amour de la société eût dû les assujettir à une liaison —, LA
BR. 5. Propositions réciproques, dont chacune n'est que l'autre renversée, chacune des deux ayant pour sujet l'attribut, pour attribut le sujet de l'autre (Un triangle qui a les
trois côtés égaux a les trois angles égaux; Un triangle qui a les
trois angles égaux a les trois côtés égaux). La proposition —,
et, *ellipt, s. f.* La — d'un théorème. | (Gramm.) Verbe
exprimant l'action réciproque de deux sujets l'un sur
l'autre (Pierre et Paul se battent). || *Substantivt.* La —, et,
vieilli, Le —, la pareille en retour. Il hait tout le genre humain; on lui rend le —, FURET. *Rom. bourg.* II, 11. Rendre
à qqn la —.

RÉCIPROQUEMENT [ré-si-prŏk'-man; *en vers*, -prò-
ke-...] *adv.*
[ÉTYM. Composé de réciproque et ment, § 724. || 1549.
R. EST.]
|| D'une manière réciproque. Il vous conduit à la terreur
par la pitié, ou, —, à la pitié par le terrible, LA BR. 1. La
vicissitude des offices que nous rendons les uns aux autres
—, MALH. *Bienf. de Sénèq.* IV, 18. Les moines et la cour se
corrompaient —, MONTESQ. *Rom.* 22. || Un triangle qui a les
trois côtés égaux a les trois angles égaux, et —.

***RÉCIPROQUER** [ré-si-prò-ké] *v. tr. et pron.*
[ÉTYM. Emprunté du lat. reciprocare, *m. s.* || 1549. R. EST.]
|| *Vieilli.* || **1°** *V. tr.* Rendre la réciproque, la pareille
(à qqn). Vous pouvez m'aimer tant qu'il vous plaira, mais je
ne puis du tout vous —, SÉV. 489. Quand veux-tu donc, ma
tigresse, — mon amour? REGNARD et DUFRESNY, *Foire St-
Germ.* II, 5.
|| **2°** *V. pron.* Être dans un rapport réciproque. Vous
voulez peut-être savoir... si le bien se réciproque avec la fin?
MOL. *Mar. forcé*, sc. 4.

RÉCIT [ré-si] *s. m.*
[ÉTYM. Subst. verbal de réciter, § 52. || 1539. R. EST.]
I. Action de rapporter de vive voix un événement. Par
un long — de toutes les misères que durant notre enfance ont
enduré nos pères, CORN. *Cinna*, I, 3. Puis-je sur ton — fonder
quelque assurance? RAC. *Brit.* III, 6. Le — de Théramène (dans
la *Phèdre* de Racine). || *P. ext.* Action de rapporter,
par écrit, un événement. Les autres religions ne nous ont
donné pour garants de leur antiquité que des récits fabuleux,
MASS. *Jeudi après les Cendres.* La poésie épique, Dans le
vaste — d'une longue action Se soutient par la fable et vit de
fiction, BOIL. *Art p.* 3. || Faire un grand — de qqch, en parler
avec complaisance. Ce miracle dont on faisait tant de —,
RAC. *P.-Royal*, 1.
II. (Musique.) || **1°** Dans un ensemble, solo de chant,
ou d'instrument. Un — de soprano, de violoncelle.
|| **2°** *Vieilli.* Récitatif.

RÉCITANT, ANTE [ré-si-tan, -tänt'] *adj.*
[ÉTYM. Subst. particip. de réciter, § 47. || 1771. TRÉV.
Admis ACAD. 1798.]
|| (T. didact.) Qui récite. *Spécialt.* (Musique.) Partie ré-
citante, et, *substantivt,* Récitant, récitante, celui, celle qui
fait un solo dans un morceau d'ensemble.

RÉCITATEUR, *RÉCITATRICE [ré-si-tà-teŭr, -trïs']
s. m. et f.
[ÉTYM. Dérivé de réciter, § 249. (*Cf.* l'anc. franç. reci-
tere.) || XVᵉ-XVIᵉ s. Recitateur de choses vaines, P. DESREY,
Mer des chron. dans DELB. *Rec.*]
|| (T. didact.) Celui, celle qui récite.

RÉCITATIF [ré-si-tà-tif'] *s. m.*
[ÉTYM. Dérivé de réciter, d'après l'ital. recitativo, *m. s.*
§§ 12 et 257. || 1690. FURET.]
|| (T. didact.) Chant déclamé, sans symétrie de mesure
et de rythme et cadencé suivant la coupe des vers et les
inflexions de la voix parlée. Le — ne peut être bon qu'autant que les vers le sont, VOLT. *Dict. philos.* art dramatique.
— libre, soutenu simplement par la basse ou le piano. —
obligé, qui doit suivre l'accompagnement de l'orchestre.

RÉCITATION [ré-si-là-syon ; *en vers*, -si-on] *s. f.*
[ÉTYM. Emprunté du lat. recitatio, *m. s.* ‖ XIVᵉ-XVᵉ s. Recitations L'endemain des faiz advenus, EUST. DESCH. VII, 354. Admis ACAD. 1740.]
‖ Action de réciter. ‖ *Spécialt.* Action de dire de mémoire. La — d'une leçon. Avoir le prix de —.

RÉCITER [ré-si-té] *v. tr.*
[ÉTYM. Emprunté du lat. recitare, *m. s.* ‖ XIIᵉ s. E mult sovent lur recitat Des granz joies k'il lur mustrat, MARIE DE FRANCE, *Purg. de St Patrice*, 209.]
I. Lire à haute voix. Un piège adroit pour vous les — (ses vers), BOIL. *Art p.* 1. Il (Corneille) récitait ses vers comme il les faisait, VOLT. *Lett. à Laharpe,* 31 mars 1775. Tel écrit récité se soutint à l'oreille, BOSS. *Art p.* 4. ‖ *P. ext.* Dire à haute voix, de mémoire. — sa leçon. Il excelle... A — des chants, RAC. *Brit.* IV, 4. *Absolt.* Il ne veut ni chanter à son tour, ni — dans un repas, LA BR. *Théophr. Brutalité.*
II. Rapporter en détail, de vive voix (un événement). Phocas... récite les particularités de sa mort, CORN. *Hér.* exam. L'espoir qu'aux bouches des hommes Nos beaux faits seront récités, MALH. *Poés.* 12. Il récite des historiettes, LA BR. 5. *Poét.* Célébrer qqn. Aux déesses que nous récite L'histoire des siècles passés, MALH. *Poés.* 48. ‖ *P. ext.* Rapporter. Je sais de ses froideurs tout ce que l'on récite, RAC. *Phèd.* II, 1. Voici le passage entier du saint prophète Isaïe, dont je n'avais récité que les premières paroles, BOSS. *A. de Gonz.*

RÉCLAMANT, ANTE [ré-clà-man, -mänt'] *s. m.* et *f.*
[ÉTYM. Subst. particip. de réclamer, § 47. ‖ Admis ACAD. 1878.]
‖ (Droit.) Celui, celle qui réclame qqch. Établir que le — n'est pas l'enfant de la mère, *Code civil*, art. 325.

RÉCLAMATION [ré-klà-mà-syon ; *en vers*, -si-on] *s. f.*
[ÉTYM. Emprunté du lat. reclamatio, *m. s.* ‖ 1549. R. EST.]
‖ Action de réclamer qqch. On a fait droit à sa —.

RÉCLAME [ré-klàm'] *s. m.* et *f.*
[ÉTYM. Subst. verbal de réclamer, § 52. A remplacé l'anc. franç. reclain. Le sens **II** est dû à l'angl. to reclaim, employé aux États-Unis dans le sens spécial de « appeler l'attention », § 8. ‖ 1611. COTGR. Admis ACAD. 1718 (au sens **I, 1**°), 1762 (au sens **I, 2**°) et 1878 (au sens **II**).]
I. ‖ **1°** *S. m.* (Fauconn.) Cri, signe pour faire revenir l'oiseau sur le poing. Faucon qui vient au —.
‖ **2°** *S. f.* (Typogr.) Notation au bas d'une page, pour faciliter la mise en ordre des feuilles, la pagination, etc.
II. *Néolog. S. f.* Appel à la publicité par affichage, insertion dans les journaux, prospectus, etc., pour faire valoir une entreprise, etc. Faire de la —.

RÉCLAMER [ré-klà-mé] *v. intr.* et *tr.*
[ÉTYM. Du lat. reclamare, s'écrier, devenu reclamer, §§ 295 et 291, puis, par réaction étymologique, réclamer, § 502.]
I. *V. intr.* Protester contre ce que nous trouvons injuste pour en obtenir réparation, désaveu de ce que nous trouvons injuste. — contre un passe-droit. — en faveur d'un innocent. — contre une mesure illégale. | Contre de telles gens, quant à moi, je réclame, LA F. *Fab.* XII, 20. ‖ *P. anal.* Tout acte qui est extorqué... est nul de tout droit et réclame contre lui-même, BOSS. 2ᵉ *Instr. pastor.* 205.
II. *V. tr.* ‖ **1°** Exiger ce qu'on nous doit. — sa part d'héritage. — le prix de son travail. Va restituer tous les honteux larcins Que réclament sur toi les Grecs et les Latins, MOL. *F. sav.* III, 3. — ce à quoi on a droit. L'enfant naturel reconnu ne pourra — les droits d'enfant légitime, *Code civil*, art. 338. | *Spécialt.* — le cheval qui a gagné à une course, en payant le prix fixé d'avance par le propriétaire. ‖ Les jeunes gens réclamés pour le service militaire. — en vertu du droit d'extradition un criminel réfugié dans un pays étranger. Les dieux réclament leur victime.
‖ **2°** *P. ext.* Demander qqch avec instance. Il (Luther) réclama le concile... comme le seul remède des maux de l'Église, BOSS. *Var.* V, 1. L'âme... étant séparée de Dieu que son fond réclame sans cesse, BOSS. *La Vall.* Il en coûte à qui vous réclame, Médecins du corps et de l'âme ! LA F. *Fab.* XII, 6. Les soins que réclame la vigne. Il a reçu les soins que réclamait son état. L'amitié réclame une confiance mutuelle.
‖ **3°** Invoquer qqn avec instance. Ne les réclamez pas, Ces dieux, CORN. *Poly.* III, 3. Les naufrages dont il a garanti ceux qui l'ont réclamé, MALH. *Poés.* 98. Cette miséricorde qu'elle a si sincèrement et si humblement réclamée, BOSS. *D. d'Orl.* — le secours, l'assistance de qqn.

‖ **4°** Se — de qqn, lui faire appel pour qu'il témoigne en notre faveur. Un nommé Ollery... qui s'est réclamé de moi, GÉNÉRAL KLINGLIN, *Lett.* I, p. 437. ‖ *P. ext.* Se — de qqch. Il se réclama... du droit des gens, SÉGUR, *Hist. de Napol.* IX, 6.

RECLOUER [re-klou-é] *v. tr.*
[ÉTYM. Composé de re et clouer, §§ 192 et 196. ‖ XIIᵉ-XIIIᵉ s. Rekeusent et recloent, *Naiss. du Cheval. au Cygne,* dans DELB. *Rec.* Admis ACAD. 1835.]
‖ Clouer de nouveau. ‖ *P. plaisant. Fig.* Ceux qui ont recloué le chapeau sur la tête du nôtre (cardinal), SÉV. 477.

RECLURE [re-klûr] *v. tr.*
[ÉTYM. Du lat. reclūdere, *m. s.* devenu recludre, §§ 290 et 291, reclure, § 414. ‖ Xᵉ s. Illo reclusdrent saint Lethgier, St Léger, 178.]
‖ *Vieilli.* Renfermer. Se — dans une cellule.

RECLUS, USE [rek-lu, -klûz'] *adj.*
[ÉTYM. Adj. particip. de reclure, § 45. ‖ Xᵉ s. Cum si l'aut fait, mis l'en reclus, *St Léger*, 155.]
‖ Renfermé. Et je suis à Paris, triste, pauvre et —, BOIL. *Sat.* 1. ‖ *Substantivt.* Personne qui s'est retirée du monde. En quoi peut un pauvre — Vous assister? LA F. *Fab.* VII, 3.

RECLUSION [re-klu-zyon ; *en vers*, -zi-on] et **RÉCLUSION** [ré-...] *s. f.*
[ÉTYM. Dérivé de reclus, § 247. ‖ 1642. OUD. Admis ACAD. 1835.]
‖ État d'une personne recluse. Se condamner à une — absolue. ‖ *Spécialt.* (Droit.) Peine afflictive et infamante qui consiste à renfermer un criminel dans une maison de force. Être condamné à la —.

RECOGNER [re-kò-ñé] *v. tr.*
[ÉTYM. Composé de re et cogner, §§ 192 et 196. (*Cf.* rencogner.) ‖ XIIIᵉ s. Se l'une des lances est plus grant de l'autre, le seigneur les deit faire recoigner, *Ass. de Jérus.* I, 167.]
‖ **1°** *Vieilli.* Repousser en cognant. — l'ennemi. ‖ *Fig.* Renfoncer. Villars... recogne ses larmes, ST-SIM. III, 319.
‖ **2°** Cogner de nouveau.

RÉCOGNITIF, *RÉCOGNITIVE [ré-kòg'-ni-tif', -tiv'] *adj.*
[ÉTYM. Dérivé du lat. recognitus, part. passé de recognoscere, reconnaître, § 227. ‖ Admis ACAD. 1835.]
‖ (Droit.) Qui sert à reconnaître. Acte —, qui reconnaît une obligation par le titre qui l'a créée.

***RÉCOGNITION** [ré-kòg'-ni-syon ; *en vers*, -si-on] *s. f.*
[ÉTYM. Emprunté du lat. recognitio, *m. s.* ‖ XVᵉ s. En faisant piteuses lamentacions et recognicions à Dieu, *Procès de Jeanne d'Arc*, II, 20, Quicherat.]
‖ (T. didact.) Action de reconnaître.

***RECOI** [re-kwà] *s. m.*
[ÉTYM. Du lat. pop. *requętum (class. requietum), *m. s.* devenu requei, requoi, recoi. (*Cf.* coi.) ‖ XIᵉ s. En un lit en requeit, *Voy. de Charl. à Jérus.* 487. Admis ACAD. 1698 ; suppr. en 1718.]
‖ *Ancient.* Lieu, situation tranquille. *Spécialt. Loc. adv.* A —, en toute tranquillité.

RECOIFFER [re-kwà-fé] *v. tr.*
[ÉTYM. Composé de re et coiffer, §§ 192 et 196. ‖ XVIᵉ s. Elle... Recoiffe sa tresse blonde, RONS. *Odes*, III, 3.]
‖ Coiffer de nouveau. En attendant le dîner, elle se recoiffa, SCARR. *Rom. com.* II, 10.

RECOIN [re-kwin] *s. m.*
[ÉTYM. Composé de re et coin, §§ 193 et 196. ‖ 1549. R. EST.]
‖ Coin retiré. Il n'est un — où l'on n'ait cherché. Chercher dans les recoins les plus cachés, LA BR. *Théophr. Épargne sordide.* ‖ *P. anal.* Les recoins d'un monstrueux pâté, BOIL. *Lutr.* 5. ‖ *P. ext.* L'homme... égaré dans ce — de l'univers, PASC. *Pens.* XI, 8. ‖ *Fig.* Jusque dans les derniers recoins de la logique, MOL. *Mal. im.* II, 5.

RÉCOLEMENT [ré-kòl-man ; *en vers*, -kò-le-...] *s. m.*
[ÉTYM. Dérivé de récoler, § 145. ‖ 1549. R. EST.]
‖ Action de récoler. Le — des dépositions. | Le — d'un inventaire, d'une coupe de bois, des pièces d'un procès.

RÉCOLER [ré-kò-lé] *v. tr.*
[ÉTYM. Emprunté du lat. recolere, repasser dans son esprit. ‖ 1337. Les responses... recolees au Moncel le jour Nostre Dame, dans GODEF.]
‖ (T. didact.) Vérifier par un nouvel examen. — les dépositions des témoins, leur relire leur déposition pour savoir s'ils y persistent. — un inventaire, vérifier si tous les objets y sont mentionnés. — une coupe de bois. — les manuscrits d'une bibliothèque.

RÉCOLLECTION [ré-kŏl'-lĕk'-syon ; *en vers,* -si-on] *s. f.*

[ÉTYM. Emprunté du lat. recollectio, *m. s.* ‖ 1372. Le bissexte est la recollection de vint quatre heures, J. CORBICHON, *Propr. des choses,* dans GODEF.]

‖ (T. relig.) Action de se recueillir pieusement. Il faut une — parfaite... pour entendre intérieurement la voix de Dieu, BOSS. 2e *Exhort. pour une visite.*

RECOLLEMENT [re-kŏl-man ; *en vers,* -kŏ-le-...] *s. m.*

[ÉTYM. Dérivé de recoller, § 145. ‖ *Néolog.* Admis ACAD. 1835.]

‖ Action de recoller.

RECOLLER [re-kŏ-lé] *v. tr.*

[ÉTYM. Composé de re et coller, §§ 192 et 196. ‖ 1549. R. EST.]

‖ Coller de nouveau.

RÉCOLLET, ETTE [ré-kŏ-lè, -lĕt'] *s. m. et f.*

[ÉTYM. Emprunté du lat. recollectus, recueilli. ‖ 1468. Texte dans GODEF. *Compl.*]

‖ Religieux, religieuse de l'ordre de Saint-François, réformé dans un esprit de récollection.

RÉCOLLIGER [ré-kŏl-li-jé] *v. tr.*

[ÉTYM. Emprunté du lat. recolligere, *m. s.* ‖ XIVᵉ s. Recolligier ou recueillir, ORESME, *Éth.* IV, 15.]

‖ *Rare.* Recueillir. ‖ *Spécialt.* (T. relig.) Se —.

RÉCOLTE [ré-kŏlt'] *s. f.*

[ÉTYM. Emprunté de l'ital. ricolta, *m. s.* subst. particip. de ricogliere, recueillir, § 12. ‖ 1561. Les commissaires de la recolte, G. PARADIN, *Hist. de nostre temps,* dans DELB. *Rec.* ‖ 1578. Nous disons la ricolte, au lieu qu'on souloit dire la cueillette, H. EST. *Nouv. Lang. franç. italian.* I, 165.]

‖ **1°** Action de recueillir les produits du sol. Faire la —. La — des blés. Après la —. ‖ *Fig.* Action de recueillir, d'assembler diverses choses.

‖ **2°** Les produits ainsi recueillis. Vendre la — sur pied. Rentrer la —. ‖ *Fig.* Ensemble de choses recueillies. Cette quêteuse a fait une maigre —. Une riche — d'observations.

RÉCOLTER [ré-kŏl-té] *v. tr.*

[ÉTYM. Dérivé de récolte, § 154. ‖ Admis ACAD. 1762.]

‖ Recueillir (les produits du sol). — du blé, du vin. Il se récolte beaucoup de grains dans cette région. ‖ *Fig.* Qui sème l'injustice récoltera la haine.

RECOMMANDABLE [re-kŏ-man-dåbl'] *adj.*

[ÉTYM. Dérivé de recommander, § 93. ‖ XVᵉ s. Nulle si recommandable ne de tel prix en histoire future, CHASTELL. dans DELB. *Rec.*]

‖ Digne de recommandation. Personne —. Qualités recommandables.

RECOMMANDARESSE [re-kŏ-man-dà-rĕs'] *s. f.*

[ÉTYM. Pour recommanderesse, dérivé de recommander, § 129 ; proprt, « celle qui recommande ». ‖ 1350. Les recommanderesses qui ont accoustumé a louer chambrieres, *Ordonn.* II, 370.]

‖ *Anciennt.* Préposée à un bureau de placement.

RECOMMANDATION [re-kŏ-man-dà-syon ; *en vers,* -si-on] *s. f.*

[ÉTYM. Dérivé de recommander, § 247. ‖ 1353. Texte dans GODEF. *Compl.*]

‖ **1°** Action de recommander qqn. J'ai été nommé à ce poste à sa —. Donner à qqn des lettres de —, et, *elliptt,* des recommandations, paroles ou lettres par lesquelles on recommande quelqu'un. | Prière de la — de l'âme, pour recommander à Dieu l'âme d'un mourant. ‖ *P. ext. Vieilli.* | 1. Action de se recommander à qqn. faites-moi cet honneur, Monsieur, de faire mes humbles recommandations à M. du Périer, MALH. *Lett. à Peiresc,* 15. | 2. Ce par quoi qqn ou qqch se recommande. Qualités dont le nôtre (sexe) peut tirer quelque —, MALH. *Lett. à divers,* 90.

‖ **2°** Action de recommander qqch. Faire à qqn de sages recommandations. Si vous aviez suivi mes recommandations, cela ne serait pas arrivé. Il n'écoute aucune —. N'oubliez pas cette —. | *Vieilli.* Avoir qqch en —, se l'être bien recommandé à soi-même. J'ai l'honneur en —, MOL. *D. Juan,* II, 2.

RECOMMANDER [re-kŏ-man-dé] *v. tr.*

[ÉTYM. Composé de re et commander, §§ 192 et 196. ‖ XIIᵉ s. Sil recommande l'Escriture, ÉT. DE FOUGÈRES, *Livre des man.* dans DELB. *Rec.*]

‖ **1°** — une personne, la désigner particulièrement à la bienveillance, à la protection de qqn. J'attends Antiochus pour lui — Ce dépôt précieux que je ne puis garder, RAC. *Bér.* II, 2. En mourant, elle lui recommanda ses enfants. Je vous recommande ce jeune homme. — un candidat à ses examinateurs. Il faut être recommandé pour réussir. | *Spécialt.* — qqn au prône (pendant le prône), afin qu'on prie pour lui, et, *ironiqt,* Il est recommandé au prône, désigné à l'animadversion. Se — à Dieu et à ses saints. | — son âme à Dieu. Je me recommande à vos prières. Se — à la bonté de qqn. ‖ *P. ext.* Le mérite se recommande de lui-même. Il est bon... de plaire aux yeux, ils vous recommandent au cœur, MARIV. *Marianne,* 3. Une main libérale recommande plus un présent qu'une main pleine, MALH. *Bienf. de Sénèq.* I, 7. Cette personne se recommande par sa piété. La piété qui la recommande. ‖ *Spécialt.* — une lettre (à la poste), pour que le facteur la remette en main propre (moyennant un timbre supplémentaire). ‖ Se — de qqn, invoquer son témoignage favorable. Vous pouvez vous — de moi.

‖ **2°** — une chose, la conseiller particulièrement à qqn. — à qqn la prudence. Je vous recommande le secret. Le médecin lui recommande le repos. Recommandez-lui de ne pas être en retard.

*"***RECOMMENCE** [re-kŏ-mäns'] *s. f.*

[ÉTYM. Subst. verbal de recommencer, § 52. (*Cf.* anc. franç. recommens.) ‖ *Néolog.*]

‖ (T. de jeu.) Action de recommencer à compter des points, après avoir gagné la première manche. J'ai dix (points) de —.

RECOMMENCEMENT [re-kŏ-mans'-man ; *en vers,* -man-se-...] *s. m.*

[ÉTYM. Dérivé de recommencer, § 145. ‖ XVIᵉ s. Recommencemens de guerre, LA NOUE, *Disc. polit.* 4. Admis ACAD. 1878.]

‖ Action de recommencer. Je vous épargne mes éternels recommencements, SÉV. 25.

RECOMMENCER [re-kŏ-man-sé] *v. tr. et intr.*

[ÉTYM. Composé de re et commencer, §§ 192 et 196. ‖ XIᵉ s. Cui en avez choisit, cil recommencerat, *Voy. de Charl. à Jérus.* 763.]

I. *V. tr.* Commencer de nouveau à faire. Recommençant un ouvrage vingt fois, BOIL. *Sat.* 2. — une expérience. Vas-tu — une semblable vie ? LAMART. *Médit.* I, 5. ‖ Il recommence à jouer. *P. anal.* La pluie recommence à tomber. Le sang recommence à couler. *Impersonnt.* Il recommence à pleuvoir. ‖ *Absolt.* En sous-entendant la chose à faire. — sur de nouveaux frais, en ne tenant aucun compte de ce qui a été fait. Si vous recommencez, vous serez puni.

II. *V. intr.* Commencer de nouveau à se produire. Que le jour recommence, RAC. *Bér.* IV, 5. La maladie a recommencé. Les hostilités recommencent. La séance va —.

RECOMMENCEUR, EUSE [re-kŏ-man-seur, -sĕuz'] *s. m. et f.*

[ÉTYM. Dérivé de recommencer, § 112. ‖ XVIIᵉ s. *V.* à l'article. Admis ACAD. 1878.]

‖ Celui, celle qui recommence qqch. ‖ *P. ext.* Personne qui recommence toujours, qui se répète. L'amour est un vrai —, BUSSY-RABUTIN, dans SÉV. 31. Je me suis... aperçue que l'amitié... était aussi une vraie recommenceuse, SÉV. 31.

RÉCOMPENSE [ré-kon-pâns'] *s. f.*

[ÉTYM. Subst. verbal de récompenser, § 52. ‖ XIVᵉ-XVᵉ s. Tant ay ores povre recompense du dommage, *Lancelot,* dans LA C.]

I. *Vieilli.* Ce qu'on donne en compensation. Le maréchal d'Ancre ôte le sieur de Riberpré de la citadelle d'Amiens... On baille à M. de Riberpré, pour —, le gouvernement de Corbie, MALH. *Lett. à Peiresc,* 163. L'on mange peu, l'on boit en —, LA F. *Contes, F. du roi de Garbe.* | *Spécialt.* (Droit.) Toutes les fois que l'un des deux époux a tiré un profit personnel des biens de la communauté, il en doit la —, *Code civil,* art. 1437.

II. Ce qu'on donne en gratification. Machabée ne voulait d'autre — des services qu'il rendait à sa patrie que l'honneur de l'avoir servie, FLÉCH. *Turenne.* La jalousie... lui refuse (à la vertu) les éloges ou lui envie les récompenses, LA BR. 11. Il a été décoré en —, pour — de ses services. ‖ *Ironiqt.* Ton impudence, Téméraire vieillard, aura sa —, CORN. *Cid,* I, 3.

RÉCOMPENSER [ré-kon-pan-sé] *v. tr.*

[ÉTYM. Emprunté du lat. recompensare, *m. s.* ‖ XIVᵉ s. Ilz recompensent l'un a l'autre une meisme chose, ORESME, *Éth.* VIII, 8.]

‖ **1°** *Vieilli.* Compenser. D'autres propos chez vous récompensent ce point, LA F. *Fab.* IX, 20, *Disc. à Mᵐᵉ de la Sablière.* Elle (votre lettre) récompense le temps passé, SÉV.

1358. | Se —, se donner une compensation. N'étant pas satisfait de ses gages, il déroba qqch pour se —, PASC. *Prov.* 6.

|| **2°** Gratifier pour un service rendu. — un bon serviteur. Quand on récompense bien ceux qui excellent dans les arts, FÉN. *Tél.* 3. || *P. ext.* — le mérite. Il croit — une bonne action, RAC. *Esth.* III, 1. | *Fig.* Les fruits... dont l'automne récompense les travaux des laboureurs, FÉN. *Tél.* 2. || *Ironiqt.* Ses bienfaits ont été étrangement récompensés.

RECOMPOSER [re-kon-pò-sé] *v. tr.*
[ÉTYM. Composé de re et composer, §§ 192 et 196. || 1549. R. EST.]
|| Composer de nouveau. || *Spécialt.* | **1**. (Chimie.) — de l'eau en combinant de l'oxygène et de l'hydrogène. | **2**. (Typogr.) — une feuille d'impression.

RECOMPOSITION [re-kon-pò-zi-syon ; *en vers*, -si-on] *s. f.*
[ÉTYM. Composé de re et composition, §§ 193 et 196. || Admis ACAD. 1762.]
|| Action de recomposer. | **1**. (Chimie.) La — d'un corps. | **2**. (Typogr.) La — d'une feuille d'impression.

RECOMPTER [re-kon-té] *v. tr.*
[ÉTYM. Composé de re et compter, §§ 192 et 196. || (*Cf.* l'anc. franç. reconter.) || 1539. R. EST.]
|| Compter de nouveau. Il compte et recompte ses écus.

RÉCONCILIABLE [ré-kon-si-lyàbl' ; *en vers*, -li-àbl'] *adj.*
[ÉTYM. Dérivé de réconcilier, § 242. || XVIᵉ-XVIIᵉ s. *V.* à l'article.]
|| *Rare.* Qui peut être réconcilié. Qu'il soit — à ceux qui le rechercheront, MALH. *Bienf. de Sénéq.* VI, 20.

RÉCONCILIATEUR, TRICE [ré-kon-si-lyà-teùr, -trìs' ; *en vers*, -li-à-...] *s. m.* et *f.*
[ÉTYM. Emprunté du lat. reconciliator, trix, *m. s.* || 1512. Conciliateurs et reconciliateurs de l'Eglise catholique, J. LE MAIRE, dans DELB. *Rec.*]
|| Celui, celle qui réconcilie.

RÉCONCILIATION [ré-kon-si-lyà-syon ; *en vers*, -li-à-si-on] *s. f.*
[ÉTYM. Emprunté du lat. reconciliatio, *m. s.* || XIIIᵉ s. Li autre tans de nostre reconciliation, *Vie des saints*, préamb. mss franç. Bibl. nat. 20330.]
|| Action de réconcilier, résultat de cette action. Travailler à la — de deux amis. Baiser de paix et de —. En signe de —. La — avec nos ennemis n'est qu'un désir de rendre notre condition meilleure, une lassitude de la guerre, LA ROCHEF. *Max.* 82. || *Spécialt.* (T. relig.) Acte par lequel un pécheur se réconcilie avec Dieu.

RÉCONCILIER [ré-kon-si-lyé ; *en vers*, -li-é] *v. tr.*
[ÉTYM. Emprunté du lat. reconciliare, *m. s.* || XIIᵉ s. Por satisfactium (a) Deu reconciliez, GARN. DE PONT-STE-MAX. *St Thomas*, p. 162, Bekker.]
|| Concilier de nouveau. Narcisse, on nous réconcilie, RAC. *Brit.* IV, 4. Ils se sont réconciliés. Je me suis réconcilié avec lui. Le besoin rapproche mutuellement les hommes, les lie, les réconcilie, LA BR. 16. *P. ext. Vieilli.* Un sourire nous les réconcilie (nous réconcilie avec eux), LA BR. 9. || *Spécialt.* — le pécheur avec Dieu, le remettre en état de grâce. Tremblez, âmes réconciliées, qui renoncez si souvent à la grâce de la pénitence, BOSS. *A. de Gonz.* | *P. anal.* Se — avec soi-même, mettre en paix sa conscience. *Fig.* — une chose avec une autre, les faire accorder ensemble. Le besoin d'argent a réconcilié la noblesse avec la roture, LA BR. 14. Ce serait peut-être un moyen de — la tragédie avec quantité de personnes, RAC. *Phéd.* préf.

RÉCONDUCTION [ré-kon-dùk'-syon ; *en vers*, -si-on] *s. f.*
[ÉTYM. Emprunté du lat. reconductio, *m. s.* || XVIᵉ s. Reconduction verbale, CHARONDAS, dans DELB. *Rec.* Admis ACAD. 1762.]
|| (Droit.) Renouvellement d'un louage, d'un bail à ferme. Tacité —, renouvellement non signifié, et sans nouvelle convention, d'un louage, d'un bail, aux mêmes conditions.

RECONDUIRE [re-kon-duĭr] *v. tr.*
[ÉTYM. Composé de re et conduire, §§ 192 et 196. || 1549. R. EST.]
|| Accompagner (qqn qui s'en retourne). — un lycéen à son collège, une jeune fille au couvent. || *Spécialt:* **1**. Accompagner par civilité (qqn qui s'en va) jusqu'à la porte de l'appartement, de la maison. Je vois Jupiter, que fort civilement Reconduit l'amoureuse Alcmène, MOL. *Amph.* I, 2. Le client sort, reconduit, caressé, LA BR. 9. — une personne jusqu'à sa voiture. | **2**. Faire accompagner jusqu'à la frontière (qqn qu'on expulse du territoire). Il a été reconduit à la frontière par deux gendarmes. || *Ironiqt.* Suivre en maltraitant (qqn qu'on expulse). Il fut de cette maison Reconduit par le bâton Vers sa demeure nouvelle, FLOR. *Fab.* 11. M. de Turenne reconduit les ennemis quasi jusque dans leur logis, SÉV. 189. L'ennemi a été reconduit l'épée dans les reins.

RECONDUITE [re-kon-duĭt'] *s. f.*
[ÉTYM. Tiré de reconduire, d'après conduite, § 45. || 1582. Le peloton de cordelle... me serviroit de reconduite a mon retour, RAVIÈRES, *Merveilles découv. près d'Autun*, dans GODEF. Admis ACAD. 1798.].
|| Action de reconduire. Faire la — à qqn.

RÉCONFORT [ré-kon-fòr] *s. m.*
[ÉTYM. Subst. verbal de réconforter, § 52. || XIIIᵉ s. Qui iert tout de reconfort plains, G. DE LORRIS, *Rose*, 1863.]
|| Ce qui réconforte. Recevoir du —. Autre sorte de — Ne me satisfait le courage Que de mer résoudre à la mort, MALH. *Poés.* 47. De temps en temps je sens que j'ai besoin de —, SÉV. 58.

RÉCONFORTANT, ANTE [ré-kon-fòr-tan,-tànt'] *adj.*
[ÉTYM. Adj. particip. de réconforter, § 47. || *Néolog.*]
|| Qui réconforte. Un breuvage —, et, *substantivt*, Un —. || Une lecture réconfortante.

RÉCONFORTATION [ré-kon-fòr-tà-syon ; *en vers*, -si-on] *s. f.*
[ÉTYM. Dérivé de réconforter, § 247. || Admis ACAD. 1798.]
|| Action de réconforter.

RÉCONFORTER [ré-kon-fòr-té] *v. tr.*
[ÉTYM. Composé de re et conforter, §§ 192 et 196. || XIᵉ s. Ta lasse medre, si la reconfortasses, *St Alexis*, 449.]
|| Ranimer qqn qui est abattu physiquement ou moralement. | **1**. Physiquement. Il a pris un verre de vin pour se —. *P. ext.* Cela réconforte l'estomac. | **2**. Moralement. — les affligés. En ce fâcheux état ce qui nous réconforte C'est que la bonne cause est toujours la plus forte, MALH. *Poés.* 18. | *P. ext. Vieilli.* Se — de qqch, s'en trouver bien. Le loup s'enfuit (sauvé par son ignorance) Et de son ignorance ainsi se réconforte, RÉGNIER, *Sat.* 3.

RECONNAISSABLE [re-kò-nè-sàbl'] *adj.*
[ÉTYM. Dérivé de reconnaître, § 93. || XIᵉ s. Cent mille Franc en sunt reconoisable, *Roland*, 3124.]
|| Qui peut être reconnu. Il est si changé qu'il n'est plus —. Il est fort — dans ce portrait. Bien qu'il ait déguisé son écriture, elle est encore —.

RECONNAISSANCE [re-kò-nè-sàns'] *s. f.*
[ÉTYM. Dérivé de reconnaître, § 146. || XIᵉ s. Munjoie escriet pur la reconoisance, *Roland*, 3620.]
|| Action de reconnaître.

I. || **1°** Action de retrouver dans son souvenir, comme déjà connue, une personne, une chose. La — d'Ulysse par Pénélope. Les Dieux ne pouvaient permettre votre — (de Télémaque et d'Ulysse) hors d'Ithaque, FÉN. *Tél.* 24. || *Spécialt.* Scène où cela a lieu. Sophocle fait mourir Jocaste aussitôt après la — d'Œdipe, RAC. *Andr.* 2ᵉ préf. || (Marine.) Signaux de —, à l'aide desquels des vaisseaux qui se rencontrent en mer se font reconnaître l'un de l'autre.

|| **2°** Action d'admettre une chose d'abord méconnue. La — des droits de qqn, de l'innocence d'un accusé. || La — de la république française par les gouvernements étrangers.

|| **3°** Action d'avouer une chose, une personne comme sienne. Ces fautes dont le prince faisait une si sincère —, BOSS. *Condé.* || *Spécialt.* | **1**. La — d'un enfant naturel par le père. | **2**. Faire une — à qqn, un écrit par lequel on reconnaît avoir reçu de lui une somme. | Une — du mont-de-piété, écrit constatant que cet établissement a reçu des objets en gage.

|| **4°** Action de chercher à déterminer une position inconnue. Faire la — des lieux, de la côte, de la position de l'ennemi. Une — militaire. Des soldats partis en —. Pousser une —.

II. Action de témoigner qu'on est redevable envers qqn d'un service rendu. Tous ceux qui s'acquittent des devoirs de la — ne peuvent pas pour cela se flatter d'être reconnaissants, LA ROCHEF. *Max.* 224. Quand il ne ferait autre chose, cela seul est une — : il aime son bienfaiteur, confesse qu'il doit et désire de s'acquitter, MALH. *Bienf. de Sénéq.* IV, 21. Témoigner à qqn de la —. La — envers Dieu. Nulle — des bons traitements, nulle mémoire des bienfaits, BUFF. *Éléphant.* |

Au plur. (rare). J'achève justement ici vos reconnaissances (les lettres où vous me marquez votre reconnaissance), SÉV. 1128.

RECONNAISSANT, ANTE [re-kò-nè-san, -sânt'] *adj.*

[ÉTYM. Adj. particip. de reconnaître, § 47. || 1220. Demiee libre de cire a Noel de reconoissant, dans GODEF. reconoissant.]

|| Qui reconnaît ce qu'on a fait pour lui. Je vous suis —. Être — envers qqn. Un cœur —.

RECONNAÎTRE [re-kò-nêtr'] *v. tr.*

[ÉTYM. Du lat. recognôscere, *m. s.* devenu reconoistre, reconaistre, reconnaître. (*Cf.* connaître.)]

I. || **1°** Retrouver dans sa mémoire, comme déjà connue (une personne, une chose). Son fils même hésitait à le —. Thésée est reconnu de son père, RAC. *Livres annotés*, VI, 291, Grands Écriv. — qqn à sa démarche, à sa voix. Le chien reconnaît son maître. | Il reconnut dans le visage d'Arcésius une grande ressemblance avec Laerte, FÉN. *Tél.* 19. J'ai reconnu sa voix. Je reconnais son écriture, son style. Cette cicatrice le fit —. || *P. ext.* Retrouver sous son véritable caractère. A cet heureux transport... Je reconnais Néarque, CORN. *Poly.* II, 6. Quelquefois on ne les reconnaît plus, LA BR. 11. On reconnaît Joad à cette violence, RAC. *Ath.* III, 5. *Poét.* Je reconnais mon sang à ce noble courroux, CORN. *Cid*, I, 5. Il se nomma et se fit —. Qui est-ce qui ne se reconnaît pas dans Molière? DIDER. *Essai sur la peinture*, 5. | Je le reconnais bien là. | Britannicus est mort : je reconnais les coups, Je connais l'assassin, RAC. *Brit.* V, 6. || Se —, se retrouver. Ils se reconnaissent enfin et se trouvent dignes de leur étoile, LA BR. 8. Pour me chercher moi-même et pour me —, RAC. *Bér.* V, 6. Mourir d'une mort soudaine, sans avoir le temps de vous —, BOSS. *Rechutes*, 2.

|| **2°** Admettre (une chose, une personne d'abord méconnue). Il a reconnu son erreur. On reconnut son innocence, la vérité de ses paroles, l'exactitude de ses renseignements. — les droits de qqn. On lui reconnaît du mérite. Il ne reconnaît pas que les justes aient le pouvoir d'accomplir les commandements de Dieu, PASC. *Prov.* 1. On a reconnu les avantages de sa proposition. Les philosophes qui ne reconnaissent pas l'existence de Dieu. | N'attends pas qu'un cœur comme le mien Reconnaisse un vainqueur, RAC. *Alex.* V, 3. — un chef. — le gouvernement d'un pays voisin. Les états déclarèrent qu'ils ne reconnaissaient point le grand maître, RAC. *Notes histor.* V, 151, Grands Écriv. Le seul de l'univers qui... ne reconnaisse pas l'auteur de son être, MASS. *Paraphr. du ps.* 8.

|| **3°** *P. anal.* Avouer (qqch, qqn) comme sien. — sa signature. Des fautes si sincèrement reconnues, BOSS. *Condé.* — une dette. | *Spécialt.* — un enfant naturel. L'enfant naturel reconnu ne pourra réclamer les droits d'enfant légitime, *Code civil*, art. 338.

|| **4°** Chercher à connaître, à déterminer (une position inconnue). — le pays. Il a toujours reconnu lui-même les places qu'il a voulu attaquer. — la position de l'ennemi.

II. Témoigner qu'on est redevable envers qqn d'un bienfait, d'un service rendu. Cette faveur si pleine et si mal reconnue, CORN. *Cinna*, III, 2. Va, je reconnaîtrai ce service en son lieu, ID. *Rodog.* III, 1. | *Vieilli.* — qqn de ses bons offices. Tu es bien mal reconnu de tes soins, MOL. *D. Juan*, III, 2.

RECONQUÉRIR [re-kon-ké-rîr] *v. tr.*

[ÉTYM. Composé de re et conquérir, §§ 192 et 196. || XII° s. Mes plus le reconquist après Li chevaliers, CHRÉTIEN DE TROYES, *Charrette*, 2884.]

|| Conquérir de nouveau. L'Italie et l'Espagne furent à peine conquises, qu'il fallut les —, MONTESQ. *Rom.* 20.

***RECONSTITUANT, ANTE** [re-kons'-ti-tuan, -tuânt'; en vers, -tu-...] *adj.*

[ÉTYM. Adj. particip. de reconstituer, § 47. || *Néolog.*]

|| (Médec.) Qui reconstitue. Un régime —. Des remèdes reconstituants, et, *substantivt*, Des reconstituants.

***RECONSTITUER** [re-kons'-ti-tué; en vers, -tu-é] *v. tr.*

[ÉTYM. Composé de re et constituer, §§ 192 et 196. || *Néolog.*]

|| (Médec.) Rétablir dans sa constitution primitive. — les tissus.

RECONSTITUTION [re-kons'-ti-tu-syon; en vers, -si-on] *s. f.*

[ÉTYM. Composé de re et constitution, §§ 193 et 196. || Admis ACAD. 1762.]

|| Action de constituer de nouveau. La — d'une société commerciale, industrielle. La — de la dette publique. | *Spé-*

cialt. — d'une rente, constitution d'une rente nouvelle en remboursement d'une rente due, substituant le nouveau créancier à l'ancien.

RECONSTRUCTION [re-kons'-trük-syon; en vers, -si-on] *s. f.*

[ÉTYM. Composé de re et construction, §§ 193 et 196. || Admis ACAD. 1798.]

|| Action de reconstruire.

RECONSTRUIRE [re-kons'-truïr] *v. tr.*

[ÉTYM. Composé de re et construire, §§ 192 et 196. || 1549. R. EST. Admis ACAD. 1798.]

|| Construire de nouveau. On a reconstruit le théâtre.

RECONVENTION [re-kon-van-syon; en vers, -si-on] *s. f.*

[ÉTYM. Composé de re et convention, §§ 193 et 196. || XIII° s. Cil... fist reconvention sor li, BEAUMAN. II, 28. Admis ACAD. 1762.]

|| (Droit.) Demande formée par le défendeur dans le cours de l'instance pour anéantir ou restreindre les effets de l'action dirigée contre lui.

RECONVENTIONNEL, ELLE [re-kon-van-syò-nèl; en vers, -si-ò-...] *adj.*

[ÉTYM. Dérivé de reconvention, § 238. || Admis ACAD. 1762.]

|| (Droit.) Qui constitue une reconvention. Faire au tribunal une demande reconventionnelle.

RECOPIER [re-kò-pyé; en vers, -pi-é] *v. tr.*

[ÉTYM. Composé de re et copier, §§ 192 et 196. || 1549. R. EST. Admis ACAD. 1798.]

|| Transcrire (une chose déjà écrite). — son manuscrit. — le brouillon d'une lettre, d'un mémoire. — un projet de bail. — un rôle de théâtre.

RECOQUILLEMENT [re-kò-kiy'-man; en vers, -ki-ye-...] *s. m.*

[ÉTYM. Dérivé de recoquiller, § 145. || 1557. Ains prendray la hardiesse de les nommer recoquillemens ou cercles recoquillans, P. DE MESMES, *Instit. astron.* p. 118. Admis ACAD. 1762.]

|| État de ce qui est recoquillé. Le — des feuilles.

RECOQUILLER [re-kò-ki-yé] *v. tr.*

[ÉTYM. Composé de re et coquiller, §§ 194 et 196. || XV° s. Le jeune homs qui est recoquillé, A. DE LA SALLE, *Quinze Joies de mar.* dans DELB. *Rec.*]

|| Rebrousser en forme de coquilles. (*Cf.* recroquiller, recroqueviller.) Enlever les feuilles recoquillées par le froid. — les feuillets d'un livre. Cette queue... dont ils (les sapajous) recoquillent ou développent le bout à volonté, BUFF. *Sapajou.*

***RECORD** [re-kòr] *s. m.*

[ÉTYM. Subst. verbal de recorder, § 52. (*Cf.* recors.) Le sens **II** vient de l'angl. record. *m. s.* qui est lui-même emprunté de l'anc. franç. § 8. || XII° s. Li reis demande le recort, MARIE DE FRANCE, *Lais, Lanval*, 427.]

I. *Anciennt.* Rappel. On pouvait en rappeler la mémoire par ce qui s'appelait la procédure par —, MONTESQ. *Espr. des lois*, XXVIII, 34.

II. *Néolog.* Mention du maximum de vitesse obtenu jusque-là, dans un temps donné; par un coureur. Il détient le — de tant de kilomètres par heure.

RECORDER [re-kòr-dé] *v. tr.*

[ÉTYM. Du lat. recordare, rappeler, § 295 et 291.]

|| *Vieilli.* || **1°** — qqch, le remettre en la mémoire (de qqn). Ne plus ne moins... que s'ils eussent recordé la leçon l'un à l'autre, CALV. *Instit. chr.* I, VIII, 7. Je recorderai la leçon du bosquet de Clarens, J.-J. ROUSS. *Nouv. Hél.* 35. — son rôle.

|| **2°** — qqn, lui remettre en la mémoire ce qu'il doit faire. — les acteurs d'une pièce. Il faut bravement nous —, BEAUMARCH. *Mar. de Fig.* I, 11. Gens sûrs et bien recordés, ST-SIM. VI, 335.

RECORRIGER [re-kò-ri-jé] *v. tr.*

[ÉTYM. Composé de re et corriger, §§ 192 et 196. || 1545. R. EST. Admis ACAD. 1798.]

|| Corriger de nouveau.

RECORS [re-kòr] *s. m.*

[ÉTYM. Ancien pluriel de record (*V.* ce mot), § 559.]

|| (Anc. droit.) Témoin d'un acte (pouvant le rappeler, l'attester en temps et lieu). *Spécialt.* Assistant d'un huissier, lui prêtant main-forte en cas de contrainte par corps.

RECOUCHER [re-kou-ché] *v. tr.* et *intr.*

[ÉTYM. Composé de re et coucher, §§ 192 et 196. || XII° s. Et donc se recolcot a dreit, *Énéas*, 8422.]

|| Coucher de nouveau.

|| **1°** *V. tr.* — un enfant. Se —.

|| **2°** *V. intr.* Je n'en veux plus entendre parler qu'ils n'aient couché et recouché ensemble, sév. 95.

RECOUDRE [re-koŭdr'] *v. tr.*

[ÉTYM. Composé de re et coudre, §§ 192 et 196. || XIIᵉ s. Rekeusent et recloent les seles qu'il avoient, *Naiss. du Cheval. au Cygne*, dans DELB. *Rec.*]

|| Coudre de nouveau (ce qui est décousu). — une robe, un sac. — les feuilles d'un livre. Le chirurgien a recousu les bords de la plaie. || *Fig.* Dans mes vers recousus mettre en pièces Malherbe, BOIL. *Sat.* 2.

*RECOUPAGE [re-kou-pàj'] *s. m.*

[ÉTYM. Dérivé de recouper, § 78. || *Néolog.*]

|| (Technol.) Action de recouper.

RECOUPE [re-koŭp'] *s. f.*

[ÉTYM. Subst. verbal de recouper, § 52. || XIVᵉ s. Gruyaux ou recoppes, *Ménagier*, II, 89.]

|| (Technol.) || **I.** Seconde coupe de foin. (*Syn.* regain.) **II.** Ce qui tombe d'une chose qu'on taille.

|| **1°** Morceaux d'étoffe qui tombent quand on taille un vêtement. Utiliser les recoupes.

|| **2°** Fragments qui tombent des pierres qu'on taille, des métaux qu'on travaille.

|| **3°** Deuxième farine qu'on tire du son remis sous la meule. (*Cf.* recoupette.)

|| **4°** *P. ext.* Eau-de-vie faite d'alcool étendu d'eau. (*Cf.* dédoubler.)

RECOUPEMENT [re-koŭp'-man ; *en vers*, -kou-pe-...] *s. m.*

[ÉTYM. Dérivé de recouper, § 145. || XIIᵉ s. Sostenir lo recopement d'un chascun membre, *Serm. de St Bern.* p. 79. Admis ACAD. 1760.]

|| (Technol.) Diminution d'épaisseur d'un mur qu'on monte d'assise en assise pour lui donner une base plus solide.

RECOUPER [re-kou-pé] *v. tr.*

[ÉTYM. Composé de re et couper, §§ 192 et 196. || XIIᵉ s. Rien n'en seit recolpé, GARN. DE PONT-STE-MAX. *St Thomas*, 4412.]

|| Couper de nouveau. — du pain. — un second vêtement dans la même pièce. — les foins. || *Absolt.* Au jeu de cartes, couper de nouveau les cartes.

RECOUPETTE [re-kou-pĕt'] *s. f.*

[ÉTYM. Dérivé de recoupe, § 133. || XVIIᵉ s. LIGER, *Nouv. Mais. rust.* dans DELB. *Rec.* Admis ACAD. 1762.]

|| (Technol.) Troisième farine tirée du son remis une seconde fois sous la meule. (*Cf.* recoupe.)

RECOURBER [re-kour-bé] *v. tr.*

[ÉTYM. Composé de re et courber, §§ 192 et 196. || XIIᵉ s. Agu dos a et recorbé, *Énéas*, 2569.]

|| **1°** Courber de nouveau.

|| **2°** Courber de façon qu'un bout aille rejoindre l'autre. L'artère aorte se recourbe en forme de crosse. Sa croupe se recourbe en replis tortueux, RAC. *Phèd.* V, 6. || *Fig.* Tes flammes que souvent ta folie passion Recourbe vers toi-même ou vers les créatures, CORN. *Imit.* III, 9.

RECOURIR [re-kou-rîr] *v. intr.*

[ÉTYM. Du lat. pop. *recŭrere (class. recŭrrere), *m. s.* devenu recourre (*V.* courre), puis recourir. (*V.* courir.)]

I. Retourner en courant. J'ai recouru après lui, sév. 615. || *P. ext.* (Marine.) — sur une manœuvre, la suivre dans l'eau, avec une chaloupe, — jusqu'où elle doit aller.

II. *Fig.* Aller demander une aide qu'on ne trouve pas ailleurs. Recourez à Dieu dans vos afflictions. De — aux rois vous seriez de grands fous, LA F. *Fab.* IV, 4. Il a fallu — au médecin. || Ce n'est qu'au désespoir qu'il vous faut —, CORN. *Hor.* II, 7. Pour reconnaître leurs terres,... ils (les Égyptiens) ont été obligés de — à l'arpentage, BOSS. *Hist. univ.* III, 3. Osez-vous — à ces ruses grossières? MOL. *Mis.* IV, 3. Il a fallu — à l'amputation.

*RECOURRE [re-koŭr] *v. tr.*

[ÉTYM. Composé de re et de l'anc. franç. escourre, secouer, lat. excŭtere, §§ 192 et 196. (*Cf.* escousse.) La forme régulière devrait être réqueure, §§ 422, 325 et 405 ; recourre est dû à une confusion avec recourre, anc. forme de recourir, § 509. (*Cf.* recousse.) || XIIᵉ s. A brief terme seron rescos, *Énéas*, 4738.]

|| *Vieilli.* Reprendre à l'ennemi (qqn, qqch). Pour — le bagage, VAUGEL. *Q.-Curce*, I, 15. Preux chevalier, c'est toi qui m'a recous des pattes de ce discourtois animal, GHERARDI,

Th. ital. V, 82. || *P. ext.* Si la valeur d'un chevalier loyal Ne te recout de ce brasier fatal, VOLT. *Pucelle*, 6. *Fig.* Se —, se soustraire à qqch. Jusques au dîner où ne pouvions pas nous —, SOREL, *Francion*, p. 125.

RECOURS [re-koŭr] *s. m.*

[ÉTYM. Du lat. recŭrsum, *m. s.* devenu recors, recours, §§ 324 et 291.]

|| **1°** Action de recourir (à qqn, à qqch). Avoir — à Dieu dans les afflictions. J'ai — à vous. Avoir — à la clémence du vainqueur, BOSS. *Hist. univ.* I, 11. Pour attendrir mon cœur on a — aux larmes! RAC. *Iph.* III, 6.

|| **2°** *P. ext.* Ce à quoi on recourt. Les pleurs furent son seul —, LA F. *Contes, Coupe enchantée.* Tout mon — est en Dieu. Leur sombre inquiétude Ne voit d'autre — que le métier de prude, MOL. *Tart.* I, 1. Le maître ne trouva de — qu'à crier Contre ses gens, LA F. *Fab.* XI, 3. || *Spécialt.* (Droit.) Action de se pourvoir contre un jugement. — en grâce, en cassation. — contre l'État.

RECOUSSE [re-koŭs'] et **RESCOUSSE** [rĕs'-koŭs'] *s. f.*

[ÉTYM. Subst. particip. de recourre, § 45. L'anc. forme rescousse a été reprise de nos jours à l'anc. franç. || XIIᵉ s. A la rescosse sa genz corent, *Énéas*, 5873.]

|| Action de reprendre ce qui a été enlevé par force. Aller à la — de qqn, de qqch, et, *absolt,* Aller, venir à la —, prêter main-forte. | *Spécialt.* (Marine.) Reprise d'un navire à l'ennemi dans les vingt-quatre heures, qui grève d'un droit l'armateur auquel on le restitue.

RECOUVRABLE [re-kou-vrâbl'] *adj.*

[ÉTYM. Dérivé de recouvrer, § 93. || 1549. R. EST.]

|| Qui peut être recouvré.

*RECOUVRAGE [re-kou-vràj'] *s. m.*

[ÉTYM. Dérivé de recouvrir, § 78. || *Néolog.*]

|| (Technol.) Opération par laquelle on recouvre. Spécialt. — de parapluies.

RECOUVRANCE [re-kou-vrāns'] *s. f.*

[ÉTYM. Dérivé de recouvrer, § 146. || XIᵉ s. Que mort l'abat seinz nule recuvrance, *Roland*, 3619. Admis ACAD. 1835.]

|| *Vieilli.* Action de recouvrer. Notre-Dame de Recouvrance, qu'on invoque pour recouvrer la santé.

1. RECOUVREMENT [re-kou-vre-man] *s. m.*

[ÉTYM. Dérivé de recouvrer, § 145. || XIᵉ s. Ambur ocit seinz nul recoevrement, *Roland*, 1607.]

|| Action de recouvrer. || *Spécialt.* Action de recouvrer ce qui est dû. Le — d'une créance. Le — de l'impôt.

2. RECOUVREMENT [re-kou-vre-man] *s. m.*

[ÉTYM. Dérivé de recouvrir, § 145. || 1771. TRÉV. Admis ACAD. 1835.]

|| (Technol.) Action de recouvrir. || *P. ext.* Ce qui sert à recouvrir. Le — en plomb d'un toit.

RECOUVRER [re-kou-vré] *v. tr.*

[ÉTYM. Du lat. recŭperare, *m. s.* devenu recovrer, recouvrer, §§ 348, 431, 336, 295 et 291. (*Cf.* le doublet récupérer, de formation savante.) Souvent recouvrer au part. passé, au XVIIᵉ s., par confusion avec recouvrir.]

|| Rentrer en possession de. — son bien. — la raison, la santé. Ainsi mon père Eson recouvra sa jeunesse, CORN. *Méd.* I, 1. || *Spécialt.* — des créances. — les contributions.

RECOUVRIR [re-kou-vrir] *v. tr.*

[ÉTYM. Composé de re et couvrir, §§ 192 et 196. || XIIᵉ s. Descovrir sei et recovrir, *Énéas*, 8402.]

I. Couvrir de nouveau. — une maison. Faire — un parapluie.

II. Couvrir entièrement. La neige recouvre le sol.

RECRACHER [re-krà-ché] *v. tr.*

[ÉTYM. Composé de re et cracher, §§ 192 et 196. || XVᵉ s. Et ai recraché dehors ce qui m'assavouroit mal, CHASTELL. dans DELB. *Rec.* Admis ACAD. 1835.]

|| Cracher (ce qu'on a mis dans la bouche).

RÉCRÉANCE [ré-kré-āns'] *s. f.*

[ÉTYM. Dérivé de l'anc. verbe recroire, rendre, remettre, § 146. (*Cf.* recru.) || XIIᵉ-XIIIᵉ s. Se li sambleroit grant vitance S'on li fait faire recreance, *Ysopet de Lyon*, 235.]

|| *Anciennt.* Remise.

|| **1°** Remise provisoire des revenus d'un bénéfice en litige à l'un de ceux qui y prétendent.

|| **2°** Remise de lettres de créance pour un souverain.

RÉCRÉATIF, IVE [ré-kré-à-tif', -tiv'] *adj.*

[ÉTYM. Dérivé de récréer, § 257. || XVᵉ s. Prince si joyeux et recreatif, G. TARDIF, dans DELB. *Rec.*]

|| Qui récrée. Lecture récréative. Vaudevilles spirituels et récréatifs, comme on dit, HAMILT. *Gram.* p. 204.

RÉCRÉATION [ré-kré-à-syon ; *en vers*, -si-on] *s. f.*

[ÉTYM. Emprunté du lat. *recreatio, m. s.* ‖ XIIIᵉ-XIVᵉ s. Pain et iauwe a nonne Sans autre recreation, B. DE CONDÉ, p. 229.]

‖ Repos, jeu qui récrée, délasse du travail. **Prendre de la —.** ‖ *P. ext.* Le temps de la récréation. **Les élèves sont en —. La — a sonné.**

RÉCRÉER [re-kré-é] *v. tr.*

[ÉTYM. Composé de *re* et *créer*, §§ 192 et 196. ‖ 1457. Adfin de recreer et renouveller la loy, dans GODEF. Admis ACAD. 1798.]

‖ Créer de nouveau. **Dieu ne devant plus détruire le monde non plus que le —,** PASC. *Pens.* XV, 1.

RÉCRÉER [ré-kré-é] *v. tr.*

[ÉTYM. Emprunté du lat. *recreare, m. s.* ‖ XIIᵉ-XIIIᵉ s. Doublement conforte et recrie, RENCL. DE MOILIENS, *Miserere*, J.III, 12. | XIVᵉ s. Ceulx qui querent eulz refere ou recreer, ORESME, *Éth.* dans LITTRÉ.]

‖ 1º Ranimer par qqch d'agréable. **Le soleil dissipe la nue, Récrée et puis pénètre enfin le cavalier,** LA F. *Fab.* VI, 3. **Un paysage qui récrée les yeux. Tout ce que tu vois te récrée,** MONTESQ. *Lett. pers.* 9.

‖ 2º Délasser du travail par le repos, le jeu. **Récréons-nous un moment. L'esprit a besoin de se —.**

RÉCRÉMENT [ré-kré-man] *s. m.*

[ÉTYM. Emprunté du lat. *recrementum, m. s.* (*Cf.* excrément.) ‖ 1553. Recremens du mineral, P. BELON, *Singularitez de div. pays estr.* I, p. 24. Admis ACAD. 1762.]

‖ (T. didact.) Substance impure mêlée à d'autres substances. ‖ Produit de sécrétions (comme la salive, la bile, etc.) résorbé de nouveau.

RÉCRÉMENTEUX, EUSE [ré-kré-man-teû, -teûz'] et **RÉCRÉMENTITIEL, ELLE** [ré-kré-man-ti-syèl ; *en vers*, -si-èl] *adj.*

[ÉTYM. Dérivé de *récrément*, §§ 251 et 238. ‖ 1715. Sucs recrementeux, VIEUSSENS, *Structure du cœur*, p. 125.]

‖ (T. didact.) Qui tient du récrément.

RÉCRÉPIR [re-kré-pir] *v. tr.*

[ÉTYM. Composé de *re* et *crépir*, §§ 192 et 196. ‖ 1549. Recrespir, R. EST. Admis ACAD. 1798.]

‖ Crépir de nouveau. **— un mur.** ‖ *P. plaisant.* Farder. **Une pommade du Pérou qui... recrépit les trous de la petite vérole,** DANCOURT, *l'Opéra Barry*, prol. sc. 4. ‖ *Fig.* **Sa fadeur naturelle... recrépie de l'orgueil du seigneur postiche,** ST-SIM. 1, 345. **La dissimulation farde les amitiés nouvelles et recrépit les vieilles haines,** DUFRESNY, *Double Veuvage*, III, 2. *Au part. passé pris substantivt.* **L'argent est un recrépi qui couvre toutes les crevasses,** BIANCOLELLI, *Thèse des dames*, III, 6.

RÉCRÉPISSAGE [re-kré-pi-sàj'] *s. m.*

[ÉTYM. Dérivé de *recrépir*, § 78. ‖ *Néolog.*]

‖ (Technol.) Action de recrépir. **Le — d'un mur.**

RÉCRIER (SE) [ré-kri-yé] *v. pron.*

[ÉTYM. Composé de *re* et *écrier*, §§ 192 et 196. ‖ XIIᵉ s. Li Troïen se rescrierent, *Énéas*, 3749.]

‖ Redoubler de cris. *Spécialt.* (Vénerie.) **Les chiens se récrient quand ils relancent la bête qui les avait mis en défaut.** ‖ *P. ext.* S'exclamer soudain. | 1. Pour admirer. **A peine ouvrait-il la bouche que tout le monde se récriait pour admirer ce qu'il allait dire,** FÉN. *Tél.* 14. **Un flatteur aussitôt cherche à se —,** BOIL. *Art* p. 1. | 2. Pour protester. **Et vous vous êtes là justement récriée,** MOL. *F. sav.* V, 4.

RÉCRIMINATION [ré-kri-mi-nà-syon ; *en vers*, -si-on] *s. f.*

[ÉTYM. Emprunté du bas lat. *recriminatio, m. s.* ‖ 1611. COTGR.]

‖ Reproche qu'on oppose à un autre reproche.

RÉCRIMINATOIRE [ré-kri-mi-nà-twàr] *adj.*

[ÉTYM. Dérivé de *récriminer*, § 249. ‖ Admis ACAD. 1835.]

‖ Qui présente une récrimination.

RÉCRIMINER [ré-kri-mi-né] *v. intr.*

[ÉTYM. Emprunté du bas lat. *recriminari, m. s.* ‖ XVIᵉ s. Que je vous voulsisse... recriminer de ne pas croire, MONTAIGNE, III, 12.]

‖ Opposer un reproche à un autre. **— contre qqn.**

RÉCRIRE [re-krîr] *v. tr.*

[ÉTYM. Composé de *re* et *écrire*, §§ 192 et 196. ‖ XIIIᵉ s. Li reis lor rescrit, *Livre de jostice*, p. 17. Admis ACAD. 1762.]

‖ Écrire de nouveau. | 1. En adressant une nouvelle lettre. **On n'a pas répondu, il faut —.** | 2. En adressant une réponse. **M. Racine me récrivait de même,** BOIL. *Lett. à Brossette*, 26. | 3. En recopiant. **S'il fallait... — une si grande lettre,** SÉV. 1159. | 4. En améliorant le style. **La pièce est... récrite d'un bout à l'autre,** GRIMM, *Lett.* t. Iᵉʳ, p. 133.

RECROBILLER [re-krò-bi-yé]. *V.* recroqueviller.

RECROISER [re-krwà-zé] *v. tr.*

[ÉTYM. Composé de *re* et *croiser*, §§ 192 et 196. ‖ 1549. R. EST.]

‖ Croiser de nouveau. **— des fils.** | **— ses pattes, et,** *fig.* **cesser d'agir. Je pleure que les pattes de M. de Carcassonne soient recroisées,** SÉV. 1196. | **Des routes qui se croisent et se recroisent.** | **— des espèces, des races.**

RECROISETÉ, ÉE [re-krwàz'-té ; *en vers*, -krwà-ze-té] *adj.*

[ÉTYM. Composé avec *re* et *croisette*, §§ 194 et 196. ‖ XVᵉ s. Croisettes d'or recroisetees, A. DE LA SALLE, *Jehan de Saintré*, 54. Admis ACAD. 1762 ; suppr. en 1835.]

‖ *Vieilli.* (Blason.) Croiseté. (*V. ce mot.*)

RECROÎTRE [re-krwâtr'] *v. intr.*

[ÉTYM. Composé de *re* et *croître*, §§ 192 et 196. ‖ XIIᵉ-XIIIᵉ s. L'endemain recrurent d'une rote de serjanz, VILLEH. 351. Admis ACAD. 1798.]

‖ Croître de nouveau. **L'herbe a recrû.** (*Cf.* recrû et recrue.)

RECROQUEVILLER (SE) [re-kròk'-vi-yé ; *en vers*, -krò-ke-...] et, *vieilli*, **RECROQUILLER** [re-krò-ki-yé] *v. pron.*

[ÉTYM. Semble composé avec *re*, *croc* et *ville* (pour *vrille*), §§ 194 et 196. Recroquiller paraît influencé par recoquiller, de *re* et *coquille*, § 509. ST-SIM. emploie recrobiller, V, 452, forme contractée pour recroquebiller, donné par COTGR. au lieu de recroqueviller. ‖ 1332. Tortu et racroqueviillé (var. recroqueviillé, recroquillié, recoquillié, etc.), G. DE DIGULLEVILLE, *Pèlerinage de vie hum.* 7968, Stürzinger.]

‖ En parlant du papier, du parchemin, etc., se rétracter en se desséchant.

RECRU, UE [re-kru] *adj.*

[ÉTYM. Adj. particip. de l'anc. verbe se *recroire*, se rendre, § 45. (*Cf.* récréance.) ‖ XIᵉ s. Ja bons vassals nen iert vifs recreûz, *Roland*, 2088.]

‖ 1º *Ancienn.* Rendre à merci.

‖ 2º *Vieilli.* Rendu, épuisé de fatigue. **Il revient de nuit, rendu et —,** LA BR. 7. **Un animal déjà épuisé et —,** BOSS. *Conn. de Dieu*, V, 13.

RECRÛ [re-kru] *s. m.*

[ÉTYM. Subst. particip. de recroître, § 45. (*Cf.* recrue.) ‖ 1669. La conservation du jeune recrû, dans DELB. *Rec.*]

‖ (Technol.) Ce qui a recrû. ‖ *Spécialt.* | 1. (T. forest.) Ce qui a repoussé après une coupe. | 2. (Chasse.) Le — d'un perdreau, la queue qui lui a repoussé.

RECRUDESCENCE [re-kru-dès'-säns'] *s. f.*

[ÉTYM. Dérivé du lat. *recrudescere*, devenir plus violent, § 262. ‖ *Néolog.* Admis ACAD. 1878.]

‖ (T. didact.) Retour, avec augmentation d'intensité, d'une maladie, d'une intempérie. **La — de la fièvre. La — du froid.**

RECRUE [re-kru] *s. f.*

[ÉTYM. Subst. particip. de recroître, § 45. ‖ XVIᵉ s. Recreue, c'est remplissage d'une compagnie de gens de guerre diminuée par mort ou autrement, NICOT.]

‖ Ce qui a recrû. Cette — continuelle du genre humain, je veux dire les enfants qui naissent à mesure qu'ils croissent, BOSS. *Mort*, 1. ‖ *P. ext.* Ce qui vient compléter une troupe. **Afin qu'ils (les anges) travaillent eux-mêmes aux recrues de leurs légions,** BOSS. *Anges gardiens*, 1. ‖ *Spécialt.* Ce qui vient compléter un régiment, un corps de troupes. **Un vieux soldat... vint faire des recrues à Madrid,** LES. *Diable boit.* 7. **Des soldats de —.** ‖ *Fig.* **Voilà une bonne — pour la philosophie,** VOLT. *Lett.* 21 nov. 1770. **J'ai fait la — d'un jésuite,** ID. *ibid.* 3 juill. 1757.

RECRUTEMENT [re-krût'-man ; *en vers*, -kru-te-...] *s. m.*

[ÉTYM. Dérivé de *recruter*, § 145. ‖ 1790. Mode de recrutement, *Journ. militaire*, p. 35. Admis ACAD. 1835.]

‖ Action de recruter. **Assurer le — de l'armée. La loi sur le —.** | **Le — du clergé.**

RECRUTER [re-kru-té] *v. tr.*

[ÉTYM. Dérivé irrégulier de *recrue*, indépendamment de l'anc. franç. *recluter*, rapiécer, §§ 63, 64 et 154. Le mot s'est peu à peu établi à la fin du XVIIᵉ s., malgré les critiques de RAC., de CAILLIÈRES, etc. || XVIIᵉ s. *V.* à l'article. Admis ACAD. 1762.]

|| Compléter (une troupe). Le Sénat se recrutait à Rome parmi les chevaliers. || *SpéciALT.* Compléter un régiment, un corps de troupes. Vous y pourriez apprendre (dans les gazettes de Hollande) certains termes qui ne valent rien, comme celui de —, dont vous vous servez, au lieu de quo il faut dire faire des recrues, RAC. *Lett.* 89 (1691). La nécessité de — continuellement ses troupes, VOLT. *Ch. XII*, 5. Des soldats recrutés au hasard. || *P. anal.* — des partisans, des ouvriers. Le clergé se recrute surtout dans les campagnes.

RECRUTEUR [re-kru-tœur] *s. m.*
[ÉTYM. Dérivé de recruter, § 112. || 1771. TRÉV. Admis ACAD. 1798.]
|| Celui qui recrute (des soldats). Sergent —. || *Fig.* Le messager de mort, noir — des ombres (celui qui appelle les condamnés à mort), A. CHÉN. *Iambes*, 4.

RECTA [rěk'-tà] *adv.*
[ÉTYM. Mot latin, proprt, « en droite ligne », § 217. || Admis ACAD. 1718.]
|| *Famil.* Ponctuellement. Payer —.

RECTANGLE [rěk'-tăngl'] *adj.*
[ÉTYM. Emprunté du bas lat. rectangulus, *m. s.* de rectus, droit, et angulus, angle. || 1556. Les rayons tombent rectangles dans la prunelle, R. LEBLANC, *Subtilité*, dans DELB. *Rec.*]
|| (Géom.) Qui a un angle droit. Un triangle —. Un parallélogramme —, et, *substantivt*, Un —.

RECTANGULAIRE [rěk'-tan-gu-lèr] *adj.*
[ÉTYM. Dérivé de rectangulus, forme lat. de rectangle, § 248. || 1671. Pyramide rectangulaire, *Magie natur.* dans DELB. *Rec.* Admis ACAD. 1762.]
|| Qui a la forme d'un rectangle. || *P. ext.* Coordonnées rectangulaires, qui se coupent à angles droits.

RECTEUR, TRICE [rěk'-tœur, -tris'] *s. m. et f. et adj.*
[ÉTYM. Emprunté du lat. rector, *m. s.* (*Cf.* régent.) || XIVᵉ s. Le rector de Montpellier, dans DELB. *Rec.*]
|| 1° *S. m. et f.* Celui, celle qui dirige. || *Spéciall.* | 1. Le — d'une université. Un — suivi des quatre facultés, BOIL. *Sat.* 3. | 2. Le — d'une académie (circonscription universitaire). | 3. Le — d'un collège de Jésuites. | 4. *Dialect.* Le — de la paroisse (le curé). || *Famil.* Mᵐᵉ la rectrice, la femme du recteur.
|| 2° *Adj.* Qui dirige. || *Spéciall.* | 1. (Zoologie.) Pennes rectrices, plumes de la queue, qui servent à diriger le vol des oiseaux. | 2. (Anc. chimie.) Esprit —, principe odorant. Esprit — de lavande.

RECTIFIABLE [rěk'-ti-fyàbl'; *en vers*, -fi-àbl'] *adj.*
[ÉTYM. Dérivé de rectifier, § 242. || XVIIIᵉ s. *V.* à l'article. Admis ACAD. 1878.]
|| (T. didact.) Qui peut être rectifié. *Spéciall.* (Géom.) Les courbes sont... rectifiables, FONTEN. *Bernouilli.*

RECTIFICATIF, IVE [rěk'-ti-fi-kà-tif', -tiv'] *adj.*
[ÉTYM. Dérivé de rectificare, forme lat. de rectifier, § 257. || *Neolog.* Admis ACAD. 1878.]
|| (T. didact.) Qui sert à rectifier. Le budget — de 1878.

RECTIFICATION [rěk'-ti-fi-kà-syon; *en vers*, -si-on] *s. f.*
[ÉTYM. Emprunté du bas lat. rectificatio, *m. s.* || 1314. La rectification des levres (d'une plaie), *Chirurg. de Mondeville*, 831, Bos. Admis ACAD. 1718.]
|| (T. didact.) Action de rectifier. La — d'une route. | La — d'un compte. | (Technol.) La — de l'éther, de l'alcool.

RECTIFIER [rěk'-ti-fyé; *en vers*, -fi-é] *v. tr.*
[ÉTYM. Emprunté du bas lat. rectificare, *m. s.* de rectus, droit, et facere, faire. || 1314. Puis soient eslargis et rectefiés les puivilles, *Chirurg. de Mondeville*, 698, Bos.]
|| (T. didact.) || 1° Rendre droit. — le tracé d'une route. — l'alignement d'une troupe. *Spéciall.* — une courbe, déterminer sa longueur en ligne droite. || *Fig.* — le mal de l'action Avec la pureté de notre intention, MOL. *Tart.* IV, 5. — les mœurs d'un personnage, RAC. *Brit.* 1ʳᵉ préf.
|| 2° *P. anal.* Rendre exact en corrigeant. — un compte. || — une erreur. Il est moins sujet qu'aucun autre aux erreurs du sens de la vue, parce qu'il les rectifie promptement par le sens du toucher, BUFF. *Éléphant.* — un acte, une procédure. — la construction d'une phrase.
|| 3° *P. ext.* (Technol.) Rendre pur (un liquide) par une nouvelle distillation. Alcool rectifié.

RECTILIGNE [rěk'-ti-liñ] *adj.*
[ÉTYM. Emprunté du lat. rectilineus, *m. s.* § 503. || XIVᵉ s.

Figures rectilignes ou angulaires, ORESME, dans MEUNIER, *Essai sur Oresme.*]
|| (T. didact.) Qui est en ligne droite. Mouvement —. || *Spéciall.* (Géom.) Formé de lignes droites. Figure —.

RECTITUDE [rěk'-ti-tud'] *s. f.*
[ÉTYM. Emprunté du lat. rectitudo, *m. s.* || XIVᵉ s. Art ne requiert pas rectitude de appetit, ORESME, *Éth.* VI, 5.]
|| 1° *Rare.* Direction en ligne droite.
|| 2° *Fig.* Juste direction. La — de logique du jugement. Cette — Que vous voulez en tout avec exactitude? MOL. *Mis.* I, 1.

RECTO [rěk'-tó] *s. m.*
[ÉTYM. Emprunté du lat. recto, ablatif de rectus, droit, employé dans la formule folio recto, à l'endroit, verso, à l'envers du feuillet, § 217. || Admis ACAD. 1718.],
|| Première page d'un feuillet.

RECTORAL, ALE [rěk'-tò-ràl] *adj.*
[ÉTYM. Dérivé de rector, forme lat. de recteur, § 238. COTGR. donne rectorial. || 1674. Droit rectoral, dans DELB. *Rec.* Admis ACAD. 1798.]
|| (T. didact.) Relatif à un recteur. Dignité rectorale.

RECTORAT [rěk'-tò-rà] *s. m.*
[ÉTYM. Dérivé de rector, forme lat. de recteur, § 254. || 1642. Rectorat et rectorerie, OUD.]
|| (T. didact.) Fonction d'un recteur. || Temps pendant lequel il exerce cette fonction. Pendant son —.

RECTUM [rěk'-tòm'] *s. m.*
[ÉTYM. Emprunté du lat. rectum (s.-ent. intestinum), *m. s.* proprt, « intestin droit », § 217. || Vers 1514. Le sixiesme est appelé rectun, J. CŒUROT, *Entret. de vie*, dans DELB. *Rec.* Admis ACAD. 1702.]
|| (Anat.) Partie du gros intestin qui aboutit à l'anus.

REÇU [re-su] *s. m.*
[ÉTYM. Subst. particip. de recevoir, § 45. || 1611. Receu, COTGR.]
|| Écrit par lequel on reconnait avoir reçu de qqn une somme d'argent, un objet. (*Cf.* récépissé.) Il serait à propos Qu'il me fit de sa main un reçu de deux mots, MOL. *Ét.* II, 3.

RECUEIL [re-kœuy'] *s. m.*
[ÉTYM. Subst. verbal de recueillir, § 52. || XIVᵉ s. Le douix recueil Qu'elle t'a fait, FROISS. *Poés.* III, p. 28, Scheler.]
I. *Vieilli.* Action de recueillir. En un temps où... l'on fait le — des bonnes et des mauvaises qualités de ceux qui meurent, FLÉCH. *M. de Montausier*, 1.
II. Réunion de choses recueillies. Un — de vers, de chansons. — des actes administratifs. || Il y a des esprits... qui ne semblent faits que pour être le —, le registre ou le magasin de toutes les productions des autres génies, LA BR. 1.

RECUEILLEMENT [re-kœuy'-man; *en vers*, -kœuye-...] *s. m.*
[ÉTYM. Dérivé de recueillir, § 145. (*Cf.* récollection.) || 1429. Le recoulement des impotz, dans DELB. *Rec.*]
|| 1° *Rare.* Action de recueillir. Le — des suffrages, J.-J. ROUSS. *Contr. soc.* IV, 4.
|| 2° État de celui qui se recueille. Elle a passé tant de jours et tant de nuits dans le —, FLÉCH. *Duch. d'Aiguillon.* Ce — que nous lui voyions devant les autels, BOSS. *Marie-Thérèse.*

RECUEILLIR [re-kœu-yir] *v. tr.*
[ÉTYM. Du lat. pop. *recolgere (class. recolligere), *m. s.* devenu recoillir, recueillir. (*V.* cueillir.)]
I. Réunir pour ne pas laisser perdre. Une citerne où l'on recueille les eaux de pluie. C'est lui qui recueillera mes cendres, FÉN. *Tél.* 15. L'on recueillait les feuilles où la sibylle écrivait ses oracles, VOLT. *Lett.* 30. Je recueillais les suffrages et les censures du public, VOLT. *Œdipe*, lett. 5. — les voix, les suffrages dans une assemblée. Il va ... le débris d'une armée défaite, FLÉCH. *Turenne.* — les bruits qui courent. — des faits, des sentences. — les avis. — l'argent de chacun des spectateurs, LA BR. *Théophr. Image d'un coquin.* Il fait — par ses domestiques... le reste des viandes qui ont été servies, ID. *Théophr. Impudent.* || *P. anal.* | 1. Concentrer. — ses forces. Se —, se concentrer en soi, en s'isolant des choses extérieures. J'ai une peine extrême à me — pour vous remercier, VOLT. *Lett. à Fréd. II*, mars 1737. Quand l'âme est tout entière recueillie en elle-même, STAEL, *Cor.* IX, 1. *Spéciall.* Se concentrer dans les pensées pieuses. Il entre... dans un lieu saint,... choisit un endroit pour se —, LA BR. 13. La démarche lente et modeste, l'air recueilli lui sont familiers, ID. *ibid.* | 2. Résumer. Il est bon de — ce qui vient d'être expliqué, BOSS. *Conn. de Dieu*, III, 6. Pour me — en trois paroles, PATRU, *Plaidoy.* 10.

II. Recevoir comme profit. Où trouves-tu qu'il faille avoir semé son bien Et ne — rien? MALH. *Poés.* 8. Les fruits qu'il a recueillis de son jardin. Il recueille de ses vignes une dizaine d'hectolitres. *Absolt.* Il faut semer pour —. Du temps de Turenne, on pouvait — et compter sur les terres de ce pays, SÉV. 433. — un héritage. S'il veut que ses parents recueillent sa succession, LA BR. 13. || *Fig.* — les bénédictions des pauvres. A l'endroit... où se recueillent les pures et simples idées, BOSS. *Élévat. sur les myst.* I, 4. Quel fruit de ce labeur pouvez-vous — ? LA F. *Fab.* XI, 8. Du crime affreux dont la honte me suit Jamais mon triste cœur n'a recueilli le fruit, RAC. *Phèd.* IV, 6. || *P. ext.* | **1.** Recevoir comme digne d'intérêt. Le pasteur qui recueillit ses derniers soupirs, BOSS. *A. de Gonz.* Les paroles que j'ai recueillies de sa bouche, ID. *Condé.* | **2.** Recevoir comme ayant besoin de protection. Vous qui m'avez recueillie si charitablement, MARIV. *Marianne,* 7. Recueilli dans leurs ports, RAC. *Mithr.* III, 1.

RECUIRE [re-kuîr] *v. tr.* et *intr.*
[ÉTYM. Composé de re et cuire, §§ 192 et 196. || XII° s. Et bien recuiz et bien soldez, *Énéas,* 4474.]
I. *V. tr.* Soumettre à une nouvelle cuisson. — des confitures. — le fer, la fonte. *Fig.* Une bile noire et recuite, LA BR. *Théophr. Homme incommode.*
II. *V. intr.* Recevoir une nouvelle cuisson. La viande a recuit.

RECUIT [re-kui] *s. m.* et **RECUITE** [re-kuît'] *s. f.*
[ÉTYM. Subst. particip. de recuire, § 45. || 1505. La gresse dudict mesque est appelée brosse, seré ou recuite, DESDIER, *Honn. Volupté,* dans DELB. *Rec.*]
|| (Technol.) Opération par laquelle on recuit certaines matières. Le —, la recuite du fer, de l'émail.

RECUL [re-kul] *s. m.*
[ÉTYM. Subst. verbal de reculer, § 52. || XVI° s. Recul du canon, MONLUC, *Comment.* I, p. 413, de Ruble.]
|| **1°** Action de reculer. Mouvement de —. Le — d'une bouche à feu quand on la décharge. | (Horlog.) Échappement à —, qui fait reculer la roue de rencontre.
|| **2°** Possibilité de reculer. Il n'y a pas assez de — pour juger de l'ensemble.

RECULADE [re-ku-làd'] *s. f.*
[ÉTYM. Dérivé de reculer, § 120. || 1611. COTGR.]
|| Mouvement par lequel on se décide à reculer. La — des soldats devant l'ennemi. || *Fig.* Il a fait des excuses, c'est une —.

RECULÉE [re-ku-lé] *s. f.*
[ÉTYM. Subst. particip. de reculer, § 45. || XII° s. O voelle o non a fait la reculee, RAIMBERT DE PARIS, *Chevalerie Ogier,* 5129.]
|| Espace qui permet de reculer. Il n'y a pas assez de — pour que la voiture tourne.

RECULEMENT [re-kûl-man ; *en vers,* -ku-le-...] *s. m.*
[ÉTYM. Dérivé de reculer, § 145. || XIV° s. Vous ne devez avoir reculement, reffus, retardement ou delay, *Ménagier,* I, 134.]
|| **1°** Le fait de reculer. Embarras de carrosses,... reculements, SÉV. 156.
|| **2°** Le fait de faire reculer. — des frontières par la conquête de nouvelles provinces, LA BR. 10. Une maison sujette à —, qui n'est pas à l'alignement.
|| **3°** Ce qui aide à reculer. Pièce du harnais sur laquelle le cheval pèse quand il recule. (*Syn.* avaloire.)

RECULER [re-ku-lé] *v. intr.* et *tr.*
[ÉTYM. Composé avec re et cul, §§ 194 et 196. || XII° s. Il vont ariere reculant, *Énéas,* 5572.]
I. *V. intr.* Aller en arrière. Le flot qui l'apporta recule épouvanté, RAC. *Phèd.* V, 6. Merci, qu'on ne vit jamais — dans les combats, BOSS. *Condé.* Reculez un peu pour le troisième (révérence), MOL. *B. gent.* III, 16. Le canon recule par l'effet de la décharge. — pour mieux sauter (en prenant de l'élan), et, *fig.* hésiter devant une chose pénible à laquelle il faut en venir. || *Fig.* | **1.** Revenir sur ce qu'on a résolu. Tu n'as pas fait ce pas pour —, RAC. *Brit.* V, 6. Vous reculez, mon père, PASC. *Prov.* 4. | **2.** Retarder l'exécution de qqch. Au moment d'agir, il recule. — devant une résolution si hardie. *Vicilli.* — à, de. Je n'y recule point, MOL. *Av.* IV, 4. De la donner je ne crois qu'il recule, LA F. *Contes, Savetier.* | **3.** Rétrograder (dans la voie du progrès). Les Espagnols avancent quand nous reculons, VOLT. *Lett.* 6 mai 1768.
II. *V. tr.* Faire aller en arrière. Elmire recule son fauteuil, MOL. *Tart.* III, 3. Le mur a été reculé. || *P. ext.* | **1.**

Porter plus loin. — les frontières d'un État, l'agrandir. | **2.** Éloigner. Des objets que l'art judicieux Doit offrir à l'oreille et — des yeux, BOIL. *Art p.* 3. Un bois antique et sacré, reculé de la vue des hommes profanes, FÉN. *Tél.* 5. | *Absolt.* Il se renfermait dans le lieu le plus reculé de son palais, FÉN. *Tél.* 8. Quel pays reculé le cache à mes bienfaits? RAC. *Esth.* II, 3. Il (le vrai mérite) demeure modeste et reculé, FÉN. *Au duc de Bourg.* || *Fig.* | **1.** Retarder. N'eût-il que d'un moment reculé sa défaite, CORN. *Hor.* III, 6. Sans — plus loin l'effet de ma parole, RAC. *Mithr.* III, 1. | **2.** Reporter à une époque éloignée antérieurement. ou postérieurement. Depuis les temps les plus reculés. Jusqu'à la postérité la plus reculée. | **3.** Éloigner du but poursuivi. Tite est reculé (pour le poste qu'il demande), LA BR. 14. Ce n'est pas sans chagrin qu'ils verront leurs espérances reculées, SÉV. 991.

RECULONS (À) [re-ku-lon] *loc. adv.*
[ÉTYM. Dérivé de reculer, §§ 104 et 726. || XIII° s. A reculons se trait arriere, *Renart,* III, 346.]
|| En allant en arrière. Aller —. | *P. anal.* Aller — dans une voiture, en tournant le dos à la direction suivie. Les cordiers filent —. *Fig. Loc. prov.* Être comme un cordier, gagner sa vie —, aller de mal en pire dans ses affaires. Les sages quelquefois, ainsi que l'écrevisse, Marchent —, tournent le dos au port, LA F. *Fab.* XII, 10. || *Fig.* Je suis fort aise que votre mariage n'aille plus —, SÉV. 936.

***RÉCUPÉRATION** [ré-ku-pé-rà-syon ; *en vers,* -si-on] *s. f.*
[ÉTYM. Emprunté du lat. recuperatio, *m. s.* || 1642. OUD.]
|| Action de récupérer.

RÉCUPÉRER [ré-ku-pé-ré] *v. tr.* et *pron.*
[ÉTYM. Emprunté du lat. recuperare, *m. s.* (*Cf.* le doublet recouvrer, de formation pop.) || 1578. De recuperare on a fait premierement recuperer, H. EST. *Nouv. Lang. franç. italian.* I, 187.]
|| **1°** *V. tr.* Rentrer en possession de. — ses avances.
|| **2°** *V. pron.* Se — de, se remettre en possession de. Se — de ses débours, de ses pertes.

***RÉCURAGE** [ré-ku-ràj'] *s. m.*
[ÉTYM. Dérivé de récurer, § 78. || 1509. Pour le rescuraige de chascun peneau, dans GODEF. rescurage.]
|| Action de récurer.

RÉCURER [ré-ku-ré] *v. tr.*
[ÉTYM. Composé de re et écurer, §§ 192 et 196. || XIII° s. La dame n'a mais de mort cure, Ains soi reblanchoie et rescure, dans MONTAIGLON et RAYNAUD, *Rec. de fabliaux,* II, p. 101. Admis ACAD. 1798.]
|| Nettoyer en frottant. — une casserole, un chaudron.

***RÉCURRENCE** [ré-kur'-ràns'] *s. f.*
[ÉTYM. Dérivé de récurrent, § 262. || *Néolog.*]
|| (T. didact.) Caractère de ce qui est récurrent.

RÉCURRENT, ENTE [ré-kur'-ran, -rànt'] *adj.*
[ÉTYM. Emprunté du lat. recurrens, qui court en arrière. || XVI° s. Nerfz recurrens, J. CANAPPE, dans DELB. *Rec.* Admis ACAD. 1878.]
|| (T. didact.) Qui revient sur soi. || *Spécialt.* | **1.** (Anat.) Nerf —, qui se recourbe et revient presque à son point de départ. | **2.** (Algèbre.) Série récurrente, dont chaque terme est la somme d'un certain nombre de termes qui le précèdent et qui sont multipliés respectivement par des expressions invariables.

RÉCURSOIRE [ré-kur-swàr] *adj.*
[ÉTYM. Dérivé de recursus, forme lat. de recours, § 249. || *Néolog.* Admis ACAD. 1878.]
|| (Droit.) Qui donne un recours (contre qqn). Action —.

RÉCUSABLE [ré-ku-zàbl'] *adj.*
[ÉTYM. Dérivé de récuser, § 249. || XVI°-XVII° s. Ilz sont recusables comme s'estant monstrez parties, D'AUB. *Hist. univ.* préf.]
|| (Droit.) Qui peut être récusé. Témoin, juge —. || *P. anal.* Autorité —.

RÉCUSATION [ré-ku-zà-syon ; *en vers,* -si-on] *s. f.*
[ÉTYM. Emprunté du lat. recusatio, *m. s.* || 1539. R. EST.]
|| (Droit.) Action de récuser.

RÉCUSER [ré-ku-zé] *v. tr.*
[ÉTYM. Emprunté du lat. recusare, *m. s.* || XIV° s. Sans ce qu'il y eust nul qui recusast, BERSUIRE, dans LITTRÉ.]
|| (Droit.) Refuser d'accepter pour juge, pour juré, pour témoin, pour arbitre. DANDIN : Appelez les témoins... — L'INTIMÉ : Je les récuse, RAC. *Plaid.* III, 3. || *P. anal.* Le juré s'est récusé, n'a pas accepté d'être juge. || *Fig.* Refuser

d'admettre l'autorité de qqn, de qqch. En croirai-je la prévention et la flatterie qui publient hardiment votre mérite? Elles me sont suspectes, je les récuse, LA BR. 19. Se —, refuser de donner son avis.

RÉDACTEUR, *RÉDACTRICE [ré-dăk'-tĕur, -trĭs'] *s. m. et f.*
[ÉTYM. Dérivé du lat. *redactum*, supin de *redigere*, rédiger, § 249. || Admis ACAD. 1762.]
|| Celui, celle qui rédige. Le — d'un procès-verbal. Être — dans un ministère. || *P. ext.* Celui, celle qui compose des articles publiés dans un journal, une revue. Être —, — en chef d'un journal.

RÉDACTION [ré-dăk'-syon ; *en vers,* -si-on] *s. f.*
[ÉTYM. Dérivé du lat. *redactum*, supin de *redigere*, rédiger, § 247. || 1690. FURET.]
|| 1° Action de rédiger. La — des coutumes d'une province. La — d'un traité, d'une loi, d'un rapport. La — d'un devoir scolaire. La — d'un article de journal, d'un journal. || *P. ext.* La — d'un journal, l'ensemble des rédacteurs. Les bureaux de la —.
|| 2° Ce qui est rédigé. Faire une —. Une — d'histoire, de physique.

REDAN et, *mieux,* *REDENT [re-dan] *s. m.*
[ÉTYM. Composé de *re* et *dent*, §§ 193 et 196. || 1611. Redent, COTGR. | 1677. Redan, COLBERT, *Lett.* 4 juill.]
|| Ouvrage à dent, retranchement formé de deux faces qui se coupent en formant un angle saillant. Un grand ouvrage à cornes, avec quelques redans dans le milieu de la courtine, RAC. *Lett.* 102. Ils vous étourdissent de... redans, de ravelins, LA BR. 12. || *P. anal.* | 1. Rocher en angle. Je lui faisais observer les redans des montagnes, J.-J. ROUSS. *Nouv. Hél.* IV, 17. | 2. Ressaut ménagé de distance en distance dans un mur, sur un terrain en pente. | 3. Gradin d'un banc d'ardoise en exploitation. | 4. Partie saillante d'une boiserie destinée à entrer dans une mortaise.

RÉDARGUER [ré-dàr-gué ; *en vers,* -gu-é] *v. tr.*
[ÉTYM. Emprunté du lat. *redarguere*, m. s. || XIIIᵉ-XIVᵉ s. Li clers de Sainte More Qui n'entendoit que voloit dire Li redargua sa matire, *Ovide moralisé,* dans *Romania,* 1893, p. 272.]
|| *Vieilli.* Convaincre de faute (celui qui se donne pour innocent). Nous ne pouvons pas tellement prétendre ignorance que notre propre conscience ne nous rédargue tant de paresse que d'ingratitude, CALV. *Instit. chr.* I, v, 14. || *P. ext.* Convaincre d'erreur (celui qui donne qqch pour vrai).

REDDITION [rĕd'-di-syon ; *en vers,* -si-on] *s. f.*
[ÉTYM. Emprunté du lat. *redditio*, m. s. de *reddere*, rendre. || 1385. Ne faire aucune redicion, delivrance ne condempnacion, dans GODEF. redicion.]
|| Action de rendre. || *Spécialt.* | 1. Action de rendre une place à ceux qui l'assiègent. La — du château de Namur, RAC. *Lett.* 100. | 2. Action de présenter un compte pour qu'il soit examiné. Une — de compte.

REDÉFAIRE [re-dé-fĕr] *v. tr.*
[ÉTYM. Composé de *re* et *défaire*, §§ 192 et 196. || XIIᵉ s. Gloire del munde... Tot redefist quant que habunde, ÉT. DE FOUGÈRES, *Livre des man.* dans DELB. *Rec.* Admis ACAD. 1835.]
|| Défaire de nouveau.

REDEMANDER [re-de-man-dé] *v. tr.*
[ÉTYM. Composé de *re* et *demander*, §§ 192 et 196. || XIIᵉ s. Et cil li redemande puis, CHRÉTIEN DE TROYES, *Charrette,* 676.]
|| 1° Demander de nouveau. Ouvrages Qui... Soient au bout de vingt ans encor redemandés, BOIL. *Art p.* 3.
|| 2° Demander qu'on restitue. Le fils orphelin lui redemande un père, BOIL. *Art p.* 4. Elle me redemande et son sang et sa vie, RAC. *Andr.* V, 4. Dépôt sacré qui vous appartient et que vous nous redemanderez un jour, MASS. *Paraphr. du ps. 23.*

RÉDEMPTEUR, *RÉDEMPTRICE [ré-danp'-tĕur, -trĭs'] *s. m. et f.*
[ÉTYM. Emprunté du lat. *redemptor, trix,* m. s. de *redimere*, racheter. (*Cf.* rédimer.) L'anc. franç. dit *raembre, eor,* dérivé de *raembre,* forme pop. de *rédimer.* (*Cf.* rançon.) || XIIᵉ s. A Deu le redemptor omnipotent, *Girard de Roussillon,* dans DELB. *Rec.*]
|| Celui, celle qui rachète. | 1. *Au propre (rare).* Les rédempteurs, religieux d'un ordre fondé pour racheter les captifs. (*Cf.* rédemptoriste.) | 2. *Fig. Spécialt.* Le — du genre humain (Jésus-Christ). Il n'y a point de — pour les païens,

car ils n'en espèrent pas seulement ; il n'y a point de — pour les juifs, ils l'espèrent en vain ; il n'y a de — que pour les chrétiens, PASC. *Pens.* XV, 11. || *Adjectivt.* Le signe — (le crucifix), PIERRE LEBRUN, *Voy. de Grèce,* VIII, 5.

RÉDEMPTION [ré-danp'-syon ; *en vers,* -si-on] *s. f.*
[ÉTYM. Emprunté du lat. *redemptio,* m. s. (*Cf.* le doublet rançon.) || XIIᵉ s. Redempciun, *Psaut. d'Oxf.* CXXIX, 7.]
|| Action de racheter. | 1. *Au propre (rare).* La — du roi Jean. *Spécialt.* Le rachat des chrétiens captifs chez les infidèles. | *P. ext.* (Droit.) La — d'un droit, d'une servitude. | 2. *Fig.* La — des âmes du purgatoire (par les prières des vivants). *Spécialt.* Le rachat par Jésus-Christ du genre humain, esclave du péché. La corruption de la chair et la — de Jésus-Christ, PASC. *Pens.* IX, 1.

RÉDEMPTORISTE [ré-danp'-tò-rist'] *s. m.*
[ÉTYM. Dérivé du lat. *redemptor,* rédempteur, § 265. || *Néolog.* Admis ACAD. 1835.]
|| (T. relig.) Membre d'un ordre dit du Rédempteur. | Membre d'un ordre fondé pour la rédemption des captifs.

REDESCENDRE [re-dè-sāndr'] *v. intr. et tr.*
[ÉTYM. Composé de *re* et *descendre*, §§ 192 et 196. || XIIIᵉ s. Et li cierges blaus et entiers Seur la viele redescent, GAUT. DE COINCY, *Mir. de Notre-Dame,* dans DELB. *Rec.* Admis ACAD. 1835.]
I. *V. intr.* || 1° Descendre de nouveau.
|| 2° Descendre en revenant vers le point d'où l'on s'est élevé. Moïse redescend du mont Sinaï, portant les tables de la loi. L'aéronaute jette du lest pour empêcher le ballon de —. || *P. anal.* La route redescend vers la mer. || *Fig.* — au rang de simple citoyen.
II. *V. tr.* || 1° Mettre plus bas. — un lustre, un tableau.
|| 2° Parcourir en redescendant. — la côte, la rivière.

REDEVABLE [re-de-vàbl'] *adj.*
[ÉTYM. Dérivé de *redevoir*, § 93. || XIIᵉ-XIIIᵉ s. Mors... A cuir somes tout redevable, RENCL. DE MOILIENS, *Miserere,* CXI, 11.]
|| Qui reste débiteur de qqn. Il m'est encore — de cent francs. || *Fig.* Qui a obligation de qqch à qqn. C'est à lui que je suis — de cette histoire, RAC. *Baj.* 1ʳᵉ préf. Ce qu'il y a eu en lui (en Corneille) de plus éminent, c'est l'esprit, qu'il avait sublime, auquel il a été — de certains vers, les plus heureux qu'on ait jamais lus ailleurs, LA BR. 1. | *Absolt.* Il est... juste que les sciences et les arts s'emploient à éterniser la mémoire d'un prince à qui ils sont redevables, RAC. *Camp. de L. XIV.* | *Substantivt.* Je serai bientôt votre —, LA F. *Lett. à Fouquet,* 26 août 1660.

REDEVANCE [re-de-vāns'] *s. f.*
[ÉTYM. Dérivé de *redevoir*, § 146. || XIIIᵉ s. En com grant redevance homs estoit engagies, J. DE MEUNG, *Test.* 133.]
|| Charge que l'on doit acquitter à époques régulières, en argent ou en nature. Une — annuelle.

REDEVANCIER, **IÈRE** [re-de-van-syé, -syèr] *s. m. et f.*
[ÉTYM. Dérivé de *redevance*, § 115. || 1690. FURET.]
|| Celui, celle qui doit s'acquitter d'une redevance.

REDEVENIR [re-dev'-nîr ; *en vers,* -de-ve-nîr] *v. intr.*
[ÉTYM. Composé de *re* et *devenir*, §§ 192 et 196. || XIIᵉ-XIIIᵉ s. Hom redevint li damoisiax, *Guill. de Palerme,* dans DELB. *Rec.*]
|| Devenir de nouveau. Si vous redeveniez amoureux de Florise, GRESSET, *Méchant,* IV, 9. La fortune est redevenue mauvaise, HAMILT. *Gram.* 3.

REDEVOIR [re-de-vwàr] *v. tr.*
[ÉTYM. Composé de *re* et *devoir*, §§ 192 et 196. || XIIᵉ s. Del bien me redevreies lire, *Énéas,* 8187.]
|| Devoir encore qqch. Je crois vous — beaucoup d'argent, RAC. *Lett.* 136. Il m'est redû vingt francs.

RÉDHIBITION [ré-di-bi-syon ; *en vers,* -si-on] *s. f.*
[ÉTYM. Emprunté du lat. *redhibitio,* m. s. || 1549. R. EST. Admis ACAD. 1762.]
|| (Droit.) Annulation de la vente d'un objet reconnu défectueux.

RÉDHIBITOIRE [ré-di-bi-twàr] *adj.*
[ÉTYM. Emprunté du lat. *redhibitorius,* m. s. || XIVᵉ s. Action redhibitoire, BOUTEILL. *Somme rural,* p. 133, dans LA C. Admis ACAD. 1762.]
|| (Droit.) Qui donne lieu à la rédhibition. Vice, cas —.

RÉDIGER [ré-di-jé] *v. tr.*
[ÉTYM. Emprunté du lat. *redigere,* m. s. || XIVᵉ s. Le feu... rediga en cendres le char, J. DE VIGNAY, dans DELB. *Rec.*]

|| Mettre par écrit dans une forme convenable. Le premier il (Moïse) a rédigé en un volume l'histoire des merveilles de Dieu, MASS. *Jeudi après les Cendres*. La coutume de Ponthieu fut rédigée en 1453. — un mémoire, un arrêt. — un article de journal. *P. ext.* — un journal.

RÉDIMER [ré-di-mé] *v. tr.*

[ÉTYM. Emprunté du lat. redimere, *m. s.* (*Cf.* l'anc. franç. raembre, de formation pop.) || XIVᵉ-XVᵉ s. Dieux qui pour nous redimer De son serf print forme humaine, EUST. DESCH. dans DELB. *Rec.*]

|| (Droit.) Racheter. Les pays rédimés (de la gabelle). Se — du pillage. || *Fig.* Jésus-Christ nous a redimés du péché.

REDINGOTE [re-din-gŏt'] *s. f.*

[ÉTYM. Emprunté de l'angl. riding-coat, proprt, « vêtement (coat) pour chevaucher (riding) », § 8. || 1725. *V.* à l'article. Admis ACAD. 1798.]

|| Vêtement dont les pans enveloppent le corps. Il se mit en —, habillement qui vient des Anglais et qui est ici très commun à présent, EDM. BARBIER, *Journal*, I, 412 (nov. 1725). En grosse — et le fouet à la main, DESTOUCHES, *Homme sing.* V, 11. Une — droite, croisée. Napoléon Iᵉʳ portait une — grise.

REDIRE [re-dīr] *v. tr.*

[ÉTYM. Composé de re et dire, §§ 192 et 196. || XIIᵉ s. Donc sospira, puis redist « ne », *Énéas*, 8554.]

I. Dire de nouveau.

|| **1°** Dire à plusieurs reprises. Je te le dis encore et... veux bien le —, CORN. *Cid*, III, 4. Permettez que tout haut je le die et redie, ID. *Psyché*, III, 3. Redites votre affaire, RAC. *Plaid.* II, 11. On ne saurait trop le —. || *Au part. passé pris substantivt.* | **1.** *Vieilli.* Redit, *s. m.* Cela fait une fourmilière de dits, de redits, SÉV. 589. | **2.** Redite, *s. f.* Éviter les redites. || *P. ext.* Raconter fréquemment. L'histoire redira ses exploits.

|| **2°** Dire ce qu'un autre a dit. Sur le moindre discours qu'on pourra vous —, RAC. *Brit.* I, 2.

II. Dire ce qu'on trouve à reprendre. (Ne s'emploie qu'à l'infin. précédé de à.) Elle aime à — sur tout. Je ne trouve rien à — à sa conduite. Si dans son composé quelqu'un trouve à —, LA F. *Fab.* I, 7.

REDISEUR, EUSE [re-di-zeur, -zeuz'] *s. m. et f.*

[ÉTYM. Dérivé de redire, § 112. || XVIIᵉ s. *V.* à l'article. Admis ACAD. 1835.]

|| Celui, celle qui redit. | **1.** Qui dit les mêmes choses. Long — de choses fatigantes, BENSER. *Rond.* p. 317. | **2.** Qui dit aux autres ce qu'on lui a dit. Rediseurs, espions, LA F. *Fab.* XII, 11.

REDIT, ITE [re-di, -dit'] *s. m. et f. V.* redire.

REDONDANCE [re-don-dãns'] *s. f.*

[ÉTYM. Emprunté du lat. redundantia, *m. s.* On prononçait autrefois rédondance (ACAD. 1835). || XIVᵉ s. Li lueur... faisoit sa redondance jusqu'au saint corps, J. DE VENETTE, *Hist. des trois Maries*, dans LA C.]

|| Excès d'abondance en parlant ou en écrivant.

REDONDANT, ANTE [re-don-dan, -dãnt'] *adj.*

[ÉTYM. Emprunté du lat. redundans, *m. s.* On prononçait autrefois rédondant (ACAD. 1835). || XIIIᵉ s. Et encore est il redondans En chascun, J. DE MEUNG, *Trésor*, 1121.]

|| Qui présente des redondances.

REDONDER [re-don-dé] *v. intr.*

[ÉTYM. Emprunté du lat. redundare, *m. s.* Autrefois rédonder (ACAD. 1835). || XIIᵉ-XIIIᵉ s. Drois est ke karités redont En prestre, RENCL. DE MOILIENS, *Carité*, LVI, 10.]

|| Avoir un excès d'abondance, en parlant ou en écrivant.

REDONNER [re-dò-né] *v. tr.*

[ÉTYM. Composé de re et donner, §§ 192 et 196. || XIIᵉ s. Tutes les choses que il redunat a mei, *Psaut. de Cambridge*, CXV, 3. Admis ACAD. 1740.]

I. *V. tr.* Donner de nouveau. Le roi lui a redonné ses entrées, SÉV. 1134. Au milieu de cette véritable tendresse J'ai eu la force de vous — votre liberté, ID. 598. Cela radoucissait le sang, réparait les dissipations, rafraîchissait la poitrine, redonnait des forces, ID. 760. Il fait tout ce qu'il peut pour se — cette vue dont il conserve nuit et jour une si chère idée, MOL. *Mal. im.* II, 5. — la liberté à un prisonnier. Et redonnant le calme à vos sens désolés, RAC. *Alex.* IV, 2. Ce que J'épargne sur le public, il me semble que je vous le redonne, SÉV. 546. *Fig.* Ah! Monsieur, vous me redonnez la vie! MOL. *Impr.* sc. 11.

II. *V. intr.* Se jeter de nouveau dans, contre qqch. L'aile droite ralliée redonna avec une nouvelle ardeur. | Il redonne dans les mêmes excès.

REDORER [re-dò-ré] *v. tr.*

[ÉTYM. Composé de re et dorer, §§ 192 et 196. || 1328. Pour refaire l'esmailluré,... pour la redorer, dans DELB. *Rec.* Admis ACAD. 1718.]

|| Dorer de nouveau. *Fig. Famil.* Un noble qui redore son blason (en épousant une riche bourgeoise).

REDOUBLEMENT [re-dou-ble-man] *s. m.*

[ÉTYM. Dérivé de redoubler, § 145. || 1539. R. EST.]

|| Action de redoubler. Un — d'attention, de prévenance. Le malade a eu un — de fièvre. Une grosse fièvre continue avec des redoublements, RAC. *Lett.* 182. Quel — de douleur à Mᵐᵉ de Longueville! SÉV. 287. || Le — d'une syllabe, d'une note de musique. || (Escrime.) Action de faire attaque sur attaque sans se relever.

REDOUBLER [re-dou-blé] *v. tr. et intr.*

[ÉTYM. Composé de re et doubler, §§ 192 et 196. || 1539. R. EST.]

I. *V. tr.* Rendre double.

|| **1°** Augmenter fortement. Chez tous les conviés la joie est redoublée, BOIL. *Sat.* 3. Vous redoublez ma honte et ma confusion, CORN. *Hor.* IV, 2. Le bruit de sa fierté A redoublé pour lui ma curiosité, RAC. *Phèd.* II, 1. De sa haine aux abois la fierté se redouble, CORN. *Sophon.* V, 7. || *Speciall.* Pas redoublé, qui se fait avec une vitesse double.

|| **2°** Réitérer. Frapper à coups redoublés. Le vent redouble ses efforts, LA F. *Fab.* I, 22. Tu trahis mes bienfaits, je les veux —, CORN. *Cinna*, V, 3. Redoublez au Seigneur votre ardente prière, RAC. *Ath.* V, 1. || Un élève qui redouble une classe. Rimes redoublées, rimes qui reparaissent une seconde fois. Rondeau redoublé, FURET. *Rom. bourg.* I, 162.

|| **3°** (Couture.) En garnissant de nouveau. — une robe, un habit.

II. *V. intr.* Devenir double.

|| **1°** Être augmenté fortement. Sa douleur, sa crainte redouble. Votre gloire redouble à mépriser l'empire, CORN. *Cinna*, II, 1. C'est un bon signe quand l'amitié redouble par la présence, SÉV. 662.

|| **2°** Être réitéré. Les détonations redoublent. Les cris ont redoublé, VOLT. *Sémir.* I, 2.

III. *V. intr.* Faire double.

|| **1°** Donner à l'action plus d'intensité. — d'attention, de soin, d'application, de précaution.

|| **2°** Réitérer l'action. *Speciall.* (Escrime.) Faire attaque sur attaque sans se relever.

REDOUL [re-doul]. *V.* roudou.

REDOUTABLE [re-dou-tâbl'] *adj.*

[ÉTYM. Dérivé de redouter, § 93. || XIIᵉ-XIIIᵉ s. Li tres redotables heirs Libertins, *Dial. Gregoire*, p. 10.]

|| Qui est à redouter. Les rois d'Assyrie devenaient de plus en plus redoutables à tout l'Orient, BOSS. *Hist. univ.* I, 7. Je te plains de tomber dans ses mains redoutables, RAC. *Ath.* II, 5. Je reconnus Vénus et ses feux redoutables, ID. *Phèd.* I, 3.

REDOUTE [redo͞ut'] *s. f.*

[ÉTYM. Emprunté de l'ital. ridotto, *m. s.* proprt, « réduit ». || 1616. Assez empêché aux ridottes que je fais, D'AUB. *Lett.* I, 287.]

I. (T. milit.) Ouvrage de fortification détaché, complètement fermé, sans angles rentrants. Enlever une —. || *P. anal.* Fortification flottante, garnie de bastions, servant à faire traverser un fleuve à des troupes.

II. Endroit où l'on donne des fêtes. Si vous entrez dans une des redoutes où il y a des bals pour les bourgeois, STAEL, *Allem.* I, 7. *P. ext.* La fête elle-même. Une — masquée.

REDOUTER [re-dou-té] *v. tr.*

[ÉTYM. Composé de re et douter, §§ 192 et 196. || XIᵉ s. Molt forment s'en redotet, St Alexis, 198.]

|| Craindre comme très menaçant. Je te donne à combattre un homme à —, CORN. *Cid*, I, 5. Il est redouté de ses ennemis. Il redoute la critique. Quel charme l'attirait sur ces bords redoutés (les enfers)? RAC. *Phèd.* II, 1. || *P. ext.* Assuérus redoute d'être ingrat, RAC. *Esth.* II, 6.

*****REDOWA** [ré-dò-và] *s. f.*

[ÉTYM. Emprunté de l'allem. redowa, *m. s.* qui est le tchèque rejdovak, danse rustique de la Bohême, §§ 7 et 20. || *Néolog.*]

|| Sorte de valse lente qui se rapproche de la mazurka; air sur lequel elle s'exécute.

REDRESSEMENT [re-drěs'-man ; *en vers*, -drè-se-...] *s. m.*

[ÉTYM. Dérivé de redresser, § 145. || XIIᵉ s. A pecheors Redrecemens, veie et secors, WACE, *Conception*, p. 55.]

|| Action de redresser; résultat de cette action. Le — d'une tige, d'une règle. || *Fig.* Action de corriger. Le — d'une erreur, d'un tort.

REDRESSER [re-drè-sé] *v. tr.*

[ÉTYM. Composé de re et dresser, §§ 192 et 196. || XIᵉ s. Les contraiz i redreçent et les muz font parler, *Voy. de Charl. à Jérus.* 258.]

|| Dresser de nouveau.

|| **1°** En replaçant verticalement. Le lutrin par nos mains redressé, BOIL. *Lutr.* 5. — un mât, une statue. Se — (quand on était penché, courbé). || *Fig.* Relever. Quand mon heur abattu pourrait se —, MALH. *Poés.* 11.

|| **2°** En remettant en ligne droite. — une allée de jardin. — une règle qui a gauchi. — un clou. — la taille d'un enfant. Quand l'eau courbe un bâton, ma raison le redresse, LA F. *Fab.* vii, 18. || *Fig.* | 1. *Vieilli.* Remettre dans le droit chemin. Nous devons — en la voie son bœuf et son âne quand ils seront égarés, CALV. *Instit. chr.* II, viii, 56. Vous avez à me — sur Versailles : ne souffrez point que je sois de travers sur votre sujet, SÉV. 943. Dieu redresse quand il lui plaît le sens égaré, BOSS. *Hist. univ.* iii, 8. | 2. Corriger. Si nous formons notre âme de bonne heure et la redressons tandis que le mauvais pli qu'elle a pris ne fait que commencer, MALH. *Épit. de Sénèq.* L, 2. — une erreur. Si je me trompe,... redressez mes pensées, SÉV. 1348. Le chevalier errant allait redressant les torts.

REDRESSEUR, ʼ**REDRESSEUSE** (re-drè-seûr, -seûz'] *s. m.* et *f.*

[ÉTYM. Dérivé de redresser, § 112. || 1566. Le redresseur de la ruine, *Bible*, dans DELB. *Rec.* Admis ACAD. 1762.]

1. Celui, celle qui redresse. *Spéciali.* — de torts, chevalier errant qui se consacrait à la défense des opprimés. || *Fig.* Celui qui se mêle de corriger les autres. Ferons-nous d'Émile un — de torts? J.-J. ROUSS. *Ém.* 4.

II. *S. m.* (Technol.) Instrument destiné à redresser.

ʼ**REDRUGE** [re-drüj']. *V.* druge.

ʼ**RÉDUCTEUR, TRICE** [ré-dŭk'-teûr, -trïs'] *adj.*

[ÉTYM. Emprunté du lat. reductor, trix, *m. s.* || *Néolog.*]

|| (T. didact.) Qui réduit. *Spéciali.* (Chimie.) Agent —, qui a la propriété de réduire.

RÉDUCTIBLE [ré-dŭk'-tïbl'] *adj.*

[ÉTYM. Dérivé du lat. reductum, supin de reducere, réduire, § 242. || XVIᵉ s. Toute rente... est reductible a argent, LOYSEL, p. 510. Admis ACAD. 1762.]

|| (T. didact.) Qui peut être réduit. Luxation, fracture —. | Oxyde métallique —, qu'on peut désoxygéner. Équation —, qu'on peut abaisser d'un degré. Rente —.

RÉDUCTIF, IVE [ré-dŭk'-tïf', -tïv'] *adj.*

[ÉTYM. Dérivé de reductum, supin de reducere, réduire, § 257. || 1314. Medecine reductive de santé, *Chirurg. de Mondeville*, fᵒ 73. Admis ACAD. 1762.]

|| (T. didact.) Qui consiste à réduire. Procédé —.

RÉDUCTION [ré-dŭk'-syon; *en vers*, -si-on] *s. f.*

[ÉTYM. Emprunté du lat. reductio, *m. s.* || XIIIᵉ-XIVᵉ s. Reducion, retornement, *Gloss. lat.-franç.* dans GODEF.]

|| (T. didact.) Action de réduire.

|| **1°** Action de ramener à sa situation naturelle. La — d'un os luxé, d'une luxation.

|| **2°** Action de ramener à un état plus élémentaire. La — d'un oxyde métallique. La — des fractions à un même dénominateur. La — d'une partition d'orchestre pour piano. La — des degrés en lieues. La — d'un liquide par l'évaporation. || *Fig.* Action de diminuer. Une — de prix. La — d'un legs. La — des dépenses. *Spéciali.* La — d'un tableau, d'une statue, sa reproduction dans des proportions plus petites.

|| **3°** Action d'amener à se soumettre. La — de la Grèce en province romaine. La — des rebelles.

RÉDUIRE [ré-duïr] *v. tr.*

[ÉTYM. Emprunté du lat. reducere, *m. s.* rendu par réduire, d'après duire 2, de ducere, § 503. || XIVᵉ s. Quand il a ramené et reduit le commencement de son inquisicion jusques a soy meisme, ORESME, *Éth.* ii, 9.]

I. *Vieilli.* Ramener. Il lui était si facile (à Dieu) de — en vie des ossements dispersés, CALV. *Instit. chr.* II, x, 21. || *Absoll. De nos jours.* Ramener à sa situation naturelle (un os luxé, fracturé). *P. ext.* — une luxation, une fracture.

II. *P. ext.* || **1°** Ramener à un état plus élémentaire. — du grain en farine, du bois en cendre, une substance en poudre. | *Fig.* Un bruit court que le roi va tout — en poudre, BOIL. *Ép.* 6. Dieu qui foudroie toutes nos grandeurs jusqu'à les — en poudre, BOSS. *D. d'Orl.* | *P. anal.* — des degrés

en lieues, des francs en centimes. — des fractions au même dénominateur. — un polygone en triangles. | *Spéciali.* Ramener à un état simple. — un minerai métallique (en éliminant les éléments étrangers au métal). — un oxyde métallique (en éliminant l'oxygène). — l'acier (en le décarburant). — une équation (en l'abaissant d'un degré). | *P. ext.* — une dissolution, la rendre plus concentrée, par ébullition, évaporation, etc. Faire — un sirop. Une sauce qui n'est pas assez réduite. || *Au sens intr.* Une sauce qui n'a pas assez réduit. || *Fig.* | 1. Résumer. C'est l'effet d'un art consommé de — en petit tout un grand ouvrage, BOSS. *D. d'Orl.* C'est à quoi se réduit tout ce raisonnement, CORN. *Sertor.* II, 2. Il (le sénat) a réduit toutes ses voix en une, ID. *Pulch.* II, 1. Étudier la philosophie... pour la — en pratique, FÉN. *Dial. des morts, Cicér. et Démosth.*] — une partition d'orchestre pour le piano. | 2. Diminuer. — ses dépenses, le nombre de ses domestiques. — ses prétentions. — le prix d'un objet. Son revenu est réduit. — la ration des assiégés. — les dimensions d'un objet. Votre royaume entre ces murs réduit, CORN. *Rodog.* II, 3.

|| **2°** Amener à se soumettre. A la commune voix veut-on qu'il se réduise? MOL. *Mis.* II, 4. O complaisance maudite, à quoi me réduis-tu? ID. *D. Juan*, iv, 5. Il (Sylla) se réduisit de lui-même à la vie privée, BOSS. *Hist. univ.* II, 7. — qqn au silence, à l'obéissance. Malherbe... réduisit la muse aux règles, BOIL. *Art p.* 1. Être réduit à la dernière extrémité. Être réduit à la mendicité. Être réduit à mendier son pain. Voilà bien des enfants réduits à l'hôpital, RAC. *Plaid.* III, 3. Voyez l'état où vous me réduisez, ID. *Andr.* III, 6. L'inexorable Aman est réduit à prier, ID. *Esth.* iii, 5. | *Vieilli.* La crainte... me réduit d'applaudir bien souvent à ce que mon âme déteste, MOL. *D. Juan*, I, 1. — un peuple en servitude. La Gaule Narbonnaise réduite en province, BOSS. *Hist. univ.* i, 9. *Absolt.* Soumettre, dompter. Pépin... passe les monts et réduit les Lombards, BOSS. *Hist. univ.* III, 7. Désespérant de — Babylone... par famine, ID. *ibid.* III, 4. *Vieilli.* — un cheval. J'ai trouvé le moyen, moi seul, de le —, MOL. *Fâch.* II, 6.

RÉDUIT [ré-duï] *s. m.*

[ÉTYM. Emprunté du lat. reductus, qui est à l'écart, § 503. Les sens **II** et **III** paraissent empruntés de l'ital. ridotto, *m. s.* § 12. (*Cf.* redoute.) || XIIIᵉ s. En un reduit M'en entré ou Deduit estoit, G. DE LORRIS, *Rose*, 720.]

I. Lieu retiré, de petites proportions. Je demeure... dans un — bien simple, bien modeste, PICARD, *Provinc. à Paris*, I, 9. Dans le — obscur d'une alcôve enfoncée, BOIL. *Lutr.* 1.

II. *Vieilli.* Lieu où l'on réunit une société choisie. Sa maison sera toujours un — cet hiver, SÉV. 582.

III. Ouvrage de fortification construit en arrière d'un autre pour prolonger la défense si ce dernier est pris. Un — de demi-lune.

RÉDUPLICATIF, IVE [ré-du-pli-kà-tïf', -tïv'] *adj.*

[ÉTYM. Dérivé du lat. reduplicatum, supin de reduplicare, redoubler, § 257. || 1690. FURET. Admis ACAD. 1762.]

|| (T. didact.) Propre à redoubler. *Spéciali.* (Gramm.) Qui exprime le redoublement de l'action. Re est une particule réduplicative.

RÉDUPLICATION [ré-du-pli-kà-syon; *en vers*, -si-on] *s. f.*

[ÉTYM. Emprunté du lat. reduplicatio, *m. s.* || 1520. Reduplication... est deux fois dire son compte en deux manieres, FABRI, *Rhétor.* dans DELB. *Rec.* Admis ACAD. 1762.]

|| (T. didact.) Redoublement. || *Spéciali.* | 1. (Gramm.) Répétition d'un mot pour appeler l'attention (Je l'ai vu, dis-je, vu). | 2. (Médec.) Répétition de certains bruits du cœur.

RÉÉDIFICATION [ré-é-di-fi-kà-syon; *en vers*, -si-on] *s. f.*

[ÉTYM. Dérivé de réédifier, d'après édification, §§ 247 et 275. || 1544. La reedification du temple, MATHÉE, *Hist. de Theodorite*, dans DELB. *Rec.*]

|| (T. didact.) Action de réédifier. La — du temple, BOSS. *Polit.* X, ii, 1.

RÉÉDIFIER [ré-é-di-fyé; *en vers*, -fi-é] *v. tr.*

[ÉTYM. Composé de ré et édifier, § 275. (*Cf.* le lat. rædificare dans TERTULLIEN.) || XIIIᵉ s. Donner u vendre les a reedifyer, dans TAILLIAR, *Rec. d'actes*, p. 510.]

|| (T. didact.) Édifier de nouveau. La nouvelle église a été réédifiée sur l'emplacement de l'ancienne.

RÉÉDITER [ré-é-di-té] *v. tr.*

[ÉTYM. Composé de ré et éditer, § 275. || *Néolog.* Admis ACAD. 1878.]

|| Éditer de nouveau.

RÉEL, ELLE [ré-èl] *adj.*

[Étym. Emprunté du lat. scolast. realis, *m. s.* de res, chose, §503. || XIIIᵉ s. Demandes... reeles et personeles, BEAUMAN. VI, 32.]

|| **1°** (T. didact.) Qui a une existence effective et non simplement apparente ou possible. Je suis maintenant éveillé et j'aperçois quelque chose de — et de véritable, DESC. *Médit.* 1. Ni l'accident n'est plus — que l'être même, BOSS. *D. d'Orl.* Le monde — et le monde idéal. Des événements réels et des événements fictifs. Un être — et un être abstrait. La présence réelle de Jésus-Christ dans l'eucharistie. L'agrément est arbitraire, la beauté est quelque chose de plus —, LA BR. 3. Les chagrins cachés, mais réels, ID. 8. Ses maux (du monde) toujours plus réels que ses biens, BOSS. *A. de Gonz.* Il a un — talent. || *Spécialt.* | 1. (Droit.) Offre réelle, faite argent comptant. Lorsque le créancier refuse de recevoir son paiement, le débiteur peut lui faire des offres réelles, *Code civil,* art. 1257. | 2. (Optique.) Foyer —, où les rayons lumineux réfléchis viennent se rencontrer (par opposition à virtuel, où ils se rencontreraient s'ils étaient prolongés). Image réelle, qui se forme au foyer réel. || *Substantivt.* Le —, ce qui est réel. Il faut de l'agréable et du —, PASC. *Pens.* VII, 27. Avoir le sens du —.

|| **2°** (Droit.) Relatif aux choses (aux biens) et non aux personnes. Action réelle, qui tend à revendiquer un immeuble. Droit —, relatif à un immeuble.

RÉÉLECTION [ré-é-lĕk'-syon ; *en vers,* -si-on] *s. f.*

[Étym. Composé de ré et élection, §§ 192 et 196. || *Néolog.* Admis ACAD. 1878.]

|| Action de réélire. La — d'un député.

RÉÉLIGIBLE [ré-é-li-jibl'] *adj.*

[Étym. Composé de ré et éligible, § 275. || *Néolog.* Admis ACAD. 1878.]

|| Qui peut être réélu.

RÉÉLIRE [ré-é-lir] *v. tr.*

[Étym. Composé de ré et élire, § 275. || *Néolog.* Admis ACAD. 1835.]

|| Élire de nouveau.

RÉELLEMENT [ré-èl-man ; *en vers,* -è-le-...] *adv.*

[Étym. Composé de réelle et ment, § 724. || XIIᵉ s. E la parole Deu reelment fud oïe, *Rois,* I, 3.]

|| D'une manière réelle. Un Dieu lui-même, dans sa propre substance,... demeure corporellement et — parmi nous, BOURD. *Myst. St Sacr.* 2. || *P. ext.* Véritablement. Il est — malade.

RÉER [ré-é]. *V.* raire 2.

RÉEXPÉDIER [ré-ĕks'-pé-dyé ; *en vers,* -di-é] *v. tr.*

[Étym. Composé de ré et expédier, § 275. || XVIIIᵉ s. MIRABEAU, *Collection de trav.* III, p. 410. Admis ACAD. 1878.]

|| Expédier de nouveau.

RÉEXPÉDITION [ré-ĕks'-pé-di-syon ; *en vers,* -si-on] *s. f.*

[Étym. Composé de ré et expédition, § 275. || XVIIIᵉ s. MIRABEAU, *Collection de trav.* III, p. 411. Admis ACAD. 1878.]

|| Action de réexpédier.

RÉEXPORTATION [ré-ĕks'-pòr-tà-syon ; *en vers,* -si-on] *s. f.*

[Étym. Composé de ré et exportation, § 275. || 1755. *V.* drawback. Admis ACAD. 1835.]

|| Action d'exporter de nouveau.

RÉEXPORTER [ré-ĕks'-pòr-té] *v. tr.*

[Étym. Composé de ré et exporter, § 275. || Admis ACAD. 1835.]

|| Exporter de nouveau.

RÉFACTION [ré-făk'-syon ; *en vers,* -si-on] *s. f.*

[Étym. Dérivé de refaire, § 247. (*Cf.* réfection.) || XVIIᵉ s. *V.* à l'article. Admis ACAD. 1835.]

|| Action de refaire. Des réfactions ou réparations, SÉV. 1003. || *P. ext.* | 1. Réduction de prix sur une marchandise quand elle n'a pas la qualité ou la quantité convenue. | 2. Remise des droits de douane quand la marchandise a un excédent de poids, ayant été mouillée.

REFAIRE [re-fèr] *v. tr.*

[Étym. Composé de re et faire, §§ 192 et 195. || XIIᵉ s. E refaced li asnes salvages sa seit, *Psaut. de Cambridge,* CIII, 11.]

|| **1°** Faire de nouveau. — un travail. — un mur. — une corniche. — sa fortune. Si c'était à —, je le ferais encore. Je serais bien fâché que ce fût à —, RAC. *Plaid.* II, 3. — un voyage. — des connaissances. Que je sois survenu pour vous — amis, CORN. *Ment.* III, 1. On l'a refait président. || *Spé-*

cialt. Produire de nouveau. Un oiseau qui refait ses plumes après la mue. Un cerf qui refait sa tête (son bois). || *P. ext.* Modifier dans sa manière d'être. On ne peut pas se —. || *Absolt.* (T. de jeu.) Redonner les cartes. Il en prend six (cartes) et demande à —, MOL. *Fâch.* II, 2.

|| **2°** Remettre en état. — une chaise, un fauteuil. Il lui faut un bon régime pour se —. Tu n'en serais plus gras ni plus refait, RÉGNIER, *Sat.* 3. | *Fig.* Après s'être refait une âme avec cette âme, V. HUGO, *Marion Delorme,* V, 2. *P. ext.* Se —, regagner au jeu, dans les affaires.

|| **3°** *Fig. Famil.* Attraper (qqn). Il m'a refait. J'ai été refait.

REFAIT [re-fè] *s. m.*

[Étym. Subst. particip. de refaire, § 45. || XIIᵉ s. Del refait de la lune, del rafermer, De chou par savoit il quant qu'il en ert, *Aiol,* 269.]

I. Nouveau bois du cerf, du chevreuil.

II. Au lansquenet, coup à refaire, les deux adversaires ayant la même carte.

REFAUCHER [re-fó-ché] *v. tr.*

[Étym. Composé de re et faucher, §§ 192 et 196. || 1539. Refauscher, R. EST. Admis ACAD. 1835.]

|| Faucher de nouveau.

RÉFECTION [ré-fĕk'-syon ; *en vers,* -si-on] *s. f.*

[Étym. Emprunté du lat. refectio, *m. s.* (*Cf.* réfaction.) || XIIᵉ s. Refectiun, *Psaut. d'Oxf.* XXII, 2.]

|| Action de refaire, de restaurer. La — d'une maison, d'un mur. | *Fig.* Il a plu à notre Sauveur qui a établi son Église qu'il y eût toujours quelque — à faire dans le corps du bâtiment, BOSS. *P. Bourgoing.* || *P. ext.* Ce qui sert à réparer (les forces). Lorsqu'on ne dort pas sa —, MOL. *Princ. d'Él.* 1ᵉʳ interm. sc. 2. *Spécialt.* Nourriture. Il ne songe à prendre sa — que lorsqu'il sent que la nuit approche, BOSS. *1ᵉʳ Panég. St Franç. de Paule,* 1.

RÉFECTOIRE [ré-fĕk'-twàr] *s. m.*

[Étym. Emprunté du lat. ecclés. refectorium, *m. s.* de reficere, refaire. L'anc. franç. a la forme pop. refeitoir, refreitoir. Au XVIᵉ s. on hésite entre refectoir et refectoire ; qqns prononcent même refectoi. || XIIᵉ-XIIIᵉ s. Refectoir, *Dial. Gregoire,* p. 87.]

|| Salle où on prend le repas en commun dans une communauté, un hospice, un collège, etc. C'était une table de — où nous étions pour le moins vingt-cinq, HAMILT. *Gram.* p. 23.

REFEND [re-fan] *s. m.*

[Étym. Subst. verbal de refendre, § 52. || 1423. Faire targes et refens pareilles a la clere voie, dans DELB. *Rec.* Admis ACAD. 1718.]

|| (Technol.) Action de refendre. Bois de —, bois refendu scié en long. (*Cf.* bois de brin.) Lignes de —, lignes creuses qui marquent ou simulent dans un mur les joints des pierres. || *P. ext.* Mur de —, qui forme séparation dans l'intérieur d'un bâtiment (par opposition aux gros murs qui en font le contour).

REFENDRE [re-fàndr'] *v. tr.*

[Étym. Composé de re et fendre, §§ 192 et 196. || 1320. Vert quarrelé de blanc, refendu de vermillon, dans DELB. *Rec.* Admis ACAD. 1762.]

I. Fendre de nouveau. || *Fig.* (Droit coutum.) Recommencer (un partage). Quand les cadets ne sont pas contents des partages offerts par l'aîné, ils peuvent les —.

II. Fendre dans la longueur. — une solive. Du bois refendu. || *Spécialt.* (Technol.) Dans la peinture en bâtiment, dégager une moulure empâtée.

RÉFÉRENCE [ré-fé-ràns'] *s. f.*

[Étym. Dérivé de référer, § 262. || *Néolog.* Admis ACAD. 1878.]

|| **1°** Action de rapporter une chose à un texte, à une autorité. Ouvrages de —, auxquels on se réfère (encyclopédie, dictionnaire, etc.).

|| **2°** *P. ext.* Témoignage de personnes pouvant renseigner sur qqn qui demande un emploi, propose une affaire, etc. Avoir d'excellentes références.

RÉFÉRENDAIRE [ré-fé-ran-dèr] *s. m.*

[Étym. Emprunté du bas lat. referendarius, *m. s.* proprt, « chargé de ce qui doit être rapporté ». || XIVᵉ-XVᵉ s. Car telz gens sont referendaire du roi de bien, EUST. DESCH. IX, 285.]

I. Officier de chancellerie ayant la garde du sceau royal et faisant le rapport des placets. || *P. anal.* Grand — du sénat impérial, de la pairie, chargé d'apposer le sceau et de garder les archives. — au sceau, officier public attaché à la division du sceau au ministère de la justice.

II. Magistrat de la cour des comptes chargé de l'examen et du rapport des pièces de comptabilité. Conseiller —.

RÉFÉRER [ré-fé-ré] *v. tr.*

[ÉTYM. Emprunté du lat. referre, *m. s.* || XIVᵉ s. Et a ceste doit l'en referer toutes les autres, ORESME, *Éth.* I, 18.]

I. *Vieilli.* Rapporter. Vous pouvez les — à Dieu (les affaires humaines) en y reconnaissant sa volonté, BOURD. *Instr. Prudence du salut.*

II. *Spécialt.* Rapporter (qqch) à ce qui l'explique, le confirme. Ce qui concerne les achats et la vente se réfère au titre VII du Code de commerce. — une citation au texte original. Se —, recourir à l'autorité de qqn. Je m'en réfère à votre avis. || *Intransitivt.* (Droit.) En — au juge, avoir recours au juge qui, en cas d'urgence, peut statuer provisoirement. *Au part. passé pris substantivt.* Un référé, recours provisoire au juge. Introduire un référé. Plaider en référé. Le juge, le tribunal des référés.

III. (Droit.) Déférer en retour. Le serment déféré d'office par le juge à l'une des parties ne peut être par elle référé à l'autre, *Code civil*, art. 1368.

REFERMER [re-fèr-mé] *v. tr.*

[ÉTYM. Composé de re et fermer, §§ 192 et 196. || XIIᵉ s. Voz nes restreindre et refermer, *Énéas*, 656. Admis ACAD. 1798.]

|| Fermer de nouveau. Il ouvre un œil mourant qu'il referme soudain, RAC. *Phèd.* V, 6. — une porte, une armoire. La porte s'est refermée sur lui. L'huître tout d'un coup Se referme, LA F. *Fab.* VIII, 9. La plaie commence à se —.

REFERRER [re-fè-ré] *v. tr.*

[ÉTYM. Composé de re et ferrer, §§ 192 et 196. || XIIᵉ s. Il fait des quatre piés son mulet referrer, *Naiss. du Cheval. au Cygne*, dans DELB. *Rec.* Admis ACAD. 1835.]

|| Ferrer de nouveau. — un cheval. | — un lacet.

REFEUILLETER [re-feüy'-té; *en vers,-*féu-ye-té] *v. tr.*

[ÉTYM. Composé de re et feuilleter, §§ 192 et 196. || XVIᵉ s. Si tu avois... Refeuilleté Homère, RONS. IV, 350, Bibl. elzév. Admis ACAD. 1878.]

|| Feuilleter de nouveau. Refeuilletant Horace, BOIL. *Épigr.* 25.

RÉFLÉCHIR [ré-flé-chir] *v. tr. et intr.*

[ÉTYM. Emprunté du lat. reflectere, fléchir en retour, rendu par réfléchir d'après fléchir, § 503. || 1314. Le diaphragme... se reflecit en haut vers les costes, *Chirurg. de Mondeville*, 337, Bos. | 1372. Aucune fois le ray est reflechi ou retorné, J. CORBICHON, *Propr. des choses*, VIII, 43, mss franç. Bibl. nat. 216, fᵒ 149, vᵒ.]

I. *V. tr.* || **1°** Ramener sur soi. Le péritoine se réfléchit sur les parois latérales du petit bassin. Étamines réfléchies, qui se recourbent sur elles-mêmes. || *Fig.* (Gramm.) Verbe réfléchi, dans lequel l'action revient sur le sujet.

|| **2°** Renvoyer en retour. || *Spécialt.* (Physique.) En parlant d'une surface, renvoyer ce qui vient la frapper. Si son mouvement n'est plus direct, mais réfléchi, LA BR. 16. La lumière, comme les corps élastiques, en tombant sur les surfaces, se réfléchit sous un angle égal à celui de sa chute, BRISSON, *Traité de phys.* I, p. 26. L'air ébranlé est sujet à des répercussions qui le réfléchissent, J.-J. ROUSS. *Ém.* 2. Les étoiles étincelaient au ciel et se réfléchissaient au sein de la mer, qui répétait leurs images tremblantes, B. DE ST-P. *Paul et Virg.* || *Vieilli. Intransitivt.* Si je lance un trait... il réfléchit sur moi, TRISTAN L'HERMITE, *M. de Chrispe*, V, 5. || *Fig.* Ses attraits (du ciel) réfléchis brillent dans vos prunelles, MOL. *Tart.* III, 3. Il (Jésus) se cache encore en lui-même, mais il se réfléchit sur saint Jean, BOSS. *1ᵉʳ Visitation*, 2. Dès qu'il (l'homme) peut comparer ses sensations, il se réfléchit vers l'univers, BUFF. *De la Nature, Seconde Vue.* || *Vieilli. Intransitivt.* Dans tous les autres cas où l'action de la femme réfléchirait contre le mari, *Code civil*, art. 2256. || *P. ext.* La raison humaine étant considérée comme un reflet de la raison divine. —, c'est recevoir... une lumière qui nous rend capables de chercher la vérité jusque dans sa source, BOSS. *Conn. de Dieu*, V, 8.

II. *V. intr.* Revenir sur sa pensée pour l'approfondir. Il faut — longuement avant de se décider. Il a parlé sans —. Quand la bête penserait, La bête ne réfléchirait Sur l'objet ni sur sa pensée, LA F. *Fab.* IX, 20, *Disc. à Mᵐᵉ de la Sablière*. Des crimes réfléchis (faits après avoir réfléchi), MONTESQ. *Rom.* 17. Un esprit réfléchi, qui a l'habitude de réfléchir.

RÉFLÉCHISSANT, ANTE [ré-flé-chi-san, -sänt'] *adj.*

[ÉTYM. Adj. particip. de réfléchir, § 47. || XVIIᵉ s. *V.* à l'article. Admis ACAD. 1878.]

I. (T. didact.) Qui a la propriété de renvoyer les rayons sonores, lumineux, etc. Surface réfléchissante.

II. Qui revient sur sa pensée pour l'approfondir. Cette âme non réfléchissante, BOSS. *États d'oraison*, V, 3. La nation (française) est souvent peu réfléchissante, VOLT. *Dict. philos.* supplices.

RÉFLÉCHISSEMENT [ré-flé-chis'-man ; *en vers*, -chise-...] *s. m.*

[ÉTYM. Dérivé de réfléchir, § 145. || XIVᵉ s. Pour plenté d'avironnemens Et tant de reflechissemens, J. LE FÈVRE, *Vieille*, III, 5187.]

|| Le fait d'être réfléchi (par une surface).

RÉFLECTEUR [rè-flěk'-teůr] *adj.*

[ÉTYM. Dérivé du lat. reflectere, réfléchir, § 249. || 1812. MOZIN, *Dict. franç.-allem.* Admis ACAD. 1835.]

|| (T. didact.) Qui réfléchit la lumière. Un miroir —, et, *substantivt*, Un —, surfac epolie qui réfléchit la lumière.

REFLET [re-flè] *s. m.*

[ÉTYM. Emprunté de l'ital. riflesso, *m. s.* rendu d'abord par reflés, puis par reflex (ACAD. 1718), d'après le lat. reflexus, *m. s.*, enfin par reflet, d'après le lat. reflectere, réfléchir, § 12. || 1677. Supposant que la partie ombree reçeût des reflets, R. DE PILES, *Conv. sur la peinture*, p. 280.]

I. (T. didact.) Réflexion affaiblie de la lumière, de la couleur. Le — est pour les couleurs ce que l'écho est pour les sons, J. JOUBERT, *Pensées*, XIII, 14. Des reflets vagabonds la lueur incertaine, DELILLE, *Énéide*, 8. Les reflets de la moire. || *Fig.* Reproduction d'une manière d'être empruntée. La raison de l'homme n'est qu'un — de la raison divine. Le siècle de la reine Anne ne fut qu'une espèce de — du siècle de Louis XIV, CHATEAUBR. *Génie*, II, III, 5.

II. *Vieilli.* Réflecteur. Des bougies... et des reflets dans les coulisses, VOLT. *Lett.* 4 oct. 1748.

REFLÉTER [re-flé-té] *v. tr.*

[ÉTYM. Dérivé de reflet, § 154. On trouve au XIVᵉ s. reflecter (ORESME), d'après le lat. reflectere, réfléchir. || Admis ACAD. 1762.]

|| (T. didact.) Renvoyer, par réflexion affaiblie, (la lumière, la couleur). Les maisons et les arbres... qui se reflétaient au loin dans les eaux, B. DE ST-P. *Chaum. ind.* || *Fig.* Présenter l'image d'une manière d'être. La pureté de son âme se reflète sur son visage. Quelque chose... qui reflétât du sentiment sur les êtres inanimés, DIDER. *Salon de 1765.*

REFLEURIR [re-fleu-rir] *v. intr.*

[ÉTYM. Composé de re et fleurir, §§ 192 et 196. || XIIᵉ s. E reflurit la meie carn, *Psaut. d'Oxf.* XXVII, 10.]

|| Fleurir de nouveau. Ces rosiers ont refleuri. || *Fig.* Les lettres et les arts commencent à —. Cette amitié autrefois éteinte, maintenant refleurie, BOSS. *2ᵉ Pénitence*, 1.

RÉFLEXE [ré-flěks'] *adj.*

[ÉTYM. Emprunté du lat. reflexus, part. de reflectere, réfléchir. || 1556. Rayon reflexe, R. LEBLANC, *Subtilité*, dans DELB. *Rec.* Admis ACAD. 1878.]

|| (T. didact.) || **I.** (Optique.) Produit par la réflexion (de la lumière). Vision —. || *P. ext. Néolog.* (Physiol.) Produit involontairement par une excitation organique. Action —. Mouvements réflexes.

II. *Vieilli.* Fait avec réflexion (d'esprit). Les actes... que l'on nomme réflexes ou réfléchis, BOSS. *États d'orais.* X, 23.

RÉFLEXIBILITÉ [ré-flěk'-si-bi-li-té] *s. f.*

[ÉTYM. Emprunté de l'angl. reflexibility (NEWTON), *m. s.* § 8. (Cf. réflexible.) || 1722. La reflexibilité des rayons, COSTE, *Optique de Newton*, p. 3. Admis ACAD. 1762.]

|| (T. didact.) Propriété de se réfléchir. La — de la lumière. La différente réfrangibilité amène la différente —, FONTEN. *Newton.*

RÉFLEXIBLE [ré-flěk'-sibl'] *adj.*

[ÉTYM. Emprunté de l'angl. reflexible (NEWTON), *m. s.* et dérivé du lat. reflexum, supin de reflectere, réfléchir, §§ 8 et 242. || 1722. Les rayons sont plus ou moins reflexibles, COSTE, *Optique de Newton*, p. 3. Admis ACAD. 1762.]

|| (T. didact.) Qui peut être réfléchi. Les rayons lumineux sont inégalement réflexibles. Tout rayon est plus — à mesure qu'il est plus réfrangible, VOLT. *Philos. de Newton*, II, 8.

*** RÉFLEXIF, IVE** [ré-flěk'-sīf', -sīv'] *adj.*

[ÉTYM. Dérivé du lat. reflexum, supin de reflectere, réfléchir, § 257. || 1611. COTGR.]

|| (T. didact.) Qui peut revenir sur lui-même. Ce plaisir n'est que le seul vouloir, qui est, pour ainsi dire, — sur lui-même, FÉN. *Lett. au P. Lami, Sur la grâce et la préd.*

RÉFLEXION [ré-flěk'-syon ; *en vers*, -si-on) *s. f.*

[ÉTYM. Emprunté du lat. reflexio, *m. s.* || XIVe s. Reflexion du dyafregme, *Chirurg. de Lanfranc*, dans LITTRÉ.]

I. (T. didact.) Renvoi par une surface de ce qui la frappe. La — de la lumière. Quoique sa lumière (de la lune) ne soit que la — de celle du soleil, LA BR. 16. La — de la chaleur, du son. Angle de —, que fait sur la surface réfléchissante le rayon incident avec le rayon réfléchi. L'angle d'incidence est égal à l'angle de —. L'écho est produit par la — du son. La — des lumières sur ce bronze, CORN. *Andromède*, V, décoration. || *Fig.* Action indirecte. (*Cf.* ricochet.) Ces sortes de satires tombent directement sur les mœurs, et ne frappent les personnes que par —, MOL. *Crit. de l'Éc. des f.* sc. 6.

II. Retour de la pensée sur elle-même, pour approfondir. Agir sans —. La — est la puissance de se replier sur ses idées, de les examiner, de les modifier, VAUVEN. *Espr. hum.* 2. Après y avoir fait assez de —, DESC. *Méth.* 5. Il faut faire — sur l'état de ceux qui sont plus malheureux que nous, SÉV. 388. Voilà de quoi rêver et faire des réflexions, ID. 60. Toute — faite, ayant réfléchi. A la —, en réfléchissant. A la — il s'apaisa, FÉN. *Odyss. Précis du l. 20.* || *P. ext.* Pensée résultant de la réflexion. Cette — embarrassant notre homme, LA F. *Fab.* IX, 4. Les uns abondent en images, les autres en réflexions, VAUVEN. *Espr. hum.* 3. Un recueil de réflexions, de maximes.

REFLUER [re-flu-é] *v. intr.*

[ÉTYM. Emprunté du lat. refluere, *m. s.* || 1600. L'eau... commence de refluer, CL. DURET, *Flux et reflux*, dans DELB. *Rec.*]

|| Couler soudain en sens contraire. Le flot des grandes marées fait — les rivières. Son sang reflua vers son cœur, VOLT. *Zadig*, 13. || *Fig.* La conquête des Héraclides avait fait — dans cette partie de la Grèce la nation entière des Ioniens, BARTHÉLEMY, *Anacharsis*, introd. 1. Avant que la science restée à Constantinople refluât en Italie, VOLT. *Mœurs*, 82. La haine qu'il portait au protecteur reflua sur le protégé, D'ALEMB. *Éloges, Ch. Perrault.*

REFLUX [re-flu] *s. m.*

[ÉTYM. Composé de re et flux, §§ 193 et 196. (*Cf.* le lat. refluum mare, *m. s.*) || XVIe s. La cause du flux et reflux de la riviere du Nil, MONTAIGNE, II, 17.]

|| Mouvement de la mer qui redescend après avoir monté par le flux. Le flux les apporta, le — les remporte, CORN. *Cid*, IV, 3. || *Fig.* Un flux et — perpétuel de visiteurs. Le — de la foule. Le flux et le — des choses humaines. Ce flux et ce — de succès et de pertes, VOLT. *S. de L. XV*, 30.

REFONDER [re-fon-dé]. *V.* refondre 2.

1. REFONDRE [re-fóndr'] *v. tr.*

[ÉTYM. Composé de re et fondre, §§ 192 et 196. || XIIe s. Dis feiz fu li aciers moluz Et par dis feiz fu refonduz, *Énéas*, 4471.]

|| Mettre de nouveau en fusion. — les monnaies. || *P. ext.* Refaire entièrement. Il semble qu'on ait refondu tout l'homme, FONTEN. *Dial.* 5. On ne se refond point, SÉV. 822. —... le mémoire que j'avais lu à l'Académie, J.-J. ROUSS. *Confess.* 7.

2. *REFONDRE [re-fóndr'] *v. tr.*

[ÉTYM. Emprunté du lat. jurid. refundere, *m. s.* rendu par refondre d'après fondre, § 503. ACAD. donne l'infinitif refonder, barbarisme sans autorité. || 1274. En rendant et refundant le pris, dans GODEF. refundre.]

|| (Anc. droit.) Verser en retour, rembourser. (*Cf.* réfusion.) Tel défaillant ne peut être oui qu'il n'ait refondu tous les dépens de sa contumace, A. DESPEISSES, II, p. 449.

***REFONDREMENT** [re-fon-dre-man] *s. m.*

[ÉTYM. Dérivé de refondre, § 145. || 1611. COTGR.]

|| *Vieilli.* Renfoncement. Ces corps sortant du plan de ces refondrements, ROTROU, *St Genest*, II, 1.

***REFONDRER** [re-fon-dré] *v. tr.*

[ÉTYM. Composé avec re et fond, §§ 194 et 196. (*Cf.* effondrer, enfondrer, renfondrer.) L'r de tous ces verbes s'explique par le fait que fundus, devenu neutre en lat. pop. (*cf.* fonds, enfoncer, etc.), s'est décliné fundus, *fundoris, § 542. || 1611. COTGR.]

|| *Vieilli.* Enfoncer.

REFONTE [re-fónt] *s. f.*

[ÉTYM. Dérivé de refondre, d'après fonte, §§ 45, 193 et 196. || Admis ACAD. 1718.]

|| Action de refondre. La — des monnaies. || *Fig.* La — d'un ouvrage.

RÉFORMABLE [ré-fòr-màbl'] *adj.*

[ÉTYM. Dérivé de réformer, § 242. || Admis ACAD. 1762.]

|| Qui est à réformer. Il y a deux choses bien réformables en France, VOLT. *Lett. à Beaumont*, 7 juin 1771.

RÉFORMATEUR, TRICE [ré-fòr-mà-teur, -trïs'] *s. m. et f.*

[ÉTYM. Emprunté du lat. reformator, trix, *m. s.* (*Cf.* l'anc. franç. reformere, eor.) || 1375. Generaulx et souverains reformateurs sur le fait des eaues et forés, dans L. DELISLE, *Mandem. de Ch. V*, p. 632.]

|| Celui, celle qui réforme. Le — de la Trappe. S'ériger en — de la langue. || *Spécialt.* Les réformateurs, les prétendus réformateurs (de la religion), les chefs de la religion réformée.

RÉFORMATION [ré-fòr-mà-syon ; *en vers*, -si-on) *s. f.*

[ÉTYM. Emprunté du lat. reformatio, *m. s.* || XIVe s. La reformation de la policie, ORESME, dans MEUNIER, *Essai sur Oresme*.]

|| Action de réformer. La — de l'Église. La — des mœurs, de la discipline. La — des finances. La — du calendrier. — d'un édit, d'un jugement. Dans la — générale de tous les abus, BOSS. *Dev. des rois*, 1. La — religieuse, et, *absolt*, La —, ensemble des révolutions religieuses qui ont donné naissance aux Églises protestantes.

RÉFORME [ré-fòrm'] *s. f.*

[ÉTYM. Subst. verbal de réformer, § 52. || 1640. Reforme, reformation, OUD. riforma.]

I. Changement qui ramène à la forme primitive. La — des ordres religieux. La — de la discipline dans un couvent. La — religieuse, et, *absolt*, La —. | 1. Changement introduit par les protestants dans la religion chrétienne, qu'ils prétendaient ramener à son institution primitive. | 2. Ensemble des révolutions religieuses qui ont donné naissance aux Églises protestantes.

II. Changement qui ramène à une forme meilleure. La — des institutions. La — des mœurs. Introduire des réformes dans sa maison. J'ai renoncé aux vanités du monde et je me suis jeté dans la —, REGNARD, *Sérén.* sc. 10.

III. Mise hors du service de ce qui y est devenu impropre. Mettre un officier à la —. Congé de —. La — des chevaux, du matériel.

REFORMER [re-fòr-mé] *v. tr.*

[ÉTYM. Composé de re et former, §§ 192 et 196. || Admis ACAD. 1835.]

|| Former de nouveau. — un bataillon. L'armée, battue, se reforma rapidement. L'abcès s'est reformé.

RÉFORMER [ré-fòr-mé] *v. tr.*

[ÉTYM. Emprunté du lat. reformare, *m. s.* || XIIe s. Se li cuers at primiers esteit reformez, *Serm. de St Bern.* p. 17.]

I. Ramener à la forme primitive. — un ordre religieux, la discipline d'un couvent. Des religieux très réformés, BOSS. *Panég. St Franç. de Paule.* La religion réformée, prétendue réformée, la religion chrétienne telle que la pratiquent les protestants, prétendant l'avoir ramenée au christianisme primitif.

II. Ramener à une forme meilleure. — un jugement. — sa conduite, sa vie. Se —. — les mœurs. N'allons donc point ici — l'univers, BOIL. *Sat.* 10. — le corps des sciences, DESC. *Méth.* 2. Qu'un particulier fit dessein de — un État, ID. *ibid.* Une capacité... qui réforme les lois et les coutumes, LA BR. 10. A-t-on par quelque édit réformé la cuisine? BOIL. *Sat.* 3. — le luxe, les abus. — son train de maison.

III. Retirer du service (ce qui y est devenu impropre). — un officier, un employé. — des chevaux.

REFOUILLEMENT [re-fouy'-man ; *en vers*, -fou-ye-...] *s. m.*

[ÉTYM. Dérivé de refouiller, § 145. || *Néolog.* Admis ACAD. 1878.]

|| (Technol.) Action de refouiller.

REFOUILLER [re-fou-yé] *v. tr.*

[ÉTYM. Composé de re et fouiller, §§ 192 et 196. || XVIe s. Chercher et refouiller des tresors sous terre, *Amant ressuscité*, p. 206, dans LA C. Admis ACAD. 1878.]

|| (Technol.) Évider. — une pierre de taille, une pièce de charpente. *Spécialt.* Accentuer les saillies d'une œuvre d'art en évidant les parties creuses.

REFOULEMENT [re-fóu-man ; *en vers*, -fou-le-...] *s. m.*

[ÉTYM. Dérivé de refouler, § 145. || 1539. R. EST.]

|| Action de refouler ; résultat de cette action. Le — des eaux.

REFOULER [re-fou-lé] *v. tr.* et *intr.*

[ÉTYM. Composé de re et fouler, §§ 192 et 196. || XIII° s. Drap refoulé, E. BOILEAU, *Livre des mest.* I, LXXVI, 5.]

I. *V. tr.* Faire reculer en foulant. La marée refoule l'eau des fleuves. La cavalerie refoulait les fuyards. L'empire ne put refouler les barbares. || *Spécialt.* Pousser vers le fond. — la charge d'une bouche à feu. — un gaz. || *Fig.* — ses sentiments, son émotion.

II. *V. intr.* Reculer sous l'effort d'une pression. Les passages de l'Asie étant mieux gardés, tout refoulait vers l'Europe, MONTESQ. *Rom.* 19.

REFOULOIR [re-fou-lwår] *s. m.*

[ÉTYM. Dérivé de refouler, § 113. || 1611. COTGR. Admis ACAD. 1762.]

|| (Technol.) Instrument pour refouler. || *Spécialt.* Cylindre pour refouler la charge au fond d'un canon.

RÉFRACTAIRE [ré-fråk'-tèr] *adj.*

[ÉTYM. Emprunté du lat. refractarius, *m. s.* || XVI° s. Partie adverse et refractaire, RAB. III, 18.]

|| **1°** Qui ne se soumet pas à une autorité, à une règle. — aux ordres du roi. — à ses lois, REGNARD, *Distr.* v, 10. || *Spécialt.* Les prêtres réfractaires, qui, sous la révolution, refusèrent de prêter serment à la constitution civile du clergé. Conscrit —, qui se soustrait à la loi du recrutement. || *Substantivt.* Un, une —, celui, celle qui est réfractaire.

|| **2°** (Technol.) Qui résiste à certaines influences. Brique —, qui résiste au feu. Argile —.

RÉFRACTER [ré-fråk'-té] *v. tr.*

[ÉTYM. Dérivé du lat. refractum, supin de refringere, briser, § 266. || 1752. DE COURTIVRON, *Traité d'optiq.* p. 46. Admis ACAD. 1798.]

|| (T. didact.) || **1°** (Physique.) Faire dévier (un rayon lumineux) par son passage dans un milieu de densité différente.

|| **2°** (Médec.) Donner à dose répétée. Médicament réfracté.

RÉFRACTIF, IVE [ré-fråk'-tif', -tiv'] *adj.*

[ÉTYM. Dérivé du lat. refractum, supin de refringere, briser, § 257. || 1752. Puissance refractive, DE COURTIVRON, *Traité d'optiq.* p. 46. Admis ACAD. 1835.]

|| (T. didact.) Qui produit la réfraction. Pouvoir —.

RÉFRACTION [ré-fråk'-syon ; *en vers*, -si-on] *s. f.*

[ÉTYM. Emprunté du lat. refractio, action de briser. || XVI° s. PARÉ, *Introd.* 25.]

|| (T. didact.) Déviation que subit un rayon lumineux quand il passe dans un milieu de densité différente. (*Cf.* réfrangibilité.) Cristal à double —, qui donne naissance à deux rayons réfractés pour un seul rayon incident.

REFRAIN [re-frin] *s. m.*

[ÉTYM. Altération (sous l'influence de l'infinitif) de refrait, subst. particip. de l'ancien verbe refraindre, composé de re et fraindre, briser, § 45. || XII° s. Ço est granz dueus que li reis fait, Vers Aton son tuit si refrait, *Thèbes*, 6289. | XIV°-XV° s. Le ver après doit estre d'autant et de pareille rime comme le refrain, EUST. DESCH. VII, 281.]

I. (Marine.) Rejaillissement des vagues brisées contre les rochers. (*Cf.* frain.) Rocher presque mangé des refrains de la mer, RICHEL. *Dict.*

II. *Fig.* Retour d'un vers à chaque couplet d'une chanson, d'une ballade, d'un rondeau. Marot... A des refrains réglés asservit les rondeaux, BOIL. *Art p.* 1. | *P. ext.* | 1. Le vers qui revient ainsi. Le — d'une ballade. | 2. Chanson. Chanter de joyeux refrains. || *Fig.* Ce qu'on répète toujours. C'est le — de la ballade, le point auquel qqn revient toujours. C'est toujours même —, il répète toujours la même chose. Le — fut d'offrir sa personne, LA F. *Contes, F. du roi de Garbe.*

RÉFRANGIBILITÉ [ré-fran-ji-bi-li-té] *s. f.*

[ÉTYM. Emprunté de l'angl. refrangibility (NEWTON, 1704), *m. s.* dérivé du lat. refrangere, barbarisme pour refringere, briser, §§ 8 et 255. || 1722. La refrangibilité des rayons, COSTE, *Optique de Newton*, p. 2. Admis ACAD. 1762.]

|| (T. didact.) Propriété de ce qui est réfrangible. L'inégale — des rayons colorés.

RÉFRANGIBLE [ré-fran-jibl'] *adj.*

[ÉTYM. Emprunté de l'angl. refrangible, *m. s.* § 8. (*V.* réfrangibilité.) || 1722. Rayons egalement refrangibles, COSTE, *Optique de Newton*, p. 4. Admis ACAD. 1762.]

|| (T. didact.) Qui a la propriété de se réfracter.

REFRAPPER [re-frà-pé] *v. tr.*

[ÉTYM. Composé de re et frapper, §§ 192 et 196. || XII° s. Si li refrapa, ÉT. DE FOUGÈRES, *Livre des man.* dans DELB. Rec. Admis ACAD. 1798.] :

|| Frapper de nouveau.

REFRÉNER [re-fré-né] *v. tr.*

[ÉTYM. Emprunté du lat. refrenare, m. s. || XIII° s. Refrenanz le suen de la mer, *Psaut. de Cambridge*, LXIV, 7.]

|| Soumettre au frein. (Ne s'emploie qu'au figuré.) — les passions. — la licence des mœurs.

RÉFRIGÉRANT, ANTE [ré-fri-jé-ran, -rànt'] *adj.*

[ÉTYM. Adj. particip. de réfrigérer, § 47. || XVI° s. Viandes refrigerantes, PARÉ, *Introd.* 14.]

|| (T. didact.) Qui a la propriété de refroidir. (*Cf.* refroidissant.) Mélanges réfrigérants, à l'aide desquels on produit un refroidissement considérable. (Médec.) Un remède —, et, *substantivt*, Un —. || *Spécialt.* (Chimie.) Le —, vaisseau rempli d'eau dont on couvre le haut de l'alambic pour condenser la vapeur.

RÉFRIGÉRATIF, IVE [ré-fri-jé-rà-tif', -tiv'] *adj.*

[ÉTYM. Emprunté du lat. refrigerativus, *m. s.* || XIV° s. Vertu refrigerative, ORESME, dans MEUNIER, *Essai sur Oresme.*]

|| (Médec.) Qui rafraîchit. Potion réfrigérative.

RÉFRIGÉRATION [ré-fri-jé-rà-syon ; *en vers*, -si-on] *s. f.*

[ÉTYM. Emprunté du lat. refrigeratio, *m. s.* || 1549. R. EST.]

|| (T. didact.) Action de réfrigérer.

***RÉFRIGÉRER** [ré-fri-jé-ré] *v. tr.*

[ÉTYM. Emprunté du lat. refrigerare, *m. s.* || 1549. R. EST.]

|| (T. didact.) Refroidir.

***RÉFRINGENCE** [ré-frin-jàns'] *s. f.*

[ÉTYM. Dérivé du lat. refringens, briser, § 262. || *Néolog.*]

|| (Physique.) Propriété de produire la réfraction.

RÉFRINGENT, ENTE [ré-frin-jan, -jànt'] *adj.*

[ÉTYM. Emprunté du lat. refringens, part. de refringere, briser. || 1722. Surface reflechissante ou refringente, COSTE, *Optique de Newton*, p. 4. Admis ACAD. 1762.]

|| (Physique.) Qui produit la réfraction. Milieu —. Pouvoir —.

REFROGNEMENT, REFROGNER. *V.* renfrognement, renfrogner.

REFROIDIR [re-frwà-dir] *v. tr.*

[ÉTYM. Composé avec re et froid, §§ 194 et 196. L'anc. franç. dit plus ordinairement refroidier, refroider. || XII° s. Et refroidir, fremir, trembler, *Énéas*, 7922.]

|| Rendre plus froid. Le vent a refroidi l'air. — des vapeurs pour les condenser. Le dîner se refroidit. Il s'est refroidi et a pris un rhume. Le temps se refroidit. || *Spécialt.* En parlant d'un mourant. Les extrémités commencent à se —, à perdre la chaleur vitale. Un corps refroidi, que la chaleur vitale a abandonné. *P. ext.* Argot. — qqu, le tuer. || *Famil. Intransitivt.* Le potage refroidit. Le dîner a refroidi. || *Fig.* Rendre beaucoup moins ardent. — le zèle. Pendant que la charité se refroidissait partout ailleurs, BOSS. *Polit.* VII, VI, 14. La pesanteur d'une charge si grande Résiste à mon audace et me la refroidit, MALH. *Poës.* 80. Il était tout à fait refroidi sur cette poursuite, HAMILT. *Gram.* p. 49. Ils se refroidissent bientôt pour les expressions et les termes qu'ils ont le plus aimés, LA BR. 1. || *P. ext.* Laisser — une chose, la rendre moins opportune. Je voudrais bien... que vous n'eussiez pas laissé — la réponse de la bonne princesse, SÉV. 514.

***REFROIDISSANT, ANTE** [re-frwà-di-san, -sànt'] *adj.*

[ÉTYM. Adj. particip. de refroidir, § 47. || 1611. COTGR.]

|| *Rare.* Qui a la propriété de refroidir. (*Cf.* réfrigérant.) La qualité de ses eaux refroidissantes, LA F. *Psyché*, 2.

REFROIDISSEMENT [re-frwà-dis'-man ; *en vers*, -dis-se-...] *s. m.*

[ÉTYM. Dérivé de refroidir, § 145. || XVI° s. Refroidissement de sang, RAB. III, 31.]

|| Abaissement de la température d'un corps. Le — de l'air. Le — de la terre. || Le — du sang (par l'effet de l'âge). || *P. anal.* Indisposition causée par le froid. Prendre un —. || *Fig.* Diminution sensible dans l'ardeur. Le — d'une passion. *Absolt.* En parlant de l'amitié. Il y a du — entre eux. C'est une preuve de peu d'amitié de ne s'apercevoir pas du — de celle de nos amis, LA ROCHEF. *Max.* 97.

REFUGE [re-füj'] *s. m.*

[ÉTYM. Emprunté du lat. refugium, *m. s.* (*Cf.* l'anc. franç.

refui, de formation pop.) || XII⁰ s. Faiz est li sires refuges al povre, *Psaut. d'Oxf.* IX, 9.]

|| **1°** Moyen de se mettre en sûreté. Un lieu de —. Une maison de —, pour les indigents, les vieillards. Vous ne trouverez point devant lui de —, CORN. *Poly.* V, 2. C'est en vain qu'on espère Quelque — aux lois, LA F. *Fab.* XI, 7.

|| **2°** Lieu où l'on peut se mettre en sûreté. Il (l'arbre) servait de — Contre le chaud, la pluie et la fureur des vents, LA F. *Fab.* X, 1. Là... un hibou retiré Trouvait contre le jour un — assuré, BOIL. *Lutr.* 3. Villes de —, où se réfugiaient ceux qui avaient commis un meurtre involontaire. Maison de —, où les indigents peuvent se retirer. Votre maison... est le — ordinaire de tous les fainéants de la cour, MOL. *Crit. de l'Éc. des f.* sc. 1. || *P. ext. Néolog.* Un —, terre-plein où les piétons peuvent se garer des voitures.

|| **3°** Personne près de laquelle on trouve la sûreté. Sévère aux méchants, et des bons le —, RAC. *Ath.* IV, 3. Ce Dieu, depuis longtemps votre unique —, ID. *ibid.* II, 7.

RÉFUGIER [ré-fu-jyé; *en vers*, -ji-é] *v. tr.*

[ÉTYM. Dérivé du lat. refugium, refuge, § 266. || 1611. Refugié, COTGR.]

I. *V. tr.* (*rare*). Mettre en lieu de sûreté. Je vins — mes dieux pénates sur cette côte déserte, FÉN. *Tél.* 9. Ceux qui... réfugiaient un esclave pour le sauver, MONTESQ. *Espr. des lois,* XV, 16.

II. *V. pron.* Se —, se retirer en lieu de sûreté. C'est un instinct commun à tous les êtres... souffrants de se — dans les lieux les plus sauvages, B. DE ST-P. *Paul et Virg.* Contrainte de prendre la fuite pour se — en France, BOSS. *R. d'Angl.* Se — auprès de qqn. Elle se réfugie en secret auprès de Dieu, CHATEAUBR. *Génie,* II, III, 5. *Substantivt.* Un réfugié, une réfugiée. Les réfugiés protestants (lors de la révocation de l'édit de Nantes). Il y a dix mille réfugiés protestants français à Berlin, VOLT. *Fragm. sur l'hist.* 28. || *P. ext.* Le style réfugié, style des réfugiés à l'étranger, qui a perdu la pureté française.

REFUIR [re-fuir] *v. intr.*

[ÉTYM. Composé de re et fuir, §§ 192 et 196. (*Cf.* le lat. refugere, *m. s.*) || XI⁰ s. S'en refuit en Rome la citet, *St Alexis,* 385. Admis ACAD. 1835.]

||Fuir à diverses reprises. Le cerf refuit. C'est en vain qu'on refuit, tôt ou tard on s'y brûle, CORN. *Mél.* I, 1.

REFUITE [re-fuit'] *s. f.*

[ÉTYM. Composé de re et fuite, §§ 193 et 196. || XIII⁰ s. Or oiez com fete refuite Li clers porpensa, CORTEBARBE, dans BARTSCH et HORNING, *Langue et littér. franç.* col. 634.]

I. Action de refuir. *Fig.* Échappatoire. La chicane... féconde en refuites, ST-SIM. X, 468. Mais cessez de chercher ces refuites frivoles, CORN. *Mél.* I, 2.

II. (Technol.) Ouverture profonde d'une mortaise qui permet de retirer aisément la pièce emboîtée.

REFUS [re-fu] *s. m.*

[ÉTYM. Subst. verbal de refuser, § 52. || XII⁰ s. François le furent, trestot li font refus, RAIMBERT DE PARIS, *Chevalerie Ogier,* 5337.]

|| **1°** Action de ne pas accorder (ce qui est demandé). La chose la plus prompte et qui se présente d'abord, c'est le —, et l'on n'accorde que par réflexion, LA BR. 11. De ce — bizarre où seraient les raisons? RAC. *Ath.* II, 5. Au — d'un empire, ID. *Alex.* III, 3. Essuyer un —. Ce même amour qu'offensent vos —, RAC. *Baj.* II, 1. || *P. ext.* Action de ne pas consentir (à ce qu'on souhaite). A leur — s'armer d'une autre main, CORN. *Rodog.* III, 1. Ce — lui seul fait plus que tout le reste, MOL. *Mis.* V, 4. || *Spécialt.* — de lait, absence de lait chez une nourrice. || (Technol.) Jusqu'à — de mouton, jusqu'au — de mouton, jusqu'au moment où le mouton n'agit plus sur les pieux enfoncés aussi loin que possible.

|| **2°** Action de ne pas accepter (ce qui est offert). Avant qu'offrir des vœux je reçois des —, CORN. *Poly.* IV, 6. Cela n'est pas de —, MOL. *Préc. rid.* sc. 9. Accepter qqch au — d'un autre. | *P. ext.* Le — d'un autre, ce qu'un autre a refusé d'accepter. M'offrir vos —, CORN. *Tite et Bér.* III, 2.

REFUSABLE [re-fu-zàbl'] *adj.*

[ÉTYM. Dérivé de refuser, § 93. || XII⁰-XIII⁰ s. Corrompu sunt et refusable En lor voloirs, NICOLE, *Règle de St-Benoit,* dans DELB. *Rec.*]

|| *Rare.* Qui peut être refusé.

REFUSER [re-fu-zé] *v. tr.*

[ÉTYM. Emprunté du bas lat. *refusare, m. s.* de refusum, supin de refundere, rejeter, §§ 295 et 291. (*Cf.* le doublet ruser.) || XII⁰ s. Qui droite lei et dreit jugement refusera, *Lois de Guill. le Conq.* 41.]

|| **1°** Ne pas accorder. — son consentement. Dieu qui l'inspire (la prière) ne peut lui rien —, BOSS. *Marie-Thérèse.* Il lui refuse la main de sa fille. On lui a refusé l'argent qu'il demandait. Les qualités que la nature lui a refusées. Qui eût pu lui — son admiration? BOSS. *D. d'Orl.* J'aurais peine, Seigneur, à lui — grâce, CORN. *Sertor.* I, 3. Il s'est trouvé des hommes qui refusaient plus honnêtement que d'autres ne savaient donner, LA BR. 8. Il se refuse les plaisirs les plus innocents. Il ne se refuse rien. Il ne se refusait aucune dépense, MONTESQ. *Lett. pers.* 141. Je n'ai rien à lui —. || *P. ext.* Ne pas consentir. — l'obéissance. Il refuse d'obéir, de travailler. Un cheval qui refuse de marcher. *Absolt.* Un navire qui refuse, qui n'obéit pas à la manœuvre. || *V. pron.* Se — à qqch, n'y pas consentir. A leurs vœux votre âme se refuse, MOL. *Mis.* I, 1. Tout se refuse à mes embrassements, RAC. *Phèd.* III, 5. Ma plume se refuse à décrire de telles horreurs.

|| **2°** Ne pas accepter. Il a refusé l'argent qu'on lui offrait. — une offre, des présents. Il refusa la couronne. Refusant tous les autres noms, BOSS. *D. d'Orl.* || *Loc. prov. Vieilli.* Qui refuse, muse, qui n'accepte pas peut s'en repentir.

|| **3°** Ne pas admettre. Il a été refusé à son examen. On a refusé du monde à la porte. La pièce a été refusée. Être refusé (comme époux) par une jeune fille. || *Vieilli.* Être refusé de, ne pas être admis à. Quelle plus grande honte y a-t-il, d'être refusé d'un poste qu'on mérite, ou d'y être placé sans le mériter? LA BR. 8.

RÉFUSION [ré-fu-zyon; *en vers*, -zi-on] *s. f.*

[ÉTYM. Emprunté du lat. refusio, *m. s.* || XVII⁰ s. V. à l'article. Admis ACAD. 1694; suppr. en 1878.]

|| *Vieilli.* || **1°** Action de reporter. Nous en devons faire (de l'amour que nous avons pour notre père) une —, sur nous-mêmes, PASC. *Lett.* 17 oct. 1651.

|| **2°** (Droit.) Action de rembourser. — de dépens. (*Cf.* refondre 2.)

RÉFUTABLE [ré-fu-tàbl'] *adj.*

[ÉTYM. Dérivé de réfuter, § 242. || *Néolog.* Admis ACAD. 1878.]

|| *Rare.* Qui peut se réfuter. (*Cf.* irréfutable.)

RÉFUTATION [ré-fu-tà-syon; *en vers*, -si-on] *s. f.*

[ÉTYM. Emprunté du lat. refutatio, *m. s.* || 1520. Refutation ou confutation, J. FABRI, *Rhétor.* dans DELB. *Rec.*]

|| Action de réfuter, discours par lequel on réfute. || *Spécialt.* (Rhétor.) Partie d'un discours dans laquelle on répond aux objections. La — et la confirmation.

RÉFUTER [ré-fu-té] *v. tr.*

[ÉTYM. Emprunté du lat. refutare, *m. s.* || 1549. R. EST.]

|| Détruire (une opinion) en démontrant qu'elle est fausse. — une théorie, une opinion. || *P. ext.* — un écrivain, un ouvrage.

REGABELER [re-gàb'-lé; *en vers*, -gà-be-lé] *v. tr.*

[ÉTYM. Composé de re et gabeler, §§ 192 et 194. Peut-être faut-il lire regrabeler, dans DESC. (*Cf.* grabeler.) || 1611. Regabeller, COTGR.]

|| *Ancienn.* Frapper d'un nouvel impôt. || *Fig. Vieilli.* Contester. *Absolt.* Fermer la bouche aux petits esprits qui ont tâché de — sur ce principe, DESC. *Lett.* 11 nov. 1640.

REGAGNER [re-gá-ñé] *v. tr.*

[ÉTYM. Composé de re et gagner, §§ 192 et 194. || XII⁰ s. Teus a perdu ki regaaignera, *Aliscans,* 8393.]

|| **1°** Occuper de nouveau (un lieu). A toute peine il (le chien) regagna les bords, LA F. *Fab.* VI, 17. Regagnez l'Hellespont, RAC. *Esth.* III, 1. — sa place. — du terrain. | (Marine.) — le dessus du vent.

|| **2°** Obtenir de nouveau. — la confiance, l'estime de qqn. Et qu'il ait regagné mon amitié perdue, RAC. *Baj.* III, 6. — le cœur de qqn. Des cœurs comme le sien... Ne se regagnent plus quand ils sont offensés, RAC. *Baj.* IV, 5.

|| **3°** Acquérir de nouveau. — l'argent qu'on avait perdu au jeu, dans les affaires. On peut tâcher de — cela sur autre chose, MOL. *Av.* I, 4. Pour jouir des États qu'il avait regagnés, CORN. *Rodog.* II, 2. — le terrain perdu. — du terrain. || *P. anal.* — une bataille qui semblait perdue. — le temps perdu.

REGAILLARDIR [re-gà-yàr-dir] *v. tr.*

[ÉTYM. Composé avec re et gaillard, §§ 194 et 196. || 1549. Se regaillardir, R. EST. Admis ACAD. 1878.]

|| Rendre plus gaillard. (*Syn.* ragaillardir.) — l'affection, MOL. *Méd. m. l.* I, 2.

REGAIN [re-ghin] *s. m.*

[ÉTYM. Pour regaîn, regaim, § 357, subst. verbal de l'anc.
verbe regaimer, repousser, § 52. Regaimer est composé avec
re et gaim, §§ 194 et 196; ce dernier mot, qui signifie « regain, saison du regain, automne », paraît correspondre
au lat. vulgaire *vuadjmen, où se trouve le radical germa-
nique de gagner (V. ce mot), § 96. || XIIᵉ s. Primes dona
deme Caîn Do premier et do regaîn, ÉT. DE FOUGÈRES, Livre
des man. dans DELB. Rec.]
|| Nouvelle pousse de l'herbe dans une prairie qui a
été fauchée. Ne parlez pas à un grand nombre de bourgeois...
ni de provins ni de regains, si vous voulez être entendu, LA
BR. 7. || Fig. Famil. Recrudescence. Le régime que vous
observez et le choix des bonnes viandes vous feront un — de
vie pour vingt ans, SÉV. 947.

1. *RÉGAL, RÉGALE [ré-gàl] adj.
[ÉTYM. Emprunté du lat. regalis, m. s. || XIIᵉ-XIIIᵉ s. De
son regal le revestirent, Hist. de Guill. le Mareschal, 9218.
Admis ACAD. 1718, au fém.]
|| Vieilli. Royal. Spécialt, au fém. Eau régale, mélange
d'acide azotique et d'acide chlorhydrique, qui dissout l'or
(considéré comme roi dès métaux).

2. RÉGAL [ré-gàl] s. m.
[ÉTYM. Emprunté de l'ital. regalo, m. s. § 12. (Cf. gala.)
On a dit d'abord régale au fém. MOL. conserve parfois cette
orthographe, tout en faisant le mot du masc., et ACAD.
1694 fait comme lui. || XVᵉ s. Faire rigalle et banquet, Myst.
du Vieil Testam. 28109.]
I. Vieilli. Partie de plaisir offerte à qqn. Des régals
qu'il fait à Xanthe, LA BR. 7. Quelque chose... qui l'empêche de
prendre plaisir à tous ces beaux régales, MOL. Am. magnif.
II, 2. || Fig. Et la plus glorieuse (âme) a des régals peu chers
Dès qu'on voit qu'on nous mêle avec tout l'univers, MOL. Mis.
I, 1. Partir ainsi d'une façon brutale, Sans me dire un seul mot
de douceur pour régale, ID. Amph. I, 4.
II. Spécialt. Grand repas. Le — fut fort honnête; Rien ne
manquait au festin, LA F. Fab. I, 9. || P. ext. Plaisir de la
table. Ce plat est un — pour moi.

RÉGALADE [ré-gà-làd'] s. f.
[ÉTYM. Dérivé de régaler, § 120. || Admis ACAD. 1798.]
|| 1° Action de régaler (qqn). Spécialt. Action de ré-
chauffer par un feu vif et clair.
|| 2° Action de se régaler. || Spécialt. Action de boire
à la bouteille.

RÉGALANT, ANTE [ré-gà-lan, -lànt'] adj.
[ÉTYM. Adj. particip. de régaler, § 47. || Néolog. Admis
ACAD. 1835.]
|| Famil. Qui régale. || Fig. Voilà une nouvelle des plus
régalantes.

1. RÉGALE [ré-gàl] s. f.
[ÉTYM. Emprunté du lat. du moyen âge regalia (sous-
ent. jura), proprt, « droits régaliens », plur. neutre con-
fondu avec un fém. sing. § 545. || 1246. Quant il vesques
venra de ses regales u de sen sacre, dans DU C. regalia 2.]
|| Droit qu'avait le roi de percevoir les revenus des
évêchés, des abbayes vacantes, et de pourvoir durant la
vacance aux bénéfices qui en dépendaient. (Cf. régaliste.)
Bénéfice vacant en —.

2. RÉGALE [ré-gàl] s. m.
[ÉTYM. Origine incertaine; semble emprunté du lat.
regalis, royal. (Cf. régal 1.) RICHEL. 1680, qui fait le mot
fém., ne connaît que le sens 1° et dit que cet instrument
vient de Flandre. || XVIᵉ s. Un jeu de regalle, RAB. IV, 31.
Admis ACAD. 1762.]
|| 1° Claquebois (V. ce mot), instrument de musique.
|| 2° Un des jeux de l'orgue, à l'unisson de la trom-
pette. || P. ext. Épinette n'ayant que le jeu de régale.

RÉGALEMENT [ré-gàl-man ; en vers, -gà-le-...] s. m.
[ÉTYM. Dérivé de régaler, § 145. || XVIᵉ s. Qui fut en partie
cause de ce regalement, CL. HATON, Mém. I, p. 412. Admis
ACAD. 1718.]
|| Vieilli. Nivellement. Le — d'un terrain. || Fig. Répar-
tition équitable. Le — d'une taxe, d'une somme imposée.

1. RÉGALER [ré-gà-lé] v. tr.
[ÉTYM. Composé de re et égaler, §§ 192 et 196. || XIVᵉ-
XVᵉ s. Ne nulle part n'y a que regaler, Tant sont plaisans, CHR.
DE PISAN, II, 172, Roy.]
|| Vieilli. Niveler. — le sol. — la taxe.

2. RÉGALER [ré-gà-lé] v. tr.
[ÉTYM. Dérivé de régal, § 154. (Cf. l'ital. regalare, m. s.)
|| 1611. Se regaler, COTGR.]

|| Traiter en offrant une partie de plaisir. Celle que cette
nuit sur l'eau j'ai régalée, CORN. Ment. III, 1. Cet époux prétendu doit aujourd'hui — sa maîtresse d'une promenade sur
mer, MOL. D. Juan, I, 2. Notre héroïne lui demanda s'il trou-
verait bon qu'elle le régalât de quelques présents, LA F. Psyché,
1. Il nous a régalés d'un concert. || Fig. Je vous recommande
surtout de — d'un bon visage cette personne-là, MOL. Av.
III, 1. Il y a plaisir... à travailler pour des personnes... qui sa-
chent... vous — de votre travail, ID. B. gent. I, 1. | Ironiqt.
Nous allons —, mon père, votre abord D'un incident tout frais
qui vous surprendra fort, MOL. Tart. III, 5. || Spécialt. Trai-
ter en donnant qqch de bon à boire, à manger. — ses
invités de truffes, de champagne. Il s'est bien régalé au repas
des noces. Il charge ses principaux domestiques du soin de les
—, LA BR. Théophr. Orgueil. Absolt. C'est à son tour de —.
C'est lui qui régale.

RÉGALIEN, *RÉGALIENNE [ré-gà-lyin, -lyèn'; en
vers, -li-...] adj.
[ÉTYM. Dérivé du lat. regalis, royal, § 244. || 1690. FURET.]
|| Qui appartient à la royauté. Des droits régaliens.

RÉGALISTE [ré-gà-list'] s. m.
[ÉTYM. Dérivé de régale 1, § 265. || XVIᵉ s. Quand le diffe-
rend est entre deux regalistes, P. PITHOU, p. 66.]
|| (Droit canon.) Celui à qui le roi a concédé un béné-
fice vacant en régale.

REGARD [re-gàr] s. m.
[ÉTYM. Subst. verbal de regarder, § 52. || XIᵉ s. E al re-
guart e al contenement, Roland, 1598.]
I. Action de considérer par l'esprit. Le — de la volonté
de Dieu comme justice, NICOLE, Essais de morale, II, 10. Ce
— continuel à Dieu, SÉV. 1090. Arrêtez ici vos regards, BOSS.
Condé. Que Dieu jette sur vous des regards pacifiques! RAC.
Esth. I, 2. Un — de pitié, de convoitise. || Loc. prép. Au —
de, en considérant. Aussi empêché de soutenir une opinion au
— des justes qu'au — des pécheurs, PASC. Prov. 4. Au —
de Pélie, il (Pélie) fut bien mieux traité, CORN. Méd. II, 2. |
Vieilli. Pour le —. Le jugement de Rome est peu pour mon
—, CORN. Hor. IV, 1. L'on peut dire que son enfant était mort
pour son —, ID. Hér. au lecteur.
II. Action de considérer par les yeux. Un — tendre,
menaçant, farouche. Avoir le — assuré. Ce cœur... vous dira
bien plus d'un soupir Que cent regards ne peuvent dire, CORN.
Psyché, III, 3. Étonner de ses regards étincelants ceux qui
échappaient à ses coups, BOSS. Condé. Ses yeux éteints rou-
laient dans sa tête et jetaient des regards farouches, FÉN. Tél.
8. Arrêter son — sur qqn, qqch. Tourner des regards suppliants
vers qqn, vers le ciel. Avoir un — (en parlant d'une femme
enceinte), être frappée par la vue de qqch d'extraordinaire, d'où résulterait, selon la croyance populaire, quelque marque sur le corps de l'enfant. Mauvais —, influence
funeste attribuée au regard de certaines personnes.
III. Situation d'une chose en face d'une autre. En —
de la maison est un pavillon. Une traduction avec le texte en —.
|| Spécialt. (Astrologie.) Aspect de deux astres qui se re-
gardent. — sextile, aspect de deux astres distants l'un de
l'autre de soixante degrés.
IV. P. ext. Ouverture ménagée dans un conduit pour
l'aérer, en faciliter la visite, etc. Un — d'égout, d'aqueduc.

REGARDANT, *REGARDANTE [re-gàr-dan, -dànt']
adj.
[ÉTYM. Adj. particip. de regarder, § 47. || XVIᵉ s. Où il n'y
a point de juge, de contreroolleur, de regardant, CHARRON, Sagesse, I, 55.]
|| 1° Qui regarde. || Spécialt. (Blason.) Animal —. Qui
a la tête tournée comme s'il regardait sa queue. || Subs-
tantiv. Elle tombe, elle crève aux pieds des regardants, LA F.
Fab. X, 2.
|| 2° Fig. Qui regarde de trop près. Les serviteurs n'ai-
ment pas un maître.

REGARDER [re-gàr-dé] v. tr.
[ÉTYM. Composé de re et garder, §§ 192 et 196. (Cf. la
glose respectant : rewardant, du VIIIᵉ s. dans FŒRSTER et
KOSCHWITZ, Altfranz. Uebungsbuch, 25, 1073.) || XIᵉ s. Li
emperere reguardet sa moillier, Voy. de Charl. à Jérus. 5.]
I. Considérer par l'esprit. Je ne regarde rien quand il
faut servir un ami, MOL. B. gent. III, 6. Dieu regarde en pitié
son peuple malheureux, RAC. Esth. III, 4. Quand je regarde
Auguste au milieu de sa gloire, CORN. Cinna, I, 1. Ne me regardez point vaincu, persécuté, RAC. Mithr. IV, 4. Chacun
de vous, dans l'avis qu'il me donne, Regarde seulement l'État,

CORN. *Cinna*, II, 1. Et je ne regarde Pauline Que comme un obstacle à mon bien, CORN. *Poly.* IV, 2. Celui que déjà je regarde en époux, MOL. *Éc. des m.* II, 9. Regardez d'un autre œil une excusable erreur, RAC. *Phèd.* IV, 6. S'accoutumer à — de ce biais toutes les choses, DESC. *Méth.* 12. || *Intransitivt.* Faire attention. Vous devriez un peu mieux — aux choses que vous dites, MOL. *B. gent.* IV, 2. Ne pas — à la dépense. Sans — qu'ils allaient à la servitude, BOSS. *R. d'Angl.* Il ne faut pas y — de trop près. || *P. ext.* Concerner (qqn). Cela me regarde. Les choses d'ici-bas ne me regardent plus, LA F. *Fab.* VII, 3. L'outrage me regarde, RAC. *Iph.* III, 6. Le trône le regardait, BOSS. *Polit.* IX, III, 5.

II. Diriger les yeux sur (qqn ou qqch). — qqch de près. — qqn en face, entre les yeux. — un tableau. Se — dans un miroir. — qqn du coin de l'œil. Se faire —, attirer sur soi les yeux. Ils ne peuvent se — sans rire. || Pour se — au visage, LA BR. 7. || *Absolt.* — en dessous. — devant soi. — de côté. — à ses pieds. — derrière soi. || *Au sens intrans.* Ne va point — à tout le monde aux yeux, MOL. *Dép. am.* V, 8.

III. Être en face de, tourné vers (qqch). Les fenêtres qui regardent la campagne. Qu'Ismaël en sa garde Prenne tout le côté que l'Orient regarde, RAC. *Ath.* IV, 5. Tous (les pas)... regardent sa tanière, LA F. *Fab.* VI, 14. L'aiguille aimantée regarde le nord. || *Absolt.* Votre fille... a ouvert la fenêtre qui regarde sur la rivière, MOL. *Am. méd.* I, 6.

REGARNIR [re-gàr-nîr] *v. tr.*
[ÉTYM. Composé de re et garnir, §§ 192 et 196. || XIII° s. Et quant li rois ot regarnis Tous les castiaus, PH. MOUSKET, *Chron.* 27129. Admis ACAD. 1835.]
|| Garnir de nouveau.

RÉGATE [ré-gàt'] *s. f.*
[ÉTYM. Emprunté de l'ital. regatta, *m. s.* proprt, « défi », mot d'origine vénitienne, § 12. || 1752. TRÉV. Admis ACAD. 1878.]
|| Course de bateaux, à la voile ou à l'aviron.

REGAZONNEMENT [re-gá-zŏn'-man ; *en vers*, -zò-ne-...] *s. m.*
[ÉTYM. Dérivé de regazonner, § 145. || *Néolog.* Admis ACAD. 1878.]
|| Action de regazonner.

REGAZONNER [re-gá-zŏ-né] *v. tr.*
[ÉTYM. Composé de re et gazonner, §§ 192 et 196. || 1328. Et les rewasonna de nouviaus wasons, dans DELB. *Rec.* Admis ACAD. 1878.]
|| Regarnir de gazon.

REGEL [re-jèl] *s. m.*
[ÉTYM. Subst. verbal de regeler, §§ 65 et 52. (*Cf.* dégel.) || *Néolog.* Admis ACAD. 1878.]
|| Le fait de regeler.

REGELER [rej'-lé ; *en vers*, re-je-lé] *v. tr. et intr.*
[ÉTYM. Composé de re et geler, §§ 192 et 196. || 1461. Et puis regeloit tous les jours, J. MAUPOINT, *Journal*, dans DELB. *Rec.* Admis ACAD. 1878.]
|| Geler de nouveau. Il neige et gèle et regèle en même temps, SÉV. 1123.

RÉGENCE [ré-jàns'] *s. f.*
[ÉTYM. Dérivé de régent, § 262. || 1549. R. EST.]
I. *Vieilli.* Action de régir.
II. *Spécialt.* Action de gouverner.
|| **1°** Gouvernement d'un État, pendant la minorité ou l'absence du souverain. La — de Marie de Médicis. Là on célébra Rocroi délivrée,... la régence affermie, BOSS. *Condé.* || *Absolt.* La Régence, le gouvernement du régent Philippe d'Orléans. Les mœurs de la Régence. *P. appos. Famil.* Ma conduite est un peu Régence, CH. DE BERNARD, *Cinquantaine*, 10.
|| **2°** Gouvernement par délégation (du sultan de Constantinople). *P. ext.* Pays ainsi gouverné. L'ancienne — d'Alger.
|| **3°** Gouvernement municipal. La — d'Amsterdam.
III. *Vieilli.* Fonction de régent de collège.

RÉGÉNÉRATEUR, TRICE [ré-jé-né-rà-tèur, -trîs'] *s. m. et f.*
[ÉTYM. Dérivé de régénérer, § 249. || XIV° s. Regenerateur de toutes choses, J. DE VIGNAY, *Miroir hist.* dans DELB. *Rec.* Admis ACAD. 1798.]
|| (T. didact.) Celui, celle qui régénère. *Adjectivt.* Un principe —.

RÉGÉNÉRATION [ré-jé-né-rà-syon ; *en vers*, -sî-on] *s. f.*
[ÉTYM. Emprunté du lat. regeneratio, *m. s.* || XII° s. Icist

avront particion De la regeneracion, BENEEIT, *Ducs de Norm.* II, 1587.]
|| (T. didact.) Reproduction d'une partie détruite. La — des chairs. || *Fig.* Renouvellement moral. La — de l'homme par le baptême. | La — d'un peuple. La — des mœurs.

RÉGÉNÉRER [ré-jé-né-ré] *v. tr.*
[ÉTYM. Emprunté du lat. regenerare, *m. s.* || XI° s. De saint batesme l'ont fait regenerer, *St Alexis*, 29.]
|| (T. didact.) Reproduire (une partie détruite). — les chairs. || *Fig.* Renouveler moralement. Le baptême régénère l'homme. L'Évangile a régénéré le monde. — les mœurs.

RÉGENT, ENTE [ré-jan, -jànt'] *s. m. et f.*
[ÉTYM. Emprunté du lat. regens, tis, part. prés. de regere, diriger, régir. || XIV° s. Diex partout aourez sera Comme sur touz roy et regent, PH. DE VITRY, *Chapel des fleurs de lis*, 823.]
|| Celui, celle qui dirige qqch.
I. *S. m. et f.* Celui, celle qui gouverne pendant la minorité ou l'absence du souverain. Le —, la régente du royaume. *P. appos.* Le prince —, la reine régente. Il fit respecter la régente, BOSS. *Condé. Absolt.* Le —, Philippe d'Orléans, régent de France. | *P. ext.* Le —, diamant acheté par Philippe d'Orléans, le plus beau des diamants de la couronne de France.
II. *Vieilli. S. m.* Celui qui dirige une classe. Un — de philosophie. *P. appos.* Un docteur —. Les régents et les maîtres d'école, RAC. *Port-Royal*, 1. Un exercice de — plutôt que de philosophe, comme si le philosophe était autre chose qu'un — universel du genre humain, MALH. *Ép. de Sénèq.* LXXXIX, 1. Mais lui, qui fait ici le — du Parnasse, BOIL. *Sat.* 9. || *P. plaisant. Au fém.* Bientôt l'élève égala ses régentes, GRESSET, *Vert-Vert*, 2. || *Spécialt. De nos jours.* Professeur dans un collège communal. Un — de seconde.
III. *Spécialt. S. m.* Membre d'un conseil d'administration. Les régents de la banque de France.

RÉGENTER [ré-jan-té] *v. intr. et tr.*
[ÉTYM. Dérivé de régent (de collège), § 266. || Vers 1420. Soies songneux de regenter Mes brebis, *Myst. de la Passion d'Arras*, dans DELB. *Rec.*]
|| **1°** *Vieilli. V. intr.* Être régent (de collège).
|| **2°** *Vieilli. V. tr.* Diriger (une classe). — la rhétorique.
|| **3°** *Fig.* Diriger, enseigner qqn. La grammaire, qui sait — jusqu'aux rois, MOL. *F. sav.* II, 6. *Absolt.* Je m'en vais — dans mon quartier, SÉV. 153.

1. RÉGICIDE [ré-ji-sid'] *s. m.*
[ÉTYM. Emprunté du lat. scolast. regicida, formé par analogie à homicida, etc., de rex, regis, roi, et cædere, tuer, § 273. || XVI° s. C'estoit... un soldat desguisé en Jacobin qui estoit le regicide, *Fatalité de St-Cloud*, dans TRÉV. Admis ACAD. 1798.]
|| Assassin d'un roi. || *Spécialt.* | 1. En Angleterre, ceux qui condamnèrent à mort Charles I°r. | 2. En France, ceux qui condamnèrent à mort Louis XVI.

2. RÉGICIDE [ré-ji-sid'] *s. m.*
[ÉTYM. Emprunté du lat. scolast. regicidium, formé par analogie à homicidium, etc. § 273. || XVI° s. La nue de la rebellion... vint a crever par un horrible regicide, *Fatalité de St-Cloud*, dans TRÉV. Admis ACAD. 1798.]
|| Assassinat d'un roi. Être coupable de —. L'apologie du —.

RÉGIE [ré-ji] *s. f.*
[ÉTYM. Subst. particip. de régir, § 45. || XVI° s. Ceux cy... scavent ung chascun sa regie a luy commise par le public, BONIVARD, *Anc. et nouv. Police de Geneve*, p. 155.]
|| **1°** Administration de biens pour le compte d'un autre. Mettre une succession, des biens, en —. — intéressée, où le régisseur a une part des produits. Mettre des travaux publics en —, les faire exécuter au compte de l'État, sous la surveillance de l'un de ses agents. Théâtre mis en —, administré par l'État.
|| **2°** *Spécialt.* Perception des impôts faite directement par les agents de l'État, pour son compte (par opposition aux fermes, où des fermiers paient à l'État une somme convenue, gardant les excédents pour eux). La — des tabacs, des contributions indirectes, des douanes. || *P. ext.* L'administration chargée de cette perception ; ses bureaux, ses employés. Aller à la —. La — a saisi des marchandises de contrebande.

*** REGIMBEMENT** [re-jinb'-man ; *en vers*, -jin-be-...] *s. m.*

[ÉTYM. Dérivé de regimber, § 145. || 1549. R. EST.]
|| *Rare.* Action de regimber.

REGIMBER [re-jin-bé] *v. intr.*
[ÉTYM. Origine inconnue ; la forme primitive paraît être regiber, composé de re et d'un mot giber, peut-être apparenté à gibet, gibier, etc. §§ 192 et 196. || XIIᵉ s. Que il ne puissent reginber ne hennir, *Raoul de Cambrai*, 6437.]
|| En parlant des bêtes de monture, résister en ruant. Un cheval qui regimbe sous l'éperon. || *Fig.* Ces rudes esprits Qui regimbent toujours, quelque main qui les flatte, BOIL. *Ép.* 9.

RÉGIME [ré-jim'] *s. m.*
[ÉTYM. Emprunté du lat. regimen, action de diriger. || 1338. Droiturier regimen et bon gouvernement, *Ordonn.* XII, 47.]
I. *Ancienn.* Action de régir. Au cas que beau frère de Bourgogne voudra entreprendre le — de ce royaume, MONSTRELET, *Chron.* I, p. 275. || *Fig.* La chair a pris le —, et l'âme est de venue toute corporelle, BOSS. *1ᵉʳ Purific.* 2.
II. Façon de régir.
|| 1° Forme de gouvernement. Le — despotique, féodal, constitutionnel. L'ancien —, en France, la forme de gouvernement antérieure à 1789.
|| 2° Façon d'administrer un établissement. Le — des prisons, des hôpitaux. — pénitentiaire. — annuel, triennal, perpétuel, etc. (dans les communautés religieuses), où les supérieurs sont élus pour un an, pour trois ans, ou à vie. — forestier, mode d'administration des forêts de l'État. || (Droit.) — hypothécaire, ensemble des lois qui régissent les hypothèques. — dotal. — de la communauté.
|| 3° *Fig.* | 1. Façon d'administrer sa santé. Le médecin a prescrit un — sévère. Leur faire garder un — de sobriété exacte dans leur convalescence, FÉN. *Tél.* 17. *Absolt.* Manière de vivre où l'on s'observe particulièrement sur la nourriture. Se mettre au —. Il vivait de — et mangeait à ses heures, LA F. *Fab.* VII, 4. | 2. Façon dont se comporte l'écoulement d'une eau courante. Cours d'eau à — uniforme.
III. Ce qui est régi.
|| 1° (Grammaire.) Terme de la proposition qui est régi par le verbe, sur lequel porte l'action. — direct, indirect. (*V.* complément.)
|| 2° (Botan.) Assemblage de fruits disposés régulièrement. Un — de bananes, de dattes.

RÉGIMENT [ré-ji-man] *s. m.*
[ÉTYM. Emprunté du lat. regimentum, action de régir. || 1314. Le regiment qui doit estre fait au pacient, *Chirurg. de Mondeville*, 1202, Bos.]
I. *Ancienn.* Direction. Une infinité de bons esprits se mirent sous son —, PASQ. *Rech.* IX, p. 856.
II. *P. ext.* Corps de troupes formé de plusieurs bataillons ou escadrons, sous la direction d'un colonel. Un — d'infanterie, de cavalerie, d'artillerie. Aller au —. Rejoindre son —. Un — de ligne. Le monde ne se divise-t-il plus qu'en régiments? LA BR. 12. *P. plaisant.* Le — de la calotte. (*V. ce mot.*) || *Fig. Famil.* Grand nombre. Il en est arrivé tout à coup un — (de parents), A. DUVAL, *Héritiers*, sc. 1.

RÉGIMENTAIRE [ré-ji-man-tèr] *adj.*
[ÉTYM. Dérivé de régiment, § 248. || Admis ACAD. 1835.]
|| (T. milit.) Relatif aux régiments. Écoles régimentaires.

*****REGINGLETTE** [re-jin-glèt'] *s. f.*
[ÉTYM. Origine incertaine ; peut-être apparenté à giguer, ginguet, etc. § 133. (*Cf.* rejetoir.) || XVIIᵉ s. *V.* à l'article.]
|| *Dialect.* Piège à petits oiseaux. Quand reginglettes et réseaux Attraperont petits oiseaux, LA F. *Fab.* I, 8.

RÉGION [ré-jyon ; en vers, -ji-on] *s. f.*
[ÉTYM. Emprunté du lat. regio, onis, m. s. proprt, « direction ». L'anc. franç. a la forme pop. reion, roïon. || XIIᵉ s. Region, PH. DE THAUN, *Comput*, 2637.]
|| Étendue de pays soumise à des conditions communes de climat. La — tempérée. La — tropicale. La — des sapins. La — méridionale de la France. || *P. anal.* Les régions célestes. La basse —, celle qui touche la terre. || *P. ext.* Partie déterminée du corps. La — lombaire. || *Fig.* Habitez... Les hautes régions de la philosophie, MOL. *F. sav.* I, 1. Ces hautes régions (de l'État) où la faveur l'emporte, P.-L. COURIER, *Lett.* 8.

RÉGIONAL, ALE [ré-jyò-nàl ; en vers, -ji-ò-...] *adj.*
[ÉTYM. Emprunté du lat. regionalis, m. s. || *Néolog.* Admis ACAD. 1878.]
|| Qui appartient à une région. Concours —, entre plusieurs départements considérés comme appartenant à une même région.

RÉGIR [ré-jir] *v. tr.*
[ÉTYM. Emprunté du lat. regere, diriger, gouverner. || 1409. Afin qu'elle soit bien et heureusement regie, *Ordonn.* dans DELB. *Rec.*]
I. Tenir sous sa direction. — un État. Montrez-lui comme il faut — une province, CORN. *Cid*, I, 4. | *Absolt.* Mêler... l'art de gagner les cœurs au grand art de —, CORN. *Oth.* III, 3. || *P. anal.* Les lois qui régissent l'univers. Les pays qui se régissent par le droit romain, MONTESQ. *Espr. des lois*, XVII, 1. || *P. ext.* — une propriété.
II. *Fig.* (Gramm.) Soumettre à un rapport de subordination. Une conjonction qui régit le subjonctif. Une préposition qui régit l'accusatif.

RÉGISSEUR [ré-ji-seùr] *s. m.*
[ÉTYM. Dérivé de régir, § 112. || Admis ACAD. 1740.]
|| Celui qui administre. Le — d'un domaine, celui qui est chargé par le propriétaire de l'administrer. Le — d'un théâtre, celui qui est chargé par le directeur de diriger les services.

RÉGISTRATEUR [ré-jìs'-trà-teùr] *s. m.*
[ÉTYM. Emprunté du lat. registrator, m. s. § 12. || Admis ACAD. 1762.]
|| Officier (de la chancellerie papale) qui enregistre les bulles et les suppliques.

REGISTRE [re-jìstr'] et, *vieilli*, **REGÎTRE** [re-jîtr'] *s. m.*
[ÉTYM. Emprunté du bas lat. regesta, m. s. proprt, « choses rapportées », rendu par registe, registre, par confusion avec les suffixes lat. ista, istrum, § 500. || XIIIᵉ s. Diex vos jete de son registre, RUTEB. p. 179, Kressner.]
I. Livre, cahier où l'on note régulièrement les faits dont on veut garder le souvenir. Les registres de l'état civil. Les registres d'un négociant. Est enjoint à tous hôteliers et autres personnes qui logent gens tenir — du jour qu'ils seront arrivés et partis... et iceluy — apporter chacune semaine, CONDÉ, *Mém.* p. 606. Le — qu'on tenait des choses passées servait de règle à la postérité, BOSS. *Hist. univ.* III, 5. || *Fig.* | 1. Souvenir de qqn ou de qqch. Être sur les registres de qqn. Qui pourrait avoir tenu — de tout ce qui se fit autour de toi? J.-J. ROUSS. *Nouv. Hél.* I, 34. Les désastres se succèdent et sont à la longue effacés des registres du temps, VOLT. *S. de L.* XIV, 34. | 2. *P. plaisant.* Compilateur. Être... le — ou le magasin de toutes les productions des autres génies, LA BR. 1. || *P. ext.* Cahier cartonné à l'usage des écoliers, pour rédactions, notes, etc.
II. (Sous l'influence de régir.) Régulateur.
|| 1° (Musique.) Les registres d'orgue, règles de bois percées que tire l'organiste pour faire jouer tel ou tel jeu. Les registres de la voix d'un chanteur, les différents étages de l'étendue de sa voix. Le — supérieur, inférieur, les notes les plus hautes, les plus graves.
|| 2° (Technol.) | 1. — d'un fourneau, plaque mobile qui règle le tirage en donnant plus ou moins de passage à l'air. | 2. — typographique, correspondance exacte des lignes dans les deux pages du feuillet.

REGISTRER [re-jìs'-tré] et, *vieilli*, **REGÎTRER** [re-jî-tré] *v. tr.*
[ÉTYM. Dérivé de registre, regître, § 154. || XIIIᵉ s. Teus coustumes... sont bonnes et pourfitables a escrire et a register, BEAUMAN. 7, var. Salmon.]
|| *Rare.* Inscrire sur un registre. (*Syn.* enregistrer.)

*****RÉGLAGE** [ré-glàj'] *s. m.*
[ÉTYM. Dérivé de régler, § 78. || *Néolog.*]
|| (Technol.) Action de régler. Le — d'une feuille de papier. Le — d'une pendule.

RÈGLE [règl'] *s. f.*
[ÉTYM. Emprunté du lat. regula, m. s. L'anc. franç. dit riule, ruile, de formation pop., d'où ruiler. (*V. ce mot.*) || XIIIᵉ s. Universel regle, BRUN. LATINI, *Trésor*, p. 103.]
I. Instrument long et droit qui sert à tracer des lignes droites. Une — de bois, de cuivre, d'acier. Une — graduée. Tirer une ligne avec la —, à la —. Une — de charpentier, de menuisier, de maçon. La — et l'équerre à la main, BOIL. *Art* p. 4.
II. *Fig.* Ce qui doit diriger les actions, les pensées des hommes.
|| 1° Ce qui doit diriger la conduite. La — des mœurs. Une — de conduite. N'avoir d'autre — que son caprice. Les règles de la justice, de la civilité. C'est la —, il est de — que

les enfants héritent de leurs parents. Procéder suivant les re-
gles. Être dans les règles. Cela s'est passé dans les règles. Être
dans la —, être, se mettre en —. Un procès en —. Le duel
s'est passé dans les règles. Un testament en —. Un compte,
une procédure en —. || *Spécialt.* La — d'un couvent. La — de
Saint-Benoît. Rétablir la —. Se relâcher de la — primitive. || *P.
ext.* Exemple à suivre. Votre exemple n'est pas une — pour
moi, RAC. *Mithr.* I, 3. Ce grand saint que les papes ont donné
pour — en cette matière, PASC. *Prov.* 18.

|| **2°** Ce qui doit diriger dans l'étude d'une science, dans
la pratique d'un art. Les règles de la méthode. Les règles de
la logique, du syllogisme. Il n'y a pas de — sans exception.
L'exception confirme la —. || *Spécialt.* | **1.** (Arithm.) Pro-
cédés suivant lesquels on doit faire certaines opérations
sur les nombres. Les quatre règles. La — de trois. La — de
société. | **2.** (Jeu.) Les règles du jeu de piquet, du whist, des
échecs. || Les règles de l'art dramatique. La — des trois unités.
La principale — est de plaire et de toucher, RAC. *Bér.* préf.
Les règles de l'hygiène. Il vaut mieux mourir selon les règles
que de réchapper contre les règles, MOL. *Am. méd.* II, 5.

III. Ce qui se produit régulièrement. *Spécialt.* Menstruation. Une femme qui a ses règles.

RÈGLEMENT [rè-gle-man] *s. m.*
[ÉTYM. Dérivé de régler, § 145. || 1539. Reiglement, R. EST.]
|| **1°** Action de régler. Le — d'une affaire. Travailler au —
des limites. Le — d'un compte, d'un mémoire. — de juges, arrêt
qui détermine devant quels juges sera portée une affaire.
|| **2°** Ensemble des dispositions qui règlent ce qu'on
doit faire ou éviter. — de police, d'administration.

RÉGLÉMENT [ré-glé-man] *adv.*
[ÉTYM. Pour régléement, composé de réglée, part. passé
de régler, employé adjectivt, et ment, § 724. || XIIᵉ-XIIIᵉ s.
Reuleement, *Dial. Grégoire*, dans GODEF. rieuleement.]
|| *Rare.* D'une manière réglée.

RÉGLEMENTAIRE et, *mieux,* ***RÈGLEMENTAIRE**
{rè-gle-man-tèr] *adj.*
[ÉTYM. Dérivé de règlement, § 248. || XVIIIᵉ s. V. à l'ar-
ticle. Admis ACAD. 1798.]
|| Relatif au règlement. Rentrer à l'heure —. Le régime
— de Colbert, MARMONTEL, *Mém.* 12.

***RÈGLEMENTAIREMENT** [rè-gle-man-tèr-man ; *en
vers, *-lè-re-...] *adv.*
[ÉTYM. Composé de réglementaire et ment, §724. || *Néolog.*]
|| D'une manière règlementaire.

RÉGLEMENTATION et, *mieux,* ***RÈGLEMENTA-
TION** [rè-gle-man-tà-syon ; *en vers,* -si-on] *s. f.*
[ÉTYM. Dérivé de règlementer, § 247. || *Néolog.* Admis
ACAD. 1878.]
|| Action de règlementer.

RÉGLEMENTER et, *mieux,* ***RÈGLEMENTER** [rè-
gle-man-té] *v. tr.*
[ÉTYM. Dérivé de règlement, § 145. || *Néolog.* Admis
ACAD. 1835.]
|| Soumettre à un règlement.

RÉGLER [ré-glé] *v. tr.*
[ÉTYM. Dérivé de règle, d'après le bas lat. regulare. *m. s.*
§ 154. (Cf. ruiler.) || XIVᵉ s. Li sires qui droit regle et ligne,
GUILL. DE MACHAUT, *Œuvres,* p. 96, Tarbé.]
|| **I.** Marquer de lignes tracées à la règle. — un registre,
du papier à musique. Écrire sur du papier réglé. || *Fig.* Être réglé
comme du papier à musique, avoir une vie très régulière.

II. *Fig.* || **1°** Soumettre à une règle de conduite. —
sa vie. Une vie bien réglée. Se — sur qqn, prendre son exemple pour règle de conduite. Quand sur une personne on prétend se —, MOL. *F. sav.* I, 1. Tous se règlent sur lui, LA BR.
6. Sur toi tu veux — ton père? RAC. *Plaid.* I, 4. *Vieilli.* Aux
volontés des dieux... il faut — les nôtres, MOL. *Psyché,* II, 1.
Moi qui me règle au jugement des hommes, RÉGNIER, *Sat.* 15.
|| **2°** Soumettre à un ordre déterminé. Dieu règle tous
les événements de notre vie, BOSS. *Libre Arb.* 5. Ses prévôts
y seraient Pour — la cérémonie, LA F. *Fab.* VIII, 14. L'amour
ne règle pas le sort d'une princesse, RAC. *Andr.* III, 2. — la
marche d'une pendule, d'une montre, et, *ellipt,* — une pendule, une montre. Le mécanisme est réglé à cinquante tours par
minute. Être en correspondance réglée avec qqn, et, *p. anal.*
Être en coquetterie, en querelle réglée avec qqn. — ses affaires. — la pension, les appointements de qqn. Mettre un bois
en coupe réglée. | *Spécialt.* Une fille réglée, qui commence
à avoir ses menstrues. || *P. ext.* | **1.** Soumettre à une juste
mesure. La raison règle enfin l'ardeur qui les emporte, CORN.

Cinna, I, 3. — sa dépense. — un mémoire, en réduire les
articles à leur juste valeur. Son mémoire a été réglé à soixante
francs. | **2.** Soumettre à un arrangement définitif. — un
différend. La question est réglée. C'est une affaire réglée.

RÉGLET [ré-glè] *s. m.*
[ÉTYM. Dérivé de règle, § 133. || XIIIᵉ s. Planula : rieulet,
Olla patella, p. 43, Scheler. Admis ACAD. 1740.]
|| **1°** *Vieilli.* (Typogr.) Filet. Séparer un article par deux
réglets.
|| **2°** (Architect.) Moulure plate, étroite, dite bandelette.
|| **3°** Règle de menuisier, montée sur deux coulisses.
|| **4°** *Vieilli.* Signet servant à marquer la page dans
un livre.

RÉGLETTE [ré-glèt'] *s. f.*
[ÉTYM. Dérivé de règle, § 133. || 1478. Rieulette, *Puy de
Tournai,* dans GODEF. Admis ACAD. 1762.]
|| (Technol.) Petite règle de bois, de métal.

RÉGLEUR, ***RÉGLEUSE** [ré-gleur, -gleûz'] *s. m.* et *f.*
[ÉTYM. Dérivé de régler, § 112. || 1611. Regleur, COTGR.
Admis ACAD. 1835.]
|| Ouvrier, ouvrière qui règle le papier.

RÉGLISSE [ré-glis'] *s. f.*
[ÉTYM. Pour reguelice, requelice, § 351, sorti par méta-
thèse de lequerice, § 361, du lat. liquiritia, transcription
populaire (sous l'influence de liquor, liqueur) du grec
γλυκύρριζα, *m. s.* proprt, racine douce, § 5. || XIIᵉ-XIIIᵉ s.
Zucre, canele, licorece, *Vie de St Gilles,* 854. Li reculisses
Et li encens, dans *Archives des miss.* V, p. 173.]
|| Plante dont la racine est employée comme pectorale.
Vous plaît-il un morceau de ce jus de —? MOL. *Tart.* IV, 5.

RÉGNANT, ANTE [ré-ñan, -ñant'] *adj.*
[ÉTYM. Adj. particip. de régner, § 47. || 1611. COTGR.]
|| Qui exerce le pouvoir royal, le pouvoir souverain.
La famille régnante. || *Fig.* Qui domine. Le goût —. L'opinion
régnante. La maladie régnante. (Marine.) Vents régnants, qui
soufflent habituellement dans tel ou tel parage.

RÈGNE [rèñ'] *s. m.*
[ÉTYM. Emprunté du lat. regnum, *m. s.* || Xᵉ s. Lo regne
prest a devastar, *St Léger,* 132.]
I. *Anciennt.* Royaume. La plus belle moitié du — des Cé-
sars, J.-B. ROUSS. *Odes,* III, 4. || *Fig.* (Hist. nat.) Le —
animal, le — végétal, le — minéral, l'ensemble des animaux,
des végétaux, des minéraux.
II. Exercice du pouvoir royal, du pouvoir souverain.
Le — de Louis XIV. Sous le — de Charlemagne. Le peuple...
Apprit en même temps votre — et sa mort, RAC. *Brit.* IV, 2.
|| *P. anal.* Que le — de Dieu s'accomplisse, MASS. *Tiédeur,* 1.
|| *Fig.* | **1°** Toute-puissance. Le — d'une favorite. Ton
— est passé, RAC. *Esth.* III, 5.
|| **2°** Pouvoir qu'exerce une chose. Le — des lois, de la
justice. Nous arrivons au — de la vérité, BOSS. *D. d'Orl.* Un
roi dont la vie fut le — de la religion, FLÉCH. *Le Tellier.*
Vieilli. Être en —, en faveur. Il (Damon) était même en —
aujourd'hui, VOISENON, *Coquette fixée,* II, 2. Les pays où les
préjugés sont le plus en —, J.-J. ROUSS. *Ém.* 5.
III. *P. ext. Spécialt.* | **1.** Couronne suspendue sur le
maître-autel dans certaines églises. | **2.** Tiare pontificale.
(*Syn.* trirègne.) Je vis mettre le — sur la tête de Paul V, BAL-
ZAC, *Socrate chrét.* 10.

RÉGNER [ré-ñé] *v. intr.*
[ÉTYM. Emprunté du lat. regnare, *m. s.* || XIIᵉ s. Si il
regner poaient, PH. DE THAUN, *Best.* p. 77.]
I. Exercer le pouvoir royal, l'autorité souveraine. Règne : de crime en crime enfin te voilà roi, CORN. *Rodog.* V,
4. Moi, —, moi ranger un État sous ma loi! RAC. *Phéd.* III, 1.
La joie de — sur une grande nation, BOSS. *R. d'Angl.* Que de
dons du Ciel ne faut-il pas pour bien —! LA BR. 10. Veut-il
savoir le grand art de —? MONTESQ. *Espr. des lois,* XII, 27.
Le roi règne et ne gouverne pas, formule des gouvernements
parlementaires, où les ministres seuls sont responsables.
| Peut-il, Sylla régnant, regarder l'Italie? CORN. *Sertor.* I, 3.
|| *P. anal.* Celui qui règne dans les cieux (Dieu), BOSS. *R.
d'Angl.* || *P. ext.* Être tout-puissant. Mais si vous ne régnez
(il s'agit d'Agrippine), vous vous plaignez toujours, RAC. *Brit.*
IV, 2. L'Angleterre veut — sur les mers. | Quand ma faible
raison ne règne plus sur moi, RAC. *Phéd.* III, 1. Vasthi régna
longtemps dans son âme offensée, ID. *Esth.* I, 1. Il (le roi)
règne dans tous les cœurs, FÉN. *Tél.* 2. Vos yeux assez longtemps ont régné sur son âme, RAC. *Andr.* III, 4.
II. *Fig.* Exercer une influence dominante. Croyant...

que notre vie n'est qu'un jeu où règne le hasard, BOSS. *D. d'Orl.* Il (Charles II) fait — avec lui la justice, la sagesse, BOSS. *R. d'Angl.* La justesse qui règne dans ses pensées, ID. *Marie-Thérèse.* L'athéisme qui régnait alors, VOLT. *Mœurs*, 105. La violence et le brigandage régnaient partout dans la ville, BOSS. *Hist. univ.* II, 21. | Il régnait dans Altona quelques maladies contagieuses, VOLT. *Ch. XII*, 7. Il y règne (à Mitylène) des vents qui rendent le séjour quelquefois insupportable, BARTHÉLEMY, *Anacharsis*, 3. || *P. ext.* S'étendre sur une ligne continue. Là règne un corridor, BOIL. *Art p.* 1. Autour de cet amas de viandes entassées Régnait un long cordon d'alouettes pressées, ID. *Sat.* 3.

REGNICOLE [règ'-ni-kòl] *s. m.* et *f.*
[ÉTYM. Emprunté du bas lat. *regnicola, m. s.* de regnum, royaume, et colere, habiter. || 1593. Bourgeois regnicolles Anglois, *Stat. de la ville de Bordeaux*, dans DELB. *Rec.*]
|| (T. didact.) Celui, celle qui appartient à la nation du pays qu'il habite. Les regnicoles et les étrangers. *Adjectivt.* Cette Académie a des correspondants regnicoles.

REGONFLEMENT [re-gon-fle-man] *s. m.*
[ÉTYM. Dérivé de regonfler, § 145. || XVIe s. Regonfement (*sic*), DU PINET, dans DELB. *Rec.* Admis ACAD. 1740.]
|| Action de regonfler.

REGONFLER [re-gon-flé] *v. tr.* et *intr.*
[ÉTYM. Composé de re et gonfler, §§ 192 et 196. || 1555. Le Tibre se desborda et regonfla, H. DE LA BOUTHIÈRE, dans DELB. *Rec.* Admis ACAD. 1740.]
I. *V. tr.* Gonfler de nouveau. — un ballon. Les mains se regonflent.
II. *V. intr.* Se regonfler. La main a regonflé.

***REGORGEANT, ANTE** [re-gòr-jan, -jänt'] *adj.*
[ÉTYM. Adj. particip. de regorger, § 47. || 1635. Etableries d'Augias regorgeantes de fumier, MONET, *Invant. des deux lang.* préf.]
|| Qui regorge. Gouffres profonds regorgeants de victimes, VOLT. *Oreste*, IV, 4.

REGORGEMENT [re-gòr-je-man] *s. m.*
[ÉTYM. Dérivé de regorger, § 145. || 1539. R. EST. Admis ACAD. 1740.]
|| Action de regorger.

REGORGER [re-gòr-jé] *v. intr.*
[ÉTYM. Composé avec re et gorge, §§ 194 et 196. || XIVe s. Quant li fluns de la mer est en venant, il regorge le riviere, FROISS. *Chron.* II, p. 159.]
I. Rendre par la gorge. Je suis si plein que je regorge, RÉGNIER, *Ép.* 3. || *Fig. Famil.* On fit — les traitants, on leur fit rendre gorge. *Transitivt.* Faire — à qqn ce qu'il s'est indûment approprié, ACAD.
II. En parlant d'un liquide, s'épancher hors du contenant, trop plein. Une pluie d'orage a fait — les égouts. [*P. anal.* Leur sang partout regorge, CORN. *Tois. d'or*, V, 2. On verra... Le sang de vos sujets — jusqu'à vous, RAC. *Esth.* III, 4. || *P. ext.* En parlant de ce qui contient, être trop plein. Le vase regorge. *Fig.* Les rues regorgent de monde. D'éloges on regorge, MOL. *Mis.* III, 5. — de santé.

***REGOULER** [re-gou-lé] *v. tr.*
[ÉTYM. Composé avec re et gueule, §§ 65, 194 et 196. || XVIIe s. V. à l'article. Admis ACAD. 1694; suppr. en 1878.]
|| *Vieilli. Pop.* Rebuter. Le Suisse nous a regoulés, RICHEL. *Dict.* | *Fig.* Vous devez être regoulé de Tancrède, VOLT. *Lett. à d'Argental*, 16 déc. 1760.

REGRAT [re-grà] *s. m.*
[ÉTYM. Subst. verbal de regratter, § 52. (*Cf.* grat.) || 1279. Nul regratier qui vive de regrat, *Ordonn.* II, 31.]
|| *Vieilli.* Vente de marchandises (spécialement de sel) au détail. Une fermière des regrats, LES. *Turcar.* IV, 12. | *Ellipt.* Obtenir un — de sel, des lettres permettant de vendre le sel au détail

REGRATTAGE [ro-grà-tàj'] *s. m.*
[ÉTYM. Dérivé de regratter, § 78. || Admis ACAD. 1878.]
|| (Technol.) Action par laquelle on regratte un édifice.

REGRATTER [re-grà-té] *v. tr.*
[ÉTYM. Composé de re et gratter, §§ 192 et 196. || XIIIe s. ROBERT DE BLOIS, dans GODEF. *Compl.*]
I. Gratter de nouveau. *Spéciall.* Nettoyer en grattant les pierres, la façade d'un édifice. || *Fig.* Repolir. — un mot douteux au jugement, RÉGNIER, *Sat.* 9.
II. *Fig. Intransitivt.* Faire de petits profits en revendant de seconde main, ou en épluchant les comptes. Je vous défie... de trouver à — là-dessus, SÉV. 1236.

REGRATTERIE [re-gràt'-ri; *en vers*, -grà-te-ri] *s. f.*
[ÉTYM. Dérivé de regrattier, §§ 65 et 68. || 1218. Se déduit du bas lat. regrataria, dans DU C. Admis ACAD. 1798.]
|| *Vieilli.* Commerce du regrattier.

REGRATTIER, IÈRE [re-grà-tyé, -tyèr] *s. m.* et *f.*
[ÉTYM. Dérivé de regratter, § 115. || 1180. Il ne vendent con regratier, *Jérus.* 994, Führkhen.]
|| Celui, celle qui vend de seconde main, d'occasion, des marchandises de détail. || *Fig.* Les regrattiers de nouvelles littéraires, VOLT. *Lett.* 14 nov. 1750.

REGRÈS [re-grò] *s. m.*
[ÉTYM. Emprunté du lat. regressus, action de revenir en arrière. || XVIe s. Sans que depuis ils y ayent en aucun regrez, PASQ. *Rech.* I, 7.]
|| (Anc. droit.) Faculté de revenir sur la cession d'un bénéfice, la vente d'un office de judicature.

***RÉGRESSIF, IVE** [ré-grès'-sif, -siv'] *adj.*
[ÉTYM. Dérivé du lat. regressus, part. de regredi, aller en arrière, § 257. || *Néolog.*]
|| (T. didact.) Qui va en arrière. (*Cf.* progressif.) Marche régressive.

***RÉGRESSION** [ré-grès'-syon, *en vers*, -si-on] *s. f.*
[ÉTYM. Emprunté du lat. regressio, *m. s.* || XIVe s. De regression ou de retornement, J. GOLEIN, *Trad. du Rational*, dans GODEF.]
|| (T. didact.) Marche régressive.

REGRET [re-grò] *s. m.*
[ÉTYM. Subst. verbal de regretter, § 52. || XIIe s. Ses confors fu regrés et plors, *Floire et Blancheft.* I, 1517.]
|| **1°** Chagrin d'avoir perdu (qqn ou qqch). Le — que vous témoignez de la perte d'Ulysse, FÉN. *Tél.* 9. Prince, le digne objet de nos louanges et de nos regrets, BOSS. *Condé.* Laisser des regrets. Le — que lui cause la perte de sa fortune. Le — de la patrie. | *Vieilli.* Avoir — à, regretter. J'ai —, disait-il, à mon premier seigneur, LA F. *Fab.* VI, 11. || *P. ext.* | 1. Expression de ce chagrin. Une vieille femme mourante, assistée d'une servante qui faisait des regrets, MOL. *Scap.* I, 2. | 2. Sorte de glas, pendant les funérailles.
|| **2°** Chagrin d'avoir fait ou de n'avoir pas fait (qqch). J'ai tous les regrets du monde d'être obligé d'en user ainsi, MOL. *Mar. forcé*, SC. 9. Ma plume aurait — d'en épargner aucun, BOIL. *Sat.* 7. Ce triomphe indiscret Serait bientôt suivi d'un éternel —, RAC. *Brit.* IV, 4. J'ai —... de n'y pouvoir répondre, MOL. *F. sav.* V, 1. || *P. ext.* J'aurais même — qu'il me quittât l'empire, RAC. *Théb.* IV, 1. | *Loc. adv.* À —, avec regret. Je vous quitte à —, CORN. *Poly.* I, 2. Le plus semblable aux morts meurt le plus à —. | *Argot.* L'abbaye de Monte-à-Regret, l'échafaud.

REGRETTABLE [re-grè-tàbl'] *adj.*
[ÉTYM. Dérivé de regretter, § 93. || 1564. Regretable, J. THIERRY, *Dict. franç.-lat.*]
|| Digne de regret. Une personne, une action —.

REGRETTER [re-grè-té] *v. tr.*
[ÉTYM. Le sens le plus ancien étant « se lamenter sur un mort », regretter se rattache au goth. gretan, island. grata, angl. greet, etc., se lamenter. La conservation du t semble indiquer un emprunt, relativement récent, aux langues scandinaves, § 9. || XIe s. La bone medre s'en prist a dementer E son chier fil sovent a regreter, *St Alexis*, 129.]
|| **1°** Avoir du chagrin d'avoir perdu (qqn ou qqch). — ce que l'on aime est un bien en comparaison de vivre avec ce que l'on hait, LA BR. 4. Une mère si chérie et si regrettée, BOSS. *Marie-Thérèse.* — un absent. Je vous ai regrettée et je vous regrette encore tous les jours, SÉV. 504. Le perruquier commence à — son lit, BOIL. *Lutr.* 3. — sur le trône la vie pastorale, FÉN. *Tél.* 2. — son argent. Ce qu'on donne aux méchants, toujours on le regrette, LA F. *Fab.* II, 7. Mourir sans — la vie. — le temps perdu.
|| **2°** Avoir du chagrin d'avoir fait ou de n'avoir pas fait (qqch). Il regrette son imprudence. Le renard seul regretta son suffrage, LA F. *Fab.* VI, 6. Je regrette de n'être pas venu. || *P. ext.* Je regrette qu'il vous ait mécontenté.

RÉGULARISATION [ré-gu-là-ri-zà-syon; *en vers*, -si-on] *s. f.*
[ÉTYM. Dérivé de régulariser, § 247. || *Néolog.* Admis ACAD. 1835.]
|| Action de régulariser. La — d'un acte.

RÉGULARISER [ré-gu-là-ri-zé] *v. tr.*
[ÉTYM. Dérivé du lat. regularis, régulier, § 265. || Admis ACAD. 1798, suppl.]

|| Rendre régulier. — un acte, un compte. Un homme qui régularise sa position.

RÉGULARITÉ [ré-gu-là-ri-té] *s. f.*

[ÉTYM. Dérivé du lat. regularis, régulier, § 255. || xive s. Regularité de mouvement, ORESME, dans MEUNIER, *Essai sur Oresme.*]

|| Conformité aux règles établies. La — d'une procédure, d'un acte. La — d'une tragédie. La — d'une figure géométrique. | La — des traits du visage, des proportions. La — du pouls. La — de la marche d'une horloge. | La — du cours du soleil. || *Specialt.* Observation de la règle morale. La — de la vie, des mœurs, de la conduite. || *P. ext.* Observation exacte de la règle (d'un convent). L'esprit de —.

RÉGULATEUR, TRICE [ré-gu-là-teur, -trïs'] *adj.* et *s. m.* et *f.*

[ÉTYM. Dérivé du bas lat. regulare, régler, § 249. || 1771. TRÉV. Admis ACAD. 1835.]

|| (T. didact.) || **I.** *Adj.* Qui régularise. Principe —. Force régulatrice d'un mouvement.

II. || **1°** *S. m.* et *f.* Celui, celle qui régularise qqch.

|| **2°** *S. m.* Appareil appliqué à un mécanisme pour le régulariser. Le spiral est le — d'une montre. Le — d'une machine à vapeur, qui règle l'arrivée de la vapeur.

RÉGULE [ré-gul] *s. m.*

[ÉTYM. Emprunté du lat. regulus, *m. s.* || 1611. Regule d'antimonie, COTGR. Admis ACAD. 1762 (au sens **2°**, 2).]

|| **1°** *Rare.* Petit roi, roi dont l'autorité, la puissance est très faible.

|| **2°** *Fig.* | **1.** Roitelet, oiseau. | **2.** (Anc. chimic.) Substance métallique non ductile (par comparaison avec l'or, roi des métaux). — d'antimoine, d'arsenic.

RÉGULIER, IÈRE [ré-gu-lyé, -lyèr] *adj.*

[ÉTYM. Emprunté du lat. regularis, *m. s.* rendu d'abord par reguler, § 503, puis par regulier, par extension du suffixe ier, § 62. (*Cf.* l'anc. franç. reuler, rieuler.) || xiie s. Quantes regulers un Li meis ki en l'an sunt, PH. DE THAUN, *Comput*, 2869.]

|| Conforme aux règles établies. Une tragédie, une comédie régulière. | Verbes, noms réguliers, qui suivent les lois ordinaires de la conjugaison, de la déclinaison. | Figure géométrique régulière, qui a les angles et les côtés égaux. Un polygone —. Cristal à prisme —. Avoir des traits réguliers. Le cours — des astres. || *P. ext.* Clergé — (par opposition à séculier), soumis à la règle d'un ordre monastique, et, *substantivt*, Un —, un religieux. Troupes régulières, qui appartiennent à l'armée permanente. || Vivre d'une manière régulière. Avoir une conduite régulière.

RÉGULIÈREMENT [ré-gu-lyèr-man; *en vers*, -liè-ro-...] *adv.*

[ÉTYM. Composé de régulière et ment, § 724. || 1426. *Cout. d'Anjou et du Maine*, dans DELB. *Rec.*]

|| D'une manière régulière. Il se lève — à six heures. Il travaille —.

RÉHABILITATION [ré-à-bi-li-tà-syon; *en vers*, -si-on] *s. f.*

[ÉTYM. Dérivé de réhabiliter, § 247. || 1401. Lettres de reabilitation, NIC. DE BAYE, *Journal*, dans DELB. *Rec.*]

|| Action de réhabiliter. La — d'un failli, d'un condamné. | *Anciennt.* — de noblesse, et, *absolt*, —, mot en usage dans les tribunaux, qui a fait vieillir et rendu gothique celui des lettres de noblesse, LA BR. 14.

RÉHABILITER [ré-à-bi-li-té] *v. tr.*

[ÉTYM. Composé de ré et habiliter, § 275. || 1234. Reabiliter ladite ville a maire, dans AUG. THIERRY, *Mon. Tiers État*, IV, 710.]

|| **1°** Rétablir dans son premier état, dans ses premiers droits (celui qui en était déchu). — un failli, un condamné. | *Anciennt.* — un gentilhomme qui a dérogé.

|| **2°** *Fig.* Rétablir dans l'estime des autres. Cette action l'a réhabilité dans l'opinion.

RÉHABITUER [ré-à-bi-tué; *en vers*, -tu-é] *v. tr.*

[ÉTYM. Composé de ré et habituer, § 275. || 1549. R. EST. Admis ACAD. 1835.]

|| Habituer de nouveau. Se — au travail.

*****REHAUSSE** [re-ós] *s. f.*

[ÉTYM. Subst. verbal de rehausser, § 52. (*Cf.* rehaut.) || 1371. Rehauce, dans GODEF. *Compl.*]

|| *Vieilli.* Action de rehausser. *Specialt.* La — des monnaies. Le particulier perdait à cette —, ST-SIM. XV, 341.

REHAUSSEMENT [re-ós-'man; *en vers*, -ó-se-...] *s. m.*

[ÉTYM. Dérivé de rehausser, § 145. || xvie s. A cause du rehaussement des murailles, O. DE SERRES, V, 8.]

|| Action de rehausser. Le — d'une construction. || *P. anal.* Le — des monnaies, l'augmentation de leur valeur nominale. Je n'ai rien gagné au — des monnaies, SÉV. 1262.

REHAUSSER [re-ó-sé] *v. tr.*

[ÉTYM. Composé de re et hausser, §§ 192 et 196. || 1321. Les maisieres refaire et rehauchier, dans DELB. *Rec.*]

|| Rendre encore plus haut. — une construction. — un tableau. || *P. ext.* — les monnaies, en augmenter la valeur nominale. || *Fig.* Faire valoir. Cette fermeté rare Qui rehausse en Joad l'éclat de la tiare, RAC. *Ath.* 1, 1. Cette pourpre, cet or que rehaussait sa gloire, ID. *Bér.* 1, 5. || *Specialt.* (T. d'art.) Rendre d'un effet plus vif. Des laines fines qu'on rehausse d'une broderie d'or ou d'argent, FÉN. *Tél.* 3.

REHAUT [re-ó] *s. m.*

[ÉTYM. Pour rehaus, subst. verbal de rehausser, § 52. (*Cf.* rehausse.) || xvie s. A cause du rehaut des monnoyes, LARIVEY, *Constance*, 11, 2. Admis ACAD. 1762.]

|| **1°** Augmentation de la valeur nominale des monnaies.

|| **2°** (T. d'art.) Teinte vive, servant à faire ressortir certaines parties. Des rehauts clairs sur un fond bleu sombre.

RÉIMPORTATION [ré-in-pòr-tà-syon; *en vers*, -si-on] *s. f.*

[ÉTYM. Dérivé de réimporter, § 247. || *Néolog.* Admis ACAD. 1878.]

|| Action de réimporter.

RÉIMPORTER [ré-in-pòr-té] *v. tr.*

[ÉTYM. Composé de ré et importer, § 275. || *Néolog.* Admis ACAD. 1835.]

|| Importer de nouveau.

RÉIMPOSER [ré-in-pó-zé] *v. tr.*

[ÉTYM. Composé de ré et imposer, § 275. || 1549. R. EST. Admis ACAD. 1740.]

|| **1°** *Rare.* Soumettre à un nouvel impôt. On réimposa les habitants de la commune.

|| **2°** (Typogr.) Imposer de nouveau (une feuille).

RÉIMPOSITION [ré-in-pó-zi-syon; *en vers*, -si-on] *s. f.*

[ÉTYM. Composé de ré et imposition, § 275. || 1690. FURET. Admis ACAD. 1740.]

|| Action de réimposer.

RÉIMPRESSION [ré-in-prè-syon; *en vers*, -si-on] *s. f.*

[ÉTYM. Composé de ré et impression, § 275. || 1690. FURET. Admis ACAD. 1740.]

|| Action de réimprimer. Il m'est impossible d'empêcher la — du roman, J.-J. ROUSS. *Lett.* 21 déc. 1760. || *P. ext.* Ce qui est réimprimé.

RÉIMPRIMER [ré-in-pri-mé] *v. tr.*

[ÉTYM. Composé de ré et imprimer, § 275. || 1549. R. EST. Admis ACAD. 1740.]

|| **1°** Imprimer de nouveau (la marque de qqch). Vous seul pouvez (ô Seigneur) la reformer (mon âme) et y — votre portrait effacé, PASC. *Prière pour la maladie.*

|| **2°** (Typogr.) Imprimer de nouveau (un livre).

REIN [rin] *s. m.*

[ÉTYM. Du lat. renem, *m. s.* §§ 310 et 291. (*Cf.* rognon.)]

|| **1°** Viscère double, sécréteur de l'urine, situé dans la région lombaire.

|| **2°** *P. ext. Au plur.* Région lombaire. Avoir mal aux reins. Se donner un tour de reins. Un cheval qui donne un coup de reins. Poursuivre qqn l'épée dans les reins. Avoir les reins forts, solides. Être faible de reins. | (Style biblique.) Ceindre ses reins, se préparer à agir. Dieu sonde les reins et les cœurs, connaît le fond de notre âme. || *P. anal.* (Technol.) Les reins d'une voûte (entre la portée et le sommet).

RÉINCORPORER [ré-in-kòr-pò-ré] *v. tr.*

[ÉTYM. Composé de ré et incorporer, § 275. || 1611. COTGR. Admis ACAD. 1878.]

|| Incorporer de nouveau.

REINE [rên'] *s. f.*

[ÉTYM. Du lat. regina, *m. s.* devenu reine, roïne, §§ 343, 394 et 291, roïne, § 358, écrit reine par réaction étymologique, § 502.]

I. *Au propre.* || **1°** Femme qui exerce le pouvoir royal, le pouvoir souverain. La — Élisabeth. La — Victoria. Une — est suspecte à l'empire romain, RAC. *Bér.* III, 3.

|| **2°** Femme d'un roi. Soyez —, dit-il, RAC. *Esth.* 1, 1. La — mère, la mère d'un roi. Être reçue comme une —, magnifiquement. Avoir un port de —, majestueux. || *P. anal.*

La — du ciel, des anges, la sainte Vierge. || *P. ext.* La — des enfers, Proserpine. La — de la fève, celle qui a la fève à la fête des Rois. || La — des abeilles, la femelle, ordinairement unique, de la ruche. || Au jeu d'échecs. La —, la pièce la plus importante après le roi.

II. *Fig.* Personne, chose qui domine sur les autres. La — d'un bal, celle qui l'emporte sur les autres. Tant qu'ils ne sont qu'amants,... ils nous traitent de reines, CORN. *Poly.* I, 3. || *Poét.* — des longs procès (la Chicane), BOIL. *Lutr.* 5. L'opinion est la — du monde. La rose est la — des fleurs. Le Seigneur a détruit la — des cités, RAC. *Ath.* III, 7. || La — des prés, spirée ulmaire, dite aussi belle des prés.

REINE-CLAUDE [rèn'-glôd'; *en vers*, rè-ne-...] *s. f.*
[ÉTYM. De la reine Claude (on écrivait souvent Glaude), femme de François Ier, § 36. || Admis ACAD. 1740.]
|| Prune de reine-Claude, et, *ellipt.* Reine-Claude, prune très estimée. Manger des reines-Claude, ACAD.

REINE-MARGUERITE [rèn'-màr-ghe-rït'; *en vers*, rè-ne-...]. *V.* marguerite.

REINETTE. *V.* rainette.

RÉINSTALLATION [ré-ins'-tà-là-syon; *en vers*, -si-on] *s. f.*
[ÉTYM. Composé de ré et installation, § 275. || *Néolog.* Admis ACAD. 1835.]
|| Action de réinstaller.

RÉINSTALLER [ré-ins'-tà-lé] *v. tr.*
[ÉTYM. Composé de ré et installer, § 275. || 1581. Afin de le réinstaler dans son premier honneur, CL. GUICHARD, *Funérailles*, dans DELB. *Rec.* Admis ACAD. 1835.]
|| Installer de nouveau.

RÉINTÉ, ÉE [rin-té] *adj.*
[ÉTYM. Dérivé de rein, §§ 63 et 118. (*Cf.* éreinter.) || 1680. RICHEL. Admis ACAD. 1762.]
|| Qui a les reins solides. Un portefaix bien —. | *Spécialt.* (Vénerie.) Chien —.

RÉINTÉGRANDE [ré-in-té-grànd'] *s. f.*
[ÉTYM. Dérivé de réintégrer, § 260. || 1411. Reintegrande des fietz, *Cout. d'Anjou et du Maine*, dans DELB. *Rec.*]
|| (Anc. droit.) Action par laquelle qqn est réintégré dans la jouissance de ce dont il avait été dépossédé.

RÉINTÉGRATION [ré-in-té-grà-syon; *en vers*, -si-on] *s. f.*
[ÉTYM. Dérivé de réintégrer, § 247. || 1405. Pour la reintegracion du domaine, dans DOUET D'ARCQ, *Pièces relat. à Ch. VI*, I, 280.]
|| Action de réintégrer.

RÉINTÉGRER [ré-in-té-gré] *v. tr.*
[ÉTYM. Emprunté du bas lat. reintegrare (class. redintegrare), m. s. || 1376. Que leur dite loy voulussions remettre et réintegrer, dans AUG. THIERRY, *Mon. Tiers État*, IV, 713.]
|| 1° *Vieilli.* Faire rentrer en sa possession. — sa couronne, son royaume. || *P. ext.* Faire — des meubles, les faire remettre au lieu d'où ils avaient été enlevés. Une femme qui réintègre le domicile conjugal, qui le reprend.
|| 2° Remettre (qqn) en possession de qqch. — qqn dans son domaine, dans la jouissance de ses biens, de ses droits. | *P. anal.* — qqn dans ses fonctions.

RÉINVENTER [ré-in-van-té] *v. tr.*
[ÉTYM. Composé de ré et inventer, § 275. || Admis ACAD. 1878.]
|| Inventer de nouveau.

RÉITÉRATION [ré-i-té-rà-syon; *en vers*, -si-on] *s. f.*
[ÉTYM. Emprunté du bas lat. reiteratio, m. s. || 1501. Reiteration de torture, *Ordonn.* dans DELB. *Rec.*]
|| Action de réitérer. La — du péché.

RÉITÉRER [ré-i-té-ré] *v. tr.*
[ÉTYM. Emprunté du bas lat. reiterare, m. s. || 1314. Soit ce reiteré trois fois, *Chirurg. de Mondeville*, 697, Bos.]
|| Répéter (un acte). — un ordre, une défense. Demandes réitérées. Dieu leur réitère aussi les mêmes promesses, BOSS. *Hist. univ.* I, 3. | *Absoll.* Aurait avec le pied réitéré, RAC. *Plaid.* II, 4.

REÎTRE [rètr'] *s. m.*
[ÉTYM. Emprunté de l'allem. reiter, m. s. de reiten, chevaucher, § 7. Qqns écrivent rètre. || XVIe s. Ayant dessous un reistre une espée au costé, RONS. VII, 23, Bibl. elzév.]
|| *Anciennt.* Cavalier d'Allemagne servant en France. Un régiment de reîtres. || *Fig.* Un vieux —, un vieux routier, qui a couru les aventures. || *P. ext.* Long manteau de cheval. (*Cf.* redingote.)

REJAILLIR [re-jà-yïr] *v. intr.*
[ÉTYM. Composé de re et jaillir, §§ 192 et 196. || 1539. Rejaillir, R. EST.]
|| Être renvoyé brusquement par une surface réfléchissante. Une balle de paume qui, après avoir touché le mur..., rejaillit vers celui qui l'a lancée, BRISSON, *Traité de physique*, I, p. 73. De ce coup ils rejaillirent chacun de leur côté, MONTESQ. *Lett. pers.* 128. *Spécialt.* En parlant des liquides. L'eau rejaillit avec force. Son infidèle sang rejaillit sur Junie, RAC. *Brit.* V, 8. || *Fig.* Retomber sur qqn. Faut-il que sur mon front sa honte rejaillisse? RAC. *Iph.* III, 2. L'éclat n'en rejaillit sur vous qu'à votre déshonneur, MOL. *D. Juan*, IV, 4.

*REJAILLISSANT, ANTE** [re-jà-yi-san, -sànt'] *adj.*
[ÉTYM. Adj. particip. de rejaillir, § 47. || 1690. FURET. Admis ACAD. 1694; suppr. en 1718.]
|| Qui rejaillit. Eaux... De cascade en cascade au loin rejaillissantes, DELILLE, *Jardins*, 3.

REJAILLISSEMENT [re-jà-yïs'-man; *en vers*, -yise-...] *s. m.*
[ÉTYM. Dérivé de rejaillir, § 145. || 1557. Rejaillissement des rayons, J. P. DE MESMES, *Instit. astron.* p. 127.]
|| Mouvement de ce qui rejaillit. Le — des lumières, CORN. *Tois. d'or*, V, 6. Le — de l'eau. || *Fig.* C'est le — de la majesté, BOSS. *Polit.* V, IV, 1.

REJET [re-jè] *s. m.*
[ÉTYM. Subst. verbal de rejeter, § 52. || 1241. Le regiet qui siet à la porte de Sainte Fontaine, dans GODEF. regiet.]
|| 1° Action de rejeter. Le — de la terre sur les bords d'un fossé qu'on creuse. Le — d'une épave sur le rivage. Le — des aliments par un estomac qui ne peut plus rien digérer. || *Fig.* Le — d'une proposition, d'une requête, d'un pourvoi.
|| 2° Ce qui est rejeté. | 1. — poétique, mots rejetés d'un vers sur le suivant. Un — heureux. | 2. Pousse nouvelle d'un arbre, d'une plante. (*Syn.* rejeton.) *Spécialt.* Baguette pliante, piège à oiseaux. On le prend plus aisément avec un —, BUFF. *Bécassine.* | 3. Nouvel essaim qui quitte la ruche.

REJETABLE [rêch'-tàbl'; *en vers*, re-je-...] *adj.*
[ÉTYM. Dérivé de rejeter, § 93. || 1552. Rejectable, CH. EST. dans DELB. *Rec.*]
|| Qui est à rejeter. Proposition —. Pièce de monnaie —.

REJETER [rêch'-té; *en vers*, re-je-té] *v. tr. et intr.*
[ÉTYM. Composé de re et jeter, §§ 192 et 196. (*Cf.* la glose reprobat : rejactat, du VIIIe s. dans FŒRSTER et KOSCHWITZ, *Altfranz. Uebungsbuch*, col. 18, n° 743.) || XIIe-XIIIe s. Fossés Trestot de novel regetés, *Lai du trot.*]
|| 1° Renvoyer (ce qui a été jeté). Il lui rejette la balle. On lui jeta force dards qu'il rejetait tous contre les ennemis, VAUGEL. *Q. Curce*, VI, 1. || *Fig.* Dans son sein rejetons cette guerre, RAC. *Mithr.* III, 1. || *Fig.* — la faute sur un autre. Il rejette sur vous sa funeste aventure, CORN. *Œdipe*, V, 1.
|| 2° Renvoyer en jetant. Les épaves que la mer rejette sur le rivage. — sur les bords la terre d'un fossé que l'on creuse. — un poisson dans l'eau. Les assaillants furent rejetés dans les fossés de la citadelle. || *Spécialt.* | 1. Renvoyer ce qu'on ne peut pas garder. Les matières rejetées par l'éruption d'un volcan. L'estomac du malade rejette tous les aliments, et, *fig.* L'esprit rassasié le rejette (ce qu'on dit de trop) à l'instant, BOIL. *Art* p. 1. | 2. Renvoyer ce qu'on ne veut pas garder. Il se croit quelque enfant rejeté par sa mère, RAC. *Ath.* I, 2. Ses prêtres sont captifs, ses rois sont rejetés, ID. *ibid.* III, 7. *Fig.* — les conseils d'un ami. — une offre, une proposition. Vous pourrez — ma prière, RAC. *Esth.* III, 4. Elle a rejeté les vœux des premiers seigneurs d'Espagne, LES. *Diable boit.* 15. || *P. ext.* Renvoyer à une autre place. Il se rejeta au fond de la voiture. Nous voilà rejetés bien loin. — un mot au vers suivant. — les notes à la fin du volume.

*REJETOIR** et *REJETOIRE** [rêch'-twàr; *en vers*, re-je-...] *s. m. et s. f.*
[ÉTYM. Dérivé de rejeter, § 113. (*Cf.* reginglette.) || XIVe s. Regetoore, *Gloss. lat.-franç.* dans DU C. captensula.]
|| (T. rural.) Baguette courbée qui fait mouvoir un nœud coulant pour prendre les oiseaux. On les prend de même au —, BUFF. *Chevalier.*

REJETON [rêch'-ton; *en vers*, re-je-...] *s. m.*
[ÉTYM. Dérivé de rejeter, § 104. || 1539. Un rejecton, R. EST.]
|| 1° Nouveau jet que pousse une plante.
|| 2° *Fig. Poét.* Descendant. Princes et princesses, nobles

reJetons de tant de rois, BOSS. *Condé.* Venez, cher — d'une vaillante race, RAC. *Ath.* IV, 5. Indigne — d'une illustre famille, LA F. *Ragotin*, V, 14.

*REJETTEAU [re-jè-tó] s. m.
[ÉTYM. Pour rejette-eau, composé de rejette (du verbe rejeter) et eau, § 209. || 1752. TRÉV.]
|| (Technol.) Moulure pratiquée au bas d'une fenêtre pour rejeter l'eau de pluie.

REJOINDRE [re-jwîndr'] v. tr.
[ÉTYM. Composé de re et joindre, §§ 192 et 196. || XIIIe s. Lors rejoingnoit ses mains, ADENET, *Berte*, 757.]
|| 1° Joindre de nouveau. — les bords d'une plaie. — les morceaux d'un vase brisé. Les chairs se sont rejointes. || *Fig.* Les nœuds que j'ai rompus Se rejoindront bientôt quand je ne serai plus, RAC. *Baj.* V, 6. | *P. ext.* Réunir. Elle (la Fortune) a pris soin de nous — ici, RAC. *Andr.* I, 1.
|| 2° Aller retrouver (qqn). — la compagnie. Allons — notre reine, RAC. *Esth.* II, 8. Un soldat qui rejoint son régiment, et, *ellipt*, Il a reçu l'ordre de —. N'ayant pu vous venger, je vous irai —, CORN. *Cinna*, IV, 4.

REJOINTOYER [re-jwin-twà-yé] v. tr.
[ÉTYM. Composé de re et jointoyer, §§ 192 et 196. || 1392. Rejointoier, dans GODEF. *Compl.* Admis ACAD. 1835.]
|| (Technol.) Jointoyer de nouveau (les pierres d'un vieux bâtiment).

REJOUER [re-jwé; en vers, -jou-é] v. intr. et tr.
[ÉTYM. Composé de re et jouer, §§ 192 et 196. || XIIIe s. Lors regua et matés fu, CHRÉTIEN DE TROYES, *Perceval*, 22477. Admis ACAD. 1835.]
|| Jouer de nouveau. | 1. *V. intr.* Il a promis de ne plus —. Il a rejoué et perdu. | 2. *V. tr.* — une partie. — un morceau sur le piano. — une pièce de théâtre.

RÉJOUIR [ré-jou-îr] v. tr.
[ÉTYM. Composé de re et éjouir, §§ 192 et 196. || XIIe-XIIIe s. Qui les amans font resjoir, *Lai du conseil*.]
|| Mettre en joie. M. de Coulanges nous eût été bon pour nous —, SÉV. 298. Je lui réjouirais le cœur par quelques bons propos, J.-J. ROUSS. *Ém.* 4. Je suis tout réjoui de voir cette jeunesse, RAC. *Plaid.* III, 4. Le monde se réjouira, BOSS. *1er Provid.* texte. Ne dites point qu'ils y vont (au théâtre) pour se —, dites qu'ils y vont pour se divertir, LA F. *Psyché*, 1. L'on veut le bien de ses amis, et s'il arrive, ce n'est pas toujours par s'en — que l'on commence, LA BR. 4. *Avec ellipse de se.* Laissons — le monde, BOSS. *1er Provid.* 1. Une figure réjouie, qui respire la joie. Il faut être avec des gens réjouis, SÉV. 298. || *Au part. passé pris substantivt.* Un réjoui, LES. *Estev. Gonzalez*, 6. Une bonne grosse réjouie, DANCOURT, *Vert-Galant*, sc. 3.

RÉJOUISSANCE [ré-jou-i-sâns'] s. f.
[ÉTYM. Dérivé de réjouir, § 146. || 1539. Resjouissance, R. EST.]
|| Manifestation de joie. Les maisons furent illuminées en signe de —. Des réjouissances publiques. || *Spéciall.* | 1. Dans l'ancien jeu de lansquenet, carte que le banquier tirait après la sienne, sur laquelle les joueurs pouvaient mettre de l'argent, qu'ils retiraient si la carte du banquier sortait la première, et perdaient si le banquier amenait cette carte. Pleurent d'avoir trop mis à la —, REGNARD, *Joueur*, I, 10. | 2. (Boucherie.) Portion d'os que le boucher ajoute à la viande qu'il pèse (en souvenir, dit-on, de réjouissances qui auraient accueilli une ordonnance de Henri IV supprimant cette coutume pour les bas morceaux vendus au peuple).

RÉJOUISSANT, ANTE [ré-jou-i-san, -sânt'] adj.
[ÉTYM. Adj. particip. de réjouir, § 47. || 1425. Plairier choses resjouissans, OL. DE LA HAYE, dans DELB. *Rec.* Admis ACAD. 1762.]
|| Qui réjouit.

RELÂCHANT, ANTE [re-lá-chan, -chânt'] adj.
[ÉTYM. Adj. particip. de relâcher, § 47. || 1771. TRÉV. Admis ACAD. 1835.]
|| (T. didact.) Qui relâche. (*Syn.* laxatif.)

RELÂCHE [re-lách'] s. m. et f.
[ÉTYM. Subst. verbal de relâcher, § 52. || 1539. Relasche, R. EST.]
I. S. m. Détente que produit l'interruption de ce qui est pénible. Travailler sans —. Son régent ne lui donne pas un moment de —, SÉV. 663. L'esprit veut du —, MOL. *Éc. des m.* I, 3. Se donne qui voudra ce jour-ci du —, LA F. *Filles de Minée.* S'il vous donne quelque — (le poème tragique), c'est pour vous replonger dans de nouveaux abîmes, LA BR. 1. Souffre un peu de — à mes esprits troublés, CORN. *Poly.* II, 3. || *P. ext.* Suspension momentanée des représentations dans un théâtre. Les théâtres font — le vendredi saint.
II. S. f. (Marine.) Action de discontinuer momentanément le cours de sa navigation. Une avarie força le navire de faire —. || *P. ext.* Lieu où le navire fait ce séjour. Le navire trouva une excellente —.

RELÂCHEMENT [re-lách'-man; en vers, -lá-che-...] s. m.
[ÉTYM. Dérivé de relâcher, § 145. || XIIe s. Boene perseverance U n'avienge relaschemens, BENEEIT, *Ducs de Norm.* 6440.]
|| État de ce qui est relâché.
|| 1° *Au propre.* — d'un muscle. Le — des cordes d'un violon. || *P. ext.* — du ventre, diarrhée. [Le — de la température, diminution de la rigueur du froid.
|| 2° *Fig.* Le — de la discipline. Le — des mœurs. Les froideurs et les relâchements dans l'amitié, LA BR. 4. La faiblesse humaine, trop penchée par elle-même au —, BOSS. *Comédie*, 1. On dit qu'il faut bien trouver un — à l'esprit humain, ID. *ibid.* 14.

RELÂCHER [re-lá-ché] v. tr. et intr.
[ÉTYM. Du lat. relaxare m. s. (cf. relaxer), devenu relâcher, comme laxare est devenu lâcher. (V. ce mot.) (Cf. la glose remitte : relaxa, du VIIIe s. dans FŒRSTER et KOSCHWITZ, *Altfranz. Uebungsbuch*, col. 18, n° 759.]
I. V. tr. || 1° Détendre plus ou moins. L'humidité a relâché les cordes de cet instrument. Les cordes de cet instrument se relâchent. La température s'est relâchée. || *Fig.* L'esprit se relâchait, BOSS. *A. de Gonz.* La discipline se relâche. Des mœurs relâchées. Son zèle s'est relâché. Sa haine... Ou s'est évanouie, ou s'est bien relâchée, RAC. *Phèd.* I, 1. En ne relâchant rien de mon autorité, FÉN. *Tél.* 13. Vous avez pu voir Combien je relâchais pour vous de mon devoir, RAC. *Andr.* III, 2. Relâchez-vous un peu des droits de la naissance, MOL. *Tart.* IV, 3. *Absolt.* Gens... capables de — pour la paix, BOSS. *Obligat. de l'état religieux*, 2.
|| 2° Remettre en liberté. Les prisonniers ont été relâchés.
II. V. intr. (Marine.) Discontinuer momentanément le cours de sa navigation. Les vents nous ont contraints de — dans l'île de Cypre, FÉN. *Tél.* 4.

1. RELAIS [re-lè] s. m.
[ÉTYM. Subst. verbal de relaisser, § 52. || XIIe s. Quant il cria merci, Deus l'en ad fet relès, GARN. DE PONT-STE-MAX. *St Thomas*, 2936.]
|| 1° *Anciennt.* Ce qui est laissé. Coulez par l'étamine, puis rebroyez les —, *Ménagier*, II, p. 170. Un reste et — de chaleur, AMYOT, *Lyc.* 28.
|| 2° *Spéciall. De nos jours.* | 1. Espace laissé entre le pied d'un rempart et l'escarpe du fossé. | 2. Terrain laissé à découvert par un fleuve, par la mer. Conférer avec lui sur les lais et —, COLBERT, *Lett.* 26 oct. 1662. | 3. Ouverture que le tapissier laisse dans l'ouvrage quand il change de couleur et de figure, et qui est reprise à l'aiguille.

2. RELAIS [re-lè] s. m.
[ÉTYM. Plur. de relai, § 559, subst. verbal de relayer, § 52. (Cf. délai.) || XIIIe s. Con chien en laisse C'on n'a cure de relayer, N'o relai hui ne relai ier, B. DE CONDÉ, p. 137, Scheler.]
|| Chiens postés sur le parcours d'une chasse pour remplacer ceux qui sont las. Nous avions, comme il faut, séparé nos —, MOL. *Fâch.* II, 6. *P. ext.* Chevaux qu'on laisse de distance en distance sur une route de poste pour remplacer ceux qui sont las. || *P. anal.* Le comte de Mansfeld avait partagé ses reîtres en autant de —, D'AUB. *Hist. univ.* 1, V, 22. Des — d'hommes établis de demi-lieue en demi-lieue portaient les ordres, VOLT. *Mœurs*, 148. || *Fig.* Être de —, attendre le moment d'agir. Vous voilà de —, LA F. *Contes, Candaule.* Donner le —, lancer qqn pour qu'il agisse. || *P. ext.* Lieu où les chevaux, les chiens, sont ainsi postés. Vous descendrez au premier —.

RELAISSÉ [re-lè-sé]. V. relaisser.

*RELAISSER [re-lè-sé] v. tr.
[ÉTYM. Composé de re et laisser, §§ 192 et 196. (Cf. relais 1.) ACAD. ne donne que relaissé, terme de chasse, considéré comme adj. || XIIe s. A conter le vos relés, CHRÉTIEN DE TROYES, *Érec*, 6324.]
|| *Anciennt.* Laisser en arrière. *Spéciall.* Se — d'une chose, y renoncer. *Absolt.* (Chasse.) S'arrêter. Ils courent, ils se relaissent, ils se forlongent, SÉV. 416. Un lièvre relaissé,

qui s'est relaissé de fatigue. *Fig.* M. de Cambrai se relaissa chez Malézieux, ST-SIM. I, 413.

RELANCER [re-lan-sé] *v. tr.*

[ÉTYM. Composé de re et lancer, §§ 192 et 196. || XIIIᵉ s. Tousjours se relanchoit devens, BEAUMAN. *Manekine*, dans DELB. *Rec.*]

|| Lancer de nouveau.

|| 1° *Au propre.* Lancé dans le soleil, relancé dans le tourbillon des airs, BARTHÉLEMY, *Anacharsis*, 64.

|| 2° (Chasse.) Faire repartir la bête qui, après avoir été lancée, se repose. Je le relance seul (le cerf), MOL. *Fâch.* II, 6. || *Fig.* Aller importuner (qqn) pour en obtenir qqch. Un homme impatient qui venait à tout moment me — pour des comptes, PICARD, *M. Musard*, sc. 1. || *P. ext.* Reprendre vivement (qqn).

RELAPS, APSE [re-lăps'] *adj.*

[ÉTYM. Emprunté du lat. relapsus, *m. s.* part. de relabi, retomber. || 1431. Heretique, relapse, apostate, CL. DE FAUQUEMBERGUE, dans QUICHERAT, *Procès de Jeanne d'Arc*, IV, 459.]

|| (Théol.) Qui est retombé dans une erreur, une hérésie qu'il avait abjurée. Un hérétique —. | *Substantivt.* Un —, une relapse. || *P. ext.* Qui retombe dans le péché dont il avait été absous.

RÉLARGIR [re-làr-jîr] *v. tr.*

[ÉTYM. Composé de re et élargir, §§ 192 et 196. || XIIIᵉ-XIVᵉ s. Tout ce que nous bouchiens don flum devers nous, il relargissoient devers aus, JOINV. 195.]

|| Rendre encore plus large. — une rue. Faire — un vêtement.

RELATER [re-là-té] *v. tr.*

[ÉTYM. Dérivé du lat. relatum, supin de referre, rapporter, § 266. || 1396. La somme par eux relatee, *Cout. de Dieppe*, dans DELB. *Rec.*]

|| Consigner (dans un récit, un rapport). Le fait a été relaté dans le procès-verbal.

RELATIF, IVE [re-là-tíf', -tív'] *adj.*

[ÉTYM. Emprunté du lat. relativus, *m. s.* de relatum, supin de referre, rapporter. || XIIIᵉ s. Es choses relatives, BRUN. LATINI, *Trésor*, p. 324.]

|| 1° (T. didact.) Qui a rapport à (qqch). Le mouvement et le temps sont relatifs l'un à l'autre, PASC. *Espr. géom.* 1. Les pièces relatives au procès. | (Musique.) Chaque ton mineur est — à un ton majeur correspondant. || *Spécialt.* Qui n'est tel que par rapport à certaines conditions (par opposition à absolu). L'or et l'argent... n'en ont qu'une (valeur) — aux usages de l'homme, CONDILL. *Comm. gouv.* I, 15. *Absolt.* Toute grandeur, toute force, toute puissance est relative, MONTESQ. *Espr. des lois*, IX, 9.

|| 2° (Gramm.) Qui exprime l'idée de rapport. Pronom —, exprimant un rapport avec un nom ou un pronom qui précède et qu'on nomme antécédent. Conjonction relative, exprimant un rapport entre une proposition principale et une proposition qui lui est subordonnée. Proposition relative, unie à la proposition principale par un rapport de subordination.

RELATION [re-là-syon ; *en vers*, -si-on] *s. f.*

[ÉTYM. Emprunté du lat. relatio, *m. s.* || XIVᵉ s. Par relacion et en regart ou raport a aucune chose, ORESME, *Éth.* I, 18.]

I. Rapport qui lie un terme à un autre. Les relations, les propriétés des trois divines personnes, BOSS. *6ᵉ Avert. aux protest.* 112. La — sociale des sexes, J.-J. ROUSS. *Ém.* 5. Conversation fade et puérile qui roulait toute sur des questions frivoles qui avaient — au cœur, LA BR. 5. | (Musique.) Rapport entre un son et un autre. || *P. ext.* Rapport d'affection ou d'intérêt entre les personnes. Il n'est pas savant, il a des relations avec des savants, LA BR. 2. Avoir des relations d'amitié avec qqn. Étendre ses relations. Avoir de belles relations. Nous ne sommes pas en —. Avoir des relations intimes avec une femme. || Les relations commerciales entre deux nations. Le ministre des relations extérieures, ancien nom du ministre des affaires étrangères.

II. Rapport de ce que qqn fait, de ce qu'il a vu, entendu. La — d'un événement. Je trouve toute cette — fort jolie, SÉV. 1249. Des relations de voyages.

RELATIVEMENT [re-là-tív'-man ; *en vers*, -ti-ve-...] *adv.*

[ÉTYM. Composé de relative et ment, § 724. || 1690. FURET.]

|| D'une manière relative. Il m'a écrit — à votre affaire.

|| D'une manière qui n'est telle que par rapport à certaines conditions (par opposition à absolument). Ce n'en est un (défaut) que — à sa mauvaise fortune, BEAUMARCH. *B. de Sév.* II, 2. *Absolt.* Cela n'est vrai que —.

***RELATIVITÉ** [re-là-ti-vi-té] *s. f.*

[ÉTYM. Dérivé de relatif, § 256. || *Néolog.*]

|| (T. didact.) Qualité de ce qui est relatif.

RELAVER [re-là-vé] *v. tr.*

[ÉTYM. Composé de re et laver, §§ 192 et 196. || XIIᵉ-XIIIᵉ s. Près est ki le relieve De le boe et ki le releve, RENCL. DE MOILIENS, *Carité*, CXXIV, 2. Admis ACAD. 1798.]

|| Laver de nouveau.

RELAXATION [re-lăk'-sà-syon ; *en vers*, -si-on] *s. f.*

[ÉTYM. Emprunté du lat. relaxatio, *m. s.* || 1314. Solucion et relanssacion, *Chirurg. de Mondeville*, 1643, Bos.]

|| (T. didact.) Action de relâcher. La — des muscles, des fibres, etc. || *Fig. Vieilli.* — d'un prisonnier, sa mise en liberté.

RELAXER [re-lăk'-sé] *v. tr.*

[ÉTYM. Emprunté du lat. relaxare, *m. s.* (*Cf.* les doublets relâcher et relaisser, de formation pop.) || XIVᵉ s. Si fut ceste journee relaxee jusques a une aultre fois, FROISS. *Chron.* IV, p. 36.]

|| (T. didact.) Relâcher. Fibres, muscles relaxés. || *Fig.* — un prisonnier, le remettre en liberté.

RELAYER [re-lè-yé] *v. intr. et tr.*

[ÉTYM. Composé de re et l'anc. verbe layer, synonyme de laisser, d'origine incertaine, qu'on retrouve dans dilayer, §§ 192 et 196. || XIIIᵉ s. Chien en laisse C'on n'a cure de relaier, B. DE CONDÉ, p. 137, Scheler.]

I. *V. intr.* Prendre des relais (de chevaux) en voyageant. On a relayé à Mantes.

II. *V. tr.* || 1° *Vieilli.* — qqn, le fournir de relais.

|| 2° *Fig.* — qqn, le remplacer quand il est las. Elle fit appeler sa femme de chambre pour — cette nuit la Fanchon, J.-J. ROUSS. *Nouv. Hél.* VI, 11. Il croit... que les hommes se relayent pour le contempler, LA BR. 2. Les bourreaux fatigués se relayaient les uns les autres, CHATEAUBR. *Martyrs*, 21.

RELÉGATION [re-lé-gà-syon ; *en vers*, -si-on] *s. f.*

[ÉTYM. Emprunté du lat. relegatio, *m. s.* || XIVᵉ s. Relagacion, ORESME, dans MEUNIER, *Essai sur Oresme.*]

|| (Droit rom.) Exil dans un lieu déterminé, n'entraînant pas, comme le bannissement, la perte des droits civils et politiques. || *P. ext. De nos jours.* Internement dans une colonie.

RELÉGUER [re-lé-ghé] *v. tr.*

[ÉTYM. Emprunté du lat. relegare, *m. s.* || XIVᵉ s. Ne banir ne releguer, ORESME, dans MEUNIER, *Essai sur Oresme.*]

|| 1° (Droit rom.) Exiler dans un lieu déterminé, sans privation des droits civils et politiques. || *P. ext. De nos jours.* Condamner à l'internement dans une colonie.

|| 2° *P. anal.* Placer dans un lieu écarté. Le parlement de Paris vient d'être relégué dans une petite ville qu'on appelle Pontoise, MONTESQ. *Lett. pers.* 140. | De vieux portraits relégués au grenier.

RELENT, *RELENTE [re-lan, -lânt'] *adj. et s. m.*

[ÉTYM. Composé de re et lent (au sens archaïque de « insipide »), §§ 193 et 196. || XIIᵉ-XIIIᵉ s. Frois et relans et sens saveur, RAOUL DE HOUDENC, *Roman des ailes*, 96.]

|| 1° *Ancienn.* Qui a un goût écœurant, pour être resté renfermé dans un lieu humide. Cette viande est relente, ACAD. 1694-1718.

|| 2° *De nos jours.* S. m. Goût écœurant que prend la viande renfermée dans un lieu humide.

RELEVAILLES [rěl-vày' ; *en vers*, re-le-...] *s. f. pl.*

[ÉTYM. Dérivé de relever, § 95. || 1322. A nostre fille la duchesse de Bourgogne pour ses relevailles, dans DELB. *Rec.*]

|| Cérémonie qui se fait à l'église quand une femme y va se faire bénir en relevant de couches.

***RELÈVE** [re-lèv'] *s. f.*

[ÉTYM. Subst. verbal de relever, § 52. || *Néolog.*]

|| Action de relever. *Spécialt.* (T. milit.) La — de la garnison de Paris. Troupes de — pour Madagascar.

RELEVÉ, ÉE [rěl-vé ; *en vers*, re-le-vé] *s. m. et f.*

[ÉTYM. Subst. particip. de relever, § 45. || XIIᵉ s. Cel jur meïsme, ainz relevee, MARIE DE FRANCE, *Lais, Guiguemar*, 261.]

I. *S. m.* || 1° (Droit.) Acte qui relève (ce qui est déchu). — de déchéance, qui relève de la déchéance une compagnie qui n'avait pas rempli les conditions stipulées.

‖ **2°** (Comptabilité.) Travail où l'on a repris, réuni les éléments d'un compte, d'une situation, etc. Le — des dépenses de l'année.

‖ **3°** (Cuisine.) Nouveau plat qui en relève un autre. Un — de potage.

II. *S. f.* Relevée, le temps de l'après-midi (où l'on se relevait de la sieste pour aller au travail). Audiences de relevée. A deux heures de relevée.

RELÈVEMENT [re-lèv'-man ; *en vers*, -lè-ve-...] *s. m.*

[ÉTYM. Dérivé de relever, § 145. ‖ XIᵉ s. Li povre en vont desos, n'i a relevement, HERMAN DE VALENC. *Bible*, dans GODEF.]

‖ Action de relever. ‖ *Spécialt.* | **1.** Action de remettre debout. Le — des remparts. *Fig.* Travailler au — de la patrie. | **2.** Action de reprendre, de réunir les éléments d'une position, d'un compte. ‖ *Spécialt.* (Marine.) Faire des relèvements, pour déterminer la situation d'un navire en mer.

RELEVER [rĕl-vé ; *en vers*, re-le-vé] *v. tr. et intr.*

[ÉTYM. Composé de re et lever, §§ 192 et 196. (*Cf.* le lat. relevare, m. s.) ‖ XIᵉ s. Quant il at Deu preiet, si s'en est relevez, *Voy. de Charl. à Jérus.* 865.]

I. *V. tr.* ‖ **1°** Remettre debout. On la releva à demi morte. Pendant qu'il... s'occupe à — le prince abattu, BOSS. *Condé.* Je lui tendis la main pour le —, FÉN. *Tél.* 5. Relève-toi, Rodrigue, CORN. *Cid*, v, 7. — un cheval. | Se — la nuit, quitter son lit. Se —, après une maladie, cesser d'être alité. La marquise tomba malade et ne se releva plus, J.-J. ROUSS. *Nouv. Hél.* v, 13. | — un navire échoué. ‖ — une statue, une colonne tombée. Quand verrai-je, ô Sion, ... tes remparts? RAC. *Esth.* I, 2. Dans ses murs relevés (d'Ilion) couronner votre fils, ID. *Andr.* I, 4. ‖ *P. anal.* — une balle. — l'éventail d'une dame, et, *fig.* — le gant, accepter un défi. — les cartes. | — une maille, dans un tricot. ‖ *Fig.* | **1.** Remettre à son rang. Toute notre dignité consiste donc en la pensée ; c'est de là qu'il faut nous —, PASC. *Pens.* I, 6. La Judée... commençait à peine à se — de sa ruine, BOSS. *Hist. univ.*, I, 8. Non content d'avoir relevé les affaires de Rome, ID. *ibid.* III, 6. — la fortune de qqn. La reine relevait leur espérance, BOSS. *R. d'Angl.* Un rayon d'espérance, si bas que l'on soit, relève aussi haut qu'on était auparavant, PASC. *Amour.* Se — d'un échec. Se — d'une faute. Nous bénirons avec elle la main (de Dieu) qui l'a relevée, BOSS. *A. de Gonz.* Il est bien plus glorieux de se — ainsi, que de n'être jamais tombé, FÉN. *Tél.* 12. | **2.** Faire remarquer (qqch). Ce qu'il dit ne chut pas à terre, Maître Æneas le relevant, SCARR. *Virg. trav.* 7. — une impertinence, un mot piquant. Qu'il fallait mépriser ces choses-là et qu'elles tombaient d'elles-mêmes lorsqu'on ne les relevait point, MARMONTEL, *Mém.* 7. Il ne m'échappait pas un mot qu'ils ne relevassent comme un trait admirable, LES. *Gil Blas*, I, 16. Nous relevâmes, il y a quelques jours, une faute de grammaire, MONTESQ. *Lett. pers.* 111. — une erreur. — les sottises du temps, BOIL. *Ép.* 8. (Chasse.) — le défaut, reprendre la voie. | *P. ext.* — qqn, le redresser. — qqn d'une erreur. Vous savez bien le — du désordre de la paresse, BOURD. *Oisiveté*, 2. *Famil.* — qqn du péché de paresse. *Absolt.* — qqn, le reprendre d'une erreur, d'une faute. Si quelqu'un allait attaquer un honnête citoyen, il ne serait pas mal relevé, MONTESQ. *Lett. pers.* 36. ‖ (Anc. droit.) — un appel, se faire autoriser à le poursuivre.

‖ **2°** Remettre plus haut. — un plancher, un tableau. — une tablette. — la tête. Marcher la tête relevée. — sa robe, son pantalon. — ses cheveux. Laissez-moi — ces voiles détachés Et ces cheveux épars, RAC. *Bér.* IV, 2. — son voile, ne plus laisser son visage voilé. — sa moustache. *P. ext.* Un jeune frisé relevé de moustaches, RÉGNIER, *Sat.* 8. Leurs trois petits brins de barbe relevés en barbe de chat, MOL. *Av.* II, 5. Il marchait d'un pas relevé, LA F. *Fab.* I, 4. ‖ *Fig.* Être d'une condition relevée. Elle n'a pas toujours été si relevée que la voilà, MOL. *B. gent.* III, 12. Des motifs plus relevés, LA BR. 11. Le phénix des esprits relevés, BOIL. *Sat.* 9. *P. anal.* Rendre plus saillant. Ce beau carrosse Où tant d'or se relève en bosse, MOL. *F. sav.* III, 2. ‖ *Fig.* | **1.** Rehausser. Quand une femme a de l'esprit, il l'anime (sa beauté) et la relève merveilleusement, PASC. *Amour.* Le jeune prince dont la victoire avait relevé la haute contenance, BOSS. *Condé.* Les ombres, les flambeaux... Relevaient de ses yeux les timides douceurs, RAC. *Brit.* II, 2. | **2.** Exalter. — le mérite de qqn. Je ne négligeais aucune occasion de la — à ses propres yeux, Mᵐᵉ DE GENLIS, *Mères rivales*, 1. Cette action est belle et elle vous relève plus que la prise de Veies, FÉN. *Dial. des morts, Anc.*

23. | **3.** (Cuisine.) Raviver. Perdrix relevées d'un fumet surprenant, MOL. *B. gent.* IV, 1. Une sauce relevée.

‖ **3°** Retirer (qqn) d'un poste, d'une occupation, etc., en le remplaçant. — une compagnie de garde. — les postes. — le quart. — un factionnaire, une sentinelle. — qqn de sentinelle. *Fig.* Sénèque et Burrhus sont deux soldats en sentinelle, qui doivent garder leur poste, jusqu'à ce que la mort vienne les en —, DIDER. *Claude et Néron*, I, 46. *P. plaisant.* Il la releva bien de sentinelle sur des sottises qu'elle lui disait, SÉV. 248. ‖ — qqn de ses vœux, l'en délier. Il a été relevé de ses fonctions, révoqué. ‖ *P. ext.* (Cuisine.) Remplacer un plat, un service par un autre. Il se souvient exactement de quels plats on a relevé le premier service, LA BR. 11. (*Cf.* relevé.)

II. *V. intr.* ‖ **1°** Ne plus rester alité, être rétabli. Il relève de maladie. Une femme qui relève de couches. Il n'en relèvera pas (de sa maladie). ‖ *Fig.* — du coup dont ils sont étourdis, CORN. *Pomp.* II, 4.

‖ **2°** (T. féodal.) — de qqn, être dans sa dépendance. Le duché de Bourgogne relevait de la couronne de France. Naples qui relevait du pape après avoir relevé des empereurs, VOLT. *Mœurs*, 185. ‖ *Fig.* Celui qui règne dans les cieux et de qui relèvent tous les empires, BOSS. *R. d'Angl.* Un cœur et des appas Qui relèvent de ma puissance, CORN. *Psyché*, v, 5.

RELEVEUR, *RELEVEUSE** [rĕl-veur, -veuz'] *s. m. et f.*

[ÉTYM. Dérivé de relever, § 112. ‖ XIIIᵉ s. Releveres de sainte glise, PH. MOUSKET, *Chron.* 8406. Admis ACAD. 1798.]

‖ Celui, celle qui relève. *Spécialt.* (Anat.) —, et, *adjectivt*, Muscle —, qui relève certaines parties du corps lorsqu'elles sont abaissées. Le — de la lèvre, de l'aile, du nez.

RELIAGE [re-lyàj' ; *en vers*, -li-àj'] *s. m.*

[ÉTYM. Dérivé de relier, § 78. ‖ 1328. Pour paier le charroi et le reliage des vins encavez, dans GODEF.]

‖ (Technol.) Action de relier. *Spécialt.* Le — des douves.

RELIEF [re-lyĕf'] *s. m.*

[ÉTYM. Subst. verbal de relever, §§ 52, 65 et 446. ‖ XIᵉ s. Duec paist l'om del relief de la table, *St Alexis*, 247.]

I. Élévation de ce qui fait saillie sur une surface. Des lettres en —. Un plan en —. Le — d'une médaille. ‖ *Spécialt.* (Sculpt.) Ouvrage de haut, de bas —, où les personnages, les objets, sont plus ou moins en saillie. *P. ext.* Un haut —, un bas-—, ouvrage exécuté avec plus ou moins de saillie. ‖ *Fig.* Mettre en — les mérites d'une personne, les faire ressortir. La modestie est au mérite ce que les ombres sont aux figures dans un tableau, elle lui donne de la force et du —, LA BR. 2.

II. Ce qu'on enlève de dessus la table, restes d'un repas. Des reliefs d'ortolans, LA F. *Fab.* I, 9. Votre salaire Sera force reliefs, ID. *ibid.* I, 5.

III. (Anc. droit.) Lettres de —, lettres de réhabilitation de noblesse. | — d'appel, autorisation à poursuivre l'appel interjeté d'une sentence.

RELIER [re-lyé ; *en vers*, -li-é] *v. tr.*

[ÉTYM. Composé de re et lier, §§ 192 et 196. ‖ XIIᵉ-XIIIᵉ s. Seles... En plus de cent lieues reloiies, *Lai du trot*, 169.]

I. Lier de nouveau. — une gerbe de blé, une botte de foin. ‖ *Fig.* — tant de fois ce qu'un brouillon dénoue, C'est trop de patience, MOL. *Ét.* III, 1.

II. Lier diverses parties les unes aux autres. — à l'aide de cerceaux les douves d'un tonneau. ‖ *Spécialt.* Coudre ensemble les cahiers d'un livre, et les emboîter dans une couverture de carton dont le dos et les plats sont recouverts de peau, de toile, etc. Un livre relié en veau, en basane, en parchemin. | *P. ext.* En parlant de l'auteur du livre. Le seul Jonas qu'on ait vu relié, BOIL. *Lutr.* 5. Pour être imprimés et reliés en veau, MOL. *F. sav.* IV, 3. ‖ *P. anal.* Mettre en communication par des voies, des passages. Une galerie qui relie les deux corps de bâtiment. ‖ *Fig.* Cette affaire se relie à la précédente. La duchesse... reliée à lui par le mariage de leurs enfants, ST-SIM. VII, 385.

RELIEUR, *RELIEUSE** [re-lyeur, -lyeuz' ; *en vers*, -li-...] *s. m. et f.*

[ÉTYM. Dérivé de relier, § 112. ‖ XIIIᵉ s. Si sui bons relierres, d'ués, dans MONTAIGLON et RAYNAUD, *Rec. de fabliaux*, I, 5.]

‖ Celui, celle qui relie des livres. *P. appos.* Ouvrier —, ouvrière relieuse.

RELIGIEUSEMENT [re-li-jyeuz'-man ; *en vers*, -ji-cù-ze-...] *adv.*

[Étym. Composé de religieuse et ment, § 724. || XIIIᵉ s. Religiousement, *Machab.* II, 12, dans LITTRÉ.]

|| D'une manière religieuse. Vivre —. || *Fig.* D'une manière très scrupuleuse. Tenir — sa parole.

RELIGIEUX, EUSE [re-li-jyeū, -jyeūz'; *en vers*, -ji-...] *adj. f.*

[Étym. Emprunté du lat. religiosus, *m. s.* || XIIᵉ s. Li religius princes, GARN. DE PONT-STE-MAX. *St Thomas*, 2821.]

|| **1°** Qui tient à la religion. Culte —. Doctrine, croyance, cérémonie religieuse. La morale religieuse. Les idées religieuses. Année religieuse, l'année ecclésiastique, qui commence au premier dimanche de l'avent, et finit au dernier dimanche après la Pentecôte.

|| **2°** Qui observe les règles de la religion. Une personne religieuse. Mener une vie religieuse. || *P. ext.* Très scrupuleux. Il est — observateur de sa parole. Les Romains étaient le peuple du monde le plus — sur le serment, MONTESQ. *Rom.* 1.

|| **3°** Qui appartient aux règles monastiques. La vie religieuse. Les ordres —. Une maison religieuse. Porter l'habit —. || *Substantivt.* Un —, une religieuse, personne engagée par des vœux à suivre une règle autorisée par l'Église. Un couvent de religieuses. Les — de l'ordre de Saint-Benoît.

RELIGION [re-li-jyon; *en vers*, -ji-on] *s. f.*

[Étym. Emprunté du lat. religio, *m. s.* || XIIᵉ s. Yglise de religiun, *Lois de Guill. le Conq.* 1.]

|| **1°** Ensemble de croyances, de pratiques, ayant pour objet de rendre hommage à la Divinité. L'esprit docile admet la vraie —, et l'esprit faible n'en admet aucune ou en admet une fausse, LA BR. 16. Observez la — ; le reste meurt, elle ne meurt jamais, FÉN. *Tél.* 15. La vraie — doit avoir pour marque d'obliger à aimer son Dieu, PASC. *Pens.* XI, 1. La — juive, chrétienne. La — catholique. La — de Mahomet. Professer une —. Se convertir à une —. — d'État, qu'un État adopte comme sienne, proscrivant les autres, ou se bornant à les tolérer. La — réformée, et *ellipt*, La — (au XVIᵉ et au XVIIᵉ s.), le protestantisme. (*Cf.* religionnaire.) Guerres de —, causées par la différence de religion, surtout au XVIᵉ s. entre protestants et catholiques. La — naturelle, qu'on suppose indépendante de toute religion révélée, et donnée par la raison.

|| **2°** Observation des croyances, des pratiques instituées pour rendre hommage à la Divinité. Avoir de la —. Les épicuriens qui n'avaient nulle —, VOLT. *Dict. philos.* religion. || *P. ext.* Sentiment de grand scrupule. Chacun sait la — de ce peuple pour toutes ses cérémonies, BOSS. *Polit.* VII, I, 3. Violer la — du serment. On a surpris sa —.

|| **3°** État de celui qui vit en communauté sous une règle. Entrer en —. La sœur de M. Pascal qu'on appelait en — sœur Euphémie, RAC. *Port-Royal.*

RELIGIONNAIRE [re-li-jyò-nêr; *en vers*, -ji-ò-...] *s. m.* et *f.*

[Étym. Dérivé de religion, § 248. || 1562. Rechercher les biens des religionnaires, dans DELB. *Rec.*]

|| (XVIIᵉ-XVIIIᵉ s.) Celui, celle qui fait profession de la religion réformée. Le mot de — n'est pas français...; ce fut sans doute un prédicateur gascon qui le débita le premier dans les chaires de Paris, BALZ. *Socrate chrét.* 10.

RELIGIOSITÉ [re-li-jyó-zi-té ; *en vers*, -ji-ó-...] *s. f.*

[Étym. Dérivé du lat. religiosus, religieux, § 255. || 1530. Religiosité gardera et justifiera le cœur, LE FÈVRE D'ÉTAPLES, *Bible*, dans DELB. *Rec.*]

|| (T. didact.) || **1°** *Vieilli.* Excès du sentiment religieux. Avec quelle exactitude, disons mieux, avec quelle —, BOURD. *Dominic. 12ᵉ Dim. après la Pentecôte.*

|| **2°** Disposition pour les sentiments religieux.

RELIQUAIRE [re-li-kêr] *s. m.*

[Étym. Dérivé de relique, § 248. || 1372. Une petite chapelle d'or ou il y a plusieurs reliquaires, dans L. DE LABORDE, *Émaux*, p. 477.]

|| Boîte, coffret, où l'on conserve des reliques. Un — d'or.

RELIQUAT [re-li-kà] *s. m.*

[Étym. Emprunté du lat. reliqua, plur. neutre de reliquum, reste, § 217. ACAD. 1694 écrit encore sans t, tout en remarquant que « quelques-uns escrivent reliquat ». Le t est dû à l'influence du lat. reliquatum, d'où reliquataire. || XIVᵉ s. Rendre bon compte et reliqua, G. DE LA TOUR-LANDRY, dans LA C.]

|| Ce qui reste dû lorsqu'un compte a été arrêté. Le — d'un compte de tutelle.

RELIQUATAIRE [re-li-kà-têr] *s. m.* et *f.*

[Étym. Dérivé du lat. reliquataum, reliquat, § 247. || 1586. Elle estoit reliquataire, P. LE LOYER, *Spectres*, I, 115.]

|| Celui, celle qui, après avoir rendu ses comptes, redoit un reliquat.

RELIQUE [re-lĭk'] *s. f.*

[Étym. Emprunté du lat. reliquia, *m. s.* || XIᵉ s. De voz saintes reliques, se vos plaist, me donez, *Voy. de Charl. à Jérus.* 160.]

|| **1°** (T. relig.) Ce qui reste d'un saint après sa mort, de son corps, de ce qui a été à son usage, des instruments de son supplice. Les reliques des saints, des martyrs. Les saintes reliques. Baiser, adorer les reliques. || *P. ext.* Garder une chose comme une —, en faire des reliques, la garder avec un soin religieux.

|| **2°** *Poét. ou oratoire.* Restes. Ces tombeaux antiques, Où des rois ses aïeux sont les froides reliques, RAC. *Phéd.* V, 6. Il rentra dans Babylone avec les tristes reliques de l'armée, VAUGEL. *Q.-Curce*, IV, 16.

RELIRE [re-līr] *v. tr.*

[Étym. Composé de re et lire, §§ 192 et 196. || XIIᵉ s. Longe chose sereit a dire A translater et a relire, BENEEIT, *Ducs de Norm.* dans DELB. *Rec.*]

|| Lire de nouveau. Il faut lire et — les maîtres. Vous dites que j'ai relu trois fois les mêmes romans, SÉV. 1263. Se —, relire ce qu'on a écrit pour le corriger.

RELIURE [re-lyūr; *en vers*, -li-ūr] *s. f.*

[Étym. Dérivé de relier, § 111. || 1549. Reliure de livres, R. EST.]

|| Manière dont un livre est relié. — pleine, où le dos et les plats du livre sont recouverts d'un même morceau de peau (veau, maroquin, etc.). Demi-—, où le dos seul est couvert de peau.

RELOCATION [re-lò-kà-syon ; *en vers*, -si-on] *s. f.*

[Étym. Composé de re et location, § 275. || 1771. TRÉV. Admis ACAD. 1835.]

|| Nouvelle location ou sous-location d'une chose.

RELOUER [re-lwé; *en vers*, -lou-é] *v. tr.*

[Étym. Composé de re et louer 1, §§ 192 et 196. (*Cf.* le lat. relocare, placer de nouveau.) || 1549. R. EST. Admis ACAD. 1798.]

|| **1°** Prendre ou donner de nouveau en location.

|| **2°** Donner en location ce qu'on a soi-même pris en location. (*Syn.* sous-louer.)

RELUIRE [re-luir] *v. intr.*

[Étym. Composé de re et luire, §§ 192 et 196. (*Cf.* le lat. relucere, *m. s.*) || XIᵉ s. Se déduit de l'existence de reluisant à cette époque.]

|| Luire avec des reflets lumineux. Ses armes reluisaient au soleil. *Loc. prov.* Tout ce qui reluit n'est pas or, ce qui a beaucoup d'éclat n'est pas toujours ce qu'il y a de plus précieux. || *Fig.* Se montrer avec éclat. Qu'il n'y ait pas en Dieu une justice dont celle qui reluit en nous ne soit qu'une étincelle, BOSS. *A. de Gonz.* Joas les touchera par sa noble pudeur Où semble de son sang reluire la splendeur, RAC. *Ath.* I, 2.

RELUISANT, ANTE [re-lui-zan, -zànt'] *adj.*

[Étym. Adj. particip. de reluire, § 47. || XIᵉ s. Or fin reluisant, *Voy. de Charl. à Jérus.* 284.]

|| Qui reluit. Des meubles reluisants de propreté.

RELUQUER [re-lu-ké] *v. tr.*

[Étym. Mot picard, § 6, composé de re et luquer, regarder, §§ 192 et 196. Luquer paraît être d'origine germanique, § 6. (*Cf.* l'angl. look, *m. s.*) || XVIIIᵉ s. V. à l'article. Admis ACAD. 1762.]

|| *Famil.* || **1°** Regarder curieusement. — une femme. Si vous la reluquez, elle croira qu'on se gausse d'elle, MONCRIF, *Amant cauchemar*, sc. 7.

|| **2°** Regarder avec envie. Il reluque ce coin de terre.

REMÂCHER [re-má-ché] *v. tr.*

[Étym. Composé de re et mâcher, §§ 192 et 196. || 1539. Remascher, R. EST. Admis ACAD. 1740.]

|| Mâcher une seconde fois. || *Fig. Famil.* Repasser dans son esprit. Remâchant un propos avalé, RÉGNIER, *Sat.* 8.

REMANIEMENT et **REMANIMENT** [re-mà-ni-man] *s. m.*

[Étym. Dérivé de remanier, § 145. || 1690. Remaniement, FURET. Admis ACAD. 1762.]

|| Action de remanier. Le — d'une pièce de théâtre.

REMANIER [re-mà-nyé; *en vers*, -ni-é] *v. tr.*

[ÉTYM. Composé de re et manier, §§ 192 et 196. || 1549. R. EST.]

|| Modifier en maniant de nouveau. — le pavage. — la disposition des meubles. — une page d'imprimerie. || *Fig.* — une pièce de théâtre. On a remanié la carte de l'Europe.

REMARIER [re-mà-ryé; *en vers,* -ri-é] *v. tr.*
[ÉTYM. Composé de re et marier, §§ 192 et 196. || XIIIe s. Quant femme se remarie, BEAUMAN. XIII, 10. Admis ACAD. 1798.]

|| Marier de nouveau. Il a remarié sa fille. Il s'est remarié.

REMARQUABLE [re-màr-kàbl'] *adj.*
[ÉTYM. Dérivé de remarquer, § 93. || XVIe s. LA BODERIE, *Harm. du monde,* dans GODEF. *Compl.*]

|| Digne d'être remarqué.

REMARQUABLEMENT [re-màr-kà-ble-man] *adv.*
[ÉTYM. Composé de remarquable et ment, § 724. || Admis ACAD. 1835.]

|| D'une manière remarquable.

REMARQUE [re-màrk'] *s. f.*
[ÉTYM. Subst. verbal de remarquer, § 52. || 1505. Remerche, dans GODEF. *Compl.*]

|| Action de remarquer. J'en ai fait la —. Faire une —. Une chose digne de —. | *Vieilli.* Il n'y eut rien de grande —, ST-SIM. I, 6. || Faire des remarques sur la conduite de qqn. Il a fait de bonnes remarques sur cet ouvrage. Les Remarques de Vaugelas sur la langue française, de Voltaire sur Corneille.

REMARQUER [re-màr-ké] *v. tr.*
[ÉTYM. Composé de re et marquer, §§ 192 et 196. L'anc. franç. remerchier (picard remerquier), remercher (picard remerquer) a été supplanté par remarquer, d'après marquer. *(Cf.* l'ital. rimarcare.) || XIVe s. Et s'il ne salloit bien a point et tu en pouoyes remerquier, *Modus,* fo 100, vo.]

I. Marquer de nouveau. Lorsqu'on l'envoie (la monnaie) pour la faire —, MONTESQ. *Espr. des lois,* XXII, 10. || *Vieilli.* Marquer soigneusement. Chacun se campant,... De haies, de buissons remarqua son partage, RÉGNIER, *Sat.* 6.

II. || **1°** Marquer ce qui a attiré notre attention. Tous les défauts Que l'on remarque aux animaux, LA F. *Fab.* XI, 5. Je ne remarque point qu'il hante les églises, MOL. *Tart.* II, 2. Faire — qqch à qqn.

|| **2°** Porter son attention sur (qqn, qqch). — qqn dans la foule. Entre les plus grands rois il se fit —, RAC. *Alex.* IV, 2. Une grande naissance... annonce le mérite et le fait plus tôt —, LA BR. 6. Se faire — (en bien ou en mal).

REMBALLER [ran-bà-lé] *v. tr.*
[ÉTYM. Composé de re et emballer, §§ 192 et 196. || 1549. R. EST. Admis ACAD. 1835.]

|| Emballer de nouveau.

REMBARQUEMENT [ran-bàr-ke-man] *s. m.*
[ÉTYM. Dérivé de rembarquer, § 145. || XVIe-XVIIe s. BRANT. dans DELB. *Rec.* Admis ACAD. 1718.]

|| Action de rembarquer, de se rembarquer.

REMBARQUER [ran-bàr-ké] *v. tr.*
[ÉTYM. Composé de re et embarquer, §§ 192 et 196. || 1549. R. EST.]

|| Embarquer de nouveau. — des passagers. — des marchandises. Se —, et, *intransitivt,* —. || *Fig.* Se — dans une entreprise périlleuse.

REMBARRER [ran-bà-ré] *v. tr.*
[ÉTYM. Composé de re et embarrer, §§ 192 et 196. || XVe s. Furent les rembarreurs rembarrez, J. MOLINET, *Chron.* 253.]

|| Repousser vivement. Votre frère d'abord a rembarré son homme, REGNARD, *Ménechmes,* IV, 8. || *Fig.* Une diablesse qui te rembarre et se moque de tout ce que tu peux lui dire, MOL. *Mal. im.* interm. 1. | *P. ext.* Pour — vos raisonnements et rabaisser votre caquet, MOL. *Mal. im.* III, 3.

REMBLAI [ran-blè] *s. m.*
[ÉTYM. Subst. verbal de remblayer, § 52. || Admis ACAD. 1762.]

|| (Technol.) Terres employées à remblayer.

REMBLAYER [ran-blè-yé] *v. tr.*
[ÉTYM. Composé de re et emblayer, §§ 192 et 196. || 1241. En remblant (corr. remblaant) de vasons et de raime, dans GODEF. rembler. Admis ACAD. 1798.]

|| (Technol.) Rapporter des terres pour hausser un terrain trop bas, pour combler une cavité, etc.

REMBOÎTEMENT [ran-bwât'-man; *en vers,* -bwàte-...] *s. m.*
[ÉTYM. Dérivé de remboîter, § 145. || 1690. Remboëstement, FURET. Admis ACAD. 1762.]

|| Action de remboîter.

REMBOÎTER [ran-bwà-té] *v. tr.*
[ÉTYM. Composé de re et emboîter, §§ 192 et 196. || 1549. Remboîster, R. EST.]

|| Faire rentrer en place (ce qui est déboîté).

REMBOURREMENT [ran-bour-man; *en vers,* -boure-...] *s. m.*
[ÉTYM. Dérivé de rembourrer, § 145. || XVIe s. H. EST. dans DELB. *Rec.* Admis ACAD. 1762.]

|| Action de rembourrer; résultat de cette action.

REMBOURRER [ran-bou-ré] *v. tr.*
[ÉTYM. Composé de re et embourrer, §§ 192 et 196. || XIIe-XIIIe s. Ke il de rien ne le remboure, RENCL. DE MOILIENS, *Miserere,* CLXXXVI, 3.]

|| Garnir de bourre, de laine, de crin, etc. — un matelas, un fauteuil.

REMBOURSABLE [ran-bour-sàbl'] *adj.*
[ÉTYM. Dérivé de rembourser, § 93. || 1780. Prêt remboursable en 1772, *Compte dressé par M. Necker,* Arch. nat. F¹² 806. Admis ACAD. 1835.]

|| Qui peut être remboursé.

REMBOURSEMENT [ran-bour-se-man] *s. m.*
[ÉTYM. Dérivé de rembourser, § 145. || 1524. Pour le remboursement de la somme, dans DELB. *Rec.*]

|| Action de rembourser.

REMBOURSER [ran-bour-sé] *v. tr.*
[ÉTYM. Composé de re et embourser, §§ 192 et 196. || 1531. Aura ledict retrayant huictaine pour rembourser, *Cout. de Lorris,* dans DELB. *Rec.*]

I. Remettre dans la bourse de qqn.

|| **1°** Rendre à qqn (le montant de ses dépenses). — le montant d'un billet, les frais d'un procès. On lui a remboursé les avances qu'il avait faites.

|| **2°** Faire rentrer (qqn) dans les dépenses qu'il a faites. On l'a remboursé de ses frais. Il s'est remboursé des avances qu'il avait faites.

II. Remettre dans sa bourse. || *Fig. Ironiqt.* Boisseuil y remboursa deux coups d'épée, ST-SIM. VI, 270.

REMBRUNIR [ran-bru-nîr] *v. tr.*
[ÉTYM. Composé de re et embrunir, §§ 192 et 196. || 1690. FURET.]

|| Rendre plus brun. — le fond d'un tableau. Elle avait ce teint rembruni qui plaît tant quand il plaît, HAMILT. *Gram.* p. 246. Le ciel se rembrunit, est obscurci par les nuages. || *Fig.* Son front se rembrunit, perd sa sérénité.

REMBRUNISSEMENT [ran-bru-nîs'-man; *en vers,* -ni-se-...] *s. m.*
[ÉTYM. Dérivé de rembrunir, § 145. || 1690. FURET.]

|| État de ce qui est rembruni.

REMBUCHEMENT [ran-buch'-man; *en vers,* -buche-...] *s. m.*
[ÉTYM. Dérivé de rembucher, § 145. || XVIe s. En son rembuschement, CH. IX, *Chasse,* p. 25. Admis ACAD. 1762.]

|| (Vénerie.) Rentrée de la bête dans le bois.

REMBUCHER [ran-bu-ché] *v. tr.*
[ÉTYM. Composé de re et embûcher, §§ 192 et 196. || 1549. Rembuycher, R. EST.]

|| (Vénerie.) Faire rentrer (la bête) dans le bois. Le cerf s'est rembuché. *P. plaisant.* — au fond de votre cave Et dans votre grenier tous les lapins, REGNARD, *Bal.* sc. 2.

REMÈDE [re-mèd'] *s. m.*
[ÉTYM. Emprunté du lat. remedium, m. s. L'anc. franç. a le doublet remire, de formation plus ancienne. || XIIe s. La multitudine des remeides, *Serm. de St Bern.* p. 23.]

I. Ce qu'on emploie pour guérir une maladie. — souverain. Un — efficace, spécifique. Porter, apporter — . On ne tente plus de —, BOSS. *Le Tellier.* Il leur donnait de l'argent et des remèdes, FÉN. *Tél.* 17. || *P. anal.* Que l'on trouvât — à la vieillesse, LA F. *Fab.* VIII, 1. — de bonne femme, remède empirique. | *Loc. prov.* Aux grands maux les grands remèdes. Le — est pire que le mal. | La guerre civile, la guerre étrangère, les remèdes de tous côtés plus dangereux que les maux, BOSS. *A. de Gonz.* || *Spécialt.* Lavement. Prendre un —. L'une chauffe un bouillon, l'autre apprête un —, BOIL. *Sat.* 10.

II. *Fig.* Ce qui sert à guérir un mal moral. Elle ne put trouver de — à l'amour, LA F. *Contes, Coupe enchantée.* Il n'y a point de — à mon chagrin, SÉV. 203. Elle voit qu'il se perd sans pouvoir y apporter de —, BOSS. *Hist. univ.* I, 11.

III. *P. ext.* Tolérance de poids dans les monnaies. *Vieilli.* Chatouiller le —, approcher de la tolérance.

REMÉDIABLE [re-mé-dyàbl'; *en vers*, -di-àbl'] *adj.*
[ÉTYM. Dérivé de remédier, § 93. (*Cf.* irrémédiable.) || XIVe-XVe s. Moins remediable Quant a medecine, EUST. DESCH. VIII, 290. Admis ACAD. 1878.]
|| A quoi l'on peut remédier.

REMÉDIER [re-mé-dyé; *en vers*, -di-é] *v. tr.*
[ÉTYM. Emprunté du lat. remediare, *m. s.* || XIVe s. Pourveoir et remedier a la chierté de la vitaille, BERSUIRE, fo 46, dans LITTRÉ.]
|| Porter remède. | **1.** *Au propre (rare).* — aux troubles intestinaux, à l'engorgement du foie. Lorsque le malade aime sa maladie, Qu'il a peine à souffrir que l'on y remédie! CORN. *Cid*, II, 5. | **2.** *Fig.* Chacun a son défaut où toujours il revient, Honte ni peur n'y remédie, LA F. *Fab.* III, 7. En attrapant du temps, à tout on remédie, MOL. *Tart.* II, 4.

REMÊLER [re-mè-lé] *v. tr.*
[ÉTYM. Composé de re et mêler, §§ 192 et 196. || 1549. Remesler, R. EST. Admis ACAD. 1835.]
|| Mêler de nouveau. — les cartes.

REMEMBRANCE [re-man-brãns'] *s. f.*
[ÉTYM. Dérivé de remembrer, § 146. || XIe s. Repairet lal vigur e remembrance, *Roland*, 3614.]
|| *Vieilli.* Ressouvenir. || *P. ext.* Ressemblance qui rappelle qqn. Je crois voir aussi L'air et le port, les yeux, la — De mon époux, LA F. *Contes, Oraison.*

*REMEMBRER [re-man-bré] *v. tr.*
[ÉTYM. Du lat. rememorare, *m. s.* devenu *remem'rer, §§ 336, 205 et 201, remembrer, § 472. (*Cf.* le doublet savant remémorer.)]
|| *Vieilli et dialect.* Remettre en mémoire. *Specialt.* Se —, se souvenir. Remembre-toi, de ton côté, De ton pauvre rimeur crotté, ST-AMANT, *Poète crotté*, p. 234, Bibl. elzév.

REMÉMORATIF, IVE [re-mé-mò-rà-tif, -tiv'] *adj.*
[ÉTYM. Dérivé de remémorer, § 257. || 1527. Texte dans DELB. *Rec.* Admis ACAD. 1762.]
|| *Rare.* (T. didact.) Qui remémore. (*Syn.* commémoratif.)

REMÉMORER [re-mé-mò-ré] *v. tr.*
[ÉTYM. Emprunté du lat. rememorare, *m. s.* (*Cf.* le doublet remembrer, de formation pop.) || 1536. Rememorant mon dict primicial, ROGER DE COLLERYE, *Ball.* 1.]
|| Remettre en mémoire. Berthe au conseil alors remémora Qu'au chevalier on pouvait faire grâce, VOLT. *Ce qui plaît aux dames.* Se — qqch.

REMENER [re-me-né] *v. tr.*
[ÉTYM. Composé de re et mener, §§ 192 et 196. || XIIe s. Dunt l'arundele decevreit E les muissons li remerreit, MARIE DE FRANCE, *Fab.* LXXXII, 25, Warnke.]
|| **1°** Mener de nouveau.
|| **2°** Mener où l'on était auparavant. Le cocher... croit — son maître dans sa maison, LA BR. 11. Remenez-moi chez nous, MOL. *Dép. am.* IV, 3.

REMERCIER [re-mèr-syé; *en vers*, -si-é] *v. tr.*
[ÉTYM. Composé de re et l'anc. verbe mercier, dérivé de merci, § 154, en usage jusqu'au XVIe s. §§ 192 et 196. || 1539. R. EST.]
|| **1°** Dire merci, rendre grâce à (qqn). C'est ce Dieu des chrétiens qu'il faut qu'on remercie Des victoires qu'il donne à l'empereur. Décie, CORN. *Poly.* III, 2. Et, cela fait, le cheval remercie L'homme son bienfaiteur, LA F. *Fab.* IV, 13. Remerciant son hôte, ID. *ibid.* VIII, 1. Venez — un père qui vous aime, RAC. *Iph.* IV, 4. || Se —, se savoir gré. Se — soi-même et non pas Dieu, BOSS. *États d'orais.* V, 10.
|| **2°** Rendre grâce à qqn d'une offre en la refusant, refuser poliment. Prendrez-vous du café? Je vous remercie. Si le roi m'en disait autant, je le remercierais de son amitié, VOLT. *Comment. sur Cinna*, V, 1.
|| **3°** Rendre grâce à qqn d'un de ses services, en y renonçant, le congédier poliment. Bientôt après, Rivas fut tout à fait remercié, ST-SIM. III, 471.

REMERCÎMENT et **REMERCIEMENT** [re-mèr-si-man] *s. m.*
[ÉTYM. Dérivé de remercier, § 145. || XVe s. Humbles remerciemens aux damoiselles, *Érec en prose*, dans DELB. *Rec.*]
|| Action de remercier. Je vous en fais tous mes remercîments. Je vous dois des remercîments. Recevez mes remercîments. Discours, lettre de remercîment. Pour tous remercîments il faut que je te chasse, CORN. *Cid*, IV, 4.

RÉMÉRÉ [ré-mé-ré] *s. m.*
[ÉTYM. Emprunté du lat. du moyen âge reemere (class. redimere), racheter, § 217. || Vers 1470. Une terre engagiee A remeré, H. BAUDE, dans DELB. *Rec.*]
|| (Droit.) Convention par laquelle le vendeur d'un fonds se réserve le droit de le racheter dans un délai déterminé en remboursant l'acheteur. La faculté de rachat ou de —, *Code civil*, art. 1659. Vente à —.

REMETTRE [re-mètr'] *v. tr.*
[ÉTYM. Composé de re et mettre, §§ 192 et 196. (*Cf.* le lat. remittere.) || XIIe s. Al dereein jur Que Tristan lur aveit remis, *Tristan*, II, 1707, Michel.]
I. Mettre de nouveau.
|| **1°** Faire passer de nouveau à une certaine place. — sa bourse dans sa poche, son chapeau sur sa tête. — un livre dans la bibliothèque. Se — en voiture. Se — à table, au lit. — les chevaux à la voiture. || — une corde à un violon, une doublure neuve à un vêtement. | — un bras à qqn, lui remettre en place le bras luxé. || *Absolt.* — ses chaussures. — un vieil habit. || *P. anal.* — qqch sous les yeux de qqn, le lui représenter. Se — qqch en tête, se le rappeler. Plus je vous envisage, Et moins je me remets, Monsieur, votre visage, RAC. *Plaid.* II, 4. *Avec ellipse du pronom.* — qqn, le reconnaître. Je ne vous remets pas. Il me remit dans le moment, quoique j'eusse changé d'habit, LES. *Gil Blas*, III, 2.
|| **2°** Faire passer de nouveau à une certaine position. — un navire à la voile, et, *absolt*, — à la voile. — qqn sur le trône. — une pièce au théâtre. — un enfant en nourrice. — qqn sur la voie, sur son chemin.
|| **3°** Faire passer de nouveau à un état déterminé. — un devoir au net. — qqn en colère. — les ennemis en déroute. Se — au travail, à travailler. || *Specialt.* Mettre de nouveau dans son ancien état. Ils se sont remis d'accord. Je vous prie enfin de vous — bien ensemble, MOL. *Sicil.* sc. 15. Souffrez que la raison remette vos esprits, CORN. *Cid*, II, 1. Il n'est pas encore remis de sa frayeur. Remettez-vous, Monsieur, d'une alarme si chaude, MOL. *Tart.* V, 7. Se — en gaieté. Je me remets au travail.
II. Faire passer de sa main aux mains de qqn. — un paquet, une lettre à qqn. Voici l'argent que je suis chargé de vous —. — un dépôt à qqn. La reine... Va — bientôt sa fille entre vos bras, RAC. *Iph.* I, 4. Cet enfant, ce trésor, qu'il faut qu'on me remette, Où sont-ils? ID. *Ath.* V, 5. Le criminel a été remis entre les mains de la justice. || *Fig.* — à qqn le soin de ses intérêts. — une affaire à la décision de qqn. S'en — à qqn de qqch. Je veux bien m'en — à votre sentiment, CORN. *Sertor.* I, 2. Je me remets entre les mains de la Providence. Il remet sur d'autres le soin de le pleurer, LA BR. 11. Sur d'autres que sur vous si je dois m'en —, RAC. *Andr.* IV, 4. || — à qqn une offense, la lui pardonner. Vos péchés vous son remis.
III. Mettre à plus tard. — la partie, avoir à la recommencer. La cause est remise à huitaine. Remettons ce discours pour une autre saison, MOL. *F. sav.* IV, 3. C'est une affaire qui ne peut pas se —.

REMEUBLER [re-mёu-blé] *v. tr.*
[ÉTYM. Composé de re et meubler, §§ 192 et 196. || XIIIe s. Et lors fu il bien remueblez De joie, ADENET, *Cléomadès*, dans DELB. *Rec.* Admis ACAD. 1798.]
|| Meubler de nouveau. — une chambre, un appartement, et, *p. ext.* — qqn. | *Fig. Famil.* Pourvoir de nouveau. Cette commission l'a remeublé d'argent, CORN. *Illus. com.* I, 3.

*RÉMIGE [ré-mij'] *adj.*
[ÉTYM. Emprunté du lat. remex, remigis, *m. s.* || *Néolog.*]
|| (T. didact.) Qui sert de rame. *Specialt.* Les plumes rémiges, et, *substantivt, au fém.* Les rémiges, les longues plumes de l'aile, fortes et raides, dont se sert l'oiseau pour fendre l'air.

RÉMINISCENCE [ré-mi-nis'-sãns'] *s. f.*
[ÉTYM. Emprunté du lat. reminiscentia, *m. s.* de reminisci, se souvenir. || XIVe s. Reminiscence u resovenance ont difference, *Ars d'amour*, dans DELB. *Rec.*]
|| (T. didact.) || **1°** Souvenir inconscient. Il semblait qu'il n'agit que par —, LA F. *Fab.* XI, 2. La — platonicienne, doctrine qui attribue la connaissance des vérités absolues au ressouvenir des idées contemplées dans une vie antérieure. || *P. ext.* Mémoire. Rappelez votre —, LA F. *Ragotin*, III, 7.
|| **2°** Ce dont nous nous souvenons inconsciemment. Il y a bien des réminiscences dans ce poème, dans cette musique.

REMISAGE [re-mi-zàj'] *s. m.*

[ÉTYM. Dérivé de remiser, § 78. || *Néolog.* Admis ACAD. 1878.]

|| Action de remiser, lieu où l'on remise (une voiture). *P. anal.* — de bicyclettes.

REMISE [re-mîz'] *s. f.*

[ÉTYM. Subst. particip. de remettre, § 45. || 1564. Prendre les perdreaux a la remise, J. THIERRY, *Dict. franç.-lat.*]'

I. Action de remettre.

|| **1°** Action de remettre dans un lieu. La — en place d'un tapis. La — en bière du corps (dans une exhumation). *Vieilli.* La — d'une pièce, action de la remettre sur le théâtre. (*Syn.* reprise.) La catastrophe... a toujours nui au plein succès de la pièce, dans toutes ses remises, D'ALEMB. *Éloges, Crébillon.*

|| **2°** Action de remettre à qqn. La — d'un objet trouvé à son propriétaire. La — d'un paquet, d'une missive. La — des pièces d'un procès. || *Specialt.* Action de faire remettre une somme. | **1.** Valeur que les négociants font remettre à leurs correspondants pour les couvrir de leurs avances, et, *p. ext.* lettre de crédit chez ces correspondants. On lui donna mainte et mainte remise, Toutes à vue, LA F. *Contes, Belphégor.* | **2.** Paiement qu'un banquier effectue pour qqn dans une autre ville au moyen d'effets qu'il fait remettre, pour éviter les recouvrements onéreux, en percevant avec son salaire la différence du change. || *P. ext.* | **1.** Abandon par l'État d'une certaine somme aux employés chargés du recouvrement des impôts. | **2.** Abandon d'une certaine somme à un courtier, à un commissionnaire. | **3.** Rabais d'un éditeur au libraire, du libraire à l'acheteur. || *P. anal.* Action de remettre à un condamné une partie de sa peine.

|| **3°** Action de renvoyer à plus tard. Agir sans —. Obéir sans — au pouvoir absolu, CORN. *Sertor.* IV, 2. Vos résolutions usent trop de —, ID. *Poly.* V, 3.

II. Lieu où l'on remet.

|| **1°** Lieu où l'on met les voitures à couvert. Un carrosse dépérit autant sous la — qu'à rouler, REGNARD et DUFRESNY, *Chinois,* II, 2. Voiture de —, voiture de louage, plus élégante que les voitures ordinaires, et qui ne stationne pas sur les places. Voiture de grande —, qui se loue à la journée, au mois ou à l'année. *P. plaisant. Fig.* Mettre qqn sous la —, ne plus l'employer.

|| **2°** Lieu où le gibier vient se poser, s'arrêter, après qu'on l'a fait lever. Une — de perdreaux. Attendre des perdreaux à la —. || *P. plaisant. Fig.* Attendre qqn à la —, quand il se fixera quelque part. Je vous attends à la —, c'est-à-dire à Paris, SÉV. 1337.

REMISER [re-mi-zé] *v. tr.*

[ÉTYM. Dérivé de remise, § 154. || XVII° s. *V.* à l'article. Admis ACAD. 1798.]

|| **1°** Mettre sous une remise. On avait détaché ma malle et remisé ma chaise, J.-J. ROUSS. *Nouv. Hél.* IV, 6. || *Fig. Famil.* — qqn, qqch, le mettre à l'écart.

|| **2°** (Chasse.) Se —, en parlant du gibier, s'arrêter, se poser dans un endroit après avoir été levé par le chasseur.

'REMISIER [re-mi-zyé] *s. m.*

[ÉTYM. Dérivé de remise, § 115. || *Néolog.*]

|| (Bourse.) Celui qui, moyennant une remise, apporte à un agent de change, à un coulissier, des ordres d'achat et de vente.

RÉMISSIBLE [ré-mîs'-sïbl'] *adj.*

[ÉTYM. Emprunté du lat. remissibilis, *m. s.* || XV° s. Larrecin non remissible, CHASTELL. dans DELB. *Rec.*]

|| (T. didact.) Digne de rémission. Sa faute a trop d'excès pour être —, CORN. *Place Royale,* II, 4.

RÉMISSION [ré-mi-syon; *en vers,* -si-on] *s. f.*

[ÉTYM. Emprunté du lat. remissio, *m. s.* || XII° s. N'avra participation En iceste remission, BENEEIT, *Ducs de Norm.* 24118.]

I. Action de remettre à qqn sa faute, la peine qu'il a encourue. Obtenir de Dieu la — de ses péchés. Le pape Pascal faisait crever les yeux, sans —, à ceux qui prêchaient l'obéissance aux empereurs, VOLT. *Ann. de l'Emp.* ann. 823. Lettres de —, par lesquelles le roi accorde à un criminel la rémission de sa peine.

II. (T. didact.) Action de se détendre. Il y a — dans la fièvre, dans le pouls.

RÉMISSIONNAIRE [ré-mi-syò-nér; *en vers,* -si-ò-...] *s. m. et f.*

[ÉTYM. Dérivé de rémission, § 248. || XV° s. Un remission-naire ayant confessé par les lettres de remission le crime duquel il estoit accusé, *Gr. Cout. de France,* IV, 6.)

|| (Anc. droit.) Celui, celle qui a obtenu des lettres de rémission.

RÉMITTENT, ENTE [ré-mït'-tan, -tänt'] *adj.*

[ÉTYM. Emprunté du lat. remittens, *m. s.* || 1812. MOZIN, *Dict. franç.-allem.* Admis ACAD. 1798.]

|| (T. didact.) Qui présente des rémissions. Fièvre rémittente.

'REMMAILLER [ran-má-yé ou ...-mà-yé] *v. tr.*

[ÉTYM. Composé avec re, en et maille 1, §§ 194 et 196. (*Cf.* l'anc. franç. remaillier, *m. s.*) || *Néolog.*]

|| (Technol.) Réparer en faisant les mailles. — un filet, un tricot.

REMMAILLOTER [ran-mà-yò-té] *v. tr.*

[ÉTYM. Composé de re et emmailloter, §§ 192 et 196. || 1549. Remmalloter, R. EST. Admis ACAD. 1878.]

|| Emmailloter de nouveau.

REMMANCHER [ran-man-ché] *v. tr.*

[ÉTYM. Composé de re et emmancher, §§ 192 et 196. || 1549. R. EST. Admis ACAD. 1878.]

|| Munir d'un nouveau manche.

REMMENER [ranm'-né; *en vers,* ran-me-né] *v. tr.*

[ÉTYM. Composé de re et emmener, §§ 192 et 196. || XVI°-XVII° s. Pour enlever Perez et le r'emmener à Madril, D'AUB. *Hist. univ.* III, III, 27. Admis ACAD. 1718.]

|| Emmener après avoir amené.

RÉMOLADE. *V.* rémoulade.

'RÉMOLAR [ré-mò-làr] *s. m.*

[ÉTYM. Emprunté du provenç. remolar, *m. s.* § 11. || 1371. Certain nombre de calefas et de remolas, dans DELISLE, *Mandem. de Ch. V,* p. 435.]

|| (Anc. marine.) Officier d'une galère chargé de l'entretien des rames. Donner au — un jeune garçon pour le servir, COLBERT, *Lett.* 19 sept. 1670.

REMOLE [re-mòl] *s. f.*

[ÉTYM. Subst. verbal de remoudre, § 52, probablement d'origine provençale, § 11. || 1690. FURET. Admis ACAD. 1762.]

|| *Vieilli.* (Marine.) Tournant d'eau. (*Cf.* remous.)

REMONTAGE [re-mon-tàj'] *s. m.*

[ÉTYM. Dérivé de remonter, § 78. || 1611. Remontages d'artillerie, COTGR. Admis ACAD. 1835.]

|| (Technol.) Action de remonter.

|| **1°** Action de remonter un courant. Un remorqueur chargé du — des bateaux.

|| **2°** Action de remonter les poids d'une horloge, et, *p. anal.* action de retendre les ressorts. Le — d'une pendule, d'une montre. || Le — d'une paire de bottes, action d'adapter à la tige des empeignes et des semelles neuves. || Le — des eaux-de-vie, l'action d'en augmenter le degré.

'REMONTANT, ANTE [re-mon-tan, -tänt'] *adj.*

[ÉTYM. Adj. particip. de remonter, § 47. || 1680. RICHEL.]

|| Qui remonte. *Specialt.* Rosier —, qui redonne des fleurs à l'arrière-saison. || *Substantivt.* Le — d'un baudrier, l'extrémité de la bande.

REMONTE [re-mònt'] *s. f.*

[ÉTYM. Subst. verbal de remonter, § 52. || 1680. RICHEL.]

|| Action de remonter. || *Specialt.* Action de fournir la cavalerie de nouveaux chevaux. Chevaux de —. Officier de —.

REMONTER [re-mon-té] *v. intr. et tr.*

[ÉTYM. Composé de re et monter, §§ 192 et 196. || XI° s. Remontent li baron, *Voy. de Charl. à Jérus.* 249.]

I. *V. intr.* || **1°** Revenir en haut. — dans sa chambre. Dès que l'Aurore, dis-je, en son char remontait, LA F. *Fab.* V, 6: — à la surface de l'eau, et, *fig.* — sur l'eau, reprendre faveur. — sur son cheval. — sur sa bête, et, *fig.* reprendre l'avantage qu'on avait perdu. Jésus-Christ est remonté au ciel. La balançoire descend et remonte. Le baromètre a remonté. || *Fig.* — sur le trône. Un roi victorieux Qui vous fait — au rang de vos aïeux, RAC. *Andr.* III, 8. La rente remonte. Le vent remonte, passe du sud au nord. La goutte remonte, passe des extrémités au cœur, aux poumons.

|| **2°** Revenir en arrière. Il fend les eaux et remonte contre le torrent, FÉN. *Tél.* 4. — jusqu'aux sources du Nil. || *Fig.* Quelque haut qu'on puisse — pour rechercher dans les histoires les exemples des grandes mutations, BOSS. *H. d'Angl.* Sa famille remonte aux croisades. Examinons ce bruit, remontons à sa source, RAC. *Phèd.* II, 6. — plus haut. Pour comprendre les faits, il faut — plus haut. *P. exagér. Famil.* —

au déluge, à la création, reprendre les choses de trop loin. L'affection ne remonte pas, est plus grande de parents à enfants que d'enfants à parents. ¶ **II.** *V. tr.* || **1°** Parcourir de nouveau de bas en haut. — l'escalier. — une pente escarpée. || *P. anal.* Parcourir de nouveau en allant du lieu, du temps où l'on est à un point, à un temps situé en arrière. — le cours d'un fleuve. — le courant. | *Fig.* — le cours des ans. ¶ || **2°** Porter de nouveau en haut. — une malle au grenier. La machine emportée Est sur le banc du chantre à grand bruit remontée, BOIL. *Lutr.* 3. || *P. anal.* Remettre à un niveau plus haut. — la mèche d'une lampe. || *Spécialt.* — une horloge, en hausser de nouveau les poids quand ils sont descendus, et, *p. anal.* — une montre, une mécanique, tendre de nouveau le ressort. || *Fig.* — le courage, le moral de qqn, et, *ellipt*, — qqn. || *P. anal.* — un vin, lui donner plus de force en le coupant avec un vin plus fort, avec de l'alcool. || *P. ext.* Dresser de nouveau en ajustant les parties. — un métier. — un lit, une armoire. — un fusil, des pistolets. || *Spécialt.* — des diamants, les enchâsser d'une manière nouvelle. — des bottes, en adaptant à la tige des empeignes et des semelles neuves. || *Fig.* | 1. — une pièce de théâtre, en préparer de nouveau la mise en scène. | 2. — un cavalier, le pourvoir d'une nouvelle monture.

*REMONTOIR [re-mon-twâr] *s. m.*
[ÉTYM. Dérivé de remonter, § 113. || 1771. TRÉV. Admis ACAD. 1878.]
|| (Technol.) Appareil qui sert à remonter un mécanisme. || *Spécialt.* | 1. Appareil fixé à une montre, qui permet de la remonter sans clef. | 2. Sorte de clef dont le canon, pouvant s'élargir ou se rétrécir, s'adapte à toutes les pendules.

REMONTRANCE [re-mon-trâns'] *s. f.*
[ÉTYM. Dérivé de remontrer, § 146. || 1453. Texte dans GODEF. *Compl.*]
|| Parole, discours par lequel on représente à qqn son tort. Vous ne me défendez que les remontrances, MOL. *D. Juan*, III, 1. L'orgueil a plus de part que la bonté aux remontrances que nous faisons à ceux qui commettent des fautes, LA ROCHEF. *Réflex. mor.* 37. Dans ce récit je prétends faire voir D'un certain sot la — vaine, LA F. *Fab.* I, 19. || *Spécialt.* Protestation que le parlement adressait au roi contre ce qui lui semblait un abus d'autorité. Le roi... qui vint, le fouet à la main, interdire, comme une offense, le dernier reste de l'ombre d'un droit, les remontrances du parlement, STAEL, *Révol. franç.* 1, 2.

REMONTRANT [re-mon-tran] *s. m.*
[ÉTYM. Adj. particip. de remontrer, § 47. || XVIIᵉ s. *V.* à l'article. Admis ACAD. 1878.]
|| Celui qui fait des remontrances. Ce corps (les états généraux) n'est qu'un corps de plaignants, de remontrants, ST-SIM. IX, 223. || *Spécialt.* (Hist. relig.) Nom donné en Hollande aux partisans d'Arminius qui avaient présenté en 1610, sous le nom de remontrance, un exposé de leur doctrine condamnée plus tard par le concile de Dordrecht. Remontrants et contre-remontrants, BOSS. *Var.* XIV, 18. Le parti des remontrants. *Adjectivt.* Un ministre —.

REMONTRER [re-mon-tré] *v. tr.*
[ÉTYM. Composé de re et montrer, §§ 192 et 196. || XIVᵉ s. Trois galees qui se remoustroient dessus tous les autres, FROISS. *Chron.* III, 8.]
|| **I.** Montrer de nouveau. Elle attendait que ce temps-là fût passé, pour se —, MARIV. *Marianne*, 11. Ni qu'un mot déjà mis osât s'y —, BOIL. *Art p.* 2. || — qqch à qqn, lui faire la leçon. *Loc. prov.* Gros-Jean qui en remontre à son curé, qui veut enseigner un plus savant que lui. ¶ **II.** Représenter à qqn (son tort). Nestor voulut lui — le tort qu'il avait, FÉN. *Tél.* 16. Les députés de Berne vinrent — à cet ambitieux que tout leur pays ne valait pas les éperons de ses chevaliers, VOLT. *Mœurs*, 95. || *Absolt.* Faire des remontrances. Le parlement voulut —, VOLT. *S. de L. XIV*, 5.

*REMONTREUR, EUSE [re-mon-treur, -treuz'] *s. m. et f.*
[ÉTYM. Dérivé de remontrer, § 112. || XVᵉ s. Remonstreurs de maints douloureux meschiefs, CHASTELL. dans DELB. *Rec.*]
|| *Famil.* Celui, celle qui fait des remontrances. Bastien, le —, LA F. *Lett. à div.* 26.

RÉMORA [ré-mò-rà] *s. m.* et, *vieilli*, RÉMORE [ré-mòr] *s. f.*
[ÉTYM. Emprunté du lat. remora, *m. s.* proprt, « qui retarde ». || XVIᵉ s. Une remore, RAB. V, 30. Petit malautru

poisson nommé d'aucuns echeneis, d'autres remora, PARÉ, *Monstres*, append. 1. Admis ACAD. 1740.]
|| (Zoologie.) Echénéide, poisson à qui les anciens attribuaient le pouvoir d'arrêter les vaisseaux. || *Fig.* C'est (la paresse) la rémore qui a la force d'arrêter les plus grands vaisseaux, LA ROCHEF. *Max. supprimées*, 630. Un remora capable d'arrêter un vaisseau comme le mien, REGNARD et DUFRESNY, *Momies d'Égypte*, I, 1.

REMORDRE [re-mòrdr'] *v. tr. et intr.*
[ÉTYM. Composé de re et mordre, §§ 192 et 196. (*Cf.* le lat. remordere, *m. s.*) || XIIᵉ s. Ta conscience ne te remordrad, *Rois*, I, 25.]
|| **I.** *V. tr.* Mordre de nouveau (qqn ou qqch). || *Fig.* Sa faute le remord (remord sa conscience), MALH. *Poés.* 103. ¶ **II.** *V. intr.* Mordre de nouveau (à qqch). — à l'hameçon. || *Fig.* Il a de la peine à — au travail.

REMORDS [re-mòr] *s. m.*
[ÉTYM. Pour remors, anc. part. passé de remordre employé substantivt, § 45. || XIIIᵉ s. Jusqu'au remors de conscience, RUTEB. p. 83, Kressner.]
|| Reproche de la conscience. Des — cuisants. Étouffer ses —. A force d'attentats perdre tous mes —, RAC. *Ath.* III, 3. J'aurai vécu sans soins et mourrai sans —, LA F. *Fab.* XI, 4.

RÉMORE. *V.* rémora.

REMORQUAGE [re-mòr-kàj'] *s. m.*
[ÉTYM. Dérivé de remorquer, § 78. || *Néolog.* Admis ACAD. 1878.]
|| Action de remorquer.

REMORQUE [re-mòrk] *s. f.*
[ÉTYM. Subst. verbal de remorquer, § 52. || Admis ACAD. 1762.]
|| Traction d'un navire par un autre. Être à la —. Prendre, conduire un bateau à la —. Câble de —, et, *ellipt*, —, corde qui attache le navire remorqué au remorqueur. || *Fig.* Être à la — de qqn, suivre aveuglément sa direction.

REMORQUER [re-mòr-ké] *v. tr.*
[ÉTYM. Emprunté de l'ital. remorchiare, bas lat. remulcare, *m. s.* § 12. Souvent altéré en ramorguer au XVIIᵉ s. § 509. || XVIᵉ s. Comment la remolquerons nous? RAB. IV, 21.]
|| **1°** En parlant d'un navire, tirer un autre navire après soi à l'aide d'un câble, d'une chaine. — des bateaux sur une rivière. ¶ || **2°** *P. anal.* En parlant d'une locomotive, trainer des wagons.

REMORQUEUR, EUSE [re-mòr-keur, -keuz'] *adj.*
[ÉTYM. Dérivé de remorquer, § 112. || *Néolog.* Admis ACAD. 1835 (au masc.) et 1878 (au fém.).]
|| Qui remorque. Un bateau —, et, *substantivt*, Un —. | Une remorqueuse, une locomotive, un bateau remorqueur.

REMOUDRE [re-moudr'] *v. tr.*
[ÉTYM. Composé de re et moudre, §§ 192 et 196. (*Cf.* remole, remous.) || 1549. R. EST. Admis ACAD. 1762.]
|| Moudre de nouveau.

RÉMOUDRE [ré-moudr'] *v. tr.*
[ÉTYM. Composé de re et émoudre, §§ 192 et 196. || 1680. RICHEL. Admis ACAD. 1762.]
|| Émoudre de nouveau.

REMOUILLER [re-mou-yé] *v. tr.*
[ÉTYM. Composé de re et mouiller, §§ 192 et 196. || 1549. R. EST. Admis ACAD. 1878.]
|| Mouiller de nouveau.

RÉMOULADE [ré-mou-làd'] et RÉMOLADE [-mò-...] *s. f.*
[ÉTYM. Emprunté de l'ital. remolata, remède pour les chevaux, de formation obscure, § 12. ACAD. suppr. le sens 1° en 1878. || (Au sens 1°.) 1640. OUD. Admis ACAD. 1740 (aux deux sens).]
|| **1°** (Art vétérin.) Sorte d'onguent composé de lie de vin, de miel, etc., pour les foulures, enflures, etc., des chevaux. ¶ || **2°** *P. anal.* Sauce piquante composée de moutarde battue avec de l'huile.

RÉMOULEUR [ré-mou-leur] *s. m.*
[ÉTYM. Dérivé de rémoudre, § 112. || Admis ACAD. 1762.]
|| Émouleur, ouvrier qui aiguise les couteaux, ciseaux, etc.

*REMOULIN [re-mou-lin] *s. m.*
[ÉTYM. Emprunté (par l'intermédiaire de l'ital. § 12) de l'espagn. remolino, *m. s.* proprt, tourbillon, entortillement, § 13. || 1559. Le remoulin ou espy, *Ecuirie du sieur F. Grison*, fᵒ 7, vᵒ.] · · ·

‖ *Vieilli*. (Manège.) Disposition du poil en touffe. (*Syn.* épi.)

REMOUS [re-mou] *s. m.*

[ÉTYM. Emprunté du provenç. moderne *remou*, subst. verbal de *remoure*, mouvoir en arrière, § 12. (*Cf.* remole.) ‖ 1694. Remoux, TH. CORN. Admis ACAD. 1798.]

‖ Refoulement de l'eau contre un obstacle. ‖ *Spécialt.* Contre-courant d'une rive à une autre, dans un fleuve.

REMPAILLAGE [ran-pâj'] *s. m.*

[ÉTYM. Dérivé de rempailler, § 78. ‖ *Néolog.* Admis ACAD. 1878.]

‖ Action de rempailler.

REMPAILLER [ran-pâ-yé] *v. tr.*

[ÉTYM. Composé de re et empailler, §§ 192 et 196. ‖ Admis ACAD. 1798.]

‖ Garnir de nouvelle paille. — des chaises.

REMPAILLEUR, EUSE [ran-pà-yeùr, -yeùz'] *s. m.* et *f.*

[ÉTYM. Dérivé de rempailler, § 112. ‖ Admis ACAD. 1798.]

‖ Celui, celle qui rempaille.

*REMPARDIÈRE** [ran-pàr-dyĕr] *s. f.*

[ÉTYM. Dérivé de rempard, autre forme de rempart, § 115. ‖ 1694. Coureuse de rempart... quelques-uns disent aussi rempardière, ACAD. suppr. en 1740.]

‖ *Vieilli*. Prostituée de bas étage (courant le rempart).

REMPARER [ran-pà-ré] *v. tr.*

[ÉTYM. Composé de re et emparer, §§ 192 et 196. ‖ xve s. Ce qu'ils avoient remparé aux portes, COMM. II, 13.]

‖ Munir d'un rempart. Rempare tes cités, RONS. *Ode à Henri II.* — les brèches, MALH. *Tite Live*, XXXIII, 17. ‖ *Fig.* En certain coin remparé de fumier, LA F. *Contes, Belphégor.*

REMPART [ran-pàr] *s. m.*

[ÉTYM. Subst. verbal de remparer, § 52. Le t est dû à l'influence de boulevart, § 509; on trouve aussi rempard. (*Cf.* rempardière.) ‖ 1517. Pieulx... pour servir a faire rampart, dans DELB. *Rec.*]

‖ Mur d'enceinte, levée de terre, etc., servant à protéger une ville, un château. Les remparts de Thèbes. Du haut des remparts. Élever, abattre des remparts. Quand verrai-je, ô Sion ! relever tes remparts ? RAC. *Esth.* I, 2. Les remparts d'une place forte. ‖ *P. ext.* Espace entre le mur d'enceinte et les plus proches maisons. (*Syn.* boulevard.) Se promener sur le —, sur les remparts. Donner un rendez-vous sur le —. Coureuse de —, femme de mauvaise vie. (*Cf.* rempardière.) Si je voulais mettre une fille sur le — (en faire une femme galante), SÉV. 813. ‖ *Fig.* Tout ce qui sert à protéger. Il lui fit un — de son corps. Mon nom sert de — à toute la Castille, CORN. *Cid*, I, 3. ‖ Contre la médisance il n'est point de —, MOL. *Tart.* I, 1. A travers les murs qui lui servent de — contre le monde, BOURD. *Pens. État religieux.*

REMPLAÇANT, *REMPLAÇANTE [ran-plà-san, -sänt'] *s. m.* et *f.*

[ÉTYM. Subst. particip. de remplacer, § 47. ‖ *Néolog.* Admis ACAD. 1835.]

‖ Personne qui en remplace une autre dans une fonction, une occupation quelconque. ‖ *Spécialt.* Un —, celui qui fait le service militaire à la place d'un autre. Autrefois on pouvait acheter un —. Les remplaçants sont supprimés.

REMPLACEMENT [ran-plàs'-man ; *en vers*, -plà-se-...] *s. m.*

[ÉTYM. Dérivé de remplacer, § 145. ‖ 1549. R. EST.]

‖ Action de remplacer (qqch ou qqn). Planter de jeunes arbres en — d'autres. Pourvoir au — d'un juge, d'un employé. ‖ Le — militaire, remplacement d'un conscrit par un homme qu'il payait. ‖ (Droit.) Remploi. Faire un — de deniers. Le — des biens dotaux.

REMPLACER [ran-plà-sé] *v. tr.*

[ÉTYM. Composé de re et emplacer, §§ 192 et 196. ‖ 1549. R. EST.]

‖ **1°** Prendre, tenir la place de (qqn, qqch). C'est une fille que je donne à Mme la baronne pour — Marine, LES. *Turcar.* II, 8. — son frère, faire à sa place le service militaire prescrit par la loi. Ce meuble remplacera celui qu'on a enlevé. Rien ne remplace la santé. ‖ *P. ext. Vieilli.* Compenser. Ce qui remplace ce malheur, SÉV. 1008.

‖ **2°** Mettre à la place de (qqn, qqch). — un employé. Il est difficile de le —. — des arbres morts. — une chose par une autre. *Vieilli.* Celles qui, étant sur le retour de l'âge, veulent — de quelque chose (par qqch) ce qu'elles voient qu'elles perdent, MOL. *Crit. de l'Éc. des f.* sc. 5.

‖ **3°** *Vieilli.* (Droit.) Placer ailleurs, faire un emploi

obligé des deniers provenant de la vente d'un immeuble. (*Syn.* remployer.) Vendre une propriété dotale et en — le prix par l'acquisition d'une autre propriété.

REMPLAGE [ran-plàj'] *s. m.*

[ÉTYM. Dérivé de remplir, d'après la conjugaison ancienne, non inchoative, § 78. ‖ 1309. Sang point de raemplage, dans GODEF. raemplage.]

‖ (Technol.) Remplissage.

‖ **1°** Blocage de moellons.

‖ **2°** Vin dont on remplit une pièce qui n'est pas pleine.

‖ **3°** Partie de bois cédée à l'acheteur pour remplir des vides dans une coupe. ‖ *Fig.* Les soupirs, les vœux, Et tout ce menu badinage Servaient de rime et de —, CORN. *Poés. div.* 1.

REMPLI [ran-pli] *s. m.*

[ÉTYM. Subst. verbal de remplier, § 52. ‖ 1640. Remply a une robe, OUD. Admis ACAD. 1718.]

‖ (Technol.) ‖ **1°** Pli fait à un vêtement pour le raccourcir.

‖ **2°** Bord de l'étoffe qu'on laisse dans un vêtement pour faire les coutures.

REMPLIER [ran-pli-yé] *v. tr.*

[ÉTYM. Composé avec re, en et pli, §§ 194 et 196. ‖ 1611. COTGR. Admis ACAD. 1718.]

‖ **1°** *Vieilli*. Replier. La langue est un tissu de... nerfs si souples qu'elle se remplie comme un serpent, FÉN. *Exist. de Dieu*, I, 2.

‖ **2°** *Spécialt.* Replier (une étoffe), y faire un pli pour la raccourcir. — le bas d'une jupe.

REMPLIR [ran-plir] *v. tr.*

[ÉTYM. Composé de re et emplir, §§ 192 et 196. L'anc. franç. dit plus ordinairement raemplir, de re et aemplir, composé de à et emplir ; le mot actuel représente à la fois les deux verbes anciens, remplir et raemplir. ‖ xiie-xiiie s. Les vasels liquel sunt rampli joscal a som, *Gregorii papæ Homeliæ*, p. 22, Hofmann.]

I. *Au propre.* ‖ **1°** Emplir entièrement. La coupe dans ses mains par Narcisse est remplie, RAC. *Brit.* V, 5. Le réservoir se remplit. Un grenier rempli de blé. — les vides. ‖ *Fig.* Quoique l'homme cherche de quoi — le grand vide qu'il a fait en sortant de soi-même, PASC. *Amour.* N'être pas éblouis du bonheur qui ne remplit pas le cœur de l'homme, BOSS. *A. de Gonz.* Un visage qui remplisse la curiosité des peuples, LA BR. 10. ‖ *P. anal.* Occuper entièrement. Voilà une journée bien remplie. Le seul courroux d'Achille... Remplit abondamment une Iliade entière, BOIL. *Art p.* 3. Qu'en un jour, un seul fait accomplit Tienne jusqu'à la fin le théâtre rempli, ID. *ibid.*

‖ **2°** Emplir en grande partie. Il en remplit (des Juifs) ses armées, BOSS. *Hist. univ.* II, 13. La chambre est remplie de fumée. Point de rues ni de galeries si... remplies de monde où il ne trouve moyen de passer sans effort, LA BR. 6. Sans pâlir Puis-je voir d'assassins le temple se —, RAC. *Ath.* V, 4. Et mes yeux, malgré moi, se remplissent de pleurs, ID. *Phèd.* I, 3. Remplissez les autels d'offrandes et de sang, ID. *Iph.* I, 2. Se — le ventre, et, *ellipt*, Se — (de nourriture). Un roi d'une vaste circonférence et qui puisse — un trône de la belle manière, MOL. *Impr.* sc. 1. ‖ *Fig.* Être rempli de joie, d'admiration, d'orgueil. — vos défenseurs d'une nouvelle audace, RAC. *Ath.* IV, 5. Je remplissais nuit et jour l'île de mes cris, FÉN. *Tél.* 15. Après avoir rempli toute la terre de son nom, MONTESQ. *Lett. pers.* 92. Ce grand roi qui remplit de tant de vertus le trône de ses ancêtres, BOSS. *R. d'Angl.* De vos vers malins — les hémistiches, BOIL. *Sat.* 9. Un homme rempli de soi-même, trop content de lui. Les louanges... corrompent les hommes, elles les remplissent d'eux-mêmes, FÉN. *Tél.* 21.

II. *Fig.* ‖ **1°** Occuper dignement. Que le fils seul d'Achille a pu — sa place, RAC. *Andr.* I, 2. — un poste. Cette grande place qu'elle remplissait si bien, BOSS. *D. d'Orl.* On peut avec honneur — les seconds rangs, BOIL. *Art p.* 4. Un soldat bien — une place de comte ! CORN. *D. Sanche*, I, 3. Les deux premiers venus le rempliront (le rôle) sans peine, PIRON, *Métrom.* I, 4.

‖ **2°** Compléter. — des bouts rimés, en achevant les vers dont on n'a donné que les rimes. Le roi lui proposa des rimes fort sauvages et lui promit un logement s'il les remplissait sur le champ, ST-SIM. I, 344. — un canevas, en le couvrant par des points à l'aiguille. — un blanc-seing, en écrivant ce qui a été laissé en blanc. J'irai — le nombre des vestales, RAC. *Brit.* III, 8.

‖ **3°** Accomplir. — les vœux, les espérances de qqn. Il a

rempli toutes ses promesses. Si l'événement remplit mal leurs souhaits, CORN. *Imit.* I, 14. Je meurs content, et mon sort est rempli, RAC. *Andr.* V, 5. J'ai rempli ma triste destinée, VOLT. *Œd.* III, 2. Il n'a eu... qu'à — des talents qui lui étaient naturels, LA BR. 2.

REMPLISSAGE [ran-pli-sâj'] *s. m.*
[ÉTYM. Dérivé de remplir, § 78. || 1539. R. EST.]
|| **1°** Action de remplir. Le — d'un tonneau, d'une écluse. | (Marine.) Couples de —, qui remplissent les vides entre les membrures principales d'un navire.
|| **2°** Ce qui sert à remplir. *Spécialt.* Dans une œuvre d'art, dans une œuvre littéraire, parties inutiles au sujet. Ce développement n'est que du —.

***REMPLISSEUR, REMPLISSEUSE** [ran-pli-seûr, -seûz'] *s. m. et f.*
[ÉTYM. Dérivé de remplir, § 112. || 1680. Remplisseuse de dentelle, RICHEL.]
|| (Technol.) Celui, celle qui remplit. *Spécialt.* Remplisseuse, ouvrière qui remplit à l'aiguille des dentelles.

REMPLOI [ran-plwà] *s. m.*
[ÉTYM. Subst. verbal de remployer, § 52. || 1606. Remploy, NICOT.]
|| Nouvel emploi. | *Spécialt.* (Droit.) Obligation d'employer les deniers dotaux à l'achat de valeurs déterminées par la loi.

REMPLOYER [ran-plwà-yé] *v. tr.*
[ÉTYM. Composé de re et employer, §§ 192 et 196. || 1549. R. EST. Admis ACAD. 1798.]
|| Employer de nouveau.

REMPLUMER [ran-plu-mé] *v. tr.*
[ÉTYM. Composé de re et emplumer, §§ 192 et 196. || 1549. R. EST.]
|| Regarnir de plumes. || *Fig. Famil.* Se —. | **1.** Reprendre de l'embonpoint. | **2.** Regagner de l'argent. Se — par un riche mariage, ST-SIM. II, 242.

REMPOCHER [ran-pò-ché] *v. tr.*
[ÉTYM. Composé de re et empocher, §§ 192 et 196. || XVIIIᵉ s. V. à l'article. Admis ACAD. 1835.]
|| Remettre en poche. Je rempochai mon or, *Épigramme*, dans TRÉV.

REMPOISSONNEMENT [ran-pwà-sŏn'-man ; *en vers*, -sò-ne-...] *s. m.*
[ÉTYM. Dérivé de rempoissonner, § 145. || 1664. Pour servir aux rempoissonnements desdicts canaux, *Compte des bâtiments du roi*, dans COLBERT, *Lett.* V, p. 464. Admis ACAD. 1835.]
|| Action de rempoissonner.

REMPOISSONNER [ran-pwà-sò-né] *v. tr.*
[ÉTYM. Composé de re et empoissonner, §§ 192 et 196. || 1549. Rempoissonner un estang, R. EST. Admis ACAD. 1835.]
|| Repeupler de poissons (un étang, une rivière, etc.).

REMPORTER [ran-pòr-té] *v. tr.*
[ÉTYM. Composé de re et emporter, §§ 192 et 196. || 1539. R. EST.]
|| **1°** Emporter ce qu'on avait apporté. Vous pouvez — votre ouvrage. Le flux les apporta, le reflux les remporte, CORN. *Cid*, IV, 3. Remportez votre argent. On remporta les morts.
|| **2°** Emporter ce qui est disputé par qqn. Il a remporté tous les prix de sa classe. Tu ne remportais pas une grande victoire, RAC. *Baj.* IV, 5.

REMPOTAGE [ran-pò-tàj'] *s. m.*
[ÉTYM. Dérivé de rempoter, § 78. || *Néolog.* Admis ACAD. 1835.]
|| (Technol.) Action de rempoter.

REMPOTER [ran-pò-té] *v. tr.*
[ÉTYM. Composé de re et empoter, §§ 192 et 196. || *Néolog.* Admis ACAD. 1835.]
|| (Technol.) | **1.** Remettre en pot (une plante tirée du sol). | **2.** Remettre (une plante) d'un pot dans un autre pot.

REMUAGE [re-muâj' ; *en vers*, -mu-àj'] *s. m.*
[ÉTYM. Dérivé de remuer, § 78. || 1314. Los et remuages, dans GODEF. Admis ACAD. 1762.]
|| *Vieilli.* Action de remuer, de transporter. — du blé, du vin. Droit de —, et, *absolt*, —, droit sur le vin qu'on transporte d'un lieu dans un autre.

REMUANT, ANTE [re-muan, -muânt' ; *en vers*, -mu-...] *adj.*
[ÉTYM. Adj. particip. de remuer, § 47. || XIIᵉ s. Si remuant et si felon, *Cheval. as deus espees*, 9813.]
|| Qui remue. | **1.** *Au propre.* Dont le corps est toujours

en mouvement. Un enfant vif, —. | **2.** *Fig.* Qui se plaît dans l'agitation. Un de ces esprits remuants et audacieux qui semblent être nés pour changer le monde, BOSS. *R. d'Angl.*

REMUE-MÉNAGE [re-mu-mé-nàj'] *s. m.*
[ÉTYM. Composé de remue (du verbe remuer) et ménage, § 209. Qqf écrit remu-ménage en poésie. || XVIᵉ s. L'occasion d'un si nouveau remuemesnage, CHOLIÈRES, *Après-disnées*, p. 97.]
|| **1°** *Vieilli.* Action de déplacer son ménage, de déménager. La plus grande difficulté en mon — est de traîner ou charrier 2,500 livres, CHARRON, *Lett.* 6 juin 1597, Auvray, dans *Revue d'hist. littér.* 1894, p. 318.
|| **2°** *P. anal.* Désordre venant du dérangement des objets de ménage. *Fig.* Trouble. Les flots contre les flots font un —, MOL. *Dép. am.* IV, 2. La gloire... aime le —, LA BR. 12. Le roi... Parmi les gens d'un haut emploi A fait un vrai —, LA F. *Lett.* 31.

REMUEMENT et **REMÛMENT** [re-mu-man] *s. m.*
[ÉTYM. Dérivé de remuer, § 145. || XIIᵉ s. Remuement de l'arche, *Rois*, dans DELB. *Rec.*]
|| Action de remuer. Le — des terres. Le — des lèvres, en parlant. Les hommes aiment... le bruit et le —, PASC. *Pens.* VI, 1. || *Fig. Vieilli.* Trouble (politique), changement. Craignant des remuements, CORN. *Pomp.* IV, 1. Nous y prétendons faire (dans la langue) des remuements, MOL. *F. sav.* III, 2.

REMUER [re-mué ; *en vers*, -mu-é] *v. tr. et intr.*
[ÉTYM. Composé de re et muer, §§ 192 et 196. || XIᵉ s. La rere-guarde est jugiee sur lui, N'avez barun ki jamais la remut, *Roland*, 778.]
I. *V. tr.* Déplacer dans une ou plusieurs de ses parties. Une masse si lourde qu'on ne peut la —. Ces terres remuées et devenues incapables de consistance, BOSS. *R. d'Angl.* Remuez votre champ dès qu'on aura fait l'oût, LA F. *Fab.* V, 9. *Anciennt.* — ménage, déménager. (*Cf.* remue-ménage.) Il ne faut pas — la cendre des morts, et, *fig.* Et qu'ont fait tant d'auteurs pour — leur cendre? BOIL. *Sat.* 9. — un tas d'ordures, et, *fig.* Il y a des choses qu'il vaut mieux ne pas —. || — la tête, les yeux, les lèvres. — les bras, les jambes, le corps. Un chien qui remue la queue. Se —. Donnez-nous... un roi qui se remue, LA F. *Fab.* III, 4. Quand tout se remue également, rien ne se remue en apparence, comme dans un vaisseau, PASC. *Pens.* VI, 24.
|| *Fig.* || **1°** Mettre en mouvement, pour réussir. La Perse se remuait en sa faveur, BOSS. *Hist. univ.* I, 8. Vous remuez toutes choses pour faire croire..., PASC. *Prov.* 18. J'ai remué ciel et terre pour vos intérêts, RAC. *Lett.* 149. Il ne sera pas dit qu'en un fait qui me touche Je ne me sois non plus remué qu'une souche, MOL. *Ét.* III, 6. Je verrai, sans me —, prendre mes intérêts à toute la cabale, ID. *D. Juan*, V, 2. Hercule veut qu'on se remue, LA F. *Fab.* VI, 18.
|| **2°** Mettre en mouvement, pour troubler. Ce grand capitaine (Annibal)... remua l'Orient contre eux (les Romains), BOSS. *Hist. univ.* I, 9. Il remua tout par de secrets et puissants ressorts, BOSS. *Le Tellier.* | Est-ce que ce discours-là ne vous remue pas la bile? MARIV. *Surpr. de l'amour*, I, 7. Quelque chose de plus violent se remuait dans le fond des cœurs, BOSS. *R. d'Angl.* Cet âge ardent où je ne sais quoi commence à se — dans le cœur, ID. *Panég. St Benoit*, 1.
|| **3°** Émouvoir. Racine... plaît, remue, LA BR. 1. Je ne sais quoi qui... remuait toutes mes entrailles, FÉN. *Tél.* 24.
II. *V. intr.* Se déplacer dans une ou plusieurs de ses parties. Ne remuez pas. Vous n'êtes pas si mort que vos yeux ne remuent, LA F. *Contes, Coupe enchantée*, édit. 1669. La douleur... M'a fait, sans —, demeurer sur la place, MOL. *Éc. des f.* V, 2. || *Fig.* | **1.** Tant que ma fille n'a eu que sa beauté en partage, aucun n'a remué, LEGRAND, *Philanthr.* sc. 4. | **2.** Rien ne remuait en Judée contre Athalie, BOSS. *Hist. univ.* I, 6. | **3.** Ces ressorts secrets et imperceptibles qui font — le cœur humain, BOSS. *Ambition*, 1.

***REMUEUR, REMUEUSE** [re-mueur, -mueûz' ; *en vers*, -mu-...] *s. m. et f.*
[ÉTYM. Dérivé de remuer, § 112. || 1585. Je ne suis pas si sale remueur que vous, G. BOUCHET, *Serées*, II, 208.]
|| Celui, celle qui remue. || *Spécialt.* | **1.** *S. m.* Ouvrier qui remue le blé dans un grenier pour qu'il ne s'échauffe pas. | **2.** *S. f.* Remueuse, femme adjointe à la nourrice de l'enfant d'un prince, d'un seigneur, etc., qui a charge de le bercer, de le changer de langes. Le prince de Galles, sa nourrice et une remueuse, SÉV. 1111. || *Fig.* Celui, celle qui

suscite des troubles. Les remueurs demandent quelques conditions que la reine ne veut aucunement accorder, MALH. *Lett. à Peiresc*, 107.

REMUGLE [re-mûgl'] *adj.*

[ÉTYM. Composé de re et d'un mot mugle, normand mucre, humide, moisi, d'origine inconnue, §§ 193 et 196. || xve-xvie s. Lieu humide et remeugle, *Nef de santé*, fo 1, vo, édit. 1507. Admis ACAD. 1762.]

|| *Vieilli.* Moisi. (*Cf.* relent.) *Substantivt.* Sentir le —. On sent le —, RÉGNIER, *Sat.* 11.

RÉMUNÉRATEUR, TRICE [ré-mu-né-râ-teùr, -trĭs'] *s. m. et f.*

[ÉTYM. Emprunté du lat. remunerator, trix, m. s. || xvie s. Le Seigneur n'apparoist point... remunerateur, sinon de parfaite justice, CALV. *Instit. chr.* II, vii, 8.]

|| Celui, celle qui rémunère. Je suis de tous les bons le —, CORN. *Imit.* iii, 1. *Adjectivt.* Un travail, un profit —. || Un dieu — de la vertu et vengeur des crimes, BOURD. *Œuvres de la foi*, 2. Une industrie rémunératrice.

RÉMUNÉRATION [ré-mu-né-râ-syon ; *en vers*, -si-on] *s. f.*

[ÉTYM. Emprunté du lat. remuneratio, m. s. || xive s. Moult de services et de bontés, desqueles onques ne li avoie fait remuneration, GUILL. DE MACHAUT, p. 143, Tarbé.]

|| Prix dont on paie le travail, les services de qqn. Recevoir une juste —. Les rémunérations et les peines futures.

RÉMUNÉRATOIRE [ré-mu-né-râ-twàr] *adj.*

[ÉTYM. Dérivé de rémunérer, § 249. || xvie s. Donation, soit simple ou remuneratoire, LOYSEL, p. 445. Admis ACAD. 1762.]

|| (T. didact.) Qui sert à rémunérer. Legs —, fait à qqn pour le récompenser de qqch.

RÉMUNÉRER [ré-mu-né-ré] *v. tr.*

[ÉTYM. Emprunté du lat. remunerare, m. s. || 1358. Et estoit son intention et propos de leur remunerer, dans DU C. remunerare.]

|| Payer (qqn) de son travail, de ses services.

RENÂCLER [re-nâ-klé] et, *vieilli*, *RENASQUER* [re-nâs'-ké] *v. intr.*

[ÉTYM. Composé de re et l'anc. franç. naquer, nasquer, flairer, d'origine inconnue, §§ 192 et 196. ACAD. 1694-1740 ne donne que renasquer, qui est supprimé en 1798. || xive s. Refraindre et renaquer arriere, BERSUIRE, dans LITTRÉ.]

|| Renifler bruyamment, en signe de répugnance. Un cheval qui renâcle. || *Fig.* Témoigner de la répugnance. — à la besogne. Ce marrane aura beau renasquer, ST-AMANT, *Gibraltar.*

RENAISSANCE [re-nè-sâns'] *s. f.*

[ÉTYM. Dérivé de renaître, d'après naissance, § 146. || xive s. Pris n'avez renaiscence Par baptesme, *Mir. de N.-D. par personnages*, iii, p. 291, Soc. des anc. textes.]

|| Action de renaître. La — du phénix. || *Fig.* La — de l'homme en Jésus-Christ, sa régénération spirituelle. || *Fig.* Réapparition. La — du jour. La — de la végétation. La — des arts, des lettres. | *Absolt.* La Renaissance, époque de la renaissance des lettres, des arts, en Italie, en France, etc. L'architecture de la Renaissance.

RENAISSANT, ANTE [re-nè-san, -sânt'] *adj.*

[ÉTYM. Adj. particip. de renaître, § 47. || xvie s. Dartre renaissante, DE LA PORTE, *Épithètes*. Admis ACAD. 1740.]

|| Qui renaît. Des gazons toujours renaissants et fleuris, FÉN. *Tél.* 18. || *Fig.* Les plaisirs en foule renaissants, BOIL. *Ép.* 1.

RENAÎTRE [re-nêtr'] *v. intr.*

[ÉTYM. Composé de re et naître, §§ 192 et 196. || xiie s. Antrer El vantre sa mere et renestre, CHRÉTIEN DE TROYES, *Charrette*, 3056.]

|| Naître de nouveau. Les anciens croyaient que le phénix renaissait de ses cendres. *Fig.* Nous voyons aujourd'hui la Perse — des cendres de la guerre civile, MONTESQ. *Rom.* 11. Si Cromwell renaissait,... il serait un simple citoyen, VOLT. *Dict. philos. socinien.* || *P. anal.* | 1. — dans une autre vie. Il (celui qui craint Dieu) renaîtra... plus brillant que l'aurore, RAC. *Esth.* ii, 9. | 2. — par le baptême, par la pénitence, à la vie de la grâce. || *P. ext.* Croître de nouveau. Les têtes de l'hydre de Lerne renaissaient lorsqu'on les coupait. Tout renaît au printemps. Les plantes renaissent. || *Fig.* | 1. Reprendre de la vie, de la force. Avec la liberté Rome s'en va —, CORN. *Cinna*, i, 3. Jérusalem renaît plus brillante et plus belle, RAC. *Ath.* iii, 7. Je sentais — mon courage, FÉN. *Tél.* 2. On vit — les lettres, les arts. | 2. Reparaître. Le jour renaît. Les beaux

jours renaissent. Les conjurations, au commencement du règne d'Auguste, renaissaient toujours, MONTESQ. *Rom.* 11.

RÉNAL, ALE [ré-nàl] *adj.*

[ÉTYM. Emprunté du lat. renalis, m. s. || xvie s. Veine renal, *Chirurg. de Mondeville*, 131, Bos. Admis ACAD. 1835.]

|| (Anat.) Relatif au rein. Nerf —. Calculs rénaux. Glandes rénales.

RENARD [re-nàr] *s. m.*

[ÉTYM. Nom propre d'homme, d'origine germanique, donné au moyen âge à l'animal appelé alors goupil, dans un célèbre roman dit le *Roman de Renart*, § 36. || 1247. Lievre ou connin, lou, renart et taison, dans DU C. tesura.]

|| Quadrupède carnassier, du genre chien, à museau fin, à longue queue touffue. (*Cf.* goupil.) Le — est aussi vorace que carnassier ; il mange de tout avec une égale avidité, BUFF. *Renard.* Blaireaux, renards, hiboux, race encline à mal faire, LA F. *Fab.* xii, 23. *Loc. prov. Vieilli.* Prendre martre pour —, se méprendre. || *Fig. Famil.* Homme rusé. C'est un —, un fin —, un vieux —. Des hommes qui ne sont pas hommes, des renards en finesse, des tigres en cruauté, FÉN. *Dial. des morts, Socr., Alcib. et Timon. Loc. prov.* Coudre la peau du — à celle du lion, unir la ruse à la force. *Vieilli.* Se confesser au — (allusion à un épisode du *Roman de Renart*), découvrir son secret à qui a intérêt à le surprendre. *Trivial.* Écorcher le —, vomir.

RENARDE [re-nàrd'] *s. f.*

[ÉTYM. Féminin de renard, § 37. || xiiie s. Ypocrisie la renarde, RUTEB. p. 73, Kressner.]

|| Renard femelle.

RENARDEAU [re-nàr-dô] *s. m.*

[ÉTYM. Dérivé de renard, § 126. || 1288. Quant Renardians vit son liu, J. GELÉE, *Renart le nouvel*, dans DELB. *Rec.*]

|| Jeune renard.

RENARDIER [re-nàr-dyé] *s. m.*

[ÉTYM. Dérivé de renard, § 115. || xve s. Jehan Framet, regardier, dans GODEF. Admis ACAD. 1718.]

|| Celui qui a charge de détruire les renards.

RENARDIÈRE [re-nàr-dyèr] *s. f.*

[ÉTYM. Dérivé de renard, § 126. || 1512. Icelluy logis... n'estoit fors une belle reguardiere, THÉNAUD, *Voy. d'outremer*, dans DELB. *Rec.* Admis ACAD. 1718.]

|| Tanière de renard.

RENASQUER. V. renâcler.

RENCAISSAGE [ran-kè-sàj'] *s. m.*

[ÉTYM. Dérivé de rencaisser, §§ 78 et 145. || 1771. Rencaissement, TRÉV. | 1835. Rencaissage, ACAD.]

|| Action de rencaisser.

RENCAISSER [ran-kè-sé] *v. tr.*

[ÉTYM. Composé de re et encaisser, §§ 192 et 196. || 1771. TRÉV. Admis ACAD. 1835.]

|| Encaisser de nouveau. | 1. Remettre dans une caisse. *Spéciall.* — des plantes. | 2. Remettre en caisse (une somme d'argent).

RENCHÉRIR [ran-ché-rîr] *v. tr. et intr.*

[ÉTYM. Composé de re et enchérir, §§ 192 et 196. || xiiie s. Renquerir le marcié, BEAUMAN. XLIV, 20.]

|| Augmenter de prix.

I. *V. tr.* Rendre plus cher. Le blé est fort renchéri à Saint-Quentin, RAC. *Lett.* 94. || *Fig.* Une personne renchérie, qui se croit d'un haut prix, qui fait la dédaigneuse. A-t-on jamais vu... deux pecques provinciales faire plus les renchéries? MOL. *Préc. rid.* sc. 1.

II. *V. intr.* || **1°** Devenir plus cher. Le blé a renchéri.

|| **2°** Faire une enchère supérieure. || *Fig.* Aller encore plus loin qu'un autre, en parole, en action. Certain Grec renchérit et se pique D'une élégance laconique, LA F. *Fab.* vi, 1. Ceux qu'on voit toujours — sur la mode, MOL. *Éc. des m.* i, 1.

RENCHÉRISSEMENT [ran-ché-rĭs'-man ; *en vers*, -ri-se-...] *s. m.*

[ÉTYM. Dérivé de renchérir, § 145. || xiiie s. Par renquierissement, BEAUMAN. XXXVIII, 16. Admis ACAD. 1740.]

|| Augmentation de prix.

RENCOGNER [ran-kò-ñé] *v. tr.*

[ÉTYM. Composé de re, en et cogner, §§ 192 et 196. (*Cf.* recogner.) || Admis ACAD. 1798.]

|| *Famil.* Pousser dans un coin. *P. ext.* Se —, se renfermer chez soi. *P. anal.* — ses larmes, les renfoncer, faire effort pour ne pas pleurer.

RENCONTRE [ran-kôntr'] *s. f.*

[ÉTYM. Subst. verbal de rencontrer, § 52. Masc. à l'ori-

gìne et encore dans ST-SIM. I, 76. || XIIIᵉ s. D'un rencontre
et d'une chaance, HUON DE MÉRY, *Tournoiement, Antecrist*,
927, Wimmer.]

|| Action de rencontrer.

|| **1°** Par hasard. Si vous aviez vu comme j'en fis — ! MOL.
Tart. I, 6. Ah! — fâcheuse, CORN. *Ment.* V, 3. Faire une
mauvaise —. || La — de deux trains de chemin de fer. La —
des atomes. Tout ce qui se trouvera sur son chemin et à sa —,
LA BR. 6. Les ouvriers... Avaient fait par hasard — d'un trésor,
MOL. *Ét.* II, 1. La — de deux voyelles, l'hiatus. || *P. ext.*
| 1. Occasion fortuite. Dans les rencontres que la fortune me
proposait, DESC. *Méth.* 1. Selon la —, MOL. *Mar. forcé*, sc.
5. Des marchandises de —, d'occasion. | 2. Ce qu'on ren-
contre fortuitement. Ceux qui trouvent ces belles rencontres,
MOL. *Crit. de l'Éc. des f.* sc. 1.

|| **2°** En allant au-devant. Montrez-vous, venez à sa —,
RAC. *Mithr.* II, 1. Qu'on ne vous voie en hâte aller à sa —,
MOL. *Mis.* II, 4. || *Spécialt.* Action de se rencontrer, les
armes à la main. Son âme leur paraissait éclairée comme
d'en haut dans ces terribles rencontres, BOSS. *Condé.*

RENCONTRER [ran-kon-tré] *v. tr.*

[ÉTYM. Composé de re et l'anc. verbe encontrer, dérivé de
encontre 1, §§ 192 et 196. || XIVᵉ s. Ce qui n'estoit perdu avez
ja rencontré, CUVELIER, *Duguesclin*, 14269.]

|| Trouver sur son chemin.

|| **1°** Par hasard. Charmée de — une femme dans une posi-
tion qu'elle jugea semblable à la sienne, B. DE ST-P. *Paul et
Virg.* Marchant seule dans une forêt, elle y avait rencontré un
aveugle, BOSS. *A. de Gonz.* Où dit-on que le sort vous a fait
— ? RAC. *Ath.* II, 7. Un homme s'est rencontré, d'une profondeur d'esprit incroyable, BOSS. *R. d'Angl.* Si j'étais ren-
contrée de qqn, LA F. *Psyché*, 1. Lauzun et Fouquet furent
étonnés de se — dans la même prison, VOLT. *S. de L. XIV*,
26. || Deux voyageurs à jeun rencontrèrent une huître, BOIL.
Ép. 2. Chacun s'arme au hasard du livre qu'il rencontre, ID.
Lutr. 5. Il fut tout heureux et tout aise De — un limaçon, LA
F. *Fab.* VII, 4. Je ne puis pour louer — une rime, BOIL. *Sat.*
7. Je suis bien éloigné de croire que toutes ces choses se rencontrent dans mon ouvrage, RAC. *Bér.* préf. Et s'il eût (un
monde) en chemin rencontré notre terre, MOL. *F. sav.* IV, 3.
|| *Fig.* La vertu et le crime rencontrent si rarement ce qui
leur est dû, LA BR. 16. En ce noble dessein nos cœurs se rencontrèrent, CORN. *Cinna*, V, 2. Il est peut-être moins difficile
aux rares génies de — le grand et le sublime, LA BR. 1. *Ellipt.*
— heureusement sur les plus petits sujets, LA BR. 5. *Loc.
prov.* Les beaux esprits se rencontrent (quand deux personnes ont la même idée). Cela se rencontre bien (quand
qqch arrive à point).

|| **2°** En allant au-devant. De vous — il n'est pas bien
facile, MOL. *Fâch.* III, 2. Porus, avec peu des siens,... vint —
Alexandre (l'attaquer), VAUGEL. *Q.-Curce*, VIII, 14. Ils se sont
rencontrés sur le terrain (en duel). Le baron de Bessac qui avait
été rencontré... par M. de Balagny, MALH. *Lett. à Peiresc*,
61. || Vous craignez de — mes yeux, RAC. *Brit.* II, 6. Je crus
que je pourrais — ces parties dans mon sujet, ID. *Bér.* préf.

RENCORSER [ran-kòr-sé] *v. tr.*

[ÉTYM. Composé de re, en et corps, §§ 194 et 196. Signifie ordinairement « donner plus de corps » en anc.
franç. (*Cf.* corser.) || XIVᵉ s. Que ledit baston soit secq et tout
d'une pieche, sans rencorsser, dans GODEF.]

|| *Rare.* Garnir d'un nouveau corsage. — une robe.

RENDANT, ANTE [ran-dan, -dânt'] *adj.*

[ÉTYM. Adj. particip. de rendre, § 47. || XIIᵉ s. Mult fu puis
riche et rendant, BENEEIT, *Ducs de Norm.* 7004. Admis
ACAD. 1762.]

|| Qui rend qqch. *Loc. prov.* Bien —, bien venant, les
enfants qui vomissent facilement viennent bien. || *Spé-
cialt.* (Droit.) La partie rendante, et, *substantivt*, Le —,
celui qui rend un compte.

RENDEMENT [rand'-man ; *en vers*, ran-de-...] *s. m.*

[ÉTYM. Dérivé de rendre, § 145. || XIIᵉ s. Rendement de
graces, *Serm. de St Bern.* p. 44. Admis ACAD. 1878.]

|| Ce que rend, produit une chose qu'on exploite. Le —

RENDETTER [ran-dè-té] *v. tr.*

[ÉTYM. Composé de re et endetter, §§ 192 et 196. || Admis
ACAD. 1878.]

|| Endetter de nouveau. *Spécialt.* Se —.
d'un terrain, d'une mine. *P. ext.* Le — des impôts.

RENDEZ-VOUS [ran-dé-vou] *s. m.*

[ÉTYM. Composé de rendez (du verbe rendre) et vous,

§ 210. || XVIᵉ s. Le rendez-vous est à Lion, NICOT. Paix et cha-
rité qui est... comme le rende-vous de la doctrine de Jésus-
Christ, MARNIX DE STE-ALDEGONDE, dans DELB. *Rec.*]

|| **1°** Engagement entre deux ou plusieurs personnes
de se rendre dans un lieu convenu à un jour et à une
heure fixée. Donner — à qqn. Prendre — avec qqn. Avoir un
—. L'on se donne à Paris, sans se parler, comme un — public,
mais fort exact, tous les soirs, au Cours et aux Tuileries, LA
BR. 12. Un — amoureux. Un — pour se battre (en duel).

|| **2°** Lieu assigné par cet engagement. Un — de chasse.
Le — des troupes était Paris. La princesse Rosine et mon perfide époux... en font (de ce jardin) leur —, CORN. *Illus. com.*
V, 2. || *Fig.* Cet Océan, qui semble mis au milieu des terres
pour en faire une éternelle séparation, est au contraire le —
de tous les peuples..., FÉN. *Exist. de Dieu*, I, 2. Son âme est
un — de toutes les passions, BOIL. *Longin, Sublime*, 8.

RENDONNÉE [ran-dò-né]. *V.* randonnée.

RENDORMIR [ran-dòr-mīr] *v. tr.*

[ÉTYM. Composé de re et endormir, §§ 192 et 196. || XIIIᵉ s.
Si se vait rendormir, *Chans. d'Antioche*, VI, 340.]

|| Endormir de nouveau.

RENDOUBLER [ran-dou-blé] *v. tr.*

[ÉTYM. Composé de re, en et doubler, §§ 192 et 196. ||
1640. OUD.]

|| (Technol.) Replier en double. — une jupe (pour la rac-
courcir).

RENDRE [rändr'] *v. tr.*

[ÉTYM. Du lat. pop. *rendere (class. reddere, influencé
par prendere, prendre), m. s. §§ 290 et 291.]

I. Redonner ce qu'on ne doit pas garder.

|| **1°** Remettre ce qui est dû (à qqn). — un dépôt qu'on
avait en garde, de l'argent, des livres prêtés. *Au part. passé
pris substantivt.* Un rendu, emplette que l'acheteur ne
garde pas et qu'il rend au marchand. Où voit-on des juges...
— à des parties lésées ce qu'ils leur ont enlevé par un jugement inique? BOURD. *Restitution*, 1. Rendez à César ce que
vous confessez vous-mêmes être à César, et rendez à Dieu ce
qui est à Dieu, ID. *ibid.* préamb. Abner.... rend à la fois Ce
qu'il doit à son Dieu, ce qu'il doit à ses rois, RAC. *Ath.* II, 4.
— à Dieu ce qu'il a pris au monde, BOIL. *Sat.* 9. || *P. anal.*
L'âme retourne au ciel, le corps est rendu à la terre d'où il est
tiré. | (Marine.) — le quart, remettre le service de quart à
celui qui doit le reprendre. — ses comptes. Averti par ces
cheveux blancs du compte que je dois — de mon administration,
BOSS. *Condé.* *Fig.* — compte d'une chose, en faire la relation exacte. Le compte rendu d'une séance. Se — compte d'une
chose, en vérifier l'exactitude. | — des points à un adversaire,
lui donner l'avantage d'un certain nombre de points,
quand il est plus faible. || *Fig.* — hommage à Dieu. — grâce
à qqn. Je rends grâce au zèle officieux, RAC. *Ath.* I, 1. Il rend
au Dieu des armées la gloire qu'il lui envoyait, BOSS. *Condé.*
Il faut bien que l'on rende Quelques dehors civils que l'usage
demande, MOL. *Mis.* I, 1. Pendant que je rendais le même devoir
à la reine sa mère, BOSS. *D. d'Orl.* Elle reçoit les vœux; Mais
elle les reçoit pour les — à Roxane, RAC. *Baj.* I, 1. — justice
à qqn. — témoignage en faveur de qqn. — à qqn sa parole. Je
vous rends le serment qui vous lie, RAC. *Iph.* IV, 6. — raison
d'une chose, la justifier. *Spécialt.* — raison à qqn d'un
outrage, lui donner satisfaction. — justice à qqn. — la justice. Le devoir des juges est de — la justice, LA BR. 14.

|| **2°** Remettre ce qui a été enlevé (à qqn). HARPAGON :
Rends-le-moi sans te fouiller. — LA FLÈCHE : Quoi? — HARPA-
GON : Ce que tu m'as pris, MOL. *Av.* I, 3. Jupiter, rends-la-moi
(ma cognée), LA F. *Fab.* V, 1. L'Achéron ne rend rien, ID.
Poés. div. 21. Rends-moi mon Curiace! CORN. *Hor.* IV, 5. —
des prisonniers. — qqn à sa famille, à ses amis. On peut vous
— encor ce fils que vous pleurez, RAC. *Andr.* III, 7. || *Fig.*
— la vue à un aveugle. — qqn à la vie, la santé, le repos, la
liberté. Rendez-moi... mes chansons et mon somme, LA F. *Fab.*
VIII, 2. — le courage, la confiance à qqn. Nous vous laissons
ici... pour leur — du cœur, CORN. *Hor.* II, 7. — à qqn son
amitié. S'il lui rendait son cœur, RAC. *Andr.* I, 3. || *P. anal.*
— qqn à la liberté. Il a été rendu à la santé. Mon âme, à soi-
même rendue, RAC. *Phèd.* III, 5. Tôt ou tard, à ton devoir
rendu, ID. *Andr.* IV, 5.

|| **3°** Remettre en échange (à qqn). On se rend l'un à
l'autre et lettres et portraits, REGNARD, *Ménechmes*, IV, 3.
Le monstre (la Chicane)... Rend pour des monceaux d'or de
vains tas de papiers, BOIL. *Lutr.* 5. — à qqn sa monnaie, la
monnaie de sa pièce, et, *fig.* lui rendre la pareille. — le

pain bénit, le donner à son tour. || *Fig.* — le bien pour le mal. Le mal se rend chez vous au quadruple du bien, LA F. *Fab.* VIII, 3. Je n'aurais pas... Rendu meurtre pour meurtre, outrage pour outrage? RAC. *Ath.* II, 7. Rendons-lui les tourments qu'elle me fait souffrir, ID. *Andr.* II, 1. *Au part. passé pris substantivt.* Ce n'était qu'un rendu (un échange), VOLT. *Dial.* XXIX, 1. Si vous m'aimez, je vous le rends bien. — à qqn sa visite, et, *p. ext.* — visite à qqn. Je le saluai avec respect, il me rendit mon salut, B. DE ST-P. *Paul et Virg.* Nouvelle révérence aussi je lui rendais, MOL. *Éc. des f.* II, 5. | *P. ext.* — le combat, soutenir le choc de l'ennemi, combattre. La moitié de l'armée saxonne s'enfuit à son approche, sans — le combat, VOLT. *Ch. XII*, 2. Où sont-ils ces combats que vous avez rendus? RAC. *Iph.* IV, 4. || *P. anal.* Donner à qqn un revenu. Le bœuf... rend à la terre autant qu'il en tire, BUFF. *Bœuf.* L'État ne peut subsister qu'autant que le travail des hommes rend au delà de leurs besoins, J.-J. ROUSS. *Contr. soc.* III, 3. Je sais ce qu'un fermier nous doit — par an, BOIL. *Lutr.* 4. Le jeu rendait à merveille dans les commencements, HAMILT. *Gram.* 1. Ce qu'un domaine rend à celui qui l'exploite. Ce que rend annuellement l'impôt. || *P. ext. Fig.* Répondre à un effort. Un cheval qui rend à la main, qui obéit au mouvement de la main. Un cordage qui rend, qui s'allonge quand on le tend. *Absolt.* Un billard dont les bandes ne rendent pas, qui renvoie mal les billes.

|| **4°** Remettre à destination. Rends-lui ce billet sans témoins, LA F. *Florentin*, sc. 3. J'ai charge de sa part de lui — un cartel, CORN. *Suiv.* V, 1. Une lettre rendue en main propre. Du vin rendu à domicile. | Je vous rends dans trois mois au pied du Capitole, RAC. *Mithr.* III, 1. Nos deux époux... Se crurent par miracle en l'Olympe rendus, LA F. *Phil. et Baucis.* Enfin après les tempêtes, Nous voici dans le port, MALH. *Poés.* 21. *P. ext.* Se — qqpart. Pompée en ce lieu doit se —, CORN. *Sertor.* I, 2. Une jeune ingénue en ce lieu se vient —, LA F. *Contes, Scamandre.* | *Fig.* Se — à son poste, à l'appel de qqn. || *Absolt.* Aboutir. Une aile du château... qui, par un escalier dérobé, rendait dans le jardin, MARIV. *Marianne*, 9. Un brin de fil qui rendait à la porte, LA F. *Contes, Gageure.*

II. Redonner ce qu'on ne peut plus garder.

|| **1°** Laisser échapper. Rendant le sang par la bouche et par les oreilles, BERN. DE ST-P. *Paul et Virg.* — de la bile. Il a rendu son dîner. *Absolt.* — par en haut et par en bas. — gorge, vomir, et, *fig.* Faire — gorge à qqn, le forcer à restituer ce qu'il a mal acquis. — des vents. La plaie a rendu beaucoup de pus. | Le suc que rend une orange. Le jus que rend une viande. | — le dernier soupir. — l'âme, mourir. Je rends dans les tourments une pénible vie, RAC. *Phèd.* IV, 6. || *P. anal.* — une plainte. Le son que rend une corde. — des sons harmonieux. L'arche sainte est muette et ne rend plus d'oracles, RAC. *Ath.* I, 1. | *P. ext.* Émettre. — un arrêt, une sentence.

|| **2°** Céder, livrer. — une place. La ville est rendue, le château résiste un peu, SÉV. 404. — ses armes, son épée. *P. anal.* — la bride à un cheval, — la main, lâcher les rênes pour le laisser marcher. | Les assiégés se sont rendus. Se — à discrétion. Ils demandent le chef; je me nomme, ils se rendent, CORN. *Cid*, IV, 3. *Au part. passé pris substantivt. Vieilli.* Un rendu, un transfuge. Il vint hier de Bruxelles un rendu, RAC. *Lett.* 95. || *Fig.* Enfin cette beauté m'a la place rendue, MALH. *Poés.* 8. Vous envier un cœur qui se rend à vos charmes, RAC. *Andr.* III, 4. A prudence endormie il faut — les armes, MOL. *F. sav.* III, 2. Ah! Monsieur, rendez-vous à tant de preuves, ID. *D. Juan*, V, 5. Les voilà rendus, LA BR. 15. Je suis rendue, SÉV. 152. || *P. ext.* Se —, être rendu, céder à la fatigue. L'attelage suait, soufflait, était rendu, LA F. *Fab.* VII, 9.

III. Redonner modifié, transformé.

|| **1°** Mettre sous une forme équivalente. Un tout qui rende parfaitement l'original, HAMILT. *Gram.* 1. En — toute l'élégance (de l'Écriture), BOSS. *Hist. univ.* II, 28. — clairement sa pensée. Je vous rendrais vos paroles, et ma lettre ne serait que l'écho de la vôtre, SÉV. 1007. L'écho rend les sons. Le peintre a mal rendu la physionomie du modèle. *Au part. passé pris substantivt.* Le rendu, la manière dont le peintre, le sculpteur, rend l'original. | — le latin en français. Une traduction où tout est rendu mot pour mot.

|| **2°** Faire devenir autre. Qu'on me rende impotent, Cul-de-jatte, goutteux, LA F. *Fab.* I, 15. Les jugements de cour vous rendront blanc ou noir, ID. *ibid.* VII, 1. Une clameur à — les gens sourds, ID. *ibid.* VIII, 12. Mon intérêt ne me rend point injuste, RAC. *Brit.* I, 1. De combien de remords m'ont-ils rendu la proie? RAC. *Andr.* I, 4. | *Vieilli.* C'est pour vous

— instruit de ma précaution, MOL. *Éc. des f.* I, 1. Se — ridicule. | *Spécialt.* Se — religieux. La dame se rendit Belle et bonne religieuse, LA F. *Contes, le Roi Candaule. Au part. passé pris substantivt.* Le poète avait l'air d'un rendu, LA F. *Épit.* 23.

RENDURCIR [ran-dur-sir] *v. tr.*

[ÉTYM. Composé de re et endurcir, §§ 192 et 196. || 1549. R. EST. Admis ACAD. 1762.]

|| Rendre plus dur.

RÊNE [rên'] *s. f.*

[ÉTYM. Du lat. pop. *rĕtina, subst. particip. de retinere, retenir, devenu *rĕdina, redne, rêne, §§ 291, 292 et 405.]

|| Chacune des courroies de la bride, du bridon, qui servent à diriger un cheval. (*Cf.* frein.) La — droite, la — gauche. Ajuster, partager les rênes. Sa main sur les chevaux laissait flotter les rênes, RAC. *Phèd.* V, 6. || *P. plaisant.* Prendre la cinquième —, s'attacher à la crinière. || *Fig.* Direction. Tenir les rênes de l'État. Un héraut... De l'État en ses mains vient remettre les rênes, RAC. *Phèd.* II, 6. Dieu tient du plus haut des cieux les rênes de tous les royaumes, BOSS. *Hist. univ.* III, 8. || *Fig.* (Anat.) Rênes de la glande pinéale, les pédoncules supérieurs de ce corps.

RENÉGAT, ATE [re-né-gà, -gàt'] *s. m.* et *f.*

[ÉTYM. Emprunté de l'ital. rinegato, *m. s.* § 12. (*Cf.* l'anc. franç. reneié, *m. s.*) || XVIᵉ s. THEVET, *Cosmogr. univ.* f° 141, v°.]

|| Celui, celle qui a renié sa religion. *Spécialt.* Celui, celle qui a renié la religion chrétienne pour se faire mahométan. || *Fig.* Celui qui a renié son parti.

***RÊNER** [rê-né] *v. tr.*

[ÉTYM. Dérivé de rêne, § 154. || *Néolog.*]

|| Assujettir au moyen des rênes. Un cheval rêné court.

RÉNETTE [ré-nèt'] *s. f.*

[ÉTYM. Pour roinette, dérivé de roine, anc. forme de rouanne, § 133. (*Cf.* rouannette.) Qqns écrivent rainette. || 1690. Renette, FURET. Admis ACAD. 1762.]

|| (Technol.) Outil de vétérinaire pour entamer le sabot du cheval. || Outil de charpentier pour tracer la voie à la scie. || Outil de bourrelier pour tracer des raies sur le cuir.

RÉNETTER [ré-nè-té] *v. tr.*

[ÉTYM. Dérivé de rénette, §§ 65 et 154. || Admis ACAD. 1762.]

|| (Technol.) Entamer (le sabot du cheval) avec la rénette.

RENFAÎTAGE [ran-fè-tàj'] *s. m.*

[ÉTYM. Dérivé de renfaîter, § 78. || *Néolog.* Admis ACAD. 1835.]

|| (Technol.) Action de renfaîter.

RENFAÎTER [ran-fè-té] *v. tr.*

[ÉTYM. Composé de re, en et faîte, §§ 194 et 196. (*Cf.* enfaîter.) || 1549. Renfester une maison, R. EST. Admis ACAD. 1762.]

|| (Technol.) Réparer (un toit) en refaisant le faîte.

RENFERMER [ran-fèr-mé] *v. tr.*

[ÉTYM. Composé de re et enfermer, §§ 192 et 196. || XIIᵉ s. E a lui e as suens e rendre e renfermer Lur chose, GARN. DE PONT-STE-MAX. *St Thomas*, p. 106, Bekker.]

I. Tenir étroitement enclos. Sommes-nous chez les Turcs pour — les femmes? MOL. *Éc. des m.* I, 2. Il était demeuré fort renfermé dans les derniers temps de la reine, ST-SIM. X, 153. Il se renfermait dans le lieu le plus reculé de son palais, FÉN. *Tél.* 8. Ils (les chevaux en liberté) respirent un air plus pur que celui de ces palais voûtés où nous les renfermons, BUFF. *Cheval.* Les objets renfermés dans un coffre. || *Au part. passé pris substantivt.* | 1. Habitude de vivre enfermé. Leur renfermé continuel le rassurait sur eux, ST-SIM. X, 248. | 2. Odeur désagréable que produit le manque d'air. Cette chambre, ces objets sentent le renfermé. (*Cf.* relent, remugle.) || *Fig.* — ses sentiments. Renfermez votre amour dans le fond de votre âme, RAC. *Brit.* II, 3.

II. Contenir dans une limite stricte. Dieu... renferma les mers dans vos vastes limites, RAC. *Esth.* III, 4. Les empereurs romains se renferment dans l'Orient, BOSS. *Hist. univ.* III, 7. || *P. ext.* Se — en soi-même. *Absolt.* Une personne renfermée, qui contient ses impressions. Se — dans un silence prudent. Se — au dedans et comme dans les détails de tout un royaume, LA BR. 10. Maudit soit le premier dont la verve insensée Dans les bornes d'un vers renferma sa pensée, BOIL. *Sat.* 2. Tout sujet est un, et, quelque vaste qu'il soit, il peut être renfermé dans un seul discours, BUFF. *Style.* || *Fig.* Il y a une fausse

sagesse qui, se renfermant dans l'enceinte des choses mortelles, s'ensevelit avec elles dans le néant, BOSS. *D. d'Orl.*

III. Tenir contenu dans un espace. Le crâne... renferme
le cerveau, BOSS. *Conn. de Dieu*, II, 7. Le fruit renferme les
graines. Les faubourgs de la ville sont renfermés dans l'enceinte
fortifiée. Ce corps débile renfermait une âme héroïque. Voir ce
qui regarde ces choses renfermé dans un abrégé, BOSS. *Hist.
univ.* dessein général. Un rimeur... Sur la scène en un jour
renferme des années, BOIL. *Art p.* 3. Ces admirables vertus me
semblent renfermées dans l'idée du souverain, LA BR. 10.

RENFLAMMER [ran-flà-mé] *v. tr.*
[ÉTYM. Composé de re et enflammer, §§ 192 et 194. || 1549.
Renflamber ou renflammer, R. EST. Admis ACAD. 1878.]
|| Enflammer de nouveau. || *Fig.* Ah! si mon cœur osait
encor se — ! LA F. *Fab.* IX, 2.

RENFLEMENT [ran-fle-man] *s. m.*
[ÉTYM. Dérivé de renfler, § 145. || XVIᵉ s. Tant que le ren-
flement dure, O. DE SERRES, VII, 3.]
|| État de ce qui est renflé. Le — de la terre à l'équateur.

RENFLER [ran-flé] *v. tr.* et *intr.*
[ÉTYM. Composé de re et enfler, §§ 192 et 196. || XIIᵉ s.
Cum li fluies remfle sovent, BENEEIT, *Ducs de Norm.* 3022.]
|| **1º** Enfler de nouveau. — un ballon dégonflé.
|| **2º** Enfler de plus en plus. Un oiseau qui renfle ses plu-
mes. La grenouille se renfle. La terre est renflée à l'équateur.
La rivière renfle. La pâte a renflé. || *Fig.* On en tire (des au-
teurs anciens) ce qu'on peut, on en renfle ses ouvrages, LA
BR. 1.

RENFLOUAGE [ran-flou-àj'] *s. m.*
[ÉTYM. Dérivé de renflouer, § 78. || *Néolog.* Admis ACAD.
1878.]
|| (Marine.) Action de renflouer.

RENFLOUER [ran-flou-é] *v. tr.*
[ÉTYM. Composé irrégulièrement avec re, en et flot,
§§ 64, 194 et 196. || 1529. J. et R. PARMENTIER, *Voyages*,
p. 15, Schefer. Admis ACAD. 1878.]
|| (Marine.) Remettre à flot (un bâtiment échoué).

RENFONCEMENT [ran-fons'-man; en vers,-fon-se-...]
s. m.
[ÉTYM. Dérivé de renfoncer, § 145. || 1611. COTGR.]
|| **1º** Action de renfoncer. || *Pop.* Coup que qqn reçoit
sur son chapeau et qui l'enfonce sur sa tête. (Typogr.)
Action de repousser une ligne en dedans de la justification, en la faisant précéder d'un blanc.
|| **2º** État de ce qui est renfoncé. — d'un caisson. || *Spé-
cialt.* Profondeur que présente la scène d'un théâtre;
effet de perspective qui en résulte.

RENFONCER [ran-fon-sé] *v. tr.*
[ÉTYM. Composé de re et enfoncer, §§ 192 et 196. (*Cf.*
renfondrer.) || 1335. Renfoncier la huche, dans GODEF. ren-
foncier.]
|| **1º** Enfoncer de nouveau.
|| **2º** Enfoncer plus avant. — le bouchon d'une bouteille.
— son chapeau. || — une ligne typographique, la repousser en
dedans de la justification, en la faisant précéder d'un
blanc. — une façade de maison, la porter en arrière de
l'alignement. || *Fig. Famil.* — ses larmes, son chagrin, ne
pas les laisser paraître. (*Cf.* rencogner.)
|| **3º** (Technol.) Regarnir d'un fond. — un tonneau.

***RENFONDRER** [ran-fon-dré] *v. tr.*
[ÉTYM. Composé avec re, en et fond, §§ 194 et 196. (*Cf.*
refondrer.) || 1549. R. EST.]
|| *Vieilli.* Renfoncer. Reculer ces paysages, Y lancer des
jets d'eaux, — leurs ombrages, ROTROU, *St Genest*, II, 1.

RENFORCEMENT [ran-fòr-se-man] *s. m.*
[ÉTYM. Dérivé de renforcer, § 145. || 1388. L'enforcement
et renforcement des frontieres, dans DELB. *Rec.* Admis ACAD.
1762.]
|| Action de renforcer.

RENFORCER [ran-fòr-sé] *v. tr.*
[ÉTYM. Composé de re et l'anc. verbe enforcier, lat. pop.
*infortiare, m. s. §§ 192 et 196. (*Cf.* enforcir.) || XIIᵉ s. Pur
lor cors plus renforcer, BENEEIT, *Ducs de Norm.* dans DELB.
Rec.]
|| Rendre plus fort. Cet homme... Qui... De tours et de fossés
renforça ses murailles, RÉGNIER, *Sat.* 6. — la culasse d'un
canon. | — le son. Les vents... renforcent leur haleine, LA F.
Adonis. — une teinte dans un tableau. — une garnison. — la
garde des portes, VOLT. *S. de L.* XV, 21. Je me renforce chaque
jour, B. DE ST-P. *Paul et Virg.* || *Fig.* Une incommodité que

les uns ont renforcée, J.-J. ROUSS. *Confess.* 1. — un argument.
Un sot renforcé, doublement sot. Un âne renforcé, LA F. *Fab.*
VI, 19.

RENFORMIR [ran-fòr-mïr] *v. tr.*
[ÉTYM. Tiré de renformis, § 154. (*Cf.* vernir, de vernis.) ||
1690. FURET. Admis ACAD. 1762.]
|| (Technol.) Consolider (un mur) en remplaçant les
pierres qui manquent et en mettant un crépi.

RENFORMIS [ran-fòr-mi] *s. m.*
[ÉTYM. Dérivé de l'anc. verbe renformer, remettre en
forme, § 82. || 1690. FURET. Admis ACAD. 1762.]
|| (Technol.) Opération par laquelle on renformit (un
mur).

RENFORT [ran-fòr] *s. m.*
[ÉTYM. Pour renforç, subst. verbal de renforcer, § 52.
|| 1340. Après plusieurs renfors (surenchères), dans GODEF.]
|| Ce qui sert à renforcer. Un cheval de —. Troupes de —.
Un — de troupes. Envoyer un —. Pour hâter les renforts et
d'hommes et d'argent, CORN. *Nicom.* IV, 2. || *Spécialt.* Ce qui
renforce la culasse d'une bouche à feu en donnant plus
d'épaisseur au métal. || — de potage, plats qui l'accom-
pagnent, et, *fig. famil.* Il a pris aujourd'hui, pour — de potage (par surcroît), un maître de philosophie, MOL. *B. gent.*
III, 3. || *Fig.* On en chanta Te Deum à —, LA F. *Contes, Pur-
gatoire.* A grand — de besicles, P.-L. COURIER, *Lett.* 16 oct.
1809.

RENFROGNEMENT [ran-fròñ'-man; en vers, -frò-
ñe-...] et, *vieilli*, **REFROGNEMENT** [re-fròñ'-man; en
vers, -frò-ñe-...] *s. m.*
[ÉTYM. Dérivé de renfrogner, refrogner, § 145. || 1539. Re-
frongnement, R. EST. | 1553. Renfrongnement des sourcilz, LE
PLESSIS, *Éthiques d'Aristote*, fº 70.]
|| Action de renfrogner.

RENFROGNER [ran-frò-ñé] et, *vieilli*, **REFROGNER**
[re-frò-ñé] *v. tr.*
[ÉTYM. Composé de re, en et l'anc. verbe froguer, m. s.
d'origine incertaine, §§ 192 et 196. || XVᵉ s. Ce seigneur vint
tout refrongné, *Repues franches*, 2.]
|| Contracter, plisser le visage en signe de mauvaise
humeur. Un visage renfrogné. Brinon... revint plus renfrogné
qu'un vieux singe, HAMILT. *Gram.* p. 21. Physionomie refro-
gnée par de gros sourcils, ST-SIM. IV, 92.

RENGAGEMENT [ran-gàj'-man; en vers, -gà-je-...]
s. m.
[ÉTYM. Dérivé de rengager, § 145. || Admis ACAD. 1718.]
|| Action de rengager.

RENGAGER [ran-gà-jé] *v. tr.*
[ÉTYM. Composé de re et engager, §§ 192 et 196. || Ad-
mis ACAD. 1718.]
|| Engager de nouveau. A peine s'est-il démêlé qu'il set
rengage de nouveau, BOSS. *Pénitence*, 1. Me voilà donc, dit
Télémaque, rengagé dans mes liens, FÉN. *Tél.* 7. Et la moindre
faveur d'un coup d'œil caressant Nous rengage de plus belle,
MOL. *Amph.* I, 1. *Spécialt.* Un soldat, un officier rengagé.

1. *RENGAINE [ran-ghèn'] *s. m.*
[ÉTYM. Subst. verbal de rengainer, § 52. || 1680. RICHEL.]
|| *Anciennt.* Refus que l'on subit. Il a eu un furieux —.

2. RENGAINE [ran-ghèn'] *s. f.*
[ÉTYM. Origine inconnue. || *Néolog.* Admis ACAD. 1878.]
|| *Famil.* Banalité qu'on répète. C'est toujours la même —.

1. RENGAINER [ran-ghè-né] *v. tr.*
[ÉTYM. Composé de re et engainer, §§ 192 et 196. || 1549.
R. EST.]
|| Remettre dans la gaine. — son épée, et, *absolt*, —. ||
Fig. Famil. Rentrer ce qu'on allait dire, reprendre ce
qu'on a dit. Je rengaine ma nouvelle, MOL. *Am. magnif.* V,
1. Rengainez ce compliment, ID. *Mar. forcé*, sc. 9. *P. anal.*
Rengainez vos pleurs, LA F. *Ragotin*, IV, 2.

2. *RENGAINER [ran-ghè-né] *v. tr.*
[ÉTYM. Dérivé de rengaine 2, § 154. || *Néolog.*]
|| *Famil.* Répéter sans cesse.

***RENGLOUTIR** [ran-glou-tïr] *v. tr.*
[ÉTYM. Composé de re et engloutir, §§ 192 et 194. || XIIIᵉ s.
Jou eusse volontiers ma prolere rengloutie, RICH. DE FOURNI-
VAL, *Best.* dans DELB. *Rec.*]
|| Engloutir de nouveau. La terre... Rengloutit l'escadron
qu'elle vient de produire, CORN. *Tois. d'or*, V, 2.

RENGORGER (SE) [ran-gòr-jé] *v. pron.*
[ÉTYM. Composé avec re, en et gorge, §§ 194 et 196. ||
1549. Femme qui se rengorge, R. EST.]

|| Faire saillir sa gorge. Un paon qui se rengorge. Une troupe... De canards nasillants, de dindons rengorgés, VOLT. *Disc.* 6. || *Spéciall.* Faire saillir le buste en rejetant la tête en arrière. | 1. Pour faire valoir sa tournure. Ce sont des simagrées, elle se rengorge, D'ALLAINVAL, *École des bourgeois*, III, 2. | 2. Pour se donner un air important. Je savais me —, prendre un maintien grave et fier, LES. *Guzm. d'Alfar.* V, 4.

RENGRAISSER [ran-grè-sé] *v. tr.* et *intr.*
[ÉTYM. Composé de re et engraisser, §§ 192 et 196. || XIIᵉ s. BENEEIT, *Ducs de Norm.* dans DELB. *Rec.*]
|| 1° *V. tr.* Faire redevenir gras. Tâchez de vous —, SÉV. 648.
|| 2° *V. intr.* Redevenir gras. Toute ma crainte, c'est de —, SÉV. 559.

RENGRÉGEMENT et, *mieux*, *RENGRÈGEMENT [ran-grèj'-man ; *en vers*, -grè-je-...] *s. m.*
[ÉTYM. Dérivé de rengréger, § 145. || XVᵉ s. Vecy rengregement de dueil, A. GREBAN, *Passion*, 7250.]
|| *Vieilli.* Aggravation. — de mal ! MOL. *Av.* V, 3.

RENGRÉGER [ran-gré-jé] *v. tr.*
[ÉTYM. Composé de re, l'anc. verbe engreger, engregier, lat. pop. *ingreviare, devenir plus grief, §§ 192 et 196. || XVᵉ s. Quant saurez Qui me fait mon mal rengregier, MARTIAL D'AUVERGNE, *Amant rendu cordelier*, 291.]
|| *Vieilli.* Aggraver de nouveau. Ma douleur se rengrège, RÉGNIER, *Plainte.*

RENGRÉNEMENT et, *mieux*, *RENGRÈNEMENT [ran-grèn'-man ; *en vers*, -grè-ne-...] *s. m.*
[ÉTYM. Dérivé de rengréner, § 145. || 1611. Rengrenement, COTGR. Admis ACAD. 1762.]
|| (Technol.) Action de rengréner.

RENGRÉNER [ran-gré-né] et *RENGRENER [ran-gre-né] *v. tr.*
[ÉTYM. Composé de re et engrener, §§ 192 et 196. || 1549. Rengrener, R. EST. Admis ACAD. 1762.]
|| (Technol.) Engrener de nouveau. *Spéciall.* Remettre sous le balancier (une médaille, une monnaie dont l'empreinte est mal venue).

*RENI [re-ni] *s. m.*
[ÉTYM. Subst. verbal de renier, § 52. || XIIᵉ s. Plein d'orgueil, plein de reni, BENEEIT, *Ducs de Norm.* 8458.]
|| *Vieilli.* Action de renier. Ce qui est bon pour un —, BOSS. *Lett. abbat.* 4.

RENIABLE [re-nyâbl' ; *en vers*, -ni-àbl'] *adj.*
[ÉTYM. Dérivé de renier, § 93. || XVIᵉ s. Tous vilains cas sont reniables, LOYSEL, p. 803.]
|| Qui peut être renié. *Loc. prov.* Tous mauvais cas sont reniables, ST-SIM. IX, 156.

RENIEMENT et **RENÎMENT** [re-ni-man] *s. m.*
[ÉTYM. Dérivé de renier, § 145. || XIIIᵉ s. Par reniement et par besoing, *Livre de jostice*, 168.]
|| *Spéciall.* Action de renier Dieu. Nous qui savons à quoi ont servi à saint Pierre ses reniements, BOSS. *A. de Gonz.*

RENIER [re-nyé ; *en vers*, -ni-é] *v. tr.*
[ÉTYM. Composé de re et nier, §§ 192 et 196. || Xᵒ s. Qu'elle Deu raneiet, *Ste Eulalie.*]
|| Ne plus reconnaître pour sien. Il exhortait Rousseau qui reniait son père, VOLT. *S. de L.* XIV, *Écriv. Lamotte.* — sa patrie, ses amis. — ses opinions. Depuis qu'il avait eu le malheur de — sa foi, LES. *Diable boit.* 15. || *Spéciall.* — son Dieu. Le crime que sa bouche (de saint Pierre) avait commis en reniant son maître, BOURD. *Exhort. Reniement de St Pierre.*

RENIEUR, *RENIEUSE [re-nyeùr, -nyeùz' ; *en vers*, -ni-...] *s. m.* et *f.*
[ÉTYM. Dérivé de renier, § 112. || 1549. Un renieur de cedules, R. EST.]
|| *Vieilli.* Celui, celle qui renie Dieu, qui blasphème.

RENIFLEMENT [re-ni-fle-man] *s. m.*
[ÉTYM. Dérivé de renifler, § 145. || 1642. Reniflement, OUD. Admis ACAD. 1798.]
|| Action de renifler.

RENIFLER [re-ni-flé] *v. intr.* et *tr.*
[ÉTYM. Composé de re et l'anc. verbe nifler, souffler par le nez, §§ 192 et 196. Nifler dérive d'un mot germanique signifiant bec, nez, §§ 6, 498 et 499. || 1549. R. EST.]
|| 1° *V. intr.* Aspirer bruyamment l'air, l'humeur qui est dans les narines. Nous reniflâmes à l'envi, SCARR. *Virg. trav.* 2. || *Fig. Famil.* — sur qqch, montrer de la répu-

gnance pour la chose. (*Cf.* renâcler.) *Absolt.* Cavoye renifla encore, mais il y fallut passer, ST-SIM. I, 301.
|| 2° *V. tr.* Faire entrer dans les narines, en aspirant fortement. — de l'eau. — l'odeur des cadavres, VOLT. *Dict. philos.* épopée, Milton.

RENIFLERIE [re-ni-fle-ri] *s. f.*
[ÉTYM. Dérivé de renifler, § 69. || XVIIᵉ s. *V.* à l'article. Admis ACAD. 1798.]
|| *Famil.* Habitude de renifler. De son hem, de sa toux, de sa —, SCARR. *D. Japh. d'Arménie*, III, 16.

RENIFLEUR, EUSE [re-ni-fleùr, -fleùz'] *s. m.* et *f.*
[ÉTYM. Dérivé de renifler, § 112. || 1642. Reniffleur, OUD.]
|| Celui, celle qui renifle.

RÉNITENCE [ré-ni-tâns'] *s. f.*
[ÉTYM. Dérivé de rénitent, § 262. || XVIᵒ s. Renitence d'une tumeur, PARÉ, V, 3. Admis ACAD. 1878.]
|| (T. didact.) Caractère de ce qui est rénitent.

RÉNITENT, ENTE [ré-ni-tan, -tânt'] *adj.*
[ÉTYM. Emprunté du lat. renitens, qui résiste. || XVIᵒ s. Tumeur... renitente, PARÉ, VI, 18. Admis ACAD. 1878.]
|| (T. didact.) Qui résiste à la pression du doigt. Ventre —. || *Fig.* Qui refuse d'obéir. Ses compatriotes rénitents, VOLT. *Mœurs*, 7.

RENNE [rèn'] *s. m.* (fém. ACAD. 1718-1740).
[ÉTYM. Emprunté de l'allem. renn, *m. s.* d'origine scandinave, §§ 7 et 9. (*Cf.* rangier.) || 1552. Une beste qu'ilz appellent reen, MUNSTER, *Cosmogr.* VI, 1051. Admis ACAD. 1718.]
|| Quadrupède des régions polaires, du genre cerf, à bois aplatis et dentelés. Un traineau attelé de rennes.

RENOM [re-non] *s. m.*
[ÉTYM. Subst. verbal de renommer, § 52. || XIIᵉ s. Runun, *Poème moral*, dans GODEF. *Compl.*]
|| 1° Vogue que le nom de qqn a obtenue. Cherchent aux combats Un — que les dieux ne leur accordent pas, LA F. *Achille*, 1, 5. Comme il est sans —, CORN. *Cid*, V, 3. || *P. ext.* En parlant des choses. Vous connaissez ces lieux, ils ont quelque —, LA F. *Fab.* XII, 21. Une petite fontaine sans nom et sans —, SÉV. 569. || Une femme de mauvais —.
|| 2° Opinion répandue sur qqn. Un homme qui m'a donné le — que je l'aimais toute seule, MARIV. *Épreuve*, sc. 21.

RENOMMÉE [re-nò-mé] *s. f.*
[ÉTYM. Dérivé de renommer, § 118. || XIIᵉ s. Renomee qui vos renome, CHRÉTIEN DE TROYES, *Cligès*, 343.]
|| 1° Célébrité répandue en tous lieux. Bonne, mauvaise —. Chercher d'un beau trépas l'illustre —, CORN. *Poly.* 1, 3. *Loc. prov.* Bonne — vaut mieux que ceinture dorée. Le soin que nous prenons de notre —, MOL. *Tart.* III, 3. *Absolt. En bonne part.* L'obscurité vaut mieux que tant de —, CORN. *Hor.* II, 3. Rentre dans ton crédit et dans ta —, ID. *Cinna*, V, 3.
|| 2° Voix publique. La vérité s'accorde avec la —, RAC. *Baj.* 1, 2. Je fus sourde à la brigue et crus la —, ID. *Brit.* IV, 2. || (Droit.) Enquête de commune —, enquête sur un fait, d'après la notoriété publique. || *P. ext.* (Mythol.) Déesse, messagère de Jupiter. La Renommée aux cent voix. C'est l'inconstante Renommée Qui, sans cesse les yeux ouverts, Fait sa revue accoutumée Dans tous les coins de l'univers, J.-B. ROUSS. *Ode au prince Eugène.*

RENOMMER [re-nò-mé] *v. tr.*
[ÉTYM. Composé de re et nommer, §§ 192 et 196. || XIᵉ s. Munjoie, l'enseigne renumee, *Roland*, 3565.]
I. Nommer de nouveau. Les électeurs l'ont renommé.
II. Se — de qqn, s'en recommander. S'il s'avise de se — de moi, DANCOURT, *Eaux de Bourbon*, sc. 19. Je me renomme de vous dans ma lettre, VOLT. *Lett.* 23 sept. 1771.
III. Célébrer en tous lieux. Se faire — par leur éloquence, BOSS. *Parole de Dieu*, 1. Ce Grec si renommé, CORN. *Hor.* 1, 2. Ces peuples, renommés pour leurs observations astronomiques, BOSS. *Hist. univ.* II, 2. La mémoire De ce jour à jamais auguste et renommé, RAC. *Ath.* 1, 4.

*RENONÇANT, ANTE [re-non-san, -sânt'] *adj.*
[ÉTYM. Adj. particip. de renoncer, § 47. || XVIIᵉ s. *V.* à l'article.]
|| Qui renonce. Mᵐᵉ Guyon... toute renonçante qu'elle était à ses visions, BOSS. *Rem. Réponse*, III, II, 9. *Spéciall.* (Droit.) *Substantivt.* La part du — accroît à ses cohéritiers, *Code civil*, art. 786.

RENONCE [re-nôns'] *s. f.*
[ÉTYM. Subst. verbal de renoncer, § 52. (*Cf.* l'anc. franç. renonç.) || 1690. FURET.]

|| (T. de jeu de cartes.) Absence d'une couleur. Avoir une — à cœur. || *P. ext.* Faire une —, ne pas fournir d'une couleur quand on en a, faute qui se paie.

RENONCEMENT [re-nons'-man ; *en vers*, -non-se-...] *s. m.*

[ÉTYM. Dérivé de renoncer, § 145. || XVe s. Renoncement a la foy de Dieu, CHASTELL. dans DELB. *Rec.*]

|| Action de renoncer. Le — aux honneurs, aux plaisirs. La vertu politique est un — à soi-même (pour le pays), MONTESQ. *Espr. des lois*, IV, 5. || *Spécialt.* Dans le langage de l'Église. Le — à soi-même, et, *absolt*, Le —, abnégation définitive de soi-même.

RENONCER [re-non-sé] *v. intr.* et *tr.*

[ÉTYM. Du lat. renŭntiare, *m. s.* devenu renoncier, §§ 327, 297 et 291. renoncer, § 634.]

I. *V. intr.* — à qqch, l'abandonner définitivement, cesser d'y prétendre. On ne renonce point aux grandeurs légitimes, CORN. *Cinna*, II, 1. Je renonce à la Grèce, à Sparte, à son empire, RAC. *Andr.* V, 3. Aux promesses du Ciel pourquoi renoncez-vous ? ID. *Ath.* I, 1. Moi, — au monde avant que de vieillir ! MOL. *Mis.* V, 4. — au théâtre. — à soi-même. Vous aviez solennellement renoncé au démon et à toutes ses œuvres, au monde et à toutes ses pompes, BOURD. *la Foi sans les œuvres*, 2. || Avec un infinitif pour complément. Je renonce à le convaincre. Une femme qui a renoncé à plaire. || *Absolt.* Au jeu de cartes, ne pas fournir d'une couleur.

II. *V. tr.* || 1° — qqn, protester qu'on ne le connaît pas. Avant que le coq chante, vous me renoncerez trois fois, SACI, *Bible, Matth.* XXVI, 34 (paroles de Jésus-Christ à saint Pierre). Je la renonce pour ma nièce, REGNARD, *Retour imprévu*, sc. 1. Quand ma patrie m'a renoncé, FÉN. *Dial. des morts, Anciens*, 34. || *P. ext.* — sa patrie. — sa foi.

|| 2° Se — soi-même, faire abnégation de soi. Il faut savoir se sacrifier, il faut savoir se —, BOSS. *Mystères, 2e Fête de tous les saints*, 3.

RENONCIATION [re-non-syà-syon ; *en vers*, -si-à-sion] *s. f.*

[ÉTYM. Emprunté du lat. renunciatio, *m. s.* § 503. || XIIIe s. Se par renonciation ne s'en est ostés, BEAUMAN. XLVI, 1.]

|| 1° Acte par lequel on renonce à qqch. || *Spécialt.* Acte par lequel on renonce juridiquement à un droit. La — à un héritage.

|| 2° Déclaration par laquelle on renonce à soi-même. — totale et douce, soumission totale à Jésus-Christ, PASC. *Amulette.*

RENONCULACÉES [re-non-ku-là-sé] *s. f. pl.*

[ÉTYM. Dérivé de renoncule, § 233. || 1812. MOZIN, *Dict. franç.-allem.* Admis ACAD. 1878.]

|| (Botan.) Famille de plantes dicotylédones.

RENONCULE [re-non-kul] *s. f.*

[ÉTYM. Emprunté du lat. ranunculus, *m. s.* § 503. Sur le genre, V. § 550. || 1549. Le ranuncule saulvaige, J. MEIGNAN, *Hist. des plantes*, dans DELB. *Rec.*]

|| 1° Plante aquatique, dite grenouillette, parce qu'elle se plaît au bord des ruisseaux, des étangs. || 2° Plante herbacée, dont une espèce, à fleurs jaunes, commune dans les prés, porte le nom de bouton d'or.

RENOUÉE [re-nwé ; *en vers*, -nou-é] *s. f.*

[ÉTYM. Subst. particip. de renouer, § 45. || 1545. La renouee est une herbe qui a les branches gresles, G. GUÉROULT, *Hist. des plantes*, dans DELB. *Rec.*]

|| (Botan.) Plante herbacée formant le genre type de la famille des Polygonées, à tige noueuse, comprenant de très nombreuses espèces, liseron, bistorte, etc.

RENOUEMENT et **RENOÛMENT** [re-nou-man] *s. m.*

[ÉTYM. Dérivé de renouer, § 145. || 1564. Renouement, J. THIERRY, *Dict. franç.-lat.*]

|| Action de renouer. || *Fig.* L'espoir d'un — de la vieille alliance, CORN. *Agés.* IV, 7.

RENOUER [re-nwé ; *en vers*, -non-é] *v. tr.*

[ÉTYM. Composé de re et nouer, §§ 192 et 196. || XIIe s. Grant fu la boule qui fu au renoer, *Charoi de Nîmes*, 143.]

|| 1° Nouer ce qui est dénoué, détaché, rompu. — un ruban. — des cordons. — un fil. || *Fig.* Tranchez mes destinées, Et renouez leur fil à celui des années Que vous lui réservez, J.-B. ROUSS. *Odes*, III, 1. — le fil de son discours. Il renoua bientôt la conversation, SCARR. *Rom. com.* I, 2. — des négociations, une alliance. Le siècle de Louis XIV devrait se — à cette histoire générale, VOLT. *Lett.* 3 mai 1752. Rappeler et — son attention, CORN. *3e Disc. sur le poème dram.*

— amitié avec qqn, et, *absolt*, — avec qqn. Chacun va — avec ses vieux amis, CORN. *Hor.* I, 4. | *P. ext.* On rompt et on renoue bientôt avec les plaisirs, BOSS. *Amour des plaisirs*, 1. Les cheveux renoués avec des rubans, VOLT. *Cand.* 17. Un fichu dont les bouts sont renoués par derrière.

|| 2° *Vieilli.* Réduire (une fracture, une luxation).

RENOUEUR, EUSE [re-nwêur, -nweûz' ; *en vers*, -nou-...] *s. m.* et *f.*

[ÉTYM. Dérivé de renouer, § 112. || 1549. Un renoueur de vieux procès, R. EST.]

|| *Vieilli.* Rebouteur, rebouteuse.

RENOUVEAU [re-nou-vó] *s. m.*

[ÉTYM. Subst. verbal de renouveler, §§ 52 et 65. || XIIe-XIIIe s. Au renouveau de la douçor d'esté, GACE BRULÉ, *Chanson.*]

|| Retour du printemps. Du — l'haleine caressante Rafraîchit l'univers, M.-J. CHÉN. *Promenade.*

RENOUVELABLE [re-nouv'-làbl' ; *en vers*, -nou-ve-...] *adj.*

[ÉTYM. Dérivé de renouveler, § 93. || XIVe s. Rancheable ou renouvellable, *Gloss. lat.-franç.* dans DU C. recidivus. Admis ACAD. 1878.]

|| Qui peut être renouvelé. Un effet —.

RENOUVELER [re-nouv'-lé ; *en vers*, -nou-ve-lé] *v. tr.* et *intr.*

[ÉTYM. Composé avec re et nouveau, §§ 64, 65, 194 et 196. || XIe s. Mult haltement Munjoie renuvelent, *Roland*, 3300.]

I. *V. tr.* || 1° Rétablir dans un état nouveau, en remplaçant ce qui ne convient plus. — son mobilier, sa garde-robe. — la chambre, le sénat. Le monde se renouvelle, BOSS. *Hist. univ.* II, 1. — un sujet. La révolution française a renouvelé les institutions. — l'air dans une chambre. || *P. anal.* — un billet, en reculer l'échéance en le remplaçant par un nouveau billet. || *Fig.* Il est impossible qu'une telle âme soit renouvelée par la pénitence, BOSS. *A. de Gonz.* Les saints qui sont dans le ciel sont des hommes renouvelés, les saints qui sont sur la terre sont des hommes qui se renouvellent, ID. *2e Pâques*, 2.

|| 2° Faire naître de nouveau. Un bois qui... tous les ans se renouvelle, BUFF. *Cerf.* Tout périt et se renouvelle dans la nature, VOLT. *Dict. philos.* Platon. Vous avez vu les saisons se —, BOSS. *Le Tellier.* La persécution se renouvela, BOSS. *Hist. univ.* I, 10. — une querelle, un procès. Chacun renouvelle, Par un noble serment, le vœu d'être fidèle, CORN. *Cinna*, I, 3. — connaissance avec qqn. — un bail. Les anciens triomphes renouvelés, MONTESQ. *Rom.* 20.

|| 3° Animer d'une force nouvelle. Renouvelant leur haine avec leur souvenir, CORN. *Cinna*, I, 3. Les obstacles semblaient — ma flamme, RAC. *Bér.* IV, 5. — le souvenir d'une chose. || *Fig.* Remettre en vigueur. Charlemagne renouvela les règlements de Pépin, MONTESQ. *Espr. des lois*, XXI, 11. Un jeu de l'oie renouvelé des Grecs, MOL. *Av.* II, 1.

II. *Vieilli. V. intr.* || 1° Renaître. Ma confusion Qui renouvelle et croît à chaque occasion, CORN. *Nicom.* II, 1.

|| 2° Se fortifier. Mme de Richelieu qui renouvelle de jambes, SÉV. 771.

RENOUVELLEMENT [re-nou-vèl-man ; *en vers*, -vè-le-...] *s. m.*

[ÉTYM. Dérivé de renouveler, § 145. || XIIe s. Ce est uns renovelemenz, *Énéas*, 9986.]

|| 1° Rétablissement dans un état nouveau. Le — des meubles de son appartement. Dans ce — (de la terre) il demeure une impression éternelle de la vengeance divine, BOSS. *Hist. univ.* II, 1. Le — d'un billet. || *Fig.* Le — intérieur de nos personnes, BOURD. *Ouvert. du jubilé*, 3.

|| 2° Renaissance. Le — de la verdure. Le — des saisons. || *Fig.* Cette longue société nous a fait un — de connaissance, SÉV. 1001. Le — d'un traité, d'un bail. *Fig.* Un perpétuel — de la ferveur, BOSS. *Marie-Thérèse.*

RÉNOVATEUR, TRICE [ré-nò-và-teur, -trïs'] *s. m.* et *f.*

[ÉTYM. Emprunté du lat. renovator, *m. s.* || 1812. MOZIN, *Dict. franç.-allem.* Admis ACAD. 1878.]

|| Celui, celle qui renouvelle. *Adjectivt.* Une doctrine rénovatrice.

RÉNOVATION [ré-nò-và-syon ; *en vers*, -si-on] *s. f.*

[ÉTYM. Emprunté du lat. renovatio, *m. s.* || XIIIe-XIVe s. Li ans de deviacion, renovacion ou revocacion, *Vie des saints*, mss franç. Bibl. nat. 20330, fo limin.]

|| Action de renouveler. La — des vœux (d'un religieux).

La — de l'homme par la grâce. || La — de l'organisme par la nutrition.

RENSEIGNEMENT [ran-sèñ'-man ; *en vers, -sè-ñe-...*] *s. m.*

[ÉTYM. Dérivé de renseigner, § 145. || Admis ACAD. 1762.] || Indication destinée à nous éclairer sur qqn ou qqch. Prendre, donner, fournir des renseignements. Avoir de bons renseignements sur qqn. Entendre un témoin à titre de —, d'une manière officieuse.

RENSEIGNER [ran-sè-ñé] *v. tr.*

[ÉTYM. Composé de re et enseigner, §§ 192 et 196. || 1358. Tout renseingniet, dans LITTRÉ, *Suppl.*] || Éclairer par des indications données sur qqn ou qqch. Se — sur une affaire. Se — auprès de qqn. Faites-vous mieux —.

RENTAMER [ran-tà-mé] *v. tr.*

[ÉTYM. Composé de re et entamer, §§ 192 et 196. || 1549. R. EST. Admis ACAD. 1878.] || Entamer de nouveau.

RENTE [rànt'] *s. f.*

[ÉTYM. Du lat. pop. *rendita (class. reddita), part. passé de *rendere, rendre, pris substantivement, § 45, devenu *rend'te, § 290, rente, § 414. || XIIᵉ s. Mes rentes ad koillies, GARN. DE PONT-STE-MAX. *St Thomas*, 1472.] || **1°** *Vieilli*. Revenu annuel d'un bien exploité, affermé, etc. Un bénéfice de quatre mille livres de —, PASC. *Prov.* 12. — de bail. — en grain, en vin. Bêtes de — (par opposition aux bêtes de travail), élevées pour tirer un revenu du produit qu'elles donnent, croît, viande, laine, lait, etc. Vos chapons de —, RAC. *Plaid.* III, 1, var. || **2°** Revenu annuel en argent d'un capital qu'on fait valoir. Vivre de ses rentes. Tel, avec deux millions de —, peut être pauvre, LA BR. 6. || Vivre de ses rentes. Un titre de —. Prenez le titre et laissez-moi la —, LA F. *Contes, Faucon.* || *Spéciall*. Revenu annuel en argent constitué par contrat au profit de qqn. — viagère. || *Fig.* Ce nous est une douce — que ce monsieur Jourdain, MOL. *B. gent.* I, 1. || *Absolt*. Revenu constitué par l'État aux possesseurs des titres d'un emprunt qu'il a fait. La — française, italienne. Acheter de la —. La — est au-dessus du pair, se vend plus cher que le capital nominal des titres. La conversion de la — cinq pour cent en trois pour cent.

RENTER [ran-té] *v. tr.*

[ÉTYM. Dérivé de rente, § 154. || XIIIᵉ-XIVᵉ s. Rices bourgois emparentés Qui en boinne ville les rentés, J. DE CONDÉ, p. 184.] || Doter d'une rente. Le mieux renté de tous les beaux esprits (Chapelain), BOIL. *Sat.* 9.

RENTIER, IÈRE [ran-tyé, -tyèr] *s. m. et f.*

[ÉTYM. Dérivé de rente, § 115. || XIIᵉ s. Et panroie les rantes don la terre est rantiere, J. BODEL, *Saisnes*, tir. 51.] || Personne qui possède des rentes. Plus pâle qu'un — A l'aspect d'un arrêt qui retranche un quartier, BOIL. *Sat.* 3. || *P. ext.* Personne qui vit de ses rentes.

RENTOILAGE [ran-twà-làj'] *s. m.*

[ÉTYM. Dérivé de rentoiler, § 78. || 1752. TRÉV. Admis ACAD. 1835.] || (Technol.) Action de rentoiler.

RENTOILER [ran-twà-lé] *v. tr.*

[ÉTYM. Composé de re et entoiler, §§ 192 et 196. || 1690. FURET.] || (Technol.) Entoiler de nouveau. || *Spéciall*. — un tableau, transporter la peinture sur une toile neuve.

RENTRAÎNER [ran-trè-né] *v. tr.*

[ÉTYM. Composé de re et entraîner, §§ 192 et 196. || 1549. R. EST. Admis ACAD. 1878.] || Entraîner de nouveau. Le poids de ma fragilité me rentraîne, BOURD. *Pens. Saintes résolutions.*

RENTRAIRE [ran-trèr] *v. tr.*

[ÉTYM. Composé de re et l'anc. franç. entraire, m. s. de en et traire, §§ 192 et 196. || 1549. R. EST.] || (Technol.) Rejoindre bord à bord (deux morceaux d'étoffe) en dissimulant la couture. || *Spéciall*. Recoudre les vides laissés aux endroits où l'on change de couleur, dans la fabrication des tapisseries.

RENTRAITURE [ran-trè-tùr] *s. f.*

[ÉTYM. Dérivé de rentrait, part. de rentraire, § 111. (*Cf.* l'anc. franç. rentraieure et entraiture, dans GODEF.) || 1530. PALSGR. dans DELB. *Rec.*] || (Technol.) Couture faite en rentrayant. (*Cf.* rentrayage.)

RENTRANT, *RENTRANTE [ran-tran, -trànt'] *adj.*

[ÉTYM. Adj. particip. de rentrer, § 47. || 1652. Angles saillans et rentrans, MAYNIER, *Art de fortif.* p. 182. Admis ACAD. 1762.] || Qui rentre. Angle —, dont le sommet est en dedans de la figure (par opposition à angle saillant). || *Substantivt.* Celui, celle qui rentre au jeu. Jouer au whist avec un —.

***RENTRAYAGE** [ran-trè-yàj'] *s. m.*

[ÉTYM. Dérivé de rentraire, § 78. || *Néolog.*] || (Technol.) Action de rentraire.

RENTRAYEUR, EUSE [ran-trè-yeur, -yeûz'] *s. m. et f.*

[ÉTYM. Dérivé de rentraire, § 112. || 1564. Rentraieur, J. THIERRY, *Dict. franç.-lat.*] || (Technol.) Celui, celle qui rentrait.

RENTRÉE [ran-tré] *s. f.*

[ÉTYM. Dérivé de rentrer, § 119. || 1690. FURET.] **I.** Action de rentrer. La — d'un acteur. La — du gibier dans le bois. La — des soldats à la caserne. La — des troupes, au retour d'une expédition. La — des tribunaux, la — des classes, à la suite des vacances. || *P. ext.* La — des impôts, des contributions. La — d'une somme d'argent. Il attend des rentrées. | (Musique.) Reprise. La — d'un motif. La — des violons. **II.** Action de faire rentrer. La — des foins.

RENTRER [ran-tré] *v. intr. et tr.*

[ÉTYM. Composé de re et entrer, §§ 192 et 196. || XIᵉ s. L'eve... Rentret en son chanal, *Voy. de Charl. à Jérus.* 793.] **I.** *V. intr.* || **1°** En parlant d'une personne, entrer de nouveau dans un lieu dont elle est sortie. — dans sa chambre, dans son cabinet. — au logis. Le jour est venu quand je rentre chez moi, BOIL. *Sat.* 6. — dans la maison, et, *absolt*, Rentrons sans faire de bruit, MOL. *G. Dand.* III, 6. Rentrez tous deux, ID. *Éc. des f.* IV, 4. Mon maître en ce moment n'est pas encor rentré, REGNARD, *Joueur*, I, 2. || *P. ext.* Un soldat qui rentre dans le rang. Une bête qui rentre au gîte. || *Fig.* Il (Dieu) parle, et dans la poudre il les fait tous —, RAC. *Esth.* I, 3. Rentre dans le néant dont je t'ai fait sortir, ID. *Baj.* II, 1. Faire — qqn sous terre, faire qu'il se cache de confusion. || *P. anal.* Entrer de nouveau dans une situation qu'on a quittée. Ses terreurs paniques Ont fait rentrer l'État sous des lois tyranniques, CORN. *Cinna*, II, 2. Pouvez-vous consentir à — dans ses fers? RAC. *Andr.* I, 1. — dans l'armée. — au service. — au jeu. — en fonction, en correspondance avec qqn. Un acteur qui rentre au théâtre. Les tribunaux, les collèges, rentrent à telle époque. — en faveur. — en crédit. — dans ses droits, ses privilèges. — dans ses déboursés. — dans la possession de ses biens. Il rentre dans tout le bien de ses grands-pères, SÉV. 149. — dans l'ordre, dans le devoir. On oublie aisément les fautes des enfants lorsqu'ils rentrent dans leur devoir, MOL. *Av.* IV, 5. — en soi-même, faire retour, réfléchir sur soi-même. Les fautes font — l'homme en lui-même, FÉN. *Tél.* 22. Rentre en toi-même, Octave, et cesse de te plaindre, CORN. *Cinna*, IV, 2. — dans son sujet. || **2°** En parlant d'une chose, entrer de nouveau dans un lieu d'où elle a été tirée. Faire — l'épée dans le fourreau. Comme un grand fleuve rentre dans son lit, VOLT. *Mœurs*, 166. || *P. anal.* Une dartre rentrée, répercutée à l'intérieur du corps. | *P. exag.* Les jambes lui rentrent dans le corps, ne peuvent plus le soutenir, tant il est fatigué. | L'impôt rentre bien, est facilement recouvré. || *Fig.* La pitié, la joie, l'espérance rentre dans son cœur. Le zèle de vos dieux rentre en votre courage, CORN. *Poly.* V, 2. Cela rentre dans ses attributions. **II.** *V. tr.* Ne pas laisser dehors. — la récolte.

***RENVERSANT, ANTE** [ran-vèr-san, -sànt'] *adj.*

[ÉTYM. Adj. particip. de renverser, § 47. || *Néolog.*] || *Famil.* Qui renverse, déconcerte entièrement.

RENVERSE [ran-vèrs'] *s. f.*

[ÉTYM. Subst. particip. de renverser, § 52. || XVᵉ s. Vous eussiez tost eu la renverse, *Franc Archier de Bagnolet.*] || *Vieilli*. État de ce qui est renversé. Cette — de fortune, *Sat. Ménipp.* I, p. 45. || *Spéciall. De nos jours. Loc. adv.* A la —, dans une situation où on est renversé. Je ris au point de tomber à la —, VOLT. *Dict. philos.* rire.

RENVERSEMENT [ran-vèr-se-man] *s. m.*

[ÉTYM. Dérivé de renverser, § 145. || 1539. R. EST.] || **1°** Action de mettre à l'envers. Le — de l'utérus. Le — de l'image dans la chambre noire. || *Fig.* Le — des termes d'une fraction, d'un rapport, d'une proposition. — continuel du pour au contre, PASC. *Pens.* V, 2 *bis.* | (Musique.) Disposition inverse des notes, des accords, où les sons graves de l'intervalle à renverser deviennent les sons aigus. || **2°** Action de mettre sens dessus dessous. C'est un —

complet des papiers, des livres que j'avais rangés. || *Fig.* C'était un — du bon sens, BOSS. *Hist. univ.* II, 25.

|| 3° Action de mettre à bas. Le — des merveilles d'une ville. || *Fig.* Le — des États, des trônes. Le — du ministère. Ces événements Qui des États font les renversements, LA F. *Fab.* XII, 15. Je lui témoignai d'être étonné du — que cette doctrine apportait dans la morale, PASC. *Prov.* 4.

RENVERSER [ran-vèr-sé] *v. tr.* et *intr.*

[ÉTYM. Composé de re et enverser, §§ 192 et 196. || XIVᵉ s. Comment les boyaulx seront renversés pour laver, *Ménagier*, II, p. 126.]

I. *V. tr.* || 1° Mettre à l'envers. Le miroir concave donne des images renversées. Un côue renversé. Une troupe de Pyliens,... les armes renversées, le conduisaient (le deuil), FÉN. *Tél.* 22. | (Blason.) Chevron renversé, dont la pointe est en bas. | Une fraction renversée. — les termes d'une proposition. — les rôles. C'est le monde renversé. | (Musique.) Intervalle renversé, où les sons graves de l'intervalle à renverser deviennent les sons aigus du renversement.

|| 2° Mettre sens dessus dessous. C'est (le pédant) une bibliothèque renversée, BALZ. *Barbon.* Venait-il — l'ordre des éléments? RAC. *Ath.* I, 4. Ce mage qui d'un mot renverse la nature, CORN. *Illus. com.* I, 1. || *Fig.* La tête tourne à nos pauvres ennemis, la vue de M. de Turenne les renverse, SÉV. 406. Tout est renversé dans ma tête, je ne sais plus où j'en suis, ID. 944. Il a la physionomie toute renversée, BEAUMARCH. *B. de Sév.* III, 11. Il a la physionomie toute renversée, BEAUMARCH. *B. de Sév.* III, 11. Cet effort lui renversa la santé, ST-SIM. I, 33.

|| 3° Mettre à bas. Il a été renversé par une voiture. Carrosse versé ou renversé, selon l'intention, PASC. *Pens.* XXV, 132. Je vois d'un autre coup mon chapeau renversé, BOIL. *Sat.* 6. — son verre, ei, *p. ext.* l'eau qui est dans le verre, *P. plaisant.* La marmite est renversée, on ne dîne pas aujourd'hui à la maison. Sous leurs pieds les tables renversées, BOIL. *Sat.* 3. Qu'elle-même sur soi renverse ses murailles, CORN. *Hor.* IV, 5. Temple, renverse-toi, RAC. *Ath.* III, 7. Il a été renversé sur le dos. *P. ext.* Se — sur sa chaise, se pencher fortement en arrière. Sa nourrice... le tenait renversé sur son sein, RAC. *Ath.* I, 2. || *Fig.* Un trône indignement renversé, BOSS. *R. d'Angl.* Que de ton bras la force les renverse (les méchants), RAC. *Esth.* III, 3. — un tyran. Le ministère a été renversé. Réformer un État... en le renversant pour le redresser, DESC. *Méth.* 2. Le sénat les fit brûler comme tendants à — la religion, BOSS. *Hist. univ.* II, 27. Je vous réponds de — tout cet obstacle, MOL. *Scap.* II, 1. — en un jour l'ouvrage d'une année, RAC. *Mithr.* III, 1. L'ordre mal concerté, l'occasion mal prise, Peuvent sur son auteur — l'entreprise, CORN. *Cinna*, I, 1.

II. *Famil. V. intr.* Se renverser. Le lait a renversé sur le feu. C'est une machine à quoi il ne faut pas toucher, de peur que tout ne renverse, SÉV. 844.

RENVI [ran-vi] *s. m.*

[ÉTYM. Subst. verbal de renvier, § 52. || XVᵉ s. Par renvy l'un sur l'autre, CHASTELL. dans DELB. *Rec.*]

|| (T. de jeu.) Action de renvier; ce qui est renvié. (*Syn.* envi.) Faire un — de soixante francs.

RENVIER [ran-vyé; *en vers*, -vi-é] *v. intr.*

[ÉTYM. Composé de re et envier 1, §§ 192 et 196. || XIIᵉ-XIIIᵉ s. te renvi Au gieu, RAOUL DE HOUDENC, *Meraugis de Portlesguez*, 4585, Friedwagner.]

|| (T. de jeu.) Mettre au-dessus de l'enjeu. (*Syn.* envier.) || *Fig. Vieilli. Transitivt.* Renchérir. Vous êtes allée à Marseille pour me fuir, et moi je m'en vais à Vitré pour le — sur vous, SÉV. 169. La convoitise va tous les jours se subtilisant et renviant sur soi-même, BOSS. *Impén. fin.* 1.

RENVOI [ran-vwà] *s. m.*

[ÉTYM. Subst. verbal de renvoyer, § 52. || XVᵉ s. Mon seul secours et renvoy, A. GREBAN, *Passion*, 4993.]

|| Action de renvoyer. Le — de la classe dans ses foyers. Le — des troupes. Le — de l'escorte, du messager. Le — des marchandises. Le — d'un domestique. || Le — d'une affaire devant la juridiction compétente. Le — d'un projet de loi aux bureaux. || Le — du son, de la chaleur, de la lumière, par une surface réfléchissante. Un levier de —, et, *ellipt,* Un —, pièce coudée qui transmet le mouvement d'une sonnette en en changeant la direction. || Faire un — dans un écrit, dans un livre, renvoyer le lecteur à un autre passage. || *Spécialt.* Un —, éructation que produit une mauvaise digestion. || Le — d'une discussion au lendemain. Le — d'une affaire à huitaine.

RENVOYER [ran-vwà-yé] *v. tr.*

[ÉTYM. Composé de re et envoyer, §§ 192 et 196. || XIIᵉ s. Mort l'i renveot Eneas, *Énéas*, 6250.]

I. Faire retourner au point de départ.

|| 1° Faire retourner, envoyer de nouveau (qqn) au lieu où il a déjà été. — un enfant à l'école. Son médecin le renvoie à Vichy. Ses électeurs l'ont renvoyé à la Chambre. || *Fig.* Sa mort... Nous renvoie à l'exil, CORN. *Suréna*, V, 1. — qqn à ses études. || *P. ext.* Envoyer de nouveau (qqch). On a renvoyé vos lettres à votre nouvelle adresse. | *Fig.* Quelques biens... que le Ciel me renvoie, CORN. *Nicom.* I, 1.

|| 2° Faire retourner (qqn) au lieu d'où il vient. Monsieur... Vous la renvoie à la campagne, Chez ses parents, LA F. *Fab.* VII, 2. Il le faut à son roi — sans l'entendre, VOLT. *Brutus*, I, 1. || *Absolt.* | 1. Faire repartir. J'ai le secret de les — satisfaits, MOL. *D. Juan*, IV, 2. | 2. Faire repartir en congédiant. Je renvoie Hermione, RAC. *Andr.* III, 7. Vous me renvoyez, Madame; d'où vient ma disgrâce? MARIV. *Fausses Confid.* III, 10. — un accusé absous. La cour, leurs moyens entendus, La renvoya, LA F. *Pièces mêlées*, 1. On a renvoyé la classe dans ses foyers. || *Fig.* J'allai lui proposer un tour de promenade, il me renvoya bien loin, J.-J. ROUSS. *Ém.* 2.

|| 3° Faire reporter (une chose) à celui de qui on l'a reçue. Il lui a renvoyé son portrait et ses lettres. || *Fig.* Reporter à qqn l'honneur d'une chose. Il leur renvoie tous leurs éloges, LA BR. 1. Il en renvoyait la gloire au ministre, BOSS. *Le Tellier.* Néron... Me renvoyait les vœux d'une cour qui l'adore, RAC. *Brit.* I, 1. || *P. anal.* Rejeter à qqn ce qu'il a lancé. — la balle à qqn. | *Fig.* — la balle à qqn, lui riposter. Ils se sont renvoyé les reproches. Après maints quolibets coup sur coup renvoyés, LA F. *Fab.* III, 1. || *P. ext.* En parlant d'une surface, faire faire retour à ce qui est venu la frapper. Le mur a renvoyé la balle. Cette plaque renvoie la chaleur. Ce miroir renvoie la lumière. L'opale étincelante à la perle mêlée Renvoie un jour pompeux vers la voûte étoilée, CORN. *Tois. d'or*, II, 3. L'écho renvoie le son. Les cris que les rochers renvoyaient plus affreux, RAC. *Mithr.* II, 3.

II. Remettre à un temps plus ou moins éloigné. — au lendemain les affaires sérieuses. L'affaire a été renvoyée à huitaine. Si vous renvoyez votre conversion à la mort, vous mourrez dans votre péché, MASS. *Impén. fin.* 2. || *Absolt.* Le bal du mardi gras pensa être renvoyé, SÉV. 134. On renvoya encore une fois cette affaire, MONTESQ. *Espr. des lois*, XXVIII, 18. — aux calendes, à une époque indéterminée. (*V.* calendes.)

III. Adresser à une autre destination, comme plus appropriée. Tullus Hostilius renvoya le jugement d'Horace au peuple, MONTESQ. *Espr. des lois*, XI, 12. L'inculpé a été renvoyé devant les assises. Je les renvoie tous (les fermiers) à vos ordres, SÉV. 1356. — quelqu'un de Caïphe à Pilate (par allusion à Jésus-Christ renvoyé d'un juge à l'autre), le renvoyer à qqn qui le renvoie à un autre. Je lui avais demandé un renseignement, il me renvoie à vous. — un projet de loi à l'examen des bureaux. L'affaire a été renvoyée à qui de droit. Les chiffres qui renvoient le lecteur aux notes. Hélas! où me renvoyez-vous? CORN. *Poly.* III, 3. || *P. anal.* Le naturaliste... doit se borner aux objets que lui présente la nature et — aux artistes tout ce que l'art produit, BUFF. *Minéraux, Verres primitifs.* Ceux que les grands et le vulgaire confondent avec les savants et que les sages renvoient au pédantisme, LA BR. 1.

RÉOCCUPATION [ré-ò-ku-pà-syon; *en vers*, -si-on] *s. f.*

[ÉTYM. Dérivé de réoccuper, § 247. || *Néolog.* Admis ACAD. 1878.]

|| Action de réoccuper.

RÉOCCUPER [ré-ò-ku-pé] *v. tr.*

[ÉTYM. Composé de ré et occuper, § 275. || 1812. MOZIN, *Dict. franç.-allem.* Admis ACAD. 1878.]

|| Occuper de nouveau.

RÉORCHESTRER [ré-òr-kès'-tré] *v. tr.*

[ÉTYM. Composé de ré et orchestrer, § 275. || *Néolog.* Admis ACAD. 1878.]

|| Orchestrer de nouveau.

RÉORDINATION [ré-òr-di-nà-syon; *en vers*, -si-on] *s. f.*

[ÉTYM. Composé de ré et ordination, § 275. || 1575. Les rebaptisemens et reordinations furent défendus, BELLEFOREST, *Cosmogr. univ.* dans DELB. *Rec.* Admis ACAD. 1740.]

|| (Liturgie.) Action de réordonner.

RÉORDONNER [ré-òr-dò-né] *v. tr.*

[ÉTYM. Composé de ré et ordonner, § 275. || XVIᵉ s. Retraittes asseurees pour se reordonner, LA NOUE, *Disc. polit.* 22. Admis ACAD. 1740.]

|| (Liturgie.) Ordonner de nouveau.

RÉORGANISATION [ré-òr-gà-ni-zà-syon ; *en vers*, *-si-on*] *s. f.*

[ÉTYM. Dérivé de réorganiser, § 247. || 1812. MOZIN, *Dict. franç.-allem.* Admis ACAD. 1835.]

|| Action de réorganiser.

RÉORGANISER [ré-òr-gà-ni-zé] *v. tr.*

[ÉTYM. Composé de ré et organiser, § 275. || 1812. MOZIN, *Dict. franç.-allem.* Admis ACAD. 1835.]

|| Organiser de nouveau.

RÉOUVERTURE [ré-ou-vòr-tûr] *s. f.*

[ÉTYM. Composé de ré et ouverture, § 275. || *Néolog*. Admis ACAD. 1835.]

|| Action d'ouvrir de nouveau (un établissement qui est resté quelque temps fermé). La — d'un théâtre.

REPAIRE [re-pêr] *s. m.*

[ÉTYM. Subst. verbal de repairer, § 52. Au sens **II, 3°**, on écrit ordinairement repère. || XIᵉ s. Quant cascuns est à sun meillur repaire, *Roland*, 51.]

I. *Anciennt.* Action de revenir dans sa patrie, dans sa demeure. || *P. ext.* Action de revenir au point de départ.

II. *De nos jours. Spéciall.* || **1°** Lieu caché où se retirent les brigands, les voleurs, les gens malfaisants.

|| **2°** Lieu où se retirent les bêtes sauvages. || *P. ext.* (Vénerie.) Fiente du loup, du lièvre, du lapin.

|| **3°** Retour à un point déterminé (dit point de —) qui permet de se retrouver. *P. ext.* (Technol.) Marque pour retrouver un alignement, une hauteur, une distance, etc.

***REPAIRER** [re-pè-ré] *v. intr.*, *pron.* et *tr.*

[ÉTYM. Du lat. repatriare, *m. s.* devenu *repairdier, repairier, §§ 355, 404, 297 et 291, repairer, § 634. Au sens **II, 2°**, on écrit ordinairement repérer. ACAD. ne donne que le sens **II, 1°**, admis en 1694.]

I. *Anciennt.* —, et Se —, revenir dans sa patrie. | *P. ext.* Revenir au point de départ.

II. *De nos jours.* (Technol.) || **1°** *V. intr.* (Vénerie.) Être au repaire, au gîte.

|| **2°** *Fig. V. pron.* S'orienter.

|| **3°** *V. tr.* Marquer de points de repaire.

REPAÎTRE [re-pêtr'] *v. intr.* et *tr.*

[ÉTYM. Composé de re et paître, §§ 192 et 196. || XIIIᵉ s. Diex qui de ses biens reput Le monde, J. DE MEUNG, *Rose*, 5262.]

I. *V. tr.* Rassasier en donnant à manger. Jésus-Christ bénit cinq pains et deux poissons et en repaît cinq mille hommes, CORN. *Imit.* IV, 3, note. Ses gardiens S'en repaissant, LA F. *Fab.* X, 5. || En parlant des animaux. Le lion qui, dès qu'il est repu, ne fait de mal à personne, BUFF. *Lion.* Eux repus, tout s'endort, les petits et la mère, LA F. *Fab.* IV, 22. Je me repais de sang, BOIL. *Énigme* (Puce). || *Fig.* Je me repais un peu de gloire, MOL. *B. gent.* I, 1. Souffrir qu'un valet de chansons me repaisse, ID. *Amph.* II, 1. Le faux espoir dont on vous repaissait, ID. *Dép. am.* I, 4. Mes yeux se repaîtront des horreurs de ta peine, CORN. *Méd.* V, 8. Viens — tes yeux d'un spectacle si doux, ID. *Hor.* IV, 7.

II. *Vieilli. V. intr.* Se rassasier en mangeant. Chacun repaît, le soir étant venu, LA F. *Contes, F. du roi de Garbe.*

RÉPANDRE [ré-pândr'] *v. tr.*

[ÉTYM. Composé de re et épandre, §§ 192 et 196. || XIIᵉ s. Li vins respandus Bien est raisons qu'il soit rendus, *Floire et Blancheft.* I, 1119.]

|| Laisser couler (un liquide) sur un espace où il s'étend. — du vin sur la table. Il le répand (le ragoût) en chemin dans un autre plat et sur la nappe, LA BR. 11. Le grand prêtre a sur lui répandu l'huile sainte, RAC. *Ath.* V, 1. — des pleurs. Baucis en répandit en secret quelques larmes, LA F. *Phil. et Baucis.* — des libations. La dernière goutte qui a fait — le verre (l'a fait déborder, et, *fig.* ce qui a mis le comble), SÉV. 758. Lait répandu, nom vulgaire d'une éruption qui se produit parfois chez les femmes en couches. — le sang. Ils répandaient avec plaisir le sang du fils d'Ulysse, FÉN. *Tél.* 1. Le sang de ces héros... Sans tes profanes mains saura bien se —, RAC. *Iph.* V, 6. Une fontaine publique qu'on élève pour la —, BOSS. *Condé.* Un fleuve qui répand ses eaux dans la campagne. || *P. anal.* — du sel, du poivre. || *P. ext.* Le soleil... répand partout sa chaleur et sa lumière, MASS. *Paraphr. du ps. 18.* Je vois de toutes parts sa clarté répandue, RAC. *Ath.* III, 8. Ces fleurs répandent une odeur délicieuse. || *Fig.* Les Carthaginois répandus par toute la terre, MONTESQ. *Espr. des lois*, X, 6. Cité qui se répand par toute la terre, BOSS. *Marie-Thérèse.* D'autres hommes apostoliques

répandirent l'Évangile dans les provinces voisines, BOSS. *Hist. univ.* I, 11. La prompte renommée en répand la nouvelle, VOLT. *Tancr.* V, 4. Une opinion très répandue. Je me répands dans le monde, MONTESQ. *Lett. pers.* 63. Des gens sévères, mais... répandus dans le monde (très mondains), BOURD. *Exhort. Flagellation de J.-C. Dans le même sens.* Une personne très répandue. L'idolâtrie se répandait par tout l'univers, BOSS. *Hist. univ.* II, 2. | Son génie se répandit sur toutes les parties de l'empire, MONTESQ. *Espr. des lois*, XXXI, 18. Leurs cris... Ont répandu le trouble et la terreur, RAC. *Ath.* V, 6. Un mal qui répand la terreur, LA F. *Fab.* VII, 1. Daigne, mon Dieu, sur Mathan et sur elle — cet esprit d'imprudence et d'erreur, RAC. *Ath.* I, 2. Les aumônes de Madame... se sont répandues principalement sur les catholiques, BOSS. *D. d'Orl.* Une pâleur mortelle se répandit sur son visage, LES. *Diable boit.* 5. La chaleur... se répandra partout, BUFF. *Style.* Plus la raison manque, plus un homme violent répand d'injures, BOSS. *4ᵉ Avert. aux protest.* 4. Sa fureur contre vous se répand en injures, RAC. *Phéd.* IV, 4. *P. ext.* Cet homme se répand en injures. *Vieilli.* Des vices où l'on voit les humains se —, MOL. *Mis.* II, 4.

RÉPARABLE [ré-pà-ràbl'] *adj.*

[ÉTYM. Dérivé de réparer, § 93. || XVᵉ s. Jamais ne seroit reparable le fait, CHASTELL. dans DELB. *Rec.*]

|| Qui peut être réparé. Elle voit ma perte aisément —, CORN. *Sophon.* III, 4.

REPARAÎTRE [re-pà-rêtr'] *v. intr.*

[ÉTYM. Composé de re et paraître, §§ 192 et 196. || 1611. Reparoistre, COTGR. Admis ACAD. 1798.]

|| Paraître de nouveau. Le fils du seigneur alcade qui n'a pas reparu, PICARD, *Alc. de Molor.* III, 18. || *Fig.* Les mêmes folies semblent être destinées à — de temps en temps sur la scène du monde, VOLT. *Mœurs*, 31.

RÉPARATEUR, TRICE [ré-pà-rà-teûr, -trîs'] *s. m.* et *f.*

[ÉTYM. Emprunté du lat. reparator, *m. s.* (*Cf.* l'anc. franç. repareor.) || XIVᵉ s. De l'humaine lignie le bein reparateur, GILLES LI MUISIS, dans DELB. *Rec.*]

|| Celui, celle qui répare. Un — d'objets d'art, de meubles anciens. || *Fig.* Le Rédempteur. Puissant — des misères humaines, CORN. *Imit.* IV, 4. Que la nature est corrompue ;... qu'il y a un —, PASC. *Pens.* XXII, 1. | Un — de torts, celui qui se pose en vengeur des injures des autres. || *Adjectivt.* Le gouvernement — de Charles V. L'administration réparatrice de Colbert.

RÉPARATION [ré-pà-rà-syon ; *en vers*, *-si-on*] *s. f.*

[ÉTYM. Emprunté du lat. reparatio, *m. s.* || 1310. La reparacion des edelisses de leur maison, dans DELB. *Rec.*]

|| Action de réparer. | 1. Action de remettre en bon état. La — d'un mur, d'une maison. *P. ext.* Résultat de cette action. Faire des réparations dans une maison. Réparations urgentes. Grosses réparations. Menues réparations ou réparations locatives. Aucune des réparations réputées locatives n'est à la charge des locataires, quand elles ne sont occasionnées que par vétusté ou force majeure, *Code civil*, art. 1755. | 2. Action de faire disparaître ou de compenser le dommage causé par qqn. La — d'un tort, d'une offense. Une — d'honneur. Faire — à qqn. Accepter, refuser une —. Demander, réclamer, tirer une —. Il n'y a point de — pour une pareille injure. | *Spéciall.* (Droit.) Réparations civiles, somme adjugée par le tribunal comme dédommagement du tort causé.

RÉPARER [ré-pà-ré] *v. tr.*

[ÉTYM. Emprunté du lat. reparare, *m. s.* || XIIᵉ s. Se un petit fust reparez, *Énéas*, 7284.]

I. Remettre en état (ce qui a été endommagé). — un mur, un toit. Les ruines d'une maison Se peuvent —, LA F. *Fab.* VII, 5. Semblables... à des tours qui sauraient réparer leurs brèches, BOSS. *Condé.* || *Spéciall.* (Technol.) — un cadre, des moulures, leur rendre par le grattage la forme altérée par des couches de blanc. — une figure jetée en moule, en enlever les défauts produits par le jet. — au marteau une surface planée. — des étoffes de laine, redresser le poil. || *Fig.* Le Ciel même peut-il — les ruines De cet arbre séché jusque dans ses racines? RAC. *Ath.* I, 1. Soutenir ma vieillesse et — mon sang, CORN. *Ment.* II, 5. Que notre langue, à peine corrompue, se voit réparée, LA BR. 1. Réparer promptement votre force abattue, RAC. *Phéd.* I, 3. Le sommeil réparant la nature, ID. *Poés. div.* 1. Pour — des ans l'irréparable outrage, ID. *Ath.* II, 5. Que l'on règle le nombre des mariages, de manière que le peuple se répare sans que la république soit surchargée, MONTESQ. *Espr. des lois*, XXIII, 17.

II. Faire disparaître ou compenser (le dommage causé par qqn, par qqch). Le châtiment répare l'ordre du monde blessé par l'injustice, BOSS. *Conn. de Dieu*, v, 6. Des fautes si sincèrement reconnues et, dans la suite, si glorieusement réparées, ID. *Condé.* — ses torts. De si mortels affronts ne se réparent point, CORN. *Cid*, II, 3. — un oubli. — le temps perdu. On les répare (les fautes) quand on les pleure, BOSS. *R. d'Angl.* Mon fils, viens — ma honte, BOIL. *Chapel. décoiffé*, SC. 3. L'argent répare toute chose, LA F. *Contes, Scamandre.* Il est né gentilhomme, et sa vertu répare Tout ce dont la fortune envers lui fut avare, CORN. *Veuve*, II, 2.

RÉPARITION [ré-pà-ri-syon ; *en vers*, -si-on]. *V.* réapparition.

REPARLER [re-pàr-lé] *v. intr.*

[ÉTYM. Composé de re et parler, §§ 192 et 196. ‖ XIIᵉ s. David reparlad al bacheller, *Rois*, II, 1. Admis ACAD. 1798.]

‖ Parler de nouveau. Nous reparlerons de cette affaire.

***REPART** [re-pàr] *s. m.*

[ÉTYM. Subst. verbal de repartir, § 52. (*Cf.* départ.) ‖ XVIᵉ-XVIIᵉ s. A l'essay et repart de vos paroles, PASQ. *Lett.* VII, 3.]

‖ *Vieilli.* Action de repartir. (*Cf.* repartie.) ‖ 1. *Au propre.* Le — du cheval te laissa à terre, D'AUB. *Vie*, ann. 1572. ‖ 2. *P. anal.* Prompte réponse. Il a le — brusque, MOL. *Éc. des m.* I, 4. Des exemples qui sont sans — (sans réplique), LE P. GARASSE, *Doctr. cur.* p. 507.

REPARTIE [re-pàr-tî] *s. f.*

[ÉTYM. Subst. particip. de repartir, § 45. ‖ XIIIᵉ s. Celui... Ki pas n'enquiert departie De sa douce repartie, *Chanson*, dans LA C.]

‖ Prompte réponse (de vive voix). (*Syn.* repart.) Une — heureuse, brusque, plaisante. L'offensante aigreur de chaque —, MOL. *F. sav.* IV, 3. Des reparties aussi promptes que l'éclair, BARTHÉLEMY, *Anacharsis*, 48. ‖ *Absolt.* Sans — (sans qu'il y ait rien à dire contre), La femme est toujours femme, MOL. *Dép. am.* IV, 2.

REPARTIR [re-pàr-tîr] *v. intr.*

[ÉTYM. Composé de re et partir, §§ 192 et 196. ‖ XVIᵉ s. Si je n'ay de quoy repartir brusquement sur le champ, MONTAIGNE, III, 8.]

I. Partir de nouveau. A peine arrivé, il a dû —. ‖ *Fig.* Lui, d'une troisième (révérence) aussitôt repartant, MOL. *Éc. des f.* II, 5.

II. *P. anal.* Répondre immédiatement (de vive voix). Le mari repart, sans songer : Tu ne leur portes point à boire ? LA F. *Fab.* III, 7. ‖ *P. ext.* Répondre vivement par écrit. Vous me traitez comme un imposteur insigne et ainsi vous me forcez à —, PASC. *Prov.* 12. ‖ *Transitivt* (*rare*). Il ne lui a reparti que des impertinences, ACAD.

RÉPARTIR [ré-pàr-tîr] *v. tr.*

[ÉTYM. Pour repartir, § 502, composé de re et partir, partager, §§ 192 et 196. ‖ XIIᵉ-XIIIᵉ s. Et ju... Il reparce le confort de mon defandement, *Homélies de St Gregoire*, p. 59, Hofmann.]

‖ Partager entre plusieurs en attribuant à chacun ce qui lui revient. — les bénéfices entre associés. — l'impôt d'une manière équitable. — les soldats d'une classe entre les divers régiments.

RÉPARTITEUR, *RÉPARTITRICE [ré-pàr-ti-teùr, -trîs'] *s. m.* et *f.*

[ÉTYM. Dérivé de répartir, § 249. ‖ *Néolog.* Admis ACAD. 1835.]

‖ Celui, celle qui est chargé de la répartition. ‖ *Adjectivt.* Commissaire —, chargé de répartir les contributions.

RÉPARTITION [ré-pàr-ti-syon ; *en vers*, -si-on] *s. f.*

[ÉTYM. Dérivé de répartir, § 247. ‖ 1690. FURET.]

‖ Action de répartir. La — de la richesse. La — des contributions, des bénéfices d'une affaire, des secours aux indigents. Mode de —. Impôt de —, où chaque commune doit payer une somme déterminée, à répartir entre les habitants.

REPAS [re-pà] *s. m.*

[ÉTYM. Pour repast, tiré de repaître, d'après l'anc. franç. past (lat. pastum), nourriture, §§ 193 et 196. ‖ XIVᵉ s. Que li cheval ont pris leur repast simplement, *Brun de la Montagne*, dans DELB. *Rec.*]

I. *Anciennt.* Nourriture. Tu as tout seul ton boire et ton —, MAROT, *Épigr.* 233.

II. *Spécialt.* ‖ 1° Nourriture qu'on prend à heures réglées (déjeuner, dîner, souper). Je... ferai fort bien mes quatre — par jour, LES. *Estev. Gonzalez*, 28. Le déjeuner est son meilleur —.

‖ 2° Festin. Un — de noces. Un — de corps. Voilà un — tout à fait magnifique, MOL. *B. gent.* IV, 1. S'étendre sur un — magnifique... devant des gens qui sont réduits à épargner leur pain, LA BR. 5.

REPASSAGE [re-pá-sàj'] *s. m.*

[ÉTYM. Dérivé de repasser, § 78. ‖ 1596. Servitude, comme de passage, repassage, dans DELB. *Rec.* Admis ACAD. 1835.]

‖ Action de repasser. ‖ *Spécialt.* ‖ 1. Action de retoucher (une montre). ‖ 2. Action d'aiguiser. — de ciseaux, de couteaux. ‖ 3. Action de passer un fer chaud sur du linge, sur une étoffe.

***REPASSE** [re-pás'] *s. f.*

[ÉTYM. Subst. verbal de repasser, § 52. ‖ 1812. MOZIN, *Dict. franç.-allem.*]

‖ (Technol.) Grosse farine mêlée de son.

REPASSER [re-pá-sé] *v. intr.* et *tr.*

[ÉTYM. Composé de re et passer, §§ 192 et 196. ‖ XIIᵉ-XIIIᵉ s. Vos m'avoiz par vos jeu repasseit, dans BARTSCH, *Rom. und Past.* I, 44.]

I. *V. intr.* Passer de nouveau dans un lieu. Elle... repasse enfin en Angleterre, BOSS. *R. d'Angl.* Elle (la belette)... Veut sortir par le trou, Ne peut plus —, LA F. *Fab.* III, 17. ‖ *Absolt.* Il passe, vient, repasse, MOL. *Éc. des f.* II, 5. L'homme passe ainsi (à la danse), puis la femme repasse, ID. *Fâch.* I, 3. ‖ Tant d'objets différents qui, tour à tour,... passent et repassent, BOURD. *Divertiss. du monde*, 3. Ne laissez nulle place Où la main ne passe et repasse, LA F. *Fab.* V, 9. — avec le crayon sur les traits d'une esquisse. ‖ *Fig.* Revenir par la pensée. Nous repassons avec amertume sur tous nos faux pas, BOSS. *R. d'Angl.* S'ils (les vieillards) repassent alors sur tout le cours de leurs années, LA BR. 11. Plus mon esprit y repasse, MOL. *Amph.* III, 1. Je ne sais pas ce qui vous repasse dans la tête, SÉV. 733.

II. *V. tr.* ‖ 1° Traverser de nouveau. Il n'a pu sortir de ce triste séjour Ni — les bords qu'on passe sans retour, RAC. *Phèd.* II, 1. Je ne voudrais point que vous allassiez — la Durance, SÉV. 553. Nos... escadrons Aux aigles de Sylla font — les monts, CORN. *Sertor.* II, 2. ‖ *Fig.* Parcourir de nouveau en sa pensée. Si je n'eusse sans cesse repassé dans mon esprit ma triste aventure, FÉN. *Tél.* 15. — un compte, l'examiner de nouveau. — avec larmes ses ans écoulés parmi tant d'illusions, BOSS. *A. de Gonz.* ‖ *P. ext.* Étudier à plusieurs reprises. — sa leçon. Pour jouer mon rôle sans peine, Je le veux un peu —, MOL. *Amph.* I, 1.

‖ 2° Faire passer de nouveau (qqn ou qqch). Le batelier passe et repasse les voyageurs d'une rive à l'autre. ‖ *Fig.* Repassant mon esprit sur tous les objets, DESC. *Méth.* 6. ‖ *P. ext.* (Technol.) — la lime sur un ouvrage de fer, de cuivre. — des couteaux, des ciseaux, etc., sur la meule, pour les aiguiser, et, *absolt,* — un couteau, l'aiguiser. — du linge, une étoffe, faire passer un fer chaud sur le linge, sur l'étoffe, pour l'unir. — une montre, en retoucher les rouages.

***REPASSEUR, REPASSEUSE** [re-pá-seùr, -seûz'] *s. m.* et *f.*

[ÉTYM. Dérivé de repasser, § 112. ACAD. ne donne que le fém., admis en 1835. ‖ 1812. MOZIN, *Dict. franç.-allem.*]

‖ (Technol.) Ouvrier, ouvrière qui repasse. ‖ *Spécialt.* ‖ 1. *S. m.* — de couteaux, ciseaux, etc., celui qui les aiguise. ‖ 2. *S. f.* Repasseuse de linge, celle qui l'unit avec un fer chaud.

REPAVER [re-pà-vé] *v. tr.*

[ÉTYM. Composé de re et paver, §§ 192 et 196. ‖ 1412-1413. Pour avoir abatu et redrecé l'autel... et repavé autour d'icelly, dans *Bibl. de l'Éc. des chartes*, 1862, p. 241.]

‖ Paver de nouveau. On a repavé la place du Carrousel.

REPÊCHER [re-pè-ché] *v. tr.*

[ÉTYM. Composé de re et pêcher, §§ 192 et 196. ‖ 1549. Repescher, R. EST.]

‖ 1° Pêcher de nouveau. Je serai par vous repêchée, LA F. *Fab.* V, 3.

‖ 2° *P. ext.* Retirer de l'eau (ce qui y est tombé). — un noyé. ‖ *Fig. Famil.* — qqn, le retirer d'une mauvaise passe.

REPEINDRE [re-pindr'] *v. tr.*

[ÉTYM. Composé de re et peindre, §§ 192 et 196. ‖ 1392. Pour repaindre le cœur, dans DELB. *Rec.* Admis ACAD. 1798.]

‖ Peindre de nouveau. — certaines parties dans un tableau. Il y a des endroits repeints, et, *substantivt,* Il y a des repeints. || Faire — les boiseries d'un salon. || *Fig.* Je ne songeais qu'à me — l'image de ce héros, FÉN. *Tél.* 15.

REPENSER [re-pan-sé] *v. intr.*

[ÉTYM. Composé de re et penser, §§ 192 et 196. || XIIIᵉ s. Ge repenseré a toi touz mes anz en amerté, *Psaut.* dans LITTRÉ. Admis ACAD. 1835.]

|| Penser de nouveau. Adonis repense à l'heur qu'il a perdu, LA F. *Adonis.* || *Absolt.* Il rumine, il repense, LA F. *Contes, Confidente.*

REPENTANCE [re-pan-tāns'] *s. f.*

[ÉTYM. Dérivé de se repentir, § 146. || XIIᵉ s. Petit et petit est venuz a repentance, GARN. DE PONT-STE-MAX. *St Thomas*, 3807.]

|| *Vieilli.* Repentir. Un pécheur ému d'une humble —, BOIL. *Ép.* 12.

REPENTANT, ANTE [re-pan-tan, -tänt'] *adj.*

[ÉTYM. Adj. particip. de se repentir, § 47. || XIIᵉ s. Molt fu bien repentant, *Roncev.* tir. 245, Fœrster.]

|| Qui se repent. Une âme repentante. | *Substantivt.* Elle crut faire acte de repentante, LA F. *Contes, Diable en enfer.*

1. REPENTIR (SE) [re-pan-tīr] *v. pron.*

[ÉTYM. Composé de re et l'anc. franç. pentir, qui est le lat. pop. *penitjre (class. pœnitēre), m. s. §§ 192 et 196. || XIᵉ s. Forment s'en repentit, *Voy. de Charl. à Jérus.* 31.]

|| **1°** Ressentir le regret d'une faute, avec le désir de la réparer et de n'y plus retomber. Élus du siècle qui, cherchant à autoriser leurs désordres, dès là n'ont nulle disposition à s'en —, BOURD. *Sévérité de la pénit.* 1. *Au part. passé pris substantivt.* Les repenties, filles, femmes qui se retirent du désordre dans une maison religieuse.

|| **2°** Ressentir le regret d'une action, d'une résolution. Il a été clément jusqu'à être obligé de s'en —, BOSS. *R. d'Angl.* On se repent d'avoir bravé l'orage, BOIL. *Sat.* 12. Il s'en repentira. Je t'en ferai —.

2. REPENTIR [re-pan-tīr] *s. m.*

[ÉTYM. Infinitif pris substantivt, § 49. || XIIᵉ s. Poi vaudra peis le repentir, ÉT. DE FOUGÈRES, *Livre des man.* dans DELB. *Rec.*]

|| **1°** Regret d'une faute avec le désir de la réparer et de n'y plus retomber. Il reconnaîtra son injustice, et son — l'effacera, BOURD. *Éloign. de Dieu*, 2. Il n'est crime envers moi qu'un — n'efface, CORN. *Cinna*, IV, 1. Le chemin est encore ouvert au —, RAC. *Baj.* II, 1.

|| **2°** Regret d'une action, d'une résolution. Un lâche — d'une bonne action, CORN. *Cid*, III, 4. A ses colères succédait toujours un — gai, FONTEN. *Éloges, Montmort.*

|| **3°** *Fig. Famil.* Boucles de cheveux que les femmes laissent pendre des deux côtés du visage.

REPERCER [re-pèr-sé] *v. tr.*

[ÉTYM. Composé de re et percer, §§ 192 et 196. || 1549. R. EST. Admis ACAD. 1835.]

|| Percer de nouveau.

RÉPERCUSSIF, IVE [ré-pèr-küs'-sïf', -sïv'] *adj.*

[ÉTYM. Dérivé du lat. repercussus, part. de repercutere, répercuter, § 257. || XIVᵉ s. Les repercussis, *Chirurg. de Lanfranc*, dans LITTRÉ. Admis ACAD. 1762.]

|| (Technol.) Qui produit la répercussion. *Spéciall.* (Médec.) Un médicament —, et, *substantivt*, Un —.

RÉPERCUSSION [ré-pèr-küs'-syon; *en vers*, -si-on] *s. f.*

[ÉTYM. Emprunté du lat. repercussio, *m. s.* || XIIIᵉ-XIVᵉ s. Par repercussion ne par resolucion, *Chirurg. de Mondeville*, 812, Bos.]

|| (T. didact.) || **1°** Choc en retour. || *P. anal.* La — du son, de la chaleur.

|| **2°** (Médec.) Action d'un remède qui répercute le mal.

RÉPERCUTER [ré-pèr-ku-té] *v. tr.*

[ÉTYM. Emprunté du lat. repercutere, *m. s.* || XIVᵉ s. Repercute chault apostume, *Chirurg. de Lanfranc*, dans LITTRÉ.]

|| (T. didact.) || **1°** Produire un choc en retour. || *P. ext.* Ce mur répercute le son. Une plaque qui répercute la chaleur.

|| **2°** *P. anal.* (Médec.) Déplacer une affection locale en la faisant passer sur une autre partie du corps.

REPERDRE [re-pèrdr'] *v. tr.*

[ÉTYM. Composé de re et perdre, §§ 192 et 196. || XIIᵉ s. Et reperdeit ausi sovent, BENEEIT, *Ducs de Norm.* dans DELB. *Rec.* Admis ACAD. 1835.]

|| **1°** Perdre de nouveau. On l'a remis dans son chemin, il s'est reperdu. || *Fig.* Cette âme, qu'on avait arrachée au mal, s'est reperdue.

|| **2°** Perdre ce qu'on vient de gagner. Il a tout reperdu sur ce coup de dés. || *Fig.* Il reperdit le terrain qu'il avait gagné sur l'ennemi. Il a reperdu l'avantage.

REPÈRE. *V.* repaire.

***REPÉRER** [re-pè-ré et re-pé-ré]. *V.* repairer.

RÉPERTOIRE [ré-pèr-twâr] *s. m.*

[ÉTYM. Emprunté du lat. repertorius, *m. s.* de reperire, trouver. || XIVᵉ-XVᵉ s. Ystoire Escripte au long par repertoire, EUST. DESCH. IX, 370.]

|| **1°** Sorte de table où les matières sont classées dans un ordre qui permet de les retrouver aisément. Un — de jurisprudence. || *Spéciall.* | **1.** Livre de commerçant où sont classés les noms de ceux qui ont des comptes sur le grand livre. | **2.** Registre timbré où les officiers publics (notaires, huissiers) doivent inscrire les actes qu'ils reçoivent ou qu'ils rédigent. || *Fig.* En parlant d'une personne qui sait les choses exactement. C'est un — vivant.

|| **2°** Liste des pièces restées à un théâtre et susceptibles d'être reprises. Le — de la Comédie française. Le — classique, et, *absolt*, Jouer le —.

RÉPÉTAILLER [ré-pé-tá-yé] *v. tr.*

[ÉTYM. Dérivé de répéter, § 161. || Admis ACAD. 1762.]

|| *Famil.* Répéter sans cesse.

RÉPÉTER [ré-pé-té] *v. tr.*

[ÉTYM. Emprunté du lat. repetere, *m. s.* || XIIᵉ-XIIIᵉ s. Ja n'i avra mot repeté, Que je sache, se de voir non, RAOUL DE HOUDENC, *Meraugis de Portlesguez*, 314, var. Friedwagner.]

I. Recommencer à dire, à faire (qqch) à plusieurs reprises.

|| **1°** Redire à plusieurs reprises, de vive voix ou par écrit. | **1.** Ce qu'on a déjà dit. Ce nom qu'à tous moments votre bouche répète, RAC. *Bér.* I, 4. Il se les fit — trois fois (les prières des agonisants), BOSS. *Condé.* Tu répètes toujours Mêmes discours, FLOR. *Fab.* I, 7. La chambrière... Ne se le fait pas deux fois —, LA F. *Contes, Gageure.* Je vous répète qu'on ne peut pas entrer. *Absolt.* Il fait — celui qui l'entretient, LA BR. 6. Les vieillards sont sujets à se —. | Quand dans un discours se trouvent des mots répétés, PASC. *Pens.* VII, 21. Quand on répète la pensée, il faut fortifier l'expression, VOLT. *Comment. sur Corneille*, Polyeucte, V, 3. Corneille s'est beaucoup moins répété lui-même que Racine n'a fait, FONTEN. *Parall. Rac. et Corn.* | 2. Ce qu'un autre a dit. Un enfant qui répète ce qu'il a entendu dire. C'est une chose qu'il ne faut pas —. *Absolt.* Répétez avec moi, MOL. *G. Dand.* I, 6. — une leçon. Le renard... Répétait les leçons que lui donnait son maître, LA F. *Fab.* XII, 9. De votre ami répétez les chansons, BÉRANG. *Bonne Vieille.* Ses airs tant répétés dans le monde, BOSS. *Comédie*, 3. || *P. anal.* Les échos de la montagne répètent sans cesse le bruit des vents, B. DE ST-P. *Paul et Virg.* Une horloge, une montre qui répète les heures, qui les fait sonner de nouveau quand on pousse un ressort. | — un rôle. Employons ce temps à — notre affaire et voir la manière dont il faut jouer les choses, MOL. *Impr. sc.* 1. — une pièce.

|| **2°** Refaire à plusieurs reprises (ce qu'on a déjà fait). — chaque jour les mêmes exercices. — une expérience. Des cris répétés. — des signaux. || *P. ext.* Une image qui se répète dans les glaces. Des ornements répétés sur tous les panneaux.

II. || **1°** Demander à reprendre. Des biens à —, des partages à faire, GRESSET, *Méchant*, II, 3. Les soldats vétérans qui craignaient qu'on ne répétât les dons immenses qu'ils avaient reçus, MONTESQ. *Rom.* 1. — les dommages et intérêts, *Code civil*, art. 1205. Qu'il ne faut point — un plaisir qu'on a fait (demander qu'on nous oblige en retour), MALH. *Bienf. de Sénèq.* VII, 23.

|| **2°** Chercher à revoir. Qui en voudra voir davantage sur cette matière peut — les endroits de cette histoire où il en est parlé, BOSS. *Var.* XV, 140.

RÉPÉTITEUR [ré-pé-ti-teùr] *s. m.*

[ÉTYM. Emprunté du lat. repetitor, *m. s.* || 1680. RICHEL.]

|| (T. didact.) Celui qui répète. || *Spéciall.* | **1.** —, et, *p. appos.* Maître —, maître d'étude qui répète, explique à nouveau aux élèves la leçon du professeur. | **2.** (Marine.) Bâtiment d'une escadre qui répète, transmet les signaux de l'amiral. || *Adjectivt.* Cercle —, instrument d'astronomie qui sert à répéter et à varier les observations, pour prendre une moyenne et diminuer les chances d'erreur.

RÉPÉTITION [ré-pé-ti-syon; *en vers*, -si-on] *s. f.*

[ÉTYM. Emprunté du lat. repetitio, *m. s.* || 1385. Faicte repeticion du cas, dans DOUET D'ARCQ, *Pièces relat. à Ch. VI*, II, 160.]

I. Action de redire, de refaire à plusieurs reprises ce qui a été dit, ce qui a été fait.

|| 1° Action de redire. C'est la — de ce que vous avez déjà dit. Je ne fais que de misérables répétitions, SÉV. 875. Des répétitions de mots. En général, toute — affaiblit l'idée, VOLT. *Commentaire sur Corneille*, Pompée, III, 4. Montre à —, à sonnerie qui répète les heures quand on pousse un ressort. Donner une — à un élève, lui répéter l'enseignement du professeur. La — d'une pièce, action de répéter les rôles avant de la représenter en public. Cette pièce est en —. Souffrez que j'interrompe pour un peu la —, MOL. *Impr.* sc. 5. La — générale, dernière répétition d'ensemble avant la première représentation.

|| 2° Action de refaire. La — fastidieuse des mêmes actes, BARTHÉLEMY, *Anacharsis*, 78. La — des signaux. Ce tableau est une — de celui qui est au Louvre.

II. (Droit.) Action de redemander. Ce qui a été payé sans être dû est sujet à —, *Code civil*, art. 1235.

REPÉTRIR [re-pé-trīr] v. tr.
[ÉTYM. Composé de re et pétrir, §§ 192 et 196. || 1549. Repestrir, R. EST.]
|| Pétrir de nouveau. || *Fig.* Reconstituer. La Troche a si bien repétri... sa fortune, SÉV. 476.

REPEUPLEMENT [re-peu-ple-man] *s. m.*
[ÉTYM. Dérivé de repeupler, § 145. || 1611. COTGR. Admis ACAD. 1762.]
|| Action de repeupler (un pays, une rivière, un bois).

REPEUPLER [re-peu-plé] *v. tr.*
[ÉTYM. Composé de re et peupler, §§ 192 et 196. || XIII° s. Mes desers d'Abilant en sera repoplés, *Conq. de Jérusalem*, dans DELB. *Rec.*]
|| Peupler de nouveau. — une contrée, un étang, une forêt.

REPIC [re-pĭk'] *s. m.*
[ÉTYM. Composé de re et pic 1, §§ 193 et 196. || XVII° s. *V.* à l'article.]
|| Au jeu de piquet, coup où celui qui fait trente points sans que l'adversaire ait rien compté, compte quatre-vingt-dix points. Faire —. || *Adjectivt.* Il me fait vingt fois pic, — et capot, QUINAULT, *Amant ind.* I, 4. || *Fig.* Vous allez faire pic, — et capot tout ce qu'il y a de galant dans Paris (l'emporter sur tout ce qu'il y a de galant), MOL. *Préc. rid.* sc. 9.

REPIQUAGE [re-pi-kàj'] *s. m.*
[ÉTYM. Dérivé de repiquer, § 78. || *Néolog.* Admis ACAD. 1878.]
|| (Technol.) Action de repiquer.

REPIQUER [re-pi-ké] *v. tr.*
[ÉTYM. Composé de re et piquer, §§ 192 et 196. || 1549. R. EST. Admis ACAD. 1878.]
|| 1° Piquer de nouveau. — un col à la machine.
|| 2° Replanter (de jeunes plantes venues de semis).
|| 3° Refaire (un pavage) en remplaçant les pavés détériorés. | Remettre (une route) de niveau.

RÉPIT [ré-pi] *s. m.*
[ÉTYM. Du lat. respĕctum, respect, égard, devenu *respieit, respit, §§ 316, 386 et 291, répit, § 422.]
|| Suspension (d'une chose pénible) accordée à qqn. Donner du — à un débiteur. Lettres de —, par lesquelles le roi suspendait les poursuites d'un créancier. Les attaques de l'ennemi ne leur laissent pas de —. || *P. ext.* Les douleurs ne lui laissent pas un moment de —.

REPLACER [re-plà-sé] *v. tr.*
[ÉTYM. Composé de re et placer, §§ 192 et 196. || XVII° s. *V.* à l'article. Admis ACAD. 1798.]
|| Placer de nouveau. — un meuble. || — un employé, un domestique. || *Fig.* Un trône où ce héros a su le —, CORN. *Suréna*, V, 4.

REPLANTER [re-plan-té] *v. tr.*
[ÉTYM. Composé de re et planter, §§ 192 et 196. || 1306. Frasiers et framboisiers pour replanter entour les praiaus, dans DELB. *Rec.* Admis ACAD. 1835.]
|| Planter de nouveau. — un arbuste, le planter ailleurs. || *P. ext.* — un terrain, le regarnir de plantes. || *Fig.* Me voilà toute replantée (installée de nouveau) à Paris, SÉV. 1088.

REPLÂTRAGE [re-plà-tràj'] *s. m.*
[ÉTYM. Dérivé de replâtrer, § 78. || Admis ACAD. 1762.]
|| Réparation superficielle faite avec du plâtre. || *Fig. Famil.* Raccommodage précaire. Cette paix n'est qu'un —.

REPLÂTRER [re-plà-tré] *v. tr.*
[ÉTYM. Composé de re et plâtrer, §§ 192 et 196. || 1549. Replastrer, R. EST. Admis ACAD. 1762.]
|| Réparer superficiellement avec du plâtre. Il n'est pas ici question de — seulement cet édifice, BOSS. *2e Pâques*, 1. *Fig. Famil.* Raccommoder d'une manière précaire. Enfin tout fut replâtré, ST-SIM. 1, 199.

REPLET, PLÈTE [re-plè, -plĕt'] *adj.*
[ÉTYM. Emprunté du lat. repletus, *m. s.* proprt, « rempli ». || XIV° s. Le Ciel... replet de pluie, ORESME, *Éth.* dans GODEF.]
|| Qui a un peu d'embonpoint. Une petite femme replète, SCARR. *Rom. com.* I, 10. Couleur vermeille et visage —, LA F. *Contes, Diable de Papefig.*

RÉPLÉTION [ré-plé-syon ; *en vers*, -si-on] *s. f.*
[ÉTYM. Emprunté du lat. repletio, *m. s.* || 1314. De trop grant replection ou de trop grant inanition, *Chirurg. de Mondeville*, 1258, Bos.]
|| (T. didact.) Plénitude excessive d'aliments. || *P. ext.* Surabondance de sang, d'humeur. La sueur dont vous êtes mouillé vient de —, suivant la médecine, LA F. *Ragotin*, III, 7.

REPLEUVOIR [re-pleu-vwàr] *v. impers.*
[ÉTYM. Composé de re et pleuvoir, §§ 192 et 196. || 1549. Replouvoir, R. EST. Admis ACAD. 1878.]
|| Pleuvoir de nouveau.

REPLI [re-pli] *s. m.*
[ÉTYM. Subst. verbal de replier, § 52. || 1539. Replis, R. EST.]
|| Action de replier ; résultat de cette action.
|| 1° Pli doublé. Faire un — à une jupe. Le mésentère est formé par un — du péritoine. || *P. ext.* Pli répété. Les replis d'une écharpe. D'un front ridé les replis jaunissants, CORN. *Sertor.* II, 1.
|| 2° Pli qui dissimule qqch. Le papier attaché Aux replis de sa robe où lui l'avait caché, MAIRET, *Sophon.* I, 4. || *Fig.* C'est vous, Seigneur, qui sondez les âmes et qui en découvrez les plis et replis les plus cachés, BOURD. *1er Jugem. dern.* 2.
|| 3° Ondulation. L'animal (le serpent) siffle aussitôt, Puis fait un long —, LA F. *Fab.* VI, 13. Sa croupe se recourbe en replis tortueux, RAC. *Phèd.* V, 6. || *P. anal.* Sinuosité. Elle (la Loire) a peu de replis dans son cours mesuré, LA F. *Lett.* 7. Être caché dans un — de terrain.

REPLIEMENT [re-pli-man] et **REPLOIEMENT** [re-plwà-...] *s. m.*
[ÉTYM. Dérivé de replier, reployer, § 145. || XIII° s. Par reploiement ou par nombre ou par simple conclusion, BRUN. LATINI, *Trésor*, p. 537. Admis ACAD. 1878.]
|| Action de replier. *Spécialt.* (T. milit.) Le — d'une troupe, d'un poste.

REPLIER [re-pli-yé] et **REPLOYER** [-plwà-yé] *v. tr.*
[ÉTYM. Composé de re et plier, ployer, §§ 192 et 196. (*Cf.* le doublet répliquer.) || XIII° s. Il reploia et mua ce que tu entendoies, BRUN. LATINI, *Trésor*, p. 557.]
|| 1° Plier de nouveau (ce qui a été déplié). — une pièce d'étoffe. Clymène ayant enfin reployé son ouvrage, LA F. *Filles de Minée.* || *P. ext.* Plier plusieurs fois. Ils se rejoignent, ils se saisissent, ils se replient comme des serpents, VOLT. *Zadig*, 19. Ses jambes souples et nerveuses se repliaient avec vigueur et légèreté, FÉN. *Tél.* 17. || *Fig.* Il faut qu'en cent façons, pour plaire, il (l'auteur) se replie, BOIL. *Art p.* 3.
|| 2° Ramener (ce qui a été déployé). Un oiseau qui replie ses ailes. Il (le paon) replie ses trésors, BUFF. *Paon.* || *P. ext.* — des troupes, les ramener en arrière. Le régiment se replia en bon ordre. || *Fig.* Battu sur ce point, il se replie sur un autre. Sur elle-même enfin mon âme se replie, ST-LAMBERT, *Saisons*, 3. La réflexion est la puissance de se — sur ses idées, VAUVEN. *Réflexion.*

RÉPLIQUE [ré-plik'] *s. f.*
[ÉTYM. Subst. verbal de répliquer, § 52. || XV° s. Sans faire repliques, CH. D'ORL. *Chansons*, 77.]
|| 1° Action de répondre à ce que qqn a répondu. C'est pour commencer une manière de duplique à votre —, SÉV. 84. Ce conseil aigre-doux mérite une —, DESTOUCHES, *Philos. marié*, I, 4. || *Spécialt.* (Droit.) Réponse à la réponse de la partie adverse. La — d'un avocat.
|| 2° Action de répondre à ce qui semble ne pas demander de réponse. Il n'y a pas de — à cela, MOL. *Av.* I, 4. Allons, vieillard, et sans —, LA F. *Fab.* VIII, 1. Avoir la — vive, prompte.
|| 3° (Théâtre.) | 1. Les derniers mots que dit un acteur, indiquant à son interlocuteur le moment où il doit parler à son tour. Bonjour, Crispin... A vous, puisque je vous donne la —, PICARD, *Vieux Coméd.* sc. 21. | 2. Ce qu'un

acteur a à dire au moment où l'autre a fini de parler. Ma
— a manqué, ROTROU, *St Genest*, IV, 5.

|| **4°** Répétition. | **1.** (Musique.) Dans une fugue, re-
prise du sujet; dans un son redoublé, l'octave de la note.
| **2.** (Archéol.) Double d'une pièce. La — d'un camée.

RÉPLIQUER [ré-pli-ké] *v. intr.*

[ÉTYM. Emprunté du lat. *replicare, m. s.* proprt, « re-
plier ». || XIIIᵉ s. A ce replica li enfes, *Cout. d'Artois*, dans
DELB. *Rec.*]

|| **1°** Répondre à ce que qqn a répondu. Mᵐᵉ du Maine...
se mit à —, à dupliquer, ST-SIM. XI, 41. || *Spécialt.* (Droit.)
Répondre à la réponse de la partie adverse. L'avocat demanda à —.

|| **2°** Répondre à ce qui semble ne pas demander de
réponse. Il n'y a rien à — à cela. Ne réplique point, je connais ton amour, CORN. *Cid*, I, 5. Je ne réplique point à ce qu'un
maître ordonne, MOL. *Sgan.* sc. 7.

REPLOIEMENT. V. repliement.

REPLONGER [re-plon-jé] *v. tr.* et *intr.*

[ÉTYM. Composé de re et plonger, §§ 192 et 196. || XIIIᵉ s.
Ou chastel les firent replongier, *Garin le Loherain*, p. 243.
Admis ACAD. 1835.]

|| Plonger de nouveau. | **1.** *V. tr.* — son filet dans l'eau.
— le linge dans la lessive. | Il s'aperçoit qu'il n'a tiré Du fond
des eaux rien qu'une bête : Il l'y replonge, LA F. *Fab.* IV, 7.
Reparaître sur l'onde, S'y — encore, DELILLE, *Géorg.* 1. | *Fig.*
(Athalie) Dans l'horreur du tombeau viendra le —, RAC. *Ath.*
IV, 3. La Bohême se vit replongée dans des guerres plus san-
glantes, BOSS. *Var.* XI, 172. Je me replongeai dans une af-
freuse rêverie, LES. *Gil Blas*, IX, 5. | **2.** *V. intr.* Il replongea à
plusieurs reprises pour sauver un enfant qui se noyait.

REPLOYER. V. replier.

REPOLIR [re-pò-lir] *v. tr.*

[ÉTYM. Composé de re et polir, §§ 192 et 196. || 1389.
Pour avoir fait repolir un ruby, dans DELB. *Rec.* Admis ACAD.
1835.]

|| Polir de nouveau. — un plat d'argent. || *Fig.* Vingt fois
sur le métier remettez votre ouvrage : Polissez-le sans cesse et
le repolissez, BOIL. *Art p.* 1.

'**REPOLON** [re-pò-lon] *s. m.*

[ÉTYM. Emprunté de l'ital. repolone, altération de l'espagn. repelon, *m. s.* de repelar, tirer le poil, et au fig. ex-
citer un cheval, §§ 12 et 13. || 1559. Bailler les passades ou
rapolons, *Ecuirie du sieur F. Grison*, fᵒ 36, rᵒ. Admis
ACAD. 1762; suppr. en 1878.]

|| *Vieilli.* (Manège.) Volte en cinq temps.

RÉPONDANT, '**RÉPONDANTE** [ré-pon-dan, -dänt']
s. m. et *f.*

[ÉTYM. Subst. particip. de répondre, § 47. || XIIIᵉ s. S'on
respondant ne li bailloit, *St Graal*, 1856.]

|| Celui, celle qui répond. || *Spécialt.* | **1.** Celui qui ré-
pond la messe. | **2.** Celui qui répond aux objections dans
la soutenance d'une thèse. | **3.** Celui qui répond, se porte
garant pour qqn. Il a des répondants dignes de toute confiance.

RÉPONDRE [ré-pôndr'] *v. tr.* et *intr.*

[ÉTYM. Du lat. pop. 'respondĕre (classique respondēre,
§ 629), *m. s.* devenu respondre, § 290, répondre, § 422.]

I. *V. tr.* Adresser à qqn dont on a reçu une demande,
une question, une accusation, etc., ce qu'on a à dire en
retour. N'avez-vous rien, Madame, à me —? RAC. *Mithr.* II, 4.
Vous m'écriviez des folies, et je vous en répondais, SÉV. 97. Il m'a
répondu une longue lettre. Qu'avez-vous à — ? Voici comme un
Dieu vous répond par ma bouche, RAC. *Ath.* I, 1. *Spécialt.*
— la messe, dire les paroles qui correspondent à celles
que prononce l'officiant. C'était moi qui répondais leurs messes, LES. *Gil Blas*, X, 10. Je veux qu'elle réponde : Une tarte
à la crème, MOL. *Éc. des f.* I, 1. Vous le pouviez, nous répondra Dieu, BOURD. *Prédest.* 2. Je répondis ainsi, FÉN. *Tél.*
5. La dame... répondit que la terre Était au premier occupant,
LA F. *Fab.* VII, 16. Cela est bien répondu. *Ellipt.* Bien ré-
pondu ! MOL. *Amph.* I, 1. || *Fig.* Mon cœur vous répondait tous
vos mêmes discours, RAC. *Mithr.* II, 6. || *Absolt.* Il me fallut
— article par article, LES. *Gil Blas*, II, 2. Je lui fis des questions : il y répondit avec esprit, ID. *ibid.* VIII, 7. Télémaque ne
répondait à ce discours que par des soupirs, FÉN. *Tél.* 6. De
cent crimes qu'elle (la vérité) me reprochera, je ne répondrais
pas un seul, BOURD. 2ᵉ *Jugem. dern.* 2. C'est une question...
à laquelle nul ne répond, VOLT. *Philos. ignor.* 1. Pourquoi vous
pressez-vous de — pour lui? RAC. *Ath.* II, 7. — à une demande,

à une proposition, à une accusation. L'avocat a répondu au réquisitoire du ministère public. — de vive voix, par écrit. S'il
vous demeure quelque chose sur le cœur, je suis pour vous —,
MOL. *G. Dand.* II, 8. — en Normand, en ne disant ni oui ni
non. Tâchez quelquefois de — en Normand, LA F. *Fab.* VII, 7.
— à l'appel (de son nom). — à une citation, à une assignation,
en s'y rendant. — à une objection. Réponds-moi donc, docteur,
BOIL. *Sat.* 8. Il faut pour lui — ouvrir plus d'un volume, ID.
Lutr. 4. On s'en va disputer contre lui... il faut qu'il réponde à
tout, SÉV. 260. — à un examinateur. Le candidat a bien ré-
pondu. | Répliquer. Voyez comme raisonne et répond la vilaine !
MOL. *Éc. des f.* V, 4. Vous êtes perdu si vous me répondez,
RAC. *Mithr.* III, 1. || *P. anal.* — au salut de qqn. — par si-
gnes, par gestes. Elle ne m'a répondu que par des larmes. — à
des signaux. | Les rossignols se répondent les uns aux autres,
BOSS. *Conn. de Dieu*, V, 5. Du sein de la terre une voix for-
midable Répond en gémissant à ce cri redoutable, RAC. *Phèd.*
V, 6. Le canon de l'ennemi répondait au nôtre. || Un cheval qui
répond aux aides, qui leur obéit.

II. *V. intr.* || **1°** Se montrer, par rapport à qqn, à qqch,
conforme à ce qu'on doit attendre, espérer. S'il faut qu'à
mes feux votre flamme réponde, MOL. *Mis.* V, 4. Étonné que
son père réponde si mal à sa tendresse, FÉN. *Tél.* 5. — à l'attente publique. Si vous répondez par vos vertus à votre haute
destinée, FÉN. *Tél.* 22. C'est à vous de — à son généreux zèle,
CORN. *Hér.* II, 5. || *P. ext.* Être en rapport de confor-
mité avec qqch. Que le début, la fin, répondent au milieu, BOIL.
Art p. 1. Encor que le pouvoir au désir ne réponde, LA F.
Phil. et Baucis. Les succès ne répondaient pas à son attente,
BOSS. *Hist. univ.* I, 11. Ta générosité doit — à la mienne,
CORN. *Cid*, III, 4. Il s'en faut bien que le plumage de cet oiseau
réponde à son ramage, BUFF. *Rossignol.* || *P. ext.* Corres-
pondre. L'an 1 de l'hégire répond à l'an 622 de l'ère chré-
tienne. Les deux ailes de l'édifice ne se répondent pas (ne
sont pas symétriques). La petite rue où ma chambre répond,
MOL. *Éc. des m.* III, 2. Le nerf qui répondait au pied, BOSS.
Conn. de Dieu, III, 6. La sonnette répond dans la cuisine.

|| **2°** Se porter garant, vis-à-vis de qqn, d'une personne,
d'une chose. Réponds-moi d'elle, et je réponds de moi, RAC.
Andr. III, 1. Je vous réponds de mon obéissance, MOL. *Dép.
am.* I, 2. Toi-même à ton Dieu tu répondras de moi, CORN.
Poly. V, 2. L'on s'en va vous mettre en un lieu où l'on me
répondra de vous, MOL. *Méd. m. l.* III, 10. Ce n'est plus à vous
qu'il faut que j'en réponde, RAC. *Brit.* I, 2. || *P. ext.* Vos jours
me répondront des siens, CORN. *Hér.* V, 3. || *Absolt.* Vous
ne réponds de rien que de mes lettres, PASC. *Prov.* 17. Je ré-
ponds... de son obéissance, RAC. *Bér.* III, 1. Je réponds d'une
paix jurée entre mes mains, ID. *Brit.* V, 3. || Suivi d'une
proposition. Je ne réponds pas de ce que je puis faire, MOL.
Mis. IV, 3. Je ne réponds pas que ma main à vos yeux N'en-
sanglante à la fin nos funestes adieux, RAC. *Bér.* V, 7. | *Vieilli.*
Se — d'une chose, en être assuré. Je me répondais de l'aimer,
CORN. *Agés.* I, 3. Je ne saurais me — de ma persévérance,
BOURD. *Pens. Saintes résol. d'une âme relig.*

RÉPONS [ré-pon] *s. m.*

[ÉTYM. Emprunté du lat. ecclés. responsum, *m. s.* rendu
par respons, répons, § 422, d'après répondre, § 503. || XIᵉ s.
Loat sun Deu, ne fist altre respuns, *Roland*, 420.]

|| (Liturgie.) Paroles, empruntées à l'Écriture, dites ou
chantées après chaque leçon de matines. Et des versets
et des —, LA F. *Fab.* VII, 11. || *P. ext.* Signe (℟) indiquant
ces paroles dans les livres d'offices.

RÉPONSE [ré-pôns] *s. f.*

[ÉTYM. Tiré de répons, § 37. || XIIIᵉ-XIVᵉ s. Ceste response
que vous avez faite, JOINV. 26.]

|| **1°** Écrit, discours par lequel on adresse à qqn dont
on a reçu une demande, une question, etc., ce qu'on a
à lui dire en retour. Il a — à tout. Il ne m'a pas seulement
fait de — à un billet, SÉV. 296. Donner à qqn une — favorable.
User du droit de —. Une — de Normand, équivoque. J'attends...
la — de mon placet, MOL. *Tart.* 3ᵉ placet. Un livre par demandes et par réponses. A-t-il eu sa — ? CORN. *Nicom.* III,
3. Des réponses courtes, mais décisives, BOSS. *Le Tellier.*
Une — à des objections. Vous y verrez une — exacte, PASC.
Prov. 11.

|| **2°** (Droit.) Décision des jurisconsultes sur une ques-
tion de droit.

|| **3°** (Musique.) Reprise du sujet sous une autre forme
(dans la fugue).

|| **4°** (Bourse.) — des primes (dans un marché à primes),

déclaration par l'acheteur qu'il maintient son marché ou l'annule, moyennant une indemnité dite **prime**.

REPORT [re-pòr] *s. m.*

[ÉTYM. Subst. verbal de **reporter**, § 52. || *Néolog.* Admis ACAD. 1835.]

|| **1°** Action de reporter qqch à une autre place. Le — d'un total à une autre colonne d'addition.

|| **2°** Action de reporter qqch à une autre époque. — de faillite, ouverture de la faillite à une époque antérieure à celle qui avait été déclarée. || *Spécialt.* (Bourse.) Prolongation d'un marché à terme qu'un spéculateur fait d'une liquidation sur l'autre, en payant à un capitaliste, qui acquitte provisoirement ses engagements, la différence (*V. ce mot*), plus une prime, s'il y a du déport (*V. ce mot*).

1. REPORTER [re-pòr-té] *v. tr.*

[ÉTYM. Composé de re et porter, §§ 192 et 196. || xi° s. Cel n'en i at qui'n report sa dolor, *St Alexis*, 555.]

|| **1°** Porter (une chose) au lieu où elle était auparavant. — un livre dans la bibliothèque. || *Fig.* Va jusqu'en leur pays leur — la guerre, CORN. *Cid*, v, 7.

|| **2°** Porter (une chose) du lieu où elle était à un autre lieu. — un total partiel au haut de la colonne suivante, dans un compte.

|| **3°** *Fig.* Porter (une chose) d'une époque à une autre. La rentrée est reportée au lundi. || *Spécialt.* (Bourse.) Se faire —, faire prolonger un marché à terme d'une liquidation sur l'autre. (*V.* report.) || *Fig.* Se — (par le souvenir) au temps passé.

2. REPORTER [re-pòr-tèur] *s. m.*

[ÉTYM. Emprunté de l'angl. reporter, m. s. dérivé de to report, rapporter, § 8. || *Néolog.* Admis ACAD. 1878.]

|| Celui qui recueille des renseignements, des nouvelles, pour les communiquer aux journaux.

REPOS [re-pó] *s. m.*

[ÉTYM. Subst. verbal de reposer, § 52. || xi° s. Tere Majur remeindreit en repos, *Roland*, 600.]

I. État où l'on cesse d'agir, de se mouvoir, pour faire disparaître la fatigue. Se donner, prendre du —. Le dimanche est jour de —. On cherche le — en combattant quelques obstacles; et si on les a surmontés, le — devient insupportable, PASC. *Pens.* IV, 2. La force m'abandonne, et le — me tue, RAC. *Bér.* IV, 1. Calypso... l'interrompit pour lui faire prendre du — FÉN. *Tél.* 4. *P. anal.* Il y avait quarante-cinq ans qu'ils (les Gaulois) demeuraient en — (ne se soulevaient pas), BOSS. *Hist. univ.* I, 8. || *P. ext.* | 1. Moment de repos. Se ménager des — quand on lit à haute voix. *Spécialt.* Césure d'un vers. Que... le sens... Suspende l'hémistiche, en marque le —, BOIL. *Art* p. 1. | 2. Lieu de repos. On avait ménagé des — sur la route. Ménager un — à chaque étage. || *P. anal.* — de la terre, jachère. || *Spécialt.* Cessation d'activité par le sommeil. J'aurai soin de ne pas troubler votre —, MOL. *Tart.* v, 4. Il a perdu le —. Un lit de —, où l'on peut prendre du repos le jour, tout habillé. | *P. anal.* Le champ du —, le cimetière. Le — éternel, la béatitude. Prier pour le — des âmes. Cette terre promise qui doit être le centre de notre —, BOURD. *2e Aumône*, préamb.

II. État où le mouvement cesse. Notre nature est dans le mouvement, le — entier est la mort, PASC. *Pens.* xxv, 7. Cet enfant ne peut pas se tenir en —. Un bateau qui est en — dans une eau calme, DESC. *Principes*, II, 26. Navire au —. | (Physique.) État d'un corps sollicité par des forces qui s'équilibrent, et se neutralisent. Si elle est en — (la matière), elle ne commence point à se mouvoir de soi-même, DESC. *Principes*, II, 37. || *P. anal.* Un effroyable cri... Des airs en ce moment a troublé le —, RAC. *Phèd.* v, 6.

III. *Fig.* État où l'on cesse d'être troublé, tourmenté. C'est un — d'esprit que nous espérons tous, BOIL. *Ép.* 5. Mettre sa conscience en —. Mes remords ne me donneraient aucun —, SÉV. 520. Vouloir ce que Dieu veut est la seule science Qui nous mette en —, MALH. *Poés.* 11. Prends du —, ma fille, et calme tes douleurs, CORN. *Cid*, II, 8. Voulez-vous bien nous laisser en —? RAC. *Plaid.* II, 10. Je n'aurai point de — qu'il ne soit revenu. Être en — au sujet de qqn, de qqch. *Vieilli.* Soyez en — de votre chère maman, SÉV. 1208. | (Banque.) Une valeur de tout —, qui offre toute sécurité. | Le — d'un État. Le — public. Rome,... pour avoir du —, est contrainte de renoncer à la liberté, BOSS. *Hist. univ.* III, 7. Leurs voisins n'ont jamais rien à craindre d'un tel peuple,... c'est pourquoi ils les laissent en —, FÉN. *Tél.* 8. Les perturbateurs du — public.

REPOSÉE [re-pó-zé] *s. f.*

[ÉTYM. Dérivé de reposer, § 119. || xii° s. Or ferai ci ma repousee, G. DE ST-PAIR, *Mont-St-Michel*, 3504.]

|| *Vieilli.* Endroit où l'on se repose. *Spécialt.* (Chasse.) Lieu où le gibier se repose. Surprendre un cerf à la —. Sans vouloir faire de —, MALH. *Ép. de Sénèq.* XXXI, 1. *Loc. adv.* A —, en se reposant de temps en temps.

REPOSER [re-pó-zé] *v. intr.* et *tr.*

[ÉTYM. Composé de re et poser, §§ 192 et 196. || x° s. Et repauser se podist, *Fragm. de Valenciennes*.]

I. *V. intr.* || **1°** Être posé, dans un état où l'on cesse de se mouvoir, pour faire disparaître la fatigue. Il reposait sur un banc de gazon. Elle repose sur son lit. Un enfant qui repose sur le sein de sa mère. Les oiseaux navigateurs à pieds palmés qui reposent sur les eaux, BUFF. *Cigogne*. || *Absolt.* Laissez-moi — un moment, RAC. *Mithr.* II, 2. Faire — les hommes, les chevaux. | *P. ext.* Dormir. Portons-le — dans la chambre prochaine, CORN. *Théod.* v, 9. Une potion... pour faire — Monsieur, MOL. *Mal. im.* I, 1. Comme un vigilant capitaine, il reposa le dernier, BOSS. *Condé.* || *P. anal.* Laisser — la terre, la laisser en jachère. || *P. ext.* En parlant d'un liquide trouble, être tenu immobile, pour que les parties en suspension tombent au fond. Laisser — du vin. || *Fig.* Laissez un peu — votre cœur et votre imagination, SÉV. 852.

|| **2°** Être dans une situation paisible, inviolable. Les tombeaux où reposaient leurs cendres bénites, BOSS. *Hist. univ.* II, 3. Ici repose..., inscription qu'on met sur les tombes. Que tes cendres reposent en paix, FÉN. *Tél.* 17. Il repose sous cette pierre. | Le saint sacrement repose dans cette chapelle. Lieu terrible où de Dieu la majesté repose, RAC. *Ath.* v, 2. Le Saint-Esprit repose invisiblement dans les reliques de ceux qui sont morts, PASC. *Lett. sur la mort de son père*. Je reposerais en paix dans la foi, ID. *Pens.* xiv, 2.

|| **3°** Être appuyé d'une manière stable. Les fondements de la citadelle reposent sur le roc. || *Fig.* Son raisonnement repose sur un principe inattaquable.

II. *V. tr.* || **1°** Poser de nouveau. — son verre sur la table.

|| **2°** Poser dans un état où l'on cesse de se mouvoir, pour faire disparaître la fatigue. — ses membres fatigués. — sa jambe sur une chaise. Le Seigneur n'avait pas où — sa tête, MASS. *Respect dans les temples*, 1. || *P. anal.* — les yeux, la vue. — l'esprit. || Se — Monsieur dort, monsieur se repose, LA F. *Fab.* VII, 2. Vous me semblez tous deux fatigués du voyage, Reposez-vous, ID. *Phil. et Baucis*. Il vint se — sur le tertre où j'étais assis, B. DE ST-P. *Paul et Virg.* Ces oiseaux ont la faculté de se — sur l'eau, BUFF. *Paille-en-queue*. Être reposé, n'avoir plus de fatigue. Je vous trouverai... toute reposée, SÉV. 266. || *Fig.* La joie est une passion par laquelle l'âme jouit du bien présent et s'y repose, BOSS. *Conn. de Dieu*, I, 6. L'Inde se reposait dans une paix profonde, RAC. *Alex.* II, 2. Se — sur ses lauriers, demeurer dans l'inaction après avoir remporté des succès. || *P. ext.* Se — sur qqn, sur qqch, s'y appuyer avec confiance. Le fondement sur lequel se reposait la foi des peuples, BOSS. *6e Avert. aux protest.* III, 3. Reposez-vous sur moi, je réponds de l'affaire, REGNARD, *Fol. am.* III, 8. Chacun se dit ami, mais foi qui s'y repose, LA F. *Fab.* IV, 17. Reposez-vous sur moi, Seigneur, de tout son sort, CORN. *Hér.* II, 2. On s'en peut — sur ma foi, RAC. *Esth.* II, 1. Nous sommes plaisants de nous — dans la société de nos semblables, misérables comme nous, PASC. *Pens.* xiv, 1.

REPOSOIR [re-pó-zwàr] *s. m.*

[ÉTYM. Dérivé de reposer, § 113. || 1564. J. THIERRY, *Dict. franç.-lat.*]

|| **1°** *Vieilli.* Endroit où l'on peut se reposer. Avec l'aide du Ciel et de ces reposoirs, LA F. *Contes, F. du roi de Garbe*. || *Fig.* Si l'on suit les titres de la marge, ils serviront de reposoirs et de guides, BOSS. *Quiét.* lett. 168.

|| **2°** Autel dressé sur le parcours d'une procession pour y faire reposer le saint sacrement.

REPOUSSANT, ANTE [re-pou-san, -sänt'] *adj.*

[ÉTYM. Adj. particip. de repousser, § 47. || 1611. COTGR. Admis ACAD. 1798.]

|| Qui repousse (les gens). Repoussants et sans commisération, J.-J. ROUSS. *Nouv. Hél.* II, 21. || *Fig.* Qui inspire une aversion profonde. Une laideur repoussante.

REPOUSSEMENT [re-pous'-man; *en vers*, -pou-se-...] *s. m.*

[ÉTYM. Dérivé de repousser, § 145. || 1539. Repoulsement, R. EST. Admis ACAD. 1718.]

|| *Rare.* Action de repousser. || *Spéciall.* Le — d'un fusil, coup produit par le recul de l'arme.

REPOUSSER [re-pou-sé] *v. tr.* et *intr.*

[ÉTYM. Composé de re et pousser, §§ 192 et 196. || XIVe s. D'un bon espoi qu'il tient les a si repoussés..., CUVELIER, *Du-guesclin*, 20229.]

I. || **1°** *V. tr.* Pousser en arrière, faire reculer en poussant. Charon... les menace (les ombres), les repousse, FÉN. *Tél.* 18. Sa main avec horreur les repousse (ses enfants) loin d'elle, RAC. *Phèd.* V, 5. Repoussé de tout le monde, B. DE ST-P. *Chaum. ind.* Il repoussa la main qu'on lui tendait. Dans l'aimantation, les pôles de même nom se repoussent. — les assaillants. Trois fois il fut repoussé par le valeureux comte de Fontaines, BOSS. *Condé.* — un assaut, une sortie. Être repoussé avec perte. — la force par la force. — le coup qu'on vous pré-pare, RAC. *Iph.* IV, 4. || *Fig.* — les prières, les offres, les demandes. — la calomnie. — les tentations. Il repoussait les louanges comme des offenses, BOSS. *Condé.* || *P. anal.* Faire reculer de dégoût. Un extérieur... fait pour — ceux qui n'y étaient pas aguerris, D'ALEMB. *Éloges, D'Olivet.* || (Technol.) Faire saillir. *Au part. passé pris substantivt.* Travail de repoussé, où l'on fait sortir au marteau les parties en re-lief. || *Fig.* Vous repoussez fort bien nos histoires tragiques par les vôtres, SÉV. 789.

|| **2°** *V. intr.* Presser en arrière. Un ressort qui repousse. Un fusil qui repousse (par le recul de l'arme, quand on tire).

II. || **1°** *V. tr.* Produire de nouveau. Cet arbre a repoussé de nouvelles branches.

|| **2°** *V. intr.* Être produit de nouveau. Le gazon a re-poussé. Les feuilles repoussent au printemps. Ses ongles, ses cheveux repoussent.

REPOUSSOIR [re-pou-swàr] *s. m.*

[ÉTYM. Dérivé de repousser, § 113. || 1429. Un repoussouer, dans GODEF. Admis ACAD. 1762.]

|| (Technol.) Ce qui sert à repousser. || *Spéciall.* | **1.** Outil pour faire sortir des clous, des chevilles. | **2.** Outil pour faire ressortir les reliefs, etc.

RÉPRÉHENSIBLE [ré-pré-an-sibl'] *adj.*

[ÉTYM. Emprunté du lat. reprehensibilis, *m. s.* || 1314. Œuvre parfaite que ne soit pas reprehensible, *Chirurg. de Mondeville*, 11, Bos.]

|| Qui mérite d'être réprimandé. Conduite, action —. Per-sonne —.

***RÉPRÉHENSIBLEMENT** [ré-pré-an-si-ble-man] *adv.*

[ÉTYM. Composé de répréhensible et ment, § 724. || Ad-mis ACAD. 1694 ; suppr. en 1718.]

|| *Rare.* D'une manière répréhensible.

RÉPRÉHENSION [ré-pré-an-syon ; en vers, -si-on] *s. f.*

[ÉTYM. Emprunté du lat. reprehensio, *m. s.* || XIIe s. Senz reprehension, *Serm. de St Bern.* dans DELB. *Rec.*]

|| Action de réprimander. On souffre aisément des répré-hensions, mais on ne souffre point la raillerie, MOL. *Tart.* préf.

***REPRENANT, ANTE** [re-pre-nan, -nänt'] *adj.*

[ÉTYM. Adj. particip. de reprendre, § 47. || XIIe s. Cil qui reprent toutes les gens Ne sera de vous reprenens, *Psaut. d'Oxf.* XCIII, p. 324.]

|| *Vieilli.* Qui reprend (réprimande). Que vous êtes re-prenante ! LA F. *Daphné*, II, 5. Humeur reprenante, BALZAC, *Disc.* 10.

REPRENDRE [re-prändr'] *v. tr.* et *intr.*

[ÉTYM. Composé de re et prendre, §§ 192 et 196. (*Cf.* le lat. reprehendere, *m. s.*) || XIe s. Et reprendrai l'esplet ainz qu'a terre s'abaisset, *Voy. de Charl. à Jérus.* 615.]

I. *V. tr.* || **1°** Prendre de nouveau. | **1.** Ce dont on n'a pas assez pris. — du pain, de la viande. — de l'argent. — de l'élan. — les armes. — un employé de plus. | **2.** Ce qu'on a quitté. — ses vêtements. — son ancien appartement. — sa place, son poste. Il a dû — le lit. En reprenant et mon nom et mon rang, RAC. *Iph.* II, 1. — la femme avec laquelle on a divorcé. Me quitter, me —, RAC. *Andr.* IV, 5. — un ser-viteur qu'on a congédié. — qqn en passant, pour le remme-ner. Il me viendra — ici, SÉV. 453. | Il a repris un rhume. La fièvre l'a repris. Il a été repris, il s'est repris au piège. Elle l'a repris dans ses filets. *Au part. passé pris substantivt.* Un repris de justice, celui qui a déjà subi une condamnation. — du service. — la parole. *Ellipt.* Il reprit (la parole), il parla de nouveau. Madame, reprit son époux, LA F. *Fab.* VII, 2. — terre, aborder de nouveau. — la mer, naviguer de nouveau. — le chemin de l'exil. Se — à la vie, à l'espé-rance. | **3.** Ce qu'on a interrompu. — sa lecture, sa médita-tion. — sa course. — les hostilités. — une pièce de théâtre, remettre à la scène une pièce qu'on avait cessé de jouer. | **4.** Ce qu'on a perdu. Il reprit donc sa forme, LA F. *Contes, Coupe enchantée.* On ignore... l'art de — un fort qu'une fois il a pris, CORN. *Nicom.* I, 2. — haleine. — ses sens. Se —, redevenir maître de soi. Reprenez un orgueil digne d'elle et de vous, CORN. *Nicom.* I, 2. Contre vous il reprendra sa haine, LA F. *Achille*, I, 5. Elle a repris sur vous son souverain em-pire, RAC. *Brit.* IV, 4. Reprenons donc aussi ma colère affai-blie, CORN. *Cid*, IV, 1. Ils reprennent courage, RAC. *Mithr.* V, 4. — espoir, confiance. Il a repris le dessus. Un arbuste qui reprend racine. | **5.** Ce qu'on a donné. Ma vie est votre bien, vous voulez le —, RAC. *Iph.* IV, 4. Reprenez le pouvoir que vous m'avez commis, CORN. *Cinna*, IV, 2. — sa promesse, sa parole.

|| **2°** Remettre la main à (qqch). — un mur en sous-œuvre, rétablir les parties inférieures. — une maille, la rattacher. — une étoffe, un bas, rejoindre les parties rompues.

|| **3°** Revenir sur (qqch). | **1.** Pour récapituler. Il faut — mon histoire de plus haut, FÉN. *Tél.* 15. Après avoir raconté les prospérités, il reprend dès l'origine toute la suite des maux, BOSS. *Hist. univ.* II, 10. | **2.** Pour exécuter. Il fallut s'y à plusieurs fois. | **3.** Pour corriger. La comédie... qui, par des leçons agréables, reprend les défauts des hommes, MOL. *Tart.* préf. Que je ne dise rien qui doive être repris ! LA F. *Fab.* XI, 7. Il ne reprend rien qui ne soit à —, MOL. *Tart.* I, 1. C'est par leurs actions qu'ils reprennent les nôtres, ID. *ibid.* I, 5. || *P. ext.* — qqn, sur ce qu'il a dit ou fait. Le plaisir de dog-matiser sans être repris ni contraint par aucune autorité, BOSS. *R. d'Angl.* Ne vous rendez pas dès qu'un sot vous reprend, BOIL. *Art p.* 4. *Absolt.* Quand on veut — avec utilité et mon-trer à un autre qu'il se trompe, PASC. *Pens.* VI, 26. | Se —, corriger ce qu'on vient de dire.

II. *V. intr.* En parlant des choses. || **1°** Revenir (à qqn). Cela (son mal) lui reprend de moment en moment, MOL. *Am. méd.* I, 6. C'est sa timidité qui lui reprend, LEGRAND, *Famil. extrav.* sc. 14. || *Absolt.* Le froid a repris.

|| **2°** Se remettre. Les affaires reprennent. Le malade re-prend à vue d'œil.

|| **3°** Repousser. Tout ce qu'on avait transplanté a repris. | La plaie se ferme, les chairs reprennent.

|| **4°** Se figer de nouveau. La colle reprend. *Spéciall.* Geler de nouveau. La Seine a repris, est reprise.

REPRÉSAILLE [re-pré-zây'] *s. f.*

[ÉTYM. Emprunté du bas lat. represalia, *m. s.* proprt. « action de prendre en retour », mot qui apparaît d'abord dans l'Italie et le midi de la France, de represo, repres, participe correspondant au franç. repris. || 1443. Contre-marques ou represailles, *Ordonn.* XIII, 367.]

|| (T. milit.) Action de rendre à l'ennemi mal pour mal, dommage pour dommage. (S'emploie surtout au pluriel.) User de représailles. De justes représailles. Ces cruautés ne furent point sans représailles : les protestants firent autant de mal qu'on leur en faisait, VOLT. *Parlem. de Paris*, 24. || *P. anal.* Action de rendre à qqn injure pour injure, rail-lerie pour raillerie, etc. La — est juste, VOLT. *Ép.* 83.

REPRÉSENTANT, *REPRÉSENTANTE [re-pré-zan-tan, -tänt'] *s. m.* et *f.*

[ÉTYM. Subst. particip. de représenter, § 47. || Admis ACAD. 1694 (au masc.).]

|| Celui, celle qui a reçu pouvoir de représenter qqn, d'agir en son nom. Le vicaire de Jésus-Christ est son — sur la terre. Une maison de commerce qui a des représentants à l'étranger. Les ambassadeurs sont les représentants des sou-verains qui les envoient. || *Spéciall.* | **1.** (Droit.) Celui qui est appelé à une succession, du chef d'une personne pré-décédée. | **2.** Celui qui est nommé pour représenter des électeurs, dans une assemblée législative. Les représentants de la nation. Le peuple... ne doit entrer dans le gouvernement que pour choisir ses représentants, MONTESQ. *Espr. des lois*, XI, 6. Où se trouve le représenté, il n'y a plus de —, J.-J. ROUSS. *Contr. soc.* III, 14. || *Adjectivt.* Le corps — ne doit pas être choisi pour prendre quelque résolution active,... mais pour faire les lois, MONTESQ. *Espr. des lois*, XI, 6.

REPRÉSENTATIF, IVE [re-pré-zan-tà-tif', -tiv'] *adj.*

[ÉTYM. Dérivé de représenter, § 257. || 1330. Se déduit de l'existence de représentativement à cette date. Admis ACAD. 1718.]

‖ (T. didact.) Qui a qualité pour représenter. L'argent... devenu le signe — de toutes choses, VOLT. *Mœurs*, 179. Les sensations représentatives (des objets), J.-J. ROUSS. *Ém.* 1. ‖ *Spécialt.* Gouvernement —, où la nation ne prend part au gouvernement que par des représentants qu'elle nomme pour former une assemblée qui concourt à la formation des lois et au vote annuel de l'impôt.

*REPRÉSENTATIVEMENT [re-pré-zan-tà-tiv'-man ; *en vers,* -ti-ve-...] adv.*

[ÉTYM. Composé de représentative et ment, § 724. ‖ 1330. Et representativement Aucune des choses entent, GUILL. DE DIGULLEVILLE, *Pèlerinage de vie humaine,* 3230, Stürzinger.]

‖ (T. didact.) D'une manière représentative. De là vient aussi le mot « imaginarie » pour dire « représentativement », BOSS. *Déf. de la tradit. sur la comm.* II, 20.

REPRÉSENTATION [re-pré-zan-tà-syon ; *en vers,* -sion] *s. f.*

[ÉTYM. Emprunté du lat. repræsentatio, *m. s.* ‖ XIVe s. E'ele representacion face des choses selonc ce ke eles sunt, *Ars d'amour,* dans DELB. *Rec.*]

‖ Action de représenter.

I. Action de replacer devant les yeux de qqn (une personne, une chose).

‖ **1°** Par sa présence effective. On ne s'est pas contenté de la copie, on a exigé la — de l'original.

‖ **2°** Par l'image qu'en fournit la sensation, la mémoire imaginative. La substance du cerveau, qui conserve avec ordre des représentations si naïves de tant d'objets, FÉN. *Exist. de Dieu,* I, 2.

‖ **3°** Par l'imitation qu'en produit le discours, la poésie, la peinture, etc. Une — fidèle de la vie, des passions. La — d'une bataille, d'un naufrage. La — des passions agréables porte naturellement au péché, BOSS. *Comédie,* 5. Il y a des esprits dont la délicatesse ne peut souffrir aucune comédie ; qui disent que... les âmes sont attendries par ces sortes de représentations, MOL. *Tart.* préf. ‖ *Spécialt.* Action de jouer sur la scène une pièce de théâtre. J'ai remarqué aux premières représentations qu'alors que ce malheureux amant se présentait devant elle, il s'élevait un certain frémissement dans l'assemblée, CORN. *Cid,* exam.

‖ **4°** Par le signe qui en réveille l'idée. Le drapeau est partout la — vivante de la patrie. Les protestants ne voient dans l'eucharistie que le signe, la — du sacrifice de la croix. ‖ *Spécialt.* Simulacre de cercueil devant lequel on fait une cérémonie funèbre. Ces tristes représentations et tout cet appareil funèbre, BOSS. *Condé.*

II. Action de remettre sous les yeux de qqn les inconvénients de ce qu'il a fait ou veut faire. Je lui ai fait des représentations inutiles. L'ambassadeur anglais a adressé des représentations aux ministres du sultan.

III. Action d'imposer aux yeux par le train de vie, la tenue extérieure, le rang, la condition. Cette éternelle — qui leur plaît si fort (aux Parisiennes), J.-J. ROUSS. *Nouv. Hél.* II, 21. Être toujours en, —. ‖ *P. ext.* Train de vie extérieur que qqn doit tenir selon sa condition. Cette — que vous êtes obligée de faire dans les villes, avec ce cérémonial perpétuel, SÉV. 454. ‖ *Spécialt.* Réceptions auxquelles sont obligés certains fonctionnaires. Indemnité pour frais de —.

IV. Action de remplacer qqn dans l'exercice de ses droits.

‖ **1°** (Droit.) Action de tenir la place d'une personne décédée, d'hériter de ses droits dans une succession. La — est une fiction de la loi, dont l'effet est de faire entrer les représentants dans la place, dans le degré et dans les droits du représenté, *Code civil,* art. 739.

‖ **2°** (Commerce.) Action de voyager pour le compte d'une maison de commerce, de faire des affaires pour elle.

‖ **3°** (Politique.) Action de tenir la place de ses électeurs, d'être leur mandataire dans une assemblée politique. La — des minorités, système dans lequel on attribue un siège aux candidats qui ont obtenu un nombre de voix voisin de la majorité. ‖ *P. ext.* La — nationale, l'ensemble des représentants de la nation.

REPRÉSENTER [re-pré-zan-té] *v. tr.*

[ÉTYM. Emprunté du lat. repræsentare, *m. s.* ‖ XIIe s. Joseph representat a Nostre Signor son tres chier fil, *Serm. de St Bern.* dans DELB. *Rec.*]

I. Replacer devant les yeux de qqn (une personne, une chose).

‖ **1°** Par la présence effective de la personne, de la chose. Ne vous représentez jamais devant moi. Il se représentera à ses électeurs, et, *p. ext.* Se — aux élections. La carte d'abonné doit être représentée à toute réquisition. Il n'a pu — les titres qu'il avait reçus en dépôt.

‖ **2°** Par l'image qu'en fournit la sensation, la mémoire imaginative. J'en ai (des corps) des images distinctes qui me les représentent, FÉN. *Exist. de Dieu,* I, 2. Je me le représente tel qu'il était à vingt ans. Les choses qui me sont représentées dans le sommeil sont comme des tableaux et des peintures, DESC. *Médit.* 1.

‖ **3°** Par l'imitation qu'en produit le discours, la poésie, la peinture, etc. — naïvement et nettement les choses, sans les changer ni les diminuer, et sans y rien ajouter de son imagination, BUFF. *Manière d'étudier l'hist. nat.* L'art de — les mauvaises actions pour en inspirer de l'horreur, BOSS. *Comédie,* 4. Ce tableau représente la descente de croix. Dieu est représenté sous la figure d'un vieillard auguste. Une pièce de théâtre où les passions sont fidèlement représentées. L'acteur qui représente Polyeucte. La scène représente une place publique. ‖ *Spécialt.* — une pièce de théâtre, la jouer sur la scène. On parle d'une comédie d'Esther qui sera représentée à Saint-Cyr, SÉV. 1114.

‖ **4°** Par le signe qui en réveille l'idée. Le drapeau nous représente la patrie absente. L'argent est un signe d'une chose et la représente, MONTESQ. *Espr. des lois,* XXII, 2. Toute sa personne velue Représentait un ours, LA F. *Fab.* XI, 7.

II. Remettre sous les yeux de qqn (les inconvénients de ce qu'il a fait ou doit faire). Elle représenta l'énormité du cas, LA F. *Fab.* XII, 14. Je lui représentai l'injustice d'un tel procédé. Le loup... S'en allait l'emporter ; le chien représenta Sa maigreur, LA F. *Fab.* IX, 10. Je lui représentai que le cardinal n'était accusé d'aucun crime, LA ROCHEF. *Mém.* 1643.

III. *Absolt.* Imposer aux yeux, par le train de vie, par la tenue extérieure, le rang, la condition. Je vous mène... chez un grand seigneur qui est un des hommes du royaume qui représentent le mieux, MONTESQ. *Lett. pers.* 74. L'histoire... ne le peint (l'homme public) que quand il représente, quand il se montre dans un certain rôle, J.-J. ROUSS. *Ém.* 14. L'un représentait la parole, HAMILT. *Gram.* p. 224.

IV. Remplacer (qqn) dans l'exercice de ses droits. Songez à tous ces rois que vous représentez, RAC. *Andr.* II, 2. Un roi... représente les dieux, FÉN. *Tél.* 24. L'empereur d'Orient n'avait de droit sur les Gaules que comme représentant l'empereur d'Occident, MONTESQ. *Espr. des lois,* XXXI, 24. ‖ — qqn dans une succession, hériter de parents morts pour la part de cette succession qui leur revenait. ‖ — une maison de commerce, voyager pour le compte de cette maison, faire des affaires pour elle. — des électeurs, être leur mandataire. Quand les députés représentent un corps de peuple, ils doivent rendre compte à ceux qui les ont commis, MONTESQ. *Espr. des lois,* XI, 6.

RÉPRESSIF, IVE [ré-prè-sif', -siv'] *adj.*

[ÉTYM. Dérivé du lat. repressum, supin de reprimere, réprimer, § 257. ‖ XIVe s. Et de s'enfleure repressive, *Poème sur les propr. des plantes,* dans DELB. *Rec.* Admis ACAD. 1798.]

‖ (T. didact.) Qui sert à réprimer. (*Cf.* réprimant.) Lois répressives.

RÉPRESSION [ré-prè-syon ; *en vers,* -si-on] *s. f.*

[ÉTYM. Emprunté du lat. repressio, *m. s.* ‖ XVe s. La repression de ire, PIERRE DE LANOY, dans DELB. *Rec.* Admis ACAD. 1835.]

‖ (T. didact.) Action de réprimer. La — des délits, des abus.

REPRIER [re-pri-yé] v. tr.

[ÉTYM. Composé de re et prier, §§ 192 et 196. ‖ XIIe s. Proi et reproi sans recovrier, CHRÉTIEN DE TROYES, *Chanson,* dans BARTSCH, *Chrest.* 3e édit. p. 142.]

‖ Prier de nouveau. Prends garde à ne venir jamais me —, MOL. *Dép. am.* IV, 4.

RÉPRIMABLE [ré-pri-màbl'] adj.

[ÉTYM. Dérivé de réprimer, § 242. ‖ XIVe-XVe s. Orgueil n'y a ne vice reprimable, EUST. DESCH. IV, 291. Admis ACAD. 1798.]

‖ *Rare.* (T. didact.) Qui doit être réprimé.

RÉPRIMANDE [ré-pri-mànd'] *s. f.*

[ÉTYM. Dérivé de réprimer, § 260. ‖ 1549. Avoir une petite reprimende, R. EST.]

‖ Blâme qu'on adresse à une personne pour une faute, un manquement. Les exemples corrigent mieux que les réprimandes, VOLT. *Jenni*, 5. ‖ *Spéciall.* Peine disciplinaire prononcée par un conseil de discipline.

RÉPRIMANDER [ré-pri-man-dé] *v. tr.*
[ÉTYM. Dérivé de réprimande, § 266. ‖ 1642. Reprimender, OUD.]
‖ Faire une réprimande à (qqn).

RÉPRIMANT, ANTE [ré-pri-man, -mànt'] *adj.*
[ÉTYM. Adj. particip. de réprimer, § 47. ‖ XVIIIe s. *V.* à l'article. Admis ACAD. 1835.]
‖ Qui réprime. (*Cf.* répressif.) La honte et la crainte du blâme sont des motifs réprimants, MONTESQ. *Espr. des lois*, V, 7.

RÉPRIMER [ré-pri-mé] *v. tr.*
[ÉTYM. Emprunté du lat. reprimere, *m. s.* ‖ 1314. A ce que l'excellent sensibleté que le nerf et fust reprimee, *Chirurg. de Mondeville*, 275, Bos.]
I. Contenir (ce qui est excessif). Réprimez ces transports violents, CORN. *Pomp.* II, 4. ‖ *Fig.* Il réprime des mots l'ambitieuse emphase, BOIL.. *Art p.* 1. On lui a appris à — son ardeur, BUFF. *Chien.* — leur habil, LA F. *Fab.* XII, 22.
II. Arrêter l'accomplissement, le progrès (de ce qui est condamnable). — les abus. — la sédition. La licence et l'orgueil en tous lieux réprimés, BOIL.. *Ép.* 1. Si de mon propre sang ma main versant des flots N'eût par ce coup hardi réprimé vos complots, RAC. *Alh.* II, 7.

REPRISE [re-priz'] *s. f.*
[ÉTYM. Subst. particip. de reprendre, § 45. (*Cf.* représaille.) ‖ Vers 1235. Chansons, lais, vers et reprises, HUON DE MÉRY, *Tournoiement, Antecrist*, 484.]
I. Action de prendre de nouveau (qqch). La — d'un territoire, d'une position dont l'ennemi s'était emparé. La — par un commanditaire des capitaux qu'il avait mis dans une affaire ‖ *P. ext.* Ce qui est repris. | 1. (Marine.) Navire repris sur l'ennemi. | 2. (Droit.) Ce que chacun des deux époux a droit de reprendre, par prélèvement, avant partage, sur les biens de la communauté.
II. Action d'opérer de nouveau (qqch).
‖ **1°** En réitérant. Il le frappa à plusieurs reprises. Le roi... l'embrassa à trois ou quatre reprises fort cordialement, SÉV. 1121. | (Musique.) Partie d'un morceau qui se répète après avoir été jouée, chantée une première fois.
‖ **2°** En recommençant. La — des hostilités. La — d'un procès. La — du froid. La — des affaires. La — d'une pièce au théâtre. | *Absolt.* | 1. (Escrime.) Nouvel engagement qui suit un repos. Il fut touché à la deuxième —. | 2. (Manège.) Nouvel exercice après une halte. | 3. (Jeu.) *Vieilli.* Nouvelle partie après une interruption. Je me défendis mollement de faire une —, LES. *Guzm. d'Alfar.* II, 3.
III. Action de raccommoder une étoffe en faisant passer et repasser des fils à l'endroit endommagé. Faire une —. Une — perdue, habilement dissimulée.

REPRISER [re-pri-zé] *v. tr.*
[ÉTYM. Dérivé de reprise, § 154. ‖ Admis ACAD. 1878.]
‖ Raccommoder en faisant des reprises. (*Syn.* ravauder.) — des bas.

RÉPROBATEUR, TRICE [ré-prò-bà-teùr, -trïs'] *adj.*
[ÉTYM. Emprunté du lat. reprobator, trix, *m. s.* ‖ *Néolog.* Admis ACAD. 1835.]
‖ Qui marque la réprobation.

RÉPROBATION [ré-prò-bà-syon; *en vers*, -si-on] *s. f.*
[ÉTYM. Emprunté du lat. reprobatio, *m. s.* ‖ XIVe s. La reprobation de Dieu, J. DE VIGNAY, dans DELB. *Rec.*]
‖ **1°** Action de rejeter comme inavouable. Cette mesure a excité la — générale. | Encourir la — des gens de bien.
‖ **2°** Action de rejeter comme impénitent, d'exclure du nombre des élus. Il fallut que Dieu révélât expressément au saint prophète la — de ce malheureux roi, BOSS. *États d'orais.* 4. C'est notre foi, si jamais nous avons le malheur d'être réprouvés, qui dictera elle-même l'arrêt de notre —, BOURD. 1er *Jugem. dern.* 1. Être marqué du sceau de la —.

REPROCHABLE [re-prò-chàbl'] *adj.*
[ÉTYM. Dérivé de reprocher, § 93. ‖ XIIIe s. Ne soit trovés reprochables, *Règle de St Benoît*, dans GODEF. *Compl.*]
‖ **1°** *Rare.* Qui donne lieu à des reproches.
‖ **2°** *Vieilli.* (Droit.) Qui donne lieu à récusation. Témoin —.

REPROCHE [re-pròch'] *s. m.*
[ÉTYM. Subst. verbal de reprocher, § 52. Souvent fém. au XVIIe s. surtout au plur. § 549. ‖ XIe s. Ja n'en avrunt reproce mi parent, *Roland*, 1076.]
‖ **1°** Action de reprocher qqch à qqn. Il s'est attiré le — de négligence. Les reproches qu'on reçoit de qqn, et, *ellipt*, Les reproches de qqn. Les reproches fâcheux de mon père et de ma mère, MOL. *G. Dand.* III, 6. | *P. anal.* Les reproches de la conscience. | Je ne vous ferai point de reproches frivoles, RAC. *Baj.* V, 4. Ne doutez point... qu'en reproches bientôt sa douleur ne s'échappe, ID. *Brit.* III, 1. Sans —, sans vous le reprocher. | *Fig.* Sa seule présence est un secret —, CORN. *Nicom.* II, 1. Il y a des reproches qui louent, LA ROCHEF. *Max.* 148. Être à l'abri de tout —, et, *dans le même sens*, Être sans —. Un homme de Dieu... dont la conduite soit exempte de tout —, BOURD. *Jugem. de Dieu*, 2. Si je ne suis pas né noble, au moins suis-je d'une race où il n'y a point de —, MOL. *G. Dand.* II, 2. Bayard, dit le chevalier sans peur et sans —.
‖ **2°** *Vieilli.* (Droit.) Témoin sans —, qu'on n'a point de motif de récuser. | *Fig.* Par ce refus, ils sont des témoins sans —, PASC. *Pens.* XIX, 5 *bis*.

REPROCHER [re-prò-ché] *v. tr.*
[ÉTYM. Du lat. pop. *repropiare*, propr, « rendre proche en ramenant », devenu *repropjar*, reprochier, reprocher. (*Cf.* proche et approcher.)]
I. Imputer à faute (qqch) à qqn (en s'adressant à lui). Que peut-on me — ? FÉN. *Tél.* 14. N'avoir rien à se —. Ma conscience ne me reproche rien, BOURD. 2e *Jugem. dern.* 2. J'ai soin de les lui — (ses défauts), MOL. *Mis.* II, 4. On vous reproche d'être indiscret. Lysandre reprocha à Philoclès... qu'il avait dépravé les esprits, MONTESQ. *Espr. des lois*, VI, 12. | — à qqn un bienfait, lui faire sentir ce qu'il nous doit. Un bienfait reproché tint toujours lieu d'offense, RAC. *Iph.* IV, 6. ‖ *Absolt. Vieilli.* Adresser des reproches. Paul-Émile reprochait à Persée, de ce qu'il ne se tuait pas, PASC. *Pens.* I, 4 *bis.* Comme les hommes ne se dégoûtent point du vice, il ne faut pas aussi se lasser de leur —, LA BR. préf.
II. *Vieilli.* (Droit.) Récuser. Ce témoignage... n'ayant point été reproché par les hérétiques, BOSS. *Proj. de réunion*, lett. 33. ‖ *Fig.* Moi... Qui reproche souvent mes yeux et mes oreilles, RÉGNIER, *Sat.* 13.

REPRODUCTEUR, TRICE [re-prò-dŭk'-teùr, -trïs'] *adj.*
[ÉTYM. Dérivé de reproduire, d'après producteur, § 249. ‖ 1762. *V.* à l'article. Admis ACAD. 1835.]
‖ (T. didact.) Qui a la propriété de reproduire. Un animal —, et, *substantivt*, Un —. La force reproductrice (chez le polype) y est douée d'une grande énergie, CH. BONNET, *Œuvres*, VI, 63.

REPRODUCTIBILITÉ [re-prò-dŭk'-ti-bi-li-té] *s. f.*
[ÉTYM. Dérivé de reproductible, § 255. ‖ Admis ACAD. 1798.]
‖ (T. didact.) Caractère de ce qui peut être reproduit.

REPRODUCTIBLE [re-prò-dŭk'-tibl'] *adj.*
[ÉTYM. Dérivé de reproduire, d'après le radical qui se trouve dans reproduction, § 242. ‖ Admis ACAD. 1798.]
‖ (T. didact.) Qui peut être reproduit.

REPRODUCTIF, IVE [re-prò-dŭk-tif, -tïv'] *adj.*
[ÉTYM. Dérivé de reproduire, d'après productif, § 257. ‖ 1769. *V.* à l'article. Admis ACAD. 1878.]
‖ (T. didact.) Capable de reproduire (par génération). La force reproductive, CH. BONNET, *Paling. philos.* IX, 6.

REPRODUCTION [re-prò-dŭk'-syon; *en vers*, -si-on] *s. f.*
[ÉTYM. Dérivé de reproduire, d'après production, § 247. ‖ 1690. FURET. Admis ACAD. 1762.]
‖ Action de reproduire. | 1. Par génération. Les organes de —. La — de l'individu, de l'espèce. La — d'une plante par bouture. | 2. Par copie, par imitation. La — d'un tableau par la gravure. La — d'un article de journal. L'auteur a interdit la — de son roman. | 3. Par répétition. L'histoire nous fait assister à la — des mêmes événements, des mêmes passions.

REPRODUIRE [re-prò-duïr] *v. tr.*
[ÉTYM. Composé de re et produire, §§ 192 et 196. ‖ XVIe s. Elle reproduira par après des foins, O. DE SERRES, II, 1. Admis ACAD. 1798.]
‖ Faire revivre dans un produit nouveau.
‖ **1°** Par génération. Faire de l'univers, en reproduisant, en renouvelant les êtres, un théâtre toujours rempli, BUFF. *Bœuf.* Ils (les animaux) ne sont, si vous le voulez, que de pures machines, mais l'auteur de ces machines a mis en elles de quoi se — à l'infini par l'assemblage des deux sexes, FÉN.

Exist. de Dieu, I, 2. Qu'est-il plus difficile, de produire un homme que de le — ? PASC. *Pens.* XXIV, 20. Les plantes peuvent se — par boutures.

‖ **2°** Par copie, par imitation. — un tableau par la gravure, la photographie, etc. — un article de journal. Cette injuste frayeur sans cesse reproduit L'image des malheurs que j'ai vus cette nuit, CORN. *Poly.* II, 3. — les gestes de qqn.

‖ **3°** Par répétition. On voit les mêmes événements se — dans l'histoire. La Rochefoucauld développe une même pensée, qu'il reproduit sous des formes diverses.

RÉPROUVABLE [ré-prou-vàbl'] *adj.*

[ÉTYM. Dérivé de *réprouver*, § 93. ‖ XIV° s. Delections qui sont tres reprouvables, ORESME, *Éth.* dans LITTRÉ. Admis ACAD. 1878.]

‖ Qui doit être réprouvé.

REPROUVER [re-prou-vé] *v. tr.*

[ÉTYM. Composé de *re* et *prouver*, §§ 192 et 196. ‖ Admis ACAD. 1798.]

‖ Prouver de nouveau.

RÉPROUVER [ré-prou-vé] *v. tr.*

[ÉTYM. Du lat. *reprobare*, *m. s.* devenu `*`reprovar, reprover, reprouver (*cf.* prouver), prononcé récemment réprouver par réaction étymologique, § 502.]

I. Rejeter comme inavouable. On est sûr de plaire au peuple par les sentiments que la morale avoue, et on est sûr de le choquer par ceux qu'elle réprouve, MONTESQ. *Espr. des lois*, XXV, 3. Les — quelque temps (les guerres de religion) pour y revenir après, BOSS. *5e Avert. aux protest.* 1. ‖ Ces armées ne regardèrent ces députés que comme les plus lâches esclaves d'un maître qu'elles avaient déjà réprouvé, MONTESQ. *Rom.* 15. ‖ Sens réprouvé, obstination condamnable dans l'erreur. Ce sens ne fut appuyé de personne, et vous verrez par l'événement qu'il n'y en eut jamais de plus réprouvé, RETZ, *Mém.* 2. La vengeance divine... nous livre à notre sens réprouvé, BOSS. *Hist. univ.* II, 21.

II. *Spécialt.* (T. ecclés.) Rejeter comme impénitent, exclure du nombre des élus. Sous peine d'être réprouvé de lui (Jésus-Christ) et exclu du nombre de ses disciples, BOURD. *Sévérité chrét.* 2. Si Dieu les a réprouvés (les Juifs), BOSS. *Hist. univ.* II, 20. *Au part. passé pris substantivt.* Cette fusion universelle des réprouvés au jugement de Dieu, BOURD. *2e Jugem. dern.* 1. Une vraie physionomie de réprouvée, HAMILT, *Gram.* p. 307.

REPS [rèps'] *s. m.*

[ÉTYM. Origine inconnue. ‖ Admis ACAD. 1835.]

‖ (Technol.) Étoffe de soie et laine, ou de laine et coton.

REPTILE [rep'-til] *adj. et s. m.*

[ÉTYM. Emprunté du lat. *reptilis*, *m. s.* de *repere*, ramper. ‖ 1314. Toutes reptilis, *Chirurg. de Mondeville*, f° 86.]

‖ **1°** *Vieilli.* Qui rampe. Animaux reptiles, FÉN. *Exist. de Dieu*, I, 2. ‖ *Fig.* Vit-on jamais un esprit plus — ? REGNARD, *Distrait*, I, 4.

‖ **2°** *S. m.* Animal qui rampe, animal sans pieds ou à pieds très courts qui s'avance en se traînant sur le ventre. Sion, repaire affreux de reptiles impurs, RAC. *Esth.* I, 1. ‖ *Spécialt.* (Hist. nat.) Animal vertébré, à sang froid, à respiration pulmonaire.

RÉPUBLICAIN, AINE [ré-pu-bli-kin, -kèn'] *adj.*

[ÉTYM. Dérivé de *république*, d'après *publicain*, § 244. ‖ XVI°-XVII° s. Je gagneray le nom de turbulent, de republicain, D'AUB. *Tragiques*, Aux lecteurs.]

‖ **1°** Qui appartient à la république. Gouvernement —. Constitution républicaine. ‖ *Spécialt.* Relatif à la première république française. Les armées républicaines. Calendrier —, divisant l'année en 12 mois de trois décades chacun, avec des jours complémentaires. ‖ *Substantivt. Vieilli.* Citoyen d'une république.

‖ **2°** Qui convient à la république. Les mœurs, les maximes républicaines. Avoir l'esprit —. ‖ *Substantivt.* Partisan de la forme de gouvernement dite républicaine.

RÉPUBLICANISME [ré-pu-bli-kà-nîsm'] *s. m.*

[ÉTYM. Dérivé de *républicain*, § 265. ‖ XVIII° s. V. à l'article. Admis ACAD. 1835.]

‖ (T. didact.) Doctrine des partisans de la forme de gouvernement dite république. Le — gagne chaque jour les esprits philosophiques, D'ARGENSON, *Mém.* dans DELB. *Rec.*

RÉPUBLIQUE [ré-pu-blik'] *s. f.*

[ÉTYM. Emprunté du lat. *respublica*, *m. s.* de *res*, chose, et *publicus*, public. ‖ XIV°-XV° s. Vivez en république comme nous, *Chron. de Boucicaut*, III, 8.]

‖ **1°** La chose publique, l'État (sous toute espèce de gouvernement). Allons, vieillard, et sans réplique : Il n'importe à la — Que tu fasses ton testament, LA F. *Fab.* VIII, 1. Dans les emplois de Mars servant la —, ID. *ibid.* XI, 8. Du souverain, ou de la —, LA BR. 10, titre. Le traité de la République de Platon. Le stoïcisme est un jeu d'esprit et une idée semblable à la République de Platon, LA BR. 11. ‖ *Fig.* La — aquatique (le peuple des grenouilles), LA F. *Fab.* XII, 24. Une espèce de — à fonder (chez les castors), BUFF. *Castor.*

‖ **2°** Gouvernement où la souveraineté appartient à une assemblée du peuple ou à un sénat, et où le pouvoir exécutif n'est pas héréditaire. — démocratique, où domine l'assemblée du peuple. — aristocratique, où domine le sénat. Lorsque dans la — le peuple en corps a la souveraine puissance, c'est une démocratie; lorsque la souveraine puissance est entre les mains d'une partie du peuple, cela s'appelle une aristocratie, MONTESQ. *Espr. des lois*, II, 2. — fédérative, composée d'États autonomes, associés pour les intérêts généraux de la fédération. La — des États-Unis. La secte d'Épicure, qui s'introduisit à Rome sur la fin de la —, MONTESQ. *Rom.* 10. ‖ *Spécialt.* La première république française. Les armées de la —. L'an IV de la —. ‖ *P. anal.* ‖ **1.** En parlant des premiers chrétiens. Cette — naissante s'est multipliée par la chasteté et par la mort, BALZ. *Socrate chrét.* III, 2. ‖ **2.** La — des lettres, l'ensemble des gens de lettres, considérés comme formant une sorte de confrérie.

RÉPUDIATION [ré-pu-dyà-syon; *en vers*, -di-à-sion] *s. f.*

[ÉTYM. Emprunté du lat. *repudiatio*, *m. s.* ‖ XV° s. Le libelle de repudiation, MONSTREL. I, 47.]

‖ **1°** Action de répudier sa femme.

‖ **2°** Action de répudier une succession.

RÉPUDIER [ré-pu-dyé; *en vers*, -di-é] *v. tr.*

[ÉTYM. Emprunté du lat. *repudiare*, *m. s.* ‖ 1539. Repudier sa femme, R. EST.]

‖ **1°** Renvoyer légalement (une épouse). Que tardez-vous, Seigneur, à la — (Octavie) ? RAC. *Brit.* II, 2. ‖ *Absolt.* Dans tous les pays où la loi accorde aux hommes la faculté de —, elle doit aussi l'accorder aux femmes, MONTESQ. *Espr. des lois*, XVI, 15.

‖ **2°** (Droit.) Renoncer à (un legs, une succession). ‖ *Fig.* Rejeter. — ses principes. — la croyance de ses aïeux. Elle (la nation juive) a répudié son époux et son père Pour rendre à d'autres dieux un honneur adultère, RAC. *Esth.* I, 4.

`*`**REPUE** [re-pu] *s. f.*

[ÉTYM. Subst. particip. de *repaître*, § 45. ‖ XV° s. Vous qui cherchez les repeues franches, *Repues franches* (poème attribué à tort à Villon).]

‖ *Vieilli.* Action de se repaître. *Spécialt.* — franche, repas qui ne coûte rien.

RÉPUGNANCE [ré-pu-ñâns'] *s. f.*

[ÉTYM. Emprunté du lat. *repugnantia*, *m. s.* ‖ XIII° s. E ire engendre repugnance, P. D'ABERNUN, dans GODEF.]

‖ Action de répugner.

I. *Vieilli.* Contradiction choquante d'une chose avec une autre. Une passion... dont tous les désordres ont tant de — avec la gloire de notre sexe, MOL. *Princ. d'Él.* II, 1. ‖ (Logique.) Contradiction. Il n'y a point de — qu'il y ait un tel progrès, DESC. *Rép. aux 5es object.* 37. Vous y verriez une — et une contradiction si grossière, PASC. *Prov.* 1.

II. Éloignement insurmontable pour une chose, une personne. Une — constante pour l'équivoque, BUFF. *Style.* Les princes alliés eurent d'abord quelque — à mettre Polydamas dans la royauté, FÉN. *Tél.* 21. Je n'ai pour Aristie aucune —, CORN. *Sertor.* I, 2.

RÉPUGNANT, ANTE [ré-pu-ñan, -ñant'] *adj.*

[ÉTYM. Adj. particip. de *répugner*, § 47. ‖ 1372. Ces conditions sont contraires et repugnantes l'une à l'autre, J. CORBICHON, *Propr. des choses*, VIII, 4, mss franç. Bibl. nat. 216, f° 135, v°.]

‖ Qui répugne.

I. *Vieilli.* Contradictoire. Choses qui sont répugnantes à la raison, DESC. *Dioptr.* 4. Il y a un grand nombre de vérités et de foi et de morale qui semblent répugnantes, PASC. *Pens.* XXIV, 12.

II. Qui inspire un éloignement insurmontable. Sa personne est répugnante. Sa chair (du buffle) est non seulement désagréable au goût, mais répugnante à l'odorat, BUFF. *Buffle.*

III. *Rare.* Qui ressent un éloignement insurmontable (pour qqch). S'ils s'y trouvent répugnants (à aimer Dieu), PASC. *Pens.* XXIV, 61 *bis.*

RÉPUGNER [ré-pu-ñé] *v. intr.*

[ÉTYM. Emprunté du lat. repugnare, *m. s.* proprt, « combattre contre ». || XIVᵉ s. Resister a elles (aux passions) et obvier ou repugner, ORESME, *Éth.* dans LITTRÉ.]

I. *Vieilli.* Offrir une contradiction choquante. Dieu... seul juge en sa propre cause, ce qui répugne, s'il n'est lui-même la justice et la vérité, LA BR. 16. Il n'y a donc rien qui répugne à leur donner une reine, CORN. *Sertor.* Au lecteur. Crois-tu Que cette qualité répugne à la vertu? LA F. *Eunuque*, IV, 1.

II. Ressentir un éloignement insurmontable pour qqch. Il faut mourir, qui est une autre extrémité où la nature répugne, SÉV. 1239. J'y ai répugné autrefois (à me marier), MOL. *Mar. forcé*, sc. 1.

III. Inspirer un éloignement insurmontable. Cette personne me répugne. Il me répugne d'agir ainsi. D'abord elles (les saveurs fortes) nous répugnent, J.-J. ROUSS. *Ém.* 2.

RÉPULLULER [ré-pûl'-lu-lé] *v. intr.*

[ÉTYM. Emprunté du lat. repullulare, *m. s.* || XVIᵉ s. Si tu permets, Cesar, repulluler de moi Un si meschant reject, J. DU BELLAY, *Recueil présenté à madame Marguerite, Furies.* Admis ACAD. 1798.]

|| Pulluler de nouveau.

RÉPULSIF, IVE [ré-pûl-sif', -sîv'] *adj.*

[ÉTYM. Dérivé du lat. repulsum, supin de repellere, repousser, § 257. || XIVᵉ s. De ces membres aucuns sont repulsifz, J. DE VIGNAY, *Miroir hist.* dans DELB. *Rec.* Admis ACAD. 1762.]

|| (T. didact.) Qui repousse. Force répulsive. *Fig.* Des manières répulsives.

RÉPULSION [ré-pûl-syon ; *en vers,* -si-on] *s. f.*

[ÉTYM. Emprunté du lat. repulsio, *m. s.* || XVIᵉ s. V. à l'article. Admis ACAD. 1762.]

|| 1° *Anciennt.* Action de repousser. Afin de pourvoir à la — du Turc, MART. DU BELLAY, *Mém.* 4.

|| 2° *Spécialt.* (Physique.) Mouvement par lequel deux corps se repoussent. L'attraction et la — magnétique. || *Fig.* Mouvement subit d'aversion pour qqn, qqch. Son attitude, son langage, toute sa personne m'inspire de la —.

RÉPUTATION [ré-pu-tà-syon ; *en vers,* -si-on] *s. f.*

[ÉTYM. Emprunté du lat. reputatio, *m. s.* || XVᵉ s. Estre grant nom et reputation, *Intern. Consol.* III, 3.]

|| Opinion généralement répandue sur qqn, qqch. Une bonne, une mauvaise —. Il a la — d'être avare. Prendre soin de sa —. || *Absolt.* Bonne opinion répandue sur qqn, qqch. Il aime l'argent plus que —, qu'honneur et que vertu, MOL. *Av.* II, 4. Risquer, compromettre sa —. La seule dot d'une fille pauvre et honnête, sa —, B. DE ST-P. *Paul et Virg.* Un homme qui entre en —, LA BR. 12. La — des vins de Bordeaux.

RÉPUTER [ré-pu-té] *v. tr.*

[ÉTYM. Emprunté du lat. reputare, *m. s.* (Cf. putatif.) || 1294. Si com cels herbergeours seront reputé, dans GODEF.]

|| Faire considérer comme tel ou tel. Nommer en son parentage Une longue suite d'aïeux Est réputé grand avantage, MALH. *Poés.* 27. Réputés criminels, BOIL. *Sat.* 10. Il est réputé loyal. *Absolt.* Un orateur réputé. Un cru réputé. || Se —, se considérer comme étant tel ou tel. Bien que vaincu, je me répute heureux, CORN. *Cid*, V, 6. Il faut que je lui rende davantage et que je me répute encore son obligé, MALH. *Bienf. de Sénèq.* II, 18.

REQUÉRABLE [re-ké-râbl'] *adj.*

[ÉTYM. Dérivé de requérir, § 93. || XVIᵉ s. Toutes rentes sont requerables, LOYSEL, p. 525. Admis ACAD. 1762.]

|| *Vieilli.* (Droit.) Qu'on doit requérir, réclamer en personne. Rente —.

REQUÉRANT, ANTE [re-ké-ran, -rânt'] *adj.*

[ÉTYM. Adj. particip. de requérir, § 47. || 1606. Un chien requerant, NICOT. Admis ACAD. 1740.]

I. *Vieilli.* Qui recherche. *Spécialt.* (Vénerie.) Chien —, qui quête de lui-même pour retrouver la voie.

II. Qui réclame en justice. La partie requérante, et, *substantivt,* Le —, la requérante, celui, celle qui requiert.

REQUÉRIR [re-ké-rîr] *v. tr.*

[ÉTYM. Tiré de requerre par changement de conjugaison, § 629. (Cf. querir.)]

I. *Vieilli.* Rechercher. Va, va vite — mon fils, MOL. *Scap.* II, 7.

II. Demander comme nécessaire.

|| 1° — qqn. Les assesseurs requis pour dépouiller les votes. Sentant venir quelqu'un pour le —, MALH. *Bienf. de Sénèq.* I, 1. On venait souvent le — de quelque bon office, B. DE ST-P. *Paul et Virg.*

|| 2° — qqch. Qualité requise pour l'exercice de notre art, MOL. *Mal. im.* II, 5. Vivre est la moindre partie de ce qui est requis pour bien vivre, MALH. *Bienf. de Sénèq.* III, 30. Ce qui est requis à une proposition pour être vraie, DESC. *Méth.* 4. Selon que le requiert ou l'âge ou la santé, RÉGNIER, *Sat.* 2.

III. Demander comme prescrit par la loi. — qqn. Je vous prie et au besoin je vous requiers. — aide et assistance. — la force publique. — l'application de la loi. *Ellipt.* Le ministère public a requis contre l'accusé. Il requiert que, suivant les traités,... le baron de Gortz soit arrêté, VOLT. *Hist. de Russie*, II, 8. || *Spécialt.* — des chevaux, des voitures, etc., pour un service public.

REQUERRE [re-kèr] *v. tr.*

[ÉTYM. Du lat. pop. *requærere (class. requirere), *m. s.* (Cf. querre.)]

|| *Vieilli.* Requérir. Il dit : Ouvrez; faut-il tant vous —? LA F. *Ball. des Augustins.*

REQUÊTE [re-kèt'] *s. f.*

[ÉTYM. Pour requeste, § 422, subst. particip. de requérir, § 45. (Cf. quête et requise.) || XIIᵉ s. Oi sa requeste del ciel bonement, *Rois*, III, 8.]

I. *Anciennt.* Recherche. Une chose de —, recherchée. Filles jeunes sont de —, YVER, *Print.* p. 644. || *Spécialt.* (Vénerie.) Nouvelle quête de la bête. Corner à —, corner —, sonner du cor pour requêter les chiens en défaut.

II. Demande instante. Je ne vous ferai point de — incivile, MAIRET, *Sophon.* III, 4. Les requêtes qui leur sont adressées journellement (aux dieux), MALH. *Bienf. de Sénèq.* IV, 4.

III. Demande faite au nom de la loi. Un arrêt sur —, RAC. *Plaid.* I, 7. Être cité à la — de qqn. Présenter une — au tribunal. — civile, voie extraordinaire pour obtenir, dans des cas déterminés, rétractation d'un arrêt. La — civile est ouverte pour moi, RAC. *Plaid.* I, 7. || Maître des requêtes (au conseil d'État), magistrat chargé de rapporter les affaires soumises au conseil d'État, et dont le grade est supérieur à celui d'auditeur, inférieur à celui de conseiller.

REQUÊTER [re-kê-té] *v. tr.*

[ÉTYM. Dérivé de requête, § 154. || XIIᵉ-XIIIᵉ s. Si faire vous requeste, EVERARD DE KIRKHAM, *Distiques de Caton,* LXI, 1. Admis ACAD. 1835.]

|| (Vénerie.) Quêter de nouveau (la bête).

REQUIEM [ré-kui-yèm'] *s. m.*

[ÉTYM. Emprunté du lat. requiem, repos, dans la prière liturgique : requiem æternam, etc. || Vers 1340. Faire memoire de requiem, dans A. MOLINIER, *Obituaires*, p. 299.]

|| (Liturgie cathol.) Prière pour les morts. Chanter un —. || Une messe de —, pour le repos de l'âme d'un mort. || P. ext. Parties de la messe des morts mises en musique. Le — de Mozart.

REQUIN [re-kin] *s. m.*

[ÉTYM. Origine incertaine : FURET. écrit requiem et dit qu'il « est ainsi nommé parce que quand on en est mordu il n'y a rien autre chose à faire qu'à chanter le requiem ». Peut-être faut-il reconnaître dans la terminaison la forme normanno-picarde de chien, §§ 16 et 391. || 1539. Un requin, J. et R. PARMENTIER, dans DELB. *Rec.* | 1578. Ces requiens, J. DE LÉRY, *ibid.* Admis ACAD. 1740.]

|| Gros poisson de mer très vorace, du genre des Squales ou chiens de mer.

REQUINQUER [re-kin-ké] *v. tr.*

[ÉTYM. Origine incertaine ; COTGR. donne requinquer comme un mot picard, § 16. || 1611. Se requinquer, COTGR.]

|| *Trivial.* Rajuster dans sa toilette. La voilà toute requinquée, SCARR. *Virg. trav.* 1.

REQUINT [re-kin] *s. m.*

[ÉTYM. Composé de re et quint, §§ 193 et 196. || 1531. Les quints et requintz, *Cout. de Lorris,* dans DELB. *Rec.*]

|| (Féodal.) Cinquième partie du quint payé en sus du quint dans certaines seigneuries.

REQUISE [re-quîz'] *s. f.*

[ÉTYM. Subst. particip. de requérir, § 45. (Cf. requête.) || Admis ACAD. 1694 ; suppr. en 1835.]

|| *Vieilli.* Action de rechercher. *Spécialt.* Une chose de —, recherchée, rare.

RÉQUISITION [ré-ki-zi-syon ; *en vers,* -si-on] *s. f.*

[ÉTYM. Emprunté du lat. requisitio, *m. s.* || XIIᵉ s. Ço est sa requisition, BENEEIT, *Ducs de Norm.* dans DELB. *Rec.*]

|| Action de requérir.

|| 1° Demande faite par l'autorité de mettre des person-

nes, des choses à sa disposition pour un service public. On a mis tous les chevaux de la contrée en —.

|| **2°** Demande en justice. Sur la — d'un tel. *Spécialt.* Demande incidente formée à l'audience.

RÉQUISITOIRE [ré-ki-zi-twàr] *s. m.*

[ÉTYM. Dérivé du lat. requisitum, supin de requirere, requérir, § 249. || 1403. Commission requisitoire, *Cout. de Flines*, dans DELB. *Rec.*]

|| (Droit.) Acte du ministère public énumérant les charges qui pèsent sur l'accusé et requérant contre lui. || *Fig.* Énumération de tout ce qu'on a à reprocher à qqn.

RESCIF [rè-sif']. *V.* récif.

***RESCINDABLE** [rès'-sin-dàbl'] *adj.*

[ÉTYM. Dérivé de rescinder, § 242. || 1596. Contract rescindable, GUENOYS, *Conf. des coustumes*, dans DELB. *Rec.*]

|| (Droit.) Sujet à rescision.

RESCINDANT [rès'-sin-dan] *s. m.*

[ÉTYM. Subst. particip. de rescindere, § 47. || 1579. Actions tant rescindantes que rescisoires, dans DELB. *Rec.*]

|| (Droit.) Demande en rescision.

RESCINDER [rès'-sin-dé] *v. tr.*

[ÉTYM. Emprunté du lat. rescindere, m. s. proprt, « séparer en coupant ». (*Cf.* scinder.) On trouve rescindre en anc. franç. || 1422. Avons voulu et voulons qu'il en soit rescindé du surplus, dans GODEF. rescindement.]

|| (Droit.) Déclarer de nul effet (une convention, un jugement).

RESCISION [rès'-si-zyon ; *en vers*, -zi-on] *s. f.*

[ÉTYM. Emprunté du bas lat. rescisio, pour rescissio, m. s. dérivé de rescindere, rescindre. || 1517. Lettres de relievement et recision, dans DELB. *Rec.*]

|| (Droit.) Annulation d'un acte entaché d'un vice radical. || *Fig.* Il peut y avoir de l'interruption en ses bienfaits (de la nature), mais de — il n'y en a point, MALH. *Bienf. de Sénèq.* VI, 1.

RESCISOIRE [rès'-si-zwàr] *adj.*

[ÉTYM. Emprunté du bas lat. rescisorius, pour rescissorius, m. s. || 1579. *V.* rescindant.]

|| (Droit.) Relatif à la rescision. Action —. || *Substantivt, au masc.* Ce qui a été l'objet de la rescision.

RESCOUSSE. *V.* recousse.

RESCRIPTION [rès'-krip'-syon ; *en vers*, -si-on] *s. f.*

[ÉTYM. Emprunté du lat. rescriptio, m. s. || XIII° s. Par toutes teles rescritions porroit estre le lettre faussee, BEAUMAN. XXXV, 9.]

|| *Vieilli.* || **1°** Action de récrire, ou d'ajouter à ce que qqn a écrit.

|| **2°** Mandement par écrit que l'on donne pour toucher une somme sur quelque fonds, sur quelque personne.

RESCRIT [rès'-kri] *s. m.*

[ÉTYM. Emprunté du lat. rescriptum, m. s. § 503. || XIII° s. Rescrit ne vaut rien en tel quas, *Livre de justice*, p. 14.]

|| **1°** (Droit rom.) Réponse de l'empereur aux questions adressées par les gouverneurs des provinces, les juges, etc., au sujet de certaines difficultés à résoudre.

|| **2°** Ordonnance du chef de l'État dans certains pays. || *Spécialt.* Monitoire papal portant décision de quelque point de droit.

RÉSEAU [ré-zó] *s. m.*

[ÉTYM. Tiré de réseuil par changement de suffixe, § 62. || XII° s. E as resels (var. roiselz) ki sunt tenduz, MARIE DE FRANCE, *Fab.* XVI, 37, Warnke.]

|| **1°** Petit filet. Ce — me retient, ma vie est en tes mains, LA F. *Fab.* VIII, 22. Quand reginglettes et réseaux Attraperont petits oiseaux, ID. *ibid.* I, 8.

|| **2°** *Spécialt.* Ouvrage de fil, de soie, de fils d'or, d'argent, en forme de filet. Le — d'une dentelle, fond sur lequel les fleurs sont brodées. Ses cheveux étaient retenus par un —.

|| **3°** *P. anal.* Entrelacement de lignes. Un — de routes, de canaux. Un — de voies ferrées. Le — de la ligne d'Orléans. || (Blason.) Meuble de l'écu, entrelacement de diagonales formant un ensemble de mailles en losanges. | (Anat.) Entrelacement des fibres d'un tissu, des vaisseaux, des nerfs, etc.

RÉSECTION [ré-sèk'-syon ; *en vers*, -si-on] *s. f.*

[ÉTYM. Emprunté du lat. resectio, m. s. || *Néolog.* Admis ACAD. 1878.]

|| (Chirurgie.) Ablation d'une des extrémités d'un os malade.

RÉSÉDA [ré-zé-dà] *s. m.*

[ÉTYM. Emprunté du lat. reseda, m. s. de resedare, calmer, certaines variétés ayant été employées en thérapeutique. || Admis ACAD. 1762.]

|| (Botan.) Plante herbacée à fleurs odorantes, à feuilles alternes, qu'on cultive dans les jardins.

RÉSÉQUER [ré-sé-ké] *v. tr.*

[ÉTYM. Emprunté du lat. resecare, m. s. || 1529. Tout usage de l'œil tirant à mal doibt estre reséqué, L. LASSERE, *Vie de St Hierosme*, dans DELB. *Rec.* Admis ACAD. 1878.]

|| (Chirurgie.) Enlever par résection. — un os.

RÉSERVATION [ré-zèr-và-syon ; *en vers*, -si-on] *s. f.*

[ÉTYM. Dérivé de réserver, § 247. || XIV° s. FROISS. dans GODEF. *Compl.*]

|| *Ancienn.* Action de réserver. || *Spécialt. De nos jours.* | **1.** Action de se réserver un droit dans un contrat. | **2.** Droit en vertu duquel le pape se réserve de conférer, dans les pays d'obédience, certains bénéfices devenus vacants.

RÉSERVE [ré-zèrv'] *s. f.*

[ÉTYM. Subst. verbal de réserver, § 52. || XV° s. As tu en reserve au moins aucuns de tes joyaux? CHASTELL. dans DELB. *Rec.*]

I. Action de réserver. Il a vendu tout le domaine, à la — de ce pavillon. Avoir des provisions en —. Mettre en — de l'argent. | Armée de —, destinée à être appelée sous les drapeaux si l'armée active était insuffisante. Corps de —, troupe qui n'est pas engagée de suite et qui est destinée à renforcer les parties menacées dans une bataille. Cadre de —, corps des officiers généraux qui, en temps ordinaire, ne font plus partie de l'armée active. | Bois de —, dont la coupe est différée. | Teindre à —, en appliquant sur certaines parties de l'étoffe (dessin, ornements, etc.) une substance qui empêche la teinture de les atteindre. N'avez-vous pas... quelque coin de — ? LA F. *Contes, Berceau.* || *Fig.* | **1.** Restriction en vue de certaines éventualités. Faire ses réserves. Donner une nouvelle sous toutes réserves (en faisant toutes ses réserves), et, *abusivt*, sous toute —. Avoir une confiance sans —. Le peuple... s'est abandonné sans — à sa passion, BOSS. *Hist. univ.* III, 7. | 2. Attention à ne pas se livrer, à garder par devers soi ses impressions, ses sentiments. Se tenir sur la —. Manquer de —. Une — prudente. Il lui trouvait beaucoup de noblesse et de — dans les discours et dans le maintien, STAEL, *Cor.* VI, 2. Avoir une — de provisions.

II. Ce qui est réservé.

|| *Spécialt.* || **1°** (Droit.) — légale, partie d'une succession que la loi déclare non disponible et qui est réservée à certains héritiers.

|| **2°** (T. milit.) | **1.** — de l'armée active, territoriale, armée destinée à être appelée sous les drapeaux si l'armée active, territoriale était insuffisante. | 2. Troupe qui n'est pas engagée de suite et qui est destinée à renforcer les parties menacées dans une bataille. Faire donner sa —.

|| **3°** (T. forestier.) Canton de bois dont la coupe est réservée. || (Liturgie cathol.) Saintes espèces destinées à la communion des malades ou des fidèles.

RÉSERVER [ré-zèr-vé] *v. tr.*

[ÉTYM. Emprunté du lat. reservare, m. s. || XII° s. Celei procession meismes reservat a nostre ues, *Serm. de St Bern.* p. 120.]

|| **1°** Garder pour une certaine destination. Il s'est réservé un pavillon de chasse. Se — la jouissance d'une chose. Se — un droit. Tous droits réservés. — de l'argent pour les besoins imprévus. Biens réservés, dont le testateur ne peut disposer au préjudice des héritiers. Les rois se réservèrent le jugement des affaires criminelles, MONTESQ. *Espr. des lois*, XI, 18. Vous pouviez — cet avis à un autre temps, PASC. *Prov.* 6. Tous ceux qui dans leur cœur me réservent leur foi, RAC. *Brit.* I, 4. Les dieux... nous réservaient à d'autres dangers, FÉN. *Tél.* 1. Ma triste voix était réservée à ce déplorable ministère, BOSS. *D. d'Orl.* Un portrait réservé pour le pinceau d'Apelle, BOIL. *Disc. au roi.* Son fils, seul avec moi, réservé pour les fers, RAC. *Andr.* III, 6. Un des parvis aux hommes réservés, ID. *Ath.* II, 2. || *Spécialt.* Cas réservés, péchés dont l'absolution ne peut être donnée sans autorisation de l'évêque, du pape. Macette... A des cas réservés grandes intelligences, RÉGNIER, *Sat.* 13. | — à qqn la meilleure place, et, *absolt*, S'asseoir aux places réservées. Je lui réserve ma fortune. Pour mériter les biens qui vous sont réservés, CORN. *Nicom.* I, 2. Il lui était réservé de finir cette longue guerre.

[Il se réserve la réplique. Je me réserve d'intervenir au moment voulu. *Vieilli.* Je me réserve à vous faire un second discours, BOSS. *Hist. univ.* III, 8. Se — pour une meilleure occasion, et, *absolt,* Allez, réservez-vous, RAC. *Mithr.* v, 5.

‖ **2°** *Absolt.* Ne pas livrer aux autres ses impressions, ses sentiments. (Ne s'emploie qu'au part. passé.) Nos pères sont plus réservés sur ce qui regarde la chasteté, PASC. *Prov.* 9. Les prédicateurs doivent être réservés sur les louanges, BOSS. *2e Démons.* 3. | *Absolt.* S'il est réservé, nous l'accusons de dissimulation, BOURD. *Homélie sur l'aveugle-né,* 1.

RÉSERVISTE [ré-zèr-vist'] *s. m.*

[ÉTYM. Dérivé de réserve, § 265. ‖ *Néolog.* Admis ACAD. 1878.]

‖ (T. milit.) Soldat qui fait partie de la réserve de l'armée active.

RÉSERVOIR [ré-zèr-vwàr] *s. m.*

[ÉTYM. Dérivé de réserver, § 113. ‖ 1549. R. EST.]

‖ Lieu ménagé pour garder certaines choses en réserve, spécialement de l'eau qu'on distribue ensuite selon les besoins. ‖ *P. anal.* Bassin où l'on conserve le poisson. ‖ *Fig.* Quelle main a pu suspendre sur nos têtes ces grands réservoirs d'eau (les nuages)? FÉN. *Exist. de Dieu,* I, 2. Le — de la bile, la vésicule du fiel. Par vos pleurs n'augmentez point ma peine : Je n'en veux pourtant pas fermer les réservoirs, LA F. *Ragotin,* IV, 5.

****RÉSEUIL** [ré-zeûy'] *s. m.*

[ÉTYM. Du lat. retiolum, diminutif de rets, rets, devenu *retyolum, § 289, reisuel, roiseul, §§ 406, 320 et 291, puis réseul (d'après rets) et reseuil, § 86. ‖ Admis ACAD. 1694; suppr. en 1762.]

‖ *Vieilli.* Réseau. Un — ou lacis assez épais, DESC. *l'Homme.*

RÉSIDANT, ANTE [ré-zi-dan, -dànt'] *adj.*

[ÉTYM. Adj. particip. de résider, §47. (*Cf.* résident et l'anc. franç. reseant, resseant, qui s'est maintenu dans la langue du droit jusqu'à la fin du XVIIe s.) ‖ Admis ACAD. 1694.]

‖ Qui réside. Membre — d'une académie (par opposition à correspondant).

RÉSIDENCE [ré-zi-dàns'] *s. f.*

[ÉTYM. Emprunté du lat. residentia, *m. s.* (*Cf.* l'anc. franç. reseance, de formation pop.) ‖ XIIIe s. Qu'il face residence entre les sers ou aillors, BEAUMAN. XIV, 19.]

‖ **1°** ‖ **1.** Le fait de résider dans un lieu. Fixer sa — en province. Un lieu de —. Les muses font en ce lieu —, LA F. *Poés. diverses,* 2, *Ballade. P. ext.* État sédentaire. Cet état de —... lui donne beaucoup de chagrins, SÉV. 1123. | **2.** Obligation de résider dans un lieu. Les évêques sont tenus à —. Aux prélats de cour prêcher la —, BOIL. *Ép.* 1.

‖ **2°** Lieu où l'on réside. Résidences royales, châteaux dépendant de la couronne. Versailles était sa — favorite.

‖ **3°** Charge, demeure d'un résident.

RÉSIDENT [ré-zi-dan] *s. m.*

[ÉTYM. Emprunté du lat. residens, qui réside. (*Cf.* résidant.) ‖ XIIIe s. A tous les residens de Paris, E. BOILEAU, *Livre des mest.* 1, I, 1.]

‖ Agent diplomatique qui réside auprès du gouvernement d'un petit pays, avec un grade inférieur à celui d'ambassadeur ou de ministre plénipotentiaire. Le — de France à Genève. — général, représentant d'un gouvernement protecteur auprès du souverain d'un pays protégé. Le — général de Tunisie.

RÉSIDER [ré-zi-dé] *v. intr.*

[ÉTYM. Emprunté du lat. residere, *m. s.* (*Cf.* l'anc. franç. reseoir, de formation pop.) ‖ XVe-XVIe s. Voire que demeure et reside, *Nat. à l'alch. err.* 300.]

I. Être établi actuellement dans un lieu. Il réside six mois de l'année dans ses terres. Il a son domicile à Paris, mais il réside à Saint-Cloud. ‖ *Absolt.* Demeurer dans le lieu où l'on exerce une fonction. Les évêques sont tenus à —.

II. *Fig.* Avoir son siège dans qqn, qqch. En Dieu seul réside la fécondité et la puissance absolue, BOSS. *Hist. univ.* II, 1. Elle (la justice) réside dans les lois naturelles connues en tout pays, PASC. *Pens.* III, 8. C'est en lui que réside notre espoir. Tout réside (repose)... sur une tête de dix-huit ans, SÉV. 1264.

RÉSIDU [ré-zi-du] *s. m.*

[ÉTYM. Emprunté du lat. residuum, *m. s.* ‖ 1331. Se il y avoit residu de ladite recepte, dans DELB. *Rec.*]

‖ **1°** *Anciennt.* Reste de la division d'un nombre par un autre, de l'extraction d'une racine.

‖ **2°** Reliquat d'un compte.

‖ **3°** Matière qui reste après une opération chimique, une manipulation industrielle. Les résidus de l'épuration de l'huile.

‖ **4°** (Philos.) Ce qui reste à expliquer dans certains phénomènes, en dehors de la cause principale, par l'action de quelque cause accessoire.

RÉSIGNANT [ré-zi-ñan] *s. m.*

[ÉTYM. Dérivé de résigner, § 47. ‖ XVIe s. Le pape ne peut permettre qu'aucun resignant retienne... tous les fruits du benefice resigné, P. PITHOU, *Lib. de l'Église gall.* p. 50.]

‖ (T. didact.) Celui qui résigne un office, un bénéfice à qqn.

RÉSIGNATAIRE [ré-zi-ña-tèr] *s. m.*

[ÉTYM. Dérivé de résigner, § 248. ‖ 1568. La capacité et preudhommie des resignataires, P. DU PRAT, *Ordonn. de Moulins,* dans DELB. *Rec.*]

‖ (T. didact.) Celui en faveur de qui un bénéfice, un office est résigné.

RÉSIGNATION [ré-zi-ña-syon ; *en vers,* -si-on] *s. f.*

[ÉTYM. Emprunté du bas lat. resignatio, *m. s.* ‖ XIVe s. Il le feist roy par resignation, ORESME, dans MEUNIER, *Essai sur Oresme.*]

I. Action de résigner, d'abandonner volontairement à qqn un office, un bénéfice, un droit, etc.

II. Action de se résigner, de s'abandonner à la volonté de Dieu, d'accepter sans révolte les épreuves qu'il envoie.

RÉSIGNER [ré-zi-ñé] *v. tr.*

[ÉTYM. Emprunté du lat. resignare, rendre, remettre. ‖ XIIIe s. Peres... avoit resiné a sa esliotion, *Livre de joslice,* p. 33.]

I. Abandonner volontairement à qqn (un office, un bénéfice, un droit). ‖ *Fig.* Possesseur d'un trésor dont je n'étais pas digne. Souffrez avant ma mort que je vous le résigne, CORN. *Poly.* IV, 4. M. le prieur se mit en tête qu'il pourrait lui — son bénéfice, VOLT. *Ingénu,* 3. ‖ *Absolt.* — le pouvoir. — ses fonctions.

II. Abandonner à la volonté de Dieu. Quand il s'est tellement résigné à Dieu, CALV. *Instit. chr.* III, VII, 10. Se — à la volonté de Dieu. | *P. ext.* Se — à son sort, à son malheur. *Absolt.* Résignons-nous avec les sages, VOLT. *Dict. philos.* prières.

RÉSILIATION [ré-zi-lyà-syon ; *en vers,* -li-à-si-on] *s. f.* et **RÉSILIEMENT** ou **RÉSILIMENT** [...-li-man] *s. m.*

[ÉTYM. Dérivé de résilier, §§ 247 et 263. ‖ 1611. Resiliment, COTGR.]

‖ (Droit.) Action de résilier. Le preneur peut... demander... la résiliation même du bail, *Code civil,* art. 1722. La — d'un marché.

RÉSILIER [ré-zi-lyé ; *en vers,* -li-é] et ****RÉSILIR** [ré-zi-lir] *v. intr., pron.* et *tr.*

[ÉTYM. Emprunté du lat. resilire, proprt « sauter en arrière, se dédire », rendu d'abord régulièrement par résilir (seule forme donnée en 1694 par ACAD.), devenu par changement de conjugaison résilier. (ACAD. 1718.) ‖ XVIe s. *V.* à l'article.]

‖ (Droit.) ‖ **1°** *Anciennt. V. intr.* et *pron.* Se dédire. Je puis résilir de ma première volonté, PASQ. *Interpr. des Instit. de Justin.* p. 330, édit. 1847. ‖ *P. ext.* Se soustraire à. Un mineur qui veut résilir d'une obligation, FURET. *Dict.*

‖ **2°** *V. tr.* Annuler (une convention, un acte), le plus souvent d'un commun accord. — un contrat de vente. Le bailleur... peut, suivant les circonstances, faire — le bail, *Code civil,* art. 1729.

RÉSILLE [ré-ziy'] *s. f.*

[ÉTYM. Semble tiré de réseau, sous l'influence de l'espagn. redilla, diminutif de red, réseau, §§ 13 et 88. ‖ Admis ACAD. 1835.]

‖ Petit filet dont on enveloppe les cheveux.

RÉSINE [ré-zin'] *s. f.*

[ÉTYM. Emprunté du lat. resina, *m. s.* ‖ XVe s. Comme raisine qui conglutine ce qu'elle agrappe, G. ALEXIS, *Blas. des fausses am.* 1033, Pinget et Picot.]

‖ Matière inflammable qui découle naturellement ou par incision de certains arbres. — liquide, térébenthine. ‖ *Spécialt.* Substance qui découle du pin et du sapin. Un pain de —. Un flambeau de —.

RÉSINEUX, EUSE [ré-zi-neû, -neûz'] *adj.*

[ÉTYM. Emprunté du lat. resinosus, *m. s.* ‖ 1552. Resineux, dont il sort force resine, CH. EST. dans DELB. *Rec.*]

|| (T. didact.) Qui a rapport à la résine. Produit —. Arbre —. || Électricité résineuse, électricité négative qui se dégage d'un corps frotté avec de la résine.

RÉSIPISCENCE [ré-zi-pĭs'-sãns'] *s. f.*
[ÉTYM. Emprunté du lat. resipiscentia, *m. s.* || 1611. COTGR.]
|| Repentir qui amène le retour au bien. Venir à —.

RÉSISTANCE [ré-zĭs'-tãns'] *s. f.*
[ÉTYM. Dérivé de résister, § 262. || 1314. Leur petite resistence, *Chirurg. de Mondeville*, 304, Bos.]
I. Action de résister.
|| **1°** Action qu'une force oppose à l'action d'une autre force. Une balance est en équilibre quand la — est égale à la puissance. La vitesse des boulets est diminuée par la — de l'air. | Il voulut ouvrir et rencontra une —. La — du courant à notre bateau.
|| **2°** Effort qu'on oppose à l'emploi de la force. L'ennemi fit une longue —. La — (des Autrichiens) dura six heures entières, VOLT. *S. de L. XV*, 11. On l'entraîna malgré sa —. Il s'en saisit (des vaisseaux) sans —, FÉN. *Tél.* 16. Quel débris parle ici de votre —? RAC. *Iph.* IV, 4. La — aux agents de l'autorité. || *P. ext.* Effort de la volonté contre une impulsion, une volonté contraire. Puisque après tant d'efforts ma — est vaine, Je me livre en aveugle au transport qui m'entraîne, RAC. *Andr.* I, 1. S'abandonner sans — à ses passions. La — irrite ses désirs. Une femme qui se donne sans —. | *P. anal.* La — de la raison contre la présence réelle, BOSS. *6e Avertiss. aux protest.* 28.
II. Pouvoir de résister.
|| **1°** Force qui rend une molécule matérielle impénétrable à toute autre. La — est une propriété essentielle de la matière.
|| **2°** Force plus ou moins grande qu'un corps oppose à l'action d'une force étrangère. La — d'un pont, d'un plancher à une charge. L'art des corps les plus durs dompte la —, DELILLE, *Trois Règnes*, 4.
|| **3°** Force par laquelle on endure la fatigue. De vieux soldats qui ont de la —.

RÉSISTANT, ANTE [ré-sĭs'-tan, -tănt'] *adj.*
[ÉTYM. Adj. particip. de résister, § 47. || *Néolog.* Admis ACAD. 1878.]
|| Qui a le pouvoir de résister. Une étoffe très résistante.

RÉSISTER [ré-zĭs'-té] *v. intr.*
[ÉTYM. Emprunté du lat. resistere, *m. s.* || XIVe s. Et qui bien ne resistera, GILLES LI MUISIS, dans DELB. *Rec.*]
|| **1°** Opposer à l'action d'une force une force agissant en sens contraire. Un mobile retardé par l'air qui lui résiste. Le courant résistait à l'effort des rameurs. La toiture a résisté à l'effort du vent. Vous avez... Contre leurs coups épouvantables Résisté sans courber le dos, LA F. *Fab.* I, 22. Un rocher qui résiste à la fureur des flots. Un bois qui résiste à la hache. Un ciment qui résiste à l'humidité.
|| **2°** Faire effort contre l'emploi de la force. La ville résista aux attaques des assiégeants. Il essaya vainement de — à ceux qui venaient l'arrêter. | *Absolt.* Cette jeunesse lacédémonienne, étant surprise, ne put —, FÉN. *Tél.* 16. Nous faisons courir des ruisseaux de leur sang Avant qu'aucun résiste, CORN. *Cid*, IV, 3. — à la violence.
|| **3°** Opposer sa volonté à une impulsion, à une volonté contraire. Donc votre aïeul Pompée au Ciel a résisté, CORN. *Cinna*, II, 1. Il (Dieu) résiste au superbe, RAC. *Ath.* II, 7. Résistant à mon impatience, ID. *Baj.* III, 2. Satisfaites Chimène, Je n'y résiste point, CORN. *Cid*, II, 8. — aux menaces, aux promesses. — à la douleur, à la fatigue. Je n'y puis —, ce spectacle me tue, RAC. *Bér.* IV, 7. | Un baiser cueilli sur les lèvres d'Iris, Qui mollement résiste, BOIL. *Art p.* 2. | *P. anal.* La coutume y résiste (est contraire à cette disposition), MOL. *Mal. im.* I, 7.

RÉSOLU, UE [ré-zò-lu]. V. résoudre.

RÉSOLUBLE [ré-zò-lûbl'] *adj.*
[ÉTYM. Emprunté du lat. resolubilis, *m. s.* || 1577. Humidité... plus subtile et resoluble, DU VERDIER, *Div. Leçons*, dans DELB. *Rec.* Admis ACAD. 1762.]
|| *Rare.* (T. didact.) Susceptible de résolution. Difficulté —. Contrat —.

RÉSOLUMENT [ré-zò-lu-man] *adv.*
[ÉTYM. Pour résol"ment, composé de résolue, part. de résoudre pris adjectivt, et ment, § 724. || 1549. Resoluement, R. EST.]
|| Avec résolution. | 1. En prenant hardiment un parti.

Songez à répondre — sur tout ce qu'il vous pourra dire, MOL. *Scap.* I, 3. | 2. En dernière analyse. —, par force ou par amour, Je veux savoir, MOL. *Amph.* I, 2.

RÉSOLUTIF, IVE [ré-zò-lu-tĭf, -tĭv'] *adj.*
[ÉTYM. Dérivé du lat. resolutum, supin de resolvere, résoudre, § 257. (*Cf.* résolutoire et résolvant.) || 1314. Emplastre de mauves resolutif, *Chirurg. de Mondeville*, 821, Bos.]
|| (T. didact.) || **1°** Qui résout (les corps). Médicament —. Un cataplasme anodin et —, SCARR. *Rom. com.* II, 4.
|| **2°** *Vieilli.* Qui résout (une difficulté). Les arrêts font le point extrême du parler dogmatiste et —, MONTAIGNE, II, 12. La véritable prudence... est... résolutive, BOSS. *Justice*, 2.

RÉSOLUTION [ré-zò-lu-syon; *en vers*, -si-on] *s. f.*
[ÉTYM. Emprunté du lat. resolutio, *m. s.* || 1314. L'accident ne puet estre curé par repercussion ne par resolution, *Chirurg. de Mondeville*, 812, Bos.]
I. Action de relâcher, de décomposer.
|| **1°** *Vieilli.* Action de relâcher. Une — de la vigueur du corps, AMYOT, *Œuvr. mor. Comment refr. la colère*, 2. — est une relaxation... des nerfs, PARÉ, VII, 12.
|| **2°** Action de décomposer, en ramenant à un état élémentaire. La — de la résine dans l'alcool. La — de la neige en eau. || *P. ext.* La — d'une tumeur, retour de la partie tuméfiée à l'état naturel, sans suppuration. || *P. anal. Fig.* Action de défaire un contrat, une convention. En demander la — (d'un engagement), *Code civil*, art. 1184.
II. Action de dénouer (ce qui embarrasse l'esprit). La — d'un problème, d'une équation algébrique. | (Musique.) — d'une dissonance, action de faire entendre un intervalle, un accord consonant qui mette fin à une dissonance dont l'oreille attend la terminaison.
III. Action de se déterminer entre plusieurs partis à prendre. Je fais toujours la — de me taire, SÉV. 838. Que le passage est difficile de la — à l'exécution! BOURD. *Pens. État religieux, Saintes résolutions d'une âme relig.*
|| *P. ext.* || **1°** Détermination prise. Vos résolutions usent trop de remise, CORN. *Poly.* V, 3. Mon cœur se portera jusqu'aux extrêmes résolutions, MOL. *G. Dand.* III, 6. Qu'il cache ses bonnes résolutions, PASC. *Entret. avec Saci.*
|| **2°** Disposition à se déterminer sans hésiter. La — d'une personne qu'on met au désespoir, MOL. *G. Dand.* III, 6. Leur — (des martyrs) peut former la nôtre, PASC. *Pens.* XXIV, 22. Un homme de —, SCARR. *Rom. com.* II, 12.

RÉSOLUTOIRE [ré-zò-lu-twăr'] *adj.*
[ÉTYM. Emprunté du lat. resolutorius, *m. s.* (*Cf.* résolutoire et résolvant.) || XVe s. Se déduit de l'existence de résolutoirement, dans *Myst. du Vieil Testam.* 2615. Admis ACAD. 1762.]
|| (Droit.) Qui entraîne la résolution (d'un acte). La condition — est celle qui opère la révocation de l'obligation, *Code civil*, art. 1183.

RÉSOLVANT, ANTE [ré-zòl-van, -vănt'] *adj.*
[ÉTYM. Adj. particip. de résoudre, § 47. (*Cf.* résolutif et résolutoire.) || 1314. Resolvante et consumante ensemble, *Chirurg. de Mondeville*, 1271, Bos. Admis ACAD. 1762.]
|| (Médec.) Qui opère la résolution (d'une tumeur, d'un engorgement).

RÉSONANCE [ré-zò-nãns'] *s. f.*
[ÉTYM. Emprunté du lat. resonantia, *m. s.* || XVe s. Les trompettes faisans grant resonnance, *Pas d'armes de la bergère*, dans DELB. *Rec.* ACAD. 1798-1835 écrit résonnance.]
|| (T. didact.) Action de résonner. (*Cf.* résonnement.) La — d'une cloche, d'un orgue. Caisse de — (d'un instrument à cordes). Le bruit se doit mieux entendre à cause de la — de l'air, DESC. *Météor.* 7. || *P. ext.* Son produit par cette action. On entend des résonances.

*****RÉSONATEUR, TRICE** [ré-zò-nà-teŭr, -trĭs'] *adj.*
[ÉTYM. Dérivé de résonner, § 249. || *Néolog.*]
|| (T. didact.) Qui fait résonner. *Substantivt, au masc.* Instrument d'acoustique disposé de manière à vibrer en accord avec un son d'une hauteur déterminée et à le renforcer. Le — de Helmholtz.

RÉSONNANT, ANTE [ré-zò-nan, -nănt'] *adj.*
[ÉTYM. Adj. particip. de résonner, § 47. || XIVe s. Se déduit de l'existence de l'adv. resonamment, employé par EVRART DE CONTY, *Probl. d'Aristote*, dans GODEF.]
|| Qui résonne. Les éclairs, la trompette résonnante, BOSS. *Hist. univ.* II, 3.

RÉSONNEMENT [ré-zŏn'-man; *en vers*, -zò-ne-...] *s. m.*

[ÉTYM. Dérivé de résonner, § 145. || XIIᵉ s. Par resonemenz sallent sor moi, *Dial. anime conquer.* 6, dans *Romania*, 1876, p. 279. Admis ACAD. 1718.]

|| *Rare.* Action de résonner. (*Cf.* résonance.)

RÉSONNER [ré-zò-né] *v. intr.* et *tr.*

[ÉTYM. Emprunté du lat. resonare, *m. s.* écrit résonner sur le modèle de sonner, § 503. || XIIᵉ s. Trestoz enfers en resona, *Énéas*, 2589.]

I. *V. intr.* || **1°** Renvoyer le son par réflexion. Un nombre infini d'oiseaux faisaient — ces bocages de leurs doux chants, FÉN. *Tél.* 19. Le prince aux cris s'abandonna, Et tout son antre en résonna, LA F. *Fab.* VIII, 14. || *Fig.* Tout résonne du bruit de ses hauts faits. Ces murs que mille et mille voix Font — encor du bruit de ses exploits, CORN. *Hor.* v, 3.

|| **2°** Produire un son renforcé par la réflexion dans une enceinte trop resserrée pour donner naissance à un écho.

II. *Vieilli. V. tr.* Exprimer par le son. Mes vers brûlants d'amour ne résonnent que plaintes, RÉGNIER, *Élég.* 1. Les cordes sous ses doigts ne résonnent qu'amour, L. RAC. *Ép. à Valincour.*

*RÉSORBANT, ANTE [ré-zòr-ban, -bänt'] *adj.*

[ÉTYM. Adj. particip. de résorber, § 47. || XVIIIᵉ s. *V.* à l'article.]

|| (Médec.) Qui résorbe. Veines résorbantes, CH. BONNET, *Œuvres*, VIII, 41.

RÉSORBER [ré-zòr-bé] *v. tr.*

[ÉTYM. Emprunté du lat. resorbere, *m. s.* || XVIIIᵉ s. Se déduit de l'existence de résorbant. (*V.* ce mot.) Admis ACAD. 1878.]

|| (Médec.) Faire rentrer dans la circulation. Le sang extravasé s'est résorbé.

RÉSORPTION [ré-zòrp'-syon; *en vers*, -si-on] *s. f.*

[ÉTYM. Dérivé du lat. resorptum, supin de resorbere, résorber, § 247. || *Néolog.* Admis ACAD. 1878.]

|| (T. didact.) Action d'absorber de nouveau. *Spéciall.* (Médec.) Retour dans la circulation d'un liquide que les vaisseaux avaient extravasé. La — d'un épanchement. La — du sang, du pus. || *P. ext.* Atrophie jusqu'à disparition complète (d'un élément, d'un organe).

RÉSOUDRE [ré-zoŭdr'] *v. tr.*

[ÉTYM. Emprunté du lat. resolvere, *m. s.* rendu par résoudre sur le modèle de soudre. (*V.* ce mot.) || XIIᵉ-XIIIᵉ s. Bien li doit estre entiers resous, RENCL. DE MOILIENS, *Miserere*, CV, 4.]

I. Décomposer, en ramenant à un état élémentaire. Thalès croyait qu'en dernier lieu tout se résolvait en eau, FÉN. *Thalès.* Le bois qu'on brûle se résout en cendres et en fumée. Les résines se résolvent dans l'alcool. Brouillard résous, vapeur résoute en pluie. L'air sur les fleurs en perles se résout, MOL. *Princ. d'Él.* 1ᵉʳ interm. sc. 2. Le ciel continue de se — en eau, DIDER. *Lett. à Mˡˡᵉ Voland*, 15 oct. 1760. | *Fig.* D'un déplaisir si grand la noble violence Se résout tout entière en ardeur de vengeance, CORN. *Perth.* IV, 5. || *P. ext.* (Médec.) — une tumeur, un engorgement, les faire disparaître sans suppuration. || *P. anal. Fig.* Défaire (un contrat, une convention). Le marché ne tint pas; il fallut le —, LA F. *Fab.* v, 20. Dans ce cas, le contrat n'est point résolu de plein droit, *Code civil*, art. 1184.

II. Dénouer (ce qui embarrasse l'esprit). — une difficulté. — un problème, une question délicate. Voilà vos doutes assez bien résolus, MOL. *Dissert. sur Joconde.* Voyez — cette difficulté-là à Sanchez, PASC. *Prov.* 8. Pour — ce point avec eux débattu, CORN. *Cinna*, II, 1. || *P. ext.* (Musique.) — une dissonance, faire entendre un intervalle, un accord consonant, qui mette fin à une dissonance dont l'oreille attend la terminaison.

III. Déterminer (la volonté qui hésite entre plusieurs partis).

|| **1°** *Vieilli.* — qqn. Quand tu m'as résolue à tes intentions, CORN. *Place Royale*, IV, 6. A me désobéir m'auriez-vous résolue? ID. *Œd.* I, 3. | — qqn de qqch. Résous-la de t'aimer, CORN. *Hér.* I, 3. | *Absoll.* Puisque en vain je tâche à vous —, CORN. *Cid*, II, 1. | Être résolu de, à, suivi d'un infinitif. Je suis résolu de les mener perdre demain, CH. PERRAULT, *Contes, Petit Poucet.* Enfin le Ciel propice S'est résolu, ma fille, à nous faire justice, CORN. *D. Sanche*, I, 1. Un homme ainsi résolu et constant dans cette résolution, BOURD. *Fréq. comm.* 1. Me voilà résolue : Je veux partir, RAC. *Bér.* v, 5. *Absoll.* Une personne résolue, qui n'hésite pas à prendre son parti. Tel qu'on l'avait vu dans tous les combats, résolu, paisible, BOSS. *Condé.* Oui, dit le bon père, d'un ton résolu, PASC. *Prov.* 4.

|| **2°** Se —. A quoi me résoudrai-je? LA F. *Fab.* III, 1. Elle se résolut D'imiter la nature, ID. *ibid.* IV, 22. Du temps où l'on se doit — à ce passage (la mort), ID. *ibid.* VIII, 1. S'il pouvait se — à vous manquer de foi, CORN. *Nicom.* IV, 2. Résolvons-nous de n'en sortir jamais, RAC. *Andr.* v, 5.

|| **3°** *P. ext.* Déterminer (le parti à prendre). — qqch. On résolut sa mort, LA F. *Fab.* X, 1. C'était... au peuple assemblé... à — la paix ou la guerre, BOSS. *Hist. univ.* II, 6. Que résolvez-vous? RAC. *Andr.* III, 8. | Avec un infin. pour complément. Il a résolu de partir. Il faut attendre Quel parti de lui-même il résoudra de prendre, MOL. *Dép. am.* v, 4.

RESPECT [rès'-pěk'; *vieilli*, -pò] *s. m.*

[ÉTYM. Emprunté du lat. respectus, *m. s.* (*Cf.* le doublet de formation pop. répit.) || 1374. Un droit que on dit le respect de saint Firmin, dans DU C. respectus.]

|| **1°** *Vieilli.* Action de prendre qqch ou qqn en considération. L'idée au — de laquelle..., DESC. *Rép. aux 1ʳᵉˢ object.* 3. D'où vient, pour son —, qu'on te voit te contraindre? RÉGNIER, *Élég.* 2. Qu'une fausse prudence ne vous retienne pas dans de certains respects, BALZ. *Lett.* III, 11. T'écouterai-je encor, — de ma naissance? CORN. *Cid*, v, 2. Sans — de l'oreille, BOIL. *Art p.* 2. || *P. ext.* | 1. Considération exagérée de l'opinion des autres hommes. Qu'est-ce que ce — humain qui nous arrête? Timidité et pusillanimité, BOURD. *Respect humain.* | 2. Considération de la supériorité de force des autres, qui nous retient. Tenir qqn en —. Ses archers me tinrent en — jusqu'à son retour, LES. *Guzm. d'Alfar.* VI, 2.

|| **2°** Considération de l'excellence d'une chose qui nous commande de n'y point porter atteinte. Le — des lois, de la religion, des choses saintes, de la parole donnée. Soumis avec — à sa volonté sainte, RAC. *Ath.* I, 1. Manquer de — pour les vérités que l'esprit de Dieu a révélées, PASC. *Prov.* 11. Le — de soi-même, de sa dignité.

|| **3°** Déférence profonde dont on honore une personne en raison de son caractère, de son rang. Que pour ses dieux Énée ait un — austère, BOIL. *Art p.* 3. Un peu moins de — et plus de confiance, RAC. *Brit.* I, 1. Je vous rends le — que je dois à mon roi, ID. *Ath.* IV, 2. Ce — l'a ravi, CORN. *Cid*, I, 1. | *P. anal.* Rien ne servit mieux Rome que le — qu'elle imprima à la terre, MONTESQ. *Rom.* 6. | *P. ext.* Le — pour les morts. || *Famil.* Parlant par —, sauf votre —, précaution pour excuser une parole qui pourrait sembler irrespectueuse. | *P. hyperb.* Formule de politesse qu'on emploie en écrivant à un supérieur, à une dame. Recevez l'assurance de mon —.

*RESPECTABILITÉ [rès'-pěk'-tà-bi-li-té] *s. f.*

[ÉTYM. Dérivé de respectable, sous l'influence de l'angl. respectability, *m. s.* §§ 8 et 255. || *Néolog.*]

|| Caractère respectable d'une personne.

RESPECTABLE [rès'-pěk'-tàbl'] *adj.*

[ÉTYM. Dérivé de respecter, § 242. (*Cf.* l'anc. franç. respitable, digne de répit.) || 1611. COTGR.]

|| Digne de respect. Personne, chose —.

RESPECTER [rès'-pěk'-té] *v. tr.*

[ÉTYM. Dérivé de respect, § 266. (*Cf.* l'anc. franç. respiter.) || XVIᵉ s. Respectant et craignant sa raison et sa conscience, MONTAIGNE, I, 38.]

|| **1°** Considérer comme une chose dont on doit tenir compte. Nous respectons les décisions du monde, MASS. *Panég. St Étienne.* — les préjugés. Opinion publique!... Idole méprisable et qu'il faut —, PIERRE LEBRUN, *Marie Stuart*, IV, 8.

|| **2°** Considérer comme une chose à laquelle on ne doit pas porter atteinte à cause de son excellence. — les lois, les choses saintes, la vérité. Respectez votre puissance qui vient de Dieu, BOSS. *Marie-Thérèse.* Se — soi-même (dans sa dignité d'homme). || *P. anal.* — la douleur de qqn. D'un ennemi — la misère, RAC. *Andr.* I, 4. *Ellipt.* Le lecteur français veut être respecté (dans sa pudeur), BOIL. *Art p.* 2. || *P. ext.* Ne pas porter atteinte à qqch. Respectant de loin leur secret entretien, RAC. *Baj.* III, 2. Cet arbre... que la hache du laboureur a toujours respecté, FÉN. *Tél.* 23. Des monuments que le temps a respectés.

|| **3°** Honorer (qqn) d'une déférence profonde, en raison de son caractère, de son rang. Le pape saint Léon... se fit — par ce roi barbare et païen, BOSS. *Hist. univ.* I, 11. Jadis Priam soumis fut respecté d'Achille, RAC. *Andr.* III, 6. Depuis trois mille ans Homère respecté, J. CHÉN. *Épître à Voltaire.* Ma puissance établie A fait jusqu'aux deux mers — Athalie, RAC. *Ath.* II, 5.

RESPECTIF, IVE [rĕs'-pĕk'-tĭf', -tĭv'] *adj.*
[ÉTYM. Emprunté du lat. scolast. respectivus, *m. s.* § 217.
|| 1415. Se déduit de l'existence de respectivement à cette
date.]
|| (T. didact.) En parlant de plusieurs personnes, de
plusieurs choses, qui concerne chacune d'elles, par rapport aux autres. Les droits respectifs des époux. Les positions
respectives de deux astres.

RESPECTIVEMENT [rĕs'-pĕk'-tĭv'-man ; *en vers*, -ti-
ve-...] *adv.*
[ÉTYM. Composé de respective et ment, § 724. || 1415.
Le maistre et l'apprenti seront tenus respectivement d'accomplir..., dans DELB. *Rec.*]
|| (T. didact.) Chacun en ce qui le concerne. Ils ont pré-
senté — leur requête.

RESPECTUEUSEMENT [rĕs'-pĕk'-tueŭz'-man ; *en
vers*, -tu-eŭ-ze-...] *adv.*
[ÉTYM. Composé de respectueuse et ment, § 724. || 1640.
OUD.]
|| D'une manière respectueuse.

RESPECTUEUX, EUSE [rĕs'-pĕk'-tueŭ, -tueŭz' ; *en
vers*, -tu-...] *adj.*
[ÉTYM. Dérivé de respect, § 252. || XVIᵉ s. Reverence res-
pectueuse, AMYOT, *Œuvr. mor. Comment il faut ouïr les
poètes*, 26.]
|| Qui témoigne du respect. Ce fils, chaste et —, RAC.
Phèd. V, 7. || *P. ext.* Garder un silence —, *Ironiqt.* La me-
nace est respectueuse, CORN. *Psyché*, v, 5. || *Spéciall.*
(Droit.) Actes —, sommations adressées par des enfants à
leurs ascendants pour obtenir leur consentement à un
mariage.

°RESPIR [rĕs'-pir] *s. m.*
[ÉTYM. Subst. verbal de respirer, § 52. || XVIᵉ s. Et le
respir sans lequel on devie, MAROT, *Métam. d'Ovide*, 2.]
|| *Vieilli.* Action de respirer. Abandonnez-vous tant que vous
pourrez à Dieu et jusques au dernier —, FÉN. *Lett. spirit.* 160.

RESPIRABLE [rĕs'-pi-ràbl'] *adj.*
[ÉTYM. Emprunté du lat. respirabilis, *m. s.* || XIVᵉ s. Les
autres membres ne sont mie si bien respirables, EVRART DE
CONTY, *Probl. d'Aristote*, dans GODEF. Admis ACAD. 1798.]
|| (T. didact.) Propre à la respiration. L'air trop raréfié
n'est plus —.

RESPIRATION [rĕs'-pi-rà-syon ; *en vers*, -si-on] *s. f.*
[ÉTYM. Emprunté du lat. respiratio, *m. s.* || XVᵉ s. La cause
de nostre respiration ou de prendre ouer, *Antiq. des Juifs*,
dans GODEF. *Compl.*]
|| Action de respirer, d'absorber l'air atmosphérique
destiné à vivifier le sang. Avoir la — libre, gênée. Nous nous
serrâmes à perdre la —, FÉN. *Tél.* 5. | *Spéciall.* (Hist. nat.)
Absorption d'oxygène par le sang, avec élimination d'a-
cide carbonique. Les organes de la —. — pulmonaire, bran-
chiale, trachéenne. | *P. ext.* — cutanée. — végétale.

RESPIRATOIRE [rĕs'-pi-rà-twâr] *adj.*
[ÉTYM. Dérivé de respirer, § 249. || XVIᵉ s. Artere respi-
ratoire, DALECHAMPS, *Chirurg.* dans DELB. *Rec.*]
|| (T. didact.) Qui sert à la respiration. Les voies respi-
ratoires. Appareil —, qui permet de respirer dans des milieux impropres à la respiration. Aliments respiratoires (par
opposition à plastiques), destinés surtout à subir l'action
de l'oxygène introduit par la respiration, et à entretenir
la chaleur animale.

RESPIRER [rĕs'-pi-ré] *v. intr. et tr.*
[ÉTYM. Emprunté du lat. respirare, *m. s.* || XIIᵉ s. Cist
encommencent jai a respirer de la tribulation, *Serm. de St
Bern.* p. 35.]
I. *V. intr.* Absorber l'air atmosphérique destiné à vivifier le sang. Il fait si chaud qu'on peut à peine —. Si l'air
était plus épais, nous ne pourrions —. Approchons-nous pour
voir si sa bouche respire, MOL. *Sgan.* sc. 4. A peine osait-on
—, de peur de troubler le silence, FÉN. *Tél.* 8. | *Spéciall.*
(Hist. nat.) Absorber l'oxygène contenu dans l'air et
débarrasser les voies aériennes de l'acide carbonique
exhalé. Les mammifères respirent par des poumons, les poissons par des branchies. La plante respire par les parties vertes.
|| *P. ext.* Vivre. Tant qu'il respirera, je ne vis qu'à demi, RAC.
Brit. IV, 3. Il est encor douteux si votre fils respire, VOLT.
Mér. I, 3. Ton amant, qui ne respire que pour toi, J.-J. ROUSS.
Nouv. Hél. III, 16. *Poét.* Il n'est point mort, puisqu'il respire
(revit) en 'vous, RAC. *Phèd.* II, 5. || *Fig.* Reprendre vie,
tranquillité. La rigueur se ralentit, et les catholiques respirè-

rent, BOSS. *R. d'Angl.* Souffrez que je respire, CORN. *Cinna*,
I, 1. Vous ne donnez pas le temps de —, MOL. *Tart.* IV, 5.
II. *V. tr.* || **1°** Attirer dans les poumons. Le poumon...
reçoit et rend l'air que nous respirons, BOSS. *Conn. de Dieu*,
II, 3. Vient-il infecter l'air qu'on respire en ce lieu? RAC. *Ath.*
III, 5. | *Poét.* Albe, où j'ai commencé de — le jour, CORN. *Hor.*
I, 1. Vous à qui Néron doit le jour qu'il respire, RAC. *Brit.* I,
1. | *P. ext.* — la fraîcheur. || *Fig.* Appeler de ses
vœux. Je ne respirais que le service du roi, BOSS. *Condé.* Il
ne respirait que la vengeance. Les pauvres gens étaient au guet
et ne respiraient que moi, SÉV. 342. *Vieilli.* Elle ne respire
qu'à les soulager, BOSS. *Panég. Ste Thérèse.* Je ne respire que
d'en recevoir (des lettres), SÉV. 136.
|| **2°** *Rare au propre.* Exhaler. La Provence... Respire sur
les mers une haleine embaumée, A. CHÉN. *Hymne à la France.*
|| *Fig.* Je respire à la fois l'inceste et l'imposture, RAC. *Phèd.* IV,
6. Tout respire en Esther l'innocence et la paix, ID. *Esth.* II, 7.

RESPLENDIR [rĕs'-plan-dir] *v. intr.*
[ÉTYM. Emprunté du lat. resplendere, *m. s.* || XIIᵉ s. Par le
helme ki resplendi, *Énéas*, 5100.]
|| Briller d'un éclat magnifique.

RESPLENDISSANT, ANTE [rĕs'-plan-di-san, -sänt']
adj.
[ÉTYM. Adj. particip. de resplendir, § 47. || XIIᵉ s. Mult
bele e bien resplendissanz, *Lapid. de Marbode*, 636.]
|| Qui resplendit.

RESPLENDISSEMENT [rĕs'-plan-dïs'-man ; *en vers*,
-di-se-...] *s. m.*
[ÉTYM. Dérivé de resplendir, § 45. || XIIᵉ s. Resplandisse-
menz, *Psaut. d'Oxf.* LXXVI, 18.]
|| Caractère de ce qui resplendit.

RESPONSABILITÉ [rĕs'-pon-sà-bi-li-té] *s. f.*
[ÉTYM. Dérivé de responsable, § 255. || Admis ACAD. 1798.]
|| Obligation de répondre de ses actes. La — des magis-
trats, des ministres. Engager sa —. J'en prends la —. — morale, qui ne considère les actes qu'au point de vue de l'infraction à la loi morale. — civile, qui considère les actes
au point de vue du dommage qu'ils ont pu causer.

RESPONSABLE [rĕs'-pon-sàbl'] *adj.*
[ÉTYM. Dérivé du lat. responsum, supin de respondere,
répondre, § 242. || 1284. Responsavle pour no rente paier,
dans GODEF.]
|| Qui doit répondre de ses actes. Les ministres sont res-
ponsables. L'aliéné n'est pas — de ses actes. || *P. ext.* Qui a
à répondre des actes de ceux qu'il dirige. Le père est —
pour ses enfants mineurs, le maître pour ses serviteurs. Vous
vous rendriez responsables de tous les malheurs domestiques
de vos citoyens, FÉN. *Tél.* 23. Qui donne à sa fille un homme
qu'elle hait Est — au Ciel des fautes qu'elle fait, MOL. *Tart.* II,
2. Éditeur, gérant —, éditeur, gérant d'une publication périodique désigné pour répondre devant la loi des délits
que pourrait commettre cette publication.

RESPONSIF, IVE [rĕs'-pon-sïf, -sïv'] *adj.*
[ÉTYM. Emprunté du lat. responsivus, *m. s.* || 1399. Hom-
mes... subgetz et responcifs en la haulte justice, dans GODEF.
Admis ACAD. 1798.]
|| (Droit.) Qui répond à certaines allégations. Lettre
responsive.

RESSAC [re-sàk'] *s. m.*
[ÉTYM. Mot d'origine méridionale (provenç. mod.
ressaco, espagn. resaca, ital. rissacca) qui signifie proprt
« action de tirer en arrière », §§ 11, 12, 13. On trouve qqf
ressaque, s. f. conformément au genre du mot dans les
langues citées. || 1690. Ressac, FURET. Admis ACAD. 1762.]
|| (Marine.) Répercussion violente des vagues arrêtées
par un obstacle.

RESSAIGNER [re-sè-ñé] *v. intr. et tr.*
[ÉTYM. Composé de re et saigner, §§ 192 et 193. || 1549.
Resaigner un homme, R. EST. Admis ACAD. 1798.]
|| Saigner de nouveau. | **1.** *V. intr.* La plaie a ressaigné.
| **2.** *V. tr.* On a ressaigné ce malade.

RESSAISIR [re-sè-zir] *v. tr.*
[ÉTYM. Composé de re et saisir, §§ 192 et 196. || XIIIᵉ s.
Il est toujors tenus a moi resaisir, BEAUMAN. XXVIII, 4. Admis ACAD. 1798.]
|| Saisir de nouveau. — sa proie. — toutes ses provinces
perdues, VOLT. *Ch. XII*, 8. La crainte de mourir et le désir de
vivre Ressaisissent une âme, CORN. *Poly.* III, 3. || — qqn de
qqch, l'en remettre en possession. Puisque de sa foi vous

êtes ressaisie, CORN. *Perth.* V, 3. Se — de qqch, en reprendre possession. A feindre de le rendre et puis s'en —, CORN. *Pomp.* V, 1. || *Absolt.* Se —, reprendre possession de soi-même.

RESSASSER [re-sá-sé] *v. tr.*
[ÉTYM. Composé de re et sasser, §§ 192 et 196. || 1549. Ressasser, R. EST. Admis ACAD. 1762.]
|| Repasser au sas. — la farine. | *P. anal.* Agiter. Comme on ressasserait une outre pour la rincer, BUFF. *Autruche.* || *Fig.* Revenir sur une chose. On retourne sur une affaire depuis le déluge, on la ressasse, SÉV. 1150. Des arguments cent fois ressassés.

RESSAUT [re-só] *s. m.*
[ÉTYM. Subst. verbal de l'anc. verbe ressaillir, faire saillie, § 52. || 1691. DAVILER, *Explic. des termes d'architect.* Admis ACAD. 1762.]
|| Saillie qui interrompt un plan. Les ressauts d'un entablement, d'un terrain, d'un cours d'eau. || *Fig.* Je profitais du peu de suite et des ressauts ordinaires à sa conversation, ST-SIM. XI, 217.

1. RESSAUTER [re-só-té] *v. tr.* et *intr.*
[ÉTYM. Composé de re et sauter, §§ 192 et 196. || XVIe s. On ressaute incontinent à cheval, LA NOUE, *Disc. polit.* 6. Admis ACAD. 1835.]
|| Sauter de nouveau. | *1. V. tr.* Franchir de nouveau en sautant. — une barrière, un fossé. | *2. V. intr.* Faire de nouveau un saut. Il a ressauté par-dessus la barrière.

2. RESSAUTER [re-só-té] *v. intr.*
[ÉTYM. Dérivé de ressaut, § 154. || 1691. V. à l'article. Admis ACAD. 1835.]
|| (Technol.) Faire ressaut. Lorsqu'une rampe d'appui n'est pas de suite et ressaute au retour, DAVILER, *Explic. des termes d'architect.* (1691), ressaut.

*****RESSÉANT, ANTE** [re-sé-an, -ànt']. V. résidant.
RESSEMBLANCE [re-san-blàns'] *s. f.*
[ÉTYM. Dérivé de ressembler, § 146. || 1539. R. EST.]
|| Rapport de conformité. Et votre — Avec votre jumeau passe la vraisemblance, REGNARD, *Ménechmes*, III, 1. Deux visages semblables, dont aucun ne fait rire en particulier, font rire par leur —, PASC. *Pens.* VII, 38. Une — de goût, LA BR. 5. Une — de caractère. || La — d'une copie avec l'original. *Absolt.* Un peintre qui attrape la —. Saisir les différences et les ressemblances des choses.

RESSEMBLANT, ANTE [re-san-blan, -blànt'] *adj.*
[ÉTYM. Adj. particip. de ressembler, § 247. || 1539. R. EST.]
|| Qui ressemble. Deux gouttes de lait Ne sont pas plus ressemblantes, MOL. *Amph.* II, 1. Ce portrait n'est guère — (à l'original).

RESSEMBLER [re-san-blé] *v. tr.* et *intr.*
[ÉTYM. Composé de re et sembler, §§ 192 et 196. || XIe s. Bien ressenblet marchis, *Roland*, 3502.]
I. *Anciennt. V. tr.* Rappeler (qqn ou qqch) par un rapport de conformité. Dont la maussade mine Ressemble un de ces dieux des couteaux de la Chine, RÉGNIER, *Sat.* 10. Cette majesté infinie (de Dieu)... ne ressemble pas les grandeurs humaines où il y a toujours quelque faible, BOSS. *3e Annonc.* 2.
II. *V. intr.* Être (avec qqn, qqch) dans un rapport de conformité. Il ressemble à son père. Ils se ressemblent comme deux gouttes d'eau. Le caractère de Valens ressemble trop à celui de Félix dans Polyeucte, CORN. *Théod. exam.* Quand sur une personne on prétend se régler, C'est par les beaux côtés qu'il lui faut —, MOL. *F. sav.* I, 1. La copie ne ressemble pas à l'original. Ce portrait ne vous ressemble pas. *Loc. prov.* Qui se ressemble, s'assemble, les gens de même caractère se recherchent. Les jours se suivent et ne se ressemblent pas, sont tantôt heureux, tantôt malheureux. | Se — à soi-même, rester le même. Pour bien faire, Néron n'a qu'à se —, RAC. *Brit.* I, 2. Cela ne vous ressemble pas, n'est pas conforme à votre caractère. | *Famil.* Cela ne ressemble à rien, c'est une chose étrange. Cela ressemble à tout, n'a pas d'originalité.

RESSEMELAGE [re-sēm'-làj' ; *en vers*, -se-me-...] *s. m.*
[ÉTYM. Dérivé de ressemeler, § 78. || 1782. MERCIER, *Tabl. de Paris*, XI, 25. Admis ACAD. 1835.]
|| Action de ressemeler. Le — d'une paire de bottes.

RESSEMELER [re-sēm'-lé ; *en vers*, -se-me-lé] *v. tr.*
[ÉTYM. Composé avec re et semelle, §§ 65, 194 et 196. || 1622. V. à l'article.]
|| Garnir de nouvelles semelles. — des bottines. Bottes maintes fois ressemelées, SOREL, *Francion* (1622), p. 421.

RESSEMER [re-se-mé] *v. tr.*

[ÉTYM. Composé de re et semer, §§ 192 et 196. || 1334. Texte dans DELB. *Rec.* Admis ACAD. 1798.]
|| Semer de nouveau. — du blé. Le blé ne se ressème pas de lui-même, B. DE ST-P. *Harm. de la nat.* I, tabl. gén. || *P. ext.* — une pièce de terre. | *Fig.* Sa main (de Dieu) ressème Les champs de l'avenir, BÉRANGER, *Orage.*

RESSENTIMENT [re-san-ti-man] *s. m.*
[ÉTYM. Dérivé de ressentir, § 145. (*Cf.* l'anc. franç. ressentement.) || XVIe s. Pour accommoder leur punition a son ressentiment, MONTAIGNE, I, 29.]
|| Action de ressentir. Un instinct secret... qui leur vient du — de leurs misères continuelles, PASC. *Pens.* IV, 2. Solon fut touché d'un — (de la mort de son fils) si vif et si cuisant, FÉN. *Anc. Philos. Solon.*
|| *P. ext.* || *1o Vieilli.* Action de se rappeler le bien que qqn nous a fait. Quelque témoignage du — que j'ai des faveurs dont vous m'avez comblé, MÉN. *Orig.* dédic. Le — où je suis des bontés surprenantes..., MOL.. *Princ. d'Él.* IV, 4. Je ne puis vous exprimer, Madame, tout le — que j'ai de vos bontés, LES. *Crispin rival*, sc. 6.
|| *2o* Action de se rappeler le mal que qqn nous a fait. Pour prévenir l'effet de mon —, MOL. *Sgan.* sc. 6. Vos ressentiments se perdront en discours, RAC. *Brit.* I, 4.

RESSENTIR [re-san-tir] *v. tr.*
[ÉTYM. Composé de re et sentir, §§ 192 et 194. || XIIIe s. Les aulx resant le mortier, *Ysopet*, I, p. 105, Robert.]
I. Recevoir (des personnes ou des choses) une impression agréable ou pénible. L'ennui que de sa perte il pouvait —, CORN. *Rodog.* V, 4. Tout ressent de ses yeux les charmes innocents, RAC. *Esth.* III, 9. Quel peuple ennemi de la France n'a ressenti les effets de sa valeur? FLÉCH. *Turenne.* Je ressens tous les maux que je puis —, RAC. *Bér.* V, 6. Plus l'offenseur m'est cher, plus je ressens l'injure, ID. *Théb.* I, 5.
|| *P. ext.* || *1o* Recevoir, par sympathie (de ce qui arrive à un autre), une impression agréable ou pénible. Il ressent mes douleurs beaucoup plus que moi-même, RAC. *Iph.* II, 5. Je... ressens votre joie autant que je le puis, ID. *ibid.* III, 1.
|| *2o* Éprouver un sentiment provoqué par qqn ou qqch. — de l'amitié, de la haine pour qqn.
|| *3o* Recevoir une impression qu'on n'avait pas eue d'abord. Le fils de Clodius commence à — Des crimes dont je n'ai que le seul repentir, RAC. *Brit.* III, 3. || *P. anal.* Se — de qqch, en subir l'influence prolongée. Il se ressent encore de sa chute. Ils se sont ressentis du traitement que vous leur avez fait, MOL. *Préc. rid.* sc. 16. Tu te ressentiras des maux qu'on nous prépare, MAIRET. *Mort d'Asdr.* IV, 4. La grâce n'est donnée dans l'oraison qu'afin que toute la vie s'en ressente, BOSS. *États d'orais.* VIII, 16. Que tout s'y ressente de cette tristesse majestueuse qui fait tout le plaisir de la tragédie, RAC. *Bér.* préf.
II. — qqch, en produire l'impression. Quoique tout... ressente un homme transporté hors de lui-même, BOSS. *Hist. univ.* II, 2. Les divertissements ressentent tous la guerre, LA F. *Poés. div.* 12. Cette nouvelle vivacité... se ressent encore dans ses paroles, BOSS. *A. de Gonz.* | *P. anal.* On ressentait dans ses paroles un regret sincère, BOSS. *Condé.* || *P. ext.* (T. d'art.) Rendre ce qu'on sent. Où les parties sont très ressenties, DIDER. *Salon de 1767.* Mouvements flexibles et ressentis, BUFF. *Cygne.*

RESSERREMENT [re-sèr-man ; *en vers*, -sè-re-...] *s. m.*
[ÉTYM. Dérivé de resserrer, § 145. || XVIIe s. V. à l'article. Admis ACAD. 1740.]
|| Action de resserrer. La dilatation et le — du cœur. || *Fig.* Ce dégoût d'esprit est accompagné d'un certain — de cœur, PORT-ROYAL. *Éduc. du prince*, I, p. 32. Quel — d'esprit! VOLT. *Dial.* 26.

RESSERRER [re-sè-ré] *v. tr.*
[ÉTYM. Composé de re et serrer, §§ 192 et 196. || XIIe-XIIIe s. Mout bien l'essue, el fuerre la resserre, *Ogier*, dans P. MEYER, *Rapports*, p. 101.]
I. || *1o* Serrer de nouveau (en enfermant). — la vaisselle. — ses vêtements.
|| *2o* Enfermer dans un espace plus étroit. Louis XI resserré dans ses forteresses, BOSS. *Panég. St Fr. de Paule.* — un prisonnier. Dans son palais il la tient resserrée, CH. PERRAULT, *Contes, Grisélidis.* Le fleuve resserré en cet endroit, VOLT. *Cand.* 17. || *Fig.* — l'action d'un drame dans un étroit espace de temps. En — les temps et les lieux (des événements), CORN. *Sertor.* Au lecteur.

II. || **1°** Serrer de nouveau (en rapprochant les parties). -- un nœud. || *Fig.* — les liens de notre ancienne amitié. Je resserre nos nœuds par l'hymen d'Octavie, VOLT. *Triumv.* I, 3.

|| **2°** Serrer davantage. — les douves d'un tonneau. Le cercle des assiégeants se resserrait autour de la place. || *Fig.* Il y a des passions qui resserrent l'âme, PASC. *Amour.* Mon cœur de crainte et d'horreur se resserre, RAC. *Esth.* III, 3. || *P. anal.* | **1.** Être resserré, constipé. Il devint, la dernière année de sa vie, de plus en plus resserré, ST-SIM. XI, 386. | **2.** Se —, réduire sa dépense.

'RESSERVIR [re-sèr-vīr] *v. tr.* et *intr.*

[ÉTYM. Composé de re et servir, §§ 192 et 194. || XIII° s. Se vous servez Dieu a l'eglise, Diex vos resert en autre guise, RUTEB. p. 22, Kressner.]

|| Servir de nouveau. | **1.** *V. tr.* — son ancien maître. Se — de qqn, de qqch. Le roi voulut se — de Catinat, ST-SIM. V, 347. | — un plat. | **2.** *V. intr.* Une chose qui peut encore —, être d'usage.

RESSIF. *V.* récif.

RESSORT [re-sòr] *s. m.*

[ÉTYM. Subst. verbal de ressortir, § 52. || XII° s. N'i a resort Ne defense contre la mort, BENEEIT, *Ducs de Norm.* 25562.]

I. Action de rebondir. Une balle fait — en tombant sur une pierre, VOLT. *Feu,* I, III, 2.

|| *P. ext.* || **1°** Élasticité qui fait revenir un corps comprimé à son premier état. L'air... devient plus rare en vertu de son —, qui le dilate d'autant plus qu'il est moins comprimé, LAPLACE, *Exposit.* IV, 10. || *Fig.* Impulsion naturelle. Un esprit, un cœur qui manque de —. Donner du — à la volonté.

|| **2°** Pièce d'un mécanisme qui en se détendant meut une pièce voisine. Le — d'une serrure. Un — d'horlogerie. Le grand — d'une montre. L'admirable ingénieur... a.. si bien caché ses fils de fer et tous ses ressorts, MOL. *Am. magnif.* IV, 3. Faire jouer un —. || *Spéciall.* Les ressorts d'une voiture, bandes d'acier élastiques destinées à atténuer les secousses. Un carosse à huit ressorts, et, *ellipt,* Un huit-ressorts. | *P. plaisant.* Il semble que... les mouvements... de ses épaules et de sa tête n'aillent que par ressorts, MOL. *Crit. de l'Éc. des f.* sc. 2. C'est bien là que les gens sont de simples ressorts, LA F. *Fab.* VIII, 14. || *Fig.* Ce qui donne l'impulsion. Ils ôtent à nos cœurs le principal —, LA F. *Fab.* XII, 20. L'intérêt, ce puissant — qui donne le mouvement aux choses humaines, BOSS. *Hist. univ.* II, 26. Je sais par quels ressorts on le pousse, on l'arrête, RAC. *Esth.* III, 5. Ne nous demandez point tous les ressorts que nous ferons jouer, MOL. *Pourc.* I, 1.

II. Action de recourir à qqn, à qqch. *Spéciall.* Recours, appel à une juridiction supérieure. Il (saint Louis) établit le premier la justice de —, VOLT. *Mœurs,* 58. Juger en dernier —, sans appel à un tribunal supérieur. Le parlement juge en dernier —, MONTESQ. *Espr. des lois,* XXVIII, 39. || *P. ext.* Compétence d'une juridiction. Cette affaire est du — du tribunal. Le — du tribunal d'appel dans l'étendue duquel l'immeuble est situé, *Code civil,* art. 2265. || *Fig.* Compétence. Le soin de préparer un repas champêtre fut du — de Virginie, B. DE ST-P. *Paul et Virg.* Les mœurs ne sont pas du — des lois, MARMONTEL, *Bélis.* 13.

RESSORTIR [re-sòr-tīr] *v. intr.*

[ÉTYM. Composé de re et sortir 1, §§ 192 et 196. Comme terme de droit, ressortir se conjugue d'après sortir 2. (*Cf.* ressortissant.) || XI° s. Cuntre le ciel amunt est resortie, *Roland,* 2341.]

I. Sortir d'un lieu où l'on vient d'entrer. Elle est entrée et ressortie. La balle est ressortie par le cou. Les eaux leur ressortent par la bouche, SÉV. 648.

II. *P. anal.* || **1°** Former relief. La figure ne ressort pas assez sur cette médaille. Les ombres font — les couleurs. || *Fig.* Résulter. Ce qui ressort de cet examen.

|| **2°** *Anciennt.* Rebondir. *Fig.* Recourir à une juridiction supérieure. *P. ext. De nos jours.* (Droit.) Être de la juridiction d'un tribunal. Une affaire qui lui ressortit de plein droit (au parlement), VOLT. *Lett.* 15 mars 1765.

RESSORTISSANT, ANTE [re-sòr-ti-san, -sänt'] *adj.*

[ÉTYM. Adj. particip. de ressortir, § 47. || Admis ACAD. 1694.]

|| (Droit.) Qui ressortit (à une juridiction).

RESSOUDER [re-sou-dé] *v. tr.*

[ÉTYM. Composé de re et souder, §§ 192 et 196. || XII° s.

Por resodeir les confroissieies choses, *Serm. de St Bern.* p. 65, Fœrster. Admis ACAD. 1835.]

|| Souder de nouveau.

RESSOURCE [re-sours'] *s. f.*

[ÉTYM. Pour ressourse, subst. particip. de l'anc. verbe ressourdre, se relever, § 45. (*Cf.* source, de sourdre.) || XV° s. La seigneurie romaine... decheue sans ressourse, A. CHARTIER, p. 422.]

|| Ce qui peut fournir ce dont on a besoin. Un homme n'ayant plus ni crédit ni —, LA F. *Fab.* IX, 16. Les Tarquins demeurèrent sans —, BOSS. *Hist. univ.* I, 8. Une ville, une personne de —. Faire — de tout, vendre tout ce qu'on possède. || *P. anal.* J'avais... de la — dans l'esprit, FÉN. *Dial. des morts,* L. XI et Bessarion. Les incroyables ressources de son courage, BOSS. *Condé.* L'homme a bien peu de — en soi-même, LA BR. 8.

1. RESSOUVENIR [re-souv'-nīr; *en vers,* -sou-ve-...] *v. intr.* et *pron.*

[ÉTYM. Composé de re et souvenir, §§ 192 et 196. || XII° s. Si te deûst resovenir De la charrete, CHRÉTIEN DE TROYES, *Charrette,* 2591.]

|| Se souvenir d'une chose lointaine. J'ai été rosière... je m'en ressouviens comme d'hier, Mme DE GENLIS, *Théâtre d'éduc. Rosière,* I, 2. Je vous ferai — des exemples que vous-mêmes rapportez, PASC. *Prov.* 18. Vous ne vous ressouvenez pas que j'ai eu le bonheur de boire avec vous je ne sais combien de fois? MOL. *Pourc.* I, 4. Et vous ressouvenez Qu'il faut faire à ses yeux ce que vous enseignez, CORN. *Cid,* I, 6, 1re édit. || *Vieilli.* Il ne me ressouvient pas de cette affaire.

2. RESSOUVENIR [re-souv'-nīr; *en vers,* -sou-ve-...] *s. m.*

[ÉTYM. Infinitif de ressouvenir 1 pris substantivt, § 49. || XVI° s. Un ressouvenir de ce que nous avions sceu, MONTAIGNE, II, 12.]

|| Souvenir lointain. Quel — Tout à coup vous arrête? RAC. *Mithr.* II, 1. Le tendre — d'un amour qu'il trouvait toujours également vif après vingt-trois ans écoulés, BOSS. *Marie-Thérèse.*

RESSUAGE [re-suâj'; *en vers,* -su-âj'] *s. m.*

[ÉTYM. Dérivé de ressuer, § 78. || 1692. BOIZARD, *Traité des monnaies,* p. 193. Admis ACAD. 1762.]

|| (Technol.) Action de ressuer. Fourneau de —.

RESSUER [re-sué; *en vers,* -su-é] *v. intr.*

[ÉTYM. Composé de re et suer, §§ 192 et 196. || XIII° s. Tant ala Que li malades resua, dans MONTAIGLON et RAYNAUD, *Rec. de fabliaux,* II, 178. Admis ACAD. 1762.]

|| **1°** Suer de nouveau.

|| **2°** (Technol.) Faire sortir l'humidité intérieure. Il faut laisser — les plâtres. || *Spéciall.* | **1.** Faire — une loupe de fer, en faire sortir le laitier. | **2.** Faire — le cuivre (argentifère), en séparer l'argent qu'il contient. | **3.** Faire — le creuset, lui faire rendre l'argent qui est resté adhérent aux parois.

RESSUI [ré-sui] *s. m.*

[ÉTYM. Subst. verbal de ressuyer, § 52. || 1561. Voicy où le cerf a fait son ressuy, DU FOUILLOUX, *Vénerie,* dans DELB. *Rec.* Admis ACAD. 1740.]

|| (Vénerie.) Action de se sécher; lieu où la bête se sèche. Gibier au —.

RESSUSCITER [ré-su-si-té] *v. tr.* et *intr.*

[ÉTYM. Emprunté du lat. resuscitare, *m. s.* || XII° s. El resuscita homes morz, *Énéas,* 1909.]

I. *V. tr.* Ramener du trépas à la vie. Tous chantent de David le fils ressuscité, RAC. *Ath.* V, 6. Jésus ressuscite Lazare. *Absolt.* Du tombeau, quand tu veux, tu sais nous rappeler; Tu frappes et guéris, tu perds et ressuscites, RAC. *Ath.* III, 7. Le double miracle et de — et de se —, BOURD. *Myst. Resurrect. de J.-C.* 1. || *P. hyperb. Famil.* Ce vin ressusciterait un mort. N'y a-t-il personne qui veuille me — en me rendant mon cher argent? MOL. *Av.* IV, 7. || *P. anal.* Elle rétablira et ressuscitera cette maison, SÉV. 991. || *Fig.* Faire revivre ce qui est oublié. Il a ressuscité cette doctrine. Il (Racine) sut — Sophocle en ses écrits, BOIL. *Poés. div.* 19. L'histoire ressuscite le passé.

II. *V. intr.* Revenir du trépas à la vie. Quelle raison ont-ils de dire qu'on ne peut —? PASC. *Pens.* XXIV, 20 bis. Il (Jésus-Christ) ressuscita pour notre justification, BOURD. *Myst. Résurrect. de J.-C.* préamb. || *P. anal.* Le pendu (le chat qui faisait semblant d'être pendu) ressuscite, LA F. *Fab.* III, 18. *Au part. passé pris substantivt.* Puis contrefit

le mort, puis le ressuscité, LA F. *Fab.* XII, 18. || *P. hyperb.*
Revenir d'une maladie qu'on croyait mortelle. Mᵐᵉ de
Puisieux est ressuscitée, SÉV. 484.

RESSUYER [ré-sui-yé] *v. tr.*

[ÉTYM. Composé de re et essuyer, §§ 192 et 196. || XIIᵉ s.
Por ressuer lor riches garnemens, *Loherains,* dans GODEF.
Admis ACAD. 1718.]

|| Faire sécher. — la pierre à chaux. Se — au soleil. Le
temps se ressuie. || *P. plaisant. Fig.* Il n'y a aucun lieu de
repos pour eux qui puisse les —, SÉV. 852.

RESTANT, ANTE [rĕs'-tan, -tănt'] *adj.*

[ÉTYM. Adj. particip. de rester, § 47. || 1690. FURET.]

|| Qui reste. Les membres restants. || *P. ext.* Adresser une
lettre bureau —, poste restante, qui doit rester au bureau
de poste jusqu'à ce que le destinataire vienne la réclamer.
|| *Substantivt.* Le —, ce qui reste. Le — d'un poulet. C'est le
— de ses écus.

RESTAUR [rĕs'-tŏr] *s. m.*

[ÉTYM. Subst. verbal de restaurer, § 52. (*Cf.* l'anc. franç.
restor, réparation, encore dans COTGR.) || 1690. FURET.
Admis ACAD. 1762.]

|| *Vieilli.* Recours des assurances maritimes les unes
contre les autres (suivant la date de leur assurance) ou
contre le propriétaire (si l'avarie est de son fait). (*Cf.*
ristorne.)

RESTAURANT, ANTE [rĕs'-tŏ-ran, -rănt'] *adj.* et
s. m.

[ÉTYM. Adj. et subst. particip. de restaurer, § 47. || XVIᵉ s.
Dont la vie est hors de restorant, MAROT, *Ps.* 22.]

|| **1°** *Adj.* Qui restaure. Une nourriture restaurante.
|| **2°** *S. m.* | **1.** Ce qui restaure. Bons restaurants, cham-
pignons et ragoûts, LA F. *Contes, Oraison.* | **2.** Établisse-
ment d'un restaurateur. Aller dîner au —.

RESTAURATEUR, TRICE [rĕs'-tŏ-rà-teùr, -trĭs'] *s.
m. et f.*

[ÉTYM. Emprunté du lat. restaurator, trix, *m. s.* (*Cf.* l'anc.
franç. restorere.) || (Au sens **I.**) 1516. Guillaume..., restau-
rateur du monastere de Gemeges, *Miroir histor. de France,*
dans DELB. *Rec.* | (Au sens **II.**) XVIIIᵉ s. *V.* à l'article.]

I. Celui, celle qui restaure, remet en bon état. Un — de
tableaux. || *Fig.* Le — des lettres. Vous serez la restauratrice
de cette maison de Grignan, SÉV. 177. La restauratrice de la
règle de Saint-Benoît, BOSS. *A. de Gonz.*

II. Celui qui tient un établissement où l'on donne à
manger. Il s'est établi à Paris de nouveaux traiteurs qui ne
vendent que des restaurants et qui s'appellent restaurateurs,
TRÉV. 1771.

RESTAURATION [rĕs'-tŏ-rà-syon ; *en vers,* -si-on] *s. f.*

[ÉTYM. Emprunté du lat. restauratio, *m. s.* (*Cf.* l'anc.
franç. restorement.) || 1314. Restauration de os, *Chirurg. de
Mondeville,* 702, Bos.]

|| Action de restaurer, de remettre en bon état. La —
d'une église, d'un tableau. || *Fig.* La — des lettres, des arts.
|| *Spécialt.* Action de remettre sur le trône. La — des
Stuarts en Angleterre, des Bourbons en France. *Absolt.* Époque où a eu lieu cette restauration ; gouvernement des
princes restaurés. Chateaubriand fut ministre sous la Restauration.

RESTAURER [rĕs'-tŏ-ré] *v. tr.*

[ÉTYM. Emprunté du lat. restaurare, *m. s.* A remplacé
l'anc. franç. restorer, de formation pop. || XIVᵉ s. Si li jeu
n'estoient par grant magnificence restauré, BERSUIRE, f° 40,
dans LITTRÉ.]

|| Remettre en bon état. — une église, une statue, un ta-
bleau. | — les forces, la santé. | *Spécialt.* — qqn, le faire
manger à sa faim. Se —. || *Fig.* — les lettres, les arts.

RESTE [rĕst'] *s. m.*

[ÉTYM. Subst. verbal de rester, § 52. Fém. à l'origine
et encore au XVIIᵉ s. dans la loc. adv. à toute reste. || 1395.
La reste de la vendue d'un cheval, dans GODEF.]

|| Ce qui demeure d'une chose, après retranchement
d'une ou plusieurs parties. — d'un trône par les vents abattu,
RAC. *Esth.* II, 9. Les restes de ce bâtiment renversé, BOSS.
La Vallière. Avoir de l'argent de —, SÉV. 1199. Jouer le —
de son argent, jouer son —, et, *fig.* risquer ses dernières
ressources. *Fig.* Jouir de son —, goûter les derniers moments d'agrément dont on dispose. Demander son —, ce
qui est encore dû, et, *fig.* Il ne demande pas son —, il s'en
va bien vite, craignant d'être malmené. Être en —, devoir encore qqch, et, *fig.* Il n'est jamais en —, il est tou-

jours prêt à répondre. Les restes d'un repas. Emporter les
restes. Servir des restes à qqn. L'art d'accommoder les restes.
Fig. Il n'a eu que vos restes, ce que vous avez refusé. Les
restes d'un rival, celle qu'il a dédaignée, ou possédée. Il
estime aujourd'hui Les restes d'un rival trop indignes de lui,
CORN. *Poly.* V, 1. *Absolt.* Les restes, la dépouille mortelle.
Ces restes d'un héros par le feu consumé, CORN. *Pomp.* V, 1.
Ses malheureux restes, BOSS. *D. d'Orl.* | *Rare, au sing.* — du
grand Pompée, CORN. *Pomp.* V, 1. || Le — de l'année, de la
journée. Il rallia les restes de son armée. — impur des brigands
dont j'ai purgé la terre, RAC. *Phéd.* IV, 2. Il est du sang d'Hector, mais il en est le —, ID. *Andr.* IV, 1. Le — (des conju-
rés) ne vaut pas l'honneur d'être nommé, CORN. *Cinna,* V, 1.
La brebis perdue préférée par le bon pasteur à tout le — du
troupeau, BOSS. *Marie-Thérèse.* || *Spécialt.* (Arithm.) Le
— d'une soustraction, ce qui demeure d'un nombre quand
on en a retranché un autre. Le — d'une division, ce qui
demeure du dividende quand il n'est pas divisé exacte-
ment par le diviseur. || *Fig.* Un — de tendresse, RAC. *Andr.* II,
2. Les restes d'une voix qui tombe et d'une ardeur qui s'éteint,
BOSS. *Condé.* Rappelant les restes de sa vie, LA F. *Fab.* VIII, 27.
Bon souper, bon gîte, et le —, ID. *ibid.* IX, 2. Les restes de sa
beauté, et, *absolt,* Une femme qui a encore de beaux restes.
Ce n'est plus qu'un — de lui-même. Un — d'homme. Un — de
cheval, vieux cheval qui garde encore quelque chose de
son ancienne vigueur. *Poét.* Si vous me préfériez un — d'esclavage (un ancien esclave), CORN. *Oth.* IV, 1. Je ne puis
vous en dire davantage, je vous écrirai le —. Voici ce que je
me rappelle, j'ai oublié le —. Avoir de l'esprit de —, plus qu'il
n'en faut. *Vieilli. Ellipt.* Que de —, plus que de reste. || *Loc.
adv.* Au —, du —, en laissant les autres choses de côté.
Du —, il n'a rien fait que par votre conseil, RAC. *Esth.* III, 1.
Au —, vous saurez Que je n'ai demeuré qu'un quart d'heure à
le faire, MOL. *Mis.* I, 2. | *Vieilli.* À toute —, de toutes ses
forces.

RESTER [rĕs'-té] *v. intr.*

[ÉTYM. Emprunté du lat. restare, *m. s.* || XIIᵉ s. La des-
deignierent a rester; A la terre voldrent aler, MARIE DE FRANCE,
XVIII, 5, Warnke.]

I. Demeurer, après retranchement d'une ou plusieurs
parties. Vous mettrez de côté ce qui reste d'étoffe. Ce qui reste
de l'ancien Paris. Les ouvrages qui nous sont restés des anciens.
Il ne reste plus de pain. Ce qui reste d'un repas. Il est resté du
vin dans la bouteille. Il a perdu tout ce qui lui reste. || *Spé-
cialt.* (Arithm.) Ce qui reste d'une soustraction. Cinq et quatre
font neuf, ôtez deux, reste sept, BOIL. *Sat.* 8. || Les amis qui lui
sont restés. Il est resté seul de sa famille, de son nom. NÉRINE :
Dans un revers si grand que vous reste-t-il? MÉDÉE : Moi,
CORN. *Méd.* I, 5. Resté seul contre trois, ID. *Hor.* IV, 2. Et
s'il n'en reste qu'un, je serai celui-là, V. HUGO, *Châtiments,
Ultima verba.* Restait cette redoutable infanterie de l'armée
d'Espagne, BOSS. *Condé.* Et, perdant toute chose, à soi-même
il se reste, MOL. *F. sav.* V, 4. Le masque tombe, l'homme reste,
J.-B. ROUSS. *Ode à la Fortune.* Du plus grand des Romains
voilà ce qui vous reste, VOLT. *Mort de César,* III, 8. Les années qu'il me reste à vivre. Je sais ce qu'il me reste à faire.
Bourreau de votre fille, il ne vous reste enfin Que d'en faire à
sa mère un horrible festin, RAC. *Iph.* IV, 4. Il reste à savoir
si vous réussirez à le persuader. Il me reste à vous remercier.

II. Demeurer dans le lieu où l'on est. Que chacun se retire ; vous, restez. Je suis resté après leur départ. Il est resté
deux jours à Paris. Restez-vous avec nous? Il ne peut pas —
en place. || *Famil.* Où restez-vous? (où habitez-vous?) || *P.
anal.* Le fer est resté dans la plaie. Cela lui est resté dans la
mémoire. || *Fig.* | **1.** Demeurer dans la position où l'on
est. Il est resté dans l'armée. Un domestique qui est resté trois
ans dans la même place. Un bâtiment qui reste à l'ancre. Il n'en
restera pas là. Le nom lui en est resté. Reprenons la lecture où
nous en sommes restés. | **2.** Demeurer dans le même état.
Il lui est resté fidèle. Ils sont restés amis. — en repos. —
tranquille.

RESTITUABLE [rĕs'-ti-tuàbl' ; *en vers,* -tu-àbl'] *adj.*

[ÉTYM. Dérivé de restituer, § 242. || 1556. Chose perdue
restituable au premier estat, CH. DE ST-GELAIS, *Chron. des
Machabées,* dans DELB. *Rec.* Admis ACAD. 1762.]

|| (Droit.) || **1°** Qui est sujet à restitution.
|| **2°** Qui a droit à une restitution.

RESTITUER [rĕs'-ti-tué ; *en vers,* -tu-é] *v. tr.*

[ÉTYM. Emprunté du lat. restituere, *m. s.* || XIVᵉ s. Que les
biens leur fussent restituez, BERSUIRE, f° 28, dans LITTRÉ.]

I. Rendre (qqch) à sa forme, à son état régulier. — un texte altéré. — une statue mutilée. — une inscription incomplète. ‖ *P. anal.* — un temple antique, en redonner le plan en complétant ce qui manque. ‖ *Spéciall.* (Droit.) Le locataire doit — les lieux dans l'état où il les a pris. ‖ *P. ext.* — qqn, le remettre dans l'état où il était avant un acte, un jugement.

II. Rendre à qqn (ce qu'on lui a pris). Je te restituai d'abord ton patrimoine, CORN. *Cinna*, v, 1. | *Absolt.* Va tous les honteux larcins Que réclament sur toi les Grecs et les Latins| MOL. *F. sav.* III, 3.

RESTITUTION [rěs'-ti-tu-syon ; *en vers,* -si-on] *s. f.* [ÉTYM. Emprunté du lat. restitutio, *m. s.* ‖ XIII° s. Fere enterine restitution, BEAUMAN. LXVIII, 8.]

‖ Action de restituer.

‖ **1°** Action de rendre qqch à sa forme, à son état régulier. La — d'un texte, d'une statue, d'une inscription. ‖ *P. ext.* La — d'un temple antique.

‖ **2°** Action de rendre à qqn ce qu'on lui a pris. Faire — à qqn. Être tenu à —.

RESTREINDRE [rěs'-trīndr'] *v. tr.* [ÉTYM. Emprunté du lat. restringere, *m. s.* dont la désinence a été calquée sur étreindre, § 503. ‖ XII° s. Vos nes restreindre et ratorner, *Énéas*, 608.]

‖ Ramener à des limites plus étroites. | 1. *Au propre.* Se mouvoir dans un espace restreint. | 2. *Fig.* Notre faible raison, restreinte à certains objets, BOSS. *Conn. de Dieu*, v, 2. — les privilèges. — une règle, une demande. — la signification d'un mot. — sa dépense, et, *ellipt,* Se —.

RESTRICTIF, IVE [rěs'-trĭk'-tif', -tiv'] *adj.* [ÉTYM. Dérivé de restrictus, supin de restringere, restreindre, § 257. (*Cf.* l'anc. franç. restreintif.) ‖ 1690. FURET. Admis ACAD. 1762.]

‖ (T. didact.) Qui restreint. (*Cf.* restringent.) Des mesures restrictives.

RESTRICTION [rěs'-trĭk'-syon ; *en vers,* -si-on] *s. f.* [ÉTYM. Emprunté du lat. restrictio, *m. s.* Au moyen âge on dit restrinction, d'après le bas latin. ‖ 1314. La restrinction et le contraignement, *Chirurg. de Mondeville*, 84, Bos. | 1549. Restriction, R. EST.]

‖ Action de restreindre. Se soumettre sans —. ‖ *Spéciall.* — mentale, action de restreindre tout bas une déclaration que l'on fait tout haut de se croire autorisé par là à l'éluder. C'est la doctrine des restrictions mentales, PASC. *Prov.* 9.

RESTRINGENT, ENTE [rěs'-trin-jan, -jänt'] *adj.* [ÉTYM. Emprunté du lat. restringens, part. de restringere, restreindre. ‖ 1642. OUD.]

‖ (Médec.) Qui resserre certaines parties de l'organisme. (*Cf.* restrictif.) Un remède —.

RÉSULTANT, ANTE [ré-zŭl-tan, -tänt'] *adj.* [ÉTYM. Adj. particip. de résulter, § 47. ‖ Admis ACAD. 1694.]

‖ (T. didact.) Qui résulte. ‖ *Spéciall.* (Physique.) Force résultante, et, *substantivt,* La résultante, force unique représentant, en intensité et en direction, l'action combinée de plusieurs forces appliquées à un même point.

RÉSULTAT [ré-zŭl-tà] *s. m.* [ÉTYM. Emprunté du lat. scolast. resultatum, *m. s.* § 217. ‖ 1611. COTGR.]

‖ (T. didact.) Ce qui résulte. Le — d'une délibération, d'une enquête. Le — d'une expérience, d'une opération. Tous ses efforts ont été jusqu'ici sans —.

RÉSULTER [ré-zŭl-té] *v. intr.* [ÉTYM. Emprunté du lat. scolast. resultare, *m. s.* proprt, rebondir, de re et saltare, sauter, § 217. ‖ 1611. COTGR.]

‖ Se produire par suite d'une action, d'un fait. Les maux qui résultent de la guerre. Ce qui résulte de cette discussion, de cette délibération. Quelle divine harmonie Résulte de leurs accords ? J.-B. ROUSS. *Odes,* I, 2. Qu'en résultera-t-il ?

RÉSUMER [ré-zu-mé] *v. tr.* [ÉTYM. Emprunté du lat. resumere, *m. s.* proprt, « reprendre ». ‖ XIV° s. En resumant nous dirons..., ORESME. *Éth.* III, 13.]

‖ Condenser (ce qui a été dit ou écrit). — une discussion, une délibération. — les débats. — ce qu'on vient de dire, et, *ellipt,* Se —. — un livre, un chapitre. Pour — ce qui a été dit. ‖ *Au part. passé pris substantivt.* Le résumé d'un discours. Le résumé des débats de la chambre. Un résumé historique. *Loc. adv.* En résumé, au résumé, pour résumer.

'RÉSUMPTE [ré-zönpt'] *s. f.* [ÉTYM. Emprunté du lat. scolast. resumpta, (thèse) reprise, § 217. ‖ 1680. RICHEL. Admis ACAD. 1762 ; suppr. en 1878.]

‖ *Anciennt.* Acte que soutenait un nouveau docteur en théologie, pour pouvoir voter aux assemblées de la faculté.

'RÉSUMPTÉ [ré-zonp'-té] *adj. m.* [ÉTYM. Dérivé de resumpte, § 253. ‖ Admis ACAD. 1762 ; suppr. en 1878.]

‖ *Anciennt.* Qui a soutenu sa résumpte. Docteur —.

RÉSUMPTION [ré-zonp'-syon ; *en vers,* -si-on] *s. f.* [ÉTYM. Emprunté du lat. resumptio, *m. s.* ‖ XIV° s. La feste de nostre immortalité et resumption des corps glorifiez, J. GOLEIN, *Rational,* dans GODEF. resompcion. Admis ACAD. 1762.]

‖ *Vieilli.* (T. didact.) Action de résumer.

RÉSURRECTION [ré-zu-rěk'-syon ; *en vers,* -si-on] *s. f.* [ÉTYM. Emprunté du lat. resurrectio, *m. s.* ‖ XII° s. EVRAT, *Bible,* dans GODEF. *Compl.*]

‖ Action de ressusciter. La — de Lazare. La — de Jésus-Christ. La — des morts au jugement dernier. ‖ *Fig. Famil.* Guérison inattendue d'un malade qu'on croyait perdu.

RÉTABLE [re-tàbl'] et, *mieux,* 'RÉTABLE [ré-...] *s. m.* [ÉTYM. Pour reretable, § 361, composé avec l'anc. franç. rere, riere, derrière (lat. retro), et table, proprt, « table de derrière », §§ 195 et 196. (*Cf.* le provenç. reiretaule, *m. s.*) ‖ Admis ACAD. 1718.]

‖ (Technol.) ‖ **1°** Partie postérieure d'un autel, qui s'élève au-dessus de la table.

‖ **2°** *P. ext.* Panneau contre lequel s'appuie un autel, et qu'orne le plus souvent un tableau, une sculpture, dans la partie qui domine l'autel.

RÉTABLIR [ré-tà-blir] *v. tr.* [ÉTYM. Composé de re et établir, §§ 192 et 196. ‖ XII° s. Restablir la mele aneme de la malignité d'els, *Psaut. d'Oxf.* XXXIV, 18.]

‖ **1°** Établir de nouveau. On fut contraint, sous le consulat de Hirtius et de Pansa, de — les tributs, MONTESQ. *Rom.* 16.

‖ **2°** Remettre dans son établissement primitif. Les rois de Perse avaient détruit les temples des Grecs... Alexandre les rétablit, MONTESQ. *Espr. des lois,* x, 14. Il a rétabli la maison royale, BOSS. *R. d'Angl.* Monk... fut celui qui rétablit le trône, VOLT. *Mœurs,* 5. Les rois de Perse, qui les rétablirent (les Juifs), BOSS. *Hist. univ.* II, 23. La prudence de M. le Tellier servit à — l'autorité de ce cardinal, ID. *Le Tellier.* — la discipline. — la paix. Un trône indignement renversé et miraculeusement rétabli, BOSS. *R. d'Angl.* Nous jurons... De — Joas au trône de ses pères, RAC. *Ath.* IV, 3. Dieu... les chasse de la terre promise, sans espérance d'y être jamais rétablis, BOSS. *Hist. univ.* II, 4.

‖ **3°** Remettre en bon état. Law promit de — les finances, RAYNAL, *Hist. philos.* IV, 18. — un texte altéré. Sa brigade... Rétablit à nos yeux la bataille perdue, CORN. *Tois. d'or,* I, 1. Même j'ai rétabli sa santé, LA F. *Fab.* x, 1. ‖ *Absolt.* — qqn, le remettre en bonne santé. Je me flatte qu'il est bien rétabli, VOLT. *Lett.* 9 janv. 1767.

RÉTABLISSEMENT [ré-tà-blïs'-man ; *en vers,* -blise-...] *s. m.* [ÉTYM. Dérivé de rétablir, § 145. ‖ XIII° s. Demander restablissement de la coze, BEAUMAN. XVI, 3.]

‖ Action de rétablir. Le — d'un édifice. Le — de la monarchie. Le — de la discipline. Le — de son autorité. Le — de la religion. Le — de sa santé, et, *absolt,* Je fais des vœux pour son —. ‖ *Spéciall.* (Gymnast.) Action de se redresser, étant étendu, par la force des reins, ou de se dresser, étant suspendu, par la force des poignets.

RETAILLE [re-tày'] *s. f.* [ÉTYM. Subst. verbal de retailler, § 52. ‖ XII°-XIII° s. Un baston pomerin De la retaille d'un espié poitevin, *Mort d'Aymeri de Narbonne,* 1341.]

‖ (Technol.) Ce qu'on retranche en taillant. Les retailles d'une peau, d'une étoffe. ‖ *P. ext.* Strie d'une meule de moulin.

RETAILLER [re-tà-yé] *v. tr.* [ÉTYM. Composé de re et tailler, §§ 192 et 196. ‖ XII° s. Se il mun dun ne me retaille, BENEEIT, *Ducs de Norm.* 14586.]

‖ Tailler de nouveau. — des arbres. — une plume. ‖ *Spéciall.* — une meule, une lime, refaire les stries.

RÉTAMAGE [ré-tà-màj'] *s. m.*

[ÉTYM. Dérivé de **rétamer**, § 278. || Admis ACAD. 1878.] || Action de rétamer.

RÉTAMER [ré-tà-mé] v. tr.

[ÉTYM. Composé de re et **étamer**, §§ 192 et 196. || *Néolog.* Admis ACAD. 1878.]

|| Étamer de nouveau. — une casserole, un chaudron.

RÉTAMEUR [ré-tà-meûr] s. m.

[ÉTYM. Dérivé de **rétamer**, § 112. || Admis ACAD. 1878.] || Ouvrier qui rétame (les casseroles, chaudrons, etc.).

RETAPER [re-tà-pé] v. tr.

[ÉTYM. Composé de re et **taper**, §§ 192 et 196. || XVIᵉ s. Le remanant se retapa ens es forès, E. VAUQ. *Merv. d'Inde,* dans GODEF. Admis ACAD. 1762.]

|| Remettre en état (ce qui a été froissé, bossué). — un chapeau. *Fig. Famil.* Corriger (une œuvre littéraire).

RETARD [re-tàr] s. m.

[ÉTYM. Subst. verbal de **retarder**, § 52. Retard que TRÉV. déclarait n'être pas « du bel usage » tend aujourd'hui à remplacer retardement. || Admis ACAD. 1762.]

|| 1° Le fait d'arriver trop tard. Être en —. Le train a du —. || *P. ext.* Le fait d'arriver plus tard que d'ordinaire. Le — des marées, le fait que la marée se produit chaque jour plus tard que le jour précédent.

|| 2° Le fait d'agir plus tard qu'il ne faut. Être en — pour payer. Partir sans —. Apporter du — à qqch. || *P. anal.* Ralentissement du mouvement d'une montre, d'une horloge. Votre pendule a dix minutes de —. *P. ext.* Partie du mécanisme qui sert à ralentir le mouvement. Mettre sa montre au —, faire fonctionner ce mécanisme.

RETARDATAIRE [re-tàr-dà-tèr] adj.

[ÉTYM. Dérivé de **retard**, § 248. || 1812. MOZIN, *Dict. franç.-allem.* Admis ACAD. 1835.]

|| Qui arrive en retard. *Substantivt.* Un, une —.

RETARDATEUR, TRICE [re-tàr-dà-teûr, -trîs'] adj.

[ÉTYM. Dérivé de **retarder**, § 249. || XVIIIᵉ s. *V.* à l'article. Admis ACAD. 1835 (au fém. seulement) et 1878 (aux deux genres).]

|| (T. didact.) Qui retarde. Force accélératrice ou retardatrice, D'ALEMB. *Œuvres*, XIV, 214, édit. 1805.

RETARDATION [re-tàr-dà-syon ; *en vers*, -si-on] s. f.

[ÉTYM. Emprunté du lat. retardatio, m. s. || XIVᵉ s. Et li drois a souvent des retardacions, GILLES LI MUISIS, I, p. 288.]

|| *Rare.* (T. didact.) Action de ralentir le mouvement d'un corps.

RETARDEMENT [re-tàr-de-man] s. m.

[ÉTYM. Dérivé de **retarder**, § 145. || 1384. Retardement des livres et registres, dans LITTRÉ, *Suppl.*]

|| *Vieilli.* Action de retarder. Trop de honte est jointe à mon —, ROTROU, *Antig.* I, 6. Ce que j'ai à vous dire ne veut point du tout de —, MOL. *D. Juan*, IV, 6. Tous vos retardements sont pour moi des refus, RAC. *Andr.* IV, 3.

RETARDER [re-tàr-dé] v. tr.

[ÉTYM. Emprunté du lat. retardare, m. s. L'anc. franç. dit ordinairement retargier, d'après targier. (*Cf.* tarder.) || XIIᵉ s. Lor chant en laissent et retardent, CHRÉTIEN DE TROYES, *Erec*, dans DELB. *Rec.*]

I. *V. tr.* || 1° Faire arriver plus tard qu'il ne faut. Le mauvais temps a retardé son départ. Leur mariage a été retardé. Le Ciel pourra venger ses ordres retardés, CORN. *OEd.* III, 2.

|| 2° Faire agir plus tard qu'il ne faut. J'ai été retardé par une visite. Quels soins désormais peuvent me —? RAC. *Phèd.* III, 5. En vain votre amour me retarde, CORN. *Hér.* IV, 1. || *P. anal.* — une horloge, en ralentir le mouvement.

II. *V. intr.* || 1° Arriver plus tard que d'ordinaire. La marée retarde chaque jour.

|| 2° Agir plus tard que d'ordinaire. Il y avait cinq ans qu'il retardait de venir à Chantilly, SÉV. 161. || *P. anal.* Une pendule qui retarde, dont le mouvement est trop lent.

RETÂTER [re-tà-té] v. tr. et intr.

[ÉTYM. Composé de re et **tâter**, §§ 192 et 196. || XIIIᵉ s. Taste et retaste, *Renart*, I, 642, var. Admis ACAD. 1878.]

|| Tâter de nouveau. | 1. *V. tr.* Je veux la — sur ce fâcheux mystère, MOL. *Amph.* III, 1. | 2. *V. intr.* Nous avons un peu retâté de l'Abbadie, SÉV. 1237.

RETEINDRE [re-tîndr'] v. tr.

[ÉTYM. Composé de re et **teindre**, §§ 192 et 196. || XIIIᵉ s. Nus capeliers de feutre ne doit retaindre nus chapiaus viez, E. BOILEAU, *Livre des mest.* I, XCI, 6.]

|| Teindre de nouveau. Faire — une robe.

RETENDRE [re-tàndr'] v. tr.

[ÉTYM. Composé de re et **tendre**, §§ 192 et 196. || XIIᵉ s. Puis retendi la main, *Aiol*, dans DELB. *Rec.* Admis ACAD. 1835.]

|| Tendre de nouveau. — les cordes d'un violon.

RETENIR [re-te-nîr] v. tr.

[ÉTYM. Composé de re et **tenir**, §§ 192 et 196. (*Cf.* le lat. retinere, m. s.) || XIᵉ s. Ma grant onore aveic retenude Emportet, *St Alexis*, 407.]

|| Ne pas laisser aller.

I. En parlant des personnes. — qqn qui est sur le point de tomber. Se — à une branche. Mon père, retenez des femmes qui s'emportent, CORN. *Hor.* II, 8. Je ne te retiens plus, sauve-toi de ces lieux, RAC. *Andr.* IV, 5. Il ne m'a retenu que pour parler de vous, ID. *Bér.* III, 3. La cour ne le retint guère, BOSS. *Condé.* Alors que dans les fers son chef est retenu, VOLT. *Zaïre*, II, 1. Un amour qui te retient ailleurs RAC. *Baj.* V, 4. Être retenu au lit par la goutte. Je retins mon frère à dîner, MARIV. *Pays. parv.* 6. || *P. anal.* — un cheval emporté. || *Fig.* — qqn, l'empêcher de s'abandonner à un mouvement passionné. Ne me retenez point, Monsieur le marquis, LES. *Turcar.* V, 9. | *Dans le même sens.* Se —. Cela me parut si horrible que j'eus peine à me —, PASC. *Prov.* 7. || Se — sur la nourriture, sur la boisson. | *Spéciallt.* Se —, ne pas satisfaire un besoin naturel. || Avec un infinitif pour complément. Se — de faire qqch. Être retenu à faire qqch. Auguste fut fort retenu à accorder le droit de bourgeoisie romaine, MONTESQ. *Rom.* 13. Dans leurs discours ils sont plus retenus, RAC. *Brit.* IV, 4. *Absolt.* Une personne retenue, qui ne se laisse pas aller. Il m'a paru... si froid, si retenu, CORN. *Suréna*, III, 1.

II. En parlant des choses. Un mur qui retient les terres, une digue qui retient les eaux. Une mécanique pour — la voiture à la descente. La foudre... Ne peut plus être retenue Par l'attente du repentir, CORN. *Poly.* IV, 2. || — son haleine, ne pas respirer. — sa langue, ne pas parler. — son bras, ne pas frapper. — le bras de qqn. Ce vieillard, dites-vous, a retenu sa main, VOLT. *Mér.* IV, 1. — ses larmes. || *Fig.* — sa colère. Des transports retenus si longtemps, RAC. *Bér.* I, 5. J'ai beau vouloir le — (le temps qui fuit), SÉV. 162. — qqch de mémoire, ne pas l'oublier. Quiconque a beaucoup vu Peut avoir beaucoup retenu, LA F. *Fab.* I, 8. Une parole d'un ancien que j'ai toujours retenue, MOL. *Scap.* II, 5. Il n'a rien retenu de cet enseignement.

|| *Spéciallt.* || 1° Ne pas rendre qqch, ne pas s'en dessaisir. — le bien d'autrui. C'est toi qui as retenu ma montre? MOL. *Scap.* II, 3. Par vos conseils je retiendrai l'empire, CORN. *Cinna*, II, 1. *Loc. prov.* Donner et — ne vaut, il ne faut pas garder en réalité ce qu'on donne en apparence. — l'escompte sur une somme qu'on avance.

|| 2° Se faire réserver qqch. Les violons sont retenus, MOL. *Mar. forcé*, sc. 8. — une loge pour une représentation. — sa place. || *P. ext.* Je lui avais retenu un intendant, MARIV. *Fausses Confid.* II, 4. | *Ironiqt.* Je vous retiens pour faire mes commissions, en parlant de qqn qui s'en est mal acquitté.

RÉTENTION [ré-tan-syon ; *en vers*, -si-on] s. f.

[ÉTYM. Emprunté du lat. retentio, m. s. || 1312. En le reparacion des forteresches... et le retencion desdis cays, dans GODEF. retencion.]

|| (T. didact.) Action de retenir. (*Cf.* retenue.)

|| *Spéciallt.* || 1° (Médec.) — d'urine, maladie de la vessie qui rend l'émission de l'urine difficile. || *P. plaisant.* Une — de vengeance est capable de faire mourir une femme, DOMINIQUE, *Femme vengée*, II, 9.

|| 2° (Droit.) | 1. Faculté accordée au créancier de retenir un gage jusqu'à parfait paiement. | 2. Décision des juges qui retiennent une cause comme compétents.

|| 3° *Fig.* | 1. *Rare.* Action de retenir par la mémoire. La —, ou l'empreinte de ces idées dans la mémoire, DESC. *De l'homme.* | 2. Action de retenir un nombre pour le reporter à la colonne suivante, dans l'addition, la soustraction. Une — de secret, D. DE MONCHESNAY, *Originaux*, II, 6. Combien d'erreurs se glissent dans ces rétentions et emprunts, PASC. *Mach. arithm.* 1.

RÉTENTIONNAIRE [ré-tan-syò-nèr ; *en vers*, -si-ò-...] s. m.

[ÉTYM. Dérivé de **rétention**, § 248. || XVIIIᵉ s. *Causes célèbres*, I, 489, dans TRÉV. Admis ACAD. 1835.]

|| (Droit.) Créancier qui retient un gage, jusqu'à parfait paiement de ce qui lui est dû.

RETENTIR [re-tan-tir] v. intr.

[ÉTYM. Composé de re et l'anc. verbe tentir, résonner, du lat. pop. *tinnitre, §§ 192 et 196. || XIIᵉ s. Desoz lor piez est li mons retentiz, *Roncev.* tir. 161.]

‖ **1°** Renvoyer un son éclatant. Son palais retentit de toutes parts de chants de volupté et de réjouissance, MASS. *Enf. prodigue.* Saint Jean-Baptiste... fit — de ses cris tout le désert, BOSS. *Hist. univ.* II, 19. De nos cris douloureux la plaine retentit, BOSS. *Phèd.* V, 6. ‖ *Fig.* Déjà dans le port Tout retentit de nos prouesses, MOL. *Amph.* I, 1.

‖ **2°** Rendre un son éclatant. La trompette retentit. Nuit effroyable, où retentit tout à coup, comme un éclat de tonnerre, cette étonnante nouvelle, BOSS. *D. d'Orl.* ‖ *P. ext.* Ce bruit me retentit dans la tête. ‖ *Fig.* Chacune de ses paroles retentissait jusqu'au fond de mon cœur, Mme DE GENLIS, *Vœux témér.* 2.

RETENTISSANT, ANTE [re-tan-ti-san, -sant'] *adj.*
[ÉTYM. Adj. particip. de retentir, § 47. ‖ 1552. Roches retentissans, CH. EST. dans DELB. *Rec.*]
‖ Qui retentit. Cris retentissants. Paroles retentissantes.

RETENTISSEMENT [re-tan-tis'-man; *en vers,* -ti-se-...] *s. m.*
[ÉTYM. Dérivé de retentir, § 145. ‖ XIII° s. Granz criees E retentissement d'espees, BEN. DE STE-MORE, *Troie,* 2709.]
‖ Action de retentir. Le — des trompettes. Le — des pas sous une voûte. ‖ *Fig.* Cet événement a eu un grand —.

RETENTUM [re-tin-tòm'] *s. m.*
[ÉTYM. Emprunté du lat. scolast. retentum, *m. s.* proprt, « chose retenue », § 217. ‖ 1549. Vn retentum in mente curiæ, R. EST.]
‖ (Anc. droit.) Article faisant implicitement partie d'un arrêt, sans y être exprimé. ‖ *Fig. Vieilli.* Ce qu'on dissimule par duplicité. Je ne sais s'il n'y aura pas quelque —, quelque secret caché, GUY PATIN, *Lett.* 1.

RETENUD [re-te-nu] *s. f.*
[ÉTYM. Subst. particip. de retenir, § 45. ‖ XII° s. Trop gente retenue i fist, BEN. DE STE-MORE, *Troie,* 15687.]
‖ Action de retenir. (*Cf.* rétention.)
I. En parlant d'une chose. Câble de —, qui sert à retenir un navire à l'ancre. La — de l'eau (dans une écluse), et, *p. ext.* ce qui sert à la retenir. — de chasse. | — sur un traitement, somme que retient l'administration sur le traitement des employés pour assurer le service des pensions de retraite. ‖ *Fig. (rare).* Ce que retient la mémoire. Cet endroit fera un bel effet dans les retenues de vos lectures, SÉV. 1258.
II. En parlant d'une personne. ‖ *Spécialt.* ‖ **1°** Punition scolaire consistant à priver un élève de sortie ou de récréation. Mettre un élève en —.
‖ **2°** *Ancienn.* (Marine.) — de poupe, poste fixé à l'arrière à ceux qui devaient défendre la poupe et l'étendard.
‖ **3°** Action de se retenir. Je manque bien, mais avec — , SÉV. 264. C'est trop de —, il est temps que j'éclate, CORN. *Pulch.* III, 4. Quoi ! ta rage à mes yeux perd toute —? RAC. *Phèd.* IV, 2. Fi donc ! petit badin, un peu de —, REGNARD, *Joueur,* II, 4. La — de la nôtre (de notre langue) ne me permet pas de traduire toutes ses paroles, BOSS. *Honn. du monde,* 1. Une fille chaste et pudique, élevée... dans une — incroyable, ID. *ibid.*

RETERÇAGE et **RETERSAGE** [re-tèr-sàj'] *s. m.*
[ÉTYM. Dérivé de retercer, § 78. ‖ *Néolog.* Admis ACAD. 1835.]
‖ (Agricult.) Action de retercer.

RETERCER et **RETERSER** [re-tèr-sé] *v. tr.*
[ÉTYM. Composé de re et tercer, §§ 192 et 196. ‖ *Néolog.* Admis ACAD. 1835.]
‖ (Agricult.) Labourer une quatrième fois (la vigne).

RÉTIAIRE [ré-syèr'; *en vers,* -si-èr] *s. m.*
[ÉTYM. Emprunté du lat. retiarius, *m. s.* de rete, filet. (*Cf.* rets.) ‖ XVI°-XVII° s. Retiaires et laqueaires, D'AUB. *Sancy,* dans DELB. *Rec.* Admis ACAD. 1762.]
‖ (Antiq. rom.) Gladiateur armé d'un filet pour enlacer son adversaire.

RÉTICENCE [ré-ti-sâns'] *s. f.*
[ÉTYM. Emprunté du lat. reticentia, *m. s.* ‖ 1611. COTGR.]
‖ Action de taire à dessein certaines choses, dans ce qu'on dit. User de —. Une — adroite, perfide. ‖ (Rhétor.) Figure qui consiste à feindre d'omettre une chose, en la laissant entendre.

RÉTICULAIRE [ré-ti-ku-lèr] *adj.*
[ÉTYM. Dérivé du lat. reticulum, réticule, § 248. ‖ 1610. Matieres... reticulaires et membraneuses, S. HARDY, *Serm. de Theodoret,* dans DELB. *Rec.* Admis ACAD. 1762.]
‖ (T. didact.) Qui a la forme d'un réseau. Tissu —.

*RÉTICULE** [ré-ti-kul] *s. m.*
ÉTYM. Emprunté du lat. reticulum, *m. s.* (*Cf.* l'anc. franç. reticle.) ‖ 1771. TRÉV.]

‖ **1°** (T. didact.) Petit réseau. ‖ *Spécialt.* Fils croisés qu'on met à l'objectif des télescopes, pour déterminer certains points du champ de la lunette.
‖ **2°** *P. anal. Vieilli.* Petit sac de dames en filet, dit ordinairement ridicule. (*V.* ridicule 2.)

RÉTICULÉ, ÉE [ré-ti-ku-lé] *adj.*
[ÉTYM. Emprunté du lat. reticulatus, *m. s.* ‖ Admis ACAD. 1798.]
‖ (T. didact.) Qui imite un réseau. *Spécialt.* (Architect.) Construction en appareil —.

RÉTIF, IVE [ré-tif', -tiv'] *adj.*
[ÉTYM. Du lat. pop. *restivum, m. s.* dérivé de restare, s'arrêter, § 125, devenu restif, §§ 446 et 291, rétif, § 422. ‖ XI° s. Voz cumpaignuns ferum trestuz restifs, *Roland,* 1256.]
‖ En parlant d'une monture, qui s'arrête ou recule au lieu d'avancer. Pour lui Phébus est sourd, et Pégase est —, BOIL. *Art p.* 1. ‖ *Fig.* Très indocile. — à la censure BOIL. *Art p.* 3. Des naturels rétifs, que la vérité fait cabrer, MOL. *Av.* I, 5. Un jaloux — dans le péril, HAMILT. *Gram.* p. 187.

RÉTINE [ré-tin'] *s. f.*
[ÉTYM. Emprunté du lat. médical du moyen âge retina, *m. s.* de rete, réseau. ‖ 1314. La retine et l'aranee, *Chirurg. de Mondeville,* 225, Bos.]
‖ (Anat.) Membrane formée au fond de l'œil par l'épanouissement du nerf optique, sur laquelle viennent se former les images des objets.

RETIRADE [re-ti-ràd'] *s. f.*
[ÉTYM. Dérivé de retirer d'après l'ital. ritirata, *m. s.* §§ 12 et 120. (*Cf.* retrait, retraite.) ‖ XVI° s. La retirade... estoict pour les laisser entrer et leur donner bataille dans la ville, MONLUC, *Comment.* II, p. 64, de Ruble.]
‖ *Vieilli.* (T. milit.) Retranchement fait derrière un ouvrage, et où les assiégés peuvent se retirer pour prolonger la résistance quand les assiégeants ont emporté les premières défenses.

RETIRATION [re-ti-rà-syon; *en vers,* -si-on] *s. f.*
[ÉTYM. Dérivé de retirer, § 247. ‖ 1576. Les espreuves et retirations, L. LEROY, dans DELB. *Rec.* Admis ACAD. 1762.]
‖ (Typogr.) Mouvement par lequel on présente à l'impression le verso de la feuille. Mettre une feuille en —.

RETIREMENT [re-tir-man; *en vers,* -ti-re-...] *s. m.*
[ÉTYM. Dérivé de retirer, § 145. ‖ 1539. R. EST.]
‖ *Vieilli.* Action de se retirer. *Spécialt.* Le — des muscles. (*Cf.* rétraction.)

RETIRER [re-ti-ré] *v. tr.*
[ÉTYM. Composé de re et tirer, §§ 192 et 196. (*Cf.* retraire.) ‖ XIV° s. Pour yaux tant plus retirer et faire meilleur et plus diligent debvoir, dans LITTRÉ, *Suppl.*]
I. Tirer hors d'un lieu. — de l'eau un noyé. On l'a retiré vivant de dessous les décombres. — un enfant du collège, qqn de prison. J'ai vu l'assassin — son poignard tout fumant de son sein, RAC. *Baj.* V, 11. Quoi ! ce n'est pas encor beaucoup D'avoir de mon gosier retiré votre cou? LA F. *Fab.* III, 9. — la clef de la serrure. — le noyau d'une pêche. — des papiers de chez le notaire. — une pièce du théâtre. — de l'argent de la caisse d'épargne. ‖ Se — d'un lieu, en sortir. Retirez-vous d'ici, vous dis-je, MOL. *Princ. d'Él.* IV, 5. | *Absolt.* Se —, sortir. Que chacun se retire et qu'aucun n'entre ici, CORN. *Cinna,* II, 1. Vous, Narcisse, approchez; et vous, qu'on se retire, RAC. *Brit.* II, 1. ‖ *P. ext.* Détourner. Ses amis se sont retirés de lui. Le peuple, mécontent des patriciens, se retira sur le mont Sacré, MONTESQ. *Rom.* 8. Dieu même, disent-ils, s'est retiré de nous, RAC. *Ath.* I, 1. Retirons nos regards de cet objet funeste, CORN. *Hor.* V, 1.
‖ *Au fig.* ‖ **1°** Tirer (qqn) d'une situation. Il (le destin) plonge dans l'abîme et bientôt en retire, VOLT. *Oreste,* IV, 2. On l'avait retiré du tombeau, LA F. *Contes, Oraison.* — qqn de la misère, du désordre, de l'erreur. Que ces derniers vous en retirent (de l'erreur) par leurs excès, PASC. *Prov.* 10. ‖ *Spécialt.* Tirer d'embarras et mettre en sûreté. Sa maison... est trop petite pour le grand nombre d'étrangers qu'il retire chez lui, LA BR. *Théophr. Ostentation.* Peut-il endurer Qu'ainsi dans sa maison tu t'oses retiré dans son sein? RAC. *Iph.* V, 4. ‖ Se — des affaires, et, *absolt,* Se —. | Se — du monde, de la société. Se — dans ses terres. Se — dans un couvent. Les assiégés se retirèrent derrière leurs retranchements. (*Cf.* retirade.) Se — dans sa chambre, et, *absolt,* Se —, quitter la compagnie. ‖ *Absolt.* Se —, être, vivre retiré, vivre à l'écart, loin du monde. Je vis fort retiré, D'ALEMB. *Lett.* 28 avril

1777. Spinosa... Pauvre, mais satisfait, pensif et retiré, VOLT. *Les Systèmes.* Une âme retirée en elle-même, BOURD. *Exhort. Charité envers les pauvres.* || *P. ext.* Mener une vie retirée. Un lieu, un quartier retiré.

|| **2°** Tirer d'une chose (ce qu'elle produit). Quel fruit en avez-vous retiré? En — l'argent qu'elle pourra coûter, MOL. *Ét.* 1, 7.

II. Tirer en arrière. — à qqn sa chaise. — son bras, sa main, et, *fig.* Pour te faire choir, je n'aurais aujourd'hui Qu'à — la main qui seule est ton appui, CORN. *Cinna,* v, 1. Vers mon cœur tout mon sang se retire, RAC. *Phèd.* II, 5. La mer commence à se —, la marée descend. Soit qu'il communique sa puissance aux princes, soit qu'il la retire à lui-même, BOSS. *R. d'Angl.* || *Spécialt.* Tirer en arrière par contraction. (*Cf.* retirement.) Agitée de convulsions, les lèvres retirées, VOLT. *Jenni,* 6. | *Absolt.* La maladie se joue de nous; là elle étend, là elle retire, BOSS. *Résurr. dernière,* 2. || *Fig.* Reprendre. On lui a retiré son grade, son emploi. Je retire ce que j'ai dit. Son Père même... retire toutes les marques de sa protection, BOSS. *Hist. univ.* II, 19. Puisque vous voulez — votre parole, MOL. *Mar. forcé,* sc. 8. — à qqn son amitié, sa confiance, sa faveur. || *P. anal.* A mesure qu'il (le soleil) baisse et retire le jour, LAMART. *Harmon.* IV, 11.

RETOMBÉE [re-ton-bé] *s. f.*

[ÉTYM. Subst. particip. de retomber, § 45. || 1518. Jusques a la hauteur de la retumbée, dans DELB. *Rec.* Admis ACAD. 1762.]

|| (Technol.) || **1°** Ce qui retombe. *Spécialt.* Portion d'une voûte qui, retombant sur un pied-droit ou sur un mur, permet de la poser sans cintre.

|| **2°** Action de retomber. *Spécialt.* Manœuvre par laquelle, dans l'impression de la musique, on fait tomber les notes exactement à leur place sur la portée.

RETOMBER [re-ton-bé] *v. intr.*

[ÉTYM. Composé de re et tomber, §§ 192 et 196. || 1539. R. EST.]

I. En parlant d'une personne. || **1°** Tomber de nouveau, après s'être relevé. Il se releva et retomba. En montant au Calvaire, Jésus-Christ retombe une seconde fois sous le poids de la croix. || *Fig.* Tomber de nouveau dans un état fâcheux dont on était sorti. Le voir, malgré lui, dans nos fers retombé, CORN. *Tois. d'or,* II, 5. Au risque de — dans les mêmes maux, BOSS. *Le Tellier.* Vous retomberez dans un moment à la douleur dont vous sortez, SÉV. 778. Il est retombé malade. | Si l'on sortit de l'ignorance, ce fut pour y —, MONTESQ. *Espr. des lois,* XXI, 8. | Ceux qui retombent toujours dans les mêmes crimes, PASC. *Prov.* 16. Télémaque allait — dans les mêmes faiblesses, FÉN. *Tél.* 7. *Absolt.* Cent fois, en moins d'un jour, je guéris et retombe, CORN. *Pulch.* II, 1. L'état de l'homme qui retombe devient pire que le premier, BOSS. *A. de Gonz.*

|| **2°** Tomber après s'être élevé. Sauter et — en cadence. — sur ses pieds. Elle fit un mouvement pour se lever et retomba dans son fauteuil, Mᵐᵉ DE GENLIS, *Adèle et Théod.* III, p. 249. || *Fig.* Un petit parvenu retombé, J.-J. ROUSS. *Ém.* 5. Il est retombé dans l'obscurité.

|| **3°** Se rejeter (sur qqn). — sur son adversaire. Comme une proie sur laquelle il devait —, VOLT. *Mœurs,* 82. || *Fig.* | 1. — sur qqn (pour le mettre à contribution). Je retombe sur lui... : c'est un ami inépuisable, SÉV. 465. | 2. — sur soi-même (pour s'examiner). Qui de nous ne retomberait d'abord sur sa conscience? MASS. *Petit Nombre des élus.*

II. En parlant d'une chose. || **1°** Tomber de nouveau après avoir été relevé. Ramasser un objet et le laisser —. La balle est retombée à la même place. On avait raccroché le tableau, il est retombé.

|| **2°** Tomber après avoir été élevé. Les nuages retombent en pluie. Un aérostat qui retombe. Elle laisse — son voile. Faire — un store. || *Fig.* Nos pensées... s'envolent un moment, puis retombent soudain, V. HUGO, *Rayons et Ombres,* 34. || *P. ext.* Pendre d'une certaine hauteur. Ses cheveux retombent de chaque côté du visage. Des draperies qui retombent sur les rideaux.

|| **3°** Être rejeté sur qqn. La poutre bascula et alla — sur lui. || *Fig.* Dût tout cet appareil — sur ma tête, RAC. *Iph.* III, 5. Dire des injures aux personnes, sans penser sur qui elles retombent, PASC. *Prov.* 12. Le sang de Laïus est retombé sur nous, VOLT. *Œd.* II, 3. Voyant que tout l'honneur en retombe sur nous, CORN. *Hor.* V, 3. La découverte retombait à plomb sur les jésuites, ST-SIM. II, 352.

RETONDRE [re-tôndr'] *v. tr.*

[ÉTYM. Composé de re et tondre, §§ 192 et 196. || 1395. Que iceulx draps soient retonduz, dans DELB. *Rec.*]

|| **1°** Tondre de nouveau. — le drap.

|| **2°** *P. anal.* (Architect.) Dégager, en abattant les saillies, en avivant les arêtes.

*****RETORDAGE** [re-tòr-dâj'] et **RETORDEMENT** [re-tòr-de-man] *s. m.*

[ÉTYM. Dérivé de retordre, §§ 78 et 145. || 1611. Retordement, COTGR. | 1798. Retordage, PAJOT DES CHARMES, *Art du blanch. des toiles,* p. 74. Admis ACAD. 1762.]

|| (Technol.) Action de retordre (le fil, la soie, etc.).

*****RETORDEUR, EUSE** [re-tòr-deùr, -deùz'] *s. m.* et *f.*

[ÉTYM. Dérivé de retordre, § 112. || XIVᵉ s. Retorderesse de fil, dans GODEF.]

|| (Technol.) Ouvrier, ouvrière qui retord le fil, la soie.

RETORDRE [re-tòrdr'] *v. tr.*

[ÉTYM. Composé de re et tordre, §§ 192 et 196. (*Cf.* retors et le doublet savant rétorquer.) || XIIIᵉ-XIVᵉ s. Le chief au col li retortra, MACÉ DE LA CHARITÉ, *Bible,* dans LITTRÉ, *Suppl.*]

|| **1°** Tordre de nouveau. — le linge.

|| **2°** Tordre à plusieurs tours. — du fil, de la soie. Soie retordue. (*V.* retors.) | *Fig. Famil.* Donner du fil à — à qqn, lui donner une tâche difficile.

RÉTORQUER [ré-tòr-ké] *v. tr.*

[ÉTYM. Emprunté du lat. retorquere, *m. s.* proprt, retordre. || XIVᵉ s. Et retorquoit chascuns la besongne en soy meismes, BERSUIRE, fᵒ 27, dans LITTRÉ.]

|| Retourner contre l'adversaire (ses raisonnements). — les arguments de qqn.

RETORS, ORSE [re-tòr, -tòrs'] *adj.*

[ÉTYM. Anc. part. de retordre, § 44. (*Cf.* tors.) || XIIᵉ-XIIIᵉ s. Carités nous avoit tuers Ensanle comme fil retuers, RENCL. DE MOILIENS, *Miserere,* CXXII, 6.]

|| **1°** Retordu. Soie retorse. || *Fig.* Un individu —, serré, rusé.

|| **2°** *P. ext.* Recourbé. Le peuple vautour Au bec —, LA F. *Fab.* VII, 8.

*****RÉTORSIF, IVE** [ré-tòr-sîf', -sîv'] *adj.*

[ÉTYM. Dérivé du lat. retorsum, supin de retorquere, § 257. || XVIIIᵉ s. V. à l'article.]

|| (T. didact.) Qui rétorque. L'objection rétorsive que j'ai prévenue, J.-J. ROUSS. *Lett. de la montagne,* 3.

RÉTORSION [ré-tòr-syon; *en vers,* -si-on] *s. f.*

[ÉTYM. Emprunté du bas lat. retorsio, action de retordre, de rétorquer. || XIIIᵉ-XIVᵉ s. Retorsion de lefras, *Gloss. de Salins,* dans GODEF. Admis ACAD. 1740.]

|| (T. didact.) Action de rétorquer.

RETORTE [re-tòrt'] *s. f.*

[ÉTYM. Emprunté du bas lat. retorta, *m. s.* proprt, « chose tordue, contournée ». || XVIᵉ s. PARÉ, XXVI, 14. Admis ACAD. 1762.]

|| (Anc. chimie.) Cornue.

RETOUCHE [re-toùch'] *s. f.*

[ÉTYM. Subst. verbal de retoucher, § 52. A remplacé retouchement (COTGR.). || 1507. Restouche de la couverture, *Comptes du château de Gaillon,* p. 273, Deville. Admis ACAD. 1798.]

|| Action de retoucher. La — devient presque impraticable, GRIMM, *Corresp. littér.* I, p. 93. Faire des retouches à une peinture, à une planche gravée, à une photographie.

RETOUCHER [re-tou-ché] *v. tr.*

[ÉTYM. Composé de re et toucher, §§ 192 et 196. || XIIIᵉ s. Cinq ou sis fois touche et retouche Le nés, GAUT. DE COINCY, *Mir. de Notre-Dame,* p. 171.]

I. *V. tr.* Toucher de nouveau (qqch). || **1°** — une peinture, corriger certaines parties. — une planche gravée, raviver les tailles usées. | — un ouvrage, le perfectionner. Retouchant un endroit, effaçant une page, BOIL. *Sat.* 2.

|| **2°** — telle ou telle corde d'un instrument. | *Fig.* Reprendre un sujet. Renoncer à — jamais la même corde, J.-J. ROUSS. *Confess.* 11.

II. *V. intr.* Toucher de nouveau (à qqch). On a retouché à mes papiers. || Remettre la main à qqch pour le corriger. J'ai déjà retouché à tout cela, BOIL. *Lett.* 6 juin 1693.

RETOUR [re-toùr] *s. m.*

[ÉTYM. Subst. verbal de retourner, §§ 52 et 64. (*Cf.* retourne.) || XIIᵉ s. Tant de retor et tant d'amende, BEN. DE STE-MORE, *Troie,* 27146.]

|| **1°** Action de revenir en arrière. Elle (l'inquiétude) vous fait faire cent tours et retours, BOSS. *Am. des plaisirs,*

2. Les tours et retours d'un cerf poursuivi par les chiens. || *P. anal.* Coude, angle que forme une ligne, une surface. Ligne droite et sans nuls retours, LA F. *Contes, Chose imposs.* Six colonnes de front et treize de —, BARTHÉLEMY, *Anacharsis*, 59. || *Fig.* | **1.** Action de revenir sur ce qu'on a dit. Après maint entretien, maints tours et maints retours, RÉGNIER, *Sat.* 10. Ce sont là les retours des coquettes du temps, MOL. *Tart.* I, 1. | **2.** Vicissitude. Des retours soudains, des changements inouïs, BOSS. *R. d'Angl.* Juste — ... des choses d'ici-bas, MOL. *Tart.* V, 3. | *Spécialt.* Changement en mal. Être sur le —, commencer à déchoir. Celles qui, étant sur le — de l'âge..., MOL. *Crit. de l'Éc. des f.* sc. 5.

|| **2°** Action de revenir au lieu d'où l'on était parti. Mon — va bientôt dissiper vos alarmes, RAC. *Brit.* V, 1. Le — des bannis. Le — de la flotte. Je suis de — dans un moment, MOL. *Mar. forcé*, sc. 1. Être de — au logis. Me voilà de — à la bonne ville, SÉV. 522. Être de — des vacances, de la chasse, d'un voyage, d'une expédition. Au — de ce voyage fameux, BOSS. *D. d'Orl.* Le — du courrier. — offensif, action de revenir attaquer l'ennemi devant lequel on se retirait. Le — des hirondelles. Un cheval de —, qu'on ramène à l'endroit où il a été loué, et, *fig.* un criminel qui, après avoir fait sa peine, revient devant la justice. | *P. ext.* Le — du printemps. Le — de la marée. Le — de la fièvre. Choc en —, décharge électrique produite indirectement dans un corps quand la foudre éclate, au moment où cesse brusquement l'influence du nuage électrisé sur ce corps. — de bâton (par allusion au bâton magique, dit bâton de Jacob), profit illicite qu'on se ménage adroitement. Un — de jeunesse. Que me veux tu, Ridicule — d'une nette vertu? CORN. *Rodog.* V, 1. | *Spécialt.* **1.** (Commerce.) Le — d'un effet, renvoi d'un effet qui n'a pas été payé. — sans frais, indication mise au dos d'un effet pour éviter le protêt en cas de non-paiement. | **2.** (Jurispr.) Droit en vertu duquel ce que les ascendants ont donné en dot doit leur revenir quand leurs descendants meurent sans enfants. || *Fig.* | **1.** Action de revenir à l'état où l'on se trouvait. Le — d'un ancien ministre aux affaires. Le — d'une âme à la vertu, à la religion. Du cœur ingrat qui l'abandonne Il attend le —, RAC. *Esth.* III, 9. J'attendais en secret le — d'un parjure, ID. *Andr.* IV, 5. Les maris ont de ces retours, mais ils les font peu durer, LA F. *Psyché*, 2. Il n'est point de —, et je romps avec elle, MOL. *Mis.* IV, 2. Le — de la faveur populaire. | **2.** Action de revenir par réflexion au passé. Des retours importuns évitons le souci, MOL. *F. sav.* V, 4. Le moindre — vers nos belles années, CORN. *Pulch.* II, 1. | *Spécialt.* Action de revenir à penser à soi par intérêt personnel. Il appelle au secours sans aucun — sur lui-même, VOLT. *Dial.* XXIX, 5. | Action de revenir à penser à soi pour sonder sa conscience. Un pécheur qui... n'aurait jamais eu de — sur lui-même et sur son salut, MASS. *Impén. fin.* || *Loc. adv.* Sans —, sans possibilité de revenir. Ainsi que des eaux qui se perdent sans —, BOSS. *D. d'Orl.* Repasser les bords qu'on passe sans —, RAC. *Phéd.* II, 1. L'orgueil des Chaldéens... est abattu sans —, BOSS. *Hist. univ.* II, 7. Jaloux sans —, RAC. *Mithr.* I, 5.

|| **3°** Action de revenir ajouter qqch, pour rendre un échange égal. Vous devriez lui demander du —, DANCOURT, *Fête de village*, II, 6. Devoir du — à qqn. D'autant plus maintenant je te dois de —, CORN. *Cid*, III, 6. | *P. ext.* Ce qu'on doit en échange. Du respect qui ne demande point de —, MONTESQ. *Lett. pers.* 126. Être payé de —. Sans espoir de —, Je nourrissais encore un malheureux amour, RAC. *Mithr.* I, 2. Que lui donnerez-vous en — de ce qu'il fait pour vous?

RETOURNE [re-tourn'] *s. f.*
[ÉTYM. Subst. verbal de retourner, § 52. || 1690. FURET.]
|| (T. de jeu.) Carte qu'on retourne, et qui détermine ordinairement l'atout.

RETOURNER [re-tour-né] *v. tr.* et *intr.*
[ÉTYM. Composé de re et tourner, §§ 192 et 196. || 842. Si io returnar nou l'int pois, *Serments de Strasb.*]
I. *V. tr.* || **1°** Tourner dans un autre sens. — une omelette dans la poêle, une côtelette sur le gril. — un habit, une robe, les refaire en mettant l'envers en dehors au lieu de l'endroit qui est usé. *Fig.* En parlant d'une traduction. Ce n'est jamais qu'un habit retourné, LES. *Guzm. d'Alfar.* préf. — une page dans un livre. — un tableau, mettre le haut en bas, ou tourner la peinture contre le mur. — la salade, remuer les feuilles en tous sens pour qu'elles prennent l'assaisonnement. — la terre, la remuer profon-

dément avec la bêche. — le poignard dans la plaie. Le père mort, les fils vous retournent le champ, LA F. *Fab.* V, 9. — une carte, en donnant les cartes, faire voir la dernière, qui indique l'atout. *Impersonnelt.* Il retourne cœur. *Fig.* Voilà de quoi il retourne, de quoi il s'agit. || Se —, se tourner dans un autre sens. Il se retourna à plusieurs reprises pour le regarder. Horace, les voyant l'un de l'autre écartés, Se retourne, CORN. *Hor.* IV, 2. Se tourner et se — dans son lit. || *P. anal.* Se — vers Dieu (étant désabusé du monde). || *Fig.* — qqn. | **1.** Le faire changer d'avis. | **2.** Le mettre à l'envers par une vive émotion. || Se —, se conduire de façon ou d'autre selon les cas. Il saura bien se —. || — qqch. | **1.** L'examiner en tous sens. Plus je tourne et retourne cette idée, VOLT. *Lett. à Formont*, avril 1734. | **2.** Le présenter de diverses manières. Ils la retournent (cette vérité) de cent façons, SÉV. 118. | **3.** Le présenter en sens contraire. On a retourné contre lui ce qu'il alléguait pour sa défense.

|| **2°** Faire reporter au point de départ. La lettre lui a été retournée, l'adresse étant inexacte. Recevoir un envoi avec prière de le — s'il ne convient pas. || S'en —, se diriger vers le lieu d'où l'on vient. Je n'ai qu'à m'en — d'où je viens, MOL. *D. Juan*, I, 3. Afin que je m'en retourne sur mes pas, SÉV. 154. Je m'en retournerai seule et désespérée! RAC. *Iph.* IV, 4. S'en — comme on est venu, être venu inutilement.

II. *V. intr.* || **1°** Se diriger de nouveau vers un lieu. Retournez-vous cette année à Vichy?

|| **2°** Se diriger vers le lieu d'où l'on vient. Il me faut sans honneur — sur mes pas, RAC. *Iph.* II, 5. Il lui fallut à jeun — au logis, LA F. *Fab.* I, 18. Retournez à l'armée, CORN. *Nicom.* I, 1. | *P. ext.* Les poupes couronnées Dans cette même Aulide avec vous retournées, RAC. *Iph.* I, 5. Je suis retourné le chercher. *Absolt.* Vous pouvez —, je n'ai rien à vous dire, RAC. *Baj.* II, 2. Je suis étonné Que mon valet encor ne soit point retourné, MOL. *Fâch.* II, 1. || *Fig.* En parlant d'une chose. | **1.** Être reporté à l'auteur. Et souvent la perfidie Retourne sur son auteur, LA F. *Fab.* IV, 11. Toutes les louanges que je lui donne retournent à Dieu qui en est la source, FLÉCH. *Turenne.* | **2.** Être rendu au possesseur. Le domaine est retourné à ses anciens maîtres. | **3.** *Absolt. Vieilli.* Être répété. Je vous prie que cela ne retourne jamais, SÉV. 372. || En parlant d'une personne. | **1.** Revenir à ce qu'on avait quitté. Rome... Au temps de ses consuls croit être retournée, RAC. *Brit.* I, 1. — à son travail. — au combat. *P. anal.* Le chien retourne à son vomissement, et, *fig.* — à son vomissement, revenir à une habitude vicieuse à laquelle on semblait avoir renoncé. *Absolt.* N'y retournez plus, ne revenez plus à la même faute. Si vous y retournez, on vous apprendra le respect que vous devez à votre femme, MOL. *G. Dand.* III, 7. | Retournez à la fille d'Hélène, RAC. *Andr.* I, 4. Suivez-la dans tous les pas qu'elle fait pour — à lui (à Dieu), BOSS. *La Vall.* | **2.** Revenir sur qqch. On n'aurait jamais fait de — sur le passé, SÉV. 1199.

RETRACER [re-trà-sé] *v. tr.*
[ÉTYM. Composé de re et tracer, §§ 192 et 196. || XV⁰ s. Ces tentations retracent peu a peu ce qui plaisoit, GERSON, dans DOCHEZ.]
I. Tracer de nouveau. — le dessin d'une tapisserie sur le canevas. | *P. ext.* — une allée que les herbes ont envahie.
II. Décrire sous ses véritables traits. — les exploits d'un héros. Retracez-lui d'Esther l'histoire glorieuse, RAC. *Esth.* prol. Des premiers temps nous — quelque ombre, ID. *Ath.* I, 1. Je me retraçais toutes les traverses que j'avais essuyées, MARIV. *Pays. parv.* 7.

RÉTRACTATION [ré-tràk'-tà-syon; *en vers*, -si-on] *s. f.*
[ÉTYM. Emprunté du lat. *retractatio, m. s.* || XIV⁰ s. Sainct Augustin, en un livre de retractation, *Songe du Vergier*, dans LITTRÉ.]
|| Action de rétracter ce qu'on a dit. Elle (Mᵐᵉ Guyon) signait visiblement la — de ses erreurs, BOSS. *États d'orais.* X, 21. Exiger de qqn une — publique.

1. RÉTRACTER [ré-tràk'-té] *v. tr.*
[ÉTYM. Emprunté du lat. *retractare, m. s.* L'anc. franç. a la forme pop. retraiter. (*Cf.* retraiter.) || XIV⁰ s. Paier ou retracter le marchié, ORESME, *Éth.* IX, 1.]
|| Retirer formellement (ce qu'on a dit). Je rétracte ce que j'avais dit en courant et sans y penser, SÉV. 822. L'obliger à — ses doctrines, PASC. *Prov.* 13. Une offre en moins d'un jour reçue et rétractée, CORN. *Oth.* IV, 1. || *P. ext.* (*rare*). Revenir sur ce qu'on a fait. Guillot, sachant ce don, L'avait fait

— pour plus d'une raison, LA F. *Contes, Cas de conscience.*
|| Se —, se dédire formellement. Il s'est rétracté publiquement. Loin de se — d'aucune de ses erreurs, BOSS. *Var.* 1.

2. RÉTRACTER [ré-trăk'-té] *v. tr.*
[ÉTYM. Dérivé du lat. retractum, supin de retrahere, retirer, § 266. (*Cf.* rétraction.) || *Néolog.* Admis ACAD. 1878.]
|| (T. didact.) Retirer, raccourcir par contraction. *Spéciall.* (Médec.) Des muscles rétractés. A la suite de convulsions, sa jambe s'est rétractée.

RÉTRACTILE [ré-trăk'-til] *adj.*
[ÉTYM. Dérivé du lat. retractum, supin de retrahere, retirer, § 242. || *Néolog.* Admis ACAD. 1835.]
|| (T. didact.) Qui a la faculté de se rétracter. Les griffes du chat sont rétractiles.

RÉTRACTILITÉ [ré-trăk'-ti-li-té] *s. f.*
[ÉTYM. Dérivé de rétractile, § 255. || *Néolog.* Admis ACAD. 1835.]
|| (T. didact.) Caractère de ce qui est rétractile.

RÉTRACTION [ré-trăk'-syon; *en vers,* -si-on] *s. f.*
[ÉTYM. Emprunté du lat. retractio, *m. s.* L'anc. franç. a la forme pop. retraçon, au sens figuré de « reproche ». || XIIᵉ s. A tousjours en avront mes hoirs retraction, HERBERT LE DUC, *Foulq. de Candie*, p. 146, Tarbé. Admis ACAD. 1798.]
|| (T. didact.) Action de se rétracter, de se retirer par contraction.

RETRAIRE [re-trér] *v. tr.*
[ÉTYM. Composé de re et traire, §§ 192 et 196. (*Cf.* le lat. retrahere, *m. s.*) || XIᵉ s. Mielz voil murir que hunte en seit retraite, *Roland*, 1701.]
|| **1°** *Vieilli.* (Droit.) Retirer. — des fonds. — un legs. (*Cf.* retrayant.)
|| **2°** (Technol.) Contracter. Blé retrait, contracté par le dessèchement.

RETRAIT [re-trè] *s. m.*
[ÉTYM. Subst. particip. de retraire, § 45. || XIIᵉ s. Le retrait font isnelement soner, RAIMBERT DE PARIS, *Chevalerie Ogier*, 6200.]
I. Action de se retirer.
|| **1°** Action de se contracter. Le — de l'argile.
|| **2°** État de ce qui revient en arrière. Le — de la mer sur certaines côtes. || Une construction en —, en arrière de l'alignement. | *P. ext. Vieilli.* Lieu où l'on se retire, cabinet privé. Cureur de retraits.
II. Action de retirer. Le — d'une somme déposée chez un banquier. Le — d'un legs. (Féodal.) — de lignage, — lignager, droit qu'avait un parent de la ligne de celui qui avait aliéné un domaine de le racheter dans un délai déterminé. Un exploit de — lignager, FURET. *Rom. com.* II, p. 26. | Le — d'un projet de loi. | — d'emploi, action de retirer son emploi à un fonctionnaire, à un officier. Être en — d'emploi. || *P. ext.* — de mouture, résidu de la mouture.

1. RETRAITE [re-trèt'] *s. f.*
[ÉTYM. Subst. particip. de retraire, § 45. || XIIIᵉ s. Il fu jugié que en aquest n'aroit point de retraite, BEAUMAN. XLIV, 2.]
|| **1°** Action de se retirer d'un lieu. Une querelle... qui n'attend que votre — pour recommencer, LA BR. 5. Monsieur, il faut faire —, MOL. *Mis.* IV, 4. | *Fig.* Son chagrin... A fait une prompte —, MOL. *Amph.* II, 4. La — des eaux, mouvement par lequel elles se retirent pour rentrer dans leur lit. | (Escrime.) Mouvement par lequel on se retire en arrière pour être hors d'atteinte du fer de l'adversaire. || *Spéciall.* | 1. Marche en arrière d'un corps de troupes qui se retire devant l'ennemi. Opérer sa — en bon ordre. Assurer sa —. Couper la —. Battre en —, faire donner par les tambours le signal de la retraite, et, *p. ext.* opérer la retraite. L'ennemi a battu en —. | 2. Rappel des soldats à l'heure où ils doivent rentrer dans leur casernement. Battre, sonner la —, en donner le signal avec les tambours ou les clairons. | 3. (Vénerie.) Rappel des chiens.
|| **2°** *Fig.* Action de se retirer de la vie active, mondaine. Faire des projets de —. Vivre dans la —. Thirsis, il faut songer à faire la —, RACAN, *Stances sur la retraite.* || *Spéciall.* | 1. Action de quitter les fonctions actives (en parlant d'un employé, d'un fonctionnaire). Prendre sa —. Être mis à la —. Pension de —, pension annuelle assurée à un employé, à un fonctionnaire, quand il a un certain âge et un certain temps de service. *Ellipt.* Il n'a que sa — (sa pension de retraite) pour vivre. | 2. Action de se retirer quelque temps du monde ou de la vie séculière, pour se

fortifier dans la piété par des exercices religieux. Faire une —. Un prêtre en —. Les retraites ne réussissent pas toujours : il faut les faire sans les dire, SÉV. 566.
|| **3°** Lieu où l'on se retire. Il est une — où notre âme se donne (le couvent), MOL. *F. sav.* IV, 5. La — que nous choisîmes était fort cachée, LA F. *Psyché*, 2. || *Spéciall.* Lieu où l'on se retire pour être en sûreté. La reine n'a plus de —, BOSS. *A. de Gonz.* Dans leurs rangs à ce lâche ils ont donné —! CORN. *Hor.* III, 6.
|| **4°** Retrait. | 1. Rétraction. La — de l'argile. | 2. État de ce qui est en arrière d'un alignement. Une maison qui est en — de la rue.

2. RETRAITE [re-trèt'] *s. f.*
[ÉTYM. Composé de re et traite, §§ 192 et 196. || 1723. SAVARY, *Dict. du comm.* Admis ACAD. 1835.]
|| (Commerce.) || **1°** Lettre de change tirée par quelqu'un, pour se rembourser sur celui qui vient d'en tirer une sur lui.
|| **2°** Traite faite sur le dernier endosseur d'une lettre de change protestée.

RETRAITÉ, ÉE [re-trè-té]. *V.* retraiter.

'RETRAITER [re-trè-té] *v. tr.*
[ÉTYM. Dérivé de retraite 1, § 154. ACAD. ne donne que le part. retraité, ée, employé comme adj. et subst. || *Néolog.*]
|| Mettre à la retraite. Un officier retraité, et, *au part. passé pris substantiv.* Un retraité.

RETRANCHEMENT [re-tranch'-man; *en vers,* -tranche-...] *s. m.*
[ÉTYM. Dérivé de retrancher, § 145. || XVᵉ s. Faire beaucoup de... retranchemens, CHASTELL. dans DELB. *Rec.*]
I. Action de retrancher. Le — des branches inutiles. Le — du bois superflu ne faisait que rendre ses fruits meilleurs, BOSS. *Hist. univ.* II, 26. Dans les opérations que l'on fit sur les monnaies,... on procéda par voie de —, MONTESQ. *Espr. des lois*, XXII, 13. Le — de tous les ragoûts (dans son régime), SÉV. 667. Le — d'un chapitre dans un livre, d'une scène dans une comédie, d'un mot dans une phrase. Le — de ces syllabes sales, MOL. *F. sav.* III, 2. Le — des dépenses inutiles, et, *ellipt*, Quel —, quelle économie dans cette maison! SÉV. 754. Le — d'une partie des rentes, des pensions, et, *ellipt*, On parle d'un —, RÉGNIER, *Ép.* 3. | *Fig.* Le — des abus. Une mort chrétienne préparée par... un — des plaisirs et des consolations humaines, FLÉCH. *M. de Montausier.*
II. Espace retranché d'un plus grand.
|| **1°** *Vieilli.* Réduit. Une porte... par où l'on entrait dans un — où je me mis, MARIV. *Pays. parv.* 5.
|| **2°** (T. milit.) Enceinte prise sur l'espace qui entoure une place de guerre, une position, que l'on munit de moyens de défense, pour arrêter les assaillants. Forcer les retranchements. Repousser l'ennemi dans ses derniers retranchements. Le czar... n'avait pour tout — que des chevaux de frise et des chariots, VOLT. *Ch. XII*, 5. Des retranchements naturels, bois, ravin, fleuve, etc. || *Fig.* Moyen de défense auquel on recourt contre les accusations, les reproches. Un homme... qui vous dise la vérité malgré vous, qui force tous vos retranchements, FÉN. *Tél.* 14. La moquerie... attaque l'homme dans son dernier —, qui est l'opinion qu'il a de lui-même, LA BR. 11.

RETRANCHER [re-tran-ché] *v. tr.*
[ÉTYM. Composé de re et trancher, §§ 192 et 196. L'anc. franç. connaît retranchier, mais au sens de « trancher de nouveau, ou en retour ». || 1549. Retrencher, R. EST.].
I. Enlever d'une chose une partie qu'on en sépare. Le Scythe il y trouva qui, la serpe à la main, De ses arbres à fruit retranchait l'inutile, LA F. *Fab.* XII, 20. — un plat de son dîner. J'ai retranché le souper entièrement, SÉV. 511. Plus pâle qu'un rentier A l'aspect d'un arrêt qui retranche un quartier, BOIL. *Sat.* 3. Ce mot me semble froid, Je le retrancherais, ID. *Art p.* 1. La règle du que (français) retranché (traduit en latin par une proposition infinitive). — un nombre d'un autre. Retranchez de nos ans Pour ajouter à ses années, RAC. *Poés. div.* 80. Des membres retranchés de la république, BOSS. *Hist. univ.* III, 6, Dieu rejeta sa race, Le retrancha lui-même, RAC. *Esth.* III, 4. Coups... Qui, retranchant sa vie, assurent sa mémoire, CORN. *Poly.* I, 3. Être retranché de la communion des fidèles. Celui-ci retranche de l'âme Désirs et passions, LA F. *Fab.* XII, 20. Se — (retrancher à soi-même) qqch. Il se retranche toute dépense inutile. Se —, se réduire (dans ses dépenses). Si vous n'avez le courage de vous —, SÉV. 1125. — à, réduire, borner à. Lorsqu'on se retranche au langage des yeux, CORN.

Agés. iv, 5. Je retranche mon chagrin aux appréhensions du blâme, MOL. *Av.* i, 1. Retranchons-nous maintenant à examiner comment on peut réparer le passé, FÉN. *Tél.* 10.

II. (T. milit.) Munir de moyens de défense (une enceinte prise sur l'espace qui entoure une place de guerre, une position), pour arrêter les assaillants. Un camp retranché. Une place fortement retranchée. || *P. ext.* Il (Pyrrhus) leur apprit à se —, MONTESQ. *Rom.* 4. || *Fig.* Recourir à un moyen de défense contre les accusations, les reproches. On se retranche dans une vie moins criminelle, mais toujours lâche, FÉN. *Manuel de piété.* Un caractère sérieux dans lequel il se retranche, LA BR. 9. Il se retranche derrière ce prétexte. | *Vieilli.* Se — sur qqch. Se retranchant toujours sur leurs sages prouesses, MOL. *Éc. des f.* iv, 8.

RETRANSCRIRE [re-trans'-krīr] *v. tr.*

[ÉTYM. Composé de re et transcrire, §§ 192 et 196. || xviiie s. *V.* à l'article. Admis ACAD. 1878.]

|| Transcrire de nouveau. Je fais transcrire et —..., VOLT. *Lett. à d'Argental,* 20 févr. 1741.

RETRAVAILLER [re-trà-và-yé] *v. tr. et intr.*

[ÉTYM. Composé de re et travailler, §§ 192 et 196. || xiie s. Et cil por lui le retravaille De beborder, CHRÉTIEN DE TROYES, *Cligès,* 2914. Admis ACAD. 1835.]

|| Travailler de nouveau. | 1. *V. tr.* Il faut — ce morceau. — un style quelquefois original, MARQUIS DE MIRABEAU, *l'Ami des hommes,* avert. | 2. *V. intr.* Racine va — à une autre tragédie, SÉV. 1142.

RETRAVERSER [re-trà-vèr-sé] *v. tr.*

[ÉTYM. Composé de re et traverser, §§ 192 et 196. || Admis ACAD. 1878.]

|| Traverser de nouveau.

RETRAYANT, ANTE [re-trè-yan, -yänt'] *s. m. et f.*

[ÉTYM. Subst. particip. de retraire, § 47. || xiie s. Li retraians (le reflux) les met en mer, *Partenopeus,* 7587. Admis ACAD. 1762.]

|| (Droit.) Celui, celle qui exerce le retrait d'un héritage, d'un bien aliéné.

RÊTRE. *V.* reitre.

RÉTRÉCIR [ré-tré-sīr] *v. tr.*

[ÉTYM. Composé de re et étrécir, §§ 192 et 196. A remplacé l'anc. franç. restrecier. || xive s. Retroicissant le double type, *Traité d'alch.* dans LITTRÉ.]

|| 1° *V. tr.* Rendre plus étroit. — un chemin, une rue. Il a fait — ses habits. Le cuir se rétrécit au feu, à la pluie. Le canal va en se rétrécissant. || *Fig.* Gens dont l'esprit s'est rétréci dans les détails, MONTESQ. *Lett. pers.* 48.

|| 2° *V. intr.* Devenir plus étroit. La flanelle a rétréci au blanchissage.

RÉTRÉCISSEMENT [ré-tré-sīs'-man; *en vers,* -sise-...] *s. m.*

[ÉTYM. Dérivé de rétrécir, § 145. || xvie s. Restrecissement des parties, PARÉ, xx, 17. Admis ACAD. 1762.]

|| Action par laquelle une chose se rétrécit. Le — d'une étoffe. || (Médec.) Le — du col de la vessie. || *Fig.* Le — de l'esprit.

RETREMPER [re-tran-pé] *v. tr.*

[ÉTYM. Composé de re et tremper, §§ 192 et 196. || xiie s. La le poroit faire rebatre Et retremper, CHRÉTIEN DE TROYES, *Perceval,* 4847.]

|| Tremper de nouveau. — du linge. || *P. ext.* — l'acier, le durcir par une nouvelle trempe. | *Fig.* Rendre plus énergique. Le malheur a retrempé son âme. Se — dans l'adversité.

RÉTRIBUER [ré-tri-bué; *en vers,* -bu-é] *v. tr.*

[ÉTYM. Emprunté du lat. retribuere, m. s. || xive s. Quant il ont retribué punicion, ORESME, *Éth.* iv, 21.]

|| Payer (qqn) du salaire déterminé pour un service, un travail. Être convenablement rétribué. || *P. ext.* — le travail de qqn.

RÉTRIBUTION [ré-tri-bu-syon; *en vers,* -si-on] *s. f.*

[ÉTYM. Emprunté du lat. retributio, m. s. || xive s. Retribucion condigne, ORESME, *Éth.* ix, 1.]

|| Salaire déterminé d'un service, d'un travail. Il y a plus de rétributions dans les paroisses pour un mariage que pour un baptême, LA BR. 14. La — scolaire.

***RÉTRO** [ré-tró] *s. m.*

[ÉTYM. Abréviation familière de rétrograde (*V.* ce mot), § 509. || *Néolog.*]

|| (T. de billard.) Coup où l'on prend en dessous la bille

qu'on joue, pour qu'elle revienne en arrière après avoir frappé la bille qu'on vise. Faire un —.

RÉTROACTIF, IVE [ré-trò-ăk'-tĭf, -tĭv'] *adj.*

[ÉTYM. Dérivé du lat. retroactum, supin de retroagere, agir en arrière, § 257. || 1534. Clause retroactive, *Ordonn.* dans DELB. *Rec.*]

|| (T. didact.) Qui exerce une action sur ce qui est antérieur. La loi ne dispose que pour l'avenir; elle n'a point d'effet —, *Code civil,* art. 2. || *Fig.* Une ignominie rétroactive pour ses aïeux, LES. *Gil Blas,* vii, 12.

RÉTROACTION [ré-trò-ăk'-syon; *en vers,* -si-on] *s. f.*

[ÉTYM. Dérivé du lat. retroactum, supin de retroagere, agir en arrière, § 247. || Admis ACAD. 1762.]

|| (T. didact.) Effet rétroactif.

RÉTROACTIVITÉ [ré-trò-ăk'-ti-vi-té] *s. f.*

[ÉTYM. Dérivé de rétroactif, § 256. || 1812. MOZIN, *Dict. franç.-allem.* Admis ACAD. 1835.]

|| (T. didact.) Action rétroactive.

RÉTROCÉDER [ré-trò-sé-dé] *v. tr.*

[ÉTYM. Emprunté du bas lat. retrocedere, m. s. || 1550. ROUSSAT, *Estat et mutac. des temps,* dans DELB. *Rec.*]

|| (Droit.) Céder à un autre ce qu'il nous avait cédé lui-même.

RÉTROCESSION [ré-trò-sĕs'-syon; *en vers,* -si-on] *s. f.*

[ÉTYM. Emprunté du bas lat. retrocessio, m. s. || 1550. Stations et retrocessions, ROUSSAT, *Estat et mutac. des temps,* dans DELB. *Rec.*]

I. (Droit.) Action de rétrocéder (un droit, un domaine, etc.).

II. (T. didact.) Marche en arrière. — d'un exanthème, sa répercussion de la surface du corps sur un organe intérieur. — du travail de l'accouchement, arrêt du travail commencé avant terme, qui ne reprend que lorsque le terme est arrivé.

RÉTROGRADATION [ré-trò-grà-dà-syon; *en vers,* -si-on] *s. f.*

[ÉTYM. Emprunté du lat. retrogradatio, m. s. || 1550. Station et retrogradation, ROUSSAT, *Estat et mutac. des temps,* dans DELB. *Rec.*]

|| (T. didact.) Mouvement rétrograde. *Spéciall.* (Astron.) Mouvement par lequel certaines planètes semblent aller en arrière, contre l'ordre des signes du zodiaque, le mouvement de la terre étant plus rapide que le leur.

RÉTROGRADE [ré-trò-grăd'] *adj.*

[ÉTYM. Emprunté du lat. retrogradus, m. s. || xive s. Rime... croisee ou retrograde, GUILL. DE MACHAUT, *Œuvres,* p. 9, Tarbé.]

|| (T. didact.) Qui va en arrière. Marche, mouvement —. Effet — (au billard). (*Cf.* rétro.) || *Fig.* Politique —, qui va contre le progrès. | (Banque.) Compte par méthode —, où l'on compte d'abord les intérêts des sommes versées successivement au débiteur comme si toutes avaient été versées le jour de l'ouverture de son compte courant, et où l'on déduit ensuite les intérêts comptés en trop pour les jours qui ont précédé le versement de chaque somme.

RÉTROGRADER [ré-trò-grà-dé] *v. intr.*

[ÉTYM. Emprunté du lat. retrogradare, m. s. || 1564. J. THIERRY, *Dict. franç.-lat.*]

|| (T. didact.) Retourner en arrière. L'armée dut —. *Spéciall.* (Astron.) Certaines planètes semblent —, aller contre l'ordre des signes du zodiaque, leur mouvement étant moins rapide que celui de la terre. || *Fig.* Aller contre le progrès.

RÉTROSPECTIF, IVE [ré-tròs'-pĕk'-tĭf, -tĭv'] *adj.*

[ÉTYM. Dérivé du lat. retrospectum, supin de retrospicere, regarder derrière soi, § 257. || *Néolog.* Admis ACAD. 1878.]

|| Qui regarde en arrière. | *Fig.* Exposition rétrospective, où l'on réunit des objets anciens.

RETROUSSEMENT [re-trŏus'-man; *en vers,* -trouse-...] *s. m.*

[ÉTYM. Dérivé de retrousser, § 145. || 1630. MONET, *Abrégé du parallèle.* Admis ACAD. 1798.]

|| Action de retrousser.

RETROUSSER [re-trou-sé] *v. tr.*

[ÉTYM. Composé de re et trousser, §§ 192 et 194. || 1530. Si vous ne retroussez vostre robbe, PALSGR. p. 762.]

|| Relever en faisant remonter le bas vers le haut. — sa robe, son pantalon. — ses manches jusqu'au coude. || *P. ext.*

Se —, retrousser son vêtement. Un nez retroussé, relevé par le bout.

RETROUSSIS [re-trou-si] *s. m.*

[ÉTYM. Dérivé de retrousser, § 82. || 1680. Retroussis de chapeau, RICHEL. Admis ACAD. 1718.]

|| Partie retroussée. Le — d'un chapeau. Un habit d'uniforme bleu, avec des — jaunes. Des bottes à —, à revers.

RETROUVER [re-trou-vé] *v. tr.*

[ÉTYM. Composé de re et trouver, §§ 192 et 196. || XIII° s. Pour savoir se de li seroit riens retrouvée, ADENET, *Berte*, 2465.]

I. Trouver de nouveau. Retrouvez-vous au temple avec ce même zèle, RAC. *Ath.* I, 1. Que la fin du jour Ne le retrouve pas dans Rome ou dans ma cour, ID. *Brit.* II, 1. Allons — Calypso, FÉN. *Tél.* 4. | Je saurai bien toujours — le moment De punir, RAC. *Baj.* IV, 4. Il se retrouve dans la gêne.

II. Trouver qqn dont on était séparé, qqch qu'on avait perdu.

|| **1°** Qqn dont on était séparé. Puisque je retrouve un ami si fidèle, RAC. *Andr.* I, 1. Quand on est loin, on songe qu'on se retrouvera, SÉV. 855. Cet heureux retour du prodigue retrouve, BOSS. *Marie-Thérèse*. Elle retrouvera dans l'autre monde son mari, MONTESQ. *Lett. pers.* 125. || *Fig.* | 1. Trouver qqn qui remplace celui qui n'est plus là. S'il me perd, je prétends qu'il me retrouve en toi, RAC. *Andr.* III, 8. Mes yeux le retrouvaient dans les traits de son père, ID. *Phèd.* I, 3. | 2. Trouver qqn redevenu tel qu'il était autrefois. Pour se — bons amis, SÉV. 855. On retrouve Corneille dans certains passages de ses dernières œuvres.

|| **2°** Qqch qu'on avait perdu. Il a retrouvé sa montre. Le bracelet s'est retrouvé. || *P. anal.* Je ne puis pas — son nom. — une occasion. J'ai retrouvé toute ma vigueur, FÉN. *Tél.* 15. Il a retrouvé la santé. — son chemin. *Dans le même sens.* Se —. Phèdre... Se serait avec vous retrouvée ou perdue, RAC. *Phèd.* II, 5. || *Fig.* Est-ce quelque dédale où ta raison perdue Ne se retrouve pas? MALH. *Poés.* 11. L'âme, si longtemps égarée dans les choses extérieures, s'est enfin retrouvée, BOSS. *La Vall.*

RETS [rè] *s. m.*

[ÉTYM. Du lat. rętes, plur. de rętem, *m. s.* employé comme sing. § 559, devenu reiz, roiz, raiz, §§ 309 et 402, écrit plus récemment rez, rets, par réaction étymologique, § 502. Le mot est fém. jusqu'au commencement du XVII° s. § 553.]

|| **1°** Filet pour prendre du gibier, du poisson. Ce lion fut pris dans des —, LA F. *Fab.* II, 11. Tendre des —. || *Fig.* Prendre qqn dans ses —, le faire tomber dans les pièges qu'on lui tend. La parole est le — qui prend les âmes, BOSS. *Panég. St André*, 1.

|| **2°** Réseau. Ces petites branches d'artères, qu'on a nommées le — admirable, DESC. *Fœtus*, 4.

RÉUNION [ré-u-nyon; *en vers*, -ni-on] *s. f.*

[ÉTYM. Dérivé de réunir, d'après union. || 1549. R. EST.]

|| Action de réunir. La — de deux fragments. La — des lèvres d'une plaie. La — de divers objets. La — des preuves. La — de qualités si différentes. La — de deux personnes qui étaient brouillées ensemble. Dieux,... Venez favoriser notre —, RAC. *Brit.* V, 5. | La — d'un domaine à la couronne. La — de la Corse à la France. | Une — d'écrivains, d'artistes. La — était nombreuse. Une — publique.

RÉUNIR [ré-u-nîr] *v. tr.*

[ÉTYM. Composé de ré et unir, d'après le lat. scolast. reunire ou l'ital. riunire, *m. s.* §§ 12, 507 et 275. || 1549. R. EST.]

|| Unir des parties séparées. — les lèvres d'une plaie. — un fief à la couronne. Les deux corps d'armée se sont réunis. — soi des amis intimes. Les conspirateurs s'étaient réunis dans un lieu secret. La mort les a réunis. — des gens qui étaient en mésintelligence. Nos ennemis communs devraient nous —, RAC. *Andr.* I, 4. || *P. ext.* — tous ses efforts. Leurs efforts réunis ont surmonté les obstacles. Il réunit en lui les qualités les plus opposées. || *P. ext.* Les galeries qui réunissent le Louvre aux Tuileries. Le canal qui réunit la Seine à la Loire.

RÉUSSIR [ré-u-sîr] *v. intr.*

[ÉTYM. Emprunté de l'ital. riuscire, *m. s.* proprt, « ressortir », §§ 12 et 507. Blâmé par H. EST. *Nouv. Lang. franç. italian.* I, 172, réussir est accepté par PASQ. *Lett.* II, 12. || XVI° s. Qu'est il reussi de tout cela? LA NOUE, *Disc. polit.* 23.]

I. *Vieilli.* Avoir une issue (heureuse ou malheureuse). Il faut savoir ce qui réussira de cette conspiration, CORN. *Disc. sur le poëme dram.* Voyons ce qui pourra de ceci —, MOL. *Tart.* II, 4. De tous les corps ensemble, on ne saurait en faire

— une petite pensée, PASC. *Pens.* XVII, 1. Vous y pourriez peut-être assez mal —, CORN. *D. Sanche*, I, 4.

II. Avoir une issue heureuse. Tout vous a réussi; que Dieu voie et nous juge, RAC. *Ath.* II, 7. || *P. ext.* Arriver à une issue heureuse. Il a réussi dans son entreprise. On ne réussira pas à ce métier-là. Si dans sa perfidie elle a su —, RAC. *Baj.* IV, 4. Tu ne peux — à t'en faire un complice, VOLT. *Catil.* II, 4. || *Absolt.* Il a tout ce qu'il faut pour —. Ma diligence enfin a réussi, CORN. *Hér.* IV, 5. Un terrain où la vigne ne réussit pas. || *Famil. Transitivt.* Un ouvrage réussi.

RÉUSSITE [ré-u-sit'] *s. f.*

[ÉTYM. Emprunté de l'ital. riuscita, *m. s.* §§ 12 et 507. BALZAC emploie réussite pour se moquer des Français qui affectent les italianismes, *Lett.* 23 sept. 1622. || 1639. V. à l'article.]

|| Action de réussir. Votre traduction... aura fait la — que nous pouvons désirer (voyez qu'il m'a échappé une phrase italienne), CHAPELAIN, *Lett.* 26 juill. 1639. La — d'une affaire, d'une entreprise. || *Fig.* Combinaison de cartes qu'on tâche de faire réussir.

REVACCINER [re-văk'-si-né] *v. tr.*

[ÉTYM. Composé de re et vacciner, §§ 192 et 196. || *Néolog.* Admis ACAD. 1878.]

|| Vacciner de nouveau.

REVALIDATION [re-và-li-dà-syon; *en vers*, -si-on] *s. f.*

[ÉTYM. Dérivé de revalider, § 247. || *Néolog.* Admis ACAD. 1878.]

|| (T. didact.) Action de revalider.

REVALIDER [re-và-li-dé] *v. tr.*

[ÉTYM. Composé de re et valider, §§ 192 et 196. || XV° s. Tes membres revalidez, *Myst. de la Passion*, dans GODEF. Admis ACAD. 1878.]

|| (T. didact.) Assurer par une nouvelle validité.

REVALOIR [re-và-lwâr] *v. tr.*

[ÉTYM. Composé de re et valoir, §§ 192 et 196. || XIII° s. Et que me revaut son voloir? J. DE MEUNG, *Rose*, dans BARTSCH et HORNING, *Langue et littér. franç.* col. 417.]

|| Rendre la pareille (en bien ou en mal). Je vous le revaudrai. Bien sûr de leur — dans peu (aux Sabins) leur brigandage, LE P. CATROU, *Hist. rom.* I, 302.

REVANCHE [re-vănch'] *s. f.*

[ÉTYM. Subst. verbal de revancher, § 52. || 1539. Bailler la revanche, R. EST.]

|| Action de reprendre sur qqn l'avantage qu'il a pris sur nous. La — d'une défaite. Il a pris sa —. Vous ne tarderez guère à me faire avoir ma —, MOL. *Am. magnif.* II, 1. || *Spécialt.* Au jeu. Donner à qqn sa —. Jouer la —. || *Loc. adv.* En —, en retour. Qui rit d'autrui Doit craindre qu'en — on rie aussi de lui, MOL. *Éc. des f.* I, 1. Si jamais je t'aimai, cher Rodrigue, en —, Défends-toi, CORN. *Cid*, V, 1.

REVANCHER [re-van-ché] *v. tr. et pron.*

[ÉTYM. Composé de re et vancher, pour vencher, variante de venger (V. ce mot), §§ 192 et 196. || XIII° s. Ainsinc Pecune se revanche, J. DE MEUNG, *Rose*, 5221.]

I. *Ancienn.* V. tr. Venger. — la trahison, COMM. II, 9.

II. *Spécialt.* V. pron. Se —, reprendre sur qqn l'avantage qu'il a pris sur nous. Je veux d'un si bon tour Me —, LA F. *Contes*, *Faiseur d'oreilles*. || *Fig.* Les sens abusent la raison;... elle s'en revanche, PASC. *Pens.* III, 19.

REVANCHEUR, ⁎REVANCHEUSE [re-van-chŏur, -chŏuz'] *s. m. et f.*

[ÉTYM. Dérivé de revancher, § 112. || 1558. Le sanglier, serviteur et revencheur de Diane, G. MOREL, dans DELB. *Rec.* Admis ACAD. (au masc.) 1718.]

|| *Vieilli.* Celui, celle qui revanche, venge qqn.

RÊVASSER [rê-và-sé] *v. intr.*

[ÉTYM. Dérivé de rêver, § 169. || XV°-XVI° s. Ce que homme pense et revasse, R. GAGUIN, dans DELB. *Rec.*]

|| *Famil.* Se laisser aller à des rêveries. Votre confrère qui est là, rêvassant, BEAUMARCH. *B. de Sév.* III, 5.

RÊVASSERIE [rè-văs'-ri; *en vers*, -và-se-ri] *s. f.*

[ÉTYM. Dérivé de rêvasser, § 69. || XVI° s. Les plus grossières et puériles ravasseries, MONTAIGNE, II, 12. Admis ACAD. 1835.]

|| *Famil.* Action de rêvasser.

RÊVASSEUR, ⁎RÊVASSEUSE [rè-và-sŏur, -seŭz'] *s. m. et f.*

[ÉTYM. Dérivé de rêvasser, § 112. || 1736. V. à l'article. Admis ACAD. (au masc.) 1835.]

|| *Famil.* Celui, celle qui rôvasse. Votre sublime — René (Descartes). VOLT. *Lett. à Thiriot,* 5 sept. 1736.

RÊVE [rèv'] *s. m.*
[ÉTYM. Subst. verbal de rêver, § 52. || 1680. Rêve, RICHEL.]
|| Combinaison plus ou moins confuse de faits imaginaires qui se présente spontanément à l'esprit pendant le sommeil. Faire de beaux rêves. Un — effrayant. || *Fig.* | 1. Avantage si imprévu qu'il semble qu'il ne puisse se réaliser qu'en rêve. Il a fait un beau —. | 2. Espérance, projet qui n'a pas chance de se réaliser. Des rêves de gloire, de fortune. | 3. Idée chimérique. Ce système est le — d'un esprit malade.

1. REVÊCHE [re-vèch'] *adj.*
[ÉTYM. Origine inconnue. || XIIIᵉ s. Lors est si fiers et si revesches Li grant brasier, GAUT. DE COINCY, *Mir. de Notre-Dame,* col. 248.]
|| 1° Difficile à travailler. Marbre, diamant —.
|| 2° *Fig.* Difficile à manier. — à mes raisons, RÉGNIER, *Sat.* 15. | *Absolt.* Peu accommodant. Un caractère, une personne —. Un vieux sacripant, incommode et —, HAMILT. *Gram.* p. 181. Une femme —, et, *substantivt, au fém.* Une —. La —... choque, dément, contredit un mari, BOIL. *Sat.* 10.

2. REVÊCHE [re-vèch'] *s. f.*
[ÉTYM. Tiré de revêche 1, § 38. || XVIᵉ s. Penaillons de revesche, G. BOUCHET, *Serées,* IV, 171. Admis ACAD. 1694; suppr. en 1835.]
|| Ancienne étoffe de laine, frisée et à long poil. (*Cf.* ratine.)

RÉVEIL [ré-vèy'] *s. m.*
[ÉTYM. Subst. verbal de réveiller, § 52. || XIIIᵉ s. Le resveil Me tane assez quant je m'esveil, RUTEB. p. 6, Kressner.]
I. Action de se réveiller. Vains objets que le — détruit, CORN. *Poly.* I, 1. A son —, LA F. *Fab.* III, 7. Tandis que Néron s'abandonne au sommeil, Faut-il que vous veniez l'attendre à son —? RAC. *Brit.* I, 1. Battre, sonner le —, faire une batterie de tambour, une sonnerie de clairon qui annonce aux soldats l'heure de se lever. || *Fig.* | 1. Action d'être désabusé d'une erreur, d'une illusion. O — plein d'horreur ! RAC. *Ath.* II, 9. | 2. Action de renaître. Le — de la nature, le printemps. Le — du jour, l'aurore. Peut-être que le moment de la mort sera un — soudain, FÉN. *Dial. des morts, Pyrrhon.*
II. Ce qui réveille. *Famil.* Un —, un réveille-matin.

RÉVEILLE-MATIN [ré-vèy'-mà-tin; *en vers,* -vè-ye-...] *s. m.*
[ÉTYM. Composé de réveille (de réveiller) et matin, § 209. || XVᵉ s. Resveille-matin, *Myst. de la Passion,* dans GODEF. *Compl.*]
|| Petite horloge munie d'une sonnerie spéciale qui réveille à l'heure sur laquelle on a mis l'aiguille qui y correspond. || *P. ext.* Celui qui réveille les gens. Le — (le coq) eut la gorge coupée, LA F. *Fab.* V, 6.

RÉVEILLER [ré-vè-yé] *v. tr.*
[ÉTYM. Composé de re et éveiller, §§ 192 et 196. || XIIIᵉ s. Hé, resveille toi, Robin, A. DE LA HALLE, *Robin et Marion.*]
|| Tirer tout à coup du sommeil. Il fallut — d'un profond sommeil cet autre Alexandre, BOSS. *Condé.* Je ne sais pas quel plaisir vous prenez à me — si matin, MOL. *Sicil.* sc. 6. Je me suis réveillé plein de trouble et d'horreur, BOIL. *Lutr.* 4. *Loc. prov.* Il ne faut pas — le chat qui dort, il ne faut pas ranimer une passion, un ressentiment assoupi. || *P. anal.* Il s'est réveillé de sa léthargie. || *Fig.* Tirer tout à coup du repos, de l'inaction. Pécheurs, disparaissez, le Seigneur se réveille, RAC. *Ath.* III, 7. On ne se soucie point des choses publiques, on ne se réveille que pour les grands événements, SÉV. 182. C'est une chose étrange qu'ils (ces hommes) aient besoin d'être réveillés sur cela, BOSS. *Conn. de Dieu,* v, 6. || Et la honte en leur cœur réveillant leur audace, RAC. *Mithr.* v, 4. Cela a réveillé leur courage, leurs désirs, leurs espérances. Quel feu mal étouffé dans mon cœur se réveille ! RAC. *Phèd.* IV, 5.

RÉVEILLON [ré-vè-yon] *s. m.*
[ÉTYM. Dérivé de réveiller, § 104. || XVIᵉ-XVIIᵉ s. Nous troublions de tels rebellions, D'AUB. *Fœneste,* I, 6.]
|| Petit repas qu'on fait la nuit en compagnie. Voulez-vous que... je vous fasse faire — avec elle ? DANCOURT, *Fête du cours,* sc. 17. || *Spécialt.* Repas qui se fait dans la nuit de Noël.

*RÉVEILLONNER [ré-vè-yò-né] v. intr.
[ÉTYM. Dérivé de réveillon, § 154. || *Néolog.*]
|| Faire un réveillon.

RÉVÉLATEUR, TRICE [ré-vé-là-teùr, -tris'] *s. m. et f.*
[ÉTYM. Emprunté du lat. revelator, *m. s.* (*Cf.* l'anc. franç. revelere.) || 1507. Peines corporelles et civiles... contre lesdits revelateurs, *Ordonn.* dans DELB. *Rec.* Admis ACAD. 1835.]
|| Celui, celle qui révèle qqch. *Adjectivt.* Un indice —.

RÉVÉLATION [ré-vé-là-syon; *en vers,* -si-on] *s. f.*
[ÉTYM. Emprunté du lat. revelatio, *m. s.* || XIIᵉ-XIIIᵉ s. Après tant halte revelation, *Job,* dans *Rois,* p. 508, Leroux de Lincy.]
|| 1° Action de révéler. La — d'un complot, d'une conspiration. Toute — d'un secret est la faute de celui qui l'a confié, LA BR. 5. Ce mémoire contient des révélations importantes. Ce fut pour moi une véritable —.
|| 2° *Spécialt.* Inspiration par laquelle Dieu fait connaître les choses surnaturelles. Une religion pour vous conduire et une — pour vous éclairer, MONTESQ. *Espr. des lois,* XXV, 13. Il ne reste plus qu'à y ajouter l'évidence de la — divine, BOSS. *Libre Arb.* 2.

RÉVÉLER [ré-vé-lé] *v. tr.*
[ÉTYM. Emprunté du lat. revelare, *m. s.* || XIIᵉ s. A Deu ai reveled mun duel, *Rois,* I, 1.]
|| 1° Faire connaître (ce qui était tenu caché). — un secret, un complot, une conspiration. Il n'est point de secrets que le temps ne révèle, RAC. *Brit.* IV, 4. L'attentat que le jour vient de nous —, ID. *ibid.* I, 1. Pharnace leur révèle Que vous cherchez à Rome une guerre nouvelle, ID. *Mithr.* IV, 6. — ses complices. Lieu secret où se révèlent tous les secrets des familles, MONTESQ. *Lett. pers.* 86. — le secret de la confession. J'ai révélé mon cœur au Dieu de l'innocence, GILBERT, *Odes,* 9. L'avenir sembla se — tout à coup à ses yeux. || *Fig.* Cet ouvrage a révélé chez lui un talent qu'on ne lui connaissait pas.
|| 2° *Spécialt.* En parlant de Dieu, faire connaître aux hommes par une inspiration surnaturelle. Il (Dieu) venait — aux enfants des Hébreux De ses préceptes saints la lumière immortelle, RAC. *Ath.* I, 4. Les vérités révélées. Dieu nous a révélé que lui seul il fait les conquérants, BOSS. *Condé.* La religion révélée, le christianisme.

REVENANT, ANTE [rĕv'-nan, -nãnt'; *en vers,* reve-...] *adj. et s. m.*
[ÉTYM. Adj. et subst. particip. de revenir, § 47. || XIVᵉ s. Celle evesquiet est la plus noble et la mieux revenant en grant prouffit, FROISS. *Chron.* XV, 239, Kervyn.]
I. *Adj.* Qui revient. (*Rare au propre.*) Les expressions les plus revenantes (qui reviennent le plus souvent), LEIBN. *Théod.* préf. | *P. ext.* La petite tête revenante (où les cheveux repoussent), SÉV. 157. || *Fig.* | 1. Qui revient comme profit. Donner aux capitaines les deniers revenants bons de la solde de l'équipage, COLBERT, *Lett.* 17 mai 1669. *Substantivt.* Un —-bon, profit éventuel qui revient d'une affaire, d'un reliquat. Elle fait souvent de bonnes affaires dont tous les revenants-bons sont pour elle, DANCOURT, *Femme d'intrigue,* IV, 14. Les bons quartiers d'hiver et mille autres revenants-bons, ST-SIM. XI, 341. | 2. Qui convient décidément. J'étais un garçon assez —, MARIV. *Legs,* sc. 3. Un jeune bachelier... d'une figure fort revenante, BEAUMARCH. *B. de Sév.* II, 2.
II. *S. m.* Esprit qu'on suppose revenir de l'autre monde. Croire aux revenants. Une histoire de revenants.

REVENANT-BON. *V.* revenant.

REVENDEUR, EUSE [re-van-deùr, -deùz'] *s. m. et f.*
[ÉTYM. Dérivé de revendre, § 112. || 1303. Roseste la revenderesse, dans GODEF. revenderesse.]
|| Celui, celle qui achète pour revendre. — de livres. Revendeuse à la halle. Revendeuse à la toilette, femme qui revend des vêtements de femme, des toilettes d'occasion.

REVENDICATION [re-van-di-kà-syon; *en vers,* -si-on] *s. f.*
[ÉTYM. Pour reivindication, adaptation du lat. juridique (actio de) rei vindicatione, action pour réclamer (vindicare) une chose, § 503. || 1539. Action petitoire de reivindication, R. EST. | 1611. Revendication, COTGR.]
|| (Droit.) Action de revendiquer. Action en —. || La — des droits politiques.

REVENDIQUER [re-van-di-ké] *v. tr.*
[ÉTYM. Composé de re et l'anc. franç. vendiquer, emprunté du lat. vindicare, *m. s.* ou tiré de revendication, §§ 266 et 503. || 1437. Revendiquier, *Arch. de Tournai,* dans GODEF. *Compl.*]
|| Réclamer ce qu'un autre détient, comme nous appartenant. — ses droits. || *P. ext.* — la responsabilité de ses actes. C'est aux lettres, aux sciences et aux arts à — ce qui leur appartient dans un si salutaire ouvrage, J.-J. ROUSS. *Disc. sciences, et arts.*

REVENDRE [re-vāndr'] *v. tr.*

[ÉTYM. Composé de re et vendre, §§ 192 et 196. ‖ XIIᵉ-XIIIᵉ s. Markeans est por plus revendre, RENCL. DE MOILIENS, *Miserere*, CXXXIX, 11.]

‖ **1°** Vendre de nouveau. — à la folle enchère, vendre de nouveau aux risques et périls d'un premier adjudicataire qui n'en a pas payé le prix.

‖ **2°** Vendre ce qu'on a acheté. — en détail des marchandises achetées en gros. *Absolt.* Je revends à la toilette, et me nomme madame Jacob, LES. *Turcaret*, IV, 12. ‖ *Fig.* Avoir d'une chose à —, en avoir plus qu'il ne faut. Il (le bûcheron) n'avait pas des outils à —, LA F. *Fab.* V, 1. Il a de l'esprit à —, et, *ellipt*, Il vous en revendrait, il a plus d'esprit que vous.

'REVENEZ-Y [rĕv'-né-zi ; *en vers*, re-ve-...] *s. m.*

[ÉTYM. Composé de revenez (impératif de revenir) et y, § 210. ‖ *Néolog.*]

‖ **1°** Ce qui fait qu'on revient avec plaisir à un plat. Ce plat a un petit goût de —.

‖ **2°** *Famil.* Retour, recommencement. Il m'a dupé, mais je l'attends au —. Un — de tendresse.

REVENIR [rĕv'-nīr ; *en vers*, re-ve-nīr] *v. intr.*

[ÉTYM. Composé de re et venir, §§ 192 et 196. ‖ Xᵉ s. Revenir, *Fragm. de Valenciennes*.]

I. Venir de nouveau.

‖ **1°** En parlant des personnes. Je le vois qui revient, MOL. *Éc. des f.* II, 3. Le médecin doit — ce soir. Il doit — vous chercher. Revenez nous voir. ‖ *P. anal.* Souris de —, LA F. *Fab.* II, 18.

‖ **2°** En parlant des choses. Le printemps est revenu. Une fête qui revient tous les ans. La fièvre est revenue. Ce mot revient sans cesse sous sa plume. L'état horrible où le Ciel me l'offrit Revient à tout moment effrayer mon esprit, RAC. *Ath.* I, 2. ‖ *P. ext.* Repousser. Le gazon ne revient pas à cette place. Les andouillers reviennent sur la tête du cerf.

II. Venir d'un lieu au lieu d'où l'on était parti.

‖ **1°** En parlant des personnes. Il est revenu d'Italie. — des pays lointains. Vous en revîntes hier (de Poitiers), CORN. *Ment.* I, 3. Par allusion au *Menteur* de Corneille. On dit, quand quelqu'un ment, qu'il revient de Poitiers, CORN. *Suite du Ment.* I, 3. *Loc. prov. Fig.* — de Pontoise, avoir l'air provincial. — de l'autre monde, avoir l'air ahuri. ‖ *P. ext.* — de l'armée, de la guerre. — de voyage. — du bain. Un enfant qui revient de nourrice. — d'une tournée, de faire une tournée. Il revient de se battre. — chez ses parents. Il est revenu à Paris. Quand il reviendra en France. Mithridate revient ! RAC. *Mithr.* I, 5. Le petit enfant qui va, saute et revient, BOIL. *Art p.* 3. Peut-être on vous fera — sur vos pas, RAC. *Baj.* II, 4. Une maison où il revient des esprits. (*Cf.* revenant.) ‖ *Famil.* S'en —. Il s'en revint par le même chemin. ‖ *P. anal.* Les hirondelles sont revenues. La bête est revenue mourir au gîte. ‖ *Fig.* ‖ **1.** — de son trouble, de ses craintes. Vous me voyez revenu de toutes mes erreurs, MOL. *D. Juan*, V, 1. — de ses préventions. *Absolt.* Un homme qui ne revient pas facilement (de ses préventions, de ses ressentiments). Je ne reviens pas de mon étonnement, et, *ellipt*, Je n'en reviens pas. ‖ **2.** — à soi, reprendre ses esprits. Vivez et revenez à vous, RAC. *Esth.* II, 7. — à soi, à se considérer. Que l'homme, étant revenu à soi, considère..., PASC. *Pens.* I, 2. — à ses études, à ses travaux. Revenons à notre sujet, et, *dans le même sens* (par allusion à la farce de *Pathelin*), Revenons à nos moutons. — à la santé, et, *absolt*, Il revient à vue d'œil. Il revient de loin, on le croyait perdu. — à la religion. — à Dieu. — à une faute. On vous pardonne, mais n'y revenez pas. ‖ **3.** — sur une question, sur un sujet, le reprendre. Il n'y a pas à y —. ‖ — sur soi, se recueillir. — sur sa promesse, sur la parole donnée, ne pas la tenir. — sur l'opinion qu'on s'était faite, l'abandonner.

‖ **2°** En parlant des choses. La balle est revenue le frapper par ricochet. La lettre qu'il avait envoyée lui est revenue. ‖ *Fig.* Le domaine paternel lui est revenu. La parole lui est revenue. Son nom va me —. Mon trouble se dissipe, et ma raison revient, CORN. *Cinna*, I, 4. Cela me revient à l'esprit, à la mémoire. Sa raison n'est pas revenue. Ce que vous aviez dit sur moi m'est revenu. Il m'est revenu que vous me blâmiez. ‖ *Spéciall.* Un aliment qui revient, qui, étant mal digéré, cause des rapports. ‖ Faire — de la viande, la faire passer au feu dans le beurre, pour lui faire prendre couleur. ‖ *P. ext.* ‖ **1.** — à qqn de qqch, comme profit. (*Cf.* revenant, revenu.) Le bien qui lui revient de sa mère. Quel fruit me reviendra d'un

aveu téméraire ? RAC. *Bér.* I, 2. Il ne lui en reviendra que des ennuis. Que te reviendra-t-il de m'enlever mon nom ? MOL. *Amph.* I, 2. ‖ — à qqn, lui convenir décidément. Si le maître vous revient, le valet ne me revient pas moins, MOL. *B. gent.* III, 7. Cette logique-là ne me revient point, ID. *ibid.* II, 4. ‖ **3.** — à qqch, s'y rapporter exactement. L'un revient à l'autre, LA BR. 11. Ne reviendrait-il pas au même de renoncer à toute hauteur ? ID. *ibid.* ‖ *P. ext.* (*Cf.* revient.) Un achat qui revient à une certaine somme. Ce bijou revient à cent francs.

REVENTE [re-vānt'] *s. f.*

[ÉTYM. Dérivé de revendre, d'après vente, § 45. ‖ XIIIᵉ s. Des ventes et des reventes, BEAUMAN. LII, 26.]

‖ Nouvelle vente d'un même objet. — à la folle enchère. ‖ *Vieilli.* Marchandises de —, d'occasion.

REVENU [rĕv'-nu ; *en vers*, re-ve-nu] *s. m.*

[ÉTYM. Subst. particip. de revenir, § 45. (*Cf.* revenue.) ‖ 1477. Manger le revenu et bourgon de ses bois, dans DU C. revenuta 2.]

I. (Chasse.) Ce qui revient, repousse aux animaux. *Spéciall.* Queue qui revient aux faisandeaux, aux perdreaux ; bois qui revient sur la tête du cerf, du daim, du chevreuil.

II. *Fig.* ‖ **1°** Ce qui revient annuellement à qqn d'un bien, d'une pension, d'une rente. — clair et net. — liquide. Des revenus considérables. Dépenser son —. Jean s'en alla comme il était venu, Mangeant son fonds après son —, LA F. *Épitaphe.* ‖ *Fig.* A la fin j'ai connu Que la fidélité n'est pas grand —, RÉGNIER, *Sat.* 2. ‖ Dans le langage des précieuses. Cette proposition peut-elle être avancée par une personne qui ait du — en sens commun ? MOL. *Crit. de l'Éc. des f.* sc. 3.

‖ **2°** (Technol.) Le fait de faire revenir l'acier par le recuit. Donner le — aux aiguilles.

REVENUE [rĕv'-nu ; *en vers*, re-ve-nu] *s. f.*

[ÉTYM. Subst. particip. de revenir, § 45. (*Cf.* revenu.) Plus fréquent que revenu en anc. franç. ‖ XIIᵉ-XIIIᵉ s. Apres lor revenue, *Gregorii papæ Homeliæ*, p. 10, Hofmann.]

I. (Chasse.) Action des bêtes revenant pâturer. L'heure de la —.

II. (T. forest.) Le jeune bois qui revient, repousse par une coupe de taillis.

RÊVER [rê-vé] *v. intr. et tr.*

[ÉTYM. Pour resver, d'origine inconnue, § 422. ‖ XIIIᵉ s. Je cuit qu'il resve : C'est le malage qui l'argue, GAUT. DE COINCY, *Mir. de Notre-Dame*, col. 435.]

I. *Ancient. V. intr.* Vagabonder. Et s'en ira par nuit —, J. DE MEUNG, *Rose*, 7777.

II. *P. anal.* ‖ **1°** Délirer. Des accès (de fièvre) qui la font —, SÉV. 274.

‖ **2°** Déraisonner. Platon rêvait beaucoup, VOLT. *Songe de Platon.*

‖ **3°** Laisser aller sa pensée au hasard. Vous rêvez et bayez aux corneilles, MOL. *Tart.* I, 1. Notre plaideur qui rêvait plus qu'il ne parlait, MARIV. *Pays. parv.* 4.

‖ **4°** Faire des rêves, combinaison plus ou moins confuse de faits imaginaires qui se présente spontanément à l'esprit pendant le sommeil. Si nous rêvions toutes les nuits que nous sommes poursuivis par des ennemis, PASC. *Pens.* III, 14. Ce bocage où je rêve de lui, A. CHÉN. *Mnazile et Chloé.* ‖ *Fig.* Il me semble que je rêve quand j'entends..., PASC. *Prov.* 5. Je crois — en l'écrivant, SÉV. 659. Il rêve tout éveillé.

‖ **5°** S'absorber dans une pensée. Je vous laisse — sur ce grand événement, SÉV. 1111. Je rêvais en marchant à un poème que je voulais faire, BOIL. *Disc. sur la satire 12.*

III. *V. tr.* ‖ **1°** Voir en rêve pendant le sommeil. Si nous rêvions toutes les nuits la même chose, PASC. *Pens.* III, 14. — mariage, mort, querelle.

‖ **2°** *P. anal.* Imaginer comme dans un rêve. Par la pensée encor je jouirai des cieux, Je rêverai les bois, DELILLE, *Trois Règnes*, 1. ‖ *P. ext.* Imaginer. Allons... — quelque moyen, CORN. *Ment.* III, 6. Il faudrait — quelque incident, MOL. *Crit. de l'Éc. des f.* sc. 6.

‖ **3°** S'absorber dans un désir. Le soldat aujourd'hui Ne rêve que la guerre, RÉGNIER, *Sat.* 9.

RÉVERBÉRATION [ré-vèr-bé-rà-syon ; *en vers*, -si-on] *s. f.*

[ÉTYM. Emprunté du lat. reverberatio, m. s. ‖ XIVᵉ s. Pour la reverberation du venin que li miroir li rent, *Chirurg. de Mondeville*, fº 88, dans LITTRÉ.]

|| (T. didact.) Répercussion de la lumière ou de la chaleur. || *Fig.* Je n'étais son amie que par —, SÉV. 635.

RÉVERBÈRE [ré-vèr-bêr] *s. m.*
[ÉTYM. Subst. verbal de réverbérer, § 52. || XVᵉ-XVIᵉ s. Par reverberes Ouyr grans pleurs, O. DE ST-GELAIS, *Énéide*, dans GODEF. Admis ACAD. 1718.]
|| 1° *Vieilli.* (T. didact.) Miroir réflecteur.
|| 2° Lanterne de verre à réflecteur. Chasse au —, chasse aux canards sauvages, faite la nuit au moyen d'une lanterne à réverbère placée au bout d'une perche à l'avant d'un bateau. *Spéciall.* Lanterne servant à éclairer une rue, une place, une cour, etc. || *P. ext.* Fourneau à —, dont les parois sont disposées de façon à réfléchir et renvoyer la chaleur.

RÉVERBÉRER [ré-vèr-bé-ré] *v. tr.* et *intr.*
[ÉTYM. Emprunté du lat. reverberare, *m. s.* proprt, « frapper en retour ». || XIVᵉ-XVᵉ s. Reverberer a l'esguillon, *Perceforest*, IV, 14, édit. 1528.]
|| 1° *V. tr.* En parlant d'une surface, renvoyer les rayons de lumière, de chaleur qui la frappent. Cette muraille réverbère la chaleur du soleil.
|| 2° *V. intr.* En parlant d'un rayon de lumière, de chaleur, être renvoyé par une surface. Les rayons du soleil réverbèrent contre cette muraille. || *Fig.* L'amitié qu'il a pour vous réverbère sur moi, SÉV. 1373.

REVERDIR [re-vèr-dïr] *v. intr.* et *tr.*
[ÉTYM. Composé de re et verdir, §§ 192 et 196. || XIIᵉ-XIIIᵉ s. Prez reverdissent et li bos, *Renart*, XVI, 17.]
|| 1° *V. intr.* Redevenir vert. Les prés reverdissent. Les arbres ont reverdi. *Loc. prov.* Planter là qqn pour —, le laisser en plant (comme si on le laissait là pour qu'il prit racine et y poussât). || *Fig.* Rajeunir. J'ai trouvé ce vieillard tout reverdi.
|| 2° *V. tr.* (*rare*). Repeindre en vert.

REVERDISSEMENT [re-vèr-dïs'-man ; *en vers*, -di-sc-...] *s. m.*
[ÉTYM. Dérivé de reverdir, § 145. || XIIIᵉ-XIVᵉ s. En celle sayson voyrement Qu'erbes ont reverdissement, MACÉ DE LA CHARITÉ, *Bible*, dans LITTRÉ, *Suppl.* Admis ACAD. 1694; suppr. en 1718; repris en 1878.]
|| Action de reverdir; état de ce qui reverdit.

RÉVÉREMMENT [ré-vé-rà-man] *adv.*
[ÉTYM. Pour révérentment, composé de révérent et ment, § 724. || 1355. Reveremment, dans GODEF. *Compl.*]
|| Avec révérence.

RÉVÉRENCE [ré-vé-râns'] *s. f.*
[ÉTYM. Emprunté du lat. reverentia, *m. s.* || XIIᵉ s. Rent a ton prelait reverence, *Serm. de St Bern.* p. 13.]
|| 1° Respect profond. Traiter avec — les choses saintes. Évêques qui ont anéanti eux-mêmes l'autorité de leur chaire et la — qu'on doit à la succession, BOSS. *R. d'Angl.* || *Pop.* Parlant par —, — parler, formule d'excuse pour dire une chose qui pourrait choquer. || *P. ext.* Titre d'honneur donné à certains religieux. (S'écrit avec R majuscule.) Il dit Votre Révérence à un prince du sang et Votre Altesse à un jésuite, LA BR. 11.
|| 2° Mouvement du corps pour saluer respectueusement. Une humble —. Faire la — bien bas. Tirer sa — à qqn, le saluer, et particulièrement le saluer en s'en allant, s'en aller. *Fig.* Tirer sa —, saluer pour décliner une offre qu'on fait. Je vous tire ma —, ne comptez pas sur moi.

*RÉVÉRENCIEL, RÉVÉRENCIELLE** [ré-vé-ran-syòl ; *en vers*, -si-èl] *adj.*
[ÉTYM. Dérivé de révérence, § 238. || XVᵉ s. Crainte reverenciale, dans GODEF. reverencial. Admis ACAD. 1762.]
|| Plein de révérence. *Spéciall.* Crainte révérencielle, sentiment de profond respect que l'enfant doit avoir pour ses parents. La seule crainte révérencielle, *Code civil*, art. 1114.

RÉVÉRENCIEUSEMENT [ré-vé-ran-syeûz'-man ; *en vers*, -si-eû-ze-...] *adv.*
[ÉTYM. Composé de révérencieuse et ment, § 724. || XVIIᵉ s. V. à l'article. Admis ACAD. 1835.]
|| D'une manière révérencieuse. Pere Ytier vous salue très —, SÉV. 163.

RÉVÉRENCIEUX, EUSE [ré-vé-ran-syeù,-syeûz' ; *en vers*, -si-...] *adj.*
[ÉTYM. Dérivé de révérence, § 251. || 1642. Reverentieux, OUD.]
|| Qui traite les gens avec révérence.

RÉVÉREND, ENDE [ré-vé-ran, -rånd'] *adj.*

[ÉTYM. Emprunté du lat. reverendus, *m. s.* LA F. emploie abusivement révérent, ente. || 1318. No reverent pere Dant abbé de Clarvauls, dans DELB. *Rec.*]
|| Digne d'être révéré. (Ne s'emploie que comme épithète honorifique.) Le — père un tel. La révérende mère supérieure. *P. plaisant.* Fût-il plus — cent fois qu'il ne nous semble, LA F. *Eunuque*, V, 2. || *Substantiv.* Mon —, mes révérends.

RÉVÉRENDISSIME [ré-vé-ran-di-sim'] *adj.*
[ÉTYM. Emprunté du lat. reverendissimus, superlatif de reverendus, révérend, § 589. || 1529. Au reverendissime cardinal de Lorraine, MAROT, *Épit.* 28, titre.]
|| Très révérend. (S'emploie comme épithète honorifique.) Le — père général des capucins. La — mère générale.

RÉVÉRER [ré-vé-ré] *v. tr.*
[ÉTYM. Emprunté du lat. revereri, *m. s.* || 1539. Reverer ou avoir en reverence, R. EST.]
|| Traiter avec un profond respect. — Dieu, les saints, les reliques. De quoi vous plaignez-vous, Madame? on vous révère, RAC. *Brit.* I, 2. — la vertu. Oui, vous êtes sans doute un docteur qu'on révère, MOL. *Tart.* I, 5.

RÊVERIE [rèv'-ri ; *en vers*, rè-ve-ri] *s. f.*
[ÉTYM. Dérivé de rêver, § 69. || XIIᵉ-XIIIᵉ s. Asotez sui par resverie, CHARDRY, *Set Dormanz*, 1069.]
|| 1° *Vieilli.* Délire. Corbinelli est demeuré à Paris avec une fièvre tierce et une — qui fait peur, SÉV. 653.
|| 2° État de l'esprit qui se laisse aller au hasard. S'abandonner à la —. Les pernicieuses rêveries de l'oisiveté, BOSS. *A. de Gonz.*
|| 3° Idée chimérique, comme dans le rêve. Gens fanatiques qui croient que toutes leurs rêveries sont inspirées, BOSS. *R. d'Angl.*
|| 4° Pensée dans laquelle on s'absorbe. J'occupe ma raison d'utiles rêveries, BOIL. *Ép.* 6.

REVERQUIER [re-vèr-kyé]. V. revertier.

REVERS [re-vèr] *s. m.*
[ÉTYM. Adj. pris substantivt, § 38, du lat. reversus, retourné, part. de revertere, § 291. || XIIIᵉ-XIVᵉ s. Humilité est au revers, H. DE GAUCHY, *Gouv. des princes*, dans GODEF.]
|| 1° Côté d'une chose opposé à celui par lequel on la regarde, on la présente de préférence. (*Cf.* envers.) Le — d'une étoffe, d'une tapisserie. Le — d'un feuillet. (*Cf* verso.) Écrire sur la page et le —. Le — d'une feuille. Les — d'un habit, les deux parties d'un habit qui, se croisant sur la poitrine, sont repliés en dessus, de manière à montrer une portion du revers ou de la doublure. Des bottes à —, dont le haut de la tige est rabattu. [Le — de la main, le dos, opposé à la paume. Coup de —, donné avec le revers de la main. *Ellipt.* Il faut que je lui donne un — de ma main, MOL. *Tart.* II, 2. | *Spéciall.* Côté d'une médaille, d'une monnaie opposé à celui où est la figure. | *Fig.* Mauvais côté d'une chose. Toute médaille a son —. C'est le — de la médaille. || *P. anal.* (T. milit.) — de la tranchée, côté tourné vers la campagne, par opposition au côté qui regarde la place. — d'un fossé, le bord extérieur, opposé à celui de l'enceinte. *Fig.* Prendre (une troupe, un ouvrage de fortification) à —, en l'attaquant de flanc ou de dos.
|| 2° *Fig.* — de fortune, et, *absolt*, —, sort contraire. Du premier — la fortune l'abat, CORN. *Cinna*, IV, 5. Ce fut là le dernier de trente ans de —, VOLT. *Zaïre*, II, 1.

RÉVERSAL, ALE [ré-vèr-sàl] *adj.*
[ÉTYM. Dérivé du lat. reversus, part. de revertere, retourner, § 238. || Admis ACAD. 1762.]
|| (Droit.) Donné en retour. Lettres réversales, et, *substantivt*, Réversales, lettres par lesquelles on fait une concession en échange d'une autre.

REVERSEMENT [re-vèr-se-man] *s. m.*
[ÉTYM. Dérivé de reverser, § 145. || XIVᵉ-XVᵉ s. Reversement : resupinacio, *Gloss. franç.-lat.* dans GODEF. Admis ACAD. 1835.]
|| *Vieilli.* (Marine.) Transbordement.

REVERSER [re-vèr-sé] *v. tr.*
[ÉTYM. Composé de re et verser, §§ 192 et 196. || XIIᵉ s. Senz sa chemise reverser, WACE, *Rou*, III, 2846. Admis ACAD. 1835.]
|| 1° Verser de nouveau. — du vin à un convive.
|| 2° Verser d'un vase dans un autre. Reversez l'huile du bidon dans la burette. || *P. anal. Vieilli.* (Marine.) Transborder.
|| 3° *Fig.* Reporter. — un excédent d'un chapitre du budget sur un autre.

REVERSI et **REVERSIS** [re-vèr-si] *s. m.*

[ÉTYM. Pour reversin, §§ 62 et 82, emprunté de l'ital. rovescino, *m. s.* de rovescio, renversé, à rebours, §§ 12 et 507. D'après COTGR. ce jeu a été introduit en France par le duc de Savoie à la fin du XVIᵉ s. || XVIᵉ s. Jouer... au reversin, *Chron. bordel.* dans DELB. *Rec.* | 1611. Reversi, COTGR. | 1642. Reversis, OUD.]

|| Jeu de cartes où gagne celui qui fait le moins de levées (contrairement à la règle ordinaire). Le roi joua... quelquefois au reversi, ST-SIM. II, 302.

RÉVERSIBILITÉ [ré-vèr-si-bi-li-té] *s. f.*

[ÉTYM. Dérivé de réversible, § 255. || *Néolog.* Admis ACAD. 1835.]

|| (T. didact.) Qualité de ce qui est réversible. *Spéciall.* (Physique.) Propriété qu'ont les générateurs électriques de fournir de la force au lieu d'électricité quand on les fait traverser par un courant électrique.

RÉVERSIBLE [ré-vèr-sibl'] *adj.*

[ÉTYM. Dérivé du lat. reversum, supin de revertere, retourner, § 242. || 1690. FURET.]

|| (T. didact.) Qui peut, qui doit faire retour. *Spéciall.* (Droit.) Tous les héritages amphythéotiques sont réversibles après la fin du bail. Fief —, faisant retour au seigneur, à la mort du vassal décédé sans héritier mâle. || Rente —, qui passe sur une autre tête à la mort du titulaire.

RÉVERSION [ré-vèr-syon ; *en vers*, -si-on] *s. f.*

[ÉTYM. Emprunté du lat. reversio, *m. s.* || 1304. La reversioun des tenemenz qu'ele tent, dans GODEF.]

|| (T. didact.) Retour. || *Spéciall.* | 1. (Droit.) Retour d'un bien à celui qui en a disposé en faveur d'un autre quand celui-ci meurt sans enfants. | 2. (Biolog.) Retour d'individus modifiés par le croisement au type primitif, après un certain nombre de générations.

REVERSIS. *V.* reversi.

*****REVERSOIR** [re-vèr-swâr] *s. m.*

[ÉTYM. Dérivé de reverser, § 113. || 1309. Texte dans GODEF. *Compl.*]

|| (Technol.) Ouverture par laquelle se déverse le trop-plein d'un réservoir.

REVERTIER [re-vèr-tyé] et **REVERQUIER** [-kyé] *s. m.*

[ÉTYM. Origine inconnue. || 1672. Nous jouions ensemble au reverquier, qui est le trictrac de ce pays-là (les Pays-Bas), Mᵐᵉ DE VILLEDIEU, *OEuvres*, VII, p. 370, édit. 1702. | 1692. Reverquier, MÉN. *Dict. étym.* | 1725. Revertier, *Acad. des jeux*, p. 229. ACAD. admet reverquier en 1762 et revertier en 1798.]

|| Variété du jeu de trictrac, où les dames font le tour du tablier pour revenir à leur point de départ.

*****REVESTIAIRE** [re-vès'-tyèr ; *en vers*, -ti-êr] *s. m.*

[ÉTYM. Dérivé du lat. vestiarium, *m. s.* (*cf.* vestiaire), rendu par revestiaire sous l'influence du franç. revêtir, § 503. || XIIIᵉ s. Li prestres ist dou revestiaire, *Trad. de J. Beleth*, dans GODEF. Admis ACAD. 1694 ; suppr. en 1878.]

|| *Vieilli.* || 1° Partie de la sacristie où les prêtres revêtent les habits sacerdotaux pour l'office divin.

|| 2° Somme allouée aux religieux de certaines communautés pour leur vêtement.

REVÊTEMENT [re-vêt'-man ; *en vers*, -vè-te-...] *s. m.*

[ÉTYM. Dérivé de revêtir, § 145, BOSS. emploie revêtissement, auj. inusité. (*Cf.* investissement.) || XIVᵉ s. Revestemens et galices, *Gr. Chron. de France*, dans GODEF.]

|| 1° Ce qui revêt. (Ne s'emploie qu'au fig.) Le — de la peau par du poil, de la plume, BUFF. *Des Sens.* Le — d'une construction, placage de marbre, de plâtre, de bois. Le — d'un fossé, ce qui est appliqué sur la terre pour la retenir.

|| 2° *Rare.* Action de revêtir. *Fig.* Son — de Mᵐᵉ de Maintenon, pour ainsi parler de son dévouement pour elle, ST-SIM. VI, 454.

REVÊTIR [re-vè-tîr] *v. tr.*

[ÉTYM. Composé de re et vêtir, §§ 192 et 196. || XIIᵉ-XIIIᵉ s. Quant les revestis, RENCL. DE MOILIENS, *Carité*, LXXIV, 5.]

I. || 1° Couvrir (qqn) d'un vêtement spécial. Il commanda qu'on le revêtît de la pourpre, BOURD. *Dominic. 4e Dim. après Pâques.* Ils marchent... avec moi, revêtus de blanc, BOSS. *Marie-Thérèse.* Revêtu de lambeaux, RAC. *Esth.* II, 1. Faisant le prince revêtu, RÉGNIER, *Sat.* 5. Revêtons-nous d'habillements conformes à l'horrible fête, RAC. *Esth.* I, 5. | *Fig.* Un gueux revêtu des dépouilles d'Horace, BOIL. *Sat.* 9. || *Absolt.* Couvrir d'un vêtement celui qui en manque. Il nourrissait ceux qui avaient faim, revêtait ceux qui étaient nus, SACI, *Bible, Tobie*, I, 20. C'est là... (dans les hospices) que la nudité est revêtue, FLÉCH. *Lamoignon.* || *Fig.* Rehausser. Tâche à t'en — (de ma gloire), non à m'en dépouiller, CORN. *Hor.* IV, 7. En se revêtant d'une nature semblable à la nôtre, BOURD. *Instr. Avent, Exhort.* Revêtez-vous de ces sentiments, BOSS. *Septuag.* 1. Pour être revêtus de Jésus-Christ, BOURD. *Dominic. 21e Dim. après la Pentecôte.* Que fait-il, cet homme revêtu de la puissance et de l'autorité de son souverain seigneur ? ID. *Dominic. 2e Dim. après Pâques.* Une fois revêtus de la force publique, J.-J. ROUSS. *Contr. soc.* III, 18. Son sort, de splendeur revêtu, MOL. *Mis.* I, 1. De quelque vertu Un tel orgueil paraissait revêtu, LA F. *Contes, Belphégor.* (Les) faits... revêtus de leurs circonstances, BOSS. *Hist. univ.* II, 18.

|| 2° Mettre sur soi (un vêtement spécial). — la pourpre. — ses habits de fête. — des habits de deuil. — les habits sacerdotaux. | *P. anal.* Des autels revêtus de deuil, FLÉCH. *Duch. d'Aiguillon.* || *Fig.* Prendre une forme spéciale. Revêts la forme humaine, DELILLE, *Paradis perdu*, 3. — le caractère d'un personnage.

II. Couvrir d'un dessus qui rehausse, protège. Le plumage dont les oiseaux sont revêtus. Les écailles qui revêtent le corps des poissons. Des murs revêtus de marbre, de boiseries. Un talus revêtu de gazon. — un remblai de maçonnerie.

*****REVÊTISSEMENT.** *V.* revêtement.

RÊVEUR, EUSE [rè-veur, -veuz'] *s. m.* et *f.*

[ÉTYM. Dérivé de rêver, § 112. || XIIIᵉ s. Mesiaus ne meseles, reveurs ne gens diffamez, E. BOILEAU, *Livre des mest.* I, LXXIII, 3.]

|| Celui, celle qui se laisse aller à la rêverie. — Inutile, BOIL. *Ép.* 6. || *Adjectivt.* Un être — et pensant, FÉN. *Dial. des morts, Pyrrhon.* | *P. ext.* Qui marque, exprime la rêverie. Regards rêveurs. Il a une expression rêveuse. || *P. ext.* Celui, celle qui imagine qqch. Les fantasques airs d'un — de musique, CORN. *Excuses à Ariste.*

REVIENT [re-vyin] *s. m.*

[ÉTYM. Subst. verbal de revenir, §§ 52 et 65. || *Néolog.* Admis ACAD. 1878.]

|| (Commerce.) Le fait de revenir à telle ou telle somme. Le prix de — d'une marchandise.

REVIRADE [re-vi-ràd'] *s. f.*

[ÉTYM. Dérivé de revirer, § 120. || XVIᵉ s. Des revirades qui ont faict faulsee, MONTAIGNE, III, 8. Admis ACAD. 1762.]

|| Action de se retourner. | *Spéciall.* (Trictrac.) Action d'employer une ou deux dames de cases déjà faites.

REVIREMENT [re-vir-man ; *en vers*, -vi-re-...] *s. m.*

[ÉTYM. Dérivé de revirer, § 145. || 1690. FURET. Admis ACAD. 1762.]

|| Action de revirer, de se retourner en sens contraire. Le navire évita le choc par un brusque —. || *Fig.* Les revirements de la fortune. Le — de l'opinion. Les péripéties sont des revirements de l'action.

REVIRER [re-vi-ré] *v. intr.*

[ÉTYM. Composé de re et virer, §§ 192 et 196. || XIIᵉ s. Riens ne dote ne revire, BEN. DE STE-MORE, *Troie*, 15734.]

|| Se retourner en sens contraire. Le navire a reviré de bord. || *Dans le même sens (rare).* Se —. La boule... se revire en pirouettant, DESC. *Météor.* 8. || Changer de parti, d'opinion. Le parti jésuitique commence à — tant soit peu de bord, D'ALEMB. *Lett.* 9 juill. 1764.

REVISABLE [re-vi-zàbl'] et *****RÉVISABLE** [ré-...] *adj.*

[ÉTYM. Dérivé de reviser, § 242. || *Néolog.* Admis ACAD. 1878.]

|| (T. didact.) Qui peut être revisé.

REVISER [re-vi-zé] et *****RÉVISER** [ré-...] *v. tr.*

[ÉTYM. Emprunté du lat. revisere, revoir. || XIIIᵉ s. Et quant la cartre revisa, PH. MOUSKET, *Chron.* 4000. Admis ACAD. 1835.]

|| (T. didact.) Soumettre à un nouvel examen pour réformer, s'il y a lieu. — un procès. — un texte. — le code pénal. — un compte.

REVISEUR [re-vi-zeur] et *****RÉVISEUR** [ré-...] *s. m.*

[ÉTYM. Emprunté du lat. revisor, *m. s.* || 1611. Reviseur, COTGR. Admis ACAD. 1718.]

|| Celui qui revise.

REVISION [re-vi-zyon ; *en vers*, -zi-on] et *****RÉVISION** [ré-...] *s. f.*

[ÉTYM. Emprunté du lat. revisio, *m. s.* || 1298. Resvision, dans GODEF. *Compl.*]

|| (T. didact.) Action de reviser. La — d'un texte, d'un manuscrit, d'une feuille d'impression. La — d'un compte. La — d'un procès. La — de la constitution. || *Spécialt.* (T. milit.) Conseil de —. | 1. Tribunal militaire chargé de reviser les jugements prononcés par les conseils de guerre. | 2. Conseil chargé de statuer sur l'aptitude physique, les cas d'exemption des conscrits.

REVIVIFICATION [re-vi-vi-fi-kà-syon; *en vers,* -si-on] *s. f.*

[ÉTYM. Dérivé de *revivifier,* § 247. || Admis ACAD. 1762.]

|| (T. didact.) Action de revivifier.

REVIVIFIER [re-vi-vi-fyé; *en vers,* -fi-é] *v. tr.*

[ÉTYM. Composé de *re* et *vivifier,* à l'imitation du lat. ecclés. *revivificare, m. s.* §§ 192 et 196. || XVIᵉ s. Il n'y a rien qui... revivifie les esprits comme fait le bon vin, PARÉ, XXIV, 23. Admis ACAD. 1718.]

|| (T. didact.) Vivifier de nouveau. || *Fig.* La grâce revivifie le pécheur, réveille en lui la vie spirituelle.

* **RÉVIVISCENCE** [ré-vi-vĭs'-sàns] *s. f.*

[ÉTYM. Dérivé du lat. *reviviscere,* revenir à la vie, § 262. || XVIIᵉ s. *V.* à l'article.]

|| (T. didact.) Retour aux manifestations de la vie. Démocrite... enseignait une —, LEIBNIZ, *Opera phil.* II, p. 676, Erdmann.

REVIVRE [re-vīvr'] *v. intr.*

[ÉTYM. Composé de *re* et *vivre,* §§ 192 et 196. || Xᵉ s. A toz diran que revisquet, *Passion,* 364.]

|| 1° Revenir à la vie. Si les morts pouvaient —. Jésus fit — Lazare. Nous revivrons dans un monde meilleur. | *P. hyperb.* Un cordial qui ferait — un mort. || *Fig.* | 1. Revenir à la vie spirituelle. Mourir au péché, pour — à la grâce. | 2. Se continuer en la personne d'un autre. Un père revit dans ses enfants. On vit — Néron en la personne de Domitien, BOSS. *Hist. univ.* I, 10. Ton illustre audace Fait bien — en toi les héros de ma race, CORN. *Cid,* III, 6. *Vieilli.* S'il (Annibal) ne revivait pas au prince Nicomède, ID. *Nicom.* III, 2. | 3. Se continuer dans le souvenir de qqn. Un époux qui croit — en elle, RAC. *Andr.* IV, 1. Il revit dans le souvenir des hommes.

|| 2° *P. ext.* Se renouveler. Ma jeunesse revit en cette ardeur si prompte, CORN. *Cid,* I, 5. Ma flamme revit, ID. *ibid.* II, 5. Sous ce prince, on vit — l'industrie, les arts, les lettres. Faire — des prétentions, des droits. Faire — une charge, un office, les rétablir. Les donations ainsi révoquées ne pourront — ou avoir de nouveau leur effet, ni par la mort de l'enfant du donateur ni par aucun acte confirmatif, *Code civil,* art. 964. Faire — un mot tombé en désuétude. || *P. anal.* Faire reparaître dans sa vivacité première. Faire — les couleurs d'un tableau.

RÉVOCABLE [ré-vò-kàbl'] *adj.*

[ÉTYM. Emprunté du lat. *revocabilis, m. s.* || XVIᵉ s. Les charges et commissions sont revocables a volonté, LOYSEL, p. 554. Admis ACAD. 1718.]

|| (T. didact.) Qui peut être révoqué.

RÉVOCATION [ré-vò-kà-syon; *en vers,* -si-on] *s. f.*

[ÉTYM. Emprunté du lat. *revocatio, m. s.* proprt, « rappel ». || XIIIᵉ s. *Cout. d'Artois,* dans DELB. *Rec.*]

|| (T. didact.) Action de révoquer. La — d'une donation. La — de l'édit de Nantes. La — des pouvoirs donnés. || *P. ext.* La — d'un fonctionnaire.

RÉVOCATOIRE [ré-vò-kà-twàr] *adj.*

[ÉTYM. Emprunté du lat. *revocatorius, m. s.* || 1463. Une revocatoire, dans GODEF.]

|| (T. didact.) Qui entraîne révocation. Édit —.

REVOICI [re-vwà-si], **REVOILA** [re-vwà-là] *prép.*

[ÉTYM. Composé de *re* et *voici, voilà,* §§ 196 et 726. || XVIᵉ s. Revoici, TABOUROT, *Bigarr.* dans LA C. Admis ACAD. 1798.]

|| Voici, voilà de nouveau. Me revoici. Revoici chez Alis notre belle, LA F. *Contes, Confidente.* || Vous revoilà quarante, PIRON, *Épigr. contre l'abbé Séguy.*

REVOIR [re-vwàr] *v. tr.*

[ÉTYM. Composé de *re* et *voir,* §§ 192 et 196. || XIᵉ s. Ne reverrunt lur meres ne lur femmes, *Roland,* 1402.]

|| 1° Voir de nouveau. Une femme inconnue Qui ne dit point son nom et qu'on n'a point revue, RAC. *Ath.* II, 7. Mais nous nous reverrons; adieu, ID. *ibid.* | — les lieux de son enfance. Je reverrai ces campagnes si chères, RAC. *Esth.* III, 9. — une pièce au théâtre. Il revoit tous ces temps si remplis de sa gloire, RAC. *Esth.* II, 1. | *A l'infin. pris substantivt.* Au —, jusqu'au —. || *Spécialt.* (Vénerie.) — d'un cerf, en reconnaître les

traces. — de bon temps, en reconnaître les traces fraîches. | *A l'infin. pris substantivt.* Traces laissées par l'animal. Un beau —.

|| 2° *Fig.* Examiner de nouveau. — un ouvrage, des épreuves. — un compte. Faire — un procès. C'est une chose à —.

REVOLER [re-vò-lé] *v. intr.*

[ÉTYM. Composé de *re* et *voler* 1, §§ 192 et 196. || XIVᵉ s. Se déduit de l'existence du subst. verbal revol, dans *Modus.* (*V.* GODEF.) Admis ACAD. 1835.]

|| 1° Voler de nouveau. Le corbeau donc vole et revole, LA F. *Fab.* XII, 15.

|| 2° Revenir en volant. L'oiseau revole vers son nid. || *P. ext.* Revenir avec rapidité. Va rassembler mes chefs et revole en ces lieux, VOLT. *Fanat.* V, 1. || *Fig.* Je verrai mon âme... — vers le bien dont elle est séparée, RAC. *Mithr.* II, 6.

REVOLIN [re-vò-lin] *s. m.*

[ÉTYM. Mot des côtes de l'Océan, § 16, dérivé du lat. *revolvere,* retourner, § 96. || 1690. FURET. Admis ACAD. 1762.]

|| (Marine.) Répercussion du vent, du courant. La barque fut surprise par un —.

RÉVOLTANT, ANTE [ré-vŏl-tan, -tànt'] *adj.*

[ÉTYM. Adj. particip. de *révolter,* § 47. || XVIIIᵉ s. *V.* à l'article. Admis ACAD. 1798.]

|| Qui révolte (par indignation). Une conduite révoltante. Un luxe —, VOLT. *Lett.* 15 mars 1778. L'orgueil est toujours —, D'ALEMB. *Synon.*

RÉVOLTE [ré-vŏlt'] *s. f.*

[ÉTYM. Subst. verbal de *révolter* (cf. l'ital. rivolta), §§ 12 et 52. || 1549. Revoltement ou revolte, R. EST.]

|| Action de se révolter.

I. *Vieilli.* Action de se retourner. *Spécialt.* Apostasie. Sa — fut dans deux mois, D'AUB. *Vie.*

II. Action de se soulever contre l'autorité rétablie. Être en état de —. Une — ouverte. Un peuple en —. Il craignait les révoltes des soldats, MONTESQ. *Rom.* 13. Allumer la —, CORN. *Nicom.* V, 6. Exciter, fomenter, réprimer, étouffer la —. || *Fig.* La — de la passion contre la raison. Ces troubles puissants Que fait déjà chez moi la — des sens, CORN. *Poly.* I, 4.

RÉVOLTER [ré-vŏl-té] *v. tr.*

[ÉTYM. Emprunté de l'ital. rivoltare, *m. s.* (cf. volte, volte-face), §§ 12 et 507. || XVᵉ-XVIᵉ s. Les cheveulx se revolteront en sus, J. D'AUTHON, *Chron. de L. XII,* IV, p. 268.]

I. *Anciennt.* Retourner. *Fig.* Le roi de Navarre s'était révolté (était retourné au catholicisme), LA NOUE, *Disc. polit.* 24. Se — d'une croyance, apostasier. Dans ce siècle, presque tous les esprits se révoltent de la foi, BALZ. *Lett.* I, 14.

II. Soulever contre l'autorité établie. Lorsque Arbace révolta les Mèdes contre Sardanapale, BOSS. *Hist. univ.* I, 7. Mes nymphes sont révoltées contre moi, FÉN. *Tél.* 7. Contre un père osant me —, RAC. *Iph.* V, 2. C'est contre cette autorité que les libertins se révoltent, BOSS. *A. de Gonz.* | *Au part. passé pris substantivt.* Réduire les révoltés. || *Fig.* Du sang qui se révolte est-ce quelque murmure? RAC. *Iph.* I, 3. Contre moi-même enfin j'osai me —, ID. *Phèd.* I, 3. Le public révolté (contre la censure de l'Académie) s'obstine à l'admirer, BOIL. *Sat.* 9. || *P. ext.* Soulever d'indignation. Je verrais tout mon auditoire se — contre moi, BOSS. *La Vall.* Sa conduite m'a révolté. || *Fig.* Cela révolte le bon sens.

RÉVOLU, UE [ré-vò-lu] *adj.*

[ÉTYM. Emprunté du lat. *revolutus, m. s.* || XVᵉ s. Je voy la pierre revolue, A. GREBAN, *Passion,* 29214.]

|| Qui a achevé son cours. Quand le mouvement diurne de la terre est —. Une période de temps révolue. Il a vingt ans révolus.

RÉVOLUTIF, IVE [ré-vò-lu-tĭf', -tĭv'] *adj.*

[ÉTYM. Dérivé du lat. *revolutum,* supin de *revolvere,* rouler, enrouler, § 257. || 1724. *V.* à l'article. Admis ACAD. 1878.]

|| (T. didact.) Relatif à la révolution. Mouvement —, LE P. CASTEL, *Traité de la pesant. univ. des corps,* I, p. 69. || *Spécialt.* (Botan.) Qui est roulé en dehors. Feuilles révolutives.

RÉVOLUTION [ré-vò-lu-syon; *en vers,* -si-on] *s. f.*

[ÉTYM. Emprunté du lat. *revolutio, m. s.* || XIIᵉ-XIIIᵉ s. Par assidueles revolutions, *Dial. Gregoire,* p. 286.]

I. (T. didact.) Retour au point de départ.

|| 1° (Astron.) Retour d'une planète, d'un astre au point d'où il est parti. Les révolutions célestes. La — de la terre autour du soleil. Révolutions périodiques des planètes. || *P. anal.* La — des saisons. L'affaire dura et passa la — de cette année, ST-SIM. II, 158.

|| **2°** (Géom.) Mouvement de rotation d'un corps, d'un plan, d'une ligne, autour d'un axe. Solide, surface de —, engendrés par la révolution d'une surface, d'une ligne, autour d'un axe. || (Mécan.) — des roues d'engrenage, le mouvement de rotation des roues agissant les unes sur les autres par les engrenages.

II. *P. ext.* Changement qui fait que les choses prennent une nouvelle face. Cette — de conditions et de fortunes, FLÉCH. *Dauphine.* Des révolutions du globe détachèrent et coupèrent en îles des portions du continent, J.-J. ROUSS. *Inégal.* 2. Cette — qui s'est faite depuis quelques années dans l'esprit humain, VOLT. *Lett.* 7 déc. 1772. || *P. anal.* Trouble profond dans l'économie animale. Cela lui a causé une —. || *Spécialt.* Changement violent dans le gouvernement d'un État. Toutes nos histoires sont pleines de guerres civiles sans révolutions ; celles des États despotiques sont pleines de révolutions sans guerres civiles, MONTESQ. *Espr. des lois,* V, 11. — de palais, qui se passe à l'intérieur du palais d'un souverain. — militaire, accomplie par une révolte des soldats. | *Spécialt.* La — française, la première —, et, *absolt,* La Révolution, celle de 1789. La — d'Angleterre, celle de 1688.

RÉVOLUTIONNAIRE [ré-vò-lu-syò-nèr ; *en vers,* -si-ò-...] *adj.*

[ÉTYM. Dérivé de révolution, § 248. || 1794. Tribunal révolutionnaire, J.-B. SIREY, titre. Admis ACAD. 1798, suppl.]

|| Qui a le caractère d'une révolution (politique). Gouvernement —. Principes, mesures révolutionnaires. Tribunal —. || *Substantivt.* Partisan des révolutions.

RÉVOLUTIONNAIREMENT [ré-vò-lu-syò-nèr-man ; *en vers,* -si-ò-nè-re-...] *adv.*

[ÉTYM. Composé de révolutionnaire et ment, § 724. || 1794. *V.* à l'article. Admis ACAD. 1798, suppl.]

|| D'une manière révolutionnaire. Répandre — les connaissances, BARRÈRE, dans LALLEMENT, *Choix de rapports,* XV, 294.

RÉVOLUTIONNER [ré-vò-lu-syò-né ; *en vers,* -si-ò-...] *v. tr.*

[ÉTYM. Dérivé de révolution, § 266. || 1795. Il faut révolutionner, COURTOIS, *Rapp. sur Robespierre* (16 nivôse an III), p. 85. Admis ACAD. 1798, suppl. ; suppr. en 1835 ; repris en 1878.]

. || Agiter (un pays) par un mouvement révolutionnaire. Monde révolutionné, THOUVENEL, *Climat d'Italie,* II, 223. || *P. anal.* Bouleverser (qqn, qqch). — la langue, MORELLET, *Mém.* II, p. 39. Cette nouvelle m'a révolutionné.

REVOLVER [ré-vŏl-vèr] *s. m.*

[ÉTYM. Emprunté de l'angl. revolver, *m. s.* dérivé de to revolve, retourner, § 8. || *Néolog.* Admis ACAD. 1878.]

|| Arme à feu portative, pistolet qui permet de tirer plusieurs coups sans interruption, étant muni de plusieurs culasses qu'on peut charger d'avance et qu'un ressort fait passer tour à tour devant le canon ou les canons de l'arme.

REVOMIR [re-vò-mîr] *v. tr.*

[ÉTYM. Composé de re et vomir, §§ 192 et 196. (*Cf.* le lat. ravomere, *m. s.*) || 1539, R. EST.]

|| **1°** Vomir ce qu'on avait avalé. Il a revomi son dîner. || *Fig.* Monstre revomi par l'enfer. Le gouffre a revomi ses victimes.

|| **2°** Vomir de nouveau. *Absolt.* Depuis ce matin, il ne fait que vomir et —.

RÉVOQUER [ré-vò-ké] *v. tr.*

[ÉTYM. Emprunté du lat. revocare, *m. s.* || XIIᵉ-XIIIᵉ s. Leur anrmes... sont revochies a la char, *Dial. Gregoire,* p. 148. | XIVᵉ s. Camillus fut revoqué de exil, BERSUIRE, dans LITTRÉ.]

I. *Anciennt.* Rappeler. Puisque le passé ne peut se —, CORN. *Pomp.* IV, 2. || *Spécialt. De nos jours.* — en doute, remettre en doute. Vouloir — en doute le témoignage des sens, PASC. *Prov.* 18.

II. Retirer. — un pouvoir, une donation. — un ordre. L'édit de Nantes a été révoqué par Louis XIV. Forcez votre père à — ses vœux, RAC. *Phèd.* V, 1. || — qqn, le retirer de l'emploi, de la fonction qu'il remplit. — un fonctionnaire, un préfet.

REVOULOIR [re-vou-lwâr] *v. tr.*

[ÉTYM. Composé de re et vouloir, §§ 192 et 196. || XIIᵉ s. Et se nuls revolsist en Engleterre aler, GARN. DE PONT-STE-MAX. *St Thomas,* 2638.]

|| *Famil.* Vouloir de nouveau. Si mon cœur encor revoulait sa prison, MOL. *Dép. am.* IV, 3. Il reveut de la viande.

REVUE [re-vu] *s. f.*

[ÉTYM. Subst. particip. de revoir, § 45. || 1549. Reveue, R. EST.]

|| **1°** *Rare.* Action de voir de nouveau qqn. *Spécialt.* Nous sommes gens de —, qui avons l'occasion de nous revoir.

|| **2°** Action d'examiner de nouveau. Passer des objets en —. L'homme aux cent yeux n'a pas fait sa —, LA F. *Fab.* IV, 21. Faire la — de ses papiers, de ses livres. Faire une — de ses actions, de ses fautes, de sa vie passée. || *P. anal.* Écrit périodique, représentation, etc., où l'on passe en revue les choses du jour. Fonder une — (périodique). Faire jouer une — (dramatique). La Revue médicale. La Revue des Deux Mondes. || *Spécialt.* (T. milit.) Examen des détails de tenue, de couchage, etc. La — du capitaine (faite par le capitaine). *P. ext.* Manœuvre, défilé des troupes destiné à s'assurer de leur tenue, de leur instruction, de leur précision dans les mouvements. La — d'un régiment. Une grande —. Passer les troupes en —. Passer une —. La — du roi, du président, du général, faite par le roi, le président, le général. || *Fig.* Satan... Faisait passer ses sujets en —, LA F. *Contes, Belphégor.*

RÉVULSIF, IVE [ré-vŭl-sĭf, -sĭv'] *adj.*

[ÉTYM. Dérivé du lat. revulsum, supin de revellere, arracher, § 257. || 1741. COL-DE-VILLARS, *Dict. franç.-lat.* Admis ACAD. 1762.]

|| (T. didact.) Qui produit une révulsion. Remède —, et, *substantivt,* Un —.

RÉVULSION [ré-vŭl-syon ; *en vers,* -si-on] *s. f.*

[ÉTYM. Emprunté du lat. revulsio, arrachement. || XVIᵉ s. Derivation et revulsion des humeurs, PARÉ, *Introd.* 2.]

|| (T. didact.) Action médicale par laquelle on détourne l'inflammation, l'engorgement, etc., du siège de la maladie, en l'attirant sur une autre partie du corps où elle n'offre pas de danger.

REZ [ré] *adv.*

[ÉTYM. Adj. pris adverbialt, § 56, du lat. rasum, *m. s.* devenu res, §§ 295 et 291, écrit plus récemment rez. (*Cf.* raire et ras.)]

|| *Vieilli.* Au niveau de. Le mur est à — de chaussée, NICOT. (*Cf.* rez-de-chaussée.) *Fig.* Que votre esprit est à — de chaussée ! REGNARD, *Homme à bonnes fortunes,* sc. 3. — de terre, à — de terre, et, *ellipt,* — terre. Ils s'établissent rarement à — de terre, BUFF. *Ours.* — pied, au niveau du pied. — pied, — terre, terre à terre. *Fig.* Pauvres théologiens qui ne volaient que — pied, — terre, BOSS. *6ᵉ Avert. aux protest.* 3. Branches coupées — tronc.

REZ-DE-CHAUSSÉE [rĕd'-chó-sé ; *en vers,* ré-de-...] *s. m.*

[ÉTYM. Composé de rez, de et chaussée, § 176.]

|| Partie d'une maison qui est au niveau du sol. Loger au —. Tous ces gens amassés dans le — dévasté de cet hôtel, MARQUIS DE MIRABEAU, *l'Ami des hommes,* I, 7.

RHABDOLOGIE [râb'-dò-lò-ji] *s. f.*

[ÉTYM. Emprunté du lat. scientif. rhabdologia, *m. s.* du grec ῥάβδος, baguette, et λόγος, compte, § 279. Admis ACAD. 1762.]

|| (T. didact.) Manière de calculer avec des baguettes où sont inscrits les nombres simples.

*RHABDOMANCE** [râb'-dò-măns'] et **RHABDOMANCIE** [...-man-si] *s. f.*

[ÉTYM. Emprunté du bas lat. rhabdomantia, grec ῥαβδομαντεία, *m. s.* de ῥάβδος, baguette, et μαντεία, divination. || 1579. Rhabdomantie, J. BODIN, *Demonomanie,* dans DELB. *Rec.* Admis ACAD. 1762 sous la forme rabdomance.]

|| (T. didact.) Divination à l'aide d'une baguette. *Spécialt.* Recherche des sources, des trésors, à l'aide d'une baguette qui doit tourner au moment opportun dans la main de celui qui la tient.

RHABILLAGE [rà-bi-yàj'] *s. m.*

[ÉTYM. Dérivé de rhabiller, § 78. || 1532. Construction et rhabillage de nef, dans DELB. *Rec.* Admis ACAD. 1718.]

|| (Technol.) Opération par laquelle on remet en état. Le — d'une montre.

RHABILLEMENT [rà-biy'-man ; *en vers,* -bi-ye-...] *s. m.*

[ÉTYM. Dérivé de rhabiller, § 145. || 1539. Rabillement, R. EST. Admis ACAD. 1878.]

|| *Rare.* (Technol.) Action de remettre en état. Il en coûte encore pour le — (d'un semoir), VOLT. *Dict. philos.* agriculture.

RHABILLER [rà-bi-yé] *v. tr.*
[ÉTYM. Composé de re et habiller, §§ 192 et 196. || 1464. Rabilliet et rapointiet, dans GODEF. *Compl.*]

I. Remettre en état. — une montre.|| *Fig. Famil.* Songez... à inventer quelque moyen de — votre escapade, MOL. *G. Dand.* III, 6. Combien... ont rhabillé adroitement les désordres de leur jeunesse! ID. *D. Juan*, V, 2.

II. Vêtir de nouveau. Se — en sortant du bain. *P. ext.* Fournir de nouveaux habits. Turenne... avait rhabillé à ses dépens tout un régiment anglais, SÉV. 426.

RHABILLEUR, ***RHABILLEUSE** [rà-bi-yeùr, -yeûz'] *s. m. et f.*
[ÉTYM. Dérivé de rhabiller, § 112. || 1549. Rabilleur, R. EST.]

|| (Technol.) Celui, celle qui remet en état. *Spécialt.* Rebouteur. (*V. ce mot.*)

RHAGADE [rà-gàd'] *s. f.*
[ÉTYM. Emprunté du lat. rhagas, adis, grec ῥαγάς, άδος, *m. s.* RAB. IV, 52, et PARÉ, I, 34, disent rhagadies d'après le lat. rhagadia, variante du même mot. || 1611. Rhagade, rhagadie, COTGR. Admis ACAD. 1835.]

|| (T. didact.) Fissure. *Spécialt, au plur.* (Médec.) Gerçures dans les interstices des plis de l'anus.

RHAPONTIC [rà-pon-tĭk'] *s. m.*
[ÉTYM. Emprunté du bas lat. rhaponticum, *m. s.* mot composé, où rha, variante de rheu (*cf.* rhubarbe), paraît être un mot barbare signifiant « racine ». || XVe s. L'autre reu... est appelé reupontic, *Circa instans*, 398, Camus. Admis ACAD. 1762.]

|| (Botan.) Ancien nom de la rhubarbe de France, originaire des bords du Pont-Euxin.

RHAPSODE, etc. *V.* rapsode, etc.

***RHÉOMÈTRE** [ré-ò-mètr'] *s. m.*
[ÉTYM. Composé avec le grec ῥεῖν, couler, et μέτρον, mesure, § 279. || *Néolog.*]

|| (Physique.) Instrument qui sert à mesurer la force d'un courant électrique.

***RHÉOPHORE** [ré-ò-fòr'] *s. m.*
[ÉTYM. Composé avec le grec ῥεῖν, couler, et φορός, qui porte, § 279. || *Néolog.*]

|| (Physique.) Chacun des deux fils métalliques qui, dans une pile électrique, conduisent les deux courants.

RHÉTEUR [ré-teùr] *s. m.*
[ÉTYM. Emprunté du lat. rhetor, grec ῥήτωρ, *m. s.* || 1539. Contrefaire le rheteur, R. EST.]

|| (Antiq.) Professeur d'éloquence. || *P. ext. De nos jours.* Orateur qui ne cherche qu'à faire de belles phrases.

RHÉTORICIEN, ***RHÉTORICIENNE** [ré-tó-ri-syin, -syèn'; *en vers*, -si-...] *s. m. et f.*
[ÉTYM. Dérivé de rhétorique, d'après le type lat. rhetorica, § 244. || XIVe s. Rettoricien, ORESME, *Eth.* I, 2.]

|| Celui, celle qui sait la rhétorique. Un — consommé. || *P. ext.* Écolier, écolière qui suit la classe de rhétorique.

RHÉTORIQUE [ré-tò-rĭk'] *s. f.*
[ÉTYM. Emprunté du lat. rhetorica, du grec ῥητωρική, *m. s.* || XIIIe s. Chevaliers lombars Que Rectorique ot amenez, II. D'ANDELI, *Bat. des set ars*, 68.]

|| **1°** Art de bien dire. Enseigner, étudier la —. Les préceptes, les règles de la —. Un traité de —, et, *absolt*, La Rhétorique d'Aristote. Figures de —, formes particulières de langage destinées à donner de la force, de l'élégance au discours. Un professeur de —. Classe de —, dans les collèges, la classe où l'on enseigne aux élèves la rhétorique. *Dans le même sens.* Faire sa —. Les élèves de —. Il est en —.

|| **2°** *Fig.* Ressources qu'on déploie pour persuader, pour toucher qqn. J'y ai employé toute ma —. Votre — En termes assez forts à mon âme s'explique, MOL. *Tart.* III, 3. Des vains efforts de votre — Justement fatigué, BOIL. *Art* p. 3.

RHINGRAVE [rin-gràv'] *s. f.*
[ÉTYM. Tiré de rhingrave, titre porté par certains seigneurs allemands des bords du Rhin, de l'allem. rheingraf, comte (graf) du Rhin (Rhein), § 7. La mode du vêtement dit rhingrave est venue d'Allemagne au milieu du XVIIe s. || XVIIe s. *V.* à l'article. Admis ACAD. 1762.]

|| *Ancienni.* Long vêtement très ample attaché par le bas avec des rubans. Sa — était courte, SCARR. dans LIVET, *Lex. de Molière.* Un garçon qui pour monter une — est le plus grand génie du monde, MOL. *B. gent.* II, 5.

RHINOCÉROS [ri-nò-sé-ròs'] *s. m.*
[ÉTYM. Emprunté du lat. rhinoceros, rotis, grec ῥινόκε-

ρως, *m. s.* de ῥίν, nez, et κέρας, corne. Au XVIIe s. on trouve souvent rhinocérot, forme recommandée par RICHEL. || 1288. L'unicorne Rinocerons, J. GELÉE, *Renart le nouvel*, dans DELB. *Rec.*]

|| (Zoologie.) Grands mammifères sauvages de l'ordre des Pachydermes, portant une ou deux cornes sur le nez.

RHINOPLASTIE [ri-nò-plàs'-ti] *s. f.*
[ÉTYM. Composé avec le grec ῥίν, ῥίνος, nez, et πλάσσειν, former, § 279. || *Néolog.* Admis ACAD. 1878.]

|| (T. didact.) Opération chirurgicale consistant à refaire le nez par la greffe animale, à l'aide d'un morceau de peau détaché du front, du bras, etc.

***RHIZOME** [ri-zòm'] *s. m.*
[ÉTYM. Dérivé du grec ῥίζα, racine, § 282. || *Néolog.*]

|| (Botan.) Tige souterraine des plantes vivaces.

RHODIUM [rò-dyòm'; *en vers*, -di-òm'] *s. m.*
[ÉTYM. Dérivé du grec ῥόδον, rose, à cause de la couleur du métal, § 224. || Mot dû à WALLASTON, qui a découvert ce métal en 1803. Admis ACAD. 1835.]

|| (Chimie.) Métal peu fusible, voisin du palladium, qui se trouve allié au platine.

RHODODENDRON [rò-dò-din-dron] *s. m.*
[ÉTYM. Emprunté du lat. rhododendron, grec ῥοδόδενδρον, *m. s.* de ῥόδον, rose, et δένδρον, arbre. || 1545. G. GUÉROULT, dans DELB. *Rec.* Admis ACAD. 1835.]

|| (Botan.) Genre de plantes de la famille des Éricacées, arbrisseaux toujours verts remarquables par la beauté de leurs fleurs. (*Syn.* rosage.)

RHOMBE [rômb'] *s. m.*
[ÉTYM. Emprunté du lat. rhombus, grec ῥόμβος, *m. s.* || 1542. Le rhombe est un quadrangle irregulier, BOVELLES, *Géom.* fº 20 *b.*]

|| **1°** (Géom.) Quadrilatère à côtés égaux et à angles non droits, dit plus communément losange.

|| **2°** (Zoologie.) Nom donné à certains poissons (chétodon, turbot, etc.).

RHOMBOÈDRE [ron-bò-èdr'] *s. m.*
[ÉTYM. Composé avec le grec ῥόμβος, rhombe, et ἕδρα, côté, § 279. || *Néolog.* Admis ACAD. 1878.]

|| (Géom.) Corps solide, cristal dont les faces sont des rhombes ou losanges.

RHOMBOÏDAL, ALE [ron-bò-i-dàl] *adj.*
[ÉTYM. Dérivé de rhomboïde, § 238. || 1812. MOZIN, *Dict. franç.-allem.* Admis ACAD. 1835.]

|| (Géom.) Qui a la figure du rhomboïde.

RHOMBOÏDE [ron-bò-id'] *s. m.*
[ÉTYM. Emprunté du lat. rhomboïdes, grec ῥομβοειδής, *m. s.* || 1542. Rhomboïde est ung quadrangle ressemblant au rhombe, BOVELLES, *Géom.* fº 19 *a.*]

|| *Vieilli.* (Géom.) Parallélogramme, figure voisine du rhombe, qui a les côtés opposés parallèles et égaux, mais non les quatre côtés égaux comme le rhombe.

***RHOTACISME** [rò-tà-sĭsm'] *s. m.*
[ÉTYM. Emprunté du grec ῥωτακισμός, *m. s.* || *Néolog.*]

|| (Philol.) Prononciation qui substitue le son de l'r à celui d'une autre consonne, spécialement à celui de l's douce. En latin « florem » est un — pour « flosem ».

RHUBARBE [ru-bàrb'] *s. f.*
[ÉTYM. Emprunté du lat. rheubarbarum, ou rhabarbarum, *m. s.* proprt, « racine barbare ». (*Cf.* rhapontic.) || XIIIe s. Reubarbe o mirobolanz, *Simples medicines*, fº 15, rº.]

|| (Botan.) Plante de la famille des Polygonées, à larges feuilles, dont les racines sont employées comme toniques et purgatives. || *P. ext.* La racine de cette plante. Une infusion de —. || *Fig. Loc. prov.* Passez-moi la — et je vous passerai le séné, se dit par plaisanterie de deux personnes qui ont l'une pour l'autre des complaisances intéressées.

RHUM et **RUM** [ròm'] *s. m.*
[ÉTYM. Emprunté de l'angl. rum, *m. s.* § 8, qui semble une altération du malais brum, liqueur fermentée, § 28. || XVIIe-XVIIIe s. Les barbares appellent cette liqueur rum, LIGER, *Nouv. Mais. rust.* dans DELB. *Rec.* Admis ACAD. 1835.]

|| Eau-de-vie fabriquée avec le résidu de la mélasse du sucre de canne.

RHUMATIQUE [ru-mà-tĭk'] *adj.*
[ÉTYM. Emprunté du lat. rheumaticus, grec ῥευματικός, *m. s.* || XIVe-XVe s. Rumatiques enfermetez, CHR. DE PISAN, *Charles V*, II, 1. Admis ACAD. 1835.]

|| *Vieilli.* (Médec.) Rhumatismal.

RHUMATISANT, ANTE [ru-mà-li-zan, -zänt'] *adj.*
[ÉTYM. Emprunté du lat. rheumatizans, part. prés. de rhumatizare, être affecté de fluxion. || *Néolog.* Admis ACAD. 1878.]
|| (Médec.) Qui souffre de rhumatismes. *Substantivt.* Un —, une rhumatisante.

RHUMATISMAL, ALE [ru-mà-tís'-màl] *adj.*
[ÉTYM. Dérivé de rhumatisme, § 238. || 1812. MOZIN, *Dict. franç.-allem.* Admis ACAD. 1835.]
|| (Médec.) Qui appartient au rhumatisme. (*Cf.* rhumatique.) Accidents rhumatismaux. Fièvre rhumatismale, qui accompagne le rhumatisme articulaire aigu.

RHUMATISME [ru-mà-tísm'] *s. m.*
[ÉTYM. Emprunté du lat. rhumatismus, grec ῥευματισμός, proprt, « fluxion ». || 1549. Fluxions nommées des Grecs rheumes ou rheumatismes, J. MEIGNAN, *Hist. des plantes,* dans DELB. *Rec.*]
|| (Médec.) Douleur qui se manifeste sans inflammation dans les muscles, les articulations, et dont la cause est mal déterminée. Être perclus de rhumatismes. || — articulaire, inflammation aiguë des articulations. — noueux, caractérisé par une augmentation de volume des extrémités des os, du périoste, des ligaments.

RHUME [rum'] *s. m.*
[ÉTYM. Emprunté du lat. rheuma, grec ῥεῦμα, fluxion. || XIIIᵉ s. Reume de froidure, *Simples medicines,* f° 41, r°.]
|| (Médec.) Inflammation de la muqueuse de la gorge ou des bronches, accompagnée de toux, d'enrouement, d'expectoration, qqf d'un peu de fièvre. Gros —. | — de cerveau (dit aussi coryza), fluxion causée par l'inflammation de la muqueuse interne du nez.

RHYTHME et **RYTHME** [rĭtm'] *s. m.*
[ÉTYM. Emprunté du lat. rhythmus, grec ῥυθμός, *m. s.* (*Cf.* le doublet rime.) || 1520. Rithme est une congrue consonance de lettres, J. FABRI, *Rhétor.* dans DELB. *Rec.* Admis ACAD. 1762.]
|| (T. didact.) Distribution symétrique des temps forts et des temps faibles, qui revient périodiquement dans une phrase musicale, un vers, une batterie de tambour, etc. Marquer, faire sentir le —.

RHYTHMIQUE et **RYTHMIQUE** [rĭt'-mĭk'] *adj.*
[ÉTYM. Emprunté du lat. rhythmicus, grec ῥυθμικός, *m. s.* || 1520. Rethorique tant prosaïque que rithmique, dans J. FABRI, *Rhétor.* permis d'impr. Admis ACAD. 1762.]
|| (T. didact.) Qui a rapport au rythme. Accent —, qui marque le rythme. Vers —, constitué non d'après la quantité des syllabes, mais d'après la succession des temps forts et des temps faibles. || *Substantivt.* La —, partie de la prosodie relative au rythme.

RIANT, ANTE [ri-yan, -yänt'] *adj.*
[ÉTYM. Adj. particip. de rire, § 47. || XIIᵉ s. Les oilz vairs et rianz, J. BODEL, *Saisnes,* tir. 5.]
|| **1°** Qui rit, qui a l'air gai. Jeunesse si riante, SÉV. 1324. Et d'enfants à sa table une riante troupe Semble boire avec lui la joie à pleine coupe, RAC. *Esth.* II, 9. Un air —. Cette mine riante que vous lui connaissez, SÉV. 58.
|| **2°** Qui porte à la gaieté. Un spectacle —. Tout y est —. Les maisons y sont... commodes, riantes, FÉN. *Tél.* 22. Une profane et riante peinture, BOIL. *Art* p. 3. Un avenir —. Des idées riantes. Je m'en fais une image riante. Le monde a des dehors plus riants que la vertu, MASS. *Dégoûts.*

RIBAMBELLE [ri-ban-bèl] *s. f.*
[ÉTYM. Origine inconnue. || Admis ACAD. 1798.]
|| *Famil. En mauvaise part.* Longue suite. Une — d'enfants. Une — d'injures.

RIBAUD, AUDE [ri-bó, -bôd'] *s. m. et f. et adj.*
[ÉTYM. Origine incertaine. DIEZ le rattache avec vraisemblance au moyen allem. ribe, prostituée, §§ 6 et 138. || XIIᵉ-XIIIᵉ s. Ne losangiers ne ribaus ne garçon, *Aymeri de Narbonne,* 47.]
I. *Ancienn.* S. m. Homme fréquentant les mauvais lieux. Roi des ribauds, officier chargé de la police des mauvais lieux. || *P. ext.* S. f. Ribaude, femme de mauvaise vie.
II. *Vieilli. Adj.* Luxurieux, impudique.

RIBAUDERIE [ri-bôd'-ri ; *en vers,* -bô-de-ri] *s. f.*
[ÉTYM. Dérivé de ribaud, § 69. (*Cf.* l'anc. franç. ribaudie.) || XIIIᵉ s. Et ne fesoient se ribauderies (var. ribaudies) non P. BOILEAU, *Livre des mest.* I, LXXXVII, 16. Admis ACAD. 1798.]
|| *Vieilli.* Acte, conduite de ribaud.

'RIBLER [ri-blé] *v. intr.*
[ÉTYM. Semble dérivé du radical de ribaud (*V.* ce mot), § 162. || 1424. Lequel frere Thomas s'estoit parti... et alé ribler et en lieux dissoluz, dans DU C. ribaldisare. Admis ACAD. 1694 ; suppr. en 1740.]
|| *Vieilli.* Courir les rues pendant la nuit.

RIBLEUR [ri-bleùr] *s. m.*
[ÉTYM. Dérivé de ribler, § 112. || 1484. Plusieurs ribleurs, vacabons, *Ordonn.* XIX, 454.]
|| *Vieilli.* Celui qui court les rues pendant la nuit. *P. ext.* Libertin, débauché.

'RIBLETTE [ri-blèt'] *s. f.*
[ÉTYM. Semble se rattacher au german. rib, côte, longe, § 10. (*Cf.* griblette, peut-être altération de riblette.) || XIVᵉ s. Ribete (corr. ribelete?) de lart, TAILLEVENT, *Viandier,* p. 12, Pichon et Vicaire. Suppr. ACAD. en 1762.]
|| *Dialect.* Tranche de viande rôtie sur le gril.

'RIBON-RIBAINE [ri-bon-ri-bèn'] *adv.*
[ÉTYM. Origine inconnue, § 726. || 1438. Et que ribon ribaune ilz paieroient, dans GODEF. Admis ACAD. 1694 ; suppr. en 1740.]
|| *Vieilli.* Bon gré mal gré.

'RIBORD [ri-bôr] *s. m.*
[ÉTYM. Composé avec bord et un premier élément d'origine et de sens incertains, § 173. || 1690. FURET.]
|| (Marine.) Partie du bordage qui est immédiatement au-dessus du gabord.

RIBORDAGE [ri-bòr-dàj'] *s. m.*
[ÉTYM. Altération par étymol. pop. § 509, de ribodage, d'origine incertaine. || 1690. Ribodage, FURET. | 1723. Ribodage, ribordage, SAVARY, *Dict. du comm.* Admis ACAD. 1762.]
|| (Marine.) Avarie que le choc d'un navire cause à un autre. || *P. ext.* Indemnité due pour cette avarie.

RIBOTE [ri-bôt'] *s. f.*
[ÉTYM. Subst. verbal de riboter, § 52. || 1812. MOZIN, *Dict. franç.-allem.* Admis ACAD. 1835.]
|| *Pop.* Débauche de boisson. Faire —, une —. *P. ext.* Ivresse. Être, se mettre en —.

RIBOTER [ri-bò-té] *v. intr.*
[ÉTYM. Origine inconnue ; peut-être dérivé de ribot, mot dialectal désignant le pilon d'une baratte, § 154. || XVIIIᵉ s. Se déduit de l'existence de riboteur. Admis ACAD. 1835.]
|| *Pop.* Faire une débauche de boisson.

RIBOTEUR, EUSE [ri-bò-teùr, -teùz'] *s. m. et f.*
[ÉTYM. Dérivé de riboter, § 112. || XVIIIᵉ s. *V.* à l'article. Admis ACAD. 1835.]
|| *Pop.* Celui, celle qui aime à riboter. Nos riboteurs veulent payer, VADÉ, *Pipe cassée,* 2.

RICANEMENT [ri-kàn'-man ; *en vers,* -kà-ne-...] *s. m.*
[ÉTYM. Dérivé de ricaner, § 145. || 1702. *V.* à l'article. Admis ACAD. 1762.]
|| Action de ricaner. Un — Qui n'était que l'effet d'un gai tempérament, ABBÉ DE CHAULIEU, *A la Fare* (1702), dans *OEuvres,* I, p. 134, édit. 1733.

RICANER [ri-kà-né] *v. intr.*
[ÉTYM. Origine incertaine, mais indépendante de rechigner. Le mot a d'abord signifié « braire, hennir ». (*Cf.* l'anc. franç. rechaner.) || XIVᵉ-XVᵉ s. Chanoine qui ricanne Comme uns asnes en un moustier, EUST. DESCH. VI, 15.]
|| Rire avec affectation.

RICANERIE [ri-kàn'-ri ; *en vers,* -kà-ne-ri] *s. f.*
[ÉTYM. Dérivé de ricaner, § 69. || XVIIᵉ-XVIIIᵉ s. *V.* à l'article. Admis ACAD. 1835.]
|| Action de ricaner. Silence, —, malignité, ST-SIM. X, 127.

RICANEUR, EUSE [ri-kà-neùr, -neùz'] *s. m. et f.*
[ÉTYM. Dérivé de ricaner, § 112. COTGR. donne ricaneux, euse. || Admis ACAD. 1694.]
|| Celui, celle qui ricane.

RIC-À-RIC [ri-kà-rĭk'] *adv.*
[ÉTYM. Origine inconnue. || XVᵉ s. *Pathelin,* 272.]
|| *Famil.* Avec une scrupuleuse exactitude. Payer —.

RICHARD, 'RICHARDE [ri-chàr, -chàrd'] *s. m. et f.*
[ÉTYM. Dérivé de riche, § 147. || 1561. Avant que le richart eut quelque hoste, J. DE MAUMONT, dans DELB. *Rec.*]
|| *Famil.* Homme, femme très riche. C'est un —.

RICHE [rĭch'] *adj.*
[ÉTYM. Emprunté du francique richi, puissant, allem. mod. reich, § 6. || XIᵉ s. Riches om fut, de grant nobilitet, *St Alexis,* 14.]

I. *Anciennt.* Puissant.

II. *P. ext.* || **1°** Qui possède de grands biens. — comme Crésus. Les princes sont riches de l'argent qui circule dans leurs États, VOLT. *Mœurs*, 194. Il se croit des talents et de l'esprit, il est —, LA BR. 6. S'il est vrai que l'on soit — de tout ce dont on n'a pas besoin, un homme fort —, c'est celui qui est sage, ID. *ibid.* Une — héritière. *Famil.* Il est — à millions. || *Substantivt.* Les riches et les pauvres. Notre sage magistrat écoutait également le — et le pauvre, BOSS. *Le Tellier.* Le mauvais —, celui dont parle l'Évangile, le riche qui n'est pas charitable. || *P. ext.* Faire un mariage —, épouser une personne riche.

|| **2°** Qui possède qqch en abondance. Ces hommes... qui ont été riches en grands talents, MASS. *Villeroi.* Il est — en vertus, cela vaut des trésors, MOL. *F. sav.* II, 4. Aussi pauvre d'habits que — de mine (de bonne mine), SCARR. *Rom. com.* I, 1. || *P. anal.* Un pays — en blé et en vin. Une bibliothèque — en manuscrits. Un minerai — en argent. | *Absolt.* Un pays —. De riches moissons. *Famil.* Un — temps, qui donne de riches récoltes. Il n'a pas une — mine, sa mine n'annonce pas beaucoup de santé. Une taille — (avantageuse), un port majestueux, LES. *Gil Blas*, X, 8. Une langue —, qui a beaucoup de mots. Des rimes riches, qui ont une consonance parfaite. La palette de ce peintre est —, c'est un coloriste.

|| **3°** Qui a beaucoup de prix. Le — diadème, RAC. *Ath.* III, 7 De riches présents. | Sa loi pure Est le plus — don qu'il ait fait aux humains, RAC. *Ath.* I, 4.

RICHEMENT [rĭch'-man ; en vers, ri-che-...] *adv.*
[ÉTYM. Composé de riche et ment, § 724. || XIIe s. Vos m'avez servi Molt richement, *Énéas*, 1778.]

|| D'une manière riche. Il s'est marié —. Il est — meublé. || *P. plaisant. Fig.* Il est — laid. || Rimer —, avec des rimes riches.

RICHESSE [ri-chĕs'] *s. f.*
[ÉTYM. Dérivé de riche, § 124. || XIe s. Charles vit le palais et la richece grant, *Voy. de Charl. à Jérus.* 342.]

· || **1°** Possession de grands biens. Contentement passe —. Son orgueil est sans borne ainsi que sa —, RAC. *Esth.* II, 9. C'est le commerce qui fait la — de ce pays. | La — publique. || *P. ext.* Les grands biens qu'on possède. Avoir de grandes richesses. Les richesses qui lui sont aussi inutiles que du sable, puisqu'il n'ose y toucher, FÉN. *Tél.* 3. | *Fig.* Je prise en lui de plus nobles richesses, Les vertus de son père, RAC. *Phèd.* II, 1. Vengea l'humble vertu de la — altière, BOIL. *Art* p. 2.

|| **2°** Possession de qqch en abondance. La — du sol, d'une mine, d'un minerai. La — de la récolte. La — d'une langue. La — des rimes. La — de coloris d'un tableau.

|| **3°** Grand prix d'une chose. La — d'une parure, d'un mobilier. || *P. ext.* Chose d'un grand prix. Ce sont des richesses que vous avez là. Quelles richesses dans sa bibliothèque!

RICHISSIME [ri-chĭs'-sim'] *adj.*
[ÉTYM. Superlatif de riche, § 589. || Admis ACAD. 1835.]
|| *Famil.* Extrêmement riche.

RICIN [ri-sin] *s. m.*
[ÉTYM. Emprunté du lat. ricinus, m. s. || Admis ACAD. 1762.]
|| Genre de plantes de la famille des Euphorbiacées dont une espèce fournit une huile purgative.

RICOCHER [ri-kò-ché] *v. intr.*
[ÉTYM. Tiré de ricochet, § 154. || *Néolog.* Admis ACAD. 1835.]
|| Faire ricochet. La balle a ricoché.

RICOCHET [ri-kò-chè] *s. m.*
[ÉTYM. Origine inconnue. || XIVe-XVe s. Et ainsi est la fable du ricochet, *Chron. de Boucicaut*, III, 19.]

I. *Anciennt.* Chanson du —, où l'on répétait toujours la même chose. Votre conseil... semble à la chanson du —, RAB. III, 6.

II. (Par allusion à la répétition du bond.) Bond que fait une pierre plate sur la surface de l'eau, le projectile d'une arme à feu sur le sol. La balle a fait —. Tir à ricochets, où l'on cherche à utiliser le ricochet des projectiles. || *Fig.* Résultat qui se produit indirectement. La coquette mange un homme d'affaires, l'homme d'affaires en pille d'autres, cela fait un — de fourberies le plus plaisant du monde, LES. *Turcar.* I, 12. Je sais cette nouvelle par —.

* **RICTUS** [rĭk'-tŭs] *s. m.*
[ÉTYM. Emprunté du lat. rictus, m. s. || *Néolog.*]

|| (T. didact.) Fente de la bouche qui laisse voir les dents.

RIDE [rid'] *s. f.*
[ÉTYM. Subst. verbal de rider, § 52. || 1539. R. EST.]

|| **1°** Pli de la peau sur le front, le visage, les mains, que l'âge amène d'ordinaire. Il n'a pas une —. Les ans lui mettront Comme à toi les rides au front, MALH. *Poés.* 79. Ses rides sur son front ont gravé ses exploits, CORN. *Cid*, I, 1. Je n'attendrai point les rides de la vieillesse pour en montrer les chagrins, MONTESQ. *Lett. pers.* 22.

|| **2°** *P. anal.* Sillon d'une surface quelconque. Le vent forme des rides sur l'eau.

RIDEAU [ri-dó] *s. m.*
[ÉTYM. Semble dérivé de rider, § 126. || 1471. Un ciel, tresdox et deux rideaux, *Comptes du roi René*, p. 275.]

I. (T. milit.) Repli de terrain servant d'abri contre l'ennemi. Dérober le travail la moitié de la nuit à la faveur d'un —, PELLISSON, *Lett. histor.* III, p. 158.

II. *P. anal.* || **1°** Pièce d'étoffe tendue pour cacher, abriter qqch. Mettre un — devant un tableau. Des rideaux de fenêtre, de lit, d'alcôve. De grands, de petits rideaux. Relever les rideaux. Tirer le — (qui cache qqch), l'ouvrir. || *Fig.* Tout ce qui borne la vue. Un — de collines, de bois, de nuages. || *Spécialt.* (Théâtre.) Rideau qui cache la scène, pendant qu'on ne joue pas. Lever, baisser la —. *Famil.* Un lever de —, petite pièce qu'on joue au commencement de la soirée, pour donner au public le temps de venir. || — de fond, décor qui forme le fond de la scène.

|| **2°** (Technol.) | 1. Assemblage mobile de petites lames de tôle, qu'on relève ou qu'on abaisse à volonté au devant d'une cheminée, pour augmenter ou diminuer le tirage. | 2. Assemblage des chaînes, tringles et barres de fer qui soutiennent de chaque côté le tablier d'un pont suspendu.

RIDELLE [ri-dèl] *s. f.*
[ÉTYM. Origine inconnue. (*Cf.* l'ital. ridolo, m. s.) || XIIIe-XIVe s. En les reideles vont les rolous, GAUT. DE BIBLESWORTH, p. 168, Wright.]

|| (Technol.) Pièce de bois horizontale qui, de chaque côté d'une charrette, forme avec les roulons qui la traversent une sorte de râtelier destiné à empêcher la charge de tomber.

RIDER [ri-dé] *v. tr.*
[ÉTYM. Mot d'origine germanique, § 6 : anc. haut allem. garidan, moyen haut allem. riden, tourner, tordre. || XIIe s. Chemise ridee li tret Fors de son cofre, CHRÉTIEN DE TROYES, *Chevalier au lion*, 5420.]

|| Sillonner de rides. La vieillesse... viendra — ton visage, FÉN. *Tél.* 19. Le temps... saura faner vos roses, Comme il a ridé mon front, CORN. *Stances à une marquise.* Des yeux si délicats firent leurs délices de ces visages ridés, BOSS. *A. de Gonz.* || *P. anal.* Froncer (en signe de mauvaise humeur). Ce qui égayait les autres, ridait son front, MOL. *Crit. de l'Éc. des f.* sc. 5. || *Fig.* Le moindre vent qui, d'aventure, Fait — la face de l'eau, LA F. *Fab.* I, 22. Une pomme ridée, ratatinée. (Vénerie.) Fumées ridées, fumées de vieux cerfs, de vieilles biches.

1. RIDICULE [ri-di-kul] *adj. et s. m.*
[ÉTYM. Emprunté du lat. ridiculus, m. s. || XVe s. Tous tes ditz ne sont que fallaces ridicules, *Térence en français*, dans DELB. *Rec.*]

I. *Adj.* Digne de risée.

|| **1°** En parlant des personnes. On sera —, et je n'oserai rire! BOIL. *Sat.* 9. L'homme — est celui qui, tant qu'il demeure tel, a les apparences d'un sot, LA BR. 12. || *Vieilli. Substantivt.* Un —, une —. Elle chanta l'un et l'autre en —, SÉV. 784. Cléonte... a bien paru — achevé, MOL. *Mis.* II, 4. La constance n'est bonne que pour des ridicules, ID. *D. Juan*, I, 2. Taisez-vous,... petite —, REGNARD, *Joueur*, II, 10. Tourner qqn en — (en personne ridicule). Tout de bon, mes pères, il serait aisé de vous tourner là-dessus en ridicules, PASC. *Prov.* 12. J'enrage de voir de ces gens qui se traduisent en ridicules, MOL. *Crit. de l'Éc. des f.* sc. 5.

|| **2°** En parlant des choses. Allons fouler aux pieds ce foudre —, CORN. *Poly.* II, 6. Saisir le côté — des choses. Me soupçonner d'un courroux —, RAC. *Baj.* IV, 7. Où avez-vous appris que les conclusions de Cinna, de Rodogune... fussent ridicules? SÉV. 173.

II. *S. m.* || **1°** Ce qui est digne de risée dans qqn, dans qqch. Saisir le — des gens. Prêter au —. Se donner des ridicules. Ne sentirons-nous jamais que le — des autres? MONTESQ. *Lett. pers.* 52. Il ne faut point mettre un — où il n'y en a point, LA BR. 1. Le — déshonore plus que le déshonneur, LA ROCHEF. *Max.* 326. Entrer comme il faut dans le — des hommes, MOL. *Crit. de l'Éc. des f.* sc. 6. Térence qui, à l'exemple de Ménandre, s'est modéré sur le —, BOSS. *Comédie*, 35. Tourner qqch en —. Aimez-moi, quoique nous ayons tourné ce mot en —, SÉV. 174. La vertu est traduite en —, BOURD. *Zèle, Honn. relig.* | *P. jeu de mots.* C'est les traduire en — (les poètes grecs) que de les traduire en français, CH. PERRAULT, *Parall. des anc. et des mod.* préf.

|| **2°** Ce qui tourne en risée qqn ou qqch. L'arme du —. Les maximes du —, MONTESQ. *Espr. des lois*, VII, 8. S'exposer aux traits du —.

2. *RIDICULE [ri-di-kul] s. m.*
[ÉTYM. Altération de réticule, par confusion avec ridicule 1, § 509. || *Néolog.*]
|| Petit sac de dame fermant à coulisse, en filet ou en tissu de soie.

RIDICULEMENT [ri-di-kül-man; *en vers*, -ku-le-...] *adv.*
[ÉTYM. Composé de ridicule et ment, § 724. || 1552. CH. EST. dans DELB. *Rec.*]
|| D'une manière ridicule.

RIDICULISER [ri-di-ku-li-zé] *v. tr.*
[ÉTYM. Dérivé de ridicule, § 267. || 1666. V. à l'article.]
|| Tourner en ridicule. Vous seriez la première à me —, SÉV. 633. Il sait toutes les manières de se —, ABBÉ COTIN, *Ménagerie*, dans RICHEL.

RIDICULITÉ [ri-di-ku-li-té] *s. f.*
[ÉTYM. Dérivé de ridicule, § 255. || XVIIe s. V. à l'article. Admis ACAD. 1762.]
|| *Rare.* Caractère ridicule. La — de ses manières, SÉV. 456. *P. ext.* Corriger les indécences et les ridiculités, FURET. *Rom. bourg.* préf.

RIÈBLE [ryèbl'] *s. m.*
[ÉTYM. Origine inconnue. || XVe s. Ruelle, *Grant Herbier*, 452. (*Cf.* l'art. grateron.) | 1545. Riebles ou grateron, G. GUÉROULT, dans DELB.]
|| Grateron, ou gaillet accrochant, plante.

RIEN [ryin] *s. f. et m.*
[ÉTYM. Du lat. rĕm, accusatif de res, chose, §§ 305 et 468.]
I. *Anciennt. S. f.* Chose. Pour vous faire croire qu'il vous aime sur toutes riens, *Sat. Ménipp.* p. 69, édit. 1593.
II. *S. m. indéterminé.* Quelque chose. Est-il — de plus beau? Sans qu'il en sache —, CORN. *Sertor.* I, 1. Sans — faire, sans — dire. Pourquoi consentiez-vous à — prendre de lui? MOL. *Tart.* v, 7. Excusez-moi, Mesdames, De vous fâcher en —, BOISSY, *Babillard*, sc. 4. || *Spécialt.* Construit avec la négation ne. Nulle chose. Ne — dire, ne — faire. Je ne dis —. Je ne sais —. Il n'a plus —. Qui ne risque — n'a —. Qui veut trop prouver ne prouve —. Je ne vous compte à — le nom de mon époux, CORN. *Poly.* IV, 3. Il n'est — tel en ce monde que de se contenter, MOL. *D. Juan*, I, 2. Le temps ne fait — à l'affaire, ID. *Mis.* I, 2. Il n'a — dit de bon. — n'est plus beau, et, *vieilli*, Cela est si beau que — plus (que rien n'est plus beau). Quelle autorité a un ménage apporté par des femmes si effrayées que — plus? CALV. *Instit. chr.* III, xxv, 3. Cela ne ressemble à —, se dit en parlant d'une chose mauvaise. Cela ne sert à —. Cela ne sert de —. Ils se sont parlé comme si de — n'était. Cela ne l'émeut en —. Ce n'est —, C'est une femme qui se noie, LA F. *Fab.* III, 16. Une personne qui n'est — (qui n'a pas de situation). Cet homme ne m'est — (ne tient à moi par aucun lien). Il n'en est —. Plusieurs... n'en ont — fait que rire, MOL. *Sgan.* sc. 16. Vous n'avez — qu'à dire, ID. *Amph.* II, 1. Il ne fait semblant de —. Il m'enseigne à n'avoir affection pour —, MOL. *Tart.* I, 5. Et c'est n'estimer — qu'estimer tout le monde, ID. *Mis.* I, 1. Il n'est — moins que brave, il n'est pas brave du tout. Il n'est — de moins qu'un héros, il est tout à fait un héros. || Il ne sait — de —. On ne fait — de —. || *P. ext.* La négation ne étant sous-entendue. Passer... le jour à — faire, BOIL. *Sat.* 2. Pour moi, je vais faire semblant de —, MOL. *G. Dand.* I, 2. Il compte même pour — la réputation, FÉN. *Tél.* 11. Et comptez-vous pour — Dieu qui combat pour nous? RAC. *Ath.* I, 2. Dieu a créé le monde de —. — pour —. Tout ou —. Je veux — ou tout, RAC. *Plaid.* I, 7. L'affaire s'est réduite à —, est venue à —, n'a pas abouti. Donnez-m'en si peu que —, moins que —, aussi peu que possible. | Il a épousé une fille de —, de basse condition. || *P. exagér.* Peu de chose. J'ai eu cette maison pour —. Il se fâche de —. Il vit de

—. En moins de —, en un temps moindre que la moindre des choses. Il a fait cela en moins de —.
III. *S. m. déterminé.* || **1°** Ce qui est sans aucune valeur. Le Mercure galant est immédiatement au-dessous de —, LA BR. 1.
|| **2°** Ce qui est de peu d'importance. S'amuser à des riens. Un songe, un —, tout lui fait peur, LA F. *Fab.* VIII, 11. Un grand diseur de riens. Les chimères, le —, tout est bon, LA F. *Fab.* IX, 20, *Disc. à Mme de la Sablière.*

RIEUR, EUSE [ri-yeur, -yeuz'] *s. m. et f.*
[ÉTYM. Dérivé de rire, § 112. || XVe s. Tel acorde et fait du rieur Qui ne rit sinon de la bouche, G. ALEXIS, dans DELB. *Rec.*]
|| **1°** Celui, celle qui rit. Faire taire les rieurs. Savez-vous bien, Monsieur le —, que je ne ris pas, moi, MOL. *Av.* III, 2. Avoir les rieurs pour soi, de son côté, faire rire aux dépens de son adversaire. Les rieurs sont pour vous, Madame, c'est tout dire, MOL. *Mis.* II, 4. || *P. ext.* Celui, celle qui aime à rire. Avec un ton de —, LA F. *Fab.* VIII, 2. *Adjectivt.* Une jeune fille rieuse.
|| **2°** Celui, celle qui raille, se moque. Les rieurs de Madrid en eurent pour longtemps à s'exercer, LES. *Gil Blas*, XII, 5. On cherche les rieurs, et moi je les évite, LA F. *Fab.* VIII, 8.

RIFLARD [ri-flàr] *s. m.*
[ÉTYM. Dérivé de rifler, § 147. || 1611. Rifflarde, COTGR. Admis ACAD. 1835.]
|| (Technol.) Outil à rifler. || *Spécialt.* | **1.** Rabot à deux poignées qui sert à dresser le bois de charpente. | **2.** Ciseau en forme de palette qui sert aux maçons pour ébarber les ouvrages de plâtre. | **3.** Grosse lime pour dégrossir les métaux.

RIFLER [ri-flé] *v. tr.*
[ÉTYM. Autre forme de rafler. || XIIe s. E riflerent la charn jesque il furent sanglenz, *Rois*, III, 18.]
I. *Anciennt.* Rafler. *Fig.* Si corsaire était Turnus, Il vous riflerait rasibus, MOREAU, *Suite du Virg. travesti*, 10.
II. (Technol.) Raboter, limer avec le riflard.

RIGAUDON et **RIGODON** [ri-gò-don] *s. m.*
[ÉTYM. Origine incertaine; d'après J.-J. ROUSS., dérivé de Rigaud, nom d'un maître de danse, § 104. || 1696. Le baros des chaconnes et des rigodons, BOISFRANC, *Arleq. misanthr.* III, 2. Admis ACAD. 1718 (rigodon) et 1798 (rigaudon).]
|| Ancienne danse, d'un mouvement vif, se dansant à deux personnes, qui va à deux temps. Dès que j'eus mis en chant un certain rigodon, REGNARD, *Fol. am.* II, 6. || *P. ext.* Toute danse vive.

RIGIDE [ri-jid'] *adj.*
[ÉTYM. Emprunté du lat. rigidus, *m. s.* (*Cf.* le doublet roide, de formation pop.) || 1542. Plusieurs impudens... trouveront mes dicts rigides, P. DE CHANGY, *Instr. de la femme chr.* dans DELB. *Rec.*]
|| Qui ne fléchit pas. Le cadavre est devenu —. Une barre de fer —. || *Fig.* Qui ne fait pas fléchir les règles. Le public, — censeur, BOSS. *Le Tellier.* Le — et inexorable ministre de la justice, ID. *ibid.* Un catholique —. Une vertu —.

RIGIDEMENT [ri-jid'-man; *en vers*, -ji-de-...] *adv.*
[ÉTYM. Composé de rigide et ment, § 724. || 1690. FURET.]
|| Avec rigidité.

RIGIDITÉ [ri-ji-di-té] *s. f.*
[ÉTYM. Emprunté du lat. rigiditas, *m. s.* || XVIIe s. V. à l'article.]
|| Raideur inflexible. | **1.** *Au propre.* La — d'une barre de fer. La — cadavérique. | **2.** *Fig.* M. Patru,... en réputation de si grande —, BOIL. *Lett. à Brossette*, 30. Ces rigidités salutaires, ID. *Épigr.* 27.

RIGODON. V. rigaudon.

RIGOLADE [ri-gò-làd'] s. f.
[ÉTYM. Dérivé de rigoler 1, § 120. (*Cf.* l'anc. franç. rigolage.) || *Néolog.*]
|| *Pop.* Action de rigoler, de se divertir.

RIGOLE [ri-gòl] *s. f.*
[ÉTYM. Origine inconnue; sans rapport avec l'anc. franç. regort, port. || 1297. Se déduit de l'existence de rigoler à cette date.]
|| Petit canal pour amener l'eau.

1. *RIGOLER [ri-gò-lé] v. pron. et intr.*
[ÉTYM. Origine inconnue. || XIIIe s. La dame le bourgeois acolle Et en riant fort le rigolle, dans MONTAIGLON et RAYNAUD, *Rec. de fabliaux*, VI, 262.]
|| —, et, *vieilli*, Se —, se divertir. Se rigolant, menant joyeux déduit, J.-B. ROUSS. *Épithal.*

2. *RIGOLER [ri-gò-lé] *v. tr.*

[ÉTYM. Dérivé de rigole, § 154. || 1297. Rigoler les fossez, dans GODEF. rigoler 2.]

|| (Technol.) Couper par des rigoles. — un pré.

RIGORISME [ri-gò-rîsm'] *s. m.*

[ÉTYM. Dérivé du lat. rigor, rigueur, § 265. || XVIIᵉ-XVIIIᵉ s. *V.* à l'article. Admis ACAD. 1740.]

|| Rigidité excessive. *Spéciall.* En parlant des mœurs. L'esprit de — et de pédantisme apporté par Calvin, CONDORCET, *Vie de Voltaire.* Cet hypocrite de vertu... et de —, ST-SIM. I, 397.

RIGORISTE [ri-gò-rîst'] *s. m.* et *f.*

[ÉTYM. Dérivé du lat. rigor, rigueur, § 265. || 1731. *V.* à l'article. Admis ACAD. 1740.]

|| Celui, celle qui a une rigidité excessive. Le P. Le Brun et quelques autres rigoristes, *Merc. de France,* août 1731, p. 1880. *Spéciall.* En parlant des mœurs. Des rigoristes qui voulaient réformer la réforme, BARTHÉLEMY, *Anacharsis,* 5. *Adjectivt.* Ils ont scandalisé les évêques rigoristes et consciencieux, D'ARGENSON, *Mém.* IV, p. 130.

RIGOUREUSEMENT [ri-gou-reûz'-man; *en vers,* -reûze-...] *adv.*

[ÉTYM. Composé de rigoureuse et ment, § 724. || XIIIᵉ s. Et cil, qui mout estoient prout et hardi, les reçoivent mout rigoreusement, *St Graal,* dans DELB. *Rec.*]

|| D'une manière rigoureuse.

|| 1° Avec rigueur. Traiter qqu —.

|| 2° En toute rigueur. Cela est — vrai.

RIGOUREUX, EUSE [ri-gou-reû, -reûz'] *adj.*

[ÉTYM. Emprunté du lat. rigorosus. *m. s.* || XIIIᵉ s. Se déduit de l'existence de rigoureusement à cette époque.]

|| 1° Qui est d'une sévérité inflexible. Juge, maître, chef —. Un censeur —. Être doux pour tout autre, et — pour soi, BOIL. *Sat.* 11. || Loi, discipline rigoureuse. Un ordre —. Un châtiment —. Craignez que le Ciel — Ne vous haïsse assez pour exaucer vos vœux, RAC. *Phèd.* V, 3. *Substantivt, au fém.* Rigoureuse, temps de stage pendant lequel un chanoine est astreint à ne pas manquer une fois d'assister au chœur. || *P. ext.* En parlant de la température, du climat, qui est d'une dureté difficile à supporter. Les climats — du Nord. Ciel —. L'hiver a été très — cette année.

|| 2° Qui est d'une exactitude inflexible. Principes —. Application rigoureuse des principes. Enquête rigoureuse. Raisonnement —.

RIGUEUR [ri-gheûr] *s. f.*

[ÉTYM. Emprunté du lat. rigor, *m. s.* proprt, raideur causée par le froid. || XIVᵉ s. Par sa misericorde attrempoit bien rigour, *Girard de Roussillon,* 2947.]

|| 1° Sévérité inflexible. Traiter qqn avec la dernière —. User de — à l'égard de qqn. Tenir — à qqn. || *P. ext.* Dureté pénible à supporter (de la température, du climat). La — de l'hiver, de la saison.

|| 2° Exactitude inflexible. Appliquer la loi dans sa —. Adoucir la — des lois. Terme, délai de —. || *P. ext.* A la —. | 1. Au sens strict des termes. Il ne faut pas prendre ce qu'il dit à la —. | 2. A la mesure strictement nécessaire. A la —, ses titres pouvaient paraître suffisants. A la —, on pourrait lui accorder sa demande.

RILLETTE [ri-yèt'] *s. f.*

[ÉTYM. Dérivé de l'anc. franç. rille, tranche, d'origine incertaine, § 133; une parenté avec riblette est peu probable. (*Cf.* rillon et l'anc. franç. rilliet, *Dolopathos,* dans DELB. *Rec.*) || Admis ACAD. 1878.]

|| (Cuisine.) Hachis de porc cuit dans la graisse, dont on fait des conserves. (S'emploie surtout au plur.) Rillettes de Tours.

***RILLON** [ri-yon] *s. m.*

[ÉTYM. Dérivé de l'anc. franç. rille, § 104. (*Cf.* rillette.) || 1611. Rillon de porc, COTGR.]

|| (Cuisine.) Menu résidu de porc ou d'oie dont on a fait fondre la graisse. (S'emploie surtout au plur.)

***RIMAILLE** [ri-mâẏ'] *s. f.*

[ÉTYM. Dérivé de rime, § 95. || 1518. Ma rithme et ma rithmaille, MAROT, *Épit.* 7.]

|| *Famil.* Méchante poésie. En — assez mal tournée, SCARR. *Virg. trav.* 7. Voilà de la — qui m'a échappé, VOLT. *Lett. en vers et en prose,* 69.

RIMAILLER [ri-mâ-yé] *v. intr.*

[ÉTYM. Dérivé de rimer, § 161. || XVIᵉ s. Entendez comme il rithmaille, RAB. V, 47.]

|| *Famil.* Faire de méchants vers.

RIMAILLEUR, *RIMAILLEUSE [ri-mâ-yeûr, -yeûz'] *s. m.* et *f.*

[ÉTYM. Dérivé de rimailler, § 112. || 1518. Entre nous rithmailleurs, MAROT, *Épit.* 7.]

|| *Famil.* Celui, celle qui rimaille.

RIME [rim'] *s. f.*

[ÉTYM. Emprunté du lat. rhythmus, grec ῥυθμός, *m. s.* rendu par rime, § 503, mot devenu fém. sous l'influence de la terminaison, § 550. || XIIᵉ s. Chançon voil faire par rime, SIMON, *Alexandre,* dans P. MEYER, *Alexandre le Grand,* t. I, p. 25.]

|| Consonance de la terminaison accentuée du mot final dans deux ou plusieurs vers. — féminine, où la voyelle accentuée est suivie d'un e muet. — masculine, où la voyelle accentuée n'est pas suivie d'un e muet. Rimes croisées, alternées, où les féminines alternent avec les masculines. Rimes riches, exactement consonantes. Que toujours le bon sens s'accorde avec la —, BOIL. *Art p.* 1. | Vers où il n'y a ni — ni raison, et, *fig.* Une chose qui n'a ni — ni raison, absurde. || *P. ext.* Vers. C'est proser de la — et.rimer de la prose, RÉGNIER, *Sat.* 9.

RIMER [ri-mé] *v. tr.* et *intr.*

[ÉTYM. Dérivé de rime, § 154. Au XIIᵉ s. on dit ordinairement rimoyer. || XIIᵉ s. Une ne soi rimer, PH. DE THAUN, *Comput,* 113.]

I. *V. tr.* Raconter, exprimer en vers (dont la dernière syllabe accentuée offre la rime). Rimons quelque louange, BOIL. *Sat.* 7. Certain conte... Que j'ai rimé, LA F. *Contes, Mazet.*

II. *V. intr.* || 1° Accoupler les rimes des vers. — pour l'oreille, avec des mots dont la terminaison n'a pas seulement la même orthographe, mais la même consonance. Un poète qui rime richement. || En parlant des vers, des syllabes qui terminent le vers. Ces deux vers, ces deux syllabes ne riment pas, riment pauvrement. || *Fig.* Ces deux choses ne riment pas ensemble, ne vont pas l'une avec l'autre. Cela ne rime à rien, cela n'a pas de sens.

|| 2° Faire des vers. Il a la manie de —, Il se tue à —; que n'écrit-il en prose? BOIL. *Sat.* 9.

RIMEUR, *RIMEUSE [ri-meûr, -meûz'] *s. m.* et *f.*

[ÉTYM. Dérivé de rimer, § 112. || XIIᵉ s. Cil ki tant a de sens que per viers est rimere, *Alexandre,* p. 490.]

|| *En mauvaise part.* Poète, poétesse. D'un froid — dépeindre la manie, BOIL. *Sat.* 7. || *Adjectivt.* Le peuple —, LA F. *Fab.* IX, 20, *Disc. à Mᵐᵉ de la Sablière.*

RINCEAU [rin-só] *s. m.*

[ÉTYM. Du lat. pop. *ramuscellum, diminutif de ramum, branche, devenu *ramscel, §§ 336, 366 et 291, *ramcsel, raimsel, § 388, rainsel, § 472, rainseau (écrit à tort rinceau), § 456. || XIIᵉ s. Un rainsel mist par devant ses escu, *Raoul de Cambrai,* 6421.]

|| 1° *Anciennt.* Branche chargée de feuilles. *Spéciall. De nos jours.* (Blason.) Rinceaux passés en sautoir.

|| 2° (T. d'art.) Ornement composé de branches et de fruits, ou de feuilles d'acanthe enroulées.

***RINCE-BOUCHE** [rins'-boûch'; *en vers,* rin-se-...] *s. m.*

[ÉTYM. Composé de rince (du verbe rincer) et bouche, § 209. || *Néolog.*]

|| Bol dans lequel on offre après le repas de l'eau aromatisée, pour se rincer la bouche et le bout des doigts.

RINCER [rin-sé] *v. tr.*

[ÉTYM. Origine incertaine. *Cf.* l'anc. franç. recincier, *m. s.* dont le rapport avec le mot actuel rincer n'est pas clair. || XIIᵉ-XIIIᵉ s. Cil netoye l'aigue et raînce Le bon vessel, GUIOT DE PROVINS, *Bible,* 2417.]

|| Laver à plusieurs reprises. — du linge, des bouteilles. Je vous établis dans la charge de — les verres, MOL. *Av.* III, 1. Se — la bouche.

RINÇURE [rin-sûr] *s. f.*

[ÉTYM. Dérivé de rincer, § 111. || XIVᵉ s. Illec laissier reposer et rasseoir vos rainsseures, *Ménagier,* II, p. 268.]

|| Eau qui a servi à rincer des verres, des bouteilles. || *P. exag.* Vin où l'on a mis trop d'eau.

***RINGARD** [rin-gâr] *s. m.*

[ÉTYM. Origine inconnue. || 1732. TH. CORN.]

|| (Technol.) Longue barre de fer recourbée avec laquelle on attise le feu, dans les fourneaux de forge.

RINGRAVE. *V.* rhingrave.

***RIOCHER** [ri-yò-ché]. *V.* rioter.

RIOTER [ri-yò-té] *v. intr.*

[Étym. Dérivé de rire, § 167. Beaucoup de patois disent riocher, § 169, que préfère st-sim. || 1674. *V.* à l'article. Admis acad. 1762.]

|| *Famil.* Rire un peu. Le musicien riotant : Ah ! Monsieur a tout l'air d'un chantre de lutrin, hauteroche, *Crispin musicien* (1674), ii, 10.

RIOTEUR, EUSE [ri-yò-teûr, -teûz'] *s. m.* et *f.*

[Étym. Dérivé de rioter, § 112. || Admis acad. 1798.]

|| *Famil.* Celui, celle qui riote. C'est un — éternel.

RIOTTE [ri-yŏt'] *s. f.*

[Étym. Origine inconnue. || xiie-xiiie s. Mels leise ester ceste riote, *Vie de St Gilles*, 331. Admis acad. 1694 (écrit riote); suppr. en 1740; repris en 1878.]

|| *Vieilli.* Petite dispute. De peur que d'une simple — il ne s'en fasse une haine toute formée, patru, *Plaidoy.* 15. Riottes entre amants sont jeux pour la plupart, la f. *Eunuque*, v, 2. La maison d'Autriche si souvent pleine de riottes domestiques, st-sim. ii, 390.

*RIOTTEUX, EUSE [ri-yò-teû, -teûz'] *adj.*

[Étym. Dérivé de riotte, § 116. || xiiie s. Certes trop estes riotous, dans montaiglon et raynaud, *Rec. de fabliaux*, iii, 410. Admis acad. 1694 (écrit rioteux); suppr. en 1740.]

|| *Vieilli.* Querelleur.

*RIPAGE [ri-pâj'] *s. m.*

[Étym. Dérivé de riper, § 78. || *Néolog.*]

|| (Technol.) Action de gratter, de polir à la ripe.

RIPAILLE [ri-pây'] *s. f.*

[Étym. Origine inconnue. Si le mot est bien le même que rispaille, employé par l'auteur de *Guill. le Mareschal*, il faut renoncer à y voir le nom du château de Ripaille, où Amédée de Savoie (l'antipape Félix V) passe pour avoir fait grosse chère. || xiie-xiiie s. Molt i gaaingnerent rispaille, *Hist. de Guill. le Mareschal*, 10627.]

|| Débauche de table. Ils firent tous —; Chacun d'eux eut part au gâteau, la f. *Fab.* viii, 7.

RIPE [rip'] *s. f.*

[Étym. Subst. verbal de riper, § 52. Se trouve au moyen âge au sens de « gale ». || 1680. richel. Admis acad. 1835.]

|| (Technol.) Outil de maçon, de sculpteur, pour gratter et polir la pierre.

RIPER [ri-pé] *v. tr.* et *intr.*

[Étym. Emprunté de l'allem. rippen, forme dialect. de reiben, frotter, gratter, § 6. || 1328. En ripant et combatant, dans godef. Admis acad. 1835 (au sens **I, 1°**).]

|| (Technol.) || **I.** *V. tr.* || **1°** Gratter, polir (avec la ripe). || **2°** Faire glisser. — une caisse sur les brancards d'un baquet, pour la charger.

II. *V. intr.* Glisser.

RIPOPÉE [ri-pò-pé] *s. f.*

[Étym. Origine inconnue; jusqu'à la fin du xviiie s., le mot se présente ordinairement sous la forme ripopé, *s. m.* || xve s. Un petit vin ripopé, a. de la salle, *Quinze Joies de mar.* 5.]

|| *Famil.* Mélange de différents restes de vin. || *Fig.* Mélange de choses disparates, incohérentes. Paris, ce tripot où les femmes font des ripopés de jeu et de coquetterie, d. de monchesnay, *Grand Sophy*, sc. 2.

RIPOSTE [ri-pòst'] *s. f.*

[Étym. Pour risposte (acad. 1694-1718), §§ 360, 361, emprunté de l'ital. risposta, *m. s.* § 12. || xviie s. Deux sonnets... l'un en proposte et l'autre de moy en riposte, chapelain, *Lett.* (1636), dans delb. *Rec.* Risposta : response, repartie; et risposte en terme d'escrime, oud. (1640).]

|| (Escrime.) Botte par laquelle on répond de suite à un coup qu'on vient de parer. || *P. anal.* Coup par lequel on répond de suite par un coup à un coup reçu. || *Fig.* Réponse prompte et vive (à une raillerie, à une attaque). Habile, prompt à la —. Homme qui a toujours la — en main, mol. *B. gent.* iv, 1.

RIPOSTER [ri-pòs-té] *v. intr.*

[Étym. Dérivé de riposte, § 154. || 1690. Riposter, richel.]

|| (Escrime.) Répondre de suite par une botte à un coup qu'on vient de parer. || *P. anal.* Répondre de suite par un coup à un coup reçu. || *Fig.* Répondre vivement et promptement (à une raillerie, une attaque). — prestement, c'est un talent femelle, dufresny, *Mariage fait et rompu*, ii, 6. || *P. ext.* Répondre par une action équivalente. Sitôt qu'il m'en citait un (passage),... je lui ripostais par un autre, j.-j. rouss. *Confess.* 2. Ripostons par deux révérences, mariv. *Préjugé vaincu*, sc. 2.

---

1. RIRE [rir] *v. intr.* et *pron.*

[Étym. Du lat. pop. *rïdĕre (class. rīdĕre), § 629, *m. s.* devenu rïdre, § 290, rire, § 416.]

I. *V. intr.* Sentir un épanouissement de la face qu'accompagnent des expirations saccadées plus ou moins bruyantes, signes physiques d'une impression soudaine de gaieté. Vous êtes si plaisant que je ne saurais me tenir de —. Hi, hi, hi! mol. *B. gent.* iii, 2. D'où vient que l'on rit si librement au théâtre et que l'on a honte d'y pleurer? la br. 1. — à gorge déployée, aux éclats. Éclater de —. Mourir, crever, se tordre, se pâmer de —. L'homme est le seul animal qui pleure et qui rie, volt. *Dict. philos.* rire. Je riais de le voir, avec sa mine étique, boil. *Sat.* 3. — du bout des dents, des lèvres, ne pas rire franchement. — jaune, rire d'un rire contraint. — dans sa barbe, sous cape, en dissimulant son rire. — intérieurement, contenir son envie de rire. — aux anges, de ravissement. — aux larmes, rire si fort que les yeux en pleurent. Chatouiller qqn pour le faire —, produire chez lui par cette excitation nerveuse le signe physique du rire; et, *fig.* Se chatouiller pour se faire —, se forcer à rire quand on n'en a pas envie. — de bon cœur Il n'y a pas là de quoi —. Il n'y a pas là le plus petit mot pour —. Il a toujours le mot pour —, il a toujours quelque chose de plaisant à dire. Je suis confus et n'ai pas lieu de —, mol. *Tart.* iv, 8. Nous n'avons pas sujet de —. J'ai ri, me voilà désarmé, piron, *Métrom.* iii, 9.

|| *P. ext.* || **1°** Se divertir. Rions, chantons, dit cette troupe impie, rac. *Ath.* ii, 9. Victorieux, contents, Nous pourrons — à l'aise et prendre du bon temps, boil. *Ép.* 1. *Loc. prov.* Plus on est de fous, plus on rit. Tel qui rit vendredi, dimanche pleurera (après la joie, la tristesse), rac. *Plaid.* I, 1. Rira bien qui rira le dernier, il se réjouit, croyant son succès assuré, mais mon tour viendra.

|| **2°** Plaisanter. Vous voulez —. Votre salaire ! dit le loup; Vous riez, ma bonne commère ! la f. *Fab.* iii, 9. Il dit cela en riant, pour —, et, *pop.* pour de —. Un roi pour —. Dire à qqn ses vérités en riant. Pincer sans —. Un pince-sans-—. (*V.* pincer.)

|| **3°** Présenter un aspect avenant, favorable. On l'accueille, on lui rit, mol. *Mis.* I, 1. || *P. ext.* La terre ne lui rit plus comme auparavant, boss. *Hist. univ.* ii, 1. A son mérite incessamment il rit, mol. *F. sav.* i, 3. L'occasion vous rit, corn. *Pomp.* ii, 3.

|| **4°** S'égayer aux dépens de qqn. (La perdrix) prend sa volée et rit De l'homme, la f. *Fab.* ix, 20, *Disc. à Mme de la Sablière.* Nous rions un peu de notre prochain, sév. 75. || *Absolt.* On sera ridicule, si je n'oserai — ! boil. *Sat.* 9. N'apprêtons point à — aux hommes, mol. *Amph.* prol. Sans leur — au nez, id. *Pourc.* i, 3.

|| **5°** Afficher le mépris de qqch. J'ai ri de ta menace, corn. *Poly.* iv, 1. Athalie... Rit des faibles remparts de nos portes d'airain, rac. *Ath.* v, 1.

II. *V. pron.* Se —. || **1°** Se divertir. Si un autre, en se riant, avait dit quelque chose de naïf, malh. *Bienf. de Sénèq.* iii, 26.

|| **2°** Se moquer de qqn. On se rirait de vous, Alceste, tout de bon, mol. *Mis.* i, 1.

|| **3°** Afficher le mépris de qqch. Le perfide triomphe et se rit de ma rage, rac. *Andr.* iv, 1. L'esprit d'impiété se rit de ce qu'il y a de plus sacré, pasc. *Prov.* 11.

2. RIRE [rir] *s. m.*

[Étym. Tiré de rire 1, § 49. || xvie s. Arracher un pauvre rire de ce meschant corps, montaigne, iii, 5.]

|| Action de rire. Un éclat de —. Un — inextinguible. Être pris du fou —, d'un rire dont on n'est pas le maître. Un gros —. Un — broyant. Un — homérique (par allusion au rire des dieux dont parle Homère). Éclater, et, *vieilli*, S'éclater de —. Le premier qui les vit, de — s'éclata, la f. *Fab.* iii, 1. Le — est ami de l'homme, id. *Psyché*, 1. || Le — de la folie. — sardonique, contraction des muscles de la face que les anciens avaient observée chez ceux qui avaient mangé une espèce de renoncule de Sardaigne. — amer, sarcastique.

1. RIS [ri] *s. m.*

[Étym. Du lat. rĭsum, *m. s.* § 291.]

|| Façon de rire. Les esprits forts qui trouvent du faible dans un ris excessif, la br. 1. Un ris immodéré, id. *ibid.* Il a dit dans l'Ecclésiaste qu'il réputait le ris une erreur, boss. *1er Provid.* préamb. Un ris malicieux, la f. *Psyché*, 1. Avec un ris farouche, ducis, *Macbeth*, ii, 6. || *P. ext. Poét.* Personnification de la gaieté. Les festins, les danses et les ris, boil. *Art p.* 2. Elle sent chaque jour Déloger quelque Ris, la f. *Fab.* vii, 5.

2. RIS [ri] *s. m.*

[ÉTYM. Origine inconnue. ACAD. 1694 écrit ri. || XVIIe s. *V.* à l'article.]

|| (Boucherie.) Corps glanduleux placé sous la gorge du veau, considéré comme un mets délicat. Champignons avec des ris de veau, BOIL. *Sat.* 3.

3. RIS [ri] *s. m.*

[ÉTYM. Mot d'origine scandinave, § 9 : danois riv, suéd. ref, angl. reef, *m. s.* Ris est pour rifs, § 559. || XIIe s. A deus ris curent, WACE, *Brut*, II, p. 141. Admis ACAD. 1762.]

|| (Marine.) Partie d'une voile qu'on a repliée, pour diminuer la surface présentée au vent. Prendre un ris, deux ris.

RISBAN [rĭs'-ban] *s. m.*

[ÉTYM. Emprunté du néerl. rijsbank, *m. s.* proprt, « banc (bank) de branchages (rijs) », § 10. || 1679. *V.* à l'article. Admis ACAD. 1762.]

|| (T. milit.) Terre-plein garni de canons. Les plans concernant le château du havre ou — de Dunkerque, COLBERT, *Lett.* 11 nov. 1679.

RISÉE [ri-zé] *s. f.*

[ÉTYM. Dérivé de ris 1, § 119. || XIIe s. Por les grandes risees recommencier, *Aiol*, dans DELB. *Rec.*]

|| **1°** *Vieilli.* Rire bruyant. A tous les éclats de — (du parterre) il haussait les épaules, MOL. *Crit. de l'Éc. des f.* sc. 5. Pourquoi jetez-vous cet éclat de — ? LA F. *Eunuque*, IV, 5. || **2°** Rire moqueur. S'exposer à la — du public. Couvert de honte et de —, BOIL. *Sat.* 1. || *P. ext.* Objet de ce rire. Tu me fais donc servir de fable et de —, CORN. *Ment.* V, 3. Ils demeurent la — des peuples, BOSS. *Hist. univ.* II, 24.

'RISETTE [ri-zĕt'] *s. f.*

[ÉTYM. Dérivé de ris 1, § 133. || *Néolog.* Admis ACAD. 1878.]

|| *Famil.* Rire enfantin. Faire une —. Faire —.

RISIBILITÉ [ri-zi-bi-li-té] *s. f.*

[ÉTYM. Dérivé du lat. risibilis, risible, § 255. || XVIe s. J. DE CHAMPEYNAC, *Logique*, dans DELB. *Rec.* Admis ACAD. 1718.]

|| (T. didact.) || **1°** Faculté de rire. La — est une propriété émanant de la forme humaine, E. DE CLAVE, *Principes de nat.* (1641), dans DELB. *Rec.* || **2°** Caractère de ce qui est risible.

RISIBLE [ri-zĭbl'] *adj.*

[ÉTYM. Emprunté du lat. risibilis, *m. s.* || XIVe s. Ceux qui ne dient oncques aucune chose risible, ORESME, *Éth.* IV, 22.]

|| **1°** *Vieilli.* Qui a la faculté de rire. Plutôt animal envieux qu'animal —, SCARR. *Rom. com.* I, 11. L'homme qui est un animal —, VOLT. *Dict. philos.* rire. || **2°** Qui peut exciter le rire. Cela est —. Une aventure —.

RISIBLEMENT [ri-zi-ble-man] *adv.*

[ÉTYM. Composé de risible et ment, § 724. || XVIIe s. *V.* à l'article. Admis ACAD. 1878.]

|| D'une manière risible. Combat — affreux, MOL. *Ét.* V, 9.

RISQUABLE [ris'-kàbl'] *adj.*

[ÉTYM. Dérivé de risquer, § 93. || 1722. *V.* à l'article. Admis ACAD. 1762 (sens **1°**) et 1835 (sens **2°**).]

|| **1°** *Vieilli.* Où il y a des risques à courir. *Fig.* L'éclat étranger des habits magnifiques que portent les femmes... divertit le spectateur de l'attention — qu'il donnerait au reste, MARIV. *Spectateur franç.* (1722), II, p. 511. || **2°** *Rare.* Qu'on peut risquer.

RISQUE [risk'] *s. m.*

[ÉTYM. Emprunté de l'ital. risco, *m. s.* d'origine incertaine, § 12. Le mot est ordinairement fém. au XVIe s. sous l'influence de la terminaison, § 550, et ACAD. 1694-1798 donne encore l'expression adverbiale à toute risque. || 1578. Je le pren à ma risque, H. EST. *Nouv. Lang. franç. italian.* I, 172.]

|| Chance douteuse à laquelle est exposé qqn ou qqch. Courir tout le — de l'avenir, LA BR. 16. Encore même qu'on ne coure nul — de la vie, PASC. *Prov.* 14. Tenter une entreprise, au — d'échouer. Faire une chose à ses risques et périls, à tout —, et, *vieilli*, à toute —, à toutes risques. A toutes risques pour lui-même, ST-SIM. I, 356. || *Spécialt.* Être assuré contre le — d'incendie, contre le — locatif.

RISQUER [rĭs'-ké] *v. tr.*

[ÉTYM. Dérivé de risque, § 154. || XVIe s. Qui ne se risque jamais ne sera riche, G. MEURIER, *Tresor des sentences*, dans LEROUX DE LINCY, *Prov. franç.* II, p. 305.]

|| Exposer à une chance douteuse (qqn ou qqch). Il risqua dans cette attaque ses meilleures troupes. Se — dans une entreprise hasardeuse. || — le combat, l'abordage. Qui ne risque rien n'a rien. — le tout pour le tout. D'une fille on risque la

vertu Lorsque dans son hymen son goût est combattu, MOL. *Tart.* II, 2. Il risqua de nouveau le gain qu'il avait fait, LA F. *Fab.* VII, 14. — une démarche, une question, une proposition. Vous risquez de vous tromper. — le paquet. (*V. ce mot.*)

'RISQUE-TOUT [rĭs'-ke-tou] *s. m.* et *f.*

[ÉTYM. Composé de risque (de risquer) et tout, § 209. || *Néolog.*]

|| Celui, celle qui, pour réussir, affronte tous les risques.

RISSOLE [ri-sòl] *s. f.*

[ÉTYM. Anc. franç. roissole, roussole, § 357, qui suppose en lat. pop. un type *russeŏla, dérivé de russeum, roux, à cause de la couleur, § 86. || XIIe s. Et de rousoles et de poissons pevrés, *Aliscans*, 3561.]

|| Pâte frite contenant de la viande hachée.

RISSOLER [ri-sò-lé] *v. tr.*

[ÉTYM. Dérivé de rissole, § 154. || 1549. Rissoler une friture, R. EST.]

|| Rendre croustillant. Faire — des pommes de terre.

RISTORNE [rĭs'-tòrn'] et **RISTOURNE** [rĭs'-tourn'] *s. f.*

[ÉTYM. Emprunté de l'ital. ristorno, *m. s.* § 12. Sur le changement de genre (l'ital. est masc.), *V.* § 550. || *Néolog.* Admis ACAD. 1835.]

|| (Marine.) Résiliation d'une police d'assurance maritime par suite des circonstances survenues avant le départ du navire. | Diminution de la somme pour laquelle on a assuré le navire, quand la valeur du chargement a été majorée.

RIT (*vieilli*) et **RITE** [rĭt'] *s. m.*

[ÉTYM. Emprunté du lat. ritus, *m. s.* Rit ; qqns disent rite, ACAD. 1694. || XIVe s. Rit est une chose accoustumee en une ville, BOUTEILL. *Somme rur.* dans GODEF. *Compl.*]

|| (T. didact.) Cérémonies d'un culte. Le — romain, le — grec (de l'Église romaine, de l'Église grecque). Le — judaïque. Les rites du paganisme. Qu'on bâtit une chapelle pour le rit grec, BOUHOURS, *Hist. de P. d'Aubusson* (1676), p. 168. | Les anciens rits des chrétiens, BOSS. *1re Instr. pastor.* 42.

RITOURNELLE [ri-tour-nèl] *s. f.*

[ÉTYM. Emprunté de l'ital. ritornello, *m. s.* de ritorno, retour, § 12. Sur le changement de genre (l'ital. est masc.), *V.* § 550. || XVIIe s. *V.* à l'article.]

|| (Musique.) Dans l'accompagnement d'un chant, courte phrase musicale dont on fait précéder et suivre chaque couplet. Les violons jouèrent des ritornelles (*sic*), BUSSY, dans RICHEL. || *Fig.* Ce qu'on répète régulièrement. Conservez-vous,... c'est ma — continuelle, SÉV. 162.

RITUALISTE [ri-tuà-list' ; *en vers, -tu-à-...*] *s. m.* et *f.*

[ÉTYM. Dérivé du lat. ritualis, rituel, § 265. || XVIIe-XVIIIe s. LE P. DE LA ROCHE, dans TRÉV. Admis ACAD. 1798.]

|| (T. didact.) Auteur qui traite des rites.

RITUEL, 'RITUELLE [ri-tuòl ; *en vers, -tu-èl*] *adj.*

[ÉTYM. Emprunté du lat. ritualis, *m. s.* || XVIe s. Un livre ritual, RAB. V, 44.]

|| (T. didact.) Relatif au rite. *Substantivt, au masc.* Livre qui traite des rites d'un culte. Le — catholique, romain.

RIVAGE [ri-vàj'] *s. m.*

[ÉTYM. Dérivé de rive, § 78. || XIIe-XIIIe s. Par desur cest rivage, J. BODEL, *Saisnes*, tir. 26.]

|| Partie de la terre qui borde, limite une étendue d'eau. Les rivages, lais et relais de la mer, *Code civil*, art. 538. Les rivages d'un fleuve, d'un lac. Si quelque autre guerrier Au — troyen descendait le premier, RAC. *Iph.* I, 2. || *P. ext.* (Mythol. anc.) Le — du Styx. Le — des morts, RAC. *Phéd.* II, 5. Le Cocyte et ses rivages sombres, ID. *ibid.* Le noir —, LA F. *Fab.* XII, 20.

RIVAL, ALE [ri-vàl] *s. m.* et *f.* et *adj.*

[ÉTYM. Emprunté soit de l'ital. rivale, soit du lat. rivalis, *m. s.* proprt, « riverain », § 12. || XVe s. Le rival et compagnon de mon maistre, *Térence en français*, dans DELB. *Rec.*]

I. *S. m.* et *f.* Celui, celle qui dispute qqch à un autre. Je le fis nommer chef de vingt rois ses rivaux, RAC. *Iph.* III, 6. Les cabales Que formait en ces lieux ce peuple de rivales, ID. *Esth.* I, 1. || *Spécialt.* Celui, celle qui dispute à qqn le cœur d'un autre. Ma rivale à mes yeux s'est enfin déclarée, RAC. *Baj.* IV, 4. Comme entre deux rivaux la haine est naturelle, CORN. *Poly.* III, 1. || *P. plaisant.* Un homme qui s'aimait sans avoir de rivaux, LA F. *Fab.* I, 11. || *P. ext.* Celui, celle qui aspire à égaler ou à surpasser un autre. C'est le fils et le — d'Achille, RAC. *Andr.* II, 5. Ces deux rivaux d'Horace, LA F. *Fab.* III, 1. Marseille... égalant Carthage sa rivale en industrie, MONTESQ. *Espr. des lois*, XXI, 11. Un poète sans —, une gloire sans rivale, qu'on ne peut égaler, surpasser.

II. *Adj.* Qui dispute qqch à un autre. Les Romains et les Parthes furent deux puissances rivales, MONTESQ. *Espr. des lois*, XXI, 16. ‖ Deux femmes rivales. ‖ Des talents rivaux.

RIVALISER [ri-và-li-zé] *v. intr.*

[ÉTYM. Dérivé de rival, § 267. ‖ Admis ACAD. 1798.]

‖ Disputer à qui l'emportera. — avec qqn (de talent, d'efforts). Ils rivalisent ensemble. *Fig.* Ces vers... Rivalisent d'adresse avec la race humaine, DELILLE, *Trois Règnes*, 7.

RIVALITÉ [ri-và-li-té] *s. f.*

[ÉTYM. Emprunté du lat. rivalitas, m. s. ‖ XVIIᵉ s. V. à l'article.]

‖ État de deux personnes qui se disputent qqch. Toutes les rivalités étaient entre Marie et Élisabeth. — de nation, de couronne, de religion, celle de l'esprit, celle de la beauté, VOLT. *Mœurs*, 169. ‖ — d'amour. Notre — N'est pas pour en venir à grande extrémité, MOL. *Dép. am.* I, 4.

RIVE [riv'] *s. f.*

[ÉTYM. Du lat. rīpa, *m. s.* devenu ᵛriba, ᵛriva, rive, §§ 426 et 291.]

‖ **1°** Terrain qui borde un cours d'eau. La — droite, la — gauche d'un fleuve, celle qui est à droite, à gauche de la personne qui en descend le cours. Habiter à Paris sur la — gauche de la Seine, et, *ellipt*, sur la — gauche. Des rives du Jourdain sur l'Euphrate amenés, RAC. *Esth.* II, 3. ‖ *P. ext. Poét.* | 1. Rivage de la mer. Des rives du Pont aux rives du Bosphore, RAC. *Mithr.* I, 1. | 2. Contrée où l'on aborde. Heureux amants, voulez-vous voyager? Que ce soit aux rives prochaines, LA F. *Fab.* IX, 2.

‖ **2°** *P. ext.* (Technol.) Bord. *Spécialt.* La — d'un four. Pain de —, cuit sur le bord du four, et qui, étant isolé, est partout également cuit et doré. Un pain de — à biseau doré, MOL. *B. gent.* IV, 1.

RIVER [ri-vé] *v. tr.*

[ÉTYM. Origine incertaine, en tout cas indépendante de rive, ‖ XIIᵉ-XIIIᵉ s. Li kiens va o le lou rivant, RENCL. DE MOILIENS, *Carité*, CXIX, 6.]

‖ Fixer à demeure. — les anneaux d'une chaîne. ‖ *Fig.* — la chaîne de qqn, le rendre esclave. Il y a des choses qu'il faut — dans la tête des hommes, VOLT. *Lett.* 12 mai 1766. Être rivé à une place. L'eunuque... rivé pour jamais à la porte où il est attaché, MONTESQ. *Lett. pers.* 34. ‖ *Spécialt.* — un clou, en abattant et en aplatissant la pointe qui ressort de l'objet qu'il traverse. ‖ *Fig.* — à qqn son clou, lui répondre de manière à lui fermer la bouche.

RIVERAIN, AINE [riv'-rin, -rèn'; *en vers*, ri-ve-...] *s. m. et f.*

[ÉTYM. Dérivé de rivière, §§ 65 et 97. ‖ 1532. Estradiotz, riverans, matelotz, RAB. *Pantagr. Pronostic.*]

‖ Celui, celle qui habite sur la rive d'un cours d'eau, d'un lac, etc. ‖ *P. anal.* Celui qui habite sur une rue, sur la lisière d'un bois, le long d'une voie ferrée. Les riverains. ‖ *Adjectivt.* Un propriétaire —. Propriétés riveraines.

RIVET [ri-vè] *s. m.*

[ÉTYM. Dérivé de river, § 133. ‖ XIIIᵉ s. Rivet que on met deseure les menches des coustiaus, E. BOILEAU, *Livre des mest.* I, LXVI, 6.]

‖ (Technol.) Clou dont la pointe s'abat et s'aplatit, de manière à le river dans ce qu'il traverse.

RIVIÈRE [ri-vyèr] *s. f.*

[ÉTYM. Dérivé de rive, § 115. ‖ XIIᵉ s. Vivre de bois et en riviere aler, *Couronn. de Louis*, 2223.]

I. *Ancien.* Plaine avoisinant la rive (d'un cours d'eau ou de la mer). Ses bœufs... lesquels il faisait paître en la — qui était herbue, BERSUIRE, *Tite Live*, dans LITTRÉ. Veau de —, nourri en Normandie, dans les prairies voisines de la Seine. Une longe de veau de —, MOL. *B. gent.* IV, 1. Oiseaux de —, canards sauvages, qui vivent près de l'eau. Vins de —, vins de Champagne récoltés sur les bords de la Marne. ‖ *Spécialt* (d'après l'ital. riviera). La — de Gênes, la côte de l'ancien État de Gênes. Ce qu'on appelle la — de Gênes, depuis Monaco jusqu'à Porto-Venere, VOLT. *Ann. de l'Empire*, ann. 1162.

II. Cours d'eau coulant entre deux rives, qui va se jeter dans un fleuve. Ces fleuves... mêlés dans l'Océan avec les rivières les plus inconnues, BOSS. *D. d'Orl.* Une — navigable. Une — marchande, sur laquelle se fait le transport des marchandises. Les rivières sont des chemins qui marchent et qui portent où l'on veut aller, PASC. *Pens.* VIII, 37. Il côtoyait

une —, LA F. *Fab.* VII, 4. Ville située sur une —, située sur ses bords. | Sable de —, qu'on extrait du fond des rivières. ‖ *Loc. prov.* Porter de l'eau à la —, porter inutilement une chose là où elle abonde. Les petits ruisseaux font les grandes rivières, en amassant peu à peu, on arrive à faire une grosse somme. ‖ *P. anal.* Et les nombreux torrents qui tombent des gouttières, Grossissant les ruisseaux, en ont fait des rivières, BOIL. *Sat.* 6. Et fit de sang chrétien couler tant de rivières, ID. *ibid.* 12. La — de feu (la lave) qui tombait du Vésuve, STAEL, *Cor.* XIII, 1. ‖ Une — de diamants, collier de diamants.

RIVURE [ri-vûr] *s. f.*

[ÉTYM. Dérivé de river, § 111. ‖ 1611. COTGR. Admis ACAD. 1835.]

‖ (Technol.) Ce qui rive. ‖ *Spécialt.* Tête qui sert à river une broche de fer. | Broche qui joint et fixe les charnières des fiches.

RIXE [riks'] *s. f.*

[ÉTYM. Emprunté du lat. rixa, *m. s.* ‖ XVIᵉ-XVIIᵉ s. Le fils... voyant ces rixes, BÉROALDE DE VERVILLE, *Moyen de parvenir*, p. 107. Admis ACAD. 1798.]

‖ Querelle violente qui va jusqu'aux coups. Une — de buveurs. Une — sanglante.

RIZ [ri] *s. m.*

[ÉTYM. Emprunté de l'ital. riso, lat. oryza, grec ὄρυζα, *m. s.* § 12. ‖ XIVᵉ s. Eslisiez le ris et le lavez tres bien, *Viandier de Taillevent*, p. 233, Pichon et Vicaire.]

‖ Plante céréale cultivée dans les pays chauds. Semer du riz. Un champ de riz. ‖ *P. ext.* Grain de cette plante. Gâteau de riz. Faire crever, cuire du riz. Une poule au riz.

RIZIÈRE [ri-zyèr] *s. f.*

[ÉTYM. Dérivé de riz, § 115. ‖ Admis ACAD. 1718.]

‖ Plantation de riz.

1. ROB [ròb'] *s. m.*

[ÉTYM. Mot arabe d'origine persane, §§ 22 et 24. ‖ 1507. Rob de ribes, NIC. DE LA CHESNAYE, dans DELB. *Rec.* Admis ACAD. 1762.]

‖ (Pharm.) Suc de fruit épaissi par concentration. — de nerprun, de genièvre.

2. ROB [ròb'] et **ROBRE** [ròbr'] *s. m.*

[ÉTYM. Emprunté de l'angl. rubber, *m. s.* § 8. ‖ *Néolog.* Admis ACAD. 1835.]

‖ (T. de jeu de whist.) Partie liée. Faire, gagner un —.

ROBE [ròb'] *s. f.*

[ÉTYM. Subst. verbal de l'anc. verbe rober, dérober, d'origine germanique, § 52. ‖ XIIᵉ s. Et la robe fu mise es nes, BEN. DE STE-MORE, *Troie*, 4547.]

I. *Ancien.* Ce dont on a dépouillé qqn. Il s'excuse que c'était — de Juifs, G. DU VAIR, *Lett. à Henri IV*, 24 mai 1605. *Spécialt* (sous l'influence de l'ital. buona roba). Bonne —, bonne prise. *Fig.* Elle était fille à bien armer un lit,... Ce qu'on appelle en français bonne —, LA F. *Contes, Serv. justifiée.*

II. *P. ext.* Vêtement. Vêtu d'une —, hélas! qu'on nomme bière, — d'hiver, — d'été, LA F. *Fab.* VII, 11. ‖ *Fig.* Ce qui enveloppe. La — d'un cigare, feuille de tabac qui enveloppe l'intérieur du cigare. La — d'un pain de sucre, la partie superficielle. La — d'une fève, d'un oignon.

III. *P. ext.* Long vêtement qui descend jusqu'aux pieds et varie de forme et de nature selon la personne qui le porte et la destination.

‖ **1°** Vêtement d'homme. | 1. Vêtement d'homme chez les Orientaux, les anciens. Portant une — royale, SACI, *Bible, Esther*, VIII, 15. D'un des pans de sa — il (Pompée) couvre son visage, CORN. *Pomp.* II, 2. Prendre la — virile. La — prétexte. | 2. Vêtement sacerdotal. Un jeune enfant, couvert d'une — éclatante, RAC. *Ath.* II, 5. Les ecclésiastiques portent la — noire. La — blanche des Dominicains. Porter respect à la — du prêtre. ‖ *En mauvaise part.* Les robes noires, les prêtres. Jésuite de — courte, séculier affilié ou attaché de cœur à la société des Jésuites. | 3. Vêtement officiel du professeur. Rollin dictait quelques leçons à la jeunesse, Et, quoique en —, on l'écoutait, VOLT. *Temple du goût.* | 4. Vêtement officiel du magistrat, de l'avocat. (*Cf. robin* 2.) D'un magistrat ignorant c'est la — qu'on salue, LA F. *Fab.* V, 14. Tous ont porté la —, RAC. *Plaid.* I, 4. Les avocats plaident en —. J'ai quitté la — pour l'épée, CORN. *Ment.* I, 1. Les gens de —, magistrats, officiers de justice, etc. | La — la magistrature. La noblesse de —. Une famille de —.

‖ **2°** Vêtement de femme, de jeune enfant. Un enfant qui met sa première —. Mettre ses dimanches. Une — d'été, d'hiver. Une — montante, décolletée. Une — de laine, de soie, de velours. [*Loc. prov.* En parlant d'une femme qui lésine sur sa nourriture afin de pouvoir dépenser pour sa toilette. Ventre de son, — de velours. | Une — à queue. *Vieilli.* Une — détroussée, dont on a laissé retomber la queue. Un page portait la queue de sa —, et, *ellipt.,* portait sa —.

‖ 3° Vêtement commun aux hommes et aux femmes. — de chambre, long vêtement à manches, non ajusté, que les hommes, les femmes, mettent dans l'appartement, en déshabillé. Il y a plus d'un an que je suis en — de chambre, VOLT. *Lett.* 11 juill. 1770. ‖ — de nuit, longue chemise de nuit. ‖ *P. plaisant. Fig.* Messire loup (la peau du loup) vous servira, S'il vous plaît, de — de chambre, LA F. *Fab.* VIII, 3. ‖ Des pommes de terre en — de chambre, servies avec la peau.

‖ 4° *P. anal.* Le poil, le plumage de certains animaux, considéré surtout quant à sa couleur. La — d'un cheval. Deux chevaux de même —. Un cheval qui a la — isabelle.

1. ROBIN [rò-bin] *s. m.*

[ÉTYM. Nom propre, forme familière de Robert, attribué dans l'ancienne littérature au paysan qui veut faire le finaud, § 36. ‖ 1572. Ces robins de cour qui veulent tout corriger, RONSARD, dans DELB. *Rec.* Admis ACAD. 1718.]

‖ *Vieilli.* Personnage sans considération. Oh ! les plaisants robins, qui pensent me surprendre ! MOL. *Ét.* III, 8. ‖ *Adjectivt.* —, robine, intrigant, intrigante. Elle était insinuante, plaisante, robine, ST-SIM. XIV, 353.

2. ROBIN [rò-bin] *s. m.*

[ÉTYM. Dérivé de robe, sous l'influence de robin 1, § 100. ‖ XVIIᵉ s. *V.* à l'article.]

‖ *En mauvaise part.* Homme de robe. Censurer ces robins qui... Vendent à purs deniers le droit et la justice, SONNET DE COURVAL, dans DELB. *Rec.*

ROBINET [rò-bi-nè] *s. m.*

[ÉTYM. Nom propre de personne (diminutif de Robin 1, § 133) donné arbitrairement à un objet, § 36. ‖ XVᵉ s. Decouroit vin en anciens carrefours abondamment en robinets, MONSTRELET, I, 241.]

‖ Pièce ajustée à l'issue d'un tuyau de fontaine, d'un réservoir, et traversée par une clef, qui, selon le sens où on la tourne, retient ou laisse écouler le liquide. Ouvrir, fermer le —. ‖ *P. plaisant. Fig.* En parlant d'un parleur prolixe et monotone. C'est un — d'eau tiède.

ROBINIER [rò-bi-nyé] *s. m.*

[ÉTYM. Dérivé de Robin, nom d'un directeur du jardin des plantes de Paris, à qui Linné dédia cette plante, §§ 36 et 115. ‖ 1812. MOZIN, *Dict. franç.-allem.* Admis ACAD. 1835.]

‖ (Botan.) Genre d'arbres de la famille des Légumineuses dont l'espèce la plus connue est le faux acacia.

ROBORATIF, IVE [rò-bò-rà-tif', -tiv'] *adj.*

[ÉTYM. Dérivé du lat. roborare, fortifier, § 257. ‖ 1680. FURET. Admis ACAD. 1762.]

‖ *Rare.* (T. didact.) Fortifiant.

ROBRE. *V.* rob 2.

ROBUSTE [rò-büst'] *adj.*

[ÉTYM. Emprunté du lat. robustus, *m. s.* ‖ XIVᵉ s. Robuste, courageux, R. DE PRESLES, *Cité de Dieu,* dans DELB. *Rec.*]

‖ Fortement constitué. Un corps —. Il est d'une complexion —. ‖ Une — santé. Un animal —. ‖ *P. anal.* Une plante —. ‖ *Fig. Famil.* Une foi —, solidement établie.

ROBUSTEMENT [rò-büs'-te-man] *adv.*

[ÉTYM. Composé de robuste et ment, § 724. ‖ 1539. R. EST. Admis ACAD. 1798.]

‖ D'une manière robuste. Elle est — constituée.

***ROBUSTESSE** [rò-büs'-tès'] *s. f.*

[ÉTYM. Dérivé de robuste, § 124. ‖ *Néolog.*]

‖ Qualité de ce qui est robuste.

1. ROC [ròk'] *s. m.*

[ÉTYM. Emprunté du persan rokh, *m. s.* proprt, « éléphant monté par des archers », § 24. ‖ XIIᵉ s. Il a son roc par force en roie mis, *Raoul de Cambrai,* 1587.]

‖ Ancien nom de la tour, au jeu des échecs. (*Cf.* roquer.)

2. ROC [ròk'] *s. m.*

[ÉTYM. Forme masc. de roche, § 37. ‖ XVIᵉ s. Plus antique qu'un roc, MAROT, *Enfer.*]

‖ Masse de pierre très résistante qui tient au sol. Une habitation creusée dans le —. Menez-la sur un —, au haut d'une montagne, LA F. *Psyché,* 1. Besançon fume encor sur son — foudroyé, BOIL. *Art p.* 4. ‖ *Fig.* Bâtir sur le —, faire une œuvre durable. Caliste était un —, rien n'émouvait la belle, LA F. *Contes, Coupe enchantée.*

ROCAILLE [rò-kây'] *s. f.*

[ÉTYM. Dérivé de roc, § 95. (*Cf.* rochaille dans COTGR.) ‖ XVIIᵉ s. *V.* à l'article.]

‖ Agglomération de petites pierres. Le poisson... S'allait cachant dans la —, SCARR. *Virg. trav.* 1. ‖ *Spécialt.* Ouvrage de décoration fait de cailloux, de coquillages agglomérés. En voûte pleine de rocailles et de coquilles, FÉN. *Tél.* 1. ‖ *P. ext.* Imitation de ce genre d'ornement. (*Cf.* rococo.) Vases, pendule de —. *P. appos.* Le genre, le style —.

ROCAILLEUR [rò-kà-yeûr] *s. m.*

[ÉTYM. Dérivé de rocaille, § 112. ‖ 1672. *V.* à l'article.]

‖ (Technol.) Ouvrier qui fabrique la rocaille. Le — établit trois ateliers, COLBERT, *Lett.* 4 mars 1672.

ROCAILLEUX, EUSE [rò-kà-yeû, -yeûz'] *adj.*

[ÉTYM. Dérivé de rocaille, § 116. ‖ 1692. *V.* à l'article. Admis ACAD. 1835.]

‖ Plein de petites pierres. Sol, chemin —. Chaussée rocailleuse, DIDER. *Salon de 1767. P. plaisant.* Il polit au grès les visages les plus —, DUFRESNY, *Opéra de campagne* (1692), III, 4. ‖ *Fig.* Style —, dur, pénible.

ROCAMBOLE [rò-kan-bòl] *s. f.*

[ÉTYM. Emprunté de l'allem. rockenbollen, *m. s.* de rocken, seigle, et bollen, bulle, § 7. ‖ 1680. RICHEL.]

‖ (Botan.) Ail d'Espagne, plante liliacée. ‖ *Fig.* | 1. *Vieilli.* Ce qu'il y a de piquant dans une chose. A tout péché la loi qui l'interdit Est un attrait, est une —, LE P. DU CERCEAU, *Nouvelle Ève.* | 2. Plaisanterie démodée.

ROCHE [ròch'] *s. f.*

[ÉTYM. Du lat. pop. *ròcca, *m. s.* d'origine inconnue, qui se retrouve dans la plupart des langues romanes, §§ 379 et 291. (*Cf.* roc.) ‖ XIᵉ s. La roche del Guitume, *Voy. de Charl. à Jérus.* 261.]

‖ Masse de pierre très dure, plus ou moins considérable, quelquefois isolée, paraissant à la surface du sol. Un pays couvert de roches. La pointe d'une —. Eau de —, eau très limpide qui sourd d'une roche. Cela est clair comme eau de —. | *Loc. prov.* Il y a anguille sous —, il y a ici qqch de caché dont il faut se défier. | Cœur de —, cœur très dur, insensible. Son cœur, croyez-moi, n'est point — après tout, MOL. *Ét.* III, 2. La — Tarpéienne, rocher de l'ancienne Rome d'où l'on précipitait les criminels, et, *fig.* La — Tarpéienne est près du Capitole, la chute suit de près le triomphe. Je n'avais pas besoin de cette leçon pour savoir qu'il est peu de distance de la — Tarpéienne au Capitole, MIRABEAU, *Disc.* du 22 mai 1790. ‖ *P. ext.* (Minéral.) Masse de substances minérales. Le granit est une — composée. Le schiste est une — feuilletée. Roches alumineuses, argileuses, calcaires. — aqueuse, formée par les matières qu'ont déposées les eaux. — molle, caye. — noire, basalte, serpentine. Cristal de —, quartz ou silice pure cristallisés. — d'émeraudes, de topazes, roche contenant des émeraudes, des topazes. Turquoises de la vieille —, tirées d'une mine ancienne, de qualité supérieure. *Fig.* Un homme de la vieille —, de mœurs antiques. Une noblesse de vieille —. ‖ *Absolt. Vieilli.* Borax.

1. ROCHER [rò-ché] *s. m.*

[ÉTYM. Dérivé de roche, § 115. ‖ XIIᵉ s. En un regort joste un rochier, *Énéas,* 3168.]

‖ 1° Masse de pierre dure, escarpée. Un — élevé, inaccessible. Le pied, la pointe d'un —. Gravir un —. Sur un — désert, l'effroi de la nature, J.-B. ROUSS. *Cantates, Circé.* Se briser contre les rochers du rivage. Ariane aux rochers contant ses injustices (de Thésée), RAC. *Phèd.* I, 1. Parler aux rochers, à des gens qui ne se laissent pas toucher. Cœur, âme de —, que rien ne peut émouvoir. Une âme de — n'en fût pas sauvée, CORN. *Ment.* II, 5. Non que j'espère amollir ce — Que ni respects ni vœux n'ont jamais su toucher, ID. *Perth.* IV, 1. ‖ — artificiel, amas de pierres imitant un rocher.

‖ 2° *P. anal.* (Anat.) Une des trois portions de l'os temporal, ainsi nommé à cause de sa dureté.

2. *ROCHER [rò-ché] *v. tr.*

[ÉTYM. Dérivé de roche, § 154. ‖ XVIᵉ s. Rocher l'ouvrage, E. BINET, *Merv. de la nature,* p. 193, édit. 1622.]

‖ *Vieilli.* Entourer de borax (pour souder). (*Cf.* dérocher 2.)

1. ROCHET [rò-chè] *s. m.*

[ÉTYM. Dérivé de l'anc. franç. roc, sorte de manteau, variante de froc, §§ 64 et 133. (*Cf.* roquet 1.) ‖ XIIIᵉ s. Et puis Il vesti on le rochet, *Récits d'un ménestrel de Reims,* 180.]

‖ Surplis à manches étroites, porté par les évêques et certains dignitaires ecclésiastiques. Le — et la mitre, BOIL. *Lutr.* 1. ‖ *P. ext. Fig.* La guerre des rochets et des robes

noires (des évêques et des parlementaires), VOLT. *Lett.*
28 déc. 1765.

2. ROCHET [rò-chè] *s. m.*
[ÉTYM. Dérivé de l'anc. haut allem. rocco, allem. rocken,
fuseau, §§ 6, 64 et 133. Désigne une variété de lance, au
moyen âge. || XIIᵉ-XIIIᵉ s. De son bon rochet bien trempé,
Rom. du chat. de Couci, 1657.]
|| (Technol.) || **1°** Sorte de bobine allongée servant à
dévider la soie, le fil, etc.
|| **2°** Mécanisme denté. La roue à — d'une horloge.

ROCHEUX, EUSE [rò-cheù, -cheûz'] *adj.*
[ÉTYM. Dérivé de roche, § 116. || *Néolog.* Admis ACAD.
1878.]
|| Couvert de rochers.

ROCOCO [rò-kò-kó] *s. m.*
[ÉTYM. Dérivé plaisant du radical de rocaille, § 509. ||
Néolog. Admis ACAD. 1878.]
|| *Famil.* Style d'ornementation à la mode au XVIIIᵉ s.
P. ext. Style suranné. *Adjectivt, invar.* Style —. Cela est
bien —.

ROCOU [rò-kou] et ***ROUCOU** [rou-kou] *s. m.*
[ÉTYM. Emprunté de la langue des indigènes de l'Amé-
rique, § 30. Souvent altéré en rocour, § 509. || 1613. Tein-
tures de rocou, YVES D'EVREUX, *Voy. au Brésil*, dans DELB.
Rec. Admis ACAD. 1762.]
|| Matière colorante, d'un beau rouge orangé, qu'on
extrait du fruit du rocouyer.

ROCOUER [rò-kou-é] et ***ROUCOUER** [rou-...] *v. tr.*
[ÉTYM. Dérivé de rocou, § 154. || 1658. Ils nomment cette
opération de roucouer, DE ROCHEFORT, *Hist. nat. des Antilles*, p. 387. Admis ACAD. 1798.]
|| (Technol.) Teindre à l'aide du rocou.

ROCOUYER [rò-kou-yé] et ***ROUCOUYER** [rou-...]
s. m.
[ÉTYM. Dérivé de rocou, § 115. || Admis ACAD. 1798.]
|| (Botan.) Arbre d'Amérique dont les graines donnent
le rocou.

***RODER** [rò-dé] *v. tr.*
[ÉTYM. Emprunté du lat. rodere, ronger. (*Cf.* corroder,
éroder, etc., et l'anc. franç. a la forme pop. rore, reure). ||
Néolog.]
|| (Technol.) Polir par frottement.

RÔDER [rô-dé] *v. tr. et intr.*
[ÉTYM. Origine inconnue. L'anc. franç. a rauder, plaisanter, et raudir, aller de côté et d'autre, qui semblent
s'être confondus pour aboutir à la forme roder, rôder, dont
l'orthographe est peut-être due à l'influence du provenç.
rodar, rouer. || XVᵉ s. Nous avons raudi et circui le monde,
MARTIN LE FRANC, *Estrif de fortune*, dans GODEF. | 1539.
Roder le pays, R. EST.]
I. *Anciennt. V. tr.* || **1°** Tourner (qqch) de çà et de là.
Après avoir rôdé les yeux partout, MONTAIGNE, III, 12.
|| **2°** Parcourir (un lieu) de côté et d'autre. Le comte de
Soissons... rôdant l'Europe sans obtenir d'emploi, ST-SIM. I, 376.
Depuis plus de vingt ans je rôde l'univers, REGNARD, *Bal*, sc. 7.
II. *V. intr.* Tourner ses pas de côté et d'autre. Par
tous les lieux où j'ai rôdé, SCARR. *Virg. trav.* 6. || *P. anal.*
(Marine.) Le navire rôde sur les ancres. || *Fig.* Nous n'allons
point, nous rôdons plutôt et tournoyons çà et là, MONTAIGNE,
III, 6. || *Spécialt.* Aller épiant, guettant, de côté et d'au-
tre. Toute la nuit, il rôde ainsi qu'un loup-garou, REGNARD,
Fol. am. I, 1. Le voilà qui vient — autour de vous, MOL. *G.
Dand.* II, 2. Satan... qui rôde sans cesse... pour nous dévorer,
BOSS. 1ᵉʳ *Démons*, 2.

RÔDEUR, *RÔDEUSE [rô-deûr, -deûz'] *s. m. et f.*
[ÉTYM. Dérivé de rôder, § 112. || 1539. R. EST.]
|| Celui, celle qui rôde, qui tourne ses pas, épie de côté
et d'autre. Des rôdeurs de nuit, de barrière, malfaiteurs qui
guettent des gens à dévaliser.

RODOMONT [rò-dò-mon] *s. m.*
[ÉTYM. Emprunté de l'ital. Rodomonte, nom d'un guerrier
orgueilleux des poèmes chevaleresques, §§ 12 et 36. ||
XVIᵉ s. Les rodomonds de Castille, *Sat. Ménipp.* II, 49. Admis ACAD. 1694.]
|| *Famil.* Fanfaron de bravoure. Faire le —. Rodomonts à
quarante carats, BIANCOLELLI, *Thèse des dames*, I, 13. || *Adjec-
tivt.* Des mouvements rodomonts, *Théâtre espagn.* (1700), préf.

RODOMONTADE [rò-dò-mon-tàd'] *s. f.*
[ÉTYM. Dérivé de rodomont, § 120. || 1589. La Rodomon-
tade de Pierre Bailhony, titre.]

|| Langage de rodomont.

***RODOUL** [rò-doul]. *V.* roudou.

ROGATION [rò-gà-syon; *en vers*, -si-on] *s. f.*
[ÉTYM. Emprunté du lat. rogatio, demande. Au sens **I**,
l'anc. franç. a la forme pop. rovaisons. || XIVᵉ s. A la ro-
gation du roi de Navarre, *Chron. de St Denis*, dans LA C.]
I. *Au plur.* Les Rogations, prière publique faite processionnellement pendant les trois jours qui précèdent l'Ascension, pour obtenir de bonnes récoltes.
II. (Antiq. rom.) Projet de loi présenté dans l'assemblée du peuple.

ROGATOIRE [rò-gà-twàr] *adj.*
[ÉTYM. Dérivé du lat. rogatum, supin de rogare, deman-
der, § 249. || 1642. OUD. Admis ACAD. 1762.]
|| (T. didact.) Relatif à une rogation. || *Spécialt.* (Droit.)
Commission —, délégation d'un juge, d'un tribunal à un au-
tre pour faire quelque acte de procédure dans son ressort.

ROGATON [rò-gà-ton] *s. m.*
[ÉTYM. Emprunté du lat. rogatum, chose demandée,
§ 500. ACAD. 1694-1740 donne rogatum et rogaton. || 1367.
Porteur de cemonses et de rogatons, dans DU C. rogatum.]
I. *Ancient.* Humble requête. — à M. de Lionne pour
être payé de sa pension, SCARR. *Requête en vers*. Appelés
porteurs de rogatons, pource qu'ils ne vivent que des aumônes
des gens de bien, H. EST. *Apol. pour Hérod.* p. 358.
II. *Par ext.* Objet sans valeur. M'obliger à prendre pour
trois mille livres les vieux rogatons qu'il ramasse ! MOL. *Av.* II,
1. || *P. anal.* Bribe. On ne nous a servi que des rogatons. J'aime
à ramasser des rogatons pour vous divertir, SÉV. 588.

ROGER-BONTEMPS [rò-jé-bon-tan] *s. m.*
[ÉTYM. Nom propre, à ce qu'il semble, d'origine incer-
taine, § 36. En tout cas, il ne s'agit pas du poète Roger de
Collerye, qui florissait au XVIᵉ s., puisque l'expression figu-
rée se trouve dès le XVᵉ s. || XVᵉ s. Rogier Bon-Temps qui
cy est tiens a saige, RENÉ D'ANJOU, *Œuvres*, III, p. 174.
Admis ACAD. 1878.]
|| Personnage de belle humeur, insouciant.

ROGNE [ròñ] *s. f.*
[ÉTYM. Origine inconnue. || XIIIᵉ s. Si n'i perra bube ne
roigne, J. DE MEUNG, *Rose*, 13532.]
|| Gale invétérée. La gale, la —, la teigne, MOL. *Am. méd.*
II, 7. || *P. anal.* Excroissance qui vient sur certains ar-
bres. || *Fig. Famil.* Mauvaise humeur.

ROGNE-PIED [ròñ'-pyé; *en vers*, rò-ñe-...] *s. m.*
[ÉTYM. Composé de rogne (du verbe rogner) et pied, § 209.
|| Admis ACAD. 1762.]
|| (Technol.) Outil pour rogner le sabot d'un cheval.

ROGNER [rò-ñé] *v. tr.*
[ÉTYM. Du lat. pop. *rotundiare, m. s.* dérivé de rotun-
dum, rond, § 157, devenu rodognier, roognier, §§ 402, 348,
413, 297 et 291, roogner, § 634, rogner, § 358. || XIIᵉ s. Et
mainte teste rooigniee, BEN. DE STE-MORE, *Troie*, 15650.]
|| **1°** *Vieilli.* Couper tout autour. *Spécialt.* — les pièces
de monnaie.
|| **2°** *P. ext.* Raccourcir en coupant l'extrémité. — les
cheveux à qqn. — les ongles à qqn, et, *fig.* le mettre hors
d'état de nuire. — les ailes à un oiseau, et, *fig.* — les ailes
à qqn, entraver son action. *P. plaisant.* Notre intendant, qui
m'a rogné les ailes avec les ciseaux de son économie, MOL. *Av.*
V, 2. || — la corne du pied d'un cheval. (*Cf.* rogne-pied.) —
des branches, des racines. || *Fig.* — les revenus de qqn. Que
chacun taille, rogne et glose sur mes vers, RÉGNIER, *Sat.* 12.
Je me mis à tailler, à — à ma fantaisie (sur le train de la maison), LES. *Guzm. d'Alfar.* III, 9.

ROGNEUR, EUSE [rò-ñeûr, -ñeûz'] *s. m. et f.*
[ÉTYM. Dérivé de rogner, § 112. || XVIᵉ s. Rongneurs de tes-
tons, RAB. V, 11.]
|| (Technol.) Celui, celle qui rogne. — de pièces de mon-
naie.

ROGNEUX, EUSE [rò-ñeû, -ñeûz'] *adj.*
[ÉTYM. Dérivé de rogne, § 116. || XIIᵉ s. Les berbiz lait
asez avront E mais ruiauses ne seront, *Lap. de Marbode*, 782.]
|| Atteint de rogne. *Fig.* Esprit —, RÉGNIER, *Sat.* 10. ||
Substantivt. Un —, une rogneuse.

ROGNON [rò-ñon] *s. m.*
[ÉTYM. Du lat. pop. *reniônem, dérivé de ren, rein, § 106,
devenu *regnon, §§ 492 et 291, rognon, § 342. || XIIᵉ s. Tant
que li mete le fer par les roignons, *Raoul de Cambrai*, 4174.]
|| **1°** Glande rénale des animaux. Le rein ou — de ce côté
gauche (du bœuf), BUFF. *Bœuf.* || (Cuisine.) Des rognons de

veau, de mouton, sautés. ‖ En parlant de l'homme. *P. plaisant.* Les reins. Les mains sur les rognons, RÉGNIER, *Sat.* 8.
‖ 2° *P. ext.* Testicule. Des rognons de coq.
‖ 3° *P. anal.* Fragment de roche arrondi qui se rencontre dans certaines couches minérales.

ROGNONNER [rô-ñô-né] *v. tr.* et *intr.*
[ÉTYM. Dérivé de rogner, § 168. Le sens **II** est peut-être influencé par grogner. ‖ 1642. OUD.]
I. *Anciennt. V. tr.* Rogner, ronger insensiblement. *Fig.* Rome... nourrit dedans son sein un ver qui à la longue rognonnera son état, PASQ. *Rech.* III, 42.
II. *V. intr.* Grogner entre ses dents. Encore payait-il bien, en rognonnant, ST-SIM. I, 145.

ROGNURE [rô-ñûr] *s. f.*
[ÉTYM. Dérivé de rogner, § 111. ‖ XIIIᵉ-XIVᵉ s. En la tonsure et en la roigneure, *Livre de jostice*, 20. Le corcet que l'on m'avoit fait en la prison des rongnures de mon convertour, JOINV. 409.]
‖ Ce qui tombe d'une chose qu'on rogne. — de papier, de peau. — d'ongle. ‖ *Fig. Famil.* Parcelles d'un tout. Guillaume... ne destinait à celle-ci (la France) que des rognures (dans le partage de l'Espagne), ST-SIM. II, 321.

ROGOMME et, *vieilli,* *ROGUM [rô-gòm] *s. m.*
[ÉTYM. Origine inconnue. ‖ Mars 1700. Ayant demandé un rogum, Mᵐᵉ DE MAINTENON, *Lett. au cardinal de Noailles.* Admis ACAD. 1835.]
‖ *Pop.* Liqueur forte. Un petit verre de —. Que va dire le roi Henri, Qui boit le rogum pres d'ici? *Henriade travestie,* 4.
‖ *Fig.* Voix de —, voix rauque, qu'ont d'ordinaire ceux qui abusent des liqueurs fortes.

1. ROGUE [rôg] *adj.*
[ÉTYM. Origine incertaine; peut-être celtique, § 3 : *cf.* le gaélique rucas, arrogant, etc. ‖ XIIIᵉ s. Orguilleus et rogues, J. DE MEUNG, *Rose,* 11833.]
‖ *Famil.* Qui est d'une raideur hautaine. (M. d'Elbeuf) était — et fier parce qu'il se croyait le plus fort, RETZ, *Mém.* I, 2. La mine —, RÉGNIER, *Sat.* 10. ‖ *P. anal.* Un cheval —, qui résiste.

2. *ROGUE [rôg] *s. f.*
[ÉTYM. Mot d'origine scandinave, § 9 : island. hrogn, rogn, etc. *m. s.* ‖ 1723. SAVARY, *Dict. du comm.*]
‖ (Pêche.) Œufs de poisson. ‖ *Spécialt.* Œufs de morue salés dont on se sert comme d'appât.

ROI [rwà] *s. m.*
. [ÉTYM. Du lat. règem, *m. s.* devenu *reye, rei, roi, §§ 309, 394 et 291.]
I. Chef souverain de certains États. Un roi héréditaire, électif. Un roi absolu, constitutionnel. Fille, femme, mère de rois si puissants, BOSS. *R. d'Angl.* Les rois de Juda et d'Israël. Le livre des Rois, livre de la Bible qui contient leur histoire. Ces noms de roi des rois (commandant aux autres rois) et de chef de la Grèce, RAC. *Iph.* I, 1. Les Rois mages, venus pour visiter l'enfant Jésus. La fête des Rois, l'Épiphanie, fête anniversaire de leur venue. Gâteau des Rois, contenant une fève, qui fait roi du repas celui à qui échoit la part où est la fève. *Fig.* Le roi des rois, le roi du ciel et de la terre, Dieu. ‖ *Absolt.* Le roi, celui qui règne dans le pays où l'on est. La maison, le service du roi. Le lever, le coucher du roi. Officier du roi. Poids de roi, poids, mesure officielle avant la révolution. | *P. plaisant.* Être logé par le roi, être en prison. Vive le roi! Le roi est mort, vive le roi! le roi mort, son successeur règne. Noble comme le roi, de haute noblesse. Le roi n'est pas son cousin, en parlant de qqn qui est très fier de sa position, d'un succès obtenu. *Loc. prov.* Le roi dit : Nous voulons, en parlant de qqn qui dit d'un ton absolu : Je veux. Qui n'aura de beaux chevaux, si ce n'est le roi? en parlant d'une personne riche qui a un grand luxe. ‖ Roi de théâtre, celui qui joue les personnages de rois. | Au jeu de cartes, carte figurant un roi dans chaque couleur. Le roi de cœur, de carreau, de trèfle, de pique. | Au jeu d'échecs, pièce principale du jeu, qu'on ne peut pas prendre, la partie étant perdue quand le roi est en prise. Faire échec au roi. ‖ Heureux comme un roi. Un morceau de roi, digne de la bouche d'un roi. *Fig.* La vengeance Est un morceau de roi, LA F. *Fab.* x, 11. Colette est un morceau de roi, ID. *Contes, Berceau.* C'est un roi en peinture, sans autorité. *Loc. prov.* C'est la cour du roi Pétaud. (*V.* Pétaud.)
II. *P. anal. Fig.* ‖1° Chef d'une corporation. Roi d'armes, chef des hérauts d'armes. Roi de la basoche, chef de

la corporation des clercs de la basoche. Roi du festin, celui qui, chez les anciens, présidait au festin.
‖ **2°** Celui qui l'emporte sur les autres. *Loc. prov.* Au royaume des aveugles, les borgnes sont rois, en parlant de celui qui, sans être fort, l'emporte sur de plus faibles. | Le roi des animaux, le lion. Le roi des oiseaux, l'aigle. Le roi des cailles, le râle des genêts. ‖ *P. ext.* Le roi des métaux, l'or.

ROIDE, etc. *V.* raide, etc.

ROITELET [rwăt'-lè; *en vers,* rwà-te-lè] *s. m.*
[ÉTYM. Dérivé de l'anc. franç. roietel, roitel, *m. s.* § 133, lui-même diminutif de roi, §§ 63 et 126. ‖ 1459. Ung petit oiseau nommé roytellet ou roybertault, VASQUE DE LUCÈNE, *Quinte Curce,* dans GODEF. roybertault.]
‖ **1°** *En mauvaise part.* Roi d'un très petit État.
‖ **2°** *Fig.* Nom vulgaire de quelques oiseaux de très petite taille, spécialement du troglodyte d'Europe. Un — pour vous (le roseau) est un pesant fardeau, LA F. *Fab.* I, 22.

RÔLE [rôl] *s. m.*
[ÉTYM. Emprunté du lat. rotulus, *m. s.* devenu rotle, rolle, écrit arbitrairement rôle, § 503. ‖ XIIᵉ s. Car encore servoit au role d'escuier, J. BODEL, *Saisnes,* tir. 4.]
‖ **1°** *Vieilli.* Rouleau. On comprime ces cannes entre deux rouleaux qu'on appelle rôles, Mᵐᵉ DE GENLIS, *Maison rust.* t. III, p. 354. Le tabac qu'ils auront fabriqué, filé et mis en —, *Ordonn.* 22 juillet 1681.
‖ **2°** Papier, parchemin roulé contenant qqch d'écrit ou d'imprimé. ‖ *P. ext.* Feuille, registre sur lequel étaient inscrits les actes, les titres, etc. Les rôles de chancellerie, du parlement. *Absolt.* Un feuillet (recto et verso). La minute comprend trois rôles. Une grosse composée de dix rôles de minute. ‖ *Spécialt.* Liste officielle. — d'équipage, liste des hommes à bord d'un navire. Les rôles des contributions. *Absolt.* Liste des causes dans l'ordre où elles doivent être plaidées. (*Cf.* roulement.) Votre cause est au —. Elle viendra à son tour de —. *Loc. adv.* A tour de —, chacun à son tour.
‖ **3°** Transcription de ce qu'un acteur doit réciter dans une pièce. Un — de trois cents vers. ‖ 1. Ce que l'acteur doit réciter. Apprendre, savoir son —. Répéter un —. | 2. Personnage représenté par l'acteur. Les premiers, les seconds rôles. Les rôles d'homme, de femme. Distribuer les rôles. Un — d'ingénue. Être bien dans son —, dans l'esprit de son —, bien rendre le caractère du personnage. Créer un —, le jouer quand on représente la pièce pour la première fois. ‖ *Fig.* | 1. Fonction que qqn remplit. Cicéron, avec des parties admirables pour un second —, était incapable du premier, MONTESQ. *Rom.* 12. Le — du sénat dans le gouvernement. | 2. Emploi qu'on fait de qqch. Le — de la vapeur dans la navigation. Le — du verbe dans la phrase. L'argent joue un grand — dans le monde. | 3. Conduite de qqn dans une circonstance. Il a joué un vilain — dans cette affaire.

RÔLER [rô-lé] *v. tr.*
[ÉTYM. Dérivé de rôle, § 154. (*Cf.* le doublet rouler.) ‖ XVIIᵉ s. *V.* à l'article. Admis ACAD. 1762.]
‖ (Technol.) ‖ **1°** *V. tr.* Mettre en rouleau. — les feuilles de tabac.
‖ **2°** *V. intr.* Faire des rôles d'écriture. Plus il les voyait battre, mieux il rôlait, FURET. *Rom. bourg.* II, 33.

RÔLET [rô-lè] *s. m.*
[ÉTYM. Dérivé de rôle, § 133. ‖ XIIIᵉ s. En ung rolet letres petites, J. DE MEUNG, *Rose,* 20718.]
‖ *Famil.* Petit rôle qu'on joue. ‖ *Fig.* Il continue à jouer son —, LA F. *Contes, Serv. justifiée.* | *Loc. prov.* Être au bout de son —, ne savoir plus que dire, que faire.

ROMAIN, AINE [rô-min, -mèn'] *adj.*
[ÉTYM. Emprunté du lat. Romanus, de Rome, § 583. ‖ XIIᵉ-XIIIᵉ s. Le pape romain, RENCL. DE MOILIENS, *Carité,* VII, 6.]
‖ **1°** Qui appartient à l'ancienne Rome, qui en a le caractère. La république romaine. L'empire —. Les citoyens romains. Le droit —. Le calendrier —. Les armées romaines. La population romaine. Beauté romaine, femme qui a des traits fortement marqués avec un air majestueux. | *Substantivt.* Un Romain, une Romaine. Les derniers des Romains, les derniers défenseurs de la république romaine. ‖ *Fig.* Qui rappelle le patriotisme héroïque des anciens Romains. Une vertu romaine. Il y a dans cette action quelque chose de —, une sorte de grandeur romaine. *Substantivt.* C'est un Romain, un homme d'une probité et d'un patriotisme héroïques. C'est le dernier des Romains, il a des vertus qui ne sont plus de son temps. ‖ Chiffres romains

(par opposition à chiffres arabes), lettres numérales (I, X, L, etc.) employées par les Romains. ‖ *Famil. Substantivt.* (Allusion aux claqueurs payés par l'empereur romain Néron, quand il jouait sur la scène.) Claqueur. Les romains du parterre.

‖ **2°** Qui appartient à la Rome du moyen âge ou à la Rome moderne. Caractères romains, caractères d'imprimerie à traits perpendiculaires (substitués par deux imprimeurs de Rome, en 1466, aux caractères gothiques). *Substantivt.* Imprimer en —. ‖ Chandelle romaine, pièce d'artifice, fusée fixe qui lance des étoiles lumineuses. ‖ Punch à la romaine, sorbet au kirsch, au rhum ou au champagne, parfumé de citron ou de vanille. Laitue romaine, et, *substantivt, au fém.* Romaine, variété de laitue cultivée, importée d'Italie au xvᵉ s. ‖ *Spécialt.* Relatif à Rome considérée comme le siège de la religion catholique. L'Église apostolique et romaine. Le rite —.

ROMAINE [rò-mên'] *s. f.*
[ÉTYM. Emprunté de l'arabe rommâna, poids, balance, § 22. ‖ 1595. Quatre vielhes roumanes, *Invent. de la ville d'Albi*, dans *Bullet. archéol.* 1897, p. 113.]
‖ (Technol.) Balance à plateau unique, dont le fléau, muni d'une échelle graduée, oscille autour d'un point d'attache qui le divise en deux bras inégaux, le plateau étant fixé à l'extrémité du petit bras, le grand bras portant un poids, dit peson, que l'on fait glisser jusqu'au point de l'échelle où l'équilibre s'établit.

1. ROMAN [rò-man] *s. m.*
[ÉTYM. Anc. franç. romanz (*cf.* le dérivé romancier), d'abord adverbe, § 56, du lat. pop. *romanice, à la façon des Romains, §§ 290, 382 et 291. (*Cf.* romance.) Souvent écrit romant à la fin du moyen âge. (*Cf.* le dérivé romantique.) ‖ xiiᵉ s. Et lisoit Une pucele devant lui An un romanz, CHRÉTIEN DE TROYES, *Chevalier au lion*, 5364.]
I. *Anciennt.* ‖ **1°** La langue vulgaire (par opposition à la langue savante ou latin). Écrit au dixième siècle en — rustique, VOLT. *Dict. philos.* français.
‖ **2°** Œuvre littéraire écrite en cette langue (par opposition aux œuvres écrites en latin.) ‖ *Spécialt.* (xvᵉ-xviᵉ s.) Récit en prose contant quelque histoire intéressante par les aventures de ses héros. Les romans de chevalerie.
II. (Depuis le xviiᵉ s.) Œuvre d'imagination en prose où l'auteur cherche à exciter l'intérêt soit par la singularité des aventures, soit par la peinture des mœurs, des passions, etc. Les romans de la Calprenède. Le — de l'Astrée. Étant petit garçon, je lisais son — (d'Urfé), Et je le lis encore ayant la barbe grise, LA F. *Ballade sur la lecture des romans*. Les romans moraux de Richardson. Les romans d'aventures. Un — par lettres. — historique, dont les détails ou le fond sont tirés de l'histoire. Le héros, l'héroïne d'un —, et, *fig.* Héros de —, personnage qui rappelle les héros des romans. ‖ Prendre le — par la queue, commencer par le dénouement habituel des romans, le mariage. Si tout le monde vous ressemblait, un — serait bientôt fini, MOL. *Préc. rid.* sc. 4. ‖ *P. anal. Fig.* Aventures extraordinaires qui rappellent les romans. Sa vie est tout un —. Cette histoire ressemble fort à un —.

2. ROMAN, ANE [rò-man, -màn'] *adj.*
[ÉTYM. Emprunté du lat. Romanus, de Rome, adjectif appliqué, au moyen âge, à la langue vulgaire de chaque pays, par opposition à la langue des clercs ou latin. (*Cf.* le doublet romain.) Qqs auteurs (notamment VOLT.) disent langue romance : cet adj. fém., que l'ACAD. a cru devoir admettre en 1835, mais qui est aujourd'hui inusité, est tiré de l'anc. franç. romanz, subst. masc. représenté par roman 1, § 39.]
‖ (T. didact.) Relatif aux peuples conquis et civilisés par Rome. Les langues romanes, sorties du latin populaire (italien, espagnol, français, etc.). ‖ *P. ext.* L'architecture romane, l'architecture des pays latins du vᵉ au xiiᵉ s., caractérisée surtout par le plein cintre.

1. ROMANCE [rò-màns] *s. f.*
[ÉTYM. Emprunté de l'espagn. romance, mot masc. de même formation que le franç. roman 1 (*V.* ce mot), § 13. Le genre masc., conservé par NICOT, est parfois employé de nos jours en parlant des romances de l'Espagne, § 550. ‖ 1606. Au romance de Payo Rodriguez, NICOT. Admis ACAD. 1718 (sens 1°) et 1798 (sens 2°).]
‖ **1°** (Hist. littér.) Petit poème espagnol en stances. Les romances du Cid. Je vous donne, en faveur de la Chimène

de l'histoire, les deux romances que je vous ai promises, CORN. *Cid*, avert.
‖ **2°** *P. ext. De nos jours.* Petit chant d'un caractère sentimental. Chanter une —. La — du Saule (dans *Othello*). ‖ *P. ext.* Mélodie du même caractère. Les romances sans paroles de Mendelssohn.

2. ROMANCE [rò-màns] *adj. V.* roman 2.

ROMANCIER [rò-man-syé] *s. m.*
[ÉTYM. Dérivé de roman 1, d'après l'anc. forme romanz, §§ 64 et 115. A remplacé l'anc. franç. romanceor. ‖ xvᵉ s. A cette fin que on ne cuide que l'en soye le premier romancier, J. VAUQUELIN, *Girard de Roussillon*, p. 27, de Montille.]
I. *Vieilli.* Auteur d'écrits en langue française ancienne. L'art confus de nos vieux romanciers, BOIL. *Art* p. 1.
II. Auteur de romans. ‖ Auteur de romances.

'ROMANCINE [rò-man-sin'] *s. f.*
[ÉTYM. Dérivé de romance, § 100. ‖ xviᵉ-xviiiᵉ s. *V.* à l'article.]
‖ *Vieilli.* Plainte qu'on fait de qqn. De dépit des romancines de ses sœurs, ST-SIM. IV, 33. Je reçois le paquet avec une — : vraiment, comme on me lave la tête! VOLT. *Lett.* 1ᵉʳ févr. 1762.

ROMANESQUE [rò-mà-nĕsk'] *adj.*
[ÉTYM. Dérivé de roman 1 au sens **II**, §§ 64 et 149. COTGR. ne connaît romanesque qu'au sens de « romain ». ‖ xviiᵉ s. *V.* à l'article.]
‖ Qui tient du roman. La littérature —. *P. ext.* La galante et — ville de Grenade, FURET. *Rom. bourg.* 1, 7. ‖ *Fig.* Des aventures, des idées romanesques, telles qu'on en trouve dans les romans, et non dans la vie réelle. Une passion —.

ROMANESQUEMENT [rò-mà-nĕs'-ke-man] *adv.*
[ÉTYM. Composé de romanesque et ment, § 724. ‖ xviiᵉ s. *V.* à l'article. Admis ACAD. 1798.]
‖ D'une manière romanesque. La princesse était — belle, SÉV. 772.

ROMANTIQUE [rò-man-tïk'] *adj.*
[ÉTYM. Dérivé de roman 1 au sens **II**, §§ 64 et 229. ‖ xviiiᵉ s. *V.* à l'article. Admis ACAD. 1798 (sens **I**) et 1878 (sens **II**).]
I. *Vieilli.* Romanesque. L'imagination —, MARMONTEL, *Mém.* 7. *Spécialt.* Qui rappelle les descriptions faites dans les romans. Site —.
II. Qui appartient au système littéraire dit romantisme. La littérature —. L'école —. *Substantivt.* La lutte des romantiques et des classiques.

'ROMANTIQUEMENT [rò-man-tïk'-man; *en vers,* -ti-ke-...] *adv.*
[ÉTYM. Composé de romantique et ment, § 724. ‖ *Néolog.*]
‖ D'une manière romantique.

ROMANTISME [rò-man-tïsm'] *s. m.*
[ÉTYM. Dérivé de romantique, § 265. ‖ *Néolog.* Admis ACAD. 1878.]
‖ (T. didact.) Système littéraire qui rejette l'imitation classique des Grecs et des Latins, et prétend s'affranchir des règles établies.

ROMARIN [rò-mà-rin] *s. m.*
[ÉTYM. Emprunté du lat. rosmarinus, m. s. proprt, « rosée de mer ». ‖ xiiiᵉ s. Rosmaris est chauz, *Simples medicines*, fᵒ 65, rᵒ.]
‖ (Botan.) Plante aromatique de la famille des Labiées, qui croît surtout aux bords de la mer.

ROMPEMENT [ronp'-man; *en vers,* ron-pe-...] *s. m.*
[ÉTYM. Dérivé de rompre, § 145. ‖ xivᵉ s. Solucion et rompement de ceste loy, ORESME, dans MEUNIER, *Essai sur Oresme*.]
‖ Action de rompre. ‖ *Spécialt. Fig.* — de tête, fatigue de la tête. Je comprends votre — de tête, SÉV. 1358.

ROMPRE [rõnpr'] *v. tr. et intr.*
[ÉTYM. Du lat. rumpere, m. s. §§ 327, 290 et 291.]
I. *V. tr.* ‖ **1°** Séparer en deux parties par un effort violent. Voyez si vous romprez ces dards liés ensemble, LA F. *Fab.* IV, 18. L'essieu crie et se rompt, RAC. *Phéd.* V, 6. Un pont... rompu depuis peu, VOLT. *Zadig*, 20. Il prit le pain et le rompit. Le fleuve a rompu ses digues. Se — une veine. Se — le cou, se rompre une des vertèbres du cou. — sa chaîne. — ses fers, et, *fig.* s'affranchir de la servitude. Rompez vos fers, Tribus captives, RAC. *Esth.* III, 9. — une lance, en combattant contre qqn, et, *fig.* — une lance avec qqn, le combattre. — une lance pour qqn, le défendre. — en visière, rompre sa lance sur la visière du casque de l'adversaire,

et, *fig.* — en visière à qqn, le contredire en face. — la paille avec qqn. *Pop.* Une paille rompue Rend, entre gens d'honneur, une affaire conclue, MOL. *Dép. am.* IV, 4. || *P. ext.* Mettre en pièces. Je n'ai trouvé personne à qui — les os, MOL. *Amph.* I, 2. Condamné à être rompu vif, à avoir les os des bras et des jambes rompus avec une barre de fer. Le traître... nous rompit de ses mains Un mouchoir, MOL. *Tart.* I, 2. La chausse rompue, RÉGNIER, *Sat.* 2. — la glace (pour rendre le chemin praticable), et, *fig.* faciliter l'issue d'une affaire difficile, d'une situation gênante. || *P. anal.* N'entendez-vous pas la vague qui se rompt contre ces autres rochers? FÉN. *Tél.* 9. — une troupe, la mettre en déroute. Trois fois le jeune vainqueur s'efforça de — ces intrépides combattants, BOSS. *Condé.* Les armées romaines, quoique défaites et rompues, BOSS. *Hist. univ.* III, 6. || *Fig. Vieilli.* Un nombre rompu (une fraction), CONDILL. *Lang. calc.* II, 10. Battre à bâtons rompus, battre du tambour en frappant tour à tour deux coups avec chaque baguette. | Bâtons rompus, ornement qui représente des bâtons entrelacés, et, *fig.* Faire qqch à bâtons rompus, sans suite. || Être rompu de fatigue. Quand on a les jambes rompues (à force de marcher), SÉV. 88. — les oreilles à qqn, par trop de bruit. — la tête à qqn, par des discours fatigants. Ne me rompez pas davantage la tête, MOL. *Mis.* IV, 3. || *P. ext.* Vaincre dans ses résistances. — le caractère de qqn. — un cheval. | *P. anal.* Être rompu à un exercice, à la fatigue, aux affaires.

|| **2°** Interrompre. — le courant du fleuve. — la violence du vent, de la vague. Les rues étaient de grands chemins rompus d'ornières, SÉV. 714. || *Fig.* — le silence. — un enchantement. — un tête-à-tête. — une partie de jeu. — le discours. — les chiens, leur faire quitter ce qu'ils chassent, et, *fig.* faire quitter un sujet scabreux. Tout commerce est quasi rompu dans cette province, SÉV. 1263. Parler à propos rompus, d'une manière décousue. Tout équilibre fut rompu, MONTESQ. *Rom.* 5. — le jeûne. — la monotonie de son existence. (Peinture.) — un ton, le varier avec d'autres tons. || *P. anal.* Ne pas donner suite à une chose projetée, convenue, etc. Brute... Voulut plus d'une fois — son entreprise, CORN. *Cinna*, III, 2. — un départ qui lui percerait l'âme, MOL. *Éc. des m.* III, 2. Pour — le dessein que son cœur se propose, ID. *Mis.* V, 4. || Être infidèle à un engagement. — un traité, un mariage. — des nœuds que l'amour ne rompt pas, CORN. *Rodog.* II, 4. Je romps ma foi due aux secrets de ma reine, ID. *ibid.* III, 1. Rompez tout pacte avec l'impiété, RAC. *Ath.* I, 1.

|| **3°** Disperser, désunir. — une armée, en la licenciant. — un carré, en reformant les troupes en colonne. — un camp, en renvoyant les troupes dans leurs quartiers. — les rangs, en se séparant. — les faisceaux, en reprenant les fusils. || *Fig.* — la mesure d'un vers, d'une phrase musicale. — le pas, ne plus aller au pas avec qqn.

II. *V. intr.* || **1°** Se séparer en deux parties, par suite d'un effort violent. Je plie et ne romps point, LA F. *Fab.* I, 22. L'on serre jusqu'à ce que la corde rompe, SÉV. 597. Mon épée... en trois morceaux rompit, CORN. *Ment.* II, 5. Les branches rompent sous le poids des fruits. || *Fig.* S'il ne plie, il rompra (il sera perdu), TRISTAN L'HERMITE, *M. de Chrispe*, III, 6.

|| **2°** (T. milit.) Passer de l'ordre en bataille à l'ordre en colonne. — par divisions, par pelotons.

|| **3°** (Escrime.) Ne pas rester de pied ferme, reculer. — d'une semelle. || *Fig.* Interrompre les relations. — avec qqn. On a bien de la peine à —, quand on ne s'aime plus, LA ROCHEF. *Max.* 351. — avec le monde, et, *vieilli,* — au monde.

***ROMPURE** [ron-pûr] *s. f.*
[ÉTYM. Dérivé de rompre, § 111. || XIII° s. Rumpeure, *Livre de jostice*, X, 15.]
|| (Technol.) Rupture. *Spécialt.* La — d'un caractère d'imprimerie.

RONCE [rôns] *s. f.*
[ÉTYM. Du lat. *rŭmicem*, *m. s.* §§ 327, 472, 290 et 291.]
|| Arbuste épineux et rampant, de la famille des Rosacées, qui pousse dans les haies, les bois, et donne un fruit dit mûre sauvage. Se déchirer aux ronces du chemin. Les ronces dégouttantes Portent de ses cheveux les dépouilles sanglantes, RAC. *Phèd.* V, 6.

ROND, RONDE [ron, rônd'] *adj.* et *s. m.* et *f.*
[ÉTYM. Du lat. *rŏtŭndum*, *m. s.* de rota, roue, devenu *rodond, reond, rond,* §§ 347, 402, 358, 327 et 291. (*Cf.* rotonde.)]
I. *Adj.* Qui est de forme circulaire. Une table ronde. Un plat —. La pièce ronde, un écu. Gagner la pièce ronde. La

terre est ronde. *P. plaisant.* En est-il un plus pauvre en la machine ronde (sur le globe)? LA F. *Fab.* I, 16. Un bras et potelé. Une taille ronde. Un fil —. Des figures de ronde bosse (par opposition à bas, haut relief), dont le contour entier est visible. Une tête ronde, et, *fig.* Les Têtes Rondes, les partisans de Cromwell, qui portaient les cheveux très courts. || *Fig.* Une fortune ronde, assez considérable. Une bourse ronde, bien remplie. Une voix ronde, dont les notes sont également pleines. Un homme tout —, qui parle, agit tout uniment. | *P. plaisant.* Il est —, il a un peu trop bu. [Un nombre —, un nombre entier, sans fractions. Une somme ronde, formée d'un nombre rond de francs. On compte —, qui fait une somme ronde.

II. *S. m.* et *f.* || **1°** *S. m.* Tracer un — sur le papier. Cracher dans un puits pour faire des ronds, MOL. *Mis.* V, 4. Un — de cuir, coussin que mettent sur leur siège les gens de bureau, et, *fig.* par dénigrement, Un — de cuir, un employé de bureau. Un quart de —, sorte de moulure. (*Cf.* quarderonner.) Un — de jambe, mouvement de la jambe qui décrit un demi-cercle en dansant. Danser, s'asseoir en —.

|| **2°** *S. f.* Ronde. | **1.** Espace circulaire. Une lieue à la —, LA F. *Fab.* III, 18. Boire, chanter à la —. | **2.** Danse en rond, chanson à danser en rond. Une — villageoise. | **3.** Visite pour s'assurer que les choses vont bien. Le maître vient et vient faire sa —, LA F. *Fab.* IV, 21. *Ellipt.* — major, que fait le major, le commandant d'une place. Chemin de —, ménagé au pied du talus extérieur du parapet, dans une place forte. | *P. ext.* Ceux qui font la ronde. La — passe. | **4.** Écriture en lettres rondes. Il écrit en —. | **5.** Note de musique, qui a la valeur de deux blanches.

RONDACHE [ron-dăch'] *s. f.*
[ÉTYM. Dérivé de rond, § 81. (*Cf.* rondelle.) || 1584. Va t'en quérir ma rondache, TOURNEBU, *Les Contents*, V, 4.]
|| *Anciennt.* Bouclier rond des fantassins.

RONDEAU [ron-dô] *s. m.*
[ÉTYM. Dérivé de rondel, § 126. Le sens **2°** a passé en ital. avec l'orthographe rondò, que quelques musiciens emploient même en français en l'écrivant rondo. || XIV° s. Et vous envoie ce rondel, GUILL. DE MACHAUT, p. 135.]
|| **1°** Petit poème français composé de treize vers, huit sur une rime, cinq sur une autre, séparés par une pause au cinquième et une au huitième vers, le premier ou les premiers mots se répétant après le huitième et le treizième vers, sans en faire partie. Les rondeaux de Marot. | — redoublé, petit poème de vingt vers en cinq quatrains, où les quatre vers du premier font successivement le dernier des quatre autres quatrains, et auquel on ajoute parfois un sixième quatrain, dit envoi, après lequel on répète le premier mot ou le premier hémistiche du poème.
|| **2°** *P. anal.* (Musique.) Pièce dont le thème principal se reprend plusieurs fois.

RONDELET, ETTE [rond'-lè, -lêt ; *en vers,* ron-de-...] *adj.*
[ÉTYM. Dérivé de rond, §§ 63, 126 et 133. || XIV° s. Teste petite et rondelette, *Modus*, f° 96. Admis ACAD. 1718.]
|| *Famil.* Passablement rond. Une bourse rondelette, assez bien garnie. | Petite main rondelette et potelée, MARIV. *Jeu de l'am. et du has.* III, 6.

RONDELETTE [rond'-lèt' ; *en vers,* ron-de-...] *s. f.*
[ÉTYM. Tiré de rondelet, § 38. || 1724. *Règlement,* dans SAVARY, *Dict. du comm.* suppl. Admis ACAD. 1798.]
|| Toile à voile (fabriquée en Bretagne).

RONDELLE [ron-dèl] *s. f.*
[ÉTYM. Dérivé de rond, § 126. || XII°-XIII° s. Une rondele de fou, *Dial. Gregoire,* p. 104.]
|| Pièce ronde.
|| *Spécialt.* || **1°** (Archéol.) Petit bouclier rond. (*Syn.* rondache.) || Épée à garde ronde.
|| **2°** (Technol.) | **1.** Plaque circulaire de métal, de cuir, etc., évidée au centre, qu'on place sous les écrous pour répartir le serrage sur une plus grande surface. | **2.** Disque séparant chaque taillant dans une fenderie. | **3.** — fusible, plaque d'alliage qu'on employait dans les chaudières à vapeur pour suppléer les soupapes de sûreté, fondant et laissant un passage à la vapeur quand celle-ci avait dépassé la température prévue. | **4.** Anneau de caoutchouc maintenant fermée la monture d'un parapluie.

RONDEMENT [rond'-man ; *en vers,* ron-de-...] *adv.*
[ÉTYM. Composé de ronde et ment, § 724. || XII° s. Cinq jours entiers roondement, *Thèbes,* app. II, 2847.]

‖ **1°** *Anciennt. Au propre.* En forme ronde.
‖ **2°** *Fig. Famil.* Avec rondeur, sans lenteurs. Il a fait — ce voyage. Mener — une affaire.

RONDEUR [ron-deûr] *s. f.*
[ÉTYM. Dérivé de rond, § 110. ‖ 1539. R. EST.]
I. Qualité de ce qui est rond (circulaire, sphérique, cylindrique, conique). La — d'un plat, d'une assiette, d'une boule. La — du bras, de la taille. ‖ *P. anal.* Qualité de ce qui est bien rempli. Donner à mon livre plus de —, LA BR. préf.
II. *Fig.* Qualité de celui qui parle, agit tout uniment. La — de ses manières, de ses procédés. Avoir de la —. | Qualité de celui qui va au but sans lenteurs. Il a de la — dans les affaires. Mener une affaire avec —.

RONDIN [ron-din] *s. m.*
[ÉTYM. Dérivé de rond, § 100. NICOT ne connaît rondin que comme nom d'une mesure de grains à Melun. ‖ 1642. OUD.]
‖ (Technol.) Morceau de bois de chauffage laissé rond (par opposition à celui qui est fendu).

RONDINER [ron-di-né] *v. tr.*
[ÉTYM. Dérivé de rondin, § 154. ‖ Admis ACAD. 1798.]
‖ *Vieilli.* Battre à coups de rondin. (*Syn.* bâtonner.)

***RONDO.** *V.* rondeau.

RONDON. *V.* randon.

ROND-POINT [ron-pwin] *s. m.*
[ÉTYM. Composé de rond et point, § 173. ‖ 1771. TRÉV. Admis ACAD. 1835.]
‖ **1°** Grande place circulaire à laquelle aboutissent plusieurs allées ou avenues.
‖ **2°** Partie demi-circulaire qui forme souvent le fond d'une église. (*Syn.* abside.)

RONFLANT, ANTE [ron-flan, -flänt'] *adj.*
[ÉTYM. Adj. particip. de ronfler, § 47. ‖ 1529. Son ronflant, G. TORY, *Champfleury*, dans DELB. *Rec.* Admis ACAD. 1798.]
‖ Qui ronfle. ‖ *Fig.* Qui a une sonorité un peu vide. Mots ronflants. Un style —. ‖ Des promesses ronflantes.

RONFLEMENT [ron-fle-man] *s. m.*
[ÉTYM. Dérivé de ronfler, § 145. VAUGEL. cite ronflement parmi « de certains mots que l'on peut former sur le champ ». ‖ 1630. MONET, *Abrégé du parallèle.*]
‖ Respiration nasale bruyante qui se produit qqf pendant qu'on dort. Un — sonore. ‖ *Fig.* Sonorité grave, un peu sourde. Le — d'une toupie. Le — de l'orgue.

RONFLER [ron-flé] *v. intr.*
[ÉTYM. Sorte d'onomatopée dont la désinence est peut-être empruntée à souffler, § 32. ‖ XIIᵉ s. Ele ronflot et sengloteit, *Énéas*, 2071.]
‖ Émettre en dormant une respiration nasale bruyante. Il ronfle en compagnie, LA BR. 6. ‖ *P. anal.* En parlant des choses, produire une sonorité sourde et prolongée. Une toupie qui ronfle. Le canon ronflait de ce côté. L'orgue, le violon ronfle. | Faire — des vers, les déclamer avec une sonorité affectée.

RONFLEUR, EUSE [ron-fleur, -fleuz'] *s. m. et f.*
[ÉTYM. Dérivé de ronfler, § 112. ‖ XVIᵉ s. Le bon ronfleur Eolus, RAB. IV, 43.]
‖ Celui, celle qui ronfle.

RONGE [rônj'] *s. m.*
[ÉTYM. Subst. verbal de ronger 1, § 52. ‖ XIIᵉ s. Car trop sovent Il vient au runge, ÉT. DE FOUGÈRES, *Livre des man.* 963. Admis ACAD. 1798.]
‖ (Vénerie.) Action de ruminer. Un cerf qui fait le —.

***RONGEANT, ANTE** [ron-jan, -jänt'] *adj.*
[ÉTYM. Adj. particip. de ronger 2, § 47. ‖ XVIIIᵉ s. *V.* à l'article.]
‖ Qui ronge. *Fig.* Les soucis rongeants, J.-J. ROUSS. *Confess.* 2.

1. *RONGER [ron-jé] *v. intr.*
[ÉTYM. Du lat. pop. rūmĭgāre (class. rūmĭnāre), ruminer, devenu régulièrement rungier, §§ 472, 336, 297 et 291, runger, § 634, altéré ensuite en rongier, ronger, par confusion avec ronger 2, § 509. ‖ XIIᵉ s. Et toute la vespree son maltalent runga, *Naiss. du cheval. au cygne*, dans DELB. *Rec.*]
‖ *Vieilli et dialect.* Ruminer. (*Cf.* ronge.) Bestes qui rongent si comme buef, *Chirurg. de Mondeville*, 98, Bos. *Spécialt.* (Vénerie.) Le cerf ronge. ‖ *Fig.* Rongeant une vengeance mortelle contre Pépin, PASQ. *Rech.* V, 3.

2. RONGER [ron-jé] *v. tr.*
[ÉTYM. Du lat. pop. *rōdicāre, dérivé de rodere, m. s. (*cf.* roder), devenu régulièrement rogier, rouger (*cf.* fouger de *fodicare), puis ronger par confusion avec rungier, ruminer (*cf.* ronger 1), § 509. ‖ XIIᵉ s. Issi avint qu'uns lous runja Un os, MARIE DE FRANCE, *Fables*, VII, 1, Warnke.]
‖ Entamer à petits coups de dents, de bec. Il (le rat) ronge la laine, les étoffes, les meubles, BUFF. *Rat.* Ces rats qui, les livres rongeants, LA F. *Fab.* VIII, 9. Donner un os à — à un chien, et, *fig.* Donner un os à — à qqn, lui donner quelque chose qui l'aide à vivre, pour se délivrer de ses importunités. ‖ *P. anal.* Les vers rongent le bois. ‖ *P. ext.* Un cheval qui ronge son frein, le mordille, le mâche, et, *fig.* — son frein, contenir impatiemment son dépit, son ressentiment, en soi-même. Il se rongeait les poings de dépit. ‖ *Fig.* User, détruire (un corps) par une action lente et insensible. Un acide qui ronge les métaux. Le fer se ronge sous la rouille. Être rongé par un ulcère. La fièvre le ronge. ‖ La crainte le ronge, LA F. *Fab.* II, 14. Je me ronge le cœur, RÉGNIER, *Élég.* 2.

RONGEUR, *RONGEUSE [ron-jeûr, -jeûz'] *s. m. et f.*
[ÉTYM. Dérivé de ronger 2, § 112. ‖ 1549. R. EST.]
‖ Celui, celle qui ronge. *Spécialt.* Les rongeurs, animaux formant un ordre de la classe des Mammifères, à incisives développées qui leur permettent de ronger. ‖ *Adjectivt.* Un animal —. Un ver —, et, *fig.* Le ver — du remords. Des soucis rongeurs.

RONRON [ron-ron] *s. m.*
[ÉTYM. Onomatopée, § 32. ‖ XVIIIᵉ s. *V.* à l'article.]
‖ Petit grondement de contentement que fait entendre le chat. ‖ *Fig. Famil.* Bruit sourd et continu. Un — traînant et perpétuel de basses, J.-J. ROUSS. *Nouv. Hél.* II, 23.

***RONRONNER** [ron-rò-né] *v. intr.*
[ÉTYM. Dérivé de ronron, § 154. ‖ Néolog.]
‖ *Famil.* En parlant du chat, faire des ronrons.

ROQUENTIN [rò-kan-tin] *s. m.*
[ÉTYM. Origine inconnue. ‖ 1631. C'est l'avis du roquentin, *Cabinet des chansons*, p. 71. Admis ACAD. 1835.]
‖ *Ancient.* Vieux militaire retraité, jouissant d'une demi-paye. Les roquentins chantaient à la veillée de vieilles chansons. ‖ *Fig.* | 1. *Ancient.* Chanteur de chansons, de vaudevilles satiriques. *P. ext.* La chanson elle-même. Le destin Nous fait mettre au —, *Comédie des chansons* (1640), V, 1. | 2. Vieillard qui veut faire le jeune homme.

ROQUER [rò-ké] *v. intr.*
[ÉTYM. Dérivé de roc 1, § 154. ‖ Admis ACAD. 1694.]
‖ (Jeu d'échecs.) Mettre la tour auprès du roi, et le roi de l'autre côté de la tour, quand il n'y a aucune pièce entre eux, soit à droite, soit à gauche, quand on le juge opportun.

1. *ROQUET [rò-kè] *s. m.*
[ÉTYM. Forme normanno-picarde de rochet, §§ 16 et 391. ‖ Admis ACAD. 1694 ; suppr. en 1740.]
‖ *Ancient.* Manteau ne dépassant pas la ceinture, porté surtout à cheval. Leur — pendait jusqu'aux hanches, RONS. *Ode à l'Hospital.*

2. ROQUET [rò-kè] *s. m.*
[ÉTYM. Origine inconnue. ‖ 1625. *Muse normande*, dans DELB. *Rec.*]
‖ Petit chien, issu du croisement du petit danois avec le doguin, qui aboie après tout le monde. ‖ *Fig. Famil.* Individu dont les attaques sont à dédaigner. Les roquets de la littérature, GRIMM, *Corresp. littér.* II, p. 294.

ROQUETTE [rò-kèt'] *s. f.*
[ÉTYM. Emprunté de l'ital. ruchetta, de ruca, lat. eruca, sorte de chou, § 12. ‖ 1539. R. EST.]
‖ Plante crucifère. La — cultivée, espèce de chou de saveur forte.

ROQUILLE [rò-kïy'] *s. f.*
[ÉTYM. Origine inconnue. ‖ 1611. COTGR.]
‖ Ancienne mesure de vin, quart d'un setier. Quel dommage de n'en avoir que — I MARIV. *Jeu de l'am. et du has.* II, 3.

***ROS** et, *moins bien*, ***ROT** [rò] *s. m.*
[ÉTYM. Emprunté du german. raus (allem. mod. rohr), m. s. §§ 6, 498 et 499. ‖ XIIᵉ s. De ros, de glaiz tuz les coverit, GEFFREY GAIMAR, *Chron.* I, 18.]
‖ **1°** *Dialect.* Roseau.
‖ **2°** *P. ext.* Pièce du métier à tisser, peigne dont les dents étaient faites à l'origine de lames de roseaux.

ROSACE [rô-zàs'] *s. f.*
[ÉTYM. Dérivé de rose, § 81. (*Cf.* roson.) || 1547. Volutes garnyes de rosaces, J. MARTIN, *Vitruve*, dans DELB. *Rec.* Admis ACAD. 1762 et écrit d'abord rosasse.]

|| (Technol.) Figure symétrique circulaire, présentant plus ou moins d'analogie avec une rose. || *Spécialt.* | **1.** Ornement d'architecture qu'on place dans les caissons d'une voûte, d'un plafond. | 2. Grand vitrail d'église de forme circulaire.

ROSACÉ, ÉE [rô-zà-sé] *adj.*
[ÉTYM. Emprunté du lat. rosaceus, m. s. || 1771. Plantes rosacées, TRÉV. Admis ACAD. 1835.]

|| (T. didact.) Qui ressemble à une rose. Fleur rosacée, dont les pétales sont disposés à la manière des pétales d'une rose. || *Substantivt, au fém.* Les rosacées, famille de plantes dont la rose est le type.

ROSAGE [rô-zàj'] *s. m.*
[ÉTYM. Emprunté du lat. du moyen âge rosago, inis, m. s. dérivé de rosa, rose, § 237. || 1545. Rosage ou rosagine, G. GUÉROULT, *Hist. des plantes*, dans DELB. *Rec.* Admis ACAD. 1798.]

|| (Botan.) Rhododendron, plante.

ROSAIRE [rô-zèr] *s. m.*
[ÉTYM. Emprunté du lat. du moyen âge rosarium, m. s. proprt, « rosier », chaque grain du chapelet étant comparé à une rose, § 217. || 1611. COTGR.]

|| Grand chapelet composé de quinze dizaines de grains sur chacun desquels on dit un *Avé*, précédées chacune d'un grain plus gros sur lequel on dit un Pater.

ROSAT [rò zà] *adj. invar.*
[ÉTYM. Emprunté du lat. rosatam, rosé, confondu avec rosaceus, de rose, ce dernier rendu en anc. franç. par rosaç, au fém. rosace. || XIIᵉ s. D'eve rosade l'ont lavee, *Énéas*, 7434. | XIIIᵉ s. Huile rosat, *Simples medicines*, fᵒ 2, vᵒ.]

|| (Pharm.) Où il entre des roses rouges. Huile —. Pommade —. Onguent —. Vinaigre —, où l'on a fait macérer des roses.

ROSBIF [rôs'-bïf'] *s. m.*
[ÉTYM. Emprunté de l'angl. roastbeef, bœuf (beef) rôti (roast), § 8. (*Cf.* rôt-de-bif.) || 1768. *V.* à l'article. Admis ACAD. 1798.]

|| (Cuisine.) Morceau de bœuf rôti, généralement le faux filet. *Fig.* En parlant d'une œuvre littéraire. C'est un — anglais, très difficile à digérer par beaucoup de petits estomacs de Paris, VOLT. *Lett. à Mᵐᵉ du Deff.* 26 déc. 1768.

ROSE [rôz] *s. f.*
[ÉTYM. Du lat. rŏsa, m. s. §§ 320 et 291.]

|| **1°** Fleur du rosier, d'une odeur suave, dont le type primitif est d'un rouge pâle délicat. — d'églantier, la rose sauvage ou rose simple. — du Bengale. — double. — de Damas ou des quatre saisons. || En parlant des variétés obtenues par la culture, et de couleurs diverses. — rouge, blanche, jaune. Un bouquet de roses. — de Provins, dont on fait la conserve et le miel rosat. — mousseuse. — pompon. Eau de —, et, *adjectivt*, Eau —, eau tirée par distillation des roses. *Fig. Famil.* Une composition à l'eau de —, sans énergie. Essence de roses. Le parfum de la —. *Famil.* Cela ne sent pas la —, cela a une odeur désagréable, infecte. Un bouquet, une couronne de roses. Un bouton de —. Et, —, elle a vécu ce que vivent les roses, L'espace d'un matin, MALH. *Poés.* 11. Pot aux roses, où l'on met l'essence de roses, et, *fig. famil.* Le pot aux roses est découvert, on connaît le fin mot de l'affaire. || *Fig.* Être sur un lit de roses, dans une situation très agréable. Au prix du mal que le pauvre homme avait, Sans que l'on pend sout sur des lits de roses, LA F. *Contes, Oraison.* | *Loc. prov.* Il n'y a point de roses sans épines, point de plaisir sans peine. | Par allusion aux couleurs délicates de la rose. Un teint de —. Des lèvres de —. Les roses de son teint. L'aurore aux doigts de —. || *Adjectivt.* Des lèvres roses. *Substantivt.* Le —, la couleur rose. S'habiller de —.

|| **2°** *P. anal.* Fleur ressemblant plus ou moins à la rose. — des Alpes, variété de rhododendron. — de Noël, ellébore noir. — trémière, alcée rose, malvacée. || *P. ext.* Bois de —, bois rouge à odeur de rose employé en ébénisterie.

|| **3°** *P. ext.* Objet en forme de rose. | 1. — d'or, figure de rose en or que le pape bénit le quatrième dimanche de carême, et envoie en don à quelque prince souverain. | 2. — blanche, — rouge, emblèmes des maisons anglaises d'York, de Lancastre. La guerre des Deux Roses, entre ces

deux familles. | 3. — de diamants, de rubis, diamants, rubis montés en forme de rose. | Diamant en —, et, *ellipt*, —, diamant plat en dessous, et taillé à facettes par-dessus. | 4. Ornement d'architecture, de menuiserie, de parqueterie, de serrurerie, en forme de rose. (*Cf.* rosace.) | 5. (Marine.) — de compas, — des vents, plaque portant une rosace à trente-deux feuilles divisant la circonférence en trente-deux parties égales, avec l'indication, à chacune de ces divisions, de l'aire des vents. (*Cf.* rumb.)

ROSÉ, ÉE [rô-zé] *adj.*
[ÉTYM. Dérivé de rose, § 118. (*Cf.* rosat.) || XIIᵉ-XIIIᵉ s. Mons vers, mons floris, mons rosés, RENCL. DE MOILIENS, *Carité*, CCXXXIII, 2.]

|| Légèrement teinté de rose. Couleur rosée. Du champagne —.

ROSEAU [rô-zó] *s. m.*
[ÉTYM. Dérivé de ros, § 126. || XIIᵉ s. As gavelocs e as rosels, *Tristan*, III, p. 20, Michel.]

|| Plante à tige lisse, droite, creuse à l'intérieur et remplie de moelle, formant un genre de la famille des Graminées. Un marais plein de roseaux. L'arbre tient bon, le — plie, LA F. *Fab.* I, 22. Frêle comme un —. || *Fig.* Un — qui plie à tous les vents, un homme qui cède à toutes les impulsions. Un — peint en fer, un homme faible qui se donne des airs d'énergie. S'appuyer sur un —, sur un faible appui. Sur quel — fragile a-t-il mis son appui? RAC. *Esth.* II, 1. L'homme n'est qu'un —, le plus faible de la nature, mais c'est un — pensant, PASC. *Pens.* I, 6.

ROSE-CROIX [róz'-krwá; *en vers*, ró-ze-...] *s. f.*
[ÉTYM. Trad. littérale de l'allem. rosenkreuz, m. s. que l'on dit être originairement le nom propre d'un illuminé du commencement du XVᵉ s., auquel se rattache cette confrérie, §§ 7 et 36. || 1623. Les freres de la Rose-Croix, G. NAUDÉ, *Instruct. à la France*, titre. Admis ACAD. 1762.]

|| Confrérie secrète d'Allemagne dont les membres se donnaient comme alchimistes et magiciens. Un frère de la —, et, *au masc.* Les —. *De nos jours.* Un —, franc-maçon d'un grade supérieur à celui de maître.

ROSÉE [rô-zé] *s. f.*
[ÉTYM. Du lat. pop. *rosata, dérivé de ros, m. s. § 119, devenu rosede, rosee, §§ 295, 402 et 291. (*Cf.* arroser.) || XIᵉ s. Pluie n'i chet, rusee n'i adeiset, *Roland*, 981.]

|| **1°** Couche de gouttelettes qui se dépose la nuit à la surface de certains corps exposés à l'air, vapeur d'eau de l'atmosphère condensée par le refroidissement dû au rayonnement nocturne. La terre trois ans sans pluie et sans —, RAC. *Ath.* I, 1. *Loc. prov.* Tendre comme la —. Une salade tendre comme de la —. || *Fig.* Ma générosité qui répand la — de ses faveurs sur les grands comme sur les petits, VOLT. *Ch. XII*, 6.

|| **2°** *P. anal.* Liquide qui tombe en gouttelettes. Une — de larmes.

ROSÉOLE [rô-zé-òl] *s. f.*
[ÉTYM. Dérivé de rose, § 239. (*Cf.* rougeole.) || *Néolog.* Admis ACAD. 1878.]

|| (Médec.) Éruption cutanée légère, caractérisée par de petites taches roses, de courte durée, sans fièvre, qu'on remarque surtout chez les enfants.

ROSERAIE [róz'-rè; *en vers*, ró-ze-rè] *s. f.*
[ÉTYM. Dérivé de rosier, §§ 65 et 121. || 1690. Roseraye : en quelques lieux on dit rosoy, FURET. Admis ACAD. 1762.]

|| Terrain planté de rosiers.

ROSETTE [rô-zèt'] *s. f.*
[ÉTYM. Dérivé de rose, § 133. || XIIᵉ-XIIIᵉ s. Le rouge rosete, RENCL. DE MOILIENS, *Miserere*, CXCVI, 9. | 1310. Estinchelés de rosettes d'estain, dans DELB. *Rec.*]

I. *Anciennt.* Petite rose.

II. *Fig.* || **1°** Ornement en forme de petite rose. | 1. Petit nœud de ruban. Des souliers à —. *Spécialt.* Petit nœud de ruban rouge, insigne que portent à la boutonnière les officiers de la Légion d'honneur. *P. ext.* Petit nœud de ruban violet, etc., que portent les officiers de l'Instruction publique, etc. | 2. Ornement ciselé adapté à la tige d'un bouton de porte, aux croisillons d'un balcon. | 3. Ornement de broderie, de sculpture. | 4. Fer de relieur pour fleurons. | 5. Petit cadran où est l'aiguille pour avancer ou retarder le mouvement d'une montre. | 6. Cheville à tête de champignon sur la traverse d'un portemanteau.

|| **2°** Produit rappelant la couleur de la rose. | 1. Encre

rouge faite avec du brésil. | **2.** Craie teinte en rouge qui
sert à peindre. | **3.** Cuivre rouge pur.

ROSIER [rô-zyé] *s. m.*
[ÉTYM. Dérivé de *rose*, § 115. || XIIᵉ-XIIIᵉ s. Que l'erbe est
verz et rosier sont flori, BERTRAN DE BAR, *Girard de Viane*,
19, dans BARTSCH et HORNING, *Langue et littér. franç.*
col. 333.]
|| Arbuste de la famille des Rosacées, dont la fleur,
dite *rose*, est remarquable par sa beauté et son parfum.

1. *ROSIÈRE [rô-zyèr] *s. f.*
[ÉTYM. Dérivé de *rosse* (à cause de la couleur de la queue
du poisson), § 115. || 1611. COTGR. Admis ACAD. 1762;
suppr. en 1835.]
|| *Dialect.* Poisson de rivière voisin de la brème.

2. ROSIÈRE [rô-zyèr] *s. f.*
[ÉTYM. Dérivé de *rose*, § 115. || 1779. *V.* à l'article. Ad-
mis ACAD. 1798.]
|| Dans certains villages où l'on couronne chaque année
la plus vertueuse des jeunes filles, celle à qui la couronne
de roses est décernée. La — de Nanterre. J'ai été —, Mᵐᵉ
DE GENLIS, *Rosière* (1779), I, 2.

***ROSIÉRISTE** [rô-zyé-rīst'] *s. m. et f.*
[ÉTYM. Dérivé de *rosier*, § 265. || *Néolog.*]
|| Celui, celle qui s'adonne à la culture des rosiers.

ROSON [rô-zon] *s. m.*
[ÉTYM. Dérivé de *rose*, d'après l'ital. *rosone*, *m. s.* §§ 12
et 104. || 1694. TH. CORN. *rosasse*. Admis ACAD. 1762.]
|| (*Architect.*) Rosace.

ROSSE [rôs'] *s. f.*
[ÉTYM. Emprunté de l'allem. *ross*, coursier, pris en mau-
vaise part, § 8. || XVᵉ-XVIᵉ s. Tel cuide avoir jeune cheval Qui
achate une vieille roche, G. ALEXIS, dans DELB. *Rec.*]
|| Mauvais cheval. Une vieille —. La postérité d'Alfane et
de Bayard, Quand ce n'est qu'une —, est vendue au hasard, BOIL.
Sat. 5. || *Fig. Famil.* Personne qui ne vaut pas grand
chose. Va, crève, vieille —, BARON, *École des pères*, IV, 3.
Cette vieille — refaite et maquignonnée, REGNARD, *Divorce*,
III, 6. *Adjectivt. Néolog.* Écrivain —, qui affecte crûment le
mépris des convenances sociales, et même de la morale.

ROSSER [rô-sé] *v. tr.*
[ÉTYM. Semble dérivé de *rosse*, § 154. COTGR. ignore
rosser ; OUD. ne le connaît qu'au sens de « gronder », qu'on
retrouve dans J. LE HOUX. (*V.* DELB. *Rec.*) || XVIIᵉ s. *V.* à
l'article.]
|| *Famil.* Battre vigoureusement (qqn). Son valet était
encore au lit ; Renaud le rosse, LA F. *Contes*, *Oraison*. Si je
prends un bâton, je vous rosserai d'importance, MOL. *Av.* III,
2. N'avez-vous point de honte de vous — comme des coquins ?
SCARR. dans RICHEL. — le guet.

ROSSIGNOL [rô-si-ñôl] *s. m.*
[ÉTYM. Du lat. pop. *lŭscĭnĭŏlum, *m. s.* devenu *losseignol*,
lossignol, §§ 348, 342, 482, 313 et 291, et, par dissimilation,
rossignol, § 361. || XIIᵉ s. Un matin Oi chanter le rossignol
(var. *roissegnol*, *losseignol*), CHRÉTIEN DE TROYES, *Cligès*,
6354.]
|| Petit oiseau de l'ordre des Passereaux, à plumage gri-
sâtre, célèbre pour la beauté de son chant. Il n'en est pas
un seul (oiseau) que le — n'efface par la réunion complète de
ses talents divers et par la prodigieuse variété de son ramage,
BUFF. *Rossignol*. | Chanter comme un —. Une voix de —. ||
P. plaisant. Fig. Un — d'Arcadie, un âne. || *P. anal.* | **1.**
Petite flûte d'enfant. | Sifflet d'un maître d'équipage. |
Jeu de l'orgue. | **3.** Crochet des serruriers et des voleurs
pour ouvrir les portes. | **4.** Objet démodé qui se vend
difficilement.

ROSSIGNOLER [rô-si-ñô-lé] *v. intr.*
[ÉTYM. Dérivé de *rossignol*, § 154. || XIIᵉ s. L'oselet Ki
deseur l'ente *lousegnole*, RENAUD DE BEAUJEU, *Ignaure*, dans
BARTSCH et HORNING, *Langue et littér. franç.* col. 557.
Admis ACAD. 1798.]
|| *Famil.* Imiter le chant du rossignol. Siffler, —, GRES-
SET, *Vert-Vert*, 1.

ROSSINANTE [rô-si-nãnt'] *s. m.* (*fém.* ACAD.)
[ÉTYM. Emprunté de l'espagn. *Rocinante* (dérivé plaisamment de *rocin*, roussin), nom donné par Cervantes au
cheval de Don Quichote, §§ 13 et 36. || Admis ACAD. 1798.]
|| *Famil.* Mauvais cheval, maigre, efflanqué.

1. ROSSOLIS [rô-sò-lî] *s. m.*
[ÉTYM. Emprunté du lat. du moyen âge *ros solis*, *m. s.*
proprt, « rosée du soleil ». || 1690. FURET.]

|| (*Botan.*) Plante type de la famille des Droseracées,
dont les feuilles sécrètent des gouttelettes.

2. ROSSOLIS [rô-sò-lî] *s. m.*
[ÉTYM. Emprunté de l'ital. *rosolio*, *m. s.* d'origine in-
certaine, § 12. || 1680. *V.* à l'article.]
|| Liqueur composée d'eau-de-vie brûlée, de sucre et
de jus de quelques fruits doux. — de cerises, de mûres. Le
— de Turin est le meilleur, RICHEL. *Dict.* (1680). Sans truffes,
— ni vin de Champagne, BARON, *Coquette*, IV, 11.

***ROSTRAL, ROSTRALE** [rôs'-tràl] *adj.*
[ÉTYM. Emprunté du lat. *rostralis*, *m. s.* N'est guère
usité qu'au fém. || Admis ACAD. 1762.]
|| (*Antiq. rom.*) Garni de rostres. Colonne rostrale, érigée
à Rome après une victoire navale remportée par Duil-
lius et ornée des rostres des galères ennemies. || *P. ext.*
(*Architect.*) Les colonnes rostrales de la place de la Concorde.

ROSTRE [rôstr'] *s. m.*
[ÉTYM. Emprunté du lat. *rostrum*, *m. s.* || XIVᵉ s. Rostres
estoit un lieu de Roume ou l'en avoit mis jadis les becs des
galees, BERSUIRE, fᵒ 3, dans LITTRÉ. Admis ACAD. 1835.]
|| (*Antiq. rom.*) || **1ᵒ** Bec, sorte d'éperon dont on ar-
mait l'avant des navires, pour aider à l'abordage des
vaisseaux ennemis. || *P. anal.* De nos jours. Ornement
d'architecture ou de sculpture en forme de bec, d'éperon.
Colonne à rostres.
|| **2ᵒ** *Au pluriel.* Tribune aux harangues, dont la base
était ornée des becs ou éperons pris aux navires ennemis.

1. ROT [rô] *s. m.*
[ÉTYM. Subst. verbal de *roter*, § 52. A remplacé l'anc.
franç. *route*, *rote*, *s. f.* || XIIIᵉ s. Les roux et les sanglouz, *La-
pid. de Berne*, 503, dans L. PANNIER, *Lapid. franç.* p. 123.]
|| *Trivial.* Vent bruyant renvoyé de l'estomac. (*Syn.
éructation.*)

2. *ROT. *V. ros.*

RÔT [rô] *s. m.*
[ÉTYM. Subst. verbal de *rôtir*, § 52. (*Cf. rosbif.*) || XIIᵉ s.
Le calor et le rost, *Alexandre*, fᵒ 53.]
|| Rôti. L'un me brûle mon rôt en lisant quelque histoire,
MOL. *F. sav.* II, 7. *Loc. prov.* Manger son pain à la fumée du
rôt, voir un autre jouir d'un plaisir qu'on ne partage pas.
Être à pot et à rôt dans une maison, y manger matin et soir.
|| *P. ext.* Service où vient le rôti.

ROTANG [rô-tãng']. *V. rotin.*

ROTATEUR, *ROTATRICE [rô-tà-teŭr, -trīs'] *adj.*
[ÉTYM. Emprunté du lat. *rotator*, *m. s.* || 1611. COTGR.
Admis ACAD. 1835.]
|| (*T. didact.*) || **1ᵒ** Qui fait tourner. Force rotatrice.
Muscle —, et, *substantivt*, —.
|| **2ᵒ** *P. ext.* Qui tourne. *Substantivt.* Les rotateurs, ani-
maux microscopiques (annelés) à tête garnie d'un cercle
de cils vibratiles qui semblent une roue qui tourne.

ROTATION [rô-tà-syon ; *en vers*, -si-on] *s. f.*
[ÉTYM. Emprunté du lat. *rotatio*, *m. s.* || XIVᵉ s. Les vais-
seaulx qui sont fais en celle rotation (de la roue du potier),
R. DE PRESLES, *Cité de Dieu*, dans DELB. *Rec.* Admis ACAD.
1835.]
|| (*T. didact.*) Mouvement d'un corps tournant sur lui-
même. || Axe de —, la droite autour de laquelle tourne le
corps. || *Fig.* Assolement périodique d'un terrain.

ROTATOIRE [rô-tà-twàr] *adj.*
[ÉTYM. Dérivé de *rotatum*, supin de *rotare*, tourner
comme une roue, § 249. || *Néolog.* Admis ACAD. 1878.]
|| (*T. didact.*) Caractérisé par la rotation. Mouvement —.
Force —.

***RÔT-DE-BIF** [rôd'-bīf' ; *en vers*, rô-de-...] *s. m.*
[ÉTYM. Altération de l'angl. *roastbeef*, *rosbif*, §§ 8 et
509. || Admis ACAD. 1740 ; suppr. en 1835.]
|| (XVIIIᵉ s.) Partie de derrière d'un mouton, d'un
agneau, etc., servie rôtie. Pouding, —, le rôti à l'allemande,
ROCHON DE CHABANNES, *Amants génér.* III, 7.

1. *ROTE [rôt'] *s. f.*
[ÉTYM. Du bas latin *hrŏtta*, *m. s.* mot d'origine celtique,
§ 3. || XIᵉ s. Se déduit de l'existence de *roter*, « jouer de
la rote », dans le *Voy. de Charl. à Jérus.* 413.]
|| Instrument de musique dont s'accompagnaient les
jongleurs bretons ou gallois en chantant leurs lais.

2. ROTE [rôt'] *s. f.*
[ÉTYM. Emprunté du lat. ecclés. *rota*, *m. s.* proprt,
« roue », § 217. || 1560. Banquiers romanesques de rote, VI-
RET, dans DELB. *Rec.* Admis ACAD. 1718.]

|| Tribunal ecclésiastique de la cour de Rome pris dans les quatre nations d'Italie, de France, d'Espagne et d'Allemagne, dont chaque section instruit à tour de rôle les affaires qui lui sont soumises. **Auditeur de —**, juge de ce tribunal.

ROTER [rò-té] *v. intr.*

[ÉTYM. Du lat. *rŭctare, m. s.* qui semble s'être altéré de bonne heure en *ruttare, d'où l'anc. franç. **roter** (avec o fermé), **router**, plus récemment **roter** (avec o ouvert), §§ 348, 386, 295 et 291. || xiiᵉ s. Et li navré les armes rotent, *Énéas*, 5050.]

|| *Trivial.* Faire un rot.

RÔTI, IE [rô-ti] *s. m. et f.*

[ÉTYM. Subst. particip. de rôtir, § 45. || xiiiᵉ s. Pastouriaus font rosties, dans *Hist. littér. de la France*, xxiii, 595. | xivᵉ s. Quarante rostis pour le disner, *Ménagier*, ii, p. 110.]

I. *S. m.* || **1°** Viande rôtie. On a servi le —. || *Loc. prov.* Manger son pain à la fumée du —. (*V.* rôt.)

|| **2°** Service où vient le rôti.

II. *S. f.* Rôtie. Tranche de pain grillée.

ROTIFÈRE [rò-ti-fêr] *adj.*

[ÉTYM. Composé avec le lat. rota, roue, et fero, je porte, § 273. || *Néolog.* Admis ACAD. 1878.]

|| (T. didact.) Qui porte une roue. *Spécialt.* Les animaux rotifères, et, *substantivt*, Les rotifères, genre d'animaux microscopiques qui deviennent immobiles dans les temps secs et reprennent leur mouvement à l'humidité. (*Cf.* rotateur.)

ROTIN [rò-tin] et **ROTANG** [rò-tăng'] *s. m.*

[ÉTYM. Altération de rotan, ratan, mot malais, §§ 28 et 509. ACAD. 1762-1798 donne rotin ou ratan. || 1723. SAVARY, *Dict. du comm.*]

|| Genre de palmier à tige longue et grêle. Des meubles en —. || *P. ext.* Canne faite de cette tige.

RÔTIR [rò-tîr] *v. tr.* et *intr.*

[ÉTYM. Pour rostir, § 422, emprunté du german. rostjan, brûler, §§ 6, 498 et 499. || xiiᵉ s. Li diable les rostisseient, MARIE DE FRANCE, *Purg. de St Patrice*, 1098.]

I. *V. tr.* Faire cuire à un feu vif (de la viande, de la volaille) à la broche, au four, etc. — un poulet. Du bœuf rôti. || *P. anal.* Faire cuire sur le gril. Des marrons rôtis. Du pain rôti. || *P. plaisant.* En parlant du feu de l'enfer. Si vous pensez que les âmes de ces grands hommes soient éternellement rôties par les diables, VOLT. *Dial.* xxvi, 1. || *Fig.* — le balai. (*V.* balai.) Se —, se chauffer trop fort. Vos petites cheminées de Paris où l'on se rôtit les jambes pour avoir le dos gelé, VOLT. *Lett.* 18 janv. 1752.

II. *V. intr.* Être cuit à un feu vif (à la broche, au four, etc.). Arroser la viande qui rôtit. || *P. anal.* Cuire sur le gril. Nos deux maîtres fripons Regardaient — des marrons, LA F. *Fab.* ix, 17.

RÔTISSERIE [rô-tis'-ri; *en vers*, -ti-se-ri] *s. f.*

[ÉTYM. Dérivé de rostisser, anc. forme de rôtisseur, §§ 65 et 68. || xvᵉ s. Il vint a la rostisserie, *Repues franches.*]

|| Boutique de rôtisseur.

RÔTISSEUR, EUSE [rô-ti-seûr, -seûz'] *s. m.* et *f.*

[ÉTYM. Dérivé de rôtir, § 112. || 1467. Rostisseurs et saucissiers, *Ordonn.* xvi, 672.]

|| Celui, celle qui prépare et vend des viandes rôties.

RÔTISSOIRE [rô-ti-swâr] *s. f.*

[ÉTYM. Dérivé de rôtir, § 113. || 1752. TRÉV. Admis ACAD. 1835. L'anc. franç. connaît dans le même sens le subst. masc. rostissoir.]

|| Ustensile de cuisine qui sert à rôtir la viande.

ROTONDE [rò-tônd'] *s. f.*

[ÉTYM. Emprunté de l'ital. rotonda, fém. de rotondo, rond, § 12. || 1556. La Rotunde de Rome, GUILL. DU CHOUL, dans DELB. *Rec.* Admis ACAD. 1798 (au sens **1°**) et 1878 (au sens **2°**).]

|| **1°** Édifice circulaire surmonté d'une coupole.

|| **2°** Compartiment à l'arrière d'une diligence.

|| **3°** Long collet sans manches qui entoure le corps.

ROTONDITÉ [rò-ton-di-té] *s. f.*

[ÉTYM. Emprunté du lat. rotunditas, *m. s.* || 1314. Une tresse (corr. *crusse*?) rotondité, *Chirurg. de Mondeville*, 265, Bos. Admis ACAD. 1762.]

|| *Famil.* Rondeur d'une personne corpulente. De ma — J'emplirais le dedans (d'un carrosse), REGNARD, *Joueur*, i, 1.

ROTULE [rò-tul] *s. f.*

[ÉTYM. Emprunté du lat. rotula, *m. s.* diminutif de rota,

roue. || 1541. Rotule du genouil, J. CANAPPE, dans DELB. *Rec.* Admis ACAD. 1718.]

|| (Anat.) Petit os plat à angles arrondis qui forme la partie antérieure du genou. Une fracture de la —.

ROTURE [rò-tûr] *s. f.*

[ÉTYM. Pour routure, du lat. rŭptūra, action de rompre, §§ 348, 431 et 291.]

I. *Anciennt.* Terre nouvellement défrichée.

II. *P. ext.* || **1°** État d'un héritage qui n'est pas noble. Un fief tombé en —. Une terre en —. || *P. ext.* Posséder une —. || *Fig.* Le mérite avili Vit l'honneur en —, BOIL. *Sat.* 5.

|| **2°** État d'une personne qui n'est pas noble. Les Suisses... prouvent la — de race, PASC. *Pens.* v, 8.

ROTURIER, IÈRE [rò-tu-ryé, -ryèr] *adj.*

[ÉTYM. Dérivé de roture, § 115. || 1549. R. EST.]

|| Qui n'est pas noble. [1. Bien —. | 2. Homme —, famille roturière. || *P. ext.* Mettre une différence infinie entre le sang noble et le —, BOSS. *Gournay.* Réflexion roturière, MARIV. *Fausses Confid.* i, 10. || *Substantivt.* Un —, une roturière. || *Fig.* Qu'on ne la traite plus (la pauvreté) de roturière, BOSS. *Septuag.* 3.

ROTURIÈREMENT [rò-tu-ryèr-man; *en vers*, -ryè-re-...] *adv.*

[ÉTYM. Composé de roturière et ment, § 724. || 1411. *Cout. d'Anjou*, dans GODEF. *Compl.*]

|| **1°** En roture. Terre possédée —.

|| **2°** *Vieilli.* D'une manière roturière. Il pense —.

ROUAGE [rwàj'; *en vers*, rou-âj'] *s. m.*

[ÉTYM. Dérivé de roue, § 78. || xiiiᵉ s. Ne doit il rien de rouage, E. BOILEAU, *Livre des mest.* II, vi, 1.]

|| **1°** *Vieilli.* Ensemble des roues d'une voiture. Bois de —, bois à faire des roues.

|| **2°** *P. ext.* Chacune des pièces qui font tourner une machine. || *Fig.* Les rouages d'une administration, ce qui la fait fonctionner.

ROUAN, ANNE [rwan, rwàn'; *en vers*, rou-...] *adj.*

[ÉTYM. Origine inconnue. || xvᵉ s. A pié ne va comme une caille. Mais sur rouan, VILLON, *Gr. Testam.* 1144.]

|| (Manège.) Qui a la robe mêlée de poils blancs, noirs et roux. Cheval —. Jument rouanne.

ROUANNE [rwàn'] *s. f.*

[ÉTYM. Du lat. pop. rŭcina, grec ρυχάνη, instrument à raboter, devenu roisne, §§ 329, 382, 290 et 291, roine, § 422, écrit rouanne parce qu'on l'a considéré comme dérivé de roue, § 509. (*Cf.* rugine.) || xiiiᵉ s. Se li covient roisne Et canivet et foisne, dans MONTAIGLON et RAYNAUD, *Rec. de fabliaux*, ii, 151. Admis ACAD. 1762.]

|| (Technol.) Tarière employée dans la construction navale pour creuser les corps de pompe. || Compas dont une branche est tranchante, employé surtout par les employés des contributions indirectes pour marquer les tonneaux visités.

ROUANNER [rwà-né] *v. tr.*

[ÉTYM. Dérivé de rouanne, § 154. || 1314. Celui (l'instrument) de quoi l'en roisne, *Chirurg. de Mondeville*, 1021, Bos. Admis ACAD. 1762.]

|| (Technol.) Marquer (un fût) avec la rouanne.

ROUANNETTE [rwà-nêt'] *s. f.*

[ÉTYM. Dérivé de rouanne, § 133. (*Cf.* rénette.) || 1642. OUD. Admis ACAD. 1762.]

|| (Technol.) Petite rouanne de tonnelier, d'employé des contributions indirectes, de courtier en vin, etc.

***ROUANT, ANTE** [rwan, rwànt'; *en vers*, rou-...] *adj.*

[ÉTYM. Adj. particip. de rouer, § 47. || 1611. COTGR. Admis ACAD. 1762; suppr. en 1835.]

|| *Anciennt.* Qui tourne comme une roue. *Spécialt.* De nos jours. (Blason.) Paon —, représenté faisant la roue.

***ROUBLARD, ARDE** [rou-blàr, -blàrd'] *adj.*

[ÉTYM. Origine inconnue. || *Néolog.*]

|| *Pop.* Rusé dans la défense de ses intérêts. *Substantivt.* Un —, une roublarde.

ROUCHE [rouch'] *s. f.*

[ÉTYM. Autre forme de ruche. || Admis ACAD. 1762.]

|| (Marine.) Carcasse d'un navire sur le chantier.

ROUCOU, ROUCOUER. *V.* rocou, rocouer.

ROUCOULEMENT [rou-koûl-man; *en vers*, -kou-le-...] *s. m.*

[ÉTYM. Dérivé de roucouler, § 145. || 1611. COTGR.]

|| Action de roucouler.

ROUCOULER [rou-kou-lé] *v. intr.*

[ÉTYM. Onomatopée, § 32. || XIVᵉ s. Le rouconner d'ung colomb, J. DU VIGNAY, dans DELB. *Rec.* | XVᵉ s. Rencouiler avec les colons, A. DE LA SALLE, *Cent Nouv. nouv.* dans DELB. *Rec.* | 1549. Roucouler, R. EST.]

|| En parlant des colombes, des tourterelles, faire entendre le murmure caressant qui est propre à leur espèce. || *Fig. Famil.* Deux amants qui roucoulent.

ROUCOUYER. *V.* rocouyer.

ROUDOU [rou-dou] *s. m.*

[ÉTYM. Emprunté du provenç. roudou, plus anciennement rodol, *m. s.* d'origine incertaine, § 11. On trouve aussi rodoul, redoul. || 1671. Redoul ou fovie, *Instruct. génér. pour la teinture,* 29. Admis ACAD. 1798.]

|| Arbrisseau du midi de l'Europe, dit herbe aux tanneurs, dont les feuilles, réduites en poudre, servent au tannage des cuirs et à la teinture des étoffes.

ROUE [rou] *s. f.*

[ÉTYM. Du lat. rŏta, *m. s.* devenu rode, roe, roue, §§ 320, 402 et 291. (*Cf.* rote 2.)]

|| Pièce rigide circulaire tournant autour d'un axe (essieu) qui en traverse le centre et servant de moteur. La — d'une brouette. Les roues d'une voiture. Une voiture à deux, à quatre roues. Pousser à la —, aider à pousser une voiture trop chargée, à dégager une voiture embourbée, et, *fig.* aider à faire réussir une affaire. Mettre des bâtons dans les roues, entraver une affaire. Servir comme une cinquième —, être absolument inutile. Les roues d'une locomotive. Une — hydraulique. La — d'un gouvernail. Les roues d'une machine, d'une horloge, d'une montre. La maîtresse —, la roue principale. Une — dentée. Une — de loterie, tambour en forme de roue, où l'on fait tourner, pour les mêler, les numéros avant de la tirer. || Le supplice de la —, consistant à attacher le supplicié sur une roue, après lui avoir rompu les bras et les jambes. || *Fig.* Être sur la —, souffrir cruellement. || *P. anal.* Faire la —. | 1. Faire le moulinet en faisant tourner le corps sur les mains, puis sur les pieds. | 2. En parlant du paon, du dindon, déployer en rond sa queue. || La — de la Fortune, les vicissitudes des choses humaines. *Ellipt.* Être au haut, au bas de la —, dans la prospérité ou dans l'infortune.

ROUELLE [rwèl ; *en vers,* rou-èl] *s. f.*

[ÉTYM. Dérivé de roue, § 126. || XIIᵉ s. Rounde cum ruele, PH. DE THAUN, *Comput,* 2650.]

|| Tranche coupée en rond. Des rouelles de pomme. | — de veau, partie de la cuisse coupée au-dessus du jarret.

ROUENNERIE [rwǎn'-ri ; *en vers,* rou-à-ne-ri] *s. f.*

[ÉTYM. Dérivé de Rouen, §§ 36 et 69. || 1799. Rouannerie, PEUCHET, *Dict. de la géogr. commerçante,* I, introd. p. 249. Admis ACAD. 1835.]

|| (Comm.) Toiles de coton peintes (fabriquées surtout à Rouen). Vendre de la —, des rouenneries.

ROUER [rwé ; *en vers,* rou-é] *v. tr.*

[ÉTYM. Du lat. rŏtare, tourner comme une roue, devenu roder, roer, rouer, §§ 347, 402, 295 et 291.]

|| 1° Tourner en forme de roue. — un cordage, le tourner en rond sur lui-même. || Cheval à encolure rouée, dont l'encolure va s'arrondissant du garrot à la nuque. | Cerf à tête rouée, dont les merrains sont recourbés en dedans.

|| 2° Mettre sur la roue. Il fut condamné à être rompu vif et roué. || *P. ext.* — qqn de coups, le battre violemment. || *Fig. Au part. passé pris substantivt et adjectivt.* | 1. Les roués, compagnons de débauche du Régent, gens dévergondés (dignes de la roue). | 2. *P. ext.* Une personne rouée, dont l'habileté frise l'indélicatesse. Être roué comme potence.

ROUERIE [rou-ri] *s. f.*

[ÉTYM. Dérivé de roué, part. de rouer, § 69. || 1812. MOZIN, *Dict. franç.-allem.* Admis ACAD. 1835.]

|| Habileté qui frise l'indélicatesse.

ROUET [rwè ; *en vers,* rou-è] *s. m.*

[ÉTYM. Dérivé de roue, § 133. || XIIIᵉ s. Et Fortune nous a son roet bestorné, *Cheval. au cygne,* 9987.]

|| 1° Petite roue. Arquebuse à —, munie d'une petite roue d'acier qui, mue par un ressort, frottait sur un silex et en tirait des étincelles pour mettre le feu à la charge. Le — d'une poulie, disque autour duquel s'enroule et tourne le câble. || *P. ext.* | 1. Machine à filer, munie d'une roue que fait tourner une pédale. | 2. Plate-forme circulaire qui supporte la maçonnerie d'un puits.

|| 2° *Fig. Vieilli.* Être au —, dans un cercle dont on ne peut sortir. Pour vérifier cet instrument (la raison), il nous y faut de la démonstration ; pour vérifier la démonstration, un instrument : nous voilà en —, MONTAIGNE, II, 12.

***ROUF** [roûf'] *s. m.*

[ÉTYM. Emprunté de l'angl. roof, *m. s.* proprt, toit, § 8. || *Néolog.*]

|| (Marine.) Réduit à l'arrière d'un petit bâtiment.

ROUGE [roûj'] *adj.*

[ÉTYM. Du lat. rŏbeum, *m. s.* devenu *robio, *robjo, roge, rouge, §§ 324, 439 et 291.]

|| Qui a la couleur du sang, du feu, etc. Avoir les lèvres, les joues, les oreilles, le nez rouges. Des cheveux rouges, d'un roux ardent. Avoir les yeux rouges, à force de pleurer. Il devint — comme du feu. Être — de honte, de colère. | *Adverbialt.* Se fâcher tout —. Voir —, avoir un accès de colère qui pousse au meurtre. | Être — comme un coq. Méchant comme un âne — (altération probable du provenç. aurouge, sauvage). Perdrix —, qui a le bec et les pattes rouges. —-gorge. —-queue. (*V. ces mots.*) Peau —, Indien de l'Amérique du Nord dont la peau est cuivrée. | Vin —. Un — bord, verre de vin rouge plein jusqu'au bord. Un laquais effronté m'apporte un — bord, BOIL. *Sat.* 3. Elle voit l'herbe — (de sang) et fumante, RAC. *Phéd.* V, 6. Fer —, par l'action d'un feu ardent. Tirer à boulets rouges, chauffés à un feu ardent, pour allumer des incendies. Une étoffe —. Le chapeau —, chapeau de cardinal. Les mousquetaires rouges, à manteau rouge. La couleur —, et, *ellipt,* La —, partie de la table du jeu de roulette opposée à la couleur noire. Mettre un louis sur la —. Le drapeau —, drapeau révolutionnaire. *Ellipt.* Les rouges, les révolutionnaires, qui acceptent le drapeau rouge. || *Substantivt.* Le —, la couleur rouge. Un — vif, écarlate, pourpre, incarnat, cramoisi. Le — de la honte, de la colère, lui monte au visage. Mettre du —, du fard rouge. Le blanc et le — les rendent affreuses (les femmes), LA BR. 3. Du — à polir les métaux. Chauffer le fer au —, jusqu'à ce qu'il devienne rouge. || Prendre, pousser le —, en parlant des jeunes dindons chez qui la chair rouge et les barbillons du bec commencent à pousser. Le —, maladie des jeunes chiens, des jeunes oiseaux.

ROUGEÂTRE [rou-jâtr'] *adj.*

[ÉTYM. Dérivé de rouge, § 151. || 1545. Certains filamens rougeastres, G. GUÉROULT, *Hist. des plantes,* dans DELB. *Rec.*]

|| Dont la couleur tire sur le rouge.

ROUGEAUD, AUDE [rou-jó, -jôd'] *adj.*

[ÉTYM. Dérivé de rouge, § 138. || XVIIᵉ s. *V.* à l'article.]

|| *Famil.* Qui a le teint rouge, haut en couleur. Ce Mazarin si —, GUY PATIN, *Lett.* V, p. 200. || *Substantivt.* Un gros —, une rougeaude.

ROUGE-GORGE [rouj'-gòrj' ; *en vers,* rou-je-...] *s. m.*

[ÉTYM. Composé de rouge et gorge, § 173. || 1549. R. EST. Admis ACAD. 1718.]

|| Variété de fauvette, à gorge et poitrine rouges. D'excellents rouges-gorges, ACAD.

ROUGEOLE [rou-jòl] *s. f.*

[ÉTYM. Du lat. pop. *rŭbeŏla, diminutif de rubea, rouge, § 86, devenu *robiola, rojole, rougeole. || 1425. Contre les rougeules, OL. DE LA HAYE, *Grande Peste,* dans DELB. *Rec.* | 1539. Rougeolle, R. EST.]

|| Maladie éruptive, fébrile, contagieuse, qui atteint le plus souvent les enfants. La pauvre Sanzei a la — bien forte, SÉV. 367. Avoir la —. On a constaté plusieurs cas de —. Il y a beaucoup de rougeoles.

ROUGE-QUEUE [rouj'-keù ; *en vers,* rou-je-...] *s. m.*

[ÉTYM. Composé de rouge et queue, § 173. || Vers 1645. Le rouge-queue ou rouge-cul, *Trad. du* Janua aurea *de Coménius,* dans DELB. *Rec.* Admis ACAD. 1798.]

|| Espèce de pie-grièche.

ROUGET, ETTE [rou-jè, -jĕt'] *s. m. et f.*

[ÉTYM. Dérivé de rouge, § 133. || XIIᵉ s. Les levres... un peu rougetes, *Floire et Blanchefl.* I, 2614. ACAD. n'admet rougette qu'en 1798.]

|| 1° *S. m.* Barbeau de mer, grondin rouge, poissons. || 2° *S. f.* Chauve-souris, dite plus souvent roussette.

ROUGEUR [rou-jeùr] *s. f.*

[ÉTYM. Dérivé de rouge, § 110. || XIIᵉ s. Entremellee ert la rogor Avenalment a la blanchor, *Énéas,* 3995.]

|| 1° Couleur rouge. La — du ciel (au soleil couchant). La — des lèvres, des joues. La — de la honte, de la colère. Ces mots ont fait monter la — sur son front, RAC. *Ath.* III, 3.

|| 2° Tache rouge inflammatoire. Avoir des rougeurs.

ROUGIR [rou-jîr] *v. intr. et tr.*

[Étym. Dérivé de rouge, § 154. || xiiᵉ s. Par les escuz u l'or rugist, BENEEIT, *Ducs de Norm.* 5266.]

|| **1°** *V. intr.* Devenir rouge. Le ciel commence à — des feux de l'aurore. Son sang coule et fait — la terre, RAC. *Iph.* v, 6. Des yeux rougis par les larmes. Pâlir d'horreur et — de colère, CORN. *Cinna*, I, 3. Ce mot lâché me fait — de honte, ID. *Cid*, v, 1. Ne rougissez-vous point de mériter si peu votre naissance? MOL. *D. Juan*, IV, 4.

|| **2°** *V. tr.* Rendre rouge. Le soleil couchant rougit les nuages. Le sang rougit la terre. Ils rougissent le mors d'une sanglante écume, RAC. *Phèd.* v, 6. — ses mains de sang, en tuant. De l'eau rougie, où l'on a versé du vin.

ROUGISSANT, ANTE [rou-ji-san, -sänt'] *adj.*
[Étym. Adj. particip. de rougir, § 47. || 1611. COTGR.]
|| Qui devient rouge. Un front —.

ˊROUIL [roŭy'] *s. m.*
[Étym. Du lat. pop. ˊrŭbjculum, class. rŭbīginem, *m. s.* §§ 62 et 88, devenu roil, §§ 348, 434, 290 et 390, rouil, § 358. || xiiᵉ s. Et duna a ruil le fruit d'els, *Psaut. d'Oxf.* LXXVII, 51.]
|| *Dialect.* Rouille. || *Spécialt.* (Technol.) Sel de fer, mordant employé en teinture. (Qqns écrivent rouille.)

ROUILLE [roŭy'] *s. f.*
[Étym. Forme fém. de rouil, correspondant au lat. pop. ˊrŭbjcula, class. rŭbīginem. || xiiiᵉ s. Or s'i puet la ruïle embatre, J. DE MEUNG, *Rose*, 19771.]
|| **1°** Oxyde de fer, de couleur rougeâtre. La — ronge le fer. || *Fig.* Le péché, cette — invétérée de notre nature, BOSS. *2ᵉ Pâques*, 1. L'envie... Attachant à ton nom sa — envenimée, BOIL. *Ép.* 7. La — de la barbarie, VOLT. *Dict. philos.* bouffon.
|| **2°** *P. anal.* — de cuivre, le vert-de-gris. — de plomb, blanc de plomb. || Altération du tain dans une glace. Il y a dans cette glace des taches de —.
|| **3°** *P. ext.* Maladie qui attaque les céréales et se manifeste par des taches couleur de rouille.

1. ˊROUILLER [rou-yé] *v. tr.*
[Étym. Du lat. pop. ˊrōtŭljare, devenu rodeillier, roeillier, roueillier, §§ 347, 402, 462, 297 et 291, rouillier, § 358, rouiller, § 634. (*Cf.* érailler.) || xiiᵉ s. Les oeille roeille, s'a les soreilz levez, *Couronn. de Louis*, 832.]
|| *Vieilli.* Rouler (les yeux). Comme il rouille les yeux! QUINAULT, *Comédie sans comédien*, II, 6.

2. ROUILLER [rou-yé] *v. tr.*
[Étym. Dérivé de rouille, § 154. || xviᵉ s. Aage de fer, de vices tout rouylé, J. DU BELLAY, *Regrets*, fᵒ 46, édit. 1569.]
|| **1°** Attaquer par la rouille. L'humidité rouille le fer. Une lame rouillée, dont le tranchant est émoussé par la rouille. || *Fig.* L'esprit se rouille, s'émousse quand il cesse de s'exercer. Avoir les jambes rouillées, raidies par l'inaction. Être rouillé sur certaines matières, les avoir oubliées, faute de les pratiquer.
|| **2°** Attaquer (les plantes) par la maladie dite rouille. Les blés sont rouillés. *P. anal.* Le soleil et la pluie ont rouillé la forêt, V. HUGO, *Orient.* 36.

ROUILLURE [rou-yür] *s. f.*
[Étym. Dérivé de rouiller 2, § 111. || 1525. La ou ne la rouillure ne la tigne ne corrompt riens, LEF. D'ÉTAPLES, *Nouv. Test. Matth.* VI, 19.]
|| État de ce qui est rouillé.

ROUIR [rou-ir] *v. tr.*
[Étym. Emprunté du german. rottan, pourrir, devenu rodir, roir, rouir, §§ 6, 498 et 499.]
|| (Technol.) Faire macérer dans l'eau (les tiges de chanvre, de lin), pour désagréger les fibres textiles. || *Intransitivt.* Le chanvre rouit dans l'eau. || *Au part. passé pris substantivt.* Le rouir, le rouissage. La chaleur hâte le rouir. *P. ext.* Mauvaise odeur du chanvre qui rouit. *P. anal.* Cette viande sent le rouir.

ROUISSAGE [rou-i-sàj'] *s. m.*
[Étym. Dérivé de rouir, § 78. || 1771. TRÉV. Admis ACAD. 1835.]
|| (Technol.) Action de faire rouir (les plantes textiles).

ROULADE [rou-làd'] *s. f.*
[Étym. Dérivé de rouler, § 120. || 1622. V. à l'article.]
|| (Musique.) Vocalise consistant en une succession rapide et légère de notes sur une même syllabe. *Fig.* Des paroles fort élégantes, des métaphores bien choisies..., mais au bout de ces roulades je n'y conçois rien du tout, LE P. GARASSE, *Rech. des rech.* (1622), dans DELB. *Rec.*

ROULAGE [rou-làj'] *s. m.*
[Étym. Dérivé de rouler, § 78. || xviᵉ-xviiᵉ s. Gabions de roulage, SULLY, *OEcon. roy.* IV, p. 141. Admis ACAD. 1762.]
|| Transport par voiture des marchandises. Entreprise de —. *Ellipt.* Mettre des colis au —.

ROULANT, ANTE [rou-lan, -länt'] *adj.*
[Étym. Adj. particip. de rouler, § 47. || xvᵉ s. Tranchiz, roullans et angins, OL. DE LA MARCHE, *Mém.* II, p. 98, Beaune et d'Arb.]
|| Qui roule. Chaise roulante, sorte de voiture à deux roues. Matériel — d'un chemin de fer, wagons. || *Fig.* Un feu —, produit par des armes à feu tirant sans interruption, et, *fig.* C'est un feu — de plaisanteries. Presse roulante, imprimant sans interruption. Fonds roulants, fonds de circulation pour les besoins courants. (*Cf.* roulement.)

ROULEAU [rou-lŏ] *s. m.*
[Étym. Dérivé de rôle, §§ 65, 347 et 126. || xivᵉ s. Un petit rollet, FROISS. dans DELB. *Rec.*]
I. Cylindre de bois, de métal, etc., servant à divers usages. | Pièce de bois cylindrique qu'on place sous un corps pesant, pour aider à le mouvoir. | Cylindre qu'on promène sur le sol pour briser les mottes, pour tasser la terre, pour unir le gazon. | Cylindre pour étendre la pâte pour les pâtisseries. | Cylindre pour étaler l'encre sur les formes d'une presse d'imprimerie.
II. Bande de papier, de parchemin, d'étoffe, de métal, roulée autour d'une tige cylindrique, ou sur elle-même. Un — de papier, de parchemin. | *Fig.* Être au bout de son —, être à bout d'arguments, d'expédients. || Un — de musique. Un — de papier peint. Un — de tabac. Un — de plomb, feuille de plomb roulée sur elle-même. || *P. ext.* Un — de louis, réunion de pièces superposées en pile cylindrique entourée de papier.

ROULÉE [rou-lé] *s. f.*
[Étym. Subst. particip. de rouler, § 45. || *Néolog.* Admis ACAD. 1878.]
|| *Pop.* Action de donner force coups. Recevoir une —.

ROULEMENT [roûl-man; *en vers*, roŭ-le-...] *s. m.*
[Étym. Dérivé de rouler, § 145. || 1539. R. EST.]
|| **1°** Mouvement de ce qui roule. Le — des wagons sur les rails. || *P. ext.* Bruit produit par ce qui roule. On entend le — des voitures. | *P. anal.* Le — du tonnerre, des tambours. || *Fig.* Action de tourner les yeux en tous sens. Ses roulements d'yeux et son ton radouci, MOL. *Mis.* I, 1.
|| **2°** Mouvement de ce qui circule. | 1. (Commerce.) Fonds de —, fonds de circulation pour les besoins courants. | 2. Alternance de fonctions. Un — par lequel les magistrats siègent tour à tour.

ROULER [rou-lé] *v. tr. et intr.*
[Étym. Le mot actuel est une fusion de deux mots distincts de l'anc. franç. : roller, du bas lat. ˊrotŭlare (*cf.* rôle, rouleau), et roeler, dérivé de roele, rouelle, § 154. (*Cf.* roulette.) || xiiᵉ s. Il se hurte et debat et par terre rouele, *Fierabras*, 1904. Et rollent son haubert, *Aiol*, 6464.]
I. *V. tr.* || **1°** Mouvoir en faisant tourner sur soi-même. — un tonneau. *Famil.* — carrosse, avoir sa voiture. Roulez de la montagne un fragment de rocher, LAMART. *Harm.* III, 2. Un fleuve qui roule des rochers dans ses eaux. Cédons au torrent qui roule toutes choses, CORN. *Pomp.* I, 1. Les rivières... roulent leurs flots en bas par une chute continuelle, BOSS. *Gournay.* || *P. anal.* Faire tourner en tous sens. Se — à terre. Je me roulais de désespoir sur le sable du rivage, FÉN. *Dial. des morts, Achille et Chiron.* Le monstre... Se roule, RAC. *Phèd.* v, 6. — une pêche dans du sucre. | — ses yeux. (*Cf.* rouille 1.) || *P. ext.* L'autre roule sa voix, BOIL. *Sat.* 6. || *Fig.* | — un projet, le tourner et le retourner dans sa tête. Roulant dans son esprit mille projets de vengeance, LES. *Diable boit.* 5. | 2. — qqn (le retourner à sa guise), dans une affaire. *P. ext.* — qqn, le battre. (*Cf.* roulée.)
|| **2°** Faire tourner autour d'une tige cylindrique ou sur elle-même (une bande de papier, de parchemin, d'étoffe, de métal). — une carte, une toile. — un manteau. — un bandage autour de son bras. Une bande roulée, pour pansements. | *P. ext.* — une cigarette, mettre du tabac dans un papier que l'on roule tout autour.
|| **3°** Aplanir à l'aide d'un cylindre qu'on fait tourner. — la pâte d'une pâtisserie. — le gazon.
II. *V. intr.* || **1°** Se mouvoir en tournant sur soi-même. Une pierre qui roule du haut de la montagne, et, *fig. loc. prov.* Pierre qui roule n'amasse pas mousse, celui qui change sans cesse de métier ne fait pas fortune. Il a roulé du haut en bas de l'escalier. Les guerriers... roulent sur les degrés, BOIL. *Lutr.* 5. L'assiette... S'en va frapper le mur et

revient en roulant, ID. *Sat.* 3. Il (le sang) est forcé... d'aller toujours en avant et de — sans fin par tout le corps, BOSS. *Conn. de Dieu*, II, 8. L'abondance des pleurs roulant sur mon visage, TRISTAN L'HERMITE, *M. de Chrispe*, III, 1. || La porte roule sur ses gonds. La voiture roule bien. — en voiture. Le soleil roule dans les cieux d'un mouvement éternel, BOSS. *1er Concept. de la Ste Vierge*, 1. Vous avez assez vu... le monde — autour de vous, ID. *Le Tellier*. Douze lustres et plus ont roulé sur ta vie, LA F. *Poés. Épit.* 17.

|| **2°** Tourner en tous sens. Je ne fis autre chose que — çà et là dans le monde, DESC. *Méth.* 3. Mon père... me laissa pour — (dans la vie)... Un revenu léger, BOIL. *Ép.* 5. Ses yeux éteints roulaient dans sa tête, FÉN. *Tél.* 8. Un vaisseau qui roule, qui penche alternativement à droite et à gauche. || *Fig.* Les projets qui lui roulent dans la tête. Toute la discussion roule sur ce point. || *P. ext.* Produire un bruit continu, analogue à celui d'une voiture qui roule bruyamment. Le tonnerre roule au loin. Les tambours roulent.

ROULETTE [rou-lĕt'] *s. f.*
[ÉTYM. Pour rouelette, § 358, dérivé de rouele, rouelle, §§ 63, 126 et 133. || XII° s. La pire ruelete Criet de la charete, PH. DE THAUN, *Comput*, 133.]
|| **1°** Petite roue. Un fauteuil à roulettes. *Loc. prov.* Cela va comme sur des roulettes, sans obstacle. || *Fig.* (Géom.) Le cycloïde, courbe que décrit un point d'une roue roulant sur une surface horizontale.
|| **2°** *P. ext.* Jeu de hasard où une petite boule d'ivoire roulant sur un cercle divisé en 76 cases numérotées, rouges ou noires, détermine le gain ou la perte selon qu'elle s'arrête sur les cases rouges ou noires, sur tel ou tel numéro.

ROULEUR, EUSE [rou-leùr, -leùz'] *s. m. et f.*
[ÉTYM. Dérivé de rouler, § 112. || 1284. A Ydain le roleresse, dans GODEF. roleresse 1. Admis ACAD. 1798 (sens **I**, **2°**, et **II**, **1°**).]
I. *S. m.* || **1°** Ouvrier qui roule les tonneaux, qui les décharge, qui brouette la terre à brique, le minerai, etc.
|| **2°** Charançon de la vigne, insecte qui enroule ses ailes autour du corps.
|| **3°** *Fig.* Ouvrier qui va d'atelier en atelier.
II. *S. f.* Rouleuse. || **1°** Chenille qui enroule les feuilles où elle file sa coque.
|| **2°** *Fig.* Prostituée de bas étage.

ROULIER, *ROULIÈRE [rou-lyé, -lyèr] *adj. et s. m. et f.*
[ÉTYM. Dérivé de rouler, § 115. || 1435. Civiere ruilliere, dans GODEF. rolière.]
I. *Vieilli. Adj.* Propre au roulage. Cheval —, NICOT, *Thresor*.
II. *S. m. et f.* || **1°** *S. m.* Voiturier transportant les marchandises sur un chariot.
|| **2°** *S. f.* Blouse de voiturier.

ROULIS [rou-li] *s. m.*
[ÉTYM. Dérivé de rouler, § 82. || XII° s. Une mais si faiz roel[e]iz Ne si estrange abateiz N'oïstes retraire, BENEEIT, *Ducs de Norm.* 5661.]
|| Balancement d'un navire à droite et à gauche.

ROULOIR [rou-lwâr] *s. m.*
[ÉTYM. Dérivé de rouler, § 113. || 1364. Un tonniel rolloir, dans GODEF. roloir. Admis ACAD. 1798.]
|| (Technol.) Rouleau du métier à bas sur lequel l'ouvrage s'enroule à mesure qu'on le fabrique. | Cylindre pour effacer les plis de la toile. | Outil dont se sert le cirier pour rouler les cierges, les bougies.

***ROULON** [rou-lon] *s. m.*
[ÉTYM. Pour rollon, dérivé de rôle au sens de « chose ronde », § 104. || XIII°-XIV° s. En les reideles vount les rolous, GAUT. DE BIBLESWORTH, p. 168, Wright.]
|| (Technol.) Barreau rond de bois. *Spécialt.* Les roulons d'une charrette à ridelles, d'une échelle, d'une chaise, etc.

***ROULOTTE** [rou-lŏt'] *s. f.*
[ÉTYM. Dérivé de rouler, § 136. || *Néolog.*]
|| **1°** Voiture où logent, couchent ceux qui mènent une vie errante, acteurs forains, saltimbanques, bohémiens.
|| **2°** Voiture de roulage. Vol à la —, où l'on soustrait des colis de voitures de roulage.

ROUPIE [rou-pi] *s. f.*
[ÉTYM. Origine inconnue. || XIII°-XIV° s. Se bourse eust taunt de rubies Cume li nez ad de rapies, GAUT. DE BIBLESWORTH, dans PASLGR. p. 28.]
|| *Famil.* Goutte d'humeur qui pend au nez. Avoir la —.

ROUPIEUX, EUSE [rou-pyeù, -pyeûz'; *en vers,*-pi-...] *adj.*
[ÉTYM. Dérivé de roupie, § 116. || XIII° s. Baveux et roupieux, J. DE MEUNG, *Test.* 181.]
|| *Famil.* Qui a souvent la roupie.

***ROUPILLE** [rou-píy'] *s. f.*
[ÉTYM. Emprunté de l'espagn. ropilla, m. s. de ropa, robe, § 13. || XVI° s. Une roupille à l'espagnole, *Sat. Ménipp.* II, p. 344, édit. 1824. Admis ACAD. 1694; suppr. en 1740.]
|| Sorte de casaque, de manteau serré et court. Une — à l'espagnole, ST-ÉVREM. dans TRÉV.

ROUPILLER [rou-pi-yé] *v. intr.*
[ÉTYM. Peut-être dérivé de roupille, § 154 : « dormir dans sa roupille ». || Admis ACAD. 1718.]
|| *Trivial.* Sommeiller.

ROUPILLEUR, EUSE [rou-pi-yeùr, -yeùz'] *s. m. et f.*
[ÉTYM. Dérivé de roupiller, § 112. || Admis ACAD. 1740.]
|| *Trivial.* Celui, celle qui roupille.

ROURE [roùr]. *V.* rouvre.

ROUSSÂTRE [rou-sâtr'] *adj.*
[ÉTYM. Dérivé de roux, § 151. ACAD. 1694-1718 écrit rousséastre, puis rousseâtre (1740), d'après rougeâtre. || 1401. Une cape de dyaspret roussastre, dans DELB. *Rec.*]
|| Qui tire sur le roux.

ROUSSEAU [rou-só] *adj. m.*
[ÉTYM. Dérivé de roux, § 126. || XIV°-XV° s. Roussiaulx et tel, EUST. DESCH. I, p. 120.]
|| Qui a les cheveux roux. *Substantivt.* Un vilain —.

ROUSSELET [roùs-lè; *en vers,* rou-se-lè] *s. m.*
[ÉTYM. Dérivé de rousseau, §§ 64, 65 et 133. || 1539. R. EST.]
|| Poire rougeâtre. (*Cf.* roussette.)

ROUSSETTE [rou-sèt'] *s. f.*
[ÉTYM. Fém. de l'anc. adj. rousset, § 38, dérivé de roux, § 133. || 1539. R. EST.]
|| **1°** Variété de poire rougeâtre. (*Cf.* rousselet.)
|| **2°** Espèce de chauve-souris. (*Cf.* rougette.)

ROUSSEUR [rou-seùr] *s. f.*
[ÉTYM. Dérivé de roux, § 110. || XII° s. Cheveleûre et bloie, mais a russur trubla, WACE, *Chron. asc.* 266, dans DELB. *Rec.*]
|| Couleur de ce qui est roux. La — du poil. || *Spécialt.* Taches de —, taches rousses sur le visage, les mains.

ROUSSI [rou-si] *s. m.*
[ÉTYM. Nom propre (Russie) corrompu par étymologie populaire (roussir), §§ 36 et 509. || XVII° s. *V.* à l'article.]
|| *Vieilli.* Cuir de Russie teint en rouge brun. Grosses boîtes de —, SCARR. *Virg. trav.* 4.

ROUSSIN [rou-sin] *s. m.*
[ÉTYM. Pour roncin, d'origine inconnue. (*Cf.* rossinante.) || XI° s. Ne runcin ne sumier, *Roland*, 758.]
|| *Vieilli.* Cheval un peu épais. || *P. plaisant. Fig.* Le — d'Arcadie (l'âne), LA F. *Fab.* VIII, 17.

ROUSSIR [rou-sir] *v. tr. et intr.*
[ÉTYM. Dérivé de roux, § 154. || XIII° s. Bordon De triste pensee roussi, J. DE MEUNG, *Rose*, 12283.]
I. *V. tr.* Rendre roux. | *Spécialt.* En brûlant légèrement. — le linge en le repassant. *Au part. passé pris substantivt.* Sentir le roussi, l'odeur de ce qui est roussi. | *P. plaisant.* Sentir le roussi, avoir des opinions téméraires (par allusion aux hérétiques condamnés à mourir sur le bûcher).
II. *V. intr.* Devenir roux. | *Spécialt.* Devenir roux en brûlant légèrement. Le papier commence à —.

ROUT [rà-oùt'; selon d'autres, roùt'] *s. m.*
[ÉTYM. Emprunté de l'angl. rout, qui est l'anc. franç. route, troupe, § 8. Qqns écrivent raout. || *Néolog.* Admis ACAD. 1835.]
|| Assemblée nombreuse de personnes du grand monde.

ROUTAILLER [rou-tá-yé] *v. tr.*
[ÉTYM. Dérivé de route, § 161. || 1771. TRÉV. Admis ACAD. 1798.]
|| (Vénerie.) Lancer et suivre (une bête) avec le limier pour la faire tirer par les chasseurs.

ROUTE [roùt'] *s. f.*
[ÉTYM. Du lat. rǔpta, part. passé de rumpere, rompre, pris substantivt, § 45, devenu ropte, rote, route, §§ 324, 429 et 291. Au sens **I** on a sous-entendu via, proprt, « voie rompue, frayée »; au sens **II** turba ou turma, proprt, « troupe fractionnée ».]
I. Voie pratiquée pour les voitures et les piétons. Grande —, — nationale, exécutée aux frais de l'État. — départe-

mentale, exécutée aux frais du département. — stratégique, destinée à faciliter les opérations militaires. *Vieilli.* S'enfuir avau de — (ACAD. écrit à vau-de-—), en suivant la route, à toutes jambes. || *P. ext.* Direction pour aller d'un lieu à un autre. La — de Paris à Bordeaux. Le navire fait — de Marseille à Alger. Se tromper de —. Se mettre en —, être en —. Allons, en — ! Faire fausse —, s'écarter de la bonne direction. Feuille de —, indiquant le chemin à suivre pour une troupe ou un militaire isolé, et les logements à occuper. || *P. anal.* Chemin que suit un cours d'eau, un astre. La — d'un fleuve. La — que suit le soleil. *Fig.* Ce qui conduit à un but. O Dieu! par quelle — inconnue aux mortels Ta sagesse conduit ses desseins éternels ! RAC. *Esth.* III, 8.
II. *Anciennt.* Troupe, bande de gens armés. (*Cf.* routier.)

1. ROUTIER, IÈRE [rou-tyé, -tyèr] *adj.*
[ÉTYM. Dérivé de route au sens **I**, § 115. || XIIᵉ s. Oez conter de deus garçons rotiers, *Loherains*, dans GODEF. routier 2.]
|| Relatif aux routes (voies). || *Spécialt.* | **1.** Livre —, et, *substantivt*, —, indicateur des voies à suivre pour la navigation. | **2.** Carte routière, carte géographique indiquant les routes (de terre).

2. ROUTIER [rou-tyé] *s. m.*
[ÉTYM. Dérivé de route, au sens **II**, § 115. || 1247. En Pulle vint, si fu routiers, PH. MOUSKET, *Chron.* 17028.]
|| *Anciennt.* Homme de guerre faisant partie d'une bande de soldats d'aventure. *Fig. De nos jours.* Celui qui a couru le monde, qui a une longue expérience. Le renard, Vieux —, LA F. *Fab.* XI, 1.

ROUTINE [rou-tin'] *s. f.*
[ÉTYM. Dérivé de route, § 100. || XVIᵉ s. Longue rotine d'usage, AMYOT, préf. x, 37.]
|| Habitude prise de faire qqch d'une certaine manière. Quand ma besogne, devenue une espèce de —, occupa moins mon esprit, J.-J. ROUSS. *Confess.* 5. Faire qqch par —. S'affranchir de la —. Avoir la — du palais. | La — des compliments, SÉV. 1273. Des routines de devoirs et d'affaires, ID. 433.

ROUTINER [rou-ti-né] *v. tr.*
[ÉTYM. Dérivé de routine, § 154. || 1622. *V.* à l'article. Admis ACAD. 1762 (au part. passé) et 1798 (à l'infin.).]
|| *Vieilli.* || **1°** Former (qqn) par routine. Il faut la — à tricoter, ACAD. Il est routiné à cela, ID.
|| **2°** Pratiquer (qqch) par routine. Qui routinez partout cette ancienne chicane, LE P. GARASSE, *Rech. des rech.* (1622), p. 577.

ROUTINIER, IÈRE [rou-ti-nyé, -nyèr] *adj.*
[ÉTYM. Dérivé de routine, § 115. || XVIIIᵉ s. *V.* à l'article. Admis ACAD. 1798.]
|| Qui agit par routine. Une personne routinière. *P. ext.* Sottise routinière, J.-J. ROUSS. *Projet de paix perpét.*

ROUTOIR [rou-twàr] *s. m.*
[ÉTYM. Dérivé irrégulier de rouir, §§ 63 et 113. COTGR. donne rouissoir. || 1321. Rotour, dans GODEF. roteur 2. Admis ACAD. 1798.]
|| (Technol.) Lieu où l'on rouit le chanvre.

ROUVERIN [rouv'-rin ; *en vers*, rou-ve-...] *adj. m.*
[ÉTYM. Origine inconnue. || XVIIᵉ s. FÉLIBIEN, dans TRÉV. Admis ACAD. 1762.]
|| (Technol.) Fer —, difficile à forger parce qu'il se casse à chaud sous le marteau.

ROUVIEUX [rou-vyeù] *s. et adj. m.*
[ÉTYM. Origine inconnue. ACAD. 1762 écrit roux-vieux, puis concurremment rouvieux (1798). || Admis ACAD. 1762.]
|| (Technol.) **1°** *S. m.* Gale du cheval qui attaque d'ordinaire le haut de l'encolure. || Gale du chien.
|| **2°** *Adj. m.* Atteint de la gale. Cheval, chien —.

ROUVRE [roùvr'] *s. m.*
[ÉTYM. Du lat. rŏbur, *m. s.* devenu rovre, rouvre, §§ 325, 439 et 291. ACAD. admet concurremment roure, forme d'origine méridionale, § 11.]
|| Chêne blanc, plus petit que le chêne commun.

ROUVRIR [rou-vrĭr] *v. tr.*
[ÉTYM. Composé de re et ouvrir, §§ 192 et 196. || XVIᵉ s. La cicatrice... se rouvrit, PARÉ, XIII, 9. Admis ACAD. 1798.]
|| Ouvrir de nouveau. — les fenêtres, les portes. Sa blessure s'est rouverte. — les yeux. || *P. ext.* — un théâtre, un musée (au public). Ceux de qui le zèle... Pouvait du trône encor lui — le chemin, RAC. *Brit.* IV, 2. | *Fig.* — la plaie, la blessure de qqn, renouveler sa douleur.

ROUX, ROUSSE [rou, roûs'] *adj.*

[ÉTYM. Du lat. rŭssum, *m. s.* devenu ros, rous, §§ 324 et 291, écrit arbitrairement roux.]
|| Qui est d'un rouge tirant sur le jaune. Couleur rousse, et, *substantivt*, Un — ardent. Des cheveux —. Une barbe rousse. || *P. ext.* Un homme —, une femme rousse, dont les cheveux sont roux, et, *substantivt*, Un —, une rousse. | Beurre —, roussi au feu. Des œufs au beurre —. Une sauce rousse, et, *substantivt*, Un —, sauce faite avec du beurre ou de la graisse qu'on a fait roussir. || *P. ext.* Vents —, vents froids d'avril qui roussissent (par la gelée) les jeunes pousses. Lune rousse, la lune d'avril, pendant laquelle soufflent ces vents.

ROUX-VIEUX. *V.* rouvieux.

ROYAL, ALE [rwà-yàl] *adj.*
[ÉTYM. Du lat. regalem, *m. s.* devenu reial, royal, §§ 342, 394 et 291.]
|| Qui a rapport à un roi. Château —. Domaines royaux. Puissance, autorité royale. Recourir à la clémence royale. Maison royale, les princes et les princesses du sang. Famille royale, les enfants et petits-enfants du roi régnant ou défunt. Prince —, titre donné dans certaines monarchies à l'héritier de la couronne. Altesse royale, titre de certains princes et de certaines princesses. Almanach —, donnant les noms des membres de la famille royale, ainsi que ceux des autres familles souveraines de l'Europe. || Sous le gouvernement d'un roi, épithète donnée aux grands établissements de l'État. Musée —. Cour royale. Routes royales. Collège —. || *Fig.* Qui est digne d'un roi. Elle a une magnificence royale.

ROYALE [rwà-yàl] *s. f.*
[ÉTYM. Tiré de royal, § 38. || Admis ACAD. 1798.]
|| *Famil.* Barbiche sous la lèvre inférieure.

ROYALEMENT [rwà-yàl-man ; *en vers*, -yà-le-...] *adv.*
[ÉTYM. Composé de royale et ment, § 724. || XIIIᵉ-XIVᵉ s. Roiaument, B. DE CONDÉ, I, p. 61.]
|| D'une manière royale, digne d'un roi.

ROYALISME [rwà-yà-lism'] *s. m.*
[ÉTYM. Dérivé de royal, § 265. || XVIIIᵉ-XIXᵉ s. *V.* à l'article. Admis ACAD. 1835.]
|| Esprit monarchique. Le — est dans l'État ou un parti ou une opinion, LAHARPE, *Langue révol.* XXVII, p. 155.

ROYALISTE [rwà-yà-list'] *adj.*
[ÉTYM. Dérivé de royal, § 265. || 1611. COTGR.]
|| Qui est attaché à la royauté, qui a l'esprit monarchique. Le parti —, et, *substantivt*, Un, une —, les royalistes. | *Fig. Famil.* Être plus — que le roi, prendre les intérêts de qqn plus qu'il ne fait lui-même.

ROYAUME [rwà-yôm'] *s. m.*
[ÉTYM. Du lat. pop. *regalimen, m. s.* § 96, devenu reialme, roialme, roiaume, royaume, §§ 342, 394, 455, 290 et 291. || XIᵉ s. A grant dulur tendrai pois mun reialme, *Roland*, 2914.]
|| État gouverné par un roi. Grand, puissant —. Le — de France. Le Royaume Uni, l'Angleterre, l'Écosse et l'Irlande. | *Fig.* Le — des cieux, de Jésus-Christ, le paradis. || Le — sombre, les enfers. || *Pop.* Le — des taupes, le cimetière. || *Loc. prov.* Dans le — des aveugles, les borgnes sont rois, il est aisé d'être le premier parmi des gens peu capables.

ROYAUTÉ [rwà-yô-té] *s. f.*
[ÉTYM. Du lat. pop. *regalitatem, m. s.* § 122, devenu reialté, roialté, roiauté, royauté, §§ 342, 455, 336, 295, 403 et 291. || XIIᵉ s. N'i a celui n'ait quatre roiautés, *Aliscans*, 4398.]
|| Dignité de roi. Aspirer à la —. || *Fig. Famil.* En parlant du roi de la fève. Payer sa —, régaler les convives.

RU [ru] *s. m.*
[ÉTYM. Du lat. rĭvum, ruisseau, devenu riu, §§ 445 et 291, rui, ru, § 357. || Admis ACAD. 1762.]
|| *Dialect.* Petit ruisseau.

RUADE [ruàd' ; *en vers*, ru-àd'] *s. f.*
[ÉTYM. Dérivé de ruer, § 120. || XVᵉ-XVIᵉ s. Pour sault ou ruade que feist son cheval, J. D'AUTHON, dans DELB. *Rec.*]
|| Action du cheval, de l'âne, qui, s'appuyant sur le train de devant, lance vivement en arrière les membres postérieurs. (Le cheval) lui lâche une —, LA F. *Fab.* V, 8.

RUBACE [ru-bàs'], **RUBACELLE** [ru-bà-sèl] et **RUBICELLE** [ru-bi-sèl] *s. f.*
[ÉTYM. Dérivé du radical de rubis, probablement à l'imitation de l'ital. § 12. || 1723. Rubacelle, SAVARY, *Dict. du comm.* Admis ACAD. 1762.]
|| (Technol.) Rubis de couleur claire.

RUBAN [ru-ban] *s. m.*

[ÉTYM. Origine inconnue. || XIIIᵉ s. Feseres de trouses a seles et de rubans, E. BOILEAU, *Livre des mest.* I, XXXIV, 1.]

|| Petite bande étroite d'étoffe de fil, de laine, de soie, de velours. Un bonnet attaché avec des rubans. A quoi servent tous ces rubans? MOL. *Av.* 1, 4. Un — rouge, vert. Un — broché, moiré. Un nœud de —. Nouer ses cheveux avec un —. *Spécialt.* Le — rouge, insigne de chevalier de la Légion d'honneur. Distribuer des croix, des rubans. || La route se déroule comme un —. Un — de route, longue route qui se déroule.

RUBANERIE [ru-hăn'-ri; *en vers,* -bà-ne-ri] *s. f.*
[ÉTYM. Dérivé de rubanier, §§ 65 et 68. || 1723. SAVARY, *Dict. du comm.* Admis ACAD. 1798.]
|| Commerce, industrie du rubanier.

RUBANIER, IÈRE [ru-bà-nyé, -nyèr] *s. m.* et *f.* et *adj.*
[ÉTYM. Dérivé de ruban, § 115. || 1387. Hervy de Brie, rubanier, dans DOUET D'ARCQ, *Comptes de l'argent.* p. 146.]
I. *S. m.* et *f.* Celui, celle qui fabrique, vend des rubans.
II. *Néolog. Adj.* Qui concerne le ruban. L'industrie rubanière.

***RUBANTÉ, ÉE** [ru-ban-té] *adj.*
[ÉTYM. Dérivé irrégulier de ruban, §§ 63, 64 et 118. (*Cf.* enrubanner.) || XVIIᵉ s. *V.* à l'article.]
|| *Vieilli.* Garni de ruban. Moustaches rubantées, CYRANO, *Pédant joué,* v, 5.

RUBARBE. *V.* rhubarbe.

RUBÉFACTION [ru-bé-făk'-syon; *en vers,* -sion] *s. f.*
[ÉTYM. Dérivé de rubéfier, § 247. || *Néolog.* Admis ACAD. 1835.]
|| (T. didact.) Rougeur déterminée sur la peau.

RUBÉFIANT, ANTE [ru-bé-fyan, -fyănt'; *en vers,* -fi-...] *adj.*
[ÉTYM. Adj. particip. de rubéfier, § 47. || 1771. TRÉV. Admis ACAD. 1798.]
|| (Médec.) Qui, appliqué sur la peau, y détermine une irritation légère accompagnée de rougeur. Médicaments rubéfiants, et, *substantivt,* Un —.

RUBÉFIER [ru-bé-fyé; *en vers,* -fi-é] *v. tr.*
[ÉTYM. Emprunté du lat. rubefacere, m. s. || 1413. Rubifier, J. DE LA FONTAINE, *Font. des amour. de science,* 513. | 1611. Rubefié, COTGR. Admis ACAD. 1835.]
|| (T. didact.) Rendre rouge (la peau) par un rubéfiant.

RUBESCENT, ENTE [ru-bès-san, -sănt'] *adj.*
[ÉTYM. Emprunté du lat. rubescens, m. s. || *Néolog.* Admis ACAD. 1878.]
|| (T. didact.) Un peu rouge.

RUBIACÉES [ru-byă-sé; *en vers,* -bi-à-sé] *s. f. pl.*
[ÉTYM. Dérivé du lat. rubia, garance, § 233. || 1771. TRÉV. Admis ACAD. 1798.]
|| (Botan.) Famille de plantes dont quelques espèces donnent une teinture rouge.

RUBICAN [ru-bi-kan] *adj. m.*
[ÉTYM. Pour rabican, § 509, emprunté de l'ital. rabicano, espagn. rabicano, m. s. de rabo, queue, et cano, blanc, §§ 12 et 13. || 1559. Cheval rubican, c'est-à-dire bay ayant poil gris en quelques endroits, mesmement à la queue, *Traicté des signes des chevaux,* dans *Mareschalerie de L. Ruse,* fᵒ 133, vᵒ.]
|| (Manège.) (En parlant d'un cheval noir, bai ou alezan.) Qui présente çà et là des poils blancs. Cheval —.

RUBICOND, ONDE [ru-bi-kon, -kŏnd'] *adj.*
[ÉTYM. Emprunté du lat. rubicundus, m. s. || XIVᵉ-XVᵉ s. Urine rubiconde, *Somme Mᵉ Gautier,* mss franç. Bibl. nat. 1288, fᵒ 52, vᵒ.]
|| *Famil.* Qui a un teint vermeil. Une face rubiconde.

RUBINE [ru-bin'] *s. f.*
[ÉTYM. Dérivé du radical de ruber, rouge, § 245. || 1812. MOZIN, *Dict. franç.-allem.* Admis ACAD. 1835.]
|| (Chimie anc.) Corps métallique de couleur rouge. — d'antimoine, d'arsenic, sulfure d'antimoine, d'arsenic.

RUBIS [ru-bi] *s. m.*
[ÉTYM. Mot se rattachant au radical du lat. ruber, rubeus, rouge, sans qu'on sache bien comment il s'est formé. || XIIᵉ s. Li covercles est d'un rubi, *Partenopeus,* 1025.]
|| Pierre précieuse, d'un beau rouge transparent. — oriental, le plus estimé. — balais, d'un rouge plus clair. — spinelle, de teinte rose. Telle qu'une bergère aux plus beaux jours de fête De superbes — ne charge point sa tête, BOIL. *Art p.* 1. *Loc. prov.* Boire — sur l'ongle, vider un verre de vin rouge en laissant à peine une goutte qui, coulant sur l'ongle, semble un rubis. *P. ext.* Payer — sur l'ongle, avec une exactitude scrupuleuse. || *P. plaisant. Fig.* En par-

lant du nez rouge d'un buveur. Maints — balais tous rougissants de vin, RÉGNIER, *Sat.* 10.

RUBRICAIRE [ru-bri-kèr] *s. m.*
[ÉTYM. Dérivé de rubrique, § 248. || XVIIᵉ s. *V.* à l'article. Admis ACAD. 1718.]
|| Celui qui connaît les rubriques du bréviaire. Si le — sortait de ses bornes, BOSS. *Déf. de la trad. sur la communion,* II, 40.

RUBRICATEUR [ru-bri-kà-teur] *s. m.*
[ÉTYM. Dérivé de rubrique, § 249. || *Néolog.* Admis ACAD. 1878.]
|| Celui qui écrit les rubriques (titres en lettres rouges).

RUBRIQUE [ru-brĭk'] *s. f.*
[ÉTYM. Emprunté du lat. rubrica, terre rouge. || XIIIᵉ s. Totes les rubriches estoient escrites chascune par soi vermeilles, *Ass. de Jérus.* I, 25.]
|| 1° Craie rouge.
|| 2° *P. ext.* Titre en lettres rouges, dans les livres de droit, les missels, etc. || *P. ext.* | 1. Article du code. Si vous avez besoin de lois et de rubriques, Je sais le code entier, CORN. *Ment.* I, 6. | 2. Article liturgique. Celui qui a écrit les rubriques de l'ordre romain, BOSS. *Déf. de la trad. sur la communion.* | 3. Indication du lieu où un livre a été imprimé. Un livre publié en France sous la — de Genève. || *Fig.* Pratique usitée. On n'y sait guère alors que la vieille —, CORN. *Gal. du Pal.* I, 7. Vous savez des rubriques qu'il ne savait pas, MOL. *Méd. m. l.* III, 7.

RUCHE [rŭch'] *s. f.*
[ÉTYM. Pour rusche, § 422, du lat. pop. *rŭsca (var. *rŭsca), d'origine celtique, et dont le sens primitif est « écorce », § 3. (*Cf.* rouche.) || XIIIᵉ s. Mouches Qui se recueillent en leur rouches, J. DE MEUNG, *Rose,* 8762.]
|| 1° Panier en forme de cloche, où on loge un essaim d'abeilles. || *P. ext.* Gâteau de cire à alvéoles, que forment les abeilles. Les ruches des abeilles étaient aussi bien mesurées il y a mille ans qu'aujourd'hui, PASC. *Vide.*
|| 2° *P. anal.* Bande d'étoffe, de tulle, etc., plissée en petits godets rappelant les alvéoles d'une ruche, et servant à garnir des toilettes de femmes.

1. RUCHER [ru-ché] *s. m.*
[ÉTYM. Dérivé de ruche, § 115. || *Néolog.* Admis ACAD. 1835.]
|| Endroit où sont les ruches.

2. *RUCHER [ru-ché] *v. tr.*
[ÉTYM. Dérivé de ruche, § 154. || *Néolog.*]
|| (Technol.) Plisser en ruche (une étoffe, un ruban, etc.).

RUDANIER, IÈRE [ru-dă-nyé, -nyèr] *adj.*
[ÉTYM. Adj. tiré de l'anc. loc. prov. A rude âne, rude ânier, §§ 39 et 173. || XVIIᵉ s. *V.* à l'article. ACAD. 1694 ne donne que le masc. et écrit rude asnier.]
|| *Pop. Vieilli.* Qui rudoie les gens. Adieu, beauté rudanière, MOL. *G. Dand.* II, 1.

RUDE [rud'] *adj.*
[ÉTYM. Emprunté du lat. rudis, m. s. || XIIIᵉ s. Li rudes hom fet la rude oevre, RUTEB. p. 143, Kressner.]
I. *Vieilli.* Inculte. Une certaine beauté (poétique) qui se fait sentir aux personnes même les plus rudes et les plus grossières, PÉLLISSON, *Hist. de l'Acad.* 4. || *P. ext.* Non dressé. Les chiens du Kamtschatka sont grossiers, rudes et demi-sauvages, BUFF. *Quadrup.* t. VIII, p. 173.
II. *P. ext.* Dur au toucher. Une brosse —. Une étoffe —. Un — cilice, BOURD. *Exhort. sur Ste Thérèse.* Avoir la peau —. || *P. ext.* Qui offense le goût, qui blesse l'oreille. Un vin —. Sollicitude à mon oreille est —, MOL. *F. sav.* II, 7. Une voix —. La langue réparée N'offrit plus rien de — à l'oreille épurée, BOIL. *Art p.* 1. | Qui offense la vue. La colère et la tristesse... les rendent (les traits) plus rudes, BOSS. *Conn. de Dieu,* II, 12. || *Famil.* Qui se fait durement sentir. J'arrival, un peu le soir,... avec un très — appétit, LES. *Gil Blas,* II, 7. || *Fig.* | 1. Dur à supporter. Le — hiver des années dernières, BOSS. *A. de Gonz.* Un froid —. Une — secousse. Le coup est d'autant plus — qu'on est moins préparé à le soutenir, BOSS. *Marie-Thérèse.* Ce coup sera sans doute assez — pour elle, CORN. *Hor.* IV, 3. Vous mettez notre amitié à une épreuve trop —, LES. *Diable boit.* 13. Dans les plus rudes épreuves, BOSS. *Condé.* Vous soutenez en paix une si — attaque, RAC. *Andr.* IV, 2. Essuyer une — tempête. Pour ne vous faire pas de réponse trop —, CORN. *Nicom.* IV, 5. Faire à qqn un traitement —. La règle de ce couvent est —. Être — aux malheureux. Ah! que tu es — à pauvres gens! MOL. *G.*

Dand. II, 1. | **2.** Dur à gravir. Une — montée. Un chemin —. Ce sentier solitaire et — où il grimpe plutôt qu'il ne marche, ᴜᴏss. *R. d'Angl.* | **3.** Dur à surmonter. Un — adversaire. Le pays délivré d'un si — ennemi, ᴄᴏʀɴ. *Cid*, IV, 3. C'est un — jouteur. | Une — tentation.

RUDEMENT [rüd'-man ; *en vers*, ru-de-...] *adv.*
[ᴇ́ᴛʏᴍ. Composé de rude et ment, § 724. || ᴏ́ᴍᴏᴏ́ s. Rustebues qui rudement œvre, ʀᴜᴛᴇʙ. p. 2, Kressner.]
|| D'une manière rude. Frotter — la peau. Frapper — qqn. Il a été — éprouvé.

RUDENTÉ, ÉE [ru-dan-té] *adj.*
[ᴇ́ᴛʏᴍ. Dérivé du lat. rudens, entis, cordage, § 253. || ᴏᴠᴏ́ s. Colonnes canellees et rudentees, ʀ. ʙᴇʟʟᴇᴀᴜ, dans ᴅᴇʟʙ. *Rec.* Admis ᴀᴄᴀᴅ. 1762.]
|| (Architect.) Orné de rudentures.

RUDENTURE [ru-dan-tür] *s. f.*
[ᴇ́ᴛʏᴍ. Dérivé du lat. rudens, entis, cordage, § 250. || 1611. ᴄᴏᴛɢʀ. Admis ᴀᴄᴀᴅ. 1762.]
|| (Architect.) Ornement en forme de câble ou de bâton dont on garnit le bas des cannelures d'une colonne ou d'un pilastre.

RUDÉRAL, ALE [ru-dé-ràl] *adj.*
[ᴇ́ᴛʏᴍ. Dérivé du lat. rudus, deris, décombres, § 238. || 1812. ᴍᴏᴢɪɴ, *Dict. franç.-allem.* Admis ᴀᴄᴀᴅ. 1835.]
|| (T. didact.) Qui croît dans les décombres. Plantes rudérales.

RUDESSE [ru-dḕs'] *s. f.*
[ᴇ́ᴛʏᴍ. Dérivé de rude, § 124. || ᴏ́ᴍᴏᴏ́ s. Sovent en sa rudesce ment, ʀᴜᴛᴇʙ. p. 143, Kressner.]
|| Caractère de ce qui est rude.
|| **1°** Caractère de ce qui est inculte. De ces sauvages mœurs adoucit la —, ʙᴏɪʟ. *Art* p. 4.
|| **2°** Caractère, qualité de ce qui est rude au toucher. La — de la peau. La — d'un cilice. || *P. anal.* La — d'un vin (âpre au goût). La — de la voix, des traits. La — d'une langue.
|| **3°** Qualité de ce qui est rude à supporter. La — de la saison, de l'hiver. La — d'un travail, d'une tâche. Traiter qqn avec —. Du cœur d'Assuérus adoucir la —, ʀᴀᴄ. *Esth.* III, 3. La — de sa franchise. J'ai poussé la vertu jusques à la —, ʀᴀᴄ. *Phèd.* IV, 2.

RUDIMENT [ru-di-man] *s. m.*
[ᴇ́ᴛʏᴍ. Emprunté du lat. rudimentum, apprentissage. || 1561. De laquelle la chrestienté tient ses rudiments, dans ᴅᴜ ᴄ. rudire.]
|| (T. didact.) || **1°** Premiers éléments d'un art, d'une science. (Ne s'emploie en ce sens qu'au plur.) Les rudiments de la musique, de la grammaire. || *P. ext. Spécialt.* Petit livre qui contient les premiers éléments de la grammaire, de la langue latine. Savoir son —. Un faiseur de fagots... qui ait su... son — par cœur, ᴍᴏʟ. *Méd. m. l.* I, 1.
|| **2°** Premier linéament de la structure d'un organe. Un — de pied, de queue.

RUDIMENTAIRE [ru-di-man-tḕr] *adj.*
[ᴇ́ᴛʏᴍ. Dérivé de rudiment, § 248. || 1812. ᴍᴏᴢɪɴ, *Dict. franç.-allem.* Admis ᴀᴄᴀᴅ. 1878.]
|| (T. didact.) Dont la structure ne présente que les premiers linéaments. Organe —. || *Fig.* Science —, qui n'est qu'ébauchée.

RUDOYER [ru-dwà-yé] *v. tr.*
[ᴇ́ᴛʏᴍ. Dérivé de rude, § 163. || 1564. Les tessons le pouroient battre et rudoyer, ᴊ. ʟɪᴇ́ʙᴀᴜʟᴛ, *Mais. rust.* dans ᴅᴇʟʙ. *Rec.*]
|| Traiter rudement. — un enfant. Comme vous rudoyez le pauvre monde, ʙᴇᴀᴜᴍᴀʀᴄʜ. *B. de Sév.* III, 5.

1. RUE [ru] *s. f.*
[ᴇ́ᴛʏᴍ. Du lat. rūga, ride, sillon, qui a pris dans le lat. pop. le sens de « chemin », §§ 394 et 291.]
|| Chemin bordé de maisons, de murs, dans une ville, un village. Une — large, étroite. Sa maison donne sur la —. Au coin de la —. Il loge au bout de la —. Pour dormir dans la — on n'offense personne, ʀᴀᴄ. *Plaid.* I, 1. Avoir pignon sur —. Courir les rues, et, *fig.* Cette histoire court les rues, est connue de tout le monde. Être vieux comme les rues, tout à fait vieux. Une — pavée, macadamisée. || *Loc. prov.* Les rues en sont pavées, c'est chose fort commune. Être bon à jeter dans la —, n'être bon à rien. || La grande — ou La grand'—, la rue principale dans une ville.

2. RUE [ru] *s. f.*
[ᴇ́ᴛʏᴍ. Du lat. rūta, *m. s.* devenu rude, rue, §§ 402 et 291.]
|| Plante médicinale, type de la famille des Rutacées, d'une saveur âcre.

RUELLE [ruèl ; *en vers*, ru-èl] *s. f.*
[ᴇ́ᴛʏᴍ. Dérivé de rue 1, § 126. || 1229. Entre le ruiele des Aisemens et le ruiele de Bekeriel, texte picard, dans ᴅᴇʟʙ. *Rec.*]
|| Rue très étroite. (*Cf.* venelle.) Loger dans une —. || *P. ext.* — de lit, et, *absolt*, —, espace entre le lit et la muraille. *P. ext.* Alcôve. *Spécialt.* Alcôve où les dames de qualité recevaient leurs visiteurs. Le langage des ruelles, langage raffiné de ces réceptions. J'irais me charger d'une spirituelle Qui ne parlerait rien que cercle et que — ! ᴍᴏʟ. *Éc. des f.* I, 1.

RUELLER [ruè-lé ; *en vers*, ru-è-lé] *v. tr.*
[ᴇ́ᴛʏᴍ. Dérivé de ruelle, § 154. || 1700. *V.* à l'article. Admis ᴀᴄᴀᴅ. 1798.]
|| (Technol.) Sillonner de petits chemins (une vigne). On donna un labour aux vignes, ce qu'on appelle —, ʟɪɢᴇʀ, *Nouv. Mais. rust.* (1700), dans ᴅᴇʟʙ. *Rec.*

RUER [rué ; *en vers*, ru-é] *v. tr. et intr.*
[ᴇ́ᴛʏᴍ. Du lat. pop. *rūtąre*, dérivé de rūtum, supin de ruere, *m. s.* § 154, devenu ruder, ruer, §§ 402, 295 et 291. || ᴏ́ᴍᴏᴏ́ s. Granz pierres ruent, *Énéas*, 7023.]
|| **I.** *V. tr.* || **1°** *Vieilli.* Jeter violemment. Je devais... Lui — quelque pierre, ᴍᴏʟ. *Sgan.* sc. 16.
|| **2°** Se —, se jeter violemment (sur qqn, sur qqch). Se — sur son adversaire. Les assassins se ruèrent sur lui. Se ruant entre deux, ʙᴏɪʟ. *Sat.* 3. Loup prêt à se — sur la bergerie, ʙᴏss. *1er Pentecôte*, 2. || *Fig.* On se rue en cuisine, ʟᴀ ꜰ. *Fab.* IV, 4.
|| **II.** *V. intr.* En parlant d'un cheval, d'un âne, etc., lancer vivement en arrière les membres postérieurs.

RUEUR, EUSE [ruëur, ruêuz' ; *en vers*, ru-...] *s. m. et f.*
[ᴇ́ᴛʏᴍ. Dérivé de ruer, § 112. || ᴏ́ᴍᴏᴏ́-ᴏ́ᴍᴠᴏ́ s. Des pierres ruaours, ᴘʀɪᴏʀᴀᴛ, *Abrejance*, 8008. Admis ᴀᴄᴀᴅ. 1835.]
|| (Manège.) Qui rue. Cheval —.

RUFIAN [ru-fyan] et **RUFIEN** [ru-fyin] *s. m.*
[ᴇ́ᴛʏᴍ. Origine incertaine. Le mot existe dans la plupart des langues romanes ; la forme rufian vient du provenç. ou de l'ital. §§ 11 et 12. || ᴏ́ᴍᴠᴏ́-ᴏ́ᴍᴠᴏ́ s. Li josne enfant deviennent rufien, ᴇᴜsᴛ. ᴅᴇsᴄʜ. VI, 94.]
|| Débauché, entremetteur.

RUGINE [ru-jin'] *s. f.*
[ᴇ́ᴛʏᴍ. Emprunté du bas lat. rugina, *m. s.* (*Cf.* rouanne.) || ᴏᴠᴏ́ s. Rugines ou raspatoires, ᴘᴀʀᴇ́, VIII, 4. Admis ᴀᴄᴀᴅ. 1762.]
|| (Chirurgie.) Instrument pour racler un os.

RUGINER [ru-ji-né] *v. tr.*
[ᴇ́ᴛʏᴍ. Dérivé de rugine, § 266. || ᴏᴠᴏ́ s. En ruginant et raclant l'os, ᴘᴀʀᴇ́, VIII, 4. Admis ᴀᴄᴀᴅ. 1798.]
|| (Chirurgie.) Râcler (un os) avec la rugine.

RUGIR [ru-jïr] *v. intr.*
[ᴇ́ᴛʏᴍ. Emprunté du lat. rugire, *m. s.* L'anc. franç. a les formes pop. ruir et ruire, usitées jusqu'au ᴏᴠᴏ́ s. || ᴏᴏ́ᴏ́ s. Li chael des leons rugianz, *Psaut. d'Oxf.* ᴏᴏ́ᴏ́ᴠᴏᴏ́, 8.]
|| En parlant du lion, pousser le cri propre à son espèce. Son œil étincelle ; Il rugit, ʟᴀ ꜰ. *Fab.* II, 9. || *P. anal.* Il rugit comme un lion. Il rugit de colère, de fureur. — de rage, de désespoir.

RUGISSANT, ANTE [ru-ji-san, -sânt'] *adj.*
[ᴇ́ᴛʏᴍ. Adj. particip. de rugir, § 47. || 1539. ʀ. ᴇsᴛ.]
|| Qui rugit. Des lions rugissants.

RUGISSEMENT [ru-jïs'-man ; *en vers*, -ji-se-...] *s. m.*
[ᴇ́ᴛʏᴍ. Dérivé de rugir, § 145. (*Cf.* l'anc. franç. rujement.) || 1539. ʀ. ᴇsᴛ.]
|| Cri du lion, et, *p. ext.* du tigre, de la panthère.

RUGOSITÉ [ru-gó-zi-té] *s. f.*
[ᴇ́ᴛʏᴍ. Emprunté du lat. rugositas, *m. s.* || ᴏᴠᴏ́ s. Les rugosités du fond de l'estomac, ᴘᴀʀᴇ́, I, 29. Admis ᴀᴄᴀᴅ. 1798.]
|| (T. didact.) État d'une surface qui présente de petites aspérités. || *P. ext.* Petite aspérité. Les rugosités d'une surface.

RUGUEUX, EUSE [ru-gheû, -gheûz'] *adj.*
[ᴇ́ᴛʏᴍ. Emprunté du lat. rugosus, *m. s.* || 1541. Rugueux et plein de rides, ᴊ. ᴄᴀɴᴀᴘᴘᴇ, dans ᴅᴇʟʙ. *Rec.* Admis ᴀᴄᴀᴅ. 1835.]
|| (T. didact.) Dont la surface présente de petites aspérités. Une peau rugueuse.

RUILÉE [rui-lé] *s. f.*

[ÉTYM. Subst. particip. de l'anc. verbe ruiler, forme pop. de régler, § 45. || 1690. Ruillée, FURET. Admis ACAD. 1835.]

|| (Technol.) Bordure de mortier, de plâtre, qui sert à lier avec un mur une rangée de tuiles, d'ardoises.

RUINE [ruin'; *en vers*, ru-in'] *s. f.*

[ÉTYM. Emprunté du lat. ruina, *m. s.* de ruere, tomber, § 291. || XIVᵉ s. Les ruines et embrasemens de la cité prise, BERSUIRE, fᵒ 112, dans LITTRÉ.]

I. Chute d'une construction. Achever la — d'un édifice. Cette tour menace —. La — de Jérusalem. Ces barbares... en laissèrent tomber les murailles en —, MONTESQ. *Rom.* 20. *Vieilli.* Battre une place en —, la bombarder. || *P. anal.* En parlant d'arbres qu'on abat. Pourquoi cette — ? LA F. *Fab.* XII, 20. || *Fig.* Restes d'une grandeur qui menace —, FÉN. *Tél.* 3. L'État... est sur le penchant de sa —, LA BR. 10. La religion païenne, confondue par elle-même, tombait en —, BOSS. *Hist. univ.* II, 26. Ithaque ne se relèvera jamais de sa —, FÉN. *Tél.* 18. L'homme... est tombé en — par sa volonté dépravée, BOSS. *La Vall.* Il faut que sa — (de Britannicus) Me délivre à jamais des fureurs d'Agrippine, RAC. *Brit.* IV, 3. Battre en — qqn, qqch, s'efforcer de le renverser. | La — de la santé, de la réputation de qqn. La — de sa fortune. Après la — totale de M. Turcaret, LES. *Turcar.* I, 11. La — de son crédit. Tout est allé en —, BOSS. *1ᵉʳ Démons.* 1.

II. Débris de la chute d'une construction. Les ruines de Palmyre. Le temple déjà sortait des ruines, RAC. *Esth.* III, 4. || *P. ext.* Partie détériorée. Les ruines d'une maison Se peuvent réparer; que n'est cet avantage Pour les ruines du visage! LA F. *Fab.* VII, 5. || *Fig.* Élever le déisme sur les ruines du christianisme, PASC. *Prov.* 16. La prospérité d'un ennemi, qu'on allait élever sur ses ruines, FÉN. *Tél.* 14. | *Poét.* Le Ciel même peut-il réparer les ruines De cet arbre séché jusque dans ses racines? RAC. *Ath.* I, 1. Cette personne, qui a été si belle, n'est plus qu'une —.

RUINER [rui-né; *en vers*, ru-i-né] *v. tr.*

[ÉTYM. Dérivé de ruine, § 154. || XIVᵉ s. Nul ne ruine ou abat son mur pour se nuire, ORESME, *Éth.* dans LITTRÉ.]

I. Faire effondrer (une construction). Un édifice ruiné qui, dans ses masures renversées, conserve encore quelque chose... de la grandeur de sa première forme, BOSS. *La Vall.* — les travaux des ennemis. Des remparts ruinés. || *Fig.* Les fautes qui ont ruiné nos affaires, BOSS. *R. d'Angl.* C'est par là que se ruinèrent les affaires de l'Assyrie, ID. *Polit.* X, III, 4. Ce redoutable parti fut ruiné par l'éloquence de Cicéron, ID. *Hist. univ.* I, 9. Après avoir détruit les armées d'un prince, ils ruinaient ses finances, MONTESQ. *Rom.* 6. Plusieurs expériences ont ruiné toute la créance que j'avais ajoutée à mes sens, DESC. *Médit.* 6. — de créance (discréditer) ceux qui parlent mal de nous, PASC. *Prov.* 15. — le crédit, la réputation de qqn. — qqn (dans l'esprit d'un autre). On dit : Ma fortune est ruinée, BOSS. *La Vall.* | *Ellipt.* Être ruiné, avoir perdu sa fortune. Où avez-vous vu que les gens ruinés eussent des amis? PICARD, *Marionnettes,* II, 1. | — sa santé par des excès. *P. plaisant.* Si je voulais — ma santé et un libraire, MONTESQ. *Lett. pers.* 108.

II. *P. ext.* (Technol.) — un poteau, une solive, l'entailler. (*Cf.* ruinure.)

RUINEUSEMENT [rui-neûz'-man; *en vers*, ru-i-neû-ze-...] *adv.*

[ÉTYM. Composé de ruineuse et ment, § 724. || XVIIᵉ s. V. à l'article. Admis ACAD. 1878.]

|| D'une manière ruineuse. Votre pauvre fou est toujours tristement en — à Rennes, SÉV. 1194.

RUINEUX, EUSE [rui-neû, -neûz'; *en vers*, ru-i-...] *adj.*

[ÉTYM. Emprunté du lat. ruinosus, *m. s.* || 1411. Une grange bien ruyneuse, dans DU C. ascinus.]

|| **1ᵒ** *Vieilli.* Qui menace ruine. Colonne dont la masse solide paraît le plus ferme appui d'un temple —, BOSS. *R. d'Angl.* || *Fig.* Ce que la grandeur humaine a... de moins —, BOSS. *Marie-Thérèse.*

|| **2ᵒ** Qui amène la ruine. Une guerre ruineuse. Jouer un jeu —, LA BR. 13. Des goûts —.

RUINURE [rui-nûr; *en vers*, ru-i-...] *s. f.*

[ÉTYM. Dérivé de ruiner, § 111. || 1691. DAVILER, *Explic. des termes d'architect.* Admis ACAD. 1835.]

|| (Technol.) Entaille faite aux côtés d'une solive, d'un poteau, pour offrir plus de prise à la maçonnerie.

RUISSEAU [rui-sô] *s. m.*

[ÉTYM. Du lat. pop. *rivuscellum, diminutif de rivus, *m. s.* devenu *riucsellu, riuissel, ruissel, §§ 445, 388, 352 et

291, ruisseau, § 456. || XIIᵉ s. Une fontaine en mi sordeit Dont li ruisels en mer coreit, *Énéas,* 3149.]

|| **1ᵒ** Petit cours d'eau. Au bord d'un clair —. Un — qui sur la molle arène Dans un pré plein de fleurs lentement se promène, BOIL. *Art p.* 1. | *Loc. prov.* Les petits ruisseaux font les grandes rivières, en amassant de petites sommes on arrive à faire une fortune. | *Fig.* Ce qui coule sans s'arrêter. Des ruisseaux de larmes, FLÉCH. *Turenne.* Nous faisons courir des ruisseaux de leur sang, CORN. *Cid,* IV, 3. Et les ruisseaux de vin coulent aux environs, BOIL. *Sat.* 3. Les vaches donnent des ruisseaux de lait, FÉN. *Exist. de Dieu,* I, 2.

|| **2ᵒ** Dans une rue, eau qui coule au milieu ou sur les côtés de la chaussée. Les nombreux torrents qui tombent des gouttières, Grossissant les ruisseaux, en ont fait des rivières, BOIL. *Sat.* 6. Les ordures du —. Balayer le —. || *Fig.* Une chose qui traîne dans le —, basse, triviale. De proverbes traînés dans les ruisseaux des halles, MOL. *F. sav.* II, 7. Tressan laissa cet abbé... et son neveu dans le —, dans la bassesse, ST-SIM. IX, 181.

RUISSELANT, ANTE [ruïs'-lan, -lant'; *en vers*, ruïs-se-...] *adj.*

[ÉTYM. Adj. particip. de ruisseler, § 47. || XVIᵉ-XVIIᵉ s. Pleurs ruisselans De ces beaux yeux, DESPORTES, *Am. d'Hipp.* 32. La langue ruisselante de miel, YVES D'ÉVREUX (1614), dans DELB. *Rec.*]

|| Qui ruisselle. La place Ruisselante du sang de cette populace, CORN. *Pomp.* V, 1.

RUISSELER [ruïs'-lé; *en vers*, rui-se-lé] *v. intr.*

[ÉTYM. Dérivé de ruisseau, §§ 64, 65 et 154. || 1564. J. THIERRY, *Dict. franç.-lat.*]

|| **1ᵒ** Se répandre, couler sans s'arrêter. L'eau ruisselle sur les dalles. Le sang des victimes fumait;... on le voyait —, FÉN. *Tél.* 9. La sueur ruisselait sur son visage.

|| **2ᵒ** Être mouillé d'un liquide qui se répand, qui coule sans s'arrêter. Il ruisselait de sueur. Ses mains ruisselaient de sang. | *P. hyperb.* Tout l'empire ruisselait du sang des martyrs, BOSS. *Hist. univ.* I, 10.

'RUISSELET [ruïs'-lè; *en vers*, rui-se-lè] *s. m.*

[ÉTYM. Dérivé de ruisseau, §§ 64, 65 et 133. || XIIᵉ s. Uns petis ruisselés, AIMON DE VARENNE, *Florimont,* dans GODEF.]

|| Petit ruisseau.

'RUISSELLEMENT [rui-sèl-man; *en vers*, -sè-le-...] *s. m.*

[ÉTYM. Dérivé de ruisseler, §§ 65 et 145. || *Néolog.*]

|| Action de ruisseler. Le — de l'eau sur les vitres.

RUM. V. rhum.

RUMB [rônb'] *s. m.*

[ÉTYM. Origine incertaine : les uns le rattachent à l'anglo-saxon rum, holland. ruim, vide; les autres au lat. rhumbus. (*Cf.* rhombe.) || 1483. Demy ryn de vent ne vault que seize lieues, GARCIE, *Grant Routier,* fᵒ 5.]

|| (Marine.) Espace angulaire qui sépare l'une de l'autre les trente-deux aires de vent de la boussole. Ligne de —, courbe que décrit un vaisseau faisant toujours le même angle avec tous les méridiens. || *P. ext.* Espace de mer où le bateau arrivé le premier a seul droit de pêche.

RUMEUR [ru-meûr] *s. f.*

[ÉTYM. Du lat. rumorem, *m. s.* §§ 325 et 291.]

|| **1ᵒ** Bruit confus de voix qui s'élève. Ils entendirent une grande — dans la chambre voisine, SCARR. *Rom. com.* I, 12. || *Spécialt.* Murmure menaçant d'une foule. Toute la ville en —, toutes les bouches crient vengeance, VOLT. *Dict. philos.* crimes. Un petit écrit de Luther mit en — toute l'Allemagne, BOSS. *Var.* IV, 1.

|| **2ᵒ** Bruit, nouvelle qui se répand dans le public. La — publique l'accuse. J'avouerai les rumeurs les plus injurieuses, RAC. *Brit.* III, 3.

RUMINANT, ANTE [ru-mi-nan, -nant'] *adj.*

[ÉTYM. Adj. particip. de ruminer, § 47. || Admis ACAD. 1740.]

|| (T. didact.) Qui rumine. Les animaux ruminants, et, *substantivt,* Les ruminants.

RUMINATION [ru-mi-nà-syon; *en vers*, -si-on] *s. f.*

[ÉTYM. Dérivé de ruminer, § 247. || 1615. J. DE MONT-LYARD, *Hieroglyph. de J.-P. Valerian,* dans DELB. *Rec.* Admis ACAD. 1762.]

|| (T. didact.) Action de ruminer.

RUMINER [ru-mi-né] *v. tr.*

[ÉTYM. Emprunté du lat. ruminare, *m. s.* (*Cf.* songer 1.)

125

‖ 1350. Qui bien les ruminera (les Écritures) Toute doucheur y trouvera, GILLES LI MUISIS, dans DELB. *Rec.*]

‖ (T. didact.) En parlant de certains mammifères herbivores, faire revenir les aliments à demi mâchés de l'estomac à la bouche, où ils sont mâchés de nouveau, pour être définitivement avalés. Le bœuf rumine l'herbe, et, *absolt*, rumine. ‖ *Fig. Famil.* Repasser (une chose) dans son esprit. Quand il eut ruminé tout le cas en sa tête, LA F. *Fab.* x, 1. ‖ *Absolt.* Là-dessus je rumine sans fin, MOL. *Dép. am.* II, 4. Pensif, je ruminais sur un fait si singulier, ST-SIM. I, 83.

RUPTOIRE [rŭp-twâr] *s. m.*

[ÉTYM. Emprunté du lat. du moyen âge ruptorium, *m. s.* de ruptum, supin de rumpere, rompre. ‖ XVIᵉ S. PARÉ, V, 10. Admis ACAD. 1798.]

‖ (Médec.) Cautère potentiel produisant une solution de continuité.

RUPTURE [rŭp'-tür] *s. f.*

[ÉTYM. Emprunté du lat. ruptura, *m. s.* (*Cf.* le doublet roture, de formation pop.) ‖ XIVᵉ s. Verge... ploiant sans rupture, *Poème sur les propr. des plantes*, dans DELB. *Rec.*]

‖ Action de rompre, de se rompre. La — d'un essieu, d'un brancard. La — d'un pont, d'une digue. La — d'un tendon. ‖ *Fig.* La — d'un traité, d'une trêve. La — de la paix. La — d'un mariage.‖ *Absolt.* Une —, rupture des relations d'amitié entre deux personnes. Je suis persuadé qu'il leur naîtra bientôt quelque sujet de —, LA BR. 5.‖ Un condamné en — de ban, qui a quitté la résidence qui lui avait été assignée.‖ *Vieilli.* — de la table, le fait de cesser de tenir table. On ne parle ici que de la — entière de la table de M. de la Rochefoucauld, SÉV. 1091.

RURAL, ALE [rü-râl] *adj.*

[ÉTYM. Emprunté du lat. ruralis, *m. s.* de rus, ruris, champ. ‖ XIVᵉ s. Un dieu rural appelé Pan, ORESME, dans MEUNIER, *Essai sur Oresme.*]

‖ (T. didact.) Qui appartient aux champs. Vie rurale. Mœurs rurales. Fonds ruraux. Propriétés, servitudes rurales. Économie rurale. Code —, l'ensemble des règlements et lois concernant les biens de la campagne. ‖ *Substantivt. Néolog.* Les ruraux, les campagnards.

RUSE [rüz'] *s. f.*

[ÉTYM. Subst. verbal de ruser, § 52. ‖ XIVᵉ s. Toutes les ruses que les cerfs font, *Modus,* fᵒ 24.]

‖ 1ᵒ Détour du gibier pour mettre les chiens en défaut. Les ruses et les moyens que les animaux sauvages mettent en œuvre pour se dérober à la recherche, BUFF. *Chien.*

‖ 2ᵒ Artifice pour tromper. — de guerre, pour tromper l'ennemi. Recourir à la —. J'ai cent ruses au sac, LA F. *Fab.* IX, 14. Ah ! ruses de l'enfer ! CORN. *Poly.* v, 3.

RUSÉ, ÉE [ru-zé] *adj.*

[ÉTYM. Dérivé de ruse, § 118. ‖ XIVᵉ s. Aucunes vieilles qui sont rusees et font les sages, *Ménagier*, I, p. 176.]

‖ Qui recourt à la ruse. Auguste, — tyran, MONTESQ. *Rom.* 13. Un — coquin. ‖ *Substantivt* (surtout au fém.). C'est une rusée, LA F. *Fab.* VII, 16. Voyez-vous la petite rusée ! MOL. *Mal. im.* II, 8.

RUSER [ru-zé] *v. tr. et intr.*

[ÉTYM. Du lat. pop. *refusare, *m. s.* dérivé de refusum, supin de refundere, rejeter, repousser, devenu *revusare, reüser, §§ 441, 295 et 291, ruser, § 358. (*Cf.* le doublet refuser.) ‖ XIIᵉ s. Se comencierent a mesler, Li uns les autres a ruser, *Thèbes*, 7571.]

I. *Anciennt. V. tr.* Faire reculer, mettre en fuite. De premier assaut l'ost des Romains les fit — arrière, BERSUIRE, *Tite Live*, fᵒ 50. *Fig.* Mettre en défaut, tromper.

II. *V. intr.* ‖ 1ᵒ En parlant du gibier, faire des détours pour mettre les chiens en défaut. Le lièvre a longtemps rusé. ‖ *Fig.* Ils rusent, mais nous sommes toujours sur la voie, SÉV. 416.

‖ 2ᵒ Employer des artifices pour tromper. Il faut — pour avoir cette proie, LA F. *Fab.* v, 8. — avec qqn. J'ai voulu — avec eux, BEAUMARCH. *Mar. de Fig.* v, 19.

RUSTAUD, AUDE [rŭs'-tó, -tód'] *adj.*

[ÉTYM. Dérivé de ruste, anc. forme de rustre, § 138. ‖ 1530. Rustault laboureur, dans DELB. *Rec.*]

‖ Qui a de la rusticité. L'éducation rustaude est fort bonne, SÉV. 624. *Substantivt.* Un —, une rustaude. Un gros —.

*RUSTAUDEMENT [rŭs'-tód'-man; *en vers*,-tó-de-...] *adv.*

[ÉTYM. Composé de rustaude et ment, § 724. ‖ XVIIᵉ s. V. à l'article.]

‖ D'une manière rustaude. Je vous aime un peu —, SÉV. 36.

*RUSTAUDERIE [rŭs'-tód'-ri ; *en vers*, -tó-de-ri] *s. f.*

[ÉTYM. Dérivé de rustaud, § 69. ‖ 1611. COTGR.]

‖ Manière d'être rustaude. Je ne sais si ma santé ne me rendra point ma —, SÉV. 550.

RUSTICITÉ [rŭs'-ti-si-té] *s. f.*

[ÉTYM. Emprunté du lat. rusticitas, *m. s.* ‖ 1460. Icelle rusticité d'Angleterre, *Droits de la couronne de France*, dans DELB. *Rec.*]

‖ Manière d'être des campagnards. Même aux discours de la — Donner de l'élégance, BOIL. *Ép.* 11. Une sainte — dans ces nouveaux adorateurs (les bergers), BOSS. *Élévat. Myst.* XVI, 7. ‖ *P. ext.* Grossièreté des manières. Il semble que la — n'est autre chose qu'une ignorance grossière des bienséances, LA BR. *Théophr. Rusticité.* ‖ (Jardinage.) — d'une plante, qualité qu'elle a de résister aux intempéries, comme les plantes sauvages.

RUSTIQUE [rŭs'-tīk'] *adj.*

[ÉTYM. Emprunté du lat. rusticus, *m. s.* (*Cf.* le doublet rustre.) On trouve dans LA F. rustic (*Contes, Jument*). ‖ XIVᵉ s. Ferremens rustiques, BERSUIRE, fᵒ 20, dans LITTRÉ.]

‖ Qui appartient aux choses de la campagne. Vie —. Travaux rustiques. Manières rustiques, qui appartiennent aux campagnards. ‖ *P. ext.* Banc, siège —, banc, siège de parc, de jardin. ‖ Plante —, qui résiste aux intempéries, comme les plantes sauvages. ‖ *Spéciale.* (Architect.) Ouvrage —, ouvrage en pierres brutes ou en bois non dégrossi. Ordre —, où les colonnes et l'entablement présentent une apparence brute, par un bossage uni ou piqué.

RUSTIQUEMENT [rŭs'-tīk'-man ; *en vers*, -ti-ke-...] *adv.*

[ÉTYM. Composé de rustique et ment, § 724. ‖ 1549. R. EST.]

‖ D'une manière rustique. Émile plus — élevé, J.-J. ROUSS. *Ém.* 3.

RUSTIQUER [rŭs'-ti-ké] *v. tr.*

[ÉTYM. Dérivé de rustique, § 266. Au XVIᵉ s. rustiquer, emprunté du lat. rusticari, signifie « se livrer aux travaux des champs ». ‖ (Au sens actuel.) Admis ACAD. 1718.]

‖ (Technol.) Tailler (une pierre) en lui laissant l'apparence d'une pierre brute. ‖ Crépir (un mur) grossièrement pour lui donner une apparence rustique.

RUSTRE [rustr'] *s. m.*

[ÉTYM. Tiré de l'anc. adj. rustre, ruste, § 38, forme plus populaire de rustique. ‖ XIVᵉ s. Ung rustre eut envie sur luy, RAOUL DE PRESLES, dans DELB. *Rec.*]

‖ Celui qui a des manières grossières. Mon — (de mari), MOL. *Sgan.* sc. 6.

RUT [rŭt'] *s. m.*

[ÉTYM. Pour ruit (encore dans D'AUB. *Création*, 10), § 357, du lat. pop. *rŭgītum (class. rugītum), propr, « rugissement », par allusion au cri du cerf en rut, §§ 394, 290 et 291.]

‖ Désir de s'accoupler chez certains animaux (mammifères) à des époques déterminées. Cerf, biche en —. Le temps du —. ‖ *P. ext.* En parlant d'une femme. Jeanne tout en —, RÉGNIER, *Sat.* 11.

RUTABAGA [ru-tà-bà-gà] *s. m.*

[ÉTYM. Emprunté du suédois dialectal rotabagga (Gotland) *m. s.* § 9. ‖ 1803. Le rutabaga des Suedois, *Nouv. Dict. d'hist. nat.* v, 401. Admis ACAD. 1878.]

‖ (Agricult.) Plante du genre chou, dite navet de Suède, cultivée surtout pour l'alimentation des animaux domestiques.

*RUTACÉES [ru-tà-sé] *s. f. pl.*

[ÉTYM. Dérivé du lat. ruta, rue, § 233. ‖ 1615. Huile.... sambucin, irin, rutacee, LOUIS GUYON, *Miroir de beauté*, dans DELB. *Rec.*]

‖ (Botan.) Famille de plantes dont le type est la rue.

*RUTHÉNIUM [ru-té-nyòm'; *en vers*, -ni-òm'] *s. m.*

[ÉTYM. Dérivé de Ruthenia, nom lat. de la Russie donné par Osann à une terre de l'Oural dans laquelle Claus a trouvé le ruthénium, §§ 37 et 282 *bis.* ‖ *Néolog.*]

‖ (Chimie.) Métal trouvé (en 1845) dans le mineral de platine.

RUTILANT, ANTE [ru-ti-lan, -länt'] *adj.*

[ÉTYM. Emprunté du lat. rutilans, part. de rutilare, être rouge. ‖ XIVᵉ s. Une comete plus rutillant que de coustume, J. DE VIGNAY, dans DELB. *Rec.* Admis ACAD. 1878.]

‖ (T. didact.) Qui est d'un rouge éclatant.

RUTOIR [ru-twâr]. *V.* routoir.

RYTHME, RYTHMIQUE. *V.* rhythme, rhythmique.

S

S [ês'] *s. f.* ou, selon la nouvelle épellation, **S** [se] *s. m.*

[Étym. Emprunté du lat. *s, m. s.* (*Cf.* esse.) || XIIIe s. Une lettre saintisme est s : Au nommer est la langue espaisse, *Senefiance de l'A B C*, dans JUBINAL, *Nouv. Rec.* II, p. 284.]

|| Consonne dentale spirante, la dix-neuvième lettre de l'alphabet français. Même en ce moment j'entends s Gui fait là-bas de la diablesse, VOIT. *Poés.* dans RICHEL. Une petite s ou s minuscule. Une grande S ou S majuscule. L's est tantôt sourde et dure (polysyllabe), tantôt sonore et douce (poser). L's finale est tantôt muette (bras), tantôt sourde (atlas). || *Loc. prov.* | **1.** *Vieilli.* Allonger les s, majorer un compte, changer les s (sols) en t (francs). | **2.** Faire des s, faire des zigzags, comme un homme ivre.

SA [sà] *adj. poss. V.* son 1.

SABBAT [sà-bà, le *t* se lie] *s. m.*

[Étym. Emprunté du lat. sabbatum, qui vient de l'hébreu schâbbâth, *m. s.* § 21. (*Cf.* samedi.) || XIIe s. Ja n'est pas ui sabat ne tens de festeer, *Rois*, IV, 4.]

|| **1°** Repos religieux que les Juifs doivent observer le septième jour de la semaine. Le jour du —. L'observance du — établi dès l'origine du monde en mémoire de la création, BOSS. *12e Élévat.*

|| **2°** *P. ext.* (le préjugé populaire assimilant à des sorciers les Juifs assemblés pour célébrer le sabbat). Réunion nocturne de sorciers. Un balai pour brûler en allant au —, RÉGNIER, *Sat.* 11. || *Fig. Famil.* Bruit terrible. Voyez le beau — qu'ils font à notre porte, RAC. *Plaid.* I, 8.

SABBATINE [sà-bà-tin'] *s. f.*

[Étym. Dérivé du lat. sabbatum, samedi, § 245. || Admis ACAD. 1694.]

|| *Anciennt.* (T. universit.) Thèse soutenue (le samedi) à la fin de la première année de philosophie.

SABBATIQUE [sà-bà-tik'] *adj.*

[Étym. Dérivé de sabbat, § 229. || 1611. Sabatique, COTGR. Admis ACAD. 1718.]

|| (T. didact.) Qui a rapport au sabbat. Le repos —. | *P. ext.* (Antiq. juive.) Année —, la septième année, pendant laquelle on doit laisser reposer la terre et ne pas exiger les créances, comme on doit se reposer le septième jour.

SABINE [sà-bin'] *s. f.*

[Étym. Emprunté du lat. sabina, *m. s.* proprt, « herbe du pays des Sabins ». L'anc. franç. connaît la forme pop. savine, encore employée par O. DE SERRES. || 1566. Herbe sabine, GUILL. DU CHOUL, dans DELB. *Rec.* Admis ACAD. 1762.]

|| (Botan.) Espèce de genévrier.

1. SABLE [sàbl'] *s. m.*

[Étym. Du lat. sabulum, *m. s.* §§ 290 et 291.]

|| Substance pulvérulente due à la désagrégation des roches siliceuses ou quartzeuses. Une plage de —. Jeter l'ancre sur un fond de —. Du — de rivière. Bâtir à chaux et à —, solidement (le sable siliceux servant à faire le mortier). Les sables du désert. Sables mouvants, sables sans consistance, que le vent déplace. | *Fig.* On tourne à tout vent de doctrine, et il n'y a point de — si mouvant, BOSS. *2e Avert. aux protest.* Bâtir une religion bâtie sur le —, BOSS. *Var.* 12. On sentait une religion bâtie sur le —, BOSS. *Var.* 12. On grave sur le marbre bien plus malaisément que sur le —, MOL. *Mal. im.* II, 5. Semer sur le —, perdre sa peine. C'était, comme on dit, semer sur le —, LES. *Gil Blas*, VII, 12. Avoir du — dans les yeux, se frotter les yeux (comme si on avait du sable dans l'œil), lorsqu'on a sommeil. *Dans le même sens.* Le marchand de — a passé. | Horloge de —, et, *ellipt*, —, sablier. Manger du —, retourner le sablier avant qu'il soit vide. | Mettre du — sur l'écriture, pour la sécher. | Jeter en —, couler la matière en fusion dans un moule fait avec du sable, de la poussière d'os calcinés, etc. *Fig.* Jeter en —, avaler d'un trait. Tigillin... qui jette en — un verre d'eau-de-vie, LA BR. 13. || *P. anal.* Gravier qui se forme dans les reins. (*Cf.* calcul.) Il y a du — dans ses urines. Un grain de — qui se mit dans son uretère (de Cromwell), PASC. *Pens.* III, 7.

2. SABLE [sàbl'] *s. m.*

[Étym. Mot d'origine slave, § 20 : polon. sabol, russe sobol, *m. s.* etc. (*Cf.* zibeline.) || XIIe s. A mantiaus gris orlez de sables, CHRÉTIEN DE TROYES, *Érec*, 2342.]

|| **1°** Martre zibeline, à pelage noir. || *P. ext.* Fourrure de martre zibeline.

|| **2°** *P. anal.* (Blason.) La couleur noire, le noir, représenté en gravure par des hachures verticales et horizontales qui se croisent.

SABLER [sà-blé] *v. tr.*

[Étym. Dérivé de sable 1, § 154. || XVIe s. La sabler de vermillon, MONTAIGNE, III, 6.]

|| **1°** Couvrir de sable. — les allées d'un parc. Une cour sablée. *P. ext.* Un gâteau sablé, et, *ellipt*, Un sablé, gâteau normand, dont la pâte est très friable. Fontaine sablée, vaisseau dans lequel on fait filtrer l'eau à travers le sable.

|| **2°** Jeter en sable, couler dans un moule fait de sable fin. Une médaille sablée. || *Fig.* Avaler d'un trait. En sablant du Champagne, VOLT. *Ép.* 64.

SABLEUX, EUSE [sà-bleù, -bleùz'] *adj.*

[Étym. Dérivé de sable 1, à l'imitation du lat. sabulosus, *m. s.* § 116. || 1559. Terre... fort sableuse, J. ALFONCE, *Voy.* fo 31, vo. Admis ACAD. 1798.]

|| Qui contient du sable. Un terrain, un fond —. | Farine sableuse, mêlée de sable. || *Fig.* Fond — d'une étoffe, où de petits points rapprochés imitent des grains de sable.

SABLIER [sà-bli-yé] *s. m.*

[Étym. Dérivé de sable 1, § 115. RICHEL. remarque, au mot poudrier, que quelques papetiers disent sablier, au lieu de dire poudrier, mais qu'ils disent mal. || (Au sens I, 1°.) 1680. RICHEL. | (Au sens II.) Admis ACAD. 1762.]

I. || **1°** Petit vase où l'on met du sable fin, pour le répandre sur l'écriture qu'on veut sécher.

|| **2°** *P. anal.* Arbre d'Amérique, dont le fruit en capsule s'emploie en guise de vase à mettre du sable fin.

II. Sorte d'horloge où l'heure se mesure par le temps que met une certaine quantité de sable à s'écouler par un passage étroit. Retourner le —, le mettre sens dessus dessous, pour que la partie remplie se vide à son tour.

1. SABLIÈRE [sà-bli-yèr] *s. f.*

[Étym. Dérivé de sable 1, § 115. (*Cf.* sablonnière.) FURET. à l'article sablonnière, mentionne sablière comme usité en quelques provinces. || Admis ACAD. 1694.]

|| Lieu d'où l'on extrait du sable.

2. SABLIÈRE [sà-bli-yèr] *s. f.*

[Étym. Origine inconnue. || 1368. Massonner environ lesdiz greniers par dedens sur les sablieres, dans DELB. *Rec.*]

|| (Technol.) || **1°** Pièce de bois sur laquelle reposent les chevrons d'une charpente, les pieds des étais, etc.

|| **2°** (Marine.) Bordage sur lequel posent les ventrières, les chevalets d'un vaisseau qu'on lance avec un bers.

SABLON [sà-blon] *s. m.*

[Étym. Du lat. sabulŏnem, synonyme de sabulum, sable, §§ 336 et 291.]

|| **1°** *Vieilli.* Amas de sable. D'Édesse à Béroé sont de vastes sablons, LA F. *Capt. de St Malc.* Par-dessus les sablons de la mer, BOSS. *Charité frat.* 2.

|| **2°** Sable fin. *Spécialt.* Sable qui sert à écurer des casseroles, chaudrons, etc.

SABLONNER [sà-blò-né] *v. tr.*

[Étym. Dérivé de sablon, § 154. || XVe s. Sablonner des lices, HARD. DE LA JAILLE, *Gages de bat.* dans LA C.]

|| **1°** *Vieilli.* Parsemer de sable. (*Syn.* sabler.)

|| **2°** *Spécialt.* (Technol.) | **1.** Répandre du sable sur des casseroles, chaudrons, etc., pour les écurer. | **2.** Répandre du sable sur le fer chaud pour souder.

SABLONNEUX, EUSE [sà-blò-ncŭ, -ncŭz'] *adj.*
[ÉTYM. Dérivé de sablon, § 116. (*Cf.* le bas lat. sablono-sus, dès le vii° s.) || xii° s. En la champaigne sablonose, BEN. DE STE-MORE, *Troie*, dans DELB. *Rec.*]
|| Qui contient beaucoup de sable. Dans un chemin montant, —, LA F. *Fab.* vii, 9.
SABLONNIER, *SABLONNIÈRE [sà-blò-nyé, -nyèr] *s. m.* et *f.*
[ÉTYM. Dérivé de sablon, § 115. || Admis ACAD. 1694 (au masc.).]
|| Celui, celle qui vend du sablon.
SABLONNIÈRE [sà-blò-nyèr] *s. f.*
[ÉTYM. Dérivé de sablon, § 115. || xiii° s. En mi la sablon-niere, *Conq. de Jérus.* dans DELB. *Rec.*]
I. Lieu d'où l'on extrait du sablon.
II. Coffre à corroyer le sable dont on fait des moules.
SABORD [sà-bòr] *s. m.*
[ÉTYM. Mot composé, à ce qu'il semble, avec bord et un premier élément inconnu. || xv° s. Par le sabort de la nef la jetterent en la mer, *Conq. des Canaries*, 21, dans JAL.]
|| (Marine.) Ouverture quadrangulaire pratiquée dans la muraille d'un vaisseau (spécialement pour laisser passer la bouche d'un canon). — de chasse, percé à l'avant, pour tirer sur un bâtiment auquel on donne la chasse. — de retraite, percé à l'arrière, pour tirer sur un bâtiment par lequel on est poursuivi. Faux —, pièce de bois mobile fermant le sabord et dont le centre peut donner passage à la bouche d'un canon. || *P. ext.* — de nage, ouverture pratiquée pour laisser passer un aviron. — de charge, ouverture pratiquée à l'avant, ou à l'arrière, pour faciliter le chargement.
***SABORDER** [sà-bòr-dé] *v. tr.*
[ÉTYM. Dérivé de sabord, § 154. || *Néolog.*]
|| (Marine.) Percer au-dessous de la ligne de flottaison (la carène d'un bâtiment).
SABOT [sà-bó] *s. m.*
[ÉTYM. Origine incertaine. La forme primitive étant çabot (*cf.* le picard chabot), le mot paraît avoir le même radical que savate. || xiii° s. Com il se jooit a son cabot (lisez çabot), *Miracles de St Louis*, p. 144.]
I. || **1°** Chaussure de paysan faite d'un morceau de bois creusé de manière à recevoir le pied. Une paire de sabots. Mettre des sabots. Marcher en sabots (avec des sabots). *Loc. prov.* Je te vois venir avec tes gros sabots, ta finesse est facile à deviner. Il est venu à Paris en sabots, venu pauvre, il s'y est enrichi.
|| **2°** *P. ext.* Enveloppe cornée qui entoure le pied des ruminants, pachydermes, solipèdes. Les animaux à sabots doivent être herbivores, puisqu'ils n'ont aucun moyen de saisir leur proie, CUVIER, *Révol. du globe*, p. 102.
II. *P. anal.* || **1°** Garniture de métal au pied de certains meubles. | Garniture de métal ou de bois au pied d'un poteau, d'un pilotis, etc. | Garniture de métal au pied de la hampe d'une lance. | Pièce de bois tourné fixée à certains projectiles.
|| **2°** Plaque de fer qu'on met sous une des roues d'une voiture, pour diminuer la vitesse en substituant le glissement au roulement. Mettre le — dans les descentes rapides.
|| **3°** Petite niche faite d'un morceau de bois creusé, qu'on met dans la cage de certains oiseaux.
|| **4°** Toupie dont le haut est cylindrique et le bas conique, que les enfants font tourner en la fouettant avec une lanière. Le — dort, paraît immobile, quand il tourne rapidement sur un même point. *Fig. Famil.* Dormir comme un —, d'un profond somme. La patronne... dormait auprès de lui comme un —, LES. *Guzm. d'Alfar.* ii, 3.
|| **5°** Nom donné par dénigrement à un mauvais instrument, un mauvais outil, une mauvaise voiture, etc.
SABOTER [sà-bò-té] *v. intr.* et *tr.*
[ÉTYM. Dérivé de sabot, § 154. ACAD. ne donne que le sens **I.** || xiii°-xiv° s. Si vont sabotant mon charrot Aus roches, *Ovide moralisé*, dans GODEF.]
I. *V. intr.* Jouer au sabot (toupie).
II. *V. tr.* | 1. (Technol.) Fouler avec des sabots (chaussure). — le drap. | 2. *Fig. Famil.* Faire (qqch) sans goût, sans soin.
SABOTIER, *SABOTIÈRE [sà-bò-tyé, -tyèr] *s. m.* et *f.*
[ÉTYM. Dérivé de saboter, § 115. || 1518. Tourneurs, sabotiers, dans DELB. *Rec.*]
|| **1°** Celui, celle qui fabrique, qui vend des sabots.

|| **2°** *Rare.* Celui, celle qui porte des sabots. | *P. ext. Au fém.* Sabotière, danse lourde de gens en sabots.
SABOULER [sà-bou-lé] *v. tr.*
[ÉTYM. Origine inconnue. || xvi° s. Les lacquais sabouloient sa femme a plaisir, RAB. iii, 25.]
|| Secouer sans ménagement. Comme vous me saboulez la tête, MOL. *Escarb.* sc. 2. | *Fig.* Tancer sans ménagement. Voilà trois parlements du royaume que j'ai un peu saboulés, VOLT. *Lett. à d'Argental*, 7 nov. 1763.
SABRE [sàbr'] *s. m.*
[ÉTYM. Emprunté de l'allem. sæbel, autrefois sabel, *m. s.* d'origine incertaine, § 7. OUD. ne connaît que la forme sable. || 1634. Sabre est un coutelas ou cimeterre, CLEIRAC, *Termes de marine*, dans DELB. *Rec.*]
|| Arme blanche à pointe et à tranchant, offrant une courbure convexe du côté coupant de la lame. Mettre le — à la main. Un coup de — (donné avec le tranchant). Un coup de plat de — (appliqué avec le plat de la lame). Traîneur de —, militaire aux allures provocantes. —-baïonnette, sabre court qui peut être adapté comme baïonnette au bout du fusil. || — de bois, batte d'Arlequin.
***SABRENAS** [sà-bre-ná] et ***SABRENAUD** [sà-bre-nó] *s. m.*
[ÉTYM. Origine inconnue. OUD. donne sabre au sens de « savetier ». || 1630. Chabrenas, chabrenaut, DAVID FERRAND, *Muse norm.* dans DELB. *Rec.* ACAD. admet sabrenas en 1798; suppr. en 1878.]
|| *Vieilli.* Savetier. *P. ext.* Ouvrier qui gâche de l'ouvrage.
***SABRENASSER** [sà-bre-nà-sé] et ***SABRENAUDER** [sà-bre-nó-dé] *v. tr.*
[ÉTYM. Dérivé de sabrenas, sabrenaud, § 154. || ACAD. admet sabrenauder en 1762, sabrenasser en 1798; suppr. en 1878.]
|| *Vieilli.* Gâcher (un ouvrage). (*Syn.* saveter.)
***SABRENAUD, *SABRENAUDER.** *V.* sabrenas, sabrenasser.
SABRER [sà-bré] *v. tr.*
[ÉTYM. Dérivé de sabre, § 154. || 1680. Sabrer : ce mot est d'assez nouvelle fabrique, RICHEL. Admis ACAD. 1604.]
|| Frapper de coups de sabre. Les fuyards furent atteints et sabrés. *Absolt.* Il donna ordre à la cavalerie de —. || *Fig.* | 1. Blâmer à tort à travers. | 2. Expédier (la besogne) à tort et à travers.
SABRETACHE [sà-bre-tàch'] *s. f.*
[ÉTYM. Emprunté de l'allem. sæbeltasche, *m. s.* de sæbel, sabre, et tasche, poche, sac, § 7. || 1812. Sabretache, sabertache, MOZIN, *Dict. franç.-allem.* Admis ACAD. 1835.]
|| (T. milit.) Sac plat qui pend à côté du sabre (dans l'uniforme de certains corps de cavalerie légère).
SABREUR [sà-brcŭr] *s. m.*
[ÉTYM. Dérivé de sabrer, § 112. || 1790. LINGUET, *Ann. polit. civ. et littér.* xvi, 398. Admis ACAD. 1835.]
|| *Famil.* Homme d'action qui ne sait que sabrer. || *Fig.* Celui qui expédie la besogne à tort et à travers.
SABURRAL, ALE [sà-bur'-ràl] *adj.*
[ÉTYM. Dérivé de saburre, § 238. (*Cf.* le lat. saburralis, relatif au lest.) || 1801. Congestions saburales, VIGAROUS, *Maladies des femmes*, i, p. 248. Admis ACAD. 1835.]
|| (Médec.) Relatif à la saburre.
SABURRE [sà-bür] *s. f.*
[ÉTYM. Emprunté du lat. saburra, lest. || 1539. R. EST. Admis ACAD. 1835.]
|| **1°** *Vieilli.* (Marine.) Lest d'un navire.
|| **2°** (Médec. anc.) Résidu qu'on supposait accumulé dans l'estomac à la suite de mauvaise digestion. Le lait cuit et la farine crue font beaucoup de —, J.-J. ROUSS. *Ém.* 1.
1. SAC [sàk] *s. m.*
[ÉTYM. Du lat. sæcum, grec σάκκος, *m. s.* §§ 385 et 291.]
|| Morceau de cuir, d'étoffe, mis en double, fermé en bas et sur les côtés, avec une ouverture en haut pour y introduire les objets. Remplir, vider un sac. Lier le haut d'un sac. *Fig.* Il faut lier le sac avant qu'il soit plein, il ne faut pas dépasser la mesure. L'entrée, le fond d'un sac. Un sac à blé, à farine, à charbon, destiné à contenir du blé, de la farine, du charbon. Un sac de blé, de farine, de charbon, rempli de blé, de farine, de charbon. *Loc. prov.* Tirer d'un sac (de grains) deux moutures, tirer d'une chose double profit. On frappe sur le sac pour que l'âne le sente, on fait une observation à qqn pour qu'un autre se l'applique. |

(T. milit.) Sac à terre, sac rempli de terre qu'on emploie pour faire des revêtements, des épaulements, etc. Sac à feu, ancienne sorte de bombe. | Un sac d'écus. *Trivial.* Avoir le sac, avoir des écus. *Fig.* Prendre qqu la main dans le sac, sur le fait. Un sac de toile, de papier, fait avec de la toile, du papier. Course en sac, divertissement des fêtes de village, où l'on fait courir des gens qui ont les bras et les jambes enfermés dans un sac. *Anciennt.* Sac de procès, dossier contenant les pièces. Pour le droit de retirer le sac, MOL. *Scap.* II, 5. Que de sac! RAC. *Plaid.* I, 4. Sac commun, où l'on mettait au rebut les pièces non produites. *Fig.* C'est la meilleure pièce de son sac, la chose, la personne la plus propre à le faire réussir. Le fond du sac, les pièces les plus secrètes. Pour vous faire voir le fond du sac, SÉV. 1228. Sans voir le fond du sac ils prononcent l'arrêt, RÉGNIER, *Sat.* 5. Juger, condamner sur l'étiquette du sac (sans regarder les pièces), sur l'apparence. L'affaire est dans le sac, achevée. Vider son sac, dire tout ce qu'on a sur le cœur. *Loc. prov.* Il faut trois sacs à un plaideur, un sac de papier, un sac d'argent et un sac de patience. Un homme de sac et de corde (qui mérite d'être jeté à l'eau cousu dans un sac, ou pendu), un scélérat. | *Fig.* Un sac à vin, un ivrogne. || *P. anal.* | **1.** Sorte de valise que portent sur le dos les fantassins, les voyageurs à pied. Avoir le sac au dos. *Fig.* Trousser, prendre son sac et ses quilles, s'en aller. Il n'a plus, on ne lui a laissé que le sac et les quilles, il ne lui reste plus qu'à s'en aller. Perrin tire l'argent à lui Et ne laisse aux plaideurs que le sac et les quilles, LA F. *Fab.* IX, 9. | **2.** Sac de nuit, de voyage, qui sert en voyage à serrer les hardes de nuit ou les menus objets qu'on veut garder avec soi. *Fig.* J'ai cent ruses au sac, LA F. *Fab.* IX, 14. | **3.** Sac à ouvrage, sac portatif pour dames, contenant ce qu'il faut pour coudre, broder, etc. | **4.** Sac à la malice, d'où les escamoteurs tirent subtilement les objets dont ils ont besoin pour faire leurs tours. | **5.** Sac de laine, coussin sur lequel siège, en Angleterre, le lord chancelier qui préside la chambre haute. | Sac de laine sur lequel couchaient les rameurs des galères. | **6.** Vêtement semblable à un sac, qu'on revêtait en signe de pénitence, de deuil. Finir sa vie sous le sac et sur la cendre, SÉV. 929. || *P. ext.* (Physiol.) Cavité entourée d'une paroi membraneuse. La rate est à l'opposite du foie ; c'est une espèce de sac spongieux, BOSS. *Conn. de Dieu*, II, 4. Je ne voulais plus qu'une douzaine de médecines pour vider le fond du sac, MOL. *Mal. im.* III, 5. *Spécialt.* Sac lacrymal, réservoir des larmes, à l'angle externe de l'œil.

2. SAC [săk'] *s. m.*

[ÉTYM. Emprunté de l'ital. *sacco*, *m. s.* dont le rapport avec *sacco*, sac de cuir, est incertain, § 12. || XIVᵉ-XVᵉ s. Mettre la ville a sac, qui est a dire la courir et piller, *Chron. de Boucicaut*, III, 22.]

|| Action de dévaster et de piller une ville. (*Cf.* saccager.) La ville fut mise à sac. Le sac de Carthage.

SACCADE [sà-kàd'] *s. f.*

[ÉTYM. Origine incertaine ; le mot étant primitivement un terme de manège doit être emprunté de l'italien, mais il n'y a pas dans cette langue de mot correspondant. || XVIᵉ s. Ledict cheval a tous ses chevaucheurs bailloit la saccade, RAB. I, 14.]

|| Secousse donnée d'un coup sec. Donner à un cheval une — de bride. Le cheval mutin... a fait une —, LA F. *Ragotin*, I, 10. Donner une — au limier (lorsqu'il se rabat sur une mauvaise voie).

SACCADER [sà-kà-dé] *v. tr.*

[ÉTYM. Dérivé de saccade, § 154. || XVIᵉ s. Je les feray saccader encores une foys, RAB. II, 17. Admis ACAD. 1835.]

|| Mouvoir par saccades. Une respiration saccadée. *Fig.* Un style saccadé. | *Vieilli.* — un cheval, lui donner des saccades de bride.

SACCAGE [sà-kàj'] *s. m.*

[ÉTYM. Subst. verbal de saccager, § 52. || 1630. Le saccage et incendie de mes pauvres livres, PEIRESC, *Lett.* dans DELB. *Rec.* Admis ACAD. 1798.]

|| Dévastation et pillage d'une ville, d'un domaine, etc.

SACCAGEMENT [sà-kàj'-man ; *en vers*, -kà-je-...] *s. m.*

[ÉTYM. Dérivé de saccager, § 145. || XVIᵉ s. Saccagemens de villes, LA NOUE, *Disc. polit.* 2.]

|| *Vieilli.* Action de saccager. Des particularités du — (de Rome), VARILLAS, *François Iᵉʳ*, II, p. 132.

SACCAGER [sà-kà-jé] *v. tr.*

[ÉTYM. Emprunté de l'ital. *saccheggiare*, *m. s.* (*cf.* sac 2), § 12. || XVIᵉ s. Isle... saccagée et sacmentée, RAB. IV, 67.]

|| Dévaster et piller (une ville). Rome fut saccagée par les impériaux. *P. anal.* On a tout saccagé dans le jardin. *Fig.* La jeune saccageait les poils blancs à son tour, LA F. *Fab.* I, 17.

ʼSACCAGEUR, EUSE [sà-kà-jeûr, -jeûz'] *s. m.* et *f.*

[ÉTYM. Dérivé de saccager, § 112. || XVIᵉ s. Sacageur de villes, J. DU BELLAY, *Trad. d'une ode de Buchanan*.]

|| *Famil.* Celui, celle qui saccage. Les saccageurs de province ne sont que héros, VOLT. *Lett. à Thiériot*, 15 juill. 1735.

SACCHARATE [săk'-kà-ràt'] *s. m.*

[ÉTYM. Dérivé du lat. *saccharum*, sucre, § 282 *bis*. || *Néolog.* Admis ACAD. 1878.]

|| (Chimie.) Combinaison de sucre et d'un oxyde métallique. — de chaux.

SACCHARIMÈTRE [săk'-kà-ri-mêtr'] *s. m.*

[ÉTYM. Composé avec le grec σάκχαρον, sucre, et μέτρον, mesure, § 279. || *Néolog.* Admis ACAD. 1878.]

|| (Chimie.) Instrument qui mesure par la déviation du rayon polarisé la quantité de sucre contenue dans un liquide.

SACCHARIN, INE [săk'-kà-rin, -rin'] *adj.*

[ÉTYM. Dérivé du lat. *saccharum*, sucre, § 245. || XVIIIᵉ-XIXᵉ s. Vegetation saccharine, CHAPTAL, dans *Mém. de l'Institut, Sc. math. et phys.* I, p. 358. Admis ACAD. 1878.]

|| (T. didact.) Qui a rapport au sucre. Matières saccharines. L'industrie saccharine.

SACCHARIQUE [săk'-kà-rik'] *adj.*

[ÉTYM. Dérivé du lat. *saccharum*, sucre, § 229. || *Néolog.* Admis ACAD. 1878.]

|| (T. didact.) De sucre. *Spécialt.* (Chimie.) Acide —, produit par la réaction de l'acide nitrique sur le sucre.

SACCHARURE [săk'-kà-rûr] *s. m.*

[ÉTYM. Dérivé du lat. *saccharum*, sucre, § 282 *bis*. || *Néolog.* Admis ACAD. 1878.]

|| (Pharm.) Médicament obtenu en versant une teinture d'alcool ou d'éther sur du sucre.

SACERDOCE [sà-sèr-dŏs'] *s. m.*

[ÉTYM. Emprunté du lat. *sacerdotium*, *m. s.* de *sacerdos*, prêtre. || XVᵉ-XVIᵉ s. Religion et sacerdoce, CL. DE SEYSSEL, dans DELB. *Rec.*]

|| **1º** Ministère du prêtre. Le — est rendu héréditaire dans sa famille (d'Aaron), BOSS. *Hist. univ.* II, 3. La préparation pour le — n'est pas, comme plusieurs pensent, une préparation de quelques jours, ID. *P. Bourgoing.* || *Fig.* Fonction qui demande une haute vertu. La judicature est une espèce de —, FLÉCH. *Lamoignon.*

|| **2º** Autorité ecclésiastique. L'empire a toujours du rapport avec le —, MONTESQ. *Espr. des lois*, XXIII, 21. La querelle du — et de l'empire.

SACERDOTAL, ALE [sà-sèr-dò-tàl] *adj.*

[ÉTYM. Emprunté du lat. *sacerdotalis*, *m. s.* || XIVᵉ-XVᵉ s. Sacerdotale ou pontificale dignité, GERSON, *Serm. Vivat rex*, mss franç. Bibl. nat. 936, fº 110, vº.]

|| Relatif au ministère du prêtre. Les fonctions sacerdotales. Revêtu des ornements sacerdotaux.

SACHÉE [sà-ché] *s. f.*

[ÉTYM. Dérivé de sac, §§ 64 et 119. || XIIIᵉ s. Grans sachees de charbon, *Péler. Renart*, dans GODEF. *Compl.*]

|| Contenance d'un sac.

SACHET [sà-chè] *s. m.*

[ÉTYM. Dérivé de sac, §§ 64 et 133. GUY PATIN emploie la forme saquet. || XIIᵉ s. Nostre pecune allucet om el sachet, *Serm. de St Bern.* p. 43.]

|| Petit sac. || *Spécialt.* | **1.** Petit sac contenant des substances pharmaceutiques qu'on applique sur telle ou telle partie du corps. Un — de camphre. | **2.** Petit sac contenant de l'avoine qu'on attache au cou du cheval pour lui donner à manger en route. | **3.** Petit sac, coussinet où l'on met des odeurs et qu'on place dans le linge, dans les vêtements, pour les parfumer. | **4.** Sac contenant la charge d'une pièce d'artillerie de campagne.

SACOCHE [sà-kŏch'] *s. f.*

[ÉTYM. Emprunté de l'ital. *saccoccia*, *m. s.* dérivé de *sacco*, sac, § 12. || 1606. Sacosse, *Hist. macaron.* dans LA C. | 1611. Sacoche, COTGR. Admis ACAD. 1740.]

|| **1º** Double sac de cuir dont se servent en voyage les courriers, les marchands forains, etc.

|| **2º** (T. milit.) Poche de cuir fixée à la selle du cavalier.

|| 3° Long sac de cuir ou de toile où les garçons de recette mettent l'argent qu'ils touchent.

SACRAMENTAIRE [sà-krà-man-tèr] *adj.*
[ÉTYM. Emprunté du lat. ecclés. sacramentarius, *m. s.* || 1611. COTGR.]
|| (T. relig.) Relatif aux sacrements. | Livre —, et, *substantivt*, Un —, recueil de prières pour les sacrements. Un — de Saint-Remy de Reims, BOSS. *Déf. de la tradit. sur la communion*, II, 27. || *Spéciall.* Hérétique —, niant la présence réelle dans l'eucharistie. Il voulut bien être le rival du pape, mais non luthérien ou —, VOLT. *Mœurs*, 135.

SACRAMENTAL, ALE [sà-krà-man-tàl], *vieilli*, et **SACRAMENTEL, ELLE** [-tèl] *adj.*
[ÉTYM. Emprunté du lat. ecclés. sacramentalis, *m. s.* || XVIᵉ s. Paroles sacramentales, CALV. *Instit. chr.* III, XVII, 13.]
|| (T. relig.) Relatif à un sacrement. Les paroles sacramentelles du baptême.

SACRAMENTALEMENT [sà-krà-man-tàl-man; en vers, -tà-le-...], *vieilli*, et **SACRAMENTELLEMENT** [-tèl-man; en vers, -tè-le-...] *adv.*
[ÉTYM. Composé de sacramentale ou sacramentelle et ment, § 724. || XIVᵉ-XVᵉ s. Celui qui le reçoit sacramentellement, GERSON, mss franç. Bibl. nat. 936, f° 20, r°.]
|| D'une manière sacramentelle.

1. SACRE [sàkr'] *s. m.*
[ÉTYM. Subst. verbal de sacrer, § 52. || XIIᵉ s. A cel sacre ne dut pruzdum mettre sa destre, GARN. DE PONT-STE-MAX. *St Thomas*, 1249.]
|| Acte par lequel l'Église revêt d'un caractère inviolable (un souverain, un évêque) en le vouant au service de Dieu. La cérémonie du —. Le — de Charles X, de Léon XIII.

2. SACRE [sàkr'] *s. m.*
[ÉTYM. Emprunté de l'arabe çaqr, *m. s.* § 22. || XIVᵉ s. De sacre, de sacrelles, GACE DE LA BIGNE, *Déduits de la chasse*, dans GODEF. sacrellet.]
|| 1° Oiseau de proie qui tient du faucon et du gerfaut. || *Spéciall.* (Fauconn.) Femelle du sacret. || *Fig.* Homme sans foi ni loi. Une manière de — et de brigand qui pillait tant qu'il pouvait, ST-SIM. XVIII, 46. Je sacre comme un —. || 2° *P. anal.* (*Cf.* fauconneau.) Ancien canon lançant des projectiles de cinq livres.

SACRÉ, ÉE [sà-kré] *adj.*
[ÉTYM. Adj. particip. de sacrer, § 44.|| XIIᵉ-XIIIᵉ s. Mains de prestre sacree et sainte, RENCL. DE MOILIENS, *Carité*, LXXVII, 5.]
|| Qui a un caractère inviolable, comme étant voué au service divin. Les vaisseaux sacrés enlevés du temple de Jérusalem, BOSS. *Hist. univ.* II, 6. Les livres sacrés. La langue sacrée des Indiens. Le feu — de Vesta. (*V.* feu.) Des grands dieux la majesté sacrée, CORN. *Hor.* III, 2. *Spéciall.* Le — cœur, le cœur de Jésus-Christ, auquel on rend un culte de latrie ; le cœur de la Vierge Marie, auquel on rend un culte de dulie, dans la religion catholique. Congrégation du Sacré-Cœur, congrégation de femmes vouées à l'adoration du cœur de Jésus-Christ. Sacrés monts, RAC. *Esth.* I, 2. Ce droit saint et — rompt tout autre lien, CORN. *Hor.* II, 3. Être revêtu d'un caractère —. Les mystères sacrés. Allons à nos martyrs donner la sépulture, Baiser leurs corps sacrés, CORN. *Poly.* V, 6. || *Substantivt.* Le —, ce qui est sacré. Le mélange du — et du profane. | *P. ext.* Considéré comme inviolable. Sa personne sacrée (du roi), BOSS. *Condé.* Épargnez votre tête sacrée, RAC. *Mithr.* III, 1. A vos sacrés genoux, ID. *Ath.* V, 2. Les intérêts des Juifs déjà me sont sacrés, ID. *Esth.* III, 5. Près de leurs passions rien ne me fut —, ID. *Ath.* III, 3. *P. plaisant. Fig.* Prenez mes cantiques sacrés ; Sacrés ils sont, car personne n'y touche, VOLT. *Pauvre Diable.* || *Spéciall.* (Anat.) Os — ou sacrum, os du bassin (que les anciens offraient en sacrifice). *P. ext.* Nerfs sacrés, situés dans le voisinage de cet os.

SACREMENT [sà-ker-man] *s. m.*
[ÉTYM. Emprunté du lat. ecclés. sacramentum, *m. s.* (*Cf.* le doublet pop. serment.) || XIᵉ s. Chascun jor preun Deu pur tel el sacrement, GARN. DE PONT-STE-MAX. *St Thomas*, 2794.]
|| Chacun des actes institués par Jésus-Christ pour la sanctification des âmes, signe sensible d'un effet spirituel destiné à faire naître la vie de la grâce (baptême, pénitence), ou à l'augmenter (confirmation, eucharistie, mariage, ordre, extrême-onction). Les sacrements de la nouvelle alliance ne sont pas seulement des signes sacrés qui nous représentent la grâce, ni des sceaux qui nous la confirment, mais des instruments du Saint-Esprit, qui servent à nous l'appliquer, BOSS. *Expos. de la doctr. de l'Église*, 9. | *P. plaisant. Fig.* Elle a tous les sacrements (en parlant d'une chose, d'une personne), on lui a fait tout ce qui était à faire. || *Spéciall.* | 1. En parlant de la confession et de la communion. L'humble princesse ne crut pas qu'il lui fût permis d'approcher d'abord des saints sacrements, BOSS. *A. de Gonz.* On prive des sacrements et à la vie et à la mort ceux qui jouent la comédie, ID. *Comédie*, 2. Fréquenter les sacrements, se confesser et communier fréquemment. | 2. En parlant de l'extrême-onction. Décéder muni des sacrements de l'Église. | 3. *Famil.* En parlant du mariage. Et ce couple charmant S'unit longtemps, dit-on, avant le —, BOIL. *Lutr.* 1. || *Spéciall.* Le saint —, l'eucharistie. L'adoration du saint —. Porter le saint — à un mourant.

SACRER [sà-kré] *v. tr. et intr.*
[ÉTYM. Emprunté du lat. sacrare, *m. s.* || XIIᵉ s. Et ki pot dessacrer ço ke Deus ad sacré? GARN. DE PONT-STE-MAX. *St Thomas*, 1249.]
|| 1° *V. tr.* Revêtir d'un caractère inviolable (un souverain, un évêque) en le vouant au service de Dieu. Les rois de France se faisaient — à Reims.
|| 2° *Famil. V. intr.* Jurer (le mot sacré se trouvant blasphémé dans la plupart des jurons). Blasphémaient et sacraient, GRESSET, *Vert-Vert*, 3.

SACRET [sà-krè] *s. m.*
[ÉTYM. Dérivé de sacre 2, § 133. || 1564. J. THIERRY, *Dict. franç.-lat.* Admis ACAD. 1798.]
|| (Fauconn.) Nom donné au sacre mâle, oiseau de proie qui tient du faucon et du gerfaut.

SACRIFICATEUR, *SACRIFICATRICE [sà-kri-fi-kà-teùr, -trìs'] *s. m.* et *f.*
[ÉTYM. Emprunté du lat. sacrificator, trix, *m. s.* || 1539. R. EST.]
|| Prêtre, prêtresse qui offre les sacrifices.

SACRIFICATURE [sà-kri-fi-kà-tùr] *s. f.*
[ÉTYM. Dérivé de sacrificateur, § 250. || XVIᵉ s. Sacrificature royale, CALV. *Instit. chr.* II, VII, 1.]
|| (Antiq. hébr.) Fonction de sacrificateur. Exercer la —, RAC. *Ath.* préf.

SACRIFICE [sà-kri-fîs'] *s. m.*
[ÉTYM. Emprunté du lat. sacrificium, *m. s.* || XIIᵉ s. Sacrifise de justise, *Psaut. d'Oxf.* IV, 6.]
I. || 1° Acte par lequel on consume une chose à laquelle on attache du prix, sur l'autel d'une divinité, pour l'honorer ou la fléchir. Le — est une action par laquelle tu rends à Dieu tes hommages, BOSS. *1ʳ Compassion de la Ste Vierge*, 2. Les plus anciens sacrifices consistaient en fruits, en gâteaux de farine et de miel. | *Spéciall.* — sanglant, offrande d'une créature vivante qu'on immole à la Divinité. Un vrai mouton de —, LA F. *Fab.* II, 16. Quel fruit me revient-il de tous vos sacrifices? RAC. *Ath.* I, 1. Sacrifices humains, où l'on immole des êtres humains. Si, dans un — auguste et solennel, Une fille du sang d'Hélène De Diane en ces lieux n'ensanglante l'autel, RAC. *Iph.* I, 1. *Fig.* Clothon ferait d'un coup ce double — (nous ferait mourir ensemble), LA F. *Phil. et Baucis.* Le — d'Abraham, d'Agamemnon, fait par Abraham, par Agamemnon. *Dans un autre sens.* Le — d'Isaac, d'Iphigénie, où la victime est Isaac, Iphigénie.
|| 2° *P. anal.* Le — de la croix, le — de Jésus-Christ, la mort de Jésus-Christ sur la croix, comme victime offerte pour la rédemption des hommes. || *P. ext.* Le — de la messe, le saint —, représentation et continuation du sacrifice de la croix, par le sacrifice du corps et du sang de Jésus-Christ, sous les espèces du pain et du vin.
II. *Fig.* Perte volontaire de ce à quoi on tient, en vue de qqn, de qqch. Victime de la pénitence, allez achever votre —, BOSS. *La Vall.* J'irai pour mon pays m'offrir en —, RAC. *Esth.* I, 3. Il ordonne à mon cœur cet affreux —, ID. *Iph.* V, 1. Faire un — d'argent, et, *dans le même sens*, Faire des sacrifices pour qqn. Faire le — de ses goûts, de ses habitudes.

SACRIFIER [sà-kri-fyé; en vers, -fi-yé] *v. tr.*
[ÉTYM. Emprunté du lat. sacrificare, *m. s.* || XIIᵉ s. Sacrifiassent, PH. DE THAUN, *Comput*, 2249.]
1. Consumer (une chose à laquelle on attache du prix) sur l'autel d'une divinité, pour l'honorer ou la fléchir. Les premiers hommes, dit Porphyre, ne sacrifiaient que de l'herbe, MONTESQ. *Espr. des lois*, XXV, 4. || *Spéciall.* Offrir une créature vivante, qu'on immole à la Divinité. On sacrifia un bœuf à Jupiter. Je vous sacrifierai cent moutons, LA F. *Fab.*

III, 4. *Absolt.* Et pour — on n'attend plus que vous, CORN. *Poly.* II, 5. Il allait — ce fils, BOSS. *Hist. univ.* II, 2. Que le plus coupable de nous Se sacrifie aux traits du céleste courroux, LA F. *Fab.* VII, 1. | *P. anal.* Il (Jésus-Christ) devait se — pour eux, comme victime offerte pour la rédemption des hommes. | *P. ext.* — le corps et le sang de Jésus-Christ, sous les espèces du pain et du vin, et, *absolt*, —, célébrer la messe.

II. *Fig.* || **1°** *Absolt.* — à (qqn, qqch), faire acte de soumission absolue à (qqn, qqch). — aux préjugés, à la mode. *P. ext.* — aux grâces, travailler à plaire.

|| **2°** — (une personne, une chose) à (qqn, qqch), perdre volontairement une personne, une chose à laquelle on tient, pour (qqn, qqch). Il les sacrifiait à sa sûreté, FÉN. *Tél.* 8. Il ne craint pas de les — à l'instruction du reste des hommes, BOSS. *D. d'Orl.* Quelle grande victime se sacrifie au bien public ! ID. *Condé.* Et je sacrifierais à de si puissants nœuds Amis, femme, parents, MOL. *Tart.* V, 7. Et pour ce reste enfin j'ai moi-même en unjour Sacrifié mon sang, ma haine et mon amour, RAC. *Andr.* IV, 1. | *P. anal.* L'auteur a absolument sacrifié ce rôle (l'a laissé dans l'ombre), VOLT. *Rem. sur Cinna.*

1. SACRILÈGE [sà-kri-lèj'] *s. m.*

[ÉTYM. Emprunté du lat. sacrilegium, *m. s.* || XII° s. Par forsenneit sacrilege, *Serm. de St Bern.* p. 47.]

|| Violation d'une chose sacrée. Qu'est-ce que le —? C'est... la profanation d'une chose consacrée à Dieu, BOURD. *Caractère du chrétien,* 2.

2. SACRILÈGE [sà-kri-lèj'] *s. m.* et *f.*

[ÉTYM. Emprunté du lat. sacrilegus, a, *m. s.* || XIII° s. Sacrilege est qui emble ooze sacree, BEAUMAN. XI, 15.]

|| Celui, celle qui viole qqch de sacré. Un — impie, en un mot un chrétien, CORN. *Poly.* III, 2. || *Adjectivt.* Mathan, ce prêtre —, RAC. *Ath.* I, 1. Aux excès sacrilèges dont nous abhorrons la mémoire, BOSS. *R. d'Angl.*

SACRILÈGEMENT [sà-kri-lèj'-man ; *en vers*, -lè-je-...] *adv.*

[ÉTYM. Composé de sacrilège 2 et ment, § 724. || 1564. J. THIERRY, *Dict. franç.-lat.* Admis ACAD. 1762.]

|| *Rare.* D'une manière sacrilège.

SACRIPANT [sà-kri-pan] *s. m.*

[ÉTYM. Emprunté de l'ital. Sacripante, nom propre d'un personnage de l'*Orlando innamorato* de Bojardo, §§ 12 et 36. || Admis ACAD. 1835.]

|| **1°** *Vieilli.* Faux brave. (*Syn.* rodomont.)

|| **2°** Individu capable de faire un mauvais coup. Le mari de la belle était un vieux —, HAMILT. *Gram.* p. 181.

SACRISTAIN [sà-kris'-tin] *s. m.*

[ÉTYM. Emprunté du lat. du moyen âge sacristanus, dérivé de sacrista, *m. s.* || XII° s. Robers li segretains r'est a Dovre arivez, GARN. DE PONT-STE-MAX. *St Thomas,* 4610.]

|| Celui qui est préposé à la sacristie. (*Cf.* sacristine.)

SACRISTIE [sà-kris'-ti] *s. f.*

[ÉTYM. Emprunté du lat. du moyen âge sacristia, dérivé de sacrista, sacristain. || 1339. Sacrestie, dans GODEF. *Compl.*]

|| Partie annexe d'une église où sont déposés les vases, les ornements sacrés, et où ceux qui officient revêtent les habits sacerdotaux. || *P. ext.* — des mariages, partie annexe d'une église où les mariés et les témoins viennent signer sur les registres de la paroisse, et recevoir les félicitations des amis qui ont assisté au mariage.

SACRISTINE [sà-kris'-tin'] *s. f.*

[ÉTYM. Dérivé de sacristain par confusion entre les suffixes in et ain, §§ 62 et 37. RICHEL. 1680 donne sacristaine et sacristine, mais il constate que ce dernier est plus en usage. || Admis ACAD. 1740.]

|| Religieuse chargée du soin de la sacristie.

SACRO-SAINT, AINTE [sà-krò-sin, -sint'] *adj.*

[ÉTYM. Emprunté du lat. sacro-sanctus, *m. s.* § 503. || XVI° s. Ce nom sacrosainct de la Vierge mère de nostre Sauveur, MONTAIGNE, I, 46.]

|| (T. ecclés.) Saint et sacré.

SACRUM [sà-kròm']. *V.* sacré.

***SADE** [sàd'] *adj.*

[ÉTYM. Du lat. sapidum, *m. s.* devenu *sap'de, §§ 290 et 291, sade, § 431. (Cf. maussade et le doublet savant sapide.) ||Admis ACAD. 1694; suppr. en 1718.]

||*Ancienn.* Agréable au goût, à la vue. Gentes en habits, et sades en façons, RÉGNIER, *Sat.* 9.

***SADINET, ETTE** [sà-di-nè, -nèt'] *adj.*

[ÉTYM. Dérivé de sade, §§ 100 et 133. || XV° s. Ces larges reins, ce sadinet, VILLON, *Gr. Testam.* 506.]

|| *Ancienn.* Mignonnement agréable « à la vue ». Si l'une a plus d'éclat, l'autre est plus sadinette, RÉGNIER, *Sat.* 7.

SAETTE [sà-èt']. *V.* sagette.

1. SAFRAN [sà-fran] *s. m.*

[ÉTYM. Emprunté du bas lat. safranum, *m. s.* qui remonte, par l'arabe, au persan zaafer, *m. s.* § 24. || XII° s. Linge teint de safran, *Lapid. de Marbode,* 418.]

|| Plante bulbeuse dont la fleur, d'un bleu mêlé de pourpre, a des stigmates jaunes qui, réduits en poudre, sont employés comme matière colorante et comme assaisonnement. Jaune comme du —. || *Fig. Famil.* | 1. Par allusion au jaune, symbole des maris trompés. Un mari accommodé au —, trompé par sa femme. | 2. *Vieilli.* Par allusion à la coutume de peindre en jaune la boutique des banqueroutiers. Aller au —, faire banqueroute. || *P. ext.* — bâtard, colchique. || *P. anal.* (Chimie anc.) Préparation rappelant la couleur du safran. — de Mars, d'antimoine.

2. *SAFRAN [sà-fran] *s. m.*

[ÉTYM. Origine inconnue. || 1606. NICOT.]

|| (Marine.) Partie extérieure du gouvernail, qui fend l'onde. || Pièce de bois appliquée sur l'étrave.

SAFRANER [sà-frà-né] *v. tr.*

[ÉTYM. Dérivé de safran, § 154. (*Cf.* l'anc. franç. ensafrener.) || 1549. Safrané, R. EST. Admis ACAD. 1762.]

|| Teindre, apprêter avec du safran.

***SAFRANIER, IÈRE** [sà-frà-nyé, -nyèr] *s. m.* et *f.*

[ÉTYM. Dérivé de safran, § 115. || XVI°-XVII° s. D'ambassadeur, saffranier, D'AUB. *Sancy,* I, 10.]

|| *Vieilli.* Celui, celle qui fait banqueroute. On vit le beau nom de la haute noblesse flétri par un tas de safraniers, ST-SIM. XII, 323.

1. SAFRE [sàfr'] *s. m.*

[ÉTYM. Paraît être la forme pop. de saphir, du lat. sapphirum, §§ 290 et 291. || XII°-XIII° s. Li archon sont deseure a fin or et a safre, *Aiol,* 10342. Admis ACAD. 1762.]

|| (Technol.) Oxyde de cobalt mélangé de silex calciné et broyé, pour fabriquer le verre bleu qui imite le saphir.

2. *SAFRE [sàfr'] *adj.*

[ÉTYM. Origine inconnue. || XIII° s. Ribaut saffre, friant, J. DE MEUNG, *Rose,* 8543. Admis ACAD. 1694 ; suppr. en 1878.]

|| *Vieilli.* Pétulant, lascif. || *P. ext.* Glouton.

SAGACE [sà-gàs'] *adj.*

[ÉTYM. Emprunté du lat. sagax, acis, *m. s.* || XVI° s. Esprit sagace, RONS. dans DELB. *Rec.* Admis ACAD. 1798.]

|| Qui a de la sagacité.

SAGACITÉ [sà-gà-si-té] *s. f.*

[ÉTYM. Emprunté du lat. sagacitas, *m. s.* RICHEL. l'attribue à BALZAC, et le déclare « écorché du latin ». || 1512. Par grant sagacité, J. LE MAIRE, dans DELB. *Rec.* Admis ACAD. 1694.]

|| Instinct subtil pour découvrir les choses. Une — qui lui découvrait mille différences où les autres hommes ne voient rien que d'uniforme, VOLT. *Zadig,* 3. | La — du chien.

***SAGAIE** [sà-ghè]. *V.* zagaie.

SAGE [sàj'] *adj.*

[ÉTYM. Emprunté du bas lat. *sapius, employé à la place du lat. class. sapiens, *m. s.* et devenu *sabius, *sabjo, *savjo, sage, § 355. L'anc. franç. hésite entre savie, saive et sage. || XI° s. Un bon clerc e savie, *St Alexis,* 375. Cela ne fut pas sage, *Voy. de Charl. à Jérus.* 12.]

|| **1°** Qui a la connaissance juste des choses. Tous les hommes me sont à tel point odieux Que je serais fâché d'être — à leurs yeux, MOL. *Mis.* I, 1. Nous voyons que Dieu seul est —, BOSS. *R. d'Angl.* || *Substantivt.* Le — est ménager du temps et des paroles, LA F. *Fab.* VIII, 26. Les sages qui ont dit qu'il y a un Dieu ont été persécutés, PASC. *Prov.* XXIV, 19 *bis.* Ils firent rédiger par les sages de leur nation les lois saliques, MONTESQ. *Espr. des lois,* XXVIII, 1. || *Absolt.* | **1.** Le Sage, Salomon considéré comme auteur du livre des Proverbes. La vérité de cette parole du Sage, BOSS. *D. d'Orl.* | **2.** Les sages de la Grèce, les philosophes. Solon, l'un de ces sept sages, donnait des lois aux Athéniens, BOSS. *Hist. univ.* I, 7.

|| **2°** Qui a une conduite réglée. Il sied mal de vouloir être plus — que celles qui sont sages, MOL. *Crit. de l'Éc. des f.* sc. 3. Que l'on soit — avec sobriété, ID. *Mis.* I, 1. Elle se rendra —, ID. *F. sav.* III, 6. Le temps et la raison pourront le rendre —, CORN. *Nicom.* II, 3. Un enfant bien —. Son — héros, toujours en oraison, BOIL. *Art p.* 3. Je parle d'une hardiesse — et réglée, FLÉCH. *Turenne.* Prendre de sages mesu-

res. || *Substantivt.* Un — assez semblable au vieillard de Virgile, LA F. *Fab.* XII, 20. La mort ne surprend point le —, Il est toujours prêt à partir, ID. *ibid.* VIII, 1.

SAGE-FEMME [sàj'-fàm' ; *en vers*, sà-je-...] *s. f.*

[ÉTYM. Composé de sage et femme, § 173. || XIVᵉ s. Sage femme est dicte celle qui receut les enfans, SIMON DE HESDIN, dans GODEF. meraleresse.]

|| Femme dont la profession est de faire des accouchements.

SAGEMENT [sàj'-man ; *en vers*, sà-je-...] *adv.*

[ÉTYM. Composé de sage et ment, § 724. || XIIᵉ s. Cantez sagement, *Psaut. d'Oxf.* XLVI, 7.]

|| D'une manière sage. Ce corps si — et si délicatement organisé, BOSS. *Conn. de Dieu*, II, 11. | Les lois de Rome avaient — divisé la puissance publique en un grand nombre de magistratures, MONTESQ. *Rom.* 2.

SAGESSE [sà-jěs'] *s. f.*

[ÉTYM. Dérivé de sage, § 124. || XIIIᵉ s. Lor cors, lor forces, lor sagesces, J. DE MEUNG, *Rose*, 5300.]

|| **1°** Connaissance juste des choses. Il y a une fausse — qui, se renfermant dans l'enceinte des choses mortelles, s'ensevelit avec elles dans le néant, BOSS. *D. d'Orl.* Daigne mettre, grand Dieu, ta — en sa bouche! RAC. *Ath.* II, 7. || *Spécialt.* Avec une S majuscule. | 1. La Sagesse éternelle, le Verbe. Voyons ce que fera la Sagesse de Dieu, PASC. *Pens.* XII, 1. | 2. Le livre de la Sagesse, un des livres de l'Ancien Testament.

|| **2°** Qualité de celui qui mène une conduite réglée. Qu'est-ce que la — ? Une égalité d'âme Que rien ne peut troubler, BOIL. *Sat.* 8. Je jouissais en paix du fruit de ma —, RAC. *Ath.* II, 5. Notre — n'est pas moins à la merci de la fortune que nos biens, LA ROCHEF. *Max.* 323. A force de — on peut être blâmable, MOL. *Mis.* I, 1. Ce n'est pas tout, ma fille, il faut de la —, RAC. *Plaid.* III, 4.

SAGETTE [sà-jět'] et **SAETTE** [sà-ět'] *s. f.*

[ÉTYM. Du lat. sagitta, qui a donné en anc. franç. saete, §§ 394, 308, 366 et 291, écrit plus récemment saette, sagette, par réaction étymologique, § 502.]

|| **1°** *Vieilli.* Flèche. L'arc qui se détend et fait de la sagette Un nouveau mort, LA F. *Fab.* VIII, 27.

|| **2°** *P. anal.* Sagittaire, plante aquatique (flèche d'eau).

SAGITTAIRE [sà-jĭt'-tèr] *s. m.* et *f.*

[ÉTYM. Emprunté du lat. sagittarius, *m. s.* de sagitta, flèche. (*Cf.* sagette.) || XIIᵉ s. (Au sens I.) La nofme... En novembre poserent Que nument sagittaire, PH. DE THAUN, *Comput*, 1401.]

I. *Vieilli.* S. *m.* Archer. Saül fut grièvement blessé par les sagittaires, VOLT. *Philos. Bibl. exp.* Saül. | *Spécialt.* (Astron.) Le Sagittaire, constellation figurée par un centaure qui tend un arc.

II. S. *f.* Plante aquatique, dite sagette et flèche d'eau.

***SAGITTAL, SAGITTALE** [sà-jĭt'-tàl] *adj.*

[ÉTYM. Emprunté du lat. du moyen âge sagittalis, *m. s.* || XIVᵉ s. Jointure... appellee sagitelle, *Chirurg. de Lanfranc*, dans LITTRÉ. Admis ACAD. 1762.]

|| (T. didact.) Qui est en forme de flèche. *Spécialt.* (Anat.) Suture sagittale, qui unit les deux pariétaux du crâne.

SAGITTÉ, ÉE [sà-jĭt'-té] *adj.*

[ÉTYM. Emprunté du lat. sagittatus, *m. s.* || 1812. MOZIN, *Dict. franç.-allem.* Admis ACAD. 1835.]

|| (T. didact.) Qui a la forme d'un fer de flèche. *Spécialt.* (Botan.) Feuilles sagittées.

SAGOU [sà-gou] *s. m.*

[ÉTYM. Nom malais du sagoutier, § 28. || 1702. Les habitans de ces lieux (îles Moluques) l'appellent sagdu (*sic*), LÉMERY, *Traité des alimens*, p. 111. Admis ACAD. 1798.]

|| **1°** *Vieilli.* Sagoutier. Les bananiers, les palmiers, les sagous, BUFF. *Éléphant.*

|| **2°** *P. ext.* Fécule amylacée qu'on tire de la moelle de diverses espèces de palmiers, spécialement du sagoutier.

SAGOUIER [sà-gou-yé], *rare*, et **SAGOUTIER** [sà-gou-tyé] *s. m.*

[ÉTYM. Dérivé de sagou, §§ 63 et 115. || 1812. Sagoutier, MOZIN, *Dict. franç.-allem.* Admis ACAD. 1878.]

|| Palmier dont la moelle fournit le sagou et dont les fruits donnent par la distillation une liqueur enivrante.

SAGOUIN, INE [sà-gwin, -gwin'] *s. m.* et *f.*

[ÉTYM. Mot des langues d'Amérique (*V.* à l'article), § 30. || 1537. Zou sur le dos du sagouin! MAROT, *Épitres*, 51.]

|| **1°** S. *m.* Espèce de petit singe, à longue queue. De l'espèce appelée sahuins dans la langue du Brésil, et par corruption en français sagoins, LA CONDAMINE, *Voy. dans l'Amériq. mérid.* (1745), p. 166.

|| **2°** *P. anal. Famil.* S. *m.* et *f.* Homme, femme malpropre.

SAGUM [sà-gòm'] *s. m.*

[ÉTYM. Mot lat. d'origine gauloise, § 3. (*Cf.* saie.) || Admis ACAD. 1798.]

|| (Antiq.) Manteau court, porté surtout comme vêtement de guerre.

1. SAIE [sè] *s. f.*

[ÉTYM. Du lat. saga, plur. du neutre sagum, employé comme fém. sing. §§ 545, 394 et 291. (*Cf.* sayon.) Au XVIᵉ et au XVIIᵉ s. saye est ordinairement masc., probablement sous l'influence du lat. class. § 555.]

|| *Vieilli.* || **1°** Manteau d'étoffe grossière. L'Étolien couvert d'une — au poil fauve, LAMART. *Harold*, 30. || *Spécialt.* Manteau militaire des Romains, sagum. Elle (la mode ancienne) a le même agrément dans les portraits que la — ou l'habit romain sur les théâtres, LA BR. 13. Bas de — , jupe d'acteur jouant les grands personnages antiques. *Fig.* Le plaisir d'un roi... est de l'être moins quelquefois, de sortir du théâtre et de quitter le bas de — et les brodequins, LA BR. 10.

|| **2°** *P. ext.* Étoffe croisée très légère, toute de laine, servant surtout à faire des doublures. (*Cf.* sayette.)

2. *SAIE [sè] *s. f.*

[ÉTYM. Autre forme de soie (*V.* ce mot), § 309. || 1680. RICHEL.]

|| (Technol.) Brosse d'orfèvre, formée primitivement d'une poignée de soies de porc.

SAIGNANT, ANTE [sè-ñan, -ñant'] *adj.*

[ÉTYM. Adj. particip. de saigner, § 47. || XIIIᵉ s. Dont le cors ot sagnant, *Alexandre*, dans GODEF. *Compl.*]

|| D'où le sang découle. Une plaie saignante. *P. anal.* Ma main saignante encor du meurtre de Félix, CORN. *Méd.* II, 2. || *Fig.* Un cœur —, une plaie saignante, en parlant d'une vive douleur encore récente.

SAIGNÉE [sè-ñé] *s. f.*

[ÉTYM. Dérivé de saigner, § 119. || XIIᵉ s. Une saigniee li valut, *Énéas*, 3650.]

|| **1°** Opération qui consiste à tirer du sang à qqn, en lui ouvrant une veine. || *P. ext.* Partie interne de la jointure du bras avec l'avant-bras, où se fait le plus souvent la saignée.

|| **2°** *Fig.* Rigole pour prendre de l'eau ou la faire écouler.

SAIGNEMENT [sèñ'-man ; *en vers*, sè-ñe-...] *s. m.*

[ÉTYM. Dérivé de saigner, § 145. || 1680. RICHEL.]

|| Écoulement de sang (par blessure, rupture de vaisseaux). *Spécialt.* Un — de nez.

SAIGNER [sè-ñé] *v. intr.* et *tr.*

[ÉTYM. Du lat. sanguinare, *m. s.* altéré en *sanginare (peut-être par confusion avec saginare, engraisser), et devenu *sany'nar, saingnier, §§ 396, 336, 297, 482 et 291, saigner, § 634.]

I. *V. intr.* Avoir un écoulement de sang. Oh! oh! dit-il, je saigne! LA F. *Fab.* IX, 4. Laisser — une plaie. — du nez, rendre du sang par le nez, et, *fig.* manquer de résolution. L'un des deux chevaliers saigna du nez, LA F. *Fab.* X, 13. *Dans le même sens.* Le nez lui saigne. || *Fig.* Le coup dont on les tue (les souverains) est longtemps à — (produit pour longtemps des effets funestes), CORN. *Cinna*, III, 4. Ma blessure trop vive aussitôt a saigné (la passion dont je souffre s'est réveillée), RAC. *Phèd.* I, 3. Le cœur me saigne, je ressens une vive douleur. Des combats dont mon cœur saignera plus d'un jour, RAC. *Bér.* II, 2. Mon âme saignera longtemps de cette plaie, MOL. *Dép. am.* IV, 3.

II. *V. tr.* Tirer du sang à qqn en lui ouvrant une veine. — un malade. Il s'est fait —. *Absolt.* Il ne fait que — et faire boire de l'eau chaude, LES. *Gil Blas*, II, 3. — qqn à blanc, lui tirer tant de sang, qu'il en devient blanc, pâle. | *P. anal.* — un animal, l'égorger, le tuer en lui faisant perdre son sang. — un porc, un poulet. *P. plaisant.* Je le veux — à l'instant (lui donner un coup d'épée), REGNARD, *Bal*, sc. 14. || *P. ext.* Pratiquer des rigoles pour prendre de l'eau ou la faire écouler. Les assiégeants osèrent continuer le siège et entreprendre de — cette vaste inondation, VOLT. *Mœurs*, 164. || *Fig.* — qqn. | 1. Lui faire payer une forte somme, lui imposer une lourde contribution. Lui as-tu dit qu'il fallait... qu'elle se saignât? MOL. *Av.* II, 5. | 2. Le plagier. S'ils écrivent, ils saignent Voiture des quatre membres, BIANCOLELLI, *Thèse des dames*, II, 13.

SAIGNEUR, ' SAIGNEUSE [sè-ñeùr, -ñeùz'] *s. m.* et *f.*
[ÉTYM. Dérivé de saigner, § 112. || XIII° s. Ge sui bons seignerres de chaz, dans MONTAIGLON et RAYNAUD, *Rec. de fabliaux*, I, 5.]
|| Celui, celle qui saigne (qui tire du sang). || *Spécialt.* | **1.** Un — de porcs, un égorgeur de porcs. | **2.** *Famil.* Médecin qui prescrit fréquemment les saignées. *P. jeu de mots* (sur saigneur et seigneur). Les médecins de Paris sont de trop grands saigneurs, RICHEL. *Dict.*

SAIGNEUX, EUSE [sè-ñeú, -ñeùz'] *adj.*
[ÉTYM. Dérivé de saigner, § 116. || 1539. Saigneulx, R. EST.]
|| Taché de sang. *Spécialt.* (Boucherie.) **Bout** —, cou d'un mouton tout sanglant, tel qu'on le voit à l'étal d'un boucher.

SAILLANT, ANTE [sà-yan, -yänt'] *adj.*
[ÉTYM. Adj. particip. de saillir, § 47. || XII° s. Terres ardentes E des eves saillantes, PH. DE THAUN, *Comput*, 1261.]
|| **1°** *Vieilli.* Qui s'élance. *Spécialt. De nos jours.* (Blason.) Mouton, bélier —, chèvre saillante, qui se dresse comme pour s'élancer.
|| **2°** *P. ext.* Qui s'avance au dehors. Les parties saillantes d'un édifice, d'un meuble. Angle —, dont la pointe est tournée en dehors. (*Cf.* rentrant.) | *Substantivt.* Le — (l'angle saillant) d'un bastion. || *Fig.* Qui ressort sur le reste. Le désir de mettre partout des traits saillants, BUFF. *Style.* Une œuvre où il n'y a rien de —.

SAILLIE [sà-yi] *s. f.*
[ÉTYM. Subst. particip. de saillir, § 45. || XII°-XIII° s. A un maitin a l'ajornee fit une saillie, VILLEHARD. 331.]
|| **1°** *Vieilli.* Action de s'élancer. Il ne s'avance que par vives et impétueuses saillies, BOSS. *Condé.* | *P. ext.* Acte du mâle qui couvre la femelle. || *Fig.* | **1.** Mouvement soudain, imprévu, de l'âme, de la pensée. Par vos vives saillies et vos fougues impétueuses, BOSS. *Concupisc.* **3.** Une — de raison qui le conduisait, MONTESQ. *Espr. des lois*, X, 13. | **2.** Trait d'esprit soudain, imprévu. Rose... avait des saillies et des reparties admirables, ST-SIM. II, 422.
|| **2°** État de ce qui dépasse (l'alignement). La — d'une corniche, d'un balcon. Les saillies d'un rocher. Un toit qui est en —. || *Fig.* Ce qui ressort sur le reste. Pour peu qu'on voie les choses avec une certaine étendue, les saillies s'évanouissent, MONTESQ. *Espr. des lois*, préf.

SAILLIR [sà-yîr] *v. intr.* et *tr.*
[ÉTYM. Du lat. salire, *m. s.* devenu salir, § 291, puis saillir, d'après je sail (salio), saillant (salientem), etc., où l'on avait régulièrement une l mouillée, § 646.]
I. *V. intr.* || **1°** *Anciennt.* S'élancer. Comme Pallas saillit de la tête de son père, MONTAIGNE, II, 12.
|| **2°** Dépasser (l'alignement). Faire — le balcon d'un mètre.
II. *V. tr.* En parlant du mâle, couvrir la femelle.

1. ' **SAIN** [sin]. *V.* saindoux.

2. SAIN, SAINE [sin, sèn'] *adj.*
[ÉTYM. Du lat. sanum, *m. s.* §§ 299 et 291.]
|| **1°** Dont l'organisme est en bon état. Qu'ils (les médecins) règlent ceux qui sont malades, Sans vouloir gouverner les gens qui sont bien sains, MOL. *Amph.* II, 3. | *Substantivt.* Que le malade au — présente le remède, MOL. *Dép. am.* II, 8. | — et sauf, sans accident, sans blessure. | *P. ext.* Un arbre, un fruit —. || *Fig.* Dont les facultés intellectuelles, morales, sont en bon état. Être — d'esprit. *P. ext.* La saine raison. Un jugement —. Avoir la tête saine. Si vous me croyiez d'une âme si peu saine, CORN. *Poly.* IV, 5. La saine critique. Les saines doctrines.
|| **2°** Qui conserve en bon état l'organisme. Un climat —. Tout ce qu'on boit est bon, tout ce qu'on mange est —, BOIL. *Ép.* 6. | *P. ext.* Côte saine, où l'on aborde sans danger.

SAINBOIS [sin-bwà] *s. m.*
[ÉTYM. Composé de sain 2 et bois, § 173. || Admis ACAD. 1835.]
|| (Botan.) Garou, espèce de daphné, dont l'écorce a des propriétés vésicantes. Pommade de —.

SAINDOUX [sin-dou] *s. m.*
[ÉTYM. Composé de l'anc. subst. sain, graisse, et doux, § 173. Sain est pour saïn, primitivement saïm (*cf.* les composés ensimer, essimer, etc.), et se rattache au lat. sagina, *m. s.* devenu par substitution de suffixe * sagimen, §§ 62, 64, 394, 469, 473 et 291. || 1539. Sain doulx, R. EST. | 1680.

Sain-doux, RICHEL. ACAD. 1694-1718 écrit en deux mots sain doux.]
|| Graisse de l'épiploon du porc fondue et salée, qu'on emploie en cuisine, pour friture, etc. (*Cf.* axonge.)

SAINEMENT [sèn'-man; *en vers*, sè-ne-...] *adv.*
[ÉTYM. Composé de saine et ment, § 724. || XI° s. Iluec arrivet sainement la nacele, *St Alexis*, 82.]
|| D'une manière saine. Être — constitué. Être logé, nourri —. | Juger — des choses. Parlez plus — de vos maux, CORN. *Hor.* III, 4.

SAINFOIN [sin-fwin] *s. m.*
[ÉTYM. Composé de sain 2 et foin, § 173. La langue hésite au XVI° s. entre sainfoin et saint-foin. (*Cf.* l'allem. heiligheu, traduction de saint-foin.) || 1549. Foin de Bourgogne ou sainct foin, R. EST. foin.]
|| Plante fourragère, voisine de la luzerne, à grande fleur purpurine ou jaunâtre, en épis ou en grappes axillaires. (*Cf.* bourgogne, esparcette.)

SAINT, SAINTE [sin, sînt'] *adj.*
[ÉTYM. Du lat. sanctum, *m. s.* §§ 386 et 291.]
|| **1°** En parlant de Dieu, ou de ce qui est consacré à Dieu, pur de toute souillure. La sainte Trinité. L'Esprit-Saint ou le Saint-Esprit. Le — nom de Dieu. Il venge tôt ou tard son — nom blasphémé, RAC. *Ath.* II, 7. Le — sépulcre, le tombeau de Jésus-Christ. La terre sainte, les lieux saints, où se trouve le saint sépulcre. *P. ext.* Terre sainte (dans les cimetières chrétiens), terre bénite où l'on enterre les fidèles. Être enseveli en terre sainte. | Le peuple —, le peuple élu de Dieu, les Juifs. Le peuple — en foule inondait les portiques, RAC. *Ath.* I, 1. La tribu sainte, la tribu de Lévi, vouée au sacerdoce. Et Dieu n'est plus servi que dans la tribu sainte, RAC. *Ath.* III, 7. La Cité sainte, Jérusalem. Baal est en horreur dans la sainte Cité, RAC. *Ath.* V, 6. *Fig.* Le séjour des élus. Ces malheureux qui de ta Cité sainte Ne verront point l'éternelle splendeur, RAC. *Ath.* II, 9. Sa loi sainte... Est le plus riche don qu'il ait fait aux humains, ID. *ibid.* I, 4. Avec nous tu juras une sainte alliance, ID: *Esth.* I, 4. | Mon cœur, d'un — zèle enflammé, CORN. *Poly.* IV, 2. *P. ext.* L'auguste et — ministère de la justice, BOSS. *Le Tellier.* Les saints droits d'un nœud qu'elle a formé, RAC. *Brit.* II, 2. De l'huile sainte il faut vous consacrer, ID. *Ath.* IV, 3. Je voyais ses yeux Lancer sur le lieu — (sur le temple) des regards furieux, ID. *ibid.* I, 1. La sainte Église, l'Église de Jésus-Christ. Le —-siège, le séjour du vicaire de Jésus-Christ, du pape. Le —-père, le pape. Le —-office, l'inquisition. Le —-empire romain, le —-empire, l'empire d'Occident rétabli par le pape en faveur de Charlemagne. La ville sainte. La sainte quarantaine, le carême. La semaine sainte, qui précède Pâques. || *Substantivt.* Le — des saints, la partie du tabernacle, du temple des Hébreux, où était enfermée l'arche d'alliance. *P. ext.* Le — des saints, et, *absolt*, Le —, Jésus-Christ. Le — que tu promets, RAC. *Esth.* I, 4.
|| **2°** En parlant de certaines créatures, élevé à une pureté surnaturelle. La sainte Vierge. La sainte Famille (Joseph, la Vierge et Jésus enfant). Les saints martyrs. Une âme sainte. Un — homme. Les fautes des saints pénitents, BOSS. *Condé.* Le — man Augustin, ID. *R. d'Angl.* Pensez-vous être — et juste impunément? RAC. *Ath.* I, 1. Mener une vie sainte. Par une sainte vie il faut la mériter, CORN. *Poly.* II, 6. Une vie sainte. *Vieilli.* — à Dieu (envers Dieu), PASC. *Pens.* XVII, 1. *Spécialt.* En parlant de ceux que l'Église a reconnus pour saints. Les apôtres — Pierre et — Paul. — Augustin. — Jérôme. Sainte Thérèse. *P. ext.* La Saint-Roch, la Saint-Augustin, la fête de saint Roch, de saint Augustin. L'église Saint-Augustin, placée sous le vocable de saint Augustin. || *Substantivt.* Un —, une sainte. Pour un plus noble usage il (Dieu) réserve ses saints, RAC. *Esth.* I, 3. *P. ext.* La communion des saints, communion spirituelle des fidèles, dans cette vie et dans l'autre. | *Loc. prov.* Il vaut mieux avoir affaire à Dieu qu'à ses saints, s'adresser au maître qu'à ses subalternes. | Chômer un — (la fête de ce saint). Monsieur le curé De quelque nouveau — charge toujours son prône, LA F. *Fab.* VIII, 2. *Fig.* C'est un — qu'on ne chôme plus, un personnage qui n'est plus en crédit. L'honneur est un vieux — que l'on ne chôme plus, RÉGNIER, *Sat.* 13. Le — du jour, celui qui est à la mode, en faveur. Ne savoir à quel — se vouer, ne savoir à qui s'adresser. Prêcher pour son —, en vue de son intérêt personnel. *Ironiqt.* Tous les gens querelleurs,... Au dire de chacun, étaient de petits saints, LA F. *Fab.* VII, 1.

SAINT-AUGUSTIN [sin-tò-gûs'-tin] *s. m.*

[Étym. Nom propre, § 36 : ce caractère est celui de l'édition de la *Cité de Dieu* de saint Augustin imprimée en 1467. || 1682. *V.* à l'article. Admis ACAD. 1762.]

|| (Typogr.) Caractère de douze ou treize points, entre le gros texte et le cicéro. Pour savoir si on composera cet ouvrage ou de — ou de cicéro, J. ANISSON, *Lett. à Du Cange*, 16 juill. 1682, Omont.

SAINTE-BARBE [sint'-bàrb'; *en vers*, sin-te-...] *s. f.*
[Étym. Nom propre, § 36 : sainte Barbe, patronne des canonniers. || 1683. Un sabord de la Sainte Barbe, LE COR-DIER, *Instr. des pilotes*, dans DELB. *Rec.* Admis ACAD. 1762.]

|| (Marine.) Lieu où l'on serre, à bord d'un vaisseau, les ustensiles d'artillerie, la poudre, etc.

SAINTEMENT [sint'-man ; *en vers*, sin-te-...] *adv.*
[Étym. Composé de sainte et ment, § 724. || XIIe S. Dous anz e plus, men escient, furent ensemble seintement, *Vie de St Gilles*, 1311.]

|| D'une manière sainte. Vivre —.| *P. ext.* Pour une cause sainte. — rebelle aux lois de la naissance, CORN. *Poly.* V, 5. — homicides, RAC. *Ath.* IV, 3.

SAINTE-NITOUCHE. *V.* nitouche.

SAINTETÉ [sint'-té ; *en vers*, sin-te-té] *s. f.*
[Étym. Anc. franç. sainteé, primitivement 'saintedet, dérivé de saint, rapproché plus récemment du lat. sanctitas, *m. s.* par le rétablissement d'un t, §§ 122 et 503. || XIIe S. La grandece de glorie de la tue sainteed, *Psaut. d'Oxf.* CXLIV, 5. | 1539. Saincteté, R. EST.]

|| Manière d'être, caractère d'une personne, d'une chose sainte. La — est en Dieu une incompatibilité essentielle avec tout péché, avec tout défaut, avec toute imperfection d'entendement et de volonté, BOSS. *Élévat. sur les mystères*, I, 11. La vraie — est de remplir ses devoirs, et de les remplir dans la vue de Dieu, BOURD. *Toussaint*, 2. La — chrétienne. Sa Sainteté, titre honorifique donné au pape. Et que la sainteté (du temple) n'en soit pas profanée, RAC. *Ath.* V, 7. La — du mariage, MONTESQ. *Espr. des lois*, XXVI, 9.

SAISIE [sé-zi] *s. f.*
[Étym. Subst. particip. de saisir, § 45. (*Cf.* saisine.)|| XVIe S. Proceder par saisie, A. LOYSEL, p. 524.]

|| **1°** Prise de possession, au nom de la justice, des meubles ou immeubles d'un débiteur, pour garantir au créancier ce qui lui est dû. — immobilière, dite autrefois — réelle. —-exécution, saisie des meubles. (*V.* exécution.) —-revendication, saisie de meubles sur lesquels on prétend avoir un droit de propriété ou de gage privilégié. —-arrêt, opposition arrêtant, au profit du créancier, dans les mains d'un tiers la somme ou les effets appartenant à son débi-teur. —-brandon, saisie de fruits et récoltes pendant par branches et racines. —-gagerie, d'objets pouvant servir de gage pour le prix d'un loyer, d'un fermage. — foraine, d'effets appartenant à un débiteur forain, trouvés par le créancier dans sa commune. — conservatoire, saisie pro-visoire avant décision du tribunal.

|| **2°** Prise de possession, au nom de la justice, d'objets prohibés, de marchandises de contrebande, de pièces de conviction relatives à un délit, à un crime, etc.

|| **3°** (Marine.) Capture d'un navire neutre.

SAISINE [sé-zin'] *s. f.*
[Étym. Dérivé de saisir, § 100. || XIIe S. Ke diable ait de lui saisine, *Vie de St Gilles*, 3015.]

I. *Au propre.* (Marine.) Attaches, cordages servant à faire un remorquage, à attacher une chaloupe sur le pont d'un navire. (*Cf.* saisissement.)

II. *Fig.* (Droit.) Prise de possession, investiture apparte-nant de droit à l'héritier. Droit de —, droit féodal dû au seigneur pour la prise de possession d'un héritage rele-vant de lui. || *P. anal.* Prise de possession par les exé-cuteurs testamentaires.

SAISIR [sé-zir] *v. tr.*
[Étym. Du bas lat. sacīre, *m. s.* §§ 382 et 291, qui paraît être la transcription du germain. satjan, allem. moderne setzen, placer, §§ 6, 498 et 499. || XIe S. Jusqu'a un an avrum France saisie, *Roland*, 972.]

|| **1°** Prendre vivement (qqch, qqn). Il saisit une épée et l'en frappa. Cléomède... saisit une colonne qui soutenait le toit et la renversa, BARTHÉLEMY, *Anacharsis*, 38. Nous nous saisîmes l'un l'autre, FÉN. *Tél.* 5. Qu'on le saisisse. Oui, lui-même, Pharnace, RAC. *Mithr.* III, 2. Je suis homme à — les gens par leurs paroles (à les prendre au mot), MOL. *Éc. des f.* I, 4. || *Fig.* | **1.** Surprendre par une impression sou-

daine. Le froid l'a saisi. L'épouvante saisit les cœurs, FÉN. *Tél.* 16. D'horreur encor tous mes sens sont saisis, RAC. *Ath.* II, 7. Saisi d'horreur, de joie et de ravissement, ID. *Iph.* V, 6. Voilà ce qui surprend, frappe, saisit, attache, BOIL. *Art p.* 3. | **2.** Ne pas laisser échapper. — l'occasion, le moment favo-rable. Pompée a saisi l'avantage D'une nuit, RAC. *Mithr.* II, 3. Il a saisi ce prétexte. | **3.** Prendre possession immédiate de (qqch). Une montagne presque inaccessible dont les alliés avaient saisi presque tous les passages, FÉN. *Tél.* 16. *Spé-cialt.* (Droit.) Prendre possession, au nom de la justice, de meubles, d'immeubles, d'un débiteur pour garantir au créancier ce qui lui est dû, d'objets prohibés, de mar-chandises de contrebande, etc. L'huissier a saisi ses meu-bles. —-brandonner, —-gager, —-revendiquer, etc., faire une saisie-brandon, une saisie-gagerie, une saisie-revendi-cation, etc. | *Fig.* Percevoir, concevoir immédiatement. Les yeux en le voyant saisiraient mieux la chose, BOIL. *Art p.* 3. Il n'a pas saisi le sens de l'auteur. Habile à — les ridi-cules.

|| **2°** Mettre vivement en possession de (qqch). Quand une fois il est saisi des choses, LA F. *Contes*, *Oraison*. Le renard s'en saisit, ID. *Fab.* I, 2. Les gardes se saisirent de sa personne. | *P. anal.* Vous vous saisissez d'un prétexte frivole, MOL. *Tart.* II, 4. | *Fig.* Faire surprendre par une impres-sion soudaine. L'esprit de séduction s'est saisi de leur cœur, BOSS. *Hist. univ.* II, 22. Cette jalousie Dont à ce froid abord mon âme s'est saisie, CORN. *Sophon.* II, 1. || *P. ext.* Mettre en possession immédiate de (qqch). Ils (les dieux) vous ont saisi de ma couronne, CORN. *Œd.* II, 1. L'ordre fut donné de se — d'Avignon, VOLT. *S. de L.* XV, 39. *Spécialt* (Droit.) Le mort saisit le vif, l'héritier est immédiatement investi des biens du défunt. — un tribunal d'une affaire, la remet-tre à sa décision.

SAISISSABLE [sé-zi-sàbl'] *adj.*
[Étym. Dérivé de saisir, § 93. || 1812. MOZIN, *Dict. franç.-allem.* Admis ACAD. 1835.]

|| (Droit.) Qui peut être l'objet d'une saisie. Une rente qui n'est ni cessible ni —.

SAISISSANT, ANTE [sé-zi-san, -sänt'] *adj.*
[Étym. Adj. particip. de saisir, § 47. || 1690. FURET.]

|| **1°** (Droit.) Qui provoque une saisie. *Substantivt.* Au préjudice du —, *Code civil*, art. 1298.

|| **2°** *Fig.* Qui surprend par une impression soudaine. Un froid —. Un spectacle —.

SAISISSEMENT [sé-zis'-man ; *en vers*, -zi-se-...] *s. m.*
[Étym. Dérivé de saisir, § 145. || XIIIe S. Ja n'arés mais de lui saisissement, *Anseïs de Carthage*, dans GODEF.]

|| **1°** *Au propre.* Vieilli. Action de prendre vivement qqn. *P. ext.* Cordes dont le bourreau (de Paris) liait les mains du patient. (*Cf.* saisine.)

|| **2°** *Fig.* Le fait d'être surpris par une impression soudaine. Le froid lui a causé un —. Il est mort de —, LA BR. 6. Sans frémissement Je ne puis voir sa peine et son —, RAC. *Esth.* II, 7. Un — de joie, de frayeur.

SAISON [sè-zon ; *selon d'autres*, sé-zon] *s. f.*
[Étym. Du lat. sationem, action de semer, §§ 406 et 291.]

|| Chacune des quatre divisions égales de l'année, ré-glées sur le temps employé par le soleil à passer d'un sols-tice à un équinoxe, d'un équinoxe à un solstice, et sur les variations de température qui y correspondent. La succession, le renouvellement des saisons. La lune à qui on attribue le changement des saisons, PASC. *Pens.* VII, 17. Vous avez assez vu les saisons se renouveler, BOSS. *Le Tellier.* Quel-que grain pour subsister Jusqu'à la — nouvelle (le printemps), LA F. *Fab.* I, 1. L'arrière-—, l'automne. La — froide, chaude, l'hiver, l'été. *P. ext.* La belle —, la partie de l'année où le temps reste beau. La — des frimas. La — des pluies. | Une robe, un vêtement de demi-—, qui tient le milieu entre la toilette d'été et la toilette d'hiver. || *P. anal.* | **1.** Époque où paraissent certaines productions de la terre, où se font certains travaux agricoles. Des légumes de la —. Marchande des quatre saisons, qui vend les produits de chaque saison. La — des asperges, des fraises, des roses. La — des semailles, de la moisson, de la vendange. Morte —, où la terre ne pro-duit rien, et, *fig.* temps de l'année où une industrie, un commerce chôme. | **2.** Temps de l'année propre pour qqch. La — des amours. La — du frai. La — de la chasse. | *Spécialt.* Une — thermale, espace de temps pendant lequel il est salutaire de prendre certaines eaux thermales. Aller faire une — à la Bourboule. || *Fig.* Moment opportun pour qqch.

Tout vient en sa —, CORN. *Ment.* III, 5. Ce n'est pas la — De m'expliquer, MOL. *Dép. am.* II, 2. La prudence est toujours de —, ID. *ibid.* V, 8. Cet homme se raillait assez hors de —, LA F. *Fab.* III, 16. *Vieilli.* Il n'en est pas —, CORN. *D. Sanche*, I, 4. ‖ *P. ext.* Age de la vie. Vous entrez maintenant dans la belle — de l'homme, MOL. *Av.* II, 5. En ma — dernière, BOIL. *Lutr.* 5.

1. SALADE [sà-làd'] *s. f.*
[ÉTYM. Emprunté du provenç. salada, *m. s.* § 11, ou dérivé de saler, § 120. ‖ XIVᵉ s. Une salade ou cressonnee, GUILL. DE DIGULLEVILLE, dans GODEF. cressonnee.]
‖ Mets composé de certaines herbes potagères ou de certains légumes assaisonnés avec du sel, du poivre, de l'huile et du vinaigre. Une — de chicorée, de pissenlits. Assaisonner, retourner la —. — russe, de légumes variés. *Fig. Vieilli* (les jeunes femmes du dernier siècle retournant la salade avec les doigts). Il ne me reste que six mois à retourner la — avec les doigts (à être jeune), J.-J. ROUSS. *Nouv. Hél.* VI, 2. Panier à —. (*V.* panier.) ‖ *P. anal.* Nom donné aux herbes potagères destinées à être assaisonnées en salade. Planter, cueillir, éplucher de la —, des salades. ‖ *P. ext.* — d'oranges, oranges coupées en tranches et assaisonnées avec du sucre et une liqueur (eau-de-vie, kirsch, etc.). — de museau de bœuf. ‖ *Fig. Famil.* Faire une — de diverses choses, les mêler complètement. Troupes de —, formées d'hommes tirés de divers corps. Bataillons de — ramassés des garnisons, ST-SIM. I, 355.

2. SALADE [sà-làd'] *s. f.*
[ÉTYM. Emprunté de l'ital. celata, *m. s.* proprt, « ciselée », § 12. ‖ XVᵉ s. Je veiz pescher l'eau trouble aux salades, OL. DE LA MARCHE, *Mém.* II, p. 277, Beaune et d'Arb.]
‖ Casque à timbre arrondi, à courte visière fixe, à grand couvre-nuque, que portaient les gens de guerre à cheval. Il leur avait mis à chacun une — en tête, LA BR. 7.

SALADIER [sà-là-dyé] *s. m.*
[ÉTYM. Dérivé de salade 1, § 115. ‖ 1611. COTGR.]
‖ Jatte où l'on sert la salade. *Loc. prov.* La politesse est au fond du —, il est poli de se servir le premier la salade, celle du fond ayant mieux pris l'assaisonnement.

SALAGE [sà-làj'] *s. m.*
[ÉTYM. Dérivé de saler, § 78. ‖ 1281. Faire le salage ou tens dou chapitre general, dans GODEF. Admis ACAD. 1762.]
‖ (Technol.) Action de saler.

SALAIRE [sà-lêr] *s. m.*
[ÉTYM. Emprunté du lat. salarium, *m. s.* à l'origine indemnité payée au soldat pour son sel. ‖ XIIIᵉ s. Salaire souffizant selon les besongnes qu'il procurent, BEAUMAN. IV, 22.]
‖ Rétribution d'un travail fait pour qqn. Le — des ouvriers. Elle demanda son —, LA F. *Fab.* III, 9. ‖ *Fig.* Récompense de ce que qqn a fait pour un autre. Ingrat, dit le manant, voilà donc mon — ! LA F. *Fab.* VI, 13. Son orgueil dès longtemps exigeait ce —, RAC. *Brit.* III, 3. *Ironiqt.* Châtiment de ce que qqn a fait contre qqn. Il faut qu'il ait le — Des mots où tout à l'heure il s'est émancipé, MOL. *Amph.* III, 4.

SALAISON [sà-lè-zon] *s. f.*
[ÉTYM. Dérivé de saler, § 108. ‖ XVᵉ s. Ilz en font grans salloisons (de poisson), dans DELB. *Rec.*]
‖ **1°** Opération par laquelle on sale certaines denrées alimentaires pour les conserver.
‖ **2°** Denrée alimentaire qu'on a salée pour la conserver.

SALAMALEC [sà-là-mà-lèk'] *s. m.*
[ÉTYM. Emprunté de l'arabe salam aleik, salut sur toi, § 22. ‖ 1559. Sans dire autre chose que leur salamalec ou Dieu vous gard, G. POSTEL, *Républ. des Turcs*, dans DELB. *Rec.* Admis ACAD. 1762.]
‖ *P. plaisant.* Salut qu'on adresse à qqn. Dit par trois fois Salamalec, SCARR. *Virg. trav.* 1.

SALAMANDRE [sà-là-mândr'] *s. f.*
[ÉTYM. Emprunté du lat. salamandra, grec σαλάμανδρα. *m. s.* On trouve aussi salemandre, salmandre au XVIIᵉ s., et RICHEL. recommande cette dernière forme. ‖ XIIᵉ s. Salamandre est dit, PH. DE THAUN, *Best.* p. 97.]
‖ Batracien dont on croyait la morsure venimeuse, et auquel on attribuait la propriété de vivre dans le feu.

SALANGANE [sà-lan-gàn'] *s. f.*
[ÉTYM. Mot de la langue des indigènes des Philippines, § 28. TRÉV. 1771 donne salangan, s. m. ‖ XVIIIᵉ s. BUFF. *Ois. étr. qui ont rapp. aux hirond.* Admis ACAD. 1878.]
‖ Hirondelle des mers de Chine, dont le nid, fait d'une matière gélatineuse tirée des algues, est comestible.

SALANT [sà-lan] *adj. m.*
[ÉTYM. Peut-être adj. particip. de saler, § 47, peut-être tiré de sel, avec le suffixe ant, primitivement enc, d'origine germanique, § 142. ‖ XVIᵉ s. Marez salans, B. PALISSY, p. 306.]
‖ Qui produit du sel (par évaporation). Marais, puits —.

SALARIER [sà-là-ryé; *en vers*, -ri-yé] *v. tr.*
[ÉTYM. Dérivé du lat. salarium, salaire, § 266. ‖ XVᵉ s. Ainsi fut le pauvre amoureux curé salarié du service qu'il fit, A. DE LA SALLE, *Cent Nouv.* 85.]
‖ Rétribuer (qqn) d'un travail qu'il a fait pour nous.

SALAUD, AUDE [sà-lô, -lôd'] *s. m. et f.*
[ÉTYM. Dérivé de sale, § 138. ‖ XVIᵉ s. Une si salaude femme, G. BOUCHET, *Serées*, IV, 44. Admis ACAD. 1798.]
‖ Personne très sale.

SALE [sàl] *adj.*
[ÉTYM. Emprunté de l'anc. haut allem. salo, terni, § 6. ‖ XIIIᵉ s. Dou mal tans ert sa robe un poi pesans et sale, ADENET, *Berte*, 741.]
‖ Dont la netteté est altérée (par des taches, de la poussière, de la crasse, de l'ordure). Du linge —. Avoir les mains sales. Des assiettes sales. *P. ext.* Une personne —. Une couleur —, qui présente des teintes équivoques. ‖ *Fig.* Qui porte atteinte à la pudeur, à l'honneur. Le retranchement de ces syllabes sales, MOL. *F. sav.* III, 2. Ce pied plat... Par de sales emplois s'est poussé dans le monde, ID. *Mis.* I, 1.

SALEMENT [sàl-man; *en vers*, sà-le-...] *adv.*
[ÉTYM. Composé de sale et ment, § 724. ‖ 1611. Salément, COTGR.]
‖ D'une manière sale. Manger —.

SALEP [sà-lêp'] *s. m.*
[ÉTYM. Emprunté de l'arabe sahlap, *m. s.* § 22. ‖ 1740. *Mém. de l'Acad. des sciences*, p. 97. Admis ACAD. 1762.]
‖ Substance alimentaire qu'on tire des tubercules de diverses espèces d'orchis.

SALER [sà-lé] *v. tr.*
[ÉTYM. Dérivé de sel, d'après le radical atone sal-, §§ 65 et 154. ‖ XIIIᵉ s. Cil vilein vos voudront saler, *Renart*, Vᵃ, 682.]
‖ **I.** ‖ **1°** Assaisonner avec du sel. — le pot-au-feu. Ce ragoût n'est pas assez salé. *Ellipt.* Manger salé, mettre beaucoup de sel dans ce qu'on mange.
‖ **2°** Imprégner de sel. — des viandes, des poissons, les préparer en les mettant dans le sel, sans être cuits, pour qu'ils se conservent. *P. plaisant.* Il faut donc — (conserver) toutes ces propositions, SÉV. 425. Du porc salé, et, *substantivt*, Du salé. Petit'salé, salé de fraîche date. *Poét.* L'onde salée, la plaine salée, la mer. ‖ Pré-salé. (*V.* pré.) Franc-salé. (*V.* franc 3.)
‖ **II.** *Fig. Famil.* Rendre un peu trop vif, trop piquant. Une histoire salée, trop libre. La condamnation est salée, trop sévère. Le prix est salé, trop cher. Quelques plaisanteries salées jusqu'à l'amertume, ST-SIM. III, 416.

SALERON [sàl-ron; *en vers*, sà-le-...] *s. m.*
[ÉTYM. Dérivé de salière, §§ 65 et 104. ‖ 1467. Les deux sallerons de serpentine, L. DE LABORDE, *Émaux*, p. 491. Admis ACAD. 1762.]
‖ Partie creuse de la salière qui reçoit le sel.

SALETÉ [sàl-té; *en vers*, sà-le-té] *s. f.*
[ÉTYM. Dérivé de sale, § 122. ‖ 1611. COTGR.]
‖ **1°** État de ce qui est sale. La — des rues. ‖ *P. ext.* Chose sale. Otez cette —.
‖ **2°** *Fig.* Caractère de ce qui porte atteinte à la pudeur, à l'honneur. Un faux plaisant... Qui pour me divertir n'a que la —, BOIL. *Art* p. 3. ‖ *P. ext.* Parole, acte qui porte atteinte à la pudeur. Dire, faire des saletés.

SALEUR, *SALEUSE [sà-leur, -leûz'] *s. m. et f.*
[ÉTYM. Dérivé de saler, § 112. ‖ XVIᵉ s. Saleurs ou embaumeurs, PARÉ, *Mumie*, 1.]
‖ Celui, celle qui sale (des viandes, des poissons).

SALICAIRE [sà-li-kêr] *s. f.*
[ÉTYM. Emprunté du lat. des botanistes salicaria, *m. s.* de salix, icis, saule, la salicaire croissant dans le voisinage du saule, § 248. ‖ 1694. TOURNEF. *Élém. de botan.* I, 220. Admis ACAD. 1762.]
‖ (Botan.) Plante à fleurs rouges, verticillées, légèrement astringentes.

SALICOLE [sà-li-kòl] *adj.*
[ÉTYM. Composé avec le lat. sal, sel, et colere, soigner, § 273. ‖ *Néolog.* Admis ACAD. 1878.]

|| (T. didact.) Relatif à la production du sel. **Industrie, terrain** —.

SALICOQUE [sà-li-kŏk'] *s. f.*
[ÉTYM. Origine inconnue. || 1554. Salecoques, RONDELET, *Liber de piscibus*, I, p. 549. Admis ACAD. 1762.]
|| *Dialect.* (Norm.). Crevette de mer.

SALICOR [sà-li-kòr] *s. m.* et **SALICORNE** [sà-li-kòrn'] *s. f.*
[ÉTYM. Origine incertaine, probablement arabe, § 22. || XVIᵉ s. Salicor par les Arabes dit salcoran, O. DE SERRES, VI, 29.]
|| (Botan.) Plante qui croît sur les bords de la mer, et dont on retire de la soude.

SALIÈRE [sà-lyèr] *s. f.*
[ÉTYM. Dérivé de sel, d'après le radical atone sal-, §§ 65 et 115. (*Cf.* saunière.) || XIIIᵉ s. Et les salieres et li pains, *Renart*, XIII, 795.]
|| Petit vase contenant du sel, placé sur la table, pendant le repas. Une — d'argent, de faïence, de cristal. || *P. anal.* Creux qui existe derrière la clavicule chez les personnes maigres. | Enfoncement de la tête du cheval au-dessus de l'œil. | *P. plaisant.* Vous avez des salières sous les yeux à y fourrer le poing, REGNARD et DUFRESNY, *Chinois*, I, 1.

SALIFIABLE [sà-li-fyâbl'; en vers, -fi-àbl'] *adj.*
[ÉTYM. Dérivé de salifier, § 242. || Admis ACAD. 1835.]
|| (T. didact.) Qui peut être salifié. *Spécialt.* (Chimie.) Susceptible de former un sel (combinaison d'un acide avec une base).

***SALIFIER** [sà-li-fyé; en vers, -fi-yé] *v. tr.*
[ÉTYM. Composé avec le lat. sal, sel, et facere, faire, § 274. || *Néolog.*]
|| (T. didact.) Convertir en sel.

SALIGAUD, AUDE [sà-li-gó, -gôd'] *s. m.* et *f.*
[ÉTYM. Dérivé de sale, §§ 63 et 138. COTGR. donne saligot, comme terme de l'Orléanais signifiant « lourdaud ». || 1690. Saligaut, FURET. Admis ACAD. 1762.]
|| Personne sale.

SALIGNON [sà-li-ñon] *s. m.*
[ÉTYM. Du lat. pop. *saliniônem, dérivé de salinum, salin, §§ 106 et 107. || 1334. Texte dans DU C. saligium. Admis ACAD. 1762.]
|| (Technol.) Sel en pain, obtenu par l'évaporation de l'eau des puits salants.

1. *SALIN [sà-lin] *s. m.*
[ÉTYM. Du lat. salïnum, salière.]
|| *Anciennt.* Baquet couvert, de forme ovale, à l'usage des revendeuses de sel.

2. SALIN, INE [sà-lin, -lin'] *adj.*
[ÉTYM. Dérivé du lat. sal, sel, § 245. || 1690. FURET. Admis ACAD. 1762.]
|| (T. didact.) Qui est de la nature du sel. **Principe** —. Saveur saline. Concrétion saline. Eaux salines. | *P. ext.* (Chimie.) Corps —, combinaison d'un acide et d'une base.

1. SALINE [sà-lin'] *s. f.*
[ÉTYM. Du lat. salïna, *m. s.* § 291.]
|| Lieu où l'on obtient le sel par évaporation de l'eau des marais salants. || *P. anal.* Mine de sel gemme.

2. SALINE [sà-lin'] *s. f.*
[ÉTYM. Dérivé de sel d'après le radical atone sal-, § 200. || 1642. OUD.]
|| *Vieilli.* Viande, poisson salé.

SALINIER, *SALINIÈRE [sà-li-nyé, -nyèr] *s. m.* et *f.*
[ÉTYM. Dérivé de saline, § 115. (*Cf.* le doublet saunier.) || Admis ACAD. 1878.]
|| Celui, celle qui fabrique du sel. Les saliniers du Poitou.

SALIR [sà-lĭr] *v. tr.*
[ÉTYM. Dérivé de sale, § 154. || XIIᵉ-XIIIᵉ s. Car ne touke tant nete riens A toi ke ne faches salir, RENCL. DE MOILIENS, *Miserere*, XIX, 11.]
|| Rendre sale.
|| 1° En altérant la netteté par des taches, de la poussière, de la crasse. On a sali beaucoup de linge. Se — les mains avec de l'encre. Il s'est sali en tombant. Ces vêtements qui n'ont pas encore été salis, BOSS. *Marie-Thérèse*.
|| 2° *Fig.* En portant atteinte à la pudeur, à l'honneur. Une pièce qui... salit à tout moment l'imagination, MOL. *Crit. de l'Éc. des f.* sc. 3. — la réputation de qqn. Prince... qui ne se salit point de la boue des choses terrestres, BALZ. *Prince*, 11.

SALISSANT, ANTE [sà-li-san, -sänt'] *adj.*

[ÉTYM. Adj. particip. de salir, § 47. || 1694. ACAD.]
|| 1° Qui salit. Une profession, une occupation salissante.
|| 2° Qui se salit aisément. Un vêtement —.

SALISSON [sà-li-son] *s. f.*
[ÉTYM. Dérivé de salir, § 104. || XVIᵉ s. Un salisson, une gaupe, CHOLIÈRES, *Matinées*, 5.]
|| *Trivial.* Femme, fille sale.

SALISSURE [sà-li-sür] *s. f.*
[ÉTYM. Dérivé de salir, § 111. || 1564. J. THIERRY, *Dict. franç.-lat.*]
|| Ce qui fait tache, ce qui est sale dans un objet.

SALIVAIRE [sà-li-vèr] *adj.*
[ÉTYM. Emprunté du lat. salivarius, *m. s.* On trouve salival, § 238, au XVIᵉ s. et encore dans RICHEL. 1680. || 1690. FURET. Admis ACAD. 1718.]
|| (T. didact.) Qui a rapport à la salive. Glandes salivaires, qui sécrètent la salive.

SALIVATION [sà-li-và-syon; en vers, -si-on] *s. f.*
[ÉTYM. Emprunté du lat. salivatio, *m. s.* || XVIᵉ s. PARÉ, V, 19. Admis ACAD. 1718.]
|| (T. didact.) Sécrétion abondante de salive.

SALIVE [sà-lĭv'] *s. f.*
[ÉTYM. Du lat. salïva, *m. s.* § 291. || Admis ACAD. 1718.]
|| Liquide sécrété par les glandes salivaires, qui humecte la bouche, y fait subir un commencement d'élaboration aux aliments et facilite la déglutition.

SALIVER [sà-li-vé] *v. intr.*
[ÉTYM. Dérivé de salive, § 154. (*Cf.* le lat. salivare, *m. s.*) || 1611. COTGR. Admis ACAD. 1718.]
|| Avoir une sécrétion abondante de salive.

SALLE [sàl] *s. f.*
[ÉTYM. Emprunté du german. sal, demeure, *m. s.* §§ 6, 498 et 499. || XIᵉ s. Li palais et la sale de pailes purtendue, *Voy. de Charl. à Jérus.* 332.]
|| Pièce spacieuse, généralement destinée à recevoir, à réunir plusieurs personnes. Une — de compagnie. Une — à manger. La — d'audience (d'un tribunal). *Vieilli.* La grand —, la salle des pas perdus (au palais de justice). Une — de bains, où l'on se baigne. Une — d'armes, où l'on fait des armes. Une — d'hôpital, où sont les lits des malades. Une — d'asile, où l'on reçoit les enfants en bas âge que leurs parents ne peuvent surveiller pendant le jour. — de police, où l'on fait subir aux soldats une courte détention pour fautes légères. — d'études, où travaillent les écoliers. *Anciennt.* Donner la —, fouetter publiquement un écolier devant ses camarades. — de verdure, lieu entouré d'arbres formant un couvert. — d'eau, partie basse d'une fontaine où l'on descend par des marches. || *P. anal.* Abajoue, poche où le singe met des aliments en réserve.

***SALLERAN, ANE** [săl-ran; en vers, sà-le-...] *s. m.* et *f.*
[ÉTYM. Dérivé de salle, §§ 63 et 142. || 1723. Saleran, seleran, SAVARY, *Dict. du comm.*]
|| 1° S. m. (Technol.) Maître ouvrier qui dirige la salle où se donnent les derniers apprêts au papier.
|| 2° *P. ext.* S. m. et *f.* Ouvrier, ouvrière qui trie, nettoie, étend le papier à mesure qu'on le fabrique.

SALMIGONDIS [săl-mi-gon-di] *s. m.*
[ÉTYM. Origine inconnue. || XVIᵉ s. Salmiguondins, RAB. IV, 59.]
|| Ragoût de viandes diverses qu'on fait réchauffer ensemble. || *Fig. Famil.* Mélange confus. *P. plaisant.* Moi, la — de toutes les sciences, REGNARD et DUFRESNY, *Chinois*, II, 3.

SALMIS [săl-mi] *s. m.*
[ÉTYM. Pour salmi, abréviation de salmigondis, § 509. || 1718. Salmigondis... On dit aussi salmi, ACAD.]
|| Ragoût de pièces de gibier, de volaille, dépecées et cuites avec du vin et divers ingrédients.

***SALMONIDES** [săl-mò-nid'] *s. m. pl.*
[ÉTYM. Dérivé du lat. salmo, saumon, § 235. || *Néolog.*]
|| (Hist. nat.) Famille de poissons dont le saumon est le type.

SALOIR [sà-lwàr] *s. m.*
[ÉTYM. Dérivé de saler, § 113. || XIVᵉ s. Salouer, *Ménagier*, II, p. 126.]
|| Vaisseau où l'on met les viandes à saler.

SALON [sà-lon] *s. m.*
[ÉTYM. Emprunté de l'ital. salone, grande salle, § 12. || 1676. A. FÉLIBIEN, *Princ. de l'architect.* 731.]

|| Pièce d'un appartement destinée à recevoir la compagnie. Fréquenter les salons, aller dans les maisons où l'on reçoit. Un poète de —, qui lit ses vers dans les salons au lieu d'écrire pour le public. || *P. ext.* Le —, galerie où l'on expose périodiquement les ouvrages de peinture, de sculpture, etc., des artistes vivants. **Faire le compte rendu du —,** et, *ellipt,* **Faire le —.**

SALOPE [sà-lŏp'] *adj.*
[ÉTYM. Origine inconnue; COTGR. donne le mot comme orléanais. || 1611. Saloppe, COTGR.]
|| Très sale. (Ne se dit que des personnes.) **Il se piquait d'être stoïcien et faisait gloire d'être —,** HAMILT. *Gram.* p. 40. || *Substantivt, au fém.* Une —, et, *fig.* une femme dévergondée. || (Technol.) Marie-—, nom donné au bâtiment qui va porter en mer les vases, les sables qu'on retire des ports, et, sur la Seine, au bateau dragueur.

SALOPEMENT [sà-lŏp'-man; *en vers,* -lò-pe-...] *adv.*
[ÉTYM. Composé de salope et ment, § 724. || Admis ACAD. 1718.]
|| D'une manière salope.

SALOPERIE [sà-lŏp'-ri; *en vers,* -lò-pe-ri] *s. f.*
[ÉTYM. Dérivé de salope, § 69. || Admis ACAD. 1694.]
|| Grande saleté. || *Fig.* | **1.** Action, propos impudique. | **2.** *Famil.* Ouvrage, marchandise de très mauvaise qualité.

SALORGE [sà-lòrj'] *s. m.*
[ÉTYM. Mot composé dont le premier élément est sel sous la forme atone, mais dont le second est incertain; qqns voient dans orge le lat. horreum, grenier, § 200. || 1611. COTGR. Admis ACAD. 1762.]
|| Provision, amas de sel.

SALPÊTRAGE [sàl-pè-tràj'] *s. m.*
[ÉTYM. Dérivé de salpêtrer, § 78. || *Néolog.* Admis ACAD. 1878.]
|| (Technol.) Action de salpêtrer. *Spécialt.* Production du salpêtre dans les nitrières artificielles.

SALPÊTRE [sàl-pétr'] *s. m.*
[ÉTYM. Emprunté du lat. du moyen âge salpetræ, *m. s.* proprt, « sel de pierre ». || XIVe s. **Si trouva on le pourre de salpetre toute moullie,** FROISS. *Chron.* x, 141, Luce.]
|| **1°** Nom vulgaire du nitre ou azotate de potasse, qui se forme sur les vieux murs, les plâtras, etc. — de boussage, formé par efflorescence sur certains sols, et qu'on détache avec des balais. || *P. ext. Poét.* Poudre à canon (qui est fabriquée avec du salpêtre). **Le — enflammé,** VOLT. *Henriade,* 4. *Fig.* **Cet enfant est du —, est extrêmement vif.** (*Cf.* poudre.)
|| **2°** *P. anal.* | **1.** Sédiment servant de mortier pour le pavage et provenant de plâtras lessivés pour en extraire le salpêtre. | **2.** Azotate de chaux qui se forme sur les murs humides. | **3.** — du Chili, azotate de soude.

SALPÊTRER [sàl-pè-tré] *v. tr.*
[ÉTYM. Dérivé de salpêtre, § 266. || 1611. Salpestré, COTGR. Admis ACAD. 1835.]
|| (Technol.) Couvrir de salpêtre. **L'humidité salpêtre les murs. Un mur salpêtré.** | — une allée, répandre du salpêtre sur le sol et le battre pour le rendre dur.

SALPÊTRIER [sàl-pè-tri-yé] *s. m.*
[ÉTYM. Dérivé de salpêtre, § 115. En 1420 on trouve salpestreur. || XVIe s. **Salpestriers, pouldriers,** PARÉ, VIII, 24.]
|| (Technol.) Ouvrier qui travaille à faire du salpêtre.

SALPÊTRIÈRE [sàl-pè-tri-yèr] *s. f.*
[ÉTYM. Dérivé de salpêtre, § 115. || 1680. RICHEL.]
|| (Technol.) Lieu où l'on fait du salpêtre. **La — de Paris a été transformée en hospice.**

SALPICON [sàl-pi-kon] *s. m.*
[ÉTYM. Emprunté de l'espagn. salpicon, *m. s.* § 13. (*Cf.* saupiquet.) || 1812. MOZIN, *Dict. franç.-allem.*]
|| (Cuisine.) Mets composé de dés de viandes, de foie gras, de champignons, de truffes, etc., incorporés dans une sauce d'un goût relevé.

SALSEPAREILLE [sàls'-pà-rèy'; *en vers,* sàl-se-...] *s. f.*
[ÉTYM. Emprunté de l'espagn. zarzaparrilla, *m. s.* §§ 13, 361 et 509; zarza signifie « ronce », mais le second élément composant est obscur. || XVIe s. **Salseperille,** MONTAIGNE, II, 37. Admis ACAD. 1762.]
|| (Botan.) Plante dont la racine est dépurative.

SALSIFIS [sàl-si-fî] *s. m.*
[ÉTYM. Semble emprunté de l'ital. sassefrica, *m. s.* d'origine inconnue, § 12. OUD. enregistre sassetique, sassefri-

que, sassefy, sassify, serciti et serquify. Les botanistes emploient plutôt cercifix que salsifis. || XVIe s. Serciti, O. DE SERRES, VI, 7.]
|| Plante potagère dont on mange les racines comme légume. — **blanc, nom du salsifis commun, par opposition à la scorsonère, dite — noir.**

SALTATION [sàl-tà-syon; *en vers,* -si-on] *s. f.*
[ÉTYM. Emprunté du lat. saltatio, *m. s.* || XIVe s. **Saltacion,** ORESME, dans MEUNIER, *Essai sur Oresme.* Admis ACAD. 1835.]
|| (Antiq.) Exercice de danse et de pantomime.

SALTIMBANQUE [sàl-tin-bànk'] *s. m.*
[ÉTYM. Emprunté de l'ital. saltimbanca, *m. s.* proprt, « saute-en-banc », § 12. ACAD. 1694 écrit saltinbanque. || 1642. Un saltimbanque, OUD.]
|| Bateleur qui fait des exercices sur les places, dans les fêtes de villages. || *Fig.* Charlatan.

SALUADE [sà-luàd'; *en vers,* -lu-àd'] *s. f.*
[ÉTYM. Dérivé de saluer, § 120. Au XVIe s. salutade, CHOLIÈRES, *Après-disnées,* p. 136. || 1611. Salûade, COTGR.]
|| *Vieilli.* Action de saluer.

SALUBRE [sà-lubr'] *adj.*
[ÉTYM. Emprunté du lat. salubris, *m. s.* || 1552. CH. EST. dans DELB. *Rec.*]
|| Qui a une action favorable sur l'organisme. **Un air —. Un climat —.**

SALUBRITÉ [sà-lu-bri-té] *s. f.*
[ÉTYM. Emprunté du lat. salubritas, *m. s.* || 1552. CH. EST. dans DELB. *Rec.* Admis ACAD. 1740.]
|| Caractère de ce qui a une action favorable sur l'organisme. **La — de l'air. L'air et l'eau ont également besoin d'être agités sans cesse pour conserver leur —,** BUFF. *Minéraux,* II, p. 300. | *Spécialt.* — **publique, qu'assure l'administration par les mesures relatives au balayage, aux égouts, aux marchés, aux inhumations, etc.**

SALUER [sà-lué; *en vers,* -lu-é] *v. tr.*
[ÉTYM. Du lat. salutare, *m. s.* devenu saluder, saluer, §§ 402, 295 et 291.]
|| Honorer d'un salut. **D'où vient qu'Alcippe me salue aujourd'hui ?** LA BR. 11. **Je viens —, reconnaître, chérir et révérer en vous un second père,** MOL. *Mal. im.* II, 5. *Spécialt* (à la fin d'une lettre). **J'ai l'honneur de vous —.** | En parlant de certains honneurs militaires. **L'équipage (d'un navire) salue de la voix, les marins poussent des acclamations. — de l'épée, du drapeau, incliner l'épée nue, le drapeau, en passant devant un souverain, un général, etc. Un navire qui salue un autre navire, etc., en tirant le canon.** *Fig.* **Un navire qui salue un grain, qui se prépare à le recevoir.** *P. anal. Poét.* **En s'adressant à des objets inanimés qu'on aborde ou qu'on va quitter. Saluez ces pénates d'argile,** LA F. *Phil. et Baucis.* || *Fig.* Honorer d'un titre. **Ils le saluèrent empereur,** MONTESQ. *Rom.* 15.

SALURE [sà-lûr] *s. f.*
[ÉTYM. Dérivé de saler, § 111. || XIIIe s. **La salêure,** *Image du monde,* dans LITTRÉ.]
|| Qualité de ce qui est salé. **La — des eaux et des aliments rend le peuple très susceptible des maladies de la peau,** MONTESQ. *Espr. des lois,* XXIV, 25.

SALUT [sà-lu] *s. m.*
[ÉTYM. Du lat. salûtem, *m. s.* devenu régulièrement salu en anc. franç. §§ 403 et 291, écrit plus récemment salut par réaction étymologique, § 502. Le mot est fém. à l'origine; il est devenu masc. d'abord au sens **2°**, parce qu'on l'a pris pour le subst. verbal de saluer.]
|| **1°** Le fait d'échapper à la mort, à la destruction, à la ruine. **Devoir son — à qqn. Combattre un ennemi pour le — de tous,** CORN. *Hor.* II, 3. **Le — du peuple est la suprême loi,** MONTESQ. *Espr. des lois,* XXVI, 23. *Poét.* **Personne à qui on doit d'être sauvé. Mortel chéri du Ciel, mon — et ma joie,** RAC. *Esth.* III, 7. || *P. ext.* (Théol.) Le fait d'échapper à la mort éternelle, à la damnation. **Faire son —. Travailler à son —. Hors de l'Église, point de —.** *Fig.* **Point de — (de succès) au théâtre sans la fureur des passions,** VOLT. *Lett. à d'Argental,* 25 oct. 1777.
|| **2°** Formule exclamative par laquelle on adresse un souhait à qqn pour sa prospérité. *Spécialt.* **Dans une lettre épiscopale, un mandement, etc. A tous les fidèles de notre diocèse, — et bénédiction.**
|| **3°** *P. ext.* Démonstration convenue de civilité par parole ou par geste, qu'on fait à qqn en le rencontrant,

en l'abordant, en le quittant. Faire un — à qqn. Un — respectueux, gracieux. Rendre à qqn son —. | *P. anal.* Formule de civilité en tête ou à la fin d'une lettre. — et fraternité. *Loc. prov.* A bon entendeur, —. (*V.* entendeur.) || *Spéciall.* En parlant de certains honneurs militaires. Le — de l'épée, du drapeau, par lequel on incline l'épée nue, le drapeau, en passant devant le souverain, le général, etc. — militaire, que les soldats doivent à leurs supérieurs. — de mer, qu'un vaisseau fait à un autre vaisseau, etc., en tirant le canon. || *Poét.* En s'adressant à des objets inanimés qu'on aborde ou qu'on va quitter. —, champs que j'aimais ! GILBERT, *Odes*, 9. | *P. ext.* (Liturgie cathol.) Office qui a lieu l'après-midi ou le soir, et à la fin duquel le prêtre élève le saint sacrement, que les fidèles saluent avec un acte d'adoration. Aller au —. Garder sa place soi-même pour le —, LA BR. 13.

SALUTAIRE [sà-lu-tèr] *adj.*
[ÉTYM. Emprunté du lat. salutaris, *m. s.* || XIVe-XVe s. Euvre salutaire, *Trad. de B. de Gordon*, mss franç. Bibl. nat. 1327, fo 1, ro.]
|| Propre à conserver ou à rétablir l'organisme. Un remède — contre la fièvre. Le climat du Midi lui serait —. *Poét.* Qui sauve qqn. Quelle voix — ordonne que je vive ? RAC. *Esth.* II, 7. || *Fig.* Propre à conserver ou à rétablir l'âme. Donner à qqn un conseil —. Cette lecture lui sera —. | *Vieilli.* Substantivt, au masc. Instrument de salut. Au vrai Dieu notre —, CORN. *Ps.* 24.

SALUTAIREMENT [sà-lu-tèr-man ; *en vers,* -tè-re-...] *adv.*
[ÉTYM. Composé de salutaire et ment, § 724. || 1525. Dieu... nous vueille illuminer a les spirituellement et salutairement comprendre, J. LEF. D'ÉTAPLES, *Bible, Ep. exhort. aux Epistres.*]
|| D'une manière salutaire.

SALUTATION [sà-lu-tà-syon ; *en vers,* -si-on] *s. f.*
[ÉTYM. Emprunté du lat. salutatio, *m. s.* || 1413. Me donnant salutation, J. DE LA FONTAINE, *Font. des amour. de science*, 266.]
|| Action de saluer. Faire une —. Envoyer ses salutations à qqn. | Formule épistolaire. Recevez mes salutations amicales, respectueuses, etc. || (Théol.) Salutation angélique, l'*Ave Maria*, paroles de l'ange Gabriel à la Vierge, dont on a fait une prière.

SALVAGE [sàl-vàj'] *s. m.*
[ÉTYM. Dérivé du lat. salvare, sauver, § 78. || XVe s. Sur peine de forfacture de leur salvaige, *Cartul. de Jumièges*, dans DU C. salvagium 1. Admis ACAD. 1762.]
|| *Ancienn.* Sauvetage. Droit de —, droit sur ce qu'on a sauvé d'un navire naufragé.

SALVANOS [sàl-và-nôs'] *s. m.*
[ÉTYM. Mot formé du lat. salva nos, sauve-nous. || *Néolog.* Admis ACAD. 1835.]
|| (Marine.) Bouée de sauvetage.

SALVATION [sàl-và-syon ; *en vers,* -si-on] *s. f.*
[ÉTYM. Emprunté du lat. salvatio, *m. s.* || XIIe s. Salvatiuns, *Psaut. d'Oxf.* XXVII, 21.]
|| *Vieilli.* || 1o Action de sauver qqn. *Spéciall.* Action de sauver l'âme. La — des gentils. || 2o (Droit.) Réponse aux objections, aux témoins de la partie adverse. (Ne se trouve guère qu'au plur.) Fournir des salvations.

1. SALVE [sàlv'] *s. f.* et, vieilli, *s. m.*
[ÉTYM. Emprunté de l'ital. salva, *m. s.* § 12. || 1578. Et ceste belle invention s'appelle une salve, H. EST. *Nouv. Lang. franç. italian.* I, 370.]
|| Honneur rendu à qqn par une décharge d'armes à feu. Ce cri fut suivi d'une — de canon et de mousqueterie, HAMILT. *Gram.* p. 159. | *P. anal.* Une — d'applaudissements, bruit d'applaudissements qui éclatent à la fois. || *Vieilli.* S. m. Le — des enfants perdus, D'AUB. *Hist. univ.* I, III, 14.

2. *SALVE [sàlv'] *s. f.*
[ÉTYM. Emprunté de l'espagn. salva, *m. s.* de salvar, sauver, et, *p. ext.* goûter les mets, les boissons destinées à un prince (*cf.* crédence et essai), § 13. || 1666. Une salve en or, *Invent. d'Anne d'Autriche*, p. 22, de Grouchy.]
|| *Ancienn.* Soucoupe ovale sur laquelle on présentait certains objets (mouchoir, étui à bijoux, etc.) à un prince. L'honneur de donner la chemise à la reine et de lui présenter la —, ST-SIM. XI, p. 292, de Boislisle.

SALVÉ [sàl-vé] *s. m.*
[ÉTYM. Premier mot de l'antienne Salve, regina, « salut, reine ». (*Cf.* salve 1.) || Admis ACAD. 1694.]

|| (Liturgie cathol.) Prière à la sainte Vierge. Dire un —.

SAMEDI [sàm'-di ; *en vers,* sà-me-di] *s. m.*
[ÉTYM. Du lat. pop. *sambati djem, *m. s.* proprt, « jour du sabbat », § 174, devenu sambedi, samedi, § 438. *Sambatum est une variante sémitique de sabbatum, § 21. || XIIe s. Aprof le vendresdi fu faiz li samadi, PH. DE THAUN, *Comput*, 571.]
|| Le septième jour de la semaine, consacré au repos chez les Juifs. Il viendra —. Le — saint, de la semaine sainte.

SANCIR [san-sîr] *v. intr.*
[ÉTYM. Emprunté du gascon sansi, *m. s.* anc. provenç. somsir, engloutir, § 11. || Admis ACAD. 1762.]
|| (Marine.) Couler bas de l'avant.

SANCTIFIANT, ANTE [sank'-ti-fyan, -fyànt' ; *en vers,* -fi-...] *adj.*
[ÉTYM. Adj. particip. de sanctifier, § 47. || 1690. FURET.]
|| Qui sanctifie. La grâce sanctifiante, MASS. *Tiédeur*, 1. Des œuvres sanctifiantes.

SANCTIFICATEUR, *SANCTIFICATRICE [sank'-ti-fi-kà-teur, -tris'] *s. m. et f.*
[ÉTYM. Emprunté du lat. sanctificator, *m. s.* (*Cf.* l'anc. franç. saintefiere.) || Admis ACAD. 1878.]
|| Celui, celle qui sanctifie. Son saint Esprit, — invisible de ce temple, BOSS. *Médit. sur l'Év.* Cène, 93o jour.

SANCTIFICATION [sank'-ti-fi-kà-syon ; *en vers,* -si-on] *s. f.*
[ÉTYM. Emprunté du lat. ecclés. sanctificatio, *m. s.* || XIIe s. Sanctificaciun, *Psaut. d'Oxf.* CXXXI, 8. Saintificatiun, *ibid.* LXXVII, 59.]
|| Action de sanctifier.
|| 1o Action de rendre saint. La — des apôtres. | *P. ext.* Action de mettre en état de grâce. La — des âmes.
|| 2o Action de révérer comme saint. La — du nom de Dieu. *Spéciall.* La — du dimanche, des fêtes, célébration de ces jours comme consacrés à Dieu.

SANCTIFIER [sank'-ti-fyé ; *en vers,* -fi-yé] *v. tr.*
[ÉTYM. Emprunté du lat. ecclés. sanctificare, *m. s.* L'anc. franç. emploie ordinairement la forme à demi populaire saintefier (*Psaut. d'Oxf.* XLV, 4), et au XVIIe s. on ne prononce pas le c de sanctifier, § 503.]
|| 1o Rendre saint. La grâce par laquelle a été sanctifié saint Paul. *P. ext.* Mettre en état de grâce. La semence féconde Des vertus dont il doit — le monde, RAC. *Esth.* prol. | *Fig.* — la grandeur par un bon usage, BOSS. *Ambition*, fragm. De son nom sacré — vos pages, BOIL. *Sat.* 9.
|| 2o Révérer comme saint. Que votre nom soit sanctifié, *Oraison dominic.* | *Spéciall.* — le dimanche, les jours de fête, les célébrer comme consacrés à Dieu.
|| 3o *Vieilli.* Sanctionner. Le parlement qui était sur le point de... et de — par conséquent tout ce que nous avions fait, RETZ, *Mém.* ann. 1649, II, p. 553, Grands Écriv.

SANCTION [sank'-syon ; *en vers,* -si-on] *s. f.*
[ÉTYM. Emprunté du lat. sanctio, *m. s.* || 1516. Sanctions ou ordonnances ecclesiastiques, *Mir. hist. de France*, dans DELB. *Rec.*]
|| 1o Acte par lequel le souverain, le chef du pouvoir exécutif revêt une mesure législative de l'approbation qui la rend exécutoire. Une loi revêtue de la — royale. *P. ext.* Pragmatique —, nom donné à des ordonnances royales, impériales, etc. || *Fig.* Il manque à ce mot la — de l'usage.
|| 2o Peines ou récompenses qui confirment une loi, en assurent l'exécution. La — pénale d'une loi. *Spéciall.* En parlant de la loi morale. La — de la conscience, de l'opinion, de la vie future.

SANCTIONNER [sank'-syò-né ; *en vers,* -si-ò-...] *v. tr.*
[ÉTYM. Dérivé de sanction, § 266. || Admis ACAD. 1798.]
|| 1o Rendre exécutoire (une loi) par l'approbation du souverain, du chef du pouvoir exécutif. | *Fig.* Un terme sanctionné par l'usage.
|| 2o Confirmer (une loi), en assurer l'exécution par des peines, des récompenses.

SANCTUAIRE [sank'-tuèr ; *en vers,* -tu-èr] *s. m.*
[ÉTYM. Emprunté du lat. ecclés. sanctuarium, *m. s.* L'anc. franç. emploie ordinairement la forme à demi populaire saintuaire (*Psaut. d'Oxf.* LXXII, 17) et au XVIIe s. on prononce et on écrit même qqf santuaire, § 503.]
|| Le lieu le plus saint d'un temple, d'une église, interdit aux profanes. Le — de Jupiter, d'Apollon. || *Spéciall.* | 1. Chez les Juifs, partie secrète du temple où était gardée l'arche d'alliance. Attaquer Dieu jusqu'en son —, RAC. *Ath.* I, 1. Poids du —, poids qu'on gardait dans le sanc-

tuaire, pour servir de régulateur. *Fig.* **Peser une chose au poids, dans la balance du —, avec une exactitude parfaite.** | 2. Chez les chrétiens, partie de l'église, généralement entourée d'une balustrade, où se trouve le maître-autel. **La lampe du —.** || *Fig.* Séjour qu'on doit particulièrement respecter. **Elle (la justice) s'est construit un — éternel et incorruptible dans le cœur du sage Michel le Tellier**, BOSS. *Le Tellier.* **Le — des lois, de la justice, lieu où l'on rend la justice. Le — des sciences, des arts, lieu consacré à la culture ou aux monuments des arts, des sciences.**

SANDAL. *V.* santal.

SANDALE [san-dàl] *s. f.*

[ÉTYM. Emprunté du lat. sandalia, plur. du neutre sandalium, *m. s.* rendu par un fém. § 545. || XIIIᵉ s. Uns solers que li clerc apelent sandales, *Récits d'un ménestrel de Reims,* p. 94, de Wailly.]

|| Chaussure faite d'une simple semelle retenue par des cordons qui s'attachent au-dessus du pied. *Loc. bibl.* **Secouer la poussière de ses sandales,** quitter un pays avec indignation, en montrant qu'on n'en veut rien emporter, pas même de la poussière. || *P. anal.* Soulier de salle d'armes, à très large semelle, destinée à rendre les battements de pied plus sonores.

***SANDALIER** [san-dà-lyé] *s. m.*

[ÉTYM. Dérivé de sandale, § 115. (*Cf.* le lat. sandaliarius, *m. s.*) || 1680. RICHEL. Admis ACAD. 1798; suppr. en 1878.]

|| *Rare.* Celui qui fabrique des sandales.

SANDARAQUE [san-dà-ràk'] *s. f.*

[ÉTYM. Emprunté du lat. sandaraca, grec σανδαράχη, *m. s.* || 1611. Sandarac, sandarache, COTGR. Admis ACAD. 1762.]

|| 1° *Anciennt.* Sulfure rouge d'arsenic. (*Syn.* réalgar.)

|| 2° Gomme résineuse en poudre, dont on frotte le papier qu'on a gratté pour l'empêcher de boire l'encre.

***SANDWICH** [sand'-witch'] *s. f.*

[ÉTYM. Emprunté de l'angl. sandwich, *m. s.* § 8 : John Montague, comte de Sandwich (1718-1792), qui se faisait apporter des provisions de ce mets à la table de jeu pour pouvoir jouer en mangeant, § 36. || *Néolog.*]

|| Tranche fine de jambon, de langue, etc., entre deux tranches minces de pain beurrées.

SANG [san; *en liaison,* sänk'] *s. m.*

[ÉTYM. Du lat. pop. *sanguem* (class. sanguinem), *m. s.* §§ 291 et 396.]

I. Liquide qui, circulant dans les diverses parties du corps, y entretient la vie. **Leur — (des bêtes) est leur vie, et ainsi vous ne devez pas manger avec leur chair ce qui est leur vie,** SACI, *Bible, Deutér.* XII, 21. **La multitude adore des divinités de chair et de —,** FÉN. *Sermon pour la fête de St Bernard.* **— veineux,** sang d'un rouge foncé, que les veines ramènent au cœur quand il est devenu impropre à la nutrition. **— artériel,** sang d'un rouge vermeil, vivifié par la respiration, que les artères portent aux diverses parties du corps. **— chaud,** sang des vertébrés à circulation complète. **— froid,** sang des reptiles et autres vertébrés à circulation incomplète, dont la température s'abaisse avec celle du milieu où ils vivent. **— blanc,** sang peu coloré qu'on trouve chez la plupart des animaux non vertébrés. **Une décomposition du —. Avoir le — à la tête.** | *Fig.* En parlant de divers états de l'âme qui semblent correspondre à divers états de la circulation du sang. **N'avoir pas de — dans les veines,** être placide. *Vieilli.* **Avoir du — aux ongles,** être énergique. **Si nos ennemis avaient du — aux ongles,** SÉV. 565. **Avoir le — chaud, bouillant,** être d'un caractère ardent. (*Cf.* sang-froid.) || **Avoir un — bouillonne, qui s'enflamme,** etc. | 1. **Avoir l'impétuosité de la jeunesse. Tel bouillonnait, encor son vieux — dans ses veines,** CORN. *Au roi.* | 2. **Être en proie à l'impatience, à l'irritation. Tout mon — de colère et de honte s'enflamme,** RAC. *Esth.* III, 4. || **Le — lui monte au visage,** il est ému de colère ou de honte. **Cela rafraîchit le —, met du baume dans le —,** cela apaise l'âme. **Il n'y a rien qui rafraîchisse le — comme d'avoir su éviter de faire une sottise,** LA BR. 11. **Avoir le — glacé,** être saisi d'effroi. **Tout mon — dans mes veines se glace,** RAC. *Esth.* I, 3. || **Le — coulait de sa blessure. Perdre tout son —. Des ruisseaux de — coulaient autour de lui,** FÉN. *Tél.* 2. **Il tombe dans son —,** CORN. *Ment.* IV, 1. **Être tout en —,** couvert de son propre sang. **Mettre en —. Blesser, mordre, pincer, battre jusqu'au —, jusqu'à ce que le sang coule. Un tel outrage ne peut être lavé que dans le — (de l'offenseur). Se battre (en duel) au premier —,** à condition que le duel cessera dès qu'un

des adversaires sera blessé. **Je le signerais de mon —,** je l'affirmerais sur ce que j'ai de plus précieux. **Être prêt à donner son — pour qqn,** à mourir pour lui. **Répandre le — des victimes,** les immoler. **Ai-je besoin du — des boucs et des génisses?** RAC. *Ath.* I, 1. *Spécialt.* **Le — de Jésus-Christ, le — de l'Agneau,** que Jésus-Christ a versé pour la rédemption des hommes. *P. ext.* **Le vin eucharistique,** changé au sang de Jésus-Christ. **Ceci est mon —, le — de la nouvelle alliance,** SACI, *Bible, St Marc,* XIV, 24. | *Fig.* **Verser, répandre le —,** donner la mort. **Vous rendre raison du — que j'ai versé,** RAC. *Ath.* II, 5. **Se baigner dans le —,** faire mourir beaucoup de monde. **Épargner le —,** la vie des hommes. **Être altéré de —,** aimer à donner la mort. **Mettre un pays à feu et à —. Laver un outrage dans le —. Le — innocent crie vengeance. Que son — retombe sur vous. Un homme de —,** qui est sanguinaire.

II. *P. ext.* La race.

|| 1° Au point de vue de l'hérédité physique. **Ce qui rend le — si beau en Perse, c'est la vie réglée,** MONTESQ. *Lett. pers.* 34. **Un homme, des hommes de — mêlé,** et, *ellipt,* **Un — mêlé, des — mêlé,** un homme, des hommes issus du croisement de races diverses. **Un cheval de pur —,** et, *ellipt,* **Un pur —, des pur —,** cheval, chevaux de race pure (arabe, anglais, russe, etc.). **Un demi-—,** produit d'un individu de pur sang avec un individu de race commune. **Un trois quarts de —,** produit d'un pur sang et d'un demi-sang.

|| 2° Au point de vue des liens de parenté, de famille. **Il est du — d'Hector, mais il en est le reste,** RAC. *Andr.* IV, 1. **Rome... N'admet avec son — aucun — étranger,** ID. *Bér.* II, 2. **Tu es mon vrai —, ma véritable fille,** MOL. *Mal. im.* III, 14. **Le — royal,** et, *absolt,* **Un prince du —.** *Loc. prov.* **Bon ne peut mentir,** le naturel des parents passe avec le sang chez leurs descendants. **Viens, mon fils, viens, mon —,** CORN. *Cid,* I, 5. **Ne me dis point qu'elle est et mon — et ma sœur,** ID. *Hor.* IV, 6. **Où le — a manqué,** si la vertu l'acquiert (le titre de gentilhomme), **Où le — l'a donné,** le vice aussi le perd, ID. *Ment.* V, 3. **Les liens du —, de la parenté. Tous les liens du — n'ont pu le retenir,** RAC. *Phèd.* IV, 1. **La force, le pouvoir du —,** instinct qui nous émeut en faveur de ceux qui nous sont unis par les liens du sang. **Elle est mère, et le — a beaucoup de pouvoir,** CORN. *Rodog.* II, 4. *Dans le même sens.* **La voix du — se fit entendre,** LES. *Gil Blas,* X, 2. **Du — qui se révolte est-ce quelque murmure?** RAC. *Iph.* I, 3. **Le combat d'une jeune chrétienne... contre la chair et le — (contre ses proches),** BOURD. *Devoir des pères,* 1.

SANG - DE - DRAGON [sand'-drà-gon; *en vers,* sande-...] et **SANG-DRAGON** [san-drà-gon] *s. m.*

[ÉTYM. Composé de sang, de et dragon, § 177. || XIIIᵉ s. Poudre de gomme arabic et de sanc de dragon, *Simples medicines,* fᵒ 34, vᵒ. Admis ACAD. 1762.]

|| 1° Plante à nervures rouges, sorte de patience, dont la racine est astringente.

|| 2° Résine rouge, employée comme astringent.

SANG-FROID [san-frwà] *s. m.*

[ÉTYM. Composé de sang et froid, § 173. ACAD. ne met de trait d'union qu'en 1798. Quelques-uns escrivent sens froid, ACAD. 1694.]

|| Possession de soi-même en présence de ce qui peut irriter, exalter, troubler, etc. **Montrer du — dans le danger. Suétone nous décrit des crimes de Néron avec un — qui nous surprend,** MONTESQ. *Goût.* **Vous ne me demandez pas que je puisse être de — dans cette occasion,** SÉV. 140.

SANGLADE [san-glàd'] *s. f.*

[ÉTYM. Dérivé de sangle, § 120. || XVIᵉ s. Sanglades d'estrivieres, RAB. III, prol. Admis ACAD. 1798.]

|| Coup de sangle, de fouet vivement appliqué.

SANGLANT, ANTE [san-glan, -glànt'] *adj.*

[ÉTYM. Du lat. pop. sanguilentum (class. sanguinolentum), *m. s.* devenu sanglant, §§ 336 et 290, sanglant, § 311.]

|| 1° Où il y a du sang répandu. **Plaie sanglante. Ce héros dans mes bras est tombé tout —,** RAC. *Mithr.* V, 4. **Des mains sanglantes. Ils rougissent le mors d'une sanglante écume,** RAC. *Phèd.* V, 6. **Sacrifice non —,** le sacrifice de la messe. || *P. ext.* **Un combat —, une guerre sanglante. Mille songes affreux, mille images sanglantes,** CORN. *Hor.* I, 2. **De vos ordres sanglants vous savez la rigueur,** RAC. *Esth.* III, 2.

|| 2° *Fig.* Qui blesse profondément. **Faire un — outrage à qqn. Adresser à qqn de sanglants reproches. C'est une pièce sanglante qu'ils nous ont faite,** MOL. *Préc. rid.* sc. 16.

SANGLE [sängl'] *s. f.*

SANGLER

[ÉTYM. Pour sengle, mieux cengle, du lat. cĭngula, *m. s.* §§ 311, 290 et 291. (*Cf.* cingler 2.)]

‖ Bande de cuir ou de toile qu'on serre, qu'on tend pour maintenir qqch. Les sangles d'une selle. Un lit de —, formé de deux châssis croisés en X, sur lesquels on a tendu des sangles, ou une toile. Les sangles d'une hotte.

SANGLER [san-glé] *v. tr.*

[ÉTYM. Dérivé de sangle, § 154. (*Cf.* cingler 2.) ‖ XIIᵉ s. Quant la cité virent cenglee, BENEEIT, *Ducs de Norm.* 27990.]

‖ **1°** Serrer avec des sangles. — un cheval, un mulet. *Fig.* Se —, se serrer avec excès. | Tendre de sangles. Un fond de lit sanglé.

‖ **2°** *P. ext.* Frapper d'un coup de sangle, de fouet vivement appliqué. On vous sangla le pauvre drille, LA F. *Fab.* XI, 3. *Fig.* Le cardinal de Richelieu est étrangement sanglé dans ce petit livre, GUY PATIN, *Nouv. lett.* I, p. 32. | — un coup à qqn, le lui appliquer vivement. Il m'a sanglé cinq ou six coups de fouet, DANCOURT, *Opéra de village*, sc. 15.

SANGLIER [san-gli-yé] *s. m.*

[ÉTYM. Pour sangler, § 62, du lat. sĭngularem (s.-ent. porcum), proprt, « le solitaire », §§ 342, 336, 295 et 291. ‖ XIIᵉ s. D'un sengler dit, MARIE DE FRANCE, *Fab.* LXXV, 1, Warnke.]

‖ Mammifère de l'ordre des Pachydermes, formant un genre qui vit à l'état sauvage et est considéré comme la souche du cochon domestique. Défenses du —, dents canines prolongées hors de la bouche. | — d'Amérique, le pécari. ‖ *Vieilli. Loc. prov.* Au cerf, la bière; au —, le barbier, blessure de cerf est mortelle, blessure de sanglier permet d'appeler le chirurgien.

°SANGLON [san-glon] *s. m.*

[ÉTYM. Dérivé de sangle, § 104. ‖ XVᵉ-XVIᵉ s. Riche sanglon, ÉTIENNE DE MÉDICIS, *Chron.* dans DELB. *Rec.*]

‖ **1°** Petite sangle. (*Cf.* contre-sanglon.)

‖ **2°** (Technol.) Fausse côte dont on renforce un bateau. | Pièce de bois triangulaire qui sert de varangue.

SANGLOT [san-glô] *s. m.*

[ÉTYM. Du lat. pop. °singlŭttum, *m. s.* devenu régulièrement senglout, sanglout, §§ 342, 324 et 291, puis sanglot, par confusion avec le suffixe ot, § 62. Le lat. pop. °singlŭttum est dû à une confusion entre singultum, sanglot, et gluttum, gosier, gluttire, avaler. ‖ XIIᵉ s. Cele un pot De grant piece respondre mot, Car sospir et sanglot li tolent, CHRÉTIEN DE TROYES, *Érec*, 6231.]

‖ Spasme de la poitrine qui, contractée par la douleur, laisse échapper la voix convulsivement, en sons entrecoupés. Pousser des sanglots. Le cœur gros de soupirs, les sanglots à la bouche, CORN. *Cinna*, IV, 1.

SANGLOTER [san-glô-té] *v. intr.*

[ÉTYM. Dérivé de sanglot, § 154. (*Cf.* l'anc. franç. sangloutir, du lat. pop. °singlŭttire, class. singultire, *m. s.*) ‖ XIIᵉ s. E s'om la beit ki fort sanglut, El li toldra suspir et rout, *Lapid. de Marbode*, 319.]

‖ Pousser des sanglots.

SANGSUE [san-su] *s. f.*

[ÉTYM. Du lat. sanguisūga, *m. s.* proprt, « qui suce le sang », devenu sancsue, sansue, §§ 336, 394 et 291, écrit sangsue par réaction étymologique, § 502. ACAD. 1694-1740 écrit sang-sue.]

‖ Annélide qui suce le sang des animaux, et qu'on emploie en médecine pour la saignée capillaire. Mettre, poser, appliquer des sangsues à un malade. ‖ *Fig.* | 1. Personne qui s'enrichit aux dépens des autres, en les épuisant. Au lieu de rendre mille grâces au Ciel de l'avoir délivré d'une si dangereuse —, LES. *Guzm. d'Alfar.* VI, 5. | 2. Chose qui épuise. La convoitise de la chair, cette —, BOURD. *Richesse*, 3.

SANGUIFICATION [san-gui-fi-kà-syon ; *en vers*, -si-on] *s. f.*

[ÉTYM. Emprunté du lat. scolast. sanguificatio, *m. s.* § 217. ‖ 1541. Le foye est la premiere officine ou boutique de sanguification, J. CANAPPE, *Tables anatom.* dans DELB. *Rec.* Admis ACAD. 1718.]

‖ (T. didact.) Formation du sang.

SANGUIN, INE [san-ghin, -ghin'] *adj.*

[ÉTYM. Emprunté du lat. sanguineus, *m. s.* ‖ XIIᵉ s. Sanguines gutes, *Lapid. de Marbode*, 618.]

‖ **1°** Qui a rapport au sang. Les vaisseaux sanguins. Les affections sanguines. *Fig.* Jaspe —, marqueté de rouge de sang.

‖ **2°** En qui prédomine le sang. Les gens sanguins. Être d'un tempérament —.

SANGUINAIRE [san-ghi-nèr] *adj.*

[ÉTYM. Emprunté du lat. sanguinarius, *m. s.* ‖ 1564. Homme sanguinaire, cruel, J. THIERRY, *Dict. franç.-lat.*]

‖ Qui aime à répandre le sang. Au — Aman nous sommes tous livrés, RAC. *Esth.* I, 3. D'un méchant les ordres sanguinaires, ID. *ibid.* III, 8.

SANGUINE [san-ghin'] *s. f.*

[ÉTYM. Tiré de sanguin, § 38. ‖ XIIIᵉ s. Frotez la pierre sanguine, *Simples medicines*, fᵒ 28, vᵒ.]

‖ (T. didact.) ‖ **1°** Hématite, minerai de fer dont on fait des crayons rouges.

‖ **2°** Pierre précieuse couleur de sang.

SANGUINOLENT, ENTE [san-ghi-nò-lan, -lànt'] *adj.*

[ÉTYM. Emprunté du lat. sanguinolentus, *m. s.* (*Cf.* sanglant.) ‖ XIVᵉ s. Flux sanguinolent, *Somme Mᵉ Gautier*, mss franç. Bibl. nat. 1288, fᵒ 17, rᵒ.]

‖ (T. didact.) Où apparaît du sang. Évacuations sanguinolentes.

SANHÉDRIN [sà-né-drin] *s. m.*

[ÉTYM. Emprunté de l'hébreu sanhedrin, altération du grec συνέδριον, *m. s.* § 21. ‖ 1573. Livre nommé senedrin, PARADIN, *Hist. de Lyon*, dans DELB. *Rec.* Admis ACAD. 1762.]

‖ Tribunal des Juifs. Grand —, tribunal suprême qui siégeait à Jérusalem. La puissance du grand —, BOSS. 5ᵉ *Avert. aux protest.* 48. ‖ *Fig.* Tribunal suspect. L'équité, dans leurs sanhédrins même, Trouve des amis, A. CHÉNIER, *Jeu de paume.*

SANICLE [sà-nikl'] *s. f.*

[ÉTYM. Emprunté du lat. des botanistes sanicula, *m. s.* de sanus, sain, § 241. ‖ XIIᵉ s. Sanicle, une herbe verdoiant, *Naiss. du Cheval. au Cygne*, dans DELB. *Rec.* Admis ACAD. 1762.]

‖ (Botan.) Plante ombellifère astringente.

SANIE [sà-ni] *s. f.*

[ÉTYM. Emprunté du lat. sanies, *m. s.* ‖ Vers 1520. Sang ou sanie, J. CŒUROT, dans DELB. *Rec.* Admis ACAD. 1762.]

‖ (T. didact.) Matière purulente.

SANIEUX, EUSE [sà-nyeú, -nyeúz' ; *en vers*, -ni-...] *adj.*

[ÉTYM. Emprunté du lat. saniosus, *m. s.* ‖ 1314. Se la plaie... est faite sanieuse ou orde, *Chirurg. de Mondeville*, 709, Bos. Admis ACAD. 1762.]

‖ (T. didact.) Qui contient de la matière purulente.

SANITAIRE [sà-ni-tèr] *adj.*

[ÉTYM. Dérivé du lat. sanitas, santé, § 248. ‖ 1812. MOZIN, *Dict. franç.-allem.* Admis ACAD. 1835.]

‖ (T. didact.) Qui a pour objet la santé publique. Mesures sanitaires. *Spéciall.* Cordon —, empêchant toute communication avec un pays contaminé.

°SANNE [sàn'] *s. m.*

[ÉTYM. Anc. franç. sines, fém. plur., mot tiré de six sur le modèle de quine ; ou senes, d'après le lat. seni, qui sont six. (*Cf.* carme, terne, etc.) ‖ XIIᵉ s. Li dez... Ki unt esté suvent sur sines roellé, GARN. DE PONT-STE-MAX. *St Thomas*, 5749. Admis ACAD. 1694 ; suppr. en 1718.]

‖ *Vieilli.* Au jeu de dés, de trictrac, coup où chaque dé amène six. (*Syn.* sonnez.) Fainéants... Dont les commandants sont les carmes et les sannes, MONTFLEURY, *Fille capitaine*, I, 9.

SANS [san ; *en liaison*, sànz'] *prép.*

[ÉTYM. Du lat. sĭne, *m. s.* devenu sen et avec l's adverbiale sens, écrit plus récemment sans, § 726.]

‖ Préposition marquant absence, manque de la personne, chose, manière d'être ou d'agir qu'elle régit. ‖ **1°** Absence, manque de la personne, de la chose. Je veux t'entretenir un moment — témoin, RAC. *Plaid.* I, 5. Nos deux pères, — nous (sans notre assentiment), formèrent ces liens, ID. *Andr.* IV, 5. Andromaque, — vous (si vous n'aviez pas existé), N'aurait jamais d'un maître embrassé les genoux, ID. *ibid.* III, 6. Il mourut — enfants. Partez — moi. Une maison — habitants. Une cheminée — feu. Être — pain, — argent, — armes, — défense. Une gloire — seconde. Un homme — honneur. Un homme — cœur, et, *ellipt*, Un — cœur. (*Cf.* sans-dent, sans-souci, etc.) Cet âge est — pitié, LA F. *Fab.* IX, 2. Un mal — remède. — tant de paroles, LA F. *Fab.* VI, 3. A vaincre — péril, on triomphe sans gloire, CORN. *Cid*, II, 2. Un rat, — plus (sans qu'il y en eût plus d'un), s'abstient d'aller flairer autour, LA F. *Fab.* III, 18. Peut-on haïr — cesse? RAC. *Andr.* I, 4. Je viendrai — faute, et, *vieilli*, — point de faute. Agir — façon. Un dîner — cérémonie. Faire qqch — effort. — hésitation. — doute. *Vieilli.* **César avait de grandes qualités — pas un défaut (sans un défaut),** MONTESQ. *Rom.* 2.

‖ **2°** Absence, manque de la manière d'être, d'agir. | *Avec un infinitif.* — **mentir, si votre ramage Se rapporte à votre plumage,** LA F. *Fab.* I, 2. **Marchons — discourir,** CORN. *Cid,* II, 2. — **parler que** (d'autre chose que) **des gains licites,** LA BR. 12. — **plus me charger** (sans me charger davantage) **du soin de votre gloire,** RAC. *Mithr.* III, 5. **Ce sont... des libertés où l'on s'abandonne — y penser de mal,** MOL.. *G. Dand.* III, 6.

‖ **3°** Avec la conj. que. **Je reçus et je vois le jour que je respire — que mère ni père ait daigné me sourire,** RAC. *Iph.* II, 1. ‖ *Vieilli.* — **que, si ce n'était que. — que mon bon génie au devant m'a poussé, Déjà tout mon bonheur eût été renversé,** MOL. *Ét.* I, 9.

SANS-CULOTTE [san-ku-lŏt'] *s. m.*
[ÉTYM. Composé de sans et culotte, § 201. ‖ Admis ACAD. 1798, suppl. ; suppr, en 1835; repris en 1878.]
‖ Nom donné, pendant la Révolution, aux républicains portant le pantalon au lieu de la culotte courte.

ˈSANS-CULOTTIDE [san-ku-lò-tid'] s. f.
[ÉTYM. Dérivé de sans-culotte, § 234. ‖ Admis ACAD. 1798, suppl. ; suppr. en 1835.]
‖ Nom donné, pendant la Révolution, à chacune des fêtes célébrées pendant les cinq jours complémentaires du calendrier républicain. ‖ *P. ext.* Chacun de ces jours complémentaires.

SANS-DENT [san-dan] *s. f.*
[ÉTYM. Composé de sans et dent, § 201. ACAD. 1694-1835 écrit une vieille sans dents à l'art. dent, et n'admet le mot composé sans-dent qu'en 1835.]
‖ *Famil.* Vieille femme. **Une de nos sans-dents,** LA F. *Contes, Lunettes.*

ˈSANS-FAÇON [san-fà-son] s. m.
[ÉTYM. Composé de sans et façon, § 201. ACAD. écrit sans trait d'union.]
‖ Manière d'agir sans faire de façon.

SANS-FLEUR [san-fleùr] *s. f.*
[ÉTYM. Composé de sans et fleur, § 201. ‖ XVIIe S. LA QUINTINIE, dans TRÉV. Admis ACAD. 1798.]
‖ Variété de pomme à fleurs non apparentes.

ˈSANS-GÈNE [san-jèn'] s. m.
[ÉTYM. Composé de sans et gêne, § 201. ‖ *Néolog.*]
‖ *Famil.* Manière d'agir sans s'imposer aucune gêne. **Il a un — incroyable.**

SANSONNET [san-sò-nò] *s. m.*
[ÉTYM. Nom propre d'homme, diminutif de Sanson ou Samson, §§ 36 et 133. ACAD. 1694-1718 écrit sansonet. ‖ 1539. **Sansonnets ou pyes,** MAROT, *Églogue au roi.*]
‖ **1°** Étourneau commun, oiseau qu'on apprivoise et auquel on apprend à siffler et même à parler.
‖ **2°** Petit maquereau, poisson de mer.

SANS-PEAU [san-pó] *s. f.*
[ÉTYM. Composé de sans et peau, § 201. ‖ Admis ACAD. 1798.]
‖ Poire d'été, à peau très fine, variété de rousselet.

SANS-SOUCI [san-sou-si] *s. m.* et *f.*
[ÉTYM. Composé de sans et souci, § 201. ACAD. 1718-1740 ne met pas de trait d'union.]
‖ **1°** *S. m.* et *f.* Personne qui ne s'inquiète de rien. **Un, une —.**
‖ **2°** *S. m.* Caractère d'une personne qui ne s'inquiète de rien. **Le — avec lequel il prend tout ce qui arrive.**

SANTAL [san-tàl] et, *vieilli,* **SANDAL** [san-dàl] *s. m.*
[ÉTYM. Emprunté du bas lat. sandalum, *m. s.* grec σάν-ταλον, prononcé σάνδαλον à la basse époque, § 5. L'anc. franç. dit sandle (*Simples medicines,* f° 62, v°), sandre (*Circa instans,* 415). En 1314, on trouve sandale (*Chirurg. de Mondeville,* 1576, Bos). La forme santal, due à une réaction étymologique, apparaît au XVIe s., mais n'est admise par ACAD. qu'en 1835.]
‖ Substance ligneuse, d'odeur aromatique. **Un éventail en bois de —.** ‖ *Spéciall.* (Pharm.) **Poudre des trois santaux** (blanc, citrin et rouge).

SANTÉ [san-té] *s. f.*
[ÉTYM. Du lat. sanitatem, *m. s.* (cf. sanitaire), §§ 336, 295, 405, 403 et 291.]
‖ Bon état de l'organisme. **Les excès ont altéré, ont détruit sa —. J'ai rétabli sa — que les ans Avaient altérée,** LA F. *Fab.* X, 1. **Que vous avez là un vrai visage de —!** MOL. *Av.* II, 5. **Après ce que nous venons de voir, la — n'est qu'un nom,**

BOSS. *D. d'Orl.* **Avoir de la —. Il n'a pas de —. La — du corps,** dénomination qu'on applique au cresson, à cause de sa propriété dépurative. **La — publique.** Service de —, les médecins et chirurgiens attachés au service d'un souverain, d'un établissement. **Corps de —,** les médecins et chirurgiens de l'armée, de la marine. **Officier de —,** médecin autorisé à exercer sans avoir le grade de docteur. **Bureau de —,** et, *ellipt,* **La —,** établissement formé dans les villes maritimes pour inspecter les navires venant des pays où règnent des maladies contagieuses, et pour garder en quarantaine ceux qui sont venus sur ces navires. **Bateau de —,** qui conduit à ces navires le médecin chargé de les visiter. **Maison de —,** où l'on reçoit et où l'on soigne les malades, pour un prix convenu. | *P. ext.* État de l'organisme. **Être d'une bonne, d'une mauvaise —. Être en bonne —. Boire à la — de qqn. Porter un toast à la — de qqn,** et, *ellipt,* **Porter la — de qqn.** *Ellipt.* **A votre —, à la — de telle personne. Je vous souhaite une bonne année et une bonne —,** formule usitée dans les souhaits du premier jour de l'an.

SANTOLINE [san-tò-lin'] *s. f.*
[ÉTYM. Origine inconnue. ‖ XVIe s. **Aucuns l'appellent cyprès, les autres Santoline,** DU PINET, *Dioscoride,* dans DELB. *Rec.* Admis ACAD. 1762.]
‖ (Botan.) Plante odorante, de la famille des Composées, dite petit cyprès, employée comme vermifuge.

SANTONINE [san-tò-nin'] *s. f.*
[ÉTYM. Pour santonique (RAB. III, 50), § 62, emprunté du lat. santonica (s.-ent. herba), *m. s.* proprt, herbe du pays des Santones (la Saintonge), § 36. ‖ Admis ACAD. 1878.]
‖ (Botan.) Variété d'armoise dont la semence est vermifuge. (*Cf.* semencine, semen-contra.)

SANVE [sanv'] *s. f.*
[ÉTYM. Du lat. sinapem, grec σίναπι, *m. s.* devenu seneve, senve, sanve, §§ 310, 290, 426 et 291. Admis ACAD. 1762.]
‖ (Botan.) Séneve sauvage.

SAOUL, SAOULER. *V.* soûl, soûler.

SAPA [sà-pà] *s. m.*
[ÉTYM. Emprunté du lat. sapa, *m. s.* (*Cf.* le doublet pop. sève.) O. DE SERRES dit sape. ‖ Admis ACAD. 1762.]
‖ (Pharm.) Suc de raisin réduit jusqu'à consistance de miel.

SAPAJOU [sà-pà-jou] *s. m.*
[ÉTYM. Emprunté de la langue des indigènes du Brésil, § 30. ‖ 1614. **Guenons... appelées par les sauvages sapajous,** YVES D'EVREUX, *Voy. au Brésil,* dans DELB. *Rec.* Admis ACAD. 1718.]
‖ Singe du nouveau monde, à queue prenante. | *Fig.* Petit homme, enfant malicieux.

SAPAN [sà-pan] *s. m.*
[ÉTYM. Emprunté du malais sapang, *m. s.* § 28, par l'intermédiaire du holland. § 10. ‖ 1723. **Sapan, nom que les Hollandais donnent au bois de Brésil qui vient du Japon,** SAVARY, *Dict. du comm.* Admis ACAD. 1762.]
‖ Bois d'Orient, dit bois du Japon, propre à la teinture.

SAPE [sàp'] *s. f.*
[ÉTYM. Du lat. pop. sappa, *m. s.* §§ 336 et 291. ACAD. 1694-1740 écrit sappe, sapper, sappeur.]
‖ **1°** *Dialect.* Hoyau.
‖ **2°** *P. ext.* Fosse creusée en dessous d'une construction pour la faire écrouler. | *P. anal.* Tranchée soutenue par des gabions, des sacs à terre. **Pousser la — . Aller à la —. Tête de —,** son extrémité antérieure, où creusent les travailleurs. **— volante,** où les travailleurs placent en avant une ligne de gabions, et piochent en arrière pour les remplir de terre. | *Fig.* Menée souterraine. **Travaillez par la —,** VOLT. *Dial.* 31.

SAPER [sà-pé] *v. tr.*
[ÉTYM. Dérivé de sape, § 154. ‖ XVIe s. **Les jeunes m'ont sappé toute la chair,** RAB. V, 1.]
‖ Creuser sous une construction pour la faire écrouler. **— les murs d'une tour.** | *Fig.* **— ses fondements** (de Rome) **encor mal assurés,** CORN. *Hor.* IV, 5. **Des maux... qui ont sapé, par les fondements, de grands empires,** LA BR. 10. **— et le trône et l'autel,** GRESSET, *Chartreuse.*

SAPEUR [sà-peùr] *s. m.*
[ÉTYM. Dérivé de saper, § 112. ‖ 1611. **Sappeur,** COTGR.]
‖ **1°** Soldat du génie chargé du travail des sapes, tranchées, etc.
‖ **2°** Soldat d'infanterie qui marche en tête du régi-

ment, armé d'une hache, et est chargé de frayer le chemin en abattant les haies, en comblant les fossés, etc. ‖ —-pompier, soldat d'un corps chargé de porter secours en cas d'incendie.

SAPHÈNE [sà-fèn'] *s. f.*
[ÉTYM. Emprunté de l'arabe safin, *m. s.* qui paraît être le grec σαφηνής, apparent, § 22. ‖ 1314. La seignie de la saphene, *Chirurg. de Mondeville*, 528. Admis ACAD. 1798.]
‖ (Anat.) Veine de la jambe partant des orteils. Grande —, qui va de l'orteil interne à la veine crurale. Petite —, qui va de l'orteil externe à la veine poplitée.

SAPHIQUE [sà-fik'] *adj.*
[ÉTYM. Emprunté du lat. sapphicus, grec σαπφικός, *m. s.* de Sappho, Σαπφώ, célèbre poétesse grecque. ‖ XVIe s. Invention sapphique, J. LE MAIRE, dans GODEF. *Compl.*]
‖ (Prosod. antiq.) Vers —, composé de trois trochées et deux ïambes suivis d'une syllabe finale. Strophe —, composée de trois vers saphiques et d'un adonique.

SAPHIR [sà-fîr] *s. m.*
[ÉTYM. Du lat. sapphirum, grec σάπφειρος, *m. s.* (Cf. safre 2.)]
‖ Pierre précieuse brillante, d'un beau bleu.

SAPHIRINE [sà-fi-rin'] *s. f.*
[ÉTYM. Dérivé de saphir, § 245. ‖ 1812. MOZIN, *Dict. franç.-allem.* Admis ACAD. 1835.]
‖ Calcédoine de la couleur du saphir.

SAPIDE [sà-pid'] *adj.*
[ÉTYM. Emprunté du lat. sapidus, *m. s.* (Cf. sade et insipide.) ‖ XVIIIe s. V. à l'article. Admis ACAD. 1835.]
‖ (T. didact.) Qui a une saveur. (*Syn.* savoureux.) Ce qui est — pour un palais est insipide pour un autre, DUCLOS, *Œuvres*, x, p. 103.

SAPIDITÉ [sà-pi-di-té] *s. f.*
[ÉTYM. Dérivé de sapide, § 255. ‖ *Néolog.* Admis ACAD. 1878.]
‖ (T. didact.) Qualité de ce qui a une saveur.

SAPIENCE [sà-pyàns'; *en vers*, -pi-âns'] *s. f.*
[ÉTYM. Emprunté du lat. sapientia, *m. s.* ‖ XIIe s. Sapience dunanz as petiz, *Psaut. de Cambridge*, XVIII, 7.]
‖ *Vieilli.* Sagesse. Près de Rouen, pays de —, LA F. *Contes, Troqueurs.*

SAPIENTIAL, ALE [sà-pyan-syàl; *en vers*, -pi-an-si-àl] *adj.*
[ÉTYM. Emprunté du lat. ecclés. sapientialis, *m. s.* ‖ XVIIe-XVIIIe s. V. à l'article. Admis ACAD. 1740.]
‖ (T. didact.) Qui enseigne la sagesse. (Inusité au sing.) *Spéciallt, au masc. plur.* Les livres sapientiaux de l'Écriture. Ce que le Saint-Esprit a déclaré dans les livres sapientiaux, ST-SIM. XII, 153.

SAPIN [sà-pin] *s. m.*
[ÉTYM. Du lat. sappinum, *m. s.* §§ 336 et 291.]
‖ 1° Arbre résineux, toujours vert. Une forêt de sapins. ‖ 2° Bois du sapin. Un cercueil de —. ‖ *P. plaisant. Loc. famil.* | 1. Un surtout de — que l'on appelle bière, REGNARD, *Bal*, sc. 3. Sentir le —, être près de mourir. | 2. Un —, une voiture de place.

SAPINE [sà-pin'] *s. f.*
[ÉTYM. Dérivé de l'anc. franç. sap, sapin, § 100. ‖ XIIe s. Contremont la sapine (sapinière), *Partenopeus*, dans GODEF. Admis ACAD. 1798.]
‖ (Technol.) Planche, solive, baquet en bois de sapin.

SAPINETTE [sà-pi-nèt'] *s. f.*
[ÉTYM. Dérivé de sapin, § 133. ‖ 1771. TRÉV.]
‖ Boisson faite de bourgeons de sapin.

SAPINIÈRE [sà-pi-nyèr] *s. f.*
[ÉTYM. Dérivé de sapin, § 115. ‖ 1690. FURET. Admis ACAD. 1798.]
‖ Lieu planté de sapins.

SAPONAIRE [sà-pò-nèr] *s. f.*
[ÉTYM. Emprunté du lat. des botanistes saponaria, *m. s.* de sapo, savon, § 248. On trouve qqf savonaire et savonnière au début du XIXe s. ‖ Admis ACAD. 1798.]
‖ (Botan.) Plante caryophyllée sudorifique, dont on fait bouillir les feuilles pour nettoyer les lainages, etc.

SAPONIFICATION [sà-pò-ni-fi-kà-syon ; *en vers*, -sion] *s. f.*
[ÉTYM. Dérivé de saponifier, § 247. ‖ 1812. MOZIN, *Dict. franç.-allem.* Admis ACAD. 1878.]
‖ (T. didact.) Opération par laquelle un corps gras est transformé en savon. Stéarine de —.

SAPONIFIER [sà-pò-ni-fyé ; *en vers*, -fi-yé] *v. tr.*
[ÉTYM. Composé avec le lat. sapo, savon, et facere, faire, § 274. ‖ 1812. MOZIN, *Dict. franç.-allem.* Admis ACAD. 1878.]
‖ (T. didact.) Transformer en savon (un corps gras).

SAPORIFIQUE [sà-pò-ri-fik'] *adj.*
[ÉTYM. Composé avec le lat. sapor, saveur, et facere, faire, § 273. ‖ Admis ACAD. 1762.]
‖ *Rare.* (T. didact.) Qui produit la saveur.

SAPOTE [sà-pŏt'] et **SAPOTILLE** [-pò-tîy'] *s. f.*
[ÉTYM. Emprunté de l'espagn. zapote, zapotillo, *m. s.* d'origine américaine, §§ 13 et 30. Les deux mots espagn. sont masc. V. § 550. ‖ 1771. Sapotillo ou sapotille, *s. m.* TRÉV. Admis ACAD. 1798 (sapote) et 1835 (sapotille).]
‖ (Botan.) Fruit du sapotier.

SAPOTIER [sà-pò-tyé] et **SAPOTILLIER** [-ti-yé] *s. m.*
[ÉTYM. Dérivé de sapote, sapotille, § 115. ‖ 1771. Sapotillier, TRÉV. Admis ACAD. 1835.]
‖ (Botan.) Arbre des Antilles à fruit savoureux.

***SAQUEBUTE** [săk'-büt'; *en vers*, sà-ke-...] *s. f.*
[ÉTYM. Composé avec saque (de saquer) et bute (de buter, au sens de bouter), § 208. ‖ XIIIe-XIVe s. A crochez et a saqueboutes, G. GUIART, *Roy. lign.* dans GODEF. saqueboute.]
‖ *Anciennt.* ‖ 1° Harpon pour démonter les cavaliers. ‖ 2° Trompette grave à pompe mobile, s'allongeant et se raccourcissant comme le trombone.

***SAQUER** [sà-ké] *v. tr.*
[ÉTYM. Forme normanno-picarde pour sacher, §§ 16 et 391, d'origine incertaine, peut-être dérivé de sac, §§ 64 et 154. ‖ XIIe s. Et ont les branz d'acier sachiez, *Énéas*, 9710.]
‖ *Vieilli.* Tirer vivement. *Fig.* Qu'on lui saque dehors, Avec les fouets sanglans, les secrets de sa dame, R. GARNIER, *Hippolyte*, 3.

***SAQUET** [sà-kè] *V.* sachet.

SARABANDE [sà-rà-bând'] *s. f.*
[ÉTYM. Emprunté de l'espagn. zarabanda, *m. s.* § 13. ‖ 1605. Façon de gavotte ou sarabante, DE GONTAUT-BIRON, *Voy. à Constant.* dans DELB. *Rec.*]
‖ Ancienne danse à trois temps, d'un mouvement grave et lent. Une — bien dansée, BALZAC, *De la Cour*, 7e disc. *P. ext.* Une — (un air de sarabande) que toute la guitarerie de la cour se mit à apprendre, HAMILT. *Gram.* p. 186.

SARBACANE [sàr-bà-kàn'] *s. f.*
[ÉTYM. Altération de sarbatane (encore dans FURET. *Rom. bourg.* I, p. 140) due à l'influence de canne, § 509, emprunté de l'espagn. cerbatana, arabe zabatana, *m. s.* §§ 13 et 22. ACAD. 1694-1718 donne sarbatane et sarbacane. ‖ 1519. Sarbatennes avec fleches de bois, *Voy. d'Ant. Pigaphetta*, dans DELB. *Rec.* | 1526. Salbaquanne, dans MONTAIGLON, *Anc. Poés. franç.* x, 164. | 1540. Sarbacane, BALARIN DE RACONIS, dans DELB. *Rec.*]
‖ Long tube creux pour lancer, avec le souffle, des pois, de petites boules de terre, etc. | Tube de fer pour souffler le verre. | *Ancienn.* Porte-voix. Voici, par une —. Ce que lui dit... la prophétesse, SCARR. *Virg. trav.* 2. | *P. plaisant. Fig.* Personne servant d'intermédiaire. Affranchis des sarbatanes par leurs places, ST-SIM. VI, 460.

SARBOTIÈRE [sàr-bò-tyèr] *V.* sorbetière.

SARCASME [sàr-kàsm'] *s. m.*
[ÉTYM. Emprunté du lat. sarcasmus, grec σαρκασμός, *m. s.* ‖ XVIe s. Ea horrible sarcasme, RAB. IV, nouv. prol.]
‖ Moquerie, ironie mordante.

SARCASTIQUE [sàr-kàs'-tik'] *adj.*
[ÉTYM. Emprunté du grec σαρκαστικός, *m. s.* ‖ Admis ACAD. 1835.]
‖ Qui tient du sarcasme. Paroles sarcastiques.

SARCELLE [sàr-sèl] *s. f.*
[ÉTYM. Pour cercelle (seule forme donnée par ACAD. 1694), du lat. querquedula, *m. s.* devenu en lat. pop. *cercedula, § 392, d'où *cercedle, §§ 290 et 291, cercelle, § 414.]
‖ Oiseau aquatique, analogue au canard, mais plus petit.

***SARCHE** [sàrch'] *V.* cerce.

SARCLAGE [sàr-klàj'] *s. m.*
[ÉTYM. Dérivé de sarcler, § 78. ‖ XVIIIe s. V. à l'article. Admis ACAD. 1835.]
‖ Action de sarcler. Les engrais et les sarclages, RAYNAL, *Hist. philos.* XIII, 23.

SARCLER [sàr-klé] *v. tr.*
[ÉTYM. Du lat. sarculare, *m. s.* §§ 336, 295 et 291.]
‖ Nettoyer (un terrain) en arrachant les mauvaises herbes. | *P. ext.* — la vigne, le terrain où elle est plantée.

SARCLEUR, **SARCLEUSE** [sàr-klœr, -klœz'] *s. m.*
et *f.*
[ÉTYM. Dérivé de sarcler, § 112. || 1539. R. EST.]
|| Celui, celle qui sarcle un terrain.
SARCLOIR [sàr-klwàr] *s. m.*
[ÉTYM. Dérivé de sarcler, § 113. L'anc. franç. dit sarcel,
du lat. pop. *sarcellum (class. sarculum). || XIVᵉ s. *Trad.
de P. des Crescens, dans GODEF. Compl.*]
|| Ratissoire, houe à deux dents, pour sarcler.
SARCLURE [sàr-klûr] *s. f.*
[ÉTYM. Dérivé de sarcler, § 111. || Admis ACAD. 1694.]
|| Mauvaises herbes qu'on arrache, en sarclant.
SARCOCARPE [sàr-kò-kàrp'] *s. m.*
[ÉTYM. Composé avec le grec σάρξ, σάρκος, chair, et
καρπός, fruit, § 279. || *Néolog.*]
|| (Botan.) Partie du péricarpe formant dans la pomme,
le melon, etc., la partie charnue que l'on mange.
SARCOCÈLE [sàr-kò-sèl] *s. f.* (masc. ACAD.).
[ÉTYM. Emprunté du grec σαρκοκήλη, *m. s.* || XVIᵉ s.
Telle hargne se nommera sarcocele, PARÉ, VI, 14. Admis ACAD.
1762.]
|| (Médec.) Tumeur du testicule.
SARCOCOLLE [sàr-kò-kòl] *s. f.*
[ÉTYM. Emprunté du lat. sarcocolla, grec σαρκοκόλλα,
m. s. || XIIIᵉ s. Metez un pot de sarcocoïlle, *Simples medi-
cines, fᵒ 39, vᵒ. Admis ACAD. 1798.]
|| (Médec.) Substance résineuse employée jadis pour
réunir les bords des plaies.
SARCOCOLLIER [sàr-kò-kò-lyé] *s. m.*
[ÉTYM. Dérivé de sarcocolle, § 115. || Admis ACAD. 1835.]
|| (Botan.) Arbuste d'Éthiopie d'où découle la sarco-
colle.
SARCOMATEUX, EUSE [sàr-kò-mà-tœu, -tœuz'] *adj.*
[ÉTYM. Dérivé de sarcome, § 251. || Admis ACAD. 1835.]
|| (Médec.) Qui tient du sarcome.
SARCOME [sàr-kòm'] *s. m.*
[ÉTYM. Emprunté du lat. sarcoma, grec σάρκωμα, *m. s.*
PARÉ et FURET. emploient la forme lat. sarcoma. || Admis
ACAD. 1762.]
|| (Médec.) Excroissance de chair.
SARCOPHAGE [sàr-kò-fàj'] *adj. et s. m.*
[ÉTYM. Emprunté du lat. sarcophagus, grec σαρκοφάγος,
m. s. (Cf. le doublet cercueil.) || XIVᵉ s. Tu dois... visiter
mon sarcophage, J. DE VIGNAY, *Miroir hist.* dans DELB. *Rec.*
Admis ACAD. 1762.]
I. *Vieilli. Adj.* (Médec.) Qui ronge les chairs. Médica-
ment —, et, *substantivt*, Employer des sarcophages.
II. *S. m.* || **1°** Cercueil en pierre où les anciens dépo-
saient les corps morts. Les sarcophages des Égyptiens.
|| **2°** *P. ext.* Partie d'un monument funéraire simulant
en pierre un cercueil qui renfermerait le corps.
SARCOTIQUE [sàr-kò-tĭk'] *adj.*
[ÉTYM. Emprunté du grec σαρκοτικός, *m. s.* || XVIᵉ s.
Remedes plus secs, tels que sont les sarcotiques, PARÉ, XI, 6.
Admis ACAD. 1762.]
|| (Médec.) Qui amène la régénération des chairs.
SARDINE [sàr-din'] *s. f.*
[ÉTYM. Du lat. sardina, grec σαρδίνη, *m. s.* proprt, « de
Sardaigne », §§ 36 et 291.]
|| Petit poisson qu'on mange frais, ou conservé dans
l'huile, dans la saumure. — de Royan.
SARDOINE [sàr-dwàn'] *s. f.*
[ÉTYM. Emprunté du lat. sardonyx, ycis, grec σαρδόνυξ,
υκος, *m. s.* proprt, « onyx de Sardaigne », § 36. || XIIᵉ s.
Sardoine est de dous pieres traite, *Lapid. de Marbode*, 267.]
|| Variété d'agate d'un rouge orangé.
SARDONIQUE [sàr-dò-nĭk'] *adj.*
[ÉTYM. Emprunté du lat. sardonicus, proprt, « de Sar-
daigne », allusion à une plante qui croissait dans cette
ile et qui passait pour contracter la bouche, § 36. On trouve
aussi sardonien, encore dans ACAD., mais vieilli. || XVIᵉ s.
Ris sardonien, PARÉ, XXIII, 44. Ris sardonic, ID. XXIV, 15.]
|| Qui donne à la bouche un caractère de moquerie
méchante. Ris ou rire —.
SARGASSE [sàr-gàs'] *s. f.*
[ÉTYM. Emprunté de l'espagn. sargazo ou du portug.
sargasso, *m. s.* §§ 13 et 14. Sur le genre, *V.* § 550. TRÉV.
donne sargazo, s. m. || *Néolog.* Admis ACAD. 1878.]
|| (Botan.) Algue tropicale, dite herbe flottante, raisin de
mer, etc. Mer des Sargasses (vers les Açores).

SARIGUE [sà-rig'] *s. m.*
[ÉTYM. Emprunté de la langue des indigènes du Brésil,
§ 30. || 1580. Sarigoy, J. DE LÉRY, *Voy. au Brésil*, p. 138. Ad-
mis ACAD. 1835.]
|| Mammifère de l'ordre des Marsupiaux, dont la fe-
melle a une poche ventrale où les petits achèvent de se
développer. || *Au fém.* La femelle du sarigue. La — atten-
tive, FLOR. *Fab.* II, 1.
SARMENT [sàr-man] *s. m.*
[ÉTYM. Du lat. sarmentum, *m. s.* § 291.]
|| Bois que la vigne pousse chaque année. | *P. ext.* Tige
ligneuse grimpante.
SARMENTEUX, EUSE [sàr-man-tœu, -tœuz'] *adj.*
[ÉTYM. Emprunté du lat. sarmentosus, *m. s.* || 1567. Sar-
menteuse cendre, J. GREVIN, *Contrepoisons*, dans DELB. *Rec.*]
|| (T. didact.) Qui pousse des sarments.
SARRASIN, INE [sà-rà-zin, -zin'] *adj.*
[ÉTYM. Emprunté du provenç. sarrazin, lat. pop. *sarra-
cinum, class. sarracenum, nom d'une peuplade de l'Arabie
étendu à toutes les nations non chrétiennes, §§ 11 et 36.
|| XIᵉ s. As sarrazins messages, *Roland*, 367.]
|| *Anciennt.* Relatif aux peuples non chrétiens (surtout
de l'Afrique, de l'Orient). || *Spécialt.* | **1.** Blé —, et, *subs-
tantivt*, —, blé noir. | **2.** Herse sarrasine, et, *substantivt*,
Sarrasine, herse de fortification. (*V.* herse.)
SARRAU [sà-ró] *s. m.*
[ÉTYM. Origine inconnue. ACAD. 1798-1878 admet aussi
l'orthographe sarrot, peu usitée. (*Cf*, le bas lat. sarrotus,
surplis, dans un texte de 1276.) || 1312. Pour parfaire trois
surpelis et un sarrot, dans DELB. *Rec.* Admis ACAD. 1740.]
|| Grosse blouse que portent les rouliers, les paysans,
etc. Ces laboureurs vinrent vêtus de leurs sarraus de toile,
VOLT. *Ch. XII*, 5. || *Spécialt.* Sorte de blouse ouverte par
derrière qu'on met aux enfants.
SARRETTE [sà-rĕt']. *V.* serrette.
SARRIETTE [sà-ryĕt'; *en vers*, -ri-yĕt'] *s. f.*
[ÉTYM. Dérivé de l'anc. franç. sarrie, § 133, du lat.
saturẹia, *m. s.* devenu sadriee, sarrie, §§ 336, 316 et 291. ||
XIIIᵉ s. Sarriee est chaude, *Simples medicines*, fᵒ 70, vᵒ.
| XIVᵉ s. Sarriette, *Ménagier*, II, p. 44.]
|| Plante aromatique, employée en assaisonnement.
SARROT. *V.* sarrau.
SART [sàr] *s. m.*
[ÉTYM. Origine inconnue. || 1681. Sar ou goesmon, *Or-
donn. sur la marine*, IV, x, 1. Admis ACAD. 1762 ; suppr.
en 1835.]
|| *Dialect.* Varech.
1. SAS [sä] *s. m.*
[ÉTYM. Du lat. pop. *setacium, proprt, « en soie de cochon », § 233, devenu sedaz, seaz, §§ 402, 383 et 291, saaz,
saas, sas, § 358. || XIIIᵉ s. Le saas por saacier, *Choses qui
faillent en mesnage*.]
|| Tissu plus ou moins serré de crin, de soie, de toile,
monté sur un cercle de bois, et servant à passer des liquides, de la farine, du plâtre, etc. *Fig.* Passer les choses
au gros sas, ne pas y regarder de près. | *Vieilli.* Faire tour-
ner le sas, pratiquer la divination en faisant tourner un
sas sur une pointe (surtout pour découvrir un vol domestique). Ceux qui connaissent le passé par le mouvement du
sas, LA BR. 14.
2. SAS [sä] *s. m.*
[ÉTYM. Origine inconnue. || XVIᵉ-XVIIᵉ s. Tous ceux ve-
nans de la mer... devront passer ledit sas, dans VOLTERS,
Lois et règl. sur les canaux de la Flandre, p 141. Admis ACAD. 1835.]
|| (Technol.) Chambre en maçonnerie occupant le lit
entier d'un canal, fermée en amont et en aval de manière à former une écluse double dite écluse à sas.
SASSAFRAS [sàs'-sà-frá] *s. m.*
[ÉTYM. Emprunté de l'espagn. sasafras, d'origine amé-
ricaine, §§ 13 et 30. || 1590. Arbres de sassafras, *Brieve Des-
cript. de Virginia*, dans DELB. *Rec.* Admis ACAD. 1762.]
|| Arbre de l'Amérique du Sud, employé comme sudo-
rifique.
SASSE [sàs'] *s. f.*
[ÉTYM. Emprunté du provenç. mod. sasso, *m. s.* d'origine
inconnue, § 11. || 1681. Estre munis de sasses ou pelles creuses,
Ordonn. sur la marine, dans LITTRÉ. Admis ACAD. 1798.]
|| (Marine.) Pelle creuse à anse ou à poignée, qui sert
à jeter l'eau hors des embarcations.

SASSER [sá-sé] *v. tr.*
[ÉTYM. Dérivé de sas 1, §154. || XIII⁰ s. Le saas pour snacier, *Choses qui faillent en mesnage.*]
|| Passer au sas. — de la farine, du plâtre. | *Fig.* Examiner minutieusement. — et resasser les choses.

⁎ SASSET [sá-sè] *s. m.*
[ÉTYM. Dérivé de sas 1, § 133. || XIVᵉ-XVᵉ s. Va ton gruls et ton sasset querre, EUST. DESCH. VII, 182.]
|| Petit sas (à passer les liquides, la farine, etc.).

SATANÉ, ÉE [sà-tà-né] *adj.*
[ÉTYM. Dérivé de Satan, nom que la Bible donne au prince des anges rebelles, §§ 36 et 118. || *Néolog.* Admis ACAD. 1878.]
|| *Famil.* Digne du diable (Satan). *P. hyperb.* Un — menteur.

SATANIQUE [sà-tà-nǐk'] *adj.*
[ÉTYM. Dérivé de Satan, § 229. (*Cf.* satané.)|| XVᵉ-XVIᵉ s. Voix sathanique, J. LE MAIRE, dans DELB. *Rec.* Admis ACAD. 1798.]
|| Qui tient du diable (Satan). Engeance —. Un orgueil —.

SATELLITE [sà-těl'-lǐt'] *s. m.*
[ÉTYM. Emprunté du lat. satelles, itis, *m. s.* || XIVᵉ s. Luy et ses satellites, BERSUIRE, f⁰ 69, dans LITTRÉ.]
|| **1⁰** Homme armé, à la suite d'un chef, pour exécuter ses ordres. Qui donc opposez-vous contre ses satellites? RAC. *Ath.* I, 2. | *Fig.* La faim..., suivie de ses deux satellites, la rage et le désespoir, BOSS. *Bonté et rigueur de Dieu*, 2.
|| **2⁰** *Fig.* (Astron.) Planète secondaire qui tourne autour d'une planète et suit celle-ci dans sa révolution autour du soleil. La lune est le — de la terre.

SATIÉTÉ [sà-syé-té ; *en vers,* -si-é-té] *s. f.*
[ÉTYM. Emprunté du lat. satietas, *m. s.* || XIIᵉ s. Il envela sazieted es anemes d'els, *Psaut. d'Oxf.* CV, 15.]
|| État d'une personne dont la faim ou tout autre désir est plus que satisfait.

SATIN [sà-tin] *s. m.*
[ÉTYM. Emprunté de l'ital. setino, *m. s.* de seta, soie, § 12. || XIVᵉ s. Deux aunes et un quartier de satin vremeil, dans CAFFIAUX, *Abattis de maisons à Gommegnies*, p. 17.]
|| Étoffe de soie plate où la trame ne paraît pas à l'endroit, et qui est lustrée au cylindre. | *Fig. Famil.* Avoir la peau douce comme un —, avoir une peau de —. || *P. ext.* Toute étoffe satinée. DU — de laine.

SATINADE [sà-ti-nàd] *s. f.*
[ÉTYM. Dérivé de satin, § 119. || Admis ACAD. 1718.]
|| (Technol.) Étoffe de soie mince, imitant le satin.

SATINAGE [sà-ti-nàj'] *s. m.*
[ÉTYM. Dérivé de satiner, § 78. || *Néolog.* Admis ACAD. 1835.]
|| (Technol.) Action de satiner.

SATINER [sà-ti-né] *v. tr.*
[ÉTYM. Dérivé de satin, § 154. || 1690. FURET. Admis ACAD. 1762.]
|| (Technol.) Lustrer à la manière du satin. Un ruban satiné. — le papier.

⁎ SATINET [sà-ti-nè] *s. m.*
[ÉTYM. Dérivé de satin, § 133. || *Néolog.*]
|| (Technol.) Étoffe de soie et de coton rayée.

⁎ SATINETTE [sà-ti-nět'] *s. f.*
[ÉTYM. Dérivé de satin, § 133. || *Néolog.*]
|| (Technol.) Satin de coton.

SATIRE [sà-tīr] *s. f.*
[ÉTYM. Emprunté du lat. satira, satyra, *m. s.* ACAD. 1694-1718 écrit par un y ce mot et ses dérivés. || XIVᵉ s. Set vers de Perseus..., de sa quatriesme satire, RAOUL DE PRESLES, *Cité de Dieu*, dans DELB. *Rec.*]
I. (Littér. lat.) Ouvrage mêlé de prose et de vers où l'auteur fait la censure des mœurs publiques. *Spécialt.* Les satires ménippées de Varron. || *P. anal.* La Satire Ménippée, recueil de pièces mordantes en prose et en vers, faites en faveur de Henri IV contre la Ligue.
II. *P. ext.* Ouvrage en vers où le poète attaque les vices et les ridicules des hommes de son temps. Les satires de Lucilius, d'Horace, de Juvénal, de Boileau. Je vais composer contre eux une — en style de Juvénal, MOL. *B. gent.* II, 4. | *Absolt.* La —, le genre de la satire. Muse, changeons de style et quittons la —, BOIL. *Sat.* 7. || *P. anal.* Écrit, discours mordant contre qqn. Les rieurs sont pour vous, Madame, c'est tout dire ; Et vous pouvez pousser contre moi la —, MOL. *Mis.* II, 4. | *P. ext.* En parlant de la comédie. Ces sortes de satires tombent directement sur les mœurs, MOL. *Crit. de l'Éc. des f.* sc. 6.

SATIRIQUE [sà-ti-rǐk'] *adj.*
[ÉTYM. Emprunté du lat. satiricus, *m. s.* On trouve satirien au XIVᵉ s. || 1480. Poemes moraulx, satiriques, *Baratre infernal*, dans DELB. *Rec.*]
|| Qui appartient à la satire. La poésie —. Un auteur —, et, *ellipt, s. m.* Un —. Nous autres satiriques, Propres à relever les sottises du temps, BOIL. *Ép.* 8. | *P. anal.* Qui offre des traits mordants contre qqn. Son humeur — est sans cesse nourrie Par le coupable encens de votre flatterie, MOL. *Mis.* II, 4.

SATIRIQUEMENT [sà-ti-rǐk'-man ; *en vers,* -ri-ke-...] *adv.*
[ÉTYM. Composé de satirique et ment, § 724. || 1549. Satyriquement, R. EST.]
|| D'une manière satirique.

SATIRISER [sà-ti-ri-zé] *v. tr.*
[ÉTYM. Dérivé de satire, § 267. || XVIᵉ s. Satiriser et mesparler d'un trespassé, THEVET, *Vies des hommes illustres*, dans DELB. *Rec.*]
|| Prendre pour sujet d'une satire. | *P. ext.* En parlant de la comédie. Tous ceux qui se croient satirisés par Molière, MOL. *Impr.* sc. 5.

SATISFACTION [sà-tǐs'-fǎk'-syon ; *en vers,* -si-on] *s. f.*
[ÉTYM. Emprunté du lat. satisfactio, *m. s.* || XIIᵉ s. Voleient repeirier a satisfactiun, GARN. DE PONT-STE-MAX. *St Thomas*, 4887.]
|| **1⁰** État agréable qui résulte de l'accomplissement de ce qu'on attend, de ce qu'on désire. (*Syn.* contentement.) Un enfant qui donne de la — à ses parents. Il y a des personnes si peu raisonnables, qu'on n'en peut avoir de —, de quelque manière qu'on agisse avec eux, PASC. *Prov.* 11. | *P. ext.* La — intérieure d'avoir bien agi.
|| **2⁰** Acte par lequel qqn obtient la réparation d'une offense. Donner — à qqn. Il a obtenu — complète. Allons,... faites — à Monsieur, MOL. *G. Dand.* I, 6. || *Spécialt.* Acte destiné à réparer envers Dieu l'offense commise par le péché. (*Cf.* satisfactoire.) Comme cette peine est une — pour les péchés commis, il s'ensuit qu'elle y doit être proportionnée, BOURD. *Pens. Sacrem. de pénit.*

SATISFACTOIRE [sà-tǐs'-fǎk'-twàr] *adj.*
[ÉTYM. Emprunté du lat. scolast. satisfactorius, *m. s.* || XIVᵉ s. Peine... plus efficace et satisfactoire, J. DE VIGNAY, *Miroir hist.* dans DELB. *Rec.*]
|| (Théol.) Destiné à réparer, envers Dieu, l'offense commise par le péché. Peine —. Les œuvres les plus satisfactoires, BOURD. *Pens. Sacrem. de pénit.*

SATISFAIRE [sà-tǐs'-fèr] *v. tr. et intr.*
[ÉTYM. Emprunté du lat. satisfacere, *m. s.* rendu par satisfaire, d'après faire, de facere, § 503. L'anc. franç. dit ordinairement satisfier, d'après le passif satisfieri. || XIVᵉ-XVᵉ s. Plus pour soubvenir a necessité que satisfaire a saturité, *Vie de Ste Fébrone*, mss franç. Bibl. nal. 2096, f⁰ 23 *bis*, r⁰.]
I. *V. tr.* Mettre (qqn) dans un état agréable en accomplissant ce qu'il attend, ce qu'il désire. Il ne faut pas que je m'accoutume à vouloir être satisfaite, ni sur les petites ni sur les grandes choses, SÉV. 625. Il semble qu'ils sortent mal satisfaits d'ici, MOL. *Préc. rid.* sc. 2. Homme approchant des dieux, Et, comme ces derniers, satisfait et tranquille, LA F. *Fab.* XII, 20. Satisfait de son humble fortune, RAC. *Iph.* I, 1. | — ses créanciers, s'acquitter envers eux. | — qqn, lui donner les explications qu'il demande. On veut sur vos soupçons que je vous satisfasse, RAC. *Brit.* IV, 2. || Avec un nom de chose pour sujet. S'ils (ces honneurs) ne vous satisfont, allez vous plaindre au roi, CORN. *Nicom.* III, 3. | Cette définition ne me satisfait point, CORN. *1ᵉʳ Disc.* || *P. ext.* Remplir (un désir, une passion). — la curiosité de qqn. Sa vengeance est satisfaite. Le sang de Polyeucte a satisfait leurs rages, CORN. *Poly.* I, 3. — l'attente, l'ambition, l'avidité de qqn.
II. *V. intr.* Donner à qqn la réparation qu'il attend. C'est maintenant à toi que je viens —, CORN. *Cid*, III, 4. *Absolt.* Il satisfera, Sire, CORN. *Cid*, II, 6. | *Spécialt.* Donner à Dieu la réparation qui lui est due de l'offense commise par le péché. *Absolt.* Le sacrifice de prix infini par lequel il (Jésus-Christ) avait satisfait et payé pour nous, BOSS. *Var.* 12. | *P. ext.* S'acquitter de ce qui est exigé par qqch. — à la justice, à l'honneur. Une solution qui ne satisfait pas aux conditions du problème.

SATISFAISANT, ANTE [sà-tǐs'-fe-zan, -zãnt'] *adj.*

[ÉTYM. Adj. particip. de satisfaire, § 47. || 1690. FURET.]
|| Qui satisfait. Conduite, réponse satisfaisante.
SATISFECIT [sà-tĭs'-fò-sĭt'] *s. m.*
[ÉTYM. Mot lat. signifiant « il a satisfait », § 217. || Admis ACAD. 1878.]
|| (T. scolaire.) Billet par lequel un maître témoigne qu'il a été satisfait de son élève. Obtenir des —.
SATRAPE [sà-trăp'] *s. m.*
[ÉTYM. Emprunté du lat. satrapes, grec σατράπης, *m. s.* mot venu de la langue de la Perse. || XIIIᵉ s. Princes, ducs, satrapes, BRUN. LATINI, *Trésor*, dans DELB. *Rec.* | 1389. Ce sembloit estre un grant satrappe, J. LE PETIT, dans DELB. *Rec.* Admis ACAD. 1718.]
|| (Antiq.) Gouverneur exerçant l'autorité souveraine dans une province, au nom du roi des Perses. || *De nos jours. Fig.* Celui qui, dans un emploi, se montre despotique.
SATRAPIE [sà-trà-pî] *s. f.*
[ÉTYM. Emprunté du lat. satrapia, grec σατραπεία, *m. s.* || XVᵉ-XVIᵉ s. Aux uns des satrapies, aux autres charges de gendarmes, CL. DE SEYSSEL, dans DELB. *Rec.* Admis ACAD. 1798.]
|| (Antiq.) Gouvernement d'un satrape.
SATURATION [sà-tu-rà-syon; *en vers*, -si-on] *s. f.*
[ÉTYM. Emprunté du lat. saturatio, *m. s.* || Admis ACAD. 1762.]
|| (T. didact.) Mélange ou combinaison d'un corps avec un autre dans la plus grande proportion qu'il en puisse recevoir. La — de l'air par la vapeur d'eau, d'un alcali par un acide.
SATURER [sà-tu-ré] *v. tr.*
[ÉTYM. Emprunté du lat. saturare, *m. s.* (Cf. soûler.) || Admis ACAD. 1762.]
|| (T. didact.) Mélanger ou combiner (un corps avec un autre) dans la plus grande proportion qu'il en puisse recevoir. Air saturé de vapeur d'eau. — un acide. || *Fig.* Être saturé d'une chose, en avoir satiété.
'SATURITÉ [sà-tu-ri-té] *s. f.*
[ÉTYM. Emprunté du lat. saturitas, *m. s.* || XIIIᵉ-XIVᵉ s. Replant de saturité, *Ovide moralisé*, dans GODEF.]
|| *Vieilli.* Entière satiété. Ce n'est pas l'insolence qui est mère de la —, mais la — qui est mère de l'insolence, RAC. *Rem. sur Pindare*, VI, 50, Gr. Écriv.
SATURNALES [sà-tur-nàl] *s. f. pl.*
[ÉTYM. Emprunté du lat. saturnalia, *m. s.* || XIVᵉ s. Les Saturneles, BERSUIRE, fº 35, dans LITTRÉ.]
|| (Antiq. rom.) Fête en l'honneur de Saturne, pendant laquelle les esclaves, vêtus comme les maîtres, s'asseyaient à table avec eux. || *De nos jours. Fig.* Temps de licence. Les saturnales des jours gras.
SATURNE [sà-turn'] *s. m.*
[ÉTYM. Emprunté du lat. Saturnus, nom d'une planète, transporté à un métal par les alchimistes, § 36. || 1611. COTGR.]
|| (Chimie anc.) Plomb. Extrait de Saturne, sous-acétate de plomb. Sel de Saturne, acétate neutre de plomb.
SATURNIEN, 'SATURNIENNE [sà-tur-nyin, -nyèn'; *en vers*, -ni-...] *adj.*
[ÉTYM. Dérivé du lat. Saturnius, de Saturne, § 244, la planète Saturne étant considérée par les astrologues comme la source de la tristesse, § 36. Le sens **II** est emprunté du lat. class. Saturnius versus. ACAD. 1694-1762 ne connaît que le sens **I**, supprimé en 1835; sens **II** admis en 1798. || XIVᵉ s. Le peon est saturnien, J. LE FÈVRE, *Vieille*, dans DELB. *Rec.*]
I. *Anciennt.* Triste (par opposition à jovial).
II. (Prosod. lat.) Ancien vers —, vers latin formé de trois iambes et demi suivis de trois trochées.
SATURNIN, INE [sà-tur-nin, -nin'] *adj.*
[ÉTYM. Dérivé de Saturne, § 245. || (Au sens **I.**) XIVᵉ s. Teste saturnine, EVRART DE CONTY, *Probl. d'Aristote*, dans GODEF. | (Au sens **II.**) 1812. MOZIN, *Dict. franç.-allem.* Admis ACAD. 1878.]
I. *Anciennt.* Triste. (Cf. saturnien, **I.**) Plus — qu'un hibou, MONCHESNAY, *Grand Sophy*, sc. 2.
II. (Médec.) Relatif au plomb. *Spécialt.* Mal —, que contractent les ouvriers qui manient les alliages de plomb.
SATYRE [sà-tîr] *s. m. et f.*
[ÉTYM. Emprunté du lat. satyrus, grec σάτυρος, *m. s.* Le genre fém. donné à ce mot au sens **II** vient d'une confu-

sion avec satire. || 1372. Les tigres et les satires et autres horribles bestes, J. CORBICHON, *Propr. des choses*, XV, 19.]
I. *S. m.* (Mythol.) Demi-dieu habitant les bois, au corps velu, avec des cornes, des jambes et des pieds de bouc. || *Fig.* Homme lubrique.
II. *S. f.* (Littér. antiq.) Pièce de théâtre bouffonne où figuraient des satyres et qui suivait les tragédies.
SATYRIASIS [sà-ti-ryà-zĭs'; *en vers*, -ri-à-...] *s. m.*
[ÉTYM. Emprunté du lat. satyriasis, grec σατυρίασις, *m. s.* Sur le genre (le lat. et le grec sont fém.), V. § 551. COTGR. donne satyriase, s. f. || XVIᵉ s. PARÉ, *Introd.* 21. Admis ACAD. 1762.]
|| (Médec.) État morbide d'ardeur érotique (chez l'homme).
SATYRION [sà-ti-ryon; *en vers*, -ri-on] *s. m.*
[ÉTYM. Emprunté du lat. satyrion, grec σατύριον, *m. s.* || XIIIᵉ s. Sartyrion est chauz, *Simples medicines*, fº 69, rº. Admis ACAD. 1762.]
|| (Botan.) Variété d'orchis, à tubercules ovoïdes.
SATYRIQUE [sà-ti-rĭk'] *adj.*
[ÉTYM. Emprunté du lat. satyricus, grec σατυρικός, *m. s.* || XVIᵉ s. Saltations satyriques, AMYOT, *Antoine*, 98.]
|| (Mythol.) Relatif aux satyres. Les danses satyriques. || (Littér. antiq.) Poème —, jeux satyriques. (*V.* satyre, **II.**)
SAUCE [sôs'] *s. f.*
[ÉTYM. Pour sausse (orthographe admise concurremment par ACAD. 1694-1740), du lat. salsa, proprt, « chose salée », § 38, devenu salse, § 291, sausse, § 455.]
|| **1º** Assaisonnement liquide de certains mets, où il entre généralement du sel et des épices. (*Cf.* jus.) Quand on parle de —, il faut qu'on y raffine, BOIL. *Sat.* 3. Une — mayonnaise. Une — piquante. Une — blanche. *Loc. prov.* Il n'est que d'appétit, le meilleur assaisonnement est l'appétit. || *Fig. Famil.* | 1. L'accessoire d'une chose. *Loc. prov.* La — vaut mieux que le poisson, l'accessoire vaut mieux que le principal. | 2. Manière d'employer qqn, d'arranger qqch. On le met à toutes sauces, on l'emploie à toute espèce de services. Vous ne sauriez faire une bonne — à cela, présenter cela d'une manière convenable. *Spécialt.* Faire à qqu sa —, l'arranger de la belle façon. | 3. Réunion de choses mélangées. Il (le prédicateur) fit de tout cela une si bonne — que tout le monde pleurait, SÉV. 1081.
|| **2º** *P. anal.* — du tabac, eau salée avec laquelle on mouille les feuilles dont on veut faire le tabac à priser, à fumer. — à dorer, liqueur aurifère qui sert à dorer légèrement, par simple immersion. || *P. ext.* Crayon noir très friable dont on se sert pour estomper.
SAUCER [sô-sé] *v. tr.*
[ÉTYM. Dérivé de sauce, § 154. || XVᵉ-XVIᵉ s. Saulses esquelles les poissons sont moillez et saulsez, *Jardin de santé*, dans GODEF. sausé.]
|| Tremper dans de la sauce. — son pain. || *P. ext.* Tremper. Il a été saucé dans la rivière. *Absolt.* Il a été saucé, la pluie l'a trempé. | *Fig. Famil.* — qqn dans la boue, l'insulter.
SAUCIÈRE [sô-syèr'] *s. f.*
[ÉTYM. Dérivé de sauce, § 115. L'anc. franç. emploie plus ordinairement le subst. masc. saucier. || 1328. Saussieres d'argent, dans L. DE LABORDE, *Émaux*, p. 494.]
|| Vase dans lequel on sert les sauces.
SAUCISSE [sô-sĭs'] *s. f.*
[ÉTYM. Du lat. salsicia, proprt, « chose accommodée au sel », § 38, devenu salcice, sausice, écrit abusivement saucisse (*cf.* sauce), §§ 455, 393 et 291.]
|| **1º** Coiffe de porc, boyau de mouton rempli de viande de porc crue, hachée et assaisonnée. Saucisses longues, rondes. Saucisses plates. *Loc. prov. Famil.* Il n'attache pas ses chiens avec des saucisses, il est avare.
|| **2º** *P. anal.* (Technol.) Rouleau de toile goudronnée rempli de poudre, pour communiquer le feu à une mine. (*Cf.* saucisson.)
SAUCISSON [sô-sĭ-son] *s. m.*
[ÉTYM. Emprunté de l'ital. salsiccione, *m. s.* § 12, rendu par saucisson, d'après saucisse, § 507. || XVIᵉ s. Cervelatz, saulcissons, RAB. IV, 59.]
|| **1º** Grosse saucisse faite de noix de porc et de bœuf, très épicée, broyée et fortement pressée. — de Lyon, de Bologne.
|| **2º** *P. anal.* (Technol.) Rouleau de toile goudronnée rempli de poudre pour communiquer le feu à une mine.

| Sorte de fusée. | Faisceau de brins de bois, servant de revêtement pour les épaulements de batteries.

SAUF, SAUVE [sóf, -sòv'] *adj.*
[ÉTYM. Du lat. salvum, *m. s.* devenu salf, salve, §§ 291 et 446, sauf, sauve, § 455.]
‖ Qui a échappé au péril de mort. Il est revenu sain et — (en santé et en vie). Les vaincus eurent la vie sauve. ‖ *P. ext.* Qui n'a pas été endommagé. L'honneur est —. ‖ *Ellipt.* — le respect que je vous dois, ce respect restant entier. Il lui a légué tous ses biens, — le château, en réservant le château. — erreur, correction, meilleur avis, en réservant le cas où il y aurait erreur, correction, meilleur avis. | *Loc. prép.* — à, sous la réserve de. Faites-le venir, — à le contremander, sous la réserve de le contremander. | *Loc. conj.* — que, sous la réserve que.

SAUF-CONDUIT [sóf-kon-dui] *s. m.*
[ÉTYM. Composé de sauf et conduit, § 173. ‖ XIIIᵉ s. Si ll manda sauf conduit, *Récits d'un menestrel de Reims*, p. 135, var., de Wailly.]
‖ Permission d'aller dans un lieu, d'en revenir, sans être arrêté. Un — pour traverser les lignes ennemies. Jean Huss... est brûlé vif par sentence des pères du concile, malgré le — très formel que Sigismond lui avait donné, VOLT. *Ann. de l'Emp.* ann. 1415.

SAUGE [sój'] *s. f.*
[ÉTYM. Du lat. salvia, *m. s.* devenu *salvje, salje, sauje, sauge, §§ 455, 449, 355 et 291.]
‖ Plante aromatique de la famille des Labiées. — officinale, la grande sauge. ‖ *P. ext.* Poire de —, fruit du sauger, sorte de poirier sauvage.

SAUGRENU, UE [só-gre-nu] *adj.*
[ÉTYM. Composé de sel, sous la forme atone sal, sau, et grenu, § 203 : le sens propre est « grenu par le sel, où le sel est en gros grains ». On trouve saugreneux au XVIᵉ s. ‖ 1611. COTGR.]
‖ Dont l'étrangeté est choquante. Autre question saugrenue, BEAUMARCH. *B. de Sév.* II, 13. Faire une réponse saugrenue.

***SAULAIE** [só-lè] *s. f.*
[ÉTYM. Dérivé de saule, § 121. ‖ 1406. Une saulaie, dans DU C. sauleia. Admis ACAD. 1718; suppr. en 1740.]
‖ Lieu planté de saules. (*Syn.* saussaie.)

SAULE [sól] *s. m.*
[ÉTYM. Emprunté du haut allem. salaha, *m. s.* § 6. L'u paraît dû à une confusion avec saux (encore dans FURET. 1690), du lat. salicem. (*Cf.* marsaux et saussaie.) Saule et saux sont souvent fém. en anc. franç. § 553. ‖ XIVᵉ s. Et s'en alast penre a la saule, GUILL. DE MACHAUT, *Œuvres*, p. 44, Tarbé.]
‖ Arbre qui croît ordinairement au bord des ruisseaux. Le — blanc. — pleureur, à rameaux pendants et flexibles.

SAUMÂTRE [só-mátr'] *adj.*
[ÉTYM. Du lat. pop. *salmastrum (class. salmacidum, § 62), *m. s.* devenu salmastre, § 291, saumastre, § 455, saumâtre, § 422. ‖ XIIIᵉ-XIVᵉ s. Terre qui est mout saumastre, *Voy. de Marc Pol*, 438.]
‖ Qui a le goût de l'eau de mer. Eau d'un goût —.

SAUMON [só-mon] *s. m.*
[ÉTYM. Du lat. salmonem, *m. s.* devenu salmon, § 291, saumon, § 455.]
I. Poisson de mer qui remonte les fleuves et dont la chair rougeâtre, lamelleuse est estimée. Une darne de —. Du — frais, fumé. ‖ *Ellipt.* La couleur —.
II. *P. anal.* (Technol.) | **1.** Masse de métal telle qu'elle sort de la fonte. | **2.** Vase oblong où le cirier fait fondre la cire (chaque bout ayant la forme d'ouïes de saumon).

SAUMONÉ, ÉE [só-mò-né] *adj.*
[ÉTYM. Dérivé de saumon, § 118; l'anc. franç. dit truite saumoneresse ou saumoniere. ACAD. 1694-1762 écrit saumonné. ‖ 1611. COTGR.]
‖ Qui a la couleur du saumon. Truite saumonée.

SAUMONEAU [só-mò-nó] *s. m.*
[ÉTYM. Dérivé de saumon, § 126. ‖ XVIᵉ s. Saulmons, saulmonneaux, RAB. IV, 60.]
‖ Petit saumon.

SAUMURE [só-múr] *s. f.*
[ÉTYM. Composé de sel, sous sa forme atone sal, sau, et de muire, § 199. (*Cf.* le bas lat. salemoria, VIIᵉ-VIIIᵉ s.) L'altération de saumuire en saumure est due à une confusion avec le suffixe ure, § 62. ‖ XIᵉ s. Salmuire, RASCHI,

Gloses franç. dans A. DARMESTETER, *Noms composés*, 2ᵉ édit., p. 44.]
‖ Eau saturée de sel. *Spéciall.* Liquide salé dans lequel on conserve certaines substances alimentaires.

SAUNAGE [só-nâj'] *s. m.*
[ÉTYM. Dérivé de sauner, § 78. ‖ 1499. Apres la taçon et saumage (corr. saulnage) dudit sel, *Ordonn.* XXI, 208.]
‖ (Technol.) Fabrication et vente du sel. Faux —, fabrication ou vente du sel en fraude.

SAUNER [só-né] *v. intr.*
[ÉTYM. Du lat. pop. *salinare, *m. s.* dérivé de salina, saline, § 154, devenu salner, §§ 336, 295 et 291, sauner, § 455. ‖ Admis ACAD. 1762.]
‖ (Technol.) Fabriquer du sel. | *P. ext.* Un bassin qui commence à —, à produire du sel.

SAUNERIE [són'-ri; *en vers*, só-ne-ri] *s. f.*
[ÉTYM. Dérivé de saunier, §§ 65 et 68. ‖ 1323. Moulin que il avoient a Paris au dessouz de la saunerie, dans DELB. *Rec.* Admis ACAD. 1762.]
‖ (Technol.) Établissement où l'on fabrique du sel.

SAUNIER [só-nyé] *s. m.*
[ÉTYM. Du lat. salinarium, employé substantivement et devenu salnier, §§ 336, 297 et 291, saunier, § 455.]
‖ Celui qui fabrique, qui vend le sel. Faux —, celui qui fabrique, qui vend du sel en fraude.

SAUNIÈRE [só-nyèr] *s. f.*
[ÉTYM. Du lat. salinaria, employé substantivement et devenu salniere, saunière, §§ 336, 297, 291 et 455.]
‖ Coffre servant à mettre le sel. (*Cf.* salière et salin.)

SAUPIQUET [só-pi-kè] *s. m.*
[ÉTYM. Dérivé de l'anc. verbe saupiquer, piquer de sel, § 133, composé de sel, sous la forme atone sal, sau, et piquer, § 203. ‖ XIVᵉ s. Sausse est appellee le saupiquet, *Ménagier*, II, p. 181.]
‖ Sorte de sauce piquante.

SAUPOUDRER [só-pou-dré] *v. tr.*
[ÉTYM. Composé de sel, sous la forme atone sal, sau, et poudrer, § 203. ‖ XIVᵉ-XVᵉ s. De sel puis bien saupoudrer ma louviere, EUST. DESCH. V, 79.]
‖ **1º** *Anciennt.* Poudrer avec du sel.
‖ **2º** Poudrer avec une substance pulvérisée. — de sel, de poivre, de farine, de sucre en poudre, de fromage râpé, etc.

1. SAUR, SAURE et SOR, SORE [sór] *adj.*
[ÉTYM. Emprunté du lat. pop. *saurum, *m. s.* d'origine incertaine, devenu sor, §§ 333 et 291, écrit plus récemment saur par réaction étymologique, § 502. ACAD. donne saure aux deux genres. ‖ XIᵉ s. Un cheval sor, *Roland*, 1943.]
‖ Jaune brun. Cheval —, jument saure. Oiseau —, qui a son premier plumage, d'un jaune roux.

2. SAUR et SOR [sór] *adj. m.*
[ÉTYM. Pour sor, emprunté du néerland. zoor, autrefois sore, *m. s.* proprt, « desséché », § 10. L'orthographe par au est due à une confusion avec le mot précédent. ‖ XIIIᵉ s. Hareng sor, *Dit de la maaille*, dans GODEF. *Compl.*]
‖ Hareng —, salé et séché à la fumée.

SAURAGE [só-ràj'] *s. m.*
[ÉTYM. Dérivé de saur 1, § 78. ‖ Admis ACAD. 1798.]
‖ (Fauconn.) État de l'oiseau saur.

SAURE. *V.* saur.

SAURER [só-ré] et ***SAURIR** [só-rir] *v. tr.*
[ÉTYM. Dérivé de saur 2, § 154. ‖ 1606. Faire saurir et roussir le hareng, NICOT. | 1611. Saurer, sorer, COTGR. Admis ACAD. 1762.]
‖ (Technol.) Faire sécher (le hareng) à la fumée de feuilles ou de tan.

SAURET et SORET [só-rè] *adj. m.*
[ÉTYM. Dérivé de saur 2, § 133. ‖ 1360. A une hairenghiere, pour sorais, dans GODEF. soret 2.]
‖ *Vieilli.* Un peu saur. *Spéciall.* Hareng —.

SAURIENS [só-ryin; *en vers*, -ri-in] *s. m. pl.*
[ÉTYM. Dérivé du grec σαῦρα, lézard, § 244. ‖ 1812. MOZIN, *Dict. franç.-allem.* Admis ACAD. 1835.]
‖ (Hist. nat.) Ordre de reptiles comprenant le lézard, le crocodile, le caméléon, etc.

SAUSSAIE [só-sè] *s. f.*
[ÉTYM. Dérivé de saux, saule, § 121. ‖ XIIIᵉ s. Enmi les sausoies, *Trad. des psaumes*, dans GODEF. *Compl.*]
‖ Lieu planté de saules. (*Syn.* saulaie.)

SAUT [só] *s. m.*

[Étym. Du lat. saltum, *m. s.* devenu salt, § 291, saut, § 455.]

‖ **1°** Mouvement par lequel on se lance en l'air, pour retomber sur place, ou pour franchir un espace. Faire un —. Semblable, dans ses sauts hardis et dans sa légère démarche, à ces animaux vigoureux et bondissants, boss. *Condé.* Franchir un fossé de prin —, et, *p. altération*, de plein —, d'un seul élan. *Fig.* Je ne veux de plein — Prendre la ville, aimant mieux l'escalade, la f. *Contes, Purgatoire. P. ext.* Au — du lit, au moment où l'on saute du lit, où on se lève. ‖ *Fig.* Ne faire qu'un —. Être en un —, en trois sauts d'un endroit à un autre, s'y rendre avec une promptitude extrême. Nous ne fîmes qu'un — du cul-de-sac à sa maison, les. *Gil Blas*, ii, 1. *P. anal.* (Un sonnet qui) N'a fait... qu'un — chez l'épicier, boil. *Art p.* 2. N'aller que par sauts, d'une manière non suivie. Sa muse... Ne s'élève jamais que par sauts et par bonds, boil. *Art p.* 3. ‖ (Musique.) Un —, passage d'un son à un autre par degrés disjoints. La nature ne va pas par —, procède par une gradation continue. Faire un grand —, passer d'une position à une beaucoup plus haute, sans transition. ‖ — périlleux, qu'exécute un danseur de corde et dans lequel le corps fait un tour entier en l'air avant de retomber. *P. anal. Fig.* Un — périlleux, chute d'un lieu très élevé. Faire le — périlleux, et, *ellipt,* Faire le —, se déterminer à un acte hasardeux. ‖ — de carpe, que les baladins exécutent à plat ventre. ‖ — de mouton, saut de côté que fait un cheval.

‖ **2°** Chute d'un cours d'eau tombant brusquement d'une certaine hauteur. Le — du Niagara.

‖ **3°** — de loup, large fossé (que pourrait à peine franchir un loup) qui forme la limite d'un parc, et laisse la vue de la campagne. (*Syn.* haha.)

SAUTANT, ANTE [só-tan, -tänt'] adj.

[Étym. Adj. particip. de sauter, § 37. ‖ 1611. Saultant, cotgr. Admis acad. 1762; suppr. en 1835.]

‖ (Blason.) Se dit de l'animal en posture de sauter.

SAUTE [sót'] *s. f.*

[Étym. Subst. verbal de sauter, § 52. ‖ 1771. Saute-de-vent, trév. saut. Admis acad. 1835.]

‖ (Marine.) Brusque changement du vent. Sans que cette — de vent eût été annoncée, la pérouse, *Voy.* ii, p. 389.

SAUTÉ [só-té]. *V.* sauter.

SAUTE-EN-BARQUE [só-tan-bàrk'] s. m.

[Étym. Composé de saute (du verbe sauter), en et barque, § 210. ‖ 1538. Saultembarques et chausses, dans *Comptes des bâtiments au seizième siècle*, ii, p. 251.]

‖ Sorte de veste de canotier.

SAUTELER [sót'-lé; en vers, só-te-lé] v. intr.

[Étym. Dérivé de sauter, § 162. ‖ xiie s. Li cuer el ventre li sautele, *Perceval*, dans godef. Admis acad. 1694; suppr. 1718.]

‖ *Vieilli.* Sautiller. D'échelle en échelon il fallait —, régnier, *Sat.* 11. — à petits bonds sur les vagues, p. d'ablanc. *Octavius*, p. 8.

SAUTELLE [só-tèl] *s. f.*

[Étym. Dérivé de sauter, § 126. ‖ xvie s. Chevelues ou sautelles, dites aussi margotes, o. de serres, iii, 4. Admis acad. 1798.]

‖ (Agricult.) Provin fait avec un seul sarment.

SAUTE-MOUTON [sót'-mou-ton; en vers, só-te-...] *s. m.*

[Étym. Composé de saute (du verbe sauter) et mouton, § 210. acad. écrit sans trait d'union (au mot sauter).]

‖ Jeu (dit aussi saut de mouton) où l'on saute en appuyant les mains sur les épaules d'un autre, qui se tient courbé.

SAUTER [só-té] *v. intr.* et *tr.*

[Étym. Du lat. saltare, *m. s.* devenu salter, §§ 295 et 291, sauter, § 455. (*Cf.* saillir.)]

I. *V. intr.* Se lancer en l'air pour retomber sur place ou pour franchir un espace. Sautent au delà d'un fossé ou d'une borne, barthélemy, *Anacharsis*, 26. Prendre de l'élan pour —. — à pieds joints, à cloche-pied. Des enfants qui sautent à la corde. ‖ Une vache est une vache, que je verrai — au milieu du troupeau, la f. *Fab.* vii, 10. Un écureuil sautant de branche en branche. Faire — un cheval par-dessus une haie, un chien par-dessus un bâton. ‖ *Loc. prov.* Saute, crapaud, nous aurons de l'eau. ‖ — en bas de son lit, en descendre vivement. — en selle, se mettre en selle sans le secours de l'étrier. — en barque. (*Cf.* saute-en-barque.) Nous sau-

tâmes sur le rivage, barthélemy, *Anacharsis*, 73 Faire — qqn par la fenêtre, le jeter par la fenêtre. *P. ext.* — aux yeux, à la gorge de qqn, pour lui crever les yeux, pour l'étrangler. — au cou de qqn, pour l'embrasser. — de joie. Faire — le bouchon d'une bouteille de vin de Champagne. Faire — l'épée des mains de son adversaire. La poudrière a sauté. Faire — le crâne, la cervelle à qqn (d'un coup de fusil, de pistolet). Il s'est fait — la cervelle. Faire — la tête à qqn, le décapiter d'un coup de hache, de sabre. Faire — une bille sur le billard, hors du billard. Un navire qui saute sur la lame, qui a des mouvements de tangage courts et fréquents. Faire — un bouton, l'arracher en boutonnant ou en déboutonnant. ‖ *P. ext.* Faire — un poulet, un lapin, des légumes, etc., faire cuire vivement à grand feu, dans une casserole, en agitant de temps en temps. ‖ *Fig.* —, à pieds joints par-dessus les difficultés, agir en dépit des obstacles. Faire — qqn au plafond, aux nues, lui faire faire un brusque mouvement de colère, d'étonnement, etc. Reculer (prendre de l'élan) pour mieux —, différer inutilement une détermination qu'il faudra finir par prendre. Une chose qui saute aux yeux, évidente d'elle-même. — d'une chose à une autre, aller de l'une à l'autre sans transition. En sautant de sujet en sujet, pasc. *Pens.* vi, 33. — tout d'un coup au rang honorable de bon bourgeois, mariv. *Pays. parv.* 2. ‖ *P. anal.* Le vent a sauté, a brusquement changé. *P. ext.* Ruiner brusquement. Un joueur qui a fait — la banque.

II. *V. tr.* ‖ **1°** Franchir en se lançant en l'air. — un fossé. Faire — une haie à son cheval. Je saute vingt ruisseaux, boil. *Sat.* 6. ‖ — une jument, la couvrir, en parlant de l'étalon. (*Cf.* saillir.) ‖ — un passage (en lisant, en copiant), passer par-dessus sans le lire, sans le copier. Je saute vingt feuillets, boil. *Art p.* 1. ‖ *Fig.* — le fossé, le pas (passage), le bâton, finir par faire une chose hasardeuse, après avoir hésité.

‖ **2°** Agiter en lançant en l'air. — un enfant, le faire sauter dans les bras. ‖ — un poulet, un lapin, des légumes, etc., faire cuire vivement à grand feu dans une casserole, en agitant de temps en temps. Rognons sautés.

SAUTEREAU [sót'-ró; en vers, só-te-...] *s. m.*

[Étym. Dérivé de sauter, §§ 63 et 126. Le sens I, 1°, admis acad. 1694, est suppr. en 1718. ‖ xive s. Yraignes, sautereaux, *Ménagier*, ii, p. 256.]

I. Ce qui saute.

‖ **1°** *Vieilli.* Sauterelle, insecte.

‖ **2°** (Technol.) Lame de bois garnie d'une pointe de plume, que le mouvement de la touche du clavecin fait sauter contre la corde, pour la faire vibrer.

II. Ce qui fait sauter. *Spéciall. Vieilli.* Sautereaux de Brie, sillons qui font cahoter les voitures.

SAUTERELLE [sót'-rèl; en vers, só-te-...] *s. f.*

[Étym. Dérivé de sauter, §§ 63 et 126; proprt, « ce qui saute ». (*Cf.* sartereau.) ‖ xiie s. Salterele, *Psaut. d'Oxf.* lxxvii, 46.]

‖ **1°** Insecte ailé de la famille des Orthoptères sauteurs. Grande — verte. ‖ *P. anal.* — de passage, criquet. ‖ *P. ext.* — de mer, crevette.

‖ **2°** (Technol.) ‖ 1. Fausse équerre mobile servant aux charpentiers, aux maçons, pour mesurer l'ouverture d'angles rectilignes. ‖ 2. Piège pour prendre les petits oiseaux. Les rejets ou sauterelles, buff. *Rouge-Gorge.* ‖ 3. Mécanisme qui permet de détacher ou de rattacher rapidement les barres de séparation d'une écurie.

SAUTERIE [sót'-ri; en vers, só-te-ri] s. f.

[Étym. Dérivé de sauter, § 69. ‖ *Néolog.*]

‖ *Famil.* Petite soirée dansante.

SAUTE-RUISSEAU [sót'-rui-só; en vers, só-te-...] *s. m.*

[Étym. Composé de saute (du verbe sauter) et ruisseau, § 209. ‖ *Néolog.* Admis acad. 1878.]

‖ *Famil.* Petit clerc chargé de faire les courses.

SAUTEUR, EUSE [só-teur, -teuz'] *s. m.* et *f.* et *adj.*

[Étym. Dérivé de sauter, § 112. (*Cf.* le lat. saltator, *m. s.*) ‖ xiiie s. Sauteresse, *Gloss. de Salins*, dans godef. sauteresse.]

I. *Subst.* ‖ **1°** *S. m.* et *f.* Celui, celle dont la profession est de faire des sauts, des tours d'agilité. ‖ *Fig. Famil.* Un —, un homme toujours prêt à changer d'opinion.

‖ **2°** ‖ 1. *S. m.* Cheval dressé à sauter, qu'on fait monter à ceux qui apprennent l'équitation. Monter le — entre les piliers. ‖ 2. *S. f.* Sauteuse. Valse où l'on saute au lieu de glisser. ‖ Casserole plate pour sauter les viandes, les légumes.

II. *Adj.* Qui saute. Les insectes sauteurs.

SAUTILLANT, ANTE [só-ti-yan, -yânt'] *adj.*
[ÉTYM. Adj. particip. de sautiller, § 47. (*Cf.* sautelant, seul donné par FURET. et TRÉV.) || XVIIIᵉ s. *V.* à l'article. Admis ACAD. 1835.]
|| Qui sautille. Un oiseau —. | *Fig.* Un style —, formé de courtes phrases. Rien de pesant ni de —, D'OLIVET, *Prosodie*, v, 2. Montesquieu, trop —, VOLT. *Lett.* 28 déc. 1768.

SAUTILLEMENT [só-tiy'-man'; *en vers*, -ti-ye-...] *s. m.*
[ÉTYM. Dérivé de sautiller, § 145. (*Cf.* l'anc. franç. sautellement.) || Admis ACAD. 1718.]
|| Action de sautiller.

SAUTILLER [só-ti-yé] *v. intr.*
[ÉTYM. Dérivé de sauter, § 161. (*Cf.* sauteler.) || 1690. FURET.]
|| Faire de petits sauts. L'insecte, sautillant, LA F. *Fab.* VI, 13. | *Fig.* Pour ne pas — sans cesse d'une matière à l'autre, ST-SIM. II, 18. Il (Montesquieu) sautille (fait de courtes phrases) plutôt qu'il ne marche, VOLT. *Polit. et législ. Idées rép.* 51.

SAUTOIR [só-twàr] *s. m.*
[ÉTYM. Dérivé de sauter, § 113. || 1352. Sautouers, dans DU C. saltatoria.]
|| **1°** *Ancienn.* Cordon de soie ou de chanvre pendant en double à la selle et faisant office d'étrier pour sauter à cheval. || *P. anal. De nos jours.* | 1. Un ordre porté en —, dont le cordon est passé autour du cou, les bouts se croisant sur la poitrine et portant la croix. | 2. Un —, pointe d'étoffe que les femmes mettent autour du cou, les bouts croisés et noués sur la poitrine.
|| **2°** *Dialect.* Barrière en forme de croix de Saint-André, empêchant le passage des bestiaux, mais que les gens peuvent sauter. Conduire à la main une monture le long des clos, par-dessus les sautoirs, STE-BEUVE, *Volupté*, 56. || *P. anal.* (Blason.) Pièce honorable formée de la bande et de la barre en forme de croix de Saint-André. Cinq besants posés en —. || (Technol.) Deux pièces de bois mises en —.

SAUVAGE [só-vàj'] *adj.*
[ÉTYM. Du lat. silvaticum, propr¹, « silvestre », devenu en lat. pop. *salvaticum, § 360, d'où salvage, § 78, sauvage, § 422. Le fém. sauvagesse est admis par ACAD. 1835.]
I. || **1°** (En parlant de l'animal.) Qui vit loin des lieux habités par les hommes. Bêtes sauvages, qui vivent en liberté dans les bois et les campagnes. *Spécialt.* Les animaux sauvages, non apprivoisés, par opposition aux animaux domestiques de la même espèce.
|| **2°** (En parlant de l'homme.) Qui vit en dehors des sociétés civilisées. L'homme — ne sait que combattre et chasser, BUFF. *Chien.* Les peuples sauvages. *P. ext.* Jusque-là ils avaient mené une vie —, FÉN. *Tél.* 2. | *Substantivt.* Un —, une — (ou sauvagesse), un homme, une femme sauvage. Les sauvages ont une religion, PASC. *Pens.* XXIII, 23.
|| **3°** (En parlant de la plante.) Qui vient sans culture. La chicorée, l'olivier —.
|| **4°** (En parlant d'un lieu.) Où l'homme ne vient pas, n'exerce pas son action. Dans cette île déserte et —, FÉN. *Tél.* 15. Je m'en retourne en mon séjour —, LA F. *Fab.* IV, 13.
II. *Fig.* || **1°** Qui fuit le commerce des hommes. Une personne d'humeur —. Ces prudes sauvages, MOL. *Tart.* IV, 3. D'un roi jaloux la — tristesse, RAC. *Esth.* III, 3. | *Substantivt.* Un —, une — (ou sauvagesse). Son père est un — à qui je ferais peur, RAC. *Plaid.* I, 5.
|| **2°** Intraitable. Que Joad mette un frein à ce zèle —, RAC. *Ath.* II, 5.

SAUVAGEMENT [só-vàj'-man; *en vers*, -và-je-...] *adv.*
[ÉTYM. Composé de sauvage et ment, § 724. || XIIᵉ-XIIIᵉ s. Si sauvagement Onc parler ne vous vi, *Chansonnier de Sienne*, dans *Bibl. de l'Éc. des Chartes*, 1858-1859, p. 28.]
|| D'une manière sauvage.

SAUVAGEON [só-và-jon] *s. m.*
[ÉTYM. Dérivé de sauvage, § 104. || XIIᵉ-XIIIᵉ s. Le giant et le faîne. Les sauvechons, les boutonciax, *Guill. de Palerme*, 3204.]
|| **1°** Arbre venu spontanément de graines de fruits sauvages. Un sot porte des sottises comme un — porte des fruits amers, VOLT. *Dict. philos.* homme.
|| **2°** Dans un arbre greffé, rejeton sauvage de la partie non greffée. | *Fig.* Petit noble à nasarde, enté sur —, REGNARD, *Joueur*, III, 11.

SAUVAGERIE [só-vàj'-ri; *en vers*, -và-je-ri] *s. f.*

[ÉTYM. Dérivé de sauvage, § 69. || *Néolog.* Admis ACAD. 1835.]
|| Humeur sauvage.

SAUVAGIN, INE [só-và-jin, -jin'] *adj.*
[ÉTYM. Dérivé de sauvage, § 100. || XVᵉ s. Bestes sauvagines, J. DE COURCY, dans GODEF.]
|| Propre à certains oiseaux sauvages (de mer, de marais). Un goût —. Une odeur sauvagine. *Substantivt.* Sentir le —.

SAUVAGINE [só-và-jin'] *s. f.*
[ÉTYM. Dérivé de sauvage, § 100. || XIIᵉ s. Rien ki vesquist fors salvagine, *Énéas*, 369.]
|| *Ancienn.* Ensemble des bêtes qui vivent à l'état sauvage. || *Spécialt. De nos jours.* | 1. Oiseaux de mer, de lac, de marais, dont la chair a le goût sauvagin. | 2. *P. ext.* Fourrure de bas prix, faite des peaux d'animaux communs en France à l'état sauvage (renard, fouine, lièvre, etc.).

1. SAUVEGARDE [sóv'-gàrd'; *en vers*, só-ve-...] *s. f.*
[ÉTYM. Composé de sauve (fém. de sauf) et garde, § 173. || 1232. Li mueble a cele fille soient mis en salve garde, dans DELB. *Rec.*]
|| Action de garantir la vie, la liberté, les biens de qqn. Prendre qqn sous sa —. Se placer sous la — de qqn. || *Fig.* Fait-il d'une humble défiance de lui-même la — de sa vertu? J.-J. ROUSS. *Nouv. Hél.* VI, 6. || *P. ext. Ancienn.* | 1. Placard aux armes de celui qui accorde la sauvegarde. | 2. *S. m.* Soldat (porteur d'une sauvegarde du général en chef) chargé de faire respecter une propriété ennemie. Il y a eu un — tué, TRÉV.

2. *SAUVEGARDE [sóv'-gàrd'; *en vers*, só-ve-...] *s. f.*
[ÉTYM. Composé de sauve (du verbe sauver) et garde, § 209. Le mot, qui devrait être masc., est fém. par confusion avec le précédent. || *Néolog.*]
|| (Technol.) | 1. Bande de papier servant à garantir les gardes d'un volume à relier, jusqu'au moment où on les colle sur les cartons. | 2. (Marine.) Cordage qui protège le gouvernail, qui empêche de tomber à la mer, etc. (*Cf.* garde-corps.)

***SAUVEGARDER** [sóv'-gàr-dé; *en vers*, só-ve-...] *v. tr.*
[ÉTYM. Dérivé de sauvegarde 1, § 154. || *Néolog.*]
|| Prendre sous sa sauvegarde.

***SAUVE-L'HONNEUR** [sóv'-lò-neur; *en vers*, só-ve-...] *s. m.*
[ÉTYM. Composé de sauve (du verbe sauver), l' et honneur, § 209. Mot particulier à ST-SIM. qui écrit même salve l'honneur, par distraction ou en pensant au lat. salvare, sauver.]
|| Compensation honorifique d'une perte, d'un dommage effectif. Plutôt un embarras et un — qu'un accroissement, ST-SIM. II, 321.

SAUVE-QUI-PEUT [sóv'-ki-peû; *en vers*, só-ve-...] *s. m.*
[ÉTYM. Composé de sauve (du verbe sauver), qui et peut (du verbe pouvoir), § 213. ACAD. ne donne pas le mot à son ordre alphabétique, mais à l'article sauver.]
|| Désarroi où chacun se sauve comme il peut. Ce fut un — général.

SAUVER [só-vé] *v. tr.*
[ÉTYM. Du lat. salvare, m. s. devenu salver, §§ 295 et 291, sauver, § 455.]
|| **1°** Faire échapper (qqn) à la mort, à la ruine. Tout est perdu, Seigneur, si vous ne nous sauvez, RAC. *Iph.* III, 7. Une main si habile eût sauvé l'État, si l'État eût pu être sauvé, BOSS. *R. d'Angl.* | La nuit sauve les restes de son armée, ID. *Condé.* Se — à la nage. *P. ext.* Se —, s'échapper précipitamment. Sauve-toi de ces lieux, RAC. *Andr.* IV, 5. J'ai vu un jeune homme avec elle, qui s'est sauvé d'abord qu'il m'a vue, MOL. *Mal. im.* II, 10. Ils se sont sauvés à toutes jambes. Avec ellipse de se. Sauve qui peut (se sauve celui qui peut), exclamation pour avertir de son action. Enfants, sauve qui peut, car nous sommes trahis, LA F. *Eunuque*, V, 5. *Substantivt.* Un sauve-qui-peut. (*V. ce mot.*) | *P. anal.* — de qqn, de qqch, de ce qu'on a à craindre de qqn, de qqch. Sauvez-moi des Romains, CORN. *Sophon.* III, 6. Sauvons-le malgré lui de ce péril extrême, RAC. *Baj.* IV, 7. L'Hébreu sauvé du joug de ses injustes maîtres, BOIL. *Art p.* 3. Après s'être sauvée des flots, BOSS. *R. d'Angl.* Sauvez-vous d'une vue à tous les deux funeste, CORN. *Poly.* II, 2. Ils se sauvent tout ensemble de la folie et de l'erreur, PASC. *Prov.* 2. *Absolt.* Se —, se tirer d'affaire, d'embarras. Il se sauve

par un air d'assurance. *Spécialt.* — qqn, le faire échapper à la mort éternelle, à la damnation. Dieu la sauve par le même coup qui nous instruit, BOSS. *D. d'Orl.*

‖ 2° Faire échapper (qqch) à la destruction, à la rapacité, etc. On ne put — le navire. Tout ce que des mains de cette reine avare Vous avez pu — et de riche et de rare, RAC. *Ath.* V, 1. M'en — le plus que tu pourras (des mets) pour le renvoyer au marchand, MOL. *Av.* III, 9. ‖ *Fig.* Conserver intact. Sauvons du moins l'honneur, Puisque après tout il faut perdre Chimène, CORN. *Cid,* I, 6. Qu'il eût volontiers sauvé la vie au brave comte de Fontaines ! BOSS. *Condé.* — les apparences, les dehors, empêcher que les apparences, que les dehors ne fassent une impression fâcheuse. — les dehors d'une adroite vertu, CORN. *Perth.* IV, 4. *Dans un sens analogue.* — le premier coup d'œil, empêcher que la première impression ne soit mauvaise. — les défauts d'une chose, empêcher qu'ils ne frappent. — les difficultés d'une doctrine. — une dissonance (en musique). ‖ *P. ext.* — qqch à qqn, le lui faire éviter. Il leur sauve la peine d'amasser de l'argent, LA BR. 5. Sauvez-moi cette honte, CORN. *Théod.* III, 5.

SAUVETAGE [sóv'-tăj'; *en vers,* só-ve-...] *s. m.*

[ÉTYM. Dérivé de sauver, sous l'influence de sauveté, §§ 63 et 78. (*Cf.* salvage.) ‖ *Néolog.* Admis ACAD. 1835.]

‖ Action de sauver un navire, une embarcation en détresse, des hommes en danger de mort. Bouée de —, plateau de liège garni de bouts de corde, qu'on jette à un homme tombé à l'eau, pour l'aider à se soutenir. Échelle de —, dont se servent les pompiers dans un incendie.

SAUVETÉ [sóv'-té; *en vers,* só-ve-té] *s. f.*

[ÉTYM. Dérivé de sauf, § 122. ‖ XIe s. El nom la virgene qui portat salvetet, *St Alexis,* 89.]

‖ *Vieilli.* Situation où l'on est hors de danger. Se mettre en —, VOIT. *Lett.* 3.

SAUVETEUR [sóv'-tëur; *en vers,* só-ve-...] *s. m.*

[ÉTYM. Dérivé de sauver, sous l'influence de sauveté, sauvetage, §§ 63 et 112. ‖ *Néolog.* Admis ACAD. 1878.]

‖ Celui qui opère le sauvetage. *Adjectivt.* Bateau —.

SAUVEUR [só-vëur] *s. m.*

[ÉTYM. Du lat. salvatŏrem, *m. s.* devenu salvedor, salveor, salveeur, §§ 335, 402, 325 et 291, sauveeur, § 455, sauveur, § 358.]

‖ Celui par qui on est sauvé. Vous êtes mon —. ‖ *Adjectivt.* Apollon, Dieu —, A. CHÉN. *Jeune Malade.* ‖ *Spécialt.* (Avec une S majuscule.) Jésus-Christ. Elle a aimé en mourant le Sauveur Jésus, BOSS. *D. d'Orl.*

SAUVE-VIE [sóv'-vi; *en vers,* só-ve-vi] *s. f.*

[ÉTYM. Composé de sauve (du verbe sauver) et vie, § 209, cette plante étant réputée autrefois pour les maladies de poitrine. ‖ 1545. Aulcuns l'appellent sauve vie, G. GUÉROULT, dans DELB. *Rec.* Admis ACAD. 1762.]

‖ Petite fougère, dite rue des murailles.

***SAUX** [só]. *V.* saule et marsaux.

SAVAMMENT [sà-và-man] *adv.*

[ÉTYM. Pour savantment, composé de savant et ment, § 724. ‖ 1539. Sçavamment, R. EST.]

‖ D'une manière savante. Disserter — d'une chose. | *Famil.* Je vous en parle —, en connaissance de cause.

SAVANE [sà-vàn'] *s. f.*

[ÉTYM. Emprunté de l'espagn. savana, *m. s.* d'origine américaine, §§ 13 et 30. ‖ 1529. Le long de la coste entrant en la dite savane, J.-et R. PARMENTIER, *Disc. de la navig.* dans DELB. *Rec.* Admis ACAD. 1835.]

‖ Grande plaine d'Amérique où croît de l'herbe qui sert à la nourriture des bestiaux.

SAVANT, ANTE [sà-van, -vänt] *adj.*

[ÉTYM. Adj. particip. de savoir, tiré d'un ancien part. présent qui a existé à côté de sachant, § 47. ‖ XVIe s. Les gens savans, RAB. II, 2.]

‖ 1° Qui a la science de qqch. Savante en poison, CORN. *Méd.* IV, 3. Les douleurs l'ont rendue savante dans la science de l'Évangile, BOSS. *R. d'Angl.* — dans l'art par Neptune inventé, RAC. *Phèd.* I, 1. Me voici bien — sur ce chapitre, PASC. *Prov.* 7. *Vieilli.* — à, de qqch. — au langage des yeux, CORN. *Suiv.* III, 9. Plus enclin à blâmer que — à bien faire, BOIL. *Art p.* 4. Savants des arts et des sciences nécessaires pour notre conservation, RACAN, *Har. acad.*

‖ 2° *Absolt.* Qui a de la science. Un homme —. Les plus saints et les plus savants hommes de son siècle, FLÉCH. *Panég. St Louis.* J'aimerais mieux être au rang des ignorants Que de me voir — comme certaines gens, MOL. *F. sav.* IV, 3. *P. plai-*

sant. Un chien —, dressé à certains exercices. ‖ *Substantivt.* Un —, une savante, celui, celle qui a de la science. Oui, je suis un — charmé de vos vertus, Non pas de ces savants dont le nom n'est qu'en us (qui ont latinisé leur nom), MOL. *Fâch.* III, 2. Cette savante Qu'estime Roberval, BOIL. *Sat.* 10. Un faux —. Un demi-—. ‖ *P. ext.* Corps —, société savante, qui s'occupe de science. Les armes savantes, le génie, l'artillerie. Langues savantes, langues mortes qu'on n'apprend pas en les parlant. | Une main savante. En savantes leçons votre muse fertile, BOIL. *Art p.* 4. De savantes recherches.

SAVANTAS [sà-van-tá] et **SAVANTASSE** [...-tăs'] *s. m.*

[ÉTYM. Dérivé de savant, § 81, à l'imitation du provenç. sabentas, § 11. CHAPELAIN écrit à l'italienne savantazze. ‖ XVIe-XVIIe s. Ce curé estoit sabantas, D'AUB. *Fœneste,* IV, 14.]

‖ *Vieilli.* Savant ennuyeux, pédant. Ces savantas qui ne sont bons à rien, MOL. *Fâch.* III, 3. Si vous en croyez des personnes aigries,... l'homme docte est un savantasse, LA BR. 12.

***SAVANTISSIME** [sà-van-tís'-sim'] *adj.*

[ÉTYM. Superlatif de savant, § 589. ‖ XVIIe-XVIIIe s. *V.* à l'article.]

‖ *Famil.* Très savant. *Substantivt.* Ce —, ce bel esprit dont la réputation est si grande, LES. *Gil Blas,* I, 2.

SAVATE [sà-văt'] *s. f.*

[ÉTYM. Pour çavate (*cf.* le picard chavate), correspondant au provenç. sabata, à l'espagn. zapata, à l'ital. ciabatta, *m. s.* d'origine incertaine. ‖ XIIe s. Et li getent chavates et caillaus bis, *Aiol,* 2766.]

‖ Soulier usé, éculé. Mettre ses souliers en —, le quartier rabattu, comme s'ils étaient éculés. Traîner la —. ‖ *P. ext.* Manière de se battre à coups de pied. Apprendre la —.

SAVATERIE [sà-văt'-ri; *en vers,* -và-te-ri] *s. f.*

[ÉTYM. Dérivé de savatier, anc. forme de savetier, §§ 65 et 68. ‖ XIIIe s. Le mestier de çavaterie, E. BOILEAU, *Livre des mest.* I, LXXXVI, 2.]

‖ Lieu où l'on vend des savates, de vieux souliers.

SAVETER [sàv'-té; *en vers,* sà-ve-té] *v. tr.*

[ÉTYM. Pour savater, dérivé de savate, § 154. ‖ 1690. FURET.]

‖ Faire d'une manière grossière (comme un travail de savetier). De l'ouvrage saveté.

SAVETIER [sàv'-tyé; *en vers,* sà-ve-...] *s. m.*

[ÉTYM. Pour savatier, dérivé de savate, § 115. ‖ XIIIe s. Mes le savetier molt bien s'en chevi, dans MONTAIGLON et RAYNAUD, *Rec. de fabliaux,* II, p. 24.]

‖ Raccommodeur de vieux souliers. Le — du coin de notre rue, MOL. *Éc. des f.* IV, 5.

SAVEUR [sà-vëur] *s. f.*

[ÉTYM. Du lat. sapŏrem, *m. s.* devenu *sabor, savor, saveur, §§ 426, 325 et 291.]

‖ Propriété d'affecter agréablement ou désagréablement l'organe du goût. Une — exquise, désagréable. Une chose sans —.

1. SAVOIR [sà-vwàr] *v. tr.*

[ÉTYM. Du lat. pop. *sapĕre (class. sapere, § 629), proprt, « être sapide », qui a remplacé scire, savoir, et est devenu *saber, saveir, savoir, §§ 426, 309 et 291. Écrit sçavoir jusqu'au commencement du XVIIIe s. d'après le lat. scire, auquel on le rattachait à tort, § 502.]

‖ Connaître complètement. La seconde guerre punique est si fameuse que tout le monde la sait, MONTESQ. *Rom.* 4. Que de son absence on sache le mystère, RAC. *Phèd.* I, 1. Elle sait son pouvoir, vous savez son courage, ID. *Brit.* III, 1. A vous dire le vrai, vous en savez beaucoup, CORN. *Suite du Ment.* II, 3. *Famil.* En — long. — plus d'un tour. *Ellipt.* Nous en savons plus d'un, LA F. *Fab.* III, 18. Ne pas — ce qu'on veut. Vous ne savez ce que vous dites. Je le sais, vous servez bien le roi, CORN. *Cid,* I, 6. Sais-tu ce que je viens d'apprendre? RAC. *Phèd.* IV, 3. | Pour prendre Dieu à témoin de qqch. Dieu le sait. Vous le savez, ô mon Dieu ! | Pour marquer notre ignorance sur qqch. Dieu le sait (Dieu seul le sait). Chacun est parti du néant; Où va-t-il? Dieu le sait, VOLT. *Stances,* 24. On a fait cela, Dieu sait comme, et, *ellipt,* Dieu sait. | Au subjonctif. Il n'est venu personne, que je sache. Cause que je ne sache pas qu'on ait encore remarquée, MONTESQ. *Espr. des lois,* XVII, 3. Je ne sache personne mieux partagé, MARIV. *Marianne,* 5. | Je ne sais qui, je ne sais quel homme, qqn que je ne connais pas. Un je ne sais qui, qqn que personne ne connaît. Je ne sais quoi, qqch que je ne connais pas, et, *p. ext.* qqch qu'on ne peut pas définir. Le jeune a je ne sais quoi de vif et d'aimable, FÉN. *Tél.* 9. *Dans le même sens.* Un je ne sais quel charme encor vers vous m'emporte, CORN. *Poly.* II, 2. *Substantivt.* Ce je ne sais quoi d'achevé que les malheurs ajoutent aux grandes vertus, BOSS. *Condé.* | *Famil.* Je suis tout je ne sais comment, dans un malaise indéfinissable. || *P. anal.* — une personne, une chose, en connaître l'existence. Je sais un paysan qu'on appelait Gros-Pierre, MOL. *Éc. des f.* I, 1. Je ne le savais pas si prudent. Je sais une maison à vendre. Faire — qqch à qqn. Fais-lui — le glorieux dessein, CORN. *Sertor.* II, 1. La personne, la chose que vous savez (pour la désigner sans la nommer). Je ne veux pas donner cette joie à qui vous savez, SÉV. 477. Je crains un peu ce que vous savez, MOL. *Mar. forcé,* sc. 4. Je sais ce que je sais (pour faire allusion à une chose sans l'expliquer). Il suffit que nous savons ce que nous savons, MOL. *Méd. m. l.* I, 1. C'est à — (pour indiquer qu'une chose peut, pourra être, ou ne pas être). | C'est à —, et, *ellipt,* A — (formule pour entrer dans le détail de qqch). Nous n'en trouverons que deux (corps),... c'est à — le soleil et les étoiles, DESC. *Monde,* 5. || Avec une proposition pour complément. Tu sais que depuis, à chaque occasion, je suis tombé pour toi dans la profusion, CORN. *Cinna,* v, 1. Tu sais combien je hais leurs têtes criminelles, RAC. *Esth.* I, 4. Si j'avais su qu'en main il a de telles armes, MOL. *Tart.* v, 3. *Famil.* Vous savez ou vous ne savez pas que, je vous apprends, si vous ne le savez pas, que. || *Au part. passé pris substantivt.* Au su de qqn, qqn le sachant. Au vu et au su de chacun. Au su de tous mes gens, LA F. *Contes, Courtisane amoureuse.* | *Vieilli.* Sans le su de, à l'insu de. Sans mon su, RACAN, *Berger. Sil.* I, 3. Sans son su, ST-SIM. XI, 41.

|| *Spécialt.* || 1° Posséder (qqch) dans sa mémoire. Ce que je sais le mieux, c'est mon commencement, RAC. *Plaid.* III, 3. — sa leçon. — par cœur un morceau. *Fig.* — qqn par cœur, l'avoir étudié sous toutes ses faces. Un acteur qui ne sait pas son rôle. Le moyen de jouer ce qu'on ne sait pas? MOL. *Impr.* sc. 1.

|| 2° Posséder la science ou l'art, la pratique de qqch. — les mathématiques, le latin, le grec. Il sait du grec, ma sœur! MOL. *F. sav.* III, 3. Les Romains... Se contentaient de — la guerre, la politique et l'agriculture, BOSS. *Hist. univ.* I, 9. *Fig.* Ne — ni A, ni B, être très ignorant. *Absolt.* C'est ce qui nous rend incapables de — certainement, PASC. *Pens.* I, 2. Le désir de —. *Loc. prov.* Si jeunesse savait, si vieillesse pouvait. — la cour, qui n'a d'expérience. Un homme qui sait la cour est maître de son geste, de ses yeux et de son visage, LA BR. 8. — le monde. M. Jourdain sait son monde, MOL. *B. gent.* III, 16. — la carte du pays, et, *fig.* — la carte, connaître la manière de se conduire. | Avec un infinitif pour complément. — faire (qqch), en avoir la science ou l'art. (*Cf.* savoir-faire.) — lire, écrire, compter. Il sait nager, danser. — vivre, avoir l'art de se conduire dans le monde. (*Cf.* savoir-vivre.) Celui qui met un frein à la fureur des flots Sait aussi des méchants arrêter les complots, RAC. *Ath.* I, 1. Je sais, pour toute ma science, Du faux avec le vrai faire la différence, MOL. *Tart.* I, 5. — se contenter de ce qu'on a. || *P. ext.* (Au conditionnel.) Pouvoir. On ne saurait être plus aimable. Ne saurait-il rien voir qu'il n'emprunte vos yeux? RAC. *Brit.* I, 2.

2. SAVOIR [sà-vwàr] *s. m.*

[ÉTYM. Infinitif de savoir 1 pris substantivt, § 49. || 842. In quant Deus savir et podir me dunat, *Serments de Strasbourg.*]

|| Ensemble des connaissances acquises par l'étude. Laissez dire les sots : le — a son prix, LA F. *Fab.* VIII, 19. Tout le — obscur de la pédanterie, MOL. *F. sav.* IV, 3. Ce qu'ont fait pour vous mon — et ma main, CORN. *Méd.* III, 3.

SAVOIR-FAIRE [sà-vwàr-fêr] *s. m.*

[ÉTYM. Composé de savoir 1 et faire, § 181. || Signalé et condamné comme mot nouveau par le P. BOUHOURS, *Entret. d'Ariste,* 2 (1671), savoir-faire a été admis par ACAD. 1694.]

|| Art de faire réussir les choses qu'on entreprend. Le — vaut mieux que le savoir, BEAUMARCH. *Mar. de Fig.* v, 3.

SAVOIR-VIVRE [sà-vwàr-vîvr'] *s. m.*

[ÉTYM. Composé de savoir 1 et vivre 1, § 181. || Signalé et condamné comme mot nouveau par le P. BOUHOURS, *Entret. d'Ariste,* 2 (1671), savoir-vivre n'a été admis par ACAD. qu'en 1740.]

|| Art de se conduire dans le monde. Les manières du monde, le —, l'esprit de société, LA BR. 12.

SAVON [sà-von] *s. m.*

[ÉTYM. Du lat. sapŏnem, grec σάπων, probablement d'origine germanique, §6, devenu 'sabon, savon, §§ 426 et 291.]

|| 1° Combinaison d'un alcali avec l'acide oléique, stéarique, margarique, d'un corps gras, dont on se sert pour le blanchissage, le nettoyage. — de Marseille, fabriqué (à Marseille) avec des lessives de soude artificielle et d'huile d'olive. — noir, vert, savon mou de potasse et d'huile de chènevis ou de colza, pour les gros nettoyages. — de toilette, savon épuré et le plus souvent parfumé avec une essence. (*Cf.* savonnette.) || *P. ext.* — sulfureux, ioduré, camphré, etc., préparations pharmaceutiques savonneuses, pour bains, lotions, etc. — des verriers, bioxyde de manganèse pour blanchir le verre.

|| 2° *P. ext.* Action de blanchir, nettoyer avec du savon. En moins de trois savons on ne les connaît plus, CORN. *Gal. du Pal.* I, 6. | *Fig. Famil.* Donner un — à qqn, le réprimander fortement.

*SAVONAIRE [sà-vò-nèr]. V. saponaire.

SAVONNAGE [sà-vò-nàj'] *s. m.*

[ÉTYM. Dérivé de savonner, § 78. || 1680. RICHEL.]

|| Blanchissage, nettoyage avec du savon.

SAVONNER [sà-vò-né] *v. tr.*

[ÉTYM. Dérivé de savon, § 154. || XVIᵉ s. Savonner le linge de la reine, MARG. DE VALOIS, *Heptam.* 61.]

|| Blanchir, nettoyer avec du savon. — du linge. Se — les mains. || *P. anal.* — le menton, la barbe (avant de raser), frotter le menton, la barbe avec de la mousse de savon, pour rendre la barbe moins dure et faire glisser le rasoir. || *Fig. Famil.* — la tête à qqn, — qqn, le réprimander vivement. (*Cf.* laver.)

SAVONNERIE [sà-vòn'-ri ; *en vers,* -vò-ne-ri] *s. f.*

[ÉTYM. Dérivé de savonnier, §§ 65 et 68. || 1313. Rue de la Savonerie, *Taille de Paris,* dans DELB. *Rec.*]

|| Lieu où l'on fabrique le savon. | Fabrication du savon.

SAVONNETTE [sà-vò-nêt'] *s. f.*

[ÉTYM. Dérivé de savon, § 133. || 1579. Elle ne se frottera point d'une savonnette, MAYERNE-TURQUET, *Inst. de la femme chrét.* dans DELB. *Rec.*]

|| Boule de savon de toilette, pour savonner la barbe avant de la raser. | *P. ext.* Pinceau en poil de blaireau pour frotter la barbe de mousse de savon. *P. plaisant.* J'ai embrassé le parti de la — (je me suis fait barbier), REGNARD, *Divorce,* I, 3. || *Fig.* — à vilain, charge (spécialement de secrétaire du roi) qu'un roturier achetait pour s'anoblir.

SAVONNEUX, EUSE [sà-vò-neu, -neûz'] *adj.*

[ÉTYM. Dérivé de savon, § 116. || XVIIᵉ-XVIIIᵉ s. V. à l'article. Admis ACAD. 1740.]

|| (T. didact.) Qui est de la nature du savon. Les eaux savonneuses de Plombières, ST-SIM. III, 223. Préparation savonneuse, où il entre du savon. Médicament —, et, *substantivt,* Les —. Terre savonneuse, terre à foulon, onctueuse au toucher.

SAVONNIER, *SAVONNIÈRE [sà-vò-nyé, -nyèr] *s. m. et f.*

[ÉTYM. Dérivé de savon, § 115. || 1313. Raoul Coignart, savonnier, *Taille de Paris,* dans DELB. *Rec.*]

I. *S. m. et f.* Celui, celle qui fabrique le savon.

II. || 1° *S. m.* Arbre d'Amérique dont l'écorce, la racine fait mousser l'eau comme le savon.

|| 2° *Vieilli. S. f.* Saponaire, plante.

SAVOUREMENT [sà-vour-man ; *en vers,* -vou-re-...] *s. m.*

[ÉTYM. Dérivé de savourer, § 145. || XIIᵉ-XIIIᵉ s. Condimentum : savurement, dans SCHELER, *Lex. lat.* p. 93. Admis ACAD. 1762.]

|| *Rare.* Action de savourer.

SAVOURER [sà-vou-ré] *v. tr.*

[ÉTYM. Dérivé de saveur, §§ 65 et 154. (*Cf.* le lat. saporare, rendre savoureux.) || XIIᵉ s. Ceste mort m'iert trop savoree, *Floire et Blancheft.* II, 3044.]

|| Goûter lentement pour prolonger la jouissance. — un mets, une boisson. || *Fig.* Jouir lentement de (qqch). — son bonheur. Les louanges les plus basses étaient encore mieux savourées, ST-SIM. XII, 15.

*SAVOURET [sà-vou-rò] *s. m.*

[ÉTYM. Dérivé de savourer au sens ancien de « rendre savoureux », § 133. || XVIᵉ s. Celle de vous qui dira le meilleur savouret, BON. DES PER. *Nouv.* 5. Admis ACAD. 1694; suppr. en 1878.]

|| *Vieilli.* Gros os mis dans le pot-au-feu pour donner du goût au bouillon.

SAVOUREUSEMENT [sà-vou-reùz'-man ; *en vers,* -reù-ze-...] *adv.*

[ÉTYM. Composé de savoureuse et ment, § 724. || XIIᵒ-XIIIᵉ s. Les eulx et la bouche et la faice Li baisse saverousement, *Dolopathos,* dans DELB. *Rec.*]

|| D'une manière savoureuse.

SAVOUREUX, EUSE [sà-vou-reù, -reùz'] *adj.*

[ÉTYM. Dérivé de saveur, §§ 65 et 116. (*Cf.* le bas lat. saporosus, *m. s.*) || XIIᵒ s. N'est viande bien saverouse, *Ysopet de Lyon,* 708.]

|| Qui a une saveur agréable. Des mets —. || *Fig.* Le — plaisir de t'y persécuter, BOIL. *Sat.* 10. Cette savoureuse comédie, ST-SIM. XI, 401.

SAXATILE [săk'-sà-til] *adj.*

[ÉTYM. Emprunté du lat. saxatilis, *m. s.* de saxum, rocher. || XVIᵒ s. Il n'usera de poissons, sinon de saxatiles, PARÉ, v, 14. Admis ACAD. 1762.]

|| (T. didact.) Qui vit parmi les roches. (*Cf.* perce-pierre.) Poisson, plante —.

1. SAXIFRAGE [săk'-si-fràj'] *s. f.*

[ÉTYM. Emprunté du lat. saxifraga, *m. s.* de saxum, rocher, et frangere, briser. (*Cf.* perce-pierre.) || XIIIᵒ s. Sassifrage est chaude...; poldre de saxefrage, *Simples medicines,* fᵒ 67, vᵒ. Admis ACAD. 1762.]

|| (Botan.) Plante herbacée, à fleurs en grappes ou en panicules, qui croît principalement au milieu des pierres, dans les fentes de rochers. — granulée, mousseuse.

2. SAXIFRAGE [săk'-si-fràj'] *adj.*

[ÉTYM. Composé avec le lat. saxum, rocher, employé abusivement au sens de « calcul », et frangere, briser, d'après saxifrage **1**, § 273. || Admis ACAD. 1762.]

|| (Médec.) Propre à briser, à dissoudre les calculs de la vessie. (*Syn.* lithontriptique.)

'SAXOPHONE [săk'-sò-fòn'] *s. m.*

[ÉTYM. Composé avec Sax, nom de l'inventeur, et le grec φώνη, voix, §§ 36, 279 et 284. || *Néolog.*]

|| (Musique.) Instrument de cuivre à clefs, et à embouchure en bec de clarinette.

'SAYETTE [sè-yět'] *s. f.*

[ÉTYM. Dérivé de saie, § 133. || 1611. COTGR.]

|| (Technol.) Petite serge de soie ou de laine.

SAYNÈTE [sè-nět'] *s. f.*

[ÉTYM. Emprunté de l'espagn. sainete, *m. s.* proprt, « morceau alléchant », de saïn, graisse, § 13. Sur le changement de genre (l'espagn. est masc.), *V.* § 550. || *Néolog.* Admis ACAD. 1878.]

|| (Littér. espagn.) Petite pièce comique à deux ou trois personnages.

SAYON [sè-yon] *s. m.*

[ÉTYM. Dérivé de saie, § 104. || XVᵉ s. Un sayon de cramoisi, ANDRÉ DE LA VIGNE, *Voy. de Naples,* p. 147, dans LA C. Admis ACAD. 1798.]

|| Sorte de casaque ouverte que portaient les paysans, les soldats. — de poil de chèvre, LA F. *Fab.* XI, 7.

SBIRE [sbir] *s. m.*

[ÉTYM. Emprunté de l'ital. sbirro, *m. s.* § 12. || XVIᵉ s. Mon algosan, mon sbire, RAB. III, 20, var. Admis ACAD. 1798.]

|| Archer, agent de la police (en Italie). Une demi-douzaine de sbires, qui sont les sergents de Rome, SOREL, *Francion,* p. 499. || *P. ext.* Agent de police (en général).

SCABELLON [skà-běl'-lon] *s. m.*

[ÉTYM. Emprunté de l'ital. scabellone, *m. s.* proprt, « grand escabeau ». || 1691. DAVILER, *Explic. des termes d'architect.* Admis ACAD. 1740.]

|| (Technol.) Socle de buste, de candélabre, etc.

SCABIEUSE [skà-byeùz'; *en vers,* -bi-eùz'] *s. f.*

[ÉTYM. Emprunté du lat. du moyen âge scabiosa, *m. s.* de scabies, gale. (*Cf.* scabieux.) || 1314. Consoulde meneur... et scabieuse, *Chirurg. de Mondeville,* 2068, Bos.]

|| (Botan.) Plante herbacée, à fleurs violettes, pourprées et quelquefois blanches. La — des champs, qu'on employait autrefois comme remède contre la gale. La — fleur de veuve, d'un pourpre presque noir, avec des anthères blanches.

SCABIEUX, EUSE [skà-byeù ; -byeùz'; *en vers,* -bi-...] *adj.*

[ÉTYM. Emprunté du lat. scabiosus, *m. s.* de scabies,

gale. || 1545. Ongles scabieuses, G. GUÉROULT, dans DELB. *Rec.* Admis ACAD. 1798.]

|| (T. didact.) Qui est de la nature de la gale. Éruption scabieuse.

SCABREUX, EUSE [skà-breù, -breùz'] *adj.*

[ÉTYM. Emprunté du lat. scabrosus, *m. s.* || 1501. Scabreuse deffortune, ANDRÉ DE LA VIGNE, *Compl. du roy de la Bazoche.*]

|| Où l'on passe difficilement à cause des aspérités. Ce qu'une allée de parterre est à l'égard des sentiers — d'une haute montagne, CARTAUD DE LA VILATE, *Essai sur le goût,* p. 144, édit. 1751. Marchant à pas lourds dans un sentier —, GILBERT, *Poète malh.* || *Fig.* Où l'on rencontre des choses embarrassantes, risquées. Poser à qqn des questions scabreuses. C'est un sujet —.

'SCAFERLATI [skà-fèr-là-ti] *s. m.*

[ÉTYM. Origine inconnue. || *Néolog.*]

|| (Technol.) Tabac découpé en lanières fines, pour la pipe ou la cigarette.

SCALÈNE [skà-lèn'] *adj.*

[ÉTYM. Emprunté du lat. scalenus, grec σκαληνός, *m. s.* proprt, « oblique ». || 1542. BOVELLES, *Géom. prat.* fᵒ 4, vᵒ. Admis ACAD. 1762.]

|| (Géom.) Dont les trois côtés sont inégaux. Triangle —.

SCALPEL [skăl-pěl] *s. m.*

[ÉTYM. Emprunté du lat. scalpellum, *m. s.* diminutif de scalprum. (*Cf.* échoppe 1.) || 1541. Un scalpelle ou rasoir, J. CANAPPE, *Tables anat.* dans DELB. *Rec.* Admis ACAD. 1762.]

|| (Chirurg.) Instrument à lame fixe, pointue, à un ou deux tranchants, dont on se sert pour disséquer.

SCALPER [skăl-pé] *v. tr.*

[ÉTYM. Emprunté de l'angl. (to) scalp, *m. s.* de scalp, peau du crâne, § 8. || *Néolog.* Admis ACAD. 1835.]

|| (T. didact.) Dépouiller de la peau du crâne. Les Indiens d'Amérique scalpaient leurs ennemis vaincus.

SCAMMONÉE [skăm'-ınò-né] *s. f.*

[ÉTYM. Emprunté du lat. scammonea, mieux scammonia, grec σκαμμωνία, *m. s.* || XIIᵉ s. La vostre langue soit honie, Que tant i a d'escamonie, CHRÉTIEN DE TROYES, *Cheval. au lion,* 615.]

|| (Pharm.) Gomme-résine purgative, extraite de la racine de diverses espèces de liserons.

SCANDALE [skan-dàl] *s. m.*

[ÉTYM. Emprunté du lat. ecclés. scandalum, grec σκάνδαλον, *m. s.* proprt, « pierre d'achoppement ». (*Cf.* le doublet esclandre.)]

|| **1ᵒ** Danger de chute où l'on met les autres par son exemple. Il est nécessaire qu'il arrive des scandales, mais malheur à l'homme par qui le — arrive, SACI, *Bible, Matth.* XVIII, 7. *Fig.* Une pierre de —, celui qui fait faire aux autres un faux pas, une chute. Jésus-Christ sera pierre de —, mais bienheureux ceux qui ne seront point scandalisés en lui, PASC. *Figuratifs,* 1.

|| **2ᵒ** Éclat fâcheux d'un mauvais exemple. Faire, causer du —. Le — du monde est ce qui fait l'offense, MOL. *Tart.* IV, 5. N'aimant que le — et l'éclat dans le vice, BOIL. *Sat.* 10. Après le — et l'affront d'aujourd'hui, MOL. *Tart.* IV, 1. Un amené sans — suffit, RAC. *Plaid.* II, 14. Ils dînent du mensonge et souvent du —, M.-J. CHÉN. *Calomnie.* Cet acquittement est un —.

SCANDALEUSEMENT [skan-dà-leùz'-man ; *en vers,* -leù-ze-...] *adv.*

[ÉTYM. Composé de scandaleuse et ment, § 724. || 1642. OUD.]

|| D'une manière scandaleuse.

SCANDALEUX, EUSE [skan-dà-leù, -leùz'] *adj.*

[ÉTYM. Dérivé de scandale, d'après le bas lat. scandalosus, § 251. || 1538. M'attribuant œuvres sottes et scandaleuses, MAROT, IV, 194.]

|| **1ᵒ** Qui met les autres en danger de chute, par son exemple. Qu'y a-t-il dans le monde de plus méprisé qu'un prêtre —? BOURD. *Scand. de la Croix,* 2. *Substantivt.* Délivrer votre Église de tous les —, BOURD. *Scand. de la Croix,* 2. || *P. ext.* Un écrit —, BOIL. *Ép.* 6. Les vices —, LA BR. 10.

|| **2ᵒ** Qui produit un éclat fâcheux par le mauvais exemple. Une élection scandaleuse. On vit bien dans les temps passés des fortunes scandaleuses, MONTESQ. *Espr. des lois,* XIII, 20.

SCANDALISER [skan-dà-li-zé] *v. tr.*

[ÉTYM. Emprunté du lat. ecclés. scandalizare, *m. s.* || XIIᵉ s. Escandaliziet sunt quand om ne donet habondanment a toz, *Serm. de St Bern.* p. 18.]

|| **1°** Mettre en danger de chute par son exemple. Homicide des âmes qu'il scandalise, BOURD. *Scandale*, préamb. Se — de la bassesse de Jésus-Christ, PASC. *Pens.* XVII, 1.

|| **2°** Choquer par l'éclat fâcheux du mauvais exemple. Une telle action ne saurait s'excuser, Et tout homme d'honneur s'en doit —, MOL. *Mis.* I, 1. | *P. ext.* Malheureux est celui qui scandalise Jésus-Christ même, en scandalisant le prochain, BOURD. *Scand. de la Croix*, préamb.

SCANDER [skan-dé] *v. tr.*
[ÉTYM. Emprunté du lat. scandere, *m. s.* proprt, « monter ». || 1519. Les vers correctz d'armonie diffuse Scander alors, GUILL. MICHEL, *Églog.* dans DELB. *Rec.*]
|| (T. didact.) Prononcer (un vers) en marquant fortement, ou en décomposant, l'un après l'autre, chacun des pieds (métriques ou syllabiques) qui le composent. | *P. anal.* Chanter, jouer (une phrase musicale) en marquant fortement les temps de chaque mesure.

SCAPHANDRE [skà-fàndr'] *s. m.*
[ÉTYM. Composé avec le grec σκάφη, barque, et ἀνήρ, ἀνδρός, homme, § 179. || 1812. MOZIN, *Dict. franç.-allem.* Admis ACAD. 1835.]
|| (Technol.) Appareil qui enferme un plongeur et lui permet de travailler sous l'eau, en respirant l'air que lui envoie une pompe placée hors de l'eau.

***SCAPHANDRIER** [skà-fan-dri-yé] *s. m.*
[ÉTYM. Dérivé de scaphandre, § 115. || *Néolog.*]
|| (T. didact.) Plongeur muni d'un scaphandre.

***SCAPHOÏDE** [skà-fò-id'] *adj.*
[ÉTYM. Emprunté du grec σχαφοειδής, *m. s.* || XVIe-XVIIe s. *V.* à l'article.]
|| (Anat.) Qui a la forme d'une barque. Os —, un des os du carpe et du tarse. Assis Tant sur l'os du talon que sur le —, D'AUB. *Création*, 13.

SCAPIN [skà-pin] *s. m.*
[ÉTYM. Nom propre d'un valet de la comédie italienne, §§ 12 et 36, introduit en France par Molière. || Admis ACAD. 1878.]
|| Valet intrigant. Il embla à mon oncle la capitainerie des chasses en vrai —, ST-SIM. I, 46.

1. SCAPULAIRE [skà-pu-lèr] *s. m.*
[ÉTYM. Emprunté du lat. du moyen âge scapulare, *m. s.* de scapulæ, épaules, § 248. || XIIIe s. De l'esclavine qui fu forte S'est affulés a capulaire, *Robert le Diable*, dans DU C. scapulare.]
|| **1°** Partie du vêtement de certains religieux qui retombe par-dessus la robe, devant et derrière.
|| **2°** *P. anal.* | **1.** Réunion de deux petits morceaux de drap bénit sur lesquels est brodée l'image de la sainte Vierge, rappelant le scapulaire des religieux, que des personnes pieuses portent sous leurs vêtements. | **2.** Bande de toile passée sur les épaules pour empêcher de glisser un bandage fixé autour du corps.

2. SCAPULAIRE [skà-pu-lèr] *adj.*
[ÉTYM. Dérivé du lat. scapulæ, épaules, § 248. || Admis ACAD. 1835.]
|| (Anat.) Qui appartient à l'épaule. Veine, artère —. Aponévrose —.

SCARABÉE [skà-rà-bé] *s. m.*
[ÉTYM. Emprunté du lat. scarabæus, *m. s.* || 1571. A. MIZAULD, *Secrets de la lune*, dans DELB. *Rec.* Admis ACAD. 1762.]
|| **1°** Escarbot, insecte. Le — cornu ou cerf-volant. Le — sacré des Égyptiens. || *P. ext.* Pierre gravée portant l'empreinte du scarabée sacré chez les Égyptiens.
|| **2°** *Fig.* (Géom.) Courbe rappelant la forme d'un scarabée, lieu des pieds des perpendiculaires abaissées d'un point de la bissectrice d'un angle droit sur une ligne d'une longueur constante, dont les extrémités glissent sur les côtés de cet angle.

SCARAMOUCHE [skà-rà-moûch'] *s. m.*
[ÉTYM. Emprunté de l'ital. Scaramuccio, *m. s.* §§ 12 et 36. || XVIIe s. *V.* à l'article. Admis ACAD. 1798.]
|| Personnage bouffon de l'ancienne comédie italienne, habillé de noir. *P. plaisant.* Le ciel s'est habillé ce soir en Scaramouche, et je ne vois pas une étoile, MOL. *Sicil.* sc. 1.

SCARE [skàr] *s. m.*
[ÉTYM. Emprunté du lat. scarus, grec σχάρος, *m. s.* || XVIe s. Poissons appelés scares et anthes, PARÉ, *Anim.* 16. Admis ACAD. 1762.]
|| (Hist. nat.) Poisson de mer qui a de belles couleurs.

SCARIFICATEUR [skà-ri-fì-kà-teùr] *s. m.*
[ÉTYM. Dérivé de scarifier, § 249. || XVIe s. L'instrument appelé scarificateur, PARÉ, X, 5. Admis ACAD. 1762.]
|| (T. didact.) || **1°** (Médec.) Petit appareil à scarifier la peau, boîte métallique percée de fentes longitudinales, par lesquelles on peut faire sortir, à l'aide d'un ressort, des pointes de lancettes, qui entrent plus ou moins profondément dans la peau.
|| **2°** (Agricult.) Appareil aratoire portant plusieurs socs de charrue pour défricher.

SCARIFICATION [skà-ri-fì-kà-syon ; *en vers*, -si-on] *s. f.*
[ÉTYM. Emprunté du lat. scarificatio, *m. s.* || 1314. Scarification n'i soit pas faite, *Chirurg. de Mondeville*, 1382, Bos. Admis ACAD. 1718.]
|| (T. didact.) || **1°** (Médec.) Incision superficielle faite sur la peau avec une lancette, un bistouri, un scarificateur, pour opérer un dégorgement local.
|| **2°** (Agricult.) Incision sur l'écorce d'un arbre.

SCARIFIER [skà-ri-fyé ; *en vers*, -fi-é] *v. tr.*
[ÉTYM. Emprunté du lat. scarificare, grec σκαριφάσθαι, *m. s.* || XIIIe-XIVe s. Scarifier le cuir du chief, *Chirurg. de Lanfranc*, dans LITTRÉ. Admis ACAD. 1718.]
|| (T. didact.) || **1°** (Médec.) Inciser superficiellement (la peau) avec une lancette, un bistouri, un scarificateur.
|| **2°** (Agricult.) Défricher à l'aide du scarificateur.

SCARIOLE [skà-ryòl ; *en vers*, -ri-òl]. *V.* escarole.

SCARLATINE [skàr-là-tin'] *adj. f.*
[ÉTYM. Emprunté du lat. médical *scarlatina (febris), *m. s.* dérivé de écarlate, § 245. D'après TRÉV. 1771, on a dit aussi fièvre écarlatine. (*Cf.* écarlatin.) || 1741. COL-DE-VILLARS, *Dict. franç.-lat.* Admis ACAD. 1762.]
|| Fièvre —, et, *substantivt*, —, phlegmasie cutanée, contagieuse, caractérisée par des taches écarlates.

***SCAROLE.** *V.* escarole.

SCAZON [skà-zon] *s. m.*
[ÉTYM. Emprunté du lat. scazon, grec σχάζων, *m. s.* proprt, « boiteux ». ACAD. admet aussi l'orthogr. scason. || 1690. FURET. Admis ACAD. 1762 et écrit d'abord scason.]
|| (Métr. anc.) Vers iambique trimètre dont le sixième pied est un spondée.

SCEAU [sô] *s. m.*
[ÉTYM. Du lat. pop. *sigĕllum (class. sigillum, § 126, diminutif de signum, seing), devenu seel, §§ 342, 394, 366 et 291, sceau, § 456, seau, § 358, écrit arbitrairement scel, sceau. L'anc. forme scel était encore usitée aux XVIIe et XVIIIe s. dans qqs formules de chancellerie.]
I. || **1°** Cachet officiel, aux armes d'un souverain, d'un gouvernement, d'un corps constitué, etc., dont l'empreinte est apposée sur les lettres, actes, diplômes émanés de lui, pour les fermer de manière à en mettre le contenu hors d'atteinte, ou pour en garantir l'authenticité, la validité. Le — de l'État. Grand —, servant à sceller les édits royaux, privilèges, grâces et patentes. Petit —, portant seulement les armes du roi et servant à sceller les actes de justice. — dauphin, sceau particulier pour les actes de la province de Dauphiné. Garde des sceaux, ministre à qui les sceaux sont confiés, le grand chancelier ou ministre de la justice. Recevoir, rendre les sceaux, être investi, se démettre des fonctions de garde des sceaux. Le chancelier se meurt ; il a renvoyé les sceaux au roi, SÉV. 242. *P. ext.* L'administration du —, et, *ellipt*, Le —. Au conseil comme au —, la variété, la difficulté des affaires n'étonnèrent jamais ce grand magistrat, NOSS. *Le Tellier*. Les officiers du —. | *Fig.* Le roi, dès l'heure même, Mit dans ma main le — de son pouvoir suprême (m'associa à son pouvoir souverain), RAC. *Esth.* II, 1.
|| **2°** Empreinte de ce cachet officiel. Il manda donc par députés Ses vassaux de toute nature, Envoyant de tous les côtés Une circulaire écriture Avec son —, LA F. *Fab.* VII, 7. On se tient bien sûr de les posséder (les actes authentiques du concile de Bâle)... en les faisant voir avec leurs attaches et leurs sceaux entiers, *Mém. de Trévoux*, ann. 1725, t. Ier, p. 429. S'opposer au —, à ce que des lettres soient scellées. | *Spécialt.* (T. bibliq.) Les sept sceaux (dont était fermé le livre décrit dans l'Apocalypse). Un livre écrit dedans et dehors et scellé de sept sceaux, SACI, *Bible, Apocal.* V, 1. | *P. anal.* (Botan.) — de Salomon, nom vulgaire d'une plante voisine du muguet (*Polygonatum vulgare*). — de la Vierge, — Notre-Dame, taminier.

II. *Fig.* ‖ **1°** Confirmation dernière d'une chose. Il a mis par là le — à sa gloire.

‖ **2°** Signe manifeste de qqch. Un ouvrage marqué du — du génie, de la perfection.

‖ **3°** Caractère inviolable de qqch. Il le voyait (le Seigneur)... garder ses péchés comme sous le —, pour les lui représenter au dernier jour, BOSS. *A. de Gonz.* Trésor... Sous le — du secret au grand-prêtre laissé, RAC. *Ath.* V, 2. Rompre le — sacré de la confession, BOSS. *Remarques sur la répl. de M. de Cambrai,* III, 22.

SCEL [sèl]. *V.* sceau.

SCÉLÉRAT, ATE [sé-lé-rà, -ràt'] *adj.* et *s. m.* et *f.*

[ÉTYM. Emprunté du lat. sceleratus, *m. s.* de scelus, eris, crime. Le mot lat. a été rendu par sceleré au XV° et au XVI° s. ‖ 1611. COTGR.]

I. *Adj.* Qui a commis ou est capable de commettre des crimes. (*Syn.* criminel.) Un riche criminel et —, BOURD. *Richesses,* 2. La bête scélérate, LA F. *Fab.* III, 18. ‖ *P. ext.* Une action scélérate, qui est bien d'un scélérat. Que voilà qui est —! MOL. *B. gent.* III, 10.

II. *S. m.* et *f.* Celui, celle qui a commis ou est capable de commettre des crimes. Toujours les scélérats ont recours au parjure, RAC. *Phèd.* IV, 2. Le plus grand — que la terre ait jamais porté, MOL. *D. Juan,* I, 1. *P. hyperb.* C'est une scélérate! elle m'a dit cent insolences, MOL. *Mal. im.* I, 6. ‖ *Spécialt. Famil.* Homme qui abuse les femmes. Ah! les scélérats d'hommes! BEAUMARCH. *Mère coupable,* I, 4. ‖ *Fig.* (Botan.) Scélérate, renoncule vénéneuse.

SCÉLÉRATESSE [sé-lé-rà-tès'] *s. f.*

[ÉTYM. Dérivé de scélérat, § 124. ‖ 1690. FURET.]

‖ Manière d'être, d'agir de celui qui est scélérat. Le Photin de Corneille débite plus de maximes de — que celui de Lucain, VOLT. *Lett.* juill. 1774. Il n'y eut ni violence... ni — que César Borgia ne mît en usage, VOLT. *Mœurs,* 114.

SCÉLITE [sé-lit'] *s. f.*

[ÉTYM. Dérivé du grec σκέλος, jambe, § 282. ‖ 1752. TRÉV. Admis ACAD. 1798.]

‖ (T. didact.) Pierre figurée en forme de jambe humaine.

SCELLÉ [sè-lé] *s. m.*

[ÉTYM. Subst. particip. de sceller, § 45. ‖ XVI° s. Entre l'adjudication et le scellé, LOYSEL, p. 906.]

‖ (Droit.) Sceau apposé par autorité de justice sur des portes, des armoires, etc., pour qu'on ne puisse les ouvrir. Apposer les scellés. Mettre les scellés. Bris de —, délit que l'on commet en brisant ce sceau. Gardien des scellés.

SCELLEMENT [sèl-man; *en vers,* sè-le-...] *s. m.*

[ÉTYM. Dérivé de sceller, § 145. ‖ 1469. Le seellement du chevestre, dans GODEF. seelement. Admis ACAD. 1762.]

‖ (Technol.) Travail de maçonnerie par lequel on fixe dans la pierre, le marbre, etc., avec du plâtre, du mortier, du plomb fondu, du soufre, l'extrémité d'une pièce de fer, de bois, etc.

SCELLER [sè-lé] *v. tr.*

[ÉTYM. Dérivé de sceau, §§ 64, 65 et 154. ‖ XI° s. Bien seelee et close, *Voy. de Charl. à Jérus.* 117.]

‖ Marquer de l'empreinte d'un sceau.

I. Pour valider. En scellant la révocation du fameux édit de Nantes, BOSS. *Le Tellier. Fig.* Confirmer solennellement. Il les oblige à — leur témoignage de leur sang, BOSS. *Hist. univ.* II, 19. L'heureuse occasion D'aller du sang troyen — notre union, RAC. *Iph.* III, 3.

II. Pour fermer, rendre secret. Les jugements de Dieu leur sont confiés, mais comme un livre scellé, PASC. *Juifs,* 10. *Spécialt.* Fermer par autorité de justice, en y apposant un sceau, des portes, des armoires, etc. (*Cf.* scellé.) ‖ *Fig.* Rendre incompréhensible. Ce qui était auparavant scellé pour lui, BOSS. *Vaines excuses des pécheurs,* 1. ‖ *P. ext.* (Technol.) Fermer en mastiquant, en maçonnant avec du plâtre, du mortier, etc. — la pierre d'un sépulcre. — un vase, une bouteille. — les gonds d'une porte. — un balcon. *Spécialt.* — une glace, la fixer avec du plâtre sur une surface plane, pour la dégrossir.

SCELLEUR [sè-leùr] *s. m.*

[ÉTYM. Dérivé de sceller, § 112. ‖ XIII° s. Li seeleres, BEAUMAN. XXXV, 25.]

‖ Celui qui appose le sceau.

SCÈNE [sèn'] *s. f.*

[ÉTYM. Emprunté du lat. scena, grec σκηνή, *m. s.* ‖ XIV° s. Art et science de faire telles chansons et telles scenes, RAOUL DE PRESLES, dans DELB. *Rec.*]

‖ **1°** Partie d'un théâtre où jouent les acteurs. Un acteur qui entre en —. Paraître sur la —, se faire acteur. Laisser la — vide. Montrer, mettre un événement sur la —, en faire le sujet d'une pièce. Grotius a mis sur la — la Passion même de Jésus-Christ, CORN. *Poly.* exam. Un acteur qui est en —, qui a constamment la physionomie, l'attitude, etc., du personnage qu'il joue. *P. anal.* Mettre (qqn) en —, sur la — (dans une histoire, un récit, etc.), l'y faire paraître. Je mets aussi sur la — Des trompeurs, des scélérats, LA F. *Fab.* IX, 1. Un des contes de la veillée où, sous le nom d'Ariste, je me suis mis en —, MARMONTEL, *Mém.* 7. ‖ *Fig.* Milieu où qqn est en vue. Paraître, briller sur la — du monde.

‖ **2°** Le lieu où se passe l'action de la pièce. La — est à Séville. La — représente une place publique à Rome. La — change au second acte. Que le lieu de la — y soit fixe et marqué, BOIL. *Art p.* 3. ‖ *Fig.* Lieu où se passe qqch. Un certain jardin... devait être la — de cette fête, HAMILT. *Gram.* p. 117.

‖ **3°** Division d'un acte déterminée par la sortie de personnages présents, par l'entrée de personnages nouveaux. La troisième — du deuxième acte. Le trouble, toujours croissant de — en —, BOIL. *Art p.* 3. Une — muette, où les personnages ne s'expriment que par gestes. ‖ *Fig.* Spectacle de qqch d'intéressant, d'émouvant. Il y eut une — de désolation, de carnage, de tumulte. Il se fait suivre, vous parle si haut que c'est une — pour ceux qui passent, LA BR. 9. Faut-il donner au public une —? MASS. *Respect hum.* ‖ *P. ext.* Faire une — à qqn, le prendre violemment à partie.

SCÉNIQUE [sé-nik'] *adj.*

[ÉTYM. Emprunté du lat. scenicus, grec σκηνικός, *m. s.* ‖ XIV° s. Faiseurs de jeux sceniques, RAOUL DE PRESLES, dans DELB. *Rec.* Admis ACAD. 1762.]

‖ (T. didact.) Qui a rapport à la scène. Les jeux scéniques. *Fig.* Avoir l'instinct —.

SCÉNOGRAPHIE [sé-nò-grà-fi] *s. f.*

[ÉTYM. Emprunté du lat. scenographia, grec σκηνογραφία, *m. s.* de σκηνή, scène, et γράφειν, décrire. ‖ 1547. J. MARTIN, *Vitruve,* dans DELB. *Rec.* Admis ACAD. 1762.]

‖ (T. didact.) Art de représenter en perspective, en relief, des édifices, des sites, etc.

SCÉNOGRAPHIQUE [sé-nò-grà-fik'] *adj.*

[ÉTYM. Dérivé de scénographie, § 229. ‖ Admis ACAD. 1762.]

‖ (T. didact.) Qui a rapport à la scénographie.

SCEPTICISME [sèp'-ti-sism'] *s. m.*

[ÉTYM. Emprunté du lat. scolast. scepticismus, *m. s.* dérivé de scepticus, sceptique, § 265. ‖ 1715. Table du Dict. de BAYLE. Admis ACAD. 1740.]

‖ (T. didact.) Doute philosophique, consistant à considérer la raison humaine comme naturellement incapable de connaître qqch avec certitude. (*Syn.* pyrrhonisme.) ‖ *P. ext.* Disposition à douter.

SCEPTIQUE [sèp'-tik'] *adj.*

[ÉTYM. Emprunté du lat. scepticus, grec σκεπτικός, *m. s.* de σκέπτεσθαι, peser. ‖ 1546. Les sceptiques disoient toutes choses estre disputables, M. DE ST-GELAIS, dans DELB. *Rec.*]

‖ (T. didact.) Qui professe le doute philosophique, le scepticisme. (*Syn.* pyrrhonien.) Les philosophes sceptiques. ‖ *Substantivt.* ‖ 1. Un, une —, un homme, une femme qui professe le scepticisme. Le chef de tous les sceptiques, FÉN. *Pyrrhon.* ‖ 2. *Vieilli.* La —, la doctrine des sceptiques.

SCEPTRE [sèptr'] *s. m.*

[ÉTYM. Emprunté du lat. sceptrum, grec σκῆπτρον, *m. s.* ‖ XII° s. Tu maldesis asceptres de lui, *Psaut. de Cambridge, Abbacuc,* 20.]

‖ Bâton de commandement, faisant partie des insignes royaux, impériaux. Aceste qui, tenant son — d'or en main, jugeait les peuples, FÉN. *Tél.* 1. ‖ *Fig.* Autorité souveraine. Venant prendre possession du — de la Grande-Bretagne, BOSS. *R. d'Angl.* Au travail le peuple est condamné, Et d'un — de fer (par une autorité despotique) veut être gouverné, RAC. *Ath.* IV, 3. ‖ *P. anal.* Prééminence. Le — de l'éloquence.

SCHABRAQUE [chà-bràk'] *s. f.*

[ÉTYM. Emprunté de l'allem. schabracke, qui vient lui-même du turc tchaprak, *m. s.* §§ 7 et 23. ACAD. admet aussi l'orthogr. chabraque. ‖ *Néolog.* Admis ACAD. 1835.]

‖ (T. milit.) Couverture de la selle du cavalier, ordinairement garnie de peau de mouton.

SCHAH [chà] *s. m.*

[ÉTYM. Emprunté du persan chah, roi, § 24. (*Cf.* échec.) ‖ Admis ACAD. 1835.]

|| Nom donné au souverain de la Perse.

SCHAKO. *V.* shako.

SCHALL. *V.* châle.

SCHEIK. *V.* cheik.

*SCHELME** [chèlm'] *adj.*

[ÉTYM. Emprunté de l'allem. schelm, *m. s.* § 7. || xvie s. Les appelant chelmes et poltrons, G. BOUCHET, *Serées,* iv, 144.]

|| (xvie-xviie s.) Homme infâme, lâche. — qui ne remettra l'épée dans le fourreau, RETZ, *Mém.* iii, 496, ann. 1651.

*SCHÉMA** [ché-mà] et **SCHÈME** [chèm'] *s. m.*

[ÉTYM. Emprunté du lat. schema, grec σχῆμα, *m. s.* || 1586. Figures, schemes, tropes, metaphores, RONS. *Franciade,* 2° préf. Inusité aux xviie et xviiie s.]

|| (T. didact.) || **1°** Tracé qui figure, par les proportions et les relations de certaines lignes, les lois de variation de certains ordres de phénomènes, en physique, en mécanique, en statistique, etc. | *Spéciall.* Tracé où les différentes planètes sont représentées en leur lieu, à un moment donné. | Tracé figurant la disposition d'un organe, d'un appareil, etc.

|| **2°** (Droit canon.) Proposition rédigée en forme pour être soumise à un concile.

|| **3°** (Philos.) Forme sous laquelle nous nous représentons un concept intellectuel.

*SCHÉMATIQUE** [ché-mà-tĭk'] *adj.*

[ÉTYM. Emprunté du lat. schematicus, grec σχηματικός, *m. s.* || *Néolog.*]

|| (T. didact.) Relatif au schème. Figure —.

SCHISMATIQUE [chĭs'-mà-tĭk'] *adj.*

[ÉTYM. Emprunté du lat. ecclés. schismaticus, grec σχισματικός, *m. s.* || xiiie s. Por ce le tenoient a rebelle et a scismatique, *Trad. de Guill. de Tyr,* dans DELB. *Rec.*]

|| (Hist. relig.) Qui forme schisme. *Substantivt.* Un, une —, un homme, une femme schismatique.

SCHISME [chĭsm'] *s. m.*

[ÉTYM. Emprunté du lat. ecclés. schisma, grec σχίσμα, *m. s.* de σχίζειν, fendre. || xiie s. Pur cel cisme k'il fist cuntre Deu et reisun, GARN. DE PONT-STE-MAX. *St Thomas,* 1156.]

|| (T. ecclés.) Dans une religion établie, formation d'une Église qui se sépare de l'Église reconnue, sans dissidence complète sur les points essentiels du dogme et du culte. Le — des dix tribus. Manassès... embrassa le — des Samaritains, BOSS. *Hist. univ.* i, 8. Le — d'Orient, séparation de l'Église grecque et de l'Église romaine. || *P. anal.* Séparation en matière de politique, d'art, etc. Cette cérémonie fit un — parmi les Lorraines (princesses lorraines), ST-SIM. ii, 139.

SCHISTE [chĭst'] *s. m.*

[ÉTYM. Emprunté du lat. schistus, grec σχιστός, *m. s.* de σχίζειν, fendre. Au xviiie s. on écrit qqf chite, conformément à la prononciation de l'époque. || 1555. Scisth, sciste, B. ANEAU, *Tresor de Evonime,* dans DELB. *Rec.* Admis ACAD. 1762.]

|| (Minéral.) Roche stratifiée, qui s'exfolie en lames minces, et dont les principaux éléments sont la silice, l'argile, l'alumine et divers oxydes métalliques. Huile de —, et, *ellipt,* —, huile à brûler extraite des schistes bitumineux.

SCHISTEUX, EUSE [chĭs'-teû, -teûz'] *adj.*

[ÉTYM. Dérivé de schiste, § 251. || 1812. MOZIN, *Dict. franç.-allem.* Admis ACAD. 1835.]

|| (Minéral.) Qui est de la nature du schiste. Les montagnes schisteuses.

SCHLAGUE [chlàg'] *s. f.*

[ÉTYM. Emprunté de l'allem. schlag, *m. s.* § 7. || *Néolog.* Admis ACAD. 1835.]

|| (T. milit.) Châtiment employé dans quelques pays, et consistant en coups de baguette appliqués aux soldats qui ont commis certaines fautes contre la discipline.

SCHLICH [chlĭk'] *s. m.*

[ÉTYM. Emprunté de l'allem. schlich, *m. s.* § 7. || Admis ACAD. 1762.]

|| (Technol.) Minerai écrasé, lavé, préparé pour la fusion.

SCHNAPAN. *V.* chenapan.

SCHOLAIRE, SCHOLASTIQUE, SCHOLIASTE, SCHOLIE, etc. *V.* scolaire, etc.

SCHOONER [chou-nèr'; *vieilli,* skou-nèr'] *s. m.*

[ÉTYM. Emprunté de l'angl. schooner, *m. s.* § 8. || 1812. Schooner, schouner, skouner, MOZIN, *Dict. franç.-allem.* Admis ACAD. 1878.]

|| (Marine.) Petit bâtiment à deux mâts gréé comme une goélette.

SCIAGE [syàj'; *en vers,* si-àj'] *s. m.*

[ÉTYM. Dérivé de scier, § 78. || 1368. Soixante taises de seaige, dans DELB. *Rec.*]

|| Action de scier (le bois, la pierre, etc.). Bois de —, bois de charpente, de menuiserie venant de troncs sciés.

SCIATÉRIQUE, et, *mieux,* *SCIATHÉRIQUE** [syà-té-rĭk'; *en vers,* si-à-...] *adj.*

[ÉTYM. Emprunté du lat. sciathericos ou sciothericos, grec σκιαθηρικός ou σκιοθηρικός, *m. s.* de σκία, ombre, et θηρᾶν, chercher. || Admis ACAD. 1762.]

|| (T. didact.) Qui marque l'heure par l'ombre que projette un style. Cadran —, cadran horaire horizontal, muni d'une lunette pour l'observation du temps vrai.

SCIATIQUE [syà-tĭk'; *en vers,* si-à-...] *adj.*

[ÉTYM. Emprunté du lat. sciaticus, *m. s.* altération du grec ἰσχιαδικός, de ἰσχίον, hanche. || 1372. Passion sciatique, J. CORBICHON, *Propr. des choses,* vii, 56.]

|| (T. didact.) Qui a rapport à la hanche. Nerf —, gros nerf qui va du plexus sacré aux muscles postérieurs de la cuisse, de la jambe et du pied. La goutte —, et, *substantivt,* La —, névralgie douloureuse sur tout le trajet du nerf sciatique.

SCIE [si] *s. f.*

[ÉTYM. Subst. verbal de scier, § 52. || xiiie s. Or i faut il chaudiere et sie, *Choses qui faillent en mesnage.*]

|| **1°** Lame métallique mince, à tranchant denté, adaptée à un manche, et qui, par un mouvement de va-et-vient ou de rotation, entame, divise peu à peu les matières dures (bois, pierre, etc.). — à main, emmanchée comme un couteau et qu'on manie d'une seule main. — à bras, grande scie des scieurs de long, manœuvrée verticalement par deux hommes. — mécanique, qui est mise en mouvement par une machine. — circulaire, disque d'acier dentelé qui agit au moyen d'un mouvement de rotation. — anglaise, scie à lame étroite, à laquelle on imprime un mouvement alterné à l'aide d'une pédale, et qui sert à découper des feuilles de bois mince. — à ruban, scie à lame flexible dont les deux bouts sont réunis et qu'on manœuvre sur deux poulies, pour produire un mouvement continu dans le même sens. — à chantourner, scie à lame mobile, qu'on peut faire tourner sur elle-même, de manière à lui faire suivre des lignes sinueuses. — passe-partout. (*V.* passe-partout.) — à refendre, dont la lame peut être inclinée sur le plan du châssis, de manière à scier une pièce de bois quelle qu'en soit la longueur. — à chaînette, dont les dents sont articulées à l'aide de chaînons. || *P. ext.* | 1. Lame de fer doux, sans dents, pour débiter la pierre, le marbre. | 2. Plaque de fer montée sur un tour dont le lapidaire se sert pour user les pierres précieuses. | 3. Fil de fer dont le potier se sert pour détacher l'ouvrage de dessus le tour. || Bruit de —, bruit semblable au grincement de la scie qu'on perçoit par l'auscultation, dans certaines maladies du cœur. | Trait de —, marque faite sur l'objet qu'on veut scier pour indiquer la ligne que doit suivre la scie, ou tracé que fait la scie à mesure qu'elle divise l'objet; *p. ext.* chacune des sections faites par la scie dans un morceau de bois, de pierre. Coupé du bois en deux traits de — (en trois morceaux). | *Fig.* Un fer de —, réunion de deux scieurs de long manœuvrant ensemble une scie. || *P. anal.* | 1. Lame de fer haute et large, à dentelures, qui orne l'avant des gondoles. | 2. (Hist. nat.) — de mer, poisson dont le museau se prolonge en lame garnie de pointes des deux côtés.

|| **2°** *Fig. Famil.* Chose fatigante par sa répétition uniforme. Monter une — à qqn, imaginer une taquinerie qu'on répète de manière à lasser sa patience.

SCIEMMENT [syà-man; *en vers,* si-à-...] *adv.*

[ÉTYM. Pour scientment, composé avec le lat. sciens, tis, sachant (*cf.* escient), et ment, à l'imitation du lat. scienter, *m. s.* § 724. || xive s. Ce qu'il fist, il le fist sciemment, RAOUL DE PRESLES, *Cité de Dieu,* dans DELB. *Rec.*]

|| Avec pleine connaissance. Altérer — la vérité. Commettre — une injustice.

SCIENCE [syàns'; *en vers,* si-àns'] *s. f.*

[ÉTYM. Emprunté du lat. scientia, *m. s.* de scire, savoir. || xie s. E unt grant science, *Roland,* 3003.]

|| **1°** Connaissance exacte d'un certain ordre de choses. Je sais, pour toute ma —, Du faux avec le vrai faire la différence,

MOL. *Tart.* I, 5. Votre — Est courte là-dessus, LA F. *Fab.* X, 15. La — des choses extérieures ne me consolera pas de l'ignorance de la morale, PASC. *Pens.* VI, 41. Savoir qqch de — certaine. Or vous savez, Iris, de certaine —, Que..., LA F. *Fab.* IX, 20, *Disc. à Mme de la Sablière.* L'arbre de la — du bien et du mal, arbre du paradis terrestre, dont Dieu avait défendu à Adam et à Ève de manger les fruits. ‖ *Absolt.* Ensemble de connaissances résultant de l'étude. Si la — et la sagesse se trouvent unies en un même sujet, je ne m'informe plus du sexe, j'admire, LA BR. 3. Haïr surtout l'esprit et la —, MOL. *F. sav.* IV, 3. Des beautés qu'on ne voit point quand on n'a qu'une demi-— (une science incomplète), SÉV. 183. Avoir la — infuse, savoir les choses par une sorte d'inspiration naturelle. | (Théol.) La — moyenne ou conditionnée, par laquelle Dieu connait les effets que doivent produire les causes dans telles ou telles conditions.

‖ **2°** Système de connaissances où un ordre de faits déterminé est coordonné et ramené à des lois. Les sciences physiques, mathématiques. J'avais passé longtemps dans l'étude des sciences abstraites, PASC. *Pens.* VI, 23. Les sciences d'observation, de raisonnement. L'Académie des sciences morales et politiques.

SCIENTIFIQUE [syan-ti-fĭk'; *en vers,* si-an-...] *adj.*
[ÉTYM. Emprunté du lat. scientificus, *m. s.* ‖ XIV° s. De ces parties une est scientifique ou speculative, ORESME, *Éth.* VI, 1.]
‖ (T. didact.) ‖ **1°** Qui appartient à la science. Les termes scientifiques. L'esprit, la méthode —.
‖ **2°** *Vieilli.* Qui a de la science. Très exacte à ses devoirs, très sainte, mais naturellement un peu —, RAC. *Œuvres,* IV, 606, Gr. Écriv. | *Specialt.* Vénérable et — personne, titre donné aux ecclésiastiques gradués.

SCIENTIFIQUEMENT [syan-ti-fĭk'-man; *en vers,* si-an-ti-fi-ke-...] *adv.*
[ÉTYM. Composé de scientifique et ment, § 724. ‖ 1680. RICHEL.]
‖ (T. didact.) D'une manière scientifique.

1. SCIER [syé; *en vers,* si-yé] *v. tr.*
[ÉTYM. Du lat. secare, *m. s.* devenu seiier, §§ 380, 297 et 291, seier, soier, §§ 345 et 634, puis sier (écrit arbitrairement scier) par réaction des formes à radical accentué sur les formes à radical atone, § 621. FURET. remarque que « quelques-uns disent soyer ou seier » au sens de « couper le blé ».]
‖ Couper avec une scie. — du bois, de la pierre, du marbre. Sucre scié à la mécanique. *P. ext.* — les blés, les couper avec la faucille. ‖ *P. anal. Absolt.* (Manège.) — du bridon, du filet, faire aller et venir l'embouchure du frein. | *P. plaisant.* — le boyau (la corde à boyau), râcler sur le violon. ‖ *Fig. Famil.* — qqn, — le dos à qqn, le fatiguer par la répétition uniforme de qqch.

2. SCIER [syé; *en vers,* si-yé] *v. intr.*
[ÉTYM. Emprunté du provenç. moderne sia ou seia, ital. siare, *m. s.* d'origine incertaine, § 11. ‖ 1611. Sier en arrière, COTGR.]
‖ (Marine.) Ramer à rebours pour revenir en arrière. — bâbord, tribord, scier avec les rames du côté gauche, du côté droit, pour faire tourner l'embarcation dans un sens ou dans l'autre. *P. ext.* Mettre les voiles à —, de manière à ce qu'elles reçoivent le vent sur leur face antérieure et poussent le navire en arrière.

SCIERIE [si-ri] *s. f.*
[ÉTYM. Dérivé de scier 1, § 69. ‖ 1812. MOZIN, *Dict. franç.-allem.* Admis ACAD. 1835.]
‖ (Technol.) Usine où des scies mises en mouvement par une chute d'eau, par une machine à vapeur, etc., divisent le bois, la pierre, le marbre. Une — mécanique.

SCIEUR [syeur; *en vers,* si-eûr] *s. m.*
[ÉTYM. Dérivé de scier 1, § 112. (*Cf.* le doublet savant sécateur.) ‖ XIII° s. Seeres, *Ordonn.* V, 602.]
‖ Ouvrier dont le métier est de scier. — de long, celui qui scie le bois en long pour en faire des planches. ‖ *Absolt.* Celui qui scie les blés. (*Syn.* moissonneur, aoûteron.)

SCILLE [sil] *s. f.*
[ÉTYM. Emprunté du lat. scilla, grec σκίλλα, *m. s.* ‖ XIII° s. Prenez iarus et esquille, *Simples medicines,* f° 37, r°. Admis ACAD. 1762.]
‖ (Botan.) Plante bulbeuse de la famille des Liliacées. — maritime, espèce dont l'oignon est employé en médecine comme diurétique.

SCILLITIQUE [sil'-li-tĭk'] *adj.*
[ÉTYM. Emprunté du lat. scilliticus, grec σκιλλιτικός, *m. s.* ‖ XVI° s. Vinaigre squillitique, G. GUÉROULT, dans DELB. *Rec.* Oxymel scillitic, PARÉ, XVI, 36. Admis ACAD. 1798.]
‖ (Pharm.) Qui contient le principe actif de la scille. Oxymel —.

SCINDER [sin-dé] *v. tr.*
[ÉTYM. Emprunté du lat. scindere, *m. s.* ‖ XVIII° s. *V.* à l'article. Admis ACAD. 1835.]
‖ (T. didact.) Séparer, fractionner (ce qui ne faisait qu'un). Vouloir —, pour ainsi dire, le serment que nous avons prêté, MIRABEAU, dans *Collect.* V, p. 394. Le parti s'est scindé. — une proposition.

SCINQUE [sink'] *s. m.*
[ÉTYM. Emprunté du lat. scincus, grec σκίγκος, *m. s.* ‖ 1611. Scinc, scinque, COTGR. Admis ACAD. 1762.]
‖ (Hist. nat.) Reptile du Levant et du nord de l'Afrique, de l'ordre des Sauriens.

SCINTILLANT, ANTE [sin-til'-lan, -lánt'; *selon d'autres,* -ti-yan, -yánt'] *adj.*
[ÉTYM. Adj. particip. de scintiller, § 47. ‖ XVIII° s. *V.* à l'article. Admis ACAD. 1835.]
‖ (T. didact.) Qui scintille. *Fig.* Quelque chose de beau, de brillant, de —, BEAUMARCH. *B. de Sév.* I, 2.

SCINTILLATION [sin-til'-là-syon; *en vers,* -si-on] *s. f.*
[ÉTYM. Emprunté du lat. scintillatio, *m. s.* ‖ 1611. COTGR. Admis ACAD. 1740.]
‖ (T. didact.) ‖ **1°** (Minéral.) Production d'étincelles au choc du briquet.
‖ **2°** Caractère de ce qui brille par éclats. *Specialt.* La — des étoiles (par opposition à la lumière uniforme des planètes).

SCINTILLEMENT [sin-tiy'-man; *en vers,* -ti-ye-...] *s. m.*
[ÉTYM. Dérivé de scintiller, § 145. ‖ *Néolog.* Admis ACAD. 1878.]
‖ (T. didact.) Caractère de ce qui scintille.

SCINTILLER [sin-til'-lé; *selon d'autres,* -ti-yé] *v. intr.*
[ÉTYM. Emprunté du lat. scintillare, *m. s.* (*Cf.* étinceler.) ‖ XIII° s. Dragons volans En l'air il sement scintillans, *Rose,* dans DELB. *Rec.* Admis ACAD. 1798.]
‖ (T. didact.) Briller, en jetant des éclats par intervalles. Un diamant qui scintille. Les étoiles scintillent.

SCIOGRAPHIE [syò-grà-fĭ; *en vers,* si-ò-...] *s. f.*
[ÉTYM. Composé du lat. sciographia, grec σκιογραφία, *m. s.* de σκία, ombre, et γράφειν, écrire. ‖ 1613. Sciographie ou scœnographie, CESAR NOSTREDAME, *Hist. de Provence,* dans DELB. *Rec.* Admis ACAD. 1762.]
‖ (T. didact.) ‖ **1°** Art de déterminer l'heure au moyen de l'ombre projetée par le soleil ou la lune.
‖ **2°** Art de représenter la structure intérieure d'un édifice, d'une machine, par une coupe latérale ou transversale.

SCION [syon; *en vers,* si-on] *s. m.*
[ÉTYM. Anc. franç. cion, picard chion, d'origine inconnue. ‖ XII°-XIII° s. Ce fu li plus gentis cions Ou Deus meïst onques nature, R. DE HOUDENC, *Meraugis,* 50, Friedwagner.]
‖ Rejeton, pousse de l'année. ‖ *Specialt.* | **1.** Jeune branche destinée à être greffée. | **2.** Bourgeon déjà développé, mais ne formant pas encore un rameau.

SCISSILE [sis'-sil] *adj.*
[ÉTYM. Emprunté du lat. scissilis, *m. s.* ‖ 1611. COTGR. Admis ACAD. 1762.]
‖ (Minéral.) Qui se fend, se sépare en lames.

SCISSION [sis'-syon; *en vers,* -si-on] *s. f.*
[ÉTYM. Emprunté du lat. scissio, *m. s.* ‖ XIV° s. Les cueurs des hommes sont tirez en infinies scissions, J. DE VIGNAY, *Miroir hist.* dans DELB. *Rec.* Admis ACAD. 1762.]
‖ (T. didact.) Action de scinder; résultat de cette action. Il s'est opéré une — dans le parti, dans la confédération.

SCISSIONNAIRE [sis'-syò-nèr; *en vers,* -si-ò-...] *adj.*
[ÉTYM. Dérivé de scission, § 248. ‖ 1812. MOZIN, *Dict. franç.-allem.* Admis ACAD. 1835.]
‖ (T. didact.) Qui forme scission.

SCISSURE [sis'-sûr] *s. f.*
[ÉTYM. Emprunté du lat. scissura, *m. s.* ‖ XVI° s. Sous la scissure de la teste, PARÉ, IV, 25. Admis ACAD. 1835.]
‖ (Anat.) Fente que présentent certains os pour le passage de rameaux vasculaires, certains viscères. — glénoïdale. — du foie, du cerveau.

SCIURE [syûr; *en vers,* si-ûr] *s. f.*

[ÉTYM. Dérivé de scier, § 111. || 1589. De la sieure, R. EST.]
|| Parcelles que fait tomber la scie en divisant le bois, la pierre, etc.

SCLÉROTIQUE [sklé-rò-tïk'] *s. f.*
[ÉTYM. Emprunté du bas lat. sclerotica, *m. s.* dérivé du grec σκληρότης, dureté. || 1314. La tunique de l'œil dite sclérotique, *Chirurg. de Mondeville*, 219, Bos. Admis ACAD. 1762.]
|| (Anat.) Membrane blanche, dite cornée opaque, qui forme la plus grande partie du globe extérieur de l'œil.

'SCOFFION. *V.* escoffion.

SCOLAIRE [skò-lêr] *adj.*
[ÉTYM. Dérivé du lat. scola ou schola, école. (*Cf.* le lat. scolaris et le doublet écolier.) ACAD. admet encore l'orthographe scholaire, hors d'usage. || *Néolog.* Admis ACAD. 1835.]
|| (T. didact.) Relatif aux écoles.

SCOLARITÉ [skò-là-ri-té] *s. f.*
[ÉTYM. Emprunté du bas lat. scholaritas, état d'écolier. ACAD. admet encore l'orthographe scholarité, hors d'usage. || 1399. Son estude et scholarité, dans DU C. scholaritas.]
|| **1°** *Anciennt.* État, privilège de l'écolier (étudiant) d'une université.
|| **2°** *De nos jours.* (T. didact.) Enseignement suivi dans une université. Une — de deux, trois ans; de deux, trois semestres.

SCOLASTIQUE [skò-làs'-tïk'] *adj.*
[ÉTYM. Emprunté du lat. scolasticus ou scholasticus, grec σχολαστικός, *m. s.* ACAD. admet encore l'orthographe scholastique, hors d'usage. (*Cf.* le doublet écolâtre.) || XIVᵉ s. L'hystoire scolastique, RAOUL. DE PRESLES, *Cité de Dieu*, dans DELB. *Rec.*]
|| (T. didact.) Relatif aux écoles (du moyen âge). *Substantivt.* La —, la philosophie telle qu'on l'enseignait au moyen âge, dans les écoles.

SCOLASTIQUEMENT [skò-làs'-tïk'-man ; en vers, -li-ke-...] *adv.*
[ÉTYM. Composé de scolastique et ment, § 724. || XVIIᵉ s. V. à l'article. Admis ACAD. 1718.]
|| (T. didact.) Selon les formes de la scolastique. Il ne l'avait pas dit décisivement, mais —, BOSS. *Var.* XI, 171.

SCOLIASTE [skò-lyàst'; en vers, -li-àst'] *s. m.*
[ÉTYM. Emprunté du grec σχολιαστής, *m. s.* || XVIᵉ s. Nos antiques scholiastes decretalins, RAB. IV, 49.]
|| (T. didact.) Commentateur (ancien) des auteurs grecs, latins.

1. SCOLIE [skò-li] *s. f.*
[ÉTYM. Emprunté du grec σχόλιον, *m. s.* ACAD. admet aussi l'orthographe scholie, vieillie. Sur le genre fém. V. § 550. Les géomètres font le mot du masc. || 1546. Alciat en ses scholies sur Cornelius Tacitus, GUILL. LE ROUILLÉ, *Preexcell. de Gaule*, dans DELB. *Rec.*]
|| (T. didact.) Note de commentateur ancien. || *Spécialt.* (Géom.) Remarque sur un théorème, pour en compléter ou en limiter l'application.

2. SCOLIE [skò-li] *s. f.*
[ÉTYM. Emprunté du grec σχόλιον, *m. s.* Sur le genre, V. § 550. || *Néolog.* Admis ACAD. 1878.]
|| (Antiq. grecque.) Chanson de table.

1. SCOLOPENDRE [skò-lò-pàndr'] *s. f.*
[ÉTYM. Emprunté du lat. scolopendra, grec σχολοπένδρα, *m. s.* || XVIᵉ s. Scolopendre, serpent ayant cent pieds, RAB. IV, 34.]
|| (Hist. nat.) Genre de myriapode, insecte.

2. SCOLOPENDRE [skò-lò-pàndr'] *s. f.*
[ÉTYM. Emprunté du lat. scolopendrium, grec σχολοπένδριον, *m. s.* Sur le genre, V. § 550. || 1314. Scolopendrie, *Chirurg. de Mondeville*, 1951, Bos.]
|| (Botan.) Variété de capillaire, dite langue de cerf, qui croît dans les lieux humides.

SCOMBRE [skônbr'] *s. m.*
[ÉTYM. Emprunté du lat. scomber, grec σκόμβρος, *m. s.* || Admis ACAD. 1835.].
|| (Hist. nat.) Genre de poissons dont le maquereau est le type.

SCORBUT [skòr-bu] *s. m.*
[ÉTYM. Emprunté du holland. scheurbuik, *m. s.* § 10. || XVIᵉ-XVIIᵉ s. Nous pouvons dire, comme ceux qui navigent sous la ligne, que ce qui tomboit du ciel causoit le scorbut, D'AUB. *Médit. sur Ps. 133.*]

|| (Médec.) Maladie caractérisée par l'appauvrissement du sang, par des ulcérations, des taches hémorragiques, l'altération des gencives, la carie des dents et des os maxillaires, l'abattement, la consomption, causée d'ordinaire par l'abus des salaisons, la privation de légumes frais, etc. Le — est nouveau : toutes les maladies nouvelles seront le —, MALEBR. *Rech. de la vérité*, 11, II, 2.

SCORBUTIQUE [skòr-bu-tïk'] *adj.*
[ÉTYM. Dérivé de scorbut, § 229. || Admis ACAD. 1718.]
|| (Médec.) Qui offre le caractère du scorbut. Maladie —. *P. ext. Substantivt.* Un, une —, celui, celle qui a le scorbut.

SCORIE [skò-ri] *s. f.*
[ÉTYM. Emprunté du lat. scoria, grec σκωρία, *m. s.* || 1555. Scorie, c'est crasse, escume et marche des metaux, B. ANEAU, *Tresor de Evonime*, dans DELB. *Rec.* Admis ACAD. 1762.]
|| (T. didact.) Substance vitrifiée qui monte à la surface des métaux en fusion, et est formée de matières étrangères et de parcelles de métal. *P. anal.* — volcanique, matière, analogue à la pierre ponce, que rejettent les volcans. (*Syn.* laitier.)

SCORIFICATION [skò-ri-fi-kà-syon ; en vers, -si-on] *s. f.*
[ÉTYM. Dérivé de scorifier, § 247. || Admis ACAD. 1762.]
|| (T. didact.) Réduction de certaines matières en scories.

SCORIFICATOIRE [skò-ri-fi-kà-twàr] *s. f.*
[ÉTYM. Dérivé de scorifier, § 249. || Admis ACAD. 1762.]
|| (T. didact.) Écuelle qui sert à scorifier.

SCORIFIER [skò-ri-fyé; en vers, -fi-yé] *v. tr.*
[ÉTYM. Composé avec le lat. scoria, scorie, et facere, faire, § 274. || Admis ACAD. 1762.]
|| (T. didact.) Réduire en scories. Dans les travaux en grand, on ne se sert que du plomb, qui, par la fusion, sépare de l'or toutes ces matières étrangères en les scorifiant, BUFF. *Minéraux, Or.*

SCORPIOÏDE [skòr-pyò-ïd'; en vers, -pi-ò-...] *adj.*
[ÉTYM. Emprunté du grec σκορπιοειδής, *m. s.* || Admis ACAD. 1762.]
|| (T. didact.) Recourbé en queue de scorpion.

SCORPIOJELLE [skòr-pyò-jèl; en vers, -pi-ò-...] *s. f.*
[ÉTYM. Composé avec scorpion et un second élément obscur. || 1723. SAVARY, *Dict. du comm.* Admis ACAD. 1762.]
|| (Commerce.) Huile de scorpion.

SCORPION [skòr-pyon ; en vers, -pi-on] *s. m.*
[ÉTYM. Emprunté du lat. scorpio, grec σκορπίος; *m. s.* || XIIᵉ s. Escorpiun, PH. DE THAUN, *Comput*, 1720.]
|| (Hist. nat.) Animal de la classe des Arachnides pulmonaires, dont la queue est armée d'un dard communiquant avec une glande à venin. Huile de —, huile dans laquelle on avait fait mourir des scorpions, qu'on croyait bonne pour guérir la piqûre de cet animal. (*Cf.* scorpiojelle.) || *Fig.* Le huitième signe du zodiaque.

SCORSONÈRE [skòr-sò-nèr] *s. f.*
[ÉTYM. Emprunté de l'ital. scorzonera, espagn. escorzonera, *m. s.* de scorzone, escorzon, insecte venimeux contre la morsure duquel le salsifis noir a été préconisé, §§ 12 et 13. || 1680. RICHEL.]
|| Salsifis noir.

SCOTIE [skò-si] *s. f.*
[ÉTYM. Emprunté du lat. scotia, grec σκοτία, *m. s.* || 1642. OUD. Admis ACAD. 1835.]
|| (Architect.) Moulure concave bordée de deux filets, employée dans la base des colonnes et des édifices.

'SCOTTISH [skò-tïch'] *s. f.*
[ÉTYM. Emprunté de l'angl. scottish, *m. s.* proprt, « d'Écosse », § 8. || *Néolog.*]
|| Danse dont le rythme se rapproche de la polka, mais est à deux temps, au lieu de deux-quatre, et plus lent.

SCRIBE [skrib'] *s. m.*
[ÉTYM. Emprunté du lat. scriba, *m. s.* (*Cf.* écrivain.) || XIVᵉ s. Scribe, qui estoit un nom d'office a Rome, RAOUL DE PRESLES, *Cité de Dieu*, dans DELB. *Rec.*]
|| Homme employé à faire des écritures, copies, expéditions d'actes. Il avait été petit — dans les bureaux de Vienne, ST-SIM. XIII, 74. *Spécialt.* (Antiq. judaïque.) Docteur ayant pour ministère d'écrire et d'interpréter les Écritures. Malheur à vous, scribes et pharisiens, SACI, *Bible, Matth.* XXIII, 14.

SCRIPTEUR [skrip'-teur] *s. m.*

[ÉTYM. Emprunté du lat. scriptor, *m. s.* || XVIᵉ s. Scripteurs latins et antiques, RAB. III, 18. Admis ACAD. 1762.]
|| (T. didact.) Celui qui écrit (*au propre*). *Spécialt.* Celui qui écrit les bulles à la chancellerie pontificale.

SCROFULAIRE [skrò-fu-lèr] *s. f.*
[ÉTYM. Emprunté du lat. du moyen âge scrofularia, *m. s.* dérivé de scrofula, scrofule, § 248. || XVᵉ s. Scrofulaire, c'est une herbe qui croist en lieux fermes, *Circa instans*, 429, Camus. Admis ACAD. 1762.]
|| (Botan.) Genre de plantes dont une espèce, la — noueuse, dite herbe aux écrouelles, passait pour guérir la scrofule.

SCROFULE [skrò-ful] *s. f.*
[ÉTYM. Emprunté du lat. scrofula, *m. s.* (*Cf.* écrouelles.) || 1545. Les escrouelles, qu'ils nomment scrophules, G. GUÉROULT, *Hist. des plantes*, dans DELB. *Rec.* Admis ACAD. 1762.]
|| (Médec.) Maladie, dite vulgairement humeurs froides, écrouelles, caractérisée par le gonflement des ganglions lymphatiques, particulièrement de ceux du cou, formant des tumeurs qui dégénèrent en ulcères. (S'emploie surtout au pluriel.) Être atteint de la —. Avoir des scrofules.

SCROFULEUX, EUSE [skrò-fu-leú, -leúz'] *adj.*
[ÉTYM. Dérivé de scrofule, § 251. (*Cf.* écrouelleux.) || Admis ACAD. 1762.]
|| Qui tient de la scrofule. Sang —. *Substantivt.* Un —, une scrofuleuse, celui, celle qui a la scrofule.

SCROTOCÈLE [skrò-tò-sèl] *s. f.*
[ÉTYM. Composé avec le lat. scrotum, scrotum, et le grec κήλη, tumeur, § 284. || 1812. MOZIN, *Dict. franç.-allem.* Admis ACAD. 1835.]
|| (Médec.) Hernie qui descend dans le scrotum.

SCROTUM [skrò-tòm'] *s. m.*
[ÉTYM. Emprunté du lat. scrotum, *m. s.* FURET. *Rom. bourg.* II, 46, dit scroton, et ACAD. 1762 donne cette forme à côté de scrotum. || 1541. Scrotum, c'est a dire bourse, J. CANAPPE, *Tables anat.* dans DELB. *Rec.* Admis ACAD. 1762.]
|| (Anat.) Enveloppe cutanée des deux testicules, dite vulgairement bourses.

SCRUPULE [skru-pul] *s. m.*
[ÉTYM. Emprunté du lat. scrupulum, *m. s.* proprt, « petit caillou ». On trouve escruple au moyen âge. || XIVᵉ s. Hors de tout scrupule et de tout doubte, RAOUL DE PRESLES, *Cité de Dieu*, dans DELB. *Rec.*]
|| **1º** (Antiq. rom.) Très faible poids, la vingt-quatrième partie de l'once. || *P. ext. De nos jours.* (Astron.) Très faible fraction de minute.
|| **2º** *Fig.* Inquiétude de la conscience sur un point minutieux. Être exact jusqu'au —. Je sais l'art de lever les scrupules, MOL. *Tart.* IV, 5. Vos scrupules font voir trop de délicatesse, LA F. *Fab.* VII, 1. Vous n'auriez pas eu pour moi plus de —, CORN. *Pomp.* III, 2. Avoir des scrupules. Un homme sans scrupule. Se faire un — de qqch. Et moi, loup, j'en ferai — I LA F. *Fab.* X, 5. Il m'est venu depuis un moment de petits scrupules sur le mariage, MOL. *Mar. forcé*, sc. 3.

SCRUPULEUSEMENT [skru-pu-leúz'-man; *en vers*, -leú-ze-...] *adv.*
[ÉTYM. Composé de scrupuleuse et ment, § 724. || XIVᵉ s. Demander tres scrupuleusement, RAOUL DE PRESLES, *Cité de Dieu*, dans DELB. *Rec.*]
|| D'une manière scrupuleuse.

SCRUPULEUX, EUSE [skru-pu-leú, -leúz'] *adj.*
[ÉTYM. Emprunté du lat. scrupulosus, *m. s.* || XIVᵉ s. Se déduit de l'existence de scrupuleusement à cette date.]
|| Qui a des scrupules. Ce manuscrit qu'un homme ne fit point de difficulté de lui vendre, VOLT. *Fragm. sur l'hist.* 29. Une dévotion scrupuleuse à l'excès. J'ai quelquefois une délicatesse trop scrupuleuse, LA ROCHEF. *Portrait.* Acquitter ce qu'elle devait avec une scrupuleuse régularité, BOSS. *A. de Gonz.* Un historien d'une exactitude scrupuleuse. | *Substantivt.* J'en suis d'avis, faites le —, PIRON, *Métrom.* IV, 10.

SCRUTATEUR, *SCRUTATRICE [skru-tà-teúr,-trìs'] *s. m. et f.*
[ÉTYM. Emprunté du lat. scrutator, trix, *m. s.* || XIVᵉ s. Le scrutateur des cueurs, J. DE VIGNAY, *Miroir hist.* dans DELB. *Rec.*]
|| (T. didact.) Celui, celle qui scrute. — téméraire de la majesté (divine), BOSS. *Éléval. Mystèr.* III, 7. *Adjectivt.* Un regard, un esprit —. Une curiosité scrutatrice. || *Spécialt.* Celui qui est chargé de surveiller, de dépouiller un scrutin.

SCRUTER [skru-té] *v. tr.*

[ÉTYM. Emprunté du lat. scrutari, *m. s.* || XVIIIᵉ s. *V.* à l'article. Admis ACAD. 1798.]
|| (T. didact.) Examiner en cherchant à pénétrer jusqu'au fond des choses. — la conduite de qqn. — les secrets de la nature. On ne scrute pas tant les choses, VAUVEN. *Espr.* 91. | *Absolt.* Pontchartrain, fin à —, ST-SIM. IX, 11.

SCRUTIN [skru-tin] *s. m.*
[ÉTYM. Emprunté du lat. scrutinium, action de fouiller. Le moyen âge dit scrutine dans le même sens. || 1638. Je ferai cette semaine le scrutin de mes livres, CHAPELAIN, *Lett.* I, 231.]
|| (T. didact.) Vote au moyen de boules, bulletins, etc., déposés dans une urne, une boîte, d'où on les tire ensuite pour les compter. — secret, et, *vieilli*, — couvert, découvert, où le vote est, n'est pas secret. — d'arrondissement, où les électeurs de chaque circonscription électorale votent pour un seul député. — de liste, où les électeurs d'un département votent pour tous les députés à élire dans le département. Être élu au premier tour de —. — de ballottage, nouveau scrutin quand aucun candidat n'a obtenu la majorité nécessaire au premier tour.

SCULPTER [skül-té] *v. tr.*
[ÉTYM. Emprunté du lat. sculpere, *m. s.* devenu sculper (seule forme donnée par ACAD. 1694), puis sculpter d'après sculpteur, sculpture. || 1718. Sculpter, ACAD.]
|| Façonner avec le ciseau (le marbre, la pierre, le bois, le métal). Ceux qui sculptent le marbre. Un cadre en bois sculpté. *P. ext.* — une statue, une figure, des ornements.

SCULPTEUR [skül-teúr] *s. m.*
[ÉTYM. Emprunté du lat. sculptor, *m. s.* || 1538. Juste de Just, sculpteur en marbre du roy, dans *Bibl. de l'Éc. des Chartes*, 1864-1865, p. 491.]
|| Artiste qui sculpte. *P. appos.* Une femme —.

SCULPTURAL, ALE [skül-tu-ràl] *adj.*
[ÉTYM. Dérivé de sculpture, § 238. || *Néolog.* Admis ACAD. 1878.]
|| Qui appartient à la sculpture. Une décoration sculpturale.

SCULPTURE [skül-tür] *s. f.*
[ÉTYM. Emprunté du lat. sculptura, *m. s.* CHR. DE PISAN emploie sculpure, d'après sculper, forme primitive de sculpter. || XVᵉ-XVIᵉ s. Tu ouvrois leans de sculpture, J. LE MAIRE, dans DELB. *Rec.*]
|| Art du sculpteur. Les monuments de la — grecque. Un atelier de —. Un beau travail de —. *P. ext.* Travail du sculpteur. Les sculptures de Phidias.

'SCURRILE [skur-ril] *adj.*
[ÉTYM. Emprunté du lat. scurrilis, *m. s.* de scurra, bouffon. || XIVᵉ s. Ton urbanité n'est point scurrille, J. DE VIGNAY, *Miroir hist.* dans DELB. *Rec.* Admis ACAD. 1694, suppr. en 1740.]
|| *Vieilli.* De bouffon. *Substantivt.* Le —, le genre bouffon. Rire des contes éloignés du —, D'AUB. *Fœneste*, préf.

'SCURRILEMENT [skur'-ril-man; *en vers*, -ri-le-...] *adv.*
[ÉTYM. Composé de scurrile et ment, § 724. || XVIᵉ s. Ils ne causeront point scurrillement, dans DELB. *Rec.* Admis ACAD. 1694; suppr. en 1740.]
|| *Vieilli.* D'une manière scurrile.

'SCURRILITÉ [skur'-ri-li-té] *s. f.*
[ÉTYM. Emprunté du lat. scurrilitas, *m. s.* || 1546. Vanités et scurrilitez, J. DE GAIGNY, dans DELB. *Rec.* Admis ACAD. 1694, suppr. en 1740; rétabli en 1764; suppr. en 1835.]
|| *Vieilli.* Caractère, acte scurrile.

SCYTALE [si-tàl] *s. f.*
[ÉTYM. Emprunté du lat. scytala, grec σκυτάλη, *m. s.* Les naturalistes font scytale du masc. § 554. || 1372. Une serpent qu'on appelle scitale, J. CORBICHON, *Propr. des choses*, XVIII, 7. | 1587. La scytale des Lacedemoniens, VIGENÈRE, *Traité des chiffres*, dans DELB. *Rec.* Admis ACAD. 1762 (sens **I**) et 1878 (sens **II**).]
I. (Antiq. grecque.) Bâton de commandement des généraux de Lacédémone. || *P. ext.* Bande de parchemin sur laquelle on écrivait après l'avoir ajustée sur un rouleau d'une dimension déterminée, en sorte que le sens ne pouvait être retrouvé que par celui qui pouvait adapter la bande à un rouleau pareil.
II. *Fig.* (Hist. nat.) Genre de serpents venimeux.

SE [se] et (devant une voyelle ou une h muette) **S'** *pron. réfl.*
[ÉTYM. Du lat. se, *m. s.* § 591.]

|| Forme atone de soi, pronom réfléchi de la troisième personne, qui s'emploie devant le verbe comme complément direct et indirect. || **1°** Complément direct. Las de se faire aimer, il veut se faire craindre, RAC. *Brit.* I, 1. Ils s'aiment! Par quel charme ont-ils trompé mes yeux? ID. *Phèd.* IV, 6. Et qui s'honorerait de l'appui d'Agrippine? ID. *Brit.* I, 2. Mon cœur s'en effarouche, CORN. *Hor.* II, 3. Il se hâte et s'épuise en efforts superflus, ID. *ibid.* IV, 2. | *Vieilli.* Il se faut entr'aider, LA F. *Fab.* VIII, 17. | *P. ext.* Avec un verbe réfléchi. Là-dessus, elle s'est récriée. | *Spécialt.* Avec un verbe actif auquel il donne le sens passif. De si mortels affronts ne se réparent point, CORN. *Cid*, II, 3.

|| **2°** Complément indirect. Sa prodigue amitié ne se réserve rien, RAC. *Brit.* I, 1. Néron n'a qu'à se ressembler, ID. *ibid.* I, 2.

SÉANCE [sé-ăns'] *s. f.*

[ÉTYM. Dérivé de seoir, § 146; proprt, « le fait d'être assis ». || 1611. COTGR.]

|| **1°** *Vieilli.* Le fait d'être assis. Sa — éternelle (de Jésus-Christ) à la droite, PASC. *Lett. sur la mort de son père.*

|| **2°** Réunion des membres d'un tribunal, d'une assemblée, etc., siégeant pendant un temps plus ou moins long pour s'occuper de leurs travaux. Assister à une — du sénat, de la chambre des députés, de l'Académie, de la cour d'assises. La — est ouverte, est levée, formule par laquelle le président annonce qu'elle commence, qu'elle est terminée. Suspendre la —, l'interrompre un certain temps. C'était le signal pour commencer la —, BOSS. *Hist. univ.* III, 3. Entrer en —. Le jour, le lieu où une assemblée tient —. L'affaire fut résolue — tenante, dans le cours de la séance. Avoir droit de —, et, *ellipt,* Avoir —, avoir droit de siéger. Prendre — (en parlant d'un nouveau membre), siéger pour la première fois. Accorder à qqn les honneurs de la —, lui permettre, à titre d'honneur, d'y assister.

|| **3°** *P. ext.* Réunion de personnes restant à dîner, à jouer, à travailler ensemble. Ils ont fait une longue — à table. || *Spécialt.* Temps pendant lequel une personne, un modèle pose chez un peintre, un sculpteur. Le portrait a été fait en cinq séances.

SÉANT, ANTE [sé-an, -änt'] *adj.*

[ÉTYM. Adj. particip. de seoir, § 47. (*Cf.* seyant.) Pour l'emploi de séant comme part. ou gérondif, *V.* seoir. || XIIIᵉ s. Se déduit de l'existence de bienséant à cette époque.]

|| Qui sied, qui est établi, admis comme convenable. (*Cf.* bienséant, malséant.) Il faut placer les actions où il est plus facile et mieux — qu'elles arrivent, CORN. *Disc. Trag.* 2. Il n'est pas — qu'une jeune fille sorte seule. Une conduite peu séante à un homme de son caractère.

SEAU [só] *s. m.*

[ÉTYM. Du lat. pop. *sĭtĕllum* (class. sĭtŭlum, §§ 2 et 126), *m. s.* devenu sedel, seel, seeau, seau, §§ 342, 402, 359 et 456. (*Cf.* seille.) || XIIIᵉ s. El seel entrai sans demore, *Renart,* VI, 630.]

|| Vaisseau cylindrique, en bois, en zinc, etc., de la contenance de plusieurs litres, servant à puiser, à transporter de l'eau ou tout autre liquide. Deux seaux alternativement Puisaient le liquide élément, LA F. *Fab.* XI, 6. Seaux à incendie, seaux de toile dont on se sert pour porter de l'eau dans les incendies. Verser de l'eau à seaux. *P. anal. Famil.* Il pleut à seaux, aussi abondamment que si on versait l'eau avec des seaux. | *P. ext.* — d'eau, la quantité d'eau que contient un seau. Tant de seaux d'eau que j'ai tirés au puits pour elle! MOL. *B. gent.* III, 9.

SÉBACÉ, ÉE [sé-bà-sé] *adj.*

[ÉTYM. Emprunté du lat. sebaceus, *m. s.* || Admis ACAD. 1762.]

|| (*T. didact.*) Qui est de la nature du suif. Matière sébacée, fluide onctueux, sécrété par des glandes dans l'épaisseur de la peau, pour lui conserver sa souplesse. *P. ext.* Glandes sébacées, follicules sébacés, qui sécrètent cette matière.

SÉBESTE [sé-bèst'] *s. m.*

[ÉTYM. Emprunté de l'arabe sebestan, *m. s.* § 22. || XVIᵉ s. Les tamarins, les sebestes, PARÉ, XVIII, 66. Admis ACAD. 1762.]

|| (Botan.) Fruit du sébestier, employé autrefois en tisane.

SÉBESTIER [sé-bès'-tyé] *s. m.*

[ÉTYM. Dérivé de sébeste, § 115. || 1611. COTGR. Admis ACAD. 1835.]

|| (Botan.) Sorte de prunier d'Égypte.

SÉBILE [sé-bil] *s. f.*

[ÉTYM. Origine incertaine; le rapprochement avec le persan zebbil, corbeille, ne paraît guère acceptable. || 1611. COTGR. Admis ACAD. 1762.]

|| Vaisseau de bois rond et creux. Puiser de l'eau dans une —. Une — qui contient du grès. Mettre de la monnaie dans une —. Un aveugle qui tend sa — pour recevoir l'aumône. || *Spécialt.* — de pressoir, qui sert à tirer le vin de la cuve pour l'entonner. *Loc. prov. Vieilli.* Rouge comme une — de pressoir.

SEC, SÈCHE [sĕk', sèch'] *adj.*

[ÉTYM. Du lat. sĭccum, sĭcca, *m. s.* §§ 308, 385 et 291.]

|| **1°** Qui ne contient plus d'humidité. Un terrain sec. La terre est sèche. Du bois sec. Des feuilles sèches, des herbes sèches. Les foins sont secs. De l'air sec, où il n'y a plus de vapeur d'eau. *P. ext.* Un temps sec, un froid sec, sans pluie, sans brouillard. *Ellipt.* Du beau temps, de la bise, Enfin du sec et du mouillé (un temps sec et un temps pluvieux), LA F. *Fab.* VI, 4. Rentrer le linge (qu'on a lavé) quand il est sec. Mettre au sec, dans un lieu sec. Les rues sont sèches, les pavés sont secs, et, *dans le même sens,* Il fait sec dans les rues. Une construction dont les plâtres ne sont pas encore secs. *Spécialt.* Des légumes secs, des fruits secs, dont on a fait évaporer la partie humide, pour les conserver. *Fig.* Un fruit sec, celui qui a suivi un cours d'études sans en profiter. | *Substantivt.* Du sec, du fourrage sec. *Fig.* Employer le vert et le sec, tous les moyens. Avoir la bouche sèche, la gorge sèche, que n'humecte plus la salive. Des yeux secs, sans larmes. L'autre, avec des yeux secs et presque indifférents, Voit mourir ses deux fils, RAC. *Bér.* IV, 5. Voir qqch d'un œil sec, sans s'attendrir. *P. hyperb.* Traverser un ruisseau à pied sec, sans se mouiller (à un endroit où il n'y a presque pas d'eau). | *P. ext.* Un mur de pierres sèches, une muraille sèche, de pierres assemblées sans plâtre, sans mortier. Des ventouses sèches, non scarifiées, on ne tire pas de sang. Un orage sec, sans pluie. Une nourrice sèche, qui n'allaite pas l'enfant qu'elle est chargée de soigner. Boire sec, boire son vin sans y mettre d'eau. Un vin sec, qui n'est pas liquoreux. Du madère sec. Manger du pain sec, sans autre aliment qui l'accompagne. [*Fig.* Une messe sèche, où le prêtre ne consacre pas, ayant déjà communié. Confession sèche, sans absolution. Consultation sèche, que donne un avocat, un médecin, sans recevoir d'argent. Une perte sèche, sans aucune compensation. *Adverbialt.* Il a reçu cinquante écus tout sec, sans rien de plus. *P. plaisant.* Quarante mille écus d'argent sec et liquide (d'argent comptant, sonnant, et net de tous frais), REGNARD, *Légat. univ.* II, 8. || *Loc. adv.* A sec, sans qu'il reste aucune partie liquide. La rivière est à sec. Mettre à sec le lit d'un ruisseau. Il fallut donc mettre à sec une rivière si rapide et si profonde, en détournant ses eaux, BOSS. *Hist. univ.* III, 4. *P. ext.* Mettre un navire à sec, le tirer hors de l'eau. | Mettre un tonneau de vin, une coupe à sec, les vider jusqu'à la dernière goutte. || *Fig.* | **1.** Être à sec, n'avoir plus d'argent. Mettre un joueur à sec, lui gagner tout son argent. | **2.** Être à sec, n'avoir plus rien à dire. Sur ce chapitre on n'est jamais à sec, MOL. *Impr. Remerc. au roi.* | **3.** (Marine.) A sec de voiles, sans déployer les voiles.

|| **2°** *Fig.* | **1.** Qui n'a presque pas de chair, de graisse. Un cheval qui a la tête sèche, les jambes sèches et nerveuses. Le corps sec et la mine affamée, BOIL. *Sat.* 1. | **2.** Qui n'a pas de moelleux, de douceur. Donner un coup sec. Des contours secs. Ses manières étaient respectueuses et modérées, mais sèches, FÉN. *Tél.* 14. Une réponse, une parole sèche. *Ellipt.* Me la donnant plus sèche, MOL. *Fâch.* I, 1. Parler d'un ton sec. Un style sec. | **3.** Qui n'a pas de sensibilité. Un cœur sec. Ne vous attachez pas à une pratique sèche et sans amour, BOSS. *Médit. sur l'Év.* 89ᵉ jour. | **4.** Stérile. Le pauvre esprit de femme et le sec entretien! MOL. *Mis.* II, 4. C'est un auteur sec et aride, BOIL. *Dissert. sur Joconde.* J'ai trouvé la matière assez sèche de soi, REGNARD, *Joueur,* III, 2.

SÉCABLE [sé-kàbl'] *adj.*

[ÉTYM. Emprunté du lat. secabilis, *m. s.* de secare, couper. || Admis ACAD. 1762.]

|| (*T. didact.*) Susceptible d'être coupé, divisé.

SÉCANT, SÉCANTE [sé-kan, -känt'] *adj.*

[ÉTYM. Emprunté du lat. secans, part. prés. de secare, couper. || 1542. Secant ou divisant, BOVELLES, *Géom.* fᵒ 4, rᵒ. Admis ACAD. (comme subst. fém.) 1694.]

|| (Géom.) Qui coupe (une ligne, une surface). Une ligne, une surface sécante, et, *substantivt,* Une sécante.

SÉCANTE [sé-känt']. *V.* sécant.

SÉCATEUR [sé-kà-teùr] *s. m.*

[ÉTYM. Dérivé du lat. secare, couper, § 249. (*Cf.* le doublet pop. scieur.) || *Néolog.* Admis ACAD. 1878.]

|| (Agricult.) Instrument pour couper les tiges, les branches menues, forts ciseaux formés de deux branches croisées à ressort, terminées en lames dont l'une est ovale et tranchante, et dont l'autre, en croissant, sert de point d'appui.

SÉCESSION [sé-sès'-syon ; *en vers*, -si-on] *s. f.*

[ÉTYM. Emprunté du lat. secessio, *m. s.* || XVIIᵉ s. V. à l'article. Admis ACAD. 1878.]

|| (T. didact.) Action de se séparer. La — de messieurs des enquêtes, PEIRESC, *Lett.* dans DELB. *Rec.* | *Spécialt.* Action par laquelle une partie des citoyens se sépare violemment du reste de la nation. La guerre de — (aux États-Unis), des États du Nord contre ceux du Sud qui avaient fait sécession.

SÉCHAGE [sé-chàj'] *s. m.*

[ÉTYM. Dérivé de sécher, § 78. || 1812. MOZIN, *Dict. franç.-allem.* Admis ACAD. 1878.]

|| (Technol.) Action de faire sécher.

1. SÈCHE. *V.* seiche.

2. ˚SÈCHE [sèch'] *s. f.*

[ÉTYM. Tiré de sèche, fém. de l'adj. sec, § 38, à l'imitation de l'ital. secca, *m. s.* § 12. TRÉV. remarque que qqns disent secque. || 1640. Seiche ou baisse, OUD. secca.]

|| (Marine.) Partie du fond de la mer laissée à découvert à l'époque de la basse mer. Les sèches de Barbarie.

SÉCHEMENT [sèch'-man ; *en vers*, sè-che-...] *adv.*

[ÉTYM. Composé de sèche et ment, § 724. || 1552. Seichement, CH. EST. dans DELB. *Rec.*]

|| D'une manière sèche. (S'emploie surtout au figuré.) Peindre —, sans moelleux. Parler — à qqn, sans douceur.

SÉCHER [sé-ché] *v. tr. et intr.*

[ÉTYM. Du lat. siccare, *m. s.* devenu sechier, §§ 342, 385, 297 et 291, sechier, sécher, § 634.]

I. *V. tr.* Rendre sec. Le soleil a séché ses vêtements humides. Il (le pigeon) part tout morfondu, Sèche du mieux qu'il peut son corps chargé de pluie, LA F. *Fab.* IX, 2. Se —, sécher son corps ou ses vêtements. Le torrent se sécha, SACI, *Bible, Rois*, III, XVII, 7. Cette pitoyable nouvelle n'a pas séché mes yeux, SÉV. 244. *P. ext.* — ses larmes. Sèche tes pleurs, Sabine, CORN. *Hor.* IV, 7. | *Spécialt.* Faire dépérir en rendant sec. Cet arbre séché jusque dans ses racines, RAC. *Ath.* I, 1. La main qu'il avait étendue contre le prophète se sécha, SACI, *Bible, Rois*, III, XIII, 4.

II. *V. intr.* Devenir sec. Ses vêtements sèchent au soleil. Faire — du linge. Les yeux ne lui sèchent pas, SÉV. 435. Famine... funeste aux mères qui voyaient — leurs mamelles, BOSS. *Hist. univ.* II, 8. Quelques Numides qui faisaient — (pour les conserver) des poissons au soleil, VOLT. *Princ. de Babyl.* 11. | *Spécialt.* Dépérir en devenant sec. Un arbre qui sèche sur pied. || *Fig.* On verra bientôt cette dernière — sur le pied, SÉV. 569. Le matin elle fleurissait,... le soir nous la vîmes séchée, BOSS. *D. d'Orl.* J'aurais eu peur que ma main n'eût séché, SÉV. 891. Va maigrir, si tu veux, et — sur un livre, BOIL. *Lutr.* 4. Avant deux jours je sécherais d'ennui, CORN. *Gal. du Pal.* IV, 8.

SÉCHERESSE [sèch'-rès' ; *en vers*, sè-che-...] *s. f.*

[ÉTYM. Dérivé de sécher, §§ 63 et 82 *bis.* || XIIᵉ s. Ainz ot tel secherece, CHRÉTIEN DE TROYES, *Cligès*, 1486.]

|| État de ce qui est sec.

|| **1°** *Au propre.* La — du gosier, de la langue. La — de la terre. *Absolt.* Absence de pluie. La — a été grande cet été. *P. anal.* Cette — étrange (manque d'argent) où l'on nous fait languir, MOL. *Av.* I, 2.

|| **2°** *Fig.* | **1.** Absence de moelleux, de douceur. La — des contours. La — de ses manières. | **2.** Absence de sensibilité. La — du cœur. *Spécialt.* Absence de ferveur dans la piété. Des sécheresses, des ennuis et des dégoûts, BOURD. *Sainteté et force de la loi chrét.* 229. | **3.** Stérilité. Quelle — de conversation ! MOL. *Préc. rid.* sc. 4.

˚SÉCHERIE [sèch'-ri ; *en vers*, sè-che-ri] *s. f.*

[ÉTYM. Dérivé de sécher, § 69. Se trouve en anc. franç. au sens de « sécheresse ». || (Au sens actuel) 1798. PAJOT DES CHARMES, *Art du blanch. des toiles*, p. 10.]

|| (Technol.) Lieu où l'on fait sécher. (*Cf.* séchoir.)

SÉCHOIR [sé-chwàr] *s. m.*

[ÉTYM. Dérivé de sécher, § 113. || 1669. *Instr. aux insp. des manuf.* art. 25. Admis ACAD. 1798.]

|| (Technol.) Partie d'un établissement, d'une usine, etc., où l'on fait sécher.

SECOND, ONDE [se-gon, -gônd'] *adj. et s. m. et f.*

[ÉTYM. Emprunté du lat. secundus, *m. s.* § 503. || XIIᵉ s. Plus durot Que li premiers ne li segonz, *Énéas*, 7587.]

I. *Adj.* Qui vient immédiatement après le premier. (Se place d'ordinaire avant le substantif, excepté quand on parle d'un tome, d'un livre ; s'emploie surtout quand il n'y a ou quand on ne considère que deux objets.) (*Syn.* deuxième.) Le — étage. Le tome, le livre, le chant, le chapitre, le paragraphe —. Il a obtenu le — prix. L'habitude est une seconde nature. Se marier en secondes noces. Un — père (un beau-père), MOL. *Mal. im.* II, 5. Les causes secondes (par opposition à la cause première). Acheter une chose de la seconde main, de seconde main, de celui qui l'a achetée au producteur. Tenir une nouvelle de seconde main, avoir une érudition de seconde main, qui n'est pas puisée à la source même. Qu'ils cherchent dans l'Épire une seconde Troie, RAC. *Andr.* I, 2. Que Joad... ne m'irrite point par un — outrage, ID. *Ath.* II, 5. Ah ! quelle audace sans seconde (telle qu'il n'y en a pas une seconde pareille) ! MOL. *Amph.* I, 1. Seconde vue, faculté qu'on attribuait à certaines personnes de voir non seulement par les yeux, mais par l'imagination. Pain —, pain rassis. Eau seconde, eau-forte. Je viens pour la seconde fois.

II. *S. m.* || **1°** En parlant des personnes. | **1.** Celui qui tient le second rang. Je suis le premier, vous êtes le —. *Spécialt.* Le — d'un navire, celui qui commande après le capitaine. | **2.** Celui qui aide qqn en suivant ses vues, son plan. Avec de tels seconds, rien n'est pour vous douteux, CORN. *Nicom.* III, 6. *Spécialt. Vieilli.* Témoin dans un duel, se battant contre le témoin de l'adversaire. Son — fut blessé. | *P. anal.* (Marine.) Le — d'un navire, bâtiment destiné à en soutenir un autre dans le combat. (*Cf.* matelot.)

|| **2°** En parlant des choses. | **1.** Seconde partie. Faire le — dans un duo. | **2.** Seconde syllabe du mot d'une charade. | **3.** Second étage d'une maison. Il demeure au —. || *Loc. adv.* En —, en tenant le second rang. Être en —. Un capitaine en —.

III. *S. f.* Seconde. || **1°** (Typogr.) Seconde épreuve, épreuve d'une feuille déjà corrigée.

|| **2°** (T. scolaire.) Seconde classe, celle qui, dans l'enseignement classique, vient immédiatement au-dessous de la rhétorique. Un élève de seconde.

|| **3°** (Escrime.) Seconde position de l'épée, dans la ligne du dehors, la pointe basse, le poignet en pronation.

|| **4°** (Musique.) Intervalle qui suit l'unisson.

|| **5°** (Astron.) Chacune des soixante parties égales qui forment la division d'une minute.

SECONDAIRE [se-gon-dèr] *adj.*

[ÉTYM. Emprunté du lat. secundarius, *m. s.* § 503. || 1372. Effectz secondaires, J. CORBICHON, *Propr. des choses*, mss franç. Bibl. nat. 22533, fᵒ 37, rᵒ.]

|| (T. didact.) || **1°** Qui ne vient qu'en second rang. | **1.** (Astron.) Planètes secondaires, les satellites. | **2.** (Géologie.) Période —, où les terrains ne présentent plus, au lieu des roches primitives, que des dépôts de matières de transport. | **3.** (Pédagogie.) Enseignement —, l'enseignement des lycées et des collèges (par opposition à l'enseignement primaire, celui des écoles élémentaires). | **4.** (Médec.) Accidents secondaires, subséquents à d'autres.

|| **2°** Qui ne vient qu'en second rang, pour l'importance. Les circonstances secondaires d'un fait. Ces détails sont secondaires dans l'affaire en question.

SECONDAIREMENT [se-gon-dèr-man ; *en vers*, -dè-re-...] *adv.*

[ÉTYM. Composé de secondaire et ment, § 724. || XIVᵉ s. ORESME, dans MEUNIER, *Essai sur Oresme.*]

|| (T. didact.) D'une manière secondaire.

SECONDE. *V.* second.

SECONDEMENT [se-gond'-man ; *en vers*, -gon-de-...] *adv.*

[ÉTYM. Composé de seconde et ment, § 724. || 1314. *Chirurg. de Mondeville*, 1647, Bos.]

|| En second lieu.

SECONDER [se-gon-dé] *v. tr.*

[ÉTYM. Emprunté du lat. secundare, *m. s.* § 503. || 1519. Il te secondera, GUILL. MICHEL, dans DELB. *Rec.*]

|| **1°** *Vieilli.* Suivre, venir après (qqn, qqch). Votre Ma-

jesté, Sire, a vu mes trois combats; Il est bien malaisé qu'un pareil les seconde, CORN. *Hor.* v, 2. *Absoll.* En parlant de la puissance royale. Ne faire que — dans les affaires spirituelles, BOSS. *Panég. St Thomas de Canterb.*
|| 2° Aider (qqn) en suivant ses vues, son plan. Secondez-moi bien tous, MOL. *F. sav.* v, 2. Est-ce ainsi que vous me secondez? RAC. *Iph.* v, 2. *P. ext.* — les projets de qqn.

SECONDINES [se-gon-din'] *s. f. pl.*
[ÉTYM. Emprunté du lat. secundinæ, *m. s.* ||1372. Une peau qui est appelée secondine, J. CORBICHON, *Propr. des choses,* VI, 4. Admis ACAD. 1835.]
|| (Anat.) Arrière-faix (le placenta et les membranes).

SECOUEMENT et **SECOÛMENT** [se-kou-man] *s. m.*
[ÉTYM. Dérivé de secouer, § 145. || 1539. Secouement, R. EST.]
|| Action de secouer. (*Cf.* secousse.) Un — de tête.

SECOUER [se-kwé; *en vers,* -kou-é] *v. tr.*
[ÉTYM. Du lat. succŭtere, *m. s.* devenu socodre, socorre, §§ 325, 405, 290 et 291, secourre, § 348, puis, par changement de conjugaison (d'après nous secouons, je secouais, etc.), secouer, §628, seul infinitif donné par R. EST. (1539).]
|| 1° Agiter brusquement dans toutes ses parties. Le vent secoue les arbres. — la tête, en signe de doute, d'improbation. Un chien mouillé qui secoue les oreilles, qui se secoue (pour faire tomber l'eau). *Fig.* Il ne fait qu'en — les oreilles, il a bientôt chassé ce souci. Villars, qui avait Mme de Maintenon pour lui, ne fit que — l'oreille, ST-SIM. III, 319. — un tapis (pour en faire tomber la poussière). *P. ext.* — la poussière, la faire tomber. (T. biblique.) — la poussière de ses pieds contre qqn, qqch, le quitter avec indignation. Là elle (la maladie) cloue un corps perclus et immobile; là elle le secoue tout entier par des tremblements, BOSS. *Résurr. dernière,* 3. Être secoué par les cahots d'une voiture. || *Fig. Famil.* Cette maladie l'a bien secoué. Il a été secoué par cette nouvelle. *P. plaisant.* — les puces à qqn, le battre. || Se —. | 1. Ne pas s'abandonner à l'inertie. | 2. Ne pas s'abandonner à un malaise.
|| 2° *P. ext.* Agiter brusquement (une chose), pour s'en débarrasser violemment. Un taureau qui secoue son joug. Un cheval qui secoue son cavalier. || *Fig.* Quand on veut — le joug de l'autorité divine, BOSS. *Hist. univ.* II, 27. Mon cœur... secouait presque toute pudeur, FÉN. *Tél.* 4. Le moine secoua le cilice et la haire, BOIL. *Lutr.* 6. | *P. anal.* — sa torpeur, sa paresse.

SECOÛMENT. *V.* secouement.

SECOURABLE [se-kou-râbl'] *adj.*
[ÉTYM. Dérivé de secourir, § 93. || XIIe s. Honorable Et as besoigneus secorable, *Floire et Blancheſt.* I, 737.]
|| Qui est porté à secourir les autres. Phéniciens, si secourables à toutes les nations, FÉN. *Tél.* 8. Sa vertu, toujours — aux oppressés, BOSS. *Hist. univ.* I, 3. *Absoll.* Combien la main de Louis était —, BOSS. *Marie-Thérèse.*

'**SECOURANT, ANTE** [se-kou-ran, -rant'] *adj.*
[ÉTYM. Adj. particip. de secourir, § 47. || XIIIe s. Propice, douce et sequourant, G. DE COINCY, *Mir. de N.-D.* dans GODEF. secorant.]
|| *Vieilli.* Qui secourt. La faiblesse de cette amitié, lorsqu'elle semble le plus secourante, BOSS. *3e Passion,* 2.

SECOURIR [se-kou-rîr] *v. tr.*
[ÉTYM. Du lat. pop. *succŭrrere (class. succŭrrere), *m. s.* devenu socorre, secorre, secourre, §§ 348, 324, 290 et 291, puis secourir par changement de conjugaison, § 629.]
|| 1° Aider (qqn) à se tirer d'un danger pressant. Il allait périr quand on le secourut. La ville allait être prise quand elle fut secourue. Rome secourait ses alliés contre leurs ennemis. *Fig. Poët.* Ou qu'un beau désespoir alors le secourût, CORN. *Hor.* III, 6. Par un beau désespoir me — moi-même, RAC. *Baj.* II, 3. Il se faut l'un l'autre —, LA F. *Fab.* VI, 16.
|| 2° Assister (qqn) dans un besoin pressant. — les indigents. Les amis... nous secourent à contre-temps, selon leur humeur et non pas selon nos besoins, BOSS. *3e Passion,* 2.

SECOURS [se-koûr] *s. m.*
[ÉTYM. Du lat. pop. *succŭrsum, tiré du supin de succurrere, secourir, d'après cursum, cours, etc., devenu secors, secours, §§ 348, 324 et 291. || XIe s. Nostre parent devum estre a sucurs, *Roland,* 2562.]
|| 1° Aide donnée à qqn dans un danger pressant. Henriette, d'un si grand cœur, est contrainte de demander du —, BOSS. *R. d'Angl.* Phalante, transporté de fureur, accourait au — de son frère, FÉN. *Tél.* 16. Appeler au —, et, *ellipt,* Au — ! cri pour appeler au secours. L'armée victorieuse d'Annibal vint vainement au secours de Capoue, BOSS. *Hist. univ.* III, 6. Une armée de —. *P. ext.* Un —, une troupe de secours. Le — est entré dans la place. Ses vaisseaux et presque toute l'espérance d'un si grand —, BOSS. *R. d'Angl.* Que ne le trouvé-je à cette heure avec tout son —! MOL. *Scap.* II, 6. Le péril des Juifs presse, et veut un prompt —, RAC. *Esth.* III, 8. Les — sont arrivés trop tard. || *Fig.* De leurs vœux le — salutaire, RAC. *Esth.* I, 3. Appelez la mémoire ou l'esprit au —, CORN. *Ment.* v, 3. La raison, arrivant au —, BOIL. *Disc. au roi.*
|| 2° Assistance donnée à qqn dans un besoin pressant. Distribuer des — aux pauvres. Des — en argent. Recevoir un —. Donner adroitement quelques petits — aux modestes nécessités d'une vertueuse famille, MOL. *Av.* I, 2.

SECOUSSE [se-koûs'] *s. f.*
[ÉTYM. Subst. particip. de secourre, anc. forme de secouer, § 45. Se trouve qqf pour escousse au XVIIe s. || XVe s. Une secousse de verges, A. DE LA SALLE, *Cent Nouv. nouv.* 27.]
|| Mouvement brusque qui agite un corps dans toutes ses parties. La — causée par le cahot d'une voiture. Une — de tremblement de terre. Transporter qqn, qqch sans —. || *Fig.* Commotion brusque. Il n'y a d'anciennes bornes qu'on ne remue pas sans de violentes secousses, VOLT. *S. de L. XIV,* 35. Je reçois d'étranges secousses, et mon cœur ne tient plus qu'à un filet, MOL. *Préc. rid.* sc. 11.

1. SECRET, ÈTE [se-krè, -krèt'] *adj.*
[ÉTYM. Emprunté du lat. secretus, *m. s.* (*Cf.* le doublet pop. ségrais.) || XIVe-XVe s. Je le tiendray secret com prestre, EUST. DESCH. v, 170.]
|| 1° Qui est tenu caché. (En parlant d'une chose.) J'ai soupçonné quelques ordres secrets, RAC. *Mithr.* v, 4. Des mystères secrets, CORN. *Poly.* IV, 6. | *Substantivt, au fém.* Secrète, oraison de la messe que le prêtre dit tout bas. | C'était un dégoût — de tout ce qui a de l'autorité, BOSS. *R. d'Angl.* L'amour aime surtout les secrètes faveurs, MOL. *Fâch.* III, 1. L'assemblée s'est formée en comité —. Police secrète. Fonds secrets, destinés à la police secrète. Maladie secrète, maladie honteuse (syphilitique). | *P. anal.* Qui reste caché. Vous n'aurez point pour moi de langages secrets, RAC. *Brit.* II, 3. Avoir des ennemis secrets. Vos moindres discours ont des grâces secrètes, RAC. *Esth.* III, 4. | *P. ext.* Une porte secrète, un escalier —, par où on peut passer sans être vu.
|| 2° Qui tient les choses cachées. Vos amis et les miens jusqu'alors si secrets, RAC. *Brit.* III, 5. Ces deux capitaines... n'étaient pas assez secrets dans leurs entreprises, FÉN. *Tél.* 16. | *P. anal.* (Chasse.) Chien —, qui suit la piste sans donner de la voix.

2. SECRET [se-krè] *s. m.*
[ÉTYM. Emprunté du lat. secretum, *m. s.* || XIIe s. Par aire diviner porra E saveir de secrez, *Lapid. de Marbode,* 914.]
|| 1° Chose que doit tenir cachée celui qui la sait. Pendant qu'il tirait le — du fond des cœurs, il ne disait, maître de lui-même, que ce qu'il voulait, BOSS. *Le Tellier.* Rien ne pèse tant qu'un —, LA F. *Fab.* VIII, 6. Une femme... garde mieux son — que celui d'autrui, LA BR. 3. Il a tout bas, pour rompre l'entretien, Un — à vous dire, MOL. *Mis.* II, 4. L'amour le plus discret Laisse par quelque marque échapper son —, RAC. *Baj.* III, 8. Vous savez mon —, j'ai pénétré le vôtre, ID. *Mithr.* I, 5. N'avoir point de — pour qqn. Mettre qqn dans le — de qqch. Être dans le —, être du —, en avoir la confidence. | *Spécialt. Vieilli.* Mystère religieux. Cérès Éleusine et la bonne déesse ont leurs secrets comme eux, CORN. *Poly.* IV, 6. | *P. ext.* Discrétion absolue. Promettre, demander à qqn le —. Confier qqch sous le sceau du —, en grand. Je vous garderai le —. Elle ne se fiait point encore assez à son — pour lui confier ses desseins, FÉN. *Tél.* 7.
|| 2° Moyen caché de produire certains effets. Les secrets de la nature. Il n'a divulgué à personne le — de son art. L'infaillible — de vaincre les Romains, CORN. *Nicom.* III, 2. Le — est d'abord de plaire et de toucher, BOIL. *Art p.* 3. Pour l'introduire bien avant dans les — de la politique, BOSS. *Le Tellier.* | *P. ext.* Le — d'un mécanisme, ressort caché qu'il faut connaître pour le faire fonctionner. Faire jouer le —.
|| 3° Lieu retiré, caché. Judith dans le — de sa maison, MASS. *Prière,* 1. Seule et dans le —, RAC. *Esth.* I, 4. | *Fig.* Il ne sort du — de la nature qui le couvre que pour exciter notre foi, PASC. *Lett. à Mlle Roannez,* 2. De cet abîme sans fond et de ce — impénétrable du cœur de l'homme, BOSS. *Loi de Dieu,* préamb. Dans le — des cœurs, Osmin, n'as-tu rien lu?

RAC. *Baj.* I, 1. | Mettre un prisonnier au —, dans un lieu où il ne peut communiquer avec personne. || *Speciall.* | 1. Cache pratiquée dans une boîte, un tiroir, etc. | 2. Endroit caché d'un brûlot contenant ce qui doit le faire éclater. || *Loc. adv.* En —, en se cachant pour faire la chose. Qu'un autre en — la console, BOIL. *Sat.* 10. Il lui a parlé en —.

*SECRÉTAGE [se-kré-tâj'] *s. m.*
[ÉTYM. Dérivé de secréter, § 78. || 1794. Préparation qu'on nomme secrétage, HASSENFRATZ, *Cours d'admin. révolut. Fabr. des étoffes*, p. 2.]
|| (Technol.) Opération par laquelle on secrète les peaux pour chapeaux.

SECRÉTAIRE [se-kré-tèr] *s. m.*
[ÉTYM. Emprunté du lat. de la décadence secretarius, secretarium, *m. s.* (*Cf.* le doublet pop. ségrayer.) || XIIIᵉ s. Icist sains Jaques fu secretaires Nostre Seignor, BRUN. LATINI, *Trésor*, p. 71.]
I. *Vieilli.* Dépositaire des secrets. Tu seras de mon cœur l'unique —, CORN. *Ment.* II, 6. *Fig.* Les bois solitaires, Qui lui servaient alors de loyaux secrétaires, ST-AMANT, *Métam. de Lyrian*, p. 50.
II. || 1º Celui qui a auprès d'une personne la mission de composer, de transcrire pour elle lettres, mémoires, etc. Être le — de qqn. Servir à qqn de —, écrire pour lui. Je n'aime point à avoir des secrétaires qui aient plus d'esprit que moi, SÉV. 520. *Speciall.* — des commandements, secrétaire d'une personne royale. | *P. plaisant. Vieilli.* — de Saint-Innocent, écrivain public. | *Fig.* (Hist. nat.) Oiseau de l'ordre des Rapaces, dont la huppe rappelle la plume que les secrétaires placent derrière l'oreille.
|| 2º Celui qui rédige les procès-verbaux d'une assemblée. Les secrétaires du sénat, de la chambre des députés. Le — d'une académie. Le — perpétuel de l'Académie française.
|| 3º Fonctionnaire chargé de dresser certains actes. — d'une mairie, d'une faculté. | *P. ext.* Employé supérieur qui expédie les affaires pour le chef de service. — général d'une préfecture, d'un ministère. | *Anciennt.* — d'État, ministre. | — d'ambassade.
III. Meuble pour serrer des papiers, des valeurs.

SECRÉTAIRERIE [se-kré-tèr'-ri ; *en vers*, -tè-re-ri] *s. f.*
[ÉTYM. Dérivé de secrétaire, § 69. (*Cf.* le doublet pop. ségrairie.) || 1568. Secretaireries et chancellerie, L. LEROY, dans DELB. *Rec.* Admis ACAD. 1718.]
|| (T. diplom.) Bureaux des secrétaires d'une ambassade et de leurs employés.

SECRÉTARIAT [se-kré-là-ryà ; *en vers*, -ri-à] *s. m.*
[ÉTYM. Dérivé de secrétaire, § 254. || 1587. Chiffres destinez pour les secretariats et despeches, VIGENÈRE, *Traité des chiffres*, dans DELB. *Rec.*]
|| Fonction de secrétaire. | Bureaux du secrétaire et de ses employés.

SECRÈTE [se-krêt']. *V.* secret 1.

SECRÈTEMENT [se-krêt'-man ; *en vers*, -krè-te-...] *adv.*
[ÉTYM. Composé de secrète et ment, § 724. (*Cf.* l'anc. franç. secreement.) || XIVᵉ s. Secretement il faisoient conseils, BERSUIRE, fº 28, dans LITTRÉ.]
|| D'une manière secrète, en tenant la chose cachée. Thésée avec Hélène uni —, RAC. *Iph.* V, 6.

*SECRÉTER [se-kré-té] *v. tr.*
[ÉTYM. Semble dérivé de secret 2, § 154. || 1794. Se déduit de l'existence de secrétage à cette date.]
|| (Technol.) Feutrer (les peaux pour chapeaux) avec une préparation faite de mercure dissous dans l'acide nitrique.

SÉCRÉTER [sé-kré-té] *v. tr.*
[ÉTYM. Tiré de sécrétion, § 266. || 1812. MOZIN, *Dict. franç.-allem.* Admis ACAD. 1835.]
|| (T. didact.) En parlant de tissus organiques, produire et laisser échapper certaines humeurs. Les glandes qui sécrètent la salive. L'urine sécrétée par les reins. Le foie sécrète la bile.

SÉCRÉTEUR, *SÉCRÉTRICE [sé-kré-tœur, -trïs'] *adj.*
[ÉTYM. Tiré de sécrétion, § 249. || XVIᵉ s. Faculté secretrice, PARÉ, XV, 52. Admis ACAD. 1835.]
|| (T. didact.) Qui opère la sécrétion.

SÉCRÉTION [sé-kré-syon ; *en vers*, -si-on] *s. f.*
[ÉTYM. Emprunté du lat. secretio, séparation, de secernere, mettre à part. || 1611. COTGR. Admis ACAD. 1762.]
|| (T. didact.) Action de sécréter. La — de la salive, des larmes, de la bile.

SÉCRÉTOIRE [sé-kré-twàr] *adj.*
[ÉTYM. Tiré de sécrétion, § 249. || Admis ACAD. 1762.]
|| (T. didact.) Relatif à la sécrétion.

SECTAIRE [sĕk'-tèr] *s. m.*
[ÉTYM. Dérivé de secte, § 248. || 1566. Rebelles et sectaires, dans DELB. *Rec.*]
|| (T. didact.) Celui qui suit avec excès les doctrines particulières d'une secte religieuse, philosophique, etc.

SECTATEUR [sĕk'-tà-tœur] *s. m.*
[ÉTYM. Emprunté du lat. sectator, *m. s.* || 1525. Tous sont sectateurs de la loy, J. LEF. D'ÉTAPLES, *Bible, Actes*, XXI, 20.]
|| (T. didact.) Celui qui suit la doctrine (religieuse, philosophique) de qqn. Les sectateurs de Bouddha, de Confucius. L'auteur de l'Esprit des lois n'est point du tout — de la religion naturelle, MONTESQ. *Défense de l'*Esprit des lois, 1.

SECTE [sĕkt'] *s. f.*
[ÉTYM. Emprunté du lat. secta, *m. s.* de sequi, suivre. || XIVᵉ s. Ilz estoient d'une secte et d'un accord, J. LE BEL, *Chron.* dans DELB. *Rec.* Admis ACAD. 1718.]
|| (T. didact.) Ensemble de personnes qui professent une doctrine particulière, religieuse, philosophique, etc. Faire — à part, c'est rompre les liens extérieurs de l'unité de l'Église, BOSS. *Var.* 15. Toutes les religions et les sectes du monde, PASC. *Pens.* XXIV, 41. | En parlant des premiers chrétiens, ceux qui se séparaient du paganisme. Leur — est insensée, impie et sacrilège, CORN. *Poly.* I, 3. | La — des philosophes italiques et celle des ioniques, BOSS. *Hist. univ.* I, 8.

SECTEUR [sĕk'-tœur] *s. m.*
[ÉTYM. Emprunté du lat. sector, *m. s.* de secare, couper. || 1542. Le cercle secteur d'une sphère, BOVELLES, *Géom.* fº 51, rº. Admis ACAD. 1762.]
|| (Géom.) Portion de cercle comprise entre un arc de la circonférence et deux rayons menés aux extrémités de cet arc. — sphérique, solide engendré par un secteur de cercle tournant autour du rayon qui passe par le milieu de l'arc. || *P. ext.* | 1. (Astron.) Instrument d'astronomie formé d'un arc de 20 à 30º et d'une lunette suspendue à un axe horizontal. | 2. (Fortific.) Chacune des portions d'une enceinte fortifiée placées sous le commandement d'un officier.

SECTION [sĕk'-syon ; *en vers*, -si-on] *s. f.*
[ÉTYM. Emprunté du lat. sectio, action de couper. || XVIᵉ s. Les sections ou portions ou parties d'un cercle, E. FORCADEL, *Élém. d'Euclide*, p. 4.]
|| (T. didact.) || 1º (Chirurgie.) Action de diviser. La — d'un tendon. || *Fig.* (Géom.) Ligne, surface, suivant laquelle se coupent deux surfaces, deux solides, un solide et une surface. Les sections coniques, sections planes d'un cône droit à base circulaire (cercle, ellipse, parabole, hyperbole). | — d'un bâtiment, profil des hauteurs et des profondeurs élevées sur le plan.
|| 2º *P. anal.* Division d'un chapitre, d'un livre d'un ouvrage. La deuxième — du troisième chapitre. || Division d'un tribunal, d'un collège électoral, etc. Les sections du conseil d'État. La — de législation. *Speciall.* Les sections (électorales) de Paris sous la révolution. *P. ext.* Les sections armées, les gardes nationales. || Division d'une troupe. *Speciall.* (T. milit.) Le quart d'une compagnie d'infanterie. Rompre par sections.

SECTIONNEMENT [sĕk'-syon'-man ; *en vers*, -si-ò-ne-...] *s. m.*
[ÉTYM. Dérivé de sectionner, § 145. || *Néolog.* Admis ACAD. 1878.]
|| (T. didact.) Action de sectionner.

SECTIONNER [sĕk'-syò-né ; *en vers*, -si-ò-...] *v. tr.*
[ÉTYM. Dérivé de section, § 266. || *Néolog.* ACAD. 1878.]
|| (T. didact.) Diviser en sections.

SÉCULAIRE [sé-ku-lèr] *adj.*
[ÉTYM. Emprunté du lat. saecularis, *m. s.* (*Cf.* le doublet séculier.) || 1550. Jeux seculares, RAB. *Sciomachie.*]
|| (T. didact.) || 1º Qui a lieu chaque siècle. Les jeux séculaires établis à Rome pour célébrer l'expulsion des Tarquins.
|| 2º Qui a un siècle de durée, et, *p. ext.* qui a une durée indéterminée. Des arbres, des ombrages séculaires.

SÉCULARISATION [sé-ku-là-ri-zà-syon ; *en vers*, -si-on] *s. f.*
[ÉTYM. Dérivé de séculariser, § 247. || XVIᵉ-XVIIᵉ s. Ceste secularisation avoit esté proposée longtemps auparavant, J. TARDE, *Chron. de Sarlat*, dans DELB. *Rec.*]
|| (T. didact.) Action de séculariser, de rendre au siècle,

à la vie laïque, ce qui appartenait à l'Église, à la vie ecclésiastique. La — d'un bénéfice, d'un édifice religieux. La — des principautés ecclésiastiques. La — des biens du clergé.

SÉCULARISER [sé-ku-là-ri-zé] *v. tr.*
[ÉTYM. Dérivé du lat. ecclés. sæcularis, séculier, § 267. || 1611. COTGR.]
|| (T. didact.) Rendre au siècle, à la vie laïque (ce qui appartenait à l'Église, à la vie ecclésiastique).

SÉCULARITÉ [sé-ku-là-ri-té] *s. f.*
[ÉTYM. Emprunté du lat. scolast. sæcularitas, *m. s.* || 1332. Vanitez Et vaines secularitez, GUILL. DE DIGULLEVILLE, *Pèler. de vie hum.* 11656, Stürzinger. Admis ACAD. 1718.]
|| (T. didact.) Juridiction séculière d'une Église, en ce qui concerne le temporel.

SÉCULIER, IÈRE [sé-ku-lyé, -lyèr] *adj.*
[ÉTYM. Emprunté du lat. ecclés. sæcularis, *m. s.* rendu d'abord par seculer, § 503, puis par seculier, séculier, § 114. || XIIe s. Prince seculer, GARN. DE PONT-STE-MAX. *St Thomas*, 2830.]
|| (T. didact.) Qui appartient au siècle, à la vie laïque. Quand ce sage magistrat renvoyait les affaires ecclésiastiques aux tribunaux séculiers, BOSS. *Le Tellier.* Les principautés séculières et ecclésiastiques. Le bras —, les peines que prononcent les tribunaux séculiers. La discipline de nos réformés permet le recours au bras —, BOSS. *Var.* 10. Le pape Martin défendit qu'on dît la messe en habit —, VOLT. *Mœurs*, 72. | *Substantivt.* Les séculiers, les séculières, les laïques. Un — (s'érigera) en réformateur des religieux, BOURD. *Sévérité évangéliq.* 2. Le clergé —, qui vit dans le monde (par opposition au clergé dit régulier, aux moines). | *P. ext.* Moine —, chevalier de Malte. L'autre était ce qu'on appelle moine —, HAMILT. *Gram.* p. 227.

SÉCULIÈREMENT [sé-ku-lyèr-man ; *en vers,* -lyère-...] *adv.*
[ÉTYM. Composé de séculière et ment, § 724. || XIIe s. De prince ne de lei ne l'as seculerment, GARN. DE PONT-STE-MAX. *St Thomas*, 2909. Admis ACAD. 1762.]
|| (T. didact.) D'une manière séculière.

SÉCURITÉ [sé-ku-ri-té] *s. f.*
[ÉTYM. Emprunté du lat. securitas, *m. s.* (*Cf.* le doublet pop. sûreté.) Rare au XVIIe s. VAUGEL. prévoit « que ce mot sera un jour fort en usage ». || XVIe s. En toute securité, MONTAIGNE, III, 13.]
|| Tranquillité de celui qui croit n'avoir aucun sujet de crainte. Il ne laissait pas de dire qu'il y avait un certain état dangereux à l'âme, qu'il appelle la —, BOSS. *Var.* I, 2. Assurer la — du commerce.

SEDAN [se-dan] *s. m.*
[ÉTYM. Nom propre de ville, § 36 : Sedan (Ardennes). || Admis ACAD. 1835.]
|| Sorte de drap (fabriqué à Sedan). Un beau —, ACAD.

SÉDATIF, IVE [sé-dà-tif', -tïv'] *adj.*
[ÉTYM. Emprunté du lat. du moyen âge sedativus, de sedatum, supin de sedare, calmer, § 257. || 1314. Ces choses sont grandement sedatives, *Chirurg. de Mondeville*, 1777, Bos. Admis ACAD. 1798.]
|| (T. didact.) Qui calme l'excitation de certains tissus, de certains organes. Eau sédative. Un remède —, et, *substantivt*, On emploie la digitale comme — dans les maladies du cœur.

SÉDENTAIRE [sé-dan-tèr] *adj.*
[ÉTYM. Emprunté du lat. sedentarius, *m. s.* de sedere, être assis. || XVIe s. Occupations sedentaires, MONTAIGNE, I, 24.]
|| (T. didact.) || **1°** Qui reste habituellement assis. Une personne —. Une vie —. Des occupations sédentaires. || *P. ext.* Qui reste dans le même lieu. Garde nationale —, qui n'est employée qu'au service de la ville. (*Cf.* mobile.) || **2°** Qui supporte celui qui est assis. *Spécialt.* (Anat.) Os —, la protubérance de l'ischion.

SÉDIMENT [sé-di-man] *s. m.*
[ÉTYM. Emprunté du lat. sedimentum, *m. s.* de sedere, être assis, reposer. || XVIe s. PARÉ, XV, 52.]
|| (T. didact.) Dépôt des matières solides en suspension dans un liquide. *Spécialt.* (Géologie.) Terrain de —, couche que les eaux ont déposées en se retirant.

SÉDIMENTAIRE [sé-di-man-tèr] *adj.*
[ÉTYM. Dérivé de sédiment, § 248. On trouve sédimenteux au XVIIIe s. Matière sédimenteuse, GOBLOT, *Descr. de plus. microsc.* (1718), II, p. 51. || *Néolog.* Admis ACAD. 1878.]
|| (T. didact.) Qui appartient aux sédiments.

*SÉDIMENTEUX, EUSE** [sé-di-man-teŭ, -teŭz']. *V.* sédimentaire.

SÉDITIEUSEMENT [sé-di-syeŭz'-man ; *en vers,* -sieŭ-ze-...] *adv.*
[ÉTYM. Composé de séditieuse et ment, § 724. || XIVe s. ORESME, dans MEUNIER, *Essai sur Oresme*.]
|| D'une manière séditieuse.

SÉDITIEUX, EUSE [sé-di-syeŭ, -syeŭz' ; *en vers,* -si-...] *adj.*
[ÉTYM. Emprunté du lat. seditiosus, *m. s.* || XIVe s. Par cri sedicieus, BERSUIRE, f° 41, dans LITTRÉ.]
|| Qui est en résistance ouverte contre l'autorité établie. Les plus — sont déjà loin du bord, RAC. *Mithr.* IV, 5. | *Substantivt.* Les — qui n'ont ni la volonté ni l'espérance de renverser l'État, MONTESQ. *Espr. des lois*, V, 11. || *P. ext.* L'esprit —. Des écrits —. Ces cris — sont autant de forfaits, CORN. *Nicom.* V, 6. *Poét.* Un front —, RAC. *Esth.* II, 1.

SÉDITION [sé-di-syon ; *en vers,* -si-on] *s. f.*
[ÉTYM. Emprunté du lat. seditio, *m. s.* || XIVe s. La sedicion et l'esmouvement du pueple, BERSUIRE, f° 35.]
|| Résistance ouverte contre l'autorité établie. Les chrétiens ne firent jamais la moindre —, BOSS. *Hist. univ.* I, 10. | *Fig.* Résistance de la passion au devoir. Le dedans n'est que trouble et que —, CORN. *Poly.* II, 2.

SÉDUCTEUR, TRICE [sé-dŭk'-teŭr, -trïs'] *s. m.* et *f.*
[ÉTYM. Emprunté du lat. seductor, trix, *m. s.* (*Cf.* l'anc. franç. seduteur et seduiseur.) || XIVe s. Faulz seducteurs, ORESME, dans MEUNIER, *Essai sur Oresme*.]
|| Celui, celle qui séduit. Te voilà, —, RAC. *Ath.* V, 5. Habile séductrice, LEMERCIER, *Frédég. et Brun.* II, 3. | *Spécialt, au masc.* Celui qui séduit une fille, une femme. *Fig.* Ce métal (l'or) en amour est un grand —, REGNARD, *Joueur*, II, 2. || *Adjectivt.* Cet esprit — (le démon) s'insinue. BOURD. *Société des justes*, préamb.

SÉDUCTION [sé-dŭk'-syon ; *en vers,* -si-on] *s. f.*
[ÉTYM. Emprunté du lat. seductio, *m. s.* || XIIe s. BEN. DE STE-MORE, *Troie*, 24315.]
|| Action de séduire. La — que le serpent fit à Ève, BOSS. *Déf. de la tradit. sur la communion*, VIII, 23. Exercer une véritable — sur qqn. || *P. ext.* Ce qui séduit. (S'emploie surtout au pluriel.) Fuir les séductions du monde.

SÉDUIRE [sé-duïr] *v. tr.*
[ÉTYM. Emprunté du lat. seducere, *m. s.* § 503. L'anc. franç. dit seduire, de subducere, confondu avec seducere.]
|| Entraîner (qqn) en le charmant. Il n'y a point d'imposture si grossière qui ne les séduise, BOSS. *Hist. univ.* II, 22. C'est peu de me quitter, tu veux donc me — ? CORN. *Poly.* IV, 3. Ces belles lumières par lesquelles vous vous êtes séduits, BOSS. *Dém.* 1. Ses yeux ne l'ont-ils point séduite ? RAC. *Baj.* V, 11. Ta pitié le séduit, ID. *Andr.* III, 1. | Si j'ai séduit Cinna, j'en séduirai bien d'autres, CORN. *Cinna*, V, 2. Il se laissa — par la vaine gloire des conquérants, FÉN. *Tél.* 19. | *Vieilli.* Une partie de ces anges se laissa — à l'amour-propre, BOSS. *Hist. univ.* II, 1. *Absolt.* C'est quelque air d'équité qui séduit et qui plaît, BOIL. *Sat.* 11. Un cœur qui cherche à se — (à s'abuser), RAC. *Mithr.* IV, 5. | *Spécialt.* — une fille, une femme, lui faire perdre l'innocence, la vertu.

SÉDUISANT, ANTE [sé-dui-zan, -zänt'] *adj.*
[ÉTYM. Adj. particip. de séduire, § 47. (*Cf.* l'anc. franç. seduiant.) || 1542. Paroles seduisantes, E. DOLET, dans DELB. *Rec.* Admis ACAD. 1718.]
|| Propre à séduire. Un discours —. Une femme séduisante.

SEGMENT [sĕg'-man] *s. m.*
[ÉTYM. Emprunté du lat. segmentum, *m. s.* de secare, couper. || 1680. RICHEL. Admis ACAD. 1762.]
|| (T. didact.) Partie limitée d'un tout continu. || *Spécialt.* | **1.** (Géom.) — de droite, portion de droite limitée. — de cercle, portion de sa surface comprise entre un arc et sa corde. — sphérique, solide engendré par le segment de cercle tournant autour de la partie du rayon qui passe par le milieu de l'arc. | **2.** (Anat.) — de la trachée, chacun des anneaux cartilagineux qui la composent.

SEGMENTAIRE [sĕg'-man-tèr] *adj.*
[ÉTYM. Dérivé de segment, § 248. || *Néolog.* Admis ACAD. 1878.]
|| (T. didact.) Formé de segments.

SÉGRAIRIE [sé-grè-ri] *s. f.*
[ÉTYM. Pour ségrairie, dérivé de ségrayer, §§ 65 et 68. || 1286. La segrairie de la forest de Mellinais, dans DU C. secretarium 3. Admis ACAD. 1762.]

|| (Eaux et forêts.) || **1°** *Ancienn.* Office de ségrayer.
|| **2°** Possession (d'un bois) indivise entre une commune et l'État ou des particuliers. **Bois tenu en —.** || *P. ext.* Bois ainsi possédé.

SÉGRAIS [sé-grè] *s. m.*
[ÉTYM. Du lat. secrętum, mis à part, devenu secret, segret, segroi, segrai, §§ 386, 389, 402 et 291. La forme du plur. a passé au sing. § 559. || Admis ACAD. 1762.]
|| (Eaux et forêts.) Petit bois qu'on exploite à part.

***SÉGRAYER** [sé-grè-yé] *s. m.*
[ÉTYM. Dérivé de segrais, § 115. (*Cf.* l'anc. franç. segreier, lieu de retraite, et le doublet secrétaire.) || 1336. Si donnons en mandement au segreer de ladicte forest que…, dans GODEF. segraier.]
|| *Ancienn.* Garde forestier seigneurial, ayant souvent une part dans la jouissance des bois qu'il surveille.

SÉGRÉGATION [sé-gré-gà-syon; *en vers*, -si-on] *s. f.*
[ÉTYM. Emprunté du lat. segregatio, *m. s.* || 1550. Particion ou segregacion, MEIGRET, dans DELB. *Rec.* Admis ACAD. 1762.]
|| (T. didact.) Action de ségréger.

***SÉGRÉGER** [sé-gré-jé] *v. tr.*
[ÉTYM. Emprunté du lat. segregare, *m. s.* || 1552. CH. EST. dans DELB. *Rec.*]
|| *Rare.* (T. didact.) Séparer (une partie) de la masse.

***SÉGUEDILLE** [ség'-dīy'; *en vers*, sé-ghe-…] *s. f.*
[ÉTYM. Emprunté de l'espagn. seguidilla, *m. s.* § 13. || XVIII° s. *V.* à l'article.]
|| Chanson espagnole avec ritournelle, d'un mouvement animé, à trois temps. En chantant la —, BEAUMARCH. *Mar. de Fig.* II, 23.

SEICHE et **SÈCHE** [sèch'] *s. f.*
[ÉTYM. Du lat. sèpia, grec σηπία, *m. s.* devenu *sepia, sepche, sèche, écrit arbitrairement seiche, §§ 308, 355, 426 et 291. (*Cf.* le doublet sépia.)]
|| (Hist. nat.) Mollusque à corps charnu et déprimé, portant dans le dos une lame calcaire friable dite os de seiche, et répandant autour de lui, quand il craint d'être pris, une liqueur noirâtre, employée en peinture sous le nom de sépia.

SÉIDE [sé-id'] *s. m.*
[ÉTYM. Nom propre d'un esclave de Mahomet, mis sur la scène par Voltaire, §§ 22 et 36. || Admis ACAD. 1878.]
|| Celui qui a pour qqn un dévouement fanatique.

SEIGLE [sègl'] *s. m.*
[ÉTYM. Du lat. secale, *m. s.* qui a donné régulièrement en picard soile, en berrichon seille, etc. Seigle paraît être une forme à demi savante. || XIII° s. Tout orge, tout saigle, E. BOILEAU, *Livre des mest.* II, x, 9.]
|| Plante graminée, dont le grain est plus menu, plus long et plus brun que celui du froment. De la farine de —. Du pain de —, fait avec de la farine de seigle.

SEIGNEUR [sè-ñeur] *s. m.*
[ÉTYM. Du lat. seniǫrem, proprt, « plus âgé », §§ 489, 325 et 291. (*Cf.* le doublet sénieur.) L'anc. cas sujet seindre a disparu de bonne heure et a été remplacé par sire. (*V.* ce mot et sieur.)]
|| **1°** (Féodal.) Celui de l'autorité duquel relèvent certaines terres, certaines personnes. || *P. ext.* Celui qui a autorité sur un territoire, sur une personne. Juste — du bien de mes aïeux, CORN. *Hér.* I, 2. Sans commettre l'autorité du roi son —, la reine…, BOSS. *R. d'Angl.* | *P. plaisant.* Le — et maître d'une femme, son mari. | *Loc. prov.* A tout —, tout honneur, il faut rendre ce qui est dû à la dignité de chacun.
|| **2°** Titre honorifique longtemps conservé pour les personnes de noble extraction. Haut et puissant —. Un — de la cour. Un grand — est un homme qui voit le roi, qui parle aux ministres, LA BR. 8. Jamais on ne le voit sortir du grand — (cesser d'en parler), MOL. *Mis.* II, 4. | *P. anal.* Titre que se donnent dans le dialogue tragique les hauts personnages. || *P. ext. Absolt.* Le Grand Seigneur, le sultan. Le Grand Seigneur, environné dans son superbe sérail de quarante mille janissaires, PASC. *Pens.* II, 3.
|| **3°** *Absolt.* Nom donné à Dieu pour reconnaître son souverain domaine sur les créatures. Seigneur, de vos bontés il faut que je l'obtienne, CORN. *Poly.* IV, 3. Ce Seigneur des seigneurs Veut le premier amour et les premiers honneurs, ID. *ibid.* I, 1. Notre-Seigneur Jésus-Christ.

SEIGNEURIAGE [sè-ñeu-ryàj'; *en vers*, -ri-àj'] *s. m.*
[ÉTYM. Dérivé de l'anc. verbe seigneurier, faire, être le seigneur, § 78. (*Cf.* l'anc. franç. seignorage, tiré directement de seigneur.) || 1421. Rabatu le seigneuriage, *Ordonn.* XI, 120.]
|| (Féodal.) Droit attaché au seigneur. *Speciall.* Droit de —, droit sur la fabrication des monnaies.

SEIGNEURIAL, ALE [sè-ñeu-ryàl; *en vers*, -ri-àl] *adj.*
[ÉTYM. Dérivé de seigneur, sous l'influence de seigneurie, § 238. || XV°-XVI° s. Puissance seigneuriale, *Myst. du Vieil Testam.* dans DELB. *Rec.*]
|| Qui appartient au seigneur. Maison, terre, redevance seigneuriale.

SEIGNEURIE [sè-ñeu-ri] *s. f.*
[ÉTYM. Dérivé de seigneur, § 68. || XII° s. La seignorie t'en otrei, *Énéas*, 4742.]
|| Autorité du seigneur. En donnant à plusieurs personnes divers genres de seigneuries sur la même chose, ces lois ont diminué le poids de la — entière, MONTESQ. *Espr. des lois,* XXX, 1. Vous faire dans le monde un nom de —, MOL. *Éc. des f.* I, 1. || Titre honorifique donné au seigneur. Votre Seigneurie. *P. plaisant.* Très humble serviteur à Votre Seigneurie, MOL. *Sgan.* sc. 23.

***SEIGNEURIFIER** [sè-ñeu-ri-fyé; *en vers*, -fi-é] *v. tr.*
[ÉTYM. Composé avec seigneur et le lat. facere, faire, § 274. || XVII°-XVIII° s. *V.* à l'article.]
|| *P. plaisant.* Rendre seigneur. Par ce mariage Fromenteau s'était seigneurifié, ST-SIM. I, 209.

***SEILLE** [sèy'] *s. f.*
[ÉTYM. Du lat. sïtula, *m. s.* devenu *sīt'la, *sīcla, seille, §§ 310, 407 et 291.]
|| *Dialect.* Seau, en boissellerie, sans cercles, à anse.

SEIME [sèm'] *s. f.*
[ÉTYM. Origine inconnue. || 1665. *V.* à l'article. Admis ACAD. 1762.]
|| (Art vétérin.) Crevasse qui se forme dans le sabot des chevaux, ânes, etc. Les accidents auxquels les chevaux sont sujets, comme seimes, bleimes, COLBERT, *Instr. pour les haras*, 17 oct. 1665.

SEIN [sin] *s. m.*
[ÉTYM. Du lat. sïnum, *m. s.* §§ 310 et 291. (*Cf.* sinus.)]
I. *Vieilli.* Courbure. (*Cf.* sinueux.) || *Speciall.* | 1. (Marine.) Partie de la voile arrondie par le vent qui la gonfle. | 2. (Géogr.) Sinuosité du rivage. Il découvrit que le — Persique était un golfe de l'Océan, MONTESQ. *Espr. des lois,* XXI, 8.
II. || **1°** Partie du corps humain qui est entre les deux bras et porte les mamelles. Un homicide acier Que le traître en mon — a plongé tout entier, RAC. *Ath.* II, 5. Le premier, dans un transport amoureux, se perça le —, LA BR. 3. *Fig.* Pour mettre à votre fils un poignard dans le — (pour lui causer un mortel déplaisir), RAC. *Mithr.* IV, 4. | Serrer qqn sur son —, contre son —. Dieu… Permit que… Josabeth dans son — l'emportât tout sanglant, RAC. *Ath.* IV, 3. *Fig.* Réchauffer un serpent dans son —, combler qqn de bienfaits qu'il tourne contre son bienfaiteur. Et que dans votre — ce serpent élevé Ne vous punisse un jour de l'avoir conservé, RAC. *Andr.* I, 2. || *P. anal.* Elle (l'Église) leur ouvrait son — par toute la terre, BOSS. *Hist. univ.* II, 26. || *Fig.* Cœur. Le Ciel mit dans mon — une flamme funeste, RAC. *Phèd.* V, 7. Cet horrible dessein Ne fut jamais, Seigneur, conçu dans votre —, ID. *Brit.* IV, 3. Saintes filles… dans le — desquelles elle a versé les secrètes consolations, BOSS. *R. d'Angl. P. ext.* Elle jette… toutes ses pensées et toutes ses frayeurs dans le — de Dieu, MASS. *Soumiss.* 2.
|| **2°** Mamelle de la femme. Avoir une tumeur au —. Le — droit, le — gauche. Un enfant qui prend le — (pour téter). Donner le — à un enfant, l'allaiter. Couvrez ce —, MOL. *Tart.* III, 2.
|| **3°** Partie du corps où la femme porte l'enfant qu'elle a conçu. Songez qu'une barbare en son — l'a formé, RAC. *Phèd.* III, 1. *Fig.* Ces enfants qu'en son — elle n'a point portés, RAC. *Ath.* III, 7. | *P. anal.* Son — fécond (de la terre) ne peut s'épuiser, FÉN. *Tél.* 5. | *P. ext.* Le milieu. Un effroyable cri, sorti du — des flots, RAC. *Phèd.* V, 6. Que du — des monts le marbre soit tiré, ID. *Esth.* III, 9. M'arrachant du doux — de la Grèce, ID. *Mithr.* V, 2. Il me tira du — de mon obscurité, ID. *Esth.* I, 1. Dans le — de leurs dieux domestiques, CORN. *Cinna,* I, 3.

SEINE [sèn'] *s. f.*
[ÉTYM. Du lat. sagęna, *m. s.* devenu *saïleine, seine, seine,

§§ 346, 394, 316 et 291. ACAD. enregistre aussi **senne**, orthographe peu recommandable.]

|| Filet qu'on traîne sur les grèves.

SEING [sin] *s. m.*

[ÉTYM. Du lat. **signum**, *m. s.* devenu **sein**, §§ 308, 396, 483, écrit **seing** par réaction étymologique, § 502. (*Cf.* **tocsin**.)]

|| **1°** *Ancienn.* Signe tenant lieu de signature.

|| **2°** Signature. **Vous connaissez, Madame, et la lettre et le —**, RAC. *Baj.* IV, 3. **Un acte sous — privé, qui n'a de garantie que la signature des contractants, sans intervention d'officier public.** | *P. ext.* **Un blanc-—.** (*V. ce mot.*)

· **SEIZE** [sèz'] *adj.* et *s. m.*

[ÉTYM. Du lat. **sĕdecim**, *m. s.* devenu *sedze*, **seze**, écrit arbitrairement **seize**, §§ 308, 414, 290, 389 et 291.]

I. Adj. numéral invariable. || **1°** Adj. cardinal. **Dix plus six. Agé de — ans. Il y a — cents ans.** *Substantivt.* **Les Seize, les seize membres du gouvernement insurrectionnel de Paris pendant la Ligue.**

|| **2°** Adj. ordinal. Seizième. **Louis — (Louis XVI). Le chapitre —.** *Substantivt.* **C'est aujourd'hui le — (le seizième jour) du mois.**

II. *S. m.* La quantité formée par dix plus six. **— et quatre font vingt.**

SEIZIÈME [sè-zyèm'] *adj.*

[ÉTYM. Dérivé de **seize**, § 96 *ter.* || XIIᵉ s. **Seizismes** tu **Cadorz de Liz**, BEN. DE STE-MORE, *Troie*, 8091.]

|| Adj. numéral ordinal. Qui suit immédiatement le quinzième. **Le — siècle. Le — jour du mois, et,** *substantivt,* **Le — du mois. Avoir la — place, et,** *substantivt,* **Être le —. La — partie d'une chose, et,** *substantivt,* **Le —, une quelconque des parties d'un tout divisé en seize parties égales.** || *P. ext.* **Une — (au piquet), séquence de six cartes, qui compte pour seize points.**

SEIZIÈMEMENT [sè-zyèm'-man ; *en vers,* -zyè-me-...] *adv.*

[ÉTYM. Composé de **seizième** et **ment**, § 724. || Admis ACAD. 1835.]

|| En seizième lieu.

SÉJOUR [sé-jour] *s. m.*

[ÉTYM. Subst. verbal de **séjourner**, § 52. || XIᵉ s. **Entresqu'a Ais ne volt prendre sujurn**, *Roland*, 3690.]

|| **1°** Action de rester un certain temps dans un lieu. **Prolonger son —. Durant votre — à Rome. Le — de la campagne lui a été salutaire. Ces paisibles lieux... dont je vous ai vu préférer le —**, RAC. *Phèd.* I, 1. **Je me rendrais suspect par un plus long —**, ID. *Brit.* V, 1. *P. anal.* **Le long — qu'elles y firent (les eaux sur la terre)**, BOSS. *Hist. univ.* II, 1.

|| **2°** Lieu dans lequel on reste un certain temps. **Mon cœur amoureux Trouve la cour pour vous un — dangereux,** CORN. *Nicom.* I, 1 **Dans le — des âmes bienheureuses**, FÉN. *Tél.* 18. **Dans ce — de gloire et de lumière,** CORN. *Poly.* IV, 3.

SÉJOURNER [sé-jour-né] *v. intr.*

[ÉTYM. Du lat. pop. *sŏbdiŭrnăre, m. s.* composé avec **sub**, **sous**, et **diurnum**, **jour**, devenu **sojorner**, **sejorner**, **séjorner**, **séjourner**, §§ 348, 437, 415, 295 et 291. || XIᵉ s. **Li patriarches montet sor un mul sojornet,** *Voy. de Charl. à Jérus.* 244.]

|| Rester un certain temps dans un lieu. **Il ne faut pas — ici.** *P. anal.* **Les eaux qui ont séjourné sur la terre.** || *Fig.* **Il faut passer sur ces endroits sans y —,** SÉV. 425. || *Vieilli. Transitivt.* **Un cheval séjourné, reposé.**

SEL [sèl] *s. m.*

[ÉTYM. Du lat. **sal**, *m. s.* § 295.]

|| **1°** Chlorure de sodium, substance friable, soluble dans l'eau, d'un goût piquant, qui sert à assaisonner, à conserver les aliments, à les empêcher de se corrompre. **Mettre du sel dans la soupe. Un chapon au gros sel. Des harengs conservés dans le sel. Par le sel irritant la soif est allumée,** BOIL. *Lutr.* 5. *Ancienn.* **Faux sel, sel de contrebande.** || *Fig.* | **1.** Ce qui donne de la vivacité, du piquant. **Je n'ai point trouvé le moindre grain de sel dans tout cela,** MOL. *Crit. de l'Éc. des f.* sc. 3. **Horace, jetant le sel à pleines mains,** BOIL. *Sat.* 9. **Il (le sonnet) est de sel attique assaisonné partout,** MOL. *F. sav.* III, 2. | **2.** Ce qui préserve de la corruption. **Qu'elle conserve, par le sel de la sagesse évangélique, la pureté de la foi,** FÉN. *Avis pour l'admin. des sacr.* **Vous êtes le sel de la terre,** SACI, *Bible, Matth.* V, 13.

|| **2°** (Chimie anc.) Tout corps cristallin soluble dans l'eau. **Sels volatils. Sel anglais. Faire respirer des sels à qqn (pour le faire revenir d'un évanouissement).** ·

|| **3°** (Chimie.) Combinaison d'un acide et d'une base.

SÉLACIEN, ·SÉLACIENNE [sé-là-syin, -syèn' ; *en vers,* -si-...] *adj.*

[ÉTYM. Dérivé du grec σέλαχος, *m. s.* § 244. || *Néolog.* Admis ACAD. 1878.]

|| (T. didact.) Qui a une peau cartilagineuse. *Substantivt.* **Les sélaciens, les raies, squales, etc.**

SÉLECTION [sé-lĕk'-syon ; *en vers,* -si-on] *s. f.*

[ÉTYM. Emprunté de l'angl. **selection**, qui est le lat. **selectio**, *m. s.* § 8. || *Néolog.* Admis ACAD. 1878.]

|| (T. didact.) Choix d'animaux reproducteurs ayant les caractères qu'on désire perpétuer dans l'espèce. || *Fig.* **— naturelle**, hypothèse suivant laquelle, la lutte pour l'existence ne laissant subsister que les individus les mieux doués, l'espèce se perfectionne graduellement.

SÉLÉNIEUX [sé-lé-nyeu ; *en vers,* -ni-eu] *adj. m.*

[ÉTYM. Dérivé de **sélénium**, § 251. || *Néolog.* Admis ACAD. 1878.]

|| (Chimie.) **Acide —**, produit par le mélange du sélénium et de l'oxygène.

1. SÉLÉNITE [sé-lé-nit'] *s. f.*

[ÉTYM. Emprunté du lat. **selenites** ou **selenitis**, grec σηληνίτης, nom d'un minéral qu'on croyait soumis à l'influence de la lune (σηλήνη). || Admis ACAD. 1762.]

|| (Chimie anc.) Sulfate de chaux.

2. SÉLÉNITE [sé-lé-nit'] *s. m.*

[ÉTYM. Dérivé de **sélénium**, § 282 *bis.* || *Néolog.* Admis ACAD. 1878.]

|| (Chimie.) Sel produit par la combinaison de l'acide sélénieux avec une base.

SÉLÉNITEUX, EUSE [sé-lé-ni-teu, -teuz'] *adj.*

[ÉTYM. Dérivé de **sélénite** 1, § 251. || Admis ACAD. 1762.]

|| (Chimie anc.) Relatif à la sélénite (sulfate de chaux).

SÉLÉNIUM [sé-lé-nyòm' ; *en vers,* -ni-òm'] *s. m.*

[ÉTYM. Dérivé du grec σηλήνη, **lune**, § 282 *bis* : corps ainsi nommé à cause de sa ressemblance avec le tellure, qui tire son nom de la terre, dont la lune est le satellite. || 1817. Mot dû à BERZÉLIUS. Admis ACAD. 1878.]

|| (Chimie.) Corps simple, métalloïde voisin du soufre.

SÉLÉNOGRAPHIE [sé-lé-nò-grà-fi] *s. f.*

[ÉTYM. Emprunté du lat. scientifique **selenographia** (HÉVÉLIUS, 1647), *m. s.* composé avec le grec σηλήνη, **lune**, γράφειν, **décrire**, et le suffixe *ia*, § 279. || 1690. FURET. Admis ACAD. 1762.]

|| (T. didact.) Description astronomique de la lune.

SÉLÉNOGRAPHIQUE [sé-lé-nò-grà-fik'] *adj.*

[ÉTYM. Dérivé de **sélénographie**, § 229. || 1690. **Cartes sélénographiques,** FURET. Admis ACAD. 1762.]

|| (T. didact.) Relatif à la sélénographie.

·SÉLIN [sé-lin] *s. m.*

[ÉTYM. Emprunté du lat. **selinum**, grec σέλινον, **persil.** || 1812. MOZIN, *Dict. franç.-allem.*]

|| (Botan.) Genre de plantes de la famille des Ombellifères. **— des marais, encens d'eau.**

SELLE [sèl] *s. f.*

[ÉTYM. Du lat. **sella**, *m. s.* devenu **sele**, §§ 366 et 291, écrit **selle** par réaction étymologique, § 502.]

|| **1°** *Vieilli.* Siège de bois sans dossier. **La plupart des maux viennent d'avoir le cul sur la — (d'être sédentaires),** SÉV. 197. *Loc. prov.* **Demeurer entre deux selles le cul par terre**, hésiter entre deux choses et voir échapper l'une et l'autre. || *P. anal. Spécialt.* **De nos jours.** | **1.** Chaise percée. **Aller à la —, et,** *p. ext.* **Pousser une —, évacuer.** | **2.** Escabeau sur lequel s'assied le calfat. | Pied sur lequel le sculpteur pose l'ouvrage qu'il modèle. | Petit billot à trois pieds sur lequel le charron pose le moyeu de la roue qu'il façonne. | Établi de tonnelier. | Planche de blanchisseuse. | **3.** Garniture de bois placée en avant des chouquets des bas mâts, qui supporte la balancine des basses vergues.

|| **2°** Partie du harnais placée sur le dos du cheval, qui sert de siège au cavalier. **Une — de femme, une — anglaise. Se mettre en —. Remettre quelqu'un en —. Être bien en —. Un cheval de —, destiné à être monté.** *Fig.* **— à tous chevaux**, chose qu'on fait servir en toute occasion.

1. SELLER [sé-lé ; *selon d'autres,* sè-lé] *v. tr.*

[ÉTYM. Dérivé de **selle**, § 154. || XIIᵉ s. **Chivals seiez et enfrenez,** *Lois de Guill. le Conq.* 22.]

|| Garnir de sa selle. **Un cheval bridé et sellé.**

2. SELLER [sé-lé ; *selon d'autres,* sè-lé] *v. tr.*

[ÉTYM. Paraît identique à *sceller*, la terre qui s'est sellée pouvant se comparer à une lettre scellée. ‖ ACAD. 1798.]

‖ (Agricult.) Rendre dur, impénétrable à la charrue. **Les terres grasses se sellent facilement.**

SELLERIE [sĕl-ri ; *en vers*, sè-le-ri] *s. f.*

[ÉTYM. Dérivé de *sellier* (au sens **1°**) ou de *selle* (au sens **2°**), §§ 65, 68 et 69. ‖ 1319. Ouvrer... de sellerie, dans DELB. *Rec.* Admis ACAD. 1762.]

‖ **1°** Industrie du sellier.

‖ **2°** Lieu où l'on serre les selles, les harnais, etc.

SELLETTE [sé-lĕt' ; *selon d'autres*, sè-...] *s. f.*

[ÉTYM. Dérivé de *selle*, § 133. ‖ XIII° s. Une selete a trois pecols, dans MONTAIGLON et RAYNAUD, *Rec. de fabliaux*, V, 357.]

‖ **1°** Petit siège de bois qu'occupe l'accusé devant le tribunal. **Juges, quel est celui que vous avez assis sur la —?** DIDER. *Claude et Néron*, I, 123. *Fig.* Mis sur la — aux pieds de la critique, BOIL. *Sat.* 10. Mettre, tenir qqn sur la —, chercher à le faire parler. ‖ *P. anal.* Jeu de société où chacun dit tout bas pourquoi un des joueurs est sur la sellette et où celui-ci, quand on lui énumère les diverses réponses, doit deviner qui l'a faite. ‖ *P. ext.* (Technol.) Siège du calfat, du badigeonneur. ‖ Établi de vannier. ‖ Pièce de la charrue sur laquelle est appuyé le timon. ‖ Partie du train d'une pièce de campagne qui porte la cheville ouvrière. ‖ Dessus d'un escabeau de décrotteur sur lequel on pose le pied.

‖ **2°** Pièce du harnais d'un cheval de charrette, analogue à la selle, et supportant, au lieu d'étriers, de larges courroies qui portent les brancards.

SELLIER [sé-lyé, *selon d'autres*, sè-...] *s. m.*

[ÉTYM. Dérivé de *selle*, § 115. ‖ XIII° s. Nus ne puet estre selliers a Paris..., E. BOILEAU, *Livre des mest.* I, LXXVIII, 1.]

‖ Fabricant de selles, d'objets de harnachement. **Maître, ouvrier —.** ‖ *Au fém.* (*rare*). Sellière, femme d'un sellier. **Je vois votre sellière,** REGNARD, *Joueur*, III, 6.

SELON [se-lon] *prép.*

[ÉTYM. Du lat. pop. *sŭblŏngum*, devenu *solonc*, *selonc*, selon, § 726. ‖ XII° s. Sulunc les clers divins, PH. DE THAUN, *Comput.* 287.]‖

‖ **1°** *Anciennt.* Le long de. **— le rivage dudit lac,** P. BELON, *Singularitez de div. pays estr.* I, 69, édit. 1553.

‖ **2°** *Fig.* Eu égard à (qqch qui dépend des personnes, des circonstances). **Traiter les gens — leur mérite. J'agirai — les ordres qui me seront donnés. La terre... multiplie ses dons — le nombre de ses enfants,** FÉN. *Tél.* 5. ‖ **L'Évangile — saint Matthieu. — vous, si on s'en rapporte à vous, à votre opinion. C'est — les circonstances.** ‖ *Ellipt.* **C'est —, et, vieilli, —. Non pas toujours, me dit-il, c'est —,** PASC. *Prov.* 5. **CLÉANTE : Nul obstacle, je crois, Ne vous peut empêcher d'accomplir vos promesses. — ORGON : —,** MOL. *Tart.* I, 5. ‖ *Loc. conj.* **— que. — que vous serez puissant ou misérable, Les jugements de cour vous rendront blanc ou noir,** LA F. *Fab.* VII, 1.

SEMAILLE [se-mây'] *s. f.*

[ÉTYM. Du lat. *seminalia*, dérivé de *semen*, semence, neutre plur. devenu fém. § 545.]

‖ Action de semer. (S'emploie surtout au plur.) **Le temps des semailles. Les semailles sont faites.**

SEMAINE [se-mèn'] *s. f.*

[ÉTYM. Du lat. pop. *septimāna*, *m. s.* proprt, « réunion de sept (jours) », devenu *sept'mana*, § 336, setmaine, §§ 429, 299 et 291, semaine, §§ 408 et 409.]

‖ Période de sept jours, du dimanche au samedi inclusivement. **La — prochaine. Les sept jours de la —. La — sainte,** semaine qui précède le dimanche de Pâques, et, *p. ext.* (Liturgie) livre contenant l'office de la semaine sainte. **Être de —,** exercer une fonction pendant une semaine, au bout de laquelle on est remplacé par un autre. ‖ *P. ext.* ‖ **1.** Période de sept jours. **La première — du mois. Depuis plus d'une — Je n'ai trouvé personne à qui rompre les os,** MOL. *Amph.* I, 2. *Fig.* **Prêter à la petite — (à gros intérêts pour un temps très court), faire l'usure.** ‖ **2.** Période de six jours ouvrables, dont le dimanche est excepté. **Travailler pendant la — et se reposer le dimanche. Un jour de —.** *P. ext.* **Payer à un ouvrier sa —,** le travail qu'il a fait pendant la semaine. **La — d'un écolier,** petite somme qu'on lui donne pour ses menus plaisirs de la semaine. ‖ (Antiq. juive.) **— d'année,** intervalle de sept ans séparant deux années sabbatiques.

SEMAINIER, IÈRE [se-mè-nyé, -nyèr] *s. m. et f.*

[ÉTYM. Dérivé de *semaine*, § 115. ‖ XVI° s. Il y avoit plus de sepmaniers que de jours dans la sepmaine, BONIVARD, *Advis et devis, Idolatrie*, p. 69.]

‖ **1°** Celui, celle qui est de semaine dans un chapitre, dans une communauté religieuse.

‖ **2°** Comédien, comédienne qu'on charge pendant une semaine de régler ce qui est relatif à la composition et à l'exécution du répertoire.

*****SEMAISON** [se-mè-zon] *s. f.*

[ÉTYM. Dérivé de *semer*, § 108. (*Cf.* le lat. *seminatio, m. s.*) ‖ XIII° s. Trop a male semence en semoisons semee, RUTEB. p. 216, Kressner.]

‖ **1°** Temps des semailles.

‖ **2°** (T. didact.) Ensemencement naturel des plantes, par la dispersion des graines qui tombent.

SÉMAPHORE [sé-mà-fòr] *s. m.*

[ÉTYM. Composé avec le grec σῆμα, signe, et φορός, de φέρειν, porter, § 279. ‖ 1812. MOZIN, *Dict. franç.-allem.* Admis ACAD. 1835.]

‖ (T. didact.) Appareil télégraphique établi dans le voisinage d'un port, pour signaler l'arrivée des bâtiments, leur manœuvre à la vue des côtes du port, ou pour correspondre avec eux.

SEMBLABLE [san-blåbl'] *adj.*

[ÉTYM. Dérivé de *sembler*, § 93. ‖ XII°-XIII° s. En espoir d'estre a Dieu saniable, RENCL. DE MOILIENS, *Miserere*, CXI, 5.]

‖ Qui se rapproche par sa manière d'être, d'une autre personne, d'une chose. **Deux personnes, deux choses semblables entre elles. C'est par là que les rois sont semblables aux dieux,** LA F. *Poés. div. Élég.* 1. **Tous les hommes sont semblables par les paroles, et ce n'est que les actions qui les découvrent différents,** MOL. *Av.* I, 1. *P. ext.* **De semblables projets (des projets comme ceux dont on vient de parler) veulent être achevés,** RAC. *Mithr.* III, 1. ‖ *Vieilli. Substantivt, au masc.* Chose, personne semblable. **Il n'y a point d'autre animal... qui fasse le — (qui parle comme l'homme),** DESC. *Méth.* 5. **Les hommes ont sacrifié leurs semblables,** BOSS. *Hist. univ.* II, 3. **Chaque arbre porte des semences propres à engendrer son —,** ID. *Conn. de Dieu*, V, 2. ‖ *Spéciall.* (Mathém.) **Figures semblables,** qui ont les angles égaux chacun à chacun et les côtés homologues proportionnels. **Quantités algébriques semblables,** qui contiennent les mêmes lettres, affectées des mêmes exposants.

SEMBLABLEMENT [san-blà-ble-man] *adv.*

[ÉTYM. Composé de *semblable* et *ment*, § 724. ‖ XIV° s. ORESME, *Éth.* dans LITTRÉ.]

‖ D'une manière semblable.

*****SEMBLANCE** [san-blåns'] *s. f.*

[ÉTYM. Dérivé de *sembler*, § 146. ‖ XII° s. Si tu i veiz une semblance, MARIE DE FRANCE, *Fables*, XLIV, 25, Warnke.]

‖ *Vieilli.* Ressemblance. **Vous deviez vous contenter que votre fille fût faite à son image et —,** SÉV. 257.

SEMBLANT [san-blan] *s. m.*

[ÉTYM. Subst. particip. de *sembler*, § 47. ‖ XI° s. Sin vois vedeir alques de sun semblant, *Roland*, 270.]

‖ Apparence feinte de qqch. **Pour faire — d'assurance,** MOL. *Amph.* I, 2. **Ce commerce honteux de semblants d'amitié,** ID. *Mis.* I, 1. **Il est bon quelquefois de ne point faire — d'entendre les choses,** ID. *Am. méd.* I, 5. **Sans faire — qu'on parle à nous,** ID. *Crit. de l'Éc. des f.* sc. 6. **D'un faux — (d'une fausse apparence) mon esprit abusé,** CORN. *Cinna*, III, 4.

SEMBLER [san-blé] *v. intr.*

[ÉTYM. Du lat. *sĭmŭlāre, m. s.* devenu *sem'lar*, §§ 342, 336, 291, sembler, §§ 472 et 295. (*Cf.* simuler.)]

‖ Avoir l'apparence de qqch. (*Syn.* paraître.) **Toutes les nouveautés utiles lui semblaient des sacrilèges,** VOLT. *Hist. de Russie*, II, 10. **Que vous êtes joli ! que vous me semblez beau !** LA F. *Fab.* I, 2. **Ce songe est un rapport, tout me semble effroyable,** RAC. *Ath.* II, 5. *Famil.* **Faites ce que bon vous semble. Agissez comme bon vous semble. Retirez-vous ensuite où bon vous semblera,** LES. *Estev. Gonzalez*, 42. **Il me semblait, dit la princesse palatine, sentir la présence réelle de Jésus-Christ,** BOSS. *A. de Gonz.* ‖ *Vieilli.* Avec la prép. de. **Il lui semblait toujours de voir autour de lui,** SÉV. 158. ‖ **Il me semble déjà que ces murs, que ces voûtes Vont prendre la parole,** RAC. *Phéd.* III, 3. **Vous ne devez pas dire que je vous ai battu, mais qu'il vous semble que je vous ai battu,** MOL. *Mar. forcé*, sc. 5. ‖ Avec le subj. quand il y a doute, négation, interrogation. **Il semble qu'on doive lui obéir. Il ne semble pas qu'on puisse le nier. Vous semble-t-il qu'il puisse réussir ? ‖ Que vous semble,** a-t-il dit, du goût de cette soupe ? BOIL. *Sat.* 3. Que t'en semble, Narcisse ? RAC. *Brit.* I, 4. *Famil.* Il est parti, ce me semble. *Ellipt.* Ce jargon n'est pas fort nécessaire, me semble, MOL. *Dép. am.* II, 7. ‖ *Absolt.* Ma pitié semblerait un effet de ma peur, RAC. *Iph.* IV, 6. Ses superbes coursiers... Semblaient se conformer à sa triste pensée, ID. *Phèd.* V, 6. Vous tournez les choses d'une manière qu'il semble que vous avez raison, MOL. *D. Juan,* I, 2.

SÉMÉIOLOGIE [sé-mé-yò-lò-ji] et **SÉMÉIOTIQUE** [sé-mé-yò-tìk'] *s. f.*
[ÉTYM. Composé avec le grec σημεῖον, signe, λόγος, discours, et le suffixe ie, § 279. Séméiotique est emprunté du grec σημειωτική, *m. s.* On trouve aussi sémiologie, sémiotique, formes moins usitées, § 495. ‖ Admis ACAD. 1762.]
‖ (T. didact.) Partie de la pathologie qui traite des signes auxquels on reconnaît les maladies.

SEMELLE [se-mèl] *s. f.*
[ÉTYM. Origine inconnue. ‖ XIIIᵉ s. Semeles a souliers, E. BOILEAU, *Livre des mest.* I, LXXXIII, 1.]
I. ‖ **1°** Partie de la chaussure placée sous la plante du pied, pour la protéger. De fortes semelles de cuir. Une — garnie de clous. Des chaussures à double —. ‖ *Famil.* Battre la —. | 1. Aller à pied d'un lieu dans un autre. | 2. Frapper les pieds en cadence pour les réchauffer. ‖ *P. anal.* Morceau de cuir, de liège, d'étoffe fourrée, en forme de semelle, qu'on met dans la chaussure pour garantir du froid, de l'humidité.
‖ **2°** *P. ext.* Mesure de la longueur du pied. Ne pas rompre, ne pas reculer, ne pas avancer d'une —.
II. *Fig.* (Technol.) | 1. Pièce de bois couchée à plat sous le pied d'un étai. | 2. Plate-forme où sont assemblés les pieds de la ferme d'un comble. | 3. Pièce de bois placée au fond sous les pieds des chevalets d'un pont de bois, sous les poteaux d'une mine. | 4. Plateau d'un affût de mortier, d'un affût de place, qui porte la cheville ouvrière. | 5. Pièce d'appui de l'ordon d'un marteau. | 6. Pièce de bois qui supporte les jambages d'un tour. | 7. Plateau d'une presse. | 8. Feuillet de bois propre à être plaqué. | 9. Morceau de fer aplati pour faire des feuilles de fer-blanc. | 10. Feuille de tôle repliée et laminée en double, en triple.

SEMENCE [se-mãns'] *s. f.*
[ÉTYM. Du lat. pop. *sementia* (class. sementem), *m. s.* §§ 406 et 291.]
‖ **1°** Partie du fruit (graine, noyau, pépin, etc.) qu'on sème pour produire la plante qu'elle contient en germe. Blé de —, réservé pour servir de semence. | *P. ext.* Graine. (Pharm.) Semences chaudes majeures, d'anis, fenouil, cumin, carvi. Semences chaudes mineures, d'ache, persil, ammi, carotte. Semences froides majeures, de concombre, melon, citrouille, courge. Semences froides mineures, de laitue, endive, chicorée, pourpier. ‖ *P anal.* La — du mâle, liqueur fécondante, sperme, et, *fig.* Dieu promit au saint patriarche qu'en lui et en sa — (sa postérité) toutes ces nations... seraient bénites, BOSS. *Hist. univ.* II, 2.
‖ **2°** *Fig.* Germe d'où qqch doit naître. Les personnes d'esprit ont en elles des semences de toutes les vérités, LA BR. 1. Les semences d'honneur qu'avec nous elle a prises, MOL. *Éc. des m.* I, 2. Elle laissa en mourant une — éternelle de division, BOSS. *Hist. univ.* I, 2. Parmi ses faveurs, des semences d'amertume, BOURD. *Récomp. des saints,* 2.
‖ **3°** *P. anal.* Ce qui ressemble à de petites graines. ‖ *Spécialt.* | 1. — de perles, de diamants, très petites perles, parcelles de diamants. | 2. *Absolt.* Très petits clous employés par les tapissiers.

SEMENCEAU [se-man-sô] *s. m.*
[ÉTYM. Dérivé de semence, § 126. ‖ *Néolog.*]
‖ (Agricult.) Betterave qu'on replante, pour la laisser venir en graine la seconde année.

SEMENCINE [se-man-sin'] *s. f.*
[ÉTYM. Dérivé de semence, § 100. On dit aussi semen-contra, formule lat. signifiant « semence contre (les vers) ». ACAD. admet semencine et semen-contra en 1835. ‖ 1615. Ce que les apothicaires appellent semen contra, J. DES MOULINS, *Hist. gén. des plantes,* I, 820.]
‖ (Pharm.) Mélange de fleurs et de pédoncules de diverses armoises, en menus morceaux, employé comme vermifuge. (*Cf.* barbotine, santoline, santonine.)]

SEMEN-CONTRA [sé-mèn'-kon-trà] *s. m. V.* semencine.

SEMER [se-mé] *v. tr.*
[ÉTYM. Du lat. seminare, *m. s.* devenu *sem'ner,* §§ 386, 295 et 291, semmer, semer, §§ 472 et 484.]
‖ **1°** Répandre de distance en distance, dans une terre préparée (les semences de telle ou telle plante). — du blé, de l'oseille, de la laitue, du réséda, etc. | *Absolt.* — dru, clair. | *Loc. prov.* Qui sème dru récolte menu, qui sème menu récolte dru. | Le seigle se sème à l'automne. | *P. ext.* — un champ. | *Fig.* — en terre ingrate, faire du bien à qui ne sera pas reconnaissant. *Loc. prov.* Il faut — pour recueillir, il faut préparer les résultats qu'on veut obtenir. On recueille ce qu'on a semé, les résultats répondent à ce qu'on a préparé d'avance (en bien ou en mal).
‖ **2°** *Fig.* Répandre çà et là. — des fleurs sous les pas de qqn. — de l'argent, en distribuer çà et là. De sa mort en ces lieux la nouvelle semée, RAC. *Mithr.* V, 4. Ce bruit scandaleux que vous semez de tous côtés, PASC. *Prov.* 17. Je semais partout la terreur et l'effroi, CORN. *Perth.* I, 4. — Ici la plainte, RAC. *Brit.* I, 4. | (Vénerie.) Andouillers mal semés, dont le nombre n'est pas également réparti de chaque côté. *P. ext.* — les chemins de fleurs. Au pied du roc affreux semé d'os blanchissants, CORN. *Œdipe,* I, 4. | (Blason.) Écu semé de fleurs de lis.

SEMESTRE [se-mèstr'] *adj. et s.*
[ÉTYM. Emprunté du lat. semestris, *m. s.* Le sens 2° dérive du sens 1°, § 38. ‖ XVIᵉ s. La deesse et sa semestre fille, RONS. III, 295, Bibl. elzév.]
‖ (T. didact.) ‖ **1°** *Vieilli. Adj.* Qui dure six mois. (*Cf.* semestriel.) Une charge —, ne comportant que six mois de service par an. Le roi le rendit (le parlement de Paris) —, VOLT. *Parlem. de Paris,* 20. | *P. plaisant.* Les officiers, ce sont des vicaires semestres, qui disparaissent avec les hirondelles, REGNARD, *Coquette,* I, 7. ‖ *P. ext.* Qui a lieu au bout de six mois. Accouchement —.
‖ **2°** *S. m.* Période de six mois consécutifs. Le premier, le second — de l'année. *Ellipt.* Toucher son —, une rente qui se paie tous les six mois. [Congé de —, congé de six mois accordé à un militaire. *Ellipt.* Être en —, en congé de six mois. *P. ext.* Rappeler les semestres, les semestriers.

SEMESTRIEL, ELLE [se-mès'-tri-yèl] *adj.*
[ÉTYM. Dérivé de semestre, § 238. ‖ *Néolog.* Admis ACAD. 1878.]
‖ (T. didact.) Qui a lieu chaque semestre.

SEMESTRIER [se-mès'-tri-yé] *s. m.*
[ÉTYM. Dérivé de semestre, § 115. ‖ Admis ACAD. 1798.]
‖ *Vieilli.* Militaire qui a un congé de semestre.

SEMEUR, *SEMEUSE [se-meûr, -meûz'] *s. m. et f.*
[ÉTYM. Dérivé de semer, § 112. (*Cf.* le lat. seminator, *m. s.*) ‖ XIIᵉ-XIIIᵉ s. Uns semere issi por semer, GUI DE CAMBRAI, *Barlaam et Jos.* p. 34.]
‖ Celui, celle qui sème (le blé, l'orge, etc.). *P. ext.* Une semeuse, une machine à semer. | *P. anal.* Nom donné à la bergeronnette, oiseau qui, par le battement de sa queue, rappelle le mouvement régulier du bras du semeur. ‖ *Fig.* Celui, celle qui répand çà et là. Un — de nouvelles doctrines, BOSS. *Instr. aux Ursul.* 3.

SEMI [se-mi] *préf.*
[ÉTYM. Emprunté du lat. semi, *m. s.*]
‖ Préfixe signifiant « demi, à demi », qui se construit avec des noms, des adjectifs. Une —voyelle, une —-consonne, un son, une lettre intermédiaire entre les voyelles et les consonnes. Une —-preuve, un commencement de preuve. —-circulaire, —-lunaire, qui a la forme d'un demi-cercle, d'une demi-lune, etc.

SÉMILLANT, ANTE [sé-mi-yan, -yânt'] *adj.*
[ÉTYM. Adj. participe de sémiller, § 47 ; l'anc. franç. dit semilleus. ‖ 1564. Semillant et fretillant, J. THIERRY, *Dict. franç.-lat.*]
‖ Qui déploie une grande vivacité d'esprit, de manières. Cette beauté... mettait son plus grand mérite à être plus sémillante que les autres, HAMILT. *Gram.* p. 116.

SÉMILLER [sé-mi-yé] *v. intr.*
[ÉTYM. Dérivé de l'anc. franç. semille, s. f. malice, tour, d'origine inconnue. En anc. franç. on ne trouve qu'un seul exemple du verbe semiller, mais le subst. semille et l'adj. semilleus sont fréquents. ‖ XIIIᵉ-XIVᵉ s. Si con chascoun d'eux s'i semille, G. GUIART, *Roy. lign.* 15041.]
‖ *Rare.* Déployer une grande vivacité d'esprit, de manières. Cet étourdi qui court, saute, sémille, VOLT. *Prude,* III, 1.

SÉMINAIRE [sé-mi-nér] *s. m.*

[ÉTYM. Emprunté du lat. *seminarium, m. s.* de *seminare*, semer. || XVIᵉ-XVIIᵉ s. *V.* à l'article.]

|| **1°** *Anciennt.* Pépinière. Encore que le naturel des carottes requière plus de demeurer en leur —, O. DE SERRES, VI, 7. | *Fig.* L'envie et jalousie des égaux est le — des troubles, CHARRON, *Sagesse*, I, 58.

|| **2°** *P. anal.* (T. ecclés.) Maison religieuse où l'on prépare, dans chaque diocèse, les jeunes clercs à être en état de recevoir les ordres. Le — de Saint-Sulpice. | *P. ext.* Petit —, école ecclésiastique d'enseignement secondaire.

SÉMINAL, ALE [sé-mi-nàl] *adj.*
[ÉTYM. Emprunté du lat. *seminalis, m. s.* (*Cf.* semaille.) || XIVᵉ s. Vertu seminalle, dans DELB. *Rec.* Admis ACAD. 1762.]
|| (T. didact.) Relatif à la semence. Lobes séminaux, les deux corps qui sortent de la semence des dicotylédons quand elle a germé. || *P. anal.* Relatif à la liqueur fécondante du mâle. Vésicules séminales. Pertes séminales.

SÉMINARISTE [sé-mi-nà-rìst'] *s. m.*
[ÉTYM. Dérivé de *séminaire*, § 265. || 1690. FURET.]
|| (T. ecclés.) Celui qui se prépare dans un séminaire à recevoir les ordres.

***SÉMIOLOGIE** [sé-myò-lò-ji; *en vers,* -mi-ó-...] et **SÉMIOTIQUE** [sé-myò-tìk'; *en vers,* -mi-ò-...]. *V.* séméiologie, séméiotique.

SEMIS [se-mi] *s. m.*
[ÉTYM. Dérivé de *semer*, § 82. || 1760. Des semis de plantations, DUHAMEL DU MONCEAU, titre. Admis ACAD. 1798.]
||| (Agricult.) Jeune plant venu de graines. Un — de carottes, de réséda. Un — de sapins.

SEMOIR [se-mwàr] *s. m.*
[ÉTYM. Dérivé de *semer*, § 113. L'anc. franç. emploie plutôt le fém. semoire. || 1375. Le semeur pendu a son col, dans DU C. semeurus. Admis ACAD. 1762.]
|| **1°** Sac, caisse, etc., où le semeur porte le grain.
|| **2°** Instrument pour distribuer le grain qu'on sème.

SEMONCE [se-mõns'] *s. f.*
[ÉTYM. Pour semonse, subst. particip. de semondre, § 45. || XIIᵉ s. Par cele somunse les voleit esluingnier, GARN. DE PONT-STE-MAX. *St Thomas*, 26659.]
|| Action de semondre.

|| **1°** *Vieilli.* Avertissement de comparaître (à une assemblée, à une cérémonie). Ulysse fit à tous une même —, LA F. *Fab.* XII, 1. | *P. plaisant.* Nos cailles grasses, dont il faut que la cuisse se sépare du corps à la première —, SÉV. 1386. | *Spécialt.* (Marine.) Avertissement donné avec le porte-voix, par un navire à un autre, de se faire connaître en arborant son pavillon.

|| **2°** Avertissement sous forme de réprimande. Recevoir, donner une —.

SEMONCER [se-mon-sé] *v. tr.*
[ÉTYM. Dérivé de *semonce*, § 154. || 1611. COTGR. Admis ACAD. 1798.]
|| Avertir par semonce. | 1. (Marine.) Avertir d'arborer le pavillon. | 2. Avertir en adressant une réprimande.

SEMONDRE [se-mõndr'] *v. tr.*
[ÉTYM. Du lat. pop. *sŭbmŏnere (class. sŭbmŏnēre, § 629), *m. s.* devenu *somon're, somondre, semondre, §§ 348, 437, 290, 484 et 291. L'infinitif seul est de quelque usage.]
|| *Vieilli.* || **1°** Avertir de comparaître à une assemblée, à une cérémonie. — qqn à une noce. Au brouet on le convie... Son hôte n'eut pas la peine De le — deux fois, LA F. *Fab.* V, 7. || *Fig.* Inviter à faire qqch. De peur que cet objet... A faire un vilain coup ne me l'allât —, MOL. *Ét.* II, 2. *Absolt.* Ne vous montrez point rétives Quand le mérite vous semont, THÉOPHILE, *Remerc. à Coridon*, II, p. 163, Bibl. elzév. Dont le seul regard vous semont, ST-AMANT, *Vigne*, p. 171, Bibl. elzév.
|| **2°** Avertir en adressant une réprimande. Aceste... Se mit tout bas à le —, SCARR. *Virg. trav.* 5.

SEMONNEUR [se-mò-neûr] *s. m.*
[ÉTYM. Dérivé de *semondre*, § 112. || XIIᵉ s. Par matinet droit a cler jor Sont monté li semoneor, *Partenop. de Blois*, 2898.]
|| *Anciennt.* Celui qui avertit, qui invite. *Spécialt.* — d'enterrements, porteur de billets d'enterrement. Elle faisait tous les jours autant de chemin qu'un — d'enterrements, FURET. *Rom. bourg.* II, 12.

SEMOULE [se-moul; *vieilli,* -mŏŭy'] *s. f.*
[ÉTYM. Emprunté de l'ital. *semola, m. s.* qui est le lat. *simila*, fleur de farine, § 12. (*Cf.* l'anc. franç. simble, forme

à demi populaire.) || XVIᵉ s. Farine dite semole, LIÉBAULT, *Mais. rust.* dans DELB. *Rec.* Admis ACAD. 1740.]
|| Gruau de froment passé au four et concassé en granules, qu'on emploie pour potages et entremets.

SEMPITERNEL, ELLE [sin-pi-tèr-nèl] *adj.*
[ÉTYM. Dérivé de l'anc. franç. sempiterne, lat. *sempiternus*, éternel, § 238. || XIIIᵉ s. Dieu sempiternell, *Psaut.* dans GODEF. *Compl.*]
|| *Famil.* Qui ne finit pas. La vie sempiternelle (éternelle), VOLT. *Lett.* 20 nov. 1764. || *P. ext.* Une nonne sempiternelle (très âgée), GRESSET, *Ombres.* | *Substantivt.* Une sempiternelle, une femme très âgée. Une sempiternelle Qui passe soixante ans, TH. CORN. *Baron d'Albikrac*, I, 8.

SÉNAT [sé-nà] *s. m.*
[ÉTYM. Emprunté du lat. *senatus, m. s.* de *senex*, vieux. (*Cf.* seigneur.) || XIIᵉ-XIIIᵉ s. Li senaz, *Faits des Romains*, dans *Romania*, XIV, 12.]
|| **1°** (Antiq. rom.) Premier corps politique, formé des patriciens. Le — se défendait par sa sagesse, MONTESQ. *Rom.* 8.
|| **2°** *P. anal.* Premier corps politique de certains États modernes. Le — de Venise. Le — des États-Unis. Le — de la république française.
|| **3°** *P. ext.* Tribunal souverain (parlement, etc.). La coutume et la bienséance le conduisent encore (ce magistrat) quelquefois au —, D'AGUESS. *Merc.* 1.

SÉNATEUR [sé-nà-teûr] *s. m.*
[ÉTYM. Emprunté du lat. *senator, m. s.* || XIIᵉ s. Fille fu a un senateur, GAUT. D'ARRAS, *Éracle*, 2730.]
|| Membre d'un sénat (corps politique). | *P. ext.* Membre d'un tribunal souverain. La gravité de notre —, PASC. *Pens.* III, 3. *P. plaisant.* Il laisse la tortue Aller son train de —, LA F. *Fab.* VI, 10. || *Au fém.* Sénatrice, femme d'un sénateur. La dogesse et les sénatrices, ST-ÉVREM. *Sir Politick*, III, 5.

SÉNATORERIE [sé-nà-tòr'-ri; *en vers,* -tò-re-ri] *s. f.*
[ÉTYM. Dérivé de *sénateur*, § 69. || Le nom et la chose ont été créés par un sénatus-consulte du 4 janv. 1803.]
|| *Anciennt.* Majorat d'un sénateur français (sous le consulat et le premier empire) correspondant à une circonscription territoriale.

SÉNATORIAL, ALE [sé-nà-tò-ryàl; *en vers,* -ri-àl] *adj.*
[ÉTYM. Dérivé du lat. *senatorius, m. s.* § 238. Signalé comme néolog. en 1728 par l'abbé DESFONTAINES. || 1725. L'ordre senatorial, LE P. CATROU, *Hist. rom.* VIII, 62.]
|| (T. didact.) Qui se rapporte au sénat. L'ordre —, les sénateurs (de Rome). Les élections sénatoriales. Les délégués sénatoriaux.

SÉNATORIEN, IENNE [sé-nà-tò-ryin, -ryèn'; *en vers,* -ri-...] *adj.*
[ÉTYM. Dérivé du lat. *senatorius, m. s.* § 244. || 1690. FURET. Admis ACAD. 1798.]
|| (Antiq.) Qui appartient à un sénateur. Famille sénatorienne.

SÉNATUS-CONSULTE [sé-nà-tûs'-kon-sult'] *s. m.*
[ÉTYM. Emprunté du lat. *senatus consultum, m. s.* Au XIVᵉ s. BERSUIRE rend le mot latin par senatconsult. || 1573. Ce decret et senatusconsulte, PARADIN, dans DELB. *Rec.* Admis ACAD. 1762.]
|| **1°** (Antiq. rom.) Décision prise par le sénat. Le célèbre — que l'on voit encore gravé sur le chemin de Rimini à Césene, MONTESQ. *Rom.* 11.
|| **2°** *P. anal.* Décision prise par le sénat de France (sous le consulat et l'empire).

SENAU [se-nó] *s. m.*
[ÉTYM. Emprunté du holland. *snauw, m. s.* § 10. || 1723. SAVARY, *Dict. du comm.* Admis ACAD. 1762.]
|| (Marine.) Grand bâtiment à deux mâts gréé comme un brick, mais avec un mâtereau portant la corne d'artimon derrière le grand mât.

SÉNÉ [sé-né] *s. m.*
[ÉTYM. Emprunté du bas lat. *sene, m. s.* d'origine arabe, § 22. || XIIIᵉ s. Sene est chaux et sec, *Simples medicines*, fᵒ 70, vᵒ.]
|| (Botan.) Arbuste qui croît en Orient. || Médicament purgatif, mélange des folioles et des gousses de cet arbuste. | *Fig. Loc. prov.* Passez-moi la casse, je vous passerai le —, concession pour concession.

SÉNÉCHAL [sé-né-chàl] *s. m.*
[ÉTYM. Du bas lat. *siniscalcum, m. s.* du german. sini-scale, le plus vieux, le chef (sini) des serviteurs (scalc), § 6, de-

venu seneschalc, et, par confusion de la terminaison avec le suffixe al, seneschal, sénéchal, §§ 498 et 499. || XIᵉ s. Et ont traites les napes li maistre seneschal, *Voy. de Charl. à Jérus.* 416.]

|| *Anciennt.* Officier féodal, exerçant la surintendance de l'hôtel, commandant l'armée, rendant la justice, etc. — du roi, du comte, etc. — de Poitou, de Languedoc. || *Au fém.* Sénéchale, femme du sénéchal.

SÉNÉCHAUSSÉE [sé-né-chó-sé] *s. f.*
[ÉTYM. Pour sénéchaucie, seneschalcie, § 62, dérivé de seneschalc, anc. forme de sénéchal, §§ 64, 68 et 119. || XIIᵉ s. Prenez ceste seneschauciee Et par vous soit Rome essauciee, GAUT. D'ARRAS, *Ille et Galeron*, 2447.]
|| Juridiction d'un sénéchal. | 1. Tribunal du sénéchal. | 2. Circonscription territoriale soumise à un sénéchal.

SENEÇON [sĕn'-son ; *en vers*, se-ne-...] *s. m.*
[ÉTYM. Emprunté du lat. senecio, *m. s.* de senex, vieillard, le seneçon devenant tout blanc au printemps. (*Cf.* le nom grec ἠριγέρων, vieillard du printemps, érigéron.) || XIIIᵉ s. Senacions, c'est cresson de fontaine, *Simples medicines*, fᵒ 70, rᵒ. Admis ACAD. 1762.]
|| (Botan.) Plante de la famille des Composées, dont la semence sert à nourrir les oiseaux.

*SÉNÉGALI** [sé-né-gà-li] *s. m.*
[ÉTYM. Dérivé de Sénégal, fleuve et pays d'Afrique, § 36. (*Cf.* pour la désinence bengali.) || *Néolog.*]
|| Petit oiseau exotique, du genre des gros-becs.

*SENELLE. *V.* cenelle.

SÉNESTRE [sé-nèstr'] et, *mieux,* *SENESTRE** [se-...] *adj.*
[ÉTYM. Du lat. sinistrum, *m. s.* §§ 342, 308 et 291. (*Cf.* le doublet sinistre.) Sur la conservation de l's de la désinence, *V.* § 422. || Admis ACAD. 1762.]
|| (Blason.) Gauche. Le côté — de l'écu, la gauche de celui qui est censé le porter, la droite de celui qui regarde. (*Cf.* dextre.)

*SÉNESTROCHÈRE** [sé-nĕs-trò-chèr] *s. m.*
[ÉTYM. Composé à l'imitation de dextrochère. (*V.* ce mot.)]
|| (Blason.) Bras gauche, sortant du côté senestre de l'écu.

SÉNEVÉ [sĕn'-vé ; *en vers*, sò-ne-...] *s. m.*
[ÉTYM. Du lat. pop. *sinapatum, dérivé de sinape, sanve, §§ 117, 342, 335, 426, 295 et 291. || XIIIᵉ s. Hec sinapis : senevei, *Gloss. de Glasgow*, dans P. MEYER, *Rapports*, p. 132.]
|| (Botan.) Plante crucifère. || Graine de cette plante, dont on fait la moutarde.

SÉNIEUR [sé-nyeŭr ; *en vers*, ...-ni-eŭr] *s. m.*
[ÉTYM. Emprunté du lat. senior, *m. s.* (*Cf.* le doublet seigneur.) || XVᵉ-XVIᵉ s. L'opinion des senieurs, JUVÉNAL, *Règl. de St-Ben.* fᵒ 16, édit. 1528. Admis ACAD. 1762.]
|| *Vieilli.* (T. didact.) Doyen d'âge. Le — de Sorbonne.

SÉNILE [sé-nil] *adj.*
[ÉTYM. Emprunté du lat. senilis, *m. s.* || 1512. Gravité sénile, J. LE MAIRE, dans DELB. *Rec.* Admis ACAD. 1835.]
|| (T. didact.) Qui tient à la vieillesse. Gangrène —.

SÉNILITÉ [sé-ni-li-té] *s. f.*
[ÉTYM. Dérivé de sénile, § 255. || *Néolog.* Admis ACAD. 1878.]
|| (T. didact.) Caractère sénile. *Spécialt.* Affaiblissement du corps et de l'esprit produit par la vieillesse.

**SENNE. *V.* seine.

SENS [san ; *en liaison*, sänz'] *s. m.*
[ÉTYM. Du lat. sensum, *m. s.* § 291.]
|| **1°** Faculté (chez l'homme, l'animal) de percevoir les diverses impressions que font sur lui les objets matériels. Le — du toucher, de la vue, de l'ouïe, du goût, de l'odorat. Le — commun, centre où, selon certains philosophes, se réunissent les perceptions des différents sens. Les organes des —. Les — abusent la raison par de fausses apparences, PASC. *Pens.* III, 19. Ce qui tombe sous les —, ce qui est visible, tangible, etc. Cela tombe sous le —, c'est une vérité palpable. | (Théol.) La peine du —, la peine du feu (peine matérielle) dans l'enfer. | *P. anal. Au plur.* Les plaisirs des —, les plaisirs physiques, et, *spécialt*, ceux de l'amour. Mortifier les —. Un auteur vertueux... Ne corrompt point le cœur en chatouillant les —, BOIL. *Art p.* 4. Il est un autre amour, dont les vœux innocents S'élèvent au-dessus du commerce des —, CORN. *Oth.* I, 5. | *P. ext.* Exercice de la faculté de sentir. S'il reprenait ici sa rage avec ses —, RAC.

Andr. v, 5. D'horreur encor tous mes — sont saisis, ID. *Ath.* II, 7. Mes — par la raison ne sont plus gouvernés, MOL. *Mis.* IV, 3. — rassis, manière de sentir calme. Et, fous de — rassis, BOIL. *Art p.* 2. || *Fig.* Il manque un — aux incrédules, BOSS. *A. de Gonz.*

|| **2°** Faculté (chez l'homme) de discerner le vrai du faux. La puissance de bien juger et distinguer le vrai d'avec le faux, qui est proprement ce qu'on nomme le bon —, DESC. *Méth.* 1. Avoir le — droit. Avoir du bon —. Être dans son bon —. *Ellipt.* Avoir du —. Être hors du —. Le peuple s'étonna comme il se pouvait faire Qu'un homme seul eût plus de — Qu'une multitude de gens, LA F. *Fab.* II, 20. Le — commun, la faculté de discerner le vrai du faux, en ce qu'elle a de commun à tous les hommes. N'avoir pas le — commun. || *P. ext.* Avoir le — moral, le discernement du bien et du mal. Avoir le — du beau, le — esthétique, le discernement du beau et du laid. Le — pratique, le discernement des choses pratiques. (Philos.) Le — interne, la faculté de discerner ce qui se passe en nous, la conscience du moi.

|| **3°** Manière de comprendre, de juger. Il évite de donner dans le — des autres et d'être de l'avis de qqn, LA BR. 5. Chacun abonde si fort en son —, DESC. *Méth.* 6. Être trop attaché à son — propre. Je l'entends au — des molinistes, PASC. *Prov.* 1. || *P. ext.* Manière dont une chose doit être comprise. Si le — de vos vers tarde à se faire entendre, BOIL. *Art p.* 1. Toujours avec un — il (un oracle) en présente un autre, RAC. *Iph.* II, 1. Les mots diversement rangés font un divers —, PASC. *Pens.* XXV, 128. Faire un contre—, un faux —, comprendre un texte d'une manière contraire ou erronée. Le — propre d'un mot, ce qu'il signifie à proprement parler. Le — figuré, ce qu'il signifie par métaphore. Des paroles qui n'ont pas de —, vides de —, sans idée. Il est hors de — que..., MOL. *Amph.* III, 1. Des paroles qui ont beaucoup de —, où il y a beaucoup de choses, d'idées à comprendre. Perse, en ses vers obscurs, mais serrés et pressants, Affecta d'enfermer moins de mots que de —, BOIL. *Art p.* 2.

|| **4°** Manière de diriger, et, *p. ext.* direction. Agir dans le même — que qqn. Le bon — consiste à prendre les choses dans le bon —, VAUVEN. *B. Sens.* Il faudrait avoir une règle ; la raison s'offre, mais elle est ployable à tous —, PASC. *Pens.* VII, 4. Les hommes, en un —, ne sont point légers, LA BR. 11. Tourner quelqu'un dans tous les — (pour lui faire dire qqch). Le — d'une chose, le côté suivant lequel on doit la présenter. || *Loc. adv.* A contre—, dans le sens opposé à celui qui convient. || Par confusion entre sens et la forme ancienne cen, cela. — dessus dessous, en plaçant dessous ce qui devrait être dessus. Mettre tout — dessus dessous, tout bouleverser. — devant derrière, en plaçant derrière ce qui devrait être devant.

SENSATION [san-sà-syon ; *en vers*, -si-on] *s. f.*
[ÉTYM. Emprunté du lat. sensatio, *m. s.* || XIVᵉ s. La sensacion ou operacion est ou resgart de la chose sensible, ORESME, *Éth.* x, 6.]
|| Impression agréable ou désagréable perçue par l'intermédiaire d'un des organes des sens. La — du chaud, du froid, de la couleur, du son, des saveurs, des odeurs. Une — délicieuse, pénible, douloureuse. Philosophie de la —, système suivant lequel toutes les idées naîtraient de nos sensations. || *Fig.* Faire —, produire un effet marqué d'attention, d'intérêt, de surprise, d'admiration, etc.

SENSÉ, ÉE [san-sé] *adj.*
[ÉTYM. Dérivé de sens, à l'imitation du lat. sensatus, *m. s.* § 118. A remplacé l'anc. franç. sené. (*Cf.* forcené.) || XVIIᵉ s. *V.* à l'article.]
|| Qui a du (bon) sens. Les discours des filles bien sensées, CORN. *Mélite*, III, 4. Conseiller très — d'un roi très imprudent, BOIL. *Ép.* 1. [Un discours —.

SENSÉMENT [san-sé-man] *adv.*
[ÉTYM. Pour senséement, composé de sensée et ment, § 724. || 1640. OUD.]
|| D'une manière sensée.

*SENSIBILISER** [san-si-bi-li-zé] *v. tr.*
[ÉTYM. Dérivé de sensible, § 267. || *Néolog.*]
|| (Technol.) Rendre sensible à une action. *Spécialt.* — une plaque photographique, la rendre sensible à la lumière.

SENSIBILITÉ [san-si-bi-li-té] *s. f.*
[ÉTYM. Emprunté du lat. sensibilitas, *m. s.* || 1314. Par sensibilité, *Chirurg. de Mondeville*, 42, Bos.]
|| (T. didact.) Faculté d'être affecté physiquement ou moralement, d'une manière agréable ou pénible. Exister

pour nous, c'est sentir; notre — est incontestablement antérieure à notre intelligence, J.-J. ROUSS. *Ém.* 4. || *P. ext.* Facilité à ressentir les moindres impressions (physiques ou morales). La — de la bouche d'un cheval. Il se forme dans les grandeurs une nouvelle — pour les déplaisirs, BOSS. *Marie-Thérèse.* || *Absolt.* | **1.** Facilité à être ému (de tendresse, de pitié, etc.). La — du cœur n'est point un crime en elle-même, BOURD. *Pens. Amitié sensible,* 4. Avoir de la —. | **2.** Facilité à être modifié par les influences physiques. La — d'une balance.

SENSIBLE [san-sîbl'] *adj.*
[ÉTYM. Emprunté du lat. sensibilis, *m. s.* || XIIIᵉ s. L'ame sensible, BRUN. LATINI, *Trésor,* p. 297.]
|| (T. didact.) || **I.** Doué de sensibilité. || Qui a la faculté d'être affecté physiquement, moralement, d'une manière agréable ou pénible. La partie — et la partie raisonnable de l'âme. Traiter l'homme comme —, au lieu de le traiter comme raisonnable, MONTESQ. *Lett. pers.* 33. *Substantivt.* Le —, la faculté d'être affecté. Tout ce qui excite le —, BOSS. *Comédie,* 5. || *P. ext.* Qui ressent facilement les moindres impressions (physiques ou morales). Un cheval qui a la bouche —, qui est — aux mouches, à l'éperon. Vous ne vous montrez point — à cet outrage! CORN. *Hor.* II, 5. Peu — aux charmes d'Hermione, RAC. *Andr.* I, 1. | *Vieilli.* — sur qqch. Vous n'êtes que trop vive et trop — sur ma vie et sur ma santé, SÉV. 164. | Tu sais me frapper par où je suis —, CORN. *Cinna,* I, 2. Attaquer quelqu'un par son endroit, par son côté —. || *Absolt.* | **1.** Qui est facilement ému (de tendresse, de pitié, etc.). Je porte un cœur —, et vous l'avez percé, CORN. *Poly.* V, 3. Une personne si — et si délicate, BOSS. *A. de Gonz.* Hippolyte est — et ne sent rien pour moi! RAC. *Phèd.* IV, 5. | **2.** Qui est facilement modifié par les influences physiques. Une balance très —.
II. || **1°** Qui tombe sous les sens. Le monde —. Les qualités excessives nous sont ennemies et non pas sensibles, nous ne les sentons pas, nous les souffrons, PASC. *Pens.* I, 1. Le baromètre a éprouvé des variations sensibles. Pour me servir d'une comparaison qui vous sera plus —, PASC. *Prov.* 2. || *Speciall.* (Musique.) La note —, et, *substantivt,* La —, septième note de la gamme, qui, placée à un demi-ton de l'octave de la tonique, fait pressentir cette note.
|| **2°** Qui agit sur la sensibilité. Un coup de poignard ne me serait pas plus —, SÉV. 454. Dieu — au cœur, non à la raison, PASC. *Pens.* XXIV, 5. Avec une joie et — et profonde, CORN. *Cinna,* V, 3.

SENSIBLEMENT [san-si-ble-man] *adv.*
[ÉTYM. Composé de sensible et ment, § 724. || 1314. Sensiblement puet estre prouvé, *Chirurg. de Mondeville,* 44, Bos.]
|| (T. didact.) D'une manière sensible. | **1.** D'une manière qui affecte la sensibilité. Je suis — touché de votre bon souvenir. | **2.** D'une manière qui tombe sous les sens. Si les grandes (maladies) l'altèrent —, PASC. *Pens.* III, 3.

SENSIBLERIE [san-si-ble-rî] *s. f.*
[ÉTYM. Dérivé de sensible, § 69. || Fin du XVIIIᵉ s. Mot dû à MERCIER. Admis ACAD. 1835.]
|| Exagération, affectation de sensibilité.

SENSITIF, IVE [san-si-tîf', -tîv'] *adj.*
[ÉTYM. Emprunté du lat. scolast. sensitivus, *m. s.* § 217. || XIIIᵉ s. Ames sensitives, BRUN. LATINI, *Trésor,* p. 260.]
|| (T. didact.) || **1°** Relatif aux sens. Les opérations sensitives et les opérations intellectuelles, BOSS. *Conn. de Dieu,* I, 1.
|| **2°** Relatif à la faculté de sentir. La vie sensitive.

SENSITIVE [san-si-tîv'] *s. f.*
[ÉTYM. Tiré de sensitif, § 37. || 1680. RICHEL.]
|| (Botan.) Variété de mimosa dont les feuilles se replient dès qu'on les touche. | *Fig.* Personne sensible aux moindres impressions.

SENSORIAL, ALE [sin-sò-ryàl; *en vers,* -ri-àl] *adj.*
[ÉTYM. Dérivé de sensorium, § 238. || *Néolog.* Admis ACAD. 1878.]
|| (T. didact.) Qui tient aux organes des sens. Appareil —.

SENSORIUM [sin-sò-ryòm'; *en vers,* -ri-òm'] *s. m.*
[ÉTYM. Emprunté du lat. sensorium, employé par BOÈCE au sens 1°. || Admis ACAD. (au sens 2°) 1762.]
|| (Philos.) || **1°** Partie du cerveau qu'on suppose être le centre des sensations.
|| **2°** Centre, où selon certains philosophes, se réunissent les perceptions des différents sens.

SENSUALISME [san-suà-lîsm'; *en vers,* -su-à-...] *s. m.*
[ÉTYM. Dérivé du lat. sensualis, relatif aux sensations, §265. || 1812. MOZIN, *Dict. franç.-allem.* Admis ACAD. 1878.]
|| (T. didact.) Doctrine philosophique suivant laquelle toutes les idées viennent des sensations.

SENSUALISTE [san-suà-lîst'; *en vers,* -su-à-...] *s. m. et f.*
[ÉTYM. Dérivé du lat. sensualis, relatif aux sensations, §265. || 1812. MOZIN, *Dict. franç.-allem.* Admis ACAD. 1878.]
|| (T. didact.) Celui, celle qui professe le sensualisme.

SENSUALITÉ [san-suà-li-té; *en vers,* -su-à-...] *s. f.*
[ÉTYM. Emprunté du lat. scolast. sensualitas, *m. s.* § 217. || XIIᵉ s. Li usages mismes de nostre sensualiteit, *Serm. de St Bern.* p. 130.]
|| Recherche des plaisirs des sens. Aisément elle (la sensibilité) se change en —, PASC. *Pens.* II, 296.

SENSUEL, ELLE [san-suèl; *en vers,* -su-èl] *adj.*
[ÉTYM. Emprunté du lat. sensualis, relatif aux sensations, sensible. || XVᵉ s. Se déduit de l'existence de sensuellement à cette époque.]
|| **1°** Relatif aux plaisirs des sens. Les appétits sensuels.
|| **2°** Qui recherche les plaisirs des sens. Une personne sensuelle. Mener une vie sensuelle.

SENSUELLEMENT [san-suèl-man; *en vers,* -su-è-le-...] *adv.*
[ÉTYM. Composé de sensuelle et ment, § 724. || XVᵉ s. Le scient voit sensuelement toutes les choses qui lui sont nuisibles, J. DE COURCY, dans GODEF.]
|| D'une manière sensuelle.

***SENTANT, ANTE** [san-tan, -tãnt'] *adj.*
[ÉTYM. Adj. particip. de sentir, § 47. || *Néolog.*]
|| (T. didact.) Qui a la faculté de sentir. Les êtres sentants. Les créatures sentantes.

SENTE [sãnt'] *s. f.*
[ÉTYM. Du lat. semita, *m. s.* §§ 308, 290 et 291.]
|| *Vieilli et dialect.* Sentier. Les feux (de l'Etna) s'ouvrirent en deux... et laissèrent une — à ces jeunes hommes, MALH. *Bienf. de Sénéq.* III, 37.

SENTENCE [san-tãns'] *s. f.*
[ÉTYM. Emprunté du lat. sententia, *m. s.* || XIIᵉ s. La sentence de dampnation, *Serm. de St Bern.* p. 3.]
|| **1°** Opinion exprimée par une formule dogmatique. Le prince de Condé ne sait ce que c'est que de prononcer de ces pompeuses sentences, BOSS. *Condé.* Un homme qui ne parle que par sentences. Un roi (de tragédie) par bienséance Doit exhaler son âme avec une —, GILBERT, *Dix-huitième Siècle.*
|| **2°** Décision formulée par des juges. C'était la forme de prononcer les sentences, BOSS. *Hist. univ.* III, 3. Une — de mort. *P. anal.* Leur — (venant de Dieu) leur fut prononcée par la bouche du prophète Élie, BOSS. *Hist. univ.* I, 6.

SENTENCIER [san-tan-syé; *en vers,* -si-é] *v. tr.*
[ÉTYM. Emprunté du bas lat. sententiare, *m. s.* || XIVᵉ s. Come celui sentenciast qui fist la loy, ORESME, *Éth.* dans LITTRÉ.]
|| *Vieilli.* (Droit.) Juger (qqch, qqn) par sentence.

SENTENCIEUSEMENT [san-tan-syeuz'-man; *en vers,* -si-eu-ze-...] *adv.*
[ÉTYM. Composé de sentencieuse et ment, § 724. || 1555. DE LA BOUTHIÈRE, *Des Prodiges,* dans DELB. *Rec.*]
|| (T. didact.) D'une manière sentencieuse.

SENTENCIEUX, EUSE [san-tan-syeu, -syeuz'; *en vers,* -si-...] *adj.*
[ÉTYM. Emprunté du lat. sententiosus, *m. s.* || XIIIᵉ s. Autorez Sentencieus et legerez, H. D'ANDELI, *Bat. des set ars,* 416, Héron.]
|| (T. didact.) Qui exprime ses opinions par des sentences. Un auteur —. Parler d'un ton —.

SENTÈNE. *V.* centaine.

SENTEUR [san-teùr] *s. f.*
[ÉTYM. Dérivé de sentir, § 110. || XIVᵉ s. EVRART DE CONTY, *Probl. d'Aristote,* dans GODEF. *Compl.*]
|| Parfum pénétrant. Il a la main douce, et il l'entretient avec une pâte de —. Eau de —. Pois de —. Rat de —, rat musqué.

SENTIER [san-tyé] *s. m.*
[ÉTYM. Du lat. pop. semitarium, dérivé et synonyme de semita, *m. s.* (cf. sente), §§ 336, 297 et 291.]
|| Chemin étroit pour les piétons, dans les champs, les bois, les montagnes. Un — détourné. || *Fig.* (Théol.) Les sentiers des justes, la bonne voie. Ce — solitaire et rude où il (le juste) grimpe plutôt qu'il ne marche, BOSS. *R. d'Angl.*

SENTIMENT [san-ti-man] *s. m.*

[ÉTYM. Anc. franç. *sentement*, dérivé de *sentir*, § 145. Sentiment, dû soit à l'influence de *sentir*, soit à l'ital. *sentimento*, n'a supplanté *sentement* qu'au XVIᵉ s. ‖ XIIᵉ s. Lo sentement del corporien torment, *Serm. de St Bern.* p. 77. | 1314. Le sentiment et le mouvement, *Chirurg. de Mondeville*, 77, Bos.]

‖ **1°** Action de sentir, de recevoir une impression agréable ou pénible. Quand les esprits, le —, Quand tout faillit en toi, LA F. *Fab.* VIII, 1. Mes pleurs du — lui rendirent l'usage, RAC. *Ath.* I, 2. | *P. ext.* Action de connaître, par cette impression. Au — de sa faiblesse l'homme joindrait le — de ses besoins, MONTESQ. *Espr. des lois*, I, 1. Avoir le — des convenances. Avoir le — du beau, de l'art, de la musique. Ceux qui sont accoutumés à juger par le — ne comprennent rien aux choses de raisonnement, PASC. *Pens.* VII, 33. Ceux à qui Dieu a donné la religion par — de cœur, ID. *ibid.* VIII, 6. J'ai un — clair de ma liberté, BOSS. *Libre Arb.* 2.

‖ **2°** Mouvement de l'âme, où n'interviennent pas les sens (par opposition à sensation). Les sentiments naturels. Quand ils virent qu'Idoménée prenait des sentiments d'humanité, FÉN. *Tél.* 13. Les sentiments d'une piété si sincère, BOSS. *D. d'Orl.* Des sentiments de haine, de vengeance. *Spécialt.* — tendre. Témoignes-tu pour moi les moindres sentiments? CORN. *Poly.* IV, 3. Pousseuses de tendresse et de beaux sentiments (en matière galante), MOL. *Éc. des f.* I, 3. *Absolt.* Dans ses vers tout pense, tout a du —, FÉN. *Lett. à l'Acad.* 5. Il y a du — dans ces vers. Un trait de —.

‖ **3°** Manière d'apprécier. Il était lui-même dans ce —, PASC. *Prov.* 1. Pour entrer dans les sentiments de ces sages historiens, BOSS. *Hist. univ.* III, 6. Vous découvrir ici mes secrets sentiments, RAC. *Mithr.* I, 3. Heurter de front ses sentiments est... tout gâter, MOL. *Av.* I, 5. Au — de beaucoup de gens, ID. *Préc. rid.* sc. 1. A parler à sentiments ouverts, ID. *Amph.* prol. | *Loc. prov.* Autant de têtes, autant de sentiments, chacun a sa manière d'apprécier.

SENTIMENTAL, ALE [san-ti-man-tàl] *adj.*

[ÉTYM. Emprunté de l'angl. *sentimental, m. s.* mis à la mode par *The sentimental Journey* (le Voyage sentimental) de Sterne (1768), § 8. ‖ Admis ACAD. 1835.]

‖ Qui donne avec excès dans le sentiment.

SENTIMENTALEMENT [san-ti-man-tãl-man; *en vers*, -tà-le-...] *adv.*

[ÉTYM. Composé de *sentimentale* et *ment*, § 724. ‖ *Néolog.* Admis ACAD. 1878.]

‖ D'une manière sentimentale.

SENTIMENTALITÉ [san-ti-man-tà-li-té] *s. f.*

[ÉTYM. Dérivé de *sentimental*, § 255. ‖ *Néolog.* Admis ACAD. 1878.]

‖ Caractère de celui qui donne avec excès dans le sentiment.

SENTINE [san-tin'] *s. f.*

[ÉTYM. Emprunté du lat. *sentina, m. s.* ‖ XIIᵉ s. Por espurgier nostre sentine, *Serm. de St Bern.* p. 94.]

‖ (Marine.) Partie basse d'un navire au fond de la cale, réceptacle des eaux, des ordures, qu'on vide à l'aide de pompes. Jette-moi à la proue, à la poupe, dans la — même, FÉN. *Tél.* 15. | *Fig.* Un lieu qui est la — de tous les vices.

SENTINELLE [san-ti-nèl] *s. f.*

[ÉTYM. Emprunté de l'ital. *sentinella, m. s.* de *sentire*, écouter, § 12. Qqs auteurs le font masc. § 554. Le bon sentinelle En vrai héros se comporta, MANCINI-NIVERNOIS, *Fables, Chien battu.* ‖ XVIᵉ s. Les aultres... assoyent sentinelles, RAB. III, prol.]

‖ (T. milit.) Soldat chargé de veiller devant un poste militaire (caserne, place forte, camp, etc.) pour ne pas le laisser surprendre. Poser une —. Une —. — perdue, placée dans un poste avancé et périlleux. Mettre qqn en —. Relever qqn de —. Faire la — et Faire —. ‖ *Fig.* Celui qui veille pour éviter une surprise. Isabelle Durant notre entretien demeure en —, CORN. *Ment.* III, 5. Le prince est une — établie pour garder son État, BOSS. *Polit.* V, II, 2. ‖ *Trivial.* Poser une —, un excrément le long d'un mur.

SENTIR [san-tir] *v. tr.*

[ÉTYM. Du lat. *sentire, m. s.* § 291.]

I. Recevoir une impression agréable ou pénible.

‖ **1°** Par l'intermédiaire des sens. Nous ne sentons ni l'extrême froid ni l'extrême chaud, PASC. *Pens.* I, 1. J'ai senti tout à coup un homicide acier, RAC. *Ath.* II, 5. Je sentis tout mon corps et transir et brûler, ID. *Phèd.* I, 3. De ses bras innocents je me sentis presser, ID. *Ath.* I, 2. | *Fig.* Plus d'un monstre farouche Avait de votre bras senti la pesanteur, RAC. *Phèd.* III, 5. Ce n'est point au bout de l'univers Que Rome fait — tout le poids de ses fers, ID. *Mithr.* III, 1. | Se —, avoir conscience de ses impressions. Le corbeau ne se sent pas de joie, LA F. *Fab.* I, 2. *Absolt.* Je suis dans une colère que je ne me sens pas, MOL. *Mar. forcé*, sc. 4. Petit serpent que j'ai réchauffé dans mon sein, Et qui, dès qu'il se sent,... Cherche à faire du mal à celui qui le flatte! ID. *Éc. des f.* V, 4. *Substantivt.* Le — ne dépend pas de nous, mais le vouloir en dépend, FÉN. *Lett. sur la grâce*, I, 5. ‖ *Spécialt.* | **1.** Par l'intermédiaire de l'odorat. Que sens-tu? dis-le-moi, LA F. *Fab.* VII, 7. Je sens une odeur de brûlé. *Fig.* Je sens un poète de demi-lieue loin, SCARR. *Rom. com.* 11. | *P. ext.* Respirer une odeur. Sentez cette rose. Comme on sent de l'eau de la reine de Hongrie quand on est dans le mauvais air, SÉV. 1166. | **2.** Par l'intermédiaire de l'oreille. Il faut faire — le rythme des vers, en les prononçant.

‖ **2°** Sans l'intermédiaire des sens. — de la reconnaissance, de l'amour pour qqn. Sentiez-vous, dites-moi, ces violents transports? BOIL. *Sat.* 9. J'en sens quelque remords, RAC. *Phèd.* III, 3. Il a senti l'affront. Hippolyte est sensible, et ne sent rien pour moi! RAC. *Phèd.* IV, 5. On n'a tous deux qu'un cœur qui sent mêmes traverses, CORN. *Poly.* I, 3. Se — ému. Je me sens un cœur à aimer toute la terre, MOL. *D. Juan*, I, 2. Elle lui fit — Plus d'un remords en l'âme, CORN. *Cinna*, III, 2. ‖ *P. ext.* Discerner, connaître qqch par l'impression qu'on en reçoit. Je sens que je deviens importune à mon tour, RAC. *Brit.* I, 1. Bajazet, écoutez, je sens que je vous aime, ID. *Baj.* II, 1. Et je sens qu'il faudra que nous rompions ensemble, MOL. *Mis.* II, 1. Je sentais renaître mon courage, FÉN. *Tél.* 2. La société nous apprend à — les ridicules, MONTESQ. *Espr. des lois*, XIX, 27. Je faisais même de temps en temps — à Protésilas que je supportais son joug avec impatience, FÉN. *Tél.* 13. Je me sens également confondu et par la grandeur du sujet..., BOSS. *Condé.*

II. Avoir l'odeur de qqch. Un sachet qui sent la rose. Cela sent le moisi. — bon, mauvais. Cela sent comme baume, REGNARD, *Joueur*, III, 4. | *P. anal.* En parlant de la saveur. Cette soupe sent le brûlé. Ce vin sent le bouchon. | *Absolt.* Avoir une mauvaise odeur. C'est, dit-il, un cadavre; ôtons-nous, car il sent, LA F. *Fab.* V, 20. ‖ *Fig.* Avoir le caractère de qqch, de qqn. Cela sent son vieillard, MOL. *Éc. des m.* I, 1. Vous sentez l'homme du commun, BEAUMARCH. *Mère coup.* I, 12. Sans attachement qui sente l'esclavage, CORN. *Poly.* V, 2. Le vers se sent toujours des bassesses du cœur, BOIL. *Art p.* 4. Le jeune prince se sentira éternellement d'avoir été cultivé par de telles mains, BOSS. *Condé.*

SEOIR [swàr] *v. intr.*

[ÉTYM. Du lat. *sĕdēre, m. s.* devenu *sedeir, seeir, seoir*, §§ 411, 358, 309 et 291. (*Cf.* séance.)]

I. *Vieilli.* Être assis. Jésus-Christ... est monté au ciel et sied à la droite du Père, PASC. *Lett. sur la mort de son père.* | *Avec le pron. réfl.* S'asseoir. Sieds-toi, CORN. *Cinna*, V, 1. Seyez-vous, ID. *D. Sanche*, I, 3. | *Spécialt. De nos jours.* Au *gérondif précédé d'un pron. pers.* En, sur son séant, dans la posture d'une personne assise. Être, se mettre en, sur son séant (étant au lit). ‖ *P. ext.* | **1.** Siéger. Le tribunal séant à Pontoise. La cour séant à Paris. | **2.** Être situé. Une maison sise à Montmartre.

II. *Fig.* Être admis comme convenant à qqn, à qqch. (*Cf.* séant.) L'ébranlement sied bien aux plus fermes courages, CORN. *Hor.* I, 1. Cette vanité, Monsieur, ne sied pas bien avec la piété, MOL. *Tart.* II, 2. *Impersonnelt.* A son âge il sied mal de faire la jolie, MOL. *Mis.* I, 1. Siérait-il, Abner, à des cœurs généreux De livrer au supplice un enfant malheureux? RAC. *Ath.* V, 2. ‖ *P. ext.* Cette couleur lui sied, lui va bien. (*Cf.* seyant.)

***SEP.** *V.* cep.

***SÉPALE** [sé-pàl] *s. m.*

[ÉTYM. Composé arbitrairement avec le radical de *séparer* et la désinence de *pétale*, § 284 *bis.* ‖ *Néolog.*]

‖ (Botan.) Foliole du calice d'une fleur.

SÉPARABLE [sé-pà-ràbl'] *adj.*

[ÉTYM. Emprunté du lat. *separabilis, m. s.* ‖ XVᵉ s. Et sont non separables l'une de l'autre, J. CORBICHON, *Propr. des choses*, I, 26, édit. 1482.]

‖ (T. didact.) Qui peut être séparé. *Spécialt.* (Gramm.) Particule —, qui ne fait pas corps avec le mot auquel elle est unie et peut en être séparée dans la phrase.

***SÉPARATIF, IVE** [sé-pà-rà-tif, -tiv'] *adj.*

[ÉTYM. Emprunté du lat. separativus, *m. s.* || XVIᵉ s. Le feu qui est separatif, VIGENÈRE, dans DELB. *Rec.*]

|| (T. didact.) Qui établit une séparation. Mur —.

SÉPARATION [sé-pà-rà-syon; *en vers*, -si-on] *s. f.*

[ÉTYM. Emprunté du lat. separatio, *m. s.* || 1314. Soit faite separation, *Chirurg. de Mondeville*, 715, Bos.]

|| **1°** Action d'être séparé. La — des bons et des méchants. La — et la révolte contre l'autorité de l'Église, BOSS. *R. d'Angl.* C'est une horrible chose que les séparations, SÉV. 734. | (Droit.) — de biens, qui rompt la communauté de biens entre époux. — de corps, qui les autorise à ne plus vivre ensemble.

|| **2°** Ce qui sépare. Établir une — entre deux champs.

SÉPARATISTE [sé-pà-rà-tíst'] *s. m. et f.*

[ÉTYM. Dérivé du radical de séparation, § 265. || *Néolog.* Admis ACAD. 1878.]

|| Celui, celle qui fait une séparation (politique), une sécession. *Adjectivt.* Tendance, manœuvres séparatistes.

SÉPARÉMENT [sé-pà-ré-man] *adv.*

[ÉTYM. Composé de séparée, part. de séparer pris comme adj., et ment, § 724. || XIVᵉ s. Diviseement et separeement, ORESME, *Éth.* VIII, 12.]

|| A part l'un de l'autre. Deux personnes qui vivent —. Faire cuire — la viande et les légumes. Examiner — chaque question.

SÉPARER [sé-pà-ré] *v. tr.*

[ÉTYM. Emprunté du lat. separare, *m. s.* (*Cf.* le doublet sevrer, de formation pop.) || 1314. Séparer les choses conjointes, *Chirurg. de Mondeville*, 563, Bos.]

|| **1°** Mettre à part les unes des autres des choses, des personnes réunies. — le bon grain de l'ivraie. — la cour du jardin par une haie. — la tête du corps. Quand l'âme sera séparée du corps. Vivre séparé de ceux qu'on aime. Le moment où l'on se sépare est pénible. Tous se sont séparés sans retour, RAC. *Ath.* III, 7. Du reste des humains je vivais séparée, ID. *Esth.* I, 1. Ne nous séparez pas, CORN. *Cinna*, V, 2. — ses intérêts de ceux de qqn. Des époux séparés de corps, autorisés à ne plus vivre ensemble. Des époux séparés de biens, entre lesquels la communauté des biens est rompue. La nature et l'amour ont leurs droits séparés, CORN. *Rodog.* IV, 3. Dans un lieu séparé des profanes témoins, RAC. *Esth.* I, 1. *Spéciall.* — des adversaires qui se battent. On crie, on les sépare, BOIL. *Sat.* 3. | — les cheveux par une raie. — les mots en écrivant.

|| **2°** Être placé entre des choses, des personnes, de manière à les empêcher d'être réunies. La distance qui nous sépare. Les deux mers que sépare Corinthe, RAC. *Phèd.* I, 1. Les Pyrénées séparent la France de l'Espagne. Le jugement qui a séparé les deux époux. *Fig.* Trop de haine sépare Andromaque et Pyrrhus, RAC. *Andr.* II, 5. Le sang les avait joints, l'intérêt les sépare, LA F. *Fab.* IV, 18.

SÉPIA [sé-pyà; *en vers*, -pi-à] *s. f.*

[ÉTYM. Emprunté de l'ital. sepia, lat. sepia, *m. s.* § 12. (*Cf.* le doublet seiche, de formation pop.) || Admis ACAD. 1835.]

|| Liqueur noirâtre que répand la sèche, et qu'on emploie pour le lavis. | *P. ext.* Dessin fait à la sépia.

SEPS [sĕps'] et, *vieilli*, *SÈPE* [sĕp'] *s. m.*

[ÉTYM. Emprunté du lat. seps, sepis, grec σήψ, σήπος, *m. s.* || XVIᵉ s. Grandes chenilles rousses que les Grecs appellent seps, DU PINET, *Hist. nat. de Pline*, dans DELB. *Rec.* Admis ACAD. 1762.]

|| (Hist. nat.) Petit lézard à pattes si courtes qu'il ressemble à un serpent. Le sèpe qui dissout la chair et les os, BRÉBEUF, *Pharsale*, 9.

SEPT [sò; *en liaison*, sĕt'] *adj. et s. m.*

[ÉTYM. Du lat. septem, *m. s.* devenu set, §§ 429 et 291, écrit sept par réaction étymologique, § 502.]

I. Adjectif numéral invariable. || **1°** Adjectif cardinal. Six plus un. Les — couleurs de l'arc-en-ciel. Les — péchés capitaux. Les — notes de la musique. Il y a — cents ans.

|| **2°** Adjectif ordinal. Septième. Louis — (Louis VII). Chapitre —. Page —. *Substantivt.* C'est le — d'avril, et, *ellipt*, le — avril.

II. *S. m.* (invariable). Quantité formée de six plus un. | *P. ext.* Un —, une carte marquée de sept points. Le — de cœur.

SEPTANTE [sĕp'-tänt'] *adj. et s. m.*

[ÉTYM. Pour setante, §§ 429 et 502, du lat. pop. *septanta (class. septuaginta), *m. s.* § 291.]

|| *Vieilli et dialect.* Soixante-dix. Ces — fameuses semaines, BOSS. *Hist. univ.* I, 7. | *Spéciall.* Les Septante, les soixante-dix interprètes qui traduisirent en grec le texte hébreu de l'Ancien Testament. La version des Septante.

SEPTEMBRE [sĕp'-tänbr'] *s. m.*

[ÉTYM. Du lat. septembrem, *m. s.* devenu setembre, §§ 420 et 291, écrit et prononcé septembre par réaction étymologique, § 502.]

|| Neuvième mois de l'année. Le mois de —. Que — ait ramené l'automne, BOIL. *Ép.* 6. Les massacres de — (1792).

SEPTÉNAIRE [sĕp'-té-nêr] *adj.*

[ÉTYM. Emprunté du lat. septenarius, *m. s.* L'anc. franç. a la forme à demi pop. septenier, || XIVᵉ s. Penitence septenaire, J. DE VIGNAY, *Miroir hist.* dans DELB. *Rec.*]

|| (T. didact.) Qui embrasse sept jours, sept ans, etc. La première période —, et, *substantivt*, Le premier — d'une maladie, les sept premiers jours. Un parlement —, qui siège pendant sept ans.

SEPTENNAL, ALE [sĕp'-tĕn'-nàl] *adj.*

[ÉTYM. Dérivé du lat. septennis, *m. s.* § 238. || Admis ACAD. 1762.]

|| (T. didact.) Qui se renouvelle tous les sept ans. L'année sabbatique était septennale. Parlement —.

SEPTENNALITÉ [sĕp'-tĕn'-nà-li-té] *s. f.*

[ÉTYM. Dérivé de septennal, § 255. || *Néolog.* Admis ACAD. 1835.]

|| (T. didact.) Caractère de ce qui est septennal.

SEPTENNAT [sĕp'-tĕn'-nà] *s. m.*

[ÉTYM. Dérivé du lat. septennis, septennal, § 254. || *Néolog.*]

|| (T. didact.) Pouvoir qui dure sept années.

SEPTENTRION [sĕp'-tan-tri-yon] *s. m.*

[ÉTYM. Emprunté du lat. septentrio, *m. s.* de septem, sept, par allusion aux sept étoiles de la grande Ourse. || XIIᵉ s. Quant que a vers septentriun, WACE, *Rois*, I, 97.]

|| (T. didact.) Nord. (S'emploie surtout dans le style relevé et en parlant du nord de la terre.)

SEPTENTRIONAL, ALE [sĕp'-tan-tri-yò-nàl] *adj.*

[ÉTYM. Emprunté du lat. septentrionalis, *m. s.* || XIVᵉ s. En parties septentrionales de l'Inde, J. DE MANDEVILLE, dans DELB. *Rec.*]

|| (T. didact.) Qui est au septentrion.

SEPTIDI [sĕp'-ti-di] *s. m.*

[ÉTYM. Composé avec le lat. septimus, septième, et dies, jour, § 270. || Admis ACAD. 1798, suppl.]

|| Septième jour de la décade républicaine.

SEPTIÈME [sò-tyòm'] *adj.*

[ÉTYM. Dérivé de sept, § 96 *ter.* (*Cf.* l'anc. franç. setme, du lat. septimum, *m. s.*) || XIIᵉ s. Ke li mals de la settisme ne nos atochast, *Serm. de St Bern.* p. 129.]

|| Adjectif numéral ordinal. Qui en a six avant lui. Dieu se reposa le — jour. Le — jour du mois, et, *substantivt*, Le — de juillet. Avoir la — place, et, *substantivt*, Être le —. Être dans la — classe, et, *substantivt*, Un élève de —. La — partie, et, *substantivt*, Le —, une des parties d'un tout divisé en sept parties égales. || *Spéciall.* (Musique.) Une —, intervalle qui comprend sept notes d'ut à si, et précède l'octave. || Être au — ciel, dans le ravissement. (*V.* ciel.)

SEPTIÈMEMENT [sò-tyĕm'-man; *en vers*, -tyò-me-...] *adv.*

[ÉTYM. Composé de septième et ment, § 724. || 1529. Septiesmement, G. TORY, *Champfleury*, fᵒ 14, vᵒ.]

|| En septième lieu.

SEPTIER [se-tyé]. *V.* setier.

SEPTIQUE [sĕp'-tik'] *adj.*

[ÉTYM. Emprunté du lat. septicus, grec σηπτικός, *m. s.* || XVIᵉ s. Les autres pyrotiques sont septiques, PARÉ, XXV, 18. Admis ACAD. 1762.]

|| (T. didact.) Qui putréfie. Substances septiques.

SEPT-ŒIL et **SEPTŒIL** [sè-tòy'] *s. m. et f.*

[ÉTYM. Composé avec sept et œil, § 173. (*Cf.* chatouille, qui paraît être une altération pop. de l'anc. franç. setueille, § 509.) || XIIIᵉ s. Le fruit lesses por la fueille, La lamproie por la setueille, GAUT. DE COINCY, *Mir. de N.-D.* p. 357.]

|| *Dialect.* Poisson analogue à la lamproie, qui a sur la tête sept petites marques ressemblant à des yeux.

SEPTUAGÉNAIRE [sĕp'-tuà-jé-nèr; *en vers*, -tu-à-...] *adj.*

[ÉTYM. Emprunté du lat. septuagenarius, *m. s.* || XVᵉ-XVIᵉ s. Les plus jeunes... sexagenaires, les autres septuagenaires, CL. DE SEYSSEL, *Succ. d'Alex.* dans DELB. *Rec.*]

‖ (T. didact.) Agé de soixante-dix ans. Un homme, une femme —, et, *substantivt*, Un, une —.

SEPTUAGÉSIME [sĕp'-tuà-jé-zim'; *en vers*, -tu-à-...] *s. f.*

[ÉTYM. Emprunté du lat. ecclés. septuagesima (s.-ent. dies, jour], m. s. § 216. (*Cf.* settuagisme, dans *Serm. de St Bern.* p. 127.) ‖ XIIIᵉ-XIVᵉ s. Des Noel tant qu'a septuagesime, *Vie des saints*, mss franç. Bibl. nat. 20330, fᵒ lim.]

‖ (Liturgie.) Le soixante-dixième jour avant l'octave de Pâques. Le dimanche de la Septuagésime.

SEPTUOR [sĕp'-tuŏr; *en vers*, -tu-ŏr] *s. m.*

[ÉTYM. Dérivé de sept, d'après quatuor, § 268. ‖ *Néolog.* Admis ACAD. 1878.]

‖ (Musique.) Musique concertante, pour sept instruments ou pour sept voix (avec ou sans accompagnement).

SEPTUPLE [sĕp'-tupl'] *adj.*

[ÉTYM. Emprunté du lat. septuplus, m. s. ‖ 1484. Le quociens de ceste division soit le septuple d'icellui nombre, CHUQUET, *Triparty*, 169. Admis ACAD. 1798.]

‖ (T. didact.) Qui vaut sept fois une quantité donnée. Une valeur —, et, *substantivt*, Le — d'une somme.

SEPTUPLER [sĕp'-tu-plé] *v. tr.*

[ÉTYM. Dérivé de septuple, § 266. ‖ 1771. TRÉV. Admis ACAD. 1798.]

‖ (T. didact.) Rendre d'une valeur septuple.

SÉPULCRAL, ALE [sé-pŭl-kràl] *adj.*

[ÉTYM. Emprunté du lat. sepulcralis, m. s. ‖ XVIᵉ s. Sepulchral, RONS. dans J. THIERRY, *Dict. franç.-lat.*]

‖ (T. didact.) Relatif au sépulcre (tombeau des anciens). Urne, colonne, lampe sépulcrale. | *Fig.* Lugubre. Voix sépulcrale.

SÉPULCRE [sé-pulkr'] *s. m.*

[ÉTYM. Emprunté du lat. sepulcrum, m. s. ‖ XIᵉ s. La croix et le sepulcre voil aler aorer, *Voy de Charl. à Jérus.* 70.]

‖ Tombeau. (S'emploie surtout en parlant des tombeaux des anciens Juifs, Égyptiens, etc.) | Le saint —, sépulcre où Jésus-Christ fut déposé après sa mort. L'Église du Saint-Sépulcre. | (T. biblique.) Sépulcres blanchis, ceux qui n'ont que le dehors de la vertu. ‖ *Fig.* Nos corps sont des sépulcres où nos âmes sont gisantes et ensevelies, BOSS. *Pens. chrét.* 7. Que notre Égypte... Serve à sa liberté de — ou d'appui, CORN. *Pomp.* I, 1.

SÉPULTURE [sé-pŭl-tür] *s. f.*

[ÉTYM. Emprunté du lat. sepultura, m. s. ‖ XIIᵉ s. Cil ki aveient sepoltura, *Énéas*, 2459.]

‖ 1ᵒ Action de déposer un mort dans la terre. (*Syn.* ensevelissement, inhumation, enterrement.) Que de membres épars, Privés de — ! RAC. *Esth.* I, 5. On lui refusa la —. Allons à nos martyrs donner la —, CORN. *Poly.* V, 6. | *P. ext.* Réguez, Seigneur, jusqu'à la — (la mort), CORN. *Nicom.* II, 3.

‖ 2ᵒ Lieu où le mort est enterré. Donner à ses lambeaux la mer pour —, DELILLE, *Énéide*, 4. Une blessure Qui le mit dans la —, LA F. *Contes, F. du roi de Garbe.* Des princes de ma race antiques sépultures, RAC. *Phèd.* V, 1.

SÉQUELLE [sé-kèl] *s. f.*

[ÉTYM. Emprunté du lat. sequela, m. s. rendu d'abord par sequele, puis par sequelle, sous l'influence des nombreux mots ayant le suffixe -elle. ‖ 1393. Quatorze livres monnaies o la sequelle, dans GODEF.]

‖ Quantité de personnes, de choses, qu'on voit à regret suivre une personne, une chose. Fuyez le monde et sa —, LA F. *Contes, Sœur Jeanne.* Ce juge sortit de la salle avec sa —, LES. *Estev. Gonzalez*, 40. ‖ *P. ext.* (Féodal.) Dîme de —, pouvant se poursuivre sur celui qui a quitté la juridiction.

SÉQUENCE [sé-kàns'] *s. f.*

[ÉTYM. Emprunté du lat. sequentia, suite. ‖ XIIIᵉ s. L'epistle et la sequence, *Ass. de Jérus.* I, 30. Admis ACAD. 1694 (au sens 2ᵒ) et 1878 (au sens 1ᵒ).]

‖ 1ᵒ (Liturgie.) Pièce en vers mesurés et rimés qui, aux messes solennelles, suit le graduel et l'alléluia.

‖ 2ᵒ (T. de jeu.) Réunion de plusieurs cartes (trois au moins) de même couleur, et dont les valeurs se suivent.

SÉQUESTRATION [sé-kĕs'-trà-syon ; *en vers*, -si-on] *s. f.*

[ÉTYM. Emprunté du lat. sequestratio, m. s. ‖ 1437. Sequestracion est separacion de chose contencieuse, dans DELB. *Rec.*]

‖ (T. didact.) Action de séquestrer. | 1. De tenir séparé, isolé des autres. — de personne. | 2. De déposer une chose en litige aux mains d'un tiers jusqu'à ce qu'on ait décidé à qui elle doit appartenir. — de biens.

1. SÉQUESTRE [sé-kèstr'] *s. m.*

[ÉTYM. Emprunté du lat. sequestrum, m. s. ‖ XIVᵉ-XVᵉ s. Elle mist le fer en lieu sequestre, *Perceforest*, dans LITTRÉ.]

‖ (T. didact.) ‖ 1ᵒ État de ce qui est séquestré. Des biens mis en —. | *Fig.* Pour avoir mis leur honneur en —, RÉGNIER, *Sat.* 13.

‖ 2ᵒ Chose séquestrée. Le — a été dilapidé. | *P. ext.* (Chirurgie.) Portion d'os nécrosée qui se sépare de la partie vivante.

2. SÉQUESTRE [sé-kèstr'] *s. m.*

[ÉTYM. Emprunté du lat. sequester, m. s. ‖ 1611. COTGR.]

‖ (T. didact.) Personne entre les mains de laquelle une chose est séquestrée. Le tribunal a nommé un —.

SÉQUESTRER [sé-kĕs'-tré] *v. tr.*

[ÉTYM. Emprunté du lat. sequestrare, m. s. ‖ XIVᵉ s. Habitacions sequestrees, ORESME, *Polit.* dans GODEF.]

‖ (T. didact.) ‖ 1ᵒ (Droit.) Déposer (une chose en litige) aux mains d'un tiers jusqu'à ce qu'on ait décidé à qui elle doit appartenir. Ses biens furent séquestrés.

‖ 2ᵒ Tenir (qqn) séparé, isolé des autres. Certains saints, Pour mieux vaquer à leurs pieux desseins, Se séquestraient, LA F. *Contes, Diable en enfer.* La raison d'ordinaire N'habite pas longtemps chez les gens séquestrés, ID. *Fab.* VIII, 10. *Spécialt.* (Droit.) — une personne, la tenir illégalement enfermée.

‖ 3ᵒ Mettre (une chose) à part. Dans le fond d'un grenier on séquestra le bois, BOIL. *Sat.* 10.

SEQUIN [se-kin] *s. m.*

[ÉTYM. Emprunté de l'ital. zecchino, m. s. qui se rattache à l'arabe sekkah, coin à frapper la monnaie, §§ 12 et 22. ‖ 1611. COTGR.]

‖ Ancienne monnaie d'or de Venise, ayant cours surtout dans le Levant. Un collier de sequins.

SÉRAIL [sé-rày'] *s. m.*

[ÉTYM. Emprunté du turc serai, m. s. d'origine persane, §§ 23 et 24, dont la désinence a été confondue avec le suffixe -ail, et le radical pris pour celui de serrer. (*Cf.* l'orthogr. serrail dans ACAD. 1694-1740.) ‖ XVᵉ s. Ce Turc... se tenoit tout cloz dans son serail, COMMYNES, dans DELB. *Rec.*]

‖ Palais des sultans, vizirs, grands seigneurs turcs. Nourri dans le —, RAC. *Baj.* IV, 7. | *P. ext.* Harem. Le scandale de ce — public, ST-SIM. XII, 443.

⁎SÉRAN [sé-ran] *s. m.*

[ÉTYM. Pour séranç, subst. verbal de sérancer, § 52. ‖ XIIIᵉ s. Conscience le point plus que serans ne broisse, J. DE MEUNG, *Test.* 1576.]

‖ (Technol.) Carde qui divise la filasse pour la filer.

⁎SÉRANCER [sé-ran-sé] *v. tr.*

[ÉTYM. Emprunté du german. schrenzen, partager, déchirer, §§ 6, 498 et 499. ‖ XIIIᵉ s. S'il (le lin) est chierenchiés, dans TAILLAR, *Rec. d'actes*, p. 18.]

‖ (Technol.) Diviser (la filasse) à l'aide du séran.

SÉRAPHIN [sé-rà-fin] *s. m.*

[ÉTYM. Emprunté du lat. seraphin, m. s. d'origine hébraïque, § 21. ‖ XIIᵉ s. En la compaigne serafin, BENEEIT, *Ducs de Norm.* 7950.]

‖ (Théol.) Ange de la première hiérarchie.

SÉRAPHIQUE [sé-rà-fik'] *adj.*

[ÉTYM. Emprunté du lat. seraphicus, m. s. ‖ XVIᵉ s. Face rouge et seraphique, N. DU FAIL, dans DELB. *Rec.*]

‖ (Théol.) Qui appartient aux séraphins.

SERDEAU [sèr-dó] *s. m.*

[ÉTYM. Composé avec le verbe servir, de, et eau, le serdeau ou sert de l'eau ayant été à l'origine chargé du service de l'eau, § 209. ‖ XIIIᵉ-XIVᵉ s. Jehan Sert de l'eau, dans GÉRAUD, *Paris sous Philippe le Bel*, p. 143. | XVᵉ s. Entre les mains de ses serdaux, CHASTELL. dans DELB. *Rec.*]

‖ *Anciennt.* ‖ 1ᵒ Officier de la table d'un roi, d'un prince, recevant des gentilshommes servants la desserte.

‖ 2ᵒ *P. ext.* Office où se porte cette desserte.

1. SEREIN, EINE [se-rin, -rèn'] *adj.*

[ÉTYM. Du lat. sĕrēnum, m. s. §§ 310 et 291. L'anc. franç. dit ordinairement seri, ie, encore dans COTGR.]

‖ (En parlant du ciel, de l'air, etc.) Pur et calme. Tous les jours se levaient clairs et sereins pour eux, RAC. *Phèd.* IV, 6. ‖ *P. anal.* Goutte sereine, paralysie de la rétine, qui affecte l'œil sans en troubler la transparence. ‖ *Fig.* Sous un front — déguisant mes alarmes, RAC. *Phèd.* IV, 6. C'était une âme sereine, VOLT. *S. de L. XIV,* 24.

2. SEREIN [se-rin] *s. m.*

[ÉTYM. Dérivé de soir, d'après la forme atone ser-, § 99. || XIIᵉ s. Toute jour dura dusc'al sterain, *Loherains,* dans GODEF.]

|| **1°** *Vieilli et dialect.* Tombée du jour. (*Syn.* soir.)

|| **2°** *P. ext.* Humidité qui tombe après le coucher du soleil. Pour vous garder du —, MOL. *Mal. im.* I, 7.

SÉRÉNADE [sé-ré-nàd'] *s. f.*

[ÉTYM. Emprunté de l'espagn. ou de l'ital. serenata, *m. s.* §§ 12 et 13. || XVIᵉ s. C'est pour lui (l'amour) que l'on fait des serenades, L. LABÉ, dans ▶ELB. *Rec.*]

|| Concert donné le soir, sous les fenêtres d'une personne. Vous n'avez que de moi reçu des sérénades, CORN. *Ment.* I, 3.

SÉRÉNISSIME [sé-ré-nîs'-sim'] *adj.*

[ÉTYM. Emprunté de l'ital. serenissimo, *m. s.* proprt. « très serein », §§ 12 et 589. || 1441. Serenissime empereur, *Trad. d'Emm. Piloti,* dans GODEF. *Compl.*]

|| Titre honorifique donné à certains souverains, évêques, etc. Altesse —. | *P. ext.* La — république de Venise.

SÉRÉNITÉ [sé-ré-ni-té] *s. f.*

[ÉTYM. Emprunté du lat. serenitas, *m. s.* || XIIᵉ s. Lumiere est por la sereniteit, *Serm. de St Bern.* dans DELB. *Rec.*]

|| État serein. || *Fig.* Ce qui répand sur le front une image de —, BOSS. *Conn. de Dieu,* II, 12.

SÉREUX, EUSE [sé-reû, -reûz'] *adj.*

[ÉTYM. Dérivé du lat. sérum, sérum, § 251. || XVIᵉ s. Humeur sereux, PARÉ, *Introd.* 6.]

|| (T. didact.) || **1°** Qui sécrète une humeur destinée à faciliter le glissement. Membranes séreuses (plèvre, péritoine, etc.).

|| **2°** Qui produit une humeur anormale dans des cas morbides. Épanchement — au cerveau.

SERF, SERVE [sèrf', sèrv'] *s. m.* et *f.*

[ÉTYM. Du lat. servum, va, *m. s.* §§ 446 et 291.]

|| Celui, celle qui n'est pas de condition libre. | 1. (Antiq.) Esclave. Un vil amas de serfs échappés à leurs maîtres, SAURIN, *Spart.* III, 4. | 2. (Féodal.) Celui, celle sur la personne, les biens de qui le seigneur a des droits variant selon la coutume. L'affranchissement des serfs. || *Fig.* — du désir d'apprendre et de savoir, RÉGNIER, *Sat.* 3. || *Adjectivt.* Héritage —, terre serve. *Fig.* Le — arbitre, volonté de l'homme assujettie à la prédestination.

SERFOUETTE [sèr-fwĕt' ; *en vers,* -fou-ĕt'] *s. f.*

[ÉTYM. Dérivé de serfouir, § 133. || XVIᵉ s. Serfouëte, O. DE SERRES, VI, 13. Admis ACAD. 1835.]

|| (Agricult.) Outil formé de deux dents en fer renversées et pointues, qui sert à serfouir.

SERFOUIR [sèr-fwir ; *en vers,* -fou-ir] *v. tr.*

[ÉTYM. Anc. franç. cerfoïr, du lat. pop. *circumfodjre (class. circumfodere), m. s.* proprt. « fouir autour », devenu *cercfoïr, cerfoïr, cerfouir, écrit arbitrairement serfouir. (*Cf.* fouir.) Qqns disent serfouer, § 628. || XIIIᵉ s. Nus n'avoit onques champ aré Ne cerfoï, J. DE MEUNG, *Rose,* 20322. Admis ACAD. 1835.]

|| (Agricult.) Labourer légèrement (la terre). *P. ext.* — une plante, labourer légèrement autour d'elle.

SERFOUISSAGE [sèr-fwi-sàj' ; *en vers,* -fou-i-...] *s. m.*

[ÉTYM. Dérivé de serfouir, § 78. Au XVIᵉ s. sarfouage. || 1812. MOZIN, *Dict. franç.-allem.* Admis ACAD. 1835.]

|| (Agricult.) Action de serfouir.

SERGE [sèrj'] *s. f.*

[ÉTYM. Du lat. sérica, plur. neutre pris pour un fém. sing. §§ 545, 290, 389 et 291. Le mot signifie à l'origine une étoffe de soie, du nom des Seri, peuple d'Orient qui fournissait la soie aux Grecs et aux Romains, § 27. L'anc. franç. dit sarge, forme encore usitée au XVIIᵉ s. § 312. || XIIᵉ s. Mantiaus de sarges, CHRÉTIEN DE TROYES, *Érec,* 6668.]

|| Étoffe croisée, de soie, de laine, dont la trame est moins lisse et moins serrée que la chaîne, et paraît à peine à l'endroit. Que d'une — honnête elle ait son vêtement, MOL. *Éc. des m.* I, 2.

ᵗSERGÉ [sèr-jé] *s. m.*

[ÉTYM. Dérivé de serge, § 118. || *Néolog.*]

|| Étoffe de soie, de fil, de coton, dont le tissu est semblable à celui de la serge.

SERGENT [sèr-jan] *s. m.*

[ÉTYM. Du lat. servientem, part. de servire, servir, pris substantivt, § 47, devenu ᵗservjent, serjent, sergent, §§ 448, 356 et 291. (*Cf.* servant.)]

I. Officier public chargé de diverses fonctions. — à verge, officier de justice qui remplissait l'office des huissiers d'aujourd'hui. Nourri par feu mon père Dans la crainte de Dieu, Monsieur, et des sergents, RAC. *Plaid.* II, 4. — d'armes, qui figurait dans les cérémonies, tournois, etc. — de paix, qui maintenait le bon ordre. || De nos jours. — de ville, agent de police, portant l'uniforme et l'épée, chargé de maintenir le bon ordre dans les lieux publics.

II. *Spécialt.* (T. milit.) — de bataille, officier supérieur qui avait pour fonction de ranger les troupes en bataille, selon l'ordre du général. Il semble que ce soit Un — de bataille allant en chaque endroit Faire avancer ses gens, LA F. *Fab.* VII, 9. || *De nos jours.* Sous-officier d'infanterie. — major, le premier sous-officier d'une compagnie, ordinairement chargé de la comptabilité.

III. *Fig.* (Technol.) Instrument de fer ou de bois dont se sert le menuisier pour tenir serrées les pièces de bois qu'il veut assembler.

SERGENTER [sèr-jàn-té] *v. tr.*

[ÉTYM. Dérivé de sergent, § 154. || XIIIᵉ s. Se li sergens avoir le pooir du segneur de serganter, BEAUMAN. LI, 21.]

|| *Ancient.* Poursuivre par le ministère des sergents (huissiers). | *Fig.* Vieilli. Importuner.

SERGENTERIE [sèr-jant'-ri ; *en vers,* -jan-te-ri] *s. f.*

[ÉTYM. Dérivé de sergent, § 69. || XIIIᵉ s. Serganterie, BEAUMAN. LIV, 8.]

|| *Ancienn.* Office de sergent (huissier).

SERGER [sèr-jé] *s. m.*

[ÉTYM. Anc. franç. sergier, dérivé de serge, § 115, réduit régulièrement à serger, § 297. ACAD. 1798-1878 donne aussi sergier. (*Cf.* le lat. sericarius, marchand de soie.) || Admis ACAD. 1762.]

|| (Technol.) Fabricant de serge.

SERGERIE [sèr-je-ri] *s. f.*

[ÉTYM. Dérivé de serger, §§ 65 et 68. || XVᵉ s. Charge de sargerie sur fil, dans MANTELLIER, *Gloss.* p. 58. Admis ACAD. 1835.]

|| (Technol.) Fabrication, commerce de la serge.

SÉRICICOLE [sé-ri-si-kòl] *adj.*

[ÉTYM. Composé avec le lat. sericum, soie, et colere, cultiver, § 273. || *Néolog.* Admis ACAD. 1878.]

|| (T. didact.) Relatif à la production de la soie. L'industrie —.

SÉRICICULTURE [sé-ri-si-kül-tür] *s. f.*

[ÉTYM. Composé avec le lat. sericum, soie, et cultura, culture, § 273. || *Néolog.* Admis ACAD. 1878.]

|| (T. didact.) Industrie relative à la production de la soie.

SÉRIE [sé-ri] *s. f.*

[ÉTYM. Emprunté du lat. series, *m. s.* || 1715. VARIGNON, dans *Mém. de l'Acad. des sc.* p. 203. Admis ACAD. 1762.]

|| (T. didact.) Suite de termes qui se succèdent suivant une loi déterminée. La — des sons, des nombres. Une — croissante, décroissante. La — des prix de la ville de Paris, et, *ellipt,* Travaux exécutés aux prix de la —. | *P. ext.* Suite non interrompue. Il a eu une — d'accidents. Faire une — (de carambolages) au jeu de billard.

SÉRIEUSEMENT [sé-ryeûz'-man ; *en vers,* -ri-eû-ze-...] *adv.*

[ÉTYM. Composé avec sérieuse et ment, § 724. || XVIᵉ s. Volupté... plus serieusement voluptueuse, MONTAIGNE, I, 19.]

|| D'une manière sérieuse. | 1. En prenant les choses par leur côté grave, important. Lorsqu'on parlait — des saints mystères, elle avait peine à retenir ce ris dédaigneux, BOSS. *A. de Gonz.* Mais, —, que voulez-vous qu'on fasse? MOL. *Mis.* I, 1. | 2. D'une manière grave, importante. Il est — indisposé. Il s'afflige — de tous ces désordres, PASC. *Prov.* 5.

SÉRIEUX, EUSE [sé-ryeû, -ryeûz' ; *en vers,* -ri-...] *adj.*

[ÉTYM. Emprunté du lat. scolast. seriosus (class. serius), *m. s.* § 251. || XIVᵉ s. Choses vertueuses et serieuses, ORESME, *Eth.* dans LITTRÉ.]

|| **1°** Qui prend les choses par leur côté grave, important. Un homme —, et, *p. ext.* Un esprit —. Son esprit aussi net, aussi pénétrant qu'il était grave et —, BOSS. *Le Tellier.* | *Spécialt.* Un acheteur —, qui a bien l'intention d'acheter. | *P. anal.* Avoir avec quelqu'un une explication sérieuse. Un engagement —. Il ne faut jamais qu'on s'abandonne Aux traits

d'un courroux —, LA F. *Fab.* XII, 2. Des études, des lectures sérieuses. Leur plus sérieuse occupation, PASC. *Pens.* IX, 9. *P. ext.* Un air, un extérieur —. Un costume —. C'est un chef-d'œuvre que d'avoir inventé un habit — qui ne fût pas noir, MOL. *B. gent.* II, 5. ‖ *Substantivt, au masc.* Sous cet air de jeunesse... elle cachait un sens et un — dont ceux qui traitaient avec elle étaient surpris, BOSS. *D. d'Orl.* Il écouta toute la pièce avec un — le plus sombre du monde, MOL. *Crit. de l'Éc. des f.* sc. 5. Quelque envie qu'eût l'auteur comique de garder son —, il lui est échappé un éclat de rire, LES. *Diable boit.* 14. Qu'on quitte un peu la bagatelle pour en venir au —, HAMILT. *Gram.* 4. Prendre au — qqch. Nous n'avons garde, ma cousine et moi, de donner de notre — dans le doux de votre flatterie, MOL. *Préc. rid.* sc. 9.

‖ **2°** Qui présente un caractère grave, important. Remettre au lendemain les affaires sérieuses. Avoir une indisposition sérieuse.

SERIN, INE [se-rin, -rin'] *s. m. et f.*
[ÉTYM. Origine inconnue. ‖ XVᵉ-XVIᵉ s. Rossignolz, serins, chardonnetz, J. LE MAIRE, dans DELB. *Rec.*]

‖ Passereau au plumage d'un jaune citron chez plusieurs espèces, et dont le mâle peut apprendre à siffler, à chanter certains airs. — des Canaries, domestique, sauvage. — vert de Provence. ‖ *Fig. Pop.* Personne qui n'a pas d'idées, qui répète celles des autres.

SERINER [se-ri-né] *v. tr.*
[ÉTYM. Dérivé de serin, § 154. ‖ 1812. MOZIN, *Dict. franç.-allem.* Admis ACAD. 1835.]

‖ **1°** Apprendre (un air) à un oiseau, en le répétant avec la serinette. — un air à un oiseau. ‖ *Fig.* Apprendre (qqch) à qqn en le lui faisant répéter machinalement. — une leçon, un morceau de musique à qqn.

‖ **2°** Former (un oiseau) à répéter des airs, au moyen de la serinette. — un oiseau. ‖ *Fig.* Instruire (qqn) en lui faisant répéter machinalement qqch.

SERINETTE [se-ri-nèt'] *s. f.*
[ÉTYM. Dérivé de serin, § 133. ‖ Admis ACAD. 1762.]

‖ Espèce de boîte à musique dont on se sert pour forcer un serin, un oiseau chanteur, à répéter certains airs. ‖ *Fig.* Personne qui répète qqch comme une mécanique.

SERINGA [se-rin-gà] *s. m.*
[ÉTYM. Emprunté du lat. des botanistes syringa, nom donné à cette plante parce que son bois, vidé de la moelle, sert à faire des seringues, des tubes, des flûtes, etc. (*Cf.* syringa.) ACAD. 1718-1835 écrit seringat.]

‖ Arbrisseau très rameux, à feuilles opposées, à fleurs blanches disposées en bouquet et très odorantes.

SERINGUE [se-rïng'] *s. f.*
[ÉTYM. Emprunté du bas lat. syringa (pour syrinx), grec συρίγξ, ἵγγος, *m. s.* proprt, « tube, flûte ». (*Cf.* seringa et syringa.) ‖ XIIIᵉ s. Getez par dedenz o une ceringue, *Simples medicines,* f° 10.]

‖ Petite pompe portative. Aucuns se servent de seringues, soupapes... pour remonter l'eau des puits, O. DE SERRES, VII, 4. ‖ *Spécialt.* Petite pompe portative employée pour lavements ou autres injections.

SERINGUER [se-rin-ghé] *v. tr.*
[ÉTYM. Dérivé de seringue, § 266. ‖ XVIᵉ s. Syringué, PARÉ, IX, 14.]

‖ Injecter à l'aide d'une seringue.

***SÉRIOSITÉ** [sé-ryó-zi-té; *en vers,* -ri-ó-...] *s. f.*
[ÉTYM. Emprunté de l'ital. seriosità, *m. s.* § 12. OUD. donne serieuseté. ‖ XVIᵉ-XVIIᵉ s. V. à l'article.]

‖ *Vieilli et rare.* Caractère sérieux. La gravité ou trop grande —, FR. DE SALES, dans DELB. *Rec.* Je réponds dans une grande — ou aux railleries ou aux civilités de votre lettre, BALZ. *Lett.* XII, 18.

SERMENT [sèr-man] *s. m.*
[ÉTYM. Du lat. sacramentum, *m. s.* devenu sairement, serement, serment, §§ 386, 335 et 291. (*Cf.* sacramentaire, etc.)]

‖ Acte par lequel qqn prend Dieu à témoin de ce qu'il promet, de ce qu'il affirme. Un — solennel par avance les lie, RAC. *Ath.* I, 2. Vous (dieux) qu'il prit à témoins d'une immortelle ardeur Quand par un faux — il vainquit ma pudeur, CORN. *Méd.* I, 4. Prêter — de fidélité à qqn. Un témoin qui prête — (de dire la vérité) devant le tribunal. Je fais mille serments de ne jamais écrire, BOIL. *Sat.* 2. Délier qqn de son —. *Dans le même sens.* Je vous rends le — qui vous lie, RAC. *Iph.* IV, 6. Appuyer tout ce qu'on dit... par de longs et fasti-

dieux serments, LA BR. 5. *Loc. prov.* — d'amoureux, de joueur, d'ivrogne, qu'on ne tient guère. ‖ *P. ext.* Jurement. Des serments exécrables.

SERMENTÉ, ÉE [sèr-man-té] *adj.*
[ÉTYM. Dérivé de serment, § 118. ‖ XIIIᵉ s. Pour tant que il soit jurez et sermentés de la vile, E. BOILEAU, *Livre des mest.* I, IV, 11. Admis ACAD. 1798.]

‖ *Vieilli.* Qui a prêté serment. (*Syn.* assermenté.) Faire l'évaluation par des gens que vous appelez sermentés, COLBERT, *Lett.* 15 janv. 1682.

SERMON [sèr-mon] *s. m.*
[ÉTYM. Du lat. sermonem, discours, qui a pris un sens spécial dans le lat. ecclésiastique, §§ 216 et 291.]

‖ Discours prononcé dans la chaire chrétienne pour l'édification des assistants. Les sermons de Bossuet, de Bourdaloue. Les sermons de Calvin, de Saurin. ‖ *P. anal.* Le — (discours de Jésus-Christ) sur la montagne. ‖ Aller entendre un —, et, *ellipt,* Aller au —. ‖ *Fig.* Exhortation à qqn sur la conduite qu'il devrait tenir. Le renard... lui fait un beau — Pour l'exhorter à patience, LA F. *Fab.* III, 5.

SERMONNAIRE [sèr-mò-nèr] *adj. et s. m.*
[ÉTYM. Dérivé de sermon, § 248. (*Cf.* l'anc. franç. sermonier.) ‖ XVIᵉ s. Sermonaires pour l'estude et soulagement des prédicateurs, TAILLEPIED, dans DELB. *Rec.*]

‖ (T. didact.) ‖ **1°** *Adj.* Relatif au sermon. Le genre —. ‖ **2°** *S. m.* ‖ **1.** Recueil de sermons. Prendre dans les vieux sermonnaires toutes les pensées heureuses, D'ALEMB. *Éloges, Fléchier.* ‖ **2.** Auteur de sermons.

SERMONNER [sèr-mò-né] *v. tr.*
[ÉTYM. Dérivé de sermon, § 154. ‖ XIIᵉ s. Quant il out sermoné, GARN. DE PONT-STE-MAX. *St Thomas,* 4861.]

‖ Faire une exhortation à (qqn) sur la conduite qu'il devrait tenir. Il vient nous — avec des yeux farouches, MOL. *Tart.* I, 2.

SERMONNEUR, EUSE [sèr-mò-neûr, -neûz'] *s. m. et f.*
[ÉTYM. Dérivé de sermonner, § 112. ‖ XIIIᵉ s. Uns begins mestre sermonnere, PH. MOUSKET, 28817.]

‖ **1°** *Vieilli. S. m.* Celui qui fait des sermons. Le — est plutôt évêque, LA BR. 15.

‖ **2°** *Fig. S. m. et f.* Celui, celle qui fait des exhortations à qqn sur la conduite qu'il devrait tenir. La voix manquant à notre sermonneuse, LA F. *Contes, Psautier.*

SÉROSITÉ [sé-ró-zi-té] *s. f.*
[ÉTYM. Dérivé de séreux, § 255. ‖ XVIᵉ s. La serosité du sang, PARÉ, *Introd.* 8.]

‖ (T. didact.) Humeur séreuse.

SERPE [sèrp'] *s. f.*
[ÉTYM. Du lat. pop. *sarpa, m. s.* devenu sarpe, § 291, serpe, § 302. *Sarpa correspond au grec ἅρπη, faux. (*Cf.* lat. sarpere, émonder.)]

‖ Large lame en croissant à tranchant concave, à manche court, dont se servent les jardiniers, les bûcherons, pour élaguer les arbres. *Loc. prov.* Fait à la —, taillé à coups de —, façonné grossièrement.

SERPENT [sèr-pan] *s. m.*
[ÉTYM. Du lat. serpentem, *m. s.* de serpere, ramper. (*Cf.* serpolet.)]

‖ **1°** Reptile au corps très allongé, sans membres, venimeux dans certaines espèces, qui se meut au moyen de replis qu'il fait sur le sol. Repaire de serpents, ST-SIM. XII, 84. — à sonnettes, dont les anneaux produisent, lorsqu'il se meut, un bruit qui rappelle celui d'une sonnette. — de verre, orvet. — d'eau, couleuvre à collier. ‖ *Fig.* Langue de —, fertile en impostures, MOL. *Ét.* III, 4. La marche tortueuse de ce — (de l'iniquité), BOSS. *Le Tellier.* Petit — que j'ai réchauffé dans mon sein (qui tournez vos bienfaits contre moi), MOL. *Éc. des f.* V, 4. ‖ (Mythol.) Attribut des Furies. Pour qui sont ces serpents qui sifflent sur vos têtes? RAC. *Andr.* V, 5. ‖ *Fig.* Les serpents de la calomnie, de l'envie. ‖ (T. biblíq.) Démon tentateur, sous la figure du serpent. Le — était le plus fin de tous les animaux, SACI, *Bible, Genèse,* III, 1. Le vieux — tâchera de t'aigrir, CORN. *Imit.* III, 12. ‖ *Loc. prov.* Avoir la prudence du —. Que le Ciel vous donne la force des lions et la prudence des serpents, MOL. *B. gent.* IV, 6.

‖ **2°** *P. anal.* Instrument à vent, en forme de gros serpent courbé, employé pour soutenir la voix des chantres. *P. ext.* Celui qui joue de cet instrument.

1. SERPENTAIRE [sèr-pan-tèr] *s. f.*
[ÉTYM. Emprunté du lat. serpentaria (sous-ent. herba), *m. s.* nom dû à une analogie de forme. ‖ XIIIᵉ s. Serpen-

taire, dragontée, colebrine, tot est un, *Simples médicines*, f° 70, v°. Admis ACAD. 1762.]

|| (Botan.) Nom de différentes plantes à tiges rampantes, variétés de cactier, d'aristoloche, de gouet, etc.

2. SERPENTAIRE [sèr-pan-tèr] *s. m.*

[ÉTYM. Emprunté du lat. des naturalistes serpentarius, dérivé de serpens, tis, serpent. || *Néolog.* Admis ACAD. 1878.]

|| Oiseau de proie, qui se nourrit surtout de serpents.

***SERPENTANT, ANTE** [sèr-pan-tan, -tänt'] *adj.*

[ÉTYM. Adj. particip. de serpenter, § 47. || 1611. COTGR.]

|| (T. didact.) Qui serpente. Courbe serpentante, POISSON, dans *Mém. de l'Acad. des sc.* I, p. 72.

SERPENTE [sèr-pänt'] *s. f.*

[ÉTYM. Tiré de serpent, § 37. || XIVᵉ-XVᵉ s. Une serpente qui oste sa pel, dans GODEF.]

|| 1° *Anciennt.* Serpent. *Spécialt.* Serpent femelle. Une jeune —, LA F. *Psyché*, 2.

|| 2° *P. ext.* Papier à la —, papier —, et, *absolt*, —, papier mince, transparent, marqué à l'origine d'un serpent, pour recouvrir les estampes, pour faire des éventails, etc.

SERPENTEAU [sèr-pan-tô] *s. m.*

[ÉTYM. Dérivé de serpent, § 126. || XIIᵉ s. A besteles et a oisais Et a petités serpentials, BEN. DE STE-MORE, *Troie*, 16489.]

|| 1° Jeune serpent.

|| 2° *P. anal.* | 1. Fusée volante qui va suivant une ligne sinueuse. | 2. Cercle de fer garni de grenades qu'on jette sur une brèche pour disperser les défenseurs. | 3. *Vieilli.* Longue boucle de cheveux. Dix serpenteaux de chaque côté qu'on avait faits de ses cheveux, HAMILT. *Gram.* p. 329.

SERPENTER [sèr-pan-té] *v. intr.*

[ÉTYM. Dérivé de serpent, § 154. || XIVᵉ s. Et ensi en serpentant, *Ars d'amour*, dans DELB. *Rec.*]

|| Aller suivant une ligne sinueuse. Près de ces bords fleuris Où la Seine serpente, VOLT. *Henriade*, 1. Un chemin qui montait toujours en serpentant, B. DE ST-P. *Arcadie*, 2. M'avez-vous vu — sur le théâtre? REGNARD, *Crit. de l'Homme à bonnes fortunes*, sc. 4.

SERPENTIN, INE [sèr-pan-tin, -tin'] *adj. et s. m. et f.*

[ÉTYM. Emprunté du lat. serpentinus, de serpent. || XIIᵉ s. Treis cols a gros et serpentins, *Énéas*, 2575.]

I. *Adj.* (T. didact.) || 1° Relatif au serpent. Langue serpentine, langue de serpent. *P. anal.* (Manège.) Un cheval qui a la langue serpentine (toujours en mouvement). || *Fig.* Langue serpentine, personne médisante. (*Cf.* vipère.)

|| 2° Qui suit une direction sinueuse. Ligne serpentine.

|| 3° Qui imite la peau du serpent. Marbre —, d'un fond vert avec des taches rouges et blanches.

II. *S. m.* || 1° *Anciennt.* Canon allongé. (*Cf.* couleuvrine.) || Chien de l'arquebuse à mèche.

|| 2° Tuyau d'alambic contourné en spirale qui, passant dans un vase rempli d'eau froide, condense le produit de la distillation.

|| 3° Ruban de papier qu'on déroule et qu'on fait serpenter, en signe de réjouissance.

III. *S. f.* Serpentine. || 1° Figure de manège où les cavaliers défilent en serpentant.

|| 2° Marbre serpentin.

|| 3° Silicate de magnésie à taches vertes.

|| 4° Plante exotique dont le bois est sudorifique. (*Cf.* serpentaire.)

SERPETTE [sèr-pèt'] *s. f.*

[ÉTYM. Dérivé de serpe, § 133. || XIVᵉ-XVᵉ s. Sarpeste, *Gloss.* dans GODEF. *Compl.*]

|| Petite serpe.

SERPILLIÈRE [sèr-pi-yèr] *s. f.*

[ÉTYM. Origine inconnue. || XIIᵉ s. Or et argent et rice sarpilliere, *Alexandre*, p. 541, Michelant.]

|| 1° Grosse toile à mailles lâches, dont on se sert pour emballer, envelopper, etc.

|| 2° *P. ext. Vieilli.* Banne tendue devant une boutique pour l'abriter.

|| 3° Sorte de tablier retenu par une agrafe que certains marchands mettent devant eux.

|| 4° Linceul grossier. La — dont on l'enveloppera, DIDER. *Neveu de Rameau.*

SERPOLET [sèr-pò-lè] *s. m.*

[ÉTYM. Emprunté du provenç. serpolet, diminutif de serpol, qui est le lat. serpŭllum, *m. s.* § 11. || XVᵉ-XVIᵉ s. Polieul ou serpolet, J. LE MAIRE, dans DELB. *Rec.*]

|| Plante labiée, aromatique, dite thym sauvage.

SERRE [sèr] *s. f.*

[ÉTYM. Subst. verbal de serrer, § 52. || XIIᵉ s. Le palefroi tient par la serre, AIMON DE VARENNE, *Florimont*, dans GODEF.]

I. *Anciennt.* Endroit clos. Il languissait d'être tenu en —, AMYOT, *Agis et Cléom.* 67. || *Spécialt. De nos jours.* Enclos vitré où l'on met à l'abri les plantes qui craignent le froid. — tempérée, tiédie seulement par les rayons du soleil. — chaude, chauffée. *Fig.* Un fruit de — chaude, enfant qu'on a rendu précoce par une préparation artificielle.

II. Action de serrer, d'écraser. *Spécialt.* Action d'écraser des fruits dans un pressoir. La première, la seconde —.

III. Ce qui tient serré. || *Spécialt.* | 1. Pied des oiseaux de proie. L'autour aux serres cruelles, LA F. *Fab.* V, 17. *P. ext.* L'ours... Te retournant avec sa —, LA F. *Fab.* V, 20. *Fig.* Avoir la — bonne, être serré, avare. Les griffes de l'homme de justice, les serres du financier, D. DE MONCHESNAY, *Souhaits*, sc. de Colombine. | 2. — fine, pince de chirurgien pour rapprocher les lèvres d'une plaie.

SERRE-FILE [sèr-fîl; *en vers*, sè-re-...] *s. m.*

[ÉTYM. Composé de serre (de serrer) et file, § 209. || 1680. RICHEL.]

|| (T. milit.) | 1. Ligne d'officiers et de sous-officiers placés derrière une troupe en bataille parallèlement au front de la troupe. | 2. Dernier soldat de chaque file. | 3. Vaisseau qui ferme la ligne d'une escadre, qui marche le dernier.

SERRE-FREIN [sèr-frin; *en vers*, sè-re-...] *s. m.*

[ÉTYM. Composé de serre (du verbe serrer) et frein, § 209. || *Néolog.* Admis ACAD. 1878.]

|| (Technol.) Celui qui, dans un convoi de chemin de fer, est chargé de serrer le frein.

SERREMENT [sèr-man; *en vers*, sè-re-...] *s. m.*

[ÉTYM. Dérivé de serrer, § 145. || 1539. R. EST.]

|| Action de serrer. Un — de main. | *P. ext.* Avoir un — de cœur, avoir le cœur contracté par la tristesse.

SERRÉMENT [sè-ré-man] *adv.*

[ÉTYM. Pour serréement, composé de serrée, part. de serrer pris adjectivt, et ment, § 724. || XIIᵉ s. Cil chevalchent serreement, *Énéas*, 3698.]

|| *Vieilli.* D'une manière serrée. Vivre —.

SERRE-NEZ [sèr-né; *en vers*, sè-re-né] *s. m.*

[ÉTYM. Composé de serre (du verbe serrer) et nez, § 209. || *Néolog.* Admis ACAD. 1878.]

|| (Technol.) Petit appareil avec lequel on serre le nez du cheval pour le faire tenir tranquille pendant une opération. (*Syn.* torche-nez.)

***SERRE-NŒUD** [sèr-neû; *en vers*, sè-re-...] *s. m.*

[ÉTYM. Composé de serre (du verbe serrer) et nœud, § 209. || *Néolog.*]

|| (Chirurgie.) Instrument exerçant une constriction sur la ligature d'une artère, d'une tumeur pédiculée, etc.

SERRE-PAPIERS [sèr-pà-pyé; *en vers*, sè-re-...] *s. m.*

[ÉTYM. Composé de serre (du verbe serrer) et papier au plur. § 209. || Admis ACAD. 1740.]

|| 1° *Vieilli.* Cabinet où l'on serre des papiers.

|| 2° Petit meuble où l'on enferme des papiers.

|| 3° *Rare.* Presse-papiers. (*V. ce mot.*)

SERRER [sè-ré] *v. tr.*

[ÉTYM. Du lat. pop. *serrare, enfermer, de *serra, serrure, verrou (class. sĕra, confondu probablement avec serra, scie [*cf.* serrette]), §§ 295 et 291.]

I. Tenir fermé. On les met dans des boîtes bien serrées, O. DE SERRES, VI, 26. Les Gaulois... les tenaient serrés dans le Capitole, BOSS. *Hist. univ.* III, 6. || *P. ext.* Enfermer en lieu sûr. — ses bijoux, son argent. — du linge, des habits. Laurent, serrez ma haire avec ma discipline, MOL. *Tart.* III, 2.

II. Tenir à l'étroit.

|| 1° En mettant dans un espace restreint (une ou plusieurs choses ou personnes). Ce fougueux l'Angéli (Alexandre)... Maître du monde entier s'y trouvait trop serré! BOIL. *Sat.* 8. Notre troupe serrée Tenait à peine autour d'une table carrée, ID. *ibid.* 3. | Des chaussures qui serrent le pied. Un corset qui serre la taille. *P. ext.* Être serré dans son corset. | *Fig.* Que la fièvre te serre! MOL. *Av.* II, 5.

|| 2° En rapprochant à l'aide d'un lien (plusieurs choses ou parties d'une chose). — une voile. — une balle de marchandises, une gerbe de fleurs, un fagot. On ne serre point ses membres délicats avec des liens, BARTHÉLEMY, *Anacharsis*,

47. | *P. anal.* — le cou à qqn. Serrez-vous le nez et avalez la médecine, REGNARD et DUFRESNY, *Chinois*, I, 2. — qqn entre ses bras. | *P. ext.* En rendant le lien plus étroit, plus difficile à dénouer. — une corde autour de qqch. — un nœud. ‖ *Fig.* | **1.** — les cordons de la bourse, et, *ellipt,* — la bourse, ne point donner d'argent. | **2.** *Poét.* — les nœuds d'une affection, rendre l'union plus forte, plus indissoluble. Si le don de ma main peut contenter vos vœux, Je pourrai me résoudre à — de tels nœuds, MOL. *Mis.* V, 4. L'amour serra les nœuds par le sang commencés, RAC. *Baj.* I, 4. | **3.** Avoir le cœur serré, contracté par la tristesse.

‖ **3º** En plaçant les unes tout contre les autres (des personnes, des choses). Avoir les dents serrées. — la botte, l'éperon à un cheval. — les rangs. — son jeu (aux dames), ne pas disperser ses pions. — les lignes en écrivant. *Fig.* — son style, en retrancher tout ce qui est superflu. Un édit bien libellé, bien serré, ST-SIM. XI, 273.

‖ **4º** En se plaçant tout contre (qqch, qqn). Un navire qui serre la terre, le vent. — la muraille. — qqn de près (en le poursuivant). *Fig.* Presser vivement (dans une lutte, une discussion, etc.).

SERRE-TÊTE [sèr-tèt'; *en vers,* sè-re-...] *s. m.*
[ÉTYM. Composé de serre (du verbe serrer) et tête, § 209. ‖ 1611. Serre-teste, COTGR.]
‖ **1º** *Vieilli.* Ruban qu'on met autour d'un bonnet de nuit pour le serrer.
‖ **2º** Coiffe qu'on serre autour de la tête. Des —.

SERRETTE [sè-rèt'] *s. f.*
[ÉTYM. Dérivé du lat. serra, scie, à l'imitation du lat. serratula, *m. s.* § 133. On dit aussi sarrette. ‖ Admis ACAD. 1762.]
‖ Plante tinctoriale à feuilles dentées en scie.

SERRON [sè-ron] *s. m.*
[ÉTYM. Emprunté de l'espagn. seron, diminutif de sera, corbeille, § 13. Souvent écrit céron ou altéré en suron. ‖ 1723. Ceron ou suron, SAVARY, *Dict. du comm.* Admis ACAD. 1762.]
‖ *Vieilli.* (Commerce.) Ballot recouvert de peau de bœuf (contenant des produits exotiques). Un — de cochenille, d'indigo.

SERRURE [sé-rür] *s. f.*
[ÉTYM. Dérivé de serrer, § 111. ‖ XIIᵉ s. Il confortat les seredures de tes portes, *Psaut. d'Oxf.* CXLVII, 13.]
‖ Appareil essentiellement composé d'une boite en fer (palastre) qu'on applique à une porte, à un couvercle de coffre, etc., d'une pièce mobile à l'intérieur de cette boite (pêne) et d'une pièce creuse (gâche) destinée à recevoir le pêne, et fixée à l'endroit où vient se rabattre la porte ou le couvercle ; enfin d'une clef, qui sert à ouvrir ou à fermer la porte, le couvercle, etc., en faisant entrer le pêne dans la gâche ou en l'en faisant sortir. Mettre la clef dans la —. Brouiller une —, en déranger le mécanisme intérieur. *Fig.* En parlant d'un esprit dérangé. Sa — était bien brouillée, SÉV. 805. — de sûreté, à deux pênes. — à deux tours. — bénarde, à clef non forée.

SERRURERIE [sè-rur'-ri ; *en vers,* -ru-re-ri] *s. f.*
[ÉTYM. Dérivé de serrurier, §§ 65 et 68. ‖ 1393. Mestier de serrurerie, dans DELB. *Rec.*]
‖ Industrie, commerce du serrurier. La grosse —. La — en bâtiments.

SERRURIER [sè-ru-ryé] *s. m.*
[ÉTYM. Dérivé de serrure, § 115. ‖ XIIIᵉ s. Couteliers et serreuriers, E. BOILEAU, *Livre des mest.* I, XV, 15.]
‖ Celui qui fabrique et ajuste des serrures, et, *p. ext.* tous les ouvrages en fer pour bâtiments, meubles, machines, outils, etc. — en bâtiments. — mécanicien. — charron.

SERTIR [sèr-tîr] *v. tr.*
[ÉTYM. Semble dérivé du lat. sertus, part. de serere, entrelacer, § 154. ‖ 1328. Se déduit de l'existence de sertissure à cette date. Admis ACAD. 1762.]
‖ (Technol.) Fixer (une pierre précieuse) dans le chaton en en rabattant le rebord autour de la pierre.

*SERTISSAGE** [sèr-ti-sàj'] *s. m.*
[ÉTYM. Dérivé de sertir, § 78. ‖ *Néolog.*]
‖ (Technol.) Action de sertir.

SERTISSURE [sèr-ti-sür] *s. f.*
[ÉTYM. Dérivé de sertir, § 111. ‖ 1328. Refaire l'esmail du petit hanap d'or et refaire la sertissure, dans DELB. *Rec.* Admis ACAD. 1762.]
‖ (Technol.) Manière dont une pierre précieuse est sertie. | Partie du chaton qui sertit la pierre.

SÉRUM [sé-ròm'] *s. m.*
[ÉTYM. Emprunté du lat. sérum, *m. s.* (*Cf.* séreux.) ‖ XVIᵉ s. Le serum du laict, PARÉ, XX, 23. Admis ACAD. 1798.]
‖ (Physiol.) ‖ **1º** Liquide aqueux qui se sépare de la partie coagulée du sang. *Spécialt.* Ce liquide pris sur divers animaux et préparé pour servir à des injections thérapeutiques.
‖ **2º** Liquide aqueux qui se sépare de la partie caillée du lait.

SERVAGE [sèr-vàj'] *s. m.*
[ÉTYM. Dérivé de serf, § 78. ‖ XIIᵉ s. Hors de servage e de anguisse, *Rois*, III, 8.]
‖ (Féodal.) Condition du serf. ‖ *Fig.* Servitude. *Poét.* — amoureux, et, *absolt,* —, soumission à celle qu'on aime. Unique objet qui me tient en —, CORN. *Veuve*, IV, 1.

SERVAL [sèr-vàl] *s. m.*
[ÉTYM. Nom donné par les Portugais à un animal de l'Inde, et transporté à un animal analogue de l'Afrique, §§ 14 et 25. ‖ XVIIIᵉ s. BUFF. *Serval.* Admis ACAD. 1835.]
‖ Chat-tigre de l'Afrique.

SERVANT, ANTE [sèr-van, -vănt'] *adj. et s. m. et f.*
[ÉTYM. Adj. et subst. particip. de servir, § 47. (*Cf.* sergent.) ‖ XIᵉ s. Les mulz et les sumiers afeltrent li servant, *Voy. de Charl. à Jérus.* 86.]
I. *Adj.* Qui sert qqn. Frères servants, employés aux offices serviles. | Gentilshommes servants, officiers nobles servant le roi à table. | Cavalier —, homme en servage amoureux. ‖ *P. ext.* Fief —, relevant d'un fief dominant.
II. *Subst.* ‖ **1º** *S. m.* | **1.** *Anciennt.* — d'amour, homme en servage amoureux. | **2.** Artilleur chargé de servir une pièce de canon.
‖ **2º** *S. f.* Servante, femme, fille à gages employée au service du ménage dans une maison. Une pauvre — au moins m'était restée, MOL. *F. sav.* II, 7. Distribuer aux servantes leur tâche, LA F. *Fab.* V, 6. — maitresse, qui a pris trop d'autorité dans la maison. ‖ *P. ext.* | **1.** — de Jésus-Christ, des pauvres, celle qui se consacre au service de Jésus-Christ, des pauvres. Être servantes des pauvres, c'est être servantes de Jésus-Christ, BOURD. *Exhort. sur la charité envers les pauvres*, 1. | **2.** Terme de civilité dont les femmes se servent pour terminer une lettre adressée à une personne à qui elles doivent de la déférence. Je suis votre servante. *P. plaisant.* Pour déclarer qu'on quitte une chose, une personne. Très humble — au seigneur Anselme, MOL. *Av.* I, 4. | *Fig.* (Technol.) | **1.** Petite table qu'on place auprès d'une table à manger pour y déposer différentes pièces du service et se passer des domestiques. | **2.** Planchette sur laquelle repose la frisquette pendant que l'ouvrier étend sur le tympan la feuille qu'il va imprimer.

SERVIABLE [sèr-vyàbl' ; *en vers,* -vi-àbl'] *adj.*
[ÉTYM. Dérivé irrégulier de servir, probablement sous l'influence de amiable, § 93. L'anc. franç. emploie aussi serviçable. ‖ XIIᵉ s. Ne fu beste si serviable. *Énéas*, 3563.]
‖ Porté à rendre service. Me rendre — aux gens, MOL. *Av.* II, 4. *Absolt.* Une personne —.

SERVICE [sèr-vis'] *s. m.*
[ÉTYM. Emprunté du lat. servitium, *m. s.* ‖ XIᵉ s. Penat son cors el Damnedeu servise, *St Alexis*, 162.]
I. Ensemble de devoirs, de charges dont qqn doit s'acquitter.
‖ **1º** (Féodal.) Devoirs, charges du vassal envers son seigneur. ‖ *Fig.* Depuis le premier jour que je vis Arténice, Et qu'elle prit en gré les vœux de mon —, RACAN, *Alcidor*, I, 1.
‖ **2º** Devoirs envers qqn à qui on doit obéissance. Se consacrer au — de Dieu. Je ne respirais que le — du roi, BOSS. *Condé.* Se mettre au — d'un prince. ‖ *Spécialt.* | **1.** Devoir militaire. — en temps de paix, en campagne, dans les places. Prendre du — à l'étranger. Être au —, sous les drapeaux. Être de —, monter la garde, exercer un commandement. | **2.** Devoir d'un domestique. Un juge l'an passé me prit à son —, RAC. *Plaid.* I, 1. Le — de la table, de l'office, des écuries. Connaître le —. Escalier de —, pour les domestiques, les fournisseurs.
‖ **3º** *P. ext.* Droit que qqn donne à un autre de disposer de lui. Que puis-je pour votre — ? Tout ce que je puis faire pour votre —, MOL. *Méd. m. l.* III, 6. Je suis tout à votre —, ID. *Éc. des m.* I, 3.
II. Devoir, charge dont qqn s'acquitte ou s'est acquitté.
‖ **1º** Fonction militaire, civile, politique, etc. Ce n'est pas la première injustice Dont la Grèce d'Achille a payé le —,

RAC. *Andr.* I, 2. Acceptez mon —, CORN. *Cid*, III, 2. Obtenir sa retraite après trente ans de services. Ils (les rois) savent mal payer les services présents, CORN. *Cid*, I, 3. Je ne veux point ici vous vanter mes services, RAC. *Ath.* III, 4. ‖ *P. anal.* Ensemble d'opérations, de travaux servant à un usage déterminé. Le — de la poste est fait régulièrement. Un cheval qui fait un bon —. Un artilleur employé au — d'une bouche à feu. Ses jambes lui refusent le —. Une machine hors de —.

‖ **2°** Avantage qu'on procure à qqn en intervenant personnellement. Je te viens contre tous faire offre de —, MOL. *Fâch.* III, 4. Il m'a rendu de grands services. On y conserve écrits le — et l'offense, RAC. *Esth.* II, 1. Les hommes ont la volonté de rendre — jusqu'à ce qu'ils en aient le pouvoir, VAUVEN. *Réflex. et Max.* 81.

SERVIETTE [sèr-vyèt'] *s. f.*

[ÉTYM. Semble être un dérivé irrégulier de servir, § 133. ‖ XIVᵉ s. Fraîches touailles ou serviettes, *Ménagier*, II, 108.]

‖ **1°** Linge dont on se sert pour s'essuyer. — de table, de toilette. Plier sa —.

‖ **2°** *Fig.* Grand portefeuille (se pliant comme une serviette) destiné à recevoir des papiers d'affaires, de travail.

SERVILE [sèr-vil] *adj.*

[ÉTYM. Emprunté du lat. servilis, *m. s.* ‖ XIVᵉ s. Oevres serviles, BERSUIRE, f° 26.]

‖ **1°** Qui appartient à l'état d'esclave. Condition —. *Spécialt.* (Hist. rom.) Guerre —, guerre des esclaves révoltés contre leurs maîtres. *P. ext.* Œuvres serviles, qui n'appartiennent qu'à un serviteur, à un homme à gages.

‖ **2°** Qui a le caractère de dépendance qui conviendrait à un esclave. Vous qui ne connaissez qu'une crainte —, RAC. *Ath.* I, 4. Dès qu'on n'a point l'âme —, FÉN. *Tél.* 14. Ces tributs serviles Que payait à leur art le luxe de nos villes, BOIL. *Ép.* 1. ‖ *P. anal.* Imitation —, où l'on suit le modèle sans y rien modifier. ‖ *Fig.* (Gramm.) Lettres serviles, qui servent (en hébreu) à former avec le radical les cas des noms, les temps des verbes.

SERVILEMENT [sèr-vĭl-man ; *en vers,* -vi-le-...] *adv.*

[ÉTYM. Composé de servile et ment, § 724. ‖ XIVᵉ s. Estre subject servilement, ORESME, dans MEUNIER, *Essai sur Oresme.*]

‖ D'une manière servile.

SERVILITÉ [sèr-vi-li-té] *s. f.*

[ÉTYM. Dérivé de servile, § 255. ‖ XVIIIᵉ s. Quelques beaux esprits... nous représentent l'étude de ces deux langues (le grec et le latin) comme une sorte de servilité, *Mém. de Trév.* dans TRÉV. 1771. Admis ACAD. 1798.]

‖ Caractère servile.

SERVIR [sèr-vīr] *v. intr.* et *tr.*

[ÉTYM. Du lat. servīre, *m. s.* § 291.]

I. *V. intr.* ‖ **1°** *Vieilli.* Être assujetti (à qqn) par servage, servitude. — vilement à la moindre femmelette, LA BOÉTIE, *Serv. volont.* ‖ *Fig.* Nous sommes des idolâtres lorsque nous servons à nos convoitises, BOSS. *Panég. St Victor*, 1. ‖ *Absolt.* Maintenant elle sert sous un maître étranger, RAC. *Esth.* I, 4. Un cœur né pour — sait mal comme on commande, CORN. *Pomp.* IV, 2. ‖ *Vieilli.* — à qqn. La manière de — à Dieu, LA NOUE, *Disc. polit.* 3. Ils avaient la charge de panser les pauvres et de leur —, CALV. *Instit. chr.* IV, III, 9.

‖ **2°** Être utile (à qqn). Aimez ce qui vous sert, RÉGNIER, *Sat.* 13. L'une (opinion) vous sert toujours, et l'autre ne vous nuit jamais, PASC. *Prov.* 5. Que nous servira d'avoir du bien? MOL. *Av.* I, 2. Que lui serviront ses rares talents? BOSS. *A. de Gonz.* L'un fait beaucoup de bruit qui ne lui sert de guère, MOL. *Éc. des f.* I, 1. Rien ne sert de courir, il faut partir à point, LA F. *Fab.* VI, 10. Du zèle et du feu que sert de vous parer? RAC. *Ath.* I, 1. Que sert la bonne chère A qui n'a pas la liberté? LA F. *Fab.* IV, 13. ‖ *P. ext.* Être propre à un usage. Les rivières et les montagnes qui servirent à ce grand dessein, BOSS. *Condé.* Faire — le ciel et la terre à vos intérêts, ID. *Marie-Thérèse.* ‖ Avec une proposition infinitive pour complément. Afin que je servisse avec eux à conduire ses grands troupeaux, FÉN. *Tél.* 2. Ils ont fait — Achille à abattre les murs de Troie, ID. *ibid.* 19. ‖ *Absolt.* Le jugement sert bien dans la lecture, BOIL. *Sat.* 3. Un meuble qui ne peut plus — (qui est hors d'usage). ‖ *Spécialt.* (Avec la prép. de.) Rendre le même office que (qqch). — de confident à qqn. Il lui sert de secrétaire. Mon nom sert de rempart à toute la Castille, CORN. *Cid*, I, 3. Cela lui a servi de prétexte. Votre goût a servi de règle à mon ouvrage, LA F. *Fab.* V, 1. ‖ *V. pron.* Se — de qqch, de qqn, en tirer un certain usage. Se

— d'un dé pour coudre, de lunettes pour lire. Ils se servirent d'Eumènes et de Massinisse pour subjuguer Philippe et Antiochus, MONTESQ. *Rom.* 6. Il ne sait pas se — de ses mains. Également capables de se — de la fortune et de l'attendre, MONTESQ. *Rom.* 5.

II. *V. tr.* ‖ **1°** S'acquitter envers qqn de certains devoirs, de certains offices. J'ai mon Dieu que je sers, vous servirez le vôtre, RAC. *Ath.* II, 7. Avec le roi de la terre, il faut encore — le roi du ciel, BOSS. *Condé.* Moi qui voudrais effacer de ma vie Les jours que j'ai vécu sans vous avoir servie, CORN. *Ment.* III, 5. — l'État. — son pays. ‖ *Spécialt.* ‖ **1.** En parlant d'un militaire. Il a servi la France. *Absolt.* Il a servi, il a été militaire. Avoir servi sous le prince de Condé, BOSS. *Condé.* ‖ **2.** En parlant d'un domestique. Que — un joueur est un maudit métier! REGNARD, *Joueur*, I, 1. J'ai des serviteurs et ne suis point servi, MOL. *F. sav.* II, 7. Ressouvenez-vous quel prélat vous servez, BOIL. *Lutr.* 3. — qqn à table, lui présenter les plats. Se —, prendre un plat. *Spécialt.* Madame est servie, formule par laquelle un domestique avertit sa maîtresse que le repas est servi. *Fig.* — qqn d'un plat de son métier. *Absolt.* Un domestique qui ne sait pas — (à table). Prendre qqn pour —. ‖ *P. anal.* Vous (pauvres) que la reine servait avec tant de foi, BOSS. *Marie-Thérèse.* L'orgueil de voir vingt rois vous — et vous craindre, RAC. *Iph.* IV, 4. ‖ **3.** En parlant d'un diacre, d'un enfant de chœur. — le prêtre, le célébrant à l'autel, lui répondre à la messe et lui présenter l'eau et le vin. *P. anal.* Le jeune Éliacin Comme moi le servait en long habit de lin, RAC. *Ath.* II, 2. ‖ **4.** En parlant d'un marchand. — un client, lui fournir la marchandise dont il a besoin. ‖ **5.** *P. ext.* En parlant d'un étalon. — la jument, la couvrir. ‖ *P. anal.* Être à la disposition de qqn pour ce qui peut lui être utile, agréable. (S'emploie surtout dans les formules de politesse.) A vous —, pour vous —. D. JUAN : Vous vous appelez? — CHARLOTTE : Charlotte, pour vous —, MOL. *D. Juan*, II, 2. ‖ *P. ext.* Rendre service à (qqn), lui procurer par une intervention personnelle quelque avantage. — ses amis avec zèle. Il m'a servi auprès du roi. — qqn de son crédit. Inexorables dieux, qui m'avez trop servi, RAC. *Phèd.* V, 6. ‖ *P. anal.* Aider à atteindre un but. Il n'a pas été servi par les circonstances. Sa mémoire l'a mal servi. Sers ma fureur, Œnone, RAC. *Phèd.* III, 1.

‖ **2°** *P. anal.* Faire fonctionner (qqch). — une pompe. Un artilleur qui sert une bouche à feu. — la balle, le volant, le lancer à celui avec qui on joue. — des cartes, en donner à celui avec qui on joue. ‖ *P. anal.* Une table servie, sur laquelle on a mis ce qu'il faut pour manger. — le dîner, — le potage, le mettre sur la table. — un plat à qqn, le lui présenter pour qu'il en prenne. Servir à qqn d'un plat, d'un mets. — à boire à qqn, lui verser à boire. ‖ — un fief, remplir les obligations qui y étaient attachées. — une redevance, une rente, la payer à celui à qui elle est due. ‖ — la messe, faire les réponses et présenter l'eau et le vin à l'officiant.

SERVITEUR [sèr-vi-teur] *s. m.*

[ÉTYM. Emprunté du bas lat. servitor, *m. s.* (Cf. l'anc. franç. serveor, de formation pop.) ‖ XIᵉ s. Parler Al servitor qui serveit a l'alter, *St Alexis*, 169.]

‖ Celui qui est au service de qqn. Nous voyons en Louis non un roi, mais un — de Jésus-Christ, BOSS. *Marie-Thérèse.* La reine croyait assurer au roi des serviteurs, ID. *R. d'Angl.* Un fidèle — de l'État. ‖ En parlant de celui qui sert une personne qu'il aime. J'ai perdu tout mon bonheur, J'ai perdu mon —, J.-J. ROUSS. *Dev. du vill.* sc. 1. ‖ *Spécialt.* Celui qui est au service de qqn comme domestique. Et j'ai des serviteurs et ne suis point servi, MOL. *F. sav.* II, 7. ‖ *P. anal.* Celui qui se met à la disposition de qqn. Votre — Gille, LA F. *Fab.* IX, 3. (S'emploie surtout dans les formules de politesse qui terminent une lettre.) Je suis votre —. Votre très humble et très obéissant —. *Ironiqt.* Pour marquer qu'on refuse de faire ce que qqn souhaite de nous. *Famil.* Pour louer ses vers, je suis son —, MOL. *Mis.* IV, 1. — au portier, Dit-il, et de courir, LA F. *Fab.* IX, 10.

SERVITUDE [sèr-vi-tud'] *s. f.*

[ÉTYM. Emprunté du lat. servitudo, *m. s.* (Cf. l'anc. franç. servitune, de formation à demi pop.) ‖ XIIIᵉ s. A vii servitude soumise, J. DE MEUNG, *Rose*, 5175.]

‖ Dépendance d'une domination étrangère. Babylone menaçait toute la terre de la mettre en —, BOSS. *Hist. univ.* I, 7. Les ennemis le vaincront, et réduiront son peuple en —, FÉN. *Tél.* 5. Sous les Assyriens, leur triste —, RAC. *Esth.* III, 4. ‖ *Spécialt.* Esclavage. Du droit de tuer dans la conquête, les politiques ont tiré le droit de réduire en —, MONTESQ. *Espr. des lois*, x, 3. ‖ *P. anal.* Dépendance. La — des femmes est très conforme au génie du gouvernement despotique, MONTESQ. *Espr des lois*, XVI, 9. Las de votre grandeur et de sa —, RAC. *Brit.* II, 2. Sa patrie (de Sylla) que sa dictature tyrannique mit en —, BOSS. *Hist. univ.* I, 9. *Fig.* Servilité. Leur prompte — a fatigué Tibère, RAC. *Brit.* IV, 4. ‖ *Fig.* État de celui qui est assujetti à qqch. Quels soins (d'un berger)! quelle vigilance! quelle — ! LA BR. 10. La — du péché. L'âme honteuse de sa —, BOSS. *La Vall.* | (Droit.) Charge que doit supporter une propriété par rapport à une autre. Une — est une charge imposée sur un héritage pour l'usage et l'utilité d'un héritage appartenant à un autre propriétaire, *Code civil*, art. 637. *P. ext.* Une — de passage.

SÉSAME [sé-zàm'] *s. m.*
[ÉTYM. Emprunté du lat. sesamum, grec σήσαμον, *m. s.* ‖ XVIᵉ s. Semence de sésame, RAB. III, 25. Admis ACAD. 1762.]
‖ (Botan.) Plante oléagineuse d'Orient.

SÉSAMOÏDE [sé-zà-mò-id'] *adj.*
[ÉTYM. Emprunté du lat. sesamoides, grec σησαμοειδής, *m. s.* ‖ XVIᵉ s. Les os sesamoïdes, PARÉ, IV, 27. Admis ACAD. 1762.]
‖ (T. didact.) Qui est arrondi comme une graine de sésame. *Spécialt.* (Anat.) Os —.

SÉSÉLI [sé-zé-li] *s. m.*
[ÉTYM. Du lat. seseli, grec σέσελι, *m. s.* ‖ 1545. Le très bon seseli naist auprès de Marseille, G. GUÉROULT, *Hist. des plantes*, dans DELB. *Rec.* Admis ACAD. 1762.]
‖ (Botan.) Plante ombellifère dont les semences sont employées en pharmacie comme carminatives.

SESQUIALTÈRE [sès'-kui-àl-tèr'] *adj.*
[ÉTYM. Emprunté du lat. sesquialter, *m. s.* ‖ 1484. N. CHUQUET, *Triparty*, 70. Admis ACAD. 1762.]
‖ (Mathém.) Qui contient une fois et demie une quantité donnée.

SESSILE [sès'-sil] *adj.*
[ÉTYM. Emprunté du lat. sessilis, *m. s.* ‖ 1798. L.-C.-M. RICHARD, *Dict. de botan. de Bulliard*, p. 133. Admis ACAD. 1835.]
‖ (T. didact.) Qui n'a pas de support, de pédicule. Fleur, feuille, tumeur —.

SESSION [sè-syon ; *en vers*, -si-on] *s. f.*
[ÉTYM. Emprunté du lat. sessio, *m. s.* de sedere, seoir, siéger. ‖ XIIᵉ-XIIIᵉ s. La humilitett parmi la session, *Job*, dans *Rois*, p. 454.]
‖ (T. didact.) Partie de l'année pendant laquelle siège, d'une manière suivie, un corps délibérant, un tribunal non permanent. La — de la chambre des députés, du sénat. La — de la cour d'assises. La première — du concile.

SESTERCE [sès'-tèrs'] *s. m.*
[ÉTYM. Emprunté du lat. sestercius, *m. s.* ‖ 1537. Deux mille sesterces, DE LA GRISE, *Lett. de Marc-Aurèle*, dans DELB. *Rec.* Admis ACAD. 1762.]
‖ (Antiq. rom.) Monnaie d'argent valant deux as et demi. | Grand —, monnaie de compte valant mille sesterces.

*SETERÉE [sèt'-ré ; *en vers*, se-te-...] *s. f.*
[ÉTYM. Dérivé de setier, §§ 65 et 68. ‖ 1276. Une vingne de quatre seterees, dans GODEF. sesteree.]
‖ *Dialect.* Étendue de terre qu'on ensemence avec un setier de grain.

SETIER [se-tyé] *s. m.*
[ÉTYM. Du lat. pop. *sestarium (class. sextarium, § 387), *m. s.* proprt, « sixième »(du conge), devenu sestier, §§ 298 et 291, setier, § 422.]
‖ 1º Ancienne mesure pour les grains et matières sèches, variant selon les lieux ou la nature du grain mesuré. *P. ext.* Une — de terre, une seterée.
‖ 2º Ancienne mesure pour les liquides, valant huit pintes pour les jaugeurs, mais, dans l'usage courant, la moitié d'une pinte. (*Syn.* chopine.) | *De nos jours. Pop.* Un demi-— de vin, un quart de litre. (Qqns écrivent demistier, conformément à la prononciation.)

SÉTON [sé-ton] *s. m.*
[ÉTYM. Semble emprunté d'un mot bas lat. *seto, nis, dérivé de seta, soie, § 246. ‖ XVIᵉ s. Une aiguille a seton, PARÉ, V, 30. Admis ACAD. 1718.]
‖ (Médec.) Mèche de coton qu'on passe à travers la peau et le système cellulaire pour entretenir un exutoire.

SEUIL [seùy'] *s. m.*
[ÉTYM. Du lat. sŏllum, qui, dans la langue classique,

signifie « siège, trône », et qui a dû prendre de bonne heure le sens de « seuil » dans la langue pop. §§ 320, 463 et 291.]
‖ Pièce de bois ou de pierre sur laquelle affleure dans toute sa largeur le bas d'une porte, que l'on franchit pour entrer, et qui, placée au-dessus du niveau du sol extérieur, sert, en empêchant l'eau, la terre, etc., de s'introduire sous la porte, à en faciliter le jeu et à rendre la clôture plus complète. Rester sur le —. Franchir, passer le —. Dès que cette reine... De la porte du temple aura passé le —, RAC. *Ath.* V, 3. *Fig.* Sur le — de la vie, au moment où l'on entre dans la vie. ‖ *P. anal.* D'une écluse, d'une vanne, d'un pont-levis, pièce de bois ou de pierre sur laquelle posent les portes d'une écluse, sur laquelle s'abaisse une vanne, un pont-levis.

SEUL, SEULE [seùl] *adj.*
[ÉTYM. Du lat. sŏlum, *m. s.* §§ 325 et 291.]
‖ Avec lequel il n'y en a pas d'autre. (*Syn.* unique.) | 1. Simple qualificatif, précédé immédiatement de l'article ou d'un adjectif déterminatif, possessif, etc., et placé avant le nom. Il n'y a qu'un — Dieu. Le — bien qui me reste et d'Hector et de Troie, RAC. *Andr.* I, 4. L'enceinte sacrée ouverte aux seuls lévites, ID. *Ath.* II, 2. Dans une seule mort faire voir la mort et le néant des grandeurs humaines, BOSS. *D. d'Orl.* Mille logis y sont, Un — ne s'ouvre aux dieux, LA F. *Phil. et Baucis.* Un — (Juif) osa d'Aman attirer le courroux, RAC. *Esth.* II, 1. *Ellipt.* Le gouvernement d'un — (homme), la monarchie. Ce — mot en dit assez. Dieu a créé le monde par sa seule volonté. Avoir un chien pour — ami. *Ellipt. Vieilli.* Ne... pour un —, plus d'un. Les autres n'ont pour un — adversaire, LA F. *Contes, Mazet.* On n'avait pas alors pour un — prophète, VOLT. *Dict. philos.* prophéties, 2. | 2. Employé comme attribut. Il aime à rester —. Vivre —. Britannicus est —, RAC. *Brit.* II, 3. Me voici donc tremblante et seule devant toi! ID. *Esth.* I, 4. Le commencement et le déclin de l'amour se font sentir par l'embarras où l'on est de se trouver seuls, LA BR. 4. — à —, seul avec qqn. Me voir — à — avec vous, MOL. *Tart.* III, 3. Se voir — contre tous, ID. *Éc. des m.* I, 1. C'est une grande folie de vouloir être sage tout —, LA ROCHEF. *Réflex. mor.* 231. *Loc. prov.* Un malheur ne vient jamais —. *Loc. famil.* Une chose qui va toute seule, d'elle-même.

SEULEMENT [seùl-man ; *en vers*, seù-le-...] *adv.*
[ÉTYM. Composé de seule et ment, § 724. ‖ XIIᵉ s. Fors seulement par li guerpir, *Partenopeus*, 4432.]
‖ Sans qqn ou qqch de plus. Sur ce point — contente mon désir, CORN. *Cinna*, V, 1. Suis-je leur empereur — pour leur plaire? RAC. *Brit.* IV, 3. Consentez —, ID. *ibid.* II, 3. | Non —, en ne se bornant pas à la chose qui vient d'être énoncée. Non — on le respecte, mais encore on l'aime.

SEULET, ETTE [seù-lè, -lèt'] *adj.*
[ÉTYM. Dérivé de seul, §§ 64, 65 et 133. ‖ XIIᵉ-XIIIᵉ s. Seulete vois a mon ami, GILB. DE MONTREUIL, *Violette*, 135.]
‖ *Famil.* Tout seul. (S'emploie surtout au fém.) Aller au bois seulette, LA F. *Daphné*, I, 2.

SÈVE [sèv'] *s. f.*
[ÉTYM. Du lat. sapa, qui dans la langue classique désigne une sorte de vin cuit (*cf.* sapa), et qui a dû prendre de bonne heure dans la langue pop. le sens de « sève », §§ 295, 426 et 291.]
‖ Liquide formé des sucs que la plante puise dans la terre par ses racines, et qui, absorbé par ses diverses parties, sert à sa nutrition. — ascendante, descendante. | *Fig.* Ce qui donne à qqch, à qqn, sa vigueur. Un vin à — veloutée, MOL. *B. gent.* IV, 1. La — de la jeunesse. | *En mauvaise part.* Ici se cache une — maligne et corrompue sous l'écorce de la politesse, LA BR. 9.

SÉVÈRE [sé-vèr] *adj.*
[ÉTYM. Emprunté du lat. severus, *m. s.* ‖ XIIᵉ s. Li severs jugieres, *Dial. Gregoire*, p. 328.]
‖ Sans indulgence pour les fautes, les faiblesses. Se montrer — pour, envers, et, *vieilli*, à qqn. — aux méchants, RAC. *Ath.* IV, 3. Le juste — à lui-même, BOSS. *R. d'Angl.* *Absolt.* Un juge —. | Montrer un visage, un front —. D'où vous vient aujourd'hui cet air sombre et —? BOIL. *Sat.* 3. Mon courroux aux vaincus ne fut que trop —, RAC. *Andr.* I, 2. Un châtiment —. | *P. anal.* Qui ne se relâche pas de la règle. Ayez pour la cadence une oreille —, BOIL. *Art* p. 1. Une vertu —. Observer un jeûne —. Une loi moins —, RAC. *Brit.* IV, 2.
‖ *P. ext.* Qui ne se relâche pas de la régularité, de la

gravité. Un style —. Un costume —. Des beautés sévères et imposantes, BARTHÉLEMY, *Anacharsis*, 48. || *Substantivt, au masc.* Le —, le genre sévère. Passer du grave au doux, du plaisant au —, BOIL. *Art* p. 1.

SÉVÈREMENT [sé-vèr-man ; *en vers,* -vè-re-...] *adv.*
[ÉTYM. Composé de sévère et ment, § 724. || 1539. R. EST.]
|| D'une manière sévère. Il a été — puni.

SÉVÉRITÉ [sé-vé-ri-té] *s. f.*
[ÉTYM. Emprunté du lat. severitas, m. s. || XIIᵉ-XIIIᵉ s. Severiteit, *Dial. Gregoire*, p. 206.]
|| Caractère de celui qui est sans indulgence pour les fautes, les faiblesses. Vous résistiez, Seigneur, à leur —, RAC. *Brit.* IV, 3. La — du châtiment. *P. ext.* Acte de celui qui est sans indulgence. (S'emploie surtout au plur.) Les sévérités de son père, MOL. *Av.* V, 5. || *P. anal.* Caractère de celui qui ne se relâche pas de la règle. La — de ses mœurs. Abaisser jusque-là votre —, RAC. *Brit.* III, 1. La — des femmes est un ajustement et un fard qu'elles ajoutent à leur beauté, LA ROCHEF. *Premières Pensées*, 67. || *P. ext.* Caractère de ce qui ne se relâche pas de la régularité. La — du goût, du style, des ornements, de l'ajustement.

SÉVICE [sé-vîs] *s. m.*
[ÉTYM. Emprunté du lat. sævitia, violence. Le mot est fém. conformément au lat. dans ACAD. 1694-1740; sur le changement de genre, *V.* § 553. || 1399. Pour son sevice, dans DELB. *Rec.*]
|| (Droit.) Acte de brutalité d'un des époux envers l'autre, d'un père, d'une mère envers son enfant, d'un maître envers son serviteur. (S'emploie surtout au plur.) Les époux peuvent demander le divorce pour sévices et injures graves.

SÉVIR [sé-vîr] *v. intr.*
[ÉTYM. Emprunté du lat. sævire, m. s. || 1611. Sevir, COTGR.]
|| 1° *Vieilli.* Se conduire durement envers qqn.
|| 2° Exercer la répression avec une rigueur excessive. — contre les rebelles. *P. ext.* On sévit contre les abus.
|| 3° *Fig.* En parlant d'un fléau, agir avec violence. La peste sévit à Athènes.

SEVRAGE [se-vrâj'] *s. m.*
[ÉTYM. Dérivé de sevrer, § 78. || 1741. ANDRY, *Orthopédie*, II, 90. Admis ACAD. 1798.]
|| Action de sevrer. Maison de —, où l'on prend des petits enfants pour les sevrer. Mettre un enfant en —.

SEVRER [se-vré] *v. tr.*
[ÉTYM. Du lat. pop. *separare (class. separare), devenu *sebrar, sevrer, §§ 336, 431, 295 et 291.]
|| *Proprt. Spécialt.* Séparer un enfant de la mère, de la nourrice qui l'allaite, quand le temps est venu de lui donner d'autres aliments. | *P. anal.* — un jeune poulain. | *P. ext.* — une marcotte, la séparer de la tige mère, quand elle a pris racine. || *Fig.* Priver d'une chose dont on avait l'habitude. Les plaisirs Dont le penchant de l'âge a sevré leurs désirs, MOL. *Tart.* I, 1.

SEVREUSE [se-vreůz'] *s. f.*
[ÉTYM. Dérivé de sevrer, § 112. || 1741. Les nourrices, les sevreuses, ANDRY, *Orthopédie*, I, 112. Admis ACAD. 1835.]
|| Femme qui prend des enfants en sevrage.

SEXAGÉNAIRE [sěg'-zà-jé-nêr] *adj.*
[ÉTYM. Emprunté du lat. sexagenarius, m. s. || Vers 1425. Macé Gobichot, sexagenaire, *Formulaire*, mss franç. Bibl. nat. 5024, fº 8, vº.]
|| (T. didact.) Âgé de soixante ans. Un homme, une femme —, et, *substantivt,* Un, une —.

SEXAGÉSIMAL, ALE [sěg'-zà-jé-zi-màl] *adj.*
[ÉTYM. Dérivé du lat. sexagesimus, soixantième, m. s. § 238. || 1724. Progression sexagésimale, LAGNY, dans *Mém. de l'Acad. des sc.* p. 252. Admis ACAD. 1878.]
|| (T. didact.) Qui appartient au nombre soixante. Division sexagésimale, du degré en soixante minutes, de la minute en soixante secondes.

SEXAGÉSIME [sěg'-zà-jé-zim'] *s. f.*
[ÉTYM. Emprunté du lat. ecclés. sexagesima (s.-ent. dies, jour), m. s. || 1680. RICHEL.]
|| (Liturgie.) Le soixantième jour avant l'octave de Pâques. Le dimanche de la Sexagésime.

SEX-DIGITAIRE [sěks'-di-ji-têr] *adj.*
[ÉTYM. Composé avec le lat. sex, six, digitus, doigt, et le suffixe aire, §§ 271 et 248. (*Cf.* le lat. sedigitus, m. s.) || Admis ACAD. 1798.]
|| (T. didact.) Né avec six doigts.

SEX-DIGITAL, ALE [sěks'-di-ji-tàl] *adj.*
[ÉTYM. Composé avec le lat. sex, six, digitus, doigt, et le suffixe al, §§ 271 et 238. || Admis ACAD. 1798.]
|| (T. didact.) Qui présente six doigts.

SEXE [sěks'] *s. m.*
[ÉTYM. Emprunté du lat. sexus, m. s. || XIIᵉ s. Aisi com il n'eust pas de sex naturé en son cors, *Dial. Gregoire*, p. 17.]
|| Caractère organique naturel qui distingue l'un de l'autre le mâle et la femelle. Constater le — d'un nouveau-né. Certaines fleurs présentent les deux sexes réunis. || *Spécialt.* Ensemble des caractères organiques, intellectuels, moraux, qui distinguent l'un de l'autre l'homme et la femme. Élevée au-dessus de son — timide, RAC. *Ath.* III, 3. Le fer ne connaîtra ni le — ni l'âge, ID. *Esth.* I, 3. || *P. ext.* L'ensemble des individus de l'un ou de l'autre sexe. Le — masculin, féminin. C'est faire à notre — une trop grande offense, MOL. *F. sav.* III, 2. Le beau —, le sexe féminin. En ce siècle ignorant, Le beau — était sauvage, LA F. *Contes, Roi Candaule* || *Ellipt.* Le —, les femmes. Il a pour tout le — une haine fatale, RAC. *Phèd.* III, 1. La vie dissipée, surtout des personnes du —, BOURD. *Divertiss. du monde*, 3.

SEXTANT [sěks'-tan] *s. m.*
[ÉTYM. Emprunté du lat. sextans, tis, sixième partie d'un tout. || 1556. Un sextant de cyminum, R. LE BLANC, *Subtilité*, dans DELB. *Rec.* Admis ACAD. 1762.]
|| (Géom.) || 1° Sixième partie d'un cercle (arc de soixante degrés).
|| 2° Instrument dont la partie principale est un limbe gradué embrassant le sixième de la circonférence, c'est-à-dire soixante degrés, et qui sert à mesurer les angles jusqu'à soixante degrés, pour déterminer la distance des astres, la position d'un navire en mer, etc.

SEXTE [sěkst'] *s. f.*
[ÉTYM. Emprunté du lat. ecclés. sexta (s.-ent. hora, heure), m. s. || 1611. COTGR.]
|| (Liturgie.) La sixième heure du jour à partir du lever du soleil. Il monta à l'heure de —, c'est-à-dire vers le midi, BOSS. *Médit. sur l'Év.* 71ᵉ jour. || *P. ext.* Celle des heures canoniales qui doit se dire à la sixième heure du jour.

SEXTIDI [sěks'-ti-di] *s. m.*
[ÉTYM. Composé avec le lat. sextus, sixième, et dies, jour, § 270. || Admis ACAD. 1798, suppl.]
|| Sixième jour de la décade républicaine.

SEXTIL, ILE [sěks'-til] *adj.*
[ÉTYM. Dérivé du lat. sextilis, sixième, § 242. En lat. sextilis signifie « août ». || 1690. FURET. Admis ACAD. 1762.]
|| (Astrol.) — aspect, position de deux planètes distantes de la sixième partie du zodiaque (soixante degrés). *Substantivt.* Le — de Mars avec la lune.

SEXTULE [sěks'-tul] *s. m.*
[ÉTYM. Emprunté du lat. sextula, m. s. Le changement de genre (le mot lat. est fém.) paraît dû à l'influence de scrupule. || 1611. COTGR. Admis ACAD. 1762.]
|| (Antiq. rom. et Pharm.) Poids de quatre scrupules, sixième de l'once.

SEXTUOR [sěks'-tuŏr ; *en vers,* -tu-ŏr] *s. m.*
[ÉTYM. Dérivé du lat. sex, d'après quatuor. || *Néolog.* Admis ACAD. 1878.]
|| (Musique.) Morceau pour six instruments ou pour six voix (avec ou sans accompagnement).

SEXTUPLE [sěks'-tupl'] *adj.*
[ÉTYM. Emprunté du lat. sextuplus, m. s. || 1484. En proporcion sextuple, N. CHUQUET, *Triparty*, 177. Admis ACAD. 1762.]
|| (T. didact.) Qui vaut six fois une quantité donnée. Une valeur —, et, *substantivt,* Le — d'un nombre, six fois ce nombre.

SEXTUPLER [sěks'-tu-plé] *v. tr.*
[ÉTYM. Dérivé de sextuple, § 266. || Admis ACAD. 1798.]
|| (T. didact.) Rendre d'une valeur sextuple.

SEXUEL, ELLE [sěk-suèl ; *en vers,* -su-èl] *adj.*
[ÉTYM. Emprunté du lat. sexualis, m. s. || 1775. V. à l'article. Admis ACAD. 1798.]
|| (T. didact.) Relatif au sexe. Attributs sexuels des mousses, NECKER, *Physiol. des corps organ.* p. 133. Organes sexuels, parties sexuelles.

SEYANT, ANTE [sè-yan, -yànt'] *adj.*
[ÉTYM. Adj. particip. de seoir, § 47. (*Cf.* séant.) || *Néolog.*]
|| Qui va bien (à la figure, à l'extérieur de qqn). Une couleur seyante. Ce vêtement est —.

SGRAFFITE [sgrà-fît'] *s. m.*

[ÉTYM. Emprunté de l'ital. sgraffito, *m. s.* § 12. (*Cf.* graffite.) || 1680. Sgrafit, mot écorché de l'italien, RICHEL. Admis ACAD. 1835.]

|| (T. didact.) Espèce de fresque où, après avoir étendu une couche foncée, on produit les clairs en grattant avec une pointe.

SHAKO [chà-kó] *s. m.*

[ÉTYM. Emprunté du hongrois shako, *m. s.* § 23. On écrit aussi schako et chako (ACAD.). || 1761. Les bonnets ou schakos sont de feutre, DE MONTANDRE-LONCHAMPS, *État milit. de la France*, p. 312. Admis ACAD. 1835.]

|| (T. milit.) Coiffure à visière, d'une matière rigide, ordinairement de forme cylindrique.

SHALL [chál]. *V.* châle.

1. SI [si] et (devant le pronom il, ils) **S'** *conj.*

[ÉTYM. Emprunté du lat. si, *m. s.* L'anc. franç. dit se, § 726.]

|| Dans le cas où.

|| **1°** En posant le cas éventuel comme possible (le verbe de la prop. régie par si au prés. indic., et celui de la prop. princip. au futur). Si vous le croyez, il vous mènera à votre perte. Je ne sortirai pas s'il pleut. Si j'épouse une femme avare, elle ne me ruinera point, LA BR. 3. *Spécialt.* Après les verbes qui expriment doute, interrogation. Je ne sais, je demande, dites-moi, savez-vous, etc., s'il viendra (au sens de est-il vrai qu'il viendra?). *Ellipt.* Vous savez si je vous aime. | En sous-entendant la prop. principale. Comment, coquine ! si je suis malade ! (tu demandes si je suis malade !) MOL. *Mal. im.* I, 5. Trouvez-vous quelques charmes A voir couler des pleurs que font verser vos armes, Ou si (ou dites si) vous m'enviez..., RAC. *Alex.* IV, 2.

|| **2°** En posant le cas éventuel comme une simple supposition (le verbe de la prop. régie par si à un temps passé de l'indic., et celui de la prop. princip. au conditionnel). Je serais heureux si la foi, si l'honneur Ne me reprochaient point mon injuste bonheur, RAC. III, 4. Ce serait une chose plaisante, si les malades guérissaient et qu'on m'en vînt (et si l'on m'en venait) remercier, MOL. *D. Juan*, III, 1. Si l'on m'avait écouté, cela ne serait pas arrivé. Une main si habile eût sauvé l'État, si l'État eût pu être sauvé, BOSS. *R. d'Angl.* Sage s'il eût remis une légère offense, LA F. *Fab.* IV, 13. Il décide comme s'il était le maître (comme il déciderait s'il était le maître). | *Vieilli.* Avec le conditionnel. Si vous auriez de la répugnance à me voir votre belle-mère, je n'en aurais pas moins sans doute à vous voir mon beau-fils, MOL. *Av.* III, 7. || *Ellipt.* Pour souhaiter qqch (en sous-entendant le verbe de la prop. princip. exprimant qu'on serait heureux si, etc.). Si je pouvais remplir mes coffres de ducats ! LA F. *Fab.* VIII, 25. Encor si la saison s'avançait davantage ! ID. *ibid.* IX, 2.

|| **3°** En posant le cas éventuel comme réalisé (le verbe de la prop. régie par si et celui de la prop. princip. au prés. indic.). Si les hommes l'oublient, les dieux s'en souviennent, FÉN. *Tél.* 24. Si je me plains, c'est que j'en ai sujet. Si l'on considère son ouvrage incontinent après l'avoir fait, on en est encore tout prévenu ; si (s.-ent. on le considère) trop longtemps après, on n'y entre plus, PASC. *Pens.* III, 2 *bis*. || *Ellipt.* | **1.** Si tant est, en admettant le cas indiqué. Si tant est qu'il le connaisse, il ne le connaît guère. | **2.** Si ce n'est, en exceptant le cas indiqué. Qui a pu le faire, si ce n'est lui ? Si ce n'est toi, c'est donc ton frère, LA F. *Fab.* I, 10. J'essaierais, si ce n'était, et, *ellipt*, si n'était la crainte d'échouer. || *Substantivt.* Que le diable t'emporte avec tes si et tes mais ! REGNARD, *Ret. impr.* sc. 15.

2. SI [si] *adv.*

[ÉTYM. Du lat. sic, ainsi, § 726.]

|| **1°** Aussi. J'espérais ma part d'une si riche proie, RAC. *Ath.* III, 3. Je n'ai jamais rien vu de si méchant que cet homme. Si peu que rien. Rodrigue ira-t-il si loin que vous allez? CORN. *Cid*, II, 5. | *Vieilli.* Servant d'antécédent à comme. Si bien faite comme elle est, MOL. *Méd. m. l.* II, 2.

|| **2°** Tellement. Il est si faible qu'on est obligé de le porter. Je ne croyais pas que ma fille fût si habile que de chanter ainsi à livre ouvert, MOL. *Mal. im.* II, 5. *Ellipt.* Qui te rend si hardi de (que de) troubler mon breuvage ? LA F. *Fab.* I, 10. Si bien que, et, *vieilli*, Si que. Il refusa, si bien qu'il fallut employer la force. || Suivi d'un adjectif et de que. Quelque... que. Si grand qu'il soit, un roi n'est qu'un homme. *Dans le même sens.* Un roi, si grand soit-il, n'est qu'un homme.

|| **3°** *Vieilli.* Ainsi. Je ne me pendrai pas ! Eh ! vraiment, si ferai, LA F. *Fab.* IX, 16. || *P. ext. De nos jours. Famil.* Si fait, il en est ainsi (pour affirmer le contraire de ce qui vient d'être dit). Vous ne l'avez pas vu? — Si fait. | *Ellipt.* Vous ne ferez pas cela. — Si. Je vous dis que non. — Je vous dis que si. | *Substantivt.* Eux de recommencer la dispute à l'envi Sur le que si, que non, LA F. *Fab.* IX, 14.

|| **4°** *Vieilli.* Pourtant. Vous avez beau faire : si faut-il croire ou douter, PASC. *Pens.* XXV, 49. J'ai la tête plus grosse que la moitié, et si on ne court point de risque, MOL. *B. gent.* III, 5. On gagne de l'argent, et si on ne court point de risque, HAUTEROCHE, *Crispin médecin*, II, 14.

3. SI [si] *s. m.*

[ÉTYM. Semble formé par la réunion des initiales des mots sancte Joannes de l'hymne de saint Jean-Baptiste à laquelle avaient été empruntés antérieurement les noms des six autres notes. (*V.* la.) || 1690. FURET. Admis ACAD. 1835.]

|| (Musique.) La septième note de la gamme d'ut.

SIALAGOGUE [syà-là-gòg'; *en vers*, si-à-...] *adj.*

[ÉTYM. Composé avec le grec σίαλον, salive, et ἀγωγός, qui amène, § 279. || 1752. TRÉV. Admis ACAD. 1835.]

|| (T. didact.) Qui provoque l'excrétion de la salive. Remède —, et, *substantivt*, Le pyrèthre est un —.

SIALISME [syà-lism'; *en vers*, si-à-...] *s. m.*

[ÉTYM. Emprunté du grec σιαλισμός, *m. s.* || 1812. MOZIN, *Dict. franç.-allem.* Admis ACAD. 1835.]

|| (T. didact.) Évacuation abondante de salive.

SIAMOISE [syà-mwàz'; *en vers*, si-à-...] *s. f.*

[ÉTYM. Nom propre, § 36 : l'étoffe de soie et de coton a été introduite en France par les ambassadeurs du roi de Siam à Louis XIV (1688). || Admis ACAD. 1762.]

|| **1°** Étoffe de soie tramée de coton.

|| **2°** *P. ext.* Étoffe de fil de lin tramée de coton.

SIBARITE. *V.* sybarite.

SIBYLLE [si-bil] *s. f.*

[ÉTYM. Emprunté du lat. sibylla, grec σίϐυλλα, *m. s.* || XIIIᵉ S. Es Bucoliques Virgile Lisons ceste vois de Sebile, J. DE MEUNG, *Rose*, dans DELB. *Rec.*]

|| (Antiq.) Femme passant pour recevoir d'une divinité le don de prédire l'avenir. Les oracles de la —. Les feuilles de la —, feuilles de chêne sur lesquelles elle écrivait ses oracles, que le vent dispersait et qu'il fallait réunir pour retrouver le sens. | *Fig.* Mon oracle est Bacchus, Et ma — est ma bouteille, LA F. *Daphné*, III, 9.

SIBYLLIN, **⁎SIBYLLINE** [si-bil'-lin, -lin'] *adj.*

[ÉTYM. Emprunté du lat. sibyllinus, *m. s.* || XIVᵉ S. Livre sibilin, BERSUIRE, fᵒ 2. Admis ACAD. 1718.]

|| (Antiq.) Qui appartient à la sibylle. Livres sibyllins, contenant les oracles des sibylles.

SICAIRE [si-kèr] *s. m.*

[ÉTYM. Emprunté du lat. sicarius, *m. s.* de sica, poignard. || XIIIᵉ-XIVᵉ s. Deux sicaires que l'on appelle harquassis, *Chron. de Guill. de Nangis*, dans LA C. Admis ACAD. 1798.]

|| Assassin à gages. Esclaves et sicaires, VOLT. *Rome sauvée*, III, 4.

⁎SICAMOR [si-kà-môr]. *V.* cyclamor.

SICCATIF, IVE [sĭk'-kà-tîf', -tîv'] *adj.*

[ÉTYM. Emprunté du lat. siccativus, *m. s.* || 1812. MOZIN, *Dict. franç.-allem.* Admis ACAD. 1835.]

|| (T. didact.) Qui fait sécher. Huile siccative. *Substantivt.* Un —.

SICCITÉ [sĭk'-si-té] *s. f.*

[ÉTYM. Emprunté du lat. siccitas, *m. s.* || 1425. Froidure et siccité, OL. DE LA HAYE, *Grande Peste*, dans DELB. *Rec.*]

|| *Rare.* (T. didact.) Propriété de ce qui est sec. (*Cf.* sécheresse.)

SICILIQUE [si-si-lìk'] *s. m.*

[ÉTYM. Emprunté du lat. sicilicus, *m. s.* || 1611. COTGR. Admis ACAD. 1762.]

|| (Antiq. et Pharm. anc.) Poids valant six scrupules.

SICLE [sikl'] *s. m.*

[ÉTYM. Emprunté du lat. siclus, qui est l'hébreu shekel, *m. s.* § 21. || XIIᵉ S. Vint sicles d'argent, *Rois*, II, 18.]

|| (Antiq. juive.) Sorte de poids, de monnaie. Le — a vingt oboles, SACI, *Bible, Lévit.* XXVII, 25. — d'argent, de cuivre.

SICOMORE. *V.* sycomore.

SIDÉRAL, ALE [si-dé-ràl] *adj.*

[ÉTYM. Emprunté du lat. sideralis, *m. s.* ‖ XVI° s. Lumiere syderale, RAB. I, 10. Admis ACAD. 1762.]

‖ (T. didact.) Relatif aux astres. Jour —, temps, plus court que le jour ordinaire, qui s'écoule entre deux retours consécutifs d'une même étoile au méridien d'un lieu. Année sidérale, temps, plus long que l'année solaire, qui s'écoule entre deux coïncidences du centre du soleil avec une même étoile.

SIÈCLE [syèkl'] *s. m.*
[ÉTYM. Emprunté du lat. sæculum, *m. s.* ‖ X° s. Volt lo seule lazsier, *Ste Eulalie*.]

I. Période de cent ans. Le troisième — avant Jésus-Christ. Les écrivains du seizième —. Un demi-—, cinquante ans. ‖ *P. ext.* Les siècles passés, futurs, notre —, les temps anciens, les temps futurs, le temps présent. Ces deux hommes que la voix commune de toute l'Europe égalait aux plus grands capitaines des siècles passés, BOSS. *Condé*. Les capitaines des siècles futurs lui rendront un honneur semblable, ID. *ibid.* Celui qui n'a égard en écrivant qu'au goût de son —, LA BR. 1. Le — de Périclès, de Louis XIV. | *P. anal.* Le — futur, la vie future. C'est de bonnes œuvres, c'est ces véritables richesses que vous enverrez devant vous au — futur, BOSS. *Le Tellier.* | *Poét.* Le — d'or, d'argent, de fer, les divers âges du monde imaginés par les poètes. ‖ *Fig. Famil.* Long espace de temps indéterminé. Il y a un — que je ne l'ai vu.

II. (T. relig.) La vie du temps, du monde, par opposition à la vie religieuse. Carloman, dégoûté du —,... embrassa la vie monastique, BOSS. *Hist. univ.* I, 11. Quitter le —, embrasser la vie religieuse.

SIÈGE [syèj'] *s. m.*
[ÉTYM. Du lat. pop. *sędicum, dérivé de *sędem (class. sędem, modifié d'après sędeo, sędile), *m. s.* §§ 77, 305, 291, 414, 389 et 290. ‖ XI° s. Sieges avrez el greignur pareïs, *Roland*, 1135.]

I. Place où qqn, qqch est établi. Il lui promit une terre (ce fut celle de Chanaan) pour servir de demeure fixe à sa postérité et de — à la religion, BOSS. *Hist. univ.* II, 2. L'empereur rebâtit Byzance, qu'il appela Constantinople, et en fit le second — de l'empire, ID. *ibid.* I, 11. Maître de cette ville, il établit, par ordre de Dieu, le — de la royauté et celui de la religion, ID. *ibid.* II, 4. Établir qqpart le — de ses opérations (commerciales, industrielles, etc.). — épiscopal, un évêché avec sa juridiction. Le — de Meaux. Le — de Rome était toujours regardé comme le premier, BOSS. *Hist. univ.* I, 11. Le saint-—, le — apostolique, le siège de Rome. Le — d'une cour de justice. Si elle a jamais quelque procès en notre —, MOL. *Escarb.* sc. 5. ‖ *P. anal.* Le — d'une maladie, la partie du corps où se produisent les phénomènes morbides. | *Fig.* N'est-ce pas que le front est le — de la pudeur? BOSS. *Exalt. de la Ste croix*, 2. L'ignorance naturelle qui est le vrai — de l'homme, PASC. *Pens.* III, 18. ‖ *Spécialt.* Mettre le — devant une ville, s'établir avec une armée devant cette ville, pour faire les opérations destinées à l'attaquer et à s'en emparer. Lever le —, se retirer avec l'armée qui avait mis le siège devant la ville, sans s'en être emparé. Faire le — d'une ville. État de —, réunion de tous les pouvoirs entre les mains de l'autorité militaire, dans une place assiégée, ou, en temps de paix, pour cause d'insurrection. *Loc. prov.* Mon — est fait (réponse de Vertot à qui l'on offrait des documents nouveaux sur le siège de Rhodes), je ne reviens plus sur ce qui est fait. | *Fig.* Enfin cette beauté m'a la place rendue, Que d'un — si long elle avait défendue, MALH. *Poés.* 8.

II. Place où qqn s'assied. Nos sièges étaient les gazons, FÉN. *Tel.* 2. Un — de verdure, de pierre. Un juge sur son —. Le — d'un cocher, la place où il s'assied pour conduire la voiture. *Ellipt.* Monter sur le —, se mettre à côté du cocher. Le — d'un cabinet d'aisances. | *Spécialt.* Meuble destiné à s'asseoir. Ma chère, il faudrait faire donner des sièges, MOL. *Préc. rid.* sc. 9. Si on le prie de s'asseoir, il se met à peine sur le bord d'un —, LA BR. 6.

SIÉGER [syé-jé] *v. intr.*
[ÉTYM. Dérivé de siège, §§ 64, 65 et 154. ‖ 1611. COTGR.]

‖ **1°** *Vieilli.* Occuper un siège (de juge, de conseiller, etc.). Harlay se démit de sa charge après avoir siégé trente-quatre ans.

‖ **2°** Avoir dans un lieu le siège de sa juridiction. La cour des comptes siège à Paris. ‖ *P. anal. Fig.* C'est là que siège le mal, que se produisent les phénomènes morbides.

‖ **3°** Être en séance. Le tribunal ne siège pas aujourd'hui.

SIEN, SIENNE [syin, syòn'] *adj.*
[ÉTYM. Du lat. sŭum, *m. s.* devenu *soon, soen, puis sien d'après mien, §§ 594 et 595.]

‖ Qui est à lui, à elle.

‖ **1°** Déterminant un substantif. Un — ami... Lui dit, LA F. *Fab.* VII, 14.

‖ **2°** Employé comme attribut. Dieu prodigue ses biens A ceux qui font vœu d'être siens, LA F. *Fab.* VII, 3. Ce rang est —, cette faveur est sienne, CORN. *Poly.* II, 1.

‖ **3°** *Absolt.* Le substantif étant sous-entendu. Votre affaire devient la sienne par la confiance, BOSS. *Condé.* Nos écrits sont mauvais ; les siens valent-ils mieux? BOIL. *Ép.* 2. ‖ *Spécialt.* | **1.** *Au masc. sing.* Ce qui est à lui, à elle, ce qu'on a à soi. Être content du —, C'est le plus sûr, LA F. *Fab.* v, 1. *Loc. prov.* Chacun le —, ce n'est pas trop, MOL. *Mal. im.* I, 2. *Fig.* Mettre du —, apporter qqch de soi. | **2.** *Au masc. plur.* Les siens, les parents, amis de celui dont on parle. T'a-t-il de tous les siens reproché le trépas? RAC. *Andr.* III, 8. | **3.** *Au fém. plur.* Faire des siennes, de ses tours habituels. Je vous dirai que l'amour fait ici des siennes, SÉV. 901.

SIESTE [syèst'] *s. f.*
[ÉTYM. Emprunté de l'espagn. siesta, *m. s.* § 13. SÉV. emploie encore la forme espagn. siesta. ‖ XVII°-XVIII° s. V. à l'article. Admis ACAD. 1762.]

‖ Sommeil après le repas de midi. Faire voluptueusement la — en quelque endroit frais et agréable, LES. *Gil Blas*, x, 3.

SIEUR [syeur] *s. m.*
[ÉTYM. Ancien cas régime de sire. (*V.* ce mot.)]

‖ **1°** *Ancienn.* Seigneur. (*Cf.* monsieur.) Le — de Vauban, lieutenant général, était chargé de la direction des attaques, RAC. *Siège de Namur*, v, 320, Gr. Écriv.

‖ **2°** *Spécialt.* (Droit.) Titre dont on fait précéder le nom d'une des parties. Le — un tel. ‖ *P. ext.* Titre que l'on donne ironiquement à qqn que l'on considère comme inférieur, méprisable.

SIFFLABLE [si-flàbl'] *adj.*
[ÉTYM. Dérivé de siffler, § 93. ‖ XVIII° s. V. à l'article. Admis ACAD. 1835.]

‖ Qui peut être sifflé. Dissertant sur les pièces nouvelles, En font encor de plus sifflables qu'elles, VOLT. *Pauvre Diable.*

SIFFLANT, ANTE [si-flan, -flànt'] *adj.*
[ÉTYM. Adj. particip. de siffler, § 47. ‖ 1552. CH. EST. dans DELB. *Rec.* Admis ACAD. 1762.]

‖ Qui produit une sorte de sifflement. Respiration sifflante. Lettres, consonnes sifflantes.

SIFFLEMENT [si-fle-man] *s. m.*
[ÉTYM. Dérivé de siffler, § 145. ‖ XII°-XIII° s. Schieulement d'une tenve ore, *Job*, dans *Rois*, p. 487.]

‖ Bruit produit en sifflant. Le — du merle. Faire entendre en respirant un —. | *Spécialt.* Improbation que manifestent en sifflant les spectateurs au théâtre. Qui, du fade Boyer ou du sec la Chapelle, Excita plus de sifflements, BOIL. *Épigr.* 30. | Le — du vent. Le — des balles (de fusil).

SIFFLER [si-flé] *v. intr.*
[ÉTYM. Du lat. pop. stflare, forme sabellique pour sibilare, *m. s.* §§ 336, 295 et 291. Beaucoup de patois disent sibler, de sibilare.]

‖ Produire un bruit aigu en faisant échapper l'air par une ouverture étroite. Qui vous parle en sifflant et qui siffle en parlant, REGNARD, *Distr.* I, 4. Ils viennent trouver cet homme dès qu'il a sifflé (pour appeler), LA BR. 12. Ces serpents qui sifflent sur vos têtes, RAC. *Andr.* v, 5. Le volume effroyable... Va frapper en sifflant l'infortuné Sidrac, BOIL. *Lutr.* 5. *Vieilli.* — sur qqn (on signe de désapprobation). On sifflait dessus (la Marans), SÉV. 248. ‖ *Transitivt.* — un chien, pour l'appeler. | — un air, le reproduire en sifflant. | — un oiseau, siffler un air pour lui apprendre à le répéter. | — un acteur, un auteur dramatique, lui témoigner, en sifflant, sa désapprobation. *P. anal.* Un benêt dont partout on siffle les écrits, MOL. *F. sav.* I, 3.

SIFFLET [si-flè] *s. m.*
[ÉTYM. Dérivé de siffler, § 133. ‖ XIII°-XIV° s. Il sonna un siblet, JOINV. 377.]

‖ **1°** Petit instrument avec lequel on siffle. Un — en argent. Un coup de —. | *P. anal. Famil.* Gosier. Ce conduit qu'on nomme le —, DESC. *Méth.* v, 5. Couper le — à qqn, lui couper la gorge, et, *fig.* le mettre hors d'état de répondre. ‖ *Fig.* Ce qui rappelle l'extrémité d'un sifflet. Greffe en —.

‖ **2°** Action de siffler, spécialement pour marquer sa

désapprobation au théâtre. Pradon, opprimé des sifflets du parterre, BOIL. *Sat.* 10.

SIFFLEUR, EUSE [si-fleùr, -fleùz'] *s. m. et f.*

[ÉTYM. Dérivé de siffler, § 112. || XVIᵉ s. Siffleurs, compagnons de cet ordre, R. BELLEAU, *Bergeries*, 2ᵉ journée.]

|| Celui, celle qui siffle. Les siffleurs du parterre. || *Adjectivt.* Les oiseaux siffleurs. || *P. ext.* Celui qui apprend aux oiseaux à siffler. | *Fig.* Il ne saifait que sur la foi d'un qu'il avait, FURET. *Rom. bourg.* II, 51.

SIGILLÉ, ÉE [si-jĭl'-lé] *adj.*

[ÉTYM. Emprunté du lat. sigillatus, *m. s.* || XVIᵉ-XVIIᵉ s. La terre sigillée, D'AUB. *Création*, 4. Admis ACAD. 1718.]

|| (T. didact.) Marqué d'un sceau. *Spécialt.* Terre sigillée, bol oriental. (*V.* bol **1.**) | *P. anal.* Souche sigillée, marquée de taches qui ressemblent à l'empreinte d'un cachet.

SIGISBÉE [si-jĭs'-bé] *s. m.*

[ÉTYM. Emprunté de l'ital. cicisbeo, *m. s.* § 12. || XVIIIᵉ s. *V.* à l'article. Admis ACAD. 1835.]

|| Celui qui rend de petits soins assidus à une dame, qui est accepté d'elle comme cavalier servant. Des simagrées de —, VOLT. *Dict. philos.* amour.

SIGLE [sĭgl'] *s. m.* (fém. TRÉV.).

[ÉTYM. Emprunté du lat. siglum, *m. s.* || 1771. TRÉV. Admis ACAD. 1878.]

|| (T. didact.) Lettre initiale employée comme signe abréviatif dans les inscriptions, les manuscrits anciens.

SIGMOÏDE [sĭg'-mò-id'] *adj.*

[ÉTYM. Emprunté du grec σιγμοειδής, *m. s.* || 1690. FURET. Admis ACAD. 1762.]

|| (T. didact.) Qui a la forme de la lettre grecque appelée σίγμα (Σ). Cavités sigmoïdes du cubitus. Valvules sigmoïdes de l'artère pulmonaire.

SIGNAL [si-ñàl] *s. m.*

[ÉTYM. Du lat. pop. signale, de signe. adj. employé substantivt, § 38, devenu seignal, §§ 342, 396 et 291, puis signal par réaction étymologique, § 502. || XIIᵉ-XIIIᵉ s. Il tint l'espee dont d'or sont li signal, *Anséis de Carthage*, dans GODEF. segnal.]

|| Signe indiquant qu'on doit faire qqch à un moment déterminé. C'était donc alors qu'il fallait sortir; c'était le — que le Fils de Dieu donnait aux siens, BOSS. *Hist. univ.* II, 22. Et crier pour — : Vive le roi Joas, RAC. *Ath.* V, 1. La trompette a donné le — du combat. | *P. anal.* Donner le — de la révolte. La prison du roi fut dans Paris le — d'une guerre civile, VOLT. *Mœurs*, 76. || *Spécialt.* Signe servant à transmettre de distance en distance des nouvelles. Organiser un système de signaux en allumant des feux sur le sommet des collines. | (Marine.) Signe indicatif de certains avertissements, par des pavillons, des vergues mises dans certaines positions, des coups de canon, etc. Signaux de jour, de nuit. — de détresse. || *P. ext.* Signe permanent servant de point de repère pour les opérations trigonométriques.

SIGNALEMENT [si-ñàl-man; *en vers*, -ña-le-...] *s. m.*

[ÉTYM. Dérivé de signaler, § 145. || Admis ACAD. 1718.]

|| (T. didact.) Description d'une personne par les signes extérieurs qui peuvent la faire reconnaître. Donner le — d'un criminel qu'on recherche. Le — d'une personne sur son passe-port.

SIGNALER [si-ña-lé] *v. tr.*

[ÉTYM. Emprunté de l'ital. segnalare, *m. s.* rendu d'abord par segnaler, puis par signaler d'après signal, § 12. || 1578. Gentilshommes segnalez, H. EST. *Nouv. Lang. franç. italian.* I, p. 119.]

|| (T. didact.) || **1°** Rendre remarquable par quelque signe. Les écueils signalés par les naufrages des premiers navigateurs, BARTHÉLEMY, *Anacharsis*, 78. Fertiles vallées, Par cent miracles signalées, RAC. *Esth.* I, 2. Et vous vous signalez par d'illustres leçons ! ID. *Brit.* III, 3. Il avait dix-huit ans, et s'était déjà signalé dans plusieurs combats, BARTHÉLEMY, *Anacharsis*, 82. *Absolt.* Consultons sur ce point quelque auteur signalé, BOIL. *Lutr.* 4.

|| **2°** Indiquer par un signal. — un navire, un train de chemin de fer, faire connaître qu'il approche. || *Fig.* Indiquer à l'attention de qqn. — à la police un individu suspect.

SIGNATAIRE [si-ña-tèr] *s. m. et f.*

[ÉTYM. Dérivé de signer, § 248. On trouve signandaire dans TRÉV. avec un sens analogue. || 1812. MOZIN, *Dict. franç.-allem.* Admis ACAD. 1835.]

|| (T. didact.) Celui, celle qui a signé. Le, la — d'un acte.

SIGNATURE [si-ña-tür] *s. f.*

[ÉTYM. Dérivé de signer, § 250. || 1516. Grand et meur en signatures, *Miroir histor. de France*, dans DELB. *Rec.*]

|| **1°** Action de signer. Présenter un brevet, un acte à la —.

|| **2°** Nom d'une personne écrit au bas d'une lettre, d'un acte, etc., pour certifier qu'elle en est l'auteur ou qu'elle en approuve le contenu. Mettre sa — au bas d'un écrit. Apposer sa — à un acte. Une — fausse. Contrefaire la — de qqn.

|| **3°** Lettres, chiffres qu'on met au bas des feuilles d'un livre qu'on imprime pour indiquer l'ordre des feuilles au brocheur, au relieur.

SIGNE [siñ'] *s. m.*

[ÉTYM. Emprunté du lat. signum, *m. s.* (*Cf.* le doublet seing, de formation pop.) || XIIᵉ s. Kar or vus voil mustrer Des signes, PH. DE THAUN, *Comput*, 1182.]

|| Chose sensible qui éveille l'idée d'un être ou d'une manière d'être, en vertu d'un rapport naturel ou de convention. Notre père... nous attachait un — afin de nous connaître, REGNARD, *Ménechmes*, I, 2. Voilà bien, entre vos deux yeux, un — de longue vie ! MOL. *Av.* II, 5. Ne devrait-on pas à des signes certains Reconnaître le cœur des perfides humains ? RAC. *Phèd.* IV, 2. Il ne donne plus — de vie, et, *fig.* Ne pas donner — de vie, ne rien faire qui rappelle aux autres qu'on existe. Les mots sont les signes des idées. Des signes algébriques. Des signes de ponctuation. Des signes hiéroglyphiques. Les signes caractéristiques d'une maladie. Les signes précurseurs d'un orage. | (T. biblique.) Ils demandent des signes (surnaturels), et il ne leur en sera point donné d'autre que celui du prophète Jonas, SACI, *Bible, Luc*, XI, 29. Les signes des temps (prédits par les prophéties), et, *fig.* C'est un — des temps, cela annonce ce à quoi il faut s'attendre. Faire le — de la croix, en portant la main du front à la poitrine, puis de l'épaule gauche à l'épaule droite. | *P. ext.* Les signes du zodiaque, les douze constellations qui forment le zodiaque. || *Spécialt.* Geste par lequel on manifeste ce qu'on sent, ce qu'on pense. Faire — à qqn de venir. Les muets parlent par signes. Un — de tête. Je faisais — de la main pour demander qu'on m'écoutât, FÉN. *Tél.* 6. || *P. ext.* Marque naturelle sur la peau. Avoir un — sur la joue, sur le bras.

SIGNER [si-ñé] *v. tr.*

[ÉTYM. Du lat. signare, devenu seignier, §§ 342, 396, 297 et 291, segner, § 634, puis signer par réaction étymologique, § 502.]

|| **1°** Revêtir de sa signature. Une lettre non signée. — un acte. Et le roi, trop crédule, a signé cet édit, RAC. *Esth.* I, 3. — un traité de paix. *P. ext.* La paix est signée. Il ne sait pas — son nom, et, *absolt,* Il ne sait pas —. Il a signé au contrat. | *Fig.* Ces glorieux athlètes qui eurent le courage et le bonheur de — leur foi de leur sang (de mourir pour attester leur foi), BOURD. *Zèle pour la religion*, 1. | *P. hyperb.* Je signerais cela de mon sang, je serais prêt à mourir pour attester la vérité de ce que j'avance. || *P. anal.* Un peintre qui signe son tableau, un sculpteur qui a signé sa statue, a mis son nom à son œuvre. Un tableau qui n'est pas signé, qui ne porte pas le nom du peintre.

|| **2°** (Technol.) Marquer d'un signe. — les bois de charpente, les marquer avec la rouannette. — une pièce d'orfèvrerie, la marquer avec le poinçon. || *Fig.* Se —, faire le signe de la croix.

SIGNET [si-nè] *s. m.*

[ÉTYM. Dérivé de signe, § 133. || XIIIᵉ-XIVᵉ s. C'est le sinet du roy saint Loys, *Inscript. de la bague de saint Louis*, dans L. DE LABORDE, *Émaux*, p. 500.]

|| Ce qui sert à marquer.

|| **1°** *Anciennt.* Anneau gravé en creux pour faire le seing. || Seing authentique, ordinairement historié, d'un notaire. Signets parlants.

|| **2°** Réunion de petits rubans disposés entre les feuilles d'un livre, surtout d'un missel, pour marquer les endroits qu'on veut retrouver. | Petit ruban que le relieur fixe à la tranchefile du haut d'un livre, pour marquer les endroits qu'on veut retrouver. Mettre le — à une page.

SIGNIFIANT, ANTE [si-ñi-fyan, -fyänt'; *en vers*, -fi-...] *adj.*

[ÉTYM. Adj. particip. de signifier, § 47. || 1565. Tirer les plus nobles et signifians vocables, RONS. *Art p.* Admis ACAD. 1798.]

|| *Vieilli.* (T. didact.) Qui signifie qqch. (*Cf.* insignifiant.) Langage beau, sec, bref, signifiant, MONTAIGNE, II, 17. Son style est si élégant et si — qu'il attire à soi, P. DUPUY, *Lett. à Aleandro* (1626), dans *Mél. d'arch. et d'hist.* VIII, 541.

SIGNIFICATIF, IVE [si-ñi-fi-kà-tif′, -tiv′] *adj.*

[ÉTYM. Emprunté du lat. significativus, *m. s.* || XIVᵉ s. Planette significative de temps, J. DE VIGNAY, dans DELB. *Rec.*]

|| (T. didact.) Qui a une signification marquée. Une lettre significative.

SIGNIFICATION [si-ñi-fi-kà-syon ; *en vers*, -si-on] *s. f.*

[ÉTYM. Emprunté du lat. significatio, *m. s.* || XIIᵉ s. E veez del leun Signeficacionu, PH. DE THAUN, *Comput*, 1627.]

|| (T. didact.) || 1º Sens attaché à une chose. Connaître la — exacte d'un mot. La — d'un symbole.

|| 2º (Droit.) Action de faire connaître à qqn, par ministère d'huissier, un acte, un arrêt, etc.

′SIGNIFICATIVEMENT [si-ñi-fi-kà-tiv′-man ; *en vers*, -ti-ve-...] *adv.*

[ÉTYM. Composé de significative et ment, § 724. || *Néolog.*]

|| (T. didact.) D'une manière significative. Regarder qqn —.

SIGNIFIER [si-ñi-fyé ; *en vers*, -fi-é] *v. tr.*

[ÉTYM. Emprunté du lat. significare, *m. s.* || XIIᵉ s. E avrila signefie Le fil sainte Marie, PH. DE THAUN, *Comput*, 883.]

|| (T. didact.) || 1º Faire entendre (qqch) à qqn par des signes, des termes exprès. — à qqn ses intentions. On lui signifia qu'il eût à déloger. *Spécialt.* (Théol.) Volonté signifiée, par laquelle Dieu nous marque ce qu'il veut de nous. || || (Droit.) Faire connaître à qqn, par ministère d'huissier, un arrêt, un acte. On lui a signifié le jugement.

|| 2º Avoir un sens déterminé. Que signifient ces paroles? Ce que vous dites ne signifie rien. Chercher ce que signifie un symbole, un emblème.

SIL [sil] *s. m.*

[ÉTYM. Emprunté du lat. sil, *m. s.* || XVIᵉ s. DU PINET, *Hist. nat. de Pline*, dans DELB. *Rec.* Admis ACAD. 1762.]

|| (Antiq.) Sorte d'ocre.

SILENCE [si-làns] *s. m.*

[ÉTYM. Emprunté du lat. silentium, *m. s.* || XIIᵉ s. Li povre ki plorent et ki en scilence atendent lor signor, *Serm. de St Bern.* p. 75.]

|| 1º Le fait de ne pas parler. Garder le —. Elle se tait, du moins ; imitez son —, RAC. *Brit.* III, 8. Il se fit un profond — dans toute l'armée, FÉN. *Tél.* 11. On fit —. Travaillez en —. La troupe étonnée demeura dans le —, FÉN. *Tél.* 7. Partout règne le —. Un amour, un — vaut mieux qu'un langage, PASC. *Amour.* Imposer — à qqn, et, *ellipt*, — ! faites silence. *Dans le même sens.* Du — ! Un peu de —, Messieurs !

|| 2º *P. anal.* Le fait de ne pas exprimer sa pensée par la parole ou par écrit. Réduire qqn au —. Le — est la plus grande persécution : jamais les saints ne se sont tus, PASC. *Pens.* XXIV, 66. Passer une chose sous —. | *P. ext.* Imposer — à la calomnie. Prêt d'imposer — à ce bruit imposteur, RAC. *Iph.* III, 1. Le — de la loi sur un cas non prévu. Cet amour s'est longtemps accru dans le — (en secret), RAC. *Mithr.* I, 1. Le — de l'oubli. *Spécialt.* En parlant d'un commerce de lettres interrompu. Je ne comprends rien à son —.

|| 3º *P. ext.* Absence de tout bruit. J'ai besoin du — et de l'ombre des bois, BOIL. *Ép.* 6. Le — des tombeaux. Le — éternel de ces espaces infinis, PASC. *Pens.* XXV, 17 *bis*. || (Musique.) Interruption du son dans certaines parties d'une phrase musicale. Ces différentes phrases sont entremêlées de silences, BUFF. *Rossignol.* | *Spécialt.* Signe répondant à la valeur d'une note musicale et indiquant qu'on doit garder le silence pendant une durée correspondant à la valeur de cette note.

′SILENCIAIRE [si-lan-syèr ; *en vers*, -si-èr] *s. m. et f.*

[ÉTYM. Emprunté du lat. silentiarius, *m. s.* || 1611. Silentiaire, COTGR.]

I. *S. m.* (Antiq. rom.) Celui qui était chargé de faire faire silence.

II. *Rare. S. m. et f.* Celui, celle qui reste habituellement silencieux. On demandait à ces silenciaires s'ils avaient vu passer la belle princesse, VOLT. *Princesse de Babylone*, 11.

SILENCIEUSEMENT [si-lan-syeûz′-man ; *en vers*, -si-eû-ze-...] *adv.*

[ÉTYM. Composé de silencieuse et ment, § 724. || *Néolog.* Admis ACAD. 1878.]

|| D'une manière silencieuse.

SILENCIEUX, EUSE [si-lan-syeû, -syeûz′ ; *en vers*, -si-...] *adj.*

[ÉTYM. Emprunté du bas lat. silentiosus, *m. s.* || 1611. Silentieux, COTGR.]

|| 1º Où règne le silence. Bois —.

|| 2º Qui garde le silence. (*Syn.* taciturne.) Homme —.

SILEX [si-lĕks′] *s. m.*

[ÉTYM. Emprunté du lat. silex, *m. s.* || 1556. Ce n'est donc un silex, R. LE BLANC, *Subtilité*, dans DELB. *Rec.* Admis ACAD. 1835.]

|| (Minéral.) Pierre très dure, constituée essentiellement par la silice (oxyde de calcium ou acide silicique), qui produit des étincelles sous le choc de l'acier. Fusil à —, où les étincelles qui doivent mettre le feu à la charge sont produites par le choc d'une pièce d'acier (batterie) contre un silex maintenu entre les mâchoires d'une autre pièce (chien). Chaussée en —.

SILHOUETTE et **SILOUETTE** [si-lwĕt′ ; *en vers*, -lou-ĕt′] *s. f.*

[ÉTYM. Nom propre, § 36 : Étienne de Silhouette, contrôleur général en 1759, disgracié au bout de huit mois, d'où la locution à la Silhouette, appliquée plaisamment à tout ce qui paraissait éphémère. || Admis ACAD. 1835.]

|| (T. didact.) Dessin où un trait tracé autour de l'ombre d'une figure, d'un corps, en représente le profil, et où ce qu'enferment les contours est teinté en noir. Faire la — de qqn. || *P. ext.* Ce qui se profile à distance (dans la nature). Sa — se détachait sur la cime du mont.

SILICATE [si-li-kăt′] *s. m.*

[ÉTYM. Dérivé du lat. silex, icis, silex, § 282 *bis*. || *Néolog.* Admis ACAD. 1878.]

|| (Chimie.) Sel formé de la combinaison de l'acide silicique avec une base.

SILICE [si-lis′] *s. f.*

[ÉTYM. Semble emprunté du lat. silicea (s.-ent. terra), dérivé de silex, icis, silex. || 1787. G. DE MORVEAU, *Nomencl. chim.* p. 63. Admis ACAD. 1835.]

|| (Chimie.) Oxyde de silicium, qui constitue le silex.

SILICEUX, EUSE [si-li-seû, -seûz′] *adj.*

[ÉTYM. Dérivé du lat. silex, icis, silex, § 251. || 1780. Pierres siliceuses, THOUVENEL, *Mém. sur les effets de l'air*, p. 34. Admis ACAD. 1835.]

|| (T. didact.) || 1º (Géologie.) Qui a la nature du silex.

|| 2º (Chimie.) Qui contient de la silice.

SILICIQUE [si-li-sik′] *adj.*

[ÉTYM. Dérivé du lat. silex, icis, silex, § 229. || *Néolog.* Admis ACAD. 1878.]

|| (Chimie.) Acide —, formé par la combinaison du silicium avec l'oxygène.

SILICIUM [si-li-syòm′ ; *en vers*, -si-òm′] *s. m.*

[ÉTYM. Dérivé du lat. silex, icis, silex, § 282 *bis*. || *Néolog.* Admis ACAD. 1878.]

|| (Chimie.) Corps simple, métallique, qui combiné avec l'oxygène forme la silice.

SILICULE [si-li-kul] *s. f.*

[ÉTYM. Emprunté du lat. silicula, *m. s.* || 1773. Petites siliques, silicules, BUCQUET, *Introd. à l'étude des corps tirés du règne végétal*, II, 372. Admis ACAD. 1835.]

|| (Botan.) Petite silique.

SILICULEUX, EUSE [si-li-ku-leû, -leûz′] *adj.*

[ÉTYM. Dérivé de silicule, § 251. || 1822. MOZIN, *Dict. franç.-allem.* Admis ACAD. 1835.]

|| (Botan.) Qui a pour fruit des silicules. Plantes siliculeuses, et, *substantiv*, Les siliculeuses, tribu de la famille des Crucifères.

SILIQUE [si-lik′] *s. f.*

[ÉTYM. Emprunté du lat. siliqua, *m. s.* || 1372. En aucuns lieux silique signifie la cosse de tous potaiges, J. CORBICHON, *Propr. des choses*, XVII, 152, mss franç. Bibl. nat. 216, fº 276, vº. Admis ACAD. 1835.]

|| (Botan.) Fruit allongé, bivalve.

SILIQUEUX, EUSE [si-li-keû, -keûz′] *adj.*

[ÉTYM. Dérivé de silique, § 251. || 1549. Fruict siliqueux, J. MEIGNAN, *Hist. des plantes*, dans DELB. *Rec.* Admis ACAD. 1835.]

|| (Botan.) Qui a pour fruit des siliques. Plantes siliqueuses, et, *substantiv*, Les siliqueuses, tribu de la famille des Crucifères.

SILLAGE [si-yåj′] *s. m.*

[ÉTYM. Dérivé de siller, § 78. A la fin du XVᵉ s. GARCIE emploie seilleure dans le même sens. || 1574. Sillage de la nef, DE BESSARD, *Dialog. de la longitude*, p. 36.]

|| (Marine.) Ligne que trace un bâtiment en marche dans l'eau qu'il traverse. | *P. ext.* Vitesse avec laquelle

est tracée cette ligne, suivant la marche du navire. Mesurer le — d'un bâtiment. *Loc. prov.* Faire plus de remous que de —, plus de bruit que de besogne. || *Fig.* (Technol.) Veine de prolongement d'une mine de houille.

1. SILLER [si-yé]. *V.* ciller.

2. SILLER [si-yé] *v. intr.*
[ÉTYM. Origine incertaine; selon les uns, doublet de cingler 1, en anc. franç. sigler; selon les autres, même radical que dans sillon, ce que semble confirmer l'anc. mot seilleure, sillage. (*Cf.* en outre scier 2.) || xvᵉ s. Seiller (se déduit de l'existence de seilleure à cette époque).]
|| *Rare.* (Marine.) Faire un sillage dans une direction.

SILLET [si-yè] *s. m.*
[ÉTYM. Origine inconnue. || 1642. Cillet, sillet, OUD. Admis ACAD. 1762.]
|| (Technol.) Petit morceau d'ivoire, d'ébène, etc., fixé sur le haut du manche du violon, de l'alto, de la basse, etc., et sur lequel portent les cordes, pour empêcher qu'elles n'appuient sur la touche.

SILLON [si-yon] *s. m.*
[ÉTYM. Origine incertaine; en tout cas la forme ancienne seillon s'oppose à un rapprochement avec le norois sila, couper. || xiiᵉ s. Seillon (se déduit de l'existence du diminutif seillonet dans BENEEIT, *Ducs de Norm.* 7822).]
|| 1° Tranchée qu'ouvre dans la terre le soc de la charrue. Partout la charrue avait laissé de creux sillons, FÉN. *Tél.* 5. Tracer un —. Un bœuf qui fait lentement son —. *Fig.* Faire son —, poursuivre lentement et patiemment son œuvre. *Poët.* Les sillons, les champs cultivés.
|| 2° *P. anal.* Le — des roues, trace que laissent les roues d'une voiture sur le sol. Le — de la foudre, trace lumineuse de la foudre dans les airs. *Poétiql.* Les sillons du temps, les rides. Le temps sur son visage a tracé ses sillons, DUCIS, *Roméo*, II, 1. | (T. didact.) Rainure. Une coquille dont les valves présentent des sillons.

SILLONNER [si-yò-né] *v. tr.*
[ÉTYM. Dérivé de sillon, § 154. || 1539. Seillonner, R. EST.]
|| Diviser par un sillon.
|| 1° *Au propre. Arch.* De vingt paires de bœufs il sillonne la plaine, RACAN, *Silène*, I, 3.
|| 2° *Fig.* La nef sillonne les flots. L'éclair sillonne la nue.

SILO [si-lô] *s. m.*
[ÉTYM. Emprunté de l'espagn. silo, *m. s.* lat. sirus, grec σιρός, *m. s.* § 13. || 1775. Des fosses nommées syros, BÉGUILLET, *Tr. de la mouture*, p. 492. Admis ACAD. 1835.]
|| Excavation creusée dans le sol, où l'on dépose le grain pour le conserver.

SILOUETTE. *V.* silhouette.

SILURE [si-lûr] *s. m.*
[ÉTYM. Emprunté du lat. silurus, grec σίλουρος, *m. s.* || xviᵉ s. Poissons nommez silures, THEVET, *Singul.* dans DELB. *Rec.* Admis ACAD. 1835.]
|| (T. didact.) Genre de poissons abdominaux.

SILURIEN, IENNE [si-lu-ryin, -ryèn'; *en vers*, -rĭ-...] *adj.*
[ÉTYM. Nom propre, §§ 8 et 36 : dérivé du nom des Silures, peuplade celtique de la Grande-Bretagne, sur le territoire de laquelle ce terrain a été spécialement étudié, § 244. || *Néolog.* Admis ACAD. 1878.]
|| (Géologie.) Nom donné à des couches de terrain placées sous le vieux grès rouge.

***SILVAIN,** ***SILVESTRE,** ***SILVICULTURE.** *V.* sylvain, etc.

SIMAGRÉE [si-mà-gré] *s. f.*
[ÉTYM. Origine inconnue. || xiiiᵉ s. Chançons sans simagree, RICH. DE FOURNIVAL, dans DELB. *Rec.*]
|| Manière d'être artificielle, affectée, pour se donner l'apparence de certaines qualités. Faire des simagrées. Qui n'adore pas de vaines simagrées N'a ni respect ni foi pour les choses sacrées, MOL. *Tart.* I, 6.

SIMAISE. *V.* cymaise.

SIMAROUBA [si-mà-rou-bà] *s. m.*
[ÉTYM. Emprunté des langues américaines, § 30. || 1729. *Hist. de l'Acad. des sc.* p. 28. Admis ACAD. 1762.]
|| (Botan.) Arbre d'Amérique dont l'écorce est surtout employée contre la dysenterie.

SIMARRE [si-màr] *s. f.*
[ÉTYM. Emprunté de l'ital. cimarra ou zimarra, *m. s.* § 12. Le mot a d'abord passé en français sous la forme samarre ou chamarre (*cf.* chamarrer), d'après l'espagn. zamarra, § 13.]

|| 1447. Deux samarres... a la façon d'Espagne, *Comptes du roi René*, p. 229. | 1642. Cimarre, OUD.]
|| 1° *Anciennt.* Longue robe de femme.
|| 2° Soutane que certains magistrats portent sous la robe. *Spécialt.* La — du chancelier ou garde des sceaux.

SIMBLEAU [sin-blô] *s. m.*
[ÉTYM. Origine inconnue. Au sens 2° on écrit aussi simblot. ACAD. ne donne que le sens 1° (1835). || (Au sens 1°.) 1690. Simbleau, FURET. | (Au sens 2°.) 1723. Simblot, SAVARY, *Dict. du comm.*]
|| (Technol.) || 1° Cordeau tendu qu'on fait tourner autour d'une de ses extrémités prise pour centre, afin de tracer des cercles trop grands pour être tracés au compas.
|| 2° Assemblage de ficelles montées sur le côté droit d'un métier à tisser, en nombre égal aux fils de la chaîne, pour faire des étoffes figurées.

***SIMIEN, IENNE** [si-myin, -myèn'; *en vers*, -mi-...] *adj.*
[ÉTYM. Dérivé du lat. simius, singe, § 244. || *Néolog.*]
|| (T. didact.) Qui appartient au singe. L'espèce simienne.

***SIMIESQUE** [si-myèsk'; *en vers*, -mi-èsk'] *adj.*
[ÉTYM. Dérivé du lat. simius, singe, § 149. || *Néolog.*]
|| (T. didact.) Qui rappelle le singe. Grimace —.

SIMILAIRE [si-mi-lêr] *adj.*
[ÉTYM. Dérivé du lat. similis, semblable, § 248. || xviᵉ s. Les parties solides et similaires, PARÉ, *Introd.* 4. Admis 1762.]
|| (T. didact.) Que l'on considère, à un certain point de vue, comme pouvant être assimilé à quelque autre chose. Les parties similaires de l'organisme. Des produits similaires. Rayons similaires, également réfrangibles.

SIMILITUDE [si-mi-li-tud'] *s. f.*
[ÉTYM. Emprunté du lat. similitudo, *m. s.* || xiiiᵉ s. Chascuns set la similitude, J. DE MEUNG, *Rose*, 7450.]
|| (T. didact.) Rapport entre choses que l'on considère, à un certain point de vue, comme pouvant être assimilées. La — de deux triangles, rapport entre deux triangles qui ont les angles égaux chacun à chacun et les côtés homologues proportionnels. || *P. ext. Absolt.* Rapport qu'on établit entre une chose qu'on veut faire connaître et une chose connue avec laquelle on la compare. Et nous aimons bien mieux... Une comparaison qu'une —, MOL. *Dép. am.* IV, 2.

SIMILOR [si-mi-lòr] *s. m.*
[ÉTYM. Composé avec le lat. similis, semblable, et le franç. or, § 284. || 1742. *Mém. de l'Acad. des sc.* p. 82. Admis ACAD. 1762.]
|| (T. didact.) Alliage de zinc et de cuivre imitant l'or.

SIMONIAQUE [si-mò-nyàk'; *en vers*, -ni-àk'] *adj.*
[ÉTYM. Emprunté du lat. ecclés. du moyen âge simoniacus, *m. s.* (*Cf.* simonie.) L'anc. franç. dit plutôt simonial. || xvᵉ s. Se déduit de simoniaquement, employé par GERSON.]
|| (T. ecclés.) || 1° Entaché de simonie. Convention —.
|| 2° Coupable de simonie. Un bénéficier —. *Substantivt.* Un —. Il y aurait bien des simoniaques dans l'Église, PASC. *Prov.* 6.

SIMONIE [si-mò-ni] *s. f.*
[ÉTYM. Emprunté du lat. ecclés. du moyen âge simonia, *m. s.* de Simon (le magicien), qui voulut acheter à saint Pierre le don de conférer le Saint-Esprit, § 36. || xiiᵉ s. La puet le pot vaillant simonie eshalcier, GARN. DE PONT-STE-MAX. *St Thomas*, 2460.]
|| (T. ecclés.) Trafic des choses spirituelles (sacrements, dignités ecclésiastiques, etc.) données ou acquises pour de l'argent ou tout autre avantage temporel.

SIMOUN [si-moun'] *s. m.*
[ÉTYM. Emprunté de l'arabe semoum, *m. s.* § 22. || 1812. Simoon, MOZIN, *Dict. franç.-allem.* Admis ACAD. 1878.]
|| Vent brûlant du sud, soufflant en tempête et soulevant des tourbillons de sable dans les déserts de l'Afrique.

SIMPLE [sinpl'] *adj.*
[ÉTYM. Emprunté du lat. simplex ou simplus, *m. s.* || xiiᵉ s. Fronche sinple et sanz orguil, BEN. DE STE-MORE, *Troie*, 5502.]
|| 1° Qui n'a point de parties. Qui peut corrompre ou séparer un être — et qui n'a point de parties? LA BR. 16. || *P. anal.* | 1. Par opposition à composé. Un corps —, qui n'a pu jusqu'ici être décomposé chimiquement. Un mot —, qui n'est pas formé de la réunion de deux ou plusieurs mots. *Spécialt.* Remède, médicament —, qui n'a pas subi de préparation pharmaceutique. *Substantivt, au masc.* et, *vieilli, au fém.*). Plante employée pour un usage médicinal. Le médecin qui découvre la vertu de quelque — incon-

nue, GODEAU, *Malherbe.* Les vertus et les propriétés De tous les simples de ces prés, LA F. *Fab.* v, 8. | 2. Par opposition à double, multiple. Une fleur —. Une fête — (de l'Église).

‖ **2°** *Fig.* | **1.** Qui a telle ou telle manière d'ôtre, et rien de plus. Un — prêtre. Un — citoyen. Un — soldat. Une — promesse suffit. Le — bon sens conduit à cette conclusion. Une donation pure et —. | **2.** Qui n'a rien de compliqué. Un mécanisme —. L'intrigue de cette pièce est des plus simples. Employer des moyens simples. Son ingénuité N'altère point encor la — vérité, RAC. *Ath.* II, 7. | *P. ext.* Qui ne connaît point, qui n'entend point les complications, les détours. Infectant cette — jeunesse, RAC. *Ath.* II, 7. Ce ris dédaigneux qu'excitent les personnes simples, lorsqu'on leur voit croire ces choses impossibles, BOSS. *A. de Gonz. Substantivt.* Les simples et ceux qui n'approfondissent pas plus avant les choses, PASC. *Prov.* 5. | **3.** Qui n'a rien de recherché. Une nourriture —. Des vêtements simples. Une vie —. Avoir des goûts simples. Aimer les plaisirs simples. Tout était — dans Madame, BOSS. *D. d'Orl.* Une personne — dans ses goûts. Sois doux, —, équitable, BOIL. *Sat.* 11. Un style —. Que le début soit — et n'ait rien d'affecté, BOIL. *Art* p. 3. Un écrivain —. Le genre —, et, *substantivt,* Le —. Ils devraient passer du — au familier, BARTHÉLEMY, *Anacharsis,* 71.

SIMPLEMENT [sin-ple-man] *adv.*
[ÉTYM. Composé de simple et ment, § 724. ‖ XII° s. Demant l'aumosne simplement, *Tristan,* I, p. 158, Michel.]
‖ D'une manière simple. (S'emploie surtout au fig.) | **1.** En faisant telle ou telle chose et rien de plus. Vous me dites — que cela vous étonne, PASC. *Prov.* 7. Il a consenti purement et —. | **2.** Sans recherche. Vivre, parler, écrire —.

SIMPLESSE [sin-plĕs'] *s. f.*
[ÉTYM. Dérivé de simple, § 124. ‖ XII°-XIII° s. Chou porte signe de simpleche, RENCL. DE MOILIENS, *Carité,* CVII, 4.]
‖ *Vieilli.* Simplicité ingénue.

*** SIMPLET, ETTE** [sin-plè, -plĕt'] *adj.*
[ÉTYM. Dérivé de simple, § 133. ‖ XII° s. Simplete créature, *Enfances Vivien,* dans GODEF.]
‖ *Vieilli.* Qui a une simplicité ingénue.

SIMPLICITÉ [sin-pli-si-té] *s. f.*
[ÉTYM. Emprunté du lat. simplicitas, *m. s.* ‖ XIII° s. Simplicited e dreiture, *Psaut. de Cambridge,* XXIV, 19.]
‖ **1°** Caractère de ce qui n'a point de parties. La — de l'essence divine.
‖ **2°** *Fig.* | **1.** Caractère de ce qui n'a pas de complication. Cette — d'action qui a été si fort du goût des anciens, RAC. *Bér.* préf. | **2.** Caractère de celui qui ne connaît pas, qui n'entend pas les complications, les détours. Cette bienheureuse — qui lui était commune avec les saints, BOSS. *Marie-Thérèse.* La — affectée est une imposture délicate, LA ROCHEF. *Max.* 289. *P. ext.* Action, parole d'une personne simple. Dans ses simplicités à tous coups je l'admire, MOL. *Éc. des f.* I, 1. | **3.** Caractère de ce qui n'a pas de recherche. Nulle parure que la —, BOSS. *A. de Gonz.* L'aimable — du monde naissant, FÉN. *Lett. à la Motte,* 4 mai 1714. La seule — d'un récit fidèle, BOSS. *Condé.* La — plaît sans étude et sans art, BOIL. *Ép.* 9.

SIMPLIFICATION [sin-pli-fi-kà-syon ; *en vers,* -si-on] *s. f.*
[ÉTYM. Dérivé de simplifier, § 247. ‖ XVII° s. V. à l'article. Admis ACAD. 1798.]
‖ (T. didact.) Action de simplifier. Une prétendue —, BOSS. *États d'orais.* II, 3.

SIMPLIFIER [sin-pli-fyé ; *en vers,* -fi-é] *v. tr.*
[ÉTYM. Emprunté du lat. scolast. simplificare, *m. s.* ‖ 1484. Il convient simplifier le partiteur, N. CHUQUET, *Triparty,* 147. Admis ACAD. 1762.]
‖ (T. didact.) Rendre plus simple. — les lois, MONTESQ. *Espr. des lois,* VI, 2.

SIMULACRE [si-mu-làkr'] *s. m.*
[ÉTYM. Emprunté du lat. simulacrum, *m. s.* ‖ XII° s. Esmier cel vilain simulacre, *Rois,* III, 15.]
‖ (T. didact.) ‖ **1°** *Vieilli.* Représentation. Les simulacres des divinités païennes.
‖ **2°** Apparence qui imite la réalité. Un — de combat. Un vain — de la piété chrétienne, BOSS. *Panég. St André.*

SIMULATION [si-mu-là-syon ; *en vers,* -si-on] *s. f.*
[ÉTYM. Emprunté du lat. simulatio, *m. s.* ‖ XIII° s. Par fausses simulacions, J. DE MEUNG, *Rose,* 7427. Admis ACAD. 1762.]
‖ (T. didact.) Action de simuler qqch. *Spécialt.* (Droit.) Acte contenant de fausses indications pour éluder la loi.

SIMULER [si-mu-lé] *v. tr.*
[ÉTYM. Emprunté du lat. simulare, *m. s.* (*Cf.* sembler.) ‖ XIV° s. Peinture simulee ou ymaginee, RAOUL DE PRESLES, *Cité de Dieu,* dans DELB. *Rec.*]
‖ (T. didact.) Donner l'apparence pour la réalité. — une attaque. Une maladie simulée. *Spécialt.* (Droit.) Contrat simulé, qui élude la loi par de fausses indications.

SIMULTANÉ, ÉE [si-mŭl-tà-né] *adj.*
[ÉTYM. Emprunté du lat. scolast. simultaneus, *m. s.* § 217. ‖ 1740. Cette action de mes deux mains ensemble s'appellera simultanée, dans *Hist. de l'Acad. des sc.* p. 35. Admis ACAD. 1762 et écrit d'abord simultanée aux deux genres.]
‖ (T. didact.) Qui a lieu en même temps qu'une autre chose. Mouvements simultanés. Développement — de deux êtres.

SIMULTANÉITÉ [si-mŭl-tà-né-i-té] *s. f.*
[ÉTYM. Dérivé de simultané, § 255. ‖ 1754. Une rapidité équivalente à la simultanéité, CH. BONNET, *Essai de psychol.* p. 38. Admis ACAD. 1798.]
‖ (T. didact.) Caractère de ce qui est simultané. Un rapport de —.

SIMULTANÉMENT [si-mŭl-tà-né-man] *adv.*
[ÉTYM. Pour simultanéement, composé de simultanée et ment, § 724. ‖ Admis ACAD. 1798.]
‖ (T. didact.) D'une manière simultanée.

SINAPISER [si-nà-pi-zé] *v. tr.*
[ÉTYM. Emprunté du lat. sinapizare, *m. s.* ACAD. ne donne que le part. passé pris adjectivement. ‖ XVI° s. Sinapizant avecques un peu de pouldre d'oribus, RAB. II, prol.]
‖ (T. didact.) Saupoudrer (un cataplasme, etc.) de farine de graine de moutarde.

SINAPISME [si-nà-pism'] *s. m.*
[ÉTYM. Emprunté du lat. sinapismus, *m. s.* ‖ XVI° s. Les sinapismes, PARÉ, XX, 5. Admis ACAD. 1762.]
‖ (T. didact.) Révulsif fait de farine de graine de moutarde qu'on applique sur la peau.

SINCÈRE [sin-sèr] *adj.*
[ÉTYM. Emprunté du lat. sincerus, *m. s.* proprt, « sans cire », en parlant du miel. ‖ 1549. R. EST.]
‖ Qui fait connaître qu'il sent, ce qu'il pense réellement. Qu'on soit — et qu'en homme d'honneur On ne lâche aucun mot qui ne parte du cœur, MOL. *Mis.* I, 1. Un devoir moins ferme et moins — N'aurait pas mérité l'amour du grand Sévère, CORN. *Poly.* II, 2. ‖ *P. ext.* Qui est senti, pensé réellement. Un regret — d'avoir été poussé si loin, BOSS. *Condé.* Croiront-ils mes périls et vos larmes sincères ? RAC. *Baj.* II, 1. Votre — aveu ne l'a pas peu surprise, MOL. *F. sav.* I, 3.

SINCÈREMENT [sin-sèr-man ; *en vers,* -sè-re-...] *adv.*
[ÉTYM. Composé de sincère et ment, § 724. ‖ 1549. R. EST.]
‖ D'une manière sincère.

SINCÉRITÉ [sin-sé-ri-té] *s. f.*
[ÉTYM. Emprunté du lat. sinceritas, *m. s.* ‖ 1516. L'honneur et sincerité de l'estat ecclesiastique, *Miroir histor.* dans DELB. *Rec.*]
‖ Caractère de celui qui est sincère. La — dont son âme se pique A quelque chose en soi de noble et d'héroïque, MOL. *Mis.* IV, 1. La — est une ouverture de cœur qui nous montre tels que nous sommes, LA ROCHEF. *Réflex. div.* 5, *de la Confiance.* ‖ *P. ext.* Caractère de ce qui est sincère. La — de son repentir.

SINCIPITAL, ALE [sin-si-pi-tàl] *adj.*
[ÉTYM. Dérivé du lat. sinciput, itis, sinciput, § 238. ‖ 1812. MOZIN, *Dict. franç.-allem.* Admis ACAD. 1835.]
‖ (Anat.) Qui appartient au sinciput. Os sincipitaux.

SINCIPUT [sin-si-pŭt'] *s. m.*
[ÉTYM. Emprunté du lat. sinciput, *m. s.* de semi, demi, et caput, tête. ‖ 1586. Synciput, J. GUILLEMEAU, *Tables anatom.* p. 8. Admis ACAD. 1762.]
‖ (Anat.) Le sommet de la tête. (*Cf.* occiput.)

SINDON [sin-don] *s. m.*
[ÉTYM. Emprunté du lat. sindon, grec σινδών, *m. s.* L'anc. franç. a la forme pop. sinne, linceul (de Jésus-Christ). ‖ Admis ACAD. 1762.]
‖ (T. didact.) Linge de toile. ‖ *Spécialt.* | **1.** (T. ecclés.) Linceul dans lequel Jésus-Christ fut enseveli. | **2.** (Chirurgie.) Morceau de toile qu'on introduit dans l'ouverture faite au crâne par le trépan.

SINÉCURE [si-né-kûr] *s. f.*
[ÉTYM. Emprunté de l'angl. sinecure, *m. s.* qui est le lat. sine cura, sans souci. § 8. ‖ 1812. MOZIN, *Dict. franç.-allem.* Admis ACAD. 1835.]

|| Place où l'on est rétribué sans avoir rien à faire.

SINGE [sinj'] *s. m.*

[ÉTYM. Du lat. simium, *m. s.* devenu *simjo, sinje, singe, §§ 356, 472 et 291. (*Cf.* simien, simiesque.)]

|| Mammifère de l'ordre des Quadrumanes. Être laid comme un —. Faire des grimaces comme un —. *Loc. prov.* On n'apprend pas à un vieux — à faire des grimaces, les leçons ne sont pas faites pour ceux qui ont l'expérience. Monnaie de —, grimaces. Payer qqn en monnaie de —, en paroles. Adroit, malin comme un —. || *Fig.* Personne qui contrefait gauchement les autres. Peuple — du maitre, LA F. *Fab.* VIII, 14. Les plus excellentes choses sont sujettes à être copiées par de mauvais singes, MOL. *Préc. rid.* préf. Paris, pour l'ordinaire le — de la cour, LA BR. 7.

SINGER [sin-jé] *v. tr.*

[ÉTYM. Dérivé de singe, § 154. || Admis ACAD. 1798.]

|| Contrefaire gauchement.

*SINGERESSE [sinj'-rĕs'; *en vers,* sin-je-rĕs'] *adj. f.*

[ÉTYM. Dérivé de singe, § 82 *bis.* || XVIe s. *V.* à l'article.]

|| *Vieilli.* Qui tient du singe. Ces façons singeresses, J.-J. ROUSS. *Nouv. Hél.* IV, 9. *Fig.* J'ai une condition — et imitatrice, MONTAIGNE, III, 5. Leur imagination — et imitative (des Italiens), pour me servir de l'expression de Montaigne, MARMONTEL, *Œuvres,* VII, 15.

SINGERIE [sinj'-ri; *en vers,* sin-je-ri] *s. f.*

[ÉTYM. Dérivé de singe, § 69. || 1349. Ce sont tout singeries, GILLES LI MUISIS, dans DELB. *Rec.*]

|| 1° Grimace malicieuse. Faire des singeries. Et l'on fait mille petites singeries aux personnes, MOL. *D. Juan,* II, 1.

|| 2° *Fig.* Contrefaçon gauche de qqn, de qqch.

*SINGLETON [sin-gle-ton] *s. m.*

[ÉTYM. Emprunté de l'angl. single, simple, auquel a été ajouté le suffixe diminutif ton, §§ 8 et 105. || *Néolog.*]

|| (T. de jeu de boston, de whist.) Carte qui est seule de sa couleur dans le jeu d'un des joueurs. Avoir un —. Jouer le —.

SINGULARISER [sin-gu-là-ri-zé] *v. tr.*

[ÉTYM. Dérivé de singulier, § 267. (*Cf.* le lat. scolast. singularizare.) || 1597. Il le singularisoit assez, PH. BOSQUIER, *Le Fouet de l'Acad. des pecheurs,* dans DELB. *Rec.*]

||(T. didact.) Rendre singulier, distinguer de tous les autres par qqch d'inusité. Fais choix d'un état... qui te distingue et non qui te singularise, PIRON, *Métrom.* III, 7. L'orgueil cherche toujours à se —, MASS. *Zèle contre les scand.* 2° réflex.

SINGULARITÉ [sin-gu-la-ri-té] *s. f.*

[ÉTYM. Emprunté du lat. singularitas, *m. s.* || XIIe s. Or... reprent nostre sires les ypocrites et de singulariteit et de vaniteit, *Serm. de St Bern.* p. 135.]

|| (T. didact.) || 1° Caractère de ce qui se rapporte à un seul (par opposition à pluralité). Ils opposent la — de leur opinion au consentement des peuples, BALZ. *De la Cour,* 6° Disc.

|| 2° Caractère inusité qui distingue des autres. Une — que le monde... respecterait, BOURD. *Respect humain,* 1. Il y est entraîné par l'esprit d'orgueil et de —, BOSS. *Var.* XI, 153. || *P. ext.* Des singularités, actes de singularité. Un peuple... qui trouble la paix par ses singularités, BOSS. *Polit.* X, III, 5.

SINGULIER, IÈRE [sin-gu-lyé, -lyèr] *adj.*

[ÉTYM. Emprunté du lat. singularis, *m. s.* rendu d'abord par singuler, § 503, puis par singulier, §§ 62, 114 et 115. (*Cf.* le doublet de formation pop. sanglier.) || XIIe s. Singuler et plurer, GARN. DE PONT-STE-MAX. *St Thomas,* 2205.]

|| (T. didact.) || 1° Qui se rapporte à un seul. Combat —, où il n'y a de chaque côté qu'un seul adversaire. Cette fermeté d'âme, à vous si singulière, MOL. *F. sav.* V, 1. Tous ces êtres sont singuliers, contingents, FÉN. *Exist. de Dieu,* II, 4. | *Spécialt.* (Gramm.) Qui désigne un seul. Le nombre —, et, *substantivt,* Le —. Le mot arrhes ne s'emploie pas au —.

|| 2° Qui se distingue par qqch d'inusité. Dans ses façons d'agir il est fort —, MOL. *Mis.* IV, 1. Ce qui nous paraissait terrible et —, LA F. *Fab.* IV, 10. Exprimer des choses ordinaires ou communes d'une manière singulière ou pompeuse, BUFF. *Style.* Sans craindre de paraitre —, BOURD. *Respect humain,* 1. Vous vous y prenez d'une singulière façon. *Spécialt.* Dans un sens favorable. Hier j'étais chez des gens de vertu singulière, MOL. *Mis.* III, 4. Le crédit de la reine obtint aux catholiques ce bonheur —, BOSS. *R. d'Angl.*

SINGULIÈREMENT [sin-gu-lyèr-man; *en vers,* -lyè-re...] *adv.*

[ÉTYM. Composé de singulière et ment, § 724. || XIIe s.

Trois mixtures... si mervilleusement singulers et si singulerment mervilleuses, *Serm. de St Bern.* p. 37.]

|| (T. didact.) D'une manière singulière. | 1. En ne concernant qu'un seul. Ce genre de bien étant — donné à l'Église, MONTESQ. *Espr. des lois,* XXXI, 12. Péché dont nous aurons — à rendre compte, BOURD. *Scand.* 1. | 2. En se distinguant par qqch d'inusité. Des âmes — lâches, MONTESQ. *Espr. des lois,* VIII, 7. Il désire — vous obliger.

SINISTRE [si-nistr'] *adj. et s. m.*

[ÉTYM. Emprunté du lat. sinister, *m. s.* proprt, « qui est à gauche ». (*Cf.* le doublet sénestre.) Le sens II vient de l'ital. sinistro, § 12. || (Au sens I.) XIVe-XVe s. Sinistres rapports, NIC. DE BAYE, *Journal,* dans GODEF. *Compl.* | (Au sens II.) 1783. EMERIGON, *Traité d'assur.* I, 359.]

I. *Adj.* Qui présage le malheur. Que nous fait-elle annoncer de — ? RAC. *Ath.* III, 5. D'un — avenir je menaçai ses jours, ID. *Iph.* V, 6. Le — animal (le hibou), BOIL. *Lutr.* 3.

II. *S. m.* (T. d'assur.) Perte, dommage que subissent les assurés.

*SINISTRÉ, ÉE [si-nĭs'-tré] *adj.*

[ÉTYM. Dérivé de sinistre, § 253. (*Cf.* l'anc. franç. sinistrer, rendre sinistre.) || *Néolog.*]

|| (T. d'assur.) Qui a subi un sinistre. Un navire, un immeuble —. *Substantivt.* Venir en aide aux sinistrés (aux personnes sinistrées).

SINISTREMENT [si-nĭs'-tre-man] *adv.*

[ÉTYM. Composé de sinistre et ment, § 724. (*Cf.* l'anc. franç. senestrement.) || XVe-XVIe s. Les causes... pourroient estre interpretees sinistrement, J. LE MAIRE, dans DELB. *Rec.*]

|| D'une manière sinistre.

SINON [si-non] *conj.*

[ÉTYM. Composé de si et non, § 726. || XIe s. N'i ad eschipre kis cleimt se par lui nun, *Roland,* 1522.]

|| Si ce n'est. User en tout de ma raison, — parfaitement, au moins le mieux qu'il fût en mon pouvoir, DESC. *Méth.* 2. Il ne me reste plus autre chose à faire, — de m'écrier avec le prophète..., BOSS. *Émin. dign. des pauvres,* 8. | *Vieilli.* Suivi de que. — qu'étant trahi je mourrais malheureux, CORN. *Hér.* IV, 1. | *Absolt.* S'il n'en est ainsi. Résous-la de t'aimer... — ... Son trépas dès demain punira tes refus, CORN. *Hér.* I, 3.

SINOPLE [si-nòpl'] *s. m.*

[ÉTYM. Origine inconnue. || XIIe s. Si cum de sinopre e d'azur, *Tristan,* II, p. 94, Michel.]

|| (Blason.) La couleur verte, représentée en gravure par des traits obliques de droite à gauche.

SINUÉ, ÉE [si-nué; *en vers,* -nu-é] *adj.*

[ÉTYM. Emprunté du lat. sinuatus, *m. s.* || 1798. Feuilles sinuées, L.-C.-M. RICHARD, *Dict. de botan. de Bulliard,* termes lat. sinuatus. Admis ACAD. 1835.]

|| (T. didact.) Découpé d'une manière sinueuse. *Spécialt.* (Botan.) Feuille sinuée.

SINUEUX, EUSE [si-nueù, -nueúz'; *en vers,* -nu-...] *adj.*

[ÉTYM. Emprunté du lat. sinuosus, *m. s.* || XVIe s. Ulceres sinueux, PARÉ, V, 10.]

|| (T. didact.) Qui a des détours en courbe irrégulière. Ce mouvement... — et tout semblable aux replis ondoyants d'un reptile, BUFF. *Torcol.* Le cours — d'un ruisseau. Une route sinueuse.

SINUOSITÉ [si-nuó-zi-té; *en vers,* -nu-ó-...] *s. f.*

[ÉTYM. Dérivé de sinueux, § 255. || 1552. Sinuositez de la Seine, CH. EST. *Guide des chemins de France,* p. 5.]

|| (T. didact.) Caractère de ce qui est sinueux. Les sinuosités du labyrinthe de Crète, BARTHÉLEMY, *Anacharsis,* 76.

1. SINUS [si-nŭs'] *s. m.*

[ÉTYM. Emprunté du lat. class. sinus, *m. s.* (*Cf.* sein.) || 1541. Quelque sinus ou cavité, J. CANAPPE, *Tables anatom.* dans DELB. *Rec.*]

|| (Anat.) Cavité anfractueuse de certains os, de certains vaisseaux. — frontaux. — de la dure-mère.

2. SINUS [si-nŭs'] *s. m.*

[ÉTYM. Emprunté du lat. du moyen âge sinus, traduction de l'arabe jayb, proprt, « pli d'un vêtement », employé dans le sens géométrique, § 22. || 1626. ALBERT GIRARD, *Table des sinus...,* titre.]

|| (Géom.) — d'un arc, ou de l'angle que mesure cet arc, perpendiculaire abaissée de l'extrémité de cet arc sur le diamètre mené par l'autre extrémité.

SIPHILIS, SIPHILITIQUE. *V.* syphilis, syphilitique.

SIPHON [si-fon] *s. m.*

[Étym. Emprunté du lat. siphon, grec σίφων, m. s. ‖ 1611. cotgr.]

‖ **1°** (T. didact.) Tube recourbé à branches inégales, destiné à transvaser le liquide d'un vase où plonge la courte branche dans un vase où la longue vient aboutir, la pression atmosphérique étant plus forte du côté où la colonne liquide est moins haute, une fois le tube amorcé. ‖ *Spécialt.* Appareil fondé sur le même principe pour faire passer sous une rivière les eaux d'un égout, pour dériver une eau de source, etc. ‖ *P. anal.* Un — d'eau de Seltz.

‖ **2°** *Vieilli.* (Marine.) Trombe.

* **SIQUENILLE.** *V.* souquenille.

SIRE [sïr] *s. m.*

[Étym. Du lat. pop. *sĕior, forme familière pour senior, comparatif de senex, vieux, employé comme titre honorifique (*cf.* seigneur), devenu * sieire, sire, §§ 316 et 291. En anc. franç. sire a pour cas régime sieur, du lat. pop. * seiōrem, pour seniōrem.]

‖ *Proprt.* Seigneur. (*Cf.* messire.) ‖ *Spécialt.* | **1.** Titre donné aux rois, aux empereurs (en leur adressant la parole). —, écoutez-nous, CORN. *Cid*, II, 8. | **2.** Titre féodal de certains seigneurs. Le — de Couci, de Beaujeu, de Joinville. *P. ext.* Un maître —, un maître homme. Un pauvre —, un pauvre homme. Mon père était un pauvre —, LA F. *Fab.* VIII, 9. | **3.** Titre honorifique pris, avant la révolution, par des bourgeois pourvus de certains offices. *Ironiqt.* En parlant à un savetier. Or çà, — Grégoire, LA F. *Fab.* VIII, 2.

SIRÉNE [si-rèn'] *s. f.*

[Étym. Emprunté du lat. sirena, grec σειρήν, m. s. L'anc. franç. dit sereine, par confusion avec l'adj. serein.]

‖ **1°** (Mythol.) Être, moitié femme, moitié poisson, attirant les voyageurs sur les écueils par la douceur de ses chants. ‖ *Fig.* Une voix de —, voix très séduisante. Une —, une femme très séduisante. Ces sirènes dont parle Isaïe, qui font leur demeure dans les temples de la volupté, BOSS. *Comédie*, 8.

‖ **2°** *P. anal.* (T. didact.) Instrument qui prouve la vibration des liquides, en rendant sous l'eau des sons qu'engendrent les chocs produits dans le liquide par un écoulement intermittent, et dont on se sert pour mesurer le nombre des vibrations qui correspondent à un son, au moyen d'un compteur qui donne le nombre des chocs.

‖ **3°** Instrument dans lequel un jet de vapeur ou d'air comprimé produit un son strident et qui sert de signal à bord des navires.

SIROCO [si-rò-kó] *s. m.*

[Étym. Emprunté de l'ital. scirocco, m. s. de l'arabe charqui, oriental, § 22. On trouve aussi siroc, auj. inusité, dans ACAD. 1694-1835. ‖ XVIᵉ s. Advisez a siroch, RAB. IV, 22. | 1611. Sirocco, siroch, COTGR.]

‖ (Marine.) Nom donné, sur la Méditerranée, à un vent brûlant du sud-est.

SIROP [si-ró] *s. m.*

[Étym. Emprunté du bas lat. syrupus ou sirupus (*cf.* sirupeux), est de l'arabe charab, boisson, § 22. (*Cf.* sorbet.) ‖ XIIIᵉ s. Contre fevre ague feites cest sirop, *Simples medicines*, fᵒ 27, vᵒ.]

‖ (Pharm.) Liquide visqueux fait avec du sucre cuit, uni à quelque substance destinée soit à le parfumer pour en faire une boisson agréable (— de groseilles, d'oranges, d'orgeat, etc.), soit à lui donner une vertu médicinale (— de gomme, de guimauve, d'éther, de gentiane, etc.). ‖ *P. anal.* | **1.** État liquide des confitures, avant qu'elles aient pris de la consistance en refroidissant. | **2.** État liquide du sucre formant un jus épais avant qu'il ait pris consistance.

SIROTER [si-rò-té] *v. tr.*

[Étym. Dérivé de sirop, dont la désinence a été assimilée au suffixe ot, §§ 64 et 154. En 1620 E. BINET emploie siroper au sens de « traiter par des sirops ». (*V.* DELB. *Rec.*) ‖ 1680, RICHEL.]

‖ *Famil.* Boire à petits coups pour mieux savourer. Je sirote mon vin, REGNARD, *Fol. am.* III, 3.

* **SIROTEUR, EUSE** [si-rò-tœur, -tœuz'] *s. m. et f.*

[Étym. Dérivé de siroter, § 112. ‖ 1680, RICHEL.]

‖ *Famil.* Celui, celle qui aime à siroter.

SIRSACAS [sir-sà-kâ] *s. m.*

[Étym. Paraît emprunté des langues de l'Inde, § 25. *Cf.* sersuker dans SAVARY, *Dict. du comm.* (1723), qui est

probablement une variante du même mot. ‖ 1791, 29 juill. Sirsaka, *Loi sur le comm. du Levant.* Admis ACAD. 1835.]

‖ (Commerce.) Tissu de coton fabriqué aux Indes.

SIRUPEUX, EUSE [si-ru-peû, -peûz'] *adj.*

[Étym. Dérivé du bas lat. sirupus, sirop, § 251. ‖ Admis ACAD. 1835.]

‖ (T. didact.) Qui est de la nature du sirop. Liqueur sirupeuse.

SIS, SISE [si, sïz']. *V.* seoir.

* **SI-SOL** [si-sòl]. *V.* sissonne.

SISON [si-zon] *s. m.*

[Étym. Emprunté du lat. sison, grec σίσων, m. s. ‖ 1545. G. GUÉROULT, *Hist. des plantes*, dans DELB. *Rec.* Admis ACAD. 1762.]

‖ (Botan.) Plante ombellifère, dite aussi amome.

* **SISSONNE** [si-sòn'] *s. f.*

[Étym. Attribué (ce qui est douteux) à l'inventeur, § 36 : Franç.-César de Roussy, comte de Sissonne. Qqf altéré par étymologie pop. en si-sol, § 509. ‖ 1691. *V.* à l'article.]

‖ (Musique.) Ancienne danse caractérisée par un pas sauté composé de deux assemblés alternatifs avec pliés. Pas de —. Un plancher bien reluisant pour répéter leurs pas de —, D. DE MONCHESNAY, *Phénix* (1691), II, 1.

SISTRE [sistr'] *s. m.*

[Étym. Emprunté du lat. sistrum, grec σεῖστρον (*cf.* cistre), m. s. ‖ 1527. Sistre de Cerès, MAROT, *Préf. du Rom. de la Rose.* Admis ACAD. 1762.]

‖ (Antiq.) Instrument de musique des anciens Égyptiens formé d'un petit cerceau de métal traversé de baguettes qui rendaient un son lorsqu'on les agitait.

SISYMBRE [si-zînbr'] *s. m.*

[Étym. Emprunté du lat. sisymbrium, grec σισύμβριον, m. s. FURET. (1690) donne encore le mot sous sa forme lat. ‖ 1545. Sisymbrion, G. GUÉROULT, *Hist. des plantes*, dans DELB. *Rec.* Admis ACAD. 1835.]

‖ (Botan.) Plante officinale de la famille des Crucifères. Le — sagesse.

SITE [sït'] *s. m.*

[Étym. Emprunté de l'ital. sito, m. s. lat. situs, situation, § 12. COTGR. donne sit, d'après le lat. (1611). ‖ Admis ACAD. 1762.]

‖ (T. d'art.) Partie de pays plus ou moins étendue, considérée quant à l'aspect qu'elle présente comme paysage. Un — riant. Un — enchanteur.

SITÔT [si-tó] *adv.*

[Étym. Composé de si et tôt, § 726. ‖ XIIIᵉ s. Si tost que dit lui oi, ADENET, *Berte*, 2889.]

‖ Aussi tôt. (*Cf.* aussitôt.) Vous n'atteindrez pas — que moi ce but, LA F. *Fab.* VI, 10. — que de ce jour La trompette sacrée annonçait le retour, RAC. *Ath.* I, 1. *Absolt.* Comment puis-je — servir votre courroux? RAC. *Andr.* IV, 3. | *Famil. Loc. adv.* De —, prochainement. (Ne s'emploie qu'avec la négation.) Il n'ira pas de —.

SITUATION [si-tuà-syon ; *en vers*, -tu-à-si-on] *s. f.*

[Étym. Dérivé de situer, § 247. ‖ XIVᵉ s. La situation ou position des estoiles, RAOUL DE PRESLES, *Cité de Dieu*, dans DELB. *Rec.*]

‖ Position d'une chose, d'une personne, considérée quant à ses résultats. J'admirais l'heureuse — de cette grande ville, FÉN. *Tél.* 3. | Se trouver dans une — périlleuse, critique, embarrassante. *Famil.* Une femme dans une — intéressante, enceinte. | La — des grands n'est pas à envier. Il n'est pas en — de montrer ce qu'il peut faire. La — de ses affaires est embarrassée. État de — (d'une caisse, d'un magasin), tableau de ce qui reste en caisse, en magasin, à un moment donné. | *Spécialt.* (Théâtre.) Moment d'une action dramatique, narrative, où la position des personnages est particulièrement intéressante. Une — pathétique, plaisante. *Absolt.* Un personnage qui est en —, dont le rôle est ce qu'il doit être dans un moment donné. Un mot de —, approprié à la circonstance.

SITUER [si-tué ; *en vers*, -tu-é] *v. tr.*

[Étym. Emprunté du lat. scolast. situare, m. s. de situs, position, § 217. ‖ XIVᵉ s. Faites et scituées entre Quievrain et Mons, *Rec. d'un bourg. de Valenciennes*, dans DELB. *Rec.*]

‖ **1°** *Vieilli.* Placer. Vous apprenez à — ces parties du monde dans leur tout, BOSS. *Hist. univ.* dessein général. Quand notre corps se situe de la manière la plus convenable à se soutenir, ID. *Conn. de Dieu*, V, 3. | *Fig.* Il n'est point d'âme un peu bien située, MOL. *Mis.* I, 1.

|| 2° Placer dans un certain lieu (quant à l'exposition, l'aspect, la position défensive, etc.). (S'emploie surtout au passif.) *Sa maison est située au sommet d'une colline. La ville est située au bord du fleuve. Une ferme bien située.*

SIX [si ; *en liaison*, siz' ; *en fin de phrase*, sis'] *adj. et s. m.*

[ÉTYM. Du lat. **sĕx**, *m. s.* devenu sieis, sis, §§ 305 et 388, écrit six par réaction étymologique, § 502.]

I. Adjectif numéral invariable. || **1°** Adjectif cardinal. Cinq plus un. *Dieu créa le monde en six jours. Un enfant de six ans. Six cents (six fois cent) hommes.* | *Vieilli.* Six-vingts (six fois vingt).

|| **2°** Adjectif ordinal. Sixième. *Le roi Charles six (Charles VI). Le chapitre, la page six. Le six (le sixième jour) de juillet*, et, *ellipt,* Le six juillet.

II. *S. m.* (invariable). La quantité formée par cinq plus un. *P. ext. Un six, carte marquée de six points. Le six de carreau.* | *Le double-six,* le domino qui porte deux fois six points.

SIXAIN et **SIZAIN** [si-zin] *s. m.*

[ÉTYM. Dérivé de six, § 99. || 1299. Li sisain... courront par sis deniers, dans GODEF. sisain.]

|| Assemblage de six objets de même nature. | **1.** Pièce de poésie, stance composée de six vers. | **2.** Paquet de six jeux de cartes, de six pièces ou demi-pièces de ruban, de six milliers d'épingles, etc.

SIXIÈME [si-zyèm'] *adj.*

[ÉTYM. Dérivé de six, § 96 *ter.* || XIIᵉ S. Li seiximes vaissès, *Serm. de St Bern.* p. 113.]

|| Adjectif numéral ordinal. Qui en a cinq avant lui. *La — jour du mois*, et, *substantivt*, La — de mars. Avoir la — place, et, *substantivt*, Être le — dans sa classe. La — classe, et, *substantivt*, La —. *Toutes mes études n'ont été que jusqu'en —*, MOL. *Méd. m. l.* III, 1. *La — partie*, et, *substantivt*, Le —, chaque partie d'un tout divisé en six parties égales. *Il a été reçu le —.*

SIXIÈMEMENT [si-zyèm'-man ; *en vers*, -zyò-me-...] *adv.*

[ÉTYM. Composé de sixième et ment, § 724. || XVᵉ S. *De Vita Christi*, dans GODEF. *Compl.*]

|| En sixième lieu.

SIXTE [sĭkst'] *s. f.*

[ÉTYM. Tiré de l'anc. adj. sixte, sixième, § 38, autrefois siste, du lat. **sĕxta**, changé en sixte par réaction étymologique, § 502. (*Cf.* le doublet sexte.)]

|| (T. didact.) || **1°** (Musique.) Intervalle qui comprend six notes, d'ut à la.

|| **2°** (Escrime.) Parade qui se fait l'épée haute, dans la ligne du dehors, le poing en supination.

SIZAIN. *V.* sixain.

SIZETTE [si-zĕt'] *s. f.*

[ÉTYM. Dérivé de six, § 133. || 1758. *Acad. des jeux*, p. 339. Admis ACAD. 1835. (*Cf.* le doublet sexte.)]

|| Jeu de cartes qui se joue à six personnes et où chaque joueur reçoit six cartes.

SLOOP et **SLOUPE** [slŏup'] *s. m.*

[ÉTYM. Emprunté de l'angl. sloop, *m. s.* § 8. (*Cf.* le doublet chaloupe.) || 1752. Sloop, TRÉV. Admis ACAD. 1798.]

|| (Marine.) Petit navire à mât vertical avec hunier, voile trapézoïde et grande voile carrée pour les mauvais temps.

SMALAH [smà-là] *s. f.*

[ÉTYM. Emprunté de l'arabe zmala (pour zamala), *m. s.* § 22. || *Néolog.* Admis ACAD. 1878.]

|| Réunion des tentes d'un chef arabe. || *Fig. Famil.* Famille nombreuse.

SMALT [smȧlt'] *s. m.*

[ÉTYM. Emprunté de l'ital. smalto, *m. s.* doublet de émail, § 12. || 1570. Bon azur... sans smalt, *Arch. munic. de Lille*, dans DELB. *Rec.* Admis ACAD. 1878.]

|| (Technol.) Verre bleu obtenu par la fusion de matières vitrifiables et de cobalt.

SMILLE [smĭy'] *s. f.*

[ÉTYM. Emprunté du lat. smila, grec σμίλη, ciseau, scalpel, etc. Les ouvriers disent esmille. || 1676. A. FÉLIBIEN, *Princ. de l'architect.* p. 738. Admis ACAD. 1798.]

|| (Technol.) Marteau de maçon à deux pointes pour piquer la pierre.

SMILLER [smi-yé] *v. tr.*

[ÉTYM. Dérivé de smille, § 154. Les ouvriers disent esmiller et, par étymologie pop., écheniller, § 509. || 1676. A. FÉLIBIEN, *Princ. de l'architect.* p. 738. Admis ACAD. 1798.]

|| (Technol.) Piquer (la pierre) avec la smille.

SOBRE [sòbr'] *adj.*

[ÉTYM. Emprunté du lat. sobrius, *m. s.* || XIIᵉ S. Mult est sobres et atemprez, MARIE DE FRANCE, *Fab.* XLVI, 61.]

|| Tempérant pour le manger et le boire. *Une personne —. P. ext.* En parlant d'un animal. — et sur la quantité et sur la qualité de la nourriture, BUFF. *Ane.* || *Fig.* Qui garde la mesure. *Il faut être —* et circonspect dans les louanges qu'on leur donne, ROLL. *Hist. anc.* préf. *Le roi même fut très — à en parler*, ST-SIM. IX, 291.

SOBREMENT [sò-bre-man] *adv.*

[ÉTYM. Composé de sobre et ment, § 724. || XIIᵉ S. Vivons donkes sobrement, *Serm. de St Bern.* p. 72.]

|| D'une manière sobre. *Se nourrir —.* || *Fig.* Il faut parler — de soi, SÉV. 970.]

SOBRIÉTÉ [sò-bri-yé-té] *s. f.*

[ÉTYM. Emprunté du lat. sobrietas, *m. s.* || XIIIᵉ S. Savoir a sobrieté, BRUN. LATINI, *Trésor*, p. 172.]

|| Caractère de celui qui est sobre. *La — est l'amour de la santé, ou l'impuissance de manger beaucoup*, LA ROCHEF. *Premières pensées*, 39. || *Fig. Que l'on soit sage avec —*, MOL. *Mis.* I, 1.

SOBRIQUET [sò-bri-kè] *s. m.*

[ÉTYM. Origine inconnue. R. EST. écrit sotbriquet et voit dans la syllabe initiale le mot sot. Au moyen âge sousbriquet signifie « coup sous le menton ». || (Au sens actuel.) XVᵉ S. Ung soubricquet, MART. LE FRANC, *Champion des dames*, dans GODEF. *Compl.*]

|| Surnom dont on affuble qqn dans une intention de moquerie. *Il prit le nom de Sforza d'un — sur sa force de corps*, ST-SIM. XI, 193.

SOC [sŏk'] *s. m.*

[ÉTYM. Mot d'origine celtique, § 3 : anc. irland. socc, gaélique soc, etc. *m. s.* || XIIᵉ S. Aguiser e adrecier e le soc e le picois, *Rois*, I, 13.]

|| Large pièce de fer, triangulaire, tranchante, fixée au sep de la charrue, et qui sert à former le sillon.

SOCIABILITÉ [sò-syà-bi-li-té ; *en vers*, -si-à-...] *s. f.*

[ÉTYM. Dérivé de sociable, § 255. || 1769. Les grands principes de la sociabilité, CH. BONNET, *Paling. philos.* XXI, 1. Admis ACAD. 1798.]

|| (T. didact.) Caractère sociable. *Une nation dont la — fait le principal caractère*, D'ALEMB. *Éloges*, préf.

SOCIABLE [sò-syàbl' ; *en vers*, -si-àbl'] *adj.*

[ÉTYM. Emprunté du lat. sociabilis, *m. s.* || XVIᵉ S. Mal sociable, AMYOT, *Pyrrh.* 18.]

|| (T. didact.) Porté à vivre en société. *L'homme est un être —. L'on est plus — et d'un meilleur commerce par le cœur que par l'esprit*, LA BR. 4. [*P. ext.* Avoir un caractère —.

SOCIABLEMENT [sò-syà-ble-man ; *en vers*, -si-à-...] *adv.*

[ÉTYM. Composé de sociable et ment, § 724. || 1630. J. MONET, *Abrégé du parallèle.* Admis ACAD. 1798.]

|| (T. didact.) D'une manière sociable.

SOCIAL, ALE [sò-syàl ; *en vers*, -si-àl] *adj.*

[ÉTYM. Emprunté du lat. socialis, *m. s.* || XIVᵉ S. La vie sociale, RAOUL DE PRESLES, *Cité de Dieu*, dans DELB. *Rec.* |

I. (Antiq. rom.) Qui a rapport aux alliés. *Spécialt.* La guerre sociale, soutenue par Rome contre ses alliés qui réclamaient le droit de cité.

II. || **1°** Qui a rapport à la société humaine. *La vie sociale. Le contrat —*, contrat que J.-J. Rousseau suppose entre les hommes qui se sont réunis pour vivre en société. *La question sociale*, qui a trait non à la forme politique du gouvernement, mais à l'organisation de la société.

|| **2°** Qui a rapport à une association commerciale. *Capital —. La raison sociale d'une maison. La signature sociale.*

SOCIALISME [sò-syà-lism' ; *en vers*, -si-à-...] *s. m.*

[ÉTYM. Dérivé de social, § 265. || *Néolog.* Admis ACAD. 1878.]

|| (T. didact.) Doctrine de ceux qui réclament une organisation nouvelle de la société (surtout en ce qui concerne la distribution de la richesse).

SOCIALISTE [sò-syà-list' ; *en vers*, -si-à-...] *s. m. et f.*

[ÉTYM. Dérivé de social, § 265. || *Néolog.* Admis ACAD. 1878.]

|| (T. didact.) Celui, celle qui fait profession de socialisme. *Adjectivt.* La doctrine —,

SOCIÉTAIRE [sò-syé-tèr ; *en vers*, -si-é-...] *s. m. et f.*

[ÉTYM. Dérivé de société, § 248. || *Néolog*. Admis ACAD. 1835.]

|| (T. didact.) Celui, celle qui fait partie d'une société littéraire, musicale, dramatique, etc. Les sociétaires de la Comédie française. || *Adjectivt*. Membre —.

SOCIÉTÉ [sò-syé-té; *en vers*, -si-é-té] *s. f.*

[ÉTYM. Emprunté du lat. societas, *m. s.* de socius, compagnon. (*Cf*. l'anc. franç. soistié, de formation pop.) || XIᵉ s. De lour société n'a soing, GAUT. D'ARRAS, *Éracle*, 4263, dans DELB. *Rec.*]

I. || **1°** Réunion permanente d'hommes vivant sous des lois communes. Nous naissons, nous vivons pour la —, BOIL. *Sat.* 10. Une — ne saurait subsister sans un gouvernement, MONTESQ. *Espr. des lois*, I, 3. Vivre dans l'état de —. Les hommes ne vivraient pas longtemps en — s'ils n'étaient les dupes les uns des autres, LA ROCHEF. *Max.* 87. | *P. anal*. En parlant de certains animaux qui vivent réunis. Les abeilles, les fourmis, vivent en —.

|| **2°** Réunion d'hommes associés pour poursuivre un but commun, suivant certaines conditions, certaines règles. La — conjugale. La — chrétienne. La — des enfants de Dieu, BOSS. *Panég. St Sulpice*, 1. Une — savante. La Société royale de Londres. La Société de Jésus, l'ordre religieux des Jésuites. *Ellipt*. Les statuts de la Société, de l'ordre des Jésuites. Une — commerciale, industrielle, financière. La formation, la dissolution d'une —. — anonyme, en commandite, en participation. Règle de —, calcul de ce qui revient à chacun des membres d'une société (commerciale, industrielle, etc.) dans le partage des bénéfices. — secrète, réunion de personnes associées pour travailler secrètement à renverser le gouvernement établi.

II. || **1°** Relations habituelles avec certaines personnes. Fuir la — des hommes. Rechercher la — de ses semblables. *P. anal*. La sainte — que nous avons avec les saints anges, BOSS. *Anges gard*. préamb. Et surtout (Dieu) défendit à leur postérité Avec tout autre dieu toute —, RAC. *Ath*. II, 4.

|| **2°** Compagnie de personnes qui se réunissent ordinairement ensemble. Fréquenter la bonne, la mauvaise —.

|| **3°** Compagnie de personnes qui se réunissent dans certains salons. La — du faubourg Saint-Germain. *Absolt*. Des femmes de la —. Talents de —, qui apportent de l'agrément aux réunions des salons.

***SOCIOLOGIE** [sò-syò-lò-ji; *en vers*, -si-ò-...] *s. f.*

[ÉTYM. Composé avec le radical de société, social, etc., le grec λόγος, discours, et le suffixe ie, § 284. || *Néolog*. Mot dû à AUGUSTE COMTE.]

|| (T. didact.) Science des conditions de l'état social.

***SOCIOLOGISTE** [sò-syò-lò-gìst'; *en vers*, -si-ò-...] *adj.*

[ÉTYM. Dérivé de sociologie, § 265. || *Néolog*.]

|| (T. didact.) Relatif à la sociologie.

SOCLE [sòkl'] *s. m.*

[ÉTYM. Emprunté de l'ital. zoccolo, *m. s.* proprt, « patin », § 12. || 1674. Achever les socles de marbre, COLBERT, *Ordres pour Versailles*, 24 oct.]

|| (Technol.) Support d'un buste, d'une statuette, d'un vase, d'un ornement d'architecture.

SOCQUE [sòk'] *s. m.* (fém. FURET. et TRÉV.).

[ÉTYM. Emprunté du lat. soccus, *m. s.* || 1611. COTGR.]

|| **1°** (Antiq.) Chaussure basse des acteurs comiques (par opposition au cothurne). (*Syn*. brodequin.)

|| **2°** Chaussure de bois, de cuir, qu'on met par-dessus la chaussure ordinaire, pour se garantir de l'humidité.

***SODA** [sò-dà] *s. m.*

[ÉTYM. Abréviation de soda-water, locution anglaise signifiant proprt « eau de soude » (préparée avec du bicarbonate de soude), § 8. || *Néolog*.]

|| Eau minérale gazeuse, naturelle ou artificielle. | *P. ext*. Sirop de groseille, de framboise, etc., mélangé avec de l'eau gazeuse.

SODIUM [sò-dyòm'; *en vers*, -di-òm'] *s. m.*

[ÉTYM. Dérivé de soda, forme anglaise de soude, § 282 *bis*. || Mot dû au chimiste anglais DAVY, qui a trouvé ce corps en 1807. Admis ACAD. 1835.]

|| (Chimie.) Corps simple, métallique, qui entre essentiellement dans la composition de la soude.

SODOMIE [sò-dò-mi] *s. f.*

[ÉTYM. Dérivé de Sodome, § 68, nom d'une ville de Palestine où régnait la luxure, § 36. || XIVᵉ s. Soy corrumpre par sodomie, *Ménagier*, I, p. 53. Admis ACAD. 1740.]

|| (T. ecclés.) Péché d'impureté contre nature.

SODOMITE [sò-dò-mìt'] *s. m.*

[ÉTYM. Emprunté du lat. Sodomita, habitant de Sodome. || XIIᵉ s. D'un traître, d'un sodomite, *Énéas*, 8583. Admis ACAD. 1740.]

|| (T. ecclés.) Celui qui commet le péché de sodomie.

SŒUR [sœur] *s. f.*

[ÉTYM. Du lat. sǫror, *m. s.* devenu suer, seur, sœur, §§ 320, 291 et 487. Sœur est un ancien cas sujet; sereur, cas régime, a disparu, § 538.]

|| **1°** Personne du sexe féminin considérée dans son rapport de parenté avec celui, celle qui est du même père et de la même mère ou de l'un des deux. — de père et de mère. (*V*. germain.) — de père. (*V*. consanguin.) — de mère. (*V*. utérin.) Belle-—. (*V. ce mot*.) — de lait. (*V*. lait.) | *Poét*. Les neuf Sœurs, les Muses. Les sœurs filandières, les trois Parques. || *Fig*. | **1**. Titre d'affection. Que vous semble, mes sœurs, de l'état où nous sommes? RAC. *Esth*. II, 9. | **2**. *P. anal*. Nom donné à des personnes, à des choses qui ont une communauté de situation, de nature. Nous nous voyons sœurs d'infortune, MOL. *Psyché*, I, 1. Qu'une utile et dernière satire Se vienne... joindre à ses onze sœurs, BOIL. *Sat*. 12.

|| **2°** Titre donné aux religieuses, soit en leur parlant, soit en parlant d'elles, dans certains ordres. Sœurs grises, sœurs hospitalières du tiers ordre de Saint-François. Sœurs de Saint-Vincent-de-Paul. Sœurs de charité. *Vieilli*. Sœurs du pot, sœurs garde-malades. Une — converse. La — tourière. —écoute, religieuse désignée pour accompagner une autre religieuse ou une pensionnaire au parloir.

SŒURETTE [sœu-rèt'] *s. f.*

[ÉTYM. Dérivé de sœur, § 133. || 1611. COTGR. Admis ACAD. 1835.]

|| *Famil*. Petite sœur.

SOFA ou **SOPHA** [sò-fà] *s. m.*

[ÉTYM. Emprunté de l'arabe soffah, *m. s.* § 22. || 1560. Un lieu fait de tables ou ais... qu'ils nomment sopha, G. POSTEL, dans DELB. *Rec*. Admis ACAD. 1694 (au sens **1°**) et 1740 (au sens **2°**).]

|| **1°** Estrade élevée couverte de tapis, de coussins, sur laquelle se tiennent les princes orientaux.

|| **2°** Espèce de lit de repos à dossier.

SOFFITE [sò-fìt'] *s. m.*

[ÉTYM. Emprunté de l'ital. soffitto, *m. s.* § 12. || 1676. A. FÉLIBIEN, *Princ. de l'architect*. p. 738. Admis ACAD. 1762.]

|| (Architect.) Dessous d'un plafond, d'une architrave, etc., orné de caissons, de rosaces, etc.

SOI [swà] *pron. réfl.*

[ÉTYM. Emprunté du lat. sę, *m. s.* devenu sei, soi, § 591.]

|| Pronom réfléchi de la troisième personne, des deux genres et des deux nombres, dont la forme atone est se. | **1**. *Vieilli*. Se rapportant à un nom déterminé de personne ou de chose. Il peut bien prendre garde à soi, MOL. *Amph*. I, 2. Phèdre, malgré soi, perfide, incestueuse, BOIL. *Ép*. 7. L'esprit de commerce entraîne avec soi celui de frugalité, MONTESQ. *Espr. des lois*, V, 6. Il se repose, il est chez soi, LA BR. 11. L'époux gronde à part soi, LA F. *Contes, Jument*. | **2**. Se rapportant à un nom indéterminé de personne ou de chose. Chacun pour soi. La nature de l'amour-propre... est de n'aimer que soi, PASC. *Pens*. II, 8. On a souvent besoin d'un plus petit que soi, LA F. *Fab*. II, 11. Aucun n'est prophète chez soi, ID. *ibid*. VIII, 26. Cela est évident de soi. Ce sont choses de soi qui sont belles et bonnes, MOL. *F. sav*. IV, 3. Chacun pris dans son air est agréable en soi, BOIL. *Ép*. 9. A part soi. (*V*. part **1**.) *Substantivt*. Considérer qqn comme un autre soi-même. (*Cf*. même.) | Garder son quant-à-soi. (*Cf*. quant 2.) | Avoir un chez soi. (*Cf*. chez.)

SOI-DISANT, ***SOI-DISANTE** [swà-di-zan, -zānt'] *adj.*

[ÉTYM. Composé de soi et disant, part. de dire, § 79.]

|| Qui se dit tel ou telle. | **1**. *Vieilli*. En faisant accorder disant. Quand on revient de chez ces sorcières ou soi-disantes, SÉV. 776. | **2**. En laissant disant invariable. La tourbe vulgaire des — sages, J.-J. ROUSS. *Confess*. 13.

SOIE [swà] *s. f.*

[ÉTYM. Emprunté du lat. sęta, poil rude, crin, piquant, devenu seide, seie, soie, §§ 309, 402 et 291.]

I. Poil long et raide de certains animaux. Les soies du sanglier, du porc. || *Famil*. Jeu de mot avec le sens **II, 1°**. Un habillé de —, un porc.

II. *P. anal*. || **1°** Matière filamenteuse, brillante, filée par la chenille d'une espèce de phalène dite **bombyx**. Un fil de —. Le ver à —, le bombyx. Une étoffe de —, tissée avec du fil de soie. Une robe de —, faite d'un tissu de soie. | *Fig.* Des jours filés d'or et de —, une vie heureuse et brillante.

|| **2°** (Technol.) Partie, très amincie, de la lame de l'épée, du couteau, qui est rivée dans le pommeau, dans le manche.

|| **3°** *Fig.* (Art vétérin.) Seime de la pince.

SOIERIE [swà-ri] *s. f.*

[ÉTYM. Dérivé de soie, § 69. || 1664. Soyeries, *Conseil du comm.* 1re séance.]

|| Nom général donné aux étoffes de soie. Les soieries de Lyon.

SOIF [swãf] *s. f.*

[ÉTYM. Pour sei, du lat. sĭtim, *m. s.* devenu seit, seid, sei, soi. §§ 309, 402 et 291 ; l'origine de l't de soif (déjà saif à la fin du XIIe s. dans *Dial. anime conquer.* 31) est incertaine.]

|| Besoin de boire. Avoir —. Étancher sa —. Souffrir de la faim et de la —. Boire sans —. | *P. anal.* En parlant des plantes qui ont besoin d'être arrosées, de la terre qui est trop sèche. Ces rosiers ont —. De ce sable étancher la — démesurée, BOIL. *Ép.* 11. || *Fig.* Désir impatient de qqch. Elle a — de mon sang, CORN. *Rodog.* V, 4. La — de la vengeance, ID. *Nicom.* I, 5. Voyant pour l'or sa — insatiable, RAC. *Ath.* I, 1. Après m'avoir montré cette — du baptême, CORN. *Poly.* V, 3. *Loc. prov.* Garder une poire pour la —, avoir qqch en réserve, en cas de besoin. Une sœur (de Nesle) avait épousé un Nassau : c'était la faim et la — ensemble (la misère), ST-SIM. XI, 133. On ne saurait faire boire un âne qui n'a pas —, on ne peut faire faire une chose, même agréable, à qui n'en a pas envie.

SOIGNER [swà-ñé] *v. intr.* et *tr.*

[ÉTYM. Du bas lat. soniare, *m. s.* mot d'origine incertaine, en usage dès l'époque mérovingienne. || XIIe s. Cevax et reubes lor faisoient Soignier tant come il en voloient, CHRÉTIEN DE TROYES, *Du roi Guillaume*, p. 117.]

I. *Vieilli. V. intr.* S'occuper attentivement (de), pourvoir attentivement (à). Il leur répondit qu'ils se soignassent d'eux, MONTAIGNE, I, 22. Qu'on veille sur don Sanche et soigne à ses blessures, ROTROU, *D. Lope de Card.* V, 4. A cela j'ai soigné, LA F. *Contes, Faiseur d'oreilles.* Soigne, avant que l'offrir, qu'il soit mieux ajusté, ID. *Eunuque*, 1, 3.

II. *V. tr.* Veiller attentivement au bien de (qqn), au bon état de (qqch). — un enfant. — l'éducation de qqn. Avoir reçu une éducation soignée. — sa santé. — un malade. — le ménage. — les bestiaux. — un ouvrage, un travail. — ses vêtements.

SOIGNEUSEMENT [swà-ñeûz'-man ; *en vers*, -ñeûze-...] *adv.*

[ÉTYM. Composé de soigneuse et ment, § 724. || XIIe-XIIIe s. Se il soniousement ne soi sevent guardeir, *Job*, dans *Rois*, p. 446.]

|| D'une manière soigneuse.

SOIGNEUX, EUSE [swà-ñeû, -ñeûz'] *adj.*

[ÉTYM. Dérivé de soin, §§ 64 et 116. || XIIe-XIIIe s. Sonious esgard, *Job*, dans *Rois*, p. 446.]

|| **1°** Qui s'occupe attentivement de (qqch). Être — de sa personne. Soigneuse de se former sur le vrai, BOSS. *D. d'Orl.* — désormais de me faire oublier, BOIL. *Disc. sur la Sat. 12.*

|| **2°** *Absolt.* Qui s'occupe attentivement de ce qu'il fait. A-t-il eu près de vous un plus — agent? CORN. *Nicom.* IV, 2. *Spécialt.* Qui a soin des choses. Un domestique —.

SOIN [swin] *s. m.*

[ÉTYM. Subst. verbal de soigner, § 52. || XIe s. Pur ço n'ant soign de helme ne d'osberc, *Roland*, 3250.]

|| **1°** Attention à veiller au bien de qqn, au bon état de qqch. Avoir, prendre — d'un enfant, d'un malade, du ménage, des troupeaux. Confier à qqn le — de la cave. Capable de soutenir tout le — d'un État, SÉV. 160. De vos premiers ans quelles mains ont pris —? RAC. *Ath.* II, 7. D'un — paternel Il me nourrit, ID. *ibid.* Prendre — de sa santé. En ta faveur prendre — de ma vie, CORN. *Cinna*, III, 4. | *P. anal.* Je voulais en mourant prendre — de ma gloire, RAC. *Phèd.* I, 3. Et je charge un amant du — de mon injure, ID. *Andr.* V, 2. | Avec une propos. pour complément. Cet éclat emprunté Dont elle eut — de peindre et d'orner son visage, RAC. *Ath.* II, 5. Le maître qui prit — d'instruire ma jeunesse, CORN. *Nicom.* II, 3.

|| **2°** Peine, souci qu'on se donne pour qqch, pour qqn. Même — me regarde, CORN. *Cid*, III, 4. Un autre — me travaille, BOSS. *R. d'Angl.* D'un — cruel ma joie est ici combattue, RAC. *Iph.* II, 2. Ton — Me fait injure, LA F. *Fab.* VIII, 22. N'en soyez point en —, ID. *ibid.* X, 3. Défendez-vous au sage De se donner des soins pour le plaisir d'autrui? ID. *ibid.* XI, 8. Les soins que j'ai pris pour vous rendre sage, FÉN. *Tél.* 12. Ces soins regardent maintenant Vos Altesses, BOSS. *R. d'Angl.* || *Spécialt.* Service qu'on est attentif à rendre à qqn. Donner des soins à un malade. O vous pour qui les dieux ont des soins si pressants..., LA F. *Fab.* XII, 25. Rendre des soins à une dame, avoir pour elle des attentions galantes. Petits soins, attentions délicates. Être aux petits soins auprès de qqn.

SOIR [swàr] *s. m.*

[ÉTYM. Du lat. sērum, *m. s.* devenu seir, soir, §§ 309 et 291. (*Cf.* serein 2, sérénade.)]

|| La fin du jour. Le matin elle fleurissait,... le — nous la vîmes séchée, BOSS. *D. d'Orl.* Combien en a-t-on vus Qui du — au matin sont pauvres devenus! LA F. *Fab.* V, 13. Venez ce —. Par un beau — d'été. Lundi au —, et, *ellipt*, Lundi —. Je travaille tous les soirs. || *P. ext.* L'après-midi. Il est trois heures du —. || *Fig. Poét.* La fin de la vie. Rien ne trouble sa fin ; c'est le — d'un beau jour, LA F. *Phil. et Baucis.*

SOIRÉE [swà-ré] *s. f.*

[ÉTYM. Dérivé de soir, §§ 64 et 119. A remplacé l'anc. franç. serée (CHR. DE PISAN), encore fréquent au XVIe s. § 65. || 1564. J. THIERRY, *Dict. franç.-lat.*]

|| La fin du jour (considérée quant à l'emploi qu'on en fait). Une belle —. Les longues soirées d'hiver. Passer la — avec qqn. || *P. ext.* Réunion dans la soirée. Une — dansante, musicale. *Ellipt.* Aller en —. Donner une —.

SOIT [swà ; *en liaison*, swàt'] *conj.*

[ÉTYM. Subj. prés. 3e pers. sing. du verbe être, § 726. || XIIIe s. Nous le ferons, soit tors ou drez, J. DE MEUNG, *Rose,* dans GODEF. *Compl.* dreit 1.]

|| Conjonction marquant alternative. — que je vous regarde ou que je l'envisage, RAC. *Bér.* V, 7. — qu'ils se trompent ou non, PASC. *Prov.* 17. — raison, — caprice, RAC. *Bér.* II, 2.

SOIXANTAINE [swà-san-tèn'] *s. f.*

[ÉTYM. Dérivé de soixante, § 99. || 1399. Deus soixantaines, *Charte de Tournai*, dans GODEF. *Compl.*]

|| Nombre de soixante ou environ. Une — de personnes. | *Famil.* La —, l'âge de soixante ans. Approcher de la —.

SOIXANTE [swà-sànt'] *adj.* et *s. m.*

[ÉTYM. Du lat. pop. *sexanta (class. sexaginta), *m. s.* devenu seissante, soissante, §§ 345, 388 et 291, écrit soixante par réaction étymologique, § 502.]

I. Adjectif numéral invariable. || **1°** Adjectif cardinal. Six fois dix. Une personne de — ans. | —-dix, -onze, etc., soixante plus dix, onze, etc. (*Cf.* septante.) | Cent —, cent plus soixante.

|| **2°** Adjectif ordinal. Soixantième. L'an mil —. Le paragraphe —. | —-dixième, -onzième, etc., qui en a soixante-neuf, -dix, etc., avant lui.

II. *S. m.* Six fois dix. — et quarante font cent.

SOIXANTER [swà-san-té] *v. intr.* et *tr.*

[ÉTYM. Dérivé de soixante, § 154. || (Au sens 1°.) 1752. TRÉV. Admis ACAD. 1798. || (Au sens 2°.) *Néolog.*]

|| **1°** *V. intr.* (T. de jeu de piquet.) Compter soixante points quand on en a fait trente avant que l'adversaire ait rien compté.

|| **2°** *V. tr.* (Agricult.) Chauffer jusqu'à soixante degrés. — les grains (pour détruire les insectes qui les rongent)..

SOIXANTIÈME [swà-san-tyèm'] *adj.*

[ÉTYM. Dérivé de soixante, § 96 ter. || XIIe-XIIIe s. Seissantieme, sexantisme, NICOLE, *Règle de St Benoît* dans DELB. Rec.]

|| Adjectif numéral ordinal. Qui en a cinquante-neuf avant lui. La — page d'un livre. Avoir le — rang, et, *substantivt,* Être reçu le, la —. | La — partie, et, *substantivt,* Le —, une des parties d'un tout divisé en soixante parties égales..

1. SOL [sòl] *V.* sou.

2. SOL [sòl] *s. m.*

[ÉTYM. Emprunté du lat. sŏlum, *m. s.* || 1539. Le sol et fondement de toutes choses, R. EST.]

|| **1°** Étendue sur laquelle reposent les corps à la surface de la terre. Creuser le —. Être au niveau du —. Le — de la patrie.

|| **2°** *Spéciall*. Terrain considéré par rapport à la culture. Un — ingrat, fertile. Un — marécageux, pierreux. Amender le —.
|| **3°** *Fig.* | **1.** (Marine.) Place de l'arrimage des marchandises dans un navire. | **2.** (Blason.) Champ de l'écu.

3. SOL [sòl] *s. m.*

[ÉTYM. Première syllabe du mot solve, début du troisième vers de l'hymne latine de saint Jean-Baptiste. (*V.* fa.) || XIVᵉ-XVᵉ s. Argent monte de l'us en sol Ceuls qui bas et povres estoient, EUST. DESCH. III, p. 23. Admis ACAD. 1718.]

|| (Musique.) Cinquième note de la gamme d'ut.

SOLACIER [sò-là-syé; *en vers*, -si-é] *v. tr.*

[ÉTYM. Anc. franç. solacier, soulacier (trissyllabique), du lat. pop. *solaciare, *m. s.* de *solacium, soulas (*V.* soulas), § 154, remplacé par solacier (de quatre syllabes) par réaction étymologique, § 502. || XIIᵉ-XIIIᵉ s. Tost par desduit et solachant, *Durmart*, 9421. | 1549. Se solacier, R. EST. Admis ACAD. 1798.]

|| *Vieilli*. Consoler, récréer. Le manant, qui riait Avec sa femme et se solaciait, LA F. *Contes, Diable de Papefig*.

***SOLAGE** [sò-làj'] *s. m.*

[ÉTYM. Dérivé de sol 2, § 78. || 1274. L'entaulement del soulage, dans GODEF. Admis ACAD. 1694; suppr. en 1718.]

|| *Vieilli*. Terroir. Ces fruits sont d'un bon —, TRÉV.

SOLAIRE [sò-lèr] *adj.*

[ÉTYM. Emprunté du lat. solaris, *m. s.* || XIIIᵉ s. Li ans solaires, *Comput*, dans LITTRÉ.]

|| (T. didact.) Qui a rapport au soleil. Année —, dite aussi tropique, temps compris entre deux passages successifs du soleil au même équinoxe. Jour —, temps compris entre deux passages successifs du soleil au méridien. Heure —, la vingt-quatrième partie du jour solaire. | Cadran —, gnomon. Système —, ensemble des astres qui font leur révolution autour du soleil. | Fleurs solaires, qui s'ouvrent seulement aux rayons du soleil. || *Fig. Vieilli*. Visage —, dont la physionomie est ouverte, riante. Il est heureux, son visage est —, SÉV. 631.

SOLANDRE [sò-làndr'] *s. f.*

[ÉTYM. Origine inconnue. || 1664. SOLLEYSEL, *Parfait Mareschal*, 50. Admis ACAD. 1762.]

|| (Art vétérin.) Crevasse au pli du jarret d'un cheval (*Cf.* malandre.)

SOLANÉES [sò-là-né] *s. f. pl.*

[ÉTYM. Dérivé du lat. solanum, nom lat. d'une plante que l'on identifie soit avec la douce-amère, soit avec la morelle, § 223. ACAD. admet solanum en 1762, solanées en 1835.]

|| (Botan.) Famille de plantes dicotylédones où se trouvent la belladone, la pomme de terre, la tomate, le tabac, etc.

SOLANUM [sò-là-nòm']. *V.* solanées.

SOLBATU, UE [sòl-bà-tu] *adj.*

[ÉTYM. Pour sole-battu, composé de sole et battu, part. passé de battre, § 203. || 1664. Cheval sol-batu, SOLLEYSEL, *Parfait Mareschal*, 64. Admis ACAD. 1762.]

|| (Art vétérin.) Qui a la sole meurtrie. Un cheval —.

SOLBATURE [sòl-bà-tür] *s. f.*

[ÉTYM. Dérivé de solbatu, § 111. || 1664. Toutes sortes de solbatures, SOLLEYSEL, *Parfait Mareschal*, 64. Admis ACAD. 1762.]

|| (Art vétérin.) Meurtrissure de la sole.

SOLDANELLE [sòl-dà-nèl] *s. f.*

[ÉTYM. Emprunté de l'ital. soldanella, *m. s.* qui semble dérivé de soldano, soudan, § 12. || 1557. Soldanella a mout de tiges, CH. DE L'ÉCLUSE, *Hist. des plantes*, p. 268. | 1567. La soldanelle, *Occultes Merveilles*, dans DELB. *Rec.* Admis ACAD. 1762.]

|| (Botan.) Plante de la famille des Primulacées qui croît sur les montagnes. || Variété de liseron qui croît au bord de la mer.

SOLDAT [sòl-dà] *s. m.*

[ÉTYM. Emprunté de l'ital. soldato, *m. s.* proprt, « qui touche la solde », § 12. (*Cf.* soudart.) || 1549. Un soldat; voy. soudart, R. EST.]

|| Celui qui sert dans une armée à la solde d'un prince, d'un gouvernement. Plus que brave —, plus que grand capitaine, CORN. *Cid*, I, 6. Il ne s'est fait combat Qui ne m'ait bien acquis ce grand nom de —, ID. *D. Sanche*, I, 3. Il est mort en —. Vous parlez en —, je dois agir en roi, CORN. *Cid*, II, 6. Nos princes ont-ils eu des soldats plus fidèles? ID. *Poly.* IV, 6. Le premier qui fut roi fut un — heureux, VOLT. *Mér.* I, 3. Simple —, et, *absolt*, — (par opposition à officier),

qui sert sans grade dans une armée. — de fortune, qui s'est élevé des derniers de l'armée à une haute fortune. Soldats de marine. *P. plaisant*. Soldats du pape, peu belliqueux. || *P. anal.* — de Dieu, qui combat pour Dieu. Soldats du Dieu vivant, défendez votre roi! RAC. *Ath.* V, 5. || *Fig.* Celui qui affronte le danger, la persécution, pour une cause. — de Jésus-Christ, de l'Église. — de la liberté.

SOLDATESQUE [sòl-dà-tèsk'] *adj.* et *s. f.*

[ÉTYM. Emprunté de l'ital. soldatesco, a, *m. s.* § 12. || XVIᵉ s. J'aime un parler non pedantesque, mais plustost soldatesque, MONTAIGNE, I, 25.]

|| **1°** *Vieilli*. Adj. Qui sent le soldat. Licence —.
|| **2°** *En mauvaise part*. S. f. Troupe de soldats. Une — brutale. La licence, les excès de la —. Commander à la —, DIDER. *Claude et Néron*, I, 47.

1. SOLDE [sòld'] *s. f.*

[ÉTYM. Emprunté de l'ital. soldo, *m. s.* proprt, « sou », par extension « salaire, solde militaire ». Sur le changement de genre (soldo est masc.), *V.* § 550. L'anc. franç. dit sout, soude et soudee. (*Cf.* soudoyer.) || 1611. COTGR.]

|| Paie donnée par un prince, un gouvernement, à ceux qui servent dans son armée. Prendre qqn à sa —. Être à la — de qqn. || *Fig. En mauvaise part*. Être à la — de qqn, défendre les opinions, les intérêts de qqn sans conviction, pour de l'argent.

2. SOLDE [sòld'] *s. m.*

[ÉTYM. Subst. verbal de solder 2, § 52. (*Cf.* l'ital. soldo, *m. s.*) On trouve qqf soude dans le même sens au XVIIᵉ et au XVIIIᵉ s. || 1723. SAVARY, *Dict. du comm.* Admis ACAD. 1740.]

|| **1°** *Vieilli*. Balance d'un compte arrêté, différence entre le débit et le crédit.
|| **2°** *P. ext.* (Commerce.) Ce qui reste à payer sur un compte. — de compte, complément de ce qui reste à payer sur un compte. || *P. ext.* Reste de marchandises qu'on vend au rabais pour les écouler.

1. SOLDER [sòl-dé] *v. tr.*

[ÉTYM. Semble emprunté de l'ital. saldare, *m. s.* confondu avec soldare, § 12. Saldare correspond au franç. souder, et l'on trouve qqf ce dernier mot dans ce sens au XVIIᵉ et au XVIIIᵉ s. || 1723. SAVARY, *Dict. du comm.* Admis ACAD. 1740.]

|| (Commerce.) || **1°** *Vieilli*. Arrêter, clore (un compte), par la balance des profits et des pertes.
|| **2°** *P. ext.* — un compte, acquitter ce qui reste à payer sur un compte. || *P. anal.* — une marchandise, la vendre au rabais pour écouler ce qui en reste.

2. SOLDER [sòl-dé] *v. tr.*

[ÉTYM. Dérivé de solde 1, § 154. (*Cf.* l'ital. soldare, *m. s.*) || Admis ACAD. 1835.]

|| Entretenir à son service moyennant une solde. (*Syn.* soudoyer.)

SOLE [sòl] *s. f.*

[ÉTYM. Du lat. sòla, plur. du neutre sòlum, sol, pris pour un fém. sing. §§ 545, 321 et 291. Sola a pris la place du lat. class. solea, qui a la plupart des sens énumérés ci-dessous. La forme régulièrement diphtonguée suele, seule, est fréquente en anc. franç.]

I. Dessous du sabot de certains animaux (cheval, âne, mulet, cerf, etc.), plaque cornée placée entre le bord inférieur de la paroi, la fourchette et les arcs-boutants qui l'entourent.

II. Pièce de bois fixée horizontalement pour soutenir des étais. (*Cf.* solin, solive.) || *Fig.* (Agricult.) Chacune des parties d'une terre soumise à l'assolement. (*V. ce mot.*)

III. Poisson de mer plat, des Malacoptérygiens.

SOLÉAIRE [sò-lé-èr] *adj.*

[ÉTYM. Dérivé du lat. solea, sole du pied, § 248. On trouve solaire dans le même sens au XVIᵉ s. || Admis ACAD. 1835.]

|| (Anat.) Qui vient aboutir au pied. Muscle —.

SOLÉCISME [sò-lé-sìsm'] *s. m.*

[ÉTYM. Emprunté du lat. solœcismus, grec σολοικισμός, *m. s.* de Σόλοι, ville de Cilicie, dont les habitants passaient pour parler le grec incorrectement, § 36. || 1530. G. TORY, *Champfleury*, fᵒ 8, vᵒ.]

|| (T. didact.) Faute contre les règles de la syntaxe d'une langue. (*Cf.* barbarisme.) || *Fig. Famil.* Faute contre qq règle établie. Le moindre — en parlant vous irrite, Mais vous en faites, vous, d'étranges en conduite, MOL. *F. sav.* II, 7.

SOLEIL [sò-lèy'] *s. m.*

[ÉTYM. Du lat. pop. *soljculum, diminutif de sol, *m. s.* § 88.
|| XIᵉ s. Quant soleilz esclarist, *Voy. de Charl. à Jérus.* 383.]
|| **1°** Astre lumineux qui est le centre du système planétaire dont la terre fait partie. Il (Dieu)... commande au — d'animer la nature, Et la lumière est un don de ses mains, RAC. *Ath.* I, 4. Le — se lève, paraît au-dessus de l'horizon. Le — se couche, disparaît à nos yeux. Au lever, au coucher du —, à l'heure où le soleil se lève, se couche. | *Fig.* Adorer le — levant, faire sa cour au pouvoir naissant. Le goût du — levant avait déjà percé, ST-SIM. XI, 65. Le — est haut, élevé au-dessus de l'horizon. Le — est bas, descend à l'horizon, est près de son coucher. S'abriter contre les rayons du —. Un — brûlant. Se chauffer au —. Alexandre ayant demandé à Diogène s'il désirait qqch, celui-ci répondit : Que tu t'ôtes de mon —. | Un coup de —, altération plus ou moins grave produite sur une partie quelconque d'un être vivant par un soleil trop ardent. *Spécialt.* Inflammation du visage produite par l'ardeur du soleil. *Fig.* Un coup de —, rougeur qui monte au visage. || *P. ext. Poét.* | 1. Jour. Mon dernier — se lève, J.-B. ROUSS. *Odes,* I, 10. | 2. Année. De soixante soleils la course entre-suivie, LA F. *Épitres,* 17. || *Fig.* Ce qui brille comme le soleil. Ce — d'équité, RAC. *Plaid.* III, 3.
|| **2°** *P. anal.* | **1.** (Technol.) Pièce d'artifice qui projette des feux en forme de rayons. | **2.** (Botan.) Plante dont la fleur est de couleur jaune, et dont les pétales sont disposés en rayons autour du centre. (*Cf.* **hélianthe**.)
SOLEN [sò-lèn'] *s. m.*
[ÉTYM. Emprunté du lat. **solen**, grec σωλήν, *m. s.* proprt, « étui ». || Admis ACAD. 1798.]
|| **1°** (Hist. nat.) Coquille bivalve oblongue, dite vulgairement manche de couteau.
|| **2°** *P. anal.* (Chirurgie.) Boîte oblongue servant à maintenir un membre dont on a réduit la fracture.
SOLENNEL, ELLE [sò-là-nèl] *adj.*
[ÉTYM. Dérivé du lat. **solennis** (moins bien **solemnis**), *m. s.* § 238. || XIIᵉ s. Per sollempnal memore, *Serm. de St Bern.* p. 11.]
|| (T. didact.) || **1°** Célébré chaque année par des cérémonies publiques. Il ne servait pourtant qu'aux fêtes solennelles, LA F. *Phil. et Baucis.* La troupe fidèle Qu'attire de ce jour la pompe solennelle, RAC. *Ath.* I, 1. || *P. ext.* Célébré par des cérémonies publiques. Le nouveau roi fit une entrée solennelle dans la capitale.
|| **2°** Accompagné de formalités, d'actes publics qui lui donnent une importance particulière. Contrat —. Vœu —. Déclaration solennelle. Un serment — par avance les lie A ce fils de David, RAC. *Ath.* I, 2. || *Fig.* Empreint d'une gravité qui donne aux choses de l'importance. Un ton —.
SOLENNELLEMENT [sò-là-nèl-man ; *en vers,* -nè-le-...] *adv.*
[ÉTYM. Composé de solennelle et ment, § 724. || XIIᵉ s. Sollempnalment, *Serm. de St Bern.* p. 12.]
|| (T. didact.) D'une manière solennelle.
SOLENNISATION [sò-là-ni-zà-syon ; *en vers,* -si-on] *s. f.*
[ÉTYM. Dérivé de solenniser, § 247. || XIVᵉ-XVᵉ s. La solemnisation des nopces, GERSON, dans DOCHEZ.]
|| (T. didact.) Action de célébrer par des cérémonies publiques annuelles.
SOLENNISER [sò-là-ni-zé] *v. tr.*
[ÉTYM. Emprunté du lat. solennisare, *m. s.* § 267. || 1400. Mariage qui naguères s'est fait et solemnisé, dans DOUET D'ARCQ, *Pièces relat. à Ch. VI,* I, p. 179.]
|| (T. didact.) Célébrer par des cérémonies publiques annuelles. Solennisez vos fêtes sans ombrage, RAC. *Ath.* III, 4.
SOLENNITÉ [sò-là-ni-té] *s. f.*
[ÉTYM. Emprunté du lat. **solennitas**, *m. s.* || XIIᵉ s. Se mes solennitez escuminierunt, *Psaut. de Cambridge,* LXXXVIII, 32.]
|| **1°** Fête solennelle. La — de Pâques. Que vos heureux enfants, dans leurs solennités, Consacrent de ce jour le triomphe et la gloire, RAC. *Esth.* III, 7.
|| **2°** Cérémonie publique qui accompagne une fête. Célébrer une fête avec —. | *Absolt. Famil.* Cérémonie du mariage. Le remords est bien près de la —, MOL. *Ét.* IV, 3.
|| **3°** Formalités accomplies devant des personnes qualifiées pour donner à un acte son authenticité. La — d'une déclaration.
|| **4°** *Fig.* Gravité du maintien, du ton, etc., qui donne de l'importance à ce qu'on dit, ce qu'on fait. Parler avec —.

SOLFATARE [sòl-fà-tàr] *s. f.*
[ÉTYM. Emprunté de l'ital. **Zolfatara** ou **Solfatara**, nom propre d'une montagne près de Pouzzoles, §§ 12 et 30. Au XVIᵉ s. BELLEFOREST traduit le nom italien par la Solphaterie. (*V.* DELB. *Rec.*) || XVIIIᵉ s. *V.* à l'article. Admis ACAD. 1878.]
|| (T. didact.) Gisement de soufre d'où s'échappent des vapeurs sulfureuses. Les solfatares ne sont ni des volcans agissants ni des volcans éteints, BUFF. *Add. à la Théorie de la terre.*
SOLFÈGE [sòl-fèj] *s. m.*
[ÉTYM. Emprunté de l'ital. **solfeggio**, subst. verbal de solfeggiare, solfier, § 12. || Admis ACAD. 1798.]
|| (Musique.) Exercice pour apprendre à solfier. || Livre contenant des leçons qui servent à cet exercice.
SOLFIER [sòl-fyé; *en vers,* -fi-é] *v. tr.*
[ÉTYM. Dérivé de **solfe** (COTGR.), composé de sol et fa, noms de notes, § 266. || XIVᵉ s. Un avocas Qui va solefiant devant juges ses cas, *Baudouin de Sebourc,* dans *Histoire littér. de la France,* XXV, 591. Admis ACAD. 1740.]
|| (Musique.) Lire (une phrase musicale) en donnant l'intonation et le nom de chaque note, dans le mouvement et avec la mesure.
SOLIDAIRE [sò-li-dèr] *adj.*
[ÉTYM. Dérivé du lat. **solidus,** entier, d'après l'expression juridique in solidum, pour le tout, § 248. || 1596. Se déduit de l'existence de solidaire à cette date.]
|| (T. didact.) || **1°** (Droit.) Commun à plusieurs, de manière que chacun réponde du tout. Acte, obligation, caution —. || *P. ext.* Débiteur, créancier —, lié par un acte solidaire.
|| **2°** Lié à d'autres par une responsabilité commune.
SOLIDAIREMENT [sò-li-dèr-man ; *en vers,* -dò-re-...] *adv.*
[ÉTYM. Composé de solidaire et ment, § 724. || 1596. Soliderement, J. DE BASMAISON, *Cout. d'Auvergne,* dans DELB. *Rec.*]
|| (T. didact.) D'une manière solidaire. Si plusieurs ont conjointement emprunté la même chose, ils en sont — responsables envers le prêteur, *Code civil,* art. 1887.
ˈSOLIDARISER [sò-li-dà-ri-zé] *v. tr.*
[ÉTYM. Dérivé de solidaire, § 267. || *Néolog.*]
|| (T. didact.) Rendre solidaire.
SOLIDARITÉ [sò-li-dà-ri-té] *s. f.*
[ÉTYM. Dérivé de solidaire, § 255. || 1765. ENCYCL. Admis ACAD. 1798.]
|| (T. didact.) Caractère d'une chose, d'une personne solidaire. (*Cf.* **solidité.**) Le besoin que l'homme a des autres hommes crée la —.
SOLIDE [sò-lid'] *adj.*
[ÉTYM. Emprunté du lat. **solidus,** *m. s.* (*Cf.* les doublets sou et solde 1.) || 1539. R. EST.]
|| **1°** (T. didact.) Composé de molécules agrégées entre elles d'une manière consistante (par opposition à liquide, gazeux). Les parties solides du corps. Des aliments solides. | Un terrain —. Les parties solides du globe. | *Substantivt, au masc.* Corps composé de molécules agrégées entre elles, d'une manière consistante. Les lois de l'équilibre des solides. Un — plongé dans un liquide perd une portion de son poids égale au poids du volume d'eau qu'il déplace. || *Spécialt.* (Géom.) Qui occupe une portion de l'étendue sous les trois dimensions (longueur, largeur, profondeur). Angle —, compris entre plusieurs plans qui se coupent en un même point. | *Substantivt, au masc.* Portion de l'étendue considérée comme ayant les trois dimensions. Géométrie des solides. La mesure des solides.
|| **2°** Capable par sa consistance de résister à ce qui tend à l'altérer, à l'ébranler. Un fondement —. Une construction —. L'édifice n'est pas plus — que le fondement, BOSS. *D. d'Orl.* Être — sur ses pieds. *P. anal.* Une couleur —. || *Fig.* Qui a des qualités durables. Des solides plaisirs je n'ai suivi que l'ombre, LA F. *Poés. diverses, Épît.* 17. La — vertu dont je fais vanité, CORN. *Hor.* II, 3. Le — et l'admirable discours que celui qu'on vient d'entendre! LA BR. 15. | *Substantivt, au masc.* Ce qui a un fond durable. Plus l'orgueil s'imagine avoir donné dans le —, plus il est vain, BOSS. *Concupisc.* 17. Que... votre muse fertile Partout joigne au plaisant le — et l'utile, BOIL. *Art p.* 4. Des louanges toutes pures ne mettent point un homme à son aise ; il y faut mêler du — (de l'argent), MOL. *B. gent.* I, 1.
SOLIDEMENT [sò-lid'-man ; *en vers,* -li-de-...] *adv.*

[ÉTYM. Composé avec solide et ment, § 724. || 1552. CII. EST. dans DELB. *Rec.*]

|| D'une manière solide.

SOLIDIFIER [sò-li-di-fyé; *en vers*, -fi-é] *v. tr.*

[ÉTYM. Composé avec le lat. solidus, solide, et facere, faire, § 274. (*Cf.* souder.) || XVIIIe s. *V.* à l'article. Admis ACAD. 1835.]

|| (T. didact.) Rendre de nature solide. (*Syn.* consolider.) Le mercure ne se solidifie qu'en se glaçant, BUFF. *Mercure.*

SOLIDITÉ [sò-li-di-té] *s. f.*

[ÉTYM. Emprunté du lat. soliditas, *m. s.* || XIVe s. La solidité des cieulx, J. DE VIGNAY, *Miroir hist.* dans DELB. *Rec.*]

I. État de ce qui est solide.

|| **1°** État d'un corps composé de molécules agrégées d'une manière consistante. | *P. ext. Vieilli.* Volume. Mesures de —.

|| **2°** État de ce qui, par sa consistance, est capable de résister à ce qui tente de l'altérer ou de l'ébranler. La — d'un édifice. || *Fig.* Caractère de ce qui a des qualités durables. Elles (les sciences profanes) ont si peu de —, BOSS. *Panég. Ste Catherine.* La — de ses vertus, SÉV. 437. Telle était la — de ce prince, BOSS. *Condé.* La — d'un raisonnement.

II. *Vieilli.* État de ce qui est solidaire. (*Syn.* solidarité.) A l'égard de la — entre les habitants d'un même village, MONTESQ. *Espr. des lois*, XIII, 18.

SOLILOQUE [sò-li-lòk'] *s. m.*

[ÉTYM. Emprunté du lat. soliloquium, *m. s.* (*Cf.* colloque.) || XVIe-XVIIe s. Soliloques et devis exstatiques, FRANÇ. DE SALES, dans DELB. *Matér.*]

|| (T. didact.) Discours d'une personne qui s'entretient avec elle-même. Les soliloques de saint Augustin. (*Syn.* monologue.)

SOLIN [sò-lin] *s. m.*

[ÉTYM. Dérivé de sole, § 100. || 1348. Une muce qui estoit dessoubz un solin, dans GODEF. Admis ACAD. 1798.]

|| (Technol.) Intervalle entre les solives, les tuiles, etc. | Filet de plâtre qui bouche ces intervalles.

SOLIPÈDE [sò-li-pèd'] *adj.*

[ÉTYM. Pour *solidipède (par confusion entre solus, seul, et solidus, entier), emprunté du lat. solidipes, edis, *m. s.* || 1556. Les bestes solipedes, R. LE BLANC, *Subtilité*, dans DELB. *Rec.*]

|| (T. didact.) Qui a un seul doigt ongulé à chaque pied. *Substantiv*, *au masc.* Les solipèdes, mammifères auxquels ce caractère est commun (cheval, âne, zèbre, etc.).

SOLISTE [sò-list'] *s. m. et f.*

[ÉTYM. Dérivé de solo, § 265. || *Néolog.* Admis ACAD. 1878.]

|| (Musique.) Celui, celle qui exécute un solo.

SOLITAIRE [sò-li-tèr] *adj. et s. m.*

[ÉTYM. Emprunté du lat. solitarius, *m. s.* L'anc. franç. dit ordinairement soltain ou soltif, du lat. pop. *solitanum ou *solitivum. || XIIe-XIIIe s. Vie solitaire, *Dial. Gregoire*, p. 142.]

I. *Adj.* Qui vit seul. On m'élevait alors, — et cachée, RAC. *Esth.* I, 1. | *P. anal.* Ver —, ténia. Inflorescence —, présentant un seul axe floral avec une seule fleur au sommet. | *P. ext.* Un lieu —, où l'on est seul.

II. *S. m.* || **1°** Celui qui vit seul ou presque seul. Les solitaires de la Thébaïde. Mes amis, dit le —, Les choses d'ici-bas ne me regardent plus, LA F. *Fab.* VII, 3.

|| **2°** Diamant qui est monté seul.

|| **3°** Vieux sanglier sorti de la compagnie.

|| **4°** Jeu formé d'une tablette percée de trente-sept trous, qu'on joue (seul) avec trente-six chevilles.

SOLITAIREMENT [sò-li-tèr-man; *en vers*, -tè-re-...] *adv.*

[ÉTYM. Composé de solitaire et ment, § 724. || XVe s. Il se tenoit en une chambre moult solitairement, MONSTREL. *Chron.* I, 53.]

|| D'une manière solitaire.

SOLITUDE [sò-li-tud'] *s. f.*

[ÉTYM. Emprunté du lat. solitudo, *m. s.* || XIVe s. Ceste solitude et famine, BERSUIRE, f° 93, dans LITTRÉ.]

I. || **1°** État de celui qui est seul. J'ai besoin d'un peu de —, RAC. *Baj.* III, 6. Sa — lui fait horreur, BOSS. *La Vall.*

|| **2°** État de celui qui vit seul ou presque seul. Il s'était lui-même réduit à une espèce d'oisiveté et de —, BOSS. *Le Tellier.* La — effraie une âme de vingt ans, MOL. *Mis.* V, 7. || *P. anal.* Cette tristesse vient de la — du cœur, MONTESQ. *Ars. et Ism.*

II. || **1°** Lieu où l'on est seul. A nous-mêmes livrés dans une —, BOIL. *Sat.* 10. — où je trouve une douceur secrète, LA F. *Fab.* XI, 4.

|| **2°** Lieu inhabité. Faire de cette ville une —, BOSS. *Hist. univ.* II, 21. De vastes solitudes, RAC. *Alex.* V, 1.

SOLIVE [sò-līv'] *s. f.*

[ÉTYM. Dérivé de sole, § 125. (*Cf.* solin.) || XIIIe s. Les solives brister, *Chans. d'Antioche*, IV, 348.]

|| (Technol.) || **1°** Pièce de charpente qui porte sur les murs ou les poutres d'un édifice et soutient les planchers.

|| **2°** *Ancienn.* Mesure de charpentier : parallélépipède rectangle de douze pieds de longueur sur six pouces d'équarrissage.

SOLIVEAU [sò-li-vó] *s. m.*

[ÉTYM. Dérivé de solive, § 126. || 1382. Soliveaux... de trente piez de lonc, dans DELB. *Rec.*]

|| Petite solive. C'était (le roi) un —, LA F. *Fab.* III, 4. | Par allusion à cette fable (*les Grenouilles qui demandent un roi*). Un —, un homme qui n'exerce aucune action.

SOLLICITATION [sòl'-li-si-tà-syon; *en vers*, -si-on] *s. f.*

[ÉTYM. Emprunté du lat. sollicitatio, *m. s.* || 1404. Sollicitations deceptives, dans DU C. follis.]

|| Action de solliciter. Il a obtenu cette place à la — (grâce à la sollicitation) de ses amis. Inflexibles aux sollicitations du simple peuple, LA BR. 14.

SOLLICITER [sòl'-li-si-té] *v. tr.*

[ÉTYM. Emprunté du lat. pop. sollicitare, *m. s.* (*Cf.* le doublet pop. soucier.) || 1332. Nul n'a dit aucune chose denonciee ne sollicitee, *Reg. de délib. de St-Jean-d'Angély*, I, p. 56.]

I. || **1°** Inciter (qqn) d'une manière pressante à qqch. | 1. Suivi de la prép. de. Prendre le parti dont je vous sollicite, LA F. *Filles de Minée.* L'amour-propre... les sollicite de rompre avec Dieu, BOSS. 2e *Panég. St Franç. de Paule.* | 2. Suivi de la prép. à. La concupiscence rebelle sollicite l'âme au contraire, PASC. *Prov.* 4. Le désir qui sans cesse la sollicitait à faire du bien, BOSS. *R. d'Angl.* | 3. *Absolt.* Mithridate avait l'art de — les peuples, MONTESQ. *Rom.* 7. | (T. didact.) Un mobile sollicité (à se mouvoir) par deux forces égales et contraires.

|| **2°** Prier (qqn) d'une manière pressante pour obtenir qqch. | 1. Suivi de la prép. de. Ne me refusez pas la grâce dont je vous sollicite, MOL. *Av.* II, 5. On m'a dit que vous sollicitiez de demeurer sur la frontière, SÉV. 36. | 2. *Absolt.* — un juge (pour obtenir le gain d'un procès). Celui qui sollicite un juge ne lui fait pas honneur, LA BR. 14. || *P. ext.* — un procès, une affaire, une place, faire des démarches pour le gain du procès, la réussite de l'affaire, l'obtention de la place. Il prend soin de leurs affaires, sollicite leurs procès, LA BR. 3.

II. *Vieilli.* Veiller avec sollicitude, soigner (qqn). On me vient rapporter que vous avez de l'amour pour moi et que vous faites des desseins de me —, MOL. *G. Dand.* II, 8. L'occupation la plus ordinaire de cette dame est de — les malades, TRÉV.

SOLLICITEUR, EUSE [sòl'-li-si-teùr, -teùz'] *s. m. et f.*

[ÉTYM. Dérivé de solliciter, § 112. || 1347. Oy tout ce que les solliciteurs et le conseil dudit noble voussirent dire, dans GODEF. solliciteur 1.]

|| Celui, celle qui sollicite. *Spécialt. Vieilli.* Homme qui se chargeait de voir, de solliciter les juges. Il envoya chercher un — de procès, LES. *Guzm. d'Alfar.* IV, 74.

SOLLICITUDE [sòl'-li-si-tud'] *s. f.*

[ÉTYM. Emprunté du lat. sollicitudo, *m. s.* || XIIIe s. Choses qui sont de grant estude et sollicitude, BRUN. LATINI, *Trésor*, p. 328.]

|| Préoccupation inquiète au sujet d'une personne ou d'une chose à laquelle on porte intérêt.

SOLO [sò-lò] *s. m.*

[ÉTYM. Emprunté de l'ital. solo, *m. s.* proprt, « seul », § 12. ACAD. enregistre deux pluriels facultatifs : solos et soli, § 653. || 1703. DE BROSSARD, *Dict. de musiq.* Admis ACAD. 1762.]

|| (Musique.) Dans un morceau concertant pour plusieurs voix ou plusieurs instruments, partie chantée par une seule voix, jouée par un seul instrument.

SOLSTICE [sòls'-tis'] *s. m.*

[ÉTYM. Emprunté du lat. solstitium, *m. s.* Au XIIe s. PH. DE THAUN dit solsticium ou solsticiun (*Comput*, 3253, 3262, etc.). || XIIIe s. Solstice d'esté, J. DE MEUNG, *Art de cheval.* dans DELB. *Rec.*]

. || (Astron.) Chacune des deux époques où le soleil est le plus éloigné de l'équateur et paraît stationnaire pendant quelques jours. Le — d'hiver. Le — d'été.

SOLSTICIAL, ALE [sŏls'-ti-syàl; *en vers*, -si-àl] *adj*.
[ÉTYM. Emprunté du lat. solstitialis, *m. s.* Écrit par un c d'après solstice. || XIVᵉ s. De l'orient solsticial, J. DE BRIE, *Bon Berger*, dans DELB. *Rec.* Admis ACAD. 1762.]
|| (Astron.) Relatif au solstice. Les points solsticiaux, points de l'écliptique où le soleil est le plus éloigné de l'équateur.

SOLUBILITÉ [sò-lu-bi-li-té] *s. f.*
[ÉTYM. Dérivé de soluble, § 255. || 1777. THOUVENEL, *Mém. sur la sanguification*, p. 56. Admis ACAD. 1835.]
||(T. didact.) Caractère de ce qui est soluble.

SOLUBLE [sò-lùbl'] *adj*.
[ÉTYM. Emprunté du lat. solubilis, *m. s.* || XIIIᵉ s. Mi fait, dist-il, sont tuit soluble, J. DE MEUNG, *Rose*, 19271. Admis ACAD. 1762.]
|| (T. didact.) || **1°** Qui peut être dissous. Une substance — dans l'eau.
|| **2°** *Fig*. Qui peut être résolu. Un problème qui n'est pas —.

SOLUTION [sò-lu-syon; *en vers*, -si-on] *s. f.*
[ÉTYM. Emprunté du lat. solutio, *m. s.* de solvere, soudre. || XIIᵉ s. Solucíun, PH. DE THAUN, *Comput*, 2600.]
|| (T. didact.) || **1°** Séparation des parties. Une — de continuité.
|| **2°** (Chimie.) Action de dissoudre; résultat de cette action. | *P. ext.* Liquide dans lequel on a fait dissoudre une substance.
|| **3°** Action de résoudre une difficulté. La — de ce problème est difficile. Une — élégante. | *P. ext.* Résultat que donne le problème résolu. Votre — n'est pas exacte. La — d'une maladie.
|| **4°** (Médec.) Action de se terminer.

SOLVABILITÉ [sŏl-và-bi-li-té] *s. f.*
[ÉTYM. Dérivé de solvable, § 255. || 1681. *Ordonn.* dans EMERIGON, *Nouv. Comment.* II, 101.]
|| (Commerce.) Le fait qu'une personne est solvable. S'assurer de la — d'un commerçant.

SOLVABLE [sŏl-vàbl'] *adj*.
[ÉTYM. Dérivé du lat. solvere, payer, § 242 : signifie ordinairement « qui peut, doit être payé », en anc. franç. || 1356. Subsides... bien vallables et solvables, *Ordonn.* III, 71.]
|| (Commerce.) Qui est en état de payer ce qu'il doit.

SOMATOLOGIE [sò-mà-tò-lò-jī] *s. f.*
[ÉTYM. Composé avec le grec σῶμα, ατος, corps, λόγος, discours, et le suffixe *ia*, § 279. || Admis ACAD. 1762.]
|| *Vieilli.* (T. didact.) Traité des parties solides du corps humain.

SOMBRE [sŏnbr'] *adj*.
[ÉTYM. Origine inconnue. || 1374. Un sombre cop, dans GODEF. | 1530. Le temps devient sombre, PALSGR. p. 648.]
|| **1°** Où manque la clarté. (*Syn.* obscur.) Un appartement —. Une — demeure. *Poét.* Les sombres bords, les rivages sombres, les enfers. Il a vu le Cocyte et les rivages sombres, RAC. *Phèd.* II, 1. Déjà le jour plus —, Dans les eaux s'éteignant, va faire place à l'ombre, BOIL. *Lutr.* 2. Dans la nuit —. Il fait —. | *Substantivt, au masc.* Dans le — de son cabinet, LA BR. 7. | *P. anal. Poét.* Certains esprits dont les sombres pensées Sont d'un nuage épais toujours embarrassées, BOIL. *Art p.* 1. *P. plaisant.* Qu'il fait — dans son âme! MOL. *Préc. rid.* sc. 5. | (Musique.) Voix — (par opposition à voix blanche), à laquelle on donne un son couvert, voilé.
|| **2°** *Fig.* Où manque la sérénité. Elle... fait des jours sereins de mes jours les plus sombres, RAC. *Esth.* II, 7. Que son visage est —! CORN. *Poly.* III, 2. Son humeur —, LA F. *Filles de Minée.* Quel est ce — accueil? RAC. *Baj.* III, 6.

***SOMBREMENT** [son-bre-man] *adv*.
[ÉTYM. Composé de sombre et ment, § 724. || 1433. Lequel conte de Warewic nous rechut... un peu plus sombrement, dans GODEF.]
|| *Rare.* D'une manière sombre.

1. SOMBRER [son-bré] *v. intr*.
[ÉTYM. Origine incertaine : une dérivation de l'adj. sombre n'est pas probable, et le rapprochement avec le norois sumbla, engloutir, n'est pas satisfaisant au point de vue phonétique. || 1680. Sombrer sous voiles, RICHEL.]
|| (Marine.) Être submergé de manière à disparaître entièrement. Ce bâtiment a sombré sous voiles. || *Fig.* Disparaître, se perdre. Sa fortune a sombré dans cette entreprise.

2. *SOMBRER [son-bré] *v. tr*.
[ÉTYM. Dérivé de sombre, § 154. || (Au propre.) 1611. COTGR.]
|| (Musique.) Rendre sombre, couvert. — sa voix.

SOMMAIRE [sò-mèr] *adj*. et *s. m.*
[ÉTYM. Emprunté du lat. summarius, *m. s.* (*Cf.* le doublet sommier 2.) || XIIIᵉ s. Se déduit de l'existence de sommairement à cette époque.]
|| (T. didact.) || **1°** *Adj*. Résumé brièvement. Une indication —. | *Fig.* Exécution —, faite à la hâte sans être précédée d'un jugement. *P. plaisant.* Pas plus haut que ma jambe et de taille — (courte), REGNARD, *Légat. univ.* I, 1.
|| **2°** *S. m.* Résumé bref. De la pièce il m'a fait un —, MOL. *Fâch.* I, 1. Le — d'un chapitre.

SOMMAIREMENT [sò-mèr-man; *en vers*, -mè-re-...] *adv*.
[ÉTYM. Composé de sommaire et ment, § 724. || XIIIᵉ s. Sommerement, dans VARIN, *Arch. admin. de Reims*, I, p. 1034.]
|| (T. didact.) D'une manière sommaire.

1. SOMMATION [sò-mà-syon; *en vers*, -si-on] *s. f.*
[ÉTYM. Dérivé de sommer 1, § 247. || XVᵉ s. Selon ceste sommacion, A. GREBAN, *Passion*, 7574. Admis ACAD. 1762.]
|| (Mathém.) Opération par laquelle on fait la somme de plusieurs quantités en série.

2. SOMMATION [sò-mà-syon; *en vers*, -si-on] *s. f.*
[ÉTYM. Dérivé de sommer 2, § 247. (*Cf.* l'anc. franç. sommement.) || XIVᵉ-XVᵉ s. Sommacions et requestes, G. COUSINOT, *Geste des nobles*, dans DELB. *Rec.*)]
|| (Droit.) Action de sommer qqn de faire qqch. *Spéciall.* — respectueuse, acte par lequel un fils âgé au moins de vingt-cinq ans, une fille âgée au moins de vingt et un ans, sont tenus de demander, pour se marier, le consentement de leurs ascendants dont ils peuvent légalement se passer.

1. SOMME [sòm'] *s. f.*
[ÉTYM. Du lat. sagma, grec σάγμα, *m. s.* devenu de bonne heure *salma, *sauma, § 497, d'où some, somme, §§ 333, 467 et 291.]
|| *Anciennt.* Bât. *P. ext.* De nos jours. Bête de —, destinée à porter des charges. (*Cf.* sommier.)

2. SOMME [sòm'] *s. f.*
[ÉTYM. Du lat. sŭmma, *m. s.* §§ 327 et 291.]
|| **1°** Quantité formée de deux ou plusieurs quantités additionnées. | *P. anal.* Une — d'argent, et, *absolt*, Une —, une certaine quantité d'argent. Cet homme avait reçu de grandes sommes d'Adraste, FÉN. *Tél.* 16. | *Fig.* Total indéterminé de plusieurs choses. La — des biens et des maux durant cette vie. | *Loc. adv.* En —, — toute, tout considéré.
|| **2°** Réunion dans un même ouvrage de toutes les parties principales d'un certain ordre de connaissances. La — théologique de saint Thomas d'Aquin.

3. SOMME [sòm'] *s. m.*
[ÉTYM. Du lat. sŏmnum, *m. s.* devenu *somne, somme, §§ 472, 485 et 290.]
|| Temps plus ou moins long pendant lequel on dort sans s'éveiller. (*Cf.* sommeil.) Faire un bon —. Belle nécessité d'interrompre mon — ! LA F. *Fab.* VI, 11. Milord s'endormit et ne fit qu'un —, VOLT. *Princ. de Babyl.* 8. L'une et l'autre était Au premier —, LA F. *Contes, Hermite.* Je n'ai jamais dormi d'un si bon —, RAC. *Plaid.* III, 3.

***SOMMÉ, ÉE** [sò-mé] *adj*.
[ÉTYM. Dérivé de l'anc. franç. som, sommet, § 118. || XIVᵉ s. Quant leur teste (des cerfs) est sommée, GAST. PHÉBUS, *Chasse*, dans GODEF. sommer.]
|| (T. didact.) Garni au sommet. || *Spéciall.* | 1. (Vénerie.) Tête de cerf sommée de fourchure, dont le sommet est en fourche. | 2. (Fauconn.) Faucon à plumage —, dont les plumes ont toute leur longueur. | 3. (Blason.) Tour d'or sommée (surmontée) de trois flammes de gueules.

SOMMEIL [sò-mèy'] *s. m.*
[ÉTYM. Du lat. somniculum, dim. de somnum, *m. s.* § 88.]
|| Suspension de certaines fonctions de l'activité vitale qui se produit surtout la nuit, chez les êtres animés et est nécessaire pour les reposer. Avoir un —. Être dans son premier —. Il fallut réveiller d'un profond — cet autre Alexandre, BOSS. *Condé.* Il ne connaissait plus le —, ID. *Le Tellier.* Qui sait si cette autre moitié de la vie, où nous pensons veiller, n'est pas un autre — peu différent du premier?

PASC. *Pens.* VIII, 1. Tandis que Néron s'abandonne au —, RAC. *Brit.* I, 1. | *Poét.* Le — verse sur eux ses pavots. Télémaque... s'arracha d'entre les bras du doux —, FÉN. *Tél.* 20. *P. ext.* Avoir —, avoir envie de dormir. Tomber de —, ne pouvoir résister à l'envie de dormir. ‖ *P. anal.* — des plantes, modification de certaines fonctions de l'activité végétale quand le jour vient à cesser. | — d'hiver, engourdissement dans lequel restent certains animaux pendant l'hiver. ‖ *P. ext. Poét.* S'endormir du dernier —, mourir. Il s'endormit du — des justes, il mourut avec la tranquillité des justes. Le — de la mort. ‖ *Fig.* État d'inertie. Le triste hiver, saison de mort, est le temps du — ou plutôt de la torpeur de la nature, BUFF. *Fauvette.* Dans un lâche — (dans une lâche inaction), RAC. *Iph.* IV, 1.

SOMMEILLER [sò-mè-yé] *v. intr.*
[ÉTYM. Dérivé de sommeil, § 154. ‖ XIIᵉ s. Sumeille la mele aneme, *Psaut. d'Oxf.* CXVIII, 28.]
‖ Se laisser aller au sommeil. Nul dindon n'eût osé —, LA F. *Fab.* XII, 18. Au prélat sommeillant elle adresse ces mots, BOIL.. *Lutr.* 1. *P. ext. Fig.* Cesser d'être vigilant. Pendant que tu sommeilles, RAC. *Esth.* III, 3. Ne dis plus, ô Jacob ! que ton Seigneur sommeille, ID. *Ath.* III, 7. ‖ *P. ext.* N'être pas encore en activité. Quand la nature sommeille.

SOMMELIER, IÈRE [sòm'-lyé, -lyèr; *en vers*, sò-me-...] *s. m.* et *f.*
[ÉTYM. Dérivé de somme 1, §§ 63, 115 et 126, les seigneurs du moyen âge faisant porter à leur suite les provisions de table. ‖ 1261. Se déduit du bas lat. summularius dans une ordonnance de saint Louis.]
‖ Celui, celle qui, dans une maison, une communauté, a la charge de tout ce qui concerne la table (linge, vaisselle, pain, vin, etc.). ‖ *Spéciall.* Celui qui, dans un restaurant, a la charge du vin.

SOMMELLERIE [sò-mèl-ri ; *en vers*, -mè-le-ri] *s. f.*
[ÉTYM. Dérivé de sommelier, §§ 65 et 68. ACAD. 1694-1740 écrit sommelerie. ‖ 1549. Sommelerie, R. EST.]
‖ Charge de sommelier. | Lieu où le sommelier garde ce qui lui est confié.

1. SOMMER [sò-mé] *v. tr.*
[ÉTYM. Dérivé de somme 2, § 154. ‖ XIIᵉ-XIIIᵉ s. Hom, entent com Dieus t'a sommé, RENCL. DE MOILIENS, *Miserere*, CCXV, 1.]
‖ (Mathém.) Faire le total de (plusieurs quantités).

2. SOMMER [sò-mé] *v. tr.*
[ÉTYM. Origine incertaine : le bas lat. summare, qui a le même sens, est trop récent pour permettre d'affirmer que sommer 2 est le même mot que sommer 1. ‖ XIIIᵉ s. BEAUMAN. XXIV, 10.]
‖ (Droit.) Mettre (qqn) en demeure de faire ce que l'on a droit d'exiger de lui, sous peine d'encourir les conséquences de son refus. On somme les rebelles de se disperser. De quoi que l'on vous somme, MOL. *Mis.* I, 2. *Ellipt.* Je vous veux de votre parole (de tenir votre parole), BOSS. 2ᵉ *Purif. de la Ste Vierge.*

SOMMET [sò-mè] *s. m.*
[ÉTYM. Dérivé de l'anc. franç. som, du lat. symmum, *m. s.* § 133. ‖ XIIᵉ s. El sumet de une bege, *Rois*, II, 1.]
‖ La partie la plus élevée de ce qui est debout sur sa base. (*Syn.* cime, coupeau, sommité.) Le — d'un toit. Le — d'une montagne. Montant sur le — de tous les rochers, FÉN. *Tél.* 24. Atteindre le —. *Absolt.* Les principaux sommets des Alpes, les montagnes les plus hautes. Le — d'un arbre, d'une tour. Le — de la tête. | (Géom.) — d'une pyramide, d'un triangle, sommet de l'angle opposé à la base. — d'un angle, point de rencontre des deux droites qui en forment les côtés. Deux angles opposés par le —, dans lesquels les côtés de l'un sont le prolongement des côtés de l'autre. ‖ *Fig.* Être parvenu au — des grandeurs.

1. SOMMIER [sò-myé] *s. m.*
[ÉTYM. Du lat. sagmarium, *m. s.* devenu de bonne heure salmarium, saumarium, d'où somier, sommier. (*Cf.* somme 1.)]
I. Bête de somme.
II. *P. anal.* ‖ 1° Pierre qui supporte la retombée d'une voûte. | Traverse qui forme le linteau d'une porte, d'une fenêtre. | Pièce de bois sur laquelle tourne un moulin. | Pièce de bois qui porte une cloche. | Traverse en fer qui forme le bas d'une grille.
‖ 2° Matelas de crin piqué qui soutient les autres matelas. — élastique, auquel un système de ressorts donne de l'élasticité.

‖ 3° — d'orgue, pièce de bois placée au-dessous du coffre à air (laie) de chaque clavier. | *P. ext.* Ce coffre lui-même.

2. SOMMIER [sò-myé] *s. m.*
[ÉTYM. Du lat. summarium, abrégé, devenu somier, sommier, §§ 348, 471, 297 et 231. (*Cf.* le doublet sommaire.)]
‖ (Enregistrem.) Registre d'officiers de finance, pour inscrire les opérations faites.

SOMMITÉ [sòm'-mi-té] *s. f.*
[ÉTYM. Emprunté du lat. summitas, *m. s.* (*Cf.* l'anc. franç. sommeté.) ‖ XIVᵉ s. La summité (de l'arbre) avec les rainsiaux, *Maniere de langage*, dans *Rev. crit.* 1870, 2ᵉ sem. p. 382.]
‖ (T. didact.) Partie élevée d'un corps qui comprend le sommet. La végétation décroît vers la — de la montagne. La — des jeunes arbres. | (Pharm.) Sommités fleuries, fleurettes de certaines plantes à l'extrémité de la tige fleurie. | *Fig.* Il s'est borné à effleurer la — du sujet. ‖ *Néolog.* Les sommités, les personnages les plus remarquables.

SOMNAMBULE [sòm'-nan-bul] *s. m.* et *f.*
[ÉTYM. Composé avec le lat. somnus, sommeil, et ambulare, marcher, § 273. ‖ 1690. FURET. Admis ACAD. 1718.]
‖ (T. didact.) Personne qui, dans un état anormal produit par une disposition naturelle ou par l'action du magnétisme, agit et parle étant endormie.

SOMNAMBULIQUE [sòm'-nan-bu-lik'] *adj.*
[ÉTYM. Dérivé de somnambule, § 229. ‖ *Néolog.*]
‖ (T. didact.) Relatif au somnambulisme.

SOMNAMBULISME [sòm'-nan-bu-lism'] *s. m.*
[ÉTYM. Dérivé de somnambule, § 265. ‖ 1789. BERTHOLON, *la Nature*, VII, 221. Admis ACAD. 1835.]
‖ (T. didact.) État du somnambule.

SOMNIFÈRE [sòm'-ni-fèr] *adj.*
[ÉTYM. Emprunté du lat. somnifer, *m. s.* ‖ XVᵉ-XVIᵉ s. Herbe tres somnifere, O. DE ST-GELAIS, *Énéide*, dans DELB. *Rec.*]
‖ (T. didact.) Qui provoque le sommeil. *Substantivt, au masc.* Le pavot est un —.

SOMNOLENCE [sòm'-nò-lâns'] *s. f.*
[ÉTYM. Emprunté du lat. somnolentia, *m. s.* ‖ XIVᵉ s. Paresse et somnolence de nos pensees, J. DE VIGNAY, dans DELB. *Rec.* Admis ACAD. 1835.]
‖ (T. didact.) Disposition à l'assoupissement.

SOMNOLENT, ENTE [sòm'-nò-lan, -lânt'] *adj.*
[ÉTYM. Emprunté du lat. somnolentus, *m. s.* ‖ *Néolog.* Admis ACAD. 1835.]
‖ (T. didact.) Porté à s'assoupir.

SOMPTUAIRE [sonp'-tuèr ; *en vers*, -tu-èr] *adj.*
[ÉTYM. Emprunté du lat. sumptuarius, *m. s.* ‖ 1542. Loy sumptuaire, E. DOLET, dans DELB. *Rec.*]
‖ (T. didact.) Relatif à la dépense. Loi, édit —, par lesquels l'État règle, restreint les dépenses des particuliers.

SOMPTUEUSEMENT [sonp'-tueûz'-man ; *en vers*, -tu-eû-ze-...] *adv.*
[ÉTYM. Composé de somptueuse et ment, § 724. ‖ 1512. Hours et eschaffauts... faits sumptueusement, J. LE MAIRE, dans DELB. *Rec.*]
‖ (T. didact.) D'une manière somptueuse.

SOMPTUEUX, EUSE [sonp'-tueû, -tueûz' ; *en vers*, -tu-...] *adj.*
[ÉTYM. Composé du lat. sumptuosus, *m. s.* ‖ XIVᵉ s. Feste... moult sumptueuse, *Récits d'un bourg. de Valenciennes*, dans DELB. *Rec.*]
‖ (T. didact.) Qui est d'une magnificence très riche. Voyant ces — repas, LA F. *Fab.* VII, 14.

SOMPTUOSITÉ [sonp'-tuó-zi-té ; *en vers*, -tu-ó-...] *s. f.*
[ÉTYM. Emprunté du lat. sumptuositas, *m. s.* ‖ 1512. Temple de grande sumptuosité, J. LE MAIRE, dans DELB. *Rec.*]
‖ (T. didact.) Magnificence très riche. Ce qui est dans les grands splendeur, —, LA BR. 7.

1. SON [son] *adj. poss.*
[ÉTYM. Du lat. suum, *m. s.* § 594. (*Cf.* sa, ses, sien, leur.)]
‖ Adj. possessif de la 3ᵉ personne, marquant possession, attribution, qui s'emploie devant tous les noms masc. et devant les noms fém. commençant par une voyelle ou une h muette. | 1. Possession. Le renard sort du puits, laisse — compagnon, LA F. *Fab.* III, 5. Secourir — ami. Oter — chapeau. Tirer — épée. | 2. Attribution. Faire — chemin (le chemin qu'on a à faire). Boire — café. Disposez tout le monde à — obéissance (à l'obéissance vis-à-vis de lui), RAC. *Théb.*

I, 4. | *P. ext. Famil.* En parlant d'une chose que la personne est censée s'assimiler. Il connaît bien — Homère. Il sait bien — catéchisme, — arithmétique. | *Vieilli.* J'ai honte de ma vie et je hais — usage (j'en hais l'usage), CORN. *Méd.* III, 3.

2. SON [son] *s. m.*
[ÉTYM. Du lat. sŏnum, *m. s.* §§ 327 et 291.]
‖ Sensation particulière que produisent sur l'organe de l'ouïe les mouvements vibratoires des corps, propagés par un milieu aériforme, liquide ou solide, jusqu'à la membrane du tympan. Un — clair, aigu, sourd. Un — mat, strident. UNE ISRAÉLITE : Quelle voix nous appelle ? — UNE AUTRE : J'en reconnais les agréables sons, RAC. *Esth.* I, 2. Fuyez des mauvais sons le concours odieux, BOIL. *Art p.* 1. Une pièce de monnaie dont le — n'est pas argentin. *Fig.* Celles... Que le — d'un écu rend traitables à tous, CORN. *Ment.* I, 1. ‖ *Spéciall.* Sons musicaux, qui font partie d'une échelle musicale, d'une progression de sons séparés par des intervalles réguliers, et dont l'élévation croît ou décroît avec le nombre des vibrations dans un temps donné. Lévites, de vos sons prêtez-moi les accords, RAC. *Ath.* III, 7. Le — des instruments. Quelques-uns dansaient au — du chalumeau, FÉN. *Tél.* 17.

3. SON [son] *s. m.*
[ÉTYM. Pour seon, § 358, d'origine incertaine. ‖ 1243. Se déduit du bas lat. panis de seonno (pain de son), dans DU C. seonnum.]
‖ Résidu de la mouture, réunion des débris de l'écorce du grain. Le porc à s'engraisser coûtera peu de —, LA F. *Fab.* VII, 10. ‖ *Fig.* Il faut que les seigneurs aiment mieux le — que la farine (ce qui est commun que ce qui est distingué), LES. *Estev. Gonzalez,* 28. *Loc. prov.* Moitié farine et moitié —, moitié de gré, moitié de force. Ventre de —, robe de velours. (*V.* robe.)

SONATE [sŏ-nǎt'] *s. f.*
[ÉTYM. Emprunté de l'ital. sonata, *m. s.* § 12. (*Cf.* l'anc. franç. sonade, sonner.) ‖ Admis ACAD. 1718.]
‖ (Musique.) Pièce de musique classique, pour un ou plusieurs instruments, comprenant d'ordinaire un morceau d'introduction, un adagio ou un andante, un menuet et un final finale.

SONDAGE [son-dǎj'] *s. m.*
[ÉTYM. Dérivé de sonder, § 78. ‖ 1769. MORAND, *Art d'exploiter les mines,* p. 399.]
‖ (Technol.) Action de sonder.

SONDE [sŏnd'] *s. f.*
[ÉTYM. Semble se rattacher au scandinave sund, mer, détroit, § 9. ‖ XIIᵉ-XIIIᵉ s. Grant riviere parfonde, Que nus n'i getast d'une sonde, *Perceval,* 40508.]
‖ Instrument qui sert à sonder.
‖ 1° Plomb mis au bout d'une ligne ou cordelette divisée en brasses, pour déterminer la profondeur de la mer, d'une rivière, etc., la nature du fond, etc. Jeter la —. Naviguer à la —, en jetant continuellement la sonde. *Fig.* Marcher la — à la main, aller avec précaution dans une affaire.
‖ 2° Tarière qu'on enfonce dans le sol pour explorer la nature des terrains, creuser des puits artésiens, etc.
‖ 3° (Chirurgie.) Tige qu'on introduit dans une plaie pour l'explorer. (*Cf.* tente 2.) — creuse, tube qu'on introduit dans certaines parties de l'organisme pour faire écouler les liquides qui y sont accumulés. — cannelée, qui sert à guider sans déviation les instruments tranchants, aigus, à travers les organes. | *Fig.* Ami, ne porte plus la — en mon courage, CORN. *Clit.* III, 5.
‖ 4° Tige dont se servent les douaniers, les employés de l'octroi, pour explorer les voitures, les paniers, etc., et s'assurer qu'ils ne recèlent pas de contrebande.
‖ 5° Tige qui sert à dégager des tuyaux de conduite quand ils sont obstrués.

SONDER [son-dé] *v. tr.*
[ÉTYM. Dérivé de sonde, § 154. ‖ 1382. Lingnes a sonder, *Compte du clos des galees de Rouen,* dans DELB. *Rec.*]
‖ (T. didact.) Explorer avec la sonde. — un bras de mer, une rivière. — un terrain, et, *fig.* — le terrain, aller avec précaution dans une affaire. — une plaie, et, *p. ext.* — un blessé. ‖ *Spéciall.* — qqn, introduire dans la vessie une sonde pleine pour reconnaître si le malade a la pierre, ou une sonde creuse pour faire écouler l'urine retenue par quelque empêchement. | *Fig.* — qqn, chercher à péné-

trer ses intentions. Pour m'aider à — mon père sur les sentiments où je suis, MOL. *Av.* I, 2. Dieu qui sonde les cœurs, BOSS. *Soumission,* 3.

SONDEUR, *SONDEUSE [son-deur, -deûz']* *s. m.* et *f.*
[ÉTYM. Dérivé de sonde, § 112. ‖ 1690. Sondeur, FURET. Admis ACAD. 1798 (au masc.).]
‖ (Technol.) Celui, celle qui sonde.

SONGE [sŏnj'] *s. m.*
[ÉTYM. Du lat. somnium, *m. s.* devenu *somnjo, somje, sonje, songe,* §§ 472, 355 et 291.]
‖ Combinaison, le plus souvent bizarre, de faits, d'idées, de sensations imaginaires que l'âme forme parfois durant le sommeil. (*Syn.* rêve.) Je sais ce qu'est un —, et le peu de croyance Qu'un homme doit donner à son extravagance, CORN. *Poly.* I, 1. Une divinité me l'a fait voir en —, BOIL. *Lutr.* 1. | *Loc. prov.* Tous songes sont mensonges. | En parlant de ce dont la réalité nous semble douteuse. Veillé-je ou n'est-ce point un — ? RAC. *Iph.* II, 7. Ce que j'avais entendu dans la caverne ne me paraissait plus qu'un —, FÉN. *Tél.* 2. *P. anal.* Je vous rappelle un — effacé de votre âme, RAC. *Mithr.* I, 2. ‖ *Fig.* Ce qui n'a que l'apparence de la réalité. Après ce que nous venons de voir, la santé n'est qu'un nom, la vie n'est qu'un —, BOSS. *D. d'Orl.* Les vôtres auprès d'eux (de mes maux) vous sembleront un —, CORN. *Hor.* III, 4. Un spectre, un —, un rien, LA F. *Eunuque,* II, 4. | *Loc. prov.* Mal passé n'est qu'un —.

SONGE-CREUX [sonj'-kreû ; *en vers,* son-je-...] *s. m.* et *f.*
[ÉTYM. Composé de songe (du verbe songer) et creux pris adverbialement, § 209. D'abord employé comme nom propre d'un personnage allégorique, § 36. ‖ 1527. Pronostication de Songe-creux, titre, dans MONTAIGLON, *Anc. Poés. franç.* XII, 168.]
‖ *Famil.* Celui, celle qui poursuit des idées chimériques. Ces tristes —, TH. CORN. *Baron d'Albikrac,* III, 5.

SONGE-MALICE [sonj'-mà-lis' ; *en vers,* son-je-...] *s. m.* et *f.*
[ÉTYM. Composé de songe (du verbe songer) et malice, § 209. ‖ 1549. Un songemalice, R. EST. Admis ACAD. 1798.]
‖ *Famil.* Celui, celle qui médite des tours malicieux.

SONGER [son-jé] *v. intr.* et *tr.*
[ÉTYM. Du lat. somniare, *m. s.* devenu *somnjar, somjier, sonjier, songier,* §§ 472, 355, 297 et 291, songer, § 634.]
I. *V. intr.* ‖ 1° *Vieilli.* Faire un songe. (*Syn.* rêver.) Étonnés comme gens qui pensaient avoir songé, MALH. *Tite Live,* XXIII, 32. Vous aurez... songé d'eau bourbeuse, MOL. *Tart.* II, 4.
‖ 2° *Fig.* Se livrer à la rêverie. Chacun songe en veillant, il n'est rien de plus doux, LA F. *Fab.* VII, 10. — creux, poursuivre des idées chimériques. (*Cf.* songe-creux.)
‖ 3° *P. ext.* Se livrer à la pensée de qqch. Songez-y bien, RAC. *Andr.* I, 4. Sans — à mal, MOL. *Préc. rid.* sc. 9. N'allons point — au mal qui nous peut arriver, MOL. *D. Juan,* I, 2. Il faut uniquement — à bien faire, BOSS. *Condé.* On ne songe pas à tout. *P. anal.* — à qqn, à ce qui le concerne. Visir, songez à vous, RAC. *Baj.* II, 3.
II. *Vieilli. V. tr.* ‖ 1° Voir en songe. Je songerai plus que rencontre funeste, LA F. *Fab.* IX, 2.
‖ 2° Concevoir comme possible. J'avais songé une comédie, MOL. *Impr.* sc. 1.

SONGERIE [sonj'-ri ; *en vers,* son-je-ri] *s. f.*
[ÉTYM. Dérivé de songer, § 69. ‖ XVIᵉ s. Par mes songeries, RAB. dans DELB. *Rec.*]
‖ *Rare.* Rêverie. Une — mélancolique.

SONGEUR, *SONGEUSE [son-jeur, -jeûz']* *s. m.* et *f.*
[ÉTYM. Dérivé de songer, § 112. ‖ XIIᵉ s. Ves la le chevalier qui est songiere, *Aiol,* dans DELB. *Rec.*]
‖ 1° *Rare.* Celui, celle qui fait des songes. (*Syn.* rêveur.) Le même — vit..., LA F. *Fab.* XI, 4.
‖ 2° *Fig.* Celui, celle qui se livre à la rêverie. *P. ext. Adjectivt.* Un air —, une physionomie songeuse.

SONICA [sŏ-ni-kà] *adv.*
[ÉTYM. Origine inconnue. ‖ Admis ACAD. 1718.]
‖ (T. du jeu de bassette.) A point nommé. *Fig. Vieilli.* Cette résolution sera mise à exécution —, J.-J. ROUSS. 2ᵉ *Dialog.*

SONNA [sŏn'-nà] et **SUNNA** [soun'-nà] *s. f.*
[ÉTYM. Emprunté de l'arabe sunnat, *m. s.* § 22. ACAD. donne en outre la forme assonah. ‖ Admis ACAD. 1798.]
‖ (T. didact.) Recueil des actions et des paroles de Mahomet, livre vénéré des musulmans.

SONNAILLE [sò-nây'] *s. f.*
[ÉTYM. Dérivé de sonner, §88. ‖ xive s. Se déduit de l'existence de sonnailler 1 à cette époque. Admis ACAD. 1740.]
‖ Clochette attachée au cou d'un animal.

1. SONNAILLER [sò-nâ-yé] *s. m.*
[ÉTYM. Dérivé de sonnaille, § 115. ‖ xive s. En Brie il est appelé le sounaillier, J. DE BRIE, *Bon Berger*, p. 57, Liseux. Admis ACAD. 1798.]
‖ Animal portant une clochette au cou et qui, dans un troupeau, marche devant les autres.

2. SONNAILLER [sò-nâ-yé] *v. tr.*
[ÉTYM. Dérivé de sonner, § 161. ‖ Admis ACAD. 1762.]
‖ *Famil.* Sonner sans cesse.

SONNANT, ANTE [sò-nan, -nänt'] *adj.*
[ÉTYM. Adj. particip. de sonner, § 47. ‖ 1613. Paroles sonnantes, *Chron. bordel.* dans DELB. *Rec.*]
‖ Qui sonne. (*Cf.* maisonnant.) La trompette sonnante. A l'heure sonnante. J'y cours, midi —, BOIL. *Sat.* 3. Payer en espèces sonnantes, en pièces de bonne monnaie. Des paroles sonnantes, BUFF. *Style.*

SONNER [sò-né] *v. intr. et tr.*
[ÉTYM. Du lat. sonare, *m. s.* devenu soner, sonner, §§ 347, 474, 295 et 291.]
I. *V. intr.* ‖ **1°** Rendre un son. Partout en même temps la trompette a sonné, RAC. *Ath.* v, 6. Le bonhomme partait, quand ma montre sonna, CORN. *Ment.* II, 5. Les cloches sonnent. Il... faisait — sa sonnette, LA F. *Fab.* I, 4. Ce mot sonne bien à l'oreille. Faire — l'r. Faire — un mot, appuyer sur ce mot en le prononçant. *Fig.* Faire — qqch, y insister. Est-ce un sujet pour quoi Vous fassiez — vos mérites? LA F. *Fab.* IV, 3. ‖ *P. ext.* En parlant de ce qu'indique le son. Les vêpres sonnent. Midi a sonné à l'horloge.
‖ **2°** Faire rendre un son à (qqch). — du cor, de la trompette. *Absolt.* On entend les piqueurs — (de la trompe). — du gros ton, du grêle.
II. *V. tr.* Tirer du son de (qqch). — la cloche. *Ellipt.* On a sonné à la porte. Comme si je ne sonnais point, MOL. *Mal. im.* I, 1. | *Vieilli.* Ne — mot, ne pas faire entendre un mot. ‖ *P. ext.* | 1. Annoncer (qqch) par le son. — la messe. Le dîner est sonné. — le boute-selle, la retraite, la diane. Comme il sonna la charge, il sonne la victoire, LA F. *Fab.* II, 9. | 2. Avertir, appeler (qqn) par le son. — ses gens. | 3. Signaler (qqn) par le son. — un voyageur, indiquer, en faisant sonner un cadran, qu'un voyageur est monté (dans un omnibus).

SONNERIE [sŏn'-ri ; *en vers*, sò-ne-ri] *s. f.*
[ÉTYM. Dérivé de sonner, § 69. ‖ xiiie s. Es clochiers fu la sonerie Et longue et grant, GAUT. DE COINCY, *Mir. de N.-D.* p. 189.]
‖ **1°** Ensemble des pièces qui font sonner qqch. La — d'une horloge, d'un carillon. La — d'une église, l'ensemble des cloches.
‖ **2°** Manière de sonner. La — pour un baptême, pour une mort. Les sonneries d'un régiment, les différents airs que sonnent les trompettes.

SONNET [sò-nè] *s. m.*
[ÉTYM. Emprunté de l'ital. sonetto, *m. s.* § 12. (*Cf.* l'anc. franç. sonet, petit son, petite chanson.) ‖ 1543. M. DE ST-GELAIS, I, 290, Bibl. elzév.]
‖ (T. didact.) Pièce de poésie de quatorze vers, en deux quatrains (sur deux rimes) suivis de deux tercets. Un — sans défaut vaut seul un long poème, BOIL. *Art* p. 2.

SONNETTE [sò-nĕt'] *s. f.*
[ÉTYM. Dérivé de sonner, §.133. ‖ xiiie s. Ne li covient sonete a col, RUTEB. p. 226, Kressner.]
‖ **1°** Clochette destinée à appeler, à avertir. Il (le mulet)... faisait sonner sa —, LA F. *Fab.* I, 4. Agiter une —. Tirer la — (un cordon qui met en mouvement une sonnette). — électrique, qu'un fil électrique met en mouvement. ‖ *Fig.* Serpent à sonnettes, crotale.
‖ **2°** *P. anal.* (Technol.) Machine qui sert à enfoncer un pilotis en élevant (à l'aide de cordes) et en laissant tomber brusquement sur la tête de chaque pieu un bloc très pesant.

SONNEUR [sò-neûr] *s. m.*
[ÉTYM. Dérivé de sonner, § 112. ‖ xiiie s. Soneor, dans GODEF. *Compl.*]
‖ Celui qui sonne. ‖ *Spécialt.* | 1. Celui qui sonne les cloches. *Loc. prov.* Boire comme un —. | 2. Celui qui sonne de la trompette, du cor, etc. Maudit —, qui cornes incessamment, LA BR. *Théophr. Peur.* | 3. Celui qui tire les cordes de la sonnette à enfoncer les pilotis.

SONNEZ [sò-né] *s. m.*
[ÉTYM. Impératif du verbe sonner, les joueurs ayant jadis l'habitude de dire : Sonnez, le diable est mort, quand ce coup se produisait, § 50. A remplacé sanne. ‖ xviie s. *V.* à l'article.]
‖ (T. de trictrac.) Coup où l'on amène deux six avec les dés. Tes biens, au sort abandonnés, Devenir le butin d'un pique ou d'un —, BOIL. *Sat.* 10. D'autres... lui promirent... un — pour une autre fois, FURET. *Rom. bourg.* 1, 56.

SONORE [sò-nòr] *adj.*
[ÉTYM. Emprunté du lat. sonorus, *m. s.* ‖ xvie s. Se déduit de l'existence de l'adv. sonorement, dans *Sat. Ménipp.* p. 65.]
‖ (T. didact.) ‖ **1°** Qui rend un son. Un corps —. Les vibrations sonores.
‖ **2°** Qui a beaucoup de son. Une voix —.
‖ **3°** Qui renvoie bien le son. Une salle —.

SONORITÉ [sò-nò-ri-té] *s. f.*
[ÉTYM. Emprunté du lat. sonoritas, *m. s.* ‖ 1554. L'ornement et sonorité de la langue, CH. FONTAINE, *Quintil horatian*, dans DELB. *Rec.* Admis ACAD. 1835.]
‖ (T. didact.) Caractère de ce qui est sonore.

SOPHA. *V.* sofa.

SOPHISME [sò-fìsm'] *s. m.*
[ÉTYM. Emprunté du lat. sophisma, grec σόφισμα, *m. s.* ‖ xiie s. Soffime, BEN. DE STE-MORE, *Troie*, 25668.]
‖ (T. didact.) Argument captieux. Le — le plus entrelacé, ST-SIM. III, 211.

SOPHISTE [sò-fìst'] *s. m.*
[ÉTYM. Emprunté du lat. sophista, grec σοφιστής, *m. s.* de σοφός, sage, savant : le mot σοφιστής est pris en bonne part dans les premiers temps de la civilisation grecque. ‖ xiiie s. Li soffistre le despisoient, H. D'ANDELI, *Bat. des set arts*, dans DELB. *Rec.*]
‖ (Antiq. grecque.) Sorte de professeur de philosophie, de rhétorique, qui enseignait à plaider le pour et le contre. Les sophistes... soutenant toutes les doctrines sans en adopter aucune, BARTHÉLEMY, *Anacharsis*, 67. ‖ *Fig.* De nos jours. Celui qui fait des arguments captieux.

SOPHISTICATION [sò-fìs'-ti-kà-syon ; *en vers*, -si-on] *s. f.*
[ÉTYM. Dérivé de sophistiquer, § 247. ‖ xive s. En sophistication et en erreur, ORESME, dans GODEF. Admis ACAD. 1835.]
‖ (T. didact.) Action de sophistiquer. *Spécialt.* Action de dénaturer par un mélange frauduleux.

SOPHISTIQUE [sò-fìs'-tìk'] *adj.*
[ÉTYM. Emprunté du lat. sophisticus, grec σοφιστικός, *m. s.* ‖ xiiie s. Garde que tes paroles ne soient sophistiques, BRUN. LATINI, *Trésor*, p. 357. | xive s. Une raison sophistique, ORESME, *Éth.* vii, 3.]
‖ (T. didact.) ‖ **1°** Qui appartient au sophisme. Une tournure d'esprit —. Ses raisonnements sophistiques, LA BR. 5.
‖ **2°** (Antiq. grecque.) Qui appartient aux sophistes. L'école —. | *Substantivt, au fém.* La —, l'art des sophistes.

*SOPHISTIQUEMENT** [sò-fìs'-tìk'-man ; *en vers*, -ti-ke-...] *adv.*
[ÉTYM. Composé de sophistique et ment, § 724. ‖ xiiie s. Qui parole sophistiquement, BRUN. LATINI, *Trésor*, p. 357.]
‖ (T. didact.) D'une manière sophistique.

SOPHISTIQUER [sò-fìs'-ti-ké] *v. intr. et tr.*
[ÉTYM. Emprunté du lat. scolast. sophisticare, *m. s.* § 217. ‖ xive s. Sophistiquer la multitude, ORESME, dans MEUNIER, *Essai sur Oresme.*]
‖ **1°** *V. intr.* (rare). Faire des sophismes. On sophistiquait, on ergotait, VOLT. *Dict. philos.* arianisme.
‖ **2°** *V. tr.* Dénaturer par un mélange frauduleux (une substance alimentaire, pharmaceutique, etc.). Du vin sophistiqué. Des poudres sophistiquées. ‖ *Fig.* Attraper les hommes avec un zèle contrefait et une charité sophistiquée, MOL. *Tart.* Ier placet.

SOPHISTIQUERIE [sò-fìs'-tìk'-ri ; *en vers*, -ti-ke-ri] *s. f.*
[ÉTYM. Dérivé de sophistiquer, §69. ‖ 1553. Je ne sçoy quelles sophistiqueries, *Apopht. d'Érasme*, dans DELB. *Rec.*]
‖ (T. didact.) Subtilité sophistique.

SOPHISTIQUEUR, *SOPHISTIQUEUSE [sò-fìs'-ti-keûr, -keûz'] *s. m. et f.*
[ÉTYM. Dérivé de sophistiquer, § 112. ‖ xve s. Venez, venez, sophistiqueurs, COQUILLART, *Droits nouveaux.* Admis ACAD. 1798.]

|| (T. didact.) Celui, celle qui sophistique. | **1.** Celui, celle qui aime les subtilités sophistiques. Subtils sophistiqueurs, J.-B. ROUSS. *Épit.* II, 6.| **2.** Celui, celle qui dénature par un mélange frauduleux.

SOPORATIF, IVE [sò-pò-rà-tïf', -tïv'] *adj.*
[ÉTYM. Dérivé du lat. soporare, endormir, § 257. (*Cf.* assoupir.) || 1586. Fumees soporatives, P. LE LOYER, *Hist. des spectres*, dans DELB. *Rec.*]
|| (T. didact.) Qui a la propriété d'endormir. (*Cf.* soporifique et soporifère.)

SOPOREUX, EUSE [sò-pò-reû, -reûz'] *adj.*
[ÉTYM. Dérivé du lat. sopor, sommeil, § 251. (*Cf.* le lat. class. soporus, *m. s.*) || XVIe s. Fiebvres qu'on appelle soporeuses, PARÉ, XXI, 4. Admis ACAD. 1762.]
|| (Médec.) Caractérisé par un sommeil morbide, lourd et profond. État —.

SOPORIFÈRE [sò-pò-ri-fèr] *adj.*
[ÉTYM. Emprunté du lat. soporifer, *m. s.* || XVe-XVIe s. Mort soporifere, J. LE MAIRE, dans DELB. *Rec.*]
|| *Vieilli.* (T. didact.) Soporifique.

SOPORIFIQUE [sò-pò-ri-fïk'] *adj.*
[ÉTYM. Composé avec le lat. sopor, sommeil, et facere, faire, § 273. || 1690. FURET.]
|| (T. didact.) Qui fait naître le sommeil. (*Cf.* soporatif.)

SOPRANO [sò-prà-nó] *s. m.*
[ÉTYM. Emprunté de l'ital. soprano, *m. s.* dérivé de sopra, dessus, § 12. (*Cf.* le doublet souverain.) || 1781. Voix de soprano, *Mém. pour servir à l'hist. de la révol. de la musiq.* p. 284. Admis ACAD. 1835.]
|| (Musique.) Voix du registre le plus élevé, qu'on appelait autrefois dessus. || *P. ext.* Personne ayant cette voix.

SOR. *V.* saur.

SORBE [sòrb'] *s. f.*
[ÉTYM. Emprunté du lat. sorbum, *m. s.* Le genre fém. est dû à l'analogie de poire, pomme, etc. § 553. || 1512. Mesples, sorbes, J. LE MAIRE, dans DELB. *Rec.* Admis ACAD. 1762.]
|| Fruit du sorbier. (*Cf.* corme.)

SORBET [sòr-bè] *s. m.*
[ÉTYM. Emprunté de l'ital. sorbetto, *m. s.* turc chorbet, arabe chorba, *m. s.* de la même famille que sirop, §§ 12, 22 et 23. || 1553. Les sorbets, P. BELON, *Obs. de plus. singul.* fo 188, ro.]
|| Boisson glacée fondante. Un — au citron, au kirsch.

SORBÉTIÈRE [sòr-bé-tyér] *s. f.*
[ÉTYM. Dérivé de sorbet, §§ 65 et 115. Altéré par le peuple en sarbotière (ACAD. 1835-1878) et salbotière, § 361.]
|| (Technol.) Vase où l'on congèle les préparations à glacer, en le faisant tourner dans un seau rempli de glace.

SORBIER [sòr-byé] *s. m.*
[ÉTYM. Dérivé de sorbe, § 115. || 1557. CH. DE L'ÉCLUSE, *Hist. des plantes*, p. 510. Admis ACAD. 1762.]
|| Arbre de la famille des Rosacées. — domestique ou cormier, qui porte des fruits dits sorbes ou cormes.

SORBONIQUE [sòr-bò-nïk'] *s. f.*
[ÉTYM. Dérivé de Sorbonne, nom propre d'un collège de théologie fondé à Paris par Robert de Sorbon, §§ 36 et 229. || XVIe s. Il n'est point tant... Ne d'argumens en une sorbonnique, M. DE ST-GELAIS, *Sonn.* 7. Admis ACAD. 1740.]
|| *Ancienn.* Thèse soutenue en Sorbonne. Je l'ai soutenue (cette opinion) dans ma —, PASC. *Prov.* 1.

SORCELLERIE [sòr-sèl-ri; *en vers,* -sè-le-ri] *s. f.*
[ÉTYM. Pour sorcererie, § 361, dérivé de sorcier, §§ 65 et 69. (*Cf.* ensorceler.) || XIIIe s. Mahon et sa sorcelerie, *Chans. d'Antioche*, VI, 793.]
|| Art des sorciers. Être accusé de —. | *P. ext.* Pratique de sorcier. Faire des sorcelleries.

SORCIER, IÈRE [sòr-syé, -syèr] *s. m. et f.*
[ÉTYM. Du lat. pop. *sortiarium, *m. s.* dérivé de sors, tis, sorti, §§ 406, 297 et 291. || VIIIe s. Se déduit de sorcerus, dans *Gloss. de Reichenau*, 1094.]
|| Celui, celle à qui on attribue un pouvoir surnaturel qu'il tient d'un pacte avec les esprits infernaux. On les tient pour sorciers dont l'enfer est le maître, CORN. *Poly.* IV, 6. — I je l'en défie, LA F. *Fab.* IV, 4. Il ne faut pas être —, sorcière, pour deviner cela. Il ne fallait pas être une grande sorcière Pour voir..., MOL. *Dép. am.* IV, 1.

SORDIDE [sòr-did'] *adj.*
[ÉTYM. Emprunté du lat. sordidus, *m. s.* || XVIe s. Le chancre ulcéré est fort sordide, PARÉ, V, 27.]
|| Sale à faire honte. || *Fig.* Avarice —, portée à un excès

honteux. *P. anal.* Qu'un — gain Ne soit jamais l'objet d'un illustre écrivain, BOIL. *Art p.* 4.

SORDIDEMENT [sòr-did'-man ; *en vers,* -di-de-...] *adv.*
[ÉTYM. Composé de sordide et ment, § 724. || XVIe s. Si vilement et sordidement, CHARRON, *Sagesse*, I, 42.]
|| D'une manière sordide.

SORDIDITÉ [sòr-di-di-té] *s. f.*
[ÉTYM. Composé du lat. sordiditas, *m. s.* || 1573. Ce rang de sordidité, RUBIS, *Privil. de Lyon*, dans DELB. *Rec.* Admis ACAD. 1798.]
|| *Rare.* Caractère de ce qui est sordide.

*** SORE** [sòr] *s. m.*
[ÉTYM. Emprunté du grec σωρός, tas. (*Cf.* sorite.) || *Néolog.*]
|| (Botan.) Groupe de corpuscules reproducteurs, sur le revers des frondes de fougères.

SORET. *V.* sauret.

SORGHO [sòr-gó] *s. m.*
[ÉTYM. Emprunté de l'ital. sorgo (OUD.), *m. s.* d'origine incertaine, § 12. || 1812. MOZIN, *Dict. franç.-allem.* Admis ACAD. 1878.]
|| (Botan.) Plante de la famille des Graminées, voisine du maïs. — commun, dit vulgairement grand millet, millet de Turquie, blé de Guinée, etc. Un balai de —.

SORITE [sò-rït'] *s. m.*
[ÉTYM. Emprunté du lat. sorites, grec σωρείτης, *m. s.* de σωρός, tas. (*Cf.* sore.) || 1613. La deduction que les logiciens appellent sorites, CÉSAR DE NOSTREDAME, *Hist. de Provence*, dans DELB. *Rec.* Admis ACAD. 1835.]
|| (Logique.) Suite de propositions liées de manière que l'attribut de la première devienne le sujet de la seconde, et ainsi de suite, la dernière devant être implicitement contenue dans la première et le raisonnement est juste.

SORNETTE [sòr-nèt'] *s. f.*
[ÉTYM. Dérivé de l'anc. franç. sorner, berner, d'origine inconnue, § 133. Certains patois ont sorne au sens de « scorie ». (*Cf.* dessorner.) || 1452. Une bonne sournette ou esbatement, dans DU C. subsannatio.]
|| Propos vide de sens. Ce conteur de sornettes, RÉGNIER, *Sat.* 6.

SORT [sòr] *s. m.*
[ÉTYM. Du lat. sòrtem, *m. s.* § 291. (*Cf.* sorte.) Sur le changement de genre (le lat. est fém.), *V.* § 556.]
I. || **1°** Condition échue à chaque homme. Prend-on mal ses mesures, On pense en être quitte en accusant son —, LA F. *Fab.* V, 11. Être content de son —. La splendeur de son — doit hâter sa ruine, RAC. *Ath.* II, 5. Assurer le — de qqn. Faire à qqn un — brillant. *P. anal.* En parlant du bon ou mauvais succès des choses. Une nouvelle secte de philosophie qui avait le — de toutes les autres, BOSS. *Hist. univ.* II, 26. || *Spécialt.* Jeter un mauvais —, et, *ellipt,* Jeter un — à qqn (selon une croyance superstitieuse), lui porter mauvaise chance, par des maléfices. C'est quelque — qu'il faut qu'il ait jeté sur toi, MOL. *Éc. des f.* V, 4.
|| **2°** *P. ext.* Puissance qu'on suppose décider arbitrairement du sort de chaque homme. Dans le vulgaire obscur si le — l'a placé, RAC. *Ath.* II, 5. D'un — fâcheux la maligne inconstance Vient par un coup fatal faire tourner la chance, BOIL. *Sat.* 4. Défions-nous du —, LA F. *Fab.* VII, 13. | *Poét.* Personnification de cette puissance. Le Sort de sa plainte touché, LA F. *Fab.* VI, 11. || *P. anal.* Hasard auquel on s'en rapporte pour décider qqch. Tirer au sort. Ses habits partagés, sa robe jetée au —, BOSS. *Hist. univ.* II, 4. Allons jeter le — pour la dernière fois, CORN. *Androm.* I, 3. *Spécialt.* Tirer à la conscription. *Fig.* Le — en est jeté, c'est chose décidée. || *Spécialt.* Le — des armes, des combats, l'alternative favorable ou défavorable.
II. (Droit rom.) — principal, le capital. Et le — principal et les gros intérêts, LA F. *Fab.* XII, 7.

SORTABLE [sòr-tàbl'] *adj.*
[ÉTYM. Dérivé de sortir, § 93. (*Cf.* l'anc. franç. sortissable.) || XVe s. Qui lui sembloit chose sortable, COMM. V, 16.]
|| Qui est de nature à convenir (à qqn). Offrir à une jeune fille un parti —. Un état, une condition —. [Un âge — au vôtre, LA F. *Eunuque*, IV, 1.

*** SORTABLEMENT** [sòr-tà-ble-man] *adv.*
[ÉTYM. Composé de sortable et ment, § 724. || XVIe s. Plus sortablement, MONTAIGNE, I, 1.]
|| D'une manière sortable.

SORTANT, *SORTANTE [sòr-tan, -tànt'] *adj.*

[ÉTYM. Adj. particip. de sortir, § 47. || xviiᵉ-xviiiᵉ s. *V.* à l'article. Admis ACAD. 1835.]

|| **1°** Qui sort. Les numéros sortants, qui sortent de l'urne. Sénateur, député —, qui sort de fonction, dont le mandat est expiré. | *Substantivt.* Les entrants et les sortants, les personnes qui entrent et celles qui sortent.

|| **2°** *Fig.* Qui ressort, qui est en dehors. Une physionomie vive, ouverte, sortante, ST-SIM. III, 322.

SORTE [sòrt'] *s. f.*

[ÉTYM. Du lat. pop. *sŏrta, autre forme de sortem, sort, dont l'existence est rendue probable par l'accord du franç. sorte et de l'ital. sorta, § 291.]

|| **1°** Manière d'être d'une personne, d'une chose (par comparaison à ce qui est dans une situation analogue). Ne faisons rien que de la bonne —, MOL. *Ét.* III, 9. Tout s'est-il ces deux jours passé de bonne —? ID. *Tart.* I, 4. Il ne se fit prier que de la bonne —, LA F. *Fab.* x, 13. Traitez-nous de même —, ID. *ibid.* VII, 17. Ayant parlé de cette —, ID. *ibid.* VII, 3. *Ellipt.* De la —, de cette sorte. Ceux qui en useraient de la —, PASC. *Prov.* 18. On l'a en quelque — chassé. *Loc. conj.* De telle — que, de — que, en — que. Il fit en — que chacun fût content. Il s'est conduit de telle — que tout le monde l'admire. Vous lui donnez raison : de —, en —, de telle — que je me trouve avoir tort. *Loc. prép.* En — de. Faites en — d'être prêt.

|| **2°** *P. ext.* Manière d'être d'une personne, d'une chose (par comparaison à ce qui est de nature analogue. Réduits à une seule — d'habits et d'aliments, FÉN. *Exist. de Dieu*, I, 2. Marius prit toutes sortes de gens dans les légions, MONTESQ. *Espr. des lois*, XI, 18. On souffre aux entretiens ces sortes de combats, MOL. *F. sav.* IV, 3. Il a commencé par dire de soi-même : un homme de ma —, LA BR. 6.

SORTIE [sòr-ti] *s. f.*

[ÉTYM. Subst. particip. de sortir, § 45. || xviᵉ s. Eruptions et sorties de phlegme, J. TAGAULT, *Instit. chirurg.* dans GODEF. *Compl.*]

|| **1°** Action de sortir. Une troupe hardie Aux portes du palais attend notre —, RAC. *Baj.* IV, 7. Une porte de —, et, *fig.* Se ménager une porte de —, le moyen d'échapper à une difficulté. || *Spéciall.* | **1.** En parlant d'un acteur qui sort de la scène. La — d'un personnage. Fausse —, action de sortir de la scène, interrompue par la volonté du personnage ou par quelque autre circonstance. | **2.** En parlant d'assiégés qui sortent de la place pour attaquer les assiégeants. Faire une —. *Fig.* Brusque attaque dirigée, en paroles, contre qqn. Faire une — à qqn, contre qqn. Je n'approuve point une telle —, MOL. *F. sav.* II, 7. *P. anal.* Faire une — contre le luxe. | **3.** En parlant des objets de trafic qu'on transporte hors du pays. Interdire la — des matières d'or et d'argent. Droits d'entrée et de —. | *Poét.* Action de sortir de la vie. Si les dieux m'ont fait la vie abominable, Ils m'en font par pitié la — honorable, CORN. *Œd.* V, 7. *Loc. prép.* A la — de, au moment où l'on sort. A la — du bal, du théâtre. | *P. ext.* Une — de bal, vêtement de femme pour se garantir du froid au sortir du bal.

|| **2°** Endroit par où l'on sort. (*Syn.* issue.) Cette maison a deux sorties. Avoir une — sur la campagne. || *Fig.* Moyen de sortir d'une difficulté. Il faut de ces périls m'aplanir la —, CORN. *Rodog.* III, 1. Se ménager une —.

SORTILÈGE [sòr-ti-lèj'] *s. m.*

[ÉTYM. Emprunté du lat. sortilegium, *m. s.* || 1408. Sortilieges et superstitions, J. PETIT, dans DELB. *Rec.*]

|| Artifice de sorcier. Leur secte (des chrétiens)... use de —, CORN. *Poly.* I, 3.

1. SORTIR [sòr-tir] *v. intr.* et *tr.*

[ÉTYM. Origine incertaine : il est probable que c'est étymologiquement le même mot que sortir 2, mais le rapport de sens n'est pas exactement déterminé. Le composé ressortir se trouve dès le xiᵉ s. || xiiᵉ s. S'il doit morir Et de la mort puisse sortir, *Floire et Blancheft.* I, 808.]

I. *V. intr.* || **1°** Aller hors (d'un lieu). Sans — de la ville, il trouve la campagne, BOIL. *Sat.* 6. Il disait qu'il était entré dans cette prison le plus innocent des hommes et qu'il en était sorti le plus coupable, BOSS. *Condé.* Les morts après huit ans sortent-ils du tombeau? RAC. *Ath.* I, 1. — d'un pays, de sa maison. Mon jaloux... Est sorti de la chambre, et moi de mon étui, MOL. *Éc. des f.* IV, 6. Ce n'est pas tout de boire, il faut — d'ici, LA F. *Fab.* III, 5. L'épée est sortie du fourreau. Le sang sortait de sa blessure. Une porte qui est sortie des gonds, et, *fig.* — des gonds, être hors de soi. Faire — un objet de son enveloppe. Le numéro gagnant qui est sorti de l'urne. *Poét.* Voit sa vie ou sa mort — de son cornet (au jeu de dés), BOIL. *Sat.* 4. *P. ext.* Ce domaine est sorti de ses mains. Un effroyable cri sorti du sein des flots, RAC. *Phèd.* V, 6. Cette irrévocable sentence sortit de sa bouche, BOSS. *Le Tellier.* Tant d'heur et tant de gloire Ne peuvent pas sitôt — de ta mémoire, CORN. *Cinna*, V, 1. — de la règle, de la convention. Il est sorti de la question. Cela sort des proportions ordinaires. || *Ellipt* (en sous-entendant le lieu d'où sort la personne, la chose). | **1.** Aller dehors. Je ne sors qu'après que vous serez sortis (du salon), MOL. *Mis.* II, 4. | **2.** Aller se promener. | **3.** *Spéciall.* En parlant d'un malade, ne plus garder la chambre.

|| **2°** *P. anal.* Quitter l'endroit où l'on vient de faire quelque chose, et, *p. ext.* quitter ce qu'on faisait. — de table. — du souper. | Avec un infinitif pour complément. — de souper. | Telle femme pieuse sort de l'autel, LA BR. 14. — de la messe, du sermon, du bal, du spectacle. Vous sortez du baptême, CORN. *Poly.* II, 6. Sors vainqueur d'un combat dont Chimène est le prix, ID. *Cid*, V, 1. Tout sortant encor de la victoire, ID. *Poly.* IV, 1. — du collège. Il est sorti de nourrice. || *Fig.* Quitter (une manière d'être, d'agir). *Vieilli.* — de fille, de page, cesser d'être fille, d'être page. | — de la vie, mourir. — de maladie. — de l'enfance. — d'esclavage. — du doute, de l'obéissance. — de son caractère (habituel). — d'embarras. — d'une difficulté. Au — de, au moment même où l'on sort de. Au — d'avec vous, MOL. *Éc. des f.* IV, 6. Au — des forêts, LA F. *Fab.* II, 11. Au — du collège. Au — de la messe. Au — d e l'enfance, RAC. *Baj.* I, 1.

|| **3°** *Fig.* Provenir. De Juda devait — le Messie, BOSS. *Hist. univ.* II, 24. Daignez considérer le sang dont vous sortez, CORN. *Poly.* IV, 3. Sortie d'un père et de tant d'aïeux souverains, BOSS. *A. de Gonz.* Phèdre sort d'une mère..., RAC. *Phèd.* IV, 2. | C'est le plus bel ouvrage qui soit sorti de ses mains. Il sortira du fond de son âme l'ennui, PASC. *Pens.* XXV, 26.

|| **4°** Être en relief. (*Cf.* ressortir.) On a envie de l'embrasser (votre portrait), tant il sort bien de la toile, SÉV. 408. *Fig.* Le plus grand malheur de l'indigence est de faire — les vices, BARTHÉLEMY, *Anacharsis*, 76. Le naturel toujours sort et sait se montrer, BOIL. *Sat.* 11.

II. *Famil. V. tr.* || **1°** Faire aller hors (d'un lieu). — un enfant, le mener promener. — une voiture de la remise.

|| **2°** *Vieilli.* Aller hors de. L'ennemi... Sort l'enclos de la ville, ROTROU, *Sosies*, II, 3.

2. SORTIR [sòr-tir] *v. tr.*

[ÉTYM. Du lat. pop. sortire (class. sortįri, § 601), *m. s.* § 291.]

|| *Vieilli.* Obtenir par le sort. || *P. ext.* (Droit.) Obtenir. Il faut que cette sentence sortisse son plein et entier effet. Les renonciations devenaient caduques, comme ne sortissant plus l'effet pour lequel elles avaient esté faites, ST-SIM. II, 374. — nature de propre.

SOSIE [sò-zi] *s. m.*

[ÉTYM. Nom propre, § 36 : personnage de la comédie d'*Amphytrion* dont Mercure revêt momentanément la figure. || Admis ACAD. 1878.]

|| Personne qu'on prend pour une autre, tant elle lui ressemble. C'est votre —.

SOT, SOTTE [só, sòt'] *adj.*

[ÉTYM. Origine inconnue. || xiiᵉ s. Cist rois nous tient por sot, J. BODEL, *Saisnes*, tir. 17.]

|| **1°** Ridicule par un défaut de jugement dont il est le seul à ne pas s'apercevoir. On peut être sot avec beaucoup d'esprit, LA ROCHEF. *Réflex. div.* 16. Je serais fâché que vous crussiez que je suis assez sot pour ne rien voir, HAMILT. *Gram.* 8. Je n'y vas point, je ne suis pas si sot, LA F. *Fab.* II, 2. Au diantre soient la sotte ville et les sottes gens qui y sont! MOL. *Pourc.* I, 3. | *P. anal.* Fou. Elle est sotte de vous (folle de vous), MOL. *Ét.* I, 5. Mère sotte, sotte commune (mère folle, folle commune), l'Église, le peuple, personnages allégoriques des soties. || *Substantivt.* Un sot, une sotte. Un sot trouve toujours un plus sot qui l'admire, BOIL. *Art p.* 1. Un sot n'a pas assez d'étoffe pour être bon, LA ROCHEF. *Max.* 387. Holà, maître sot! MOL. *D. Juan*, I, 2. Vous êtes un sot en trois lettres, mon fils, ID. *Tart.* I, 1. *Famil. Ellipt.* Quelque sot! (quelque sot agirait ainsi!) ORGON : Je t'y guettais. — DORINE: Quelque sotte, ma foi! MOL. *Tart.* II, 2. || *P. ext.* Qui est d'une personne sotte. La sotte vanité nous est particulière, LA F. *Fab.* VIII, 15. A sot compliment, il faut une réponse de même, MOL. *Av.* III, 7. Le sot projet qu'il (Montaigne) a de se peindre PASC. *Pens.* VI, 33.

|| **2°** Déconcerté. Il est resté sot. Un homme l'emmenait, qui s'est trouvé fort sot, MOL. *Ét.* II, 11. | *Spécialt.* En parlant d'un mari trompé. Pour n'être point sot, MOL. *Éc. des f.* I, 1. | *Substantivt.* Elles font la sottise, et nous sommes les sots, MOL. *Sgan.* sc. 17. || *P. ext.* Faire une sotte figure, avoir l'air sot.

SOTIE [sò-tî] *s. f.*
[ÉTYM. Dérivé de sot, § 68. Synonyme de sottise à l'origine de la langue et jusqu'au XVIe s. dans AMYOT et JODELLE. || XIIe s. Li sens del seule est assi apeleiz sottie, *Serm. de St Bern.* p. 67. Admis ACAD. 1762.]
|| (XVe-XVIe s.) Satire dialoguée, où figuraient des sots et des sottes, personnages allégoriques.

SOT-L'Y-LAISSE [só-li-lès'] *s. m.*
[ÉTYM. Composé de sot, l' (pron. pers.), y (adv.) et laisse (du verbe laisser), § 213. || Admis ACAD. 1798.]
|| *Famil.* Morceau délicat de la volaille qui se trouve de chaque côté au-dessus du croupion. Découper les —.

SOTTEMENT [sŏt'-man ; *en vers*, sò-te-...] *adv.*
[ÉTYM. Composé de sotte et ment, § 724. || XIIe s. Ols mismes blandissent sottement, *Serm. de St Bern.* p. 18.]
|| D'une manière sotte. Vous donnez — vos qualités aux autres, MOL. *F. sav.* III, 3.

SOTTISE [sò-tîz'] *s. f.*
[ÉTYM. Dérivé de sot, § 124. (*Cf.* sotie.) || XIIIe s. Ce n'est pas sotise, dans JUBINAL, *Nouv. Rec.* II, p. 367.]
|| **1°** Défaut de celui qui est sot. La — dans l'un (l'ignorant) se fait voir toute pure, MOL. *F. sav.* IV, 3.
|| **2°** Action, parole, écrit, qui est d'un sot. Des sottises d'autrui nous vivons au palais, BOIL. *Ép.* 2. De tout temps, Les petits ont pâti des sottises des grands, LA F. *Fab.* II, 4. Dame mouche s'en va chanter à leurs oreilles, Et fait cent sottises pareilles, ID. *ibid.* VII, 9. Je... craignais qu'avec toi Je n'eusse fait quelque —, MOL. *Amph.* II, 3. Il rapporte une — triviale qu'a dite Agnès, ID. *Crit. de l'Éc. des f.* sc. 6. Vil complaisant, vous louez des sottises! ID. *Mis.* I, 2. || *Spécialt.* Mots injurieux. Dire des sottises à qqn.

SOTTISIER [sò-ti-zyé] *s. m.*
[ÉTYM. Dérivé de sottise, § 115. || XVIIe-XVIIIe s. *V.* à l'article. Admis ACAD. 1740.]
|| *Vieilli.* Recueil de sottises (propos libres, chansons, etc.). J'ai dans mon — avec soin ramassé Proverbes, quolibets, contes du temps passé, LEGRAND, *Roi de Cocagne*, prol. sc. 2. || *P. ext.* Diseur de sottises. Semant partout quolibets à la glace, Grand — de la première classe, SENECÉ, *Épigr.* p. 360. édit. 1717.

SOU [sou] *s. m.*
[ÉTYM. Du lat. sŏlidum, proprt, « solide », nom donné à l'origine à une monnaie d'or (solidus aureus), devenu sold, solt, sout, sou, §§ 290, 459, 412 et 290. (*Cf.* soldat, soudoyer, etc.) ACAD. admet encore la forme archaïque sol.]
|| Monnaie de billon valant autrefois la vingtième partie de la livre et, de nos jours, la vingtième partie du franc ou cinq centimes. Un clerc pour quinze sous... Peut aller au parterre, BOIL. *Sat.* 9. Être propre comme un — neuf, et, *ellipt*, comme un —. Un petit —, un sou simple. Un gros —, un sou double ou décime. Avoir le — pour livre, un profit d'un vingtième. *Loc. adv.* Au —, au sol la livre, au marc la livre. (*Cf.* marc 1.) || *P. ext.* Très petite somme. Il n'a pas un —, il n'a pas le —. Être sans un —. Il n'a pas le premier —. Cela vaut mille francs comme un —, aussi vrai que cela vaut un sou. Amasser — à —, — par —, mettre — sur —. | *Fig. Famil.* Un — de qqch, un peu de qqch. Si pour un — d'orage... S'amassait, LA F. *Fab.* IV, 8.

'**SOUAGE** [swàj' ; *en vers*, sou-àj']. *V.* suage.

SOUBARBE. *V.* sous-barbe.

SOUBASSEMENT [sou-bás'-man ; *en vers*, -bá-se-...] *s. m.*
[ÉTYM. Semble composé avec sous et bas, §§ 195, 196 et 145. ACAD. 1694 écrit soubassement. || 1412. Unes aumaires... revestues de soubassemens, dans DELB. *Rec.*]
|| **1°** (Architect.) Partie inférieure d'une construction, sur laquelle porte l'édifice, et qui porte elle-même sur le fondement.
|| **2°** *Vieilli.* Bande d'étoffe garnissant le bas d'un lit.

SOUBRESAUT [sou-bre-só] *s. m.*
[ÉTYM. Emprunté du provenç. sobresaut, *m. s.* qui correspond à sursaut, § 11. || XIVe-XVe s. Il faisoit le soubresaut armé de toutes pièces, *Chron. de Boucicaut*, I, 6.]
|| Saut brusque. Le cheval fit un —. Cette voiture fait faire des soubresauts. || *P. anal.* Brusque tressaillement.

SOUBRETTE [sou-brèt'] *s. f.*
[ÉTYM. Emprunté du provenç. mod. soubreto, fém. de soubret, celui qui fait le renchéri, de soubra, laisser de côté, § 11. || XVIIe s. *V.* à l'article.]
|| Suivante vive, délurée. Ils sont trompés et trompent les soubrettes, J. SARRAZIN, *Poés.* dans RICHEL. Voilà une — qui me paraît bien alerte, DANCOURT, *Bourgeoises à la mode*, V, 8. || *P. ext.* Personnage de comédie jouant ce rôle.

SOUBREVESTE [sou-bre-vèst'] *s. f.*
[ÉTYM. Emprunté de l'ital. sopravesta (OUD.), *m. s.* § 12. || XVe s. Soubreveste, *Stat. de l'ordre de St-Jean-de-Jérusal.* dans DU C. supravestis.]
|| *Anciennt.* Vêtement sans manches se portant sous la cuirasse, par-dessus les autres vêtements. *Spécialt.* Justaucorps sans manches des mousquetaires de la garde.

SOUCHE [sŏuch'] *s. f.*
[ÉTYM. Origine inconnue ; la forme primitive doit être qqch comme* ciŏcca (cf. le normanno-picard chouque, d'où chouquet), et n'a rien à voir avec soc. || XIIe s. Un vilain, qui ressanbloit Mor,... Vi je seoir sor une çoche, CHRÉTIEN DE TROYES, *Chevalier au lion*, 288.]
I. || **1°** Partie du tronc qui reste en terre avec les racines, quand l'arbre a été coupé. Des arbres qui repoussent de —. Brûler de vieilles souches.
|| **2°** (Botan.) Partie du tronc d'un arbre sur pied située au-dessous du collet, et d'où naissent les racines.
|| **3°** *Spécialt.* Pied de la vigne sur lequel naissent les ceps. || *Famil.* Rester comme une —, ne pas remuer plus qu'une —, rester inerte. Mais à tous mes discours tu fus comme une —, MOL. *Amph.* II, 3.
II. *Fig.* || **1°** Celui de qui sort toute une suite de descendants. Faire —, avoir des descendants. Vouloir faire — d'honnêtes gens, se marier avec l'intention d'élever ses enfants dans les principes de l'honnêteté. | (Droit.) Succéder par — (par opposition à succéder par tête), comme représentant une personne prédécédée de qui on descend.
|| **2°** Dans un registre dont on doit détacher des feuillets, partie qui doit rester au talon et se raccorder avec la partie détachée, pour vérifier l'authenticité.
|| **3°** Partie d'une cheminée qui s'élève sur le toit.
|| **4°** Douille qui fixe le soc au corps de la charrue.
|| **5°** Tuyau d'où part un jet d'eau dans un bassin.
|| **6°** Imitation de cierge où l'on ajuste une bougie.
|| **7°** Vieux clou resté dans la corne d'un animal déferré.

1. SOUCHET [sou-chè] *s. m.*
[ÉTYM. Dérivé de souche (allusion aux rhizomes de la plante), § 133. (*Cf.* le doublet chouquet.) || XVe-XVIe s. Odorant souchet, J. BOUCHET, dans GODEF. *Compl.*]
|| (Botan.) Plante herbacée de la famille des Cypéracées, à rhizome comestible dans l'espèce dite vulgairement amande de terre.

2. SOUCHET [sou-chè] *s. m.*
[ÉTYM. Pour *souchef, subst. verbal de souchever, §§ 52 et 62. || 1624. Le haut liais, le haut banc et le souchet, L. SAVOT, *Architect.* p. 260. Admis ACAD. 1762.]
|| (Technol.) Pierre de qualité inférieure entre les bancs d'une carrière, et particulièrement sous le dernier.

SOUCHETAGE [sŏuch'-tàj' ; *en vers*, sou-che-...] *s. m.*
[ÉTYM. Dérivé de soucheter, § 78. || 1669. *Ordonn. des eaux et forêts*, dans DELB. *Rec.* Admis ACAD. 1798.]
|| *Vieilli.* (T. forest.) Opération qui consiste à soucheter.

'**SOUCHETER** [sŏuch'-té ; *en vers*, sou-che-té] *v. intr.*
[ÉTYM. Dérivé de souche, §§ 63 et 154. Ce verbe n'est donné par aucun dictionnaire, mais souchetage et soucheteur le supposent nécessairement.]
|| *Vieilli.* (T. forest.) Vérifier, après une coupe, d'après les souches, le nombre et la qualité des arbres abattus.

SOUCHETEUR [sŏuch'-teur ; *en vers*, sou-che-...] *s. m.*
[ÉTYM. Dérivé de soucheter, § 112. || 1669. Arpenteurs et soucheteurs, *Ordonn. des eaux et forêts*, dans DELB. *Rec.* Admis ACAD. 1798.]
|| *Vieilli.* (T. forest.) Agent chargé de soucheter.

'**SOUCHEVER** [sŏuch'-vé ; *en vers*, sou-che-vé] *v. tr.*
[ÉTYM. Pour souschever, composé de sous et chever, §§ 192 et 196. (*Cf.* souchet 2.) || 1676. A. FÉLIBIEN, *Princ. de l'architect.* p. 740.]
|| (Technol.) Séparer (un lit de pierre) par le bas, en l'attaquant par-dessous, après l'avoir isolé latéralement par des tranchées verticales.

'**SOUCHEVEUR** [sŏuch'-veur ; *en vers*, sou-che-...] *s. m.*

[ÉTYM. Dérivé de souchever, § 112. || 1680. Soucheveux, RICHEL.]

|| (Technol.) Ouvrier chargé de souchever.

1. SOUCI [sou-si] *s. m.*

[ÉTYM. Anc. franç. soucie (fém.), du lat. solséquia, plur. de solsequium, *m. s.* (proprt, qui suit le soleil), pris pour un fém. sing. devenu *solsieie, solsie, soussie, écrit soucie, puis souci par confusion avec souci 2, §§ 459, 316, 392 et 291.]

|| (Botan.) Plante de la famille des Composées à capitules jaunes radiés. || *P. anal.* — d'eau, renonculacée à belle fleur jaune, dite gros bassin d'or.

2. SOUCI [sou-si] *s. m.*

[ÉTYM. Subst. verbal de soucier, § 52. || XIVe s. Soussy fu par nous appellés, J. BRUYANT, dans *Ménagier*, II, p. 6.]

|| Préoccupation relative à une personne, à une chose à laquelle on porte intérêt. J'espère qu'il (le Ciel) aura de vous quelque —, LA F. *Fab.* VII, 3. Sans prendre aucun — de votre dignité, CORN. *Perth.* IV, 2. Prends — de me plaire, ID. *Suit. du Ment.* II, 2. Être en — de qqn, de qqch. Les enfants n'ont l'âme occupée Que du continuel — Qu'on ne fâche point leur poupée, LA F. *Fab.* IX, 6. Ote-moi de —, CORN. *Cid*, III, 1. Mais quittez ce —, LA F. *Fab.* I, 22. *Absolt.* Sujet de cette préoccupation. Avoir des soucis. C'est le moindre, et, *famil.* C'est le cadet de mes soucis. Tout le peuple en liesse Noyait son — dans les pots, LA F. *Fab.* VI, 12. Les noirs soucis sont peints sur son visage, FÉN. *Tél.* 3. Leur amoureux —, SEGRAIS, *Égl.* 2. Être sans —, et, *substantivt*, Un sans-—. (*V. ce mot.*) | *Specialt.* Personne qui est le sujet de cette préoccupation. Adieu, mon cher —, CORN. *Veuve*, II, 5.

3. SOUCI [sou-si]. *V.* hanneton et sourcil.

SOUCIER [sou-syé; *en vers, -si-é*] *v. tr.* et *pron.*

[ÉTYM. Du lat. pop. *sollicitare (class. sollicitare), agiter, devenu soicider, solcier, soucier, §§ 459, 336, 338, 402, 295 et 291. || XIIIe s. Mout i pense, mout se soussie, J. DE MEUNG, *Rose*, 4733.]

|| **1°** *Vieilli. V. tr.* Donner souci. Je crois que cela faiblement vous soucie, MOL. *Dép. am.* IV, 3. Penses-tu... que ton titre de roi Me fasse peur ni me soucie? LA F. *Fab.* II, 9.

|| **2°** *V. pron.* Se —, avoir souci. Ce n'est pas qu'ils se soucient des hommes, FÉN. *Tél.* 23. Qui vous dit... Que de vous enfin si fort on se soucie? MOL. *F. sav.* I, 2. Sans se trop — de la vérité, BOSS. *Hist. univ.* I, 7. Je ne me soucie guère de lui plaire.

SOUCIEUX, EUSE [sou-syeù, -syeùz'; *en vers, -si-...*] *adj.*

[ÉTYM. Dérivé de souci, § 116. || XIIIe-XIVe s. Tristes et soussieus, *Ovide moralisé*, dans GODEF. *Compl.*]

|| Qui a souci de qqn, de qqch. Moins — des affaires d'autrui, J.-J. ROUSS. *Dialog.* 2. Peu — de lui plaire. || *Absolt.* Qui a des soucis. Il est —, inquiet. *P. ext.* Un front —, qui marque qu'on a des soucis.

SOUCOUPE [sou-koŭp'] *s. f.*

[ÉTYM. Pour souscoupe, composé de sous et coupe, § 201. En 1615, FOUGASSES dit soutecouppe, d'après l'ital. sottocoppa. (*V.* DELB. *Rec.*) ACAD. 1694 écrit sous-coupe. || 1640. Sotto-coppa : sous-couppe, OUD.]

|| Petite assiette qu'on place sous une tasse, un gobelet, un flacon de même matière, pour ne pas répandre le liquide. Je bois avec une —, MOL. *Escarb.* sc. 2.

***SOUDAGE** [sou-dàj'] *s. m.*

[ÉTYM. Dérivé de souder, § 78. || 1459. Le soudage de une noghe, dans GODEF.]

|| (Technol.) Action de souder.

SOUDAIN, AINE [sou-din, -dèn'] *adj.* et *adv.*

[ÉTYM. Du lat. pop. *subitanum (class. subitaneum, *m. s.*), de subitum, subit, devenu sob'dain, sodain, soudain, §§ 348, 439, 336, 409, 299 et 291.]

I. *Adj.* Qui se produit tout à coup. (*Syn.* subit.) Saisi d'une frayeur soudaine. Une soudaine illumination. Une inspiration soudaine. Par un — mouvement du prince de Condé, BOSS. *Condé.* Le Danois dont la soudaine invasion l'avait rappelé, ID. *A. de Gonz.* Emporté d'un coup —, ID. *Condé.*

II. *Adv.* Tout à coup. Il ouvre un œil mourant, qu'il referme —, RAC. *Phèd.* V, 6. J'ai vu naître — dans tous les cœurs une soif insatiable des richesses, MONTESQ. *Lett. pers.* 146. *Vieilli. Loc. conj.* — que, aussitôt que. — qu'elle m'a vu, CORN. *Veuve*, IV, 1.

SOUDAINEMENT [sou-dèn'-man; *en vers, -dè-ne-...*] *adv.*

[ÉTYM. Composé de soudaine et ment, § 724. || XIIe s. Idonc leva sodainement, *Énéas*, 1507.]

|| D'une manière soudaine. Il fut frappé — par le fléau.

SOUDAINETÉ [sou-dèn'-té; *en vers, -dè-ne-té*] *s. f.*

[ÉTYM. Dérivé de soudain, § 122. || XIIIe s. El sodeineté del santé nient espolree, dans LITTRÉ, *Suppl.*]

|| Caractère de ce qui est soudain. Avec la — des éclairs, LA F. *Psyché*, 1.

SOUDAN [sou-dan]. *V.* sultan.

SOUDARD et **SOUDART** [sou-dàr] *s. m.*

[ÉTYM. Dérivé de l'anc. franç. soude, solde, § 147. (*Cf.* soldat.) || XIVe s. Chascun de ses souldars, J. LE BEL, *Chron.* I, p. 128.]

|| Celui qui a des habitudes soldatesques. Le drôle fit un trait de franc soudart, LA F. *Contes, A femme avare.*

SOUDE [soud'] *s. f.*

[ÉTYM. Origine inconnue; le mot se trouve sous la forme soda dans les autres langues romanes. (*Cf.* soda.) || 1527. Soulde a faire verres, dans LITTRÉ.]

|| **1°** Plante dont les cendres fournissent un sel alcali. || **2°** Sel alcali (oxyde de sodium) qu'on tire de cette plante et aussi des varechs. Sulfate, carbonate de —. Cristaux de —. — caustique.

SOUDER [sou-dé] *v. tr.*

[ÉTYM. Du lat. soldare, *m. s.* (*cf.* consolider), devenu solder, §§ 336, 295 et 291, souder, § 459.]

|| Joindre ensemble (des pièces de métal) au moyen d'une composition métallique fusible. (*Cf.* braser.) — avec de l'étain, du plomb. *Specialt.* Amollir au feu et battre ensemble (deux pièces de fer) de manière à les joindre ensemble. Le fer forgé est le seul métal qui puisse se — avec lui-même. || *P. anal.* Joindre par adhésion (deux parties organiques). Deux os, deux rameaux qui se sont soudés.

SOUDIVISER [sou-di-vi-zé]. *V.* subdiviser.

SOUDOYER [sou-dwà-yé] *v. tr.*

[ÉTYM. Dérivé de l'anc. franç. soude, solde, § 163. || XIIe s. Soudoier et soudees querre, *Tristan*, I, 2144, Michel.]

|| Prendre à sa solde (des soldats, des gens armés). Chacun d'eux pourrait — une armée, LA F. *Fab.* I, 12. — des spadassins.

SOUDRE [soŭdr'] *v. tr.*

[ÉTYM. Du lat. solvere, *m. s.* devenu solv're, soldre, soudre, §§ 290, 448, 449, 459 et 491.]

|| *Vieilli.* Dissoudre. (Ne se trouve qu'à l'infinitif.) Cette eau extrêmement forte qui peut — l'or, DESC. *Météor.* 3. || *Fig.* Résoudre (une difficulté). Des problèmes à —, LA F. *Vie d'Ésope.* Moyen facile de — toutes les difficultés, FURET. *Rom. bourg.* II, p. 110.

SOUDRILLE [sou-drīy'] *s. m.*

[ÉTYM. Origine incertaine; semble apparenté à drille 3. || 1615. Soldarts, sodrilles, pionniers et goujarts, *Imagin. de Bruscambille*, f° 194.]

|| *Vieilli.* Soudard.

SOUDURE [sou-dûr] *s. f.*

[ÉTYM. Dérivé de souder, § 111. || 1314. Ramener es plaies beles soudeures, *Chirurg. de Mondeville*, 1241, Bos.]

|| **1°** Composition métallique fusible, dont on se sert pour joindre ensemble des pièces de métal. (*Cf.* brasage.) — grasse, où domine l'étain. — maigre, où domine le plomb. || *P. anal.* Plâtre serré avec lequel on raccorde les enduits de maçonnerie.

|| **2°** Action de souder, résultat de cette opération. Une — bien faite. Un tuyau qui fuit à la —. || *P. anal.* (Physiol.) Jonction de deux parties par adhésion. La — des os du crâne est incomplète chez les nouveau-nés. || *P. plaisant. Fig.* Le mariage devrait être le nœud et la — des volontés, REGNARD, *Descente aux enfers*, sc. des enfers.

SOUFFLAGE [sou-flàj'] *s. m.*

[ÉTYM. Dérivé de souffler, § 78. || 1675. COLBERT, *Lett.* 30 août. Admis ACAD. 1798.]

|| (Technol.) Action de souffler. || *Specialt.* | 1. Le — du verre. | 2. Le — des poils. | 3. Le — d'un navire. | 4. Le — du pavé.

***SOUFFLANT, ANTE** [sou-flan, -flànt'] *adj.*

[ÉTYM. Adj. particip. de souffler, § 47. || *Néolog.*]

|| (Technol.) Qui sert à souffler. Machines soufflantes.

SOUFFLE [soŭfl'] *s. m.*

[ÉTYM. Subst. verbal de souffler, § 52. || XIIe s. A un sofle fust tot perdu, *Énéas*, 7712.]

|| **1°** Vent qu'on produit en poussant de l'air par la bou-

che. Quelques restes de feu sous la cendre épandus D'un — ha-letant par Baucis s'allumèrent, LA F. *Phil. et Baucis.* Donner le — dans un cor, une trompe. *P. hyperb.* On le renverserait d'un —.

‖ **2°** *P. ext.* Agitation de l'air. Un —, une ombre, un rien, tout lui donnait la fièvre, LA F. *Fab.* II, 14. Il n'y a pas un — de vent. Le — du zéphyr. D'un — l'aquilon écarte les nuages, RAC. *Esth.* III, 3. Comme le fruit en naissant arraché Ou qu'un — ennemi dans sa fleur a séché, ID. *Ath.* I, 2. | *Fig.* Renversé par le — de l'adversité. ‖ (Médec.) Bruits de —, bruits sem-blables à celui qu'on produirait en soufflant, qui caracté-risent certaines affections des poumons, du cœur, etc.

‖ **3°** Expiration de l'air respiré, et, *p. ext.* haleine. Mon — même est devenu une infection, MASS. *Mort du pécheur.* *Fig.* Le — empesté de l'envie. ‖ *P. ext.* Respiration. Repren-dre son —. Retenir son —. Manquer de —, avoir la respira-tion courte, et, *fig.* Un écrivain qui manque de —, qui ne se soutient pas longtemps. N'avoir plus qu'un — de vie, n'avoir que le —, être près de mourir. Je le défendrai jusqu'à mon dernier —. Sa vie ne tient plus qu'à un —, et, *fig.* Cela ne tient qu'à un —, n'a aucune solidité. ‖ *P. anal.* Le — vital, la force qui anime les êtres vivants. Le — créateur, la force par laquelle Dieu a animé les créatures vivantes, et, *fig.* l'inspiration par laquelle l'artiste crée son œuvre.

***SOUFFLEMENT** [sou-fle-man] *s. m.*

[ÉTYM. Dérivé de souffler, § 145. ‖ XIIᵉ-XIIIᵉ s. Lo vial so-flement, *Dial. Gregoire,* p. 200.]

‖ Action de souffler. *Spécialt.* (Droit.) — d'exploit, ac-tion de le faire disparaître subrepticement.

SOUFFLER [sou-flé] *v. intr. et tr.*

[ÉTYM. Du lat. sūfflāre, *m. s.* devenu sofler, soufler, §§ 348, 366, 295 et 291, écrit plus récemment souffler par réaction étymologique, § 502. (*Cf.* boursoufler.)]

I. *V. intr.* ‖ **1°** Pousser, envoyer de l'air par la bou-che. Sur le mets qu'on lui donne, Délicat, il souffle aussi, LA F. *Fab.* V, 7. Les prétendus sorciers soufflaient et soufflent en-core sur ceux qu'ils imaginent ensorceler, VOLT. *Philos. Déf. de Bolingbr.* 38. Louis de Provence sur qui tous les astrologues disent que les fées ont soufflé, SÉV. 230. (Chasse.) Un chien qui souffle au poil de la bête, qui la suit de si près qu'il lui souffle sur le poil. — dans un instrument à vent. *Loc. prov.* Ouvrir une grande bouche pour — dans une petite flûte, faire un effort disproportionné au résultat à produire. | — sur une bougie (pour l'éteindre). *Fig.* Le Seigneur a soufflé sur ces superbes édifices et sur notre fortune, et l'a dissipée comme de la poussière, MASS. *Aumône,* 2.

‖ **2°** Faire sortir de la bouche, par expiration, l'air respiré. — sur ses doigts (pour les réchauffer). A — dans leurs doigts dans ma cour occupés, RAC. *Plaid.* I, 4. ‖ *P. ext.* | **1.** Reprendre haleine. Laissez-moi —. *Fig.* — un peu et laisser — leurs auditeurs, LA BR. 15. | **2.** Respirer avec ef-fort. L'attelage suait, soufflait, était rendu, LA F. *Fab.* VII, 9.

‖ **3°** En parlant du vent, pousser, agiter l'air. Le vent... devait — directement contre le visage des Romains, ROLL. *Traité des études,* III, 1, *Cannes.* Le vent souffle dans les voiles. Le vent soufflait sur les sables mouvants et les dispersait. *Absolt.* Le vent souffle avec violence. Le vent souffle du nord. *Fig.* Ob-server de quel côté le vent souffle, quelle direction vont pren-dre les événements.

II. *V. tr.* ‖ **1°** Pousser, envoyer de l'air sur (qqch). — le feu (pour l'activer). *Absolt. Vieilli.* Faire de l'alchimie. (*Cf.* soufflerie, souffleur.) Bréauté... se ruina en plein; on pré-tendit que ce fut à —, ST-SIM. VI, 183. *Fig.* — le feu, l'incen-die, chercher à augmenter la discorde, la rébellion. — une bougie (pour l'éteindre). — la poussière qui est sur un objet (pour la faire envoler). (Technol.) Poils soufflés, qu'on a ventilés pour séparer des poils légers les poils lourds qui se prêtent mal au feutrage. ‖ *Fig.* — une chose, la faire disparaître tout à coup. Il y a un Tigellin qui souffle (avale d'un trait) ou qui jette en sable un verre d'eau-de-vie, LA BR. 13. — un exploit. (*Cf.* soufflement.) — qqch à qqn, le lui en-lever tout à coup. Je pourrai bien tantôt lui — cette proie, MOL. *Ét.* III, 5. (T. de jeu de dames.) — un pion à son ad-versaire, le lui enlever parce qu'il devait s'en servir pour prendre et ne l'a pas fait. *Absolt.* — n'est pas jouer, après avoir soufflé le pion de l'adversaire, on a le droit de jouer.

‖ **2°** Pousser, envoyer de l'air dans (qqch). — l'orgue, envoyer de l'air dans les tuyaux, au moyen des soufflets. — le verre, gonfler la matière en fusion en soufflant avec un tube de fer, pour lui donner la forme d'une bouteille,

d'un vase, etc. — un veau, un mouton, faire pénétrer de l'air sous la peau, pour la détacher plus aisément. | Des beignets soufflés. Une omelette soufflée. *Au part. passé pris substantiv.* Un soufflé, un plat soufflé. ‖ *P. ext.* — un na-vire, élargir sa carène pour augmenter sa stabilité sur l'eau. — le pavé, le relever quand il s'est enfoncé.

‖ **3°** Pousser, envoyer en soufflant. Le vent leur soufflait la poussière au visage. *Ellipt.* Papier soufflé, sur lequel on souffle une poussière de laine hachée, après l'avoir enduit d'une colle, pour le velouter. Ces subtilités... sont véritable-ment de la poussière soufflée, de la terre dans les yeux, BOSS. *Cornet.* Arrière ceux dont la bouche Souffle le chaud (en exha-lant l'air respiré) et le froid (en poussant l'air par la bou-che), LA F. *Fab.* V, 7. | *P. anal.* — qqch à l'oreille de qqn, le lui dire tout bas. — à qqn sa leçon, son rôle, lui dire tout bas, quand la mémoire lui manque, ce qu'il doit répéter tout haut. *Absolt.* Si vous soufflez si haut, l'on ne m'entendra pas, RAC. *Plaid.* III, 3. | *P. ext.* — qqn, lui souf-fler ce qu'il doit dire. Ne pas — mot, ne pas même dire à voix basse. *Ellipt.* Celui-ci, qui le voit partir, s'a-paise et ne souffle pas, LA BR. 13. ‖ *Fig.* — qqch à qqn, le lui inspirer. Qui vous a pu — une si folle audace? BOIL. *Sat.* 9.

SOUFFLERIE [sou-fle-ri] *s. f.*

[ÉTYM. Dérivé de souffler, § 69. ‖ XIIIᵉ s. Jamès la poudre ne perdisse Se ne fust vostre soufflerie, dans MONTAIGLON et RAYNAUD, *Rec. de fabliaux,* III, 79. Admis ACAD. 1835.]

‖ **1°** Action de souffler. *Spécialt.* | **1.** *Vieilli.* Travail de l'alchimiste. Les fourneaux et le noir attirail de la —, HAMILT. *Gram.* p. 307. | **2.** Action de souffler les poils. (*Syn.* soufflage.)

‖ **2°** (Technol.) Ensemble des soufflets d'un orgue.

SOUFFLET [sou-flè] *s. m.*

[ÉTYM. Dérivé de souffler, § 133. ‖ XIIᵉ s. Par l'art de ni-gromance a un sofflet geté, *Aspremont,* dans GODEF.]

‖ **1°** Instrument qui sert à souffler, à envoyer de l'air. Un — de cheminée. Un — de forge. Un — d'orgue. | *P. anal.* | **1.** Dessus de voiture, valise, casquette, etc., à —, qui se replie comme un soufflet. *P. ext.* Voiture à soufflet. Il était seul dans une manière de —, et il menait lui-même à toute bride, ST-SIM. XII, 78. | **2.** Gonflement de la peau sur le dos ou le plat d'un livre relié.

‖ **2°** *Fig.* (Allusion au bruit produit par le coup sur la joue.) Coup donné sur la joue avec le plat ou le revers de la main. Je t'appliquerai sur la joue le plus grand — qui se soit jamais donné, MOL. *B. gent.* III, 2. Le — sur ma joue est encore tout chaud, RAC. *Plaid.* II, 5. | *Fig.* Donner un —, faire insulte. Capable de donner un — au meilleur droit du monde, MOL. *Scap.* II, 5. | *Vieilli. Loc. prov.* Donner un — au roi, fabriquer de la fausse monnaie. Donner un — à Ronsard, à Vaugelas, faire une faute de français.

SOUFFLETADE [sou-fle-tàd'] *s. f.*

[ÉTYM. Dérivé de souffleter, § 120. ‖ XVIIᵉ s. V. à l'arti-cle. Admis ACAD. 1798.]

| *Vieilli.* Soufflets donnés coup sur coup. Quatre malheu-reux mots qui lui attirèrent cette grêle de —, SCARR. *Rom. com.* II, 17.

SOUFFLETER [sou-fle-té] *v. tr.*

[ÉTYM. Dérivé de soufflet, §§ 65 et 154. ‖ 1549. R. EST.]

‖ Frapper d'un ou de plusieurs soufflets. Deux servantes déjà largement souffletées, BOIL. *Sat.* 10. | *Fig. Famil.* Insul-ter. — le bon sens, le bon droit.

SOUFFLEUR, EUSE [sou-fleur, -fleuz'] *s. m. et f.*

[ÉTYM. Dérivé de souffler, § 112. ‖ XIIIᵉ-XIVᵉ s. Il sont soufleur contre le vent, J. SAKESEP, *Châtelain de Coucy,* 30, Crapelet.]

| Celui, celle qui souffle. Un — d'orgue. Un — de verre. ‖ *Absolt.* | **1.** *Vieilli.* Alchimiste. Voici quelque —, de ces gens qui n'ont rien Et nous viennent toujours promettre tant de bien, MOL. *Fâch.* III, 3. | **2.** Celui qui souffle à qqn sa leçon, son rôle. Être — au théâtre. Le trou du —. | **3.** (Hist. nat.) Les souffleurs, cétacés qui font jaillir en soufflant l'eau de leurs narines.

SOUFFLURE [sou-flûr] *s. f.*

[ÉTYM. Dérivé de souffler, § 111. (*Cf.* soufflage, souffle-ment.) ‖ XVIᵉ s. Les vens donnerent leur souffleure, CL. HATON, dans DELB. *Rec.* Admis ACAD. 1762.]

‖ (Technol.) Gonflement produit dans le verre, la fonte, etc., par du gaz, de l'air qui n'a pu s'échapper de la ma-tière en fusion.

***SOUFFRABLE** [sou-fràbl'] *adj.*

[ÉTYM. Dérivé de souffrir, § 93. || XIIᵉ s. Ewe nelent suffrable, *Psaut. d'Oxf.* CXXIII, 4.]

|| *Vieilli.* Tolérable. Un extérieur assez —, BOISFRANC, *Arleq. misanthr.* I, 5. Supplice que le plaisir d'obéir à Mᵐᵉ Dupin pouvait seul me rendre —, J.-J. ROUSS. *Confess.* 7.

SOUFFRANCE [sou-frãns'] *s. f.*

[ÉTYM. Dérivé de souffrir, § 146. (*Cf.* sufferentia, qui glose tolerantia dans les *Gloses de Reichenau*, 1139.)|| XIIᵉ s. Jo l'ai mis en sufrance, GARN. DE PONT-STE-MAX. *St Thomas*, 2800.]

I. Action de tolérer. Par la permission ou — de Dieu, CALV. *Instit. chr.* III, IV, 3.| Un jour de —, servitude tolérée par un voisin. (*V.* jour, 3°.) || *P. ext.* Action d'admettre un délai. Laisser une affaire en —, en différer l'expédition, la conclusion. || *Spécialt.* | 1. (Féodal.) Délai accordé à un nouveau vassal pour faire hommage au seigneur. | 2. (Comptabilité.) Article en —, dont l'allocation est remise, faute de pièces à l'appui.

II. État de celui qui ressent une douleur physique ou morale plus ou moins prolongée. Parmi les souffrances et dans les approches de la mort s'épure comme dans un feu l'âme chrétienne, BOSS. *Le Tellier.* Il la pria (sa maîtresse) d'avoir pitié de ses souffrances, HAMILT. *Gram.* p. 41.

SOUFFRANT, ANTE [sou-fran, -frãnt'] *adj.*

[ÉTYM. Adj. particip. de souffrir, § 47. || XIIᵉ s. Tu acertes sire Deus, tes... suffranz e de multe misericorde, *Psaut. de Cambridge*, LXXXV, 15.]

|| Qui souffre. | 1. *Vieilli.* Qui est capable de supporter qqch. (*Syn.* endurant.) Un Dieu qui ne punit pas, — jusqu'au mépris et indulgent jusqu'à la faiblesse, BOSS. *4ᵉ Serm. 1ᵉʳ Dim. de car.* 1. | 2. Qui a à supporter une douleur physique ou morale plus ou moins prolongée. La partie souffrante, la partie du corps qui est malade.| L'Église souffrante, les âmes du purgatoire.

SOUFFRE-DOULEUR [sou-fre-dou-leur] *s. m.*

[ÉTYM. Composé de souffre (du verbe souffrir) et douleur, §209. Qqs auteurs le font fém. quand il s'applique à une femme. || 1690. Souffre-douleurs, FURET.]

|| *Famil.* Personne sur laquelle les autres se déchargent de tout ce qui est pénible, qui est en butte à leur mauvaise humeur, à leurs rebuts, à leurs plaisanteries. C'est le — de la maison.|| *P. ext. Vieilli.* Animal, objet que l'on emploie quand il y a quelque dommage à prendre. Ce cheval, cet habit, ce chapeau est mon —.

SOUFFRETEUX, EUSE [sou-fre-teu, -teûz'] *adj.*

[ÉTYM. Pour soufraiteux, dérivé de l'anc. franç. soufraite, privation, subst. particip. de soufraindre, manquer, §§ 45 et 116. Le sens 2° est dû en grande partie à l'influence de souffrir. || XIIᵉ s. Delivranz le sufraitus, *Psaut. d'Oxf.* XXXIV, 12.]

|| **1°** *Vieilli.* Qui est dans le dénuement. (*Syn.* besogneux.) Ils languiront toute leur vie, pauvres, — et méprisés, PATRU, *Plaidoy.* 4. *Substantivt.* Tous les — ou soi-disant tels, J.-J. ROUSS. *Rêv. du promen. solit.* 6.

|| **2°** *P. ext.* Qui est d'ordinaire un peu souffrant. Un enfant —.

SOUFFRIR [sou-frir] *v. tr. et intr.*

[ÉTYM. Du lat. pop. süfferre (class. süfferre, § 629), devenu sofrir, souffrir, §§ 348, 366, 336 et 291, écrit plus récemment souffrir par réaction étymologique, § 502.]

I. *V. tr.* || **1°** Tolérer, savoir supporter. Ils ne pouvaient plus — la faim, la soif, les longues marches, ROLL. *Hist. anc.* I, p. 445. Il ne peut — sa pauvreté, BOSS. *La Vall.* Je ne puis — cette lâche méthode, MOL. *Mis.* I, 1. Il y a certains maux dans la république qui y sont soufferts parce qu'ils préviennent ou empêchent de plus grands maux, LA BR. 10. Je ne puis, Albine, en — la pensée, RAC. *Brit.* III, 4. — qqch chez, à qqn. Il ne le veut point du tout — aux vieillards, PASC. *Prov.* 9. || *P. ext.* — qqn. Je l'estime beaucoup et ne puis le —, DESTOUCHES, *Glor.* II, 4.|| Avec une propos. pour complém. Souffrez que je l'admire et ne l'imite point, CORN. *Hor.* II, 3. Souffrez que votre fille embrasse vos genoux, CORN. *Poly.* III, 3. Ceux qui ne peuvent — d'être repris, RAC. VI, 305, Gr. écriv. *Vieilli.* Je ne vous puis souffrir de dire une sottise, CORN. *Suite du Ment.* III, 2. Je les souffre régner (je souffre qu'ils règnent), ID. *Illus. com.* II, 2. || *P. anal.* En parlant des choses, admettre. Les termes sont si clairs qu'ils ne souffrent aucune interprétation, PASC. *Prov.* 6. Une affaire qui ne souffre pas de retard. Cela ne souffre pas de difficulté, cela va de soi.

|| **2°** Supporter (qqch de douloureux). Il souffrit le martyre. Les maux que j'ai soufferts.

II. *V. intr.* || **1°** Savoir supporter la douleur. On souffre avec regret quand on n'ose s'offrir, CORN. *Poly.* II, 6. Ils souffrent sans murmure et meurent avec joie, ID. *ibid.* I, 3. Plutôt — que mourir, LA F. *Fab.* I, 16.

|| **2°** Avoir à supporter une douleur physique ou morale plus ou moins prolongée. Si le prince se plaignait, c'était seulement d'avoir si peu à — pour ses péchés, BOSS. *Condé.* Ceux qui n'ont pas souffert ne savent rien, FÉN. *Tél.* 15.

|| **3°** *P. ext.* Éprouver un dommage. Les rois en ont souffert, BOSS. *R. d'Angl.* La justice, la police, tout souffre de ce désordre, FÉN. *Tél.* 14. La vigne a souffert de la gelée. Si vous naissiez à l'abri du feuillage Dont je couvre le voisinage, Vous n'auriez pas tant à —, LA F. *Fab.* I, 22.

SOUFRAGE [sou-frâj'] *s. m.*

[ÉTYM. Dérivé de soufrer, § 78. || 1798. PAJOT DES CHARMES, *Art du blanch. des toiles*, p. 236. Admis ACAD. 1878.]

|| (Technol.) Action de soufrer. Le — des allumettes. | Le — de la vigne.

SOUFRE [soufr'] *s. m.*

[ÉTYM. Du lat. sülfurem, *m. s.* devenu solfre, soufre, §§ 324, 459, 290 et 291. (*Cf.* sulfureux.)]

|| Corps simple (métalloïde) solide, insipide, cassant, d'un jaune clair, très inflammable, et qui exhale en brûlant une odeur très forte et suffocante. Fleur de —.

SOUFRER [sou-fré] *v. tr.*

[ÉTYM. Dérivé de soutre, § 154. || XIIIᵉ s. Ewes salces et soufrees, ALEBRANT DE SIENNE, *Rég. de santé*, dans LITTRÉ.]

|| (Technol.) Imprégner de soufre ou de vapeur de soufre. Une chemise soufrée. — des allumettes, enduire de soufre l'extrémité. La vapeur soufrée du marais Stygien, FÉN. *Tél.* 18. | — la vigne, y répandre du soufre en poudre, pour la préserver de l'oïdium. — un tonneau, faire brûler à l'intérieur une mèche soufrée.

SOUFRIÈRE [sou-fri-yèr] *s. f.*

[ÉTYM. Dérivé de soufre, § 115. || 1529. Il y a des soufrieres, J. et R. PARMENTIER, *Disc. de la navig.* dans DELB. *Rec.* Admis ACAD. 1878 (au sens **1°**).]

|| **1°** Lieu où l'on recueille du soufre. (*Cf.* solfatare.)
|| **2°** Boîte où le fabricant d'allumettes met le soufre.

SOUGARDE. *V.* sous-garde.

SOUGORGE. *V.* sous-gorge.

SOUHAIT [swè; *en vers*, sou-è] *s. m.*

[ÉTYM. Subst. verbal de souhaiter, § 52. || XIIᵉ s. N'an proitere ne an sohet, CHRÉTIEN DE TROYES, *Érec*, 4667.]

|| Désir exprimé par qqn, qu'une chose s'accomplisse, pour lui ou pour un autre. Il (le Ciel) devrait être sourd aux aveugles souhaits, LA F. *Fab.* VII, 17. Sans — toutefois de pouvoir reculer, CORN. *Hor.* II, 3. Formez trois souhaits, car je puis Rendre trois souhaits accomplis, LA F. *Fab.* VII, 6. Présenter à qqn ses souhaits de bonne année (les souhaits d'usage pour la nouvelle année). | *Loc. adv.* A —, comme on peut le désirer. Vous êtes servi à —, MOL. *Mal. im.* III, 7. Mon char marche à —, LA F. *Fab.* VI, 18. Un horizon à — pour le plaisir des yeux, FÉN. *Tél.* 1. | A vos souhaits! formule de politesse à une personne qui éternue.

SOUHAITABLE [swè-tâbl'; *en vers*, sou-è-...] *adj.*

[ÉTYM. Dérivé de souhaiter, § 93. || XVᵉ-XVIᵉ s. Toute autre chose au monde souhaitable, J. LE MAIRE, dans DELB. *Rec.*]

|| Qui est à souhaiter.

SOUHAITER [swè-té; *en vers*, sou-è-té] *v. tr.*

[ÉTYM. Composé avec sous et l'anc. franç. hait, disposition morale, d'origine germanique, §§ 6, 194 et 196. L'anc. franç. a le simple haitier, conservé par plusieurs patois. (*Cf.* dehait, déhaité.)|| XIIᵉ s. Ne puis morir por soheidier, CHRÉTIEN DE TROYES, *Érec*, 4662.]

|| Exprimer le désir qu'une chose s'accomplisse (pour soi ou pour un autre). Je reconnais ce soin Et ne souhaite pas que vous alliez plus loin, RAC. *Brit.* IV, 4. J'ai souvent souhaité d'avoir la pensée aussi prompte, DESC. *Méth.* 1. Qu'il soit fait comme vous souhaitez, RAC. *Esth.* II, 7. Avez-vous en effet souhaité ma présence? ID. *Andr.* IV, 3. J'ai souhaité l'empire, et j'y suis parvenu, CORN. *Cinna*, II, 1. | — qqch pour qqn, à qqn. Voici ce qu'en mourant lui souhaite sa mère, RAC. *Ath.* V, 6. Je vous souhaite une heureuse année, ma trèschère bonne, SÉV. 366. — à qqn le bon jour, le bon soir, la bonne année. *Famil.* Je vous en souhaite, loc. ironique pour dire à qqn que ce qu'il désire n'est pas fait pour lui. | — qqn, exprimer le désir de sa venue.

°SOUILLARD [sou-yàr] *s. m.*

[ÉTYM. Tiré de souillard, ancien adj. signifiant sale, § 38, dérivé de souiller, § 147. || 1356. Leurs soillars et leurs pages, *Complainte sur la bataille de Poitiers*, dans GODEF.]

|| (Technol.) || **1°** Trou percé dans une pierre pour donner issue aux eaux ménagères, pluviales, etc.

|| **2°** Pièce de bois assemblée sur des pieux qu'on pose au-devant des glacis, entre les piles d'un pont.

|| **3°** Châssis pour contenir les piliers dans une écurie.
SOUILLE [soūy'] *s. f.*

[ÉTYM. Subst. verbal de souiller, § 52. Le masc. souil se trouve dès le XIV° s. || XVI° s. Amené... ladicte galeace de sa soulle en place, dans JAL, *Gloss. naut.*]

|| (Technol.) || **1°** (Vénerie.) Endroit fangeux où le sanglier aime à se vautrer.

|| **2°** *P. anal.* (Marine.) Lit formé dans la vase ou le sable fin par un navire coulé, échoué.
SOUILLER [sou-yé] *v. tr.*

[ÉTYM. Origine incertaine ; peut-être d'un verbe *sŭcu-lare, dérivé de sŭculum, petit cochon, qui aurait donné régulièrement soillier, souillier, §§ 348, 336, 390, 297 et 291, souiller, § 634. || XII° s. Soillié le voit... Vient a une eve, si le corut laver, *Aliscans*, 3850.]

|| **1°** Gâter en laissant la marque de qqch de sale. Des vêtements souillés de boue, d'ordure.

|| **2°** *P. ext.* Vicier par le contact de qqch d'impur. Si l'on répand de l'eau de ces vaisseaux souillés sur la viande dont vous mangerez, elle deviendra impure, SACI, *Bible, Lévit.* VI, 34.

|| **3°** *Fig.* Flétrir par qqch de déshonnête. Ne crains point de succès qui souille ta mémoire, CORN. *Cinna*, I, 3. Participe à ma gloire, au lieu de la —, ID. *Hor.* IV, 7. Souillé du meurtre de ses frères, BOSS. *Hist. univ.* I, 9. Le jour même qu'ils se sont souillés par des péchés, PASC. *Prov.* 16. *Specialt.* — le lit conjugal (par l'adultère). *Absolt.* Ton encens à ses yeux est un encens souillé (par l'impiété), RAC. *Ath.* III, 7.

SOUILLON [sou-yon] *s. m.* et *f.*

[ÉTYM. Dérivé de souiller, § 104. || XV°-XVI° s. Soilhons de cuisine, J. D'AUTHON, *Louis XII*, IV, p. 178, de Maulde.]

|| **1°** Personne qui est tenue salement. Un — Qui n'est couvert que d'un haillon, SCARR. *Virg. trav.* 2. Je pestais de bon cœur contre cette —, LA F. *Ragotin*, V, 16. *Specialt.* — de cuisine, écureuse de vaisselle.

|| **2°** *Vieilli.* Torchon. Lit... aussi noir qu'un —, RÉGNIER, *Sat.* 11.

***SOUILLONNER** [sou-yò-né] *v. tr.*

[ÉTYM. Dérivé de souillon, § 154. || 1662. *V.* à l'article.]

|| *Famil.* Laisser souiller. Ayez soin que la lettre ne soit pas souillonnée, RAC. *Lett.* 34 (juill. 1662).

SOUILLURE [sou-yūr] *s. f.*

[ÉTYM. Dérivé de souiller, § 111. || XVI° s. La maison paternelle Ne vous fera brin de souilleure, MAROT, *Colloq. d'Érasme*, 2.]

|| **1°** Marque laissée par qqch de sale. Laver les souillures d'un vêtement.

|| **2°** *P. ext.* Vice communiqué par le contact de qqch d'impur. Vous apprendrez aux enfants d'Israel à se garder de l'impureté, afin qu'ils ne meurent point dans leurs souillures, SACI, *Bible, Lévit.* XV, 31.

|| **3°** *Fig.* Flétrissure imprimée par qqch de déshonnête. Chaque instant de ma vie est chargé de souillures, MOL. *Tart.* III, 6.

SOÛL, SOÛLE [sou, soul] *adj.*

[ÉTYM. Du lat. satŭllum, *m. s.* devenu sadol, sael, saoul (orthographe encore admise par ACAD.), soûl, §§ 402, 324, 358 et 291.]

|| Qui a pris de la nourriture, de la boisson, jusqu'à n'en plus vouloir davantage. Quand j'ai bien bu et bien mangé, je veux que tout le monde soit — dans ma maison, MOL. *Méd. m. l.* 1, 1. || *Absolt. Trivial.* Plein de vin. Un homme —, ivre. Être — comme une grive. || *P. anal.* Qui a eu assez de qqch pour n'en plus supporter davantage. Jamais je n'ai été si — de sottises, MOL. *Pourc.* II, 4. Lasse, dis-je, et non soûle, RÉGNIER, *Sat.* 13. || *Substantivt.* (Avec un adj. possessif.) Le fait d'être soûl. Est-il permis de boire et de manger tout son — sans nécessité et pour le seule volupté ? PASC. *Prov.* 9. || *Fig.* Nous philosopherons maintenant tout le —, REGNARD, *Joueur*, IV, 13. On ne se plaindra pas qu'on ne l'ait laissé parler tout son —, SÉV. 59.

SOULAGEMENT [sou-làj'-man; *en vers*, -là-je-...] *s. m.*

[ÉTYM. Dérivé de soulager, § 154. || 1384. Soubzlegement, dans GODEF. *Compl.*]

|| Allégement d'une souffrance physique ou morale. Le malade a obtenu du — de ce remède. Pourquoi tirent-ils (les malheureux) de nous si peu de — dans leurs misères ? LA BR. 4. Faibles soulagements d'un malheur sans remède, CORN. *Poly.* II, 1.

SOULAGER [sou-là-jé] *v. tr.*

[ÉTYM. Du lat. pop. *sŭbleviare (class. sublevare, refait d'après alleviare, alléger), devenu solegier, soulegier, §§ 348, 437, 355, 297 et 291, soulager, § 634, altéré finalement en soulager d'après les nombreux verbes en ager dérivés de noms en age, § 509. || XII° s. Pur lur nes auques suzlegier, BENEEIT, *Ducs de Norm.* I, 1871.]

|| **1°** Alléger (qqn) d'une partie de son fardeau. Celui-ci, glorieux d'une charge si belle, N'eût voulu pour beaucoup en être soulagé, LA F. *Fab.* I, 4. — un navire, jeter à la mer une partie de sa charge. — une voile, un mât, diminuer, en changeant l'orientation, l'effort du vent que la voile, que le mât a à supporter. || *Fig.* Il le soulagea (le peuple) des taxes et en mit tout le fardeau sur les patriciens, MONTESQ. *Espr. des lois*, XI, 12. *Poét.* Et qui seul tant de fois Du sceptre dans ma main as soulagé le poids, RAC. *Esth.* II, 5. Sénèque, dont les soins me devraient —, ID. *Brit.* III, 2. *P. anal.* Lorsqu'un médecin vous parle d'aider, de secourir, de — la nature. MOL. *Mal. im.* III, 3. | *Famil.* Se —, faire ses besoins.

|| **2°** Alléger (qqn) d'une partie de sa souffrance (physique ou morale). Ce remède l'a soulagé. On y soulageait la veuve et l'orphelin, BOSS. *Condé.* A raconter ses maux, souvent on les soulage, CORN. *Poly.* I, 3.

SOÛLANT, ANTE [sou-lan, -lànt] *adj.*

[ÉTYM. Adj. particip. de soûler, § 47. || 1690. *V.* à l'article.]

|| *Vieilli.* Qui soûle. Il y a des viandes fort exquises qui ne laissent pas d'être fort soûlantes, FURET. *Dict.*

***SOÛLARD, *SOÛLARDE** [sou-làr, -làrd'] *s. m.* et *f.*

[ÉTYM. Dérivé de soûler, § 147. || Vers 1635. Ch'est un soulard, morgoy ! DAVID FERRAND, *Muse norm.* dans DELB. *Rec.* Admis ACAD. 1878.]

|| *Trivial.* Celui, celle qui a l'habitude de se soûler (de s'enivrer).

SOULAS [sou-là] *s. m.*

[ÉTYM. Du lat. sōlacium, *m. s.* §§ 348, 383, 384 et 291. (*Cf.* solacier.)]

|| *Vieilli.* Consolation. Vain et faible — en un coup si funeste, CORN. *Veuve*, IV, 1. Pauvre Mayenne, Tu vis repasser ton —, *Henriade travestie*, 8.

SOÛLER [sou-lé] *v. tr.*

[ÉTYM. Du lat. satŭllare, *m. s.* devenu sadoler, saoler, saouler, soûler (*cf.* soûl), § 295.]

|| Rendre (qqn) soûl de nourriture, de boisson, lui en faire prendre jusqu'à ce qu'il n'en veuille plus davantage. Vous vous soûlerez sur ma table de la chair des chevaux, SACI, *Bible, Ézéch.* XXXIX, 20. | *Absolt. Trivial.* Enivrer. Un homme qui se soûle. || *Fig.* Rendre (qqn) soûl de qqch, lui en donner tant qu'il n'en veuille plus davantage. Qu'ils s'en soûlent (des plaisirs des sens) et qu'ils y meurent, PASC. *Pens.* XVI, 15. — et ma vengeance et ton avidité, CORN. *Méd.* IV, 1. Soûlez ce naturel aux meurtres acharné, ROTROU, *Antig.* V, 9.

SOULEUR [sou-leur] *s. f.*

[ÉTYM. Dérivé de seul, §§ 65 et 110, proprt, « solitude ». || XIII° s. En leu de paour et de grant souleur, *Psaut.* Bibl. Maz. 258, f° 187.]

|| Saisissement de chagrin, de crainte.

SOULÈVEMENT [sou-lèv'-man; *en vers*, -lè-ve-...] *s. m.*

[ÉTYM. Dérivé de soulever, §§ 65 et 145. || XII°-XIII° s. Le sollevement de son cuer, *Gregorii papæ Homeliæ*, dans GODEF. *Compl.*]

|| Mouvement de ce qui est soulevé. — d'estomac, de cœur, haut-le-cœur causé par le dégoût. Le — des flots. | *Specialt.* (Géologie.) Mouvement, attribué à une force souterraine, qui a exhaussé certaines parties de l'écorce terrestre, et soulevé les montagnes. Le — de la Cordillère. || *Fig.* Le — d'un peuple. Ces maximes séditieuses qui ouvrent la porte aux soulèvements, PASC. *Prov.* 14. Le — des esprits, des cœurs (par l'indignation). Le livre de M. de Cambrai a excité un — universel, BOSS. *Quiét.* lett. 96.

SOULEVER [soūl-vé; *en vers*, sou-le-vé] *v. tr.*

[ÉTYM. Pour souslever, composé de sous et lever, §§ 192 et 196. (*Cf.* le lat. sublevare, *m. s.*) || XI° s. Les dras sozllevet dont il esteit coverz, *St Alexis*, 346.]

‖ **1°** Lever à une petite hauteur. Il soulevait encor sa main appesantie, RAC. *Mithr.* v, 4. Essayer de — un poids. La marée souleva le bâtiment échoué et le remit à flot. Elle souleva son voile. | *P. anal.* — le cœur, donner des haut-le-cœur, des envies de vomir. Comment leur odeur ne lui fit-elle pas — le cœur? J.-J. ROUSS. *Ém.* 2. *Fig.* Son cœur innocent se soulevait (était pris de dégoût), BOSS. *Marie-Thérèse.* ‖ *Fig.* Exalter. Il n'y a rien qui mette plus subitement un homme à la mode, et qui le soulève davantage, LA BR. 13.

‖ **2°** Faire lever. Les vagues soulevées par le vent. L'orage soulevait des flots de poussière. Les vents se soulèvent, il est submergé, BOSS. *Panég. St Benoît*, 3. | *Spéciall.* (Géologie.) Les montagnes volcaniques des Cordillères... ont été soulevées à cette énorme hauteur par la force de ces feux, BUFF. *Aimant.* ‖ *Fig.* — contre lui le peuple et le sénat, RAC. *Brit.* v, 1. J'excite le soldat, tout le camp se soulève, ID. *Théb.* III, 6. Et — pour toi l'équitable avenir, BOIL.. *Ép.* 7. *Poét.* Sans que tout votre sang se soulevât pour lui, RAC. *Andr.* v, 3. | — le mépris, l'indignation. — des difficultés. — une discussion.

SOULIER [sou-lyé] *s. m.*
[ÉTYM. Du lat. sŭbtelare, *m. s.* de subtel, creux du pied, devenu sotler, soller, soler, souler, §§ 348, 437, 336, 405, 295 et 291, puis, par substitution de suffixe, soulier, §§ 62, 114 et 115.]
‖ Chaussure à semelle de cuir qui couvre et protège seulement le pied. Une paire de souliers. Des souliers d'homme, de femme. Souliers plats, sans talons. Vous m'avez aussi fait faire des souliers qui me blessent furieusement, MOL. *B. gent.* II, 5. *Fig. Famil.* Et c'est là, de par Dieu, où le — le blesse (c'est là son chagrin caché), RÉGNIER, *Sat.* 12. Être dans ses petits souliers (dans des souliers trop justes), être mal à l'aise, embarrassé. N'avoir pas de souliers aux pieds, être dans le dénuement. Un gueux qui, quand il vint, n'avait pas de souliers, MOL. *Tart.* I, 1. Mourir dans ses souliers, sans être alité. Se soucier de qqch comme de ses vieux souliers, ne s'en soucier aucunement. Ne pas faire plus de cas de qqn que de la boue de ses souliers, le mépriser. Je ne suis pas digne de dénouer les cordons de ses souliers (je ne suis pas même digne d'être son serviteur), SACI, *Bible, Marc*, I, 7.

SOULIGNER [sou-li-ñé] *v. tr.*
[ÉTYM. Pour sousligner, composé avec sous et ligne, §§ 194 et 196. ‖ Admis ACAD. 1740.]
‖ (T. didact.) Signaler à l'attention en traçant une ligne au-dessous (un ou plusieurs mots écrits, imprimés). — un passage. ‖ *Fig.* Signaler à l'attention par une inflexion de voix marquée (un ou plusieurs mots prononcés).

SOULOIR [sou-lwàr] *v. intr.*
[ÉTYM. Du lat. sŏlēre, *m. s.* §§ 347, 309 et 291.]
‖ *Vieilli.* Avoir l'habitude de. (Ne se trouve qu'à l'imparfait.) Deux parts en fit (de son temps), dont il soulait passer L'une à dormir et l'autre à ne rien faire, LA F. *Épitaphe.*

SOULTE [sõult'] et **SOUTE** [sõut'] *s. f.*
[ÉTYM. Subst. particip. de soudre (au sens disparu de « payer »), § 45. ‖ XIIᵉ s. Si en avrunt malveisse solte, ÉT. DE FOUGÈRES, *Livre des man.* dans DELB. *Rec.*]
‖ Somme que celui qui se trouve avoir plus que son lot dans un partage, un échange, doit payer aux autres pour rétablir l'égalité.

SOUMETTRE [sou-mètr'] *v. tr.*
[ÉTYM. Pour sousmettre, composé de sous et mettre, §§ 192 et 196. (*Cf.* le lat. submittere, *m. s.*) ‖ XIIᵉ s. E suzmetrunt eals li dreiturel, *Psaut. de Cambridge*, XLVIII, 14.]
‖ **1°** Mettre sous l'autorité de qqn. J'ai voulu — ces terres à Nabuchodonosor, roi de Babylone, BOSS. *R. d'Angl.* Soumise à mon époux, RAC. *Phèd.* I, 3. Que tout lui soit soumis, jusqu'aux animaux, BOSS. *R. d'Angl.* La reine se soumit plus que jamais à cette main souveraine, ID. *ibid.* | *P. ext.* Les orages, les vents, les cieux te sont soumis, RAC. *Esth.* I, 4. Obliger les hommes à — leur esprit à Dieu, BOSS. *Hist. univ.* II, 28. Ses gardes, son palais, son lit, m'étaient soumis, RAC. *Brit.* IV, 2. Une âme à l'intérêt soumise, MOL. *Tart.* I, 5. *Absolt.* Les Romains soumettent, après cinq cents ans, les Gaulois Cisalpins, BOSS. *Hist. univ.* III, 7. Priam soumis fut respecté d'Achille, RAC. *Andr.* III, 6. La raison ne se soumettrait jamais, si elle ne jugeait qu'il y a des occasions où elle se doit —, PASC. *Pens.* XIII, 4. Si on soumet tout à la raison, ID. *ibid.* XIII, 3. D'un cœur lâche et soumis, CORN. *Perth.* I, 2. ‖ *Au part. passé pris adjectivt.* Soumis, disposé à se soumettre. Un fils soumis et respectueux. Des respects si soumis, BOSS. *R.*

---

d'Angl. | *Spéciall.* (Police.) Une fille (publique) soumise (au service des mœurs).
‖ **2°** Remettre, livrer à la décision, à l'action de qqn. — un projet à l'examen de qqn, à son approbation. — une substance à l'analyse. — un malade à un traitement, à un régime.

SOUMISSION [sou-mi-syon; *en vers*, -si-on] *s. f.*
[ÉTYM. Emprunté du lat. submissio, *m. s.* § 503. Souvent écrit submission, même au XVIIᵉ s. Une ame accoutumée aux grandes actions Ne saurait s'abaisser à des submissions, CORN. *Cid*, II, 6. ‖ 1443. Submission, dans GODEF. *Compl.* | 1549. Soubmission, R. EST.]
‖ **1°** Action de se soumettre, de se ranger sous l'autorité de qqn. Les rebelles firent leur —. La cour de Suse voulait retenir les Grecs ses sujets dans la — plutôt que dans la servitude, BARTHÉLEMY, *Anacharsis*, 72. Par — pour les ordres du sénat, VERTOT, *Révol. rom.* 13. L'humilité n'est souvent qu'une feinte — dont on se sert pour soumettre les autres, LA ROCHEF. *Réflex.* 254. Ce n'est pas par les agitations de notre raison, mais par la simple — de la raison que nous pouvons véritablement nous connaître, PASC. *Pens.* XXIV, 15 ter. ‖ *P. ext.* Démonstration de soumission. Il y rendit les mêmes soumissions, BOSS. *Hist. univ.* I, 11.
‖ **2°** Acte par lequel on remet à l'administration qui met en adjudication des travaux, des fournitures, les conditions auxquelles on offre de s'en charger. Une adjudication sur soumissions cachetées. | Acte par lequel on offre de payer une certaine somme, pour cautionnement, pension alimentaire, etc. Souscrire une — de payer tous les frais, et de fournir les aliments, *Code civil*, art. 378.

SOUMISSIONNAIRE [sou-mi-syò-nér; *en vers*, -si-ò-...] *s. m. et f.*
[ÉTYM. Dérivé de soumission, § 248. ‖ 1784. DUFRESNE, *Études sur le crédit public*, p. 103. Admis ACAD. 1798.]
‖ Celui, celle qui fait une soumission pour des fournitures, des travaux mis en adjudication.

SOUMISSIONNER [sou-mi-syò-né; *en vers*, -si-ò-...] *v. tr.*
[ÉTYM. Dérivé de soumission, § 266. ‖ Admis ACAD. 1798.]
‖ Offrir, par soumission, de se charger de fournitures, de travaux mis en adjudication. — des travaux de construction à tel prix.

SOUPAPE [sou-pãp'] *s. f.*
[ÉTYM. Pour souspape, composé avec sous et l'anc. verbe paper, manger (*cf.* papelard), §§ 194 et 196. ‖ (Au sens **I.**) XIIIᵉ s. Doné li a mout grant souspape, GIRB. DE MONTREUIL, *Violette*, 3989. | (Au sens **II.**) XVIᵉ s. La souspape de la gorge de l'homme (la luette)... joue comme celle des pompes, B. PALISSY, p. 137.]
I. *Anciennt.* Coup sous le menton (qui fait fermer brusquement la bouche).
II. *P. anal.* (Technol.) Fermeture mobile à bascule. qu'un ressort à pression ferme en l'appliquant contre une ouverture, et qu'une force supérieure agissant au sens inverse peut ouvrir momentanément, mais qui se referme dès que celle-ci cesse d'agir. (*Syn.* clapet.) La — d'une chaudière, d'un soufflet, d'une pompe, d'une baignoire. — de sûreté, soupape d'une chaudière à vapeur, s'ouvrant spontanément quand la vapeur dépasse une certaine pression, pour prévenir les explosions.

SOUPÇON [sõup'-son] *s. m.*
[ÉTYM. Du lat. sŭspectiŏnem, *m. s.* devenu sospeçon, souspeçon, §§ 348, 337, 386, 406 et 291, soupeçon, § 422, soupçon, § 351. Fém. comme le lat. à l'origine, soupçon est devenu masc. à la fin du XVIᵉ s. § 553.]
‖ **1°** Action de soupçonner qqn. Il n'est rien où d'abord son — attaché Ne présume du crime, BOIL. *Sat.* 10. A vos soupçons donnez moins de créance, RAC. *Brit.* III, 5. Exempte des soupçons dont je suis tourmentée, ID. *Baj.* IV, 4. Ce n'est pas d'aujourd'hui, Nicole, que j'ai conçu des soupçons de mon mari, MOL. *B. gent.* III, 7. Confirmer, détourner, dissiper les soupçons de qqn. Il eut pour hôtes les soucis, Les soupçons, les alarmes vaines, LA F. *Fab.* VIII, 2. ‖ *P. ext.* Le fait d'être soupçonné. On ne reçoit plus rien qui soit hors de —, MOL.. *Ét.* II, 5. Il n'y a pas le moindre — d'erreur dans ceux que vous en avez accusés, PASC. *Prov.* 18.
‖ **2°** Apparence qui fait présumer qqch. Il ne tombe entre lui et vous aucun — de ressemblance, MOL. *Scap.* II, 4. Il n'y en a aucun acte, ni aucun vestige, et pas même le moindre — dans toute l'histoire sainte, BOSS. *5e Avert. aux pro-*

test. 43. || *P. ext. Famil.* Quantité si minime qu'il y en a à peine apparence. De l'eau chaude avec un — de thé, MUSSET, *Caprice*, sc. 6.

SOUPÇONNER [sŏup'-sò-né] *v. tr.*

[ÉTYM. Dérivé de soupçon, § 154. || XIIIᵉ s. Se li acusés ou soupeconnés pot livrer pleiges, BEAUMAN. LI, 3.]

|| **1°** Présumer sur certaines apparences (qqn) comme étant coupable. Chargé du crime affreux dont vous me soupçonnez, RAC. *Phèd.* IV, 2. On ne peut pas — ce prince d'avoir voulu affaiblir la discipline, MONTESQ. *Espr. des lois*, XXVIII, 21. — qqn de trahison. *Absolt.* Je laissais gémir la vertu soupçonnée, RAC. *Phèd.* V, 7. || *P. ext.* Admettre sur certaines apparences (le mal dont on présume qqn coupable). — la trahison, l'artifice. Si disposée à croire le bien qu'elle ne peut pas même — le mal, BOSS. *Yol. de Monterby.*

|| **2°** Présumer (qqch) d'après certaines apparences. Je ne le soupçonnais pas, je le croyais, MARIV. *Préj. vaincu*, sc. 3. Je soupçonne, entre nous, que vous croyez en Dieu, GILBERT, *Dix-huitième Siècle.* || *Vieilli.* Avec le subj. Je commence à — qu'il n'ait un mérite importun, LA BR. 8.

*SOUPÇONNEUSEMENT** [sŏup'-sò-neûz'-man; *en vers*, -neû-ze-...] *adv.*

[ÉTYM. Composé de soupçonneuse et ment, § 724. || XIIIᵉ-XIVᵉ s. Supessonneusement, *Gloss. de Conches*, dans GODEF. souspeçoneusement.]

|| D'une manière soupçonneuse.

SOUPÇONNEUX, EUSE [sŏup'-sò-neû, -neûz'] *adj.*

[ÉTYM. Dérivé de soupçon, § 116. || XIIᵉ s. Ulixès fu sospecenox, BEN. DE STE-MORE, *Troie*, 29715.]

|| Porté à soupçonner. D'un tyran — pâles adulateurs, BOIL. *Art p.* 2. Être d'un caractère —. Si je m'en rapporte aux esprits —, CORN. *Sertor.* III, 1.

SOUPE [sŏup'] *s. f.*

[ÉTYM. Subst. verbal de souper 1, § 52. || XIIIᵉ s. Je vous ferai d'autel pain soupe, J. DE MEUNG, *Rose*, 14420.]

|| **1°** Tranche de pain mince sur laquelle on verse le bouillon. Tailler la —. Tremper la —. Il est trempé comme une —, en parlant de qqn qui est très mouillé. *Fig. Trivial.* Tremper une — à qqn, le battre. — au vin, — à perroquet, tranche de pain trempée dans le vin. | *Fig.* Ivre comme une — (imbibée de vin). *Loc. prov.* Quelqu'un lui a mangé le dessus de sa — (la croûte), il est de mauvaise humeur.

|| **2°** *P. ext.* Bouillon versé sur des tranches de pain minces, aliment par lequel commence d'ordinaire le repas. De la — grasse, au bouillon de viande. — maigre, dont le bouillon n'est pas fait avec de la viande, et, *fig.* Sa — est maigre, il a de maigres ressources. De la — aux oignons, de la — aux choux. De la — au lait. Servir la —. Je vis de bonne — et non de beau langage, MOL. *F. sav.* II, 7. *P. ext.* Manger la — avec qqn, dîner avec lui. *Loc. prov.* S'emporter comme une — au lait, se monter, par allusion au lait qui monte quand il est près de bouillir. | *Famil.* Marchand de —, chef d'une maison d'éducation qui ne songe qu'au profit.

|| **3°** *P. anal.* | **1.** Fourrage vert ou sec infusé dans l'eau qu'on donne au bétail pour l'engraisser. | **2.** — au lait, au vin, et, *vieilli*, en vin, sorte de couleurs blanchâtre, rouge. Les soupes en vin et les gris doux, BUFF. *Oiseaux*, IV, 338.

SOUPÉ [sou-pé]. *V.* souper 2.

SOUPENTE [sou-pänt'] *s. f.*

[ÉTYM. Pour souspente, tiré de souspendre, ancienne forme de suspendre, d'après pente, de pendre, § 45. (*Cf.* l'anc. franç. souspendue, *m. s.*) || 1338. Les eaues couloient contre les ponchons et les souspentes, dans DELB. *Rec.*]

|| (Technol.) || **I.** || **1°** Assemblage de larges et fortes courroies qui tiennent le corps d'un carrosse suspendu sur le train. Des doubles soupentes et des ressorts qui le font rouler plus mollement, LA BR. 7. || Larges bandes de cuir qui tiennent un animal suspendu dans l'appareil nommé travail.

|| **2°** Pièce de bois suspendue pour retenir le treuil de la roue d'une machine.

|| **3°** Bande de fer qui soutient la hotte d'une cheminée.

II. Réduit pratiqué dans la hauteur d'une pièce et soutenu par une construction en planches, en maçonnerie, pour servir de grenier, de chambre de domestique, etc.

1. SOUPER [sou-pé] *v. intr.*

[ÉTYM. Emprunté du bas allem. supen (holland. moderne zuipen, allem. saufen), humer, § 6. || XIIᵉ s. Termes fu de soper, *Énéas*, 825.]

|| Prendre le repas du soir appelé souper. (*V. ce mot.*) Il soupa, lui tout seul, devant elle, MOL. *Tart.* I, 4. Cliton n'a jamais eu en toute sa vie que deux affaires, qui est de dîner le matin et de — le soir, LA BR. 11. Aller se coucher sans —.

2. SOUPER [sou-pé] *s. m.*

[ÉTYM. Tiré de l'infin. de souper 1, § 49. On a longtemps hésité entre souper et soupé (tiré du part. passé de souper 1, § 45); ce dernier n'est plus guère en usage. (*Cf.* dîner 1.) || XIᵉ s. Toz fut prez li sopers, *Voy. de Charl. à Jérus.* 399.]

|| **1°** *Vieilli.* Repas ordinaire du soir (commençant par la soupe) ayant ordinairement lieu entre sept et huit heures. (Syn. dîner.) Elle eut un grand dégoût, Et ne put, au —, toucher à rien du tout, MOL. *Tart.* I, 4. Le — hors du chœur chasse les chapelains, BOIL. *Lutr.* 2.

|| **2°** Repas qui se fait à une heure avancée de la nuit, à la suite d'une fête, d'un bal, etc. — fin, souper délicat. Petit —, souper entre intimes.

SOUPESER [sou-pe-zé] *v. tr.*

[ÉTYM. Pour souspeser, composé de sous et peser, §§ 192 et 196. || XIIᵉ s. Ançui avrés la geule souspesee, *Auberi*, p. 189, Tobler.]

|| Lever avec la main et soutenir un moment (un objet) pour juger de ce qu'il pèse à peu près. Il la lui fit — (la coupe) à lui-même, pour lui faire estimer combien elle pesait, AMYOT, *Démosth.* 36.

SOUPEUR, *SOUPEUSE [sou-peûr, -peûz'] *s. m.* et *f.*

[ÉTYM. Dérivé de souper 1, § 112. || XIVᵉ s. Li outrageus souperres, *Anti Claudianus*, dans GODEF. soupeor. Admis ACAD. 1798 (au masc.).]

|| Celui, celle qui soupe, qui a l'habitude de souper.

SOUPIED. *V.* sous-pied.

SOUPIÈRE [sou-pyér] *s. f.*

[ÉTYM. Dérivé de soupe, § 115. || Admis ACAD. 1762.]

|| Vase dans lequel on sert la soupe, le potage. | *P. ext.* Ce que contient ce vase.

SOUPIR [sou-pir] *s. m.*

[ÉTYM. Subst. verbal de soupirer, § 52. || XIIᵉ s. Onc nel porent flechier mes termes Ne mi sospir, *Énéas*, 1812.]

|| **1°** Respiration profonde et prolongée qu'on laisse échapper quand on est oppressé par quelque sensation ou quelque sentiment pénible. Je puis donner passage à mes tristes soupirs, CORN. *Cid*, III, 3. Le dernier —, dernier souffle de celui qui expire. Rendre le dernier —, expirer. Jusqu'au dernier —, jusqu'au dernier souffle. Jusqu'au dernier — de malheurs poursuivie, RAC. *Phèd.* IV, 6. Recevoir, recueillir les derniers soupirs de qqn, l'assister à ses derniers moments. | *P. plaisant. Famil.* — d'ivrogne, éructation d'un homme pris de vin. || *P. ext.* Expression d'une peine, d'un regret. Pour moi, je crois qu'au Ciel tendent tous vos soupirs, MOL. *Tart.* III, 3. Les soupirs qu'ils poussent sans cesse vers leur patrie, MASS. *Jugem. univ.* | *Spéciale.* Expression d'une peine amoureuse. Le cœur se donne à soupirs qu'il n'a point écoutés, RAC. *Phèd.* III, 3. Que l'amour me contraigne A pousser des soupirs pour ce que je dédaigne, CORN. *Cid*, I, 2.

|| **2°** *Fig. Poét.* Son plaintif. Les soupirs du vent dans le feuillage. Les soupirs de l'orgue.

|| **3°** (Musique.) Silence qui a la durée d'une noire. Demi--, quart de —, silence qui a la durée d'une croche, d'une double croche.

SOUPIRAIL [sou-pi-rày'] *s. m.*

[ÉTYM. Dérivé de soupirer (au sens ancien de « exhaler »), § 88. || 1372. L'air... c'est le souppirail de toutes bestes, J. CORBICHON, *Propr. des choses*, XI, 1, mss franç. Bibl. nat. 216, fᵒ 164, rᵒ.]

|| (Technol.) Ouverture pratiquée à la partie inférieure d'un édifice, pour donner du jour, de l'air à une cave, à un souterrain. Boucher les soupiraux. | Ouverture pratiquée à plomb dans le sommet d'une voûte. | Ouverture pratiquée dans une meule de carbonisation. || *P. anal.* Ouverture communiquant avec une cavité intérieure. Ces fentes... sont les grands soupiraux par où s'échappent ces vapeurs, BUFF. *Minéraux*, I, 196.

SOUPIRANT, *SOUPIRANTE [sou-pi-ran, -ränt'] *adj.*

[ÉTYM. Adj. particip. de soupirer, § 47. || XIIIᵉ s. Lors cuident tout lor autre afere Cil souspirant avoir trouvé, *Lai de l'ombre.*]

|| Qui soupire. O cœurs soupirants après l'unité ! BOSS. 2ᵉ *Assompt.* 2. Cette soupirante cohorte, LA F. *Contes, Petit Chien.* *Substantivt.* Un —, une soupirante. *Spéciale.* Un —, celui

qui soupire amoureusement pour une femme. De tant de soupirants chasserait la cohue, MOL. *Mis.* II, 1.

SOUPIRER [sou-pi-ré] *v. intr.* et *tr.*

[ÉTYM. Du lat. sŏspirare, *m. s.* devenu sospirer, souspirer, §§ 348, 295 et 291, soupirer, § 422.]

I. *V. intr.* Pousser des soupirs. Télémaque répondit en soupirant, FÉN. *Tél.* 1. J'en aurais soupiré, mais j'aurais obéi, CORN. *Poly.* II, 2. Je t'entends —, et je suis sûr que tu soupirais aussi dans ta gloire, FÉN. *Dial. des morts, Diog. et Denys.* Loc. prov. Cœur qui soupire (oppressé par le chagrin) N'a pas ce qu'il désire. Cœur content soupire souvent (oppressé par la joie). || *P. ext.* Exprimer une peine, un regret. Pour quelle cause soupirez-vous donc, âme sainte? BOSS. *Panég. Ste Thérèse,* 2. — après, pour qqch. C'est après cette bienheureuse patrie que soupiraient Abraham, Isaac et Jacob, BOSS. *Hist. univ.* II, 19. Un malheureux qui ne soupire qu'après le bonheur de retourner parmi les siens, FÉN. *Tél.* 3. Il soupira pour ce plaisir, LA F. *Fab.* VIII, 16. *Vieilli.* — à qqch. La bienheureuse liberté à laquelle nos âmes soupirent, BOSS. *Ascens.* 3. | *Spécialt.* Exprimer sa peine amoureuse, et, *fig.* son amour. Je combattrais pour elle en soupirant pour vous, CORN. *Hor.* I, 3.

II. *V. tr.* || **1°** *Vieilli.* Exprimer le regret de (qqch). Il semblait — ce qu'il avait perdu, CORN. *Rodog.* V, 4, édit. 1647-1656.

|| **2°** *Poét.* Exprimer, dire en termes plaintifs. — les malheurs de Sion, RAC. *Esth.* I, 1. Les vers que soupirait Tibulle, BOIL. *Art* p. 2.

SOUPLE [soupl'] *adj.*

[ÉTYM. Du lat. sŭpplicem, qui se plie pour implorer (*cf.* supplier), §§ 324, 290 et 291. || XIIᵉ s. Et chascuns seit vers l'altre sople, *Énéas,* 8176.]

|| Qui se plie en tous sens aux mouvements qu'on lui imprime. Une badine —. Des gants dont la peau est —. Du cuir —. Une main, des doigts souples. Avoir l'échine, les reins souples, et, *fig.* être prêt à se courber servilement devant les gens. | *P. ext.* Avoir des mouvements souples. || *Fig.* Qui se prête aisément aux volontés des autres, aux circonstances. Des armées... si bien commandées et si souples aux ordres de leurs généraux, BOSS. *Hist. univ.* III, 5. | *P. anal.* — à la raison, BOIL. *Art* p. 4. | *Absolt.* Valet — au logis, fier huissier à l'église, ID. *Lutr.* 4. | *Famil.* Être — comme un gant. [Jamais homme n'a été si — : il prenait toutes sortes de formes, FÉN. *Dial. des morts, Alc., Merc. et Caron.*

SOUPLEMENT [sou-ple-man] *adv.*

[ÉTYM. Composé de souple et ment, § 724. || XIIIᵉ s. Moult souplement firent le roi salu, ADENET, *Enf. Ogier,* 530. Admis ACAD. 1798.]

|| *Rare.* D'une manière souple. Un âne qui gagnait l'avoine et se relevait —, LE P. GARASSE, *Rech. des Rech.* p. 454.

SOUPLESSE [sou-plĕs'] *s. f.*

[ÉTYM. Dérivé de souple, § 124. || XIIIᵉ s. Souplece, BRUN. LATINI, *Trésor,* dans DELB. *Rec.*]

|| Caractère de ce qui est souple. La — des reins, des membres. *P. ext.* La — des mouvements. Les tours de — d'un acrobate. *Fig.* (par jeu de mots). Tour de —, tour qu'on joue adroitement à qqn. Et lui jouer quelque tour de —, LA F. *Contes, À femme avare.* | *P. anal.* La — de la voix. La — du style. La — de l'esprit. Toute la prudence et toute la — du courtisan, LA BR. 8. | *P. ext.* Acte de souplesse. Il s'imagine sauver tout cela par les souplesses de son esprit, BOSS. *6ᵉ Avert. aux protest.* 28. Les souplesses de l'amour-propre, MALEBR. *Rech. de la vérité,* II, II, 6.

SOUQUENILLE [sŏuk'-niy'; *en vers,* sou-ke-...] *s. f.*

[ÉTYM. Pour souquenie (seule forme donnée par COTGR.), §§ 62 et 88, mot d'origine slave, § 20 : polon. suknia, tchèque suckne, etc. Au XVIIᵉ s. on hésite entre souquenille et siquenille : cette dernière forme se lit dans la 1ʳᵉ édit. de l'*Avare* de MOL. || XIIᵉ s. Unes soschanies Amples de sos, de dans foraies, *Parlenopeus,* 8015.]

|| Surtout de grosse toile que les cochers, les palefreniers, revêtent pour panser les chevaux, nettoyer les voitures. Quitterons-nous nos souquenilles? MOL. *Av.* III, 1. || *P. ext.* Vêtement usé, misérable.

***SOUQUER** [sou-ké] *v. tr.* et *intr.*

[ÉTYM. Origine inconnue. || 1791. LESCALLIER, *Gréement des vaiss.* I, 112.]

|| (Marine.) | 1. *V. tr.* Raidir. — un amarrage. | 2. *V. intr.* — sur la rame, appuyer sur la rame, faire force de rames.

SOURCE [sours] *s. f.*

[ÉTYM. Pour sourse, subst. particip. de sourdre, § 45. (*Cf.*

ressource.) || XIIᵉ s. N'est pas de mei la surse de la suspensiun, GARN. DE PONT-STE-MAX. *St Thomas,* 5185.]

|| **1°** Origine d'un cours d'eau, d'une fontaine, filet d'eau qui lui donne naissance à l'endroit où elle sourd, où elle commence à sortir de terre. Chercher les sources du Nil. Remonter un fleuve jusqu'à sa —. La Loire prend sa — au mont Gerbier-de-Jonc. Nous montâmes à la — de la fontaine Castalie, BARTHÉLEMY, *Anacharsis,* 22. Sous d'âpres rochers, près d'une — pure, LA F. *Fab.* XII, 25. Eau de —, eau vive qui vient d'une source. *Fig.* Une chose qui coule de —, qui est produite d'une manière naturelle, aisée. Tout ce que vous dites... coule de —, de votre cœur au bout de votre plume, SÉV. 1104. Rien ne coule de — et avec liberté, LA BR. 5. Une — intermittente, qui ne coule que par intervalles. Couper une —, l'intercepter. Les sources y sont (dans l'Asie) plus aisément taries, MONTESQ. *Espr. des lois,* XVII, 6. | Sources chaudes, minérales, salines, sulfureuses, ferrugineuses, d'eau chaude, minérale, etc. || *P. anal.* | 1. En parlant de tout liquide qui sort de terre. Des sources de pétrole. | 2. *Poét.* En parlant du liquide qui sort de la glande lacrymale. Qui changera mes yeux en deux sources de larmes? RAC. *Ath.* III, 7.

|| **2°** *Fig.* Origine d'une chose, ce dont elle dérive. Dieu qui d'un seul homme a voulu former tout le genre humain, et de cette — commune le répandre sur toute la terre, BOSS. *Marie-Thérèse.* Les sources de la vie, les organes essentiels de la vie. Attaquer la nature humaine jusque dans la — de la vie, MONTESQ. *Espr. des lois,* XI, 2. Son pouvoir est la — du tien, CORN. *Nicom.* IV, 4. Aller à la — du mal, remonter jusqu'à ce qui en est le principe. Couper la — du mal, l'arrêter dans son principe. Des larmes d'Octavie on peut tarir la —, RAC. *Brit.* III, 3. Examinons ce bruit, remontons à sa —, ID. *Phèd.* II, 6. Tenir une nouvelle de bonne —. Être à la — des nouvelles, des grâces, etc., à l'endroit où les nouvelles sont sues, les grâces distribuées. *Absolt.* Les sources, les textes originaux à consulter en histoire, en théologie, en critique littéraire. Faire la critique des sources. || (Marine.) La — du vent, le point de l'horizon d'où il souffle.

SOURCIER, *SOURCIÈRE [sour-syé, -syèr] *s. m.* et *f.*

[ÉTYM. Dérivé de source, § 115. || 1788. FÉRAUD, *Dict. crit.* Admis ACAD. 1798.]

|| Celui, celle qui prétend avoir certains secrets pour découvrir des sources.

SOURCIL [sour-si] *s. m.*

[ÉTYM. Du lat. sŏpercĭlium, *m. s.* devenu sovrecil, sourecil, sourcil, §§ 348, 431, 337, 463 et 291. (*Cf.* cil.)]

|| **1°** Éminence en forme d'arc, garnie de poils, qui se trouve au-dessus de chaque œil. Sous un — épais il avait l'œil caché, LA F. *Fab.* XI, 7. Froncer les sourcils, en signe de mécontentement. Lever, hausser les sourcils, en signe de dédain. *Fig.* Le — rehaussé d'orgueilleuses chimères, BOIL. *Sat.* 10. || *P. ext.* — de hanneton, et, *abusivt,* Souci d'hanneton, sorte de frange. (*V.* hanneton.)

|| **2°** (Technol.) Partie supérieure, linteau d'une porte. (*Cf.* sourciller.)

SOURCILIER, ÈRE [sour-si-yé, -yèr] *adj.* et *s. m.*

[ÉTYM. Dérivé de sourcil, § 115. || 1586. J. GUILLEMEAU, *Tables anatom.* p. 7.]

|| **1°** *Adj.* (T. didact.) Qui a rapport aux sourcils. Muscle —. Arcade sourcilière.

|| **2°** *S. m.* (Technol.) Sorte de corniche au-dessus des ouvreaux du four où l'on fond le verre pour glaces.

1. SOURCILLER [sour-si-yé] *v. intr.*

[ÉTYM. Dérivé de sourcil, § 154. || XIIIᵉ s. De celle part a prins a sorciller, *Gaydon,* 4181.]

|| Remuer les sourcils. *P. ext.* Manifester quelqu'une des émotions que dénotent les mouvements des sourcils. Il a entendu sans — son arrêt de mort.

2. *SOURCILLER [sour-si-yé] *v. intr.*

[ÉTYM. Dérivé de source, § 161. || XVIIIᵉ s. *V.* à l'article.]

|| *Rare.* Sourdre, sortir de terre en formant une source. Cette eau sourcille en différents endroits, BUFF. *Hist. natur.* 2ᵉ disc.

***SOURCILLEUSEMENT** [sour-si-yeûz'-man; *en vers,* -yeû-ze-...] *adv.*

[ÉTYM. Composé de sourcilleuse et ment, § 724. || 1613. Discours... que les censeurs de cest aage recerchent trop sourcilleusement, CÉSAR DE NOSTREDAME, *Hist. de Provence,* dans DELB. *Rec.*]

|| *Vieilli.* D'une manière sourcilleuse. —,... sans plus

longue réplique il tourne où bon lui semble, TH. CORN. *Charme de la voix*, I, 7.

SOURCILLEUX, EUSE [sour-si-yeù, -yeûz'] *adj.*

[ÉTYM. Dérivé de sourcil, § 116, à l'imitation du lat. supercillosus, *m. s.* || 1552. Face sourcilleuse, JODELLE, *Eugène*, prol.)

|| *Vieilli.* || 1° A qui les sourcils froncés donnent l'air sévère. Nos censeurs —, BOIL. *Ép.* 10.

|| 2° A qui les sourcils haussés donnent l'air hautain. Où le chantre orgueilleux Montre, assis à ta gauche, un front si —, BOIL. *Lutr.* 1. | *Poét.* Des rocs —, à la cime altière.

SOURD, SOURDE [soùr, sourd'] *adj.*

[ÉTYM. Du lat. sŭrdum (*cf.* surdité), *m. s.* §§ 324 et 291. (*Cf.* abasourdir, assourdir.)]

I. || 1° Dont les oreilles ne perçoivent pas ou perçoivent très difficilement les sons, par abolition ou affaiblissement considérable du sens de l'ouïe. (*Cf.* sourd-muet.) Je suis —, les ans en sont la cause, LA F. *Fab.* VII, 16. Un Dieu de bois, De ces dieux qui sont sourds, bien qu'ayant des oreilles, ID. *ibid.* IV, 8. Vos dieux frivoles, insensibles et sourds, CORN. *Poly.* IV, 3. Une clameur à rendre les gens sourds, LA F. *Fab.* VIII, 12. *Loc. prov.* — comme un pot, très sourd (par jeu de mots, le pot de terre étant sourd, c'est-à-dire peu sonore). || *Substantivt.* Un —, une sourde. Parler à des sourds. Crier, frapper comme un —, crier, frapper très fort, parce qu'un sourd n'entend pas s'il crie, s'il frappe plus ou moins fort. *Fig.* Bourdaloue, qui frappe toujours comme un —, disant des vérités à bride abattue, SÉV. 794. || *Spécialt. Dialect.* Le —, la salamandre terrestre. La sourde, la petite bécassine.

|| 2° *Fig.* Qui ne veut pas entendre. Sourde à tous nos discours, RAC. *Phèd.* I, 3. Il (le Ciel) devrait être — aux aveugles souhaits, LA F. *Fab.* VII, 17. Faire le —, faire la sourde oreille, faire semblant de ne pas entendre. Il fit longtemps la sourde oreille, LA F. *Fab.* VIII, 17. *Loc. prov.* Il n'y a point de pires sourds que ceux qui ne veulent point entendre, MOL. *Am. méd.* I, 4.

II. *P. ext.* Peu sonore.

|| 1° Où le son est étouffé. Une pièce sourde. Les antres sourds, BOIL. *Sat.* 8.

|| 2° Dont le son est étouffé. Une voix sourde. Le bruit — des vagues de cette mer, FÉN. *Tél.* 15. *Fig.* Une rumeur sourde, un bruit —, vague, indistinct. Cependant un bruit — veut que le roi respire, RAC. *Phèd.* II, 6. Lime sourde, qui use sans faire de bruit. *Fig.* La politique est une lime sourde qui use et qui parvient lentement à sa fin, MONTESQ. *Espr. des lois*, XIV, 13. (*Cf.* lime-sourd.) Consonnes sourdes, prononcées sans résonance des cordes vocales (k, p, t, etc.). || *P. ext. Fig.* | 1. Qui ne brille pas franchement. Lanterne sourde, dont on peut cacher la lumière à volonté. Teintes sourdes, ternes, sans éclat. Pierre sourde, terne, sans reflet. | 2. Qui ne se fait pas sentir ouvertement. Une douleur sourde. Il avait agi d'une manière sourde et insensible, MONTESQ. *Espr. des lois*, VI, 13. De sourdes intrigues. | Lame sourde, qui porte sur un point où l'on ne sent pas le vent qui l'a soulevée. | Couteau —, plane de corroyeur, peu tranchante.

SOURDAUD, AUDE [sour-dô, -dôd'] *adj.*

[ÉTYM. Dérivé de sourd, § 138. (*Cf.* l'anc. franç. sourdeau, dans DELB. *Rec.*) || 1549. R. EST.]

|| *Vieilli.* Qui entend difficilement. *Substantivt.* Une manière de — de beaucoup d'esprit, ST-SIM. III, 356. On dit que ce — veut être de l'Académie, VOLT. *Lett.* 6 août 1760.

***SOURDELINE** [sour-de-lin'] *s. f.*

[ÉTYM. Emprunté de l'ital. *sordellina, *m. s.* § 12. || 1636. Sourdeline ou musette d'Italie, LE P. MERSENNE, *Harmon. univ.* p. 293.]

|| *Ancienn.* Espèce de musette, originaire d'Italie, à quatre chalumeaux pouvant se fermer ou s'ouvrir à volonté.

SOURDEMENT [sour-de-man] *adv.*

[ÉTYM. Composé de sourde et ment, § 724. || 1564. J. THIERRY, *Dict. franç.-lat.*]

|| D'une manière sourde. (Ne s'emploie qu'au fig.) || *Spécialt.* | 1. En donnant un son étouffé. La mer... grondait —, FÉN. *Tél.* 6. | 2. En ne faisant pas sentir ouvertement son action. Agir — contre qqn.

SOURDINE [sour-din'] *s. f.*

[ÉTYM. Emprunté de l'ital. sordina, *m. s.* § 12. || 1606. NICOT.]

|| 1° *Ancienn.* (T. milit.) Trompette peu sonore pour donner aux soldats le signal d'une marche à petit bruit.

Sonner la —. || *De nos jours. Fig.* Faire qqch à la —, à petit bruit, de manière qu'on ne s'en aperçoive pas. || *P. anal.* Epinette dont les cordes sont mises en vibration par de petites pièces de bois recouvertes de drap, destinées à adoucir les sons.

|| 2° *P. ext.* | 1. Cône de carton percé d'un trou à sa base qu'on met dans le pavillon du cor, petit tube en bois qu'on met dans l'ouverture inférieure de la trompette, pour assourdir les sons. | 2. Petite pièce de bois, d'ivoire, etc., en forme de peigne à trois dents évidées, qu'on enchâsse sur le chevalet des violons, altos, violoncelles, contrebasses, pour diminuer les vibrations de la caisse et assourdir les sons. | 3. Ressort empêchant le marteau de frapper sur le timbre d'une montre à répétition.

SOURD-MUET, SOURDE-MUETTE [sour-muè, sourd'-muêt'; *en vers*, sour-mu-è, sour-de-mu-ĕt'] *adj.*

[ÉTYM. Composé de sourd et muet, § 179. ACAD. 1694-1798 ne connaît que sourd et muet dans le sens de sourd-muet. || 1791. L'instruction des sourds-muets, *Décret du 21 juillet*. Admis ACAD. 1835.]

|| Qui, étant sourd de naissance, n'a pu apprendre à parler. *Substantivt.* Un —, une sourde-muette. L'institution des Sourds-Muets.

SOURDRE [soùrdr'] *v. intr.*

[ÉTYM. Du lat. sŭrgere, s'élever, jaillir, devenu *sorg're, sordre, sourdre, §§ 324, 396, 290 et 291. (*Cf.* source.)]

|| *Vieilli.* Sortir de terre. Là sourdait une eau qui avait la propriété de rajeunir, LA F. *Psyché*, 2. || *Fig.* S'élever. Entre le Clergé et son ami Coras... sourdirent grands débats, RAC. *Épigr.* 1. De cette grâce sourdit une dispute, ST CIM. XIV, 9.

SOURIANT, ANTE [sou-ryan, -ryänt'; *en vers*, -ri-...] *adj.*

[ÉTYM. Adj. particip. de sourire, § 47. || *Néolog.* Admis ACAD. 1878.]

|| Qui sourit.

SOURICEAU [sou-ri-só] *s. m.*

[ÉTYM. Dérivé de souris, § 126. || XVIe s. Souris pleines de sourisseaux, DU PINET, *Hist. nat. de Pline*, dans DELB. *Rec.*]

|| Jeune souris. Un — tout jeune et qui n'avait rien vu, LA F. *Fab.* VI, 5.

SOURICIÈRE [sou-ri-syèr] *s. f.*

[ÉTYM. Dérivé de souris, § 115. || XVe s. Prins a la sourissiere, dans DELB. *Rec.*]

|| Piège à prendre les souris. | *Fig.* Piège que la police tend aux malfaiteurs, en occupant un lieu où ils doivent se réunir et où on les arrête à mesure qu'ils arrivent.

***SOURIQUOIS, OISE** [sou-ri-kwá, -kwäz'] *adj.*

[ÉTYM. Mot dérivé plaisamment de souris, § 143. || XVIIe s. V. à l'article.]

|| *Inusité.* De la race des souris. Le peuple —, LA F. *Fab.* IV, 6.

1. SOURIRE [sou-rîr] *v. intr.*

[ÉTYM. Du lat. *sŭbrīdere (class. subrīdēre, § 629), *m. s.* devenu soridre, sorire, sourire, §§ 348, 437, 414, 290 et 291.]

|| Rire légèrement, d'un simple mouvement des lèvres et des yeux. Souriant toujours et ne riant jamais, J.-J. ROUSS. *Confess.* 3. — doucement, malicieusement, dédaigneusement, ironiquement. — d'un air incrédule. — d'un air d'intelligence. — à qqn, manifester en souriant le plaisir que cause sa présence. Sans que père ni mère ait daigné me —, RAC. *Iph.* II, 1. || *Fig.* | 1. Être favorable à qqn. La fortune lui sourit. | 2. Être au goût de qqn. Cette entreprise me sourit. | 3. *Absolt. Poét.* Avoir un aspect plaisant. Le ciel sourit.

2. SOURIRE [sou-rîr] *s. m.*

[ÉTYM. Tiré de l'infin. de sourire 1, § 49. (*Cf.* souris 2.) || XVe s. Un profond sourir, *Cligès en prose*, dans DELB. *Rec.*]

|| Action de sourire. Un — bienveillant, un doux —. Un — malicieux, moqueur, dédaigneux, ironique. Un — d'incrédulité, d'intelligence.

1. SOURIS [sou-ri] *s. f.*

[ÉTYM. Du lat. pop. *sŏricem (class. sŏricem), *m. s.* devenu soriz, soris, souris, §§ 348, 384 et 291.]

|| 1° Petit mammifère rongeur, du genre rat, de pelage gris, qui se tient dans les trous des maisons. Une — mâle, femelle. Une jeune —, de peu d'expérience, Crut fléchir un vieux chat, LA F. *Fab.* XII, 5. Se jouant des cœurs que ses charmes ont pris, Comme le chat de la —, ID. *ibid.* Guetter qqn comme le chat la —. Être éveillé comme une potée de —, être vif, alerte. (*Cf.* potée.) Couleur gris de —, gris argenté. *Loc.*

prov. On le ferait cacher dans un trou de — (tant il a peur). On entendrait une — trotter (tant on fait silence). La montagne en travail enfante une — (ce qu'on annonçait pompeusement aboutit à une déception, allusion à la fable de la montagne qui enfante une souris), BOIL. *Art p.* 3. (*Cf.* montagne, travail.) Quand les chats n'y sont pas, les — dansent, en l'absence du maître, on se donne licence. — qui n'a qu'un trou est bientôt prise, celui qui n'a qu'un expédient est bien vite à bout. C'est le nid d'une — dans l'oreille d'un chat, en parlant d'une chose inadmissible. || *P. ext.* — de terre, mulot. — d'eau, musaraigne. — de montagne, gerboise. — des bois, sarigue. — chauve, chauve-souris.

|| **2°** *Fig.* | **1.** Muscle charnu qui tient à l'os du manche d'un gigot. | Espace de la main entre le pouce et l'index. | Cartilage des naseaux du cheval. | **2.** *Anciennt.* Mèche pour mettre le feu à une mine. | **3.** Pas de —, escalier étroit donnant accès au fond d'un fossé de fortification. | **4.** *Anciennt.* Nœud de nonpareille dans la coiffure des femmes.

2. SOURIS [sou-ri] *s. m.*
[ÉTYM. Tiré de sourire 1, d'après ris. || 1539. Soubriz, R. EST.]
|| *Vieilli.* Sourire. *Spécialt.* Sourire passager. Il fit à Vénus un — plein de grâce et de majesté, FÉN. *Tél.* 4. Jamais personne ne vendit mieux ses paroles, son — même, ST-SIM. XII, 74.

SOURNOIS, OISE [sour-nwá, -nwáz'] *adj.*
[ÉTYM. Mot de même famille que le provençal sorn, sombre, obscur, d'origine inconnue. || 1642. OUD. Admis ACAD. 1718.]
|| Qui a un caractère en dessous. (*Syn.* dissimulé.) || *Substantivt.* Vous faites la sournoise, MOL. *G. Dand.* 1, 6.

SOURNOISEMENT [sour-nwáz'-man; *en vers,* -nwá-ze-...] *adv.*
[ÉTYM. Composé de sournoise et ment, § 724. || *Néolog.* Admis ACAD. 1878.]
|| D'une manière sournoise.

SOUS [sou; *en liaison,* souz'] *prép.*
[ÉTYM. Du lat. sŭbtus, *m. s.* devenu sots, soz, sos, sous, § 726. (*Cf.* dessous.)]
I. Marque la position d'une chose par rapport à ce qui est plus haut, en contact avec elle, dans la même direction verticale.
|| **1°** Par rapport à ce qu'elle porte. Mettre un tabouret — ses pieds, un oreiller — sa tête, un support — une lampe. Un navire qui est — voiles. Être — les armes. *Fig.* Ces cheveux blanchis — le harnois, CORN. *Cid,* II, 8. Chanceler — le poids de qqch. *Fig.* Courbé — le poids des ans.
|| **2°** Par rapport à ce qui la couvre en totalité ou en partie. Une cave ménagée — la maison. Mettre qqch — la presse. *Spécialt.* Mettre — presse, imprimer. Avoir qqch à mettre — sa dent. Écraser qqch — son pied. Se présenter — un déguisement. Ne pas reconnaître une femme — le masque, — le voile. | *P. anal.* Faire périr qqn — le bâton, — les coups. — clef, — les verrous, — les scellés, dans un lieu fermé à clef, aux verrous, sur lequel on a mis les scellés. Un acte — seing privé. || *Fig.* Confier qqch à qqn — le sceau du secret. Inscrire qqn — son numéro d'ordre. Un écrit scandaleux — votre nom se donne, BOIL. *Ép.* 6. Est-ce quelque divinité — une figure humaine? FÉN. *Tél.* 6. Rire — cape. Il est venu — ce prétexte. — couleur de changer de l'or, MOL. *Ét.* II, 6. Passer qqch — silence. Il cherche à vous nuire — main.
II. Marque la position d'une chose par rapport à ce qui est plus haut, sans contact avec elle, dans la même direction verticale. Ils erraient — ces voûtes. Être logé — le toit. Être — un beau ciel. — un chêne aussitôt il va prendre son somme, LA F. *Fab.* IX, 4. Chasser — bois. | *P. anal.* La Ferté-—-Jouarre. Naviguer — pavillon français. Être — les drapeaux. Le cheval qui est — la main du cocher. Cela s'est passé — nos yeux. Être — le feu d'un bastion. || *Fig.* Être né — un astre heureux. Servir — les ordres de qqn. Je vous ai vu combattre et commander — moi, CORN. *Cid,* I, 3. Tenir un peuple — sa domination. — le règne de ce prince. — la régence. — la république. *P. anal.* Être — la tutelle, la protection de qqn. Se réfugier — le canon de la place. Être mis en liberté — caution. Défendre qqch — peine de mort. Affirmer qqch — serment. Lâcher ce qu'on a dans la main — espoir de grosse aventure, LA F. *Fab.* IX, 10. — promesse de bien traiter Les députés, ID. *ibid.* VI, 14. | *P. ext.* Cela doit avoir lieu — quinze jours, — peu.

SOUS-AFFERMER [sou-zà-fèr-mé] et, *rare,* **SOUS-FERMER** [sou-fèr-mé] *v. tr.*
[ÉTYM. Composé de sous et affermer, fermer, §§ 192 et 196. (*Cf.* sous-fermier.) || Admis ACAD. 1694.]
|| **1°** Céder en partie ou en totalité ce qu'on a pris à ferme.
|| **2°** Prendre en totalité ou en partie, d'un autre, ce qu'il avait pris à ferme.

SOUS-AIDE [sou-zèd'] *s. m.*
[ÉTYM. Composé de sous et aide, § 202. || 1732. TRÉV. Admis ACAD. 1835.]
|| Celui qui est aide en second.

SOUS-AMENDEMENT [sou-zà-mand'-man; *en vers,* -man-de-...] *s. m.*
[ÉTYM. Composé de sous et amendement, § 202. || *Néolog.* Admis ACAD. 1835.]
|| (T. parlem.) Modification à un amendement proposé par qqn.

SOUS-AMENDER [sou-zà-man-dé] *v. tr.*
[ÉTYM. Composé de sous et amender, §§ 192 et 196. || *Néolog.* Admis ACAD. 1835.]
|| (T. parlem.) Modifier un amendement proposé par qqn.

SOUS-ARBRISSEAU [sou-zàr-bri-só] *s. m.*
[ÉTYM. Composé de sous et arbrisseau, § 201. || 1556. Soubs-arbrisseau, R. LE BLANC, *Subtilité,* dans DELB. *Rec.* Admis ACAD. 1835.]
|| (Botan.) Végétal dont la tige seule est ligneuse, et les ramifications herbacées.

*SOUS-ARCHIVISTE [sou-zàr-chi-vïst'] *s. m.*
[ÉTYM. Composé de sous et archiviste, § 202. || *Néolog.*]
|| (T. d'admin.) Archiviste en second.

SOUS-BAIL [sou-bày'] *s. m.*
[ÉTYM. Composé de sous et bail, § 202. || 1690. FURET.]
|| (Droit.) Acte par lequel qqn donne à bail une partie de ce qu'il a pris à ferme.

*SOUS-BAILLEUR, ERESSE [sou-bà-yeùr, -bày'-rês'; *en vers,* -bà-ye-rês'] *s. m.* et *f.*
[ÉTYM. Composé de sous et bailleur, § 202. || *Néolog.*]
|| (Droit.) Celui, celle qui donne à bail une partie de ce qu'il a pris à ferme.

SOUS-BARBE et **SOUBARBE** [sou-bàrb'] *s. f.*
[ÉTYM. Composé de sous et barbe, § 201. || 1611. COTGR.]
I. *Vieilli.* Coup sous le menton. (*Cf.* soupape.) *Fig.* Affront. Il a reçu une vilaine —, FURET. *Dict.*
II. (Technol.) || **1°** Partie de la mâchoire du cheval sur laquelle porte la gourmette.
|| **2°** Cordage placé sur l'avant de la quille d'un navire.
|| **3°** Traverse d'une écluse dans un marais salant.

SOUS-BIBLIOTHÉCAIRE [sou-bi-bli-yò-té-kèr] *s. m.*
[ÉTYM. Composé de sous et bibliothécaire, § 202. || 1690. FURET.]
|| (T. d'admin.) Bibliothécaire en second.

*SOUS-BOIS [sou-bwá] *s. m.*
[ÉTYM. Composé de sous et bois, § 201. || *Néolog.*]
|| **1°** Ce qui croît sous une futaie.
|| **2°** (Peinture.) Représentation de cette partie d'un bois.

*SOUS-CHEF [sou-chèf'] *s. m.*
[ÉTYM. Composé de sous et chef, § 202. || *Néolog.*]
|| (T. d'admin.) Employé placé dans la hiérarchie immédiatement au-dessous du chef.

SOUS-CLAVIER, IÈRE [sou-klà-vyé, -vyèr] *adj.*
[ÉTYM. Composé avec le franç. sous, le lat. clavis, clef (clavicule), et le suffixe ier, § 284. || XVIe s. Muscles sous-claviers, PARÉ, II, 5. Admis ACAD. 1835.]
|| (Anat.) Qui est sous la clavicule. L'artère sous-clavière.

SOUS-COMMISSAIRE [sou-kò-mi-sèr] *s. m.*
[ÉTYM. Composé de sous et commissaire, § 202. || 1765. *Ordonn. du 25 mars,* art. 3. Admis ACAD. 1878.]
|| (Marine.) Officier d'administration placé dans la hiérarchie immédiatement au-dessous du commissaire.

*SOUS-COMMISSION [sou-kò-mi-syon; *en vers,* -si-on] *s. f.*
[ÉTYM. Composé de sous et commission, § 202. || *Néolog.*]
|| (T. parlem.) Commission secondaire qu'une commission nomme parmi les membres qui la composent.

*SOUS-COMPTOIR [sou-kon-twàr] *s. m.*
[ÉTYM. Composé de sous et comptoir, § 202. || *Néolog.*]
|| (Commerce.) Comptoir secondaire dépendant d'un comptoir principal.

***SOUS-COSTAL, ALE** [sou-kŏs'-tàl] *adj.*
[ÉTYM. Composé avec le franç. sous, le lat. costa, côte, et le suffixe al, § 284. || 1752. TRÉV.]
|| (Anat.) Qui est sous les côtes. *Les muscles sous-costaux.*

SOUSCRIPTEUR [soŭs'-krĭp'-teŭr] *s. m.*
[ÉTYM. Emprunté du lat. subscriptor, m. s. J. SAVARY, *Parf. Négoc.* I, 194, emploie souscriveur (1675). || 1732. TRÉV. Admis ACAD. 1762.]
|| Celui qui souscrit. || *Spécialt.* | 1. Celui qui souscrit un billet. | 2. Celui qui souscrit à une œuvre.

SOUSCRIPTION [soŭs'-krĭp'-syon ; *en vers*, -sī-on] *s. f.*
[ÉTYM. Emprunté du lat. subscriptio, m. s. (*Cf.* suscription.) || XIIIᵉ s. Subscriptions des tesmoins, dans GODEF. *Compl.*]
|| Action de souscrire. | 1. Action de souscrire un acte, d'apposer au bas sa signature. *P. ext.* La signature avec les formules de compliment qui l'accompagnent d'ordinaire. | 2. Action de souscrire à une entreprise, à une publication. **Avoir la — de qqn** pour une œuvre de bienfaisance. **Publier un ouvrage par —,** en s'assurant un certain nombre d'acheteurs qui se font inscrire d'avance. | 3. *Fig.* Action de donner à qqch une adhésion formelle. *S'il renouvelle l'alliance avec Dieu par une* — *expresse de tous les particuliers,* BOSS. *Hist. univ.* II, 27.

SOUSCRIRE [soŭs'-krĭr] *v. tr. et intr.*
[ÉTYM. Emprunté du lat. subscribere, m. s. § 503. (*Cf.* l'anc. franç. sousescrire.) || 1356. Ceste copie fuit escripte et subscripte, dans GODEF. *Compl.*]
I. *V. tr.* || 1° Écrire au bas. **Son nom, au lieu du mien,** en ce papier souscrit, CORN. *Place Royale*, V, 4. *Vieilli.* Se —, écrire son nom au bas. *Caton... se souscrivit en compagnie avec d'autres,* AMYOT, *Caton*, 30. | *Spécialt.* (Gramm.) **Iota souscrit,** marqué sous une voyelle.
|| 2° Revêtir (un acte) de sa signature apposée au bas. **Il fallut depuis — cette formule,** VOLT. *S. de L. XIV*, 37. *Fig. Vieilli.* Reconnaître (qqch). **Ceux qui refuseront de —** le fait, PASC. *Prov.* 19.
|| 3° S'engager à payer pour une part. **Ceux qui ont souscrit le nouvel emprunt.**
II. *V. intr.* — à. || 1° *Poét.* Apposer sa signature au bas. *L'horreur de —* à cet ordre inhumain N'a pas en le traçant arrêté votre main? RAC. *Iph.* IV, 4.
|| 2° S'engager à payer pour une part. **—** à l'érection d'un tombeau, d'une statue. *Spécialt.* **—** à une publication. *Absolt.* Il a souscrit pour cent francs.
|| 3° *Fig.* Donner une adhésion formelle à (qqch). *J'y souscris, quant à moi,* LA F. *Fab.* I, 14. *— au jugement de qqn. Si c'est votre dessein de —* à ce mariage, MOL. *Av.* V, 6.

SOUS-CUTANÉ, ÉE [sou-ku-tà-né] *adj.*
[ÉTYM. Composé de sous et cutané, § 202. || 1771. TRÉV. Admis ACAD. 1835.]
|| (Anat.) Qui est sous la peau. *Injection sous-cutanée.*

SOUS-DÉLÉGUER [sou-dé-lé-ghé]. *V.* subdéléguer.

SOUS-DIACONAT [sou-dyà-kò-nà ; *en vers*, -di-à-...] *s. m.*
[ÉTYM. Composé de sous et diaconat, à l'imitation du lat. ecclés. subdiaconatus, § 202. || 1690. Sous-diaconat : quelques-uns disent subdiaconat, FURET.]
|| (Liturgie.) Le troisième des ordres ecclésiastiques, qui vient immédiatement au-dessous du diaconat.

SOUS-DIACRE [sou-dyàkr' ; *en vers*, -di-àkr'] *s. m.*
[ÉTYM. Composé de sous et diacre, à l'imitation du lat. ecclés. subdiaconus, § 202. || XIIᵉ s. Subdiacne, MARIE DE FRANCE, *Purg. de St Patrice*, 1549. | XIIIᵉ s. Sozdiacre, RUTEB. p. 148, Kressner.]
|| (Liturgie.) Celui qui a été promu au sous-diaconat.

***SOUS-DIRECTEUR, TRICE** [sou-di-rĕk'-teŭr, -tris'] *s. m. et f.*
[ÉTYM. Composé de sous et directeur, trice, § 202. || Néolog.]
|| Directeur, directrice en second.

SOUS-DIVISER [sou-di-vi-zé]. *V.* subdiviser.

***SOUS-DIVISION** [sou-di-vi-zyon ; *en vers*, -zi-on]. *V.* subdivision.

SOUS-DOMINANTE [sou-dò-mi-nǎnt'] *s. f.*
[ÉTYM. Composé de sous et dominante, § 201. || 1771. TRÉV. Admis ACAD. 1835.]
|| (Musique.) Quatrième note de la gamme, celle qui est immédiatement au-dessous de la dominante.

SOUS-DOUBLE [sou-doubl'] *adj.*
[ÉTYM. Composé de sous et double, à l'imitation du lat. subduplus, m. s. § 202. (*Cf.* sous-triple.) || XIVᵉ s. Isnelté soubzdouble, ORESME, *Livre du ciel*, dans GODEF. subquadruple. Admis ACAD. 1762.]
|| (Mathém.) Qui va par moitié. **Progression —,** où chaque terme est la moitié de celui qui le précède ou le suit.

SOUS-DOUBLÉ, ÉE [sou-dou-blé] *adj.*
[ÉTYM. Dérivé de sous-double, § 118. (*Cf.* sous-triplé.) || Admis ACAD. 1762.]
|| *Vieilli.* (Mathém.) Qui est en raison des racines carrées.

***SOUS-ÉCONOME** [sou-zé-kò-nòm'] *s. m.*
[ÉTYM. Composé de sous et économe, § 202. || Néolog.]
|| Économe en second.

SOUS-ENTENDRE [sou-zan-tǎndr'] *v. tr.*
[ÉTYM. Composé de sous et entendre, §§ 192 et 196. Se trouve au XIVᵉ s. au sens de « veiller (à qqch) en sous-ordre ». Au commencement du XVIᵉ s. FOSSETIER emploie subentendre au sens actuel.]
|| 1° Laisser entendre (qqch) sans le dire. *Cette clause qui est sous-entendue en toutes leurs lettres,* PASC. *Prov.* 18. *Au part. passé pris substantiv.* **Un sous-entendu,** ce qui est sous-entendu. *Il ne recherche point par des sous-entendus hardis la gloire de paraître profond,* FONTEN. *Varignon.*
|| 2° (Gramm.) Ne pas exprimer (ce que la construction ou le sens permet de suppléer). *Lorsqu'on ne sous-entend que les mots qui ont été déjà employés,* CONDILL. *Art d'écrire*, I, 10.

SOUS-ENTENTE [sou-zan-tǎnt'] *s. f.*
[ÉTYM. Tiré de sous-entendre, d'après entente, de entendre, § 45. || 1622. Propositions... fausses a sousantente, LE P. GARASSE, *Doctr. cur.* dans DELB. *Rec.*]
|| *Vieilli.* Chose sous-entendue qui laisse de l'équivoque.

SOUS-FAÎTE [sou-fêt'] *s. m.*
[ÉTYM. Composé de sous et faîte, § 201. || 1676. Sou-faiste, A. FÉLIBIEN, *Princ. de l'architect.* p. 588. Sousfaiste, ID. *ibid.* p. 742. Admis ACAD. 1835.]
|| (Technol.) Pièce de charpente posée horizontalement au-dessous du faîte.

SOUS-FERME [sou-fèrm'] *s. f.*
[ÉTYM. Composé de sous et ferme, § 202. || 1663. *V.* à l'article.]
|| Convention par laquelle une ferme est sous-affermée. *Ne plus donner les sous-fermes à vil prix,* COLBERT, *Mém. au roi sur les finances* (1663).

SOUS-FERMER [sou-fèr-mé]. *V.* sous-affermer.

SOUS-FERMIER, IÈRE [sou-fèr-myé, -myèr] *s. m. et f.*
[ÉTYM. Composé de sous et fermier, § 202. || 1684. *V.* à l'article.]
|| Celui, celle à qui on a cédé en totalité ou en partie ce qu'on avait pris à ferme. (*Syn.* sous-traitant.) *Ce — ayant porté le prix de son bail bien au delà de ce qu'il était,* Corresp. *des contrôl. gén.* 10 juill. 1684.

SOUS-FRÉTER [sou-fré-té] *v. tr.*
[ÉTYM. Composé de sous et fréter, §§ 192 et 196. || 1702. AUBIN, *Dict. de marine.* Admis ACAD. 1835.]
|| (Marine.) Fréter à un autre (un navire qu'on a affrété).

SOUS-GARDE et **SOUGARDE** [sou-gàrd'] *s. f.*
[ÉTYM. Composé de sous et garde, § 202. || 1690. Sous-garde, FURET. Admis ACAD. 1718 (sousgarde) et 1740 (sougarde.)]
|| (Technol.) Ensemble des pièces d'un fusil placées sous le bois à la hauteur de la platine.

SOUS-GENRE [sou-jǎnr] *s. m.*
[ÉTYM. Composé de sous et genre, § 202. || Néolog. Admis ACAD. 1878.]
|| (T. didact.) Section établie dans un genre.

SOUS-GORGE et **SOUGORGE** [sou-gòrj'] *s. f.*
[ÉTYM. Composé de sous et gorge, § 201. || XIIIᵉ s. La souzgorge après enlevez, *la Chace dou cerf,* p. 23, Pichon. Admis ACAD. 1718 (sousgorge) et 1740 (sougorge.)]
|| (Technol.) Partie de la têtière qui passe sous la gorge du cheval.

***SOUS-INTENDANCE** [sou-zin-tan-dǎns'] *s. f.*
[ÉTYM. Dérivé de sous-intendant, d'après intendance, § 146. || Néolog.]
|| (T. d'admin.) Charge de sous-intendant.

***SOUS-INTENDANT** [sou-zin-tan-dan] *s. m.*
[ÉTYM. Composé de sous et intendant, § 202. || Néolog.]
|| (T. d'admin.) Intendant en second.

***SOUS-JUPE** [sou-jüp'] *s. f.*

[ÉTYM. Composé de *sous* et *jupe*, § 202. || *Néolog.*]
|| Jupe de dessous.

***SOUS-LIEUTENANCE** [sou-lyeut'-năns'; *en vers,* -lyeŭ-te-...] *s. f.*
[ÉTYM. Dérivé de *sous-lieutenant*, d'après **lieutenance**, § 146. || 1690. FURET.]
|| (T. milit.) Fonction, grade de sous-lieutenant.

SOUS-LIEUTENANT [sou-lyeŭt'-nan; *en vers,* -lyeŭte-...] *s. m.*
[ÉTYM. Composé de **sous** et **lieutenant**, § 202. || 1669. Lieutenans et sous-lieutenans, COLBERT, *Lett.* 16 mars.]
|| (T. milit.) Officier du grade immédiatement inférieur à celui du lieutenant.

SOUS-LOCATAIRE [sou-lò-kà-tĕr] *s. m. et f.*
[ÉTYM. Composé de **sous** et **locataire**, § 202. || 1609. FURET.]
|| Personne à laquelle qqch a été sous-loué.

SOUS-LOCATION [sou-lò-kà-syon; *en vers,* -si-on] *s. f.*
[ÉTYM. Composé de **sous** et **location**, § 202. || 1812. MOZIN, *Dict. franç.-allem.* Admis ACAD. 1835.]
|| Action de sous-louer. | *P. ext.* Ce qui est sous-loué.

SOUS-LOUER [sou-lwé; *en vers,* -lou-é] *v. tr.*
[ÉTYM. Composé de **sous** et **louer** 1, §§ 192 et 196. || 1609. Si le premier conducteur a sous-loué, J. DURET, *Cout. d'Orl.* dans DELB. *Rec.* Admis ACAD. 1762.]
|| 1° Donner à loyer à un autre (ce dont on est locataire).
|| 2° Prendre à loyer d'un autre (ce dont il est locataire).

***SOUS-MAIN** [sou-min] *s. m.*
[ÉTYM. Composé de **sous** et **main**, § 201. || *Néolog.*]
|| (T. scol.) Feuilles de papier, cahier, buvard, qu'on met sous ce qu'on écrit, pour amortir la dureté de la table.

SOUS-MAÎTRE, ESSE [sou-mêtr', -mè-trěs'] *s. m. et f.*
[ÉTYM. Composé de **sous** et **maître, esse**, § 202. || 1611. Soubsmaistre, COTGR. Admis ACAD. 1835.]
|| Celui, celle qui, dans une école, est chargé de surveiller les élèves, et de répéter les leçons du professeur.

SOUS-MARIN, INE [sou-mà-rin, -rin'] *adj.*
[ÉTYM. Composé avec **sous** et **mer** (d'après **marin**), §§ 195 et 196. || 1555. Alphee soumarin, C. TOUTAIN, dans DELB. *Rec.* Inusité aux XVIIᵉ-XVIIIᵉ s. Admis ACAD. 1835.]
|| (T. didact.) Qui est sous l'eau dans la mer. Écueils sous-marins. Roches sous-marines. Câble —.

SOUS-MAXILLAIRE [sou-măk'-sil'-lĕr] *adj.*
[ÉTYM. Composé avec le franç. **sous**, le lat. maxilla, mâchoire, et le suffixe aire (d'après maxillaire), § 284. || *Néolog.* Admis ACAD. 1835 (à l'art. sous-clavier).]
|| (Anat.) Qui est sous la mâchoire. Glande —.

SOUS-MULTIPLE [sou-mŭl-tipl'] *adj.*
[ÉTYM. Composé de **sous** et **multiple**, d'après le lat. submultiplus, *m. s.* § 202. || 1552. Souz multiple, J. PELETIER, *Arithm.* fᵒ 64, vᵒ. Admis ACAD. 1762.]
|| (Arithm.) Nombre —, et, *substantivt,* —, nombre contenu dans un autre un certain nombre de fois.

SOUS-NORMALE [sou-nòr-màl] et **SOUS-PERPENDICULAIRE** [sou-pèr-pan-di-ku-lĕr] *s. f.*
[ÉTYM. Composé de **sous** et **normale, perpendiculaire**, § 201. || Admis ACAD. 1762.]
|| (Géom.) Partie de l'axe d'une courbe comprise entre les deux points où l'ordonnée et la normale (perpendiculaire) correspondante rencontrent cet axe.

SOUS-ŒUVRE [sou-zeŭvr'] *s. m.*
[ÉTYM. Composé de **sous** et **œuvre**, § 201. || XVIIIᵉ s. *V.* à l'article. Admis ACAD. 1878.]
|| (Technol.) Fondement d'une construction. Reprendre un mur en —, par les fondations. *Fig.* Reprendre un travail en —, dans ses parties essentielles. Ses passions qui travaillent en — (en dessous), CARACCIOLI, *Lett. récréat.* IV, p. 113.

SOUS-OFFICIER [sou-zò-fi-syé] *s. m.*
[ÉTYM. Composé de **sous** et **officier**, § 202. || 1771. TRÉV. Admis ACAD. 1835.]
|| Militaire d'un grade au-dessus du caporal dans l'infanterie, du brigadier dans la cavalerie, mais au-dessous du sous-lieutenant.

SOUS-ORDRE [sou-zòrdr'] *s. m.*
[ÉTYM. Composé de **sous** et **ordre**, § 201. || Admis ACAD. 1762.]
|| Situation où une personne, une chose est en second par rapport à un autre. Créancier en —, créancier d'un

créancier. Être en — dans une affaire, être subordonné à qqn. || *P. ext.* Les — de qqn, ses subordonnés.

SOUS-PERPENDICULAIRE. *V.* sous-normale.

SOUS-PIED et **SOUPIED** [sou-pyé] *s. m.*
[ÉTYM. Composé de **sous** et **pied**, § 201. || 1477. Le roy fist faire un souspied ou il se tenoit quant il servoit a table, dans GODEF. Admis ACAD. 1835.]
|| Patte de cuir ou d'étoffe passant sous la chaussure et fixée des deux côtés au bas d'un pantalon, d'une guêtre, pour l'empêcher de remonter.

***SOUS-PRÉCEPTEUR** [sou-pré-sĕp'-teŭr] *s. m.*
[ÉTYM. Composé de **sous** et **précepteur**, § 202. || 1679. Un sieur Huet sous-precepteur de Monseigneur le Dauphin, *Archives nationales, Reg. du secretariat.* Admis ACAD. 1694, suppr. en 1718.]
|| *Vieilli.* Précepteur en second. Gouverneur, —, valets de chambre, RAC. *Lett.* 70. Le précepteur et le — des enfants de France, D'ALEMB. *Éloges, Vaux de St-Cyr.*

SOUS-PRÉFECTURE [sou-pré-fěk'-tür] *s. f.*
[ÉTYM. Composé de **sous** et **préfecture**, § 202. || 1800. Préfectures et sous-préfectures, *Arrêté du 17 ventôse an VIII.* Admis ACAD. 1835.]
|| (T. d'admin.) Partie d'un département administrée par un sous-préfet. | Ville où réside le sous-préfet. | Demeure, bureaux du sous-préfet. | Fonction de sous-préfet.

SOUS-PRÉFET [sou-pré-fè] *s. m.*
[ÉTYM. Composé de **sous** et **préfet**, à l'imitation du lat. subpraefectus, *m. s.* § 202. || 1800. Dans chaque arrondissement il y aura un sous-préfet, *Loi du 28 pluviôse an VIII.* Admis ACAD. 1835.]
|| (T. d'admin.) Fonctionnaire, subordonné au préfet, chargé d'administrer un arrondissement. || *Famil. Au fém.* La sous-préfète, la femme du sous-préfet.

***SOUS-PRIEUR, EURE** [sou-pri-yeŭr] *s. m. et f.*
[ÉTYM. Composé de **sous** et **prieur, prieure**, à l'imitation du lat. ecclés. subprior, *m. s.* § 202. || 1690. FURET.]
|| (T. ecclés.) Prieur, prieure en second, dans une communauté religieuse.

SOUS-PUBIEN, ENNE [sou-pu-byin, -byèn'; *en vers,* -bi-...] *adj.*
[ÉTYM. Composé de **sous** et **pubien**, § 202. || 1812. MOZIN, *Dict. franç.-allem.* Admis ACAD. 1878 (à l'art. sous-clavier).]
|| (Anat.) Qui est sous le pubis.

SOUS-SECRÉTAIRE [sŏus'-kré-tĕr; *en vers,* sou-se-...] *s. m.*
[ÉTYM. Composé de **sous** et **secrétaire**, § 202. || 1680. Sousécretaire, RICHEL. Admis ACAD. 1878.]
|| (T. d'admin.) Secrétaire en second. Un emploi de —, J.-J. ROUSS. *Confess.* 4. *Spécialt.* — d'État, le second d'un ministre (dit autrefois secrétaire d'État).

***SOUS-SECRÉTARIAT** [sŏus'-kré-tà-ryà; *en vers,* sou-se-kré-tà-ri-à] *s. m.*
[ÉTYM. Composé de **sous** et **secrétariat**, § 202. || *Néolog.*]
|| (T. d'admin.) Fonctions de sous-secrétaire d'État.

SOUS-SEING [sou-sin] *s. m.*
[ÉTYM. Composé de **sous** et **seing**, § 201. || Admis ACAD. 1878.]
|| (Droit.) Acte sous seing privé, fait entre des particuliers sans l'entremise d'un officier public.

SOUS-SEL [sou-sèl] *s. m.*
[ÉTYM. Composé de **sous** et **sel**, § 202. || *Néolog.* Admis ACAD. 1835.]
|| (Chimie.) Sel contenant plus d'un équivalent de base pour un équivalent d'acide.

SOUSSIGNER [sou-si-ñé] *v. tr.*
[ÉTYM. Composé de **sous** et **signer**, à l'imitation du lat. subsignare, *m. s.* §§ 192 et 196. ACAD. ne donne que le part. soussigné employé adjectivement.]
|| *Rare.* Écrire sa signature au bas de (qqch). — un acte. *Spécialt. Au part. passé pris adjectivt ou substantivt.* Soussigné, ée, qui a écrit sa signature au bas d'un acte. Je soussigné, nous soussignés... Le soussigné.

1. SOUS-SOL [sou-sòl] *s. m.*
[ÉTYM. Composé de **sous**, prép., et **sol**, à l'imitation de entresol, § 201. || *Néolog.* Admis ACAD. 1878.]
|| Construction située au-dessous du rez-de-chaussée d'un bâtiment (pour cuisine, buanderie, cellier, etc.).

2. SOUS-SOL [sou-sòl] *s. m.*
[ÉTYM. Composé de **sous** pris adverbialt et **sol**, § 202. || *Néolog.* Admis ACAD. 1878.]

|| (Agricult.) Terrain qui est sous la terre végétale.

SOUS-TANGENTE [sou-tan-jănt'] *s. f.*

[ÉTYM. Composé de sous et tangente, § 201. (*Cf.* sous-normale.) || 1690. Soustangente, HUYGENS, *Traité de la lumière*, p. 173. Admis ACAD. 1762.]

|| (Géom.) Partie de l'axe d'une courbe comprise entre l'ordonnée et la tangente correspondante.

SOUS-TENDANTE [sou-tan-dănt'] *s. f.*

[ÉTYM. Composé avec sous et tendre, à l'imitation du lat. scientifique subtendens, *m. s.* FURET. ne donne que subtendante (1690). || 1652. Soustendente d'ung triangle, MEYNIER, *Géom. prat.* dans DELB. *Rec.* Admis ACAD. 1762.]

|| (Géom.) Corde qui sous-tend un arc.

SOUS-TENDRE [sou-tăndr'] *v. tr.*

[ÉTYM. Composé de sous et tendre, §§ 192 et 196. || Admis ACAD. 1878.]

|| (Géom.) Joindre (par une droite) les extrémités d'un arc.

***SOUS-TITRE** [sou-tĭtr'] *s. m.*

[ÉTYM. Composé de sous et titre, § 202. || *Néolog.*]

|| Second titre, placé après le titre principal d'un livre.

SOUSTRACTION [sŏus-trăk-syon; *en vers,* -si-on] *s. f.*

[ÉTYM. Emprunté du lat. substractio, *m. s.* § 503. || XIIe s. Abregié par substraction, WACE, *Brut,* dans GODEF. | 1484. Soustraction, N. CHUQUET, *Triparty,* 43.]

|| Action de soustraire qqch. La — de papiers importants. | *Spéciatt.* (Arith.) Opération par laquelle on retranche un nombre d'un autre.

SOUSTRAIRE [sŏus-trèr'] *v. tr.*

[ÉTYM. Emprunté du lat. substrahere, *m. s.* § 503. || XIIe s. Li soloz de justice s'estoit jai petit a petit sostraiz, *Serm. de St Bern.* p. 6.]

|| Enlever (qqch) à qqn, pour qu'il ne puisse en faire usage. On lui a soustrait cette lettre. Absolt. Des pièces importantes ont été soustraites. || *P. ext.* Enlever (qqn, qqch) à l'action d'une personne ou d'une chose. César pour quelque temps s'est soustrait à nos yeux, RAC. *Brit.* I, 2. — qqn, se — à l'autorité, à la domination, à la vengeance de qqn. J'ai l'ordre d'Amurat, et je puis t'y —, RAC. *Baj.* V, 4. Aux grands périls tel a pu se —, LA F. *Fab.* II, 9. *Arch.* — de. Ces philosophes qui ont pu autrefois se — de l'empire de la fortune, DESC. *Méth.* 3. || *Spéciatt.* (Arith.) Retrancher un nombre d'un autre afin de déterminer leur différence.

SOUS-TRAITANT [sou-trè-tan] *s. m.*

[ÉTYM. Subst. particip. de sous-traiter, § 47. (*Cf.* traitant.) || 1674. COLBERT, *Lett.* 23 févr.]

|| Celui qui sous-traite. (*Syn.* sous-fermier.) *Spéciatt.* (Avant la Révolution.) Celui qui sous-traite les impôts. La journée Qu'un — passe à dormir, VADÉ, *Pipe cassée,* 3.

SOUS-TRAITÉ [sou-trè-té] *s. m.*

[ÉTYM. Subst. particip. de sous-traiter, § 45. || 1673. COLBERT, *Lett.* 14 juill.]

|| Convention par laquelle on sous-traite une affaire. (*Syn.* sous-ferme.)

SOUS-TRAITER [sou-trè-té] *v. tr.*

[ÉTYM. Composé de sous et traiter, §§ 192 et 196. (*Cf.* sous-affermer, sous-fermer.) || 1673. Se déduit de l'existence de sous-traité à cette date.]

|| 1° Reprendre (une affaire, une entreprise) de celui qui a traité pour en être chargé.

|| 2° Céder à un autre (une affaire, une entreprise pour laquelle on avait traité soi-même).

SOUS-TRIPLE [sou-tripl'] *adj.*

[ÉTYM. Composé de sous et triple, à l'imitation du lat. subtriplus, *m. s.* §§ 202 et 503. || XIIIe s. Soustreble, *Comput,* dans LITTRÉ. Admis ACAD. 1835.]

|| (Mathém.) Qui est contenu trois fois exactement dans un nombre. *Substantivt.* 3 est le — de 9.

SOUS-TRIPLÉ, ÉE [sou-tri-plé] *adj.*

[ÉTYM. Dérivé de sous-triple, § 118. (*Cf.* sous-doublé.) || Admis ACAD. 1835.]

|| (Mathém.) Qui est en raison des racines cubiques.

SOUSTYLAIRE [sŏus-ti-lèr] *adj.*

[ÉTYM. Pour sous-stylaire, composé avec sous, style et le suffixe aire, §§ 194 et 196. || 1741. DEPARCIEUX, *Gnomoniq.* p. 41. Admis ACAD. 1798.]

|| (Mathém.) Ligne —, et, *substantivt, au fém.* —, droite perpendiculaire au style d'un cadran solaire, faisant partie d'un plan perpendiculaire au cadran.

SOUS-VENTRIÈRE [sou-van-tri-yèr] *s. f.*

[ÉTYM. Composé avec sous, ventre et le suffixe ier, §§ 194 et 196. || 1370. Souz-ventrieres et petraulx, dans DELB. *Rec.* Admis ACAD. 1798.]

|| (Technol.) Courroie attachée aux deux limons d'une charrette passant sous le ventre du cheval limonier.

***SOUS-VERGE** [sou-vèrj'] *s. m.*

[ÉTYM. Composé de sous et verge, § 201. || 1780. ENCYCL. MÉTH. *Bourrelier.*]

|| (Technol.) Dans un attelage dont les conducteurs sont montés, cheval non monté placé à la droite du porteur, et à la main du conducteur qui tient le fouet.

SOUTACHE [sou-tăch'] *s. f.*

[ÉTYM. Emprunté du hongrois szuszak, boucle pendante de poils, de cheveux, etc., § 23. || *Néolog.* Admis ACAD. 1878.]

|| (Technol.) Lacet, tresse qu'on coud sur une étoffe de manière à former des dessins, des ornements.

SOUTACHER [sou-tà-ché] *v. tr.*

[ÉTYM. Dérivé de soutache, § 154. || *Néolog.* Admis ACAD. 1878.]

|| (Technol.) Orner de soutaches. — un manteau, une robe.

SOUTANE [sou-tàn'] *s. f.*

[ÉTYM. Emprunté de l'ital. sottana, *m. s.* de sotto, dessous, § 12. || 1550. Sottaue, RAB. *Sciomachie.*]

|| Vêtement boutonné de haut en bas, descendant jusqu'aux pieds, que portaient autrefois les médecins, les ecclésiastiques, et que ces derniers portent seuls aujourd'hui. Si les médecins n'avaient des soutanes, PASC. *Pens.* III, 3. *Fig.* Prendre la —, embrasser l'état ecclésiastique.

SOUTANELLE [sou-tà-nèl] *s. f.*

[ÉTYM. Dérivé de soutane, § 126. (*Cf.* l'ital. sottanella.) || 1680. RICHEL.]

|| *Vieilli.* Petite soutane ne descendant pas plus bas que les genoux. Mon habillement qui consistait en une simple — fort usée, LES. *Gil Blas,* I, 7.

1. SOUTE [sŏut']. *V.* soulte.

2. SOUTE [sŏut'] *s. f.*

[ÉTYM. Origine incertaine; le radical est probablement le lat. sub ou subtus, sous. || XIIIe-XIVe s. Le grant feu qui est en la soute de la nef, JOINV. 649.]

|| (Marine.) Réduit sous le pont d'un navire, pour serrer des provisions, des agrès. La — au pain, au charbon.

SOUTENABLE [sŏut'-nàbl'; *en vers,* sou-te-...] *adj.*

[ÉTYM. Dérivé de soutenir, § 93. || XVe s. La chose n'estoit ne soustenable ne faisable par le pape, JUVÉNAL DES URSINS, dans DELB. *Rec.*]

|| 1° Dont on peut recevoir le poids, l'effort, sans fléchir. Qui peut être enduré. Le joug en est-il devenu plus pesant et moins —? BOURD. *Pens. Jugement du religieux.*

|| 2° Qui peut être défendu par des raisons plausibles. Cette opinion n'est pas —.

SOUTENANCE [sŏut'-năns'; *en vers,* sou-te-...] *s. f.*

[ÉTYM. Dérivé de soutenir, § 146. || XIIe s. Querre Sa soustenance par la terre, WACE, *Ste Marg.* 403. Admis ACAD. 1878.]

|| *Anciennt.* Action de soutenir. (*Cf.* soutènement, soutien.) || *Spéciatt. De nos jours.* Action de soutenir une thèse.

SOUTENANT, *SOUTENANTE [sŏut'-nan, -nănt'; *en vers,* sou-te-...] *adj. et s. m. et f.*

[ÉTYM. Adj. et subst. particip. de soutenir, § 47. ACAD. ne donne le mot que comme subst. masc. || XIIIe-XIVe s. Es quieus li soutenant se fient, G. GUIART, *Roy. lign.* dans GODEF. soustenant.]

|| 1° *Adj.* Qui soutient. La force soutenante, BOSS. *États d'orais.* X, 17.

|| 2° *S. m. et f.* Celui, celle qui soutient une thèse.

SOUTÈNEMENT [sou-tèn'-man; *en vers,* -tè-ne-...] *s. m.*

[ÉTYM. Dérivé de soutenir, §§ 52 et 65. || XIIe s. Sustenement, PH. DE THAUN, *Comput,* 696.]

|| Action de soutenir, ce qui soutient. (*Cf.* soutenance, soutien.) || *Spéciatt.* | 1. (Technol.) Résistance opposée à la poussée de ce qui menace de s'ébouler. Un mur de —. | 2. *Fig.* (Droit.) Raisons fournies par écrit à l'appui d'un compte.

SOUTENEUR [sŏut'-neŭr; *en vers,* sou-te-...] *s. m.*

[ÉTYM. Dérivé de soutenir, § 112. || XIIIe s. Li sosteneïre des orphelins Turpin, dans GODEF. sousteneor. Admis ACAD. 1762.]

‖ Celui qui soutient. | **1.** *Rare.* Celui qui se fait le défenseur de qqn. | **2.** *Spécialt.* Celui qui se fait le défenseur d'une fille publique et vit à ses dépens.

SOUTENIR [sŏut'-nîr; *en vers,* sou-te-...] *v. tr.*

[ÉTYM. Du lat. pop. *sŭstenĭre (class. sustinēre, §§ 186 et 629), *m. s.* devenu sostenir, soustenir, soutenir.]

‖ **1°** Tenir par-dessous (qqch, qqn) en portant une partie de son poids. (*Syn.* supporter.) Les traverses qui soutiennent le plancher. Ces vieux appuis dont l'affreuse grand salle Soutient l'énorme poids de sa voûte infernale, BOIL. *Lutr.* 5. Et cet autre-là (oreiller) pour — votre tête, MOL. *Mal. im.* I, 6. — sous les bras un enfant qui commence à marcher. Soutenez votre reine éperdue, RAC. *Esth.* II, 7. Se — à l'aide de béquilles. Je ne me soutiens plus, ma force m'abandonne, RAC. *Phèd.* I, 3. *P. anal.* Je ne puis ni assurer mes pieds dans le fond (de l'eau), ni nager pour me — au-dessus, DESC. *Méth.* II, 1. Être soutenu par l'eau. Les oiseaux se soutiennent dans l'air au moyen de leurs ailes. — un cheval avec la bride. ‖ *P. ext.* Tenir latéralement en recevant une partie de la poussée. Un mur qui soutient des terres. Des étais qui soutiennent une maison. Une plante soutenue par un tuteur. *P. anal.* Un corset qui soutient la taille. ‖ *Fig.* Aider à ne pas défaillir. — la nature par les aliments. Vous en pourriez boire (du vin) le matin; et cela soutient toujours, PASC. *Prov.* 5. Il travaille pour — sa famille. | Est-ce ainsi que vous soutenez Télémaque contre le vice auquel il succombe? FÉN. *Tél.* 7. Quand on veut — ceux que le sort accable, CORN. *Pomp.* I, 1. Cet espoir le soutient. — le courage de qqn. Pousser l'aile droite des ennemis, — la nôtre ébranlée, BOSS. *Condé.* Faire avancer les uns et — les autres, CORN. *Cid,* IV, 3. | Vous avez assez soutenu l'État, qui est attaqué par une force invincible, BOSS. *R. d'Angl.* — une entreprise, un établissement. — qqn de son crédit. Est-ce que tu prétends — cette pièce? MOL. *Crit. de l'Éc. des f.* sc. 5. PHILAM. : Quoi! vous la soutenez? — CHRYS. : En aucune façon, MOL. *F. sav.* II, 6. | *P. anal.* — la cause de qqn. Bien mieux que nous — sa querelle, CORN. *Hor.* II, 1. — une gageure. — une doctrine, une thèse, une opinion. — qqch, persister à l'affirmer contre ceux qui le nient. MERC. : Tu m'oses — que Sosie est ton nom? — SOSIE : Fort bien; je le soutiens, MOL. *Amph.* I, 2. Et moi je vous soutiens que mes vers sont fort bons, ID. *Mis.* I, 2. | *P. ext.* Aider à ne pas baisser, déchoir. — la voix. Parler d'un ton soutenu. — le chant par les instruments. Une marche soutenue. Des efforts soutenus. — la conversation. Un caractère qui ne se soutient pas. — son caractère, son rang, sa réputation. Soutenant l'honneur de vos aïeux, RAC. *Mithr.* III, 1. Il n'y a rien qui se soutienne plus longtemps qu'une médiocre fortune, LA BR. 6. La seule simplicité d'un récit fidèle pourrait — la gloire du prince de Condé, BOSS. *Condé.*

‖ **2°** Recevoir sans fléchir (le poids, l'effort de qqch, de qqn). Une digue qui soutient l'effort des eaux. Le rempart soutint longtemps le choc des béliers. Le chêne ne put — l'effort du vent. L'armée soutint le premier choc. Bayard soutint seul sur un pont étroit l'effort de deux cents ennemis, VOLT. *Mœurs,* 111. ‖ *Fig.* Quel courage endurci Soutiendrait les assauts qu'on lui prépare ici? RAC. *Iph.* IV, 1. J'ai soutenu une honorable guerre contre Charles-Quint, FÉN. *Dial. des morts, L. XII et Franç. Ier.* Quels combats j'ai tantôt soutenus! RAC. *Mithr.* II, 1. N'ayant pu vaincre la violence de la destinée, elle en a si noblement soutenu l'effort, BOSS. *R. d'Angl.* — un long siège. — un procès. Je n'ai pu — tes larmes, RAC. *Phèd.* I, 3. Les mutins n'oseraient — ma présence, ID. *Mithr.* IV, 6. Et je soutiens la vue de ce sacré soleil! ID. *Phèd.* IV, 6. Plusieurs n'en sauraient — la pensée sans pâlir, PASC. *Pens.* III, 3. Je ne pourrais pas — de voir mes deux enfants malades, SÉV. 363.

SOUTERRAIN, AINE [sou-tè-rin, -rèn'] *adj.* et *s. m.*

[ÉTYM. Pour sousterrain, composé de sous, terre et le suffixe ain, à l'imitation du lat. subterraneus, *m. s.* §§ 195 et 196. ‖ XIIe s. Un souzterin (var. soustierain) i face faire, GAUT. D'ARRAS, *Éracle,* 4482.]

I. *Adj.* Qui est à une certaine profondeur sous terre. Une galerie souterraine. Elle va descendre à ces sombres lieux, à ces demeures souterraines, BOSS. *D. d'Orl.* ‖ *Fig.* Employer des voies souterraines, des moyens ténébreux.

II. *S. m.* Chambre ou passage sous la terre, fait par la nature ou la main de l'homme. ‖ *Fig. Vieilli.* Moyen ténébreux. Grand maître en souterrains à la cour, ST-SIM. I, 355. Les souterrains de la politique, VOLT. *S. de L. XIV,* 14.

SOUTERRAINEMENT [sou-tè-rèn'-man; *en vers,* -rène-...] *adv.*

[ÉTYM. Composé de souterraine et ment, § 724. ‖ *Néolog.* Admis ACAD. 1878.]

‖ D'une manière souterraine.

SOUTIEN [sou-tyin] *s. m.*

[ÉTYM. Subst. verbal de soutenir, §§ 52 et 65. (*Cf.* soutenance, soutènement.) ‖ XVIe-XVIIe s. La cavallerie espagnolle marchoit en trois gros avancez et en trois autres de soustien, D'AUB. *Hist. univ.* IV, p. 79, de Ruble.]

‖ **1°** Ce qui, placé au-dessous de qqch, porte une partie du poids. Des traverses placées de distance en distance comme soutiens de la voûte.

‖ **2°** *Fig.* Ce qui aide à ne pas défaillir, succomber. Chercher le — d'une mourante vie, LA F. *Fab.* VII, 1. Marie-Thérèse fut la consolation et le seul — de la vieillesse infirme de son père, BOSS. *Marie-Thérèse.* Et vous, l'un des soutiens de ce tremblant État, RAC. *Ath.* I, 1. Une armée de —, destinée à venir en aide à une autre armée. | (Droit.) Fournir les pièces au —, pour confirmer ce qu'on réclame.

SOUTIRAGE [sou-ti-râj'] *s. m.*

[ÉTYM. Dérivé de soutirer, § 78. ‖ 1781. BRIDELLE DE NEUILLAN, *Manuel pour faire le vin,* p. 12. Admis ACAD. 1762.]

‖ Action de soutirer.

SOUTIRER [sou-ti-ré] *v. tr.*

[ÉTYM. Pour soustirer, composé de sous et tirer, §§ 192 et 196. (*Cf.* soustraire.) ‖ Admis ACAD. 1740.]

‖ Transvaser avec précaution (du vin ou tout autre liquide) d'un tonneau dans un autre, de manière à laisser la lie dans le premier. ‖ *Fig.* Tirer adroitement (qqch) de qqn. Il s'est laissé — de l'argent.

SOUVENANCE [souv'-nâns'; *en vers,* sou-ve-...] *s. f.*

[ÉTYM. Dérivé de souvenir, § 146. ‖ XIIe-XIIIe s. Pour souvenance de coses devant dites, dans TAILLAR, *Rec. d'actes,* p. 9.]

‖ Souvenir lointain. J'ai ⌐ Qu'en un pré de moines passant..., LA F. *Fab.* VII, 1. Combien j'ai douce — Du joli lieu de ma naissance, CHATEAUBR. *Dern. Abencér.*

1. SOUVENIR [souv'-nîr; *en vers,* sou-ve-...] *v. impers.* et *pron.*

[ÉTYM. Du lat. sŭbvenĭre, *m. s.* devenu sovenir, souvenir, §§ 348, 438 et 291. (*Cf.* le doublet subvenir.)]

I. *V. impers.* Être représenté à l'esprit. Mon père, il m'en souvient, m'assura de ton zèle, RAC. *Brit.* I, 4. Qu'il te souvienne De garder ta parole, CORN. *Cinna,* V, 1. Ne vous souvient-il plus, Seigneur, quel fut Hector? RAC. *Andr.* I, 2. C'est du plus loin qu'il me souvienne, REGNARD, *Joueur,* III, 7.

II. *V. pron.* Se — de, se représenter à l'esprit (une chose passée). (*Syn.* se rappeler.) Faire — qqn de qqch. Peu de gens se souviennent d'avoir été jeunes, LA BR. 11. Je ne me souviens point que vous soyez venue, LA F. *Fab.* III, 15. Ne vous souvenez plus qu'il vous ait offensée, RAC. *Brit.* IV, 1.

2. SOUVENIR [souv'-nîr; *en vers,* sou-ve-...] *s. m.*

[ÉTYM. Tiré de l'infin. de souvenir **1,** § 49. ‖ XIIIe s. Et Souvenirs qui moult s'avance, dans *Hist. littér. de la France,* XXIII, p. 730.]

‖ **1°** Acte par lequel la mémoire représente à l'esprit une chose passée. Ne suis-je plus dans votre — ? RAC. *Brit.* II, 6. En vain vous en pourriez perdre le —, ID. *Mithr.* IV, 4. Et que tout ce qu'il dit... De son ouvrage en nous laisse un long —, BOIL. *Art p.* 3. ‖ *P. ext.* La chose passée représentée à l'esprit. Des souvenirs d'enfance. *P. anal.* Écrire ses souvenirs, ce qu'on se souvient d'avoir vu et entendu.

‖ **2°** *Fig.* Objet donné par qqn et destiné à le rappeler à notre pensée. C'est un — de lui.

SOUVENT [sou-van; *en liaison,* -vänt'] *adv.*

[ÉTYM. Du lat. sŭbĭnde, *m. s.* § 726.]

‖ Un grand nombre de fois. Quelquefois il vous plaint, — même il vous vante, RAC. *Ath.* I, 1. Mais qu'en sort-il — ? Du vent, LA F. *Fab.* V, 10. C'est ce qui arrive le plus —, le plus grand nombre de fois. | *Famil. Ironiqt.* Plus —, jamais.

SOUVENTEFOIS [sou-vant'-fwà; *en vers,* -van-te-...] *adv.*

[ÉTYM. Pour souventes fois, composé de souvent pris adjectivement, § 56, et fois, §§ 163 et 726. ‖ XIIe s. Suventes feiz en ai veillié, MARIE DE FRANCE, *Lais,* prol. 40, Warnke. Admis ACAD. 1835.]

‖ *Vieilli.* Un grand nombre de fois. (*Syn.* souvent.)

SOUVERAIN, AINE [souv'-rin, -rèn'; *en vers,* sou-ve-...] *adj.* et *s. m.* et *f.*

[ÉTYM. Du lat. pop. *sŭperānum, dérivé de super, au-dessus, § 97, devenu sovrain, souvrain, §§ 348, 336, 431, 299 et 291, puis souverain, § 351. (D'après souverain a été formé suserain.)]

I. *Adj.* || **1°** Qui est au-dessus de tous. Ne me refusez pas ce bonheur —, CORN. *Pomp.* v, 4. La question du — bien de l'homme, MONTAIGNE, II, 12. Puisque cet enfer que je crains est le — malheur, BOURD. *Éternité malheureuse*, 2. Sa valeur maintenait l'empire dans une souveraine tranquillité, BOSS. *Hist. univ.* I, 11. Avoir pour qqn un — mépris. C'est un remède —.

|| **2°** Dont l'autorité est au-dessus de tout. Il me laisse en ces lieux souveraine maîtresse, RAC. *Ath.* II, 5. Ma fille ignore encor mes ordres souverains, ID. *Iph.* IV, 6. Souverains protecteurs des droits de l'hyménée, CORN. *Méd.* I, 4. S'il est une justice souveraine, BOSS. *A. de Gonz.* La prudence du — magistrat, BOSS. *Le Tellier.* Cour souveraine, dont les décisions sont sans appel. | Avec un complém. Et sur mes passions ma raison souveraine, CORN. *Poly.* II, 2. || *Spéciall.* Qui a l'autorité suprême dans l'État. Le pouvoir —. La souveraine puissance. Prince —, qui ne relève pas d'un autre prince. Le peuple — s'avance, M.-J. CHÉN. *Chant du départ.*

II. *S. m. et f.* || **1°** Celui, celle qui a l'autorité suprême dans l'État. Le caractère du Français demande du sérieux dans le —, LA BR. 10. Avec un complém. Une grande reine, souveraine de trois royaumes, BOSS. *R. d'Angl.* || Ces petits souverains (les consuls) qu'il fait pour une année, CORN. *Cinna*, II, 1. || *P. ext.* Un —, monnaie d'or (anglaise) frappée à l'effigie du souverain, valant vingt-cinq francs vingt-cinq centimes. | *P. anal.* (Droit polit.) Le —, celui ou ceux en qui réside le pouvoir souverain (le roi dans une monarchie, le peuple dans une démocratie, les grands dans une oligarchie). Le —, qui n'est qu'un être collectif, J.-J. ROUSS. *Contr. soc.* II, 1.

|| **2°** *P. anal.* Celui, celle qui a sur qqn, sur qqch, un empire absolu. Souveraine d'un cœur qui n'eût aimé que moi, RAC. *Baj.* v, 4. Elle aux éléments parlant en —, ID. *Ath.* I, 1.
SOUVERAINEMENT [souv'-rèn'-man; *en vers*, souve-rè-ne-...] *adv.*
[ÉTYM. Composé de souveraine et ment, § 724. || XIVe s. Ceste medicine nettoye et blanchist souverainement, *Trad. de B. de Gourdon*, mss franç. Bibl. nat. 1288, f° 140, v°.]
|| D'une manière souveraine. Mépriser — qqn. | C'est nous qui en jugeons —, PASC. *Prov.* 6.
SOUVERAINETÉ [souv'-rèn'-té; *en vers*, sou-ve-rè-ne-té] *s. f.*
[ÉTYM. Dérivé de souverain, § 122. || XIIe s. Suvrainetet, *Psaut. d'Oxf.* XVIII, 7.]
|| Autorité suprême. Reconnaître la — de la raison. Je ne vois aucune chose qui puisse être à couvert de la — de tes décisions, MOL. *Crit. de l'Éc. des f.* sc. 6. | *P. anal.* Admettre la — du but, subordonner tout au but à atteindre. || *Spéciall.* Autorité suprême dans l'État. Quand l'Espagne voulut donner au prince de Condé ou Cambrai et ses environs ou le Luxembourg en pleine —, BOSS. *Condé.* Exercer, posséder la —. *P. ext.* Droit d'avoir l'autorité suprême dans l'État. La — est inaliénable, J.-J. ROUSS. *Contr. soc.* II, 2. La — du peuple, doctrine suivant laquelle l'autorité suprême réside dans le peuple.
SOYEUX, EUSE [swà-yeù, -yeùz'] *adj.*
[ÉTYM. Dérivé de soie, §§ 64, 65 et 116. || 1549. Soyeux ou séeux, R. EST.]
|| Qui est de la nature de la soie. Une étoffe soyeuse. | *P. anal.* Un plumage —.
SPACIEUSEMENT [spà-syeùz'-man; *en vers*, -si-eù-ze-...] *adv.*
[ÉTYM. Composé de spacieuse et ment, § 724. || XIVe s. Et les doit establer spacieusement, J. DE BRIE, *Bon Berger*, dans DELB. *Rec.*]
|| (T. didact.) D'une manière spacieuse.
SPACIEUX, EUSE [spà-syeù, -syeùz'; *en vers*, -si-...] *adj.*
[ÉTYM. Emprunté du lat. spatiosus, *m. s.* || XIIe s. Mer grande et spaciose, *Psaut. d'Oxf.* CIII, 26.]
|| (T. didact.) Qui présente un espace où l'on est au large. Que le monde, dit-il, est grand et — ! LA F. *Fab.* VIII, 9. | *Fig.* Les pédants sont... d'une imagination spacieuse, MALEBR. *Rech. de la vérité*, II, III, 5.
SPADASSIN [spà-dà-sin] *s. m.*
[ÉTYM. Emprunté de l'ital. spadaccino, *m. s.* de spada, épée, § 12. || 1532. Le comte Spadassin, RAB. I, 33.]
|| *Vieilli. En mauvaise part.* Homme habile à manier l'épée. Pour gagner tout au plus la réputation d'un bon —, J.-J. ROUSS. *Nouv. Hél.* I, 57. *Adjectivt.* Il n'y avait que Scipion qui fût un peu —, LES. *Gil Blas*, x, 2. *P. ext.* Modérez tant soit peu votre esprit —, SCARR. *Jodelet duelliste*, II, 6.

***SPADICE** [spà-dïs'] *s. m.*
[ÉTYM. Emprunté du lat. spadix, icis, grec σπάδιξ, ικος, branche de palmier. || 1808. L.-C.-M. RICHARD, *Analyse du fruit*, p. 75.]
|| (Botan.) Inflorescence en chaton ou assemblage de fleurs sessiles sur un axe commun portant des fleurs enveloppées d'une grande bractée dite spathe.
SPADILLE [spà-dïy'] *s. m.*
[ÉTYM. Emprunté de l'espagn. espadilla, *m. s.* diminuti: de spada, épée, le pique étant marqué par une épée sur les cartes espagnoles, § 13. || Admis ACAD. 1718.]
|| (T. de jeu d'hombre.) As de pique. Elle n'avait pour tout revenu que — et baste, D. DE MONCHESNAY, *Phénix*, sc. des philos.
SPAHI [spà-i] *s. m.*
[ÉTYM. Emprunté du turc ou du persan sipahi, *m. s.* §§ 23 et 24. (*Cf.* le doublet cipaye, que le français a reçu par l'intermédiaire du portugais plutôt que de l'anglais, § 14.) || 1547. L'on les met hors de pages et les faict on spahiz, *Voy. de Mr d'Aramon*, dans DELB. *Rec.* Admis ACAD. 1762.]
|| (T. milit.) Cavalier turc. || *P. anal.* Cavalier indigène au service de la France, dans nos possessions d'Afrique.
SPALME [spàlm'] *s. m.*
[ÉTYM. Subst. verbal de spalmer, § 52. (*Cf.* espalme.) || Admis ACAD. 1835.]
|| (Marine.) Suif mêlé de goudron, dit aussi espalme, flore.
SPALMER [spàl-mé] *v. tr.*
[ÉTYM. Emprunté de l'ital. spalmare, *m. s.* § 12. (*Cf.* espalmer.) || 1611. COTGR. Admis ACAD. 1835.]
|| (Marine.) Enduire de spalme. — la carène d'un navire.
1. SPALT [spàlt'] *s. m.*
[ÉTYM. Emprunté de l'allem. spalt, *m. s.* de spalten, fendre, § 7. || 1698. Spalth, LEMERY, *Traité des drogues*, p. 730. Admis ACAD. 1798.]
|| (Technol.) Pierre écailleuse qu'on emploie pour faciliter la fusion de certains métaux.
2. *SPALT [spàlt'] *s. m.*
[ÉTYM. Emprunté de l'ital. spalto, du lat. asphaltus, *m. s.* § 12. || 1812. MOZIN, *Dict. franç.-allem.*]
|| (T. d'art.) Sorte d'asphalte, matière colorante.
SPARADRAP [spà-rà-dràp'] *s. m.*
[ÉTYM. Emprunté du lat. du moyen âge sparadrapum, *m. s.* d'origine incertaine. || 1314. Speradrapu... est emplastre visqueux, *Chirurg. de Mondeville*, 1688, Bos.]
|| (Médec.) Tissu recouvert d'une couche emplastique.
SPARE [spàr] *s. m.*
[ÉTYM. Emprunté du lat. sparus, proprt, « javelot », nom d'un poisson de mer indéterminé. || Admis ACAD. 1835.]
|| (Hist. nat.) Ancien nom d'un genre de poissons de l'ordre des Acanthoptérygiens.
SPARTE [spàrt'] *s. m.*
[ÉTYM. Emprunté du lat. spartum, grec σπάρτον, *m. s.* Qqs dictionnaires donnent espart (et par erreur épart), forme empruntée du provençal, § 11. On trouve aussi spart au XVIIIe s. || 1611. COTGR. Admis ACAD. 1835.]
|| Plante de la famille des Graminées, à longues feuilles coriaces, flexibles, dont on fabrique des nattes, des corbeilles, des chapeaux, etc. (*Cf.* alfa et auffe.)
SPARTERIE [spàrt'-rï; *en vers*, spàr-te-rï] *s. f.*
[ÉTYM. Dérivé de sparte, § 69. || 1775. *Autor. du conseil en faveur de Gavoty*, Arch. nat. F12 516. Admis ACAD. 1835.]
|| (Technol.) Travail fait avec le sparte.
SPASME [spàsm'] *s. m.*
[ÉTYM. Emprunté du lat. spasmus, grec σπασμός, *m. s.* (*Cf.* pâmer.) || XIIIe s. Espame, ALEBRANT DE SIENNE, f° 6, dans LITTRÉ. | 1314. Spasme, *Chirurg. de Mondeville*, 1469, Bos.]
|| (Médec.) Brusque contraction de certains organes (estomac, intestins, vessie, etc.).
SPASMODIQUE [spàs'-mò-dïk'] *adj.*
[ÉTYM. Dérivé du grec σπασμώδης, *m. s.* § 229. || Admis ACAD. 1762.]
|| (Médec.) Qui tient aux spasmes. Bâillement —.
SPASMOLOGIE [spàs'-mò-lò-ji] *s. f.*
[ÉTYM. Composé avec le grec σπασμός, spasme, λόγος, discours, et le suffixe ι, § 279. || Admis ACAD. 1762.]

|| (Médec.) Étude sur les spasmes.

SPATH [spât'] *s. m.*

[ÉTYM. Emprunté de l'allem. spath, *m. s.* § 7. || 1753. Spath cubique, D'HOLBACH, *Minéralogie*, I, p. 113. Admis ACAD. 1762.]

|| Nom donné à diverses substances minérales lamelleuses et chatoyantes. — d'Islande, chaux carbonatée.

SPATHE [spât'] *s. f.*

[ÉTYM. Emprunté du lat. spatha, grec σπάθη, involucre de la fleur mâle du palmier. (*Cf.* les doublets épée et espade.) || 1798. L.-C.-M. RICHARD, *Dict. de botan. de Bulliard*, p. 135. Admis ACAD. 1835.]

|| (Botan.) Grande bractée ou involucre entourant une ou plusieurs fleurs avant leur épanouissement.

SPATULE [spà-tul] *s. f.*

[ÉTYM. Pour spathule, emprunté du lat. spathula, *m. s.* diminutif de spatha. (*Cf.* épée, espade, spathe, et le doublet épaule.) On a longtemps hésité entre spatule et espatule : en 1680 RICHEL. déclare que « l'usage est pour espatule ». || XIVᵉ s. Meû longuement de l'espatule, *Chirurg. de Lanfranc*, dans LITTRÉ.]

|| 1º (Technol.) Instrument en bois, en ivoire, en métal, etc., élargi et aplati à un bout pour remuer les préparations pharmaceutiques, étendre les onguents, emplâtres, etc. || Instrument dont on se sert pour délayer et broyer les couleurs. | Instrument dont se servent les maçons pour rejointoyer. | Instrument dont se servent les sculpteurs pour modeler la cire, la glaise. | Instrument dont se servent les fondeurs pour la confection des moules.

|| 2º *P. anal.* Oiseau échassier dont le bec est en forme de spatule. (*Cf.* cuillère.)

SPÉCIAL, ALE [spé-syàl; *en vers*, -si-àl] *adj.*

[ÉTYM. Emprunté du lat. specialis, *m. s.* || XIIᵉ s. Per lo spécial don çuy tu as desservit, *Serm. de St Bern.* p. 10.]

|| (T. didact.) Particulier à une espèce de choses, de personnes. Caractère —. Permission spéciale. Des connaissances spéciales. L'histoire générale et les histoires spéciales. || (T. scol.) Classe de mathématiques spéciales, où l'on étudie les hautes mathématiques. || *Néolog.* Des hommes spéciaux, qui ont des connaissances spéciales.

SPÉCIALEMENT [spé-syàl-man; *en vers*, -si-à-le-...] *adv.*

[ÉTYM. Composé de spéciale et ment, § 724. || XIIᵉ s. Celes choses li sunt plus encontre cuer k'il davant amevet specialment, *Serm. de St Bern.* p. 35.]

|| (T. didact.) D'une manière spéciale.

SPÉCIALISER [spé-syà-li-zé; *en vers*, -si-à-...] *v. tr.*

[ÉTYM. Dérivé de spécial, § 266. || 1555. Sans autrement specialiser, G. DE SELVE, *Vies de Plutarque*, dans DELB. *Rec.*]

|| (T. didact.) Rendre spécial. Se — dans une branche d'études.

SPÉCIALISTE [spé-syà-líst'; *en vers*, -si-à-...] *s. m.* et *f.*

[ÉTYM. Dérivé de spécial, § 265. || *Néolog.* Admis ACAD. 1878.]

|| (T. didact.) Celui, celle qui a des connaissances spéciales. *P. appos.* Médecin —, qui se consacre spécialement au traitement de certaines affections.

SPÉCIALITÉ [spé-syà-li-té; *en vers*, -si-à-...] *s. f.*

[ÉTYM. Emprunté du lat. scolast. specialitas, *m. s.* § 217. (*Cf.* l'anc. franç. especiauté, BEAUMAN. 149, Salmon.)|| XIVᵉ-XVᵉ s. En grant especialité et deliberation, FROISS. VI, p. 177.]

|| 1º (T. didact.) Caractère de ce qui est spécial.

|| 2º *Absolt.* Ce à quoi qqn se consacre d'une manière spéciale. C'est sa —.

SPÉCIEUSEMENT [spé-syéuz'-man; *en vers*, -si-éu-ze-...] *adv.*.

[ÉTYM. Composé de spécieuse et ment, § 724. || 1694. FURET.]

|| (T. didact.) D'une manière spécieuse.

SPÉCIEUX, EUSE [spé-syeu, -syéuz'; *en vers*, -si-...] *adj.*

[ÉTYM. Emprunté du lat. speciosus, *m. s.* || 1512. Specieuse beauté, J. LE MAIRE, dans DELB. *Rec.*]

|| (T. didact.) Qui a l'apparence de la bonté, de la vérité. Cacher une intention criminelle sous des dehors —. Aussi ne vois-je rien qui soit plus odieux Que le dehors plâtré d'un zèle —, MOL. *Tart.* I, 5. Si ces idées sont aussi solides que

spécieuses, BOSS. *Hist. univ.* III, 5. *Substantivt.* Il veut du — et de l'ornement, LA BR. 15.

SPÉCIFICATIF, IVE [spé-si-fi-kà-tíf', -tïv'] *adj.*

[ÉTYM. Emprunté du lat. scolast. specificativus, *m. s.* § 217. || 1314. Differences plus specificatives, *Chirurg. de Mondeville*, 1480, Bos.]

|| (T. didact.) Qui sert à spécifier.

SPÉCIFICATION [spé-si-fi-kà-syon; *en vers*, -si-on] *s. f.*

[ÉTYM. Emprunté du lat. scolast. specificatio, *m. s.* § 217. || XIVᵉ s. Par ymagination ou par specification, RAOUL DE PRESLES, *Cité de Dieu*, dans DELB. *Rec.*]

|| (T. didact.) Action de spécifier.

SPÉCIFIER [spé-si-fyé; *en vers*, -fi-é] *v. tr.*

[ÉTYM. Emprunté du lat. scolast. specificare, *m. s.* § 217. || XIIIᵉ s. Et doit especefier quel partie ele i demande, BEAUMAN. 202, Salmon.]

|| (T. didact.) Désigner par son trait spécifique. Spécifiant les lieux Où ces frères s'étaient signalés, LA F. *Fab.* I, 14.

SPÉCIFIQUE [spé-si-fík'] *adj.*

[ÉTYM. Emprunté du lat. scolast. specificus, *m. s.* § 217. || 1516. Difference specifique, *Miroir histor. de France*, dans DELB. *Rec.*]

|| (T. didact.) Qui désigne une espèce à l'exclusion de toute autre. Les caractères spécifiques du mouton, du bœuf. Le poids — d'un corps. | Un remède —, et, *ellipt*, Un —. La quinine est un — contre la fièvre.

SPÉCIFIQUEMENT [spé-si-fík'-man; *en vers*, -fi-ke-...] *adv.*

[ÉTYM. Composé de spécifique et ment, § 724. || XVIᵉ s. Plus specifiquement, MONTAIGNE, III, 13. Admis ACAD. 1762.]

|| (T. didact.) D'une manière spécifique.

SPÉCIMEN [spé-si-mèn'] *s. m.*

[ÉTYM. Emprunté du lat. specimen, *m. s.* || *Néolog.* Admis ACAD. 1835.]

|| (T. didact.) Partie d'un ensemble destinée à donner une idée du reste. (*Syn.* échantillon.) Publier le prospectus d'un livre avec un —. Un — des monnaies grecques. Des spécimens.

SPECTACLE [spěk'-tàkl'] *s. m.*

[ÉTYM. Emprunté du lat. spectaculum, *m. s.* || XIIᵉ-XIIIᵉ s. Les legions des angeles seront presenz a cest spectacle, *Job*, dans *Rois*, p. 491.]

|| Vue d'un ensemble qu'embrasse le regard. Placide à vos genoux Vous doit être, Madame, un — assez doux, CORN. *Théod.* III, 5. N'est-ce point à vos yeux un — assez doux Que la veuve d'Hector pleurante à vos genoux? RAC. *Andr.* III, 4. Au — sanglant d'un ami qu'il faut suivre, CORN. *Poly.* III, 3. || *P. ext.* Ensemble qui attire les regards. Pour être un vain — aux peuples de l'Asie, RAC. *Esth.* I, 3. Se donner lui-même en — aux Romains, ID. *Brit.* IV, 4. Notre mort n'était retardée que pour nous faire servir de — à un peuple cruel, FÉN. *Tél.* 1. || *Fig.* Ensemble de choses qu'observe l'esprit. VII — aux humains des faiblesses d'amour, RAC. *Bér.* V, 6. Ils nous apprennent à craindre Dieu et nous sont un — éternel des jugements qu'il exerce sur ses enfants ingrats, BOSS. *Hist. univ.* II, 20. || *Speciall.* | 1. Divertissement offert à la curiosité du public. Des jeux et des spectacles qu'on donnait au peuple, BOSS. *Hist. univ.* III, 6. | 2. Représentation d'une pièce de théâtre. Une salle de —. Aller au —. Partir avant la fin du —. | 3. Partie d'une représentation qui s'adresse aux yeux (décors, costumes, etc.). Les machines, les ballets, les vers, la musique, tout le —, LA BR. 1.

SPECTATEUR, TRICE [spěk'-tà-teúr, -trïs'] *s. m.* et *f.*

[ÉTYM. Emprunté du lat. spectator, trix, *m. s.* || 1540. GUILL. MICHEL, *Justin*, dans DELB. *Rec.*]

|| Celui, celle qui voit qqch se passer devant ses yeux. (*Syn.* témoin.) Les spectatrices du combat, SCARR. *Rom. com.* 7. Vous fûtes — de cette nuit dernière, RAC. *Bér.* I, 4. || *Speciall.* Celui, celle qui assiste à des divertissements, à une représentation théâtrale. Obtenir les applaudissements des spectateurs. | *Fig.* Rouler çà et là dans le monde, tâchant d'y être — plutôt qu'acteur en toutes les comédies qui s'y jouent, DESC. *Méth.* 3.

SPECTRAL, ALE [spěk'-tràl] *adj.*

[ÉTYM. Dérivé de spectre, § 238. || *Néolog.* Admis ACAD. 1878.]

|| (Optique.) Relatif au spectre (solaire). Analyse spectrale, détermination d'une substance par les raies particulières qu'elle donne dans le spectre.

SPECTRE [spèktr'] *s. m.*
[ÉTYM. Emprunté du lat. spectrum, *m. s.* || 1611. COTGR.]
|| **1°** Apparition effrayante d'un mort, d'un esprit. (*Syn.* fantôme.) Ah! Monsieur, c'est un — ! MOL. *D. Juan*, V, 5. Des spectres et des fantômes, vains simulacres de vivants, BOSS. *3e Pâques*, 1. || *P. anal.* Homme qui a l'air d'un mort. Ces spectres vivants que la faim, la douleur et les maladies précipitent vers le tombeau, VAUVEN. *Disc. sur le caract. des différents siècles.* || *Fig.* Apparition effrayante. Vous n'avez jamais vu le — de la faim, MUSSET, *Rolla.*
|| **2°** (Optique.) — solaire, et, *ellipt*, —, image oblongue où se réfléchissent en bandes parallèles, rouge, orangé, jaune, vert, bleu, indigo, violet, les rayons partiels résultant de la décomposition d'un rayon de lumière blanche à travers un prisme de verre.

SPÉCULAIRE [spé-ku-lèr] *adj.*
[ÉTYM. Emprunté du lat. specularis, de miroir. (*Cf.* speculum.) || 1556. Pierre speculaire, R. LE BLANC, *Subtilité*, dans DELB. *Rec.* Admis ACAD. 1762.]
|| (T. didact.) Qui réfléchit la lumière. Pierre —, pierre transparente dont les anciens garnissaient les fenêtres. || *Vieilli.* La science —, la science de faire les miroirs.

SPÉCULATEUR, *SPÉCULATRICE* [spé-ku-là-teûr, -trĭs'] *s. m. et f.*
[ÉTYM. Emprunté du lat. speculator, trix, *m. s.* || XIVe s. Je requerray son sang de la main du speculateur, RAOUL DE PRESLES, *Cité de Dieu*, dans DELB. *Rec.*]
I. *Vieilli.* (T. didact.) | 1. Celui, celle qui a coutume d'observer. (*Syn.* observateur.) L'histoire De ce — (qui observe les astres), LA F. *Fab.* II, 13. | 2. *P. ext.* Celui, celle qui s'attache uniquement à la théorie. (*Cf.* spéculatif.)
II. (Bourse.) Personne qui fait des opérations aléatoires.

SPÉCULATIF, IVE [spé-ku-là-tĭf', -tĭv'] *adj.*
[ÉTYM. Emprunté du lat. scolast. speculativus, *m. s.* § 217. || XIIIe s. L'œuvre speculative, BRUN. LATINI, *Trésor*, p. 329.]
|| (T. didact.) Qui s'attache à la théorie (sans s'occuper de l'application. Ces politiques spéculatifs qui arrangent suivant leurs idées les conseils des rois, BOSS. *D. d'Orl.* Les sciences spéculatives, théoriques. Cette haine spéculative du péché (purement théorique), BOURD. *Pénitence*, 1. || *Substantivt.* | 1. *Au masc. et au fém.* Un —, une spéculative, celui, celle qui s'attache à la théorie. | 2. *Au fém.* La spéculative, la théorie. Ce qui est permis dans la — l'est aussi dans la pratique, PASC. *Prov.* 13. || *P. ext.* Qui se livre à la vie contemplative (sans agir). Les mahométans deviennent spéculatifs par habitude, MONTESQ. *Espr. des lois*, XXIV, 2.

SPÉCULATION [spé-ku-là-syon; *en vers*, -si-on] *s. f.*
[ÉTYM. Emprunté du lat. speculatio, *m. s.* || Vers 1350. En œvre de speculation, *Ars d'amours*, dans DELB. *Rec.*]
|| (T. didact.) || **1°** *Vieilli.* Habitude d'observer. La — des choses naturelles, FÉN. *Aristote.*
|| **2°** Recherche théorique. Cela est permis dans la —, mais je n'en approuve pas la pratique, PASC. *Prov.* 13. Il n'y avait homme excellent ou dans quelque — ou dans quelque ouvrage, qu'il n'entretînt, BOSS. *Condé.* La différence... qui fait goûter aux uns les choses de — et aux autres celles de pratique, LA BR. *Disc. sur Théophr.*
|| **3°** (Bourse.) Opération aléatoire sur la chance de hausse ou de baisse des marchandises. Faire des spéculations sur les grains, sur les cotons.

SPÉCULATIVEMENT [spé-ku-là-tĭv'-man; *en vers*, -ti-ve-...] *adv.*
[ÉTYM. Composé de spéculative et ment, § 724. || XVIIe s. V. à l'article.]
|| (T. didact.) D'une manière spéculative (en théorie). Ils ne défendent pas — de tuer, PASC. *Prov.* 13.

SPÉCULER [spé-ku-lé] *v. tr. et intr.*
[ÉTYM. Emprunté du lat. speculari, *m. s.* || Vers 1350. Les choses universeles premiers speculees, *Ars d'amours*, dans DELB. *Rec.*]
I. *Vieilli.* V. tr. Observer. — les astres. *Absolt.* Il passe sa vie à —.
II. V. intr. || **1°** Faire des recherches théoriques.
|| **2°** (Bourse.) Faire des opérations aléatoires sur la chance de la hausse ou de la baisse des marchandises.

SPECULUM et *SPÉCULUM* [spé-ku-lòm] *s. m.*
[ÉTYM. Mot lat. signifiant « miroir », § 217. || XVIe s. Je luy ouvris la bouche avec un speculum oris, PARÉ, *Introd.* 2. Admis ACAD. 1762.]
|| (Médec.) Instrument qui dilate l'entrée de certaines cavités du corps humain, et en réfléchit l'intérieur à l'aide de surfaces polies, pour permettre au médecin de les observer. *Spécialt.* — utérin.

SPÉE [spé]. *V.* cépée.

SPEECH [spĭtch'] *s. m.*
[ÉTYM. Emprunté de l'angl. speech, *m. s.* § 8. || *Néolog.*]
|| *Famil.* Discours. *Spécialt.* Discours en réponse à un toast.

SPÉLONQUE [spé-lŏnk'] *s. f.*
[ÉTYM. Emprunté du lat. spelunca, *m. s.* || XIIIe s. BRUN. LAT. *Trésor*, p. 62.]
|| *Vieilli.* || **1°** Caverne. Une — de bêtes farouches, *Sat. Ménipp.* I, 116.
|| **2°** *Fig.* Retraite. Dans la — du roi d'Espagne, ST-SIM. XV, 302.

SPENCER [spin-sèr] *s. m.*
[ÉTYM. Emprunté de l'angl. spencer, *m. s.* de lord Spencer (1782-1845), qui mit ce vêtement à la mode, §§ 8 et 36. || *Néolog.* Admis ACAD. 1835.]
|| **1°** Habit d'homme sans basques.
|| **2°** *P. anal.* Corsage de femme sans jupe.

SPERGULE [spèr-gul] *s. f.*
[ÉTYM. Emprunté du lat. du moyen âge spergula, *m. s.* d'origine incertaine. || 1752. TRÉV. Admis ACAD. 1798.]
|| (Botan.) Plante de la famille des Caryophyllées, dite vulgairement espargoule et espargoute.

SPERMA CETI [spèr-mà-sé-ti]. *V.* sperme.

SPERMATIQUE [spèr-mà-tĭk'] *adj.*
[ÉTYM. Emprunté du lat. spermaticus, grec σπερματικός, *m. s.* || 1314. Matière spermatique, *Chirurg. de Mondeville*, 53, Bos.]
|| (Hist. nat.) Qui a rapport au sperme. Liqueur, canal —. Animaux spermatiques, spermatozoaires.

SPERMATOLOGIE [spèr-mà-tò-lò-ji] *s. f.*
[ÉTYM. Composé avec le grec σπέρμα, ατος, sperme, λόγος, discours, et le suffixe ἴα, § 279. || 1741. COL-DE-VILLARS, *Dict. franç.-lat.* Admis ACAD. 1762.]
|| (T. didact.) Étude sur le sperme.

SPERMATOZOAIRE [spèr-mà-tò-zò-èr] et **SPERMATOZOÏDE** [...-zò-id'] *s. m.*
[ÉTYM. Composé avec le grec σπέρμα, ατος, sperme, et ζωάριον, ζωΐδιον, animalcule, § 279. || *Néolog.*]
|| (Hist. nat.) Animalcule qu'on trouve dans le sperme des animaux et le pollen qui féconde les plantes.

SPERME [spèrm'] *s. m.*
[ÉTYM. Emprunté du lat. sperma, grec σπέρμα, *m. s.* || XIIIe s. Esperme de baleine, *Simples medicines*, fo 6, ro.]
|| **1°** (Physiol.) Liqueur séminale.
|| **2°** (Commerce.) — de baleine ou sperma ceti, nom donné à une matière nacrée extraite d'une huile qui remplit les cavités de la tête du cachalot, et servant à fabriquer la bougie de luxe, le cold-cream, etc.

SPHACÈLE [sfà-sèl] *s. m.*
[ÉTYM. Emprunté du grec σφάκελος, *m. s.* || 1554. Sphacel, B. ANEAU, dans DELB. *Rec.* Admis ACAD. 1762.]
|| (Médec.) Gangrène qui attaque toute l'épaisseur d'un membre ou d'un organe qui a plusieurs tissus.

SPHACÉLÉ, ÉE [sfà-sé-lé]. *V.* sphacéler.

SPHACÉLER [sfà-sé-lé] *v. tr.*
[ÉTYM. Dérivé de sphacèle, §§ 65 et 266. ACAD. ne donne (depuis 1762) que le part. sphacélé pris comme adj. || XVIe s. Es autres sphaceloyt les grèves, RAB. I, 27.]
|| (Médec.) Frapper de sphacèle.

SPHÉNOÏDAL, ALE [sfé-nò-i-dàl] *adj.*
[ÉTYM. Dérivé de sphénoïde, § 238. || XVIIe s. Suture sphénoïdale, DIONIS, dans TRÉV. Admis ACAD. 1835.]
|| (Anat.) Qui a rapport à l'os sphénoïde.

SPHÉNOÏDE [sfé-nò-id'] *adj.*
[ÉTYM. Emprunté du grec σφηνοειδής, *m. s.* || 1611. COTGR. Admis ACAD. 1762.]
|| (T. didact.) Qui est en forme de coin. *Spécialt.* (Anat.) L'os —, et, *substantivt*, Le —, os placé à la base du crâne, qui concourt à former les orbites, les fosses nasales, etc.

SPHÈRE [sfèr] *s. f.*
[ÉTYM. Emprunté du lat. sphæra, grec σφαῖρα, *m. s.* || XIIIe s. Esteles... En lor esperes estachies, J. DE MEUNG, *Rose*, 20527.]
|| **1°** (Géom.) Solide terminé par une surface courbe dont tous les points sont à égale distance d'un point intérieur appelé centre. Mesurer la surface, le volume de la —.

‖ **2°** (Astron.) — **céleste**, la voûte qui semble entourer la terre, représentée comme une sphère dont la terre formerait le centre, et où l'on figure des cercles, des lignes destinées à expliquer les révolutions des astres. **Les pôles, l'équateur, les méridiens de la — céleste.** — **parallèle**, où, l'observateur étant supposé au pôle, le plan de l'équateur céleste est perpendiculaire à l'axe du monde. — **droite**, où, l'observateur étant supposé à l'équateur, la ligne des pôles est dans le plan de l'horizon et l'équateur céleste perpendiculaire à ce plan. — **oblique**, où, l'observateur étant supposé placé entre l'équateur et le pôle, l'horizon coupe obliquement le plan de l'équateur céleste. ‖ **Sphères du soleil, de la lune, de Jupiter,** etc., sphères concentriques auxquelles les astronomes anciens croyaient le soleil et les planètes attachés, et qui les emportaient dans leur mouvement de rotation.
‖ **3°** Représentation du globe terrestre, de la sphère céleste. **Une — armillaire.**
‖ **4°** *Fig.* Espace dans lequel s'exerce l'action, l'influence de qqn, de qqch. **Ils demeurent tranquilles dans l'étendue de leur —,** LA BR. 1. **Il ne l'a fait que dans l'étendue de la — de la probabilité de son sentiment,** PASC. *Prov.* 6. **Vouloir sortir de sa —.**

SPHÉRICITÉ [sfé-ri-si-té] *s. f.*
[ÉTYM. Dérivé du lat. sphæricus, sphérique, § 255. ‖ 1671. **La sphéricité du verre**, LE P. CHÉRUBIN, *Dioptr. ocul.* p. 361. Admis ACAD. 1762.]
‖ (T. didact.) Caractère de ce qui est sphérique. **La — de la terre.** ‖ (Optique.) **Aberration de —,** altération des images par suite de la forme sphérique des lentilles.

SPHÉRIQUE [sfé-rïk'] *adj.*
[ÉTYM. Emprunté du lat. sphæricus, grec σφαιρικός, *m. s.* ‖ XIV° s. **Figure spherique**, ORESME, *Éth.* III, 7.]
‖ (T. didact.) Qui appartient à une sphère. **La forme, la figure —. Un polygone —. Un miroir —.**

SPHÉRIQUEMENT [sfé-rïk'-man ; *en vers*, -ri-ke-...] *adv.*
[ÉTYM. Composé de sphérique et ment, § 724. ‖ XVI° s. **Se tourner spheriquement**, LOUIS GUYON, *Div. leçons*, dans DELB. *Rec.* Admis ACAD. 1762.]
‖ (T. didact.) D'une manière sphérique.

SPHÉRISTE [sfé-rïst'] *s. m.*
[ÉTYM. Emprunté du lat. sphærista, grec σφαιριστής, *m. s.* ‖ 1732. TRÉV. Admis ACAD. 1835.]
‖ (Antiq.) Celui qui exerce les jeunes gens à lancer la balle.

SPHÉRISTÈRE [sfé-rïs'-tèr] *s. m.*
[ÉTYM. Emprunté du lat. sphæristerium, grec σφαιριστήριον, *m. s.* ‖ 1613. Sphiristere, CÉSAR DE NOSTREDAME, *Hist. de Provence*, dans DELB. *Rec.* Admis ACAD. 1762.]
‖ (Antiq.) Lieu où l'on s'exerçait à lancer la balle.

SPHÉRISTIQUE [sfé-rïs'-tïk'] *s. f.*
[ÉTYM. Emprunté du grec σφαιριστική, *m. s.* ‖ 1732. TRÉV. Admis ACAD. 1762.]
‖ (Antiq.) Art de lancer la balle.

SPHÉROÏDAL, ALE [sfé-rò-i-dàl] *adj.*
[ÉTYM. Dérivé de sphéroïde, § 238. ‖ 1812. MOZIN, *Dict. franç.-allem.* Admis ACAD. 1878.]
‖ (T. didact.) Qui a la forme d'un sphéroïde.

SPHÉROÏDE [sfé-rò-id'] *s. m.*
[ÉTYM. Emprunté du lat. sphæroïdes, grec σφαιροειδής, *m. s.* ‖ 1556. **Les spheroïdes**, R. LE BLANC, *Subtilité*, dans DELB. *Rec.* Admis ACAD. 1740.]
‖ (Géom.) Solide de forme presque sphérique. — **allongé**, dont l'axe est le plus grand diamètre. — **aplati**, dont l'axe est le plus petit diamètre.

SPHÉROMÈTRE [sfé-rò-mètr'] *s. m.*
[ÉTYM. Composé avec le grec σφαῖρα, sphère, et μέτρον, mesure, § 279. ‖ 1812. MOZIN, *Dict.-franç.-allem.* Admis ACAD. 1835.]
‖ (T. didact.) Instrument dont on se sert pour mesurer le rayon d'une surface sphérique.

SPHINCTER [sfïnk'-tèr] *s. m.*
[ÉTYM. Emprunté du lat. sphincter, grec σφίγκτηρ, *m. s.* de σφίγγειν, serrer. ‖ 1548. **Le muscle nommé sphincter**, RAB. IV, 67. Admis ACAD. 1762.]
‖ (Anat.) Muscle circulaire qui ferme l'orifice de certaines cavités naturelles (anus, vessie).

SPHINX [sfïnks'] *s. m.* (*vieilli*, fém.).
[ÉTYM. Emprunté du lat. sphinx, grec σφίγξ (fém.), *m. s.*

Sur le changement de genre, V. § 551. ‖ 1546. **Les sphinges devant les temples des Egyptiens**, M. DE ST-GELAIS, dans DELB. *Rec.* ‖ 1562. **Sphinx**, RAB. V, 12.]
‖ (Mythol.) Monstre ayant la tête et le sein d'une femme, le corps d'un lion, les ailes d'un aigle, et dévorant ceux qui ne devinaient pas une énigme qu'il leur proposait. ‖ *Fig.* Personne qui ne laisse pas deviner sa pensée.

SPHRAGISTIQUE [sfrà-jïs'-tïk'] *s. f.*
[ÉTYM. Dérivé du grec σφραγίζειν, sceller, § 229. ‖ *Néolog.* Admis ACAD. 1878.]
‖ (T. didact.) Science qui étudie les sceaux, les cachets.

SPIC [spïk'] *s. m.*
[ÉTYM. Emprunté du lat. spicus, épi, qui a pris au moyen âge ce sens spécial. (*Cf.* aspic 2.) ‖ XII°-XIII° s. **Et spic** (lire **Espic**), petre, pouvre, commins, RENAUD DE BEAUJEU, *Beau Desconeu*, 4233. Admis ACAD. 1835.]
‖ Espèce de lavande dont on extrait une huile odorante, l'essence de spic, dite par corruption **huile d'aspic**.

SPICA [spi-kà] *s. m.*
[ÉTYM. Emprunté du lat. spica, épi. Sur le genre (spica est fém.), V. § 551. ‖ 1741. COL-DE-VILLARS, *Dict. franç.-lat.* Admis ACAD. 1762.]
‖ (Médec.) Bandage croisé comme des épillets de blé.

SPICILÈGE [spi-si-lèj'] *s. m.*
[ÉTYM. Emprunté du lat. spicilegium, action de glaner. ‖ 1752. TRÉV. Admis ACAD. 1762.]
‖ (T. didact.) Recueil d'actes, de documents variés.

SPINA-BIFIDA [spi-nà-bi-fi-dà] *s. m.* (fém. ACAD.).
[ÉTYM. Mots latins signifiant « épine bifide ». Sur le genre, V. § 551. ‖ Admis ACAD. 1878.]
‖ (Médec.) Écartement des apophyses épineuses.

SPINAL, ALE [spi-nàl] *adj.*
[ÉTYM. Emprunté du lat. spinalis, *m. s.* ‖ 1541. **Spinalle medulle**, J. CANAPPE, *Anatom. des os*, p. 14. Admis ACAD. 1835.]
‖ (Anat.) Qui a rapport à l'épine dorsale.

SPINA-VENTOSA [spi-nà-vin-tó-zà] *s. m.*
[ÉTYM. Mots latins signifiant « épine venteuse, gonflée ». Sur le genre, V. § 551. ‖ 1741. **Spina ventosa**, COL-DE-VILLARS, *Dict. franç.-lat.* Admis ACAD. 1762.]
‖ (Médec.) Ostéite tuberculeuse.

SPINELLE [spi-nèl] *s. m.*
[ÉTYM. Emprunté de l'ital. spinella, *m. s.* § 12. Le mot, originairement fém., est devenu masc. par ellipse de rubis, § 554. ‖ 1599. **Un cabochon d'espinelle** (lisez de spinelle), dans L. DE LABORDE, *Émaux*, p. 302. Admis ACAD. 1762.]
‖ (Commerce.) Rubis rouge pâle. *P. appos.* **Rubis —.**

SPIRAL, ALE [spi-ràl] *adj. et s. m. et f.*
[ÉTYM. Emprunté du lat. scolast. spiralis, *m. s.* § 238. ‖ XVI° s. **Aneau faict en forme spirale**, RAB. I, 8.]
I. *Adj.* (T. didact.) Qui présente la courbe plane dite **spirale. Une ligne spirale.**
II. *S. m. et f.* ‖ **1°** *S. m.* Petit ressort qui règle l'échappement du balancier d'une montre, en maintenant l'isochronisme de ses oscillations.
‖ **2°** *S. f.* **Spirale.** Courbe tracée sur un plan, décrivant dans un même sens une suite de révolutions autour d'un point fixe (pôle) dont elle s'écarte de plus en plus suivant une loi déterminée. — **d'Archimède**, où le rayon vecteur croît proportionnellement à l'angle polaire. — **hyperbolique**, où le rayon vecteur varie en raison inverse de l'angle polaire. — **logarithmique**, où le logarithme du rayon vecteur croît proportionnellement à l'angle polaire. ‖ *Dans le langage ordinaire.* Suite de circonvolutions. **Un escalier en —.**

***SPIRALEMENT** [spi-ràl-man ; *en vers*, -rà-le-...] *adv.*
[ÉTYM. Composé de spirale et ment, § 724. ‖ 1680. V. à l'article.]
‖ *Rare.* (T. didact.) D'une manière spirale. **Taillé — en vis**, RICHEL. *Dict.*

SPIRATION [spi-rà-syon ; *en vers*, -si-on] *s. f.*
[ÉTYM. Emprunté du lat. spiratio, action de souffler. ‖ 1285. **Par le spiracion devine**, *Cartul. du Val St-Lambert*, dans GODEF. espiracion.]
‖ (Théol.) Acte par lequel le Saint-Esprit procède du Père et du Fils. (*Syn.* procession.)

SPIRE [spïr] *s. f.*
[ÉTYM. Emprunté du lat. spira, grec σπεῖρα, *m. s.* ‖ 1579. **Spires ou circonvolutions**, F. DE FOIX, *Pimandre*, dans DELB. *Rec.* Admis ACAD. 1762.]
‖ (T. didact.) ‖ **1°** Tour d'une spirale, d'une hélice.

‖ **2°** Enroulement d'une partie de colonne, de co-quille, etc.

SPIRÉE [spi-ré] *s. f.*
[ÉTYM. Emprunté du lat. spiræa, grec σπειραία, *m. s.* ‖ Admis ACAD. 1835.]
‖ (Botan.) Genre de plantes de la famille des Rosacées, dont le type est la reine des prés.

SPIRITE [spi-rit'] *s. m.*
[ÉTYM. Emprunté du lat. spiritus, esprit. ‖ *Néolog.* Admis ACAD. 1878.]
‖ (T. didact.) Personne qui prétend communiquer, à l'aide d'un médium, avec les esprits des morts.

SPIRITISME [spi-ri-tism'] *s. m.*
[ÉTYM. Dérivé de spirite, § 265. ‖ *Néolog.* Admis ACAD. 1878.]
‖ (T. didact.) Doctrine des spirites.

SPIRITUALISATION [spi-ri-tuà-li-zà-syon; *en vers*, -tu-à-...-si-on] *s. f.*
[ÉTYM. Dérivé de spiritualiser, § 247. ‖ 1676. De la spiritualisation et de la corporification, CHARAS, *Pharmacopée*, p. 64. Admis ACAD. 1718.]
‖ (T. didact.) Action de spiritualiser.

SPIRITUALISER [spi-ri-tuà-li-zé; *en vers*, -tu-à-...] *v. tr.*
[ÉTYM. Dérivé de spirituel, § 267. ‖ 1521. L'ame... avec ses deux enfans sussudicts et spiritualisés, *Violier des hist. rom.* dans DELB. *Rec.*]
‖ (T. didact.) ‖ **1°** (Théol.) Rendre spirituel. — ses affections, les dégager de tout ce qui a rapport aux sens. ‖ **2°** (Chimie anc.) Rendre spiritueux. — un liquide.

SPIRITUALISME [spi-ri-tuà-lism'; *en vers*, -tu-à-...] *s. m.*
[ÉTYM. Dérivé de spirituel, § 265. ‖ Admis ACAD. 1694; suppr. en 1740; repris en 1835.]
‖ (T. didact.) ‖ **1°** (Théol.) Tendance de l'âme à vivre d'une vie spirituelle, dégagée des sens. ‖ **2°** (Philos.) Doctrine qui distingue l'esprit de la matière, l'âme du corps, Dieu du monde.

SPIRITUALISTE [spi-ri-tuà-list'; *en vers*, -tu-à-...] *adj.*
[ÉTYM. Dérivé de spirituel, § 265. ‖ 1771. TRÉV. Admis ACAD. 1835.]
‖ (T. didact.) Qui appartient au spiritualisme. La doctrine —. Un philosophe —, et, *substantivt*, Un, une —.

SPIRITUALITÉ [spi-ri-tuà-li-té; *en vers*, -tu-à-...] *s. f.*
[ÉTYM. Emprunté du lat. spiritualitas, *m. s.* ‖ XIIIᵉ s. Ce qui apartient a esperitualité, BEAUMAN. 311, Salmon.]
‖ (T. didact.) Caractère spirituel (non matériel).

SPIRITUEL, ELLE [spi-ri-tuèl; *en vers*, -tu-èl] *adj.*
[ÉTYM. Emprunté du lat. spiritualis, *m. s.* ‖ XIIᵉ-XIIIᵉ s. Vie spirituelle, *Dial. Gregoire*, p. 102.]
‖ (T. didact.) Qui est de la nature de l'esprit.
‖ **1°** Non matériel. La nature spirituelle de Dieu, de l'âme humaine. Les substances spirituelles. Presque tous les philosophes... parlent des choses corporelles spirituellement, et des spirituelles corporellement, PASC. *Pens.* I, 1. ‖ *Specialt.* | 1. Qui a rapport à la vie de l'âme. (S'oppose à temporel.) Rome a été le chef de l'empire — que Jésus-Christ a voulu étendre par toute la terre, BOSS. *Hist. univ.* III, 1. Faisons-nous bien connaître aux médecins spirituels de nos âmes, BOURD. *Jugement de Dieu*, 1. Le même craignait que Dieu ne lui demandât compte du temps qu'il employait à gouverner son État et qu'il dérobait aux affaires spirituelles, MONTESQ. *Rom.* 22. | 2. Qui a rapport à la vie intérieure de l'âme, dégagée des sens. (S'oppose à sensuel.) Des exercices spirituels. Des lectures spirituelles. Des affections spirituelles. Je ne dis pas ceci par le zèle pieux d'une dévotion spirituelle, PASC. *Pens.* IX, 1. Chrétiens qui, malgré leur relâchement, se piquent encore d'être spirituels, BOURD. *Richesses*, 3. | *P. anal.* Concert —, où l'on exécute de la musique religieuse. | 3. Qui a rapport au sens mystique. (S'oppose à littéral.) Les prophéties ont un sens caché et —, PASC. *Pens.* XV, 7.
‖ **2°** Qui montre de la finesse d'esprit. Un mot —. Une physionomie spirituelle. L'air — est dans les hommes ce que la régularité des traits est dans les femmes, LA BR. 12. Un homme —. Une femme spirituelle, et, *vieilli*, *substantivt*, J'irais me charger d'une spirituelle Qui ne parlerait rien que cercle et que ruelle? MOL. *Éc. des f.* I, 1.

SPIRITUELLEMENT [spi-ri-tuèl-man; *en vers*, -tu-è-le-...] *adv.*
[ÉTYM. Composé de spirituelle et ment, § 724. ‖ XIIᵉ-XIIIᵉ s. Spiritueilment, *Dial. Gregoire*, p. 108.]
‖ **1°** D'une manière non matérielle. Presque tous les philosophes confondent les idées des choses et parlent des choses corporelles —, PASC. *Pens.* I, 1. ‖ *Specialt.* | 1. Par opposition à temporellement. Le chef de l'Église règne —. | 2. Par opposition à littéralement. Interpréter — un passage de l'Écriture.
‖ **2°** Avec finesse d'esprit. Parler, répondre, s'exprimer —.

SPIRITUEUX, EUSE [spi-ri-tueù, -tueùz'; *en vers*, -tu-...] *adj.*
[ÉTYM. Dérivé du lat. spiritus, esprit, § 252. ‖ XVIᵉ s. Sang chaud, subtil et spiritueux, PARÉ, I, 10.]
‖ (T. didact.) Où domine l'esprit(-de-vin), l'alcool. Boissons spiritueuses. *Substantivt.* Les —, les liqueurs où domine l'alcool.

SPLANCHNIQUE [splank'-nĭk'] *adj.*
[ÉTYM. Emprunté du grec σπλαγχνικός, *m. s.* ‖ 1786. Nerf splanchnique, VICQ-D'AZIR, *Anatom.* I, p. 41. Admis ACAD. 1835.]
‖ (Anat.) Qui a rapport aux viscères. Cavités splanchniques (thorax, abdomen, etc.).

SPLANCHNOLOGIE [splank'-nò-lò-jî] *s. f.*
[ÉTYM. Composé avec le grec σπλάγχνον, viscère, λόγος, discours, et le suffixe ια, § 279. ‖ 1741. COL-DE-VILLARS, *Dict. franç.-lat.* Admis ACAD. 1762.]
‖ (T. didact.) Description anatomique des viscères.

SPLEEN [splin'] *s. m.*
[ÉTYM. Emprunté de l'angl. spleen, *m. s.* proprt, « rate », § 8. (*Cf.* splénique.) VOLNEY écrit spline. ‖ XVIIIᵉ s. *V.* à l'article. Admis ACAD. 1798.]
‖ Ennui de toutes choses, maladie hypocondriaque propre aux Anglais. Pardon de m'être mis en colère : j'avais le —, VOLT. *Dial.* XXIV, 17. Laissez là, croyez-moi, votre philosophie ; Elle donne le —, FAVART, *Angl. à Bord.* sc. 8.

SPLENDEUR [splan-deùr] *s. f.*
[ÉTYM. Emprunté du lat. splendor, *m. s.* ‖ XIIᵉ s. En la splendur de la tue fuildrante hanste, *Psaut. de Cambridge*, Abbacuc, 16.]
‖ Éclat magnifique. La — du soleil. ‖ *Fig.* La — de son sort doit hâter sa ruine, RAC. *Ath.* II, 5. Ces malheureux qui de ta cité sainte Ne verront point l'éternelle —, ID. *ibid.* II, 9.

SPLENDIDE [splan-did'] *adj.*
[ÉTYM. Emprunté du lat. splendidus, *m. s.* ‖ XVᵉ-XVIᵉ s. Se déduit de l'existence de splendidement à cette époque.]
‖ Qui a de la splendeur.

SPLENDIDEMENT [splan-did'-man; *en vers*, -di-de-...] *adv.*
[ÉTYM. Composé de splendide et ment, § 724. ‖ XVᵉ-XVIᵉ s. Plus splendidement que n'affiert a leur estat, ÉTIENNE DE MÉDICIS, *Chron.* dans DELB. *Rec.*]
‖ D'une manière splendide. Vivre —, P. D'ABLANC. *Tacite*, dans RICHEL.

SPLÉNIQUE [splé-nĭk'] *adj.*
[ÉTYM. Emprunté du lat. splenicus, grec σπληνικός, *m. s.* ‖ XVIᵉ s. Les asthmatiques, phtisiques, spleniques, PARÉ, VI, 11. Admis ACAD. 1762.]
‖ (Anat.) Qui a rapport à la rate.

SPODE [spôd'] *s. f.*
[ÉTYM. Emprunté du lat. spodos, grec σποδός, *m. s.* proprt, « cendre ». ‖ 1611. COTGR. Admis ACAD. 1762.]
‖ (Chimie anc.) Oxyde de zinc, tutie calcinée.

SPOLIATEUR, TRICE [spò-lyà-teùr, -trĭs'; *en vers*, -li-à-...] *s. m. et f.*
[ÉTYM. Emprunté du lat. spoliator, trix, *m. s.* ‖ 1549. R. EST. Admis ACAD. 1798.]
‖ (T. didact.) Celui, celle qui spolie qqn. *Adjectivt.* Un décret —. Une loi spoliatrice.

SPOLIATION [spò-lyà-syon; *en vers*, -li-à-si-on] *s. f.*
[ÉTYM. Emprunté du lat. spoliatio, *m. s.* ‖ 1425. Spoliation, c'est ravissement, OL. DE LA HAYE, dans DELB. *Rec.*]
‖ (T. didact.) Action de spolier qqn.

SPOLIER [spò-lyé; *en vers*, -li-é] *v. tr.*
[ÉTYM. Emprunté du lat. spoliare, *m. s.* ‖ Vers 1460. Quant Troye on spolia, G. ALEXIS, dans DELB. *Rec.*]
‖ (T. didact.) Dépouiller (qqn) par ruse ou par force de ce qui lui appartient.

SPONDAÏQUE [spon-dà-ĭk'] *adj.*
[ÉTYM. Emprunté du lat. spondaicus, forme altérée de spondiacus, grec σπονδειακός, *m. s.* ‖ XVIᵉ s. Musique poisante, severe et spondaïque, MONTAIGNE, I, 46.]

|| (Prosod. anc.) Où dominent les spondées. **Vers —**, hexamètre terminé par deux spondées.

SPONDÉE [spon-dé] *s. m.*

[ÉTYM. Emprunté du lat. **spondeus**, grec σπονδεῖος, *m. s.* de σπονδή, libation. || XIVᵉ s. **Daptilles, spondees**, J. LE FÈVRE, *Vieille*, dans DELB. *Rec.*]

|| (Prosod. anc.) Pied de deux syllabes longues.

SPONDYLE [spon-dil] *s. m.*

[ÉTYM. Emprunté du lat. **spondylus**, grec σφόνδυλος, *m. s.* || 1314. **Les spondilles de l'espine**, *Chirurg. de Mondeville*, 255, Bos. Admis ACAD. 1798.]

|| *Vieilli.* (Anat.) Vertèbre.

SPONGIEUX, EUSE [spon-jyeù, -jyeúz'; *en vers*, -ji-...] *adj.*

[ÉTYM Emprunté du lat. **spongiosus**, *m. s.* || 1314. **Pour quoi il est spongieus**, *Chirurg. de Mondeville*, 155, Bos.]

|| (T. didact.) Qui est de la nature de l'éponge. **Un corps —**.

SPONGITE [spon-jit'] *s. f.*

[ÉTYM. Emprunté du lat. **spongitis**, grec σπογγίτης, *m. s.* || 1752. TRÉV. Admis ACAD. 1798.]

|| (Minéral.) Pierre poreuse imitant l'éponge.

SPONTANÉ, ÉE [spon-tà-né] *adj.*

[ÉTYM. Emprunté du lat. **spontaneus**, *m. s.* (*Cf.* l'anc. franç. **spontain**.) || 1381. **Se déduit de l'existence de spontanément à cette date.**]

|| (T. didact.) || **1°** Qu'on fait de soi-même, sans y être poussé par une force étrangère. **Obéir à un mouvement — de l'âme. Faire des aveux spontanés.**

|| **2°** Qui semble fait de soi-même, n'ayant pas de cause apparente. **Combustion spontanée**, combustion interne du corps attribuée à l'abus des spiritueux. **Évacuation spontanée**, non provoquée par un remède. **Génération spontanée**, production d'êtres organisés sans parents, sans semence. **Admettre, nier la génération spontanée.**

SPONTANÉITÉ [spon-tà-né-i-té] *s. f.*

[ÉTYM. Dérivé de **spontanée**, § 255. || 1695. *V.* à l'article. Admis ACAD. 1718.]

|| (T. didact.) Caractère de ce qui est spontané. **Une parfaite —**, LEIBNIZ, dans *Journal des sav.* 1695, p. 302.

SPONTANÉMENT [spon-tà-né-man] *adv.*

[ÉTYM. Composé de **spontané** et **ment**, § 724. || 1381. **Spontaneement**, dans DELB. *Rec.* Admis ACAD. 1798.]

|| (T. didact.) D'une manière spontanée. **Il reconnut — ses torts.**

SPONTON [spon-ton]. *V.* esponton.

SPORADIQUE [spò-rà-dìk'] *adj.*

[ÉTYM. Emprunté du grec σποραδικός, *m. s.* de σπείρειν, semer. (*Cf.* **sperme, spore**, etc.) || 1690. FURET. Admis ACAD. 1762.]

|| (T. didact.) || **1°** (Géologie.) Dispersé. **Des blocs sporadiques.**

|| **2°** (Médec.) Qui attaque des individus isolés, n'est pas épidémique. **Le choléra —.**

SPORE [spòr] *s. f.*

[ÉTYM. Emprunté du grec σπορά, semence. (*Cf.* **sporadique**.) || *Néolog.* Admis ACAD. 1878.]

|| (Botan.) Corpuscule reproducteur (de certaines plantes cryptogames).

SPORT [spòr] *s. m.*

[ÉTYM. Emprunté de l'angl. **sport**, *m. s.* autrefois **disport**, du franç. **desport**, subst. verbal de **desporter** (mieux **deporter**), exercer, amuser, § 8. (*Cf.* **déport 1** et **déporter 1.**) || *Néolog.* Admis ACAD. 1835.]

|| Exercices d'adresse ou de force.

SPORTULE [spòr-tul] *s. f.*

[ÉTYM. Emprunté du lat. **sportula**, *m. s.* proprt, « petit panier » de sporta, panier. || 1566. **S'appliquer a sportules et gains**, CHAUMEAU, *Hist. du Berry*, dans DELB. *Rec.* Admis ACAD. 1835.]

|| (Antiq. rom.) Don en comestibles du patron à ses clients.

SPORULE [spò-rul] *s. f.*

[ÉTYM. Dérivé de **spore**, § 240. || *Néolog.* Admis ACAD. 1878.]

|| (Botan.) Spore enveloppée d'une gaine.

SPUMEUX, EUSE [spu-meù, -meúz'] *adj.*

[ÉTYM. Emprunté du lat. **spumosus**, *m. s.* de **spuma**, écume. || XVIᵉ s. **Sang spumeux**, PARÉ, VIII, 32. Admis ACAD. 1878.]

|| (T. didact.) Qui a l'apparence de l'écume.

SPUTATION [spu-tà-syon; *en vers*, -si-on] *s. f.*

[ÉTYM. Emprunté du lat. **sputare**, cracher, § 247. || XVIᵉ s. *V.* à l'article. Admis ACAD. 1762.]

|| (T. didact.) Action de cracher. **La — fréquente**, MOL. *Pourc.* I, 8.

SQUALE [skwàl] *s. m.*

[ÉTYM. Emprunté du lat. **squalus**, *m. s.* || 1812. MOZIN, *Dict. franç.-allem.* Admis ACAD. 1835.]

|| (Hist. nat.) Genre de poissons cartilagineux, dit vulgairement **chien de mer**. (*Cf.* **requin**.)

SQUAMEUX, EUSE [skwà-meù, -meúz'] *adj.*

[ÉTYM. Emprunté du lat. **squamosus**, *m. s.* de **squama**, écaille. || 1519. **Dragon squameulx**, GUILL. MICHEL, dans DELB. *Rec.* Admis ACAD. 1762.]

|| (T. didact.) Qui a des écailles. (*Cf.* **écailleux**.)

SQUARE [skwèr; *pop.* skwàr] *s. m.*

[ÉTYM. Emprunté de l'angl. **square**, *m. s.* proprt, « carré ». (*Cf.* le doublet **équerre**.) || *Néolog.* Admis ACAD. 1878.]

|| Jardin public au milieu d'une place.

SQUELETTE [ske-lèt'] *s. m.*

[ÉTYM. Emprunté du grec σκελετός, *m. s.* proprt, « desséché », § 497. (*Cf.* le lat. **sceletus**.) On trouve qqf **squelet** au XVIIᵉ s. (BOISFRANC, *Déf. du beau sexe*, III, 4). || XVIᵉ s. **Scelete**, PARÉ, *Monstres*, app. 2. **Squelete**, RONS. IV, 341.]

|| **1°** Charpente osseuse d'un animal (vertébré), dépouillée de sa chair. || *P. ext. Famil.* Personne si maigre qu'on lui voit les os. **A voir ce prédicateur si exténué, ce —**, BOSS. *Vérit. Convers.* préamb. || *P. anal.* La mort (qu'on représente sous la forme d'un squelette). **Mépriser ce —, de quelques parures qu'on le revête**, BOSS. *Prépar. à la mort*, 1.

|| **2°** *Fig.* Dessin, plan général d'une œuvre, sans développement. **Ce que j'ai marqué jusqu'ici n'est encore pour ainsi dire que le — de l'histoire**, ROLL. *Traité des études*, V, III, 1.

SQUINANCIE [ski-nan-si]. *V.* esquinancie.

SQUINE [skin'] et **ESQUINE** [ès'-kin'] *s. f.*

[ÉTYM. Paraît être une altération du nom de pays **Chine**, dont le **ch** se prononçait autrefois comme un **qu**. || XVIᵉ s. **La salseperille et le bois d'esquine**, MONTAIGNE, II, 37. Admis ACAD. 1762.]

|| (Pharm.) Racine ligneuse d'une plante voisine de la salsepareille (*Smilax china*), employée comme sudorifique.

SQUIRRE et **SQUIRRHE** [skir'] *s. m.*

[ÉTYM. Emprunté du grec σκίρρος, *m. s.* § 497. (*Cf.* le lat. **scirrhos**.) || 1545. **Phlegmons... en façon de scirrhe**, G. GUÉROULT, *Hist. des plantes*, dans DELB. *Rec.*]

|| (Médec.) Tumeur indolente, se produisant surtout dans les parties glanduleuses, parfois cancéreuse.

SQUIRREUX et **SQUIRRHEUX, EUSE** [skir'-reù, -reúz'] *adj.*

[ÉTYM. Dérivé de **squirre, squirrhe**, § 251. || 1545. **Scyrrheuses tumeurs**, G. GUÉROULT, *Hist. des plantes*, dans DELB. *Rec.*]

|| (Médec.) De la nature du squirre. **Tumeur squirreuse.**

STABAT [stà-bàt'] *s. m.*

[ÉTYM. Mot latin qui commence la prose : *Stabat mater dolorosa*, 3ᵉ pers. sing. imparf. indic. de **stare**, se tenir debout. || Admis ACAD. 1878.]

|| (Liturgie.) Prose qu'on chante dans les églises pendant la semaine sainte. | *P. ext.* Œuvre musicale sur cette prose. **Le — de Pergolèse**, DIDER. *Neveu de Rameau.*

STABILITÉ [stà-bi-li-té] *s. f.*

[ÉTYM. Emprunté du lat. **stabilitas**, *m. s.* || XIIᵉ s. **L'eve est sens en Dé ; Pere, stabilité**, PH. DE THAUN, *Best.* p. 123.]

|| (T. didact.) Caractère de ce qui est stable. **La — d'un si bel ordre**, BOSS. *Hist. univ.* II, 1. || *Fig.* Caractère de ce qui tend à persévérer dans le même état. **Pour le bien de la paix et pour la — des choses humaines**, BOSS. *Polit.* IX, III, 6. **La — que nous admirons dans Marie-Thérèse**, BOSS. *Marie-Thérèse.*

STABLE [stàbl'] *adj.*

[ÉTYM. Emprunté du lat. **stabilis**, *m. s.* de **stare**, se tenir. (*Cf.* l'anc. franç. **estable, estavie**, de formation pop.) || 1549. R. EST.]

|| (T. didact.) Qui tend à garder la même place, la même position. || *Spécialt.* | 1. (Chimie.) **Une combinaison —.** | 2. (Physique.) **Équilibre —**, auquel un corps tend à revenir quand quelque cause l'en écarte. || *Fig.* Qui tend à persévérer dans le même état. **Un gouvernement —. Rien de — dans ce monde**, DIDER. *Neveu de Rameau.* **Dieu pourra vous montrer par d'importants bienfaits Que sa parole**

est —, RAC. *Alh.* I, 1. Les principes du plaisir ne sont pas fermes et stables, PASC. *Espr. géom.* 2.

STADE [stàd'] *s. m.* (*vieilli*, fém.).

[ÉTYM. Emprunté du lat. stadium, grec στάδιον, *m. s.* || XIVᵉ s. Il le portoit tous le cours d'une estade, ORESME, *Éth.* II, 7.]

I. (Antiq.) || **1°** Mesure itinéraire valant environ cent quatre-vingts mètres. L'enceinte totale de la ville est de près de deux cents stades, BARTHÉLEMY, *Anacharsis*, 6. D'une — loin il sent son grand monarque, MOL. *Mélic.* I, 3.

|| **2°** *P. ext.* Enceinte, ayant un stade de longueur, où l'on disputait le prix de la course à pied.

II. *Fig.* (Médec.) Période d'une maladie intermittente.

STAGE [stàj'] *s. m.*

[ÉTYM. Emprunté du bas lat. stagium, *m. s.* tiré de l'anc. franç. estage, dérivé de ester, résider, § 78. (*Cf.* le doublet étage.) || 1680. RICHEL. Admis ACAD. 1718.]

|| (T. didact.) Temps d'épreuve par lequel doivent passer les aspirants à certaines professions, pour être admis à les exercer. Le — d'un avocat, temps pendant lequel il doit fréquenter le barreau avant d'être inscrit au tableau des avocats. | *Spéciall.* Résidence de six mois qu'un chanoine doit faire dans son église, avant de jouir des revenus attachés à sa prébende. Faire son —.

STAGIAIRE [stà-jyèr; *en vers*, -ji-èr] *adj.*

[ÉTYM. Dérivé de stage, § 248. (*Cf.* stagier.) || *Néolog.* Admis ACAD. 1835.]

|| (T. didact.) Qui fait son stage. Un avocat —, et, *substantivt*, Un —.

*STAGIER [stà-jyé] *adj. m.*

[ÉTYM. Dérivé de stage, § 115. (*Cf.* l'anc. franç. estagier.) || 1752. TRÉV.]

|| *Vieilli.* (T. ecclés.) Stagiaire. Chanoine —.

STAGNANT, ANTE [stăg'-nan, -nănt'] *adj.*

[ÉTYM. Emprunté du lat. stagnans, part. de stagnare, former un étang. || 1611. COTGR. Admis ACAD. 1762.]

|| (T. didact.) Qui ne coule pas, ne se renouvelle pas. Une eau stagnante. || *P. anal.* Qui ne circule pas. Sang —. Humeurs stagnantes.

STAGNATION [stăg'-nà-syon; *en vers*, -si-on] *s. f.*

[ÉTYM. Dérivé du lat. stagnare, être stagnant, § 247. || 1741. COL-DE-VILLARS, *Dict. franç.-lat.* Admis ACAD. 1762.]

|| (T. didact.) État de ce qui est stagnant. || *Fig.* La — des affaires, état où les affaires commerciales languissent.

STALACTITE [stà-lăk-tĭt'] *s. f.*

[ÉTYM. Dérivé du grec σταλακτός, qui coule goutte à goutte, § 282. || 1752. TRÉV. Admis ACAD. 1762.]

|| (T. didact.) Concrétion formée à la voûte d'une cavité souterraine par des infiltrations contenant en dissolution des sels calcaires, siliceux, etc.

STALAGMITE [stà-lăg-mĭt'] *s. f.*

[ÉTYM. Dérivé du grec σταλαγμός, écoulement goutte à goutte, § 282. || XVIIᵉ s. Salamite, dans COLBERT, *Lett.* IV, 585. Admis ACAD. 1762.]

|| (T. didact.) Concrétion formée sur le sol d'une cavité souterraine par infiltrations qui tombent de la voûte.

STALLE [stàl] *s. f.*

[ÉTYM. Emprunté de l'ital. stallo, *m. s.* d'origine germanique, § 12. (*Cf.* piédestal et le doublet étal.) Le mot a d'abord été masculin, conformément au genre du mot italien, § 550. || 1611. COTGR. Admis ACAD. 1718.]

|| **1°** Siège en bois dont le fond se lève ou se baisse, garnissant le tour du chœur d'une église.

|| **2°** Siège séparé et numéroté dans une salle de théâtre, de concert.

|| **3°** *P. ext.* Séparation pour les chevaux, dans une écurie.

STANCE [stăns'] *s. f.*

[ÉTYM. Emprunté de l'ital. stanza, *m. s.* proprt, « demeure, pose », § 12. (*Cf.* l'anc. franç. estance.) || 1555. Stanse, de stanza et aultres imités des Tuscans, G. DE TAYSSOMÈRE, dans DELB. *Rec.*]

|| (T. didact.) Nombre déterminé de vers offrant un sens complet, disposés dans un certain ordre, qui, répété périodiquement, forme les divisions d'une pièce de vers. (*Syn.* strophe.) Les stances avec grâce apprirent à tomber, BOIL. *Art p.* 1.

*STANGUE [stăng'] *s. f.*

[ÉTYM. Emprunté de l'ital. stanga, barre, d'origine germanique, § 12. || 1611. COTGR.]

|| (Blason.) Verge de l'ancre.

*STANNIFÈRE [stăn'-ni-fèr] *adj.*

[ÉTYM. Composé avec le lat. stannum, étain, et ferre, porter, § 273. || *Néolog.*]

|| (T. didact.) Qui contient de l'étain. Un gisement —. Émail —, fait d'oxyde d'étain.

*STANTÉ, ÉE. V. stenté.

STAPHISAIGRE [stà-fi-zègr'] *s. f.*

[ÉTYM. Emprunté du lat. staphis agria, grec σταφὶς ἀγρία, *m. s.* proprt, « raisin sauvage ». || XIIIᵉ s. Prenez taffisagre et sauseifrage, *Simples medicines*, fᵒ 71, rᵒ. Admis ACAD. 1762.]

|| (Botan.) Plante de la famille des Renonculacées dite herbe aux pouilleux, dont les semences âcres prises à l'intérieur sont un drastique, et réduites en poudre détruisent les poux.

STAPHYLIN [stà-fi-lin] *s. m.*

[ÉTYM. Emprunté du grec σταφυλῖνος, *m. s.* de σταφυλή, grappe de raisin. || 1755. *Collect. académique*, I, p. 48. Admis ACAD. 1798.]

|| (Hist. nat.) Genre de coléoptères à antennes grenues et à élytres courts.

STAPHYLÔME [stà-fi-lôm'] *s. m.*

[ÉTYM. Emprunté du lat. staphyloma, grec σταφύλωμα, *m. s.* || XVIᵉ s. Staphilomate, J. MEIGNAN, *Hist. des plantes*, dans DELB. *Rec.* Staphylome, PARÉ, XV, 17. Admis ACAD. 1762.]

|| (Médec.) Saillie de la cornée transparente de l'œil distendue par l'humeur aqueuse. || Saillie de l'iris à travers une perforation de la cornée.

*STARTER [stàr-tèr, à l'anglaise; -tèur] *s. m.*

[ÉTYM. Emprunté de l'angl. starter, *m. s.* de to start, faire partir, § 8. || *Néolog.*]

|| (T. de courses.) Celui qui donne le signal du départ en abaissant un drapeau qu'il tient à la main.

STASE [stàz'] *s. f.*

[ÉTYM. Emprunté du grec στάσις, arrêt. || 1741. COL-DE-VILLARS, *Dict. franç.-lat.* Admis ACAD. 1835.]

|| (Médec.) Stagnation du sang ou des humeurs dans une partie du corps.

STATION [stà-syon; *en vers*, -si-on] *s. f.*

[ÉTYM. Emprunté du lat. statio, *m. s.* || XIIᵉ s. En certaine station, *Rois*, I, 1.]

I. || **1°** Action de s'arrêter dans un des endroits situés sur un chemin qu'on parcourt. (*Syn.* halte.) Faire une — dans un lieu. || (Liturgie.) Stations de la croix, arrêts de Jésus-Christ tandis qu'il montait au Calvaire en portant sa croix. *P. anal.* Suite de tableaux représentant les stations de la croix, devant lesquels on récite certaines prières. (*Cf.* chemin.) | Visite dans certaines églises auxquelles sont attachées des indulgences. Les stations du jubilé. | *P. ext.* Suite de sermons prêchés pendant un avent, un carême. Le prédicateur de la —. || (Astron.) — d'une planète, arrêt apparent d'une planète, qui passe du mouvement direct au mouvement rétrograde, ou inversement.

|| **2°** *P. ext.* Endroit où l'on s'arrête sur un chemin qu'on parcourt. Il vous aura menée à Toulon et à toutes les stations qu'il faut faire voir à Mˡˡᵉˢ de Grignan, SÉV. 793. || *Spéciall.* | 1. Chacun des endroits où s'arrête un convoi de chemin de fer pour prendre et pour déposer des voyageurs. | Endroit où se tiennent les voitures publiques pour prendre des voyageurs. Une — de fiacres, d'omnibus. | 2. Dans les opérations de triangulation, de nivellement, etc., chacun des endroits où l'on se place pour faire les observations. Stations géodésiques. | *P. ext.* Mettre une lunette en —, la fixer, la disposer dans cet endroit pour les observations. | 3. Étendue de mer assignée à des vaisseaux pour y établir une croisière. Une — navale. Les stations de la Méditerranée. | 4. Endroit où l'on vient prendre les eaux. Une — balnéaire, thermale. | 5. (Hist. nat.) Milieu dans lequel vivent certains animaux, certains végétaux.

II. Action de se tenir debout. La — verticale. — bipède, quadrupède.

STATIONNAIRE [stà-syò-nèr; *en vers*, -si-ò-...] *adj.*

[ÉTYM. Emprunté du lat. stationarius, *m. s.* || 1372. Mouvement stacionnaire ou arrestant, J. CORBICHON, *Propr. des choses*, VIII, 22, mss franç. Bibl. nat. 216, fᵒ 141, rᵒ.]

|| (T. didact.) Qui arrête son mouvement, en restant un certain temps à la même place. Le cortège demeura quelque temps —. Planète —, qui paraît ne pas changer de place. Navire —, et, *substantivt, au masc.* —, navire de guerre mouillé à l'entrée d'une rade pour en surveiller

les abords. || *Fig.* Qui n'avance pas, ne fait pas de progrès. Depuis quelque temps la maladie est restée —. *Absolt.* Maladie —, qui règne dans un pays pendant un certain nombre d'années. Certaines industries restent stationnaires.

***STATIONNAL, STATIONNALE** [stà-syò-nàl; *en vers,* -ò-...] *adj.*
[ÉTYM. Dérivé de station, § 238. (*Cf.* le lat. stationalis, stationnaire.) || 1752. Stational, TRÉV. Admis ACAD. 1762.]
|| (T. ecclés.) Désigné pour une station. Église stationnale, désignée aux fidèles pour y faire des stations auxquelles sont attachées des indulgences. Lieux stationnaux, TRÉV.

STATIONNEMENT [stà-syòn'-man; *en vers,* -si-ò-ne-...] *s. m.*
[ÉTYM. Dérivé de stationner, § 165. || *Néolog.* Admis ACAD. 1835.]
|| Action de stationner. Interdire le — sur la voie publique.

STATIONNER [stà-syò-né; *en vers,* -si-ò-...] *v. intr.*
[ÉTYM. Dérivé de station, § 266. || 1606. Où les chiens du relais sont stationnez, NICOT, relais. Admis ACAD. 1835.]
|| Faire une station. Les rues où stationnent des voitures.

STATIQUE [stà-tìk'] *adj.*
[ÉTYM. Emprunté du grec στατικός, *m. s.* || 1690. FURET. Admis ACAD. 1740.]
|| (T. didact.) Relatif à l'équilibre des forces. La mécanique —, et, *substantivt*, La — (par opposition à dynamique), partie de la mécanique qui traite des conditions de l'équilibre des forces. *P. ext.* Électricité —.

STATISTICIEN, *STATISTICIENNE [stà-tìs'-ti-syìn, -syèn'; *en vers,* -si-...] *s. m. et f.*
[ÉTYM. Dérivé de statistique, § 244. || *Néolog.* Admis ACAD. 1878.]
|| (T. didact.) Celui, celle qui s'occupe de statistique.

STATISTIQUE [stà-tìs'-tìk'] *s. f.*
[ÉTYM. Dérivé du lat. status, état, situation, § 282. || Mot dû à ACHENWALL, économiste allemand (1719-1772). Admis ACAD. 1835.]
|| (T. didact.) Science qui a pour objet de fournir des documents exacts sur les diverses parties de la vie d'un peuple, en recueillant, en classant, en comptant tous les faits de même ordre (naissances, décès, mariages, productions, commerce, consommation, condamnations, etc.) qui se produisent dans un temps donné. — commerciale, industrielle, médicale, judiciaire. La — de la France, de l'Europe.

STATUAIRE [stà-tuèr; *en vers,* -tu-èr] *adj.*
[ÉTYM. Emprunté du lat. statuarius, *m. s.* || XIVe s. statuaire, J. DE VIGNAY, *Miroir hist.* dans DELB. *Rec.*]
|| (T. didact.) Qui a rapport aux statues. Marbre —, destiné à faire des statues. || *Substantivt.* | 1. *Au masc. et au fém.* Celui, celle qui fait des statues. | 2. *Au fém.* Art de faire des statues.

STATUE [stà-tu] *s. f.*
[ÉTYM. Emprunté du lat. statua, *m. s.* || XIIe s. Les statues des genz, *Psaut. d'Oxf.* CXIII, 4.]
|| Figure en pied de plein relief, représentant un être humain ou un animal. Faire une — en marbre, en bronze. Élever une — à qqn. Les Athéniens affranchis dressent des statues à leurs libérateurs, BOSS. *Hist. univ.* I, 8. Une — équestre. La — de la Liberté. La — de Minerve, de Jupiter Olympien. *Famil.* Ne pas bouger plus qu'une —. Te voilà, sur tes pieds, droit comme une — : Dégourdis-toi ! RAC. *Plaid.* III, 3. || *Fig.* C'est une belle —, une personne belle, mais froide. Animer la — (par allusion à la légende de Pygmalion et Galathée), faire naître l'animation chez une personne qui était restée froide.

STATUER [stà-tué; *en vers,* -tu-é] *v. tr.*
[ÉTYM. Emprunté du lat. statuere, *m. s.* || 1549. R. EST.]
|| (Droit.) Établir ce qui doit régir (les personnes, les choses dans tel ou tel cas). Ce qui a été statué par le code en matière de testament. | *Absolt.* Il sera statué ultérieurement sur son sort. J'appelle faculté de — le droit d'ordonner par soi-même ou de corriger ce qui a été ordonné par un autre, MONTESQ. *Espr. des lois,* XI, 6.

STATUETTE [stà-tuèt'; *en vers,* -tu-èt'] *s. f.*
[ÉTYM. Dérivé de statue, § 133. || *Néolog.* Admis ACAD. 1878.]
|| Petite statue.

STATU QUO [stà-tu-kó] *s. m.*
[ÉTYM. Pour in statu quo ante, expression latine signifiant « dans l'état où (les choses étaient) avant ». || Admis ACAD. 1835.]
|| (T. diplom.) État actuel des choses. Maintenir le —.

STATURE [stà-tür] *s. f.*
[ÉTYM. Emprunté du lat. statura, *m. s.* (*Cf.* l'anc. franç. esteûre, de formation pop.) || XIIe s. Mieux faite estature pucele Nen a, *Floire et Blancheft.* I, 2609.]
|| (T. didact.) Hauteur du corps. (*Syn.* taille.) Une haute —. | Un lion d'immense —, LA F. *Fab.* III, 10.

STATUT [stà-tu] *s. m.*
[ÉTYM. Emprunté du lat. statutum, *m. s.* || 1282. Statut, ban ou commandement, dans DELB. *Rec.*]
|| (T. didact.) Ce qui est statué. — personnel, relatif aux personnes. — réel, relatif aux choses. Les statuts d'une compagnie, d'une communauté, d'une société.

STATUTAIRE [stà-tu-tèr] *adj.*
[ÉTYM. Dérivé de statut, § 248. || 1596. Droict commun, statutaire, municipal, J. DE BASMAISON, *Cout. d'Auvergne,* dans DELB. *Rec.* Admis ACAD. 1878.]
|| (T. didact.) Conforme aux statuts (d'une société).

***STATUTAIREMENT** [stà-tu-tèr-man; *en vers,* -tère-...] *adv.*
[ÉTYM. Composé de statutaire et ment, § 724. || *Néolog.*]
|| (T. didact.) Conformément aux statuts (d'une société).

STEAMER [sti-mèr; *à l'anglaise,* ...-mêur] *s. m.*
[ÉTYM. Emprunté de l'angl. steamer, *m. s.* de steam, vapeur, § 8. || *Néolog.* Admis ACAD. 1878.]
|| Navire à vapeur. Le — Secouait son panache au-dessus de la mer, V. HUGO, *Contemplations, Choses vues.*

STÉARINE [sté-à-rin'] *s. f.*
[ÉTYM. Dérivé du grec στέαρ, graisse, § 245. || *Néolog.* Admis ACAD. 1878.]
|| (Chimie.) Matière lamelleuse, nacrée, formée de glycérine et d'acide stéarique, qu'on extrait du suif.

STÉARIQUE [sté-à-rìk'] *adj.*
[ÉTYM. Dérivé du grec στέαρ, graisse, § 229. || *Néolog.* Admis ACAD. 1878.]
|| (Chimie.) Qui entre dans la composition de la stéarine. Acide —.

STÉATITE [sté-à-tìt'] *s. f.*
[ÉTYM. Emprunté du lat. steatitis, grec στεατῖτις, *m. s.* de στέαρ, graisse. || 1752. TRÉV. Admis ACAD. 1762.]
|| (Minéral.) Silicate de magnésie, dit pierre de lard.

STÉATOCÈLE [sté-à-tò-sèl] *s. f.*
[ÉTYM. Emprunté du grec στεατοκήλη, *m. s.* || 1741. COL-DE-VILLARS, *Dict. franç.-lat.* Admis ACAD. 1762.]
|| (Médec.) Petite tumeur graisseuse du scrotum.

STÉATÔME [sté-à-tôm'] *s. m.*
[ÉTYM. Emprunté du lat. steatoma, grec στεάτωμα, *m. s.* || XVIe s. Humeur contenu dans le steatome, PARÉ, V, 17. Admis ACAD. 1762.]
|| (Médec.) Tumeur enkystée graisseuse.

STEEPLE-CHASE [sti-ple-chès'] *s. m.*
[ÉTYM. Emprunté de l'angl. steeple-chase, *m. s.* de steeple, clocher, et chase, chasse, course, § 8. || *Néolog.* Admis ACAD. 1878.]
|| (T. de courses.) Course au clocher. (*Cf.* course.) *P. ext.* Course de chevaux avec obstacles artificiels.

STÉGANOGRAPHIE [sté-gà-nò-grà-fì] *s. f.*
[ÉTYM. Emprunté du lat. scientif. steganographia (TRITHEMIUS) composé avec le grec στεγανός, couvert, γράφειν, écrire, et le suffixe ia, § 279. || 1552. G. DE LA PERRIÈRE, dans DELB. *Rec.* Admis ACAD. 1798.]
|| (T. didact.) Écriture en signes secrets.

STÉGANOGRAPHIQUE [sté-gà-nò-grà-fìk'] *adj.*
[ÉTYM. Dérivé de stéganographie, § 229. || XVIIIe s. Ecriture steganographique, MASCUR. dans TRÉV. 1732. Admis ACAD. 1835.]
|| (T. didact.) Relatif à la stéganographie.

***STEINKERKE** [stin-kèrk'] *s. f.*
[ÉTYM. Souvenir de la bataille de Steinkerke (1692), § 36.]
|| (XVIIe-XVIIIe s.) Grand mouchoir de batiste ou de soie que les femmes nouaient autour du cou en laissant pendre les bouts par devant. Les princes... avaient passé négligemment ces cravates autour du cou : les femmes portaient des ornements faits sur ce modèle : on les appela des steinkerkes, VOLT. *S. de L. XIV,* 14.

STÈLE [stèl] *s. f.*
[ÉTYM. Emprunté du lat. stela ou stele, grec στήλη, *m. s.* || 1752. TRÉV. Admis ACAD. 1835.]
|| (Antiq.) Monolithe en forme de fût de colonne, de colonne brisée ou de cippe, destiné le plus souvent à porter une inscription. La — de Mésa.

STELLAIRE [stĕl'-lèr] *adj.*.
[ÉTYM. Emprunté du lat. stellaris, *m. s.* || 1812. MOZIN, *Dict. franç.-allem.* Admis ACAD. 1835.]
|| (T. didact.) Relatif aux étoiles. Lumière —. *Vieilli.* Jour —, jour sidéral. || *Fig.* Qui est en forme d'étoile.
***STELLION** [stĕl'-lyon ; *en vers,* -li-on] *s. m.*
[ÉTYM. Emprunté du lat. stellio, *m. s.* || 1314. Stellions que nous apelon morones, *Chirurg. de Mondeville*, 1826, Bos.]
|| (Hist. nat.) Sorte de lézard.
STELLIONAT [stĕl'-lyò-nà ; *en vers,* -li-ò-...] *s. m.*
[ÉTYM. Emprunté du lat. stellionatus, *m. s.* de stellio, stellion, et au fig. fourbe. || 1577. Crime de stellionat, FORGET, *Paraphr. sur les lois des anc. republ.* fº 19, rº.]
|| (Droit.) Fraude qui consiste à présenter comme libres des biens hypothéqués ou à vendre, à hypothéquer des biens dont on sait n'être pas propriétaire. | *P. ext.* C'est un — poétique de vendre une pièce de théâtre premierement à des comédiens, puis à un libraire, FURET. *Rom. bourg.* II, p. 109.
STELLIONATAIRE [stĕl'-lyò-nà-tèr ; *en vers,* -li-ò-...] *s. m.* et *f.*
[ÉTYM. Dérivé de stellionat, § 248. || 1690. FURET.]
|| (Droit.) Celui, celle qui est coupable de stellionat.
STÉNOGRAPHE [sté-nò-gră̆f'] *s. m.* et *f.*
[ÉTYM. Composé avec le grec στενός, étroit, et γράφειν, écrire, d'après historiographe, polygraphe, etc. § 279. A remplacé sténographien et sténographiste seuls donnés par MOZIN (1812). || Admis ACAD. 1835.]
|| (T. didact.) Celui, celle qui sténographie.
STÉNOGRAPHIE [sté-nò-grà fi] *s. f.*
[ÉTYM. Composé avec le grec στενός, étroit, γράφειν, écrire, et le suffixe ία, § 279. || 1812. MOZIN, *Dict. franç.-allem.* Admis ACAD. 1835.]
|| (T. didact.) Art de reproduire ce que dit qqn, aussi vite qu'il parle, en écrivant par abréviations.
STÉNOGRAPHIER [sté-nò-grà-fyé ; *en vers,* -fi-é] *v. tr.*
[ÉTYM. Dérivé de sténographie, § 266. || 1812. MOZIN, *Dict. franç.-allem.* Admis ACAD. 1878.]
|| (T. didact.) Reproduire par la sténographie.
STÉNOGRAPHIQUE [sté-nò-grà-fĭk'] *adj.*
[ÉTYM. Dérivé de sténographie, § 229. || 1812. MOZIN, *Dict. franç.-allem.* Admis ACAD. 1835.]
|| (T. didact.) Qui appartient à la sténographie. Signes, procédés sténographiques.
***STÉNOGRAPHIQUEMENT** [sté-nò-grà-fĭk'-man ; *en vers,* -fi-ke-...] *adv.*
[ÉTYM. Composé de sténographique et ment, § 724. || *Néolog.*]
|| (T. didact.) Par les procédés sténographiques.
***STENTÉ, ÉE** [stan-té] *adj.*
[ÉTYM. Emprunté de l'ital. stentato, *m. s.* de stentare, faire avec effort, § 12. II. EST. signale le verbe stenter comme un italianisme, *Nouv. Lang. franç. italian.* (1573), I, p. 174. || 1676. Un tableau stenté, A. FÉLIBIEN, *Princ. de l'architect.* p. 742.]
|| *Vieilli.* (T. d'art.) Où l'on sent l'effort. Un tableau —.
STENTOR [stan-tŏr] *s. m.*
[ÉTYM. Nom propre d'un héros d'Homère à la voix retentissante, § 36. || Admis ACAD. 1835.]
|| *Famil.* Celui qui a une voix retentissante.
STEPPE [stĕp'] *s. m.*
[ÉTYM. Emprunté du russe stepj, *m. s.* § 20. Qqns font steppe du fém. d'après le genre du mot russe. || 1752. Step, TRÉV. Admis ACAD. 1835.]
|| Vaste plaine couverte de buissons, de pâturages. Les steppes de la Russie. Les steppes verdoyants du Missouri, CHATEAUBR. *Voy. en Amér. Bison.*
***STERCORAIRE** [stèr-kò-rèr] *adj.*
[ÉTYM. Emprunté du lat. stercorarius, *m. s.* de stercus, oris, excrément. || 1732. TRÉV.]
|| (T. didact.) Qui a rapport aux excréments. Fistule —. || *P. ext.* Qui vit sur les excréments. *Substantivt.* Les stercoraires, genre d'oiseaux palmipèdes.
STÈRE [stèr] *s. m.*
[ÉTYM. Emprunté du grec στερεός, solide. || Admis ACAD. 1798, suppl.]
|| Unité de mesure pour les bois de charpente, chauffage, mètre cube. Bois de —, qu'on vend à la mesure.
STÉRÉOBATE [sté-ré-ò-bắt'] *s. m.*
[ÉTYM. Emprunté du lat. stereobates, grec στερεοβάτης,

m. s. || 1676. A. FÉLIBIEN, *Princ. de l'architect.* p. 743. Admis ACAD. 1835.]
|| (Architect.) Soubassement sans moulure, le plus souvent destiné à porter des colonnes sans base.
STÉRÉOGRAPHIE [sté-ré-ò-grà-fi] *s. f.*
[ÉTYM. Composé avec le grec στερεός, solide, γράφειν, décrire, et le suffixe ία, § 279. || Admis ACAD. 1762.]
|| (T. didact.) Art de reproduire les solides sur un plan.
STÉRÉOGRAPHIQUE [sté-ré-ò-grà-fĭk'] *adj.*
[ÉTYM. Composé avec le grec στερεός, solide, γράφειν, décrire, et le suffixe ικός, § 229. || D'après LITTRÉ l'expression projection stereographique se rencontre dès 1613. Admis ACAD. 1835.]
|| (T. didact.) Qui appartient à la stéréographie. Projection — d'un point, point de rencontre, avec un plan dit plan de projection, de la ligne qui va de ce point à un point fixe appelé point de vue. (*Cf.* perspective.) Projection — de la sphère, où l'on fait la perspective de chaque hémisphère sur le plan qui lui sert de base, en prenant le point de vue à l'extrémité du diamètre, perpendiculaire à ce plan, qui se trouve dans l'autre hémisphère.
STÉRÉOMÉTRIE [sté-ré-ò-mé-tri] *s. f.*
[ÉTYM. Emprunté du grec στερεομετρία, *m. s.* || 1560. J.-P. DE MESMES, *Astrolabe*, fº 193, rº. Admis ACAD. 1762.]
|| (T. didact.) Géométrie pratique qui traite de la mesure des corps solides.
STÉRÉOSCOPE [sté-ré-ŏs'-kŏp'] *s. m.*
[ÉTYM. Composé avec le grec στερεός, solide, et σκοπεῖν, voir, § 279. || *Néolog.* Admis ACAD. 1878.]
|| (T. didact.) Instrument qui, au moyen de deux images planes d'un même objet, avec la même différence angulaire que les images formées dans chaque œil par l'objet, donne la sensation du relief lorsqu'on regarde à la fois les deux images, chacune avec un œil.
***STÉRÉOSCOPIQUE** [sté-ré-ŏs'-kò-pĭk'] *adj.*
[ÉTYM. Dérivé de stéréoscope, § 229. || *Néolog.*]
|| (T. didact.) Relatif au stéréoscope.
STÉRÉOTOMIE [sté-ré-ò-tò-mi] *s. f.*
[ÉTYM. Composé avec le grec στερεός, solide, τομή, coupe, et le suffixe ία, § 279. || 1704. TRÉV. Admis ACAD. 1798.]
|| (T. didact.) Géométrie pratique qui traite de la coupe des corps solides.
STÉRÉOTYPAGE [sté-ré-ò-ti-pằj'] *s. m.*
[ÉTYM. Dérivé de stéréotyper, § 78. || 1812. MOZIN, *Dict. franç.-allem.* Admis ACAD. 1835.]
|| (T. didact.) Action de stéréotyper.
STÉRÉOTYPE [sté-ré-ò-tĭp'] *adj.*
[ÉTYM. Composé avec le grec στερεός, solide, et τύπος, type, § 279. || 1812. MOZIN, *Dict. franç.-allem.* Admis ACAD. 1835.]
|| (T. didact.) En caractères stéréotypés. Une édition —.
STÉRÉOTYPER [sté-ré-ò-ti-pé] *v. tr.*
[ÉTYM. Dérivé de stéréotype, § 266. || 1812. MOZIN, *Dict. franç.-allem.* Admis ACAD. 1835.]
|| (T. didact.) || **1º** Fixer (une page composée en caractères mobiles) en vue de nouveaux tirages, soit en soudant les caractères mobiles, soit en prenant une empreinte qui sert de moule et où l'on coule un alliage métallique. (*Cf.* clicher.)
|| **2º** *P. ext.* Imprimer par ce procédé.
STÉRÉOTYPIE [sté-ré-ò-ti-pi] *s. f.*
[ÉTYM. Composé avec le grec στερεός, solide, τύπος, type, et le suffixe ία, § 279. || 1812. MOZIN, *Dict. franç.-allem.* Admis ACAD. 1835.]
|| (T. didact.) Art de stéréotyper.
STÉRILE [sté-ril] *adj.*
[ÉTYM. Emprunté du lat. sterilis, *m. s.* || XIVᵉ s. Elle meisme estoit devenue sterile, ORESME, *Éth.* II, 10.]
|| **1º** En parlant du sol, qui ne produit pas (les fruits de la terre). Un pays —. Un champ —. *Fig.* Ce champ si glorieux où vous aspirez tous, Si mon sang ne l'arrose, est — pour vous (ne vous rapportera pas de gloire), RAC. *Iph.* V, 2. Paris... — en lieux de promenade, ST-SIM. XII, 67. | *P. anal.* Un arbre —, qui ne porte pas de fruit. Une année —, sans récolte.
|| **2º** En parlant de la femme, de la femelle, qui ne peut être fécondée. Vous êtes —, mais vous concevrez, SACI, *Bible*, *Juges*, XIII, 3. | *P. ext.* Un hymen —,
|| **3º** *Fig.* Qui ne donne pas de résultats. Un écrivain —. Un

sujet —. Fuyez de ces auteurs l'abondance —, BOIL. *Art p.* 1. Par de stériles vœux pensez-vous m'honorer? RAC. *Ath.* I, 1.

STÉRILEMENT [sté-ril-man ; *en vers*, -ri-le-...] *adv.*
[ÉTYM. Composé de stérile et ment, § 724. || XVI⁰ s. Fructueux sterilement, N. DE BRIS, *Instit.* dans GODEF. Admis ACAD. 1694; suppr. en 1718; repris en 1878.]
|| D'une manière stérile.

STÉRILISER [sté-ri-li-zé] *v. tr.*
[ÉTYM. Dérivé de stérile, § 267. || XIVᵉ s. Toutes choses froides sterilizent, *Trad. de B. de Gordon*, dans LITTRÉ. Inusité aux XVIIᵉ-XVIIIᵉ s. Repris de nos jours et admis ACAD. 1878.]
|| Rendre stérile.

STÉRILITÉ [sté-ri-li-té] *s. f.*
[ÉTYM. Emprunté du lat. sterilitas, *m. s.* || XIVᵉ s. Un an de grant steritité, BERSUIRE, f⁰ 93, dans LITTRÉ.]
|| Caractère de ce qui est stérile. | 1. La — des terres rend les hommes industrieux, MONTESQ. *Espr. des lois*, XVIII, 4. Les années d'abondance et les années de —. | 2. La — d'une femme. Il l'exauça (Rachel) et lui ôta sa —, SACI, *Bible, Genèse*, XXX, 22. | 3. La — d'un écrivain. La — de l'esprit. Et la — de son expression, MOL. *Mis.* II, 4.

STERLING [stèr-lin] *s. m. invar.*
[ÉTYM. Emprunté de l'angl. sterling, *m. s.* § 8. Anc. franç. esterlin, forme qui est encore conservée par ACAD. au sens disparu de « subdivision de l'once ». || XIIᵉ s. De trente mile livres de sterlins (lisez d'esterlins) en deners, GARN. DE PONT-STE-MAX. *St Thomas*, 1794.]
|| Nom donné à une monnaie de compte d'Angleterre. Une livre —, environ vingt-cinq francs. || *P. plaisant.* Un Anglais qui pousse vingt soupirs — auprès de la grisette, D. DE MONCHESNAY, *Phénix* (1691), sc. des philos.

STERNUM [stèr-nòm'] *s. m.*
[ÉTYM. Emprunté du lat. médical sternum, grec στέρνον, *m. s.* FURET. donne sternon. || XVIᵉ s. Depression du sternum ou brechet, PARÉ, XIII, 10. Admis ACAD. 1762.]
|| (Anat.) Os aplati situé par devant au milieu du thorax, sur lequel s'articulent les côtes. (*Cf.* brechet.)

STERNUTATOIRE [stèr-nu-tà-twàr] *adj.*
[ÉTYM. Dérivé du lat. sternutare, éternuer, § 249. ACAD. 1694 donne sternutatif. || XIIIᵉ s. Esternuatore, *Simples medicines*, f⁰ 32, v⁰. Admis ACAD. 1762.]
|| (T. didact.) Qui fait éternuer. S. *m.* Un —, substance qui fait éternuer.

STÉTHOSCOPE [sté-tŏs'-kŏp'] *s. m.*
[ÉTYM. Composé avec le grec στῆθος, poitrine, et σκοπεῖν, examiner, § 279. || *Néolog.* Admis ACAD. 1835.]
|| (T. didact.) Sorte de cornet acoustique pour l'auscultation médicale.

STIBIÉ, ÉE [sti-byé ; *en vers*, -bi-é] *adj.*
[ÉTYM. Dérivé du lat. stibium, antimoine, § 253. || 1752. TRÉV. Admis ACAD. 1762.]
|| (T. didact.) Qui contient de l'antimoine. Tartre —, émétique.

STIGMATE [stĭg'-màt'] *s. m.*
[ÉTYM. Emprunté du lat. stigma, grec στίγμα, *m. s.* La forme du mot français correspond au pluriel stigmata, στίγματα. || 1476. Les stigmates de la Passion, dans *Bullet. archéol.* 1896, p. 374.]
|| (T. didact.) || 1° Marque indélébile laissée par une plaie, une brûlure, etc. *Spéciall.* Marque des cinq plaies du corps de Jésus-Christ miraculeusement imprimées sur le corps de certains saints. Les stigmates de saint François d'Assise. | Les stigmates de la justice, marque imprimée avec le fer rouge sur les épaules de certains criminels. | *Fig.* On trouvera sur tous les animaux esclaves les stigmates de leur captivité et l'empreinte de leurs fers, BUFF. *Quadrupèdes, Dégénération.*
|| 2° (Botan.) Corps glandulaire qui termine le style du pistil, et lui transmet, pour la faire passer dans l'ovaire, la partie fécondante du pollen.
|| 3° (Entomol.) Orifice des trachées, organes respiratoires qui se trouvent sur les côtés du corps des insectes.

STIGMATISER [stĭg'-mà-ti-zé] *v. tr.*
[ÉTYM. Dérivé de stigmate, § 267. || 1552. Flatré, stigmatisé, CH. EST. dans DELB. *Rec.* Admis ACAD. 1762.]
|| (T. didact.) Marquer de stigmates. | *Fig.* Marquer d'infamie.

STIL [stil] *s. m.*
[ÉTYM. Semble une altération du néerland. schijtgroen,

proprt, « vert (groen) d'excrément (schijt) », § 10. || 1604. Iquil (sic) de grain, *Tarif*, dans SAVARY, *Dict. du comm.* | 1690. Stil de grun ou grain, FURET. Admis ACAD. 1762.]
|| (Technol.) — de grain, matière colorante d'un jaune vert, obtenue par une décoction de graines de nerprun, de fumeterre, etc., avec addition de carbonate de plomb, d'alun, etc.

STILLATION [stil'-là-syon ; *en vers*, -si-on] *s. f.*
[ÉTYM. Emprunté du lat. stillatio, *m. s.* de stillare. (*Cf.* distiller, instiller, etc.) || XVᵉ-XVIᵉ s. Stillacion et degoustement, N. DE LA CHESNAYE, *Nef de santé*, f⁰ 16, v⁰, édit. 1507. Admis ACAD. 1762.]
|| (T. didact.) Chute d'un liquide goutte à goutte.

STIMULANT, ANTE [sti-mu-lan, -lànt'] *adj.*
[ÉTYM. Adj. particip. de stimuler, § 47. || XVIIIᵉ s. QUESNAY, dans TRÉV. 1752. Admis ACAD. 1798.]
|| (T. didact.) Qui stimule. | 1. Qui augmente l'ardeur, l'activité (de qqn). | 2. (Médec.) Qui augmente l'activité des fonctions organiques. Un médicament —, et, *substantivt*, Employer des stimulants.

STIMULATION [sti-mu-là-syon ; *en vers*, -si-on] *s. f.*
[ÉTYM. Emprunté du lat. stimulatio, *m. s.* || XIVᵉ-XVᵉ s. Stimulation desordonnee, CHR. DE PISAN, *Ch. V*, III, 51. Admis ACAD. 1878.]
|| (T. didact.) Action de stimuler.

STIMULER [sti-mu-lé] *v. tr.*
[ÉTYM. Emprunté du lat. stimulare, *m. s.* proprt, « aiguillonner ». || XIVᵉ s. Comme ainsi fust que une d'eus esmeust et stimulast contre les Romains hayne ancienne, BERSUIRE, f⁰ 40, dans LITTRÉ.]
|| (T. didact.) || 1° Augmenter l'ardeur, l'activité de qqn. — qqn par l'amour-propre. — le zèle de qqn.
|| 2° (Médec.) Augmenter l'activité des fonctions organiques. — le système nerveux, les fonctions digestives.

STIPE [stip'] *s. m.*
[ÉTYM. Emprunté du lat. stipes, tronc, bâton, tige. || 1812. MOZIN, *Dict. franç.-allem.* Admis ACAD. 1835.]
|| (Botan.) Tige des arbres monocotylédones, qui n'a pas de rameaux et se termine par un bouquet de feuilles.

STIPENDIAIRE [sti-pan-dyèr ; *en vers*, -di-èr] *adj.*
[ÉTYM. Emprunté du lat. stipendiarius, *m. s.* On trouve stipendier en anc. franç. || XVIIᵉ-XVIIIᵉ s. LARREY, dans TRÉV. 1752. Admis ACAD. 1762.]
|| (T. didact.) Qui est à la solde de qqn.

STIPENDIER [sti-pan-dyé ; *en vers*, -di-é] *v. tr.*
[ÉTYM. Emprunté du lat. stipendiare, *m. s.* || XVᵉ s. Paiement des stipendiés, COQUILLART, dans DELB. *Rec.* Admis ACAD. 1762.]
|| (T. didact.) Prendre, avoir à ses gages (des soldats, des personnes qu'on emploie à un service quelconque). Des militaires largement stipendiés, RAYNAL, *Hist. philos.* IV, 18.

STIPULANT, ANTE [sti-pu-lan, -lànt'] *adj.*
[ÉTYM. Adj. particip. de stipuler, § 47. || 1611. COTGR.]
|| (Droit.) Qui stipule. Les parties stipulantes, et, *substantivt*, Le —, la stipulante.

STIPULATION [sti-pu-là-syon ; *en vers*, -si-on] *s. f.*
[ÉTYM. Emprunté du lat. stipulatio, *m. s.* || XIIIᵉ s. Par solempnee stipulation, dans CASTAN, *Siège de Besançon*, p. 74.]
|| (Droit.) Condition expresse énoncée dans un contrat.

STIPULE [sti-pul] *s. f.*
[ÉTYM. Emprunté du lat. stipula, paille, tige. (*Cf.* le doublet pop. éteule.) || 1798. L.-C.-M. RICHARD, *Dict. de botan. de Bulliard.* Admis ACAD. 1835.]
|| (Botan.) Appendice membraneux ou foliacé à la base du pétiole ou de la feuille.

STIPULER [sti-pu-lé] *v. tr.*
[ÉTYM. Emprunté du lat. stipulari, *m. s.* || 1325. Poine de dix mile livres stipulee et promise, dans GODEF. *Compl.*]
|| (Droit.) Énoncer comme condition dans un contrat.

STOCK [stŏk'] *s. m.*
[ÉTYM. Emprunté de l'angl. stock, *m. s.* proprt, « souche », § 8. (*Cf.* estoc et étau.) || *Néolog.* Admis ACAD. 1878.]
|| (Commerce.) Quantité d'une marchandise qui se trouve en magasin, dans les entrepôts, ou sur le marché.

STOCKFISCH et **STOCKFICHE** [stŏk'-fich'] *s. m.*
[ÉTYM. Emprunté du néerl. stokvisch, *m. s.* § 10. || XIVᵉ s. Morue... sechee a l'air et au soleil... est nommee stofix, *Ménagier*, II, p. 195. Admis ACAD. 1762 (stokfiche) et 1835 (stockfisch).]
|| Espèce de morue salée et séchée à l'air.

STOFF [stŏf'] *s. m.*
[ÉTYM. Emprunté de l'angl. stuff, qui vient lui-même de l'anc. franç. estoffe, étoffe, § 8. || *Néolog.* Admis ACAD. 1878.]
|| (Technol.) Étoffe de laine à dessins.

STOÏCIEN, ENNE [stŏ-i-syin, -syèn'; *en vers*, -si-...] *adj.*
[ÉTYM. Dérivé du lat. stoicus, grec στοϊκός, *m. s.* de στοά, portique, Zénon donnant son enseignement sous un portique, § 244. || XIVᵉ s. Les philosophes stoïciens, ORESME, *Éth.* III, 13.]
|| (T. didact.) Qui appartient au stoïcisme. (*Syn.* stoïque.) Zénon fut le chef de la secte stoïcienne. La doctrine stoïcienne. *Substantivt.* Un —, une stoïcienne, celui, celle qui professe le stoïcisme. La secte des stoïciens s'étendait et s'accréditait dans l'empire, MONTESQ. *Rom.* 16.

STOÏCISME [stŏ-i-sism'] *s. m.*
[ÉTYM. Dérivé du lat. stoicus, stoïcien, § 265. GUY PATIN et BERNIS emploient stoïcité, auj. hors d'usage. || XVIIᵉ s. *V.* à l'article. Admis ACAD. 1718.]
|| (T. didact.) Philosophie de Zénon, faisant consister le souverain bien à suivre la seule raison, à proscrire les passions, et à mépriser la douleur comme n'étant point un mal. Le — est un jeu d'esprit, LA BR. 2. || *P. ext.* Fermeté à supporter les maux.

***STOÏCITÉ** [stŏ-i-si-té] *s. f. V.* stoïcisme.

STOÏQUE [stŏ-ïk'] *adj.*
[ÉTYM. Emprunté du lat. stoicus, *m. s.* (*Cf.* stoïcien.) || 1520. Philosophes stoycques et cinicques, J. FABRI, *Rhétor.* dans DELB. *Rec.*]
|| (T. didact.) || 1° Qui appartient au stoïcisme. (*Syn.* stoïcien.) Cette vertu — qu'on peint avec une mine sévère, PASC. *Entret. avec Saci.* Le progrès de la secte —, MONTESQ. *Rom.* 12. *Substantivt.* Les stoïques pensent que tous ceux qui ne sont point au haut degré de sagesse sont également vicieux, PASC. *Pens.* XXV, 136. Les stoïques ont feint qu'on pouvait rire dans la pauvreté, LA BR. 2.
|| 2° *P. ext.* Qui sait supporter les maux avec fermeté. Une vertu —. D'un œil ferme et —, VOLT. *Henriade*, 6.

STOÏQUEMENT [stŏ-ïk'-man; *en vers*, -i-ke-...] *adv.*
[ÉTYM. Composé de stoïque et ment, § 724. || 1570. Ceste dispute... laquelle Ciceron poursuit stoïquement, GENTIAN HERVET, *Cité de Dieu*, dans DELB. *Rec.*]
|| (T. didact.) D'une manière stoïque. Elle soutient — sa disgrâce, SÉV. 765.

STOKFICHE. *V.* stockfisch.

STOMACAL, ALE [stŏ-mà-kàl] *adj.*
[ÉTYM. Pour stomachal, dérivé du lat. stomachus, estomac, § 238. || 1425. OL. DE LA HAYE, dans DELB. *Rec.*]
|| (T. didact.) Relatif à l'estomac. Digestion stomacale.

STOMACHIQUE [stŏ-mà-chĭk'] *adj.*
[ÉTYM. Emprunté du lat. stomachicus, grec στομαχικός, *m. s.* || XVIᵉ s. Le tiers rameau nerveux se nomme stomachique, PARÉ, II, 16. Admis ACAD. 1762.]
|| (T. didact.) Salutaire à l'estomac. Un vin —.

***STOMATE** [stŏ-màt'] *s. m.*
[ÉTYM. Emprunté du grec στόμα, ατος, bouche. || *Néolog.*]
|| (Botan.) Pore servant à la respiration des végétaux.

***STOMATITE** [stŏ-mà-tĭt'] *s. f.*
[ÉTYM. Dérivé du grec στόμα, ατος, bouche, § 282. || *Néolog.*]
|| (Médec.) Inflammation de la muqueuse de la bouche.

***STOPPAGE** [stŏ-pàj'] *s. m.*
[ÉTYM. Dérivé de stopper 2, § 78. || *Néolog.*]
|| (Technol.) Action de refaire une partie d'étoffe maille par maille.

1. STOPPER [stŏ-pé] *v. tr.*
[ÉTYM. Emprunté de l'angl. to stop, *m. s.* qui vient lui-même de l'anc. franç. estoper, étouper, § 8. || *Néolog.* Admis ACAD. 1878.]
|| (Technol.) Arrêter la marche d'un steamer, d'une locomotive, d'une machine.

2. *STOPPER [stŏ-pé] *v. tr.*
[ÉTYM. Emprunté du wallon stopper, même mot que le franç. étouper, § 16. || *Néolog.*]
|| (Technol.) Refaire (une partie d'étoffe) maille par maille.

***STOPPEUR, EUSE** [stŏ-peur, -peuz'] *s. m. et f.*
[ÉTYM. Dérivé de stopper 2, § 112. || *Néolog.*]

|| (Technol.) Ouvrier, ouvrière qui fait le stoppage.

STORAX [stŏ-ràks']. *V.* styrax.

STORE [stŏr] *s. m.* (*fém.* RICHEL. et ACAD. 1694-1718).
[ÉTYM. Emprunté de l'ital. stora, *m. s.* lat. storea, natte, § 12. || 1676. A. FÉLIBIEN, *Princ. de l'architect.* p. 743.]
|| Morceau de natte ou d'étoffe qui se lève ou se baisse à l'aide d'un ressort devant les fenêtres d'une chambre, d'une voiture, pour abriter contre le soleil.

STRABISME [strà-bĭsm'] *s. m.*
[ÉTYM. Emprunté du grec στραβισμός, *m. s.* de στραβός, louche. || 1704. TRÉV. Admis ACAD. 1762.]
|| (Médec.) Divergence dans l'axe visuel des deux yeux ou de l'un des deux, en regardant un même objet.

STRAMONIUM [strà-mò-nyòm'; *en vers*, -ni-òm'] *s. m.*
[ÉTYM. Emprunté du lat. des botanistes stramonium, *m. s.* d'origine inconnue. || 1694. On distingue aisément les espèces de stramonium par leur puanteur, TOURNEF. *Élém. de botan.* I, p. 99. Admis ACAD. 1762.]
|| (Botan.) Plante vénéneuse de la famille des Solanées, dite herbe aux sorciers.

STRANGULATION [stran-gu-là-syon; *en vers*, -si-on] *s. f.*
[ÉTYM. Emprunté du lat. strangulatio, *m. s.* || 1549. Strangulation et douleurs d'amarry, J. MEIGNAN, *Hist. des plantes*, dans DELB. *Rec.* Admis ACAD. 1762.]
|| (T. didact.) Étranglement. || *Fig.* Resserrement d'un conduit, d'un canal, dans l'économie animale.

STRANGURIE [stran-gu-ri] *s. f.*
[ÉTYM. Emprunté du lat. stranguria, grec στραγγουρία, *m. s.* || 1314. Stranguria et torsion de ventre, *Chirurg. de Mondeville*, 1720, Bos. Admis ACAD. 1762.]
|| (Médec.) Émission difficile de l'urine qui ne coule que goutte à goutte.

STRAPASSER [strà-pà-sé] *v. tr.*
[ÉTYM. Emprunté de l'ital. strapazzare, *m. s.* § 12. FURET. 1690 écrit estrapasser et ne connaît que le sens 1°, § 507. || 1611. Estrapasser, COTGR.]
|| 1° *Anciennt.* Frapper à tort et à travers. *P. ext.* Mener rudement. — un cheval.
|| 2° *Vieilli.* (Technol.) Peindre à grands traits négligemment jetés. (*Syn.* strapassonner.)

***STRAPASSON** [strà-pà-son] *s. m.*
[ÉTYM. Dérivé de strapasser, § 104. || XVIIᵉ s. *V.* à l'article.]
|| *Vieilli.* (Technol.) Peintre qui strapasse. Du Fresnoi a dit : Le Tentoret était quelquefois un grand —, TRÉV. 1752.

STRAPASSONNER [strà-pà-sò-né] *v. tr.*
[ÉTYM. Dérivé de strapasson, § 154. || XVIIᵉ s. VIGNEUL DE MARVILLE, dans TRÉV. Admis ACAD. 1798.]
|| *Vieilli.* (Technol.) Peindre à grands traits négligemment jetés. (*Syn.* strapasser.)

STRAPONTIN [strà-pon-tin] *s. m.*
[ÉTYM. Emprunté de l'ital. strapuntino, pour traspuntino, diminutif de strapunta, pour traspunta, matelas (*cf.* courtepointe et trépointe), § 12. RICHEL. écrit estrapontain ; FURET. donne estrapontin et strapontin ; ST-SIM. XII, 434 emploie estrapontin, § 507. || XVIᵉ s. Pantagruel... sus un transpontin au bout des escoutilles sommeilloit, RAB. IV, 63.]
I. *Anciennt.* Lit suspendu, hamac.
II. (Au théâtre, en voiture.) Siège mobile, qu'on peut relever quand on n'en fait pas usage.

STRAS [stràs'] *s. m.*
[ÉTYM. Nom d'un joaillier qui mit cette composition à la mode au XVIIIᵉ s. § 36. || 1762. ACAD.]
|| (Technol.) Silicate de potasse et de plomb, composition imitant le diamant.

STRASSE [stràs'] *s. f.*
[ÉTYM. Emprunté de l'ital. straccio, *m. s.* proprt. « chiffon », § 12. || 1690. FURET. Admis ACAD. 1762.]
|| (Technol.) Bourre de soie faite avec le dessus des cocons.

STRATAGÈME [strà-tà-jèm'] *s. m.*
[ÉTYM. Pour stratégème, emprunté du lat. stratagema, grec στρατήγημα, *m. s.* de στρατηγός, stratège. (*Cf.* stratégie.) || XVᵉ s. Ung livre qui se appellet le livre des Stratagemes, J. DE ROVROY, *Trad. de Frontin*, Bibl. nat. mss franç. 1233, fᵒ 1.]
|| (T. didact.) || 1° Ruse combinée pour surprendre l'ennemi à la guerre. Cent stratagèmes Dignes des plus grands chefs, LA F. *Fab.* IX, 20, *Disc. à Mᵐᵉ de la Sablière.*
|| 2° Ruse combinée pour surprendre un adversaire.

Comme la partie n'est pas égale, il faut user de —, MOL.. *D. Juan*, II, 5.

'STRATE [străt'] *s. f.*

[ÉTYM. Emprunté du lat. **stratum**, chose étendue. (*Cf.* le doublet estrade.) || *Néolog.*]

|| (Géologie.) Couche de terrain sédimentaire.

STRATÉGE [strà-téj'] et, *rare*, **STRATÈGUE** [strà-tèg'] *s. m.*

[ÉTYM. Emprunté du lat. **strategus**, grec στρατηγός, *m. s.* || 1737. Stratégue ou stratége, TRÉV. Admis ACAD. 1798.]

|| (Antiq. grecque.) Chef d'armée. || Gouverneur de province.

STRATÉGIE [strà-té-jiï] *s. f.*

[ÉTYM. Emprunté du grec στρατηγία, *m. s.* (*Cf.* stratagème.) || 1812. MOZIN, *Dict. franç.-allem.* Admis ACAD. 1835.]

|| (T. didact.) Art de diriger l'ensemble des opérations militaires propres à assurer le succès d'une bataille, d'une campagne. (*Syn.* tactique.) || *Fig.* Art de diriger un ensemble d'opérations. La — parlementaire.

STRATÉGIQUE [strà-té-jïk'] *adj.*

[ÉTYM. Emprunté du grec στρατηγικός, *m. s.* || *Néolog.* Admis ACAD. 1835.]

|| (T. didact.) Relatif à la stratégie. Points stratégiques, points principaux pour la conduite des opérations.

STRATÉGISTE [strà-té-jïst'] *s. m.*

[ÉTYM. Dérivé de stratégie, § 265. || *Néolog.* Admis ACAD. 1835.]

|| (T. didact.) Celui qui est versé dans la stratégie.

STRATIFICATION [strà-ti-fi-kà-syon ; *en vers*, -si-on] *s. f.*

[ÉTYM. Emprunté du lat. des alchimistes stratificatio, *m. s.* (*Cf.* stratifier.) || 1646. Stratification de soufre, E. DE CLAVE, dans DELB. *Rec.* Admis ACAD. 1762.]

|| (T. didact.) Disposition par couches superposées. Terrains de —.

STRATIFIER [strà-ti-fyé ; *en vers*, -fi-é] *v. tr.*

[ÉTYM. Emprunté du lat. des alchimistes stratificare, *m. s.* de stratum, chose étendue (*cf.* strate), et facere, faire, § 274. || 1704. TRÉV. Admis ACAD. 1762.]

|| (T. didact.) Disposer par couches superposées.

STRATOCRATIE [strà-tò-krà-si] *s. f.*

[ÉTYM. Composé avec le grec στρατός, armée, κρατεῖν, commander, et le suffixe ια, § 275. || Admis ACAD. 1798.]

|| *Rare.* (T. didact.) Forme de gouvernement où l'autorité militaire est souveraine.

STRATOGRAPHIE [strà-tò-grà-fi] *s. f.*

[ÉTYM. Composé avec le grec στρατός, armée, γράφειν, décrire, et le suffixe ια, § 275. || Admis ACAD. 1762.]

|| *Rare.* (T. didact.) Description du personnel et du matériel d'une armée.

STRETTE [strèt'] *s. f.*

[ÉTYM. Emprunté de l'ital. stretta, *m. s.* § 12. (*Cf.* étroit et strict.) || (Au sens 1°.) XVI° s. *V.* à l'article. | (Au sens 2°.) *Néolog.* Admis ACAD. 1878.]

|| 1° *Anciennt.* Action d'étreindre. (*Cf.* étreinte.) *P. ext. Fig.* Action de saisir. A la première — que donne la goutte au roi, MONTAIGNE, I, 43.

|| 2° *P. ext.* (Musique.) Partie de la fugue où l'on resserre les motifs du sujet.

STRIBORD [stri-bòr]. *V.* tribord.

STRICT, ICTE [strïkt'] *adj.*

[ÉTYM. Emprunté du lat. strictus, *m. s.* (*Cf.* étroit et strette.) || XVII°-XVIII° s. Dans un sens strict et rigoureux, D. CALMET, dans TRÉV. Admis ACAD. 1762.]

|| (T. didact.) Qui ne laisse de latitude ni en deçà ni au delà d'une limite fixée. Le devoir —. Une stricte obligation. La stricte exécution d'un contrat. Il n'a dit que la stricte vérité.

STRICTEMENT [strïk'-te-man] *adv.*

[ÉTYM. Composé de stricte et ment, § 724. || Admis ACAD. 1762.]

|| (T. didact.) D'une manière stricte.

STRIDENT, ENTE [stri-dan, -dänt'] *adj.*

[ÉTYM. Emprunté du lat. stridens, part. de stridere, avoir un son dur et âpre. || XV°-XVI° s. Stridente sajette, O. DE ST-GELAIS, *Énéide*, dans DELB. *Rec.* Admis ACAD. 1878.]

|| (T. didact.) Qui a un son dur et aigre. Un cri —.

'STRIDULEUX, EUSE [stri-du-leû, -leûz'] *adj.*

[ÉTYM. Dérivé du lat. stridulus, *m. s.* § 251. || *Néolog.*]

|| (Médec.) Un peu strident. Respiration striduleuse.

STRIE [strï] *s. f.*

[ÉTYM. Emprunté du lat. stria, *m. s.* || 1752. TRÉV. Admis ACAD. 1762.]

|| (T. didact.) Rayure formée de sillons simples ou croisés alternant avec des arêtes parallèles. Les stries d'une truelle, d'une lime. Les stries d'une coquille.

STRIÉ, ÉE [stri-yé] *adj.*

[ÉTYM. Emprunté du lat. striatus, *m. s.* || XVI° s. En forme de colomnes striees, RAB. I, 8. Admis ACAD. 1762.]

|| (T. didact.) Marqué de stries. Un pilastre —. Une coquille striée.

STRIGE [strïj] *s. f.*

[ÉTYM. Emprunté du lat. striga, oiseau de nuit qui passait pour déchirer les enfants. ACAD. 1762-1835 écrit stryge et fait le mot du masc. || XVI° s. Stryges, gryphes, RAB. V, 30. Admis ACAD. 1762 (stryge) et 1835 (strige).]

|| *Vieilli.* Vampire. Les striges dans le bois, le spectre sur la tour, V. HUGO, *le Poète*.

STRIGILE [stri-jil] *s. f.*

[ÉTYM. Emprunté du lat. strigilis, *m. s.* (*Cf.* le doublet pop. étrille.) || XVII°-XVIII° s. Le strigil, MISSON, dans FURET. 1727. Admis ACAD. 1762.]

|| (Antiq.) Racloire pour frictionner la peau au bain.

STRIURE [stri-yür] *s. f.*

[ÉTYM. Dérivé de strie, d'après le lat. striatura, § 111. || 1611. Strieure, COTGR. Admis ACAD. 1798.]

|| (T. didact.) Disposition en stries. || *P. ext.* Strie.

STROBILE [strò-bil] *s. m.*

[ÉTYM. Emprunté du lat. strobilus, grec στρόβιλος, pomme de pin, toupie, etc. || 1798. L.-C.-M. RICHARD, *Dict. de botan. de Bulliard.* Admis ACAD. 1835.]

|| (Botan.) Fruit composé, de forme conique.

STROPHE [strôf'] *s. f.*

[ÉTYM. Emprunté du lat. stropha, grec στροφή, *m. s.* de στρέφειν, tourner. (*Cf.* étrope.) || 1550. Epode, laquelle est toujours différente du strophe, RONS. *Odes, Au lecteur*.]

|| 1° (Antiq.) La première des trois divisions (strophe, antistrophe, épode) d'une pièce lyrique chantées par un chœur et correspondant à des évolutions symétriques.

|| 2° *P. ext.* Division régulière d'une pièce lyrique. (*Syn.* stance.)

STRUCTURE [strŭk'-tür] *s. f.*

[ÉTYM. Emprunté du lat. structura, *m. s.* || XV°-XVI° s. Autres structures De bois et branches, O. DE ST-GELAIS, *Énéide*, dans DELB. *Rec.*]

|| (T. didact.) Façon dont un édifice est construit. En sa maison de superbe —, BOIL. *Art p.* 4. | *P. anal.* La — d'un nid d'oiseau. || *Fig.* Arrangement des parties d'un tout. La — du corps humain. La — d'un poème dramatique.

STRUMEUX, EUSE [stru-meû, -meûz'] *adj.*

[ÉTYM. Emprunté du lat. strumosus, *m. s.* || XIII°-XIV° s. Boisteus et estrumeus, B. DE CONDÉ, I, p. 166. Admis ACAD. 1878.]

|| *Rare.* (Médec.) Scrofuleux.

STRYCHNINE [strïk'-nin'] *s. f.*

[ÉTYM. Dérivé du lat. strychnos, grec στρύχνος, nom scientifique (latin) de la plante qui produit la noix vomique, § 282 *bis*. || *Néolog.* Admis ACAD. 1878.]

|| (Chimie.) Alcali vénéneux extrait des graines du vomiquier.

STRYCHNOS [strïk'-nòs']. *V.* strychnine.

STRYGE. *V.* strige.

STUC [stŭk'] *s. m.*

[ÉTYM. Emprunté de l'ital. stucco, *m. s.* qui est l'anc. haut allem. stucchi, croûte, § 12. || 1533. Ouvrages de stucq, dans L. DE LABORDE, *Émaux*, p. 502.]

|| (Technol.) Enduit imitant le marbre, qu'on applique sur un mur, une colonne, et qu'on polit après qu'il s'est durci en séchant.

STUCATEUR [stu-kà-teûr] *s. m.*

[ÉTYM. Emprunté de l'ital. stuccatore, *m. s.* § 12. || 1670. *V.* à l'article. Admis ACAD. 1762.]

|| (Technol.) Ouvrier en stuc. Les stucateurs travailleront au dedans, COLBERT, *Lett.* 5 mai 1670.

STUDIEUSEMENT [stu-dyeûz'-man ; *en vers*, -di-eû-ze-...] *adv.*

[ÉTYM. Composé de studieuse et ment, § 724. || XII°-XIII° s. Studieusement preechier, *Dial. Gregoire*, p. 19. Admis ACAD. 1762.]

|| (T. didact.) D'une manière studieuse.

STUDIEUX, EUSE [stu-dyeù, -dyeùz'; *en vers*, -di-...] *adj.*
[ÉTYM. Emprunté du lat. studiosus, *m. s.* || XIIᵉ s. Li estudius, *Psaut. de Cambridge*, XIII, 2.]
|| (T. didact.) Qui aime l'étude. Un enfant —.
STUPÉFACTIF, IVE [stu-pé-fǎk'-tif', -tiv'] *adj.*
[ÉTYM. Dérivé du lat. stupefacere, stupéfier, § 257. || XVIᵉ s. Medicamens stupefactifs, PARÉ, VII, 7. Admis ACAD. 1798.]
|| *Vieilli.* (Médec.) Qui a la propriété de stupéfier.
STUPÉFACTION [stu-pé-fǎk'-syon; *en vers*, -si-on] *s. f.*
[ÉTYM. Emprunté du lat. stupefactio, *m. s.* || XVᵉ-XVIᵉ s. Par grant stupefaction, *Myst. du Vieil Testam.* dans DELB. Rec.]
|| Étonnement voisin de la stupeur.
STUPÉFAIT, AITE [stu-pé-fè, -fèt'] *adj.*
[ÉTYM. Emprunté du lat. stupefactus, *m. s.* § 503. || Admis ACAD. 1718.]
|| Frappé d'un étonnement voisin de la stupeur.
STUPÉFIANT, ANTE [stu-pé-fyan, -fyänt'; *en vers*, -fi-...] *adj.*
[ÉTYM. Adj. particip. de stupéfier, § 47. || Admis ACAD. 1694.]
|| (T. didact.) Qui stupéfie.
STUPÉFIER [stu-pé-fyé; *en vers*, -fi-é] *v. tr.*
[ÉTYM. Emprunté du lat. stupefacere, *m. s.* rendu par stupéfier d'après le passif stupefieri. || XVIᵉ s. Stupefier et faire perdre le sentiment, PARÉ, IX, 23.]
|| 1º (T. didact.) Jeter dans une sorte d'engourdissement où les facultés intellectuelles semblent anéanties.
|| 2º Jeter dans un étonnement voisin de la stupeur.
STUPEUR [stu-peùr] *s. f.*
[ÉTYM. Emprunté du lat. stupor, *m. s.* || XIVᵉ s. Grant stupeur et esbayssement, J. DE VIGNAY, *Miroir hist.* dans DELB. Rec.]
|| 1º Engourdissement général où les facultés intellectuelles semblent anéanties.
|| 2º Immobilité causée par un étonnement profond, une émotion vive.
STUPIDE [stu-pid'] *adj.*
[ÉTYM. Emprunté du lat. stupidus, *m. s.* || XVIᵉ s. Plus stupide qu'une rane, RAB. IV, 12.]
|| 1º *Vieilli.* Frappé de stupeur. Je demeure —, CORN. *Cinna*, v, 1.
|| 2º *Fig.* Dont l'esprit est comme engourdi. Il n'y a point d'hommes si hébétés et si stupides, DESC. *Méth.* 5. *P. ext.* Ce ne fut plus que — ignorance, BOIL. *Sat.* 12. || *Vieilli. Substantiv.* Personne stupide. Le — est un sot qui ne parle point, LA BR. 12. La —, MOL. *Éc. des f.* I, 1.
STUPIDEMENT [stu-pid'-man; *en vers*, -pi-de-...] *adv.*
[ÉTYM. Composé de stupide et ment, § 724. || XVIᵉ s. Qu'on produisist stupidement des enfans par les doigts, MONTAIGNE, III, 13.]
|| D'une manière stupide.
STUPIDITÉ [stu-pi-di-té] *s. f.*
[ÉTYM. Emprunté du lat. stupiditas, *m. s.* || XVIᵉ s. Ceux qui font de patience stupidité, CALV. *Instit. chr.* III, VIII, 10.]
|| 1º *Vieilli.* Stupeur. Cette morne, muette et sourde —, MONTAIGNE, I, 1.
|| 2º État de celui qui est stupide, dont l'esprit est comme engourdi. La — est une pesanteur d'esprit qui accompagne nos actions et nos discours, LA BR. *Théophr. Stupidité.*
*****STUQUER** [stu-ké] *v. tr.*
[ÉTYM. Dérivé de stuc, § 154. || Néolog.]
|| (Technol.) Enduire de stuc.
STYLE [stil] *s. m.*
[ÉTYM. Emprunté du lat. stylus (plus ordinairement stilus), poinçon, tige, etc., mot apparenté au grec στῦλος, colonne. || 1346. Ordenances, status ou stile de nous ou de nostre court, dans GODEF. estile.]
I. || 1º (Antiq.) Poinçon dont un bout pointu servait à tracer les caractères sur la cire, et dont l'autre, aplati, servait à effacer. Retourner le — (se servir du bout aplati), effacer. || Le — doit graver des pensées, ils ne savent que tracer des paroles, BUFF. *Style.*
|| 2º *P. ext.* Manière d'exprimer sa pensée. Capys qui s'érige en maître du beau —, LA BR. 1. Un — trop égal et toujours uniforme, BOIL. *Art p.* 1. En — pompeux habillant une églogue, ID. *Disc. au roi.* Ce — figuré, dont on fait vanité, MOL. *Mis.* I, 2. Voici bien du haut —, ID. *Préc. rid.* sc. 4.

Le — n'est que l'ordre et le mouvement qu'on met dans ses pensées, BUFF. *Style. Spécialt.* Le — d'un écrivain, la manière d'écrire qui lui est propre. Le — de l'histoire, de la philosophie, la manière d'écrire qui convient à l'histoire, à la philosophie. Le — de l'Écriture, les formes de langage employées dans l'Écriture. Le — du palais, de pratique, de chancellerie, les formules employées en procédure, dans la pratique des affaires, dans les chancelleries. || *Famil.* Manière de présenter les choses. Vous parliez tantôt d'un autre —, MOL. *Tart.* IV; 5. Sa fleurette pour toi prend encor même —, CORN. *Ment.* III, 5. Laissons ce —, MOL. *Éc. des f.* I, 4. | *Absolt.* Avoir du —, une certaine noblesse.
|| 3º Caractère général des œuvres d'un artiste, d'une école, d'un siècle, d'une nation, etc. Le — de Mozart, de Raphaël, de Michel-Ange. Le — flamand. Le — grec, byzantin. Le — gothique. Le — de la Renaissance.
|| 4º (Chronol.) Manière de supputer les années. — de Noël, de Pâques, etc., où l'année commence à Noël, à Pâques, etc. || Ancien, vieux —. | 1. Antérieur à la réforme du calendrier julien par Grégoire XIII (1582). | 2. Antérieur à l'édit de Charles IX (janv. 1564) qui a fixé au 1ᵉʳ janvier le commencement de l'année. | 3. Antérieur à l'établissement du calendrier républicain (22 sept. 1792).
II. || 1º Tige dont l'ombre projetée sur un cadran solaire indique l'heure.
|| 2º (Botan.) Prolongement filiforme du sommet de l'ovaire, que termine le stigmate.
STYLER [sti-lé] *v. tr.*
[ÉTYM. Dérivé de style, § 154. || XIVᵉ s. Ignorans ou mal stilés, PH. DE MAIZIÈRES, *Songe du vieil pelerin*, dans GODEF. Compl.]
|| Former (qqn) à la manière de parler, d'agir, de se conduire qui convient pour qqch. Un domestique bien stylé. Prends soin de bien — notre homme, LA F. *Eunuque*, I, 5. Stylée à plaire aux hommes, LES. *Gil Blas*, v, 1.
STYLET [sti-lè] *s. m.*
[ÉTYM. Emprunté de l'ital. stiletto, *m. s.* écrit par un y d'après style, § 12. || XVIᵉ-XVIIᵉ s. V. à l'article.]
|| 1º Poignard à lame étroite triangulaire ou quadrangulaire. Stylets des assassins gagés, D'AUB. *Tragiques, Chambre dorée.*
|| 2º (Médec.) Tige métallique en forme d'aiguille, percée d'un chas à un bout et terminée à l'autre par un bouton, pour sonder des plaies, passer une mèche, etc.
STYLITE [sti-lit'] *s. m. et f.*
[ÉTYM. Emprunté du grec στυλίτης, *m. s.* || XVIIIᵉ s. V. à l'article. Admis ACAD. 1835.]
|| (T. didact.) Celui, celle qui vit sur une colonne. *Spécialt. Au masc.* (Hist. relig.) Solitaire chrétien dont la cellule est au sommet d'une colonne. Saint Siméon le —. Je veux, comme un autre —, Me guinder dans une guérite, LE P. DUCERCEAU, dans TRÉV. 1752.
STYLOBATE [sti-lò-bàt'] *s. m.*
[ÉTYM. Emprunté du lat. stylobates, grec στυλοβάτης, *m. s.* || 1545. Stylobate ou piedestal, VAN AELST, *Vitruve*, dans DELB. Rec. Admis ACAD. 1762.]
|| (Architect.) Soubassement en forme de piédestal qui porte des colonnes.
*****STYLOÏDE** [sti-lò-id'] *adj.*
[ÉTYM. Emprunté du grec στυλοειδής, *m. s.* || 1752. TRÉV. stylo-hyoïdien.]
|| (Anat.) Qui présente une saillie allongée. Apophyse — du cubitus, du rocher.
STYPTIQUE [stip'-tik'] *adj.*
[ÉTYM. Emprunté du lat. stypticus, grec στυπτικός, *m. s.* || XIIIᵉ s. Stitique, BRUN. LATINI, *Trésor*, p. 174. | 1314. Stiptique, *Chirurg. de Mondeville*, 1242, Bos. Admis ACAD. 1762.]
|| (Médec.) Qui a une vertu et une saveur astringente. Les médicaments styptiques, et, *substantiv, au masc.* Les styptiques.
STYRAX [sti-raks'] et **STORAX** [stò-raks'] *s. m.*
[ÉTYM. Emprunté du lat. styrax ou storax, grec στύραξ, *m. s.* || XIIIᵉ s. Storiaus est chauz, *Simples medicines*, fº 66, vº. Admis ACAD. 1694 (storax) et 1762 (styrax).]
|| 1º (Botan.) Plante d'où l'on tire du baume par incision.
|| 2º (Pharm.) Baume extrait de variétés de styrax.
SU [su]. *V.* savoir 1.
*****SUAGE** [suàj'; *en vers*, su-àj'] *s. m.*
[ÉTYM. Pour souage, § 509, dérivé de l'anc. franç. seue,

corde, d'origine inconnue, §§ 65 et 78. || 1332. Souage d'or-
fevrerie, dans GODEF. souage.]

|| (Technol.) Moulure, ourlet formant le tour du pied
d'un flambeau, d'un plat de métal, etc.

SUAIRE [suèr; *en vers*, su-èr] *s. m.*

[ÉTYM. Emprunté du lat. sudarium, *m. s.* rendu par
suaire d'après suer, § 503. || XIᵉ s. Del suaire Jesu, *Voy. de
Charl. à Jérus.* 170.]

|| Linceul dans lequel on ensevelit un mort.

SUANT, ANTE [suan, suânt'; *en vers*. su-...] *adj.*

[ÉTYM. Adj. particip. de suer, § 47. || 1549. R. EST.]

|| Qui sue. *Spéciall.* (Technol.) Chaleur suante, degré de
chaleur qu'on donne au fer pour le souder.

*SUASION [suà-zyon; *en vers*, su-à-zi-on] *s. f.*

[ÉTYM. Emprunté du lat. suasio, persuasion. || XIVᵉ s.
Par les suasions des autres, ORESME, *Éth.* VI, 13. Admis ACAD.
1694; suppr. 1718.]

|| *Vieilli.* Discours persuasif. Par l'artifice et les suasions
d'Éraste, CORN. *Mélite*, argum.

*SUASOIRE [suà-zwàr; *en vers*, su-à-...] *adj.*

[ÉTYM. Emprunté du lat. suasorius, *m. s.* || 1558. G. MO-
REL, *Verb. latin. comment.* dans DELB. *Rec.*]

|| *Vieilli.* Persuasif. Cette harangue —, SCARR. *Virg.
trav.* 5. | *Substantivt, au fém.* Discours persuasif. Une —
qu'il avait autrefois composée, BALZ. *Barbon.*

SUAVE [suàv'; *en vers*, su-àv'] *adj.*

[ÉTYM. Emprunté du lat. suavis, *m. s.* (*Cf.* l'anc. franç.
soef, souef, de formation pop., qui est encore dans FURET.
1690.) || 1549. R. EST.]

|| Qui a une douceur exquise. Une musique —. Un parfum
—. | 0 — merveille! MOL. *Tart.* III, 3.

SUAVEMENT [suàv'-man; *en vers*, su-à-ve-...] *adv.*

[ÉTYM. Composé de suave et ment, § 724. || 1549. R. EST.
Admis ACAD. 1878.]

|| D'une manière suave.

SUAVITÉ [suà-vi-té; *en vers*, su-à-...] *s. f.*

[ÉTYM. Emprunté du lat. suavitas, *m. s.* || XIIᵉ s. Suavi-
teit, *Serm. de St Bern.* p. 133.]

|| Douceur exquise. Une — qu'on ne goûta jamais, MOL.
Tart. IV, 5.

SUBALTERNE [su-bàl-tèrn'] *adj.*

[ÉTYM. Emprunté du lat. subalternus, *m. s.* || XVᵉ s. Ars su-
balternes, P. FORGET, *Mirouer de vie hum.* dans GODEF.
Compl.]

|| (T. didact.) Inférieur par le rang, la condition. Un
officier —. Il établit des dieux subalternes, BARTHÉLEMY,
Anacharsis, 79, note. Il y a des esprits, si j'ose le dire, infé-
rieurs et subalternes, LA BR. 1.

SUBALTERNEMENT [su-bàl-tèr-ne-man] *adv.*

[ÉTYM. Composé de subalterne et ment, § 724. || XVIIᵉ-
XVIIIᵉ s. *V.* à l'article.]

|| *Rare.* (T. didact.) D'une manière subalterne. Pous-
sin... fut — employé, ST-SIM. III, 5.

*SUBALTERNISER [su-bàl-tèr-ni-zé] *v. tr.*

[ÉTYM. Dérivé de subalterne, § 267. || *Néolog.*]

|| (T. didact.) Mettre dans une position subalterne.

*SUBALTERNITÉ [su-bàl-tèr-ni-té] *s. f.*

[ÉTYM. Dérivé de subalterne, § 255. || 1675. *V.* à l'ar-
ticle.]

|| *Rare.* Position subalterne. S'ennuyer dans une longue —,
SÉV. 450.

SUBDÉLÉGATION [sùb'-dé-lé-gà-syon; *en vers*, -si-
on] *s. f.*

[ÉTYM. Dérivé de subdéléguer, § 247. || 1561. Vostre dicte
commission, subdelegation, G. PARADIN, *Hist. de nostre
temps*, dans DELB. *Rec.*]

|| (T. didact.) Action de subdéléguer.

SUBDÉLÉGUER [sùb'-dé-lé-ghé] *v. tr.*

[ÉTYM. Composé avec le lat. sub, sous, et déléguer, § 275.
|| 1611. COTGR.]

|| (T. didact.) Déléguer (qqn) dans une fonction pour
laquelle on a été délégué soi-même. *Au part. passé pris
substantivt.* Un subdélégué.

SUBDIVISER [sùb'-di-vi-zé] *v. tr.*

[ÉTYM. Emprunté du lat. subdividere, *m. s.* rendu par
subdiviser d'après diviser, qui correspond au lat. dividere,
§ 503. ACAD. donne aussi sous-diviser, qui vieillit. || 1314.
Icestes espoices sont sousdevisees, *Chirurg. de Mondeville*,
565, Bos. | XVᵉ s. Il subdivise les plus haulx justiciers en deux,
Cout. de Norm. dans DELB. *Rec.*]

|| (T. didact.) Dans un tout divisé en parties, diviser de
nouveau (une ou plusieurs des parties).

SUBDIVISION [sùb'-di-vi-zyon; *en vers*, -zi-on] *s. f.*

[ÉTYM. Emprunté du lat. subdivisio, *m. s.* ACAD. donne
aussi sous-division, qui vieillit. || 1314. Les membres de leur
subdivision, *Chirurg. de Mondeville*, 565, Bos. | XVᵉ s. De
la soubzdivision, J. CORBICHON, *Propr. des choses*, I, 7, édit.
1482.]

|| (T. didact.) Division d'une des parties d'un tout déjà
divisé. *Spéciall.* — militaire.

*SUBÉREUX, EUSE [su-bé-reû, -reûz'] *adj.*

[ÉTYM. Dérivé du lat. suber, liège, § 251. || 1798. L.-C.-M.
RICHARD, *Dict. de botan. de Bulliard*, p. 137.]

|| (T. didact.) Qui est de la nature du liège. Partie subé-
reuse de l'écorce des arbres.

SUBHASTATION [su-bàs'-tà-syon; *en vers*, -si-on] *s. f.*

[ÉTYM. Emprunté du lat. subhastatio, *m. s.* || 1321. Sub-
bastacions et preconisacions, dans GODEF. preconisation.]

|| *Vieilli.* (Droit.) Vente publique aux enchères, par
autorité de justice.

*SUBHASTER [su-bàs'-té] *v. tr.*

[ÉTYM. Emprunté du lat. subhastare, *m. s.* proprt, « mettre
sous la pique ». || 1539. R. EST. Admis ACAD. 1694; suppr.
en 1718.]

|| *Vieilli.* (Droit.) Vendre par autorité de justice.

SUBINTRANT, ANTE [su-bin-tran, -trânt'] *adj.*

[ÉTYM. Emprunté du lat. subintrans, part. de subintrare,
entrer dessous. || 1741. COL-DE-VILLARS, *Dict. franç.-lat.*
Admis ACAD. 1762.]

|| (Médec.) En parlant de l'accès d'un mal périodique,
qui vient avant que le précédent soit terminé. Accès —.
P. ext. Fièvre subintrante, à accès subintrants.

SUBIR [su-bir] *v. tr.*

[ÉTYM. Emprunté du lat. subire, *m. s.* || 1642. OUD.]

|| Supporter malgré soi. Prête à — un joug qui vous op-
prime, RAC. *Mithr.* II, 4. — la question. — une épreuve, un
interrogatoire. — un examen difficile. — les injures du temps.

SUBIT, ITE [su-bi, -bit'] *adj.*

[ÉTYM. Emprunté du lat. subitus, *m. s.* L'anc. franç. a la
forme pop. soude. || XIIIᵉ s. Qu'eleançois muire Et que joie
subite ains li viegne, *Rob. le Diable*, Giij, vᵒ, Trébutien.]

|| Qui a lieu tout à coup. Un changement —. Une mort subite.
(*Syn.* soudain.)

SUBITEMENT [su-bit'-man; *en vers*, -bi-te-...] *adv.*

[ÉTYM. Composé de subite et ment, § 724. (*Cf.* l'anc. franç.
soudement.) || XIIᵉ s. Subitement muez en très feavle proicheor,
Serm. de St Bern. p. 114.]

|| D'une manière subite. L'amour qui naît — est le plus
long à guérir, LA BR. 4.

SUBITO [su-bi-tó] *adv.*

[ÉTYM. Emprunté du lat. subito, *m. s.* || Admis ACAD.
1835.]

|| *Famil.* Sur-le-champ.

SUBJECTIF, IVE [sùb'-jèk'-tif, -tiv'] *adj.*

[ÉTYM. Emprunté du lat. scolast. subjectivus, *m. s.* ||
XIVᵉ s. Parties subjectives, J. DE VIGNAY, dans DELB. *Rec.*
Admis ACAD. 1878.]

|| (T. didact.) Relatif au sujet. *Spéciall.* (Philos.) Qui
se rapporte au sujet pensant (par opposition à objectif, qui
se rapporte à l'objet pensé). Idée subjective, à laquelle ne
correspond pas une réalité en dehors de l'esprit.

*SUBJECTION [sùb'-jèk'-syon; *en vers*, -si-on] *s. f.*

[ÉTYM. Emprunté du lat. subjectio, *m. s.* (*Cf.* le doublet
sujétion.)]

|| (Rhétor.) Figure de pensée par laquelle l'orateur, in-
terrogeant l'adversaire, suppose sa réponse, et la réfute
à l'avance.

*SUBJECTIVEMENT [sùb'-jèk'-tiv'-man; *en vers*, -ti-
ve-...] *adv.*

[ÉTYM. Composé de subjective et ment, § 724. || *Néolog.*]

|| (T. didact.) D'une manière subjective.

SUBJECTIVITÉ [sùb'-jèk'-ti-vi-té] *s. f.*

[ÉTYM. Dérivé de subjectif, § 255. || 1812. MOZIN, *Dict.
franç.-allem.* Admis ACAD. 1878.]

|| (T. didact.) Caractère de ce qui est subjectif.

SUBJONCTIF, *SUBJONCTIVE [sùb'-jonk'-tif, -tiv']
adj.

[ÉTYM. Emprunté du lat. subjunctivus, *m. s.* de subjun-
gere, placer après. || 1530. Vocales... subjonctives, G. TORY,
Champfleury, dans DELB. *Rec.*]

|| (Gramm.) Mode —, et, *substantivt*, —, mode de la conjugaison représentant l'état ou l'action qu'exprime un verbe comme dépendant d'un autre verbe.

SUBJUGUER [sŭb'-ju-ghé] *v. tr.*
[ÉTYM. Emprunté du lat. subjugare, *m. s.* proprt, « mettre sous le joug ». (*Cf.* l'anc. franç. sozjoer.) || XVᵉ s. Pour subjuguer toute la France, *Myst. d'Orléans.* p. 416.]
|| Réduire par les armes à l'impossibilité de résister. Carthage subjuguée par Scipion l'Africain, BOSS. *Hist. univ.* III, 7. || *Fig.* Mettre dans l'impossibilité de résister, par l'ascendant qu'on exerce. Subjuguée par son amour pour Oswald, STAEL, *Cor.* VI, 1.

SUBLIMATION [su-bli-mà-syon ; *en vers*, -si-on] *s. f.*
[ÉTYM. Emprunté du lat. sublimatio, action d'élever. || XIVᵉ s. Sublimation de France, *Gr. Chron. de France*, dans GODEF.]
|| (T. didact.) Action de sublimer. | 1. *Anciennt.* Action d'élever. | 2. (Chimie.) Action de volatiliser.

SUBLIMATOIRE [su-bli-mà-twàr] *adj.*
[ÉTYM. Dérivé de sublimer, § 249. || XVIᵉ s. Alembic, refrigeratoires, sublimatoires, PARÉ, III, p. 638.]
|| (Chimie.) Qui sert à sublimer. Vase —.

SUBLIME [su-blim'] *adj.*
[ÉTYM. Emprunté du lat. sublimis, *m. s.* || XVᵉ-XVIᵉ s. Je suis lors dissoubs et sublime, *Nat. à l'alch. err.* 339.]
|| 1º Qui est placé très haut. Ils ne font point de honte au rang le plus —, CORN. *Hér.* I, 2. | *P. anal.* Une — et perpétuelle communication avec Dieu, BOSS. *États d'orais.* X, 1.
|| 2º *Fig.* Qui exprime le beau sous sa forme la plus haute, particulièrement dans l'ordre intellectuel et moral. Ce mot « qu'il mourût ! » qui est d'autant plus — qu'il est simple et naturel, BOIL. *Longin*, préf. || *Substantivt, au masc.* Le — est une certaine force de discours propre à élever et à ravir l'âme, BOIL. *Longin, Reflex.* 12. Le — ne peint que la vérité ; mais en un sujet noble, il la peint tout entière, LA BR. 1.

SUBLIMEMENT [su-bli-me-man] *adv.*
[ÉTYM. Composé de sublime et ment, § 724. || 1564. J. THIERRY, *Dict. franç.-lat.* Admis ACAD. 1762.]
|| D'une manière sublime.

SUBLIMER [su-bli-mé] *v. tr.*
[ÉTYM. Emprunté du lat. sublimare, élever. || XIVᵉ s. Or rewardons comment humilités sublime, GILLES LI MUISIS, *Poésies*, I, 256. Arsenio sublimé, *Chirurg. de Mondeville*, 1341, Bos.]
|| 1º *Anciennt.* Élever au sommet.
|| 2º *Spécialt.* (Chimie.) Porter en haut par la chaleur les parties volatiles d'une substance sèche et les recueillir pures de tout élément étranger. L'or... a été fondu et sublimé par l'action du feu primitif, BUFF. *Or.* || *Au part. passé pris substantivt.* Sublimé, produit de la sublimation. Sublimé corrosif, deutochlorure de mercure.

SUBLIMITÉ [su-bli-mi-té] *s. f.*
[ÉTYM. Emprunté du lat. sublimitas, *m. s.* || XIVᵉ s. Du ciel la grant sublimité, *Girart de Roussillon*, 2249.]
|| Caractère de ce qui est sublime.
|| 1º *Vieilli.* État de ce qui est placé très haut. Les placer (les reliques) sur la — du divin autel, BOSS. *3e Avert. aux protest.* 9. | *P. anal.* Ceux qui recherchent des sublimités exorbitantes, BOSS. *États d'orais.* III, 21.
|| 2º *Fig.* Caractère de ce qui exprime le beau sous sa forme la plus haute. Vous croyez qu'il ne peut y avoir là de vraie —, BOIL. *Longin, Reflex.* 10.

SUBLINGUAL, ALE [sŭb'-lin-gwàl] *adj.*
[ÉTYM. Composé de le lat. sub, sous, lingua, langue, et le suffixe al, § 275. || XVIᵉ s. Hypoglottides, c'est à dire sublinguales, PARÉ, XXV, 19. Admis ACAD. 1798.]
|| (Anat.) Qui est sous la langue. Glande sublinguale.

SUBLUNAIRE [sŭb'-lu-nèr] *adj.*
[ÉTYM. Emprunté du lat. sublunaris, *m. s.* || XVIᵉ s. Toutes choses sublunaires, RAB. IV, anc. prol.]
|| (T. didact.) Situé plus bas que la lune, dans la région de l'espace qui s'étend entre la lune et la terre. Le monde —, la terre. Les choses sublunaires, les choses terrestres.

SUBMERGER [sŭb'-mèr-jé] *v. tr.*
[ÉTYM. Emprunté du lat. submergere, *m. s.* || 1393. Illecques les absorba et submerga en la perseverance de leurs pechiez, EUST. DESCH. dans DELB. *Rec.*]
|| (T. didact.) Mettre complètement sous l'eau (d'une mer, d'un lac, d'un fleuve, etc.). Le navire fut submergé. Une inondation, qui sépara la ville de Dordrecht de la terre ferme,

submergea soixante et douze villages, BUFF. *Preuv. de la théor. de la terre.* || *Fig.* Quelquefois la corruption vient à grands flots, quelquefois elle s'insinue comme goutte à goutte ; à la fin on n'en est pas moins submergé, BOSS. *Comédie*, 8.

SUBMERSIBLE [sŭb'-mèr-sibl'] *adj.*
[ÉTYM. Dérivé de submersus, part. de submergere, submerger, § 242. (*Cf.* insubmersible.) || 1798. L.-C.-M. RICHARD, *Dict. de botan. de Bulliard.* Admis ACAD. 1878.]
|| (T. didact.) || 1º Qui peut être submergé.
|| 2º (Botan.) Qui s'enfonce dans l'eau (après la floraison). Plante —.

SUBMERSION [sŭb'-mèr-syon ; *en vers*, -si-on] *s. f.*
[ÉTYM. Emprunté du lat. submersio, *m. s.* || XIIᵉ s. Grosse pluie, sorversion (corr. somersion), BEN. DE STE-MORE, *Troie*, 27481. | 1314. Submersion qui est faite en l'eaue de mer, *Chirurg. de Mondeville*, 1879, Bos.]
|| (T. didact.) Action d'être submergé. | Mourir par —.

'SUBMISSION [sŭb'-mi-syon ; *en vers*, -si-on]. *V.* soumission.

SUBODORER [su-bò-dò-ré] *v. tr.*
[ÉTYM. Emprunté du lat. subodorari, *m. s.* || 1648. *V.* à l'article. Admis ACAD. 1835.]
|| *Famil.* Se douter de (qqch). J'en ai subodoré quelque chose, POUSSIN, *Lett.* 22 juin 1648.

SUBORDINATION [su-bòr-di-nà-syon ; *en vers*, -si-on] *s. f.*
[ÉTYM. Emprunté du lat. subordinatio, *m. s.* || 1624. L'ordre et la subordination de nos hommages, LE P. GARASSE, *Mém.* dans DELB. *Rec.* subordinantia.]
|| (T. didact.) Dépendance par rapport à ce qui a un rang supérieur. La — extrême des citoyens aux magistrats, MONTESQ. *Espr. des lois*, V, 7. | *Absolt.* Une grande — dans tous les emplois, BOSS. *Hist. univ.* III, 5. Afin qu'il y eût dans la société humaine de la — et de l'ordre, BOURD. *Aumône*, 1. | La — des espèces aux genres dans une classification. | (Gramm.) Syntaxe de —, relative aux rapports des propositions principales avec les incidentes qui en dépendent. (*Cf.* coordination.)

'SUBORDINÉMENT [su-bòr-di-né-man]. *V.* subordonnément.

SUBORDONNÉMENT [su-bòr-dò-né-man] *adv.*
[ÉTYM. Composé de subordonnée, part. de subordonner pris adjectivt, et ment, § 724. RETZ emploie subordinément, seul donné par FURET. 1690. || 1578. Subordinément, J. PAPON, *Troisième Notaire*, p. 96. Admis ACAD. 1762.]
|| (T. didact.) D'une manière subordonnée. Deux causes peuvent agir —, BOSS. *Libre Arb.* 9.

SUBORDONNER [su-bòr-dò-né] *v. tr.*
[ÉTYM. Composé avec le lat. sub, sous, et ordonner, à l'imitation du lat. scolast. subordinare, *m. s.* || 1596. Suborodiner, J. DE BASMAISON, *Cout. d'Auvergne*, dans DELB. *Rec.* | 1680. Subordonner, RICHEL.]
|| (T. didact.) || 1º Mettre dans un état de dépendance par rapport à ce qui a un rang supérieur. De grands tribunaux subordonnés les uns aux autres, VOLT. *Mœurs*, 195. *Absolt.* Toute autre puissance publique, souveraine ou subordonnée, BOSS. *5e Avert. aux protest.* 32. | *Au part. passé pris substantivt.* Les subordonnés, ceux qui sont dans la dépendance hiérarchique de qqn. Il est dur envers ses subordonnés. || (Gramm.) Proposition subordonnée, qui dépend, dans la syntaxe, d'une autre proposition. | (Classific.) — un caractère à un autre.
|| 2º Faire dépendre de l'accomplissement de qqch. La conclusion de l'affaire est subordonnée à votre consentement.

SUBORNATION [su-bòr-nà-syon ; *en vers*, -si-on] *s. f.*
[ÉTYM. Emprunté du bas lat. subornatio, *m. s.* || 1349. Subornations de faux tesmoinz, dans VARIN, *Arch. admin. de Reims*, II, 1244.]
|| (T. didact.) Action de suborner. Il y a eu — de témoins.

SUBORNER [su-bòr-né] *v. tr.*
[ÉTYM. Emprunté du lat. subornare, *m. s.* proprt, « orner ». || XIIIᵉ s. Il saulleroit qu'il en fust subornés, BEAUMAN. XL, 38.]
|| (T. didact.) Induire au mal par quelque appât. Après les y avoir... fait tomber (dans le péché) en les subornant, BOURD. *Scand. de la Croix*, 1. L'infâme Tente le noir dessein de — ma femme, MOL. *Tart.* V, 3. — de faux témoins. Je les ai subornés contre vous ? CORN. *Nicom.* II, 7.

SUBORNEUR, EUSE [su-bòr-neúr, -neúz'] *s. m. et f.*
[ÉTYM. Dérivé de suborner, § 112. || XVᵉ-XVIᵉ s. Subor-

neurs et enfans du dyable, P. DESREY, *Mer des chron.* dans DELB. *Rec.*]

|| (T. didact.) Celui, celle qui suborne. Un — de témoins. Le — d'une fille. || *Adjectivt.* N'écoutons plus ce penser —, CORN. *Cid*, I, 6.

SUBRÉCARGUE [su-bré-kàrg'] *s. m.*

[ÉTYM. Emprunté de l'espagn. sobrecargo, *m. s.* § 13. VOLT. écrit supercargue. || 1704. Vaisseaux étrangers sur lesquels il y aura un subrécargue, *Édit*, dans JAL, *Gloss. naut.* Admis ACAD. 1762.]

|| (Commerce marit.) Mandataire de la personne ou des personnes propriétaires de la cargaison.

SUBRÉCOT [su-bré-kó] *s. m.*

[ÉTYM. Emprunté du provenç. sobrescot ou subrescot, *m. s.* rendu par subrécot d'après écot, § 11. RICHEL. ne donne que surécot. || 1642. Subrescot, OUD. Admis ACAD. 1718.]

|| *Famil.* Supplément de dépense à ajouter à l'écot.

SUBREPTICE [sŭb'-rĕp'-tìs'] *adj.*

[ÉTYM. Emprunté du lat. subrepticius, *m. s.* || 1346. Lettres subreptices, dans VARIN, *Arch. admin. de Reims*, II, 1020.]

|| (Droit.) Obtenu illicitement par surprise. (*Cf.* obreptice.) Sentence —. Publication — d'un livre.

SUBREPTICEMENT [sŭb'-rĕp'-tìs'-man ; *en vers*, -tise-...] *adv.*

[ÉTYM. Composé de subreptice et ment, § 724. || 1369. Lettres subreptissemens impetrees, dans LITTRÉ. Admis ACAD. 1740.]

|| (T. didact.) D'une manière subreptice.

SUBREPTION [sŭb'-rĕp'-syon ; *en vers*, -si-on] *s. f.*

[ÉTYM. Emprunté du lat. subreptio, *m. s.* de subrepere, se glisser sous. || 1611. COTGR.]

|| *Vieilli.* (Droit.) Surprise par laquelle on obtient illicitement qqch. (*Cf.* obreption.)

SUBROGATION [sŭb'-rò-gà-syon ; *en vers*, -si-on] *s. f.*

[ÉTYM. Emprunté du lat. subrogatio, *m. s.* || 1401. Subrogations des executeurs, dans GODEF. *Compl.*]

|| (Droit.) Action de subroger, d'établir au lieu et place d'un autre. — de personnes, de biens.

SUBROGATOIRE [sŭb'-rò-gà-twàr] *adj.*

[ÉTYM. Dérivé de subroger, § 249. || *Néolog.* Admis ACAD. 1878.]

|| (Droit.) Qui subroge. Acte —.

SUBROGER [sŭb'-rò-jé] *v. tr.*

[ÉTYM. Emprunté du lat. subrogare, *m. s.* || 1332. Subroguer et metre aucun autre bon homme, *Reg. de délib. de St-Jean-d'Angély*, I, p. 55, Denys d'Aussy.]

|| (Droit.) Établir au lieu et place d'un autre. — qqn en la place d'un créancier. Subrogé tuteur, celui qui est nommé par le conseil de famille et le juge de paix pour veiller sur les intérêts d'un mineur en tutelle. | — des biens au lieu et place d'immeubles aliénés.

SUBSÉQUEMMENT [sŭp'-sé-kà-man] *adv.*

[ÉTYM. Pour subséquentment, composé de subséquent et ment, § 724. || XIIIᵉ-XIVᵉ s. Ou cas toutes voies que subsequemment sans obeir aucun d'eulx deffauldroit, E. BOILEAU, *Livre des mest.* p. 437, Depping.]

|| (T. didact.) D'une manière subséquente.

SUBSÉQUENT, ENTE [sŭp'-sé-kan, -kànt'] *adj.*

[ÉTYM. Emprunté du lat. subsequens, *m. s.* || XIVᵉ s. Les operacions qui precedent vertu et les subsequentes, ORESME, *Éth.* II, 3.]

|| (T. didact.) Qui suit immédiatement (dans le temps).

SUBSIDE [sŭp'-sid'] *s. m.*

[ÉTYM. Emprunté du lat. subsidium, *m. s.* || XIVᵉ s. Aide et subside, ORESME, *Éth.* dans LITTRÉ.]

|| (T. didact.) Secours en argent, donné pour des nécessités pressantes. Voter des subsides pour la guerre.

SUBSIDIAIRE [sŭp'-si-dyèr ; *en vers*, -di-êr] *adj.*

[ÉTYM. Emprunté du lat. subsidiarius, *m. s.* || XIVᵉ s. Chevaliers subsidiaires, BERSUIRE, f° 34, dans LITTRÉ.]

|| (T. didact.) Qui vient comme accessoire renforcer le principal. Donner des raisons subsidiaires. | Une caution —.

SUBSIDIAIREMENT [sŭp'-si-dyèr-man ; *en vers*, -di-è-re-...] *adv.*

[ÉTYM. Composé de subsidiaire et ment, § 724. || XVIᵉ s. Lequel (moyen) les aultres ne prennent que subsidiairement, MONTAIGNE, I, 32.]

|| (T. didact.) D'une manière subsidiaire.

SUBSISTANCE [sŭp'-sìs'-tàns'] *s. f.*

[ÉTYM. Dérivé de subsister, d'après le bas lat. subsistentia, *m. s.* || XVIᵉ s. Si ce n'estoit une subsistence qui residast en Dieu, CALV. *Instit. chr.* I, XIII, 14.]

|| 1° *Rare.* Le fait de subsister.

|| 2° *P. ext.* (T. didact.) Ce qui soutient l'existence, moyen de vivre, de se nourrir. On a peine à comprendre d'où il pouvait tirer sa —, BOSS. *Hist. univ.* III, 5. Il leur a assigné leur — sur les biens que vous possédez, ID. *Panég. St Franç. d'Assise.* La cherté des subsistances. (T. milit.) Mettre un homme en —, faire donner la nourriture à un soldat isolé jusqu'à ce qu'il ait rejoint son corps.

SUBSISTANT, ANTE [sŭp'-sìs'-tan, -tànt'] *adj.*

[ÉTYM. Adj. particip. de subsister, § 47. || XVIIᵉ s. V. à l'article. Admis ACAD. 1878.]

|| (T. didact.) Qui subsiste. Une espèce de miracle perpétuel, général et —, BOSS. *Conn. de Dieu*, III, 2. Une religion subsistante par un miracle continuel, SÉV. 1629.

SUBSISTER [sŭp'-sìs'-té] *v. intr.*

[ÉTYM. Emprunté du lat. subsistere, *m. s.* || XIVᵉ s. Estant et subsistant, RAOUL DE PRESLES, *Cité de Dieu*, dans DELB. *Rec.*]

|| (T. didact.) Continuer d'exister. Les autres qui sont venus si longtemps après ont fini il y a si longtemps, ceux-ci subsistent toujours, PASC. *Pens.* XIV, 4. Ne pouvant — sans les soldats, il (l'empire) ne pouvait — avec eux, MONTESQ. *Rom.* 16. || *Spécialt.* Soutenir son existence, avoir le moyen de vivre, de se nourrir. Pour —, la noblesse sans bien Trouva l'art d'emprunter, BOIL. *Sat.* 5. La priant de lui prêter Quelque grain pour —, LA F. *Fab.* I, 1.

SUBSTANCE [sŭbs'-tàns'] *s. f.*

[ÉTYM. Emprunté du lat. substantia, *m. s.* || XIIᵉ s. La meie substance ensement cume nient, *Psaut. d'Oxf.* XXXVIII, 6.]

|| (T. didact.) || 1° Ce qui fait le fond de l'être. Qui n'a pas dissipé sa — par une vie déréglée, BOSS. *1ᵉʳ Panég. St Franç. de Paule*, préamb. S'assimiler la — de qqch. || (T. philos.) Ce qui reste permanent dans un être. Le temps n'est rien, puisqu'il n'a ni forme ni —, BOSS. *Vol. de Monterby.* Les modes ne peuvent exister sans la —. La — pensante, l'âme. La — étendue, la matière. La — qui pense y peut être reçue, Mais nous en bannissons la — étendue, MOL. *F. sav.* V, 3. || *Fig. Vieilli.* Partie essentielle. Ils leurs sont contraires... dans la — de la chose, PASC. *Prov.* 2. Voici ce que ce livre contient en —.

|| 2° Matière dont une chose est formée. Une — minérale, végétale, organique, etc.

|| 3° Ce qui soutient l'existence, moyen de vivre, de se nourrir. (*Syn.* subsistance.) On dévore la — du pauvre, BOURD. *Richesses*, 1.

*'**SUBSTANTIALITÉ** [sŭbs'-tan-syà-li-té ; *en vers*, -si-à-...] *s. f.*

[ÉTYM. Emprunté du lat. substantialitas, *m. s.* || *Néolog.*]

|| (T. didact.) Ce qui est essentiel à la substance. Le principe de — (qu'il n'y a pas de mode sans substance).

SUBSTANTIEL, ELLE [sŭbs'-tan-syèl ; *en vers*, -si-èl] *adj.*

[ÉTYM. Emprunté du lat. substantialis, *m. s.* Anc. franç. substantieux, encore dans TRÉV. || XIIIᵉ s. Les unes... sont si substancielz que..., BRUN. LATINI, *Trésor*, p. 573.]

|| (T. didact.) || 1° Qui appartient à la substance. Formes substantielles, ce qui déterminait, dans la scolastique, l'essence de chaque être. || *Fig. Vieilli.* Essentiel.

|| 2° Qui contient de la substance. *Spécialt.* Une nourriture plus substantielle, BOSS. *Hist. univ.* II, 1.

SUBSTANTIELLEMENT [sŭbs'-tan-syèl-man ; *en vers*, -si-è-le-...] *adv.*

[ÉTYM. Composé de substantielle et ment, § 724. || XIVᵉ s. Le sens charnel requiert substantiellement les choses, J. DE VIGNAY, dans DELB. *Rec.*]

|| D'une manière substantielle.

SUBSTANTIF, 'SUBSTANTIVE [sŭbs'-tan-tìf', -tìv'] *adj.*

[ÉTYM. Emprunté du lat. substantivus, *m. s.* || XIVᵉ s. En metant... un adjectif pour un subtantif, *Psaut. de Metz*, prol.]

|| (T. didact.) Qui exprime la substance. Le nom —, ci, *ellipt*, Le —, partie du discours qui désigne l'être (par opposition à l'adjectif, qui désigne la manière d'être). Verbe —, le verbe être (par opposition aux verbes attributifs, où l'attribut est combiné avec le verbe être).

SUBSTANTIFIER. *V.* substantiver.

SUBSTANTIVEMENT [sŭbs'-tan-tìv'-man ; *en vers*, -ti-ve-...] *adv.*

[ÉTYM. Composé de substantive et ment, § 724. || 1600.
Ils sont pris substantivement, *Gramm. générale*, p. 33.]

|| (T. didact.) D'une manière substantive. *Spéciall.*
(Gramm.) Un adjectif, un infinitif, etc., employé — (à la manière d'un substantif).

***SUBSTANTIVER** [sŭbs'-tan-ti-vé] et, *vieilli*, ***SUBS-
TANTIFIER** [-fyé; *en vers*, -fi-é] *v. tr.*

[ÉTYM. Dérivé de substantif, §§ 64, 266 et 274. || XVIᵉ s.
Adjectif substantivé, J. DU BELLAY, *Def. et illustr.* II, 9. |
XVIIᵉ s. Mots substantifiés, VAUGEL. *Rem.* 426.]

|| (Gramm.) Employer comme substantif (un adjectif, un
infinitif).

***SUBSTITUER** [sŭbs'-ti-tué; *en vers*, -tu-é] *v. tr.*

[ÉTYM. Emprunté du lat. substituere. m. s. || XIVᵉ s. Et
fut en lieu de lui substituez Marcius Oracius, BERSUIRE, fᵒ 30,
dans LITTRÉ.]

|| (T. didact.) Mettre (une personne, une chose) à la
place d'une autre. Diane substitua une biche à Iphigénie.
Valère substitué à sa place, au retour d'une expédition, BOSS.
Hist. univ. III, 7. Une nouvelle nourriture substituée aux fruits
de la terre, ID. *ibid.* I, 2. || *Spéciall.* (Droit.) | 1. Appeler
(qqn) à une succession, après un autre ou à son défaut.
| 2. Laisser (qqch) à qqn comme devant lui revenir après
un autre ou à son défaut. Une terre substituée aux aînés.

SUBSTITUT [sŭbs'-ti-tu] *s. m.*

[ÉTYM. Emprunté du lat. substitutus, substitué. || 1340.
Aus substitutes soit obei comme a la maîtresse, dans GODEF.]

|| (Droit.) Celui qui est chargé de remplir des fonctions,
un office, à la place d'un autre qui est absent ou empêché.
| *Spéciall.* Magistrat dont la fonction est de remplacer au
parquet du tribunal le procureur de la république; au
parquet de la cour, le procureur général.

***SUBSTITUTIF, IVE** [sŭbs'-ti-tu-tif', -tiv'] *adj.*

[ÉTYM. Dérivé du lat. substitutus, part. de substituere,
§ 257. (*Cf.* le bas lat. substitutivus, conditionnel.) || *Néolog.*]

|| (Médec.) Qui substitue à l'affection morbide dont le
malade est atteint une autre affection plus facile à guérir.
Médication substitutive.

SUBSTITUTION [sŭbs'-ti-tu-syon; *en vers*, -si-on] *s. f.*

[ÉTYM. Emprunté du lat. substitutio, m. s. || XIIIᵉ s. Sus-
titucion, *Digeste*, dans GODEF. *Compl.*]

|| (T. didact.) Action de substituer une personne, une
chose à une autre. La — d'une biche à la fille d'Agamemnon,
au dénouement d'Iphigénie. || *Spéciall.* | 1. (Algèbre.) Action
de substituer à une quantité son expression ou sa valeur.
Méthode de —. | 2. (Chimie.) Action de substituer un corps
à un autre, dans une combinaison chimique, sans que le
caractère de la combinaison soit entièrement modifié.
| 3. (Droit.) Disposition par laquelle une personne est
appelée à une succession après une autre ou à son défaut, ou par laquelle une succession doit revenir à une
personne après une autre ou à son défaut.

SUBSTRUCTION [sŭbs'-trŭk'-syon; *en vers*, -si-on]
s. f.

[ÉTYM. Emprunté du lat. substructio, m. s. || 1544. Nous
avons derrasé de la substruction de l'Eglise ce prophane Timo-
thee, MATHÉE, *Hist. de Theodorite*, dans DELB. *Rec.* Admis
ACAD. 1835.]

|| (T. didact.) Partie d'une construction qui est sous
le sol.

SUBTERFUGE [sŭp'-tèr-füj'] *s. m.*

[ÉTYM. Emprunté du lat. subterfugium, m. s. || XIVᵉ-XVᵉ s.
Mes raisons et mes suterfuges, EUST. DESCH. VII, 160.]

|| Moyen détourné pour échapper à quelque chose d'em-
barrassant. Recourir à des subterfuges. Ce roi ne laissait aucun
— pour éviter le combat, MONTESQ. *Espr. des lois*, XXVIII, 26.

SUBTIL, ILE [sŭp'-til] *adj.*

[ÉTYM. Du lat. sŭbtilem, m. s. devenu sotil, sontil, §§ 348,
437 et 291, puis soubtil, subtil (XIIᵉ s. *Serm. de St Bern.*
p. 99), par réaction étymologique, § 502.]

|| 1º Composé d'éléments déliés. Un feu — s'allume, CORN.
Méd. V, 1. La matière subtile, partie de la matière qui, d'après
une hypothèse de Descartes, serait composée de parties
plus déliées. Et je goûte bien mieux la matière subtile, MOL.
F. sav. III, 2. | *P. ext.* Un poison —, prompt à s'insinuer.

|| 2º *Fig.* Qui présente des finesses difficiles à saisir.
La différence est si subtile qu'à peine pouvons-nous la marquer,
PASC. *Prov.* 1. Les lois ne doivent point être subtiles, MON-
TESQ. *Espr. des lois*, XXIX, 16.

|| 3º *P. ext.* Qui perçoit les finesses les plus difficiles à

saisir. Avoir l'odorat —. Un esprit —. Leur — conducteur,
BOSS. *R. d'Angl.* | *Vieilli.* Substantivt. Un —, un homme
subtil. Les simples sont grossiers, les subtils sont présomptueux, BOSS. 4ᵉ *Circoncis.* 2.

SUBTILEMENT [sŭp'-til-man; *en vers*, -ti-le-...] *adv.*

[ÉTYM. Composé de subtile et ment, § 724. || XIIᵉ s. Veez
i sutilment, PH. DE THAUN, *Comput*, 2405.]

|| D'une manière subtile. | 1. En insinuant adroitement.
Il s'est introduit —. | 2. En présentant des finesses difficiles
à saisir. Parlons moins —, BALZ. *De la Cour.* | 3. En saisis-
sant les finesses. Artifices que saint Jérôme a — démêlés,
BOURD. *Sainteté et force de la loi chrét.* 1.

SUBTILISATION [sŭp'-ti-li-zà-syon; *en vers*, -si-on]
s. f.

[ÉTYM. Dérivé de subtiliser, § 247. || 1727. FURET.]

|| *Vieilli.* (Chimie.) Action de subtiliser un corps.

SUBTILISER [sŭp'-ti-li-zé] *v. tr.*

[ÉTYM. Dérivé de subtil, § 267. (*Cf.* l'anc. franç. soutil-
lier et subtilier, lat. subtiliare.) || XVᵉ s. Il subtilisoit mille dé-
lais, MARTIAL D'AUVERGNE, *Arrêts d'amour*, dans LITTRÉ.]

|| (T. didact.) Rendre subtil.

||.1º Réduire en particules déliées, par l'action du feu.
Je subtiliserais un morceau de matière, LA F. *Fab.* IX, 20, *Disc.
à Mᵐᵉ de la Sablière.* Quelle main industrieuse a su épaissir
l'eau en subtilisant l'air? FÉN. *Exist. de Dieu*, I, 2. || *P. ext.
Famil.* | 1. *Vieilli.* Tromper (qqn). (*Cf.* affiner.) | 2. *Néo-
log.* Dérober (qqch). On lui a subtilisé sa bourse.

|| 2º Rendre difficile à percevoir par trop de finesse.
Ces amours pour moi sont trop subtilisés, MOL. *F. sav.* IV, 2.
| *Absoll.* — sur une question.

SUBTILITÉ [sŭp'-ti-li-té] *s. f.*

[ÉTYM. Emprunté du lat. subtilitas, m. s. (*Cf.* l'anc. franç.
soutiuté, de formation pop.) || XIIᵉ s. Sutilitet, PH. DE THAUN,
Comput, 852. Subtiliteit, *Serm. de St Bern.* p. 99.]

|| 1º Caractère de ce qui est composé de particules dé-
liées. La — des molécules de l'air.

|| 2º Caractère de ce qui présente des finesses difficiles
à saisir. Ils abusaient de la — des termes de leur langue,
MONTESQ. *Rom.* 6. La — d'un raisonnement captieux.

|| 3º Caractère de ce qui perçoit ces finesses. La — de
l'ouïe, de l'odorat. La — d'esprit.

SUBULÉ, ÉE [su-bu-lé] *adj.*

[ÉTYM. Dérivé du lat. subula, alène, § 253. || 1798. L.-C.-M.
RICHARD, *Dict. de botan. de Bulliard.* Admis ACAD. 1835.]

|| (T. didact.) Qui a la forme d'une alène. *Spéciall.* (Bo-
tan.) Feuille subulée.

SUBURBAIN, AINE [su-bur-bin, -bèn'] *adj.*

[ÉTYM. Emprunté du lat. suburbanus, m. s. || *Néolog.*
Admis ACAD. 1878.]

|| (T. didact.) Qui touche à l'enceinte d'une ville. Les
quartiers suburbains (les faubourgs).

SUBURBICAIRE [su-bur-bi-kèr'] *adj.*

[ÉTYM. Emprunté du lat. suburbicarius, m. s. || 1704.
TRÉV. Admis ACAD. 1798.]

|| (Antiq. rom.) Dépendant du préfet de Rome. Ville,
province —.

SUBVENIR [sŭb'-ve-nîr'] *v. intr.*

[ÉTYM. Emprunté du lat. subvenire, m. s. (*Cf.* souvenir.)
|| 1539. R. EST.]

|| Venir en aide à qqn qui a besoin, aux besoins de
qqn. — aux dépenses de l'expédition.

SUBVENTION [sŭb'-van-syon; *en vers*, -si-on] *s. f.*

[ÉTYM. Emprunté du lat. subventio, m. s. || 1330. Elle
paioit subventions, G. DE DIGULLEVILLE, *Pèlerinage de vie
hum.* 9251.]

|| Fonds accordé pour subvenir à une dépense impré-
vue, pour aider à une entreprise. Recevoir une — de l'État.
La — de l'Opéra, du Théâtre-Français.

SUBVENTIONNER [sŭb'-van-syò-né; *en vers*, -si-ò-
né] *v. tr.*

[ÉTYM. Dérivé de subvention, § 266. || *Néolog.* Admis
ACAD. 1878.]

|| Gratifier d'une subvention. — un théâtre, un journal.

SUBVERSIF, IVE [sŭb'-vèr-sif', -siv'] *adj.*

[ÉTYM. Dérivé du lat. subversum, supin de subvertere, sub-
vertir, § 257. || 1812. MOZIN, *Dict. franç.-allem.* Admis
ACAD. 1835.]

|| (T. didact.) Qui tend à renverser (dans les esprits)
toute loi, toute règle. Une doctrine subversive.

SUBVERSION [sŭb'-vèr-syon; *en vers*, -si-on] *s. f.*

[ÉTYM. Emprunté du lat. subversio, m. s. || XIIᵉ s. Pitiet doit om avoir de la subversion de ton peule, Serm. de St Bern. p. 116.]

|| (T. didact.) Action de renverser (dans les esprits) toute loi, toute règle. Ces prédications séditieuses tendent à la — des faibles et des ignorants, BOSS. Var. XI, 79.

SUBVERTIR [sŭb'-vèr-tîr] v. tr.

[ÉTYM. Emprunté du lat. subvertere, m. s. || XIVᵉ s. Subvertir la chose publique, BERSUIRE, fᵒ 56, dans LITTRÉ.]

|| Vieilli. Renverser (les lois, les règles reconnues).

*SUBVERTISSEMENT [sŭb'-vèr-tîs'-man ; en vers, -ti-se-...] s. m.

[ÉTYM. Dérivé de subvertir, § 145. || XVIᵉ s. Le subvertissement de nostre pauvre France, P. DE BRACH, Œuvres, II, p. 151.]

|| Vieilli. Renversement des lois, des règles reconnues. Le gouvernement de France était alors parvenu à cet excès de —, VOLT. Mœurs, 183.

SUC [sŭk] s. m.

[ÉTYM. Emprunté du lat. sucus (cf. essuyer) ou succus (cf. succulent), m. s. || 1539. R. EST.]

|| Liqueur que contient la substance des viandes, des herbes. Le suc exprimé des viandes, BOSS. Conn. de Dieu, III, 6. Leurs sucs puissants (des pavots) qui donnent le repos, A. CHÉN. Jeune malade. Leurs flèches sont trempées dans le suc de certaines herbes venimeuses, FÉN. Tél. 10. | P. anal. La plante pompe les sucs de la terre. Les sucs qu'elle (la terre) enfermait furent altérés, BOSS. Hist. univ. II, 1. || Fig. Le meilleur de la substance de qqch. Engraisse-toi, mon fils, du suc des malheureux, BOIL. Sat. 8. Le nourrir (l'esprit) du suc de la science, MOL. F. sav. II, 7.

SUCCÉDANÉ, ÉE [sŭk'-sé-dà-né] adj.

[ÉTYM. Emprunté du lat. succedaneus, m. s. || 1690. Succedanée, FURET. Admis ACAD. 1835.]

|| (T. didact.) Qui peut remplacer une autre substance (pharmaceutique, tinctoriale) comme ayant des propriétés analogues. Un médicament —, et, substantivt, Un —. On emploie l'écorce d'angusture comme — de la quinine.

SUCCÉDER [sŭk'-sé-dé] v. intr.

[ÉTYM. Emprunté du lat. succedere, m. s. || XIVᵉ s. Nuls enfans qui succedassent le royaume, Modus, dans DOCHEZ.]

I. Vieilli. Venir sous (qqch), s'introduire. Quand l'air ne peut — entre deux (corps), PASC. Pesanteur de l'air, 2.

II. Venir sans interruption après (qqch, qqn). L'embarras des chasseurs succède au déjeuné, LA F. Fab. IV, 4. L'inimitié succède à l'amitié trahie, RAC. Bér. I, 3. Salomon, choisi pour lui — (à David), BOSS. Hist. univ. II, 4. Les rois qui se sont succédé sur le trône de France. Impersonnellt. Il succédera à sa place un homme méprisable, PASC. Prophéties, 26. | Spécialt. — à qqn, recueillir après lui son héritage. P. anal. — aux honneurs, au crédit de qqn. Alexandre, son fils, succéda à son royaume et à ses desseins, BOSS. Hist. univ. III, 5.

III. Vieilli. Advenir d'une manière favorable ou défavorable (pour qqn). Quelque chose de bon nous pourra —, MOL. Dép. am. III, 1. Ellipt. Advenir d'une manière favorable pour qqn. Tout leur rit, tout leur succède, LA BR. 12.

SUCCÈS [sŭk'-sè] s. m.

[ÉTYM. Emprunté du lat. successus, m. s. || XVIᵉ s. Bleu, tanné, violet par succès, RAB. IV, 2.]

|| **1ᵒ** Manière dont qqch arrive. La bonne cause d'abord suivie de bons —, BOSS. R. d'Angl. Les mauvais — sont les seuls maîtres qui peuvent nous reprendre utilement, ID. ibid. Le triste — de notre académicien, D'ALEMB. Éloges, La Motte. J'ignore quel — le sort garde à mes armes, RAC. Andr. III, 8. Attendre le — qu'aura cette aventure, MOL. Dép. am. III, 7.

|| **2ᵒ** Spécial. Manière favorable dont qqch arrive. Il mettait l'espérance du — dans les troupes..., BOSS. Hist. univ. III, 4. Le — d'un livre, d'une pièce de théâtre. Un auteur, un acteur qui a du —. Avoir du —, des — dans le monde (dans les salons). Un — de circonstance, dû surtout à des circonstances favorables. Un — d'estime, d'enthousiasme, qui se manifeste par la simple estime, par l'enthousiasme.

SUCCESSEUR [sŭk'-sè-seŭr] s. m.

[ÉTYM. Emprunté du lat. successor, m. s. || XIIᵉ s. De tut le realme et eir et successur, GARN. DE PONT-STE-MAX. St Thomas, 4778.]

|| Celui qui succède à un autre, qui vient immédiatement après lui. Je lui donnerais Pyrrhus pour — ! RAC. Andr. III, 8. Le compagnon, le — d'Alcide, ID. Phèd. II, 2. | Spécialt. Celui qui succède à un autre sur le trône.

SUCCESSIBILITÉ [sŭk'-sè-si-bi-li-té] s. f.

[ÉTYM. Dérivé de successible, § 255. || 1794. MICHAUD D'ARCON, Consid. sur les fortific. p. 23. Admis ACAD. 1835.]

|| (T. didact.) Droit qu'on a à la succession de qqn. L'ordre de —.

SUCCESSIBLE [sŭk'-sè-sîbl'] adj.

[ÉTYM. Dérivé du lat. successum, supin de succedere, succéder, § 242. || 1771. TRÉV. Admis ACAD. 1835.]

|| (T. didact.) || **1ᵒ** Qui a droit à la succession de qqn. Héritier —, et, substantivt, Le —.

|| **2ᵒ** Qui donne droit à la succession de qqn. Parent au degré —, Code civil, art. 767.

SUCCESSIF, IVE [sŭk'-sè-sîf, -sîv'] adj.

[ÉTYM. Emprunté du lat. successivus, m. s. || 1372. Successives mutacions, J. CORBICHON, Propr. des choses, II, 2, mss franç. Bibl. nat. 216, fᵒ 20, rᵒ.]

|| (T. didact.) || **1ᵒ** En parlant de plusieurs choses qui se succèdent. Des pertes successives. Des emprunts successifs. (Droit.) Délits successifs, dont chacun isolément n'est pas coupable, mais dont la répétition habituelle constitue un délit.

|| **2ᵒ** Relatif à la succession de qqn. Droit —, droit qu'on a à la succession de qqn. || P. ext. Droits successifs, droits à payer sur une succession qu'on recueille.

SUCCESSION [sŭk'-sè-syon ; en vers, -si-on] s. f.

[ÉTYM. Emprunté du lat. successio, m. s. || XIIIᵉ s. Il venroient à la succession du pere, BEAUMAN. 595, Salmon.]

I. (T. didact.) Rapport qu'ont entre elles des choses qui se succèdent. La — des jours et des nuits, des saisons. Bourgades..., devenues, par — de temps, de grandes villes, DESC. Méth. 2. Une — de sons. Il n'y a point de — dans Dieu, MONTESQ. Lett. pers. 113.

II. || **1ᵒ** Action de recueillir après qqn son héritage. — ab intestat. — testamentaire. — par tête. — par représentation, où l'on hérite comme représentant une personne prédécédée. P. plaisant. Poudre de succession, poison. | La — à l'empire ne saurait être fixe, MONTESQ. Espr. des lois, V, 14. L'ordre de —. (Cf. successibilité.) La guerre de la — d'Espagne.

|| **2ᵒ** Héritage de qqn que l'on recueille après lui. Accepter la — de qqn. Recueillir une —.

SUCCESSIVEMENT [sŭk'-sè-siv'-man ; en vers, -sive-...] adv.

[ÉTYM. Composé de successive et ment, § 724. || 1314. Et ainsi soient appliqués plusieurs successivement, Chirurg. de Mondeville, 1777, Bos.]

|| (T. didact.) D'une manière successive. Les années le poussent — comme des flots, BOSS. D. d'Orl.

*SUCCESSORAL, ALE [sŭk'-sè-sò-ràl] adj.

[ÉTYM. Dérivé de successeur, § 238. || Néolog.]

|| (Droit.) Relatif au droit de succession. Retrait —, faculté qu'a tout héritier de reprendre sur le cessionnaire d'un droit, dans une succession, la part pour laquelle il serait venu au partage.

SUCCIN [sŭk'-sin] s. m.

[ÉTYM. Emprunté du lat. succinum, m. s. || 1676. De la distillation du succin, CHARAS, Pharmacopée, p. 898. Admis ACAD. 1762.]

|| (T. didact.) Ambre jaune, dit aussi carabé, espèce de résine fossile, jaune, diaphane, odorante, qui acquiert, par le frottement, des propriétés électriques.

SUCCINCT, INCTE [sŭk'-sinkt'] adj.

[ÉTYM. Emprunté du lat. succinctus, m. s. || 1508. Par succincte eloquence, MAXIMIEN, Arrest du roy des Romains, 204.]

|| (T. didact.) Resserré de manière à être bref. Un compte rendu —. | P. ext. Un écrivain —. Phèdre était si — qu'aucuns l'en ont blâmé, LA F. Fab. VI, 1. | P. anal. Un dîner —, court.

SUCCINCTEMENT [sŭk'-sink'-te-man] adv.

[ÉTYM. Composé de succincte et ment, § 724. || 1539. R. EST.]

|| (T. didact.) D'une manière succincte.

SUCCION [sŭk'-syon ; en vers, -si-on] s. f.

[ÉTYM. Pour suction, dérivé du lat. suctum, supin de sugere, sucer, § 247. (Cf. suçon.) || 1314. Soit faite succion ou lien, Chirurg. de Mondeville, 1773, Bos. Admis ACAD. 1762.]

|| (Technol.) Action de sucer. (Cf. sucement.)

SUCCOMBER [su-kon-bé] v. intr.

[ÉTYM. Emprunté du lat. succumbere, m. s. || XIVᵉ s. Plusieurs succomberent par occision, RAOUL DE PRESLES, *Cité de Dieu*, dans DELB. *Rec.*]

‖ **1°** S'affaisser sous un poids trop lourd.

‖ **2°** *Fig.* Céder à une force à laquelle on ne peut plus résister. Qu'Albe devienne esclave ou que Rome succombe, CORN. *Hor.* I, 1. Les tourments font — le vieil Osiris, BOSS. *Hist. univ.* I, 11. Le vice auquel il succombe, FÉN. *Tél.* 7. — à la tentation. Je croyais ma vertu moins prête à —, RAC. *Bér.* V, 6. ‖ *Absolt.* Cesser de vivre. Monsieur Purgon dit que je succomberais s'il était seulement trois jours sans prendre soin de moi, MOL. *Mal. im.* III, 3. Bois que j'aime, adieu, je succombe, MILLEVOYE, *Chute des feuilles.*

SUCCUBE [sŭk'-kub'] *s. m.*

[ÉTYM. Emprunté du lat. succuba, *m. s.* ‖ XIVᵉ s. Les ungs sont appellez incubes, les aultres... succubes, RAOUL DE PRESLES, *Cité de Dieu*, dans DELB. *Rec.*]

‖ (Théol.) Démon nocturne prenant la forme d'une femme, pour s'unir avec un homme. (*Cf.* incube.)

***SUCCULEMMENT** [su-ku-là-man] *adv.*

[ÉTYM. Pour succulentment, composé de succulent et ment, § 724. ‖ 1735. V. à l'article.]

‖ *Rare.* (T. didact.) D'une manière succulente. — nourrie, MARIV. *Pays. parv.* (1735), 1.

SUCCULENT, ENTE [su-ku-lan, -länt'] *adj.*

[ÉTYM. Emprunté du lat. succulentus, *m. s.* ‖ XVIᵉ s. Humidité succulente, J. LE MAIRE, dans DELB. *Rec.*]

‖ (T. didact.) Qui contient beaucoup de suc nutritif, très nourrissant. Des viandes succulentes. Une nourriture succulente. *P. plaisant.* O la succulente nourrice (qui a beaucoup de lait)! SCARR. *Virg. trav.* 6.

SUCCURSALE [su-kur-sàl] *adj. f.*

[ÉTYM. Dérivé du lat. succursus, secours, § 238. ‖ 1690. Une église succursale, FURET. Admis ACAD. 1718.]

‖ (T. didact.) Qui supplée. Les pacos ou vigognes sont aux lamas une espèce —, à peu près comme l'âne l'est au cheval, BUFF. *Lama.* ‖ *Spécialt.* Église —, qui supplée à l'insuffisance de l'église paroissiale. ‖ *Substantivt.* ‖ 1. Église succursale. ‖ 2. Établissement secondaire adjoint à un établissement principal. Une — de la banque de France, d'un hôtel, d'un magasin de nouveautés, etc.

SUCCURSALISTE [su-kur-sà-list'] *s. m.*

[ÉTYM. Dérivé de succursale, § 265. ‖ *Néolog.* Admis ACAD. 1835.]

‖ (T. ecclés.) Prêtre qui dessert une église succursale.

SUCEMENT [sŭs'-man; *en vers,* su-se-...] *s. m.*

[ÉTYM. Dérivé de sucer, § 145. ‖ 1314. Le sucement du geun, *Chirurg. de Mondeville*, 1872. Admis ACAD. 1798.]

‖ *Rare.* Action de sucer. (*Syn.* succion.)

SUCER [su-sé] *v. tr.*

[ÉTYM. Du lat. pop. *sūctiare, dérivé de suctum, supin de sugere, *m. s.* § 157, devenu sucier, §§ 386, 406, 297 et 291, sucer, § 634.]

‖ **1°** Aspirer, à l'aide des lèvres, le suc que contient une substance. Ce héros... Suça même le sang des lions et des ours, RAC. *Iph.* IV, 1. La nourrice dont il suça le lait. ‖ *Fig.* — le sang des malheureux (s'enrichir de leurs dépouilles), FÉN. *Tél.* 2. — avec le lait (un sentiment, une doctrine), recevoir dès l'enfance. Ce n'est point une erreur avec le lait sucée, CORN. *Poly.* III, 3. Cette haine des rois que depuis cinq cents ans Avec le premier lait sucent tous ses enfants, CORN. *Cinna*, II, 1.

‖ **2°** Presser avec les lèvres (une substance) pour en aspirer le suc. — un os. — une orange. Cette Juive fidèle Dont tu sais bien qu'alors il suçait la mamelle, RAC. *Ath.* V, 5. — une plaie (pour en faire sortir le venin). ‖ *Fig.* Il vous sucera jusqu'au dernier sou (il vous épuisera par ses emprunts répétés), MOL. *B. gent.* III, 4. *Famil.* Hélène est pâle, blafarde, tirée, sucée (épuisée), DIDER. *Salon de 1765.*

SUCEUR, ***SUCEUSE** [su-sŭr, -seŭz'] *s. m. et f.*

[ÉTYM. Dérivé de sucer, § 112. ‖ XVIᵉ s. Le suceur, PARÉ, IX, 23. Admis ACAD. 1740.]

‖ Celui, celle qui suce. *Adjectivt.* Les insectes suceurs.

SUÇOIR [su-swàr] *s. m.*

[ÉTYM. Dérivé de sucer, § 113. ‖ 1765. ENCYCL. Admis ACAD. 1798.]

‖ (T. didact.) Organe qui sert à sucer. Le — des insectes, des racines, des plantes, etc.

SUÇON [su-son] *s. m.*

[ÉTYM. Dérivé de sucer, § 104. ‖ (Au sens **I.**) 1690. FURET. Admis ACAD. 1762. ‖ (Au sens **II.**) *Néolog.*]

I. Élevure qu'on fait venir sur la peau en la suçant.

II. Linge contenant du pain humecté de lait sucré, que certaines nourrices font sucer à leur nourrisson.

SUÇOTER [su-sò-té] *v. tr.*

[ÉTYM. Dérivé de sucer, § 167. ‖ XVIᵉ s. Papillons qui par la prée Les douces herbes suçotez, RONS. *Odes*, IV, 18. Admis ACAD. 1798.]

‖ *Famil.* Sucer petit à petit.

SUCRE [sukr'] *s. m.*

[ÉTYM. Emprunté de l'arabe sukkar, qui est le grec σάχχαρον, lat. saccharum, *m. s.* § 22. (*Cf.* saccharate, etc.) ‖ XIIᵉ s. Et destanpre çucre de fiel, CHRÉTIEN DE TROYES, *Chevalier au lion*, 1401.]

‖ **1°** Matière d'une saveur très douce, formée d'un suc qui s'extrait de divers végétaux, principalement de la canne et de la betterave, et se transforme par l'action du feu en une substance cristallisée, soluble dans l'eau. Du — brut. Du — raffiné. Pain de —, masse de sucre raffiné de forme conique. *Fig.* Avoir la tête en pain de —, en forme de cône. Un morceau de —. Acheter une livre de —. Du — en poudre. Sirop de —, dissolution concentrée de sucre. Confitures à mi—, où l'on ne met qu'une demi-livre de sucre pour une livre de fruit. *Fig.* Les autres ne lui donnaient que des louanges pour ainsi dire à mi—, qui n'étaient qu'à demi flatteuses. ‖ — candi, sucre qu'on a fait cristalliser régulièrement par masses. — d'orge, sirop de sucre qu'on a fait cuire assez pour qu'il se prenne par le refroidissement. — tors, pâte de sirop de sucre ou de jus de réglisse solidifiée qu'on divise en petits bâtons tordus. — de pomme, de cerise, sucre d'orge dans lequel on a ajouté au sirop de sucre un peu de gelée de pomme ou de cerise. ‖ *Fig.* Être tout — et tout miel, être très doucereux. C'est tout — et tout miel, MOL. *Éc. des m.* I, 2. Le — empoisonné que sèment vos paroles (leur douceur séduisante), CORN. *Poly.* V, 2. ‖ *Famil.* Casser du — sur la tête, le dos de qqn, en dire du mal.

‖ **2°** (Chimie.) Toute substance qui a la propriété de fermenter, de se transformer en alcool et en acide carbonique. ‖ — du foie, qui existe dans le parenchyme du foie. — de diabète, qui existe dans l'urine des diabétiques.

SUCRER [su-kré] *v. tr.*

[ÉTYM. Dérivé de sucre, § 154. ‖ XVᵉ s. Mainte femme sucree, COQUILLART, *Simple et rusée.*]

‖ Rendre (qqch) doux au goût, en y mettant du sucre. — son café. De l'eau sucrée. ‖ Ces fruits sont sucrés, ont la douceur du sucre. ‖ *Fig.* Une personne sucrée, d'une douceur affectée. Elle fait la sucrée, MOL. *Él.* III, 2.

SUCRERIE [su-kre-ri] *s. f.*

[ÉTYM. Dérivé de sucre, § 69. ‖ 1658. DE ROCHEFORT, *Hist. nat. et mor. des Antilles*, p. 313.]

‖ **1°** Lieu où l'on fait le sucre. ‖ *P. ext.* Lieu où l'on raffine le sucre.

‖ **2°** Friandise où il entre beaucoup de sucre. Aimer les sucreries. Friande de toutes sortes de sucreries, HAMILT. *Gram.* p. 253.

1. SUCRIER [su-kri-yé] *s. m.*

[ÉTYM. Dérivé de sucre, § 115. ‖ 1680. RICHEL.]

‖ Vase de cristal, de porcelaine, d'argent, etc., dans lequel on sert le sucre.

2. SUCRIER, IÈRE [su-kri-yé, -yèr] *adj.*

[ÉTYM. Dérivé de sucre, § 115. ‖ 1611. COTGR. Admis ACAD. 1878.]

‖ (T. didact.) Relatif à la fabrication du sucre. L'industrie sucrière. ‖ *Ouvrier* —. ‖ *Substantivt.* ‖ 1. *Ancienn.* Confiseur. ‖ 2. Celui, celle qui dirige une fabrique de sucre.

SUCRIN [su-krin] *adj. m.*

[ÉTYM. Dérivé de sucre, § 100. ‖ 1558. Sucrins et melons, THEVET, *Singul. de la France antarct.* dans DELB. *Rec.*]

‖ Qui tient du sucre. *Spécialt.* Un melon —, et, *substantivt*, Un —.

SUD [sud'] *s. m.*

[ÉTYM. Mot d'origine germanique ou scandinave, §§ 6 et 9 : anglo-saxon sud, norois sudr, etc. ‖ XIIᵉ s. Li uns rochiers muntout al north... e li altres al sud, *Rois*, I, 13.]

‖ Un des quatre points cardinaux, celui qui est diamétralement opposé au nord. (*Syn.* midi.)

***SUDATION** [su-dà-syon; *en vers*, -si-on] *s. f.*

[ÉTYM. Emprunté du lat. sudatio, *m. s.* ‖ *Néolog.*]

‖ (T. didact.) Transpiration produite dans un but hygiénique. (*Cf.* suée et suerie.)

SUD-EST [su-dèsl'; *chez les gens de mer*, su-è] *s. m.*
[Étym. Composé de sud et est, § 199. || 1483. Des l'est jusques au suest, GARCIE, *Grant Routier*, f° 4, v°.]
|| Point de l'horizon situé entre le sud et l'est.

SUDORIFÈRE [su-dò-ri-fèr] *adj.*
[Étym. Emprunté du lat. sudorifer, m. s. || 1752. TRÉV. Admis ACAD. 1762.]
|| *Rare.* (T. didact.) Qui provoque la sueur.

SUDORIFIQUE [su-dò-ri-fik'] *adj.*
[Étym. Composé avec le lat. sudor, sueur, et facere, faire, § 273. || XVIᵉ s. Se servir des sudorifiques, PARÉ, XX, 14.]
|| (T. didact.) Qui fait suer. Les remèdes sudorifiques, et, *substantivt*, Les sudorifiques.

***SUDORIPARE** [su-dò-ri-pàr] *adj.*
[Étym. Composé avec le lat. sudor, sueur, et parere, engendrer, § 273. || Néolog.]
|| (T. didact.) Qui sécrète la sueur. Glandes sudoripares.

SUD-OUEST [su-dwèst'; *chez les gens de mer*, su-rwè] *s. m.*
[Étym. Composé de sud et ouest, § 199. || 1423. Zuutwest, GHILLEB. DE LANNOY, dans DELB. *Rec.* | 1483. Syroest, GARCIE, *Grant Routier*, f° 4, v°.]
|| Point de l'horizon situé entre le sud et l'ouest.

SUÉE [sué; *en vers*, su-é] *s. f.*
[Étym. Subst. particip. de suer, § 45. || XVIᵉ s. Cauteres, incisions, suees, MONTAIGNE, III, 13. Admis ACAD. 1762.]
|| Mouvement de transpiration abondante. (*Cf.* sudation, suerie.) *Fig.* Inquiétude subite mêlée de crainte.

SUER [sué; *en vers*, su-é] *v. intr.* et *tr.*
[Étym. Du lat. sudare, m. s. devenu suder, suer, §§ 411, 295 et 291.]
I. *V. intr.* Exhaler de la sueur. Je sue encor de mes efforts, MOL. *Ét.* IV, 4. L'attelage suait, soufflait, LA F. *Fab.* VII, 9. Il donnait des remèdes qui faisaient —, FÉN. *Tél.* 7. — à grosses gouttes. *Vieilli.* — d'ahan, des efforts qu'on fait. || *P. anal.* | 1. Exhaler de l'humidité. Le bois sue dans la cheminée. Laisser des châtaignes au feu jusqu'à ce qu'elles suent. | 2. Se couvrir d'humidité. Les murs suent pendant le dégel. || *Fig.* Se donner beaucoup de fatigue. En vain pour la trouver je travaille et je sue, BOIL. *Sat.* 2. Les autres suent dans leur cabinet, PASC. *Pens.* IV, 2. Il faut — sans cesse à chercher que lui dire, MOL. *Mis.* II, 4. *P. anal.* Toute la nature s'épuise pour la parer, tous les arts suent, BOSS. *La Vall.* || *P. ext.* Il est vrai que l'on sue à souffrir ses discours, MOL. *F. sav.* II, 7. Une poignée de chrétiens, sortis d'un rocher, font — les Ottomans, MONTESQ. *Lett. pers.* 19. Le magistrat suait en son lit de justice, LA F. *Fab.* II, 3.
II. *V. tr.* || 1° — du sang, rendre du sang par les pores. *Vieilli.* — les grosses gouttes, avoir de grosses gouttes de sueur. *P. ext. Vieilli.* — la vérole, la traiter par des sudorifiques. || *Fig.* — sang et eau. — les grosses gouttes, se donner une extrême fatigue. *Même sens. Vieilli.* — de l'encre, M. de Beauvillier suait de l'encre, d'entendre Torcy, ST-SIM. IX, 4. Des pères qui suent sang et eau toute leur vie, LES. *Estev. Gonzalez*, 30. | — l'ennui, exhaler l'ennui de toute sa personne.
|| 2° (Technol.) — le fer, le soumettre à une chaude complète. Le fer qu'on destine à la filière... doit être bien sué, BUFF. *Fer.*

***SUERIE** [su-ri] *s. f.*
[Étym. Dérivé de suer, § 69. || XVᵉ s. A l'assaut tost, sans suerie, VILLON, *Jargon, Ball.* 2.]
|| *Famil.* (rare). Suée. J'ai achevé aujourd'hui ma douche et ma —, SÉV. 545.

SUETTE [suèt'; *en vers*, su-èt'] *s. f.*
[Étym. Dérivé de suer, § 133. || XVIᵉ s. Suette, troussegalant, bosse, PARÉ, XXIV, 1. Admis ACAD. 1762.]
|| (Médec.) Fièvre éruptive contagieuse, accompagnée de sueurs abondantes.

SUEUR [sueùr; *en vers*, su-eûr] *s. f.*
[Étym. Du lat. sŭdōrem, m. s. devenu sudor, suor, sueur, §§ 411, 325 et 291.]
|| Produit de la transpiration cutanée, condensé en gouttelettes. Son corps était couvert d'une — glacée, FÉN. *Tél.* 18. Être en —. Provoquer la —. || *Fig.* Fatigue qu'on se donne pour qqch. Une terre fécondée par les sueurs de l'homme. La nécessité de gagner sa vie à la — de son corps, BOSS. *Panég. St Paul.* Des fruits de leur propres terres gagnés à la — de leur visage, FÉN. *Tél.* 12. || *P. ext.* Une — de sang, sang qui s'échappe par les pores, dans certaines maladies.

SUFFÈTE [süf-fèt'] *s. m.*

[Étym. Emprunté du lat. suffes, etis, m. s. d'origine phénicienne. || XVIIᵉ s. A. DE COURTIN, dans TRÉV. Admis ACAD. 1762.]
|| (Antiq.) Magistrat exerçant (à Carthage) des fonctions analogues à celles du consul (à Rome).

SUFFIRE [su-fir] *v. intr.*
[Étym. Emprunté du lat. pop. *suffĕcere (class. sufficere), devenu sofire, soufire (cf. confire), puis souffir, suffir par réaction étymologique, § 502.]
|| Fournir assez (pour les besoins, les désirs). N'est-ce point ici quelque chose de semblable à cette suffisance qui ne suffit pas? PASC. *Prov.* 4. Rien ne suffit aux gens qui nous viennent de Rome, LA F. *Fab.* XI, 7. Son revenu suffit pour son entretien. Un supplice léger suffit à sa colère, RAC. *Phèd.* III, 3. *Loc. prov.* A chaque jour suffit sa peine (il ne faut pas se tourmenter d'avance). Les prêtres ne pouvaient — aux sacrifices, RAC. *Ath.* I, 1. Jérémie lui-même... ne suffirait pas à de tels regrets, BOSS. *R. d'Angl.* Ils se suffisent l'un à l'autre. | Suivi de que et d'une propos. au subjonctif. Ne vous suffit-il pas que je l'absolve? | Qqf avec l'indic. quand le fait est accompli. Ne vous suffit-il pas que je l'ai condamné? RAC. *Andr.* IV, 3. | Se —, trouver en soi de quoi satisfaire ses besoins, ses désirs, sans le secours des autres. Un homme qui sait se — à lui-même. Être incapable de se —. || *Impersonnellt.* Il suffit de tes yeux pour t'en persuader, RAC. *Phèd.* II, 5. Dans le crime il suffit qu'une fois on débute, BOIL. *Sat.* 10. | *Vieilli.* Avec l'indic. Il suffit que nous savons ce que nous savons, MOL. *Méd. m. l.* I, 1. | *Absolt.* Il suffit, cela suffit, et, *ellipt*, Suffit. Je m'entends, il suffit, LA BR. 12. L'honneur parle, il suffit, RAC. *Iph.* I, 2.

SUFFISAMMENT [su-fi-zà-man] *adv.*
[Étym. Pour suffisantment, composé de suffisant et ment, § 724. || XIIIᵉ s. De quoy souffisamment paier, J. DE MEUNG, *Trésor*, 567.]
|| D'une manière suffisante. Si ces gens-là... ont — en leur pays ce qui est nécessaire à la vie, FÉN. *Tél.* 8. Instruit —, CORN. *Méd.* V, 5.

SUFFISANCE [su-fi-zäns'] *s. f.*
[Étym. Dérivé de suffire, § 146. || XIIᵉ-XIIIᵉ s. Plaine souffisanche, RENCL. DE MOILIENS, *Carité*, XLI, 12.]
|| 1° Caractère de ce qui suffit. Cette — qui ne suffit point, PASC. *Prov.* 4. Trouvant qu'elle en avait eu sa —, ST-SIM. III, 57. *Loc. prov.* Qui n'a — n'a rien. | En parlant de la capacité intellectuelle, morale. La plupart des citoyens qui ont assez de — pour élire n'en ont pas assez pour être élus, MONTESQ. *Espr. des lois*, II, 2.
|| 2° Excès de satisfaction de soi qui perce dans le ton, les manières. La — d'un parvenu, J.-J. ROUSS. *Confess.* 9.

SUFFISANT, ANTE [su-fi-zan, -zänt'] *adj.*
[Étym. Adj. particip. de suffire, § 47. || XIIᵉ s. Soffeisanz a luy mismes, *Serm. de St Bern.* p. 15.]
|| 1° Qui suffit. Mes services présents Pour le faire abolir sont plus que suffisants, CORN. *Cid*, II, 1. *Vieilli.* Rien n'est-il suffisant d'en arrêter le cours? MOL. *Dép. am.* II, 6. | *Substantivt.* En parlant de la capacité intellectuelle, morale. Moi-même en mes discours qui fais le —, RÉGNIER, *Sat.* 9. | (Philos.) Le principe de la raison suffisante, que tout effet suppose une cause qui puisse en rendre raison. || (Théol.) Grâce suffisante, que Dieu donne à tout homme et qui doit lui suffire pourvu qu'il y corresponde.
|| 2° Qui laisse percer dans son ton, ses manières, un excès de satisfaction de soi. Des gens brusques, inquiets, suffisants, LA BR. 5. Avoir un air, un ton —.

SUFFIXE [süf-fiks'] *s. m.*
[Étym. Emprunté du lat. suffixus, fixé dessous, après. (*Cf.* affixe, préfixe.) || *Néolog.* Admis ACAD. 1878.]
|| (Gramm.) Placé après. *Spécialt.* Une lettre, une syllabe —, et, *substantivt, au masc.* Un —, ce qui, dans un mot, s'ajoute à la racine pour déterminer le rôle du mot comme partie du discours.

SUFFOCANT, ANTE [su-fò-kan, -känt'] *adj.*
[Étym. Emprunté du lat. suffocans, part. de suffocare, suffoquer. || 1690. Suffoquant, FURET.]
|| (T. didact.) Qui suffoque. Une vapeur suffocante.

SUFFOCATION [su-fò-kà-syon; *en vers*, -si-on] *s. f.*
[Étym. Emprunté du lat. suffocatio, m. s. || XIVᵉ s. Grans suffocations, EVRART DE CONTY, *Probl. d'Aristote*, dans GODEF. *Compl.*]
|| (T. didact.) Etat où la respiration est coupée, interceptée.

SUFFOQUER [su-fò-ké] *v. tr.*
[ÉTYM. Emprunté du lat. suffocare, *m. s.* || XIVᵉ s. L'esprit animal en est suffoqué ou offusqué, *Somme Mᵉ Gautier*, mss franç. Bibl. nat. 1288, fᵒ 19, vᵒ.]
I. *V. tr.* Intercepter la respiration à (qqn). Une puanteur capable de — les hommes les plus vigoureux, FÉN. *Tél.* 11. *Fig.* Accabler. Je me serais laissé surmonter et — par mes affaires, SÉV. 941. | *P. ext.* Tuer en interceptant la respiration. Fauste... fut suffoquée dans le bain, BOSS. *Hist. univ.* I, 11. || *Fig.* Causer un saisissement (de surprise, de douleur, de colère, etc.). Je ne m'étonne pas que mon fils ait été suffoqué par sa présence, SÉV. 338.
II. *Famil. V. intr.* Avoir la respiration interceptée. Amazan fit de si prodigieux éclats de rire, qu'il fut près de —, VOLT. *Princ. de Babyl.* 9. || *Fig.* Éprouver un saisissement (de surprise, de douleur, de colère). Le malheureux suffoquait de colère, J.-J. ROUSS. *Ém.* 1.

SUFFRAGANT [su-frà-gan] *adj.* et *s. m.*
[ÉTYM. Emprunté du lat. ecclés. suffraganeus, *m. s.* dérivé de suffragari, seconder, confondu avec suffragans, part. du même verbe. || XIIIᵒ s. Et après lor suffragans, *Règle du Temple*, dans DELB. *Rec.*]
|| (T. ecclés.) Évêque —, et, *substantivt*, —. | 1. Évêque subordonné à un archevêque. Les suffragants de l'archevêque de Bourges. | 2. Évêque *in partibus* faisant les fonctions épiscopales dans un évêché. | *P. ext.* Le — d'un pasteur (protestant), pasteur qui le seconde, le remplace. | *P. plaisant. Fig.* Si votre femme, de sa grâce, Ne vous donne aucun —, LA F. *Contes, Coupe enchantée.*

SUFFRAGE [su-fràj] *s. m.*
[ÉTYM. Emprunté du lat. suffragium, *m. s.* || 1289. Suffrages d'oroisons a Nostre Seigneur, dans DELB. *Rec.*]
|| Vote par lequel qqn fait connaître qu'il est favorable à tel ou tel candidat, à telle ou telle résolution. Solliciter, obtenir, briguer les suffrages. — restreint, où tous les citoyens ne sont pas électeurs. — universel, où tous les citoyens sont électeurs. *Fig.* L'État des belles-lettres est populaire, Chacun y apporte son —, LA F. *Eunuque*, avert. || *P. anal.* Appréciation par laquelle on se montre favorable à qqn, à qqch. Chacune avait sa brigue et de puissants suffrages, RAC. *Esth.* I, 1. Rome, aussi bien que moi, vous donne son —, ID. *Brit.* II, 3. Des ouvrages Où tout Paris en foule apporte ses suffrages, BOIL. *Art* p. 3. || (Liturgie.) Suffrages, prières de l'Église, des saints, pour les fidèles. *Spéciall.* Prière à la fin de laudes et de vêpres pour obtenir l'intercession des saints. Menus suffrages, courtes oraisons que des personnes pieuses récitent dans la même intention à la suite de l'office. | *Fig.* Menus suffrages, choses accessoires. Époux, quand ils sont sages, Ne prennent garde à ces menus suffrages, LA F. *Contes, Rémois.*

SUFFUMIGATION [süf-fu-mi-gà-syon ; *en vers*, si-on] *s. f.*
[ÉTYM. Emprunté du lat. suffumigatio, *m. s.* || 1574. Encensemens et suffumigations, J. TIGEON, *St Cyprien*, dans DELB. *Rec.* Admis ACAD. 1762.]
|| (T. didact.) Fumigation en dessous.

SUFFUSION [süf-fu-zyon ; *en vers*, -zi-on] *s. f.*
[ÉTYM. Emprunté du lat. suffusio, *m. s.* || XVIᵉ s. Suffusions, inflammations, PARÉ, XV, 34.]
|| (Médec.) Épanchement sous la peau. — de sang aux joues.

SUGGÉRER [süg'-jé-ré] *v. tr.*
[ÉTYM. Emprunté du lat. suggerere, *m. s.* || XVᵉ s. *Intern. Consolat.* II, 58.]
|| (T. didact.) || **1ᵒ** *Ancienn.* Faire venir dans. Me suggérant la manne à ma lèvre amassée, RÉGNIER, *Élég.* 4.
|| **2ᵒ** *Fig.* Faire venir dans la pensée. Quels timides conseils m'osez-vous —? RAC. *Ath.* III, 6. — à qqn une résolution.

SUGGESTIF, IVE [süg'-jès'-tìf, -tìv] *adj.*
[ÉTYM. Emprunté de l'angl. suggestive, *m. s.* de to suggest, suggérer, § 8. || *Néolog.*]
|| (T. didact.) Qui a le pouvoir de suggérer.

SUGGESTION [süg'-jès'-tyon ; *en vers*, -ti-on] *s. f.*
[ÉTYM. Emprunté du lat. suggestio, *m. s.* || XIIᵒ s. Despis la première sugestion de pechié, *Dial. anime conquer.* 29, dans *Romania*, 1876, p. 307.]
|| (T. didact.) Action de suggérer, de faire venir dans la pensée. Prêter l'oreille aux suggestions de qqn. Les suggestions de l'amour-propre. || *Spéciall.* Pouvoir magnétique attribué à certaines personnes sur les résolutions d'une autre.

SUGILLATION [su-jïl'-là-syon ; *en vers*, -si-on] *s. f.*
[ÉTYM. Emprunté du lat. sugillatio, *m. s.* || 1545. Suggillations ou meurtrissures, G. GUÉROULT, dans DELB. *Rec.*]
|| (Médec.) | 1. Altération de la peau, sur laquelle se forment des taches, dans certaines maladies, comme le scorbut. | 2. Tache violacée sur les cadavres. (*Cf.* lividité.)

1. SUICIDE [sui-sid' ; *en vers*, su-i-...] *s. m.*
[ÉTYM. Composé avec le lat. sui, génitif de se, soi, et cædere, tuer, d'après homicide 2, parricide 2, etc. § 273. || Mot dû à l'ABBÉ DESFONTAINES (*V. Le pour et le contre*, IV, p. 61). Admis ACAD. 1762.]
|| Acte de celui qui se tue lui-même.

2. *SUICIDE [sui-sid' ; *en vers*, su-i-...] *s. m.* et *f.*
[ÉTYM. Tiré de suicide 1 d'après homicide 1, parricide 2, etc. || 1752. TRÉV. Admis ACAD. 1798.]
|| Personne qui se tue elle-même.

SUICIDÉ. *V.* suicider (se).

***SUICIDER (SE)** [sui-si-dé ; *en vers*, su-i-...] *v. pron.*
[ÉTYM. Dérivé de suicide 1, § 266. ACAD. ne donne que suicidé, homicide de soi-même. || *Néolog.*]
|| Se tuer soi-même. *Au part. passé pris substantivt.* Un suicidé, une suicidée, un homme, une femme qui s'est donné la mort.

SUIE [sui] *s. f.*
[ÉTYM. Origine inconnue. || XIIᵉ s. Amertume Pejor que suie ne que fiel, *Énéas*, 8220.]
|| Matière noire, provenant de la combustion incomplète des matières organiques, que la fumée dépose à la surface des corps avec lesquels elle est en contact. Une cheminée engorgée de —.

SUIF [suif] *s. m.*
[ÉTYM. Du lat. sębum, *m. s.* devenu siu, sui, suif, §§ 309, 434 et 291.]
|| Graisse fondue des animaux ruminants (bœuf, mouton, etc.), dont on fabrique des chandelles et des bougies stéariques. — en branche, tel qu'on le tire du corps de l'animal, et avant qu'il soit fondu. — en jatte ou en pain, coulé dans une forme en bois. Cuir en plein —.

SUIFFER [sui-fé], et, *vieilli*, **SUIVER** [sui-vé] *v. tr.*
[ÉTYM. Dérivé de suif, §§ 64 et 154. || XVᵉ-XVIᵉ s. Il y convient monstrer carenne Et ung peu la fienner (corr. sieuver), *Actes des Apostres*, II, fᵒ 156, vᵒ, édit. 1537. Admis ACAD. 1694 (suiver) et 1835 (suiffer).]
|| (Technol.) Enduire de suif. — un vaisseau.

SUINT [suin ; *en vers*, su-in] *s. m.*
[ÉTYM. Pour suin, dérivé de suer, soit avec le suffixe in, § 100, soit avec le suffixe ain, § 96. || 1410. Suing, dans GODEF. crotin.]
|| (Technol.) || **1ᵒ** Matière grasse que sécrète la peau des moutons et qui, imprégnant la toison, rend la laine moelleuse et impénétrable à l'eau. Laine en —, qui n'a pas été dégraissée. (*Cf.* surge.)
|| **2ᵒ** *P. ext.* Écume qui surnage sur le verre en fusion.

SUINTEMENT [suint'-man ; *en vers*, su-in-te-...] *s. m.*
[ÉTYM. Dérivé de suinter, § 145. || 1722. Suintement et ulcération interne de la choroïde, *Merc. de France*, II, p. 113. Admis ACAD. 1762.]
|| Action de suinter, de s'écouler presque insensiblement.

SUINTER [suin-té ; *en vers*, su-in-té] *v. intr.*
[ÉTYM. Dérivé de suint, § 154. || XVIᵉ s. Il n'en peut suinter assez d'aliment, PARÉ, VIII, 15.]
|| S'écouler presque insensiblement.

SUISSE [suis'] *s. m.*
[ÉTYM. Nom propre de peuple, § 36. || Admis ACAD. 1762.]
|| **1ᵒ** Celui qui est chargé de la garde d'une église, et précède le clergé dans les cérémonies, vêtu du costume des anciens Suisses de la garde.
|| **2ᵒ** Concierge d'une grande maison, d'un palais, portant un costume analogue. J'évite par là d'apprivoiser un — ou de fléchir un commis, LA BR. 9. || *P. jeu de mots.* (Loc. prov. s'appliquant aux Suisses loués comme soldats mercenaires.) Point d'argent, point de —, et ma porte était close, RAC. *Plaid.* I, 1.

SUITE [suit'] *s. f.*
[ÉTYM. Du lat. pop. *sęquita, subst. particip. de *sequere, suivre, § 45, devenu *sieiute, siute, suite, §§ 316, 392, 290 et 291. Au sens **III** on trouve suytes dans DU FOUILLOUX (1561), p. 140 ; FURET. et TH. CORN. ne donnent que suites. || XIIᵉ s. Cil ki prendra larrun senz siwte, *Lois de Guill. le Conq.* 4, Matzke.]

I. || **1°** *Anciennt.* Action de suivre. || *Spéciall.* | **1.** (Chasse.) La — du limier, action du limier qui suit, sans perdre la voie, le gibier qu'on a fait lever. Les chiens font —. | **2.** (Droit.) Droit de —, droit qui continue à s'exercer sur une personne, une chose, en quelque lieu qu'elle ait passé.

|| **2°** Situation de ce qui suit. Une chose qui fait — à une autre. Marcher à la — les uns des autres. Quelques chefs qui marchent à ma —, RAC. *Iph.* v, 2. Considère... Quelle foule de maux l'amour traîne à sa —, ID. *Andr.* II, 5. || *P. ext.* Ordre dans lequel les choses se suivent. Des soins d'une très longue —, MOL. *Mis.* III, 1. La force de la vérité qui se faisait sentir dans la — de son raisonnement, FÉN. *Tél.* 20. J'ai vu du sang, des morts, et n'ai rien vu de —, CORN. *Hor.* I, 2. Ses discours étaient contraints et sans —, VOLT. *Zadig,* 7. Vous admirerez la — des conseils de Dieu, BOSS. *Hist. univ.* dessein général. Avoir de la — dans les idées. Mettre de la — dans ce qu'on fait, avoir l'esprit de —. | Il est venu deux fois de —, deux jours de —. Tout d'une —, tout de —, sans interruption. Je vous défie de les lire (ses lettres) tout de —, SÉV. 435. | Tout de —, sans délai. Répondez-moi tout de —.

II. Ce qui suit (qqn, qqch).

|| **1°** Ceux qui suivent qqn, qui l'accompagnent. Pour sa — il n'a que notre troupe, CORN. *Cinna,* I, 3. De sa — avec vous qu'elle règle le nombre, RAC. *Ath.* v, 2. La — du roi. Les gens de la —. | La — d'un discours, d'un récit, d'un entretien, d'un livre, etc., ce qui suit la partie qu'on a déjà lue, entendue. Télémaque... reprit ainsi la — de son récit, FÉN. *Tél.* 4. Pour entendre ce passage, il faut lire la —.

|| **2°** Réunion de choses qui se suivent. Toute sa vie n'est qu'une — de crimes. De leur race heureuse Devait sortir de rois une — nombreuse, RAC. *Ath.* I, 4. Les changements mémorables que la — des temps a faits dans le monde, BOSS. *Hist. univ.* dessein général. La — des choses qui sont arrivées à un peuple, ID. *ibid.*

|| **3°** Ce qui suit une chose comme conséquence de ce qui a précédé. Donner — à un projet. L'affaire n'a pas eu de —. Les conquêtes de Rome étaient la — d'un dessein bien entendu, BOSS. *Hist. univ.* III, 6. Les suites de ce mot (mariage)... Me font voir un mari, des enfants, MOL. *F. sav.* I, 1. | Suites de couches, phénomènes qui surviennent après l'accouchement et en sont la conséquence. | Par —, par une conséquence de ce qui précède.

III. *Au plur.* (Vénerie.) Testicules du sanglier (dits aussi luites).

***SUITÉ, ÉE** [sui-té] *adj.*

[ÉTYM. Dérivé de suite, § 118. || *Néolog.*]

|| (Technol.) Qui a une suite. *Spéciall.* Jument suitée, suivie d'un poulain.

1. SUIVANT [sui-van; le *t* se lie] *prép.*

[ÉTYM. Tiré du part. prés. de suivre, § 48.]

|| **1°** En gardant, dans l'espace, la direction marquée par qqch. Les planètes se meuvent — des orbites elliptiques dont le soleil occupe un des foyers.

|| **2°** En observant la règle, la mesure indiquée par qqch. (*Syn.* selon.) Parler — sa conscience. Composer — les règles. Agir — les ordres qu'on a reçus. *Loc. conj.* — qu'on m'aime ou hait, j'aime ou hais à mon tour, CORN. *Sertor.* III, 2.

2. SUIVANT, ANTE [sui-van, -vänt] *adj.* et *s. m.* et *f.*

[ÉTYM. Adj. et subst. particip. de suivre, § 47. || 1295. Se déduit de l'existence de l'adverbe sivannent à cette date, dans GODEF.]

I. *Adj.* || **1°** *Vieilli.* Qui suit, accompagne qqn. Vous êtes, ma mie, une fille suivante, MOL. *Tart.* I, 1.

|| **2°** Qui se trouve après qqch. Lisez la page suivante. Le jour —, il revint.

II. *S. m.* et *f.* || **1°** *S. m.* Celui qui suit, qui accompagne qqn. Lui qui traîne après lui tant de rois ses suivants, VOLT. *Orphel.* I, 1. *Spéciall.* Jeune animal qui suit encore sa mère. (*Cf.* suitée.) | Celui qui suit les leçons d'un maître. Aristote et ses suivants, DESC. *Passions,* art. 195. Les suivants de Thémis (les légistes), REGNARD, *Ép.* 5.

|| **2°** *S. f.* Celle qui suit, accompagne qqn. On m'a faite, Dieu merci, Sa sœur, et non sa suivante, LA F. *Fab.* VII, 17.

***SUIVER.** *V.* suiffer.

SUIVRE [suivr'] *v. tr.*

[ÉTYM. Du lat. pop. *sĕquere (class. sĕqui, § 601), *m. s.* devenu *sieivre, sivre, §§ 306, 392, 290 et 291, puis suivre d'après il suit. (*Cf.* suite.)]

I. Venir après (qqn, qqch).

|| **1°** Venir après (qqn) en l'accompagnant. Robin mou-

ton qui, par la ville, Me suivait pour un peu de pain, LA F. *Fab.* IX, 19. Comme un recteur suivi des quatre Facultés, BOIL. *Sat.* 3. Suivez-moi chez Pallas, RAC. *Brit.* I, 3. Je te suivrai partout et mourrai si tu meurs, CORN. *Poly.* v, 3. *Absolt.* C'était à vous de —, au vieillard de monter, LA F. *Fab.* III, 1. | *P. anal.* — qqn dans la tombe, mourir peu de temps après lui. *Ellipt.* Je ne mourrai pas seule, et quelqu'un me suivra, RAC. *Andr.* v, 2. — qqn des yeux, avoir les yeux fixés sur lui pendant qu'il s'éloigne. Le roi... le suit des yeux aussi loin qu'il le peut, FÉN. *Tél.* 23. — de l'œil un char fuyant dans la carrière, RAC. *Phèd.* I, 3. — qqn de la pensée, avoir la pensée occupée de lui, quand il n'est plus là. | *P. anal.* En parlant d'une chose, s'attacher à qqn. L'effet du malheur qui me suit, CORN. *Pomp.* III, 4. Intrépide, et partout suivi de la victoire, RAC. *Andr.* III, 3.

|| **2°** Se trouver après qqch (dans l'espace, dans le temps). La maison qui suit la vôtre. Deux numéros qui se suivent. Un instant qui fuit Et ne peut m'assurer de celui qui le suit, CORN. *Poly.* IV, 3. *Loc. prov.* Les jours se suivent et ne se ressemblent pas. Et l'offre de mon bras suivit celle du cœur, CORN. *Cinna,* v, 2. Une promesse non suivie d'effet. Autant que tu l'as pu les effets l'ont suivie (cette inclination), CORN. *Cinna,* v, 1. La bonne cause d'abord suivie de bons succès, BOSS. *R. d'Angl.* Une mort prompte eût suivi cette audace, RAC. *Baj.* I, 1. || *Absolt.* La première (roue) y meut la seconde, Une troisième suit, LA F. *Fab.* IX, 20, *Disc. à* Mme *de la Sablière.* Le volume qui suit. Elle m'a répondu ce qui suit. Les événements qui ont suivi. | *Au sens intr. Fig.* Venir comme conséquence de ce qui a précédé. La conséquence qui suit d'un tel raisonnement. Cela suit de la doctrine de Vasquez, PASC. *Prov.* 6. Quelles sont les lois qui suivent de cette nature? MONTESQ. *Espr. des lois,* III, 1.

II. Se diriger conformément à (qqch, qqn).

|| **1°** Garder, dans l'espace, la direction marquée par qqch. Il suivait tout pensif le chemin de Mycènes, RAC. *Phèd.* v, 6. Suivez le fond de la rivière, FLOR. *Fab.* I, 7. || *Fig.* Observer dans sa conduite la règle, la mesure indiquée par qqn, par qqch. — l'impulsion de qqn. — son inspiration, son instinct. Ils suivaient sans remords leur penchant amoureux, RAC. *Phèd.* IV, 6. Si de vos flatteurs vous suivez la maxime, ID. *Brit.* IV, 3. — l'exemple de qqn. C'est un exemple à —. Suivez de point en point ces ordres importants, RAC. *Ath.* v, 3. Pourquoi suit-on les anciennes lois? PASC. *Pens.* v, 4. Et ce sont, malgré lui, les tiens (conseils) que j'ai suivis, CORN. *Cinna,* v, 1. *Ellipt.* Les dieux qui m'inspiraient et que j'ai mal suivis, RAC. *Mithr.* IV, 2. Ceux qui suivent Aristote (la doctrine d'Aristote). Les Jacobins se croient obligés de — saint Thomas, MALEBR. *Rech. de la vérité,* v, 6.

|| **2°** Garder une direction, une ligne de conduite prise. Quel diable d'étourdi, qui suit toujours sa pointe! MOL. *Scap.* III, 10. — son raisonnement jusqu'au bout. — le fil de son discours. Qu'on la suive tout au long (l'hypothèse), PASC. *Pens.* XIX, 1 *bis.* L'œuvre de Dieu a été suivie, BOSS. *Hist. univ.* II, 25. — une carrière, une profession. Il quitta la profession de son père, après l'avoir suivie pendant quelque temps, BARTHÉLEMY, *Anacharsis,* 67. L'étrangère qui aura épousé un Français suivra la condition de son mari, *Code civil,* art. 12. *Ellipt.* Suivez Mars (la carrière de Mars, le métier militaire), LA F. *Fab.* III, 1. — le barreau, le théâtre, un cours, la station d'un prédicateur, y aller assidûment. *Ellipt.* — un professeur, un prédicateur, aller assidûment à ses leçons, à ses sermons. — le discours de qqn, et, *ellipt,* — qqn, être attentif à ce qu'il dit, ne rien perdre de ce qu'il dit.

1. SUJET, ETTE [su-jè, -jèt'] *adj.*

[ÉTYM. Emprunté du lat. subjectus, *m. s.* devenu subjet, sujet, § 503. || XII° s. Sugez setes, *Psaut. d'Oxf.* XXXVI, 6. Tute Ydumee lui fud subjecte, *Rois,* II, 8.]

|| **1°** Soumis à une autorité souveraine. | **1.** *Vieilli.* Avec la prép. à. Cambyse, roi de Perse, — à l'empire des Mèdes, BOSS. *Hist. univ.* I, 7. Vous êtes, comme nous, Sujette à ce pouvoir, RAC. *Brit.* IV, 1. | **2.** Avec la prép. de. L'Égypte... devint sujette des Perses, BOSS. *Hist. univ.* III, 5. Rome est sujette d'Albe, CORN. *Hor.* III, 6. Un État où personne ne fût — que de la loi, BOSS. *Hist. univ.* III, 6. | **3.** *Absolt.* Rome eût été du moins un peu plus tard sujette, CORN. *Hor.* III, 6. || *Substantivt.* Personne soumise à une autorité souveraine. Je... me compte déjà pour un de vos sujets, CORN. *Hor.* II, 1. Louis a brisé les fers dont tu accablais tes sujets, BOSS. *Marie-Thérèse.* | *P. ext.* En parlant d'une ville. Corinthe est bon —, Mais il veut voir son roi, CORN. *Méd.* II, 6.

‖ **2°** Soumis à telle ou telle nécessité. Dieu, en punition, le rendit (l'homme) — à la mort, PASC. *Prov.* 11. La vertu n'était point sujette à l'ostracisme, BOIL. *Sat.* 11. Être — à caution (avoir besoin de garantie), ne pas inspirer la confiance. Ils créèrent des gouverneurs ou présidents perpétuels, mais sujets à rendre compte de leur administration, BOSS. *Hist. univ.* I, 5. ‖ **3°** Soumis à telle ou telle éventualité. L'homme est — à l'erreur. Je vous plains d'être sujette à des humeurs noires, SÉV. 272. Un refus — au repentir, RAC. *Brit.* II, 3. Être — à se tromper. J'ai toujours été sujette à suer, SÉV. 1209.

2. SUJET [su-jè] *s. m.*
[ÉTYM. Emprunté du lat. scolast. subjectum, *m. s.* § 503. ‖ XIVᵉ s. Un habit parfait son subjet en quoy il est, ORESME, *Éth.* dans LITTRÉ.]
‖ **1°** Ce qui fournit matière à qqch. C'était un beau — de guerre, LA F. *Fab.* VII, 16. Les Grecs... Vous donneront bientôt d'autres sujets de larmes, RAC. *Andr.* I, 4. Les sujets de plaintes qu'il lui a donnés, HAMILT. *Gram.* p. 71. Avoir un — de mécontentement, d'inquiétude. Sans faire encor de moi vos sujets de risée, CORN. *Suiv.* V, 3. Digne — des vœux des filles de Minos, RAC. *Phèd.* II, 5. Et sur le trône assis le — de tes pleurs, ID. *Esth.* I, 1. ‖ Vous auriez — de vous plaindre. C'est leur donner — de croire..., PASC. *Pens.* XXII, 1. Vous n'avez pas — de vous réjouir. J'ai — d'espérer. ‖ Voilà donc le — qui vous trouble l'esprit? MOL. *Mis.* IV, 3. Quel — si pressant à sortir vous convie? CORN. *Poly.* I, 2. Vous me la chassez pour un maigre —, MOL. *F. sav.* II, 7. MAXIME : Vous me semblez pensif. — CINNA : Ce n'est pas sans —, CORN. *Cinna*, III, 2. *Spécialt.* Matière sur laquelle on parle, on écrit, on compose. On nous jette de tous côtés cent brocards à votre —, MOL. *Av.* III, 1. Un — d'entretien, de délibération. Passer d'un — à un autre. Elle... devait être sitôt après le — d'un discours semblable, BOSS. *D. d'Orl.* Si les expressions ne répondent pas à un — si vaste et si relevé, ID. *R. d'Angl.* Un orateur plein de son —. ‖ Un — de comédie, de tragédie. N'offrez point un — d'incidents trop chargé, BOIL. *Art p.* 3. Il ne faut pas toujours tellement épuiser un — qu'on ne laisse rien à faire au lecteur, MONTESQ. *Espr. des lois*, XI, 20. Un — de tableau. Le — d'une fugue, phrase qui commence la fugue et lui sert de thème. ‖ Être vivant, cadavre sur lequel on fait des opérations, des expériences. Cette opération ne réussit pas sur tous les sujets. Un — magnétique. ‖ Arbre, arbrisseau sur lequel on pratique la greffe.

‖ **2°** Personne en qui se trouvent certaines qualités. A l'égard des vertus, rarement on les voit, Toutes en un — éminemment placées, Se tenir par la main, LA F. *Fab.* VIII, 25. La beauté est partagée en mille différentes manières : le — le plus propre à la soutenir, c'est une femme, PASC. *Amour.* L'homme n'est qu'un — plein d'erreur naturelle et ineffaçable sans la grâce, ID. *Pens.* III, 19. La bonté qui est si aimable en tous les sujets où elle se trouve, VOIT. *Lett.* 22. *Absolt. Famil.* Un bon, un mauvais —, une personne qui se conduit bien, qui se conduit mal.
‖ **3°** (Gramm.) Terme de la proposition dont on affirme une manière d'être. (*Cf.* attribut.)

SUJÉTION [su-jé-syon ; *en vers*, -si-on] *s. f.*
[ÉTYM. Emprunté du lat. subjectio, *m. s.* rendu par subjection, sujétion, § 503. (*Cf.* le doublet subjection.) ‖ XIIᵉ s. Et met en se subjection Touts l'oneur, GAUT. D'ARRAS, *Eracle*, 2815.]
‖ **1°** Situation où l'on est soumis à une autorité souveraine. Carthage la Neuve, qui tenait l'Espagne en —, BOSS. *Hist. univ.* I, 8. Il devenait sujet sans qu'on pût donner une époque de sa —, MONTESQ. *Rom.* 6.
‖ **2°** Situation où l'on est soumis à l'autorité de qqn. Sitôt que l'âge me permit de sortir de la — de mes précepteurs, DESC. *Méth.* 1. *Absolt.* La — d'un serviteur. C'est toujours une — pour moi d'aller les trouver, SÉV. 189. La seule — que je m'oblige de rendre, BALZ. *Lett.* III, 7.

SULFATE [sül-fät'] *s. m.*
[ÉTYM. Dérivé du radical du lat. sulfur, soufre, § 282 *bis.* ‖ 1787. G. DE MORVEAU, *Nomencl. chim.* p. 225. Admis ACAD. 1835.]
‖ (Chimie.) Sel formé par la combinaison de l'acide sulfurique avec une base.

SULFHYDRATE [sül-fi-drät'] *s. m.*
[ÉTYM. Composé avec le radical du lat. sulfur, soufre, le grec ὕδωρ, eau, et le suffixe ate, §§ 282 *bis* et 284. ‖ *Néolog.* Admis ACAD. 1878.]
‖ (Chimie.) Sel, combinaison de certains sulfures avec l'acide sulfhydrique. (*Syn.* hydrosulfate, hydrosulfure.)

SULFHYDRIQUE [sül-fi-drĭk'] *adj.*
[ÉTYM. Composé avec le radical du lat. sulfur, soufre, le grec ὕδωρ, eau, et le suffixe ique, §§ 282 *bis* et 284. ‖ *Néolog.* Admis ACAD. 1878.]
‖ (Chimie.) Composé par la combinaison du soufre avec l'hydrogène. (*Syn.* hydrosulfurique.) Acide —.

SULFITE [sül-fit'] *s. m.*
[ÉTYM. Dérivé du radical du lat. sulfur, soufre, § 282 *bis.* ‖ 1787. G. DE MORVEAU, *Nomencl. chim.* p. 228. Admis ACAD. 1835.]
‖ (Chimie.) Sel formé par la combinaison de l'acide sulfureux avec une base.

SULFURE [sül-für'] *s. m.*
[ÉTYM. Dérivé du radical du lat. sulfur, soufre, § 282 *bis.* ‖ 1787. G. DE MORVEAU, *Nomencl. chim.* p. 230. Admis ACAD. 1835.]
‖ (Chimie.) Composé binaire, combinaison du soufre avec les métaux de certains métalloïdes. — de carbone.

SULFURÉ, ÉE [sül-fu-ré] *adj.*
[ÉTYM. Emprunté du lat. sulfureus ou sulfuratus, *m. s.* ‖ 1512. Lac sulfuré, J. LE MAIRE, dans DELB. *Rec.*]
‖ *Vieilli.* (T. didact.) Qui tient du soufre.

SULFUREUX, EUSE [sül-fu-reù, -reùz'] *adj.*
[ÉTYM. Emprunté du lat. sulfurosus, *m. s.* ‖ XIIIᵉ s. Sulphureux boillons, J. DE MEUNG, *Rose*, dans DELB. *Rec.* Admis ACAD. 1718.]
‖ **1°** Qui contient du soufre. Eau sulfureuse. Vapeurs sulfureuses. Bain —.
‖ **2°** (Chimie.) Qui forme un composé acide par la combinaison du soufre avec une faible proportion d'oxygène.

SULFURIQUE [sül-fu-rĭk'] *adj.*
[ÉTYM. Dérivé du lat. sulfur, soufre, §§ 229 et 282 *bis.* ‖ 1585. Un lac plein de sulfurique onde, LE ROCQUEZ, *Mir. d'éternité*, dans DELB. *Rec.* Admis ACAD. 1835.]
‖ (Chimie.) Qui forme un composé acide par la combinaison du soufre avec une forte proportion d'oxygène. ‖ *P. ext.* Éther —, liquide incolore, volatil, qu'on obtient en chauffant de l'acide sulfurique avec de l'alcool.

ʼSULLA [sül-là] *s. m.*
[ÉTYM. Mot arabe, § 22. ‖ 1812. MOZIN, *Dict. franç.-allem.*]
‖ (Botan.) Variété de sainfoin.

SULTAN [sül-tan] *s. m.*
[ÉTYM. Mot d'origine arabe, qui se présente dans les anciens textes français sous la forme soldan, soudan, conservée jusqu'au siècle dernier et appliquée spécialement au souverain de l'Égypte, § 22. ‖ 1549. Sultan : voy. souldan, R. EST. Admis ACAD. 1694 (sens I) et 1835 (sens II).]
I. Nom donné au souverain des Turcs.
II. Corbeille à dentelles, bijoux, etc., garnie de soie. ‖ Sachet parfumé garnissant un coffret.

SULTANE [sül-tàn'] *s. f.*
[ÉTYM. Tiré de sultan, § 37. ‖ (Au sens I.) 1611. COTGR. Admis ACAD. 1694 (sens I) et 1718 (sens II).]
I. Épouse du sultan. La — favorite. La — validé, mère du sultan régnant.
II. Navire de guerre turc.

SULTANIN [sül-tà-nin] *s. m.*
[ÉTYM. Dérivé de sultan, § 245. ‖ 1611. COTGR. Admis ACAD. 1835.]
‖ Ancienne monnaie (d'or) turque. Voilà deux sultanins d'or, LES. *Gil Blas*, V, 1.

SUMAC [su-mäk'] *s. m.*
[ÉTYM. Emprunté de l'arabe sommak, *m. s.* § 22. ‖ XIIIᵉ s. Faites cuire un poucin avec sumac, *Simples medicines*, fº 46, vº. Admis ACAD. 1762.]
‖ (Botan.) Plante de la famille du térébinthe, employée en mégisserie.

SUPER [su-pé] *v. tr. et intr.*
[ÉTYM. Autre forme de souper. (*V.* souper 1.) ‖ 1420. Tu n'es pas content des biens que suppes, dans DELB. *Rec.* Admis ACAD. 1762.]
‖ (Marine.) ‖ **1°** *V. tr.* Faire adhérer en aspirant. — les étoupes au lieu d'eau.
‖ **2°** *V. intr.* Se boucher. La voie d'eau a supé.

1. SUPERBE [su-pèrb'] *s. f.*
[ÉTYM. Emprunté du lat. superbia, *m. s.* ‖ XIIᵉ s. La superbe d'icels chi tei heïrent, *Psaut. d'Oxf.* LXXIII, 23.]
‖ *Vieilli.* Orgueil qui a qqch. d'imposant. Abattons sa — avec sa liberté, CORN. *Pomp.* I, 1.

2. SUPERBE [su-pèrb'] *adj.*

[ÉTYM. Emprunté du lat. superbus, *m. s.* ‖ XIIᵉ s. Lieve les tues mains es superbes d'els, *Psaut. d'Oxf.* LXXIII, 4.]

‖ **1º** Dont l'orgueil a un caractère imposant. Cette femme — entre le front levé, RAC. *Ath.* II, 2. Ce — Hippolyte, ID. *Phèd.* I, 1. | *Substantivt.* Il résiste au —, RAC. *Ath.* II, 7. ‖ *P. ext.* Ses superbes coursiers, RAC. *Phèd.* V, 6. De quelque — distinction que se flattent les hommes, BOSS. *D. d'Orl.*

‖ **2º** Dont la beauté est imposante. Par l'espérance d'un — tombeau, BOSS. *Gournay.* Tant de superbes tours, RAC. *Ath.* V, 1. Cette ville si — en remparts, ID. *Andr.* I, 2. Un homme, une femme —.

SUPERBEMENT [su-pèr-be-man] *adv.*

[ÉTYM. Composé de superbe 2 et ment, § 724. ‖ XVIᵉ s. Maison superbement bastie, AMYOT, *Public.* 18.]

‖ D'une manière superbe. | **1.** Avec un orgueil imposant. L'homme, de sa nature, pense hautement et — de lui-même, LA BR. 11. | **2.** Avec une beauté imposante. Paré — de cette moitié de manteau, BOSS. *Panég. St Franç. d'Assise.*

SUPERCHERIE [su-pèr-che-ri] *s. f.*

[ÉTYM. Emprunté de l'ital. soperchieria, excès, § 12. ‖ 1566. H. EST. *Apol. pour Hérod.* I, 359.]

‖ **1º** *Vieilli.* Injure qu'on fait à qqn en se jouant de lui. Ce sera une — que je recevrai, BALZ. *Lett.* VII, 11.

‖ **2º** *P. ext.* Tromperie par laquelle on fait prendre à qqn une personne, une chose pour ce qu'elle n'est pas. Et, de peur de —, Le tourne, le retourne, LA F. *Fab.* V, 20. M'aurait-on... fait —, MOL. *Ét.* II, 4.

SUPERFÉTATION [su-pèr-fé-tà-syon ; *en vers*, -si-on] *s. f.*

[ÉTYM. Emprunté du bas lat. superfetatio, *m. s.* de superfetare, engendrer par-dessus. ‖ XVIᵉ s. PARÉ, XVIII, 6. Admis ACAD. 1762.]

‖ (T. didact.) (Physiol.) Formation d'un second fœtus par-dessus un premier antérieurement conçu. ‖ *Fig.* Addition qui surcharge inutilement.

SUPERFICIE [su-pèr-fi-si] *s. f.*

[ÉTYM. Emprunté du lat. superficies, *m. s.* ‖ XIIᵉ-XIIIᵉ s. Tant nos ostons la superfice de vertut, *Job*, dans *Rois*, p. 448.]

‖ (T. didact.) ‖ **1º** Partie d'un corps qui forme le dessus (par opposition aux parties profondes). (*Syn.* surface.) Gratter la — d'un mur. Une lésion qui n'atteint que la — de la peau. (Droit.) La — cède au fonds, ce qui est bâti ou planté sur un fonds de terre appartient au propriétaire du fonds. Droit de —, propriété de ce qui est bâti ou planté sur le fonds, détachée par convention de la propriété du fonds. ‖ *Fig.* Manque de profondeur (dans les choses de l'esprit). L'esprit de ce pays n'est qu'en —, REGNARD, *Joueur*, II, 4. Elle sait un peu de tout, j'ai aussi une petite teinture, de sorte que nos superficies s'accommodent fort bien ensemble, SÉV. 1171. Ceux-ci (les grands) n'ont que des dehors et qu'une simple —, LA BR. 9. S'arrêter à la —, ne pas approfondir. Je me tenais nageant sur les superficies, ST-SIM. XI, 216.

‖ **2º** L'étendue, la mesure de la surface d'un corps, surtout d'un terrain. Évaluer la — d'un champ. La — de la France. L'are est une mesure de —.

SUPERFICIEL, ELLE [su-pèr-fi-syèl ; *en vers*, -si-èl] *adj.*

[ÉTYM. Emprunté du lat. superficialis, *m. s.* ‖ 1314. L'autre en parfont, l'autre mains et plus superficiel, *Chirurg. de Mondeville*, 2014, Bos.]

‖ (T. didact.) ‖ **1º** Qui n'est qu'à la superficie. Une lésion, une brûlure superficielle. ‖ *Fig.* Qui manque de profondeur (dans les choses de l'esprit). Un examen —. N'avoir qu'une teinture superficielle des sciences. Un esprit, un observateur —.

‖ **2º** Relatif à la superficie, à l'étendue de la surface d'un corps. Le mètre —, le mètre carré. Évaluer des travaux à tant le mètre —.

SUPERFICIELLEMENT [su-pèr-fi-syèl-man ; *en vers*, -si-è-le-...] *adv.*

[ÉTYM. Composé de superficielle et ment, § 724. ‖ 1314. Soit cauterizé le lieu superficialment, *Chirurg. de Mondeville*, 1779, Bos.]

‖ (T. didact.) D'une manière superficielle. | **1.** A la superficie. Une éraflure qui ne l'a atteint que —. | *Fig.* Sans approfondir. J'ai dit que vous aviez lu —, SÉV. 1273. | **2.** En superficie. Évaluer — l'étendue d'un terrain.

SUPERFIN, INE [su-pèr-fin, -fin'] *adj.*

[ÉTYM. Composé avec le lat. super, par-dessus, et fin adj. § 275. (*Cf.* surfin.) ‖ 1704. TRÉV. Admis ACAD. 1762.]

‖ (Commerce.) Qui a une qualité supérieure de finesse. Du drap —.

SUPERFLU, UE [su-pèr-flu] *adj.*

[ÉTYM. Emprunté du lat. superfluus, *m. s.* ‖ XIIIᵉ s. Affliction et cure superflue, *Bible*, dans GODEF.]

‖ (T. didact.) ‖ **1º** Qui est en plus de ce qui est nécessaire. L'abondance des choses nécessaires, le mépris des superflues, FÉN. *Tél.* 5. Retrancher les ornements superflus. ‖ *Substantivt, au masc.* Le —, ce qu'on a en plus de ce qui est nécessaire. Pour le pourvoir (le pauvre) de ce nécessaire qu'il n'a pas, vous emploierez ce — que vous avez, BOURD. *Aumône*, 1. Le —, chose très nécessaire, VOLT. *Mondain.*

‖ **2º** *P. ext.* Qui est en dehors de ce qui est utile. Que nous servent, hélas! ces regrets superflus? RAC. *Esth.* I, 5. N'attirez point sur vous des périls superflus, ID. *Mithr.* IV, 4.

SUPERFLUITÉ [su-pèr-flui-té ; *en vers*, -flu-i-té] *s. f.*

[ÉTYM. Emprunté du lat. superfluitas, *m. s.* ‖ 1180. D'orguel, de superfluité, *Jérusalem*, 1188, Fuhrken.]

‖ (T. didact.) ‖ **1º** Caractère superflu d'une chose. Il faut éviter la — dans les ornements. La table, toutefois, sans —, BOIL. *Sat.* 10.

‖ **2º** Chose superflue. Superfluités dont on se fait des besoins, MASS. *Conf. Reven. ecclés.* 1.

SUPÉRIEUR, EURE [su-pé-ryeur ; *en vers*, -ri-eur] *adj.*

[ÉTYM. Emprunté du lat. superior, *m. s.* La forme pop. *sevreur* s'est conservée dans qqs noms de lieux. ‖ XIIᵉ s. BEN. DE STE-MORE, *Troie*, 6216.]

‖ Qui est au-dessus.

‖ **1º** Qui est au-dessus de qqch dans l'espace. Monté à l'étage —. Les membres supérieurs, les bras. La partie supérieure du cours d'un fleuve, la plus rapprochée de la source. Les provinces supérieures de l'Asie, les plus rapprochées de la source des fleuves qui les traversent.

‖ **2º** *Fig.* Qui est au-dessus de qqch, de qqn, par quelque qualité. Cette étoffe est supérieure à celle-ci (en qualité). Les premières tragédies de Corneille sont supérieures aux dernières. Les Allemands étaient supérieurs en nombre aux Français. Se croire — (en mérite) aux autres hommes. | *Absolt.* Qui est au-dessus des autres par qq qualité. Une étoffe d'une qualité supérieure. Un homme, une femme, un mérite —. Une femme supérieure. | *Rare.* Avec un degré de comparaison. Un être intelligent, plus — au monde et à moi que je ne le suis au crime, VOLT. *Dial.* 7. Vous ne les trouverez jamais si supérieurs, MONTESQ. *Espr. des lois*, XXII, 12. ‖ *P. ext.* Être — à la vanité, à l'intérêt, aux événements, ne pas se laisser vaincre par la vanité, l'intérêt, les événements. Être — à sa position, avoir plus de mérite qu'il n'en faut pour la position qu'on occupe.

‖ **3º** *Fig.* Qui est au-dessus des autres dans une hiérarchie. Dix unités simples forment une unité de l'ordre —. Les classes supérieures de la société. Un officier — (d'un grade plus élevé que le capitaine). Être nommé à un commandement —. ‖ *Substantivt.* Celui, celle qui a autorité sur un autre. On doit obéir à ses supérieurs. *Spéciall.* Celui, celle qui a autorité sur les autres dans une communauté religieuse. Le —, la supérieure d'un couvent.

SUPÉRIEUREMENT [su-pé-ryeur-man ; *en vers*, -ri-eu-re-...] *adv.*

[ÉTYM. Composé de supérieure et ment, § 724. ‖ 1694. ACAD.]

‖ D'une manière supérieure. *Absolt.* Faire qqch —. Il écrit —.

*SUPÉRINTENDANT** [su-pèr-in-tan-dan], *SUPÉRINTENDANCE** [...-dãns']. *V.* surintendant, surintendance.

SUPÉRIORITÉ [su-pé-ryó-ri-té ; *en vers*, -ri-ò-...] *s. f.*

[ÉTYM. Emprunté du bas lat. superioritas, *m. s.* ‖ XVᵉ s. Sans superiorité et legitime potesté, MONSTREL. I, 47.]

‖ **1º** État d'une personne, d'une chose qui est au-dessus des autres par quelque qualité. Ils prirent dans les négociations la même — que dans la guerre, MONTESQ. *Rom.* 2. Leur principale attention était d'examiner en quoi leur ennemi pouvait avoir de la — sur eux, ID. *ibid.* 2. Les ennemis avaient sur nous la — du nombre.

‖ **2º** *Rare.* État d'une personne qui est au-dessus des autres dans une hiérarchie. *Spéciall.* Autorité du supérieur, de la supérieure d'une communauté religieuse. En vous chargeant de la —, on n'a pas prétendu vous décharger de la régularité, BOURD. *Pens. Gouvern. relig.* 1.

SUPERLATIF, IVE [su-pèr-là-tif', -tiv'] *adj.*
[Étym. Emprunté du lat. superlativus, *m. s.* ‖ XIIIᵉ s. Et l'autre (vie) fu superlative, J. DE MEUNG, *Trésor.* 995.]
‖ (T. didact.) Qui marque le plus haut degré de la manière d'être exprimée par un qualificatif. Un adjectif —. | *P. ext. Famil.* Une vanité portée au degré —. ‖ *Substantivt.* | **1.** Un —, un adjectif ou un adverbe superlatif. Un langage si déclamatoire, si diffus, si abondant en superlatifs, STAEL, *Cor.* VII, 1. | **2.** Le —, le plus haut degré de la manière d'être exprimée par un qualificatif. — relatif, qui marque ce degré par rapport à qq personne ou chose déterminée. — absolu, sans rapport déterminé avec qq personne ou qqch. Un adjectif, un adverbe employé au —. | *P. ext. Famil.* Il est vain au — (extrêmement).

SUPERLATIVEMENT [su-pèr-là-tiv'-man; *en vers*, -ti-ve-...] *adv.*
[Étym. Composé de superlative et ment, § 724. ‖ 1564. J. THIERRY, *Dict. franç.-lat.*]
‖ (T. didact.) D'une manière superlative, au plus haut degré. *Famil.* — laid.

*****SUPERNUMÉRAIRE** [su-pèr-nu-mé-rèr]. *V.* surnuméraire.

SUPERPOSER [su-pèr-pó-zé] *v. tr.*
[Étym. Composé avec le lat. super, par-dessus, et poser, à l'imitation du lat. superponere, *m. s.* § 503. ‖ 1812. MOZIN, *Dict. franç.-allem.* Admis ACAD. 1835.]
‖ (T. didact.) Poser l'un au-dessus de l'autre.

SUPERPOSITION [su-pòr-pó-zi-syon; *en vers*, -si-on] *s. f.*
[Étym. Emprunté du lat. scolast. superpositio, *m. s.* § 217. ‖ 1740. *Observ. sur les écrits mod.* XXIV, p. 129. Admis ACAD. 1762.]
‖ (T. didact.) État de ce qui est superposé.

SUPERPURGATION [su-pèr-pur-gà-syon; *en vers*, -si-on] *s. f.*
[Étym. Composé avec le lat. super, par-dessus, et purgation, § 275. ‖ XVIIᵉ-XVIIIᵉ s. BURLET, dans TRÉV. 1732. Admis ACAD. 1740.]
‖ (Médec.) Purgation excessive.

SUPERSÉDER [su-pèr-sé-dé]. *V.* surseoir.

SUPERSTITIEUSEMENT [su-pèr-sti-syeùz'-man; *en vers*, -si-eù-ze-...] *adv.*
[Étym. Composé de superstitieuse et ment, § 724. ‖ 1549. R. EST.]
‖ D'une manière superstitieuse.

SUPERSTITIEUX, EUSE [su-pèr-sti-syeù, -syeùz'; *en vers*, -si-...] *adj.*
[Étym. Emprunté du lat. superstitiosus, *m. s.* ‖ XIVᵉ s. Aucunes choses superstioieuses, *Songe du vergier*, dans LITTRÉ.]
‖ **1°** Qui, par une religion mal entendue, prête un caractère sacré à des croyances, à des pratiques vaines. Une personne superstitieuse. *P. ext.* Des pratiques superstitieuses. | *Substantivt.* Un —, une superstitieuse, une personne superstitieuse. T'ai-je dépeint la superstitieuse? BOIL. *Sat.* 10. ‖ **2°** *Fig.* Qui observe certaines choses avec un excès de scrupules. Partisan — de la règle des trois unités.

SUPERSTITION [su-pèr-sti-syon; *en vers*, -si-on] *s. f.*
[Étym. Emprunté du lat. superstitio, *m. s.* ‖ XIVᵉ s. Nos plus grans separerent religion de superstition, RAOUL DE PRESLES, *Cité de Dieu*, dans DELB. *Rec.*]
‖ **1°** Religion mal entendue qui prête un caractère sacré à des croyances, à des pratiques vaines. La — semble n'être autre chose qu'une crainte mal réglée de la Divinité, LA BR. *Théophr. Superstition.* La — est à la religion ce que l'astrologie est à l'astronomie, VOLT. *Polit. et Législ. Tolérance.* ‖ *P. ext.* Croyance, pratique vaine à laquelle une religion mal entendue prête un caractère sacré. Et tout ce vain amas de superstitions, RAC. *Ath.* II, 4. ‖ **2°** *Fig.* Excès de scrupule avec lequel on observe certaines choses. Avoir la — de l'étiquette.

SUPIN [su-pin] *s. m.*
[Étym. Emprunté du lat. supinum, *m. s.* (*Cf.* l'anc. franç. sovin, couché sur le dos.) ‖ XIIIᵉ s. Et supins et imperatys, H. D'ANDELI, *Bat. des set ars*, 387, Héron. Admis ACAD. 1718.]
‖ (Gramm. lat.) Temps de l'infinitif analogue, pour la forme, à un participe passé, et, pour le sens, à un substantif verbal.

SUPINATEUR [su-pi-nà-teùr] *adj.*
[Étym. Dérivé du lat. supinare, mettre sur le dos, § 249.

‖ XVIᵉ s. Les muscles qui tournent la main vers le ciel, nommés supinateurs, PARÉ, I, 8. Admis ACAD. 1835.]
‖ (Anat.) Qui fait tourner en dessus. Muscle —.

SUPINATION [su-pi-nà-syon; *en vers*, -si-on] *s. f.*
[Étym. Emprunté du lat. supinatio, *m. s.* ‖ XVIIᵉ s. DIONIS, dans TRÉV. Admis ACAD. 1762.]
‖ (Anat.) ‖ **1°** Position du corps couché sur le dos. ‖ **2°** *P. anal.* Position du bras, du poignet, où la paume de la main se trouve en dessus. (*Cf.* pronation.)

*****SUPPLANTATEUR, TRICE** [su-plan-tà-teùr, -trïs'] *s. m.* et *f.*
[Étym. Emprunté du lat. supplantator, *m. s.* On trouve supplanteur au XIVᵉ s. et encore dans D'AUB. ‖ XVIᵉ s. Jacob en hebrieu signifie supplantateur, J. DE MAUMONT, dans DELB. *Rec.* Admis ACAD. 1694 (au masc.); suppr. en 1718.]
‖ *Rare.* (T. didact.) Celui, celle qui supplante qqn. Jacob... demeurera le seul et véritable — (d'Ésaü), BOSS. *Mél. des bons avec les méch.* 1.

SUPPLANTER [su-plan-té] *v. tr.*
[Étym. Emprunté du lat. supplantare, *m. s.* proprt, « donner un croc-en-jambe ». ‖ XIIᵉ s. E suplantas les eschans encuntre mei, *Psaut. d'Oxf.* XVII, 40.]
‖ Évincer (qqn) et prendre sa place. — un concurrent, un rival. Un amant supplanté, CORN. *Attila*, IV, 4. C'est trop de nous —... avec nos propres habits, MOL. *Préc. rid.* sc. 15.

SUPPLÉANCE [su-plé-ãns'] *s. f.*
[Étym. Dérivé de suppléer, § 262. ‖ *Néolog.* Admis ACAD. 1878.]
‖ (T. didact.) Fonction de celui qui supplée qqn. Être chargé de la — d'un magistrat, d'un professeur.

SUPPLÉANT, ANTE [su-plé-an, -ãnt'] *adj.*
[Étym. Adj. particip. de suppléer, § 47. ‖ 1812. MOZIN, *Dict. franç.-allem.* Admis ACAD. 1835.]
‖ (T. didact.) Qui supplée qqn. Un juge, un professeur —. Remplir les fonctions de trésorière suppléante. ‖ *Substantivt.* Un —, une suppléante, une personne qui en supplée une autre. Son — est entré en fonctions. On lui a nommé une suppléante.

SUPPLÉER [su-plé-é] *v. tr.* et *intr.*
[Étym. Emprunté du lat. supplere, *m. s.* (de sub, dessous, et plere, remplir), rendu d'abord par soupleier, souplier, par confusion avec un autre verbe soupleier, souplier (plier, supplier) que possédait la langue populaire, d'où suppléer par réaction étymologique, §§ 502 et 503. ‖ 1314. Que le liement soupliast la petitece du nerf... et fust souploie la flebeté du nerf, *Chirurg. de Mondeville*, 275, Bos.]
I. *V. tr.* ‖ **1°** *Vieilli.* Mettre, à la place de ce qui fait défaut, (qqch qui en tient lieu). L'on ne ferait que — de nouveaux députés à la place de ceux qui mourraient, MONTESQ. *Espr. des lois*, XI, 6. Le sénat ne se suppléait pas lui-même, ID. *ibid.* II, 3.
‖ **2°** Remplacer par qqch qui en tient lieu (ce qui fait défaut). — par la variété des plaisirs ce qui manque à leur solidité, MASS. *Panég. St Fr. de Paule.* ‖ **3°** Remplacer momentanément (qqn) en faisant ses fonctions. — un juge, un professeur.
II. *V. intr.* Remédier au manque de ce qui fait défaut, par qqch qui comble la lacune. Votre science Est courte là-dessus : ma main y suppléera, LA F. *Fab.* X, 16. La prudence du souverain magistrat est obligée... dans les cas extraordinaires de — à la prévoyance des lois, BOSS. *Le Tellier.*

SUPPLÉMENT [su-plé-man] *s. m.*
[Étym. Emprunté du lat. supplementum, *m. s.* ‖ 1313. Supploiement, dans GODEF. *Compl.*]
‖ (T. didact.) Ce qu'on ajoute à qqch pour le rendre plus complet. (*Syn.* complément.) Demander un — de crédit. Payer un — (dans un théâtre) pour avoir une place supérieure. Payer un — (dans un restaurant à prix fixe) pour avoir un plat de plus. Ajouter un — à un livre, à un journal. | *Spéciall.* (Géom.) Le — d'un angle, angle qu'il faut ajouter à un angle donné pour que la somme égale deux angles droits.

SUPPLÉMENTAIRE [su-plé-man-tèr] *adj.*
[Étym. Dérivé de supplément, § 248. ‖ 1812. MOZIN, *Dict. franç.-allem.* Admis ACAD. 1835.]
‖ (T. didact.) Qui vient en supplément. (*Cf.* supplétif.) Juré —, désigné pour compléter le jury en cas d'absence d'un juré titulaire. Crédit —. Angle —, qu'on ajoute à un autre angle pour que la somme égale deux angles droits.

SUPPLÉTIF, IVE [su-plé-tif', -tiv'] *adj.*
[Étym. Emprunté du lat. suppletivus, *m. s.* ‖ 1812. MOZIN, *Dict. franç.-allem.* Admis ACAD. 1835.]

|| *Vieilli.* (T. didact.) Qui sert de supplément. Articles supplétifs d'un traité, d'un contrat.

SUPPLIANT, ANTE [su-pli-yan, -vänt'] *adj.*

[ÉTYM. Adj. particip. de supplier, § 47. || 1539. R. EST.]

|| Qui supplie. L'étranger —, A. CHÉN. *Mendiant*. | Ne rougis point de prendre une voix suppliante, RAC. *Phéd*. III, 1. Des regards suppliants. || *Substantivt*. Un —, une suppliante, celui, celle qui supplie. Il faut d'un — emprunter le visage, RAC. *Mithr.* III, 1.

SUPPLICATION [su-pli-kà-syon ; *en vers*, -si-on] *s. f.*

[ÉTYM. Emprunté du lat. supplicatio, *m. s.* || XIIᵉ s. BE-NEEIT, *Ducs de Norm.* II, 83.]

|| Prière humble et pressante. Adresser des supplications à qqn.

SUPPLICE [su-plîs'] *s. m.*

[ÉTYM. Emprunté du lat. supplicium, *m. s.* || 1564. J. THIERRY, *Dict. franç.-lat.*]

|| Grave peine corporelle infligée à un condamné. Mener qqn au —. Aller, marcher au —. Ne pouvoir conserver la foi sans s'exposer au —, BOSS. *R. d'Angl.* Le dernier —, la peine de mort. Celui que leurs magistrats avaient condamné au dernier —, BOSS. *Hist. univ.* II, 26. Le — éternel, la damnation. Qui vous dira qu'une justice infinie ne s'exerce pas à la fin par un — infini et éternel? BOSS. *A. de Gonz.* | *P. hyperb.* Aller à qqch comme au —, avec une extrême répugnance. Je vais comme au — à cet illustre emploi, CORN. *Hor.* II, 5. || *Fig.* Souffrance corporelle ou morale intolérable. Des souliers où mes pieds ne soient point au —, MOL. *Éc. des m.* I, 1. Mettre incessamment mon oreille au —, ID. *F. sav.* II, 7. TARTUFFE : Vous toussez fort, Madame. — ELMIRE : Oui, je suis au —, ID. *Tart.* IV, 5. Ma vue est pour elle un —, ID. *ibid.* II, 4. La vue de son propre cœur... devient son —, FÉN. *Tél.* 18. *P. ext.* Personne qui est la cause de cette souffrance. Vivants supplices De qui se condamne à les voir, CORN. *Imit.* II, 3.

SUPPLICIER [su-pli-syé ; *en vers*, -si-é] *v. tr.*

[ÉTYM. Dérivé du lat. supplicium, supplice, § 266. ||1690. FURET.]

|| Livrer au supplice. Jésus-Christ fut supplicié entre deux criminels. | *Au part. passé pris substantivt.* Un supplicié, une suppliciée, celui, celle qui est livré au supplice.

SUPPLIER [su-pli-yé] *v. tr.*

[ÉTYM. Du lat. supplicare, *m. s.* devenu en anc. franç. soploier, soploier, souploier, puis souplier (*cf.* plier) et par réaction étymologique supplier, § 502. (*Cf.* suppléer.)]

|| Prier d'une manière très humble et très pressante. Je supplie avant tout les dieux de m'assister, LA F. *Fab.* XI, 7. Si l'on sait des nouvelles de mon voleur, je supplie que l'on m'en dise, MOL. *Av.* IV, 7. Je vous supplierai d'avoir pour agréable Que je me fasse un peu grâce sur votre arrêt, ID. *Mis.* I, 1.

SUPPLIQUE [su-plik'] *s. f.*

[ÉTYM. Emprunté de l'ital. supplica, *m. s.* subst. verbal de supplicare, supplier, § 12. (*Cf.* l'anc. franç. supplic, dans LITTRÉ, suppl.) ||1680. RICHEL.]

|| Demande écrite par laquelle on sollicite une grâce d'un souverain, d'un supérieur.

SUPPORT [su-pòr] *s. m.*

[ÉTYM. Subst. verbal de supporter, § 52. || 1467. Au support et relievement des povres ladres, dans DELB. *Rec.*]

I. *Vieilli.* Action de supporter. *Fig.* Le — des imperfections d'autrui, FÉN. *Dial. des morts, Socr., Alcib. et Timon.*

II. Ce qui supporte. | 1. Ce sur quoi porte le poids de qqch. Des piliers qui servent de — à une terrasse. En un de ses supports le temps l'avait rompue (la table), LA F. *Phil. et Baucis. Spécialt.* (Blason.) Figure (surtout d'animal) représentée des deux côtés de l'écu comme le supportant. (*Syn.* tenant.) | 2. *Fig.* Personne, chose qui sert d'appui à qqn dans le malheur. Mon Dieu, mon rédempteur, mon aide et mon —, RACAN, *Ps.* 18. J'ai perdu mon — , ma consolation, MOL. *Av.* IV, 7. Que craint-on d'un enfant sans — et sans père? RAC. *Ath.* II, 2. Ils n'ont plus de —, ID. *Mithr.* IV, 5.

SUPPORTABLE [su-pòr-tâbl'] *adj.*

[ÉTYM. Dérivé de supporter, § 93. || XVIᵉ s. Peine supportable, AMYOT, *Œuvres mor. Tranq. d'âme*, 9.]

|| Dont on peut recevoir l'effet sans en être accablé. Ma perte est —, CORN. *Rodog.* II, 2. Il trouvait le dernier (regret) beaucoup moins — que l'autre, HAMILT. *Gram.* p. 327. || *P. ext.* Une pièce, un livre, un acteur —, qui n'a rien dont on soit choqué.

SUPPORTABLEMENT [su-pòr-tà-ble-man] *adv.*

[ÉTYM. Composé de supportable et ment, § 724. || 1690. FURET.]

|| D'une manière supportable.

SUPPORTER [su-pòr-té] *v. tr.*

[ÉTYM. Emprunté du lat. supportare, *m. s.* proprt, « porter en étant dessous ». || XIIᵉ s. Ke nos adés... sorportiens li uns de nos l'atre, *Serm. de St Bern.* p. 116. | XIVᵉ-XVᵉ s. L'un l'autre supporter, EUST. DESCH. IX, 210.]

I. Avoir sur soi (une chose dont on porte tout le poids) de manière à empêcher qu'elle ne tombe. Les piliers qui supportent la voûte. Les colonnes qui supportaient l'édifice. || *Fig.* | 1. Avoir toute la charge, tout l'embarras de (qqch). Avoir à — les frais, la dépense. Il en supportera les conséquences. | 2. *Vieilli.* Soutenir (qqn). Nous ne sommes pas gens à la — dans de mauvaises actions, MOL. *G. Dand.* I, 4.

II. Recevoir sur soi sans en être ébranlé (tout l'effort de qqch). Il supporta le choc sans plier. Cette troupe supporta seule l'attaque de l'ennemi. *P. anal.* Un navire en état de — la mer. || *Fig.* Recevoir l'effet de qqch sans en être excédé. Son estomac ne supporte aucun aliment. — le froid, le chaud, les privations. Il supporte son malheur avec constance. — les défauts des autres. Ils n'en peuvent même — la vue (de la mer), BOSS. *R. d'Angl.* Se faire — de quelques grands, LA BR. 9. Les hommes doivent se — les uns les autres. Ce oui se peut-il — ? MOL. *F. sav.* I, 1. | Neptune... ne pouvait — plus longtemps que Télémaque eût échappé à la tempête, FÉN. *Tél.* 9.

SUPPOSABLE [su-pó-zâbl'] *adj.*

[ÉTYM. Dérivé de supposer, § 93. || *Néolog.* Admis ACAD. 1835.]

|| Qui peut être supposé.

SUPPOSER [su-pó-zé] *v. tr.*

[ÉTYM. Composé avec le lat. sub, par-dessous, et poser, à l'imitation du lat. supponere, *m. s.* proprt, « mettre dessous », § 503. || XIIIᵉ s. Et qui pour les acteurs le plus sain n'i supposent, J. DE MEUNG, *Test.* 74.]

I. Poser, admettre comme réalisé au moment où l'on parle (ce qu'on imagine tel). Supposons la vie de l'homme double de ce qu'elle est. Qu'avez-vous dit, Madame, et que supposez-vous? CORN. *Perth.* I, 4. Il ne faut pas — ce qui est à prouver. Supposons cela vrai. Je lui suppose des intentions coupables. *P. ext.* Une chose qui en suppose une autre, qui ne peut être vraie que si l'on admet que l'autre est vraie. La faveur des princes n'exclut pas le mérite, mais elle ne le suppose pas non plus, LA BR. 12. Vices... qui ne se supposent pas toujours l'un l'autre dans un même sujet, ID. 11. | Avec une proposition pour complément. Je suppose donc que toutes les choses que je vois sont fausses, DESC. *Médit.* 2. Je suppose qu'un moine est toujours charitable, LA F. *Fab.* VII, 3. | *Vieilli.* L'âme... suppose d'avoir les forces nécessaires pour cette conquête, PASC. *Pens.* II, 3, Faugère. | *Ellipt.* Cette conjecture supposée vraie, étant supposée vraie. Supposé (étant supposé) qu'on la puisse passer (l'onde), LA F. *Fab.* X, 13.

II. *P. ext.* Poser, présenter comme réel, authentique (ce qu'on sait ne l'être pas). Un testament supposé. Un galant homme doit-il — des lettres? LES. *Crispin rival*, sc. 21. Elle a supposé son enfant, SÉV. 891. Phorbas nous supposa ce qu'il nous en fit croire, CORN. *Œd.* III, 2. || *P. ext.* (Chasse.) Mettre (un autre animal) à la place de celui qu'on poursuit. L'animal chargé d'ans... En suppose un plus jeune, LA F. *Fab.* IX, 20, *Disc. à Mᵐᵉ de la Sablière.*

SUPPOSITION [su-pó-zi-syon ; *en vers*, -si-on] *s. f.*

[ÉTYM. Emprunté du lat. suppositio, *m. s.* Au sens II supposition est dû à RAMEAU, qui a pris le mot dans le sens étymologique du lat. suppositio, « action de mettre dessous ». || 1291. Mestre G. Pinel qui rechut en sei la supposition des choses dessus dites, dans GODEF. supposition.]

I. Action de supposer.

|| **1°** Action de poser, d'admettre comme réalisé, au moment où l'on parle, ce qu'on imagine tel. (*Syn.* hypothèse.) | *P. ext.* Proposition par laquelle on, sur laquelle on l'admet. Sans changer cette —, je trouve que je ne laisse pas d'être certain que je suis quelque chose, DESC. *Médit.* 2. Cette dernière — est la nôtre, PASC. *Pens.* XXIV, 16 ter. *Loc. famil.* Une — que, étant supposé que.

|| **2°** Action de poser, de présenter comme réel, authentique, ce qu'on sait ne l'être pas. — de testament. — d'enfant, de part (d'enfant nouveau-né). — de nom, de personne.

II. (Musique.) Addition à la basse de notes étrangères à l'accord, qui le transforment en un accord différent.

SUPPOSITOIRE [su-pò-zi-twàr] *s. m.*

[ÉTYM. Emprunté du lat. suppositorium, *m. s.* || XIIIᵉ s. Faites suppositoire, *Simples medicines*, fᵒ 67, vᵒ.]

|| (Médec.) Cône allongé d'une substance médicamenteuse solide, qu'on introduit dans l'anus, pour provoquer des évacuations.

1. SUPPÔT [su-pó] *s. m.*

[ÉTYM. Emprunté du lat. suppositus, celui qui est placé au-dessous. || 1425. Suppostz, c'est a dire les membres ou parties d'aucun corps naturel ou civil, OL. DE LA HAYE, dans DELB. *Rec.*]

|| *Anciennt.* Subordonné. Baillis, procureurs et prévôts, Suivis de leurs petits suppôts, SARRASIN, *Poés.* dans RICHEL. Le recteur de l'université et ses suppôts (régents, bedeaux, etc.). *Spécialt.* Les suppôts de la justice, les agents inférieurs. Sans craindre archers, prévôts ni suppôts de justice, BOIL. *Sat.* 8. || *De nos jours. Fig.* Ah ! — de Satan (démon), MOL. *Éc. des f.* II, 5. Vous lui servez de — (au démon), BOURD. *Scandale de la Croix*, 1. Un — de Bacchus (un ivrogne), LA F. *Fab.* III, 7.

2. SUPPÔT [su-pó] *s. m.*

[ÉTYM. Emprunté du lat. suppositum, ce qui est placé dessous. || XIVᵉ-XVᵉ s. Le suppoz de nostre œuvre, CHR. DE PISAN, *Ch. V*, v, 14.]

|| (Philos.) Ce qui sert de support aux propriétés (surtout des corps). Comment connaîtrions-nous distinctement la matière, puisque notre —, qui agit en cette circonstance, est en partie spirituel? PASC. *Pens.* I, 1.

SUPPRESSION [su-prè-syon ; *en vers*, -si-on] *s. f.*

[ÉTYM. Emprunté du lat. suppressio, *m. s.* || 1545. Suppression et abolissement, dans DELB. *Rec.*]

|| Action par laquelle qqch est supprimé. La — d'un livre. La — des fêtes, MONTESQ. *Espr. des lois*, XXIV, 23. Les coupables de... — d'un enfant, *Code pénal*, art. 345. (*Cf.* part.) Le délit de — d'état (des preuves de l'état civil d'une personne), *ibid.* art. 327. — de la transpiration, de la menstruation. || La — d'un emploi, d'un impôt.

SUPPRIMER [su-pri-mé] *v. tr.*

[ÉTYM. Emprunté du lat. supprimere, *m. s.* || 1539. R. EST.]

|| Faire disparaître, particulièrement en empêchant de se manifester. — un acte, un mémoire, un livre. On a supprimé plusieurs passages de son discours. — les preuves d'un crime. Je supprime un secret qui vous touche, RAC. *Phèd.* IV, 2. | Une maladie qui a supprimé la transpiration. || *P. ext.* — la pension de qqn. — un impôt.

SUPPURATIF, IVE [su-pu-rà-tíf, -tîv'] *adj.*

[ÉTYM. Dérivé de suppurer, § 257. || XVIᵉ s. Des resolutifs passer aux suppuratifs, PARÉ, V, 10.]

|| (T. didact.) Qui amène la suppuration. Un médicament —, et, *ellipt*, *s. m.* Un —.

SUPPURATION [su-pu-rà-syon ; *en vers*, -si-on] *s. f.*

[ÉTYM. Emprunté du lat. suppuratio, *m. s.* || 1545. Contre morsures de serpens et suppurations, G. GUÉROULT, *Hist. des plantes*, dans DELB. *Rec.*]

|| Production et écoulement de pus.

SUPPURER [su-pu-ré] *v. intr.*

[ÉTYM. Emprunté du lat. suppurare, *m. s.* (*Cf.* purée.) || XIIIᵉ s. Souperar, *Trad. de Guill. de Tyr*, II, p. 582.]

|| Produire et laisser écouler du pus. La plaie suppure.

SUPPUTATION [su-pu-tà-syon ; *en vers*, -si-on] *s. f.*

[ÉTYM. Emprunté du lat. supputatio, *m. s.* || 1539. R. EST.]

|| (T. didact.) Action de supputer. Dans la — qu'on fait des années, depuis le temps de la création jusqu'à Abraham, BOSS. *Hist. univ.* I, 12. *Absolt.* Ces messieurs sont d'une — si juste... dans toutes sortes de jeux que personne n'oserait se mesurer avec eux, HAMILT. *Gram.* p. 348.

SUPPUTER [su-pu-té] *v. tr.*

[ÉTYM. Emprunté du lat. supputare, *m. s.* || XVIᵉ s. Qui fut supputé à la somme de plus de mille escus, *Chron. bordel.* dans DELB. *Rec.*]

|| (T. didact.) Évaluer indirectement (une quantité) par le calcul de certaines données. L'estimation des revenus de l'État, selon ce nouveau système, telle qu'elle vient d'être supputée, VAUBAN, *Dime royale*, p. 125.

***SUPRAMONDAIN, AINE** [su-prà'-mon-din, -dèn'] *adj.*

[ÉTYM. Composé avec le lat. supra, au-dessus, monde, et le suffixe ain (de mondain), § 275. || XVIᵉ s. L'harmonie celeste et la supramondaine, CL. DERVET, *Orig. des langues*, dans DELB. *Rec.*]

|| (T. didact.) Qui est au-dessus du monde visible.

***SUPRASENSIBLE** [su-prà-san-sîbl'] *adj.*

[ÉTYM. Composé avec le lat. supra, au-dessus, sens et le suffixe ible (de sensible), § 275. || *Néolog.*]

|| (T. didact.) Qui est au-dessus de la réalité sensible, qui ne tombe pas sous les sens.

SUPRÉMATIE [su-pré-mà-si] *s. f.*

[ÉTYM. Adaptation de l'angl. supremacy, *m. s.* formé de supreme, suprême, d'après primacy, qui vient du franç. primatie, § 8. || XVIIᵉ s. V. à l'article.]

|| (T. didact.) Prééminence qui élève au-dessus de tous. *Spécialt.* La — du roi d'Angleterre (comme chef de l'Église). Athènes et Sparte se disputaient la — de la Grèce. La — du saint-siège.

SUPRÊME [su-prêm'] *adj.*

[ÉTYM. Emprunté du lat. supremus, *m. s.* || XVᵉ-XVIᵉ s. Supreme court de Parlement, J. D'AUTHON, dans GODEF. *Compl.*]

|| 1º Qui est au-dessus de tous. L'Être —, Dieu. J'atteste des grands dieux les suprêmes puissances, CORN. *Hor.* III, 6. Le pouvoir —, la souveraineté. La cour —, la cour de cassation. *Loc. adv.* Au — degré, et, *ellipt*, *vieilli*, Au —, au plus haut degré. || *Substantivt.* (Cuisine.) Un — de volaille, les parties les plus délicates de la volaille (filets) servies avec un coulis ou une gelée.

|| 2º Qui est le dernier de tous. (Ne se dit que dans le style relevé en parlant de la fin de la vie.) L'heure, le moment —, la mort. Les adieux suprêmes, les adieux du mourant. Les volontés suprêmes, les dernières volontés du mourant. Les honneurs suprêmes, les honneurs funèbres. Ce sont tous ses honneurs suprêmes, LA F. *Fab.* IX, 20, *Disc. à Mme de la Sablière.*

SUPRÊMEMENT [su-prêm'-man ; *en vers*, -prè-me-...] *adv.*

[ÉTYM. Composé de suprême et ment, § 724. || XVIIᵉ-XVIIIᵉ s. V. à l'article. Admis ACAD. 1878.]

|| *Rare.* D'une manière suprême. Deux qualités tout opposées qu'il avait toutes deux —, ST-SIM. III, 390.

1. SUR [sur] *prép.*

[ÉTYM. Du lat. super, devenu sovre, sour, seur, sur, § 724.]

I. Marque la position d'une chose par rapport à ce qui est plus bas, en contact avec elle, dans une même direction verticale.

|| 1º Par rapport à ce qui la porte. Le terrain sur lequel on a bâti. Fonder sur le roc. Elle demeurait immobile sur le rivage de la mer, FÉN. *Tél.* 1. Des cordages flottant sur les côtes, ID. *ibid.* 1. Se soutenir sur l'eau. Maître corbeau, sur un arbre perché, LA F. *Fab.* I, 2. Revenir sur ses pas. Marcher sur les pas de qqn. Il monte sur son cheval comme un autre, PASC. *Épict. et Mont.* Il était sur son char, RAC. *Phèd.* V, 6. Poser, prendre qqch sur la table. Assis sur un escabeau. Étendu sur le sol. Avoir la tête sur l'oreiller. Un pont sur pilotis. Un diamant monté sur griffes. Battre le fer sur l'enclume. Frapper qqn sur la tête. La clef est sur la porte. On a trouvé sur lui un poignard. Porter qqch sur son dos. S'appuyer sur qqn. Être sur son séant. Se tenir sur ses jambes. Te voilà sur tes pieds, RAC. *Plaid.* III, 3. La foudre est tombée sur la maison. || *Fig.* Crier qqch sur les toits. Pâlir sur les livres. N'allez pas sur des vers sans fruit vous consumer, BOIL. *Art p.* 1. Fixer ses regards sur qqn, son attention sur qqch. Avoir l'œil sur ses gens, MOL. *F. sav.* II, 7. Vingt fois sur le métier remettez votre ouvrage, BOIL. *Art p.* 1. S'appuyer sur le témoignage de qqn. Jurer sur l'Évangile. Croire qqn sur parole. Être prisonnier sur parole. Ne l'osez-vous laisser un moment sur sa foi? RAC. *Brit.* I, 2. Prêter sur gages. Une histoire composée sur des documents inédits. Je compte sur vous. Mangez, sur ma parole, BOIL. *Sat.* 3. Et sur quoi jugez-vous que j'en perds la mémoire? RAC. *Phèd.* II, 5. Sur quel frivole espoir penses-tu qu'il me plaigne? ID. *ibid.* II, 1. Faire tomber sa colère sur qqn. Les Grecs sur le fils persécutent le père, RAC. *Andr.* I, 2. Se décharger d'un soin sur qqn. On s'en peut reposer sur ma foi, RAC. *Iph.* III, 6. Sur l'avenir n'osant vous assurer, ID. *Brit.* I, 2. S'appesantir sur un sujet. S'étendre sur une matière. L'entretien a roulé sur lui. Parler sur la question. On veut sur vos soupçons que je vous satisfasse, RAC. *Brit.* IV, 2. Revenir sur le passé. Avoir des soupçons, des vues sur qqn. | Tirer une lettre de change sur qqn. Prendre qqch sur soi. Il a pris sur lui de donner cette autorisation. Mettre un impôt sur les riches. Prendre sur son capital. Prélever sur ses dépenses. Sur dix invités, cinq sont venus. La façade a dix mètres de longueur sur cinq de profondeur. | Se tenir sur la

défensive. Être sur ses gardes. Le prendre sur un ton peu convenable. Être sur sa bouche.

‖ **2°** Par rapport à ce qu'elle couvre, en totalité ou en partie. Appliquer un enduit sur un mur. Étendre du beurre sur du pain. Mettre la nappe sur la table. Jeter un manteau sur ses épaules. Avoir un bandeau sur les yeux. Avoir le chapeau sur la tête. Peindre sur ivoire, sur émail. Gravure sur bois. Inscrire sur un registre. Coucher qqn sur son testament. Des fleurs brodées sur un fond uni. Entasser écus sur écus. ‖ *Fig.* La consternation était peinte sur son visage. Se régler sur un modèle. Sur toi tu veux régler ton père ? RAC. *Plaid.* I, 4. Brochant sur le tout. (*V.* brocher.) Entasser mensonge sur mensonge. Je n'entasse guère Un jour sur l'autre, LA F. *Fab.* VIII, 2. | *P. ext.* En parlant de ce qui suit qqch sans intervalle. Faire quelque chose sur l'heure. Il est venu sur-le-champ. Il est sur son départ. Sur la fin du jour. Sur ce, je vous quitte. Sur cela, il me laissa seul.

II. Marque la position d'une chose par rapport à ce qui est plus bas, dans une même direction verticale. Lever le bras, la main sur qqn. Des fenêtres qui donnent sur la rue. Avoir vue sur la campagne. Le soleil est sur l'horizon. L'orage est suspendu sur sa tête. ‖ *Fig.* L'emporter sur qqn. Je chante ce héros qui régna sur la France, VOLT. *Henriade*, 1. L'empire que vous avez sur lui. Vous prenez sur mon âme un trop puissant empire, CORN. *Cinna*, I, 1. ‖ Sur toute chose, sur tout, par-dessus toute chose. Sur toute chose, Observe exactement la loi que je t'impose, CORN. *Cinna*, V, 1. (*Cf.* surtout.)

2. SUR, SURE [sur] *adj.*
[ÉTYM. Emprunté du german. sur, allem. moderne sauer, *m. s.* §§ 6, 498 et 499. (*Cf.* choucroute.) ‖ XIIe s. Molt me semble sur et amer, *Énéas*, 8004.]
‖ Qui a un goût légèrement acide.

SÛR, SÛRE [sûr] *adj.*
[ÉTYM. Du lat. secûrum, *m. s.* (*cf.* sécurité), devenu seûr, §§ 380 et 291, sûr, § 358.]
‖ **1°** Qui met à l'abri du péril. A vous mettre en lieu sûr Je m'offre pour conduite, MOL. *Tart.* V, 6. La mer la plus terrible et la plus orageuse Est plus sûre pour nous, RAC. *Esth.* III, 1. ‖ *P. ext.* Qui atteint le but avec certitude. Un ami, un confident sûr. D'une conduite si sûre dans les affaires, BOSS. *Le Tellier.* Une mémoire sûre. D'un dard lancé d'une main sûre, RAC. *Phèd.* V, 6 Remettre quelque chose en main sûre. Avoir le pied sûr. Un coup d'œil sûr. Il a le goût sûr. Pour aller au cœur la route la plus sûre, BOIL. *Art* p. 3. Un remède sûr. Parler à coup sûr. C'est le plus sûr moyen, et, *ellipt*, C'est le plus sûr, LA F. *Fab.* V, 1. *Loc. adv.* A coup sûr, immanquablement. *Famil.* Pour sûr, on peut tenir cela pour sûr. Courte, pour sûr, n'était la kyrielle, LA F. *Contes, Mari confess.*
‖ **2°** Qui croit pouvoir compter sur qqch, sur qqn. Je suis sûr de sa discrétion. Soyez sûr de mon cœur, RAC. *Andr.* IV, 3. Être sûr de soi. Il est sûr de sa mémoire. Être sûr de son coup. Il est sûr de réussir. Soyez sûr qu'il vous trompera. Sûr qu'il (Dieu) nous veut sauver tous, Ne vous alarmez point, BOIL. *Ép.* 12.

SURABONDAMMENT [su-rà-hon-dà-man] *adv.*
[ÉTYM. Pour surabondantment, composé de surabondant et ment, § 724. ‖ Vers 1350. Sourhabondamment, *Ars d'amour*, dans DELB. *Rec.*]
‖ D'une manière surabondante.

SURABONDANCE [su-rà-bon-dâns'] *s. f.*
[ÉTYM. Composé de sur 1 et abondance, à l'imitation du lat. superabundantia, *m. s.* ‖ Vers 1350. Toute sorhabondance fait a blasmer, *Ars d'amour*, dans DELB. *Rec.*]
‖ Abondance qui va au delà de ce qui est nécessaire. (*Syn.* exubérance.) La — de la population. La — des humeurs. La — de la graisse les fait quelquefois mourir, BUFF. *Brebis* | *Fig.* — de droit. Il y a chez lui — de vie. Une — d'amitié qui me surprit, SÉV. 150. Une — de preuves.

SURABONDANT, ANTE [su-rà-bon-dan, -dânt'] *adj.*
[ÉTYM. Composé de sur et abondant, d'après le lat. superabondans, *m. s.* ‖ XIIe-XIIIe s. Sorhavundant graice, *Gregorii papæ Homeliæ*, dans GODEF. *Compl.*]
‖ Fourni en quantité plus grande qu'il n'est nécessaire. (*Syn.* exubérant.) | *Substantivt, au masc.* Le —, ce qui est surabondant. Tout le — doit place au nécessaire, CORN. *Imit.* I, 19. ‖ *P. ext.* (Minéral.) Cristallisation surabondante, dans laquelle un des angles subit deux décroissements.

SURABONDER [su-rà-bon-dé] *v. intr.*

[ÉTYM. Composé de sur 1 et abonder, à l'imitation du lat. superabundare, *m. s.* ‖ XIIe s. En terre habonderet ceste espece et si sorhabonderet, *Serm. de St Bern.* p. 27.]
‖ Être fourni en quantité plus grande qu'il n'est nécessaire. Les marchandises surabondent. L'argent surabonde.

SURACHETER [su-răch'-té; *en vers,* -rà-che-té] *v. tr.*
[ÉTYM. Composé de sur 1 et acheter, §§ 192 et 196. ‖ XIIIe s. Nus tel pierre ne sorachate, *Lapid. en vers*, 534, dans PANNIER, *Lapid. franç.* p. 254. Admis ACAD. 1762.]
‖ *Vieilli.* Acheter (qqch) au-dessus de sa valeur. (*Cf.* surpayer.)

SURAIGU, UË [su-rè-gu] *adj.*
[ÉTYM. Composé de sur 1 et aigu, §§ 193 et 196. ‖ 1727. FURET. Admis ACAD. 1798.]
‖ (T. didact.) Excessivement aigu. (Ne s'emploie qu'au fig.) | **1.** (Musique.) Notes suraiguës, qui dépassent les notes aiguës ordinairement employées. | **2.** (Médec.) Inflammation suraiguë.

SURAJOUTER [su-rà-jou-té] *v. tr.*
[ÉTYM. Composé de sur 1 et ajouter, §§ 192 et 196. (*Cf.* le lat. superaddere, *m. s.*) On trouve surajoustement dès le XIIIe s. ‖ 1314. Oster un pol de la char et du cuir qui sont surajoustees, *Chirurg. de Mondeville*, 2233, Bos. Admis ACAD. 1835.]
‖ Ajouter (qqch) à ce qui est déjà complet. — une aile, un étage à un bâtiment. | *Fig.* Le mouvement est tellement accidentel et surajouté à la nature des corps, que..., FÉN. *Exist. de Dieu*, I, 3.

SUR-ALLER [su-rà-lé] *v. intr. et pron.*
[ÉTYM. Composé de sur 1 et aller, §§ 192 et 196. ‖ XIIe s. Les meies iniquitez suralerent mun chief, *Psaut. d'Oxf.* XXXVII, 4. Admis ACAD. 1762.]
‖ (Vénerie.) ‖ **1°** *V. intr.* Passer sur la voie sans se rabattre.
‖ **2°** *V. pron.* Se —, revenir sur ses voies. (*Syn.* surmarcher.)

SUR-ANDOUILLER [su-ran-dou-yé] *s. m.*
[ÉTYM. Composé de sur 1 et andouiller, §§ 193 et 196. ‖ XIVe s. Surantoilliers, qui sont les segons corns, GAST. PHÉBUS, dans DELB. *Rec.* Admis ACAD. 1762.]
‖ (Vénerie.) Andouiller qui dépasse les autres, sur la tête de certains cerfs.

SURANNATION [su-rà-nà-syon; *en vers,* -si-on] *s. f.*
[ÉTYM. Dérivé de suranner, § 247. (*Cf.* l'anc. franç. sourannement.) ‖ 1606. NICOT.]
‖ *Vieilli.* (Droit.) Cessation de l'effet d'un acte, d'un droit valable pour un temps déterminé. *P. ext.* Lettres de —, remédiant à la surannation en rendant leur validité à des lettres qui l'avaient perdue.

SURANNÉ, ÉE [su-rà-né] *adj.*
[ÉTYM. Composé avec sur 1, an et le suffixe é, §§ 195 et 196. ‖ XIIIe s. Chapons surannez, *Renart*, IV, 83.]
‖ **1°** *Ancienut.* Qui a plus d'un an. (*Cf.* antenois.)
‖ **2°** *Vieilli.* (Droit.) Qui, ayant plus d'un an de date, a cessé d'être valable. (*Syn.* périmé.) Concession surannée.
‖ **3°** *Fig.* Qui a passé le temps où il était de mise. Une mode surannée. Des fables surannées, GRESSET, *Vert-Vert*, 7. Tu prétends la charmer, Adonis —, REGNARD, *Démocr.* III, 4. — damoiseau, MOL. *Éc. des m.* III, 5.

SURANNER [su-rà-né] *v. intr.*
[ÉTYM. Composé avec sur, an et le suffixe verbal er, §§ 194 et 196. ‖ 1606. NICOT. Admis ACAD. 1762.]
‖ *Vieilli.* (Droit.) Cesser d'être valable (après un an de date). Laisser — des lettres du sceau.

SUR-ARBITRE [su-ràr-bitr'] *s. m.*
[ÉTYM. Composé de sur 1 et arbitre 1, §§ 193 et 196. ‖ XVIIe s. *V.* à l'article.]
‖ *Vieilli.* (Droit.) Nouvel arbitre pris pour décider, quand les arbitres déjà nommés ne sont point d'accord. (*Syn.* tiers arbitre.) Si le confesseur et le directeur ne conviennent point sur une règle de conduite, quel sera le tiers qu'une femme prendra pour — ? LA BR. 3.

SURARD [su-ràr] *adj. m.*
[ÉTYM. Dérivé du radical de sureau, §§ 62 et 147. Surard est pour surat (*cf.* rosat), § 62 : RICHEL. remarque que le petit peuple dit rosar pour rosat. ‖ 1611. Vinaigre seurat, COTGR. | 1762. Vinaigre surard, ACAD.]
‖ (Pharm.) Vinaigre aromatisé au sureau.

SURBAISSÉ, ÉE [sur-bè-sé]. *V.* surbaisser.

SURBAISSEMENT [sur-bès'-man ; *en vers*, -bè-se-...] *s. m.*

[ÉTYM. Dérivé de surbaisser, § 145. || 1704. TRÉV. Admis ACAD. 1762.]

|| (Technol.) Quantité dont une voûte, un arc est surbaissé.

***SURBAISSER** [sur-bè-sé] *v. tr.*

[ÉTYM. Composé de sur 1 et baisser, §§ 192 et 196. ACAD. ne donne que surbaissé, ée, part. pris comme adjectif, admis en 1740. || 1611. Voûte surbaissée, COTGR.]

|| (Technol.) Faire moins haut que la demi-circonférence. Un arc surbaissé. Ces voûtes surbaissées et presque toutes plates, CARTAUD DE LA VILATE, *Essai sur le goût*, p. 91, édit. 1751.

1. *SURBANDE [sur-bănd'] *s. f.*

[ÉTYM. Composé de sur 1 et bande, §§ 193 et 196. || 1680. RICHEL.]

|| (Technol.) || **1°** (Médec.) Bande qu'on applique sur une compresse.

|| **2°** (Artill.) Bande de fer qui retient les tourillons d'une bouche à feu dans l'encastrement.

2. *SURBANDE [sur-bănd'] *s. f.*

[ÉTYM. Composé avec sur 1 et le verbe bander 1, tendre, §§ 194 et 196, ou subst. verbal de l'anc. verbe surbander, bander à l'excès, § 52. || *Néolog.*]

|| (Technol.) Chemin que peut faire en arrière le chien d'un fusil quand il est armé.

***SURBAU** [sur-bó] *s. m.*

[ÉTYM. Composé de sur 1 et bau, §§ 193 et 196. || *Néolog.*]

|| (Marine.) Chacune des pièces de bois clouées sur les baux d'un navire et qui forment le cadre des écoutilles.

***SURBOUCHAGE** [sur-bou-chăj'] *s. m.*

[ÉTYM. Dérivé de surbouche, § 78. || *Néolog.*]

|| (Technol.) Action de surboucher. Étain mince pour —.

***SURBOUCHER** [sur-bou-ché] *v. tr.*

[ÉTYM. Dérivé de sur 1 et boucher, §§ 192 et 196. || *Néolog.*]

|| (Technol.) Boucher (une bouteille) par-dessus le bouchon (avec de l'étain, etc.).

***SURBOUT** [sur-bou] *s. m.*

[ÉTYM. Composé de sur 1 et bout, §§ 193 et 196 : surbout est pour arbre sur bout, c.-à-d. « debout ». || 1765. ENCYCL.]

|| (Technol.) Pièce de bois massive, mobile sur un pivot, portant des assemblages de charpente, dans certaines machines.

***SURCASE** [sur-kăz'] *s. f.*

[ÉTYM. Composé de sur 1 et case, §§ 193 et 196. || 1752. TRÉV.]

|| (Trictrac.) Case où il y a plus de deux dames.

SURCENS [sur-sāns'] *s. m.*

[ÉTYM. Composé de sur 1 et cens, §§ 193 et 196. || 1249. Li juré voloient metre sourcenz en la terre l'evesque, dans GODEF. sourcens.]

|| (Féodal.) Cens supplémentaire. *Spéciall.* Cens payé à celui qui doit lui-même le cens à un autre.

SURCHARGE [sur-chàrj'] *s. f.*

[ÉTYM. Subst. verbal de surcharger, § 52. || 1512. Trop grands surcharges, J. LE MAIRE, dans DELB. *Rec.*]

|| **1°** Poids ajouté à la charge ordinaire. La — d'un plancher. || *Spéciall.* | **1.** Poids de bagages excédant celui qui est alloué à chaque voyageur. Avoir dix kilogrammes de —. | 2. Surplus de poids imposé aux chevaux de course qui ont déjà gagné. || *P. anal.* Excès d'impôt. Le danger de payer, de peur des surcharges, MONTESQ. *Espr. des lois*, XIII, 15.

|| **2°** Mots écrits par-dessus d'autres, de manière à les recouvrir. Les actes publics doivent être écrits sans rature ni —.

SURCHARGER [sur-chàr-jé] *v. tr.*

[ÉTYM. Composé de sur 1 et charger, §§ 192 et 196. || XIIe-XIIIe s. Si ai oï en reprovier Que sorcharciers ocist soumier, *Fergus*, dans DELB. *Rec.*]

|| **1°** Charger d'un poids qui excède la charge ordinaire. — un cheval, une voiture. Se — l'estomac d'aliments. | *P. anal.* Un peuple surchargé d'impôts. Être surchargé d'occupations. Nous sommes surchargés d'affaires, SÉV. 785. | *Poét.* Onze lustres complets surchargés de trois ans, BOIL. *Ép.* 10. — sa mémoire. Une loi surchargée de prescriptions minutieuses.

|| **2°** Couvrir (qqch d'écrit) en traçant d'autres mots par-dessus les premiers. Un acte où certains mots ont été surchargés.

SURCHAUFFER [sur-chó-fé] *v. tr.*

[ÉTYM. Composé de sur 1 et chauffer, §§ 192 et 196. || 1690. Se déduit de l'existence de surchauffure à cette date. Admis ACAD. 1835.]

|| (Technol.) Chauffer à l'excès. — l'acier. La chaudière surchauffée menaçait d'éclater.

SURCHAUFFURE [sur-chó-für] *s. f.*

[ÉTYM. Dérivé de surchauffer, § 111. || 1676. Surchauffures ou pailles, A. FÉLIBIEN, *Princ. de l'architect.* p. 745. Admis ACAD. 1798.]

|| (Technol.) Défaut que présente l'acier qui a été surchauffé.

SURCOMPOSÉ, ÉE [sur-kon-pó-zé] *adj.*

[ÉTYM. Composé de sur 1 et composé, §§ 193 et 196. || Admis ACAD. 1762.]

|| (T. didact.) Doublement composé. || *Spéciall.* | **1.** (Gramm.) Temps —, que l'on conjugue en redoublant l'auxiliaire avoir (quand j'ai eu fini). | 2. (Minéral.) Cristal —, qui a un grand nombre de facettes résultant de diverses lois de décroissement. | 3. (Botan.) Feuille surcomposée, dont le pétiole se divise et se subdivise.

***SURCOUPE** [sur-koŭp'] *s. f.*

[ÉTYM. Subst. verbal de surcouper, § 52. || *Néolog.*]

|| (T. de jeu.) Action de surcouper. *P. ext.* Être en —, jouer avant un adversaire qui est en mesure de surcouper.

SURCOUPER [sur-kou-pé] *v. tr.*

[ÉTYM. Composé de sur 1 et couper, §§ 192 et 196. || *Néolog.* Admis ACAD. 1878.]

|| (T. de jeu.) Prendre à l'aide d'un atout supérieur à celui avec lequel un autre joueur vient de couper une carte.

SURCROÎT [sur-krwă] *s. m.*

[ÉTYM. Subst. verbal de surcroître, § 52. || XIIIe s. Le sorcrois du cercle au quarré, *Comput*, dans LITTRÉ.]

|| Ce qui apporte un accroissement à ce qu'on a déjà. Il faut donc quelque — de compagnie, MOL. *Préc. rid.* sc. 11. Compliments de consolation Qui sont — d'affliction, LA F. *Fab.* VIII, 14. Avoir un — de travail. *Loc. adv.* Par —, et, *vieilli*, De —, en surplus de ce qu'on avait déjà. Cherchez donc premièrement le royaume de Dieu et sa justice, et toutes ces choses vous seront données par —, SACI, *Bible, Matth.* VI, 33. Si le hasard l'a encore barbouillé, de —, PASC. *Pens.* III, 3.

SURCROÎTRE [sur-krwătr'] *v. intr. et tr.*

[ÉTYM. Composé de sur 1 et croître, §§ 192 et 196. || XIIIe s. Quant force lor sorcroit trop fiere, J. PRIORAT, *Abrejance*, 1846.]

|| *Vieilli.* || **1°** *V. intr.* Croître au delà de la mesure ordinaire. Retrancher les chairs qui surcroissent.

|| **2°** *Rare. V. tr.* Accroître au delà de la mesure ordinaire.

SURDENT [sur-dan] *s. f.*

[ÉTYM. Composé de sur 1 et dent, §§ 193 et 196. || XIIe s. Barre vos a mise e sordent El regne, BENEEIT, *Ducs de Norm.* 17966.]

|| **1°** Dent qui pousse irrégulièrement par-dessus une autre dent ou entre deux autres.

|| **2°** (Art vétérin.) Dent plus longue que les autres.

SURDITÉ [sur-di-té] *s. f.*

[ÉTYM. Emprunté du lat. surditas, *m. s.* (*Cf.* l'anc. franç. sourdesse et sourdeté.) || XVIe s. Ce fascheux mal qu'on nomme surdité, J. DU BELLAY, *Jeux rust.* fo 70, édit. 1569.]

|| (T. didact.) Abolition ou affaiblissement considérable du sens de l'ouïe. Sa — est complète. Sa — augmente. || *Fig.* État de celui qui reste sourd aux avis, aux remontrances, etc. Je trouve presque en tous des surdités pareilles, CORN. *Imit.* III, 3.

***SURDON** [sur-don] *s. m.*

[ÉTYM. Composé de sur 1 et don, §§ 193 et 196. || *Néolog.*]

|| (Commerce.) Forfait stipulé en faveur de l'acheteur, en cas d'avarie pour certaines marchandises.

SURDORER [sur-dò-ré] *v. tr.*

[ÉTYM. Composé de sur 1 et dorer, §§ 192 et 196. || 1361. Couvercle d'argent surdoré, dans L. DE LABORDE, *Émaux*, p. 504. Admis ACAD. 1740 (surdoré) et 1798 (surdorer).]

|| (Technol.) Dorer en revêtant d'une double couche d'or.

SURDOS [sur-dó] *s. m.*

[ÉTYM. Composé de sur 1 et dos, §§ 193 et 196. || 1680. RICHEL. Admis ACAD. 1762.]

|| (Technol.) Bande de cuir placée sur le dos des che-

vaux de carrosse, qui sert à retenir les traits et le reculement.

SUREAU [su-rô] *s. m.*

[Étym. Pour seûreau, § 358, dérivé de l'anc. franç. seû, §§ 63 et 126, qui est le lat. sabûcum, *m. s.* §§ 346, 434, 380 et 291. On trouve suraut en 1359, dans *Ordonn.* iii, 417, avec le suffixe étudié au § 138. || xive s. L'arbre de susseau, J. DE MANDEVILLE, dans GODEF. *Compl.* | 1545. Sureau ou suyer, G. GUÉROULT, *Hist. des plantes*, index, dans DELB. *Rec.*]

|| Arbuste dont le bois, très léger, renferme un large canal médullaire et dont la fleur, très odorante, est employée en infusion, comme sudorifique. (*Cf.* surard.)

*****SURÉCOT** [su-ré-kó]. *V.* subrécot.

*****SURÉGALISER** [su-ré-gà-li-zé] *v. tr.*

[Étym. Composé de sur 1 et égaliser, §§ 192 et 196. || *Néolog.*]

|| (Technol.) — la poudre à canon, en séparer les grains trop gros.

*****SURÉGALISOIR** [su-ré-gà-li-zwàr] *s. m.*

[Étym. Dérivé de surégaliser, § 113. || *Néolog.*]

|| (Technol.) Crible en peau pour surégaliser.

*****SURÉLÉVATION** [su-ré-lé-và-syon; *en vers*, -si-on] *s. f.*

[Étym. Dérivé de surélever, § 247. || *Néolog.*]

|| (T. didact.) Action de surélever. La — d'une construction. | La — des prix, des tarifs.

SURÉLEVER [su-rĕl-vé; *en vers*, -ré-le-vé] *v. tr.*

[Étym. Composé de sur 1 et élever, §§ 192 et 196. || xive-xve s. Mon esperit se sureslieve, J. GERSON, dans GODEF. sureslever. Admis ACAD. 1878.]

|| (T. didact.) Élever plus haut. || *Spécialt.* | 1. Élever (une construction) en la surmontant d'une construction nouvelle. — un mur, un bâtiment. | 2. Faire monter (les eaux d'un canal, d'un fleuve) à un niveau plus élevé. | 3. *Fig.* Porter à un chiffre plus élevé. — les prix, les tarifs.

*****SURELLE** [su-rèl] *s. f.*

[Étym. Dérivé de sur 2, § 126. || xiie s. Acidula : surele, *Gloss. de Tours*, dans *Bibl. de l'Éc. des Chartes*, 1869, p. 331.]

|| *Dialect.* Oseille.

SÛREMENT [sur-man; *en vers*, su-re-...] *adv.*

[Étym. Composé de sûre et ment, § 724. || xie s. Passez les porz trestut soûrement, *Roland*, 790.]

|| D'une manière sûre. Comme un aigle qu'on voit toujours tomber si — sur sa proie, BOSS. *Condé.* Un moyen d'avoir presque — tout ce qu'on désire, ID. *La Vall.*

SURÉMINENT, ENTE [su-ré-mi-nan, -nănt'] *adj.*

[Étym. Composé de sur 1 et éminent, à l'imitation du lat. supereminens, *m. s.* rendu par supereminent au xvie s. (*V.* DELB. *Rec.*), §§ 193 et 196. || xviie s. *V.* à l'article. Admis ACAD. 1835.]

|| (T. didact.) Éminent dans l'ordre des choses qui dépassent la nature. L'état glorieux et — que votre Providence a marqué par elle, BOSS. *Panég. Ste Thérèse.*

SURENCHÈRE [su-ran-chĕr] *s. f.*

[Étym. Composé de sur 1 et enchère, §§ 193 et 196. || 1690. FURET.]

|| Enchère qu'on fait soit au-dessus de la mise à prix, soit au-dessus d'une autre enchère, soit au-dessus du prix d'adjudication.

SURENCHÉRIR [su-ran-ché-rĭr] *v. intr.*

[Étym. Composé de sur 1 et enchérir, §§ 192 et 196. || 1690. FURET.]

|| Faire une surenchère.

*****SURENCHÉRISSEUR, EUSE** [su-ran-ché-ri-seŭr, -seŭz'] *s. m. et f.*

[Étym. Dérivé de surenchérir, § 112. || 1806. *Code de procéd. civ.* art. 837.]

|| Celui, celle qui fait une surenchère.

*****SURENVELOPPE** [su-ranv'-lŏp'; *en vers*, -ran-ve-...] *s. f.*

[Étym. Composé de sur 1 et enveloppe, §§ 193 et 196. || xviiie s. *V.* à l'article.]

|| Enveloppe mise par-dessus une autre enveloppe. Avec une — à M. le duc de Praslin, VOLT. *Lett.* 18 sept. 1768.

SURÉROGATION [su-ré-rò-gà-syon; *en vers*, -si-on] *s. f.*

[Étym. Emprunté du lat. supererogatio, *m. s.* § 502. On trouve supererogation au xvie s. (RAB. iv, 53) et encore dans BALZ. *Lett.* vii, 12. || 1680. RICHEL.]

|| (T. didact.) Ce qui dépasse ce à quoi on est obligé strictement. Laisser le précepte et ce qui est d'obligation, pour s'attacher au conseil et à ce qui est de —, BOURD. *Sévérité évangélique*, 2. Ces œuvres de — et de dévotion outrée, FU-RET. *Rom. bourg.* i, 197.

SURÉROGATOIRE [su-ré-rò-gà-twàr] *adj.*

[Étym. Emprunté du lat. scolast. supererogatorius, *m. s.* § 217. || xvie-xviie s. Œuvres surerogatoires, D'AUB. *Apoth. du card. Borromée.*]

|| (T. didact.) Qui dépasse ce à quoi on est obligé strictement.

*****SURESTIMATION** [su-rĕs'-ti-mà-syon; *en vers*, -si-on] *s. f.*

[Étym. Dérivé de surestimer, § 247. || *Néolog.*]

|| (T. didact.) Estimation d'une chose au delà de sa valeur.

*****SURESTIMER** [su-rĕs'-ti-mé] *v. tr.*

[Étym. Composé de sur 1 et estimer, §§ 192 et 196. || xvie-xviie s. En surestimer la folle et brutale delectation, FRANÇ. DE SALES, *Introd. à la vie dév.* iii, 12, édit. 1608.]

|| (T. didact.) Estimer (une chose) au delà de sa valeur. Ne vous surestimez-vous point au-dessus du prochain? J.-F. DE CHANTAL, dans GODEF.

SURET, ETTE [su-rò, -rĕt'] *adj.*

[Étym. Dérivé de sur 2, § 133. ACAD. 1762-1835 écrit surète au fém. || 1560. Je couppe les surets pour y greffer, dans DELB. *Rec.*]

|| Un peu sur. (*Syn.* aigrelet.)

SÛRETÉ [sur-té; *en vers*, su-re-té] *s. f.*

[Étym. Du lat. securitatem, *m. s.* devenu seûrté, seurté, §§ 380, 336, 295 et 291, écrit plus récemment seureté, § 122, puis sûreté, § 358. (*Cf.* le doublet sécurité, de formation savante.)]

|| État de celui qui est sûr.

|| 1° État de celui qui est à l'abri du péril. Comment concilier la — de l'État avec la — de la personne? MONTESQ. *Espr. des lois*, v, 14. Et mon trépas importe à votre —, CORN. *Cinna*, v, 1. Être en — quelque part. Mettre qqn en lieu de —, le mettre en un lieu où il sera à l'abri du péril, et, *dans un autre sens*, le mettre en un lieu où il ne sera plus à craindre. *Vieilli.* Être en — de (du côté de) qqn, qqch. Dans la — des voleurs, SÉV. 353. En — de conscience, en sûreté du côté de la conscience, sans remords. Police de —, particulièrement chargée de la sûreté publique, et, *ellipt*, La —. Le directeur de la —. Place de —, pour garantir l'observation d'un traité, d'une convention. Serrure de —, difficile à forcer. *Dans le même sens.* Chaîne de —, qui retient solidement la montre, ou qui empêche une porte de s'ouvrir complètement. Soupape de —, qui met à l'abri des explosions. *P. ext.* Ce qui met à l'abri du péril. Ma maison cependant est votre —, VOLT. *Brut.* i, 2. *Loc. prov.* La méfiance Est mère de la —, LA F. *Fab.* iii, 18.

|| 2° État de celui qui peut compter sur une personne, une chose. Et les plus valeureux N'ont jamais — d'être toujours heureux, CORN. *Suréna*, iii, 2. Avoir une grande — de main, de jugement. La — du commerce de qqn, la sûreté qu'on trouve dans les relations avec qqn. *Ellipt.* La — qu'on trouvait en Madame, BOSS. *D. d'Orl.* Deux sûretés valent mieux qu'une, LA F. *Fab.* iv, 15. Contre cet accident j'ai pris mes sûretés, MOL. *Éc. des f.* i, 1. *P. ext.* Donner des sûretés à qqn, des garanties pour le paiement d'une dette.

SUREXCITATION [su-rĕk'-si-tà-syon; *en vers*, -si-on] *s. f.*

[Étym. Composé de sur 1 et excitation, §§ 193 et 196. || *Néolog.* Admis ACAD. 1835.]

|| (T. didact.) Augmentation de l'énergie vitale dans un tissu. || *P. ext.* Excitation excessive.

SUREXCITER [su-rĕk'-si-té] *v. tr.*

[Étym. Composé de sur 1 et exciter, §§ 192 et 196. || *Néolog.* Admis ACAD. 1878.]

|| (T. didact.) Exciter d'une manière excessive.

SURFACE [sur-fàs'] *s. f.*

[Étym. Composé de sur 1 et face, à l'imitation du lat. superficies, *m. s.* §§ 193 et 196. (*Cf.* superficie.) || 1611. COTGR.]

|| 1° Étendue extérieure d'un corps. Le cours des rivières qui arrosent la — de la terre, BOSS. *Gournay.* La — raboteuse d'un rocher. La — polie d'un ouvrage en ivoire. Présenter peu de — au vent. | *Spécialt.* Le dessus d'un corps. La — des eaux tranquilles. La baleine vient respirer à la — de l'eau. || *Fig.* Apparence extérieure. Ne voir que la — des choses.

Ces trompeuses surfaces Cachent un homme affreux, GRESSET, *Méchant*, III, 6.

|| **2°** (Géom.) Ce qui limite un corps dans l'espace, et n'a que deux dimensions, longueur et largeur. — plane. — courbe. — réglée, engendrée par une droite. — de révolution, engendrée par une courbe qu'on suppose tourner autour d'une droite fixe. — conique, cylindrique.

SURFAIRE [sur-fèr'] *v. tr.*

[ÉTYM. Composé de sur 1 et faire, §§ 192 et 196. || XIIᵉ s. De boire et de mangier ne soies sorfaisant, HERMAN DE VALENC. *Bible*, dans GODEF. sourfaire.]

|| Mettre (une chose à vendre) à un prix plus élevé qu'elle ne vaut. — sa marchandise. *Absolt.* Je... ne suis pas homme à —, MOL. *Méd. m. l.* I, 5. || *Fig.* Estimer (qqn) plus qu'il ne vaut. Cet homme a été surfait.

SURFAIX [sur-fè] *s. m.*

[ÉTYM. Composé de sur 1 et faix, §§ 193 et 196. || XVIᵉ s. Brayers et surfès, DU PINET, *Hist. nat. de Pline*, dans DELB. *Rec.*]

|| (Technol.) Bande de cuir, sangle qui sert à maintenir la charge sur le dos d'une bête de somme, à fixer une couverture, une schabraque, sur le dos d'un cheval, etc.

***SURFIN, INE** [sur-fin, -fin'] *adj.*

[ÉTYM. Composé de sur 1 et fin adj. §§ 193 et 196. || *Néolog.*]

|| (Commerce.) Qui a une qualité supérieure de finesse. (*Syn.* superfin.)

***SURFUSION** [sur-fu-zyon ; *en vers*, -zi-on] *s. f.*

[ÉTYM. Composé avec sur 1 et fusion, §§ 193 et 196. || *Néolog.*]

|| (T. didact.) État d'un corps qui reste liquide au-dessous de la température à laquelle il se solidifie d'ordinaire.

***SURGE** [surj'] *adj.*

[ÉTYM. Emprunté du provenç. surje, *m. s.* d'origine incertaine, § 11. (*Cf.* le lat. lana succida et essurger [le cuir], dans VILLON, *Jargon*, *Ball.* 5.) || 1688. Laines tresquiles surges, *Comm. de Marseille*, dans SAVARY, *Dict. du comm.* III, 395, édit. 1723-1730.]

|| (Technol.) Qui a gardé un reste de suint. Laine —.

SURGEON [sur-jon] *s. m.*

[ÉTYM. Anc. franç. sourjon, dérivé de sourdre, § 104, prononcé et écrit plus récemment surjon, surgeon, par réaction étymologique (lat. surgere), § 502. || XIIIᵉ s. Naissoit uns sorgons de fontaine, *Vie des Pères*, dans DU C. surgere.]

|| **1°** *Anciennt.* Ce qui sourd, ce qui jaillit d'une source. Suivez-les (les fleuves) jusqu'à leur source, ce n'est qu'un petit — d'eau, MONTAIGNE, II, 12.

|| **2°** *P. anal.* Rejeton naissant du collet ou de la souche d'un arbre, et qui, séparé de cet arbre avec une portion de la racine, peut former un nouvel individu. | *Fig. Vieilli.* Rejeton d'une race. Ces surgeons glorieux, ROTROU, *St Genest*, V, 5. Généreux — et tige de monarques, ID. *Cosroès*, II, 1.

SURGIR [sur-jïr] *v. intr.*

[ÉTYM. Emprunté, au sens **I**, de l'espagn. surgir, *m. s.* § 13 ; au sens **II**, du lat. surgere, s'élever. (*Cf.* le doublet sourdre, de formation pop.) || (Au sens **I**.) XVIᵉ s. En ce port sourgeoit le beau et pompeux convoy de vos vaisseaulx, RAB. IV, 36. Surgir, J. THIERRY, *Dict. franç-lat.*]

I. *Anciennt.* S'élever sur la mer. — au port, aborder. — du port, mettre à la voile.

II. S'élever brusquement au-dessus du sol. (*Syn.* jaillir.) L'eau surgit aussitôt. *Fig.* Se produire tout à coup. De nouvelles difficultés surgirent.

SURHAUSSEMENT [su-rós'-man ; *en vers*, -ró-se-...] *s. m.*

[ÉTYM. Dérivé de surhausser, § 145. || 1578. Tous les abuz et surhaussemens introduits par le compte à solz et livres, F. GARRAULT, *Rec. des princ. advis du compte par escuz*, Bjj.]

|| (T. didact.) Action de surhausser. Le — d'une voûte. | *Fig. Vieilli.* Attendre le — des espèces, VOLT. *S. de L. XIV*, 30.

SURHAUSSER [su-ró-sé] *v. tr.*

[ÉTYM. Composé de sur 1 et hausser, §§ 192 et 196. || XIIᵉ s. Lor goie sorhaucier, *Raoul de Cambrai*, 1127.]

|| (Technol.) Élever plus haut. *Spécialt.* Élever (une voûte, un arc, etc.) plus haut que la demi-circonférence. (*Cf.* surbaisser.) Une voûte surhaussée. | *Fig. Vieilli.* Élever d'une manière excessive (le taux, le prix de qqch).

SURHUMAIN, AINE [su-ru-min, -mèn'] *adj.*

[ÉTYM. Composé de sur et humain, §§ 193 et 196. || XVIᵉ s. Toutes les sciences surhumaines, MONTAIGNE, II, 12, édit. 1595. Admis ACAD. 1798.]

|| Qui dépasse, chez l'homme, la portée ordinaire de la nature humaine. Une stature, une force surhumaine. | Une vertu surhumaine. Des efforts surhumains.

SURINTENDANCE [su-rin-tan-däns'] *s. f.*

[ÉTYM. Dérivé de surintendant, § 146. || 1491. Superintendence, dans GODEF. superintendance. | 1606. Surintendance, NICOT.]

|| Charge, fonction de surintendant, de surintendante. La — des finances, des bâtiments royaux.

SURINTENDANT, ANTE [su-rin-tan-dan, -dänt'] *s. m. et f.*

[ÉTYM. Emprunté du lat. superintendens, *m. s.* rendu d'abord par superintendent (J. MAROT, CALVIN), superintendant (MALHERBE), puis par surintendant, § 503. || 1569. Lamoignon... surintendant en la justice de la province et gouvernement d'Orleans, dans *Rev. histor.* XIX (1882), p. 15.]

|| Administrateur, administratrice en chef de certains services. *Spécialt.* Le — des finances (sous l'ancien régime), et, *absolt*, Jamais — (des finances) ne trouva de cruelles, BOIL. *Sat.* 8. *Fig.* Comme il n'était pas moins — des belles-lettres que des finances, CORN. *OEd.* exam. | La surintendante de la maison de la reine. | La surintendante de la maison d'éducation de Saint-Denis. || *Famil. Au fém.* Femme d'un surintendant.

***SURIR** [su-rïr] *v. intr.*

[ÉTYM. Dérivé de sur 2, § 154. || *Néolog.*]

|| Devenir sur, aigre. Le bouillon a suri.

***SURJALER** [sur-jà-lé] et ***SURJAULER** [-jó-lé] *v. intr. et tr.*

[ÉTYM. Composé avec sur 1 et jas ou jal (pour jouail), §§ 194 et 196. || 1694. Cable surjaulé, TH. CORN. | 1771. Cable surjouaillé ou surjalé, TRÉV.]

|| (Marine.) || **1°** *V. intr.* Être engagé sous le jas et remonter par-dessus. Câble surjalé.

|| **2°** *V. tr.* Soulever (l'ancre) pour dégager le câble quand il a passé sous le jas.

SURJET [sur-jè] *s. m.*

[ÉTYM. Subst. verbal de surjeter, § 52. || XIVᵉ s. Puis l'en recoust a sourget, *Ménagier*, II, p. 212. Admis ACAD. 1762.]

|| (Technol.) Point de couture où l'aiguille traverse deux morceaux d'étoffe placés bord à bord, en faisant toujours passer le fil par-dessus les deux bords réunis. Faire un —.

SURJETER [sur-je-té] *v. tr.*

[ÉTYM. Composé de sur 1 et jeter, §§ 192 et 196 : proprt, « jeter par dessus ». || XIIIᵉ s. Surgetez Les verruels de fer, *Évang. de Nicodème*, 3ᵉ version, 1669, Bos et Paris. Admis ACAD. 1762.]

|| (Technol.) Coudre en surjet.

***SURLANGUE** [sur-läng'] *s. f.*

[ÉTYM. Composé de sur 1 et langue, §§ 193 et 196. || *Néolog.*]

|| (Art vétérin.) Inflammation aiguë de la langue.

SURLENDEMAIN [sur-land'-min ; *en vers*, -lan-de-...] *s. m.*

[ÉTYM. Composé de sur 1 et lendemain, §§ 193 et 196. || XVIIᵉ-XVIIIᵉ s. *V.* à l'article. Admis ACAD. 1740.]

|| Jour qui suit le lendemain. Nous étions convenus... de nous revoir le —, LES. *Gil Blas*, dans TRÉV.

***SURLIER** [sur-lyé ; *en vers*, -li-é] *v. tr.*

[ÉTYM. Composé de sur 1 et lier, §§ 192 et 196. || 1552. Lier par dessus, surlier, CH. EST. dans DELB. *Rec.*]

|| (Marine.) Entourer (le bout d'un gros cordage) avec du fil à voile, de la corde, pour l'empêcher de se détordre.

SURLONGE [sur-lônj'] *s. f.*

[ÉTYM. Composé de sur 1 et longe 2, §§ 193 et 196. || XIVᵉ s. La surlonge, trois sols, *Ménagier*, II, p. 86. Admis ACAD. 1798.]

|| (Boucherie.) Partie de l'échine du bœuf, entre le paleron et le talon du collier.

***SURMARCHER** [sur-màr-ché] *v. intr. et tr.*

[ÉTYM. Composé de sur 1 et marcher, §§ 192 et 196. (*Cf.* suraller.) || XIIᵉ s. Car il veut sormarchier les anemis le roi, *Aye d'Avignon*, 18.]

|| **1°** *Anciennt. V. tr.* Marcher, empiéter sur (qqn). *P. ext.* Ils se maintiennent chacun dans leur terrain, sans se mêler ni se —, BUFF. *Casoar.*

‖ 2° *V. intr.* (Vénerie.) Revenir sur ses voies. Le cerf surmarche.

***SURMENAGE** [sur-me-nàj'] *s. m.*
[ÉTYM. Dérivé de surmener, § 78. ‖ *Néolog.*]
‖ Action de surmener.

SURMENER [sur-me-né] *v. tr.*
[ÉTYM. Composé de sur 1 et mener, §§ 192 et 196. ‖ XII° s. Quant ire le sormenoit, BEN. DE STE-MORE, *Troie*, dans GODEF. sourmener.]
‖ Excéder de fatigue (une monture, une bête de somme, etc.) en la faisant aller trop vite ou trop longtemps. | *Fig.* — des ouvriers, des employés, des écoliers.

SURMONTABLE [sur-mon-tàbl'] *adj.*
[ÉTYM. Dérivé de surmonter, § 93. ‖ 1611. COTGR. Admis ACAD. 1835.]
‖ Qui peut être surmonté. (*Cf.* insurmontable.)

SURMONTER [sur-mon-té] *v. tr.*
[ÉTYM. Composé de sur 1 et monter, §§ 192 et 196. ‖ XII° s. Par sul fai surmuntouent fu, PH. DE THAUN, *Best.* p. 97.]
I. ‖ 1° Monter au-dessus de. Le fleuve a surmonté ses bords. Ils descendent des ravines précipitées et surmontent des rochers escarpés, BUFF. *Lama.*
‖ 2° Couronner par qqch qui est placé au sommet. L'arc de triomphe était surmonté d'un groupe. Un édifice surmonté d'une croix.
II. Passer par-dessus (ce qui fait obstacle). *P. ext.* Mettre sous soi. Un Rhodien d'environ trente-cinq ans surmonta tous les autres qui osèrent se présenter à lui, FÉN. *Tél.* 5. | *Fig.* — les difficultés. — ses craintes. Les terreurs surmontées, BOSS. *1er Nativité*, 3. On ne surmonte le vice qu'en le fuyant, FÉN. *Tél.* 7. Nous avons pour ainsi dire surmonté la mort, BOSS. *D. d'Orl.*

***SURMOULAGE** [sur-mou-làj'] *s. m.*
[ÉTYM. Composé de surmouler, § 78. ‖ XVIII° s. FALCONET, *Œuvres div.* III, p. 52.]
‖ (Technol.) Action de surmouler; moulage obtenu en surmoulant.

***SURMOULER** [sur-mou-lé] *v. tr.*
[ÉTYM. Composé de sur 1 et mouler, §§ 192 et 196. ‖ XVIII° s. Se déduit de l'emploi de surmoulage par FALCONET.]
‖ (Technol.) Mouler en coulant du plâtre, du bronze, etc. dans un moule refait sur l'objet moulé.

SURMOÛT [sur-mou] *s. m.*
[ÉTYM. Composé de sur 1 et moût, §§ 193 et 196. ‖ XVI° s. De mon grenadier le surmoust savoureux, R. BELLEAU, *Égl. sacr.* 8.]
‖ (Technol.) Vin qu'on tire de la cuve avant d'avoir pressé et qu'on n'a pas laissé cuver.

SURMULET [sur-mu-lè] *s. m.*
[ÉTYM. Composé de sur 1 et mulet 2, §§ 193 et 196. ‖ XIII° s. Mulés, sormulés, briemes, mss franç. Bibl. nat. 25545, f° 19. Admis ACAD. 1762.]
‖ Poisson de mer, variété de mulet, de plus forte taille.

SURNAGER [sur-nà-jé] *v. intr.*
[ÉTYM. Composé de sur 1 et nager, §§ 192 et 196. (*Cf.* l'anc. franç. sournoer, *m. s.*) ‖ XIV° s. Et surnagoit par grant mistere, J. LE FÈVRE, *Vieille*, dans DELB. *Rec.*]
‖ Se soutenir à la surface d'un liquide, comme pesant moins que le volume de liquide qu'il déplace. Le liège surnage dans l'eau. Quand on verse de l'huile dans l'eau, elle surnage. *Fig.* Échapper à ce qui devait étouffer, faire disparaître. Tout ce qui est écrit dans le style du siècle de Louis XIV surnagera, VOLT. *Lett.* 23 avril 1770. ‖ *Vieilli. Transitivt.* Le pétrole ne sort de sa source qu'avec beaucoup d'eau qu'il surnage toujours, BUFF. *Pétrole.* | *Fig.* Une véhémence (dans la douleur)... toujours surnagée de religion, ST-SIM. XII, 418. La grandeur de l'idée qui, pour ainsi dire, la couvre (l'expression) et la surnage, D'ALEMB. *Éloges, Houdart de la Motte.*

SURNATUREL, ELLE [sur-nà-tu-rèl] *adj.*
[ÉTYM. Composé de sur 1 et naturel, §§ 193 et 196. ‖ XVI° s. Se déduit de l'existence de surnaturellement.]
‖ Qui dépasse ce que produit la nature. On peut distinguer l'ordre — du naturel en plusieurs manières, MALEBR. *Rech. de la vérité, Éclairciss. sur la lum.* I, 6. Si on soumet tout à la raison, notre religion n'aura rien de mystérieux ni de —, PASC. *Pens.* XIII, 2. L'action surnaturelle de la grâce. *Substantivt, au masc.* Le —, ce qui est surnaturel. Ceux qui nient le —. Je n'aime pas le —, dit Zadig, VOLT. *Zadig,* 14. ‖ *P. ext.* | 1. Qui est hors nature. C'est un enchantement in-

compréhensible, et un assoupissement —, PASC. *Pens.* IX. | 2. Qui s'éloigne de la nature. Il me paraît avoir bien de l'esprit, et il était moins — qu'à l'ordinaire, SÉV. 238.

SURNATURELLEMENT [sur-nà-tu-rèl-man; *en vers,* -rè-le-...] *adv.*
[ÉTYM. Composé de surnaturelle et ment, § 724. ‖ XVI° s. P. DE BRACH, *Œuvres,* II, p. 99.]
‖ D'une manière surnaturelle.

***SURNEIGER** [sur-nè-jé] *v. tr.*
[ÉTYM. Composé de sur 1 et neiger, §§ 192 et 196. ‖ 1655. Sur-neigées, SALNOVE, *Vénerie roy.* p. 34, dict.]
‖ Recouvrir de neige. *Spécialt.* (Vénerie.) Voies surneigées, et, *substantivt,* Surneigées, voies (du cerf, du daim, etc.) recouvertes par la neige depuis que l'animal a passé. (*Cf.* surpleuvoir.)

SURNOM [sur-non] *s. m.*
[ÉTYM. Composé de sur 1 et nom, §§ 193 et 196. ‖ XII° s. Pur ceo que nus avum De sun nun le surnun, PH. DE THAUN, *Best.* p. 113.]
‖ Appellation ajoutée au nom de qqn et rappelant quelque trait caractéristique de sa vie ou de sa personne. Scipion vainqueur de Carthage reçut le — d'Africain. On avait donné au duc de Guise le — de Balafré. *Loc. prov.* Connaître qqn par nom et —, le connaître à fond.

***SURNOMBRE** [sur-nônbr'] *s. m.*
[ÉTYM. Composé de sur 1 et nombre, §§ 193 et 196. ‖ *Néolog.*]
‖ Quantité qui est en surplus du nombre voulu.

SURNOMMER [sur-nò-mé] *v. tr.*
[ÉTYM. Dérivé de surnom, § 154. ‖ XII° s. Li reis por ço le surnomout E Corte-Hose l'apelout, WACE, *Rou,* dans DELB. *Rec.*]
‖ Désigner par un surnom. Guillaume surnommé le Conquérant. On avait surnommé Attila le fléau de Dieu.

SURNUMÉRAIRE [sur-nu-mé-rèr] *adj.*
[ÉTYM. Emprunté du lat. supernumerarius, *m. s.* rendu d'abord par supernuméraire (RAB. V, prol.), encore dans ACAD. 1694, puis par surnuméraire, § 503.]
‖ (T. didact.) Qui est en surplus. Créer un titre —. Un employé —, et, *substantivt,* Un —, employé pris en surplus, dans une administration, une maison de commerce, en attendant qu'une place devienne vacante.

SURNUMÉRARIAT [sur-nu-mé-rà-ryà; *en vers,* -ri-à] *s. m.*
[ÉTYM. Dérivé de surnuméraire, § 254. ‖ 1812. MOZIN, *Dict. franç.-allem.* Admis ACAD. 1835.]
‖ (T. didact.) Fonction de surnuméraire.

***SURON** [su-ron]. *V.* serron.

SUROS [su-ró] *s. m.*
[ÉTYM. Composé de sur 1 et os, §§ 193 et 196. ‖ XIII° s. Les genoils plains de nous autressi comme souros, BRUN. LATINI, *Trésor,* p. 203.]
‖ (Art vétérin.) Tumeur osseuse du canon. | *P. plaisant. Fig.* Tiennette n'a ni — ni malandre, LA F. *Contes, Troqueurs.*

SUROXYDATION [su-rŏk'-si-dà-syon; *en vers,* -si-on] *s. f.*
[ÉTYM. Dérivé de suroxyder, § 247. ‖ XVIII°-XIX° s. CHAPTAL, dans *Mém. de l'Instit. Sciences math. et phys.* III, p. 102. Admis ACAD. 1878.]
‖ (Chimie.) Action de suroxyder.

SUROXYDE [su-rŏk'-sid'] *s. m.*
[ÉTYM. Composé de sur 1 et oxyde, §§ 193 et 196. ‖ *Néolog.*]
‖ (Chimie.) Oxyde porté au maximum d'oxydation.

SUROXYDER [su-rŏk'-si-dé] *v. tr.*|
[ÉTYM. Composé de sur 1 et oxyder, §§ 192 et 196. ‖ XVIII°-XIX° s. THÉNARD, dans *Mém. de l'Instit. Sciences math. et phys.* III, p. 444. Admis ACAD. 1878.]
‖ (Chimie.) Oxyder au plus haut degré.

SURPASSER [sur-pá-sé] *v. tr.*
[ÉTYM. Composé de sur 1 et passer, §§ 192 et 196. ‖ XVI° s. AMYOT, *Thésée,* 29.]
‖ 1° Passer (qqn, qqch), être au-dessus, par la dimension, la quantité, la qualité, etc. Le triangle... surpassait en grosseur nos plus épais lutrins, BOIL. *Lutr.* 4. Nous qui surpassons (en dimension) les petites choses, PASC. *Disprop.* 2. Quoique les dieux surpassent de loin en connaissance tous les hommes, FÉN. *Tél.* 1. Se —, être supérieur à ce qu'on est habituellement. Racine s'est surpassé (dans *Esther*), SÉV. 516.

‖ **2°** Être au-dessus de la portée de. Si ce grand dessein surpasse ma valeur, RAC. *Mithr.* III, 1. La dernière démarche de la raison, c'est de reconnaître qu'il y a une infinité de choses qui la surpassent, PASC. *Pens.* XIII, 1. Cela me surpasse, passe la portée de mon esprit.

***SURPAYE** [sur-pêy'] *s. f.*
[ÉTYM. Composé de sur 1 et paye, §§ 193 et 196. ‖ 1559. Neuf surpayes, *Cout. génér.* II, p. 267.]
‖ Supplément ajouté à la paye qui est due.

SURPAYER [sur-pè-yé] *v. tr.*
[ÉTYM. Composé de sur 1 et payer, §§ 192 et 196. ‖ XVI° s. Nous sommes surpayez selon justice, MONTAIGNE, III, 6.]
‖ Payer au-dessus de la valeur. (*Cf.* suracheter.) | *Fig.* Trop de bienfaits irritent : nous voulons avoir de quoi — la dette, PASC. *Pens.* I, 1.

SURPEAU [sur-pô] *s. f.*
[ÉTYM. Composé de sur 1 et peau, §§ 193 et 196. ‖ 1611. COTGR. Admis ACAD. 1762.]
‖ *Vieilli.* Épiderme.

SURPLIS [sur-pli] *s. m.*
[ÉTYM. Pour surpelis (encore dans FURET.), § 351, emprunté du bas lat. superpellicium, *m. s.* § 503. (*Cf.* pelisse.) ‖ XII° s. En desus le surpliz s'est de l'estole armez, GARN. DE PONT-STE-MAX. *St Thomas*, 1606.]
‖ (T. ecclés.) Vêtement de toile plissée, que portent par-dessus la soutane les prêtres (au confessionnal et dans les convois), les diacres, les chantres.

SURPLOMB [sur-plon] *s. m.*
[ÉTYM. Subst. verbal de surplomber, § 52. ‖ 1704. TRÉV. Admis ACAD. 1762.]
‖ (Technol.) Position de ce qui surplombe. Ce mur est en —. Un — de vingt centimètres.

SURPLOMBER [sur-plon-bé] *v. tr.*
[ÉTYM. Composé de sur 1 et plomb, §§ 194 et 196.‖ 1704. TRÉV. Admis ACAD. 1762.]
‖ (T. didact.) Dépasser par le sommet la ligne de l'aplomb. Une montagne, une muraille qui surplombe. | *Transitivt.* Une seule pièce de granit... surplombe ce chemin, BOURRIT, dans BUFF. *Granit.*

***SURPLEUVOIR** [sur-plêu-vwăr] *v. tr.*
[ÉTYM. Composé de sur et pleuvoir, §§ 192 et 196. ‖ 1655. Surpleûes, SALNOVE, *Vénerie roy.* p. 34, dict.]
‖ Laver par la pluie. *Spécialt.* (Vénerie.) Voies surplues, et, *substantivt*, Surplues, voies (du cerf, du daim) que la pluie a lavées depuis que l'animal a passé. (*Cf.* surneiger.)

SURPLUS [sur-plu] *s. m.*
[ÉTYM. Composé de sur et plus, §§ 193 et 196. ‖ XII° s. Tot le sorplus de mon aé, *Énéas*, 6314.]
‖ **1°** Ce qui se trouve en plus de la quantité voulue. (*Syn.* excédent.) Consommer les produits de sa terre et vendre le —.
‖ **2°** Ce qui vient s'ajouter à ce qui a été mentionné. Vous savez le —, CORN. *Cinna*, V, 3. *Loc. adv.* Au —, pour ajouter ce qui a été déjà mentionné. Au —..., Je te donne à combattre un homme à redouter, CORN. *Cid*, I, 5.

***SURPOIDS** [sur-pwá] *s. m.*
[ÉTYM. Composé de sur 1 et poids, §§ 193 et 196. ‖ XVI° s. Ce ne sont que surpoids, MONTAIGNE, III, 9.]
‖ Excédent de poids. (*Syn.* surcharge.) *P. ext.* Un voyageur qui a du —, dont le bagage a un poids supérieur à celui qui lui est alloué gratuitement.

SURPRENANT, ANTE [sur-pre-nan, -nänt'] *adj.*
[ÉTYM. Adj. particip. de surprendre, § 47. ‖ XII° s. Se déduit de l'existence de l'adv. sorprennamment, dans BENEEIT, *Ducs de Norm.* 22016.]
‖ Qui frappe l'esprit par qqch d'inattendu. (*Syn.* étonnant.) C'est, mon père, une aventure surprenante qui se rencontre ici, MOL. *Mal. im.* II, 3. La vie de saint Jean-Baptiste, qui parut si surprenante aux Juifs, BOSS. *Hist. univ.* II, 20.

SURPRENDRE [sur-prändr'] *v. tr.*
[ÉTYM. Composé de sur 1 et prendre, §§ 192 et 196. ‖ XII° s. Ele ne set ki l'a sorprise, *Énéas*, 1258.]
‖ **1°** Prendre (qqn, qqch) en arrivant à l'improviste. Ptolémée, fils de Lagus, surprit Jérusalem, BOSS. *Hist. univ.* II, 13. Jésus-Christ... est venu — la reine dans le temps que nous la croyions la plus saine, BOSS. *Marie-Thérèse.* Une lettre qu'il écrivait à ses complices fut surprise. De ces billets surpris on me croira complice, REGNARD, *Légat. univ.* V, 1. ‖ *Fig.* | **1.** Gagner artificieusement. On a surpris sa signature, son consentement. — la bonne foi de qqn. On peut des plus

grands rois — la justice, RAC. *Esth.* III, 9. — la confiance de qqn. Un autre de César a surpris la tendresse, RAC. *Brit.* III, 4. | *P. ext.* Abuser (qqn). Il n'y avait rien de plus difficile ni de plus hasardeux que de — ce grand magistrat, BOSS. *Le Tellier.* Les papes savent mieux que vous s'ils peuvent être surpris ou non, PASC. *Prov.* 18. | **2.** Découvrir (ce que nous veut cacher qqn) en agissant à l'improviste par ruse. N'ai-je pas même entre eux surpris quelque regard? RAC. *Baj.* III, 7. J'ai surpris ses soupirs qu'il me voulait cacher, ID. *Iph.* II, 5. — à qqn un mouvement de faiblesse. | Surprenons, s'il se peut, les secrets de son âme, RAC. *Brit.* I, 1.
‖ **2°** Troubler (qqn) en arrivant à l'improviste. Il tenait pour maxime qu'un habile capitaine peut bien être vaincu, mais qu'il ne lui est pas permis d'être surpris, BOSS. *Condé.* Le tyran m'a surpris sans défense, RAC. *Phèd.* III, 5. La mort ne surprend point le sage, LA F. *Fab.* VIII, 1. La nuit nous surprit en chemin. | *Spécialt.* Trouver en train de faire qqch (qqn qui ne s'attendait nullement à ce qu'on vînt). Je l'ai surpris lisant cette lettre. | *Absolt.* Arriver près de qqn sans être attendu. C'est donc ainsi que vous surprenez les gens? LES. *Crispin rival*, sc. 19.
‖ **3°** Frapper l'esprit par qqch d'inattendu. (*Syn.* étonner.) C'est là ce qui surprend, frappe, saisit, BOIL. *Art p.* 3. Que faut-il que je croie D'un bruit qui me surprend? RAC. *Iph.* I, 2. Assez surpris, rentrant dans la maison, De voir que le portier lui demande son nom, BOIL. *Sat.* 10. Je suis surpris que vous hésitiez. | *Vieilli.* Nous sommes surpris comme ce silence et cette timidité ont fait place à d'autres qualités, SÉV. 1091.

SURPRISE [sur-prîz'] *s. f.*
[ÉTYM. Subst. particip. de surprendre, § 45. ‖ 1294. Les acquez et les surprises et les occupations des droiz nostre seigneur le roy, dans GODEF. sourprise.]
‖ **1°** Trouble causé par qqch ou qqn qui arrive à l'improviste. Ceux-ci, toujours en garde, craignent la — de quelque nouvelle attaque, BOSS. *Condé.* S'il faut des coups de — à nos cœurs enchantés de l'amour du monde, ID. *D. d'Orl.* Les péchés de — ne paraissent être imputés, PASC. *Prov.* 18. | Boîte à —, qui fait brusquement paraître un objet inattendu. | Ces surprises des sens que la raison surmonte, CORN. *Poly.* I, 3.
‖ **2°** Artifice par lequel on obtient qqch en s'adressant à qqn à l'improviste. On a obtenu son consentement par —. Une signature donnée par —. Le degré éminent où sont les papes ne les exempte pas de —, PASC. *Prov.* 18. Par la — des flatteurs, FÉN. *Tél.* 6.
‖ **3°** État de l'esprit qui est frappé par qqch d'inattendu. La — est fort grande pour moi, MOL. *Mis.* I, 2. Cette lettre me jeta dans une étrange —, FÉN. *Tél.* 13. Ma — a été grande de voir inopinément..., MOL. *Mal. im.* II, 3. | *P. ext.* Ce qui arrive d'inattendu. Ménager une — à qqn. Une — agréable. | *Spécialt.* Cadeau inattendu. Faire une — à qqn pour sa fête.

SURRÉNAL, ALE [sur'-ré-nàl] *adj.*
[ÉTYM. Composé avec sur 1 et rénal, §§ 193 et 196. ‖ 1812. MOZIN, *Dict. franç.-allem.* Admis ACAD. 1878.]
‖ (Anat.) Qui est situé au-dessus des reins. Glandes surrénales.

SURSAUT [sur-só] *s. m.*
[ÉTYM. Composé de sur 1 et saut, §§ 193 et 196. (*Cf.* le doublet soubresaut.) ‖ XII° s. Si en sorsaut, senz purpenser, BENEEIT, *Ducs de Norm.* 3251.]
‖ Commotion brusque produite par quelque sensation subite et violente. Un bruit affreux de clefs en — me réveille, REGNARD, *Fol. am.* I, 2.

***SURSAUTER** [sur-só-té] *v. intr.*
[ÉTYM. Composé de sur 1 et sauter, §§ 192 et 196. ‖ 1611. COTGR.]
‖ Avoir une commotion brusque produite par quelque sensation subite et violente.

SURSÉANCE [sur-sé-ăns'] *s. f.*
[ÉTYM. Dérivé de surseoir, §§ 65 et 146. ‖ XV° s. Que cependant fust donnee surseance en guerre, COMM. V, 16.]
‖ (Droit.) Suspension momentanée de l'exécution d'un arrêt, d'une décision. Et jusques à demain je ferai — A l'exécution, MOL. *Tart.* V, 4. | *P. plaisant.* Et j'ai contre la goutte arrêt de —, MURVILLE, *Rendez-vous du mari*, sc. 10.

***SURSEL** [sur-sèl] *s. m.*
[ÉTYM. Composé de sur 1 et sel, §§ 193 et 196. ‖ *Néolog.*]
‖ (Chimie.) Sel qui contient un excès d'acide.

SURSEMER [sur-se-mé] *v. tr.*
[ÉTYM. Composé de sur 1 et semer, §§ 192 et 196. ‖ XII° s.

Ou el boce ou el sorseime, ÉT. DE FOUGÈRES, *Livre des man.* 1247. Admis ACAD. 1762.]

I. Semer par-dessus d'autres semailles. — de menus grains sur le blé. | *Fig.* Arracher l'ivraie que l'homme ennemi a sursemée dans ce champ divin, MASS. *Mél. des bons et des méchants*, préamb.

II. Semer par-dessus qqch. || *P. ext.* Parsemer. *Spécialt.* Pourceau sursemé, dont la langue est parsemée de taches (signe de ladrerie).

SURSEOIR [sur-swàr] *v. intr.*

[ÉTYM. Composé de sur 1 et seoir, à l'imitation du lat. *supersedere*, m. s. §§ 192 et 196. On trouve souvent le latinisme *superséder* au XVI° s. et encore dans ACAD. 1694. || XII° s. Xi le cri orat, e sursera, *Lois de Guill. le Conq.* 50, Matzke.]

|| (Droit.) Suspendre momentanément (l'exécution d'un arrêt, d'une décision). | 1. *Vieilli. V. tr.* — ce voyage funeste, ROTROU, *Solim.* III, 2. Il demandait pour toute grâce qu'on sursît de quelques moments sa punition, LA F. *Vie d'Esope.* | 2. *De nos jours. V. intr.* — à la vente. Il sera sursis à l'adjudication, à la saisie.

SURSIS [sur-si] *s. m.*

[ÉTYM. Subst. particip. de surseoir, § 45. MALH. et PEIRESC emploient le subst. verbal *sursoy* dans le même sens, § 52. Le subst. fém. *sursise* se trouve dès le XII° s. dans *Lois de Guill. le Conq.* 50, Matzke. || 1690. Cet arrest porte defenses et cependant sursis, FURET. surseoir.]

|| (Droit.) Suspension momentanée de l'exécution d'un décret, d'une décision. Demander un —.

SURSOLIDE [sur-sò-lid'] *s. m.*

[ÉTYM. Composé de sur 1 et solide, §§ 193 et 196. || XVII° s. *V.* à l'article. Admis ACAD. 1762.]

|| *Vieilli.* (Mathém.) Quatrième puissance d'une grandeur. Le carré du carré ou le —, DESC. *Géom.* 1.

SURTAUX [sur-tó] *s. m.*

[ÉTYM. Composé de sur 1 et taux, §§ 193 et 196. || XVI° s. Qui ne se plaignoit de surtaux, J. DURET, *Cout. d'Orl.* dans DELB. *Rec.*]

|| *Vieilli.* (T. financ.) Surtaxe.

SURTAXE [sur-tàks'] *s. f.*

[ÉTYM. Composé de sur 1 et taxe, §§ 193 et 196. || 1611. COTGR. Admis ACAD. 1798.]

|| (T. financ.) Taxe excessive, dépassant la taxe légale. (*Cf.* surtaux.) Réclamer contre une —.

SURTAXER [sur-tàk'-sé] *v. tr.*

[ÉTYM. Composé de sur 1 et taxer, §§ 192 et 196. || XVI° s. Que leurs biens seroient surtaxez, AMYOT, *Caton*, 36.]

|| (T. financ.) Charger d'une taxe excessive. Cet immeuble a été surtaxé.

1. SURTOUT [sur-tou] *adv.*

[ÉTYM. Composé de sur 1 et tout, § 726. (*Cf.* l'anc. franç. *ensorquetot.*) || 1539. R. EST.]

|| Par-dessus tout. (*Syn.* principalement.) N'en dites rien —, car vous me feriez battre, LA F. *Fab.* VIII, 6. — de ce poème il bannit la licence, BOIL. *Art* p. 2.

2. SURTOUT [sur-tou] *s. m.*

[ÉTYM. Composé de sur 1 et tout, §§ 193 et 196. || 1684. Ce mot est nouveau (au sens **I, 1°**) et n'a esté en usage qu'en cette presente année 1684, FURET. Admis ACAD. 1740.]

|| *Vieilli.* || 1° Vêtement qui se met par-dessus les autres. (*Syn.* pardessus.) *P. plaisant. Fig.* Quel — que ce rhumatisme! SÉV. 1257. Prendre un mari comme un — de bienséance, GHERARDI, *Th. ital.* II, 397. Un — de sapin que l'on appelle bière, REGNARD, *Bal*, sc. 3.

|| 2° Grande pièce de vaisselle qui couvre le milieu d'une table pendant le repas, sur laquelle on met des fleurs, des fruits, etc.

|| 3° Couverture de paille d'une ruche.

|| 4° Charrette légère pour porter les bagages.

SURVEILLANCE [sur-vè-yäns'] *s. f.*

[ÉTYM. Dérivé de surveiller, § 146. || Admis ACAD. 1798.]

|| Action de surveiller. Exercer une — de tous les instants. Avoir la — des domestiques, des élèves. Conseil de —, chargé de surveiller la gestion d'une société financière, commerciale, etc. *Spécialt.* — de la haute police, peine accessoire qui donne à l'administration le droit d'assigner au condamné, à l'expiration de sa peine, telle ou telle résidence, et d'exiger qu'il se présente devant l'autorité à des époques déterminées. Être sous la — de la haute police, et, *ellipt*, Être en —.

SURVEILLANT, ANTE [sur-vò-yan, -yänt'] *s. m. et f.*

[ÉTYM. Subst. particip. de surveiller, § 47. || 1680. RICHEL.]

|| Celui, celle qui surveille. Être — des travaux. *P. appos.* Maître — (dans un lycée). Je vois deux surveillants... Présider l'un ou l'autre à tous nos entretiens, RAC. *Brit.* I, 1. Des jeunes cœurs jalouses surveillantes, GRESSET, *Vert-Vert.*

SURVEILLE [sur-vèy'] *s. f.*

[ÉTYM. Composé de sur 1 et veille, §§ 193 et 196. || XII°-XIII° s. De maintenant a la sorveille, *Roman de la Rose ou de Guill. de Dole*, 4139.]

|| Le jour qui précède immédiatement la veille. (*Syn.* avant-veille.) La — de la mort du roi, ST-SIM. XI, 416. La — de ses fiançailles, MERCIER, *Brouette du vinaigrier*, I, 1.

SURVEILLER [sur-vò-yé] *v. intr. et tr.*

[ÉTYM. Composé de sur 1 et veiller, §§ 192 et 196. || 1680. RICHEL.]

|| Veiller avec une attention qui ne se relâche point, de peur de faute, de négligence, etc. | 1. *Vieilli. V. intr.* — aux fraudes des marchands de blé, DIDER. *Claude et Néron*, II, 82. | 2. *V. tr.* — des employés, des ouvriers. — des travaux.

SURVENANCE [sur-ve-näns'] *s. f.*

[ÉTYM. Dérivé de survenir, § 146. (*Cf.* l'anc. franç. *sourvenue.*) || XV° s. Par la survenance de la nourrice, Terence, dans DELB. *Rec.*]

|| Le fait de survenir. | 1. Le fait de venir après coup, en sus. Pour cause de — d'enfants, *Code civil*, art. 953. | 2. Le fait de venir tout à coup.

SURVENANT, ANTE [sur-ve-nan, -nänt'] *s. m. et f.*

[ÉTYM. Subst. particip. de survenir, § 47. || XIII° s. Une coute por les sorvenans, BEAUMAN. 975, Salmon.]

|| Celui, celle qui survient. Piller le —, LA F. *Fab.* X, 14.

SURVENDRE [sur-vändr'] *v. tr.*

[ÉTYM. Composé de sur 1 et vendre, §§ 192 et 196. || 1549. R. EST.]

|| Vendre au-dessus du prix. (*Cf.* suracheter, surpayer.) Le débit à la petite mesure où le sel est survendu, VAUBAN, *Dîme royale*, p. 105.

SURVENIR [sur-ve-nîr] *v. intr.*

[ÉTYM. Composé de sur 1 et venir, §§ 192 et 196. || XII° s. Discorde i sorvint sodement, *Énéas*, 104.]

|| 1° *Vieilli.* Venir après, en sus. Ces deux avantages survenus à tous ceux qu'on lui connaît, SÉV. 1475. L'ancienneté survient à tous ces oracles, FONTEN. *Hist. des oracles*, 1.

|| 2° Venir tout à coup. Un ambassadeur romain survenait d'abord, MONTESQ. *Rom.* 5. Un loup survient à jeun, LA F. *Fab.* I, 10.

SURVENTE [sur-vänt'] *s. f.*

[ÉTYM. Composé de sur 1 et vente, §§ 193 et 196. || 1690. FURET.]

|| Action de survendre.

***SURVENTER** [sur-van-té] *v. intr.*

[ÉTYM. Composé de sur 1 et venter, §§ 192 et 196. || 1771. TRÉV.]

|| (Marine.) Venter plus violemment.

***SURVÊTIR** [sur-vè-tîr] *v. tr.*

[ÉTYM. Composé de sur 1 et vêtir, §§ 192 et 196. || 1549. Survestir, R. EST.]

|| Vêtir plus qu'il n'est nécessaire. La charité... ne veut pas être survêtue, pour parler comme l'Apôtre, mais elle se laisse dépouiller, FÉN. *Instr. et avis*, 25.

SURVIDER [sur-vi-dé] *v. tr.*

[ÉTYM. Composé de sur 1 et vider, §§ 192 et 196. || 1549. R. EST. Admis ACAD. 1762.]

|| Vider, débarrasser du trop-plein.

SURVIE [sur-vi] *s. f.*

[ÉTYM. Composé de sur 1 et vie, §§ 193 et 194. || XVII° s. PATRU, *Plaidoy.* 9.]

|| Situation de celui qui survit. (*Cf.* survivance.) *Spécialt.* (Droit.) Gains de —, avantages que se font les époux l'un à l'autre pour celui qui survivra.

SURVIVANCE [sur-vi-väns'] *s. f.*

[ÉTYM. Dérivé de survivre, § 146. || 1549. R. EST.]

|| Le fait de survivre à qqn. (*Cf.* survie.) | *P. ext.* Le fait d'être désigné pour remplacer qqn en cas de mort. Avoir la — de qqn. Muni de pensions, de brevets et de survivances, LA BR. 8.

SURVIVANCIER, *SURVIVANCIÈRE [sur-vi-van-syé, -syèr] *s. m. et f.*

[ÉTYM. Dérivé de survivance, § 115. || 1680. RICHEL. Admis ACAD. 1718.]

‖ *Vieilli.* Personne qui n la survivance, qui est désignée pour remplacer qqn en cas de mort.

SURVIVANT, ANTE [sur-vi-van, -vänt'] *adj.*

[ÉTYM. Adj. particip. de survivre, § 47. ‖ XIIᵉ s. Les survivanz, PH. DE THAUN, *Best.* p. 84.]

‖ Qui survit. *Substantivt.* Un —, une survivante, celui, celle qui survit. Les survivants de Waterloo.

SURVIVRE [sur-vïvr'] *v. tr. et intr.*

[ÉTYM. Composé de sur 1 et vivre, §§ 192 et 196. ‖ XIᵉ s. Tut survesquiet e Virgilie et Omer, *Roland*, 2616.]

‖ Demeurer vivant après qu'une personne est morte, qu'une chose est achevée ou détruite.

‖ **1°** *Vieilli.* V. *tr.* Sa femme le survéquit, MALH. *Tite Live*, XXIII, 21. Il a survécu tous ses enfants, VAUGEL. *Q. Curce*, p. 430.

‖ **2°** *V. intr.* Il ne lui survécut que quelques semaines. | La Providence a voulu que la reine survécût à ses grandeurs, BOSS. *H. d'Angl.* L'amour qui nous unissait survéquit à l'espérance, J.-J. ROUSS. *Nouv. Hél.* III, 18. Charles IX ne survécut pas longtemps à ces horreurs, VOLT. *Parlem. de Paris*, 28. *Fig.* Se — à soi-même. | 1. Vivre encore, n'étant plus ce qu'on était par l'intelligence, la situation, etc. | 2. Vivre après sa mort dans la mémoire des hommes.

SUS [su ; l's se lie avec le son d'un z] *adv.*

[ÉTYM. Du lat. sŭsum, m. s. § 726.]

‖ *Vieilli.* Dessus. *Spécialt.* Mettre sus une chose à qqu. la lui imputer. La charge (accusation) qu'il avait mise sus à l'amiral, BOSS. *Var.* 10. Courir sus à qqn. ‖ *Ellipt.* | **1.** Pour engager à courir sus à qqn. —, —, courons aux armes, LA F. *Fab.* XII, 25. | **2.** Pour hâter. Sus donc, préparez vos jambes, MOL. *Ét.* II, 11. Sus, amis, prenons le verre, ACAD. *Observ. sur Vaugelas.* ‖ *Loc. adv.* En sus, au delà, en plus. Le quart en sus. Avoir une gratification en sus de ses appointements.

SUSCEPTIBILITÉ [sŭs'-sěp'-ti-bi-li-té] *s. f.*

[ÉTYM. Dérivé de susceptible, § 255. ‖ 1752. TRÉV. Admis ACAD. 1798.]

‖ (T. didact.) Disposition à être susceptible. [**1.** La — de certains organes. Une grande — du système nerveux. | **2.** *Fig.* Il est d'une — ridicule.

SUSCEPTIBLE [sŭs'-sěp'-tïbl'] *adj.*

[ÉTYM. Emprunté du lat. susceptibilis, m. s. de suscipere, recevoir. ‖ 1372. Comme... homme soit une beste... susceptible de science, J. CORBICHON, *Propr. des choses*, III, 1, mss franç. Bibl. nat. 216, fᵒ 30, vᵒ.]

‖ (T. didact.) ‖ **1°** Qui peut recevoir (qqch qui le modifie). Le peuple n'est pas — de cette doctrine, PASC. *Pens.* VI, 10. Ce qui est — de perfectionnement, d'être perfectionné. Il y a un tour à donner à tout, même aux choses qui en paraissent le moins susceptibles, MONTESQ. *Lett. pers.* 57. Une loi — de plusieurs interprétations. Le docile et le faible sont susceptibles d'impressions, LA BR. 16. Il n'est point de partie — de tant de maux, LA F. *Fab.* V, 8.

‖ **2°** *Absolt.* Qui a une disposition à se ressentir facilement des influences extérieures. Avoir l'odorat très —. *Spécialt.* Marchandises susceptibles, qui prennent facilement et peuvent transmettre la contagion. ‖ *Fig.* Qui a une disposition à être facilement offensé. Un caractère —.

SUSCEPTION [sŭs'-sěp'-syon ; *en vers*, -si-on] *s. f.*

[ÉTYM. Emprunté du lat. susceptio, m. s. ‖ XIVᵉ s. La susception des ordres sacrés, J. DE VIGNAY, *Miroir hist.* dans DELB. *Rec.* Admis ACAD. 1762.]

‖ (T. didact.) Action de recevoir. (*Cf.* intussusception.) ‖ *Spécialt.* | **1.** (Liturgie cathol.) La — des ordres sacrés. La fête de la — de la sainte croix, de la sainte couronne (en souvenir du jour où on les a reçues). | **2.** (Physiol.) Le corps organisé... se développe par la — intime des parties organiques qui lui conviennent, BUFF. *Animaux*, 3.

SUSCITATION [sŭs'-si-là-syon ; *en vers*, -si-on] *s. f.*

[ÉTYM. Emprunté du lat. suscitatio, m. s. ‖ XIIᵉ-XIIIᵉ s. Et fist ceste suscitation, CHARDRY, *Set Dormanz*, 1718.]

‖ *Vieilli.* (T. didact.) Action de susciter.

SUSCITER [sŭs'-si-té] *v. tr.*

[ÉTYM. Emprunté du lat. suscitare, m. s. proprt, « faire lever ». (*Cf.* ressusciter.) ‖ XIIᵉ s. Suscita, *Psaut. d'Oxf.* LXXVII, 6.]

‖ (T. didact.) Faire venir (qqn, qqch) en aide à qqn ou contre qqn. Il est temps que Dieu suscite des disciples au docteur de la grâce, PASC. *Prov.* 2. Dieu, qui lui suscitait ces ennemis pour le punir, BOSS. *Hist. univ.* I, 7. Son mérite lui suscita des envieux. *Absolt.* Dieu suscite en Orient un roi plus

superbe, BOSS. *Hist. univ.* II, 5. Des prédicateurs suscités et envoyés pour les instruire, BOURD. *Parole de Dieu*, 2. Une cabale suscitée contre lui. ‖ *Spécialt.* (T. biblique.) Le frère de son mari, qui la prendra pour femme et suscitera des enfants à son frère, SACI, *Bible, Deutér.* XXV, 5.

SUSCRIPTION [sŭs'-krïp'-syon ; *en vers*, -si-on] *s. f.*

[ÉTYM. Emprunté du lat. superscriptio, m. s. rendu par suscription d'après l'équivalence du lat. super et du franç. sus, § 503. (*Cf.* l'anc. franç. superscription.) ‖ XVIᵉ s. En la suscription d'une missive, AMYOT, *Agésil.* 34.]

‖ (T. didact.) Adresse écrite sur l'enveloppe ou le pli extérieur d'une lettre. Mettre la —. Écrire lisiblement la —.

SUSDIT, ITE [sŭs'-di, -dit'] *adj.*

[ÉTYM. Composé de sus et dit, §§ 193 et 196. ‖ 1318. Ces choses surdites, dans GODEF. *Compl.*]

‖ (Pratique.) Dit, mentionné ci-dessus. La susdite clause. Le — emprunteur. *Substantivt.* Le —, la susdite, la personne susdite.

'SUS-DOMINANTE [sŭs'-dò-mi-nänt'] *s. f.*

[ÉTYM. Composé de sus et dominante, §§ 193 et 196. ‖ 1812. MOZIN, *Dict. franç.-allem.*]

‖ (Musique.) La sixième note de la gamme, d'un degré au-dessus de la dominante. (*Cf.* sous-dominante.)

SUSMENTIONNÉ, ÉE [sŭs'-man-syò-né ; *en vers*, -si-ò-né] *adj.*

[ÉTYM. Composé de sus et mentioné, §§ 193 et 196. ‖ Admis ACAD. 1878.]

‖ (Pratique.) Mentionné ci-dessus.

SUSNOMMÉ, ÉE [sŭs'-nò-mé] *adj.*

[ÉTYM. Composé de sus et nommé, §§ 193 et 196. ‖ 1526. Le susnommé, BOURDIGNÉ, *Pierre Faifeu*, dans DELB. *Rec.* Admis ACAD. 1878.]

‖ (Pratique.) Nommé ci-dessus.

SUSPECT, ECTE [sŭs'-pěkt'] *adj.*

[ÉTYM. Emprunté du lat. suspectus, m. s. (*Cf.* l'anc. franç. sospit, de formation pop.) ‖ XIVᵉ s. Telle maniere de pecune estoit toujours hayneuse et suspette, BERSUIRE, fᵒ 104, dans LITTRÉ.]

‖ Qui donne lieu au soupçon. Vous suis-je — de quelque perfidie? CORN. *Cinna*, IV, 5. Ces louanges qui n'étaient point suspectes de flatterie, FÉN. *Tél.* 17. | *Absolt.* Quoi! je vous suis suspecte? CORN. *Rodog.* V, 4. Tout m'est —, je crains que tout ne soit séduit, RAC. *Brit.* V, 1. | *Substantivt.* Les suspects, les personnes soupçonnées d'être hostiles à la Révolution. Loi des suspects, permettant de les emprisonner. | Une chose suspecte, qui inspire la défiance. De Galien la science suspecte, BOIL. *Art p.* 4. Tremper dans une affaire suspecte, LA BR. 9. Mettre en quarantaine les navires provenant de pays suspects (de maladie contagieuse).

SUSPECTER [sŭs'-pěk'-té] *v. tr.*

[ÉTYM. Emprunté du lat. suspectare, m. s. ‖ XVᵉ-XVIᵉ s. Jehan Standon... suspecta Loys, P. DESREY, *Mer des chron.* dans DELB. *Rec.* Admis ACAD. 1798.]

‖ Tenir pour suspect. On suspecte sa fidélité. — qqn.

SUSPENDRE [sŭs'-pändr'] *v. tr.*

[ÉTYM. Emprunté du lat. suspendere, m. s. ‖ XIIᵉ s. Les briefs... U cil trei prelat erent suspendu e lacié, GARN. DE PONT-STE-MAX. *St Thomas*, 4593.]

‖ **1°** Tenir en l'air (une personne, une chose) de manière qu'elle pende. On lui lia les pieds, on vous le suspendit, LA F. *Fab.* III, 1. Il monte sur les arbres et se suspend aux branches, BUFF. *Fourmilier.* Les astres suspendus au-dessus de nos têtes. Dieu, dont le bras vengeur, pour un temps suspendu, Sur cette race impie est toujours étendu, RAC. *Ath.* I, 2. Ils ne sont pas suspendus en l'air (les grands hommes), tout abstraits de notre société, PASC. *Pens.* VI, 30. | Une voiture suspendue, dont la caisse est portée sur des ressorts. Un pont suspendu, dont le tablier est porté par des câbles de fil de fer, au lieu de s'appuyer sur des arches. A pas tremblants et suspendus (n'osant poser le pied à terre), LA F. *Psyché*, 1. *Fig.* Être suspendu aux lèvres de qqn, attentif à chacune de ses paroles. Tout l'auditoire qui paraissait pendu et suspendu à tout ce qu'il disait, SÉV. 1020. *Ellipt.* Pendant que Philoctète avait raconté ainsi ses aventures, Télémaque était demeuré comme suspendu et immobile, FÉN. *Tél.* 16. ‖ *Fig.* Tenir dans l'indécision. On demeura surpris; Cela suspendit les esprits, LA F. *Fab.* VIII, 8. Son cœur éperdu Entre deux passions demeure suspendu, BOIL. *Lutr.* 2. Vous prendriez votre parti, vous ne seriez point suspendue, comme le tombeau de Mahomet, SÉV. 594.

‖ **2°** *P. anal.* Tenir quelque temps en arrêt (le cours de qqch). L'imagination... suspend les sens, PASC. *Pens.* III, 3. Ses passions suspendues, comme un torrent arrêté par une forte digue, reprirent leur cours, FÉN. *Tél.* 14. Dès qu'un léger sommeil suspendait mes ennuis, RAC. *Iph.* I, 1. — les travaux commencés. Un commerçant qui suspend ses paiements, qui se déclare hors d'état de payer ce qu'il doit aux échéances. — sa marche, sa course. Le sens reste suspendu. — son jugement. Que toujours dans vos vers le sens, coupant les mots, Suspende l'hémistiche, en marque le repos, BOIL. *Art p.* 1. | — un magistrat, un professeur de ses fonctions, lui interdire momentanément de les exercer. — un prêtre a divinis, lui interdire de célébrer l'office divin. *Ellipt.* Ce magistrat a été suspendu. ‖ *P. ext.* Différer momentanément. Le fatal sacrifice est encor suspendu, RAC. *Iph.* V, 5. Le Ciel qui semblait —... la vengeance qu'il méditait, BOSS. *R. d'Angl.*

SUSPENS [süs-pan] *adj.*

[ÉTYM. Emprunté du lat. *suspus*, pensant. passé de suspendere, suspendre. ‖ XVᵉ s. Le peuple sembloit estre suspens, *Ancienn. des Juifs*, dans GODEF.]

‖ **1°** *Vieilli.* Qui est suspendu. J'ai peur de tenir trop longtemps le lecteur — (dans l'indécision), II. EST. *Précell.* p. 116, Feugère. Et déclaraient — (suspendus de leur fonction) et interdits... les ecclésiastiques..., RAC. *Port-Royal*, 2.

‖ **2°** *Loc. adv.* En —, en personne, en chose qui reste suspendue, dans l'indécision. Être, demeurer en —. Tenir, laisser qqn en —. Ils attendaient en — le jugement du sénat, BOSS. *Hist. univ.* III, 6. Lassé de vivre toujours en — et dans l'incertitude, FÉN. *Tél.* 1.

SUSPENSE [süs-pãns] *s. f.*

[ÉTYM. Tiré de suspendre, d'après dépense de dépendre 1, § 45. ‖ XVᵉ s. Du faisable faisoit promesse et du difficile suspense, G. CHASTELL. *Éloge de Phil. duc de Bourg.* Admis ACAD. 1718.]

‖ *Vieilli.* (T. ecclés.) Décision suspendant un ecclésiastique de ses fonctions. Sous peine de —.

SUSPENSEUR [süs-pan-seür] *adj.*

[ÉTYM. Emprunté du lat. scolast. *suspensor*, m. s. §§ 217 et 249. ‖ XVIᵉ s. Deux crémasters ou suspenseurs des testicules, PARÉ, IV, 2. Admis ACAD. 1835.]

‖ (T. didact.) Qui tient suspendu. Ligament —.

SUSPENSIF, IVE [süs-pan-sïf', -sïv'] *adj.*

[ÉTYM. Emprunté du lat. scolast. *suspensivus*, m. s. §§ 217 et 257. ‖ XIVᵉ s. Constructions... si suspensives, BERSUIRE, fᵒ 1, dans LITTRÉ.]

‖ (T. didact.) Qui suspend, tient en arrêt pour qq temps (le cours de qqch). L'obligation contractée sous une condition suspensive, *Code civil*, art. 1181. Le veto —, droit qu'a le chef du pouvoir exécutif de suspendre la promulgation d'une loi. | (Gramm.) Points suspensifs, qui indiquent que le sens est suspendu.

SUSPENSION [süs-pan-syon ; *en vers*, -si-on] *s. f.*

[ÉTYM. Emprunté du lat. *suspensio*, m. s. ‖ XIIᵉ s. Pur nent fust en suspenciun, *Tristan*, II, p. 18, Michel.]

‖ **1°** État d'une personne, d'une chose tenue en l'air de manière qu'elle pende. Mode de — de la boussole sur un navire. — à la Cardan. Le point de — d'une balance. La mort par — (d'un pendu). *P. anal.* Parcelles d'une substance en — dans un liquide. | *P. ext. Néolog.* Une —, support de lampe qu'on suspend dans une salle à manger, dans une église, etc. ‖ *Fig.* État d'une personne tenue dans l'indécision. Les braves Pyrrhoniens, en leur ataraxie, sont en — perpétuelle, PASC. *Du vrai bien et de la justice*, 2, Feugère.

‖ **2°** État d'une chose dont le cours est tenu pour quelque temps en arrêt. — d'armes. Leurs traités n'étaient... que des suspensions de guerre, MONTESQ. *Rom.* 6. Une — de tout le mouvement de la machine ronde, SÉV. 255. La — de paiement d'une maison de commerce. — de poursuites.

SUSPENSOIR, et, *vieilli*, **SUSPENSOIRE** [süs-pan-swâr] *s. m.*

[ÉTYM. Emprunté du lat. scolast. *suspensorium*, m. s. §§ 217 et 249. ‖ 1314. Les suspensoires des coilles, *Chirurg. de Mondeville*, 104, Bos.]

‖ (T. didact.) Ce qui tient qqch suspendu. *Spécialt.* Bandage destiné à soutenir les bourses.

SUSPENTE [süs-pãnt] *s. f.*

[ÉTYM. Autre forme de soupente, d'origine provençale, § 11. Souvent altéré en surpente, § 509. ‖(Au sens actuel.) 1680. Surpente, PICHEL.]

‖ (Marine.) Corde amarrée à un mât et à laquelle on attache le palan. ‖ Étrope double supportant les basses vergues hissées. (*Cf.* moustache.)

SUSPICION [süs-pi-syon ; *en vers*, -si-on] *s. f.*

[ÉTYM. Emprunté du lat. *suspicio*, m. s. ‖ XIIᵉ s. Sen cause et sen crime... atornent en mei leu de suspiciun, *Dial. anime conquer.* 4, dans *Romania*, 1876, p. 277.]

‖ (Droit.) Action de tenir qqn pour suspect. (*Cf.* soupçon.)

***SUSSEYER** [su-sò-yé]. *V.* zézayer.

***SUSTENTATION** [süs'-tan-tà-syon ; *en vers*, -si-on] *s. f.*

[ÉTYM. Emprunté du lat. *sustentatio*, m. s. ‖ XIVᵉ s. Pour la sustentacion du corps, ORESME, *Éth.* x, 15.]

‖ (T. didact.) ‖ **1°** Action de soutenir par des aliments. ‖ **2°** Position d'un corps sur un autre qui le soutient. Un corps cesse d'être en équilibre quand la verticale passant par son centre de gravité est en dehors de sa base de —.

SUSTENTER [süs'-tan-té] *v. tr.*

[ÉTYM. Emprunté du lat. *sustentare*, m. s. ‖ XIIIᵉ s. Bien sustentez, *St Brandan*, dans GODEF. *Compl.*]

‖ (T. didact.) Soutenir par les aliments. Ce qu'il faut Pour — son corps, LA F. *Contes, Féronde.*

SUTURE [su-tür] *s. f.*

[ÉTYM. Emprunté du lat. *sutura*, m. s. de suere, coudre. (*Cf.* couture.) ‖ XVIᵉ s. Suture est une composition d'os faite à la semblance des choses cousues, PARÉ, IV, 43.]

‖ (T. didact.) Action de coudre. ‖ *Spécialt.* | 1. Action de coudre ensemble les lèvres d'une plaie pour en obtenir la réunion. Pratiquer une —. Paire des points de —. | 2. Action par laquelle des pièces osseuses se soudent ensemble. Quand s'est opérée la — des os du crâne. | *P. ext.* Trace laissée par cette suture. La — est toujours visible. | *Fig.* Raccord de deux parties (d'une œuvre littéraire) entre lesquelles se trouvait un morceau qu'on a supprimé.

SUZERAIN, AINE [suz'-rin, -rèn' ; *en vers*, su-ze-...] *adj.*

[ÉTYM. Pour suserain, dérivé de sus, sur le modèle de souverain, §§ 63 et 97. ‖ 1306. Se déduit de l'existence de suzeraineté à cette date.]

‖ (Féodal.) Qui possède un fief dont d'autres relèvent. Il l'appelait devant son seigneur —, MONTESQ. *Espr. des lois*, XXVIII, 27. *Substantivt.* —, suzeraine, seigneur suzerain, dame suzeraine. Il comparut devant son —, sa suzeraine.

SUZERAINETÉ [suz'-rèn-té ; *en vers*, su-ze-rò-ne-té] *s. f.*

[ÉTYM. Dérivé de suzerain, § 122. (*Cf.* souveraineté.) ‖ 1306. Toute maniere de susereneté, dans DELB. *Rec.*]

‖ (Féodal.) Qualité de celui qui est suzerain. Le droit de —. Reconnaître la — de qqn.

SVELTE [svèlt'] *adj.*

[ÉTYM. Emprunté de l'ital. *svelto*, m. s. de svellere, arracher, tirer, dégager, § 12. ‖ XVIIᵉ s. *V.* à l'article. Admis ACAD. 1740.]

‖ (T. didact.) Qui est de forme dégagée. Édifices... sveltes et légers, POUSSIN, *Lett.* p. 93. Un dôme plus — que celui de Saint-Pierre, VOLT. *Lois de Minos*, note. | Une personne, une taille —. Sa taille aussi — que bien prise, BUFF. *Cerf.*

***SVELTESSE** [svèl-tès'] *s. f.*

[ÉTYM. Dérivé de svelte, § 124. (*Cf.* l'ital. sveltezza, m. s.) ‖ *Néolog.*]

‖ Caractère de ce qui est svelte.

SYBARITE [si-bà-rït'] *s. m. et f.*

[ÉTYM. Emprunté du lat. Sybarites, grec Συβαρίτης, habitant de Sybaris, ville du sud de l'Italie renommée par la mollesse et le luxe de ses habitants, § 36. ‖ Vers 1530. Dancerets qui a la mode des Sybarites..., *Blason des barbes.* Admis ACAD. 1835.]

‖ (T. didact.) Celui, celle qui est d'une mollesse et d'une délicatesse raffinée.

***SYBARITISME** [si-bà-ri-tïsm'] *s. m.*

[ÉTYM. Dérivé de sybarite, § 265. ‖ *Néolog.*]

‖ (T. didact.) Mollesse et délicatesse raffinée.

SYCOMORE [si-kò-mòr] *s. m.*

[ÉTYM. Emprunté du lat. *sycomorus*, grec συκόμορος, m. s. de σῦκον, figue, et μόρον, mûre. ‖ XIIᵉ s. La hanste fu de sicamor, *Énéas*, 4521.]

‖ (Botan.) Variété de figuier dont les feuilles rappellent le mûrier. ‖ *P. ext.* Variété d'érable, dite aussi faux platane. | Faux —, azédarac.

SYCOPHANTE [si-kò-fãnt'] *s. m.*

[ÉTYM. Emprunté du lat. *sycophanta*, grec συκοφάντης, m. s. proprt, « délateur des voleurs de figues ». ‖ XVᵉ s.

Sicophant, qui est a dire traytre ou calumniateur, *Térence*, dans DELB. *Rec.* Admis ACAD. 1762.]

‖ (Antiq.) Délateur. ‖ *P. ext. De nos jours.* Fourbe, coquin. Guillot le — approche doucement, LA F. *Fab.* III, 3.

SYLLABAIRE [sĭl'-là-bèr] *s. m.*

[ÉTYM. Dérivé de syllabe, § 248. ‖ 1752. TRÉV. Admis ACAD. 1798.]

‖ (T. didact.) Petit livre où les enfants apprennent à épeler.

SYLLABE [sĭl'-làb'] *s. f.*

[ÉTYM. Emprunté du lat. syllaba, grec συλλαβή, *m. s.* ‖ XII° s. Une sillabe de son non, BENEEIT, *Ducs de Norm.* I, 372.]

‖ (T. didact.) Son articulé produit par une seule émission de voix et composé soit de consonnes et de voyelles, soit d'une voyelle seule ou d'une diphtongue. Un mot d'une —, de plusieurs syllabes. La première, la dernière — d'un mot. | *P. ext.* Ne pas omettre une —, ne rien omettre. Je n'y changerai pas une — (absolument rien), MARIV. *Legs*, sc. 3.

SYLLABIQUE [sĭl'-là-bĭk'] *adj.*

[ÉTYM. Emprunté du lat. syllabicus, grec συλλαβικός, *m. s.* ‖ 1704. TRÉV. Admis ACAD. 1762.]

‖ (T. didact.) Relatif aux syllabes. Vers — (par opposition à vers métrique), où le nombre des syllabes détermine la mesure du vers. Augment —, addition d'une syllabe à certains temps du verbe (grec). Chant —, dans lequel chaque note répond à une syllabe.

SYLLABUS [sĭl'-là-bŭs'] *s. m.*

[ÉTYM. Emprunté du lat. syllabus, grec σύλλαβος, *m. s.* ‖ *Néolog.* Admis ACAD. 1878.]

‖ (T. didact.) Sommaire, liste. *Speciall.* (T. ecclés.) Liste des erreurs condamnées par le pape.

SYLLEPSE [sĭl'-lĕps'] *s. f.*

[ÉTYM. Emprunté du lat. syllepsis, grec σύλληψις, *m. s.* ‖ 1660. Syllepse ou conception, *Gramm. generale*, p. 145. Admis ACAD. 1762.]

‖ (T. didact.) Figure de mots qui consiste à mettre un mot à un autre genre, à un autre nombre que celui auquel il se rapporte, en négligeant l'accord grammatical pour se conformer à l'idée. ‖ *P. ext.* Figure par laquelle un mot est pris à la fois au propre et au figuré.

SYLLOGISME [sĭl'-lò-jĭsm'] *s. m.*

[ÉTYM. Emprunté du lat. syllogismus, grec συλλογισμός, *m. s.* ‖ XIII° s. Quant el fait bon silogime, J. DE MEUNG, *Rose*, 4094.]

‖ (T. didact.) Raisonnement en forme prouvant qu'une proposition (concluston) est vraie, c'est-à-dire que l'attribut (terme majeur) de cette conclusion convient à son sujet (terme mineur), à l'aide d'un terme moyen qui, convenant à la fois au terme majeur et au mineur, se combine avec chacun d'eux pour former deux propositions (majeure et mineure), dites prémisses, dont la conclusion est la conséquence.

SYLLOGISTIQUE [sĭl'-lò-jĭs'-tĭk'] *adj.*

[ÉTYM. Emprunté du lat. syllogisticus, grec συλλογιστικός, *m. s.* ‖ 1557. Raison syllogistique, P. DE MESMES, *Instit. astron.* dans DELB. *Rec.* Admis ACAD. 1762.]

‖ (T. didact.) Relatif au syllogisme. La forme —.

SYLPHE, IDE [sĭlf', sĭl-fĭd'] *s. m.* et *f.*

[ÉTYM. Emprunté du lat. des inscriptions sylphus, *m. s.* mot qui paraît gaulois, § 3. ‖ XVI°-XVII° s. Les sylfes et les nymphilides qu'on appelle autrement fees, PALMA CAYET, *Chron.* dans DELB. *Rec.* Admis ACAD. 1762.]

‖ (Mythol.) Être fantastique, génie de l'air. Des sylphides et des follets, GRESSET, *Chartreuse.* Léger comme un —, comme une sylphide. | *Fig.* Avoir une taille de sylphide, danser comme une sylphide.

SYLVAIN et **'SILVAIN** [sĭl-vin] *s. m.*

[ÉTYM. Emprunté du lat. sylvanus, *m. s.* de sylva, silva, forêt. ‖ 1539. Faunes, silvans, satyres, MAROT, *Églogue au roi.* Admis ACAD. 1762.]

‖ (Mythol.) Dieu subalterne, divinité des bois. Les sylvains moqueurs, MUSSET, *Rolla.*

SYLVESTRE et **'SILVESTRE** [sĭl-vèslr'] *adj.*

[ÉTYM. Emprunté du lat. sylvester, silvester, *m. s.* (*Cf.* sauvage.) ‖ XIV° s. Beste silvestre, J. DE VIGNAY, *Miroir hist.* dans DELB. *Rec.* Admis ACAD. 1878.]

‖ (T. didact.) Qui appartient aux bois.

SYLVICULTURE et **'SILVICULTURE** [sĭl-vi-kŭl-tŭr] *s. f.*

[ÉTYM. Composé avec le lat. sylva, silva, forêt, et culture, § 273. ‖ *Néolog.* Admis ACAD. 1878.]

‖ (T. didact.) Plantation, exploitation des bois.

SYMBOLE [sin-bòl] *s. m.*

[ÉTYM. Emprunté du lat. symbolum, grec σύμβολον, *m. s.* ‖ XVI° s. Le facile symbole qui est entre roust et bouilly, RAB. IV, 33.]

‖ (T. didact.) Objet sensible considéré comme le signe figuratif d'une chose qui ne tombe pas sous les sens, en vertu de quelque analogie dont l'imagination a été frappée. (*Syn.* emblème.) Le drapeau est le — de la patrie. La balance est le — de la justice. La croix est le — de la foi chrétienne. La colombe est le — du Saint-Esprit. ‖ *P. ext.* Formule consacrée des articles de foi d'une religion. Le — des apôtres, profession de foi des apôtres résumant les principaux articles de la foi chrétienne. Le — de Nicée, adopté par le concile de Nicée. ‖ (Chimie.) Lettre initiale adoptée pour désigner un corps simple dans les formules chimiques. O est le — de l'oxygène.

SYMBOLIQUE [sin-bò-lĭk'] *adj.*

[ÉTYM. Emprunté du lat. symbolicus, grec συμβολικός, *m. s.* ‖ XVI° s. Mot symbolique entre eux, RAB. V, 20.]

‖ (T. didact.) Qui a le caractère d'un symbole. Figure, langage, écriture —. ‖ *Substantivt, au fém.* La —. | 1. Ensemble des symboles relatifs à une religion, à un peuple. | 2. Science qui expose et interprète ces symboles.

'SYMBOLIQUEMENT [sin-bò-lĭk'-man ; *en vers,* -li-ke-...] *adv.*

[ÉTYM. Composé de symbolique et ment, § 724. ‖ *Néolog.*]

‖ (T. didact.) D'une manière symbolique.

SYMBOLISER [sin-bò-li-zé] *v. tr.*

[ÉTYM. Emprunté du lat. scolast. symbolizare, *m. s.* ‖ XVI° s. La vertu du soleil est symbolisante, RAB. I, 10.]

I. *Anciennt. V. intr.* Offrir de l'analogie. Les éléments symbolisent tellement les uns avec les autres, qu'ils se transmuent l'un en l'autre, PARÉ, IX, 2° disc. | *Absolt.* Tous ces noms symbolisent fort, BOSS. *6° Avert. aux protest.* III, 17.

II. *Néolog. V. tr.* Exprimer symboliquement.

SYMBOLISME [sin-bò-lism'] *s. m.*

[ÉTYM. Dérivé de symbole, § 265. ‖ *Néolog.* Admis ACAD. 1878.]

‖ (T. didact.) Système qui prétend interpréter par des symboles les faits de certaines histoires, les croyances de certains peuples.

SYMÉTRIE [si-mé-tri] *s. f.*

[ÉTYM. Pour symmétrie (ACAD. 1694-1740), emprunté du lat. symmetria, grec συμμετρία, *m. s.* de μέτρον, mesure. ‖ 1530. Par figure et symmetrie, G. TORY, *Champfleury*, dans DELB. *Rec.*]

‖ (T. didact.) Correspondance régulière (de grandeur, de figure, de position) entre des corps ou des parties d'un même corps. Ceux qui font les antithèses en forçant les mots sont comme ceux qui font de fausses fenêtres pour la —, PASC. *Pens.* XXV, 77. Amoureux des règles et de la —, LA BR. 11. ‖ *Speciall.* | 1. (Anat.) — binaire, disposition d'organes pairs situés l'un à droite, l'autre à gauche de la ligne médiane (chez les vertébrés et les articulés). | 2. (Géom.) Disposition de deux figures dont les éléments réciproquement égaux sont inversement disposés. ‖ *P. anal.* — du style, correspondance qu'ont entre eux les mots, les membres de la phrase.

SYMÉTRIQUE [si-mé-trĭk'] *adj.*

[ÉTYM. Dérivé de symétrie, § 229. ‖ 1530. Mesure symmetrique, G. TORY, *Champfleury*, dans DELB. *Rec.* Admis ACAD. 1762.]

‖ (T. didact.) Qui a de la symétrie. Un arrangement —. Des organes symétriques. Figures de géométrie symétriques.

SYMÉTRIQUEMENT [si-mé-trĭk'-man ; *en vers,* -tri-ke-...] *adv.*

[ÉTYM. Composé de symétrique et ment, § 724. ‖ 1530. Symmetriquement, G. TORY, *Champfleury*, dans DELB. *Rec.* Admis ACAD. 1762.]

‖ (T. didact.) D'une manière symétrique. Des vases de fleurs — disposés.

SYMÉTRISER [si-mé-tri-zé] *v. intr.* et *tr.*

[ÉTYM. Dérivé de symétrie, § 267. COTGR. donne symmetrié, fréquent au XVI° s. ‖ 1613. Arbre... bien symmetrisé en ses branchages, CÉSAR DE NOSTREDAME, *Hist. de Provence*, dans DELB. *Rec.* Admis ACAD. 1762.]

¶ *Rare.* (T. didact.) || **1°** *V. intr.* Former symétrie. Les strophes symétrisaient avec les antistrophes, LE BATTEUX, *Poés. lyr.* 4.

|| **2°** *V. tr.* Rendre symétrique. Contrastes symétrisés, D'ALEMB. *Éloges, Fléchier.*

SYMPATHIE [sin-pà-ti] *s. f.*

[ÉTYM. Emprunté du lat. sympathia, grec συμπάθεια, *m. s.* || XVIᵉ s. Telle sympathie estoit entre les hommes et les femmes, RAB. I, 56.]

|| (T. didact.) || **1°** Affinité entre divers organes qui fait que lorsque l'un d'eux est affecté, les autres le sont. Quand le chef (la tête) souffre, tous les membres souffrent par —, BOURD. *Mystère, 3ᵉ Passion,* 2. || *P. ext.* Affinité que les anciens supposaient entre certains corps. La — de l'or pour le mercure. | Poudre de —, sulfate de cuivre calciné au soleil, auquel on attribuait la propriété de guérir une blessure, même à distance, lorsqu'on le jetait sur du sang sorti de cette blessure. Ne t'a-t-on point parlé d'une source de vie Que nomment nos guerriers poudre de — ? CORN. *Ment.* IV, 3. Encre de —, encre qui, incolore quand on l'emploie, noircit à l'action d'une substance déterminée.

|| **2°** Affinité morale entre diverses personnes. Il y a des cœurs qui ont tant de — sur certains sentiments, qu'ils sentent par eux ce que pensent les autres, SÉV. 62. | *P. ext.* Penchant instinctif qui attire une personne vers une autre. Avoir de la — pour qqn. Inspirer de la —. Il est des nœuds secrets, il est des sympathies, Dont par le doux rapport Les âmes assorties S'attachent l'une à l'autre, CORN. *Rodog.* I, 5.

SYMPATHIQUE [sin-pà-tĭk'] *adj.*

[ÉTYM. Dérivé de sympathie, § 229. || 1613. Je ne scay quelle entresuite et sympathique fatalité, CÉSAR DE NOSTREDAME, *Hist. de Provence,* dans DELB. *Rec.*]

|| (T. didact.) Relatif à la sympathie.

|| **1°** Relatif à l'affinité qui existe entre certains organes. Affection — d'un organe, affection produite dans un organe par la relation qu'il a avec un autre organe lésé. || *Spécialt.* Nerf —, centre nerveux distinct du cerveau. *Substantivt.* Grand —, système nerveux ganglionnaire formant un double cordon à droite et à gauche de la colonne vertébrale. || *P. ext.* Relatif à l'affinité que les anciens supposaient entre certains corps. Encre —, encre de sympathie. (*V.* sympathie.)

|| **2°** Relatif à l'affinité morale qui existe entre diverses personnes. | *P. ext.* Relatif au penchant instinctif qui attire une personne vers une autre. Ressentir un mouvement — pour qqn. | *Néolog.* Qui inspire la sympathie. Une personne —.

*****SYMPATHIQUEMENT** [sin-pà-tĭk'-man ; *en vers,* -tike-...] *adv.*

[ÉTYM. Composé de sympathique et ment, § 724. || XVIIᵉ s. *V.* à l'article.]

|| (T. didact.) D'une manière sympathique. J'aimerais mieux aimer moins —, TH. CORN. *Charme de la voix,* II, 1.

SYMPATHISER [sin-pà-ti-zé] *v. intr.*

[ÉTYM. Dérivé de sympathie, § 267. || XVIᵉ s. Sympathizant, RONS. IV, 253.]

|| Être en sympathie (affinité morale) avec qqn, qqch. Nous sympathisons très peu l'un avec l'autre, DESTOUCHES, *Dissip.* IV, 2. *Absolt.* Nous sympathisons vous et moi, MOL. *Préc. rid.* sc. 9. L'esprit humain et le faux sympathisent extrêmement, FONTEN. *Dial. des morts, Hom. et Ésope.*

SYMPHONIE [sin-fò-ni] *s. f.*

[ÉTYM. Emprunté du lat. symphonia, grec συμφωνία, *m. s.* || XIIᵉ s. A semblance de symphonies (sorte d'instrument), *Myst. d'Adam,* p. 84, Luzarche. | XIVᵉ s. Symphonie est concorde de plusieurs sons, ORESME, dans MEUNIER, *Essai sur Oresme.*]

|| **1°** *Vieilli.* (Par opposition à diaphonie.) Accord consonant.

|| **2°** Morceau de musique pour plusieurs voix ou instruments concertants. || *Spécialt.* | **1.** *Ancienn.* Morceau d'orchestre formant l'ouverture d'un opéra. Je n'en dirai pas autant des symphonies de Lulli ; aucune n'approche seulement de l'ouverture du « Déserteur », VOLT. *Lett. à Mᵐᵉ du Deffant,* 12 août 1774. | **2.** (Depuis le XVIIIᵉ s.) Composition musicale pour orchestre dans la formule de la sonate, c'est-à-dire composée d'une introduction, d'un adagio ou d'un andante, d'un scherzo et d'un finale. Les symphonies d'Haydn, de Mozart, de Beethoven.

|| **3°** *P. ext.* Musiciens qui exécutent des symphonies.

Cent bouteilles de suresnes, pour abreuver la —, LES. *Turcar.* II, 6.

SYMPHONISTE [sin-fò-nĭst'] *s. m.* et *f.*

[ÉTYM. Dérivé de symphonie, § 265. || 1704. TRÉV. Admis ACAD. 1740.]

|| **1°** Celui, celle qui compose des symphonies.

|| **2°** Celui, celle qui exécute des symphonies.

SYMPHYSE [sin-fĭz'] *s. f.*

[ÉTYM. Emprunté du grec σύμφυσις, *m. s.* (*Cf.* apophyse.) || XVIᵉ s. Symphyse se fait en deux sortes, PARÉ, IV, 43. Admis ACAD. 1762.]

|| (Anat.) Articulation fixe de deux os. — pubienne.

SYMPTOMATIQUE [sinp'-tò-mà-tĭk'] *adj.*

[ÉTYM. Emprunté du lat. symptomaticus, grec συμπτωματικός, *m. s.* || XVIᵉ s. Si elle (la fièvre) est symptomatique, PARÉ, XX, 35.]

|| (T. didact.) Qui est le symptôme de quelque autre affection. Fièvre —, qui tient à une autre maladie.

SYMPTÔME [sinp'-tôm'] *s. m.*

[ÉTYM. Emprunté du lat. symptoma, grec σύμπτωμα, *m. s.* || XVIᵉ s. Symptomates et accidens, RAB. IV, 63. Signes et symptomes, NOGUIER, *Hist. tolosaine* (1556), dans DELB. *Rec.*]

|| (T. didact.) Phénomène caractéristique d'une maladie naissante. Les symptômes du choléra. | *Fig.* Signe caractéristique. Des symptômes de révolte.

SYNAGOGUE [si-nà-gòg'] *s. f.*

[ÉTYM. Emprunté du lat. synagoga, grec συναγωγή, *m. s.* || XIᵉ s. Les sinagoges et les mahumeries, *Roland,* 3662.]

|| (Hist. relig.) Assemblée des fidèles (sous la loi de Moïse). Enterrer la — avec honneur, locution employée par les Pères de l'Église, en parlant de ceux des premiers chrétiens qui continuèrent à pratiquer les cérémonies de l'ancienne loi, tant que le temple subsista. *Fig. Loc. prov.* Enterrer la —, bien finir qqch. Nous retournerons ce soir encore pour trois ou quatre jours, et cela s'appellera enterrer la —, SÉV. 1088. || *P. ext. De nos jours.* | **1.** Religion, communion des juifs (par opposition au christianisme). | **2.** Temple des juifs.

SYNALÈPHE [si-nà-lèf'] *s. f.*

[ÉTYM. Emprunté du lat. synalœpha, grec συναλοιφή, *m. s.* || XVᵉ s. *Instructif de la seconde rhetorique,* 5, dans *Jardin de plaisance,* édit. 1499. Admis ACAD. 1762.]

|| (Gramm.) Réunion de deux syllabes en une, par élision, synérèse ou crase.

SYNALLAGMATIQUE [si-nàl'-làg'-mà-tĭk'] *adj.*

[ÉTYM. Emprunté du grec συναλλαγματικός, *m. s.* || 1732. TRÉV. Admis ACAD. 1762.]

|| Droit.) Qui oblige réciproquement les deux parties contractantes. Contrat —. (*Cf.* bilatéral.)

SYNANTHÉRÉ, ÉE [si-nan-té-ré] *adj.*

[ÉTYM. Composé avec le grec σύν, avec, anthère et le suffixe é, § 279. || *Néolog.* Admis ACAD. 1878.]

|| (Botan.) Où les anthères des étamines sont soudées ensemble. Les plantes synanthérées, et, *substantivt,* La famille des Synanthérées.

SYNARTHROSE [si-nàr-trôz'] *s. f.*

[ÉTYM. Emprunté du grec συνάρθρωσις, *m. s.* || XVIᵉ s. Synarthrose a trois especes, PARÉ, IV, 43. Admis ACAD. 1762.]

|| (Anat.) Articulation fixe de deux os. (*Syn.* symphyse.)

SYNCHONDROSE [sin-kon-dròz'] *s. f.*

[ÉTYM. Emprunté du grec συγχόνδρωσις, *m. s.* || XVIᵉ s. En son extremité se joint par synchondrose, PARÉ, *Monstres,* app. 2. Admis ACAD. 1762.]

|| (Anat.) Réunion de deux os par une partie cartilagineuse.

SYNCHRONE [sin-krôn'] *adj.*

[ÉTYM. Emprunté du lat. synchronus, grec σύγχρονος, *m. s.* || Admis ACAD. 1762.]

|| (T. didact.) Qui a lieu dans le même temps qu'une autre chose. Chute — de deux corps.

SYNCHRONIQUE [sin-krò-nĭk'] *adj.*

[ÉTYM. Dérivé de synchrone, § 229. || *Néolog.* Admis ACAD. 1835.]

|| (T. didact.) Relatif aux faits qui ont lieu dans le même temps. Tableau —.

SYNCHRONISME [sin-krò-nĭsm'] *s. m.*

[ÉTYM. Emprunté du grec συγχρονισμός, *m. s.* || 1752. TRÉV. Admis ACAD. 1762.]

|| (T. didact.) Rapprochement de deux ou plusieurs faits qui ont eu lieu dans le même temps.

SYNCHYSE [sin-kiz'] *s. f.*

[ÉTYM. Emprunté du grec σύγχυσις, *m. s.* proprt, « confusion ». || XVIIIᵉ s. DUMARSAIS, *Œuvres*, V, p. 274. Admis ACAD. 1835.]

|| (T. didact.) Construction où l'ordre naturel des mots est troublé.

SYNCOPE [sin-kŏp'] *s. f.*

[ÉTYM. Emprunté du lat. syncopa, grec συγκοπή, *m. s.* proprt, « coupure ». || XVᵉ s. *Instructif de la seconde rhetorique*, 5, dans *Jardin de plaisance*, édit. 1499.]

|| (T. didact.) || **1°** (Médec.) Suspension subite, momentanée, des mouvements du cœur, qui amène une défaillance complète. Tomber en —. Elle tomba dans une — qui ne lui laissa ni couleur, ni pouls, ni respiration, BOSS. *A. de Gonz.*

|| **2°** (Gramm.) Retranchement d'une lettre ou d'une syllabe dans le corps d'un mot. (*Cf.* apocope.)

|| **3°** (Musique.) Note articulée sur un temps faible et prolongée sur un temps fort.

SYNCOPER [sin-kŏ-pé] *v. tr. et intr.*

[ÉTYM. Dérivé de syncope, § 266. (*Cf.* le lat. syncopare, défaillir.) || XVᵉ-XVIᵉ s. Son dire sincopa, O. DE ST-GELAIS, *Énéide*, dans DELB. *Rec.*]

|| (T. didact.) || **I.** *V. tr.* || **1°** (Gramm.) Retrancher dans le corps d'un mot (une lettre ou une syllabe).

|| **2°** *Famil.* Faire tomber en défaillance. *Fig.* Surprendre extrêmement.

II. *V. intr.* (Musique.) Articuler (une note) sur un temps faible et la prolonger sur un temps fort.

SYNCRÉTISME [sin-kré-tīsm'] *s. m.*

[ÉTYM. Emprunté du grec συγκρητισμός, *m. s.* || 1611. COTGR. Admis ACAD. 1762.]

|| (T. didact.) Tentative pour fondre ensemble plusieurs doctrines différentes, en philosophie, en médecine.

SYNDÉRÈSE [sin-dé-rèz'] *s. f.*

[ÉTYM. Emprunté du grec συντήρησις, examen, transcrit d'après la prononciation du moyen âge, § 497. || XIVᵉ s. Sinderese, qui est cause materielle de grace, J. DE VIGNAY, *Miroir hist.* dans DELB. *Rec.*]

|| (T. didact.) Reproche que nous adresse notre conscience. Tout cela convient parfaitement à cette —, c'est-à-dire à ce remords de conscience qui naît dans nous après le péché, BOURD. *Remords de la consc.* 1.

SYNDIC [sin-dik'] *s. m.*

[ÉTYM. Emprunté du lat. syndicus, grec σύνδικος, *m. s.* || 1385. Sindix ou procureurs de bonnes villes, dans DELB. *Rec.*]

|| (T. didact.) Celui qui est chargé des intérêts communs d'une corporation, d'une réunion de créanciers, etc. Le — des agents de change. Être nommé — dans une faillite.

SYNDICAL, ALE [sin-di-kàl] *adj.*

[ÉTYM. Dérivé de syndic, § 238. || Admis ACAD. 1740.]

|| (T. didact.) Relatif aux fonctions de syndic. *Spécialt.* Chambre syndicale, réunion de patrons, d'ouvriers, ayant pour but de prendre soin des intérêts de la corporation.

SYNDICAT [sin-di-kà] *s. m.*

[ÉTYM. Dérivé de syndic, § 254. || XVᵉ s. En la forme que se doit reciter ung scindicat, dans *Rev. des langues rom.* VI, p. 83.]

|| (T. didact.) || **1°** Fonction de celui qui est chargé des intérêts communs d'une réunion de créanciers.

|| **2°** *Néolog.* | **1.** Réunion de capitalistes spéculant pour amener la hausse ou la baisse de certaines valeurs. | **2.** Réunion d'ouvriers, de commerçants chargés des intérêts communs d'une corporation.

⁕SYNDIQUER [sin-di-ké] *v. tr.*

[ÉTYM. Dérivé du radical de syndicat, §§ 62 et 266. L'anc. franç. syndiquer, éteint au commencement du XVIIᵉ s., signifie « critiquer ». || *Néolog.*]

|| (T. didact.) Réunir en syndicat.

SYNECDOCHE et **SYNECDOQUE** [si-nèk'-dŏk'] *s. f.*

[ÉTYM. Emprunté du lat. synecdoche, grec συνεκδοχή, *m. s.* || 1521. Sinodoche, J. FABRI, *Rhétor.* dans DELB. *Rec.* Admis ACAD. 1762.]

|| (Rhétor.) Figure qui consiste à désigner une chose par le genre dont elle fait partie, ou par une de ses parties essentielles.

SYNÉRÈSE [si-né-rèz'] *s. f.*

[ÉTYM. Emprunté du lat. synæresis, grec συναίρεσις,

m. s. || 1540. Faisant de deux syllabes une par synerese, E. DOLET, dans DELB. *Rec.* Admis ACAD. 1762.]

|| (Gramm.) Prononciation de deux syllabes en une seule.

SYNÉVROSE [si-né-vrŏz'] *s. f.*

[ÉTYM. Pour synnévrose, emprunté du grec συννεύρωσις, *m. s.* || 1704. TRÉV. Admis ACAD. 1762.]

|| (Anat.) Réunion de deux os par un ligament.

SYNODAL, ALE [si-nŏ-dàl] *adj.*

[ÉTYM. Emprunté du lat. synodalis, *m. s.* || 1315. Li constituchions synodaus, dans DELB. *Rec.*]

|| (T. ecclés.) Relatif à un synode. Assemblée synodale.

SYNODALEMENT [si-nŏ-dàl-man ; en vers, -dà-le-...] *adv.*

[ÉTYM. Composé de synodale et ment, § 724. || 1690. FURET.]

|| (T. ecclés.) En synode.

SYNODE [si-nŏd'] *s. m.*

[ÉTYM. Emprunté du lat. synodus, grec σύνοδος, *m. s.* L'anc. franç. a la forme pop. senne, que qqs patois ont conservée. || XVIᵉ s. Faire tenir les synodes en leurs provinces, CALV. *Instit. chr.* IV, VII, 8.]

|| (T. ecclés.) Réunion de membres du clergé. || *Spécialt.* Réunion des ecclésiastiques d'un diocèse convoquée par l'évêque. | Assemblée de ministres protestants. — provincial.

SYNODIQUE [si-nŏ-dĭk'] *adj.*

[ÉTYM. Emprunté du lat. synodicus, grec συνοδικός, *m. s.* || XVIIᵉ s. Mois synodique, ROHAULT, *Phys.* dans RICHEL. Admis ACAD. 1740.]

I. (T. ecclés.) Relatif à une réunion de membres du clergé. Lettres synodiques, émanées d'un synode. *Substantivt, au masc.* Recueil des décisions des synodes.

II. (Astron.) Relatif à une conjonction d'astres. Révolution — de la lune, temps qu'elle met à revenir à la même position par rapport au soleil. Année —, qui ramène la terre à la longitude d'une autre planète.

SYNONYME [si-nŏ-nim'] *adj.*

[ÉTYM. Emprunté du lat. synonymus, grec συνώνυμος, *m. s.* || XIIᵉ s. Uns livres li quez est diz Sinonimes, *Dial. anime conquer.* 1, dans *Romania*, 1876, p. 275.]

|| (T. didact.) Se dit d'un mot qui a avec un autre mot une analogie générale de sens, mais une nuance différente d'acception. Chez plusieurs, savant et pédant sont synonymes, LA BR. 12. || *Substantivt.* Le — d'un mot. Les esprits médiocres ne trouvent point l'unique expression et usent de synonymes, LA BR. 1.

SYNONYMIE [si-nŏ-ni-mi] *s. f.*

[ÉTYM. Emprunté du lat. synonymia, grec συνωνυμία, *m. s.* || 1582. Synonymie geographique, BELLEFOREST, *Descr. des Pays-Bas*, dans DELB. *Rec.* Admis ACAD. 1798.]

|| (T. didact.) Caractère des mots qui ont entre eux une analogie générale de sens, avec des nuances différentes d'acception.

SYNONYMIQUE [si-nŏ-ni-mĭk'] *adj.*

[ÉTYM. Dérivé de synonyme, § 229. || Admis ACAD. 1835.]

|| (T. didact.) Relatif à la synonymie. *Substantivt, au fém.* La —, l'art, la science qui étudie la nuance des synonymes.

SYNOPTIQUE [si-nŏp'-tĭk'] *adj.*

[ÉTYM. Emprunté du grec συνοπτικός, *m. s.* || 1610. Tables synoptiques, JAN DU VAL, *Thresor des preservatifs*, dans DELB. *Rec.* Admis ACAD. 1798.]

|| (T. didact.) Qui fait embrasser d'un seul coup d'œil les parties d'un ensemble. Tableau — des trois règnes, animal, végétal et minéral. || *P. ext.* Les évangiles synoptiques, et, *ellipt*, Les synoptiques (saint Matthieu, saint Marc, saint Luc), qui présentent une même disposition dans l'ensemble du récit.

SYNOQUE [si-nŏk'] *adj.*

[ÉTYM. Emprunté du grec συνοχός, *m. s.* || XIIIᵉ s. Maladies de sanc et de sinoche, BRUN. LATINI, *Trésor*, dans DELB. *Rec.* Admis ACAD. 1762.]

|| *Vieilli.* (Médec.) Continu. La fièvre —, et, *substantivt*, La — simple dure trois ou quatre jours.

SYNOVIAL, ALE [si-nŏ-vyàl ; en vers, -vi-àl] *adj.*

[ÉTYM. Dérivé de synovie, § 238. || Admis ACAD. 1762.]

|| (Anat.) Relatif à la synovie. Membrane synoviale, qui tapisse les cavités des articulations mobiles et sécrète une humeur visqueuse qui en facilite le glissement.

SYNOVIE [si-nò-vi] *s. f.*

[ÉTYM. Emprunté du lat. médical synovia (PARACELSE), de formation incertaine. || 1704. TRÉV. Admis ACAD. 1762.]

|| (Anat.) Humeur destinée à faciliter le glissement des articulations mobiles. Un épanchement de —.

' SYNTACTIQUE [sin-tăk'-tĭk']. *V.* syntaxique.

SYNTAXE [sin-tăks'] *s. f.*

[ÉTYM. Emprunté du lat. syntaxis, grec σύνταξις, *m. s.* || XVIᵉ s. La syntaxe, c'est la seconde partie de la grammaire, RAMUS, dans LIVET, *Les Gramm. franç.* p. 236.]

|| (Gramm.) Ensemble des règles qui régissent l'arrangement des mots et la construction des propositions. — de coordination, qui règle la construction des propositions jointes entre elles. — de subordination, qui régit la construction des propositions dépendantes les unes des autres.

SYNTAXIQUE [sin-tăk'-sĭk'] *adj.*

[ÉTYM. Dérivé de syntaxe, § 229. Qqns disent syntactique, d'après le grec συντακτικός. || *Néolog.* Admis ACAD. 1835.]

|| (Gramm.) Relatif à la syntaxe. Les rapports syntaxiques, des mots, des propositions.

SYNTHÈSE [sin-téz'] *s. f.*

[ÉTYM. Emprunté du lat. synthesis, grec σύνθεσις, *m. s.* || XVIIᵉ s. *V.* à l'article. Admis ACAD. 1762.]

|| (T. didact.) || 1° Recomposition des éléments d'un tout, qui ont été séparés. || *Spécialt.* | 1. (Chimie.) Reconstitution d'un corps composé, dont les éléments ont été séparés par l'analyse. | 2. (Chirurgie.) Réunion des parties divisées d'une plaie, des fragments d'un os brisé.

|| 2° Méthode dite de composition, qui consiste à commencer par le général, dont on tire le particulier par une simple déduction logique. La manière de démontrer est double : l'une se fait par l'analyse ou résolution, et l'autre par la — ou composition, DESC. *Rép. aux* 2ᵉˢ *object.*

SYNTHÉTIQUE [sin-té-tĭk'] *adj.*

[ÉTYM. Emprunté du grec συνθετικός, *m. s.* || 1652. Ordre synthétique, MEYNIER, *Logique,* dans DELB. *Rec.* Admis ACAD. 1762.]

|| (T. didact.) Qui appartient à la synthèse. Méthode —. Langue —, qui exprime des rapports complexes par un seul mot, et qui groupe les idées accessoires autour de l'idée principale dans des phrases périodiques. | *Spécialt.* (Logique.) Jugement —, où l'attribut est une qualité unie accidentellement au sujet, et non tirée de la nature même du sujet.

SYNTHÉTIQUEMENT [sin-té-tĭk'-man ; *en vers,* -tí-ke-...] *adv.*

[ÉTYM. Composé de synthétique et ment, § 724. || Admis ACAD. 1762.]

|| (T. didact.) D'une manière synthétique.

SYPHILIS [si-fi-lĭs'] *s. f.*

[ÉTYM. Emprunté du lat. médical syphilis (FRACASTOR, 1530), *m. s.* de formation inconnue. || Admis ACAD. 1835.]

|| (Médec.) Maladie vénérienne spéciale qui peut devenir constitutionnelle et héréditaire.

SYPHILITIQUE [si-fi-li-tĭk'] *adj.*

[ÉTYM. Dérivé de syphilis, § 229. || 1725. Siphilidique, *Mém. de Trév.* I, p. 76. Admis ACAD. 1835.]

|| (Médec.) Qui appartient à la syphilis. Accidents syphilitiques. | *P. ext.* Substantivt. Un, une —, malade affecté de la syphilis.

SYPHON. *V.* siphon.

SYRINGA [si-rin-gà] *s. m.*

[ÉTYM. Emprunté du lat. des botanistes syringa, *m. s.* (*Cf.* seringa.) || Admis ACAD. 1798.]

|| (Botan.) || 1° *Vieilli.* Seringa.

|| 2° Nom scientifique du lilas.

SYRINGOTOME [si-rin-gò-tòm'] *s. m.*

[ÉTYM. Composé avec le grec σύριγξ, fistule, et τέμνειν, couper, § 279. || 1672. Un syringotome perçant et tranchant,

F. DEBOZE, *Arsenal de chirurg. de Jean Scultet,* p. 35. Admis ACAD. 1762.]

|| (Chirurgie anc.) Instrument pour opérer la fistule (de l'anus) par incision.

SYRINGOTOMIE [si-rin-gò-tò-mi] *s. f.*

[ÉTYM. Composé avec le grec σύριγξ, fistule, τέμνειν, couper, et le suffixe ία, § 279. || 1752. TRÉV. Admis ACAD. 1762.]

|| (Chirurgie anc.) Opération de la fistule (de l'anus) par incision.

SYSTALTIQUE [sĭs'-tăl-tĭk'] *adj.*

[ÉTYM. Emprunté du lat. systalticus, grec συσταλτικός, *m. s.* || 1741. COL-DE-VILLARS, *Dict. franç.-lat.* Admis ACAD. 1762.]

|| (Anat.) Qui a lieu par systole (contraction). Les mouvements systaltiques du cœur, des artères.

SYSTÉMATIQUE [sĭs'-té-mà-tĭk'] *adj.*

[ÉTYM. Emprunté du lat. systematicus, grec συστηματικός, *m. s.* || 1584. Inesgalité systematique, S. GOULART, *Trad. de Peucer,* dans DELB. *Rec.* Admis ACAD. 1762.]

|| (T. didact.) Qui tient à un système. Un corps — de tous les règlements, MONTESQ. *Espr. des lois,* XXIII, 21. Avoir des idées systématiques. Un esprit —, porté à concevoir les choses suivant un système. | *P. ext.* Faire une opposition —, être décidé à faire de l'opposition quoi qu'il arrive.

SYSTÉMATIQUEMENT [sĭs'-té-mà-tĭk'-man ; *en vers,* -tĭ-ke-...] *adv.*

[ÉTYM. Composé de systématique et ment, § 724. || 1752. TRÉV. Admis ACAD. 1762.]

|| (T. didact.) D'une manière systématique.

SYSTÉMATISER [sĭs'-té-mà-ti-zé] *v. tr.*

[ÉTYM. Dérivé de système, § 267. || XVIIIᵉ s. Les Anglois sistématisent tout, *Mém. de Trév.* dans TRÉV. Admis ACAD. 1878.]

|| (T. didact.) Réduire (des faits, des opinions) en système.

SYSTÈME [sĭs'-tèm'] *s. m.*

[ÉTYM. Emprunté du lat. systema, grec σύστημα, *m. s.* || 1664. Le Systeme de l'ame, CUREAU DE LA CHAMBRE, titre.]

|| (T. didact.) Ensemble dont les parties sont coordonnées suivant une loi. Depuis que M. de la Chambre a fait le « Système de l'âme », on s'est accoutumé à ce mot, LE P. BOUHOURS, *Rem. nouv.* | 1. En parlant d'êtres. Le — du monde. Le — planétaire. | Le — nerveux, osseux. | 2. En parlant d'institutions. Un — de gouvernement. Le — féodal. Le — représentatif. Le — financier de Law. | 3. En parlant de doctrines. Le — de classification de Linné. Le — décimal. Le — (philosophique) de Kant. Le — (astronomique) de Copernic. L'esprit de —, disposition à concevoir les choses suivant une loi. | *P. ext.* Adopter un — de conduite, une loi de conduite.

SYSTOLE [sĭs'-tòl] *s. f.*

[ÉTYM. Emprunté du lat. systole, grec συστολή, *m. s.* || XVIᵉ-XVIIᵉ s. Cistole et diastole, D'AUB. *Fœneste,* III, 7. Admis ACAD. 1718.]

|| (Anat.) Mouvement par lequel les fibres musculaires du cœur se contractent de manière à chasser le sang dans les artères. (*Cf.* diastole.)

SYSTYLE [sĭs'-tĭl] *adj.*

[ÉTYM. Emprunté du lat. systylos, grec σύστυλος, *m. s.* || 1694. TH. CORN. Admis ACAD. 1835.]

|| (Antiq.) Dont l'entrecolonnement est de deux diamètres ou quatre modules. Temple, portique —. *Substantivt.* Un —, un monument systyle.

SYZYGIE [si-zi-ji] *s. f.*

[ÉTYM. Emprunté du lat. syzygia, grec συζυγία, *m. s.* || 1584. Les sysygies des planetes, S. GOULART, *Trad. de Peucer,* dans DELB. *Rec.* Admis ACAD. 1762.]

|| (Astron.) Position du soleil et de la lune où ces deux astres se trouvent soit en conjonction (nouvelle lune), soit en opposition (pleine lune).

T

T [té; selon la nouvelle épellation, te] *s. m.*
[ÉTYM. Emprunté du lat. *t, m. s.* (*Cf.* té.) ‖ XIIIe s. T si crampist et tient ensamble Une male beste resamble, *Senefiance de l'A B C*, dans JUBINAL, *Nouv. Rec.* II, p. 285.]
‖ Consonne dentale explosive, vingtième lettre de l'alphabet français. Un T majuscule. Un petit t. Le t final ne se fait pas sentir dans mot, fagot; il se prononce dans brut, dot. Le t final de aiment, vient, etc., s'est introduit par analogie dans aime-t-il, aime-t-elle, aime-t-on, etc., et dans voilà-t-il pas. Le t se prononce comme s sourde dans action, nation, diplomatie, etc. ‖ *P. anal.* (Technol.) Forme du T majuscule. Un bandage en T. Une incision en T. Fers à T et à double T.

TA [tà] *adj. poss.* V. ton 1.

TABAC [tà-bá; le c se lie] *s. m.*
[ÉTYM. Emprunté de l'espagn. tabaco, *m. s.* mot d'origine américaine, que les indigènes des Antilles appliquaient à la pipe, §§ 13 et 30. Au XVIIe s. le franç. hésite entre tabac et tobac. (*Cf.* l'angl. tobacco, l'allem. tobak, tubak, etc.) ‖ 1612. Un homme qui avoit quantité de tabac, MARC LESCARBOT, *Hist. de la Nouv. France*, I, p. 284, Tross.]
‖ **1°** Plante de la famille des Solanées, dite autrefois petun, nicotiane. La culture du —.
‖ **2°** *P. ext.* Feuille de cette plante préparée pour priser, fumer ou chiquer. Prendre du —, priser du tabac en poudre. Ce Dieu porte-lumière Ainsi que du — respire un air marin, LA F. *Ragotin*, I, 1. — d'Espagne, tabac à priser parfumé. — de caporal. (*V.* caporal.) *Loc. prov.* Je n'en donnerais pas une pipe de —, j'en fais peu de cas. ‖ La manufacture, l'administration des tabacs. *Ellipt.* Être employé dans les tabacs, dans la manufacture ou l'administration des tabacs. | Bureau de —, où l'administration fait vendre le tabac en détail. Obtenir un bureau de —, le droit de l'exploiter ou de le faire exploiter à son bénéfice.
‖ **3°** *P. ext.* Tabagie. Fermer tous les tabacs et académies (de jeu), *Arrêt du Parlement*, 10 janvier 1665.

TABAGIE [tà-bà-jì] *s. f.*
[ÉTYM. Dérivé irrégulier de tabac, § 68. ‖ 1612. Mais sans cela convint faire leur tabagie, MARC LESCARBOT, *Hist. de la Nouv. France*, dans DELB. *Rec.* Admis ACAD. 1718.]
‖ **1°** Sorte d'estaminet où l'on va fumer.
‖ **2°** *Vieilli.* Petite cassette où l'on met tout ce qui est nécessaire pour fumer.

ˈTABAQUIÈRE [tà-bà-kyèr]. *V.* tabatière.

TABARIN [tà-bà-rin] *s. m.*
[ÉTYM. Nom d'un personnage de nos anciennes farces, adopté et popularisé par un célèbre acteur mort en 1634, § 36. ‖ XVIe-XVIIe s. On trouvoit toujours aux badineries, bateleries et marionnettes Tabary, J. BOUCHET, *Serées*, III, p. 177, Roybet. Les beaux tabarins, A. DE MONLUC, *Comédie des proverbes*, III, 3. Admis ACAD. 1694.]
‖ *Vieilli.* Bouffon qui monte sur des tréteaux. Apollon travesti devint un Tabarin, BOIL. *Art* p. 1. Faire le Tabarin.

TABARINAGE [tà-bà-ri-nàj'] *s. m.*
[ÉTYM. Dérivé de Tabarin, § 78. ‖ 1717. Plante... tombe... dans un tabarinage effronté, *Mém. de Trév.* avril, p. 530. Admis ACAD. 1762.]
‖ *Vieilli.* Farce de Tabarin, bouffonnerie.

˳TABATIÈRE [tà-bà-tyèr] *s. f.*
[ÉTYM. Pour tabaquière, dérivé de tabac, § 115. ‖ 1650. Une tabaquiere de bois, BERTHOD, dans *Paris burlesque*, p. 129, Jacob. | 1680. Tabatiere, RICHEL. | 1694. Tabaquiere ou tabatiere, ACAD.]
‖ **1°** Petite boîte, à couvercle ouvrant à charnière, destinée à contenir du tabac à priser. ‖‖*P. plaisant. Fig.* — anatomique, fossette qui se forme sur le dessus de la main étendue, entre la naissance du pouce et de l'index, et où certains priseurs déposent la prise de tabac pour la renifler.
‖ **2°** *P. anal.* | 1. Vitre d'une lucarne, fermant à charnière. Une fenêtre à —, et, *ellipt*, Une —. | 2. Mécanisme à charnière d'un fusil se chargeant par la culasse. Fusil à —.

TABELLION [tà-bèl'-lyon; *en vers*, -li-on] *s. m.*
[ÉTYM. Emprunté du lat. tabellio, *m. s.* ‖1312. Tabelhon, dans GODEF. *Compl.*]
‖ *Ancienn.* Officier public faisant fonction de notaire dans les juridictions subalternes. ‖ *P. plaisant.* De nos jours. Notaire.

TABELLIONAGE [tà-bèl'-lyò-nàj'; *en vers*, -li-ò-...] *s. m.*
[ÉTYM. Dérivé de tabellion, § 78. ‖ 1337. Le tabellionnage de Mery, dans GODEF. *Compl.*]
‖ *Ancienn.* ‖ **1°** Fonction de tabellion.
‖ **2°** Droit établi sur les offices.

TABERNACLE [tà-bèr-nàkl'] *s. m.*
[ÉTYM. Emprunté du lat. tabernaculum, tente. ‖ XIIe s. Pilerez A tabernacles et archez, *Énéas*, 6439.]
I. ‖ **1°** (Antiq. juive.) Sorte de pavillon, tente. Fête des tabernacles, célébrée après la moisson, sous des abris de feuillage. Les tabernacles, ou les tentes de feuillages verts, étaient l'image du long campement dans le désert, BOSS. *Hist. univ.* II, 29. *Fig.* Les tabernacles éternels, la demeure des bienheureux. ‖ *Spécialt.* Tente ou était enfermée l'arche d'alliance jusqu'à la construction du temple. En attendant ce lieu désiré, durant que le peuple errait dans le désert, Moïse construisit le —, temple portatif, BOSS. *Hist. univ.* II, 3.
‖ **2°** *P. anal.* (Liturgie cathol.) Réceptacle où est enfermé le saint ciboire, au-dessus de la table de l'autel. | *P. ext.* Œuvre des tabernacles, destinée à fournir aux églises pauvres les ornements du culte. ‖ *Fig.* Le Dieu de bonté et de majesté vient habiter en nous et fait de nos cœurs autant de sanctuaires et de tabernacles où il réside, BOURD. *Caractère du chrétien*, 2.
II. (Technol.) ‖ **1°** Place réservée d'où le capitaine d'une galère commande les manœuvres.
‖ **2°** Espace libre ménagé sous terre autour du robinet d'un conduit d'eau, pour qu'on puisse le manœuvrer avec une clef à long manche.

TABIDE [tà-bid'] *adj.*
[ÉTYM. Emprunté du lat. tabidus, *m. s.* ‖ 1545. Gens tabides et languissans, G. GUÉROULT, dans DELB. *Rec.* Admis ACAD. 1798.]
‖ *Vieilli.* (T. didact.) Miné par la consomption. *Fig.* Esprit — et léthargique, MALH. *Ép. de Sénèq.* LXXXVIII, 2.

TABIS [tà-bi] *s. m.*
[ÉTYM. Pour atabis, de l'arabe attabi, étoffe fabriquée primitivement dans un quartier de Bagdad de ce nom, § 22. ‖ XIVe-XVe s. Samis et atabis, CHR. DE PISAN, *Poés.* dans GODEF. atabis. Draps de soye et tabis, EUST. DESCH. IV, 9.]
‖ (Technol.) Étoffe de soie ondée sous le cylindre comme la moire, mais d'un grain plus fin. Ses somptueux habits, Où sur l'ouate molle éclate le —, BOIL. *Lutr.* 4.

TABISER [tà-bi-zé] *v. tr.*
[ÉTYM. Dérivé de tabis, § 154. ‖ 1680. RICHEL.]
‖ (Technol.) Façonner en tabis. Du ruban tabisé.

TABLATURE [tà-blà-tûr] *s. f.*
[ÉTYM. Dérivé du lat. tabula, table, probablement sous l'influence de l'ital. tavolatura, *m. s.* §§ 12 et 250. ‖ 1553. Stratonique... enseigna les harmonies et trouva la tablature, *Apopht. d'Érasme*, dans DELB. *Rec.*]
‖ (Musique.) Tableau de la notation spéciale à un instrument de musique, servant à déchiffrer la musique écrite pour cet instrument. Si quelqu'un pouvait apprendre en un jour à jouer du luth excellemment, par cela seul qu'on lui aurait donné de la — qui serait bonne, DESC. *Méth.* 6. *Fig. Vieilli.* Leçon donnée à qqn. Ne m'importunez plus de votre —, CORN. *Suiv.* II, 1. Entendre la —, savoir les choses. ‖ *P. ext.* Pièce de musique écrite pour un instrument, en notes, en chiffres ou en lettres. | *Fig.* Donner de la — à qqu (qqch à

déchiffrer), lui préparer des difficultés. C'était une petite personne dont la garde m'aurait donné bien de la —, LES. *Bachel. de Salam.* VI, 8.

TABLE [tàbl'] *s. f.*

[ÉTYM. Du lat. tabula, *m. s.* §§ 290 et 291. (*Cf.* tôle.)]

I. ‖ **1°** Surface plane de bois, de pierre, etc., soutenue par un ou plusieurs pieds, sur laquelle on pose les objets (pour manger, écrire, travailler, jouer, etc.). Une — à manger, à jouer. Une — de travail. — à la Tronchin, se haussant à l'aide d'un mécanisme et formant pupitre, pour écrire debout. — à ouvrage, où les femmes posent leur ouvrage, et qui contient ce qu'il faut pour coudre. — de nuit, qui se place près du lit et contient ou porte ce dont on a besoin pour la nuit. | Une — à coulisses, à rallonges, à volets. Une — carrée, oblongue. Une — ronde, ovale. ‖ *Spécialt.* | **1.** Table à manger. Dresser, mettre la —. Se mettre à —. Sortir de —. Être à —. Servir à —. *Vieilli.* Mettre sur —, servir le dîner. Tenir — ouverte, donner à dîner à tous venants. Une bonne —, une bonne nourriture. Aimer la —, la bonne chère. Le haut bout de la —, la partie de la table où sont les places d'honneur. La Table ronde (à la cour légendaire du roi Arthur), où il n'y avait ni haut ni bas bout pouvant amener des disputes de préséance. Les chevaliers de la Table ronde. Avoir chez qqn la — et le logement, être nourri et logé. La première —, la table des maîtres, dans les grandes maisons. *Fig.* Jupin pour chaque état mit deux tables au monde; L'adroit, le vigilant et le fort sont assis A la première; et les petits Mangent leur reste à la seconde, LA F. *Fab.* x, 6. | — d'hôte, déjeuner, dîner à prix fixe servi à certaines heures dans un hôtel, un restaurant. Mettre qqn sous la —, l'enivrer. *Loc. prov.* De la — au lit, du lit à la —, vivre pour manger et dormir. Le dos au feu, le ventre à —. Des excès de —, de bonne chère. Propos de —, traits de gaieté qu'inspire la familiarité des repas entre amis. Liberté de —, liberté de la conversation entre amis, pendant le repas. ‖ La — de l'autel, partie de l'autel sur laquelle le prêtre pose le calice, pour célébrer le saint sacrifice. — de communion, sainte —, place où les fidèles viennent s'agenouiller pour faire la sainte communion. | **2.** Table de jeu. Une — de whist, d'écarté, où l'on joue le whist, l'écarté. Jouer argent sur —, en mettant l'enjeu sur la table. Mettre sur —, mettre l'enjeu sur la table. Mettre les cartes sur la —. Jouer cartes sur —, étaler son jeu sur la table. *Fig.* Mettre sur la —, montrer ouvertement (qqch). Il faut mettre papiers sur —, PASC. *Pens.* XXIV, 46. ‖ Une — de noyer, d'acajou, de marqueterie, de pierre, de marbre. *Spécialt.* La Table de marbre, ancienne juridiction, ainsi nommée d'une table de marbre sur laquelle, à l'origine, les vassaux apportaient leurs redevances.

‖ **2°** *P. anal.* Surface plane de certains objets. — de billard, châssis tendu d'un drap vert, sur lequel on fait rouler les billes. | — d'un instrument de musique à cordes, partie du corps de l'instrument qui vibre avec les cordes. *Spécialt.* Partie qui supporte le chevalet du violon, du violoncelle, etc. | — d'une enclume, lame d'acier dont est garnie la partie de l'enclume sur laquelle on frappe. | Tables du crâne, lames osseuses compactes qui revêtent à la surface interne et externe les os du crâne. | Plomb en —, en plaques destinées à former des revêtements. | Diamant en —, taillé sur deux faces planes. | (Géogr.) Portion de roche, de montagne à surface plane. | (Architect.) Panneau carré ou rectangulaire, se détachant en saillie sur le nu d'un mur. | (Blason.) — d'attente, écu qui ne porte ni pièce ni meuble. | (Salines.) Surface plane d'un bassin où l'on fait évaporer l'eau de mer pour en extraire le sel.

II. ‖ **1°** Tablettes pour écrire, et, *p. ext.* plaque de métal, de pierre, sur laquelle on grave qqch. Par lettres ou par tables, J. DE MEUNG, *Rose,* 7530. Les Douze Tables, recueil de lois publiées dans l'ancienne Rome par les décemvirs. Tables de proscription, sur lesquelles étaient les noms de ceux que Sylla, que les triumvirs avaient proscrits, et, *fig.* liste des proscrits. Les tables de la loi, de l'alliance, pierres sur lesquelles étaient gravées les lois données par Dieu à Moïse sur le mont Sinaï. Dieu... écrit de sa propre main, sur deux tables qu'il donne à Moïse au haut du mont Sinaï, le fondement de cette loi, BOSS. *Hist. univ.* I, 4. — rase, sur laquelle il n'y a encore rien de gravé. Faire — rase, effacer tout ce qui a été écrit, et, *fig.* considérer comme nul ce qui a été fait antérieurement. *Fig.* L'esprit d'un enfant est une — rase, VOLT. *Dict. philos.* table.

‖ **2°** *P. ext. Fig.* Liste, tableau méthodique. La — des matières d'un livre, indication sommaire de la matière traitée dans chacun des chapitres qui le composent, avec le numéro de la page à laquelle chacun d'eux commence. Une — alphabétique, où les matières sont indiquées dans l'ordre des lettres de l'alphabet. | Tables météorologiques, notation jour par jour des phénomènes atmosphériques. — de multiplication, dite de Pythagore, tableau des produits des neuf premiers nombres les uns par les autres. — des logarithmes, tableau des logarithmes correspondant à chacun des nombres depuis 1 jusqu'à un chiffre plus ou moins élevé. Tables de mortalité, tableau de la moyenne des décès à certains âges, dans certaines périodes, dans certains cas déterminés. Tables astronomiques, tableau des opérations à l'aide desquelles on peut assigner d'avance la position des planètes et de leurs satellites pour une époque déterminée.

TABLEAU [tà-blô] *s. m.*

[ÉTYM. Dérivé de table, § 126. ‖ XIII° s. Le jeu de lancier au tablel, ADENET, *Cléomadès,* 15994.]

I. ‖ **1°** Panneau de bois, le plus souvent peint en noir, pour y écrire, y tracer des figures avec de la craie.

‖ **2°** Panneau de bois, de cuivre, etc., et, *p. ext.* châssis tendu de toile sur lequel on a fait une peinture, d'ordinaire entouré d'un cadre. Un — d'histoire, de genre. Un — du Titien, de Raphaël. Le théâtre est à une fille ce que la bordure est au —, DUFRESNY, *Opéra de campagne,* I, 9. *P. ext.* — vivant, scène historique, mythologique, figurée par des personnes. | *P. anal.* (Marine.) Partie plate de la poupe d'un navire, souvent décorée de figures sculptées. ‖ *Fig.* La mort... a effacé, pour ainsi dire, sous le pinceau même, un — qui s'avançait à la perfection, BOSS. *D. d'Orl.* Une ombre au —, léger défaut dans une belle œuvre. Je leur fais des tableaux de ces tristes batailles, CORN. *Cinna,* I, 3. | *Spécialt.* (Théâtre.) Subdivision des actes correspondant à un changement de décoration.

‖ **3°** *P. ext.* Cadre de bois destiné à recevoir des annonces, des affiches, des actes publics, etc. | Partie de l'encadrement d'une baie de porte, de fenêtre, qui est en dehors de la fermeture.

II. *Fig.* Feuille, carte sur laquelle certaines matières sont inscrites dans un ordre régulier, de manière à pouvoir être embrassées d'un seul coup d'œil. — synoptique. — synchronique. *Spécialt.* — d'une compagnie, d'un ordre, liste par ordre des membres qui en font partie. Le — des avocats, des agents de change. | Ordre du —, ordre dans lequel les membres d'un corps sont inscrits en vue de l'avancement, selon l'ancienneté ou le choix. Promotion suivant l'ancienneté, qu'on appela l'ordre du —, ST-SIM. XII, 54.

***TABLEAUTIN** [tà-blô-tin] *s. m.*

[ÉTYM. Dérivé de tableau, §§ 63 et 100. ‖ *Néolog.*]

‖ *Famil.* Petit tableau (en peinture).

***TABLÉE** [tà-blé] *s. f.*

[ÉTYM. Dérivé de table, § 119. ‖ XIII° s. Moult fu cele tablee gente, ADENET, *Cléomadès,* 17379.]

‖ Réunion de personnes assises à une table. Toute la —.

TABLER [tà-blé] *v. tr. et intr.*

[ÉTYM. Dérivé de table, § 154. ‖ 1544. Tablés de tablage de canes, J. ALFONCE, dans GODEF.]

I. *Anciennt. V. tr.* Planchéier.

II. *V. intr.* ‖ **1°** *Vieilli.* Tenir table. Allez — jusqu'à demain, MOL. *Amph.* III, 5.

‖ **2°** *Vieilli.* (T. de jeu de trictrac.) Caser, poser deux dames sur la même ligne. ‖ *De nos jours. Fig.* — sur qqch, se fonder, compter sur qqch. Tablez là-dessus.

TABLETIER, IÈRE [tà-ble-tyé, -tyèr] *s. m. et f.*

[ÉTYM. Dérivé de table (au sens archaïque de « tablier, échiquier »), §§ 63 et 115. ‖ XIII° s. Li tabletier ne doivent rien de chose qu'il vendent, E. BOILEAU, *Livre des mest.* I, LXVIII, 18.]

‖ (Technol.) Celui, celle qui fabrique, qui vend des ouvrages d'ivoire, de marqueterie, etc.

TABLETTE [tà-blèt'] *s. f.*

[ÉTYM. Dérivé de table, § 133. ‖ XIII° s. Une tablete Ou peinte avoit une ymagete, G. DE COINCY, *Mir. de N.-D.* p. 423.]

‖ **1°** Planchette de bois. Les tablettes d'une armoire, d'une bibliothèque. | *Spécialt.* (Archéol.) Planchette de bois enduite de cire, sur laquelle on écrivait avec un poinçon. Que l'on cherche partout mes tablettes perdues, BOIL. *Héros de romans.* | *Fig.* Mettre qqch sur ses tablettes, prendre note de quelque chose. **Rayez cela de vos tablettes, ne comptez plus là-dessus.** || *P. anal.* Ouvrage où sont notés certains faits, certaines maximes. **Tablettes historiques. Les doctes tablettes Du conseiller Mathieu,** MOL. *Sgan.* sc. 1.

|| **2°** *P. ext.* Pièce mince de marbre, de pierre, d'une substance durcie. **La — d'une cheminée, d'une table de nuit.** | *P. anal.* **Tablettes de chocolat. Tablettes de bouillon (tablettes à faire du bouillon). Tablettes purgatives.**

TABLETTERIE [tà-blèt'-ri ; *en vers,* -blè-te-ri] *s. f.*
[ÉTYM. Dérivé de **tabletier,** §§ 65 et 68. || 1690. FURET.]
|| (Technol.) Industrie, commerce du tabletier.

TABLIER [tà-bli-yé] *s. m.*
[ÉTYM. Dérivé de **table,** § 115. || XII° s. **Antrent anz et voient covert Un dois d'un tablier grand et lé,** CHRÉTIEN DE TROYES, *Charrette,* 984.]
I. || **1°** *Vieilli.* Planchette d'une table à jouer, d'un damier, d'un trictrac. | *Fig.* **Rester maître du —, gagner la partie.**

|| **2°** (Technol.) Ensemble des poutres, des planches qui forment le plancher d'un pont.

|| **3°** (Architect.) Face d'un piédestal portant des ornements sculptés.

II. *P. anal.* || **1°** Pièce d'étoffe, de cuir, qu'on met devant soi, par-dessus son vêtement, pour le ménager. (*Cf.* devanteau.) **Un — blanc, de couleur. Un — à manches. Un — de nourrice, de femme de chambre.** | (Théâtre.) **Rôle à —,** rôle de soubrette.

|| **2°** *P. anal.* | **1.** Morceau de cuir attaché sur le devant d'une voiture ouverte, pour garantir de la pluie, des éclaboussures. | **2.** Doublure qui sert à garantir certaines voiles du navires du frottement des hunes et des barres. | **3.** Morceau d'étoffe, orné de broderies, pendant autour d'une timbale. | **4.** (Physiol.) Prolongement des lèvres de la vulve chez les femmes (dans certaines races d'Afrique).

TABLOIN [tà-blwin] *s. m.*
[ÉTYM. Pour **tablon,** § 508, emprunté de l'espagn. **tablon,** grosse planche, § 13. || 1628. **Deshourber une piece en... la chaussant par-dessous de tablons,** *Traité de l'artillerie,* dans DELB. *Rec.* | 1694. **Tablouins,** TH. CORN. Admis ACAD. 1762.]
|| *Vieilli.* (T. milit.) Plate-forme de madriers pour une batterie d'artillerie.

***TABOURER** [tà-bou-ré] *v. intr.*
[ÉTYM. Dérivé de **tabour,** anc. forme de **tambour,** § 154. || XII° s. **Nus n'i noise ne n'i tabore,** *Partenopeus,* 903.]
|| *Pop.* Tambouriner, faire du bruit en frappant. **A tout hasard, je vais — à la porte,** D. DE MONCHESNAY, *le Grand Sophy,* sc. de l'astrologue.

TABOURET [tà-bou-rè] *s. m.*
[ÉTYM. Dérivé de **tabour,** ancienne forme de **tambour,** § 133. || 1442. **Ung bouton ou tabouret a usage de femme,** dans DU C. **taborellus.**]
|| **1°** Siège à quatre pieds, sans bras ni dossier. *Spécialt.* **Droit du —,** privilège qu'avaient les duchesses d'être assises sur un tabouret pendant le souper du roi ou au cercle de la reine. *Ellipt.* **Pour un — (droit du tabouret) que la reine avait accordé à** Mme **de Pons,** VOLT. *S. de L. XIV,* 4.

|| **2°** Petit support, de forme analogue, sur lequel on pose les pieds quand on est assis.

|| **3°** Variété de thlaspi, plante dite aussi **bourse à pasteur.**

***TABOURIN** [tà-bou-rin]. V. **tambourin.**

1. TAC [tăk'] *s. m.*
[ÉTYM. Origine incertaine. Peut-être emprunté du lat. **tactus,** qui se trouve au sens de « maladie contagieuse » dans une version de la Bible du VI° s. (*Cf.* tact.) || XVI° s. **Le tac ou le horion,** *Journal d'un bourg. de Paris sous Ch. VII,* dans GODEF. *Compl.*]
|| Phlegmasie éruptive de la peau, contagieuse chez le mouton, le chien, le cheval.

2. *TAC [tăk'] *s. m.*
[ÉTYM. Onomatopée, § 32. (*Cf.* tac tac, tic tac.) || 1690. FURET.]
|| Bruit sec. *Spécialt.* (Escrime.) Bruit du fer qui vient choquer le fer. **Parade de tac,** où l'on chasse le fer d'un coup sec. **Riposter du tac au tac,** au premier choc de l'épée.

TACET [tà-sèt'] *s. m.*
[ÉTYM. Mot latin signifiant « il se tait ». || 1613. **Il est temps de parler et temps de faire le tacet,** A. DE MONLUC, *Comédie des proverbes.*]
|| (Musique.) Silence d'un instrument, d'une voix, pendant une partie d'un morceau. **Tenir, faire le —.** | *Fig.*

Vieilli. **Tenir le —, se taire. Je tiens bien le —,** TH. CORN. *Galant doublé,* I, 2.

***TACHANT, ANTE** [tà-chan, -chānt'] *adj.*
[ÉTYM. Adj. particip. de **tacher,** § 47. || *Néolog.*]
|| **1°** Qui tache.
|| **2°** Qui se tache facilement.

TACHE [tăch'] *s. f.*
[ÉTYM. Anc. franç. **teche** (*cf.* enticher), mot d'origine incertaine, probablement germanique, qui doit être distingué du radical de **attacher,** avec lequel il ne s'est confondu qu'à une époque récente. || XI° s. **Teches ad males e mult grans felunies,** *Roland,* 1633.]
|| Ce qui marque.
|| **1°** *Vieilli.* Ce qui caractérise. **Une sienne fille avec ses taches bonnes ou mauvaises,** TH. CORN. *D. Bertr. de Cigarol,* I, 6.

|| **2°** Marque naturelle sur la peau des animaux. **Tant elle est (la peau du léopard) bigarrée, Pleine de taches,** LA F. *Fab.* IX, 3. **Un cheval qui a une — blanche au front. Un épagneul qui a des taches couleur de feu. Offrir en sacrifice une brebis, un agneau sans —.** || *Fig. Absolt.* **L'Agneau sans —,** Jésus-Christ, qui s'est offert en victime. || *P. anal.* Les **taches d'une fleur, d'une feuille.**

|| **3°** *P. anal.* Altération en une place de la couleur de l'ensemble. **Avoir des taches de rousseur, une — de vin sur le visage. Les taches du soleil, de la lune,** parties obscures qu'on observe sur le disque du soleil, de la lune. *Fig.* **Chercher des taches dans le soleil,** des imperfections dans les choses les plus parfaites. **Un diamant qui a une —. Faire —, déparer l'harmonie d'un ensemble.** *Spécialt.* Altération morbide de la couleur. **Il s'est formé une — sur l'œil. La langue avait des taches livides.** || *Fig.* Défaut qui dépare l'ensemble d'une œuvre. **Ce sont des taches dans ce poème.**

|| **4°** Marque qui a sali qqch. **Une — de graisse. Une — d'encre. Mon pourpoint est couvert d'une grande — de l'huile de la lampe,** MOL. *Av.* III, 1. **Faire — d'huile,** s'étendre, comme une tache faite par l'huile. *Fig.* Ce qui ternit la pureté de l'âme, de la réputation. **Le péché a cela de propre, qu'il imprime une — à l'âme,** BOSS. *Péché d'habitude,* 1. **Ne souffrez point de — en la maison d'Horace,** CORN. *Hor.* V, 1. **Tout mon sang doit laver une — si noire,** RAC. *Mithr.* III, 1.

TÂCHE [tăch'] *s. f.*
[ÉTYM. Subst. verbal de **tâcher,** § 52. (*Cf.* le doublet **taxe.**) || XII° s. **Quan qu'avra el geu, tot an tasche Prandrai,** CHRÉTIEN DE TROYES, *Charrette,* 6775, Fœrster.]
|| **1°** Travail qu'on a l'obligation de faire. **C'est une rude —. Accomplir sa —.** *Loc. prov.* **A chaque jour suffit sa —.** || *Fig.* **Prendre à — de faire une chose,** s'efforcer d'en venir à bout comme si on y était obligé. **Il y a peu d'opinions que vous ayez pris si à — d'établir,** PASC. *Prov.* 15. *Vieilli.* **Prendre qqn à —,** travailler à le faire réussir.

|| **2°** *Spécialt.* Quantité de travail qu'on s'est engagé à faire dans un temps et pour un prix déterminé. **Travailler à la —. Un ouvrier à la —.** *Vieilli. Loc. adv.* **En bloc et en —,** sans entrer dans l'examen du détail.

TACHÉOGRAPHIE [tà-ché-ò-grà-fi]. V. **tachygraphie.**

TACHER [tà-ché] *v. tr.*
[ÉTYM. Dérivé de **tache,** § 154. || XIII° s. **Quant l'on voit de toi tachiés Ceux qui enseigner nous devoient,** *Vers du monde,* dans LITTRÉ.]
|| Salir (qqch) en une place. **Il a taché ses vêtements. Avoir les doigts tachés d'encre.** *P. ext.* **Se —,** faire des taches à ses vêtements. | *Fig.* Ternir (l'honneur, la réputation). **Que son nom soit taché, sa mémoire flétrie,** CORN. *Cid,* IV, 5.

TÂCHER [tà-ché] *v. intr.*
[ÉTYM. Du lat. **taxare,** déterminer, devenu ***tascar,** § 387, **taschier, tascher, tâcher,** §§ 379, 297, 291 et 422. (*Cf.* le doublet **taxer.**)]
|| **Prendre à tâche. — de faire,** et, *vieilli,* **à faire une chose,** s'attacher à la faire, s'efforcer d'en venir à bout comme si on y était obligé. **Envers mon frère on tâche à me noircir,** MOL. *Tart.* III, 7. **Et sur les pieds en vain tâchant de se hausser,** BOIL. *Art p.* 4. **Quand j'ai voulu me taire, en vain Je l'ai tâché,** CORN. *Rodog.* III, 4. *Famil.* **— que, faire en sorte que. Tâchez surtout que ce soit prompt,** VITET, *États d'Orl.* III, 24.

TÂCHERON [tàch'-ron ; *en vers,* tà-che-...] *s. m.*
[ÉTYM. Dérivé de **tâche,** § 105. || *Néolog.* Admis ACAD. 1878.]

|| (Technol.) Entrepreneur qui prend de seconde main une tâche, un travail déterminé à faire, ou à faire faire.

TACHETER [tăch'-té ; *en vers*, tà-che-té] *v. tr.*

[ÉTYM. Dérivé de l'anc. franç. tachete, petite tache, §§ 65 et 154. || 1539. R. EST.]

|| Marquer de taches. La peau du léopard est tachetée. Feuille, fleur tachetée. Couleuvre tachetée.

TACHYGRAPHE [tà-chi-grăf] *s. m.* et *f.*

[ÉTYM. Emprunté du grec ταχύγραφος, *m. s.* de ταχύς, vite, et γράφειν, écrire, § 279. || Admis ACAD. 1798.]

|| *Vieilli.* (T. didact.) Celui, celle qui écrit, au moyen d'abréviations, aussi vite que la parole. (*Syn.* sténographe.)

TACHYGRAPHIE [tà-chi-grà-fî] *s. f.*

[ÉTYM. Emprunté du lat. scientif. tachygraphia, *m. s.* composé avec le grec ταχύς, vite, γράφειν, écrire, et le suffixe ia, § 279. Qqns disent tachéographie. || 1721. Tachéographie ou tachygraphie, TRÉV. Admis ACAD. 1762.]

|| *Vieilli.* (T. didact.) Art d'écrire, au moyen d'abréviations, aussi vite que la parole. (*Syn.* sténographie.)

TACHYGRAPHIQUE [tà-chi-grà-fîk'] *adj.*

[ÉTYM. Dérivé de tachygraphie, § 229. || 1771. Tachéographique, TRÉV. Admis ACAD. 1798.]

|| *Vieilli.* (T. didact.) Relatif à la tachygraphie. (*Syn.* sténographique.)

TACITE [tà-sĭt'] *adj.*

[ÉTYM. Emprunté du lat. tacitus, *m. s.* de tacere, taire. || XIVᵉ s. Une tacite convention, J. DE VIGNAY, dans DELB. *Rec.*]

|| (T. didact.) || **1°** Qu'on laisse comprendre, deviner, sans l'exprimer formellement. Un consentement —. C'est un aveu — de sa faute. — reconduction.

|| **2°** *Vieilli.* Qui se tait, muet. Mes tacites images (frontispice dessiné pour un Virgile), POUSSIN, *Lett.* 10 avril 1641.

TACITEMENT [tà-sĭt'-man ; *en vers*, -si-te-...] *adv.*

[ÉTYM. Composé de tacite et ment, § 724. || XVᵉ-XVIᵉ s. Et murmuroyent entre eulx tacitement, O. DE ST-GELAIS, *Énéide*, dans DELB. *Rec.*]

|| (T. didact.) D'une manière tacite.

TACITURNE [tà-si-turn'] *adj.*

[ÉTYM. Emprunté du lat. taciturnus, *m. s.* || XVᵉ-XVIᵉ s. Il n'y a nulle voye tacitturne, *Myst. du Vieil Testam.* dans DELB. *Rec.*]

|| Qui est habituellement silencieux, par humeur, par caractère. Une personne —. Avoir un caractère —. On le voyait toujours doux, paisible et —, MOL. *Mal. im.* II, 5.

TACITURNITÉ [tà-si-tur-ni-té] *s. f.*

[ÉTYM. Emprunté du lat. taciturnitas, *m. s.* || XIVᵉ s. Par la maniere de taciturnité, RAOUL DE PRESLES, *Cité de Dieu*, dans DELB. *Rec.*]

|| Manière d'être d'une personne taciturne. C'est beaucoup qu'il sorte quelquefois de ses méditations et de sa —, LA BR. 5.

TACT [tăkt'] *s. m.*

[ÉTYM. Emprunté du lat. tactus, *m. s.* (*Cf.* tac.) || XIVᵉ s. Est il home qui ait le tact si soubtil comme l'areigne? *Modus*, fᵒ 25.]

|| (T. didact.) Exercice du sens du toucher. M. de Noirmoustiers (aveugle), au —, choisit des étoffes pour les meubles, ST-SIM. II, 303. Avoir une grande finesse de —. || *Fig. Absolt.* Sentiment délicat des convenances à l'égard des personnes. Avoir du —, manquer de —.

TAC TAC [tăk'-tăk'] *s. m.*

[ÉTYM. Onomatopée (*cf.* tac 2), § 32. || XVIᵉ s. Le son d'un tactac le luy pouvoit donner a entendre, PASQ. *Rech.* VII, 14. Admis ACAD. 1740.]

|| *Famil.* Répétition uniforme d'un bruit sec. Le — d'un moulin. (*Syn.* tic tac.)

TACTICIEN [tăk'-ti-syin ; *en vers*, -si-in] *s. m.*

[ÉTYM. Dérivé de tactique, § 244. || 1812. MOZIN, *Dict. franç.-allem.* Admis ACAD. 1835.]

|| (T. didact.) Celui qui est versé dans la tactique.

TACTILE [tăk'-til] *adj.*

[ÉTYM. Emprunté du lat. tactilis, *m. s.* || 1541. Qualitez tactiles, J. CANAPPE, *Tables anatom.* dans DELB. *Rec.*]

|| (T. didact.) Relatif au tact, au sens du toucher. (*Cf.* tangible.) Les nerfs tactiles existent dans tout le corps.

TACTION [tăk'-syon ; *en vers*, -si-on] *s. f.*

[ÉTYM. Emprunté du lat. tactio, *m. s.* || XVIIᵉ s. F. BERNIER, *Philos.* dans RICHEL.]

|| *Vieilli.* (T. didact.) Action de toucher (qqch).

TACTIQUE [tăk'-tîk'] *adj.*

[ÉTYM. Emprunté du lat. tacticus, grec ταχτικός, *m. s.* || 1690. FURET.]

|| (T. didact.) Relatif à l'art de ranger et de faire mouvoir, sur le terrain, les troupes des différentes armes. *Spéciall.* Unité —, partie d'un corps de troupe qui sert d'unité numérique pour l'indication des mouvements à exécuter. L'unité — est le bataillon pour l'infanterie, l'escadron pour la cavalerie, la batterie pour l'artillerie. || *Substantiv., au fém.* Art de ranger et de faire mouvoir, sur le terrain, les troupes des différentes armes. *Fig.* Marche qu'on suit pour arriver à un certain résultat.

TÆNIA. *V.* ténia.

TAFFETAS [tăf-tá ; *en vers*, tà-fe-tá] *s. m.*

[ÉTYM. Emprunté de l'ital. taffetà, *m. s.* du persan taftah, part. de taften, entrelacer, §§ 12 et 24. || 1317. Quatre pieces de taphetas, dans DOUET D'ARCQ, *Nouv. Rec. de comptes de l'argent.* p. 6.]

|| Étoffe de soie unie et brillante. Une robe de — noir. || *P. ext.* (Pharm.) — gommé, — d'Angleterre, taffetas, toile enduite d'une substance agglutinative, qu'on applique sur les coupures, les petites plaies, pour en rapprocher les bords.

TAFIA [tà-fyà] *s. m.*

[ÉTYM. Mot créole, § 18. (*Cf.* ratafia, BOIL. *Sat.* 10.) || 1722. Les sauvages et les nègres l'appellent tafia, LE P. LABAT. *Voy. aux iles de l'Amér.* III, p. 410. Admis ACAD. 1762.]

|| Eau-de-vie de cannes à sucre fabriquée avec les écumes et les gros sirops. (*Cf.* guildive, rhum.)

TAÏAUT [tà-yó] *interj.*

[ÉTYM. Origine inconnue, § 727. || XVIIᵉ s. *V.* à l'article. Admis ACAD. 1762.]

|| (Vénerie.) Cri du chasseur à courre, pour lancer les chiens après la bête. — ! Mes chiens me quittent tous, MOL. *Fâch.* II, 6.

TAIE [tò] *s. f.*

[ÉTYM. Du lat. theca, grec θήκη, boîte, étui, enveloppe, devenu teie, toie, taie, §§ 309, 380 et 291.]

|| **1°** Enveloppe de toile qui recouvre un oreiller.

|| **2°** Tache blanche opaque qui se forme quelquefois sur la cornée. Avoir une — sur l'œil.

TAILLABLE [tà-yăbl'] *adj.*

[ÉTYM. Dérivé de tailler, § 93. || XIIIᵉ s. Pour ce qu'il est taillables a son seigneur, BEAUMAN. 620, Salmon.]

|| (Féodal.) Sujet à la taille (impôt). Serf — et corvéable à merci (à discrétion). Province, bourg, domaine —.

TAILLADE [tà-yàd'] *s. f.*

[ÉTYM. Emprunté du provenç. talhada, *m. s.* qui correspond à l'anc. franç. tailliée, § 11. || XVIᵉ s. Retirant le coup à gauche en taillade, RAB. II, 29.]

|| *Rare.* Coup qui entaille. Lâcher une —, TROTEREL, *les Corrivaux*, I. 1.

TAILLADER [tà-yà-dé] *v. tr.*

[ÉTYM. Dérivé de taillade, § 154. || 1540. Les paovres Macedoniens vaincus furent tailladez, GUILL. MICHEL, *Justin*, dans DELB. *Rec.*]

|| Entailler en divers endroits, par des incisions en long. Le visage tailladé de coups de sabre. | Les hommes portaient des habits tailladés, LES. *Estev. Gonzalez*, 8.

TAILLANDERIE [tà-yand'-ri ; *en vers*, -yan-de-ri] *s. f.*

[ÉTYM. Dérivé de taillandier, §§ 65 et 68. || (Au sens actuel.) 1611. COTGR.]

|| (Technol.) Industrie, commerce du taillandier.

TAILLANDIER [tà-yan-dyé] *s. m.*

[ÉTYM. Dérivé irrégulier de taillant, par confusion avec l'anc. mot taillandier, tailleur d'habits, §§ 62, 140 et 115. || (Au sens actuel.) 1564. Taillandier, autrement faiseur d'œuvre blanche, J. THIERRY, *Dict. franç.-lat.*]

|| (Technol.) Fabricant, marchand d'outils tranchants pour charpentiers, charrons, cultivateurs, etc.

TAILLANT [tà-yan] *s. m.*

[ÉTYM. Subst. particip. de tailler, § 47. || 1444. Martiaux reswisiez et mis a taillant, dans GODEF.]

|| Côté coupant d'une hache, d'un couteau, d'un sabre, etc. (*Syn.* tranchant.)

TAILLE [tăy' ; *selon d'autres*, tăy'] *s. f.*

[ÉTYM. Subst. verbal de tailler, § 52. || XIIᵉ s. Bien l'a Amors mise en sa taille, *Énéas*, 8078.]

|| **1°** Action de tailler, de couper suivant une forme déterminée. La — des pierres (pour bâtir). Une pierre de —, pierre taillée pour bâtir. La — du diamant, des pierres

précieuses, des cristaux, travail qui consiste à leur donner des formes régulières, des facettes qui les font étinceler à la lumière. | *Vieilli.* (Sculpture.) Basse —, bas-relief. Ses pères sont représentés par des médailles ;... toutes ses victoires par des basses tailles, sév. 1015. La — des arbres. *P. ext.* Une jeune —, bois coupé qui commence à repousser. La — d'une plume, action de tailler le tube d'une plume d'oie en forme de bec pour écrire. La — d'un vêtement, l'action de tailler l'étoffe pour le confectionner, et, *p. ext.* la manière dont elle est taillée.

‖ **2°** Action d'entailler, de faire des incisions. *Spécialt.* (Chirurgie.) **Opération de la —**, incision du ventre pour l'extraction de la pierre de la vessie. | (Gravure.) Incision faite avec le burin sur des planches de cuivre, d'acier, de bois. **Gravure en —-douce**, où le métal est entamé par le burin seul, sans le secours de l'eau-forte. — des coins, gravure des coins à frapper les monnaies. — en dépouille. (*V. ce mot.*) ‖ *P. ext.* | **1.** Ce qui sert à entailler. *Spécialt.* Le tranchant de l'épée (par opposition à l'estoc, la pointe). Frapper d'estoc et de —. | **2.** Ce qui est entaillé. — de boulanger, bâton fendu en deux morceaux symétriques, sur lesquels on marque au fur et à mesure, par des entailles qui se correspondent, tous les pains fournis, l'acheteur gardant toujours un des morceaux de bois, et le marchand l'autre, jusqu'au jour où ils règlent le compte. | *Fig. Vieilli.* **Jouer à la —**, jouer avec qqn, en notant les gains et les pertes après chaque partie, jusqu'au jour où l'on règle.

‖ **3°** Action de partager, de répartir. ‖ *Spécialt.* | **1.** *Anciennt.* Division d'un marc d'or ou d'argent en un certain nombre de pièces de monnaie égales. Louis à la — de trente au marc d'or. | **2.** *Anciennt.* Répartition de l'impôt. *P. ext.* Impôt levé sur les personnes, les terres ne jouissant pas de l'exemption accordée à la noblesse et au clergé. — personnelle, réelle. | **3.** (T. de jeu.) Distribution des cartes par le banquier depuis le moment où il prend la main jusqu'au moment où il la passe à un autre. Candide... perdit cinquante mille francs en deux tailles, volt. *Cand.* 22.

‖ **4°** Dimension. ‖ *Spécialt.* | **1.** Dimension en hauteur du corps humain. Être de grande —, de — moyenne. *Absolt.* Avoir la —, ne pas avoir la — (requise pour le service militaire). | **2.** *P. anal.* Dimension en hauteur, en grosseur, du corps de l'homme, des animaux. Être de forte —. Une grenouille vit un bœuf Qui lui sembla de belle —, la f. *Fab.* i, 3. Il est de — à se défendre. *Fig.* Je ne suis de — ni d'humeur A pouvoir d'une belle essuyer la froideur (je ne suis pas fait, taillé pour cela), mol. *Mis.* iii, 1. | Le tour de —, la ceinture. *Ellipt.* Avoir la — fine. Prendre une femme par la —. Avoir la — longue, le buste, jusqu'à la ceinture, long. ‖ *P. ext.* Forme du corps. Ce vêtement n'est pas à sa —. Avoir une jolie —, une — élégante.

°TAILLE-CRAYON [tày'-krò-yon ; *en vers,* tà-ye-...] *s. m.*
[étym. Composé de taille (du verbe tailler) et crayon, § 209. ‖ *Néolog.*]
‖ (Technol.) Instrument pour tailler les crayons.

TAILLE-MER [tày'-mèr ; *en vers,* tà-ye-...] *s. m.*
[étym. Composé de taille (du verbe tailler) et mer, § 209, à l'imitation du provenç. talhamar, *m. s.* § 11. ‖ 1642. Taille-mer, oud. | 1690. Taillemar, furet. Admis acad. 1835 (au sens **I**).]
I. (Marine.) Pièce de bois en saillie fixée en avant de l'étrave, pour fendre l'eau.
II. Sorte de goéland brun.

°TAILLE-PLUME [tày'-plum' ; *en vers,* tà-ye-...] *s. m.*
[étym. Composé de taille (de tailler) et plume, § 209. ‖ *Néolog.*]
‖ (Technol.) Canif garni d'un emporte-pièce servant à tailler d'un seul coup une plume pour écrire.

TAILLER [tà-yé ; *selon d'autres,* tá-yé] *v. tr.*
[étym. Du lat. pop. taliare, *m. s.* qui paraît dérivé de talia (class. talea), bouture, devenu tailler, §§ 462, 356, 297 et 291, tailler, § 82.]
‖ **1°** Couper (qqch) suivant une forme déterminée. — des arbres. — avec la serpette. — des pierres pour bâtir. L'art de — les diamants, les cristaux. — un crayon (pour dessiner), une plume (pour écrire). *Fig.* Ma plume est toujours taillée (je suis toujours prête à écrire) pour dire des merveilles du grand maître, sév. 299. — une statue dans le marbre. L'art de — des dieux d'or, d'argent, boil. *Sat.* 12.

— une robe, un vêtement. *Absolt.* Une personne qui sait —. (*Cf.* tailleur.) — de l'ouvrage, de la besogne à qqn, couper l'étoffe de manière qu'il n'ait plus qu'à coudre, et, *fig.* donner beaucoup à faire à qqn. — des bavettes, et, *fig. famil.* se livrer à des bavardages. — dans le cuir une croupière, et, *fig.* — des croupières à l'ennemi, le poursuivre l'épée dans les reins. — un vêtement en plein drap (sans avoir besoin de ménager l'étoffe), et, *fig.* — en plein drap, se donner toute latitude pour agir. — et rogner, couper de grands, de petits morceaux, à sa fantaisie, et, *fig.* disposer des choses à sa fantaisie. Que chacun taille, rogne et glose sur mes vers, régnier, *Sat.* 12. — la soupe, couper des tranches de pain minces, sur lesquelles on versera le bouillon. — les morceaux à qqn, lui couper le pain, la viande en morceaux, de manière qu'il n'ait plus qu'à manger. *P. hyperb.* — une armée en pièces, lui infliger une complète défaite.

‖ **2°** Entailler. *Spécialt.* — qqn, lui faire l'opération de la pierre, en incisant le ventre, pour retirer la pierre de la vessie. Fagon... fut taillé par Maréchal, st-sim. iii, 197.

‖ **3°** Partager, répartir. ‖ *Spécialt.* | **1.** *Anciennt.* — le marc d'or, d'argent, le diviser en un certain nombre de pièces de monnaie égales. | **2.** — l'impôt, le répartir, et, *p. ext.* — le peuple, le soumettre à l'impôt de la taille. Une cote mal taillée, où l'impôt n'est pas réparti suivant de justes proportions, et, *fig.* Faire une cote mal taillée, fixer un compte à un certain total sans donner à chaque article sa valeur exacte. | **3.** (T. de jeu.) — un pharaon, un lansquenet, etc., tenir la main et distribuer les cartes, etc., jusqu'à ce que la main passe. *Absolt.* On chassa... plusieurs hommes et femmes qui taillaient au pharaon, st-sim. ix, 176.

‖ **4°** Mettre à une certaine dimension. Être taillé en Hercule, avoir la taille, les dimensions d'un Hercule. Être bien taillé, avoir le corps bien fait. Peu de nos gens de cour sont mieux taillés que lui, corn. *Ment.* ii, 1. | Il n'est pas taillé pour plaire, il n'est pas fait pour plaire. *Vieilli.* Quand je me crois taillée à pouvoir mériter La gloire de quelque conquête, mol. *Psyché,* i, 1.

TAILLERESSE [tày'-rès' ; *en vers,* tà-ye-...] *s. f.*
[étym. Anc. fém. de tailler, § 568. (*Cf.* tailleuse.) ‖ 1680. richel. Admis acad. 1762.]
‖ *Anciennt.* (Technol.) Ouvrière chargée de tailler les flans des monnaies, de leur donner le poids fixé.

°TAILLERIE [tày'-ri ; *en vers,* tà-ye-ri] *s. f.*
[étym. Dérivé de tailler, § 69. ‖ 1304. Parfaire les fenestres de le taillerie, dans godef.]
‖ (Technol.) Atelier où l'on taille (le diamant, les pierres précieuses, les cristaux, etc.).

TAILLEUR [tà-yeùr] *s. m.*
[étym. Dérivé de tailler, § 112. (*Cf.* tailleresse et tailleuse.) ‖ xiiie s. Uns brez taillierre qui la fist, chrétien de troyes, *Érec,* 5349.]
‖ **1°** Celui qui coupe (qqch) suivant une forme déterminée. Un — de pierres (pour bâtir). Un — de diamants, de cristaux. | — de limes, ouvrier qui fait les dents des limes. | Un — d'habits, et, *absolt,* Un —, celui qui fait des habits d'homme. Un maître —, un garçon —. *P. ext.* Un — pour dames, celui qui fait des costumes pour les dames.
‖ **2°** *Vieilli.* Celui qui entaille, incise. ‖ *Spécialt.* | **1.** Chirurgien faisant l'opération de la taille. L'adresse de nos tailleurs est si grande..., guy patin, *Lett.* ii, 227. | — d'histoires et figures, graveur sur bois qui faisait des images grossièrement imprimées, qu'on enluminait. (*Cf.* dominotier.) | — des monnaies, graveur des coins destinés à frapper les monnaies.
‖ **3°** Celui qui répartit. *Spécialt.* (T. de jeu.) Celui qui taille, qui distribue les cartes comme banquier.

TAILLEUSE [tà-yeùz'] *s. f.*
[étym. Fém. de tailleur, § 568. (*Cf.* tailleresse.) ‖ 1731. La tailleuse et la fille travaillèrent jusqu'à minuit, *Merc. de France,* mars, p. 606. Admis acad. 1878.]
‖ Couturière pour robes et vêtements de femme.

TAILLIS [tà-yi] *adj. et s. m.*
[étym. Pour tailleis, § 358, dérivé de tailler, § 82. ‖ xiiie s. Pourcel ne doivent estre soufert en prés..., ne chievres en tailleis de bois, beauman. 1560, Salmon.]
‖ Bois —, et, *substantivt,* —, petit bois d'arbres qui ont crû sur souches et par rejetons, et que l'on coupe de temps en temps. Jeune —, qu'on coupe tous les dix ans ; moyen —, de dix à vingt-cinq ; haut —, de vingt-cinq à

trente. Un — de chênes, d'ormes. Le gibier gagne le — (s'y réfugie), et, *fig.* Gagner le —, se mettre en lieu de sûreté. J'en serai moins léger à gagner le —, MOL. *Dép. am.* V, 1.

TAILLOIR [tà-ywâr] *s. m.*
[ÉTYM. Dérivé de tailler, § 113. || XII° s. Un tailleor d'argent, *Perceval,* dans GODEF.]
|| 1° *Anciennt.* Sorte de plat sur lequel on découpait la viande.
|| 2° *P. anal.* (Architect.) Tablette placée à la partie supérieure du chapiteau, sur laquelle pose l'architrave.

TAILLON [tà-yon] *s. m.*
[ÉTYM. Dérivé de taille, § 104. || XVI° s. Contribution et taillon, RAB. IV, 51.]
|| (T. financ.) Impôt additionnel s'ajoutant à la taille.

TAIN [tin] *s. m.*
[ÉTYM. Altération de étain, sous l'influence de teint, § 509. RICHEL. et FURET. disent « le teint d'une glace ». || Admis ACAD. 1694.]
|| (Technol.) Étain en feuille, recouvert de mercure, qu'on étend derrière une glace, pour qu'elle cesse d'être transparente et réfléchisse les objets.

TAIRE [têr] *v. pron. et tr.*
[ÉTYM. Du lat. tacĕre, *m. s.* devenu taisir (*cf.* plaisir), puis taire par changement de désinence à l'infinitif, § 629.]
I. *V. pron.* || Se —, garder le silence. Il est bon de parler et meilleur de se —, LA F. *Fab.* VIII, 10. Si tant de mères se sont tues, Que ne vous taisez-vous aussi? ID. *ibid.* X, 12. *Fig. Poét.* Ne pas se manifester. Les vents se turent, FÉN. *Tél.* 24. Il faut que les sens et les passions se taisent, MALEBR. *Rech. de la vérité,* IV, 11. La douleur qui se tait, RAC. *Andr.* III, 3. | Se — sur, et, *vieilli,* de qqch, garder le silence sur qqch. Celui qui ne sait pas se — sur un secret, FÉN. *Tél.* 24. Ne pouvoir se — de ses propres affaires, MOL. *Scap.* III, 4. || Avec ellipse du pron. pers. Faire —, réduire au silence. Faites-le —. On ne peut le faire —. | *Poét.* Faire — l'envie, la critique (les envieux, les critiques). | *Fig.* Empêcher (qqch) de se manifester. Les paroles enchantées qui... font — les vents, FÉN. *Tél.* 11. *Spécialt.* Faire — les canons de l'ennemi, le mettre hors d'état de tirer.
II. *V. tr.* || 1° Garder le silence sur (qqch). Il (Condé) tire d'un déserteur... ce qu'il veut dire, ce qu'il veut —, BOSS. *Condé.* Non seulement elles savent —, mais encore sacrifier leurs peines secrètes, ID. *Marie-Thérèse.*
|| 2° Passer sous silence (qqch). En publiant ses magnificences, ils ne taisent pas ses opprobres, BOSS. *Hist. univ.* II, 4. Un pareil fait ne peut se —.

TAISSON [tè-son] *s. m.*
[ÉTYM. Du lat. pop. *taxŏnem, m. s.* d'origine germanique (allem. moderne dachs), §§ 6, 498 et 499. || 1247. Leu, renart et taison, dans DU C. tassus 2.]
|| *Dialect.* Blaireau.

TALC [tălk'] *s. m.*
[ÉTYM. Emprunté de l'arabe thalq, *m. s.* § 22. || XVI° s. Une espece de talc, B. PALISSY, p. 358.]
|| (T. scientif.) Substance lamelleuse d'un gris verdâtre, onctueuse au toucher (silicate de magnésie anhydre). *Spécialt.* — de Venise, substance qui, réduite en poudre, enlève les taches de graisse.

TALENT [tà-lan] *s. m.*
[ÉTYM. Du lat. talĕntum, grec τάλαντον, plateau de balance, poids, somme d'argent, § 290. Du sens primitif est sorti en anc. franç. celui de « inclination, passion », conservé dans maltalent.]
I. (Antiq.) || 1° Poids d'environ vingt-sept kilogrammes.
|| 2° Monnaie de compte équivalant à ce poids en or, en argent. Un — d'or, d'argent. | *Fig.* Par allusion à la parabole du serviteur qui, au lieu de faire valoir les talents que lui avait laissés son maître, les enfouit et les laissa improductifs, SACI, *Bible, Matth.* XXV, 14. Enfouir son —, ne pas faire valoir son mérite.
II. *Fig.* Valeur, supériorité naturelle ou acquise dans un genre quelconque. Avoir du —, un véritable —. Avoir des talents divers. Des gens à talents, qui ont divers talents. D'autres qui placent heureusement et avec succès, dans les négociations les plus délicates, les talents qu'ils ont de bien parler et de bien écrire, LA BR. *Disc. à l'Acad.* Écrivain, peintre, musicien de —. Soyez plutôt maçon, si c'est votre —, BOIL. *Art* p. 4. Ne forçons point notre —, LA F. *Fab.* IV, 5. Demi-—, et, *vieilli,* Mi-—, habileté incomplète dans un genre. Un — d'amateur.

***TALINGUER** [tà-lin-ghé] *v. tr.*
[ÉTYM. Origine inconnue. On dit aussi étalinguer (ACAD.) et entalinguer. || 1690. FURET.]
|| (Marine.) Amarrer (un câble) à l'organeau.

TALION [tà-lyon ; *en vers,* -li-on] *s. m.*
[ÉTYM. Emprunté du lat. talio, *m. s.* de talis, tel. || XIV° s. Peine de talion, BOUTEILLER, *Somme rural,* dans GODEF. *Compl.*]
|| (Droit.) Pénalité qui inflige au coupable le traitement même qu'il a fait subir à un autre. La peine du —. C'est une espèce de — qui fait que la société refuse la sûreté à un citoyen qui en a privé ou qui a voulu en priver les autres, MONTESQ. *Espr. des lois,* XII, 4.

TALISMAN [tà-lĭs'-man] *s. m.*
[ÉTYM. Emprunté de l'arabe telsamân, plur. de telsam, figure magique, qui vient lui-même du grec τέλεσμα, rite, § 22. S'appliqua au XVI° s. aux docteurs musulmans : les vieux talismans (1556), A. GEUFFROY, dans DELB. *Rec.* || (Au sens actuel.) 1637. J. GAFFAREL, *Curiositez inouies sur les sculptures talismaniques.*]
|| Pierre, anneau, etc., portant certains signes mystérieux, et passant pour avoir une vertu surnaturelle, en raison de leur relation avec les constellations sous lesquelles ils ont été gravés. Porter un —. Les images nommées talismans, imprégnées de vertus célestes, BOSS. *Polit.* V, III, 1. *Fig.* Les seuls talismans qui font aimer les charmes de la personne aimée, HAMILT. *Gram.* p. 345.

TALISMANIQUE [tà-lĭs'-mà-nĭk'] *adj.*
[ÉTYM. Dérivé de talisman, § 229. || 1625. Sculptures astrologiques... que les Arabes appelloient talismaniques, G. NAUDÉ, *Apologie,* dans DELB. *Rec.*]
|| *Vieilli.* Qui a rapport à un talisman. Caractères talismaniques, LES. *Diable boit.* 1.

TALLE [tàl] *s. f.*
[ÉTYM. Emprunté du lat. thallus, grec θαλλός, *m. s.* || XV°-XVI° s. J. HUSSON, *Chron. de Metz,* dans DELB. *Rec.* Admis ACAD. 1798.]
|| (Agricult.) Branche enracinée qu'un arbre pousse à son pied et que l'on en sépare avec un couteau si elle est trop forte.

TALLER [tà-lé] *v. intr.*
[ÉTYM. Dérivé de talle, § 154. || 1549. R. EST. Admis ACAD. 1798.]
|| (Agricult.) Donner naissance à plusieurs pousses. Faire — le gazon.

TALLIPOT [tà-li-pó] *s. m.*
[ÉTYM. Emprunté de l'angl. tallipot, altération du malais kelapa, cocotier, §§ 8 et 28. ||1683. Le tallipot, le kettule et la canelle, dans *Journal des savants,* p. 6. Admis ACAD. 1762.]
|| (Botan.) Palmier de Ceylan, du Malabar, à très grandes feuilles.

TALMOUSE [tàl-moûz'] *s. f.*
[ÉTYM. Origine inconnue. L'anc. forme talemouse, § 351, est encore dans SCARR. || XIV° s. Talemouse, *Ménagier,* II, p. 96.]
|| *Vieilli.* Pâtisserie soufflée.

TALOCHE [tà-lŏch'] *s. f.*
[ÉTYM. Origine inconnue. || XIV° s. Une grant taloche qui au costé li pent, CUVELIER, *Duquesclin,* 690.]
I. || 1° *Anciennt.* Sorte de bouclier rectangulaire.
|| 2° *P. anal.* (Technol.) Planche rectangulaire qui sert aux maçons à étaler le plâtre pour faire un enduit.
II. *P. ext. Famil.* Tape donnée avec le plat de la main. | *Fig.* Le sort... ne va donner — à cet amant usé, LA F. *Parodie de Cléopâtre.*

***TALOCHER** [tà-lŏ-ché] *v. tr.*
[ÉTYM. Dérivé de taloche, § 154. || XVI° s. Ilz auroient tant taloché leurs amours, RAB. III, 6.]
|| *Famil.* Frapper en donnant une taloche.

TALON [tà-lon] *s. m.*
[ÉTYM. Du lat. pop. *talŏnem, dérivé de talum, *m. s.* § 104.]
I. || 1° Le derrière du pied de l'homme. La fourmi le pique au —, LA F. *Fab.* II, 12. Sauter en joignant les talons. Avoir une écorchure au —. Serrer les talons (à cheval), appuyer les talons, avec ou sans éperon, contre les flancs du cheval. *Famil.* Montrer les talons, partir, s'enfuir. Tourner les talons, se préparer à partir, à s'enfuir. *P. hyperb.* Marcher sur les talons de qqn, le suivre de trop près. Être toujours sur les talons de qqn, le suivre partout. Se donner du — dans le derrière, courir en faisant de grands sauts,

gambader. *Fig.* Le — d'Achille, la partie vulnérable de qqn (Achille ayant eu le corps trempé dans l'eau du Sytx, à l'exception du talon, ne pouvait être blessé que là). *Famil.* Avoir l'estomac dans les talons, avoir l'estomac très creux. Tirer sa voix de ses talons, parler, chanter d'une voix très grave. Tirer des soupirs de ses talons, soupirer profondément. ‖ *P. ext.* | 1. Partie de la chaussure qui enferme le talon du pied. | 2. Pièce placée sous le talon pour l'exhausser. Des souliers à talons. Porter des talons. Des talons hauts. Talons rouges, que portaient les gentilshommes à la cour, et, *p. ext.* ceux qui portaient ces talons.

‖ 2° Le derrière du pied de certains animaux. *Spécialt.* (Chez le cheval.) Partie du pied comprise entre les quartiers et opposée à la pince, et, *p. ext.* extrémités du fer à cheval qui font suite aux quartiers.

II. *Fig.* Extrémité inférieure, postérieure, de certains objets. — des varangues d'un navire, partie qui pose sur la quille. — du navire, extrémité de la quille vers l'arrière. — d'une lance, d'une pique, fer qui garnit la partie inférieure de la lance, de la pique. — d'une lame (de couteau, de rasoir, etc.), partie inférieure de la lame qui s'appuie contre la monture. — d'une charrue, partie du sep qui traîne sur le sol. — d'un violon, partie du manche collée sur le tasseau. — d'une branche, partie la plus basse et la plus grosse d'une branche coupée. — de souche, et, *absolt,* —, marge des feuillets à détacher, à vignette qui se continue sur une partie du feuillet, fixée au registre, au carnet, pour servir de contrôle. Le — d'un mandat-poste. — des cartes, ce qui reste de cartes au jeu quand on en a donné à chaque joueur. — du pain, du fromage, le côté du croûton, de la croûte, avec ce qui reste du pain, du fromage entamé. ‖ (Architect.) Moulure à double courbure, concave par le bas (cavet), convexe par le haut (*cf.* quart de rond), dite aussi gueule renversée. Un arc en —.

TALONNER [tà-lò-né] *v. tr.*
[ÉTYM. Dérivé de talon, § 154. ‖ XIIᵉ s. D'un entredous dunc taluna, *Protesilaus,* dans GODEF. taluner.]
I. *V. tr.* ‖ 1° Suivre (qqn) de très près, marcher sur ses talons. Il la poursuit, la talonne, l'atteint, J.-J. ROUSS. *Ém.* 5.
‖ 2° Presser (une monture) en la frappant des talons, en l'éperonnant. ‖ *Fig.* Presser vivement, sans relâche. Il est talonné par ses créanciers. Les soixante-dix-huit ans qui me talonnent, VOLT. *Lett.* 22 janvier 1770.
II. *V. intr.* (Marine.) Toucher le fond avec le talon (extrémité de la quille).

TALONNIÈRE [tà-lò-nyèr] *s. f.*
[ÉTYM. Dérivé de talon, § 115. ‖ XVIᵉ s. Tallonnieres et caducee, RAB. IV, nouv. prol.]
‖ 1° (Mythol.) Ailes au talon, attribut avec lequel Mercure est représenté, comme messager des dieux.
‖ 2° (Technol.) Quartier de cuir ajouté l'hiver aux sandales des religieux déchaussés, pour couvrir le talon.
‖ 3° (Marine.) Extrémité inférieure du gouvernail, coupée en onglet, pour éviter le frottement contre la saillie de la quille au delà de l'étambot.

TALUER. V. taluter.

TALUS [tà-lu] *s. m.*
[ÉTYM. Du lat. pop. *talŭtum,* dérivé de talum, talon, § 118, devenu régulièrement talu, écrit à tort talus. ‖ XIIᵉ s. Molt est posé son haut talu, ÉT. DE FOUGÈRES, *Livre des man.* dans DELB. *Rec.*]
‖ Terrain en pente très inclinée, résultant d'ordinaire d'un travail de terrassement, et bordant une tranchée, un fossé, etc. Un — gazonné. Un — en maçonnerie.

TALUSSER. V. taluter.

TALUTER [tà-lu-té] et, *vieilli,* *TALUER* [tà-lu-é], *TALUSSER* [tà-lu-sé] *v. tr.* et *intr.*
[ÉTYM. Dérivé de talus, §§ 63, 64 et 154. ‖ XVIᵉ s. Talussee si droit, J. TARDE, dans DELB. *Rec.* En taluant a doz d'asne, RAB. II, 15. | 1690. Taluter, FURET.]
‖ (Technol.) ‖ 1° Faire en forme de talus. Le fer doit être talué des deux côtés, DESC. *Dioptr.* 10. Les murs des terrasses doivent être talutés, FURET. *Dict.*
‖ 2° *V. intr.* Être en forme de talus. Taluant de deux cinquièmes, RAYNAL, *Hist. philos.* IV, 30.

TAMANDUA [tà-man-dùà; *en vers,* -du-à] *s. m.*
[ÉTYM. Emprunté des langues de l'Amérique du Sud, § 30. ‖ 1694. TH. CORN. Admis ACAD. 1878.]
‖ (Hist. nat.) Fourmilier, mammifère édenté.

TAMANOIR [tà-mà-nwàr] *s. m.*

[ÉTYM. Emprunté des langues indigènes de l'Amérique du Sud, § 30. ‖ Admis ACAD. 1878.]
‖ (Hist. nat.) Fourmilier plus petit que le tamandua.

1. TAMARIN [tà-mà-rin] *s. m.*
[ÉTYM. Emprunté du lat. du moyen âge tamarindus, m. s. transcription de l'arabe thamar hindi, datte de l'Inde, § 22. ‖ XIIIᵉ s. Puis i saient tamarindes mis, *Antidotaire de Nicolas,* 17, Dorveaux. | XVᵉ s. Tamarins... ressemblent a dates, *Circa instans,* 348, Camus.]
‖ (Botan.) Fruit du tamarinier. ‖ *P. ext.* Tamarinier.

2. TAMARIN [tà-mà-rin] *s. m.*
[ÉTYM. Emprunté des langues indigènes de l'Amérique du Sud, § 30. ‖ *Néolog.* Admis ACAD. 1835.]
‖ (Hist. nat.) Singe du genre des ouistitis.

TAMARINIER [tà-mà-ri-nyé] *s. m.*
[ÉTYM. Dérivé de tamarin 1, §§ 64 et 115. ‖ 1771. TRÉV. Admis ACAD. 1835.]
‖ (Botan.) Arbrisseau de la famille des Légumineuses, dont le fruit est une gousse à pulpe laxative.

TAMARIS [tà-mà-rìs] *s. m.*
[ÉTYM. Emprunté du lat. tamariscus (var. tamarix, tamaricum, etc.), m. s. Qqns disent tamarisc ou tamarix. ‖ ‖ XIIIᵉ s. Poldre de tamaris, *Simples medicines,* fᵒ 16, vᵒ.]
‖ (Botan.) Arbrisseau à feuilles menues et à fleurs en épi.

TAMBOUR [tan-boûr] *s. m.*
[ÉTYM. Anc. franç. tabour (*cf.* tabouret), qui paraît emprunté du persan tabīr, m. s. § 24. (*Cf.* tabourer.) ‖ XIᵉ s. Com tabors o toneires, *Voy. de Charl. à Jérus.* 359. | 1585. Quelque meschant tabourin (faut-il point tambour selon la reformation dernière?), N. DU FAIL, *Eutrapel,* 19.]
I. ‖ 1° Caisse cylindrique dont les deux fonds sont couverts d'une peau tendue, sur l'une ou l'autre desquelles on frappe avec des baguettes, pour la faire résonner. Frapper sur un —. Un roulement de —. Battre du —. Le — bat (est battu). Les troupes défilèrent — battant (pendant que les tambours battaient). *Fig.* Mener qqn, qqch — battant, vivement, sans lui donner de répit. *Loc. prov.* Sans — ni trompette, sans bruit. Ce qui vient de la flûte retourne au —, le bien mal acquis est vite dissipé. Faire battre le —, publier qqch. ‖ — de basque, et, *vieilli,* — de Biscaye, cerceau de bois couvert d'une peau tendue et garni de grelots, qu'on frappe de la main en l'agitant. Avec des cliquettes et des tambours de Biscaye, SOREL, *Francion,* p. 219.
‖ 2° Celui qui bat du tambour. Les tambours marchaient en tête de la compagnie. —-maître, tambour qui a le grade de caporal. —-major, celui qui commande et dirige les tambours, tenant une canne avec laquelle il indique les batteries, et qui est choisi de haute taille et de belle prestance, comme devant marcher en tête du régiment.
II. *P. anal.* | 1. (Anat.) Cavité qui se trouve entre le conduit auditif externe et l'oreille interne. | 2. Métier à broder de forme circulaire. | Cylindre rembourré pour faire la dentelle. | 3. Cylindre sur lequel s'enroule la corde, la chaîne d'une horloge. | Boîte ronde contenant le grand ressort d'une montre. | Boîte cylindrique d'un baromètre anéroïde dans laquelle on a fait le vide pour la rendre sensible à la pression atmosphérique. | 4. Sorte d'auvent qui protège la tête du gouvernail, les roues d'un bateau à aubes. | 5. Petite enceinte, à doubles portes, construite aux entrées d'un grand édifice (église, théâtre, etc.) pour empêcher le vent de s'engouffrer. | 6. Sorte de coffre de menuiserie masquant quelque saillie, dans une pièce d'appartement.

TAMBOURIN [tan-bou-rin] *s. m.*
[ÉTYM. Dérivé de tambour, § 100. ACAD. 1694 ne connait que la forme tabourin. ‖ XVᵉ s. Jeuz, bancquetz, tabourins et dances, GUILL. ALEXIS, *Œuvres,* I, p. 237, Piaget et Picot.]
‖ Tambour plus bas que le tambour ordinaire, qu'on fait résonner avec une seule baguette. ‖ *P. ext.* Danse qu'on accompagne au son du tambourin.

TAMBOURINAGE [tan-bou-ri-nàj'] *s. m.*
[ÉTYM. Dérivé de tambouriner, § 78. ‖ 1558. Tabourinage, THEVET, *Singul. de la France antarct.* dans GODEF. *Compl.*]
‖ Action de tambouriner. | *Fig.* Action de faire grand bruit de qqn, de qqch. Elle me rend le — qu'elle reçoit de beaucoup d'autres, SÉV. 647.

TAMBOURINER [tan-bou-ri-né] *v. intr.* et *tr.*
[ÉTYM. Dérivé de tambourin, § 154. (*Cf.* tabourer.) ‖ XVᵉ-XVIᵉ s. Branlant et tabourinant les pennes de la queue les unes contre les autres, *Perceforest,* I, fᵒ 140, édit. 1531.]

|| **1°** *V. intr.* Faire résonner un tambourin, un tambour. *P. anal.* — avec les mains sur les vitres.

|| **2°** *V. tr.* Publier (qqch) au son du tambour. *Spécialt.* Faire — un objet perdu. || *Fig.* — qqn, qqch, l'annoncer à grand fracas.

TAMBOURINEUR, *TAMBOURINEUSE [tan-bou-ri-neur, -neûz'] *s. m. et f.*

[ÉTYM. Dérivé de tambouriner, § 112. || XVIᵉ s. Un tambourineur qui fluteroit tout seul, BON. DES PER. *Nouv.* 40.]

|| Celui, celle qui tambourine.

TAMINIER [tà-mi-nyé] *s. m.*

[ÉTYM. Dérivé de taminia, sorte de raisin mentionné par Pline, confondu avec le lat. thamnus, grec θάμνος, taminier, § 115. Au XVIᵉ s. thamnus est rendu par tam; de nos jours, qqns disent tamier pour taminier. || 1812. MOZIN, *Dict. franç.-allem.* Admis ACAD. 1835.]

|| (Botan.) Plante de la famille des asperges, dite vulgairement sceau de Notre-Dame.

TAMIS [tà-mi] *s. m.*

[ÉTYM. Origine inconnue. || XIIIᵉ s. Que l'on porroit la mer d'un tamis espuisier, dans JUBINAL, *Jongl. et trouv.* p. 23.]

|| (Technol.) Cercle de bois sur lequel est tendue une toile à mailles plus ou moins serrées, servant à passer des matières pulvérulentes, des liquides troubles, etc. (*Syn.* sas, crible.) *Fig.* Faire passer qqch au —, par le —, le soumettre à un examen minutieux.

***TAMISAGE** [tà-mi-zàj'] *s. m.*

[ÉTYM. Dérivé de tamiser, § 78. || *Néolog.*]

|| (Technol.) Action de tamiser.

TAMISER [tà-mi-zé] *v. tr.*

[ÉTYM. Dérivé de tamis, § 154. || XIIᵉ s. La farine que l'on tamise, BEN. DE STE-MORE, *Troie*, 18876.]

|| (Technol.) Faire passer par le tamis. (*Syn.* cribler, sasser.) — du sable. Du sucre tamisé. Une mousseline qui tamise la jour, qui le laisse passer en l'adoucissant. *Absolt.* Une voile qui tamise, si usée que le vent passe.

TAMISIER, *TAMISIÈRE [tà-mi-zyé, -zyèr] *s. m. et f.*

[ÉTYM. Dérivé de tamis, § 115. || *Néolog.* Admis ACAD. 1878.]

|| (Technol.) Celui, celle qui fabrique, vend des tamis.

TAMPON [tan-pon] *s. m.*

[ÉTYM. Dérivé de tamper, anc. forme nasalisée de taper 2, § 104. (*Cf.* tapon.) || 1534. Devant le tampon au ventiseau tiré, *Nouv. Cout. génér.* II, p. 124.]

|| **1°** Petite masse de bois, d'étoupe, de linge, de papier, etc., qu'on introduit dans une ouverture par laquelle quelque liquide pourrait s'écouler ou s'introduire. Boucher avec un — la bonde d'un étang. Arrêter une hémorragie nasale en mettant un — de linge dans les narines. Boucher des trous dans la coque d'un navire avec des tampons de bois. || *P. anal.* Cheville de bois dont on garnit un trou percé dans un mur, pour y fixer une vis, un clou.

|| **2°** Petite masse garnie de linge, de feutre, etc., qu'on imbibe d'une substance liquide qu'on veut étendre, appliquer sur une surface. Vernir au —. Appliquer l'encre avec un — sur une planche gravée. — pour timbre humide.

|| **3°** Masse rembourrée destinée à amortir un choc. Les tampons d'un wagon, d'une locomotive.

TAMPONNEMENT [tan-pŏn'-man; *en vers,* -pò-ne-...] *s. m.*

[ÉTYM. Dérivé de tamponner, § 145. || 1771. TRÉV. Admis ACAD. 1878.]

|| Action de tamponner.

TAMPONNER [tan-pò-né] *v. tr.*

[ÉTYM. Dérivé de tampon, § 154. || XVᵉ s. Tamponner les tampons d'une bombarde, dans GODEF. tape.]

|| **1°** Boucher, consolider avec un tampon.

|| **2°** Enduire d'un liquide étendu sur un tampon.

|| **3°** *Néolog.* Heurter avec les tampons destinés à amortir le choc. La locomotive a tamponné un train de marchandises.

***TAMPONNEUR, EUSE** [tan-pò-neûr, -neûz'] *s. m. et f.*

[ÉTYM. Dérivé de tamponner, § 112. || *Néolog.*]

|| Celui, celle qui tamponne. *Adjectivt.* Le train — et le train tamponné.

TAM-TAM [tăm'-tàm'] *s. m.*

[ÉTYM. Onomatopée, § 32. || 1812. Tam-tam ou taintam, MOZIN, *Dict. franç.-allem.* Admis ACAD. 1835.]

|| Instrument de percussion (des peuples d'extrême

Orient), disque de métal à bords relevés, qui résonne fortement quand on le frappe. (*Syn.* gong.)

TAN [tan] *s. m.*

[ÉTYM. Du lat. pop. *tannum, *m. s.* probablement d'origine gauloise, §3 : les idiomes celtiques ont un mot tann, chêne, correspondant à l'anc. german. tanna, sapin, chêne. || XIIIᵉ s. Ne m'estuet pas taner en tan, RUTEB. p. 6, Kressner.]

|| Écorce de chêne, de sumac, de châtaignier, pulvérisée, dont on se sert pour la préparation des cuirs. (*Cf.* tanner.)

TANAISIE [tà-nè-zi] *s. f.*

[ÉTYM. Emprunté du lat. du moyen âge tanasia, *m. s.* altération probable du grec ἀθανασία, immortalité. || XIIIᵉ s. Tanase, *Simples medicines*, f° 2, r°. | 1314. Tanoisie, *Chirurg. de Mondeville*, 1562, Bos. Admis ACAD. 1762.]

|| (Botan.) Plante de la famille des Composées, à fleurs jaunes, disposées en corymbe épais, d'odeur forte. — des jardins, balsamite.

TANCER [tan-sé] *v. tr.*

[ÉTYM. Pour tencer, tencier, du lat. pop. *tentiare, dérivé de tentus, part. de tendere, tendre, combattre, §§ 157, 406, 297, 291 et 636. (*Cf.* la forme picarde tencher dans LA F. *Fab.* IV, 16.) || XIᵉ s. Tencent a lui, *Roland*, 2581.]

|| Réprimander sévèrement. — qqn d'importance. Il l'a tancé vertement. Le magister... D'un ton fort grave à contretemps s'avise De le —, LA F. *Fab.* I, 19.

TANCHE [tânch'] *s. f.*

[ÉTYM. Pour tenche, du lat. tjnca, *m. s.* §§ 311, 379 et 291.]

|| Poisson d'eau douce, voisin de la carpe.

***TANDEM** [tan-dèm'] *s. m.*

[ÉTYM. Emprunté de l'angl. tandem, *m. s.* sorte de jeu de mot sur le lat. tandem, enfin, § 8. || *Néolog.*]

|| **1°** Voiture à deux chevaux attelés en flèche.

|| **2°** Bicyclette pour deux personnes placées l'une derrière l'autre.

TANDIS [tan-di; *devant que,* beaucoup prononcent tan-dîs'] *adv.*

[ÉTYM. Du lat. tandiu, de tam, aussi, et diu, longtemps, § 726.]

|| **1°** *Vieilli. Adv.* Pendant ce temps. Et —, il m'envoie, CORN. *Hor.* IV, 2.

|| **2°** *Loc. conj.* — que, | 1. Tout le temps que. — que vous vivrez, RAC. *Iph.* I, 1. | 2. Pendant le temps que. — que, sans songer à mal, MOL. *Préc. rid.* sc. 9. | 3. Au lieu que. Tout prospère aux âmes innocentes, — qu'en ses projets l'orgueilleux est trompé, RAC. *Esth.* I, 1.

TANGAGE [tan-gàj'] *s. m.*

[ÉTYM. Dérivé de tanguer, § 78. || 1694. TH. CORN. Admis ACAD. 1762.]

|| (Marine.) Balancement du navire sur l'eau, de l'avant à l'arrière, de l'arrière à l'avant. (*Cf.* roulis.)

TANGARA [tan-gà-rà] *s. m.*

[ÉTYM. Emprunté des langues indigènes de l'Amérique du Sud (Guyane), §30. || 1694. TH. CORN. Admis ACAD. 1835.]

|| (Hist. nat.) Oiseau de la famille des Passereaux, à couleurs brillantes.

TANGENCE [tan-jäns'] *s. f.*

[ÉTYM. Dérivé de tangent, § 262. || *Néolog.* Admis ACAD. 1835.]

|| (Géom.) Position de ce qui est tangent. Point de —, par où une ligne, une surface est tangente à une autre.

TANGENT, ENTE [tan-jan, -jänt'] *adj.*

[ÉTYM. Emprunté du lat. tangens, part. de tangere, toucher. || 1680. Tangente, RICHEL. Admis ACAD. (comme subst. fém.) 1762.]

|| (Géom.) Qui touche en un seul point une ligne, une surface. Un plan — à une sphère. Une droite tangente, et, *substantivt,* Une tangente, ligne droite tangente à une ligne ou à une surface courbe. S'échapper par la tangente, en parlant d'un corps en rotation, quand la force centripète cesse d'agir sur lui, suivre la tangente à la courbe qu'il décrivait. *Fig.* S'échapper par la tangente, saisir l'occasion de s'esquiver.

TANGIBILITÉ [tan-ji-bi-li-té] *s. f.*

[ÉTYM. Dérivé de tangible, § 255. || 1812. MOZIN, *Dict. franç.-allem.* Admis ACAD. 1878.]

|| (T. didact.) Caractère de ce qui est tangible.

TANGIBLE [tan-jîbl'] *adj.*

[ÉTYM. Emprunté du lat. tangibilis, *m. s.* || 1611. COTGR. Admis ACAD. 1835.]

|| (T. didact.) Qui tombe sous le sens du toucher. (*Cf.* tactile.) L'étendue —.

TANGUER [tan-ghé] *v. intr.*

[ÉTYM. Origine incertaine ; l'anc. forme est tanquer, ce qui ne permet pas de dériver le mot de tangue, nom patois d'un sable vaseux qui se trouve sur les côtes de la Manche. || 1680. Tanquer, RICHEL. | 1694. Un navire qui tangue, TH. CORN. tanquer. Admis ACAD. 1762.]

|| (Marine.) Avoir un mouvement marqué de tangage.

TANIÈRE [tà-nyèr] *s. f.*

[ÉTYM. Anc. franç. taisniere, proprt, « retraite du taisson », du lat. pop. *taxonaria, §§ 348 et 115. (*Cf.* taisson.) || XIIIᵉ s. Connins i avoit qui issoient Toute jour hors de lor tesnieres, G. DE LORRIS, *Rose*, 1386.]

|| Retraite d'une bête sauvage. La — d'un ours.

TANIN [tà-nin] *s. m.*

[ÉTYM. Dérivé de tan, § 245. || 1812. Tanin, tannin, MOZIN, *Dict. franç.-allem.* Admis ACAD. 1835.]

|| 1° (Chimie.) Substance astringente qui se trouve dans l'écorce du chêne, du sumac, du châtaignier, et la rend propre à préparer les cuirs. (*Cf.* tannique.)

|| 2° (Médec.) Substance tonique.

TANNAGE [tà-nàj'] *s. m.*

[ÉTYM. Dérivé de tanner, § 78. || 1370. Le fait du tannage, *Ordonn.* v, 315. Admis ACAD. 1835.]

|| Action de tanner les peaux.

TANNANT, ANTE [tà-nan, -nänt'] *adj.*

[ÉTYM. Adj. particip. de tanner, § 47. || *Néolog.* Admis ACAD. 1835.]

|| Qui sert à tanner les peaux. || *Fig. Famil.* Qui lasse la patience.

TANNE [tàn'] *s. f.*

[ÉTYM. Subst. verbal de tanner, § 52. || XVIᵉ s. Lentilles, rubis ou safirs qui sont au visage, appellés à Paris taues (corr. tanes), O. DE SERRES, VIII, 5.]

|| 1° (Technol.) Marque brune qui reste sur une peau après le tannage.

|| 2° *P. anal.* Très petite tumeur formée sur la peau par une accumulation d'épithélium.

***TANNÉE** [tà-né] *s. f.*

[ÉTYM. Dérivé de tan, § 119. || 1680. Tanée, RICHEL.]

|| (Technol.) Tan qui, après avoir servi à la préparation des peaux, est employé par les jardiniers à faire des couches. Fleurs de —, qui poussent sur la tannée.

TANNER [tà-né] *v. tr.*

[ÉTYM. Dérivé de tan, § 154. || XIIIᵉ s. Ne n'estuet pas taner en tan, RUTEB. p. 6, Kressner.]

|| Préparer (les peaux) avec du tan, pour les rendre imputrescibles en leur conservant leur souplesse. || *P. anal.* Avoir la peau tannée, foncée comme le tan. || *Fig.* — qqn, lasser sa patience.

TANNERIE [tàn'-ri ; *en vers,* tà-ne-ri] *s. f.*

[ÉTYM. Dérivé de tanner, § 69. || 1216. Se maison ki siet en le tanerie, dans DELB. *Rec.*]

|| Établissement où l'on tanne les peaux.

TANNEUR [tà-neùr] *s. m.*

[ÉTYM. Dérivé de tanner, § 112. || XIIIᵉ s. Taneur qui decaupent, E. BOILEAU, *Livre des mest.* II, VIII, 8.]

|| Celui qui tanne les peaux. *P. appos.* Ouvrier —.

***TANNIQUE** [tàn'-nïk'] *adj.*

[ÉTYM. Dérivé de tan, § 229. || *Néolog.*]

|| (Chimie.) Qui est constitué par le tanin. Acide —, tanin.

TANT [tan; *en liaison,* tant'] *s. m. et adv.*

[ÉTYM. Du lat. tantum, *m. s.* §§ 291 et 726.]

I. *S. m. invar.* Telle quantité. Nous vous en fournirons — et plus (des pratiques), LES. *Estev. Gonzalez*, 38. Mon bien se monte à —, BOIL. *Sat.* 10. — de, une telle quantité de. Qui donc est ce coquin qui prend — de licence? MOL. *Amph.* I, 2. Et l'hymen nous a joints par — et — de nœuds, CORN. *Hor.* I, 3. Nous n'avons qu'un honneur, il est — de maîtresses! ID. *Cid*, III, 6. Une personne comme il y en a —. Vous pourriez m'opposer — et de tels obstacles, CORN. *Cinna*, III, 1. *Absolt.* Faire —, faire un tel effort que. J'ai — fait que nos gens sont enfin dans la plaine, LA F. *Fab.* VII, 9. Lorsqu'on fait — que de rendre raison d'une loi, MONTESQ. *Espr. des lois*, XXIX, 16. | — y a, avec tout cela. — y a qu'il n'est rien que votre chien ne prenne, RAC. *Plaid.* III, 3. | Si — est que, si l'on peut admettre que. Vos bonnes grâces... me sont précieuses, si — est que je les aie, SÉV. 1266. || *Vieilli.* A —, à ce moment. A — se tut, LA F. *Contes, Calendrier.*

II. *Adv.* || 1° En telle quantité. Cela nous regarde tous, — que nous sommes, PASC. *Prov.* 19. || Autant, à tel point. Vous n'aimeriez pas —, CORN. *Rodog.* IV, 3. Elle n'est pas — sotte, ma foi, MOL. *Scap.* I, 3. Une femme autrefois — aimée, CORN. *Poly.* IV, 5. — il est vrai — tu m'es odieux, RAC. *Théb.* IV, 3. *Vieilli.* — soient-ils légitimes (quelque légitimes qu'ils soient), MALH. *Poés.* 81. De nos jours. — soit peu, si peu que ce soit. || *Loc. conj.* — que, au même point que. Je n'estimerai ni n'aimerai jamais rien — au monde que vous, VOIT. *Lett.* 14. — bien que mal, passablement. || A tel point que. — qu'au père à la fin cela devient suspect, LA F. *Fab.* IV, 4. || *P. ext.* | 1. Aussi longtemps que. — que les hommes pourront mourir, LA BR. 14. | Si longtemps que. — va la cruche à l'eau qu'enfin elle se casse. | *Vieilli.* Jusqu'à ce que. Je vais traîner une mourante vie, — que par ta poursuite elle me soit ravie, CORN. *Cid*, III, 4. | 2. Aussi loin que. — que la vue peut s'étendre. || En — que, dans la mesure que. Elle semble n'avoir point d'amour, qu'en — qu'il peut servir à sa grandeur, CORN. *Pomp.* exam.

|| 2° D'autant. — mieux, — pis. *Vieilli.* — plus le chemin est long dans l'amour, — plus un esprit délicat sent de plaisir, PASC. *Passions de l'amour.*

TANTE [tànt'] *s. f.*

[ÉTYM. Altération enfantine de ante, § 509, du lat. amita, *m. s.* §§ 472, 290 et 291. || XIIIᵉ s. Ele fu sa tante e sa mere, *Vie de St Grég.* p. 50.]

|| Sœur du père ou de la mère. — par alliance, femme de l'oncle. Grand-—, sœur du grand-père ou de la grand-mère. — à la mode de Bretagne, cousine germaine du père ou de la mère.

TANTET [tan-tè], ***TANTIN** [tan-tin] et **TANTINET** [tan-ti-nè] *s. m.*

[ÉTYM. Dérivé de tant, §§ 100 et 133. Tantin est auj. inusité; il semble imité de l'ital. tantino, *m. s.* § 12. || XIVᵉ s. Icelluy tantet de an ou petit an, RAOUL DE PRESLES, *Cité de Dieu*, dans DELB. *Rec.* | XVᵉ s. Ung tantinet, VILLON, *Gr. Testam.* 1109.]

|| *Famil.* Très petite quantité. Un tantet, un tantinet de pain. *P. plaisant.* Un tantin de polygamie, Quoi que l'on dise, fait grand bien, SCARR. *Virg. trav.* 4. | *Loc. adv.* Un tantet, un tantinet, un peu. Maîtresse un tantet bise, LA F. *Contes, Pâté.* Il a l'âme un tantet féroce, REGNARD, *Démon*, I, 2. Du tout louez Dieu un tantinet, RAB. *Pantagr.* III, prol.

TANTÔT [tan-tó] *adv.*

[ÉTYM. Composé de tant et tôt, § 726. || XIIᵉ s. Tantost refu en piez Pallas, *Énéas*, 5728.]

|| 1° *Vieilli.* Dans un temps prochain. (*Syn.* bientôt.) Me voici donc — au comble de mes vœux, RAC. *Théb.* IV, 3. Vous n'avez — plus que la peau sur les os, ID. *Plaid.* I, 4. Voici — mille ans que l'on ne vous a vue, LA F. *Fab.* III, 15.

|| 2° Peu après, c'est-à-dire dans la journée (par rapport au matin). Je reviendrai —. *Substantivt.* Je viendrai sur le —. | Peu auparavant (par rapport au soir). Ne m'avez-vous pas Vous-même, ici, —, ordonné son trépas? RAC. *Andr.* V, 3. Une affaire pareille à celle de —, MOL. *Tart.* IV, 5.

|| 3° (Répété.) A tel ou tel moment. Que gagnez-vous, dites-moi, par journée? — plus, — moins, LA F. *Fab.* VIII, 2.

TAON [tan ; *vieilli,* ton] *s. m.*

[ÉTYM. Du lat. pop. *tabonem, altération de tabanum, *m. s.* §§ 434 et 291.]

|| Insecte diptère, qui pique les animaux jusqu'au sang.

TAPABOR et ***TAPABORD** [tà-pà-bòr] *s. m.*

[ÉTYM. Composé de tape (de taper 1), à et bord, § 209. Taper à bord s'est dit pour « monter à l'abordage ». || 1633. V. à l'article.]

|| *Anciennt.* Bonnet de voyage dont les bords se rabattent. (*Syn.* boukinkan, bourguignotte.) Baissons le tapabord, CORN. *Veuve* (1633), III, 9.

TAPAGE [tà-pàj'] *s. m.*

[ÉTYM. Dérivé de taper, § 78. || 1695. Je demande si l'on n'a point fait tapage chez vous, GHERARDI, *Retour de la foire de Bezons*, sc. 11. Admis ACAD. 1740.]

|| Bruit qu'on fait en tapant sur qqch. *P. ext.* Bruit désordonné. On a fait du — au théâtre. Passer en police correctionnelle pour — nocturne. || *Fig.* Faire du —. | 1. Faire des criailleries. | 2. *Néolog.* Faire de l'embarras.

TAPAGEUR, EUSE [tà-pà-jeùr, -jeùz'] *s. m. et f.*

[ÉTYM. Dérivé de tapage, § 112. || 1752. TRÉV. Admis ACAD. 1762 (au masc.) et 1878 (aux deux genres).]

|| Celui, celle qui fait du tapage. *Adjectivt.* Un enfant —.

Il était bruyant et — en paroles, J.-J. ROUSS. *Confess.* 7. | *Fig.* Toilette tapageuse, très voyante.

1. TAPE [tăp'] *s. f.*
[ÉTYM. Subst. verbal de taper 1, § 52. || XIVᵉ s. Que bien j'en ai toutes les tapes, FROISS. *Poés. Cheval et levrier.*]
|| Coup donné avec le plat de la main. Donner, recevoir des tapes.

2. *TAPE [tăp'] *s. f.*
[ÉTYM. Subst. verbal de taper 2, § 52. || 1451. Une tappe de terre, dans GODEF. tappe.]
|| (Technol.) Bouchon de linge qu'on enfonce dans le trou qui est à la pointe d'une forme à sucre. | Bouchon de bois qu'on enfonce dans le trou qui est au fond d'une cuve de brasseur. | Bouchon de bois qu'on enfonce dans l'orifice d'une bouche à feu, d'un écubier, etc.

TAPECU et ***TAPECUL** [tăp'-ku ; *en vers*, tà-pe-ku] *s. m.*
[ÉTYM. Composé de tape (du verbe taper 1) et cul, § 209. || 1474. Desja avoient avalé et fermé le tapecul de la porte, dans DU C. tapare.]
|| (Technol.) Sorte de balançoire formant bascule. | Bascule à contrepoids fermant l'entrée d'une barrière. | Voile établie à l'arrière d'une embarcation pour résister à la dérive. || *P. plaisant.* | 1. Petite voiture mal suspendue. | 2. Poche de derrière (des capucins).

TAPÉE [tà-pé] *s. f.*
[ÉTYM. Dérivé de taper 1, § 119. || *Néolog.* Admis ACAD. 1878.]
|| *Famil.* Accumulation. Une — d'enfants.

1. TAPER [tà-pé] *v. tr.*
[ÉTYM. Mot d'origine germanique, §§ 6, 498 et 499, du radical qui se trouve dans le bas allem. tappe, main, patte. || XIIᵉ s. Si l'a si ferue et tapee Que contre tiere l'abati, CHRÉTIEN DE TROYES, *Perceval*, 5556.]
|| Frapper avec le plat de la main. — un enfant. | Poires tapées, aplaties et séchées au four. *Absolt.* — sur qqn, sur qqch. — du pied. — au ventre à qqn, en signe de familiarité. *Famil.* Une réponse bien tapée, appliquée à propos. || *P. anal.* | 1. Étendre l'apprêt, le vernis. | 2. *Vieilli.* — les cheveux, les crêper à petits coups de démêloir.

2. *TAPER [tà-pé] *v. tr.*
[ÉTYM. Mot d'origine germanique, §§ 6, 498 et 499, du radical qui se trouve dans l'allem. actuel zapfen, bas allem. tap, bouchon, bondon. (*Cf.* tapon, tampon.) || 1382. Se déduit de l'existence de tapon à cette date.]
|| (Technol.) Boucher. *Spécialt.* — une forme à sucre, fermer avec un bouchon de linge le trou qui est à la pointe.

1. *TAPETTE [tà-pět'] *s. f.*
[ÉTYM. Dérivé de taper 1, § 133. || 1812. MOZIN, *Dict. franç.-allem.*]
|| (Technol.) | 1. Palette de bois pour enfoncer des bouchons. | 2. Taffetas pour taper (étendre) le vernis.

2. *TAPETTE [tà-pět'] *s. f.*
[ÉTYM. Dérivé de tape 1, § 133. || *Néolog.*]
|| *Famil.* Petite tape (coup).

***TAPIN** [tà-pin] *s. m.*
[ÉTYM. Dérivé de taper 1, § 109. || XVIIIᵉ s. *V.* à l'article.]
|| *Famil.* Celui qui bat du tambour. Tout — devrait à l'instant Tambouriner la générale, *La Guerre de Troie*, 1.

TAPINOIS, OISE [tà-pi-nwà, -nwâz'] *s. m.* et *f.*
[ÉTYM. Dérivé de l'anc. franç. tapin, « qui se dissimule », qui semble tenir au radical de tapir, § 143. L'adj. tapinois, oise, peu employé, a été tiré après coup de la loc. adv. en tapinois, autrefois en tapin, à tapin. || XVᵉ s. Il s'en vint en tapinois, *Pathelin*, 846.]
|| *Vieilli.* Celui, celle qui se dissimule, guettant le moment de faire qqch. Vous venez dans l'ombre, en fine tapinoise, TH. CORN. *Comtesse d'Orgueil*, II, 4. || *Loc. adv.* En —, à la dérobée. | Faire qqch en —. Votre œil en — me dérobe mon cœur, MOL. *Préc. rid.* sc. 9.

TAPIOCA et **TAPIOKA** [tà-pyò-kà ; *en vers*, -pi-ò-kà] *s. m.*
[ÉTYM. Emprunté de la langue des indigènes du Brésil, § 30. || 1812. MOZIN, *Dict. franç.-allem.* Admis ACAD. 1835.]
|| Fécule de racine de manioc, lavée et séchée.

1. TAPIR (SE) [tà-pir] *v. pron.*
[ÉTYM. Origine incertaine, probablement germanique ; le mot semble apparenté à taper 2. (*Cf.* tapinois.) || XIIᵉ s. En un bois loin m'alai tapir, *Énéas*, 1052.]
|| Se dissimuler en se faisant mince. Le pâtre se tapit, LA F. *Fab.* VI, 1. Cet animal, tapi dans son obscurité, BOIL. *Sat.* 8.

2. TAPIR [tà-pir] *s. m.*

[ÉTYM. Emprunté de la langue des indigènes du Brésil, § 30. || 1558. Bestes qu'ils nomment tapihire, THEVET, *Singul. de la France antarct.* dans DELB. *Rec.* Admis ACAD. 1798.]
|| (Hist. nat.) Mammifère pachyderme de l'Amérique du Sud, voisin du cochon, de la taille d'un âne.

***TAPIRER** [tà-pi-ré] *v. tr.*
[ÉTYM. Emprunté des langues de l'Amérique du Sud (Guyane), § 30. || XVIIIᵉ s. *V.* à l'article.]
|| Teindre en rouge (le plumage des perroquets). Perroquets tapirés, BUFF. *Perroq. Crik à tête viol.*

TAPIS [tà-pi] *s. m.*
[ÉTYM. Emprunté du grec ταπήτιον, diminutif de τάπης, *m. s.* d'après la prononciation byzantine où η vaut ι, § 496. || XIIᵉ s. Un feltre Tirien Et un tapiz Galacien, *Énéas*, 6116.]
|| Pièce d'étoffe, de laine, de soie, etc., qu'on étend sur une table, sur un parquet, sur une muraille. Un — de table. Un — de pied. Un — de haute laine. Un — de Smyrne, d'Aubusson. *P. anal.* — de billard, drap vert tendu sur la table d'un billard. Sur un — de Turquie Le couvert se trouva mis, LA F. *Fab.* I, 9. Un — de bureau. *Fig.* Mettre qqch, qqn sur le —, en faire le sujet de l'entretien. Être sur le —. | Amuser le —, occuper les gens, pour gagner du temps. || — vert, tapis d'une table de jeu, et, *p. ext.* table de jeu, maison de jeu. *Absolt.* Laisser sa mise sur le —. Le — compte pour dix (au jeu du vingt et un), convention en vertu de laquelle chaque joueur est censé avoir dix en main. *P. plaisant.* Le — brûle, formule pour rappeler que tout le monde n'a pas mis au jeu. — franc, cabaret où se réunissent des voleurs. || *Fig.* Un — de gazon, de verdure, de mousse, de fleurs. Le — vert du parc de Versailles.

TAPISSER [tà-pi-sé] *v. tr.* et *intr.*
[ÉTYM. Dérivé de tapis, § 154. || XVᵉ s. Bancqz tapissiez, OL. DE LA MARCHE, dans DELB. *Rec.*]
|| **1°** *V. tr.* Couvrir d'une tenture de tapisserie. Dans une chambre tapissée, LA F. *Fab.* VII, 15. | *P. anal.* Couvrir d'une tenture d'étoffe, de papier. Une chambre tapissée de papier peint. || *Fig.* Un lieu tapissé de jonquilles, SÉV. 161. La grotte... était tapissée d'une jeune vigne, FÉN. *Tél.* 1. | Le fond de l'œil étant tapissé par la choroïde, MALEBR. *Rech. de la vérité, Éclairciss. sur l'optique.*
|| **2°** *Rare. V. intr.* Faire un ouvrage de tapisserie. Brodait mieux que Pallas, Tapissait mieux qu'Arachné, LA F. *Contes, Coupe enchantée.*

TAPISSERIE [tà-pis'-ri ; *en vers*, -pi-se-ri] *s. f.*
[ÉTYM. Dérivé de tapisser, §§ 65 et 69. || XIVᵉ s. L'office des femmes est de faire provision de tapisseries, *Ménagier*, II, p. 118.]
|| Canevas sur lequel on fait à l'aiguille avec de la laine, de la soie, etc., des figures, des ornements variés sur un fond destiné à les faire valoir. Faire de la — au métier. Une chaise, des pantoufles en —. Une belle tenture de — de verdure ou à personnages, MOL. *Am. méd.* I, 1. Les tapisseries de Beauvais, des Gobelins. — de haute lice, où les fils de la chaîne étant tendus verticalement sur le métier, à cause de la dimension de la tapisserie, l'ouvrier travaille à l'envers. — de basse lice, où les fils de la chaîne étant tendus horizontalement, l'ouvrier travaille à l'endroit, le modèle devant lui. Se cacher derrière une — (pour écouter). *Fig.* Être derrière la —, être informé de ce qu'on tient secret. Faire — (dans un bal), rester sur sa chaise le long des murailles, ne pas danser.

TAPISSIER, IÈRE [tà-pi-syé ; -syèr] *s. m.* et *f.*
[ÉTYM. Dérivé de tapis, § 115. || XIIIᵉ s. Tapicier de tapiz sarrazinois, E. BOILEAU, *Livre des mest.* I, LI, 1.]
|| **1°** *S. m.* et *f.* Celui, celle qui fabrique, qui vend des tentures, des meubles de tapisserie ou d'étoffes, qui pose les rideaux, portières, tapis, etc. | *Fig.* Le maréchal de Luxembourg fut surnommé le — de Notre-Dame (ornée de drapeaux pris à l'ennemi). || *P. ext.* L'araignée autrefois tapissière (faisant des ouvrages de tapisserie), LA F. *Fab.* X, 6. | *P. appos. Fig.* Abeilles tapissières, qui tapissent leur nid de pétales de fleurs.
|| **2°** *S. f.* Tapissière, voiture ouverte des quatre côtés, qui sert aux transports des meubles, des marchandises, etc.

TAPON [tà-pon] *s. m.*
[ÉTYM. Dérivé de taper 2, § 104. (*Cf.* tampon.) || 1382. Perir a force les tapons dedans les canons, *Compte du clos des galees de Rouen*, dans DELB. *Rec.* Admis ACAD. 1740.]
|| **1°** Petit tas d'étoffe, de linge, etc., pelotonné et pressé. Un voile, un châle en —.

‖ **2°** Petit tampon qui sert à boucher une ouverture.

***TAPONNAGE** [tà-pò-nàj'] *s. m.*
[ÉTYM. Dérivé de taponner, § 78. ‖ XVIIᵉ s. *V.* à l'article.]
‖ *Anciennt.* Action de taponner les cheveux. Ce — vous est naturel, SÉV. 157.

***TAPONNER** [tà-pò-né] *v. tr.*
[ÉTYM. Dérivé de tapon, § 154. (*Cf.* tamponner.) ‖ XVIIᵉ s. *V.* à l'article.]
‖ *Anciennt.* Mettre en tapon. | *Spécialt.* — les cheveux, les disposer en tapons, en grosses boucles. Vous taponnerez tout cela à merveille, SÉV. 157.

TAPOTER [tà-pò-té] *v. tr.*
[ÉTYM. Dérivé de taper 1, § 167. ‖ 1642. Tapotter, OUD. Admis ACAD. 1740.]
‖ *Famil.* Frapper à petits coups. ‖ *Absolt.* — sur le piano.

***TAPURE** [tà-pûr] *s. f.*
[ÉTYM. Dérivé de taper 1, § 111. ‖ 1690. Tapeure, FURET.]
‖ *Anciennt.* Frisure obtenue en tapant les cheveux. (*Cf.* taponnage.)

TAQUER [tà-ké] *v. tr.*
[ÉTYM. Forme normanno-picarde, § 16, dérivée de tac, radical de attacher, § 154. (*V.* ce mot.) ‖ (Au sens actuel.) Admis ACAD. 1762.]
‖ (Typogr.) Mettre de niveau (les caractères d'une forme d'imprimerie) avec le taquoir.

TAQUET [tà-kò] *s. m.*
[ÉTYM. Dérivé du même radical que taquer, § 133. ‖ 1382. Deus taqués a fermer les cordes, *Compte du clos des galees de Rouen*, dans DELB. *Rec.* Admis ACAD. 1835.]
‖ (Technol.) Petite pièce de bois qui soutient l'extrémité d'un tasseau; qui maintient l'encoignure d'un meuble; qui garnit la caisse d'une poulie pour l'empêcher de se coucher; qu'on fixe sur un plat-bord pour amarrer quelque manœuvre; qu'on enfonce en terre pour servir de point de repère d'un alignement; qui met en mouvement la navette volante d'un métier à tisser, etc.

TAQUIN, INE [tà-kin, -kin'] *adj.*
[ÉTYM. Emprunté de l'ital. taccagno, *m. s.* d'origine incertaine, § 12. ‖ XVIᵉ s. Tarquin estoit tacquin, RAB. II, 30.]
‖ **1°** *Vieilli.* Qui chicane sur la dépense. Les courtisans estimaient Louis XII un —, PASC. *Lett.* XII, 6. L'avarice d'un —, G. BOUCHET, *Serées*, IV, 321.
‖ **2°** Qui s'amuse à contrarier les autres dans les petites choses. | *Substantivt.* Vilain —.

TAQUINEMENT [tà-kĭn'-man ; *en vers*, -ki-ne-...] *adv.*
[ÉTYM. Composé de taquine et ment, § 724. ‖ 1642. OUD. Admis ACAD. 1762.]
‖ *Rare.* D'une manière taquine.

TAQUINER [tà-ki-né] *v. intr. et tr.*
[ÉTYM. Dérivé de taquin, § 154. ‖ Admis ACAD. 1798.]
‖ S'amuser à contrarier dans les petites choses. | **1.** *Vieilli. V. intr.* Il ne fait que —. | **2.** *V. tr.* — un enfant. Ces enfants se taquinent sans cesse.

TAQUINERIE [tà-kĭn'-ri ; *en vers*, -ki-ne-ri] *s. f.*
[ÉTYM. Dérivé de taquin, taquiner, § 69. ‖ XVIᵉ s. La faulte qu'il a commise est procedee... de paresse ou de taquinerie, AMYOT, *Œuvr. mor. Comment refr. la colère.*]
I. Caractère de celui qui est taquin.
II. Action de taquiner.

TAQUOIR [tà-kwàr] *s. m.*
[ÉTYM. Dérivé de taquer, § 113. ‖ Admis ACAD. 1762.]
‖ (Typogr.) Petit morceau de bois carré qu'on applique sur les caractères d'une forme d'imprimerie, en frappant d'un maricau, pour mettre les lettres de niveau.

***TARABISCOT** [tà-rà-bĭs'-kó] *s. m.*
[ÉTYM. Origine inconnue. ‖ 1812. MOZIN, *Dict. franç.-allem.*]
‖ (Architect.) Petit creux, dit aussi grain d'orge, qui sépare une moulure d'une autre moulure. | Outil qui sert à faire ce creux.

***TARABISCOTER** [tà-rà-bĭs'-kò-té] *v. tr.*
[ÉTYM. Dérivé de tarabiscot, § 154. ‖ *Néolog.*]
‖ **1°** (Architect.) Séparer (les moulures) par des tarabiscots.
‖ **2°** *P. ext.* Façonner à jour avec excès.

TARABUSTER [tà-rà-bûs'-té] *v. tr.*
[ÉTYM. Emprunté du provenç. tarabustar (var. tabustar, talabustar, tarabustar), *m. s.* § 11. (*Cf.* l'anc. franç. tamboissier, tambuissier.) On trouve tabuster et tarabaster au XVIᵉ s.

‖ XIVᵉ s. Se déduit de l'existence du subst. tarrabustis, dans J. LE BEL, *Chron.* I, p. 261.]
‖ *Famil.* Molester. — quelqu'un. Ils se tarabustent toujours sur le chapitre de leurs femmes, LA F. *Coupe enchantée*, sc. 6. J'ai quelque chose qui me tarabuste. | *P. ext. Vieilli.* Tu ne fais que — mon attention, HAMILT. *Bélier.*

TARARE [tà-ràr] *interj.*
[ÉTYM. Semble être le refrain de quelque ancienne chanson, § 727. ‖ 1616. Tarare pompon! Vous devinez les festes quand elles sont venues, A. DE MONLUC, *Comédie des proverbes*, III, 3. Admis ACAD. 1740.]
‖ *Vieilli.* Interjection familière de dédain pour ce que dit qqn. Dorante par mes soins l'épousera, — ! REGNARD, *Joueur*, I, 2. *Dans le même sens.* —, pon-pon, ACAD.

TARAUD [tà-ró] *s. m.*
[ÉTYM. Tiré de tarele, ancienne forme dissimilée de tarière, § 361, par substitution de suffixe, §§ 62 et 138. ‖ 1539. Une tariere ou tarault, R. EST. Admis ACAD. 1835.]
‖ (Technol.) Outil pour tarauder.

TARAUDAGE [tà-ró-dàj'] *s. m.*
[ÉTYM. Dérivé de tarauder, § 78. ‖ *Néolog.* Admis ACAD. 1878.]
‖ (Technol.) Action de tarauder.

TARAUDER [tà-ró-dé] *v. tr.*
[ÉTYM. Dérivé de taraud, § 154. ‖ 1690. FURET. Admis ACAD. 1762.]
‖ (Technol.) Creuser en spirale (une pièce de bois, de métal) pour y pratiquer un pas de vis. | *P. anal.* — une vis, la canneler pour qu'elle s'adapte à un pas de vis.

TARD [tàr] *adv.*
[ÉTYM. Du lat. tarde, *m. s.* § 291.]
‖ A un moment éloigné. | **1.** Par rapport à un temps marqué. On se levait trop —, on se couchait trop tôt, LA F. *Fab.* VII, 2. Pas plus — que demain. C'est bien — s'opposer à l'orage, RAC. *Alex.* II, 2. Dans une heure, au plus —, vous essuierez vos larmes, CORN. *Poly.* I, 1. Le corbeau... Jura, mais un peu —, qu'on ne l'y prendrait plus, LA F. *Fab.* I, 2. *Loc. prov.* Mieux vaut — que jamais. | **2.** Par rapport au temps habituel. Se lever —, dîner —, rentrer —. Je ne croyais pas qu'il fût si —. Sur le —, vers la fin du jour. Leur donner tous les matins le bonjour, et sur le — le bon soir, PASC. *Prov.* 9. *Fig.* Sur le —, vers la fin de la vie. Il s'est avisé, sur le —, de changer de vie.

TARDER [tàr-dé] *v. intr. et tr.*
[ÉTYM. Du lat. tardare, *m. s.* §§ 295 et 291. L'anc. franç. dit plus ordinairement targier, targer, du lat. pop. *tardiare, forme encore usuelle au XVIᵉ s.]
I. *V. intr.* ‖ **1°** Venir tard. Vous avez bien tardé. *P. ext.* En parlant des choses. Que ton retour tardait à mon impatience! RAC. *Baj.* I, 1. ‖ *Impersonnellt.* Suivi de la prép. de et d'un infinitif, ou de la conj. que et d'un subjonctif, marquant ce qu'on trouve trop long à venir. Tant il lui tarde de savoir s'il verra son père, FÉN. *Tél.* 18. Il me tardait que cette œuvre fût achevée. | *Vieilli.* Avec ne explétif. Il me tarde déjà que je n'aie des habits raisonnables, MOL. *Mar. forcé*, sc. 2.
‖ **2°** *Vieilli.* Rester tard. Lemnos... où ils tardèrent deux ans, CORN. *Tois. d'or*, exam.
‖ **3°** S'y prendre tard pour agir. (*Syn.* différer.) Vous avez tardé à venir. Que tarde-t-elle à se souvenir...? BOSS. *Marie-Thérèse.* | *P. ext.* En parlant des choses. Cela ne tardera pas à arriver. Si le sens de vos vers tarde à se faire entendre, BOIL. *Art p.* 1. | *Vieilli.* — de. Le peuple de Dieu ne tarda pas d'imiter les mœurs des Cananéens, MASS. *Fuite du monde*, 3ᵉ *Réflex.* | *Absolt.* Que... Vous soyez, sans —, résolue à me suivre, MOL. *Mis.* V, 4.
II. *Vieilli. V. tr.* Retarder. — la jouissance, MALH. *Poésies*, 74.

TARDIF, IVE [tàr-dĭf', -dĭv'] *adj.*
[ÉTYM. Dérivé de tarder, § 125. ‖ XIIᵉ s. Crient s'il li dit, que nel demort Et que de li tardis n'en tort, *Énéas*, 1643.]
‖ **1°** Qui s'y prend tard pour agir. O cœurs pesants et tardifs à croire, BOSS. *1ʳᵉ Instr. pastor.* 37. La justice divine... n'en est pas moins redoutable, pour être tardive à punir, J.-B. ROUSS. *Odes*, I, 4.
‖ **2°** Qui vient tard. D'un pas pesant et —, FÉN. *Tél.* 11. O soins tardifs et superflus! RAC. *Phèd.* V, 6. | *Spécialt.* Qui se développe tard. Les arbres tardifs sont ceux qui portent les meilleurs fruits, MOL. *Mal. im.* II, 5. Fruits tardifs, qui mûrissent tard. Poulets tardifs, nés plus tard que les autres. (*Cf.* tardillon.)

TARDIGRADE [tàr-di-gràd'] *adj.*

[ÉTYM. Emprunté du lat. *tardigradus, m. s.* || XVIᵉ s. Pacuve appelle (la tortue), d'une galante composition, tardigrade, J. DE MONTLYARD, dans DELB. *Rec.* Inusité au XVIIᵉ s. tardigrade n'entre qu'à la fin du XVIIIᵉ s. dans la langue scientifique. Admis ACAD. 1878.]

|| (T. didact.) Qui marche lentement. || *Substantivt, au masc.* | **1.** Famille de mammifères onguiculés. | **2.** Genre d'animalcules qui se dessèchent et reviennent à la vie au contact de l'eau.

*TARDILLON** [tàr-di-yon] *s. m.*

[ÉTYM. Dérivé de *tard*, § 107. || *Néolog.*]

|| **1°** (T. rural.) Petit (poulet, canard, etc.) né plus tard que les autres.

|| **2°** *Famil.* Enfant venu le dernier d'une famille nombreuse.

TARDIVEMENT [tàr-div'-man ; *en vers*, -di-ve-...] *adv.*

[ÉTYM. Composé de *tardive* et *ment*, § 724. || XIIᵉ-XIIIᵉ s. Tant plus tardiement, *Job*, dans *Rois*, p. 445. Admis ACAD. 1798.]

|| D'une manière tardive.

TARDIVETÉ [tàr-div'-té ; *en vers*, -di-ve-té] *s. f.*

[ÉTYM. Dérivé de *tardif*, § 122. || 1539. R. EST. Admis ACAD. 1798.]

|| *Vieilli.* || **1°** Marche tardive. A cause de la — de ton cours, DESC. *Météor.* 4.

|| **2°** Développement tardif. — est un terme dont on peut et dont on doit même se servir, quoique jusqu'à présent inusité, LA QUINTINIE, *Jardin fruit.* I, p. 127.

TARE [tàr] *s. f.*

[ÉTYM. Emprunté, par l'intermédiaire de l'ital. *tara*, de l'arabe *tarha, m. s.* §§ 12 et 22. || XVᵉ s. Ne fyer ne vous y vueillez, Que il y aroit beaucoup tare, *Mystère du siège d'Orléans*, p. 468.]

|| Déchet survenu dans le poids ou la qualité d'une marchandise. | *P. anal.* — d'espèces, perte que le changeur fait supporter à celui qui change les billets, de l'argent. | *P. ext.* Poids des barils, pots, enveloppes d'une marchandise, à déduire pour obtenir le poids net. || *Fig.* Imperfection grave qui diminue la valeur de qqch, de qqn. Découvrir une — dans un cheval qu'on vient d'acheter.

TARENTELLE [tà-ran-tèl] *s. f.*

[ÉTYM. Emprunté de l'ital. *tarantella*, tarentule, appliqué par extension à un air de danse destiné à tirer de leur léthargie les gens piqués de la tarentule, § 12. || 1807. V. à l'article. Admis ACAD. 1835.]

|| (Musique.) Air de danse, danse du midi de l'Italie, dans un mouvement de six-huit très rapide. Le prince... priait Corinne de danser avec lui la —, STAEL, *Cor.* (1807), VI, 1.

TARENTISME [tà-ran-tìsm'] *s. m.*

[ÉTYM. Dérivé de *Tarente*, forme française du nom de *Taranto*, ville du sud de l'Italie, §§ 12, 36 et 265. || 1741. COL-DE-VILLARS, *Dict. franç.-lat.* Admis ACAD. 1762.]

|| (Médec.) Maladie nerveuse, extrême agitation, qu'on attribuait à la piqûre de la tarentule.

TARENTULE [tà-ran-tul] *s. f.*

[ÉTYM. De l'ital. *tarantola, m. s.* de *Taranto*, ville du sud de l'Italie, §§ 12 et 37. FURET. et ACAD. 1694-1718 écrivent tarentole. L'anc. franç. dit tarente, probablement d'après le bas latin. || XVIᵉ s. Tarentole, RAB. IV, 64. Tarentule, PARÉ, *Introd.* 24.]

|| (Hist. nat.) Aranéide très commune aux environs de Tarente, dont la morsure produit sur l'homme des accidents nerveux. (*Cf.* tarentisme.) | *Fig.* Mordu de la —, en proie à une violente excitation.

TARER [tà-ré] *v. tr.*

[ÉTYM. Dérivé de *tare*, § 154. || XVᵉ-XVIᵉ s. Tout est taré plus que vin esventé, J. BOUCHET, *Ép. fam.* dans GODEF. *Compl.*]

|| **1°** Altérer par une tare. Des marchandises tarées. Un cheval taré. | Un homme taré.

|| **2°** Peser le baril, le vase, l'enveloppe d'une marchandise, et en déduire le poids, pour obtenir le poids net.

*TARET** [tà-rè] *s. m.*

[ÉTYM. Semble tiré du radical de *tarière* par substitution de suffixe, §§ 62 et 133. || 1812. MOZIN, *Dict. franç. allem.*]

|| (Hist. nat.) Mollusque à coquille bivalve qui fait des trous dans la coque des vaisseaux, dans les bois des pilotis.

TARGE [tàrj'] *s. f.*

[ÉTYM. Mot d'origine germanique, §§ 6, 498 et 499 ; anglo-saxon *targe*, island. *targa, m. s.* (*Cf.* targuer.) || XIᵉ s. Targes roees, *Roland*, 3569.]

|| *Anciennt.* Bouclier carré des hommes d'armes, échancré à l'un des angles, pour laisser passer la lance.

TARGETTE [tàr-jèt'] *s. f.*

[ÉTYM. Dérivé de *targe*, § 133. || 1322. Prinse... d'une espee et d'une targette, dans DELB. *Rec.*]

I. *Anciennt.* Petite targe.

II. *P. anal.* || **1°** Petite pièce plate de métal, portant au milieu un bouton, et qui a un mouvement de va-et-vient, entre deux crampons, pour fermer une porte, une croisée, etc.

|| **2°** (Technol.) Pièce de cuir dont l'aplaigneur se couvre la main pour ne pas être écorché par les cardes.

TARGUER (SE) [tàr-ghé] *v. pron.*

[ÉTYM. Emprunté de l'ital. *targar (si), m. s.* proprt, « se couvrir comme d'une targe », § 12. A remplacé l'anc. franç. targer, seul donné par NICOT. || XVIᵉ s. Qui en tout ce qu'il ose se targue toutefois contre la revenche, MART. DU BELLAY, *Mém.* 9.]

|| **1°** *Anciennt.* Se couvrir d'une targe, d'un bouclier.

|| **2°** *Fig.* Se prévaloir avec arrogance. Certes, vous vous targuez d'un bien faible avantage, MOL. *Mis.* III, 4.

TARIÈRE [tà-ryèr] *s. f.*

[ÉTYM. Altération de l'anc. franç. *tarere, s. m.* (par confusion de la terminaison avec le suffixe *ière*, ce qui a amené un changement de genre, §§ 62 et 550), du lat. pop. *taratrum*, d'origine celtique, devenu taredre, tarere, §§ 3, 295, 404 et 291. (*Cf.* taraud, taret.)]

|| **1°** (Technol.) Outil de fer pointu qu'on fait tourner à l'aide d'un manche, pour faire des trous dans le bois, pour percer le sol à une certaine profondeur, etc.

|| **2°** *P. anal.* (Hist. nat.) Organe dont sont pourvues les femelles de quelques insectes et avec lequel elles percent l'écorce des arbres ou la peau des animaux.

TARIF [tà-rïf'] *s. m.*

[ÉTYM. Emprunté de l'ital. *tariffa, m. s.* qui est l'arabe *ta'arifa*, notification, §§ 12 et 22. || 1591. Abbrégé de la tariffe... titre d'un placard imprimé à Aix-en-Provence.]

|| (Commerce.) Tableau indicateur de divers prix de marchandises, de travaux à exécuter, de frais, de droits à acquitter, etc. Payer suivant le —. Changer les tarifs. Élever les tarifs. Plus maudit qu'un —, CYRANO DE BERGERAC, *Pédant joué*, I, 1.

TARIFER [tà-ri-fé] *v. tr.*

[ÉTYM. Dérivé de *tarif*, § 154. || Admis ACAD. 1762.]

|| (Commerce.) Fixer par un tarif les divers prix de marchandises, de travaux, de frais, de droits, etc. | *Fig.* — la conscience de qqn, fixer le prix auquel on peut l'acheter.

TARIN [tà-rin] *s. m.*

[ÉTYM. Origine inconnue. || XIVᵉ s. Volant come tairin, *Baudouin de Sebourc*, XII, 594.]

|| Oiseau chanteur, sorte de chardonneret, à bec conique et à plumage verdâtre.

TARIR [tà-rîr] *v. tr. et intr.*

[ÉTYM. Emprunté du german. *tharrjan, m. s.* §§ 6, 498 et 499. || XIIIᵉ s. Ne que l'iaue ne puet tarir, G. DE LORRIS, *Rose*, 1544.]

|| **1°** *V. tr.* Mettre à sec. La chaleur a tari ce ruisseau. La source s'est tarie. | *P. anal.* Mes soins avec le temps pourront — ses larmes, CORN. *Théod.* V, 7. Il y a encore une autre espèce de larmes qui n'ont que de petites sources qui coulent et se tarissent facilement, LA ROCHEF. *Réflex.* 133. Le lait de la nourrice est tari. || *Fig.* Ces divinités Qui vont — le cours de tes calamités, CORN. *Tois. d'or*, prol. sc. 4.

|| **2°** *V. intr.* Être mis à sec. La source a tari tout à coup. La chaleur a fait — le ruisseau. | *P. anal.* C'est trop verser de pleurs, il est temps qu'ils tarissent, CORN. *Poly.* II, 4. Son lait a tari. || *Fig.* La vieillesse... fait — dans ton cœur la source de la joie, FÉN. *Tél.* 19. Un mensonge capable de faire — ces charités, PASC. *Prov.* 15. La conversation tarit. Il ne tarit pas sur ce sujet.

TARISSABLE [tà-ri-sàbl'] *adj.*

[ÉTYM. Dérivé de *tarir*, § 93. || XVIᵉ s. Fontaines d'or non terrissables, MART. DU BELLAY, *Mém.* 7. Admis ACAD. 1718.]

|| Qui peut être tari.

*TARISSANT, ANTE** [tà-ri-san, -sànt'] *adj.*

[ÉTYM. Adj. particip. de *tarir*, § 47. || XVIIIᵉ s. V. à l'article.]

|| *Rare.* Qui se tarit. *Fig.* Mon imagination tarissante, J.-J. ROUSS. *Rêv. du promen. solit.* 2.

TARISSEMENT [tà-rîs'-man ; *en vers*, -ri-se-...] *s. m.*

[ÉTYM. Dérivé de tarir, § 145. || 1614. Tarissement des eaux, YVES D'ÉVREUX, dans DELB. *Rec.*]

|| Action par laquelle une source, un ruisseau se tarit.

TARLATANE [tàr-là-tàn'] *s. f.*

[ÉTYM. Pour tarnatane, § 361, mot d'origine incertaine, § 25. || 1723. Une espece de mallemolle que l'on appelle tarnatane, SAVARY, *Dict. du comm.* mallemolle.]

|| Mousseline d'un tissu peu serré, généralement de couleur claire. Des steinkerkes de —, TRÉV.

TAROT [tà-rô] *s. m.*

[ÉTYM. Emprunté de l'ital. tarocco, *m. s.* § 12. || XVIe s. La jouoit... au tarau, RAB. I, 22.]

|| Carte à jouer dont le dos est orné de compartiments en grisaille. (S'emploie surtout au pluriel.) Jeu de tarots, comprenant, outre les quatre séries de cartes ordinaires, une cinquième série composée d'une suite de figures. Jouer aux tarots, et, *vieilli*, au —.

TAROTÉ, ÉE [tà-rò-té] *adj.*

[ÉTYM. Dérivé de tarot, § 118. || 1642. Tarotté, OUD.]

|| Dont le dos est orné de compartiments en grisaille. Cartes tarotées.

TAROUPE [tà-rŏup'] *s. f.*

[ÉTYM. Origine inconnue. (Cf. l'anc. franç. talope, bouquet de bois.) || 1694. TH. CORN. Admis ACAD. 1762.]

|| *Vieilli.* Poil touffu entre les sourcils.

TARSE [tàrs'] *s. m.*

[ÉTYM. Emprunté du grec ταρσός, *m. s.* proprt, « claie ». || XVIe s. PARÉ, II, 1. Admis ACAD. 1762.]

|| (Anat.) Partie postérieure des os du pied, formée de sept os. (*Cf.* métatarse.)

TARSIEN, ENNE [tàr-syin, -syèn' ; *en vers*, -si-...] *adj.*

[ÉTYM. Dérivé de tarse, § 244. || *Néolog.* Admis ACAD. 1835.]

|| (Anat.) Qui appartient au tarse. Os tarsiens.

TARSIER [tàr-syé] *s. m.*

[ÉTYM. Dérivé de tarse, § 115. || 1812. MOZIN, *Dict. franç.-lat.* Admis ACAD. 1835.]

|| (Hist. nat.) Mammifère de l'ordre des Quadrumanes, à tarse très long.

TARTAN [tàr-tan] *s. m.*

[ÉTYM. Emprunté de l'angl. tartan, *m. s.* qui semble lui-même emprunté du franç. tiretaine, § 8. || 1812. MOZIN, *Dict. franç.-allem.* Admis ACAD. 1835.]

|| Étoffe écossaise, de laine, à carreaux de diverses couleurs. *Spécialt.* Un —, un châle de cette étoffe.

TARTANE [tàr-tàn'] *s. f.*

[ÉTYM. Emprunté de l'ital. tartana, *m. s.* qui paraît dérivé de l'arabe taridah, §§ 12 et 22. || 1632. V. à l'article.]

|| Petit bâtiment (de la Méditerranée) ponté, à un seul mât et à voile latine. Des tartanes... qui vont porter à Rome du vin de la saison présente, PEIRESC. *Lett.* (1632), dans DELB. *Rec.*

TARTAREUX, EUSE [tàr-là-reû, -reûz'] *adj.*

[ÉTYM. Dérivé du bas lat. tartarum, tartre, § 251. || 1690. FURET. Admis ACAD. 1762.]

|| (Chimie.) Qui est de la nature du tartre. Dépôt —.

TARTARIQUE [tàr-tà-rîk']. V. tartrique.

TARTE [tàrt'] *s. f.*

[ÉTYM. Origine inconnue. || XIIIe s. Tu ne vaus une tarte, dans MONTAIGLON et RAYNAUD, I, p. 242.]

|| Gâteau, le plus souvent de forme circulaire, formé d'un fond plat de pâte, entouré d'un rebord, et recouvert de fruits, de confitures, de crèmes, etc.

TARTELETTE [tàr-te-lĕt'] *s. f.*

[ÉTYM. Dérivé de tarte, § 134. || XIVe s. Quarante darioles ou soixante tarteletes, *Ménagier*, II, p. 242.]

|| Petite tarte.

TARTINE [tàr-tin'] *s. f.*

[ÉTYM. Dérivé de tarte, § 104. || 1642. OUD.]

|| Rondelle de pain étendue de confiture, de beurre, etc.

TARTRATE [tàr-tràt'] *s. m.*

[ÉTYM. Dérivé de tartre, § 282 bis. || *Néolog.* Admis ACAD. 1835.]

|| (Chimie.) Sel formé par la combinaison de l'acide tartrique avec une base. — de potasse et d'antimoine, tartre stibié, émétique.

TARTRE [tàrtr'] *s. m.*

[ÉTYM. Emprunté du bas lat. tartarum, *m. s.* d'origine incertaine, peut-être arabe, § 22. || XIIIe s. Poldre de tartharum, *Simples medicines*, fo 71, ro.]

|| **1**° Dépôt salin qui se sépare peu à peu des liqueurs vineuses et s'attache aux parois des tonneaux, sous forme de croûte. Crème de —, tartrate naturel de potasse contenant un excès d'acide. — stibié, émétique, tartrate de potasse et d'antimoine.

|| **2°** *P. anal.* Dépôt blanchâtre ou jaunâtre qui s'amasse au bas des dents et carie peu à peu l'émail.

TARTRIQUE [tàr-trîk'] *adj.*

[ÉTYM. Dérivé de tartre, § 229. On a dit aussi tartarique. || *Néolog.* Admis ACAD. 1835.]

|| (Chimie.) Formé avec le tartre. Acide —, acide qu'on rencontre dans le raisin, dans la plupart des fruits acides, et qui se trouve dans le tartre, combiné avec de la potasse.

TARTUFE [tàr-tûf'] *s. m.*

[ÉTYM. Nom propre, § 36 : Tartuffe, principal personnage et titre d'une comédie de MOLIÈRE (1664). LA F. écrit tartuf, *Fab.* IX, 14. || Admis ACAD. 1694.]

|| Hypocrite qui couvre ses vices du masque de la dévotion. Il y a bien des tartuffes et des hypocrites, GUY PATIN, *Lett.* (de 1669), dans DELB. *Rec.*

TARTUFERIE [tàr-tûf'-ri ; *en vers*, -tu-fe-ri] *s. f.*

[ÉTYM. Dérivé de tartufe, § 69. || XVIIIe s. *Anecdotes sur la bulle Unigenitus*, dans TRÉV. 1752. Admis ACAD. 1798.]

|| *Famil.* Manière d'agir, caractère d'un tartufe.

*TARTUFIER** [tàr-tu-fyé ; *en vers*, -fi-é] *v. tr.*

[ÉTYM. Dérivé de tartufe, § 266. || XVIIe s. V. à l'article. Admis ACAD. 1798 ; suppr. en 1835.]

|| **1°** *P. plaisant.* Marier (qqn) à Tartuffe. Vous serez, ma foi, tartufiée, MOL. *Tart.* II, 3.

|| **2°** *Fig.* Séduire hypocritement. Ils m'ont tartufiée, SÉV. 235.

TAS [tá ; *en liaison*, táz'] *s. m.*

[ÉTYM. Emprunté du german. (anglo-saxon et néerl.) tas, *m. s.* §§ 6, 498 et 499. Le même radical existe en celtique, mais sous la forme das. || XIIe s. A tas, WACE, dans GODEF. *Compl.*]

|| Réunion de choses de même espèce, qu'on a mises, en les pressant, les unes sur les autres. Un tas de cailloux, de fumier. Un tas de blé. Un tas de papiers. *P. anal.* Un tas de boue. | Mettre en tas. *Fig. Loc. prov.* Crier famine sur un tas de blé, se dire pauvre au milieu de la richesse. || *Spécialt.* | 1. (T. du jeu de trictrac.) Dames mises les unes sur les autres au début de la partie. | 2. Masse d'un bâtiment que l'on construit. Taille sur le tas, taille d'une pierre sur place, au bâtiment et non au chantier. *P. ext.* Tas de charge (dans une voûte gothique), masse de pierre en forme de coussinet, d'où partent les arcs doubleaux. | 3. Bloc d'acier sur lequel on essaie la sonorité des monnaies. | Petite enclume sans bigorne. | Matrice de fabricants de boutons. || *Fig.* Réunion confuse de personnes, de choses. Un tas d'hommes perdus de dettes et de crimes, CORN. *Cinna*, V, 1. Il a débité un tas de mensonges.

TASSE [tâs'] *s. f.*

[ÉTYM. Emprunté de l'arabe thaça, *m. s.* § 22. || 1380. Une tasse d'or toute pleine, dans L. DE LABORDE, *Émaux*, p. 514.]

|| **1°** Petit vase à anse, de porcelaine, de métal, dont on se sert pour boire. Une — à café, à thé. | *P. ext.* Le contenu de la tasse. (*Cf.* tassée.) Prendre une — de café, de tisane. || Demi-—, tasse plus petite qu'une tasse ordinaire, dans laquelle on prend ordinairement le café noir *P. ext.* Servir à qqn une demi-— (de café).

|| **2°** Petite sébille d'un mendiant. Lui donner quelque grosse pièce dans sa —, FURET. *Rom. bourgeois*, I, 10.

TASSEAU [tá-só] *s. m.*

[ÉTYM. Origine incertaine ; semble remonter à un type *tassellum, qu'on peut supposer en lat. pop. comme issu d'une confusion entre taxillum, osselet, coin, et tessella, cube de marqueterie. || XIIe s. Et li boton et li tassel, *Énéas*, 751.]

|| (Technol.) || **1°** Petit morceau de bois qui soutient l'extrémité d'une tablette (d'armoire, de bibliothèque, etc.).

|| **2°** Petit support en forme de cul-de-lampe, fait dans une encoignure, pour poser un chandelier, un vase, etc. | Fragments de moellons maçonnés avec du plâtre pour sceller les sapines qui supportent un échafaudage. | Petit bloc de pierre, de marbre, qu'on scelle sur les côtés d'un bloc qu'on veut débiter.

‖ **3°** Support sur lequel les luthiers assemblent et collent les éclisses dont se forme le corps d'un luth, d'un violon, etc.

***TASSÉE** [tá-sé] *s. f.*

[Étym. Dérivé de tasse, § 119. ‖ xiv⁰-xv⁰ s. De la soulcye une petite tassee, dans GODEF. Admis ACAD. 1760; suppr. en 1762.]

‖ *Vieilli.* Le contenu d'une tasse.

TASSEMENT [tás'-man; *en vers*, tá-se-...] *s. m.*

[Étym. Dérivé de tasser, § 145. ‖ *Néolog.* Admis ACAD. 1835.]

‖ Affaissement d'une construction, d'une masse de terre, etc., sur elle-même, par son propre poids.

TASSER [tá-sé] *v. tr.*

[Étym. Dérivé de tas, § 154. (*Cf.* entasser.) ‖ xii⁰ s. Parmi le pont les ont tassés et mis, *Loherains*, dans GODEF. *Compl.*]

‖ Presser (des choses de même espèce mises les unes sur les autres). — du blé, du sable. Des terres tassées et foulées. | Se —, en parlant d'une construction, d'une masse de terre, s'affaisser sur elle-même par son propre poids. ‖ *Fig.* (T. d'art.) Des figures tassées, trop serrées.

TASSETTE [tá-sèt'] *s. f.*

[Étym. Dérivé de l'anc. franc. tasse, poche, emprunté de l'allem. tasche, m. s. §§ 6, 133, 498 et 499. ‖ 1400. Une tassete de brodure, dans GODEF.]

‖ *Ancienn.* ‖ **1°** Plaque d'acier adaptée au bas de la cuirasse pour protéger le haut de la cuisse.

‖ **2°** Basque de pourpoint.

TÂTER [tá-té] *v. tr.*

[Étym. Origine incertaine; on a supposé un verbe lat. *taxitare, fréquentatif de taxare, au sens primitif de « toucher »; mais *taxitare aurait dû donner *taister. ‖ xii⁰ s. Mains unt e ne tasterunt, *Psaut. d'Oxf.* cxiii, 15.]

‖ **1°** Explorer, vérifier à l'aide du toucher. Je tâte votre habit; l'étoffe en est moelleuse, MOL. *Tart.* iii, 3. Pourtant quand je me tâte et que je me rappelle, Il me semble que je suis moi, ID. *Amph.* i, 2. *Fig.* Se —, examiner ses dispositions. Il se juge en autrui, se tâte, s'étudie, CORN. *Pomp.* iii, 1. Se — (pour voir si l'on est en bon état, sans blessure). *Fig.* Un peuple qui se tâte sans cesse et trouve tous les endroits douloureux, MONTESQ. *Espr. des lois*, xiv, 13. — le pouls à qqn, appuyer les doigts sur l'artère du poignet pour connaître si les battements du cœur sont réguliers. *Fig.* — le pouls à qqn, interroger ses dispositions. Se — le pouls, se consulter. — le terrain, vérifier si le terrain est praticable. *Fig.* — le terrain, le pavé, s'assurer qu'on peut agir sans danger. Le prince des Ursins tâta le pavé partout, ST-SIM. xi, 162. | *Absolt.* Sont venus doucement — si j'étais mort, MOL. *Éc. des f.* v, 2. Tâtez, plutôt : Le soufflet sur ma joue est encore tout chaud, RAC. *Plaid.* ii, 5. ‖ — d'un aliment, d'une boisson, en faire l'essai en y goûtant. Jupiter, s'il était malade, Reprendrait l'appétit en tâtant d'un tel mets, LA F. *Fab.* xi, 6. *P. plaisant.* De ces manches qu'à table on voit — les sauces (si longues qu'elles trempent dans la sauce), MOL. *Éc. des m.* i, 1. *Fig.* — d'une chose, en faire l'expérience. Vous avez voulu — de la noblesse, MOL. *G. Dand.* i, 3. Il faut qu'un honnête homme ait tâté de la cour, LA BR. 8. Tartuffe est votre homme, et vous en tâterez, MOL. *Tart.* ii, 3. *Ellipt.* Qu'à la première vue il en faudrait — (croiser le fer), CORN. *Ment.* iv, 1.

‖ **2°** — qqn, faire l'essai de sa bravoure, de son adresse, de son intelligence, de sa vertu, etc. — son adversaire. On se tâte pour ainsi dire l'un l'autre, dans les premiers coups qu'on se porte, BOSS. *Confér. avec Claude*, avert. Ces poltrons adroits qui cherchent, comme on dit, à — leur homme, J.-J. ROUSS. *Nouv. Hél.* i, 60. Je jugeai bien qu'il avait dessein de — mon esprit, LES. *Gil Blas*, vii, 2.

TÂTEUR, EUSE [tá-teùr, -teûz] *s. m. et f.*

[Étym. Dérivé de tâter, § 112. ‖ xiv⁰ s. Palpeur ou tasteur, *Trad. du Polycraticon de J. de Salisbury*, dans GODEF. *Compl.*]

‖ *Rare.* Celui, celle qui tâte (qqch). — de sauces. ‖ *P. ext.* — d'hommes, celui qui fait l'essai de la bravoure.

TÂTE-VIN [tát'-vin; *en vers*, tá-te-vin] *s. m.*

[Étym. Composé de tâte (du verbe tâter) et vin, § 209. Signifie « dégusteur » en anc. franç. *Cf.* la pièce intitulée : *Testament de Taste-vin, roi des pions* (1490). ‖ (Au sens actuel.) 1611. Taste-vin, COTGR. Admis ACAD. 1798.]

‖ Petite coupe à déguster les vins.

TATILLON [tá-ti-yon] *s. m.*

[Étym. Dérivé de tâter, § 107. ‖ 1695. Colombine, veuve tatillonne, GHERARDI, *Retour de la foire de Bezons*, liste des personnages. Admis ACAD. 1762.]

‖ Celui, celle qui s'occupe mal à propos des plus minces détails. Cet homme est un —. Cette femme est une —, et, *famil.* une tatillonne.

TATILLONNAGE [tá-ti-yò-nâj'] *s. m.*

[Étym. Dérivé de tatillonner, § 78. ‖ Admis ACAD. 1740.]

‖ Action, caractère de celui qui est tatillon.

TATILLONNER [tá-ti-yò-né] *v. intr.*

[Étym. Dérivé de tâter, § 154. ‖ Admis ACAD. 1740.]

‖ S'occuper mal à propos des plus minces détails.

TÂTONNEMENT [tá-tôn'-man; *en vers*, -tò-ne-...] *s. m.*

[Étym. Dérivé de tâtonner, § 145. ‖ 1549. Tastonnement, R. EST. Admis ACAD. 1762.]

‖ Action de tâtonner.

TÂTONNER [tá-tò-né] *v. intr.*

[Étym. Dérivé de tâter, § 168. ‖ xii⁰ s. Tote nuit fu de Guiboro tastonnés, *Aliscans*, 4363.]

‖ **1°** *V. intr.* Tâter avec les mains, dans l'obscurité, pour se diriger, pour trouver qqch qu'on cherche. ‖ *Fig.* Faire différents essais, ne sachant au juste comment s'y prendre pour atteindre un but qu'on poursuit.

‖ **2°** *Vieilli. V. tr.* | **1.** Essayer à plusieurs reprises (qqch). Marsillac qui... tâtonnait les paroles (d'un air), SÉV. 1121. | **2.** Tâter (qqn) à diverses reprises. Ce n'était pas un homme qu'il fît bon —, ST-SIM. x, 349.

TÂTONNEUR, EUSE [tá-tò-neûr, -neûz'] *s. m. et f.*

[Étym. Dérivé de tâtonner, § 112. ‖ Admis ACAD. 1762 (au masc.) et 1798 (aux deux genres).]

‖ Celui, celle qui tâtonne.

TÂTONS (À) [tá-ton] *loc. adv.*

[Étym. Dérivé de tâter, § 725. ‖ xii⁰ s. Com avugles qui a tastons Va aucune chose cerchant, CHRÉTIEN DE TROYES, *Cheval. au lion*, 1142.]

‖ En tâtonnant. Chercher qqch —. Marcher —. ‖ *Fig.* Sans savoir où l'on va. Nous vivons —, RÉGNIER, *Sat.* 3.

TATOU [tà-tou] *s. m.*

[Étym. Emprunté de la langue des indigènes du Brésil, § 30. ‖ 1553. L'animal qu'on nomme un tatou, P. BELON, *Obs. de plus. singul.* iii, 51. Admis ACAD. 1798.]

‖ (Hist. nat.) Genre d'édenté de l'Amérique méridionale, dont le corps est couvert d'une cuirasse écailleuse.

TATOUAGE [tà-twáj'; *en vers*, -tou-âj'] *s. m.*

[Étym. Dérivé de tatouer, § 78. ‖ 1778. *V.* à l'article. Admis ACAD. 1798.]

‖ Action de tatouer. ‖ Peinture faite en tatouant. Ils s'imprimaient déjà une espèce de —, *Voy. au pôle austral... par J. Cook* (1778), vi, p. 46, note.

TATOUER [tà-twé; *en vers*, -tou-é] *v. tr.*

[Étym. Emprunté de la langue des indigènes de Tahiti par l'intermédiaire de l'angl. tattow, tatouage et tatouer, §§ 8 et 28. ‖ 1778. *V.* à l'article. Admis ACAD. 1798.]

‖ Peindre (le corps) de divers dessins, au moyen de matières colorantes introduites avec une pointe sous l'épiderme. Ils paraissaient étonnés de ce que nous n'étions pas tatoués, *Voy. au pôle austral... par J. Cook* (1778), i, p. 382.

TAUDION [tó-dyon; *en vers*, -di-on] *s. m.*

[Étym. Dérivé irrégulier de taudis, §§ 64 et 104. ‖ 1718. LEROUX, *Dict. comiq.* Admis ACAD. 1762.]

‖ *Vieilli.* Taudis misérable.

TAUDIS [tó-di] *s. m.*

[Étym. Dérivé de l'anc. verbe tauder, abriter, § 82, du radical germanique qui se trouve dans le néerl. telde, l'angl. tilt, l'allem. zelt, etc., « tente », §§ 6, 498 et 499. ‖ xv⁰ s. Pluseurs taudeis sur treteaux, G. GRUEL, *Chron. d'Art. de Richem.* p. 135.]

‖ **1°** *Ancienn.* Abri pour les travailleurs qui faisaient les travaux d'approche d'un siège.

‖ **2°** *P. ext.* Logement malpropre. Vivre dans un —.

TAUPE [tóp'] *s. f.*

[Étym. Du lat. talpa, m. s. §§ 455 et 291.]

‖ Petit mammifère carnassier, qui creuse des galeries sous la terre et dont les yeux sont d'une extrême petitesse. La —, sans être aveugle, a les yeux si petits, si couverts, qu'elle ne peut faire usage du sens de la vue, BUFF. *Taupe*. *Fig.* Personne peu clairvoyante. Lynx envers nos pareils et taupes envers nous, LA F. *Fab.* i, 7. | Être noir comme une —. | Vivre comme une —, dans une profonde retraite. Il va comme un preneur de taupes, sans bruit. *Famil.* **Aller dans le royaume des taupes**, aller sous terre, mourir. || *P. anal.* (Technol.) | **1.** — à rigoles, sorte de charrue qui trace des rigoles pour irrigations. | **2.** Loupe sinueuse sur la tête.

TAUPE-GRILLON [tóp'-gri-yon; *en vers*, tó-pe-...] *s. m.*
[ÉTYM. Composé de *taupe* et *grillon*, § 199, à l'imitation du lat. des naturalistes *grillotalpa*, *m. s.* || XVII⁰ s. Fourmis, taupegrillons, LIGER, *Nouv. Mais. rust.* dans DELB. *Rec.* Admis ACAD. 1798.]
|| Insecte de la famille des grillons, dit plus communément courtilière.

TAUPIER [tó-pyé] *s. m.*
[ÉTYM. Dérivé de *taupe*, § 115. COTGR. et OUD. donnent taulpetier. || 1690. FURET.]
|| Preneur de taupes.

TAUPIÈRE [tó-pyèr] *s. f.*
[ÉTYM. Dérivé de *taupe*, § 115. (*Cf.* l'anc. franç. taupiere, taupinière.) || (Au sens actuel.) 1600. Texte dans GODEF. *Compl.*]
|| Piège à taupes.

TAUPIN [tó-pin] *s. m.*
[ÉTYM. Dérivé de *taupe*, § 100. || XVIᵉ s. Capitaine des Francs topins, RAB. I, 35. Admis ACAD. 1762 (au sens 1°).]
|| **1°** *Anciennt.* Mineur, pionnier (dans un corps d'armée). **Francs taupins**, nom donné plaisamment aux francs-archers organisés au XVᵉ s.
|| **2°** *Néolog. Famil.* Élève se préparant à l'École polytechnique (d'où sortent les officiers du génie).

TAUPINÉE [tó-pi-né] et **TAUPINIÈRE** [tó-pi-nyèr] *s. f.*
[ÉTYM. Dérivé de *taupe*, §§ 63, 119 et 115. || XIII⁰ s. Taupiniere, *Pariser Glos.* 278, Hofmann. ACAD. admet taupinière en 1694 et taupinée en 1798.]
|| Petit monticule que la taupe fait avec la terre qu'elle soulève en creusant ses galeries. **La moindre taupinée était mont à ses yeux**, LA F. *Fab.* VIII, 9.

TAURE [tòr] *s. f.*
[ÉTYM. Du lat. *taura*, *m. s.* devenu tore, §§ 333 et 292, écrit plus récemment taure par réaction étymologique, § 502.]
|| *Dialect.* Jeune vache. (*Syn.* **génisse**.)

TAURÉADOR [tò-ré-à-dòr]. *V.* toréador.

TAUREAU [tò-ró] *s. m.*
[ÉTYM. Pour *toreau*, § 502, dérivé de l'anc. franç. *tor*, § 126, qui est le lat. *taurum*, *m. s.* || XIIIᵉ s. Sacrefices de torel, *Psaut.* dans LITTRÉ.]
|| Mammifère ruminant domestique, qui prend le nom de bœuf quand il a été rendu impropre à la reproduction. **Avoir un cou de —**, un cou large et puissant. **Être fort comme un —.** Combat, course de taureaux, spectacle très populaire en Espagne, où des taureaux, après avoir été lâchés dans l'arène et excités par des picadors, doivent être tués d'un coup d'épée par le toréador. || **— d'airain**, où le tyran Phalaris faisait enfermer et brûler ses victimes. || (Astron.) **Second signe du zodiaque** (ayant pour emblème un taureau).

TAUROBOLE [tó-rò-bòl] *s. m.*
[ÉTYM. Emprunté du lat. *taurobolium*, grec ταυροϐόλιον, *m. s.* || 1721. TRÉV. Admis ACAD. 1762.]
|| (Antiq.) Sacrifice expiatoire où l'on égorgeait un taureau. || *P. ext.* Autel pour ce sacrifice.

TAUTOCHRONE [tó-tò-kròn'] *adj.*
[ÉTYM. Composé avec le grec ταυτό, le même, et χρόνος, temps, § 275. || 1771. TRÉV. Admis ACAD. 1835.]
|| (T. didact.) Qui a lieu dans des espaces de temps égaux. (*Syn.* **isochrone**.) | **La courbe —**, et, *substantivt*, **La —**, cycloïde renversée. (*V. ce mot.*)

TAUTOCHRONISME [tó-tò-krò-nism'] *s. m.*
[ÉTYM. Dérivé de *tautochrone*, § 265. || 1812. MOZIN, *Dict. franç.-allem.* Admis ACAD. 1835.]
|| (T. didact.) Propriété de ce qui est tautochrone. (*Syn.* **isochronisme**.) **Le — des oscillations du pendule.**

TAUTOGRAMME [tó-tò-gràm'] *adj.*
[ÉTYM. Composé avec le grec ταυτο, le même, et γράμμα, lettre, § 275. || 1690. BAILLET, *Auteurs déguisés*, p. 315. Admis ACAD. 1762.]
|| (T. didact.) **Poème —**, et, *substantivt*, **Un —**, poème fait de mots commençant tous par la même lettre.

TAUTOLOGIE [tó-tò-lò-ji] *s. f.*
[ÉTYM. Emprunté du lat. *tautologia*, grec ταυτολογία, *m. s.* Au XVIIᵉ s. et pendant une partie du XVIIIᵉ s. on

prononçait (et on écrivait quelquefois) taltologie, § 504. || 1609. Tautologie ou repetition, TAFFIN, *Expos. de l'Apocalypse*, dans DELB. *Rec.* Admis ACAD. 1762.]
|| (T. didact.) Redite d'une même chose sous une autre forme.

TAUTOLOGIQUE [tó-tò-lò-jĭk'] *adj.*
[ÉTYM. Dérivé de *tautologie*, § 229. || 1721. TRÉV. Admis ACAD. 1762.]
|| (T. didact.) Qui a le caractère d'une tautologie.

TAUX [tó; *en liaison*, tóz'] *s. m.*
[ÉTYM. Subst. verbal de *tauxer*, anc. forme de *taxer*, § 52. || 1366. Au ta[u]x et constrentes des gardes de nostre monnoie, *Ordonn.* IV, 629.]
|| **1°** *Anciennt.* Montant de l'imposition fixée pour chaque contribuable. (*V.* **taxe**.)
|| **2°** Montant du prix fixé pour certaines marchandises, et, *p. ext.* pour les frais de justice, les valeurs de bourse, etc. **Le — de la rente, des actions de chemin de fer.** | Montant de l'intérêt auquel l'argent est prêté. **Prêter au — légal, à un — usuraire.** || *Fig.* **Mettre à même — le noble et le faquin**, RÉGNIER, *Sat.* 10.

TAVAÏOLLE et, *mieux*, *TAVAÏOLE** [tà-và-yòl] *s. f.*
[ÉTYM. Emprunté de l'ital. *tovagliuola*, diminutif de *tovaglia*, touaille, § 12. ACAD. écrit tavayole en 1694, tavayolle en 1718, tavaïolle depuis lors. Qqns disent travaïole, §§ 361 et 509. || 1611. Tavaillole, tavaïolle, tavayole, COTGR.]
|| Linge garni de dentelle dont on se sert à l'église pour rendre le pain bénit, pour présenter des enfants au baptême, etc.

TAVELER [tàv'-lé; *en vers*, tà-ve-ló] *v. tr.*
[ÉTYM. Dérivé de l'anc. franç. *tavel*, compartiment (d'un échiquier, etc.), § 154, du lat. pop. *tabellum* (class. *tabella*), qui a dû avoir le même sens, §§ 434, 456 et 291. || XIII⁰-XIVᵉ s. Li cuirs de nos jambes devenoit tavelés de noir et de terre, JOINV. 291.]
|| *Vieilli.* Parsemer de taches. (*Cf.* bigarrer, moucheter, tacheter, etc.) **La peau de la couleuvre est tavelée.**

TAVELURE [tàv'-lür; *en vers*, tà-ve-...] *s. f.*
[ÉTYM. Dérivé de *taveler*, § 111. || 1564. J. THIERRY, *Dict. franç.-lat.*]
|| *Vieilli.* État de ce qui est tavelé. (*Cf.* bigarrure, etc.)

TAVERNE [tà-vèrn'] *s. f.*
[ÉTYM. Du lat. *taberna*, *m. s.* §§ 434 et 291.]
|| **1°** Lieu où les gens viennent boire, manger, pour de l'argent. **Il hante la —, et souvent il s'enivre**, LA F. *Fab.* XII, 19.
|| **2°** *Anciennt.* (Marine.) Chambre d'un navire où l'on vendait des vivres, des boissons, du tabac à l'équipage.

TAVERNIER, IÈRE [tà-vèr-nyé, -nyèr] *s. m. et f.*
[ÉTYM. Dérivé de *taverne*, § 115. (*Cf.* le lat. *tabernarius*, *m. s.*) || XII⁰-XIII⁰ s. Et toz les fevres et toz les taverniers, *Aymeri de Narbonne*, 2123.]
|| Celui, celle qui tient une taverne.

TAXATEUR [tăk'-sà-teŭr] *s. m.*
[ÉTYM. Dérivé de *taxer*, § 249. (*Cf.* tauxeur de despens, dans R. EST.) || 1704. Taxateur des dépens, *Édit sur les eaux et forêts*, dans DELB. *Rec.* Admis ACAD. 1798.]
|| (T. didact.) Celui qui taxe.

TAXATION [tăk'-sà-syon; *en vers*, -si-on] *s. f.*
[ÉTYM. Emprunté du lat. *taxatio*, *m. s.* || XIII⁰ s. En ceste amende n'a point de taussacion, BEAUMAN. 51, Salmon.]
|| (T. didact.) Action de taxer.

TAXE [tăks'] *s. f.*
[ÉTYM. Subst. verbal de *taxer*, § 52. (*Cf.* taux.) || 1539. R. EST.]
|| (T. didact.) Montant de l'imposition fixée pour chaque contribuable, du prix fixé pour certaines denrées, pour certains droits à percevoir. **On a fait une — de cent mille écus sur le bourgeois**, SÉV. 462. **Qu'on établisse de fortes taxes sur la livrée, les équipages**, J.-J. ROUSS. *Écon. polit.* **— des pauvres** (en Angleterre), impôt établi pour subvenir aux pauvres. **La — des lettres**, prix pour le port des lettres par la poste. | **La — des actes d'huissier, de notaire**, etc.

TAXER [tăk'-sé] *v. tr.*
[ÉTYM. Emprunté du lat. *taxare*, *m. s.* rendu d'abord par *tausser*, *tauxer*. (*Cf.* taux.) || XIII⁰ s. Quant il fet les establissemens, il tausse l'amende, BEAUMAN. 1513, Salmon. | 1539. Tauxer ou taxer despens, R. EST.]
|| **1°** — qqch, fixer à une somme déterminée le prix de certaines denrées, de certains droits à percevoir. **— le pain, la viande, les frais de justice.**

|| **2°** — qqn, le porter au rôle des contribuables pour une somme déterminée. Il a été taxé à douze cents livres. Un arrêt... qui me taxe à donner aux pauvres de mes villages vingt boisseaux de blé par mois, SÉV. 369. *Absolt.* Ils se taxèrent eux-mêmes plus haut que les autres, BOSS. *Hist. univ.* III, 6. || *Fig.* | **1.** *Vieilli.* — qqn, lui imputer qqch de répréhensible. Ces grands hommes qu'ils voulaient —, BOSS. *Var.* 14. Ce que j'ai dit n'est pas pour — votre office, MOL. *Éc. des m.* III, 5. | **2.** Avec la prép. de et un complém. indiquant la chose répréhensible. — qqn de négligence, d'imprudence.

TAYAUT. *V.* taiaut.

TAYON [tà-yon] *s. m.*
[ÉTYM. Origine inconnue; l'anc. franç. a aussi le fém. taie, aïeule. || XIIe s. Je connue bien vos taion, *Huon de Bordeaux*, 3106. Admis ACAD. 1878.]
|| **1°** *Vieilli et dialect.* Aïeul.
|| **2°** *Fig.* (T. forest.) Baliveau réservé depuis trois coupes. (*Cf.* pérot.)

TE [te] et (devant une voyelle ou une *h* muette) **T'** *pron. pers.*
[ÉTYM. Du lat. te, *m. s.* § 591.]
|| Forme atone de toi, pronom personnel de la 2e personne, qui s'emploie comme complément direct et comme complément indirect. | **1.** Complément direct. Va, je ne te hais point, CORN. *Cid*, III, 4. Je t'en avais comblé (de bienfaits), je t'en veux accabler, ID. *Cinna*, v, 3. On t'honore dans Rome, ID. *ibid.* v, 1. | *Spécialt.* Avec un verbe réfléchi. Dans l'abîme où tu veux te jeter, CORN. *Poly.* v, 2. Tu t'abuses, Jason, ID. *Méd.* I, 4. Cesse de t'étonner, BOIL. *Ép.* 7. | **2.** Complément indirect. Observe exactement la loi que je t'impose, CORN. *Cinna*, v, 1. En te donnant ma foi, BOIL. *Lutr.* 2.

TÉ [té] *s. m.*
[ÉTYM. Nom de la lettre T. || Admis ACAD. 1762.]
|| (Technol.) Objet qui affecte la forme de la lettre T. || *Spécialt.* | **1.** Traverse qui s'assemble dans le bas des deux pieds d'une table, d'un tréteau, et reçoit l'entretoise. | **2.** Équerre double qui se rapporte sur les traverses des petits bois de croisée. | **3.** Bout de tuyau portant un autre bout en travers. | **4.** (T. milit.) Disposition de fourneaux de mine pour faire sauter une fortification.

TECHNIQUE [tèk'-nïk'] *adj.*
[ÉTYM. Emprunté du grec τεχνικός, *m. s.* de τέχνη, art. || 1721. TRÉV. Admis ACAD. 1762.]
|| (T. didact.) || **1°** Spécial à un art, à une science. Termes techniques. Vers —, contenant des termes techniques (pour les graver plus facilement dans la mémoire).
|| **2°** Relatif aux règles d'un art. Les procédés techniques. La partie — d'un art. | *Substantiv, au fém.* La —, l'ensemble des procédés d'un art.

***TECHNIQUEMENT** [tèk'-nïk'-man; en vers, -nike-...] *adv.*
[ÉTYM. Composé de technique et ment, § 724. || 1790. ENCYCL. MÉTH. *Arts et manuf.* p. 90, notes.]
|| (T. didact.) D'une manière technique.

TECHNOLOGIE [tèk'-nò-lò-jï] *s. f.*
[ÉTYM. Emprunté du grec τεχνολογία, *m. s.* || 1812. MOZIN, *Dict. franç.-allem.* Admis ACAD. 1835.]
|| (T. didact.) Explication des procédés, des termes spéciaux à un art, à une science.

TECHNOLOGIQUE [tèk'-nò-lò-jïk'] *adj.*
[ÉTYM. Emprunté du grec τεχνολογικός, *m. s.* || 1812. MOZIN, *Dict. franç.-allem.* Admis ACAD. 1835.]
|| (T. didact.) Qui appartient à la technologie.

TECK. V. tek.

TE DEUM [té-dé-òm'] *s. m.*
[ÉTYM. Premiers mots du cantique Te Deum laudamus. || Admis ACAD. 1694.]
|| (Liturgie cathol.) Cantique d'actions de grâce, qui se dit à la fin de matines. | *Spécialt.* Ce même cantique chanté solennellement pour rendre grâce à Dieu de quelque événement heureux. Nous avons fait des feux de joie et chanté le Te Deum, SÉV. 367. Chanter des Te Deum.

TÉGUMENT [té-gu-man] *s. m.*
[ÉTYM. Emprunté du lat. tegumentum, ce qui couvre. || 1752. TRÉV. Admis ACAD. 1762.]
|| (T. didact.) Tissu organique naturel, adhérent, qui recouvre certaines parties des animaux, des végétaux.

TEIGNASSE [tò-ñäs']. *V.* tignasse.

TEIGNE [tèñ'] *s. f.*
[ÉTYM. Du lat. tinea, teigne (insecte), §§ 311, 482 et 291.]

I. || **1°** Petit insecte lépidoptère dont l'espèce la plus connue est celle qui dévore les grains (— des grains).
|| **2°** Petit insecte lépidoptère nocturne dont la larve ronge les étoffes, les livres, etc. Cela tient comme une —.
II. *P. anal.* | 1. Maladie du cuir chevelu chez l'homme. La rogne, La —, MOL. *Am. méd.* II, 7. | 2. Maladie qui attaque l'écorce des arbres.

TEIGNEUX, EUSE [tè-ñeù, -ñeûz'] *adj.*
[ÉTYM. Dérivé de teigne, § 116. (*Cf.* le lat. tineosus, plein de teignes.) || XIIIe s. Un enfant qui n'avoit qu'un œil Et s'ert tigneus, RUTEB. p. 287, Kressner.]
|| Qui a la teigne (maladie du cuir chevelu). *Substantiv.* Un —, une teigneuse.

TEILLE [tèy']. *V.* tille 1.

TEILLER [tè-yé]. *V.* tiller.

TEINDRE [tïndr'] *v. tr.*
[ÉTYM. Du lat. tingere, *m. s.* devenu *teny're, *tein're, teindre, §§ 308, 396, 290, 291 et 484.]
|| Imprégner (du fil, de la laine, un tissu, une peau, etc.) d'une substance qui lui fait prendre telle ou telle couleur. — en rouge, en bleu, en noir. *P. anal.* Se — les cheveux, la barbe. *Spécialt.* Faire prendre à une étoffe déjà teinte, dont la couleur est ternie, une coloration nouvelle. Faire — une robe, des rubans. || *P. ext.* Colorer. Encor tout teint du sang que j'ai le plus chéri, CORN. *Cid*, v, 5, 1re édit. Les mains teintes de sang. || *Fig.* | **1.** Marquer d'un caractère emprunté. Nous les teignons (les idées que nous avons des choses) de nos qualités, PASC. *Pens.* I, 1. | **2.** Initier à une connaissance légère des choses. Il nous est plus facile de nous — d'une infinité de connaissances que d'en bien posséder un petit nombre, VAUVEN. *Max.* 269.

TEINT [tin] *s. m.*
[ÉTYM. Subst. particip. de teindre, § 45. (*Cf.* teinte.) || XIIe s. La targe en ert tote vermeille, Senz altre teint, de sa nature, *Énéas*, 4450.]
|| **1°** *Rare.* Manière dont une chose a été teinte. *Spécialt.* Une étoffe bon —, grand —, d'une couleur qui s'altère difficilement.
|| **2°** Coloris naturel du visage. Un beau —. Un — brouillé. Un — vermeil. Avoir le — pâle, basané. *P. ext.* Coloris artificiel donné au visage. Que la belle... Le soir ait étalé son — sur la toilette, BOIL. *Sat.* 3.

TEINTE [tïnt'] *s. f.*
[ÉTYM. Subst. particip. de teindre, § 45. (*Cf.* teint.) || XIIIe s. Il pert sa color et devient de autretel teinte, BRUN. LATINI, *Tresor*, p. 238.]
|| Couleur étendue sur un fond, dont elle modifie le ton, la nuance. Des cheveux blonds d'une — dorée. Son plumage est noirâtre avec une — obscure de bleu, GUENEAU DE MONTBÉLIARD, dans BUFF. *Merle huppé de Chine.* Un tableau d'une — grisâtre. Les figures ont des teintes violacées. — plate, qui a partout la même valeur, le même ton. Demi-—, dont la couleur est intermédiaire entre la lumière et l'ombre.

TEINTER [tin-té] *v. tr.*
[ÉTYM. Dérivé de teinte, § 154. || 1752. Papier teinté, TRÉV. Admis ACAD. 1835.]
|| Couvrir d'une teinte. Un gris teinté de rose. Papier teinté, couvert d'une couche légère de couleur. | *P. anal.* De l'eau teintée de vin, légèrement rougie.

TEINTURE [tin-tür] *s. f.*
[ÉTYM. Du lat. tinctura, *m. s.* §§ 343, 386 et 291.]
|| **1°** Action de teindre. Envoyer une étoffe à la —. L'art de la —. || Résultat de cette action. Un vieux chapeau gras de mauvaise —, RÉGNIER, *Sat.* 11. | *P. anal. Vieilli.* Fais-lui perdre ainsi (à ce glaive) la — du tien (de ton sang), CORN. *Cid*, III, 4.
|| **2°** Substance colorante dont on imprègne un tissu pour le teindre. Plonger une étoffe dans la —. || *P. ext.* (Pharm.) Solution d'une substance colorée dans l'eau, l'alcool, l'éther, etc. — de tournesol. — d'iode. || *Fig.* Connaissance, impression légère gardée de qqch. Je ne veux vous donner ici qu'une — de ces vérités importantes, BOSS. *Hist. univ.* II, 5. Ces teintures qu'on prend aux universités, CORN. *Suite du Ment.* II, 4.

TEINTURERIE [tin-tur'-ri, en vers, -tu-re-ri] *s. f.*
[ÉTYM. Dérivé de teinturier, §§ 65 et 68. || XIIIe s. Ovrer du mestier de tainturerie, E. BOILEAU, *Livre des mest.* I, L, 19. Admis ACAD. 1878.]
|| **1°** Métier du teinturier.
|| **2°** Atelier de teinture.

TEINTURIER, IÈRE [tin-tu-ryé, -ryèr] *s. m.* et *f.*
[ÉTYM. Dérivé de teinture, § 115. || 1244. Nus tainturiers ne doit taindre s'en noeve cuve non, dans FAGNIEZ, *Doc. relat. à l'industrie*, I, p. 152.]
|| Celui, celle qui exerce l'industrie de la teinture. | *P. plaisant. Fig.* Celui qui refait un ouvrage pour un autre, qui le donne sous son nom.

TEK [těk'] *s. m.*
[ÉTYM. Emprunté des langues de l'Inde, § 25. || 1752. Theca, TRÉV. Admis ACAD. 1878.]
|| Arbre de l'Inde, de la famille des Verbénacées, dont le bois sert à construire des maisons, des navires.

TEL, TELLE [těl] *adj.*
[ÉTYM. Du lat. talem, m. s. §§ 295 et 291.]
|| 1° Pareil à une chose, à une personne dont on vient de parler ou dont on va parler. Tels sont les enseignements que Dieu donne aux princes, BOSS. *R. d'Angl.* Que le sort de tels esprits est hasardeux! ID. *ibid.* Une telle action ne saurait s'excuser, MOL. *Mis.* I, 1. Au dire de ces gens, la bête est toute telle, LA F. *Fab.* IX, 20, *Disc. à Mme de la Sablière.* L'homme tout étonné d'une telle sentence, ID. *ibid.* X, 1. Tel est mon avis. Son langage fut tel. Alagabale son fils, ou du moins réputé pour tel, BOSS. *Hist. univ.* I, 10. | Suivi de que. Voilà les commencements du monde, tels que l'histoire de Moïse nous le représente, BOSS. *Hist. univ.* II, 1. Un homme tel que moi voit sa gloire ternie, CORN. *Hor.* V, 2. Un Dieu tel aujourd'hui qu'il fut dans tous les temps, RAC. *Ath.* I, 1. | Tel quel, tel qu'il est, comme il se trouve. *Dans le même sens. Vieilli.* Tel que tel, comme le premier venu. Ils ont été contraints, pour satisfaire leur passion, de prendre une proposition telle quelle, PASC. *Prov.* 3. | Monsieur tel ou tel, un tel, telle chose, une personne, une chose indéterminée. On n'a point à louer les vers de messieurs tels, A donner de l'encens à madame une telle, MOL. *Mis.* III, 5. Lui dire Qu'un tel trésor était en un tel lieu, LA F. *Fab.* IX, 13. Tel et telle, celui-ci et celui-là. Tel (celui-ci) porte jusqu'aux cieux leur vertu sans égale, Et tel l'ose nommer sacrilège et brutale, CORN. *Hor.* III, 2. | Suivi d'un relatif. Telle personne qui blâme les autres est indulgente pour elle. *Ellipt.* Tel qui (la même personne qui) rit vendredi, dimanche pleurera, RAC. *Plaid.* I, 1. Tel est pris qui croyait prendre, LA F. *Fab.* VIII, 9. || Redoublé pour exprimer une comparaison. Tel fruit, tel arbre, pour bien faire, LA F. *Fab.* IX, 4.
|| 2° Si grand. On n'a jamais vu une telle obstination. Un secret d'une telle importance, CORN. *Hér.* IV, 2. Sa vertu est telle, que ses ennemis mêmes l'honorent. Telle était son audace qu'il ne reculait devant aucun péril. *Vieilli.* Ils sont tombés à un tel point de misère que de s'adonner à séduire les hommes, BOSS. *Démons*, 1. A tel point, Que vous-même, Monsieur, je ne vous en crois point, MOL. *Tart.* II, 2.

TÉLAMON [té-là-mon] *s. m.*
[ÉTYM. Emprunté du lat. telamon, grec τελαμών, m. s. || 1694. Telamones, TH. CORN. Admis ACAD. 1835.]
|| (Architect.) Figure humaine soutenant une corniche, une console. (*Syn. cariatide.*)

***TÉLÉGONIE** [té-lé-gò-ni] *s. f.*
[ÉTYM. Composé avec le grec τῆλε, loin, γονή, descendance, et le suffixe ία, § 275. || *Néolog.*]
|| (T. didact.) Transmission à la progéniture d'un second lit de caractères venant du père du premier lit.

TÉLÉGRAMME [té-lé-gràm'] *s. m.*
[ÉTYM. Composé avec le grec τῆλε, loin, et γράμμα, lettre, § 275. || *Néolog.* Admis ACAD. 1878.]
|| (T. didact.) Dépêche transmise par le télégraphe.

· **TÉLÉGRAPHE** [té-lé-gràf'] *s. m.*
[ÉTYM. Composé avec le grec τῆλε, loin, et γράφειν, écrire, § 275. || Mot créé par MIOT pour l'appareil que les frères Chappe venaient d'inventer et proposaient d'appeler tachygraphe (1792). Admis ACAD. 1835.]
|| (T. didact.) Appareil destiné à transmettre presque instantanément les dépêches. — aérien, appareil qui, placé de distance en distance sur des lieux élevés, transmet de proche en proche des signaux dont le sens est convenu, et qu'on observe à l'aide de lunettes d'approche. | *P. plaisant. Fig.* Faire le —, gesticuler. || — électrique, appareil qui transmet à de très grandes distances des signaux dont le sens est convenu, et consiste essentiellement en un manipulateur, envoyant autant de courants électriques qu'il y a de signaux, des fils de métal qui transmettent ces courants et un récepteur qui reproduit chacun

des signaux au moyen d'un fer doux aimanté successivement par chaque courant. — sous-marin, télégraphe électrique qui fait communiquer des pays séparés par la mer, à l'aide de fils de métal réunis en un câble plongé au fond de la mer. || L'administration des postes et télégraphes.

TÉLÉGRAPHIE [té-lé-grà-fi] *s. f.*
[ÉTYM. Dérivé de télégraphe, § 282. || 1812. MOZIN, *Dict. franç.-allem.* Admis ACAD. 1878.]
|| (T. didact.) Art de construire, de faire fonctionner les télégraphes.

TÉLÉGRAPHIER [té-lé-grà-fyé ; *en vers,* -fi-é] *v. tr.*
[ÉTYM. Dérivé de télégraphe, § 266. || *Néolog.* Admis ACAD. 1878.]
|| (T. didact.) Transmettre par télégraphe.

TÉLÉGRAPHIQUE [té-lé-grà-fĭk'] *adj.*
[ÉTYM. Dérivé de télégraphe, § 229. || 1812. MOZIN, *Dict. franç.-allem.* Admis ACAD. 1835.]
|| (T. didact.) Qui se rapporte au télégraphe. Les lignes télégraphiques. Une dépêche —.

***TÉLÉGRAPHIQUEMENT** [té-lé-grà-fĭk'-man ; *en vers,* -fi-ke-...] *adv.*
[ÉTYM. Composé de télégraphique et ment, § 724. || *Néolog.*]
|| (T. didact.) Par télégraphe. Répondre —.

***TÉLÉGRAPHISTE** [té-lé-grà-fist'] *s. m.* et *f.*
[ÉTYM. Dérivé de télégraphe, § 265. || *Néolog.*]
|| (Admin.) Employé, employée qui transmet les dépêches télégraphiques.

***TÉLÉOLOGIE** [té-lé-ò-lò-ji] *s. f.*
[ÉTYM. Composé avec le grec τέλος, fin, λόγος, discours, et le suffixe ία, § 275. || 1812. MOZIN, *Dict. franç.-allem.*]
|| (T. didact.) Doctrine suivant laquelle les êtres sont organisés en vue de la fin à laquelle ils sont destinés.

***TÉLÉOLOGIQUE** [té-lé-ò-lò-jĭk'] *adj.*
[ÉTYM. Dérivé de téléologie, § 229. || 1812. MOZIN, *Dict. franç.-allem.*] *téléologic*
|| (T. didact.) Qui a rapport à la téologie.

***TÉLÉPHONE** [té-lé-fòn'] *s. m.*
[ÉTYM. Composé avec le grec τῆλε, loin, et φωνή, son, § 275. || *Néolog.*]
|| (T. didact.) Instrument destiné à transmettre les sons à distance au moyen d'une plaque mince de fer doux qui, lorsque des sons sont produits, vibre, et fait vibrer à l'unisson, à l'aide d'un fil électrique, une lame semblable, produisant sur la membrane du tympan des vibrations correspondantes, qui se traduisent en sons identiques.

***TÉLÉPHONIE** [té-lé-fò-ni] *s. f.*
[ÉTYM. Composé avec le grec τῆλε, loin, φωνή, son, et le suffixe ία, § 275. || *Néolog.*]
|| (T. didact.) Art de transmettre le son à de grandes distances.

· ***TÉLÉPHONIQUE** [té-lé-fò-nĭk'] *adj.*
[ÉTYM. Dérivé de téléphonie, § 229. || *Néolog.*]
|| (T. didact.) Qui a rapport à la téléphonie.

TÉLESCOPE [té-lěs'-kòp'] *s. m.*
[ÉTYM. Emprunté du lat. scientif. telescopium, m. s. composé avec τῆλε, loin, et σκοπεῖν, regarder, § 275. || 1611. La lunette qu'il (Galilée) appelle en un mot telescope, J. TARDE, *Chron. de Sarlat*, dans DELB. *Rec.*]
|| (T. didact.) Instrument d'optique destiné à observer les objets éloignés, en réfléchissant sur des miroirs l'image de ces objets, et en l'amplifiant à l'aide de verres grossissants. — catoptrique ou à miroirs, le télescope proprement dit, destiné aux observations astronomiques. — dioptrique ou à lentilles, lunette d'approche.

***TÉLESCOPER** [té-lěs'-kò-pé] *v. intr.*
[ÉTYM. Dérivé de télescope, § 154. || *Néolog.*]
|| (Chemins de fer.) En parlant des wagons, entrer les uns dans les autres, par suite d'un choc violent, comme s'emboîtent les unes dans les autres les parties d'un tube de télescope. Le train a télescopé.

TÉLESCOPIQUE [té-lěs'-kò-pĭk'] *adj.*
[ÉTYM. Dérivé de télescope, § 229. || 1796. V. à l'article. Admis ACAD. 1835.]
|| (T. didact.) Qui a rapport au télescope. Observations télescopiques, LAPLACE, *Exposit.* (1796), V, 6. Étoiles télescopiques, qu'on ne distingue qu'à l'aide du télescope.

TELLEMENT [těl-man ; *en vers,* tè-le-...] *adv.*
[ÉTYM. Composé de telle et ment, § 724. || XIIIe s. Pour ce que la vouloit telement esmaier, ADENET, *Berte*, 572.]

|| **1°** D'une telle manière. *Un peuple — divisé devait succomber.*| *Vieilli.* — quellement, comme la chose est, comme on peut. *Elle se défit — quellement d'une visite sérieuse qui l'assiégeait*, HAMILT. *Gram.* p. 193. || — que, de telle manière que. *Les princes sont — les ministres de Dieu qu'ils sont hommes néanmoins et non pas dieux*, PASC. *Prov.* 14.

|| **2°** — que, à tel point que. *Elle se trouva… — changée, qu'elle avait peine à le croire*, BOSS. *A. de Gonz.*

TELLIÈRE [tè-lyèr] *s. m.*

[ÉTYM. Du nom du chancelier Le Tellier (1603-1685), qui le fit fabriquer, § 36. || 1723. *Celui à la Tellière, avec les armes de feu M. le chancelier Le Tellier et un double T*, SAVARY, *Dict. du comm.* papier. Admis ACAD. 1835.]

|| (Technol.) *Vieilli.* Papier à la —, et, *ellipt*, Papier —, beau papier de moyen format pour les impressions de bureau, les pétitions, etc.

TELLURE [tèl'-lûr] *s. m.*

[ÉTYM. Emprunté du lat. scientif. tellurium (KLAPROTH), *m. s.* de tellus, terre, § 282 *bis.* || Admis ACAD. 1835.]

|| (Chimie.) Corps simple métallique, découvert en 1782 dans les mines d'or de la Transylvanie.

TELLURIQUE [tèl'-lu-rïk'] *adj.*

[ÉTYM. Dérivé de tellure, § 282 *bis.* || *Néolog.* Admis ACAD. 1878.]

|| (Chimie.) Acide —, composé de tellure et d'oxygène.

'TELLURURE [tèl'-lu-rûr] *s. m.*

[ÉTYM. Dérivé de tellure, § 282 *bis.* || *Néolog.*]

|| (Chimie.) Combinaison de tellure et d'un corps simple.

TÉMÉRAIRE [té-mé-rèr] *adj.*

[ÉTYM. Emprunté du lat. temerarius, *m. s.* || XVᵉ-XVIᵉ s. Se déduit de l'existence de téméraire à cette époque.]

|| Qui est d'une hardiesse inconsidérée. *La jeunesse est —. L'homme est naturellement crédule, incrédule; timide, —,* PASC. *Pens.* VIII, 15.| *Spéciall.* En parlant de la hardiesse des idées. *Que M. Arnaud soit — ou non, ma conscience n'y est pas intéressée*, PASC. *Prov.* 1.| *Substantivt.* *J'attaque en — un bras toujours vainqueur*, CORN. *Cid*, II, 2. *—, où voulez-vous passer?* RAC. *Ath.* III, 2. || En parlant des choses. *Son — orgueil*, RAC. *Iph.* IV, 8. *Une entreprise —.* | *Une proposition —. Porter un jugement —* (sur qqn, sur qqch).

TÉMÉRAIREMENT [té-mé-rèr-man; *en vers,* -rè-re-…] *adv.*

[ÉTYM. Composé de téméraire et ment, § 724. || XVᵉ-XVIᵉ s. *Se cuiderent temerairement ingerer d'entrer au pourpris*, J. LE MAIRE, dans DELB. *Rec.*]

|| D'une manière téméraire.

TÉMÉRITÉ [té-mé-ri-té] *s. f.*

[ÉTYM. Emprunté du lat. temeritas, *m. s.* || XIVᵉ-XVᵉ s. *Sedition fault et temerité*, GERSON, *Harangue au roi*, p. 19.]

|| Hardiesse inconsidérée. *La — du consul Varron. Après un coup si hasardeux, ils pouvaient se retirer glorieusement, si la —, quand elle est heureuse, pouvait garder quelque mesure*, ROLL. *Œuvres*, VI, p. 499. *Tu seras châtié de ta —*, LA F. *Fab.* I, 10. *— d'esprit. Sans que vous accusiez vos confrères, je ne dis pas d'hérésie, mais non pas même de —*, PASC. *Prov.* 17. || *P. ext.* Acte de hardiesse inconsidérée. *Qu'importent vos frayeurs à mes témérités?* CORN. *Théod.* III, 3.

TÉMOIGNAGE [té-mwà-ñàj'] *s. m.*

[ÉTYM. Dérivé de témoigner, § 78. || XIIᵉ s. *Selonc le tesmoignaige Gabriel*, *Serm. de St Bern.* p. 2.]

|| **1°** Déclaration de qqn pour certifier une chose qu'il a vue ou entendue. *Il leur ordonne de porter — de ce qu'ils ont vu, de ce qu'ils ont ouï et de ce qu'ils ont touché*, BOSS. *Hist. univ.* II, 19. *Rendre — de qqn, au sujet de qqn. Sur les bons témoignages qui m'ont été rendus de vous*, LES. *Diable boit.* 20. *P. anal. Ton fils… Nous rend de sa valeur un si grand —*, RÉGNIER, *Sat.* 1. *Rendre — contre qqn. Carlos rend — en vain contre soi-même*, CORN. *D. Sanche*, V, 4. *Rendre — à qqn, en sa faveur. Les apôtres rendent — à Jésus-Christ*, BOSS. *Hist. univ.* II, 20. *P. anal. Anne d'Autriche rendait un perpétuel — à l'inviolable fidélité de M. Le Tellier*, BOSS. *Le Tellier. Enfant, dont le courage Vient de rendre à son nom ce noble —*, RAC. *Ath.* II, 8.| *Spéciall.* Déclaration que qqn est appelé à faire devant la justice, pour certifier une chose qu'il a vue ou entendue. *Ce fut Charondas qui introduisit les jugements contre les faux témoignages*, MONTESQ. *Espr. des lois*, XII, 2. || *Fig.* S'en rapporter au — des sens, à ce qu'ils nous apprennent au sujet de qqch. *Le — de la conscience*, l'assurance qu'elle donne d'avoir bien agi. *Il a du moins alors*

pour lui le — de sa conscience, FÉN. *Tél.* 23. *P. ext.* Le — des hommes, la tradition orale (par opposition aux monuments écrits).

|| **2°** *Fig.* Ce qui est la preuve manifeste de qqch. *Donner à qqn un — d'affection, de respect. Sa bouche et son visage M'en ont donné sur l'heure un digne —*, CORN. *Cid*, I, 1.

TÉMOIGNER [té-mwà-ñé] *v. intr. et tr.*

[ÉTYM. Du lat. pop. *testimoniare, m. s.* devenu *testmoignier, tesmoigner, témoigner.* (*Cf.* témoin et §§ 297 et 633.)]

|| **1°** *V. intr.* Porter témoignage. — *en justice. Il a témoigné en faveur de l'accusé. Vous pouvez — de mon innocence.*

|| **2°** *V. tr.* Montrer manifestement. *Et — pour lui les dernières tendresses*, MOL. *Mis.* I, 1. *Adorez-le dans l'âme et n'en témoignez rien*, CORN. *Poly.* IV, 3. *Il témoigna qu'il demandait pour toute grâce…*, LA F. *Vie d'Ésope. La reine ne témoigna pas désirer rien de moi*, LA ROCHEF. *Mém.* 13. *Vieilli. Je témoignai d'être étonné*, PASC. *Prov.* 4.

TÉMOIN [té-mwin] *s. m.*

[ÉTYM. Du lat. testimonium, témoignage, devenu *testmoin, tesmoin*, §§ 336, 419, 421, 327 et 291, témoin, § 422.]

|| **1°** *Vieilli.* Témoignage. *Le présent conte en est un bon —*, LA F. *Contes; Muletier. J'ai ta promesse en main… Je puis par ce — confondre l'imposture*, REGNARD, *Ménechmes*, V, 3.| (Droit.) *En — de quoi nous avons signé.*

|| **2°** *P. ext.* Personne qui rend témoignage. *Prendre qqn à — (pour témoin). Tite… prenait ses dieux à —*, BOSS. *Hist. univ.* II, 21.| *Ellipt. — (je prends à témoin) ces deux mâtins*, LA F. *Fab.* VIII, 25. *Les dieux nous sont témoins que nous n'avons renoncé à la paix que quand la paix nous a échappé sans ressource*, FÉN. *Tél.* 11. *Je vous aime, Le Ciel m'en soit —, cent fois plus que moi-même*, CORN. *Poly.* I, 2. || *Spéciall.* | 1. Personne qui doit venir certifier l'identité de qqn, l'exactitude d'une déclaration, pour la validité d'un testament, d'un acte de mariage, pour la légalisation d'une signature, etc. *Les témoins produits aux actes de l'état civil, qui devaient être du sexe masculin, peuvent être aujourd'hui de l'un ou de l'autre sexe.* | 2. Personne qui témoigne en justice. *Citer qqn comme —. Un faux —. Produire des témoins. Témoins à charge, à décharge. A Cumes les parents de l'accusateur pouvaient être témoins*, MONTESQ. *Espr. des lois*, XII, 2. | 3. Personne qui est chargée de régler les conditions d'un duel. || *Fig.* (Technol.) Objet qui rend témoignage. (*Cf.* garant.) || *Spéciall.* | 1. Feuillet d'un livre qui, se trouvant un peu plus étroit, n'a pas été rogné avec les autres, et montre que le relieur a diminué le moins possible les marges. | 2. Arbre de lisière, qu'il est défendu d'abattre dans les ventes. | 3. Tuile, ardoise enfouie sous la borne d'un champ, pour en marquer la place si on venait à la changer. | 4. Bout de toron que le cordier laisse à chaque extrémité d'un cordage. | 5. Petite butte qu'on laisse subsister, dans les travaux de terrassement, pour indiquer jusqu'à quelle profondeur on a enlevé des terres. *Comme on laisse des morceaux de terre qu'on nomme témoins dans un terrain qu'on a rasé, pour faire voir par ces restes de quelle profondeur a été l'ouvrage*, FÉN. *Lett. spirit.* 105.

||**3°** *P. anal.* Personne qui a vu ou entendu qqch. *Parlons-en et d'estoc et de taille, Comme oculaire —*, MOL. *Amph.* I, 1. *J'ai été — du fait. De tous mes pas les témoins assidus*, RAC. *Brit.* I, 4. *Un riche laboureur… Fit venir ses enfants, leur parla sans témoins*, LA F. *Fab.* V, 9.| *Fig. Malheureux diadème Instrument et — de toutes mes douleurs*, RAC. *Mithr.* V, 1.

TEMPE [tânp'] *s. f.*

[ÉTYM. Du lat. pop. *tempula (class. tempora, plur. neutre, § 545), m. s.* devenu temple, forme encore recommandée par ACAD. 1694-1740, puis tempe (déjà, à côté de temple, dans PALSGR. 1530), §§ 290, 291 et 453. || XIᵉ s. *De sun cervel li temple un est rumpant*, *Roland*, 1764.]

|| Région latérale de la tête, entre le coin de l'œil et le haut de l'oreille. *La — droite, gauche. Il fut frappé mortellement d'une balle à la —.*

TEMPÉRAMENT [tan-pé-rà-man] *s. m.*

[ÉTYM. Emprunté du lat. temperamentum, *m. s.* (*Cf.* l'anc. franç. temprement, trempe.) || XVIᵉ s. *Des temperamens et complexions de corps*, PARÉ, *Introd.* 4.]

|| **1°** Mélange qui modère la force d'un liquide, d'un gaz, etc. *La santé du corps consiste dans le — des humeurs*, BOURD. *Pens. Mortific. des passions*, 3. *Si l'on ne détermine aussi le — de l'air (par la vapeur d'eau)*, PASC. *Pesanteur de*

l'air. || *Fig.* Juste proportion qui maintient les choses dans la mesure. Il mit un tel — dans les ordres de l'État, qu'ils furent contre-balancés, MONTESQ. *Espr. des lois,* XXXI, 18. Les sages tempéraments d'une négociation importante, BOSS. *P. Bourgoing.* Je ne vois point de créature Se comporter modérément, Il est certain — Que le maître de la nature Veut que l'on garde en tout, LA F. *Fab.* IX, 11. Vous ne gardez en rien les doux tempéraments, MOL. *Tart.* V, 1. | *P. ext.* Acheter à —, en payant par petits acomptes. || (Musique.) Adoucissement apporté à des dissonances, par une très légère altération de certains intervalles. *Spécialt.* Valeur commune donnée, dans les instruments à sons fixes, au dièse d'une note de la gamme et au bémol de la note immédiatement supérieure, en partageant également l'intervalle qui les sépare.

|| **2°** Constitution physique propre à un corps organisé, selon la manière dont les diverses fonctions y sont équilibrées. Un — sanguin, bilieux, lymphatique, nerveux. Un — robuste, propre à tous les exercices, VOLT. *Hist. de Russie,* I, 6. La vanité, la honte et surtout le — font souvent la valeur des hommes et la vertu des femmes, LA ROCHEF. *Max.* 220. Leur esprit en cela suit leur —, LA F. *Fab.* XII, 23. Propos, conseil, enseignement, Rien ne change un —, ID. *ibid.* VIII, 16. De son —, il (l'arbre) eût encor vécu, LA F. *Fab.* X, 1. | *P. anal.* L'État romain... était, pour ainsi parler, du — qui devait être le plus fécond en héros, BOSS. *Hist. univ.* III, 6. || *Spécialt.* Inclination à l'amour physique. Les neuf béguEules savantes... Avaient peu de —, VOLT. *Ép.* 29.

TEMPÉRANCE [tan-pé-räns'] *s. f.*

[ÉTYM. Emprunté du lat. temperantia, *m. s. (Cf.* l'anc. franç. temprance, de formation pop.) || XIII° s. Force e temperaunce, ROB. GROSSETESTE, dans GODEF. *Compl.*]

|| **1°** (Antiq.) Vertu consistant à modérer ses désirs.

|| **2°** Modération dans les plaisirs sensuels, spécialement dans les plaisirs de la table. (*Syn.* sobriété.) | Société de —, association ayant pour but de combattre l'abus des liqueurs spiritueuses.

TEMPÉRANT, ANTE [tan-pé-ran, -ränt'] *adj.*

[ÉTYM. Emprunté du lat. temperans, *m. s.* || 1553. Justes, temperants et virils, LE PLESSIS, *Éthiques d'Aristote,* dans GODEF. *Compl.*]

|| Modéré dans les plaisirs sensuels, spécialement dans les plaisirs de la table. (*Syn.* sobre.)

TEMPÉRATURE [tan-pé-ra-tür] *s. f.*

[ÉTYM. Emprunté du lat. temperatura, *m. s. (Cf.* l'anc. franç. tempreüre, de formation pop.) || 1539. R. EST.]

I. *Vieilli.* Constitution physique propre à un corps organisé. (*Syn.* tempérament.) Une — de corps sujette, comme la nôtre, à toutes les incommodités de la vie, BOSS. *Bonté de Dieu,* 1.

II. Degré de chaleur d'un corps, d'un lieu, appréciable par les sensations qu'il produit sur nos organes, ou l'action qu'il exerce sur le thermomètre. | *Spécialt.* Degré de chaleur de l'atmosphère. Une — basse, élevée, qui fait baisser, hausser le thermomètre.

TEMPÉRER [tan-pé-ré] *v. tr.*

[ÉTYM. Emprunté du lat. temperare, *m. s. (Cf.* le doublet tremper, de formation pop.) || XII° s. Bede le tempered, PH. DE THAUN, dans GODEF. *Compl.*]

|| **1°** *Vieilli.* Modérer par qq mélange (la force d'un liquide, d'un gaz, etc.). Pour — un peu ce sang si enragé, SÉV. 651. — l'âcreté des humeurs. Afin que dans ce temps la bile se tempère, MOL. *Éc. des f.* II, 4. *Absolt.* Il fait dire au prince des philosophes que le vin enivre, et à l'Orateur romain que l'eau le tempère, LA BR. 12. || *Fig.* Les vices entrent dans la composition des vertus, comme les poisons entrent dans la composition des remèdes : la prudence les assemble et les tempère, LA ROCHEF. *Réflex.* 182. Dieu tempère le monde (en unit les éléments dans une juste proportion), MALH. *Ép. de Sénèq.* LXV, 4.

|| **2°** Modérer par qq adoucissement. La mer tempère dans ces climats l'ardeur de l'air, BUFF. *Homme. Absolt.* Climat tempéré, qui n'est ni trop chaud ni trop froid. Zone tempérée, région du globe dont le climat n'est ni très chaud ni très froid. || La douceur qui tempérait cette vivacité, FÉN. *Tél.* 1. Il a été fort nécessaire que nos pères aient tempéré les choses par leur prudence, PASC. *Prov.* 6. || *Absolt.* (Politiq.) Monarchie tempérée, où le pouvoir du souverain est modéré par certaines institutions. | (Littéral.) Genre tempéré, qui tient le milieu entre le genre simple et le genre sublime. | (Musique.) Gamme tempérée, dont quel-

ques notes sont légèrement altérées, pour éviter des dissonances choquantes.

TEMPÊTE [tan-pêt'] *s. f.*

[ÉTYM. Du lat. pop. *tempĕsta (class. tempestas, atem), m. s.* devenu tempeste, § 291, tempéte, § 422. L'anc. franç. dit aussi tempesté, de tempestātem, et tempest de tempĕstum. || XI° s. Sis acuillit e tempeste e ored, *Roland,* 689.]

|| Tourmente furieuse. Le vent soufle en —. *Spécialt.* Tourmente furieuse sur la mer. La — furieuse dont sa flotte fut battue durant dix jours, BOSS. *R. d'Angl.* Le cap des Tempêtes (le cap de Bonne-Espérance), où les tempêtes sont fréquentes. L'oiseau des tempêtes, le goéland. | *Fig.* Je m'assure un port dans la —, RAC. *Brit.* I, 1. || *P. ext.* | **1.** Violente agitation. L'amour peut bien remuer le cœur des héros du monde, il peut bien y soulever des tempêtes, BOSS. *Marie-Thérèse.* Quelle — devait s'élever contre l'Église naissante ! BOSS. *Hist. univ.* II, 26. *Loc. prov.* Une — dans un verre d'eau, une grande agitation à propos d'une bagatelle. | **2.** Bruit terrible. On en a pour huit jours d'effroyable —, MOL. *F. sav.* II, 9. Leur troupe n'était pas encore accoutumée A la — de sa voix, LA F. *Fab.* II, 19.

TEMPÊTER [tan-pê-té] *v. intr.*

[ÉTYM. Dérivé de tempéte, § 154. || XII° s. Mais la mer vait si tempestant, *Thèbes,* 596.]

|| Faire un bruit terrible. C'est en vain qu'il tempête et feint d'être en fureur, CORN. *Poly.* V, 1. Allez plus loin — de la sorte, RAC. *Plaid.* I, 8.

TEMPÉTUEUX, EUSE [tan-pé-tueu, -tueŭz' ; *en vers,* -tu-...] *adj.*

[ÉTYM. Emprunté du bas lat. tempestuosus, *m. s.* § 503. || XIV° s. Les grandes undes sont tempestueuses, ORESME, *Éth.* II, 12.]

|| (T. didact.) Où règnent les tempêtes. Terrible mer, séjour —, DELILLE, *Imagin.* 3.

1. TEMPLE [tänpl'] *s. m.*

[ÉTYM. Emprunté du lat. templum, *m. s.* || XI° s. Le temple Salemun, *Roland,* 1524.]

|| Édifice consacré au culte public de la Divinité. Les peuples qui n'ont point de temples ont peu d'attachement pour leur religion, MONTESQ. *Espr. des lois,* XXV, 3. Le — de Jupiter, d'Apollon. Le — de Janus, qu'on ouvrait pendant la guerre. | *Fig.* Le — de Mémoire, la renommée. Être inscrit au — de Mémoire, s'être immortalisé. || *Spécialt.* | **1.** Édifice consacré au Dieu d'Israël, que Salomon éleva à Jérusalem. La destruction du —. Oui, je viens dans son — adorer l'Éternel, RAC. *Ath.* I, 1. (*Cf.* templier.) | **2.** *Poét.* Église. Tu le vois (Louis XIV)... Baiser avec respect le pavé de tes temples, RAC. *Esth.* prol. | **3.** Nom donné par les protestants à l'édifice où ils célèbrent leur culte. | **4.** Nom donné par les francs-maçons à l'édifice où ils tiennent leurs réunions. || *Fig.* Lieu où réside la Divinité. L'âme chrétienne doit être le — vivant de Dieu, de l'Esprit-Saint.

2. ᵃ **TEMPLE** [tänpl']. *V.* tempe.

TEMPLIER [tan-pli-yé] *s. m.*

[ÉTYM. Dérivé de temple, § 115. || XIII° s. Seles vernisiees fetes pour Templiers, E. BOILEAU, *Livre des mest.* I, LXXVIII, 6.]

|| Chevalier d'un ordre militaire institué à Jérusalem au XII° s., près de l'emplacement où avait été le temple de Salomon. *Loc. prov.* Boire, jurer comme un —.

TEMPORAIRE [tan-pò-rér] *adj.*

[ÉTYM. Emprunté du lat. temporarius, *m. s.* || XVI° s. Provisions ainsi concedees ne sont que temporaires, ST-JULIEN, *Meslanges hist.* p. 141. Admis ACAD. 1835.]

|| (T. didact.) Qui n'est que pour un certain temps. Une charge, une fonction —.

TEMPORAIREMENT [tan-pò-ròr-man ; *en vers,* -rère-...] *adv.*

[ÉTYM. Composé de temporaire et ment, § 724. || *Néolog.* Admis ACAD. 1835.]

|| (T. didact.) D'une manière temporaire.

TEMPORAL, ALE [tan-pò-ràl] *adj.*

[ÉTYM. Emprunté du lat. temporalis, *m. s.* || XVI° s. Le muscle nommé crotaphite, c'est a dire temporal, PARÉ, IV, 9. Admis ACAD. 1762.]

|| (Anat.) Qui appartient aux tempes. Le muscle —. Les os temporaux, et, *substantivt,* Les temporaux.

TEMPORALITÉ [tan-pò-rà-li-té] *s. f.*

[ÉTYM. Emprunté du lat. ecclés. temporalitas, *m. s.* || XII° s. Quant li temporalitelz avoit plus grant force, *Serm. de St Bern.* p. 6.]

|| *Vieilli*. Domaine temporel (d'un évêché, d'une abbaye, du saint-siège, etc.).

TEMPOREL, ELLE [tan-pò-rèl] *adj.*

[ÉTYM. Emprunté du lat. temporalis, *m. s.* || XIIᵉ s. Temporal, BENEEIT, *Ducs de Norm.* I, 1735. Choses temporeis, *Serm. de St Bern.* p. 6.]

|| (T. didact.) || **1°** Relatif aux choses passagères qui sont dans le temps (par opposition à éternel). Si ce peuple encore infirme avait besoin d'être attiré par des promesses temporelles, BOSS. *Hist. univ.* II, 4. L'amour qui nous attache aux beautés éternelles N'étouffe pas en nous l'amour des temporelles, MOL. *Tart.* III, 3.

|| **2°** Relatif aux choses de la vie matérielle (par opposition à spirituel). Le pouvoir — du pape, son pouvoir comme chef d'État. Son autorité spirituelle (du saint-siège) toujours un peu mêlée de —, VOLT. *S. de L. XIV*, 2. Empêcher les ministres des autels de paraître, pour les affaires même temporelles, devant les juges de la terre, BOSS. *Le Tellier.* || *Substantivt.* Le —, revenu qu'un ecclésiastique tire de son bénéfice, de ses fonctions, etc.

TEMPORELLEMENT [tan-pò-rèl-man; *en vers*, -rè-le-...] *adv.*

[ÉTYM. Composé de temporelle et ment, § 724. || XIIIᵉ s. Temporeument, BEAUMAN. 618, Salmon.]

|| (T. didact.) D'une manière temporelle.

TEMPORISATEUR, TRICE [tan-pò-ri-zà-tœur, -tris'] *s. m.* et *f.*

[ÉTYM. Dérivé de temporiser, § 249. || *Néolog.* Admis ACAD. 1878.]

|| Celui, celle qui temporise. (Cf. temporiseur.) *Adjectivt.* Une politique temporisatrice.

TEMPORISATION [tan-pò-ri-zà-syon; *en vers*, -si-on] *s. f.*

[ÉTYM. Dérivé de temporiser, § 247. || Admis ACAD. 1798.]

|| Action de temporiser.

TEMPORISEMENT [tan-pò-riz'-man; *en vers*, -ri-ze-...] *s. m.*

[ÉTYM. Dérivé de temporiser, § 145. || 1556. Par un tel temporisement et sejour, BEAUGUÉ, *Guerre d'Écosse*, I, 20.]

|| *Vieilli.* Habitude de temporiser.

TEMPORISER [tan-pò-ri-zé] *v. intr.*

[ÉTYM. Emprunté du bas lat. temporizare, passer le temps, différer, § 267. || XIVᵉ-XVᵉ s. Le plus glorieux royaume qui temporisast soubz les nues, CHR. DE PISAN, *Ch. V*, II, 15.]

|| Différer pour attendre un moment plus favorable.

TEMPORISEUR, *TEMPORISEUSE [tan-pò-ri-zœur, -zœuz'] *s. m.* et *f.*

[ÉTYM. Dérivé de temporiser, § 112. || 1611. COTGR.]

|| *Vieilli.* Celui, celle qui temporise. (*Cf.* temporisateur.)

TEMPS [tan; *en liaison*, tanz'] *s. m.*

[ÉTYM. Du lat. pop. tempus, *m. s.* devenu tems, tens, écrit plus récemment temps par réaction étymologique, § 502.]

I. Durée de ce qui a un commencement et une fin.

|| **1°** L'ensemble de la durée considéré d'une manière générale. Si l'on compare le — à l'éternité où il n'y a ni mesure ni terme, BOSS. *D. d'Orl.* Il y a bien de différentes opinions touchant l'essence du —, PASC. *Espr. géom.* 1. | (Avec une majuscule.) Divinité mythologique représentée sous la figure d'un vieillard ailé, tenant une faux et un sablier. Ou le Temps qui s'enfuit une horloge à la main, BOIL. *Art p.* 3. | *Poét.* Sur les ailes du Temps la tristesse s'envole, LA F. *Fab.* VI, 21. Ses soins ne purent faire Qu'elle échappât au Temps, cet insigne larron, ID. *ibid.* VII, 5.

|| **2°** Succession des parties de la durée considérée par rapport aux événements, aux occupations de la vie. Le — est un grand maître, il règle bien des choses, CORN. *Sertor.* II, 4. Hâtons-nous, le — fuit, BOIL. *Ép.* 3. Le — présent, passé, futur. ||(Gramm.)Les — d'un verbe, différentes flexions d'un même mode indiquant que l'action, l'état exprimé par le verbe est présent, passé ou futur. || *Ellipt.* Dans le — (passé), et, *famil.* Au — jadis, autrefois. *Vieilli.* De vieux —, dès longtemps. Son père, de vieux —, est grand ami du mien, CORN. *Ment.* II, 3. Dans le cours, dans la suite des —. Les jours, les mois, les années s'enfoncent et se perdent sans retour dans l'abîme des —, LA BR. 13. Son empire (de Dieu) a des — précédé la naissance, RAC. *Ath.* I, 4. Ceux qui emploient mal leur — sont les premiers à se plaindre de sa brièveté, LA BR. 12. Je dis à l'un : Vous vous ennuyez; et à l'autre : Le — ne vous dure guère, PASC. *Pens.* VII, 5. Patience et longueur de — font plus que force ni que rage, LA F. *Fab.* II, 11. Perdre le —, son

—, et, *vieilli*, Perdre —, ne pas travailler ou faire des choses inutiles. Je n'ai point perdu —, CORN. *Cinna*, I, 3. Avoir du — devant soi, à sa disposition. Gagner du —. Accorder du — à qqn. Passer le —. Tuer le —, le passer comme on peut, quand on attend, qu'on n'a rien à faire. Réparer le — perdu. Le — presse. N'avoir pas le — de faire qqch. Afin que Télémaque eût le — d'acquérir plus de gloire, FÉN. *Tél.* 17. || *Spécialt.* (T. scientif.) Mesure de la succession des parties de la durée. Les espaces parcourus par un corps en chute libre sont entre eux comme les carrés des — employés à les parcourir. | — vrai, mesuré par l'intervalle entre deux passages du soleil au même méridien. — moyen, mesuré selon la marche fictive d'un soleil qui aurait un mouvement uniforme et passerait au périgée et à l'apogée au même moment que le soleil vrai.

|| **3°** Portion de la durée, espace de temps déterminé, période. | **1.** Espace de temps destiné pour l'accomplissement de qqch. Faire chaque chose en son —. Dieu, qui fait tout en son —, BOSS. *Hist. univ.* II, 9. Il y a — pour tout, MARIV. *Pays. parv.* 6. Prendre le —, son —, choisir le temps qui convient pour qqch. Le moine disait son bréviaire : Il prenait bien son — I LA F. *Fab.* VII, 9. Prendre à son point le — de la vengeance, CORN. *Méd.* I, 5. *Loc. adv.* En — et lieu, dans le temps et le lieu qui conviennent pour qqch. Ai-je passé le — d'aimer? LA F. *Fab.* IX, 2. Le — du repas. Faire son — de service, et, *ellipt*, Faire son —. *Fig.* Une chose qui a fait son —, qui est hors de service, de mode. | **2.** Espace de temps durant lequel qqch s'accomplit. Quel — à mon exil, quel lieu prescrivez-vous? RAC. *Phéd.* IV, 2. Vous pourrez voir un — (pendant un temps) vos écrits estimés, BOIL. *Sat.* 9. Cela n'a qu'un —, ne peut durer qu'un certain temps. | *Vieilli.* Cela fit que l'empire d'Orient subsista encore du — (pendant qq temps), MONTESQ. *Rom.* 20. | Avec le —, et, *vieilli*, Après le —, au bout d'un certain temps. Avec le — aussi vous pourrez me connaître, RAC. *Baj.* III, 2. Ce n'est qu'après le —... qu'on sait enfin..., LA BR. 3. A quelque — de là (quelque temps après) la cigogne le prie, LA F. *Fab.* I, 18. De tout — à l'amour opposée, RAC. *Phéd.* II, 1. On doit se regarder soi-même un fort long —, MOL. *Mis.* III, 5. La maison de ce patriarche devient un grand peuple en peu de —, BOSS. *Hist. univ.* I, 3. Entre —, dans l'intervalle. (*Cf.* entre-temps.) || *Spécialt.* | **1.** Période de la vie d'un individu. Le redouté capitaine tombe au plus beau — de sa vie, BOSS. *A. de Gonz.* Au — de ma jeunesse. Dans notre jeune —. C'était le bon —. *Fig.* Se donner du bon —, passer le temps gaiement. | Vie d'un individu. Durant le — de Jephté, BOSS. *Hist. univ.* I, 4. Darius, qui régnait en Perse de son — (d'Alexandre), ID. *ibid.* III, 5. | **2.** Période de la vie d'un peuple. Vous n'avez plus de peine à distinguer tous les — de Rome, BOSS. *Hist. univ.* III, 7. Dans les derniers — de la république, ID. *ibid.* III, 6. Ce qu'il y a de plus remarquable dans les — appelés fabuleux ou héroïques, ID. *ibid.* I, 5. Les — historiques. Cet heureux — Où les rois s'honoraient du nom de fainéants, BOIL. *Lutr.* 2. Être de son —. Ce judicieux favori sut céder au —, BOSS. *Le Tellier.* Par le — qui court. | *Famil.* Vivre dans des — difficiles. Les — sont durs. Attendre des — meilleurs. O —, ô mœurs! Le bon vieux —. C'était le bon —. | (T. biblique.) Vous, ministre de paix dans les — de colère (où s'exerce la colère divine), RAC. *Ath.* II, 5. C'est un signe des —, annonçant que le temps prédit approche. Les — sont accomplis, RAC. *Ath.* I, 2. | **3.** Partie de l'année liturgique. Le — de l'avent, du carême. Les Quatre-Temps, jeûne et abstinence qui ont lieu quatre fois dans l'année. Le propre du —, office propre aux fêtes solennelles de l'année, qui exclut l'office propre des saints qu'on récite spécialement pendant certains temps de l'année.

|| **4°** Moment, époque de la durée. Ainsi, dans l'ordre des siècles, il faut avoir certains — marqués par quelque grand événement auquel on rapporte tout le reste : c'est ce qui s'appelle époque, BOSS. *Hist. univ.* avant-propos. Quand le — a été venu que la puissance romaine devait tomber, ID. *ibid.* III, 1. Il court dans le même — le divulguer, LA BR. *Théophr. Grand Parleur.* Une loi Qui, sans marquer de —, lui destine ta foi, CORN. *Cid*, V, 7. Avant le —, avant le terme fixé. Il n'est pas — encor de chercher le trépas, CORN. *Cid*, III, 6. Il est —, et, *vieilli*, Il s'en va —, le moment est venu. Il s'en va que je reprenne Un peu de forces, LA F. *Fab.* VI, épil. Vous le saurez quand il en sera —, CORN. *Psyché*, III, 3. Il n'est plus —. S'il en est — encore. J'ai pris le — de sortir pendant que vous dormiez, MOL. *G. Dand.* III, 6. Un — d'arrêt, un

moment où l'on s'arrête. Faire un — d'arrêt. Tout d'un —,
en un moment. Et tout d'un — on le voit y voler, CORN. *Hor.*
IV, 2. | Les — légaux, termes fixés par la loi pour prescrip-
tion, déchéance, etc. || *Spécialt.* Unité de durée, dans
certains mouvements. Le — du galop d'un cheval. *P. ext.*
Faire un — de galop, une petite course au galop. La charge
en douze —, succession de mouvements par lesquels on
chargeait les anciens fusils. Un coup de — (en escrime),
coup pris d'opposition sur une attaque de pied ferme de
l'adversaire. *Fig.* Prendre qqn sur le —, à l'improviste. |
(Musique.) Les — de la mesure, unité de division de la mesure musicale. Le — fort, le — faible. Une mesure à trois
—, à quatre —. La valse à trois —. *P. ext.* Faire un — de
valse, un petit tour de valse. | Prendre du — en lisant, en
récitant, faire des pauses.

II. *P. anal.* Saison. || *P. ext.* État de l'atmosphère. Le
— est beau. Le — est couvert, orageux, pluvieux, humide. *Fig.*
Il faut prendre le — comme il vient. Faire la pluie et le beau
—, avoir une grande influence. *P. plaisant.* Un — de de-
moiselle, ni pluie, ni vent, ni soleil. Un — gris, un vilain —.
Que faisiez-vous au — chaud? LA F. *Fab.* I, 1. Avoir un gros
— (sur mer), un vent menaçant.

TENABLE [te-nâbl'] *adj.*
[ÉTYM. Dérivé de tenir, § 93. || XIIᵉ s. Paiz fixe e entiere
e tenable, BENEEIT, *Ducs de Norm.* 12055.]
|| Où l'on peut se tenir. La place ne sera plus —, SÉV.
332. Ce poste n'est plus —.

TENACE [te-nâs'] *adj.*
[ÉTYM. Emprunté du lat. tenax, m. s. || XVIᵉ s. Pituite...
tenace et visqueuse, PARÉ, XX, 27.]
|| (T. didact.) Qui tient, adhère fortement à qqch. La glu
est —. *P. ext.* Dont les parties adhèrent fortement les
unes aux autres. Un métal —, qui supporte une grande
traction sans se rompre. || *Fig.* Qui tient fortement à ses
idées, à ses résolutions. Un homme, un caractère —. *P. ext.*
Les préjugés sont tenaces. Une mémoire —, où les choses
restent profondément gravées.

TÉNACITÉ [té-nà-si-té] *s. f.*
[ÉTYM. Emprunté du lat. tenacitas, m. s. || 1516. Tena-
cité d'amours, GUILL. MICHEL, *Eglogues*, dans DELB. *Rec.*]
|| (T. didact.) Caractère de ce qui est tenace. La — de
la poix. | La — du chanvre, de certains métaux. || *Fig.* Une
grande — de caractère. | La — de la mémoire.

TENAILLE [te-nây'] *s. f.*
[ÉTYM. Du lat. pop. *tenacula, m. s.* dérivé de tenere,
tenir, § 88, devenu *tenacla, § 290, *tenagla, tenaille, §§ 390,
463 et 291. (*Cf.* tenette.) || XIIᵒ s. Nel pot aveir en nul endreit
A tenailles n'a ferrement, *Énéas*, 9556.]
|| Outil de fer composé de deux branches à mors qui
s'ouvrent et se resserrent de manière à saisir et à tenir
fortement. *P. anal.* (Fortific.) Ouvrage bas, à deux faces
en avant de la courtine d'un front bastionné, présentant
un angle rentrant vers la campagne.

TENAILLER [te-nà-yé] *v. tr.*
[ÉTYM. Dérivé de tenaille, § 154. || 1549. R. EST.]
|| Torturer en pinçant fortement avec des tenailles.
Damiens... fut tenaillé avec de grosses pinces ardentes aux
bras, aux cuisses et à la poitrine, VOLT. *Parlem. de Paris*, 67.
|| *Fig.* Son cerveau tenaillant (mettant son esprit à la tor-
ture), BOIL. *Épigr.* 14.

TENAILLON [te-nà-yon] *s. m.*
[ÉTYM. Dérivé de tenaille, § 104. || 1567. Ils (les serpents)
ont des tenaillons, J. GREVIN, *Thériaques de Nicandre*, dans
DELB. *Rec.* ACAD. 1762.]
|| (Fortific.) Petite tenaille. (*Syn.* lunette.) Les tenaillons
d'une demi-lune. Sept mille hommes qui attaquèrent leur chemin couvert et un —, ST-SIM. VI, 153.]

TENANCIER, IÈRE [te-nan-syé, -syèr'] *s. m. et f.*
[ÉTYM. Dérivé de l'anc. franç. tenance, action de tenir,
§ 115. || XVIᵉ-XVIIᵉ s. Mes voisins et tenanciers, D'AUB. *Fœ-
neste*, I, 1.]
|| **1°** (Féodal.) Celui, celle qui tient des terres en roture.
|| **2°** Celui, celle qui tient à ferme un domaine rural
dépendant d'une ferme plus importante.
|| **3°** Celui, celle qui tient une maison de jeu, de pros-
titution.

TENANT, ANTE [te-nan, -nânt'] *adj. et s. m.*
[ÉTYM. Adj. et subst. particip. de tenir, § 47. || XIIᵉ s.
D'un tenant dure Quatre jornees d'erreure, *Énéas*, 6579.]
I. *Adj.* Qui se tient d'une manière suivie. *Spécialt.*

Séance tenante, pendant que la séance se tient. *Fig. Vieilli.*
Rancune tenante, sans cesser de garder rancune.

II. *S. m.* || **1°** | **1.** Ce qui se tient d'une manière con-
tinue. Vingt arpents de terre d'un seul —, tout d'un —, que
rien ne sépare les uns des autres. | **2.** Ce qui tient à qqch,
y est joint. Les tenants et aboutissants d'une propriété. *Fig.*
Connaître les tenants et les aboutissants d'une question, ce qui
s'y rattache et les conséquences.
|| **2°** | **1.** (Féodal.) Celui qui tient des terres en roture.
(*Cf.* tenancier.) Celui qui n'aurait été homme ni — du seigneur,
MONTESQ. *Espr. des lois*, XXVIII, 28. | **2.** Celui qui, dans
un tournoi, est prêt à soutenir la lutte, le défi contre tout
venant. *P. anal.* Le — de qqn, celui qui est prêt à le soutenir contre ses ennemis. Le — d'une opinion, celui qui est
prêt à la soutenir contre ses adversaires.

TENDANCE [tan-dâns'] *s. f.*
[ÉTYM. Dérivé de tendre 2, § 146. || XIIIᵉ s. Sa dame ou
avoit sa tendance, J. SAKESEP, *Châtelain de Coucy*, 7592.]
|| **1°** Disposition en vertu de laquelle un être se sent
attiré vers une fin. (*Syn.* inclination.) Une — naturelle au
bien, vers le bien. L'anarchie avec une — à l'ordre, MONTESQ.
Espr. des lois, XXX, I. Procès de —, pour des actes qui ne
sont pas coupables en eux-mêmes, mais où l'on suppose
des intentions coupables.
|| **2°** Action en vertu de laquelle un corps est porté à
se mouvoir dans une certaine direction. La — des corps
vers le centre de la terre.

TENDANT, ANTE [tan-dan, -dânt']. *V.* tendre.

TENDE [tänd'] *s. f.*
[ÉTYM. Subst. verbal de tendre 2, § 52. (*Cf.* tendon.) ||
Néolog.]
|| (Boucherie.) Morceau de bœuf formé par le muscle
de la région interne de la cuisse. — de hanche.

TENDELET [tand-lò; *en vers*, tan-de-lò] *s. m.*
[ÉTYM. Emprunté de l'ital. tendaletto, diminutif de ten-
dale, grande tente, § 12. (*Cf.* l'anc. franç. tentelete.) || 1611.
COTGR.]
|| (Technol.) Tente qui recouvre la poupe d'une galère.
P. ext. Un palanquin à —, B. DE ST-P. *Chaum. ind.* préamb.

TENDER [tin-dèr] *s. m.*
[ÉTYM. Emprunté de l'angl. tender, m. s. § 8. || *Néolog.*
Admis ACAD. 1878.]
|| (Technol.) Voiture attachée à la locomotive pour
porter l'eau et le charbon.

TENDEUR, *TENDEUSE [tan-deur, -deuz'] *s. m. et f.*
[ÉTYM. Dérivé de tendre 2, § 112. || 1262. Li bans des
tendeurs en lice, dans GODEF. tendeor. Admis ACAD. 1835.]
|| Celui, celle qui tend qqch. — de tapisseries. *Spécialt.*
Celui, celle qui tend des filets pour prendre le gibier.

TENDINEUX, EUSE [tan-di-neû, -neûz'] *adj.*
[ÉTYM. Dérivé du bas lat. tendo, tendinis, tendon, § 251. ||
XVIᵉ s. Aponevrose tendineuse, PARÉ, I, 8. Admis ACAD. 1762.]
|| (Anat.) Constitué par des tendons. Fibres tendineuses.

TENDOIR [tan-dwâr] *s. m.*
[ÉTYM. Dérivé de tendre 2, § 113. (*Cf.* étendoir et tentoi.)
On trouve le s. f. tendoire, au sens **1°** dans un règlement
de 1718. || 1771. TRÉV.]
|| (Technol.) || **1°** Réunion de perches sur lesquelles on
étend des étoffes pour les faire sécher.
|| **2°** Bâton qui, dans le métier du rubanier, empêche
de se dérouler la traverse qui tient l'étoffe tendue.

TENDON [tan-don] *s. m.*
[ÉTYM. Dérivé de tendre 2, § 104. || XIVᵉ-XVᵉ s. La cauppe-
treppe et le tendon, EUST. DESCH. I, 107.]
I. Dans le système musculaire, faisceau fibreux distinct
du muscle par ses fibres non contractiles et sa couleur
d'un blanc luisant. — d'Achille, gros tendon qui s'attache
en arrière à la partie inférieure du calcanéum.
II. *Dialect.* Bugrane, plante dont la racine arrête la
charrue.

1. TENDRE [tändr'] *adj.*
[ÉTYM. Du lat. tenerum, m. s. devenu ten're, tendre, §§ 290,
291 et 484.]
|| **1°** Qui se laisse facilement entamer. Pierre —. Bois —.
Porcelaine de pâte —. Aliments tendres (à la cuisson, sous
la dent). Pain —, pain nouvellement cuit, qui cède à la
pression des doigts. Avoir la peau —. Une écorce —. Un
cheval qui a la bouche — (à l'action du mors). Un cheval —
aux mouches. *Fig.* Quand on est aussi — aux mouches (aussi
impressionnable) que je le suis, SÉV. 448. Cette fleur si —

et sitôt moissonnés, RAC. *Ath.* IV, 3. Je vais le frapper (votre cœur) par l'endroit le plus —, ID. *Bér.* III, 3. Une couleur —, qui s'altère facilement. *Fig.* Elle était liée (cette querelle) à des choses bien tendres, MONTESQ. *Rom.* 22.

‖ **2°** Qui cède facilement aux impressions. Moi qui suis — aux larmes, SÉV. 292. Vous êtes donc bien — à la tentation, MOL. *Tart.* III, 2. *Absolt.* Un enfant dont les organes encore tendres sont vivement frappés par les moindres objets, MONTESQ. *Lett. pers.* 48. La — jeunesse, l'âge —, où les organes sont encore tendres, l'enfance. Dans un âge si — quel éclaircissement en pouvez-vous attendre? RAC. *Ath.* II, 7. ‖ *Spécialt.* Qui cède facilement à l'amour, aux sentiments affectueux. Tendres à aimer leurs frères, BOSS. 2ᵉ *Pentecôte*, 2. | *Absolt.* Avoir le cœur —. Une personne —. *P. ext.* Une musique —. Leurs tendres écrits par les Grâces dictés, BOIL. *Art p.* 2. Je veux qqch de — et de passionné, MOL. *Sicil.* sc. 2. ‖ *Substantivt.* Le pays de Tendre, pays imaginaire dont les ruisseaux, les villages, etc., représentent, dans certains romans du XVIIᵉ siècle, les phases, les progrès de l'amour. Sur le fleuve de Tendre Naviguer à souhait, BOIL. *Sat.* 10. La carte de Tendre, carte de ce pays imaginaire. | *P. ext.* Qui a pour qqn une affection pleine de sensibilité et de douceur. Des pleurs que vous arrache un intérêt si —, RAC. *Iph.* I, 5. A pouvoir inspirer de tendres sentiments, MOL. *Mis.* III, 4. *P. ext.* Un — aveu. Regarder qqn d'un air —. *Substantivt.* Dans le langage des précieuses, sentiment tendre. J'ai un furieux — pour les hommes d'épée, MOL. *Préc. rid.* sc. 11.

2. TENDRE [tândr'] *v. tr.* et *intr.*

[ÉTYM. Du lat. *tĕndere*, m. s. §§ 290 et 291.]

I. *V. tr.* ‖ **1°** Raidir (un corps plus ou moins élastique) en l'allongeant par une traction d'une extrémité à l'extrémité opposée. — une corde, une chaîne, un ressort. — un arc. | *P. anal.* Allonger en raidissant dans une certaine direction. — le bras. Avoir le jarret tendu. — le cou, le dos. — les bras vers qqn, l'appeler à son aide. — les bras à qqn, pour l'embrasser. Et moi je lui tendais les mains pour l'embrasser, RAC. *Ath.* II, 5. — le dos (pour recevoir des coups). — la main à qqn. | **1.** Pour l'aider, le soutenir. | **2.** En signe d'amitié. | *Absolt.* — la main, pour demander l'aumône. | — la gorge, pour recevoir le coup mortel. — au fer de Calchas une tête innocente, RAC. *Iph.* IV, 4. *P. ext.* — qqch à qqn, le lui présenter en tendant le bras. — une perche à qqn qui se noie, et, *fig. famil.* — la perche à qqn, lui venir en aide dans un embarras. | — des lacets, des gluaux, pour prendre le gibier. — des filets. — un piège, une souricière. *Fig.* — un piège, des embûches à qqn, dresser un artifice destiné à l'abuser, à le perdre. Le piège est bien tendu, CORN. *Poly.* V, 1. ‖ *P. ext.* Déployer en allongeant en tous sens. — une voile. Une peau bien tendue. | *Vieilli.* — un lit, le dresser, y mettre les draps. Son camp tout tendu (dont on a dressé les tentes), ST-SIM. III, 288. — une tapisserie sur un mur, un tapis sur le parquet. | *P. anal.* — les murs d'un appartement, d'une église, et, *ellipt.* — un appartement, une église. Une église tendue de noir.

‖ **2°** *Fig.* — tous les ressorts de son esprit, de son attention vers qqch, leur faire déployer tout l'effort, toute l'énergie dont ils sont capables. *Absolt.* Voilà de quoi sans doute avoir l'esprit tendu, PIRON, *Métrom.* I, 8. | Ce rapport des lois avec ce principe tend tous les ressorts du gouvernement, MONTESQ. *Espr. des lois*, V, 1. | Un style tendu.

II. *V. intr.* ‖ **1°** Se diriger, être porté vers un lieu. Des gens... qui couraient sans savoir où tendaient leurs pas, FÉN. *Tél.* 1. Où tend Mascarille à cette heure? MOL. *Dép. am.* I, 4. Tous les corps tendent vers le centre de la terre.

‖ **2°** Être attiré vers une fin. — je crois qu'au Ciel tendent tous vos soupirs, MOL. *Tart.* III, 3. Il (Bossuet) tend au grand, au sublime, ROLL. *Traité des études*, III, 2. La fausse gloire ne le tentait pas, tout tendait au vrai et au grand, BOSS. *Condé.*

‖ **3°** Être combiné de manière à aboutir à une fin. Où tendait ce discours qui m'a glacé d'effroi? RAC. *Phèd.* III, 6. L'autre vit où tendait cette feinte aventure, LA F. *Fab.* IX, 1. | *Vieilli.* Une erreur tendante à la subversion du sacrement, BOSS. *Var.* 3. *Spécialt.* (Droit.) Deux requêtes tendantes à même fin.

TENDREMENT [tan-dre-man] *adv.*

[ÉTYM. Composé de tendre 1 et ment, § 724. ‖ XIIᵉ s. E cum suspire tendrement, *Tristan*, II, p. 32, Michel.]

‖ D'une manière tendre. Et jusqu'à : Je vous hais, tout s'y dit —, BOIL. *Sat.* 3.

TENDRESSE [tan-drês'] *s. f.*

[ÉTYM. Dérivé de tendre 1, § 124. ‖ 1319. On quel temps de nostre tendresse, dans DOM MORICE, *Hist. de Bretagne*, I, p. 286.]

‖ **1°** Caractère de ce qui cède facilement aux impressions. Cette première — d'une conscience innocente, ah! que vous l'avez endurcie! BOSS. *Néc. de la pénit.* 2. L'avantage de l'expérience avec la — de l'âge, PASC. *Lett. à Christ.* | *Vieilli.* Facilité à s'émouvoir. Je ne puis les soutenir (ces réponses) sans une extrême —, SÉV. 760.

‖ **2°** Affection pleine de sensibilité et de douceur qu'on porte à qqn. Sensible jusqu'à la fin à la — des siens, BOSS. *Condé.* | *P. ext.* Madame ne veut plus sentir de — que pour le Dieu crucifié, BOSS. *D. d'Orl.* ‖ *Vieilli. Au plur.* Et témoigner pour lui les dernières tendresses, MOL. *Mis.* I, 1. Les tendresses de l'amour humain, CORN. *Poly.* exam.

TENDRETÉ [tan-dre-té] *s. f.*

[ÉTYM. Dérivé de tendre, § 122. ‖ XIIᵉ s. Tanreté, *Ysopet*, dans GODEF. *Compl.*]

‖ *Rare.* Caractère de ce qui est tendre (de ce qui se laisse entamer facilement). La — de la viande, des légumes. ‖ *Fig. Vieilli.* Tendresse. La — envers le prochain, FRANÇ. DE SALES, *Introd. à la vie dév.* III, 2.

TENDRON [tan-dron] *s. m.*

[ÉTYM. Dérivé de tendre 1, § 104. On trouve plus souvent tendrun en anc. franç. §§ 62 et 96. ‖ XIIᵉ s. De l'espaule li esrache Le tandron, CHRÉTIEN DE TROYES, *Chevalier au lion*, 4528.]

‖ **1°** Partie tendre, facile à entamer. | **1.** *Vieilli.* Rejeton tendre d'une plante. | **2.** Cartilage tendre du veau, à l'extrémité des os de la poitrine. Fricassée de tendrons. ‖ **2°** *Fig. Famil.* Fille en âge d'aimer. Un —.

TÉNÈBRES [té-nèbr'] *s. f. pl.*

[ÉTYM. Emprunté du lat. tenebræ, m. s. ‖ XIᵉ s. Cuntre midi tenebres i ad granz, *Roland*, 1431.]

‖ **1°** Obscurité profonde. Être enveloppé de —, d'épaisses —. Se trouver dans les —. L'oiseau des —, le chat-huant. L'office de Ténèbres, matines de l'après-midi du mercredi, du jeudi et du vendredi saint, en mémoire du moment de la passion de Jésus-Christ où la terre se couvrit de ténèbres. L'autre... Pense être au jeudi saint, croit que l'on dit Ténèbres, BOIL. *Lutr.* 4. Ses beaux yeux noirs s'éteignirent et furent couverts des — de la mort, FÉN. *Tél.* 20. | *P. ext.* (T. bibliq.) Le séjour des —, l'enfer. Esprit de —, démon. Œuvre de —, œuvre diabolique. Les — extérieures (MATTH. XXII, 1), le séjour des réprouvés.

‖ **2°** *Fig.* | **1.** Erreur, ignorance qui cache la vérité. Vivre dans les — de l'ignorance. | **2.** Tristesse. Les — couvrirent toute la surface de la cour, ST-SIM. IX, 203.

TÉNÉBREUSEMENT [té-né-breûz'-man; *en vers*, -breû-ze-...] *adv.*

[ÉTYM. Composé de ténébreuse et ment, § 724. ‖ XVIIᵉ-XVIIIᵉ s. V. à l'article.]

‖ D'une manière ténébreuse. *Fig.* D'Artagnan... se poussa — à la cour par l'intrigue, ST-SIM. VII, 110.

TÉNÉBREUX, EUSE [té-né-breû, -breûz'] *adj.*

[ÉTYM. Emprunté du lat. tenebrosus, m. s. ‖ XIᵉ s. Turnez ses oilz, mult li sunt tenebrus, *Roland*, 2896.]

‖ **1°** Où règnent les ténèbres. Un bois —. L'audace d'une femme... En des jours — a changé ces beaux jours, RAC. *Ath.* I, 1. | *P. anal.* Ces terres ténébreuses dont il est parlé dans l'Écriture, BOSS. *A. de Gonz.* | *Fig.* Qui se cache dans les ténèbres. Un complot —. Un cœur bas, un coquin —, BOIL. *Ép.* 9. Le beau Ténébreux, Amadis, qui, rebuté par Oriane, vécut loin des hommes. *P. plaisant.* Un beau Ténébreux, un beau garçon mélancolique.

‖ **2°** Où la vérité est cachée. O — mystère! RAC. *Ath.* III, 8. On appelait Héraclite le philosophe —, parce qu'il ne parlait jamais que par énigme, FÉN. *Héracl.* La ténébreuse antiquité, VOLT. *Hist. des temps fabul.*

***TÉNÉBRION** [té-né-bri-yon] *s. m.*

[ÉTYM. Emprunté du lat. tenebrio, qui recherche les ténèbres. ‖ (Au sens **1°**.) XVIᵉ s. RAB. III, 24.]

‖ **1°** *Anciennt.* Lutin (ami des ténèbres). ‖ **2°** (Hist. nat.) Blatte, coléoptère dont la larve vit cachée dans la farine.

TÈNEMENT [tên'-man; *en vers*, tè-ne-...] *s. m.*

[ÉTYM. Dérivé de tenir, § 145. ‖ XIIᵉ s. Et terres et yglises et autre tenement, GARN. DE PONT-STE-MAX. *St Thomas*, 4418.]

I. (Féodal.) Ce qui est tenu d'un seigneur (à foi et hommage ou en roture). (*Cf.* tenure.)

II. Réunion de terres, de bâtiments qui se tiennent. (*Cf.* tenant, teneur 1.)

TÉNESME [té-nèsm'] *s. m.*

[ÉTYM. Emprunté du lat. tenesmus, grec τηνεσμός, *m. s.* || 1554. B. ANEAU, *Tresor de Evonime,* dans DELB. *Rec.* Admis ACAD. 1762.]

|| (Médec.) Tension douloureuse à la région de l'anus, avec envie d'aller à la selle, non suivie d'effet. (*Cf.* épreinte.) | — vésical, tension analogue à la région de la vessie, avec envie d'uriner, non suivie d'effet.

TENETTE [te-nèt'] *s. f.*

[ÉTYM. Dérivé de tenir, § 133. || 1680. RICHEL. Admis ACAD. 1762.]

|| (Technol.) Petites tenailles d'étameur; petites pinces de chirurgien. (S'emploie surtout au pluriel.)

1. TENEUR [te-neùr] *s. f.*

[ÉTYM. Du lat. tenọrem, *m. s.* §§ 325 et 291. (*Cf.* ténor.)]

|| 1° Suite continue des choses. Les esprits continuent à se mouvoir d'une même — dans le cerveau, DESC. *Pass. de l'âme,* 160.

|| 2° *P. ext.* Sens suivi d'un écrit, d'un discours. Telle était la — de sa lettre. || (Musique.) Partie dominante de la psalmodie du plain-chant.

2. TENEUR, 'TENEUSE [te-neùr, -neùz'] *s. m.* et *f.*

[ÉTYM. Dérivé de tenir, § 112. Le fém. est peu usité. || XIIIᵉ s. Chose que le tenor ait recovrd, *Ass. de Jérus.* I, 535. Admis ACAD. 1740.]

|| Celui, celle qui tient (qqch). *Spéciall.* — de livres, celui qui tient les livres de commerce d'un négociant.

TÉNIA [té-nyà; *en vers,* -ni-à] *s. m.*

[ÉTYM. Emprunté du lat. tænia, grec ταινία, *m. s.* proprt, « ruban ». || XVᵉ s. Ung ver que on appelle tynia, texte dans DELB. *Rec.* Admis ACAD. 1762.]

|| (T. didact.) Ver cestoïde, dit vulgairement ver solitaire, qui se développe dans l'intestin de l'homme, de certains animaux.

TENIR [te-nîr] *v. tr.* et *intr.*

[ÉTYM. Du lat. tenẹre (class. tenẹre), §§ 629 et 291.]

I. *V. tr.* || 1° Avoir dans les mains, entre les bras, etc., de manière à ne pas laisser aller. — la lance d'une main et le bouclier de l'autre. Il tenait un livre. — son chapeau à la main. Ne tiens-je pas une lanterne en main? MOL. *Amph.* I, 2. — un enfant sur les bras. — qqn dans ses bras, entre ses bras. — son épée sous son bras. — la bride entre les dents. — un enfant sur ses genoux. — la plume (pour écrire). — les cartes (pour les distribuer, pour jouer). | *Absolt.* A l'impératif, en tendant qqch à qqn. Tiens! voilà ta canne. Tenez! voilà votre livre. *P. ext.* Tiens, tiens, voilà le coup que je t'ai réservé, RAC. *Andr.* V, 5. Pour avertir de prendre garde à ce qu'on dit. Tenez, le voilà qui vient. Tiens! c'est vous! | — les mains de qqn. — les mains, la tête à qqn. Se — la tête entre les mains. Se — les côtes, quand on rit trop fort, et, *fig.* Se — les côtes de rire, rire démesurément. — qqn à la gorge (pour l'étrangler). — qqn par la tête, par le menton. — un enfant par les lisières, et, *fig.* — qqn par la lisière, le conduire comme un enfant. — qqn au collet (pour l'arrêter). Il faut le — à quatre, être quatre personnes pour le tenir. — un cheval par la bride. Se — à la bride, à la rampe, pour ne pas tomber. — un vase par l'anse, un couteau par le manche. || *P. anal.* Mettre (qqch) dans l'impossibilité de s'en aller, de tomber, etc. La corde qui tient le seau. L'amarre qui tient le bateau. Le câble qui tient l'ancre. La montre est tenue par une chaîne. Une glace tenue par un clou. Un chien tenu par un collier. Un cheval tenu par une longe. | *Spéciall.* Ne pas laisser échapper un liquide. Ce vase tient bien l'eau. *P. ext.* Avoir une certaine capacité. Cette bouteille tient un litre. Cette bibliothèque tient mille volumes. || *Fig.* | 1. Avoir en sa possession, à sa disposition. Faire — à qqn un message. C'est de lui que je tiens cette nouvelle. Je tiens ce présent d'un ami. *Loc. prov.* Mieux vaut — que courir, avoir qqch de suite qu'attendre qqch de mieux. Un tiens vaut, ce dit-on, mieux que deux tu l'auras (une chose qu'on a vaut mieux que le double en promesse), LA F. *Fab.* V, 3. — dans ses mains, entre ses mains le sort de qqn. Dieu tient le cœur des rois entre ses mains puissantes, RAC. *Esth.* I, 1. — le mot d'une énigme, le fil d'une intrigue. *Famil.* — le bon bout, avoir la position la plus avantageuse. Nous le tenons, il est à notre discrétion. | 2. Avoir sous sa direction. — le gouvernail. Il tenait les rênes. *Fig.* — la queue de la poêle, avoir à diriger les choses. — les comptes d'une maison. — les livres

d'un commerçant. Mon père y tient l'urne fatale, RAC. *Phèd.* IV, 6. — une école. Moi, je sais le blason, j'en veux — école,. LA F. *Fab.* x, 15. — une terre à bail. — un hôtel, une auberge. — auberge. | 3. Assujettir, obliger. Être tenu par une promesse, un engagement, et, *ellipt,* Être tenu de faire qqch. *Loc. prov.* A l'impossible nul n'est tenu. *Spéciall.* Obliger par la reconnaissance. Je vous suis bien tenu de ce soin obligeant, MOL. *Ét.* I, 6. | Il est tenu par les occupations, et, *ellipt,* Il est tenu toute la journée. Il ne peut — sa langue, il ne peut se — de parler. Je ne me tiens pas d'impatience. Je ne sais qui me tient que...

|| 2° Faire rester dans une certaine position. — le vase droit, la lance en arrêt, l'épée haute. — les yeux fermés, le bras levé, la jambe tendue, la tête haute. Tiens ta langue captive, CORN. *Cinna,* V, 1. — pied, ne pas lâcher pied. — tête aux chiens, en parlant d'un animal, et, *fig.* — tête à qqn, ne pas lui céder. Se — droit. Se — bien. *Dans un autre sens.* Se bien —, de manière à ne pas tomber. *Fig.* Il n'a qu'à se bien —, qu'il prenne garde à lui. | — la bride haute à un cheval, maîtriser son ardeur, et, *fig.* — qqn en bride, — la bride haute à qqn, le contenir. *Fig.* La conjurer de — ses regards en bride, HAMILT. *Gram.* p. 169. *Vieilli.* Avec un nom de chose. — la bride aux grands empressements, MOL. *Mis.* I, 2. | — un cheval court, serré, lui tenir la bride courte, serrée, et, *fig.* — qqn serré, le surveiller de près. — qqn renversé sous soi. — qqn en prison, sous clef. — la porte fermée. Se — en repos. Se — coi. Se — à sa fenêtre. Se — chez soi. C'est là qu'il se tient habituellement. | *Fig.* — qqn dans sa dépendance. — qqn en respect, en échec. Tenez-vous en joie, en santé. Se — dans l'ordre. Se — à une chose, s'y borner. Tenez-vous-en là, mon père, si vous m'en croyez, PASC. *Prov.* 4. Savoir à quoi s'en —, être fixé au sujet de qqch. — la balance égale (se montrer impartial) entre deux personnes. — la main à qqch, y veiller. — une chose pour vraie, la poser comme vraie. Je tiens leur culte impie, CORN. *Poly.* II, 6. | Avec une proposition pour complément. Je tiens pour moi que c'est folie, LA F. *Fab.* V, 3. | — à honneur, regarder comme un honneur.

|| 3° Ne pas quitter. — la chambre, le lit. — la mer, le large (en parlant d'un navire), rester à la mer, au large. Une armée qui tient la campagne. | *P. anal.* Occuper un certain espace. L'armée tenait deux lieues de terrain. Les voitures tiennent toute la rue. — beaucoup de place. — la place de qqn, de qqch. — le haut du pavé. | *Fig.* — le premier rang. —, une certaine ligne de conduite. — une conduite scandaleuse. — son rang, son sérieux. — rigueur à qqn. — sa parole, ses engagements. || *P. anal.* Faire qqch d'une manière suivie. — audience, séance. Le lion tint conseil, LA F. *Fab.* VII, 1. — un son. Une note tenue. Maître renard... Lui tint à peu près ce langage, LA F. *Fab.* I, 2. — un pari. — un coup au jeu.

II. *V. intr.* || 1° Être attaché à qqch. Cette glace tient au mur par des pattes en fer. Un fruit mûr qui ne tient presque plus à la branche. La clef tient à la serrure. *P. anal.* La maison tient au presbytère, n'en est pas séparée. Ce bouton ne tient plus qu'à un fil, *Fig.* Ne — qu'à un fil, ne — à rien, et, *vieilli,* à guères, n'être plus retenu que par bien peu de chose. Sa vie ne tient plus qu'à un fil. Cet aveu ne tient plus à rien, MARIV. *Marianne,* 10. || *P. anal.* Être uni à qqn, à qqch par le sang, l'affection, l'intérêt, etc. Je tiens par le bonheur de ma naissance à un grand nom, FONTEN. *Disc. acad.* Je ne tiens plus à vous par aucun attachement du monde, MOL. *D. Juan,* IV, 6. Cela lui tient au cœur, est pour lui d'un grand intérêt, d'une grande importance. Cette galère lui tient au cœur, MOL. *Scap.* II, 7. || *Fig.* Être attaché à qqch, à qqn, lui porter un grand intérêt. — à la vie, à l'argent. Il tient à son opinion. Je tiens à ce serviteur. | Avec une proposition pour complément. Je tiens à vous convaincre. Ne tient-il qu'à marquer de cette ignominie Le sang de mes aïeux? RAC. *Brit.* I, 2.

|| 2° *Absolt.* Être solide. Une vis, un écrou qui ne tient pas. Il ne tient plus sur ses jambes. Ce chapeau ne tient plus sur sa tête. Souffler de sorte Qu'il n'est bouton qui tienne, LA F. *Fab* VI, 3. || *Fig.* | 1. Résister, ne point céder. Il n'est obstacle qui tienne. Ni grilles, ni verrous ne tiennent contre moi, CORN. *Méd.* IV, 6. Les ouvrages des Égyptiens étaient faits pour — contre le temps, BOSS. *Hist. univ.* III, 3. La place tint trois mois contre les assiégeants. Les ennemis ne purent — contre notre attaque. *Dans le même sens.* — bon, — ferme. L'arbre tient bon, LA F *Fab.* I, 22. Lui seul tint ferme, VOLT. *Ch. XII,* 5. *P. anal.* — pour qqn, ne point abandonner son parti. — pour une opinion, y rester fidèle. Un vaisseau qui ne

peut pas — à la mer. Je n'y puis plus —, MOL. *Mis.* I, 1. | 2. Subsister, ne point se défaire. Sa coiffure ne tient pas. Le beau temps ne tiendra pas. Le pari tient.

‖ 3° Participer de la nature de qqn, de qqch. Un fils qui tient de son père. — de race. Votre fermeté tient un peu du barbare, CORN. *Hor.* II, 3. Un coup imprévu qui tenait du miracle, BOSS. *D. d'Orl.* ‖ *Fig.* Dépendre de qqn, de qqch. Cela tient à votre état de santé. A quoi tiennent les choses. Il ne tiendra qu'à vous, beau sire, D'être aussi gras que moi, LA F. *Fab.* I, 5. | En —, être sous l'influence de qqch qui prend, qui tient. Que dis-tu de l'histoire et de mon artifice? Le bonhomme en tient-il? CORN. *Ment.* II, 6. Son cœur en tient déjà pour moi, TH. CORN. *Comtesse d'Orgueil*, I, 2.

TENON [te-non] *s. m.*

[ÉTYM. Dérivé de tenir, § 104. ‖ XVe s. Couplez en tenon sur les corbeaux, dans *Mém. de la Soc. des Antiq. de Norm.* XXIV, p. 635. Admis ACAD. 1740.]

‖ 1° (Technol.) Partie saillante ménagée au bout d'une pièce de bois, de métal, de marbre, etc., pour s'ajuster à une partie, à une mortaise correspondante dans une autre pièce qui doit s'assembler avec la première.

‖ 2° *Vieilli.* (Agricult.) Vrille de la vigne et des plantes analogues.

TÉNOR [té-nŏr] *s. m.*

[ÉTYM. Emprunté de l'ital. tenore, *m. s.* § 12. (*Cf.* le doublet teneur.) ‖ Admis ACAD. 1762.]

‖ (Musique.) Voix d'homme qui va du premier ut de l'alto au deuxième sol du violon. (*Cf.* taille.) *P. ext.* Chanteur qui a ce genre de voix. — léger. Fort —.

TÉNOTOMIE [té-nò-tò-mi] *s. f.*

[ÉTYM. Composé avec le grec τένων, tendon, τομή, section, et le suffixe ἰχ, § 275. ‖ *Néolog.* Admis ACAD. 1878.]

‖ (Chirurgie.) Opération qui consiste à pratiquer la section d'un tendon (trop court, trop tendu, etc.).

***TENSEUR** [tan-seùr] *s. m.*

[ÉTYM. Emprunté du lat. tensor, *m. s.* (*Cf.* tendeur.) ‖ *Néolog.*]

‖ (Anat.) Muscle qui produit une tension. *Adjectivt.* Muscle —.

***TENSIF, IVE** [tan-sĭf', -sĭv'] *adj.*

[ÉTYM. Dérivé du lat. tensum, supin de tendere, tendre, § 257. ‖ XVIe s. Douleur tensive, PARÉ, XII, 23.]

‖ (Médec.) Accompagné de tension. Douleur tensive.

TENSION [tan-syon ; *en vers*, si-on] *s. f.*

[ÉTYM. Emprunté du lat. tensio, *m. s.* ‖ XVIe s. Douleur, chaleur, tension, PARÉ, V, 3. Admis ACAD. 1718.]

‖ (T. didact.) État de ce qui est tendu. La — d'un muscle, d'un cordage. *Spécialt.* — d'une vapeur, d'un gaz, force avec laquelle la vapeur, le gaz, presse en tous sens les parois du vase où il est contenu. — électrique, force avec laquelle l'électricité accumulée sur une partie d'un corps tend à surmonter la pression atmosphérique pour s'échapper. ‖ *Fig.* — d'esprit, effort continu de l'esprit sur tel ou tel sujet. — du style, état du style dans lequel on sent l'effort.

TENTACULE [tan-tà-kul] *s. m.*

[ÉTYM. Dérivé du lat. tentare, tâter, § 241. ‖ 1775. *V.* à l'article. Admis ACAD. 1835.]

‖ (T. didact.) Appendice mobile dont sont pourvus certains animaux, et qui leur sert principalement d'organe du tact. Pour laisser aux tentacules la faculté de se mouvoir, SENEBIER, *Essai sur l'art d'observer* (1775), II, p. 4.

TENTANT, ANTE [tan-tan, -tänt'] *adj.*

[ÉTYM. Adj. particip. de tenter, § 47. ‖ Vers 1530. Un tas de gestes tentans, dans DELB. *Rec.* Admis ACAD. 1718.]

‖ Qui tente. Cela devrait être bien — pour vous, BARON, *Homme à bonnes fort.* I, 11.

TENTATEUR, TRICE [tan-tà-teùr, -trĭs'] *s. m. et f.*

[ÉTYM. Emprunté du lat. tentator, trix, *m. s.* (*Cf.* l'anc. franç. tentere.) ‖ XIVe s. La va plus seurement le temptateur, J. DE VIGNAY, dans DELB. *Rec.* Admis ACAD. 1718 (masc.) et 1762 (fém.).]

‖ Celui, celle qui cherche à tenter. *Absolt.* Le —, le démon. | *Adjectivt.* Qui est de nature à tenter. Des pièges tentateurs. L'esprit —, le démon.

TENTATION [tan-tà-syon ; *en vers*, -si-on] *s. f.*

[ÉTYM. Emprunté du lat. tentatio, *m. s.* ‖ XIIe s. Temptatiun, *Psaut. d'Oxf.* XVII, 32.]

‖ Attrait qui nous sollicite vers une chose défendue. Résister à la —. Fuir, combattre la —. A combien de tentations délicates ne sont-elles pas exposées! BOSS. *D. d'Orl.*

Vous êtes donc bien tendre à la —! MOL. *Tart.* III, 2. La — de saint Antoine. ‖ *P. ext.* Mouvement qui nous sollicite à faire qqch. Il me prend des tentations d'accommoder tout son visage à la compote, MOL. *G. Dand.* II, 2.

TENTATIVE [tan-tà-tĭv'] *s. f.*

[ÉTYM. Emprunté du lat. scolast. tentativa, épreuve, § 217. ‖ XVIe s. Qu'on me pelande en tentative de Sorbonne, RAB. III, 11.]

‖ 1° *Anciennt.* Épreuve du baccalauréat théologique.

‖ 2° *P. anal.* Essai pour faire réussir une chose, en dépit d'obstacles, de chances contraires. Une — hardie. Une vaine —. Il fait diverses tentatives pour voir si les Romains pourraient s'accoutumer au nom de roi, BOSS. *Hist. univ.* III, 7.

1. TENTE [tänt'] *s. f.*

[ÉTYM. Du lat. tenta (plur. du neutre tentum, § 545), *m. s.* de tendere, tendre, § 291.]

‖ 1° Pavillon fait d'une étoffe tendue, qu'on dresse en plein air, pour servir d'abri (surtout pour un campement militaire). Les tentes des soldats. La — du général. *Loc. prov. Fig.* Se retirer sous sa — (allusion à Achille irrité contre Agamemnon), se retirer d'une entreprise, par un sentiment d'irritation. | *P. ext.* (Antiq. juive.) Les tabernacles, ou les tentes de feuillages verts, où, de temps immémorial, le peuple demeurait tous les ans sept jours et sept nuits entières, BOSS. *Hist. univ.* II, 29.

‖ 2° *P. anal.* | **1.** Sorte de filet tendu pour prendre des oiseaux de passage, de nasse pour prendre des poissons. | **2.** (Anat.) Repli de la dure-mère tendu entre le cerveau et le cervelet.

2. TENTE [tänt'] *s. f.*

[ÉTYM. Subst. verbal de tenter, § 52. ‖ 1312. Tente ne doit toucier sans moien le nerf blecié, *Chirurg. de Mondeville*, 854, Bos.]

‖ (Médec.) Faisceau de charpie allongé qu'on enfonce dans une plaie pour en sonder la profondeur, dans une ouverture pour la dilater.

TENTER [tan-té] *v. tr.*

[ÉTYM. Emprunté du lat. tentare, *m. s.* fréquentatif de tenere, tenir. ‖ XIIe-XIIIe s. Esprueve mei, Diex, si me tante, dans *Psaut. d'Oxf.* p. 277.]

I. ‖ 1° Mettre à l'essai, à l'épreuve. Hors... d'état à — aucun remède, ST.-SIM. XI, 57. — la chance, la fortune, le sort. J'ai cent fois... Tenté leur patience, RAC. *Brit.* IV, 4. — un courroux que je retiens à peine, ID. *Phèd.* IV, 2. Dieu tenta Abraham (mit à l'épreuve sa fidélité), SACI, *Bible, Gen.* XXII, 1. *Absolt.* Dieu tente, mais il n'induit pas en erreur, PASC. *Pens.* XXIII, 10. — Dieu, mettre à l'épreuve sa bonté, sa patience, en s'exposant au péril ou en faisant le mal. Quoi! Monsieur, vous voulez — Dieu? Quelle audace! MOL. *Dép. am.* V, 3.

‖ 2° Essayer de faire réussir (une chose) en dépit d'obstacles, de chances contraires. Il faut — l'entreprise. Pourquoi — l'impossible? Tentons un dernier essai. Il est beau de — des choses inouïes, Dût-on voir par l'effet ses volontés trahies, CORN. *Sertor.* IV, 2. Les assiégés tentèrent vainement de faire lever le blocus.

II. Solliciter (qqn) à une chose défendue par l'attrait qu'elle a. Le geôlier fut fidèle, elle eut beau le —, LA F. *Contes, Coupe enchantée.* Être tenté par le démon. ‖ *P. ext.* Exciter le désir. La fausse gloire ne le tentait pas, BOSS. *Condé.* Le trône tente un cœur ambitieux, RAC. *Baj.* V, 4. Toute votre peau ne me tenterait pas, MOL. *Tart.* III, 2. Se laisser — par le bon marché. Être tenté de faire qqch. Je suis tenté de partir avec vous. Vous vous laissez — à l'envie de causer, SÉV. 778. Les millions ne me pouvaient — d'une mésalliance, ST.-SIM. I, 113.

***TENTOI** [tan-twà] *s. m.*

[ÉTYM. Pour tentoir, du lat. pop. tentorium, dérivé de tentus, part. de tendere, tendre, §§ 113, 329, 487 et 291. (*Cf.* tendoir.)]

‖ (Technol.) Barre qui sert à tourner les rouleaux qui tendent la chaîne des métiers de haute lice.

TENTURE [tan-tür] *s. f.*

[ÉTYM. Du lat. pop. *tentura, dérivé de tentus, part. de tendere, tendre, §§ 111 et 291.]

‖ Pièce d'étoffe, de tapisserie, dont le mur d'un édifice, d'un appartement, est tendu. | *Spécialt.* Étoffe noire dont on tend une maison mortuaire, une église, pour un service funèbre. ‖ *P. ext.* Étoffe, cuir, papier peint dont on tapisse les murs d'un appartement.

TÉNU, UE [té-nu] *adj.*

[ÉTYM. Emprunté du lat. tenuis, *m. s.* A remplacé l'anc. franç. tenve, de formation pop. conservé par quelques patois et encore dans ACAD. 1694. || Admis ACAD. 1694.]

|| (T. didact.) Presque insaisissable à cause de sa finesse. Un fil —. || *P. ext.* Très raréfié. Il faut que ces parties soient réduites par la chaleur en vapeurs ténues, BUFF. *Animaux carnassiers.*

TENUE [te-nu] *s. f.*

[ÉTYM. Subst. particip. de tenir, § 45. (*Cf.* teneur, ténor, tenure.) || XIIᵉ s. Car il est reis de grant tenue, *Thèbes*, 3944.]

|| **1°** Action d'être tenu. Une — d'états, LA BR. 6. Pendant la — du concile, VOLT. *Mœurs*, 72. La — des livres. La — d'un son. *P. ext.* (Féodal.) — noble, fief relevant d'un autre fief. | D'une seule —, sans interruption.

|| **2°** Manière d'être tenu. Bonne, mauvaise — de l'ancre, selon que le fond où elle est jetée la tient bien ou mal. La — d'une maison, d'une école, d'une classe. | *Spécialt.* Manière de se tenir dans le monde, au point de vue des convenances. Avoir une bonne, une mauvaise —. *P. ext.* Manière d'être habillé, au point de vue des convenances. Être en — de bal. Avoir une — négligée. Un militaire en petite, en grande —.

TÉNUIROSTRES [té-nui-ròstr'; *en vers,* -nu-i-...] *s. m. pl.*

[ÉTYM. Composé avec le lat. tenuis, ténu, et rostrum, bec, § 271. || *Néolog.* Admis ACAD. 1878.]

|| (T. didact.) Famille de passereaux à bec grêle et long.

TÉNUITÉ [té-nui-té; *en vers,* -nu-i-té] *s. f.*

[ÉTYM. Emprunté du lat. tenuitas, *m. s.* (*Cf.* l'anc. franç. tenvece, tenveté.) || 1526. La tenuité de la maison, qui est de petit revenu, dans DU C. tenuitas.]

|| (T. didact.) Caractère de ce qui est ténu. La — d'un fil. Les vaisseaux capillaires sont d'une extrême —. | *Fig.* En parlant de petites causes. Grains de sable par leur —, ST-SIM. XII, 48.

TENURE [te-nûr] *s. f.*

[ÉTYM. Dérivé de tenir, § 111. || XIIᵉ s. Tel droiture A tes frere en la teneûre Comme tu as, *Rom. de Thèbes*, app. III, 5293. Admis ACAD. 1718.]

|| (Féodal.) Mode sous lequel une terre est tenue. (*Cf.* tènement.) — noble, roturière.

TÉORBE [té-òrb'] *s. m.*

[ÉTYM. Emprunté de l'ital. tiorba (fém.), *m. s.* d'origine incertaine, § 12. Sur le changement de genre, *V.* § 554. Qqns écrivent théorbe; d'autres disent tuorbe. || XVIᵉ-XVIIᵉ s. Deux pandores et deux tuorbes, D'AUB. *Lett. à M. de la Noue.* Admis ACAD. 1762.]

|| (Musique.) Instrument analogue au luth, plus grand, à deux têtes, l'une pour les cordes se doigtant sur le manche, l'autre pour les grosses cordes qui se pincent à vide.

·TÉPIDITÉ [té-pi-di-té] *s. f.*

[ÉTYM. Emprunté du lat. tepiditas, *m. s.* || XIVᵉ s. *Modus,* dans GODEF. *Compl.*]

|| *Rare.* (T. didact.) État de ce qui est tiède. (*Cf.* tiédeur.) Qui de — dégénère en froideur, CORN. *Imit.* I, 11.

TÉRATOLOGIE [té-rà-tò-lò-jî] *s. f.*

[ÉTYM. Composé avec le grec τέρας, ατος, monstre, λόγος, discours, et le suffixe *ie*, § 275. || *Néolog.* Admis ACAD. 1878.]

|| (T. didact.) Partie de l'histoire naturelle qui étudie les monstres.

TERCER [ter-sé]. *V.* tiercer.

TERCET [tèr-sè] *s. m.*

[ÉTYM. Emprunté de l'ital. terzetto, *m. s.* § 12. On trouve qqf tiercet, d'après tiers : Venons-en promptement aux tiercets, MOL. *F. sav.* III, 2. || XVᵉ-XVIᵉ s. Rhytmes de vers tiercets à la façon italienne, J. LE MAIRE, III, 101, Stecher. Admis ACAD. 1762.]

|| (T. didact.) Stance de trois vers. Six vers... en deux tercets par le sens partagés, BOIL. *Art p.* 2. Le sonnet étonné branle sur ses tercets, J. SARRAZIN, *Déf. des bouts-rimés,* 3.

TÉRÉBENTHINE [té-ré-ban-tin'] *s. f.*

[ÉTYM. Emprunté du lat. terebinthina (resina), *m. s.* § 503. || XIIᵉ s. E fu toz plains de terbentine, *Énéas*, 6474.]

|| (Technol.) Résine liquide fournie par des arbres de la famille des Thérébinthacées. Essence de —.

TÉRÉBINTHACÉES [té-ré-bin-tà-sé] *s. f. pl.*

[ÉTYM. Dérivé de térébinthe, § 233. || 1812. MOZIN, *Dict. franç.-allem.* Admis ACAD. 1878.]

|| (Botan.) Famille de plantes dont le térébinthe est le type.

TÉRÉBINTHE [té-ré-bint'] *s. m.*

[ÉTYM. Emprunté du lat. terebinthus, grec τερέβινθος, *m. s.* || XIIIᵉ s. Opobalsamum et therebinte, *Simples medicines*, fᵒ 9, vᵒ.]

|| (Botan.) Espèce de pistachier.

TÉRÉBRANT, ANTE [té-ré-bran, -brànt'] *adj.*

[ÉTYM. Emprunté du lat. terebrans, part. de terebrare, percer avec la tarière. || *Néolog.* Admis ACAD. 1878.]

|| (T. didact.) Qui perce. Coquille térébrante, dont l'animal perce les pierres. *Substantivt.* Les térébrants, groupe d'insectes de l'ordre des Hyménoptères. || *Fig.* (Médec.) Douleur térébrante, qui donne la sensation d'une perforation.

TÉRÉBRATION [té-ré-brà-syon ; *en vers,* -si-on] *s. f.*

[ÉTYM. Emprunté du lat. terebratio, *m. s.* || XVIIᵉ s. Quand on la tire (la sève) par terebration, LIGER, *Nouv. Mais. rust.* dans DELB. *Rec.* Admis ACAD. 1762.]

|| (T. didact.) Action de percer. La — du crâne (avec un trépan). La — de l'écorce d'un arbre.

TERGIVERSATION [tèr-ji-vèr-sà-syon ; *en vers,* -si-on] *s. f.*

[ÉTYM. Emprunté du lat. tergiversatio, *m. s.* || XIIIᵉ s. *Cout. d'Artois,* dans DELB. *Rec.* Admis ACAD. 1718.]

|| (T. didact.) Action de tergiverser.

TERGIVERSER [tèr-ji-vèr-sé] *v. intr.*

[ÉTYM. Emprunté du lat. tergiversari, *m. s.* de tergum, dos, et versari, tourner. || XVIᵉ s. Pour ne les point laisser tergiverser, CALV. *Instit. chr.* I, XIII, 5. Admis ACAD. 1718.]

|| (T. didact.) User de détours.

TERME [tèrm'] *s. m.*

[ÉTYM. Du lat. terminum, *m. s.* devenu ˟termne, terme, §§ 290 et 291. (*Cf.* le doublet tertre.)]

I. (Antiq.) Borne marquant la limite d'un champ, d'une frontière, d'un stade, etc. || *P. ext.* Divinité représentée sous la forme d'une borne, qui présidait à la limite des héritages, des frontières. Le dieu Terme. || *P. anal.* Figure d'homme, de femme, dont la partie inférieure se termine en gaine. Être planté là comme un —. Ils lui promirent tous De ne bouger non plus qu'un —, LA F. *Fab.* IX, 19.

II. || **1°** Fin d'un espace à parcourir. Parvenu au — de la carrière. Il est au — de sa course. *Fig.* Aller droit comme au — unique d'une si périlleuse navigation, BOSS. *Le Tellier.* | *P. anal.* Fin d'une période de temps. Nos termes sont pareils par leur courte durée, LA F. *Fab.* XI, 8. La reine touche presque à son — fatal, RAC. *Phèd.* I, 2. Emprunter à long —. *Loc. prov.* Qui a — ne doit rien, on ne doit s'acquitter qu'à l'échéance. Une somme payable en plusieurs termes. || *Spécialt.* | 1. Époque où l'on paie (d'ordinaire après trois mois) le loyer d'une habitation. Louer pour un —. Déménager au —. Le — est échu. *P. ext.* Somme due à l'échéance du terme. Payer son —. Devoir deux termes. Payer un demi-—. | 2. Époque naturelle de l'accouchement. Être à —. Accoucher avant —. | En parlant des animaux. Une lice étant sur son —, LA F. *Fab.* II, 7. | 3. Point où qqch finit, s'arrête. Il est temps de mettre un — à ses obsessions. Aller jusqu'au — où la bonté paternelle finit, MONTESQ. *Espr. des lois,* XXIV, 13. | 4. État où qqch vient aboutir. La chose en est aux termes de n'en plus faire de secret, MOL. *D. Juan,* III, 3. Qu'elle en demeure aux termes du roman, BOIL. *Sat.* 10. En quels termes sommes-nous réduits? PASC. *Prov.* 2. Être en bons termes avec qqn. En quels termes êtes-vous ensemble? Son pouvoir Remettra son esprit aux termes du devoir, CORN. *Illus. com.* II, 8.

|| **2°** Expression d'une idée, qui définit son rôle dans une proposition, un raisonnement. Ce — est équivoque, il le faut éclaircir, BOIL. *Art p.* 1. Elles (les femmes) sont heureuses dans le choix des termes, LA BR. 1. S'exprimer en termes choisis. Je n'ai point de termes pour qualifier une si extravagante créature, PASC. *Pens.* IX, 1. Un mot sauvage et bas Qu'en termes décisifs condamne Vaugelas, MOL. *F. sav.* II, 6. Employer le — propre. Je le lui ai dit en propres termes. Ne pas ménager ses termes. En d'autres termes. Des termes techniques, scientifiques. Un — de médecine, de droit, etc. | Prendre qqn pour — de comparaison. Elle (la mort) nous réduit au — de l'équité, BOURD. *Pensée de la mort,* 1. | Les trois termes de la proposition (sujet, verbe, attribut). Les trois

termes du syllogisme (les termes majeur et mineur, avec lesquels se combine le terme moyen). || *P. anal.* Expression d'une quantité dans un rapport, une proportion, une progression, etc. L'égalité des termes. Les termes d'une équation.

TERMÈS [tèr-mès']. *V.* termite.

TERMINAISON [tèr-mi-nè-zon] *s. f.*

[ÉTYM. Dérivé de terminer, à l'imitation du lat. terminatio, *m. s.* §§ 108 et 503. || XIIᵉ s. Le jor de leur termineison, BENEEIT, *Ducs de Norm.* 14726.]

|| (T. didact.) || **1°** Action par laquelle une chose arrive à son terme. La — de la maladie sera fatale.

|| **2°** (Gramm.) La dernière partie d'un mot. (*Cf.* désinence.) — féminine, dont la syllabe finale est muette.

TERMINAL, ALE [tèr-mi-nàl] *adj.*

[ÉTYM. Emprunté du lat. terminalis, *m. s.* || (Au sens actuel.) 1783. BULLIARD, *Dict. de botan.* p. 183. Admis ACAD. 1835.]

|| (T. didact.) Qui forme l'extrémité. Bourgeon —.

TERMINER [tèr-mi-né] *v. tr.*

[ÉTYM. Emprunté du lat. terminare, *m. s.* || XIIᵉ s. Tuit ti homme mal te terminent, WACE, *Brut*, dans LA C.]

|| **1°** Arrêter à un certain terme, à une certaine limite. Alger, qui termine l'empire des Turcs en Afrique, VOLT. *Mœurs*, 161. Un renom qui n'est terminé Ni de fleuve, ni de montagne, MALH. *Poés.* 40. | *Fig.* Quand vous apprendrez à quoi se termine un si grand éclat, PASC. *Prov.* 1.

|| **2°** Faire arriver (une chose) à son terme, au point où elle finit, s'achève. L'incroyable dextérité de Madame à — tous les différends, BOSS. *D. d'Orl.* Ainsi fut terminée la seconde guerre punique, ROLL. *Traité des études*, III, 1. Le portrait est presque terminé. | *P. ext.* Une image vive et bien terminée, BUFF. *Style.*

|| **3°** Former la dernière partie de qqch. La lame du fleuret est terminée par un bouton. La péroraison qui termine un discours. Un mot terminé par une syllabe muette. Les verbes de la première conjugaison se terminent en er.

TERMINOLOGIE [tèr-mi-nò-lò-ji] *s. f.*

[ÉTYM. Composé avec le lat. terminus, terme, le grec λογός, discours, et le suffixe ie, § 284. || 1812. MOZIN, *Dict. franç.-allem.* Admis ACAD. 1878.]

|| (T. didact.) Ensemble des termes techniques employés spécialement dans un art, dans une science. | *P. ext.* Ensemble des expressions propres à un auteur.

TERMITE [tèr-mit'] *s. m.*

[ÉTYM. Emprunté du lat. termes, itis, *m. s.* On a dit aussi termès, encore dans ACAD. || 1812. MOZIN, *Dict. franç.-allem.* Admis ACAD. 1835.]

|| (Hist. nat.) Névroptère, dit vulgairement fourmi blanche, pou de bois, qui ronge à l'intérieur les pièces de bois. | *Fig.* Un travail de —, un travail destructeur lent et caché.

TERNAIRE [tèr-nèr] *adj.*

[ÉTYM. Emprunté du lat. ternarius, *m. s.* || 1484. Que pour chascun ternaire l'on ayt une figure, N. CHUQUET, *Triparty*, 116.]

|| (T. didact.) Formé de la réunion de trois éléments. Système de numération —, où trois unités du premier ordre forment une unité du second ordre. Composé —, composé chimique résultant de la combinaison de trois corps simples. Mesure —, mesure de musique divisée par trois.

1. TERNE [tèrn'] *adj.*

[ÉTYM. Origine incertaine; la date relativement récente du mot français rend douteux son rapport avec l'anc. haut allem. tarni, caché. || XVᵉ s. Aussi terne que cendre, *Lancelot*, III, fº 29, dans LA C.]

|| Qui manque de brillant. (*Syn.* mat.) Un coloris —. Des yeux ternes. | *Fig.* Un style —.

2. TERNE [tèrn'] *s. m.*

[ÉTYM. Au sens **I,** terne, autrefois ternes, représente le lat. ternas, fém. plur. de terni, qui vont par trois (*cf.* carme, autrefois quaernes; sanne, autrefois sines, senes; quine, autrefois quines); au sens **II,** il vient de l'ital. terno, mot de même famille, § 12.]

I. Au jeu de dés, de trictrac, coup où chacun des dés amène un trois. Amener un —, et, *vieilli*, Amener ternes.

II. *P. ext.* || **1°** A la loterie, groupe de trois numéros qui doivent sortir tous trois au même tirage pour être gagnants.

|| **2°** Au loto, groupe de trois numéros sortis, sur une même ligne horizontale d'un carton.

TERNÉ, ÉE [tèr-né] *adj.*

[ÉTYM. Dérivé du lat. terni, qui vont par trois, § 253. || 1783. BULLIARD, *Dict. de botan.* p. 183. Admis ACAD. 1835.]

|| (Botan.) Formé de parties qui sont réunies trois par trois. La feuille de trèfle est ternée (à trois feuilles).

TERNIR [tèr-nir] *v. tr.*

[ÉTYM. Dérivé de terne 1, § 154. || XVᵉ s. Toute la couleur luy ternit, *Amant ressuscité*, dans LA C.]

|| Rendre terne (non brillant, ou moins brillant). Des couleurs ternies par le temps. L'haleine ternit la surface du miroir. || *Fig.* Tous mes plaisirs sont morts, ou ma gloire ternie, CORN. *Cid*, I, 6. Pour ne pas voir votre nom terni, BOSS. *Le Tellier.* L'hymen de Soliman ternit-il sa mémoire? RAC. *Baj.* II, 3.

TERNISSURE [tèr-ni-sûr] *s. f.*

[ÉTYM. Dérivé de ternir, § 111. || 1549. R. EST. Admis ACAD. 1762.]

|| État de ce qui devient terne.

1. TERRAGE [tè-ràj'] *s. m.*

[ÉTYM. Dérivé de terre, § 78. || 1225. Vint trois verges de terre a terage, dans GODEF. Admis ACAD. 1762.]

|| (Féodal.) Droit féodal levé sur les produits de la terre.

2. TERRAGE [tè-ràj'] *s. m.*

[ÉTYM. Dérivé de terrer, § 78. || *Néolog.* Admis ACAD. 1835.]

|| (Technol.) Action de terrer. | 1. Le — des pains de sucre. | 2. Le — des bas-fonds. (*Cf.* colmatage.)

TERRAIN [tè-rin] *s. m.*

[ÉTYM. Du lat. pop. *terranum (class. terrenum, § 62), adj. employé substantivt, § 88, devenu régulièrement terain, §§ 366, 299 et 291, écrit terrain par réaction étymologique, § 502. Au XVIIᵉ et au XVIIIᵉ s. on écrit souvent terrein d'après le lat. class. terrenum, et ACAD. admet encore cette orthographe. || XIIᵉ s. Engleis esteient al terrain, WACE, *Rou*, III, 1105.]

|| Espace de terre considéré comme propre à un usage déterminé. Acheter un — pour bâtir. Spéculer sur les terrains. Ménager le —. || Un — propre à faire manœuvrer les troupes. Reconnaître, sonder le —. Se placer sur un bon, sur un mauvais —. Être sur son —, sur un terrain que l'on connaît bien. Disputer le — à l'ennemi. Gagner, perdre du —, faire reculer l'ennemi, reculer devant l'ennemi. Aller sur le — (pour y rencontrer un adversaire), se battre en duel. *Fig.* Sonder le —, s'assurer de l'état des choses, avant d'agir. Se placer sur un bon, sur un mauvais —, se placer dans une situation avantageuse, désavantageuse, pour agir. Gagner du —, prendre l'avantage. Perdre du —, perdre l'avantage. | Un — propre à la culture. Des terrains argileux, marécageux. Un — fertile. Défoncer un —. || (Géologie.) — primitif, secondaire, tertiaire. — de sédiment.

TERRAL [tè-ràl] *adj.*

[ÉTYM. Emprunté du provenç. terral, *m. s.* § 11. || 1716. FRÉZIER, *Voyage à la mer du Sud*, p. 124. Admis ACAD. 1762.]

|| (Marine.) Vent —, et, *substantivt*, —, brise qui souffle de la terre vers le large.

TERRAQUÉ, ÉE [tè-rà-ké] *adj.*

[ÉTYM. Emprunté du bas lat. terraqueus, composé avec terra, terre, aqua, eau, et le suffixe eus, §§ 271 et 223. S'est écrit d'abord terraquée aux deux genres. || XVIIIᵉ s. *V.* à l'article. Admis ACAD. 1798.]

|| *Vieilli.* (T. didact.) Composé de terre et d'eau. *Spéciall.* Le globe —, le globe terrestre. Notre petit globe —, VOLT. *Memnon.*

ʼTERRASSANT, ANTE [tè-rà-san, -sânt'] *adj.*

[ÉTYM. Adj. particip. de terrasser, § 47. || XVIIIᵉ s. *V.* à l'article.]

|| *Vieilli.* Capable de terrasser (de renverser, de vaincre). Les raisons les plus terrassantes que son zèle pouvait lui fournir, D'ALEMB. *Éloges, Destouches*, note.

1. TERRASSE [tè-ràs'] *s. f.*

[ÉTYM. Dérivé de terre, § 81. || XIIᵉ s. Ne de palu ne de terrace, BEN. DE STE-MORE, *Troie*, 23023.]

I. || **1°** Plate-forme plus ou moins étendue, faite dans un jardin, un parc, pour la vue ou la promenade, d'un amas de terre soutenu par de la maçonnerie. Une — au bord de l'eau. Jardin en —, jardin en pente où les terres sont soutenues par des terrasses en étage.

|| **2°** *P. ext.* Plate-forme en maçonnerie, ménagée pour la vue ou la promenade, à l'un des étages ou sur le com-

ble d'une habitation, d'un édifice. **Les fenêtres donnent sur une —. Des toits en —.**

II. ‖ **1°** (Blason.) Partie de l'écu figurant une plante, un arbre, avec la terre qui couvre sa racine.

‖ **2°** (Architect.) Surface du socle sur laquelle reposent les pieds d'une figure.

‖ **3°** *P. ext.* (Peint.) Partie antérieure, premier plan d'un paysage.

III. Partie du marbre trop tendre pour recevoir le poli. | Partie d'une pierre fine qui ne peut recevoir le poli.

2. TERRASSE [tè-räs'] *s. f.*

[ÉTYM. Subst. verbal de terrasser, § 52. ‖ *Néolog.* Admis ACAD. 1835.]

‖ (Technol.) Terrassement. **Travaux de —.**

TERRASSEMENT [té-räs'-man; *en vers*, -rà-se-...] *s. m.*

[ÉTYM. Dérivé de terrasser, § 145. ‖ XVIᵉ s. **Tendent principalement au terrassement du saint Siege**, PASQ. *Rech.* dans LA C. Admis ACAD. 1835 (au sens 1).]

‖ Action de terrasser. | **1.** (Technol.) Action de remuer et de transporter des terres. (*Cf.* terrasse 2.) **Des travaux de —.** | **2.** *Vieilli.* Action de renverser à terre.

TERRASSER [té-rà-sé] *v. tr.*

[ÉTYM. Dérivé de terrasse 1, § 154. ‖ XVIᵉ s. **Porte... terrassee et condamnee**, BEAUGUÉ, *Guerre d'Écosse* (1556), I, 7. **Terrasser les autres evesques**, PASQ. *Rech.* III, 8.]

I. ‖ **1°** Former d'un amas de terre soutenu par de la maçonnerie. **— un chemin.** *P. ext.* **— un mur**, le soutenir par un amas de terre.

‖ **2°** *Absolt.* Remuer et transporter des terres. **Des ouvriers employés à —.**

II. Renverser à terre, en luttant. **Il terrassa son adversaire. Un lion d'immense stature Par un seul homme terrassé**, LA F. *Fab.* III, 10. *Fig.* **Il a été terrassé par le mal.** *Poét.* **Son audace a paru terrassée**, RAC. *Ath.* II, 2.

***TERRASSEUR** [tè-rà-seùr] *s. m.*

[ÉTYM. Dérivé de terrasser 1, § 112. (*Cf.* terrassier.) ‖ 1367. **Pour la journee de dis terraceurs a terraces**, dans DELB. *Rec.*]

‖ (Technol.) Ouvrier qui remplit avec de la terre glaise et de la paille hachée, avec des plâtras, les intervalles des solives d'un plancher, d'une cloison en bois. (*Cf.* hourder.)

TERRASSIER [tè-rà-syé] *s. m.*

[ÉTYM. Dérivé de terrasse 1, § 115. (*Cf.* terrasseur.) ‖ XVIᵉ s. **Un tarracier desnué de toutes langues**, B. PALISSY, p. 227.]

‖ (Technol.) Ouvrier qui remue, transporte des terres.

TERRE [tèr] *s. f.*

[ÉTYM. Du lat. tèrra, *m. s.* § 291. (*Cf.* parterre.)]

I. Partie solide du globe que nous habitons.

‖ **1°** Sol qui porte l'homme, les animaux, les villes, etc. **Un tremblement de —. Être sur la — ferme. Il s'élève de l'Occident comme par bonds et ne touche pas à —**, BOSS. *Condé.* **Frapper la — du pied. Mettre pied à —, descendre de cheval, de voiture. Mettre un genou en —, s'agenouiller. Tomber à —, par —.** *Famil.* **Donner du nez en —, tomber sur le nez. Être à —, être renversé. Frapper un ennemi à —**, et, *fig.* qui ne peut se défendre. **Tenir son ennemi à —, ne pas le laisser relever.** *Fig.* **Le sénat... tenait à — ceux qu'il trouvait abattus**, MONTESQ. *Rom.* 6. **Jeter à —, par —**, et, *vieilli*, **Mettre, porter par —**, CORN. *Poly.* III, 2. **Ces grands édifices que l'effort d'une main ennemie ou le poids des années ont portés par —**, BOSS. 3ᵉ *Pâques*, 3. *Fig.* **Toute votre félicité... En moins de rien tombe par —**, CORN. *Poly.* IV, 2. **Un même instant... fit naître notre espoir et le jeta par —**, ID. *Hor.* I, 2. **Un cheval qui va ventre à —**, qui va au grand galop, en s'allongeant de telle façon que son ventre semble parfois toucher la terre. *Vieilli.* **A plate —**, au niveau du sol, sur le sol (par opposition à ce qui est posé en l'air). **Un oiseau qui rase la —**, qui vole très près de terre. *Fig. Poét.* **Ses vers... Toujours baisent la —, et rampent tristement (sont sans élévation)**, BOIL. *Art* p. 2. **Un cheval qui va — à —**, qui s'enlève par petits bonds, très près de terre. *Fig.* **Être — à —**, ne pas s'élever au-dessus du niveau commun. **Le mien (esprit), ma sœur, est né pour aller — à —**, MOL. *F. sav.* I, 1. *Fig.* **Reprendre —** (allusion à Antée qui reprenait des forces en touchant terre), reprendre une force nouvelle. | Par opposition à la mer, aux fleuves. **La — ferme. Descendre à —** (d'une embarcation). **Prendre —**, aborder. **Mettre qqn à —**, le débarquer. **Perdre —**, cesser de voir le rivage. **Apercevoir la —. Raser la —**, naviguer en restant très près de la côte. **L'armée de**

—, les troupes qui combattent sur terre (par opposition à l'armée de mer, à la flotte).

‖ **2°** Sol qui produit les végétaux. **Cultiver la —. La — se couvre de ronces. Une — forte, grasse et légère. Une bonne —. La — végétale. De la — de bruyère. Mettre un arbre en pleine —.** | *Spécialt.* **Une —, un domaine. Un fonds de —. Une — seigneuriale. Vivre dans ses terres. Chasser sur les terres d'autrui**, et, *fig.* chercher à s'approprier ce qui est à un autre. *Loc. prov.* **Qui — a, guerre a**, celui qui possède une terre est exposé à des procès.

‖ **3°** Sol où l'on enterre les morts. **Avant qu'un peu de —, obtenu par prière, Pour jamais sous la tombe eût enfermé Molière**, BOIL. *Ép.* 7. **C'est un homme à porter en — dans deux jours**, MOL. *Éc. des f.* II, 5. **Que la — lui soit légère**, formule employée par les anciens dans les adieux funèbres, les épitaphes. **— sainte**, terre bénite consacrée à l'inhumation des fidèles. **Être enterré en — sainte. On jette enfin de la — sur la tête (du mort), et en voilà pour jamais**, PASC. *Pens.* XXIV, 68. *Loc. prov.* **Six pieds de — suffisent pour le plus grand homme, tous les hommes sont égaux devant la mort.**

II. Matière solide dont le globe est fait, et, *p. ext.* substance tirée de cette matière et employée à divers usages.

‖ **1°** Un des quatre éléments des anciens. **La —, l'eau, l'air et le feu.**

‖ **2°** Matière dont est fait le corps de l'homme. **Ceux que Dieu a formés de la même —**, BOSS. *D. d'Orl.* **Comme il (Épictète) était — et cendre**, PASC. *Entret. avec Saci.*

‖ **3°** (Technol.) **— à potier**, argile dont on fabrique les ouvrages de poterie. **— blanche, — de pipe. Un vase de —. De la — à modeler. Un buste en — cuite.** | **— de Sienne, — d'Ombre** (d'Ombrie), et, *abusivt*, **— d'ombre** (ACAD.), **— de Vérone**, etc., matières colorantes employés en peinture.

III. Partie du globe terrestre, et le globe terrestre lui-même.

‖ **1°** Partie du globe terrestre. **Les terres arctiques, australes. Je méditais ma fuite aux terres étrangères**, RAC. *Baj.* III, 2. **La — sainte**, la Judée. **La — promise, la — de promission**, la Palestine promise par Dieu au peuple hébreu.

‖ **2°** Le globe terrestre, planète qui tourne autour du soleil en 365 jours 6 heures moins quelques minutes, et qui tourne sur elle-même en 24 heures. **La — elle-même est emportée avec une rapidité inconcevable autour du soleil**, LA BR. 16. **Être entre ciel et —. On ne voit ni ciel ni —.** *Fig.* **Remuer ciel et —**, employer toute espèce de moyens pour atteindre son but. **Être sur —, vivre ici-bas. Jamais les vanités de la — n'ont été si clairement découvertes**, BOSS. *D. d'Orl.* | *P. ext.* Les habitants de la terre. **Son nom est connu par toute la —. Cieux, écoutez ma voix ! —, prête l'oreille**, RAC. *Ath.* III, 7. **Là se perdent ces noms de maîtres de la —, D'arbitres de la paix**, MALH. *Poés.* 100. **Si tu veux, aime toute la —**, CORN. *Place Royale*, II, 8. ‖ (Antiq.) La terre personnifiée, divinité mythologique. **Les Géants, fils de la Terre.**

TERREAU [tè-ró] *s. m.*

[ÉTYM. Dérivé de terre, § 126. (*Cf.* l'anc. franç. terral, terrain.) ‖ XVIᵉ s. *V.* à l'article.]

‖ **1°** *Anciennt.* Terrain. **Sur un — qui pendait à l'écart**, RONS. *Franciade*, 4.

‖ **2°** (Agricult.) Terre d'engrais, formée de la décomposition des végétaux, ou de mélange de paille hachée et de fumier pourri.

TERREIN [tè-rin]. *V.* terrain.

TERRE-NOIX [tèr-nwà; *en vers*, tè-re-...] *s. f.*

[ÉTYM. Composé de terre et noix, § 200. ‖ 1694. *V.* à l'article. Admis ACAD. 1762.]

‖ Plante bulbeuse, dite noix, châtaigne de terre. **La — est un genre de plante dont la fleur est ordinairement a cinq feuilles**, TOURNEF. *Élém. de botan.* (1694), I, p. 256.

TERRE-PLEIN [tèr-plin; *en vers*, tè-re-...] *s. m.*

[ÉTYM. Composé de terre et plein à l'imitation de l'ital. terrapieno, subst. verbal de terrapienare, remplir de terre, § 12. ‖ 1561. **La muraille neuve du terreplain**, G. PARADIN, *Hist. de nostre temps*, dans DELB. *Rec.*]

‖ (T. milit.) Plate-forme de terre rapportée, soutenue par des parapets de maçonnerie. **Le — d'un rempart**, la partie située derrière le parapet. **Des terre-pleins.**

TERRER [tè-ré] *v. tr.*

[ÉTYM. Dérivé de terre, § 154. (*Cf.* terrir.) ‖ XIIᵉ s. **Les boves font terer les soliers**, *Loherains*, dans GODEF. terrer 1.]

|| (Technol.) Recouvrir de terre.

|| 1° Combler (un bas-fond) en y dirigeant de l'eau qui charrie de la terre et la dépose. (*Cf.* colmatage.)

|| 2° Mettre de nouvelle terre au pied d'un arbre, d'un arbuste. | Répandre de la terre sur une prairie, une pelouse.

|| 3° Couvrir (une étoffe) de terre à foulon, pour la dégraisser.

|| 4° Couvrir (le fond du pain de sucre) d'une couche de terre argileuse détrempée.

|| 5° Se —, se cacher dans un trou creusé en terre. Le lapin se terre, et, *intransitivt,* Le lapin terre.

TERRESTRE [tè-rèstr'] *adj.*

[ÉTYM. Emprunté du lat. terrestris, *m. s.* || XIIᵉ s. Ki el saint paraïs Terrestre furent mis, PH. DE THAUN, *Best.* p. 99.]

|| (T. didact.) Qui appartient à la terre, au globe sur lequel nous vivons. Le paradis —. Le globe —. Les joies terrestres.

TERREUR [tè-reùr] *s. f.*

[ÉTYM. Emprunté du lat. terror, *m. s.* || XIVᵉ s. Une soubdaine terreur, BERSUIRE, f° 59, dans LITTRÉ.]

|| Crainte qui fait frissonner. J'ai conçu pour mon crime une juste —, RAC. *Phèd.* I, 3. Les vaines terreurs qui fatiguent et rebutent plus que les véritables, BOSS. *Condé.* Une — panique. | La — de qqch (que qqch inspire). Ce que n'avait pu la — du supplice, CORN. *Hor.* V, 3. | Être la — de qqn, un objet de terreur pour qqn. Le soutien de Castille et la — du Maure, CORN. *Cid*, IV, 2. || *Absolt.* La Terreur, époque pendant laquelle l'échafaud fut en permanence en France (1793-1794).

TERREUX, EUSE [tè-reu, -reùz'] *adj.*

[ÉTYM. Du lat. terrosum, *m. s.* §§ 325 et 291.]

|| 1° Qui est de la nature de la terre. Des substances terreuses. | *P. anal.* Un goût —. Une odeur terreuse.

|| 2° Qui est mêlé de terre. Sable —. Avoine terreuse.

|| 3° Qui est de la couleur de la terre. Un teint —.

TERRIBLE [tè-ribl'] *adj.*

[ÉTYM. Emprunté du lat. terribilis, *m. s.* || XIIᵉ s. Et granz et laiz et molt terribles, *Énéas,* 2422.]

|| Qui inspire la terreur. — et plein du dieu qui l'agitait, RAC. *Iph.* V, 6. Dans ces terribles rencontres, BOSS. *Condé.* La mer la plus — et la plus orageuse, RAC. *Esth.* III, 1. | *P. hyperb.* Et ma femme est — avecque son humeur, MOL. *F. sav.* II, 9. Les affaires de l'empire se brouillaient d'une — manière, BOSS. *Hist. univ.* I, 10. | *Famil.* Excessif. votre discours me donne une — envie De connaître ce frère, LA F. *Contes, Joconde.* Un enfant —, qui dit naïvement des choses faites pour embarrasser les gens.

TERRIBLEMENT [tè-ri-ble-man] *adv.*

[ÉTYM. Composé de terrible et ment, § 724. || XIVᵉ s. Italie fut terriblement gastee, RAOUL DE PRESLES, dans DELB. *Rec.*]

|| D'une manière terrible. La licence excessive ou la patience poussée à l'extrémité menacent — les maisons régnantes, BOSS. *R. d'Angl.* | *Famil.* J'aime — (excessivement) les énigmes, MOL. *Préc. rid.* sc. 9.

TERRIEN, IENNE [tè-ryin, -ryèn'; *en vers,* -ri-...] *adj.*

[ÉTYM. Dérivé de terre, § 244. || XIIᵉ s. Plus crement assez le terrien seignur Ke il ne font Jesu, GARN. DE PONT-STE-MAX. *St Thomas,* 1179.]

|| 1° *Vieilli.* Terrestre. On doit au jour du dimanche cesser des œuvres terriennes, BOSS. *Var.* 2.

|| 2° Qui possède une terre, un territoire. (*Cf.* territorial.) Seigneur —, et, *substantivt.* Son mari même était grand —, LA F. *Contes, Faucon. Vieilli.* Les puissances terriennes, territoriales.

1. TERRIER [tè-ryé] *s. m.*

[ÉTYM. Dérivé de terre, § 115. || XIIᵉ s. Le terrer roiste contremont, BENEEIT, *Ducs de Norm.* I, 1350.]

I. *Anciennt.* Levée de terre. (*Cf.* terrasse.)

II. Trou que certains animaux creusent en terre, pour s'y cacher. Le — d'un lapin, d'un renard, d'un blaireau. | *Fig. Vieilli.* J'ai... appréhension que tout cela ne le mène au — (ne le fasse mourir), GUY PATIN, *Lett.* ii, p. 250.

2. TERRIER [tè-ryé] *adj. masc.*

[ÉTYM. Dérivé de terre, § 115. || XVIᵉ s. Papiers terriers, G. PARADIN, *Hist. de Lyon,* dans GODEF. *Compl.*]

|| Relatif à la terre.

|| 1° Relatif à la terre cultivée. (Féodal.) Papier —, et, *substantivt,* —, contenant l'état des revenus d'une seigneurie, d'un domaine.

|| 2° Relatif à la terre considérée comme abri de certains animaux. *Spéciall.* Chien —, et, *substantivt,* —, chien basset pour forcer le lapin, le renard, etc., dans leur trou.

*TERRIFIANT, IANTE** [tèr'-ri-fyan, -fyânt', *en vers,* -fi-...] *adj.*

[ÉTYM. Adj. particip. de terrifier, § 47. || *Néolog.*]

|| Qui terrifie.

TERRIFIER [tèr'-ri-fyé; *en vers,* -fi-é] *v. tr.*

[ÉTYM. Emprunté du lat. terrificare, *m. s.* || *Néolog.* Admis ACAD. 1878.]

|| Frapper de terreur.

TERRINE [tè-rin'] *s. f.*

[ÉTYM. Tiré de l'anc. franç. terrin, de terre, § 38, du lat. pop. *terrinum, *m. s.* § 100. || 1412. Therine, dans GODEF. *Compl.*]

|| Vase de ménage, de forme circulaire, à fond plat, en terre vernie, en grès, etc. Une — remplie de lait. Une — à laver la vaisselle, à savonner. | Un pâté en —, cuit dans une terrine où on le sert (au lieu d'être dans une croûte). *Ellipt.* Une — de lièvre, un pâté de lièvre en terrine.

TERRINÉE [tè-ri-né] *s. f.*

[ÉTYM. Dérivé de terrine, § 119. || 1582. Une terrinee De lait, R. DE A. D'AIGNEAUX, dans DELB. *Rec.*]

|| Contenu d'une terrine. Une — de lait.

TERRIR [tè-rîr] *v. intr.*

[ÉTYM. Dérivé de terre, § 154. (*Cf.* terrer.) || XVIᵉ-XVIIᵉ s. D'AUB. *Lett.* I, p. 362.]

|| 1° *Vieilli.* (Marine.) Prendre terre. (*Syn.* atterrir.)

|| 2° Venir pondre à terre. (Se dit surtout des tortues.)

TERRITOIRE [tè-ri-twâr] *s. m.*

[ÉTYM. Emprunté du lat. territorium, *m. s.* (*Cf.* terroir.) || 1385. Au seigneur en qui territoire est le cas, *Cout. d'Anjou,* dans DELB. *Rec.*]

|| (T. didact.) Étendue de pays formant une circonscription politique. Le — d'une commune, d'un département. Le — de la France. Violation de —.

TERRITORIAL, ALE [tè-ri-tô-ryàl; *en vers,* -ri-àl] *adj.*

[ÉTYM. Dérivé du lat. territoire, § 238. (*Cf.* terrien.) || XVIIIᵉ s. V. à l'article. Admis ACAD. 1835.]

|| (T. didact.) Relatif à un territoire. Impôt —. Le droit romain... y était une loi territoriale, MONTESQ. *Espr. des lois,* XXVIII, 11. Puissance territoriale (par opposition à maritime). Armée territoriale (par opposition à armée active), composée d'hommes encore valides, ayant achevé leur service actif, destinée à la défense du territoire, en cas d'invasion. Les soldats territoriaux, et, *substantivt,* Les territoriaux, soldats de l'armée territoriale.

TERROIR [tè-rwâr] *s. m.*

[ÉTYM. Du lat. pop. *terratorium (class. territorium, modifié sous l'influence de terra, terre; cf. le provenç. terrador, *m. s.*) devenu terreoir, terroir, §§ 335, 402, 356, 291 et 358.]

|| Terre considérée par rapport à ses produits (agricoles). La bonté et fertilité du —, MONTAIGNE, I, 30. Ce vin a un goût de —, un goût qui tient à la qualité de la terre. *Fig.* Ses écrits ont un goût de —, se ressentent du pays où l'auteur a été élevé, a vécu.

TERRORISER [tèr'-rò-ri-zé] *v. tr.*

[ÉTYM. Dérivé de terreur, § 267. || Admis ACAD. 1878.]

|| 1° (T. polit.) Soumettre à un régime d'intimidation (comme à l'époque dite de la Terreur).

|| 2° P. ext. Terrifier.

*TERRORISME** [tèr'-rò-rism'] *s. m.*

[ÉTYM. Dérivé de terreur, § 265. || Admis ACAD. 1798, suppl.; suppr. en 1835.]

|| (T. polit.) Régime d'intimidation.

TERRORISTE [tèr'-rò-rist'] *s. m.*

[ÉTYM. Dérivé de terreur, § 265. || XVIIIᵉ s. V. à l'article. Admis ACAD. 1798, suppl.]

|| (T. polit.) Partisan du régime d'intimidation. Destitués sous le nom de terroristes, BABEUF, dans *Pièces,* I, 90.

TERSER [tèr-sé]. V. tiercer.

TERTIAIRE [tèr-syèr; *en vers,* -si-èr] *adj.*

[ÉTYM. Emprunté du lat. tertiarius, *m. s.* || XVIIIᵉ s. V. à l'article. Admis ACAD. 1878.]

|| (T. didact.) Qui occupe le troisième rang. *Spéciall.* (Géologie.) Période, terrain —. Le passage des montagnes secondaires aux tertiaires, H.-B. DE SAUSSURE, *Voyage dans les Alpes,* II, p. 367.

TERTRE [tèrtr'] *s. m.*

[ÉTYM. Du lat. pop. *termitem (variante de terminum), proprt, « terme (marqué par une éminence) », devenu *term'te, *terte, §§ 290, 291, 472, tertre, § 361. || XIᵉ s. En sum un tertre, *Roland*, 708.]

|| Éminence de terre isolée dans une plaine, et terminée par une plate-forme. Un — de gazon. Je vois les pampres verts Enrichir cent tertres divers, RAC. *Prom. de Port-Royal*, Ode 2. || *Spécialt.* Éminence de terre recouvrant une sépulture. On n'a point élevé de marbre sur leurs humbles tertres, B. DE ST-P. *Paul et Virg.*

TESSON [tè-son] *s. m.*
[ÉTYM. Dérivé de têt, §§ 63, 104 et 107. || XIIIᵉ s. Il n'i trova que les tessons, BEAUMAN. 758, Salmon.]
|| Débris de bouteille, de pot cassé.

TEST [tèst']. *V.* têt.

TESTACÉ, ÉE [tès'-tà-sé] *adj.*
[ÉTYM. Emprunté du lat. testaceus, m. s. || 1578. Aristote nombre [l'estoille de mer] entre les testacees, BOUAISTUAU, dans DELB. *Rec.* Admis ACAD. 1718.]
|| (T. didact.) Revêtu d'une coquille. Les animaux testacés, et, *substantivt*, Les testacés, mollusques dont le corps est revêtu d'une coquille.

1. TESTAMENT [tès'-tà-man] *s. m.*
[ÉTYM. Emprunté du lat. testamentum, m. s. proprt, « attestation ». || XIIIᵉ s. Que li testamens soit remplis, BEAUMAN. 321, Salmon.]
|| Acte contenant l'expression des volontés dernières d'une personne. *Spécialt.* Acte par lequel on dispose de ses biens pour le temps où l'on ne sera plus. Le — est un acte par lequel le testateur dispose, pour le temps où il n'existera plus, de tout ou partie de ses biens, et qu'il peut révoquer, *Code civil*, art. 895. — authentique, ou par acte public, écrit par un notaire en présence de témoins, sous la dictée du testateur. — olographe, écrit, daté et signé de la main du testateur. — mystique ou secret, écrit ou au moins signé par le testateur et remis par lui clos et scellé à un notaire, en présence de témoins. — militaire, fait par un militaire en campagne, dont on a simplifié les formalités. || — de mort, écrit, discours contenant l'expression des derniers sentiments d'une personne. | — politique, écrit politique posthume, contenant l'expression des vues, des projets d'un homme d'État. Le — politique du cardinal de Richelieu.

2. TESTAMENT [tès'-tà-man] *s. m.*
[ÉTYM. Emprunté du lat. ecclés. testamentum, mot par lequel TERTULLIEN a traduit le grec δ:αθήκη, qui signifie qqf « disposition testamentaire », mais qui, dans l'espèce, signifie « alliance » (de Dieu avec les hommes), § 217. || XIIᵉ s. As requeranz sun testament, *Psaut. d'Oxf.* XXIV, 11.]
|| (Hist. relig.) Nom donné aux livres saints des Hébreux (Ancien Testament) et des chrétiens (Nouveau Testament). Dans le rapport... des deux Testaments, BOSS. *Hist. univ.* II, 27.

TESTAMENTAIRE [tès'-tà-man-tèr] *adj.*
[ÉTYM. Emprunté du lat. testamentarius, m. s. || 1512. Ordonnance testamentaire, J. LE MAIRE, dans DELB. *Rec.* Admis ACAD. 1718.]
|| (Droit.) Qui se rapporte à un testament. Dispositions testamentaires. Un héritier — (par opposition à un héritier ab intestat), et, *substantivt*, Un —. On y voit des testamentaires qui plaident, LA BR. 14. Exécuteur —, celui qu'un testateur charge de l'exécution des dispositions contenues dans son testament.

***TESTAMENTER** [tès'-tà-man-té] *v. intr.*
[ÉTYM. Dérivé de testament, § 154. || XIIIᵉ s. D'acquest l'en puet testamenter, *Livre de jostice*, 224.]
|| *Vieilli.* (Droit.) Faire son testament. (*Syn.* tester.) Il a testamenté tout d'une autre manière, REGNARD, *Distr.* v, 10.

TESTATEUR, TRICE [tès'-tà-teur, -tris'] *s. m. et f.*
[ÉTYM. Emprunté du lat. testator, trix, m. s. || XIIIᵉ s. Li testateurs, *Digeste*, dans GODEF. *Compl.*]
|| (Droit.) Celui, celle qui fait un testament.

TESTER [tès'-té] *v. intr.*
[ÉTYM. Emprunté du lat. testare, m. s. || 1611. COTGR.]
|| (Droit.) Disposer par acte de tout ou partie de ses biens, pour le temps où l'on ne sera plus. (*Cf.* testamenter.) — en faveur de qqn. La femme peut — sans l'autorisation de son mari, *Code civil*, art. 226.

TESTICULE [tès'-ti-kul] *s. m.*
[ÉTYM. Emprunté du lat. testiculus, m. s. || 1539. R. EST.]

|| (T. didact.) Chez les mammifères mâles, corps glanduleux contenu dans chacune des bourses, qui sécrète le sperme.

TESTIF [tès'-tif] *s. m.*
[ÉTYM. Origine inconnue. || 1730. SAVARY, *Dict. du comm.* suppl. Admis ACAD. 1798.]
|| (Commerce.) Poil de chameau.

TESTIMONIAL, ALE [tès'-ti-mò-nyàl; en vers, -ni-àl] *adj.*
[ÉTYM. Emprunté du lat. testimonialis, m. s. || 1274. Lettres testimoniaulx, dans GODEF. *Compl.*]
|| (Droit.) Qui rend témoignage. Preuve testimoniale, faite par témoins.

TESTON [tès'-ton] *s. m.*
[ÉTYM. Emprunté de l'ital. testone, m. s. de testa, tête (la tête du souverain y étant gravée), § 12. || 1611. COTGR.]
|| Ancienne monnaie d'argent dont la valeur a varié de dix à dix-neuf sous. J'aurais un beau — pour juger d'une urine, RÉGNIER, *Sat.* 4.

TESTONNER [tès'-tò-né] *v. tr.*
[ÉTYM. Semble dérivé de teste, anc. forme de tête; mais le maintien de l's dans la prononciation ne s'explique pas. || 1515. De testonner on n'en parlera plus, MAROT, *Rond.* 80.]
|| *Vieilli.* Accommoder (qqn) en lui ajustant les cheveux. L'allaient quelquefois testonnant, C'est-à-dire ajustant sa tête, LA F. *Fab.* I, 17. || *P. plaisant.* Battre.

TÊT [tè] *s. m.*
[ÉTYM. Du lat. testu, vase en terre, devenu test, § 291, têt, § 422. (*Cf.* tête.) Au sens II, beaucoup disent test [tèst'] par réaction étymologique. (*Cf.* testacé.)]
I. *Vieilli.* || 1º Tesson, débris de pot cassé. Il n'en restera pas un têt, PASC. *Prov.* 16.
|| 2º Crâne. Les naissances du bois qui commence à pousser sur le têt (du cerf), BUFF. *Cerf.*
II. || 1º Coquille des mollusques. | Enveloppe des crustacés.
|| 2º Écaille des tortues, des tatous.

TÉTANIQUE [té-tà-nik'] *adj.*
[ÉTYM. Emprunté du grec τετανικός, m. s. || 1554. Tetaniques, qui de tout le corps roidissent, B. ANEAU, dans DELB. *Rec.*]
|| (Médec.) Relatif au tétanos.

TÉTANOS [té-tà-nòs'] *s. m.*
[ÉTYM. Emprunté du grec τέτανος, m. s. proprt, « rigidité ». || 1541. Tetanos, J. CANAPPE, dans DELB. *Rec.* Admis ACAD. 1762.]
|| (Médec.) Contraction convulsive de certains muscles, et parfois rigidité de tous les muscles, qui peut amener la mort.

TÉTARD [tè-làr] *s. m.*
[ÉTYM. Dérivé de tête, § 147. || 1303. Maresson li testarde, dans GODEF. testart. Admis ACAD. 1762.]
I. Larve de batracien, dont la tête est grosse et le corps menu.
II. (T. forest.) | 1. Arbre conservé dans une coupe de bois comme tête de limite. | 2. Arbre dont on coupe le tronc à une certaine hauteur lorsqu'il est jeune, afin qu'il s'épanouisse en branches, qu'on exploite par des tailles réglées, pour en faire des fagots, du feuillard, etc.

***TÉTASSE** [té-tàs'], et, *vieilli*, **TETASSE** [te-...] *s. f.*
[ÉTYM. Dérivé de tette, § 81. || XVᵉ s. Les tetons deviennent tetasses, COQUILLART, I, p. 58.]
|| *Famil.* Mamelle pendante.

TÊTE [tèt'] *s. f.*
[ÉTYM. Du lat. têsta, pot de terre (cf. têt), qui a pris dans la langue pop. le sens de « boîte osseuse, crâne, tête », devenu teste, tête, §§ 291 et 422.]
I. || 1º Partie supérieure du corps de l'homme, partie antérieure du corps de l'animal, contenant le cerveau et les principaux organes des sens. Considérer de la — aux pieds. On mesure le poisson entre — et queue, LA BR. 3. Lever la —, baisser la —. Marcher la — levée, la — haute. Aller la — baissée. *Fig.* Lever la —, avoir la — haute, en signe de fierté. Lève, Jérusalem, lève ta — altière! RAC. *Ath.* III, 7. *Famil. Ellipt.* Faire sa —, faire l'important. Baisser la —, aller la — baissée, la — basse, en signe d'abattement. L'œil morne maintenant et la — baissée, RAC. *Phèd.* v, 6. Donner, se jeter — baissée dans qqch, aveuglément. Se jeter — baissée au milieu des ennemis. Une chauve-souris donna — baissée Dans un nid de belette, LA F. *Fab* II, 5. Ne savoir où

donner de la —, ne savoir où se diriger, à quoi se résoudre. S'aller jeter dans l'eau la — la première, MOL. *G. Dand.* III, 8. *Famil.* Donner, piquer une —, se jeter dans l'eau la tête la première. Donner de la — contre les murs, aller se briser la tête contre les murs. (Chasse.) Le cerf fait —, tient — aux chiens, leur fait face et leur résiste. *Fig.* Faire, tenir — à qqn, lui résister en face. Le voilà qui tient — à tous les magistrats, BOSS. *Panég. St Pierre.* Fais — à la fortune, RÉGNIER, *Sat.* 16. Avoir qqn en —, l'avoir en face de soi pour adversaire. Il avait en — un général si pressant, BOSS. *Condé.* | Recevoir un coup sur la —. || Porter un fardeau sur la —. *Fig.* | 1. Mettre qqch sur la — de qqn, l'en charger. On mettait sur la — d'un même homme plusieurs charges, ROLL. *Hist. anc.* I, 205. | 2. Attirer sur sa —, provoquer (un danger). Antoine sur sa — attira notre haine, CORN. *Cinna*, III, 4. | 3. Mettre, établir sur sa —, prendre pour maître. Celui qu'il (le peuple) établit sur sa —, BOSS. *Avert. aux protest.* 5. Mettre Othon sur nos têtes, CORN. *Oth.* II, 4. || Avoir de l'eau par-dessus la —, être submergé. *Fig.* | 1. Avoir qqn au-dessus de sa —, l'avoir au-dessus de soi, être dominé par lui. N'ayant plus que les dieux au-dessus de sa —, CORN. *Pomp.* IV, 3. | 2. Avoir qqch par-dessus la —, en avoir plus qu'on n'en peut supporter. J'ai des affaires par-dessus la —. J'aurais bientôt du mariage par-dessus la —, BEAUMARCH. *Mar. de Fig.* III, 5. || Jeter qqch à la — de qqn, *Fig.* | 1. Jeter qqch à la — de qqn, le lui offrir avec trop d'empressement. D'éloges on regorge, à la — on les jette, MOL. *Mis.* III, 5. Se jeter à la — de qqn, lui faire beaucoup d'avances. | 2. Jeter qqch à la — de qqn, le lui présenter brusquement, le lui reprocher. Il lui jeta à la — ses anciennes fautes. || Casser la — à qqn. Il s'est cassé la — en tombant. *Famil.* Une — à claques, déplaisante, qu'on aurait envie de claquer. *Fig.* Rompre, casser la — à qqn, l'assourdir en parlant. Puis allez-moi rompre la — De vos greniers ! LA F. *Fab.* IV, 3. || Avoir la — de plus que qqn, être plus grand de toute la tête. De jeunes nymphes au-dessus desquelles elle s'élevait de toute la —, FÉN. *Tél.* 1. Un cheval qui est arrivé premier d'une longueur de — (dans une course), et, *ellipt*, qui a gagné d'une — (d'une longueur de tête). | Belle —, dit-il, mais de cervelle point, LA F. *Fab.* IV, 14. Mettre des fleurs sur sa —. La — couronnée de fleurs. Telle qu'une bergère, aux plus beaux jours de fête, De superbes rubis ne charge point sa —, BOIL. *Art p.* 2. Accommoder la — de qqn, le coiffer. Rester — nue. Avoir la — chauve. Une — frisée. — ronde, nom donné par les cavaliers de Cromwell aux parlementaires qui avaient les cheveux coupés court. *Famil.* Se faire une —, se coiffer, se grimer de manière à avoir une certaine physionomie. | Prendre la voix de —, chanter en fausset. Crier à tue-—, et, *vieilli*, du haut de sa —, à pleine —, crier de toute sa force. Et cette autre personne honnête Crierait tout du haut de sa —, LA F. *Fab.* VIII, 12. || *Fig. Loc. famil.* Deux têtes dans un même bonnet, deux individus qui ne font qu'un, tant ils sont d'accord. Avoir la — près du bonnet, être très susceptible. Laver la — à qqn, le réprimander vivement. | Trancher la — à qqn. Le fils tout dégouttant du meurtre de son père, Et, sa — à la main, demandant son salaire, CORN. *Cinna*, I, 3. Porter sa — sur l'échafaud. Je mettrais ma — à couper que cela n'est pas vrai. | Une — de mort, tête humaine dont il ne reste que la partie osseuse. | *P. anal.* Représentation d'une tête humaine. Dessiner la —. Une — d'étude. Un jeu de cartes à deux têtes, dont les figures, ayant une tête en bas et une en haut, n'ont jamais besoin d'être retournées. Une — à perruque, tête artificielle sur laquelle les coiffeurs apprêtent les perruques. *Fig.* Avoir une — à perruque, qui ressemble à une tête artificielle de coiffeur. Course de têtes, joute où l'on doit frapper au grand galop, avec une lance, des têtes de carton placées de distance en distance. — de Turc, sorte de dynamomètre où la partie sur laquelle on frappe a la forme d'une tête à turban. *Fig.* Servir de — de Turc, être en butte aux attaques de tous. || Un cheval qui porte bien la —. || *P. ext. Spécialt.* Bois qui surmonte la tête du cerf, du daim, etc. Cerf à la première —, cerf dans sa troisième année, qui a son premier bois complet. — portant trochures, bois qui porte au sommet trois ou quatre andouillers.

|| **2°** Cette partie considérée (chez l'homme) comme siège de la pensée. Avoir, se mettre qqch en —. Elle s'est mis cela dans la —, MOL. *D. Juan*, II, 4. Ce vulgaire dessein vous peut monter en —, ID. *F. sav.* I, 1. Avoir des idées romanesques en —. En faire à sa —, ne suivre que son idée. J'en veux faire à ma —, LA F. *Fab.* III, 1. Faites, Monsieur,

les choses à ma —, MOL. *F. sav.* V, 3. Faire un coup de sa —, un coup de —, prendre une détermination soudaine, sans consulter personne. Et si je ne fais pas quelque coup de ma —, MOL. *Tart.* III, 1. Avoir une pauvre —. Avoir la — faible, folle, légère. Petit serpent à — folle, LA F. *Fab.* V, 16. Une tortue était, à la — légère, ID. *ibid.* X, 2. Avoir la — dure. | 1. Avoir de la difficulté à comprendre. | 2. Être opiniâtre. Avoir une bonne —, et, *absolt*, Avoir de la —, être un homme de —, avoir une intelligence ferme, lucide. Avoir peu de —, n'avoir pas de —, être faible d'esprit. Il a gardé toute sa — (en parlant d'un vieillard, d'un malade), il a encore toutes ses facultés intellectuelles. N'avoir plus sa —, avoir la — perdue, avoir l'esprit égaré. || Conserver sa —, perdre la —, garder, perdre son sang-froid. Avoir la — chaude, s'emporter aisément. Avoir mauvaise —, être d'un caractère vif, emporté. Avoir la — fêlée, être un peu fou. || *P. ext.* Une forte —, une bonne —, une personne d'un esprit vigoureux, d'un bon esprit. Une — sans cervelle, une — éventée, une personne extravagante. | Calculer de —, en faisant l'opération dans son esprit, sans écrire.

|| **3°** Cette partie prise (chez l'homme) pour la personne elle-même. J'ignore le destin d'une — si chère, RAC. *Phèd.* I, 1. Une — couronnée, un monarque. Ce que peuvent donner de plus glorieux la naissance et la grandeur accumulé sur une — qui ensuite est exposée à tous les outrages de la fortune, BOSS. *R. d'Angl.* Payer tant par —. (Droit.) Succéder par —, de son chef en personne et non comme représentant d'un autre. | *Loc. adv.* — à —, seul à seul, et, *substantivt*, Un —-à-—, entrevue où une personne est seule avec une autre. *Vieilli.* — pour —, l'un devant l'autre. *P. anal.* Posséder cent têtes de bétail. || *Spéciall.* La vie de la personne. Sa — fut mise à prix. Risquer sa — dans une entreprise. Me montrant à la cour, je hasardais ma —, CORN. *Cid*, IV, 3. Répondre de qqch sur sa —. Il a payé de sa — cette hardiesse. C'est mille têtes premières — qui se présentera à mes yeux, FÉN. *Tél.* 5. | Constituer une rente sur la — de qqn. Cette pension a passé sur la — de son fils.

II. *Fig.* || **1°** Partie supérieure. | 1. Ce qui imprime la direction. Le sénat s'assemble Pour choisir une — à ce grand corps, CORN. *Pulch.* I, 1. Rome n'était pas... une monarchie ou une république, mais la — d'un corps formé par tous les peuples du monde, MONTESQ. *Rom.* 6. Qu'on nomme crime ou non ce qui fait nos débats, Sire, j'en suis la —, il n'en est que le bras, CORN. *Cid*, II, 8. | 2. Sommet, et particulièrement sommet, extrémité arrondie. Cette fumée enveloppe constamment la — du volcan, BUFF. *Matières volcaniques.* Couper la — d'un arbre. Des têtes de pavot, d'artichaut, d'oignon. La — d'un clou, d'une épingle. La — d'un mât. La — d'un compas. La — d'un marteau, le côté opposé à la pointe.

|| **2°** Partie antérieure. | 1. Ce qui est placé en avant d'un objet. — de bossoir. — d'affût. Une — de voussoir. Une — de pont. | 2. Ce qui commence qqch. La — de ligne d'un chemin de fer, d'un tramway, etc., le point d'où il part. La — d'une colonne en marche. Se placer à la — de la colonne. *Fig.* Être à la — d'une armée, la commander. Être à la — d'une administration, la diriger. Tenir la —, être au premier rang. La — d'une station de fiacres. **TÊTE-A-TÊTE** [tè-tà-tèt']. *V.* tête, **I, 3°**.

'TÊTE-BÊCHE [tèt'-bêch' ; *en vers*, tè-te-...] *loc. adv.* [ÉTYM. Composé de tête et bêche, altération de béchef ou béchevet. (*V.* ce mot.) Au XVIᵉ s. on employait béchevet seul ; puis ne reconnaissant pas la présence de chef dans cette expression, on y a introduit tête. || *Néolog.*]

|| Dans une position inverse, l'un ayant la tête du côté où l'autre a les pieds.

'TÊTEBLEU [tèt'-bleu ; *en vers*, tè-te-...] *interj.* [ÉTYM. Pour tête Dieu, § 727. || XVIIᵉ s. *V.* à l'article.]

|| Sorte de juron atténué. — Ce me sont de mortelles blessures, MOL. *Mis.* I, 1.

'TÊTE-CHÈVRE [tèt'-chèvr' ; *en vers*, tè-te-...] *s. m.* [ÉTYM. Composé de tête (du verbe téter) et chèvre, § 209. (*Cf.* le lat. caprimulgus, *m. s.*) || XVIIᵉ s. LÉMERY, dans TRÉV.]

|| Engoulevent, oiseau qui passait pour téter les chèvres. **TÉTER** [té-té] et, *vieilli*, **TETER** [te-té] *v. tr.* [ÉTYM. Dérivé de tette, §§ 65 et 154. || XIIᵉ s. *Serm. de St Bern.* dans GODEF. *Compl.*]

|| Sucer la mamelle pour en prendre le lait. Je tette encor ma mère, LA F. *Fab.* I, 10. | *Absolt.* Un enfant qui tette (ou tette). Donner à —.

TÊTIÈRE [tè-tyèr] *s. f.*
[ÉTYM. Dérivé de tête, § 115. || XIIIᵉ s. Une testiere de fer, *Ass. de Jérus.* I, 170. Admis ACAD. 1718.]
I. || **1°** Coiffure couvrant le haut de la tête. || *Spécialt.* Petite coiffe d'enfant nouveau-né. Un enfant en —.
|| **2°** Harnachement de la tête du cheval auquel le mors et la bride sont attachés.
II. (Technol.) Pièce qui est à la tête d'une chose. || *Spécialt.* | **1.** (Typogr.) Lame de tôle qu'on met en tête des pages clichées pour les empêcher de bouger. | **2.** (Marine.) Cordage cousu au bord supérieur d'une voile. | **3.** Bois qui soutient la tête des plis d'un soufflet (d'orgue, de forge).

***TÉTIN** [té-tin] et, *vieilli*, **TETIN** [te-tin] *s. m.*
[ÉTYM. Dérivé de tette, §§ 65 et 100. || XVᵉ s. MARTIAL D'AUVERGNE, *Amant rendu cordelier*, dans GODEF. *Compl.*]
|| Bout de la mamelle. | *P. ext. Vieilli.* Mamelle.

TÉTINE [té-tin'] et, *vieilli*, **TETINE** [te-tin'] *s. f.*
[ÉTYM. Dérivé de tette, §§ 65 et 100. || XIIᵉ s. En mé le pez, soz la tetine, *Thèbes*, 9601.]
|| **1°** Mamelle des animaux (mammifères). *Spécialt.* — de vache, de truie, et, *absolt*, —, mamelle considérée comme aliment.
|| **2°** (Technol.) | **1.** Enfoncement produit par une balle sur une cuirasse qu'elle ne traverse pas de part en part. | **2.** Cavité pratiquée dans le moule à épingles pour former la tête.

***TÉTON** [té-ton] et, *vieilli*, **TETON** [te-ton] *s. m.*
[ÉTYM. Dérivé de tette, § 104. || XVᵉ s. Les tetons deviennent tetasses, COQUILLART, I, p. 58.]
|| *Famil.* Mamelle de la femme. C'est l'office du médecin de voir les tetons des nourrices, MOL. *Méd. m. l.* II, 3.

***TÉTONNIÈRE** [té-tò-nyèr] et, *vieilli*, **TETON-NIÈRE** [te-...] *s. f.*
[ÉTYM. Dérivé de téton, § 115. || (Au sens **I.**) 1704. TRÉV. | (Au sens **II.**) *Néolog.* Admis ACAD. 1835.]
I. *Vieilli.* Bande pour soutenir les seins.
II. *Famil.* Femme qui a les seins très développés.

TÉTRACORDE [té-trà-kòrd'] *s. m.*
[ÉTYM. Emprunté du lat. tetrachordon, grec τετράχορ-δον, *m. s.* || XIVᵉ s. Tetracordes dyatonique, cromatique et enharmonique, ORESME, dans MEUNIER, *Essai sur Oresme.* Admis ACAD. 1762.]
|| (Antiq.) || **1°** Lyre à quatre cordes.
|| **2°** Gamme reposant sur une échelle de quatre sons.

TÉTRAÈDRE [té-trà-èdr'] *s. m.*
[ÉTYM. Emprunté du grec τετράεδρον, *m. s.* || 1542. Tetra-cedron, BOVELLES, *Géom. prat.* fᵒ 43, rᵒ. Admis ACAD. 1762.]
|| (Géom.) Solide à quatre faces.

TÉTRAGONE [té-trà-gòn'] *adj.*
[ÉTYM. Emprunté du lat. tetragonus, grec τετράγωνος, *m. s.* || XIVᵉ s. Tetragone est un corps quarré comme un dey. ORESME, *Éth.* I, 16. Admis ACAD. 1798.]
|| (T. didact.) À quatre côtés. (*Cf.* quadrangulaire.) *Spécialt.* (Botan.) Capsule —.

TÉTRAS [té-trá] *s. m.*
[ÉTYM. Emprunté du lat. tetrax, grec τέτραξ, *m. s.* || 1752. Tétrax, TRÉV. Admis ACAD. 1878.]
|| (Hist. nat.) Grand coq de bruyère. Le —... a près de quatre pieds de vol, BUFF. *Tétras.*

TETTE [tèt'] *s. f.*
[ÉTYM. Emprunté du german. titta (bas allem. titte, angl. teat, allem. zitze, etc.), *m. s.* §§ 6, 498 et 499. || XIIᵉ-XIIIᵉ s. Je sui joliete ; Point moi ma tete Selon le tans, *Chanson*, dans GODEF.]
|| *Famil.* Bout de la mamelle.

TÊTU, UE [tè-tu] *adj.*
[ÉTYM. Dérivé de tête, § 118. || XIIIᵉ s. Jeunes, jolit, felons, testu, J. DE MEUNG, *Rose*, 9215.]
|| **1°** *Vieilli.* Pourvu d'une tête. Par le chien triplement — (à trois têtes), SCARR. *Virg. trav.* 6. *P. ext.* Pourvu d'une grosse tête. || *Substantivt, au masc.* | **1.** Chabot, poisson à grosse tête. | **2.** Marteau à tête carrée, dit — de limousin, pour battre les arêtes des pierres qu'on dégrossit.
|| **2°** *Fig.* Que rien ne fait démordre de ce qu'il s'est mis en tête. Les filles sont quelquefois un peu têtues, MOL. *Méd. m. l.* III, 7. | L'âne est lent, indocile et —, BUFF. *Ane.*

TEXTE [tèkst'] *s. m.*
[ÉTYM. Emprunté du lat. textus, de texere, tisser. || XIIᵉ s. Croiz et textes et ançansier, CHRÉTIEN DE TROYES, *Érec*, 6902.]
|| **1°** Les propres paroles d'un auteur, d'une loi, d'un acte, etc. Citer exactement un —. Altérer un — en le citant. Restituer un —, rétablir les parties altérées. Commenter un —. C'est un — où chacun fait sa glose, BOIL. *Sat.* 10. Un — précis de la loi, MONTESQ. *Espr. des lois*, XI, 6.
|| **2°** *Spécialt.* Passage des livres saints que les prédicateurs citent d'ordinaire au début d'un sermon, comme s'appliquant au sujet qu'ils veulent traiter. Ce —... devient propre à mon lamentable sujet, BOSS. *D. d'Orl.* | *P. ext.* Ce qui résume le sujet que l'on traite. Je reviens à mon — ; il faut que l'on jouisse, LA F. *Fab.* VIII, 2.
|| **3°** (Typogr.) Caractère d'imprimerie. Gros —, petit —.

TEXTILE [tèks'-til] *adj.*
[ÉTYM. Emprunté du lat. textilis, *m. s.* || 1752. TRÉV. Admis ACAD. 1762.]
|| (T. didact.) Propre à former un tissu. Plantes textiles (lin, chanvre, etc.). Matières textiles (laine, soie, etc.).

TEXTUAIRE [tèks'-tuèr ; *en vers*, -tu-èr] *s. m.*
[ÉTYM. Dérivé de texte, § 248. || 1680. RICHEL.]
|| *Vieilli.* (T. didact.) Livre qui contient le texte seul, sans commentaire. Un — de l'Évangile.

TEXTUEL, ELLE [tèks'-tu-èl ; *en vers*, -tu-èl] *adj.*
[ÉTYM. Dérivé de texte, § 238. || XVᵉ s. Sentence textuelle, MONSTRELET, *Chron.* I, 39. Admis ACAD. 1835.]
|| (T. didact.) Exactement conforme au texte. Une citation textuelle.

TEXTUELLEMENT [tèks'-tuèl-man ; *en vers*, -tu-è-le-...] *adv.*
[ÉTYM. Composé de textuelle et ment, § 724. || XVᵉ s. Ainsy qu'il est textuellement contenu au chapitre, dans GODEF. *Hist. de Ch. VI*, p. 544. Admis ACAD. 1835.]
|| (T. didact.) D'une manière exactement conforme au texte.

TEXTURE [tèks'-tûr] *s. f.*
[ÉTYM. Emprunté du lat. textura, *m. s.* proprt, « tissure ». (*Cf.* l'anc. franç. tisture, de formation pop.) || 1541. Textures qui sont aux ventricules anterieurs, J. CANAPPE, dans DELB. *Rec.* Admis ACAD. 1762.]
|| (T. didact.) Entrelacement de fibres qui compose les tissus organiques. La — des muscles. La — du bois. || *P. anal. Néolog.* La — d'une pièce de théâtre.

THALLIUM [tàl'-lyòm' ; *en vers*, -li-òm'] *s. m.*
[ÉTYM. Dérivé du grec θαλλός, rameau, à cause de la raie verte que ce métal donne au spectre, § 282 *bis*. || *Néolog.* Admis ACAD. 1878.]
|| (Chimie.) Corps simple métallique, moins blanc que l'argent.

THALWEG [tàl'-vèg'] *s. m.*
[ÉTYM. Emprunté de l'allem. thalweg, *m. s.* proprt, « chemin (weg) de la vallée (thal) », § 7. || 1812. MOZIN, *Dict. franç.-allem.* Admis ACAD. 1878.]
|| (Géogr.) Ligne suivant le fond d'une vallée, du lit d'un cours d'eau, intersection des deux pentes latérales. Le — du Rhin, *Traité de Paris* (1815), art. 2.

THAUMATURGE [tô-mà-turj'] *s. m.*
[ÉTYM. Emprunté du grec θαυματουργός, *m. s.* || 1663. Nos thaumaturges, GUY PATIN, dans DELB. *Rec.* Admis ACAD. 1798.]
|| (T. didact.) Faiseur de miracles. (S'emploie surtout en mauvaise part.)

THAUMATURGIE [tô-mà-tur-ji] *s. f.*
[ÉTYM. Emprunté du grec θαυματουργία, *m. s.* || *Néolog.* Admis ACAD. 1878.]
|| (T. didact.). Art du thaumaturge.

THÉ [té] *s. m.*
[ÉTYM. Emprunté du chinois dialectal té, *m. s.* § 27. || 1563. Quis... herbæ illius apud Chinenses celebris, thé dictæ, usum non suadeat? Mss franç. Bibl. nat. 22431, fᵒ 1, vᵒ. Admis ACAD. 1718.]
|| **1°** Arbrisseau de la Chine, du Japon, dont la feuille en infusion donne une boisson aromatique stimulante.
|| **2°** Feuilles de cet arbrisseau, dont on fait une infusion. Thé vert. Thé noir. Mettre du thé dans la théière. | Infusion de ces feuilles. Prendre, boire du thé. | *P. ext.* Collation du soir, où l'on sert du thé. Être invité à un thé. || *P. anal.* Thé suisse, infusion médicinale de plantes aromatiques. | **1.** Thé de viande, infusion de viande hachée, à l'usage des malades.

THÉATRAL, ALE [té-á-tràl] *adj.*

[ÉTYM. Emprunté du lat. theatralis, *m. s.* || 1562. Braveries theatrales et poetiques, *Baston de la foy*, dans DELB. *Rec.*]

|| (T. didact.) Qui tient au théâtre. Une représentation théâtrale. L'art —. | *Fig.* Qui vise à l'effet. Des manières théâtrales. Un air —.

THÉÂTRALEMENT [té-â-trâl-man ; *en vers*, -trà-le-...] *adv.*

[ÉTYM. Composé de théâtrale et ment, § 724. || XVIIIᵉ s. *V.* à l'article. Admis ACAD. 1878.]

|| (T. didact.) D'une manière théâtrale. Cette ouvrage... n'est ni intéressant ni conduit —, VOLT. *Commentaire sur Corneille, Pulchérie.*

THÉÂTRE [té-â-tr'] *s. m.*

[ÉTYM. Emprunté du lat. theatrum, grec θέατρον, *m. s.* de θεάεσθαι, voir. || XIIIᵉ s. LI rois Chilperiz... ot fet un theatre es vingnes qui sont entre Sainte-Geneviève et Saint-Victor, *Faits des Romains*, dans *Romania*, 1885, p. 11.]

I. || **1°** Édifice destiné à la représentation des ouvrages dramatiques. La construction d'un —. L'incendie d'un —. | Le péristyle d'un —. La salle, le foyer, les coulisses du —. || *P. ext.* Cet édifice, avec ceux qui le dirigent, les comédiens qui représentent les ouvrages dramatiques, les décors, etc. La direction d'un —. Le Théâtre-Français. Le — de l'Opéra. Un — en plein vent, où l'on joue des parades. Un — de foire. Aller au —. Une pièce de —. Écrire pour le —. Personnage de —, personnage d'une pièce de théâtre. Masque de —, masque dont les acteurs couvraient leur visage, chez les anciens. *Fig.* Ce qui n'offre qu'une apparence vaine. Les grands, pour la plupart, sont masques de —, LA F. *Fab.* IV, 14. Coup de —, événement imprévu. *Fig.* Roi de —, personnage, héros de —, roi, personnage, héros qui n'a qu'une grandeur d'apparat. Un personnage de —, qui n'a que des actions empruntées, BOSS. *Haine pour la vérité*, 2. Personne de —, comédien, comédienne. Se destiner au —, à la profession de comédien. Chez nos dévots aïeux le — abhorré Fut longtemps dans la France un plaisir ignoré, BOIL. *Art p.* 3.

|| **2°** Partie élevée du théâtre sur laquelle les acteurs représentent la pièce, la scène. J'étais sur le — (sur la scène) en humeur d'écouter La pièce, MOL. *Fâch.* I, 1. Le — représente une place publique.

|| **3°** Ensemble des œuvres dramatiques d'un auteur, d'un peuple. Le — d'Eschyle, de Sophocle, d'Aristophane. Le — de Shakespeare, de Corneille, de Racine, de Molière. Le — grec, français.

II. *Fig.* || **1°** Position dans laquelle on se trouve en vue. Vous jouez, à ce que je vois, un assez beau rôle sur le — du monde, LES. *Gil Blas*, XII, 1. La pièce n'en aurait pas été moins jouée, quand je serais demeuré derrière le —, BOSS. *Mort*, 1. Le plaisir d'un roi qui mérite de l'être est de l'être moins quelquefois, de sortir du —, LA BR. 10. Je me propose un plus ample —, RAC. *Bér.* II, 2.

|| **2°** Endroit où quelque fait s'accomplit. Le — de la guerre. Sur le duvet d'un lit, — de ses gènes, BOIL. *Ép.* 11.

THÉBAÏDE [té-bà-ïd'] *s. f.*

[ÉTYM. Nom propre d'une contrée d'Égypte, voisine de Thèbes, où vécurent beaucoup d'ascètes chrétiens, § 36. || XVIIᵉ s. *V.* à l'article. Admis ACAD. 1878.]

|| Retraite solitaire. Ce Port-Royal est une —, SÉV. 375.

THÉIÈRE [té-yèr] *s. f.*

[ÉTYM. Dérivé de thé, § 115. On trouve aussi thétiere au XVIIIᵉ s. § 63. (*Cf.* cafetière.) || 1723. Un pot de cette terre dont on voit ici des theières, *Mém. de Trév.* avril, p. 663. Admis ACAD. 1762.]

|| Vase où l'on fait infuser le thé.

THÉIFORME [té-i-fòrm'] *adj.*

[ÉTYM. Composé avec thé et le lat. forma, forme, §§ 271 et 284. || 1812. MOZIN, *Dict. franç.-allem.* Admis ACAD. 1835.]

|| (T. didact.) Semblable au thé. Infusion —, préparée à la manière du thé.

THÉISME [té-ism'] *s. m.*

[ÉTYM. Dérivé du grec θεός, Dieu, § 265. || XVIIIᵉ s. *V.* à l'article. Admis ACAD. 1798.]

|| (T. didact.) Croyance à l'existence de Dieu. La religion du —, VOLT. *Mœurs*, 181.

THÉISTE [té-ist'] *s. m. et f.*

[ÉTYM. Dérivé du grec θεός, Dieu, § 265. || XVIIIᵉ s. *V.* à l'article. Admis ACAD. 1762.]

|| (T. didact.) Celui, celle qui croit à l'existence de Dieu. Locke était un — déclaré, VOLT. *Dict. philos.* athée. *Adjectivt.* Doctrine —.

'THÉMATIQUE [té-mà-tĭk'] *adj.*

[ÉTYM. Emprunté du grec θεματικός, *m. s.* || *Néolog.*]

|| (T. didact.) Relatif au thème. || *Spécialt.* | **1.** (Gramm.) Suffixe —, qui s'ajoute au thème. | **2.** (Musique.) Table —, qui donne les premières mesures des thèmes, des morceaux principaux d'un opéra, avec l'indication des pages où ils se trouvent dans la partition.

THÈME [tèm'] *s. m.*

[ÉTYM. Emprunté du lat. thema, grec θέμα, *m. s.* de θεῖναι, placer. || XIIIᵉ s. Quant il avra finé son tesme, J. DE MEUNG, *Rose*, 19788.]

I. || **1°** Sujet, proposition que l'on pose, pour la développer. M. de Cambrai prit son — (de sermon) sur la soumission due à l'Église, ST-SIM. II, 187. || *P. anal.* Sujet de composition scolaire. Il compose un —, Madame, que je viens de lui dicter sur une épître de Cicéron, MOL. *Escarb.* sc. 16. *Spécialt.* Morceau qu'on donne à traduire à un écolier, de sa langue maternelle dans une autre langue. Faire un — latin, grec, allemand. | *Fig.* Tourner son — en plusieurs façons, tendre au même but par des voies différentes. *Ironiqt.* Fort en —, qui a un esprit correct, sans richesse d'invention, d'imagination.

|| **2°** (Musique.) Sujet, motif mélodique d'un morceau. Un — varié.

|| **3°** (Astrol.) Figure de la situation des astres pour tirer un horoscope.

II. Partie invariable d'un mot, qui reçoit les flexions.

THÉNAR [té-nàr] *s. m.*

[ÉTYM. Emprunté du grec θέναρ, paume. || XVIᵉ s. Tenar, PARÉ, I, 8.]

|| (Anat.) Saillie formée par les muscles à la partie antérieure externe supérieure de la main, près du pouce.

THÉOCRATIE [té-ò-krà-si] *s. f.*

[ÉTYM. Emprunté du grec θεοκρατία, *m. s.* || 1704. TRÉV. Admis ACAD. 1762.]

|| (T. didact.) Forme de gouvernement où les chefs de la nation, de caste sacerdotale, sont considérés comme ministres de Dieu.

THÉOCRATIQUE [té-ò-krà-tĭk'] *adj.*

[ÉTYM. Dérivé de théocratie, § 229. || 1704. TRÉV. Admis ACAD. 1762.]

|| (T. didact.) Qui appartient à la théocratie. Gouvernement —. Les brachmanes... ont eu longtemps le caractère —, VOLT. *Dict. philos.* théocratie.

'THÉOCRATIQUEMENT [té-ò-krà-tĭk'-man ; *en vers*, -ti-ke-...] *adv.*

[ÉTYM. Composé de théocratique et ment, § 724. || *Néolog.*]

|| (T. didact.) D'une manière théocratique.

THÉODICÉE [té-ò-di-sé] *s. f.*

[ÉTYM. Mot dû à LEIBNITZ (1710), composé avec le grec θεός, Dieu, et δίκη, justice, § 275. || Admis ACAD. 1835.]

|| (Philos.) || **1°** Traité de la justice de Dieu. La Théodicée de Leibnitz, où Leibnitz justifie la Providence divine en réfutant les objections tirées de l'existence du mal.

|| **2°** *P. ext.* Partie de la philosophie qui traite de l'existence et des attributs de Dieu.

THÉOLOGAL, ALE [té-ò-lò-gàl] *adj.*

[ÉTYM. Dérivé du lat. theologus, théologien, § 248. || XIVᵉ s. Vertu theologalle, RAOUL DE PRESLES, *Cité de Dieu*, dans DELB. *Rec.*]

|| (T. didact.) Relatif à la théologie. | *Spécialt.* Qui se rapporte à Dieu. Les trois vertus théologales, foi, espérance, charité. || *Substantivt.* | **1.** *Au masc.* Chanoine d'un chapitre, chargé de l'enseignement théologique. | **2.** *Au fém.* Théologale, prébende, charge de théologal.

THÉOLOGIE [té-ò-lò-ji] *s. f.*

[ÉTYM. Emprunté du lat. theologia, grec θεολογία, *m. s.* || XIVᵉ s. Escole de theologie, *Chron. de Flandre*, dans DELB. *Rec.*]

|| (T. didact.) Doctrine religieuse sur les choses divines. Les Grecs et les Latins ont fait régner des fausses déités ; les poètes ont fait cent diverses théologies, PASC. *Pens.* XI, 5 *bis.* | *Spécialt.* Dans le christianisme. — dogmatique, morale. Faculté de — catholique, protestante. | *P. ext.* — naturelle, doctrine sur les choses divines fondée sur la seule raison.

THÉOLOGIEN, IENNE [té-ò-lò-jyin, -jyèn' ; *en vers*, -ji-...] *s. m. et f.*

[ÉTYM. Dérivé de théologie, § 244. || XIVᵉ s. Le bon theologien et le bon juriste, ORESME, *Éth.* V, 22.]

|| (T. didact.) Celui, celle qui s'occupe de théologie.

Ce sont des disputes de théologiens et non pas de théologie, PASC. *Prov.* 3. Elle parlait de doctrine, c'était une théologienne, MARIV. *Pays. parv.* 4.

THÉOLOGIQUE [té-ò-lò-jĭk'] *adj.*

[ÉTYM. Emprunté du lat. theologicus, grec θεολογικός, *m. s.* ‖ XIVᵉ s. Conclusions theologiques, RAOUL DE PRESLES, *Cité de Dieu*, dans DELB. *Rec.*]

‖ (T. didact.) Relatif à la théologie. Discussion —.

THÉOLOGIQUEMENT [té-ò-lò-jĭk'-man ; *en vers*, -ji-ke-...] *adv.*

[ÉTYM. Composé de théologique et ment, § 724. ‖ 1680. RICHEL.]

‖ (T. didact.) D'une manière théologique.

THÉORBE. *V.* téorbe.

THÉORÈME [té-ò-rèm'] *s. m.*

[ÉTYM. Emprunté du lat. theorema, grec θεώρημα, *m. s.* ‖ XVIᵉ s. Selon les teoremes de medicine, RAB. III, 14.]

‖ (T. didact.) Proposition scientifique qu'une démonstration rend évidente. Les théorèmes de la géométrie.

*THÉORÉTIQUE [té-ò-ré-tĭk'] *adj.*

[ÉTYM. Emprunté du lat. theoreticus, grec θεωρητικός, *m. s.* ‖ 1721. TRÉV.]

‖ (T. didact.) Qui a le caractère d'une théorie (scientifique).

THÉORICIEN, *THÉORICIENNE [té-ò-ri-syin,-syòn' ; *en vers*, -si-...] *s. m. et f.*

[ÉTYM. Dérivé de théorique, § 244. ‖ 1550. Un docte, expert et bon teoricien, ROUSSAT, *Estal et mutac. des temps*, dans DELB. *Rec.* Admis ACAD. (au masc.) 1798.]

‖ (T. didact.) Personne versée dans la théorie d'une science, d'un art.

THÉORIE [té-ò-ri] *s. f.*

[ÉTYM. Emprunté, au sens **I**, du lat. scolast. theoria, grec θεωρία, *m. s.* propri, « action de voir ». Le sens **II** a été emprunté plus récemment du grec. ‖ 1611. COTGR.]

I. Ensemble des lois, des règles assignées à un ordre de faits déterminé, des principes proposés comme leur raison d'être. Une — scientifique, philosophique, littéraire. La — de la gravitation. La — des idées de Platon. Les théories dramatiques des classiques, des romantiques. Ceux que vous rendez innocents dans la —, sont perdus dans la pratique, PASC. *Prov.* 6. ‖ *Spécialt.* (T. militaire.) Apprendre la —, les principes, les règles de la manœuvre.

II. (Antiq. grecque.) Procession, députation solennelle.

THÉORIQUE [té-ò-rĭk'] *adj.*

[ÉTYM. Emprunté du lat. theoricus, grec θεωρικός, *m. s.* ‖ XIIIᵉ s. Escole Ou l'en leüst la teorique, J. DE MEUNG, *Rose*, 13007. Admis ACAD. 1718.]

‖ (T. didact.) Qui appartient à la théorie.

THÉORIQUEMENT [té-ò-rĭk'-man ; *en vers*, -ri-ke-...] *adv.*

[ÉTYM. Composé de théorique et ment, § 724. ‖ 1557. Demonstré theoriquement, P. DE MESMES, *Instit. astron.* p. 299. Admis ACAD. 1718.]

‖ (T. didact.) D'une manière théorique.

THÉOSOPHE [té-ò-zòf'] *s. m. et f.*

[ÉTYM. Emprunté du grec θεόσοφος, qui sait les choses divines. ‖ Admis ACAD. 1878.]

‖ Adepte de la théosophie.

THÉOSOPHIE [té-ò-zò-fi] *s. f.*

[ÉTYM. Emprunté du grec θεοσοφία, connaissance des choses divines. ‖ Admis ACAD. 1878.]

‖ Sorte d'illuminisme religieux.

THÉRAPEUTIQUE [té-rà-pëu-tĭk'] *adj.*

[ÉTYM. Emprunté du lat. therapeuticus, grec θεραπευτικός, de θεραπεύειν, soigner. ‖ XVIᵉ s. Ils n'ont besoing de la (partie) therapeutice, RAB. III, 29. Admis ACAD. 1762.]

‖ (T. didact.) Relatif au traitement des maladies. Méthode —. ‖ *Substantivt, fém.* Partie de la médecine qui a pour objet le traitement des maladies.

THÉRIACAL, ALE [té-ryà-kàl ; *en vers*, -ri-à-...] *adj.*

[ÉTYM. Dérivé de thériaque, § 238. ‖ 1425. Vertu tiriacale, OL. DE LA HAYE, dans DELB. *Rec.*]

‖ (T. didact.) Relatif à la thériaque.

THÉRIAQUE [té-ryàk' ; *en vers*, -ri-àk'] *s. f.*

[ÉTYM. Emprunté du lat. theriaca, grec θηριακή, *m. s.* de θήρ, bête. A remplacé l'anc. franç. triacle. (*Cf.* triacleur.) ‖ 1611. COTGR.]

‖ (Médec. anc.) Électuaire contre la morsure des serpents.

THERMAL, ALE [tèr-màl] *adj.*

[ÉTYM. Dérivé de thermes, § 238. ‖ 1752. TRÉV. Admis ACAD. 1762.]

‖ (Médec.) Qui a une température élevée, en sortant de la source. Les eaux thermales. Établissement —, où l'on vient prendre des eaux médicinales chaudes.

THERMANTIQUE [tèr-man-tĭk'] *adj.*

[ÉTYM. Emprunté du lat. thermanticus, grec θερμαντικός, *m. s.* (*Cf.* thermique.) ‖ XVᵉ s. Termantique, *Hortus sanitatis*, dans P. BOREL, *Tresor.* Admis ACAD. 1762.]

‖ *Rare.* (Médec.) Échauffant.

THERMES [tèrm'] *s. m. pl.*

[ÉTYM. Emprunté du lat. thermæ, grec θερμά, *m. s.* plur, de l'adj. θερμός, chaud. ‖ XIIIᵉ s. Encore apert a Paris le pales de Termes que il fist fere, *Faits des Romains*, dans *Romania*, 1885, p. 12. | XIVᵉ s. Aigue de termes, *Somme Mᵉ Gautier*, mss franç. Bibl. nat. 5288, fᵒ 85, vᵒ.]

‖ **1•** (Antiq.) Établissement de bains publics chauds. Les — de Julien à Paris.

‖ **2°** *P. anal.* Établissement où l'on vient prendre des eaux médicinales chaudes. Les — d'Aix, de Luchon.

THERMIDOR [tèr-mi-dòr] *s. m.*

[ÉTYM. Composé avec le grec θέρμη, chaleur, et δῶρον, don, § 275. ‖ Mot dû à FABRE D'ÉGL. Admis ACAD. 1798, suppl.]

‖ Onzième mois du calendrier républicain (du 19 juillet au 17 août). La journée du 9 — an II.

*THERMIQUE [tèr-mĭk'] *adj.*

[ÉTYM. Dérivé du grec θέρμη, chaleur, § 229. (*Cf.* thermantique.) ‖ *Néolog.*]

‖ (T. didact.) Relatif aux degrés de la température.

*THERMOCHIMIE [tèr-mò-chi-mi] *s. f.*

[ÉTYM. Composé avec le grec θέρμη, chaleur, et chimie, § 284. ‖ *Néolog.*]

‖ (T. didact.) Partie de la chimie qui étudie les phénomènes calorifiques dus à des réactions chimiques.

THERMOMÈTRE [tèr-mò-mètr'] *s. m.*

[ÉTYM. Composé avec le grec θέρμη, chaleur, et μέτρον, mesure, § 275. ‖ 1667. Je vous rens grâces très humbles du recouvrement de ces termomètres, CHAPELAIN, *Lett.* 308, dans DELB. *Rec.*]

‖ (T. didact.) Instrument destiné à indiquer le degré de la température par la dilatation ou la contraction du mercure, de l'alcool, etc., dans un tube gradué. — centigrade, où l'échelle est divisée en 100 degrés entre 0 (qui indique la glace fondante) et 100 (qui indique l'eau bouillante). — de Réaumur, dont l'échelle est divisée en 80 degrés entre 0 (la glace fondante) et 80 (l'eau bouillante). — métallique, qui indique le degré de la température par la dilatation d'un métal. ‖ *Fig.* Ce qui indique le degré de force de qqch. Le jour des noces, le — de la tendresse est à son plus haut degré, REGNARD, *Attendez-moi sous l'orme*, sc. 6.

*THERMOMÉTRIE [tèr-mò-mé-tri] *s. f.*

[ÉTYM. Composé avec le grec θέρμη, chaleur, μέτρον, mesure, et le suffixe ία, § 275. ‖ *Néolog.*]

‖ (T. didact.) Mesure de la chaleur. — clinique, appréciation de l'état d'un malade par sa température.

THERMOMÉTRIQUE [tèr-mò-mé-trĭk'] *adj.*

[ÉTYM. Dérivé de thermomètre, § 229. ‖ XVIIIᵉ s. *V.* à l'article. Admis ACAD. 1878.]

‖ (T. didact.) Relatif au thermomètre. Expériences thermométriques, CH. BONNET, *Usage des feuilles*, 2ᵉ suppl. Échelle —.

THÉSAURISER [té-zò-ri-zé] *v. intr.*

[ÉTYM. Emprunté du lat. thesaurizare, *m. s.* ‖ XIVᵉ s. Thresors es cieuls lassus, signeur, thesaurisiés, GILLES LI MUISIS, dans DELB. *Rec.*]

‖ Amasser un trésor. Thésaurisant pour les voleurs, LA F. *Fab.* IX, 16. | *Vieilli.* Avec un compl. direct. Thésaurisez, pour le siècle futur, un trésor inépuisable, BOSS. *Paneg. St Franç. d'Assise.*

THÉSAURISEUR, EUSE [té-zò-ri-zeúr, -zeúz'] *s. m. et f.*

[ÉTYM. Dérivé de thésauriser, § 112. ‖ Admis ACAD. 1798.]

‖ Celui, celle qui thésaurise.

THÈSE [tèz'] *s. f.*

[ÉTYM. Emprunté du lat. thesis, grec θέσις, action de poser. (*Cf.* thésis.) ‖ 1579. Avoir une absolue intelligence de nostre these, P. DE LOSTAL, *Disc. philos.* dans DELB. *Rec.*]

|| (T. didact.) Proposition avancée par qqn et soutenue par lui contre ceux qui la contestent. Une — particulière, générale. Mes paroles... demeurent dans la — générale, MOL. *Crit. de l'Éc. des f.* sc. 6. Ce que vous dites là change la —, LES. *Diable boit.* 19. *Spécialt.* Ensemble de propositions, point de doctrine qu'un étudiant doit soutenir devant une faculté, pour acquérir les grades de licencié, de docteur. S'al, contre les circulateurs (partisans de la circulation du sang), soutenu une —, MOL. *Mal. im.* II, 5.

THÉSIS [té-zïs'] s. f.
[ÉTYM. Emprunté du lat. thesis, grec θέσις, m. s. (*Cf.* le doublet thèse.) || 1765. ENCYCL.]
|| (T. didact.) Abaissement de la voix sur une syllabe non accentuée. (*Cf.* arsis.)

THÉURGIE [té-ur-ji] s. f.
[ÉTYM. Emprunté du lat. theurgia, grec θεουργία, m. s. de θεός, dieu, et ἔργον, œuvre. || XIVᵉ s. RAOUL DE PRES-LES, dans DELB. *Rec.* Admis ACAD. 1762.]
|| (T. didact.) Magie fondée sur un prétendu commerce avec les esprits célestes (par opposition à nécromancie, magie infernale).

THÉURGIQUE [té-ur-jïk'] *adj.*
[ÉTYM. Emprunté du lat. theurgicus, grec θεουργικός, m. s. || XIVᵉ s. Consecrations theurgiques, RAOUL DE PRES-LES, dans DELB. *Rec.* Admis ACAD. 1798.]
|| (T. didact.) Relatif à la théurgie.

THÉURGISTE [té-ur-jïst'] et *THÉURGITE [té-ur-jït'] s. m. et f.*
[ÉTYM. Dérivé de théurgie, §§ 265 et 254 *bis.* || XVIIIᵉ s. *V.* à l'article.]
|| (T. didact.) Adepte de la théurgie. Un savant... qui de plus était grand théurgite, VOLT. *Zadig*, 4. Pour se livrer aux deux plus violents théurgistes que la secte éclectique eût encore produits, DIDER. *Opin. des anc. philos., Eclect.*

THIBAUDE [ti-bôd'] s. f.
[ÉTYM. Dérivé de Thibaud, nom populaire donné aux bergers, § 36. || *Néolog.* Admis ACAD. 1835.]
|| (Commerce.) Tissu grossier de poil de vache dont on double les tapis de pied.

THLASPI [tlås'-pi] s. m.
[ÉTYM. Emprunté du lat. thlaspi, grec θλάσπι, m. s. || 1680. Talaspis, RICHEL. Admis ACAD. 1762.]
|| (Botan.) Genre de plantes de la famille des Crucifères.

THON [ton] s. m.
[ÉTYM. Emprunté du provenç. ton, qui est le lat. thunnum, grec θύννον, m. s. § 11. || XIVᵉ s. Thon est un poisson qui est trouvé en la mer ou estans maricaulx des parties de Languedoc, *Ménagier*, II, p. 196.]
|| Poisson de mer comestible, du genre des Scombres.

THORACIQUE [tò-rà-sïk'] *adj.*
[ÉTYM. Emprunté du grec θωρακικός, m. s. || XVIᵉ s. Muscles lumbaux et thorachiques, PARÉ, IV, 33. Admis ACAD. 1762.]
|| (Anat.) Qui appartient au thorax. La région —. Canal —, formé par la réunion des vaisseaux lymphatiques des membres inférieurs, de l'abdomen, etc.

THORAX [tò-råks'] s. m.
[ÉTYM. Emprunté du lat. thorax, grec θώραξ, m. s. || 1314. Os de la thorace, c'est de la poitrine, *Chirurg. de Mondeville*, 266, Bos. Admis ACAD. 1762.]
|| 1° (Anat.) Poitrine.
|| 2° P. anal. (Hist. nat.) | 1. Premiers anneaux qui suivent la tête des animaux crustacés, articulés. | 2. Segment intermédiaire qui porte les pattes des insectes.

THRÈNE [thrèn'] s. m.
[ÉTYM. Emprunté du lat. threnus, grec θρῆνος, m. s. || 1526. Elegies, threnes et complaintes, G. MICHEL, titre.]
|| *Rare.* Lamentation poétique. Imitation des threnes de Jérémie, FURET. *Rom. bourg.* II, 97.

THRIDACE [tri-dås'] s. m.
[ÉTYM. Emprunté du lat. thridax, grec θρίδαξ, m. s. || *Néolog.* Admis ACAD. 1878.]
|| (Pharm.) Laitue. Sirop de —.

THUIA et **THUYA** [tui-yà] s. m.
[ÉTYM. Emprunté du grec θυία, m. s. || 1553. L'arbre de thuya, P. BELON, *Observ. de plus. singul.* I, 44. Admis ACAD. 1835.]
|| (Botan.) Arbre de la famille des Cupressinées dont le bois veiné est employé par les ébénistes.

THURIFÉRAIRE [tu-ri-fé-rèr'] s. m.
[ÉTYM. Emprunté du lat. ecclés. thuriferarius (pour thurifer), § 217. || 1690. FURET.]
|| (Liturgie.) Clerc qui porte l'encensoir dans les cérémonies de l'Église catholique. || *Fig.* Celui qui donne de l'encens à qqn, qui le flatte.

THUYA. *V.* thuia.

THYADE [ti-àd'] s. f.
[ÉTYM. Emprunté du lat. thyas, dis, grec θυιάς, δος, m. s. || XVIᵉ s. Les thyades, au jour de leurs bacchanales, RAB. III, 32. Admis ACAD. 1878.]
|| (Antiq.) Prêtresse de Bacchus. (*Syn.* bacchante.) Les thyades sont en fureur, PELLEGRIN, dans TRÉV.

THYM [tin] s. m.
[ÉTYM. Emprunté du lat. thymus, grec θύμος, m. s. (*Cf.* le doublet thymus.) || XIIIᵉ s. Une autre (herbe) qui a nom tym, *Simples medicines*, f° 36, r°.]
|| Plante odorante de la famille des Labiées. Parmi le — et la rosée, LA F. *Fab.* VII, 16.

THYMIQUE [ti-mïk'] adj.
[ÉTYM. Emprunté du lat. médical thymicus, m. s. § 229. || 1611. Veine thymique, COTGR.]
|| (Médec.) Qui a rapport au thymus. Artère —. | Asthme —.

THYMUS [ti-mûs'] s. m.
[ÉTYM. Emprunté du lat. médical thymus, grec θύμος, excroissance. (*Cf.* le doublet thym.) || XVIᵉ s. La phagoue nommée thymus, PARÉ, I, 17. Admis ACAD. 1878.]
|| (Anat.) Corps glandiforme, bilobé, situé derrière le sternum, à la partie inférieure du cou. (*Cf.* tagoue, ris 2.)

THYROÏDE [ti-rò-id'] *adj.*
[ÉTYM. Emprunté du grec θυροειδής, semblable à une porte, confondu avec θυρεοειδής, semblable à un bouclier. || XVIᵉ s. Cartilage scutiforme autrement nommé thyroïde, PARÉ, II, 16. Admis ACAD. 1762.]
|| (T. didact.) Qui est en forme de bouclier. *Spécialt.* (Anat.) Corps —, glande située à la partie inférieure du larynx, sur les premiers anneaux de la trachée-artère. Cartilage —, le plus grand de ceux du larynx.

THYRSE [tirs'] s. m.
[ÉTYM. Emprunté du lat. thyrsus, grec θύρσος, m. s. proprt, « tige ». (*Cf.* torse et trou 2.) || XVᵉ-XVIᵉ s. O. DE ST-GELAIS, *Énéide*, dans DELB. *Rec.*]
|| (Antiq.) Attribut de Bacchus, javelot entouré de lierre, de pampres, et terminé en forme de pomme de pin, que portaient les bacchantes.

TIARE [tyàr ; *en vers*, ti-àr] s. f.
[ÉTYM. Emprunté du lat. tiara, grec τίαρα, m. s. || XIVᵉ s. Thiaire, PH. DE MAIZIÈRES, *Songe du vieil pelerin*, dans GODEF. *Compl.*]
|| Coiffure haute, autrefois en usage chez les peuples orientaux. *Spécialt.* Coiffure du grand prêtre, chez les Hébreux. Je ceignis la — et marchai son égal, RAC. *Ath.* III, 3. | *P. ext.* Coiffure portée par le pape dans les cérémonies, bonnet orné de trois couronnes et surmonté d'un globe portant une croix. *Fig.* Porter la —, être pape.

TIBIA [ti-byà ; *en vers*, -bi-à] s. m.
[ÉTYM. Emprunté du lat. tibia, m. s. (*Cf.* le doublet pop. tige.) || XVIᵉ s. Os de la greve ou tibia, PARÉ, XI, 23. Admis ACAD. 1762.]
|| (Anat.) Le plus gros des deux os de la jambe, situé en avant du péroné.

TIBIAL, ALE [ti-byàl ; *en vers*, -bi-àl] *adj.*
[ÉTYM. Emprunté du lat. tibialis, m. s. || 1690. FURET. Admis ACAD. 1798.]
|| (Anat.) Qui appartient au tibia. Le muscle —, et, *substantivt*, Le —.

TIC [tïk'] s. m.
[ÉTYM. Origine incertaine ; qqns y voient un emprunt de l'ital. ticchio, caprice, § 12. || 1611. Ticq, COTGR.]
|| Contraction convulsive, le plus souvent habituelle, de certains muscles, particulièrement de certains muscles de la face. || *Fig.* Geste dont on a contracté l'habitude.

TIC TAC [tïk'-tåk'] s. m.
[ÉTYM. Onomatopée, § 32. (*Cf.* tac 2, toc toc et trictrac.) || 1552. Ung bruit et son qui... se fait... par tic tac, CH. EST. dans DELB. *Rec.*]
|| Bruit sec formé de deux temps successifs qui se répètent uniformément. Le — du moulin. *P. anal.* Auprès de vous le cœur me fait —, TH. CORN. *Baron d'Albikrac*, III, 5. En venir à —, se battre (à l'épée). S'en vinrent du parler à —, RÉGNIER, *Sat.* 10.

TIÈDE [tyèd'] *adj.*

[ÉTYM. Du lat. tĕpidum, devenu *tiep'de, tiède, §§ 305, 290, 431 et 291.]

‖ **1°** Qui a la température intermédiaire entre le chaud et le froid. De l'eau —. L'onde —, on lava les pieds des voyageurs, LA F. *Phil. et Baucis.* Boire un breuvage —, et, *adverbialt*, Boire —. Le corps encore — (d'une personne qui vient de mourir). Les hivers y sont tièdes, FÉN. *Tél.* 8. Les tièdes zéphirs, LA F. *Fab.* V, 8.

‖ **2°** *Fig.* Qui n'a point d'ardeur, de zèle. Tièdes galants, MOL. *Fâch.* II, 4. ‖ *Spécialt.* Qui n'a point de ferveur religieuse. *Substantivt.* Le lâche et le —, CORN. *Imit.* I, 25.

TIÈDEMENT [tyèd'-man ; en vers, tyè-de-...] *adv.*

[ÉTYM. Composé de tiède et ment, § 724. ‖ 1577. Tiedement chaud, DU PRÉ, *Larmes funebres*, f° 15, r°.]

‖ D'une manière tiède.

TIÉDEUR [tyé-deùr] *s. f.*

[ÉTYM. Dérivé de tiède, § 110. ‖ XIIᵉ s. La perece de sa tevor, *Serm. de St Bern.* p. 158.]

‖ **1°** Température tiède.

‖ **2°** *Fig.* Défaut d'ardeur, de zèle. Une lâche — s'empara des courages, BOIL. *Lutr.* 6. ‖ *Spécialt.* Défaut de ferveur religieuse. Négligences et tiédeurs dans ses exercices de piété, BOURD. *Pensées, Esprit religieux*, 2.

TIÉDIR [tyé-dir] *v. intr.*

[ÉTYM. Dérivé de tiède, § 154. ‖ 1539. R. EST.]

‖ Devenir tiède. Ne tardez point, faites — cette onde, LA F. *Phil. et Baucis.*

TIEN, TIENNE [tyin, tyèn] *adj. poss.*

[ÉTYM. Du lat. tŭum, m. s. devenu toon, toen, puis tien d'après mien, §§ 594 et 595.]

‖ Qui est à toi.

‖ **1°** Déterminant un substantif. Un — parent.

‖ **2°** *Vieilli.* Employé comme attribut. Vis pour ton cher tyran, tandis que je meurs tienne, CORN. *Cinna*, III, 4.

‖ **3°** *Absolt.* Le substantif étant sous-entendu. Ce livre est le —. ‖ *Spécialt.* ‖ 1. *Au masc. sing.* Ce qui est à toi. *P. ext.* Le — et le mien, la propriété. Ces peuples ignorant le — et le mien, VOLT. *Mœurs*, 149. ‖ 2. *Au masc. plur.* Les tiens, tes proches. La loi des chrétiens T'ordonne-t-elle ainsi d'abandonner les tiens? CORN. *Poly.* V, 2. ‖ 3. *Au fém. plur.* Tu fais des tiennes, de tes folies habituelles. On dit que tu fais ici des tiennes, BEAUMARCH. *Mar. de Fig.* III, 13.

TIERCE [tyèrs] *s. f.*

[ÉTYM. Tiré de tiers, § 38. ‖ XIIᵉ s. Tierce, midi e nune, PH. DE THAUN, *Comput*, 252.]

‖ **1°** (Liturgie.) La troisième heure du jour (selon la manière de compter des anciens), neuf heures. *P. ext.* La seconde des heures canoniales, se chantant à neuf heures.

‖ **2°** (Jeu.) Trois cartes d'une même couleur qui se suivent. — majeure, formée des trois cartes les plus hautes, as, roi et dame. — basse, formée des trois cartes inférieures, neuf, huit et sept.

‖ **3°** (Musique.) Intervalle entre la seconde et la quarte. — majeure, qui comprend quatre demi-tons. — mineure, qui comprend trois demi-tons.

‖ **4°** (Escrime.) Position de l'épée engagée dans la ligne du dehors, la pointe haute, le poignet en pronation.

‖ **5°** (Mathém.) Soixantième partie de la seconde.

‖ **6°** (Féodal.) Droit d'un tiers sur les biens de la terre.

TIERCEFEUILLE [tyèr-se-feùy] *s. f.*

[ÉTYM. Composé de tierce, fém. de tiers, et feuille, § 173. (*Cf.* quintefeuille.) ‖ 1690. FURET.]

‖ (Blason.) Trèfle avec une queue.

TIERCELET [tyèr-se-lè] *s. m.*

[ÉTYM. Dérivé de l'anc. franç. tiercuel, m. s. §§ 65 et 133. ‖ XIVᵉ s. L'en dit tiercelet celluy qui est masle, *Ménagier*, II, p. 318.]

‖ (Fauconn.) Mâle du faucon, de l'épervier, etc. (d'un tiers plus petit que la femelle). ‖ *Fig. Vieilli.* Tiercelets de poètes, RÉGNIER, *Sat.* 2.

TIERCEMENT [tyèr-se-man] *s. m.*

[ÉTYM. Dérivé de tiercer, § 145. ‖ 1382. Tiercement ou doublement, *Lett. pat.* dans LITTRÉ.]

‖ Action de tiercer.

TIERCER [tyèr-sé] *v. tr. et intr.*

[ÉTYM. Dérivé de tiers, § 154. Au sens **I, 3°**, on dit aussi tercer, § 65. ‖ XIIIᵉ s. S'il fu autrefois tiercés, BEAUMAN. XLVII, 12.]

I. *V. tr.* ‖ **1°** *Vieilli.* Augmenter d'un tiers. — le prix des places au théâtre. — un bail.

‖ **2°** *Vieilli.* Tripler (par surenchère) une adjudication.

‖ **3°** Soumettre (la terre) à un troisième labour.

II. *V. intr.* (Jeu de paume.) Servir de tiers d'un côté.

TIERCERON [tyèr-se-ron] *s. m.*

[ÉTYM. Dérivé de tiers, § 105. (*Cf.* tierceret, m. s. dans COTGR.) Se dit en anc. franç. d'une mesure pour les solides. (*Cf.* tierçon.) ‖ (Au sens actuel.) 1518. Six tiercerons semblables l'un a l'autre, dans DELB. *Rec.* Admis ACAD. 1835.]

‖ (Architect.) Arc, nervure d'une voûte ogivale, qui part de l'angle et se joint à une lierne.

TIERCET [tyèr-sè]. *V.* tercet.

TIERÇON [tyèr-son] *s. m.*

[ÉTYM. Dérivé de tiers, § 104. (*Cf.* tierceron.) ‖ 1397. Les tierçons des fermes des aides, dans GODEF.]

‖ Ancienne mesure de capacité, contenant le tiers de la mesure entière. Un — de muid.

TIERS, ERCE [tyèr, tyèrs] *adj.*

[ÉTYM. Du lat. tĕrtium, m. s. §§ 304, 406 et 291.]

‖ *Vieilli.* Troisième. Recevez-moi pour — d'une amitié si belle, CORN. *Suite du Ment.* V, 5. Déposer qqch en main tierce. — arbitre, celui qui est appelé à départager deux arbitres. — parti, parti intermédiaire entre deux partis extrêmes. Le — état, et, *ellipt*, Le —, le troisième des états de la nation, le peuple (par opposition au clergé et à la noblesse). Les députés du —. Le — ordre de Saint-Dominique, de Saint-François, etc., composé de séculiers qui suivent une règle à part, dite tierce ou troisième règle. ‖ (Typogr.) Tierce épreuve, et, *substantivt*, Corriger la tierce. ‖ Fièvre tierce, qui revient périodiquement de deux jours l'un. ‖ *P. ext.* (Droit.) Tierce opposition, acte signifié par le tiers opposant. ‖ *Substantivt.* ‖ 1. Un —, une troisième personne. *Dans un sens indéterminé.* Le — et le quart, le premier venu. Et l'on y sait médire et du — et du quart, MOL. *Tart.* I, 1. ‖ *Au fém.* Tierce, sœur qui accompagne une religieuse au parloir, quand elle a une visite. ‖ Être en —, troisième avec deux autres personnes. — porteur, second endosseur d'un effet de commerce. — détenteur, — possesseur, détenteur actuel d'un bien sur lequel une personne autre que celle dont il le tient a quelque droit. ‖ — opposant, celui qui, n'ayant pas été partie dans une contestation jugée, s'oppose à l'arrêt comme lésant son droit. ‖ 2. Chaque partie d'un tout divisé en trois parties égales. Quand l'astre du jour Aura sur l'horizon fait le — de son tour, RAC. *Ath.* 1, 1. J'en cache les deux —, aussitôt qu'arrivés, CORN. *Cid*, IV, 3. ‖ Le — consolidé, capital des rentes sur l'État, réduit au tiers, sous la révolution. Le — coutumier, tiers des biens paternels ou maternels dont il ne pouvait être disposé au préjudice des enfants.

TIERS-POINT [tyèr-pwin] *s. m.*

[ÉTYM. Composé de tiers et point, § 173. ‖ (Au sens **I.**) 1611. COTGR. Admis ACAD. (au sens **I**) 1835.]

I. (Architect.) Point de section au sommet d'un triangle équilatéral. ‖ *P. ext.* Courbure d'une voûte ogivale.

II. *P. ext.* ‖ **1°** Lime triangulaire.

‖ **2°** (Marine.) Voile triangulaire.

TIGE [tij] *s. f.*

[ÉTYM. Du lat. tĭbia, m. s. devenu *tibya, *tibja, tige, §§ 355, 434 et 291. (*Cf.* le doublet tibia.)]

‖ **1°** Partie de la plante qui s'élève verticalement à partir du pied de la racine, et porte les feuilles, les fleurs et les fruits. ‖ *Fig.* Celui de qui sont issues les branches d'une famille. Reste de nos rois, Chère et dernière fleur d'une — si belle, RAC. *Ath.* IV, 6. Un peuple (le peuple hébreu)... nous conduit naturellement à Abraham, qui en est la —, BOSS. *Hist. univ.* II, 27. *Absolt.* Faire —, devenir la tige d'une famille. ‖ *P. anal.* Toutes les Églises naissantes venaient de la — commune des apôtres, BOSS. 2ᵉ *Instr. pastor.* 64.

‖ **2°** *P. anal.* La — d'une colonne, le fût. — d'une clef, partie allongée qui est entre l'anneau et le panneton. — d'une plume, partie garnie de barbes qui surmonte le tuyau. — de botte, partie de la botte qui surmonte le pied et couvre la jambe.

TIGELLE [ti-jèl] *s. f.*

[ÉTYM. Dérivé de tige, § 126. ‖ *Néolog.*]

‖ (Botan.) Partie de l'embryon végétal qui unit la radicule au cotylédon.

TIGETTE [ti-jèt'] *s. f.*

[Étym. Dérivé de tige, § 133. || 1564. J. THIERRY, *Dict. franç.-lat*. Admis ACAD. 1835.]

|| (T. didact.) Petite tige. *Spécialt*. Tige ornée de feuilles, d'où sortent les volutes du chapiteau.

TIGNASSE [ti-ñăs'] *s. f*.

[ÉTYM. Pour teignasse (ACAD. 1762), dérivé de teigne, § 81. (*Cf*. tignon.) || 1680. RICHEL.]

|| Mauvaise perruque. || *Fig*. Chevelure touffue et mal peignée.

TIGNON [ti-ñon] *s. m*.

[ÉTYM. Pour teignon, dérivé de teigne, § 104. (*Cf*. tignasse.) Le sens de tignon a passé à chignon à la fin du XVIIIᵉ s. || XVIᵉ s. Oste le tignon, MAROT, *Rond*. 79. Admis ACAD. 1740.]

|| *Vieilli*. Partie des cheveux qui est derrière la tête (chez les femmes).

TIGNONNER [ti-ñô-né] *v. tr*.

[ÉTYM. Dérivé de tignon, § 154. || 1704. Te voilà bien tignornée, TRÉV. Admis ACAD. 1740.]

|| *Vieilli*. || **1°** Accommoder, friser les cheveux qui sont derrière la tête (chez les femmes).

|| **2°** Prendre aux cheveux. Ces deux se tignonnèrent longtemps, TRÉV.

TIGRE [tīgr'], **TIGRESSE** [ti-grĕs'] *s. m*. et *f*.

[ÉTYM. Emprunté du lat. tigris, grec τίγρις, *m. s*. Sur la formation du fém. *V*. § 129. || XIIᵉ s. *Thèbes*, gloss.]

|| Animal féroce, carnivore, de la famille féline, à pelage rayé et moucheté. || *Fig*. Personne très cruelle. Ce — altéré de tout le sang romain, CORN. *Cinna*, I, 3. Ce —, que jamais je n'abordai sans crainte, RAC. *Phéd*. IV, 6. | Jaloux comme un —, comme une tigresse. La dame n'était pas tigresse, LES. *Guzm. d'Alfar*. 1, 3. || *P. appos*. Cheval, chien —, moucheté. Punaise —, insecte moucheté qui s'attache aux feuilles des arbres fruitiers. || *P. anal*. — noir, jaguar. —-loup, hyène. —-chat, ocelot. — chasseur, guépard.

TIGRÉ, ÉE [ti-gré] *adj*.

[ÉTYM. Dérivé de tigre, § 118. || Admis ACAD. 1718.]

|| (T. didact.) Rayé ou moucheté comme le tigre.

TILBURY [til-bu-ri] *s. m*.

[ÉTYM. Emprunté de l'angl. tilbury, *m. s*. nom du carrossier qui a fabriqué ce genre de voiture, §§ 8 et 36. || Admis ACAD. 1835.]

|| Sorte de cabriolet léger, sans capote.

TILIACÉES [ti-lyà-sé ; en vers, -li-à-...] *s. f. pl*.

[ÉTYM. Emprunté du lat. tiliaceus, de tilleul. || 1812. MOZIN, *Dict. franç.-allem*. Admis ACAD. 1878.]

|| (Botan.) Famille de plantes dont le tilleul est le type.

TILLAC [ti-yăk'] *s. m*.

[ÉTYM. Mot d'origine scandinave, § 9 : norois thilia, suédois tilja, etc., plancher. || 1382. Tilac de desus, dans BRÉART, *Compte du clos des galees de Rouen*, p. 75.]

|| (Marine.) Le plus haut pont d'un navire. Franc —, couvrant toute la longueur du navire.

1. TILLE [tíy'] et **TEILLE** [tèy'] *s. f*.

[ÉTYM. Du lat. tilia, tilleul, pellicule du tilleul, §§ 310 et 291.]

|| (Technol.) Partie filamenteuse du tilleul, du chanvre, du lin, etc.

2. TILLE [tíy'] *s. f*.

[ÉTYM. Emprunté du scandinave telgia, couper, ce qui coupe, § 9. || 1382. Une tille de fer, *Compte du clos des galees de Rouen*, dans DELB. *Rec*. Admis ACAD. 1798.]

|| *Dialect*. Hachette de couvreur, de tonnelier.

3. TILLE [tíy'] *s. f*.

[ÉTYM. Semble emprunté de l'angl. till, tiroir, tablette, § 8. || 1702. AUBIN, *Dict. de marine*. Admis ACAD. 1835.]

|| (Marine.) Compartiment à l'avant et à l'arrière, servant d'armoire à l'équipage.

TILLER [ti-yé] et **TEILLER** [tè-yé] *v. tr*.

[ÉTYM. Dérivé de tille 1, § 154. || XIVᵉ-XVᵉ s. Teiller, CHR. DE PISAN, dans GODEF. *Compl*.]

|| (Technol.) || **1°** Détacher avec la main la partie filamenteuse de l'écorce du chanvre, en brisant la chènevotte. L'un écalait des noix, l'autre teillait du chanvre, RACAN, *Berger*. 2325, 1ʳᵉ édit. (1625).

|| **2°** *Rare*. Tresser (une corde) en tille (partie filamenteuse du tilleul).

TILLEUL [ti-yèul] *s. m*.

[ÉTYM. Du lat. pop. *tiliolum, diminutif de *tilium (class. tilia), *m. s*. devenu teilluel, tilluel, tilleul, §§ 343, 462, 320 et 291. (*Cf*. tille 1.)]

|| Arbre dont la fleur est employée en infusion, comme calmant, et dont l'écorce sert à faire des cordes de puits. Je vois les tilleuls et les chênes, Ces géants de cent bras armés, RAC. *Prom. de P.-Royal*, Ode 4. | *P. ext*. Fleur de cet arbre. Une infusion de —, et, *ellipt*, Boire du —.

TIMBALE [tin-bàl] *s. f*.

[ÉTYM. Altération de tabale, qui se rattache à l'arabe thabal, *m. s*. § 22. || 1611. Attabale, COTGR. | 1646. Timballe, dans DELB. *Rec*.]

|| **1°** Demi-globe de cuivre couvert d'une peau tendue, qu'on serre ou desserre à l'aide de vis, pour l'accorder, et sur laquelle on frappe avec des baguettes de bois dur ou recouvertes de peau, suivant la sonorité qu'on veut obtenir, instrument de musique employé dans la cavalerie et dans l'orchestre. Battre des timbales.

|| **2°** *P. anal*. Gobelet arrondi. Décrocher la — (à un mât de cocagne), et, *fig. famil*. atteindre un but disputé.

|| **3°** *Fig*. Enveloppe de pâtisserie dans laquelle on sert un ragoût. Une — d'alouettes, de macaroni.

TIMBALIER [tin-bà-lyé] *s. m*.

[ÉTYM. Dérivé de timbale, § 115. || 1680. RICHEL.]

|| (Musique.) Celui qui bat des timbales, spécialement dans la musique militaire.

TIMBRAGE [tin-bràj'] *s. m*.

[ÉTYM. Dérivé de timbrer, § 78. || 1575. Les timbraiges, dans GODEF. Admis ACAD. 1878.]

|| Action de timbrer, de marquer d'un timbre.

TIMBRE [tinbr'] *s. m*.

[ÉTYM. Emprunté du lat. tympanum, altéré de bonne heure en *tymbanum, d'où timb'ne, timbre. || XIIᵉ s. El curre ot timbres et tabors, *Thèbes*, app. III, 6757.]

I. || **1°** *Anciennt*. Tambour de forme arrondie. || *De nos jours*. Corde de —, et, *ellipt*, —, corde à boyau tendue en double contre la peau du dessous d'un tambour, qui vibre avec elle et en règle la sonorité.

|| **2°** *P. anal*. | 1. Cloche. | 2. Calotte de métal qui, frappée par un marteau, rend un son prolongé. Un — de pendule, de porte d'entrée. Frapper un coup sur le —. || *P. plaisant. Fig*. Le cerveau. On dit que son — est brouillé (dérangé), RAC. *Plaid*. I, 1. Je lui crois, pour moi, le — un peu fêlé, MOL. *F. sav*. II, 7.

|| **3°** *P. ext*. Caractère de la sonorité dû au concours des notes harmoniques qui accompagnent la note fondamentale jouée ou chantée, et qui varie selon le genre et la qualité de l'instrument, de la voix. Le — d'une cloche. Le — de la voix.

|| **4°** *Spécialt*. Air connu sur lequel les vaudevillistes composent des couplets, et qu'ils indiquent en tête de la chanson.

II. *P. anal. Vieilli*. Bassin. Jetant ne sais quoi dedans le —, dont soudain fut l'ébullition de l'eau restreinte, RAB. V, 45. — à glace, bassin, caisse où l'on tient, entourées de glace, des provisions qu'on veut garder fraiches.

III. || **1°** *P. anal*. Calotte du casque. | *Spécialt*. (Blason.) Partie du casque placée au sommet de l'écu, surmontée du cimier (couronne, mitre, etc.), marquant la qualité de la personne.

|| **2°** *P. ext*. Armoiries, initiales, chiffre de la personne marqué sur certains objets qui lui appartiennent.

|| **3°** *P. anal*. Marque d'une administration, d'une maison de commerce, etc. *P. ext*. Ce qui sert à apposer ces marques. || *Spécialt*. | 1. Marque de l'État, obligatoire sur le papier de certains actes, de certaines publications, et portant l'indication du prix qu'elle coûte. L'impôt du —. Les bureaux du —, et, *ellipt*, Aller au —. | 2. Marque de la poste indiquant sur les lettres le lieu et le jour du départ, de l'arrivée. | 3. Cachet volant qu'on colle sur une lettre (pour l'affranchir), sur une affiche, une quittance, etc. (pour payer l'impôt), et qui porte l'indication du prix qu'il coûte. | 4. Dans un mémoire d'entrepreneur, chiffre qui résume, dans une colonne à part, le détail des sommes composant chaque article.

TIMBRER [tin-bré] *v. tr*.

[ÉTYM. Dérivé de timbre, § 154. || XIIᵉ s. Et si sai bien et timbrer et baler, *Huon de Bord*. 7218.]

I. *Anciennt*. Faire résonner. | *Fig. De nos jours*. Une cervelle, une tête bien, mal timbrée, une cervelle, une tête bien, mal organisée. Tête bien timbrée, SÉV. 321. Ce gendre dont la cervelle était mal timbrée, ST-SIM. II, 234. *Ellipt*. Une personne timbrée, qui a la tête dérangée.

II. Surmonter (le casque de l'écu) d'un cimier (couronne, mitre, etc.) marquant la qualité de la personne. Armet en tête, timbré d'une tiare persique, RAB. IV, 50. || *P. ext.* Marquer (des armoiries, des initiales) du chiffre de la personne. Du papier à lettre timbré à son chiffre. | *Spécialt.* Revêtir de la marque de l'État, obligatoire sur le papier de certains actes, de certaines publications. Un acte sur papier timbré. Recevoir du papier timbré, une assignation. — une affiche, une quittance. | — une lettre (à la poste). | *P. ext. Vieilli.* (Droit.) — un acte, écrire en haut d'un acte la date et le sommaire de ce qu'il contient.

TIMBREUR, *TIMBREUSE [tin-breur, -breúz'] *s. m. et f.*

[ÉTYM. Dérivé de timbrer, § 112. Signifie « joueur de tambour » en anc. franç. || XIIIᵉ s. Tymberesses Qui mout savoient bien joer, G. DE LORRIS, *Rose*, 758. Admis ACAD. 1798.]

|| Celui, celle qui marque d'un timbre.

TIMIDE [ti-mïd'] *adj.*

[ÉTYM. Emprunté du lat. timidus, m. s. || 1549. R. EST.]

|| Qui manque d'assurance, par défiance de soi. Une jeune fille — . Élevé dans l'ignorance, le bon sens avec lequel il était né le rendait —, VOLT. *S. de L.* XIV, 6. Qu'un homme si assuré dans la guerre soit si — en amour, MOL. *Am. magnif.* I, 1. *Vieilli.* Suivi de la prép. à et d'un infin. — à l'aimer, CORN. *Toison d'or*, IV, 2. || Qui manque de hardiesse. Quels timides conseils m'osez-vous suggérer? RAC. *Ath.* III, 6. | Les timides agneaux. | *Fig.* Un écrivain —. Une version — et scrupuleuse des paroles de Longin, BOIL. *Traité du sublime*, préf. Plume, pinceau —.

TIMIDEMENT [ti-mïd'-man ; *en vers*, -mi-de-...] *adv.*

[ÉTYM. Composé de timide et ment, § 724. || 1549. R. EST.]

|| D'une manière timide.

TIMIDITÉ [ti-mi-di-té] *s. f.*

[ÉTYM. Emprunté du lat. timiditas, m. s. || XIVᵉ-XVᵉ s. Dissimulation fault et timidité, GERSON, *Harangue au roi*.]

|| Défaut d'assurance qui naît de la défiance de soi. Tout cela est caché... sous une — aimable, SÉV. 812. La — est un défaut dont il est dangereux de reprendre les personnes qu'on en veut corriger, LA ROCHEF. *Max.* 480. || Défaut de hardiesse. Plus plein d'étonnement que de —, CORN. *Hér.* III, 1.

TIMON [ti-mon] *s. m.*

[ÉTYM. Du lat. tēmōnem, m. s. qui aurait dû donner *temon, §§ 342 et 291 ; le changement de *temon en timon est peut-être dû à l'influence de timon 1.]

|| 1° Longue pièce de bois fixée en avant d'une voiture, d'une charrue, et de chaque côté de laquelle une bête de trait est attelée, de manière à y prendre un point d'appui pour tirer, retenir, tourner, reculer. Une mouche survient et des chevaux s'approche, S'assied sur le —, sur le nez du cocher, LA F. *Fab.* VII, 9. | *Fig.* Ce qui sert à diriger. Ai-je mis dans sa main le — de l'État Pour le conduire au gré du peuple et du sénat? RAC. *Brit.* I, 1. Jamais en main ne prenant le —, BOIL. *Ép.* S. Il faut venir au — et se mettre sous le joug (du mariage) comme les autres, SÉV. 538.

|| 2° *P. anal.* (Marine.) Barre du gouvernail. | *P. ext.* Gouvernail.

***TIMONERIE** [ti-mŏn'-ri ; *en vers*, -mò-ne-ri] *s. f.*

[ÉTYM. Dérivé de timonier, §§ 65 et 68. || *Néolog.*]

|| (Marine.) Maniement du gouvernail. Maître de —.

TIMONIER [ti-mò-nyé] *s. m.*

[ÉTYM. Dérivé de timon, § 115. || XIIᵉ s. Li tomoniers les guie, *Aliscans*, dans DELB. *Rec.*]

|| 1° Chacun des chevaux attelés de chaque côté du timon (par opposition aux chevaux de volée).

|| 2° (Marine.) Celui qui tient le timon d'un navire, sous la direction du pilote.

TIMORÉ, ÉE [ti-mò-ré] *adj.*

[ÉTYM. Emprunté du lat. timoratus, s. m. de timor, crainte. || 1611. COTGR.]

|| Que le moindre scrupule effraie. Une personne timorée. Avoir la conscience timorée. Quel supplice à une conscience timorée! BOSS. *A. de Gonz.*

1. TIN [tin] *s. m.*

[ÉTYM. Emprunté du provenç. mod. tin, tind, chantier, d'origine incertaine, mais qu'il est impossible de tirer du lat. tignum, poutre, § 11. || 1465. Le tonneau prins sur les tintz, dans GODEF. *Compl.* Admis ACAD. 1835.]

|| 1° *Dialect.* Chantier qui supporte un tonneau.

|| 2° (Marine.) Pièce de bois qui supporte la quille d'un navire sur le chantier. (*Cf.* tinter 2.)

2. *TIN [tin] *s. m.*

[ÉTYM. Emprunté du lat. tinus, m. s.]

|| (Botan.) Plante du genre viorne, dite plus ordinairement viorne-tin ou laurier-tin.

TINCTORIAL, ALE [tink'-tò-ryàl ; *en vers*, -ri-àl] *adj.*

[ÉTYM. Dérivé du lat. tinctorius, m. s. § 238. || 1812. MOZIN, *Dict. franç.-allem.* Admis ACAD. 1835.]

|| (T. didact.) Qui sert à la teinture. Matières tinctoriales. Plantes tinctoriales. Procédés tinctoriaux.

TINE [tin'] *s. f.*

[ÉTYM. Du lat. tina, m. s. § 291.]

|| (Technol.) Tonne à transporter l'eau, la vendange, le minerai, etc.

TINETTE [ti-nět'] *s. f.*

[ÉTYM. Dérivé de tine, § 133. || XIIIᵉ s. Tinettes pour metre ens la entraille, dans DELB. *Rec.*]

|| (Technol.) || 1° Tonnelet dont le fond est plus large que le haut, pour le transport du beurre fondu.

|| 2° Tonneau de vidangeur.

***TINGUE** [ting']. V. toper.

TINTAMARRE [tin-tà-màr'] *s. m.*

[ÉTYM. Origine inconnue. || XVIᵉ s. La matière fecale d'une selle percee sus leurs tintamarres, RAB. II, 12.]

|| Grand bruit discordant. Les trompes et les cors font un tel — Que le bonhomme est étonné, LA F. *Fab.* IV, 4. (L'esprit de l'homme) troublé par le premier — qui se fait autour de lui, PASC. *Pens.* III, 9. | *P. anal.* Au milieu de tout le — du mariage du roi, VOLT. *Lett.* 7 sept. 1725.

TINTAMARRER [tin-tà-mà-ré] *v. intr.*

[ÉTYM. Dérivé de tintamarre, § 154. || 1581. Une recherche tintamarree, FROUMENTEAU, *Secret des thresors de France*, III, p. 424. Admis ACAD. 1762.]

|| *Vieilli.* Faire du tintamarre.

TINTEMENT [tint'-man ; *en vers*, tin-te-...] *s. m.*

[ÉTYM. Dérivé de tinter, § 145. || 1539. R. EST.]

|| 1° Bruit d'une cloche qu'on tinte.

|| 2° Prolongement du son d'une cloche, qui va en diminuant. | *P. anal.* Le — des écus, des verres.

|| 3° Bourdonnement. Avoir des tintements d'oreilles.

TINTENAGUE [tint'-nàg' ; *en vers*, tin-te-...]. V. toutenague.

1. TINTER [tin-té] *v. intr.*

[ÉTYM. Origine incertaine : le lat. tinnitāre aurait dû donner tenter comme *tinnitīre a donné (re)tentir. Tinter est peut-être dû à une sorte d'onomatopée, § 32. || XIIᵉ s. Ne volt un mot tinter, GARN. DE PONT-STE-MAX. *St Thomas*, p. 41, Bekker.]

|| En parlant d'une cloche qu'on frappe d'un seul côté avec le battant, rendre des sons qui se succèdent lentement. La cloche tinte. *Transitivt.* — la cloche. *P. ext.* — la messe, tinter la cloche pour annoncer la messe. || *P. anal.* Faire — un verre. | Les oreilles lui tintent, lui donnent la sensation d'une cloche qu'on tinterait. | *P. ext.* Faire — les oreilles de qqn, lui répéter souvent la même chose. | *Loc. prov.* Les oreilles ont dû vous —, on a beaucoup parlé de vous en votre absence.

2. TINTER [tin-té] *v. tr.*

[ÉTYM. Dérivé de tin 1, §§ 63, 64 et 154. || *Néolog.* Admis ACAD. 1835.]

|| (Marine.) Faire porter sur des tins (la quille d'un navire en construction, en réparation).

TINTOUIN [tin-twin] *s. m.*

[ÉTYM. Dérivé de tinter, avec un suffixe anormal. || XVIᵉ s. Si quelque auteur a tintouin à la teste, MAROT, *Enfer*, préf.]

|| 1° *Vieilli.* Bruit importun qui fatigue les oreilles. | État morbide qui donne la sensation de ce bruit. François II mourut d'un — d'oreilles, SULLY, *Œcon. roy.* VII, p. 398, édit. 1725.

|| 2° *Fig. Famil.* Souci importun. Cette affaire me donne du —. De tintouins mon esprit est rongé, LA F. *Parodie de Cléopâtre.*

TIQUE [tik'] *s. f.*

[ÉTYM. Emprunté du german. tick (*cf.* angl. tick, allem. zecke, etc.), m. s. §§ 6, 498 et 499. || XVᵉ s. Se déduit de l'existence du diminutif tiquet dans A. DE LA SALLE, *Cent Nouv. nouv.* 83.]

|| Insecte aptère qui s'attache aux bœufs, aux moutons, aux chiens, et suce leur sang. *Loc. prov.* Soûl comme une — (gorgée de sang).

TIQUER [ti-ké] *v. intr.*

[ÉTYM. Dérivé de tic, § 154. || 1664. *V.* à l'article. Admis ACAD. 1718.]

|| (T. vétérin.) Avoir le tic. Il y a des chevaux qui tiquent, SOLLEYSEL, *Parfait Mareschal* (1664), p. 77.

TIQUETÉ, ÉE [tik'-té; *en vers*, ti-ke-té] *adj.*

[ÉTYM. Origine incertaine ; qqns y voient une variante dialectale de tacheté. || 1680. Ticté, RICHEL. Admis ACAD. 1762.]

|| Marqué de petites taches.

TIQUEUR, EUSE [ti-keur, -keuz'] *adj.*

[ÉTYM. Dérivé de tiquer, § 112. || 1664. Voir si le cheval n'est point ticqueur, SOLLEYSEL, *Parfait Mareschal*, p. 76. Admis ACAD. 1835.]

|| (T. vétérin.) Qui a le tic. Cheval —.

TIR [tir] *s. m.*

[ÉTYM. Subst. verbal de tirer, § 52. || XIIIᵉ s. Osels volanz a tir, *Bible*, mss franç. Bibl. nat. 902, f° 1.]

|| Action de tirer, de faire partir une arme à projectile. Le tir de l'arbalète. Le tir du fusil, du pistolet, du canon. La justesse du tir. *Spécialt.* En parlant des bouches à feu. Ligne de tir, axe d'une bouche à feu prolongé indéfiniment. Plan de tir, plan vertical mené par la ligne de tir. Angle de tir, formé par la ligne de tir avec les horizontales du plan de tir. Tir à boulets, à mitraille. Tir à toute volée, sous un grand angle, de manière à porter le plus loin possible. Tir de plein fouet, sous un angle faible, où le projectile arrive directement sur le but. Tir plongeant, où le projectile décrit une trajectoire courbe de manière à venir frapper le but placé derrière un obstacle. Tir à ricochet, où le projectile, lancé presque parallèlement au sol, fait plusieurs bonds en ricochant sur le sol. Tir direct, perpendiculaire à la ligne de tir. Tir d'écharpe, qui prend la ligne de tir obliquement et en avant. Tir à revers, qui prend la ligne de tir obliquement et par derrière. | *P. ext.* Lieu où l'on s'exerce au tir. Aller au tir.

TIRADE [ti-rad] *s. f.*

[ÉTYM. Emprunté de l'ital. tirata, *m. s.* § 12. || XVIᵉ s. Amour archer d'une tirade ront Cent traits sur moy, RONS. *Amours*, I, 112.]

|| **1°** Mouvement par lequel on tire un certain temps, d'un effort non interrompu. Les tirades et les secousses (pour écarteler Damiens) durèrent une heure, VOLT. *Parlem. de Paris*, 30. *Vieilli.* Tout d'une —, d'un trait.

|| **2°** *Fig.* Développement oral ou écrit d'une certaine étendue. Il ne lui restera que l'ignominie d'avoir fait des tirades contre des gens de bien, GRIMM, *Corresp. littér.* I, p. 176. Voilà une — où ma plume m'a conduite, SÉV. 1010. | *Spécialt.* (Théâtre.) Ce qu'un personnage débite tout d'un trait. Ces tirades de Corneille qui font frissonner, SÉV. 257. Une longue —.

TIRAGE [ti-raj] *s. m.*

[ÉTYM. Dérivé de tirer, § 78. || 1479. Les fermiers du tirage, dans GODEF.]

|| Action de tirer.

|| **1°** Action de faire mouvoir, en amenant par un effort à un certain point, dans une certaine direction. — des métaux, action de les faire passer par la filière. Le — d'une voiture. Un chemin où il y a beaucoup de — pour les chevaux, où le tirage de la voiture offre beaucoup de résistance. Le — d'un bateau, action de le tirer le long du chemin de halage. | *P. ext.* Espace qu'on laisse libre au bord d'une rivière pour les chevaux qui tirent les bateaux. | *Fig.* Il y a du —, des difficultés, des résistances à vaincre. | Cordons de —, qui servent à tirer les rideaux. | — d'une cheminée, mouvement par lequel l'air nécessaire à la combustion est attiré vers le foyer pour remplacer l'air échauffé qui sort par le tuyau en entraînant avec lui la fumée.

|| **2°** Action de faire sortir de qqch. Le — d'une loterie, action de faire sortir les numéros. — au sort. *Absolt.* Le —, le tirage au sort pour la conscription. || *P. ext.* Le — d'un journal, d'un livre, d'une estampe, action d'obtenir des exemplaires plus ou moins nombreux, par l'impression.

TIRAILLEMENT [ti-ráy'-man ; *en vers*, -rá-ye-...] *s. m.*

[ÉTYM. Dérivé de tirailler, § 145. || 1721. TRÉV. Admis ACAD. 1762.]

|| Action de tirailler, de tirer à différentes reprises, en divers sens. | *P. anal.* — d'estomac, spasme qui donne la sensation d'un tiraillement. || *Fig. Famil.* Difficultés entre personnes dont chacune tire à soi, dispute qqch aux autres. Il y a des tiraillements dans cette administration.

TIRAILLER [ti-rá-yé] *v. tr.*

[ÉTYM. Dérivé de tirer, § 161. || XVIᵉ s. Pourquoi est ce que l'on tiraille ? BAÏF, *Mines*, dans DELB. *Rec.*]

|| **1°** Tirer à différentes reprises, en divers sens. A force d'être tiraillé, il ouvrit les yeux, SCARR. *Rom. com.* II, 13. | *P. anal.* Une demi-douzaine d'affaires très désagréables me tiraillent de tous côtés, VOLT. *Lett.* 28 nov. 1776. n (Louis XIV) est mort tiraillé par des prêtres qui s'anathématisaient les uns les autres, ID. *ibid.* mars 1737.

|| **2°** (T. milit.) Tirer des coups de feu à volonté, sans commandement, contre l'ennemi.

TIRAILLERIE [ti-ráy'-ri ; *en vers*, -rá-ye-ri] *s. f.*

[ÉTYM. Dérivé de tirailler, § 69. || 1757. *V.* à l'article. Admis ACAD. 1798.]

|| **1°** Tiraillement prolongé. Accoutumé à la — et au train ordinaire, VOLT. *Lett.* 18 juin 1757.

|| **2°** Feu de tirailleurs prolongé.

TIRAILLEUR [ti-rá-yeur] *s. m.*

[ÉTYM. Dérivé de tirailler, § 112. || Admis ACAD. 1740.]

|| Celui qui tiraille. || *Spécialt.* (T. milit.) | **1.** Soldat détaché en avant pour tirer des coups de feu à volonté, sans commandement, contre l'ennemi. | **2.** Soldat d'une troupe coloniale formée d'éléments indigènes. Les tirailleurs algériens, soudanais.

TIRANT [ti-ran] *s. m.*

[ÉTYM. Subst. particip. de tirer, § 47. || 1606. Tiran, NICOT.]

|| (Technol.) Ce qui sert à tirer. Tirants de bottes, de bottines, boucles de ruban de fil, cousues en haut des tiges, par lesquelles on tire pour les chausser. Tirants d'un soulier, pattes de cuir placées de chaque côté d'un soulier, sur le cou-de-pied, et où passent les cordons, la boucle, pour le retenir. Tirants d'une bourse, cordons qu'on tire pour la fermer, pour l'ouvrir. | Barre de fer scellée entre deux murs pour en empêcher l'écartement. | Pièce de bois qui empêche l'écartement de deux jambes de force d'un comble. || — d'eau, volume d'eau que déplace une embarcation, et par suite quantité dont il s'enfonce dans l'eau.

TIRASSE [ti-ras] *s. f.*

[ÉTYM. Dérivé de tirer, § 81. || 1379. Unum rete vocatum tirasse, dans DU C. tirassa.]

|| (Technol.) || **1°** Filet qu'on lance sur les cailles, les alouettes, tenues en arrêt par le chien.

|| **2°** Clavier de pédale qui fait baisser la basse du clavier à mains, dans les petites orgues.

1. *TIRASSER [ti-rá-sé] *v. tr.*

[ÉTYM. Dérivé de tirer, § 169. || XVIᵉ s. Un procès qui me tirace Le cœur et l'ame, RONS. II, 391.]

|| *Vieilli.* Tirailler. Et les linceuls trop courts pour les pieds tirassait, RÉGNIER, *Sat.* 11.

2. TIRASSER [ti-rá-sé] *v. tr.*

[ÉTYM. Dérivé de tirasse, § 154. || 1694. ACAD.]

|| Chasser à la tirasse. — des cailles, des alouettes.

***TIRAUDE** [ti-rôd'] *s. f.*

[ÉTYM. Dérivé de tirer, § 138. || *Néolog.*]

|| (Technol.) Câble sur lequel on tire pour élever le mouton, qu'on laisse retomber sur des pieux qu'on enfonce. Sonnette à —.

TIRE [tir] *s. f.*

[ÉTYM. Subst. verbal de tirer, § 52. || XIIᵉ s. Tote nuit dormirent a tire, *Perceval*, dans GODEF.]

|| **1°** Action de tirer à soi. Vol à la —, qui consiste à tirer ce que contiennent les poches des gens, dans une foule. A — d'aile (ACAD. écrit à tire-d'aile), en agitant les ailes sans relâche. Le corbeau part à — d'aile, LA F. *Fab.* XII, 15.

|| **2°** Trait, rangée. Exploitation à — et aire, où l'on coupe les bois de proche en proche, sans interruption entre la vente ancienne et la nouvelle, en ne laissant que les arbres réservés. | (Blason.) Rangée de vair.

***TIREAU** [ti-rô] *s. m.*

[ÉTYM. Dérivé de tirer, § 126. || XVᵉ s. Huit tireaux, quatre marteaux a forges, *Comptes de J. Cœur*, dans GODEF. tirel.]

|| (Technol.) Allège, sorte de bateau plat qui sert à décharger un bateau trop lourd pour remonter le courant.

TIRE-BALLE [tir-bàl ; *en vers*, ti-re-...] *s. m.*

[ÉTYM. Composé de tire (du verbe tirer) et balle 1, § 209. || XVIᵉ s. La pointe du tire-balle, PARÉ, *Introd.* 2. Admis ACAD. 1762.]

|| (Technol.) || **1°** *Vieilli.* Instrument pour extraire une balle, un projectile d'une plaie profonde.

|| **2°** Instrument pour retirer la charge du canon d'une arme à feu se chargeant par la bouche.

***TIRE-BONDE** [tir-bônd'; *en vers*, ti-re-...] *s. m.*
[Étym. Composé de tire (du verbe tirer) et bonde, § 209. || *Néolog.*]
|| (Technol.) Outil pour retirer la bonde d'un tonneau.

***TIRE-BORD** [tir-bôr; *en vers*, ti-re-...] *s. m.*
[Étym. Composé de tire (du verbe tirer) et bord, § 209. || 1752. Tirebord, TRÉV.]
|| (Technol.) Instrument de bois pour faire appuyer le bordage sur la membrure d'un navire en construction.

TIRE-BOTTE [tir-bôt'; *en vers*, ti-re-...] *s. m.*
[Étym. Composé de tire (du verbe tirer) et botte 2, § 209. || 1690. Tirebottes, FURET. Admis ACAD. 1718.]
|| **1°** Chacun des crochets de fer qu'on passe dans les tirants de la tige d'une botte, pour la chausser.
|| **2°** Planchette ayant une ouverture qui laisse passer le pied en emboîtant le talon, et où l'on passe le pied pour se débotter.

TIRE-BOUCHON [tir-bou-chon; *en vers*, ti-re-...] *s. m.*
[Étym. Composé de tire (du verbe tirer) et bouchon, § 209. || Admis ACAD. 1718.]
|| Vis de fer, d'acier, terminée en pointe, qu'on enfonce dans un bouchon pour le tirer de la bouteille. || *Fig.* Des **cheveux en** —, des cheveux frisés en spirale.

TIRE-BOURRE [tir-boūr; *en vers*, ti-re-...] *s. m.*
[Étym. Composé de tire (du verbe tirer) et bourre, § 209. || 1611. Tirebourre, COTGR.]
|| (Technol.) Partie d'un tire-balle qui sert à retirer le papier de la cartouche du canon d'une arme à feu se chargeant par la bouche. | Instrument qui sert à extraire la charge des bouches à feu. — **de sonde**, instrument destiné à retirer les parties de la sonde, les cailloux qui sont restés dans le forage.

TIRE-BOUTON [tir-bou-ton; *en vers*, ti-re-...] *s. m.*
[Étym. Composé de tire (du verbe tirer) et bouton, § 209. || 1680. RICHEL. Admis ACAD. 1835.]
|| Crochet dont on se sert pour faire entrer les boutons dans leur boutonnière.

***TIRE-CLOU** [tir-klou; *en vers*, ti-re-...] *s. m.*
[Étym. Composé de tire (du verbe tirer) et clou, § 209. (*Cf.* l'anc. franç. traiclou, *m. s.*) || 1680. RICHEL.]
|| (Technol.) Outil de couvreur, pour arracher les clous des chevrons.

TIRE-D'AILE [À]. *V.* tire.

***TIRE-FEU** [tir-fèu; *en vers*, ti-re-...] *s. m.*
[Étym. Composé de tire (du verbe tirer) et feu, § 209. (*Cf.* l'anç. franç. tire-feu, emplâtre contre l'inflammation.) || (Au sens actuel.) *Néolog.*]
|| (Technol.) Instrument qui sert à mettre le feu à la charge d'un canon, en déterminant l'inflammation d'une étoupille.

***TIRE-FILET** [tir-fi-lè; *en vers*, ti-re-...] *s. m.*
[Étym. Composé de tire (du verbe tirer) et filet, § 209. || 1812. MOZIN, *Dict. franç.-allem.*]
|| (Technol.) Outil pour tracer des filets sur le bois, le métal.

TIRE-FOND [tir-fon; *en vers*, ti-re-...] *s. m.*
[Étym. Composé de tire (du verbe tirer) et fond, § 209. || 1549. R. EST.]
|| (Technol.) || **1°** Vis emmanchée à un anneau de fer dont se sert le tonnelier pour ajuster la dernière douve au fond d'un tonneau.
|| **2°** Vis à anneau qu'on fixe au plafond, pour suspendre un ciel de lit, un lustre.
|| **3°** Instrument destiné à ramener les projectiles du fond d'une plaie, en s'enfonçant dans leur substance.
|| **4°** Partie d'un tire-balle qui sert à retirer la balle du canon d'une arme à feu.

***TIRE-LAINE** [tir-lên; *en vers*, ti-re-...] *s. m.*
[Étym. Composé de tire (du verbe tirer) et laine, § 209. || 1611. Tirelaines, COTGR.]
I. *Anciennt.* Tireur de laine, voleur de manteaux. Attaqués par cinq ou six —, SCARR. *Rom. com.* I, 18.
II. (Technol.) Outil dont se sert le fondeur pour retirer la laine des moules.

TIRE-LAISSE [tir-lès; *en vers*, ti-re-...] *s. m.*
[Étym. Composé de tire (du verbe tirer) et laisse (du verbe laisser), § 209. || 1611. COTGR.]
|| *Famil. Vieilli.* Désappointement de celui qui n'ob-

tient pas ce sur quoi il comptait. Le roi essuya pendant le cours de ce siège un cruel —, ST-SIM. I, 12.

TIRE-LARIGOT (À) [tir-là-ri-gó; *en vers*, ti-re-...] *loc. adv. V.* larigot.

TIRE-LIGNE [tir-liñ'; *en vers*, ti-re-...] *s. m.*
[Étym. Composé de tire (du verbe tirer) et ligne, § 209. || (Au sens 1°.) 1680. RICHEL. Admis ACAD. 1718. | (Au sens 2°.) 1812. MOZIN, *Dict. franç.-allem.*]
|| **1°** (Technol.) Tige de métal terminée en forme de plume à écrire, dont on fixe les becs à une distance plus ou moins rapprochée, pour tirer des lignes régulières plus ou moins larges, dans un dessin graphique, un plan d'architecture, etc.
|| **2°** *Famil.* Architecte médiocre, qui ne sait que copier des plans.

TIRELIRE [tir-lîr; *en vers*, ti-re-...] *s. f.*
[Étym. Origine inconnue. || XIII° S. Et embourser tlex choses et metre en tirelire, J. DE MEUNG, *Test.* 459.]
|| Petit vase de poterie qui, n'ayant d'ouverture qu'une fente où l'on fait entrer des pièces qu'on ne peut retirer sans briser le vase, sert à amasser de l'argent.

TIRE-MOELLE [tir-mwàl; *en vers*, ti-re-...] *s. m.*
[Étym. Composé de tire (du verbe tirer) et moelle, § 209. || 1711. Un tire-mouille, *Invent. de Boileau*, p. 12, Grouchy. Admis ACAD. 1740.]
|| Tige d'argent creusée en gouttière, qui sert à tirer la moelle d'un os.

TIRE-PIED [tir-pyé; *en vers*, ti-re-...] *s. m.*
[Étym. Composé de tire (du verbe tirer) et pied, § 210. || 1835. Se frapper à coups de tire-pied, dans DELB. *Rec.*]
|| (Technol.) Lanière de cuir qui sert au cordonnier à fixer son ouvrage sur les genoux.

***TIRE-PLOMB** [tir-plon; *en vers*, ti-re-...] *s. m.*
[Étym. Composé de tire (du verbe tirer) et plomb, § 209. || 1680. RICHEL.]
|| (Technol.) Rouet de vitrier qui sert à tirer le plomb en verges plates.

TIRE-POINT [tir-pwin; *en vers*, ti-re-...] *s. m.*
[Étym. Composé de tire (du verbe tirer) et point, § 209. ACAD. donne aussi tire-pointe, moins usité. Qqns disent par erreur tiers-point. || *Néolog.* Admis ACAD. 1878.]
|| (Technol.) Outil de cordonnier, terminé par une petite échancrure coupante, qui sert à nettoyer le point d'une couture, en ébarbant le cuir qui dépasse.

TIRER [ti-ré] *v. tr.*
[Étym. Origine incertaine; la phonétique empêche de rattacher tirer au german. tairan (néerl. teren, angl. tear, etc.), déchirer, qui ne peut rendre compte de la présence de l'i. (*Cf.* provenç., espagn., portug. tirar, ital. tirare, etc.) || XI° s. Tiret sa barbe, *Roland*, 2414.]
I. Chercher à allonger, à tendre (un objet) en l'amenant à soi par un bout. — à la filière l'or, l'argent, le laiton. — un câble, une courroie. *Fig.* — la courroie (*cf.* joindre les deux bouts), tâcher de suffire aux dépenses avec de faibles ressources. Des bas bien tirés. *Vieilli.* — ses chausses, ses grègues (pour mieux courir), et, *fig.* se sauver. — à poil (un tissu de laine, de coton), en faire paraître le poil, en le tirant avec une sorte de carde. — le pis de la vache, et, *p. ext.* — une vache, la traire. Des gants bien tirés. *Fig.* Une personne tirée à quatre épingles, dont les vêtements sont ajustés avec un soin minutieux. *P. ext.* Avoir le visage tiré, les traits tirés, allongés, tendus par la fatigue, la maladie. *Fig.* — une chose en longueur, la faire durer, la prolonger. *Ellipt.* — à la ligne, allonger un article de journal, de revue, payé à la ligne, pour gagner davantage. || *Absolt. Au sens intrans.* — sur une corde. — sur la bride. Un cheval qui tire à la bride. Un limier qui tire sur le trait. | *Fig.* Un travail qui tire à sa fin. Une affaire qui tire à conséquence. Une teinte tirant au noir, sur le noir. || *P. anal.* Mener (une ligne) d'une manière continue, dans une certaine direction. — une ligne droite. Une allée tirée au cordeau. *P. ext.* Reproduire. — le portrait de qqn, et, *ellipt*, — qqn. Cette absence m'a tellement changé que, si l'on me tire bien, je ne serai pas reconnaissable, VOIT. *Œuvres*, II, p. 232, édit. 1713. — une copie d'un acte. — les parties d'une partition. — plusieurs épreuves d'une planche gravée. — plusieurs exemplaires d'un ouvrage. On en tira cent exemplaires, BOIL. *Épigr.* 5. Bon à —, autorisation d'imprimer donnée par l'auteur, après la correction des épreuves. || *P. ext.* Suivre une certaine direction, se diriger droit d'un certain côté. | **1.** *Vieilli.*

— chemin, — pays, partir. | **2.** *Absolt, au sens intrans.* Nous sommes découverts, tirons de ce côté, MOL. *Ét.* III, 9. La colombe l'entend, part et tire de long (s'envole loin), LA F. *Fab.* II, 12. Un marin qui tire au large, qui se dirige vers la haute mer. *Fig.* — au large, s'en aller loin.

II. Faire venir dans une certaine direction, en prenant (la personne, la chose) par une de ses parties qu'on amène à soi.

‖ **1°** En restant soi-même immobile. — qqn par son vêtement, par le bras, par les cheveux. — les cheveux à qqn. — l'oreille, les oreilles à qqn. *Fig.* Se faire — l'oreille pour faire qqch, faire des difficultés pour s'y décider. *P. anal.* — le pied, la jambe, l'avancer avec effort. Traînant l'aile et tirant le pied, LA F. *Fab.* IX, 2. — le pied en arrière, pour saluer, faire la révérence, et, *p. ext.* — sa révérence à qqn, le saluer pour prendre congé de lui. *Fig.* Une lumière, une couleur éclatante qui tire l'œil, les yeux, qui produit la même sensation que si qqch tirait l'œil. | *Famil. Fig.* — le diable par la queue, être dans la gêne. (*Cf.* diable.) | — la couverture à soi, prendre la plus grande partie de la couverture aux dépens de son compagnon de lit, et, *fig.* s'attribuer plus que sa part. — à soi, — de son côté, chercher à tourner les choses à son avantage. Chacun les tire de son côté (les volontés du défunt) et les interprète de sa manière, LA BR. 14. — l'échelle, pour l'éloigner du mur, et, *fig.* Après lui, il faut — l'échelle, on ne peut aller plus haut, plus loin. — le cordon de la sonnette. Le concierge tire le cordon (qui fait ouvrir la porte). — les rideaux (pour les ouvrir ou les fermer). *Fig.* — le rideau sur qqch, le mettre dans l'oubli. — le verrou, pour ouvrir ou fermer une porte. ‖ *P. anal.* — l'arc, l'arbalète, faire partir la corde qui donne l'impulsion au projectile. — le pistolet, le fusil, faire partir la détente de l'arme à feu. — le canon. — un feu d'artifice, mettre le feu à la charge, aux pièces d'artifice. *P. ext.* — une flèche, une balle à, contre qqn. — un coup de fusil, de canon. — une salve d'artillerie. *Fig.* — sa poudre aux moineaux, perdre sa peine. | *Absolt.* L'ennemi cessa de —. — de l'arc, de l'arbalète, de l'arquebuse. — au pistolet, au fusil, à la carabine. — sur qqn. — à poudre, à balles, à boulets rouges, à bout portant. *Fig.* — à boulets rouges sur qqn, lui dire les choses les plus dures. — à bout portant sur qqn, lui dire en face des choses dures. — sur ses troupes, attaquer ceux de son parti. | *Ellipt.* — un oiseau, un lièvre, tirer sur un oiseau, sur un lièvre. — un oiseau au vol.

‖ **2°** En marchant soi-même dans cette direction. — un bateau sur le rivage. — une brouette. Six forts chevaux tiraient un coche, LA F. *Fab.* VII, 9. Des bœufs qui tirent la charrue. *Absolt.* Un cheval qui tire mal. ‖ Un criminel tiré à quatre chevaux (pour être écartelé). *Fig. Ellipt.* Être tiré à quatre, tourmenté de tous les côtés.

III. Amener (une personne, une chose) hors d'un lieu où elle est enfermée, retenue. De ma prison pourquoi m'as-tu tiré? RAC. *Phèd.* III, 5. — de l'eau qqn qui se noie. Il le tira des mains des ennemis. — qqn à part. | — de l'eau d'un puits. — du vin d'un tonneau. — du vin au clair, transvaser, après l'avoir laissé reposer, la partie qui est claire. *Fig.* — une affaire au clair, éclaircir ce qu'elle a d'obscur. — la langue, la faire sortir de sa bouche, et, *fig.* être altéré, et, *p. ext.* avide de qqch qu'on ne peut obtenir. — du sang à qqn, le saigner. On lui a tiré une palette de sang. — les bas, les bottes à qqn, les lui ôter. Il lui faudrait du front — le diadème, CORN. *Nicom.* V, 6. — son chapeau à qqn, pour saluer, et, *p. ext.* — à qqn un coup de chapeau. — sa bourse, sa montre de sa poche, et, *ellipt,* — sa bourse, sa montre. — un violon de son étui. — l'épée du fourreau, et, *ellipt,* — l'épée. *Absolt.* — avec qqn, tirer des armes avec lui. — à la salle d'escrime. — au mur. Il tire bien. *Vieilli.* — des armes. La science de — des armes est la plus belle, MOL. *B. gent.* II, 3. — en tierce, en quarte. | — les billets, les numéros d'une loterie. Il a tiré un mauvais numéro. — qqch au sort, à la courte paille. — une loterie, tirer les numéros de la loterie. *P. anal.* — le gâteau des rois, et, *ellipt,* — les rois. — à qqn des larmes des yeux, le faire pleurer. Pour me — des pleurs, il faut que vous me pleuriez, BOIL. *Art* p. 3. *P. anal.* — du feu, des étincelles d'un caillou. — des sons d'un instrument. ‖ *Loc. prov.* — son épingle du jeu, se retirer sans dommage d'une affaire fâcheuse. — les marrons du feu, se donner de la peine au profit d'un autre. — à qqn une épine du pied, lui ôter un sujet d'embarras. — une plume de l'aile à qqn, — à qqn pied ou aile, en recueillir quelque profit. — à qqn les vers du nez, lui

faire dire adroitement ce qu'il voulait taire. — d'un sac deux moutures, faire servir quelque chose à deux fins. ‖ *Fig.* | **1.** Faire sortir (qqn) de la situation où il se trouve. Je tirai de l'armée Et ce même Sénèque et ce même Burrhus, RAC. *Brit.* IV, 2. — qqn d'un mauvais pas. — qqn d'affaire, d'embarras. Se — d'affaire. *Ellipt. Famil.* Il s'en est bien tiré. Bref, il s'en tire, LA F. *Fab.* VII, 7. Il sait bien se — d'un pas si hasardeux, CORN. *Hor.* IV, 2. — qqn d'erreur. — qqn de l'obscurité, de l'oubli. | **2.** Faire venir (qqch) d'un lieu qui le produit. Rome tirait du blé de l'Égypte. *P. anal.* On tire de l'huile des olives. *Fig.* — son origine d'une race illustre. — une conséquence d'un principe. Un mot tiré du latin, du grec. | **3.** Obtenir de qqn (ce qu'il est en état de fournir). — de l'argent de qqn. On ne peut en — une parole, une supplication. — parti de qqn. *P. anal.* — avantage, vanité de qqch.

TIRET [ti-rè'] *s. m.*

[ÉTYM. Dérivé de tirer, § 133. (*Cf.* tirette.)‖ XVIe s. Le plus petit poinct, traict ou tiret, BEAUPORT, dans GODEF. *Compl.*]

‖ **1°** *Vieilli.* Lanière de parchemin pour enfiler des papiers, des lettres. Sa Majesté l'a lue (la lettre), mais non celle de M. Monglas, encore que vous en trouviez le — rompu, SULLY, *Œcon. roy.* X, 120, Michaud.

‖ **2°** Petit trait placé à la suite d'un mot resté inachevé, faute d'espace, à la fin d'une ligne, pour renvoyer à la ligne suivante. (*Syn.* division.) ‖ Trait un peu plus long qui sert à indiquer un nouvel interlocuteur dans un dialogue, à séparer du contexte des mots, des phrases, pour les mieux détacher.

TIRETAINE [tir-tèn'; *en vers,* ti-re-...] *s. f.*

[ÉTYM. Mot qui paraît se rattacher à tirer, mais dont la formation est obscure. ‖ 1247. Coverture ne tiretaine ne burel, dans FAGNIEZ, *Doc. relat. à l'industrie,* I, p. 157.]

‖ Sorte de drap, moitié laine, moitié fil. Une robe de —, D'AUB. *Fœneste,* III, 23.

TIRE-TÊTE [tir-têt'; *en vers,* ti-re-...] *s. m.*

[ÉTYM. Composé de tire (de tirer) et tête, § 209. Le mot est dû à DUSSE, inventeur de l'instrument. (*V. Merc. de France,* juill. 1734, p. 1543.) ‖ Admis ACAD. 1762.]

‖ (Technol.) Instrument d'accoucheur, pour extraire la tête de l'enfant mort.

***TIRETOIRE** [tir-twàr; *en vers,* ti-re-...] *s. f.*

[ÉTYM. Altération de traitoire, sous l'influence de tirer, § 509. ‖ 1723. Tirtoir, SAVARY, *Dict. du comm.*]

‖ (Technol.) ‖ **1°** Outil de tonnelier. (*V.* traitoire.)

‖ **2°** Instrument de dentiste pour extraire les incisives, les racines de dents de la mâchoire inférieure.

***TIRETTE** [ti-rèt'] *s. f.*

[ÉTYM. Dérivé de tirer, § 133. (*Cf.* tiret.) ‖ 1812. MOZIN, *Dict. franç.-allem.*]

‖ (Technol.) Ce qui sert à tirer. ‖ *Spécialt.* | **1.** Cordon fixé de distance en distance à l'envers d'une jupe de femme, pour la relever. | **2.** Lacet de gant (remplaçant les boutons).

TIREUR, EUSE [ti-rœur, -rœuz'] *s. m. et f.*

[ÉTYM. Dérivé de tirer, § 112. ‖ 1471. Tireur de fil, dans GODEF.]

‖ Celui, celle qui tire. ‖ *Spécialt.* | **1.** Ouvrier, ouvrière qui tire l'or, l'argent, le laiton, etc., à la filière. | **2.** Ouvrier, ouvrière qui tire les ficelles du métier à tisser. | **3.** Ouvrier qui tire le bois des trains de bois. | **4.** *Vieilli.* Voleur à la tire. — de laine, voleur de manteaux. (*Cf.* tire-laine.) | **5.** Celui, celle qui tire du vin d'un tonneau. L'une pourtant des tireuses de vin..., LA F. *Contes, Rémois.* | **6.** —, tireuse de cartes, d'horoscope, celui, celle qui tire les cartes à qqn, l'horoscope de qqn. | **7.** (Commerce.) Celui qui tire une lettre de change sur qqn. | **8.** (Escrime.) Celui, celle qui tire l'épée, qui fait des armes. Tout beau, Monsieur le — d'armes, MOL. *B. gent.* II, 2. | **9.** Celui, celle qui tire avec une arme à feu. Un — adroit.

***TIRE-VIEILLE** [tir-vyèy'; *en vers,* ti-re-...] *s. f.*

[ÉTYM. Composé avec tire (du verbe tirer) et vieille, § 210 : proprt, ce qui aide aux vieilles à monter. Le mot est souvent altéré en tire-veille. ‖ 1690. Tireveille, FURET.]

‖ (Marine.) Corde servant de rampe pour aider à monter à bord. ‖ *P. ext.* Corde servant de garde-fou.

TIROIR [ti-rwàr] *s. m.*

[ÉTYM. Dérivé de tirer, § 113. Prononcé tiroi au XVIIe s. ‖ XIVe s. Les tiroirs des chainettes d'or, *Invent. de Ch. V,* dans L. DE LABORDE, *Émaux,* p. 516.]

‖ **1°** Compartiment mobile emboîté au moyen de coulisses, dans une commode, un buffet, une table, etc., qui se tire par un anneau, un bouton, une clef, et où l'on serre les objets. Ouvrir, fermer un —. || *Fig.* Pièce à —, sans unité d'action, où sont intercalées des scènes détachées.

|| **2°** *P. ext.* Caisse mobile d'une machine à vapeur, que divise en deux parties une cloison perpendiculaire à la longueur du cylindre et qui, mue d'un mouvement de va-et-vient par une tige reliée à l'arbre de couche, distribue tour à tour la vapeur en dessus et en dessous du piston.

TIRONIEN, IENNE [ti-rò-nyin, -nyèn'; *en vers*, -ni-...]. *V.* note.

TISANE [ti-zàn'] *s. f.*
[ÉTYM. Emprunté du lat. ptisana, grec πτισάνη, *m. s.* || xiiie s. Il est doné ou tisane, *Antidotaire de Nicolas*, 18, Dorveaux.]
|| Infusion ou décoction de substances médicamenteuses. — rafraîchissante, purgative. | *P. ext.* — de Champagne, vin de Champagne très léger.

TISON [ti-zon] *s. m.*
[ÉTYM. Du lat. titiọnem, *m. s.* §§ 406 et 291.]
|| Morceau de bois à demi consumé, dans le foyer d'une cheminée. Rapprocher les tisons. | *Loc. prov.* Garder les tisons, ne pas quitter le coin du feu. Prendre le — par où il brûle, entamer maladroitement une affaire. || *Fig.* | 1. — d'enfer, personne qui mérite de brûler en enfer. Adieu, — d'enfer, REGNARD, *Joueur*, v, 10. | 2. Ce qui sert à allumer une passion. — de la discorde et fatale Furie, RAC. *Mithr.* v, 1. Le malheureux — de ta flamme secrète, MOL. *Sgan.* sc. 6.

TISONNÉ, ÉE [ti-zò-né] *adj.*
[ÉTYM. Dérivé de tison, § 118. || xviie s. Tigres... Tisonnez sur la peau, R. DELLEAU, I, p. 18, édit. 1578. Admis ACAD. 1762.]
|| (Manège.) Dont la robe est semée de taches noires allongées. Cheval —.

TISONNER [ti-zò-né] *v. intr.*
[ÉTYM. Dérivé de tison, § 154. || xiiie s. Cele moult le tisonna, dans MONTAIGLON et RAYNAUD, *Rec. de fabliaux*, I, p. 327.]
|| S'amuser à remuer les tisons qui brûlent dans une cheminée (avec les pincettes, le tisonnier). Que chacun indifféremment... Puisse — à sa guise, LE P. DUCERCEAU, *Pincettes.*

TISONNEUR, EUSE [ti-zò-neür, -neuz'] *s. m.* et *f.*
[ÉTYM. Dérivé de tisonner, § 112. || 1690. FURET.]
|| Celui, celle qui aime à tisonner. Je suis donc — et ne m'en cache guère, LE P. DUCERCEAU, *Pincettes.*

TISONNIER [ti-zò-nyé] *s. m.*
[ÉTYM. Dérivé de tisonner, § 115. || xive s. *Gloss. lat. franç.* dans DU C. titionarium.]
|| Tige de fer qui sert à attiser le feu, à remuer les tisons.

TISSAGE [ti-sàj'] *s. m.*
[ÉTYM. Dérivé de tisser, § 78. || 1340. La façon et tissage de soixante cinq aunes de toile, dans DELB. *Rec.* Admis ACAD. 1835.]
|| Action de tisser.

TISSER [ti-sé] *v. tr.*
[ÉTYM. Tiré de titre, par changement de conjugaison, § 628. || 1538. Lequel tissa La belle toyle, D'OPPEDE, *Triomphes de Pétrarque*, f° 89. Admis ACAD. 1762.]
|| Transformer (une substance filée, laine, chanvre, coton, etc.) en une matière cohérente souple et mince, en entrecroisant des fils tendus horizontalement (chaîne) avec des fils qu'on fait passer transversalement (trame). — de la laine, du lin, de la soie. *P. ext.* — de la toile, du drap. *Absolt.* Un métier à —. Toile tissée au métier.

TISSERAND, 'TISSERANDE [tis'-ran, -rànd'; *en vers*, ti-se-...] *s. m.* et *f.*
[ÉTYM. Dérivé de titre, §§ 63, 64 et 139. || 1224. Mestiers de toisserrans, dans FAGNIEZ, *Doc. relat. à l'industrie*, I, p. 138.]
|| Ouvrier, ouvrière qui tisse.

TISSERANDERIE [tis'-rand'-ri; *en vers*, ti-se-ran-de-ri] *s. f.*
[ÉTYM. Dérivé de tisserand, § 69. || xiiie s. Ovrer du mestier de tainturerie et de toissaranderie, E. BOILEAU, *Livre des mest.* 1, L, 19. Admis ACAD. 1798.]
|| Profession de tisserand.

TISSU [ti-su] *s. m.*
[ÉTYM. Subst. particip. de titre, § 45. || xiiie s. Bien le chaint Blonde d'un tissu, BEAUMAN. *Jehan et Blonde*, 3997.]

I. *Au propre.* || **1°** Matière cohérente, souple et mince, faite en tissant. Un — de laine, de chanvre, de soie.

|| **2°** *P. anal.* Matière cohérente dont se composent les organes des animaux, des végétaux, faite d'un assemblage de fibres entrelacées ou juxtaposées. Tissus organiques. — cellulaire, ligneux.

II. *Fig.* Suite de choses qui sont liées, enchaînées les unes aux autres. L'histoire de l'empire grec... n'est plus qu'un — de révoltes, MONTESQ. *Rom.* 21. Dans un long — de belles actions, CORN. *Cid*, I, 3. Un — d'énigmes, LA BR. 1. Laissez-nous faire à loisir le — de notre roman, MOL. *Préc. rid.* sc. 4.

TISSURE [ti-sûr] *s. f.*
[ÉTYM. Dérivé de titre, § 111. (*Cf.* l'anc. franç. tisture, du lat. textura.) || 1501. Mestiers de boys a faires tissures, dans GODEF.]
|| Entrecroisement des fils tissés. Une étoffe dont la — est régulière, serrée. | *Fig.* Combinaison, entrelacement. L'ingénieuse — des fictions avec la vérité, CORN. *Poly.* abrégé du martyre.

TISSUTIER [ti-su-tyé] *s. m.*
[ÉTYM. Dérivé de tissu, §§ 63, 64 et 115. || 1483. Leurens Leblanc, tissutier, dans GODEF.]
|| Fabricant de tissus légers.

TISTRE. *V.* titre.

TITHYMALE [ti-ti-màl] *s. m.*
[ÉTYM. Emprunté du lat. tithymalus, grec τιθύμαλος, *m. s.* || xiiie s. Ceste herbe est une maniere de titimal, *Simples medicines*, f° 26, r°. Admis ACAD. 1762.]
|| (Botan.) Euphorbe cyprès, plante vénéneuse.

TITILLATION [ti-til'-là-syon; *en vers*, -si-on] *s. f.*
[ÉTYM. Emprunté du lat. titillatio, *m. s.* || xive s. Aucune titillation ou quelque petit de vaine gloire, J. DE VIGNAY, dans DELB. *Rec.* Admis ACAD. 1762.]
|| (T. didact.) Chatouillement léger.

TITILLER [ti-til'-lé] *v. tr.*
[ÉTYM. Emprunté du lat. titillare, *m. s.* || xiie s. Cum la char qui tetille, GARN. DE PONT-STE-MAX. *St Thomas*, p. 168, Bekker. Admis ACAD. 1798.]
|| (T. didact.) Chatouiller légèrement.

'TITRAGE [ti-tràj'] *s. m.*
[ÉTYM. Dérivé de titrer, § 78. || *Néolog.*]
|| (Technol.) Action de titrer les métaux précieux, les matières textiles, soies, cotons, etc.

1. 'TITRE [titr'] *s. m.*
[ÉTYM. Pour tistre, § 422, plus anciennement tristre, § 361, mot d'origine scandinave, § 9 : *cf.* l'island. treysta, compter sur qqch, et l'angl. tryst, rendez-vous. || xiie s. As tristres a mis les levrers, *Vie de St Gilles*, 1587.]
|| (Chasse.) Relais où sont postés les chiens. Mettre les chiens à bon —.

2. TITRE [titr'] *s. m.*
[ÉTYM. Emprunté du lat. titulus, *m. s.* (*cf.* intituler, titulaire, etc.), devenu titele, title, titre, § 465. || xiie-xiiie s. Li titles dou livre, *Comment. du Psautier*, dans S. BERGER, *la Bible. franç. au moyen âge*, p. 67.]
|| **I.** Désignation honorifique.

|| **1°** Nom exprimant une distinction de rang, une dignité. Penses-tu... que ton — de roi Me fasse peur? LA F. *Fab.* II, 9. Charlemagne... prit le — de roi des Français et des Lombards, BOSS. *Hist. univ.* I, 2. On donne aux rois le — de majesté. Avoir le — de comte, de marquis, de duc. Se parer aux yeux du monde d'un — dérobé, MOL. *B. gent.* III, 12. L'orgueil, d'un faux — appuyant sa faiblesse, Maîtrisa les humains sous le nom de noblesse, BOIL. *Sat.* 5. Ne savez-vous point, avec toute la France, D'où ce — d'honneur a tiré sa naissance? CORN. *Ment.* v, 3.

|| **2°** Nom exprimant une charge, une fonction, un grade dont on est revêtu. Avoir le — de docteur, d'avocat. *P. ext.* Professeur en —, par opposition à celui qui n'est que suppléant, ou chargé de cours. Commis en —, par opposition au surnuméraire. *Vieilli.* A — d'office, en vertu du titre attaché à la charge. Présider à — d'office. | *P. anal.* Mme de Montespan était la maîtresse en — du roi.

|| **3°** *P. ext.* Qualification bonne ou mauvaise. Malgré le nom de père et le — de fils, CORN. *Hér.* I, 4. Ce roi mérita le — de père du peuple. Quelques titres honteux qu'en tous lieux on lui donne, MOL. *Mis.* I, 1. *Loc. adv.* A — de, en qualité de. Et qu'à — d'esclave il commande en ces lieux, CORN. *Poly.* IV, 2. Ne le verrai-je plus qu'à — d'importune? RAC. *Brit.* I, 2. | *P. anal.* Recevoir une somme à — de prêt, de don.

II. ‖ **1°** Ce qui établit le droit de qqn à une désignation honorifique, à une charge, à une fonction. Le roi lui conféra des titres de noblesse. Il a produit des titres authentiques. Apprenez... que la vertu est le premier — de noblesse, MOL. *D. Juan*, IV, 4. | *Fig.* Je faisais néanmoins fort peu d'état de celle (la gloire) que je n'espérais point pouvoir acquérir, qu'à faux titres, DESC. *Méth.* 1. ‖ *P. anal.* Ce qui établit le droit, la qualité de qqn. — de propriété, pièce établissant le droit du propriétaire. En fait de meubles, la possession vaut — (établit la présomption du droit de propriété), *Code civil*, art. 2279. Tout le — par lequel vous possédez votre bien n'est pas un — de nature, mais d'un établissement humain, PASC. *Condit. des grands*, 1. Un — de rente, pièce qui établit le droit du porteur de ce titre à une rente annuelle payée par l'État. Acquérir à — lucratif (donation, héritage), à — onéreux (vente). — nouvel, engagement d'un nouveau possesseur à payer une rente ou redevance que payait l'ancien. *Fig.* Il (Montesquieu) présente à la nature humaine ses titres qu'elle a perdus dans la plus grande partie de la terre, VOLT. *Polit. et Législ. Idées républ.* 51. ‖ *P. ext. Fig.* Ce qui établit le droit qu'on a de faire qqch. Pourquoi l'assassiner? Qu'a-t-il fait? A quel — ? RAC. *Andr.* v, 3. A juste —. L'honneur que reçoit la vôtre (votre famille)... En pouvait à bon — immortaliser trois, CORN. *Hor.* II, 1.

‖ **2°** Qualité, service donnant droit à qqch. Celui des candidats qui a le plus de titres à cette fonction. Un — de gloire. Avoir des titres à l'immortalité.

III. Désignation de la proportion d'or, d'argent fin unie à l'alliage, dans les lingots, les monnaies, les ouvrages d'or et d'argent. Les monnaies de France sont au — de neuf dixièmes de fin et d'un dixième d'alliage. | *P. anal.* (Chimie.) Dosage du poids fixe qu'un volume donné d'une liqueur contient d'un réactif en dissolution.

IV. ‖ **1°** Désignation du sujet traité dans un livre, le plus souvent accompagné du nom de l'auteur, inscrite sur la couverture d'un livre broché, sur le dos, sur un des premiers feuillets. Faux —, titre abrégé imprimé sur le feuillet qui précède celui où est le titre complet. — courant, titre abrégé écrit au haut des pages du livre.

‖ **2°** Désignation, en tête d'un chapitre, d'une division d'un livre, de la partie du sujet qui s'y trouve traitée. *Spécialt.* Subdivision du code civil traitant un sujet déterminé. Le — des successions.

V. (Paléogr.) Petit trait mis au-dessus d'un mot écrit en abrégé, comme signe de cette abréviation.

˙TITRE [titr'] *v. tr.*

[ÉTYM. Du lat. *tɨxere*, *m. s.* devenu ˙tieistre, tistre, titre, §§ 316, 387, 290 et 291. L'infinitif étant inusité depuis le commencement du XVIIe s., ACAD. a continué à écrire tistre comme dans sa 1re édition.]

‖ Tisser. (Ne s'emploie qu'au part. tissu et aux temps dont la forme se confond avec ceux de tisser.) Autre toile tissue, autre coup de balai, LA F. *Fab.* III, 8. *Fig.* La pièce est délicate, et ceux qui l'ont tissue A de si longs détours font une digne issue, CORN. *Nicom.* II, 3.

TITRER [ti-tré] *v. tr.*

[ÉTYM. Dérivé de titre 2, § 154. (*Cf.* le lat. titulare, *m. s.* et attitrer.) ACAD. ne donne l'infin. qu'en 1762. ‖ XIIIe s. Le seneschal... face titler deux rolles de parchemin, *Traité d'écon. rurale*, dans GODEF. titler.]

‖ **1°** Qualifier d'un titre, spécialement d'un titre de noblesse. Une personne titrée. C'est une gueuse qui... Se titrera marquise, TH. CORN. *Galant doublé*, I, 1. *P. ext.* Terre titrée, qui a le titre de duché, de comté, etc. | *Fig.* Jouet titré (en titre) des petits et des grands, PIRON, *Métrom.* v, 4.

‖ **2°** (Technol.) Déterminer la proportion d'or, d'argent fin, unie à l'alliage dans les métaux précieux, la proportion de soie, de laine, dans un tissu mélangé, etc. | *Spécialt.* (Chimie.) Doser un certain volume d'une liqueur contenant en dissolution un poids fixe d'un réactif.

TITRIER [ti-tri-yé] *s. m.*

[ÉTYM. Dérivé de titre 2, § 115. (*Cf.* le doublet titulaire.) ‖ XVIIIe s. L'ABBÉ DESFONTAINES, dans TRÉV. Admis ACAD. 1762.]

‖ **1°** *Anciennt.* Religieux chargé de la garde des titres d'un monastère.

‖ **2°** *Rare.* Fabricateur de faux titres.

TITUBANT, ANTE [ti-tu-ban, -hânt'] *adj.*

[ÉTYM. Adj. particip. de tituber, § 47. ‖ XVIe s. Jamais instruction ne fut titubante... si la sienne ne l'est, MONTAIGNE, II, 12. Admis ACAD. 1878.]

‖ (T. didact.) Qui titube.

TITUBATION [ti-tu-bà-syon; *en vers*, -si-on] *s. f.*

[ÉTYM. Emprunté du lat. titubatio, *m. s.* ‖ XVIe s. Mouvement de titubation, RAB. IV, 65.]

‖ (T. didact.) Mouvement de celui qui chancelle en marchant.

TITUBER [ti-tu-bé] *v. intr.*

[ÉTYM. Emprunté du lat. titubare, *m. s.* ‖ XVIe s. Leur main ne doit tituber ne varier la balance de justice, *Hist. de la Tois. d'or*, II, p. 120. Admis ACAD. 1878.]

‖ (T. didact.) Chanceler en marchant.

TITULAIRE [ti-tu-lêr] *adj.*

[ÉTYM. Dérivé du lat. titulus, titre, § 248. (*Cf.* le doublet titrier.) ‖ 1516. Royaume... duquel il se clamoit vray titulaire, *Mir. histor. de France*, dans DELB. *Rec.*]

‖ (T. didact.) Qui est revêtu d'un titre. Chanoine —. Patron — d'une église, saint dont elle porte le nom. Le coadjuteur était archevêque — de Corinthe, VOLT. *S. de L. XIV*, 4. | Un professeur —, celui qui est professeur en titre (par opposition au suppléant, au chargé de cours), et, *substantivt*, Le — d'une charge, d'une fonction, celui qui en a le titre. Ce n'est pas un événement fort rare à un — d'enterrer son successeur, LA BR. 12.

˙TITULARIAT [ti-tu-là-ryà; *en vers*, -ri-à] *s. m.*

[ÉTYM. Dérivé de titulaire, § 254. ‖ *Néolog.*]

‖ (T. didact.) Possession en titre d'une charge, d'une fonction.

˙TMÈSE [tmèz'] *s. f.*

[ÉTYM. Emprunté du lat. tmesis, grec τμῆσις, *m. s.* ‖ XVIe s. La figure tmesis, RAB. v, 29.]

‖ (Gramm.) Division d'un mot composé, par intercalation entre ses éléments d'un ou plusieurs mots.

TOAST [tôst']. *V.* toste.

TOASTER [tôs'-té]. *V.* toster.

TOCANE [tò-kàn'] *s. f.*

[ÉTYM. Origine inconnue. ‖ 1700. *V.* à l'article. Admis ACAD. 1718.]

‖ Vin nouveau fait de mère goutte. L'auteur m'a fait boire aujourd'hui de la —, DANCOURT, *Trois Cousines* (1700), prol. sc. 5.

TOCSIN [tŏk'-sin] *s. m.*

[ÉTYM. Emprunté du provenç. toca senh, de tocar, frapper, et senh, cloche, § 11. ‖ 1379. Touquesain, dans DU C. touquassen.]

‖ Tintement pressé et redoublé de la grosse cloche d'une église, d'un beffroi, pour donner l'alarme. Sonner le —. *Fig.* Donner l'alarme. Pourvu qu'on ait sonné le — contre Rome, BOSS. *Var.* 44. ‖ *P. ext.* Grosse cloche destinée à donner l'alarme.

TOC TOC [tŏk'-tŏk'] *interj.*

[ÉTYM. Onomatopée, § 32. ‖ Admis ACAD. 1878.]

‖ Locution exprimant un bruit, un choc sourd.

TOGE [tôj'] *s. f.*

[ÉTYM. Emprunté du lat. toga, rendu d'abord par togue, puis par toge, § 503. ‖ XIVe s. Il commanda a sa femme que elle apportast sa togue, BERSUIRE, f° 59, dans LITTRÉ.]

‖ **1°** (Antiq. rom.) Robe de laine portée par-dessus la tunique.

‖ **2°** *P. ext.* Robe d'avocat, de magistrat, de professeur.

TOHU-BOHU [tò-hu-bò-hu] *s. m.*

[ÉTYM. Locution hébraïque qui, dans la Genèse, désigne le monde avant la création, § 21. (*Cf.* les isles de Thohu et Bohu, dans RAB. IV, 17.) ‖ XVIIIe s. *V.* à l'article. Admis ACAD. 1878.]

‖ *Famil.* Désordre qui rappelle le chaos. La terre était —, VOLT. *Philos. Bibl. expliq. Genèse.*

TOI [twà] *pron. pers.*

[ÉTYM. Du lat. tɛ, *m. s.* devenu tei, toi, §§ 309 et 591. (*Cf.* te, tu.)]

‖ Pronom personnel singulier, de la deuxième personne, des deux genres, dont la forme atone est te, qui s'emploie ordinairement comme complément, et parfois comme sujet ou attribut, à côté ou à la place de tu.

‖ **1°** Compl. direct d'un verbe. Venge-moi, venge-toi, CORN. *Cid*, I, 5. Sieds-toi, ID. *Cinna*, v, 1.

‖ **2°** Compl. indirect d'un verbe. Figure-toi Pyrrhus, RAC. *Andr.* III, 8.

‖ **3°** Compl. d'une préposition. Me voici donc tremblante

et seule devant toi! RAC. *Esth.* I, 4. Félix, dans la prison j'ai triomphé de toi, CORN. *Poly.* IV. 14. Je viens vers toi. C'est à toi que je parle. Je compte sur toi. Pour toi je ferai toute chose, RAC. *Plaid.* III, 4.

‖ **4°** Attribut. Est-ce toi, chère Élise? RAC. *Esth.* I, 1.

‖ **5°** Sujet. Qui? Toi? Tu me trahis? LAFOSSE, *Manl.* IV, 4. Toi et moi, nous irons. | *P. ext.* Au vocatif. Et toi, de mes exploits glorieux instrument, CORN. *Cid*, I, 4.

‖ **6°** Après les conjonctions ou loc. conj. comme, plus que, etc. (sujet ou complément). Il est plus brave que toi (que tu n'es). Je l'aime autant que toi (que j'aime).

˙TOILAGE [twà-làj'] *s. m.*
[ÉTYM. Dérivé de toile, § 78. ‖ *Néolog.*]
‖ (Technol.) Ce qui forme le dessin, les fleurs sur le fond d'une guipure.

TOILE [twàl] *s. f.*
[ÉTYM. Du lat. tęla, *m. s.* devenu teile, toile, §§ 309 et 291.]
‖ Tissu de fil de lin ou de chanvre. Chemises, mouchoirs de —. Draps de —. *Famil.* Se mettre dans les toiles (draps), se mettre au lit. De la —. fine. — de Hollande. *P. ext.* Tissu de fil de coton. | *Fig.* — de Pénélope, œuvre qu'on fait et défait sans cesse (comme faisait Pénélope pour rester fidèle à Ulysse et éluder la promesse faite aux prétendants d'en choisir un pour époux, quand la toile qu'elle tissait serait achevée). (T. milit.) **Déchirer la —,** faire un feu de file, dont les crépitations rappellent le bruit de la toile qu'on déchire. | —. peinte, indienne, toile de coton peinte de diverses couleurs. — imprimée, peinte par impression. — d'emballage, grosse toile qui sert à emballer. — grasse, toile d'emballage enduite d'une sorte de goudron. — maigre, toile d'emballage non goudronnée. — cirée, toile enduite d'une matière qui la rend imperméable. *Fig.* Les brocards coulaient sur lui comme sur une — cirée, ST-SIM. XI, 236. ‖ *P. anal.* — de soie, gaze de soie. — d'or, d'argent, tissu léger dont la trame est d'or, d'argent, et la chaîne de soie. — de crin. — d'amiante. — métallique. ‖ *P. ext.* Tissu que font les araignées pour prendre leur proie. Voilà sa — ourdie, Voilà des moucherons de pris, LA F. *Fab.* III, 8. | *Fig.* Piège. Le P. Tellier ne tarda pas à embarrasser dans ses toiles le cardinal de Noailles, comme une araignée fait une mouche, ST-SIM. XII, 143. ‖ *Spécialt.* | **1.** (Peint.) Toile clouée sur un cadre de bois et recouverte d'un enduit blanchâtre, sur laquelle on peint. | *Fig.* Tableau. Les plus belles toiles de Rubens, du Poussin. | **2.** Rideau qui sépare de la salle la scène d'un théâtre. **Lever la —** (quand on commence à jouer). **Baisser la —** (quand un acte finit ou quand la pièce est terminée). | **3.** Ensemble des voiles d'un navire. Porter beaucoup de —. Charrier de la —. | **4.** Toiles, grands filets pour prendre le gibier.

TOILERIE [twàl-ri ; *en vers*, twà-le-ri] *s. f.*
[ÉTYM. Dérivé de toilier, §§ 65 et 68. ‖ 1409. Mestier de telerie, dans DU C. telarius. Admis ACAD. 1762.]
‖ (Technol.) Fabrique de toile. | Commerce de toile.

TOILETTE [twà-lět'] *s. f.*
[ÉTYM. Dérivé de toile, § 133. ‖ 1352. Teilete, dans GODEF. *Compl.* | 1512. Fines toilettes de Holande, J. LE MAIRE, dans DELB. *Rec.*]
‖ Petite toile.
I. Morceau de toile dont les tailleurs, cordonniers, relieurs, etc., enveloppent la marchandise qu'ils portent en ville. Marchande, revendeuse à la —, qui achète et revend des hardes (qu'elle portait dans une petite toile). | *Fig. Vieilli.* **Plier la —,** se sauver en emportant des objets dérobés, particulièrement des hardes. Mon fils, à qui l'on vient de plier la —, LA F. *Ragotin*, III. 2. ‖ *P. anal.* Membrane graisseuse qui sert en boucherie, en charcuterie, à envelopper certaines pièces.
II. Morceau de linge brodé, festonné, orné de volants, etc., dont on garnit le meuble sur lequel on pose les vases, brosses, peignes et autres objets nécessaires pour se laver, se coiffer, etc.
‖ *P. ext.* ‖ **1°** Le meuble garni de tout ce qui est nécessaire pour se laver, se coiffer. Et tout ce qui de jour la fait voir si doucette, La nuit comme en dépit sort dessus la —, RÉGNIER, *Sat.* 9. Que la belle en cornette, Le soir ait étalé son teint sur la —, BOIL. *Sat.* 10.
‖ **2°** L'action de se laver, de se coiffer. Faire sa —. — de propreté du matin. Madame est à sa —. Un cabinet de —. Un nécessaire de —. Portraits... grands comme des miroirs de —, LA F. *Lett. à sa femme*, 5.

‖ **3°** Action de s'habiller, de se parer. Sa — n'est pas longue. La — de la mariée. ‖ *P. ext.* — d'un condamné à mort, action de couper les cheveux, d'échancrer la chemise, pour faciliter la décapitation. ‖ *P. ext.* L'ensemble des vêtements, des ajustements qu'on met pour se parer. (Se dit surtout des femmes.) Etre en —. Une riche —. Une — de mariée. Ces lieux d'un concours général où les femmes se rassemblent pour... recueillir le fruit de leur —, LA BR. 7. Une femme qui aime la —.

TOILIER, IÈRE [twà-lyé, -lyèr] *s. m.* et *f.*
[ÉTYM. Dérivé de toile, § 115. Autrefois régulièrement telier, tellère, § 65. ‖ XIIᵉ s. Li plus furent telier, JORDAN FANTOSME, dans DELB. *Rec.*]
‖ Celui, celle qui fabrique la toile, qui en fait commerce.

TOISE [twàz'] *s. f.*
[ÉTYM. Du lat. tęnsa (s.-ent. brachia, proprt, les bras tendus), devenu teise, toise, §§ 485, 309 et 291.]
‖ Ancienne mesure de longueur valant six pieds (1 m. 949). — courante, mesure en longueur de toute chose supposée de hauteur ou de largeur égale dans toute son étendue. | *Fig.* **Mesurer les gens à la —,** par leur taille, et non par leur mérite. Je suis une bourgeoise Qui sais me mesurer justement à ma — (ne pas me croire plus que je ne suis), REGNARD, *Joueur*, II, 14. Des mots longs d'une —, RAC. *Plaid.* III, 3.

TOISER [twà-zé] *v. tr.*
[ÉTYM. Dérivé de toise, § 154. ‖ 1549. R. EST.]
‖ Mesurer à la toise. — un conscrit. — un terrain. — des travaux. *Au part. passé pris substantivt.* Le toisé, mesurage à la toise. — à toise bout avant, tant plein que vide, sans avoir égard aux saillies. — aux us et coutumes, en y comprenant les saillies. ‖ *Fig. Vieilli.* — qqch, l'apprécier à sa mesure. Son esprit régulier toisait tout ce qui se disait dans la conversation, MONTESQ. *Lett. pers.* 128. — qqn, le considérer de la tête aux pieds.

TOISEUR [twà-zeür] *s. m.*
[ÉTYM. Dérivé de toiser, § 112. ‖ 1549. R. EST.]
‖ Celui qui mesure à la toise.

TOISON [twà-zon] *s. f.*
[ÉTYM. Du lat. tonsĭonem, action de tondre, §§ 485, 356 et 291.]
‖ Pelage laineux du mouton. Outre que sa — était d'une épaisseur extrême, LA F. *Fab.* II, 16. | *P. anal.* Pelage laineux d'autres mammifères analogues. La — du lama. ‖ (Mythol.) La — d'or, toison d'un bélier, don de Mercure, que voulurent conquérir les Argonautes. ‖ **Ordre de la Toison d'or,** ordre de chevalerie dont les insignes sont un mouton d'or.

TOIT [twà] *s. m.*
[ÉTYM. Du lat. tęctum, *m. s.* devenu teit, toit, §§ 315, 386 et 291.]
‖ Partie du comble d'un édifice, d'une maison, en tuiles, ardoises, chaume, etc., qui sert de couverture au bâtiment. *Fig.* **Dire, crier qqch sur les toits** (locution de l'Évangile, qui s'explique par l'usage des Orientaux, qui se tiennent sur leurs toits en terrasse), le divulguer. ‖ **Loger sous le —,** au dernier étage d'une maison. *Dans un autre sens.* Sous un —, dans une maison. En sûreté sous son propre —, MASS. *Aumône.* Habiter sous le même — que qqn. | *P. ext. Poét.* Maison. Le — paternel. Un — hospitalier. L'humble — (une chaumière) est exempt d'un tribut si funeste, LA F. *Phil. et Baucis.* | *Spécialt.* — à porcs, cabane où l'on enferme les porcs. ‖ (T. de jeu de paume.) Ais en forme de toit couvrant la galerie d'un jeu de paume. Servir la balle sur le — de la galerie. *Fig. Vieilli. Loc. prov.* **Servir qqn sur les deux toits,** à souhait.

TOITURE [twà-tür] *s. f.*
[ÉTYM. Dérivé de toit, § 111. (*Cf.* le lat. tectura.) ‖ 1812. MOZIN, *Dict. franç.-allem.* Admis ACAD. 1835.]
‖ Ensemble des pièces qui forment le toit d'un édifice, d'une maison. Poser, réparer la —.

TÔLE [tôl] *s. f.*
[ÉTYM. Pour taule, tavle, forme dialect. de table, § 17. ‖ 1642. OUD. Admis ACAD. 1718.]
‖ (Technol.) Fer réduit en lames par le battage ou le laminage.

TOLÉRABLE [tô-lé-ràbl'] *adj.*
[ÉTYM. Emprunté du lat. tolerabilis, *m. s.* (*Cf.* intolérable.) ‖ XIVᵉ s. Vices grans et non tolerables, ORESME, dans MEUNIER, *Essai sur Oresme*.]

|| (T. didact.) Qu'on peut tolérer. *Spécialt.* Avec la négation. Un tel procédé n'est pas —.

'TOLÉRABLEMENT [tò-lé-rà-ble-man] *adv.*

[ÉTYM. Composé de **tolérable** et **ment**, § 724. || 1549. R. EST.]

||(T. didact.) D'une manière tolérable. Un homme... qui raisonnait — sur d'autres sujets, VOLT. *Exam. Bolingbroke*, 26.

TOLÉRANCE [tò-lé-räns'] *s. f.*

[ÉTYM. Emprunté du lat. **tolerantia**, *m. s.* || XIVᵉ s. Par tolerance, ORESME, dans MEUNIER, *Essai sur Oresme*.]

|| Disposition à admettre chez les autres une manière d'être, de penser, d'agir différente de la nôtre. | *Spécialt.* Disposition à laisser des dissidents pratiquer librement leur religion. L'indifférence des religions sous le nom de —, BOSS. *1ʳᵉ Instr. pastor. Vieilli.* Avec un complément. L'étonnement que nous donna la — de cette proposition, SÉV. 976. Une société où l'on est admis par —. Maison de —, maison de prostitution dont l'existence est permise, sous la surveillance de la police. — de poids, de titre, différence légère que la loi admet dans les monnaies, en plus ou en moins du poids, du titre légal. || *Spécialt.* Disposition ou habitude qui fait qu'un organe supporte certains remèdes.

TOLÉRANT, ANTE [tò-lé-ran, -ränt'] *adj.*

[ÉTYM. Adj. particip. de **tolérer**, § 47. || XVIIᵉ s. *V.* à l'article. Admis ACAD. 1762.]

|| Qui a de la tolérance. Une personne tolérante pour les défauts d'autrui. | La plus sévère et la moins tolérante de toutes les religions, BOSS. *6ᵉ Avert. aux protest.* 3.

TOLÉRANTISME [tò-lé-ran-tism'] *s. m.*

[ÉTYM. Dérivé de **tolérant**, § 265. || 1732. TRÉV. Admis ACAD. 1762.]

|| Tolérance exagérée, systématique. L'heureux — De tout esprit bien fait devient le catéchisme, VOLT. *Ép.* 104. Le maréchal de Richelieu et le garde des sceaux penchaient pour le —, D'ARGENSON, *Mém.*·dans DELB. *Rec.*

TOLÉRER [tò-lé-ré] *v. tr.*

[ÉTYM. Emprunté du lat. **tolerare**, *m. s.* || XIVᵉ s. Tolerer et dissimuler son injure, *Ménagier*, 1, p. 236.]

|| Supporter chez les autres (ce qu'on désapprouve). Je ne vous ai point permis ce petit commerce, je l'ai toléré, VOLT. *Jenni*, 4. L'on tolère quelquefois dans un État un assez grand mal, mais qui détourne un million de petits maux, LA BR. 10. | Lorsque les lois d'un État ont cru devoir souffrir plusieurs religions, il faut qu'elles les obligent à se — entre elles, MONTESQ. *Espr. des lois*, XXXV, 9. || *P. ext.* — qqn. Nous devons nous — mutuellement, VOLT. *Dict. philos.* tolérance.

'TÔLERIE [tòl-ri; *en vers*, tó-le-ri] *s. f.*

[ÉTYM. Dérivé de **tôlier**, §§ 65 et 68. || *Néolog.*]

|| (Technol.) || 1° Commerce du tôlier.

|| 2° Objets en tôle.

'TOLET [tò-lè] *s. m.*

[ÉTYM. Dérivé d'un primitif *tol, non attesté, d'origine scandinave, §§ 9 et 133 : *cf.* l'island. thollr, l'angl. thole, etc., *m. s.* On dit aussi toulet et, par altération, touret. || 1611. Thollet, COTGR.]

|| (Technol.) Cheville de bois ou de fer fixée verticalement sur le plat-bord d'une embarcation pour servir de point d'appui à l'aviron. (*Syn.* échaume.)

'TÔLIER [tò-lyé] *s. m.*

[ÉTYM. Dérivé de **tôle**, § 115. || *Néolog.*]

|| (Technol.) Celui qui fabrique, qui vend de la tôle.

TOLLÉ [tòl'-lé] *s. m.*

[ÉTYM. Mot latin signifiant « prends, enlève », cri des Juifs demandant à Pilate de faire mourir Jésus. || XVIᵉ s. On cria tolle apres luy, PARÉ, XVIII, 54. Admis ACAD. 1740.]

|| Clameur d'indignation. Il s'éleva un — général contre lui. Crier — contre qqn.

TOMAHAWK [tò-mà-ôk'] *s. m.*

[ÉTYM. Emprunté de la langue des indigènes de l'Amérique du Nord, § 30. || XVIIIᵉ-XIXᵉ s. *V.* à l'article. Admis ACAD. 1878.]

|| Hache de guerre des sauvages de l'Amérique du Nord. Le — à la main, CHATEAUBR. *Atala.*

TOMAISON [tò-mè-zon] *s. f.*

[ÉTYM. Dérivé de **tome**, § 108. || *Néolog.* Admis ACAD. 1835.]

|| (Typogr.) Indication, sur chaque feuille d'impression d'un livre, du tome auquel elle appartient.

TOMATE [tò-mät'] *s. f.*

[ÉTYM. Emprunté de l'espagn. **tomate**, qui est le mexicain tomatl, *m. s.* §§ 13 et 30. || 1771. TRÉV. Admis ACAD. 1835.]

|| Plante de la famille des Solanées, à fruits d'un rouge vif. | Fruit de cette plante, dit aussi pomme d'amour, employé en cuisine. P. appos. Sauce —, sauce faite avec des tomates.

TOMBAC [ton-bàk'] *s. m.*

[ÉTYM. Emprunté du malais tambaga, *m. s.* § 28. || 1700. Nettoyer le similor, le tombac, LIGER, *Nouv. Mais. rust.* dans DELB. *Rec.* Admis ACAD. 1740.]

|| Alliage de cuivre et de zinc.

TOMBAL, ALE [ton-bàl] *adj.*

[ÉTYM. Dérivé de **tombe**, § 90. || *Néolog.* Admis ACAD. 1878.]

|| Qui appartient à une tombe. *Spécialt.* Pierre tombale.

TOMBANT, ANTE [ton-ban, -bänt'] *adj.*

[ÉTYM. Adj. particip. de **tomber**, § 47. || 1556. Les estoilles tombantes, R. LE BLANC, *Subtilité*, dans DELB. *Rec.* Admis ACAD. 1835.]

|| Qui tombe. ARMANDE: J'aime ses tourbillons. — PHILAM.: Moi, ses mondes tombants, MOL. *F. sav.* III, 2. En lui Votre trône — trouverait un appui, CORN. *Rodog.* II, 3. | Des cheveux tombants, qu'on laisse pendre. | *Fig.* A la nuit tombante, quand la nuit descend. Au jour —, quand le jour baisse. | *P. anal. Vieilli.* D'une voix tombante (qui s'affaiblit), CORN. *Pomp.* III, 1.

TOMBE [tonb'] *s. f.*

[ÉTYM. Du lat. pop. tumba (PRUDENCE), grec τύμβος, *m. s.* §§ 496 et 291.]

|| Fosse recouverte d'une table de pierre, de marbre, qui contient un mort. Que des plus nobles fleurs leur — soit couverte, CORN. *Hor.* III, 6. Avec lui, dans la — elle (ma flamme) s'est enfermée, RAC. *Andr.* III, 4. Avant qu'un peu de terre, obtenu par prière, Pour jamais sous la — eût enfermé Molière, BOIL. *Ép.* 7. *Fig.* Descendre dans la —, mourir.

TOMBEAU [ton-bô] *s. m.*

[ÉTYM. Dérivé de **tombe**, § 126. || XIIᵉ s. Puis i firent molt gent tombel, *Énéas*, 2135.]

|| Monument funéraire élevé au-dessus de la fosse qui contient un mort. Élever un — à qqn. — de famille, qui recouvre un caveau où sont enterrés tous les membres d'une famille. Les morts, après huit ans, sortent-ils du — ? RAC. *Ath.* I, 1. | *Fig.* Descendre au —, mourir. Mettre qqn au —, être cause de sa mort. Tirer qqn du —, le sauver d'une mort imminente. Être aux portes du —, sur le point de mourir. || *P. anal.* Lieu, temps où qqn, qqch périt, est détruit. Rome... Du fils de Mithridate est le digne —, RAC. *Mithr.* III, 1. Cette journée fut le — de ses espérances. Elle voit avec lui son espoir au —, CORN. *Hor.* V, 2. | *Fig.* — des secrets, personne d'une discrétion absolue.

TOMBÉE [ton-bé] *s. f.*

[ÉTYM. Subst. particip. de **tomber**, § 45. || XIIIᵉ s. Par chu donom ou vasoir se tumele, VILLARD DE HONNECOURT, *Album*, p. 163, Lassus.]

|| Mouvement de ce qui tombe. | **1.** *Au propre (rare).* La — de la neige. | **2.** *Fig.* A la — de la nuit.

TOMBELIER [ton-be-lyé] *s. m.*

[ÉTYM. Pour *tombellier, tomberlier, tomberelier, dérivé de tombereau, §§ 65, 126 et 361. || 1531. Est enjoinct aux tumbeliers que..., dans GODEF. Admis ACAD. 1762.]

|| *Vieilli.* Conducteur d'un tombereau.

TOMBER [ton-bé] *v. intr.*

[ÉTYM. Mot d'origine germanique, qui signifie ordinairement en anc. franç. « faire la culbute, basculer », comme l'angl. to tumble, l'anglo-saxon tumbian, le haut allem. tumon, etc. §§ 6, 498 et 499. (*Cf.* tombereau.) L'anc. franç. hésite entre les formes tumer, tumber, tomber. || XIIᵉ s. Et les baleresses baler Et les tumeresses tumer (var. tumberresses tumber), *Perceval*, dans GODEF. tombeor et tumeor.]

|| Aller de haut en bas, en vertu de la pesanteur.

I. Descendre vers le sol, en cessant d'être suspendu, soutenu.

|| 1° En parlant d'un corps qui descend tout entier d'une certaine hauteur. Une plume dans le vide d'air doit — aussi vite que du plomb, MALEBR. *Rech. de la vérité, Éclairciss. sur la lum.* 4. La pluie, la neige tombe. Le brouillard tombe, et, *fig.* La nuit tombe (descend). Elle (la tortue) tombe, elle crève aux pieds des regardants, LA F. *Fab.* X, 2. Un gland tombe : le nez du dormeur en pâtit, ID. *ibid.* IX, 4. Le plafond, Ne trouvant plus rien qui l'étaie, Tombe sur le festin, ID. *ibid.*

ı, 14. *Fig.* Les soupçons sont tombés sur lui. C'est sur lui qu'est tombée la colère du roi. La haine sur Titus tombera tout entière, RAC. *Bér.* III, 2. | *Impersonnellt.* Il tombe de l'eau, de la pluie, de la neige. S'il fût tombé de l'arbre une masse plus lourde, LA F. *Fab.* IX, 4. Il leur tomba du ciel un roi tout pacifique, ID. *ibid.* III, 4. *Fig.* Une chose qui tombe du ciel, des nues, qui arrive sans qu'on y soit préparé. *P. ext.* — des nues, être stupéfait d'une chose à laquelle on ne s'attendait nullement. — du haut d'une échelle. *Fig.* — à bas d'un trône, CORN. *Tois. d'or*, IV, 1. Pour nous faire sentir d'où nous sommes tombés, PASC. *Pens.* VIII, 10. *Ellipt.* L'homme est un dieu tombé qui se souvient des cieux, LAMART. *Médit.* I, 2. — de haut, d'un lieu très élevé, et *fig.* être saisi d'étonnement. Je pensai — tout de mon haut, LA F. *Contes, Cocu battu.* Des fruits tombés à terre. *Fig.* — à terre (sans être recueilli), être dédaigné. Cela ne tombera pas à terre, SÉV. 1238. — sur ses pieds, tomber en restant debout. *Fig.* — sur ses pieds, sortir d'un embarras en se retrouvant tel qu'auparavant. | Laisser — un livre de ses mains. *Fig.* Un sceptre sitôt tombé d'une royale main, BOSS. *Marie-Thérèse.* La plume lui tomba des mains. Les armes tombent de leurs mains. *Fig.* Les Manduriens... sentaient leurs armes leur tombaient des mains (qu'ils étaient apaisés), FÉN. *Tél.* 11. Faire — la tête de qqn, le faire décapiter. Sa tête tomba sur l'échafaud. || *P. ext.* Se détacher accidentellement ou naturellement d'une chose par laquelle on était retenu en l'air. Une perle tomba de son collier. Les feuilles tombent des arbres. *Absolt.* Les feuilles tombent. Ses cheveux commencent à —. L'âge où tombent les dents de lait. || L'astrologue qui se laisse — dans un puits, LA F. *Fab.* II, 13, titre. — dans un précipice, dans un bourbier. *P. anal.* — dans les filets de qqn. — dans une embuscade. Et la fille d'Achab dans le piège tombée, RAC. *Ath.* V, 6. Une chose qui tombe dans l'esprit, dans la tête de qqn, qui lui vient dans la pensée. Il ne me tombe jamais dans l'esprit que ce soit votre faute, SÉV. 228. || *Fig.* | 1. — dans (qq situation mauvaise), s'y trouver tout à coup. — dans les mains, entre les mains de qqn, se trouver tout à coup en son pouvoir, à sa discrétion. Le sort... Fit — en mes mains Andromaque et son fils, RAC. *Andr.* I, 2. Je te plains de — dans ses mains redoutables, ID. *Ath.* II, 5. Ce vainqueur... tombera à son tour entre les mains de la mort, BOSS. *D. d'Orl.* — dans le danger. Le trop d'attention qu'on a pour le danger Fait le plus souvent qu'on y tombe, LA F. *Fab.* XII, 18. | J'ai une fille qui est tombée dans une fâcheuse maladie, MOL. *Méd. m. l.* II, 2. La reine... tomba en langueur, BOSS. *R. d'Angl.* — dans le découragement, dans le désespoir. Les plus grands malheurs des hommes sont ceux où ils tombent par leurs crimes, LA ROCHEF. *Réflex. mor.* 183. — en disgrâce. — dans le mépris. *Loc. prov.* — de fièvre en chaud mal, de la poêle en la braise, de Charybde en Scylla, d'un mal dans un pire. | 2. — dans (qqch de blâmable), s'y laisser aller. — en faute. — dans le péché, l'erreur, la contradiction, le ridicule, l'aveuglement, l'endurcissement, l'impénitence finale. — dans un excès de dévotion. Un auteur, un orateur qui tombe dans l'affectation. L'incrédulité où elle était enfin tombée, BOSS. *A. de Gonz.*

|| 2° En parlant d'un corps qui s'abaisse dans certaines parties, sans cesser d'être suspendu, soutenu à une certaine hauteur. Laisser — sa robe. Ses bas lui tombent sur les talons. Ses cheveux tombaient sur ses épaules. | *P. anal.* La mer tombe, les vagues s'abaissent. Les voiles tombent, s'affaissent. *P. anal.* Le jour commence à —, à décliner. Le vent tombe, perd de sa force. Il faut qu'elle (l'âme) tombe encore plus bas (moralement), BOSS. *La Vall.* Le malade est tombé bien bas, sa santé a beaucoup décliné. | *Fig.* Laisser — ses regards sur qqn, sur qqch, abaisser les yeux sur qqn, sur qqch. Laisser — sur qqn un regard de pitié, de dédain. S'honorer d'un regard Que vous aurez sur eux fait — au hasard, RAC. *Brit.* II, 2. Les bras m'en tombent (d'étonnement).

II. Être abattu, renversé de sa hauteur, en cessant d'être en équilibre sur sa base. Êtes-vous ici près, Monsieur, tombé par terre? VOLT. *Dépos.* III, 2. *Fig.* Toutes les idoles sont ébranlées; nous les voyons — par terre, BOSS. *Hist. univ.* II, 25. Votre félicité, Sujette à l'instabilité, En moins de rien tombe par terre, CORN. *Poly.* IV, 2. *Loc. prov.* — du côté où l'on penche, se laisser aller à son inclination. | Il ne leur reste plus qu'à considérer de quel côté allait — ce grand arbre ébranlé par tant de mains et frappé de tant de coups à sa racine, BOSS. *A. de Gonz.* || — sous les coups de qqn. Nestor, qui voyait — ses plus vaillants capitaines sous la main du cruel Adraste, comme les épis dorés tombent pendant la moisson sous la faux tran-

chante, FÉN. *Tél.* 20. *Ellipt.* Hector tomba sous lui (sous les coups d'Achille), RAC. *Andr.* ı, 2. *Fig.* Succomber. Tu céderas ou tu tomberas sous ce vainqueur, BOSS. *Marie-Thérèse.* Le redouté capitaine tombe au plus beau temps de sa vie, ID. *A. de Gonz.* | — de faiblesse, d'inanition. *P. hyperb.* — de fatigue, de sommeil, être près de tomber, être accablé de fatigue, de sommeil. | *Absolt.* Faire une chute. *Fig.* Faire un péché. Le juste tombe sept fois le jour. | — dans les bras de qqn, se jeter dans ses bras. — aux pieds, aux genoux de qqn, se prosterner à ses pieds, à ses genoux. Une mère à vos pieds peut — sans rougir, RAC. *Iph.* III, 5. | — sur qqn, se jeter sur lui avec violence. Beck... précipite sa marche pour — sur nos soldats épuisés, BOSS. *Condé.* — sur qqn à coups de poing. *P. anal.* — sur (qqn, qqch), le rencontrer à l'improviste. Nous sommes tombés sur un détachement ennemi. On ne tombe que sur des corps morts, BOSS. *A. de Gonz.* Puisque nous voici tombés sur ce sujet, LA F. *Fab.* IV, 10. Quelques gens... firent — sur vous, Madame, l'entretien, MOL. *Mis.* III, 4. | *Absolt.* Cette fête tombe (se trouve par hasard) le jeudi. Vous tombez bien, vous arrivez à propos. Cela tombe bien, cela arrive à propos. — au sort, se trouver désigné par le sort. — d'accord avec qqn, se trouver tout à coup, ou du premier coup, d'accord avec lui. — mort, mourir tout à coup. — malade, — amoureux, devenir tout à coup malade, amoureux. | — chez qqn, arriver chez lui à l'improviste. — sur les bras de qqn, se trouver inopinément à sa charge. | — sous les lois de qqn, devenir dépendant de lui. Les royaumes entiers tomberont sous ses lois, CORN. *Cid*, II, 5. — sous la main de qqn, se trouver tout à coup à sa discrétion. Ne tombez jamais sous ma patte, LA F. *Fab.* III, 9. — sous les sens, être à leur portée, pouvoir être perçu par eux. — sous le sens, être à la portée du sens (commun). Les sujets qui tombent sous le sens ou sous le raisonnement, PASC. *Vide*, préf. || Un bâtiment qui tombe de vétusté. Et que cette maison va — à l'envers, LA F. *Fab.* I, 14. *P. ext.* Un corps tombé en putréfaction. Une maison qui tombe en ruine. *Absolt.* Arche qui fit — tant de superbes tours, RAC. *Ath.* V, 1. *Fig.* Quatre batailles perdues font croire que Rome allait —, BOSS. *Hist. univ.* I, 8. La pièce est tombée à la première représentation.

TOMBEREAU [tonb'-ró; *en vers*, ton-be-ró] *s. m.*
[ÉTYM. Dérivé de tomber, au sens ancien de « basculer », §§ 63 et 126. || XIIIᵉ s. Mangonniaus Et trebukès et tumeriaus, PH. MOUSKET, *Chron.* 25883.]
|| **1°** Charrette entourée de planches pour transporter le sable, la terre, les pierres, le fumier, les ordures, et qu'on décharge en faisant basculer l'arrière de la voiture et en enlevant la planche de derrière. Un — de sable, d'ordures. Le fatal —, charrette conduisant (autrefois) les condamnés à mort au lieu de l'exécution.
|| **2°** *Dialect.* Trébuchet à prendre les oiseaux.

TOMBOLA [ton-bò-là] *s. f.*
[ÉTYM. Emprunté de l'ital. tombola, *m. s.* de tombolare, culbuter, § 12. || *Néolog.* Admis ACAD. 1878.]
|| Loterie de société où l'on gagne des objets de diverse valeur offerts comme lots, et où l'on tire les numéros, comme au jeu de loto.

TOME [tòm'] *s. m.*
[ÉTYM. Emprunté du lat. tomus, *m. s.* grec τόμος, section. || XVIᵉ s. Nonobstant tes gros tomes divers sans bruit mourres, MAROT, *Épigr.* 225.]
|| (T. didact.) Division d'un livre formant un volume séparé. Le second — d'un ouvrage. Un livre en plusieurs tomes. | *Fig.* Croyait-elle (Mᵐᵉ de Maintenon) qu'on pût toujours ignorer le premier — de sa vie? SÉV. 828. Faire le second — de qqn, de qqch, lui ressembler.

TOMENTEUX, EUSE [tò-man-teù, -teúz'] *adj.*
[ÉTYM. Dérivé du lat. tomentum, bourse, § 251. || 1801. L.-C.-M. RICHARD, *Dict. de botan. de Bulliard.* Admis ACAD. 1835.]
|| (T. didact.) Garni de villosités. Tige tomenteuse.

*TOMER [tò-mé] *v. tr.*
[ÉTYM. Dérivé de tome, § 254. || *Néolog.*]
|| (T. didact.) Diviser par tomes. *P. ext.* — les feuilles d'imprimerie, les marquer du chiffre qui indique le tome.

1. TON [ton] *adj. poss.*
[ÉTYM. Du lat. tuum, tua, tuos, tuas, *m. s.* § 594. (*Cf.* tien.)]
|| Adjectif possessif de la 2ᵉ personne, qui fait ton au masc. sing., ta au fém. sing. (sauf devant les noms commençant par une voyelle ou une h muette, où l'on em-

ploie ton au lieu de ta) et tes au pluriel, marquant posses-
sion, attribution. | **1.** **Possession.** Rome qui t'a vu naître et
que ton cœur adore, CORN. *Hor.* IV, 5. Quoique ton ennemie,
ID. *Cid*, III, 4. Tu cours à ta perte infaillible, RAC. *Phèd.* IV,
3. Le mensonge jamais n'entra dans tes discours, ID. *Esth.* II,
5. | **2.** **Attribution.** Tu ne feras .jamais ton chemin dans le
monde. Veux-tu faire ta médecine ou ton droit? | *P. ext. Fa-
mil.* En parlant d'une chose que la personne est censée
s'assimiler. Connais-tu bien ton Horace?

2. TON [ton] *s. m.*

[ÉTYM. Du lat. tǫnum, grec τόνος, *m. s.* de τείνειν, tendre, § 291.]

I. *Ancienul.* Tension. || *Spéciall.* | **1.** Tension des nerfs,
des muscles du corps. Une lettre de **M.** le chancelier qui a
remis mes nerfs à leur ton, VOLT. *Lett. à Richel.* 3 juin 1771.
| *P. ext. De nos jours.* Un médicament qui donne du ton, qui
fortifie. | **2.** Tension des cordes d'un instrument.

II. *P. ext.* Degré d'élévation ou d'abaissement du son.
|| **1°** En parlant de la voix. Hausser, baisser le ton. Lire
d'un ton soutenu. De votre ton vous-même adoucissez l'éclat,
RAC. *Plaid.* III, 3. *P. anal.* Inflexion de la voix exprimant
les divers sentiments de l'âme. Le rieur alors, d'un ton sage,
Dit..., LA F. *Fab.* VIII, 8. Et ses roulements d'yeux et son ton
radouci, MOL. *Mis.* I, 1. Parler d'un ton tranchant, décisif, modeste. Prendre un ton suppliant. Elle me fait trembler, dès
qu'elle prend son ton, MOL. *F. sav.* II, 9. *Fig.* Le prendre sur
un certain ton, s'exprimer dans un certain sens (de vive voix
ou par écrit). Si vous le prenez sur ce ton, MOL. *Amph.* II, 1. Le
prendre sur un ton bien haut, d'un ton de supériorité. Faire
baisser le ton à qqn. Changer de ton. Et je croyais toujours qu'on
changerait de ton, MOL. *Tart.* IV, 7. Qui ne croirait que des gens
qui parlent de ce ton-là eussent sujet de se plaindre? PASC.
Prov. 15. Ce n'était pas jadis sur ce ton ridicule Qu'Amour
dictait les vers que soupirait Tibulle, BOIL. *Art* p. 2. Prenez
mieux votre ton, ID. *ibid.* 1. Le ton n'est que la convenance du
style à la nature du sujet, BUFF. *Style.* Prendre le ton de la
plaisanterie. | *P. ext.* Langage et manières de qqn dans la
société. Avoir bon ton, mauvais ton. Prendre un ton de corps de
garde. Être de mauvais ton. Le haut ton, le langage et les
manières de la classe élevée.
|| **2°** En parlant du son musical. | **1.** *Vieilli.* Degré d'é-
lévation ou d'abaissement du son, dans l'échelle musicale.
La différence des tons ne vient point de la force des vibrations
de l'air, mais de leur promptitude, MALEBR. *Rech. de la vérité,
Éclairciss. sur la lum.* 4. Donner le ton aux instruments d'un
orchestre. Prendre le ton. Il faut que je prélude un peu et joue
quelque pièce, afin de mieux prendre mon ton, MOL. *Mal. im.
interm.* I, 4. Que Phébus à leur ton accorde sa vielle, RÉGNIER,
Sat. 9. *Fig.* Mon esprit n'est pas monté présentement sur ce
ton-là, SÉV. 71. Il frappe un ton plus fort, MOL. *Amph.* I, 2.
| **2.** Intervalle entre deux notes. Transposer d'un ton, d'un
demi-ton. || *P. ext.* Chacune des gammes dans lesquelles un
morceau peut être écrit, désignée par la note initiale qui
détermine la distribution des tons et des demi-tons. Être
dans le ton de sol majeur, d'ut mineur. Changer de ton, passer
d'un ton dans un autre, moduler. || *P. ext.* Mode. Le ton
majeur, le ton mineur. *Spéciall.* Mode du plain-chant. Les
tons authentiques, plagaux. Souffrirez-vous toujours qu'un orgueilleux... Donne à votre lutrin et le ton et la loi? BOIL. *Lutr.* 1.

III. *P. anal.* (Peint.) Degré que présente une même couleur selon qu'elle est plus ou moins foncée, plus ou moins
vive. Des tons vigoureux. Des tons clairs. Des tons chauds.

*TONAL, ALE [tò-nàl] *adj.*
[ÉTYM. Dérivé de ton, § 238. || *Néolog.*]
|| (T. didact.) Relatif au ton. (*Cf.* tonique.) || *P. ext.*
Qui a rapport à la tonalité.

TONALITÉ [tò-nà-li-té] *s. f.*
[ÉTYM. Dérivé de tonal, § 255. || *Néolog.* Admis ACAD. 1878.]
|| (T. didact.) Système musical fondé sur les rapports
admis dans la gamme. — grecque, fondée sur l'emploi de
tétracordes ou échelles de quatre sons. — du plain-chant,
fondée sur l'emploi d'hexacordes ou échelles de six sons.
— moderne, fondée sur la disposition différente des tons et
des demi-tons dans la gamme.

TONDAISON [ton-dè-zon] *s. f.*
[ÉTYM. Dérivé de tondre, § 108. || XIVᵉ s. Depuis tondisons
jusques a le saint Remy, dans DU C. tondero.]
|| Action de tondre. (*Syn.* tonte.)

TONDEUR, EUSE [ton-deur, -deuz'] *s. m. et f.*
[ÉTYM. Dérivé de tondre, § 112. || 1247. Li vallet tondeur...

et li maistre tondeur, dans FAGNIEZ, *Doc. relat. à l'industrie*, I, p. 57.]
|| Celui, celle qui tond. || *P. anal.* Une tondeuse, une ma-
chine à tondre le drap, à tondre le poil des animaux, etc.

TONDRE [tõndr'] *v. tr.*
[ÉTYM. Du lat. pop. *tǫndere (class. tondĕre, § 629), *m. s.*
§§ 290 et 291.]
|| **1°** Couper à ras (la laine, le poil). Un chien qui a le
poil tondu. *Loc. prov.* Se laisser — la laine sur le dos, souf-
frir avec patience les vexations. | *Fig.* Je tondis (je broutai)
de ce pré la largeur de ma langue, LA F. *Fab.* VII, 1.
|| **2°** Dépouiller (un animal) de sa laine, de son poil
coupé ras. — les brebis, un cheval. Un chien qu'on a tondu.
Fig. — la brebis de trop près, imposer à qqn une charge
trop onéreuse. *Loc. prov.* A brebis tondue Dieu mesure le
vent, Dieu ne nous éprouve jamais au delà de nos forces.
Un homme qui tondrait sur un œuf, qui trouve à épargner
sur tout. || *P. ext.* — qqn, lui couper les cheveux ras. *Spé-
ciall.* Couper les cheveux à celui qui entre dans les ordres, et, *p. ext. vieilli*, le faire moine malgré lui. La crainte
qu'il en eut le détermina à faire — ses frères, MONTESQ. *Espr.
des lois*, XXXI, 20. | — sur le peigne, en coupant tout ce
qui dépasse le peigne. *Fig.* Il a été tondu sur le peigne, on
a décidé contre lui. || *P. anal.* — une haie, l'élaguer. —
le drap, l'unir en coupant les poils inégaux.

TONIFIANT, ANTE [tò-ni-fyan, fyant'; *en vers,
-fi-...*] *adj.*
[ÉTYM. Adj. particip. de tonifier, § 47. || *Néolog.*]
|| (T. didact.) Qui tonifie. Un régime —.

TONIFIER [tò-ni-fyé; *en vers, -fi-é*] *v. tr.*
[ÉTYM. Composé avec ton et le lat. facere, faire, § 274. ||
Néolog.]
|| (T. didact.) || **1°** Rendre ferme, élastique (un tissu or-
ganique). L'eau froide tonifie le système musculaire.
|| **2°** *P. ext.* Fortifier (l'organisme). *Absolt.* Le bon vin
tonifie.

TONIQUE [tò-nĭk'] *adj.*
[ÉTYM. Emprunté du grec τονικός, *m. s.* || 1690. FURET.
Admis ACAD. 1762.]
|| (T. didact.) || **1°** (Médec.) Qui a une tension élastique.
Une tissu organique —. || *P. ext.* Qui fortifie l'organisme.
Un régime —. Des aliments, des remèdes toniques, et, *substantivt*, Des toniques, des substances fortifiantes pour l'organisme.
|| **2°** (Gramm.) Accent —, élévation (chez les anciens)
ou intensité (chez les modernes) plus grande du son sur
une syllabe. L'accent — dans le mot arbre porté sur la première syllabe.
|| **3°** (Musique.) Note —, et, *substantivt, au fém.* —, note
caractéristique du ton, de la gamme dans laquelle un air,
un morceau est écrit, celle qui le commence et lui donne
son nom.

TONLIEU [ton-lyeù] *s. m.*
[ÉTYM. Du lat. telonĕum, grec τελώνιον, *m. s.* devenu
par double métathèse *tolenĕum, *tonelĕum, §§ 360, 361, d'où
tonlieu, §§ 336, 305 et 291. || Admis ACAD. 1762.]
|| (Féodal.) Impôt payé par les marchands pour avoir
le droit d'étaler dans les foires et marchés.

TONNAGE [tò-nàj'] *s. m.*
[ÉTYM. Dérivé de tonne, § 78. || 1300. Tonnage de vin,
Comptes de Pierrefonds, dans DU C. tunna. Admis ACAD.
1835.]
I. (Féodal.) Droit payé par le vin en tonneau.
II. (Commerce.) Poids de marchandises que porte un
navire, et qu'on évalue en tonnes, en tonneaux (unité de
poids de 1,000 kilogr.). || *P. ext.* Poids de marchandises
que peut porter un navire. Un bâtiment d'un fort —. Droit
de —, et, *ellipt*, —, droit payé par un navire d'après sa
capacité.

TONNANT, ANTE [tò-nan, -nànt'] *adj.*
[ÉTYM. Adj. particip. de tonner, § 47. || XVᵉ-XVIᵉ s. Une
voix tonnante, J. LE MAIRE, dans DELB. *Rec.*]
|| **1°** Qui fait éclater, retentir le tonnerre. Jupiter —.
|| **2°** Qui a un son retentissant comme le tonnerre. Une
voix tonnante. || *Substantivt, au fém.* (Musique.) Tonnante,
timbale à roulements retentissants.

TONNE [tòn'] *s. f.*
[ÉTYM. Du lat. pop. tǫnna, *m. s.* mot, probablement d'o-
rigine celtique, qui a aussi pénétré dans les autres langues
romanes et dans les langues germaniques, § 3.]

|| **1°** Large tonneau. Une — **de vin. Lin de** —, graine de lin expédiée en France dans des tonnes. **Lin après** —, lin fourni par cette graine semée en France. | *Spécialt.* (Marine.) Tonneau vide servant de bouée. **Droit de tonnes,** droit perçu sur les navires qui abordent, pour l'entretien des bouées placées pour indiquer les récifs, bancs de sable, etc.

|| **2°** *P. ext.* Unité de poids (1,000 kilogr.) pour évaluer le chargement des marchandises sur un navire, un wagon, etc. (*Cf.* **tonneau.**) Une — **de houille, de fer.** | *Anciennt.* — **d'or,** somme d'argent variant selon le pays où cette manière de compter était en usage (100,000 florins en Hollande, etc.).

|| **3°** *P. anal.* Coquille univalve arrondie.

TONNEAU [tò-nô] *s. m.*

[ÉTYM. Dérivé de **tonne,** § 126. (*Cf.* le doublet tunnel.) || XII° s. **Mes toneis et mun vin,** GARN. DE PONT STE-MAX. *St Thomas,* 5219.]

|| **1°** Grand vaisseau de bois, de forme cylindrique, renflé au milieu, fait de douves assemblées, cerclées de bois ou de fer, fermé par deux fonds de bois, et destiné au transport des liquides et de certaines autres marchandises. **Un** — **de vin, de cidre, de bière, d'huile,** etc. **Mettre un** — **en perce. Tirer au** —, prendre au fur et à mesure le liquide dans le tonneau, au lieu de le mettre en bouteilles. **Un** — **de poudre, de harengs salés. Rouler un** —. **Le** — **de Diogène** (dans lequel il vivait). | Tonneau où s'abritaient les marchandes en plein air. **Harengère dans son** —, ST-SIM. I, 130. | **Les deux tonneaux de Jupiter** (qu'Homère place à côté de Jupiter, contenant l'un les biens, l'autre les maux pour les mortels). || *Spécialt.* — **de porteur d'eau, d'arrosage,** tonneau monté sur des roues, qui sert à transporter l'eau. **Le** — **des Danaïdes,** tonneau sans fond qu'elles étaient condamnées à remplir, et, *fig.* personne, chose dont la dépense est sans mesure.

|| **2°** Unité de poids (1,000 kilogr.) pour évaluer le chargement des marchandises sur un navire. (*Cf.* **tonne.**) **Un navire de 500 tonneaux,** qui peut porter un chargement de 500 tonneaux.

|| **3°** Casier recouvert d'une tablette percée de trous, correspondant aux diverses cases, à travers lesquels les joueurs cherchent à faire entrer des palets lancés. **Jouer au** —.

TONNELER [tŏn'-lé; *en vers,* tò-ne-lé] *v. tr.*

[ÉTYM. Dérivé de **tonnelle,** §§ 65 et 154. || 1564. **Tonneller, prendre les perdrix à la tonnelle,** J. THIERRY, *Dict. franç.-lat.*]

|| (Technol.) Chasser à la tonnelle. || *Fig.* Prendre à un piège. **M. de Bracciano tonnelé par les deux cardinaux,** ST-SIM. II, 31.

1. TONNELET [tŏn'-lè; *en vers,* tò-ne-lè] *s. m.*

[ÉTYM. Dérivé de **tonneau,** §§ 65 et 133. || XIV° s. **En petiz tonnelès,** BERSUIRE, f° 112, dans LITTRÉ. Admis ACAD. 1762.]

|| Petit tonneau.

2. TONNELET [tŏn'-lè; *en vers,* tò-ne-lè] *s. m.*

[ÉTYM. Origine incertaine; tout rapport avec tunique paraît devoir être écarté. OUD. donne tondelet à côté de tonnelet. || 1391. **Un pourpoint nommé tonollet,** dans DU C. tonacella.]

|| *Anciennt.* Sorte de jupe à plusieurs lames attachée au bas de la cuirasse, et adoptée dans les costumes romains de théâtre.

TONNELEUR [tŏn'-leûr; *en vers,* tò-ne-...] *s. m.*

[ÉTYM. Dérivé de **tonneler,** § 112. || 1564. **Tonnelleur,** J. THIERRY, *Dict. franç.-lat.* Admis ACAD. 1718.]

|| (Technol.) Chasseur qui prend des perdrix à la tonnelle.

TONNELIER [tŏn'-lyé; *en vers,* tò-ne-...] *s. m.*

[ÉTYM. Dérivé de **tonneau,** §§ 65 et 115. || XIII° s. **Ouvriers de trenchant, c'est a savoir tonneliers,** E. BOILEAU, *Livre des mest.* I, XLVII, 8.]

|| Artisan qui fabrique, vend des baquets, brocs et autres vases faits de douves et cerclés de bois ou de fer; qui vend des bouteilles, des bouchons, des lattes pour ranger le vin, et qui se charge de tirer le vin du tonneau pour le mettre en bouteilles.

TONNELLE [tŏ-nèl] *s. f.*

[ÉTYM. Dérivé de **tonne,** § 126. || 1340. **Traillies et tounelles et pavaillons,** dans LITTRÉ.]

|| **1°** Berceau fait de treillage et couvert de verdure. || *P. ext.* | **1.** Voûte, construction en plein cintre. | **2.** (Tech-

nol.) Ouverture en voûte communiquant à l'intérieur du fourneau de fusion d'une verrerie.

|| **2°** *P. anal.* Engin à prendre les perdrix, les alouettes, formé de deux longs filets aboutissant à une poche, que le chasseur pousse devant lui.

TONNELLERIE [tò-nĕl-ri; *en vers,* -nĕ-le-ri] *s. f.*

[ÉTYM. Dérivé de **tonnelier,** §§ 65 et 68. || 1680. **Tonnelerie,** RICHEL. Admis ACAD. 1798.]

|| (Technol.) Industrie, commerce, atelier du tonnelier.

TONNER [tò-né] *v. intr.*

[ÉTYM. Du lat. **tŏnare,** *m. s.* §§ 347, 478, 295 et 291.]

|| Faire éclater le tonnerre. **Dieu pour s'y faire ouïr tonnerait vainement,** BOIL. *Sat.* 6. | *Impersonnellt.* **Il tonne.** *Loc. prov.* **Quand il tonne en avril, le laboureur se réjouit.** | *Fig.* **Dieu tonne du plus haut des cieux** (fait éclater une catastrophe), **et la Pologne est délivrée,** BOSS. *A. de Gonz.* || *P. anal.* | **1.** **Faire un bruit retentissant comme le tonnerre. Cent pièces de canon tonnèrent sur elle à son arrivée,** BOSS. *R. d'Angl.* | **2.** Lancer des menaces véhémentes. (*Cf.* **fulminer.**) **Le P. Bourdaloue tonne à Saint-Jacques de la Boucherie,** SÉV. 714.

TONNERRE [tò-nèr] *s. m.*

[ÉTYM. Du lat. **tŏnĭtru,** *m. s.* devenu **toneidre, tonneire, tonnoire, tonnaire,** écrit à tort **tonnerre,** §§ 347, 478, 309, 408 et 291.]

I. Bruit retentissant qui accompagne la foudre. **On entend gronder le** —. **O nuit effroyable, où retentit tout à coup comme un éclat de** — **cette étonnante nouvelle,** BOSS. *D. d'Orl.* | *P. hyperb.* **Une voix de** —, retentissante comme le tonnerre. **Crier à vos lecteurs d'une voix de** —, BOIL. *Art* p. 3. | *Poét.* **Cent tonnerres de bronze** (canons) **ont donné le signal,** VOLT. *Bat. de Fontenoi.* || *P. ext.* La foudre elle-même. **Pierre de** — (*cf.* carreau), pierre qu'on croyait lancée par la foudre. **Le dieu qui lance le** —, Jupiter. **C'est le pur sang du dieu qui lance le** —, RAC. *Iph.* V, 4. **Il sera dieu : même je veux Qu'il ait en sa main un** —, LA F. *Fab.* IX, 6. **Le** — **est tombé sur la maison. Rome se fera craindre à l'égal du** —, CORN. *Hor.* III, 5. || *Fig.* Catastrophe terrible. **Par un coup de** — **il vaut mieux en sortir,** CORN. *Rodog.* V, 1. **N'attirez point le** — **en ces lieux,** ID. *Pomp.* 1, 1. | *P. ext.* Ce qui produit une catastrophe terrible. **Fait tomber à deux mains l'effroyable** — (un énorme in-folio), BOIL. *Lutr.* 5. **Il ne fallait rien moins que les violences et le** — **de Luther,** BOSS. *Var.* V, 3.

II. *P. anal.* Partie du canon des armes à feu portatives renforcée parce qu'elle correspond à l'emplacement de la charge.

TONSURE [ton-sûr] *s. f.*

[ÉTYM. Emprunté du lat. **tonsura,** *m. s.* (*Cf.* **tonture,** qui s'emploie dans le même sens en anc. franç.) || 1337. **Tonsure de 43 acres de bois,** dans GODEF. | 1398. **Pour avoir porté tonssure,** *Archives de Tournai,* dans GODEF. *Compl.*]

|| Couronne que l'on fait sur la tête aux clercs, diacres, prêtres, moines, en leur rasant une partie des cheveux. **Porter la** —. | *P. ext.* Cérémonie par laquelle l'évêque donne à qqn le premier degré de la cléricature, en lui rasant les cheveux au sommet de la tête. **Recevoir la** —. **Bénéfice à simple** —, qu'on peut posséder n'ayant que la tonsure, sans prendre les ordres sacrés. *Fig.* **Un gentilhomme... à simple** — (de petite noblesse), ST-SIM. II, 13.

TONSURER [ton-su-ré] *v. tr.*

[ÉTYM. Dérivé de **tonsure,** § 154. || XIV°-XV° s. **Comme frans se font tonsurer,** EUST. DESCH. dans DELB. *Rec.*]

|| Raser au sommet de la tête. **Un clerc tonsuré,** et, *substantivt,* **Un tonsuré.**

TONTE [tônt'] *s. f.*

[ÉTYM. Tiré de **tondre,** d'après une anc. forme de part. passé, § 45. (*Cf.* **tonture.**) || 1690. FURET.]

|| Action de couper la toison des moutons. | Temps où l'on tond les moutons. | *P. anal.* **La** — **des bois,** LIGER, *Nouv. Mais. rust.* dans DELB. *Rec.*

TONTINE [ton-tin'] *s. f.*

[ÉTYM. Dérivé de **Tonti,** nom d'un Italien qui inventa ce genre d'opération et prit un brevet en France en 1653, § 36. || Admis ACAD. 1718.]

|| Association de personnes qui placent un capital en commun, pour en tirer, à une époque déterminée, une rente viagère, réversible après chaque décès sur les survivants, dont la part s'augmente d'autant. **M. Trousse-Galant a mis dix mille francs à la** — **sur la tête de ce garçon-là,** LES. *Tontine,* sc. 24. **Vous avez la mine De rester seule un jour à la** —, REGNARD, *Homme à bonnes fortunes,* sc. dern.

TONTINIER, IÈRE [ton-ti-nyé, -nyèr] *s. m.* et *f.*
[ÉTYM. Dérivé de tontine, § 115. || XVII⁰-XVIII⁰ s. *V.* à l'article. Admis ACAD. 1762.]
|| Celui, celle qui a mis un capital à une tontine. Illustres tontiniers de la dixième classe, B. DE LA MONNOYE, *Épigr.* dans TRÉV.

TONTISSE [ton-fis'] *adj. f.*
[ÉTYM. Anc. franç. tondice, dérivé de tondre, § 82, remplacé par tontisse d'après tonte, tonture. || 1290. Bourre la niche et non condiche (corr. tondiche), *Stat. des courtepointiers*, dans R. DE LESPINASSE, *les Mest. de Paris*, II, p. 692. | 1690. Bourre tontisse, FURET. bourre. Admis ACAD. 1798.]
|| (Technol.) Qui vient de la tonture du drap. Bourre —. *P. ext.* Toile —, et, *ellipt*, —, toile sur laquelle on applique de la bourre tontisse, pour figurer du drap. Une tapisserie de —. || *P. appos.* Papier —, papier de tenture fabriqué suivant le même procédé.

1. TONTURE [ton-tûr] *s. f.*
[ÉTYM. Du lat. pop. *tontûra (class. tonsura), *m. s.* § 291.]
|| (Technol.) || 1⁰ Action de tondre le drap.
|| 2⁰ Action de tondre un gazon, une haie, etc.

2. *TONTURE [ton-tûr] *s. f.*
[ÉTYM. Origine incertaine; l'ital. tontura, *m. s.* paraît emprunté du français. || 1643. FOURNIER, *Hydrogr.* p. 12, édit. 1667.]
|| (Marine.) Courbure longitudinale donnée à un navire de manière que les deux extrémités des préceintes se relèvent insensiblement et également par rapport au milieu.

***TONTURER** [ton-tu-ré] *v. tr.*
[ÉTYM. Dérivé de tonture 2, § 154. || *Néolog.*]
|| (Marine.) Courber (un navire) dans le sens de la longueur de manière à lui donner telle ou telle tonture.

***TOP** [tŏp']. *V.* toper.

TOPAZE [tò-pâz'] *s. f.*
[ÉTYM. Emprunté du lat. topazion, grec τοπάζιον, *m. s.* de Τόπαζος, île de la mer Rouge. Sur le genre fém. *V.* § 554. || XI⁰ s. Pierres i ad, ametiste e topaze, *Roland*, 1664.]
|| Pierre précieuse transparente d'un jaune d'or brillant. (*Cf.* chrysolithe.) — orientale.

TOPE [tŏp']. *V.* toper.

TOPER [tò-pé] et, *vieilli*, **TÔPER** [tò-pé] *v. intr.*
[ÉTYM. Emprunté de l'espagn. topar, *m. s.* § 13. Souvent écrit tauper au XVII⁰ et au XVIII⁰ s. LA F. écrit top au lieu de topo (*Contes, Troqueurs*). || 1642. OUD.]
|| 1⁰ (T. de jeu.) Accepter l'enjeu de l'adversaire. Il topait partout (acceptait tous les enjeux), HAMILT. *Gram.* p. 349. *Ellipt. Vieilli.* Topa et tingue (de l'espagn. topo y tengo), je tope et tiens. *Substantivt.* D'un tope et tingue une suite incommode, TH. CORN. *Galant doublé*, v, 3.
|| 2⁰ *Famil.* Adhérer à une proposition. Le dépit est passé; vous enragez d'avoir topé, DANCOURT, *Parisienne*, sc. 14. | *Ellipt.* Tope, je tope, j'accepte. Dire tope, accepter. Il est de bonne compagnie et dit tope à tout, SÉV. 159.

***TOPINAMBOU, OUE** [tò-pi-nan-bou] *s. m.* et *f.*
[ÉTYM. Nom d'un peuple indigène du Brésil, §§ 30 et 36. (*Cf.* topinambour.) || XVI⁰ s. Tououpinambaoults, J. DE LÉRY, dans DELB. *Rec.* Margajas et Touptnambonlts, G. BOUCHET, *Serées*, III, p. 79.]
|| *Vieilli.* Personne grossière. Les Grecs qui pour nous Sont pires que topinamboux, SCARR. *Virg. trav.* 5. J'ai traité de topinamboux Tous ces beaux censeurs, BOIL. *Épigr.* 24. | *Adjectivt.* L'Académie... Me semble un peu topinamboue, BOIL. *Épigr.* 24.

TOPINAMBOUR [tò-pi-nan-boûr] *s. m.*
[ÉTYM. Pour topinambou (*V.* ce mot), § 361, du nom du pays d'où cette plante nous est venue, §§ 30 et 36. || XVI⁰-XVII⁰ s. On les fait nommer touptnambaux aux crieurs de Paris, MARC LESCARBOT, *Hist. de la Nouv. France*, p. 933, édit. 1618. Admis ACAD. 1740.]
|| (Botan.) Plante de la famille des Composées. | Tubercule alimentaire produit par cette plante.

TOPIQUE [tò-pîk'] *adj.*
[ÉTYM. Emprunté du lat. topicus, grec τοπικός, *m. s.* de τόπος, lieu. || XIV⁰ s. ORESME, *Polit.* dans GODEF. *Compl.*]
|| (T. didact.) Qui a rapport à un lieu déterminé. Divinité —, locale. | Fièvre —, fièvre intermittente anormale. Un remède —, et, *substantivt*, Un —, remède local pour l'usage externe (emplâtre, cataplasme, etc.). || *Fig.* Argument —, qui se rapporte directement à la question. | Lieu —, et, *substantivt*, Un —, argument général s'appliquant

à tous les cas analogues, dit lieu commun. Les Topiques d'Aristote (traité sur les lieux communs).

***TOPOGRAPHE** [tò-pò-grăf'] *s. m.* et *f.*
[ÉTYM. Emprunté du grec τοπογράφος, *m. s.* de τόπος, lieu, et γράφειν, décrire. || XVI⁰ s. Il nous fauldroit des topographes, MONTAIGNE, I, 30.]
|| (T. didact.) Celui, celle qui s'occupe de topographie.

TOPOGRAPHIE [tò-pò-grà-fi] *s. f.*
[ÉTYM. Emprunté du lat. topographia, grec τοπογραφία, *m. s.* || XVI⁰ s. Topographie de la Grande Bretagne, PASC. *Rech.* dans DELB. *Rec.*]
|| (T. didact.) Description détaillée d'un lieu. | Art de décrire et de représenter la configuration d'un lieu, les accidents de terrain, etc.

TOPOGRAPHIQUE [tò-pò-grà-fîk'] *adj.*
[ÉTYM. Dérivé de topographie, § 229. || 1567. Pourtraict topographique, NIC. DE NICOLAY, *Descr. du Berry*, dans DELB. *Rec.*]
|| (T. didact.) Relatif à la topographie. Carte —.

TOQUADE [tò-kàd'] *s. f.*
[ÉTYM. Dérivé de toquer, § 120. || *Néolog.* Admis ACAD. 1878.]
|| *Famil.* Fantaisie pour une personne, une chose, qui est devenue chez qqn une idée fixe, une manie. C'est sa —.

TOQUE [tŏk'] *s. f.*
[ÉTYM. Origine incertaine : *cf.* ital. tocca, espagn. toca, *m. s.* Le bas breton tok vient probablement du français. || 1462. Une tocque et deux peignes, dans MARCHEGAY, *Lett. miss. du chartrier de Thouars*, p. 41.]
|| Coiffure (de drap, de velours, de soie, etc.) ronde, sans bords ou à très petits bords, à dessus plat, le plus souvent plissée tout autour. Une — de velours, de fourrure. Une — de juge, d'avocat, de professeur. Une — de jockey.

TOQUER [tò-ké] *v. tr.*
[ÉTYM. Origine incertaine; semble plutôt une onomatopée (*cf.* toc toc) qu'une forme dialect. de toucher. || XV⁰ s. *V.* à l'article. Admis ACAD. 1718.]
|| 1⁰ Toucher. Ho, je n'y toque, *Dial. de Baillevent et Malepaie* (XV⁰ s.), 304. | *Loc. prov.* Qui toque l'un toque l'autre, qui offense l'un offense l'autre.
|| 2⁰ *Néolog.* Fêler (le cerveau). Il est toqué. Il se toque.

1. TOQUET [tò-kè] *s. m.*
[ÉTYM. Dérivé de toque, § 133. || XVI⁰-XVII⁰ s. *V.* à l'article.]
|| Petite toque, bonnet en usage dans certains pays pour les femmes, les enfants. Ses mules d'un côté, de l'autre son —, RÉGNIER, *Sat.* 11. | *Fig. Pop.* En avoir dans le —, avoir la tête prise, être ivre.

2. *TOQUET [tò-kè]. *V.* doquet.

TORCHE [tòrch'] *s. f.*
[ÉTYM. Du lat. pop. *tòrca, *m. s.* tiré de *torcere, tordre, §§ 52, 379 et 291. L'anc. franç. emploie souvent dans le même sens le subst. particip. torse.]
|| 1⁰ Flambeau grossier, fait d'une corde tordue enduite de résine ou de cire, ou d'un bâton de bois résineux entouré de cire, de suif, qu'on portait dans les processions, aux mariages, aux funérailles, qu'on tenait à la main pour faire amende honorable, et dont on se sert encore pour éclairer un cortège pendant la nuit. Les torches sont l'attribut des Furies, de la Discorde.
|| 2⁰ Poignée de paille tortillée, bouchon de paille. | *Spéciall.* Bouchon de paille dont on garantit les arêtes des pierres de taille qu'on transporte. | Poignée de foin roulée dans l'argile dont on garnit le tour des tuiles qui ferment les ouvreaux d'un four. | Linge roulé en rond que les femmes mettent sur leur tête, dans certains pays, pour porter un vase, un fardeau. | Paquet de fil de fer, de laiton, roulé en cercle. (*Cf.* torque.) | Brin d'osier roulé en plusieurs tours qui forme le bord de certains ouvrages de vannerie. | Selle bourrée de paille qu'on met sur le dos des bêtes de somme. | Fourchée de fumier pliée en deux qui sert à border une couche.

TORCHE-CUL [tòrch'-ku; *en vers*, tòr-che-...] *s. m.*
[ÉTYM. Composé de torche (du verbe torcher) et cul, § 209. || XV⁰-XVI⁰ s. Les torcheculs Des seigneurs qui estoyent venus Aux chambres, *Repues franches*, 2. Admis ACAD. 1718.]
|| *Trivial.* Papier, linge, etc., avec lequel on s'essuie après avoir été à la selle. | *Fig.* Écrit méprisable, dont on ferait volontiers cet usage. L'importance qu'elle donnait, soit en bien, soit en mal, aux moindres torche-culs, J.-J. ROUSS. *Confess.* 11.

TORCHE-NEZ [tòrch'-né; *en vers*, tòr-che-né] et **TORD-NEZ** [tòr-né] *s. m.*

[ÉTYM. Composé de *torche* (du verbe *torcher*), *tord* (du verbe *tordre*) et *nez*, § 209. || 1690. Torche-nez, FURET. Admis ACAD. 1762 (torche-nez) et 1878 (tord-nez).]

|| (Art vétérin.) Instrument qui sert à maintenir un cheval par le nez, par l'oreille, pendant certaines opérations.

TORCHER [tòr-ché] *v. tr.*

[ÉTYM. Dérivé de *torche*, § 154. || XIIᵉ s. Voit ces chevax et torchier et forbir, *Loherains*, dans GODEF. *Compl.*]

|| **1°** Nettoyer en enlevant ce qui est malpropre avec un linge, un papier, etc. — un chaudron. Un peintre qui torche sa palette. *Loc. pop. Ironiqt.* Il peut s'en — le bec (il n'y goûtera pas, il ne l'aura pas). — le derrière à un enfant, et, *ellipt*, — un enfant. — le tas (dans la fabrication du carton), essuyer la colle qui sort d'entre les feuilles quand on les met en presse.] *Fig. Pop.* Une chose mal torchée, de l'ouvrage mal fait.

|| **2°** Border (un ouvrage de vannerie) avec une torche (brin d'osier roulé en plusieurs tours).

|| **3°** Faire (une cloison, un mur) avec du torchis (mortier fait de terre grasse et de paille coupée).

TORCHÈRE [tòr-chèr] *s. f.*

[ÉTYM. Dérivé de *torche*, § 115. || 1690. Torchiere, FURET.]

|| Vase de fer à jour, fixé à l'extrémité d'un long manche, et dans lequel on met des matières combustibles pour éclairer momentanément une rue, une place. || *P. ext.* Tige soutenue par un pied ou fixée à une applique, portant des flambeaux, des girandoles, pour éclairer une salle de fête, un vestibule, etc.

TORCHIS [tòr-chi] *s. m.*

[ÉTYM. Dérivé de *torcher*, § 82. || XIIIᵉ s. Li torchels est de haîne, RUTEB. p. 150, Kressner.]

|| (Technol.) Mortier de terre grasse corroyée avec de la paille hachée, employé dans les constructions rurales pour lier les pierres d'un mur, garnir une cloison, etc.

TORCHON [tòr-chon] *s. m.*

[ÉTYM. Dérivé de *torcher*, § 104. || XIIᵉ s. De granz torchonz li prendent a ruer, *Aliscans*, 3162, var.]

|| **1°** (Technol.) Paille, linge, etc., tordu. | *Spécialt.* Poignée de paille tortillée, pour garantir les arêtes des pierres de taille quand on les transporte. (*Cf.* torche.)

|| **2°** Morceau de grosse toile pour nettoyer les objets sales dans un ménage. Ourler des torchons. | *Loc. pop.* Le — brûle, il y a querelle dans le ménage.

'TORCHONNER [tòr-chò-né] *v. tr.*

[ÉTYM. Dérivé de *torchon*, § 154. || XVIᵉ s. Frotté, torchonné, estrillé, RAB. V, 7.]

|| *Famil.* Frotter avec un torchon. || *Fig. Pop.* Un ouvrage torchonné, grossièrement fait.

TORCOL [tòr-kól] et **TORCOU** [tòr-kou] *s. m.*

[ÉTYM. Composé de *tord* (du verbe *tordre*) et *col*, *cou*, § 209. (*Cf.* torticolis.) Souvent altéré en tercot, turcot. || XVIᵉ s. Cy n'entrez pas, torcoulx, RAB. I, 54. Admis ACAD. 1878.]

|| Oiseau de l'ordre des Grimpeurs, à cou flexible.

TORDAGE [tòr-dâj'] *s. m.*

[ÉTYM. Dérivé de *tordre*, § 93. || 1723. SAVARY. *Dict. du comm.* Admis ACAD. 1835.]

|| (Technol.) Action de tordre. *Spécialt.* Action de tordre la laine, la soie, le chanvre, etc.

'TORD-BOYAUX [tòr-bwà-yó] *s. m.*

[ÉTYM. Composé de *tord* (du verbe *tordre*) et *boyaux*, § 209. || *Néolog.*]

|| *Pop.* Eau-de-vie très forte.

'TORDEUR, EUSE [tòr-deur, -deûz'] *s. m. et f.*

[ÉTYM. Dérivé de *tordre*, § 112. || XVIᵉ s. Tordeurs de fils, *Nouv. Cout. génér.* I, p. 1060.]

|| Ouvrier, ouvrière qui tord la laine, la soie, le chanvre, etc.

'TORDION [tòr-dyon; *en vers*, -di-on] *s. m.*

[ÉTYM. Dérivé de *tordre*, §§ 104 et 107. || XVᵉ s. Pour danser un tourdion, COQUILLART, I, p. 47.]

|| *Vieilli.* Contorsion. Certains tordions Qui causaient palpitations, SCARR. *Virg. trav.* 5.

TORD-NEZ. V. torche-nez.

TORDRE [tòrdr'] *v. tr.*

· [ÉTYM. Du lat. pop. *tǫrcere* (class. *tǫrquere*, § 392), devenu *tors're*, *torsdre*, *tordre*, §§ 389, 290 et 291. (*Cf.* tors et tort.)]

|| Contracter violemment (un corps flexible) sur lui-même en maintenant un des bouts dans un sens et en faisant tourner l'autre en sens inverse. — de la laine, de la soie, du chanvre, etc., tourner plusieurs brins les uns autour des autres pour en former un seul plus résistant. — du linge mouillé, pour en exprimer l'eau. *Loc. prov.* Si on lui tordait le nez, il en sortirait du lait, il veut faire l'homme, et ce n'est encore qu'un enfant. *Fig.* Pressez-les, tordez-les, ils dégouttent l'orgueil, l'arrogance, LA BR. 8. — le cou à un poulet (pour l'étrangler). Vous me tordez le bras, BEAUMARCH. *B. de Sév.* II, 11. Se — les mains de désespoir. Il s'est tordu le pied en sautant. (*Cf.* entorse.) Se — dans des convulsions. Se — comme un ver. *P. hyperb.* Rire à se —, convulsivement. Ne faire que — (les aliments) et avaler, avaler en mâchant à peine. Avoir la bouche tordue, de travers. Une branche tordue. *Vieilli.* Des filets si artistement tissus et si bien tors (tordus), BOSS. *Conn. de Dieu*, IV, 2. | *Spécialt. De nos jours. Au participe pris adjectivt.* Fil tors, soie torse. Colonne torse (en spirale). Avoir les jambes torses, et, *pop.* tortes. Son épaule torte, RÉGNIER, *Sat.* 10. Un cou tors, celui qui a le cou tordu, et, *fig.* un hypocrite. (*Cf.* torticolis, torcol.) || *P. ext. Fig.* Détourner (un mot, un texte) de son sens, en lui faisant violence. L'Écriture se laissait — et violenter à qui le voulait, BOSS. *Var.* V, 22.

TORE [tòr] *s. m.*

[ÉTYM. Emprunté du lat. *torus*, corde, partie saillante, etc. || 1611. COTGR. Admis ACAD. 1798.]

|| (T. didact.) || **1°** (Architect.) Moulure ronde à la base d'une colonne.

|| **2°** (Géom.) Surface engendrée par la révolution d'un cercle autour d'une droite contenue dans son plan, mais qui ne passe pas par son centre.

TORÉADOR [tò-ré-à-dòr] *s. m.*

[ÉTYM. Emprunté de l'espagn. toreador, *m. s.* § 13. ACAD. écrit aussi tauréador. || *Néolog.* Admis ACAD. 1835.]

|| Combattant à cheval dans les courses de taureaux.

TORÉUTIQUE [tò-réu-tik'] *s. f.*

[ÉTYM. Emprunté du grec τορευτική (s.-ent. τέχνη), *m. s.* || 1812. MOZIN, *Dict. franç.-allem.* Admis ACAD. 1878.]

|| (T. didact.) Art de travailler en relief l'ivoire, le bois, le marbre, etc.

'TORGNOLE [tòr-ñòl] *s. f.*

[ÉTYM. Pour tourniole, dérivé de *tournier*, forme anc. de *tournoyer*, § 86. (*Cf.* tournioler, et l'anc. franç. torniole, tour, détour, bouleversement.) || (Au sens **1°**.) 1812. Tourniole, MOZIN, *Dict. franç.-allem.*]

|| *Pop.* || **1°** Mal blanc, panaris qui fait le tour du doigt. **2°** Coup qui laisse une marque sur la peau.

TORMENTILLE [tòr-man-tîy'] *s. f.*

[ÉTYM. Emprunté du lat. du moyen âge tormentilla, *m. s.* || 1314. Racine de tourmentille, *Chirurg. de Mondeville*, 1760, Bos. Admis ACAD. 1762.]

|| (Botan.) Plante de la famille des Rosacées, dont la racine a une vertu astringente.

1. TORON [tò-ron] *s. m.*

[ÉTYM. Emprunté de l'ital. torone, augmentatif de *toro*, *tore*, § 12. || Admis ACAD. 1762.]

|| (Architect.) Gros tore (moulure ronde).

2. TORON [tò-ron] *s. m.*

[ÉTYM. Semble représenter le lat. pop. *tǫrǫnem*, au sens de *torum*, corde, § 104. || 1790. FURET. Admis ACAD. 1762.]

|| (Technol.) Réunion de fils de caret tordus pour faire des cordages, des câbles, etc., et dont le nombre varie selon la grosseur du cordage, du câble.

TORPEUR [tòr-peur] *s. f.*

[ÉTYM. Emprunté du lat. torpor, *m. s.* || XVIIIᵉ s. V. à l'article. Admis ACAD. 1798.]

|| (T. didact.) Engourdissement des facultés vitales. Passer l'hiver dans un état de — et d'engourdissement, BUFF. *Caille.* | *P. anal.* Engourdissement des facultés de l'âme.

TORPILLE [tòr-pîy'] *s. f.*

[ÉTYM. Emprunté de l'ital. torpilla (OUD.), *m. s.* § 12. (*Cf.* le lat. torpedo, *m. s.* de torpere, être engourdi.) || 1539. Torpile, R. EST. Admis ACAD. 1762.]

|| **1°** Poisson cartilagineux à corps aplati en forme de disque, ayant de chaque côté de la tête un organe particulier qui donne une commotion électrique à ceux qui touchent ce poisson.

|| **2°** *P. anal.* (T. milit.) Engin rempli de poudre, à amorce fulminante, dont un choc détermine l'explosion,

qu'on lance ou qu'on place sous l'eau pour faire sauter les navires ennemis, défendre l'approche des côtes, etc.

*TORPILLEUR [tòr-pi-yeûr] s. m.
[ÉTYM. Dérivé de torpille, § 112. || Néolog.]
|| (T. milit.) Marin chargé de poser, de manœuvrer les engins de guerre sous-marins dits torpilles. || P. ext. Bateau muni de ces engins.

*TORQUE [tòrk'] s. f.
[ÉTYM. Forme dialectale de torche, §§ 16 et 391. (Cf. torquette.) || XIIe s. Une boine torce d'estrain, Perceval, 36401, Potvin. Admis ACAD. 1762 (au sens 1°); suppr. en 1835.]
|| 1° (Blason.) Bourrelet en forme de corde, de la couleur des émaux de l'écu, servant de cimier sur le heaume qui couronne les armoiries des gentilshommes.
|| 2° (Technol.) Fil de fer, de laiton, roulé en cercle. | Tabac filé mis en rouleau (pour ceux qui chiquent).

*TORQUER [tòr-ké] v. tr.
[ÉTYM. Dérivé de torque, § 154. (Cf. l'anc. franç. torquer, forme dialectale de torcher.) || 1704. TRÉV.]
|| (Technol.) Mettre en rouleau (le tabac à chiquer).

TORQUET [tòr-kè] s. m.
[ÉTYM. Origine incertaine; le rapport avec torque, torquette est fort douteux. (Cf. traquet.) || 1694. ACAD.]
|| Vieilli. Embûche. Fig. Donner dans le —, tomber dans le piège. Donner le —, chercher à tromper.

TORQUETTE [tòr-kêt'] s. f.
[ÉTYM. Dérivé de torque, § 13. || 1526. Torquettes d'estrain, dans GODEF. Compl.]
|| (Commerce.) Mannequin d'osier servant au transport du poisson, du gibier, etc.

TORRÉFACTION [tòr'-ré-fàk'-syon; en vers, -si-on] s. f.
[ÉTYM. Emprunté du lat. scientif. torrefactio, m. s. de torrefacere, torréfier, § 247. || 1690. FURET. Admis ACAD. 1762.]
|| (T. didact.) Action de torréfier.

TORRÉFIER [tòr'-ré-fyé; en vers, -fi-é] v. tr.
[ÉTYM. Emprunté du lat. torrefacere, m. s. || 1566. Torrefié et cuit en laict, J. LIÉBAULT, Mais. rust. dans DELB. Rec. Admis ACAD. 1762.]
|| (T. didact.) Soumettre à un feu vif, qui produit un commencement de carbonisation. — du café.

TORRENT [tòr'-ran] s. m.
[ÉTYM. Emprunté du lat. torrentum, m. s. || 1539. R. EST.]
|| Cours d'eau rendu impétueux soit par la pente excessive du terrain, soit par une crue passagère. Avec grand bruit et grand fracas Un — tombait des montagnes, LA F. Fab. VIII, 23. Un — débordé qui, d'un cours orageux, Roule, plein de gravier, BOIL. Art p. 1. | P. anal. Ce qui coule, se répand avec une abondance extraordinaire. Il pleut à —. Et les nombreux torrents qui tombent des gouttières, BOIL. Sat. 6. Deux torrents de larmes amères coulaient de mes yeux, FÉN. Tél. 9. | Fig. Le dieu... versait des torrents de lumière, LEFR. DE POMP. Mort de J.-B. Rouss. Un — de paroles. Ce mot aurait suffi sans ce — d'injures, CORN. Poly. III, 2. Viens en tirer (de la lyre) Des torrents d'harmonie, LAMART. Médit. I, 2. Des yeux dont le feu et l'esprit sortaient comme un —, ST-SIM. XI, 222. | P. anal. Une infinité de nations inconnues... Se répandirent comme des torrents dans les provinces romaines, MONTESQ. Lett. pers. 131. Et cédons au — qui roule toutes choses, CORN. Pomp. I, 1. Pour arrêter le — des mauvaises mœurs, BOSS. P. Bourgoing, 2.

TORRENTIEL, ELLE [tòr'-ran-syèl; en vers, -si-èl] adj.
[ÉTYM. Dérivé de torrent, § 238. || Néolog. Admis ACAD. 1878.]
|| Qui a le caractère d'un torrent. Des pluies torrentielles.

*TORRENTUEUX, EUSE [tòr'-ran-tueû, -tueûz'; en vers, -tu-...] adj.
[ÉTYM. Dérivé de torrent, § 252. || Néolog.]
|| Qui forme un torrent. Un ruisseau —.

TORRIDE [tòr'-rid'] adj.
[ÉTYM. Emprunté du lat. torridus, m. s. || XVIe s. Soubs la zone torride, RAB. III, 51. Admis ACAD. 1718.]
|| (T. didact.) Où la température est très chaude. La zone —, partie du globe entre les deux tropiques.

1. *TORS [tòr] s. m.
[ÉTYM. Subst. particip. de tordre, § 45. || Néolog.]
|| (Technol.) Torsion donnée aux brins qui forment le fil, la corde, etc. Donner le — à la laine. — droit, gauche, torsion donnée à droite, à gauche.

2. TORS, TORSE [tòr, tòrs']. V. tordre.

TORSADE [tòr-sàd'] s. f.
[ÉTYM. Dérivé de tors, § 120. || Néolog. Admis ACAD. 1835.]
|| 1° Rouleau de fils de soie, d'or, etc., tordus en spirale, dont on fait les filets des franges, des glands pour rideaux, tentures, etc.
|| 2° Rouleau de fils d'argent, d'or, tordus en spirale, plus ou moins gros selon le grade, dont on fait les épaulettes des officiers.
|| 3° P. anal. Des cheveux en —, tordus en spirale. Mettre dans ses cheveux une — de perles, de corail.

TORSE [tòrs'] s. m.
[ÉTYM. Emprunté de l'ital. torso, m. s. § 12. (Cf. le doublet trou 2.) || 1676. A. FÉLIBIEN, Princ. de l'architect. p. 756.]
|| (T. d'art.) Statue d'homme tronquée, corps sans tête, sans membres. Le fameux — du Belvédère. | P. anal. Dessiner un —. | P. ext. Le tronc d'une statue entière ou d'une personne. Avoir le — long, court.

TORSION [tòr-syon; en vers, -si-on] s. f.
[ÉTYM. Emprunté du lat. de la décadence torsio (class. tortio; cf. tortionnaire), m. s. || 1314. Torsion de ventre, Chirurg. de Mondeville, 1720, Bos.]
|| (T. didact.) || 1° Action de tordre. La — des fils, des cordages. | — des artères, procédé consistant à tordre les artères au lieu de les lier, pour empêcher l'hémorragie.
|| 2° État de ce qui est tordu. La — d'une branche, de l'épine dorsale. | (Physique.) Balance de —, qui sert à mesurer la force attractive et répulsive des corps électrisés. Force de —, effort que fait un fil tordu pour se détordre.

TORT [tòr] s. m.
[ÉTYM. Subst. particip. de tordre, § 52. (Cf. tors.) || XIe s. La reine folle dist et tort, Voy. de Charl. à Jérus. 813.]
|| 1° État de celui qui n'a pas le droit, la raison de son côté. Gardez-vous bien de souffrir qu'il vous mette à son tour dans le —, FÉN. Tél. 11. Les juges lui ont donné —. Les Grecs avaient — de s'imaginer... que Rome s'agrandissait plutôt par hasard que par conduite, BOSS. Hist. univ. III, 6. Elle a — de vouloir que je vous entretienne, CORN. Hor. I, 2. Loc. prov. Les absents ont —, on leur donne tort, parce qu'ils ne sont pas là pour se défendre. Le mort a toujours —, le médecin, quand un malade est mort, rejette tout sur l'état du malade, sur son imprudence, etc. Loc. adv. A —, en n'ayant pas le droit, la raison de son côté. Ce fils qu'à — vous condamnez, CORN. Hor. IV, 2. | A — et à travers, sans prendre garde si l'on agit à tort, de travers. J'interrompais leur entretien pour parler à — et à travers, LES. Gil Blas, I, 5. Vieilli. A — et à droit, sans s'inquiéter si on a le droit pour ou contre soi.
|| 2° Le fait d'avoir qqch à se reprocher vis-à-vis de qqn. Avoir des torts envers qqn. Reconnaître ses torts. Tous les torts sont de son côté. Être dans son —. Mettre qqn dans son —, faire en sorte que le tort soit de son côté, ou lui prouver que le tort est de son côté.
|| 3° P. ext. Dommage causé indûment à qqn. Faire du —, faire — à qqn. Il faut réparer le — que vous lui avez fait. Je ne lui ai pas fait — d'un écu. Se poser en redresseur de torts. Faire — à la réputation de qqn. Des maximes qui vous font — dans le monde, PASC. Prov. 12. Ne me faites pas ce — de juger de moi par les autres, MOL. Av. 1, 1. P. ext. Il y a huit jours que je suis malade, cela fait — à ma vivacité, SÉV. 31.

TORTE [tòrt']. V. tordre.

TORTELLE [tòr-tèl] s. f.
[ÉTYM. Dérivé de tort (tordu), les pousses de cette plante étant ordinairement torses, § 126. || 1545. Velar ou tortelle, G. GUÉROULT, Hist. des plantes, dans DELB. Rec. Admis ACAD. 1762.]
|| (Botan.) Plante crucifère, dont les fleurs se prennent en infusion contre les enrouements, dite aussi vélar, herbe aux chantres, etc.

TORTICOLIS [tòr-ti-kò-li] s. m.
[ÉTYM. Semble emprunté de l'ital. torcicolli, plur. de torcicollo, m. s. modifié sous l'influence de tort, § 12. (Cf. torcol.) || XVIe s. Affin qu'il ne feust torty colly, RAB. II, 30.]
|| 1° Vieilli. Celui qui a le cou de travers. Et parmi les — Je passe pour des plus jolis, SCARR. Œuvres, VII, p. 97, édit. 1786.
|| 2° P. ext. Douleur des muscles du cou qui le fait tenir

de travers. Avoir un —. *P. ext. Famil.* Se donner un — pour regarder qqch, être forcé de tenir le cou de travers.

TORTIL [tòr-til] *s. m.*
[ÉTYM. Autre forme de tortis due à une substitution de suffixe, sous l'influence de tortiller, §§ 62 et 91. || 1582. Tourtils, chainetes et listons, DE MONTAUD, dans DELB. *Rec.*]
|| Ruban tourné autour d'une couronne. *Spécialt.* (Blason). Fil de perles qui entoure la couronne des barons.

TORTILLAGE [tòr-ti-yâj'] *s. m.*
[ÉTYM. Dérivé de tortiller, § 78. || XVII⁰ s. *V.* à l'article. Admis ACAD. 1798.]
|| 1° Action de tortiller.
|| 2° *Fig. Famil.* Détour. Point tant de tortillages, SÉV. 643.

TORTILLARD [tòr-ti-yàr] *s. m.*
[ÉTYM. Dérivé de tortiller, § 147. || 1700. Le bois tortillard ou tortu, LIGER, *Nouv. Mais. rust.* dans DELB. *Rec.*]
|| (Agricult.) Variété d'orme à fibres contournées.

TORTILLE [tòr-lïy'] *s. f.*
[ÉTYM. Subst. verbal de tortiller, § 52. (*Cf.* tortillère.) || Néolog. Admis ACAD. 1878.]
|| Petite allée sinueuse (dans un bois, un parc).

TORTILLEMENT [tòr-liy'-man ; *en vers*, -ti-ye-...] *s. m.*
[ÉTYM. Dérivé de tortiller, § 145. || XVI⁰ s. Revolutions ou tortillemens, PARÉ, XII, 2. Admis ACAD. 1718.]
|| Action de tortiller. | 1. Action de tordre serré, non régulièrement. | 2. Action de tourner deçà, delà. Le — des hanches.

TORTILLER [tòr-ti-yé] *v. tr.*
[ÉTYM. Dérivé de tort, part. de tordre, § 161. || XII⁰-XIII⁰ s. Entor son braz tortoille, *Renart*, dans GODEF. *Compl.*]
|| 1° Tordre serré, non régulièrement. — du papier. Les draps en bouchons tortillés, RÉGNIER, *Sat.* 11.
|| 2° *P. ext.* Tourner deçà, delà, à plusieurs reprises. Se — comme un ver. Un cheval qui tortille sa croupe. || *Intransitivt.* Se tourner deçà delà, à plusieurs reprises. Tortillant un peu des hanches, BEAUMARCH. *Mar. de Fig.* III, 5. | *P. anal. Famil.* Tourner sans cesse autour de qqn. Il (le démon) tortille, pour ainsi parler, par derrière et autour de vous, BOSS. *Élévat. sur les myst.* VIII, 1. *Fig. Famil.* Prendre toutes sortes de détours. Il n'y a pas à —, il faut obéir.

TORTILLÈRE [tòr-ti-yèr] *s. f.*
[ÉTYM. Dérivé de tortiller, § 115. || 1437. Deux grosses tortilleres a mettre ou brancart a servir les maçons, dans GODEF. Admis ACAD. 1798.]
|| Petite allée sinueuse (dans un bois, un parc).

TORTILLIS [tòr-ti-yi] *s. m.*
[ÉTYM. Dérivé de tortiller, § 82. || 1647. *V.* à l'article.]
|| 1° *Anciennt.* Bonbon tortillé. Des — de sucre de diverses couleurs, LE LABOUREUR, *Voy. de la reine de Pol.* (1647), p. 213.
|| 2° (Technol.) Sculpture vermiculée dans un bossage.

TORTILLON [tòr-ti-yon] *s. m.*
[ÉTYM. Dérivé de tortiller, § 104. || 1402. Trois tortillons et deux toises de corde, dans GODEF. *Compl.*]
|| Chose tortillée. Un — de papier. || *Spécialt.* Linge tortillé en bourrelet sur la tête pour porter un pot, un panier.

TORTILLONNER [tòr-ti-yò-né] *v. tr.*
[ÉTYM. Dérivé de tortillon, § 164. || XV⁰ s. Se déduit de l'existence du dérivé tortillonnement à cette époque. (*V.* DELB. *Rec.*)]
|| Tortiller à mainte reprise. || *Fig.* Contourner en mille manières. | *Intransitivt.* Prendre mille petits détours.

TORTIONNAIRE [tòr-syò-nèr ; *en vers*, -si-ò-...] *adj.*
[ÉTYM. Emprunté du bas lat. tortionarius, m. s. (*Cf.* l'anc. franç. torcenier.) || XVI⁰ s. Cas enormes et tortionnaires, BON. DES PER. *Nouv.* 31.]
|| (T. didact.) Qui sert à torturer. Appareil —. *Substantivt.* Celui qui donne la torture. || *Fig.* Intolérable. Elle (cette loi) serait — et tyrannique, VOLT. *Idées républ.* 19.

TORTIONNAIREMENT [tòr-syò-nèr-man ; *en vers*, -si-ò-nò-re-...] *adv.*
[ÉTYM. Composé de tortionnaire et ment, § 724. (*Cf.* l'anc. franç. torcenierement.) || XV⁰ s. Pour ce que torcionnairement avez de nouvel entrepris, MONSTREL. II, 65.]
|| D'une manière intolérable. Famille innocente, — et abusivement jugée, VOLT. *Calas.*

TORTIS [tòr-ti] *s. m.*
[ÉTYM. Du lat. pop. *tortjcium*, m. s. dérivé de tortum, supin de *torcere*, tordre, § 82, devenu tortiz, tortis, §§ 383

et 291. || XII⁰ s. Un grant tortiç en sa main porte, *Perceval*, 36371, Potvin.]
|| (Technol.) Chose tordue à plusieurs tours, formant couronne, guirlande. (*Cf.* tortil.) Un — de perles, de fleurs.

TORTOIR [tòr-twàr] *s. m.*
[ÉTYM. Du lat. pop. *tortorium*, m. s. de tortum, supin de *torcere*, tordre, §§ 113, 329, 356 et 291.]
|| (Technol.) Bâton avec lequel on serre, en la tordant, la corde qui assujettit la charge d'une charrette.

TORTU, UE [tòr-tu] *adj.*
[ÉTYM. Dérivé de tort, part. de tordre, § 118. || 1314. Les pertuis de ces os furent tortu, *Chirurg. de Mondeville*, 175, Bos.]
|| Contourné par conformation irrégulière. Le regard de travers, nez —, LA F. *Fab.* XI, 7. Suis-je — ou bossu? MOL. *Pourc.* I, 3. *Adverbialt.* Veut-on que j'aille droit quand on y va — ? LA F. *Fab.* XII, 10. || *Fig.* Son esprit —, BOIL. *Sat.* 4.

TORTUE [tòr-tu] *s. f.*
[ÉTYM. Du lat. pop. *tortuca*, m. s. dérivé de tortus, tortu, §§ 79, 380 et 291.]
|| 1° Genre de reptile amphibie, à quatre pieds (tortus), à marche lente, à carapace de matière cornée dite écaille. — de mer, d'eau douce, de terre. Marcher à pas de —, très lentement. Mes lettres vont comme des tortues, SÉV. 394.
|| 2° (T. milit. anc.) Sorte de carapace que les soldats romains formaient au-dessus de leur tête en tenant leurs boucliers élevés et réunis, pour se mettre à l'abri des projectiles d'une ville assiégée. || *P. ext.* Machine de guerre couverte, à l'abri de laquelle on s'approchait des remparts d'une ville assiégée.

TORTUER [tòr-tu-é] *v. tr.*
[ÉTYM. Dérivé de tortu, § 154. || XIV⁰ s. Ceulx qui ma regle ont tortué, PH. DE MAIZIÈRES, dans GODEF. Admis ACAD. 1740.]
|| *Rare.* Rendre tortu. Cet arbre commence à se —.

TORTUEUSEMENT [tòr-tueûz'-man ; *en vers*, -tu-eûze-...] *adv.*
[ÉTYM. Composé de tortueuse et ment, § 724. || XIV⁰ s. Les pierres se fendent tortueusement, ORESME, *Éth.* V, 21. Admis ACAD. 1762.]
|| D'une manière tortueuse.

TORTUEUX, EUSE [tòr-tueû, -tueûz' ; *en vers*, -tu-...] *adj.*
[ÉTYM. Emprunté du lat. tortuosus, m. s. || XII⁰-XIII⁰ s. Halte chose est et tortuouse, *Job*, dans *Rois*, p. 495.]
|| (T. didact.) Qui présente des détours irréguliers. Du palais l'escalier —, BOIL. *Lutr.* 5. Des rues étroites et tortueuses, VOLT. *Lett.* 20 juill. 1770. Sa croupe se recourbe en replis —, RAC. *Phèd.* V, 6. La marche tortueuse de ce serpent, BOSS. *Le Tellier.* || *Fig.* Leur discours — et embarrassé, BOSS. *Var.* VI, 6.

TORTUOSITÉ [tòr-tuó-zi-té ; *en vers*, -tu-ó-...] *s. f.*
[ÉTYM. Emprunté du lat. tortuositas, m. s. || 1314. Par sa longue demeure es dites tortuosités, *Chirurg. de Mondeville*, 175, Bos. Admis ACAD. 1762.]
|| *Rare.* (T. didact.) Caractère de ce qui est tortueux.
|| 1° *Au propre.* Les inextricables tortuosités de ce labyrinthe, J.-J. ROUSS. *Ém.* 2.
|| 2° *Fig.* Un fil qui le conduirait en bien des tortuosités curieuses et secrètes, ST-SIM. XIII, 180.

TORTURE [tòr-tûr] *s. f.*
[ÉTYM. Emprunté du lat. tortura, m. s. proprt, « torsion ». BUFF. a employé torture au sens de « torsion », mais c'est un latinisme hors d'usage. || XII⁰ s. A ceste fieie ne mist mies li peires en respit la torture, *Serm. de St Bern.* p. 3.]
|| 1° Souffrance cruelle infligée comme supplice à un condamné, ou comme moyen d'arracher des aveux à un prévenu, consistant à tordre, disloquer, brûler, etc., telle ou telle partie du corps. Mettre qqn à la —. Donner la — à qqn. La — ordinaire, extraordinaire.
|| 2° Souffrance physique ou morale intolérable. Un sujet d'éternelle —, MOL. *D. Garcie*, III, 2.
|| 3° *P. ext.* Violence faite à une chose. J'ai beau donner la — à mon esprit, LES. *Crispin rival*, sc. 12. Ces auteurs ont corrompu tous les sens et donné la — à tous les passages, MONTESQ. *Lett. pers.* 134.

TORTURER [tòr-tu-ré] *v. tr.*
[ÉTYM. Dérivé de torture, § 154. || 1480. Sa torturante puissance, *Baratre infernal*, dans DELB. *Rec.* Admis ACAD. 1798.]
|| Mettre à la torture. Calas torturé par les bourreaux, J.-J. ROUSS. *Lett. à l'archev. de Paris.* || *Fig.* | 1. Soumettre

(qqn) à une souffrance (physique ou morale) intolérable.
| 2. Violenter (une chose). Se — l'esprit. — le sens des mots.

TOSTE [tòst'] *s. m.*
[ÉTYM. Emprunté de l'angl. toast, *m. s.* § 8. Beaucoup écrivent à l'anglaise. || Admis ACAD. 1762.]
|| Proposition de boire à la santé de qqn le plus souvent accompagnée d'un petit discours. Proposer, porter un — à qqn. On a porté plusieurs tostes.

TOSTER [tòs'-té] *v. intr.*
[ÉTYM. Dérivé de toste, § 154. || XVIIIe s. *V.* à l'article. Admis ACAD. 1762.]
|| Porter des tostes. Je n'exige pas que vous tostiez si souvent, MONTESQ. *Lett.* 33.

TÔT [tó; *en liaison*, tót'] *adv.*
[ÉTYM. Pour tost, § 422, qui se retrouve dans les autres langues romanes sous la forme correspondante (provenç. tost, ital. tosto, etc.) et dont l'origine est inconnue. (*Cf.* aussitôt, bientôt, plutôt, sitôt, tantôt.) || Xe s. Enz eul fou la getterent com arde tost, *Ste Eulalie.*]
|| Dans un temps rapproché. | 1. Par rapport au moment où l'on parle. Dis-moi ton ordre, tôt, MOL. *Fâch.* II, 3. | 2. Par rapport à un moment déterminé. Tôt après, vaincu par Constance, il se tua lui-même, BOSS. *Hist. univ.* I, 11. Qui tôt ensevelit, bien souvent assassine, MOL. *Ét.* II, 3. Le plus tôt qu'il pourra, Madame, assurément, ID. *Amph.* I, 1. S'il n'est opprimé, tôt ou tard il opprime, RAC. *Ath.* IV, 3. | 3. Par rapport au moment où la chose se fait d'ordinaire. Se lever, se coucher tôt (avant l'heure habituelle). Une jeune fille qu'on a menée trop tôt (avant l'âge) dans le monde.

TOTAL [tò-tàl] *adj.*
[ÉTYM. Emprunté du lat. scolast. totalis, *m. s.* § 217. || XIVe s. Injustice total, ORESME, *Éth.* V, 3.]
|| Qui embrasse toutes les parties. La destruction totale de l'édifice. Éclipse totale, dans laquelle on n'aperçoit plus aucune partie de l'astre. La somme totale des dépenses. Le nombre — des morts. *Substantivt, au masc.* Nombre total. Le — d'une addition. Les totaux. Il ne sait pas le — de son revenu. (*Syn.* totalité.) | *Loc. adv.* Au —, tout compté.

TOTALEMENT [tò-tàl-man; *en vers*, -tà-le-...] *adv.*
[ÉTYM. Composé de totale et ment, § 724. || XIVe s. ORESME, dans MEUNIER, *Essai sur Oresme.*]
|| D'une manière totale. Il est — ruiné.

***TOTALISER** [tò-tà-li-zé] *v. tr.*
[ÉTYM. Dérivé de total, § 267. || *Néolog.*]
|| (T. didact.) Réunir en total.

TOTALITÉ [tò-tà-li-té] *s. f.*
[ÉTYM. Dérivé de total, § 255. || XIVe s. Il repreuve cel auspice quant a sa totalité, RAOUL DE PRESLES, *Cité de Dieu*, dans DELB. *Rec.*]
|| (T. didact.) Réunion totale des parties d'un ensemble. La — de l'emprunt a été souscrite. Il dépense la — de son revenu. (*Syn.* total.)

***TÔT-FAIT** [tó-fè] *s. m.*
[ÉTYM. Composé de tôt et fait, § 178. || *Néolog.*]
|| Gâteau vite fait, dit aussi gâteau à la minute.

TOTON [tò-ton] *s. m.*
[ÉTYM. Emprunté du lat. totum, tout. (*V.* à l'article.) Qqns disent tonton pour toton, § 360. ACAD. 1694-1740 écrit totam et prononce toton. || 1611. Totum, COTGR.]
|| Jeu d'enfant, sorte de dé que traverse une cheville sur laquelle on le fait tourner, à quatre faces, l'une marquée de A (Accipe, reçois un jeton), l'autre de D (Da, donne un jeton), l'autre de R (Rien à donner ni à recevoir), la dernière T (Totum, tout l'enjeu à prendre). Et ne sais pour tout jeu que l'oie et le —, REGNARD, *Bal*, sc. 13. Tourner comme un —.

TOUAGE [touàj'; *en vers*, tou-àj'] *s. m.*
[ÉTYM. Dérivé de touer, § 78. || XIIIe s. Thouage et petit lodmanage, *Rôles d'Oléron*, 13. Admis ACAD. 1762.]
|| (Marine.) Action de touer. | *P. ext.* Prix payé par un bâtiment pour être toué.

TOUAILLE [touáy'; *en vers*, tou-ây'] *s. f.*
[ÉTYM. Emprunté du german. thwahlia, *m. s.* de thwahan, laver, §§ 498 et 499. (*Cf.* tavaiole.) || XIIe s. Des toailles des altels prises feseient braies e kemises, WACE, *Rou*, I, 276.]
|| *Vieilli.* Essuie-main suspendu à un rouleau.

TOUCAN [tou-kan] *s. m.*
[ÉTYM. Emprunté de la langue des indigènes du Brésil, § 30. || XVIe s. PARÉ, *Monstres*, app. 2. Admis ACAD. 1762.]
|| (Hist. nat.) Gros oiseau du Brésil à plumage varié.

TOUCHANT, ANTE [tou-chan, -chānt'] *adj.* et *prép.*
[ÉTYM. Du part. prés. de toucher, §§ 47, 48 et 726.]
I. *Adj.* Qui touche.
|| **1o** *Vieilli. Au propre.* Point —, point de tangence. Ligne touchante, ligne tangente.
|| **2o** *Fig.* | **1.** Qui atteint qqn d'une manière sensible. Cet arrêt... Qui décide du sort de mon amour extrême, Doit m'être assez —, MOL. *Éc. des m.* II, 9. | **2.** Qui attendrit. Par des paroles touchantes, BOSS. *D. d'Orl.* Une jeune fille toute fondante en larmes,... la plus touchante qu'on puisse jamais voir, MOL. *Scap.* I, 2.
II. *Prép.* Relativement à (qqn, qqch). Le discours... que je mis en lumière, en l'année 1637, — la méthode, DESC. *Médit.* préf. Écrire ce qu'on a appris de certain — sa personne et ses actions, VOLT. *Ch. XII*, 1.

***TOUCHAU** [tou-chó] *s. m.*
[ÉTYM. Pour toucheau, dérivé de toucher, § 126. || 1399. Toucheaux d'or, dans DU C. touchus.]
|| (Technol.) Étoile en or, en argent, dont les branches, de titre inégal, selon l'alliage, font sur la pierre de touche des empreintes différentes, qui servent à reconnaître le titre des objets d'or, d'argent.

TOUCHE [tóuch'] *s. f.*
[ÉTYM. Subst. verbal de toucher, § 52. || XIIIe s. Nus orfevre ne puet ouvrer d'or a Paris qu'il ne soit a la touche de Paris, E. BOILEAU, *Livre des mest.* I, XI, 2.]
I. Action de toucher. Un manque de — (au billard), action de ne pas toucher avec sa bille celle sur laquelle on joue. | Pierre de —, pierre basaltique noire sur laquelle le frottement des objets d'or, d'argent laisse une trace qui, traitée par l'acide azotique, indique, par la couleur qu'elle prend, le titre de l'alliage. *Fig.* Ce qui met à l'épreuve qqn, qqch. L'impromptu est justement la pierre de — de l'esprit, MOL. *Préc. rid.* sc. 9. || *P. anal.* La — d'un peintre, son coup de pinceau sur la toile. Donner plusieurs touches. *P. ext.* Manière dont il manie le pinceau. La — noble et sûre De Raphaël et du Poussin, VOLT. *Ép.* 29. *P. anal.* La — ferme d'un écrivain, manière ferme dont il rend sa pensée. | *Famil.* Manière d'être extérieure. Il a une drôle de —. || *Fig.* Action d'atteindre d'une manière sensible. Voilà pour votre adresse une assez rude —, CORN. *Ment.* V, 3. Et voici quelle fut la première — (de Dieu sur son âme), BOSS. *A. de Gonz.*
II. Ce qui sert à toucher. *Spécialt.* Chacune des tablettes blanches ou noires du clavier d'un orgue, d'un piano. Les touches blanches, noires.

***TOUCHE-À-TOUT** [tou-chà-tou] *s. m.* et *f.*
[ÉTYM. Composé de touche (du verbe **toucher**), à et tout, § 209. || *Néolog.*]
|| *Famil.* Celui, celle qui a l'habitude de toucher à tous les objets qui sont à sa portée. Un —, des —. | *Fig.* Personne qui a l'habitude de se mêler de tout.

1. TOUCHER [tou-ché] *v. tr.* et *intr.*
[ÉTYM. Semble emprunté du german. *tukkan, forme intensive de tiuhan (allem. ziehen), tirer, §§ 6, 498 et 499 (*cf.* provenç. tocar, tochar, ital. toccare, etc.), bien que la différence de sens entre le german. et les langues romanes fasse quelque difficulté. || XIe s. Ja ne troverez une qui m'ait en charn tochiet, *Voy. de Charl. à Jérus.* 549.]
|| Avoir un ou plusieurs points de sa surface communs avec la surface d'un autre corps.
I. *V. tr.* || **1o** Entrer en contact avec (qqn, qqch). Tout ce qui nous touche trop violemment nous blesse, BOSS. *Conn. de Dieu*, I, 17. Faire — qqch du doigt, au doigt, et, *fig.* mettre en pleine évidence. Ses lèvres à peine en ont touché les bords (de la coupe), RAC. *Brit.* V, 5. Sa bille n'a pas touché la bille de l'adversaire (au billard). Il ne veut plus — une carte (il ne veut plus jouer aux cartes). Le cocher touche les chevaux (du fouet) pour les faire partir, et, *absolt*, Le cocher touche et croit ramener son maître, LA BR. 11. — les bœufs. — qqn (dans un assaut, dans un duel). Il a été touché à l'épaule. — le but, l'atteindre avec une flèche, une balle, etc. *P. ext.* — une somme d'argent, en prendre livraison. Je toucherai la dot, LES. *Crispin rival*, sc. 3. | — certaines cordes (sur le violon, le violoncelle, etc.), les faire résonner. *Fig.* — la corde sensible, la grosse corde, prendre les gens par ce qui leur est le plus sensible, par ce qui leur importe le plus. Il ne faut pas — cette corde, il faut éviter ce sujet, qui est trop délicat. | — le clavecin, l'orgue, jouer sur ces instruments. | — avec la pierre infernale (pour

cautériser). — avec la pierre de touche (un objet d'or, d'argent, pour en vérifier le titre). | — le rivage (en parlant d'une embarcation), aborder. || *Fig.* | **1.** Atteindre (qqn) d'une manière sensible. Dis où le mal te touche, RÉGNIER, *Dialogue.* Tu sais comme un soufflet touche un homme de cœur, CORN. *Cid*, III, 4. Ce reproche vous touche? RAC. *Phèd.* I, 3. Je ne suis touché ni des richesses ni des délices, FÉN. *Tél.* 21. Touchés des saints exemples que je vous propose, BOSS. *A. de Gonz.* Je crains Dieu, dites-vous : sa vérité me touche, RAC. *Ath.* I, 1. Quand il plaît à Dieu — l'homme par sa miséricorde, PASC. *Prov.* 18. | *P. ext.* Émouvoir d'un sentiment quelconque. Si vous êtes touchés de curiosité, LA BR. 8. Son courage toucha d'admiration, SÉV. 862. La douleur qui te touche, CORN. *Hor.* V, 3. Un vertueux remords n'a point touché mon âme, CORN. *Cinna*, V, 3. | *Spécialt.* Émouvoir de pitié, d'attendrissement. — le cœur de qqn. — qqn. Orphée a bien touché, par le récit de ses malheurs, le cœur de ce Dieu, FÉN. *Tél.* 18. Le secret est d'abord de plaire et de —, BOIL. *Art p.* 3. | **2.** Aborder, traiter (une matière). Il n'a pas touché les meilleurs moyens de sa cause, LA BR. *Théophr. Esprit chagrin.* S'il se connaît quelques-uns des défauts que je touche, ID. *Caract.* préf. Je vais — une étrange matière, MOL. *Tart.* IV, 4. Puisque vous voulez que je n'en touche rien, MOL. *D. Garcie*, II, 7. De l'hymen de ma sœur touchez-lui quelque chose, ID. *Tart.* I, 3. Elle lui en toucha même quelques mots, LES. *Gil Blas*, II, 2.

|| **2°** Être en contact avec (qqn, qqch). Deux personnes, deux choses qui se touchent. Il y a un champ qui touche celui de mon père, MONTESQ. *Lett. pers.* 13. Par le nombre de villes et de villages qui se touchent presque, FÉN. *Tél.* 3. | *Fig.* Les extrêmes se touchent, ont qqch de commun. || *P. anal.* Être proche de (par le sang ou l'alliance). Cette jeune Florentine, que vous nommez votre pupille et qui vous touche de plus près, BEAUMARCH. *Mère coup.* I, 6. Un homme qui ne nous touche de rien, MOL. *Am. méd.* I, 5. || *Fig.* | **1.** Être près de (dans le temps). Ce royal hyménée, Dont nous pensions — la pompeuse journée, CORN. *Méd.* V, 4. | **2.** Avoir qqch de commun avec, concerner directement. Les ouvrages qui traitent de choses qui les touchent de si près (les hommes), LA BR. *Disc. sur Théophr.* La question semble plus considérable en ce qu'elle touche la foi, PASC. *Prov.* 1.

II. *V. intr.* ||**1°** Entrer en contact (avec qqn, qqch). Un enfant qui touche à tout. (*Cf.* touche-à-tout.) | — à qqn dans la main, mettre la main dans la sienne en signe d'accord, d'amitié. Touchez-lui dans la main, MOL. *B. gent.* V, 5. *Ellipt.* Touchez là, Monsieur, ID. *ibid.* III, 12. | *P. hyperb.* Ne pas — à terre, toucher très légèrement la terre en marchant, en sautant. Avec quelle rapidité il s'élève de l'Occident comme par bonds et ne touche pas à terre, BOSS. *Condé.* Le navire a touché à Madère, y a fait relâche. | *Absolt.* Heurter contre un écueil. Le navire a touché. || Qu'un sang pur... Lave jusques au marbre où ses pas ont touché, RAC. *Ath.* II, 8. || *P. ext.* | **1.** Mettre la main à qqch pour en prendre une partie ou le modifier. Il n'a pas touché à ces mets. Et ne put, au souper, — à rien du tout, MOL. *Tart.* I, 4. Puisque vous ne touchiez jamais à cet argent, LA F. *Fab.* IV, 20. Tu n'y as point touché (à la cassette)? MOL. *Av.* V, 3. | *P. anal.* Il ne faut jamais — au gouvernement établi (pour le modifier), J.-J. ROUSS. *Contr. soc.* III, 18. | *Fig. Absolt.* N'y pas —, être innocent. (*Cf.* nitouche.) On dirait, à la voir, qu'elle n'y touche pas, MOL. *Éc. des f.* IV, 1. | **2.** Être près d'arriver. — au but, au port. Nous touchons presque à l'île d'Ithaque, FÉN. *Tél.* 9. | *P. anal.* Être près d'arriver à une époque. Le roi touche à son heure dernière, RAC. *Mithr.* V, 4. | *Fig.* Ces grands efforts d'esprit où l'âme touche quelquefois, PASC. *Pens.* VII, 12. Bajazet touche presque au trône des sultans, RAC. *Baj.* I, 3.

|| **2°** Être en contact (avec qqn, qqch). Sa maison touche presque à la mienne. Celui de qui la tête au ciel était voisine, Et dont les pieds touchaient à l'empire des morts, LA F. *Fab.* I, 22. On leur demandait des linges qui eussent touché à cette relique, RAC. *Port-Royal*, 1. | *Fig.* Être voisin. Possesseur d'un rang qui touchait de si près au trône, HAMILT. *Gram.* p. 171.

2. TOUCHER [tou-ché] *s. m.*

[ÉTYM. Tiré de l'infinitif de toucher **1**, § 49. ||XIVᵉ s. Desattrempez en touchier, ORESME, *Éth.* III, 22.]

|| **1°** Un des cinq sens, par lequel nous recevons l'impression de la forme solide, de la résistance, de la température, etc., des corps. Pour le — et le goût, le contact y est palpable et immédiat, BOSS. *Conn. de Dieu*, III, 3.

|| **2°** *P. ext.* Action de toucher. Ni d'un — si rude, LA F. *Contes, Mandrag.* | *Spécialt.* (Musique.) Manière dont on attaque les touches, les cordes d'un instrument. Un — moelleux.

***TOUCHETTE** [tou-chèt'] *s. f.*

[ÉTYM. Dérivé de touche, § 133. || *Néolog.*]

|| (Musique.) Chacune des barrettes incrustées dans le manche de la guitare qui le divisent par demi-tons.

TOUCHEUR, ***TOUCHEUSE** [tou-cheur, -cheuz'] *s. m.* et *f.*

[ÉTYM. Dérivé de toucher, § 112. || 1611. Toucheur d'asnes, COTGR. Admis ACAD. 1878 (au sens 2).]

|| Celui, celle qui touche. || *Spécialt.* | **1.** Celui, celle qui prétend guérir les malades par attouchement. | **2.** Celui, celle qui conduit des bœufs.

TOUE [tou] *s. f.*

[ÉTYM. Subst. verbal de touer, § 52. (*Cf.* touage.) || 1611. COTGR. Admis ACAD. 1762 (au sens 2°).]

|| (Marine.) || **1°** Action de touer. L'ancre de —, qui retient la chaîne avec laquelle on toue. (*Cf.* toueur.)

|| **2°** *P. ext.* Bateau plat servant de bac ou pour la pêche.

TOUÉE [twé; *en vers*, tou-é] *s. f.*

[ÉTYM. Subst. particip. de touer, § 45. || 1415. Une petite nacelle ou batellet pescheret pour porter un fillé appellé la thouee, dans DU C. thouma. Admis ACAD. 1835.]

|| (Marine.) Câble pour touer. Sortir d'un port à la —.

TOUER [twé; *en vers*, tou-é] *v. tr.*

[ÉTYM. Mot d'origine scandinave, § 9 : island. toga, angl. tow, *m. s.* proprt, « tirer », etc. || XIIIᵉ s. Se déduit de l'existence de touage à cette époque. Admis ACAD. 1762.]

|| (Marine.) Faire avancer (un navire) en tirant à bord sur un câble dont l'autre bout est amarré au point qu'on veut atteindre. — un navire. Un navire qui se toue.

TOUEUR, ***TOUEUSE** [tweur, tweûz'] *s. m.* et *f.*

[ÉTYM. Dérivé de touer, § 112. Sur la confusion entre toueuse et boueuse, *V.* p. IX; sur l'orthogr. toueux pour toueur, *V.* § 62. || 1643. Toüeus, LE P. FOURNIER, *Hydrogr.* p. 12, édit. 1667. Admis ACAD. 1878 (au sens 2°).]

|| (Marine.) || **1°** — ou toueux, et, *p. appos.* Ancre toueuse, ancre de toue. (*V.* toue.)

|| **2°** Remorqueur pour touer.

TOUFFE [toûf'] *s. f.*

[ÉTYM. Mot d'origine germanique, qui paraît représenter une forme mixte entre le bas allem. topp (*cf.* toupet) et le haut allem. zopf, *m. s.* §§ 6, 498 et 499. || XIVᵉ s. Une tuffe de plume, dans DU C. tufa.]

|| Bouquet épais de cheveux, de plumes, de poils, de fleurs, de plantes, etc. Avec sa — (de cheveux) ébouriffée, SÉV. 196. Arracher une — d'herbes. Des touffes de scolopendre suspendues, B. DE ST-P. *Paul et Virg.*

TOUFFEUR [tou-feur] *s. f.*

[ÉTYM. Pour étouffeur, § 509, dérivé de étouffer, § 110. || 1642. OUD. Admis ACAD. 1798.]

|| *Famil.* Atmosphère épaisse d'un lieu trop chaud. La — du lieu de la comédie, ST-SIM. IX, 198.

TOUFFU, UE [tou-fu] *adj.*

[ÉTYM. Dérivé de touffe, § 118. || 1438. Tuffu, dans GODEF.]

|| Qui est en touffe, en bouquet épais. Son menton nourrissait une barbe touffue, LA F. *Fab.* XI, 7. Le blé... Trop — bien souvent épuise les guérets, ID. *ibid.* IX, 11.

***TOUILLAGE** [tou-yâj'] *s. m.*

[ÉTYM. Dérivé de touiller, § 78. || 1793. A. LOYSEL, *Descr. de div. procéd. pour extraire la soude*, p. 63.]

|| (Technol.) Opération par laquelle on touille.

***TOUILLER** [tou-yé] *v. tr.*

[ÉTYM. Pour toueiller, toeiller, toeillier, §§ 358 et 634, du lat. tūdiculāre (VARRON), *m. s.* de tudicula, marteau, spatule, §§ 348, 411, 336, 390, 297 et 291.]

|| Agiter, pour mélanger. || *Spécialt.* (Technol.) | **1.** — les matières qui servent à fabriquer la poudre à canon. | **2.** — la fécule pour la nettoyer et la blanchir.

***TOUILLOIR** [tou-ywâr] *s. m.*

[ÉTYM. Dérivé de touiller, § 113. || *Néolog.*]

|| (Technol.) Bâton recourbé qui sert à touiller la poudre.

TOUJOURS [tou-jour] *adv.*

[ÉTYM. Pour tousjours, composé de tout et jour au pluriel, § 726. || XIᵉ s. Si preierat tuz jurz pur noz pecchiez, *Roland*, 1882.]

|| **1°** Dans tout le temps à venir. Ils s'aimeront —, RAC. *Phèd.* IV, 6. Votre amour plus timide Ne prendra pas — sa colère pour guide, ID. *Andr.* I, 4. | Pour —, pour tout le temps à venir. Quelle loi En a pour — fait l'octroi A Jean? LA F. *Fab.* VII, 16. Le premier instant où les enfants des rois Ouvrent les yeux à la lumière Est celui qui vient quelquefois Fermer pour — leur paupière, ID. *ibid.* VIII, 1. | *Spécialt.* En continuant comme dans le passé. Ils se souvenaient — de Nabuchodonosor, BOSS. *Hist. univ.* II, 12. Je l'ai voulu, sans doute; Et je le veux —, RAC. *Baj.* III, 1.

|| **2°** Dans tout le temps passé. Abraham a — été célèbre dans l'Orient, BOSS. *Hist. univ.* II, 2. Ayant — conservé une certaine prééminence, il reçoit enfin la royauté, ID. *ibid.* II, 20. Il (le peuple de Dieu) a — conservé une tradition et une philosophie si sainte, ID. *ibid.* II, 1.

|| **3°** En tout temps. Soyez-vous l'un à l'autre un monde — beau, LA F. *Fab.* IX, 3. Ils le trouvent — sur ses gardes, BOSS. *Condé.* || *P. ext. Famil.* En tout cas. — serait-ce à juste cause..., LA F. *Fab.* VI, 7.

TOUPET [tou-pè] *s. m.*

[ÉTYM. Dérivé de l'anc. franç. toup, top, du bas allem. topp, lequel correspond au haut allem. zopf, sommet (d'arbre), touffe (de cheveux), §§ 6, 133, 498 et 499. (*Cf.* touffe, toupillon et toupie.) || XIIᵉ s. Par le toupet l'a sesi, *Prise d'Orange*, 120.]

|| Touffe de cheveux. Un — de cheveux Lui fut coupé, droit vers le front, LA F. *Contes, Muletier.* Il ne lui restait qu'un — de cheveux par derrière, LES. *Gil Blas*, VII, 2. *Spécialt.* Touffe de cheveux au-dessus du front. Cette personne qui se coiffait en —, SÉV. 261. Avoir un faux —, de faux cheveux sur le sommet de la tête. | *Famil. Fig.* Avoir du —, avoir de la hardiesse. (*Cf.* front.) || *Vieilli.* Son — s'échauffe, il s'impatiente. Voyant le — s'échauffer, ST-SIM. III, 70.

TOUPIE [tou-pi] *s. f.*

[ÉTYM. Origine incertaine; peut-être même radical que toupet, à cause de la forme en pointe de la toupie. (*Cf.* l'angl. top, « sommet » et « toupie ».) Sur la désinence, V. § 119. || XIVᵉ s. Tourpie, FROISS. *Poés.* I, p. 94, Scheler.]

|| **1°** Jouet de bois en forme de cône, qu'on fait tourner sur sa pointe, armée de fer, en lui imprimant un mouvement de rotation à l'aide d'une cordelette enroulée qu'on déroule rapidement. Une — qui dort, qui, tournant rapidement sans changer de place, semble immobile. — d'Allemagne, toupie creuse, percée d'un trou, qui fait du bruit en tournant.

|| **2°** (Technol.) Sorte de tour en forme de cône servant à exécuter certaines moulures en bois.

***TOUPILLAGE** [tou-pi-yàj'] *s. m.*

[ÉTYM. Dérivé de toupiller, § 78. || XVIIᵉ-XVIIIᵒ s. V. à l'article.]

|| *Famil.* Action de toupiller. Je me servis de ce long — pour parler aux uns et aux autres, ST-SIM. XVI, 34.

TOUPILLER [tou-pi-yé] *v. intr.*

[ÉTYM. Pour toupier (encore dans ACAD. 1694-1740), § 161, dérivé de toupie, § 154. || XIIᵉ s. Vont toupiant jambes levees, *Thèbes*, app. III, 14526. | 1548. Typhon... toujours toupillant, A. MIZAULD, *Miroer de l'air*, dans DELB. *Rec.*]

|| *Famil.* Tourner sur soi-même (comme une toupie). Je vas, je viens, je toupille, BEAUMARCH. *B. de Sév.* III, 4.

TOUPILLON [tou-pi-yon] *s. m.*

[ÉTYM. Dérivé de toupet, radical de toupet, § 107. En 1564, J. THIERRY donne touffillon et toupillon. || 1545. Le toupillon de la barbe qu'elle luy avoit osté, A. LE MAÇON, *Décaméron*, dans DELB. *Rec.*]

|| Petite touffe (de poils, de plumes, de branches, etc.).

1. TOUR [tour] *s. f.*

[ÉTYM. Du lat. turrem, *m. s.* devenu tor, tour, §§ 324, 366 et 291.]

|| Construction cylindrique ou à plusieurs faces, très élevée par rapport aux dimensions de sa base, isolée ou saillante sur d'autres bâtiments, et dominant l'enceinte d'une ville, d'un château, pour la protéger. Quand verrai-je, ô Sion! relever tes remparts, Et de tes tours les magnifiques faîtes? RAC. *Esth.* I, 2. *Fig.* Bataillons serrés, semblables à autant de tours, mais à des tours qui sauraient réparer leurs brèches, BOSS. *Condé.* | La — de Babel, et, *vieilli*, de Babylone, tour que les descendants de Noé voulaient élever

jusqu'au ciel, quand Dieu les confondit en leur faisant parler des langues différentes. | *Fig.* C'est véritablement la — de Babylone (tout le monde ici parle à la fois), MOL. *Tart.* I, 1. | Par allusion au désir infini qu'a l'homme de savoir. Nous brûlons du désir de trouver une assiette ferme... pour y édifier une — qui s'élève à l'infini, PASC. *Pens.* I, 1. | La — du beffroi, de l'horloge. | La — d'un phare. La — d'un moulin à vent, bâtiment cylindrique qui contient la meule et porte les ailes. || *P. anal.* | **1.** Machine de guerre en forme de tour. Des tours roulantes. Des tours placées sur le dos d'un éléphant. || *Fig.* Pièce du jeu d'échecs, en forme de tour, placée à l'angle de l'échiquier. (*Cf.* roc.) || *P. ext.* Partie d'une sorte de filet, dit bourdigue, enceinte circulaire où arrive le poisson par divers circuits.

2. TOUR [tour] *s. m.*

[ÉTYM. Du lat. tornum, grec τόρνον, *m. s.* devenu torn, tourn (*cf.* tourner), §§ 324, 496 et 291, tour, § 473.]

I. || **1°** Machine sur laquelle on fixe des pièces de bois, de métal, d'ivoire, etc., et à laquelle on imprime un mouvement de rotation, de manière à ramener à intervalles réguliers telle ou telle partie de la pièce sous la gouge, le ciseau ou tout autre outil destiné à la façonner. Des pièces façonnées, fabriquées au —. — de potier, plateau qui tourne horizontalement et porte à son axe la pièce d'argile à façonner. — de lapidaire, machine mue par une roue, à laquelle sont fixés certains outils du lapidaire. | *Fig.* Une personne faite au —, bien faite, bien proportionnée.

|| **2°** Sorte de tiroir tournant sur pivot qui, dans un couvent cloîtré, permet de faire passer un objet du dehors au dedans, ou du dedans au dehors, sans ouvrir la grille. | *P. anal.* Appareil semblable établi (autrefois) à la porte des hospices, destiné à recevoir les enfants nouveau-nés abandonnés à la charité publique. Les tours sont supprimés.

II. || **1°** Circonférence qui limite un corps ou un lieu circulaire. Notre globe a neuf mille lieues de —. Avoir soixante centimètres de — de taille. || Faire le — (de qqch). | 1. Parcourir la circonférence qui lui sert de limite. Faire le — du monde. En douze heures l'aiguille fait le — du cadran. *Fig.* Faire le — du cadran, dormir douze heures. | 2. Occuper la circonférence qui lui sert de limite. Un collier de perles qui fait deux fois le — du cou. | 3. *P. ext.* Parcourir d'un bout à l'autre, ou occuper entièrement l'espace qui limite un corps, un lieu circulaire ou non. De ces parvis sacrés J'ai deux fois fait le —, RAC. *Ath.* III, 7. Je ne songeai qu'à faire promptement le — (de la carrière), FÉN. *Tél.* 5. Une rivière qui fait le — de la ville. (Droit.) — d'échelle, espace sur lequel, d'après certaines coutumes, un propriétaire pouvait poser des échelles dans le terrain du voisin pour exécuter des réparations. — du chat, espace d'un demi-pied réservé, d'après la coutume de Paris, entre les parois d'une forge, d'un four, et les propriétés voisines. — de la souris, espace de deux ou trois pouces réservé, d'après la même coutume, entre une fosse d'aisances et la propriété voisine. || *P. ext.* Ce qui fait le tour de qqch. Un — de lit, garniture d'étoffe qu'on mettait autour du lit. D'autres... se refusent un — de lit et du linge blanc, LA BR. 13. Un — de cou, ruban, velours, dentelle, etc., que les femmes mettent autour du cou. Un — de gorge, ce qui garnit un corsage de femme décolleté. Un — de tête, et, *ellipt*, Un —, sorte de petite perruque de femme. Porter un —. || *Fig.* Disposition que présente la forme extérieure d'un corps. (*Syn.* tournure.) Donner un — gracieux aux plis de sa robe, FÉN. *Tél.* 3. Un — de visage bizarre, PASC. *Pens.* III, 3. || *P. anal.* | **1.** Disposition de l'esprit, le caractère de qqn. Il a un — admirable dans l'esprit, MOL. *Préc. rid.* sc. 9. | **2.** Manière de présenter la pensée. S'il donne quelque — à ses pensées, LA BR. 1. Vous avez le — libre et le beau choix des mots, MOL. *F. sav.* III, 3. Un — de phrase heureux. Si le terme est impropre ou le — vicieux, BOIL. *Art p.* 1. Avoir donné un — gracieux au vice, FÉN. *Lett. à l'Acad.* D'en semer la nouvelle avec beaucoup de joie Et d'y donner le — qu'ils veulent qu'on y croie, MOL. *Tart.* I, 1.

|| **2°** Mouvement circulaire qu'accomplit un corps. Quand l'astre du jour Aura sur l'horizon fait le tiers de son —, RAC. *Ath.* I, 1. Un — de roue. Faire faire un — à la clef, donner un — de clef. Fermer une porte à double — (en faisant faire deux tours à la clef). Ils tirent les viandes si à propos qu'un — de broche de plus ou de moins, elles seraient gâtées, LES. *Turcar.* V, 7. Frapper à — de bras, le bras décrivant un tour pour se donner de l'élan. Faire un — sur soi-

même. Faire un demi-— à droite, à gauche. En un — de main,
en aussi peu de temps qu'il en faut pour tourner la main.
|| *P. anal.* Allée et venue. Allons dans le jardin faire deux
tours d'allée, CORN. *Suiv.* v, 8. Faire un — de jardin, de
promenade. Je vous quitte pour aller faire un — de ville, SÉV.
615. Faire son — de France, parcourir la France en allant
de ville en ville exercer son métier. Il est à propos que je
fasse un petit — à mon argent, MOL. *Av.* II, 3. La carpe y
faisait mille tours Avec le brochet son compère, LA F. *Fab.*
VII, 4. Faire ses tours, aller et venir. Faire ses quinze tours,
aller et venir à plusieurs reprises (pour surveiller, ranger,
etc.). || *P. ext.* Dans une série de mouvements, d'actes
alternatifs, successifs, moment où chacun d'eux s'accomplit. Et chacun a son —, comme dit le proverbe, MOL. *Éc. des
f.* v, 8. Et mon — à périr ne viendra qu'après d'autres, CORN.
Attila, v, 3. C'est à son — de parler. Jouer à son —, avant
son —. Obtenir un — de faveur, la faveur de passer avant son
tour. A — de rôle, dans l'ordre d'inscription sur le rôle,
sur la liste des affaires à juger, et, *fig.* chacun au moment qui lui a été assigné. *Loc. adv.* — à —, l'un après
l'autre. Je fais le bien et le mal — à —, MOL. *Amph.* 1, 2.
|| *Fig.* Mouvement accompli avec habileté. Des tours de
force, de souplesse, d'adresse. Je fis ce — de main avec beaucoup de subtilité, LES. *Gil Blas*, v, 1. *P. anal.* Avoir le —
de main, savoir s'y prendre avec adresse pour exécuter
qqch. Des tours de passe-passe, d'escamotage. Des tours de
cartes, tours d'adresse qu'on fait avec des cartes. — de
bâton, tour d'adresse exécuté avec un bâton qu'on fait
tourner, qu'on lance, qu'on rattrape, et, *fig.* manière
adroite de se procurer des profits illicites. *Absolt.* Il parie,
il danse, il fait cent tours, LA F. *Contes, Petit Chien.* | *P. anal.*
Trait d'adresse. Pour un si bon —, Elle demanda son salaire,
LA F. *Fab.* III, 9. C'était un vieux routier, il savait plus d'un
—, ID. *ibid.* III, 18. Faire, jouer un mauvais — à qqn. Et tu
m'oses jouer de ces diables de tours, MOL. *Sgan.* sc. 6. *Ironiqt.* C'est un bon — qu'on lui a joué. *Ellipt. Dans le même
sens.* Jouer un —, faire un — à qqn. Le — est joué.

1. TOURBE [tourb'] *s. f.*
[ÉTYM. Du lat. *tŭrba*, *m. s.* §§ 324 et 291. On emploie
aussi la forme savante turbe au sens **1°**. || XI° s. Parmi les
rues en vienent si granz torbes, *St Alexis*, 513.]
|| **1°** *Vieilli.* Foule. *Spécialt.* (Anc. droit.) Enquête par —
(où dix témoins ne comptaient que pour un), pour établir un point de droit non spécifié par la coutume.
|| **2°** Multitude de gens méprisables. Le vulgaire, la —
et lie populaire, CHARRON, *Sagesse*, I, 54. Princes et rois et
la — menue, LA F. *Contes, Belphégor.*

2. TOURBE [tourb'] *s. f.*
[ÉTYM. Mot d'origine germanique (bas allem. torf, haut
allem. zurf, *m. s.* proprt, « gazon »), dont la forme corres-
pond à l'allem. de Suisse turbe, §§ 6, 498 et 499. || 1200.
Pour lagne et pour tourbes acater, dans TAILLIAR, *Rec. d'actes*, p. 8.]
|| Matière combustible spongieuse, noirâtre, formée
d'ordinaire sous les eaux stagnantes par la décomposition de débris végétaux. Brûler de la —. — carbonisée.
TOURBEUX, EUSE [tour-beŭ, -beŭz'] *adj.*
[ÉTYM. Dérivé de tourbe 2, § 116. || XVIII° s. Terrain tour-
beux, *Science des ingénieurs*, dans TRÉV. Admis ACAD.
1835.]
|| (T. didact.) Qui est de la nature de la tourbe. Terrains —.
TOURBIER, IÈRE [tour-byé, -byèr] *s. m. et f.*
[ÉTYM. Dérivé de tourbe 2, § 115. || XIII° s. Nus tourbiers
n'acache tourbes, dans DELB. *Rec.*]
|| (Technol.) || **1°** Ouvrier, ouvrière qui travaille à l'ex-
traction, à la préparation de la tourbe.
|| **2°** Propriétaire d'un gisement de tourbe.
TOURBIÈRE [tour-byèr] *s. f.*
[ÉTYM. Dérivé de tourbe 2, § 115. (*Cf.* l'anc. franç. tour-
berie.) || XIII° s. En toutes les tourbieres, dans TAILLIAR, *Rec.
d'actes*, p. 64. Admis ACAD. 1798.]
|| (Technol.) Gisement de tourbe.
TOURBILLON [tour-bi-yon] *s. m.*
[ÉTYM. Du lat. pop. *tŭrbelĭŏnem*, dérivé de turbĕla, proprt,
« émeute », de turba, multitude, confondu avec turbo, inis,
tourbillon, devenu. torbeillon, torbillon, tourbillon, §§ 348,
343, 462, 356 et 291. || XII° s. Lors li monta uns torbeillons El
chief, CHRÉTIEN DE TROYES, *Chevalier au lion*, 2804.]
|| Masse d'air emportée par un tournoiement rapide.
Un — de vent vous jette violemment sous une arche, SÉV. 141.

L'archevêque de Reims revenait hier fort vite de Saint-Germain,
comme un —, ID. 378. || *P. anal.* Des tourbillons de feu s'élan-
çaient de leurs yeux, CORN. *Méd.* II, 2. Les esprits aériens
descendent sur un — de nuages, LA F. *Astrée*, II, décor. Des
tourbillons de fumée, de poussière. *Absolt.* Masse d'eau qui,
à certain endroit d'une mer, d'une rivière, tournoie ra-
pidement. Être pris dans un —. || *P. ext.* Dans le système
de Descartes, matière tournant autour de divers centres,
dont la partie la plus dense aurait formé les astres. Un
monde près de nous a passé tout du long, Est chu tout au tra-
vers de notre —, MOL. *F. sav.* IV, 3. || *Fig.* Ce qui entraîne
dans un mouvement rapide. Le — des affaires, des plaisirs.
Le — du monde est cent fois plus pernicieux que ceux de Descartes, VOLT. *Lett. à Helvét.* 3 oct. 1739. Ce fut dans cet
important et brillant — où le roi se jeta d'abord, ST-SIM. XII, 3.
***TOURBILLONNANT, ANTE** [tour-bi-yò-nan, -nänt']
adj.
[ÉTYM. Adj. particip. de tourbillonner, § 47. || XVIII° s.
V. à l'article.]
|| (T. didact.) Qui tourbillonne. Impulsions tourbillon-
nantes, BUFF. *Aimant.*
***TOURBILLONNEMENT** [tour-bi-yŏn'-man; *en vers*,
-yò-ne-...] *s. m.*
[ÉTYM. Dérivé de tourbillonner, § 145. || 1771. TRÉV.]
|| Mouvement de ce qui tourbillonne.
TOURBILLONNER [tour-bi-yò-né] *v. intr. et tr.*
[ÉTYM. Dérivé de tourbillon, § 154. || 1611. COTGR.]
I. *V. intr.* Être emporté par un tournoiement rapide. La
fumée, la poussière tourbillonne. || *Fig.* La calomnie... s'élance,
étend son vol, tourbillonne, BEAUMARCH. *B. de Sév.* II, 8.
II. *Rare. V. tr.* Emporter par un mouvement rapide.
Nos passions dont nous sommes tourbillonnés, SÉV. 803.
TOURD [toŭr] *s. m.*
[ÉTYM. Emprunté du provenç. tourd, lat. tŭrdum, qui dé-
signe le poisson et l'oiseau, § 11. ACAD. donne aussi tour-
delle comme nom de l'oiseau, § 126. || Admis ACAD. 1798.]
|| *Dialect.* (Midi). | **1.** Variété de litorne, oiseau. | **2.**
Poisson de mer du genre labre.
TOURDELLE [tour-dèl] *V.* tourd.
***TOURDILLE** [tour-diy'] *adj.*
[ÉTYM. Emprunté de l'espagn. tordillo, *m. s.* § 13. || 1664.
Gris tourdille, SOLLEYSEL, *Parfait Mareschal*, p. 64. Ad-
mis ACAD. 1762.]
|| (Manège.) Qui est de la couleur de la grive. Cheval
gris —, de robe grise un peu jaunâtre.
***TOURELÉ, ÉE** [tour-lé; *en vers*, tou-re-lé] *adj.*
[ÉTYM. Dérivé de tourelle, §§ 65 et 118. || 1582. Des naux tou-
relées, LUC DE LA PORTE, *Trad. d'Horace*, dans DELB. *Rec.*]
|| (T. didact.) Qui imite une tour. Couronne tourelée, cré-
nelée comme une tour, et que portent sur les médailles
des figures représentant une ville.
TOURELLE [tou-rèl] *s. f.*
[ÉTYM. Dérivé de tour 1, § 126. (*Cf.* tournelle.) || XII° s.
Les cinq toureles que j'ai dites, dans POTVIN, *Bibl. de Chrétien de Troyes*, p. 155.]
|| Petite tour, placée d'ordinaire en encorbellement, à
l'angle d'un château, d'une maison. | — de dôme, lanterne
ronde qui accompagne un dôme et contient un escalier
à vis. || *P. anal.* | **1.** Partie cylindrique en forme de tourelle
dont on flanque un buffet d'orgue. | **2.** Petite tour en fer
placée sur certains remparts, sur le pont de certains navires cuirassés, pour abriter des hommes ou une pièce
d'artillerie.
TOURET [tou-rè] *s. m.*
[ÉTYM. Origine incertaine; l'ancienneté du mot empêche d'y voir un dérivé de tour 2, qui ne pourrait donner
que *tournet, §§ 64 et 133. Qqns emploient touret au sens
de tolet (RICHEL.). || XIII° s. Filer son filé a toret, E. BOI-
LEAU, *Livre des mest.* I, XCII, 10.]
|| **1°** Rouet à fabriquer la corde. || Rouet à filer. Tou-
rets entraient en jeu, fuseaux étaient tirés, LA F. *Fab.* v, 6.
|| Petite roue à gorge fixée sur l'axe d'un tour et rece-
vant la courroie qui passe sur le volant.
|| **2°** Petit tour de graveur sur pierres, de tourneur
d'ivoire.
|| **3°** Anneau où l'on passe une courroie, une longe, etc.
TOURIE [tou-ri] *s. f.*
[ÉTYM. Origine inconnue. || 1773. Les bouteilles de grès
dans lesquelles on la verse (l'eau forte) sont de trois grandeurs : celles jusqu'à la capacité de 16 pintes se nomment

tourîes, DEMACHY, *Art du distillateur liquoriste*, p. 17.
Admis ACAD. 1878.]
‖ (Technol.) Grande bouteille de grès entourée de paille, d'osier.
***TOURIER, TOURIÈRE** [tou-ryé, -ryèr'] *adj.*
[ÉTYM. Dérivé récent de **tour 2**, §§ 64 et 115. ‖ 1611. **Tourîere, tourrîere**, COTGR.]
‖ (T. relig.) Préposé au tour (dans un couvent). **Frère —, sœur tourière**, et, *substantivt*, **La —, la tourière.**
TOURILLON [tou-ri-yon] *s. m.*
[ÉTYM. Semble dérivé du même radical que **touret**, § 107. ‖ XIIᵉ s. **Nel puet tenir aneaus ne toureillon**, RAIMBERT DE PARIS, *Chevalerie Ogier*, dans GODEF. **toreillon**. Admis ACAD. 1762.]
‖ (Technol.) Axe sur lequel se meuvent les treuils, roues hydrauliques, bascules, tours, etc. ‖ Pivot sur lequel tournent les ponts-levis, grilles, portes cochères, etc.
TOURISTE [tou-rist'] *s. m.* et *f.*
[ÉTYM. Emprunté de l'angl. **tourist**, *m. s.* qui se rattache à **tour 2**, § 8. ‖ *Néolog.* Admis ACAD. 1878.]
‖ Celui, celle qui voyage pour son agrément.
***TOURLOUROU** [tour-lou-rou] *s. m.*
[ÉTYM. Emprunté du provenç. mod. **tourlourou**, *m. s.* propri. « bruyant, tapageur », de **toroloro**, hautbois, § 11. ‖ *Néolog.*]
‖ *Pop.* Fantassin.
TOURMALINE [tour-mà-lin'] *s. f.*
[ÉTYM. Origine incertaine : semble emprunté à la langue des indigènes de Ceylan, § 25. ‖ 1771. TRÉV. Admis ACAD. 1835.]
‖ (Minéral.) Minéral siliceux qui polarise la lumière.
TOURMENT [tour-man] *s. m.*
[ÉTYM. Du lat. **tormentum**, *m. s.* §§ 347 et 291.]
‖ Peine cruelle.
‖ **1°** Peine corporelle. **Dans les tourments ils laissèrent la vie**, RAC. *Esth.* II, 3. **Dans les tourments inouïs de sa dernière maladie**, BOSS. *A. de Gonz.* **Sortez de vos cachots, avec les mêmes flammes Et les mêmes tourments dont vous gênez les âmes** (dans le Tartare), CORN. *Méd.* I, 4.
‖ **2°** Peine morale. **A quel nouveau — je me suis réservée ?** RAC. *Phèd.* IV, 6. **Leur esprit toutefois se plaît dans son —**, BOIL. *Ép.* 11.
TOURMENTANT, ANTE [tour-man-tan, -tänt'] *adj.*
[ÉTYM. Adj. particip. de **tourmenter**, § 47. ‖ 1690. FURET. Admis ACAD. 1762.]
‖ *Famil.* Qui tourmente, qui fatigue par des importunités ou par des taquineries. **Cette amitié m'était plus tourmentante que douce**, J.-J. ROUSS. *Confess.* 9.
TOURMENTE [tour-mänt'] *s. f.*
[ÉTYM. Du lat. **tormenta**, plur. du neutre **tormentum**, tourment, devenu fém. sing. § 545.]
‖ (Marine.) Tempête passagère. ‖ *Fig.* **La — révolutionnaire.**
TOURMENTER [tour-man-té] *v. tr.*
[ÉTYM. Dérivé de **tourment**, § 154. ‖ XIIᵉ s. **En tuz tes fluez turmentas mei**, *Psaut. de Cambridge*, LXXXVII, 7.]
‖ Affliger de peines cruelles.
‖ **1°** De peines corporelles. **Depuis tant de temps que nous les tourmentons** (les chrétiens), CORN. *Poly.* IV, 6. **Tourmenté maintenant dans les enfers**, BOSS. *La Vall.*
‖ **2°** De peines morales. **Cessez de — une âme infortunée**, RAC. *Mithr.* III, 5. **Tourmenté de ses propres desseins**, ID. *Andr.* III, 1. ‖ **Se —**, s'inquiéter vivement. **Pourquoi nous — de leurs ordres suprêmes ?** RAC. *Iph.* I, 2. **Avec une proposition infinitive pour complément. Se — à, de faire qqch.**
‖ *P. hyperb.* **—** qqn, le fatiguer par des importunités ou par des taquineries. ‖ *Fig.* Faire violence à la nature de qqch. **Il faudra — un avare terrain**, DELILLE, *Paradis perdu*, 10. **— Tacite pour trouver des torts à Sénèque**, DIDER. *Claude et Néron*, I, 52. **Un style tourmenté.**
TOURMENTEUX, EUSE [tour-man-teû, -teûz'] *adj.*
[ÉTYM. Dérivé de **tourmente**, § 116. ‖ XIIᵉ-XIIIᵉ s. **Cest monde... Est perillanz e tormentos**, GUILL. LE CLERC, *Besant*, 1631, Martin. Admis ACAD. 1762.]
‖ (Marine.) Sujet aux tourmentes. **Parages —.**
TOURMENTIN [tour-man-tin] *s. m.*
[ÉTYM. Dérivé de **tourment**, § 100. ‖ (Au sens **1°.**) 1690. FURET. Admis ACAD. 1762.]
‖ **1°** (Marine.) Petit foc, dont on se sert pendant les tourmentes.

‖ **2°** (Hist. nat.) Pétrel, oiseau qui se montre surtout pendant les gros temps.
***TOURNAGE** [tour-nåj'] *s. m.*
[ÉTYM. Dérivé de **tourner**, § 78. ‖ 1588. Le tournage et le pavage, dans DELB. *Rec.*]
‖ (Technol.) ‖ **1°** Action de tourner. *Spécialt.* Action de façonner au tour.
‖ **2°** Ce qui sert à tourner. *Spécialt.* (Marine.) Bout d'allonge pour tourner et amarrer les manœuvres.
TOURNAILLER [tour-nâ-yé] *v. intr.* et *tr.*
[ÉTYM. Dérivé de **tourner**, § 161. (*Cf.* **tournîller, tournioler, tournoyer**.) ‖ 1792. V. à l'article. Admis ACAD. 1798.]
‖ *Famil.* ‖ **1.** *V. intr.* Faire des tours à droite et à gauche. ‖ **2.** *Rare. V. tr.* Faire tourner à plusieurs reprises. **— une clef dans la serrure**, FABRE D'ÉGL. *Intrig. épist.* (1792), III, 7.
1. TOURNANT [tour-nan] *s. m.*
[ÉTYM. Subst. particip. de **tourner**, § 47. ‖ 1404. **Pres du tournant de l'espaule**, dans DU C. **tornatura.**]
‖ **1°** Endroit où une rue, un chemin, une galerie, un cours d'eau, etc., tourne, change de direction. (*Syn.* **coude**.) **Je l'aperçus au — d'une rue. Tous deux, par un cas surprenant, Se rencontrent en un —**, LA F. *Fab.* VIII, 10. ‖ *P. ext.* Espace dans lequel un cocher fait tourner sa voiture, un cavalier son cheval, pour changer de direction. **Prendre un — trop court.** ‖ *Fig.* Circuit, détour pour arriver à un but. **Prendre de loin des tournants auprès du roi**, ST-SIM. XII, 136.
‖ **2°** Endroit d'une mer, d'une rivière, où l'eau tournoie rapidement.
‖ **3°** Système qui, dans un moulin, fait tourner les deux meules.
2. TOURNANT, ANTE [tour-nan, -nänt'] *adj.*
[ÉTYM. Adj. particip. de **tourner**, § 47. (*Cf.* **tournis.**) ‖ XIIᵉ-XIIIᵉ s. **S'en seront plus et tornant et aidable**, *Elie de St-Gille*, 268. Admis ACAD. 1762.]
‖ Qui tourne. **Un pont —. Tables tournantes**, que les spirites prétendent faire tourner par leur fluide magnétique. **Exécuter un mouvement —**, un mouvement de troupes destiné à tourner une position occupée par l'ennemi. ‖ *Substantivt, au fém.* **Tournante.** ‖ **1.** Torsade qui borde le tour d'une épaulette. ‖ **2.** Fusée qui s'élève en tournant.
***TOURNE** [tourn'] *s. f.*
[ÉTYM. Subst. verbal de **tourner**, § 52. ‖ XIIIᵉ s. **Tornes de bataille**, *Ass. de Jérus.* I, 3.]
‖ **1°** *Vieilli.* Soulte.
‖ **2°** (T. de jeu.) Retourne.
***TOURNE-À-GAUCHE** [tour-nà-gôch'] *s. m.*
[ÉTYM. Composé de **tourne** (du verbe **tourner**), **à** et **gauche**, § 209. ‖ 1690. FURET.]
‖ (Technol.) Outil de charpentier, serrurier, etc., pour tourner (écarter) les dents d'une scie.
TOURNEBRIDE [tour-ne-brid'] *s. m.*
[ÉTYM. Composé de **tourne** (du verbe **tourner**) et **bride**, § 210. ‖ 1611. **Tourne-bride**, COTGR. Admis ACAD. 1798.]
‖ *Vieilli.* Sorte de cabaret voisin d'un château, pour recevoir les domestiques, les chevaux des visiteurs.
TOURNEBROCHE [tour-ne-brôch'] *s. m.*
[ÉTYM. Composé de **tourne** (du verbe **tourner**) et **broche**, § 209. ‖ 1680. RICHEL.]
‖ Machine servant à faire tourner une broche. ‖ *P. ext.* ‖ **1.** Petit chien qu'on met dans une roue pour faire tourner la broche. ‖ **2.** Celui qui tourne une broche avec la main.
***TOURNEDOS** [tour-ne-dô] *s. m.*
[ÉTYM. Composé de **tourne** (du verbe **tourner**) et **dos**, § 210. (*Cf.* l'anc. franç. **tourne-dos**, fuyard.) ‖ *Néolog.*]
‖ (Technol.) ‖ **1°** Position où l'on tourne le dos. ‖ *P. ext.* Punition infligée (autrefois) aux marchandes de poisson coupables d'avoir vendu de la marchandise gâtée.
‖ **2°** (Cuisine.) Filet de bœuf coupé en lames.
TOURNÉE [tour-né] *s. f.*
[ÉTYM. Subst. particip. de **tourner**, § 45. ‖ XIIIᵉ s. **Par quel ses tornees perdeit**, *Chastoiement d'un pere*, XX, 24.]
‖ **1°** Voyage où l'on suit un certain itinéraire, en visitant les points principaux par lesquels on passe. **Faire une — en Suisse, en Écosse.** ‖ *Spécialt.* Voyage d'un inspecteur pour examiner les principaux établissements de la circonscription qui forme son ressort. ‖ **— dramatique, électorale.**
‖ **2°** *Trivial.* Rasade offerte par qqn à tous ceux qui sont avec lui, chez un débitant de boisson.

TOURNELLE [tour-nèl] *s. f.*
[ÉTYM. Dérivé de tour 1, sous l'influence du verbe tourner, §§ 126 et 509. || Vers 1225. Sor deus torneles haut levees, *Durmart*, dans DELB. *Rec.*]
|| *Anciennt.* Petite tour. (Syn. tourelle.)

TOURNEMAIN [tour-ne-min] *s. m.*
[ÉTYM. Composé de tourne (du verbe tourner) et main, § 210. || 1611. COTGR.]
|| *Vieilli.* Action de tourner la main. *Spéciall. Loc. adv.* En un —, en aussi peu de temps qu'il en faut pour tourner la main. (Syn. en un tour de main.) En un — tous les plats étaient vides, LA F. *Ragotin*, I, 1.

TOURNEMENT [tour-ne-man] *s. m.*
[ÉTYM. Dérivé de tourner, § 145. || Vers 1355. Selon le divers tournement, G. DE DIGULLEVILLE, *Pèlerinage de l'âme*, 4986, Sturzinger. Admis ACAD. 1878.]
|| *Vieilli.* Action de tourner. *Spéciall.* — de tête, vertige.

TOURNER [tour-né] *v. tr.*
[ÉTYM. Du lat. tornare, façonner au tour, devenu torner, tourner, §§ 348, 295 et 291. (*Cf.* tour 2.)]
1. *V. tr.* || **1°** Façonner en rond par un mouvement circulaire. — le buis, l'ivoire. Une table à pieds tournés. *P. ext.* Une personne bien, mal tournée, bien, mal faite. C'est aux gens mal tournés..., MOL. *Mis.* III, 1. *Fig.* Des vers bien tournés. Voilà un compliment fort mal tourné, MOL. *Mar. forcé*, sc. 9. Quoi! dira-t-on d'abord, un ver, une fourmi... Ont l'esprit mieux tourné que n'a l'homme? BOIL. *Sat.* 8. | *P. anal.* — un citron, une olive, en façonner l'écorce, la pulpe, en spirale. || *P. ext.* | 1. Faire mouvoir circulairement. — la meule. — une roue, une manivelle, un rouet. — la broche. *P. anal.* — une sauce. | 2. Disposer circulairement par rapport à qqch. — un collier de perles deux fois autour du cou. — du fil autour d'une bobine.
|| **2°** *P. ext.* Faire aller dans le sens inverse. — le sablier, le placer en sens inverse. — le feuillet d'un livre, d'un registre, le faire passer du recto au verso ou réciproquement. — le dos à qqn, se poser ou être posé de manière à lui présenter le dos. (*Cf.* tournedos.) — le dos à un endroit, aller dans la direction opposée. *Absolt.* — le dos, s'en aller, fuir. *Fig.* — le dos à qqn, s'éloigner de lui, affecter de ne plus le connaître. *Famil.* — casaque, montrer le dos, fuir, et, *fig.* quitter la cause, le parti qu'on avait embrassé. — les talons, s'en aller. — bride (en parlant d'un cavalier), revenir en arrière. (*Cf.* tourne-bride.) — la tête (pour regarder derrière soi). *Vieilli.* — tête, visage, faire volte-face. Se —, se poser dans le sens opposé, présenter le dos. Mais tournez-vous, de grâce, et l'on vous répondra, LA F. *Fab.* v, 5. || *Fig.* | 1. Mettre à l'envers. Ce billet... m'a tourné le sang, BEAUMARCH. *Mar. de Fig.* II, 10. L'amour, l'ambition lui a tourné la tête. L'opinion des armes enchantées dut — la tête à beaucoup de gens, MONTESQ. *Espr. des lois*, XXVIII, 22. | 2. Faire passer d'une manière d'être à une manière d'être opposée, différente. — une chose en plaisanterie. Un si grand courroux contre les mœurs du temps Vous tourne en ridicule auprès de bien des gens, MOL. *Mis.* I, 1. Les venins mêmes (ont été forcés) à se — en remèdes, BOSS. *Sur la mort*, 2. Jamais on vrai combat le jeu ne se tournait, LA F. *Fab.* XII, 2. | *P. ext.* Faire aller dans un autre sens. — une médaille du côté de la face. — les pieds en dehors. L'aiguille aimantée se tourne vers le nord. Vos tristes yeux Avec de longs regards se tournent vers les cieux, RAC. *Brit.* v, 1. L'escalier tourné d'autre façon, BOIL. *Art p.* 4. | *Fig.* Ainsi que je voudrai je tournerai cette âme, MOL. *Éc. des f.* III, 3. — les choses à son avantage, à son profit. Espérons plutôt que tout se tournera selon nos désirs, SÉV. 252. — ses pensées à, vers qqch. — ses vues d'un côté. Elle tourne tous ses soins de ce côté, BOSS. *La Vall.* César... se tourne du côté du peuple (s'adresse au peuple), BOSS. *Hist. univ.* III, 7. Antoine et César, après avoir ruiné Lépide, se tournent l'un contre l'autre, ID. *ibid.* I, 9. — ses efforts contre qqn.
|| **3°** *P. ext.* Prendre à revers, en décrivant un mouvement circulaire. — l'ennemi. || *P. anal.* Éviter, en décrivant un mouvement circulaire. — un promontoire, un rocher. — un obstacle. | *Fig.* Éluder. Il a tourné la difficulté.
II. *V. intr.* || **1°** Se mouvoir circulairement. La terre tourne autour du soleil. La girouette Au haut d'une maison, qui tourne au premier vent, MOL. *Dép. am.* IV, 2. *P. anal.* Un chemin qui tourne, qui suit une direction circulaire. (*Cf.* tournant.) | — sur soi-même. — en valsant. — en cadence. La terre tourne sur son axe. — sur un pivot. | *Fig.* C'était sur

Vatel que tournait tout son voyage de Bourgogne, SÉV. 161. J'admire comme on peut — uniquement sur une pensée, ID. 773. — à tout vent (comme une girouette), être versatile. La tête lui tourne, il a le vertige, et, *fig.* Des hommes... à qui la tête ne tourne point dans les postes les plus élevés, LA BR. 11.
|| **2°** *P. ext.* Aller au sens inverse. La tempête faisait — cette grande pièce de bois, FÉN. *Tél.* 6. Le pied vous a tourné, BEAUMARCH. *B. de Sév.* III, 4. Sa taille a tourné, s'est déformée. Le vent a tourné. Le cocher a tourné trop court. D'un carrosse, en tournant, il accroche une roue, BOIL. *Sat.* 6. Quelle est la carte, l'atout qui a tourné? Il tourne carreau, et, *fig.* Je voudrais savoir de quoi il tourne, où l'on en est en ce moment. *Fig.* L'orateur a tourné court, a quitté brusquement le point qu'il développait. La chance a tourné. A ce moment, le sort tourna, BOSS. *Hist. univ.* I, 9. || *P. anal.* Passer d'une manière d'être à une manière d'être opposée, différente. L'amour que j'eus pour vous tournerait tout en haine, CORN. *Poly.* IV, 5. *Spéciall.* Du vin, du lait qui a tourné à l'aigre, et, *ellipt*, Du vin, du lait qui a tourné. Le raisin commence à —, à changer de couleur, à mûrir. || *P. ext.* Aller dans un autre sens. De quelque part qu'on tourne, on ne voit que des fous, MOL. *Fâch.* II, 2. Le vent tourne au nord. | *Fig.* Ainsi mon cœur... tournera-t-il toujours vers les astres resplendissants de vos yeux adorables, MOL. *Mal. im.* II, 5. Savoir adroitement de ma fille vers qui des deux ses sentiments peuvent —, ID. *Am. magnif.* 1, 2. Et bientôt le combat tourne à son avantage, RAC. *Théb.* v, 3. La chose a tourné contre lui. — à bien, à mal, arriver à un bon, à un mauvais résultat. *Dans un sens analogue.* — bien, — mal. Si mes soins tournent heureusement, GRESSET, *Méchant*, IV, 2. || *P. ext.* Aller en tous sens. Il tourne sans cesse dans la maison. — dans une forêt, sans pouvoir retrouver son chemin. Quelle maison pour lui! l'on y tournait à peine (on n'avait pas la place d'y tourner), LA F. *Fab.* IV, 17. Vous ne faites que — autour de moi, SÉV. 211. || *Fig.* | 1. Hésiter. Ce ne fut pas sans bien —, LA F. *Fab.* VI, 4. | 2. Ne pas aborder directement. — autour de qqn, n'osant s'adresser à lui et désirant le faire. *Famil.* — autour du pot, n'osant prendre un morceau dans la marmite et en ayant envie, et, *fig.* n'oser aborder directement ce à quoi on veut en venir. — autour de la question.

TOURNESOL [tour-ne-sòl] *s. m.*
[ÉTYM. Emprunté soit de l'ital. tornasole, soit de l'espagn. tornasol, *m. s.* §§ 12 et 13. || XIVᵉ s. Deux onces de tournesot, *Ménagier*, II, p. 220.]
I. Nom vulgaire de l'héliotrope, de l'hélianthe à grandes feuilles et de plusieurs autres plantes, dont les fleurs se tournent vers le soleil. (*Cf.* soleil et girasol.)
II. Matière colorante bleue qu'on tire d'une variété de croton (— en drapeau), de certaines espèces de lichens (— en pain), etc. Teinture de —, solution de cette matière colorante, que les acides font passer du bleu au rouge. || *P. ext.* Nom de la plante qui fournit cette matière.

TOURNETTE [tour-nèt] *s. f.*
[ÉTYM. Dérivé de tourner, § 133. || 1384. Tournette, dans DU C. toruum.]
|| (Technol.) || **1°** Dévidoir à pivot vertical.
|| **2°** Plateau tournant sur lequel on pose un vase pour le peindre, le façonner.
|| **3°** Cage tournante pour les écureuils.
|| **4°** Jeu formé d'un cadran sur lequel on fait tourner une aiguille qui indique le gain ou la perte selon les numéros où elle s'arrête. (Syn. tourniquet.)
|| **5°** Instrument coupant à l'usage des vitriers, relieurs, etc.

TOURNEUR, TOURNEUSE [tour-neür, -neüz'] *s. m. et f.*
[ÉTYM. Du lat. tornatorem, *m. s.* devenu torneor, tourneur, §§ 348, 335, 402, 325 et 291, tourneur, § 358.]
|| **1°** Celui, celle qui façonne des ouvrages au tour. — en bois, en ivoire, etc.
|| **2°** Celui, celle qui imprime un mouvement de rotation. *Spéciall.* Ouvrier qui meut le rouet à retordre, la meule à aiguiser, la presse mécanique à bras, etc. || *P. anal. Adjectivt.* Derviche —, qui tourne sur lui-même.

TOURNEVENT [tour-ne-van] *s. m.*
[ÉTYM. Composé de tourne (du verbe tourner) et vent, § 210. || 1390. Tournevent en bois, dans GODEF. tornevent.]
|| (Technol.) Tuyau coudé mobile qui, placé au-dessus d'une cheminée, tourne du côté opposé au vent, pour empêcher que la fumée ne rabatte. (Syn. gueule-de-loup.)

***TOURNEVIRE** [tour-ne-vîr] *s. m.*

[ÉTYM. Composé de tourne (du verbe tourner) et vire (du verbe virer), § 209. || 1683. Le tournevire, LE CORDIER, *Instr. des pilotes*, dans DELB. *Rec.*]

|| (Marine.) Cordage sans fin enroulé autour d'un cabestan pour enlever l'ancre ou d'autres poids lourds.

***TOURNEVIRER** [tour-ne-vi-ré] *v. tr.*

[ÉTYM. Composé de tourner et de virer. || XVIᵉ s. Les moindres choses tournevirent nostre jugement, MONTAIGNE, II, 12.]

|| *Famil.* Faire tourner à son gré. Elle entend bien à — un homme, REGNARD, *Attendez-moi sous l'orme*, sc. 2.

TOURNEVIS [tour-ne-vîs'] *s. m.*

[ÉTYM. Composé de tourne (du verbe tourner) et vis, § 209. || 1723. Tourne-vis, SAVARY, *Dict. du comm.* Admis ACAD. 1740.]

|| (Technol.) Instrument pour tourner (serrer et desserrer) une vis.

***TOURNILLE** [tour-nîy'] *s. f.*

[ÉTYM. Semble tiré de tourniller, § 52. || 1812. MOZIN, *Dict. franç.-allem.*]

|| (Technol.) Instrument pour relever les mailles tombées dans la fabrication du bas au métier.

***TOURNILLER** [tour-ni-yé] *v. intr.*

[ÉTYM. Dérivé de tourner, § 161. (*Cf.* tournailler.) ||1784. V. à l'article.]

|| *Rare.* Tourner de côté et d'autre. Fig. Obligé de — dans des incidents impossibles, BEAUMARCH. *Mar. de Fig.* préf. (1784).

***TOURNIOLE** [tour-nyòl; *en vers*, -ni-òl]. *V.* torgnole.

***TOURNIOLER** [tour-nyò-lé; *en vers*, -ni-ò-lé] *v. intr.*

[ÉTYM. Dérivé de tourner, § 160. (*Cf.* tournailler, tourniller, tournoyer.) || XVIᵉ s. Eau au vent tourniolant, LE BLANC, *Georg.* dans DELB. *Rec.*]

|| *Vieilli.* Prendre des détours. Fig. N'écrire point en tourniolant comme vous faites, SÉV. 1358.

TOURNIQUET [tour-ni-kè] *s. m.*

[ÉTYM. Dérivé de tourner, §§ 63 et 134. || 1611. COTGR.]

I. || **1°** Appareil formé d'une sorte de croix mobile posée horizontalement sur un pivot, et placé à l'entrée d'un chemin, pour ne livrer passage qu'aux gens à pied, ou à l'entrée d'une salle d'exposition, de spectacle, pour ne laisser passer qu'une personne à la fois.

|| **2°** Poutre armée de pointes de fer qu'on place à l'entrée d'une ouverture qu'on veut fermer à l'ennemi.

|| **3°** Sorte de moulinet sur lequel les pêcheurs enroulent leur ligne et qui permet de la lâcher au besoin.

|| **4°** Rouleau mobile sur lequel glissent les cordages.

|| **5°** Sorte de dévidoir sur lequel les épingliers dressent le fil de laiton.

|| **6°** Morceau de bois tournant qui sert à maintenir un châssis à coulisse lorsqu'il est levé. | Pièce de fer tournante qui sert à fixer un contrevent ouvert.

|| **7°** Cadran (dit aussi tournette) avec lequel on joue la consommation chez les marchands de vin.

|| **8°** Instrument de chirurgie qui sert à comprimer les vaisseaux sanguins pour empêcher l'hémorragie.

|| **9°** Instrument de physique qui indique la réaction produite par l'écoulement d'un liquide, d'un gaz (— hydraulique, à gaz), l'écoulement de l'électricité par les pointes (— électrique).

II. *P. anal.* Nom vulgaire d'un coléoptère aquatique qui tournoie ordinairement à la surface de l'eau.

TOURNIS [tour-ni] *s. m.*

[ÉTYM. Pour tourneis, § 358, dérivé de tourner, § 82. Très fréquent comme adj. en anc. franç. (*Cf.* tournisse.) || (Au sens actuel.) 1812. MOZIN, *Dict. franç.-allem.* Admis ACAD. 1835.]

|| Maladie des moutons, des chèvres, des bêtes à cornes, sorte de vertige convulsif dû à la présence d'un ver dans les centres nerveux. (*Syn.* tournoiement.) .

***TOURNISSE** [tour-nîs'] *s. f.*

[ÉTYM. Paraît tiré du fém. de l'anc. adj. tournis, tournant, § 38. || 1812. MOZIN, *Dict. franç.-allem.*]

|| (Technol.) Pièce de bois verticale remplissant les intervalles des poteaux dans une cloison.

TOURNOI [tour-nwà] *s. m.*

[ÉTYM. Subst. verbal de tournoyer, § 52. || XIIᵉ s. Torneiz lor tenion sovent O il perdeit molt de sa gent, *Énéas*, 867.]

|| *Anciennt.* Fête militaire où un certain nombre de chevaliers, combattant les uns contre les autres à armes courtoises, rivalisaient de force et d'adresse. Cet esprit de galanterie se perpétua par l'usage des tournois, MONTESQ. *Espr. des lois*, XXVIII, 22. || *Fig.* D'un — de bassette ordonner les apprêts, BOIL. *Sat.* 10.

TOURNOIEMENT et **TOURNOÎMENT** [tour-nwà-man] *s. m.*

[ÉTYM. Dérivé de tournoyer, §§ 63 et 145. || XIIᵉ s. Mil chevaliers apareilla... Que tendront le torneiement, *Énéas*, 4293.]

|| **1°** Mouvement de ce qui tournoie. (*Cf.* tournoiement.)

|| **2°** *P. ext.* Tournis, maladie des animaux.

***TOURNOIR** [tour-nwàr] *s. m.*

[ÉTYM. Dérivé de tourner, § 113. || 1316. Un tournoir de fer, dans GODEF. tournoir 2.]

|| (Technol.) Bâton avec lequel le potier d'étain fait mouvoir son tour.

***TOURNOIRE** [tour-nwàr] *s. f.*

[ÉTYM. Dérivé de tourner, § 113. || 1328. Une tourneure de paignons, dans GODEF. torneure. | 1396. Une tournoire, *ibid.* tornoire.]

|| (Technol.) Moulin qui sert à diviser la matière à fabriquer le carton.

TOURNOIS [tour-nwà] *adj. m.*

[ÉTYM. Du lat. tŭrŏnĕnsem, *m. s.* devenu torneis, tornois, tournois, §§ 348, 336, 309, 485 et 291.]

|| *Anciennt.* Denier —, et, *substantivt,* —, denier frappé à Tours. Un double —, valant deux deniers. Un sou —, monnaie de compte valant douze deniers. Une livre de —, et, *ellipt,* Une livre —, valant vingt sous. (*Cf.* parisis.)

TOURNOYANT, ANTE [tour-nwà-yan, -yânt] *adj.*

[ÉTYM. Adj. particip. de tournoyer, § 47. || XIIᵉ s. Vens tornians, *Aiol*, 2388. Admis ACAD. 1878.]

|| Qui tournoie.

TOURNOYER [tour-nwà-yé] *v. intr.*

[ÉTYM. Dérivé de tour 2, §§ 64 et 163. (*Cf.* tournailler, tourniller, tournioler.) || XIᵉ s. Il le font torneier et menut et sovent, *Voy. de Charl. à Jérus.* 356.]

|| **1°** Tourner en faisant plusieurs tours de suite et d'une manière irrégulière. Les tristes bords du fleuve marécageux dont les eaux bourbeuses et dormantes ne font que —, FÉN. *Tél.* 18.

|| **2°** Faire une suite de contours. Les grands chemins qui tournoient entre des montagnes, DESC. *Méth.* II, 2.

TOURNURE [tour-nûr] *s. f.*

[ÉTYM. Du lat. pop. tŏrnatūra (*Gloss. de Reichenau*, append. dans FŒRSTER et KOSCHWITZ, *Altfranz. Uebungsbuch*, col. 34), dérivé de tornare, tourner, § 111, devenu tornedure, torneûre, tourneûre, §§ 348, 335, 402 et 291, tournure, § 358.]

I. Forme circulaire donnée à un objet.

|| **1°** Courbure donnée à un objet qu'on façonne au tour. | *P. ext.* Rognure qui tombe de l'objet qu'on tourne. | *P. anal.* Lamelle qu'un confiseur détache du contour d'un fruit.

|| **2°** Courbure donnée à un fer à cheval pour qu'il s'ajuste au contour du pied.

II. *Fig.* Manière dont une personne, une chose est façonnée.

|| **1°** Manière dont une personne est faite, dont elle se tient. Avoir bonne, mauvaise —. Une — gauche, élégante. | *P. ext. Spéciallt.* Bouffant que les dames mettent par derrière sous la jupe pour lui donner plus de développement.

|| **2°** Manière dont on a l'esprit fait. Une — d'esprit sérieuse, enjouée.

|| **3°** Manière dont une chose se présente. L'affaire prend une mauvaise —. La — que prend la conversation.

|| **4°** Manière dont on présente une chose, dont on l'expose à qqn. Donner aux faits une — favorable. *Spéciallt.* Arrangement des mots dans la phrase (selon les règles du langage). Employer une — incorrecte, obscure, embarrassée. (*Syn.* tour.)

TOURTE [tourt'] *s. f.*

[ÉTYM. Du lat. tŏrta, sorte de gâteau, mot d'origine incertaine, qui se trouve dans la Vulgate, et que la quantité de l'o ne permet guère de rattacher à tŏrtus, part. de torquere, tordre, §§ 324 et 291.]

I. || **1°** Pâtisserie de forme circulaire dans laquelle on met de la viande, du poisson, des quenelles, etc. | *P. ext. Vieilli.* Tarte. Une — de confitures, VOLT. *Zadig*, 18.

|| **2°** *Dialect.* Pain de forme circulaire.

II. *Fig.* || **1°** Masse provenant de la réduction en poudre du minerai d'argent. | Masse formée du marc de divers fruits ou graines et qui sert d'engrais.

|| **2°** Plaque d'argile supportant le creuset des verriers.

|| **3°** Pièce ronde formant le bas de la lanterne ou cage où est logé le moulin à ourdir.

TOURTEAU [tour-tó] *s. m.*

[ÉTYM. Dérivé de tourte, § 126. || XIIᵉ s. Turtel in paele, *Gloss. de Tours*, dans *Bibl. de l'Éc. des Chartes*, 1869, p. 330.]

|| **1°** Sorte de gâteau rond. | Gros pain rond bis.

|| **2°** *P. anal.* Masse formée du marc des graines des plantes oléagineuses. Des tourteaux de colza.

|| **3°** Disque de bois dur employé pour écraser le salpêtre et grener la poudre à canon.

|| **4°** (Blason.) Pièce en forme de besant, de couleur, sur champ de métal. Besant —, mi-parti de couleur et de métal.

|| **5°** Espèce de crabe, dit aussi poupart.

TOURTEREAU [tour-te-ró] *s. m.*

[ÉTYM. Pour tourtreau, § 361, du lat. pop. *tŭrturĕllum, diminutif de turtur (*cf.* tourtre), §§ 348, 336, 456 et 291.]

|| Jeune tourterelle. | *Fig.* Des tourtereaux, des amoureux qui s'aiment tendrement.

TOURTERELLE [tour-te-rèl] *s. f.*

[ÉTYM. Pour tourtrelle, § 361, du lat. tŭrturĕlla, diminutif de turtur (*cf.* tourtre), §§ 348, 336 et 291.]

|| Espèce de pigeon plus petit, au roucoulement plaintif. Les tourterelles se fuyaient, LA F. *Fab.* VII, 1. | *Fig.* Nous vivrons comme deux tourterelles, REGNARD, *Joueur*, IV, 9. Je suis une — pour la fidélité, LES. *Gil Blas*, IV, 7.

TOURTIÈRE [tour-tyèr] *s. f.*

[ÉTYM. Dérivé de tourte, § 115. || 1642. OUD.]

|| (Technol.) Ustensile de cuisine qui sert à faire cuire les tourtes.

TOURTRE [tourtr'] *s. f.*

[ÉTYM. Du lat. tŭrtŭrem, *m. s.* devenu tortre, tourtre, §§ 324, 290 et 291.]

|| *Vieilli.* Tourterelle. *Speciall.* (Cuisine.) Un pâté de tourtres.

TOUSELLE [tou-zèl] *s. f.*

[ÉTYM. Emprunté du provenç. tosela, *m. s.* de tos, tondu, qui est le lat. tonsus, § 11. LA F. a pris le mot dans RAB. || XVIᵉ s. Il le semoit de touzelle, RAB. IV, 45. Admis ACAD. 1762.]

|| (Agricult.) Variété de froment sans barbes, précoce, qu'on cultive dans le Midi. L'août arrivé, la — est sciée, LA F. *Contes, Diable de Papefig.*

TOUSSAINT [tou-sin] *s. f.*

[ÉTYM. Pour toussaints, composé de tout et saint au plur. § 173. Le mot est considéré comme fém. sing. par ellipse ; on dit la Toussaint pour la fête de Toussaints. || XIIᵉ-XIIIᵉ s. Tresque a la feste Toz Sains, VILLEHARD. 452.]

|| Fête catholique en l'honneur de tous les saints (1ᵉʳ novembre). Le jour de la Toussaint. Nous nous verrons à la Toussaint.

TOUSSER [tou-sé] *v. intr.*

[ÉTYM. Dérivé de toux, §§ 64 et 154. A remplacé l'anc. franç. toussir, du lat. tŭssire, encore dans NICOT et COTGR. || XVIᵉ s. Et n'aura cesse de tousser, PARÉ, VIII, 30.]

|| Faire effort pour dégager les voies respiratoires, par un mouvement d'expiration convulsif, saccadé. Vous avez grâce à —, MOL. *Av.* II, 5. | *P. anal.* Produire un bruit analogue, pour appeler l'attention de qqn. Puis, tousserez, afin de m'avertir, LA F. *Contes, Savetier.*

TOUSSERIE [tōus'-ri ; en vers, tou-se-ri] *s. f.*

[ÉTYM. Dérivé de tousser, §69. || 1404. Telle tousserie de tous costez, NIC. DE BAYE, *Journal*, I, p. 89. Admis ACAD. 1878.]

|| *Famil.* Toux prolongée. Une — pitoyable, SÉV. 1247.

TOUSSEUR, EUSE [tou-sèur, -sèuz'] *s. m. et f.*

[ÉTYM. Dérivé de tousser, § 112. (*Cf.* l'anc. franç. tousseux.) || XVIᵉ s. Un tousseur continuel, MONTAIGNE, I, 20. Admis ACAD. 1835.]

|| Celui, celle qui tousse.

TOUT, TOUTE [tou, tout'] *adj.*

[ÉTYM. Du lat. pop. *tŏttum (class. tŏtum), *m. s.* devenu tot, tout, §§ 324, 366 et 291. (*Cf.* toton, factotum, atout, partout, surtout, etc.)]

I. Adjectif qualificatif. Entier, entière.

|| **1°** Qualificatif propr't dit. (Se place avant le subst. sing. seul ou précédé d'un article, d'un démonstratif, d'un possessif.) Être à toute extrémité. En — bien, — honneur. Aller à toute bride, à toute vitesse. En toute liberté goûtez un bien si doux, CORN. *Hor.* II, 3. Dieu est de toute éternité. Je l'avoue en toute humilité. Vous êtes toute raison, MOL. *Av.* I, 5. Il ne peut entrer dans les esprits Que — mal et toute injustice, LA F. *Fab.* XI, 7. Il a lu — Corneille. | Invariable devant un nom de ville. — Smyrne ne parlait que d'elle, LA BR. 3. Et — Thèbes l'avoue, MOL. *Amph.* I, 2. | Veiller toute la nuit. *Vieilli.* A dormi toute nuit (toute la nuit), CORN. *Ment.* III, 2. Parcourir — le pays, toute la France. C'est là — l'homme, BOSS. *D. d'Orl.* | Il a mangé — un pain. — un bataillon fut taillé en pièces. | Toute cette colère tombe en un moment. — ce qui reste encor de fidèles Hébreux, RAC. *Ath.* I, 2. — ce que j'aime! Cette Esther! ID. *Esth.* III, 4. — ceci, — cela, et, *famil.* Il lui disait —·ci, —·ça, MOL. *Mal. im.* II, 8. | Crier de toute sa force. Perdre — son sang.

|| **2°** Attribut. (Se place après le subst. et le verbe.) Je suis — à la rage, MOL. *Mis.* IV, 3. Se faire — à tous. Je suis toute à vous. Je m'abandonne toute aux traits du désespoir, MOL. *Dép. am.* IV, 1. La vie... se passe toute à désirer, LA BR. 11. Rome n'est plus dans Rome, elle est toute où je suis, CORN. *Sertor.* III, 1. Somme toute, au total, en résumé.

|| **3°** *Adverbialt.* (Devant un adj., un part., un subst. pris comme attribut, un adv., une loc. adverb.) Entièrement. Il leur tomba du ciel un roi — pacifique, LA F. *Fab.* III, 4. Se rencontrant un jour — seuls et sans témoins, ID. *ibid.* III, 1. O beauté — aimable! MOL. *Tart.* III, 3. A l'esprit, comme nous, donnez-vous — entière, ID. *F. sav.* I, 1. Être — yeux, — oreilles. | Suivi de la conj. que. Quoique entièrement. — éclairée qu'elle était, BOSS. *D. d'Orl.* | *Ellipt. Dans le même sens.* Nos pères, — grossiers, l'avaient beaucoup meilleur (le goût), MOL. *Mis.* I, 2. — en riant, il le frappait. || Avec accord, par syllepse. Votre âme en m'écoutant paraît toute interdite, RAC. *Esth.* II, 1. Tes yeux ne sont-ils pas tous pleins de sa grandeur? ID. *Bér.* I, 5. Vous voyez mon âme toute entière, CORN. *Nicom.* III, 2. Des choses toutes opposées, LA BR. 13. Je les ai laissées toutes seules. La flamme est toute prête, RAC. *Iph.* III, 5. Une autre Rome toute chrétienne, BOSS. *Hist. univ.* III, 1. Elle est toute honteuse. Suivi de que. La Grèce, toute polie et toute sage qu'elle était, BOSS. *Hist. univ.* II, 16. Toute reine qu'elle est. || Parler — bas. Elle marche — doucement. Ils sont — en sang. Ce sont — autant d'erreurs. A — le moins. Il y a — juste deux ans. Je suis chrétien, Néarque, et le suis — à fait, CORN. *Poly.* II, 6. Je m'en veux, — doux, éclaircir avec elle, MOL. *Amph.* II, 3. C'est justement — comme, ID. *Éc. des f.* II, 3. — beau, et, *vieilli*, — coi (ACAD. tou-coi), commandement à un chien de rester tranquille. (*Cf.* beau.)

|| **4°** *Substantivt, au masc.* La chose entière, la somme des parties. Et le drôle eut lapé le — en un moment, LA F. *Fab.* I, 18. Il acheta le —. Il s'agit de nous-mêmes et de notre —, PASC. *Pens.* IX, 1. La piété est le — de l'homme, BOSS. *Condé.* Il en est fou, c'est son —, son héros, MOL. *Tart.* I, 2. Imperceptible lui-même dans le sein du — (de l'univers), PASC. *Pens.* I, 1. Faire son — (au jeu), jouer sur un coup la somme entière qu'on a devant soi. Le — d'une charade, le mot entier que doit former la réunion des syllabes devinées. Le — est égal à la somme de ses parties. La partie est plus petite que le —. Ce bel art, depuis si bien pratiqué par les Romains, d'unir toutes les parties d'un grand État, et d'en faire un — parfait, BOSS. *Hist. univ.* III, 5. | *Loc. adv.* Rien du —, point du —. Il ne fait rien du —, rien entièrement. Je ne puis du — consentir à ma honte, CORN. *Cid*, II, 1. | Sans article. Ce n'est pas — de boire, il faut sortir d'ici, LA F. *Fab.* III, 5. Ce n'est pas — que d'être civil, MOL. *Mal. im.* I, 1.

II. Adjectif collectif universel. || **1°** Les uns et les autres sans exception. (Se place avant le subst. plur. seul ou précédé d'un article défini, d'un démonstratif, d'un possessif.) Voguer à toutes voiles. D'où lui viennent de tous côtés Ces enfants? RAC. *Ath.* III, 7. Tous deux sont dignes d'elle, CORN. *Cid*, I, 1. Ce sont toutes façons dont je n'ai pas besoin, MOL. *Tart.* I, 1. Toutes sottises dont la belle Se défend avec grand respect, LA F. *Fab.* IV, 4. Tous les hommes. Tous les pays. Il vient tous les jours. Toutes les extrémités des choses humaines, BOSS. *R. d'Angl.* Toutes les dignités que tu m'as demandées, CORN. *Cinna*, V, 1. Tous ces enfants. Faire tous ses efforts. Tous mes vœux sont comblés. || *Ellipt.* Tous, toutes, toutes les personnes dont il s'agit. Tu vas me répondre pour tous, RAC. *Mithr.* III, 6. Nous mourons tous, disait cette femme, BOSS. *D. d'Orl.* Nous ressemblons tous à des eaux courantes, ID. *ibid.* Ils ne mouraient pas tous, mais tous étaient frappés, LA F. *Fab.* VII, 1. Toutes, dis-je, unanimement Se promettent de rire à son enterrement, ID. *ibid.* III, 18.

|| **2°** *Substantivt, au masc. sing.* Toutes les personnes ou les choses dont il s'agit, sans exception. — m'abandonne ailleurs! — me trahit ici! RAC. *Mithr.* III, 4. Mais — dort, ID. *Iph.* I, 1. — m'afflige et me nuit, ID. *Phèd.* I, 3. — était Dieu, excepté Dieu même, BOSS. *Hist. univ.* II, 3. Et je veux rien ou —, RAC. *Plaid.* I, 4. Pour trouver — en moi, comme moi — en vous, MOL. *Mis.* V, 7. —, s'il est ingrat, lui parle contre moi, RAC. *Brit.* I, 1. Néron jouit de —, ID. *ibid.* I, 1. Faire un peu de —. Manger de —. *Famil.* Ils s'ennuient comme —. — allait comme il pouvait, BOSS. *Hist. univ.* III, 5. On trouve — consterné, ID. *D. d'Orl.* — bien considéré. A — prendre. Après —, je ne suis pas un ange, MOL. *Tart.* III, 3. Il possède mille francs en —. J'aime cela par-dessus —.

III. Adjectif collectif partitif. L'un comme l'autre indistinctement. (Se place avant le subst.) A — venant Je chantais, ne vous déplaise, LA F. *Fab.* I, 1. Et la mort est le prix de — audacieux Qui, sans être appelé, se présente à leurs yeux, RAC. *Esth.* I, 3. Toute philosophie ne parle pas dignement de Dieu, LA BR. 16. En toute occasion. A toute heure. A — propos. En — lieu disposée à le suivre, BOIL. *Sat.* 12. Des gens de toute sorte, de toute espèce. Toute autre place qu'un trône eût été indigne d'elle, BOSS. *R. d'Angl.*

TOUTE-BONNE [toŭt'-bòn'; *en vers,* tou-te-...] *s. f.*
[ÉTYM. Composé de tout et bon au fém. §§ 179 et 38. || XIVe s. L'orvalle, laquelle est nommée toutebonne, J, DE BRIE, *Bon Berger,* dans DELB. *Rec.* Admis ACAD. 1762.]
|| **1°** Variété de sauge, dite aussi orvale, à laquelle on attribuait la propriété d'éclaircir la vue.
|| **2°** Variété de poire. Manger des toutes-bonnes.

TOUTE-ÉPICE [tou-té-pīs'] *s. f.*
[ÉTYM. Composé de toute et épice, § 173. || Admis ACAD. 1762.]
|| Nigelle, plante renonculacée à grains aromatiques, dite aussi herbe aux épices, de toutes épices.

TOUTEFOIS [toŭt'-fwà; *en vers,* tou-te-...] *adv.*
[ÉTYM. Pour toutesfois, composé de tout au fém. plur. et fois, §§ 173 et 726. L'anc. franç. dit toutesvoies au sens de toutesfois. || 1539. Toutesfois, R. EST.]
|| En admettant toute circonstance qui s'y oppose. Il le peut : — j'ose encore lui dire Qu'il doit avant ce coup affermir son empire, RAC. *Brit.* I, 2. Quoique ce ne soit pas la coutume de payer auparavant, — de peur que je l'oublie..., MOL. *Am. méd.* II, 2. Ce malheur — sert à croître sa gloire, CORN. *Poly.* I, 4.

TOUTENAGUE [toŭt'-nàg'; *en vers,* tou-te-...] *s. f.*
[ÉTYM. Emprunté du persan toutiyanak, *m. s.* proprt, « semblable à la tutie », § 24. On trouve aussi tintenague et tintenaque, moins employés. || 1723. Tintenague, SAVARY, *Dict. du comm.* Admis ACAD. 1762.]
|| Métal blanc, alliage de cuivre, de nickel et de zinc avec une faible quantité d'arsenic, dont on fabrique en Orient des théières, des ustensiles de ménage, etc.

TOUTE-PUISSANCE [toŭt'-pui-säns'; *en vers,* tou-te-...] *s. f.*
[ÉTYM. Composé de toute et puissance, à l'imitation du lat. omnipotentia, *m. s.* (*cf.* omnipotence), § 173. || XVIe s. La toute-puissance divine, MONTAIGNE, I, 22.]
|| Puissance sans bornes. La — de Dieu. Quand la — D'un mot forma le ciel, BOIL. *Sat.* 12. | *P. anal.* Puissance souveraine. Ce n'est plus la naissance Qui donne quelque droit à la —, CORN. *Perth.* I, 4. *P. plaisant.* Du côté de la barbe est la —, MOL. *Éc. des f.* III, 2.

TOUTE-SAINE [toŭt'-sèn'; *en vers,* tou-te-...] *s. f.*
[ÉTYM. Composé de toute et saine, §§ 179 et 38. || Admis ACAD. 1762.]
|| (Botan.) || **1°** Sanicle, plante astringente qui entre dans la composition du vulnéraire suisse.
|| **2°** Sorte de millepertuis, considérée comme vermifuge.

TOUTOU [tou-tou] *s. m.*
[ÉTYM. Onomatopée, § 32. ACAD. écrit tou-tou. || XVIIe s. V. à l'article. Admis ACAD. 1740.]
|| (T. enfantin.) Chien. Deux jolis toutous. *P. ext.* Terme d'amitié, de caresse, pour désigner une personne, surtout un enfant. Viens, mon —, CYRANO, *Pédant joué,* I, 7. Mon mignon, mon petit —, D'ASSOUCY, *Jug. de Páris,* III, p. 36.

TOUT-OU-RIEN [tou-tou-ryin] *s. m.*
[ÉTYM. Composé de tout, ou et rien, § 178. || Admis ACAD. 1762.]
|| (Technol.) Pièce qui fait sonner la répétition d'une montre, d'une pendule, quand on pousse le bouton dans un sens, et l'arrête dans le sens contraire.

TOUT-PUISSANT, TOUTE-PUISSANTE [tou-puissan, toŭt'-pui-sänt'; *en vers, au fém.* tou-te-...] *adj.*
[ÉTYM. Composé de tout et puissant, à l'imitation du lat. omnipotens, § 179. (*Cf.* omnipotent.) || XIIIe s. Dieus... touz puissanz, PH. DE NOVARE, *Quatre Ages,* dans DELB. *Rec.*]
|| Qui a une puissance sans bornes. *Substantivt.* Le Tout-Puissant, Dieu. | *P. anal.* Qui a une grande puissance. J'étais de ce grand corps l'âme toute-puissante, RAC. *Brit.* I, 1. Vos charmes tout-puissants, ID. *Andr.* I, 4.

*****TOUT-VENANT** [touv'-nan; *en vers,* tou-ve-...] *s. m.*
[ÉTYM. Composé de tout et venant, § 173. || *Néolog.*]
|| (Technol.) Houille prise sans choix avec le menu, le poussier.

TOUX [tou] *s. f.*
[ÉTYM. Pour tous, du lat. tŭssim, *m. s.* §§ 324 et 291.]
|| Mouvement d'expiration convulsif, saccadé, pour dégager les voies respiratoires. Une — grasse, sèche, avec ou sans expectoration. Une quinte de —, un accès de toux prolongé.

TOXICOLOGIE [tŏk-si-kò-lò-ji] *s. f.*
[ÉTYM. Composé avec le grec τοξικόν, poison, λόγος, discours, et le suffixe ια, § 279. || 1812. MOZIN, *Dict. franç.-allem.* Admis ACAD. 1835.]
|| (T. didact.) Science des toxiques. | Traité sur les toxiques.

TOXIQUE [tŏk-sĭk'] *s. m.*
[ÉTYM. Emprunté du lat. toxicum, grec τοξικόν, *m. s.* || 1752. TRÉV. Admis ACAD. 1762.]
|| (T. didact.) Substance vénéneuse. Un — dangereux. || *Adjectivt.* Une substance —.

TRABAN [trà-ban] *s. m.*
[ÉTYM. Emprunté de l'allem. trabant, *m. s.* § 7. || XVIIe s. BASSOMP. *Mém.* II, p. 28, dans LA C. Admis ACAD. 1762.]
|| *Anciennt.* Hallebardier. Vingt-quatre trabans qui se relayaient pour le porter, VOLT. *Ch. XII,* 4. | *Spéciall.* Sous-officier des gardes suisses au service des rois de France.

*****TRABE** [tràb'] *s. f.*
[ÉTYM. Emprunté du lat. trabs, poutre, massue, bâton, etc. (*Cf.* l'anc. franç. tref, de formation pop.) || XVe-XVIe s. Trabes de fer, FOSSETIER, *Chron. margar.* dans GODEF.]
|| (Blason.) || **1°** Bâton d'une bannière. Bannière semée de France à la — d'argent.
|| **2°** Jas d'une ancre.

1. TRAC [trăk'] *s. m.*
[ÉTYM. Origine incertaine; qqns le rapprochent du néerland. treck, action de tirer. (*Cf.* tracasser, traquer.) || 1441. Faire guet sur le trac ou trayn de ladicte compagnie, dans DU C. traca.]
|| *Anciennt.* || **1°** Trace.
|| **2°** Allure d'une bête de somme.

2. *TRAC [trăk'] *s. m.*
[ÉTYM. Origine inconnue. || *Néolog.*]
|| *Trivial.* Peur que qqn ressent au moment d'agir. Avoir le —.

*****TRACANER** [trà-kà-né] *v. tr.*
[ÉTYM. Emprunté de l'ital. tracannare, *m. s.* de tra, indiquant passage, et canna, bobine, § 12. || 1771. TRÉV.]
|| (Technol.) Faire passer au tracanoir. (*V. ce mot.*)

*****TRACANOIR** [trà-kà-nwàr] *s. m.*
[ÉTYM. Dérivé de tracaner, § 113. || 1771. TRÉV.]
|| (Technol.) Sorte de dévidoir pour la soie, le fil d'or, d'argent.

TRAÇANT, ANTE [trà-san, -sänt'] *adj.*
[ÉTYM. Adj. particip. de tracer, § 47. || XIVe s. Et de ceulx (des chiens) qui sont mieulx trassans, G. DE DIGULLEVILLE, dans GODEF. Admis ACAD. 1835.]
|| (T. didact.) Qui s'étend horizontalement à la surface de la terre ou à peu de profondeur. Tige, racine traçante.

TRACAS [trà-kà] *s. m.*
[ÉTYM. Subst. verbal de tracasser, § 52. || 1611. COTGR.]
I. Souci, mouvement qu'on se donne pour les choses de la vie. Les — du ménage. Tout ce — qui suit les gens que vous hantez, MOL. *Tart.* I, 1. Certain rat, las des soins d'ici-bas... Se retira loin du —, LA F. *Fab.* VII, 3.
II. (Technol.) Ouverture dans les planchers d'une raffinerie, d'une usine, par laquelle montent, descendent les matières.

TRACASSER [trà-kà-sé] *v. tr.*

[ÉTYM. Dérivé de traquer, § 169. ‖ xvᵉ-xvrᵉ s. Trop avoir et trop tracasser, R. DE COLLERYE, *Ball.* 2.]

I. *Vieilli.* *V. intr.* Se donner du souci, du mouvement pour les choses de la vie. Des affaires qui les font — dès la pointe du jour, PASC. *Pens.* IV, 1. Il aime la chambre,... où il n'agit point, où il tracasse, LA BR. 14. ‖ *P. ext.* Susciter des difficultés pour de petites choses.

II. *V. tr.* Tourmenter (les gens) pour de petites choses. Se —, se tourmenter pour de petites choses.

TRACASSERIE [trà-kås'-ri ; *en vers,* -kà-se-ri] *s. f.*
[ÉTYM. Dérivé de tracasser, § 69. ‖ xvrᵉ s. *V.* à l'article. Admis ACAD. 1718.]
‖ **1°** *Vieilli.* Ce qui tracasse. Les charges, et cette — du monde, MONTAIGNE, I, 38.
‖ **2°** Action de tracasser.

TRACASSIER, IÈRE [trà-kà-syé, -syèr] *adj.*
[ÉTYM. Dérivé de tracasser, § 115. On trouve tracasseur dans le même sens au xvrᵉ s. ‖ 1680. RICHEL.]
‖ **1°** *Vieilli.* Qui se donne du souci, du mouvement pour les petites choses de la vie. ‖ *P. ext.* Qui suscite des difficultés pour de petites choses.
‖ **2°** Qui tourmente les gens pour de petites choses.

TRACE [tràs'] *s. f.*
[ÉTYM. Subst. verbal de tracer, § 52. ‖ xirᵉ s. Les tues traces ne serunt cuneudes, *Psaut. d'Oxf.* LXXVI, 20.]
‖ **1°** Suite d'empreintes à l'aide desquelles on reconnaît la direction suivie par qqn, par qqch. (*Syn.* vestige.) Suivre qqn à la —. Être sur la — de qqn. De son généreux sang la — nous conduit, RAC. *Phèd.* V, 6. *Fig.* Du sort de cet enfant on n'a donc nulle —? RAC. *Ath.* III, 4. Nous faire perdre, parmi des détours infinis, la — toute droite de la vérité, BOSS. *Haine pour la vérité,* 2. | *P. anal.* Laissant après elle une longue — de lumière, FÉN. *Tél.* 16. ‖ Chacune de ces empreintes. A peine laissent-ils dans le sable quelques traces de leurs pas, FÉN. *Tél.* 10. Encore une rature laisse-t-elle quelque — du moins d'elle-même, BOSS. *Sur la mort,* 1. *P. anal.* De quelque côté que je suive les traces de la glorieuse origine de Madame, BOSS. *D. d'Orl.* ‖ *Fig.* Exemple à suivre laissé par qqn. De David abandonner la —, RAC. *Ath.* I, 2. Les bons et vrais dévots qu'on doit suivre à la —, MOL. *Tart.* I, 5. Craint-on de s'égarer sur les traces d'Hercule? RAC. *Phèd.* I, 1. ‖ *Spéciall.* (Géom.) Traces d'un plan, d'une droite, lignes suivant lesquelles ce plan, points suivant lesquels cette droite coupe les plans de projection.
‖ **2°** Marque à laquelle on reconnaît l'action que qqch a exercée. On ne voit plus aucune — de sa blessure. La maladie n'a pas laissé de traces. Je n'ai trouvé chez lui aucune — de ressentiment. De mes feux mal éteints je reconnus la —, RAC. *Andr.* I, 1.

TRACÉ [trà-sé] *s. m.*
[ÉTYM. Subst. particip. de tracer, § 45. ‖ 1812. MOZIN, *Dict. franç.-allem.* Admis ACAD. 1798 (à l'article tracer).]
‖ (T. didact.) Ensemble de lignes par lequel on a tracé le contour des objets dans un dessin, dans un plan. | *Spéciall.* Ligne marquant la direction suivant laquelle on a tracé une voie de communication. Le — d'une route.

TRACELET [tràs'-lè; *en vers,* trà-se-lè]. *V.* traceret.

TRACEMENT [tràs'-man ; *en vers,* trà-se-...] *s. m.*
[ÉTYM. Dérivé de tracer, § 145. ‖ 1476. Trachement, dans GODEF. Admis ACAD. 1762.]
‖ (Technol.) Action de tracer. (*Cf.* tracé.) Le — d'une plate-bande.

TRACER [trà-sé] *v. tr. et intr.*
[ÉTYM. Du lat. pop. *tractiąre, m. s.* dérivé de tractum (*cf.* trait), supin de trahere (*cf.* traire), tirer, et devenu *tracciar, tracier, tracer,* §§ 386, 406, 297, 291 et 634.]
I. *V. tr.* Indiquer au moyen d'un trait la direction, la forme. — un sillon. — une route, et, *fig.* — à qqn la ligne de conduite qu'il doit suivre. *Poét.* De l'infidélité vous — des leçons, RAC. *Brit.* IV, 2. Des bons vers nous — le modèle, BOIL. *Ép.* 1. — un plan. *Poét.* Lui-même il nous traça son temple et son autel, RAC. *Ath.* II, 4. Votre image y sera tracée, BOSS. *Condé.* — une circonférence, une ligne droite. — les profils d'un membre d'architecture. | *Spéciall.* Indiquer à l'aide de points d'aiguille le dessin d'une broderie, d'une tapisserie. ‖ *P. ext.* Indiquer par l'écriture, et, *fig.* par le langage écrit ou parlé. Ces annales célèbres Où les faits de son règne, avec soin amassés, Par de fidèles mains chaque jour sont tracés, RAC. *Esth.* II, 1. L'un peut — en vers une amoureuse flamme, BOIL. *Art* p. 1.

II. *V. intr.* (Technol.) S'étendre horizontalement à la surface de la terre, ou à peu de profondeur. *Spéciall.* Une plante qui trace. (*Cf.* traçant.)

TRACERET [tràs'-rè; *en vers,* trà-se-rè] *s. m.*
[ÉTYM. Dérivé de tracer, §§ 82 *bis* et 134. On dit aussi tracelet par dissimilation, § 861. ‖ 1690. FURET.]
‖ (Technol.) Outil pointu des charpentiers pour marquer l'ouvrage sur les pièces de bois. (*Syn.* traçoir.)

TRACEUR, EUSE [trà-seur, -seuz'] *s. m. et f.*
[ÉTYM. Dérivé de tracer, § 112. ‖ 1558. Traceur, chasseur, braconnier, G. MOREL, dans DELB. *Rec.*]
‖ (Technol.) Ouvrier, ouvrière qui trace. *Spéciall.* Traceuse de point d'Alençon, celle qui trace le dessin piqué.

TRACHÉE [trà-ché] *s. f.*
[ÉTYM. Abréviation de trachée-artère. Le sens **II** est dû à MALPIGHI. ‖ xivᵉ s. Le poumon Et ce que orachee (corr. trachee) nommon, J. LE FÈVRE, *Vieille,* dans DELB. *Rec.* Admis ACAD. 1798.]
I. (Physiol.) Trachée-artère. (*V. ce mot.*)
II. *P. anal.* | 1. Petit tube membraneux placé dans toutes les parties du corps des insectes et de quelques arachnides, communiquant avec l'air extérieur par des fentes nommées stigmates, et servant à la respiration. | 2. Petit tube membraneux servant à la circulation des fluides dans le végétal. Vraie —, tube sur lequel s'enroule une fibre en spirale, et qu'on trouve principalement autour de la moelle, dans le pétiole et les nervures des feuilles, dans les fleurs et les fibres radicales de certaines plantes. Fausse —, tube réticulé ou annulaire dans l'épaisseur des faisceaux fibreux qui forment les couches du bois.

TRACHÉE-ARTÈRE [trà-ché-àr-tèr] *s. f.*
[ÉTYM. Emprunté du bas lat. trachea (lat. class. trachia) arteria, grec τραχεῖα ἀρτηρίχ, *m. s.* proprt, « artère raboteuse ». ‖ xvrᵉ s. PARÉ, VI, 6. Admis ACAD. 1762.]
‖ (Physiol.) Canal formé d'une série d'anneaux cartilagineux, qui fait suite au larynx, descend le long du cou, au-devant de l'œsophage, se divise à sa partie inférieure en deux tuyaux (bronches) communiquant chacun avec l'un des deux poumons, et sert au passage de l'air.

TRACHÉEN, ENNE [trà-ché-in, -èn'] *adj.*
[ÉTYM. Dérivé de trachée, § 244. ‖ *Néolog.*]
‖ (T. didact.) Qui se rapporte aux trachées. La respiration trachéenne des insectes. Arachnides trachéennes, qui respirent par les trachées.

TRACHÉITE [trà-ché-it'; *selon d'autres,* -ké-...] *s. f.*
[ÉTYM. Dérivé de trachée(-artère), § 282. ‖ *Néolog.*]
‖ (Médec.) Inflammation de la trachée-artère.

TRACHÉLIEN, ENNE [trà-ké-lyin, -lyèn'; *en vers,* -li-...] *adj.*
[ÉTYM. Dérivé du grec τράχηλος, cou, § 244. ‖ 1812. MOZIN, *Dict. franç.-allem.*]
‖ (Anat.) Qui se rapporte au cou. Apophyses trachéliennes, des vertèbres cervicales.

TRACHÉOTOMIE [trà-ché-ò-tò-mi; *selon d'autres,* -ké-...] *s. f.*
[ÉTYM. Composé avec trachée(-artère), le grec τομή, incision, et le suffixe ια, § 279. ‖ 1811. DOUBLE, *Traité du croup,* p. 264. Admis ACAD. 1835.]
‖ (Médec.) Incision dans la trachée-artère, qui donne entrée à l'air extérieur dans les affections qui obstruent les voies respiratoires (croup, etc.).

TRAÇOIR [trà-swàr] *s. m.*
[ÉTYM. Dérivé de tracer, § 113. (*Cf.* traceret.) ‖ 1690. FURET.]
‖ (Technol.) | 1. Sorte de poinçon avec lequel on trace des divisions sur le métal, sur le bois, etc. | 2. Instrument de jardinage, à une ou plusieurs pointes, pour marquer la place des semis, des plantations, des repiquages.

TRACTION [tràk'-syon ; *en vers,* -si-on] *s. f.*
[ÉTYM. Emprunté du lat. tractio, *m. s.* ‖ 1611. COTGR. Admis ACAD. 1878.]
‖ (T. didact.) Action de tirer, de faire effort pour amener à soi. Opérer une — sur un membre pour réduire une luxation. La résistance du fer à la —. | *Spéciall.* (Chemins de fer.) Service de la —, des machines qui traînent les trains, transportent les voyageurs et les marchandises.

TRACTOIRE [tràk'-twàr] *adj. f.*
[ÉTYM. Emprunté du lat. tractorius, *m. s.* de tractum, supin de trahere, tirer. (*Cf.* le doublet pop. traitoire.) On trouve tractrice au sens géom. de tractoire, dans *Hist. de*

l'Acad. des sc. 1711, p. 78, § 249. || 1547. Machines tractoires, J. MARTIN, *Vitruve,* dans DELB. *Rec.*]

|| (T. didact.) Relatif à la traction. Force —. | *Spécialt.* (Géom.) Courbe —, et, *substantivt,* —, courbe décrite par une corde sur laquelle on exerce une traction, autrement dit dont la tangente est égale à une ligne constante.

TRADITION [trà-di-syon; *en vers,* -si-on] *s. f.*

[ÉTYM. Emprunté du lat. traditio, *m. s.* (*Cf.* traditive.) || 1291. Par la tradicion de ces presentes lettres, dans GODEF. tradicion.]

I. *Vieilli.* Action de livrer. *Spécialt.* (Droit.) La délivrance des effets mobiliers s'opère, ou par la — réelle..., *Code civil,* art. 1606.

II. Transmission orale de faits historiques, de doctrines religieuses, de coutumes. Laissez-en la décision aux Étruriens qui ont la — des plus anciens oracles, FÉN. *Tél.* 23. La — chrétienne. La — historique. *P. ext.* Ce qui est ainsi transmis. Les gnostiques et d'autres sectes impies combattaient l'Évangile par de fausses traditions, BOSS. *Hist. univ.* I, 10. | *Fig.* L'histoire des ancêtres jette dans le cœur des grands et des princes des semences et comme une — naturelle de vertu, MASS. *Respect que les grands doivent à la relig.*

*TRADITIONALISME [trà-di-syò-nà-lïsm'; *en vers,* -si-ò-...] *s. m.*

[ÉTYM. Dérivé de traditionnel, § 265. || *Néolog.*]

|| (T. didact.) Système de croyances fondé sur la tradition. *Spécialt.* (Théol. juive.) Doctrine suivant laquelle les vérités absolues auraient été révélées par Dieu à Adam et nous auraient été transmises par tradition.

*TRADITIONALISTE [trà-di-syò-nà-lïst'; *en vers,* -si-ò-...] *s. m. et f.*

[ÉTYM. Dérivé de traditionnel, § 265. || *Néolog.*]

|| (T. didact.) Celui, celle qui professe le traditionalisme. || *Adjectivt.* Système, opinion —.

TRADITIONNAIRE [trà-di-syò-nèr; *en vers,* -si-ò-...] *s. m. et f.*

[ÉTYM. Dérivé de tradition, § 248. || XVIIe-XVIIIe s. *V.* à l'article. Admis ACAD. 1762.]

|| (T. didact.) Celui, celle qui est fidèle à la tradition. *Spécialt.* (Théol. juive.) Celui qui interprète l'Écriture sainte conformément à la tradition. Il osa attaquer les plus illustres traditionnaires, *Journal des Sav.* dans TRÉV. || *Adjectivt.* Les juifs traditionnaires LE P. PEZRON, *Hist. évang.* (1696), dans TRÉV.

TRADITIONNEL, ELLE [trà-di-syò-nèl; *en vers,* -si-ò-...] *adj.*

[ÉTYM. Dérivé de tradition, § 238. || 1722. L'autorité traditionnelle, ABBÉ DE HOUTTEVILLE, *Vérité de la relig.* dans ABBÉ DESFONTAINES, *Dict. néolog.* Admis ACAD. 1762.]

|| (T. didact.) Fondé sur la tradition.

TRADITIONNELLEMENT [trà-di-syò-nèl-man; *en vers,* -si-ò-nò-le-...] *adv.*

[ÉTYM. Composé de traditionnelle et .ment, § 724. || 1812. MOZIN, *Dict. franç.-allem.* Admis ACAD. 1835.]

|| (T. didact.) D'une manière traditionnelle.

*TRADITIVE [trà-di-tïv'] *s. f.*

[ÉTYM. Emprunté du lat. scolast. traditiva, *m. s.* §§ 217 et 257. || XVe s. Or retenés ma traditive, MART. LE FRANC, *Champion des Dames,* dans GODEF.]

|| *Vieilli.* Transmission traditionnelle. Par cette vieille — qui nous a accoutumés à en entendre parler (des dieux de la Fable), CORN. *Disc. de la Trag.* 1.

TRADUCTEUR, *TRADUCTRICE [trà-dük'-teùr, -trïs'] *s. m. et f.*

[ÉTYM. Emprunté du lat. traductor, trix, *m. s.* || 1550. Mieulx dignes d'estre appellez traditeurs que traducteurs, J. DU BELLAY, *Déf. et illustr.* 1.]

|| (T. didact.) Auteur d'une traduction.

TRADUCTION [trà-dük'-syon; *en vers,* -si-on] *s. f.*

[ÉTYM. Emprunté du lat. traductio, *m. s.* || XIIIe s. En la traduction d'enfans ocis, *Bible,* dans GODEF.]

|| (T. didact.) || **1°** Action de faire passer un ouvrage d'une langue dans une autre. L'exercice de la —. La — de ce passage est difficile.

|| **2°** Ouvrage qu'on a fait passer d'une langue dans une autre. (*Syn.* version.) La — de Virgile par Delille. La — de la Bible en langue vulgaire. Lire Shakespeare dans la —.

TRADUIRE [trà-duïr] *v. tr.*

[ÉTYM. Emprunté du lat. traducere, *m. s.* § 503. || 1539. R. EST.]

I. *Ancienn.* Mener d'un endroit dans un autre. Un disciple de Galilée traduit devant l'inquisition, VOLT. *Philos. Bibl. expliq. Josué.* Devant certaine guêpe on traduisit la cause, LA F. *Fab.* I, 21.

II. Faire passer d'une langue dans une autre. Quand il (un livre) est... traduit en plusieurs langues, LA BR. 1. | *Absolt.* Si vous traduisez toujours, on ne vous traduira jamais, MONTESQ. *Lett. pers.* 128.

III. *Fig.* Montrer sous un certain aspect. Il savait ainsi — aux regards tous les sentiments de son âme, STAEL, *Cor.* VIII, 2. Ces gens qui se traduisent en ridicules (se montrent comme des gens ridicules), MOL. *Crit. de l'Éc. des f.* sc. 5.

TRADUISIBLE [trà-dui-zïbl'] *adj.*

[ÉTYM. Dérivé de traduire, § 242. || XVIIIe s. *Mém. de Trév.* dans ABBÉ DESFONTAINES, *Dict. néolog.* Admis ACAD. 1798.]

|| (T. didact.) Qu'on peut traduire. (*Cf.* intraduisible.)

TRAFIC [trà-fik'] *s. m.*

[ÉTYM. Emprunté de l'ital. traffico, *m. s.* § 12. Au XIVe s. un document français rédigé à Gênes rend traffico par treffe. (*V.* DU C. portagium.) Au XVIe s. on dit ordinairement trafique, au fém. || XVe s. Tant de trafiques Et sophistiques Sçavez ferir, G. ALEXIS, I, p. 199, Piaget et Picot.]

|| **1°** Commerce lointain. Carthage, enrichie par son —, BOSS. *Hist. univ.* III, 6. Un marchand grec en certaine contrée Faisait —, LA F. *Fab.* VIII, 18. || *P. ext.* (Chemins de fer.) Transport des marchandises, par opposition au transport des voyageurs.

|| **2°** Commerce illicite. Quel — on fait aujourd'hui des bénéfices ! PASC. *Prov.* 6. || *P. ext.* Échange où l'on perd. L'admirable — ! Il veut avoir l'habit de ce pauvre, et pour cela il lui donne le sien, BOSS. *Panég. St Franç. d'Assise.* || *Fig.* Un — honteux de la vérité, MASS. *Obstacles à la vérité dans le cœur des grands,* 1. Faisant un — continuel de la frayeur des Romains, MONTESQ. *Rom.* 19.

TRAFIQUANT, *TRAFIQUANTE [trà-fi-kan, -kànt'] *s. m. et f.*

[ÉTYM. Subst. particip. de trafiquer, § 47. On trouve trafiqueur en 1564 dans J. THIERRY, § 112; ce mot est encore donné par FURET. et TRÉV. || XVIIe s. *V.* à l'article. Admis ACAD. 1718.]

|| Celui, celle qui fait du trafic. Un — sur mer, LA F. *Fab.* VII, 14.

TRAFIQUER [trà-fi-ké] *v. intr. et tr.*

[ÉTYM. Dérivé de trafic, § 154. || 1529. Les François y viennent ordinairement trafiquer, J. et R. PARMENTIER, *Disc. sur la navig.* dans DELB. *Rec.*]

I. *V. intr.* Faire du trafic.

|| **1°** Faire un commerce lointain. Ceux qui ne savaient ni labourer la terre ni — sur mer, AMYOT, *P. Émile,* 18. Des esclaves dont les Phéniciens trafiquaient, FÉN. *Tél.* 2.

|| **2°** Faire un commerce illicite. Un vil amour du gain... Trafiqua du discours et vendit les paroles, BOIL. *Art p.* 4. || *Fig.* Des amis vendus... Trafiquent avec lui des secrets de mon âme, RAC. *Brit.* I, 4.

|| **3°** *P. ext.* Avoir commerce avec qqn. Vous qui... ne méditant que conquêtes nouvelles, Trafiquiez sans scrupule avec toutes les belles, HAUTEROCHE, *Nobles de province,* I, 6.

II. *Vieilli. V. tr.* Mettre en trafic. Ils achètent à vil prix les blés,... les trafiquent, VOLT. *Ch.* XII, 2. || *Fig.* Ces tyrans... qui trafiquent l'erreur, GILBERT, *Jubilé.*

*TRAFIQUEUR, EUSE [trà-fi-keùr, -keûz']. *V.* trafiquant.

TRAGACANTHE [tra-gà-kànt'] *s. f.*

[ÉTYM. Emprunté du lat. tragacantha, grec τραγάκανθα, *m. s.* (*Cf.* adragant.) || XVIe s. Tragacanth, JAN DU VAL, *Tresor des preservatifs,* dans DELB. *Rec.* Admis ACAD. 1762.]

|| Arbrisseau du genre astragale, qui donne la gomme adragant.

TRAGÉDIE [trà-jé-di] *s. f.*

[ÉTYM. Emprunté du lat. tragœdia, grec τραγῳδία, *m. s.* || XIVe s. Injustices que l'on raconte es tragedies, ORESME, *Éth.* I, 17.]

|| (T. didact.) Pièce de théâtre régulière mettant sur la scène des personnages en lutte contre leurs passions ou la mauvaise fortune, et que frappent ou menacent des catastrophes. Les tragédies de Sophocle, de Corneille, de Racine. Ils (les modernes) ont fait de la — non pas le tableau des calamités de l'homme esclave de la destinée, mais le tableau des malheurs et des crimes de l'homme esclave de ses passions, MARMONTEL, *Élém. de littér. Tragédie.* Il (Corneille) n'a

point songé, comme les poëtes de l'ancienne —, à émouvoir la pitié et la terreur, mais à exciter dans l'âme des spectateurs, par la sublimité des pensées et par la beauté des sentiments, une certaine admiration, BOIL. *Lett. à Perrault* (1700). || *Fig.* Événement funeste. Tout est — dans les événements qui intéressent les nations, STAEL, *Allem.* 15. Cette — que le duc d'Albe nous fit voir à Bruxelles, MONTAIGNE, I, 7. La funeste conclusion des tragédies d'Angleterre, DESC. *Lett. à la princesse Palatine*, édit. Cousin, X, p. 297. Nous verrons ce que Dieu voudra représenter après cette —, SÉV. 954.

TRAGÉDIEN, ENNE [trà-jé-dyin, -dyèn'; *en vers*, -di-...] *s. m. et f.*

[ÉTYM. Dérivé de tragédie, § 244. || 1372. Les tragedianes y vindrent, GUILL. DE MACHAUT, *Prise d'Alex.* dans DELB. *Rec.* Admis ACAD. 1798.]

|| (T. didact.) Acteur, actrice qui joue la tragédie.

TRAGI-COMÉDIE [trà-ji-kò-mé-di] *s. f.*

[ÉTYM. Emprunté du lat. tragicomœdia (pour tragicocomœdia), m. s. || 1545. Tragicomedies antiques et modernes, J. MARTIN, *Trad. de Sébast. Serlio*, dans DELB. *Rec.*]

|| (T. didact.) Pièce de théâtre qui tient de la tragédie et de la comédie. || *Specialt.* (Commenc. du XVIIe s.) Pièce de théâtre dont le sujet est tragique et dont les héros ne sont pas des monarques, des souverains. Le Cid fut donné d'abord sous le titre de —, VOLT. *Comment. sur Corn.* Cid, I, 2.

TRAGI-COMIQUE [trà-ji-kò-mĭk'] *adj.*

[ÉTYM. Pour tragico-comique, composé avec tragique et comique d'après tragi-comédie. || 1624. *Dict. des rimes*, dans DELB. *Rec.*]

|| (T. didact.) Qui est à la fois plaisant et fâcheux.

TRAGIQUE [trà-jĭk'] *adj.*

[ÉTYM. Emprunté du lat. tragicus, grec τραγικός, m. s. || 1546. Couillon tragique, RAB. III, 26.]

|| (T. didact.) || 1° Qui appartient à la tragédie. Auteur, acteur —. Le genre —, et, *substantivt (rare)*, Le —. Le poème — vous serre le cœur, LA BR. 1. Personnage —, celui sur lequel tombe la catastrophe. Les personnages tragiques doivent être vus d'un autre œil que nous ne regardons d'ordinaire les personnages que nous avons vus de si près, RAC. *Baj.* 2e préf. || 2° *Fig.* Qui a un caractère funeste. Effrayé d'un si — sort, CORN. *Rodog.* V, 4. Quittez, Madame, un dessein si —, ID. *Cid*, III, 3. L'un ou l'autre fit-il une — fin? BOIL. *Sat.* 7. *Substantivt, au masc.* La chose tourne au —, menace d'avoir des conséquences graves. Prendre qqch au —, d'une manière trop sérieuse.

TRAGIQUEMENT [trà-jĭk'-man; *en vers*, -ji-ke-...] *adv.*

[ÉTYM. Composé de tragique et ment, § 724. || 1549. R. EST.]

|| D'une manière tragique. | 1. Selon le genre de la tragédie. | 2. *Fig.* D'une manière funeste. Il est mort —.

TRAHIR [trà-ir] *v. tr.*

[ÉTYM. Du lat. pop. *tradĭre (class. tradere, § 629), devenu tradir, traïr, écrit arbitrairement trahir, §§ 411 et 291.]

I. *Vieilli.* Livrer (à ses ennemis) celui qui se fiait à nous. Il (Antoine) se retira dans la ville, criant que Cleopatra l'avait trahi à ceux contre qui il avait entrepris et fait la guerre pour l'amour d'elle, AMYOT, *Anton.* 98. Ils conspirèrent de — la chose publique aux barbares, ID. *Arist.* 32. | *Fig.* J'ai trahi la justice à l'amour paternel, CORN. *Poly.* III, 3. Les mouvements forcés de notre visage... nous trahissent aux assistants, MONTAIGNE, I, 20.

II. *Absolt.* Livrer, abandonner (qqn à qui on doit fidélité). — son roi. Qui trahit tous nos dieux aurait pu vous —, CORN. *Poly.* III, 2. *P. ext.* — sa patrie. | *P. anal.* — la confiance de qqn. Ma vertu pour le moins ne me trahira pas, CORN. *Cinna*, I, 4. Tu trahis mes bienfaits, je les veux redoubler, ID. *ibid.* V, 3. || *P. ext.* | 1. Révéler. — un secret. La rougeur de son front trahissait sa pensée, VOLT. *Sémir.* II, 1. Que le traître, une fois, se soit trahi lui-même, RAC. *Baj.* IV, 5. | 2. Desservir. Mon bras... Trahit donc ma querelle et ne fait rien pour moi? CORN. *Cid*, I, 4. Sa parole a trahi sa pensée. Se — soi-même, agir contre son intérêt. Dussé-je me —, Puisque vous le voulez, je jure d'obéir, CORN. *D. Sanche*, I, 3.

TRAHISON [trà-i-zon] *s. f.*

[ÉTYM. Dérivé de trahir, § 108. || XIe s. Guenes i vint, qui la traïsun fist, *Roland*, 178.]

|| Acte de celui qui trahit. Coupable de — envers son roi, envers son pays. Crime de haute — (contre la sûreté de l'État). | *Specialt.* Infidélité en amour. Vous qui... M'avez des trahisons préparé la plus noire! RAC. *Mithr.* IV, 4. || *Fig.* Ceux qui tuent en —, PASC. *Prov.* 7. | *P. hyperb.* Et jamais ma raison N'avoua de mes yeux l'aimable —, CORN. *Poly.* I, 3.

TRAILLE [trày'] *s. f.*

[ÉTYM. Du lat. tragula, ce qui est tiré (herse, etc.), devenu tragla, § 290, traille, §§ 396, 463 et 291. Admis ACAD. 1762.]

|| (Technol.) Sorte de bac, dit aussi pont volant, fixé à une poulie mobile le long d'un câble établi au travers du cours d'eau qu'on veut traverser.

TRAIN [trin] *s. m.*

[ÉTYM. Subst. verbal de traîner, § 52. (*Cf.* traîne.) || XIIe s. La ot d'enseignes tel train Tot en sont joncié li cemin, BEN. DE STE-MORE, *Troie*, dans GODEF.]

I. Longue file de bêtes qui transportent des vivres, des munitions, etc. Un — de bœufs, de chevaux. *P. ext.* Le — des équipages, le — d'artillerie, corps chargé de conduire les approvisionnements, les équipages de siège et les munitions, | *P. anal. Néolog.* — de chemin de fer, suite de wagons que traîne une locomotive. Prendre le —. Un — omnibus, express. Le conducteur du —. || Un — de bois, long assemblage de bois de chauffage ou de charpente, assujetti avec des perches et des liens, qu'on fait flotter sur un cours d'eau. || *P. ext.* Suite de valets, de chevaux, etc., qui accompagnent une personne riche, puissante, etc. Mme de Montespan... a deux fourgons, six mulets et dix ou douze cavaliers à cheval, sans les officiers: son — est de quarante-cinq personnes, SÉV. 537. De son — quelque jour embarrasse la ville, BOIL. *Sat.* 8. Avoir un grand — de maison, beaucoup de valets, de chevaux, etc. *P. anal.* En parlant des carrosses, des laquais, des invités. Elle condamne fort le — qui vient céans, MOL. *Tart.* I, 1. Mener grand —, avoir équipages, laquais, grandes réceptions, etc. *P. ext.* Faire du —, faire du bruit, du tapage.

II. Allure de l'attelage qui traîne une voiture. Un cocher qui mène bon —, grand —. Aller d'un — de poste. Le brancard allait son petit — dans un chemin creux, SCARR. *Rom. com.* I, 14. || *P. anal.* | 1. Allure d'un cheval. Faire aller un cheval à fond de —, à son allure la plus rapide. Aller un — d'enfer, à une vitesse désordonnée. — rompu, où le cheval trotte et galope en même temps. Un cheval qui n'a pas de —, qui n'a pas d'allure réglée, ou qui n'a pas une allure rapide. | 2. Allure d'une personne. Il laisse la tortue Aller son — de sénateur (marcher d'un pas grave et mesuré), FÉN. *Fab.* VI, 10. | *Fig.* Manière dont les choses marchent. Mener qqn grand —, lui faire faire qqch rapidement. Mener qqch grand —, d'un — de poste, faire qqch rapidement. Au — dont il y va, il aura bientôt achevé. Tout d'un —, sans s'arrêter. Être en — de faire qqch, en pleine action, et, *p. ext.* Être en —, en pleine activité, en bonne disposition pour agir. Se mettre en —. Voilà l'affaire en bon —, MOL. *Scap.* I, 5. Aller son —, continuer. Le peuple et les habiles composent le — du monde, PASC. *Pens.* III, 18. Ce — toujours égal dont marche l'univers, LA F. *Fab.* II, 13. L'époux voyant quel — prenait l'affaire, ID. *Contes, Rémois.* Contre le prochain La conversation prend un assez bon —, MOL. *Mis.* II, 4. (Technol.) Le — d'une horloge, la manière dont elle marche, le nombre d'oscillations du balancier dans l'unité de temps. || *P. ext.* Partie de devant, de derrière de l'animal qui traîne une voiture, et, *p. anal.* partie de devant, de derrière des chevaux, des bœufs, etc. Le — de devant, le — de derrière. (*Cf.* avant-—, arrière-—.) Un cheval faible du — de devant. | *P. anal.* Partie qui porte le corps de la voiture et à laquelle sont attachées les roues. Le — de la voiture est cassé. | *P. ext.* Partie d'une presse d'imprimerie, sur laquelle on posait la forme, avançant sous la platine par le mouvement de la manivelle. Mise en —, action de disposer la forme autrefois sur le train, aujourd'hui sur le marbre de la presse, pour faire le tirage.

TRAÎNAGE [trè-nâj'] *s. m.*

[ÉTYM. Dérivé de traîner, § 78. || 1531. Pour le traisnage de vingt et une voies de moellon, dans GODEF. Admis ACAD. 1835.]

|| (Technol.) Action de traîner. *Specialt.* Transport à l'aide de traîneaux pendant la saison des glaces.

TRAÎNANT, ANTE [trè-nan, -nânt'] *adj.*

[ÉTYM. Adj. particip. de traîner, § 47. || XIIe s. Hahuges et bien traïnanz, *Tristan*, dans DELB. *Rec.*]

|| **1°** Qui traîne à terre, qui pend de manière à balayer le sol. **Une robe traînante. La bique, allant remplir sa traînante mamelle,** LA F. *Fab.* IV, 15. **Drapeaux traînants, piques traînantes,** qu'on porte renversés et traînant à terre, aux funérailles d'un chef.| *P. anal.* **Tirant toujours après nous cette longue chaîne traînante de notre espérance,** BOSS. *Impén. fin.* 2.

|| **2°** *Fig.* Qui se prolonge d'une manière monotone. **Parler d'une voix traînante, d'un ton —. Un style —.**

TRAÎNARD, ·TRAÎNARDE [trè-nàr, -nàrd'] *s. m.* et *f.*
[ÉTYM. Dérivé de **traîner,** § 147. || 1611. COTGR. Admis ACAD. (au masc.) 1835.]

|| Celui, celle qui reste habituellement en arrière des autres dans une marche. **Les traînards d'un corps d'armée.** | *P. ext.* Celui, celle qui fait les choses avec lenteur.

TRAÎNASSE [trè-nàs'] *s. f.*
[ÉTYM. Subst. verbal de **traînasser,** § 52. || 1680. RICHEL. Admis ACAD. 1762.]

|| (Technol.) || **1°** Long filet d'oiseleur. (*Cf.* **tirasse.**)
|| **2°** Rejet de certaines plantes.
|| **3°** Renouée, plante qui s'étend beaucoup.

TRAÎNASSER [trè-nà-sé] *v. tr.* et *intr.*
[ÉTYM. Dérivé de **traîner,** § 169. || XV° s. **Traînacer le patin,** COQUILLART, *Droits nouveaux.* Admis ACAD. 1878.]

|| *Famil.* || **1°** *V. tr.* Faire traîner longuement (une affaire).
|| **2°** *V. intr.* Tarder beaucoup.

TRAÎNE [trèn'] *s. f.*
[ÉTYM. Subst. verbal de **traîner,** § 52. || XII° s. **Robe... Ke a granz torches ert par tut et a traîne,** GARN. DE PONT-STE-MAX. *St Thomas,* 5713.]

|| **1°** Action de traîner. **Pêche à la —,** en traînant sur le sable un crochet double pour en tirer les coquillages. | **Embarcation à la —,** amarrée à l'arrière du bâtiment.| **Perdreaux en —,** qui ne peuvent pas encore voler seuls et ne se séparent pas de la mère.

|| **2°** *P. ext.* Ce qui traîne, pend jusqu'à terre en balayant le sol. **La — d'une robe,** la queue d'une robe.| Menu bois, branchages liés en gros fagot qu'on porte en le traînant. **Ramasseurs de traînes.** | Corde qui traîne à la mer et qu'on laisse pendre autour d'un navire, pour que les hommes qui tombent à l'eau puissent s'y raccrocher. | Petit chariot roulant, fixé à l'extrémité d'un cordage qu'on fabrique, qui avance à mesure que le commettage raccourcit le cordage.

TRAÎNEAU [trè-nó] *s. m.*
[ÉTYM. Dérivé de **traîner,** § 126. || XIII° s. **Se ma beste est en m'estable et mon sergent li atache son trahinel,** *Ass. de Jérus.* I, p. 615.]

|| (Technol.) || **1°** Voiture à patins, au lieu de roues, qu'on fait glisser sur la neige, sur la glace. **Un — attelé de rennes.**
|| **2°** Petit chariot à patins, qui sert au transport du minerai dans les mines.

1. TRAÎNÉE [trè-né] *s. f.*
[ÉTYM. Dérivé de **traîner,** § 119. || XV° s. **Une traisnee de gens,** J. DE BUEIL, *Jouvencel,* II, p. 120.]

|| **1°** Longue trace laissée sur le sol par une substance répandue. **Une — de plâtre. Une — de poudre,** destinée à communiquer le feu à l'amorce. | *P. anal.* **Les comètes laissent derrière elles une — de lumière.**
|| **2°** (Pêche.) Espèce de ligne de fond.
|| **3°** Longue aiguillée tendue sur un canevas de tapisserie, qu'on recouvre en faisant le point.

2. TRAÎNÉE [trè-né] *s. f.*
[ÉTYM. Subst. particip. de **traîner,** § 45. || *Néolog.*]
|| *Trivial.* Fille des rues.

·TRAÎNE-MALHEUR [trèn'-mà-leur; *en vers,* trè-ne-...] *s. m.*
[ÉTYM. Composé de **traîne** (du verbe **traîner**) et **malheur,** § 209. || XVII° s. V. à l'article.]

|| *Vieilli.* Celui qui vit dans la misère. **A ce — Montrer de quoi finir notre misère,** LA F. *Contes, Jument.*

·TRAÎNE-POTENCE [trèn'-pò-tàns'; *en vers,* trè-ne-...] *s. m.*
[ÉTYM. Composé de **traîne** (du verbe **traîner**) et **potence,** § 209 : proprt, celui qui traîne la potence pour vous faire pendre. || 1690. FURET.]

|| *Vieilli.* Personne qui porte malheur. **Une princesse... qui ne pourrait être qu'un — pour vous,** HAMILT. *Gram.* p. 351.

TRAÎNER [trè-né] *v. tr.* et *intr.*
[ÉTYM. Origine incertaine; semble dérivé d'un ancien subst. *traîne (*différent du mot actuel **traîne**), correspondant au lat. pop. *tragina,* action de tirer, formé sur *tragere (cf.* **traire**) d'après *ruina,* de *ruere,* § 154. || XI° s. **Granz pels de martre josqu'as piez trahinanz,** *Voy. de Charl. à Jérus.* 269.]

I. *V. tr.* || **1°** Tirer après soi (qqch, qqn) malgré la résistance opposée par le poids et le frottement d'une partie sur le sol. **Des chevaux qui traînent une voiture. Si la vanité ne lui eût pas fait — son char par les rois vaincus,** BOSS. *Hist. univ.* III, 3. *P. ext.* — **qqn, traîner la voiture où est qqn. Ces six bêtes qui te traînent,** LA BR. 2. **L'autre le traîna par la queue,** LA F. *Fab.* IX, 20, *Disc. à Mme de la Sablière.* **Hector privé de funérailles Et traîné sans honneur autour de nos murailles,** RAC. *Andr.* III, 8. **J'ai vu votre malheureux fils Traîné par les chevaux que sa main a nourris,** RAC. *Phèd.* V, 6. **Être renversé et traîné dans la boue.** *Fig.* — **qqn dans la boue,** salir sa réputation.| *P. anal.* — **la jambe,** marcher en tirant une des jambes qu'on a peine à lever. **Un oiseau qui traîne l'aile,** qui laisse pendre une aile blessée. **Traînant l'aile et tirant le pied,** LA F. *Fab.* IX, 2. — **les pieds,** marcher sans lever les pieds de terre. **Se —,** avancer péniblement. **L'Albain percé de coups ne se traînait qu'à peine,** CORN. *Hor.* IV, 2. **Se — sur les genoux. Un enfant qui se traîne à terre.** *Fig.* **Une action qui se traîne,** qui avance péniblement vers le dénouement. | — **sa chaîne, — le boulet,** en parlant des forçats. **Il y mourut en traînant son lien,** LA F. *Fab.* IV, 13.

|| **2°** Forcer à venir avec soi. **Junie... S'est vue en ce palais indignement traînée,** RAC. *Brit.* I, 3. **N'était-ce pas assez qu'un vainqueur odieux... eût... traîné ses enfants captifs en mille lieux?** ID. *Esth.* I, 5. | *Fig.* **Si quelque exploit nouveau Chaque jour, comme moi, vous traînait au barreau,** BOIL. *Lutr.* 3. **Charmant, jeune, traînant tous les cœurs après soi,** RAC. *Phèd.* II, 5.

|| **3°** Amener avec soi (qqch qui embarrasse, qui gêne). **Qu'un époux ne la contraigne point A — après elle un pompeux équipage,** BOIL. *Sat.* 10. | *Fig.* **Ce cœur... Traîne partout l'amour qui l'attache à Monime,** RAC. *Mithr.* II, 3. | *P. anal.* **Il me faudra — Une vieillesse douloureuse!** LA F. *Fab.* X, 12. **Adieu; je vais — une mourante vie,** CORN. *Cid,* III, 4. || Amener avec soi (qqch) comme conséquence forcée. **Tous les maux que la licence ne manque pas de — après soi,** BOURD. *Aumône,* 1.| *Absolt. Vieilli.* **L'endurcissement au péché traîne une mort funeste,** MOL. *D. Juan,* V, 6. (*Cf.* **entraîner.**) || *P. ext.* Faire aller lentement, prolonger (qqch). **Scipion... ne voulut jamais suivre l'avis de Caton, de — la guerre en longueur,** MONTESQ. *Rom.* 11. — **une affaire, un procès,** et, *ellipt,* — **qqn,** faire aller lentement son affaire. | — **sa voix, ses paroles,** parler lentement, en prolongeant les sons.

II. *V. intr.* || **1°** Se traîner. **La perdrix... fait la blessée et va traînant de l'aile,** LA F. *Fab.* IX, 20, *Disc. à Mme de la Sablière.*

|| **2°** Pendre de manière à balayer le sol. **Sa robe traîne. Elle a laissé sa robe — dans la boue.** || *P. ext.* **Des choses qui traînent,** qu'on laisse —, qu'on ne prend pas la peine de relever, de ranger, de remettre en place. **Des enfants qui traînent par les rues,** et, *ellipt,* **qui traînent les rues,** qu'on laisse vagabonder. (*Cf.* **traînée** 2.) *Fig.* **Des lieux communs qui traînent les rues,** VOLT. *Lett.* 8 fév. 1773.

|| **3°** Se prolonger, marcher lentement. **La guerre traîne en longueur. Cette affaire traîne. Faire — les choses. L'action traîne dans cette pièce.**

·TRAÎNE-RAPIÈRE [trèn'-rà-pyèr; *en vers,* trè-ne-...] *s. m.*
[ÉTYM. Composé de **traîne** (du verbe **traîner**) et **rapière,** § 209. || XVII° s. SCARR. *Gigantomachie,* 1.]

|| *Famil.* Bretteur. (*Cf.* **traîneur d'épée, de sabre.**)

·TRAÎNERIE [trèn'-ri, *en vers,* trè-ne-ri] *s. f.*
[ÉTYM. Dérivé de **traîner,** § 69. || XVI° s. **Pescherie et traînnerie,** dans GODEF.]

|| *Vieilli.* Disposition à faire traîner les choses. **Longueurs, traîneries de propos,** CHARRON, *Sagesse,* p. 345, édit. 1662. **La — de leur musique,** J.-J. ROUSS. *Confess.* 8.

TRAÎNEUR, ·TRAÎNEUSE [trè-neur, -neuz'] *s. m.* et *f.*
[ÉTYM. Dérivé de **traîner,** § 112. || XV° s. **Apres seray de toy traîneresse et penderesse,** J. GALLOPPE, dans GODEF. **traîneresse.**]

|| **1°** Celui, celle qui traîne quelque chose. *Spécialt.* Ouvrier qui pousse devant lui des traîneaux à patins,

pour le transport du minerai. | *Fig.* — d'épée, fanfaron portant toujours son épée, sans en faire usage. (*Cf.* traîne-rapière.) Et vous ne passez plus que pour — d'épée, CORN. *Illus. com.* III, 3. — de sabre, militaire qui affecte de laisser traîner bruyamment son sabre, et, *fig.* soudard.

‖ 2° Celui, celle qui reste en arrière. (*Syn.* traînard.) Les traîneurs d'une armée. Des bandes de traîneurs.

*TRAÎNOIR [trè-nwàr] *s. m.*

[ÉTYM. Dérivé de traîner, § 113. ‖ 1611. COTGR.]

‖ (Technol.) Châssis de bois qu'on fait traîner sur les terres labourées pour rompre les mottes.

*TRAINTRAIN [trin-trin]. *V.* trantran.

TRAIRE [trèr] *v. tr.*

[ÉTYM. Du lat. pop. *tragere (class. trahere, refait d'après le part. tractus), devenu *trayere, *tray're, traire, §§ 396, 290 et 291.]

‖ *Ancienn.* Tirer. ‖ *Spécialt. De nos jours.* | 1. (Technol.) Or, argent trait, passé par la filière, et, *substantivt*, Des boutons de trait, d'or ou d'argent trait. | 2. Tirer le lait d'une femelle, en lui pressant le pis. — le lait matin et soir. — une vache, une brebis, une chèvre, une ânesse (le lait d'une vache, etc.). | *Fig. Famil.* — qqn, lui tirer de l'argent. Je sais l'art de — les hommes ! MOL. *Av.* II, 4.

TRAIT [trè] *s. m.*

[ÉTYM. Du lat. tractum, *m. s.* de trahere, traire (tirer), §§ 386 et 291.]

I. Action de tirer. — de corde, coup d'estrapade où l'on tire la corde pour enlever et laisser retomber le patient. Le — d'une balance, ce qui tire en bas, entraîne le plateau. Le — est trop fort.

‖ *Spécialt.* ‖ 1° Action de tirer une voiture. Des bêtes de —, un cheval de —. *Fig.* Donner le premier —, la première impulsion. Je m'en vais là dedans donner le premier —, MOL. *Ét.* IV, 1. | *P. anal.* Au jeu d'échecs. Avoir le premier —, avoir le —, jouer le premier. D'un —, d'une seule impulsion, d'un seul effort. ‖ *P. ext.* Lanière de cuir ou corde à l'aide de laquelle les chevaux tirent une voiture. Raccourcir les traits. Les traits sont rompus. | *P. anal.* Longe à laquelle est attaché le limier. Un chien qui tire au —.

‖ 2° Action de tirer la corde d'un arc, d'une arbalète, d'une baliste, etc., pour faire partir le projectile. Gens de —, hommes de —, archers, arbalétriers. La portée du —. *Ellipt.* — d'arc, d'arbalète, portée du trait de l'arc, de l'arbalète. ‖ *P. ext.* Toute arme lancée soit avec l'arc, l'arbalète, la baliste, soit avec la main. Une grêle de traits. Déjà de traits en l'air s'élevait un nuage, RAC. *Iph.* V, 6. *Fig.* Les traits de l'amour. Mon cœur en ces lieux Reçut le premier — qui partit de vos yeux, RAC. *Bér.* I, 4. *Fig.* Il partit comme un — (rapidement), LA F. *Fab.* VI, 10. Les traits du sort. Mardochée... Dans ce cœur malheureux enfonce mille traits, RAC. *Esth.* II, 1. Les traits de la satire, de l'envie. Ils jettent des traits contre la sagesse qui régit le monde, PASC. *Prov.* 1. ‖ *P. anal.* Tout ce qui frappe rapidement. Ce fut pour moi comme un — de lumière.

II. Action d'attirer à soi le liquide, pour l'avaler. Vider son verre d'un —. Boire à longs traits.

III. Action de tirer une ligne, de la tracer dans toute sa longueur. Un dessin au —. Pernicieux impôt par la faculté de l'augmenter... d'un — de plume, ST-SIM. III, 4. | *Spécialt.* Tracé des opérations pour la taille de la pierre, du bois et l'appareillage des pièces d'une construction. Apprendre le —.

‖ *P. ext.* ‖ 1° Ligne tracée. Un — de scie, ligne indiquant où il faut scier le bois, la pierre, et, *p. ext.* chaque coupe faite dans le bois ou la pierre par la scie. Un — d'union, petite barre qui unit deux mots pour en former un seul. De son auguste seing reconnaissez les traits, RAC. *Baj.* V, 11. *Spécialt.* Ligne qui reproduit le contour d'un objet. Peindre à grands traits. *Fig.* Avec des traits de flamme Peindre à cette beauté les tourments de mon âme, MOL. *Ét.* IV, 1. | *P. anal.* Ligne du visage. Mes yeux le retrouvaient dans les traits de son père, RAC. *Phèd.* I, 3. Reproduire quelqu'un — pour —, chaque trait du dessin répondant à un trait du visage.

‖ 2° *Fig.* Marque significative de qqch. Un — de caractère. C'est un — de prudence, CORN. *Poly.* I, 3. Ce — si surprenant de générosité, MOL. *Fâch.* III, 5. L'amitié modéra leurs feux sans les détruire, Et par des traits d'amour sut encor se produire, LA F. *Phil. et Baucis.* Un — d'humanité, de franchise. Un — de méchanceté, de malice. | *Ellipt.* Tu me gardais

ce — (de méchanceté) pour le dernier, MOL. *Tart.* V, 7. *Famil.* Faire des traits (d'infidélité) à sa femme, à sa maîtresse. Un — de vertu, de bravoure. | *P. anal.* Les principaux traits de sa vie. Les grands traits de notre histoire. Un — d'esprit, d'éloquence.

‖ 3° *Absolt.* Pensée vive, brillante (dans un ouvrage de l'esprit). Le désir de mettre partout des traits saillants, BUFF. *Style.* Un — sublime, ingénieux, touchant. Un — plaisant. *Absolt.* Avoir du —. | *P. anal.* (Musique.) Passage formé d'une suite de notes rapides. Un — brillant. | (Liturgie cathol.) Verset qu'on chante entre le graduel et l'évangile.

‖ 4° *P. ext.* Direction que suit une chose. A — de temps (avec le cours du temps), J.-J. ROUSS. *Pologne*, 8. | Ce qui a — au sujet, ce qui s'y rapporte. Façon... curieux de tout ce qui avait — à son métier, ST-SIM. I, 105. | Voile à — carré, dont la vergue est à angle droit avec le mât. | Avoir un faux — aux yeux, avoir une disposition à loucher.

TRAITABLE [trè-tàbl'] *adj.*

[ÉTYM. Du lat. tractabilem, *m. s.* §§ 386, 290 et 291.]

‖ 1° *Ancienn.* Malléable.

‖ 2° *Fig.* Accommodant, maniable (de caractère). Il faut parmi le monde une vertu —, MOL. *Mis.* I, 1. Celles... Que le son d'un écu rend traitables à tous, CORN. *Ment.* I, 1.

TRAITANT [trè-tan] *s. m.*

[ÉTYM. Subst. particip. de traiter, § 47. ‖ XVIIe s. *V.* à l'article.]

‖ (XVIIe-XVIIIe s.) Celui qui traite avec l'État pour affermer les impôts. Chacun y fait pour soi, Comme fait un — pour les deniers du roi, CORN. *Suite du Ment.* I, 1. Les chevaliers étaient les traitants de la république, MONTESQ. *Espr. des lois*, XI, 18. Il faut, pour se défendre du —, beaucoup de connaissances, ID. *ibid.* XIII, 9.

TRAITE [trèt'] *s. f.*

[ÉTYM. Subst. particip. de traire, § 45. ‖ XIIe s. E icco entendum Par traite del leun, PH. DE THAUN, *Best.* p. 106.]

I. ‖ 1° Action de tirer. ‖ *Spécialt.* | 1. Action de faire venir des marchandises d'un pays pour les envoyer dans un autre. La — des blés. Faire la — des noirs (pour les vendre comme esclaves). | *P. ext.* Droit levé (autrefois) sur les marchandises entrant dans le royaume ou en sortant. | 2. (Banque.) Lettre de change qu'un banquier tire sur ses correspondants, un commerçant sur celui à qui il a fourni quelque marchandise. Faire — sur qqn.

‖ 2° Action de tirer le lait de certains animaux. (*Cf.* traire.) A l'heure de la — des vaches.

II. Parcours non interrompu d'un lieu à un autre. Adieu, dit le renard, ma — est longue à faire, LA F. *Fab.* II, 15. Faire dix lieues d'une —. | *P. anal.* En parlant de la navigation. Après huit jours de —, LA F. *Contes, F. du roi de Garbe.* | *Fig.* Fait la nuit d'une — (dort sans interruption), LA F. *Contes, Gascon.*

TRAITÉ [trè-té] *s. m.*

[ÉTYM. Du lat. tractatum, *m. s.* devenu traitié, traité, §§ 386, 297, 402, 403 et 291.]

‖ 1° Ouvrage où l'on traite d'une matière, en en examinant par ordre les diverses parties. Un — de géométrie, d'algèbre, de morale.

‖ 2° Convention débattue entre deux parties, déterminant par articles ce qui a été stipulé de part et d'autre. | 1. Convention solennelle entre deux États. Un — d'alliance offensive et défensive. Un — de paix. Le — de Westphalie. | 2. Convention avec un entrepreneur. | *P. anal.* Convention entre des particuliers. Vous savez quel est notre — : Parlez-moi, je vous prie, avec sincérité, MOL. *Mis.* I, 2.

TRAITEMENT [trèt'-man ; en vers, trè-te-...] *s. m.*

[ÉTYM. Dérivé de traiter, § 145. ‖ 1255. Jehan, maires, et sire Flourens, eskevins, seront a ce traitement, dans DELB. *Rec.*]

‖ 1° Manière d'agir envers qqn. Recevoir de qqn de bons, de mauvais traitements. Mais je garde à ce prince un — plus doux, RAC. *Brit.* II, 3. *P. anal.* Tant d'indignes traitements qu'on fait à la vertu, BOSS. *R. d'Angl.* | *Spécialt.* Accueil fait aux ambassadeurs, aux représentants d'un pays, dans un pays étranger. Le même — fut assuré au duc d'Enghien, BOSS. *Condé.* | *P. ext.* Appointements d'un fonctionnaire de l'État. Son — a été augmenté.

‖ 2° *Spécialt.* Manière dont un médecin agit sur un malade pour le guérir. Suivre un —. Entrer en —. *P. ext.* Le — d'une maladie. Le — de la fièvre typhoïde.

‖ 3° Manière d'agir sur qqch.] 1. Manière d'aménager, d'exploiter une forêt. | 2. Manière de modifier une substance au moyen de tel ou tel agent. Le — de l'alumine par le charbon, le chlore.

TRAITER [trè-té] *v. tr.* et *intr.*

[ÉTYM. Du lat. tractāre, *m. s.* dérivé de tractum, supin de trahere, tirer, devenu traitter, §§ 386, 297 et 291, traiter, § 634.]

I. *V. tr.* || **1°** Agir envers (qqn) de telle ou telle manière. — qqn durement. Est-ce ainsi que l'on traite Les gens faits comme moi ? LA F. *Fab.* IV, 16. Vous traitez mal, Pauline, un si rare mérite, CORN. *Poly.* IV, 4. Traitez-moi comme ami, ID. *Cinna*, II, 1. — qqn en ami. Rodogune, par elle en esclave traitée, CORN. *Rodog.* I, 1. | *Vieilli.* Suivi de de et d'un nom indiquant le sentiment avec lequel on traite qqn. Et traitait de mépris les dieux qu'on invoquait, CORN. *Poly.* III, 2. Les impertinentes égalités dont ils traitent les gens, MOL. *Escarb.* sc. 2. Suivi de de et d'un nom indiquant le rôle que prend celui qui traite qqn. — qqn d'égal, d'égal à égal, en égal qui s'adresse à un égal. N'avoir point de rival A qui je fasse tort en le traitant d'égal, CORN. *Excuses à Ariste*. Ils nous traitent d'égaux, VOLT. *Scythes.* I, 1. — qqn de Turc à More (en Turc s'adressant à un More), avec une extrême dureté. || Suivi de de et d'un nom indiquant le rôle qu'on assigne à celui qui est traité de telle ou telle manière. Et jusqu'à la conquête, ils nous traitent de reines, CORN. *Poly.* I, 3. Il se laissa — de roi, PASC. *Condit. des grands*, 1. | *P. ext.* — de, qualifier de telle ou telle manière. Me — de coquin, de fripon, de pendard, MOL. *Scap.* II, 4. Et lui-même, traité de fourbe et d'imposteur, BOIL. *Sat.* 11. — de wisigoths tous les vers de Corneille, ID. *ibid.* 9. Et j'ai traité cela de pure bagatelle, MOL. *Tart.* II, 2. || *Spécialt.* | **1.** En parlant d'un médecin, agir de telle ou telle manière sur un malade, pour le guérir. Deux médecins le traitèrent, LA F. *Contes, Faucon.* Je traiterai monsieur méthodiquement, MOL. *Pourc.* I, 7. | *P. ext.* — une maladie. | **2.** En parlant d'un hôte, recevoir à dîner, à souper. (*Cf.* traiteur.) Que diable ! voilà pour — toute une ville entière ! MOL. *Av.* III, 1.

|| **2°** Agir sur (qqch) de telle ou telle manière. | **1.** — une affaire, la régler avec qqn. Si l'on avait quelque grande affaire à — avec ce prince, BOSS. *Condé. Ellipt.* — une marchandise, en faire l'objet d'une transaction. *P. anal.* La gravité romaine n'a pas traité la religion plus sérieusement (n'a pas réglé plus consciencieusement ce qui concerne la religion), BOSS. *Hist. univ.* II, 16. | **2.** — un sujet (en parlant d'un orateur, d'un écrivain, d'un peintre, etc.), l'exposer, le développer dans son ensemble. | **3.** — une forêt, l'aménager, l'exploiter de telle ou telle manière. | **4.** — une substance, la modifier au moyen de tel ou tel agent. — le minéral par le mercure.

II. *V. intr.* || **1°** *Vieilli.* Se comporter de telle ou telle manière (avec qqn). Si ma haine avec lui traite un peu durement, CORN. *Théod.* II, 4.

|| **2°** Régler qqch (avec qqn). Ce superbe ayant entrepris de — d'égal avec Dieu, BOSS. *2e Démons*, 1. On détruirait par là, traitant de bonne foi, Ce grand aveuglement où chacun est pour soi, MOL. *Mis.* III, 4. Un sérieux dont ceux qui traitaient avec elle étaient surpris, BOSS. *D. d'Orl.*

|| **3°** Conclure une convention politique, commerciale. On a nommé des plénipotentiaires pour — de la paix. — d'une charge. *Absolt.* Les Goths traitèrent avec les Romains, BOSS. *Hist. univ.* I, 11. Il a traité avec ses créanciers.

|| **4°** — d'un sujet, le prendre pour objet d'étude, de travail, de discussion. J'entreprends derechef de — de Dieu et de l'âme humaine, DESC. *Médit.* préf.

TRAITEUR [trè-teur] *s. m.*

[ÉTYM. Dérivé de traiter, § 112. ||(Au sens actuel.) XVIIe s. SCARR. *OEuvres*, I, p. 311, édit. 1786.]

|| Celui qui donne à manger pour de l'argent. Prendre ses repas chez le —. Faire venir son dîner de chez le —. Ce — de Limoges qui fait si bonne chère, MOL. *Pourc.* I, 4.

'TRAITOIRE [trè-twàr] *s. f.*

[ÉTYM. Du lat. tractōria, chose faite pour tirer, §§ 386, 329, 356 et 291. (*Cf.* le doublet tractoire.)]

|| (Technol.) Outil de tonnelier pour tirer les cercles et les faire entrer de force. (*Syn.* tiretoire.)

TRAÎTRE, ESSE [trètr', trè-très'] *s. m.* et *f.*

[ÉTYM. Emprunté dès les premiers temps de la langue du lat. traditor, rendu par traditre, traître, § 503, d'où traître, § 358. Sur la forme du fém. V. § 129. || XIe s. Li reis Marsilies i fist mult que traïtres, *Roland*, 201.]

|| Celui, celle qui trahit. Au travers de son masque On voit à plein le —, MOL. *Mis.* I, 1. Prendre qqn en —, le surprendre par trahison. Va, tu l'as pris en —, CORN. *Cid*, V, 5. | — de mélodrame, personnage qui joue le rôle de traître, souvent employé dans les mélodrames. *Fig.* Celui qui a l'air sombre, dissimulé, qui convient à ce genre de personnages. | *P. hyperb.* Laisse là son nom, —, et dis ce qu'il t'a dit, MOL. *Mis.* IV, 4. || *Adjectivt.* Qui trahit. Le — cœur qui m'a pu déceler, RAC. *Mithr.* IV, 2. Moi, que j'eusse une âme si traîtresse ! CORN. *Cinna*, V, 1. | *P. anal.* En parlant d'une chose qui trompe. Ce blé couvrait d'un lacs Les menteurs et traîtres appas, LA F. *Fab.* IX, 2. Il sut se défier de la liqueur traîtresse, ID. *ibid.* XII, 1.| *Loc. famil.* Il ne m'en a pas dit un — mot, il ne m'en a pas dit un mot, même détourné.

TRAÎTREUSEMENT [trè-treûz'-man ; *en vers*, -treûze-...] *adv.*

[ÉTYM. Composé de traitreuse et ment, § 724. || XIIIe-XIVe s. Un acordement Qu'entr'eus traîtreusement firent, G. GUIART, *Roy. lign.* dans DELB. *Rec.*]

|| Par trahison.

'TRAÎTREUX, EUSE [trè-treû, -treûz'] *adj.*

[ÉTYM. Dérivé de traître, § 116. || XIIIe-XIVe s. Se déduit de l'existence de l'adverbe traîtreusement à cette époque.]

|| *Vieilli.* Qui présente un caractère de trahison. Par le — conseil d'Effiat, ST-SIM. XII, 342.

'TRAÎTRISE [trè-trîz'] *s. f.*

[ÉTYM. Dérivé de traître, § 124. || *Néolog.*]

|| *Famil.* Action de trahir. (*Cf.* trahison.)

TRAJECTOIRE [trà-jèk'-twàr] *s. f.*

[ÉTYM. Adj. pris substantivt, § 37, emprunté du lat. scolast. trajectorius, dérivé de trajectus, trajet, §§ 217 et 249. || 1611. COTGR. Admis ACAD. 1762.]

|| (T. didact.) || **1°** Ligne que décrit le centre de gravité d'un corps mis en mouvement. Tension d'une —. La — d'une planète, d'un projectile.

|| **2°** *P. ext.* Courbe qui vient couper sous un angle donné une infinité d'autres courbes.

TRAJET [trà-jè] *s. m.*

[ÉTYM. Emprunté du lat. trajectus, *m. s.* rendu par traject, puis trajet, d'après jet, § 503. || 1611. Traject, COTGR.]

|| (T. didact.) Action de traverser l'espace qui sépare un lieu d'un autre. Il a fait le — en douze heures. Il ne fallait qu'un — par terre de cinq jours, MONTESQ. *Espr. des lois*, XXI, 6. || *P. anal.* Le — d'un vaisseau, d'un nerf, d'une fistule, espace qu'il traverse dans le corps. Le — d'une balle dans le corps.

'TRÂLE [trâl] *s. m.*

[ÉTYM. Paraît être d'origine celtique, § 3. (*Cf.* le bas breton drasgl, autrefois trascl, apparenté à l'angl. throstle, allem. drossel, *m. s.*) || 1553. Grives, mauvis, trasles, P. BELON, *Observ. de plus. singul.* I, 10.]

|| *Dialect.* Variété de grive. (*Cf.* drenne.)

TRAMAIL [trà-mày']. V. trémail.

TRAME [tràm'] *s. f.*

[ÉTYM. Du lat. trāma, *m. s.* devenu régulièrement traime, §§ 299 et 291, forme fréquente encore au XVIIe s., puis trame, soit par réaction étymologique, soit d'après tramer.]

|| Fil qu'on a fait passer transversalement au moyen de la navette à travers les fils tendus longitudinalement (V. chaîne), pour fabriquer un tissu. || *Fig.* | **1.** Ce qui se déroule comme un fil. La — de nos jours. Il a coupé ma — dès le commencement de mes jours, MOL. *3e Pénitence*, 3. Les chefs dont la — devait être ce jour-là tranché par le ciseau de la Parque, FÉN. *Tél.* 17. | **2.** Intrigue nouée. Les tours rusés et les subtiles trames, MOL. *Éc. des f.* I, 1. Rompre des méchants les trames criminelles, RAC. *Esth.* III, 4. Ourdir une —. La — d'une tragédie.

TRAMER [trà-mé] *v. tr.*

[ÉTYM. Dérivé de trame, §§ 65 et 154. || XIIIe s. Traime Dras et buriaus, *Oulieus de l'ostel*, dans DELB. *Rec.*]

|| Croiser au moyen de la navette le fil de trame avec les fils tendus de la chaîne. Une étoffe tramée d'or, d'argent, de soie. Du velours tramé de coton, et, *ellipt, famil.* Du velours tramé coton. *Poét.* Que d'un même or leurs jours fussent tramés, RAC. *Nymphe de la Seine.* || *Fig.* Nouer une intrigue, un complot. Et la main de Pallas trame tous ces complots, RAC. *Brit.* IV, 2.

TRAMONTANE [trà-mon-tàn'] *s. f.*

[ÉTYM. Emprunté de l'ital. tramontana, *m. s.* proprt, « de derrière les monts », § 12. (*Cf.* l'anc. franç. tresmontaine, de même formation.) || 1549. Comme aux mariniers esclaire Celle tramontane claire, J. DU BELLAY, *Recueil, Ode* 1.]

|| **1°** *Vieilli.* L'étoile polaire, qui servait de guide aux navigateurs de la Méditerranée, apparaissait au delà des Alpes. **Perdre la —**, ne plus voir cette étoile à cause des nuages, et, *fig.* ne plus pouvoir se diriger.

|| **2°** Vent du nord (sur la Méditerranée) venant de la région qui est au delà des Alpes.

TRAMWAY [trăm'-wè] *s. m.*

[ÉTYM. Emprunté de l'angl. tramway, *m. s.* de tram, rail, et way, voie, § 8. || *Néolog.* Admis ACAD. 1878.]

|| Voie ferrée à rails posés au niveau du sol, sur laquelle circulent des omnibus. | *P. ext.* Voiture qui circule sur ces rails. **Prendre le —. Monter en —.**

***TRANCHAGE** [tran-chàj'] *s. m.*

[ÉTYM. Dérivé de trancher, § 78. || *Néolog.*]

|| (Technol.) Action de trancher.

TRANCHANT, ANTE (tran-chan, -chänt'] *adj.* et *s. m.*

[ÉTYM. Adj. et subst. particip. de trancher, § 47. || XIᵉ s. Bons espiez trenchanz, *Roland*, 554. | XIIᵉ s. Ne nul trenchant ki seit d'acier, *Énéas*, 2317.]

I. *Adj.* Qui tranche.

|| **1°** Qui coupe net d'un seul coup. **Un instrument —.** | **Écuyer —**, chargé de découper les viandes.

|| **2°** *Fig.* | 1. Qui décide d'un ton absolu. Poli dans la conversation, mais... — la plume à la main, VOLT. *Lett.* 7 déc. 1768. Vos paroles sont tranchantes, SÉV. 345. | 2. Qui est d'une couleur trop vive. Laquais... chamarrés de couleurs tranchantes, HAMILT. *Gram.* p. 329.

II. *S. m.* Côté coupant d'une lame. Le **— d'un couteau**, d'une épée. Le **— de la charrue**, FÉN. *Tél.* 17. Une épée à deux tranchants. *Fig.* Une arme à deux tranchants, une chose qui blesse de deux côtés à la fois.

TRANCHE [tränch'] *s. f.*

[ÉTYM. Subst. verbal de trancher, § 52. || 1288. Couper... tout a tranche, dans GODEF.]

|| **1°** Portion plus ou moins mince d'un corps, coupée par une section nette. **Une — de jambon. Une — de melon.** | *Spéciall.* (Boucherie.) **La —**, section de la cuisse du bœuf.

|| **2°** *P. ext.* Partie des feuillets d'un livre qui est rognée pour présenter une surface unie qu'on dore, qu'on marbre, etc. **Un livre doré sur —, à — dorée.**

|| **3°** Tour d'une pièce de monnaie, portant une légende ou un cordonnet. | *P. anal.* Lorsque l'anneau (de Saturne) ne nous présente exactement que sa **—**, BUFF. *Théorie de la terre, Température des planètes.*

|| **4°** Sorte de marteau tranchant. | Ciseau acéré pour couper le fil de fer. | Sorte de bêche.

TRANCHÉE [tran-ché] *s. f.*

[ÉTYM. Subst. particip. de trancher, § 45. || XIIIᵉ s. Vit les trenchees et les murs, *Renart*, I, 1627.]

I. Ouverture pratiquée dans le sol sur une certaine longueur (pour canal, rigole, chemin, voie ferrée, etc.). *Spéciall.* (T. milit.) Fossé permettant de s'approcher à couvert d'une place assiégée. **Ouvrir la —. Aller à la —. Monter, descendre la —**, y commencer, y cesser son service. **— double**, qui a un parapet de chaque côté. **Cavalier de —**, massif de terre avec parapet élevé près des chemins couverts de la place assiégée, pour dominer les places d'armes saillantes.

II. Colique aiguë. (S'emploie surtout au pluriel.) **Avoir des tranchées.**

***TRANCHEFIL** [tranch'-fil ; *en vers*, tran-che-...] *s. m.*

[ÉTYM. Composé de tranche (du verbe trancher) et fil, § 209. || 1812. MOZIN, *Dict. franç.-allem.*]

|| (Technol.) Instrument qui sert à former le velouté des tapis en coupant les boucles.

TRANCHEFILE [tranch'-fil; *en vers*, tran-che-...] *s. f.*

[ÉTYM. Semble composé avec tranche (du verbe trancher) et file (du verbe filer), § 210. Qqns disent tranchefil; d'autres transfil. || 1411. Cordielle dont on a fait trenquefilles, dans GODEF.]

|| (Technol.) || **1°** Petit bourrelet entouré de fils de soie, qui garnit le bord de la tranche au haut et au bas du dos d'un livre relié.

|| **2°** Couture formant bordure à l'intérieur du soulier.

|| **3°** Gros fil de laiton garnissant le bord d'une forme à fabriquer le papier.

***TRANCHEFILER** [tranch'-fi-lé ; *en vers*, tran-che-...] *v. tr.*

[ÉTYM. Dérivé de tranchefile, § 154. Qqns disent transfiler. || XVIᵉ s. Renouer et tranchefiler leurs cables et cordages, MART. DU BELLAY, *Mém.* prol.]

|| (Technol.) Garnir de tranchefile. Un dos tranchefilé en soie.

TRANCHELARD [tranch'-làr ; *en vers*, tran-che-...] *s. m.*

[ÉTYM. Composé de tranche (du verbe trancher) et lard, § 209. || 1463. Cousteau de cuisine nommé tranchelart, dans DU C. tranchetus.]

|| (Technol.) Grand couteau de cuisine à lame mince.

TRANCHE-MONTAGNE [tranch'-mon-täñ'] *s. m.*

[ÉTYM. Composé de tranche (du verbe trancher) et montagne, § 209. Se trouve comme nom propre dès 1389. (*V.* DELB. *Rec.*) || 1611. COTGR. Admis ACAD. 1835.]

|| *Famil.* Matamore qui prétend tout pourfendre.

***TRANCHEPLUME** [tranch'-plume; *en vers*, tran-che-...] *s. m.*

[ÉTYM. Composé de tranche (du verbe trancher) et plume, § 209. || 1463. Un ganivet ou trancheplume, dans DU C. tranchetus. Admis ACAD. 1694 ; suppr. en 1762.]

|| *Vieilli.* (Technol.) Canif pour tailler les plumes à écrire.

TRANCHER [tran-ché] *v. tr.*

[ÉTYM. Pour trencher, anciennt trenchier, d'un type *trincare, qui a dû exister de bonne heure en lat. pop. à côté de trŭncare, *m. s.* || XIᵉ s. Trencherai vos la teste, *Voy. de Chart. à Jérus.* 25.]

|| Couper net d'un seul coup. Tout condamné à mort aura la tête tranchée, *Code pénal*, art. 12. *Fig.* Mais si ce fer aussi tranche sa destinée, CORN. *Hor.* II, 4. (Blason.) Écu tranché, coupé de droite à gauche par une ligne diagonale. || *Fig.* | 1. Couper court à (un débat, un entretien). Et, pour **— enfin ces discours superflus**, CORN. *Hor.* II, 3. *Absolt.* Tranchant avec moi par ces termes exprès, MOL. *Éc. des f.* III, 4. | **— le mot**, et, *ellipt*, Le **— net**, dire nettement la chose. Tranchez le mot, Seigneur, je vous ai fait mon maître, CORN. *Sertor.* II, 2. Pour le **— net**, MOL. *Mis.* I, 1. | **2.** *Absolt.* Décider d'une manière trop péremptoire. Il n'est rien plus aisé que de **— ainsi**, MOL. *Crit. de l'Éc. des f.* sc. 6. *P. ext.* Prendre des airs décidés. **— du grand seigneur.** Je te vois en train De **— avec mot de l'homme d'importance**, MOL. *Amph.* I, 2. | **3.** Séparer, distinguer nettement. **Des différences tranchées. Des couleurs tranchées.** | *Intransitivt.* Former contraste. Deux couleurs qui tranchent l'une sur l'autre, l'une avec l'autre.

TRANCHET [tran-chè] *s. m.*

[ÉTYM. Dérivé de trancher, § 133. || 1364. Cultellum nuncupatum vulgaliter tranchet, dans DU C. tranchetus.]

|| (Technol.) Outil de cordonnier, pour couper le cuir ; de plombier, pour couper le plomb ; de serrurier, pour couper le fer chaud, etc.

***TRANCHEUR** [tran-chœur] *s. m.*

[ÉTYM. Dérivé de trancher, § 112. || XIIᵉ-XIIIᵉ s. Si mistrent lor trancheors a une tour, VILLEHARD. 85, de Wailly.]

|| (Technol.) Celui qui tranche. *Spéciall.* **— de placage**, celui qui débite le bois de placage en lames minces. | **— de morue**, celui qui ouvre les morues. (*Syn.* habilleur.)

TRANCHOIR [tran-chwàr] *s. m.*

[ÉTYM. Dérivé de trancher, § 113. || 1206. Duos trenchors, dans GODEF. trencheor 2.]

|| (Technol.) Plateau sur lequel on coupe la viande. || Palette de bois sur laquelle le teinturier prend la chaux qu'il mêle au pastel dans la cuve.

***TRANGLE** [trängl'] *s. f.*

[ÉTYM. Autre forme de tringle. || 1611. COTGR.]

|| (Blason.) Chacune des fasces rétrécies qui alternent en nombre impair. (*Cf.* burelle.)

TRANQUILLE [tran-kil] *adj.*

[ÉTYM. Emprunté du lat. tranquillus, *m. s.* || XVᵉ s. Paisible et transquille, CHASTELL. dans DELB. *Rec.*]

|| **1°** Qui est sans agitation. **Une mer —. Se tenir —.** D'un pas — et lent, BOIL. *Lutr.* 2. *P. ext.* Tout leur paraît —, CORN. *Cid*, IV, 3. Des voisins fort tranquilles. | *P. ext.* **Baume —**, composition destinée à calmer les douleurs.

|| **2°** *Fig.* Qui est sans inquiétude. J'en laisse les Romains tranquilles possesseurs, RAC. *Mithr.* III, 1. Il est —, tant il se trouve dans son élément, BOSS. *Condé.* Je suis — sur son sort.

TRANQUILLEMENT [tran-kil-man ; *en vers*, -ki-le-...] *adv.*

[ÉTYM. Composé de *tranquille* et *ment*, § 724. || 1549. R. EST.]

|| D'une manière tranquille, sans agitation. Des enfants qui jouent —. | *Fig.* Sans inquiétude. —, sans souci, sans affaire, BOIL. *Sat.* 2.

TRANQUILLISANT, ANTE [tran-ki-li-zan,-zant'] *adj.*
[ÉTYM. Adj. particip. de *tranquilliser*, § 47. || *Néolog.* Admis ACAD. 1835.]
|| Qui tranquillise.

TRANQUILLISER [tran-ki-li-zé] *v. tr.*
[ÉTYM. Dérivé de *tranquille*, § 267. || XVᵉ-XVIᵉ s. La grande mer... Tranquillize alors ses ondes larges, O. DE ST-GELAIS, *Énéide*, dans DELB. *Rec.* Admis ACAD. 1694.]
|| Rendre tranquille, sans inquiétude.

TRANQUILLITÉ [tran-ki-li-té] *s. f.*
[ÉTYM. Emprunté du lat. *tranquillitas*, *m. s.* || XIIᵉ s. Paix est por la tranquilliteit, *Serm. de St Bern.* p. 45.]
|| État de ce qui est tranquille. | 1. Absence d'agitation. Une personne qui aime la —. | 2. Absence d'inquiétude. J'examine seulement si dans cet état l'esprit de l'homme pourrait trouver une vraie —, BOURD. *Paix chrétienne*, 1.

TRANSACTION [tran-zăk'-syon ; *en vers*, -si-on] *s. f.*
[ÉTYM. Emprunté du lat. *transactio*, *m. s.* de *transigere*, *transiger*. || XIVᵉ s. Transaction est de chose douteuse, BOUTEILL. 41.]
|| (T. didact.) Arrangement entre deux parties qui transigent. | *P. ext.* Convention ayant pour objet l'achat, la vente à prix débattus. Les transactions commerciales.

TRANSBORDEMENT [trans'-bòr-de-man] *s. m.*
[ÉTYM. Dérivé de *transborder*, § 145. || *Néolog.* Admis ACAD. 1835.]
|| (Technol.) Action de transborder.

TRANSBORDER [trans'-bòr-dé] *v. tr.*
[ÉTYM. Composé avec le lat. *trans*, indiquant changement, et *bord*, § 275. || 1812. MOZIN, *Dict. franç.-allem.* Admis ACAD. 1835.]
|| (T. didact.) Faire passer (des marchandises, des voyageurs) d'un navire sur un autre, et, *p. anal.* d'un endroit où la voie ferrée est interrompue à un endroit où elle reprend.

TRANSCENDANCE [trans'-san-dăns'] *s. f.*
[ÉTYM. Dérivé de *transcendant*, § 262. || 1735. *V.* à l'article. Admis ACAD. 1762.]
|| (T. didact.) Caractère de ce qui est transcendant. Lorsqu'il (Shakspeare) est beau, il l'est au suprême degré et avec —, *Merc. de France*, mai 1735, p. 839.

TRANSCENDANT, ANTE [trans'-san-dan, -dānt'] *adj.*
[ÉTYM. Adj. particip. de l'anc. verbe *transcender*, emprunté du lat. *transcendere*, s'élever au-dessus, § 47. || XIVᵉ-XVᵉ s. C'est vertu sur toutes vertus, transcendent sur toutes, CHR. DE PISAN, *Ch. V*, III, 4.]
|| (T. didact.) Qui s'élève (intellectuellement, moralement) à une hauteur peu ordinaire. Un mérite —. On en voit encore moins (d'esprits) qui soient sublimes et transcendants, LA BR. 11. Un groupe de raisons transcendantes, ST-SIM. XI, 256. Transcendante coquetterie, REGNARD, *Divorce*, III, 6. || *Spécialt.* Mathématiques transcendantes, les hautes mathématiques. Analyse transcendante, qui détermine les rapports des grandeurs variables par ceux de leurs différentielles. Philosophie transcendante, la haute métaphysique.

TRANSCENDANTAL, ALE [trans'-san-dan-tàl] *adj.*
[ÉTYM. Emprunté du lat. scolast. *transcendentalis*, §§ 217 et 503. || 1704. Termes transcendans ou transcendentaux, TRÉV. Admis ACAD. 1878.]
|| (Philos.) Qui dépasse l'expérience pour s'appuyer sur des données à priori. L'analytique transcendantale, étude des lois à priori de l'entendement. L'esthétique transcendantale, étude des lois à priori de la sensibilité.

*TRANSCENDENTEL, ELLE** [trans'-san-dan-tèl] *adj.*
[ÉTYM. Emprunté du lat. scolast. *transcendentalis*, *m. s.* §§ 217 et 503. (*Cf.* transcendantal.) || XVIᵉ s. Les intentions transcendenteles de Lullius, CHOLIÈRES, *Après-disnées*, p. 134.]
|| *Vieilli.* (T. didact.) Qui est au-dessus du mond esensible. Quand je le conçois (Dieu) dans ce genre que l'école appelle —, FÉN. *Exist. de Dieu*, II, 5. || *P. anal.* Un excellent auteur de ce siècle (Bayle) a appelé la langue française

transcendentelle..., disant qu'elle est le pont de communication de tous les peuples de l'Europe, dans FURET. *Dict.* édit. 1701.

*TRANSCRIPTEUR** [trans'-krĭp'-teŭr] *s. m.*
[ÉTYM. Emprunté du lat. *transcriptor*, *m. s.* || 1556. Charles de Sainct Gelays, transcripteur de ceste renommee et louee histoire, CH. DE ST-GELAIS, *Chron. des Machabées*, dans DELB. *Rec.*]
|| (T. didact.) Celui qui transcrit qqch. Vouloir que Moïse eût été le — des inventions d'Hésiode, LA MOTHE LE VAYER, *Vertu des païens*, 2.

TRANSCRIPTION [trans'-krĭp'-syon ; *en vers*, -si-on] *s. f.*
[ÉTYM. Emprunté du lat. *transcriptio*, *m. s.* || 1584. Une transcription des opinions de Faber, J. DURET, *Cout. du Bourbonnais*, dans DELB. *Rec.*]
|| Action de transcrire ; résultat de cette action. | 1. Action de reproduire un texte en le recopiant à une autre place, ou avec d'autres caractères. La — d'un acte sur les registres publics. La — d'un manuscrit, d'une inscription. | 2. Action de noter de la musique pour un instrument autre que celui en vue duquel elle a été écrite.

TRANSCRIRE [trans'-krĭr] *v. tr.*
[ÉTYM. Emprunté du lat. *transcribere*, *m. s.* rendu par *transcrire* d'après *écrire*, § 503. || XIIIᵉ s. Que sa procuration li soit transcrite mot a mot, BEAUMAN. 165, Salmon.]
|| 1° Reproduire (un texte) en le recopiant à une autre place, ou avec d'autres caractères.
|| 2° Noter (de la musique) pour un instrument autre que celui en vue duquel elle a été écrite.

TRANSE [trans'] *s. f.*
[ÉTYM. Subst. verbal de *transir*, § 52. || XIIᵉ s. Ja iert en transe quant la pucele vint, *St Alexis*, 2ᵉ réd. 980.]
|| 1° *Vieilli.* Passage de la vie au trépas. Dans les transes de la mort, PATRU, *Plaidoy.* 5.
|| 2° *P. ext.* Inquiétude mortelle. Être dans les transes.

TRANSEPT [tran-sĕpt'] *s. m.*
[ÉTYM. Emprunté de l'angl. *transept*, *m. s.* qui est le bas lat. *transseptum*, proprt, « enceinte transversale », § 8. || *Néolog.* Admis ACAD. 1878.]
|| (Architect.) Partie d'une église en dehors de la nef formant les bras de la croix. — septentrional, méridional.

TRANSFÈREMENT [trans'-fèr-man ; *en vers*, -fè-re-...] *s. m.*
[ÉTYM. Dérivé de *transférer*, § 145. (*Cf.* transfert.) || *Néolog.* Admis ACAD. 1878.]
|| (T. didact.) Action de transférer (des prisonniers).

TRANSFÉRER [trans'-fé-ré] *v. tr.*
[ÉTYM. Emprunté du lat. *transferre* (*cf.* translater), *m. s.* || XIVᵉ s. Pour estre transferez a Crustumie, BERSUIRE, fᵒ 10, vᵒ, dans LITTRÉ.]
|| (T. didact.) Installer, établir d'une place à une autre. — des prisonniers. — le siège d'une juridiction, d'une assemblée. — les reliques. || *P. anal.* Faire passer dans la propriété d'un autre. — un domaine, un titre de rente.

TRANSFERT [trans'-fèr] *s. m.*
[ÉTYM. Subst. verbal de *transférer*, § 52. Le t paraît dû à l'influence du lat. *transfert*, 3ᵉ pers. sing. indic. prés. de *transferre*, transférer. || *Néolog.* Admis ACAD. 1835.]
|| (T. didact.) Action de transférer. (*Cf.* transfèrement.) Le — des cendres de Napoléon (de Sainte-Hélène à Paris). | *Spécialt.* Acte parᵉ lequel on déclare faire passer à un autre la propriété d'une rente sur l'État, d'une action nominative, d'une marchandise en entrepôt, etc.

TRANSFIGURATION [trans'-fi-gu-rà-syon ; *en vers*, -si-on] *s. f.*
[ÉTYM. Emprunté du lat. *transfiguratio*, *m. s.* || XIIIᵉ s. Il fu à la transfiguration, BRUN. LATINI, *Trésor*, p. 71.]
|| (T. didact.) Transformation de la figure, des traits extérieurs. *Spécialt.* La — de Jésus-Christ, forme glorieuse sous laquelle il parut à ses disciples sur le mont Thabor.

TRANSFIGURER [trans'-fi-gu-ré] *v. tr.*
[ÉTYM. Emprunté du lat. *transfigurare*, *m. s.* || XIIᵉ s. Circes... Qui les hommes transfigurot, BEN. DE STE-MORE, *Troie*, 29775.]
|| (T. didact.) Transformer en changeant la figure, les traits extérieurs. Il est difficile... que l'ange des ténèbres ne se transfigure quelquefois en ange de lumière, MASS. *Injustice du monde*, 1. | *Spécialt.* Le Christ transfiguré sur le Thabor, apparaissant sous une forme glorieuse.

***TRANSFIL** [trans'-fil], ***TRANSFILER** [trans'-fi-lé].
V. tranchefile, tranchefiler.

TRANSFORMATION [trans'-fòr-mà-syon ; *en vers,* -si-on] *s. f.*
[ÉTYM. Emprunté du lat. transformatio, *m. s.* || XIVᵉ s. Transformation ou transmutation des hommes et des bêtes, RAOUL DE PRESLES, *Cité de Dieu,* dans DELB. *Rec.*]
|| (T. didact.) Passage d'une forme à une autre. (*Syn.* métamorphose.) La — d'une larve en chrysalide. Les transformations que subit le fer. | (Mathém.) — d'une forme algébrique, d'une équation, opération qui en change la forme sans en changer la valeur.

TRANSFORMER [trans'-fòr-mé] *v. tr.*
[ÉTYM. Emprunté du lat. transformare (*cf.* l'anc. franç. tresformer), *m. s.* || XIVᵉ s. Sermons ne pourroient teles gens transformer, ORESME, *Éth.* dans LITTRÉ.]
|| (T. didact.) Faire passer d'une forme à une autre. (*Syn.* métamorphoser.) Rien n'est anéanti, tout se transforme dans la nature. La chenille se transforme en papillon. | — une formule algébrique, une équation, en changer la forme sans en changer la valeur. | Sensation transformée, doctrine (de Condillac) suivant laquelle toutes nos idées ne sont que des sensations transformées. | *Fig.* Modifier entièrement. Cet enfant s'est transformé. Minerve vous a comme transformé en un autre homme, FÉN. *Tél.* 22.

***TRANSFORMISME** [trans'-fòr-mîsm'] *s. m.*
[ÉTYM. Dérivé de transformer, § 265. || *Néolog.*]
|| (T. didact.) Hypothèse suivant laquelle les espèces, au lieu d'avoir été créées avec leurs caractères propres, dériveraient d'un germe primitif transformé graduellement par l'influence de milieux divers. (*Cf.* darwinisme.)

***TRANSFORMISTE** [trans'-fòr-mîst'] *s. m. et f.*
[ÉTYM. Dérivé de transformer, § 265. || *Néolog.*]
|| (T. didact.) Celui, celle qui professe le transformisme. *Adjectivt.* Les doctrines transformistes.

TRANSFUGE [trans'-fûj'] *s. m. et f.*
[ÉTYM. Emprunté du lat. transfuga, *m. s.* En 1647, VAUGELAS le signale comme un mot nouveau. || XIVᵉ s. Fugitis et transfuges, BERSUIRE, fᵒ 2, dans LITTRÉ.]
|| (T. didact.) || **1ᵒ** *S. m.* Militaire qui déserte en temps de guerre pour passer à l'ennemi. (*Syn.* déserteur.)
|| **2ᵒ** *Fig. S. m. et f.* Celui, celle qui abandonne son parti pour passer dans le parti contraire. *P. anal.* — de la bonne cause, de la vertu.

TRANSFUSER [trans'-fu-zé] *v. tr.*
[ÉTYM. Dérivé de transfusum, supin de transfundere, *m. s.* § 266. || XVIIᵉ-XVIIIᵉ s. DANET, dans FURET. 1732. Admis ACAD. 1762.]
|| (T. didact.) Faire passer un liquide, du corps auquel il appartient, dans la substance d'un corps étranger. (*Syn.* transvaser.) | *Specialt.* — le sang d'un être jeune, robuste, dans les veines d'un être affaibli, épuisé. | *Fig.* L'amour transfuse pour ainsi dire une âme dans une autre.

TRANSFUSION [trans'-fu-zyon ; *en vers,* -zi-on] *s. f.*
[ÉTYM. Emprunté du lat. transfusio, *m. s.* || XVIᵉ s. La creation n'est point une transfusion, CALV. *Instit. chr.* I, xv, 5.]
|| (T. didact.) Action de transfuser. La — du sang. | *Fig.* Nous envoyer... toute la santé, toute la joie que vous avez de trop, pour en faire une — dans la machine de ma fille, SÉV. 1433.

TRANSGRESSER [trans'-grè-sé] *v. tr.*
[ÉTYM. Dérivé du lat. transgressum, supin de transgredi, *m. s.* § 266. || XVᵉ s. Transgressant et alant... contre les edis, dans AUG. THIERRY, *Mon. Tiers État,* IV, p. 236.]
|| (T. didact.) Passer par-dessus (un commandement, une loi). (*Syn.* enfreindre, violer.) — les lois établies, les commandements de Dieu.

TRANSGRESSEUR [trans'-grè-seùr] *s. m.*
[ÉTYM. Emprunté du lat. transgressor, *m. s.* || XIVᵉ s. Transgresseur de loys, ORESME, dans MEUNIER, *Essai sur Oresme.*]
|| (T. didact.) Celui qui transgresse. Si quelque — enfreint cette promesse, RAC. *Ath.* IV, 3.

TRANSGRESSION [trans'-grè-syon ; *en vers,* -si-on] *s. f.*
[ÉTYM. Emprunté du lat. transgressio, *m. s.* || XIIᵉ s. De sa pesme transgression, BENEEIT, *Ducs de Norm.* 23833.]
|| (T. didact.) Action de transgresser.

***TRANSHUMANCE** [tran-zu-mäns'] *s. f.*
[ÉTYM. Dérivé de transhumer, § 146. || *Néolog.*]
|| (T. didact.) Action de transhumer.

***TRANSHUMER** [tran-zu-mé] *v. intr.*
[ÉTYM. Emprunté de l'espagn. trashumar, *m. s.* (composé avec le lat. trans, indiquant changement, et humus, terre), modifié d'après le type étymologique, § 13. || *Néolog.*]
|| (T. didact.) Aller paître dans les montagnes, pendant la saison des chaleurs.

TRANSIGER [tran-zi-jé] *v. intr.*
[ÉTYM. Emprunté du lat. transigere, *m. s.* || 1342. Et est par ce transigé et accordé que..., dans DU C. mareare.]
|| (T. didact.) Conclure un arrangement, en faisant de part et d'autre des concessions sur ce qui est en litige. (*Cf.* transaction.) | *Fig.* Ne point — en ce qui touche l'honneur. Ne point — avec son devoir.

TRANSIR [tran-sir] *v. intr. et tr.*
[ÉTYM. Emprunté du lat. transire, *m. s.* proprt, « aller au delà ». (*Cf.* transe, transit.) || XIIᵉ s. Kar erranment transi et en joie tu mis, GARN. DE PONT-STE-MAX. *St Thomas,* 5718.]
I. *V. intr.* || **1ᵒ** *Anciennt.* Passer de vie à trépas. (*Cf.* trépasser.) Quand elle fut transie, l'on lui vit la bouche toute noire, GEOFFROI DE LA TOUR-LANDRY, 20 (XVᵉ s.).
|| **2ᵒ** *P. ext.* Être glacé, engourdi par le froid. Je sentis tout mon corps et — et brûler, RAC. *Phéd.* I, 3.
II. *V. tr.* Glacer, engourdir par le froid. Les neiges d'Alsace les transissent, VOIT. *Lett.* 67. Transi, gelé, perclus, LA F. *Fab.* VI, 13. | *Fig.* Être transi de peur. Une vénération qui me transit de respect, PASC. *Lett. à Mˡˡᵉ de Roannez,* 3. *P. plaisant.* Amoureux transi, très froid.

TRANSISSEMENT [tran-sîs'-man ; *en vers,* -si-se-...] *s. m.*
[ÉTYM. Dérivé de transir, § 145. || XIVᵉ s. Hors du transissement Ou j'avois esté longuement, GUILL. DE MACHAUT, *Œuvres,* p. 38, Tarbé.]
|| *Vieilli.* Etat de celui qui est transi.

TRANSIT [tran-zit'] *s. m.*
[ÉTYM. Emprunté de l'ital. transito, qui est le lat. transitus, passage, § 12. || 1663. Les transits, les entrepôts, COLBERT, *Disc. sur les manuf.* Admis ACAD. 1762.]
|| (Commerce.) Faculté accordée, pour les marchandises qui ne font que traverser un pays, une ville, de ne pas payer les droits à la douane, à l'octroi.

TRANSITIF, IVE [tran-zi-tif', -tîv'] *adj.*
[ÉTYM. Emprunté du lat. transitivus, *m. s.* || XIIIᵉ s. Toute nature ou ele est parmenable... ou ele est transitive, BRUN. LATINI, *Trésor,* p. 17, var. Admis ACAD. 1762.]
|| (T. didact.) || **1ᵒ** (Gramm.) Qui, régissant un complément direct, fait passer directement l'action du sujet au complément. (*Syn.* actif.)
|| **2ᵒ** (Philos.) Qui agit hors de soi. Cause transitive.
|| **3ᵒ** Qui sert de passage, de transition. | 1. (Gramm.) Conjonction transitive. | 2. (Géologie.) Terrain —.

TRANSITION [tran-zi-syon ; *en vers,* -si-on] *s. f.*
[ÉTYM. Emprunté du lat. transitio, *m. s.* || XIIIᵉ-XIVᵉ s. Celle qui aloit cascun jor en transisions pour la dolour que elle sentoit, *Kassidorus,* dans GODEF.]
|| (T. didact.) Passage ménagé d'une chose à une autre. || *Specialt.* | 1. Passage d'une idée à une autre. L'art des transitions. | 2. Passage d'un état à un autre. Passer du froid au chaud sans —. Ménager les transitions, ne point passer brusquement d'un état à un autre. | 3. (Musique.) Passage d'une note à une autre note, par l'intercalation de notes diatoniques. | 4. (Géologie.) Passage d'un terrain à un terrain d'une autre nature. Terrain de —.

***TRANSITIVEMENT** [tran-zi-tiv'-man ; *en vers,* -tive-...] *adv.*
[ÉTYM. Composé de transitive et ment, § 724. || *Néolog.*]
|| (T. didact.) D'une manière transitive.

TRANSITOIRE [tran-zi-twår] *adj.*
[ÉTYM. Emprunté du lat. transitorius, *m. s.* || XIIIᵉ s. Laissez la gloire transitoire, GAUT. DE COINCY, dans DELB. *Rec.*]
|| (T. didact.) || **1ᵒ** Dont l'action, dont l'effet ne dure pas. (*Syn.* passager.)
|| **2ᵒ** Qui sert de transition. Un régime —. (*Syn.* provisoire.)

***TRANSITOIREMENT** [tran-zi-twår-man ; *en vers,* -twà-re-...] *adv.*
[ÉTYM. Composé de transitoire et ment, § 724. || *Néolog.*]
|| (T. didact.) D'une manière transitoire.

TRANSLATER [trans'-là-té] *v. tr.*
[ÉTYM. Dérivé du lat. translatum, supin de transferre, transférer, § 266. || XIIᵉ s. Ne crendrumes cum serat translatee la terre, *Psaut. de Cambridge,* XLV, 2.]

|| *Vieilli.* Faire passer (un ouvrage) d'une langue dans une autre. (*Syn.* traduire.)

TRANSLATEUR [trans'-là-teúr] *s. m.*
[ÉTYM. Emprunté du lat. translator, *m. s.* || XIII° s. Jehans de Meun, translaterres de cest livre, J. DE MEUNG, *Art de cheval.* p. 166. Admis ACAD. 1718.]
|| *Vieilli.* Celui qui fait passer (un ouvrage) d'une langue dans une autre. (*Syn.* traducteur.)

TRANSLATIF, IVE [trans'-là-tif', -tiv'] *adj.*
[ÉTYM. Emprunté du lat. translativus, *m. s.* || 1596. Contractz translatifs de propriété, J. DE BASMAISON, *Cout. d'Auvergne*, dans DELB. *Rec.* Admis ACAD. 1835.]
|| (Droit.) Qui fait passer d'une personne à une autre la propriété de qqch.

TRANSLATION [trans'-là-syon; *en vers*, -si-on] *s. f.*
[ÉTYM. Emprunté du lat. translatio, *m. s.* || XII° s. En l'ancienne translation, *Job*, dans *Rois*, p. 514.]
|| (T. didact.) || **1°** Action de faire passer un objet d'un lieu dans un autre. La — des cendres de Napoléon. La — des reliques d'un saint. Le mouvement de — de la terre autour du soleil. La — d'un prisonnier. | *P. anal.* La — du siège de l'empire. La — de l'assemblée à Versailles.
|| **2°** (Droit.) Action de faire passer d'une personne à une autre la propriété de qqch.
|| **3°** *Vieilli.* Action de faire passer un ouvrage d'une langue dans une autre. (*Syn.* traduction.)

TRANSLUCIDE [trans'-lu-sid'] *adj.*
[ÉTYM. Emprunté du lat. translucidus, *m. s.* || 1556. La terre... ne peut estre perspicue ne translucide, R. LE BLANC, *Subtilité*, dans DELB. *Rec.* Admis ACAD. 1878.]
|| (T. didact.) Qui laisse passer la lumière, mais diffuse, sans qu'on distingue les objets au travers. (*Cf.* transparent, diaphane.) Agate —.

'**TRANSLUCIDITÉ** [trans'-lu-si-di-té] *s. f.*
[ÉTYM. Dérivé de translucide, § 255. || 1567. Par la translucidité de la porte cornea, *Chresme philos.*]
|| (T. didact.) Caractère de ce qui est translucide.

TRANSMETTRE [trans'-mètr'] *v. tr.*
[ÉTYM. Du lat. pop. tramịttere, *m. s.* devenu trametre, transformé en transmettre d'après la forme secondaire du lat. class. transmittere, § 502. || XII° s. Ça nos en a a tel tramis, *Énéas*, 593.]
|| **1°** Faire parvenir d'un lieu à un autre. — un ordre. La sensation transmise par le nerf. — une dépèche télégraphique. Les traditions qui nous ont été transmises par les poètes. Les premiers législateurs dont le nom nous a été transmis. | *Poét.* Le plus pur du sang qu'ils ont transmis en nous, RAC. *Baj.* v, 6.
|| **2°** (Droit.) Faire passer à qqn (un droit, un privilège qu'on possède). — ses pouvoirs, sa charge. (*Syn.* transférer.) | *Fig.* On se transmet dans ses enfants, SÉV. 954.

TRANSMIGRATION [trans'-mi-grà-syon; *en vers*, -si-on] *s. f.*
[ÉTYM. Emprunté du lat. transmigratio, *m. s.* || XIII° s. La transmigration de Babiloine, BRUN. LATINI, *Trésor*, p. 51.]
|| (T. didact.) || **1°** Passage d'un peuple du pays qu'il habitait dans un autre. (*Syn.* migration, émigration.)
|| **2°** Passage d'une âme du corps où elle était dans un autre corps. (*Syn.* métempsycose.)

TRANSMISSIBILITÉ [trans'-mi-si-bi-li-té] *s. f.*
[ÉTYM. Dérivé de transmissible, § 255. || 1812. MOZIN, *Dict. franç.-allem.* Admis ACAD. 1878.]
|| (T. didact.) Propriété de ce qui est transmissible.

TRANSMISSIBLE [trans-mi-sibl'] *adj.*
[ÉTYM. Dérivé du lat. transmissum, supin de transmittere, transmettre, § 242. || 1596. Fiefs aliénables, transmissibles, J. DE BASMAISON, *Cout. d'Auvergne*, dans DELB. *Rec.*]
|| (T. didact.) Qui peut se transmettre.

TRANSMISSION [trans'-mi-syon; *en vers*, -si-on] *s. f.*
[ÉTYM. Emprunté du lat. transmissio, *m. s.* || XIV° s. Somme Me Gautier, f° 30, r°.]
|| (T. didact.) Action de transmettre. | 1. Action de faire parvenir d'un lieu à un autre. La — d'un ordre, d'une dépêche. La — du son, de la chaleur, de la lumière. La — du mouvement. Courroie de — (dans une machine à vapeur), qui sert à transmettre le mouvement de l'arbre de couche. | *P. anal.* La — d'une maladie. | 2. (Droit.) Action de faire passer à un autre un droit, un privilège qu'on possède. La — d'une charge, d'un titre de noblesse. | *Fig.* La — du péché originel.

TRANSMUABLE [trans'-muàbl'; *en vers*, -mu-àbl'] *adj.*

[ÉTYM. Dérivé de transmuer, § 93. || XIV° s. Homme qui est malvès est transmuable, ORESME, *Éth.* dans LITTRÉ.]
|| *Vieilli.* (T. didact.) Qui peut être transmué.

TRANSMUER [trans'-mué; *en vers*, -mu-é] *v. tr.*
[ÉTYM. Emprunté du lat. transmutare, *m. s.* rendu par transmuer d'après muer de mutare, § 503. || XIII° s. Ainçois se transmue et reforme, J. DE MEUNG, *Rose*, 5958.]
|| *Vieilli.* (T. didact.) Changer (une substance) en une autre. *Spécialt.* (T. d'alchimie.) Changer les métaux vils en or, en argent.

TRANSMUTABILITÉ [trans'-mu-tà-bi-li-té] *s. f.*
[ÉTYM. Dérivé de transmuable, § 255. On trouve aussi au XVIII° s. transmuabilité. || Admis ACAD. 1762.]
|| (T. didact.) Propriété de ce qui est transmuable.

TRANSMUTATION [trans'-mu-tà-syon; *en vers*, -si-on] *s. f.*
[ÉTYM. Emprunté du lat. transmutatio, *m. s.* || XII° s. BENEEIT, *Ducs de Norm.* 23367.]
|| (T. didact.) Changement d'une substance en une autre. Cette — de cendres en verre, DESC. *Méth.* 5. La — des métaux rêvée par les alchimistes.

TRANSPARENCE [trans'-pà-râns'] *s. f.*
[ÉTYM. Dérivé de transparent, § 262. || 1578. Transparence lumineuse, BELLEFOREST, *Hist. prodig.* dans DELB. *Rec.*]
|| (T. didact.) || **1°** Propriété de ce qui est transparent. La — du cristal. | *P. hyperb.* La — de la peau, éclat et finesse de la peau.
|| **2°** *P. ext.* (XVII° s.) Feuille réglée qu'on met sous le papier, pour écrire droit. (*Cf.* transparent.)

TRANSPARENT, ENTE [trans'-pà-ran, -rànt'] *adj.*
[ÉTYM. Emprunté du lat. scolast. transparens, qui paraît à travers, § 217. || XIV° s. Lequel se trait a nature de aer et est transparent dedens, ORESME, *Éth.* I, 15.]
|| (T. didact.) Qui laisse passer les rayons lumineux, de manière qu'on distingue les objets au travers de son épaisseur. | *Fig.* L'allusion est transparente, laisse voir le sens caché. || *Substantivt, au masc.* | 1. Châssis tendu de gaze, de papier huilé, derrière lequel on met des lumières, pour faire ressortir ce qu'on y a tracé. | 2. Feuille réglée qu'on met sous le papier, pour écrire droit. (*Cf.* transparence.)

TRANSPERCER [trans'-pèr-sé] *v. tr.*
[ÉTYM. Composé avec le lat. trans, de part en part, et percer, § 275. A remplacé l'anc. franç. trespercier (XII° s.), § 503. || XII°-XIII° s. C'estoit avis qu'il transperçaissent Quelke chose k'il esgardaissent, *Dolopathos*, dans DELB. *Rec.*]
|| Percer de part en part. | *Fig.* Un cœur transpercé de douleur. La pluie nous a transpercés (a traversé nos vêtements.

TRANSPIRABLE [trans'-pi-ràbl'] *adj.*
[ÉTYM. Emprunté du bas lat. transpirabilis, *m. s.* || XVI° s. Le vray cuir est poreux et transpirable, PARÉ, I, 4.]
|| (T. didact.) Apte à la transpiration. Membrane —.

TRANSPIRATION [trans'-pi-rà-syon; *en vers*, -si-on] *s. f.*
[ÉTYM. Emprunté du bas lat. transpiratio, *m. s.* || 1541. J. CANAPPE, dans DELB. *Rec.*]
|| (T. didact.) || **1°** Exhalation à la surface de la peau, d'un liquide (sueur) qui enlève l'excès de chaleur quand la température du corps est trop élevée. Être en —.
|| **2°** Exhalation insensible de la partie aqueuse du sang à travers l'épiderme, qui se vaporise à la surface du corps. | *P. anal.* Exhalation humide à la surface des végétaux.

TRANSPIRER [trans'-pi-ré] *v. tr. et intr.*
[ÉTYM. Emprunté du bas lat. transspirare, *m. s.* || XVI° s. PARÉ, XVI, 11.]
I. *Vieilli.* *V. tr.* Exhaler (un liquide) à la surface de la peau. Il se transpire beaucoup plus d'humeurs par les pores imperceptibles, MALEBR. *Rech. de la vérité*, II, I, 3.
II. *V. intr.* || **1°** Sécréter la sueur. Une personne qui transpire beaucoup. | *P. anal.* En parlant de l'exhalation aqueuse des végétaux. Les plantes transpirent.
|| **2°** Être exhalé. (S'emploie surtout au fig.) Il ne transpirait rien dans le public des mesures que les confédérés prenaient, LES. *Gil Blas*, XII, 8.

TRANSPLANTATION [trans'-plan-tà-syon; *en vers*, -si-on] *s. f.*
[ÉTYM. Dérivé de transplanter, § 247. O. DE SERRES emploie transplantement, seul donné en 1690 par FURET. § 145. ||1556. Transplantation, enteure, R. LE BLANC, *Subtilité*, dans DELB. *Rec.* Admis ACAD. 1718.]

|| Action de transplanter.

***TRANSPLANTEMENT** [trans'-plan-te-man]. *V.* transplantation.

TRANSPLANTER [trans'-plan-té] *v. tr.*
[ÉTYM. Emprunté du lat. transplantare, *m. s. (Cf.* l'anc. franç. tresplanter.) || 1564. J. THIERRY, *Dict. franç.-lat.*]
|| **1°** Enlever d'un endroit (une plante, un arbre avec ses racines) pour replanter ailleurs. *Poët.* En parlant des jeunes Israélites. **Jeunes et tendres fleurs... Sous un ciel étranger comme moi transplantées,** RAC. *Esth.* I, 1.
|| **2°** *P. anal.* Établir dans une autre contrée. **Vos artisans de la ville transplantés dans la campagne,** FÉN. *Tél.* 12.

TRANSPORT [trans'-pòr] *s. m.*
[ÉTYM. Subst. verbal de transporter, § 52. (*Cf.* l'anc. franç. tresport.) || 1433. **Cedement ou transport,** dans DELB. *Rec.*]
|| **1°** Action de porter d'un lieu à un autre. Le — des voyageurs, des marchandises. Un bâtiment de —. Le — par eau. | (Droit.) Le tribunal a décidé le — d'un expert sur les lieux. | Terrain de —, terrain d'alluvion. || *P. anal.* Action de reporter sur un autre un droit qu'on possède. Faire à qqn le — d'une créance. | *Fig.* Il (Jésus-Christ) veut que nous **jouissions de son droit, nous l'avons de lui par —,** BOSS. 2e *Pénitence,* 1.
|| **2°** *Fig.* Mouvement qui nous met hors de nous. Dans un — de colère, d'indignation. Un — d'admiration. **Sentiez-vous, dites-moi, ces violents transports?** BOIL. *Sat.* 9. **Les transports de l'amour. S'il n'aime avec —,** RAC. *Andr.* I, 4. || *Spéciall.* (Médec.) Délire causé par un état morbide. Avoir un — au cerveau. Dans le — de la fièvre.

TRANSPORTABLE [trans'-pòr-tàbl'] *adj.*
[ÉTYM. Dérivé de transporter, § 93. || 1812. MOZIN, *Dict. franç.-allem.* Admis ACAD. 1835.]
|| Qui peut être transporté. Un malade —.

TRANSPORTATION [trans'-pòr-tà-syon; *en vers,* -si-on] *s. f.*
[ÉTYM. Dérivé de transporter, § 247. (*Cf.* le lat. transportatio, émigration.) || 1519. **Bien hault en l'air sa transportation L'esprevier fait,** GUILL. MICHEL, *Géorgiques,* dans DELB. *Rec.* Paraît inusité aux XVIIe et XVIIIe s. Admis ACAD. 1878.]
|| Action de transporter d'un pays dans un autre. *Spéciall.* (Droit.) Peine non infamante, consistant à conduire un condamné hors de la France continentale, en un lieu où il est tenu de séjourner. (*Syn.* déportation.)

TRANSPORTER [trans'-pòr-té] *v. tr.*
[ÉTYM. Emprunté du lat. transportare, *m. s. (Cf.* l'anc. franç. tresporter.) || XIVe s. **En quel lieu il s'estoit transportez,** BERSUIRE, f° 35, dans LITTRÉ.]
|| **1°** Porter d'un lieu à un autre. (*Syn.* transférer.) — des voyageurs, des marchandises, par terre, par eau. Un malade qui n'est pas en état d'être transporté. (Droit.) — qqn, lui faire subir la peine qui consiste à être conduit hors de la France continentale, dans un lieu où l'on est tenu de séjourner. *Au part. passé pris substantivt.* Un transporté, une transportée, celui, celle qui a été condamné à la transportation. | Se — dans un lieu. La justice s'est transportée sur le lieu du crime. *Fig.* **Transportez-vous par la pensée aux premiers temps de l'humanité.** | — dans une autre ville le siège du gouvernement. **Le sujet grec d'Œdipe a été transporté sur la scène française. Les découvertes se transportent,** BUFF. *Style.* || *P. anal.* Reporter sur un autre (un droit, un avantage qu'on possède). — sa créance à un tiers. **A ce frère si cher transportez tous mes droits,** CORN. *Nicom.* IV, 3. **Notre gloire et notre puissance seront bientôt transportées à quelque autre peuple,** FÉN. *Tél.* 3.
|| **2°** *Fig.* Mettre hors de soi. — qqn de joie, d'admiration, de colère. *Absolt.* **Ce discours me transporte,** PASC. *Pens.* X, 1. **Perrette là-dessus saute aussi, transportée,** LA F. *Fab.* VII, 10.

TRANSPOSER [trans'-pó-zé] *v. tr.*
[ÉTYM. Composé avec le lat. trans et poser, à l'imitation du lat. transponere, *m. s.* §§ 275 et 503. (*Cf.* l'anc. franç. tresposer.) || Vers 1355. **Sans quelque rien transposer,** GUILL. DE DIGULLEVILLE, *Pèlerinage de l'âme,* 10, Stürzinger.]
|| (T. didact.) || **1°** Placer en intervertissant l'ordre. Des mots, des lignes transposées dans une page. Des pages transposées dans un livre. — les termes d'une proposition.
|| **2°** (Musique.) Faire passer dans un autre ton. — un air. *Absolt.* Apprendre à —.

TRANSPOSITEUR, ***TRANSPOSITRICE** [trans'-pó-zi-téur, -tris'] *s. m. et f.*

[ÉTYM. Dérivé du lat. transpositum, supin de transponere, transposer, § 249. || *Néolog.* Admis ACAD. (au masc.) 1835.]
|| (T. didact.) Celui, celle qui transpose. | *Adjectivt.* Qui transpose (la musique). Piano —.

TRANSPOSITIF, IVE [trans'-pó-zi-tif', -tiv'] *adj.*
[ÉTYM. Dérivé du lat. transpositum, supin de transponere, transposer, § 257. || XVIIIe s. ABBÉ GIRARD, dans TRÉV. Admis ACAD. 1835.]
|| (Gramm.) Qui permet de transposer les termes, de faire des inversions. Langue transpositive.

TRANSPOSITION [trans'-pó-zi-syon; *en vers,* -si-on] *s. f.*
[ÉTYM. Dérivé du lat. transpositum, supin de transponere, transposer, § 247. || XVIe s. **Par transposition de matière,** PARÉ, IV, 6.]
|| (T. didact.) Action de transposer. [**1.** Action de placer en intervertissant l'ordre. Une — de mots, de lignes, de pages. Une — de termes dans une proposition, dans une équation algébrique. | **2.** (Musique.) Action de faire passer (la musique) du ton où elle est écrite dans un autre ton.

TRANSSUBSTANTIATION [trans'-sûbs'-tan-syà-syon; *en vers,* -si-on] *s. f.*
[ÉTYM. Emprunté du lat. ecclés. transsubstantiatio, *m. s.* || XIVe s. J. DE VIGNAY, dans DELB. *Rec.*]
|| (Théol.) Changement de la substance du pain et du vin eucharistique en la substance du corps et du sang de Jésus-Christ.

TRANSSUBSTANTIER [trans'-sûbs'-tan-syé; *en vers,* -si-é] *v. tr.*
[ÉTYM. Emprunté du lat. ecclés. transsubstantiare, *m. s.* || XIVe s. J. DE VIGNAY, dans DELB. *Rec.*]
|| (Théol.) Accomplir la transsubstantiation eucharistique.

TRANSSUDATION [trans'-su-dà-syon; *en vers,* -si-on] *s. f.*
[ÉTYM. Dérivé de transsuder, § 247. || XVIIIe s. *V.* à l'article. Admis ACAD. 1798.]
|| (T. didact.) Passage d'un liquide au travers des pores d'un corps, en gouttelettes qui rappellent la sueur. **Animaux à — pierreuse,** BUFF. *Introd. à l'hist. des minér.*

TRANSSUDER [trans'-su-dé] *v. intr.*
[ÉTYM. Composé du lat. trans, de part en part, et sudare, suer, § 275. (*Cf.* l'anc. franç. tressuer.) || 1700. *V.* à l'article. Admis ACAD. 1762.]
|| (T. didact.) Passer au travers des pores d'un corps, en gouttelettes qui rappellent la sueur. **Le suc nourricier des arbres qui transsude au travers des branches,** LIGER, *Nouv. Mais. rust.* (1700), dans DELB. *Rec.*

TRANSVASEMENT [trans'-vàz'-man; *en vers,* -và-ze-...] *s. m.*
[ÉTYM. Dérivé de transvaser, § 145. || 1611. COTGR. Admis ACAD. 1878.]
|| Action de transvaser.

TRANSVASER [trans'-và-zé] *v. tr.*
[ÉTYM. Composé avec le lat. trans, indiquant passage, et vas, vaisseau, § 275. (*Cf.* extravaser.) || XIIe s. **Tot sunt transvasé,** *Sermon en vers,* str. 62, dans SUCHIER, *Bibl. Normannica,* 1.]
|| Verser d'un vase dans un autre.

TRANSVERSAL, ALE [trans'-vèr-sàl'] *adj.*
[ÉTYM. Dérivé du lat. transversus, *m. s.* § 238. (*Cf.* l'anc. franç. traversal.) || XVIe s. **Transversaux de l'épigastre,** PARÉ, I, 8.]
|| (T. didact.) Qui est en travers d'une ligne, d'une direction donnée. Deux poteaux reliés par une poutre transversale.

TRANSVERSALEMENT [trans'-vèr-sàl-man; *en vers,* -sà-le-...] *adv.*
[ÉTYM. Composé de transversale et ment, § 724. || XVIe s. **Les autres sont situées transversalement,** PARÉ, I, 8.]
|| (T. didact.) D'une manière transversale.

TRANSVERSE [trans'-vèrs'] *adj.*
[ÉTYM. Emprunté du lat. transversus, *m. s. (Cf.* le doublet travers, de formation pop.) || XVIe s. **Les fibres transverses du cœur,** PARÉ, I, 1. Admis ACAD. 1798.]
|| (T. didact.) Qui est en travers. (*Cf.* transversal.) *Spéciall.* Apophyse —, placée en travers de la vertèbre. Axe —, qui, prolongé, passe par les foyers de l'hyperbole.

TRANTRAN [tran-tran] *s. m.*
[ÉTYM. Onomatopée, § 32. Souvent altéré en traintrain.

d'après train, § 509. ‖ xvi° s. Se déduit de l'existence du verbe trantraner dans DU DARTAS.]

‖ **1°** *Anciennt.* (Chasse.) Son du cor (indiquant la direction à prendre).

‖ **2°** *Fig. Famil.* Marche d'une chose, d'une affaire. En apprenant bien ce qu'on appelle le — du palais, ST-SIM. IX, 170.

TRAPÈZE [trà-pèz'] *s. m.*
[ÉTYM. Emprunté du lat. trapezium, grec τραπέζιον, *m. s.* de τράπεζα, table à quatre pieds. ‖ 1542. Une espece de quadrangle fort irreguliere, laquelle par les Grecz est nommee trapeze, BOVELLES, *Géom.* f° 19, r°. Admis ACAD. 1762.]

‖ **1°** (Géom.) Quadrilatère dont deux côtés sont parallèles, mais inégaux.

‖ **2°** *P. anal.* Engin de gymnastique formé d'un bâton pouvant porter le poids d'une personne, suspendu par deux cordes à anneau au portique.

TRAPÉZOÏDE [trà-pé-zò-id'] *s. m.*
[ÉTYM. Emprunté du lat. scientif. trapezoides, grec τραπεζοειδής, *m. s.* ‖ 1652. Trapesoides ou tablettes, MEYNIER, *Géom. prat.* dans DELB. *Rec.* Admis ACAD. 1762.]

‖ (Géom.) Quadrilatère plan dont tous les côtés sont obliques entre eux.

TRAPPE [trăp'] *s. f.*
[ÉTYM. Mot d'origine germanique, §§ 6, 498 et 499 (cf. le bas lat. trappa, dans la loi salique), du radical trap, tramp (cf. tremplin, trépigner, etc.), marcher dessus, la trappe étant proprement un piège qui fonctionne quand l'animal y pose le pied. ‖ xii° s. Toz ces qui sont pris a la trape, CHRÉTIEN DE TROYES, *Charrette*, 1947.]

‖ **1°** Piège à bascule, pour prendre des animaux.

‖ **2°** *P. anal.* Porte qui ferme une ouverture pratiquée au niveau du plancher, et qu'on lève ou qu'on abaisse à volonté. ‖ *P. anal.* Porte qui se hausse ou se baisse dans une coulisse. Lever, hausser la —. [*P. ext.* Ouverture que ferme cette porte. Passer par une —. | *Spéciall.* Rideau de tôle qui se baisse ou se hausse devant une cheminée.

TRAPPEUR [trà-peúr] *s. m.*
[ÉTYM. Emprunté de l'angl. trapper, *m. s.* de to trapp, prendre à la trappe, § 8. ‖ *Néolog.* Admis ACAD. 1878.]

‖ Chasseur qui prend les bêtes à la trappe.

TRAPU, UE [trà-pu] *adj.*
[ÉTYM. Dérivé d'un radical trapp-, d'origine inconnue, § 118. (Cf. l'anc. franç. trappe, trapu.) ‖ 1611. Trappu, COTGR.)]

‖ Court, mais ramassé (dans sa taille). Un homme —.

TRAQUE [trăk'] *s. f.*
[ÉTYM. Subst. verbal de traquer, § 52. ‖ Admis ACAD. 1798.]

‖ (Chasse.) Action de traquer (le gibier).

TRAQUENARD [trăk'-nàr; *en vers*, trà-ke-...] *s. m.*
[ÉTYM. Origine inconnue. ‖ xvi° s. Aller... le traquenard, RAB. I, 12.]

I. Sorte de trot décousu où le cheval semble trébucher. | *P. ext.* Cheval qui a cette allure.

II. Sorte de trébuchet, piège pour prendre les animaux nuisibles. (Cf. traquet 2.) ‖ *Fig.* Tomber dans un —, dans un piège. Être pris au —.

TRAQUER [trà-ké] *v. tr.*
[ÉTYM. Dérivé de trac 1, § 154. ‖ xv° s. Traquer le feral, *Myst. du siège d'Orléans*, p. 483. Admis ACAD. 1762.]

‖ **1°** Fouiller (un bois) pour en faire sortir le gibier.

‖ **2°** *P. ext.* Poursuivre (le gibier qui est dans un bois) en faisant autour de lui un cercle qu'on resserre toujours davantage. Comme un chevreuil traqué dans les taillis, J.-B. ROUSS. *Œuvres*, II, p. 105, édit. 1726. | *Fig.* — des malfaiteurs, les poursuivre en les resserrant de plus en plus dans un lieu sans issue. Traqué par la police.

1. TRAQUET [trà-kè] *s. m.*
[ÉTYM. Semble être une onomatopée, § 32. (Cf. trictrac.) ‖ xv°-xvi° s. Ma langue va comme ung traquet, *Myst. du Vieil Testam.* 344.]

‖ **1°** Pièce d'un moulin, dont le mouvement non interrompu fait descendre le grain sous la meule. (Syn. claquet, cliquet.) | *Fig.* La langue tout le jour lui va comme un — (ne cesse de bavarder), BOISROBERT, *Belle Plaideuse*, I, 2.

‖ **2°** *Fig.* Motteux, oiseau à ailes toujours mobiles.

2. TRAQUET [trà-kè] *s. m.*
[ÉTYM. Origine inconnue. ‖ Admis ACAD. 1694.]

‖ Sorte de piège pour prendre les bêtes puantes. (Cf. traquenard.) | *Fig. Vieilli.* Donner dans le —, dans le piège. (Cf. torquet.)

TRAQUEUR [trà-keúr] *s. m.*
[ÉTYM. Dérivé de traquer, § 112. ‖ Admis ACAD. 1798.]

‖ (Chasse.) Celui qui est chargé de traquer le gibier.

TRAUMATIQUE [trô-mà-tik'] *adj.*
[ÉTYM. Emprunté du lat. traumaticus, grec τραυματικός, *m. s.* ‖ 1611. COTGR. Admis ACAD. 1835.]

‖ (T. didact.) Relatif aux blessures, aux plaies. Fièvre —.

***TRAVADE** [trà-vàd'] *s. f.*
[ÉTYM. Emprunté du portug. travado, *m. s.* de travar, tourner, § 14. ‖ xvii° s. V. à l'article.]

‖ *Vieilli.* (Marine.) Vent irrégulier et violent qui en peu de temps fait le tour du compas. Ces travades que les mariniers craignent tant, DESC. *Météor.* 7.

1. TRAVAIL [trà-vày'] *s. m.*
[ÉTYM. Du lat. pop. tripalium, de tres, trois, et palus, pieu, sorte de chevalet (instrument de torture) formé de trois pieux, devenu *trevail, travail, §§ 342, 360, 426, 462 et 471.]

‖ (Technol.) Machine dans laquelle on assujettit les chevaux, bœufs, etc., soit pour les ferrer quand ils sont récalcitrants, soit pour les soumettre à certaines opérations. Ce maréchal ferrant a deux travails.

2. TRAVAIL [trà-vày'] *s. m.*
[ÉTYM. Subst. verbal de travailler, § 52. ‖ xii° s. Molt vont a honte et a travail, *Énéas*, 204.]

‖ **1°** Gêne, tourment, effort pénible. Que le cours de la plus belle vie Soit mêlé de travaux, J.-B. ROUSS. *Odes*, III, 1. Le — pire que le danger, RAC. *Mithr.* III, 1. Être en — d'enfant, dans les douleurs de l'enfantement. *Fig.* La montagne en — enfante une souris, BOIL. *Art p.* 3. Était-ce comme un — de la France prête à enfanter le règne miraculeux de Louis? BOSS. *A. de Gonz.*

‖ **2°** Effort soutenu. Le — physique, intellectuel. Le — libre, servile. Celui qui aime le — a assez de soi-même, LA BR. 11. Le père fut sage De leur montrer, avant sa mort, Que le — est un trésor, LA F. *Fab.* V, 9. | *P. anal.* Le — des animaux. Des bêtes de —. Le — ne sera pas grand (pour les chevaux) d'aller jusqu'à la foire, MOL. *Av.* III, 1. | *P. ext.* Le — d'une machine. | Les ravines creusées par le — des eaux. ‖ *Spéciall.* Suite d'opérations. Les travaux de la campagne. Le — des champs. Les travaux de la moisson. Des travaux de construction, de terrassement, de fortification. Les travaux publics. Travaux forcés, peine afflictive et infamante. Condamner qqn aux travaux forcés. Des travaux d'assainissement. | La division du —. | *P. ext.* Matière à laquelle s'applique cet effort. Donner du — aux ouvriers. Un ouvrier sans —. ‖ *P. anal.* Les travaux d'une assemblée, d'une commission, d'une académie.

‖ **3°** Résultat produit par cet effort. | 1. Ouvrage qu'on exécute. Entreprendre un long —. Les travaux de défense ont été détruits par l'ennemi. Un beau — d'orfèvrerie. *Spéciall.* Œuvre littéraire, scientifique. Faire un — historique, philosophique. Un poème excellent, où tout marche et se suit, N'est pas de ces travaux qu'un caprice produit, BOIL. *Art p.* 3. | 2. Entreprise difficile qu'on accomplit. Les travaux d'Hercule. Conte-moi tes vertus, tes glorieux travaux, CORN. *Cinna*, V, 1.

‖ **4°** Manière dont un ouvrage est exécuté. Un bijou d'un beau —. Le — de cette broderie est délicat.

TRAVAILLER [trà-và-yé] *v. tr. et intr.*
[ÉTYM. Du lat. pop. *tripaliare, torturer avec l'instrument dit tripalium (*V.* travail 1), devenu trevailler, travailler, §§ 342, 360, 426, 462, 297 et 291, travailler, § 634. ‖ xi° s. Or gaberat Ogiers, Li dus de Danemarche, tant se poet travailler, *Voy. de Charl. à Jérus.* 518.]

1. V. tr. ‖ **1°** Soumettre à une gêne, à un tourment continu. La continuelle maladie qui nous travaille, BOSS. *Marie-Thérèse*. La fièvre le travaillait, MARIV. *Legs*, sc. 4. Le soin qui vous travaille, RAC. *Alex.* III, 1. Se —, se tourmenter, se donner du mal. Elle (la grenouille)... s'étend, et s'enfle, et se travaille Pour égaler l'animal en grosseur, LA F. *Fab.* I, 3. Ceux qui se travailleront de ce soin, PASC. *Pens.* IX, 1. On voit qu'il se travaille à dire de bons mots, MOL. *Mis.* II, 4. | *P. anal.* — les esprits, y faire naître l'agitation, le mécontentement. | — un cheval, le contraindre à certains exercices.

‖ **2°** Soumettre (une matière) à une action continue pour la façonner. — le fer, la pierre, le bois. Un pot de bois grossièrement travaillé, FÉN. *Tél.* 15. — la pâte (pour faire du pain). | *P. anal.* En parlant d'une œuvre intellectuelle. Un discours travaillé. Ses vers forts et harmonieux, faits de génie, quoique travaillés avec art, LA BR. *Disc. à l'Acad.* — un morceau de piano, de violon. *Famil.* — le piano, le violon.

II. *V. intr.* || **1°** Subir un effort continu. Un navire qui travaille, qui a à supporter des coups violents de roulis, de tangage. Un cordage qui travaille, qui a à subir une forte tension. | Un volcan qui travaille, dans lequel s'agitent des matières en ébullition. Du vin qui travaille, qui subit l'action de la fermentation. | Du bois qui travaille, qui se déjette sous l'action de l'humidité. Son esprit travaille, est livré à une vive agitation.

|| **2°** Faire un effort continu. — de corps, d'esprit. — à la terre. — à une tapisserie. — à un poème, à une tragédie. *Absolt.* Avoir besoin de —. Travaillez à loisir, quelque ordre qui vous presse, BOIL. *Art* p. 1. Le roi a travaillé avec ses ministres. | *P. anal.* Tout vainqueur insolent à sa perte travaille, LA F. *Fab.* VII, 13. Je travaille à le perdre, CORN. *Cid,* I, 2. — pour, contre qqn, pour le bien, pour le mal de qqn. Alexandre ne croyait pas — pour ses capitaines, BOSS. *Hist. univ.* III, 8.

|| **3°** Être manié de manière à produire un revenu. Faire — son argent.

TRAVAILLEUR, EUSE [trà-và-yeůr, -yeůz'] *s. m.* et *f.*
[ÉTYM. Dérivé de travailler, § 112. || XIIIᵉ s. Li home qui devoient estre plus fort et plus travailleur, *Trad. de Guill. de Tyr,* dans DELB. *Rec.*]
|| **1°** Celui, celle qui travaille.
|| **2°** *P. ext.* Celui, celle qui aime à travailler.

TRAVÉE [trà-vé] *s. f.*
[ÉTYM. Dérivé de l'anc. franç. tret (primitivement *trav), qui est le lat. trabem, poutre, §§ 65 et 119. || 1356. Une travee de granche, dans GODEF.]
|| (Technol.) Espace compris entre deux corps de support (poutres, colonnes, pilastres, etc.). *Spécialt.* — de comble, espace compris entre deux fermes. *P. ext.* Prix d'un travail de couverture, calculé par chaque travée de comble. | — d'un pont de bois, partie de charpente comprise entre les files des pieux et formant les arches. | — d'une église, galerie supérieure, au-dessus des arcades de la nef.

TRAVERS [trà-vĕr] *s. m.*
[ÉTYM. Du lat. pop. travĕrsum (pour transversum), part. de travertere, tourner de travers, pris substantivt, §§ 45 et 291. (*Cf.* transverse et traverse.)]
|| **1°** Étendue d'un corps, d'une de ses extrémités à l'autre, dans le sens qui coupe la longueur, la largeur, la profondeur. — Être par le — d'un navire. Il se présente le — (le flanc). Augmenter, diminuer d'un — de doigt. Les demeures ne sont séparées que par le — d'une rue, CORN. *Gal. du Pal.* exam. || *P. ext.* (Technol.) | **1.** Filet qui va d'une extrémité à l'autre sur le dos d'un livre relié. | **2.** Bande de marbre qui va d'un montant à l'autre sous la tablette d'un chambranle. | **3.** Bûche qu'on place sur une voie de bois, dans le sens de la largeur, quand elle est cordée. | **4.** Cordage qui lie des canons sur un chariot. || *Loc. prép.* | **1. En — de,** d'une des extrémités à l'autre, dans le sens de la largeur. On avait mis en — du chemin une corde, une poutre. | **2. A —,** en allant d'une extrémité à l'autre, dans le sens de la profondeur. Il lui passa son épée à — le corps. Il s'élance à — les ennemis. A — champs, sans suivre la route. *Fig.* Disant le bien, le mal, à — champs (au hasard), LA F. *Fab.* XII, 11. Reconnaître qqn à — son masque. A — de ces ombres, BOSS. *Impén. fin.* 2. *Absolt. Loc. adv.* A tort et à —, mal à propos et en allant au hasard. || *Dans le même sens.* Vatel... met son épée contre la porte et se la passe au — du cœur, SÉV. 161. Nous passâmes au — des écueils, FÉN. *Tél.* 4. | *Fig.* Au — périls un grand cœur se fait jour, RAC. *Andr.* III, 1. Au — de son masque on voit à plein le traître, MOL. *Mis.* I, 1. Apprenez, mon ami, que c'est une sottise De se venir jeter au — d'un discours, ID. *F. sav.* IV, 4. Il était inévitable de ne pas donner tout au — (du piège), LA BR. 16. *Vieilli.* Le lynx ne voit pas au — la muraille, BUFF. *Lynx.*
|| **2°** Direction qui dévie du sens droit. *Fig.* Donner dans le —, s'éloigner de la bonne voie. *Loc. adv.* De —, dans une direction fausse. Avoir le nez, les jambes de —. Le regard de —, LA F. *Fab.* XI, 7. *P. ext.* Regarder qqn de —, d'un air malveillant. *Fig.* Prendre qqch de —, dans un mauvais sens. Afin que vous n'alliez pas prendre les choses de —, MOL. *Av.* I, 4. Un esprit de —, un esprit mal fait. Les choses vont tout de —, vont mal. *Loc. famil.* Il a mis son bonnet de —, il est mal disposé. || *Fig.* Un — d'esprit, et, *absolt,* Un —, défaut qui a faussé insensiblement l'esprit. (*Syn.* manie.) Son esprit était sujet à quelques — dont il eût été bien

fâché de se corriger, HAMILT. *Gram.* p. 306. Il est peut-être moins difficile de déraciner les vices du cœur que de corriger les — de l'esprit, Mᵐᵉ DE GENLIS, *Méchant par air,* II, 6. Donner dans les — du temps. La comédie peint les —.

***TRAVERSANT, ANTE** [trà-vèr-san, -sănt'] *adj.*
[ÉTYM. Adj. particip. de traverser, § 47. || XIVᵉ s. Grans bois traversans, CUVELIER, *Duguesclin,* 17484.]
|| *Vieilli.* Qui traverse. || *Substantivt, au masc.* | **1.** Ligne diagonale. Le côté et le —, DESC. *Géom.* 2. | **2.** Fléau de balance. | **3.** Filet de pêche à la tête duquel sont attachées des lignes.

TRAVERSE [trà-vèrs'] *s. f.*
[ÉTYM. Subst. verbal de traverser, § 52; cependant quelques emplois paraissent remonter directement au lat. pop. traversa, part. fém. de travertere pris substantivt, § 45. || XIIᵉ s. Atant poignent a la traverse Dui chevalier, *Énéas,* 7126.]
|| **1°** *Vieilli.* Action d'aller d'une des extrémités d'un chemin à l'autre. La — d'Autun ici, qui est diabolique, SÉV. 646. | *P. ext. De nos jours.* Chemin de —, chemin qui mène plus directement que la grande route au point où l'on veut arriver. Prendre une rue de —. *Ellipt.* La —, chemin de traverse. Prendre la —. *Fig.* Voie détournée. Il y a pour arriver aux dignités ce qu'on appelle la grande voie ou le chemin battu; il y a le chemin détourné ou de — qui est le plus court, LA BR. 8.
|| **2°** Ce qu'on pose en travers de qqch. — d'une porte, d'une fenêtre. Traverses de chemin de fer, pièces de bois posées en travers de la voie, et sur lesquelles reposent les coussinets des rails. || *Fig.* Obstacle, difficulté contre laquelle on se heurte dans la vie. Après avoir passé tant et tant de traverses, RÉGNIER, *Ep.* 2. | *Loc. adv.* A la —, en faisant obstacle. Les rivaux qui se jettent à la — d'une inclination, MOL. *Préc. rid.* sc. 4.

TRAVERSÉE [trà-vèr-sé] *s. f.*
[ÉTYM. Subst. particip. de traverser, § 45. || 1680. RICHEL.]
|| Voyage par mer où l'on va directement d'un point à un autre. La — de Douvres à Calais. La — du Havre à New-York. Avoir une bonne —.

TRAVERSER [trà-vèr-sé] *v. tr.*
[ÉTYM. Dérivé de travers, § 154. (*Cf.* le lat. transversare, qui a un sens différent.) || XIᵉ s. Lohereigne traversent, *Voy. de Charl. à Jérus.* 101.]
I. || **1°** Aller à travers (qqch), d'une des extrémités à l'autre. L'Océan étonné de se voir traversé tant de fois, BOSS. *R. d'Angl.* Il traverse tout un grand pays, ID. *Condé.* La Seine traverse Paris. | L'épée traversa le cœur. La pluie a traversé nos habits. || *Fig.* Les pensées qui lui traversent l'esprit.
|| **2°** Être en travers de (qqch). Des forêts abattues qui traversent des chemins affreux, BOSS. *Condé.* | *Fig.* Arrêter par un obstacle, une difficulté. La promptitude de son action ne donnait pas le loisir de la —, BOSS. *Condé.* Ainsi par le destin nos vœux sont traversés, RAC. *Brit.* III, 8. Jamais... On ne doit d'un mari — le repos, MOL. *Tart.* III, 5.
II. || **1°** Mettre par le travers. — l'ancre. Un navire qui se traverse.
|| **2°** Mettre de travers. Un cheval qui se traverse.

TRAVERSIER, IÈRE [trà-vèr-syé, -syèr] *adj.* et *s. m.*
[ÉTYM. Du lat. pop. traversarium, m. s. §§ 297 et 291.]
|| **1°** *Adj.* Dirigé en travers. Rue traversière. | Flûte traversière, la flûte ordinaire, qu'on joue en la plaçant presque horizontalement sur les lèvres. | Vent —, et, *substantivt,* —, vent qui souffle d'un cap à l'autre, et, *p. ext.* qui souffle dans la direction d'un port et empêche d'en sortir. | Barque traversière, employée à de courtes traversées.
|| **2°** *S. m.* (Technol.) Verge qui forme la croix du haut d'une bannière. | Bâton qui fait communiquer les marches du métier à tisser avec les lames.

TRAVERSIN [trà-vèr-sin] *s. m.*
[ÉTYM. Dérivé de travers, § 100. || XIIᵉ s. D'un ost a autre ait un cort traversin, *Loherains,* dans GODEF.]
|| **1°** Pièce de bois formant traverse. Traversins d'une charpente, d'un fond de tonneau. Traversins d'une chaloupe, bancs qui en lient la membrure. | *P. anal.* Fléau de balance. (*Syn.* traversant.)
|| **2°** Coussin long et étroit placé à la tête du lit, dont il occupe toute la largeur, et sur lequel s'appuie l'oreiller. Faux —, qu'on met au pied du lit pour la symétrie.

TRAVERTIN [trà-vèr-tin] *s. m.*
[ÉTYM. Emprunté de l'ital. travertino, m. s. altération

pop. de tivertino (OUD.), proprt, « de Tibur ou Tivoli »,
§ 12. || 1611. Travertin, COTGR. Admis ACAD. 1835.]

|| (Technol.) Tuf calcaire dur, grisâtre, qui sert aux
constructions.

TRAVESTIR [trà-vês'-tîr] *v. tr.*

[ÉTYM. Emprunté de l'ital. *travestire*, m. s. § 12. M. DU
BELLAY emploie transvertir. || XVIe s. Se pouvoir quelquefois
travestir, MONTAIGNE, I, 42.]

|| Vêtir (qqn) d'un costume qui n'appartient pas à sa
condition ou à son sexe. Un personnage travesti en ambassadeur de Perse, MONTESQ. *Lett. pers.* 91. Tantôt travestie en
homme, tantôt dans mes habits naturels, LES. *Gil Blas*, IV, 3.
La maîtresse et la servante se travestissent, MARIV. *Jeux de
l'amour et du hasard*, I, 4. *P. ext.* Jouer un rôle travesti
(en parlant d'une actrice), jouer un rôle d'homme. Un bal
travesti, où l'on est déguisé. || *Fig.* Se —, déguiser son ca-
ractère. (Un homme) qui se travestit en cent façons pour faire
toujours également le mal, FÉN. *Dial. des morts*, Socrate,
Alcibiade, Timon. — la pensée de qqn, la défigurer. L'É-
néide travestie de Scarron, parodie de l'*Énéide* de Virgile.

TRAVESTISSEMENT [trà-vês'-tis'-man ; *en vers,* -ti-
se-...] *s. m.*

[ÉTYM. Dérivé de travestir, § 145. || 1694. ACAD.]

|| Action de travestir, costume qui travestit. Pièce à —,
où le même acteur, jouant plusieurs personnages, change
à diverses reprises de costume. Un — ridicule.

***TRAVETEAU** [tràv'-tó ; *en vers,* trà-ve-tó] *s. m.*

[ÉTYM. Dérivé de l'anc. franç. tref, poutre (*cf.* travée),
§§ 133 et 126. || XIIe s. Loges et travetiaux, WACE, dans GO-
DEF.]

|| *Dialect.* Soliveau. Jambages, traveteaux, CORN. *Illus.
com.* III, 4.

TRAYON [trè-yon] *s. m.*

[ÉTYM. Dérivé de traire, § 104. (*Cf.* l'anc. franç. trayant,
m. s. subst. particip. de traire.) || XIIIe s. Al chief du mois
lor toiles un treoun, dans *Bibl. de l'Éc. des Chartes*, 1855-
56, p. 368. Admis ACAD. 1762.]

|| Bout du pis de la vache, de la chèvre, etc.

TRÉBUCHANT, ANTE [tré-bu-chan, -chânt'] *adj.*

[ÉTYM. Adj. particip. de trébucher, § 47. || 1539. R. EST.]

|| Qui trébuche. *Specialt.* Monnaie trébuchante, qui fait
trébucher la balance, qui est de poids. Pistoles bien trébu-
chantes, MOL. *Av.* V, 1. | *Substantivt, au masc.* Le —, petit
excédent de poids qu'on donnait à chaque pièce pour
qu'elle ne devînt pas trop tôt légère par l'usure.

TRÉBUCHEMENT [tré-bûch'-man ; *en vers,* -bu-
che-...] *s. m.*

[ÉTYM. Dérivé de trébucher, § 145. || XIIe s. Paroles de
trebuchement, *Psaut. d'Oxf.* LI, 4.]

|| Action de trébucher.

TRÉBUCHER [tré-bu-ché] *v. intr.*

[ÉTYM. Composé avec très, indiquant déplacement, et
l'anc. franç. buc, tronc du corps, d'origine german. (allem. bauch, anc. haut allem. buh, anglo-saxon buc, etc.),
§§ 6, 194 et 196. || XIe s. Et le palais verser vers terre et tres-
buchier, *Voy. de Charl. à Jérus.* 525.]

|| Perdre l'équilibre en marchant. Cette personne enfin
sur l'herbe tendre Est trébuchée, LA F. *Contes, Serv. justi-
fiée.* | *Fig.* T'arracher Du honteux précipice où tu vas —, CORN.
Poly. V, 2. Ce poète orgueilleux, trébuché de si haut, BOIL.
Art p. 1. | *P. ext.* Faire un faux pas, sans tomber. J'y
passe en trébuchant, BOIL. *Sat.* 6. | *Fig.* Un ouvrage Où la
droite raison trébuche à chaque page, BOIL. *Sat.* 9. || *Spé-
cialt.* En parlant de la balance, pencher d'un côté. | *P.
ext.* Une pièce qui trébuche, qui fait pencher la balance.
(*Cf.* trébuchant.)

TRÉBUCHET [tré-bu-chè] *s. m.*

[ÉTYM. Dérivé de trébucher, § 133. || XIe s. Mes il n'i ot a
celui triege Tandu ne trebuchet ne piege, CHRÉTIEN DE TROYES,
Chevalier au lion, 1102.]

|| **1°** Piège à prendre les petits oiseaux, sorte de cage
dont le haut, couvert de grains, bascule quand l'oiseau
s'y pose, et l'enferme. *Fig.* Piège. Donner dans le —. (*Cf.*
traquet 2.)

|| **2°** Petite balance pour peser les monnaies d'or, d'ar-
gent, etc.

***TREDAME** [tre-dàm'] *interj.*

[ÉTYM. Pour Notre-Dame, § 727. (*Cf.* dame 2.) || XVIIe s.
V. à l'article.]

|| *Vieilli.* Sorte de jurement. —, Monsieur, est-ce que ma-
dame Jourdain est décrépite? MOL. *B. gent.* III, 5. —, Lucas,
tu sais déjà lire! DANCOURT, *Gal. Jardinier*, sc. 5.

TRÉFILER [tré-fi-lé] *v. tr.*

[ÉTYM. Tiré de tréfilerie, § 154. || 1812. MOZIN, *Dict. franç.-
allem.* Admis ACAD. 1835.]

|| (Technol.) Faire passer à la filière (le laiton, l'or,
l'argent).

TRÉFILERIE [tré-fil-ri ; *en vers,* -fi-le-ri] *s. f.*

[ÉTYM. Dérivé de tréfiler, ancien nom du tréfileur, §§ 65
et 68. Tréfilier, écrit aussi traifilier, paraît composé avec
le verbe traire, tirer, fil et le suffixe ier, § 115. || XIIIe s.
Mestier de trefilerie, E. BOILEAU, *Livre des mest.* I, XXIV, 2.
Admis ACAD. 1835.]

|| (Technol.) Usine où l'on tréfile. | Machine à tréfiler.

TRÉFILEUR [tré-fi-leûr] *s. m.*

[ÉTYM. Dérivé de tréfiler, § 112. (*Cf.* tréfilerie.) || 1812.
MOZIN, *Dict. franç.-allem.* Admis ACAD. 1835.]

|| (Technol.) Celui qui tréfile.

TRÈFLE [trèfl'] *s. m.*

[ÉTYM. Du lat. pop. *trifolum (class. trifolium, § 289, d'où
l'anc. franç. trefueil), imitation du grec τρίφυλλον, m. s.
proprt, « à trois feuilles », §§ 308, 290 et 291. (*Cf.* triolet 2.)
|| 1314. Tresfle broié o miel, *Chirurg. de Mondeville*, 2068,
Bos.]

|| **1°** Légumineuse papilionacée, qui n'a d'ordinaire
que trois feuilles. — commun, — incarnat. *P. plaisant.*
Chercher le — à quatre feuilles, une chose rare. | *P. ext.* —
d'eau, plante aquatique dont les feuilles sont trois à trois.

|| **2°** *P. anal.* | 1. Ornement d'architecture imitant la
feuille du trèfle. *Specialt.* Rose à jour en forme de trèfle
dans les vitraux gothiques. | 2. Une des couleurs noires
du jeu de cartes, figurant une feuille de trèfle. L'as de —.
Le valet de —. *Loc. prov.* Insolent comme un valet de — (dans
certains jeux, comme la mouche, le valet de trèfle est
maître). | *P. ext.* Jouer du —, une carte de cette couleur.

***TRÉFLÉ, ÉE** [tré-flé] *adj.*

[ÉTYM. Dérivé de trèfle, §§ 65 et 118. || 1629. Balustre
treflé, DORIVAL, dans DELB. *Rec.* Admis ACAD. 1762; suppr.
en 1835.]

|| (Blason.) Qui figure un trèfle. D'or à la croix de gueules
tréflée.

TRÉFONCIER, *TRÉFONCIÈRE [tré-fon-syé, -syèr]
adj.

[ÉTYM. Dérivé de tréfonds, § 115. || 1262. Se déduit de
l'existence de l'adv. tresoncierement à cette date. (*V.* GO-
DEF.) Admis ACAD. 1762.]

|| (Droit coutumier.) Relatif au tréfonds. Propriétaire —,
et, *substantivt*, —, celui qui possède le fonds et le tréfonds.

TRÉFONDS [tré-fon] *s. m.*

[ÉTYM. Pour tresfonds, composé de très et fonds, §§ 193
et 196. || XIIIe s. Terres de bons tresfonz Por arbres et por
fruiz porter, *Ste Marguerite*, dans GODEF. trestons. Admis
ACAD. 1798.]

|| (Droit coutumier.) Fonds qui est sous le sol, et qu'on
possède comme le sol lui-même. | *Fig.* Connaître le fonds
et le — d'une affaire, la connaître à fond.

TREILLAGE [trè-yàj'] *s. m.*

[ÉTYM. Dérivé de treille, § 78. || XVIe s. Vignes... eslevees
hautement en treillages, O. DE SERRES, III, 3.]

|| Sorte de grillage fait de perches, de lattes croisées en
carrés, en losanges, à l'aide de fils de fer.

TREILLAGEUR [trè-yà-jeûr] *s. m.*

[ÉTYM. Dérivé de treillage, § 112. || 1812. MOZIN, *Dict.
franç.-allem.* Admis ACAD. 1835.]

|| (Technol.) Celui qui fabrique des treillages.

TREILLE [trèy'] *s. f.*

[ÉTYM. Du lat. trichila, m. s. devenu trichla, § 290, tricla,
§ 375, *tregla, treille, §§ 390 et 291.]

|| Berceau de ceps de vigne, soutenu par un treillage.
| Suite de ceps de vigne. || *P. ext. Famil.* Le jus de la —,
le vin.

TREILLIS [trè-yi] *s. m.*

[ÉTYM. Pour trélis, anc. franç. tresliz, § 422, altéré sous
l'influence de treille, § 509. Tresliz est le lat. pop. *trislicium
(class. trilix, icis), tissu à trois fils, §§ 342 et 291. || XIIe s.
Li halbers fu tresliz d'argent, *Énéas*, 4415. | XIIIe-XIVe s.
Treillis de fust, JOINV. 346.]

|| (Technol.) Grillage de bois, de fer, etc., imitant les
mailles d'un tissu, d'un filet. *Specialt.* Grille formant

clôture. Il dit au loup par un —, LA F. *Fab.* IX, 10. || *P. anal.* Toile grossière pour sacs, vêtements de travail.

TREILLISSER [trè-yi-sé] *v. tr.*
[ÉTYM. Dérivé de treillis, § 154. || 1374. Une toye de lit treilliée, dans DU C. tralicium.]
|| (Technol.) Façonner en treillis. Des corbeilles d'or treillissées, CORN. *Toison d'or*, I, argum.

TREIZE [trèz'] *adj. et s. m.*
[ÉTYM. Du lat. trĕdecim, *m. s.* devenu *tred'ze, treze, écrit arbitrairement treize, §§ 308, 290, 414, 389 et 291.]
|| Adjectif numéral invariable. || **1°** Adjectif cardinal. Dix plus trois. Agé de — ans. — cents francs. — mille francs. || Avec ellipse du substantif. — à la douzaine, se dit de l'usage qui existe pour certains objets, quand on achète la douzaine, d'avoir le treizième par-dessus le marché. *Loc. prov.* On n'en a pas — à la douzaine, c'est une chose rare. | Être — à table (ce qui effraie certaines personnes, Judas formant le treizième à la table où Jésus était assis avec les onze autres disciples).
|| **2°** Adjectif numéral ordinal. Treizième. Louis — (Louis XIII). La page, le chapitre, le numéro —. En l'an — de la république. *Substantivt.* Le — (le treizième jour) d'avril, et, *ellipt,* Le — avril. Il demeure au — (au numéro treize) de cette rue.
|| **3°** *S. m.* (invariable). La quantité formée de dix plus trois. — et deux font quinze.

TREIZIÈME [trè-zyèm'] *adj.*
[ÉTYM. Dérivé de treize, § 96 *ter.* || XIᵉ s. La trezime est en mi, *Voy. de Charl. à Jérus.* 117.]
|| Qui vient immédiatement après le douzième. Le — chapitre. L'architecture du — siècle. Avoir la — place, et, *substantivt,* Être le, la — sur la liste. La — partie, et, *substantivt, au masc.* Le —, une quelconque des parties d'un tout divisé en treize parties égales.

TREIZIÈMEMENT [trè-zyèm'-man ; *en vers,* -zyè-me-...] *adv.*
[ÉTYM. Composé de treizième et ment, § 724. || Admis ACAD. 1835.]
|| En treizième lieu.

TRÉMA [tré-mà] *s. m.*
[ÉTYM. Emprunté du grec τρῆμα, point, proprt, « trou ». || 1600. Points trematz, PALLIOT, *Vraie orthogr.* dans LIVET, *Les Gramm. franç.* p. 277. Admis ACAD. 1762.]
|| (T. didact.) Signe formé de deux points, qui se place sur une voyelle (e, i u), le plus souvent pour indiquer qu'elle ne forme pas diphtongue avec une autre voyelle qui la précède ou la suit (Noël, ciguë, haïr, ïambe, Ésaü).

TRÉMAIL [tré-mày'] *s. m.*
[ÉTYM. Du lat. pop. tremaculum (*Loi salique*), composé avec tres, trois, et macula, maille, §§ 296, 290, 390 et 291. Beaucoup disent tramail, § 320, forme admise concurremment par ACAD.]
|| (Technol.) || **1°** Filet de pêche à trois nappes, celle du milieu à mailles plus serrées que les deux autres.
|| **2°** Filet d'oiseleur à trois rangées de mailles.

TRÉMAILLÉ, ÉE [tré-ma-yé] *adj.*
[ÉTYM. Dérivé de trémail, § 118. || 1611. COTGR.]
|| (Pêche.) En forme de trémail. Folle trémaillée.

TREMBLAIE [tran-blè] *s. f.*
[ÉTYM. Dérivé de tremble, § 121. || 1294. Trambloie, dans GODEF. *Compl.*]
|| Endroit planté de trembles.

TREMBLANT, ANTE [tran-blan, -blänt'] *adj.*
[ÉTYM. Adj. particip. de trembler, § 47. || XIIᵉ-XIIIᵉ s. HUON DE ROTELANDE, *Hippomedon,* dans GODEF. *Compl.*]
|| Qui tremble. Mes genoux tremblants se dérobent sous moi, RAC. *Phèd.* I, 3. Prendre d'une main tremblante. Un homme tout — de froid, d'émotion, de crainte. *Absolt.* Nous étions tout tremblants (de crainte). Demander quelque chose d'une voix tremblante. | La lune complaisante Éclaire au loin les eaux de sa clarté tremblante, DELILLE, *Énéide,* 7.

TREMBLE [tränbl'] *s. m.*
[ÉTYM. Du lat. trĕmulum, *m. s.* §§ 311, 290, 472 et 291. (*Cf.* le doublet tremolo.)]
|| Espèce de peuplier dont les feuilles légères tremblent au moindre vent.

TREMBLEMENT [tran-ble-man] *s. m.*
[ÉTYM. Dérivé de trembler, § 145. || XIIIᵉ s. Grant paor et grant tremblement, *Machab.* II, 13, dans LITTRÉ.]
|| Suite de petites oscillations qui remue un corps ou une partie d'un corps. | **1.** Le — de la main, de la voix. *P. ext.* — de terre, oscillation plus ou moins forte du sol accompagnée de phénomènes météorologiques. | **2.** Le — du froid, de la fièvre, de la vieillesse, de la colère, de la crainte, produit par le froid, etc. | *Absolt.* En parlant de la crainte. Ils considéraient avec — les effets de la vengeance divine, BOSS. *Hist. univ.* II, 22. | *Rare.* Avec un complément. Un saint — de ses jugements (de Dieu), SÉV. 1088.

TREMBLER [tran-blé] *v. intr.*
[ÉTYM. Du lat. pop. *tremulare, dérivé de tremulus, qui tremble, de tremere, *m. s.* §§ 336, 472, 295 et 291. (*Cf.* craindre et tremolo.)]
|| Être remué par une suite de petites oscillations. — de froid, par suite du froid, et, *dans le même sens,* — la fièvre. (*Cf.* grelotter.) *Loc. prov.* Il vaut mieux suer que —. Sa main tremble en écrivant. *P. ext.* Une écriture tremblée. *P. anal.* Sa voix tremblait. *P. ext.* Un son tremblé. Le vent fait — les feuilles. || *Spécialt.* — de crainte. *Absolt.* Je tremble au seul récit de la tempête, BOSS. *R. d'Angl.* Il tremblait comme la feuille. Il dit moins qu'il ne fait, Madame, Et fait — les ennemis, MOL. *Amph.* I, 1. Avec un infinitif pour complément. Je tremble de le perdre. *Vieilli.* Je tremble à vous nommer l'ennemi qui m'opprime, RAC. *Mithr.* I, 2.

TREMBLEUR, EUSE [tran-bleùr, -bleùz'] *s. m. et f.*
[ÉTYM. Dérivé de trembler, § 112. || XVIIᵉ s. V. à l'article. Admis ACAD. 1718.]
|| **1°** Celui, celle qui tremble. *Spécialt.* Nom donné aux membres d'une secte protestante. (*Cf.* quaker.) Les trembleurs, gens fanatiques, BOSS. *R. d'Angl.*
|| **2°** *P. anal.* (Technol.) | **1.** — électrique, appareil de chemin de fer qui sonne tant que le disque est fermé. | **2.** Pêche à la trembleuse, avec une ligne qu'on agite dans l'eau.

TREMBLOTANT, ANTE [tran-blò-lan, -tänt'] *adj.*
[ÉTYM. Adj. particip. de trembloter, § 47. || XVIᵉ s. Movement... comme tremblotant, PARÉ, XVIII, 41.]
|| *Famil.* Qui tremblote. Sous leurs corps tremblotants, BOIL. *Lutr* 3. *Fig.* Irrésolu, —, incertain, CORN. *Hor.* I, 1, 1ʳᵉ édit.

TREMBLOTEMENT [tran-blòt'-man ; *en vers,* -blò-te-...] *s. m.*
[ÉTYM. Dérivé de trembloter, § 145. || XVIᵉ s. Tressaillement et tremblotement des parties nerveuses, PARÉ, XX *bis,* 6.]
|| *Famil.* Action de tremblotter.

TREMBLOTER [tran-blò-té] *v. intr.*
[ÉTYM. Dérivé de trembler, § 167. || 1549. R. EST.]
|| *Famil.* Avoir un petit tremblement. Il serait sur son lit peut-être à —, BOIL. *Sat.* 10.

TRÉMEUR [tré-meùr] *s. f.*
[ÉTYM. Emprunté du lat. tremor, *m. s.* (*Cf.* l'anc. franç. cremeur.) || XVᵉ s. La tremeur des membres, *Reg. de santé,* dans GODEF.]
|| *Vieilli.* Tremblement de crainte. Ceux qui révèrent avec une — les dieux, AMYOT, *Nicias,* 7. On attend des nouvelles d'Allemagne avec une —, SÉV. 566.

TRÉMIE [tré-mi] *s. f.*
[ÉTYM. Pour tremuie, § 357, encore dans NICOT, du lat. trĭmŏdia, proprt, « mesure de trois muids », §§ 342, 329, 415 et 291.]
|| (Technol.) Vaisseau en forme de pyramide renversée, faisant entonnoir. | **1.** Sorte de grande auge où l'on met le grain pour le faire descendre sous les meules du moulin. | **2.** Conduit en planches de forme analogue, par lequel on fait couler du mortier, du béton. | **3.** Vide réservé dans un plancher pour l'âtre de la cheminée. | **4.** Entonnoir par lequel on jette le minerai. | **5.** Sorte de mangeoire pour les faisans, les pigeons, etc.

TRÉMIÈRE [tré-myèr] *adj. f.*
[ÉTYM. Origine incertaine ; qqns y voient une corruption de outre-mer. Certains patois disent tremier pour rose trémière. || 1611. Rose d'outremer, COTGR. | 1665. Rose d'outremer ou de Tremier, VALLOT, *Hortus regius,* p. 114. | 1690. Rose de tremiere, FURET. rose. Admis ACAD. 1835.]
|| Rose —, variété d'alcée, dite aussi rose d'outre-mer.

TRÉMOIS [tré-mwá] *s. m.*
[ÉTYM. Du lat. trĭmĕnsen, *m. s.* devenu tremeis, tremois, trémois, §§ 342, 309, 485 et 291.]
|| (Agricult.) Blé de mars (qui pousse en trois mois). || *P. ext.* Mélange de froment, de seigle, d'avoine, de vesce, qu'on sème pour être coupé en vert au printemps et donné aux bestiaux.

TREMOLO [tré-mò-ló] *s. m.*
[ÉTYM. Emprunté de l'ital. **tremolo**, *m. s.* § 12. || *Néolog.* Admis ACAD. 1878.]
|| (Musique.) Tremblement continu sur une note.

TRÉMOUSSEMENT [tré-moŭs'-man ; *en vers,* -mouse-...] *s. m.*
[ÉTYM. Dérivé de trémousser, § 145. || 1573. De ce trémoussement et plaisante secousse, LARIVEY, *Nuits de Straparole,* dans DELB. *Rec.*]
|| Action de trémousser. Le — du corps, des ailes. | *P. anal.* Ce — que le son produit dans l'air, BUFF. *Homme.*

TRÉMOUSSER [tré-mou-sé] *v. tr.*
[ÉTYM. Origine inconnue. || 1549. R. EST.]
|| Remuer vivement (le corps). (S'emploie surtout sous la forme réfléchie.) Ces gens-là se trémoussent bien (en dansant), MOL. *B. gent.* II, 1. || *Vieilli. Intransitivt.* Maître Æneas en trémoussa, SCARR. *Virg. trav.* 6. Vois ces deux tourterelles Se chercher, s'appeler et — des ailes, SEGRAIS, *Égl.* 4.

`TRÉMOUSSOIR [tré-mou-swâr] *s. m.*
[ÉTYM. Dérivé de trémousser, § 113. Le mot et la chose sont dus à l'ABBÉ DE ST-PIERRE. || XVIIIᵉ s. V. à l'article. Admis ACAD. 1762.]
|| *Vieilli.* Sorte de fauteuil à ressort propre à donner du mouvement à celui qui s'y assoit. Je me mis dans le — de l'abbé de Saint-Pierre, VOLT. *Lett. à d'Argental,* sept. 1744. | *Fig.* L'excellent — que cet opéra! *Observ. sur les écrits mod.* II, p. 238.

TREMPAGE [tran-pàj'] *s. m.*
[ÉTYM. Dérivé de tremper, § 78. || *Néolog.* Admis ACAD. 1878.]
|| (Technol.) Action de tremper.

`TREMPANT, ANTE [tran-pan, -pänt'] *adj.*
[ÉTYM. Adj. particip. de tremper, § 47. (*Cf.* le doublet tempérant.) || *Néolog.*]
|| (Technol.) Qui trempe. Usine qui marche à vanne trempante, la vanne trempant dans l'eau au lieu d'être levée.

TREMPE [tränp'] *s. f.*
[ÉTYM. Subst. verbal de tremper, § 52. || XVIᵉ s. Le fer devenoit si aigre... par le moyen de celle trempe, AMYOT, *Lys.* 32.]
|| Action de tremper. Mise en —, action de mettre dans une eau aigrie la matière de l'amidon. *Spécialt.* La — de l'acier. || *P. ext.* La — d'une lame, qualité qu'elle a acquise par la trempe. La — de ces rasoirs est excellente. Une lame d'une bonne —. | *Fig.* Fermeté, solidité contractée par le caractère, l'intelligence, etc. La — de la volonté. Cette prudence... qui a fortifié la — de son esprit par une grande expérience, LA BR. 11.

TREMPER [tran-pé] *v. tr.* et *intr.*
[ÉTYM. Pour temprer, § 361, du lat. temperare, *m. s.* §§ 336, 295 et 291. (*Cf.* le doublet tempérer.)]
I. *V. tr.* || **1°** *Ancienn.* Modérer au moyen d'un mélange. *Spécialt. De nos jours.* — son vin, le mélanger d'eau. Boire mon vin fort trempé, MOL. *Mal. im.* III, 10.
|| **2°** Imbiber d'un liquide. — la soupe, verser le bouillon sur les tranches de pain. Le monde... encore pour ainsi dire tout trempé des eaux du déluge, BOSS. *Hist. univ.* II, 2. Être trempé (par la pluie). Bandeau que mille fois j'ai trempé de mes pleurs, RAC. *Mithr.* V, 1. || *P. ext.* Plonger dans un liquide. — du pain dans du vin, dans du lait. — sa plume dans l'encre. *Fig.* Dans leur sang odieux j'ai pu — mes mains, RAC. *Mithr.* V, 5. | *Absolt.* — l'acier, plonger l'acier porté à une haute température dans un liquide froid, ce qui le rend plus dur et élastique. | *Fig.* Un caractère bien trempé, qui a contracté de la fermeté. Pour ceux qui n'ont l'esprit si fort, ni si trempé, RÉGNIER, *Sat.* 15.
II. *V. intr.* Rester plongé dans un liquide. Faire — le linge avant de le blanchir. Le linge trempe. | *Fig.* Vos mains n'ont point trempé dans le sang innocent? RAC. *Phèd.* I, 3. | *P. ext.* — dans, et, *vieilli,* à un complot, y prendre part. Trempa-t-elle aux complots de ses frères perfides ? RAC. *Phèd.* I, 1. Les conspirations auxquelles même on n'a point trempé, MONTESQ. *Espr. des lois,* XII, 17.

TREMPERIE [tranp'-ri ; *en vers,* tran-pe-ri] *s. f.*
[ÉTYM. Dérivé de tremper, § 69. || 1812. MOZIN, *Dict. franç.-allem.* Admis ACAD. 1835.]
|| (Technol.) Endroit où trempent les matériaux destinés à faire la pâte du papier.

`TREMPETTE [tran-pêt'] *s. f.*
[ÉTYM. Dérivé de tremper, § 133. || 1611. COTGR.]

|| *Famil.* Action de tremper du pain dans du vin, du lait, etc. Faire la —.

TREMPLIN [tran-plin] *s. m.*
[ÉTYM. Emprunté de l'ital. trampellino, *m. s.* § 12. || 1694. TH. CORN. Admis ACAD. 1762.]
|| (Technol.) Plan incliné fait d'une planche élastique, sur laquelle les sauteurs rebondissent pour se donner un grand élan. Faire le saut du —, et, *ellipt,* Faire le —. || *Fig.* | **1.** Trait de force, d'adresse (dans sa conduite). | **2.** Circonstance favorable pour l'exécution d'un projet.

TRENTAIN [tran-tin] *s. m.*
[ÉTYM. Dérivé de trente, § 99. || 1398-1401. Deux trentains de vin, dans GODEF.]
|| *Rare.* Nombre de trente. || *Spécialt.* | **1.** Nombre de trente messes célébrées pour un défunt. | **2.** (T. de jeu de paume.) Nombre de trente points atteint par chacun des joueurs. *Ellipt* (invariable). Nous sommes —, chaque joueur a trente points.

TRENTAINE [tran-tên'] *s. f.*
[ÉTYM. Dérivé de trente, § 99. || XIIᵉ s. Par trentaines, WACE, *Rou,* dans GODEF. *Compl.*]
|| **1°** Nombre exact de trente. (Ne s'emploie qu'avec l'art. défini.) Avoir passé la — (trente ans).
|| **2°** Nombre approchant de trente. Nous étions une — (de personnes). J'ai envoyé une — de lettres.

TRENTE [tränt'] *adj.* et *s. m.*
[ÉTYM. Du lat. pop. *trinta (class. triginta, § 289), m. s.* §§ 311 et 291.]
I. Adjectif numéral invariable. || **1°** Adjectif cardinal. Trois fois dix. Il est mort à — ans, à —-cinq ans. Les — tyrans d'Athènes. La guerre de Trente ans. *Ellipt.* Le combat des —, entre trente chevaliers bretons et trente chevaliers anglais.
|| **2°** Adjectif numéral ordinal. Trentième. La page, le numéro —. En l'an — après Jésus-Christ. Le — (trentième jour) de janvier, et, *ellipt,* Le — janvier.
II. *S. m.* (invariable). La quantité formée par trois fois dix. — moins dix égale vingt. || *Spécialt.* Le — et un, le — et quarante, jeux de cartes où l'on gagne quand on a trente et un points, trente points. À la condamnade ou au — et un, D'AUB. *Fœneste,* IV, 14.

TRENTENAIRE [trant'-nêr ; *en vers,* tran-te-...] *adj.*
[ÉTYM. Dérivé de trente avec une désinence correspondant à celle du lat. tricenarius, *m. s.* § 248. (*Cf.* l'anc. franç. trentenier.) || XIVᵉ s. J. DE VIGNAY, dans DELB. *Rec.* Admis ACAD. 1878.]
|| (Droit.) Qui dure trente ans. La possession — produit la prescription.

TRENTIÈME [tran-tyòm'] *adj.*
[ÉTYM. Dérivé de trente, § 96 *ter.* || XIIᵉ s. Trentisme, PH. DE THAUN, *Comput,* 2251.]
|| Qui vient immédiatement après le vingt-neuvième (dans une série). Le — jour du mois, et, *substantivt,* Le — du mois. La — partie, et, *substantivt, au masc.* Le —, chacune des parties d'un tout divisé en trente parties égales.

TRÉPAN [tré-pan] *s. m.*
[ÉTYM. Emprunté du bas lat. trepanum, grec τρύπανον, *m. s.* || XVIᵉ s. Qu'il n'applique son trepan sur les commissures, PARÉ III, 3.]
|| (Technol.) Vilbrequin pour percer le marbre, la pierre, le bois, creuser le roc, etc. || *Spécialt.* Instrument de chirurgie pour percer les os, particulièrement ceux du crâne, afin de donner issue à un épanchement ou de relever un os enfoncé. | *P. ext.* Opération qu'on fait avec cet instrument.

`TRÉPANATION [tré-pà-nà-syon ; *en vers,* -si-on] *s. f.*
[ÉTYM. Dérivé de trépaner, § 247. || XIVᵉ s. Non pas par trepanacion, *Trad. de la Chirurg. de Lanfranc,* dans LITTRÉ.]
|| (Technol.) Opération du trépan.

TRÉPANER [tré-pà-né] *v. tr.*
[ÉTYM. Dérivé de trépan, § 266. || XIVᵉ s. Se déduit de l'existence de trépanation à cette époque.]
|| (Technol.) Soumettre à l'opération du trépan.

TRÉPAS [tré-pá] *s. m.*
[ÉTYM. Subst. verbal de trépasser, § 52. || XIIᵉ s. Et demorer ci al trespas, *Énéas,* 622.]
|| **1°** *Ancienn.* Passage. | *P. ext.* Droit de passage. Le — de Loire, qui se lève sur tout ce qui descend, monte et traverse ladite rivière, *Édit du 18 sept. 1664.*

‖ **2°** *Spécialt.* Passage de la vie à la mort (chez l'homme).
Un — glorieux. Il n'est point de si cruel — Où d'un front assuré
je ne porte mes pas, CORN. *Poly.* IV, 5. *Famil.* Aller de vie à —.

TRÉPASSEMENT [tré-pâs'-man ; *en vers*, -pà-se-...]
s. m.
[ÉTYM. Dérivé de trépasser, § 145. ‖ XII° s. N'agait ne nul
trespassement, BENEEIT, *Ducs de Norm.* 4922.]
‖ *Vieilli.* Action de trépasser. (*Syn.* trépas.) *Spécialt.*
Le — du Christ, de la Vierge. ‖ *P. plaisant.* Tu as été au —
d'un chat, tu as la vue trouble, MOL. *D. Juan*, II, 1.

TRÉPASSER [tré-pà-sé] *v. intr.*
[ÉTYM. Composé de très et passer, §§ 192 et 196. ‖ XII° s.
Si aveir trespasse par iloc u il deivent guelter, *Lois de Guill.
le Conq.* 28, Maizke.]
‖ Passer de la vie à la mort. *Au part. passé pris subs-
tantivt.* La fête des trépassés, la fête des morts.

TRÉPIDATION [tré-pi-dà-syon ; *en vers*, -si-on] *s. f.*
[ÉTYM. Emprunté du lat. trepidatio, *m. s.* ‖ XIV°-XV° s.
La voix de peur se dit autrement trepidation, GERSON, dans
DOCHEZ.]
‖ (T. didact.) Tremblement saccadé. La — du sol. La —
d'un bâtiment à vapeur, d'une automobile.

TRÉPIED [tré-pyé] *s. m.*
[ÉTYM. Du lat. pop. *trĭpĕdem (class. trĭpĕdem, §§ 289 et
186), devenu trepié, trepied, trépied (*cf.* pied), §§ 342, 305,
291 et 502.]
‖ **1°** (Antiq.) Siège à trois pieds sur lequel la prêtresse
de Delphes rendait les oracles d'Apollon. | Vase à trois
pieds.
‖ **2°** Ustensile de cuisine, support à trois pieds sur lequel on pose une casserole, un chaudron, etc.

TRÉPIGNEMENT [tré-piñ'-man ; *en vers*, -pi-ñe-...]
s. m.
[ÉTYM. Dérivé de trépigner, § 145. ‖ 1552. Trepinement,
CII. EST. dans DELB. *Rec.*]
‖ Mouvement de celui qui trépigne. Des trépignements
d'impatience.

TRÉPIGNER [tré-pi-ñé] *v. intr.*
[ÉTYM. Dérivé de l'anc. verbe treper, *m. s.* § 168, d'origine
germanique, §§ 6, 498 et 499. (*Cf.* trappe.) ‖ XIV° s. Se déduit
de l'existence du subst. trepignis, employé par BERSUIRE.]
‖ Frapper du pied contre terre à plusieurs reprises. —
d'impatience.

TRÉPOINTE [tré-pwînt'] *s. f.*
[ÉTYM. Subst. particip. de l'anc. verbe trépoindre, tres-
poindre, poindre (piquer) à travers, § 45. (*Cf.* strapontin.)
‖ 1408. Hatriaux des dictes pieces dont on fait les trepointes,
dans GODEF. Admis ACAD. 1835.]
‖ (Technol.) Petite bande de cuir que le cordonnier
coud le long du bord de l'empeigne pour consolider la
couture de la semelle.

TRÈS [trè ; *en liaison*, trèz'] *adv.*
[ÉTYM. Du lat. trans, au delà, § 726.]
‖ A un haut point. Il fait — froid. Il est — estimé. Parler
— lentement. Il est — en état de suivre. | *P. plaisant.* Vous
êtes sergent, Monsieur, et — sergent, RAC. *Plaid.* II, 4. |
Vieilli. Ils m'ont — assuré..., SÉV. 583.

°TRÉSALLER [tré-zà-lé] *v. intr.*
[ÉTYM. Composé de très et aller, §§ 192 et 196. Souvent
altéré en tressailler, § 509. ‖ VIII° s. Transilivit : transalavit,
Gloss. Reichenau, 1131, dans FŒRSTER et KOSCHWITZ,
Altfranz. Uebungsbuch, col. 26.]
‖ *Ancienn.* Passer, disparaître. *P. ext.* Se détériorer.
Spécialt. (Technol.) Une faïence trésallée, un tableau trésallé,
que la chaleur a fait fendiller.

TRÉ-SEPT [tré-sèt'] *s. m.*
[ÉTYM. Emprunté de l'ital. tresette, *m. s.* de tre, trois,
et sette, sept, § 12. ‖ Admis ACAD. 1798.]
‖ Jeu de cartes où le trois et le sept sont les cartes ga-
gnantes.

°TRÉSILLON [tré-zi-yon]. *V.* étrésillon.

TRÉSOR [tré-zôr] *s. m.*
[ÉTYM. Du lat. pop. *tresaurum (class. thesaurum, grec
θησαυρός, § 361), *m. s.* devenu tresor, trésor, §§ 342, 333,
291 et 502.]
‖ **1°** Réunion de pièces d'or, d'argent, d'objets précieux mise en réserve, cachée ou enfouie. Vous cacher des
trésors par David amassés, RAC. *Ath.* I, 1. | (Droit.) Toute
chose cachée ou enfouie que qqn découvre par hasard,
et sur laquelle personne ne peut justifier d'un droit de

propriété. ‖ *P. anal.* | **1.** Collection de reliques, de vases,
d'ornements précieux conservée dans une église. | **2.**
Vieilli. Collection des archives, papiers, titres d'une sei-
gneurie, d'une abbaye, etc. Le Trésor des chartes des rois de
France. | **3.** Ensemble des revenus d'un État. Le — public.
| *P. ext.* Lieu où se trouve le trésor. Avoir la clef du —.
Le Trésor, siège de l'administration des revenus de l'État.
Un employé du Trésor. | *Fig.* Sa poche est un —, REGNARD,
Joueur, III, 6. Pour qui tient Apollon tous ses trésors ouverts,
BOIL. *Sat.* 2. Son livre est d'agréments un fertile —, ID. *Art
p.* 3. Dieu tire de ses trésors les vents, la pluie, SACI, *Bible,
Jacq. Ép.* V, 3. ‖ *P. ext.* Grand recueil d'érudition. Le
Trésor de la langue grecque (par R. Estienne), de la langue
française (par J. Nicot). ‖ *Fig.* Tout ce qui est considéré
comme très précieux. La liberté leur était donc un — qu'ils
préféraient à toutes les richesses, BOSS. *Hist. univ.* III, 6. Le
travail est un —, LA F. *Fab.* V, 9. | En parlant d'une per-
sonne. Quel climat renfermait un si rare — (Esther)? RAC.
Esth. III, 4. Antiope est un — digne d'être recherché, FÉN.
Tél. 22.
‖ **2°** *P. ext. Au plur.* Richesses considérables. Le bruit
de nos trésors les a tous attirés, RAC. *Mithr.* III, 1. Amasser
des trésors. *P. anal.* Faites-vous des trésors dans le ciel, SACI,
Bible, Matth. VI, 20. | *Poét.* Les trésors de Cérès, de Bacchus,
les moissons, les raisins.

TRÉSORERIE [tré-zòr'-ri ; *en vers*, -zò-re-ri] *s. f.*
[ÉTYM. Dérivé de trésorier, §§ 65 et 69. ‖ XIII° s. Avoir en
tresorerie, dans LA C.]
‖ **1°** *Vieilli.* Charge de trésorier, dans une église, une
abbaye. | Demeure du trésorier.
‖ **2°** Administration du trésor public. Le lord de la —
(en Angleterre), le ministre des finances. | Siège de cette
administration, bureaux du trésor public. *P. ext.* Bureaux
d'un trésorier payeur général.

TRÉSORIER, IÈRE [tré-zò-ryé, -ryèr] *s. m. et f.*
[ÉTYM. Dérivé de trésor, § 115. (*Cf.* le lat. thesaurarius, *m.
s.*) ‖ XI° s. Li reis apelet Maldoit sun tresorier, *Roland*, 642.]
‖ **1°** Celui, celle qui a la garde du trésor d'une église,
d'une abbaye, etc. Le — de la sainte Chapelle.
‖ **2°** Celui, celle qui est chargé de l'administration des
revenus d'un prince, d'une association, etc. *Spécialt.* —
payeur général.

°TRESSAILLER. *V.* trésaller.

TRESSAILLEMENT [trè-sáy'-man ; *en vers*, -sà-ye-...]
s. m.
[ÉTYM. Dérivé de tressaillir, § 145. ‖ XVI° s. Les tressail-
lemens des assistans, AMYOT, *Œuvres mor. Comm. discerner le flatt.* 11.]
‖ Brusque mouvement qu'on laisse échapper sous
l'empire d'une émotion vive.

TRESSAILLIR [trè-sà-yîr] *v. intr.*
[ÉTYM. Composé avec très et saillir, §§ 192 et 196. (*Cf.*
tressauter.) ‖ XI° s. Tox li coers li tressalt de joie et de pitiet,
Voy. de Charl. à Jérus. 183.]
‖ Laisser échapper un brusque mouvement, sous l'empire d'une émotion vive. De crainte, en m'abordant, je l'ai
vu —, RAC. *Phèd.* IV, 1. Il tressaille de joie. | *Vieilli.* Il tres-
saillit de joie (au prés. de l'indic.), MONTESQ. *Lett. pers.* 132.

°TRESSAUTER [trè-sô-té] *v. intr.*
[ÉTYM. Composé de très et sauter, §§ 192 et 196. ‖ XVI°-
XVII° s. *V.* à l'article.]
‖ Tressaillir fortement. Mon cœur a tressauté de joie. A ce
commandement mon cœur tressauta d'aise, BERTAUT, *Élégie*,
p. 524, édit. 1683.

TRESSE [très'] *s. f.*
[ÉTYM. Subst. verbal de tresser, § 52. ‖ XII° s. Une des
branches aerst Absalon par la tresce, *Rois*, II, 18.]
‖ Cordon plat en forme de natte fait de fils, de soies, de
pailles, de cheveux entrelacés. Des tresses de cheveux.

TRESSER [trè-sé] *v. tr.*
[ÉTYM. Origine inconnue ; l'anc. forme trecier suppose
un type *triciare ou *treciare en lat. pop. ‖ XII° s. A un fil
d'or les at treciez, *Énéas*, 4010.]
‖ Façonner en tresse. Des cheveux tressés. Une corbeille
en joncs tressés.

TRESSEUR, EUSE [trè-seür, -seüz'] *s. m. et f.*
[ÉTYM. Dérivé de tresser, § 112. ‖ 1680. Tréceuse, traceuse, RICHEL. Admis ACAD. 1762.]
‖ Celui, celle qui tresse. *Spécialt.* Celui, celle qui tresse
des cheveux pour faire des perruques.

TRÉTEAU [tré-tó] *s. m.*

[ÉTYM. Du lat. pop. *transt_e_llum, diminutif de transtrum, *m. s.* qui aurait dû donner trastel, trâteau; le changement de trastel en trestel, d'où tréteau, reste inexpliqué. || XIIᵉ s. Un trestel, *Loherains*, dans GODEF. *Compl.*]

|| Ais porté sur quatre pieds, servant à soutenir une longue table, un échafaud, un théâtre forain, etc. *Spécialt.* Monter sur les tréteaux, jouer dans des pièces de bas étage. Sur deux tréteaux monté, Amusant le Pont-Neuf de ses sornettes fades, BOIL. *Art p.* 3.

*TRÉTOIRE. *V.* traitoire.

TREUIL [trœy'] *s. m.*

[ÉTYM. Origine incertaine : selon les uns, du lat. t_o_rou-lum, pressoir, de torquere, tordre, devenu de bonne heure *tr_o_culum, § 361, d'où régulièrement trueil, treuil, §§ 320, 390, 290 et 291; selon d'autres, du lat. pop. *tr_o_chlium, forme masc. correspondant au lat. class. trochlea, grec τροχαλία, poulie.]

|| (Technol.) Machine à élever des fardeaux, arbre ou cylindre horizontal tournant sur un axe et autour duquel s'enroule une corde à laquelle est attaché le fardeau.

TRÊVE [trèv'] *s. f.*

[ÉTYM. Mot d'origine germanique, §§ 6, 498 et 499 : anc. haut allem. triwa, goth. triggua, sécurité. || XIIᵉ s. A quinze dis trive prendreient, *Énéas*, 6004.]

|| Armistice de longue durée. Une — de dix ans. — de Dieu, par laquelle l'Église suspendait les guerres entre seigneurs féodaux. (*Cf.* paix de Dieu.) || *Fig.* Relâche. De grâce, fais — à tes coups ! MOL. *Amph.* 1, 2. Hé ! — de douceurs ! ID. *Ét.* 1, 2. Faisant — avec leur passion, BOURD. *Impureté*, 2.

1. TRI [tri] *s. m.*

[ÉTYM. Subst. verbal de trier, § 52. ACAD. ne donne que le sens 2°, dont le rapport avec le sens 1° n'est pas certain. || 1798. ACAD.]

|| 1° Action de trier.

|| 2° Jeu d'hombre où l'on ne conserve de la couleur de carreau que le roi.

2. *TRI. *V.* trick.

*TRIACLEUR [tri-à-klœr] *s. m.*

[ÉTYM. Dérivé de triacle, anc. forme de thériaque, § 112. || 1409. Mires et tiracleurs, dans GODEF. Admis ACAD. 1694; suppr. en 1798.]

|| *Ancienn*t. Débitant de thériaque, charlatan. *Fig.* Diseur de belles paroles. Triacleurs et vendeurs de fumée, RÉGNIER, *Sat.* 13.

TRIADE [tri-yàd'] *s. f.*

[ÉTYM. Emprunté du lat. trias, dis, grec τριάς, άδος, *m. s.* (*Cf.* le doublet trias.) || 1564. Trois triades ensemble, RONS. *Adolescence du roi*. Admis ACAD. 1878.]

|| (T. didact.) Groupe de trois. *Spécialt.* La — pythagoricienne. Les triades bretonnes.

1. TRIAGE [tri-àj'] *s. m.*

[ÉTYM. Altération, par confusion avec triage 2, § 509, de l'anc. franç. triege, d'origine inconnue. || XIIᵉ s. Mes il n'i ot a celui triege Tandu ne trebuchet ne piege, CHRÉTIEN DE TROYES, *Chevalier au lion*, 1101.]

|| (T. forest.) Canton, subdivision d'une forêt. La ruine de leurs cantons et triages, COLBERT, *Réform. des forêts* (1663).

2. TRIAGE [tri-àj'] *s. m.*

[ÉTYM. Dérivé de trier, § 78. || XIVᵉ s. Voir que du bled se faict triage, *Traité d'alchimie*, dans LITTRÉ.]

|| Action de trier. (*Cf.* tri 1.) Le — des pièces de monnaie trop légères.

TRIANGLE [tri-ângl'] *s. m.*

[ÉTYM. Emprunté du lat. triangulum, *m. s.* || XIIIᵉ s. Il est li merveilleus triangles Dont l'unité fait les trois angles, J. DE MEUNG, *Rose*, 19332.]

|| (T. didact.) || 1° Figure géométrique à trois angles, portion de plan limitée par trois droites qui se coupent deux à deux. — rectangle, qui a un angle droit. — isocèle, qui a deux côtés égaux. — équilatéral, qui a les trois côtés égaux. — scalène, qui a les trois côtés inégaux. La mesure du —. Construire des triangles (sur un terrain) par des opérations géodésiques. (*V.* triangulation.) — plan. — sphérique, dont les côtés sont des arcs des grands cercles d'une sphère.

|| 2° Objet qui a la forme d'un triangle. || *Spécialt.* | 1. Symbole de la Trinité. | 2. Attribut de la franc-maçonnerie. | 3. (Musique.) Instrument d'acier qu'on fait résonner avec une verge du même métal. Jouer du —.

TRIANGULAIRE [tri-an-gu-lèr] *adj.*

[ÉTYM. Emprunté du lat. triangularis, *m. s.* (*Cf.* l'anc. franç. triangulier et trianglier.) || 1530. Elle (la lettre Δ) en grec est justement triangulaire, G. TORY, *Champfleury*, dans DELB. *Rec.*]

|| (T. didact.) Qui a la forme d'un triangle. Pyramide —, à trois faces dont chacune est un triangle.

TRIANGULATION [tri-an-gu-là-syon; *en vers*, -si-on] *s. f.*

[ÉTYM. Emprunté du lat. scolast. triangulatio, réduction en triangle, § 217. || *Néolog*. Admis ACAD. 1835.]

|| (T. didact.) Détermination de la position de certains points, de leur distance, etc., à l'aide de triangles.

TRIAS [tri-âs'] *s. m.*

[ÉTYM. Emprunté du lat. trias, grec τριάς, réunion de trois choses. (*Cf.* triade.) || *Néolog*. Admis ACAD. 1878.]

|| (Géologie.) Terrain formé de marnes, de calcaire et de grès, qui succède au lias dans l'ordre descendant.

TRIASIQUE [tri-à-zîk'] *adj.*

[ÉTYM. Dérivé de trias, § 229. || *Néolog*. Admis ACAD. 1878.]

|| (Géologie.) Relatif au trias.

TRIBADE [tri-bàd'] *s. f.*

[ÉTYM. Emprunté du lat. tribas, adis, grec τριβάς, άδος, *m. s.* proprt, « frotteuse ». || 1568. Quelques vilaines qu'on appeloit anciennement tribades, H. EST. *Apol.* dans DELB. *Rec.* Admis ACAD. 1762.]

|| Celle qui cherche avec une personne de son sexe des plaisirs contre nature.

*TRIBASIQUE [tri-bà-zîk'] *adj.*

[ÉTYM. Composé avec la particule lat. tri, trois, base, et le suffixe ique, §§ 229, 275 et 282 *bis.* || *Néolog*.]

|| (Chimie.) Formé de trois équivalents de base pour un équivalent d'acide. Sel —.

TRIBORD [tri-bòr] *s. m.*

[ÉTYM. Mot d'origine scandinave, § 9 : *cf.* island. stjornbordi, danois styrbord, etc., *m. s.* proprt, « bord du gouvernail ». || 1606. Estribord, NICOT. | 1611. Estribort, tribort, COTGR.]

|| (Marine.) Côté d'un navire que l'on a à sa droite quand on regarde l'avant. (*Cf.* bâbord.) Mettre la barre à —. Faire feu de —. | *P. ext.* Moitié de l'équipage qui alterne avec l'autre le service du quart.

TRIBU [tri-bu] *s. f.*

[ÉTYM. Emprunté du lat. tribus, *m. s.* || XIVᵉ s. Lignies, c'est tribus en latin, BERSUIRE, fᵒ 21, dans LITTRÉ.]

|| (T. didact.) Division d'un peuple. Les Athéniens sont partagés en dix tribus, BARTHÉLEMY, *Anacharsis*, 26. Les comices par tribus (à Rome). Les douze tribus d'Israël. La — de Lévi, de Juda, de Benjamin, etc. La — de Lévi, la — sainte, vouée au sacerdoce. Et Dieu n'est plus servi que dans la — sainte, RAC. *Ath.* III, 7. Les tribus des Germains. Les tribus arabes. || *Fig. Famil.* Famille. La nombreuse — d'oiseaux à longs becs effilés, BUFF. *Oiseaux, Courlis.* J'ai bien envie de savoir où va votre —, SÉV. 791.

TRIBULATION [tri-bu-là-syon; *en vers*, -si-on] *s. f.*

[ÉTYM. Emprunté du lat. tribulatio, *m. s.* || XIIᵉ s. Tribulatiun, *Psaut. d'Oxf.* IV, 1.]

|| Tourment moral. (S'emploie surtout au plur.) Avoir des tribulations. En me faisant une petite —, SÉV. 860. Ce sont des tribulations, il est vrai, mais des tribulations salutaires, BOURD. *Ascension*, 2.

TRIBUN [tri-bun] *s. m.*

[ÉTYM. Emprunté du lat. tribunus, *m. s.* || XIIIᵉ s. Tribuns e centurions, *Machab.* I, 3, dans LITTRÉ.]

I. (Antiq. rom.) || 1° — des soldats, chef alternant avec cinq autres dans le commandement d'une légion.

|| 2° — du peuple, magistrat chargé de défendre les intérêts des plébéiens. Les lois sacrées établirent des tribuns, MONTESQ. *Espr. des lois*, XI, 14. || *De nos jours*. Démagogue. Une éloquence de —.

II. *P. ext.* (Hist. de France.) Membre de l'assemblée dite Tribunat.

TRIBUNAL [tri-bu-nàl] *s. m.*

[ÉTYM. Emprunté du lat. tribunal, *m. s.* (*Cf.* tribune.) || XIIIᵉ s. Se siet en son sié tribunal, *St Laurent*, 787, Soderhjelm.]

|| 1° Siège des juges, des magistrats. Monter sur son —.

|| 2° Juridiction, réunion de juges siégeant ensemble. Le — de première instance. | S'adresser aux tribunaux, à la

justice. || *P. anal.* | **1.** — de famille, assemblée de parents choisis pour juger des contestations entre frères, sœurs, etc. | (T. relig.) Le — de la pénitence, le confessionnal. | *Fig.* Nous paraîtrons au jugement dernier devant le — de Dieu.

TRIBUNAT [tri-bu-nà] *s. m.*
[ÉTYM. Emprunté du lat. tribunatus, *m. s.* || XVIe s. En ce tribunat il meit en avant une loy, AMYOT, *Marius*, 4.]
|| **1°** (Antiq. rom.) Charge de tribun. Le — militaire, le — du peuple.
|| **2°** *P. ext.* (Hist. de France.) Un des corps formant le pouvoir législatif (dans la constitution de l'an VIII).

TRIBUNE [tri-bun'] *s. f.*
[ÉTYM. Emprunté de l'ital. tribuna, *m. s.* du lat. tribunal, § 12. Parfois altéré en turbine au XVIIe s. || XVe s. Et s'en montent avant en la tribune, *Cérém. des consuls de Montpell.* dans *Rev. des lang. rom.* VI, p. 78.]
|| **1°** Lieu élevé, sorte d'estrade d'où les orateurs haranguaient le peuple sur la place publique (dans l'antiquité), d'où les orateurs parlent dans une assemblée délibérante. *P. ext.* — sacrée, la chaire chrétienne.
|| **2°** Galerie où sont réservées des places dans une église, une salle d'assemblée. Monter dans une — pour entendre un sermon. La — des journalistes. | — d'orgue, galerie où est placé le buffet des orgues dans une église. | *P. ext.* Salle où sont réunis les plus beaux tableaux, statues, etc. La — du musée de Florence.

TRIBUNITIEN, ENNE [tri-bu-ni-syèn', -syèn'; *en vers,* -si-...] *adj.*
[ÉTYM. Dérivé du lat. tribunitius, *m. s.* § 244. || XIVe s. Puissance tribunicienne, BERSUIRE, fo 84, dans LITTRÉ. Admis ACAD. 1762.]
|| (Antiq. rom.) Qui appartient à un tribun. La puissance tribunitienne. | *Fig.* Éloquence tribunitienne, éloquence d'un caractère populaire.

TRIBUT [tri-bu] *s. m.*
[ÉTYM. Emprunté du lat. tributum, *m. s.* (*Cf.* l'anc. franç. treü, de formation pop.) || XVe s. Tel tribut et revenu comme il vous plaira, *Jehan de Paris*, p. 16.]
|| Contribution qu'un peuple impose à un peuple vaincu placé sous sa domination. Carthage fut obligée à payer —, BOSS. *Hist. univ.* I, 8. *Fig. Poét.* Un fleuve qui porte à la mer le — de ses ondes. || *P. anal.* Impôt. Il n'y a point d'État où l'on ait plus besoin de tributs que dans ceux qui s'affaiblissent, MONTESQ. *Rom.* 18. || *Fig.* | **1.** Concession imposée à qqn. Payer à qqn un juste — de louanges. | **2.** Sacrifice imposé à qqn. Payer le — à la mort, à la nature, mourir.

TRIBUTAIRE [tri-bu-tèr] *adj.*
[ÉTYM. Emprunté du lat. tributarius, *m. s.* || XIIe s. Toz tens seron mais tributaire, *Énéas*, 9420.]
|| Qui doit le tribut. Un peuple —. Ce fut alors que les Juifs furent faits tributaires des Romains, BOSS. *Hist. univ.* II, 18. || *Fig.* Dépendant. Rendez de mon pouvoir Athènes —, RAC. *Phèd.* II, 3. Une nation — d'une autre pour certains produits. Les cours d'eau tributaires de la Loire (ses affluents).

TRICEPS [tri-sèps] *adj.*
[ÉTYM. Emprunté du lat. triceps, proprt, « à trois têtes ». (*Cf.* biceps.) || XVIe s. Le triceps de la cuisse, PARÉ, I, 8. Admis ACAD. 1835.]
|| (Anat.) Formé de trois faisceaux. *Spécialt.* Muscle —, et, *substantivt, au masc.* —.

TRICHER [tri-ché] *v. intr.*
[ÉTYM. Origine incertaine, probablement germanique, § 6 ; l'anc. franç. oscille entre les formes trechier et trichier. || XIIe s. C'est cele qui ainz ne tricha, CHRÉTIEN DE TROYES, *Perceval*, dans GODEF. trichier.]
|| Se livrer, au jeu, à de petites manœuvres frauduleuses. Vous avez triché. *P. ext. Transitivt.* — qqn, le tromper en jouant. || *P. anal. Famil.* Tromper dans de petites choses. Vous avez triché sur le poids. | *Fig.* Dissimuler un défaut de symétrie.

TRICHERIE [trïch'-ri ; *en vers,* tri-che-ri] *s. f.*
[ÉTYM. Dérivé de tricher, § 69. || XIIe s. Guarde... tes levres que il ne paroillent trecherie, *Psaut. de Cambridge*, XXXIII, 13.]
|| Tromperie au jeu par de petites manœuvres. | *Loc. prov.* La — revient à son maître, le trompeur finit par être victime de sa tromperie. || *Fig.* Tromperie légère. C'est une — De votre époux, LA F. *Contes, Magnif.*

TRICHEUR, EUSE [tri-cheûr, -cheûz'] *s. m. et f.*
[ÉTYM. Dérivé de tricher, § 112. || XIIe s. Ume felun e tricheur, *Psaut. de Cambridge*, XLII, 1.]
|| Celui, celle qui triche.

TRICHINE [tri-kin' ; *selon d'autres,* -chin'] *s. f.*
[ÉTYM. Emprunté du lat. scientif. trichina, *m. s.* dérivé du grec θρίξ, τριχός, cheveu, § 229. || *Néolog.* Admis ACAD. 1878.]
|| (T. didact.) Helminthe, ver (mince comme un cheveu) qui se trouve qqf dans la chair du porc.

** **TRICHINOSE** [tri-ki-nôz'] *s. f.*
[ÉTYM. Dérivé de trichine, § 282. || *Néolog.*]
|| (T. didact.) Maladie causée par l'ingestion de la viande de porc qui contient des trichines.

** **TRICK** [trïk'] et, *vieilli,* ** **TRI** [tri] *s. m.*
[ÉTYM. Emprunté de l'angl. trick, *m. s.* § 8. || *Néolog.*]
|| (T. de jeu de whist). Levée qu'une partie fait de plus que la partie adverse.

TRICOISES [tri-kwàz'] *s. f. pl.*
[ÉTYM. Altération de turcoises, proprt, « tenailles turques », §§ 36 et 143. || 1314. Granz turquoises de feuvres, *Chirurg. de Mondeville*, 629, Bos. Admis ACAD. 1762.]
|| (Technol.) Paire de tenailles à double mâchoire, qui sert à arracher des clous, des chevilles, etc.

TRICOLOR [tri-kò-lòr] *s. m.*
[ÉTYM. Emprunté du lat. tricolor, *m. s.* (*Cf.* tricolore.) || (Au sens **1°**, 1.) Admis ACAD. 1718.]
|| (T. didact.) || **1°** (Botan.) | **1.** Variété d'amarante à fleur nuancée de rouge, de vert et de jaune. Mettre des tricolors dans des vases, ACAD. | **2.** Variété d'œillet panaché. Le — de Compiègne.
|| **2°** (Ornithol.) Variété de tangara, oiseau à plumage nuancé de rouge, d'azur et de vert.

TRICOLORE [tri-kò-lòr] *adj.*
[ÉTYM. Emprunté du lat. tricolor, *m. s.* On trouve tricolor comme forme du masc. dans REGNARD, *Bal*, sc. 6. || Admis ACAD. 1798.]
|| Qui est de trois couleurs. *Spécialt.* Drapeau —, le drapeau français, blanc, bleu et rouge, depuis 1789.

** **TRICON** [tri-kon] *s. m.*
[ÉTYM. Origine inconnue. || XVIe-XVIIe s. D'AUB. *Sonnets*, 13. Admis ACAD. 1762 ; suppr. en 1798.]
|| *Anciennt.* (Jeu de hoc.) Réunion de trois cartes de même figure ou de même valeur. *Fig.* Trio. Le normand et le gascon Et le nôtre (les parlements de Rouen, Bordeaux et Paris) faisaient —, *Mazarinade*, dans LA C.

TRICORNE [tri-kòrn'] *adj.*
[ÉTYM. Emprunté du lat. tricornis, *m. s.* || *Néolog.* Admis ACAD. 1878.]
|| (T. didact.) À trois cornes. *Spécialt.* Un chapeau —, et, *substantivt,* Un —.

1. TRICOT [tri-kó] *s. m.*
[ÉTYM. Dérivé de trique, § 136. || 1413. Triquot, dans GODEF. *Compl.*]
|| Petite trique, bâton gros et court. Pierrot, apporte-moi deux bons tricots, DOMINIQUE, *Femme vengée*, II, 9.

2. TRICOT [tri-kó] *s. m.*
[ÉTYM. Subst. verbal de tricoter, § 52. || 1666. Manufacture de gros et fin tricot, dans DEPPING, *Corresp. admin. sous L. XIV*, III, p. 767. Admis ACAD. 1798.]
|| Tissu (de coton, de laine, etc.) dont on fait les mailles à la main sur des tiges d'acier, de bois, d'ivoire, à bouts mousses. Un gilet, un jupon de —. Un — de laine.

TRICOTAGE [tri-kò-tàj'] *s. m.*
[ÉTYM. Dérivé de tricoter, § 78. || 1461. Texte dans GODEF. *Compl.*]
|| Action de tricoter.

TRICOTER [tri-kò-té] *v. tr. et intr.*
[ÉTYM. Origine incertaine ; la dérivation de tricot 1 n'est pas probable. COTGR. donne tricoter (au sens **II**) comme un terme de l'Orléanais ; on disait autrefois brocher. || XIVe s. Gardez que je ne vous triquote, *Miracles de Notre-Dame*, XVII, 437.]
I. *V. intr.* || **1°** *Anciennt.* Se remuer vivement, danser. (*Cf.* tricotet.)
|| **2°** *Famil.* Avancer à petits pas, en ramenant vivement un pied vers l'autre.
II. *P. anal. V. tr.* Faire à la main les mailles d'un tissu (de coton, de laine, etc.) sur des tiges d'acier, de bois, d'ivoire, à bouts mousses, qu'on fait mouvoir vivement. — des bas, un jupon. | *Absolt.* Apprendre à —.

TRICOTET [tri-kò-tè] s. m.

[ÉTYM. Dérivé de tricoter, au sens ancien de « danser », § 133. || 1637. Chantons les tricotets, L.-C. DISCRET, *Alizon*, III, 3. Admis ACAD. 1718.]

|| Ancienne danse d'un mouvement très rapide. (S'emploie surtout au pluriel.) Aucuns dansent des tricotets, SCARR. *Virg. trav.* 6.

TRICOTEUR, EUSE [tri-kò-teŭr, -teŭz'] s. m. et f.

[ÉTYM. Dérivé de tricoter, § 112. || XVIᵉ s. Ce sont contes de triquoteuses, CHOLIÈRES, *Matinées*, 9.]

|| Celui, celle qui tricote. | *Spécialt.* Les tricoteuses, femmes qui assistaient aux séances des assemblées, pendant la Révolution, en apportant leur ouvrage, leur tricot.

TRICTRAC [trĭk'-trăk'], et, *vieilli*, **TRIQUETRAC** [...; *en vers*, tri-ke-...] s. m.

[ÉTYM. Onomatopée, § 32. || XVᵉ s. Il alloit son beau pas tric trac, *Franc Archier de Bagnolet*.]

I. *Vieilli.* Bruit de choses qui se heurtent. Un triquetrac de pieds insupportable, MOL. *Ét.* IV, 4. || *Spécialt.* | 1. Bruit des dés que l'on jette. | 2. Bruit que font les chasseurs pour effrayer les oiseaux.

II. Jeu ainsi nommé à cause du bruit des dés qu'on jette, des dames qu'on case. (*Cf.* reverquier.) || *P. ext.* Sorte de damier à rebords divisé en deux compartiments où chacun des joueurs case ses dames d'après le nombre de points qu'il amène.

TRICYCLE [tri-sikl'] s. m.

[ÉTYM. Composé avec la particule lat. et grecque tri, τρί, et cyclus, κύκλος, cercle, roue, § 278. (*Cf.* bicycle.) || *Néolog.* Admis ACAD. 1878.]

|| Véhicule, charrue à trois roues. | *Spécialt.* Vélocipède à trois roues.

TRIDE [trid'] adj.

[ÉTYM. Emprunté de l'espagn. trido, m. s. § 13. || 1611. Carriere tride, COTGR. Admis ACAD. 1762.]

|| *Vieilli.* (Manège.) Prompt. Cheval aux mouvements trides.

TRIDENT [tri-dan] s. m.

[ÉTYM. Emprunté du lat. tridens, m. s. || XIIIᵉ-XIVᵉ s. Son trident, *Ovide moralisé*, dans GODEF. *Compl.*]

|| **1°** Fourche à trois dents avec laquelle on perce les gros poissons qu'on voit au fond de l'eau. Pêcher le saumon au —. | *Spécialt.* (Mythol.) Attribut de Neptune. *Fig. Poét.* L'empire de la mer. Le — de Neptune est le sceptre du monde, LEMIERRE, *Commerce.*

|| **2°** *Vieilli.* (Géom.) Courbe du troisième degré, dite parabole de Descartes.

TRIDI [tri-di] s. m.

[ÉTYM. Composé avec la particule lat. tri et dies, jour, § 275. || 1793. *Bullet. des lois*, 4 frim. an II. Admis ACAD. 1798, suppl.]

|| (Calendr. républ.) Troisième jour de la décade.

TRIDUO [tri-duó; *en vers*, -du-ó]. V. triduum.

TRIDUUM [tri-duòm'; *en vers*, -du-òm'] s. m.

[ÉTYM. Emprunté du lat. ecclés. triduum, m. s. § 217. ACAD. donne triduo, qui paraît être un italianisme, § 12. || *Néolog.* Admis ACAD. 1878.]

|| (Liturgie cathol.) Série d'exercices religieux prolongée pendant trois jours.

TRIÈDRE [tri-èdr'] adj.

[ÉTYM. Composé avec la particule grecque τρί et ἕδρα, côté, § 279. (*Cf.* trilatéral.) || 1812. MOZIN, *Dict. franç.-allem.*]

|| (Géom.) Qui a trois faces planes. Angle —, formé par trois plans qui se coupent. (*Cf.* dièdre.)

TRIENNAL, ALE [tri-ěn'-nàl] adj.

[ÉTYM. Emprunté du lat. triennalis, m. s. || 1584. La possession triennale suffira, J. DURET, *Cout. du Bourbonnais*, dans DELB. *Rec.*]

|| (T. didact.) || **1°** Qui dure trois ans. Charge triennale. Fonction qui durait trois ans. Achever son —.

|| **2°** Qui a lieu tous les trois ans. Assolement —.

TRIENNALITÉ [tri-ěn'-nà-li-té] s. f.

[ÉTYM. Dérivé de triennal, § 255. || XVIIᵉ s. Le roi consentit à la triennalité que la bulle établit, PATRU, dans RICHEL.]

|| (T. didact.) Durée de trois ans (en parlant d'une charge, d'une fonction).

TRIENNAT [tri-ěn'-nà] s. m.

[ÉTYM. Dérivé du lat. triennis, triennal, § 254. || XVIIIᵉ s.

Beaucoup au delà de son triennat, *Voy. de Dillon*, I, p. 467, dans TRÉV. 1752. Admis ACAD. 1798.]

|| (T. didact.) Exercice d'une charge, d'une fonction, dont la durée est de trois ans.

TRIER [tri-yé] v. tr.

[ÉTYM. Origine inconnue : le provenç. triar, qui a le même sens, ne permet pas de rattacher le verbe à tritum, supin de terere, écraser. || XIIᵉ s. Le tort del dreit Trier e conoistre e sevrer, BENEEIT, *Ducs de Norm.* 11516.]

|| Choisir dans un assemblage d'objets de même nature (un certain nombre d'objets que l'on sépare des autres). — des perles, des graines. — des chiffons (pour faire le papier). La délicatesse est trop grande, de ne pouvoir souffrir que des gens triés, MOL. *Crit. de l'Éc. des f.* sc. 1. | — sur le volet, sur une tablette destinée à trier les menus objets. *Fig.* Des convives triés sur le volet, choisis avec soin.

TRIÈRE [tri-èr] s. f.

[ÉTYM. Emprunté du lat. trieris, grec τριήρης, m. s. || XIVᵉ s. Prince des galees qui estoient appelees trieries, ORESME, *Éth.* IV, 9.]

|| (Antiq. grecque.) Vaisseau à trois rangs de rames. (*Cf.* trirème.)

TRIEUR, EUSE [tri-yeŭr, -yeŭz'] s. m. et f.

[ÉTYM. Dérivé de trier, § 112. || 1771. Trieuse, TRÉV. Admis ACAD. 1878.]

|| (Technol.) Celui, celle qui trie. — de chiffons, d'épingles. || *P. anal.* | 1. *Au masc.* Appareil à nettoyer le grain, à diviser en trois le résidu de la houille brûlée, etc. | 2. *Au fém.* Trieuse, machine à éplucher la laine.

TRIFIDE [tri-fid'] adj.

[ÉTYM. Emprunté du lat. trifidus, m. s. || 1783. BULLIARD, *Dict. de botan.* p. 195. Admis ACAD. 1835.]

|| (T. didact.) Qui est divisé, fendu en trois.

TRIGAUD, AUDE [tri-gó, -gód'] adj.

[ÉTYM. Dérivé d'un radical trig, d'origine inconnue, § 138. (*Cf.* l'anc. franç. trigaler.) || XIVᵉ s. Le nombre des trigaus, ORESME, dans GODEF. *Compl.*]

|| *Vieilli.* Qui n'est pas franc, qui use de détours. *Substantivt.* Un —, une trigaude. Un — Qui souffle tout ensemble et le froid et le chaud, R. POISSON, *Comédie sans titre*, IV, 6.

TRIGAUDER [tri-gó-dé] v. intr.

[ÉTYM. Dérivé de trigaud, § 154. || 1680. RICHEL.]

|| *Vieilli.* Manquer de franchise, user de détours. || *Rare. Transitivt.* — frère et sœur, DUFRESNY, *Réconcil. norm.* I, 11.

TRIGAUDERIE [tri-gód'-ri; *en vers*, -gó-de-ri] s. f.

[ÉTYM. Dérivé de trigaud, § 69. || 1680. RICHEL.]

|| *Vieilli.* Action de trigauder, manque de franchise. Que n'avez-vous un peu de la — de Lucinde! DUFRESNY, *Malade sans maladie*, I, 1.

TRIGÉMINÉ, ÉE [tri-jé-mi-né] adj.

[ÉTYM. Dérivé du lat. trigeminus, m. s. § 253. || *Néolog.*]

|| (T. didact.) Qui a trois couples. Cristallisation trigéminée, combinaison de six solides semblables deux à deux.

TRIGLYPHE [tri-glif'] s. m.

[ÉTYM. Emprunté du lat. triglyphus, grec τρίγλυφος, m. s. || 1545. Triglyphes ou chapiteaux, VAN AELST, *Règles d'architect.* dans DELB. *Rec.*]

|| (Architect.) Partie saillante, creusée de rainures verticales, dont chaque côté de la frise dorique est ornée, et qui figure l'extrémité des solives posées sur l'architrave.

TRIGONOMÉTRIE [tri-gò-nò-mé-tri] s. f.

[ÉTYM. Composé avec le grec τρίγωνος, triangle, μέτρον, mesure, et le suffixe ια, § 279. || 1629. ALBERT GIRARD, *Table des sinus... avec la trigonométrie*, titre.]

|| (T. didact.) Partie de la géométrie qui a pour objet de mesurer les triangles en en déterminant, à l'aide de certaines données, les côtés et les angles.

TRIGONOMÉTRIQUE [tri-gò-nò-mé-trĭk'] adj.

[ÉTYM. Dérivé de trigonométrie, § 229. || Admis ACAD. 1762.]

|| (T. didact.) Qui appartient à la trigonométrie.

TRIGONOMÉTRIQUEMENT [tri-gò-nò-mé-trĭk'-man; *en vers*, -tri-ke-...] adv.

[ÉTYM. Composé de trigonométrique et ment, § 724. || Admis ACAD. 1762.]

|| (T. didact.) Par la méthode trigonométrique.

TRIL (*vieilli*) et **TRILLE** [tril; qqns disent triy'] s. m.

[ÉTYM. Emprunté de l'ital. trillo, m. s. § 12. || 1812. MOZIN, *Dict. franç.-allem.* Admis ACAD. 1835.]

‖ (Musique.) Alternance rapide et régulière de deux sons rapprochés, où la première note est plus haute que la seconde. (*Syn.* battement.)

TRILATÉRAL, ALE [tri-là-té-ràl] *adj.*
[ÉTYM. Dérivé du lat. trilaterus, *m. s.* § 238. ‖ 1721. TRÉV. Admis ACAD. 1798.]
‖ (Géom.) Qui a trois côtés. (*Syn.* trilatère.)

TRILATÈRE [tri-là-tèr] *adj.*
[ÉTYM. Emprunté du lat. trilaterus, *m. s.* ‖ 1771. Figure trilatère, TRÉV. Admis ACAD. 1835.]
‖ *Rare.* (T. didact.) Qui a trois côtés. (*Syn.* trilatéral.) | *Substantivt.* Un —, un triangle.

***TRILINGUE** [tri-lĭng'] *adj.*
[ÉTYM. Emprunté du lat. trilinguis, *m. s.* ‖ *Néolog.*]
‖ (T. didact.) Qui est en trois langues. Inscription —.

TRILLE. *V.* tril.

TRILLION [tri-lyon; *en vers*, -li-on] *s. m.*
[ÉTYM. Composé avec la particule lat. tri et la désinence de million, § 275. ‖ 1520. Un trillion vault mille milliers de billions, ÉT. DE LA ROCHE, *Arithm.* f° 7. Admis ACAD. 1798.]
‖ (Arithm.) Nombre de mille billions.

***TRILOBÉ, ÉE** [tri-lò-bé] *adj.*
[ÉTYM. Composé avec la particule lat. tri, lobe, et le suffixe é, § 275. ‖ 1783. BULLIARD, *Dict. de botan.* p. 195.]
‖ (T. didact.) Partagé en trois lobes.

TRILOGIE [tri-lò-ji] *s. f.*
[ÉTYM. Emprunté du grec τριλογία, *m. s.* ‖ 1812. MOZIN, *Dict. franç.-allem.* Admis ACAD. 1835.]
‖ (Antiq.) Ensemble de trois tragédies mettant en action le plus souvent trois parties successives d'un sujet commun, qu'on représentait l'une à la suite de l'autre dans les concours de poésie qui avaient lieu à certaines fêtes solennelles. ‖ *P. anal. De nos jours.* Réunion de trois tragédies mettant en action trois parties successives d'un sujet commun. La — de Wallenstein de Schiller.

***TRIMBALAGE** [trin-bà-làj'] et ***TRIMBALEMENT** [trin-bàl-man; *en vers*, -bà-le-...] *s. m.*
[ÉTYM. Dérivé de trimbaler, §§ 78 et 145. (*Cf.* triballement, dans RAB. III, prol.) ‖ *Néolog.*]
‖ *Famil.* Action de trimbaler.

TRIMBALER [trin-bà-lé] *v. tr.*
[ÉTYM. Forme nasalisée de tribaler, d'origine inconnue : *cf.* ci-dessous le subst. triqueballe, et l'anc. verbe trinqueballer (RAB. I, 40). ‖ XVIᵉ s. Triballant sur les genoux, RAB. II, 16. Admis ACAD. 1835.]
‖ *Famil.* Faire aller deçà et delà. Un objet qu'on a trimbalé partout.

TRIMER [tri-mé] *v. intr.*
[ÉTYM. Mot d'argot, § 32, dont la forme ancienne paraît être trumer, qui se lit dans EUST. DESCH. V, 292. ‖ XVIIIᵉ s. *V.* à l'article. Admis ACAD. 1835.]
‖ *Famil.* Se fatiguer en efforts inutiles. Faire — qqn. J'aperçois vos deux amants qui triment par ce côté, COMTE DE CAYLUS, *Blanc et noir*, sc. 7.

TRIMESTRE [tri-mèstr'] *s. m.*
[ÉTYM. Du lat. trimestris, qui dure trois mois, § 38. (*Cf.* trémois.) ‖ 1611. COTGR. Admis ACAD. 1718.]
‖ (T. didact.) Espace de trois mois. Le premier — de l'année. Un — de rentes, rente de trois mois échue.

TRIMESTRIEL, ELLE [tri-mès'-tri-yèl] *adj.*
[ÉTYM. Dérivé de trimestre, § 238. ‖ *Néolog.* Admis ACAD. 1835.]
‖ (T. didact.) Qui revient tous les trois mois. Publication trimestrielle. S'acquitter par paiements trimestriels.

TRIN, INE [trin, trin'] *adj.*
[ÉTYM. Emprunté du lat. trinus, *m. s.* (*Cf.* trinité.) ACAD. autorise l'emploi de trine, même au masc. ‖ XIIIᵉ s. Invocation trine, J. DE MEUNG, *Trésor*, 255.]
‖ *Vieilli.* (T. didact.) Divisé en trois. Confessez donc tous trois une trine Unité (la sainte Trinité), RAC. *Cantique des trois enfants.* | *Spécialt.* (Astron.) — aspect, position de deux planètes distinctes du tiers du zodiaque.

TRINGA [trin-gà] *s. m.*
[ÉTYM. Emprunté de l'ital. tringa (OUD.), *m. s.* § 12. ‖ 1812. MOZIN, *Dict. franc.-allem.* Admis ACAD. 1835.]
‖ Oiseau de l'ordre des Échassiers, analogue au chevalier.

TRINGLE [trĭngl'] *s. f.*
[ÉTYM. Pour tingle, § 361, emprunté du néerland. tingel ou tengel, *m. s.* d'un radical verbal signifiant « lier », § 10.

(Cf. trangle.) ‖ 1328. Tingles a tingler le channel du moulin, dans GODEF. tingle. | 1539. Tringle, R. EST.]
‖ 1° Baguette qui sert à former des moulures. | Moulure plate à la partie inférieure du triglyphe dorique. | Ligne droite que le charpentier trace sur une pièce de bois avec un cordeau tendu blanchi à la craie.
‖ 2° Verge de fer qui passe dans les anneaux ou les coulisses d'un rideau pour le soutenir.

TRINGLER [trin-glé] *v. tr.*
[ÉTYM. Dérivé de tringle, § 154. ‖ 1328. *V.* tringle. Admis ACAD. 1798.]
‖ (Technol.) ‖ 1° *Ancienn.* Garnir de tringles.
‖ 2° *P. ext.* Marquer d'une ligne droite (une pièce de bois) avec un cordeau tendu blanchi à la craie.

***TRINGLETTE** [trin-glĕt'] *s. f.*
[ÉTYM. Dérivé de tringle, § 133. ‖ 1690. FURET.]
‖ (Technol.) Petite tringle. | *Spécialt.* Lame de fer, d'ivoire, etc., pour ouvrir les rainures de plomb où s'enchâssent les vitraux.

TRINITÉ [tri-ni-té] *s. f.*
[ÉTYM. Emprunté du lat. trinitas, *m. s.* ‖ XIᵉ s. Ço depreions la sainte Trinitet, *St Alexis*, 549.]
‖ (T. relig.) Réunion en un seul Dieu de trois personnes, Père, Fils, Saint-Esprit. La sainte Trinité. La fête de la Trinité, premier dimanche après la Pentecôte. ‖ *P. anal.* La — indienne (Brahma, Wichnou, Siva). | La — alexandrine, les trois hypostases, l'unité, l'intelligence et l'âme du monde.

TRINÔME [tri-nôm'] *s. m.*
[ÉTYM. Composé avec la particule lat. tri et le grec νομός, division, §§ 275 et 279. Écrit trinome dans ACAD. ‖ 1690. FURET. Admis ACAD. 1762.]
‖ (Algèbre.) Polynôme à trois termes.

TRINQUER [trin-ké] *v. intr.*
[ÉTYM. Emprunté de l'allem. drinken, boire, § 7. ‖ Au XIIᵉ s. BENEEIT emploie drinker, d'après l'angl. to drink; au commencement du XVIᵉ s. la langue hésite entre drinquer (J. D'AUTHON) et trinquer (RAB. IV, 15).]
‖ Boire avec qqn en choquant les verres. Je veux — avec vous.

TRINQUET [trin-kè] *s. m.*
[ÉTYM. Emprunté de l'ital. trinchetto, *m. s.* § 12. ‖ XVᵉ-XVIᵉ s. Desployer leurs trinquets et leurs voiles, J. D'AUTHON, dans DELB. *Rec.*]
‖ (Marine.) Mât de misaine. | Voile de ce mât.

TRINQUETTE [trin-kĕt'] *s. f.*
[ÉTYM. Tiré de trinquet, § 37. ‖ XVᵉ-XVIᵉ s. Petites voiles et trinquettes, CL. DE SEYSSEL, *Appien*, dans DELB. *Rec.* Admis ACAD. 1762.]
‖ (Marine.) Voile du mât de misaine.

TRIO [tri-ó] *s. m.*
[ÉTYM. Emprunté de l'ital. trio, *m. s.* formé à l'imitation de duo, § 12. ‖ XVIᵉ-XVIIᵉ s. Savourer un trio ou un duo, D'AUB. dans DELB. *Rec.*]
‖ (Musique.) Morceau pour trois voix ou trois instruments. Le — des masques dans le Don Juan de Mozart. Un — pour instruments à cordes. ‖ *P. anal.* Réunion de trois personnes. D'abord notre — s'en tire avec succès, LA F. *Fab.* IV, 18.

1. TRIOLET [tri-ò-lè] *s. m.*
[ÉTYM. Semble dérivé du radical de l'anc. franç. triolaine, jeûne de trois jours, §§ 62, 63 et 133. ‖ 1538. Danses... si comme... trioletz, dans GODEF.]
‖ (T. didact.) Groupe ternaire. [1. (Poésie.) Couplet de huit vers où le premier est répété après le troisième, et le premier et le second après le sixième. | 2. (Musique.) Groupe ternaire de notes dans une mesure binaire.

2. *TRIOLET [tri-ò-lè] *s. m.*
[ÉTYM. Emprunté du provenç. treulet, triolet, diminutif de treule, trèfle, § 11. ‖ 1545. Triolet des prets, G. GUÉROULT, dans DELB. *Rec.*]
‖ *Dialect.* Variété de trèfle. | Variété de luzerne, dite aussi lupuline, trèfle jaune, etc.

TRIOMPHAL, ALE [tri-on-fàl] *adj.*
[ÉTYM. Emprunté du lat. triumphalis, *m. s.* ‖ XIIᵉ s. Iluec sont li arc trionfal, *Thèbes*, 5205.]
‖ Qui appartient à un triomphe. Une marche, une entrée triomphale. Pompe triomphale.

TRIOMPHALEMENT [tri-on-fàl'-man; *en vers*, -fà-le-...] *adv.*
[ÉTYM. Composé de triomphale et ment, § 724. A rem-

placé triomphamment, seul donné par NICOT, FURET. et TRÉV. 1704-1752. || Admis ACAD. 1798.]

|| D'une manière triomphale.

TRIOMPHANT, ANTE [tri-on-fan, -fänt'] *adj.*

[ÉTYM. Adj. particip. de triompher, § 47. || XVᵉ s. La pucelle desmesuree Y est triomphant, *Myst. du siège d'Orl.* p. 750.]

|| **1°** Dont on célèbre le triomphe. C'est là que je vous verrai plus — qu'à Fribourg et à Rocroi, BOSS. *Condé.* Sa triomphante ascension (de Jésus-Christ), BOURD. *Charité envers les prisonniers*, 1. L'Église triomphante, les bienheureux. | *Fig.* Pompeux. La plus triomphante pompe funèbre, SÉV. 1015. *Substantivt.* En équipage de triomphante, LA F. *Psyché*, 1.

|| **2°** Qui remporte un triomphe. L'arche... Des dieux des nations tant de fois triomphante, RAC. *Ath.* V, 1. Des pertes plus triomphantes que des victoires, MONTAIGNE, I, 30. | *Fig.* Avoir un air —, air de fierté que donne le succès. Un argument —, destiné à avoir un plein succès. | *Substantivt, au fém.* (T. de jeu d'hombre.) Triomphante, coup décisif.

TRIOMPHATEUR, *TRIOMPHATRICE [tri-on-fà-teür, -trïs'] *s. m.* et *f.*

[ÉTYM. Emprunté du lat. triumphator, trix, *m. s.* || XIVᵉ s. J. LE FÈVRE, *Matheolus*, dans GODEF. *Compl.*]

|| Celui, celle qui triomphe. L'esclave des triomphateurs romains, FONTEN. *Pierre Iᵉʳ.* Triomphatrice de l'empire ottoman, VOLT. *Lett. à Cather.* II, 27 mai 1769. | *Fig.* Ces lâches courtisans qui sont les triomphateurs et n'ont pas été les victorieux, BALZ. *De la Cour*, 7.

1. TRIOMPHE [tri-ŏnf'] *s. m.*

[ÉTYM. Emprunté du lat. triumphus, *m. s.* || XIIᵉ s. Qu'il ait al tiers assaut le triumphe plenier, GARN. DE PONT-STE-MAX. *St Thomas*, 3292.]

|| **1°** (Antiq. rom.) Honneur décerné au général qui avait remporté une grande victoire, entrée pompeuse du vainqueur dans la ville, monté sur un char, suivi de son armée, des captifs et des dépouilles. Char de —. Après les avoir menés (les rois vaincus) en —, chargés de fers, BOSS. *Hist. univ.* III, 6. || *Fig.* Ma raison est captive en — menée, RÉGNIER, *Élég.* 1. || Arc de —, arcade décorée sous laquelle passait le cortège du vainqueur. || *P. ext.* | **1.** Porte monumentale commémorative d'une victoire. | **2.** Arcade décorée sous laquelle passe un cortège. || *P. anal.* Démonstrations d'allégresse pour la venue de qqn, de qqch. Porter qqn en —. David la mena (l'arche sainte) en — dans Sion, BOSS. *Hist. univ.* II, 4.

|| **2°** Victoire éclatante remportée par un général. Ce vaillant homme reçut le coup mortel et demeura comme enseveli dans son —, FLÉCH. *Turenne.* || *P. ext.* Succès éclatant. Après ce — de la foi, BOSS. *Le Tellier.* Ton — est parfait, RAC. *Phèd.* III, 2. | Le — de qqn, ce en quoi il réussit le mieux. L'équitation est son —. *P. anal.* Je trouvai tout le — du mois de mai, SÉV. 162. | Fierté que donne le succès. Quel — pour vous, Si vous saviez ma honte! RAC. *Mithr.* IV, 5.

2. TRIOMPHE [tri-ŏnf'] *s. f.*

[ÉTYM. Semble être un subst. verbal de triompher, § 52. || 1482. Jouer aux quartes au jeu du triumple, dans DU C. triumphus 1.]

|| *Vieilli.* (T. de jeu de cartes.) Couleur qui l'emporte sur les autres. (*Syn.* atout.) *Loc. prov.* Voilà de quoi est la — (de quoi il s'agit). || *P. ext.* Ancien jeu analogue à l'écarté.

TRIOMPHER [tri-on-fé] *v. intr.*

[ÉTYM. Emprunté du lat. triumphare, *m. s.* (*Cf.* tromper.) || XIIIᵉ s. Quant tu triumphas de deable, J. DE MEUNG, *Trésor*, 708.]

|| **1°** (Antiq. rom.) Obtenir les honneurs du triomphe. Paul-Émile triompha après avoir vaincu Persée. Il triompha de la Macédoine (pour avoir vaincu la Macédoine). || *P. anal.* Célébrer une victoire. A vaincre sans péril on triomphe sans gloire, CORN. *Cid*, II, 2.

|| **2°** Remporter un triomphe, une victoire éclatante. Rome en effet triomphe, et Mithridate est mort, RAC. *Mithr.* I, 1. || *Fig.* — d'une personne, d'une chose, la vaincre d'une manière complète. Esther a triomphé des filles des Persans, RAC. *Esth.* III, 9. L'amour n'a-t-il encor triomphé que de vous? ID. *Phèd.* IV, 6. | Je triomphe aujourd'hui du plus juste courroux, CORN. *Cinna*, V, 3. Ses pyramides qui... triomphent du temps, BOSS. *Hist. univ.* III, 3. *Absolt.* La grâce qui a fait — Madame, ID. *D. d'Orl.* Notre père Antoine Sirmond qui triomphe sur cette matière, PASC. *Prov.* 10. La bonne cause a triomphé. Je vais sortir d'un gouffre où triomphent les vices, MOL. *Mis.* V, 4.

|| **3°** Avoir la fierté que donne le succès. Elle se hâte trop, Burrhus, de —, RAC. *Brit.* IV, 3.

TRIPAILLE [tri-pây'] *s. f.*

[ÉTYM. Dérivé de tripe, § 95. || XVᵉ s. Le ribault ment Par le faulx cueur de sa tripaille, A. GREBAN, *Passion*, 26399.]

|| *Famil.* Amas de tripes, d'entrailles d'animaux.

1. TRIPE [trïp'] *s. f.*

[ÉTYM. Origine inconnue. || XIIIᵉ s. Tripes de porc, dans BARBAZAN, *Fabliaux et Contes*, IV, p. 88.]

|| **1°** Boyau d'un animal. | *P. hyperb. Famil.* Rendre tripes et boyaux, vomir.

|| **2°** *P. ext.* Estomac des ruminants (panse, feuillet, etc.) considéré comme aliment. Manger des tripes à la mode de Caen, à la lyonnaise, etc. (*Syn.* gras-double.) || *P. anal.* (Cuisine.) Œufs à la —, cuits durs, coupés par tranches et fricassés.

2. TRIPE [trïp'] *s. f.*

[ÉTYM. Origine inconnue; l'espagn. tripe, *m. s.* vient du français. || 1483. Livre couvert de trippe de veloux, dans *Bibl. de l'Éc. des Chartes*, 1864-65, p. 357.]

|| (Technol.) Étoffe de laine ou de fil travaillée comme le velours, dite par pléonasme — de velours.

TRIPE-MADAME. *V.* trique-madame.

TRIPERIE [trïp'-ri; *en vers*, tri-pe-ri] *s. f.*

[ÉTYM. Dérivé de tripier, §§ 65 et 68. || XIVᵉ s. Issues d'un port qui sont vendues a la tripperie, *Ménagier*, II, p. 128. Admis ACAD. 1762.]

|| Boutique où l'on vend des tripes, des abats. | Commerce de tripes, d'abats.

TRIPETTE [tri-pět'] *s. f.*

[ÉTYM. Dérivé de tripe, § 133. || XVᵉ s. Il n'y avoit tripea ne tripettes, A. DE LA SALLE, *Cent Nouv. nouv.* 83. Admis ACAD. 1798.]

|| *Famil.* Petite tripe. *Spécialt. Loc. prov.* Cela ne vaut pas — (pas grand chose).

***TRIPHTONGUE** et **TRIPHTONGUE** [trïf-tŏng'] *s. f.*

[ÉTYM. Composé avec le grec τρι et φθόγγος, son, à l'imitation de diphtongue, § 279. ACAD. 1878 inaugure l'orthogr. triphtongue. || Admis ACAD. 1762.]

|| (T. didact.) Syllabe composée de trois voyelles qu'on prononce d'une seule émission de voix (eau, août).

TRIPIER, IÈRE [tri-pyé, -pyèr] *s. m.* et *f.*

[ÉTYM. Dérivé de tripe, § 115. || XIIIᵉ s. Li tripier ki vendent char quite, dans DELB. *Rec.*]

|| Celui, celle qui vend des tripes, des abats. Couteau de tripière, qui tranche des deux côtés, et, *fig. vieilli*, personne qui dit tantôt du bien, tantôt du mal d'une autre.

TRIPLE [tripl'] *adj.*

[ÉTYM. Emprunté du lat. triplex ou triplus, *m. s.* (*Cf.* l'anc. franç. treble, de formation pop.) || XIIIᵉ s. Rose, dans GODEF. *Compl.*]

|| Répété trois fois. Le chien à — tête (Cerbère). La — couronne, la tiare. Un menton à — étage. Une — personne en une seule essence, CHAPELAIN, *Pucelle*, 1. Une — offense, CORN. *Cinna*, III, 1. | (Mathém.) Un nombre — d'un autre, qui contient l'autre trois fois. Une longueur —. | *P. ext.* (Musique.) — croche, note qui vaut le huitième de la noire. | (Chimie.) Sel —, composé d'un acide et de deux bases. || *Substantivt, au masc.* Le —, quantité qui en contient trois fois une autre. Douze est le — de quatre. Un papier plié en —, replié trois fois.

1. TRIPLEMENT [tri-ple-man] *adv.*

[ÉTYM. Composé de triple et ment, § 724. (*Cf.* l'anc. franç. treblement.) || XVIᵉ s. Payer triplement, PARÉ, XV, 28. Admis ACAD. 1718.]

|| D'une manière triple.

2. TRIPLEMENT [tri-ple-man] *s. m.*

[ÉTYM. Dérivé de tripler, § 145. || 1558. G. MOREL, dans DELB. *Rec.* Admis ACAD. 1878.]

|| Action de tripler.

TRIPLER [tri-plé] *v. tr.* et *intr.*

[ÉTYM. Dérivé de triple, § 266. || 1484. L'on doit tripler le denominateur, N. CHUQUET, *Triparty*, 59.]

|| **1°** *V. tr.* Rendre triple. — une quantité. — son revenu.

|| **2°** *V. intr.* Devenir triple. La population a triplé.

TRIPLICATA [tri-pli-kà-tà] *s. m.*

[ÉTYM. Emprunté du lat. triplicata (s.-ent. littera), proprt, « triplée », § 217. (*Cf.* duplicata.) || 1812. MOZIN, *Dict. franç.-allem.* Admis ACAD. 1835.]

|| (T. didact.) Triple, troisième expédition d'un acte.

TRIPLICITÉ [tri-pli-si-té] *s. f.*
[ÉTYM. Emprunté du lat. *triplicitas, m. s.* || XIVᵉ-XVᵉ s. La triplicité des voix, EUST. DESCH. VII, 272.]
|| (T. didact.) Qualité de ce qui est triple.

TRIPOLI [tri-pò-li] *s. m.*
[ÉTYM. Nom propre, § 36 : Tripoli (de Barbarie), d'où venait autrefois cette terre. || 1556. Tripolis polit mieux que emiris, R. LE BLANC, *Subtilité*, dans DELB. *Rec.*]
|| (Technol.) Terre siliceuse, d'un jaune rougeâtre, servant à polir les glaces, les métaux, etc.

***TRIPOLIR** [tri-pò-lir] *v. tr.*
[ÉTYM. Dérivé de tripoli (sous l'influence de polir), § 154. || 1680. RICHEL.]
|| *Famil.* Polir, écurer avec du tripoli.

TRIPOT [tri-pó] *s. m.*
[ÉTYM. Origine inconnue. En anc. franç. tripot a le sens figuré de « manège ». (*Cf.* tripoter, tripotage.) || XIIᵉ s. Partie me sui du tripot, *Tristan*, I, p. 333, Michel.]
|| 1° *Ancient.* Enclos pour le jeu de paume. | *Fig.* Nous nous trompions dans la pensée qu'il (Bourdaloue) ne jouerait bien que dans son —, SÉV. 118. Battre un homme dans son —, sur son terrain.
|| 2° *P. ext.* Maison de jeu de mauvais aloi. Fréquenter les tripots. | *Fig.* Maison où se réunit mauvaise compagnie. *P. plaisant.* Il y a bien des tripots, celui de la Sorbonne, celui de la Comédie, VOLT. *Lett.* 19 fév. 1768.

TRIPOTAGE [tri-pò-tâj'] *s. m.*
[ÉTYM. Dérivé de tripot, § 78. || 1482. Il y avra grant tripoutage Quant tous ses gens seront ensemble, G. FLAMANG, *Myst. de St Didier,* dans DELB. *Rec.*]
|| Action de tripoter, de mêler diverses choses d'une manière peu ragoûtante. || Résultat de cette action. || *Fig.* Action de toucher à toute sorte de choses qu'on brouille. Mères et nourrissons faisaient leur —, LA F. *Fab.* III, 6. | *Spéciall.* Action de toucher à certaines affaires de manière à pêcher en eau trouble. Des tripotages de bourse.

TRIPOTÉE [tri-pò-té] *s. f.*
[ÉTYM. Subst. particip. de tripoter, § 45. || *Néolog.* Admis ACAD. 1878.]
|| *Trivial.* Volée de coups.

TRIPOTER [tri-pò-té] *v. intr.*
[ÉTYM. Dérivé de tripot, § 154. || 1582. Paches ou ventes tripotées, NIC. DE MONTAND, *Miroir des François,* dans DELB. *Rec.*]
|| Mêler diverses choses d'une manière peu ragoûtante. Des enfants qui tripotent dans le ruisseau. || *Fig.* Toucher à toutes sortes de choses qu'on brouille. — dans un tiroir. | *Spéciall.* Toucher à certaines affaires de manière à en tirer des profits peu honorables. || *Transitivt.* Manier maladroitement. — des fruits. *Fig.* Manier, ménager (qq affaire peu honorable). — un mariage. — à la bourse.

***TRIPOTEUR, EUSE** [tri-pò-teur, -teuz'] *s. m. et f.*
[ÉTYM. Dérivé de tripoter, § 112. || 1582. Tripoteurs et monopoleurs, NIC. DE MONTAND, *Miroir des François,* dans DELB. *Rec.*]
|| Celui, celle qui tripote.

TRIPOTIER, IÈRE [tri-pò-tyé, -tyèr] *s. m. et f.*
[ÉTYM. Dérivé de tripot, tripoter, § 115. || 1611. COTGR.]
I. || 1° *Ancienn.* Celui, celle qui tient un jeu de paume. || 2° Celui, celle qui tient une maison de jeu de mauvais aloi.
II. Celui, celle qui fait des tripotages.

TRIPTYQUE [trip'-tik'] *s. m.*
[ÉTYM. Emprunté du grec τρίπτυχος, *m. s.* (*Cf.* diptyque et polyptyque.) Admis ACAD. 1878.]
|| (T. didact.) Tableau sur trois volets dont deux, celui de droite et celui de gauche, se replient ordinairement sur celui du milieu.

TRIQUE [trik'] *s. f.*
[ÉTYM. Origine incertaine; la forme semble indiquer un emprunt aux patois de la région normanno-picarde, § 16. (*Cf.* tricot 1 et triquet.) || 1413. Peut se déduire de l'existence de tricot à cette date.]
|| *Famil.* Gros bâton. Donner des coups de — à qqn.

TRIQUEBALLE [trik'-bàl'; *en vers*, tri-ke-...] *s. m.* (fém. ACAD. 1762-1835).
[ÉTYM. Mot de formation obscure, emprunté des patois de la région normanno-picarde, *m. s.* § 16. (*Cf.* trimbaler.)
|| XVᵉ s. Coudempné à la triquebale, MART. LE FRANC, dans *Romania*, XVI, 430. Admis ACAD. 1762.]

|| (Technol.) Chariot pour les transports d'artillerie. | Fardier pour le transport des grosses pièces de charpente.

TRIQUE-MADAME [trik'-mà-dàm'; *en vers*, tri-ke-...] *s. f.*
[ÉTYM. Paraît composé de trique et madame, sans que l'on puisse expliquer sûrement cette locution, § 175. Souvent altéré en tripe-madame. || 1545. Petite joubarbe, triquemadame et rabavit, G. GUÉROULT, *Hist. des plantes,* p. 25.]
|| Variété de joubarbe qui se mange en salade.

TRIQUET [tri-kè] *s. m.*
[ÉTYM. Dérivé de trique, § 133. || 1680. RICHEL. Admis ACAD. 1740.]
|| *Vieilli.* Battoir étroit pour le jeu de paume.

***TRIQUETRAC.** *V.* trictrac.

***TRIQUOISES.** *V.* tricoises.

TRIRÈGNE [tri-rèñ'] *s. m.*
[ÉTYM. Emprunté de l'ital. triregno, *m. s.* § 12. || 1690. FURET. Admis ACAD. 1798.]
|| *Vieilli.* Triple couronne, tiare pontificale. (*Cf.* règne.)

TRIRÈME [tri-rèm'] *s. f.*
[ÉTYM. Emprunté du lat. triremis, *m. s.* || XIVᵉ s. Triremes estoient certaines manieres de nef a trois rens d'aviron, BERSUIRE, f° 3, dans LITTRÉ. Admis ACAD. 1762.]
|| (Antiq. rom.) Vaisseau à trois rangs de rames.

TRISAÏEUL, EULE [tri-zà-yeul] *s. m. et f.*
[ÉTYM. Composé avec la particule lat. tri et aïeul d'après bisaïeul, § 275. || 1552. Amurath trisayeul de Soliman, D. SAUVAGE, *P. Jove,* dans PASQ. *Rech.* VIII, 50. Admis ACAD. 1740.]
|| Le père, la mère du bisaïeul ou de la bisaïeule de qqn.

***TRISECTEUR, TRICE** [tri-sèk'-teur, -trîs'] *adj.*
[ÉTYM. Composé avec la particule lat. tri et secteur, § 275. || *Néolog.*]
|| (Géom.) Qui divise en trois parties. Courbe trisectrice.

TRISECTION [tri-sèk'-syon; *en vers*, -si-on] *s. f.*
[ÉTYM. Composé avec la particule lat. tri et section, §275. || 1690. FURET. Admis ACAD. 1762.]
|| (Géom.) Division en trois parties. La — de l'angle, problème fameux, FONTEN. *Viviani.*

***TRISEL** [tri-sèl] *s. m.*
[ÉTYM. Composé avec la particule lat. tri et sel, § 275. || *Néolog.*]
|| (Chimie.) Sel acide contenant trois fois autant d'acide que de base, ou sel basique contenant trois fois autant de base que d'acide (par rapport au sel neutre correspondant).

***TRISSER** [tri-sé] *v. tr.*
[ÉTYM. Dérivé de la particule lat. tri d'après bisser, § 266. || *Néolog.*]
|| Faire répéter trois fois (un morceau) par un chanteur, un musicien, etc.

TRISSYLLABE [tri-sil'-làb'] *adj.*
[ÉTYM. Emprunté du lat. trisyllabus, grec τρισύλλαβος, *m. s.* (*Cf.* dissyllabe.) || 1550. Trissylabes terminez en e brief, MEIGRET, dans DELB. *Rec.* Admis ACAD. 1740.]
|| (Gramm.) Qui a trois syllabes. Un mot —, et, *substantivt,* Un —.

***TRISSYLLABIQUE** [tri-sil'-là-bik'] *adj.*
[ÉTYM. Dérivé de trissyllabe, §229. || 1812. MOZIN, *Dict. franç.-allem.*]
|| (Gramm.) Qui a trois syllabes. Mot, pied, vers —.

TRISTE [trist'] *adj.*
[ÉTYM. Emprunté du lat. tristis, *m. s.* || XIIᵉ s. Triste vieillece, *Enéas,* 2405.]
|| 1° Qui est dans un état de souffrance morale. Captive, toujours —, importune à moi-même, RAC. *Andr.* I, 4. — de (à cause de) qqch. Je l'ai trouvé tantôt tout — de je ne sais quoi que vous lui avez dit, MOL. *Scap.* II, 7. *P. ext.* Je suis toute — de vous, SÉV. 1257. | Qui laisse voir cet état de souffrance morale. Mais pourquoi ce front —? CORN. *Hor.* II, 2. Faire — mine, faire une — figure. || *P. anal.* Morose. Un caractère —. Une personne qui a le vin —, qui a l'ivresse morose. Je lis sur son visage Des fiers Domitius l'humeur — et sauvage, RAC. *Brit.* I, 1. Tant pis, reprit le — oiseau (le hibou), LA F. *Fab.* V, 18. Je ne suis pas pourtant de ces tristes esprits, BOIL. *Art p.* 4. | Qui exprime cet état de souffrance morale, qui en est le signe. Et les tristes discours Que te met en l'esprit l'amitié paternelle, MALH. *Poés.* 11. Ma — voix, BOSS. *D. d'Orl.* Un — adieu. Ces tristes vêtements où je lis mon malheur, CORN. *Cid,* IV, 1.
|| 2° Qui produit cet état de souffrance morale. Je vou-

drais vous cacher une — nouvelle, RAC. *Phèd.* I, 4. Parlez à mon esprit de mon — devoir, CORN. *Cid*, IV, 1. Et le tombeau, Seigneur, est moins — pour moi, RAC. *Mithr.* IV, 4. Être dans un — état. J'en ai fait la — expérience. Non pour le — bien de jouir de sa vue, CORN. *Suréna*, III, 3. Mener une — vie. | Un appartement —. Un temps —. || *P. anal.* Fâcheux. Il a fait une — fin. Jouer un — personnage. C'est un — métier.

TRISTEMENT [trĭs'-te-man] *adv.*

[ÉTYM. Composé de triste et ment, § 724. || XIII⁰ s. Por quoi me sueffres tu a demener si tristement ? *Psaut.* dans LITTRÉ.]

|| D'une manière triste. Il pleurait —. | — célébre.

TRISTESSE [trĭs'-tĕs'] *s. f.*

[ÉTYM. Dérivé de triste, à l'imitation du lat. tristicia, *m. s.* § 124. || XII⁰ s. En tes granz sales od tristesce, MARIE DE FRANCE, *Fables*, IX, 52.]

|| État de souffrance morale. Sur les ailes du Temps la — s'envole, LA F. *Fab.* VI, 21. Nos plus heureux succès sont mêlés de —, CORN. *Cid*, III, 5. Elle (l'élégie) peint des amants la joie et la —, BOIL. *Art p.* 2. | *P. anal.* Humeur morose. David... Calmait d'un roi jaloux la sauvage —, RAC. *Esth.* III, 3.

1. TRITON [tri-ton] *s. m.*

[ÉTYM. Emprunté du lat. Triton, grec Τρίτων, *m. s.* || 1512. J. LE MAIRE, *Trespas du vic. de Falaise.* Admis ACAD. 1718.]

|| **1⁰** (Mythol.) Divinité de la mer, représentée avec une figure humaine et un corps terminé en poisson. | Conque de —, et, *ellipt*, —, coquille univalve.

|| **2⁰** *P. anal.* Batracien aquatique, voisin de la Salamandre.

|| **3⁰** *P. ext.* Appareil pour plonger.

2. TRITON [tri-ton] *s. m.*

[ÉTYM. Emprunté du lat. du moyen âge tritonum, grec τρίτονον, *m. s.* || 1690. FURET.]

|| (Musique.) Intervalle de trois tons (seconde majeure) dans l'échelle du plain-chant.

'TRITONIEN, ENNE [tri-tô-nyin, -nyèn'; *en vers*, -ni-...] *adj.*

[ÉTYM. Dérivé de triton, § 244. || *Néolog.*]

|| Qui contient des débris d'animaux marins. Terrain —.

TRITOXYDE [tri-tŏk'-sid'] *s. m.*

[ÉTYM. Composé avec le grec τρίτος, troisième, et oxyde, §§ 279 et 282 *bis*. || *Néolog.* Admis ACAD. 1835.]

|| (Chimie.) Troisième combinaison oxyde d'un corps qui se combine en proportions diverses avec l'oxygène.

TRITURABLE [tri-tu-râbl'] *adj.*

[ÉTYM. Dérivé de triturer, § 242. || XVI⁰ s. La substance des choses triturables, M. DUSSEAU, *Enchiridion*, dans DELB. *Rec.* Admis ACAD. 1762.]

|| (T. didact.) Qui peut être trituré.

TRITURATION [tri-tu-rà-syon; *en vers*, -si-on] *s. f.*

[ÉTYM. Emprunté du lat. trituratio, *m. s.* || 1599. R. BENOIST, *Vie de J.-C.* dans DELB. *Rec.* Admis ACAD. 1718.]

|| (T. didact.) Action de triturer. La — du camphre dans un mortier.

'TRITURE [tri-tûr] *s. f.*

[ÉTYM. Emprunté du lat. tritura, *m. s.* de tritum, supin de terere, écraser. || 1610. Nous appellons... triture lorsque les medicaments sont seulement concassés, JAN DU VAL, *Tresor des preservatifs*, dans DELB. *Rec.*]

|| **1⁰** *Vieilli.* (T. didact.) Trituration.

|| **2⁰** *Fig.* Le fait d'être rompu à une chose, par le maniement habituel. Avoir la — des affaires.

TRITURER [tri-tu-ré] *v. tr.*

[ÉTYM. Emprunté du lat. triturare, *m. s.* || 1519. Batre l'on doit et le bled triturer En plein midy, GUILL. MICHEL, *Énéide*, dans DELB. *Rec.* Admis ACAD. 1762.]

|| (T. didact.) Réduire en poudre, en usant, en écrasant sans frapper. (*Syn.* broyer.) | *Fig.* — les affaires, les manier à fond.

TRIUMVIR [tri-ŏm'-vir] *s. m.*

[ÉTYM. Emprunté du lat. triumvir, *m. s.* || 1545. Cesar non encores Auguste, mais triumvir, A. LE MAÇON, *Décaméron*, dans DELB. *Rec.*]

|| (Antiq. rom.) Magistrat partageant avec deux collègues certaines fonctions sous la république. Les premiers triumvirs (Octave, Antoine, Lépide). || *Fig.* Un des triumvirs, comme ils le (Juste Lipse) nommaient, de la république des lettres, BALZ. *Dissert. crit.* 7.

TRIUMVIRAL, ALE [tri-ŏm'-vi-ràl] *adj.*

[ÉTYM. Emprunté du lat. triumviralis, *m. s.* || Admis ACAD. 1798.]

|| (Antiq. rom.) Qui appartient aux fonctions de triumvir.

TRIUMVIRAT [tri-ŏm'-vi-rà] *s. m.*

[ÉTYM. Emprunté du lat. triumviratus, *m. s.* || 1560. BONIVARD, *Anc. et nouv. Police*, dans DELB. *Rec.*]

|| (Antiq. rom.) Fonction de triumvir; durée de cette fonction. Il le dépouilla de la puissance du —, MONTESQ. *Rom.* 13.

1. TRIVELIN [triv'-lin; *en vers*, tri-ve-...] *s. m.*

[ÉTYM. Emprunté de l'ital. Trivellino, nom propre d'un bouffon de comédie, §§ 12 et 36. || XVII⁰ s. *V.* à l'article. Admis ACAD. 1835.]

|| *Vieilli.* Bouffon. (*Cf.* trivelinade.) Trivelins et scaramouches dansants, MOL. *Am. méd.* indic. des pers.

2. TRIVELIN [triv'-lin; *en vers*, tri-ve-...] *s. m.*

[ÉTYM. Semble emprunté de l'ital. trivellino, propr. « foret », § 12. || *Néolog.*]

|| (Technol.) Instrument de dentiste dit aussi langue de carpe, servant à extraire les racines, les grosses molaires.

TRIVELINADE [triv'-li-nàd'; *en vers*, tri-ve-...] *s. f.*

[ÉTYM. Dérivé de trivelin, § 120. || XVII⁰ s. *V.* à l'article. Admis ACAD. 1835.]

|| *Vieilli.* Bouffonnerie de trivelin. J'ai huit ou dix trivelinades Que je sais sur mon doigt, LA F. *Florentin.*

TRIVIAIRE [tri-vyèr; *en vers*, -vi-èr] *adj.*

[ÉTYM. Dérivé du lat. trivium, réunion de trois voies, § 248. (*Cf.* trivial.) || 1669. Triviaires et biviaires, *Ordonn. des eaux et forêts*, dans ISAMBERT, *Rec. gén. des anc. lois franç.* XVIII, p. 93. Admis ACAD. 1762.]

|| *Rare.* (T. didact.) Qui présente trois chemins. Carrefour —.

TRIVIAL, ALE [tri-vyàl; *en vers*, -vi-àl] *adj.*

[ÉTYM. Emprunté du lat. trivialis, *m. s.* de trivium, carrefour. (*Cf.* triviaire.) || 1550. Argument trivial, RAB. *Sciomachie.*]

|| (T. didact.) || **1⁰** Rebattu à satiété, connu de tous. Les bonnes maximes sont sujettes à devenir triviales, VAUVEN. *Nouv. Max.* 82. | L'homme de lettres est — comme une borne au coin des places, LA BR. 6.

|| **2⁰** Vulgaire et bas. Une expression triviale. On ne vit plus en vers que pointes triviales, Le Parnasse parla le langage des halles, BOIL. *Art p.* 1.

TRIVIALEMENT [tri-vyàl-man; *en vers*, -vi-à-le-...] *adv.*

[ÉTYM. Composé de triviale et ment, § 724. || 1680. RICHEL. Admis ACAD. 1718.]

|| (T. didact.) D'une manière triviale.

TRIVIALITÉ [tri-vyà-li-té; *en vers*, -vi-à-...] *s. f.*

[ÉTYM. Dérivé de trivial, § 255. || 1611. COTGR. Admis ACAD. 1762.]

|| (T. didact.) Caractère de ce qui est trivial. Fuir la —. || *P. ext.* Pensée, expression triviale. Dire des trivialités.

TROC [trŏk'] *s. m.*

[ÉTYM. Subst. verbal de troquer, § 52. || XVI⁰ s. Troque pour troq', RONS. II, p. 40.]

|| Échange d'un objet contre un autre. | *P. ext.* Le roi résolut le — de ces deux gouvernements, ST-SIM. I, 223.

TROCART [trò-kàr]. *V.* trois-quarts.

TROCHAÏQUE [trò-kà-ïk'] *adj.*

[ÉTYM. Emprunté du lat. trochaïcus, grec τροχαϊκός, *m. s.* || 1551. Vers... trochaïques ou iambiques, *Quintil horatian*, dans DELB. *Rec.* Admis ACAD. 1798.]

|| (Prosod. anc.) Composé de trochées. Vers —.

TROCHE [trŏch'] *s. f.*

[ÉTYM. Origine incertaine; qqns y voient un doublet de torche. (*Cf.* détroquer.) || XIII⁰ s. De chevaliers une grant troche, G. DE COINCY, dans GODEF. Admis ACAD. (au sens spécial) 1762.]

|| *Dialect.* Faisceau, assemblage d'objets de même nature. (*Cf.* trochée, trochet.) || *Spécialt. P. anal.* (Vénerie.) Fumée en —, et, *ellipt*, —, fumée à demi formée des bêtes fauves.

1. TROCHÉE [trò-ché] *s. f.*

[ÉTYM. Dérivé de troche, § 119. || 1606. NICOT. Admis ACAD. 1798.]

|| (Agricult.) Faisceau de pousses que donne un arbre venu de graine, qu'on a coupé un peu au-dessus du sol.

2. TROCHÉE [trò-ché] *s. m.*

[ÉTYM. Emprunté du lat. trochæus, grec τροχαῖος, *m. s.* || 1572. Le pied trochee, AMYOT, *Œuvres mor.* dans DELB. *Rec.* Admis ACAD. 1762.]

|| (Prosod.) Pied formé d'une longue et d'une brève.
TROCHET [trò-chè] *s. m.*

[ÉTYM. Dérivé de troche, § 133. La forme fém. trochete se trouve dès 1302. (*V.* DELB. *Rec.*) || XIVᵉ-XVᵉ s. Seize trochès de perles contenant chacun trochet quatre perles, dans GODEF. Admis ACAD. 1718.]

|| (Agricult.) Sorte de bouquet naturel de fleurs, de fruits, que porte une tige.

TROCHISQUE [trò-chìsk'] *s. m.*

[ÉTYM. Emprunté du lat. trochiscus, grec τροχίσκος, *m. s.* || 1425. Forme plaisant D'autres trocisques, OL. DE LA HAYE, dans DELB. *Rec.* Admis ACAD. 1762.]

|| (Pharm.) Tablette, pastille de forme conique, pyramidale.

*'**TROCHLÉE** [trò-klé] *s. f.*

[ÉTYM. Emprunté du lat. trochlea, poulie. (*Cf.* treuil.) || 1721. TRÉV.]

|| (Anat.) Saillie articulaire de l'extrémité inférieure de l'humérus, de la rotule, du fémur.

*'**TROCHOÏDE** [trò-kò-id'] *adj.*

[ÉTYM. Emprunté du grec τροχοειδής, *m. s.* || 1658. M. de Roberval... commença de l'appeler par ce nom tiré du grec trochoïde, PASC. *Hist. de la roulette.*]

|| (T. didact.) || **1°** Qui est en forme de roue tournant sur son axe. || *Spécialt.* | 1. (Anat.) Articulation —, où un os tourne sur un autre. | 2. (Géom.) La courbe —, et, *substantivt*, La —, la courbe dite aussi cycloïde ou roulette.

|| **2°** Qui est en forme de toupie. *Spécialt.* (Géom.) *Substantivt.* La —, la figure courbe, dite aussi fuseau, que présente la corde en vibration.

TROCHURE [trò-chûr] *s. f.*

[ÉTYM. Dérivé de troche, § 111. || XIVᵉ s. Par la trochure... le cerf derompt les branches, *Modus*, f° 9. Admis ACAD. 1835.]

|| (Vénerie.) Quatrième andouiller du cerf.

TROÈNE [trò-èn'; *anciennt*, trwèn'] *s. m.*

[ÉTYM. Pour troine, d'une forme hypothétique *trŭgino, dont le radical serait german. (*cf.* le vieux haut allem. [hart]trug[il], nom d'un arbre voisin du troène) et la désinence empruntée à celle du lat. carpinum, charme, fraxinum, frêne, etc. §§ 6, 498 et 499. ACAD. 1798-1835 écrit troène.]

|| Arbrisseau de la famille des Oléacées, dont on forme des massifs. On cueille l'hyacinthe, on laisse le —, MALFILA-TRE, *Génie de Virgile*, *Égl.* 3.

TROGLODYTE [trò-glò-dît'] *s. m.*

[ÉTYM. Emprunté du lat. troglodyta, grec τρωγλοδύτης, *m. s.* de τρώγλη, trou, et δύνειν, entrer. || 1372. Ceulx ci sont appellés trogodites, J. CORBICHON, *Propr. des choses*, XV, 53, mss franç. Bibl. nat. 216, f° 210, v°. Admis ACAD. 1762.]

I. || **1°** Habitant de cavernes souterraines.

|| **2°** Oiseau insectivore, que l'on confond avec le roitelet.

II. Variété de singe. (*Syn.* chimpanzé.)

TROGNE [tròñ'] *s. f.*

[ÉTYM. Origine incertaine, peut-être celtique, § 3. (*Cf.* le cymrique trwyn, nez.) || XIVᵉ-XVᵉ s. Toutes trongnez, CHR. DE PISAN, dans GODEF. *Compl.*]

|| *Trivial.* Visage. Ces trognes armées, PASC. *Pens.* III, 3. *Spécialt.* Visage enluminé par le vin. Une — d'ivrogne.

TROGNON [trò-ñon] *s. m.*

[ÉTYM. Origine incertaine ; peut-être dérivé de trogne, § 104. || XIVᵉ s. Le troignon regette nouvelle poree, *Ménagier*, II, p. 49.]

|| Le cœur de certains fruits, le pied de certains légumes dont on a retranché tout ce qui se mange. (*Cf.* trou 2.) On — de pomme, de poire. Un — de chou, de salade. [*Trivial.* Mon petit —, terme de caresse pour s'adresser à un enfant.

TROIS [trwá; *en liaison*, trwáz'] *adj. et s. m.*

[ÉTYM. Du lat. trēs, *m. s.* devenu treis, trois, § 309.]

I. Adjectif numéral invariable. || **1°** Adjectif cardinal. Deux plus un. Les — personnes de la sainte Trinité. — mois. Une mesure à — temps. — personnes, et, *ellipt*, Être — contre un. Que voulez-vous qu'il fît contre —? CORN. *Hor.* III, 6. | S'y reprendre — fois, et, *ellipt*, Et de —, pour indiquer qu'une chose a eu lieu trois fois. Règle de —, où l'on détermine le terme inconnu d'une proportion par les trois termes connus. *Fig.* Les — quarts du temps, le plus souvent. *Substantivt.* Le — pour cent, rente sur l'État qui rapporte annuellement trois francs pour cent francs du capital nominal.

|| **2°** Adjectif numéral ordinal. Troisième. Henri — (Henri III). Le chapitre —. Le — (le troisième jour) du mois de janvier, et, *ellipt*, Le — janvier. Habiter au — (au numéro trois).

II. *S. m.* (invariable). La quantité formée par deux plus un. — plus deux égale cinq. || Au jeu de cartes. Le — de carreau, de pique.

TROISIÈME [trwá-zyèm'] *adj.*

[ÉTYM. Dérivé de trois, § 96 *ter.* || 1539. R. EST.]

|| Adjectif numéral ordinal. Qui vient immédiatement après le deuxième. (*Cf.* tiers.) Arrive un — larron, LA F. *Fab.* I, 13. | *Famil.* En rejetant le suffixe ième après un autre adjectif numéral. La — ou quatrième fois. — tête, cerf de quatre ans. | Ce cheval est arrivé —. Avoir la — place, et, *ellipt*, Être le, la — sur la liste. Loger au — (étage). La — classe, et, *ellipt*, Un professeur de —.

TROISIÈMEMENT [trwá-zyèm'-man ; *en vers*, -zyòme-...] *adv.*

[ÉTYM. Composé de troisième et ment, § 724. (*Cf.* l'anc. franç. tiercement.) || 1680. RICHEL.]

|| En troisième lieu.

TROIS-MÂTS [trwá-má] *s. m.*

[ÉTYM. Composé de trois et mât, § 173. || Admis ACAD. 1835.]

|| (Marine.) Navire à trois mâts (outre le beaupré).

TROIS-QUARTS [trwá-kâr] *s. m.*

[ÉTYM. Pour trois-carres, composé de trois et carre, § 173. Souvent altéré en trocart, || 1694. Trois-quarts... qqs uns appellent cet instrument troquart, TH. CORN. Admis ACAD. 1762 (trocart) et 1835 (trois-quarts).]

|| (Technol.) Objet triangulaire. *Spécialt.* Instrument de chirurgien, à trois carres ou pans, pour ponctions.

TROIS-SIX [trwá-sìs'] *s. m.*

[ÉTYM. Composé de trois et six, § 199. || *Néolog.* Admis ACAD. 1878.]

|| (Technol.) Esprit-de-vin du commerce, renfermant environ la moitié de son volume d'alcool absolu, ce qui s'indique en abrégé par esprit 3/6.

TRÔLE [trôl] *s. f.*

[ÉTYM. Subst. verbal de trôler, § 52. (*Cf.* trolle.) || *Néolog.* Admis ACAD. 1878.]

|| (Technol.) Colportage par un ouvrier de la marchandise qu'il a fabriquée lui-même. Ouvrier à la —.

TRÔLER [trô-lé] *v. tr.*

[ÉTYM. Pour troller (*cf.* trolle), encore dans FURET., emprunté de l'allem. trollen, courir çà et là, §§ 7, 498 et 499. || XVIᵉ s. Il ne font que balancer et troller, DU FOUILLOUX, *Vénerie*, f° 68.]

|| *Famil.* Promener, colporter çà et là. Cet homme trôle partout sa femme et ses enfants. | *Intransitivt.* Il ne fait que —. || *Fig. Vieilli.* Avoir comme conséquence. (*Cf.* traîner, entraîner.) Cette affaire trôle après elle bien des inconvénients.

TROLLE [tròl] *s. f.*

[ÉTYM. Subst. verbal de troller, anc. forme de trôler, § 52. || Admis ACAD. 1762.]

|| (Vénerie.) Action de découpler les chiens pour lancer un cerf qu'on n'a pas détourné avec le limier. Aller à la —.

TROMBE [trönb'] *s. f.*

[ÉTYM. Origine incertaine. On a longtemps hésité entre trompe et trombe. En anc. franç. trombe et trompe signifient « sabot, jouet d'enfant ». (*Cf.* le lat. turbo, tourbillon et sabot.) || (Au sens actuel.) Admis ACAD. 1718.]

|| Colonne d'eau, qui soulevée par un tourbillon de vent, tournoie en dévastant tout sur son passage.

TROMBLON [tron-blon] *s. m.*

[ÉTYM. Origine inconnue. || 1812. MOZIN, *Dict. franç.-allem.* Admis ACAD. 1835.]

|| (T. milit.) Ancienne arme à feu à orifice évasé. | *P. plaisant. Famil.* Chapeau à calotte évasée par le haut.

TROMBONE [tron-bòn'] *s. m.*

[ÉTYM. Emprunté de l'ital. trombone, *m. s.* augmentatif de tromba, trompe, § 12. || XVIᵉ s. Au son des trombons et hauboys, BAÏF, II, 352, édit. Lemerre. [1721. Les branches du trombone, TRÉV. trombon. Admis ACAD. 1835.]

|| (Musique.) Instrument formé de deux tubes de cuivre qui s'emboîtent et glissent l'un sur l'autre, de manière à faire varier la longueur du tuyau. || *P. ext.* Celui qui joue du trombone.

TROMPE [trönp'] *s. f.*

[ÉTYM. Emprunté de l'anc. haut allem. trumpa (var. trumba), *m. s.* §§ 6, 498 et 499. || XIIᵉ-XIIIᵉ s. Sonent tabors o trompes ont trompé, *Aymeri de Narbonne*, 4225, var.]

|| **1°** Instrument de musique à vent. | **1.** *Vieilli*. Trompette. Publier à son de —. | **2.** Instrument de chasse en forme de cor. Sonner de la —.

|| **2°** *P. anal*. Ce qui rappelle la forme recourbée de la trompe. || *Spécialt*. | **1.** Long prolongement du nez de l'éléphant, dont l'animal se sert comme d'une main. (*Syn.* proboscide.) | **2.** Prolongement du nez du tapir. | **3.** — d'Eustache, canal qui s'ouvre de chaque côté à la partie supérieure du pharynx et conduit de l'air dans l'oreille moyenne. | **4.** (Architect.) Portion de voûte en saillie, supportant une tourelle, une encoignure.

TROMPE-L'ŒIL [tronp'-lèuy'; *en vers*, tron-pe-...] *s. m.*

[ÉTYM. Composé de trompe (du verbe **tromper**), l' et œil, § 209. || Admis ACAD. 1835.]

|| (T. d'art.) Peinture qui donne à distance l'illusion de la réalité. *Fig.* Apparence trompeuse.

TROMPER [tron-pé] *v. tr.*

[ÉTYM. Origine incertaine, mais sans rapport, à ce qu'il semble, avec l'anc. franç. **tromper**, sonner de la trompe. Les plus anciens exemples de **tromper** au sens actuel nous le montrent presque toujours accompagné du pron. réfl. (se tromper de qqn, s'en moquer); qqns y voient le lat. triumphare. || XIVᵉ s. Ainsy se fussent les seigneurs trouvé trompez et desgarnis de leurs gens, J. LE BEL, *Chron.* I, p. 192. Tu te trompes de moy (1388), dans DU C. trompator.]

|| **1°** Induire (qqn) en erreur par artifice. Il fut donné à celui-ci de — les peuples, BOSS. *R. d'Angl.* On la croyait incapable ni de — ni d'être trompée, ID. *A. de Gonz.* C'est double plaisir de — le trompeur, LA F. *Fab.* II, 15. L'ennemi, par ma fuite trompé, RAC. *Mithr.* III, 1. | *Spécialt.* Trahir. Ne m'allez pas —, je vous prie, MOL. *D. Juan*, II, 2. Un mari trompé par sa femme, et, *ellipt*, Un mari trompé.

|| **2°** Faire tomber dans l'erreur par une fausse apparence. Nous sommes souvent trompés par le témoignage des sens. Trompés d'un vain espoir de gloire, RAC. *Alex.* II, 2. Et l'amour-propre engage à se — soi-même, MOL. *Tart.* IV, 3. Se —, tomber dans l'erreur, l'illusion. Se — en faisant un calcul. Les anciens se trompaient en croyant la terre immobile. Une personne qui ressemble à une autre, à s'y —. Ne vous y trompez pas. Si je ne me trompe, c'est lui. | Se — d'heure, de route. || *P. ext.* | **1.** Décevoir. Son attente a été trompée. Sa parole (de Dieu) est stable et ne trompe jamais, RAC. *Ath.* I, 1. Mon âge a trompé ma généreuse envie, CORN. *Cid*, I, 5. Être trompé dans ses espérances. | **2.** Abuser. J'ai su — les yeux par qui j'étais gardé, RAC. *Phèd.* III, 5. — la surveillance des gardiens. Il trompa leur poursuite à la faveur de l'obscurité, LES. *Diable boit.* 1. | **3.** Dissimuler (qqch) en faisant diversion. Pour — l'ennui d'une attente importune, LA F. *Phil. et Baucis.* — le temps. Eux, discourant pour — le chemin, LA F. *Contes, Oraison.*

TROMPERIE [tronp'-ri; *en vers*, tron-pe-ri] *s. f.*

[ÉTYM. Dérivé de **tromper**, § 69. || XIVᵉ s. On nous aroit joué d'une grant tromperie, CUVELIER, *Duguesclin*, 142.]

|| Action de tromper. Passé maître en fait de —, LA F. *Fab.* III, 5. Jouissant de la — d'un songe agréable, BOSS. *Panég. St Bernard*, 1.

TROMPETER [tron-pé-té] *v. tr. et intr.*

[ÉTYM. Dérivé de **trompette**, §§ 65 et 154. RICHEL. et FURET. écrivent trompetter. || XIVᵉ s. Une trompette Dont un chambrelains haut trompette, GUILL. DE MACHAUT, *Œuvres*, p. 85.]

I. *V. tr.* || **1°** *Vieilli*. Appeler à son de trompe.

|| **2°** Faire crier à son de trompe (une chose, une personne perdue). || *Fig.* Publier partout (qqch).

II. *V. intr.* Jouer de la trompette. | *P. anal.* L'aigle trompette, fait entendre le cri particulier à son espèce.

TROMPETEUR [tron-pè-teur] *s. m.*

[ÉTYM. Dérivé de **trompeter**, § 112. || 1611. COTGR. Admis ACAD. 1798.]

|| *Vieilli*. Celui qui sonne de la trompette. | *Fig.* (Anat.) Muscle qui sert à gonfler les joues. (*Syn.* buccinateur.)

TROMPETTE [tron-pèt'] *s. f. et m.*

[ÉTYM. Dérivé de **trompe**, § 133. || XIVᵉ s. V. **trompeter**.]

I. *S. f.* || **1°** Instrument à vent, de cuivre ou d'un autre métal, à son éclatant, employé pour sonneries militaires, proclamations publiques, etc. La — guerrière A sonné l'heure des combats, M.-J. CHÉN. *Chant du départ.* Sitôt que de ce jour La — sacrée annonçait le retour, RAC. *Ath.* I, 1. Décamper sans tambour ni —, sans signal qui avertisse l'ennemi, et, *fig.* se retirer sans bruit. Holà! Madame la belette, Que l'on déloge sans —, LA F. *Fab.* VII, 16. La — du jugement dernier, qui doit réveiller les morts pour le jugement suprême. | *P. plaisant.* Avoir le nez en —, relevé. || *Fig.* Emboucher, entonner la —, prendre le style héroïque. | Sonner la —, publier ce qu'on fait, s'en vanter. Je ne sais point prendre en main des trompettes, Pour publier partout les faveurs qu'on m'a faites, REGNARD, *Joueur*, II, 4. *Fig.* Les cent trompettes, la — de la renommée. — de discorde, personne qui donne le signal de la discorde. || *Loc. prov.* A gens de village — de bois, à chacun selon sa condition.

|| **2°** Instrument de cuivre analogue, introduit dans l'orchestre. Jeu de trompettes, un des jeux de l'orgue, qui imite cet instrument. | — marine, instrument à corps de bois à une seule corde, qu'on joue avec un archet.

II. *S. m.* Celui qui sonne de la trompette. Être — dans un régiment. *Loc. famil. Fig.* Être bon cheval de —, ne pas s'effrayer du bruit. || *Anciennt.* Le — de la ville, le crieur public. | *Fig.* Celui qui publie qqch. Ils se font les trompettes de la gloire des anciens, VOLT. *Dict. philos.* système. Et d'un discours en l'air... Il me fait le —, CORN. *Ment.* V, 2.

TROMPEUR, EUSE [tron-peur, -peuz'] *s. m. et f. et adj.*

[ÉTYM. Dérivé de **tromper**, § 112. A distinguer de l'anc. franç. trompeor, sonneur de trompe. || XIIIᵉ-XIVᵉ s. Ung trompeur et ung cabuseur, *Sept Sages*, dans DELB. *Rec.*]

I. *S. m. et f.* Celui, celle qui trompe. C'est double plaisir de tromper le —, LA F. *Fab.* II, 15. *Loc. prov.* A —, — et demi, il est licite d'opposer à l'artifice un artifice supérieur.

II. *Adj.* Qui trompe. Les apôtres ont été trompés ou trompeurs, PASC. *Pens.* XIX, 1. C'était bien la plus trompeuse femme, LA F. *Contes, Rémois.* Leurs paroles trompeuses, BOSS. *A. de Gonz.* Ses trompeuses adresses, RAC. *Mithr.* 1, 5. | Des apparences trompeuses. Par l'appât d'un succès —, BOSS. *Condé.*

TROMPILLON [tron-pi-yon] *s. m.*

[ÉTYM. Dérivé de **trompe**, § 107. || 1690. FURET. Admis ACAD. 1835.]

|| (Technol.) Petite trompe de voûte, saillie supportant une petite encoignure.

TRONC [tron] *s. m.*

[ÉTYM. Du lat. trŭncum, m. s. §§ 327 et 291.]

|| **1°** Corps d'un arbre, sans les branches et les racines. Appuyé contre le — d'un chêne. *Fig.* Il faut se tenir au — de l'arbre, à ce qui est le plus solide. Il y a des vices qui ne tiennent à nous que par d'autres, et qui, en ôtant le —, s'emportent comme des branches, PASC. *Pens.* VI, 11. | *Fig.* Ligne principale d'une famille, d'où sortent les autres.

|| **2°** (Anat.) Gros vaisseau artériel, veineux, sans les ramifications.

|| **3°** Corps d'un homme, d'un animal, sans la tête et les membres.

|| **4°** Partie inférieure d'un fût de colonne.

|| **5°** Boîte scellée sur un pilier, un mur d'église, fermée à clef, et ne présentant qu'une fente pour recevoir les aumônes. Le — des pauvres. | *P. anal.* Le — où tout délateur (à Venise) peut à tous les moments jeter avec un billet son accusation, MONTESQ. *Espr. des lois*, XI, 6.

***TRONCATURE** [tron-kà-tûr] *s. f.*

[ÉTYM. Dérivé du lat. truncare, tronquer, § 250. || *Néolog.*]

|| (T. didact.) Endroit où un objet est tronqué.

***TRONCHE** [trônch'] *s. f.*

[ÉTYM. Du lat. pop. *trŭnca, var. de trŭncum, §§ 327, 379 et 291.]

|| (Technol.) Tronçon de bois gros et court.

TRONCHET [tron-chè] *s. m.*

[ÉTYM. Dérivé de **tronc**, §§ 64 et 133. || XIIIᵉ s. Une grant hache en sa main et un tronchet en l'autre, *Récits d'un ménestrel de Reims*, 205. Admis ACAD. 1762.]

|| (Technol.) Gros billot de bois.

TRONÇON [tron-son] *s. m.*

[ÉTYM. Du lat. pop. *trŭnciŏnem, dérivé de truncum, tronc, § 107. || XIᵉ s. Sa hanste est fraite, nen ad que un trunçun, *Roland*, 1352.]

|| Fragment de tronc. Un serpent coupé en tronçons. Un — de brochet. | *P. anal.* Un — d'épée, de colonne.

TRONÇONNER [tron-sò-né] *v. tr.*

[ÉTYM. Dérivé de **tronçon**, § 154. || XIIᵉ s. Eles ploient et tronçonent, CHRÉTIEN DE TROYES, *Perceval*, 22682.]

|| Couper en tronçons.

TRÔNE [trôn'] *s. m.*

[ÉTYM. Emprunté du lat. thronus, grec θρόνος, *m. s.* L'anc.

franç. hésite entre *tron* et *trone*. || XIIᵉ s. *Le throne de lui si
cume les jorz del ciel*, Psaut. de Cambridge, LXXXVIII, 30.}
|| Siège élevé où les souverains sont assis dans les réu-
nions solennelles. *Préparez un — pour Joas*, RAC. Ath. v, 3.
| *P. ext.* — pontifical. — épiscopal. | *P. anal. Dieu... du haut
de son — interroge les rois*, RAC. Esth. III, 4. || *Fig.* Puis-
sance souveraine. *D'une commune voix ils l'appellent au —*,
RAC. Baj. I, 2. *Mettre qqn sur le —. Monter sur le —. Soit
qu'il (Dieu) élève les trônes, soit qu'il les abaisse*, BOSS. R.
d'Angl. *Discours du —* (dans les États constitutionnels),
discours prononcé par le souverain à l'ouverture de chaque session des assemblées législatives.

TRÔNER [trô-né] *v. intr.*
[ÉTYM. Dérivé de *trône*, § 154. || *Néolog.* Admis ACAD.
1878.]
|| Occuper un siège d'honneur. | *Fig.* Affecter la préé-
minence.

TRONQUER [tron-ké] *v. tr.*
[ÉTYM. Emprunté du lat. pop. *truncare*, *m. s.* L'anc. franç.
a qqs exemples de la forme pop. *tronchier*. (*Cf. trancher*.)
|| 1539. R. EST.]
|| 1° Élaguer (un arbre) en retranchant les branches.
P. ext. Il tronque son verger (les arbres de son verger), LA F.
Fab. XII, 20.
|| 2° Mutiler (un corps) en enlevant la tête, les mem-
bres. || *Fig.* Rendre incomplet en supprimant certaines
parties essentielles. *Un texte tronqué.*

TROP [trò ; *en fin de phrase*, trò ; *en liaison*, tròp'] *adv.*
et s. m.
[ÉTYM. Origine incertaine, peut-être germanique : §§ 6,
498 et 499. On a rapproché *trop* de *thorp* (allem. *dorf*), qui
a pu avoir primitivement le sens de « foule » à côté de
celui de « village » ; la phonétique s'oppose à un rappro-
chement avec *troupe*. || XIᵉ s. *Trop i ont grant hontage*,
Voy. de Charl. à Jérus. 659.]
|| 1° Plus qu'il ne faut. *Ne vous y fiez pas —. Vous le sa-
vez — bien*, RAC. Brit. III, 3. *Vous êtes, ma mie, une fille suivante Un peu — forte en gueule*, MOL. Tart. I, 1. *C'est — peu
que de vous*, CORN. Cid, v, 1. *Assez et — longtemps. Vieilli.
— mieux*, beaucoup mieux qu'il ne faut.
|| 2° *S. m.* Ce dont il y a plus qu'il ne faut. | 1. Sujet.
Le — d'expédients peut gâter une affaire, LA F. Fab. IX, 14.
Le — de confiance attire le danger, CORN. Cid, II, 6. *— de
bruit nous assourdit*, PASC. Pens. I, 1. | 2. Attribut. *C'en est
—. — jamais est —, et — peu est — peu. A chacun le sien
n'est pas —. C'est —, me disait-il, c'est — de la moitié*, MOL.
Tart. I, 5. | 3. Complément. *C'est — verser de pleurs*, CORN.
Poly. II, 4. *Loc. prov. Qui — embrasse, mal étreint*, qui entreprend trop de choses à la fois ne réussit à rien. *Tout ce
qu'on dit de — est fade et rebutant*, BOIL. Art p. 1. *Être de
— quelque part. Je me suis accusé de — de violence*, CORN.
Cid, III, 4. | *Loc. adv. Par —. C'est par — fort. Il est par —
impertinent. Tu m'obliges par — avec cette nouvelle*, MOL.
Ét. III, 6.

TROPE [tròp'] *s. m.*
[ÉTYM. Emprunté du lat. *tropus*, grec τρόπος, *m. s.*
proprt, « tour ». (*Cf. trouver*.) || 1554. *Par trope et figure*,
J. DE MAUMONT, St Justin, dans DELB. Rec. Admis ACAD.
1740.]
|| (*Rhétor.*) Figure consistant à détourner un mot, une
expression de son sens propre, pour l'employer dans un
sens figuré. *Le traité des tropes de Dumarsais.*

TROPHÉE [trò-fé] *s. m.*
[ÉTYM. Emprunté du bas lat. *trophæum* (class. *tropæum*),
grec τρόπαιον, *m. s.* || XVᵉ-XVIᵉ s. *Par trophee les faicts victo-
rieux Tu anoblis*, O. DE ST-GELAIS, Énéide, dans DELB. Rec.]
|| (*Antiq.*) Réunion des dépouilles d'un ennemi vaincu,
qu'on suspendait à un tronc d'arbre, comme monument
de la victoire qu'on avait remportée. || *P. ext. De nos
jours.* Groupe d'armes, de drapeaux enlevés à l'ennemi,
qu'on suspend comme souvenir de victoire. | *P. anal. —
de chasse*, souvenir de chasse, tête de cerf, de daim, de
sanglier, etc. || *Fig. Dresser, ériger un — à qqn*, lui faire
gloire de qqch. *Faire — de qqch*, s'en faire gloire.

TROPICAL, ALE [trò-pi-kàl] *adj.*
[ÉTYM. Dérivé de *tropique*, § 238. || *Néolog.* Admis ACAD.
1878.]
|| (*T. didact.*) Qui appartient aux tropiques. *Les régions
tropicales. P. ext. Température tropicale*, chaude comme
celle des tropiques.

TROPIQUE [trò-pĭk'] *adj. et s. m.*
[ÉTYM. Emprunté du lat. *tropicus*, grec τροπικός, *m. s.*
de τρόπος, tour. || XVIᵉ s. *Passer les deux tropicques*, RAB.
III, 51.]
|| (*T. didact.*) || 1° *Adj. Année —*, déterminée par le re-
tour du soleil à l'équinoxe de printemps. | *Vieilli. Plante
—*, s'ouvrant le matin, se fermant le soir.
|| 2° *S. m.* Parallèle terrestre qui, dans l'hémisphère
boréal et dans l'hémisphère austral, sépare la zone torride
de la zone tempérée. *— du Cancer* (dans l'hémisphère boréal), *du Capricorne* (dans l'hémisphère austral).

'**TROPOLOGIE** [trò-pò-lò-jī] *s. f.*
[ÉTYM. Emprunté du lat. *tropologia*, grec τροπολογία,
m. s. || XIIIᵉ s. GUIART DES MOULINS, Bible hist. dans GODEF.
Compl.]
|| (*T. didact.*) Langage figuré. *L'Écriture est pleine de tro-
pologies*, FÉN. Réfut. de Malebr. 19.

TROPOLOGIQUE [trò-pò-lò-jĭk'] *adj.*
[ÉTYM. Emprunté du lat. *tropologicus*, grec τροπολογικός,
m. s. || XVIᵉ s. *Fol tropologicque*, RAB. III, 38.]
|| (*T. didact.*) Exprimé en langage figuré. *Ne prendre ses
paroles que dans le sens —*, FURET. Rom. bourg. I, p. 107.

TROP-PLEIN [trò-plin] *s. m.*
[ÉTYM. Composé de *trop* et *plein*, §§ 193 et 196. || Admis
ACAD. 1835.]
|| Ce qui déborde d'un vase, d'un réservoir trop rempli.
Le — d'une pièce d'eau. | *P. ext.* Déversoir destiné à rece-
voir ce qui déborde. *Le — d'une citerne.* || *Fig. C'est le —
de la tendresse que j'ai pour vous*, SÉV. 192.

TROQUER [trò-ké] *v. tr.*
[ÉTYM. Forme normanno-picarde de l'anc. franç. *tro-
cher*, d'origine inconnue, § 16. || 1257. Se déduit du bas
lat. *trocare*, qui figure à cette date dans le cartulaire de
Saint-Florent de Saumur.]
|| Échanger (un objet) contre un autre. *Loc. prov. —
son cheval borgne contre un aveugle*, échanger une chose
mauvaise contre une plus mauvaise encore.

TROQUEUR, EUSE [trò-keur, -keûz'] *s. m. et f.*
[ÉTYM. Dérivé de *troquer*, § 112. || XVIIᵉ s. V. à l'article.
Admis ACAD. 1740.]
|| Celui, celle qui fait des trocs. *Nos gens Sont grands tro-
queurs*, LA F. Contes, Troqueurs.

TROT [trò] *s. m.*
[ÉTYM. Subst. verbal de *trotter*, § 52. (*Cf. trotte.*)||XIIᵉ s.
Ne jamais en s'aïe n'irons ne pas ne trot, J. BODEL, Saisnes,
tir. 17.]
|| Allure du cheval (et d'autres quadrupèdes) intermé-
diaire entre le pas et le galop, où chacun des bipèdes
diagonaux est tour à tour porté en avant. *Aller au petit,
au grand —.*

TROTTE [tròt'] *s. f.*
[ÉTYM. Subst. verbal de *trotter*, § 52. (*Cf. trot.*) || 1680.
Il y a une bonne trote d'ici là, RICHEL. Admis ACAD. 1740.]
|| *Famil.* Espace assez long à parcourir (à pied). *Il y a
une longue —, une bonne — jusque-là.*

'**TROTTE-MENU** [tròt'-me-nu ; *en vers*, trò-te-...] *adj.*
[ÉTYM. Composé de *trotte* (du verbe *trotter*) et *menu*
pris adverbialement, § 179. || XVIᵉ s. Nom d'un person-
nage de la moralité du *Mauvais Riche*, dans Anc. Théâtre
franç. III, p. 267.]
|| Qui trotte à très petits pas. *La gent —* (les souris),
LA F. Fab. III, 18.

TROTTER [trò-té] *v. intr. et tr.*
[ÉTYM. Origine incertaine ; le lat. *tolutim*, au trot, *to-
lutaris*, qui trotte, etc., mais l'hypothèse d'un verbe '*tolu-
tare* ne peut pas rendre compte du français *trotter*. ||
XIIᵉ s. *S'il repoelt sor lui troter*, Énéas, 8594.]
I. *V. intr.* Aller au trot. *Un cheval qui trotte. P. ext. Un
cavalier qui trotte*, qui fait trotter son cheval. | *Loc. prov.
Qui ne peut galoper, qu'il trotte*, il ne faut demander à qqn
que ce qu'il peut. *On entendrait — une souris*, on enten-
drait le plus léger bruit. || *Fig. Famil.* Marcher à petits
pas. *J'ai trotté toute la journée. Il faut laisser — les plumes
comme elles veulent*, SÉV. 471. *Tandis que coups de poing trot-
taient*, LA F. Fab. I, 13.
II. *V. tr. — un cheval*, le faire trotter.

TROTTEUR, 'TROTTEUSE [trò-teur, -teûz'] *s. m.
et f.*
[ÉTYM. Dérivé de *trotter*, § 112. || 1539. Troteur, R. EST.
Admis ACAD. (au masc.) 1718.]

‖ Cheval, jument qui va au trot. Un bon —. Une bonne trotteuse.

TROTTIN [trò-tin] *s. m.*
[ÉTYM. Dérivé de trotter, § 100. ‖ 1652. *V.* à l'article.]
‖ Jeune garçon, jeune fille à qui on fait faire les courses, les commissions. De — toujours crotté On en fit un petit commis, *Mazarinades, 3e Suite du Parl. com.* (1652).

TROTTINER [trò-ti-né] *v. intr.*
[ÉTYM. Dérivé de trotter, § 168. (*Cf.* trotigner, dans RAB. IV, prol.) ‖ 1690. Trotiner, FURET.]
‖ Avoir un trot raccourci. Un cheval qui trottine. Trottinaient, broutaient, se baisaient, DORAT, *Fab. le Renard et les Jeunes Lapins.* | *Fig.* Marcher vite en faisant de petits pas.

TROTTOIR [trò-twâr] *s. m.*
[ÉTYM. Dérivé de trotter, § 113. ‖ XVIe s. Ne feignent pas de se jecter bien avant sur le trottoir, MONTAIGNE, II, 6.]
‖ Espace, le plus souvent dallé ou bitumé, ménagé de chaque côté de la chaussée d'une rue, pour le passage des piétons. *Vieilli.* Être sur le —, être en vue, en scène. Qui se met sur le — et l'échafaud de ce monde, CHARRON, *Sagesse*, p. 365, édit. 1672. | *Néolog.* Fille de —, raccrocheuse. Faire le —, raccrocher les passants.

1. TROU [trou] *s. m.*
[ÉTYM. Du lat. pop. *traucum (cf.* le provenç. trauc), *m. s.* dont l'origine est inconnue. (*Cf.* le bas lat. traugum, dans la *Loi des Ripuaires,* VIIIe s.)]
‖ Ouverture qui traverse un corps ou y pénètre profondément. (*Cf.* trou-madame.) Le — d'une aiguille. Regarder par le — de la serrure. Avoir des trous à son vêtement. *Fig.* Mettre la pièce à côté du —, réparer maladroitement une faute. Faire un — dans le mur. Il s'est fait un — à la tête. Se cacher dans un — de rocher. Boucher un —. *Loc. prov.* Autant de trous, autant de chevilles, avoir réponse à tout. Boucher un —, payer une dette. Faire un — pour en boucher un autre, faire une nouvelle dette pour en payer une ancienne. | Un — de taupe, de souris. *Loc. prov.* Souris qui n'a qu'un — est bientôt prise, il faut avoir plus d'un moyen de se tirer d'affaire. Un homme que qqn ferait mettre dans un — de souris, qui n'ose affronter sa présence. *Fig.* Habiter dans un —, dans une petite ville, un petit logement. | — au chat, chatière. | *P. anal.* (Technol.) — de loup, trou au fond duquel est planté verticalement un piquet, défense accessoire placée en avant d'un ouvrage de fortification volante. — du chat, trou pratiqué au milieu d'une hune pour le passage de la tête du mât. | — d'homme, trou ménagé dans la partie supérieure d'une chaudière pour livrer passage à celui qui est chargé de la nettoyer. | Un —, au trictrac, gain de douze points marqué par un fichet qu'on met dans un trou ménagé sur le bord du damier. | Être marqué de trous de petite vérole, de cicatrices que la petite vérole a creusées dans la peau. | *Loc. prov. Vieilli.* Faire un — à la nuit (percer l'obscurité de la nuit), se sauver la nuit. | *De nos jours. Dans le même sens.* Faire un — à la lune. Son fils,... avec d'autres jeunes têtes, se proposait de faire un — à la lune, tantôt pour l'Espagne, et tantôt pour l'Angleterre, ST-SIM. III, 9. *P. anal.* Faire banqueroute. ‖ *Fig. Néolog.* Un tableau où il y a des trous, des intervalles vides entre les objets mal groupés. Il y a des trous dans cette comédie, des lacunes dans l'action, dans les caractères.

2. *TROU [trou] *s. m.*
[ÉTYM. Anc. franç. trous, tros, tors, du lat. thyrsum, grec θύρσος, tige, §§ 496, 361 et 291. (*Cf.* les doublets thyrse et torse et le dérivé trousser.)]
‖ *Dialect.* Trognon. Un — de chou.

TROUBADOUR [trou-bà-doûr] *s. m.*
[ÉTYM. Emprunté au provenç. trobador, cas régime de trobaire, proprt, « trouveur », § 11. (*Cf.* trouvère.) ‖ 1575. Troubadours, c'est à dire inventeurs, JEAN DE NOSTREDAME, *Vies des poètes prov.* p. 14. Admis ACAD. 1762.]
‖ (Hist. littér.) Poète ayant composé dans l'ancienne langue du midi de la France (dite langue d'oc ou langue provençale).

TROUBLANT, ANTE [trou-blan, -blänt'] *adj.*
[ÉTYM. Adj. particip. de troubler, § 47. ‖ *Néolog.* Admis ACAD. 1878.]
‖ Qui trouble.

1. TROUBLE [troubl'] *adj.*
[ÉTYM. Du lat. pop. *torbulum (class. tŭrbidum, § 87), *m. s.* devenu torble, *tourble, §§ 324, 290 et 291, trouble, § 361.]
‖ Dont la limpidité est altérée. Du vin —. Cette eau est

—. *Fig.* Pêcher en eau —, acquérir fortune ou dignités à la faveur du désordre, et souvent du désordre qu'on a fait naître. ‖ *P. anal.* Dont la transparence est altérée. Des verres troubles. *P. ext.* Avoir l'œil, le regard —. Voir —. ‖ *Fig.* On dit que tout cela est — (n'est pas clair), SÉV. 559.

2. TROUBLE [troubl'] *s. m.*
[ÉTYM. Subst. verbal de troubler, § 52. ‖ XIIIe s. Queus chose est nouvele dessaisine et queus chose est nouveaus tourbles, BEAUMAN. 954, Salmon.]
‖ **1°** *Rare.* État où la limpidité est altérée. Le — de l'atmosphère. ‖ *Fig.* État où la lucidité est altérée. Jamais — d'esprit ne fut égal au mien, MOL. *Éc. des f.* I, 4. Dieux ! Éclairez mon —, et daignez à mes yeux Montrer la vérité, RAC. *Phèd.* V, 2.
‖ **2°** État où la tranquillité est altérée. | **1.** En parlant de la tranquillité de la vie. Séducteur, Qui dans le — seul as mis tes espérances, RAC. *Ath.* V, 5. Les troubles populaires. Montrer le roi enfant aux provinces pour dissiper les troubles qu'on y excitait de toutes parts, BOSS. *Le Tellier.* Mettre le — dans une famille. Porter le — dans un ménage, en altérer l'union. | *Spécialt.* (Droit.) Action qui vient troubler, inquiéter qqn dans la jouissance de sa propriété. | **2.** En parlant de la tranquillité de l'âme. Le dedans (le cœur) n'est que — et que sédition, CORN. *Poly.* II, 2. Vous ne saurez point... En quel — mortel son intérêt nous jette, RAC. *Andr.* III, 4. Le — de la conscience. Le — des sens.

3. TROUBLE [troubl'] *s. f. V.* truble.

TROUBLE-FÊTE [trou-ble-fêt'] *s. m.*
[ÉTYM. Composé de trouble (du verbe troubler) et fête, § 209. ‖ XVIe s. Les appellans trouble festes, RAB. dans DELB. *Rec.*]
‖ **1°** Celui, celle qui vient troubler, déranger ceux qui sont en fête, en réjouissance. Ces gens sont de fâcheux —.
‖ **2°** *Rare.* Ce qui vient troubler, déranger ceux qui sont en fête.

***TROUBLE-MÉNAGE** [trou-ble-mé-nâj'] *s. m.*
[ÉTYM. Composé de trouble (du verbe troubler) et ménage, § 209. ‖ *Néolog.*]
‖ Celui, celle qui trouble, qui dérange l'union d'un ménage.

TROUBLER [trou-blé] *v. tr.*
[ÉTYM. Du lat. pop. *turbulare, *m. s.* dérivé de *turbulum (*V.* trouble 1), devenu torbler, tourbler, §§ 348, 336, 295 et 291, troubler, § 361.]
‖ **1°** Priver de limpidité (un liquide). Qui te rend si hardi de — mon breuvage? LA F. *Fab.* I, 10. *Fig.* — l'eau, brouiller les affaires. ‖ *P. anal.* Priver de transparence. L'atmosphère est troublée. Ma vue se trouble. Ses yeux se troublèrent, il rougit, FÉN. *Tél.* 12. ‖ *Fig.* Priver de lucidité. Avoir l'esprit troublé. Cela lui a troublé la mémoire. Il faut que ce matin, à force de trop boire, Il se soit troublé le cerveau, MOL. *Amph.* II, 1. Un parent un peu troublé d'esprit, MOL. *Pourc.* I, 6.
‖ **2°** Priver de tranquillité. | **1.** En parlant de la tranquillité de la vie. Cette Hélène ! qui trouble et l'Europe et l'Asie, RAC. *Iph.* IV, 4. — l'État, le royaume. — l'ordre, la paix publique. — une famille, un ménage. (*Cf.* trouble-ménage.) Après avoir si longtemps troublé le repos du monde entier, ne sauriez-vous me laisser le mien? FÉN. *Dial. Charles V et un jeune moine.* Rien ne trouble sa fin : c'est le soir d'un beau jour, LA F. *Phil. et Baucis.* Pardonnez, si j'ose vous —, RAC. *Baj.* III, 8. Prête, sans me —, l'oreille à mes discours, CORN. *Cinna,* V, 1. Mais quelqu'un troubla la fête, LA F. *Fab.* I, 9. (*Cf.* trouble-fête.) Quel chagrin, lui dit-il, trouble votre sommeil? BOIL. *Lutr.* 4. — la digestion. J'ai troublé l'ordre des temps, MONTESQ. *Espr. des lois,* XXXI, 16. | *Spécialt.* (Droit.) — qqn dans la possession d'un domaine. | **2.** En parlant de la tranquillité de l'âme. Avoir la conscience troublée. Mon cœur se trouble. Anne regarde sans se — toutes les approches de la mort, BOSS. *A. de Gonz.* Auguste est fort troublé; l'on ignore la cause, CORN. *Cinna,* IV, 4.

TROUÉE [trou-é] *s. f.*
[ÉTYM. Dérivé de trouer, § 119. ‖ 1611. COTGR. Admis ACAD. 1740.]
‖ Large passage ouvert dans ce qui barre le chemin. Les eaux ont fait une — dans la digue. Faire une — dans les rangs des ennemis. On fit une — dans le bois. Il s'enfuit par un trou, Non pas trou, mais —... Que l'on fit à la pauvre haie, LA F. *Fab.* IV, 4.

TROUER [trou-é] *v. tr.*
[ÉTYM. Dérivé de trou 1, § 154. || XIIᵉ s. Dedenz le fist molt bien trouer, *Énéas*, 892.]
|| Percer d'un trou. Avoir des vêtements troués. La balle lui troua le bras.

TROU-MADAME [trou-mà-dàm'] *s. m.*
[ÉTYM. Composé de trou 1 et madame, § 200. || 1611. COTGR.]
|| Sorte de jeu formé d'une tablette à treize trous surmontés d'arcades, dans lesquels on pousse autant de billes.

TROUPE [troûp'] *s. f.*
[ÉTYM. Origine incertaine ; toutefois la présence de troppum, au sens de « troupeau », dans la *Loi des Alamans*, porte à croire que le mot est germanique, §§ 6, 498 et 499.]
|| Réunion d'un certain nombre de personnes qui vont ensemble, agissent de concert. Une troisième — Trouve encore à gloser, LA F. *Fab.* III, 1. Une — d'esclaves. Marcher en —. Une — de comédiens. | *Spéciall.* Corps de gens de guerre. Des troupes d'infanterie, de cavalerie. La — de ligne. Un cheval de —. Enfant de —, fils de soldat ou d'officier subalterne autrefois élevé à la caserne. || Le pigeon… retient encore de son premier instinct l'habitude de voler en troupes, BUFF. *Pigeon.*

TROUPEAU [trou-pó] *s. m.*
[ÉTYM. Dérivé de troupe, § 126. || XIIᵉ s. Cinc cent a un tropel, J. BODEL, *Saisnes*, tir. 9.]
|| 1° Réunion d'animaux domestiques qu'on élève, qu'on nourrit, qu'on fait paître ensemble. Mener paître un — de bœufs, de moutons. Un — de dindons. Le berger d'un —. | *P. ext. En mauvaise part.* En parlant d'une réunion d'hommes. Misérable — qu'a dispersé la crainte, RAC. *Ath.* III, 7.
|| 2° *P. anal.* Réunion de ceux qui reçoivent la direction d'un pasteur spirituel (curé, évêque). Je réserve au — que je dois nourrir de la parole de vie les restes d'une voix qui tombe, BOSS. *Condé.*

TROUPIER [trou-pyé] *s. m.*
[ÉTYM. Dérivé de troupe, § 115. || *Néolog.* Admis ACAD. 1878.]
|| *Famil.* Soldat. Un vieux —.

TROUSSE [troûs'] *s. f.*
[ÉTYM. Subst. verbal de trousser, § 52. || XIIᵉ-XIIIᵉ s. Une torse de l'erbe ont prise, *Dolopathos*, 8116.]
|| 1° Arrangement que présente une chose pendante qu'on a repliée, relevée. Une — de linge. Des trousses de fourrage. || *Spéciall.* | 1. Haut-de-chausses court et relevé. *Fig.* Être aux trousses de qqn, à sa poursuite. | 2. Manteau plié qu'on attache derrière la selle. Arrange ouvertement ta — et qu'on vole ton cheval à la grille, BEAUMARCH. *Mar. de Fig.* I, 11. Avoir qqn, qqch en —, en croupe. *Fig.* Avec la mort en —, BOIL. *Sat.* 8. | 3. *P. anal.* Cuir qui sert à relever la queue du cheval. (*Cf.* trousse-queue.)
|| 2° *P. ext.* Faisceau, paquet. || *Spéciall.* (Technol.) | 1. Paquet de petites barres d'acier dont on forge les lames de sabre. | 2. Assemblage des couteaux de la machine à fendre le fer.
|| 3° *P. ext.* Poche à compartiments contenant certains instruments. | 1. *Anciennt.* Carquois. | 2. Étui à rasoirs. | 3. Étui de chirurgien. | 4. Étui à ciseaux, dé, etc.

TROUSSEAU [trou-só] *s. m.*
[ÉTYM. Dérivé de trousse, § 126. || XIIᵉ s. Cent torseis valut d'altres dras, *Énéas*, 4529.]
|| 1. Petit faisceau. Un — de clefs. | 2. Petit paquet. Un — de linge. *P. ext.* Vêtements, linge qu'on donne à une fille quand elle entre en pension, quand elle se marie, à un garçon quand il entre dans un collège, dans une école, à une religieuse quand elle entre au couvent.

TROUSSE-ÉTRIER [trou-sé-tri-vé] *s. m.*
[ÉTYM. Composé de trousse (du verbe trousser) et étrier, § 209. ACAD. écrit trousse-étriers. || *Néolog.* Admis ACAD. 1835.]
|| (Technol.) Sangle qui sert à relever l'étrier. (*V.* porte-étrier.)

TROUSSE-GALANT [troûs'-gà-lan ; en vers, trou-se-…] *s. m.*
[ÉTYM. Composé de trousse (du verbe trousser) et galant, § 209. || 1611. COTGR.]
|| *Famil.* Maladie foudroyante. Un choléra morbus, vulgairement appelé un —, emporta mon époux en moins de dix jours, LES. *Estev. Gonzalez*, 55.

·TROUSSE-PET, TROUSSE-PÈTE [troûs'-pè, -pêt' ; en vers, trou-se-…] *s. m. et f.*
[ÉTYM. Composé de trousse (du verbe trousser) et pet, § 209. || Admis ACAD. 1798.]
|| *Trivial.* Petit garçon, petite fille qui fait des embarras. (Se dit surtout au fém.) Taisez-vous, trousse-pête.

TROUSSE-QUEUE [troûs'-keû ; en vers, trou-se-…] *s. m.*
[ÉTYM. Composé de trousse (du verbe trousser) et queue, § 209. || 1611. COTGR. Admis ACAD. 1740.]
|| (Technol.) Cuir qui sert à relever la queue du cheval, dit aussi trousse.

1. TROUSSEQUIN [troûs'-kin ; en vers, trou-se-…] *s. m.*
[ÉTYM. Mot qui paraît être d'origine flamande, diminutif de tros, emprunté du franç. trousse, § 10. || 1680. RICHEL. Admis ACAD. 1718.]
|| (Technol.) Partie postérieure élevée de l'arçon de la selle.

2. ·TROUSSEQUIN [troûs'-kiń ; en vers, trou-se-…] *s. m.*
[ÉTYM. Altération de trusquin (par confusion avec troussequin 1), en patois wallon cruskin, mot qui semble d'origine néerland. et composé de kruis, croix, et du suffixe diminutif ken, § 10. || 1690. Trusquin, FURET.]
|| (Technol.) Outil de menuisier, de serrurier, servant à tracer une mortaise.

TROUSSER [trou-sé] *v. tr.*
[ÉTYM. Dérivé de trou 2 (autrefois tros, tors), § 154 : proprt, « ramasser en trognon ». || XIᵉ s. Set cenz chamellz merez d'or et d'argent trussez, *Voy. de Charl. à Jérus.* 73.]
|| 1° Relever par des plis (une chose pendante). — sa jupe. Se —. Notre laitière ainsi troussée, LA F. *Fab.* VII, 10. | *P. anal.* — la queue d'un cheval. (*Cf.* trousse-queue.) *Absolt.* Un cheval qui trousse, qui a un trot relevé.
|| 2° *P. ext.* — une volaille, lui relever les pattes et les lier au corps. | *Famil.* Une chose bien troussée, bien tournée. C'était un repas bien troussé, MOL. *Pourc.* I, 4. Je trouve cela bien troussé, ID. *B. gent.* I, 2. | *Vieilli.* Mettre en paquet. — son bagage, faire un paquet de ses hardes, et, *fig.* plier bagage, partir. Troussez-moi bagage, MOL. *Éc. des m.* II, 6. — en malle, emballer, et, *fig.* envoyer en prison. J'eus grand peur qu'on me troussât en malle, RÉGNIER, *Sat.* 11. || *Fig. Famil.* Enlever, faire mourir. (*Cf.* trousse-galant.) Dieu… fait vivre cent ans le Normand Fontenelle, Et trousse à trente-neuf mon dévot de Pascal, VOLT. *Ép.* 75.

TROUSSIS [trou-si] *s. m.*
[ÉTYM. Dérivé de trousser, § 82. || 1611. COTGR.]
|| (Technol.) Plis faits à une robe pour la relever.

TROUVABLE [trou-vàbl'] *adj.*
[ÉTYM. Dérivé de trouver, § 93. || XIVᵉ-XVᵉ s. Toutes les ars… Sont trouvablez a corps d'omme, CHR. DE PISAN, dans GODEF. Admis ACAD. 1878.]
|| *Rare.* Qui peut être trouvé. (*Cf.* introuvable.)

TROUVAILLE [trou-vày'] *s. f.*
[ÉTYM. Dérivé de trouver, § 95. || XIIᵉ s. S'est mult haitiez de la trovaille, BENEEIT, *Ducs de Norm.* dans DELB. *Rec.*]
|| Chose trouvée par un heureux hasard. Faire une —.

TROUVER [trou-vé] *v. tr.*
[ÉTYM. Origine incertaine. Le mot existe dans toutes les langues romanes, et un type lat. ·trôpare serait d'accord avec la phonétique de chacune d'elles ; peut-être dérivé de trôpus, trope, qui a désigné certaines compositions musicales, ce que semble confirmer l'anc. franç., où trover signifie souvent « composer ». (*Cf.* trouvère.) || XIᵉ s. Donat als povres ou qu'il les pout trover, *St Alexis*, 94.]
I. Voir se présenter enfin (ce qu'on cherche). Je ne puis — mes clefs. Vous trouverez ce livre où vous l'avez laissé. Où trouve-t-on cela ? Où cela se trouve-t-il ? Avez-vous trouvé une voiture ? — quelque part un asile. Trouvez-moi donc quelque arme, quelque épée, RAC. *Ath.* V, 2. Je vous trouve à propos, et j'allais chez vous vous chercher, MOL. *Mar. forcé*, I, 1. Que fait Bajazet ? où le puis-je — ? RAC. *Baj.* V, 9. Trouve-moi un faiseur de fagots qui sache comme moi raisonner des choses, MOL. *Méd. m.* I, 1, 1. | *Loc. prov.* — la pie au nid, voir s'offrir la chose qu'on cherche, dans les conditions les plus favorables. — chaussure à son pied, voir s'offrir la chose qu'on cherche, appropriée à ses besoins. | *P. anal.* Cette maison n'a pas trouvé d'acquéreur. Il n'a pas trouvé à se défaire de sa propriété. Il a trouvé à emprunter. Il a trouvé des vengeurs. Tes discours trouveront plus d'accès

que les miens, RAC. *Phèd.* III, 1. Rome... Fussent-ils innocents, leur trouvera des crimes, ID. *Brit.* IV, 4. NÉARQUE : Vous trouverez la mort. — POLY. : Je la cherche pour lui, CORN. *Poly.* II, 6. | A l'infinitif précédé d'un verbe de mouvement. Aller — qqn, se rendre au lieu où il est pour le rencontrer. Il est venu me —. | *Fig.* Voir se présenter à l'esprit ce qu'il cherche. — le moyen de sortir d'affaire. — la solution d'un problème. La loi de la gravitation a été trouvée par Newton. La dernière chose qu'on trouve en faisant un ouvrage est de savoir celle qu'il faut mettre la première, PASC. *Pens.* VII, 29. Une pensée, une expression bien trouvée. | *Vieilli.* La preuve... Dans les citrouilles je la treuve, LA F. *Fab.* IX, 4. L'amour... Ne ferme point mes yeux aux défauts qu'on lui treuve, MOL. *Mis.* I, 1.

II. ‖ **1°** Voir se présenter par hasard (ce qu'on ne cherchait pas). En creusant le sol, on a trouvé un trésor. Un objet trouvé sur la voie publique. Enfant trouvé, enfant abandonné dont l'assistance publique se charge. J'ai trouvé ce billet enfermé dans son sein, RAC. *Baj.* IV, 5. On s'attendait de voir un auteur, et on trouve un homme, PASC. *Pens.* VIII, 28. Un sot trouve toujours un plus sot qui l'admire, BOIL. *Art p.* 1. L'homme veut en vain se fuir : partout il se trouve lui-même. Il ne s'en trouve point (de mortels) qui, touchés d'un vrai zèle..., RAC. *Esth.* II, 3. — A qui parler, qqn qui est en état de répliquer. — son maître, qqn de plus fort que soi. J'y trouve mon compte, mon avantage. — grâce aux yeux de qqn. Qu'il est rare de — cette pureté parmi les hommes! BOSS. *Marie-Thérèse.* Il a trouvé la mort sur le champ de bataille.

‖ **2°** Voir s'offrir par hasard à l'esprit (ce qu'il ne cherche pas). Lorsque ce que l'on dit paraît trouvé et non pas recherché, MONTESQ. *Goût.* Voilà un moyen tout trouvé.

III. ‖ **1°** Voir se présenter (qqn, qqch) sous tel ou tel aspect, dans tel ou tel état. Je l'ai trouvé endormi. J'ai trouvé la maison déserte. *P. anal.* Prendre les choses comme elles se trouvent. En un instant la place se trouva vide. Il est tranquille, tant il se trouve dans son naturel, BOSS. *Condé.* Le malade se trouve mieux. Comment vous trouvez-vous? Il s'en est bien trouvé. | *P. ext.* Voir s'offrir aux yeux (un certain aspect, une certaine manière d'être de personnes, de choses). Je lui ai trouvé bon visage. Je ne trouve qu'en vous je ne sais quelle grâce Qui me charme toujours, RAC. *Esth.* II, 7.

‖ **2°** Voir se présenter (qqch) à l'esprit sous tel ou tel point de vue. — une idée bonne, mauvaise. Je trouve que vous avez bien raison. L'avis fut trouvé bon. Je vous trouve plaisant, MOL. *Mis.* IV, 3. Je me trouvais barbare, injuste, RAC. *Baj.* III, 4. — le temps long.

TROUVÈRE [trou-vèr'] *s. m.*

[ÉTYM. Emprunté de l'anc. franç. trovere, cas régime troveor, proprt, « trouveur » § 538. (*Cf.* troubadour.) ‖ XII° s. Bons troverres de sons, BEN. DE STE-MORE, *Troie.* Admis ACAD. 1762 (trouverre ou trouveur).]

‖ (Hist. littér.) Poète ayant composé dans l'ancienne langue du nord de la France (dite langue d'oïl).

TROUVEUR, *TROUVEUSE [trou-veur, -veûz'] *s. m. et f.*

[ÉTYM. Dérivé de trouver, § 112. (*Cf.* trouvère.) ‖ Admis ACAD. 1878 (au sens général).]

‖ *Rare.* Celui, celle qui trouve. (*Syn.* inventeur.) Trouveur des vérités, D'AUB. *Œuvres,* IV, 139. *Adjectivt.* Un esprit —.

TRUAND, ANDE [tru-an, -ând'] *s. m. et f.*

[ÉTYM. Mot qui paraît être d'origine celtique, § 3. (*Cf.* gaélique trudanach, vagabond, etc. ‖ XII° s. Tro bien sembles truans et pautonnier, *Raoul de Cambrai,* 7168.]

‖ *Vieilli.* Gueux, gueuse, faisant profession de mendicité.

TRUANDAILLE [tru-an-dây'] *s. f.*

[ÉTYM. Dérivé de truand, § 95. ‖ XIII° s. Si m'escondis ceste truandaille, *Riote du monde,* dans GODEF.]

‖ *Vieilli.* Réunion de truands.

TRUANDER [tru-an-dé] *v. intr.*

[ÉTYM. Dérivé de truand, § 154. ‖ XII° s. Puis que li hom se prent a truander, *Aliscans,* dans DELB. *Rec.*]

‖ *Vieilli.* Gueuser.

TRUANDERIE [tru-and'-ri; *en vers,* -an-de-ri] *s. f.*

[ÉTYM. Dérivé de truand, § 69. ‖ XIII° s. La Truanderie, dans GÉRAUD, *Paris sous Philippe le Bel,* p. 8. Admis ACAD. 1798.]

‖ *Vieilli.* Condition de truand.

TRUBLE [trûbl'] *s. f.*

[ÉTYM. Du lat. tribula, sorte de herse, par extension de sens, devenu trible, §§ 290 et 291, truble, § 318. ACAD. donne aussi trouble, forme influencée par le verbe troubler, § 509.]

‖ Filet en forme de poche, attaché à une perche, pour prendre le poisson dans un réservoir.

1. TRUC [trük'] *s. m.*

[ÉTYM. Emprunté du gasc. truc, coup, subst. verbal de truca, frapper, § 11. ‖ XVI° s. *V.* à l'article. Admis ACAD. 1878.]

‖ **1°** *Anciennt.* Coup. J'eus par l'échine force trucs et bastonnades, D'AUB. *Fœneste,* II, 16. | *P. ext.* Coup à certains jeux (billard, etc.).

‖ **2°** *Famil.* Coup d'adresse. Je connais un bon —.

‖ **3°** *P. ext.* Machine employée dans certaines pièces à décors. Une pièce à trucs.

2. TRUC et **TRUCK** [trük'] *s. m.*

[ÉTYM. Emprunté de l'angl. truck, *m. s.* § 8. ‖ *Néolog.* Admis ACAD. 1878.]

‖ (Technol.) Chariot pour le transport de certaines marchandises. | Plate-forme sur laquelle on élève, au moyen d'un mécanisme, des voitures, des bagages, pour les transporter.

***TRUCAGE** [tru-kàj'] *s. m.*

[ÉTYM. Dérivé de truquer, § 78. ‖ *Néolog.*]

‖ *Famil.* Industrie qui consiste à donner à des objets modernes le caractère, l'apparence d'objets antiques.

TRUCHEMAN [trüch'-man; *en vers,* tru-che-...] *s. m.*

[ÉTYM. Emprunté de l'arabe tourdjouman, variante de tardjouman, *m. s.* § 22. (*Cf.* le doublet drogman.) ACAD. admet aussi l'orthogr. truchement, due à une confusion avec le suffixe ment. ‖ XII° s. Drugement somes d'Aufrique et d'outre mer, *Prise d'Orange,* 422. | XIV° s. Puis revint ses truchemans, *Chron. de Flandre,* dans DELB. *Rec.*]

‖ Interprète qui sert d'intermédiaire entre personnes parlant des langues différentes. Où est le truchement, pour lui dire qui vous êtes? MOL. *B. gent.* V, 4. ‖ *Fig.* Personne, chose qui traduit la pensée de qqn. Truchement de peuples divers, LA F. *Fab.* XI, épil. Contentez-vous des yeux pour vos seuls truchements, MOL. *F. sav.* I, 4.

TRUCHER [tru-ché] *v. intr.*

[ÉTYM. Dérivé de truche, mot d'argot, d'origine incertaine, qui désigne la mendicité frauduleuse, §§ 31 et 154. ‖ 1642. OUD. Admis ACAD. 1762.]

‖ *Vieilli.* Mendier frauduleusement.

TRUCHEUR, EUSE [tru-cheur, -cheûz'] *s. m. et f.*

[ÉTYM. Dérivé de trucher, § 112. ‖ 1636. C'estoit un des francs trucheurs qu'il y ait jamais eu, J. DENEYROLLES, *Jésus crucifié,* dans DELB. *Rec.* Admis ACAD. 1762.]

‖ *Vieilli.* Mendiant frauduleux.

TRUCK. *V.* truc 2.

TRUELLE [tru-èl'] *s. f.*

[ÉTYM. Pour trouelle, du lat. pop. truella (class. trulla; *cf.* trullisation), diminutif de trua, *m. s.* § 126.]

‖ (Technol.) Outil en forme de spatule pour gâcher et appliquer le plâtre, le mortier. | *Fig.* Aimer la —, aimer à bâtir. ‖ *P. anal.* Cuillère en forme de spatule qui sert pour découper le poisson.

TRUELLÉE [tru-è-lé] *s. f.*

[ÉTYM. Dérivé de truelle, § 119. ‖ 1549. R. EST. Admis ACAD. 1740.]

‖ Quantité de plâtre, de mortier, qui tient sur une truelle.

TRUFFE [trüf'] *s. f.*

[ÉTYM. Du lat. tuberem, *m. s.* (*cf.* tubercule), qui paraît avoir été altéré de bonne heure en *tuferem, d'où *tufre, trufe, truffe, §§ 290, 291 et 361. ‖ 1370. Qui apporta... des truffes a mondit seigneur, S. LUCE, *France pendant la guerre de Cent ans,* p. 218.]

‖ Sorte de champignon souterrain, en forme de tubercule, mets recherché à cause de son arome. — noire, blanche. Une poularde garnie de truffes du Périgord. | *P. plaisant.* Truffes de pauvre, de savetier, marrons. | *Fig. Trivial.* Gros nez bourgeonné. ‖ *P. ext.* — d'eau, la macle flottante.

TRUFFER [tru-fé] *v. tr.*

[ÉTYM. Dérivé de truffe, § 154. ‖ Admis ACAD. 1798.]

‖ Garnir de truffes. Une dinde, une galantine truffée.

***TRUFFIER, IÈRE** [tru-fyé, -fyèr] *adj.*

[ÉTYM. Emprunté du provenç. moderne truffié, *m. s.* § 11. ‖ *Néolog.*]

‖ (T. didact.) Qui a rapport aux truffes. Chênes truffiers, dans le voisinage desquels les truffes trouvent un terrain favorable pour se développer.

TRUFFIÈRE [tru-fyèr] *s. f.*

[ÉTYM. Emprunté du provenç. moderne truffiero, *m. s.* § 11. ‖ 1771. TRÉV. Admis ACAD. 1835.]

|| Terrain où l'on récolte des truffes.

TRUIE [trui] *s. f.*

[ÉTYM. Du lat. pop. *troja, *m. s.* §§ 329 et 291. Les Romains appelaient *sus trojanus* un mets de porc farci (par allusion au cheval de Troie, garni de soldats grecs); on suppose que le nom de *troja donné à la truie vient de cet usage culinaire.]

|| Porc femelle.

TRUISME [tru-ïsm'] *s. m.*

[ÉTYM. Emprunté de l'angl. *truism, m. s.* de *true, vrai, § 8. || *Néolog.* Admis ACAD. 1878.]

|| Vérité si évidente, qu'il semble inutile de l'énoncer.

TRUITE [truit'] *s. f.*

[ÉTYM. Du lat. *tructa, m. s.* §§ 386 et 291.]

|| Poisson du genre saumon, à peau tachetée, dont la chair est très délicate.

TRUITÉ, ÉE [trui-té] *adj.*

[ÉTYM. Dérivé de *truite*, § 118. || 1664. Le gris truitte (*sic*) est excellent, *Disc. des haras*, dans SOLLEYSEL, *Parfait Mareschal*, p. 487. [1680. Truité, RICHEL.]

|| (T. didact.) Tacheté comme une truite. Cheval —, chien —, à poil blanc ou gris semé de taches brunes, noires. | Fonte truitée, fonte blanchâtre tachetée de gris.

TRULLISATION [trül-li-zà-syon; *en vers,* -si-on] *s. f.*

[ÉTYM. Emprunté du lat. *trullisatio* (mieux *trullissatio*), *m. s.* || 1691. Trullisatio, DAVILER, *Cours d'architect.* ii, p. 862. Admis ACAD. 1835.]

|| (T. didact.) Crépissage fait à la truelle.

TRUMEAU [tru-mó] *s. m.*

[ÉTYM. Origine incertaine; qqns le rattachent à l'allem. *trumm* (anc. haut allem. *drum*, anglo-saxon *thrum*), bout, §§ 6, 126, 498 et 499. || XII° s. Li sans li muet du ciel jusqu'au trumel, *Aubri le Bourg.* p. 44, Tarbé.]

|| **1°** *Anciennt.* Partie charnue de la jambe, de la cuisse (de l'homme et des animaux). || *De nos jours.* (Boucherie.) Jarret de bœuf.

|| **2°** *P. anal.* (*Cf.* jambage.) Partie de mur comprise entre deux portes, deux croisées. Des trumeaux ornés de moulures. | *P. ext.* Glace qui remplit cet espace.

*TRUQUER** [tru-ké] *v. intr.* et *tr.*

[ÉTYM. Dérivé de *truc*, § 154. || *Néolog.*]

I. *V. intr.* User de trucs (de coups d'adresse).

II. *V. tr.* Revêtir (un objet moderne) d'une apparence antique.

*TRUQUEUR, EUSE** [tru-keůr, -keůz'] *s. m. et f.*

[ÉTYM. Dérivé de *truquer*, § 112. || *Néolog.*]

|| *Famil.* Celui, celle qui truque.

TSAR [tsàr] *s. m.*

[ÉTYM. Mot russe correspondant à *César*, § 20. ACAD. admet *czar*, *tsar* et *tzar*. Elle donne aussi *tsarienne* (dans l'expression *Sa Majesté tsarienne*), de *tsar*, *tsarine*, femme de tsar, et *tsarowitz*, fils de tsar.]

|| Souverain de la Russie.

TU [tu] *pron. pers.*

[ÉTYM. Emprunté du lat. *tu, m. s.* § 591.]

|| Pronom personnel sing. de la 2° pers. et des deux genres, forme du sujet. (*Cf.* te, toi.) Viens-tu? Je fais ce que tu veux, CORN. *Cid*, iii, 4. Connais-tu bien don Diègue? ID. *ibid.* iv, 2. Perfide! oses-tu bien te montrer devant moi? RAC. *Phèd.* iv, 2. | *Substantivt.* Employer le tu (en parlant à une personne). la tutoyer. *Ellipt.* Être à tu et à toi avec une personne, en être au tutoiement avec elle.

TUABLE [tuàbl'; *en vers,* tu-àbl'] *adj.*

[ÉTYM. Dérivé de *tuer*, § 93. || XVI° s. Le roy est perdu; il est tuable, P. DE L'ESTOILE, dans DOCHEZ. Admis ACAD. 1762.]

|| *Rare.* Qu'on peut tuer. Les voilà tuables sans difficulté, PASC. *Prov.* 7.

TUANT, ANTE [tuan, tuànt'; *en vers,* tu-...] *adj.*

[ÉTYM. Adj. particip. de *tuer*, § 47. || XVII° s. V. à l'article.]

|| *Famil.* Qui tue. *Spécialt. Fig.* Qui fatigue beaucoup. De tuantes visites, CHAPELAIN, *Lett.* dans DELB. *Rec.* Que ce métier est —, SÉV. 146. Leur tuante amitié, MOL. *Amph.* III, 1.

TUBE [tub'] *s. m.*

[ÉTYM. Emprunté du lat. *tubus, m. s.* Qqs patois ont la forme pop. *tou.* || 1611. COTGR.]

|| Conduit naturel ou artificiel, approprié par sa forme, sa nature, à certaines destinations. (*Syn.* tuyau.) Le — digestif. | Un — de verre plongé dans le mercure. — gradué, recourbé. — d'un baromètre, d'un thermomètre. — acoustique.

TUBERCULE [tu-bèr-kul] *s. m.*

[ÉTYM. Emprunté du lat. *tuberculum, m. s.* (*Cf.* truffle et l'anc. franç. *tubercle*, dans DELB. *Rec.*) || XVI° s. Proeminences ou tubercules, PARÉ, iv, 25. Admis ACAD. 1740.]

|| (T. didact.) || **1°** Sorte de tumeur formée par une induration. *Spécialt.* Production morbide, d'abord consistante, qui s'amollit ensuite et devient purulente. — du poumon, du cerveau, des os. || Éminence fibreuse, cartilagineuse, etc., de certaines parties organiques.

|| **2°** Masse charnue le plus souvent composée de fécule, qui se développe, dans certaines plantes, à l'extrémité des racines ou de rameaux souterrains (pomme de terre, patate, topinambour, etc.).

TUBERCULEUX, EUSE [tu-bèr-ku-leů, -leůz'] *adj.*

[ÉTYM. Dérivé de *tubercule*, § 251. || 1812. MOZIN, *Dict. franç.-allem.* Admis ACAD. 1835.]

|| (T. didact.) Qui présente des tubercules (anatomiques). Matière tuberculeuse. Affection tuberculeuse.

TUBERCULISATION [tu-bèr-ku-li-zà-syon; *en vers,* -si-on] *s. f.*

[ÉTYM. Dérivé de *tuberculiser*, § 247. || *Néolog.* Admis ACAD. 1878.]

|| (T. didact.) Formation de tubercules (anatomiques).

*TUBERCULISER** [tu-bèr-ku-li-zé] *v. tr.*

[ÉTYM. Dérivé de *tubercule*, § 267. || *Néolog.*]

|| (T. didact.) Produire des tubercules (anatomiques).

TUBÉREUX, EUSE [tu-bé-reů, -reůz'] *adj.*

[ÉTYM. Emprunté du lat. *tuberosus, m. s.* || XVI° s. Jambes grosses et tubereuses, PARÉ, *Introd.* 21.]

|| (T. didact.) Qui présente des tubercules (végétaux). Racines tubéreuses. || *Substantivt, au fém.* La tubéreuse, plante à fleur blanche très odorante.

TUBÉROSITÉ [tu-bé-rò-zi-té] *s. f.*

[ÉTYM. Dérivé de *tubéreux*, § 255. || XVI° s. La tuberosité de l'os ischion, PARÉ, I, 8. Admis ACAD. 1762.]

|| (T. didact.) Partie tubéreuse. | 1. Partie d'un organe qui présente des éminences fibreuses, cartilagineuses. | 2. Partie des racines, de la tige souterraine d'une plante, qui présente une masse charnue, généralement composée de fécule.

TUBULAIRE [tu-bu-lêr] *adj.*

[ÉTYM. Dérivé du lat. *tubulus*, diminutif de *tubus, tube*, § 248. || 1771. TRÉV. Admis ACAD. 1835.]

|| (T. didact.) Qui est en forme de tube. Chaudière —. Pont —.

TUBULÉ, ÉE [tu-bu-lé] *adj.*

[ÉTYM. Emprunté du lat. *tubulatus, m. s.* || Admis ACAD. 1762.]

|| (T. didact.) Qui présente une tubulure.

TUBULEUX, EUSE [tu-buloů, -loůz'] *adj.*

[ÉTYM. Dérivé du lat. *tubulus*, diminutif de *tubus, tube*, § 251. || 1771. TRÉV. Admis ACAD. 1835.]

|| (T. didact.) Qui a la forme d'un tube. Des champignons à chapeau —.

TUBULURE [tu-bu-lür] *s. f.*

[ÉTYM. Dérivé du lat. *tubulus*, diminutif de *tubus, tube*, § 250. || 1812. MOZIN, *Dict. franç.-allem.* Admis ACAD. 1835.]

|| (T. didact.) Orifice d'un flacon, d'un vase quelconque, dont la fermeture est traversée par un tube.

TUDIEU [tu-dyeů] *interj.*

[ÉTYM. Abréviation de *vertu Dieu*, vertu de Dieu, § 726. (*Cf.* vertubleu.) || 1611. Tudey, COTGR. Admis ACAD. 1878.]

|| Juron familier. — l l'ami, sans vous rien dire, Comme vous baillez des soufflets! MOL. *Amph.* I, 2.

TUE-CHIEN [tu-chyin] *s. m.*

[ÉTYM. Composé de *tue* (du verbe *tuer*) et *chien*, § 209. || 1387. P. Coulon, tukien, dans GODEF. Admis ACAD. 1762.]

|| **1°** *Anciennt.* Employé municipal chargé de tuer les chiens égarés.

|| **2°** Colchique, plante vénéneuse, dite aussi mort aux chiens.

TUER [tué; *en vers,* tu-é] *v. tr.*

[ÉTYM. Origine incertaine. Le lat. *tutare (class. tutari) conviendrait pour la forme, mais non pour le sens, puisqu'il signifie « protéger »; or on suppose que tuer le feu, a voulu dire d'abord recouvrir la braise de cendre (pour la conserver en ignition), puis par extension l'étouffer, l'éteindre. || XII° s. Tant en beivent (de vin) que tuit se tuent, *Énéas*, 4901.]

I. *Anciennt.* Abattre en donnant des coups. Jehan le Prestre,... qu'ils tuèrent plus de dix fois, *Journal d'un bourg.*

de Paris sous Ch. VII, p. 317, Tuetey. | *Spéciall* De nos *jours*. — des bœufs, des moutons (à l'abattoir). *Absoll*. Un boucher qui ne tue qu'une fois par semaine. || *P. anal*. Éteindre. — le feu, la chandelle. *Fig*. S'ils n'eussent tué ce flambeau, MALH. *Poés*. 49.

II. *P. ext*. Mettre à mort.

|| **1°** *Au propre*. Pourquoi me tuez-vous? PASC. *Pens*. VI, 3. Se faire —. La faim en tuait plus que la guerre, BOSS. *Hist. univ*. II, 21. || Se —. | 1. Se donner la mort par accident. Il s'est tué en tombant de cheval. | 2. Se donner la mort volontairement. Caton se tua après la défaite de Pharsale. Tue! tue! exclamation de gens qui ne veulent pas faire de quartier, dans un combat. *Loc. prov*. Tant de tués que de blessés, il n'y a personne de mort, le mal n'a pas été si grand qu'on le craignait. | *Vieilli*. Raisons, objections à — chiens (allusion au proverbe : Qui veut noyer son chien, l'accuse de la rage), raisons, objections faites de parti pris. | — du gibier à la chasse. Il n'a rien tué. || *P. anal*. Le froid a tué cette plante.

|| **2°** *Fig*. | 1. Faire succomber (qqn) physiquement. Se — de travail. Il se tue à travailler. Cette anxiété me tue. Je vous connais encore, et c'est ce qui me tue, CORN. *Hor*. II, 3. Ne différez point : chaque moment vous tue, RAC. *Phèd*. I, 3. *P. hyperb*. Se —, se donner beaucoup de peine pour qqch. On se tue à vous faire un aveu des plus doux, MOL. *Tart*. IV, 5. Il se tue à rimer, BOIL. *Sat*. 9. Son ami se tuait de lui dire, qu'ils (ses empressements) étaient insolents, HAMILT. *Gram*. p. 45. *Loc. adv*. A tue-tête, d'une manière bruyante qui fatigue la tête de ceux qui entendent. Chanter à tue-tête. | 2. Faire succomber (qqn) moralement. Et dont le coup mortel vous plaît quand il vous tue, CORN. *Poly*. I, 1. *Loc. prov*. La lettre tue et l'esprit vivifie, on se perd, on s'égare en négligeant l'esprit, le sens, pour ne s'attacher qu'à la lettre, à la formule. | 3. Détruire l'effet de (qqch). Ces deux couleurs se tuent, l'une fait tort à l'autre. Cela a tué notre plaisir.

TUERIE [tu-ri] *s. f*.
[ÉTYM. Dérivé de tuer, § 69. || XVᵉ-XVIᵉ s. Au bord de laquelle fut faicte la tuerie, CL. DE SEYSSEL, dans DELB. *Rec*.]
|| Action de tuer en masse. On n'entre point dans les raisons de cette grande — (au dénouement de *Bajazet*), SÉV. 257.

TUE-TÊTE (A) [tu-têt']. V. tuer.

TUEUR, •TUEUSE [tueur, tueuz'; *en vers*, tu-...]*s. m.* et *f*.
[ÉTYM. Dérivé de tuer, § 112. || XIIIᵉ s. Car ele est de tous vers tueuse, J. DE MEUNG, *Trésor*, 635.]
|| *Rare*. Celui, celle qui tue.

TUF [tüf'] *s. m*.
[ÉTYM. Emprunté de l'ital. tufo, lat. tofus, *m. s*. § 12. || XVIᵉ s. Pierre de tufe, RAB. II, 30.]
|| Pierre poreuse, sorte de concrétion calcaire qu'on trouve en couche dans certains terrains, au-dessous de la terre végétale. Creuser jusqu'au tuf. Trouver le tuf. Bâtir en pierre de tuf. || *Fig. Vieilli*. Le fond du caractère, que déguisent les apparences. Sitôt que vous voulez un peu l'approfondir, Vous rencontrez le tuf, REGNARD, *Joueur*, II, 4. Ce tuf se cachait sous d'autres apparences, ST-SIM. II, 252.

•TUFACÉ, ÉE [tu-fà-sé] *adj*.
[ÉTYM. Dérivé de tuf, d'après le lat. tofaceus, *m. s*. § 233. || *Néolog*.]
|| Où l'on trouve du tuf. Terrain —.

•TUFEAU et **TUFFEAU** [tu-fó] *s. m*.
[ÉTYM. Dérivé de tuf, § 126. || 1516. Les matieres que desja avons achaptees, tant tuffeau que autres, dans DELB. *Rec*.]
|| (Technol.) Variété de tuf, pierre blanche et tendre, qui durcit à l'air et qu'on emploie pour bâtir.

TUFIER, IÈRE [tu-fyé, -fyèr] *adj*.
[ÉTYM. Dérivé de tuf, § 115. || 1694. Tuffier, TH. CORN. Admis ACAD. 1798.]
|| (Technol.) Qui touche au tuf. Terre tufière, maigre, parce qu'elle est trop voisine du tuf.

•TUFIÈRE [tu-fyèr] *s. f*.
[ÉTYM. Dérivé de tuf, § 115. || XVIᵉ s. Tuffiere, DU PINET, *Hist. nat. de Pline*, XXX, 3.]
|| (Technol.) Carrière de tuf.

TUILE [tuil] *s. f*.
[ÉTYM. Du lat. tēgula, *m. s*. de tegere, couvrir (*cf*. tégument, toit), devenu teule, tiule, §§ 308, 309, 394, 290 et 291, tulle, § 357.]
|| Plaquette en terre cuite employée pour faire des toits. Loger sous les tuiles, sous le toit, au dernier étage d'une maison. Recevoir une — (qui tombe du toit), et, *fig*. être frappé par un accident imprévu. *Loc. prov*. Il ne trouverait pas du feu sur une — (un petit morceau de braise à emprunter), on ne lui prêterait pas la moindre chose.

•TUILÉ, ÉE [tui-lé] *adj*.
[ÉTYM. Dérivé de tuile, § 118. || 1752. TRÉV.]
|| Qui est en forme de tuile. Coquille tuilée.

TUILEAU [tui-ló] *s. m*.
[ÉTYM. Dérivé de tuile, § 126. || 1485. Faire contre-mur de tuilleaux, *Ordonn*. dans LITTRÉ.]
|| Débris de tuile.

TUILERIE [tuil-ri; *en vers*, tui-le-ri] *s. f*.
[ÉTYM. Dérivé de tuilier, §§ 65 et 68. || 1264. Pour la teulerie de Sonbru refaire, dans *Bibl. de l'Éc. des Chartes*, 1866-67, p. 566.]
|| Four à tuiles.

TUILIER [tui-lyé] *s. m*.
[ÉTYM. Dérivé de tuile, § 115. (*Cf*. le lat. tegularius, *m. s*.) || 1300. *Rôle de la taille de Paris*, dans DELB. *Rec*.]
|| Ouvrier qui fait des tuiles.

TULIPE [tu-lĭp'] *s. f*.
[ÉTYM. Autrefois tulipan, emprunté du turc tolipend, *m. s*. par comparaison de la plante avec un turban, § 23. || XVIᵉ-XVIIᵉ s. Le tulipan, O. DE SERRES, VI, 12. Tulippe, COTGR.]
|| Plante de la famille des Liliacées, à racine bulbeuse, à fleur ovoïde, de couleurs variées. | *P. ext*. Fleur de cette plante. | *P. anal*. Verre à boire de forme ovoïde, renflé au milieu.

TULIPIER [tu-li-pyé] *s. m*.
[ÉTYM. Dérivé de tulipe, § 115. || Admis ACAD. 1762.]
|| (Botan.) Arbre exotique, de la famille des Magnoliacées, dont la fleur ressemble à la tulipe.

TULLE [tul] *s. m*.
[ÉTYM. Nom de ville, § 36 : Tulle (Corrèze), où ont été établies les premières fabriques. || 1812. MOZIN, *Dict. franç.-allem*. Admis ACAD. 1835.]
|| (Technol.) Tissu fait d'un réseau très clair de soie, de fil, de coton, très fins. Une guimpe de —. Du — brodé. Un chapeau de —.

TUMÉFACTION [tu-mé-făk'-syon; *en vers*, -si-on]*s. f*.
[ÉTYM. Dérivé du lat. tumefacere, tuméfier, § 247. || XVIᵉ s. Concussions, tumefactions, dans *Nouv. Cout. génér*. II, p. 945. Admis ACAD. 1718.]
|| (T. didact.) Gonflement morbide.

TUMÉFIER [tu-mé-fyé; *en vers*, -fi-é] *v. tr*.
[ÉTYM. Emprunté du lat. tumefieri, forme passive de tumefacere, *m. s*. || XVIᵉ s. Quand la partie commence à tuméfier, PARÉ, V, 3.]
|| (T. didact.) Affecter (un organe) d'un gonflement morbide. Avoir le genou tuméfié. Le doigt se tuméfie.

TUMEUR [tu-meür] *s. f*.
[ÉTYM. Emprunté du lat. tumor, *m. s*. || XIVᵉ s. Tumour ou enflour, *Somme Mᵉ Gautier*, mss franç. Bibl. nat. 1288, fº 92, rº.]
|| (T. didact.) Grosseur morbide dans une partie de l'organisme. (*Cf*. apostume.) Une — molle, dure. Une — dans l'aine. Ouvrir une —.

TUMULAIRE [tu-mu-lèr] *adj*.
[ÉTYM. Dérivé du lat. tumulus, tombeau, § 248. || *Néolog*. Admis ACAD. 1835.]
|| (T. didact.) Qui a rapport aux tombeaux. Pierre —.

TUMULTE [tu-mult'] *s. m*.
[ÉTYM. Emprunté du lat. tumultus, *m. s*. || XIIᵉ s. Guillelmes a le temulte entendu, *Couronn. de Louis*, 1201.]
|| Agitation bruyante, désordonnée, qui se produit dans une réunion de personnes. Exciter du —. Quand le peuple est maître, on n'agit qu'en —, CORN. *Cinna*, II, 1. La grandeur de la république... changea en guerres civiles les tumultes populaires, MONTESQ. *Rom*. 9. || *Fig*. Agitation, trouble. Après le — des armes, BOSS. *Condé*. Le — des affaires, du monde. | Le — des passions, des sens.

TUMULTUAIRE [tu-mŭl-tuèr; *en vers*, -tu-èr] *adj*.
[ÉTYM. Emprunté du lat. tumultuarius, *m. s*. (*Cf*. tumultueux.) || XIVᵉ s. Œuvres tumultuaires, BERSUIRE, dans GODEF. *Compl*.]
|| (T. didact.) || **1°** Qui a le caractère d'un tumulte populaire. Il m'a fallu réduire en soulèvement — une guerre qui n'a pu durer guère moins d'un an, CORN. *Pomp. exam*.
|| **2°** *Vieilli*. Qui a le caractère d'une agitation désordonnée. Une besogne — et faite sans y penser, MALH. *Bienf. de Sénèq*. VI, 23.

TUMULTUAIREMENT [tu-mŭl-tuèr-man ; *en vers,* -tu-è-re-...] *adv.*

[Étym. Composé de tumultuaire et ment, § 724. || xvıᵉ s. Tumultuairement, sans ordre, AMYOT, *Nicias,* 5.]

|| (T. didact.) D'une manière tumultuaire. S'ils lapidèrent saint Étienne, ce fut —, BOSS. *Hist. univ.* ıı, 23.

TUMULTUEUSEMENT [tu-mŭl-tueûz'-man ; *en vers,* -tu-eû-ze-...] *adv.*

[Étym. Composé de tumultueuse et ment, § 724. || xıvᵉ s. Criant et braiant tumultueusement, BERSUIRE, fº 20, dans LITTRÉ.]

|| D'une manière tumultueuse.

TUMULTUEUX, EUSE [tu-mŭl-tueû, -tueûz' ; *en vers* -tu-...] *adj.*

[Étym. Emprunté du lat. tumultuosus, m. s. (*Cf.* tumultuaire.) || xıvᵉ s. Se déduit de l'existence de l'adv. tumultueusement à cette époque.]

|| Qui présente du tumulte. Un rassemblement —. | La vie tumultueuse est agréable aux grands esprits, PASC. *Passions de l'amour.* Ces transports — d'un attachement criminel, MOL. *D. Juan,* ıv, 6.

TUNGSTÈNE [tungs'-tòn] *s. m.*

[Étym. Emprunté de l'allem. tungstein, m. s. § 7. || 1812. Tungstène ou tunstène, MOZIN, *Dict. franç.-allem.* Admis ACAD. 1878.]

|| (Chimie.) Corps simple, métal d'un gris foncé, très dur (découvert en 1781).

TUNIQUE [tu-nĭk'] *s. f.*

[Étym. Emprunté du lat. tunica, m. s. || xııᵉ s. Toz revestuz de ses tuniques, BEN. DE STE-MORE, *Troie,* 26821.]

I. (Antiq.) Vêtement de dessous. — de Nessus, tunique empoisonnée qui causa la mort d'Hercule à qui on en avait fait présent.

II. || **1º** *Au propre.* | 1. Vêtement que les évêques portent sous la chasuble quand ils officient; vêtement des diacres et des sous-diacres. | 2. Veste que les rois portaient sous le manteau royal. | 3. Redingote courte d'uniforme. La — des lycéens, des fantassins. | 4. Seconde jupe de certains costumes de femme.

|| **2º** *P. anal.* (T. didact.) Nom donné à certaines pellicules, gaines membraneuses. Les tuniques de l'œil. Les tuniques des artères. | Les tuniques de l'oignon.

TUNNEL [tu-nèl] *s. m.*

[Étym. Emprunté de l'angl. tunnel, m. s. qui vient lui-même du franç. tonnelle, § 8. || *Néolog.* Admis ACAD. 1878.]

|| (Technol.) Passage souterrain pratiqué sous une rivière, sous un bras de mer, à travers une montagne, etc.

TUORBE [tu-òrb']. *V.* téorbe.

TURBAN [tur-ban] *s. m.*

[Étym. Pour tulban, emprunté de l'arabe dulband, m. s. § 22. || xvᵉ s. Ceste toile qu'ils appellent tolliban, COMM. vııı, 5. | 1559. Un tulban, G. POSTEL, dans DELB. *Rec.* | 1572. Turban, RONS. *Franciade,* 3.]

|| **1º** Coiffure d'homme des Orientaux, pièce d'étoffe enroulée autour de la tête. || *P. anal.* Coiffure de femme pour bal, imitant le turban.

|| **2º** *Fig.* Nom donné à diverses fleurs, à diverses coquilles, qui rappellent la forme du turban. (*Cf.* tulipe.) Lis —, variété de martagon. | — de Pharaon, — rouge, — vert, mollusques univalves.

TURBE [turb']. *V.* tourbe 1.

TURBINE [tur-bin'] *s. f.*

[Étym. Emprunté du lat. turbo, inis, toupie, tourillon, tourbillon, etc. Le mot se trouve au xvıᵉ s. comme subst. masc. signifiant « tourbillon ». Au xvıııᵉ s. turbine est une corruption fréquente de tribune (d'église). || *Néolog.* Admis ACAD. 1878.]

|| (Technol.) Roue hydraulique à axe vertical.

TURBINÉ, ÉE [tur-bi-né] *adj.*

[Étym. Emprunté du lat. turbinatus, m. s. || xvıᵉ s. Unions de figure turbinée, RAB. v, 43. Admis ACAD. 1762.]

|| (T. didact.) Qui est en forme de toupie. Coquille turbinée.

TURBINITE [tur-bi-nĭt'] *s. f.*

[Étym. Dérivé du lat. turbo, inis, toupie, § 282. || Admis ACAD. 1762.]

|| (Hist. nat.) Coquille turbinée fossile.

TURBITH [tur-bit'] *s. m.*

[Étym. Emprunté de l'arabe turbid, m. s. § 22. || xıııᵉ s. Turbit est chauz et ses, *Simples medicines,* fº 71, vº. Admis ACAD. 1762.]

|| **1º** Nom vulgaire d'un liseron de l'Inde dont la racine a été très employée comme purgatif.

|| **2º** *P. anal.* — minéral, sulfate jaune de mercure.

TURBOT [tur-bò] *s. m.*

[Étym. Origine incertaine : il n'est pas impossible que le lat. turbo, inis, toupie, ait reçu le même sens (*cf.* rhombus, grec ῥόμϐος, toupie, turbot), mais la désinence du mot français reste inexpliquée. || xııᵉ s. Peschent au tourbout, ÉT. DE FOUGÈRES, *Livre des man.* dans DELB. *Rec.*]

|| Poisson de mer de la famille des Pleuronectes, à chair délicate.

TURBOTIÈRE [tur-bò-tyèr] *s. f.*

[Étym. Dérivé de turbot, § 115. || 1812. MOZIN, *Dict. franç.-allem.* Admis ACAD. 1835.]

|| Ustensile ayant à peu près la configuration du turbot et destiné à faire cuire les poissons de cette forme (turbot, barbue, etc.).

TURBOTIN [tur-bò-tin] *s. m.*

[Étym. Dérivé de turbot, § 100. || 1694. ACAD.]

|| Petit turbot.

TURBULEMMENT [tur-bu-là-man] *adv.*

[Étym. Pour turbulentment, composé de turbulent et ment, § 724. || xvııᵉ s. *V.* à l'article. Admis ACAD. 1740.]

|| D'une manière turbulente. Ils n'agissaient point —, D'ABLANC. *Tacite, Annales,* v, 5.]

TURBULENCE [tur-bu-läns'] *s. f.*

[Étym. Emprunté du lat. turbulentia, m. s. || xıvᵉ s. Sans turbulence, J. DE VIGNAY, dans DELB. *Rec.* Admis ACAD. 1762.]

|| Agitation bruyante. La — des enfants.

TURBULENT, ENTE [tur-bu-lan, -länt'] *adj.*

[Étym. Emprunté du lat. turbulentus, m. s. || xııᵉ-xıııᵉ s. Ne turbulent ne torcenos, NICOLE, *Règle de St-Benoît,* dans DELB. *Rec.*]

|| Qui se livre à une agitation bruyante. Un enfant —. Être d'humeur turbulente. Une joie turbulente.

TURC [tûr et turk'] *s. m.*

[Étym. Mot d'origine incertaine qui semble n'avoir qu'une ressemblance fortuite avec Turc, nom de peuple. (*Cf.* breton teurk, tique.) || 1688. Les poiriers de bon chrestien en sont sur tous autres endommagez, et c'est pourquoy on a nommé ce ver Turc, BOYCEAU DE LA BARAUDIÈRE, *Tr. du jardin.* p. 58. Admis ACAD. 1718.]

|| (Agricult.) Nom vulgaire de la larve du hanneton.

TURCIE [tur-si] *s. f.*

[Étym. Origine inconnue. || xııᵉ s. Se déduit de l'existence du bas lat. torcia dans un texte cité par DU C. Admis ACAD. 1718.]

|| *Dialect.* Levée faite de claies garnies de terre. Les turcies de la Loire.

TURCO [tur-kó] *s. m.*

[Étym. Nom propre de peuple, § 36 : ital. Turco, Turc. § 12, l'Algérie ayant dépendu de la Turquie jusqu'en 1830. || *Néolog.* Admis ACAD. 1878.]

|| (T. milit.) Tirailleur indigène de l'armée d'Afrique.

TURELURE [tur-lür ; *en vers,* tu-re-...] *s. f.*

[Étym. Sorte d'onomatopée, de refrain, § 32. (*Cf.* turlutaine et l'anc. franç. turluele, etc.) || xıvᵉ s. Icelle turelure fu haultement sonnée, CUVELIER, *Duguesclin,* 3818.]

|| *Famil.* Refrain. *Fig.* C'est toujours la même —.

TURF [turf'] *s. m.*

[Étym. Emprunté de l'angl. turf, m. s. proprt, « terrain gazonné », § 8. (*Cf.* le doublet tourbe 2.) || *Néolog.* Admis ACAD. 1878.]

|| Lieu où ont lieu les courses de chevaux. Se rendre sur le —. Le — de Longchamp.

TURGESCENCE [tur-jĕs'-säns'] *s. f.*

[Étym. Emprunté du lat. scientif. turgescentia, dérivé de turgere, se gonfler, § 262. || 1752. TRÉV. Admis ACAD. 1762.]

|| (T. didact.) Gonflement de certains organes, par l'afflux des fluides. La — du sein.

TURGESCENT, ENTE [tur-jĕs'-san, -sänt'] *adj.*

[Étym. Emprunté du lat. turgescens, m. s. || *Néolog.* Admis ACAD. 1835.]

|| (T. didact.) Gonflé par l'afflux des fluides.

***TURION** [tu-ryon ; *en vers,* -ri-on] *s. m.*

[Étym. Emprunté du lat. turio, m. s. || 1554. Turions de hieble, *Tresor de Evonime,* dans DELB. *Rec.*]

|' (Botan.) Bourgeon de certaines plantes, qui sort de la tige à fleur de terre et doit donner naissance aux pousses aériennes. Le — de l'asperge.

TURLUPIN [tur-lu-pin] *s. m.*

[ÉTYM. Nom pris par un célèbre acteur de farces (Henri Legrand) du commencement du XVIIᵉ s. § 36. Ce mot, d'origine inconnue, se trouve dès le XIVᵉ s. appliqué à des hérétiques condamnés au feu par l'inquisition. || Admis ACAD. 1718.]

|| Mauvais plaisant. Des pointes de —, BALZ. *Dissert. crit.* 7. A la cour les turlupins restèrent, insipides plaisants, BOIL. *Art p.* 2.

TURLUPINADE [tur-lu-pi-nàd'] *s. f.*

[ÉTYM. Dérivé de turlupin, § 120. || XVIIᵉ s. *V.* à l'article. Admis ACAD. 1718.]

|| Mauvaise plaisanterie. Pensez-vous... que je puisse durer à ses turlupinades perpétuelles? MOL. *Crit. de l'Éc. des f.* sc. 1.

TURLUPINER [tur-lu-pi-né] *v. intr. et tr.*

[ÉTYM. Dérivé de turlupin, § 154. || 1615. C'est bien turlupiné, *Harangue de Turlupin*, dans DELB. *Rec.* Admis ACAD. 1718.]

|| 1° *V. intr.* Se livrer à des plaisanteries de mauvais goût.

|| 2° *V. tr.* Faire de qqn l'objet de méchantes plaisanteries. Voici le docteur; il faut le —, REGNARD et DUFRESNY, *Foire St-Germ.* I, 7. Turlupinant les jeunes précieuses, GRESSET, *Vert-Vert*, 4.

*'**TURLUT** [tur-lu] *s. m.*

[ÉTYM. Onomatopée, § 32. || 1680. RICHEL.]

|| Nom vulgaire de divers oiseaux, notamment de la farlouse et du courlis.

*'**TURLUTAINE** [tur-lu-tên'] *s. f.*

[ÉTYM. Dérivé de turlut, § 97. || 1812. MOZIN, *Dict. franç.-allem.*]

|| 1° Serinette.

|| 2° *Fig. Famil.* Ce que qqn répète sans cesse, sa marotte. C'est sa —.

TURNEP [tur-nèp'] *s. m.*

[ÉTYM. Emprunté de l'angl. turnep, *m. s.* || Admis ACAD. 1835 et écrit turneps d'après le pluriel anglais, plus usité que le sing.]

|| (Agricult.) Variété de chou-rave. Semer des turneps.

TURPITUDE [tur-pi-tud'] *s. f.*

[ÉTYM. Emprunté du lat. turpitudo, *m. s.* || 1552. Turpitude, laideur, CH. EST. dans DELB. *Rec.*]

|| Laideur morale honteuse. Le malheureux me cachait sa —, J.-J. ROUSS. *Confess.* 8. La Garnache faisait de sa — la principale pièce de son sac, ST-SIM. II, 67. | Action honteuse manifestant cette laideur morale. Faire des turpitudes. || *Fig.* Par allusion au fils de Noé qui ne couvrit point la nudité de son père. Il est trop rude d'aller de ses parents montrer la —, REGNARD, *Joueur*, V, 4.

*'**TURQUET** [tur-kè] *s. m.*

[ÉTYM. Dérivé de Turc, nom de peuple, §§ 36 et 133. || XVIᵉ-XVIIᵉ s. Camuze comme un turquet, D'AUB. *Fœneste*, IV, 13. Admis ACAD. 1694 (au sens I); suppr. en 1740.]

I. Petit chien (d'origine turque) à nez camus et à poil ras.

II. Nom vulgaire du maïs ou blé de Turquie.

TURQUETTE [tur-kèt'] *s. f.*

[ÉTYM. Dérivé de Turc, § 133. || 1771. TRÉV.]

||(Botan.)Herniaire glabre, plante dite aussi herbe au Turc.

TURQUIN, *'**TURQUINE** [tur-kin, -kin'] *adj.*

[ÉTYM. Emprunté de l'ital. turchino, proprt, « de Turquie », le bleu étant la couleur de prédilection des Turcs, §§ 12 et 37. || 1471. Un petit estuy turquin, *Comptes du roi René*, p. 260.]

|| Qui est d'un bleu foncé tirant sur l'ardoise. Bleu —. Le marbre —, et, *substantivt*, Le —, espèce de marbre d'un gris tirant sur le bleu.

TURQUOISE [tur-kwàz'] *s. f.*

[ÉTYM. Dérivé de Turc, §§ 36 et 143 : les turquoises ont été d'abord trouvées dans la Turquie d'Asie. || XIIIᵉ s. Pierres qui s'appellent turquesses (var. turquoyses), *Livre de Marc Pol*, dans GODEF. *Compl.*]

|| Pierre précieuse mate, d'une belle couleur bleue. Une — entourée de brillants. *Ellipt.* Le bleu —.

TUSSILAGE [tu-si-làj'] *s. f.* (masc. ACAD.).

[ÉTYM. Emprunté du lat. tussilago, *m. s.* de tussis, toux. Sur le genre, *V.* § 551. || Admis ACAD. 1762.]

|| (Botan.) Plante dont la fleur fait partie des quatre fleurs employées pour tisane. (*Syn.* pas d'âne.)

*'**TUTAYER** [tu-tò-yé]. *V.* tutoyer.

TUTÉLAIRE [tu-té-lêr] *adj.*

[ÉTYM. Emprunté du lat. tutelaris, *m. s.* || XVIᵉ s. Dieu tutellaire, RAB. IV, 42.]

|| (T. didact.) Qui a qqn sous sa tutelle, sous sa protection. Divinité —. L'ange —, ange gardien. *Fig.* Son ange — et son libérateur, CORN. *Cid*, IV, 1.

TUTELLE [tu-tèl] *s. f.*

[ÉTYM. Emprunté du lat. tutela (var. tutella), *m. s.* || 1474. Lettres de tutelle, *Charte de Tournai*, dans GODEF. *Compl.*]

|| (T. didact.) Protection de la personne, des biens d'un mineur, d'un interdit, que la loi confie à qqn. Être sous la — de qqn. Être en —. Les institutions des Romains mettaient les femmes dans une perpétuelle —, MONTESQ. *Espr. des lois*, VII, 12. Rendre la —, cesser de l'exercer et rendre ses comptes. — officieuse, protection légale d'un enfant mineur, par une personne qui a l'intention de l'adopter lorsqu'il sera majeur. || *Fig.* | 1. Protection. Être sous la — des lois. *P. ext.* — de navire, symbole du saint, patron de ce navire, sculpté à l'arrière. | 2. Surveillance importune. Vous verrons-nous toujours trembler sous sa —? RAC. *Brit.* II, 2.

TUTEUR, **TRICE** [tu-tœur, -tris'] *s. m. et f.*

[ÉTYM. Emprunté du lat. tutor, trix, *m. s.* || XIIIᵉ s. Doner tutors as orfelins, *Livre de jostice*, 75.]

|| 1° *S. m. et f.* Personne chargée de la tutelle de qqn. — ad hoc, nommé à un mineur, à un interdit, pour un objet déterminé. — officieux, qui a la protection légale d'un mineur qu'il a l'intention d'adopter lorsqu'il sera majeur. || *Fig.* Les souverains ne sont que... les pères et les tuteurs du peuple, FÉN. *Essai sur le gouv. civil*, 11.

|| 2° *P. anal. S. m.* Bâton fixé en terre, le long duquel on attache une plante pour la soutenir ou la redresser.

TUTIE [tu-ti] *s. f.*

[ÉTYM. Emprunté de l'arabe toutiya, *m. s.* § 22. (*Cf.* toutenague.) || XIVᵉ s. De la poudre de la tutie, GAST. PHÉBUS, *Chasse*, dans DELB. *Rec.*]

|| (T. didact.) Mélange d'oxydes qui se dépose en couche grisâtre dans les cheminées des fourneaux où l'on traite des minerais de fer contenant du zinc.

TUTOIEMENT et **TUTOÎMENT** [tu-twà-man] *s. m.*

[ÉTYM. Dérivé de tutoyer, §§ 65 et 145. || Admis ACAD. 1718.]

|| Action de tutoyer qqn.

TUTOYER [tu-twà-yé] *v. tr.*

[ÉTYM. Dérivé de tu, §§ 63 et 163. On a longtemps hésité entre tutoyer et tutayer : MOL. s'est servi de cette dernière forme, *Mis.* II, 4, et RICHEL. n'en donne pas d'autre. || 1394. Me tutoies tu? dans DU C. tuisares.]

|| Traiter familièrement, intimement (qqn) en lui disant tu au lieu de vous. Ne nous tutoyons plus, je t'en prie, MARIV. *Jeu de l'am. et du has.* II, 9.

TUTTI [tout'-ti] *s. m.*

[ÉTYM. Emprunté de l'ital. tutti, tous, § 12. || 1771. TRÉV. Admis ACAD. 1878.]

|| (Musique.) Phrase exécutée par tous les instruments, tous les chanteurs à la fois. Le — final.

TUYAU [tui-yó; *selon d'autres*, tu-yó] *s. m.*

[ÉTYM. Dérivé d'un mot germanique de même sens, §§ 6, 126, 498 et 499 : bas allem. tute, anc. néerland. tote, anc. norois toda. (*Cf.* tuyère.) || XIIᵉ s. Ci naist de la chanson et racine et tuiax, J. BODEL, *Saisnes*, tir. 2.]

|| Conduit destiné à livrer passage à un liquide, un fluide. (*Syn.* tube.) Des tuyaux d'arrosage. Les tuyaux de conduite du gaz. Un — de poêle, de cheminée (pour le passage de la fumée). Des tuyaux d'orgue, un — acoustique, pour transmettre le son. | *P. ext.* Le — de l'oreille, orifice qui donne passage au son. — de plume, bout creux de la plume des oiseaux. | *P. anal.* Pli cylindrique qu'on fait à du linge empesé. Un bonnet à tuyaux. || *Fig. Néolog. Famil.* Indication confidentielle pour le succès d'une opération.

TUYAUTER [tui-yò-té] *v. tr.*

[ÉTYM. Dérivé de tuyau, §§ 62, 64 et 154. || *Néolog.* Admis ACAD. 1878.]

|| Plisser (du linge) en forme de tuyaux à l'aide d'un fer cylindrique. Une garniture tuyautée.

TUYÈRE [tui-yèr; *selon d'autres*, tu-yèr] *s. f.*

[ÉTYM. Dérivé du radical de tuyau, § 115. || 1680. Tuiere, RICHEL. Admis ACAD. 1762.]

|| (Technol.) Tube conique qui conduit le vent du soufflet dans la forge, le fourneau.

TYMPAN [tin-pan] *s. m.*

[ÉTYM. Emprunté du lat. tympanum, grec τύμπανον, *m. s.* proprt, « tambour », de τύπτειν, frapper. (*Cf.* les doublets timbre, type et tympanon.) || XII° s. Psalterie, tympans, frestels e harpe, *Rois*, I, 10.]

|| **1°** Cavité qui constitue l'oreille moyenne, fermée du côté de l'oreille externe et du côté de l'oreille interne par des membranes tendues. *Spécialt.* Membrane du —, membrane tendue entre l'oreille externe et l'oreille moyenne. *Fig.* Briser le — à qqn, parler trop fort.

|| **2°** Châssis tendu d'étoffe, sur lequel on met les feuilles à imprimer.

|| **3°** Machine à élever l'eau, tambour tournant sur son axe. || *P. ext.* Espace encadré par les trois corniches d'un fronton destiné à recevoir des bas-reliefs, des ornements.

TYMPANISER [tin-pà-ni-zé] *v. tr.*

[ÉTYM. Emprunté du lat. tympanizare, battre le tambour. (*Cf.* tambouriner.) Signifie « marquer d'un timbre » au XV° s. || XVI° s. Tympaniser par cris haulx et publics, R. DE COLLERYE, *Ball. contre les flatteurs.*]

|| Signaler bruyamment. C'est lui qui, dans des vers, vous a tympanisées, MOL. *F. sav.* II, 7. Gare qu'aux carrefours on ne vous tympanise, ID. *Éc. des f.* I, 1.

TYMPANITE [tin-pà-nît'] *s. f.*

[ÉTYM. Emprunté du lat. tympanites, employé abusivement pour désigner cette maladie d'après le grec τυμπανίτης, qui s'applique au malade, la maladie s'appelant τυμπανίας, de τύμπανον, tambour. || 1372. La quarte espece de ydropisie, qui est appellee timpanides, J. CORBICHON, *Propr. des choses*, VII, 51, mss franç. Bibl. nat. 216, f° 122, v°. Admis ACAD. 1762.]

|| (Technol.) Gonflement de l'abdomen, par accumulation de gaz dans le tube digestif.

TYMPANON [tin-pà-non] *s. m.*

[ÉTYM. Emprunté (indirectement) du grec τύμπανον, tambour : l'instrument nous est venu d'Allemagne, d'après RICHEL. § 6. || 1680. Timpanon, RICHEL. Admis ACAD. 1740.]

|| Ancien instrument de musique, garni de cordes de laiton, se touchant avec deux baguettes en bois. Quels instruments y a-t-il ? — Des harpes, des tympanons, DOMINIQUE, *Arlequin dans la lune*, scène du voyage.

TYPE [típ'] *s. m.*

[ÉTYM. Emprunté du lat. typus, grec τύπος, *m. s.* de τύπτειν, frapper. (*Cf.* tympan.) || Admis ACAD. 1694.]

|| **1°** Pièce de bois, de métal, etc., portant une empreinte destinée à reproduire des empreintes semblables.

|| **2°** Conception idéale des traits généraux suivant lesquels une chose est formée. Les différents types d'architecture. Les types de la race humaine. Les principaux types de cristallisation. | *P. ext.* Cette personne est le — de l'avarice.

TYPHOÏDE [ti-fò-id'] *adj.*

[ÉTYM. Emprunté avec typhus et le grec εἶδος, forme, § 279. || *Néolog.* Admis ACAD. 1878.]

|| Qui a le caractère du typhus. Fièvre —.

TYPHON [ti-fon] *s. m.*

[ÉTYM. Emprunté du chinois tafang, tafung, *m. s.* rendu par typhon par confusion avec le lat. typhon, grec τυφών, tourbillon, § 27. || Admis ACAD. 1798.]

|| Cyclone. (*V.* ce mot.)

TYPHUS [ti-fûs'] *s. m.*

[ÉTYM. Emprunté du lat. scientif. typhus, *m. s.* qui est le lat. typhus, grec τῦφος, enflure. || 1812. MOZIN, *Dict. franç.-allem.* Admis ACAD. 1835.]

|| (T. didact.) Maladie contagieuse caractérisée par la fièvre continue, l'état morbide des muqueuses, etc.

TYPIQUE [ti-pîk'] *adj.*

[ÉTYM. Emprunté du lat. typicus, grec τυπικός, *m. s.* || 1582. Interpretations mystiques, typiques, *Incert. et vanité des sciences*, dans DELB. *Rec.* Admis ACAD. 1762.]

|| (T. didact.) Qui constitue un type.

TYPOGRAPHE [ti-pò-gràf'] *s. m. et f.*

[ÉTYM. Composé avec le grec τύπος, type, et γράφειν, écrire, § 279. || 1554. Un tipographe d'Angoumois, BELLE-FOREST, dans DELB. *Rec.* Admis ACAD. 1798.]

|| (T. didact.) Celui, celle qui exerce l'art de l'imprimerie (en caractères).

TYPOGRAPHIE [ti-pò-grà-fî] *s. f.*

[ÉTYM. Composé avec le grec τύπος, type, γράφειν,

écrire, et le suffixe ία, § 279. || 1577. Si tu adjoustes foy a la typographie, PHILIPPE GANIÈN, *Sonnet en l'honneur de* DU VERDIER, dans DELB. *Rec.* Admis ACAD. 1762.]

|| (T. didact.) Art de l'imprimerie (en caractères).

TYPOGRAPHIQUE [ti-pò-grà-fîk'] *adj.*

[ÉTYM. Dérivé de typographie, § 229. || 1710. L'art typographique, *Misère des apprentis imprim.* Admis ACAD. 1762.]

|| (T. didact.) Relatif à l'art de l'imprimerie. Corrections typographiques, qui ne portent point sur le texte, mais sur les fautes d'impression à corriger.

'TYPOGRAPHIQUEMENT [ti-pò-grà-fîk-man ; *en vers*, -fi-ke-...] *adv.*

[ÉTYM. Composé de typographique et ment, § 724. || 1812. MOZIN, *Dict. franç.-allem.*]

|| (T. didact.) D'une manière typographique.

TYRAN [ti-ran] *s. m.*

[ÉTYM. Emprunté du lat. tyrannus, grec τύραννος, *m. s.* || XII° s. En la croiz vos pendirent tyrant, *Roncev.* tir. 330.]

|| Celui qui, ayant le pouvoir suprême, l'exerce d'une manière oppressive. Et ton nom paraîtra, dans la race future, Aux plus cruels tyrans une mortelle injure, RAC. *Brit.* V, 6. || *Fig.* Personne, chose qui exerce une autorité oppressive. De ces cruels tyrans Qu'un astre injurieux nous donne pour parents, CORN. *Hor.* IV, 4. Cette femme est un vrai — domestique. Vieux pédagogue de la cour (Malherbe) et qu'on appelait autrefois le — des mots et des syllabes, BALZ. *Socrate chrét.* 10° disc. Que votre amour en vrai — agit ! MOL. *Tart.* IV, 5.

TYRANNEAU [ti-rà-nó] *s. m.*

[ÉTYM. Dérivé de tyran, § 126. || XVI° s. Nettoyer la Sicile de plusieurs tyranneaux, MONTAIGNE, III, 1. Admis ACAD. 1694 ; suppr. en 1740 ; repris en 1798.]

|| Tyran subalterne.

1. TYRANNICIDE [ti-rà-ni-sid' ; *selon d'autres*, -răn'-...] *s. m.*

[ÉTYM. Emprunté du lat. tyrannicidium, *m. s.* || XVI° s. Le tyrannicide que firent Brutus, Cassius et leurs adherents, BONIVARD, *Noblesse*, p. 277.]

|| (T. didact.) Meurtre d'un tyran.

2. TYRANNICIDE [ti-rà-ni-sid' ; *selon d'autres*, -rǎn'-...] *s. m. et f.*

[ÉTYM. Emprunté du lat. tyrannicida, *m. s.* || 1583. Reputé pour tyrannicide, FILBERT BRETIN, *Trad. de Lucien*, dans DELB. *Rec.*]

|| (T. didact.) Celui, celle qui tue un tyran.

TYRANNIE [ti-rà-ni ; *selon d'autres*, -rǎn'-ni] *s. f.*

[ÉTYM. Dérivé de tyran, § 68. || XIII° s. Sa tirannie n'est pas autre chose que corruption de la signorie, BRUN. LATINI, *Trésor*, 313.]

|| Pouvoir d'un seul exercé d'une manière oppressive. Toujours la — a d'heureuses prémices, RAC. *Brit.* I, 1. Un livre qui confondait fort la monarchie avec la —, et qui sentait fort le républicain, ST-SIM. III, 419. || *Fig.* Autorité oppressive. Nous exerçons sur nos frères une espèce de —, BOSS. *Jugem. hum.* 1. La — des passions.

TYRANNIQUE [ti-rà-nîk'] *adj.*

[ÉTYM. Emprunté du lat. tyrannicus, grec τυραννικός, *m. s.* || XIV° s. Policie tyrannique, ORESME, *Éth.* VIII, 13.]

|| Qui appartient à la tyrannie. Pouvoir —. La force sans la justice est —, PASC. *Pens.* VI, 8. | *Fig.* Ne vous imposez point de loi si —, CORN. *Cid*, III, 3.

TYRANNIQUEMENT [ti-rà-nîk'-man ; *en vers*, -ni-ke-...] *adv.*

[ÉTYM. Composé de tyrannique et ment, § 724. || XV° s. Cruellement et tyranniquement, COMM. dans DOCHEZ.]

|| D'une manière tyrannique.

TYRANNISER [ti-rà-ni-zé] *v. tr.*

[ÉTYM. Dérivé de tyran, § 267. || XIV° s. Pisistratus... tyrannisa dis sept ans, ORESME, dans MEUNIER, *Essai sur Oresme.*]

|| Traiter d'une manière tyrannique. — ses sujets. || *Fig.* Soumettre à une contrainte pénible. Il est tyrannisé par ses passions, FÉN. *Tél.* 5. Le roi se plut à — la nature, ST-SIM. XII, 80. Le défaut des auteurs, dans leurs productions, C'est d'en — les conversations, MOL. *F. sav.* III, 3.

TYROLIENNE [ti-rò-lyèn' ; *en vers*, -li-èn'] *s. f.*

[ÉTYM. Nom propre signifiant « du Tyrol », §§ 37, 38 et 244. || *Néolog.* Admis ACAD. 1878.]

|| Chanson montagnarde dans laquelle on donne certains coups de gosier pour passer de la voix de poitrine à la voix de tête.

TZAR [tzăr], etc. *V.* tsar.

U

U [u] *s. m.*

[ÉTYM. Emprunté du lat. u, qui servait à la fois pour écrire la voyelle u et la consonne v, usage qui s'est perpétué jusqu'au XVIIIe s. ‖ XIIIe s. Quant Damedieu vit apparu, Il (Judas) le vendi primes par u, *Senefiance de l'A B C*, dans JUBINAL, *Nouv. Rec.* II, p. 186.]

‖ La vingt et unième lettre de l'alphabet, et la cinquième voyelle. Un U majuscule. Un petit u. L'u se prononce dans aiguë, aiguille, équestre ; il est muet dans vague, languir. L'a et l'u réunis représentent le son de la voyelle o (haut, eau). L'e et l'u réunis forment un son simple intermédiaire entre e et o (feu, lieu). ‖ *Ancienni.* U consonne, le v. *De nos jours.* (Technol.) Membres d'u, ouvrages de treillageur en forme de v.

UBIQUISTE [u-bi-kuïst'] *s. m.*

[ÉTYM. Dérivé du lat. ubique, partout, § 265. ‖ 1595. Anabaptistes, ubiquistes, CHARRON, *Trois Veritez*, dans DELB. *Rec.* Admis ACAD. 1718.]

‖ *Ancienni.* (T. universit.) Docteur en théologie ne faisant partie d'aucun collège particulier. ‖ *Fig.* Celui qui est présent partout. Je donne à l'intérêt le titre d'—;... Le monde est son séjour, tout pays lui va bien, PANARD.

UBIQUITAIRE [u-bi-kui-tèr] *s. m.* et *f.*

[ÉTYM. Dérivé du lat. ubique, partout, § 248. ‖ XVIIe s. *V.* à l'article. Admis ACAD. 1798.]

‖ (T. relig.) Celui, celle qui n'admet la présence réelle dans l'eucharistie qu'en tant que Dieu est présent partout. Le raisonnement des ubiquitaires, BOSS. *Var.* x, 70.

UBIQUITÉ [u-bi-kui-té] *s. f.*

[ÉTYM. Dérivé de ubiquité, § 255. ‖ 1812. MOZIN, *Dict. franç.-allem.* Admis ACAD. 1798.]

‖ (T. didact.) Le fait d'être présent partout.

UKASE [u-kâz'] *s. m.*

[ÉTYM. Emprunté du russe ukasati, *m. s.* § 20. On écrit aussi oukase, conformément à la prononciation russe de l'u. ‖ Admis ACAD. 1798.]

‖ Édit du tsar. ‖ *Fig.* Édit d'une autorité absolue.

ULCÉRATION [ül-sé-rà-syon ; *en vers*, -si-on] *s. f.*

[ÉTYM. Emprunté du lat. ulceratio, *m. s.* ‖ 1314. De contucions et de ulcerations, *Chirurg. de Mondeville*, 5, Bos.]

‖ (Médec.) Lésion d'un tissu avec perte de substance.

ULCÈRE [ül-sèr] *s. m.*

[ÉTYM. Emprunté du lat. ulcus, eris, *m. s.* Ordinairement féminin en anc. franç. et jusqu'au XVIIe s. ‖ 1314. Se l'ulcere est chaut, *Chirurg. de Mondeville*, 1606, Bos.]

‖ (Médec.) Lésion d'un tissu, qui, étant inhérente à l'économie, tend toujours à s'étendre. ‖ *Fig.* Dieu coupe jusqu'au vif pour guérir l'— de notre cœur, FÉN. *Exhort. pour l'administr. des sacrements.*

ULCÉRER [ül-sé-ré] *v. tr.*

[ÉTYM. Emprunté du lat. ulcerare, *m. s.* ‖ 1314. Cest chancre non ulceré aucune fois... se ulcere de soi meismes, *Chirurg. de Mondeville*, 2098, Bos.]

‖ (Médec.) Affecter d'une ulcération, d'un ulcère. Sa main... est toujours ulcérée, BOSS. *Lett. abbat.* 234. ‖ *Fig.* Blesser profondément. Cette reconnaissance les ulcérait de plus en plus contre ce jeune prince, ST-SIM. III, 190. Crains des cœurs ulcérés, VOLT. *Mort de César*, I, 4.

ULCÉREUX, EUSE [ül-sé-reü, -reüz'] *adj.*

[ÉTYM. Dérivé du lat. ulcerosus, *m. s.* ‖ 1554. Ulcereux affectz, B. ANEAU, *Tresor de Evonime*, dans DELB. *Rec.* Admis ACAD. 1835.]

‖ (Médec.) Relatif à l'ulcère. Un tempérament —. Une plaie ulcéreuse.

ULMAIRE [ül-mèr] *s. f.*

[ÉTYM. Emprunté du lat. des botanistes ulmaria, *m. s.* de ulmus, orme, à cause d'une ressemblance entre les feuilles, § 248. ‖ XVIe s. L'ulmaire, l'angélique et l'oseille sau-

vage, CL. GAUCHET, *Plaisir des champs*, dans DELB. *Rec.* Admis ACAD. 1798.]

‖ (Botan.) Plante, dite vulgairement reine des prés.

ULTÉRIEUR, EURE [ül-té-ryeür ; *en vers*, -ri-eür] *adj.*

[ÉTYM. Emprunté du lat. ulterior, *m. s.* de ultra, au delà. (*Cf.* ultra.) ‖ 1581. Pour entrer en ulterieure negociation, MARNIX DE STE-ALDEGONDE, dans DELB. *Rec.* Admis ACAD. 1718.]

‖ (T. didact.) Qui est au delà (par rapport à une limite déterminée). ‖ 1. Dans l'espace. Cordoue, ville célèbre de l'Espagne ultérieure (au delà du Tage), DIDER. *Claude et Néron*, I, 1. ‖ 2. Dans le temps. Un arrêté —.

ULTÉRIEUREMENT [ül-té-ryeür-man ; *en vers*, -ri-eu-re-...] *adv.*

[ÉTYM. Composé de ultérieure et ment, § 724. ‖ 1584. Malheurs qui en succederont ulterieurement, MARNIX DE STE-ALDEGONDE, dans DELB. *Rec.* Admis ACAD. 1798.]

‖ (T. didact.) Dans un espace, dans un temps ultérieur.

ULTIMATUM [ül-ti-mà-tòm'] *s. m.*

[ÉTYM. Emprunté du lat. des diplomates ultimatum, *m. s.* de ultimus, dernier, § 217. On trouve qqf ultimat au commencement du XIXe s. ‖ Admis ACAD. 1798.]

‖ (Diplom.) Dernier mot, résolution qu'on déclare irrévocable. ‖ *Specialt.* Conditions définitives qu'un État pose à un autre, comme devant être suivies d'hostilités s'il ne les accepte pas.

ULTRA [ül-trà] *s. m.* et *f.*

[ÉTYM. Emprunté du lat. ultra, outre. (*Cf.* outrer.) ‖ *Néolog.* Admis ACAD. 1878.]

‖ Celui qui pousse une opinion à l'extrême. *Specialt.* Royaliste exagéré. Les ultras de la Restauration.

ULTRAMONTAIN, AINE [ül-trà-mon-tin, -tèn'] *adj.*

[ÉTYM. Composé avec le lat. ultra, outre, mons, tis, montagne, et le suffixe anus, § 275. (*Cf.* l'anc. franç. outremontain.) ‖ 1323. Que nuls receveurs du roy ne soient ultramontains, *Ordonn.* dans LITTRÉ.]

‖ (T. didact.) Qui est au delà des monts. ‖ *Specialt.* Qui est au delà des Alpes par rapport à la France, Italien. Ne vous étonnez pas qu'il donne pour modèle A des ultramontains un auteur sans brillants, LA F. *Épit. à l'évêque de Soissons.* ‖ *P. ext.* Qui admet l'obéissance au pape. Les doctrines ultramontaines. Des ministres plus ultramontains que français, D'ALEMB. *Éloges, Bossuet. Substantivt.* Un —.

ULTRAMONTANISME [ül-trà-mon-tà-nïsm'] *s. m.*

[ÉTYM. Dérivé de ultramontain, § 265. ‖ XVIIIe s. *V.* à l'article. Admis ACAD. 1878.]

‖ (T. didact.) Doctrine ultramontaine. Quantité de femmelettes se piquant de devotion et d'—, D'ARGENSON, *Mém.* dans DELB. *Rec.*

UMBLE [ônbl'] *s. m.*

[ÉTYM. Mot de la Suisse romande, d'origine inconnue, § 17. Beaucoup disent ombre. ‖ 1553. Les Havarets humbles, ombres, emblons, P. BELON, *Observ. de plus. singul.* I, 52. Admis ACAD. 1798.]

‖ Poisson du genre saumon. L'—-chevalier.

UN, UNE [un, un' ; *en liaison, au masc.* un'] *adj., subst.* et *art.*

[ÉTYM. Du lat. ūnum, *m. s.* §§ 328, 291 et 471.]

I. Adj. et subst. numéral. ‖ **1°** Adj. numéral cardinal. Qui contient exactement la quantité déterminée à laquelle on rapporte, pour les évaluer, les quantités de même espèce. Un mètre, un gramme, un hectolitre, un franc. Un entier. Un dixième. Il y a un an et un mois. Marquer un point. Vingt et un chevaux. Pensez-vous que ma voix Ait fait un empereur pour m'en imposer trois ? RAC. *Brit.* I, 2. Il n'y a qu'un Dieu. Je n'adore qu'un Dieu, CORN. *Poly.* v, 3. *Loc. prov. Fig.* Qui n'entend qu'une cloche n'entend qu'un son, qui n'entend qu'une personne n'entend qu'une appréciation. *Ellipt.* En sousentendant l'espèce. Pas un seul ne fut épargné, LA F. *Fab.*

II, 8. Si j'en connais pas un, je veux être étranglé, RAC. *Plaid.* II, 5. Nous en savons plus d'un (tour), dit-il en les gobant, LA F. *Fab.* III, 18. Entrer un à un. Ni l'un ni l'autre. L'un et l'autre consul vous avaient prévenus, RAC. *Brit.* I, 2.

‖ 2° Adjectif numéral ordinal invariable. Premier. (*Cf.* unième.) La page un. Chapitre un. Le numéro un.

‖ 3° *S. m. (invariable).* La quantité déterminée à laquelle on rapporte, pour les évaluer, les quantités de même espèce. (*Cf.* unité.) Un et un font deux. *P. ext.* Le chiffre qui exprime cette quantité. Cent onze s'écrit avec trois un.

II. Article indéf. Désigne tel ou tel individu d'un genre, d'une espèce. Ce n'est pas un dieu comme vos dieux frivoles, CORN. *Poly.* IV, 3. Le héron au long bec emmanché d'un long cou, LA F. *Fab.* VII, 4. Un homme vit une couleuvre, ID. *ibid.* X, 1. Aller dans un pays inconnu. Prendre un livre. Vous êtes un fou. Ce n'est pas un aigle. Un Caton (homme austère comme Caton). De deux jours l'un. Il viendra un de ces jours. Un jour ou l'autre. Il se faut l'un l'autre secourir, LA F. *Fab.* VI, 16. Ces objets valent trois francs l'un dans l'autre, ce qui vaut plus compensant ce qui vaut moins. ‖ Au pluriel, des. Enrôler des soldats. Acheter des livres.

III. Adj. qualific. ‖ 1° Qui n'a pas de parties. Dieu est un. Le moi est un. ‖ *Substantivt.* L'un et le multiple.

‖ 2° *P. ext.* Dont les parties sont liées entre elles de manière à former un tout unique. Une action dramatique une, dont toutes les parties concourent à un événement principal. Tout sujet est un et, quelque vaste qu'il soit, il peut être renfermé dans un seul discours, BUFF. *Style.* Vous ne faites qu'un cœur et qu'une âme avec nous, RAC. *Bér.* III, 1. *Ellipt.* Vous n'êtes tous qu'un en Jésus-Christ, SACI, *Bible, St Paul, Ép. Galat.* III, 28. | *P. anal.* Ce n'est qu'un, c'est tout un, il n'y a point de différence, de distinction.

UNANIME [u-nà-nim'] *adj.*
[ÉTYM. Emprunté du lat. unanimus ou unanimis, *m. s.* de unus, un, et animus, esprit. ‖ 1512. Se déduit de l'existence de unanimement à cette date.]
‖ (T. didact.) Qui exprime accord complet entre plusieurs personnes. D'un consentement —. Les juges furent unanimes pour l'absoudre. Un concert — d'éloges.

UNANIMEMENT [u-nà-nim'-man; *en vers,* -nime-...] *adv.*
[ÉTYM. Composé de unanime et ment, § 724. ‖ 1512. Afin de se pouvoir unanimement joindre, F. CARONDELET, *Lett.* dans *Bullet. hist. et philolog.* 1895, p. 131.]
‖ (T. didact.) D'une manière unanime. Toutes, dis-je, — Se promettent de rire à son enterrement, LA F. *Fab.* III, 18.

UNANIMITÉ [u-nà-ni-mi-té] *s. f.*
[ÉTYM. Emprunté du lat. unanimitas, *m. s.* ‖ XIVᵉ s. Unanimité ou concorde, ORESME, dans MEUNIER, *Essai sur Oresme.*]
‖ (T. didact.) Accord complet entre plusieurs personnes. Cette résolution a été votée à l'—. Il a obtenu l'— des suffrages.

UNAU [u-nó] *s. m.*
[ÉTYM. Emprunté de la langue des indigènes du Brésil, § 30. ‖ 1694. TH. CORN. Admis ACAD. 1835.]
‖ (Hist. nat.) Mammifère du genre des Paresseux.

UNCIAL, ALE [on-syal; *en vers,* -si-àl]. *V.* onctal.

*'**UNICITÉ** [u-ni-si-té] *s. f.*
[ÉTYM. Dérivé de unique, § 255. ‖ XVIIIᵉ s. *V.* à l'article.]
‖ (T. didact.) Caractère de ce qui est unique. — qui exclut la pluralité, DUCLOS, *Œuvres,* IX. p. 92.

*'**UNICORNE** [u-ni-kòrn'] *s. m. V.* licorne.

UNIÈME [u-nyèm'] *adj.*
[ÉTYM. Dérivé de un, § 96 *ter.* ‖ XIIIᵉ s. Vint et unimes fu Pepins, PH. MOUSKET, *Chron.* 2060. Admis ACAD. 1740.]
‖ Adjectif numéral ordinal correspondant au cardinal un. Ne s'emploie que pour les nombres composés dont un est le dernier élément. Le trente et — chapitre. Le trois cent soixante et — jour de l'année. La mille et — nuit.

UNIÈMEMENT [u-nyèm'-man; *en vers,* -nyè-me-...] *adv.*
[ÉTYM. Composé de unième et ment, § 724. ‖ Admis ACAD. 1798.]
‖ Adverbe correspondant à unième et s'employant dans les mêmes cas. Vingt et —. Cent —. Mille et —.

UNIFICATION [u-ni-fi-kà-syon; *en vers,* -si-on] *s. f.*
[ÉTYM. Dérivé de unifier, § 247. ‖ *Néolog.* Admis ACAD. 1878.]
‖ (T. didact.) Action d'unifier. L'— des poids et mesures.

UNIFIER [u-ni-fyé; *en vers,* -fi-é] *v. tr.*
[ÉTYM. Emprunté du lat. scolastique unificare, *m. s.* de unus, un, et facere, faire, §§ 217 et 274. ‖ XIVᵉ-XVᵉ s. Unifier, faire un, unir, *Gloss.* dans DU C. unificare. Admis ACAD. 1878.]
‖ (T. didact.) Ramener à l'unité.

UNIFLORE [u-ni-flòr] *adj.*
[ÉTYM. Composé avec le lat. unus, un, et flos, floris, fleur, § 271. ‖ 1783. BULLIARD, *Dict. de botan.* p. 198. Admis ACAD. 1835.]
‖ (Botan.) Qui ne porte qu'une fleur.

UNIFORME [u-ni-fòrm'] *adj.*
[ÉTYM. Emprunté du lat. uniformis, *m. s.* ‖ XIVᵉ s. Mouvement uniforme, ORESME, dans MEUNIER, *Essai sur Oresme.*]
‖ (T. didact.) Qui présente une même forme, une même manière d'être dans toute son étendue, pendant toute sa durée. Une disposition, une structure —. Un mouvement —. Une vie —. Un style trop égal et toujours —, BOIL. *Art p.* 1. Des gens vêtus d'un costume —. ‖ *Substantivt, au masc.* Un —, un habit d'—, costume dont la forme, la couleur est la même pour les personnes qui font partie d'un même corps. L'— d'un régiment, d'un lycée, d'une école militaire. Endosser l'—. *Specialt.* Porter l'—, être militaire.

UNIFORMÉMENT [u-ni-fòr-mé-man] *adv.*
[ÉTYM. Pour uniformement, composé de uniforme et ment, § 724. ‖ 1530. Uniformement, G. TORY, dans DELB. *Rec.*]
‖ (T. didact.) D'une manière uniforme. Un mouvement — varié.

UNIFORMITÉ [u-ni-fòr-mi-té] *s. f.*
[ÉTYM. Emprunté du lat. uniformitas, *m. s.* ‖ XIVᵉ s. Uniformité de mouvement, ORESME, dans MEUNIER, *Essai sur Oresme.*]
‖ (T. didact.) Caractère de ce qui est uniforme. L'— du mouvement. L'— du costume, du genre de vie. L'ennui naquit un jour de l'—, DE LA MOTTE, *Fab.* IV, 15.

UNILATÉRAL, ALE [u-ni-là-té-ràl] *adj.*
[ÉTYM. Composé avec le lat. unus, un, latus, eris, côté, et le suffixe alis, § 275. ‖ 1804. *Code civil,* art. 1103. Admis ACAD. 1878.]
‖ (T. didact.) ‖ 1° (Botan.) Situé d'un seul côté. Fleurs unilatérales.
‖ 2° (Droit.) Qui n'oblige que d'un côté. Contrat —, qui engage une personne envers une autre, sans qu'il y ait réciprocité.

*'**UNILOCULAIRE** [u-ni-lò-ku-lèr] *adj.*
[ÉTYM. Composé avec le lat. unus, un, et loculus, loge, § 275. ‖ 1771. TRÉV.]
‖ (Botan.) Qui n'a qu'une seule loge. Baie —.

UNIMENT [u-ni-man] *adv.*
[ÉTYM. Pour uniement, composé de unie, part. de unir pris adjectivt, et ment, § 724. ‖ XIIᵉ s. Il purpenserent uniement, *Psaut. d'Oxf.* LXXXII, 5.]
‖ D'une manière unie. | 1. Sans inégalité. Notre vie se passe —. | 2. *Fig.* Sans façon. Faire les choses tout —.

UNINOMINAL, ALE [u-ni-nò-mi-nàl] *adj.*
[ÉTYM. Composé avec le lat. unus, un, nomen, inis, nom, et le suffixe alis, § 275. ‖ *Néolog.* Admis ACAD. 1878.]
‖ (T. didact.) Qui se fait sur un seul nom. Scrutin —.

UNION [u-nyon; *en vers,* -ni-on] *s. f.*
[ÉTYM. Emprunté du lat. unio, *m. s.* (*Cf.* oignon.) ‖ XIIᵉ-XIIIᵉ s. Pour ceste devision Ne perdi pas Dex s'union, GUI DE CAMBRAI, *Barlaam et Josaphat,* p. 41.]
‖ Liaison établie entre plusieurs choses, de manière qu'elles ne fussent plus qu'une. Concevoir l'— qui est entre deux choses, c'est les concevoir comme une seule, DESC. *Lett. à la princ. palat.* L'— hypostatique (du Verbe avec la nature humaine en une seule personne). Trait d'—, signe indiquant l'union de plusieurs mots en un seul. ‖ *P. ext.* | 1. Association politique, religieuse, commerciale, etc. Les États de l'Union, les États-Unis d'Amérique. L'— suisse. La Sainte-Union, la Ligue. — douanière, ouvrière. | 2. Mariage. Une — bien assortie. L'— conjugale. | 3. *Fig.* Lien d'affection. Troubler l'— d'une famille. L'— de deux cœurs.

UNIPERSONNEL, ELLE [u-ni-pèr-sò-nèl] *adj.*
[ÉTYM. Composé avec le lat. unus, un, persona, personne, et le suffixe alis, § 275. ‖ *Néolog.* Admis ACAD. 1878.]
‖ (Gramm.) Qui ne s'emploie qu'à une seule personne, la 3ᵉ du singulier. (*Cf.* impersonnel.) Verbe —. Conjugaison unipersonnelle.

UNIQUE [u-nĭk'] *adj.*

[ÉTYM. Emprunté du lat. **unicus**, *m. s.* On trouve unic au masc. en 1536. (*V.* GODEF. *Compl.*)] || XVᵉ-XVIᵉ s. Paix seure et unique, J. MESCHINOT, dans DELB. *Rec.*]

|| Seul en son genre. Il est fils —. Un exemple manifeste et — dans tous les siècles, BOSS. *R. d'Angl.* Mon âme aurait trouvé dans le bien de te voir L'— allégement qu'elle eût pu recevoir, CORN. *Cid,* III, 4. || *P. ext.* A qui rien ne peut être comparé. C'est une chose —. Mon plus — bien, CORN. *Hor.* I, 2.

UNIQUEMENT [u-nĭk'-man ; *en vers,* -ni-ke-...] *adv.*

[ÉTYM. Composé de unique et ment, § 724. || XVᵉ-XVIᵉ s. Uniquement, J. D'AUTHON, dans GODEF. *Compl.*]

|| D'une manière unique. — attaché à notre maître, LA BR. 8. Il faut — songer à bien faire, BOSS. *Condé.*

UNIR [u-nĭr] *v. tr.*

[ÉTYM. Emprunté du lat. scolast. unire, *m. s.* § 217. || XIIᵉ-XIIIᵉ s. Ses chiez ensi fut uniz a son cors, *Dial. Gregoire,* p. 131.]

I. Lier plusieurs choses entre elles, de manière qu'elles ne fassent plus qu'un. La nature divine s'unit avec la nature humaine en Jésus-Christ. L'âme est unie au corps. L'oxygène s'unit à l'hydrogène pour former l'eau. Vos deux États voisins qui cherchent à s'—, RAC. *Bér.* III, 2.

|| *P. ext.* || **1°** Joindre matériellement. Dans les animaux à pieds palmés, les doigts sont unis par des membranes. Le canal de Suez unit la mer Rouge à la Méditerranée. *Fig.* Associer, concilier des choses distinctes. La cour veut toujours — les plaisirs avec les affaires, BOSS. *A. de Gonz.* La douceur unie à la force. Si la science et la sagesse sont unies dans un même sujet, LA BR. 3. Elle unissait la grâce à la bonté.

|| **2°** Associer par un lien politique, religieux, commercial, etc. Les trois royaumes unis, et, *ellipt,* Le royaume uni de Grande-Bretagne et d'Irlande. Les Provinces-Unies (des Pays-Bas). Les États-Unis (de l'Amérique du Nord). En vain ils (les rois) s'uniraient pour lui faire la guerre, RAC. *Esth.* I, 3. Que cent peuples unis, des bouts de l'univers..., CORN. *Hor.* IV, 5.

|| **3°** Lier par le mariage. Pour être après unis sous la loi conjugale, CORN. *Rodog.* V, 3.

|| **4°** Lier par l'affection. Une famille unie. Une tendre amitié les unissait. Plus on les veut brouiller, plus on va les —, RAC. *Andr.* I, 1.

II. || **1°** Rendre suivi, sans inégalité. Un fil uni, filé également. Une toile unie. Un terrain uni. Une plage unie. — une planche, une pierre. *Vieilli. Loc. adv.* A l'uni, d'une manière bien suivie, sans inégalité. | *Adverbialt.* Raboter une planche bien uni. Filer uni. || *Fig.* Une conduite unie. Un bonheur tout uni nous devient ennuyeux, MOL. *Scap.* III, 1. Un caractère uni.

|| **2°** Rendre simple, sans façon. Une étoffe unie, sans dessins. Les habits sont... tout unis et sans broderie, FÉN. *Tél.* 5. Venir en visite amoureuse avec une jambe tout unie, MOL. *Préc. rid.* sc. 4. || *Fig.* J'aime les gens simples et unis, MARIV. *Legs,* sc. 10.

UNISEXUEL, ELLE [u-ni-sĕk'-suèl ; *en vers,* -su-èl] *adj.*

[ÉTYM. Composé avec le lat. unus, un, sexus, sexe, et le suffixe alis, § 275. On a dit aussi unisexe et unisexé. || 1812. MOZIN, *Dict. franç.-allem.* Admis ACAD. 1835.]

|| (Botan.) Qui n'a qu'un seul sexe (des étamines ou des pistils). Fleur unisexuelle.

UNISSON [u-ni-son] *s. m.*

[ÉTYM. Emprunté du lat. scolast. unisonus, qui a le même son, § 217, employé substantivt, § 38. || XVIᵉ s. L'unisson est qualité du tout ennuyeuse, MONTAIGNE, III, 8.]

|| (Musique.) Consonance formée des voix, des instruments qui font en même temps la même note. Chanter, jouer à l'—. || *Fig.* A l'—, en conformité de sentiments. Mettre comme moi deux cœurs à l'—, REGNARD, *Bal,* sc. 10.

UNITAIRE [u-ni-tĕr] *adj.*

[ÉTYM. Dérivé de unité, § 248. Qqns disent unitarien, enne, § 244. || XVIIᵉ s. *V.* à l'article. Admis ACAD. 1798.]

|| (T. didact.) Qui ramène les choses à l'unité. Doctrine —. *Spécialt.* (T. relig.) L'hérésie —, qui consiste à ne reconnaître qu'une personne en Dieu. *Substantivt.* Les unitaires, partisans de la doctrine unitaire. C'est à Genève... que les unitaires cherchèrent un asile, BOSS. *Var.* XV, 123.

UNITARISME [u-ni-tà-rĭsm'] *s. m.*

[ÉTYM. Dérivé de unitaire, § 265. || *Néolog.* Admis ACAD. 1878.]

|| (T. didact.) Doctrine des unitaires.

UNITÉ [u-ni-té] *s. f.*

[ÉTYM. Emprunté du lat. unitas, *m. s.* || XIIIᵉ s. Totes diversités retornent en unité, BRUN. LATINI, *Trésor,* p. 104.]

|| (T. didact.) || **1°** Quantité déterminée choisie pour terme de comparaison, pour évaluer les quantités de même espèce, comme contenant un certain nombre de fois cette quantité ou une fraction de cette quantité. — de longueur, de superficie, de volume, de poids. L'— monétaire. || *Spécialt.* Quantité abstraite considérée comme nombre élémentaire qui sert à former tous les autres. Tout nombre contient un certain nombre de fois l'— ou une fraction de l'—.

|| **2°** Caractère de ce qui est unique. Le dogme de l'— de Dieu.

|| **3°** Caractère de ce qui n'a pas de parties. L'— du moi.

|| **4°** Caractère de ce qui forme un tout unique par la liaison des parties. La multitude qui ne se réduit pas à l'— est confusion, PASC. *Pens.* XXIV, 84. — de plan, de composition. *Spécialt.* L'— d'action (dramatique), caractère d'une action où tout concourt à un événement principal. — de lieu, caractère d'une action où tout se passe dans un même lieu. — de temps, caractère d'une action qui s'accomplit dans un temps limité (vingt-quatre heures). — d'un caractère, son accord avec lui-même.

UNITIF, IVE [u-ni-tĭf', -tĭv'] *adj.*

[ÉTYM. Emprunté du lat. scolast. unitivus, *m. s.* §§ 217 et 257. || XVᵉ s. Puissance vegetative... avec ses filles nutritive, firmative, unitive, A. CHARTIER, *Esperance,* dans GODEF. Admis ACAD. 1740.]

|| (T. didact.) Qui sert à unir.

UNIVALVE [u-ni-vàlv'] *adj.*

[ÉTYM. Composé avec le lat. unus, un, et valva, pris au sens de « valve », § 275. || 1752. TRÉV. Admis ACAD. 1762.]

|| (T. didact.) Dont la coquille n'a qu'une pièce. Mollusque —.

UNIVERS [u-ni-vèr] *s. m.*

[ÉTYM. Emprunté du lat. universum, *m. s.* adj. employé substantivt, § 38. || XIIᵉ s. Universe genz, *Dial. anime conquer.* 27.]

|| (T. didact.) || **1°** L'ensemble de la création. Par l'espace, l'— me comprend et m'engloutit comme un point. Par la pensée, je le comprends, PASC. *Pens.* I, 6 *bis.*

|| **2°** L'ensemble des parties du globe terrestre. Au bout de l'—. | *Poét.* Une des parties du monde. Sur la riche moitié d'un nouvel —, VOLT. *Alzire,* I, 1.

|| **3°** *P. ext.* L'ensemble des habitants de la terre. Voilà, Messieurs, le spectacle que Dieu donne à l'—, BOSS. *R. d'Angl.* | *P. hyperb.* Mais de tout l'— vous devenez jaloux ! MOL. *Mis.* II, 1.

UNIVERSALITÉ [u-ni-vèr-sà-li-té] *s. f.*

[ÉTYM. Emprunté du lat. scolast. universalitas, *m. s.* || XIVᵉ s. L'universalité de ce nombre, RAOUL DE PRESLES, *Cité de Dieu,* dans DELB. *Rec.*]

|| (T. didact.) Caractère de ce qui est universel. L'— de l'Église. (T. de logique.) L'— d'une proposition, caractère d'une proposition dont l'attribut convient à la totalité du sujet. || *Fig.* — de l'esprit, caractère d'un esprit qui embrasse toutes les connaissances, qui a toutes les aptitudes.

UNIVERSAUX [u-ni-vèr-sô] *s. m. pl.*

[ÉTYM. Pluriel de universal, anc. forme de universel, employé substantivt (en sous-entendant termes), § 38. || XVIᵉ s. *V.* à l'article. Admis ACAD. 1718.]

|| (Philos. scolast.) Les idées de genre, d'espèce. L'idée de... l'unité générique et celle des autres —, DESC. *Rép. aux 2ᵉˢ object.* 21. La querelle des — (entre les réalistes et les nominalistes).

UNIVERSEL, ELLE [u-ni-vèr-sèl] *adj.*

[ÉTYM. Emprunté du lat. scolast. universalis, *m. s.* § 217. (*Cf.* universaux.) || XIIᵉ-XIIIᵉ s. Universal, *Dial. Gregoire,* p. 97.]

|| (T. didact.) Qui embrasse la totalité des choses. Le déluge —, qui a submergé l'univers, la terre entière. L'Église universelle, l'Église catholique. Domination universelle, s'étendant sur toute la terre. — à qui qqn a légué la totalité de ses biens. Suffrage —, donné à tous les citoyens sans exception. Science universelle, embrassant

toutes les connaissances humaines. **Histoire universelle**, histoire comparée des divers peuples durant une période déterminée. **Un homme —, sachant tout, apte à tout.** | *Speciall.* **Proposition universelle**, où l'attribut convient à la totalité du sujet. | *Substantivt.* **L'—,** ce qui est universel, par opposition à particulier. (*Cf.* **universaux.**)

UNIVERSELLEMENT [u-ni-vèr-sĕl-man; *en vers*, -sè-le-...] *adv.*

[ÉTYM. Composé de **universelle** et **ment**, § 724. || 1314. L'une occupe aussi comme universelment tout le corps, *Chirurg. de Mondeville*, 2107, Bos.]

|| (T. didact.) D'une manière universelle. | *P. hyperb.* **Une personne — estimée,** qui a l'estime de tous.

UNIVERSITAIRE [u-ni-vèr-si-tèr] *adj.*

[ÉTYM. Dérivé de **université**, § 248. || *Néolog.* Admis ACAD. 1835.]

|| (T. didact.) Qui appartient à une université. | *Speciall.* Qui appartient à l'université de France. *Substantivt.* **Un —,** un professeur de l'université (de France).

UNIVERSITÉ [u-ni-vèr-si-té] *s. f.*

[ÉTYM. Emprunté du lat. des jurisconsultes **universitas,** communauté. || 1218. Li universitei de la citei de Mez, dans GODEF.]

|| (T. didact.) || **I.** Centre d'enseignement supérieur, divisé en groupes (facultés) dont chacun confère des grades (baccalauréat, licence, doctorat). **L'— de Paris, d'Oxford, de Toulouse, de Poitiers. L'ancienne — de Bourges, de Cahors. Un cœur nouveau venu des universités,** CORN. *Ment.* I, 6.

II. **— de France,** corps privilégié, chargé (depuis Napoléon Ier) de donner, au nom de l'État, l'enseignement supérieur (facultés), secondaire (lycées et collèges), primaire (écoles primaires), sous la direction du ministre de l'instruction publique, dit **grand maître de l'Université.**

UNIVOCATION [u-ni-vò-kà-syon ; *en vers*, -si-on] *s. f.*

[ÉTYM. Emprunté du lat. **univocatio,** *m. s.* || Admis ACAD. 1762.]

|| (Scolast.) Caractère de ce qui est univoque.

UNIVOQUE [u-ni-vŏk'] *adj.*

[ÉTYM. Emprunté du lat. **univocus,** *m. s.* || XVe-XVIe s. Union univoque, J. LE MAIRE, dans DELB. *Rec.*]

|| (Scolast.) Qui s'applique à plusieurs choses dans un seul et même sens. (*Cf.* **équivoque.**) **Un terme — à aigle et à lion (animal). Aucunes des choses que nous concevons être en Dieu et en nous... ne conviennent à Dieu et à nous en la façon qu'on nomme — dans les écoles,** DESC. *Rép. aux 2es object.* 15.

URANE [u-ràn'] *s. m.*

[ÉTYM. Emprunté du lat. **Uranus,** grec Οὐρανός, nom de divinité donné en 1781 à une planète qu'on venait de découvrir, puis à un corps métallique regardé d'abord comme simple. || Admis ACAD. 1835.]

|| (Chimie.) Combinaison d'uranium et d'oxygène.

URANIUM [u-rà-nyòm'; *en vers*, -ni-òm'] *s. m.*

[ÉTYM. Dérivé de **urane**, § 282 *bis.* || *Néolog.* Admis ACAD. 1878.]

|| (Chimie.) Corps simple métallique extrait de l'urane.

URANOGRAPHIE [u-rà-nò-grà-fî] *s. f.*

[ÉTYM. Emprunté du grec οὐρανογραφία, *m. s.* de οὐρανός, ciel, et γράφειν, décrire. || Admis ACAD. 1762.]

|| (T. didact.) Description du ciel.

URANOGRAPHIQUE [u-rà-nò-grà-fîk'] *adj.*

[ÉTYM. Dérivé de **uranographie**, § 229. || *Néolog.* Admis ACAD. 1835.]

|| (T. didact.) Relatif à l'uranographie.

URANOSCOPE [u-rà-nŏs'-kŏp'] *s. m.*

[ÉTYM. Emprunté du lat. **uranoscopus,** grec οὐρανοσκόπος. *m. s.* proprt, « qui regarde le ciel ». || XVIe s. Poisson qu'il nomme ouranoscope, G. BOUCHET, *Serées*, II, p. 17. Admis ACAD. 1762.]

|| (Hist. nat.) Poisson de mer qui a les yeux au sommet de la tête (dirigés vers le ciel).

URATE [u-ràt'] *s. m.*

[ÉTYM. Dérivé du grec οὖρον, urine, § 282 *bis.* || Admis ACAD. 1835.]

|| (Chimie.) Sel formé par la combinaison de l'acide urique avec une base.

URBAIN, AINE [ur-bin, -bèn'] *adj.*

[ÉTYM. Emprunté du lat. **urbanus,** *m. s.* de **urbs,** ville. || XIVe s. Œuvres urbaines et privées, BERSUIRE, fo 25, dans LITTRÉ. Admis ACAD. 1835.]

|| (T. didact.) Qui appartient à la ville (par opposition à ce qui appartient à la campagne). **Garde urbaine.**

URBANITÉ [ur-bà-ni-té] *s. f.*

[ÉTYM. Emprunté du lat. **urbanitas,** *m. s.* || XIIIe-XIVe s. Les urbanitez, c'est à dire les citez et les royaumes, H. DE GAUCHY, *Trad. du Gouv. des princes*, dans GODEF.]

|| (T. didact.) Politesse élégante, que donne l'habitude de la société des villes.

*URCÉOLE** [ur-sé-òl] *s. m.*

[ÉTYM. Emprunté du lat. **urceolus,** diminutif de **urceus,** vase. || *Néolog.*]

|| (Botan.) Organe en forme de godet.

URCÉOLÉ, ÉE [ur-sé-ò-lé] *adj.*

[ÉTYM. Dérivé de **urcéole**, § 253. || 1802. L.-C.-M. RICHARD, *Dict. de botan. de Bulliard.* Admis ACAD. 1835.]

|| (Botan.) Qui présente un urcéole. **Calice —.**

URE [ûr] *s. m.*

[ÉTYM. Emprunté du lat. **urus,** *m. s.* d'origine germanique, § 6. || XVIe s. Je tuay grand nombre de ures, *Alector*, p. 60, dans LA C. Admis ACAD. 1798.]

|| (Hist. nat.) Taureau sauvage. (*Syn.* **aurochs.**)

URÉE [u-ré] *s. f.*

[ÉTYM. Dérivé du grec οὖρον, urine, §§ 223 et 282 *bis.* || Mot dû à FOURCROY (1755-1809). Admis ACAD. 1835.]

|| (Chimie.) Substance particulière, principe immédiat de l'urine.

*URÉMIE** [u-ré-mi] *s. f.*

[ÉTYM. Composé avec le grec οὖρον, urine, αἶμα, sang, et le suffixe ία, § 279. || *Néolog.*]

|| (Medec.) Accumulation de l'urée dans le sang.

URETÈRE [ur-tèr; *en vers*, u-re-...] *s. m.*

[ÉTYM. Emprunté du grec οὐρητήρ, *m. s.* || 1541. Les ureteres, J. CANAPPE, dans DELB. *Rec.*]

|| (Anat.) Canal membraneux qui conduit l'urine des reins dans la vessie.

URÈTHRE et **URÈTRE** [u-rètr'] *s. m.*

[ÉTYM. Emprunté du lat. **urethra,** grec οὐρήθρα, *m. s.* mot féminin, § 556. || Admis ACAD. 1694.]

|| (Anat.) Canal excréteur de l'urine.

URGENCE [ur-jäns'] *s. f.*

[ÉTYM. Dérivé de **urgent**, § 262. || 1572. En l'urgence des affaires, BELLEFOREST, *Harang. milit.* dans DELB. *Rec.* Admis ACAD. 1798.]

|| (T. didact.) Caractère d'une chose qui ne peut souffrir aucun retard. **En cas d'—.**

URGENT, ENTE [ur-jan, -jànt'] *adj.*

[ÉTYM. Emprunté du lat. **urgens,** *m. s.* de urgere, presser. || XIVe s. Excessives et urgentes famines, dans DELB. *Rec.*]

|| (T. didact.) Qui ne comporte aucun retard. **Affaire urgente.**

URINAIRE [u-ri-nèr] *adj.*

[ÉTYM. Dérivé de **urine**, § 248. (*Cf.* le lat. **urinalis,** *m. s.*) || 1771. TRÉV. Admis ACAD. 1835.]

|| (Anat.) Qui a rapport à l'urine. **Voies urinaires. Calcul —.**

URINAL [u-ri-nàl] *s. m.*

[ÉTYM. Emprunté du lat. **urinal,** *m. s.* || XIIe s. Un orinal Li portoit por veoir s'orine, CHRÉTIEN DE TROYES, *Cligès*, 5734.]

|| *Vieilli.* Vase à uriner, de porcelaine, de caoutchouc, etc., dans lequel les malades peuvent uriner commodément.

URINE [u-rin'] *s. f.*

[ÉTYM. Du lat. **ûrĭna,** *m. s.* § 291.]

|| Liquide excrémentitiel sécrété par les reins, conduit par l'uretère dans la vessie, d'où il est expulsé par le canal de l'urèthre. **Une rétention d'—. Incontinence d'—.**

URINER [u-ri-né] *v. intr.*

[ÉTYM. Dérivé de **urine**, § 154. || 1375. Oriner et pissier, Arch. nat. JJ 107, acte nº 283.]

|| Évacuer l'urine. (*Syn.* **pisser.**)

URINEUX, EUSE [u-ri-neu, -neúz'] *adj.*

[ÉTYM. Dérivé de **urine**, § 251. || 1611. COTGR. Admis ACAD. 1762.]

|| (T. didact.) Qui a rapport à l'urine. **Odeur urineuse.**

*URINOIR** [u-ri-nwår] *s. m.*

[ÉTYM. Dérivé de **uriner**, § 11. || 1754. Le sieur Fauvet fait des urinoirs portatifs, dans TRÉV.]

|| **1º** *Anciennt.* Urinal.

|| **2º** *Néolog.* Endroit disposé dans certains endroits publics, pour les hommes qui ont besoin d'uriner.

URIQUE [u-rĭk'] *adj.*
[ÉTYM. Dérivé du grec οὖρον, urine, § 229. || Admis ACAD. 1835.]
|| (Chimie.) Acide —, formé par la combinaison de l'urée avec l'oxygène.

URNE [urn'] *s. f.*
[ÉTYM. Emprunté du lat. urna, *m. s.* || 1539. R. EST.]
|| (T. didact.) Grand vase dont les anciens se servaient pour puiser l'eau, pour enfermer les cendres des morts, pour recueillir les suffrages dans les tribunaux, les assemblées, etc. || *De nos jours. Spécialt.* Vase, boîte dans laquelle on recueille les bulletins de vote. L'— électorale.

URTICAIRE [ur-ti-kèr] *s. f.*
[ÉTYM. Dérivé du lat. urtica, ortie, § 248. || 1812. MOZIN, *Dict. franç.-allem.* Admis ACAD. 1835.]
|| (Médec.) Inflammation de la peau qui se produit par accès, sous forme de taches, produisant des démangeaisons semblables à celles des orties.

URTICATION [ur-ti-kà-syon ; *en vers,* -si-on] *s. f.*
[ÉTYM. Dérivé du lat. urtica, ortie, § 247. || 1812. MOZIN, *Dict. franç.-allem.* Admis ACAD. 1835.]
|| (Médec.) Flagellation avec des orties, pour produire une excitation à la peau.

URTICÉES [ur-ti-sé] *s. f. pl.*
[ÉTYM. Dérivé du lat. urtica, ortie, § 223. || 1812. MOZIN, *Dict. franç.-allem.* Admis ACAD. 1835.]
|| (Botan.) Famille de plantes dont l'ortie est le type.

US [u ; *en liaison,* uz'] *s. m. pl.*
[ÉTYM. Du lat. ūsum, *m. s.* § 291.]
|| *Vieilli.* (Droit.) Usage. (Ne s'emploie qu'au plur.) Suivant les us et coutumes.

USAGE [u-zàj'] *s. m.*
[ÉTYM. Dérivé de us, § 78. || XIIᵉ s. Une seror qui fu de saint usage, HERMAN DE VALENC. *Bible,* dans GODEF.]
|| **1º** Action d'appliquer une chose à tel ou tel besoin. (*Syn.* emploi.) Faire — de sa raison. Reprendre l'— de ses sens. L'— des sacrements. Mettre en —. A quel — destinez-vous cela? Cela n'est pas à mon —. Cela n'est pas d'un grand —. Les histoires ne sont composées que des actions qui les occupent, et tout semble y être fait pour leur —, BOSS. *Hist. univ.* Dessein général. | *Spécialt.* (Droit.) Droit d'appliquer à son service ce dont la propriété appartient à un autre. Celui qui a l'— des fruits d'un fonds, *Code civil,* art. 630. Droit d'—, droit donné aux voisins d'une forêt, d'y couper du bois, aux voisins d'un pacage, d'y mener leur bétail.
|| **2º** Action de pratiquer habituellement qqch. Je viens, selon l'— antique et solennel, RAC. *Ath.* I, 1. Je sais que des sultans l'— m'est contraire, ID. *Baj.* I, 3. Cela est contraire aux usages. Aller contre l'— établi. L'—, je le confesse, est appelé avec raison le père des langues, BOSS. *Disc. à l'Acad.* Des phrases d'—. Après les compliments d'—. || *P. ext.* Pratique des choses que donne l'expérience. Ceux qui de la cour ont un plus long —, RAC. *Brit.* V, 5. Avoir l'— du monde. *Ellipt.* Manquer d'—.

USAGER, ᵗUSAGÈRE [u-zà-jé, -jèr] *s. m. et f.*
[ÉTYM. Dérivé de usage, § 115. || 1320. Bons usagers et coustumiers, dans GODEF. usagier 2.]
|| (Droit.) Celui, celle qui a droit d'usage.

USANCE [u-zâns'] *s. f.*
[ÉTYM. Dérivé de user, § 146. || 1271. A usances de Jevignel, dans GODEF.]
|| *Vieilli.* Usage établi. *Spécialt.* Terme fixé pour le paiement de lettres de change par l'usage de telle ou telle place de commerce.

USANTE [u-zänt']. V. user.

USER [u-zé] *v. intr. et tr.*
[ÉTYM. Du lat. pop. ˚ūsạre, dérivé de usum, supin de uti, *m. s.* §§ 295 et 291.]
I. *V. intr.* — de qqch, l'appliquer à tel ou tel besoin. (*Syn.* se servir de, employer.) — de ma maison comme de la vôtre. — de sa raison. En donnant aux princes la puissance, il leur commande d'en — comme il fait lui-même, BOSS. *R. d'Angl.* Usez du peu que nous avons, LA F. *Phil. et Baucis.* (Droit.) Fille majeure usante et jouissante de ses droits. | En offrant à qqn une prise de tabac. En usez-vous? | — du vin et des liqueurs avec modération. | *P. anal.* Usez de mon crédit. — de violence avec qqn. — de ruse, de patience. *Absolt.* Il faut — et non abuser. En — avec qqn bien, mal, etc., le traiter bien, mal, etc. Il en use Le plus honnêtement du monde avec moi,

MOL. *Mis.* I, 2. || *A l'infin. pris substantivt.* L'—, l'action d'user de qqch. C'est à l'— qu'on peut apprécier ce que valent les choses, les personnes.
II. *V. tr.* || **1º** Consommer par l'usage. On a usé toute la provision de bois cet hiver. Elles ont usé, depuis que nous sommes ici, le lard d'une douzaine de cochons, MOL. *Préc. rid.* sc. 3.
|| **2º** Détériorer par l'usage. Cet enfant use beaucoup de chaussure. Un pantalon usé. Avoir les yeux usés à force de lire. Un tapis tout usé couvrit deux escabelles, LA F. *Phil. et Baucis.* *P. ext.* Ma force usée en ce besoin me laisse ! CORN. *Cid,* I, 3. Une personne, une santé usée par les excès. *Spécialt.* Un sujet usé, rebattu.

USINE [u-zin'] *s. f.*
[ÉTYM. Du lat. oficīna, variante de officina (cf. le doublet officine), *m. s.* devenu uisina, puis usine sous l'influence de user, § 509. (*Cf.* le bas lat. usina, dès 1149.) Le mot est d'origine dialectale, § 16, et n'a pénétré dans l'usage général qu'à la fin du XVIIIᵉ s. || 1274. Wisine, dans GODEF. Admis ACAD. 1798.]
|| **1º** *Vieilli.* Établissement à moteur mécanique. — à eau, à feu.
|| **2º** *P. ext.* Établissement pourvu de machines, où l'on travaille des matières premières pour en tirer certains produits ou en fabriquer des objets qu'on livre à l'industrie, au commerce. Une — métallurgique. Une — à gaz.

ᵗUSINIER, IÈRE [u-zi-nyé, -nyèr] *s. m. et f.*
[ÉTYM. Dérivé de usine, § 115. || 1367. L'uhenir delle halle, dans GODEF.]
|| (Technol.) Celui, celle qui exploite une usine.

USITÉ, ÉE [u-zi-té] *adj.*
[ÉTYM. Emprunté du lat. usitatus, *m. s.* || XIVᵉ s. Escuiers bien usités d'armes, FROISS. dans GODEF.]
|| (T. didact.) Qui est en usage. Cela était fort — en ce temps-là. Mot peu —.

USTENSILE [ûs'-tan-sil] *s. m. (vieilli,* fém.).
[ÉTYM. Emprunté du lat. utensilia, *m. s.* neutre plur. employé d'abord comme fém. sing. §§ 545 et 555, rendu d'abord par utensile (encore seul dans OUD. 1642), puis (sous l'influence de user) par ustensile, § 509. (*Cf.* le doublet pop. outil.) || XIVᵉ s. Precieuses utensiles, RAOUL DE PRESLES, *Cité de Dieu,* dans DELB. *Rec.* | 1680. Ustencile, RICHEL.]
|| Vase, instrument, etc., pour les divers usages domestiques. Les ustensiles nécessaires pour un ménage. Des ustensiles de cuisine. Vider de céans jusqu'au moindre —, MOL. *Tart.* V, 4. | *Vieilli.* Les ustensiles sacrées étaient perdues, FONTEN. *Hist. des oracles,* II, 2. || *P. ext. Vieilli.* Fourniture en nature ou en argent pour les troupes. Réduire l'— de l'infanterie à un sol, COLBERT, *Mém. au roi,* 22 juillet 1666.

USTION [ûs'-tyon, *en vers,* -ti-on] *s. f.*
[ÉTYM. Emprunté du lat. ustio, *m. s.* || 1314. Ne ustion ne medecine faisant doleur, *Chirurg. de Mondeville,* 2039, Bos. Admis ACAD. 1762.]
|| (T. didact.) Action de brûler. (*Cf.* combustion.)

USUCAPION [u-zu-kà-pyon ; *en vers,* -pi-on] *s. f.*
[ÉTYM. Emprunté du lat. usucapio, *m. s.* || XIIIᵉ s. Tens qui est establi en usucaptions, *Digeste,* dans GODEF. Admis ACAD. 1762.]
|| (Droit rom.) Manière d'acquérir par possession, usage.

USUEL, ELLE [u-zuèl ; *en vers,* -zu-èl] *adj.*
[ÉTYM. Emprunté du lat. usualis, *m. s.* || 1298. Cens usuau, dans GODEF. Admis ACAD. 1718.]
|| (T. didact.) Dont on use habituellement. Termes usuels.

USUELLEMENT [u-zuèl-man ; *en vers,* -zu-è-le-...] *adv.*
[ÉTYM. Composé de usuelle et ment, § 724. || Admis ACAD. 1798.]
|| (T. didact.) D'une manière usuelle.

USUFRUCTUAIRE [u-zu-frŭk'-tuèr ; *en vers,* -tu-êr] *adj.*
[ÉTYM. Emprunté du lat. usufructuarius, *m. s.* (*Cf.* le doublet usufruitier.) || XIIIᵉ s. V. usufruit.]
|| (Droit.) Qui a rapport à l'usufruit. Droit —. Réparation —, qui est à la charge de l'usufruitier.

USUFRUIT [u-zu-frui] *s. m.*
[ÉTYM. Emprunté du lat. ususfructus, *m. s.* § 503. || XIIIᵉ s. Li usefruis laisse a apartenir a l'usefructuaire, *Digeste,* dans GODEF. usefruit.]
|| (Droit.) Droit d'user d'une chose dont un autre a la propriété, d'en percevoir les fruits, les produits, sans pouvoir l'aliéner ou la détruire.

USUFRUITIER, IÈRE [u-zu-frui-tyé, -tyèr] *s. m.* et *f.*
[Étym. Dérivé de usufruit, § 115. (*Cf.* le doublet usufructuaire.) || 1611. COTGR.]
|| (Droit.) Celui, celle qui a l'usufruit d'une chose. | *Adjectivt.* Réparation usufruitière, à la charge de l'usufruitier.

USURAIRE [u-zu-rèr] *adj.*
[Étym. Emprunté du lat. usurarius, *m. s.* (*Cf.* le doublet usurier.) || 1341. Susposant le cas estre usuraire, *Ordonn.* VII, 545.]
|| (T. didact.) Qui appartient à l'usure. Prêt, intérêt, profit —. S'acquitter d'une dette —, CHÉRON, *Tartuffe de mœurs*, I, 2.

USURAIREMENT [u-zu-rèr-man ; *en vers,* -rè-re-...] *adv.*
[Étym. Composé de usuraire et ment, § 724. || 1690. FURET. Admis ACAD. 1762.]
|| (T. didact.) D'une manière usuraire.

1. USURE [u-zûr] *s. f.*
[Étym. Du lat. ūsŭra, *m. s.* § 291.]
|| 1° *Vieilli.* Intérêt de l'argent.
|| 2° *P. ext.* Intérêt qui dépasse le taux légal, normal. || *Fig.* Payer, rendre, s'acquitter avec —, en rendant bien plus qu'on n'a reçu. Excessive à payer ses soins avec —, LA F. *Fab.* XII, 20. Babylone paya nos pleurs avec —, RAC. *Esth.* III, 4.

2. USURE [u-zûr] *s. f.*
[Étym. Pour useûre, dérivé de user, § 111. || 1539. R. EST.]
|| *Famil.* Action d'user qqch ; état de ce qui est usé. L'— des souliers, des vêtements.

USURIER, IÈRE [u-zu-ryé, -ryèr] *s. m.* et *f.*
[Étym. Dérivé de usure, § 115. (*Cf.* le doublet usuraire.) || XIIIᵉ s. Les usuriers faire larges, *Renart*, XXIV, 212.]
|| Celui, celle qui prête à usure.

USURPATEUR, TRICE [u-zur-pà-teùr, -trĭs'] *s. m.* et *f.*
[Étym. Emprunté du lat. usurpator, trix, *m. s.* (*Cf.* l'anc. franç. usurpeur.) || XIVᵉ s. Ambicieux usurpateur, J. DE VIGNAY, *Mir. hist.* dans DELB. *Rec.*]
|| (T. didact.) Personne qui s'empare d'un domaine, d'un pouvoir, d'un titre auquel elle n'a pas droit. — du pouvoir souverain, de l'empire. *Absolt.* Tous les conquérants, Pour être usurpateurs, ne sont pas des tyrans, CORN. *Cinna*, II, 1. | *Adjectivt.* Ce peuple — de l'empire des eaux, GILBERT, *Guerre d'Amériq.*

USURPATION [u-zur-pà-syon ; *en vers,* -si-on] *s. f.*
[Étym. Emprunté du lat. usurpatio, *m. s.* || XIVᵉ s. Usurpacion de nom, J. GOLEIN, *Rational*, dans GODEF. *Compl.*]
|| (T. didact.) Action d'usurper. L'— et la tyrannie sous le nom de liberté, BOSS. *R. d'Angl.*

USURPER [u-zur-pé] *v. tr.*
[Étym. Emprunté du lat. usurpare, *m. s.* || XIVᵉ s. Il vouloit usurper et avoir le royaume, BERSUIRE, fº 30, dans LITTRÉ.]
|| (T. didact.) S'approprier sans droit (un domaine, un pouvoir, un titre). Une impie étrangère Du sceptre de David usurpe tous les droits, RAC. *Ath.* I, 1. La force nous est donnée pour conserver notre bien, et non pas pour — celui d'autrui, BOSS. *Hist. univ.* III, 6. || *P. anal.* Une réputation usurpée.

UT [ŭt'] *s. m.*
[Étym. Premier mot de l'hymne latine de saint Jean-Baptiste. (*V.* fa et ré.) || Admis ACAD. 1762.]
|| *Vieilli.* (Musique.) Le premier des sept sons de la gamme ascendante. (*Syn.* do.)

UTÉRIN, INE [u-té-rin, -rin'] *adj.*
[Étym. Emprunté du lat. uterinus, *m. s.* de uterus, matrice. ACAD. 1835 admet utérus, orthographe francisée du mot lat. uterus. || XVIᵉ s. Purgations uterines, PARÉ, XVIII, 48.]
|| (T. didact.) Relatif à la matrice. | **1.** (Anat.) Maladie utérine. | **2.** (Droit.) Frères utérins, nés de la même mère, mais de pères différents.

UTÉRUS [u-té-rûs]. *V.* utérin.

UTILE [u-til] *adj.*
[Étym. Emprunté du lat. utilis, *m. s.* || XIIᵉ s. Molt est plus utles en la bataille li haberz, *Serm. de St Bern.* p. 71. | 1539. Utile, R. EST.]
|| Qui sert à quelque chose. Se rendre —. Des objets utiles. | *P. ext.* Domaine —, les fruits, les revenus. En temps —, avant qu'il soit trop tard. || *Substantivt, au masc.* L'—, ce qui est utile. Nous faisons cas du beau, nous méprisons l'—, LA F. *Fab.* VI, 9.

UTILEMENT [u-til-man ; *en vers,* -ti-le-...] *adv.*
[Étym. Composé de utile et ment, § 724. || 1539. R. EST.]
|| D'une manière utile.

***UTILISATION** [u-ti-li-zà-syon ; *en vers,* -si-on] *s. f.*
[Étym. Dérivé de utiliser, § 247. || 1812. MOZIN, *Dict. franç.-allem.*]
|| (T. didact.) Action d'utiliser.

UTILISER [u-ti-li-zé] *v. tr.*
[Étym. Dérivé de utile, § 267. || 1792. On introduit chaque jour de nouveaux verbes : influencer, utiliser, NECKER, *Pouvoir exécutif*, II, p. 205. Admis ACAD. 1798, suppl.]
|| (T. didact.) Faire servir à un usage, employer d'une manière utile.

UTILITAIRE [u-ti-li-tèr] *adj.*
[Étym. Dérivé de utilité, § 248. || *Néolog.* Admis ACAD. 1878.]
|| (T. didact.) Relatif à la doctrine qui pose comme règle des actions humaines le principe de l'utilité individuelle ou générale. La morale —. *Substantivt.* Les utilitaires, partisans de cette doctrine.

UTILITÉ [u-ti-li-té] *s. f.*
[Étym. Emprunté du lat. utilitas, *m. s.* || XIIᵉ s. Quel utilitet el mien sanc? *Psaut. d'Oxf.* XXIX, 10.]
|| Caractère de ce qui est utile. C'est ton —, LA F. *Fab.* X, 1. Cette suite des empires, même à la considérer plus humainement, a de grandes utilités, principalement pour les princes, BOSS. *Hist. univ.* III, 1. (Théâtre.) Les utilités, rôles secondaires d'une pièce.

UTOPIE [u-tò-pi] *s. f.*
[Étym. Emprunté du lat. Utopia, nom propre d'un pays imaginaire, mot forgé par THOMAS MORUS, du grec ού, non, et τόπος, lieu, et donné comme titre à un de ses livres (1516), § 36. || Admis ACAD. 1762.]
|| (T. didact.) Conception imaginaire d'un gouvernement idéal. | *P. ext.* Conception d'un idéal irréalisable.

UTOPISTE [u-tò-pĭst'] *s. m.* et *f.*
[Étym. Dérivé de utopie, § 265. || *Néolog.* Admis ACAD. 1878.]
|| (T. didact.) Celui, celle qui fait des utopies. *Adjectivt.* Écrivain —. Doctrines utopistes.

UTRICULE [u-tri-kul] *s. m.*
[Étym. Emprunté du lat. utriculus, diminutif de uterus (*cf.* utérin), matrice, et de uter, outre. || XVIIIᵉ s. *Observ. sur la botan.* dans TRÉV. Admis ACAD. 1878.]
|| (T. didact.) Petite loge. | *Spécialt.* Chacune des petites loges du tissu cellulaire des plantes. | Petite outre pleine d'air, qui soutient dans l'eau les feuilles, les racines de certaines plantes aquatiques. | Petite cavité du grain de pollen qui contient la matière fécondante.

UVÉE [u-vé] *s. f.*
[Étym. Emprunté du lat. du moyen âge uvea, *m. s.* de uva, raisin. || XIVᵉ-XVᵉ s. *Trad. de B. de Gordon*, dans GODEF. Admis ACAD. 1718.]
|| (Anat.) Membrane choroïde de l'œil. | Face postérieure de l'iris. | Couche correspondante de la face interne de la choroïde.

V

V [vé; selon la nouvelle épellation, ve] *s. m.*
[ÉTYM. Emprunté du lat. v, forme de l'u majuscule. Le
v s'est appelé jusqu'à la fin du XVIIIᵉ s. u consonne. (*V.* u.)]
‖ Consonne labiale, la vingt-deuxième lettre de l'alphabet français. Un v majuscule, minuscule. (Anat.) V lingual, papilles de la langue en forme de V.

VACANCE [và-kãns'] *s. f.*
[ÉTYM. Dérivé du lat. vacare, vaquer, § 262. ‖ 1642. OUD.]
‖ (T. didact.) ‖ **1°** État d'une charge, d'un poste vacant. La — d'un bénéfice, d'un siège au parlement, d'un siège
épiscopal. La — du trône. | *P. anal.* — d'une succession, état
d'une succession à laquelle on a renoncé ou que personne ne réclame.
‖ **2°** *Au plur.* Temps de repos pendant lequel cessent
les études des écoles, les travaux des tribunaux. Être en
vacances.

VACANT, ANTE [và-kan, -kãnt'] *adj.*
[ÉTYM. Emprunté du lat. vacans, *m. s.* ‖ 1207. Se aucune
yglise... estoit vacant, dans DELB. *Rec.*]
‖ (T. didact.) Qui n'est pas occupé. Un siège —. Une place
vacante. Un emploi —. Quand le trône est —. | Succession vacante,
à laquelle on a renoncé ou que personne ne réclame.

VACARME [và-kàrm'] *s. m.*
[ÉTYM. Emprunté du néerland. wacharme, exclamation,
de wach, hélas, et arm, pauvre, § 10. ‖ 1288. Flament sent,
si cria : Waskarme! J. GELEE, *Renart le novel*, 2882.]
‖ Bruit assourdissant. *Spéciall.* Grand bruit que fait
qqn qui crie. Et qui donc es-tu, toi, Qui fais tant de —? MOL.
Amph. III, 2. Celle-ci (la veuve) faisait un —, Un bruit et
des regrets à percer tous les cœurs, LA F. *Contes, Matr.
d'Éph.* Ce sont souvent les maris qui, avec leur —, se font eux-
mêmes ce qu'ils sont, MOL. *G. Dand.* II, 1.

VACATION [và-kà-syon; *en vers*, -si-on] *s. f.*
[ÉTYM. Emprunté du lat. vacatio, *m. s.* ‖ XIVᵉ s. Felicité
est en vacation, ORESME, *Éth.* X, 13.]
‖ (T. didact.) ‖ **I.** *Anciennt.* Fonction remplie par qqn.
La forme propre de la noblesse en France, c'est la — militaire,
MONTAIGNE, II, 7.
II. Temps quotidien consacré par qqn à l'exercice de sa
charge (dans une affaire). Il a fallu dix vacations pour ter-
miner l'inventaire. | *P. ext.* Honoraires alloués pour chaque
vacation. Et mes vacations, qui les paiera ? RAC. *Plaid.* II, 13.
III. *Vieilli.* Vacance. La — d'un bénéfice. *Spéciall.* Les
vacations des tribunaux. Chambre des vacations, constituée
temporairement pour rendre la justice pendant les vacances.

VACCIN [vàk'-sin] *s. m.*
[ÉTYM. Emprunté du lat. vaccinus, de vache, adj. pris
substantivt, § 37 : on a sous-entendu d'abord virus. ‖ 1812.
MOZIN, *Dict. franç.-allem.* Admis ACAD. 1835.]
‖ (T. didact.) Virus d'une maladie éruptive recueilli
primitivement dans les pustules du pis des vaches, et
qui, inoculé à l'homme, le préserve de la variole.

VACCINATION [vàk'-si-nà-syon; *en vers*, -si-on] *s. f.*
[ÉTYM. Dérivé de vacciner, § 247. ‖ 1812. MOZIN, *Dict.
franç.-allem.* Admis ACAD. 1835.]
‖ (T. didact.) Action de vacciner.

1. VACCINE [vàk'-sin'] *s. f.*
[ÉTYM. Emprunté du lat. vaccina, de vache, adj. pris
substantivt, en sous-entendant variola, § 37. ‖ 1800. Cowpox
ou vaccine, A. AUBERT, dans *Rapport sur le cowpox, de
Woodvile*, p. III. Admis ACAD. 1835.]
‖ (T. didact.) Maladie éruptive contagieuse propre à
la vache.

2. VACCINE [vàk'-sin'] *s. f.*
[ÉTYM. Subst. verbal de vacciner, § 52. ‖ 1812. MOZIN,
Dict. franç.-allem. Admis ACAD. 1835.]
‖ (T. didact.) Opération par laquelle on inocule le
vaccin.

VACCINER [vàk'-si-né] *v. tr.*
[ÉTYM. Dérivé de vaccin, § 256. ‖ 1812. MOZIN, *Dict.
franç.-allem.* Admis ACAD. 1835.]
‖ (T. didact.) Soumettre à l'inoculation du vaccin.

VACHE [vàch'] *s. f.*
[ÉTYM. Du lat. vacca, *m. s.* §§ 379 et 291. (*Cf.* vaccin, etc.)]
‖ **1°** Femelle du taureau. Du lait de —. — laitière, | à
lait, vache à laquelle on a enlevé son veau, et dont on
trait le lait pour les besoins de l'homme. *Fig.* Une — à lait,
personne qu'on exploite. Ils ont en vous une bonne — à lait,
MOL. *Mal. im.* I, 2. *Loc. prov.* Les sept vaches grasses et les
sept vaches maigres, rêve du roi d'Égypte, qui annonçait
sept années d'abondance suivies de sept années de disette. Le plancher des vaches, la terre, considérée comme
un lieu sûr (par opposition au plancher d'un navire).
Parler français comme une — espagnole (altération, dit-on,
de comme un Basque Espagnol), parler très mal le français.
Chacun son métier, les vaches seront bien gardées, tout va
bien quand chacun fait son état. La — à Colas, le protestantisme, par allusion à la vache d'un paysan nommé
Colas, qui, étant entrée dans un prêche de protestants,
aurait été tuée et mangée par eux. Manger de la — enragée,
mener une vie de privations, à la suite des sottises qu'on
a faites. ‖ *P. anal.* Nom donné à divers animaux. — de
Tartarie, yak. — de Barbarie, antilope bubale. | — marine,
morse.
‖ **2°** *P. ext.* | **1.** Cuir fait avec la peau de la vache. Des
souliers, des harnais de — vernie. | **2.** Coffre recouvert de
cuir qu'on place sur une voiture de voyage.

VACHER, ÈRE [và-ché, -chèr] *s. m.* et *f.*
[ÉTYM. Dérivé de vache, § 115. ‖ XIIᵉ s. La fille au vachier,
J. BODEL, *Saisnes*, tir. 4.]
‖ Celui, celle qui mène paître et qui garde les vaches.

VACHERIE [vàch'-ri ; *en vers*, và-che-ri] *s. f.*
[ÉTYM. Dérivé de vache, § 69. ‖ XIIᵉ s. La paissent les granz
vacheries, *Thèbes*, 8634.]
‖ Lieu où l'on entretient des vaches pour fournir du lait.

VACILLANT, ANTE [và-sïl'-lan, -lãnt'] *adj.*
[ÉTYM. Adj. particip. de vaciller, § 47. ‖ XIVᵉ s. La bataille
romaine vacillante et doubteuse, BERSUIRE, f° 86, dans LITTRÉ.]
‖ (T. didact.) Qui vacille. Une démarche vacillante. | *P.
anal.* Une lumière vacillante. | *Fig.* Une raison vacillante,
BOSS. *Jugem. dern.* 2.

VACILLATION [và-sïl'-là-syon; *en vers*, -si-on] *s. f.*
[ÉTYM. Emprunté du lat. vacillatio, *m. s.* ‖ 1512. Toutes
vacillations mises arriere, J. LE MAIRE, dans DELB. *Rec.*]
‖ (T. didact.) Mouvement de ce qui vacille.

VACILLER [và-sïl'-lé] *v. intr.*
[ÉTYM. Emprunté du lat. vacillare, *m. s.* ‖ 1314. Le neis
vacillera ou se remuera, *Chirurg. de Mondeville*, 1100, Bos.]
‖ (T. didact.) Être remué par une sorte de tremblement,
dans un sens et dans l'autre. Sa tête vacille. Il vacille sur
ses jambes. | *P. anal.* Une lumière que le vent fait —. ‖ *Fig.*
— dans ses résolutions (être irrésolu). Quand ils verraient la
mémoire — (être incertaine), BOSS. *Le Tellier.*

VACUITÉ [và-kui-té; *en vers*, -ku-i-té] *s. f.*
[ÉTYM. Emprunté du lat. vacuitas, *m. s.* ‖ 1314. Vacuités
qui sont remplies de char mole, *Chirurg. de Mondeville*, 296,
Bos.]
‖ (T. didact.) État de ce qui est vide.

VADE [vàd'] *s. f.*
[ÉTYM. Emprunté de l'ital. vada, *m. s.* proprt, « qu'il
aille », § 12. ‖ XVIᵉ s. D'arme tant vade, et l'envy l'Italie,
M. DE ST-GELAIS, I, p. 251, Bibl. elzév.]
‖ (T. de jeu.) La somme avec laquelle un des joueurs
(de brelan, etc.) ouvre le jeu. ‖ *P. ext.* Mise dans une
affaire. *Fig.* Mᵐᵉ de Saint-Simon, pour sa —, lui dit son avis
du procédé, ST-SIM. IX, 397.

VADEMANQUE [vàd'-mãnk'; *en vers*, và-de-...] *s. f.*

[ÉTYM. Semble composé avec *va* (du verbe **aller**), *de* et *manque*, § 209. || XVII° s. *V.* à l'article. Admis ACAD. 1762.]

|| *Vieilli.* Diminution de ce qu'il y a en caisse. Il n'aperçut point à sa banque Ni déroute ni —, *Poésie anonyme*, dans FURET. *Dict.* (1690).

VADE-MECUM [và-dé-mé-kòm'] *s. m.*

[ÉTYM. Phrase latine signifiant « viens (vade) avec moi (mecum) », qui a servi de titre à différents manuels, § 217. On trouve aussi vent-mecum (viens avec moi), donné par ACAD., mais peu usité. || XVI° s. Son vade mecum de chambriere, N. DU FAIL, *Eutrapel*, 12. Admis ACAD. 1798.]

|| Ce que qqn porte toujours avec lui. Ce livre est son —.

***VADROUILLE** [và-droùy'] *s. f.*

[ÉTYM. Origine inconnue. (*Cf.* badrouille.) || 1690. FURET.]

|| (Marine.) Tampon de laine fixé au bout d'un bâton pour nettoyer le pont. (*Syn.* fauber.) || *P. ext.* Mauvais drôle.

VA-ET-VIENT [và-é-vyin] *s. m.*

[ÉTYM. Composé avec *va* (du verbe **aller**), *et*, et *vient* (du verbe **venir**), § 209. || Admis ACAD. 1835.]

|| *Famil.* Action de ce qui va et vient alternativement d'un point à un autre. Mouvement de — d'un piston. || *P. ext.* (Technol.) Ce qui sert à exécuter ce mouvement de va-et-vient. | 1. Petit bac pour traverser une rivière. | 2. Cordage établi d'un navire à terre pour des opérations de transbordement.

VAGABOND, ONDE [và-gà-bon, -bònd'] *adj.*

[ÉTYM. Emprunté du lat. vagabundus, *m. s.* (*Cf.* vaguer.) || XIV° s. Vagabond et fuytif, RAOUL DE PRESLES, *Cité de Dieu*, dans DELB. *Rec.*]

|| Qui mène une vie errante. Qu'il coure — de province en province, CORN. *Méd.* I, 4. Ces peuples vagabonds qui erraient de çà et de là sur des chariots, sans avoir de demeure fixe, BOSS. *Hist. univ.* II, 20. Être d'une humeur vagabonde. *Fig.* Qui va au hasard, sans règle. Une imagination vagabonde. || *Substantivt.* Arrêter les vagabonds et les vagabondes. *Fig.* Mon esprit est un — qui se plaît à s'égarer, DESC. *Médit.* 2.

VAGABONDAGE [và-gà-bon-dàj'] *s. m.*

[ÉTYM. Dérivé de vagabonder, § 78. || Admis ACAD. 1798.]

|| Habitude de vagabonder.

VAGABONDER [và-gà-bon-dé] *v. intr.*

[ÉTYM. Dérivé de vagabond, § 154. Qqns disent vagabonner, seule forme reconnue par TRÉV. || 1526. On voit... Egyptiens, J. BOURDIGNÉ, *Pierre Faifeu*, dans DELB. *Rec.*]

|| Mener une vie errante.

***VAGABONNER** [và-gà-bò-né]. *V.* vagabonder.

VAGIN [và-jin] *s. m.*

[ÉTYM. Emprunté du lat. vagina, proprt, « gaine », mot fém. (*Cf.* vanille.) Les médecins disaient autrefois le vagina (DE BLEGNY, *Mal. vener.* [1677], I, 94); il semble que ce soit l'habitude d'employer ainsi le masc. qui ait fait franciser vagina en vagin plutôt qu'en *vagine. || Admis ACAD. 1762.]

|| (Anat.) Canal qui part de la vulve et aboutit à la matrice.

VAGINAL, ALE [và-ji-nàl] *adj.*

[ÉTYM. Dérivé du lat. vagina, gaine, § 238. || Admis ACAD. 1762.]

|| (T. didact.) | 1. En forme de gaine. Tunique vaginale, membrane qui enveloppe le testicule. | 2. Relatif à une gaine. *Spécialt.* Relatif au vagin. Ligaments vaginaux.

VAGIR [và-jīr] *v. intr.*

[ÉTYM. Emprunté du lat. vagire, *m. s.* || XVI° s. Je retournasse en enfance et recommençasse a vagir, *Amant ressuscité*, dans LA C. Admis ACAD. 1878.]

|| En parlant d'un enfant nouveau-né, pousser des cris.

VAGISSANT, ANTE [và-ji-san, -sānt'] *adj.*

[ÉTYM. Adj. particip. de vagir, § 47. || *Néolog.* Admis ACAD. 1878.]

|| Qui vagit.

VAGISSEMENT [và-jīs'-man ; *en vers,* -ji-se-...] *s. m.*

[ÉTYM. Dérivé de vagir, § 145. || XVI° s. Vagissemens de l'enfant, J. BOUCHET, *Triomphes de la noble dame*, dans DOCHEZ. Admis ACAD. 1798.]

|| Cri d'un enfant nouveau-né.

1. VAGUE [vàg'] *s. f.*

[ÉTYM. Mot d'origine scandinave, § 9 : island. vagr, *m. s.* de vagga, agiter, flotter. || XII° s. Levent wages, la mer nercist, *Tristan*, II, p. 75, Michel.]

|| Masse d'eau qui s'élève et qui retombe à la surface d'une mer, d'un lac, d'un fleuve agité par le vent. Je voyais les vagues qui venaient battre le pied de la tour, FÉN. *Tél.* 2.

2. VAGUE [vàg'] *adj.*

[ÉTYM. Emprunté du lat. vagus, *m. s.* (*Cf.* l'anc. franç. vai, de formation pop.) Le sens 2° est dû pour une bonne part au lat. vacuus, qui est rendu en anc. franç. tantôt par vaque, tantôt par vague. || XIII° s. Les vagues et les fuens, MACÉ DE LA CHARITÉ, *Bible*, dans GODEF. vague 1.]

|| **1°** Errant. Des douleurs vagues. De vagues chimères, CORN. *Pulch.* IV, 2. || *Fig.* Non fixé, non défini. De vagues désirs. Des suppositions vagues. Des idées, des expressions vagues. || *Spécialt.* | 1. (Physiol.) Nerf —, qui se partage entre le poumon, l'œsophage et l'estomac. | 2. (Astron.) Année — (des Égyptiens), commençant à une époque variable, et étant d'une durée moindre que l'année tropique. || *Substantivt.* Rester dans le —.

|| **2°** Où l'on peut errer sans obstacle, libre, vide. Des terrains vagues. *Substantivt.* Dans le — des cieux, RÉGNIER, *Ép.* 1.

VAGUEMENT [vǎg'-man ; *en vers,* và-ghe-...] *adv.*

[ÉTYM. Composé de vague 2 et ment, § 724. || XVI° s. Cheveux... vaguement espars, R. BELLEAU, *Bergerie*, II, p. 226, Bibl. élzév. Admis ACAD. 1718.]

|| D'une manière vague (non définie).

VAGUEMESTRE [vǎg'-mèstr' ; *en vers,* và-ghe-...] *s. m.*

[ÉTYM. Emprunté de l'allem. wagenmeister, proprt, « maître (meister) des équipages (wagen) », §§ 7, 498 et 499. || 1680. RICHEL. Admis ACAD. 1762.]

|| (T. milit.) || **1°** *Anciennt.* Officier chargé de veiller sur les équipages.

|| **2°** *De nos jours.* Soldat, marin chargé de la distribution des lettres dans un régiment, un vaisseau.

VAGUER [và-ghé] *v. intr.*

[ÉTYM. Emprunté du lat. vagari, *m. s.* (*Cf.* vagabond.) On trouve qqf la forme pop. vaier en anc. franç. (*V. Énéas*, 2491.) || XIV° s. Affin qu'elle ne puisse vaguer nulle part, *Chirurg. de Lanfranc*, dans LITTRÉ.]

|| Errer à l'aventure. | *P. anal.* Si ces couleurs semblent — au milieu de l'air, BOSS. *Conn. de Dieu*, III, 6. | *Fig.* Il laisse — ses pensées, BOSS. *Le Tellier.*

***VAIGRE** [vègr'] *s. f.*

[ÉTYM. Mot d'origine scandinave, § 9. (*Cf.* danois voeger, suéd. vægare, *m. s.*) || 1690. FURET.]

|| (Marine.) Planche employée au revêtement de l'intérieur d'un navire. (*Syn.* bordage.)

VAILLAMMENT [và-và-man] *adv.*

[ÉTYM. Pour vaillantment, composé de vaillant et ment, § 724. || XIII°-XIV° s. Je voeil morir en armes aujourd'ui vaillamment, *Baudouin de Sebourc*, VII, 824.]

|| D'une manière vaillante.

VAILLANCE [và-yāns'] *s. f.*

[ÉTYM. Dérivé de vaillant, § 146. || XII° s. Ne fu femme de sa vaillance, *Énéas*, 3976.]

|| **1°** *Vieilli.* Ce que vaut qqn, qqch (moralement). La — De son courage et de sa lance, MALH. *Poés.* 12. Il n'est aucune des vertus qui s'épande si aisément que la — militaire, MONTAIGNE, II, 7.

|| **2°** *Spécialt.* Vertu guerrière que qqn possède, dont il est doué. J'ose espérer beaucoup de mon peu de —, CORN. *Hor.* II, 1. (*Syn.* valeur.)

VAILLANT, ANTE [và-yan, -yānt'] *part. pr.* et *adj.*

[ÉTYM. Anc. part. de valoir, § 47. || XI° s. Ja mais n'iert si vaillanz, *St Alexis*, 8.]

I. *Anciennt. Part. prés.* Qui vaut qqch. *Ellipt.* Un vieillard Qui n'eut jamais — un liard (qqch valant un liard), SCARR. *Virg. trav.* 3. N'avoir pas un sou — (qqch valant un sou). Il a dix mille écus —. | *Substantivt.* Vous savez que c'est tout mon —, LA F. *Contes, Jument.*

II. *Adj.* Qui a de la valeur (par ses qualités). Un cœur —. *Spécialt.* Doué de la vertu guerrière. Un guerrier si —, CORN. *Cid*, V, 5. *P. ext.* A vos vaillantes mains, RAC. *Iph.* V, 1. | *Substantivt.* Je suis ce téméraire, ou plutôt ce —, CORN. *Cid*, IV, 5.

VAILLANTISE [và-yan-īz'] *s. f.*

[ÉTYM. Dérivé de vaillant, § 124. || 1539. R. EST.]

|| *Vieilli.* Acte de vaillance. En beau train De raconter nos vaillantises, MOL. *Amph.* III, 5.

VAIN, VAINE [vin, vèn'] *adj.*

[ÉTYM. Du lat. vanum, *m. s.* §§ 299 et 291. (*Cf.* vanité et vanter.)]

|| **1°** *Vieilli. Au propre.* Vide. Vaine pâture, terrain inculte d'une commune, où les habitants peuvent mener paître leur bétail.

|| **2°** *Fig.* Qui n'a que l'apparence, sans la réalité. La vaine gloire. Non, ce n'est pas une vaine ombre, FÉN. *Tél.* 4. Ma frayeur était vaine, CORN. *Cinna*, III, 4. Un songe —, RAC. *Ath.* II, 5. Ses rois, à vous ouïr, m'ont paré d'un — titre, ID. *Iph.* IV, 6. Ils ont reçu une récompense aussi vaine que leurs désirs, BOSS. *La Vall.* Une espérance vaine. Les vains plaisirs du monde. || *P. ext.* Qui reste sans effet. Faire de vains efforts. | *Loc. adv.* En —, en faisant qqch qui reste sans effet. Vous adorez en — des monstres impuissants, CORN. *Poly.* III, 2.

|| **3°** Qui a le désir de paraître. Un homme — trouve son compte à dire du bien ou du mal de soi, LA BR. 11. Qui t'a rendu si —? CORN. *Cid*, II, 2. || *Substantivt.* Faire le —, la vaine. Ce nombre d'amants dont vous faites la vaine, MOL. *Mis.* III, 4.

VAINCRE [vīnkr'] *v. tr.*
[ÉTYM. Du lat. *vĭncere*, *m. s.* devenu veintre (*Ste Eulalie*), veincre, vaincre, §§ 311, 389, 290 et 291.]
I. Remporter l'avantage sur (qqn qu'on a pour adversaire).

|| **1°** Sur un ennemi (dans une bataille, une guerre). Scipion vainquit Annibal à Zama. Jamais on ne vaincra les Romains que dans Rome, RAC. *Mithr.* III, 1. Rallier le Français à demi vaincu, BOSS. *Condé.* Un peuple vaincu, et, *substantivt*, Épargner les vaincus. | *Absolt.* Grand roi, cesse de —, ou je cesse d'écrire, BOIL. *Ép.* 8. A — sans péril on triomphe sans gloire, CORN. *Cid*, II, 2.

|| **2°** Sur un concurrent (dans une lutte). Il fut vaincu au combat du ceste. Être vaincu dans un tournoi. || *P. anal.* — qqn en générosité. || *Absolt.* Conquérir un cœur. Tu vins, tu vis et tu vainquis, REGNARD, *Joueur*, IV, 10.

II. Surmonter (ce qui fait obstacle). — la résistance de qqn. *Ellipt.* Claude vous adopta, vaincu par ses discours, RAC. *Brit.* IV, 2. Se laisser — à la pitié. Je suis vaincu du temps, je cède à ses outrages, MALH. *Poés.* 103. Être vaincu par ses passions, par l'amour. — sa passion. Apprends sur mon exemple à — ta colère, CORN. *Cinna*, V, 3. Se — soi-même, vaincre ses passions. Qui se vainc une fois peut se — toujours, CORN. *Tite et Bér.* II, 2. Le mérite de la difficulté vaincue. On ne peut — sa destinée, RAC. *Phèd.* IV, 6.

VAINEMENT [vèn'-man; *en vers*, vè-ne-...] *adv.*
[ÉTYM. Composé de vaine et ment, § 724. || XII° s. Cil mismes ki seculerment ont vescuit et vainement, *Serm. de St Bern.* p. 146.]

|| **1°** D'une manière vaine, sans effet.

|| **2°** D'une manière vaniteuse. Jeunes filles — parées, FÉN. *Tél.* 4.

VAINQUEUR [vin-kœr] *s. m.*
[ÉTYM. Dérivé de vaincre, § 112. || XII° s. Se il ne sont venqueor, BENEEIT, *Ducs de Norm.* 37260.]

|| Celui qui a vaincu (un ennemi, un concurrent). Le — de Carthage (qui a vaincu Carthage). Le — de Pharsale (qui a gagné la bataille de Pharsale). Les vainqueurs des jeux Olympiques. *Absolt.* Tout — insolent à sa perte travaille, LA F. *Fab.* VII, 13. | *Spécialt.* Celui qui a conquis le cœur d'une femme. Garde-toi de nommer mon —, CORN. *Rodog.* I, 5. || *Adjectivt.* (*Cf. victorieux.*) Napoléon fut — à Austerlitz. Fasse le Ciel qu'Amphitryon — Avec plaisir soit revu de sa femme! MOL. *Amph.* II, 2. *Fig.* Par un ouvrage, enfin des critiques —, BOIL. *Ép.* 5. Un charme —. Prendre un air —, l'air d'une personne sûre du succès.

VAIR, *VAIRE [vèr] adj. et s. m.*
[ÉTYM. Du lat. *varium*, varié, §§ 298 et 291. (*Cf. vérole.*)]
I. *Vieilli. Adj.* Vairon. (*V. ce mot.*)
II. *S. m.* Fourrure mipartie blanche et grise d'une espèce d'écureuil, dite petit-gris. La pantoufle de — (fourrée de vair) de Cendrillon. | *Spécialt.* (Blason.) Une des deux fourrures, figurée par la disposition alternée de rangées de cloches d'azur et d'argent.

VAIRON [vè-ron] et **VÉRON** [vé-ron] *adj. et s. m.*
[ÉTYM. Du lat. pop. *variŏnem*, de varium, varié. (*cf.* vair), § 104.]
I. *Adj. masc.* Qui a l'iris de l'œil cerclé de blanc. Les yeux vairons. Cheval —, qui a les yeux vairons. | *P. ext.* Qui a les yeux de couleur différente.
II. *S. m.* Petit poisson de rivière, à peau tachetée.

VAISSEAU [vè-só] *s. m.*
[ÉTYM. Du lat. *vascĕllum*, diminutif de vasculum, lui-même diminutif de vas, vase, devenu vaissel, vaisseau, §§ 388, 456 et 291. (*Cf.* vaisselle.)]
I. Vase destiné à contenir des liquides. Des vaisseaux de bois, de terre cuite.
II. Bâtiment flottant, pour le transport par eau, et principalement par mer. (*Syn.* navire.) Un — de guerre. Un — marchand.
III. Espace qu'embrasse l'intérieur d'une église, d'une salle de théâtre, etc. (*Cf.* nef.) Le — de Notre-Dame de Paris.
IV. (Anat.) Canal dans lequel circule le sang, la lymphe, etc., des animaux, la sève des végétaux.

***VAISSELIER** [vĕs'-lyé; *en vers*, vè-se-...] *s. m.*
[ÉTYM. Dérivé de vaisselle, §§ 65 et 115. || *Néolog.*]
|| Meuble sur lequel on range la vaisselle.

VAISSELLE [vè-sèl] *s. f.*
[ÉTYM. Du lat. *vascĕlla*, plur. neutre employé au fém. sing. avec un sens collectif, § 545. (*Cf.* vaisseau.)]
|| Ensemble des vases (plats, assiettes, soupières, etc.) qui servent à l'usage de la table. Manger dans de la — d'étain, de porcelaine. Laver la —. | **1.** — plate. Vaisselle de métal non montée (plats, assiettes). | **2.** *P. ext. De nos jours.* Vaisselle de table en argent.

VAL [vàl] *s. m.*
[ÉTYM. Du lat. *vallem*, *m. s.* §§ 366 et 291. (*Cf.* aval, avau, vaudeville.)]
|| *Vieilli.* Vallée. Crains l'ombre dans le —, C. DELAV. *Dern. Chants, Vache perdue.* Je mourais de peur à pied en passant les vaux d'Ollioules, SÉV. 803. *Spécialt. Loc. adv.* Par monts et par vaux, et, *fig.* par tous chemins.

VALABLE [và-làbl'] *adj.*
[ÉTYM. Dérivé de valoir, § 93. || XIII° s. Que por sa partie ne demorre que la semonce ne soit valable, *Ass. de Jérus.* 137.]
|| (T. didact.) Qui a la valeur requise pour être admis légitimement. Une caution —. Cette autorisation n'est plus —. | Une excuse —.

VALABLEMENT [và-là-ble-man] *adv.*
[ÉTYM. Composé de valable et ment, § 724. || XII°-XIII° s. Vaillavlement, *Gregorii papæ Homeliæ*, p. 33, Hofmann.]
|| (T. didact.) D'une manière valable.

VALENCIENNES [và-lan-syèn'] *s. f.*
[ÉTYM. Nom propre de ville, § 36 : Valenciennes (Nord), dont la fabrication a joui d'une grande vogue. || Admis ACAD. 1878.]
|| (Technol.) Variété de dentelle (fabriquée primitivement à Valenciennes).

VALÉRIANE [và-lé-ryàn'; *en vers*, -ri-àn'] *s. f.*
ÉTYM. Emprunté du lat. du moyen âge valeriana, *m. s.* || XIII° s. Valeriane, *Antidotaire de Nicolas*, 4, Dorveaux. Admis ACAD. 1762.]
|| (Botan.) Plante officinale de l'embranchement des Dicotylédones monopétales.

VALET [và-lè] *s. m.*
[ÉTYM. Anc. franç. vaslet, § 422, que la phonétique empêche de considérer comme un diminutif de vassal, mais qui vient probablement de *vassulittum*, dérivé de *vassulum*, diminutif hypothétique de vassum, qui, dans le latin mérovingien, signifie « serviteur » et qui doit être le primitif de vassal (*V.* ce mot), § 133. || XII° s. Ascanius ki vallez ere, *Énéas*, 3565.]
I. *Anciennt.* Jeune noble, écuyer au service d'un seigneur. (*Syn.* varlet.) || Au jeu de cartes, figure qui vient après le roi et la dame. — de pique, dit autrefois — de noblesse. — de cœur, autrefois — de cour. — de trèfle, autrefois — de pied. — de carreau, autrefois — de chasse. *En mauv. part.* Laisse-nous, beau — de carreau, MOL. *Dép. am.* IV, 2.
II. Homme de service employé dans une maison. Es-tu maître ou —? MOL. *Amph.* I, 2. — de chambre, celui qui est attaché au service personnel du maître. — de pied, homme de livrée qui suit à pied son maître ou sa maîtresse, fait monter, descendre de voiture, etc. *Loc. prov.* Tel maître, tel —, le valet prend les habitudes du maître. Les bons maîtres font les bons valets. Il est comme le — du diable, il en fait plus qu'on ne lui commande. — de chiens, qui est chargé de l'entretien d'une meute. | — d'écurie, de ferme, d'étable, de charrue, etc. | *Vieilli.* — de place, qui, dans une ville, se met à la disposition des voyageurs, pour les conduire dans leurs commissions, etc. | — de bourreau, qui aide le bourreau dans son office. || — de comédie, rôle de valet au théâtre. *Fig.* Valet propre à l'intrigue, comme

la plupart des valets de la comédie. | Ame de —, âme servile.

III. *P. anal.* (Technol.) Nom donné à des objets servant à divers usages. (*Cf.* **sergent, servante, chambrière.**) | **1.** Dans les anciens métiers à tisser, levier terminé par un poids, qui servait à tendre la chaine sur l'ensouple. | **2.** Contrepoids qui fait qu'une porte se referme d'elle-même. | **3.** Barre de fer servant d'arc-boutant au battant d'une porte. | **4.** Battant qui se relève derrière un miroir, pour le soutenir sur une table. | **5.** Instrument de fer qui sert à fixer le bois sur l'établi d'un menuisier. *P. anal.* — à Patin (ACAD. écrit avec deux traits d'union), pince de chirurgien pour faire les ligatures (dont l'invention est attribuée à Gui Patin). | **6.** Petite pièce de fer mobile qui retombe dans une entaille du verrou d'une targette, pour le maintenir fermé. | **7.** — à débotter, planchette ayant une ouverture où l'on passe le pied pour se débotter.

VALETAGE [và'-tâj; *en vers,* và-le-...] *s. m.*
[ÉTYM. Dérivé de valet, §§ 65 et 78. || 1401. Chevalerie, buissenage ou varletage, dans GODEF. Admis ACAD. 1798.]
|| **1°** *Vieilli.* Office de valet. *Fig.* Conduite servile.
|| **2°** (Agricult.) Exploitation d'un domaine à l'aide de valets (par opposition à *fermage*).

VALETAILLE [và'-tây'; *en vers,* và-le-...] *s. f.*
[ÉTYM. Dérivé de valet, §§ 65 et 95. || 1606. Varletaille ou valetaille, NICOT.]
|| *En mauv. part.* Troupe de valets.

VALET-À-PATIN [và-lè-à-pà-tin]. *V.* valet.

VALETER [và-té; *en vers,* và-le-té] *v. intr.*
[ÉTYM. Dérivé de valet, §§ 65 et 154. (*Cf.* évaltonner.) || 1549. R. EST.]
|| *Vieilli.* || **1°** Faire office de valet.
|| **2°** *Fig.* | **1.** Être employé par qqn qui abuse de votre complaisance pour vous faire faire des courses, des démarches de toute sorte. **Faire — qqn.** | **2.** Faire acte de servilité auprès de qqn.

VALÉTUDINAIRE [và-lé-tu-di-nèr] *adj.*
[ÉTYM. Emprunté du lat. valetudinarius, m. s. || 1480. Examen valitudinaire, dans GODEF.]
|| (T. didact.) Qui est d'une santé chancelante. (*Syn.* maladif.) Un homme, une femme —, et, *substantivt,* Un, une —.

VALEUR [và-leur] *s. f.*
[ÉTYM. Du lat. valòrem, subst. masc. m. s. §§ 325 et 291. Sur le changement de genre, *V.* § 554.]
I. Ce que vaut une personne, une chose, ce qu'elle est estimée pour son mérite, ses qualités. L'ouvrage est de —, MOL. *Sgan.* sc. 1. Apprécier qqn à sa —. Ce sacrifice d'une — infinie, BOSS. *Marie-Thérèse.* Des papiers sans —. Connaitre la — des termes, la force de leur signification. Donner de la — à une phrase (par le débit). Les valeurs relatives des tons (en peinture). || *Spécialt.* Vertu guerrière dont on fait preuve (dans telle ou telle occasion). Aux âmes bien nées La — n'attend point le nombre des années, CORN. *Cid,* II, 2.
II. Ce que vaut une chose, ce qu'elle est évaluée (pécuniairement). La — d'une marchandise. Les valeurs de bourse. La — de l'argent. — nominale, valeur légale attribuée à une monnaie (par opposition à la valeur réelle du métal). [*P. ext.* Billet, lettre de change, obligation, titre de rente, représentant une certaine somme d'argent. Soixante mille écus... vous ont été comptés en argent ou valeurs, REGNARD, *Ménechmes,* V, 5. Déposer des valeurs à la banque. || (Mathém.) Expression numérique ou algébrique d'une quantité. On peut intervertir l'ordre des facteurs sans changer la — du produit. Déterminer la — d'une inconnue. *P. anal.* Évaluation approximative d'une quantité. Il a bu la — d'un verre de vin. | (Musique.) Durée relative d'une note. La — d'une blanche, d'une noire. || *Spécialt.* Ce que rapporte une chose. Mettre une terre en —, en état de rapporter ce qu'elle peut produire.

VALEUREUSEMENT [và-leu-reuz'-man; *en vers,* -reu-ze-...] *adv.*
[ÉTYM. Composé de valeureuse et ment, § 724. || XV° s. Le comté valeureusement fit battre les tours et la muraille, CHASTELL. dans DOCHEZ.]
|| D'une manière valeureuse.

VALEUREUX, EUSE [và-leu-reu, -reuz'] *adj.*
[ÉTYM. Dérivé de valeur, §§ 64, 65 et 116. || XV° s. Se déduit de l'existence de valeureusement à cette époque.]
|| Qui montre de la valeur, de la vertu guerrière. Trois fois il fut repoussé par le — comte de Fontaine, BOSS. *Condé.*

VALIDATION [và-li-dà-syon; *en vers,* -si-on] *s. f.*
[ÉTYM. Dérivé de valider, § 247. || XVI°-XVII° s. Descharges et validations des deniers levez, D'AUB. *Hist. univ.* IX, p. 454, de Ruble.]
|| (T. didact.) Action de valider. La — d'une élection.

VALIDE [và-lid'] *adj.*
[ÉTYM. Emprunté du lat. validus, m. s. || 1585. Mendiants valides, N. DU FAIL, *Eutrapel,* dans DOCHEZ.]
|| (T. didact.) || **1°** Qui est dans toute sa force. En temps de guerre tous les hommes valides sont appelés sous les drapeaux.
|| **2°** *Fig.* Qui a les conditions légales requises pour produire son effet. (*Syn.* valable.) Un mariage qui n'est pas —.

VALIDEMENT [và-lid'-man; *en vers,* -li-de-...] *adv.*
[ÉTYM. Composé de valide et ment, § 724. || XVI° s. La concoction a esté faicte plus validement, LOUIS GUYON, *Div. leçons,* dans DELB. *Rec.*]
|| (T. didact.) D'une manière valide, dans les conditions légales requises pour qu'un acte produise son effet.

VALIDER [và-li-dé] *v. tr.*
[ÉTYM. Dérivé du lat. scolast. validare, m. s. || XVI° s. Valider et confirmer les contraux, AMYOT, *Solon,* 21.]
|| (T. didact.) || **1°** Rendre valide. Les formalités nécessaires pour — un acte.
|| **2°** Déclarer valide. Une élection que la chambre n'a pas validée.

VALIDITÉ [và-li-di-té] *s. f.*
[ÉTYM. Emprunté du lat. validitas, m. s. || 1508. Texte dans GODEF. *Compl.*]
|| (T. didact.) Caractère de ce qui est valide. La — d'un contrat, d'un mariage.

VALISE [và-liz'] *s. f.*
[ÉTYM. Emprunté de l'ital. valigia, m. s. d'origine incertaine, § 12. (*Cf.* dévaliser.) || 1564. J. THIERRY, *Dict. franç.-lat.*]
|| Petite malle de voyage qu'on peut porter à la main. | *Fig.* Mettre qqch dans sa —, l'emporter en voyage.

VALLÉE [và-lé] *s. f.*
[ÉTYM. Dérivé de val, § 119. || XI° s. Paien chevalchent par cez greignurs valees, *Roland,* 710.]
|| Fond qui se trouve entre deux ou plusieurs montagnes. La — de Chamounix. *Spécialt.* Bassin d'un cours d'eau. La — du Nil, de la Seine. || (T. bibliq.) | **1.** La — de Josaphat, où les morts doivent ressusciter, selon l'Écriture. | **2.** — de larmes, de misères, le séjour d'ici-bas (par opposition au ciel, séjour de la béatitude).

VALLON [và-lon] *s. m.*
[ÉTYM. Emprunté de l'ital. vallone, grande vallée, § 12; la modification du sens est due à l'influence du suffixe franç. on, § 104. || 1529. De grandes prairies parmi les vallons, J. et R. PARMENTIER, *Disc. sur la navig.* dans DELB. *Rec.*]
|| Petite vallée, fond qui se trouve entre deux ou plusieurs collines. Le sacré —, séjour des Muses, que la mythologie place entre les deux cimes du Parnasse.

***VALLONÉE** [và-lò-né]. *V.* velanède.

***VALLONNER** [và-lò-né] *v. tr.*
[ÉTYM. Dérivé de val, § 154. || *Néolog.*]
|| Disposer en forme de petits vallons. Un terrain vallonné.

VALOIR [và-lwàr] *v. tr.*
[ÉTYM. Du lat. valère, m. s. §§ 309 et 291. (*Cf.* vaillant.)]
I. || **1°** Être estimé comme ayant certaine qualité, certain mérite. Dis-moi ce que tu vaux, CORN. *Cinna,* V, 1. Ne pas — grand chose, ne rien —. (*Cf.* vaurien.) Je sais qu'il vaut beaucoup, étant sorti de vous, CORN. *Ment.* II, 1. *Absolt.* C'est par là que je vaux, si je vaux quelque chose, BOIL. *Sat.* 7. Quel plat ! croyez-moi, rien qui vaille, LA F. *Fab.* V, 3. Un rien qui vaille, un vaurien. *Loc. prov.* Donner et retenir ne vaut, on ne doit pas garder ce qu'on a donné. | Faire — des vers par la manière de les réciter. Faire — qqn, faire ressortir son mérite. Chercher à se faire —. Faire — ses motifs, en faire ressortir la force. *Dans le même sens.* Il a fait — que ses intentions étaient bonnes. Faire — sa marchandise. || *Spécialt.* | **1.** Être estimé à l'égal de qqn, de qqch. Cet homme ne vous vaut pas. Virgile ne vaut pas Homère. Cela vaut mieux que rien. Une chose qui en vaut bien une autre. | Autant vaut se taire. *Absolt. Vieilli.* Autant vaut, c'est à peu près la même chose. | **2.** Être estimé comme méritant qqch. Cette leçon vaut bien un fromage, sans doute, LA F. *Fab.* I, 2. Nous n'estimons pas que toute la philosophie vaille une heure de

peine, PASC. *Pens.* XXIV, 100 *bis*. Le reste ne vaut pas l'honneur d'être nommé, CORN. *Cinna*, V, 1. Cela ne vaut pas la peine d'y penser. Cela ne vaut pas qu'on y pense. Cette difficulté vaut bien qu'on la propose, LA F. *Fab.* VIII, 11. *Vieilli, avec l'inf.* Le peu que j'y perdis ne vaut pas m'en fâcher, CORN. *Veuve*, III, 3.

|| 2° Être estimé à un certain prix (pécuniaire). La somme qu'a valu cette propriété. Cette étoffe vaut dix francs le mètre. Ce domaine vaut cent mille francs. Le tout... valant loyalement plus de quatre mille cinq cents livres, MOL. *Av.* II, 1. (Commerce.) A —, à compte sur une plus forte somme. Payer une chose plus qu'elle ne vaut. *Fig.* Je sais ce qu'en vaut l'aune, je sais le cas qu'il faut en faire. — son pesant d'or, valoir beaucoup. | *P. anal.* Je valais, dans mon temps, mon prix tout comme un autre, REGNARD, *Légat. univ.* II, 4. || *P. anal.* Être considéré comme égal à une certaine quantité. Le louis d'or vaut vingt francs. Une unité du second ordre vaut dix unités du premier ordre. Une blanche vaut deux noires. L'as, au piquet, vaut onze.

II. || 1° Rapporter un profit à qqn. Cette terre lui vaut dix mille francs de rente. *Absolt.* Faire — son argent. Faire — une terre. *Loc. famil.* Vaille que vaille, quel que soit le gain, le revenu. Vaille que vaille, j'aurais sur le marché fort bien fourni la paille, RAC. *Plaid.* I, 1.

|| 2° *Fig.* Faire obtenir (qqch) à qqn en récompense de ce qu'il a fait. Les éloges que sa conduite lui a valus. La place lucrative que cela lui a value.

VALSE [vàls'] *s. f.*
[ÉTYM. Emprunté de l'allem. walzer, *m. s.* § 7. || 1812. MOZIN, *Dict. franç.-allem.* Admis ACAD. 1835.]

|| Danse tournante sur un mouvement à trois temps. | Air à trois temps sur lequel on exécute cette danse.

VALSER [vàl-sé] *v. intr.*
[ÉTYM. Dérivé de valse, § 154. || 1812. MOZIN, *Dict. franç.-allem.* Admis ACAD. 1835.]

|| Danser une valse. — avec qqn. Faire — qqn. *Fig.* Faire faire à qqn des pas, des démarches vaines. || *P. ext. Transitivt.* Cette valse est d'un mouvement trop rapide pour être valsée.

VALSEUR, EUSE [vàl-seür, -seüz'] *s. m. et f.*
[ÉTYM. Dérivé de valser, § 112. || *Néolog.* Admis ACAD. 1835.]

|| Celui, celle qui valse. Un bon —.

VALUE [và-lu] *s. f.*
[ÉTYM. Subst. particip. de valoir, § 45. || 1248. Le surplus de la value de la terre, dans GODEF.]

|| *Vieilli.* Ce que rapporte qqch. Une chose de mince —. (*Cf.* moins-value, plus-value.)

VALVE [vàlv'] *s. f.*
[ÉTYM. Emprunté du lat. scientif. valva, *m. s.* En lat. class. valva signifie « battant de porte ». (*Cf.* bivalve, multivalve, univalve.) || 1611. COTGR. Admis ACAD. 1762.]

|| (T. didact.) || 1° Chacune des deux pièces des coquilles des mollusques qui s'ouvrent et se referment. | *P. ext.* Coquille d'une seule pièce de certains mollusques.

|| 2° (Botan.) Chacune des pièces d'un péricarpe sec.

VALVULE [vàl-vul] *s. f.*
[ÉTYM. Emprunté du lat. scientif. valvula, diminutif de valva, valve. Le lat. class. ne connaît valvula qu'au sens de « gousse ». || XVIe s. Orifices et valvules d'iceux, PARÉ, II, 13.]

|| (T. didact.) Petite valve. | *Spéciall.* Dans certaines parties de l'organisme (cœur, veines, vaisseaux lymphatiques), repli empêchant un liquide de refluer en arrière.

VAMPIRE [van-pir] *s. m.*
[ÉTYM. Emprunté des langues slaves par l'intermédiaire de l'allem. vampir, §§ 7 et 20 : le slave oupir paraît se rattacher lui-même au turc septentrional uber, sorcier, § 23. TRÉV. donne concurremment vampire, wampire, oupire, upire. || Admis ACAD. 1762.]

|| Être imaginaire qu'on se figure sortant la nuit du tombeau pour sucer le sang des vivants dans leur sommeil. || *Fig.* Personne qui s'enrichit aux dépens des autres. Ces vampires errants, porteurs de contraintes, MARQUIS DE MIRABEAU, *l'Ami des hommes*, I, 6.

***VAMPIRISME** [van-pi-rism'] *s. m.*
[ÉTYM. Dérivé de vampire, § 265. || 1771. TRÉV.]

|| État, qualité de vampire. | *Fig.* Avidité insatiable.

VAN [van] *s. m.*
[ÉTYM. Du lat. vannum, *m. s.* § 291.]

|| Sorte de panier plat, à petit bord, sur lequel on secoue le grain, pour chasser la poussière, les balles, la paille.

VANDALE [van-dàl] *s. m.*
[ÉTYM. Nom propre de peuple, § 36 : les Vandales, qui ravagèrent l'empire romain au Ve siècle. || XVIIIe s. *V.* à l'article. Admis ACAD. 1835.]

|| (T. didact.) Contempteur, destructeur des monuments de la civilisation. Se conduire en —. *Adjectivt.* Conservant ses usages gothiques et vandales, DIDER. *Sur l'hist. du parlem.*

VANDALISME [van-dà-lism'] *s. m.*
[ÉTYM. Dérivé de vandale, § 265. || Mot dû à L'ABBÉ GRÉGOIRE. Admis ACAD. 1798, suppl.]

|| (T. didact.) Disposition à mépriser, à détruire les monuments des arts. Un acte de —.

VANDOISE [van-dwàz'] *s. f.*
[ÉTYM. Origine inconnue. || XIIIe s. Je n'ai vaillant une vendoise, MONTAIGLON et RAYNAUD, *Rec. de fabliaux*, I, 91. Admis ACAD. 1762.]

|| Poisson d'eau douce, du genre des carpes, dit aussi dard.

VANILLE [và-nly'] *s. f.*
[ÉTYM. Emprunté de l'espagn. vainilla, *m. s.* proprt, « petite gaine ». (*Cf.* vagin.) || 1693. *Arrêt*, dans SAVARY, *Dict. du comm.* Admis ACAD. 1718.]

|| Fruit du vanillier, gousse qui a un parfum et une saveur aromatique. || *P. ext.* | 1. La gousse elle-même. | 2. Le parfum, la saveur de cette gousse. Une crème parfumée à la —, et, *ellipt*, Une crème à la —.

VANILLIER [và-ni-yé] *s. m.*
[ÉTYM. Dérivé de vanille, § 115. || *Néolog.* Admis ACAD. 1835.]

|| Plante sarmenteuse du Mexique qui produit la vanille.

VANITÉ [và-ni-té] *s. f.*
[ÉTYM. Emprunté du lat. vanitas, *m. s.* (*Cf.* vain et vanter.) || XIIe s. Pur quei amez vus vanitet? *Psaut. d'Oxf.* IV, 3.]

|| 1° Caractère de ce qui est vain. — des vanités, et tout est —,... paroles que me présente l'Ecclésiaste, BOSS. *D. d'Orl.* Quittons ces vanités, lassons-nous de les suivre, MALH. *Poés.* 100. La — des plaisirs du monde.

|| 2° Désir de paraître. On ne voit point mieux le ridicule de la —, et combien elle est un vice honteux, qu'en ce qu'elle n'ose se montrer et qu'elle se cache souvent sous les apparences de son contraire, LA BR. 11. | Faire, tirer — de qqch, s'en faire honneur, gloire. La solide vertu dont je fais —, CORN. *Hor.* II, 3. Sans —, sans en tirer vanité. || *P. ext. Vieilli.* Une —, un acte, une parole de vanité. Qu'on me permette ici une — sur mon ouvrage, LA BR. *Disc. à l'Acad.* préf.

VANITEUX, EUSE [và-ni-teü, -teüz'] *adj.*
[ÉTYM. Dérivé de vanité, § 251. || 1755. Foiblesse vaniteuse, CLAVILLE, *Vrai mérite*, p. 228. Admis ACAD. 1762.]

|| Qui a beaucoup de vanité, un grand désir de paraître, de faire de l'effet. Un homme —, une femme vaniteuse, et, *substantivt*, Un —, une vaniteuse.

1. VANNAGE [và-nàj'] *s. m.*
[ÉTYM. Dérivé de vanner, § 78. || 1293. Ne revanes ne vanages, dans GODEF. vanage. Admis ACAD. 1878.]

|| (Technol.) Action de vanner (le grain).

2. VANNAGE [và-nàj'] *s. m.*
[ÉTYM. Dérivé de vanne, § 78. || XIVe s. Le venaige des molins, dans DU C. venna. Admis ACAD. 1878.]

|| (Technol.) Appareil formé par des vannes.

VANNE [vàn'] *s. f.*
[ÉTYM. Du lat. méroving. venna, *m. s.* vraisemblablement d'origine celtique, § 3, devenu venne, vanne, §§ 311 et 21.]

|| (Technol.) Planche mobile qui se lève ou se baisse pour ouvrir ou fermer le passage à l'eau, dans une écluse, un bassin, etc. — de décharge. || *Adjectivt.* Eaux vannes, eaux chargées de matières en dissolution, qu'on fait écouler, quand elles ont servi, dans certaines industries.

VANNEAU [và-nó] *s. m.*
[ÉTYM. Dérivé de van, par comparaison entre le mouvement du van et celui des plumes, § 126. || XIVe s. Esprevier d'yver prent... le vannel, *Modus*, fo 14.]

|| Oiseau de l'ordre des Échassiers, à plume noire.

VANNER [và-né] *v. tr.*
[ÉTYM. Du lat. vannare, *m. s.* §§ 295 et 291.]

‖ Nettoyer (le grain) en le secouant sur un van.

VANNERIE [văn'-rĭ ; *en vers*, và-ne-rĭ] *s. f.*
[ÉTYM. Dérivé de vannier, §§ 65 et 68. ‖ 1642. OUD. Admis ACAD. 1762.]
‖ Travail du vannier.

VANNETTE [và-nĕt'] *s. f.*
[ÉTYM. Dérivé de vanner, § 133. ‖ 1680. RICHEL.]
‖ (Technol.) Petit van qui sert à vanner l'avoine pour les chevaux.

VANNEUR, *⁕**VANNEUSE** [và-neŭr, -neŭz'] *s. m. et f.*
[ÉTYM. Dérivé de vanner, § 112. ‖ XIIIᵉ s. Vaneres, huleteres, E. BOILEAU, *Livre des mest.* I, ɪ, 44.]
‖ Celui, celle qui vanne le grain.

VANNIER, *⁕**VANNIÈRE** [và-nyé, -nyèr] *s. m. et f.*
[ÉTYM. Dérivé de van, § 115. ‖ 1226. Marie la vaniere, dans GODEF.]
‖ Celui, celle qui fait des vans, paniers, etc., qui travaille l'osier.

*⁕**VANNURE** [và-nûr] *s. f.*
[ÉTYM. Dérivé de vanner, § 111. ‖ 1372. Vanneures de blé, J. CORBICHON, *Propr. des choses*, XVII, 134.]
‖ Matières séparées du grain par le vannage (poussière, balle, paille, etc.). (S'emploie surtout au plur.)

VANTAIL [van-tây'] *s. m.*
[ÉTYM. Pour ventail. (*V.* ce mot.)‖ Admis ACAD. 1762.]
‖ Partie mobile qui ferme l'ouverture d'une porte, d'une fenêtre. Une porte à deux vantaux. | *P. anal.* Les vantaux d'un triptyque, les parties latérales qui se rattachent sur la partie centrale.

VANTARD, ARDE [van-làr, -tàrd'] *adj.*
[ÉTYM. Dérivé de vanter, § 147. ‖ XVIᵉ s. Sans estre ni glorieux ni vantard, MONLUC, dans DOCHEZ.]
‖ Qui a l'habitude de se vanter. Un homme —, une femme vantarde, et, *substantivt*, Un —, une vantarde. Faire le —. (*Cf.* vanteur.)

VANTARDISE [van-tàr-dĭz'] *s. f.*
[ÉTYM. Dérivé de vantard, § 124.‖ *Néolog.* Admis ACAD. 1878.]
‖ Disposition habituelle à se vanter.

VANTER [van-té] *v. tr.*
[ÉTYM. Du lat. pop. *⁕vanitạre, m. s.* tiré de vanum, vain, §§ 165, 336, 295 et 291.]
‖ Louer devant les autres. Je ne veux point ici vous — mes services, RAC. *Ath.* III, 4. Souvent même il vous vante, ID. *ibid.* I, 1. Se — de qqch. Je ne me vante pas de pouvoir le fléchir, CORN. *Pomp.* IV, 2. Il n'y a pas de quoi s'en —. Il ne s'en est pas vanté.

VANTERIE [vant'-rĭ ; *en vers*, van-te-rĭ] *s. f.*
[ÉTYM. Dérivé de vanter, § 69. ‖ XIIIᵉ s. Vanterie est trop vilain vice, J. DE MEUNG, *Rose*, 9893.]
‖ Action de se vanter à l'excès. Il a toujours méprisé les vanteries ridicules, BOSS. *Gournay.*

*⁕**VANTEUR, EUSE** [van-teŭr, -teŭz'] *s. m. et f.*
[ÉTYM. Dérivé de vanter, § 112. ‖ XIIᵉ-XIIIᵉ s. Ne fu ne n'est ne n'ert mentere, RENCL. DE MOILIENS, *Carité*, CCXXXIX, 1. Admis ACAD. (au masc.) 1694 ; suppr. en 1718.]
‖ *Vieilli.* Celui, celle qui se vante. (*Cf.* vantard.)

VA-NU-PIEDS [và-nu-pyé] *s. m. et f.*
[ÉTYM. Composé de va (du verbe aller), nu et pieds, § 209. ‖ XVIIᵉ-XVIIIᵉ s. V. à l'article. Admis ACAD. 1835.]
‖ Celui, celle qui n'a pas de quoi se chausser, se vôtir, gueux. Avoir pitié des —. Un — lui fit un procès, ST-SIM. III, 72.

VAPEUR [và-peŭr] *s. f.*
[ÉTYM. Emprunté du lat. vapor, subst. masc. *m. s.* Sur le changement de genre, V. § 554. ‖ XIIIᵉ s. Veoir Des vapeurs les pierres cheoir, J. DE MEUNG, *Rose*, 16305.]
‖ (T. didact.) ‖ **1°** Réunion de gouttelettes presque imperceptibles qui s'élèvent de la surface des liquides, des corps humides, par l'action de la chaleur, la diminution de la pression atmosphérique. Des vapeurs d'alcool, d'éther. La — d'eau. Un bain de —. Une machine à —, un bateau à —, mis en mouvement par la tension de la vapeur qui se dégage d'eau en ébullition dans une chaudière. *Famil. Ellipt.* Un —, un bateau à vapeur. Faire une chose à la —, très vite. ‖ *P. anal.* Les vapeurs du vin, vapeurs qui, dans l'opinion populaire, montent au cerveau de celui qui a pris trop de vin, et produisent l'ivresse. *Fig.* Ce sont des vapeurs de morale Qui nous vont à la tête, REGNARD, *Joueur*, IV, 14.

‖ **2°** Gaz, vapeur d'eau, parcelles déliées qui s'exhalent des corps solides, par combustion, décomposition. La — de charbon. Les vapeurs de l'arsenic. | *Fig. Poét.* L'enfer, couvrant tout de ses vapeurs funèbres, RAC. *Esth.* prol.

‖ **3°** Exhalaison des humeurs morbides du corps qui, dans l'opinion populaire, monte au cerveau et produit un état de malaise. Avoir des vapeurs. Ce sont quelques vapeurs qui me viennent de monter à la tête, MOL. *Mar. forcé*, sc. 4.

VAPOREUX, EUSE [và-pò-reŭ, -reŭz'] *adj.*
[ÉTYM. Emprunté du lat. vaporosus, *m. s.* XIVᵉ s. Air moiste et vapoureux, *Chirurg. de Lanfranc*, fᵒ 5, dans LITTRÉ. Admis ACAD. 1718.]
‖ (T. didact.) ‖ **1°** Qui a l'apparence légère de la vapeur. Un ciel —. Une atmosphère vaporeuse. | *Fig.* Une manière vaporeuse de peindre. Un style —. Une toilette vaporeuse.
‖ **2°** Qui est sujet à avoir des vapeurs. Une femme vaporeuse.

*⁕**VAPORISATEUR** [và-pò-ri-zà-teŭr] *s. m.*
[ÉTYM. Dérivé de vaporiser, § 249. ‖ *Néolog.*]
‖ (T. didact.) Instrument qui sert à lancer un liquide en gouttelettes si fines qu'elles ressemblent à une vapeur.

VAPORISATION [và-pò-ri-zà-syon ; *en vers*, -si-on] *s. f.*
[ÉTYM. Dérivé de vaporiser, § 247. ‖ Admis ACAD. 1835.]
‖ (T. didact.) Passage d'un corps liquide à l'état de vapeur.

VAPORISER [và-pò-ri-zé] *v. tr.*
[ÉTYM. Dérivé de vapeur, § 267. ‖ 1790. Liquide vaporisé, PRONY, *Architect. hydr.* II, 175. Admis ACAD. 1835.]
‖ (T. didact.) Faire passer (un corps liquide) à l'état de vapeur.

VAQUER [và-ké] *v. intr.*
[ÉTYM. Emprunté du lat. vacare, *m. s.* ‖ XIIIᵉ s. L'empire vaca longuement, BRUN. LATINI, *Trésor*, p. 102.]
‖ **1°** En parlant d'une chose, d'un poste, n'être pas occupé. (*Cf.* vacance.) Il a les yeux ouverts sur tout ce qui vaque, poste, abbaye, LA BR. 8. ‖ *P. anal.* S'il vient à — un logement dans la maison. Les tribunaux vaquent (ne siègent pas).
‖ **2°** Avoir le loisir de s'occuper à qqch, et, *p. ext.* s'occuper à qqch. L'homme pouvait sans bruit — à son ouvrage, LA F. *Fab.* VIII, 10.

VARAIGNE [và-rèñ'] *s. f.*
[ÉTYM. Mot des patois français de l'Ouest, d'origine inconnue, § 16.‖ XVIᵉ s. Varengne, B. PALISSY, p. 314. Admis ACAD. 1835.]
‖ (Technol.) Ouverture par laquelle l'eau de la mer entre dans un marais salant.

VARANGUE [và-ràng] *s. f.*
[ÉTYM. Mot d'origine scandinave, § 9. (*Cf.* suéd. wrænger, *m. s.*) ‖ 1385. Un quarteron de varengues, *Compte du clos des galees de Rouen*, dans DELB. *Rec.* Admis ACAD. 1762.]
‖ (Marine.) Pièce de bois courbe fixée par le milieu sur la quille d'un navire, et formant la base de la membrure qui compose la carcasse du bâtiment.

VAREC et **VARECH** [và-rĕk'] *s. f.*
[ÉTYM. Mot d'origine scandinave, § 9 : suéd. vrak, danois vrag, etc., proprt, « ce qui est rejeté ».‖1181. Le warec, dans DU C. wreckum. Admis ACAD. 1762.]
‖ **1°** *Anciennt.* Épave.
‖ **2°** *P. anal.* Plantes marines que le flot jette sur le rivage.

VARENNE [và-rèn'] *s. f.*
[ÉTYM. Autre forme de garenne. (*V.* ce mot.)]
‖ Terrain inculte que le gibier fréquente.

VAREUSE [và-reŭz'] *s. f.*
[ÉTYM. Origine inconnue. ‖ *Néolog.* Admis ACAD. 1878.]
‖ Sorte de blouse courte en grosse toile, en gros drap.

VARIABILITÉ [và-ryà-bi-li-té ; *en vers*, -ri-à-...] *s. f.*
[ÉTYM. Dérivé de variable, § 255. (*Cf.* l'anc. franç. variableté.) ‖ XVᵉ-XVIᵉ s. Variabilité et inequalité de fortune, CL. DE SEYSSEL, dans DELB. *Rec.* Admis ACAD. 1798.]
‖ (T. didact.) Caractère de ce qui est sujet à varier. La — des espèces. La — de la température.

VARIABLE [và-ryàbl' ; *en vers*, -ri-àbl'] *adj.* et *s. m.* et *f.*
[ÉTYM. Emprunté du lat. variabilis, *m. s.* ‖ XIIIᵉ s. Bestes fiebles et variables, J. DE MEUNG, *Rose*, 6442.]

|| (T. didact.) Sujet à varier. Un temps —, et, *famil.* *substantivt*, degré du baromètre qui indique un temps variable. Le baromètre est au —. | Une quantité —, et, *substantivt*, Une —, quantité qui varie de grandeur (par opposition à quantité constante). | Mot —, dont la désinence varie selon le genre, le nombre, le cas, le temps, le mode, etc.

VARIANT, ANTE [và-ryan, -ryänt'; *en vers*, -ri-...] *adj.*
[ÉTYM. Adj. particip. de varier, § 47. || XIVᵉ s. Espaignol sont si fort variant, CUVELIER, *Duguesclin*, 9010.]
|| Qui varie. Un caractère —. Une leçon variante, et, *substantivt*, Une variante, leçon différente d'un texte donnée par un autre manuscrit, une autre édition.

VARIATION [và-ryà-syon; *en vers*, -ri-à-si-on) *s. f.*
[ÉTYM. Emprunté du lat. variatio, *m. s.* || 1314. Aucun peu de variation de son assise, *Chirurg. de Mondeville*, 1103, Bos.]
|| (T. didact.) Chacun des changements successifs qui modifient un ordre de faits. Les variations de l'atmosphère. | Les variations de la doctrine protestante. | Les variations périodiques du mouvement d'un astre. | Les variations de la boussole. | Les variations du langage. || *Spécialt.* | 1. (Mathém.) Calcul des variations, calcul infinitésimal des différentielles. | 2. (Musique.) Variations sur un air, reproduction du thème modifié successivement par divers ornements.

VARICE [và-ris'] *s. f.*
[ÉTYM. Emprunté du lat. varix, icis, *m. s.* || XIVᵉ s. EVRART DE CONTY, *Probl. d'Aristote*, dans GODEF. *Compl.*]
|| (T. didact.) Dilatation permanente que produit l'accumulation du sang dans une veine (le plus ordinairement aux jambes).

VARICELLE [và-ri-sèl] *s. f.*
[ÉTYM. Dérivé irrégulier de variole, § 258. || 1812. MOZIN, *Dict. franç.-allem.* Admis ACAD. 1835.]
|| (T. didact.) Petite vérole volante. (*Cf.* variolette.)

VARICOCÈLE [và-ri-kò-sèl] *s. f.* (masc. suivant qqns).
[ÉTYM. Composé avec le lat. varix, varice, et le grec κήλη, tumeur, § 284. || Admis ACAD. 1762.]
|| (T. didact.) Dilatation variqueuse des veines du scrotum. (*Syn.* cirsocèle.)

VARIER [và-ryé; *en vers*, -ri-é] *v. tr.* et *intr.*
[ÉTYM. Emprunté du lat. variare, *m. s.* L'anc. franç. a la forme pop. vairier. (*Cf.* vair.) || XIIᵉ s. Si cum variout la colurs, MARIE DE FRANCE, *Purg. de St Patrice*, 1625.]
|| (T. didact.) || 1° *V. tr.* Soumettre à des changements successifs (un ordre de faits). Un spectacle varié. — ses occupations, ses plaisirs. Des lectures variées. Sans cesse en écrivant variez vos discours, BOIL. *Art p.* 1. Mouvement uniformément varié, dont la vitesse croit ou décroît suivant une loi constante. — des expériences. | (Musique.) Un air varié, dont le thème reparaît successivement modifié par divers ornements. || *P. ext.* Des choses variées, qui, avec des traits communs, diffèrent les unes des autres.
|| 2° *V. intr.* Présenter des changements successifs. Ses opinions ont varié. Il a varié dans ses réponses. La température varie souvent dans ce pays. || *P. ext.* Des choses qui varient, qui, avec des traits communs, diffèrent les unes des autres. Les mœurs varient selon les temps et les lieux.

VARIÉTÉ [và-ryé-té; *en vers*, -ri-é-té] *s. f.*
[ÉTYM. Emprunté du lat. varietas, *m. s.* || XIIᵉ s. Entre eus eüst varietez, BENEEIT, *Ducs de Norm.* I, 73.]
|| (T. didact.) || 1° Suite de changements successifs. La — des lectures, des occupations, des spectacles. Un sujet simple leur paraissait incapable de telles et si soudaines variétés, PASC. *Pens.* XIII, 8.
|| 2° Différences entre des choses qui ont des traits communs. La — des sujets. Une grande — de plantes. | *Absolt.* Des variétés, groupes différents d'individus d'une même espèce, offrant certains traits extérieurs communs. Les variétés de l'espèce bovine. Des variétés de tulipes, de roses.

VARIOLE [và-ryòl; *en vers*, -ri-òl] *s. f.*
[ÉTYM. Emprunté du lat. scientif. variola, *m. s.* dérivé de varius, varié, § 239. (*Cf.* le doublet pop. vérole.) || XIVᵉ s. Par cause de variolez, *Somme Mᵉ Gautier*, mss franç. Bibl. nat. 1288, fᵒ 53, vᵒ. Admis ACAD. 1835.]
|| (T. didact.) Maladie maligne, dite vulgairement petite vérole, souvent épidémique et contagieuse, caractérisée par la fièvre et une éruption pustuleuse. Marques de —, cicatrices laissées sur la peau par les pustules de la variole. | — des vaches, le vaccin, dont le virus inoculé à l'homme le préserve de la variole.

'VARIOLETTE [và-ryò-lèt'; *en vers*, -ri-ò-...] *s. f.*
[ÉTYM. Dérivé de variole, § 133. || 1812. MOZIN, *Dict. franç.-allem.*]
|| Petite vérole volante, qui a quelque ressemblance avec la variole. (*Cf.* varicelle.)

VARIOLEUX, EUSE [và-ryò-leü, -leüz'; *en vers*, -ri-ò-...] *adj.*
[ÉTYM. Dérivé de variole, § 251. || 1771. TRÉV. Admis ACAD. 1878.]
|| (T. didact.) Affecté de la variole. *Substantivt.* Un —, une varioleuse. Salle des —.

VARIOLIQUE [và-ryò-lïk'; *en vers*, -ri-ò-...] *adj.*
[ÉTYM. Dérivé de variole, § 229. || 1771. TRÉV. Admis ACAD. 1835.]
|| (T. didact.) Qui a rapport à la variole. Éruption —.

VARIQUEUX, EUSE [và-ri-keü, -keüz'] *adj.*
[ÉTYM. Emprunté du lat. varicosus, *m. s.* || 1541. Vaisseaux varicìformes ou variqueux, J. CANAPPE, dans DELB. *Rec.* Admis ACAD. 1762.]
|| (T. didact.) Qui a rapport aux varices. Affection variqueuse. || *P. anal.* Coquille variqueuse, avec des renflements.

VARLET [vàr-lè] *s. m.*
[ÉTYM. Même mot que valet, autrefois vaslet, § 421. RICHEL. remarque que de son temps varlet ne se disait pour valet que dans le style burlesque. || Admis ACAD. 1762.]
|| (Féodal.) Fils de gentilhomme au service d'un chevalier, d'un seigneur.

VARLOPE [vàr-lŏp'] *s. f.*
[ÉTYM. Emprunté du néerland. voorloper, *m. s.* proprt, « qui court devant », § 10. Dès 1546, RAB. emploie le verbe vreloper, III, prol. || 1564. Une vuarloppe de menusier, J. THIERRY, *Dict. franç.-lat.* Admis ACAD. 1762.]
|| (Technol.) Grand rabot de menuisier qu'on manie à deux mains.

'VARTIGUÉ [vàr-ti-ghé] *interj.*
[ÉTYM. Altération de vertu Dieu, § 727. (*Cf.* tudieu et vertubleu.) || XVIIᵉ s. *V.* à l'article.]
|| *Vieilli.* Jurement familier. —, Monsieur le médecin, que de lantiponnages! MOL. *Méd. m. l.* II, 2.

'VASARD, ARDE [và-zàr, -zàrd'] *adj.*
[ÉTYM. Dérivé de vase 2, § 147. || 1694. Fond vasart, TH. CORN.]
|| (Marine.) Vaseux. *Substantivt.* Un —, un fond de sable mêlé de vase.

VASCULAIRE [vàs'-ku-lèr] et **VASCULEUX, EUSE** [vàs'-ku-leü, -leüz'] *adj.*
[ÉTYM. Dérivé du lat. vasculum, vaisseau, §§ 248 et 251. || Admis ACAD. 1762.]
|| (T. didact.) Constitué par les vaisseaux de l'organisme (veines, artères, etc.). Le système —. | Le tissu — des plantes.

1. VASE [vàz'; *selon d'autres*, váz'] *s. m.*
[ÉTYM. Emprunté du lat. vas, *m. s.* (*Cf.* vaisseau.) || 1539. R. EST.]
|| 1° Réceptacle en bois, en métal, en verre, en terre, en porcelaine, etc., de grandeur, de forme variée, destiné à contenir toute espèce de substance liquide ou solide (liqueurs, aliments, fruits, fleurs, etc.). Les vases sacrés destinés aux sacrifices. Puiser de l'eau dans un —. Étamer des vases de cuivre. Mettre des fleurs dans un —. Un — de Sèvres, de Saxe, en porcelaine de Sèvres, de Saxe. Un — étrusque. | L'égalité de niveau d'un liquide dans des vases communicants. || *Fig.* (T. bibliq.) — d'élection, de miséricorde, celui que Dieu a choisi, celui en qui Dieu a montré sa miséricorde.
|| 2° *P. anal. Fig.* Ce qui a la forme d'un vase. — d'un chapiteau corinthien, partie ornée de feuilles et de volutes. | Elle (une tulipe) a un beau — ou un beau calice, LA BR. 13.

2. VASE [vàz'; *selon d'autres*, váz'] *s. f.*
[ÉTYM. Emprunté du néerland. wase, *m. s.* § 10. || XVIᵉ s. Dans le sable ou dans la vase, MONTAIGNE, II, 12.]
|| Limon qui se dépose au fond de l'eau, dans les étangs, les fossés, les rivières, la mer. Enfoncer dans la —. Un fond de —.

VASEUX, EUSE [và-zeü, -zeüz'] *adj.*
[ÉTYM. Dérivé de vase 2, § 116. || XVIᵉ-XVIIᵉ s. Au havre tout vaseux, D'AUB. *Tragiques*, p. 116, Lalanne.]
|| Qui contient de la vase. Un fond —.

'VASIÈRE [và-zyèr] *s. f.*
[ÉTYM. Dérivé de vase 2, § 115. || *Néolog.*]
|| Trou de vase.

VASISTAS [và-zïs'-tàs'] *s. m.*

[ÉTYM. Emprunté de l'allem. was ist das, « qu'(was) est (ist) ce (das)? » § 7. || Admis ACAD. 1798.]

|| Carreau de fenêtre qu'on peut ouvrir sans ouvrir la fenêtre entière, pour parler à qqn, pour donner de l'air, etc.

***VASO-MOTEUR, TRICE** [và-zò-mò-teùr, -trĭs'] *adj.*

[ÉTYM. Composé avec le lat. vas, vaisseau, et motor, moteur, § 273. || *Néolog.*]

|| (Anat.) Qui produit les mouvements des vaisseaux (dans les organes). Nerfs vaso-moteurs, qui relâchent ou contractent les fibres des vaisseaux.

VASQUE [vásk'] *s. f.*

[ÉTYM. Emprunté de l'ital. vasca, *m. s.* § 12. || *Néolog.* Admis ACAD. 1878.]

|| (T. didact.) Bassin en forme de vaste coupe, qui reçoit l'eau d'une fontaine.

VASSAL, ALE [và-sàl] *s. m. et f.*

[ÉTYM. Du lat. méroving. vassallum, *m. s.* qui est d'origine celtique, § 3. (*Cf.* valet.) || xiᵉ s. Vassals est bons por ses armes defendre, *Roland,* 3785.]

|| (Féodal.) Celui, celle qui relève d'un seigneur à cause d'un fief. Les vassaux de la couronne, qui relèvent du roi.

VASSALITÉ [và-sà-li-té] *s. f.*

[ÉTYM. Dérivé de vassal, § 255. || *Néolog.* Admis ACAD. 1878.]

|| (Féodal.) Dépendance d'un vassal.

VASSELAGE [vás-làj'; *en vers,* và-se-...] *s. m.*

[ÉTYM. Pour vassalage, dérivé de vassal, § 78. || xiᵉ s. N'avez barun de si grant vasselage, *Roland,* 744.]

|| (Féodal.) Condition de vassal. *Fig.* Traitement infligé à qqn (comme si c'était un vassal). Lui faire un — Dout il fût à jamais parlé, LA F. *Contes, Roi Candaule.*

VASTE [vást'] *adj.*

[ÉTYM. Emprunté du lat. vastus, *m. s.* || 1611. COTGR.]

|| Qui s'étend au loin. De vastes plaines. Un — horizon. Un — empire. *Poét.* Le fond des bois et leur — silence, LA F. *Contes, Clochette.* || *Fig.* Quittez le long espoir et les vastes pensées, LA F. *Fab.* xi, 8. Je ne m'égare point dans ces vastes désirs, RAC. *Esth.* iii, 4. Tant est — son intelligence, BOSS. *Condé.*

VASTEMENT [vás-te-man] *adv.*

[ÉTYM. Composé de vaste et ment, § 724. || xviiᵉ-xviiiᵉ s. *V.* à l'article.]

|| *Rare.* D'une manière vaste. D'Aguesseau... — et profondément savant, ST-SIM. xiv, 321.

VA-TOUT [và-tou] *s. m.*

[ÉTYM. Composé de va (du verbe aller) et tout, § 209. || xviiᵉ s. *V.* à l'article. Admis ACAD. 1740.]

|| (T. de jeu.) Coup où l'on risque au jeu tout ce qu'on a d'argent devant soi. Un — qu'il gagna, ST-SIM. ii, 36. | *Fig.* Faire, jouer son —, faire une entreprise dans laquelle on risque tout. | *P. plaisant. Vieilli.* Faire un — à qqn, lui disputer le prix. La princesse vit de manière à faire un — de chasteté à Lucrèce, D. DE MONCHESNAY, *Phénix,* i, 1.

VAU-DE-ROUTE (À) [vód'-rout'; *en vers,* vò-de-...] *V.* avau et route.

VAUDEVILLE [vód'-vil; *en vers,* vó-de-...] *s. m.*

[ÉTYM. Altération de vau de Vire, les chansons de la vallée de Vire (Calvados) ayant joui d'une grande célébrité, §§ 36 et 509. || 1507. Plusieurs chansons, tant de musique que de vaul de ville, dans N. DE LA CHESN. *Condamn. de Bancquet.*]

|| **1°** *Anciennt.* Chanson de circonstance. Il y a des gens qui ressemblent aux vaudevilles que tout le monde chante un certain temps, LA ROCHEF. *Max.* 211.

|| **2°** Pièce de théâtre entremêlée de couplets. | *P. ext.* Théâtre où l'on représente ces sortes de pièces.

VAUDEVILLISTE [vó-de-vi-lĭst'] *s. m. et f.*

[ÉTYM. Dérivé de vaudeville, § 265. || 1735. Les vaudevillistes les plus fameux, dans DELB. *Rec.* Admis ACAD. 1878.]

|| (T. didact.) Celui, celle qui fait des vaudevilles.

VAU-L'EAU (À) [vó-ló] *V.* avau.

VAURIEN, ENNE [vó-ryin, -ryèn'] *s. m. et f.*

[ÉTYM. Composé avec vaut (du verbe valoir) et rien, § 209. (*Cf.* l'anc. franç. vauneant.) || 1642. OUD.]

|| Celui, celle qui ne vaut rien, qui est vicieux. Qu'avecque le cœur d'un perfide — Vous confondiez les cœurs de tous les gens de bien, MOL. *Tart.* v, 1. La femme est un peu vaurienne, mais elle a du bon, MARIV. *Surpr. de l'amour,* ii, 5. || *P. hyperb.* Un — d'enfant, un enfant espiègle, malicieux. Un aimable —, un jeune homme qui fait des fredaines.

VAUTOUR [vó-tour] *s. m.*

[ÉTYM. Emprunté du lat. vultŭrius, *m. s.* rendu d'abord par voltoir, voltor, d'où voutour, vautour, §§ 503 et 509. (*Cf.* autour.) || xiiiᵉ s. Semblables au corbel ou au voltour, BRUN. LATINI, *Trésor,* p. 431.]

|| Grand oiseau de proie, à tête et à cou dénudés, garnis d'un simple duvet, sans plumes. Un cadavre abandonné aux chiens et aux vautours. La nation entière est promise aux vautours, RAC. *Esth.* ii, 1. (Mythol.) Le — de Prométhée, qui ronge le foie toujours renaissant de Prométhée enchaîné. || *Fig.* | **1.** Celui dont les faibles sont victimes. Lâches satires où l'on ménage le — et où l'on déchire la colombe, VOLT. *Contes, Babouc.* | **2.** *Poét.* Ce qui ronge, consume le cœur. Des soucis dévorants c'est l'éternel asile, Véritables vautours, LA F. *Phil. et Baucis.*

VAUTRAIT [vó-trè] *s. m.*

[ÉTYM. Pour vautrai, qui paraît être le subst. verbal d'un anc. verbe vautrayer, chasser avec les vautres, § 52. || 1554. Proye et curee A son vautroy, CL. GRUGET, *Div. Leçons de P. Messie,* ép. dédic.]

|| (Chasse.) Grand équipage de chasse pour le sanglier, les bêtes noires.

***VAUTRE** [vótr'] *s. m.*

[ÉTYM. Pour veautre, veltre, du lat. vĕrtragum, d'origine celtique, devenu de bonne heure vertraum, § 394, *vertro, *veltro, § 361, veltre, veautre, §§ 291 et 456.]

|| Chien qui chasse le sanglier, les bêtes noires.

VAUTRER [vó-tré] *v. tr.*

[ÉTYM. Origine inconnue, mais sans rapport avec vautre. || xiiᵉ s. Trois fois se vautrent (les chevaux) qant ils ont pormenez, *Raoul de Cambrai,* 4347.]

|| Rouler sur le sol, dans la boue. Le pourceau se vautre dans l'ordure. Et le grison se rue Au travers de l'herbe menue, Se vautrant, LA F. *Fab.* vi, 8. | *P. anal.* Se — sur un canapé, s'y étendre tout de son long. || *Fig.* Se — dans la débauche.

***VAU-VENT (À)** [vó-van] *V.* avau.

VAVASSEUR [và-và-seùr] *s. m.*

[ÉTYM. Pour vasvasseur, § 422, emprunté du lat. méroving. vassus vassorum, proprt, « vassal des vassaux », § 530. || xiiᵉ s. Contors Et demeines et vavassors, *Thèbes,* 1081.]

||(Féodal.)Vassal d'arrière-fief, qui est vassal d'un vassal.

VEAU [vó] *s. m.*

[ÉTYM. Pour veeau, veel, § 358, du lat. vitĕllum, *m. s.* §§ 342, 402, 456 et 291.]

|| **1°** Petit de la vache (pendant la première année). — de lait, qui tète encore. — gras, engraissé pour être mangé. Tuer le — gras, faire fête à qqn pour son retour (allusion au veau gras tué pour fêter le retour de l'enfant prodigue, dans une parabole de l'Évangile). — de rivière, engraissé dans les prairies de Normandie qui bordent la Seine. Une longe de — de rivière, MOL. *B. gent.* iv, 1. Du — rôti. Des côtelettes de —. Du bouillon de —. Être étendu comme un —. Pleurer comme un —. || (Antiq. juive.) Le — d'or, idole que les Hébreux avaient élevée, après la sortie d'Égypte, à l'imitation du bœuf Apis. | *Fig.* Adorer le — d'or, avoir le culte de l'or, de la richesse. *Pop. Vieilli.* Faire le pied de — à qqn, lui faire la révérence. Ne pas négliger les pieds de — de Provence, SÉV. 772. || *P. ext.* — marin, espèce de phoque.

|| **2°** Cuir fait avec la peau du veau. Des souliers de —. Un livre relié en —, et, *p. ext.* Un auteur relié en —. Être imprimés et reliés en —, MOL. *F. sav.* iv, 3.

VECTEUR [vĕk-teùr] *adj. m.*

[ÉTYM. Emprunté du lat. vector, proprt, « conducteur », de vehere, conduire. (*Cf.* véhicule, voiture.) || xviiiᵉ s. *Mém. de l'Acad. des sc.* dans TRÉV. Admis ACAD. 1762.]

|| (Géom.) Qui est mené (dans une courbe à foyer), d'un foyer à un point quelconque de la courbe. Rayon — d'une ellipse, d'une parabole. Rayon — d'un système de coordonnées polaires, ligne qui joint le pôle à un des points de la courbe.

VEDETTE [ve-dĕt'] *s. f.*

[ÉTYM. Emprunté de l'ital. vedetta, *m. s.* § 12. || xviᵉ s. Sentinelles, vedetes, LA NOUE, *Disc.* xxvi, 18.]

|| **1°** *Anciennt.* Poste de sentinelle sur un rempart.

|| **2°** *P. ext.* Cavalier posté en observation. || *P. anal.* Petit bâtiment de guerre placé en observation.

|| **3°** *Fig.* Place isolée où l'on met, en tête d'une lettre, l'appellation de la personne à laquelle on écrit. || *P. anal.* Mettre en — le nom de qqn sur une affiche, sur une proclamation, en caractères plus gros, qui attirent le regard.

VÉGÉTABLE [vé-jé-tâbl'] *adj*.
[ÉTYM. Emprunté du lat. vegetabilis, *m. s.* ‖ xiii⁰ s. Pierre vegetable, *Secrets d'Aristote*, dans GODEF.]
‖ *Vieilli*. (T. didact.) Qui peut végéter.
VÉGÉTAL, ALE [vé-jé-tàl] *adj. et s. m.*
[ÉTYM. Emprunté du lat. scolast. vegetalis, *m. s.* §§ 217 et 238. ‖ xvi⁰ s. L'huile des vegetaux, PARÉ, XXVI, 8.]
‖ (T. didact.) ‖ **1°** *Adj*. Qui a rapport aux plantes. Le règne —, tout ce qui est plante, dans la nature. Matières végétales. Terre végétale, où peuvent croître des plantes.
‖ **2°** *S. m.* Plante, être organisé qui a les fonctions de nutrition, de reproduction, sans y joindre, comme l'animal, la sensation et la locomotion.
VÉGÉTANT, ANTE [vé-jé-tan, -tànt'] *adj*.
[ÉTYM. Adj. particip. de **végéter**, § 47. ‖ 1636. V. à l'article. Admis ACAD. 1798.]
‖ (T. didact.) Qui a la propriété de végéter. Ame végétante ou sensitive, DESC. *Méth.* v, 4.
VÉGÉTATIF, IVE [vé-jé-tà-tif', -tïv'] *adj*.
[ÉTYM. Emprunté du lat. scolast. vegetativus, *m. s.* §§ 217 et 257. ‖ xiii⁰ s. Ame vegetative, BRUN. LATINI, *Trésor*, p. 260.]
‖ (T. didact.) Qui fait végéter. La vie végétative. Ame végétative.
VÉGÉTATION [vé-jé-tà-syon ; *en vers*, -si-on] *s. f.*
[ÉTYM. Emprunté du lat. scolast. vegetatio, *m. s.* §§ 217 et 247. ‖ 1525. Saphir... Au corps donne vegetation, D'ADONVILLE, *Honn. des nobles*, dans DELB. *Rec.*]
‖ (T. didact.) ‖ **1°** Action de végéter.
‖ **2°** Ensemble des végétaux (plantes, arbres) qui croissent dans un lieu. La — est belle dans ce pays. ‖ Production végétale qui se développe dans certains milieux. Les végétations qui se forment sur les rochers. ‖ *Fig*. ‖ 1. Production morbide, excroissance charnue qui se développe à la façon des végétaux. ‖ 2. Production chimique analogue.
VÉGÉTER [vé-jé-té] *v. intr.*
[ÉTYM. Emprunté du lat. scolast. **vegetare**, *m. s.* de vegetus, vigoureux. ‖ xiv⁰ s. Ames qui font vegeter et vivre ces membres corporels, RAOUL DE PRESLES, *Cité de Dieu*, dans DELB. *Rec.*]
‖ (T. didact.) ‖ **1°** Accomplir les fonctions qui constituent la vie du végétal. Tout ce qui végète dans la nature.
‖ **2°** *Fig*. En parlant de l'homme, mener une vie inerte, sans émotions, sans activité (à la manière d'un végétal). On ne vit qu'à Paris, et l'on végète ailleurs, GRESSET, *Méchant*, III, 9. Laissons-le — dans son humiliation, ST-SIM. XII, 290.
VÉHÉMENCE [vé-é-màns'] *s. f.*
[ÉTYM. Emprunté du lat. vehementia, *m. s.* ‖ 1504. Grand vehemence et importunité, J. LE MAIRE, dans DELB. *Rec.*]
‖ (T. didact.) Force impétueuse. La — de ses discours, de son éloquence. ‖ Le vent souffle avec —.
VÉHÉMENT, ENTE [vé-é-man, -mànt'] *adj*.
[ÉTYM. Emprunté du lat. vehemens, *m. s.* ‖ xii⁰ s. Veement, PH. DE THAUN, *Comput*, 1337.]
‖ (T. didact.) Qui a une force impétueuse. Un discours —. Un orateur —. Et tout semble possible à son feu —, CORN. *Poly*, II, 6.
VÉHÉMENTEMENT [vé-é-mant'-man ; *en vers*, -mante-...] *adv*.
[ÉTYM. Composé de véhémente et ment, § 724. ‖ 1363. Vehementement suspeceneuse, *Ordonn.* III, 664.]
‖ (T. didact.) D'une manière véhémente. ‖ *P. ext*. Très fortement. Il est — soupçonné d'avoir participé au crime.
VÉHICULE [vé-i-kul] *s. m.*
[ÉTYM. Emprunté du lat. vehiculum, *m. s.* de vehere, conduire. (*Cf*. vecteur, voiture.) ‖ xvi⁰ s. Le vehicule du sang, PARÉ, *Introd.* 6.]
‖ (T. didact.) ‖ **1°** Ce qui sert à voiturer.
‖ **2°** *P. anal*. Ce qui sert à transmettre. L'air est le — du son. *Spécialt*. (Pharm.) Substance dans laquelle un médicament est incorporé ou en dissolution. (*Syn*. excipient.) ‖ *Fig*. Avec tant de véhicules ce choix ne fut pas un instant balancé, ST-SIM. II, 233. Que le bon exemple des pasteurs soit un excellent — pour insinuer l'Évangile, BOSS. 2⁰ *Instr. pastor*.
***VEILLANT, ANTE** [vè-yan, -yànt'] *adj*.
[ÉTYM. Adj. particip. de **veiller**, § 47. (*Cf*. le doublet vigilant.)] ‖ xii⁰-xiii⁰ s. Merveille est que tant les veillans, RENCL. DE MOILIENS, *Miserere*, CLXIV, 4.]
‖ *Vieilli*. Qui veille. Cet œil toujours — de la Providence, BOSS. 2⁰ *Providence*, préamb.

***VEILLAQUE** [vè-yàk'] *adj*.
[ÉTYM. Emprunté de l'ital. vegliacco (et vigilaccho), qui vient lui-même de l'espagn. bellaco, *m. s.* § 12. ‖ xvi⁰ s. Prend le cheval aussy du vieillaque innutille, A. JAMYN, *Poés.* dans GODEF. *Compl.*]
‖ *Vieilli*. Vil, lâche. *Substantiv*. Je vais t'assassiner d'un seul de mes regards, —, CORN. *Illus. comiq.* II, 2.
VEILLE [vèy'] *s. f.*
[ÉTYM. Subst. verbal de veiller, §52. (*Cf*. vigie.) ‖ xii⁰ s. En veilles, GARN. DE PONT-STE-MAX. *St Thomas*, 3124.]
‖ **1°** Action de veiller. De longues veilles. Aristote a consacré des veilles au théâtre, MOL. *Tart*. préf. ‖ *Poét*. De doctes veilles, consacrées à l'étude. ‖ *P. anal*. Réunion du soir dans les villages pour travailler en causant. Les contes de la —. ‖ *P. ext*. Garde qui se fait pendant la nuit. Les veilles cesseront au sommet de nos tours, MALH. *Poés.* 18. *Fig*. ‖ (Marine.) Ancre de —, qu'on tient prête à être lancée en cas de besoin. ‖ (Antiq. rom.) Une des quatre divisions de la nuit. ‖ *Spécialt*. ‖ 1. La — des armes, nuit que passait auprès de ses armes, dans une chapelle, celui qui devait être armé chevalier le jour suivant. ‖ 2. La — d'une fête (religieuse), nuit employée en prières, en exercices religieux. ‖ *P. ext*. Le jour qui précède un jour déterminé. A la — d'un si grand jour, BOSS. *Condé. P. ext*. A la — de partir.
‖ **2°** État de celui qui n'est pas endormi. Pendant l'état de —. Être entre la — et le sommeil, commencer à s'assoupir.
VEILLÉE [vè-yé] *s. f.*
[ÉTYM. Subst. particip. de veiller, § 45. ‖ xvi⁰ s. La volupté a ses veillées, MONTAIGNE, I, 19.]
‖ **1°** Action de veiller un malade, un mort.
‖ **2°** Réunion du soir, dans les villages, pour travailler en causant.
VEILLER [vè-yé] *v. intr.*
[ÉTYM. Du lat. vigilare, *m. s.* devenu *vey'lar, veillier, veiller, §§ 342, 396, 336, 297, 462 et 291, veiller, § 634.]
‖ **1°** Ne pas dormir pendant le temps destiné au sommeil. J'ai veillé tard. — toute la nuit. ‖ *P. ext*. Être de garde pendant la nuit. La garde qui veille aux barrières du Louvre, MALH. *Poés.* 11. ‖ *Transitivt*. — un malade, un mort, passer la nuit à le garder. ‖ *Fig*. — sur une personne, une chose, prendre soin de sa sûreté, de sa conservation. Ils conjuraient ce Dieu de — sur vos jours, RAC. *Esth*. III, 4. — sur un dépôt. — À qqch, y être attentif. Elle veillait au soin de mon amour, RAC. *Baj*. IV, 4. ‖ (Marine.) — au grain, surveiller un orage qui menace, et, *fig*. surveiller une situation périlleuse.
‖ **2°** Ne pas être endormi. Ne sens-je pas bien que je veille ? MOL. *Amph*. I, 2. Veillé-je, ou n'est-ce point un songe ? RAC. *Iph*. II, 7.
VEILLEUR, EUSE [vè-yeur, -yeùz'] *s. m. et f.*
[ÉTYM. Dérivé de veiller, § 112. ‖ xiv⁰ s. Veilleesse des malades, dans DELB. *Rec.*]
‖ Celui, celle qui veille. — de nuit, homme chargé, dans certaines villes, de crier les heures la nuit. ‖ *P. anal*. Veilleuse, godet rempli d'huile où on laisse brûler pendant la nuit une petite mèche enduite de cire. *P. ext*. Cette mèche enduite de cire. Une boîte de veilleuses.
***VEILLOTE** [vè-yŏt'] *s. f.*
[ÉTYM. Origine inconnue. ‖ 1606. Villote, NICOT.]
‖ (Agricult.) Petit tas de foin séché qu'on forme sur le pré. (*Cf*. enveilloter.)
VEINE [vèn'] *s. f.*
[ÉTYM. Du lat. vena, *m. s.* §§ 310 et 291.]
I. ‖ **1°** Vaisseau sanguin qui ramène le sang au côté droit du cœur, d'où il est envoyé aux poumons pour reprendre l'oxygène qu'il a perdu, par la circulation artérielle, dans les diverses parties du corps. Ouvrir la — à qqn, pratiquer une saignée. ‖ *P. ext. Anciennt*. — artérielle, artérieuse, artère pulmonaire. La — artérieuse qui a été ainsi mal nommée, parce que c'est en effet une artère, DESC. *Méth*. 5.
‖ **2°** *P. ext*. Tout vaisseau sanguin, veine ou artère. S'ouvrir les veines, faire couler son sang pour se donner la mort. Tout mon sang dans mes veines se glace ! RAC. *Phèd*. I, 3. Tant qu'un reste de sang coulera dans mes veines (tant que je vivrai), ID. *Iph*. IV, 6. *Fig*. Mon sang bouillonne dans mes veines, je me sens enflammé d'ardeur, d'impatience. *Fig*. N'avoir pas de sang dans les veines, manquer d'énergie. N'avoir plus une goutte de sang dans les veines, être glacé d'épouvante.

II. *P. anal.* || **1°** Filon d'une mine où l'on trouve le mineral. *Fig.* Être tombé sur une bonne —, avoir rencontré qqch d'avantageux.

|| **2°** Filet d'eau souterrain. Ces deux fleuves qui par des veines d'eau humectent le terroir, VAUGEL. *Q. Curce*, v, 1. | — fluide, colonne liquide qui s'écoule de l'orifice du vase.

|| **3°** Trait sinueux analogue aux veines qui se montrent sous la peau. Les veines du noyer. Les veines du marbre.

III. Source de l'inspiration. La — poétique. Je vais de toutes parts où me guide ma —, BOIL. *Disc. au roi. Famil.* Être, se sentir en —, être, se sentir inspiré. | *P. anal.* Être en — de bonheur, et, *ellipt*, Être en —, avoir de la —, avoir la bonne chance.

VEINER [vè-né] *v. tr.*
[ÉTYM. Dérivé de veine, §§ 64 et 154. || 1611. Veiné, COTGR. ACAD. admet veiné en 1694, veiner en 1835.]
|| Parsemer de traits sinueux analogues aux veines qui se montrent sous la peau. Bois, marbre veiné.

VEINEUX, EUSE [vò-neú, -neúz'] *adj.*
[ÉTYM. Dérivé de veine, §§ 64, 116 et 503. || XVIᵉ s. Artere veineuse, PARÉ, II, 11.]
|| (T. didact.) Qui appartient aux veines. Le sang —, qui, ayant perdu son oxygène par la circulation artérielle dans les diverses parties du corps, est ramené par les veines au côté droit du cœur. [Artère veineuse, veine pulmonaire.

VEINULE [vè-nul] *s. f.*
[ÉTYM. Emprunté du lat. venula, *m. s.* et écrit veinule d'après veine, § 503. (*Cf.* venelle.)|| XVIᵉ s. Venules et arteres, LOUIS GUYON, *Miroir de beauté*, dans DELB. *Rec.* Admis ACAD. 1718 et écrit d'abord venule.]
|| (T. didact.) Petite veine. | *P. anal.* Très petite ramification des nervures des feuilles.

*****VELANÈDE** [ve-là-nèd'] *s. f.*
[ÉTYM. Emprunté du grec mod. βαλανίδι, gland, *m. s.* § 5. ACAD. ne donne que avelanède (depuis 1798). Le mot est souvent altéré en vallonée, velonée, etc. || 1553. Drogue que les Grecs et les Italiens appellent de la velonie, P. BELON, *Observ. de plus. singul.* I, 30. | 1688. Avelanede, dans SAVARY, *Dict. du comm.* 1ʳᵒ édit. III, col. 331.]
|| (Commerce.) Cupule du gland d'un chêne d'Orient employée pour le tannage des cuirs.

VÉLAR [vé-làr] *s. m.*
[ÉTYM. Origine inconnue. || 1545. La semence du velar, G. GUÉROULT, *Hist. des plantes*, dans DELB. *Rec.* Admis ACAD. 1762.]
|| (Botan.) Plante de la famille des Crucifères, employée en infusion contre l'enrouement, dite herbe aux chantres.

VELCHE [vèlch'] *s. m.*
[ÉTYM. Emprunté de l'allem. wælsch, adj. qui s'applique par mépris à tout ce qui est étranger, surtout français ou italien, § 7. || XVIIIᵉ s. V. à l'article. Admis ACAD. 1835.]
|| *P. plaisant.* Homme ignorant. O Velches, mes compatriotes, VOLT. *Disc. aux Velches.*

VÊLER [vè-lé] *v. intr.*
[ÉTYM. Dérivé de veau, §§ 64 et 154. || 1328. Vaches de nouvel vellees, dans GODEF. velé.]
|| En parlant d'une vache, mettre bas.

*****VELET** [ve-lè] *s. m.*
[ÉTYM. Dérivé de voile 2, §§ 65 et 133. (*Cf.* vollette.) || 1680. Vélet, RICHEL.]
|| (Technol.) Doublure blanche du voile de dessous des religieuses.

VÉLIN [vé-lin] *s. m.*
[ÉTYM. Dérivé de veau, §§ 64 et 100. Le mot est primitivement adjectif, § 38. || XIIIᵉ s. Mun livre escrit en veeslin, *Vie de St Auban*, 1839.]
|| (Technol.) Peau de veau apprêtée comme le parchemin, mais plus fine et plus lisse, servant à peindre en miniature, à écrire. *P. anal.* Papier —, papier blanc uni comme le vélin, pour dessins, épures, etc.

*****VÉLIQUE** [vé-lik'] *adj.*
[ÉTYM. Dérivé du lat. velum, voile, § 229. || *Néolog.*]
|| (T. didact.) Qui a rapport aux voiles (d'un navire). Centre —, point d'application de la résultante des actions exercées sur les voiles.

VÉLITE [vé-lit'] *s. m.*
[ÉTYM. Emprunté du lat. veles, itis, *m. s.* || Admis ACAD. 1762.]
|| **1°** (Antiq. rom.) Fantassin armé à la légère.
|| **2°** (Sous Napoléon Iᵉʳ.) Chasseur à pied.

VELLÉITÉ [vèl'-lé-i-té] *s. f.*
[ÉTYM. Emprunté du lat. scolast. velleitas, *m. s.* de velle, vouloir, § 217. || XVIᵉ-XVIIᵉ s. Souhaits ou velleités, FRANÇ. DE SALES, dans DOCHEZ.]
|| (T. didact.) Résolution faible, sans effet. Une — de résistance. N'avoir que des velléités.

VÉLOCE [vé-lŏs'] *adj.*
[ÉTYM. Emprunté du lat. velox, cis, *m. s.* || 1752. TRÉV. Admis ACAD. 1798.]
|| *Rare.* (T. didact.) Qui a de la vélocité. — par en bas, DIDER. *Salon de 1765.*

VÉLOCIPÈDE [vé-lò-si-pèd'] *s. m.*
[ÉTYM. Composé avec le lat. velox, véloce, et pes, dis, pied, § 271. (*Cf.* bicycle, tricycle.)|| *Néolog.* Admis ACAD. 1878.]
|| (T. didact.) Siège à roues qu'on fait mouvoir en appuyant sur une pédale.

*****VÉLOCIPÉDISTE** [vé-lò-si-pé-dist'] *s. m. et f.*
[ÉTYM. Dérivé de vélocipède, § 265. || *Néolog.*]
|| Celui, celle qui monte à vélocipède.

VÉLOCITÉ [vé-lò-si-té] *s. f.*
[ÉTYM. Emprunté du lat. velocitas, *m. s.* (*Cf.* véloce.) || XIVᵉ s. ORESME, *Éth.* IV, 21.]
|| *Rare.* (T. didact.) Rapidité.

VELOURS [ve-loür] *s. m.*
[ÉTYM. Pour velous, § 361, du lat. villosum, velu. (*Cf.* le doublet villeux.) La forme française régulière serait veleus, qu'on ne trouve pas; velous paraît être emprunté du provenç. § 11. || XIIᵉ s. Se déduit de l'existence du diminutif veloset, *Thèbes*, 4803.]
|| Étoffe à deux chaînes, dont celle de dessous forme à l'envers un tissu serré, et dont celle de dessus, à l'endroit, a une épaisseur moelleuse (au moyen de petites boucles coupées et égalisées.) Du — de soie, de laine, de coton. Du — tramé coton, dont la trame est en coton, et la chaîne seule en soie. — frappé, à dessins qu'on forme en le frappant avec un fer gravé qui laisse une empreinte sur le velours. — d'Utrecht. — épinglé, à côtes formées de petites boucles non coupées. *Loc. prov.* Habit de —, ventre de son, en parlant d'une personne qui épargne sur la nourriture pour se vêtir avec luxe. || *Fig.* Faire patte de — (en parlant d'un chat), rentrer ses griffes, et, *fig.* cacher de mauvais desseins sous des dehors caressants. [*P. plaisant. Famil.* Un —, liaison incorrecte, par substitution de l's au t.

VELOUTÉ, ÉE [ve-lou-té] *adj.*
[ÉTYM. Dérivé irrégulier de velous, anc. forme de velours, §§ 63, 64 et 118. || 1447. Six paulmes de velut veluté, *Comptes de R. d'Anjou*, p. 227.]
|| Dont la surface est moelleuse comme celle du velours. Du papier —. Du galon —. Il (le chat) est — comme nous, LA F. *Fab.* VI, 5. *Ellipt. Vieilli*, Les compartiments d'un — noir, SÉV. 772. || *P. anal.* Des joues veloutées. La peau veloutée d'une pêche. *P. plaisant.* L'humeur satinée, veloutée, REGNARD, *Mezzetin aux enfers*, sc. 2. | *Fig.* Vin à sève veloutée (moelleuse au palais), MOL. *B. gent.* IV, 1. || *Substantivt.* Le —, caractère moelleux d'une surface semblable à du velours. Le — d'une pêche.

VELTAGE [vèl-tàj'] *s. m.*
[ÉTYM. Dérivé de velte, § 78. || 1723. SAVARY, *Dict. du comm.* Admis ACAD. 1762.]
|| (Technol.) Mesurage à la velte.

VELTE [vèlt'] *s. f.*
[ÉTYM. Paraît être une altération de l'allem. viertel, quart, §§ 7, 498 et 499; on trouve aussi verte, verle, viertel, viertelle. || 1690. FURET. Admis ACAD. 1762.]
|| *Ancienn.* Mesure de capacité variant selon les régions (environ huit litres). || *P. ext.* Instrument pour jauger les tonneaux.

VELTER [vèl-té] *v. tr.*
[ÉTYM. Dérivé de velte, § 154. || 1723. SAVARY, *Dict. du comm.* Admis ACAD. 1762.]
|| *Ancienn.* Mesurer à la velte.

VELTEUR [vèl-teûr] *s. m.*
[ÉTYM. Dérivé de velter, § 112. || 1723. SAVARY, *Dict. du comm.* Admis ACAD. 1762.]
|| *Ancienn.* Mesureur à la velte.

VELU, UE [ve-lu] *adj.*
[ÉTYM. Du lat. pop. *villutum, de villum, poil, §§ 118, 342, 366, 403 et 291. (*Cf.* velours et velvote.) || XIIᵉ s. Oreilles grandes et velues, *Énéas*, 2447.]

|| Couvert de poils. **Toute sa personne velue, LA F. Fab.**
XI, 7. Avoir la peau velue.

VELVOTE [věl-vŏt'] s. f.
[ÉTYM. Pour veloute, § 358, dérivé de velu, § 136. || 1514.
Veluete, J. CŒUROT, dans DELB. Rec. | 1611. Veluate, veluoté
(sic), COTGR. Admis ACAD. 1762.]
|| (Botan.) Nom vulgaire de diverses plantes velues,
notamment d'une variété de linaire.

VENAISON [ve-nè-zon] s. f.
[ÉTYM. Du lat. venatiǫnem, m. s. (cf. vener), §§ 406, 356
et 291.]
|| Chair de grand gibier (cerf, chevreuil, sanglier). Un
pâté de —.

VÉNAL, ALE [vé-nàl] adj.
[ÉTYM. Emprunté du lat. venalis, m. s. || XIIe-XIIIe s.
Riens venaus, RENCL. DE MOILIENS, Carité, CXXVI, 3.]
|| (T. didact.) Qui se vend. | **1.** Au propre. En parlant
de charges, etc., qui s'acquiert à prix d'argent. Les charges
de magistrature étaient autrefois vénales. Offices vénaux, ACAD.
La valeur vénale d'un objet, sa valeur commerciale. | **2.** Fig.
Qui sert indifféremment telle ou telle cause, pour de l'argent. Un homme —. Les prédicateurs se sont rendus si vénaux, Sat. Ménipp. I, 120. Une éloquence vénale. Une plume
vénale. (Syn. mercenaire.)

VÉNALEMENT [vé-nàl-man; en vers, -nà-le-...] adv.
[ÉTYM. Composé de vénale et ment, § 724. || 1552. Venalment, CH. EST. dans DELB. Rec.]
|| (T. didact.) D'une manière vénale.

VÉNALITÉ [vé-nà-li-té] s. f.
[ÉTYM. Emprunté du lat. venalitas, m. s. || 1581. La venalité des offices, FROUMENTEAU, Secret des thresors de
France, III, p. 432.]
|| (T. didact.) Caractère de ce qui est vénal. La — des
charges. | La — des consciences.

VENANT, *VENANTE [ve-nan, -nänt'] adj.
[ÉTYM. Adj. participe. de venir, § 47. || XIIIe s. Les alans
et les venans es chemins, J. DE MEUNG, Art de chevalerie,
dans DELB. Rec.]
|| Qui vient. | Substantivt. A tout —, à tous venants, pour
le premier venu, les premiers venus. Nuit et jour, à tout
—, Je chantais, LA F. Fab. I, 1. L'asile qu'il avait ouvert à tous
venants, BOSS. Hist. univ. III, 7. Les allants et les venants,
ceux qui vont et ceux qui viennent. Loc. prov. A tout —
beau jeu, pour indiquer qu'on offre de tenir (à l'escrime,
au jeu, etc.) contre tout venant. || Fig. Arbres bien venants,
qui poussent bien. | Quatre mille écus de rente bien venants
(qu'on paie régulièrement), MOL. Éc. des m. I, 2.

VENDABLE [van-dàbl'] adj.
[ÉTYM. Dérivé de vendre, § 93. || XIIIe s. Il ont faites amors
vendables, J. DE MEUNG, Rose, 5166.]
|| Rare. Qui peut se vendre.

VENDANGE [van-dänj'] s. f.
[ÉTYM. Du lat. vindėmia, m. s. devenu *vendemje, vendenge,
écrit arbitrairement vendange, §§ 342, 356, 472 et 291.]
|| Récolte des raisins pour faire le vin. Faire la —, les
vendanges. Loc. prov. Adieu paniers, vendanges sont faites, il
est trop tard. || P. ext. | **1.** Les raisins récoltés pour faire
le vin. Porter la — au pressoir. | **2.** Le jus du raisin dans
la cuve. Mettre mes mains dans la —, sÉV. 573.

VENDANGER [van-dan-jé] v. tr.
[ÉTYM. Du lat. vindemiare, m. s. devenu vendangier, vendangier, §§ 342, 356, 472, 297 et 291, vendanger, § 634.]
|| Récolter (les raisins) pour faire le vin.

VENDANGEUR, EUSE [van-dan-jèur, -jèuz'] s. m. et f.
[ÉTYM. Du lat. vindemiatorem, m. s. devenu *vendemjedor,
vendenjeor, vendengeur, vendangeur, §§ 342, 356, 472, 335,
402, 325, 358 et 291.]
|| Celui, celle qui vendange.

VENDÉMIAIRE [van-dé-myèr; en vers, -mi-èr] s. m.
[ÉTYM. Dérivé du lat. vindemia, vendange, §§ 248 et 503.
|| Mot dû à FABRE D'ÉGL. Admis ACAD. 1798, suppl.]
|| Premier mois du calendrier républicain, commençant le 22 septembre, époque des vendanges.

VENDETTA [vin-dĕt'-tà] s. f.
[ÉTYM. Emprunté de l'ital. vendetta, vengeance, § 12. ||
Néolog. Admis ACAD. 1878.]
|| Poursuite de la vengeance d'une injure, d'un meurtre qui se transmet dans les familles, surtout en Corse.

VENDEUR, EUSE [van-dèur, -dèuz'] s. m. et f.
[ÉTYM. Dérivé de vendre, § 112. L'anc. fém. venderesse,

§ 568, est confiné dans la langue du droit. || XIIe-XIIIe s.
Ne vendeur ne venderesse, RENCL. DE MOILIENS, Carité,
CLVI, 6.]
|| Celui, celle dont la profession est de vendre qqch.
Jésus-Christ chassa les vendeurs du temple. Un — d'orviétan, un
charlatan. Combien de fois reprocha-t-il à Euripide d'être fils
d'une vendeuse d'herbes! BARTHÉLEMY, Anacharsis, 71. Du
Casse était fils d'un — de jambons de Bayonne, ST-SIM. XI, 138.
S'adresser à la vendeuse (dans un magasin de nouveautés).

VENDICATION [van-di-kà-syon; en vers, -si-on] s. f.
[ÉTYM. Emprunté du lat. vindicatio, m. s. § 503. || XVe s.
Pour leur vindication desordonnee, OL. DE LA MARCHE, Parem.
et triumphe des dames, 21. Admis ACAD. 1762.]
|| Vieilli. (Droit.) Action de revendiquer qqch. (Syn.
revendication.)

VENDIQUER [van-di-ké] v. tr.
[ÉTYM. Emprunté du lat. vindicare, m. s. § 503. (Cf. le
doublet pop. venger.) || XVe-XVIe s. Il vendiqua a luy l'empire romain, LE BAUD, Hist. de Bretagne, dans GODEF. Admis ACAD. 1762.]
|| Vieilli. (Droit.) Revendiquer (qqch). Le valet... vendiqua son bien, LA F. Contes, Pâté d'anguille.

VENDITION [van-di-syon; en vers, -si-on] s. f.
[ÉTYM. Emprunté du lat. venditio, m. s. (Cf. l'anc. franç.
vençon, de formation pop.) || 1299. Accordent la dite vendicion, dans GODEF. Admis ACAD. 1798.]
|| Vieilli. (Droit.) Vente. La garantie de la — que je lui
faisais, LA F. Lett. 14 févr. 1656.

VENDRE [vändr'] v. tr.
[ÉTYM. Du lat. vendere, m. s. §§ 290 et 291.]
|| Céder (qqch) en toute propriété (à qqn) en échange
d'une somme d'argent. — une maison, une pièce de terre.
— un cheval, un livre. Une chose qui est à —. Loc. prov. —
la peau de l'ours avant de l'avoir mis par terre, disposer d'une
chose qu'on n'a pas encore. — une charge de notaire, d'agent de change. || Spécialt. Faire commerce de (qqch). Un
magasin où l'on vend de la verrerie, des comestibles. — en
gros, en détail. — cher, bon marché. | — qqn comme esclave.
|| P. ext. Se —, aliéner sa liberté, abandonner ses convictions, etc., pour de l'argent. A l'injuste Athalie ils se sont
tous vendus, RAC. Ath. I, 2. Une femme qui se vend. Elle a vendu
sa fille. — son suffrage. — au plus offrant mon encens et mes
vers, BOIL. Sat. 1. | P. anal. — son âme au démon, sacrifier
son salut éternel pour la possession de certains biens en
ce monde. || Fig. N'accorder (une chose) qu'en exigeant
qqch en retour. Que la Fortune vend ce qu'on croit qu'elle
donne, LA F. Phil. et Baucis. Je lui vendrai cher le plaisir
de la voir, RAC. Brit. II, 2. — cher sa vie, ne pas succomber
sans avoir fait beaucoup de mal à l'ennemi. | P. ext.
Trahir (qqn) dans un intérêt quelconque. Il a vendu ses
complices. Narcisse, on me vend tous les jours, RAC. Brit. I, 4.
Que vois-je autour de moi, que des amis vendus? ID. ibid.

VENDREDI [van-dre-di] s. m.
[ÉTYM. Pour vendresdi, § 422, du lat. Veneris djem, m. s.
proprt, « jour de Vénus », devenu ven'res di, vendres di,
vendresdi, §§ 174 et 484. (Cf. vénérien.)]
|| Cinquième jour de la semaine. Le — saint, le vendredi de la semaine sainte. Loc. prov. Tel qui rit —, dimanche pleurera (aux jours heureux succèdent des jours
tristes), RAC. Plaid. I, 1.

VÉNÉFICE [vé-né-fis] s. m.
[ÉTYM. Emprunté du lat. veneficium, m. s. || XIIIe-XIVe s.
Charès et venefices, MACÉ DE LA CHARITÉ, Bible, dans GODEF.]
|| Vieilli. (Droit.) Empoisonnement.

VENELLE [ve-nèl] s. f.
[ÉTYM. Dérivé de veine, §§ 65 et 126. || XIIe s. E vint tut
droit a la venele, Vie de St Gilles, 1510.]
|| Vieilli. Ruelle. Spécialt. Loc. prov. Enfiler la —, s'enfuir. Sur le point d'enfiler la —, LA F. Fab. XII, 17.

VÉNÉNEUX, EUSE [vé-né-nẽu, -nẽuz'] adj.
[ÉTYM. Emprunté du lat. venenosus, m. s. || 1552. Venimeux, venensux, CH. EST. dans DELB. Rec.]
|| (T. didact.) Qui empoisonne. (Se dit d'une substance
végétale.) Plantes vénéneuses. Des champignons —. Le suc de
la ciguë est —. (Cf. venimeux.) | P. ext. En parlant d'une
substance minérale. Des sels —.

VENER [ve-né] v. tr.
[ÉTYM. Du lat. pop. *venǎre (class. venari, § 601), m. s.
§§ 295 et 291.]
|| 1º Anciennt. Chasser. (Cf. veneur, venaison, etc.)

‖ **2°** *De nos jours.* Faire courir (un animal domestique) pour que la chair soit plus tendre. — un bœuf, un mouton.

VÉNÉRABLE [vé-né-rȧbl'] *adj.*

[ÉTYM. Emprunté du lat. venerabilis, *m. s.* ‖ XIIIᵉ s. Venerables freres, *Règle de St-Benoît*, dans DELB. *Rec.*]

‖ Qu'on doit vénérer. Ces vieillards que l'âge rendait vénérables, FÉN. *Tél.* 5. *Substantivt.* Le — d'une loge maçonnique, celui qui préside.

ᵛVÉNÉRATEUR, TRICE [vé-né-rȧ-teͧr, -trĭs'] *s. m. et f.*

[ÉTYM. Emprunté du lat. venerator, *m. s.* ‖ 1552. Les pertinax venerateurs d'icelles images, G. GUÉROULT, *Chron. des empereurs*, dans DELB. *Rec.*]

‖ (T. didact.) Celui, celle qui vénère (qqn, qqch). O grands vénérateurs de ce saint mystère, PASC. *Prov.* 16.

VÉNÉRATION [vé-né-rȧ-syon; *en vers*, -si-on] *s. f.*

[ÉTYM. Emprunté du lat. veneratio, *m. s.* ‖ XIIᵉ s. BEN. DE STE-MORE, *Troie*, 25298.]

‖ Respect religieux. Le Pentateuque demeura toujours en — dans les tribus séparées, BOSS. *Hist. univ.* I, 6. Exposer des reliques à la — des fidèles. | *P. ext.* Humble respect. Répandre d'un côté la terreur, et de l'autre la — de leur nom, BOSS. *Hist. univ.* III, 6. Heureuse par sa naissance et par la — de tous les peuples, ID. *Marie-Thérèse.*

VÉNÉRER [vé-né-ré] *v. tr.*

[ÉTYM. Emprunté du lat. venerari, *m. s.* ‖ XVᵉ s. Nous te venerons, A. GREBAN, *Passion*, dans GODEF. *Compl.*]

‖ Entourer d'un respect religieux. — les saints. | *P. ext.* Entourer d'un humble respect.

VÉNÉRIE [vén'-rî; *en vers*, vé-ne-rî] *s. f.*

[ÉTYM. Dérivé de vener, §§ 65 et 69. ‖ 1267. Venairie, dans GODEF. *Compl.*]

‖ *Vieilli.* Nom donné à tout ce qui concerne la chasse aux chiens courants. L'art de la —. Les termes de —. Équipage de —.

VÉNÉRIEN, IENNE [vé-né-ryin, -ryèn'; *en vers*, -ri-...] *adj.*

[ÉTYM. Dérivé du lat. Venus, eris, déesse de la beauté, mère de l'Amour, § 244. ‖ XVᵉ s. Monicions... Qui se font aux veneriens, P. MICHAULT, *Danse aux aveugles*, dans GODEF. *Compl.*]

‖ (Médec.) Relatif au commerce des sexes (dans l'espèce humaine). Acte —. | *P. ext.* Maladie vénérienne, affection des organes sexuels, contagieuse. *Substantivt.* Vénériens, vénériennes, ceux, celles qui sont affectés de ce mal. L'hôpital des vénériens.

VENETTE [ve-nět'] *s. f.*

[ÉTYM. Dérivé de l'anc. franç. vener, vesner, de même sens et de même racine que vesser, § 133. ‖ Admis ACAD. 1798.]

‖ *Famil.* Peur. Avoir la —.

VENEUR [ve-neͧr] *s. m.*

[ÉTYM. Du lat. venatǫrem, chasser, devenu veneor, veneur, §§ 335, 402, 325 et 291, veneur, § 358.]

‖ **1°** *Anciennt.* Chasseur.

‖ **2°** Celui qui est chargé de faire chasser les chiens courants. Les veneurs, pour ce coup, croyaient leurs chiens en faute, LA F. *Fab.* V, 15. Grand —, celui qui commande à toute la vénerie d'un roi, d'un prince.

VENGEANCE [van-jãns'] *s. f.*

[ÉTYM. Dérivé de venger, § 146. ‖ XIᵉ s. Quant l'emperere od faite sa venjance, *Roland*, 3975.]

‖ Punition d'une offense, pour satisfaire son ressentiment. Tirer — de qqn. Dans une telle offense, j'ai pu délibérer si j'en prendrais —, CORN. *Cid*, III, 4. Demander — d'une injure. Demander — contre qqn. *P. anal.* Cela demande, cela crie —. Tant de sang... crie — devant Dieu, BOSS. *Hist. univ.* II, 21. J'ai lu dans ses regards sa prochaine —, RAC. *Mithr.* IV, 2. | La — divine, châtiment dont Dieu frappe ceux qui l'ont offensé. | *P. ext.* Désir de la vengeance. Avoir la — dans le cœur. Ne respirer que la —. Elle était au-dessus de la — aussi bien que de la crainte, BOSS. *R. d'Angl.*

VENGER [van-jé] *v. tr.*

[ÉTYM. Du lat. vindicare, *m. s.* devenu ᵛvend'jar, §§ 342, 336, 389 et 291, vengier, §§ 414 et 297, venger, § 634. (*Cf.* le doublet vendiquer.)]

‖ **1°** Tirer vengeance de qqn pour (une offense). L'injure des rois a été vengée, BOSS. *R. d'Angl.* Pour — le parjure de Laomédon, FÉN. *Tél.* 19. Quand la perte est vengée, on n'a plus rien perdu, CORN. *Hor.* IV, 5.

‖ **2°** Tirer vengeance d'une offense pour (un autre).

A qui venge son père il n'est rien d'impossible, CORN. *Cid*, II, 2. J'ai vengé l'univers autant que je l'ai pu, RAC. *Mithr.* V, 5. [*P. ext.* — sa réputation, son honneur. Pour — son honneur, il pendit son amour, CORN. *Cid*, V, 1. ‖ Se —. C'est par faiblesse qu'on hait un ennemi et que l'on songe à s'en —, LA BR. 4. Le vainqueur se venge sur le Danois, BOSS. *A. de Gonz.*

VENGEUR, ERESSE [van-jeͧr, vanj'-rěs'; *en vers*, van-je-...] *s. m. et f.*

[ÉTYM. Du lat. vindicatǫrem, *m. s.* devenu vengedor, vengeor, vengeeur, vengeur. (*Cf.* venger et §§ 335, 402 et 325.) Sur la forme du fém. V. § 568. ‖ XIIᵉ s. L'enemi e le vengedur, *Psaut. d'Oxf.* VIII, 3.]

‖ Celui, celle qui tire vengeance d'une offense. ‖ *Adjectivt.* | **1.** Qui tire vengeance d'une offense. Les dieux vengeurs du crime. Les Furies vengeresses. | **2.** Qui est l'instrument de la vengeance. Dieu, dont le bras —, pour un temps suspendu, Sur cette race impie est toujours étendu, RAC. *Ath.* I, 2.

VÉNIEL, ELLE [vé-nyèl; *en vers*, -ni-èl] *adj.*

[ÉTYM. Emprunté du lat. ecclés. venialis, *m. s.* § 216. ‖ XIIIᵉ s. Venial vice, J. DE MEUNG, *Test.* 586.]

‖ (Théol.) Péché —, digne de pardon (par opposition au péché mortel, qui fait perdre la grâce). *P. anal.* Une faute véniele, excusable.

VÉNIELLEMENT [vé-nyèl-man; *en vers*, -ni-è-le-...] *adv.*

[ÉTYM. Composé de vénielle et ment, § 724. ‖ 1383. Véniaument et simplement, dans DU C. venia.]

‖ (Théol.) D'une manière vénielle. Pécher —.

VENI-MECUM [vé-ni-mé-kôm']. V. vade-mecum.

VENIMEUX, EUSE [ve-ni-meͧ, -meͧz'] *adj.*

[ÉTYM. Dérivé de venin, d'après l'anc. forme venim, §§ 64 et 116. ‖ XIIᵉ s. Vermines venimoses, BENEEIT, *Ducs de Norm.* dans DELB. *Rec.*]

‖ **1°** Qui a du venin. Un serpent —. | La piqûre du scorpion est venimeuse. ‖ *Fig.* Une langue venimeuse, qui tient des discours très malveillants.

‖ **2°** *Vieilli.* Qui empoisonne. (*Syn.* vénéneux.) Le suc de certaines herbes venimeuses, FÉN. *Tél.* 10.

VENIN [ve-nin] *s. m.*

[ÉTYM. Du lat. pop. ᵛvenīmen, *m. s.* altération du lat. class. venenum (*cf.* vénéneux) qui paraît due à l'influence de crimen, crime, devenu venim (*cf.* venimeux), venin, §§ 469 et 291. ‖ XIIIᵉ s. Venim e vermine, PH. DE THAUN, *Best.* p. 100.]

‖ **1°** Liquide sécrété chez certains animaux par une glande spéciale, et qui, introduit par une morsure ou une piqûre dans le sang d'un autre animal, devient malfaisant ou mortel. Le — de la vipère, du scorpion.

‖ **2°** *Vieilli.* Poison. Des plus mortels venins prévenir la furie, RAC. *Mithr.* IV, 5. ‖ *Fig.* | **1.** Discours dangereux. Les langues ont toujours du — à répandre, MOL. *Tart.* V, 3. L'envie, qui verse son — mortel, FÉN. *Tél.* 18. | **2.** Doctrine dangereuse. Tout le — de l'hérésie, RAC. *Port-Royal*, 2.

VENIR [ve-nîr] *v. intr.*

[ÉTYM. Du lat. venire, *m. s.* § 291.]

‖ **1°** En parlant d'une personne, d'une chose, se rendre, être porté là où est la personne qui parle, à qui l'on parle. (*Cf.* aller.) Aller et —. (*Cf.* va-et-vient.) Un homme est venu vous demander. Est-il venu? Quand viendra-t-il? Venez voir cela. *Famil. Ironiqt.* Un beau venez-y voir, qqch qui ne vaut pas qu'on se dérange. On est venu à son secours. Le secours est venu à temps. Le courrier est-il venu? Il est venu des lettres. Faire — qqn, qqch. Voir — qqn, et *fig.* pénétrer les intentions de qqn. Venez, venez, ma fille, on n'attend plus que vous, RAC. *Iph.* IV, 4. Le premier venu, la première venue, celui, celle qui arrive avant les autres, et, *fig.* une personne, une chose quelconque, prise au hasard. Nouveau venu, qui est nouvellement arrivé. Monsieur le nouveau venu, qui faites l'homme d'importance, MOL. *Av.* III, 2. Seigneur, je viens à vous, RAC. *Mithr.* I, 2. | *P. anal.* Un bruit assez étrange est venu jusqu'à moi, RAC. *Iph.* IV, 6. Il viendra me chercher. Oui, je viens dans son temple adorer l'Éternel, RAC. *Ath.* I, 1. ‖ *Spécialt.* En parlant d'une personne, d'une chose, arriver du lieu où elle était. Il vient de Paris, de Suisse, d'Amérique. Je viens de chez moi. Il m'avait fait d'Amiens pour être suisse, RAC. *Plaid.* I, 1. ‖ *Fig.* Être bien venu (être accueilli comme venant à propos), être bien reçu. Soyez le bien venu. (*Cf.* bienvenir, bienvenu.) Être mal venu, mal reçu. Être mal venu de qqn. Être mal venu à, et, *vieilli*, de faire qqch. On serait mal venu de me le disputer,

MOL. *Mis.* III, 1. | Du blé qui vient d'Odessa. *P. anal.* Le vent vient du nord. Le choléra nous est venu de l'Orient. Les biens qui lui viennent de sa mère. *Loc. prov.* Le bien vient en dormant. C'est par Théophraste que sont venus jusqu'à nous les ouvrages de ce grand homme, LA BR. *Disc. sur Théophr.* | *Fig.* Naître. Un arbre venu de graine. — au monde, naître. Cet enfant est venu à terme. ‖ *P. ext.* Il lui est venu des boutons au visage. ‖ Cet enfant vient d'illustre origine, RAC. *Ath.* III, 4. C'est d'eux que tu descends, c'est de moi que tu viens, CORN. *Cid*, III, 6. | *P. anal.* Ma faveur fait ta gloire, et ton pouvoir en vient, CORN. *Cinna*, V, 1. Mon mal vient de plus loin, RAC. *Phéd.* I, 3. D'où vous vient aujourd'hui cet air sombre et sévère? BOIL. *Sat.* 3. D'où vient que vous sortez si vite? MOL. *Tart.* I, 1. *Ellipt. Vieilli.* D'où vient (sous-ent. cela)?

‖ **2°.** En parlant d'une personne, d'une chose, arriver à un but, à un résultat. — à ses fins. — à bout de qqch. — à bout de ses ennemis. — à une chose, s'y décider. Il y viendra. Il en est venu à ce qu'il voulait. En — aux reproches, aux injures. En — aux mains, aux coups. Les choses en vinrent à tel point, qu'il fallut céder. C'est là que j'en voulais —. — au fait. Venons à la question. — à rien, diminuer, décroître. ‖ Une chose qui vient à bien. Le raisin ne viendra pas à maturité. *P. anal.* Pousser, se développer. Cet enfant vient bien. Le blé ne vient pas dans ce terrain.

‖ **3°** En parlant d'un moment de la durée, d'un fait, arriver à son temps. L'heure est venue. Quand viendra le jour fixé. Lorsque viendra le printemps. Quand la bise fut venue, LA F. *Fab.* I, 1. La semaine qui vient, qui va venir. *Ellipt.* Viennent les prunes, quand viendra la saison des prunes. *Loc. prov.* Un malheur ne vient jamais seul.

VENT [van] *s. m.*
[ÉTYM. Du lat. ventum, m. s. § 291.]
I. Déplacement plus ou moins rapide de l'air, dans telle ou telle partie de l'atmosphère. Le — souffle du nord, de l'est, etc. Le — a tourné. Un coup de —. *Fig.* Être coiffé en coup de —, avoir les cheveux en désordre. Un moulin à —, qui tourne au moyen d'ailes que le vent fait mouvoir. Le — enfle les voiles du navire. Avoir bon — (pour naviguer). Nous eûmes assez longtemps un — favorable pour aller en Sicile, FÉN. *Tél.* 1. Avoir — arrière, le — en poupe, le vent qui pousse le navire, le vent favorable. Avoir — debout, le vent directement opposé, le vent contraire. Prendre, rallier, serrer, pincer le —, aller au plus près du —, disposer les voiles de manière à aller le plus près de la ligne où souffle le vent. | *Fig.* Prendre le —, suivre la direction favorable. Ce n'est pas ainsi que l'on prend le — et que l'on arrive au délicieux port de la fortune, LA BR. 12. Quel bon — vous amène? | Avoir le —, gagner le — sur un navire, se placer entre ce navire et le côté d'où souffle le vent. Être sous le —, du côté opposé à celui d'où souffle le vent. Disputer le — à un navire, chercher à gagner le dessus du vent par rapport à lui. Avoir le — et la marée, être poussé à la fois par le vent et la marée montante. *Fig.* Aller contre — et marée, poursuivre obstinément une chose contre tous les obstacles. *P. ext.* Les quatre vents, les quatre points cardinaux, par rapport à la direction d'où souffle le vent. *Fig.* Jeter, disperser à tous les vents, aux quatre vents, aux vents, disperser dans tous les sens. ‖ (Mythol.) Les Vents, divinités subalternes de la mythologie, obéissant à Éole. Les Vents, retenant leur haleine, Laissaient paisiblement aborder les vaisseaux, LA F. *Fab.* IV, 2. ‖ *Spécialt.* (Chasse.) Chasser au —, contre la direction du vent. (*Cf.* avau.) Avoir le nez au —, en parlant du chien qui flaire les émanations du gibier. *Fig.* Avoir le nez au —, avoir l'air évaporé. Un faucon qui prend le haut du —, qui vole au-dessus du vent. Aller l'aile au —, voler du côté du vent. | En parlant d'un cheval. Porter la tête au —, porter au —, avoir la tête haute, et, *fig.* Porter au —, avoir l'air fier, dédaigneux. Ils portent au —, attelés tous deux au char de la fortune, LA BR. 8. La rose des vents, l'ensemble des divisions qui indiquent sur la boussole les quatre directions principales du vent (nord, sud, est, ouest), et les directions intermédiaires. ‖ *Fig.* Tourner à tout — (par allusion à une girouette), être versatile. Jeter la plume au — (pour voir d'où il souffle), se laisser conduire par le hasard. Aller comme le —, aller rapidement. ‖ Regarder de quel côté vient le —. | 1. Observer le cours des événements pour y conformer sa conduite. | 2. Perdre le temps à regarder ce qui se passe à droite, à gauche. Autant en emporte le — (par allusion aux choses légères que le vent

emporte), il n'en reste rien. ‖ *P. anal.* Agitation de l'air produite par un moyen quelconque. Faire du — avec un éventail, un soufflet. Instruments à —, où le son se produit par l'air qu'on y introduit. Fusil à —, où la balle est chassée par l'air comprimé dans un réservoir que contient la crosse. Le — d'un boulet, agitation de l'air produite par le passage du boulet. ‖ *P. ext.* L'air. En plein —, en plein air. Un arbre en plein —, qui n'est pas en espalier. Mettre flamberge au —, tirer l'épée. *Famil. Vieilli.* Envoyer et la dame et les amours au — (au diable), CORN. *Suite du Ment.* II, 5. L'un, sur un roc assis, Chantait aux vents (sans qu'on fût là pour l'entendre) ses amoureux soucis, LA F. *Contes, Courtisane amoureuse.*

II. ‖ **1°** Haleine. Prendre, retenir son —. L'autre... fait le mort, tient son —, LA F. *Fab.* V, 20. Donner — à un tonneau, faire une petite ouverture à un tonneau plein, pour que le vin puisse couler par le robinet.

‖ **2°** Flatuosité qui se produit dans le corps de l'homme, des animaux. Avoir des vents. Laisser échapper un —.

‖ **3°** Odeur que le gibier laisse sur son passage et qui guide le chien. Avoir le — d'une bête. *Fig. Vieilli.* Avoir — de qqch., en avoir quelque connaissance. Il avait eu quelque — de l'honneur qu'on lui faisait, HAMILT. *Gram.* p. 178.

III. *Fig.* Chose vaine. Payait ses créanciers de promesse et de —, RÉGNIER, *Épît.* 2. C'est promettre beaucoup, mais qu'en sort-il souvent? Du —, LA F. *Fab.* V, 10.

VENTAIL [van-tây'] *s. m.*
[ÉTYM. Dérivé de venter, § 88. (*Cf.* éventail et le doublet vantail.)] ‖ 1144. Ventail de Tuens, dans GODEF. Admis ACAD. 1762.]
‖ (Féodal.) Partie où le heaume s'entr'ouvre pour permettre la respiration.

VENTE [vănt'] *s. f.*
[ÉTYM. Du lat. pop. vendita, plur. du neutre venditum, m. s. pris pour un fém. sing. § 545, et devenu *vend'te, §§ 290 et 291, vente, § 414.]
‖ Action de vendre. Procéder à la — des meubles. L'hôtel des ventes mobilières. — à la criée, aux enchères. — à réméré. (*V.* réméré.) Un contrat de —. Une chose mise en —. Une marchandise hors de —. | *Spécialt.* (T. forest.) Coupe qui se fait dans un bois à des époques réglées (et dont le produit doit être mis en vente). Asseoir les ventes, marquer le bois qui doit être coupé. Jeune —, où le bois coupé commence à repousser. Vieille —, où le bois est près d'être coupé.

***VENTELLE** [van-tèl] *s. f.*
[ÉTYM. Dérivé de vent, § 126. ‖ 1273. Lever le ventele de men molin, dans GODEF.]
‖ (Technol.) Ouverture pratiquée dans un ouvrage qui soutient une retenue d'eau et fermée par une vanne.

***VENTELLERIE** [van-tèl-ri; *en vers,* -tè-le-ri] *s. f.*
[ÉTYM. Dérivé de ventelle, § 69. ‖ 1596. Ventaillerie, dans GODEF.]
‖ (Technol.) Ouvrage de bois, de maçonnerie, qui soutient une retenue d'eau, et où l'on pratique des ouvertures fermées à l'aide de vannes.

VENTER [van-té] *v. tr.*
[ÉTYM. Dérivé de vent, § 154. ‖ XII° s. Tone et pluet, vente et esclaire, *Énéas*, 191.]
‖ **1°** *V. intr.* Produire du vent. Notre homme Tranche du roi des airs, pleut, vente, LA F. *Fab.* VI, 4. Ménage vente, grêle et tonne, ABBÉ COTIN, *Ménagerie.* | *Impersonnellt.* Il vente grand frais.
‖ **2°** *V. tr.* | 1. *Vieilli.* Jeter (le blé) contre le vent avec une pelle, pour secouer et faire tomber la balle, la poussière. (*Syn.* vanner.) | 2. Agiter par le vent. Marée ventée, poussée par le vent. Nous avons été ventés sur la plage.

VENTEUX, EUSE [van-teû, -teûz'] *adj.*
[ÉTYM. Du lat. ventosum, m. s. §§ 325 et 291. (*Cf.* les doublets ventose et ventouse.)]
‖ **1°** Qui donne du vent. Région, plage venteuse.
‖ **2°** Qui donne des flatuosités. Colique venteuse.

VENTILATEUR [van-ti-là-teûr] *s. m.*
[ÉTYM. Emprunté de l'angl. ventilator (mot employé par HALES, d'après le lat. ventilator, celui qui produit du vent), m. s. § 8. ‖ 1744. Description du ventilateur, titre d'un ouvrage traduit de l'anglais. Admis ACAD. 1762.]
‖ (T. didact.) Machine destinée à produire un courant d'air. | 1. Pour renouveler l'air (dans une salle de théâtre, d'hôpital, etc.). | 2. Pour alimenter un fourneau.

VENTILATION [van-ti-là-syon; *en vers,* -si-on] *s. f.*

[ÉTYM. Emprunté du lat. ventilatio, *m. s.* ‖ XIVᵉ s. Ventilation des bras, J. DE VIGNAY, *Miroir hist.* dans DELB. *Rec.* Admis ACAD. 1694 (au sens 2°) et 1835 (au sens 1°).]

‖ **1°** *Au propre.* Action de ventiler (d'aérer).
‖ **2°** (Droit.) Action de ventiler (juridiquement).

VENTILER [van-ti-lé] *v. tr.*

[ÉTYM. Emprunté du lat. **ventilare**, qui a le sens propre et le sens figuré. (*Cf.* l'anc. franç. venteler.) ‖ 1367. Toutes leurs causes meues et a mouvoir soient ventillees, *Ordonn.* v, 25. Admis ACAD. 1694 (au sens 2°) et 1878 (au sens 1°).]

‖ **1°** *Au propre.* Aérer, en produisant un courant d'air.
‖ **2°** *Fig.* (Droit.) Agiter (une question) en particulier avant de la mettre en délibération. | **1.** Avant un partage, pour fixer la quote-part qui revient à chacun des ayants droit. *P. ext.* Une succession ruinée, ventilée, ST-SIM. II, 156. | **2.** En cas de détérioration partielle d'une chose vendue, pour évaluer la partie intacte que l'acquéreur veut garder, relativement au prix total qui avait été convenu.

VENTOLIER [van-lò-lyé] *adj. m.*

[ÉTYM. Emprunté du provenç. ventolier, *m. s.*, dérivé de ventolar, mettre au vent, § 11. ‖ 1605. Que vos oiseaux soient bons ventoliers, D'ARCUSSIA, dans DELB. *Rec.* Admis ACAD. 1762.]

‖ (Fauconn.) | **1.** *Rare.* Qui se plaît au vent. | **2.** Qui résiste au vent. *Substantivt.* Un bon —.

VENTÔSE [van-tôz'] *s. m.*

[ÉTYM. Emprunté du lat. **ventosus**, venteux. (*Cf.* les doublets venteux et ventouse.) ‖ Mot dû à FABRE D'ÉGL. Admis ACAD. 1798, suppl.]

‖ Sixième mois du calendrier républicain, commençant le 20 février, époque où le vent souffle le plus violemment.

VENTOSITÉ [van-tô-zi-té] *s. f.*

[ÉTYM. Emprunté du lat. **ventositas**, *m. s.* ‖ XIIIᵉ s. Dolor des orelles qui vient de ventosité, *Simples medicines*, fᵒ 4, vᵒ.]

‖ (T. didact.) Amas de vents, de flatuosités dans le corps.

VENTOUSE [van-tôuz'] *s. f.*

[ÉTYM. Emprunté du lat. médical **ventosa**, *m. s.* ‖ 1314. Evacuation qui est faite o ventouses, *Chirurg. de Mondeville*, 752, Bos.]

‖ **1°** (Médec.) Petit vase en forme de cloche, qu'on applique sur une partie du corps et où l'on fait le vide, pour soulever la peau et produire une irritation locale dérivative. Appliquer des ventouses. | *P. ext.* Soulèvement de la peau par ce moyen. Ventouses scarifiées, où l'on scarifie la peau soulevée pour tirer du sang. — sèche, où l'on ne tire pas de sang.
‖ **2°** (Technol.) Ouverture pratiquée pour donner passage à l'air, dans une cheminée, dans le pont d'un navire, etc.

VENTOUSER [van-tou-zé] *v. tr.*

[ÉTYM. Dérivé de ventouse, § 266. ‖ XIIᵉ s. Sainier et ventouser, *Prise de Cordres*, dans DELB. *Rec.*]

‖ (Médec.) Soumettre à l'application des ventouses.

VENTRAL, ALE [van-tràl] *adj.*

[ÉTYM. Emprunté du lat. **ventralis**, *m. s.* ‖ XVIᵉ s. Cœliaque ou (s'il faut ainsi parler) ventrale, PARÉ, I, 22. Admis ACAD. 1835.]

‖ (T. didact.) Qui appartient au ventre. Nageoires ventrales.

VENTRE [vàntr'] *s. m.*

[ÉTYM. Du lat. **ventrem**, *m. s.* § 291.]

I. *Au propre.* ‖ **1°** Partie du corps formant une cavité (abdomen) qui contient l'estomac et les intestins. Avoir mal au —. Un flux de —. Être étendu à plat —. *Fig.* Se mettre à plat —, à terre devant qqn, s'humilier servilement. Un cheval qui galope — à terre, qui s'allonge pour aller plus vite, et a le ventre près du sol. Battre qqn dos et —, le battre partout, l'accabler de coups. Passer sur le — à qqn, le renverser et passer par-dessus lui, et, *fig.* l'emporter complètement sur lui. Mettre le feu sous le — à qqn, l'exciter. Manger, rire à — déboutonné (en se déboutonnant pour n'être pas gêné), manger, rire à l'excès. Taper sur le — à qqn, être trop familier avec lui. Prendre du —, commencer à avoir le ventre proéminent, à prendre de l'embonpoint. ‖ Cette partie considérée comme recevant les aliments. *Loc. prov.* Faire un dieu de son —, être très gourmand. Bouder contre son —, ne pas vouloir manger par mauvaise humeur, quoiqu'on ait appétit. Tout fait —, les aliments communs rassasient aussi bien que les mets délicats. — affamé n'a pas d'oreilles, celui qui est pressé par le besoin n'écoute rien.

‖ **2°** *P. ext.* L'intérieur du corps. *Loc. prov.* Remettre le cœur au — à qqn, lui redonner du cœur, du courage. Faire rentrer les paroles à qqn dans le —, le forcer à retirer ce qu'il a dit. Avoir qqch dans le —, avoir en soi qqch, être capable de qqch. *Famil.* Nous verrons ce qu'il a dans le —. C'est un homme... qui n'a tout au plus que six mois dans le — (qui n'est pas capable de vivre plus de six mois), MOL. *Mar. forcé*, sc. 7.
‖ **3°** *Spécialt.* Partie où s'accomplit la gestation chez la femme, la femelle. Tant que l'enfant est dans le — de sa mère. (Droit.) Curateur au —, curateur nommé à l'enfant dont une femme est enceinte à la mort de son mari. Maison où le — anoblit, où la femme noble transmet la noblesse à l'enfant, le père n'étant pas noble.

II. *P. anal.* ‖ **1°** Partie la plus large d'un vase.
‖ **2°** Partie centrale de la coque d'un navire.
‖ **3°** Partie la plus large d'un haut fourneau.
‖ **4°** Partie renflée des muscles.
‖ **5°** Partie d'un corps en vibration où les vibrations présentent le plus d'amplitude.

VENTREBLEU [van-tre-bleu] et *VENTREBIEU [-byeu] interj.*

[ÉTYM. Pour ventre Dieu, § 726. ‖ XVᵉ s. Ventrebieu, *Franc Archier de Bagnolet.* Admis ACAD. 1878.]

‖ Juron familier.

VENTRÉE [van-tré] *s. f.*

[ÉTYM. Dérivé de ventre, § 119. ‖ XIIᵉ-XIIIᵉ s. Argent ou ventree, RENCL. DE MOILIENS, *Carité*, x, 10.]

‖ Portée d'une femelle d'animal.

VENTRICULE [van-tri-kul] *s. m.*

[ÉTYM. Emprunté du lat. **ventriculus**, petit ventre. (*Cf.* l'anc. franç. ventreil, de formation pop.) ‖ XVIᵉ s. Ventricule senestre du cœur, PARÉ, II, 12.]

‖ (Anat.) Cavité qui fait suite à la partie supérieure du cœur droit et du cœur gauche, celle de droite envoyant le sang veineux aux poumons, et celle de gauche le sang artériel à tout le corps.

VENTRIÈRE [van-tri-yèr] *s. f.*

[ÉTYM. Dérivé de ventre, § 115. ‖ XIIᵉ s. Brisent escuz, percent ventrieres, *Énéas*, 5334.]

‖ **1°** Sangle, bande de cuir qui passe sous le ventre du cheval attelé. (*Syn.* sous-ventrière.) ‖ *P. anal.* Ceinture pour soutenir le ventre (de l'homme, de la femme).
‖ **2°** Pièce de bois qui soutient par le milieu deux ou plusieurs pièces de bois jointes ensemble. *Spécialt.* Chacune des deux pièces de bois arquées sur lesquelles pose dans sa longueur le corps d'un navire en construction.

VENTRILOQUE [van-tri-lòk'] *s. m. et f.*

[ÉTYM. Emprunté du lat. **ventriloquus**, proprt. « qui parle du ventre ». ‖ XVIᵉ s. RAB. IV, 58. Admis ACAD. 1762.]

‖ (T. didact.) Celui, celle qui modifie sa voix et lui donne un son étouffé, de manière à faire croire qu'elle vient d'une distance plus ou moins éloignée.

VENTRILOQUIE [van-tri-lò-ki] *s. f.*

[ÉTYM. Dérivé de ventriloque, § 282. ‖ *Néolog.* Admis ACAD. 1878.]

‖ (T. didact.) Art du ventriloque.

VENTRIPOTENT, ENTE [van-tri-pò-tan, -tànt'] *adj.*

[ÉTYM. Composé avec le lat. **venter**, ventre, et **potens**, puissant. § 271. ‖ XVIᵉ s. Leur dieu ventripotent, RAB. IV, 59.]

‖ *Famil.* Qui a un gros ventre.

VENTROUILLER (SE) [van-trou-yé] *v. pron.*

[ÉTYM. Dérivé de ventre, § 161. ‖ XIIᵉ s. Suvent s'estent, suvent ventraille, WACE, *Rou*, I, 579. Admis ACAD. 1798; suppr. en 1878.]

‖ *Vieilli.* S'enfoncer jusqu'au ventre (dans la boue, l'herbe, etc.).

VENTRU, UE [van-tru] *adj.*

[ÉTYM. Dérivé de ventre, § 118. ‖ 1552. Qui ha grand ventre, ventru, CH. EST. dans DELB. *Rec.*]

‖ Qui a du ventre, de l'embonpoint. Un petit homme —, ST-SIM. III, 36.

VENUE [ve-nu] *s. f.*

[ÉTYM. Subst. particip. de venir, § 45. ‖ XIIᵉ s. Et enveia avant sa venue nuncier, GARN. DE PONT-STE-MAX. *St Thomas*, 4119.]

‖ **1°** Action de venir, de se rendre dans un lieu. Sa — en ces lieux cache quelque mystère, CORN. *Sertor.* V, 2. Des hommes choisis qui prédisaient la — de ce Messie, PASC. *Pens.* XI, 5 *bis*. Des allées et venues, action d'aller et de venir.

‖ **2°** Action de ce qui se développe. Être d'une belle —, grand, bien développé. Être tout d'une —, n'avoir pas la taille dessinée.

***VÉNULE** [vé-nul]. *V.* veinule.

***VÉNUSTÉ** [vé-nûs'-té] *s. f.*
[ÉTYM. Emprunté du lat. venustas, *m. s.* ‖ xvɪᵉ s. Elegance et venusté de paroles, J. DU BELLAY, *Déf. et illustr.* 1, 2.]
‖ *Vieilli.* Charme d'une personne, d'une chose.

***VENVOLE (À LA)** [à-là-van-vòl] *loc. adv.*
[ÉTYM. Composé de à, la et l'anc. adj. venvole, qui vole au vent, § 212. (*Cf.* vol-au-vent.) ‖ xvɪᵉ s. Les paroles s'en vont a la vanvole, PASQ. *Lett.* ɪɪɪ, 8.]
‖ *Vieilli.* A la légère. Il s'était marié —, CHATEAUBR. *Mém. d'outre-tombe,* ɪɪ, p. 254.

VÊPRE [vêpr'] *s. m.*
[ÉTYM. Du lat. vesperum, *m. s.* devenu vespre, §§ 290 et 291, vèpre, § 422.]
‖ *Vieilli.* Soir. Je donne le bon — à toute l'honorable compagnie, MOL. *Escarb.* sc. 6.

VÊPRES [vêpr'] *s. f. pl.*
[ÉTYM. Emprunté du lat. ecclés. vesperas, *m. s.* rendu par vespres, vèpres, d'après vèpre, § 503. ‖ xɪɪᵉ-xɪɪɪᵉ s. Endroit hore de vespres, VILLEHARD. 88.]
‖ (Liturgie cathol.) Heures de l'office divin qu'on disait autrefois vers le soir, et qu'on dit aujourd'hui dans l'après-midi. Dire, chanter —. Aller à —, assister aux —. ‖ (Hist.) — siciliennes, massacre des Français en Sicile le jour de Pâques (1282) au premier coup de vêpres.

VER [vèr] *s. m.*
[ÉTYM. Du lat. vermem, *m. s.* devenu verm, § 291, ver, § 469.]
‖ **1°** Lombric terrestre, dit aussi ver de terre. Ramper comme un ver. *Fig.* Être vil. C'est un ver de terre. L'homme... imbécile, ver de terre, PASC. *Pens.* VIII, 1.
‖ **2°** Larve de certains insectes. — blanc, larve du hanneton. Ver-coquin. (*V. ce mot.*) Ver à soie, chenille qui file un cocon dont on tire la soie. *Spéciall.* Larve de certains papillons, qui ronge les étoffes, le bois, etc. Un fragile bois que, malgré mon secours, Les vers sur son autel consument tous les jours, RAC. *Ath.* ɪɪɪ, 3. Ver luisant, femelle du lampyre, qui luit dans l'obscurité. *Fig.* Ver rongeur, remords, chagrin intérieur cuisant.
‖ **3°** Parasite qui se développe dans les corps vivants. Vers intestinaux. Ver des enfants. Ver solitaire, ténia. *P. plaisant.* Tuer le ver, boire le matin à jeun du vin blanc ou de l'eau-de-vie. ‖ *Fig.* Tirer à qqn les vers du nez, lui arracher un secret.
‖ **4°** Vibrion qui se développe dans les cadavres en décomposition, et qui, selon la croyance populaire, ronge la chair des morts. Et dans ces grands tombeaux où leurs âmes hautaines Font encore les vaines, Ils sont mangés des vers, MALH. *Poés.* 100.

VÉRACITÉ [vé-rà-si-té] *s. f.*
[ÉTYM. Emprunté du lat. veracitas, *m. s.* ‖ xvɪɪᵉ-xvɪɪɪᵉ s. BASNAGE DE BEAUVAL, dans TRÉV. 1752. Admis ACAD. 1762.]
‖ (T. didact.) Qualité de celui qui dit la vérité. | *P. ext.* Qualité de ce qui exprime la vérité. La — d'un témoignage.

. **VÉRANDA** [vé-ran-dà] *s. f.*
[ÉTYM. Mot de l'Inde venu en franç. par l'intermédiaire de l'anglais, §§ 8 et 25. ‖ 1788. Une véranda royale ou galerie couverte, MALLET DU PAN, *Journ. histor. et polit. de Genève,* avril, p. 78. Admis ACAD. 1878.]
‖ (Architect.) Terrasse couverte formant péristyle.

VERBAL, ALE [vèr-bàl] *adj.*
[ÉTYM. Emprunté du lat. verbalis, *m. s.* de verbum, parole, verbe. ‖ 1337. Se déduit de l'existence de verbalement à cette date.]
‖ (T. didact.) ‖ **1°** Qui a lieu de vive voix (et non par écrit). Un ordre —. Une promesse verbale. Une note verbale. ‖ *P. ext.* Procès-—. | **1.** Relation écrite, que le secrétaire d'une assemblée lit au début d'une séance, de ce qui s'est passé dans la séance précédente. | **2.** Acte par lequel un officier de justice constate un fait avec ses circonstances, spécialement en cas d'infraction. ‖ *Vieilli. Substantivt, au masc.* — d'opinions, vote à haute voix (par opposition à vote secret).
‖ **2°** (Gramm.) Qui appartient au verbe. Désinence verbale. Adjectif, substantif —, tiré de la racine du verbe.

VERBALEMENT [vèr-bàl-man ; *en vers,* -bà-le-...] *adv.*

[ÉTYM. Composé de verbale et ment, § 724. ‖ 1337. Verballement, dans GODEF. *Compl.* Admis ACAD. 1740.]
‖ (T. didact.) De vive voix. Faire une promesse, prendre un engagement —.

VERBALISER [vèr-bà-li-zé] *v. intr.*
[ÉTYM. Dérivé de verbal, § 267. ‖ xvɪᵉ s. Soudain il faut verbaliser, VAUQ. DE LA FRESN. dans DELB. *Rec.*]
‖ **1°** *Vieilli.* Discuter un fait devant la justice.
‖ **2°** Dresser procès-verbal d'un fait.

VERBE [vèrb'] *s. m.*
[ÉTYM. Emprunté du lat. verbum, *m. s.* (*Cf.* le doublet verve, et verbal, verbeux, verbiage, etc.) ‖ xɪɪᵉ s. Verbe impersonal, GARN. DE PONT-STE-MAX. *St Thomas,* 2209.]
‖ (T. didact.) ‖ **1°** *Vieilli.* Parole, ton dont on parle. Avoir le — haut, parler fort, et, *fig.* parler avec hauteur.
‖ **2°** (Théol.) Seconde personne de la Trinité chrétienne, le fils de Dieu considéré comme la sagesse éternelle. Le Verbe incarné.
‖ **3°** (Logique.) Terme de la proposition qui unit l'attribut au sujet. ‖ (Gramm.) Partie du discours qui exprime l'existence, l'action. — substantif, le verbe être, qui unit l'attribut au sujet. — adjectif, qui contient l'attribut. — transitif, intransitif, réfléchi.

VERBÉNACÉES [vèr-bé-nà-sé] *s. f. pl.*
[ÉTYM. Dérivé du lat. verbena, verveine, § 233. ‖ Admis ACAD. 1878.]
‖ (Botan.) Famille de plantes dont la verveine est le type.

VERBÉRATION [vèr-bé-rà-syon ; *en vers,* -si-on] *s. f.*
[ÉTYM. Emprunté du lat. verberatio, *m. s.* (*Cf.* réverbération.) ‖ xɪɪɪᵉ-xɪvᵉ s. Aigres verberacions, MACÉ DE LA CHARITÉ, *Bible,* dans GODEF. Admis ACAD. 1762.]
‖ (T. didact.) Percussion qui fait vibrer un corps sonore. | *P. anal.* Réflexion de la lumière.

VERBEUX, EUSE [vèr-beù, -beùz'] *adj.*
[ÉTYM. Emprunté du lat. verbosus, *m. s.* ‖ xɪɪᵉ-xɪɪɪᵉ s. Ne en estril ne soit verbos, NICOLE, *Règle de St-Benoît,* dans DELB. *Rec.* Inusité au xvɪᵉ s., remis en circulation par H. DE VALOIS (1603-1676), d'après *Valesiana,* p. 96. Admis ACAD. 1762.]
‖ (T. didact.) Qui dit les choses en trop de paroles. La langue était encore un peu informe et trop verbeuse, FÉN. *Lett. à l'Acad.* Un orateur —. Un style —.

VERBIAGE [vèr-byàj' ; *en vers,* -bi-àj'] *s. m.*
[ÉTYM. Dérivé de l'anc. verbe verbier, parler, § 78. ‖ xvɪɪᵉ s. *V.* à l'article.]
‖ Abondance de paroles vaines. L'infinité de — dont nous remplissons nos lettres, SÉV. 488.

VERBIAGER [vèr-byà-jé ; *en vers,* -bi-à-jé] *v. intr.*
[ÉTYM. Dérivé de verbiage, § 154. ‖ Admis ACAD. 1718.]
‖ *Vieilli.* Dire beaucoup de paroles vaines. Mᵐᵉ de Ventadour (se mit) à —, ST-SIM. ɪɪɪ, 38.

VERBIAGEUR, EUSE [vèr-byà-jeùr, -jeùz' ; *en vers,* -bi-à-...] *s. m. et f.*
[ÉTYM. Dérivé de verbiager, § 112. ACAD. 1718 donne dans le même sens verbiageux. ‖ Admis ACAD. 1740.]
‖ Celui, celle qui dit beaucoup de paroles vaines. J'ai été beaucoup trop —, VOLT. *Lett.* 18 déc. 1752.

VERBOSITÉ [vèr-bó-zi-té] *s. f.*
[ÉTYM. Emprunté du lat. verbositas, *m. s.* ‖ xvɪᵉ s. Grande verbosité et venteuse eloquence, GRENIER, *Bouclier de la foi,* fᵒ 407, vᵒ, édit. 1580. Admis ACAD. 1762.]
‖ (T. didact.) Caractère de ce qui est verbeux.

VER-COQUIN [vèr-kò-kin] *s. m.*
[ÉTYM. Composé de ver et coquin, § 173. ‖ xvɪᵉ s. Verd coquin, RAB. IV, 9.]
‖ **1°** Larve qui ronge la vigne.
‖ **2°** Helminthe qui se développe dans la tête du mouton et lui donne le vertige. ‖ *P. ext.* Vertige que donne ce ver. ‖ *Fig.* Ce qui tourne la tête à qqn. De mon — je ne me puis défendre, RÉGNIER, *Sat.* 9.

VERD, VERTE. *V.* vert.

VERDÂTRE [vèr-dâtr'] *adj.*
[ÉTYM. Dérivé de verd, § 151. ‖ Vers 1350. Verdastre, dans DELB. *Rec.*]
‖ Dont la couleur tire sur le vert. Une teinte —.

VERDÉE [vèr-dé] *s. f.*
[ÉTYM. Emprunté de l'ital. verdea, *m. s.* § 12. ‖ 1680. RICHEL.]
‖ Vin blanc (de Toscane), d'un jaune verdâtre.

VERDELET, ETTE [vèr-de-lè, -lĕt'] *adj.*
[ÉTYM. Dérivé de verd, §§ 63 et 133.|| XIVᵉ S. TAILLEVENT, *Viandier,* dans DELB. *Rec.*]
|| *Rare.* Un peu vert. *Fig.* Un vin —. Une personne verdelette, d'une verte vieillesse.

VERDERIE [vèr-de-ri] *s. f.*
[ÉTYM. Dérivé de verdier, §§ 65 et 68. || 1317-1340. Verderie ou maistre sergenterie, dans GODEF. Admis ACAD. 1718.]
|| *Anciennt.* Office de verdier; territoire dépendant de cet office. (*V.* verdier.)

VERDET [vèr-dè] *s. m.*
[ÉTYM. Dérivé de verd, § 133.|| XVIᵉ S. La raclure du verdet, LOUIS GUYON, dans DELB. *Rec.* Admis ACAD. 1718.]
|| *Rare.* Vert-de-gris.

VERDEUR [vèr-deŭr] *s. f.*
[ÉTYM. Dérivé de verd, § 110. || XIIᵉ S. Esmaragde par sa culur Veint tutes choses de verdur, *Lapid. de Marbode,* 217.]
|| **1ᵒ** Caractère d'un fruit vert, d'un vin encore jeune.
|| **2ᵒ** Ardeur de la première jeunesse.| *P. anal.* Jeunesse que conserve un vieillard.

VERDICT [vèr-dĭkt'] *s. m.*
[ÉTYM. Emprunté de l'angl. verdict, *m. s.* § 8 : le mot anglais est emprunté de l'anc. franç. veir dit, vraie parole, et le o est dû à l'influence du lat. dictum. || *Néolog.* Admis ACAD. 1878.]
|| (Droit.) Résultat de la délibération du jury proclamé publiquement. Le jury a rendu son — à six heures.

VERDIER [vèr-dyé] *s. m.*
[ÉTYM. Dérivé de verd, § 115. || XIVᵉ-XVᵉ S. Verdiers et alouettes, EUST. DESCH. dans DELB. *Rec.* Verdiers, maistres et enquesteurs des eaux et forestz, dans DU C. viride. Admis ACAD. 1694 (sens **I**) et 1878 (sens **II**).]
I. *Anciennt.* Officier de l'administration des eaux et forêts, dit aussi gruyer.
II. Nom vulgaire d'un petit oiseau à plumage vert.

VERDIR [vèr-dĭr] *v. intr.* et *tr.*
[ÉTYM. Dérivé de verd, § 154. || XIIᵉ-XIIIᵉ S. Xi verdira se tu les ses? RENCL. DE MOILIENS, *Carité,* LXI, 9.]
|| **1ᵒ** *V. intr.* Devenir vert. Quand les bois commencent à —.
|| **2ᵒ** *V. tr.* Rendre vert.

*VERDISSANT, ANTE** [vèr-di-san, -sänt'] *adj.*
[ÉTYM. Adj. particip. de verdir, § 47. || XVIIIᵉ S. *V.* à l'article.]
|| Qui verdit.| *Fig.* La charmante fille ! toujours riante, verdissante, BEAUMARCH. *Mar. de Fig.* I, 2.

VERDOYANT, ANTE [vèr-dwà-yan, -yänt'] *adj.*
[ÉTYM. Adj. particip. de verdoyer, § 47. || XIIᵉ S. Soz une olive, sor l'erbe verdoiant, *Roncevaux,* tir. 54, Fœrster.]
|| Qui verdoie.

VERDOYER [vèr-dwà-yé] *v. intr.*
[ÉTYM. Dérivé de verd, § 163. || XIIᵉ S. L'erbe vredle, *Alexandre,* dans GODEF. *Compl.*]
|| Se montrer vert. Je ne vois rien que... l'herbe qui verdoie, CH. PERRAULT, *Contes, Barbe-Bleue.* Le gazon qui verdoyait autour, B. DE ST-P. *Harmon.* 1.

VERDURE [vèr-dür] *s. f.*
[ÉTYM. Dérivé de verd, § 111. || XIIᵉ-XIIIᵉ S. Por verdure ne por prée, CHATEL. DE COUCY, p. 86, Fath.]
|| Le feuillage, les plantes, le gazon, etc. La terre parée de —. || *Spéciali.* Herbes potagères. Marchande de —. | Une tapisserie de —, et, *ellipt,* Une —, tapisserie représentant des feuillages, des plantes, des gazons. Une belle tenture de tapisserie de —, ou à personnages, MOL. *Am. méd.* I, 1.

VERDURIER, *VERDURIÈRE [vèr-du-ryé, -ryèr] *s. m.* et *f.*
[ÉTYM. Dérivé de verdure, § 115. || 1553. Au verdurier, pour menuz de cuisine, dans GODEF.]
|| *Vieilli.* Marchand, marchande de verdure (d'herbes potagères).

VÉREUX, EUSE [vé-reŭ, -reŭz'] *adj.*
[ÉTYM. Dérivé de ver, §§ 64 et 116. (*Cf.* le doublet vermineux.) || XIVᵉ S. Le fruict de tels arbres devient verreux, dans DELB. *Rec.*]
|| Qui contient un ver. *Spéciali.* Un fruit —. || *Fig.* Qui est gâté, qui ne vaut rien au fond. Faire des affaires avec un individu —. Une affaire véreuse.

VERGE [vèrj'] *s. f.*
[ÉTYM. Du lat. vĭrga, *m. s.* §§ 308, 393 et 291. (*Cf.* le doublet vergue.)]
I. Longue baguette droite et flexible.

|| *Spéciali.* || **1ᵒ** Baguette avec laquelle on frappe pour châtier. Le faisceau de verges que portait le licteur. Il fut battu de verges. Faire passer un soldat par les verges, condamner un soldat qui a commis une faute à passer les épaules nues entre deux rangées de soldats tenant des verges dont ils le frappent. *Fig.* Donner des verges pour se fouetter, fournir des armes contre soi. Faire baiser les verges à qqn, l'obliger à reconnaître qu'on a eu raison de le punir. Être sous la — de qqn, sous son autorité. Gouverner avec une — de fer, avec une autorité très sévère. | *P. ext.* Châtiment. Ceux d'Israël étaient excités à reconnaître sous la — la main de Dieu qui les châtiait, BOSS. *Hist. univ.* II, 4.
|| **2ᵒ** Baguette garnie d'ivoire que portaient les huissiers. Huissier à —. | Baleine que portent les bedeaux. | Baguette à laquelle on attache une fusée volante.
II. *P. anal.* | **1.** Membre viril. | **2.** Fléau de certaines balances. | **3.** Long pivot sur lequel se meut le balancier d'une pendule. | **4.** Tige d'une ancre.| **5.** Ancienne mesure pour mesurer les étoffes, jauger le vin, etc. (*Cf.* verger 2.) | **6.** Ancienne mesure agraire, le quart d'un arpent. (*Cf.* vergée.)

VERGÉE [vèr-jé] *s. f.*
[ÉTYM. Dérivé de verge, § 119. || 1209. Une vergiee de terre, dans DELB. *Rec.* Admis ACAD. 1835.]
|| *Anciennt.* Étendue d'une verge carrée. Une — de terre.

1. VERGER [vèr-jé] *s. m.*
[ÉTYM. Du lat. vĭridĭarium, *m. s.* de vĭridis, vert, devenu vĕrdjarium, vergier, verger, §§ 342, 336, 415, 297 et 291.]
|| Lieu planté d'arbres fruitiers.

2. VERGER [vèr-jó] *v. tr.*
[ÉTYM. Dérivé de verge, § 154. || XIIᵉ S. Elme vergiet, RAIMBERT DE PARIS, *Chevalerie Ogier,* 4079. Au sens **1ᵒ** ACAD. ne donne que le part. passé pris comme adj.]
|| **1ᵒ** Rayer comme de marques de verge. Étoffe vergée, à fils saillants comme des raies de verges. Papier vergé, marqué de raies par des fils de laiton attachés sur la forme où on coule le papier. (*Cf.* vergeure.)
|| **2ᵒ** Mesurer avec la verge.

VERGETER [vèr-je-té] *v. tr.*
[ÉTYM. Dérivé de vergette, §§ 65 et 154. || XVIIᵉ S. *V.* à l'article.]
|| **1ᵒ** Rayer comme de petites marques de verge. Peau... marquetée, Et vergetée, et mouchetée, LA F. *Fab.* IX, 3. | (Blason.) Écu vergeté, chargé de vergettes.
|| **2ᵒ** Marquer en frappant de verges, fouetter. *Fig.* Depuis que je me mêle de — tous les ridicules, D. DE MONCHESNAY, *Souhaits,* sc. 1.
|| **3ᵒ** Épousseter avec une vergette. Je le tiens toujours propre et souvent le vergette, LEGRAND, *Famil. extrav.* sc. 11.

VERGETIER, *VERGETIÈRE [vèr-je-tyé, -tyèr] *s. m.* et *f.*
[ÉTYM. Dérivé de vergette, §§ 65 et 115. Admis ACAD. 1762 et écrit d'abord vergettier. || 1680. RICHEL.]
|| *Vieilli.* Celui, celle qui fabrique, vend des vergettes.

VERGETTE [vèr-jĕt'] *s. f.*
[ÉTYM. Dérivé de verge, § 133. || 1314. Une legiere vergete, *Chirurg. de Mondeville,* 946, Bos.]
|| **1ᵒ** Petite verge. | *Spéciali.* (Blason.) Pal étroit. || *P. ext.* Marque faite comme avec une verge.
|| **2ᵒ** Brosse faite de menus brins de bruyère, ou de soies de sanglier, pour épousseter.

*VERGETURE** [vèr-je-tür] *s. f.*
[ÉTYM. Dérivé de vergeter, § 111. || 1812. MOZIN, *Dict. franç.-allem.*]
|| Raies rougeâtres produites sur la peau par des coups de verge ou par toute autre cause.

VERGEURE [vèr-jür] *s. f.*
[ÉTYM. Dérivé de verger 2, § 111.|| 1680. RICHEL.]
|| Fils de laiton attachés sur la forme où on coule la pâte pour faire le papier. | *P. ext.* Raies produites par ces fils dans la pâte du papier.

VERGLAS [vèr-glà] *s. m.*
[ÉTYM. Subst. verbal de l'anc. verbe verglacier, verreglacier, composé de glacer et d'un premier élément qui paraît être d'origine germanique, § 52. || XIIᵉ-XIIIᵉ S. Qui fes as riches verreglaz Por eis fere verreglacier, HELINAND, *Vers de la mort,* dans GODEF. verreglacier.]
|| Pluie glacée qui se congèle sur le sol en couche mince et glissante. Il tombe du —. Glisser sur le —.

VERGNE [vèrñ] et **VERNE** [vèrn'] *s. m.*

[ÉTYM. Du lat. pop. *vernium, *m. s.* d'origine celtique, §§ 3 et 16. ACAD. admet aussi la forme **verne**.]

|| *Dialect.* Aune, espèce d'arbre.

VERGOGNE [vèr-gôñ'] *s. f.*

[ÉTYM. Du lat. vereoŭndia, *m. s.* §§ 336, 389, 327, 415 et 291. (*Cf.* **dévergondé**.)]

|| *Famil.* Honte. *Spécialt. Loc. adv.* Sans —, effrontément.

***VERGOGNEUX, EUSE** [vèr-gò-ñcù, -ñeùz'] *adj.*

[ÉTYM. Dérivé de vergogne, § 116. || XIIᵉ s. Vergoignos e espoenté, BENEEIT, *Ducs de Norm.* dans DELB. *Rec.*]

|| *Vieilli.* Honteux.

VERGUE [vèrg'] *s. f.*

[ÉTYM. Forme normanno-picarde de verge, §§ 16 et 393. MALH. emploie verge pour vergue. || 1369. Vergue, *Inventaire*, dans LA RONCIÈRE, *Hist. de la mar.* I, p. 118.]

|| Pièce de bois amincie aux extrémités, placée horizontalement à diverses hauteurs, sur les mâts d'un navire, pour porter les voiles étendues ou serrées. (*Syn.* antenne.)

VÉRICLE [vé-rikl'] *s. m.*

[ÉTYM. Altération de béricle, forme anc. de bésicle. (*V.* ce mot.) || Admis ACAD. 1762.]

|| (Technol.) Imitation de diamant en cristal taillé.

VÉRIDICITÉ [vé-ri-di-si-té] *s. f.*

[ÉTYM. Dérivé de véridique, § 255. || 1741. La véridicité de tous les certificats qu'on vient de rapporter, *Observ. sur les écrits mod.* XXVII, p. 191. Admis ACAD. 1762.]

|| *Rare.* (T. didact.) Caractère véridique d'une personne.

VÉRIDIQUE [vé-ri-dïk'] *adj.*

[ÉTYM. Emprunté du lat. veridicus, *m. s.* || XVᵉ-XVIᵉ s. Veridiques sentences, J. LE MAIRE, dans DELB. *Rec.*]

|| (T. didact.) Qui a l'habitude de dire la vérité.

VÉRIDIQUEMENT [vé-ri-dïk'-man; *en vers,* -di-ke-...] *adv.*

[ÉTYM. Composé de véridique et ment, § 724. || *Néolog.* Admis ACAD. 1878.]

|| (T. didact.) D'une manière véridique.

VÉRIFICATEUR [vé-ri-fi-kà-tœùr] *s. m.*

[ÉTYM. Dérivé de vérifier, § 249. (*Cf.* l'anc. franç. vérifieur.) || 1690. FURET. Admis ACAD. 1718.]

|| (T. didact.) Celui qui est chargé de vérifier des comptes, des mesures, etc. — de l'enregistrement, des poids et mesures. — de mémoires (pour travaux de construction).

***VÉRIFICATIF, IVE** [vé-ri-fi-kà-tïf', -tïv'] *adj.*

[ÉTYM. Dérivé de vérifier, § 257. || 1608. Argumens... verificatifs, J. DU SIN, *Rhétor. d'Aristote*, dans DELB. *Rec.*]

|| (T. didact.) Qui sert à vérifier.

VÉRIFICATION [vé-ri-fi-kà-syon; *en vers,* -si-on] *s. f.*

[ÉTYM. Dérivé de vérifier, § 247. || 1388. Apres la verificacion des presentes, dans DOUET D'ARCQ, *Pièces relat. à Ch. VI*, II, p. 174.]

|| (T. didact.) Action de vérifier. — d'un mémoire. | — des pouvoirs, de la validité des titres de celui qui est nommé membre d'une assemblée élective. | — d'écritures.

VÉRIFIER [vé-ri-fyé; *en vers,* -fi-é] *v. tr.*

[ÉTYM. Emprunté du lat. scolast. verificare, *m. s.* § 217. || 1358. Verifiié en la chambre des comptes, dans *Bibl. de l'Éc. des Chartes*, 1856-57, p. 426.]

|| (T. didact.) || **1°** Soumettre (une chose) à un examen, pour s'assurer qu'elle est faite exactement. — des travaux, des mémoires, des comptes. *Spécialt.* Sous l'ancien régime en parlant des parlements. — un édit, l'examiner et l'enregistrer.

|| **2°** Démontrer exact. L'événement a vérifié sa prédiction. Leurs promesses se sont vérifiées, BOSS. *Hist. univ.* II, 25.

VÉRIN [vé-rin] *s. m.*

[ÉTYM. Origine inconnue. || 1561. *Nouv. Inv. pour bien bastir*, fᵒ 39, rᵒ. Admis ACAD. 1762.]

|| (Technol.) Sorte de cric qu'on fait tourner verticalement à l'aide de barres, et dont on se sert pour enlever des fardeaux, soutenir un cintre, exercer une pression, etc.

1. VÉRINE. *V.* verrine.

2. VÉRINE [vé-rin'] *s. f.*

[ÉTYM. Nom propre, §§ 13 et 36 : Varinas, petite ville du Vénézuéla. || 1675. *Estat de la vente des tabacs de la ferme.* Admis ACAD. 1762.]

|| *Anciennt.* (Technol.) Variété estimée de tabac en corde.

VÉRITABLE [vé-ri-tàbl'] *adj.*

[ÉTYM. Emprunté du lat. du moyen âge *veritabilis, *m. s.* §§ 93 et 217. || XIIᵉ s. Por ceu que cil soit atroveiz veritavles, *Serm. de St Bern.* p. 58.]

|| **1°** *Vieilli.* Qui dit la vérité. J'ai monté pour vous dire et d'un cœur —..., MOL. *Mis.* I, 2.

|| **2°** Conforme à la vérité. Parce qu'il y a des religions fausses, s'ensuit-il qu'il n'y en ait pas une —? BOSS. *A. de Gonz.*

|| **3°** *P. ext.* Réel. Que son amitié soit — ou feinte, RAC. *Brit.* V, 1. Qu'un ami — est une douce chose! LA F. *Fab.* VIII, 11. Le — Amphitryon Est l'Amphitryon où l'on dîne, MOL. *Amph.* III, 5.

VÉRITABLEMENT [vé-ri-tà-ble-man] *adv.*

[ÉTYM. Composé de véritable et ment, § 724. || XIIᵉ s. En cel estaige ou il est veritavlement, *Serm. de St Bern.* p. 15.]

|| **1°** D'une manière conforme à la vérité.

|| **2°** A dire vrai. Je crois — qu'il en est ainsi.

|| **3°** *P. ext.* Réellement. Ils sont, comme nous sommes, — hommes, MALH. *Poés.* 100.

VÉRITÉ [vé-ri-té] *s. f.*

[ÉTYM. Emprunté du lat. veritas, *m. s.* A remplacé l'anc. franç. verté, de formation pop. § 503. || XIIᵉ s. Veritet, *Psaut. d'Oxf.* V, 10.]

|| **1°** Caractère de ce qui est vrai, connu tel qu'il est. Établir la — d'une proposition. La — d'un axiome n'a pas besoin d'être démontrée. Il a dit la —. C'est la — pure, MOL. *Amph.* II, 1. | *Vieilli. Loc. adv.* A dire —, à dire vrai.| Avec la liberté D'un soldat qui sait mal farder la —, RAC. *Brit.* I, 2. Je conteste la — de cette assertion. || *P. anal.* La — des caractères dans une œuvre dramatique. Cette espèce de coiffure empruntée altère la — de la physionomie, BUFF. *Homme, Jeunesse.*

|| **2°** Connaissance d'une chose conforme à ce qu'elle est. On peut avoir trois principaux objets dans l'étude de la vérité, PASC. *Géom.* 1. Dieu est le principe de la —. Dieu est la — même. || *Spécialt.* Connaissance de la vraie religion. Vous connaîtrez la —, et la — vous rendra libres, SACI, *Bible, Év. Jean,* VIII, 32. Adorer Dieu en esprit et en —. || (Mythol.) Personnification de la vérité. Le flambeau, le miroir de la Vérité. La Vérité nue. La Vérité cachée au fond d'un puits. Du fond du puits tirer la Vérité, BOIL. *Disc. au roi.* || *Spécialt.* Idée d'une chose particulière, conforme à ce qu'elle est. Il y a un grand nombre de vérités et de foi et de morale, qui semblent répugnantes et qui subsistent toutes dans un monde admirable, PASC. *Pens.* XXIV, 12. Les vérités scientifiques, philosophiques. Les vérités de la foi. Je crains Dieu, dites-vous, sa — me touche, RAC. *Ath.* I, 1. | Dire à qqn ses vérités, la vérité sur ses défauts. N'apprêtons point à rire aux hommes En nous disant nos vérités, MOL. *Amph.* prol. || *Loc. adv.* En —, selon la vérité. *Interrog. ou ironiq.* En —, le croyez-vous? Vous le croyez, en —? A la —, et, *vieilli,* De —, *même sens, mais pour amener une restriction.* C'est un homme, à la —, dont les lumières sont petites,... mais..., MOL. *Bourg. gent.* I, 1. Ils ont, de —, je ne sais quoi de plat, CORN. *Mél.* V, 2.

VERJUS [vèr-ju] *s. m.*

[ÉTYM. Pour vertjus, composé de vert et jus, § 173. || XIIIᵉ s. Au vert jus de nouvele grape, BEAUMAN. *Jehan et Blonde*, 1352.]

|| Suc acide de raisins qui ne sont pas mûrs, employé pour assaisonnement. || *P. ext.* Gros raisin qui mûrit imparfaitement dans notre climat, employé pour cet usage. | Une personne aigre (de caractère) comme du —. *Loc. prov.* C'est jus vert ou —, c'est pareil, indifférent.

VERJUTÉ, ÉE. *V.* verjuter.

***VERJUTER** [vèr-ju-té] *v. tr.*

[ÉTYM. Dérivé de verjus, §§ 63, 64 et 154. || 1694. Du vin verjuté, ACAD.]

|| (Cuisine.) Assaisonner avec du verjus.

***VERLE** [vèrl']. *V.* velte.

VERMEIL, EILLE [vèr-mèy'] *adj.*

[ÉTYM. Du lat. vermiculum, proprt, « petit ver », §§ 310, 390, 290 et 291. En lat. vermiculus désigne la cochenille ; à l'époque romane, il a dû être employé adjectivement, § 38.]

|| D'un rouge vif. D'un vin pur et —, BOIL. *Lutr.* 1. Le teint frais et la bouche vermeille, MOL. *Tart.* I, 4. || *Substantivt.* | 1. Du —, cuivre, et surtout argent doré. Un gobelet en —. | 2. De la vermeille, gomme d'un rouge orangé.

VERMICEL et **VERMICELLE** [vèr-mi-sèl] *s. m.*

[ÉTYM. Emprunté de l'ital. vermicelli, *m. s.* proprt, « vermisseaux », § 12. On a longtemps prononcé le c comme un ch, § 507. || 1675. Saucissons, moustardelles, vermicelles, SAVARY, *Parf. Négoc.* II, p. 63. | 1680. Vermicelles ou vermicelli, mot ecorché de l'italien, RICHEL, Admis ACAD. 1627.]

|| (Cuisine.) Pâte alimentaire, passée à la filière, qu'on met dans le potage.

VERMICELIER, *VERMICELIÈRE [vèr-mĭs'-lyé, -lyèr; *en vers*, -mi-se-...] *s. m.* et *f.*
[ÉTYM. Dérivé de vermicelle, §§ 65 et 115. || 1812. Vermicelier, MOZIN, *Dict. franç.-allem.* Admis ACAD. 1878.]
|| (Technol.) Celui, celle qui fabrique, qui vend du vermicelle.

VERMICULAIRE [vèr-mi-ku-lèr] *adj.*
[ÉTYM. Dérivé du lat. vermiculus, petit ver, § 248. || XVIᵉ s. Muscles lumbricaux ou vermiculaires, PARÉ, IV, 40. Admis ACAD. 1762.]
|| (T. didact.) || **1°** Qui a la forme d'un petit ver. L'appendice — du cæcum. | *Substantivt.* Le — fossile, coquille en forme de tuyau allongé.
|| **2°** Qui a le mouvement d'un petit ver. Mouvement — de l'intestin, contraction successive des fibres circulaires de l'intestin et des conduits excréteurs. | Pouls —.

VERMICULÉ, ÉE [vèr-mi-ku-lé] *adj.*
[ÉTYM. Emprunté du lat. vermiculatus, *m. s.* || 1600. Gomme longuette et vermiculee, A. COLIN, *Hist. des drogues*, dans DELB. *Rec.* Admis ACAD. 1762.]
|| (Architect.) Orné d'un semis de petites saillies longitudinales en forme de vers. Bossage —.

VERMICULURE [vèr-mi-ku-lûr] *s. f.*
[ÉTYM. Dérivé de vermiculé, § 250. || *Néolog.* Admis ACAD. 1835.]
|| (Architect.) Ornement vermiculé. (S'emploie au plur.)

VERMIFORME [vèr-mi-fòrm'] *adj.*
[ÉTYM. Composé avec le lat. vermis, ver, et forme, § 271. || XVIᵉ-XVIIᵉ s. D'AUB. *Création*, 12. Admis ACAD. 1798.]
|| (T. didact.) Qui a la forme d'un ver. Appendice —.

VERMIFUGE [vèr-mi-fûj'] *adj.*
[ÉTYM. Composé avec le lat. vermis, ver, et fugare, faire fuir, § 271. || Admis ACAD. 1762.]
|| (Médec.) Qui produit l'expulsion des vers intestinaux. Poudre, écorce —. *Substantivt, au masc.* Administrer un —.

VERMILLER [vèr-mi-yé] *v. intr.*
[ÉTYM. Dérivé de ver, §§ 64 et 161. ACAD. 1694-1740 donne vermeiller. || XIVᵉ s. Manieres de mengues y a que l'en appelle vermillier, GAST. PHÉBUS, *Chasse*, dans GODEF.]
|| (Vénerie.) Fouiller la terre pour y chercher des vers, des racines. (Se dit du sanglier.) (*Cf.* vermillonner 2.)

VERMILLON [vèr-mi-yon] *s. m.*
[ÉTYM. Dérivé de vermeil, §§ 65 et 104. || XIIᵉ s. Senz vermeillon et sanz azur, *Énéas*, 432.]
|| Substance colorante d'un rouge vif tirant sur le jaune (*cf.* carmin), cinabre ou sulfure rouge de mercure. || *P. ext.* Cette couleur. Le — des joues.

1. VERMILLONNER [vèr-mi-yò-né] *v. tr.*
[ÉTYM. Dérivé de vermillon, § 154. || XVIᵉ s. Son sang vermeillonne le teint, R. BELLEAU, I, p. 85, Bibl. elzév. Admis ACAD. 1798.]
|| (Technol.) Teindre de vermillon. *P. plaisant.* Farder. Venez — ce visage de plâtre, LA F. *Parodie de Cléopâtre.*

2. VERMILLONNER [vèr-mi-yò-né] *v. intr.*
[ÉTYM. Dérivé de vermiller, § 168. || 1690. FURET. Admis ACAD. 1798.]
|| (Vénerie.) Fouiller la terre. (Se dit du blaireau.)

VERMINE [vèr-min'] *s. f.*
[ÉTYM. Dérivé de ver, §§ 64 et 100. || XIIᵉ s. E venim e vermine, PH. DE THAUN, *Best.* p. 100.]
|| Insectes parasites (puces, poux) qui s'attachent aux hommes, aux animaux. Être couvert de —.

VERMINEUX, EUSE [vèr-mi-neu, -neûz'] *adj.*
[ÉTYM. Emprunté du lat. verminosus, *m. s.* (*Cf.* le doublet véreux.) || XIIᵉ-XIIIᵉ s. Ne nule chose verminouse, GERVAISE, *Best.* dans GODEF.]
|| (T. didact.) Qui a rapport aux vers. Maladie vermineuse.

VERMISSEAU [vèr-mi-só] *s. m.*
[ÉTYM. Du lat. pop. *vermiscęllum, diminutif de vermis, ver, devenu *vermicsello, vermissel, §§ 388, 366 et 291, vermisseau, § 456. (*Cf.* vermicel.)]
|| Petit ver de terre. Pas un seul petit morceau De mouche ou de —, LA F. *Fab.* I, 1. | *Fig.* Un si chétif — (l'homme), PASC. *Sur la Convers. du pécheur.*

VERMOULER (SE) [vèr-mou-lé] *v. tr.*
[ÉTYM. Tiré de vermoulure, § 154. Au XVIᵉ s. on dit se vermoulir. || XVIIᵉ-XVIIIᵉ s. Bois... sujet à se vermouler, *Abrégé de Vitruve*, dans TRÉV. 1704. Admis ACAD. 1762.]
|| *Rare.* Devenir vermoulu.

VERMOULU, UE [vèr-mou-lu] *adj.*

[ÉTYM. Composé avec ver et moulu, part. de moudre, § 203. || XIIIᵉ s. Fust de pressoir viés ou vermoulu, BEAUMAN. 1141, Salmon.]
|| Piqué, mangé par les vers. Bois —.

VERMOULURE [vèr-mou-lûr] *s. f.*
[ÉTYM. Dérivé de vermoulu, § 111. Au XVIᵉ s. on dit ordinairement vermoulisseure. || XIIIᵉ s. Par viesure ou par vermouleure, BEAUMAN. 1141, Salmon.]
|| Piqûre, mangeure faite par les vers.

VERMOUT [vèr-moūt'] *s. m.*
[ÉTYM. Emprunté de l'allem. vermut, absinthe, §§ 7, 498 et 499. || Admis ACAD. 1798.]
|| Vin blanc où l'on a fait infuser de l'absinthe.

VERNAL, ALE [vèr-nàl] *adj.*
[ÉTYM. Emprunté du lat. vernalis, *m. s.* de ver, printemps. (*Cf.* primevère.) || XIIᵉ s. E li uns est vernals E li altre autumnals, PH. DE THAUN, *Comput*, 2265. Admis ACAD. 1762.]
|| *Rare.* (T. didact.) Qui appartient au printemps. Point —, équinoxe de printemps.

VERNE [vèrn']. *V.* vergne.

***VERNIER** [vèr-nyé] *s. m.*
[ÉTYM. Nom propre d'inventeur : Pierre Vernier (1580-1637), § 36. (*Cf.* nonius.)]
|| (Mathém.) Réglette mobile servant à évaluer les fractions des divisions d'une échelle graduée.

VERNIR [vèr-nĭr] *v. tr.*
[ÉTYM. Tiré de vernis, § 154. (*Cf.* vernisser.) || XVIᵉ s. Vaze de terre de potier verni ou vitré, O. DE SERRES, IV, 3.]
|| (Technol.) Enduire de vernis.

VERNIS [vèr-nî] *s. m.*
[ÉTYM. Origine inconnue. || XIIᵉ s. Teinz et verniz et li fuz en trespasse, *Couronn. de Louis*, 912.]
|| **1°** Solution de gomme-résine dans l'alcool, dans une essence, qui forme, en séchant, une couche lisse et brillante à la surface des objets qui en sont enduits. | *P. ext.* Enduit vitrifiable dont on recouvre la poterie, la porcelaine. || *Fig.* Avoir le — du monde, les dehors polis. Le — de l'importance, ST-SIM. XII, 101.
|| **2°** Nom donné à certains arbres térébinthacés. Le — du Japon.

VERNISSAGE [vèr-ni-sàj'] *s. m.*
[ÉTYM. Dérivé de vernir, § 78. || *Néolog.* Admis ACAD. 1878.]
|| (Technol.) Action de vernir. Le — des tableaux du salon. | *Ellipt.* Aller au —, à une séance qui précède l'exposition et où les artistes sont censés vernir leurs toiles.

VERNISSER [vèr-ni-sé] *v. tr.*
[ÉTYM. Dérivé de vernis, § 154. (*Cf.* vernir.) || XIIᵉ s. Grans cox se donnent es escuz verniciés, *Raoul de Cambrai*, 4228.]
|| (Technol.) Recouvrir (la poterie) d'un enduit vitrifiable. Un pot de terre vernissé.

VERNISSEUR, *VERNISSEUSE [vèr-ni-seûr, -seûz'] *s. m.* et *f.*
[ÉTYM. Dérivé de vernir, § 112. || Admis ACAD. 1762.]
|| (Technol.) Celui, celle qui vernit.

VERNISSURE [vèr-ni-sûr] *s. f.*
[ÉTYM. Dérivé de vernisser, § 111. || XIIᵉ s. De vernissure splendissours, *Perceval*, 33134.]
|| (Technol.) Application du vernis.

VÉROLE [vé-ròl] *s. f.*
[ÉTYM. Emprunté du lat. du moyen âge variola, *m. s.* rendu d'abord par vairole, § 503. (*Cf.* le doublet vérole, et vair.) || XIIIᵉ s. Rogne, vairole et apostume, *Des XXIII manieres de vilains.*]
|| **1°** Petite —, et, *absolt, vieilli*, —, variole. (*V. ce mot.*)
|| **2°** Syphilis. (*V. ce mot.*)

VÉROLÉ, ÉE [vé-rò-lé] *adj.*
[ÉTYM. Dérivé de vérole, § 118. || XVIᵉ s. Verolez tres precieux, RAB. I, prol.]
|| **1°** Marqué de la petite vérole. || *Fig.* Tuiles vérolées, trouées à la surface.
|| **2°** Affecté de la syphilis.

VÉROLIQUE [vé-rò-lĭk'] *adj.*
[ÉTYM. Dérivé de vérole, § 229. || 1532. Passions veroliques, *Triumphe de dame V.*]
|| *Rare.* (T. didact.) Relatif à la syphilis.

VÉRON. *V.* vairon.

VÉRONIQUE [vé-rò-nĭk'] *s. f.*
[ÉTYM. Emprunté du lat. des botanistes veronica, *m. s.* cette plante ayant été ainsi nommée par allusion à la légende de sainte Véronique, § 36. || 1545. Veronique ou herbe

aux ladres, G. GUÉROULT, *Hist. des plantes,* dans DELB. *Rec.*
Admis ACAD. 1762.]

‖ (Botan.) Nom de plusieurs plantes du groupe des Per-
sonnées, dont les sommités se prennent en infusion. Le
roi prenait... **deux tasses de sauge et de —,** ST-SIM. XI, 386.

VERRAT [vè-rà] *s. m.*

[ÉTYM. Dérivé de l'anc. franç. *ver,* qui est le lat. *vẹrrem,
m. s.* § 131. ‖ 1334. Vente d'un verrat, *Reg. de délib. de
St-Jean-d'Angély,* I, p. 95.]

‖ Porc mâle servant à la reproduction.

VERRE [vèr] *s. m.*

[ÉTYM. Du lat. *vĩtrum, m. s.* (*cf.* le doublet **vitre**), devenu
veidre, veirre, voirre, vairre, verre, §§ 309, 404 et 291. Le
changement d'orthographe (*verre* pour *vairre*) est dû probablement aux dérivés *verrier, verrine,* etc.]

‖ **1°** Matière dure, fragile, transparente, qu'on obtient
par la fusion du sable siliceux avec de la potasse ou de
la soude. Et comme elle a l'éclat du —, **Elle en a la fragilité,**
CORN. *Poly.* IV, 2. Cela casse comme du —. **Bien lui prend
de n'être pas de —,** MOL. *F. sav.* III, 2. Du — **double,** très
épais. Du — **mousseline,** très menu. Du — **de Bohême.**

‖ **2°** Objet en verre. Des verres de lunettes. Un — de montre. Mettre une estampe sous —. Un — de lampe. Un châssis à
— dormant. Une illumination en verres de couleur. Un — à boire.
P. ext. Boire un — de vin, un petit — d'eau-de-vie. Des perles
de —, et, *p. ext.* Un collier de —, en perles de verre. Du
papier de —, enduit de poudre de verre, pour polir.

VERRÉE [vè-ré] *s. f.*

[ÉTYM. Dérivé de *verre,* § 119. ‖ xvi° s. Ayant desja mille
verrées D'un gosier large devorées, RONS. *Gayetés,* 8.]

‖ *Rare.* Ce que peut contenir un verre.

VERRERIE [vèr'-ri ; *en vers,* vè-re-ri] *s. f.*

[ÉTYM. Dérivé de *verrier,* §§ 65 et 68. ‖ xiii° s. Cil... Qui
de voirrerie sont maistre, J. DE MEUNG, *Rose,* 16299.]

‖ Usine où l'on fait le verre, les ouvrages en verre.

VERRIER [vè-ryé] *s. m.*

[ÉTYM. Dérivé de *verre,* § 115. (*Cf.* le doublet **vitrier.**) ‖
1265. Gerars li verriers, dans GODEF.]

I. Celui qui fait le verre, les ouvrages en verre. *Specialt.* Celui qui fait des verrières, des vitraux.

II. Panier contenant des verres à boire, des carafes.

VERRIÈRE [vè-ryèr] *s. f.*

[ÉTYM. Dérivé de *verre,* § 115. ‖ xiii° s. N'i ot fenestre ne
verriere, *Énéas,* 6421.]

‖ **1°** *Vieilli.* Panneau de verre protégeant une châsse,
un tableau. (*Cf.* verrine et vitrine.)

‖ **2°** Fenêtre ornée de vitraux peints.

*****VERRILLON** [vè-ri-yon] *s. m.*

[ÉTYM. Dérivé de *verre,* § 107. ‖ 1812. MOZIN, *Dict. franç.-
allem.*]

‖ Instrument de musique fait de touches de verre, qu'on
frappe avec des baguettes drapées.

VERRINE [vè-rin'] *s. f.*

[ÉTYM. De l'anc. adj. *verrin,* de verre, §§ 38 et 100. (*Cf.*
le doublet **vitrine.**) Au sens **2°** ACAD. écrit **vérine.** ‖ xii° s.
Es verrines et es chassiz, *Énéas,* 514.]

‖ (Technol.) ‖ **1°** *Vieilli.* Panneau de verre protégeant
une châsse, etc. (*Cf.* verrière.)

‖ **2°** Espèce de cloche de jardinier, faite de morceaux
de verre réunis par des lames de plomb.

‖ **3°** (Marine.) Lampe de verre qu'on suspendait au-
dessus du compas de route.

VERROTERIE [vè-rôt'-ri ; *en vers,* -rò-te-ri] *s. f.*

[ÉTYM. Dérivé de *verre,* §§ 63 et 69. ‖ 1690. FURET. Admis ACAD. 1718.]

‖ Réunion de menus ouvrages de verre.| *Specialt.* Me-
nus ouvrages de verre servant au trafic avec les nègres.

VERROU [vè-rou] *s. m.*

[ÉTYM. Du lat. *verrũculum,* diminutif de *veru,* broche,
pique, qui paraît avoir pris de bonne heure (peut-être
sous l'influence de *ferrum,* fer) la forme *verrũculum,* et
est devenu *verroil, verrouil, verrou,* §§ 366, 329, 290, 463
et 291.]

‖ Petite pièce de fer fixée sur une porte, une fenêtre,
qui poussée dans une gâchette empêche d'ouvrir. Mettre,
fermer, tirer le —. Être sous les verrous, être emprisonné.
Tenir quelqu'un sous les verrous. | — de sûreté, verrou qui
se ferme avec un mécanisme de serrure.

VERROUILLER [vè-rou-yé] *v. tr.*

[ÉTYM. Dérivé de *verrou,* §§ 64 et 154. ‖ xii°-xiii° s. Les

portes après toi verillier, *Aliscans,* dans DELB. *Rec.* Car il
trova l'uis verrollié, RENCL. DE MOILIENS, *Miserere,* LVI, 11.]

‖ Fermer au verrou. Une porte verrouillée. | *P. ext.* —
qqn, l'enfermer au verrou. Se —, s'enfermer au verrou.

VERRUE [vè-ru] *s. f.*

[ÉTYM. Du lat. *verrũca, m. s.* §§ 380 et 291.]

‖ Petite excroissance cutanée, superficielle. | *P. anal.*
Protubérance sur l'écorce d'un arbre, sur une feuille.

VERRUQUEUX, EUSE [vèr'-ru-keû, -keûz'] *adj.*

[ÉTYM. Emprunté du lat. *verrucosus, m. s.* ‖ *Néolog.*
Admis ACAD. 1878.]

‖ (T. didact.) | **1.** En forme de verrue.| **2.** Parsemé de
verrues.

1. VERS [vèr] *s. m.*

[ÉTYM. Du lat. *versum, m. s.* tiré de *vertere,* tourner.]

‖ Suite de mots rythmée et mesurée suivant la quantité
(longues et brèves), ou suivant le nombre des syllabes.
— **métrique,** mesuré suivant la quantité. — **syllabique,**
mesuré suivant le nombre des syllabes. — **rimés,** vers
syllabiques dont la finale rime. — **blancs,** vers syllabiques
non rimés. — **faux,** qui pèche contre les règles de la prosodie, de la versification. — **libres,** de mesures inégales.
Faire des —. Écrire en —. Une épître, une satire en —. On peut
être honnête homme et faire mal les —, MOL. *Mis.* IV, 1. Un
esprit de travers Qui, pour rimer des mots, pense faire des —,
BOIL. *Disc. au roi.* ‖ *P. ext.* Poésie. Le — se sent toujours
des bassesses du cœur, BOIL. *Art p.* 4.

2. VERS [vèr] *prép.*

[ÉTYM. Du lat. *versus, m. s.* tiré de *vertere,* tourner, § 726.]

I. Dans l'espace. Du côté de. **Prends ton chemin — Suse,**
RAC. *Esth.* I, 1.| *Fig.* Il s'achemine — la mort. *Vieilli.* Par
rapport à. Et — l'un ou — l'autre il faut être perfide, CORN.
Cinna, III, 2. La façade est tournée — le nord.

II. Dans le temps. A l'approche de. Il viendra — midi.
— la fin de son règne.

*****VERSADE** [vèr-sàd'] *s. f.*

[ÉTYM. Dérivé de *verser,* § 120. ‖ 1677. *V.* à l'article.]

‖ *Famil.* Action de verser (en voiture). La — de M. Jea-
nin, SÉV. 662.

1. VERSANT, ANTE [vèr-san, -sànt'] *adj.*

[ÉTYM. Adj. particip. de *verser,* § 47.‖ Admis ACAD. 1718.]

‖ En parlant d'une voiture, qui verse aisément.

2. VERSANT [vèr-san] *s. m.*

[ÉTYM. Subst. particip. de *verser,* § 47. ‖ Admis ACAD.
1835.]

‖ (T. didact.) Chacune des pentes d'une montagne ou
d'une chaîne de montagnes qui détermine l'écoulement
des eaux de ce côté de la montagne.

VERSATILE [vèr-sà-til] *adj.*

[ÉTYM. Emprunté du lat. *versatilis, m. s.* ‖ xv° s. Versa-
tille espee, A. GREBAN, *Passion,* 899. Admis ACAD. 1762.]

‖ (T. didact.) Qui se tourne aujourd'hui vers un parti,
demain vers un autre. Un homme un caractère —.

VERSATILITÉ [vèr-sà-ti-li-té] *s. f.*

[ÉTYM. Dérivé de *versatile,* § 255. ‖ xviii° s. La versatilité
de l'esprit, *Mém. de Trév.* dans TRÉV. Admis ACAD. 1835.]

‖ (T. didact.) Caractère versatile.

1. VERSE [vèrs'] *s. f.*

[ÉTYM. Subst. verbal de *verser,* § 52. ACAD. ne donne
que la loc. adv. à verse, admise en 1718. ‖ 1642. Pleuvoir à
la verse, OUD.]

‖ Action de verser. La — des blés. ‖ *Specialt.* Loc. adv.
Il pleut à —, et, *vieilli,* à la —, abondamment, comme si
l'on versait l'eau. (*Cf.* averse.)

2. VERSE [vèrs'] *s. f.*

[ÉTYM. Emprunté du lat. *versus,* tourné. ‖ Admis ACAD.
1762.]

‖ (Géom.) Inverse. *Specialt.* Sinus — d'un angle, partie
du rayon d'un cercle entre l'arc et le pied du sinus.

VERSÉ, ÉE [vèr-sé] *adj.*

[ÉTYM. Emprunté du lat. *versatus, m. s.* part. de *versari,*
se trouver ordinairement. ‖ xvi° s. Versé aux affaires du
monde, AMYOT, préf.]

‖ Rompu à la pratique d'une science, d'un art, etc.
Ceux qui ne sont point versés en l'anatomie, DESC. *Méth.* v, 5.

VERSEAU [vèr-sô] *s. m.*

[ÉTYM. Pour *verse-eau* (FURET.), composé de *verse* (du
verbe *verser*) et *eau,* § 209, traduction du lat. *aquarius* et
du grec ὑδρόχοος, nom de ce signe. ‖ 1555. Au commencement du verseau, JACQUINOT, *Astrolabe,* f° 61, r°.]

|| (Astron.) Signe du zodiaque compris entre le 20 janvier et le 20 février. (*Cf.* verseur.)

VERSEMENT [vèr-se-man] *s. m.*

[ÉTYM. Dérivé de verser, § 145. || XIIᵉ-XIIIᵉ s. Plus de mil Turs i prisent versement, *Anseïs de Carthage*, dans GODEF.]

|| Action de verser. *Spécialt.* Action de verser de l'argent dans une caisse.

VERSER [vèr-sé] *v. tr.* et *intr.*

[ÉTYM. Du lat. versare, fréquentatif de vertere, tourner, §§ 295 et 291. (*Cf.* versé.)]

I. *V. tr.*

|| 1° *Vieilli.* Retourner. — un champ.

|| 2° Faire tomber sur le côté. Le cocher a versé la voiture. La pluie a versé les blés.

|| 3° Faire couler (un liquide) en penchant le vase qui le contient. On a versé de l'eau sur le tapis. *P. anal.* — des pleurs. — le sang, blesser, tuer. *Spécialt.* Faire couler d'un vase dans un autre. — du café dans une tasse. Les cours d'eau qui se versent dans le lac. *Absolt.* Plus le vase versait, moins il s'allait vidant, LA F. *Phil. et Baucis.* | *P. anal.* — du sable dans un sablier. | *P. ext.* — de l'argent dans une caisse. Ces soldats ont été versés dans un autre bataillon. || *Fig.* | 1. Répandre sur. — le mépris sur qqn. Les bienfaits que M. le prince de Conti a versés sur cette pauvre fille, J.-J. ROUSS. *Lett. à M. de Boufflers.* | 2. Faire passer dans. — la haine dans un cœur. — des consolations dans une âme triste. — ses peines dans le cœur d'un ami.

II. *V. intr.* Tomber sur le côté. Notre voiture a versé, et, *p. ext.* Nous avons versé.

VERSET [vèr-sè] *s. m.*

[ÉTYM. Dérivé de vers 1, § 133. || XIIIᵉ s. A ces versez et a ces saumes, *Renart*, XII, 813.]

|| (T. didact.) Petite division d'un chapitre (de la Bible) formant le plus souvent un sens complet. Le premier — d'un psaume. | Signe marquant cette division (℣).

***VERSEUR, EUSE** [vèr-seur, -seūz'] *s. m.* et *f.*

[ÉTYM. Dérivé de verser, § 112. || 1552. D'eau le verseur, R. et A. D'AIGNEAUX, dans DELB. *Rec.*]

|| Celui, celle qui verse. Le Verseur d'eau (le Verseau), VOLT. *Philos. Trad. d'une lettre.* || *P. anal.* Verseuse, vase pour verser le café, le thé dans les tasses.

VERSICULE [vèr-si-kul] et **VERSICULET** [vèr-si-ku-lè] *s. m.*

[ÉTYM. Emprunté et dérivé du lat. versiculus, *m. s.* § 133. || XIVᵉ s. Chanter aucuns versicules des psaumes, J. DE VIGNAY, dans DELB. *Rec.* Admis ACAD. 1835.]

|| *Famil.* Petit vers. Les petits versiculets faits pour Mᵐᵉ la duchesse de Choiseul, VOLT. *Lett. à d'Argental*, mars 1770.

VERSIFICATEUR, ***VERSIFICATRICE** [vèr-si-fi-kà-teur, -trïs'] *s. m.* et *f.*

[ÉTYM. Emprunté du lat. versificator, *m. s.* (*Cf.* l'anc. franç. versefieur.) || 1545. Grand et prompt versificateur, A. LE MAÇON, *Décaméron*, dans DELB. *Rec.*]

|| (T. didact.) Celui, celle qui versifie. Un — habile.

VERSIFICATION [vèr-si-fi-kà-syon ; *en vers*, -si-on] *s. f.*

[ÉTYM. Emprunté du lat. versificatio, *m. s.* || 1680. RICHEL.]

|| (T. didact.) Facture des vers. L'art de la —. Une — élégante.

VERSIFIER [vèr-si-fyé ; *en vers*, -fi-é] *v. intr.* et *tr.*

[ÉTYM. Emprunté du lat. versificare, *m. s.* § 503. || XIIIᵉ s. Et sevent bien versefier, H. D'ANDELI, *Bat. des set ars*, 11.]

|| 1° *V. intr.* Composer des vers (au point de vue de la facture). Il versifie lourdement.

|| 2° *V. tr.* Mettre en vers. Le « Festin de pierre » de Molière, versifié par Thomas Corneille.

VERSION [vèr-syon ; *en vers*, -si-on] *s. f.*

[ÉTYM. Emprunté du lat. versio, *m. s.* || XVIIᵉ s. V. à l'article.]

|| (T. didact.) || 1° Action de tourner. *Spécialt.* (Chirurgie.) La — de l'enfant, action de tourner le fœtus, de le déplacer quand il se présente, au moment de l'accouchement, dans une position mauvaise. *Absolt.* Faire une —.

|| 2° *Fig.* Action de faire passer d'une langue dans une autre. La — des Septante, traduction de la Bible. *Spécialt.* Exercice de traduction. Raffineurs de locutions, Entrepreneurs de versions, MÉN. *Req. des dict.* Donner à faire à un écolier une — latine, anglaise, la traduction d'un texte latin, anglais, dans sa langue maternelle. || *P. ext.* Manière d'interpréter les faits. Il y a différentes versions de ce fait.

VERSO [vèr-só] *s. m.*

[ÉTYM. *V.* recto. || Admis ACAD. 1718.]

|| (T. didact.) Seconde page, revers d'un feuillet.

***VERSOIR** [vèr-swàr] *s. m.*

[ÉTYM. Dérivé de verser, § 113. || 1358. Le versouer de la porte, dans GODEF.]

|| (Technol.) Pièce de la charrue, dite aussi oreille, qui verse la terre détachée par le soc en traçant le sillon.

VERT, VERTE [vèr, vèrt'] *adj.* et *s. m.*

[ÉTYM. Du lat. vïridem, *m. s.* devenu de bonne heure *vïrdem, § 290, d'où verd, vert, §§ 308, 412 et 291. Le t du masc. a de bonne heure réagi sur le fém. § 584.]

I. *Adj.* Dont la couleur est celle du feuillage, de l'herbe, etc. *Famil.* — comme pré, très vert. Drap —. *P. ext.* Tapis —, table de jeu. *P. ext.* Quand les arbres sont encore verts, quand les feuilles n'ont pas encore jauni, ne sont pas encore séchées. Bois —, bois coupé qui n'est pas encore sec, qui contient encore de la sève. *Fig.* Donner à qqn une volée de bois — (le bois vert cassant plus difficilement), l'accabler de coups. Mettre un cheval au régime —, le mettre aux champs, où il se nourrit sur place de fourrage frais. | *P. anal.* Pois verts, pois fraîchement écossés (par opposition aux pois secs). Haricots verts, cueillis avant qu'ils aient grossi et formé leurs graines. Fruits verts, qui n'ont pas achevé de mûrir. Des pommes vertes, des raisins verts. *Loc. prov.* Par allusion à la fable du renard feignant de dédaigner, comme trop verts, des raisins qu'il ne pouvait atteindre. Les raisins sont trop verts, on affecte de dédaigner ce qu'on ne peut avoir. | Vin —, qui n'est pas encore fait. | Cuirs verts, peaux non préparées. | Pierres vertes, fraîchement tirées de la carrière. Ivoire —, pris sur la bête au moment où elle vient d'être tuée, et qui reste plus beau. || *Fig.* Encore jeune. La verte jeunesse. L'une (des deux veuves) encor verte, et l'autre un peu bien mûre, LA F. *Fab.* I, 17. Un vieillard encore —. *P. anal.* Vif, énergique. Un — galant. *Vieilli.* Avoir la tête verte, être brusque. | Faire à qqn une verte réprimande. Être trop — en paroles, parler trop crûment. Langue verte, argot. || Sauce verte, sauce au vinaigre avec des herbes vertes.

II. *S. m.* || 1° La couleur du feuillage, de l'herbe, etc. Une étoffe d'un beau —. Le — émeraude. Le — de mer. *Ellipt.* Une étoffe — foncé. Être habillé de —.

|| 2° *P. ext.* Fourrage herbacé non séché qu'on donne aux bêtes, soit sur place, soit à l'étable, à l'écurie. Un loup... Aperçut un cheval qu'on avait mis au —, LA F. *Fab.* V, 8. *Loc. prov. Fig.* Manger son blé en — (couper le blé avant qu'il soit mûr), manger son revenu d'avance. Prendre sur le — (prendre même ce qui n'est pas mûr), ne pas rester au dépourvu. Employer le — et le sec, se servir de tout indistinctement. | Mettre les toiles sur le —, les laisser étendues sur le pré, pour qu'elles blanchissent. *Fig.* Laisser sur le —, ne pas mettre en œuvre. Laissent sur le — le noble de l'ouvrage, RÉGNIER, *Sat.* 9. | *Vieilli.* Jouer au —, à un jeu où l'on devait porter pendant tout le mois de mai une feuille verte cueillie le jour même, et où l'on payait une amende si on était pris sans cette feuille. *Fig.* Prendre qqn sans —, le prendre au dépourvu.

|| 3° *P. ext.* Nom donné à certaines plantes, à certains oiseaux, à certains fruits. || *Spécialt.* | 1. *S. m.* — doré, variété d'oiseau-mouche, de papillon. | 2. *S. f.* Verte bonne, prune de reine-Claude. Verte longue, poire sucrée.

VERT-DE-GRIS [vèr-de-gri] *s. m.*

[ÉTYM. Altération de vert-de-Grice, proprt, « vert de Grèce », nom dont on ne connaît pas la raison d'être, § 170. || 1314. Vert de Grice soit pulvérisé, *Chirurg. de Mondeville*, 839, Bos. | XVᵉ s. Vert de gris, *Débat des hérauts d'armes*, 117.]

|| Nom vulgaire de l'oxyde de cuivre qui se forme à la surface des vases de ce métal. || *P. anal.* Nom de l'acétate bibasique de cuivre, dit dans le commerce verdet.

VERTÉBRAL, ALE [vèr-té-bràl] *adj.*

[ÉTYM. Dérivé de vertèbre, § 238. || XVIIᵉ s. Artère vertébrale, DIONIS, dans TRÉV. Admis ACAD. 1762.]

|| (Anat.) Qui a rapport aux vertèbres. Colonne vertébrale, l'épine dorsale, composée de vertèbres articulées, qui forme l'axe de la charpente osseuse. Canal —, conduit formé par la partie creuse des vertèbres, et contenant la moelle épinière.

VERTÈBRE [vèr-tèbr'] *s. f.*

[ÉTYM. Emprunté du lat. vertebra, *m. s.* de vertere, tourner. || 1539. R. EST.]

‖ (Anat.) Chacun des vingt-quatre os dont la réunion forme la colonne vertébrale.

VERTÉBRÉ, ÉE [vèr-té-bré] *adj.*
[ÉTYM. Dérivé de vertèbre, § 253. Le lat. vertebratus a un sens différent. ‖ 1812. MOZIN, *Dict. franç.-allem.* Admis ACAD. 1835.]
‖ (T. didact.) Pourvu de vertèbres. Les animaux vertébrés, et, *substantivt*, Les vertébrés, classe du règne animal, comprenant les animaux qui ont une charpente osseuse ayant pour axe la colonne vertébrale.

VERTEMENT [vèr-te-man] *adv.*
[ÉTYM. Composé de verte et ment, § 724. ‖ 1611. COTGR.]
‖ Avec vivacité, énergie. Parler — à qqn. Il a été réprimandé —.

***VERTEVELLE** [vèr-te-vèl] *s. f.*
[ÉTYM. Du lat. pop. *vertabella (class. vertibula, vertèbre, § 126), de vertere, tourner, §§ 335, 434 et 291. (*Cf.* vervelle, verveux.) ‖ XIIIᵉ s. Ne gon cassé ne vertevelle, J. LE MARCHAND, *Mir. de N.-D. de Chartres*, p. 29.]
‖ (Technol.) ‖ 1. Charnière qui sert à maintenir le gouvernail. ‖ 2. Anneau qui sert à maintenir certains verrous.

VERTICAL, ALE [vèr-ti-kàl] *adj.*
[ÉTYM. Emprunté du lat. verticalis, m. s. de vertex, sommet. ‖ 1557. J. BASSANTIN, *Astron. Discours*, dans GODEF. *Compl.*]
‖ (Géom.) Qui est perpendiculaire au plan de l'horizon. Une ligne verticale, et, *substantivt*, Une verticale. La verticale d'un lieu. Plan —, passant par la verticale du lieu. Cercles verticaux, et, *substantivt*, Verticaux, grands cercles de la sphère, passant par le zénith et le nadir. (Géologie.) Ordre —, superposition des couches selon la verticale.

VERTICALEMENT [vèr-ti-kàl-man ; en vers,-kà-le-...] *adv.*
[ÉTYM. Composé de verticale et ment, § 724. ‖ 1690. FURET. Admis ACAD. 1718.]
‖ (Géom.) Suivant la verticale.

VERTICALITÉ [vèr-ti-kà-li-té] *s. f.*
[ÉTYM. Dérivé de vertical, § 255. ‖ XVIIIᵉ s. V. à l'article. Admis ACAD. 1878.]
‖ (Géom.) Qualité de ce qui est vertical. La — des fentes qui les coupent, DE SAUSSURE, *Voy. dans les Alpes*, v, p. 250.

VERTICILLE [vèr-ti-sil] *s. m.*
[ÉTYM. Dérivé du lat. verticillus, diminutif de vertex, sommet. ‖ 1691. Quoi que leurs fleurs ne soient pas exactement rangées par verticilles, TOURNEF. *Élém. de botan.* i, p. 541. Admis ACAD. 1835.]
‖ (Botan.) Ensemble des parties de la fleur disposées sur un même plan autour d'un axe commun.

VERTICILLÉ, ÉE [vèr-ti-sïl'-lé] *adj.*
[ÉTYM. Dérivé du lat. verticillus, verticille, § 253. ‖ 1694. Fleurs verticillées, TOURNEF. *Élém. de. botan.* i, p. 540. Admis ACAD. 1762.]
‖ (Botan.) Disposé en verticille.

VERTIGE [vèr-tïj'] *s. m.*
[ÉTYM. Emprunté du lat. vertigo, inis, subst. fém. m. s. (*Cf.* avertin et vertigo.) PARÉ emploie vertigine. Sur le genre du mot franç. V. § 552. ‖ 1611. COTGR.]
‖ (T. didact.) Étourdissement momentané où l'on croit voir les objets tourner autour de soi. Être pris de —. ‖ *Fig.* (T. biblique.) Esprit de —, égarement momentané. Le Seigneur a répandu l'esprit de — dans ses conseils, BOSS. *Hist. univ.* III, 7.

VERTIGINEUX, EUSE [vèr-ti-ji-neû, -neûz'] *adj.*
[ÉTYM. Emprunté du lat. vertiginosus, m. s. ‖ XVIᵉ s. Les malades deviennent vertigineux, PARÉ, XXII, 36. Admis ACAD. 1762.]
‖ (T. didact.) Qui donne le vertige. Hauteur vertigineuse.

VERTIGO [vèr-ti-gò] *s. m.*
[ÉTYM. Emprunté du lat. vertigo, m. s. (*Cf.* vertige.) Sur le genre, V. § 551. ‖ XVIᵉ s. Scotomie ou vertigo, PARÉ, XV, 3. Admis ACAD. 1762.]
‖ **1°** (T. didact.) Maladie du cheval, tournoiement de tête.
‖ **2°** *Famil.* Caprice étrange. Quel — est-ce donc là ? MOL. *B. gent.* III, 8.

VERTU [vèr-tu] *s. f.*
[ÉTYM. Du lat. virtûtem, m. s. §§ 342, 402 et 291.]
‖ **1°** Force d'âme, courage. Benjamin est sans force, et Juda sans —, RAC. *Ath.* I, 1. La solide — dont je fais vanité

N'admet point de faiblesse, CORN. *Hor.* II, 3. La honte... Arrête leur désordre et leur rend leur —, ID. *Cid*, IV, 3.
‖ **2°** Pratique habituelle du bien. Ainsi que la — le crime a ses degrés, RAC. *Phèd.* IV, 2. Il faut parmi le monde une — traitable, MOL. *Mis.* I, 1. *P. anal.* Avoir de la —, avoir du mérite à faire qqch. *Loc. prov.* Faire de nécessité —, se donner le mérite de faire spontanément ce qu'on ne peut éviter. Les vertus devraient être sœurs, Ainsi que les vices sont frères, LA F. *Fab.* VIII, 25. La princesse palatine avait les vertus que le monde admire, BOSS. *A. de Gonz.* Les vertus cardinales (prudence, justice, tempérance, force). Les vertus théologales (foi, espérance, charité). Les vertus civiques. ‖ *Speciall.* Chasteté. Garder sa — au milieu des tentations. Une femme de moyenne —, d'une vertu peu assurée. ‖ *P. ext.* Celui qui a la vertu. La — la plus ferme évite les hasards, CORN. *Poly.* II, 4.
‖ **3°** Pouvoir de produire une certaine action. Étudier la — médicinale des simples. Il les a trouvés tous (les poisons) sans force et sans —, RAC. *Mithr.* V, 4. Nous avons vu que le théâtre a une grande — pour la correction, MOL. *Tart.* préf. ‖ *Vieilli.* Faire —, faire de l'effet. Que sur son esprit vos dons fassent —, CORN. *Ment.* IV, 1. ‖ *Loc. adv.* En — de, par l'action de. Les corps tombent en — de la pesanteur.

***VERTUBLEU** [vèr-tu-bleû] et ***VERTUCHOU** [vèr-tu-chou] *interj.*
[ÉTYM. Pour vertu Dieu, § 726. On trouve aussi tubleu et tuchou. ‖ XVIᵉ-XVIIᵉ s. Vertubieu, quel parfum ! D'AUB. *Fœneste*, IV, 7.]
‖ Juron comique. (*Cf.* tudieu.) Vertubleu ! petit compère, MOL. *D. Juan*, IV, 7. Vertuchou ! ces devoirs-là sont bons, MARIV. *Double inconst.* III, 4.

VERTUEUSEMENT [vèr-tueûz'-man ; *en vers*, -tueû-cû-ze-...] *adv.*
[ÉTYM. Composé de vertueuse et ment, § 724. ‖ XIᵉ s. Li quens li fiert tant vertuussement, *Roland*, 1601.]
‖ D'une manière vertueuse. Se conduire —.

VERTUEUX, EUSE [vèr-tueû, -tueûz' ; *en vers*, -tu-...] *adj.*
[ÉTYM. Dérivé de vertu, § 116. ‖ XIᵉ s. Vertuus e vassal cumbatant, *Roland*, 1594.]
‖ **1°** Qui pratique la vertu. Ami de la vertu plutôt que —, BOIL. *Ep.* 10. ‖ *Speciall.* Chaste. Une femme vertueuse.
‖ **2°** Conforme à la vertu. Une action vertueuse.

***VERTUGADE** [vèr-tu-gàd']. *V.* vertugadin.

VERTUGADIN [vèr-tu-gà-din] *s. m.*
[ÉTYM. Dérivé de vertugade, qui s'est dit dans le même sens, et qui est l'espagn. verdugado, m. s. propr‖, « pousse verte, baguette », §§ 13 et 104. ACAD. 1694 donne encore vertugade. ‖ 1532. Verdugale, RAB. I, 56. ‖ 1611. Vertugadin, COTGR.]
I. *Anciennt.* Bourrelet faisant bouffer la jupe.
II. *P. anal.* (Jardin.) Étage circulaire de verdure.

VERVE [vèrv'] *s. f.*
[ÉTYM. Paraît se rattacher à *vęrva, variante de verba, plur. de verbum, verbe, parole, pris comme fém. sing. §§ 291 et 545. ‖ XIIᵉ s. Car li vilains dit an sa verve, CHRÉTIEN DE TROYES, *Cligès*, 4572.]
‖ **1°** *Vieilli.* Fantaisie qui passe par la tête de qqn. Recommencez-vous votre —? *Pathelin*, 797. Publier mes verves, MONTAIGNE, I, 39.
‖ **2°** Inspiration chaleureuse du moment. Une page écrite de —. Être en —. La — poétique.

VERVEINE [vèr-vèn'] *s. f.*
[ÉTYM. Emprunté du lat. pop. *vervęna (class. verbena ; cf. verbénacées), m. s. §§ 360, 310 et 291.]
‖ **1°** Plante à fleur odorante.
‖ **2°** *Fig.* Bouquet, maladie des moutons.

VERVELLE [vèr-vèl] *s. f.*
[ÉTYM. Du lat. pop. *vertibęlla (class. vertibula, vertèbre, § 126), devenu *vertevella, *vert'velle, vervelle, §§ 336, 434 et 291. (*Cf.* vertevelle.) ‖ XIIᵉ s. Tuit li gon et les vervieles Sont de fin or, CHRÉTIEN DE TROYES, *Perceval*, 9041.]
‖ (Fauconn.) Anneau fixé aux courroies qui retiennent les faucons par les pattes.

VERVEUX [vèr-veû] *s. m.*
[ÉTYM. Même radical que vervelle, avec une désinence obscure. ‖ 1315. Aucuns vreviex et engiens, dans DU C. vervillum.]
‖ (Pêche.) Filet circulaire soutenu par des cercles qui vont en diminuant jusqu'au fond où tombe le poisson.

VÉSANIE [vé-zà-ni] *s. f.*
[ÉTYM. Emprunté du lat. **vesania**, *m. s.* || Admis ACAD. 1835.]
|| (Médec.) Aliénation mentale.

VESCE [vĕs'] *s. f.*
[ÉTYM. Du lat. **vïcia**, *m. s.* devenu **vece**, écrit arbitrairement **vesce**, §§ 308, 383 et 291.]
|| Plante légumineuse.

VÉSICAL, ALE [vé-zi-kàl] *adj.*
[ÉTYM. Emprunté du lat. **vesicalis**, *m. s.* || XVIᵉ s. Hemorrhoïdes... vesicales, PARÉ, XI, 25. Admis ACAD. 1835.]
|| (Anat.) Qui se rapporte à la vessie. Les nerfs vésicaux. Catarrhe —.

***VÉSICANT, ANTE** [vé-zi-kan, -kănt'] *adj.*
[ÉTYM. Emprunté du lat. **vesicans**, *m. s.* part. de **vesicare**, gonfler. || 1812. MOZIN, *Dict. franç.-allem.*]
|| (T. didact.) Qui produit des vésicules sur la peau. (*Cf.* vésicatoire.)

***VÉSICATION** [vé-zi-kà-syon; *en vers*, -si-on] *s. f.*
[ÉTYM. Dérivé du lat. **vesicare**, gonfler, § 247. || XVIᵉ s. PARÉ, XV, 26.]
|| (T. didact.) Action vésicante.

VÉSICATOIRE [vé-zi-kà-twàr] *adj.*
[ÉTYM. Dérivé du lat. **vesicare**, gonfler, § 249. || XVIᵉ s. PARÉ, VI, 12.]
|| (T. didact.) Qui a des propriétés vésicantes. (*Cf.* vésicant.) *Substantivt.* Un —, substance vésicante. Appliquer un —.

***VÉSICULAIRE** [vé-zi-ku-lèr] *adj.*
[ÉTYM. Dérivé de **vésicule**, § 248. || XVIIIᵉ-XIXᵉ s. *V.* à l'article.]
|| (T. didact.) Qui a la forme de vésicules. Les insectes volatils ont des corps vésiculaires, B. DE ST-P. *Harm. Animaux.*

VÉSICULE [vé-zi-kul] *s. f.*
[ÉTYM. Emprunté du lat. **vesicula**, *m. s.* || 1541. Ceste vesicule ou petite vessie, J. CANAPPE, *Tables anat.* dans DELB. *Rec.*]
|| (T. didact.) || **1°** Petite vessie. La — du fiel.
|| **2°** *P. ext.* Petite élevure de l'épiderme contenant un liquide séreux.

VESOU [ve-zou] *s. m.*
[ÉTYM. Mot créole d'origine inconnue, § 18. || 1723. SAVARY, *Dict. du comm.* Admis ACAD. 1835.]
|| (Technol.) Jus de la canne à sucre sortant du pressoir.

***VESPASIENNE** [vĕs'-pà-zyèn; *en vers*, -zi-èn'] *s. f.*
[ÉTYM. Dérivé de **Vespasien**, empereur romain qui mit un impôt sur les urinoirs publics, § 36. || *Néolog.*]
|| Urinoir public.

***VESPÉRAL** [vĕs'-pé-ràl] *s. m.*
[ÉTYM. Dérivé du lat. **vesperalis**, soir, § 238. || *Néolog.*]
|| (Liturgie cathol.) Livre contenant l'office du soir.

VESPÉRIE [vĕs'-pé-ri] *s. f.*
[ÉTYM. Emprunté du lat. scolast. **vesperia**, *m. s.* de **vesper**, soir, § 217. || XVIᵉ s. Tentatives et vesperies, BONFONS, *Antiq. de Paris*, dans DELB. *Rec.*]
|| **1°** *Anciennt.* (T. universit.) Acte qu'un licencié soutenait (le soir) avant de recevoir le bonnet, et qui donnait lieu à des observations de la part de celui qui présidait.
|| **2°** *Vieilli. Fig.* Admonestation.

VESPÉRISER [vĕs'-pé-ri-zé] *v. tr.*
[ÉTYM. Dérivé du lat. **vesper**, soir, avec allusion à vespérie, § 266. On trouve vesperier au XVᵉ s. || XVᵉ-XVIᵉ s. Vesperiser, Vituperer et despriser, ELOY DAMERNAL, *Deablerie*, fᵒ 3, édit. 1507, dans GODEF.]
|| *Vieilli.* Admonester.

VESPÉTRO [vĕs'-pĕt'-rô; *selon d'autres*, -pé-tró] *s. m.*
[ÉTYM. Composé avec les premières lettres de **vesser**, **péter**, **roter**, à cause des vertus carminatives attribuées à cette liqueur, § 284 *bis.* || *Néolog.* Admis ACAD. 1835.]
|| *Vieilli.* Liqueur faite d'eau-de-vie où l'on a fait infuser de l'angélique et de la coriandre.

VESSE [vĕs'] *s. f.*
[ÉTYM. Subst. verbal de **vessir**, anc. forme de **vesser**, § 52. || XVᵉ s. Tu as fait une vesse, *Mir. de Ste Genev.* dans LITTRÉ.]
|| Vent qui sort du corps sans bruit et répand une mauvaise odeur.

VESSER [vè-sé] *v. intr.*
[ÉTYM. Dérivé de **vesse**, § 145. A remplacé **vessir** (ACAD. 1694-1718), qui est le lat. pop. *vissïre (class. **visïre**, § 417), *m. s.* § 628. || Admis ACAD. 1762.]

|| Laisser échapper une vesse.

VESSEUR, EUSE [vè-seŭr, -seŭz'] *s. m. et f.*
[ÉTYM. Dérivé de **vesser**, § 112. || 1549. R. EST. Admis ACAD. 1762.]
|| Celui, celle qui laisse échapper des vesses. | *Fig.* Poltron, poltronne. (*Cf.* venette.)

VESSIE [vè-si] *s. f.*
[ÉTYM. Du lat. pop. *vessïca (class. **vesica**, § 417; *cf.* vesicant, etc.), *m. s.* §§ 402 et 291.]
|| **1°** Poche où l'urine s'accumule jusqu'à ce que les parois se contractent pour l'expulser. || Poche placée dans l'abdomen de la plupart des poissons, contenant un mélange d'azote, d'oxygène et d'acide carbonique, dite natatoire, parce qu'elle passe pour rendre le poisson plus léger.
|| **2°** Cette poche tirée du corps de l'animal, séchée, et gonflée d'air qu'on y a insufflé. *Loc. prov. Fig.* Donner d'une — par le nez à qqn, lui donner sur le nez pour châtier son impudence. Prendre des vessies pour des lanternes, commettre d'étranges méprises.

VESSIGON [vè-si-gon] *s. m.*
[ÉTYM. Emprunté de l'ital. **vessigone**, *m. s.* de **vessiga**, vessie, § 12. || 1611. COTGR. Admis ACAD. 1762.]
|| (Art vétérin.) Tumeur synoviale au jarret du cheval.

***VESSIR** [vè-sïr]. *V.* vesser.

VESTALE [vĕs'-tàl] *s. f.*
[ÉTYM. Emprunté du lat. **vestalis**, *m. s.* || XIVᵉ s. Les vierges vestales, BERSUIRE, fᵒ 112, dans LITTRÉ. Admis ACAD. 1718.]
|| (Antiq. rom.) Prêtresse de Vesta, vouée à la virginité, et chargée d'entretenir le feu sacré. || *Fig.* Femme très chaste. On l'aurait prise pour une —, LA BR. 3.

VESTE [vèst'] *s. f.*
[ÉTYM. Emprunté de l'ital. **veste**, *m. s.* du lat. **vestis**, « vêtement », § 12. || 1640. OUD. veste.]
|| **1°** *Anciennt.* Vêtement à quatre pans, descendant jusqu'aux genoux et se portant sous l'habit.
|| **2°** Vêtement sans basques. Justaucorps à brevet... avec la — rouge, ST-SIM. XII, 69. *P. plaisant. Famil.* Remporter une — (être venu avec un habit et revenir avec une veste), essuyer un échec.

VESTIAIRE [vĕs'-tyèr; *en vers*, -ti-èr] *s. m.*
[ÉTYM. Emprunté du lat. **vestiarium**, *m. s.* || XIIᵉ-XIIIᵉ s. Les dras viez en present rendrunt Et remetrunt en vestuaire, NICOLE, *Règle de St-Benoît*, dans DELB. *Rec.*]
|| Lieu de dépôt pour les habits des membres d'une communauté, les costumes des membres d'un corps, les manteaux des spectateurs d'un théâtre, etc. Le — d'un couvent, d'un tribunal.

VESTIBULE [vĕs'-ti-bul] *s. m.*
[ÉTYM. Emprunté du lat. **vestibulum**, *m. s.* de la particule ve et de **stabulum**, station. Rendu par **vestible** au XIIIᵉ s. || XVIIᵉ s. *V.* à l'article.]
|| Pièce qui placée à l'entrée d'un édifice, d'une maison, y donne accès. Dans le — de la prison, SACI, *Bible, Jérémie*, XXXVIII, 28. || *P. anat. Fig.* Le — de l'oreille, cavité de l'oreille interne.

VESTIGE [vĕs'-tïj'] *s. m.*
[ÉTYM. Emprunté du lat. **vestigium**, *m. s.* || 1552. Ung pas ou trace, vestige, CH. EST. dans DELB. *Rec.*]
|| Empreinte laissée par un corps là où il a été posé; par un homme, un animal, là où il a marché. Il n'y aura plus sur la terre aucun — de ce que nous sommes, BOSS. *Mort*, 1. Un désert où il n'y a aucun — d'hommes, FÉN. *Tél.* 15. Cette sainte montagne où les vestiges des hommes du monde... ne paraissaient pas, BOSS. *A. de Gonz.* || *Fig.* Marque qu'une chose détruite a laissée de son existence. Un monument dont il ne reste pas —. Un temps... dont il ne reste dans la mémoire aucun —, LA BR. 11. (*Syn.* trace.)

VESTON [vĕs'-ton] *s. m.*
[ÉTYM. Dérivé de **veste**, § 104. || *Néolog.* Admis ACAD. 1878.]
|| Vêtement d'homme un peu plus court que la veste.

VÊTEMENT [vèt'-man; *en vers*, vè-te-...] *s. m.*
[ÉTYM. Dérivé de **vêtir**, § 145. || XIᵉ s. Del vestement i ad sainte Marie, *Roland*, 2348.]
|| Ce qui sert à couvrir le corps pour le préserver des intempéries ou cacher sa nudité. — d'homme, de femme. Un — chaud, ajusté. Des vêtements de travail, de fête, de deuil. Ces tristes vêtements, où je lis mon malheur, CORN. *Cid*, IV, 1. Que d'une serge honnête elle ait son —, MOL. *Éc. des m.* I, 2.

VÉTÉRAN [vé-té-ran] *s. m.*
[ÉTYM. Emprunté du lat. veteranus, *m. s.* de vetus, vieux. (*Cf.* invétéré.) || 1602. Soldat veterane, J. LAVARDIN, *Épîtres de St Hierome*, dans DELB. *Rec.*]
|| **1°** (Antiq. rom.) Soldat qui a obtenu son congé après avoir longtemps servi. Les terres distribuées aux vétérans.
|| **2°** Soldat qui est depuis longtemps sous les drapeaux. Les vétérans et les conscrits. || *P. anal.* (T. scol.) Élève qui fait une seconde année de rhétorique, de philosophie.

VÉTÉRANCE [vé-té-râns'] *s. f.*
[ÉTYM. Dérivé de vétéran, dont la désinence a été confondue avec celle d'un part. prés. § 262. || 1707. DELAMARE, *Traité de la police*, I, xi, 10. Admis ACAD. 1718.]
|| (T. didact.) Condition de celui qui est vétéran.

VÉTÉRINAIRE [vé-té-ri-nêr'] *adj.*
[ÉTYM. Emprunté du lat. veterinarius, *m. s.* de veterinum, bête de somme, qui se rattache à vehere, traîner. || 1563. Quatre livres de la medecine des chevaux malades et autres veterinaires, B. DU POY MONCLAR, titre. Admis ACAD. 1798.]
|| (T. didact.) Qui concerne les maladies des chevaux, chiens, etc. La médecine —. École —, où l'on apprend la médecine vétérinaire. Un médecin —, et, *substantivt*, Un —.

VÉTILLARD, ARDE [vé-ti-yàr, -yàrd'] *s. m.* et *f.*
[ÉTYM. Dérivé de vétille, § 147. || 1642. OUD. Admis ACAD. 1718.]
|| Celui, celle qui s'occupe de vétilles. (*Cf.* vétilleur.)

VÉTILLE [vé-tĭy'] *s. f.*
[ÉTYM. Semble emprunté de l'espagn. vetilla, diminutif de veta, raie, filon, § 13. || XVIᵉ s. Y n'enten poent quelles vetilles, D'AUB. *Fœneste*, ii, 9.]
|| **1°** Chose insignifiante, qui ne mérite pas qu'on s'y arrête. De la moindre — il fait une merveille, MOL. *Mis.* ii, 4.
|| **2°** *Fig.* Jouet consistant en anneaux entrelacés qu'il s'agit de dégager.

VÉTILLER [vé-ti-yé] *v. intr.*
[ÉTYM. Dérivé de vétille, § 154. || XVIᵉ-XVIIᵉ s. Criailler et vetiller chascun a sa mode, FR. DE SALES, dans DELB. *Rec.*]
|| S'arrêter à des vétilles. { *Vieilli. Transitivt.* Plus d'un éplucheur intraitable M'a vétillé (m'a critiqué sur des vétil-!es), VOLT. *Zaïre*, ép.

VÉTILLEUR, EUSE [vé-ti-yeur, -yeuz'] *s. m.* et *f.*
[ÉTYM. Dérivé de vétiller, § 112. || 1642. OUD.]
|| Celui qui s'arrête à des vétilles. (*Cf.* vétillard, vétilleux.) | *Adjectivt.* Il était —, Ce tant renommé batailleur, SCARR. *Virg. trav.* 6.

VÉTILLEUX, EUSE [vé-ti-yeû, -yeuz'] *adj.*
[ÉTYM. Dérivé de vétille, § 116. || XVIIᵉ s. *V.* à l'article. Admis ACAD. 1762.]
|| **1°** Qui mérite d'être examiné méticuleusement. Une affaire vétilleuse.
|| **2°** Qui s'arrête à des vétilles. (*Cf.* vétillard, vétilleur.) Il était naturellement — et grondeur, RETZ, *Mém.* dans POUGENS.

VÊTIR [vè-tîr] *v. tr.*
[ÉTYM. Du lat. vestĭre, *m. s.* devenu vestir, § 291, vêtir, § 422.]
I. Couvrir d'étoffes, de tissus, etc., adaptés au corps, pour préserver des intempéries ou cacher la nudité. Se —. N'étant vêtu que de simple bureau, BOIL. *Sat.* 1. Être proprement vêtu. Légère et court vêtue, LA F. *Fab.* vii, 10. Celles qui se vêtent de soie. | *P. ext.* — qqn, lui procurer des vêtements. || *P. anal. Poét.* Les champs se vêtiront de roses, LA F. *Lett.* 18. || *Fig.* Mettre en possession de qqch. (*Syn.* investir.) — qqn d'un héritage.
II. *Vieilli.* Se couvrir de, mettre sur soi. — un riche habit. (*Syn.* revêtir.) | *Fig.* — la figure Du valet d'Amphitryon, MOL. *Amph.* prol.

VÉTIVER [vé-ti-vèr] *s. m.*
[ÉTYM. Emprunté du tamoul vettiveru, *m. s.* § 25. ACAD. admet aussi l'orthographe vétyver. || *Néolog.* Admis ACAD. 1835.]
|| (Botan.) Plante de l'Inde, utilisée en parfumerie.

VETO [vé-tó] *s. m.*
[ÉTYM. Mot lat. signifiant « je défends ». || Admis ACAD. 1798.]
|| (Droit.) || **1°** (Antiq. rom.) Formule par laquelle chaque tribun du peuple pouvait arrêter les décrets du sénat, les propositions des autres tribuns, les actes des magistrats.
|| **2°** Formule par laquelle chaque nonce, dans la diète de Pologne, pouvait arrêter les délibérations.

|| **3°** Faculté qu'a le chef du pouvoir exécutif de refuser sa sanction à un acte du pouvoir législatif. — suspensif, absolu, faculté de refuser cette sanction d'une manière temporaire ou définitive. || *Fig.* Mettre son — à qqch, y mettre opposition.

VÊTURE [vê-tūr] *s. f.*
[ÉTYM. Dérivé de vêtir, § 111. || XIIᵉ s. Cui caut de sa vesteûre? *Partenopeus*, 7459.]
|| (T. relig.) Prise d'habit par laquelle commence le noviciat.

VÉTUSTÉ [vé-tûs-té] *s. f.*
[ÉTYM. Emprunté du lat. vetustas, *m. s.* de vetus, vieux. || XVIᵉ s. Si quelques unions tendoient à vetusté, RAB. I, 56. Admis ACAD. 1740.]
|| État de détérioration produit (dans les choses) par le temps. Des arbres qui tombent de —.

VÉTYVER. *V.* vétiver.

VEUF, VEUVE [veûf', veuv'] *adj.* et *s. m.* et *f.*
[ÉTYM. Du lat. vĭdua, *m. s.* devenu vedve, veve, veuve, §§ 308, 404 et 291. Le masc. s'est modelé sur le fém. § 583.]
I. *Adj.* Qui n'a plus de femme, qui n'a plus de mari (par décès du conjoint). Épouser un homme —, une femme veuve. Ils ont la rage tous deux (le mari et la femme) de vouloir être veufs, LES. *Turcar.* v, 10. || *Fig.* Privé de. La division Gudin, veuve de son général, SÉGUR, *Hist. de Napol.* vi, 8. *Spécialt.* Église veuve, collégiale qui a cessé d'être cathédrale, d'avoir un évêque.
II. *S. m.* et *f.* Celui qui n'a plus de femme, celle qui n'a plus de mari (par décès du conjoint). Épouser un —, une veuve. Porter le deuil de veuve. Ces veuves dont parle saint Paul, qui, vraiment veuves et désolées, s'ensevelissent pour ainsi dire elles-mêmes dans le tombeau de leur époux, BOSS. *A. de Gonz.* Entre la veuve d'une année Et la veuve d'une journée La différence est grande, LA F. *Fab.* vi, 21. | *Loc. prov.* Le denier de la veuve, aumône qu'on prend sur son nécessaire. (*V.* denier.) Avoir affaire à la veuve et aux héritiers, avoir à compter avec plusieurs parties. Fleur de veuve, scabieuse, à fleur violette ou noir pourpré. || *P. anal.* Veuve, oiseau d'Afrique à plumage noir et à queue traînante.

VEULE [veûl] *adj.*
[ÉTYM. Origine inconnue; le mot a été longtemps dialectal, § 16. || XIIᵉ s. Celle ki le cuer a mout vuele, dans MONTAIGLON et RAYNAUD, *Rec. de fabliaux*, iv, p. 2. Admis ACAD. 1740.]
|| Sans énergie. Plante —, chétive. Terre —, trop légère.

***VEULERIE** [veûl-ri; *en vers*, veû-le-rî] *s. f.*
[ÉTYM. Dérivé de veule, § 69. (*Cf.* l'anc. franç. veulie.) || *Néolog.*]
|| État de celui qui est veule.

VEUVAGE [veû-vàj'] *s. m.*
[ÉTYM. Dérivé de veuf, § 78. || 1374. A cause de vesvaige, dans DU C. viduitas.]
|| Temps pendant lequel une personne est veuve. (*Syn.* viduité.) Se remarier après une année de —. Un long —. *Fig.* Il (Jésus-Christ) la laisse dans un — qui ne finira qu'avec le monde, BOSS. *Lett. à la sœur Cornuau*, 83.

VEXANT, ANTE [vĕk'-san, -sânt'] *adj.*
[ÉTYM. Adj. particip. de vexer, § 47. || *Néolog.* Admis ACAD. 1878.]
|| *Famil.* Qui vexe.

VEXATION [vĕk'-sà-syon; *en vers*, -si-on] *s. f.*
[ÉTYM. Emprunté du lat. vexatio, *m. s.* || 1278. Des vexations e des injures, dans *Bibl. de l'Éc. des Chartes*, 1857-1858, p. 79.]
|| (T. didact.) Action de vexer. Les vexations qu'éprouve le malheureux peuple, J.-J. ROUSS. *Confess.* 4.

VEXATOIRE [vĕk'-sà-twàr] *adj.*
[ÉTYM. Dérivé de vexer, § 249. || XVIIIᵉ s. *V.* à l'article. Admis ACAD. 1798.]
|| (T. didact.) Qui a le caractère d'une vexation. Des mesures vexatoires. Cette recherche, plus — qu'un impôt, BUFF. *Nitre.*

VEXER [vĕk'-sé] *v. tr.*
[ÉTYM. Emprunté du lat. vexare, *m. s.* || 1389. Que... il ne vexassent... aucuns des bourgois, *Bibl. de l'Éc. des Chartes*, 1871, p. 393.]
|| Tourmenter par quelque abus de pouvoir. || *P. ext. Famil.* Contrarier vivement. Il paraît vexé.

1. VIABILITÉ [vyà-bi-li-té; *en vers*, vi-à-...] *s. f.*

[ÉTYM. Dérivé de **viable**, § 255. ‖ 1812. MOZIN, *Dict. franç.-allem.* Admis ACAD. 1885.]

‖ (T. didact.) Aptitude à vivre d'un nouveau-ne.

2. VIABILITÉ [vyà-bi-li-té ; *en vers*, vi-à-...] *s. f.*

[ÉTYM. Dérivé du lat. **via**, chemin, § 255. ‖ *Néolog.* Admis ACAD. 1878.]

‖ (T. didact.) Bon état d'une route, qui permet d'y circuler.

VIABLE [vyàbl' ; *en vers*, vi-àbl'] *adj.*

[ÉTYM. Dérivé de **vie**, § 93. ‖ 1549. R. EST. Admis ACAD. 1762.]

‖ (T. didact.) Apte à vivre. (Se dit d'un nouveau-né.)

VIADUC [vyà-dŭk' ; *en vers*, vi-à-...] *s. m.*

[ÉTYM. Composé avec le lat. **via**, voie, et **ducere**, conduire, d'après aqueduc, § 273. ‖ *Néolog.* Admis ACAD. 1878.]

‖ (Technol.) Pont élevé, souvent à plusieurs rangs d'arcades, construit sur un cours d'eau, un vallon, etc.

VIAGER, ÈRE [viä-jé, -jèr] *adj.*

[ÉTYM. Dérivé de l'anc. franç. **viage**, le temps de la vie, §§ 78 et 115. ‖ 1291. Eu **wiagere**, dans GODEF. **viagere.**]

‖ (Droit.) Dont on doit jouir sa vie durant. Une rente viagère. Un revenu —, et, *substantivt*, Placer en —, en faisant abandon du capital pour avoir une rente plus forte sa vie durant. ‖ *Fig.* Leur gloire viagère, GILBERT, *Apologie.*

***VIAGÈREMENT** [vyä-jèr-man; *en vers*, vi-à-jè-re-...] *adv.*

[ÉTYM. Composé de **viagère** et **ment**, § 724. ‖ 1459. **Viagierement**, dans GODEF.]

‖ (Droit.) D'une manière viagère.

VIANDE [vyånd' ; *en vers, vieilli*, vi-ånd'] *s. f.*

[ÉTYM. Du lat. pop. ***vivanda** (pour **vivenda**), *m. s.* de **vivere**, vivre, §§ 140, 445 et 291. (*Cf.* **vivandier**.)]

I. *Vieilli.* Aliment qui entretient la vie. L'œsophage, selon son nom, est le conduit par où les viandes sont portées à l'estomac, BOSS. *Conn. de Dieu*, II, 5. Loc. prov. Il n'est — que d'appétit, c'est l'appétit seul qui fait trouver bon ce qu'on mange. La — pourtant ne priait point les gens (les mets n'invitaient pas à manger), RÉGNIER, *Sat.* 10. — creuse, aliment non substantiel. *Fig.* Si vous songez à nourrir votre esprit, C'est de — bien creuse, MOL. *F. sav.* II, 7. ‖ *P. anal.* C'est (l'eucharistie) une — salutaire, sans laquelle le fils de Dieu ne demeurera pas en vous, BOURD. *Communion*, 1.

II. *Spécialt.* (Par opposition aux légumes et même au poisson.) Chair des animaux. S'abstenir de —. — blanche, de veau, de poulet, de lapin. — noire, de bœuf, mouton, lièvre, chevreuil. Grosse —, viande de boucherie. Des viandes rôties, grillées, bouillies.

VIANDER [vyan-dé; *en vers, vieilli*, vi-an-dé] *v. intr.*

[ÉTYM. Dérivé de **viande**, § 154. ‖ XIVe s. Des cerfs... on doit dire viander, *Modus*, f° 6.]

‖ (Vénerie.) Pâturer. (Se dit des bêtes fauves.) Un bois où les cerfs ne trouvent pas à —.

VIANDIS [vyan-di; *en vers, vieilli*, vi-an-di] *s. m.*

[ÉTYM. Dérivé de **viander**, § 82. ‖ XIVe s. Menjures ou viandeis de bestes, G. PHÉBUS, dans DELB. *Rec.*]

‖ (Vénerie.) Pâture. (Se dit des bêtes fauves.)

VIATIQUE [vyà-tĭk'; *en vers*, vi-à-...] *s. m.*

[ÉTYM. Emprunté du lat. **viaticum**, *m. s.* (*Cf.* le doublet de formation pop. **voyage**.) ‖ XIVe-XVe s. C'est un perilleux viatique, EUST. DESCH. VI, 249.]

‖ **1°** *Ancienm.* Argent donné à un religieux pour voyager. ‖ *P. anal.* En parlant d'un voyageur quelconque. L'argent destiné pour mon petit —, J.-J. ROUSS. *Confess.* 2.

‖ **2°** *Fig.* (T. relig.) Secours pour passer dans l'autre vie, communion portée à une personne dangereusement malade pour la disposer à une bonne mort. Le saint —. Elle reçut hier au soir Notre-Seigneur comme —, SÉV. 54.

VIBORD [vi-bŏr] *s. m.*

[ÉTYM. Probablement d'origine scandinave, § 9; le second élément est **bord**, mais le premier est incertain, la phonétique ne permettant pas d'y reconnaître sûrement l'angl. waist, vibord. ‖ 1690. FURET. Admis ACAD. 1762.]

‖ (Marine.) Forte planche qui borde le pont supérieur d'un navire et lui sert de parapet.

VIBRANT, ANTE [vi-bran, -brånt'] *adj.*

[ÉTYM. Adj. particip. de **vibrer**, § 47.‖ Admis ACAD. 1762.]

‖ (T. didact.) Qui vibre. Cordes vibrantes. Une voix vibrante.

***VIBRATILE** [vi-brà-til] *adj.*

[ÉTYM. Dérivé de **vibrer**, § 242. ‖ *Néolog.*]

‖ (T. didact.) Doué d'un mouvement de vibration. Cils vibratiles (chez certains infusoires), filaments qui oscillent sans cesse et servent d'organes de préhension ou de locomotion.

VIBRATION [vi-brà-syon; *en vers*, -si-on] *s. f.*

[ÉTYM. Emprunté du lat. **vibratio**, *m. s.* ‖ XVe-XVIe s. Vibration de glave, FOSSETIER, *Chron. margar.* dans GODEF.]

‖ (T. didact.) Double oscillation, mouvement de va-et-vient des molécules d'un corps, qui se transmet de proche en proche au milieu environnant. Les vibrations d'un corps sonore. Un corps en —. ‖ *P. ext.* Oscillation. Les vibrations du pendule.

***VIBRATOIRE** [vi-brà-twàr] *adj.*

[ÉTYM. Dérivé de **vibrer**, § 249. ‖ *Néolog.*]

‖ (T. didact.) Constitué par une suite de vibrations. Mouvement —.

VIBRER [vi-bré] *v. intr.*

[ÉTYM. Emprunté du lat. **vibrare**, *m. s.* ‖ XVe-XVIe s. Titus vibrant sa lance, FOSSETIER, *Chron. margar.* dans GODEF. Admis ACAD. 1762.]

‖ (T. didact.) Entrer en vibration. Faire — une corde. *P. ext.* Faire — la voix, lui imprimer une sorte de battement sonore. ‖ *Fig.* Faire — certaines cordes dans l'âme, exciter certains sentiments.

VIBRION [vi-bri-on] *s. m.*

[ÉTYM. Dérivé du lat. **vibrare**, vibrer, § 246. ‖ 1812. MOZIN, *Dict. franç.-allem.* Admis ACAD. 1878.]

‖ (T. didact.) Être microscopique en forme de filament ténu. *Spécialt.* (Par opposition à bactérie.) Être microscopique qui semble avancer par un mouvement vermiforme.

***VIBRISSE** [vi-brĭs'] *s. m.*

[ÉTYM. Emprunté du lat. **vibrissa**, *m. s.* ‖ *Néolog.*]

‖ (T. didact.) ‖ **1°** Poil de l'intérieur des narines.

‖ **2°** *P. anal.* Plume simple des oiseaux, à barbes rares.

VICAIRE [vi-kèr] *s. m.*

[ÉTYM. Emprunté du lat. **vicarius**, *m. s.* (*Cf.* le doublet **viguier**.) ‖ XIIe s. Vicaires est saint Piere, GARN. DE PONT-STE-MAX. *St Thomas*, 3289.]

‖ (T. didact.) Celui qui, en l'absence d'un supérieur, le remplace, en fait les fonctions. Les vicaires impériaux, gouvernant au nom des préfets du prétoire les diocèses de l'empire romain. — de l'empire, du royaume (au moyen âge), tenant la place de l'empereur, du roi, particulièrement dans les interrègnes. — général, grand — (d'un évêque), celui qui assiste l'évêque dans ses fonctions. — d'un curé, celui qui assiste le curé. Le premier, le second —. *P. ext.* Desservant d'une succursale. ‖ Le — de Jésus-Christ, le pape. Cardinal —, à qui le pape délègue l'administration ecclésiastique de la ville de Rome. — apostolique, délégué du pape dans des pays hérétiques ou infidèles. ‖ *Adjectivt.* (Théol.) Satisfaction —, que le Sauveur a offerte, à Dieu à la place des pécheurs.

VICAIRIE [vi-kè-ri] *s. f.*

[ÉTYM. Dérivé de **vicaire**, § 68. ‖ XIIIe s. Cil sert a riche vicairie Qui sert a la Vierge Marie, *Ste Leocade*, dans DU C. **vicarius.**]

‖ (T. relig.) Église succursale qui n'a qu'un desservant.

VICARIAL, ALE [vi-kà-ryàl; *en vers*, -ri-àl] *adj.*

[ÉTYM. Dérivé du lat. **vicarius**, vicaire, § 238. ‖ XVIe s. Prefecture vicarialle, GENTIAN HERVET, *Cité de Dieu*, dans DELB. *Rec.* Admis ACAD. 1762.]

‖ (T. didact.) Relatif à un vicaire.

VICARIAT [vi-kà-ryà; *en vers*, -ri-à] *s. m.*

[ÉTYM. Dérivé du lat. **vicarius**, vicaire, § 254. ‖ XVe s. Tant perilleux vicariat, A. CHARTIER, p. 305, édit. 1617.]

‖ (T. didact.) Fonction, juridiction de vicaire.

VICARIER [vi-kà-ryé; *en vers*, -ri-é] *v. intr.*

[ÉTYM. Dérivé du lat. **vicarius**, vicaire, § 266. ‖ XVIe s. Vicarioit en maint lieu et contrée, CH. DE BOURDIGNÉ, *Pierre Faifeu*, p. 108, Jouaust. Admis ACAD. 1740.]

‖ *Rare.* (T. didact.) Remplir les fonctions de vicaire. ‖ *Fig.* Remplir des fonctions subalternes.

VICE [vĭs'] *s. m.*

[ÉTYM. Emprunté du lat. **vitium**, *m. s.* ‖ XIIe s. Un vice mout merveilleus, CHRÉTIEN DE TROYES, *Cligès*, 1834.]

I. Disposition habituelle au mal. Le — nous est naturel, PASC. *Pens.* XXIV, 61 *ter.* Comme les hommes ne se dégoûtent point du —, il ne faut pas aussi se lasser de le leur reprocher, LA BR. préf. Il n'y a point de — qui ait une fausse ressemblance avec quelque vertu et qui ne s'en aide, ID. 4. Les vices ont prévenu leur raison, PASC. *Prov.* 4. Ce qui nous empêche souvent de nous abandonner à un seul —, est que nous en avons plusieurs, LA ROCHEF. *Max.* 195. *Loc. prov.* Pauvreté n'est pas — (n'est pas un vice). || *P. ext.* Celui qui a cette manière d'être. La satire... Va jusque sous le dais faire pâlir le —, BOIL. *Sat.* 9. || *Ironiqt.* En parlant d'une qualité. Il peut te dire vrai, mais ce n'est pas son —, CORN. *Ment.* v, 6.

II. Élément mauvais qui altère qqch dans son essence. Avoir un — de conformation. Vices rédhibitoires d'un cheval, qui, reconnus après la vente de l'animal, la rendent nulle de plein droit. Un — de prononciation. Cet acte a été annulé pour — de forme.

VICE-AMIRAL [vi-sà-mi-ràl] *s. m.*
[ÉTYM. Composé avec le lat. **vice**, fonction, et amiral, § 275. || XIVᵉ s. Monsʳ Guillaume de Cohem, visamiral de France, dans JAL, *Gloss. naut.* Admis ACAD. 1718.]
|| Autrefois, officier général servant de second à l'amiral. || *P. ext.* Aujourd'hui, officier général occupant le premier grade de la marine militaire, qui correspond à celui de général de division dans l'armée de terre.

VICE-AMIRAUTÉ [vi-sà-mi-rô-té] *s. f.*
[ÉTYM. Dérivé de vice-amiral, § 124. || Admis ACAD. 1718.]
|| Grade, fonction de vice-amiral.

VICE-BAILLI [vis'-bá-yi; *en vers,* vi-se-...] *s. m.*
[ÉTYM. Composé avec le lat. vice, fonction, et bailli, § 275. || 1581. Vibaillifs, viseneschaux, *Édit,* dans LITTRÉ.]
|| *Ancienn.* Officier secondant, suppléant le bailli.

VICE-CHANCELIER [vis'-chans'-lyé; *en vers,* vi-se-chan-se-...] *s. m.*
[ÉTYM. Composé avec le lat. vice, fonction, et chancelier, § 275. || XVᵉ s. Vichancelier de Bretagne, COMM. I, 2.]
|| Celui qui seconde, qui supplée le chancelier.

VICE-CONSUL [vis'-kon-sul; *en vers,* vi-se-...] *s. m.*
[ÉTYM. Composé avec le lat. vice, fonction, et consul, § 275. (*Cf.* proconsul.) || Admis ACAD. 1718.]
|| Celui qui seconde le consul. || *P. ext.* Celui qui supplée le consul (dans une résidence où il n'y en a pas).

VICE-CONSULAT [vis'-kon-su-là; *en vers,* vi-se-...] *s. m.*
[ÉTYM. Dérivé de vice-consul, § 254. || Admis ACAD. 1718.]
|| Fonction de vice-consul.

***VICE-DIEU** [vis'-dyeù; *en vers,* vi-se-...] *s. m.*
[ÉTYM. Composé avec le lat. vice, fonction, et Dieu, § 275. || XVIIIᵉ s. Mot forgé par VOLT.]
|| *P. plaisant.* Représentant de Dieu sur la terre. Un pape, un —, VOLT. *Ép.* 102.

VICE-GÉRANT [vis'-jé-ran; *en vers,* vi-se-...] *s. m.*
[ÉTYM. Composé avec le lat. vice, fonction, et gérant, § 275. || *Néolog.* Admis ACAD. 1878.]
|| Celui qui seconde, qui supplée le gérant.

VICE-GÉRENT [vis'-jé-ran; *en vers,* vi-se-...] *s. m.*
[ÉTYM. Emprunté du lat. ecclés. vices gerens, faisant fonction, *m. s.* § 217. || 1422. Son vicesgerent ou chapellain, dans DELB. *Rec.* Admis ACAD. 1694.]
|| *Vieilli.* (T. ecclés.) Celui qui supplée qqn dans les fonctions dont il est chargé. *Spécialt.* Lieutenant de l'official. | *P. plaisant. Fig.* En parlant de celui qui a supplanté le mari. De son — il (le mari) apprend tous les soins, LA F. *Contes, Petit chien.*

VICE-LÉGAT [vis'-lé-gà; *en vers,* vi-se-...] *s. m.*
[ÉTYM. Composé avec le lat. vice, fonction, et légat, § 275. || 1690. FURET.]
|| Prélat qui supplée le légat. *Spécialt.* Le — d'Avignon.

VICE-LÉGATION [vis'-lé-gà-syon; *en vers,* vi-se-lé-gà-si-on] *s. f.*
[ÉTYM. Dérivé de vice-légat, § 247. || 1690. FURET.]
|| Fonction de vice-légat. La — d'Avignon vaquait, ST-SIM. XIV, 438.

VICENNAL, ALE [vi-sên'-nàl] *adj.*
[ÉTYM. Emprunté du lat. vicennalis, *m. s.* || XVIIᵉ-XVIIIᵉ s. LE P. JOUBERT, dans TRÉV. Admis ACAD. 1798.]
|| (T. didact.) Relatif à une période de vingt ans. Prix —, décerné tous les vingt ans. Engagement —, pris pour vingt ans.

VICE-PRÉSIDENCE [vis'-pré-zi-dâns'; *en vers,* vi-se-...] *s. f.*
[ÉTYM. Dérivé de vice-président, § 262. || 1771. TRÉV. Admis ACAD. 1835.]
|| Fonction de vice-président, de vice-présidente.

VICE-PRÉSIDENT, *VICE-PRÉSIDENTE [vis'-pré-zi-dan, -dânt'; *en vers,* vi-se-...] *s. m.* et *f.*
[ÉTYM. Composé avec le lat. vice, fonction, et président, § 275. || 1483. Maistre Jacques de Coictier, vice president, dans LITTRÉ. Admis ACAD. 1718.]
|| Celui, celle qui seconde, qui supplée le président, la présidente.

***VICE-RECTEUR** [vis'-rêk'-teùr; *en vers,* vi-se-...] *s. m.*
[ÉTYM. Composé avec le lat. vice, fonction, et recteur, § 275. || *Néolog.*]
|| Celui qui supplée le recteur. || *Spécialt.* Celui qui est à la tête de l'académie de Paris (le titre de recteur étant attribué au ministre de l'instruction publique).

VICE-REINE [vis'-rên'; *en vers,* vi-se-...] *s. f.*
[ÉTYM. Composé avec le lat. vice, fonction, et reine, § 275. || Admis ACAD. 1718.]
|| 1° Femme qui a l'autorité d'un vice-roi.
|| 2° Femme d'un vice-roi.

VICE-ROI [vis'-rwà; *en vers,* vi-se-...] *s. m.*
[ÉTYM. Composé avec le lat. vice, fonction, et roi, § 275. || 1466. Viceroy es pais et contés de Roussillon et de Sardaigne, *Lett. de L. XI,* dans PASQ. *La Domin. franç. en Cerdagne,* pièces justif. 4.]
|| Celui à qui un roi, un empereur, a délégué son autorité pour gouverner un royaume ou une province ayant eu titre de royaume. Le — d'Égypte.

VICE-ROYAUTÉ [vis'-rwà-yô-té; *en vers,* vi-se-...] *s. f.*
[ÉTYM. Dérivé de vice-roi, § 124. || 1680. Vice-roiauté, RICHEL.]
|| Fonction, juridiction du vice-roi.

VICE-SÉNÉCHAL [vis'-sé-né-chàl; *en vers,* vi-se-...] *s. m.*
[ÉTYM. Composé avec le lat. vice, fonction, et sénéchal, § 275. || 1581. Vibaillifs, viseneschaux, *Édit,* dans LITTRÉ.]
|| *Ancienn.* Officier secondant, suppléant le sénéchal. | *Spécialt.* Officier de robe courte jugeant les cas prévôtaux.

***VICÉSIMAL, ALE** [vi-sé-zi-màl] *adj.*
[ÉTYM. Dérivé du lat. vicesimus, vingtième, § 238. || *Néolog.*]
|| (T. didact.) Qui a pour base le nombre vingt. Système —.

VICIER [vi-syé; *en vers,* -si-é] *v. tr.*
[ÉTYM. Emprunté du lat. vitiare, *m. s.* (*Cf.* l'anc. franç. veisier, enveisier, divertir, de formation pop.) || XIIIᵉ s. Ils deviennent vicié plus legierement, BRUN. LATINI, *Trésor,* p. 177.]
|| (T. didact.) Altérer (qqch) par un élément mauvais inhérent. Un sang vicié. Une nature viciée. | *Spécialt.* (Droit.) Un acte vicié, que quelque irrégularité empêche d'être valable.

VICIEUSEMENT [vi-syeùz'-man; *en vers,* -si-eù-ze-...] *adv.*
[ÉTYM. Composé de vicieuse et ment, § 724. || XIVᵉ s. Li magistratz avoient esté creez viciousement, BERSUIRE, fᵒ 103, dans LITTRÉ. Admis ACAD. 1762.]
|| D'une manière vicieuse.

VICIEUX, EUSE [vi-syeù, -syeùz'; *en vers,* -si-...] *adj.*
[ÉTYM. Emprunté du lat. vitiosus, *m. s.* (*Cf.* l'anc. franç. veiseus, avisé, de formation pop.) || XIIᵉ-XIIIᵉ s. Quant nos tornons les vitiouses penses es vertus, *Job,* dans *Rois,* p. 455. Admis ACAD. 1718.]
|| 1° Qui a un ou des vices. Il semble excusable de n'être pas plus — que lui, PASC. *Pens.* VI, 30. | *Substantivt.* Ces — abandonnés à toutes sortes d'infamies, BOSS. *Honneur du monde,* 2. || Qui a le caractère du vice. Nos actions ne sont ni si bonnes ni si vicieuses que nos volontés, VAUVEN. *Réflex.* 314.
|| 2° Altéré par un élément mauvais inhérent. Une conformation vicieuse. Une locution vicieuse (incorrecte). Un cercle —, raisonnement faux parce qu'on s'appuie sur ce qui est à démontrer. Un cheval —, rétif.

VICINAL, ALE [vi-si-nàl] *adj.*
[ÉTYM. Emprunté du lat. vicinalis, *m. s.* (*Cf.* l'anc. franç. voisinal.) || *Néolog.* Admis ACAD. 1835.]
|| (T. didact.) Qui sert aux villages. Chemin —, qui met des villages en communication.

VICINALITÉ [vi-si-nà-li-té] *s. f.*
[ÉTYM. Dérivé de vicinal, § 255. || *Néolog.* Admis ACAD. 1878.]

|| (T. didact.) Communication vicinale. Un chemin de grande —, qui fait communiquer des villages entre eux et avec les routes départementales, nationales.

VICISSITUDE [vi-sis'-si-tud'] *s. f.*
[ÉTYM. Emprunté du lat. vicissitudo, *m. s.* || XIVᵉ s. La vicissitude ou egal interpolacion de seingnourir, BERSUIRE, fᵒ 60, dans GODEF. interpolacion.]
|| Changement par lequel à une chose succède une autre toute différente. Les vicissitudes de la fortune. Les vicissitudes des saisons. Les vicissitudes de la mode. L'inconstance du monde et sa —, RAC. *Plaid.* III, 3.

' **VICOMTAL, ALE** [vi-kon-tàl] *adj.*
[ÉTYM. Dérivé de vicomte, § 238. || XIIIᵉ s. Fié vicontal, dans GODEF. viscontal.]
|| Qui appartient à un vicomte. Terre, dignité vicomtale.

VICOMTE [vi-kõnt] *s. m.*
[ÉTYM. Emprunté du bas lat. vicecomes, itis, *m. s.* rendu d'abord par vezcomte, puis viscomte, § 503, d'où vicomte, § 422. || XIᵒ s. Cuntes, vezcuntes et dux e almaçurs, *Roland*, 849.]
|| Titre seigneurial qui s'est appliqué à l'origine au lieutenant du comte. *P. ext.* Titre de noblesse au-dessous du comte et au-dessus du baron.

VICOMTÉ [vi-kon-té] *s. f.*
[ÉTYM. Dérivé de vicomte, § 122. || 1207. Li povres porra plaidier o le visconte en sa viconté, dans DELB. *Rec.*]
|| Fonction, juridiction, titre de vicomte.

VICOMTESSE [vi-kon-tĕs'] *s. f.*
[ÉTYM. Dérivé de vicomte, § 129. || XIIᵒ s. Le maison le vicontesse, *Aucassin*, 40, Suchier.]
|| Fille, femme de vicomte.

VICTIME [vĭk'-tim'] *s. f.*
[ÉTYM. Emprunté du lat. victima, *m. s.* || XVIᵉ-XVIIᵒ s. Que je sois ta victime, o celeste beauté! D'AUB. *Tragiques*, p. 81, Lalanne.]
|| **1ᵒ** Créature vivante offerte en sacrifice à la Divinité. Et vous viendrez alors m'immoler vos victimes, RAC. *Ath.* I, 1. Des victimes humaines. — obéissante, Tendre au fer de Calchas une tête innocente, RAC. *Iph.* IV, 4. || *P. anal.* Jésus-Christ offert en victime pour le salut des hommes dans le sacrifice sanglant du Calvaire, et chaque jour dans le sacrifice non sanglant de la messe. (*Cf.* hostie.) Un Dieu qui... Veut pour nous en — être offert chaque jour, CORN. *Poly.* V, 3.
|| **2ᵒ** *Fig.* Personne qui sacrifie volontairement sa vie ou son bonheur à qqn, à qqch. Victimes de Jésus-Christ, religieux, BOSS. *Marie-Thérèse.* Il a été — de son dévouement. || Personne qui est sacrifiée à la haine, à la vengeance de qqn. Il a voulu prendre cette —, RAC. *Baj.* V, 10. Les victimes du tribunal révolutionnaire. *Fig.* Costume, coiffure à la —, qui rappelait la toilette des condamnés montant sur l'échafaud. || *P. hyperb.* Faire de qqn sa —, son souffre-douleur.

' **VICTIMER** [vĭk'-ti-mé] *v. tr.*
[ÉTYM. Dérivé de victime, § 154. (*Cf.* le lat. ecclés. victimare.) || *Néolog.*]
|| *Famil.* Traiter (qqn) de manière à en faire son souffre-douleur.

VICTOIRE [vĭk'-twàr] *s. f.*
[ÉTYM. Emprunté du lat. victoria, *m. s.* de vincere, vaincre. || XIᵉ s. Nus averum la victoire del champ, *Roland*, 3512.]
|| **1ᵒ** Avantage remporté sur l'ennemi, dans une bataille, une guerre. Lui seul rétablit l'ordre et gagne la —, CORN. *Poly.* I, 4. Que parlez-vous ici d'Albe et de sa —? ID. *Hor.* IV, 2. Le voyez-vous voler ou à la — ou à la mort? BOSS. *Condé.* Des chants de —, par lesquels on célèbre une victoire remportée. | Avec une majuscule. Divinité païenne présidant à la victoire; représentation de cette divinité sous la figure d'une femme ailée tenant une palme et une couronne. Une statue de la Victoire. Une Victoire en marbre. *Fig.* Sans personnification et sans initiale majuscule. Mot que jadis partout a suivi la —, CORN. *Cid*, II, 8.
|| **2ᵒ** Avantage remporté sur l'adversaire, dans un combat singulier. La — entre eux deux n'était pas incertaine, CORN. *Hor.* IV, 2. Trop peu d'honneur pour moi suivrait cette —, ID. *Cid*, II, 2. | *P. anal.* Comme il (le moucheron) sonna la charge, il sonne la —, LA F. *Fab.* II, 9. Son vainqueur (le coq) sur les toits S'alla percher et chanter sa —, ID. *ibid.* VII, 13. *Fig.* Chanter —, se glorifier de sa victoire. || *Fig.*

Avantage obtenu sur un concurrent. C'est peu qu'il ait sur moi remporté la —, RAC. *Esth.* III, 1.
|| **3ᵒ** Avantage obtenu dans une lutte morale. Tu ne remportais pas une grande —, Perfide, en abusant ce cœur préoccupé, RAC. *Baj.* IV, 5. O siècles! ô mémoire! Conservez à jamais ma dernière —, CORN. *Cinna*, V, 3. Sa — (de l'Église) manifeste sur toutes les sectes, BOSS. *Hist. univ.* II, 31, titre.

VICTORIEUSEMENT [vĭk'-tò-ryeŭz'-man ; *en vers*, -ri-eu-ze-...] *adv.*
[ÉTYM. Composé de victorieuse et ment, § 724. || XIVᵉ s. En celui au ha l'en a Rome triumphé victorieusement, BERSUIRE, fᵒ 33, dans LITTRÉ.]
|| D'une manière victorieuse.

VICTORIEUX, EUSE [vĭk'-tò-ryeŭ, -ryeŭz' ; *en vers*, -ri-...] *adj.*
[ÉTYM. Emprunté du bas lat. victoriosus, *m. s.* || XIIIᵒ s. Victorieuses batailles, BRUN. LATINI, *Trésor*, p. 595.]
|| Qui a remporté la victoire. | **1.** Dans une bataille, une guerre. Mettre en fuite l'Espagnol —, BOSS. *Condé.* *S. m.* Différence... qui relève le — au-dessus des vaincus, BOSS. *D. d'Orl.* | **2.** Dans un combat singulier. Baigner avec tendresse Ton front — de larmes d'allégresse, CORN. *Hor.* IV, 2. | **3.** Dans une lutte morale. La religion toujours victorieuse des erreurs, BOSS. *Hist. univ.* II, 31. Trouver des raisons victorieuses pour réfuter qqn.

VICTUAILLE [vĭk'-tuày' ; *en vers*, -tu-ày'] *s. f.*
[ÉTYM. Du lat. victualia, plur. neutre pris comme fém. sing. § 542, devenu régulièrement vitaille, §§ 386, 356, 462 et 291, puis, par réaction étymologique, victuaille, § 502. (*Cf.* ravitailler.)]
|| Provision de bouche. C'est quelque —! LA F. *Fab.* VIII, 9. Quand les victuailles furent consommées.

' **VIDAGE** [vi-dàj'] *s. m.*
[ÉTYM. Dérivé de vider, § 78. (*Cf.* vidange.) || 1230. Sen droit au vuidage, dans GODEF. vuidage.]
|| (Technol.) Action de vider. | *P. ext.* Ce qu'on a retiré en vidant.

VIDAME [vi-dàm'] *s. m.*
[ÉTYM. Emprunté du lat. vicedominus, *m. s.* rendu d'abord par visdame, § 503, d'où vidame, § 422. (*Cf.* dame 1.) || XIIᵒ-XIIIᵉ s. Li visdames de Chartres, VILLEH. 102.]
|| (Féodal.) Représentant temporel d'un évêque, d'un abbé, chargé de le défendre et tenant ordinairement quelque fief de lui. Le — d'Amiens, de Chartres.

VIDAMÉ [vi-dà-mé] et **VIDAMIE** [vi-dà-mi] *s. f.*
[ÉTYM. Dérivé de vidame, §§ 122 et 68. || XIIᵒ-XIIIᵉ s. Son visdamné, ADGAR, *Mir. de N.-D.* p. 90, Neuhaus. | 1384. La vidammée, dans VARIN, *Arch. admin. de Reims*, III, p. 596. | Vers 1400. Vidamie, dans *Mém. de la Soc. de l'hist. de Paris*, XVII, 261. Admis ACAD. 1718.]
|| **1ᵒ** Terre d'un vidame.
|| **2ᵒ** Titre de vidame.

' **VIDAMESSE** [vi-dà-mĕs'] *s. f.*
[ÉTYM. Dérivé de vidame, § 129. || 1339. Jehanne d'Eu, vidamesse d'Amiens, dans GODEF.]
|| (Féodal.) Fille, femme de vidame.

VIDANGE [vi-dãnj'] *s. f.*
[ÉTYM. Dérivé de vider, § 96 *bis*. (*Cf.* vidage.) || 1286. Wuidenghe, dans GODEF.]
|| (Technol.) || **1ᵒ** Opération par laquelle on vide. || *Spécialt.* | **1.** Opération par laquelle on vide une fosse d'aisances. | **2.** Opération par laquelle on vide les coupes en retirant le bois abattu dans une forêt. La coupe des bois et la — des ventes seront faites dans les délais voulus, *Code forestier*, art. 40. | *P. anal. Vieilli. Au plur.* Lochies d'une femme en couches.
|| **2ᵒ** État d'un vase où il y a une partie vide. Une bouteille, un fût en —. | *P. anal.* Partie vide d'un fût. Jauger la —.

VIDANGEUR [vi-dan-jeŭr] *s. m.*
[ÉTYM. Dérivé de vidange, § 112. || 1680. Vuidangeur, RICHEL.]
|| (Technol.) Celui qui vide les fosses d'aisances.

1. VIDE [vid'] *adj.* et *s. m.*
[ÉTYM. Du lat. pop. *vŏcita (class. vacuata ; *cf.* évacuer), *m. s.* devenu *vueide, vuide, vide, §§ 329, 200, 382, 405 et 291, forme fém. qui a supplanté la forme masc. vuit. || XIᵉ s. En une voide place, *Roland*, 1668.]
|| **I.** *Adj.* Dont l'espace n'est pas occupé (spécialement par ce qu'il doit contenir). Un verre —. Sa bourse est —. Avoir l'estomac —. Une chambre —. Un coffre —. *P. anal.*

Un cerveau — (d'idées). Une place —. Laisser la scène — (les acteurs qui l'ont jouée sortant avant que ceux qui jouent la suivante soient entrés). Ne pas venir, ne pas s'en aller les mains vides, sans apporter, sans emporter qqch. | *Fig.* Des siècles vides (sans grands événements), BOSS. *Hist. univ.* I, 12. Une scène — (sous l'action), BOIL. *Art p.* 3. Elle aurait peut-être paru — devant Dieu (sans mérites), BOSS. *R. d'Angl.* || Avec un complément. Un espace — d'air. Ces murs vides de citoyens, RAC. *Iph.* V, 2. L'un meurt — de sang, BOIL. *Art p.* 4. | *Fig.* Mon cœur plein de vains désirs, et — de biens solides, BOURD. *Récomp. des saints.* Des paroles vides de sens. Être — de soi-même, détaché de soi, BOURD. *Sévérité évang.* 2. || *Loc. adv.* A —, l'espace n'étant pas occupé (surtout par ce qu'il doit contenir). Une voiture qui revient à — (sans voyageurs). Mâcher à — (sans avoir rien dans la bouche). Ils... ont parlé sans penser, comme des gens qui mâcheraient à —, VOLT. *Lett. sur les Anglais,* 24. *Fig.* Et j'ai fait malheureusement Tant de remercîments à — (sans avoir rien obtenu), SCARR. *Œuvres,* VII, p. 259, édit. 1786. Frapper à —, frapper à côté de la pièce, sur l'enclume. Fermer une serrure à —, sans que le pêne soit entré dans la gâche. Une corde (de violon) jouée à —, qu'on a laissée libre dans toute sa longueur, au lieu de l'appuyer sur le manche de manière à ne laisser résonner qu'une partie.

II. *S. m.* || **1°** Espace qui n'est pas occupé (spécialement par ce qu'il doit contenir). Il y a du — dans cette pièce de vin. Une allée d'arbres où il y a des vides (où il y a des places sans arbres). Laisser des vides entre les poteaux d'une cloison. | *Fig.* Une personne dont le départ, dont la mort a laissé un grand —. Pour ne laisser aucun — dans les plaisirs, HAMILT. *Gram.* p. 307. L'âme... trouve en soi-même un — infini que Dieu seul pourrait remplir, BOSS. *La Vall.* || **2°** (Physique.) Espace dont on a expulsé l'air ou les vapeurs qu'il contenait. Un tube où l'on a fait le —. — barométrique, espace sans air entre le sommet de la colonne de mercure et l'extrémité fermée du tube. | *Fig.* Faire le — autour de qqn, l'isoler. || **3°** (Philos.) Espace qu'on suppose n'être occupé par aucun corps. Épicure n'admettait que des atomes et du — dans l'univers. Parce, dit-on, que vous avez cru dès l'enfance qu'un coffre était — lorsque vous n'y voyez rien, vous avez cru le — possible, PASC. *Pens.* III, 8. La nature a horreur du — (aphorisme antérieur à la connaissance de la pression atmosphérique). || Le plein et le —. Le — à souffrir me semble difficile, MOL. *F. sav.* III, 2.

VIDE-BOUTEILLE [vĭd'-bou-tĕy'; *en vers,* vi-de-...] *s. m.*

[ÉTYM. Composé de vide (du verbe vider) et bouteille, § 210. Se trouve en 1560 comme sobriquet d'un ivrogne. (*V.* DELB. *Rec.*) || (Au sens actuel.) Admis ACAD. 1762.]

|| *Famil.* Petit pavillon servant de pied-à-terre, aux environs d'une ville.

***VIDELLE** [vi-dèl] *s. f.*

[ÉTYM. Dérivé de vider, § 126. || (Au sens I.) 1680. RICHEL. | (Au sens II.) 1812. MOZIN, *Dict. franç.-allem.*]

|| (Technol.) || **I.** Instrument de pâtisserie pour couper la pâte en bandes minces.
II. Instrument de confiseur pour vider certains fruits qu'on veut confire.

VIDE-POCHES [vĭd'-pŏch'] *s. m.*

[ÉTYM. Composé de vide (du verbe vider) et poche au plur. § 210. || *Néolog.* Admis ACAD. 1878.]

|| *Famil.* Corbeille, petit meuble où l'on dépose, en rentrant chez soi, les objets qu'on avait dans les poches.

VIDER [vi-dé] *v. tr.*

[ÉTYM. Du lat. pop. *vocitare,* m. s. devenu voidier, vuidier, vuider, vider. (*Cf.* vide.) || XIIᵉ s. As Troiens font vuidier seles, *Énéas,* 7050.]

I. Rendre vide.
|| **1°** Un réceptacle, en en retirant ce qu'il contient. — un tonneau, une bouteille. — son verre. — sa bourse. Plus le vase versait, moins il s'allait vidant, LA F. *Phil. et Baucis.* | *Spécialt.* Se —, se rendre le corps libre par évacuation, purgation. — un poisson, une volaille, en retirer les entrailles. || *P. ext.* Rendre creux en enlevant des parties pleines. — une clef, un canon, une roue, un peigne.
|| **2°** Un lieu. | **1.** En en faisant sortir ceux qui s'y trouvent. — une prison, une salle d'hôpital. | **2.** En en sortant. Les comédiens italiens eurent ordre de — le royaume, ST-SIM. I, 127. — les lieux. *Absolt.* Un ordre de — d'ici, MOL. *Tart.*

v, 4. — les arçons, quitter la selle, tomber de cheval. || *Fig.* — une affaire, la régler de manière qu'il ne reste plus rien de douteux. — vos débats entre vous, LA F. *Fab.* IV, 4.

II. Retirer ce que contient un réceptacle. — l'eau d'un réservoir. | *Spécialt.* Évacuer. Que c'était ce qu'elle avait vidé qui lui avait donné ces convulsions, SÉV. 57. || *P. ext.* — des terres, enlever la terre d'un lieu. — les ventes, enlever le bois abattu.

***VIDEUR, EUSE** [vi-deŭr, -deŭz'] *s. m.* et *f.*

[ÉTYM. Dérivé de vider, § 112. || 1332. Deus vuideurs de penniers, dans GODEF. sormousteur.]

|| Celui, celle qui vide. — de volailles.

VIDIMER [vi-di-mé] *v. tr.*

[ÉTYM. Dérivé du lat. vidimus, nous avons vu, formule des actes par lesquels on certifie avoir vu, §§ 217 et 266. (*Cf.* viser 2.) On trouve souvent vidimus employé comme subst. masc. pour désigner l'acte qui vidime. || XVIᵉ-XVIIᵉ s. Copier et vidimer sa commission, D'AUB. *Vie.* Admis ACAD. 1718.]

|| (Chancell.) Certifier conforme à l'original (la copie d'un acte).

VIDIMUS [vi-di-müs']. *V.* vidimer.

VIDRECOME [vi-dre-kòm'] *s. m.*

[ÉTYM. Emprunté de l'allem. wiederkomm (becher), *m. s.* de wiederkommen, revenir, §§ 7, 498 et 499. || XVIIIᵉ s. Pour vous presenter le vidrecome, *Bal de Strasbourg,* dans TRÉV. 1752. Admis ACAD. 1762.]

|| Grand verre à boire circulant dans les festins (en Allemagne). Qu'on me passe le — pour boire à la santé du major, ROCHON DE CHABANNES, *Amants génér.* III, 8.

VIDUITÉ [vi-dui-té; *en vers,* -du-i-té] *s. f.*

[ÉTYM. Emprunté du lat. viduitas, *m. s.* (*Cf.* l'anc. franç. veveé, *m. s.*) || XIVᵉ s. Femme en viduité, BOUTEILL. *Somme rural,* dans DELB. *Rec.*]

|| (T. didact.) État d'une personne veuve. (*Syn.* veuvage.) Le propre de la — est un dégoût plutôt qu'un mépris du monde, BOSS. *Lett. à la sœur Cornuau,* 83. La — est regardée non plus comme un état de désolation,... mais comme un état désirable, ID. *A. de Gonz.*

VIE [vĭ] *s. f.*

[ÉTYM. Du lat. vĭta, *m. s.* (cf. vital, etc.), devenu vide, vie, §§ 402 et 291.]

|| **1°** Activité spontanée propre aux êtres organisés, qui se manifeste chez tous par les fonctions de nutrition et de reproduction, auxquelles s'ajoutent les fonctions de relation chez les animaux, et chez l'homme la raison et le libre arbitre. Les êtres doués de vie. La vie végétative, animale. *Spécialt.* Ce qui a vie, les animaux. Petit poisson deviendra grand, Pourvu que Dieu lui prête vie, LA F. *Fab.* V, 3. Être en vie. Mourir tout en vie, étant dans toute sa force. Avoir la — dure, résister à la mort. Qu'on est digne d'envie, Lorsqu'en perdant la force on perd aussi la vie! CORN. *Cid,* II, 8. Passer de vie à trépas. Être entre la vie et la mort. N'avoir qu'un souffle de vie. Il ne donne plus signe de vie. Ôter la vie à qqn. Il tombe sur son lit sans chaleur et sans vie, RAC. *Brit.* V, 5. Ceux à qui nous devons, de qui nous avons reçu la vie, nos parents. Devoir la vie à qqn, être sauvé par lui de la mort. Je respire, Arsace, et tu me rends la vie! RAC. *Bér.* III, 2. Demander la vie. Y va-t-il de l'honneur? y va-t-il de la vie? (la vie est-elle en jeu?) CORN. *Poly.* I, 2. Tenir à la vie. Un voleur qui demande la bourse ou la vie, qui menace qqn de le tuer s'il ne donne sa bourse. | *Fig.* Votre amour est ma vie, CORN. *Sertor.* III, 2. | *Loc. adv.* Sur la vie, autant que l'on tient à la vie. Je vous en déferai, bon homme, sur ma vie, LA F. *Fab.* IV, 4. | *Fig.* Un portrait qui a de la vie. Un drame plein de vie et de mouvement. | *P. ext.* En parlant de l'homme. La vie intellectuelle, La vie morale. (T. relig.) La vie spirituelle, la vie de l'âme en Dieu. La parole de vie, la parole de Dieu, aliment de la vie spirituelle. Le pain de vie, l'eucharistie.

|| **2°** Durée, succession des phénomènes par lesquels cette activité se manifeste. La vie de l'homme est misérablement courte, PASC. *Amour.* Nous passons près des rois tout le temps de nos vies, MALH. *Poés.* 100. Entre nous et l'enfer ou le ciel, il n'y a que la vie entre deux, PASC. *Pens.* IX, 3. Vous savez trop bien l'histoire de ma vie, RAC. *Mithr.* III, 1. Écrire la vie de qqn, l'histoire de sa vie. Les Vies de Plutarque, les vies des hommes illustres racontées par Plutarque. La vie moyenne, la durée moyenne de la vie. La vie terrestre, la vie présente. La vie future, l'autre vie, l'existence qui suit la mort. La vie éternelle, l'éternité bienheureuse. || *Loc.*

141

adv. | **1.** Pour la vie, pour toute la vie. Être lié à quelqu'un pour la vie. | **2.** A la vie et à la mort, jusqu'à consacrer sa vie et affronter la mort pour qqn. | **3.** Jamais de la vie, en aucun temps de la vie. Jamais de ma vie je n'ai vu pareille chose, et, *ellipt*, Vous n'avez de votre vie été si jeune, MOL. *Av.* II, 5. | **4.** A vie, pendant la durée de la vie. Une pension à vie. La dignité des pairs est conférée à vie, *Charte de 1830*, art. 23. *Dans le même sens*. Sa vie durant.

|| **3°** Exercice de cette activité dans telles ou telles conditions, de telle ou telle manière. La vie d'artiste. Une vie studieuse. La vie des camps. Faire ses adieux à la vie de garçon. Mener une vie d'anachorète. Une vie active, contemplative. La vie du monde. Une vie retirée, obscure. La vie religieuse. Tous les grands divertissements sont dangereux pour la vie chrétienne, PASC. *Pens.* XXIV, 64. Une vie de plaisirs, de privations. *Pop.* Mener une vie de bâtons de chaise, une vie très agitée (par allusion aux bâtons de la chaise à porteur). Rendre la vie dure à qqn, le tourmenter. Faire à qqn une vie terrible, lui faire des scènes. Demandez-lui, Monsieur, quelle vie on m'a faite, CORN. *Suite du Ment.* III, 3. Avoir une vie sage, réglée. Faire vie qui dure (en ménageant ses ressources). Une vie pure. Une vie déréglée. Une femme de mauvaise vie. Un certificat de bonne vie et mœurs.

|| **4°** Aliment de cette activité, subsistance. Un pays où la vie est à bon marché. Gagner sa vie. Mendier sa vie. Venez souper chez moi, nous ferons bonne vie, LA F. *Fab.* I, 14.

VIEIL [vyèy']. *V.* vieux.

VIEILLARD [vyè-yàr] *s. m.*
[ÉTYM. Dérivé de vieil, forme primitive de vieux, §§ 64 et 147. || XII° s. De villars homes i ot il mout petit, *Loherains*, dans GODEF.]

|| Homme d'un âge avancé. Un — près d'aller où la mort l'appelait, LA F. *Fab.* IV, 18. Sais-tu que ce — fut la même vertu, La vaillance et l'honneur de son temps? CORN. *Cid*, II, 2. || *P. ext.* Les vieillards, les personnes d'un âge avancé, quel que soit leur sexe. Une trop grande négligence comme une excessive parure dans les vieillards multiplient leurs rides, LA BR. 11.

VIEILLEMENT [vyèy'-man ; *en vers*, vyè-ye-...] *adv.*
[ÉTYM. Composé de vieille et ment, § 724. || XIV°-XV° s. Vetuste : viellement, *Gloss. lat.-franç.* dans GODEF. Admis ACAD. 1878.]

|| *Rare.* D'une manière vieille, en vieux. S'habiller —. Plus — alors que son âge, ST-SIM. XII, 121.

VIEILLERIE [vyèy'-ri ; *en vers*, vyè-ye-ri] *s. f.*
[ÉTYM. Dérivé de vieil, forme primitive de vieux, §§ 64 et 69. || 1680. RICHEL.]

|| **1°** Vieux habits, vieux meubles, etc. *Famil.* Il ne porte que des vieilleries. Il n'y a que des vieilleries dans son appartement.

|| **2°** Sujet de littérature, de musique, etc., vieux. Un théâtre qui ne joue que des vieilleries.

VIEILLESSE [vyè-yěs'] *s. f.*
[ÉTYM. Dérivé de vieil, forme primitive de vieux, §§ 64 et 124. || XII° s. Triste vieillece, *Énéas*, 2405.]

|| Age avancé. Mourir de —. Avoir une belle —, sans infirmités. Une verte —, la vieillesse d'un homme encore vigoureux. Appui de ma —, CORN. *Cid*, III, 6. *Famil.* Bâton de —, personne jeune qui soutient une personne âgée. L'on craint la — que l'on n'est pas sûr de pouvoir atteindre, LA BR. 11. La — est un tyran qui défend, sous peine de la vie, tous les plaisirs de la jeunesse, LA ROCHEF. *Max.* 461. | La — d'un animal. La — d'un arbre. *P. anal.* Un bâtiment qui tombe de —. || *P. ext.* Ceux qui sont âgés. La — chagrine incessamment amasse, BOIL. *Art* p. 3. *Loc. prov.* Si jeunesse savait, si — pouvait.

VIEILLIR [vyè-yīr] *v. intr. et tr.*
[ÉTYM. Dérivé de vieil, forme primitive de vieux, §§ 64 et 154. || XII°-XIII° s. Ne veillirai jamais en mon aé, *Huon de Bord.* 3560.]

I. *V. intr.* Devenir vieux. L'on espère de —, et l'on craint la vieillesse, LA BR. 11. | — dans une situation, y rester pendant de longues années. Il a vieilli dans un emploi subalterne. — dans les camps. Rome, qui avait vieilli dans le culte des idoles, BOSS. *Hist. univ.* III, 1. Autant qu'un patriarche il vous faudrait —, LA F. *Fab.* XI, 8. | *P. ext.* Paraître vieux. Une personne qui ne vieillit pas. Quel avantage de ne point —! SÉV. 1252. Il est bien vieilli. *Fig.* Perdre avec le temps. Un ouvrage qui a vieilli. Un mot vieilli.

II. *V. tr.* Faire paraître vieux. Cette coiffure le vieillit.

Une femme qui se farde se vieillit au lieu de se rajeunir. *Spéciall.* Se —, se donner un âge plus avancé que celui qu'on a.

VIEILLISSANT, ANTE [vyè-yi-san, -sänt'] *adj.*
[ÉTYM. Adj. particip. de vieillir, § 47. || 1626. Une ame non jamais vieillissante, SIMON D'OLIVE, *Actions forenses*, dans DELB. *Rec.* Admis ACAD. 1835.]

|| Qui devient vieux. Néron naissant A toutes les vertus d'Auguste vieillissant, RAC. *Brit.* I, 1.

VIEILLISSEMENT [vyò-yīs'-man ; *en vers*, -yi-se-...] *s. m.*
[ÉTYM. Dérivé de vieillir, § 145. || 1549. R. EST.]

|| État de ce qui vieillit.

VIEILLOT, OTTE [vyè-yó, -yŏt'] *adj.*
[ÉTYM. Dérivé de vieil, forme primitive de vieux, §§ 64 et 136. || XV° s. La pauvre vieillote, A. DE LA SALLE, *Cent Nouv. nouv.* 14.]

|| *Famil.* Qui paraît vieux avant l'âge. Une personne vieillotte. Avoir un petit air —. | *Substantiv.* Puisqu'avez mémoire de votre pauvre vieillote, LARIVEY, *le Fidèle*, IV, 4.

VIELLE [vyèl ; *en vers*, vieilli, vi-èl] *s. f.*
[ÉTYM. Origine incertaine. L'anc. provenç. viula, dissyllabique (*cf.* viole), semble remonter à un type lat. *vivula, ce qui porterait à croire que le français vient de *vivella, dérivé de vivus, vif. || XII° s. Sonent et harpes et vieles, *Énéas*, 1148.]

|| **1°** *Anciennt.* Viole. (*V. ce mot.*)

|| **2°** Instrument à cordes qui se joue au moyen de touches que la main gauche fait porter sur une roue tournante enduite de colophane qui fait office d'archet. *Loc. prov.* Ils ont accordé leurs vielles, ils se sont concertés. | *P. anal.* — organisée, orgue à cylindre, dit orgue de Barbarie.

VIELLER [vyè-lé ; *en vers*, vieilli, vi-è-lé] *v. intr.*
[ÉTYM. Dérivé de vielle, § 154. || XI° s. Et chantent et vielent et rotent cil jogler, *Voy. de Charl. à Jérus.* 413.]

|| Jouer de la vielle. *Transitiv.* Vieilli. Bœuf viellé, le bœuf gras qu'on promenait au son des vielles. || *Fig.* Vieilli. (Par allusion à la manivelle tournante.) User de circuits.

VIELLEUR, EUSE [vyò-leŭr, -leŭz' ; *en vers*, vieilli, vi-è-...] *s. m. et f.*
[ÉTYM. Dérivé de vieller, § 112. Beaucoup disent et écrivent vielleux. || XIII° s. Li uns fu vieleres, ADENET, *Berte*, 294.]

|| Celui, celle qui joue de la vielle.

VIERGE [vyèrj'] *s. f. et adj.*
[ÉTYM. Emprunté du lat. virginem, rendu d'abord par virgene, virge, altéré plus récemment en vierge, §§ 217 et 503. || XI° s. De martirs et de virgenes (manuscrit virgines), *Voy. de Charl. à Jérus.* 125. | XII°-XIII° s. Jehans li virges dous, RENCL. DE MOILIENS, *Miserere*, CCXLIII, 5.]

I. *S. f.* Fille qui n'a eu commerce avec aucun homme. La pudeur des vierges chrétiennes n'était pas moins attaquée que leur foi, BOSS. *Hist. univ.* I, 10. Une — et martyre sur un théâtre n'est autre chose qu'un terme qui n'a ni jambes ni bras, et par conséquent point d'action, CORN. *Théod.* exam. Les onze mille vierges, vierges qui, suivant une légende, auraient été martyrisées à Cologne, au nombre de onze mille. *P. plaisant.* Amoureux des onze mille vierges, celui qui s'éprend de toutes les filles qu'il rencontre. | La Vierge Marie, la sainte Vierge, la Vierge mère, et, *absolt*, La Vierge, la mère de Jésus-Christ.

II. *Adj.* || **1°** *Au propre.* | **1.** En parlant d'une femme, qui n'a eu commerce avec aucun homme. La sainte mère de notre Sauveur est — et mariée tout ensemble, BOSS. *Sermon pour la vêture d'une nouvelle catholique*, 2. | **2.** En parlant d'un homme, qui n'a eu commerce avec aucune femme. Cet apôtre — (saint Jean), BOSS. *A. de Gonz.*

|| **2°** *Fig.* Intact. Terre —, qui n'a jamais été explorée. Sol —, qui n'a jamais été cultivé. Forêt —, qui n'a jamais été exploitée. Cire —, cire brute qui n'a été employée à aucun usage. Huile —, la première huile qui sort des olives. Métal —, qui a été trouvé dans la terre à l'état pur. Parchemin —, fait avec la peau des agneaux, des chevreaux mort-nés. | Vigne — (sauvage), arbrisseau sarmenteux à vrilles.

VIEUX [vyeù ; *en liaison*, vyeùz'], **VIEILLE** [vyèy'] *adj.*
[ÉTYM. Du lat. vĕtulum, diminutif de vetus, *m. s.* devenu vĕclum (forme mentionnée dans l'*App. Probi*), vieil, §§ 407,

462 et 291. Vieux, autrefois vielz, est le cas sujet du sing. et le cas régime du pluriel ; sur son maintien exceptionnel, *V.* § 587.]

‖ Qui a vécu, qui a existé longtemps, il y a longtemps. (Le sing. vieux est souvent remplacé par vieil quand il précède immédiatement un subst. commençant par une voyelle ou une h muette ; vieil se trouve qqf au XVIIe s. en dehors de ce cas.)

I. En parlant des personnes. ‖ **1°** Qui a vécu longtemps. Devenir vieux. Les plus vieux sont pour elle les plus charmants, MOL. *Av.* II, 5. César était trop vieil, ce me semble, PASC. *Pens.* VI, 44. Les vieux fous sont plus fous que les jeunes, LA ROCHEF. *Max.* 444. Le plus vieux au garçon s'écria, LA F. *Fab.* III, 1. Une vieille femme. | *Substantivt.* Un vieux, une vieille. Sa vieille (Maintenon) et son bâtard, ST-SIM. XI, 107. La vieille n'avait point de plus pressant souci, LA F. *Fab.* v, 6. *Famil.* Vieux comme les chemins, comme les rues. Vieux comme Hérode, comme Mathusalem. Il se fait vieux (il devient vieux). | *P. anal.* En parlant des animaux. Un vieux cheval. Une vieille poule. ‖ *P. ext.* Qui paraît avoir vécu longtemps. Je vois des gens de vingt-cinq ans qui sont plus vieux que vous, MOL. *Av.* II, 5. Être vieux avant l'âge. Qui a vécu plus ou moins longtemps que qqn. Il est plus vieux, elle est plus vieille que moi de deux ans.

‖ **2°** Qui a gardé longtemps une fonction, une manière d'être. Un vieux soldat. La vieille garde. *Famil. Ellipt.* Un vieux de la vieille, un vieux soldat de la vieille garde. Il est vieux dans le métier. Un vieux diplomate. C'était un vieux routier, LA F. *Fab.* III, 18. Vous l'avez eu par brigue, étant vieux courtisan, CORN. *Cid*, I, 4. Un vieux serviteur. | Un vieil ami. Un vieux hôte des bois, LA F. *Fab.* XII, 13. De vieux amis. Un vieux garçon. Une vieille fille. De vieux époux. Un vieil avare. Un vieux radoteur.

‖ **3°** Qui a vécu il y a longtemps. Les vieux auteurs. Le vieux Corneille.

II. En parlant des choses. ‖ **1°** Qui appartient à qqn qui a vécu longtemps. Ses vieux membres. Il ne fera pas de vieux os. Un appui de roseau soulageait leurs vieux ans, LA F. *Phil. et Baucis.* Dans ses vieilles années.

‖ **2°** Qui a duré, qui a servi longtemps. Une vieille maison. Du débris d'un vieux vase, LA F. *Phil. et Baucis.* De vieilles monnaies. Les — quartiers. La rue Vieille-du-Temple. Du vin vieux. Du vieux oing. Du vieux linge, de vieux habits, un vieux chapeau. Vieux habits, vieux galons, cri des fripiers ambulants. | Une vieille amitié. De vieilles habitudes. Une vieille routine. Sa vieille réputation. *P. ext.* Vieille lune, lune qui est dans sa dernière phase. Sans observer... Lunes ni vieilles ni nouvelles, LA F. *Fab.* XII, 20.

‖ **3°** Qui a existé il y a longtemps. Le vieux langage. Une vieille locution. Les vieux usages. Le bon vieux temps. Une vieille mode. La rime n'est pas riche, et le style en est vieux, MOL. *Mis.* I, 2. Une vieille chanson que je m'en vais vous dire, ID. *ibid.*

VIF, VIVE [vif', viv'] *adj.*

[ÉTYM. Du lat. vivum, m. s. §§ 446 et 291.]

I. Qui est en vie.

‖ **1°** *Au propre.* On enterrera vif qui l'enterrera mort, ROTROU, *Antig.* III, 5. D'un loup écorché vif appliquez-vous la peau, LA F. *Fab.* VIII, 3. Cinquante-neuf chevaliers furent brûlés vifs, VOLT. *Parlem. de Paris*, 4. J'étais plus mort que vif, LES. *Estev. Gonzalez*, 8. *Fig.* Vous êtes encore toute vive (vivante) dans son souvenir, SÉV. 155. De vive voix, de la bouche de la personne (par opposition à la parole écrite). | *P. ext.* (Boucherie.) Poids vif, poids de l'animal vivant. ‖ *Substantivt, au masc.* (Droit.) Celui qui est en vie. Le mort saisit le vif, la succession du mort passe à l'héritier vivant sans aucune formalité. Donation entre vifs, qui a lieu entre personnes vivantes et non par testament. ‖ La chair vive. | 1. Dans une plaie, une ulcération, tissus qui ont gardé les propriétés vitales (par opposition à la chair morte, qui les a perdues). Couper jusqu'à la chair vive. | 2. La chair proprement dite (par opposition à la peau qui la recouvre). ‖ *Substantivt.* Le vif, la chair vive. Trancher dans le vif. Couper jusqu'au vif. Piquer au vif. Mettre à vif. *Fig.* Ce qui est le plus sensible. Trancher dans le vif, faire le sacrifice douloureux de certaines choses pour sauver le reste. Blesser, piquer au vif, faire une offense très sensible. Jusques au vif il voulut la blesser, LA F. *Contes, Courtisane amoureuse.* Votre beauté jusqu'au vif m'a touché, ID. *ibid. Magnif. P. ext.* Entrer dans le vif du débat, de la question, dans la partie la plus inté-

ressante. | (Peinture.) Le modèle vivant. Peindre au vif, sur le vif, d'après le modèle vivant. *Fig.* Un caractère pris sur le vif, représenté d'après nature. | Une haie vive, faite d'arbustes en pleine végétation.

‖ **2°** *Fig.* Eau vive, eau courante. Vive eau (par opposition à morte eau), grande marée. Œuvres vives d'un navire, partie immergée, dont la détérioration entraînerait la destruction du navire. | Le roc vif (mis à vif), la partie dure (par opposition aux matières étrangères, terre, sable, qui y adhèrent). *Substantivt.* Le vif d'un moellon, la partie la plus dure. | (Mécan.) Force vive (d'un corps en mouvement), produit de la masse par le carré de la vitesse.

II. *P. anal.* ‖ **1°** Prompt et animé dans sa manière d'agir. L'indolence et l'oisiveté, vices si naturels aux enfants, disparaissent dans leurs jeux où ils sont vifs, LA BR. 11. Celui-ci plus vif, mais sans que son feu eût rien de précipité, BOSS. *Condé.* Il est propre, leste, vif, BUFF. *Écureuil.* Avoir des manières vives.

‖ **2°** Prompt et animé dans sa manière de concevoir, de sentir. Avoir l'esprit vif. Une intelligence, une imagination vive. Une foi vive. Faire sur qqn une impression vive. Avoir des sensations, des passions vives. Vive à les sentir (les injures), facile à les pardonner, BOSS. *D. d'Orl.* Je n'ai jamais vu un si bon homme, ni si vif sur tout ce qui vous regarde, SÉV. 244. *Speciall.* Être vif de caractère, se laisser aller aisément à des emportements légers et passagers. Il est vif comme la poudre.

‖ **3°** Qui exerce une action prompte et forte. Une vive attaque. Emporter une place de vive force. Un froid vif. Un air vif. Une vive fusillade. Ouvrir un feu vif. | La discussion a été vive. Adresser à qqn de vifs reproches. Expressions vives. Un langage un peu vif. *Speciall.* Qui a de l'éclat. Un rouge vif.

VIF-ARGENT [vi-fàr-jan ; *selon d'autres*, vi-vàr-...] *s. m.*

[ÉTYM. Composé de vif et argent, § 173. ‖ XIIIe s. Soit de vif argent ou de plons, E. BOILEAU, *Livre des mest.* LXXI, 10.]

‖ Nom donné au mercure, métal liquide, à cause de son extrême mobilité et de sa ressemblance avec l'argent.

VIGIE [vi-ji] *s. f.*

[ÉTYM. Emprunté de l'ital. veggia, m. s. proprt, « veille », § 12. ‖ 1722. Nos pirogues qui estoient en vigie, LE P. LABAT, dans TRÉV. Admis ACAD. 1762.]

‖ **1°** Poste d'observation. Être en —, en observation au haut des mâts. *P. anal.* — vitrée, poste d'observation des conducteurs de train (sur les chemins de fer). *P. ext.* Une —, matelot en vigie.

‖ **2°** Haut-fond qui exige des navigateurs un surcroît de précautions.

VIGILAMMENT [vi-ji-là-man] *adv.*

[ÉTYM. Pour vigilantment, composé de vigilant et ment, § 724. ‖ 1552. CH. EST. dans DELB. *Rec.* Admis ACAD. 1762.]

‖ *Rare.* (T. didact.) D'une manière vigilante.

VIGILANCE [vi-ji-làns'] *s. f.*

[ÉTYM. Emprunté du lat. vigilantia, m. s. ‖ 1549. R. EST.]

‖ (T. didact.) Attention soutenue à veiller sur qqn, qqch.

VIGILANT, ANTE [vi-ji-lan, -lànt'] *adj.*

[ÉTYM. Emprunté du lat. vigilans, adj. particip. de vigilare, veiller. (*Cf.* le doublet veillant.) ‖ XVIe s. Le bon chevalier, qui estoit vigillant, *Loyal servit.* I, 20.]

‖ (T. didact.) Qui veille avec une attention soutenue sur qqn, sur qqch. Sage et — père de famille, BOSS. *Le Tellier.* Le — Turenne, ID. *Condé.* Sous les yeux vigilants du sage Mardochée, RAC. *Esth.* I, 1.

VIGILE [vi-jil] *s. f.*

[ÉTYM. Emprunté du lat. ecclés. vigilia, m. s. § 217. ‖ XIIe s. Vigilie, PH. DE THAUN, *Comput*, 2220.]

‖ (Liturgie cathol.) ‖ **1°** Veille d'une grande fête, pendant laquelle on observe l'abstinence et le jeûne. Est-il donc, pour jeûner, quatre-temps ou — ? BOIL. *Lutr.* 1.

‖ **2°** Matines et laudes de l'office des morts, dites la veille du service.

VIGNE [viñ'] *s. f.*

[ÉTYM. Du lat. vinea, m. s. §§ 355, 482 et 291.]

‖ Plante à tige ligneuse, qui produit le raisin. Un cep de —. Tailler la —. Des feuilles de —. (*Cf.* feuille.) ‖ *P. ext.* Terrain planté de vignes. Se promener dans sa —. Raisin de —, à faire le vin (par opposition au raisin de treille, au chasselas, raisin de table). | Travailler la — du Seigneur, convertir les âmes. *P. plaisant. Loc. prov.* Être dans les vignes, dans la — du Seigneur, en état d'ivresse. La — de l'abbé, vigne de beau rapport, et, *fig.* Ce couple si charmant... Se promettait la — de l'abbé (d'agréables moments), LA F. *Contes, Aveux indiscr.*

VIGNERON, ONNE [viñ'-ron, -ròn'; *en vers*, vi-ñe-...] *s. m. et f.*

[ÉTYM. Dérivé de vigne, § 105. || XIIᵉ-XIIIᵉ s. A Rome ot un bon vigneron, RENCL. DE MOILIENS, *Carité*, CXCII, 1.]

|| Celui, celle qui cultive la vigne.

VIGNETTE [vi-ñĕt'] *s. f.*

[ÉTYM. Dérivé de vigne, § 133. || XIIIᵉ-XIVᵉ s. A beles vignetes de bon or fin, JOINV. 457.]

|| (Technol.) Ornement représentant des branches de vigne entrelacées au haut de la première page d'un livre ou d'un chapitre. || *P. ext.* | 1. Tout ornement du frontispice ou des pages d'un livre. | 2. Estampe entourée d'un cartouche. || *P. anal.* Ornement de la couverture d'un livre. | Ornement autour d'un mouchoir. | Ornement du papier à lettres. Du papier à vignettes.

VIGNOBLE [vi-ñòbl'] *s. m.*

[ÉTYM. Du lat. pop. *vĭneŏbulum, dérivé de vinea, à l'aide d'un suffixe insolite, §§ 355, 482, 290 et 291. || XIIIᵉ s. Il est sires... Et de la Brie et du vignoble, RUTEB. p. 67, Kressner.]

|| Terrain planté de vignes. Un pays de vignobles.

VIGOGNE [vi-gòñ'] *s. f.*

[ÉTYM. Emprunté de l'espagn. vicuña, *m. s.* d'origine américaine, §§ 13 et 30. || 1680. RICHEL.]

|| (Hist. nat.) Ruminant sans cornes, animal à laine du genre lama, originaire du Pérou. | *P. ext.* Laine fine de cet animal, dont on fait des couvertures, des chapeaux, etc.

VIGOUREUSEMENT [vi-gou-reûz'-man; *en vers*, -reû-ze-...] *adv.*

[ÉTYM. Composé de vigoureuse et ment, § 724. || XIIᵉ s. Les saintes virgines ke si vigouresement forchaçarent la luxure, *Serm. de St Bern.* p. 153.]

|| D'une manière vigoureuse.

VIGOUREUX, EUSE [vi-gou-reù, -reûz'] *adj.*

[ÉTYM. Dérivé de vigueur, §§ 65 et 116. || XIIᵉ s. En main vigorouse e en braz estendu, *Psaut. de Cambridge*, CXXXV, 13.]

|| Dont la force a son plein développement. (*Syn.* robuste.) Le régime qui fait... les femmes fécondes et les enfants —, BOSS. *Hist. univ.* III, 3. Un cheval —. Une végétation vigoureuse. || *P. ext.* En parlant de la force d'âme, de la force intellectuelle. Un esprit —. Une résistance vigoureuse. Ces haines vigoureuses Que doit donner le vice aux âmes vertueuses, MOL. *Mis.* I, 1. Un style —. Un peintre qui a une touche vigoureuse.

VIGUERIE [vig'-ri; *en vers*, vi-ghe-ri] *s. f.*

[ÉTYM. Dérivé de viguier, §§ 65 et 68. (*Cf.* le doublet voierie.) || 1340. Prevostez et vigueries de la seneschaucée de Beaucaire, dans GODEF. Admis ACAD. 1718.]

|| *Anciennt.* Fonction, juridiction du viguier.

VIGUEUR [vi-gheûr] *s. f.*

[ÉTYM. Emprunté du lat. vigor, *m. s.* subst. masc. § 503. Sur le genre, V.§ 554. || XIᵉ s. Corant par tel vigor, *Voy. de Charl. à Jérus.* 498.]

|| Force qui a son plein développement. Il était encore dans toute la — de la jeunesse, FÉN. *Tél.* 5. La — de mon bras se perd dans le repos, MOL. *Amph.* I, 2. Le sang qu'il a perdu ralentit sa —, CORN. *Hor.* IV, 2. L'oisiveté d'un camp consume leur —, RAC. *Alex.* I, 2. La — de la végétation. Cette plante a repris sa —. || *P. ext.* En parlant de la force morale, intellectuelle. Allons, marquis, montre de la —, REGNARD, *Joueur*, III, 11. Attaquer l'ennemi avec —. Abrégeant le temps des périls par la — des attaques, BOSS. *Condé.* La poésie est morte, on rampe sans —, BOIL. *Art p.* 3. Pour maintenir cette loi dans sa —, BOSS. *Hist. univ.* II, 3. Pour y mettre en —, au milieu de la corruption, des pratiques si épurées, ID. *ibid.* II, 7. Une coutume qui a cessé d'être en —. | La — du coloris, de la touche d'un peintre. Des vigueurs, touches vigoureuses.

VIGUIER [vi-ghyé] *s. m.*

[ÉTYM. Emprunté du provenç. viguier, *m. s.* qui est le lat. vicarius, § 11. (*Cf.* le doublet voyer.) || XIIIᵉ s. Il laissa saint Pierre son viguier en leu de lui, BRUN. LATINI, *Trésor.* p. 80. Admis ACAD. 1718.]

|| *Anciennt.* Juge remplissant dans le midi de la France des fonctions analogues à celles du prévôt dans le nord. Le — de Toulouse.

VIL, VILE [vil] *adj.*

[ÉTYM. Du lat. vīlem, *m. s.* § 291.]

|| **1°** Qui est à bas prix. L'abondance rend la marchandise vile. Un plomb vil, RAC. *Ath.* III, 7. Vendre à vil prix. | *Fig.* Qu'importe qu'au hasard un sang vil soit versé? RAC. *Ath.* II, 5.

|| **2°** Qui est de basse condition. Quittez ce vil métier, RAC. *Ath.* II, 7. Les naissances viles et vulgaires, BOSS. *Gournay.* Dans les plus vils emplois, VOLT. *Zaïre*, IV, 5. Un vil et rampant animal, LA F. *Fab.* IV, 3.

|| **3°** Qui a des sentiments bas. Une âme vile. Un vil flatteur. Un vil amour du gain, BOIL. *Art p.* 4.

VILAIN, AINE [vi-lin, -lèn'] *s. m. et f.*

[ÉTYM. Du lat. pop. *villanum, *m. s.* proprt, « habitant de la campagne (villa) », §§ 97, 366, 299 et 291.]

|| **1°** *Anciennt.* Paysan, paysanne, et, *p. ext.* roturier, roturière. Riche — vaut mieux que pauvre gentilhomme, RÉGNIER, *Sat.* 13. Les vilains se battaient à pied et avec le bâton, MONTESQ. *Espr. des lois*, XXVIII, 20. *P. plaisant.* Savonnette à —, charge conférant la noblesse. *Loc. prov.* Jeux de main, jeux de —, les jeux où l'on se bat sont grossiers. || *Adjectivt.* Terre vilaine, non tenue par un noble.

|| **2°** *P. ext.* Celui, celle qui a des sentiments communs, laids. Voyez comme raisonne et répond la vilaine! MOL. *Éc. des f.* V, 4. C'est le plus orgueilleux petit —, ID. *Princ. d'Él.* III, 3. || *Adjectivt.* Laid moralement. C'est un — homme. Cela est fort — à vous, MOL. *B. gent.* IV, 2. Jouer un — tour à qqn. Une vilaine action. De vilaines pensées. | *P. ext.* Laid. Une vilaine bouche, un — nez. Avoir un — jeu. Il fait un — temps, et, *ellipt*, Il fait —. Habiter une vilaine rue, une vilaine maison. *P. anal.* Un — rhume, une vilaine maladie. | *Absolt. Subst. masc.* Le beau et le — furent cousus ensemble, ST-SIM. XII, 80.

|| **3°** *Spéciat.* Celui, celle qui est d'une avarice mesquine. On ne parle de vous que sous les noms d'avare, de ladre, de —, MOL. *Av.* III, 1.

VILAINEMENT [vi-lèn'-man; *en vers*, -lè-ne-...] *adv.*

[ÉTYM. Composé de vilaine et ment, § 724. || XIIᵉ s. Que il s'en vait vileinement, *Tristan*, II, p. 24, Michel.]

|| D'une manière vilaine. Il montra — la corde, ST-SIM. III, 202.

VILEBREQUIN [vĭl-bre-kin; *en vers*, vi-le-...] *s. m.*

[ÉTYM. Emprunté du néerland. wimbelkin, *m. s.* qui a le même radical que gibelet, § 10. || XIVᵉ s. Wimbelkins, forets, *Dial. franç.-flam.* fᵒ 18, Michelant.]

|| (Technol.) Mèche qu'on tourne à l'aide d'une manivelle, pour faire des trous dans le bois, la pierre, le fer.

VILEMENT [vĭl-man; *en vers*, vi-le-...] *adv.*

[ÉTYM. Composé de vile et ment, § 724. || XIIᵉ s. Plus vilment que il fait mei, *Énéas*, 8944. Admis ACAD. 1798.]

|| D'une manière vile. L'on rampe — devant ceux qui sont au-dessus de soi, LA BR. 6.

VILENIE [vil-ni; *en vers*, vi-le-ni] *s. f.*

[ÉTYM. Dérivé de vilain, §§ 65 et 68. || XIIᵉ s. Vilanie, PH. DE THAUN, *Comput*, 125.]

|| **1°** Action de vilain, de vilaine, de personne qui a des sentiments communs, laids. || *P. ext.* Ordure.

|| **2°** *Spéciat.* Manière d'être, d'agir, d'une avarice mesquine. Le vôtre (père) animerait contre sa — le plus posé homme du monde, MOL. *Av.* II, 1. Faire des vilenies.

VILETÉ [vil-té; *en vers*, vi-le-té] *s. f.*

[ÉTYM. Dérivé de vil, § 122. A remplacé l'anc. franç. vilté, viuté, du lat. vilitatem. (*Cf.* le doublet vilité.) || 1539. Vileté ou vieuté, R. EST.]

|| *Vieilli.* Caractère de ce qui est vil.

|| **1°** Caractère de ce qui est à bas prix. La — du prix des denrées. La beauté du travail faisait oublier la — de la matière.

|| **2°** Caractère bas. (*V.* vilité.)

VILIPENDER [vi-li-pan-dé] *v. tr.*

[ÉTYM. Emprunté du lat. vilipendere, *m. s.* || XIVᵉ s. Vilipendent et abaissent... les diables, RAOUL DE PRESLES, *Cité de Dieu*, dans DELB. *Rec.*]

|| Déclarer vil, méprisable. Corneille vilipendé par Scudéri, VOLT. *Mél. littér.*

VILITÉ [vi-li-té] *s. f.*

[ÉTYM. Emprunté du lat. vilitas, *m. s.* (*Cf.* le doublet vileté.) || XVᵉ-XVIᵉ s. Remply de toute vilité, *Myst. du Vieil Testam.* 1199. Admis ACAD. 1798.]

|| *Vieilli.* Caractère de ce qui est vil. Jetés à l'abjection, — et mépris du monde, MONTAIGNE, I, 40.

VILLA [vĭl'-là] *s. f.*

[ÉTYM. Emprunté de l'ital. villa, lat. villa, *m. s.* § 12. (*Cf.* le doublet ville.) || XVIIIᵉ-XIXᵉ s. V. à l'article. Admis ACAD. 1835.]

|| Maison de plaisance. (*Cf.* villégiature.) Corinne conduisit Oswald à la — Mellini, STAEL, *Cor.* v, 3.

VILLACE [vi-làs'] *s. f.*

[ÉTYM. Dérivé de ville, § 81. || 1558. Villette, villasse, G. MOREL, dans GODEF.]

|| *Vieilli.* Vilaine ville.

VILLAGE [vi-làj'] *s. m.*

[ÉTYM. Dérivé de ville, au sens ancien 'de « domaine rural », § 78. || 1235. Se déduit de l'existence du bas lat. villagium à cette date.]

|| Petit groupe de maisons de paysans, qui n'est pas disposé régulièrement par rues et limité par une enceinte. César eût aimé mieux, disait-il, être le premier dans un — que le second à Rome. Vivre au —. Une noce de —. Vous me feriez bien regarder Le grand chemin de mon — (vous me renverriez à mon village), CORN. *Poés. div.* 61. | *P. ext.* Tout le — (tous les habitants du village) est en émoi. | *Loc. prov.* Il est bien de son —, il est bien rustique. Le coq du —, celui qui s'y fait admirer. A gens de — trompettes de bois, il faut traiter les gens selon leur condition. Ne se moquer des chiens que quand on est hors du —, attendre qu'on soit hors du danger pour en rire.

VILLAGEOIS, OISE [vi-là-jwá, -jwàz'] *s. m.* et *f.*

[ÉTYM. Dérivé de village, § 143. || 1539. R. EST.]

|| Celui, celle qui habite au village. || *Adjectivt.* Quelle âme villageoise! MOL. *F. sav.* II, 6.

VILLANELLE [vil'-là-nòl] *s. f.*

[ÉTYM. Emprunté de l'ital. villanella, *m. s.* § 12. || 1611. COTGR.]

|| (T. didact.) Chanson villageoise, ordinairement à couplets de trois vers et refrain, terminée par un quatrain.

VILLE [vil] *s. f.*

[ÉTYM. Du lat. villa, maison de campagne (*cf.* villa, vilain, village), mot qui a peu à peu pris le sens du lat. class. urbs, et est devenu vile, §§ 366 et 291, puis ville par réaction étymologique, § 502.]

|| Réunion considérable de maisons habitées, disposée régulièrement par rues, et limitée d'ordinaire par une enceinte. Une grande —. Une — de province. Une — capitale. Une — forte, une — de guerre. *Fig. Loc. prov.* Avoir — gagnée, avoir emporté la place, avoir surmonté les obstacles. Se promener dans la —. Errer par la —. Que j'aille un peu montrer mon habit par la —, MOL. *B. gent.* III, 1. *Spécialt.* En —, hors de chez soi. De vous rencontrer il n'est pas bien facile, Car vous dormez toujours ou vous êtes en —, MOL. *Fâch.* III, 2. Dîner en —, dans une maison où l'on est invité. Habit, toilette de —, pour visites dans la ville (par opposition à habit, toilette de soirée, et à habit de cheval, de chasse). *Loc. prov.* La — est bonne, on y trouve tout ce dont on a besoin. | La — éternelle, Rome. La — sainte, Jérusalem. | *Vieilli.* Paris, la grand —. || *Absolt.* La —. | **1.** Une grande ville (par opposition au village, aux champs). Arriver sans encombre à la —, LA F. *Fab.* VII, 10. | **2.** La capitale (par opposition à la province). Ceux que fournit la — et la province, BOIL. *Art p.* 1. | **3.** Les bourgeois (par opposition aux courtisans). Ce grand auteur dont la muse fertile Amusa si longtemps et la cour et la —, BOIL. *Sat.* 1. | **4.** Les habitants d'une ville. Toute la — est en émoi. Assez de sots sans mot feront parler la —, BOIL. *Sat.* 8. || Le corps de —, les officiers municipaux. La maison de —, l'hôtel de —, siège de l'administration municipale. Sergent de —, agent de la police municipale chargé de maintenir le bon ordre dans les lieux publics.

VILLÉGIATURE [vil'-lé-jyà-tûr; *en vers,* -ji-à-...] *s. f.*

[ÉTYM. Emprunté de l'ital. villeggiatura, *m. s.* § 12. || *Néolog.* Admis ACAD. 1878.]

|| Séjour à la campagne pendant la belle saison. Être en — chez des amis.

VILLETTE [vi-lèt'] *s. f.*

[ÉTYM. Dérivé de ville, § 133. || XIIᵉ s. Une povre vilete, *Serm. de St Bern.* p. 54.]

|| *Vieilli.* Petite ville. (*Cf.* villace.)

VILLEUX, EUSE [vil'-leù, -leùz'] *adj.*

[ÉTYM. Emprunté du lat. villosus, *m. s.* (*Cf.* le doublet velours.) || XIVᵉ s. Le panicle dedens est villeus et nerveus, *Chirurg. de Lanfranc,* dans LITTRÉ. Admis ACAD. 1878.]

|| (Anat.) Velu.

VILLOSITÉ [vil'-lô-zi-té] *s. f.*

[ÉTYM. Emprunté du lat. villositas, *m. s.* || Admis ACAD. 1878.]

|| (Anat.) Groupe de poils à la surface de certaines membranes. Les villosités de la muqueuse de l'estomac.

VIMAIRE [vi-mèr] *s. f.*

[ÉTYM. Emprunté du lat. vis major, force majeure, § 503. (*Cf.* maire.) || 1229. Se déduit de l'existence du bas lat. vimarium à cette date, dans DU C. Admis ACAD. 1762.]

|| *Vieilli.* (T. forest.) Force majeure (grêle, ouragan, etc.) qui produit des dégâts.

VIN [vin] *s. m.*

[ÉTYM. Du lat. vinum, *m. s.* (*Cf.* vinaigre.)]

|| Jus de raisin fermenté, boisson spiritueuse. Vin doux, vin nouveau qui n'a pas encore cuvé. Du vin nouveau, du vin vieux. Vin de liqueur, vin de dessert, sucré. Vin sec, qui n'est pas sucré. Vin mêlé, coupé, frelaté. Vin mouillé, étendu d'eau. Du vin tourné, piqué, qui a tourné à l'aigre. Vin du cru, vin du pays. Du vin de teinte, de teinture, gros vin qui sert à colorer les vins fabriqués. Demi-vin, piquette, eau jetée sur le marc. Du vin en cercles, en tonneau. Du vin en bouteilles. | *Loc. prov. Fig.* Mettre de l'eau dans son vin, se modérer. Quand le vin est tiré, il faut le boire, quand tout est prêt, il n'y a plus à reculer. A bon vin, point d'enseigne, ce qui est bon n'a pas besoin d'être vanté. | Vin d'honneur, qu'on offrait à de hauts personnages à leur entrée dans une ville. || Porter bien le vin, boire beaucoup sans s'enivrer. Être pris de vin, ivre. Avoir une pointe de vin, commencer à être mis en gaieté par le vin. Un homme entre deux vins, un peu ivre. *P. plaisant.* Cuver son vin, dormir jusqu'à ce que l'ivresse soit dissipée. Avoir le vin gai, triste, bon, mauvais, être gai, triste, etc., quand on a bu. *P. plaisant.* Un sac à vin, un ivrogne. | Tache de vin, tache d'un rouge vineux que certaines personnes ont, de naissance, sur le visage ou sur quelque autre partie du corps. || Vins médicinaux, où l'on fait dissoudre des substances médicinales. Vin de quinquina, de gentiane. Vin émétique. || *P. anal.* Nom donné à diverses liqueurs fermentées et spiritueuses. Vin de palme, fait avec la sève sucrée du cocotier. Vin de cannes, fait avec du suc de canne à sucre. Vin de sorgho. Vin de prunelles.

VINAGE [vi-nàj'] *s. m.*

[ÉTYM. Dérivé de viner, § 78. A distinguer de l'anc. franç. vinage, droit sur le vin. || *Néolog.* Admis ACAD. 1878.]

|| (Technol.) Addition d'alcool à certains vins pour qu'ils se conservent mieux, qu'ils puissent voyager.

VINAIGRE [vi-nègr'] *s. m.*

[ÉTYM. Composé avec vin et aigre, § 173. L'anc. franç. dit ordinairement aisil. || XIVᵉ s. Vyn egre, dans P. MEYER, *Rapports,* p. 108.]

|| Liqueur d'une saveur aigre et piquante, provenant de la fermentation acide du vin. Mettre un filet de — dans une sauce. Il y a trop de — dans la salade. — rosat, surard, à l'estragon, etc., où l'on a fait infuser des roses, du sureau, de l'estragon. — des quatre voleurs, espèce de vinaigre très fort et très aromatisé. — de toilette, aromatisé pour la toilette. Sel de —, sel extrait du vinaigre et additionné d'acide acétique, qu'on fait respirer aux personnes qui se trouvent mal. | — de bois, acide qu'on obtient en distillant le bois. || Au bon —, cri des marchands qui portaient sur le dos un réchaud de vinaigre. *P. anal.* Au bon —, cri qu'on fait en portant un enfant sur le dos par manière de jeu. *P. anal.* Porter qqn à bon —. Donner du — (en faisant sauter à la corde), presser de plus en plus le mouvement. | *Loc. prov.* On prend plus de mouches avec du miel qu'avec du —, on réussit mieux par la douceur que par l'âpreté.

VINAIGRER [vi-nè-gré] *v. tr.*

[ÉTYM. Dérivé de vinaigre, § 154. || 1680. RICHEL.]

|| Imprégner de vinaigre. Une salade trop vinaigrée.

VINAIGRERIE [vi-nè-gre-ri] *s. f.*

[ÉTYM. Dérivé de vinaigrier, §§ 65 et 69. || 1723. SAVARY, *Dict. du comm.* Admis ACAD. 1878.]

|| (Technol.) Usine où l'on fabrique le vinaigre.

VINAIGRETTE [vi-nè-grèt'] *s. f.*

[ÉTYM. Dérivé de vinaigre, § 133. || XIVᵉ s. Vinaigrette de ce mesmes mets, *Ménagier,* II, p. 108.]

|| **1°** Sauce faite avec du vinaigre, de l'huile et des herbes. Manger du bœuf à la —, et, *p. ext.* Manger une —.

|| **2°** *Anciennt.* Brouette servant à porter des personnes et ressemblant aux chariots qui servaient à porter les tonnelets des vinaigriers ambulants.

. **1. VINAIGRIER** [vi-nè-gri-yé] *s. m.*

[ÉTYM. Dérivé de vinaigre, § 115. || 1611. COTGR.]

‖ Fabricant, marchand de vinaigre.

2. VINAIGRIER [vi-nè-gri-yé] *s. m.*
[ÉTYM. Dérivé de vinaigre, § 115. ‖ 1599. Un vinaigrier d'argent, dans L. DE LABORDE, *Émaux*, p. 543.]
‖ Vase à mettre le vinaigre.

VINAIRE [vi-nèr] *adj.*
[ÉTYM. Emprunté du lat. vinarius, *m. s.* ‖ Admis ACAD. 1835.]
‖ (T. didact.) Qui a rapport au vin. L'industrie —. Vaisseaux vinaires, tonneaux, etc.

'VINASSE [vi-nàs] *s. f.*
[ÉTYM. Dérivé de vin, § 81. (*Cf.* le lat. vinacea, marc.) ‖ 1812. MOZIN, *Dict. franç.-allem.*]
‖ (Technol.) Résidu de la distillation des vins. ‖ *P. ext.* Résidu de la distillation des betteraves.

VINDAS [vin-dá; *selon d'autres,* -dãs'] *s. m.*
[ÉTYM. *V.* guindas.]
‖ (Technol.) Treuil vertical dont on se sert pour élever les fardeaux, haler les bateaux, etc.

VINDICATIF, IVE [vin-di-kà-tìf', -tìv'] *adj.*
[ÉTYM. Dérivé du lat. vindicare, venger, § 257. ‖ XIVᵉ-XVᵉ s. Le sens de cette patience fait moult a noter aux vindicatifs, CHR. DE PISAN, *Ch. V*, I, 24.]
‖ (T. didact.) Porté à la vengeance. Les plus faibles âmes sont les plus vindicatives et malicieuses, CHARRON, *Sagesse*, I, 30. Ces gens qui... Sont prompts, vindicatifs, MOL. *Tart.* I, 5. Justice vindicative (par opposition à distributive), qui punit.

'VINDICATIVEMENT [vin-di-kà-tìv'-man ; *en vers,* -ti-ve-...] *adv.*
[ÉTYM. Composé de vindicative et ment, § 724. ‖ *Néolog.*]
‖ (T. didact.) D'une manière vindicative.

VINDICTE [vin-dìkt'] *s. f.*
[ÉTYM. Emprunté du lat. vindicta, *m. s.* ‖ 1611. COTGR. Admis ACAD. 1762.]
‖ (T. didact.) Action de revendiquer le châtiment du coupable. La — publique, faite au nom de la société.

VINÉE [vi-né] *s. f.*
[ÉTYM. Dérivé de vin, § 119. ‖ XIIIᵉ s. Ne feïstes tele vingnee Comme ele est ouan devineè, MONTAIGLON et RAYNAUD, *Rec. de fabliaux*, II, p. 140.]
‖ (Technol.) Récolte de vin. Pleine moisson, pleine —, LA F. *Fab.* VI, 4.

VINER [vi-né] *v. tr.*
[ÉTYM. Dérivé de vin, § 154. ‖ XIVᵉ-XVᵉ s. Verde vinee Sanz viner pou prouitera, EUST. DESCH. V, 334. Admis ACAD. 1878.]
‖ (Technol.) ‖ **1°** *Vieilli.* Faire prendre couleur et qualité au vin en le laissant dans la cuve.
‖ **2°** Additionner d'alcool (certains vins), pour qu'ils se conservent mieux, qu'ils puissent voyager.

'VINETTE [vi-nèt'] *s. f.*
[ÉTYM. *V.* épine-vinette.]
‖ *Dialect.* Épine-vinette, plante.

VINEUX, EUSE [vi-neû, -neûz'] *adj.*
[ÉTYM. Emprunté du lat. vinosus, *m. s.* ‖ XVᵉ s. Le duo... qui estoit vert et vineux, CHASTELL. dans DELB. *Rec.*]
‖ **1°** Riche en vin. Des Bourguignons les campagnes vineuses, BOIL. *Lutr.* 3. ‖ *P. ext.* Riche en principe qui constitue le vin. Le vin vieil est tout —, PARÉ, XX, 21.
‖ **2°** Qui a la saveur, la couleur, l'odeur du vin. Le goût — du moût. Une pêche vineuse. Un rouge —.

VINGT [vin ; *en liaison,* vint'] *adj. et s. m.*
[ÉTYM. Du lat. viginti. ' vinti (class. viginti, § 289), devenu vint, §§ 331, 291 et 292, écrit vingt par réaction étymologique, § 502.]
I. Adjectif numéral. ‖ **1°** Adjectif cardinal. Deux fois dix. (*Cf.* quatre-vingts, quinze-vingts.) Avoir — ans. Le jour est composé de —quatre heures. La règle des —quatre heures, règle suivant laquelle l'action d'une pièce de théâtre ne doit pas durer plus d'un jour. Que cela soit fait dans les —quatre heures, dans l'espace d'un jour révolu. Cent — ans. —cinq mille francs. Cent — mille francs. ‖ *Dans un sens indéterminé.* Beaucoup. — fois sur le métier remettez votre ouvrage, BOIL. *Art p.* 1. ‖ *Spécialt.* Le — et un, jeu de cartes où l'on gagne quand les deux cartes qu'on a en main font vingt et un points.
‖ **2°** Adjectif ordinal. Vingtième. L'an mil huit cent quatre-—. Le chapitre —. Le — de juillet. Le numéro —.
II. *S. m. (invariable).* Nombre formé par deux fois dix. — et — font quarante.

VINGTAINE [vin-tèn'] *s. f.*
[ÉTYM. Dérivé de vingt, § 99. ‖ XIIIᵉ s. Trois vinteines, BRUN. LATINI, *Tresor*, p. 136.]
‖ Réunion de vingt unités. Quand vous aurez atteint la — (vingt ans). Dans une — d'années. Nous étions une —.

VINGTIÈME [vin-tyèm'] *adj.*
[ÉTYM. Dérivé de vingt, § 96 *ter.* ‖ XIIᵉ s. Al vintime an puis que il out le temple fait, *Rois*, III, 9.]
‖ Adjectif numéral ordinal. Qui vient après le dix-neuvième (dans une série). Avoir accompli sa — année. Avoir le — rang, et, *substantivt*, Être le —, la — dans un concours. Le — jour du mois, et, *ellipt*, Le — du mois. La — partie, et, *substantivt*, Le —, chaque partie d'un tout divisé en vingt parties égales. Payer un — sur son revenu.

VINICOLE [vi-ni-kòl] *adj.*
[ÉTYM. Composé avec le lat. vinum, vin, et colere, cultiver, d'après viticole, § 273. ‖ *Néolog.* Admis ACAD. 1878.]
‖ (T. didact.) Relatif à la production du vin. Pays —. Industrie —.

VINIFICATION [vi-ni-fi-kà-syon ; *en vers,* -si-on] *s. f.*
[ÉTYM. Composé avec le lat. vinum, vin, facere, faire, et le suffixe io, onis, d'après un type verbal ' vinificare, §§ 274 et 247. ‖ *Néolog.* Admis ACAD. 1878.]
‖ (T. didact.) ‖ **1°** Fermentation qui produit le vin.
‖ **2°** Art de faire le vin.

'VINOSITÉ [vi-nó-zi-té] *s. f.*
[ÉTYM. Emprunté du lat. vinositas, *m. s.* ‖ *Néolog.*]
‖ (T. didact.) Degré de richesse en principe vineux.

VIOL [vyòl ; *en vers,* vi òl] *s. m.*
[ÉTYM. Subst. verbal de violer, § 52. Condamné par VAUGEL. au profit de violement, viol est aujourd'hui seul en usage. ‖ 1647. Viol, qui se dit dans la cour et dans les armées pour violement, est très mauvais, VAUGEL. Admis ACAD. 1694.]
‖ (Droit.) Attentat commis sur une femme, une fille, qu'on prend de force.

VIOLACÉ, ÉE [vyò-là-sé ; *en vers,* vi-ò-...] *adj.*
[ÉTYM. Emprunté du lat. violaceus, *m. s.* ‖ *Néolog.* Admis ACAD. 1835.]
‖ (T. didact.) Dont la couleur tire sur le violet. Une teinte violacée. *Substantivt, au fém.* Les Violacées, famille de plantes dont la violette est le type.

VIOLAT [vyò-là ; *en vers,* vi-ò-là] *s. m.*
[ÉTYM. Emprunté du lat. violatus, *m. s.* ‖ XIIIᵉ s. Et penidoin et violat, GUIOT DE PROVINS, *Bible*, 2623.]
‖ *Vieilli.* (Pharm.) Fait avec des violettes. Sirop, miel —.

VIOLATEUR, TRICE [vyò-là-teùr, -trìs'; *en vers,* vi-ò-...] *s. m. et f.*
[ÉTYM. Emprunté du lat. violator, *m. s.* (*Cf.* violeur.) ‖ ‖ XVᵉ s. De vierges violateurs, *Térence en français*, dans DELB. *Rec.*]
‖ Celui, celle qui viole. Les violateurs du droit des gens. Les violateurs de sépultures. ‖ *Adjectivt.* La puissance violatrice des lois, MONTESQ. *Espr. des lois*, XXIX, 5.

VIOLATION [vyò-là-syon ; *en vers,* vi-ò-là-si-on] *s. f.*
[ÉTYM. Emprunté du lat. violatio, *m. s.* ‖ XIVᵉ s. Violacion du temple, BERSUIRE, dans GODEF. *Compl.*]
‖ Action de violer. La — des lois, des serments. La — des règles. — de sépulture. — de domicile.

VIOLÂTRE [vyò-làtr' ; *en vers,* vi-ò-...] *adj.*
[ÉTYM. Dérivé du radical de violet, §§ 63 et 151. ‖ XVᵉ s. Orfavrie viaulatre, OL. DE LA MARCHE, *Mém.* dans DELB. *Rec.* Admis ACAD. 1835.]
‖ *Rare.* D'une teinte violacée déplaisante. Gris et —, DIDER. *Essai sur la peinture*, 2.

VIOLE [vyòl ; *en vers,* vi-òl] *s. f.*
[ÉTYM. Paraît emprunté du provenç. viula, vielle, § 11. (*Cf.* vielle.) ‖ XIVᵉ-XVᵉ s. Maintes gens Que diable endort α sa viole, EUST. DESCH. VIII, 90.]
‖ *Anciennt.* Nom donné à différents instruments à cordes et à archet, en forme de grand violon, à cinq, six ou sept cordes de grosseur inégale. — d'amour, à sept cordes en accord parfait de ré majeur, ayant de plus cinq ou six cordes d'acier ou de laiton qui vibrent quand on joue les autres à vide. ‖ Première, seconde, troisième, haute-contre, taille et quinte de violon (cette dernière réduite à quatre cordes et conservée sous le nom d'alto). Petite —, dessus de viole. Basse de — (analogue à notre violoncelle).

VIOLEMENT [vyòl-man ; *en vers,* vi-ò-le-...] *s. m.*

[ÉTYM. Dérivé de violer, § 145. || XIIIᵉ-XIVᵉ s. Sanz force et sanz violement, *Ovide moralisé*, dans GODEF.]

|| *Vieilli*. Acte de celui qui viole (qqch). (*Cf.* viol.) Les violements de la charité, PASC. *Prov.* 11. Le — des sépulcres (à Port-Royal), ST-SIM. XII, 143.

VIOLEMMENT [vyò-là-man; *en vers*, vi-ò-...] *adv.*

[ÉTYM. Pour violentment, composé de violent et ment, § 724. || XIVᵉ s. Violentement, *Chirurg. de Lanfranc*, dans LITTRÉ.]

|| D'une manière violente. Le vent souffle —. Il le frappa — au visage. | Il a été — ému. Un homme — soupçonné d'un crime, MONTESQ. *Espr. des lois*, XXVIII, 27. Haïr — qqn.

VIOLENCE [vyò-lâns'; *en vers*, vi-ò-...] *s. f.*

[ÉTYM. Emprunté du lat. violentia, *m. s.* || 1215. Se no sergant emportent ou prenent les coses des bourgois de violence, dans DELB. *Rec.*]

|| Action d'une force non maîtrisée. La — du vent, du courant. Frapper, repousser qqn avec —. La — d'un coup. *P. anal.* La — d'une passion, d'un désir, d'une maladie. Ce mal, dont vous craignez, dit-il, la —, RAC. *Brit.* V, 5. Tromper pour un peu de temps la — de notre douleur, BOSS. *D. d'Orl.* De leur amour tu vois la —, RAC. *Brit.* II, 8. | *P. ext.* La — du caractère, disposition à s'emporter aisément. | *Absolt.* Abus de la force. User de — envers qqn. Employer la — contre qqn. Souffrir —. | *Fig.* La vérité... souffrait — en eux, BOSS. *Panég. Ste Catherine.* (Théol.) Le royaume du ciel souffre —, veut être conquis par des efforts violents. Repousser la — par la —. La — et la vérité ne peuvent rien l'une sur l'autre, PASC. *Prov.* 18. Faire — à qqn, le contraindre à qqch en abusant de sa force. *Spécialt.* Faire — à une femme, la prendre de force. Se faire —, se contraindre à qqch avec effort. Combien s'est-il fait de — pour ne se point découvrir! FÉN. *Tél.* 24. | *Famil.* Faire une douce — à qqn, lui faire accepter qqch dont il a envie, et qu'il refuse mollement. | *P. anal.* Faire — à un texte, torturer le texte pour lui faire dire autre chose que ce qu'il dit. || *Au plur.* Actes de violence. Exercer des — sur qqn.

VIOLENT, ENTE [vyò-lan, -lânt'; *en vers*, vi-ò-...] *adj.*

[ÉTYM. Emprunté du lat. violentus, *m. s.* || 1314. Medecines corrosives et violentes, *Chirurg. de Mondeville*, 1986, Bos.]

|| Qui agit avec une force non maîtrisée. Un vent —. Un courant —. *P. anal.* Une douleur violente. Un mal —. Un exercice —. Un effort —. Ce remède a produit des effets violents. Avoir des doutes violents. De violents désirs. Un homme —, d'une humeur violente, d'un caractère —, qui s'emporte aisément. | (T. biblique.) *Substantivt.* Notre-Seigneur a dit que... le royaume de Dieu souffre violence et que les violents (ceux qui font de violents efforts) le ravissent, PASC. *Lett. à Mᴵˡᵉ de Roannez*, 4. | Une mort violente (par opposition à mort naturelle), brusquement causée par accident. || *Fig. Famil.* Cela est —, cela passe toute mesure. Voilà qui est — de ne pouvoir pas avoir un laquais, MOL. *Escarb.* sc. 2.

VIOLENTER [vyò-lan-té; *en vers*, vi-ò-...] *v. tr.*

[ÉTYM. Dérivé de violent, § 154. || XIVᵉ s. RAOUL DE PRESLES, *Cité de Dieu*, dans DELB. *Rec.*]

|| Contraindre par la violence. On l'a violenté pour quitter l'échafaud, CORN. *Poly.* III, 5. | *Fig.* L'unité de jour n'a rien de violenté, CORN. *Hér. exam.*

VIOLER [vyò-lé; *en vers*, vi-ò-lé] *v. tr.*

[ÉTYM. Emprunté du lat. violare, *m. s.* || XIᵉ s. Les castels pris, les citez violees, *Roland*, 704.]

|| Porter atteinte à (qqn, qqch) qu'on est tenu de respecter. — la foi jurée. — un serment. — la loi, les règles. — le secret. — une sépulture. | *Spécialt.* — une femme, la prendre de force.

VIOLET, ETTE [vyò-lè, -lèt'; *en vers*, vi-ò-...] *adj.*

[ÉTYM. Tiré de violette, § 39. || 1359. Violet brun en graine, dans GODEF.]

|| Qui a la couleur de la fleur qu'on nomme violette. Un costume —. Une robe violette. Être — de froid. *Fig.* Faire feu —, montrer d'abord une vivacité extrême qui ne dure pas. Rayon —, une des sept couleurs primitives du spectre, la dernière en commençant par le rouge. || *Substantivt, au masc.* Le —, la couleur violette. Être vêtu de —. Du — clair, foncé. — bleu, teinte de l'améthyste.

****VIOLETER** [vyò-lté; *en vers*, vi-ò-le-té] *v. tr.*

[ÉTYM. Dérivé de violet, §§ 65 et 154. || *Néolog.*]

|| (Technol.) Teinter de violet.

VIOLETTE [vyò-lèt'; *en vers*, vi-ò-...] *s. f.*

[ÉTYM. Dérivé de l'anc. franç. viole, violette (mot très rare), qui est emprunté du lat. viola, *m. s.* § 133. || XIIᵉ s. Ametiste a culur purprin, O tel cume gute de vin O altretel cum violete, *Lapid. de Marbode*, 381.]

|| 1° Plante de la famille des Violacées, à petite fleur d'un parfum doux, d'une couleur entre le rouge et le bleu.

|| 2° Fleur de cette plante. Avoir la couleur, le parfum de la —. L'humble, la timide — (parce que la violette semble se cacher sous les feuilles). *Fig.* Cette petite — (Mᴵˡᵉ de la Vallière) qui se cachait sous l'herbe, SÉV. 848. *Poét.* Les pâles violettes (les teintes livides) de la morte se confondaient sur ses joues avec les roses de la pudeur, B. DE ST-P. *Paul et Virg.*

****VIOLEUR, EUSE** [vyò-leur, -leûz'] *s. m. et f.*

[ÉTYM. Dérivé de violer, § 112. (*Cf.* violateur.) || XIIᵉ-XIIIᵉ s. Peûrs sui que li violeres, ADGAR, *Mir. de N.-D.* p. 172, Neuhaus.]

|| *Famil.* Celui, celle qui viole.

VIOLIER [vyò-lyé; *en vers*, vi-ò-...] *s. m.*

[ÉTYM. Dérivé de l'anc. franç. viole, violette, § 115. || XIVᵉ s. Ou a foison de violiers, FROISS. *Poés. Espin. amour.* 305.]

|| Plante à fleur jaune, sorte de giroflée.

VIOLON [vyò-lon; *en vers*, vi-ò-...] *s. m.*

[ÉTYM. Dérivé de viole, § 104. L'ital. violone signifie « grosse viole, basse de viole ». (*Cf.* violoncelle.) || XVIᵉ s. Comme si fussent violons desmanchés, RAB. V, 13.]

I. (Musique.) || 1° Instrument à cordes et à archet, dérivé de l'ancienne viole, ramenée à de plus petites proportions, et réduite à quatre cordes accordées de quinte en quinte (sol, ré, la, mi). Jouer du —. Un solo de —. Un concerto pour —. Une sonate pour piano et —. | Famille du —, le violon, l'alto, le violoncelle et la contre-basse, de forme semblable avec des dimensions différentes.

|| 2° Celui qui joue de cet instrument. Les vingt-quatre violons du roi, la grande bande de violons (sous Louis XIV). Le premier, le second —, celui qui joue la première, la seconde partie de violon, dans un ensemble. *Vieilli.* Donner les violons, payer les violons (pour faire danser). *Loc. prov.* Payer les violons pour faire danser les autres, faire les frais d'une chose dont les autres ont le profit. | *P. ext.* Un petit —, un pauvre diable. Cet homme-là (Corneille)... Fut naguère cité devant cette police, Ainsi qu'un petit —, ROBINET, *Gazette*, dans ÉD. FOURNIER, *Paris démoli*, 2ᵉ édit. p. 185.

II. *P. anal.* || 1° (Peut-être à cause des barreaux de la fenêtre, disposés comme les cordes du violon.) Prison contiguë à un corps de garde, où l'on enferme provisoirement ceux qui sont arrêtés le soir, en attendant que la justice les interroge le lendemain matin. Mettre qqn au —.

|| 2° (Technol.) Poulie à caisse en forme de violon. || (Marine.) | 1. Bordage découpé en forme de violon, de chaque côté du beaupré. | 2. Cordes disposées le long de la table à manger, sur les paquebots, pour maintenir les assiettes, les verres, les bouteilles, etc. || Touret à main qu'on fait mouvoir avec une sorte d'archet. | Outil de chapelier à plusieurs cordes tendues, pour battre les matières destinées au feutrage.

VIOLONCELLE [vyò-lon-sèl; *en vers*, vi-ò-...] *s. m.*

[ÉTYM. Emprunté de l'ital. violoncello, *m. s.* proprt, « petit violone » (*cf.* violon), § 12. ACAD. 1762-1798 dit qu'on prononce le o comme ch, § 507. || Admis ACAD. 1762.]

|| (Musique.) Instrument à quatre cordes et à archet, à une quinte au-dessous de l'alto, qui correspond à peu près à l'ancienne base de viole, et qu'on joue en le tenant entre les jambes.

VIOLONCELLISTE [vyò-lon-sèl'-lìst'; *en vers*, vi-ò-...] *s. m. et f.*

[ÉTYM. Dérivé de violoncelle, § 265. || *Néolog.* Admis ACAD. 1835.]

|| (Musique.) Celui, celle qui joue du violoncelle.

VIOLONISTE [vyò-lò-nìst'; *en vers*, vi-ò-...] *s. m. et f.*

[ÉTYM. Dérivé de violon, § 265. || *Néolog.* Admis ACAD. 1835.]

|| Celui, celle qui joue du violon.

VIORNE [vyòrn'; *en vers*, vi-òrn'] *s. f.*

[ÉTYM. Du lat. viburna, *m. s.* plur. neutre pris pour un fém. sing. §§ 545, 434, 324 et 291. Les botanistes le font souvent masc.]

|| (Botan.) Arbrisseau à fleurs blanches et à baies rouges en bouquets, de la famille des Caprifoliacées.

VIPÈRE [vi-pèr] *s. f.*

[ÉTYM. Emprunté du lat. vipera, m. s. (Cf. les doublets guivre et vive.) Qqf masc. au XVII° s. Un vipère envenimé, DOMINIQUE, March. dupé, III, 4. || 1314. Tir et vipere sont une mesme chose, Chirurg. de Mondeville, 1823, Bos.]

|| Reptile ophidien ovovivipare dont la morsure est venimeuse. — commune. — rouge, noire. | Fig. Une —, une personne malfaisante. Une langue de —, une personne médisante.

VIPEREAU [vĭp'-ró ; en vers, vi-pe-ró] s. m.
[ÉTYM. Dérivé de vipère, §§ 65 et 126. || XVI° s. Vipereaux furieux, MAROT, Enfer.]
|| Petit d'une vipère.

'VIPÉRIN, INE [vi-pé-rin, -rĭn'] adj.
[ÉTYM. Emprunté du lat. viperinus, m. s. ACAD. ne donne que le subst. vipérine. || 1611. COTGR. Admis ACAD. 1762.]
|| (T. didact.) Qui a rapport à la vipère. Langue vipérine, très médisante. | Substantivt, au fém. La vipérine, plante de la famille des Borraginées, tachetée comme la vipère.

VIPÉRINE [vi-pé-rĭn']. V. vipérin.

'VIRAGE [vi-rāj'] s. m.
[ÉTYM. Dérivé de virer, § 78. || 1812. MOZIN, Dict. franç.-allem.]
|| (Technol.) Opération par laquelle on vire, on fait tourner qqch. (Cf. virement.)
|| Spécialt. || 1° (Marine.) Action de faire tourner le cabestan sur son axe. | Action de faire tourner un navire sur lui-même, de manière à présenter au vent le côté opposé. | Action de faire incliner un navire sur un de ses côtés pour l'abatage en carène.
|| 2° Action de faire tourner un vélocipède ; l'endroit où l'on tourne. Faire une chute au —.
|| 3° (Photogr.) Action de tremper une épreuve dans une dissolution qui donne à la couleur plus d'intensité.

VIRAGO [vi-rà-gò] s. f.
[ÉTYM. Emprunté du lat. virago, m. s. de vir, homme. (Cf. viril.) On trouve virague et viragine au XVI° s. || 1690. FURET. Admis ACAD. 1694.]
|| Femme d'allure masculine.

'VIRE [vĭr] s. f.
[ÉTYM. Emprunté du lat. viria, sorte de bracelet. (Cf. virole.) || Admis ACAD. 1762; suppr. en 1798.]
|| (Blason.) Anneau. (S'emploie surtout au plur. en parlant d'anneaux concentriques.)

VIRELAI [vir-lè ; en vers, vi-re-lè] s. m.
[ÉTYM. Anc. franç. virell, probablement onomatopée de refrain, § 32. Le changement de virell en virelai est dû à l'influence de lai 2. || XIII° s. A maniere de vireli, ADENET, Cléomadès, 5529. | XIV° s. Motés, rondiaus et virelais, GUILL. DE MACHAUT, Œuvres, p. 7.]
|| (Poésie franç.) Ancien genre de poésie, petite pièce de vers courts, sur deux rimes, et commençant par quatre vers dont les deux premiers se répètent.

VIREMENT [vir-man ; en vers, vi-re-...] s. m.
[ÉTYM. Dérivé de virer, § 145. || 1549. R. EST.]
|| Action de virer, de faire tourner qqch. (Cf. virage.) Le — du cabestan. — du navire. | — d'eau, retour de la marée. || Fig. — de fonds, application des fonds votés pour les dépenses d'un service aux dépenses d'un autre service. | (Droit.) — de parties, transport fait à celui dont on est débiteur d'une créance de même valeur qu'on a sur un autre.

VIRER [vi-ré] v. intr. et tr.
[ÉTYM. Du lat. girare (mieux gyrare), altéré de bonne heure en 'virare, peut-être sous l'influence de viria, viriola (V. vire, virole), §§ 393, 295 et 291. || XII° s. Del costé son roit espié li vire, J. BODEL, Saisnes, tir. 10.]
I. Vieilli. V. intr. Tourner. Il ne fait que —. Spécialt. (Marine.) — au cabestan, faire tourner le cabestan sur son axe à l'aide de barres. — de bord, faire tourner un navire sur lui-même, de manière à présenter au vent le côté opposé, et, fig. embrasser un parti opposé. — à pic, jusqu'à ce que le navire soit à pic (droit au-dessus) sur son ancre. — en quille, en carène, faire incliner un navire sur un de ses côtés pour y faire des réparations. || Fig. Tourner à une autre couleur. Faire — le papier de tournesol au violet dans un acide. .
II. V. tr. Faire tourner. — le cabestan. — le cap au nord. | (Droit.) — les parties, transporter à celui dont on est débiteur d'une créance de même valeur qu'on a sur un autre.

VIREUX, EUSE [vi-reŭ, -reŭz'] adj.
[ÉTYM. Emprunté du lat. virosus, m. s. (Cf. virus.) || XVIII° s. V. à l'article. Admis ACAD. 1878.]
|| (T. didact.) Qui renferme un principe malfaisant. Un suc —. P. ext. Odeur, saveur vireuse, odeur, saveur nauséabonde qui caractérise ces substances. Odeur puante et vireuse, J.-J. ROUSS. Lett. sur la botan.

'VIREVAU [vir-vó ; en vers, vi-re-...] s. m.
[ÉTYM. Emprunté du provenç. mod. viravout, gasc. birebau, m. s. § 11. || 1642. Virevaut, DUD.]
|| (Technol.) Cabestan horizontal tournant sur deux tourillons qui sert sur les petits bâtiments pour lever les ancres. (Cf. guindas.)

'VIREVOLTANT, ANTE [vir-vŏl-tan, -tănt ; en vers, vi-re-...] adj.
[ÉTYM. Adj. particip. de virevolter, § 47. || 1638. V. à l'article.]
|| Vieilli. Qui tourne rapidement en tous sens. Quels feux virevoltants nous redonnent le jour? DESMARETS, Visionn. (1638), I, 3.

VIREVOLTE [vir-vŏlt'] s. f.
[ÉTYM. Emprunté de l'ital. giravolta, m. s. de girare, virer, voltare, tourner, modifié dans son initiale d'après virer, § 12. (Cf. virevau, virevouste, volte, etc.) || XVI° s. Faire mille virevoultes, BONIVARD, Chron. de Genève, IV, 4.]
|| (Manège.) Tour et retour fait avec vitesse.

'VIREVOLTER [vir-vŏl-té ; en vers, vi-re-...], **'VIREVOUSTER** [vir-voŭs'-té ; en vers, vi-re-...] et **'VIREVOUSSER** [vir-vou-sé ; en vers, vi-re-...] v. tr. et intr.
[ÉTYM. Dérivé de virevolte, virevouste, virevousse, § 154. || 1611. Virevolter, virevoulter, COTGR.]
|| Vieilli. Tourner, faire tourner en tous sens. Elle a un esprit qui vilvouste (sic) parfois l'imagination, D. DE MONCHESNAY, Originaux, III, 9.

VIREVOUSTE [vir-voŭst' ; en vers, vi-re-...] et **VIREVOUSSE** [vir-voŭs' ; en vers, vi-re-...] s. f.
[ÉTYM. Altération de virevolte, § 509. || XV°-XVI° s. Fait virevoustes en my la place, Perceforest, v, f° 6, édit. 1528.]
|| Vieilli. Action de tourner en tous sens.

VIRGINAL, ALE [vir-ji-nàl] adj.
[ÉTYM. Emprunté du lat. virginalis, m. s. || XII°-XIII° s. Li kemins virginaus, RENCL. DE MOILIENS, Miserere, CCI, 5.]
|| Qui appartient à une vierge. Candeur virginale. || Substantivt, au fém. La virginale, épinette à timbre doux.

VIRGINALEMENT [vir-ji-nàl-man ; en vers, -nà-le-...] adv.
[ÉTYM. Composé de virginale et ment, § 724. || XIV° s. Chastement et virginalement, Ménagier, I, p. 64. Admis ACAD. 1878.]
|| (T. didact.) D'une manière virginale.

VIRGINITÉ [vir-ji-ni-té] s. f.
[ÉTYM. Emprunté du lat. virginitas, m. s. || X° s. Qu'elle perdesse sa virginitet, Ste Eulalie, 17.]
|| (T. didact.) État d'une personne qui est vierge.

VIRGOULEUSE [vir-gou-leŭz'] s. f.
[ÉTYM. Pour virgoulée, § 116, prononciation populaire de Villegoureix, § 361, nom d'un village du Limousin (auj. commune de Saint-Martin-Château [Creuse]) d'où cette poire est originaire, § 36. || 1680. RICHEL. Admis ACAD. 1718.]
|| Poire d'hiver fondante.

VIRGULE [vir-gul] s. f.
[ÉTYM. Emprunté du lat. virgula, petite verge, d'après la forme primitive de ce signe. || (Au sens actuel.) 1552. Ung traict de plume ou virgule, CH. EST.]
|| (T. didact.) Signe de ponctuation (,) indiquant qu'il faut séparer certains membres de la phrase, sans faire une pause. Marquer les points et les virgules.

VIRIL, ILE [vi-ril] adj.
[ÉTYM. Emprunté du lat. virilis, m. s. de vir, homme. || XIV° s. Par coustume virile, J. DE VIGNAY, dans DELB. Rec.]
|| (T. didact.) || 1° Qui appartient au sexe masculin.
|| 2° Qui appartient à l'homme fait. Être dans l'âge —. (Antiq. rom.) Robe virile, toge que l'on prenait au sortir de l'enfance.
|| 3° Qui convient à un homme. Une résolution virile. Des sentiments virils.
|| 4° (Droit.) Qui appartient à une personne pour sa part. Portion virile, qui revient à chaque héritier.

VIRILEMENT [vi-ril-man ; en vers, -ri-le-...] adv.

[ÉTYM. Composé de virile et ment, § 724. || XVᵉ s. Paciement et virelement, *Intern. consolat.* II, 47.]

|| (T. didact.) D'une manière virile.

VIRILITÉ [vi-ri-li-té] *s. f.*

[ÉTYM. Emprunté du lat. virilitas, *m. s.* || 1493. Souvienne toy d'avoir virilité, J. MESCHINOT, *Lunettes des princes,* dans DELB. *Rec.*]

|| (T. didact.) Caractère de ce qui est viril. | **1.** Attribut du sexe masculin. | **2.** État de celui qui est un homme fait. | **3.** Caractère qui convient à un homme.

VIROLE [vi-ròl] *s. f.*

[ÉTYM. Du lat. viriola, diminutif de viria, qui est attesté au sens de bracelet et qui est probablement d'origine celtique, § 3. (*Cf.* le cymrique **gwyr**, courbé, oblique, etc.)]

|| **1°** Cercle de métal dont on garnit l'extrémité du manche de certains instruments, pour le maintenir.

|| **2°** Moule d'acier circulaire dans lequel on a frappé les monnaies, les médailles, et qui leur donne une rondeur parfaite.

VIROLER [vi-rò-lé] *v. tr.*

[ÉTYM. Dérivé de virole, § 154. ACAD. ne donne que le part. virolé, pris comme adj. || XIIᵉ s. Le tinel lieve qu'il ot let viroler, *Aliscans,* 6036. Admis ACAD. 1762.]

|| (Technol.) Garnir d'une virole. *Spécialt.* (Blason.) Cornet d'or virolé d'azur.

VIRTUALITÉ [vir-tuà-li-té ; *en vers,* -tu-à-...] *s. f.*

[ÉTYM. Dérivé de virtuel, § 255. || Admis ACAD. 1762.]

|| (T. didact.) Caractère de ce qui est virtuel, de ce qui n'est qu'en puissance.

VIRTUEL, ELLE [vir-tuèl ; *en vers,* -tu-èl] *adj.*

[ÉTYM. Emprunté du lat. scolastique virtualis, *m. s.* de virtus, vertu, puissance, §§ 217, 238 et 503. || XVIIᵉ s. Chaleur virtuelle, *Logique de Port-Royal,* p. 128.]

|| (T. didact.) Qui n'est qu'en puissance. || *Spécialt.* | **1.** (Optique.) Foyer — d'un miroir, lieu où les rayons lumineux divergents réfléchis par le miroir, prolongés idéalement, viendraient converger en arrière du miroir. Image virtuelle, que l'œil voit comme si elle était formée au lieu où convergeraient ces rayons prolongés idéalement. | **2.** (Calcul infinitésimal.) Travail —, travail que produirait un mobile se déplaçant d'une quantité infiniment petite à un moment donné.

VIRTUELLEMENT [vir-tuèl-man ; *en vers,* -tu-è-le-...] *adv.*

[ÉTYM. Composé de virtuelle et ment, § 724. || 1680. RICHEL.]

|| (T. didact.) D'une manière virtuelle.

VIRTUOSE [vir-tuôz' ; *en vers,* -tu-ôz'] *s. m. et f.*

[ÉTYM. Emprunté de l'ital. virtuoso, a, *m. s.* correspondant au franç. vertueux, § 12. Le mot est souvent employé aux XVIIᵉ et XVIIIᵉ s. sous la forme italienne virtuoso : Je suis un sage, un virtuoso, BOISFRANC, *Déf. du beau sexe,* I, 3. || XVIIᵉ s. *V.* à l'article. Admis ACAD. 1718.]

|| (T. didact.) || **1°** Personne d'un talent exceptionnel. Elle est — : elle sait trois ou quatre langues, SÉV. 785. L'ecclésiastique pour qui je m'intéresse n'a pas besoin de caution. Qui donc est ce —? dit l'évêque, LES. *Estev. Gonzalez,* IV, 1. On peut être une honnête fille et être une —, DESTOUCHES, *Fausse Agnès,* II, 6.

|| **2°** *Spécialt.* Musicien, musicienne qui a un talent d'exécution brillant.

***VIRTUOSITÉ** [vir-tuô-zi-té ; *en vers,* -tu-ô-...] *s. f.*

[ÉTYM. Dérivé de virtuose, § 255. (*Cf.* l'anc. franç. vertuoseté, vertuosité.) || *Néolog.*]

|| (T. didact.) Talent de virtuose.

VIRULENCE [vi-ru-läns'] *s. f.*

[ÉTYM. Emprunté du lat. virulentia, *m. s.* || 1550. Virulence des humeurs, HERVÉ FIERABRAS, *Méthode chirurgicale,* dans DELB. *Rec.* Admis ACAD. 1798.]

|| (T. didact.) Caractère de ce qui est virulent. La virulence des humeurs. | *Fig.* La — d'une satire, son caractère d'âcreté violente.

VIRULENT, ENTE [vi-ru-lan, -länt'] *adj.*

[ÉTYM. Emprunté du lat. virulentus, *m. s.* || XVIᵉ s. La matière virulente, PARÉ, VI, 21.]

|| (T. didact.) Qui renferme un principe d'infection et de transmission morbide. | *Fig.* Une satire virulente, qui a un caractère d'âcreté violente.

***VIRURE** [vi-rûr] *s. f.*

[ÉTYM. Dérivé de virer, § 111. || 1690. FURET.]

|| (Marine.) Rangée de bordages qui fait le tour sur la coque d'un navire. Le navire s'est enfoncé d'une —.

VIRUS [vi-rŭs'] *s. m.*

[ÉTYM. Emprunté du lat. virus, suc, poison, etc. || XVIᵉ s. Le virus et venenosité, PARÉ, VIII, 25.]

|| (Médec.) Principe d'infection et de transmission morbide. Le — du charbon, de la rage. Le — syphilitique.

1. VIS [vi ; *en liaison,* viz'] *s. m.*

[ÉTYM. Du lat. visum, qui, dans la langue classique, s'applique à la forme humaine tout entière, et qui s'est appliqué spécialement à la face dans la langue pop. § 291. (*Cf.* visage, visière, etc.)]

|| *Vieilli.* Visage. (Ne s'emploie que dans la loc. adv. vis-à-vis.)

2. VIS [vĭs'] *s. f.*

[ÉTYM. Emprunté du lat. vites, plur. de vitis, vigne, employé au sens de « vrille, enroulement », et devenu viz, vis, §§ 402, 291 et 559.]

|| **1°** *Vieilli.* Enroulement. || *Spécialt. De nos jours.* Escalier à vis, escalier tournant en spirale autour d'un axe, dit noyau, qui soutient toutes les marches. *Ellipt.* Une vis, un escalier à vis. Vis à noyau plein, escalier dont les marches sont engagées d'un côté dans le mur extérieur, de l'autre dans le noyau concentrique à ce mur. Vis à jour, escalier tournant suspendu dont les marches ne prennent appui que sur le mur extérieur de la cage. Vis de Saint-Gilles, escalier de ce genre (imité de celui du prieuré de Saint-Gilles en Languedoc). Vis de colonne, spirale du fût d'une colonne torse.

|| **2°** Tige cylindrique ou conique de métal, de bois, à hélice saillante (dite filet), qui se fixe dans le corps où elle pénètre, en s'engageant dans une partie en hélice creuse, à laquelle elle s'adapte exactement. Pas de vis, distance d'un filet à l'autre, mesurée parallèlement à l'axe de la vis. Une vis à bois, à métal. Vis noyée, dont la tête arase le trou qui la reçoit. Vis à filet carré, triangulaire. Vis de pression, qui sert à presser en rapprochant une pièce mobile d'une pièce fixe. Vis de pressoir, vis de pression qui fait descendre et maintient le plateau mobile sur le raisin, le marc qu'on veut presser. Vis sans fin, tige de métal à filet en hélice, engrenant avec une roue dentée qu'elle fait mouvoir en tournant sur elle-même, et dont chaque tour donne l'impulsion à un mécanisme. Vis d'Archimède, cylindre creux mobile autour d'un axe incliné, à l'intérieur duquel est fixée une surface hélicoïde, et qui, plongé par son extrémité inférieure soit dans un liquide, soit dans une matière solide très divisée, sert à l'élever, par un mouvement de rotation communiqué au cylindre.

|| **3°** *P. anal.* Nom donné à certains coquillages univalves cannelés.

VISA [vi-zà] *s. m.*

[ÉTYM. Mot latin, part. passé de videre, voir, § 217. (*Cf.* viser 2 et vidimer.) || 1668. COLBERT, *Mém. au roi sur les finances.*]

|| Formule constatant qu'un acte a été vérifié par celui dont la signature est nécessaire pour le rendre valable. Le — de l'ambassade (sur un passeport). Le — du maire.

VISAGE [vi-zàj'] *s. m.*

[ÉTYM. Dérivé de vis 1, § 78. || XIᵉ s. Tant out fier le visage ne l'osat esguarder, *Voy. de Charl. à Jérus.* 131.]

|| La face humaine. Frapper qqn au —. Avoir le — ovale. Et cette large barbe au milieu du —, MOL. *Tart.* II, 2. | *P. plaisant.* Cela ne se voit pas plus que le nez au milieu du —, cela est aussi visible que possible. | Se montrer à — découvert, sans voile. *Fig.* Attaquer qqn à — découvert, sans se cacher, ouvertement. Se voiler le —. Cacher son — dans ses mains. *Fig.* Rendre même honneur au masque qu'au —, MOL. *Tart.* I, 5. P. plaisant. En s'adressant à un apothicaire. On voit bien que vous n'avez pas accoutumé de parler à des visages, MOL. *Mal. im.* III, 4. Cet éclat emprunté Dont elle eut soin de peindre et d'orner son —, RAC. *Ath.* II, 5. Cette noble pudeur colorait son —, ID. *Phèd.* II, 5. La rougeur me couvre le —, ID. *ibid.* I, 3. La beauté du — est un frêle ornement, MOL. *F. sav.* III, 4. Que vous avez là un vrai — de santé! ID. *Av.* II, 6. *Dans le même sens.* Je vous trouve bon —, LA BR. 5. Avoir le — plein. *P. plaisant. Famil.* Un — de pleine lune. Son — lui fait honneur, il a bonne mine. Avoir le — défait, avoir mauvaise mine. || *Vieilli.* Tourner —. | **1.** Se retourner pour faire face à qqn. | **2.** Se détourner de qqn. || Trouver — de bois, trouver la porte fermée, au lieu

de la personne qu'on allait voir. **Se composer le —**, essayer de prendre une certaine physionomie. **Changer de —**, laisser voir de l'émotion sur son visage. **Seigneur, vous changez de —!** RAC. *Mithr.* III, 5. **Trouver de nouveaux visages, des personnes qu'on ne connaît pas.** **Épouser un —**, épouser une femme pour sa figure. **Un — menaçant. Son — odieux m'afflige et me poursuit,** RAC. *Esth.* II, 1. **Faire bon, mauvais — à qqn,** lui faire bon, mauvais accueil. *Fig.* Apparence. **Cet amas d'actions indignes, dont on a peine, aux yeux du monde, d'adoucir le mauvais —,** MOL. *D. Juan,* IV, 4. **Un moment donne au sort des visages divers,** CORN. *Cid,* I, 1.

*VISAGÈRE [vi-zà-jér] *s. f.*
[ÉTYM. Dérivé de visage, § 115. (*Cf.* visière.) || XIII°-XIV° s. En l'yaume sus la visagiere, G. GUIART, *Roy. lign.* dans GODEF.]
|| *Vieilli.* (Technol.) Devant d'un bonnet de femme. **Border la —,** RICHEL. *Dict.*

VIS-À-VIS [viz-à-vi] *loc. adv.*
[ÉTYM. Composé de vis (visage), à et vis (visage), § 182. (*Cf.* la loc. face à face.) || XIV° s. Vis a vis Me dist... Adieu, GUILL. DE MACHAUT, *OEuvres,* p. 56.]
|| Juste en face. **Je loge —. Nous nous sommes trouvés —.** *Substantivt.* **Un —** (dans un quadrille, en voiture, à table), personne placée en face d'une autre. **Faire — à qqn,** lui servir de vis-à-vis. *P. ext.* **Un —,** couple qui danse en face d'un autre couple. **Chercher un —.** || *P. anal.* **Un —,** ancienne voiture en forme de berline étroite, n'ayant que deux places qui se faisaient face. **— de,** juste en face de. **Il venait, d'un air doux, Tout — de moi se mettre à deux genoux,** MOL. *Tart.* I, 5. **Se trouver — de soi-même,** seul avec soi-même.

VISCÉRAL, ALE [vis'-sé-ràl] *adj.*
[ÉTYM. Emprunté du lat. visceralis, *m. s.* || XV°-XVI° s. Amour visceralle, *Actes des Apostres,* dans GODEF. Admis ACAD. 1798.]
|| (Anat.) Qui appartient aux viscères.

VISCÈRE [vis'-sér] *s. m.*
[ÉTYM. Emprunté du lat. viscus, eris, *m. s.* || XV°-XVI° s. Les visceres Et les entrailles, O. DE ST-GELAIS, *Énéide,* dans DELB. *Rec.*]
|| (Anat.) Tout organe vital essentiel contenu dans une des trois cavités cranienne, thoracique ou abdominale.

VISCOSITÉ [vis'-kó-zi-té] *s. f.*
[ÉTYM. Emprunté du moyen âge viscositas, *m. s.* || XIII° s. Bescosité, *Simples medicines,* f° 10, v°. | 1314. Viscosité, *Chirurg. de Mondeville,* 196, Bos.]
|| (T. didact.) Caractère d'une substance dont les molécules collantes adhèrent entre elles et avec les corps qu'elle touche.

VISÉE [vi-zé] *s. f.*
[ÉTYM. Subst. particip. de viser, § 45. || 1219. XVIII vizees qui sunt a la Sablere, dans GODEF.]
|| **1°** *Vieilli.* Direction attentive du regard vers l'endroit où on veut lancer qqch.
|| **2°** *Fig.* Direction obstinée de l'esprit vers une fin qu'il ambitionne. **Il porte ses visées trop haut. Changer de —. Prenez — ailleurs,** MOL. *Éc. des m.* II, 6.

1. VISER [vi-zé] *v. intr. et tr.*
[ÉTYM. Du lat. pop. *visare, *m. s.* tiré de visum, supin de videre, voir, §§ 295 et 291.]
I. *V. intr.* Diriger attentivement son regard, en lançant ou au moment de lancer qqch, vers l'endroit qu'on veut atteindre. || *Fig.* | **1. Avoir en vue (qqn, qqch). Ce n'était pas à moi que vous visiez,** SÉV. 1025. **L'Égypte visait au grand,** BOSS. *Hist. univ.* III, 3. Avec un infin. pour compl. **Il vise également à faire des patrons et des créatures,** LA BR. 8. | **2. Tendre à (qqch). Je vise à l'hydropisie,** VOLT. *Lett.* 19 août 1753.
II. *V. tr.* Regarder attentivement (l'endroit où on veut lancer qqch). **— le but. — la tète.** *P. ext.* **— qqn à la tète. — qqn.** *Loc. prov.* **Ce n'est pas mal visé pour un borgne,** il a mieux fait qu'on ne pouvait attendre de lui. | *Fig.* Avoir en vue. **Un jour visé de si loin,** SÉV. 637.

2. VISER [vi-zé] *v. tr.*
[ÉTYM. Dérivé de la formule lat. visa, vue, ou viso, vu, mise sur les actes, les jugements, § 154. (*Cf.* visa.) || 1668. Faire viser les expeditions, COLBERT, *Mém. au roi sur les finances.*]
|| (T. didact.) Revêtir (un acte) du visa nécessaire pour le rendre valable. || *P. anal.* **— un article du code,** le citer par référence.

VISIBILITÉ [vi-zi-bi-li-té] *s. f.*
[ÉTYM. Emprunté du lat. scolast. visibilitas, *m. s.* § 217. (*Cf.* l'anc. franç. visibleté.) || XVI° s. Ceste marque de visibilité, MARNIX DE STE-ALDEGONDE, dans DELB. *Rec.* Admis ACAD. 1740.]
|| (T. didact.) Caractère de ce qui est visible. | *Fig.* (Théol.) Certitude de ce qui se manifeste aux yeux. La perpétuelle — de l'Église, BOSS. *Var.* XV, 82.

VISIBLE [vi-zibl'] *adj.*
[ÉTYM. Emprunté du lat. visibilis, *m. s.* || XII° s. Tot ensi cum il visibles vint une fiee en char, *Serm. de St Bern.* p. 6.]
|| **1°** (T. didact.) Qui tombe sous le sens de la vue. **L'étendue — du monde nous surpasse visiblement,** PASC. *Pens.* I, 1. || *Fig.* Qui se manifeste clairement. **De vos songes menteurs l'imposture est —,** RAC. *Ath.* II, 7. **L'Église dans l'Écriture est toujours —,** BOSS. *Var.* XV, 82.
|| **2°** *Famil.* Qui peut être vu. **Être —,** être en état de recevoir une visite, ou y être disposé. **Faire demander si quelqu'un est —.**

VISIBLEMENT [vi-zi-ble-man] *adv.*
[ÉTYM. Composé de visible et ment, § 724. || XIII° s. Apparut, c'est chose certaine, Li doulz filz Dieu visiblement, J. DE MEUNG, *Trésor,* 792.]
|| (T. didact.) D'une manière visible. (S'emploie surtout au fig.) **Tout alla — en décadence,** BOSS. *R. d'Angl.*

VISIÈRE [vi-zyèr] *s. f.*
[ÉTYM. Dérivé de vis 1, § 115. || XIII° s. Chapel de fer a visiere, BEAUMAN. 1770, Salmon.]
I. Partie antérieure du casque, qui se baissait pour protéger le visage, et au travers de laquelle on pouvait voir et respirer par une grille étroite. **Hausser, lever, baisser sa —. Porter le poignard à la —. Rompre en — à son adversaire,** rompre sa lance dans la visière de l'adversaire, et, *fig.* attaquer de front. **Mon dessein Est de rompre en — à tout le genre humain,** MOL. *Mis.* I, 1. *P. ext.* **Choquer, blesser la — de qqn,** aller directement contre ses idées, ses goûts. **Quand vos déportements lui blessent la —,** MOL. *Ét.* I, 2. **Ce monsieur bas normand me choque la —,** REGNARD, *Bal.* sc. 5. || *P. anal.* Pièce de cuir placée en avant d'une casquette, pour abriter les yeux. || *Fig.* **Ce à travers quoi on regarde les choses. Vous avez la — mal nette,** TH. CORN. *Geôlier de soi-même,* II, 5.
II. *P. anal.* (Technol.) Pièce de fer trouée qu'on levait sur le bois de l'arbalète et au travers de laquelle on visait. | *P. ext.* Rainure ou bouton de métal qui se trouve à l'extrémité du canon du fusil et sert à viser.

*VISIF, IVE [vi-zif', -zîv'] *adj.*
[ÉTYM. Emprunté du lat. scolast. visivus, *m. s.* de visum, supin de videre, voir, §§ 217 et 255. || XIV° s. Vertu visive, ÉVRART DE CONTY, *Probl. d'Aristote,* dans GODEF.]
|| *Vieilli.* (T. didact.) Qui sert à la vision. **La faculté visive,** BOSS. *Conn. de Dieu,* I, 20.

*VISIGOTH, OTHE [vi-zi-gó, -gôt'] *s. m. et f.*
[ÉTYM. Nom propre de peuple, signifiant proprt « Goth de l'Ouest », § 36. (*Cf.* ostrogoth et gothique.) || XVIII° s. V. à l'article.]
|| *Rare.* Barbare. **Quel malheureux — peut oser... bannir les vers du théâtre?** VOLT. *Dict. philos.* rime. | *Adjectivt.* **Traiter de visigoths tous les vers de Corneille,** BOIL. *Sat.* 9.

VISION [vi-zyon; *en vers,* -zi-on] *s. f.*
[ÉTYM. Emprunté du lat. visio, *m. s.* || XII° s. Visiun, *Psaut. d'Oxf.* LXXXVIII, 19.]
|| (T. didact.) || **1°** Fonction du sens de la vue. **— binoculaire,** perception simultanée par l'œil droit et l'œil gauche de l'image de l'objet sous un angle différent, d'où résulte la sensation du relief. || *P. ext.* **La — en Dieu,** théorie de Malebranche suivant laquelle l'esprit, connaissant uniquement par l'intermédiaire de l'intelligence divine, ne perçoit pas directement les corps. | **— béatifique,** contemplative de Dieu face à face, dans l'état de béatitude. | **— surnaturelle,** vue extatique de qqch de surnaturel qui est révélé aux yeux ou à l'esprit. **La — d'Ézéchiel.**
|| **2°** Illusion par laquelle nous croyons voir qqn ou qqch qui n'est pas présent à nos yeux. **C'est une — de mes soupçons jaloux,** CORN. *Attila,* IV, 3. || Illusion qui nous représente comme réelles des choses qui n'existent que dans notre imagination. **Ma foi, ma chère sœur, — toute claire,** MOL. *F. sav.* II, 3. | *P. ext.* Idée fixe qui hante l'imagination. **Ce monsieur Jourdain, avec les visions de noblesse et de galanterie qu'il est allé se mettre en tête,** MOL. *B. gent.*

ı, 1. Sa — était d'épouser M. le Prince, BUSSY-RABUTIN, *Hist. amour. des Gaules*. Des visions cornues, BOIL. *Ép.* 11.

VISIONNAIRE [vi-zyò-nèr; *en vers,*-zi-ò-...]*s. m.* et *f.* [ÉTYM. Dérivé de vision, § 248. ‖ 1638. J. DESMARETS, *les Visionnaires*, titre.]

‖ (T. didact.) Celui, celle qui a des visions. *Adjectivt.* Les filles se rendent l'esprit — en s'accoutumant au langage magnifique des héros de romans, FÉN. *Éduc. des filles*, 2.

VISITATION [vi-zi-tà-syon; *en vers,* -si-on] *s. f.* [ÉTYM. Emprunté du lat. visitatio, *m. s.* (*Cf.* visite.) ‖ XIIᵉ-XIIIᵉ s. Le deventriene visitation, *Job*, dans *Rois*, p. 484.]

‖ (T. didact.) Action de visiter. La — des Églises. *Spécialt.* (Avec une majuscule.) Visite de la Vierge Marie à sainte Élisabeth. Fêtes de la Visitation. Les religieuses de l'ordre de la Visitation.

VISITE [vi-zĭt'] *s. f.* [ÉTYM. Subst. verbal de visiter, § 52. (*Cf.* visitation.) ‖ XVIᵉ s. La visite des païs estrangiers, MONTAIGNE, I, 25.]

I. Action d'aller voir qqn.

‖ **1°** Action d'aller voir qqn chez lui, par devoir de politesse, de déférence. Recevoir la — de qqn. Rendre à qqn sa —. Faire, rendre — à qqn. En un lieu, l'autre jour, où je faisais —, MOL. *Mis.* III, 4. Avoir des visites. Une — de cérémonie. Carte de —, carte portant le nom du visiteur, qu'on laisse chez la personne à qui on fait visite, quand elle est absente. ‖ *P. ext.* Manteau de dame pour sortir, faire des visites. ‖ *Spécialt.* Visites académiques, que fait un candidat aux académiciens pour solliciter leur suffrage. La mort de Marivaux en 1763 laissant une place vacante, je fis les visites d'usage, MARMONTEL, *Mém.* 7.

‖ **2°** *Spécialt.* Action du médecin qui va voir un malade. Demander à son médecin la note des visites qu'il a faites. L'heure de la — (à l'hôpital), où le médecin parcourt les salles pour examiner les malades et leur donner ses prescriptions. *P. ext.* Passer à la —, se faire examiner par un médecin à sa consultation, dans un dispensaire, etc.

‖ **3°** Action d'aller voir les pauvres, les malades, pour les secourir, par charité. La — des pauvres.

‖ **4°** (Théol.) Action de Dieu qui se manifeste soit par les épreuves, soit par les grâces qu'il envoie. Des visites particulières du Verbe, BOSS. *États d'orais.* III, 6.

II. Action d'aller voir qqch. La — des monuments, des musées d'une ville. La — des églises, le jeudi saint. *Spécialt.* — pastorale, tournée que fait un évêque dans son diocèse. — d'inspection, tournée que fait un inspecteur civil ou militaire dans le ressort qu'il doit examiner. — à la douane, à l'octroi, examen que font les employés pour s'assurer qu'on n'introduit en fraude aucune chose soumise à des droits. Droit de —, droit que s'accordent mutuellement les puissances maritimes de faire visiter par leurs navires de guerre les navires marchands qu'on soupçonne de faire la traite des noirs, et, en cas de guerre, les bâtiments qu'on soupçonne de porter à une des parties belligérantes des munitions de guerre.

VISITER [vi-zi-té] *v. tr.* [ÉTYM. Emprunté du lat. visitare, *m. s.* (*Cf.* l'anc. franç. visder, de formation pop.) ‖ XIᵉ s. Il et li doze apostle vos vienent visiter, *Voy. de Charl. à Jérus.* 140.]

I. Aller voir (qqn).

‖ **1°** Aller voir qqn chez lui par devoir de politesse, par déférence. Il a des formules de compliment pour l'entrée et pour la sortie à l'égard de ceux qu'il visite ou dont il est visité, LA BR. 8. Aucun juge par vous ne sera visité? MOL. *Mis.* I, 1.

‖ **2°** En parlant d'un médecin, aller voir ses malades.

‖ **3°** Aller voir les pauvres, les malades, pour les secourir, par charité.

‖ **4°** *Fig.* (Théol.) En parlant de Dieu, manifester son action par les épreuves ou les grâces qu'il envoie. Le Seigneur se hâte de — ses élus, MASS. *Mauv. riche*, 2.

II. Aller voir (qqch). — les monuments d'une ville. — les églises (par devoir de piété). | *P. ext. Spécialt.* Examiner en détail. Les douaniers ont visité sa malle. Le chirurgien a visité la plaie. Un avare qui va souvent — son trésor.

VISITEUR, EUSE [vi-zi-teùr, -teùz'] *s. m.* et *f.* [ÉTYM. Dérivé de visiter, § 112. ‖ XIIIᵉ s. D'enqui en avant le visiteor ne se doit entremetre de la visitacion, *Règle du Temple*, dans DELB. *Rec.*]

I. Celui, celle qui va voir qqn. Avoir de nombreux visiteurs dans son salon. Les visiteurs des pauvres.

II. Celui, celle qui va voir qqch. Le musée a de nombreux visiteurs. | *Spécialt.* Celui qui est chargé d'examiner qqch en détail. Les visiteurs de la douane, de l'octroi. | (Dans les ordres religieux.) Celui qui est chargé d'aller voir, inspecter les maisons de son ordre. Père —.

VISQUEUX, EUSE [vĭs'-keù, -keùz'] *adj.* [ÉTYM. Emprunté du lat. viscosus, *m. s.* de viscum, glu. (*Cf.* gui.) ‖ XIIIᵉ s. Fleume viscous, *Antidotaire de Nicolas*, 7, Dorveaux.]

‖ (T. didact.) Dont les molécules sont tenaces, adhèrent entre elles et avec les corps qu'elles touchent. Substance visqueuse.

VISSAGE [vi-sàj'] *s. m.* [ÉTYM. Dérivé de visser, § 78. ‖ *Néolog.* Admis ACAD. 1878.]

‖ (Technol.) Action de visser.

VISSER [vi-sé] *v. tr.* [ÉTYM. Dérivé de vis 2, § 154. ‖ Admis ACAD. 1762.]

‖ (Technol.) ‖ **1°** Fixer à l'aide de vis. — les ferrures d'une porte, d'une fenêtre.

‖ **2°** Fixer (ce qui a une tige à saillie, en hélice, comme une vis) dans une pièce creusée en hélice qui y correspond exactement, ou réciproquement. — le couvercle d'un étui. — le tire-bourre à la baguette du fusil.

VISUEL, ELLE [vi-zuèl; *en vers*, -zu-èl] *adj.* [ÉTYM. Emprunté du lat. scolast. visualis, *m. s.* § 217. ‖ 1552. Lignes visuales, *Cosmogr. de S. Munster*, dans GALLOIS, *les Géogr. allem.* p. 208. Admis ACAD. 1718.]

‖ (T. didact.) Relatif au sens de la vue. Les rayons visuels.

VITAL, ALE [vi-tàl] *adj.* [ÉTYM. Emprunté du lat. vitalis, *m. s.* ‖ XIVᵉ s. Esprit vital, *Somme Mᵉ Gautier*, f° 26, v°.]

‖ (T. didact.) Essentiel à la vie. Les fonctions vitales. Le principe —. Un organe —. | *Fig.* Dont qqch dépend absolument. C'est une question vitale.

VITALISME [vi-tà-lïsm'] *s. m.* [ÉTYM. Dérivé de vital, § 265. ‖ *Néolog.* Admis ACAD. 1878.]

‖ (T. didact.) Doctrine qui attribue les phénomènes physiologiques à un principe spécial, distinct du principe des phénomènes psychologiques. (*Cf.* animisme.)

VITALISTE [vi-tà-lïst'] *s. m.* et *f.* [ÉTYM. Dérivé de vital, § 265. ‖ *Néolog.* Admis ACAD. 1878.]

‖ (T. didact.) Celui, celle qui professe le vitalisme. *Adjectivt.* L'école —.

VITALITÉ [vi-tà-li-té] *s. f.* [ÉTYM. Emprunté du lat. scolast. vitalitas, *m. s.* § 217. ‖ XVIIIᵉ s. La vitalité de certains êtres, CH. BONNET, *Œuvres*, XI, p. 309. Admis ACAD. 1835.]

‖ (T. didact.) Caractère de ce qui est vital. ‖ *P. ext.* Caractère de ce qui a une grande force de vie. La — d'un peuple.

VITCHOURA [vĭt'-chou-rà] *s. m.* [ÉTYM. Mot slave signifiant proprt « fourrure en peau de loup », § 20 : polon. wilczura, etc. ‖ XVIIIᵉ s. *V.* à l'article. Admis ACAD. 1798.]

‖ *Vieilli.* Sorte de pelisse fourrée. On n'imagine plus qu'on puisse subsister heureusement sans un bon —, DIDER. *Mém. Lett. gén. Betzky.*

VITE [vĭt'] *adj.* et *adv.* [ÉTYM. Pour viste, § 422, d'origine inconnue. ‖ XIIIᵉ s. Remuans fu et preus et vistes, G. DE LORRIS, *Rose*, 819.]

I. *Vieilli. Adj.* Qui parcourt un grand espace en peu de temps. Ni les chevaux ne sont vites, BOSS. *A. de Gonz.* Tu te vantais d'être si — ! LA F. *Fab.* V, 17. Il montait un anglais fort —, HAMILT. *Gram.* p. 84. | *P. ext.* Qui s'effectue rapidement. En ce — départ, MALH. *Poés.* 3.

II. *Adv.* En parcourant un grand espace en peu de temps. Marcher —. Parler, manger —. Aller —. Aller — en besogne. Faites —, et, *ellipt,* —. —, prenez votre livre, LA BR. 7. Enterrer ce mort au plus —, LA F. *Fab.* VII, 11. | *P. ext.* En faisant en peu de temps (ce dont il s'agit). Il a — oublié vos leçons. Il a — réparé sa faute.

*** VITELLIN, INE** [vi-tèl'-lin, -lin'] *adj.* [ÉTYM. Dérivé du lat. vitellum, jaune d'œuf, § 245. ‖ XIVᵉ s. Cole vitelline, *Chirurg. de Lanfranc*, dans GODEF.]

‖ (T. didact.) Qui a rapport au jaune de l'œuf. Membrane vitelline, et, *substantivt*, Vitelline, qui enveloppe le jaune de l'œuf des oiseaux, l'ovule des mammifères.

VITEMENT [vĭt'-man; *en vers*, vi-te-...] *adv.*

[ÉTYM. Composé de **vite** et **ment**, § 724. || XIIᵉ-XIIIᵉ s. Asprement et vistement, VILLEHARD. 535.]

|| Avec vitesse. Payez-nous —! MOL. *Préc. rid.* sc. 7.

VITESSE [vi-tês'] *s. f.*

[ÉTYM. Dérivé de **vite**, § 124. || XIIᵉ s. Vostre vitesce, Vostre valur, BENEEIT, *Ducs de Norm.* I, 1657.]

I. Mouvement de ce qui parcourt un grand espace en peu de temps. Un cheval eut alors différend Avec un cerf plein de —, LA F. *Fab.* IV, 13. Gagner qqn de —, le devancer. Envoi de marchandises par grande, par petite —. || *P. anal.* Action de faire qqch en peu de temps. Travaillez à loisir... Et ne vous piquez point d'une folle —, BOIL. *Art p.* 1.

II. (Physique.) Rapport de l'espace parcouru au temps employé pour le parcourir. La — du son, de la lumière. La — avec laquelle la terre accomplit sa révolution autour du soleil. — initiale, vitesse d'un corps quand il commence à tomber en chute libre. — finale, acquise par un corps après un certain temps de chute libre. — acquise, dont un corps est animé à un moment donné et qu'il garderait si aucune force ne venait l'augmenter ou la diminuer.

VITICOLE [vi-ti-kòl] *adj.*

[ÉTYM. Composé avec le lat. vitis, vigne, et colere, cultiver, § 273. || *Néolog.* Admis ACAD. 1878.]

|| (T. didact.) Relatif à la culture de la vigne. (*Cf.* vinicole.)

****VITICULTEUR** [vi-ti-kŭl-teur] *s. m.*

[ÉTYM. Composé avec le lat. vitis, vigne, et cultor, qui cultive, § 273. || *Néolog.*]

|| (T. didact.) Celui qui se livre à la culture de la vigne.

VITICULTURE [vi-ti-kŭl-tür] *s. f.*

[ÉTYM. Composé avec le lat. vitis, vigne, et cultura, culture, § 273. || *Néolog.* Admis ACAD. 1878.]

|| (T. didact.) Culture de la vigne.

VITRAGE [vi-tràj'] *s. m.*

[ÉTYM. Dérivé de **vitrer**, § 78. || 1611. COTGR. Admis ACAD. 1694.]

|| (Technol.) || 1° Action de garnir de vitres. Des travaux de —. Le — de la serre est terminé.

|| 2° L'ensemble des vitres qui garnissent une fenêtre, une pièce, un bâtiment.

|| 3° Châssis garni de vitres.

VITRAIL [vi-trày'] *s. m.*

[ÉTYM. Dérivé de **vitre**, § 88. ACAD. 1762-1835 ne donne le mot que sous la forme plur. vitraux. || 1691. Vitrail, DAVILER, *Cours d'architect.* II, p. 873.]

|| Panneau de verres assemblés par compartiments, le plus souvent décorés de peintures. Un — ancien. Les vitraux de la sainte Chapelle. Un peintre de vitraux.

VITRE [vitr'] *s. f.*

[ÉTYM. Emprunté du lat. vitrum, *m. s.* Sur le genre, V. § 550. || XIIIᵉ s. Plus clere que cristal ne vitre, J. DE MEUNG, *Rose,* 19680.]

|| Carreau de verre qu'on met à une fenêtre, à une devanture de boutique, à une voiture, etc., pour donner du jour. Poser une —. Casser une —. *Fig.* Casser les vitres, faire un éclat, ne plus garder aucun ménagement.

VITRÉ, ÉE [vi-tré] *adj.*

[ÉTYM. Emprunté du lat. vitreus, *m. s.* || XVIᵉ s. Pituite vitree, PARÉ, XVIII, 80.]

|| 1° (T. didact.) Transparent comme une vitre. (*Cf.* vitreux.) Corps — ou humeur vitrée, un des milieux réfringents de l'œil, humeur transparente qui se trouve en arrière du cristallin.

|| 2° *P. ext.* (Physique.) Électricité vitrée, produite par le frottement du verre (par opposition à électricité résineuse).

VITRER [vi-tré] *v. tr.*

[ÉTYM. Dérivé de **vitre**, § 154. || XIVᵉ s. Fenestres vitrees, J. DE VIGNAY, dans DELB. *Rec.*]

|| (Technol.) Garnir de vitres. — une serre. Porte vitrée, dont le panneau supérieur est formé d'un panneau vitré, pour donner du jour.

VITRERIE [vi-tre-ri] *s. f.*

[ÉTYM. Dérivé de **vitrier**, §§ 65 et 68. || XVIᵉ s. Aussi ay je entretenu longtemps la vitrerie, B. PALISSY, p. 377. Admis ACAD. 1762.]

|| (Technol.) Industrie du vitrier.

VITRESCIBLE [vi-três'-sibl'] *adj.*

[ÉTYM. Dérivé du lat. vitrum, verre, § 242. || Admis ACAD. 1762.]

|| (T. didact.) Susceptible de se vitrifier. (*Syn.* vitrifiable.)

VITREUX, EUSE [vi-treù, -treùz'] *adj.*

[ÉTYM. Emprunté du bas lat. vitrosus, *m. s.* (*Cf.* vitre.) || XIIIᵉ s. Flemme vitreux, ALEBRANT DE SIENNE, dans LITTRÉ. Admis ACAD. 1762.]

|| (T. didact.) Qui a l'aspect du verre. Éclat —. Cassure vitreuse. *Fig.* Œil —, dont l'éclat est inerte, comme celui du verre. L'œil devient — à l'approche de la mort.

VITRIER [vi-tri-yé] *s. m.*

[ÉTYM. Dérivé de **vitre**, § 115. (*Cf.* le doublet pop. verrier.) || 1370. Perrot le vitrier, dans DELB. *Rec.*]

|| Celui qui met des vitres aux fenêtres, aux châssis, etc. | Celui qui travaille aux vitraux.

VITRIFIABLE [vi-tri-fyàbl'; *en vers,* -fi-àbl'] *adj.*

[ÉTYM. Dérivé de **vitrifier**, § 242. || 1734. Terre vitrifiable, GEOFFROY, dans TRÉV. Admis ACAD. 1762.]

|| (T. didact.) Qui peut se transformer en verre ou en une matière qui a l'apparence du verre.

VITRIFICATION [vi-tri-fi-kà-syon; *en vers,* -si-on] *s. f.*

[ÉTYM. Dérivé de **vitrifier**, § 247. || XVIᵉ s. La vitrification ne se pourroit faire sens sel, B. PALISSY, p. 60.]

|| (T. didact.) Transformation en verre ou en une matière qui a l'apparence du verre.

VITRIFIER [vi-tri-fyé; *en vers,* -fi-é] *v. tr.*

[ÉTYM. Composé avec le lat. vitrum, verre, et facere, faire, § 274. || XVIᵉ s. Vitrefié, BON. DES PER. *Nouv.* 14.]

|| (T. didact.) Transformer en verre ou en une matière qui a l'apparence du verre.

VITRINE [vi-trin'] *s. f.*

[ÉTYM. Dérivé de **vitre**, § 245. (*Cf.* le doublet pop. verrine.) || *Néolog.* Admis ACAD. 1878.]

|| (Technol.) Panneau de verre d'une devanture de boutique, d'une armoire contenant des collections, qui protège les objets exposés, en les laissant voir.

VITRIOL [vi-tri-yòl] *s. m.*

[ÉTYM. Emprunté du bas lat. vitriolum, *m. s.* à cause de l'apparence vitreuse de ces sels. || XIIIᵉ s. Poldre de vitriol, *Simples medicines,* fᵒ 29, rᵒ.]

|| (T. didact.) Nom donné à divers sels métalliques sulfatés de cuivre, de zinc, etc. || *Spéciall.* | 1. Sulfate de cuivre. | 2. Acide sulfurique, dit huile de vitriol.

VITRIOLÉ, ÉE [vi-tri-yò-lé] *adj.*

[ÉTYM. Dérivé de **vitriol**, § 253. || XVIIᵉ-XVIIIᵉ s. V. à l'article.]

|| (T. didact.) Qui renferme du vitriol. La plus forte et la plus vitriolée des trois (sources), ST-SIM. V, 323.

****VITRIOLER** [vi-tri-yò-lé] *v. tr.*

[ÉTYM. Dérivé de **vitriol**, § 154. || *Néolog.*]

|| *Famil.* Arroser de vitriol (par vengeance).

VITRIOLIQUE [vi-tri-yò-lìk'] *adj.*

[ÉTYM. Dérivé de **vitriol**, § 229. || XVIᵉ s. Matiere salsitive ou vitriolique, B. PALISSY, p. 326. Admis ACAD. 1740.]

|| (T. didact.) Qui est de la nature du vitriol.

****VITROSITÉ** [vi-tró-zi-té] *s. f.*

[ÉTYM. Dérivé de **vitreux**, § 255. || *Néolog.*]

|| (T. didact.) Caractère de ce qui est vitreux.

VITUPÈRE [vi-tu-pèr] *s. m.*

[ÉTYM. Emprunté du lat. vituperium, *m. s.* || XIIIᵉ s. Par gros moz ou par vitupires, RUTEB. p. 9, Kressner.]

|| *Vieilli.* Blâme. De nos discordes l'infâme —, MALH. *Poés.* 18.

VITUPÉRER [vi-tu-pé-ré] *v. tr.*

[ÉTYM. Emprunté du lat. vituperare, *m. s.* || Xᵉ s. Cum si l'aut toth vituperet, *St Léger,* 159.]

|| *Vieilli.* Blâmer.

VIVACE [vi-vàs'] *adj.*

[ÉTYM. Emprunté du lat. vivax, cis, *m. s.* || XVIᵉ s. La cholique est souvent non moins vivace que vous, MONTAIGNE, III, 13.]

|| (T. didact.) || 1° Qui a une grande vitalité. | *Fig.* Qui subsiste dans toute sa force. Une haine —. Des préjugés vivaces.

|| 2° (Botan.) Plante — (par opposition à plante annuelle), qui repousse plusieurs années de suite.

VIVACITÉ [vi-và-si-té] *s. f.*

[ÉTYM. Emprunté du lat. vivacitas, *m. s.* || 1512. Vivacité de sens, J. LE MAIRE, dans DELB. *Rec.*]

|| 1° (T. didact.) Manière d'agir prompte et animée. Cette — qu'il mettait dans les conseils, il la portait dans l'exécution,

MONTESQ. *Espr. des lois*, XIX, 7. Cette nouvelle — qui animait ses actions, BOSS. *A. de Gonz.*

‖ 2° Manière de concevoir, de sentir les choses, prompte et animée. Une grande — d'esprit, d'imagination. Avec quelle — il se met dans l'esprit, en un moment, les temps, les lieux, les personnes! BOSS. *Condé.* La — de ses sentiments, de ses impressions. | *Spécialt.* — de caractère, disposition à des emportements légers et passagers. Un mouvement de —.

‖ 3° Caractère de ce qui exerce une action prompte et forte. La — de l'attaque. | La — du style. La — des reproches. La — de la discussion. ‖ *Spécialt.* Caractère de ce qui a un certain éclat. La — du regard. La — des couleurs.

VIVANDIER, IÈRE [vi-van-dyé, -dyèr] *s. m.* et *f.*

[ÉTYM. Dérivé du bas lat. vivenda, vivres, § 115. (*Cf.* viande.) ‖ XII° s. Douneor i ot large et molt bon vivendier, *Alexandre*, dans GODEF.]

‖ (T. milit.) Celui, celle qui suit un corps de troupes pour vendre aux soldats, aux officiers, des boissons, des vivres, en dehors de l'ordinaire. La vivandière du régiment.

1. VIVANT [vi-van] *s. m.*

[ÉTYM. Tiré de l'anc. gérondif de vivre, identique pour la forme au part. prés. § 603. ‖ XI° s. Or vuelt que prenget moillier a son vivant, *St Alexis*, 39.]

‖ Le fait d'être en vie. Au décès d'un lion, En son — prince de la contrée, LA F. *Fab.* VI, 6. Du — de qqn, pendant qu'il vit. Du — de Caton, CORN. *Pomp.* II, 2.

2. VIVANT, ANTE [vi-van, -vänt'] *adj.*

[ÉTYM. Adj. particip. de vivre, § 47. ‖ XI° s. Que tuit fussent vivant, *Voy. de Charl. à Jérus.* 361.]

‖ **1°** Qui vit. Il a vu le Cocyte… Et s'est montré — aux infernales ombres, RAC. *Phèd.* II, 1. Je l'adorais — et je le pleure mort, CORN. *Hor.* IV, 5. La vestale infidèle était enterrée vivante. *Fig.* S'ensevelir —, s'enfermer dans une retraite absolue. Au hasard de s'ensevelir tout —, BOSS. *Le Tellier.* Il n'y avait pas là âme vivante, il n'y avait personne. La nature vivante, les animaux et les végétaux. (T. bibliq.) Le Dieu —, qui refuse de toute éternité. Soldats du Dieu —, RAC. *Ath.* v, 5. | *P. anal.* Les vivants, ceux qui ont la vie éternelle. Arrivé dans la bienheureuse terre des vivants, BOSS. *P. Bourgoing.* | *Substantivt.* Personne qui vit. Les vivants et les morts. ‖ *P. anal.* Exemple —, leçon vivante, qui se tire d'une personne qui vit. Le prince le mène aux leçons vivantes et à la pratique, BOSS. *Condé.* Les exemples vivants sont d'un autre pouvoir, CORN. *Cid*, I, 3. | Portrait —, image vivante de qqn, personne qui a avec qqn une grande ressemblance physique ou morale. Toi, son — portrait, CORN. *Rodog.* III, 3. Ce fils victorieux que vous favorisez, Cette vivante image en qui vous vous plaisez, RAC. *Mithr.* III, 5. | Tableaux vivants, groupes de personnes vivantes, représentant par leurs attitudes, leurs costumes, des scènes empruntées à l'histoire, à la poésie. | Langue vivante, qu'on parle encore et qui se transforme, se modifie (par opposition à langue morte). *Spécialt.* Les langues étrangères qui se parlent (par opposition aux langues mortes classiques, latin, grec). Apprendre les langues vivantes. | Qui exerce son action. Ce sont leurs conseils qui sont encore vivants et agissants en nous, PASC. *Lett. sur la mort de son père.* | Quartier —. Rue, ville vivante, où il y a de la vie, du mouvement. ‖ *P. ext.* Qui imite la vie. Les personnages de ce tableau sont vivants. Cette statue est vivante. Un drame dont les caractères sont vivants. Une peinture vivante du cœur humain.

‖ **2°** Qui vit de telle ou telle manière. Bien —, mal —, qui vit bien, qui vit mal. Des chaudières bouillantes Où l'on plonge à jamais les femmes mal vivantes, MOL. *Éc. des f.* III, 2. *Substantivt.* Les mal vivants, les gens qui vivent mal, les criminels. Les mal vivants Seront toujours, LA F. *Contes, Oraison.* | Un bon —, un homme qui prend la vie gaiement. *Ellipt,* dans un sens analogue. Un —. (*Cf.* viveur.) C'est un — qui ne se refuse point un plaisir qui se présente, LES. *Gil Blas*, X, 8.

VIVAT [vi-vät'] *s. m.*

[ÉTYM. Mot lat. signifiant « qu'il vive », § 217. (*Cf.* vivre, qui-vive.) ‖ XVII° s. *V.* à l'article. Admis ACAD. 1718.]

‖ Acclamation par laquelle on souhaite vie et prospérité à qqn. Pousser des vivats joyeux. Et le — et la risée, SCARR. *Virg. trav.* 8.

VIVE [viv'] *s. f.*

[ÉTYM. Pour vivre, du lat. vipera, proprt, « vipère », ce poisson passant pour dangereux, §§ 431, 290 et 291. (*Cf.*

le doublet guivre.) ‖ XIII° s. Wivres, quien de mer, louf de mer, mss franç. Bibl. nat. 25545, f° 19, v°.]

‖ Poisson de mer en forme de petite anguille, dit aussi dragon de mer.

'VIVELLE [vi-vèl] *s. f.*

[ÉTYM. Origine inconnue. ‖ 1731. TH. CORN.]

‖ (Technol.) Réseau fait à l'aiguille pour boucher un trou dans une étoffe sans y mettre une pièce.

VIVEMENT [viv'-man; *en vers*, vi-ve-…] *adv.*

[ÉTYM. Composé de vive (fém. de vif) et ment, § 724. ‖ XII° s. Qui grant ovre embrace e enteise Si la face si vivement Que…, BENEEIT, *Ducs de Norm.* 3590.]

‖ D'une manière vive. Il se retourna —. Partez —. | S'intéresser — à qqn. Sentir — la perte de qqn.

VIVEUR, 'VIVEUSE [vi-veur, -veuz'] *s. m.* et *f.*

[ÉTYM. Dérivé de vivre, § 112. ‖ *Néolog.* Admis ACAD. 1878.]

‖ Celui, celle qui mène la vie de plaisir.

VIVIER [vi-vyé] *s. m.*

[ÉTYM. Du lat. vivarium, *m. s.* §§ 297 et 291.]

‖ Pièce d'eau où l'on nourrit du poisson. | *P. anal.* Bateau où se trouve un réservoir d'eau pour conserver le poisson vivant.

VIVIFIANT, ANTE [vi-vi-fyan, -fyänt'; *en vers*, -fi-…] *adj.*

[ÉTYM. Part. de vivifier, § 47. ‖ XII° s. Ço espeit en franceis ocianz e vivifianz, *Rois*, II, 9, glose.]

‖ (T. didact.) Qui vivifie. (*Syn.* vivifique.) Une chaleur vivifiante. | *Fig.* La grâce vivifiante, qui est la source de la vie spirituelle.

VIVIFICATION [vi-vi-fi-kà-syon; *en vers*, -si-on] *s. f.*

[ÉTYM. Emprunté du lat. vivificatio, *m. s.* ‖ XIV° s. Nostre correction, c'est vivification, J. DE VIGNAY, dans DELB. *Rec.*]

‖ (T. didact.) Action de vivifier.

VIVIFIER [vi-vi-fyé; *en vers*, -fi-é] *v. tr.*

[ÉTYM. Emprunté du lat. vivificare, *m. s.* ‖ XII° s. En ta justise vivifie mei, *Psaut. de Cambridge*, CXVIII, 40.]

‖ (T. didact.) ‖ **1°** Douer de vie, animer. *Fig.* La grâce vivifie, est la source de la vie spirituelle. | *P. anal.* Le soleil vivifie toute la nature.

‖ **2°** *Fig.* Rendre plus animé. Je vivifie un désert, VOLT. *Lett.* 11 juill. 1770.

VIVIFIQUE [vi-vi-fik'] *adj.*

[ÉTYM. Emprunté du lat. vivificus, *m. s.* ‖ XVI° s. La vivificque cheville, RAB. III, prol. Admis ACAD. 1762.]

‖ *Vieilli.* (T. didact.) Qui a la propriété de vivifier. (*Syn.* vivifiant.)

VIVIPARE [vi-vi-pàr] *adj.*

[ÉTYM. Emprunté du lat. viviparus, *m. s.* ‖ 1712. Ovipares et vivipares, F. DEBOZE, *Arsenal de chirurgie de Jean Scultet.* Admis ACAD. 1740.]

‖ (T. didact.) Qui met au monde des petits vivants (par opposition à ovipare).

VIVISECTION [vi-vi-sèk'-syon; *en vers*, -si-on] *s. f.*

[ÉTYM. Composé avec le lat. vivus, vivant, et section, § 273. ‖ *Néolog.* Admis ACAD. 1878.]

‖ (T. didact.) Opération pratiquée, à titre d'expérience physiologique, sur des êtres vivants.

VIVOTER [vi-vò-té] *v. intr.*

[ÉTYM. Dérivé de vivre, § 167. ‖ XV° s. Vivoter à l'ordonnance d'autruy, A. CHARTIER, *Curial*, p. 13, Heuckenkamp.]

‖ Vivre petitement.

1. VIVRE [vivr'] *v. intr.*

[ÉTYM. Du lat. vivere, *m. s.* §§ 290 et 291. (*Cf.* viande, vivent.)]

I. ‖ **1°** Chez les êtres organisés (animaux, végétaux). Posséder, exercer les fonctions de nutrition et de reproduction.

‖ **2°** Chez les animaux. Posséder, exercer ces fonctions, en y joignant les fonctions de relation.

‖ **3°** Chez l'homme. Posséder, exercer les fonctions animales, en y joignant la raison et le libre arbitre. | *Ancienn.* Je véquis, que je véquisse. Sésostris qui… véquit de si longues années, RAC. *Épigr. sur le Sésostris de Longepierre.* Afin que l'homme ne véquît plus en soi-même, PASC. *Pens.* XXV, 90. | Les êtres qui vivent. Tout ce qui vit dans la nature. — de la vie végétative, animale. — ce n'est pas respirer, c'est agir; c'est faire usage de nos organes, de nos sens, de nos facultés, J.-J. ROUSS. *Ém.* 1. Pourvu qu'en somme je vive, c'est assez, LA F. *Fab.* I, 15. Il n'y avait pas âme qui vive. **Faire** — qqn, prolonger son existence. **Laisser** — qqn, lui laisser la vie. **Vis, vivez**, en s'adressant à qqn à qui on laisse la vie. **Vis donc, Horace**, CORN. *Hor.* V, 3. Avoir vécu (dans le style oratoire, poétique), être mort. **Avant ce coup, Sabine aura vécu**, CORN. *Hor.* II, 6. Il n'a que trop vécu, sa mort a été déjà trop différée. **Bajazet est un traître et n'a que trop vécu**, RAC. *Baj.* IV, 6. **Ne plus** —, avoir cessé de —, être mort. *P. hyperb.* **Cesser de** —, **ne pas** —, vivre d'une manière insuffisante, incomplète. **Ils (les stoïciens) ôtent à nos cœurs le principal ressort (les passions); Ils font cesser de** — **avant que l'on soit mort**, LA F. *Fab.* XII, 20. **Nous ne vivons jamais, mais nous espérons de** —, PASC. *Pens.* III, 5. **Ni l'enfance, où l'homme ne se connaît pas, ni les maladies, où l'on ne vit point**, BOSS. *Le Tellier. Dans un sens défavorable.* Un individu qui a beaucoup vécu, et, *absolt*, qui a vécu, qui a abusé de la vie de plaisir. ‖ Pour acclamer qqn, lui souhaiter longue vie. **Vive le roi! Le sage dit, selon les gens : Vive le roi! Vive la Ligue!** LA F. *Fab.* II, 5. **Vivent les colléges d'où l'on sort si habile homme!** MOL. *Mal. im.* II, 5. | **Qui vive?** (vive qui? c.-à-d. pour qui êtes-vous?) cri d'une sentinelle, d'une patrouille voyant venir qqn. (*Cf.* qui-vive.) ‖ *Vieilli.* Pour prendre Dieu à témoin. **Vive Dieu! Vive Dieu! Ils verront ce qui leur arrivera**, LES. *Gil Blas*, V, 1.

‖ **4°** Exercer ces fonctions pendant le temps qui s'écoule entre la naissance et la mort. — longtemps. **Vous vivrez jusqu'à cent ans.** — pendant de longues années, et, *ellipt*, — de longues années. ‖ *Fig.* Rester dans le souvenir des hommes. **Vous vivrez éternellement dans ma mémoire**, BOSS. *Condé.* **Le regret qu'ont les hommes du mauvais emploi du temps qu'ils ont déjà vécu**, LA BR. 11. **Les jours que j'ai vécu sans vous avoir servie**, CORN. *Ment.* II, 5. **Hâte-toi, mon ami, tu n'as pas tant à** —, LA F. *Fab.* VIII, 27. **Je les lui promettais tant qu'a vécu son père**, RAC. *Andr.* I, 4. **Quand ils ont tant d'esprit, les enfants vivent peu**, C. DELAV. *Enfants d'Édouard*, I, 2. *Loc. prov.* **On ne sait qui meurt ni qui vit, comme on ne sait quand on mourra, il faut avoir toujours ses affaires en ordre. Qui vivra verra**, on saura cela avec le temps. ‖ Exercer ces fonctions dans telles ou telles conditions, de telle ou telle manière. **Nous vivons sous un prince ennemi de la fraude**, MOL. *Tart.* V, 7. — **sous les lois d'une femme.** — **dans le célibat**, dans l'état de mariage. — **seul.** — **à la ville, à la campagne.** — **hors du monde**, loin du monde, dans la retraite. | *Vieilli. Substantivt.* **Le** —. **Qui changea le premier l'usage de son** —, RÉGNIER, *Sat.* 6. **Le** — **et le mourir nous deviendraient égaux**, LA F. *Psyché*, 2. | — **avec qqn**, dans la société de qqn. **On ne saurait** — **avec lui. Une personne avec laquelle il est facile, difficile de** —. *Dans le même sens. Famil.* **Une personne facile, difficile à** —. — **bien,** — **mal avec qqn**, en bonne, en mauvaise intelligence. — **avec les vivants**, se conformer aux usages, aux mœurs de son temps. *Speciall.* — **avec une femme**, dans l'état de concubinage. | **Savoir** — **dans le monde**, selon les usages du monde, et, *ellipt*, *dans le même sens*, **Savoir** —. **Une personne qui ne sait pas** —. *Substantivt.* **Le savoir** —, l'art de se conformer aux usages du monde. **Apprendre à** — **à qqn**, lui enseigner les usages du monde, et, *p. ext.* **Apprendre à** — **à qqn**, le corriger afin qu'il agisse plus convenablement. **Il faut apprendre à** — **à ce sexe volage**, MOL. *Dép. am.* IV, 2. | **Bien** —, **mal** —, avoir une bonne, une mauvaise conduite. **On les voit, pour tous soins, se mêler de bien** —, MOL. *Tart.* I, 6. *Substantivt.* **En sorte que le simple** — **est plus malaisé que le bien** —, PASC. *Prov.* 9. | **Votre fille ne vit pas comme il faut qu'une femme vive**, MOL. *G. Dand.* I, 4. — **chrétiennement, saintement.** — **dans les plaisirs**, dans les délices. — **dans la pénitence.**

II. Avoir l'aliment des fonctions animales, la subsistance. **Les animaux qui vivent de proie. Avoir le moyen de** —. — **au jour le jour. Avoir de quoi** —. — **sur son revenu.** — **de son travail.** — **chichement, frugalement.** — **de ménage**, avec économie. | *Loc. prov.* **Le prêtre vit de l'autel**, chacun vit de sa profession. **Il est juste que tous ceux qui servent à l'autel vivent de l'autel**, PASC. *Prov.* 6. **Il faut que tout le monde vive**, il faut permettre à chacun de pourvoir à sa subsistance. | **Tout flatteur Vit aux dépens de celui qui l'écoute**, LA F. *Fab.* I, 2. **Je vis de bonne soupe et non de beau langage**, MOL. *F. sav.* II, 7. **Faire** — **son armée sur le pays ennemi.** | *P. ext.* En parlant du train qu'on mène. — **largement.** — **en grand seigneur, en prince.** — **mesquinement.** | *Loc. prov.* **Assez jeûne qui pauvrement vit, les jeûnes, les abstinences, ne sont pas pour ceux qui n'ont pas de quoi manger.** | **Car vous vivez**

en dieux, LA F. *Fab.* X, 11. **Chacun d'eux résolut de** — **en gentilhomme, Sans rien faire**, ID. *ibid.* III, 2. **Il faut manger pour** —, **et non pas** — **pour manger**, MOL. *Av.* III, 1. ‖ *Substantivt.* **Le** —, ce qui sert à la subsistance. (*Cf.* vivres.) **Il eut au fond de l'ermitage Le** — **et le couvert**, LA F. *Fab.* VII, 3.

2. ***VIVRE** [vìvr'] *s. f.* V. vive et guivre.

VIVRES [vìvr'] *s. m. pl.*

[ÉTYM. Tiré de l'infin. de vivre, § 49. ‖ XIVᵉ s. **Car des vivres avoient plus qu'on aloit pensant**, CUVELIER, *Duguesclin*, 1928.]

‖ Choses qui servent à la subsistance. (*Cf.* vivandier.) **La cherté des vivres. Les vivres manquèrent. L'administration, la fourniture des vivres** (pour l'armée). **Vivres de campagne**, biscuit, viande salée, légumes secs.

VIZIR [vi-zìr] *s. m.*

[ÉTYM. Emprunté de l'arabe *ouazir*, *m. s.* proprt, « porteur » (du sceau), § 22. (*Cf.* le doublet alguazil.) ‖ XVIᵉ-XVIIᵉ s. **Le principal bacha de l'armée, que quelques uns veulent estre un wizir**, D'AUB. *Lett.* I, 246. Admis ACAD. 1718.]

‖ Officier du conseil du sultan. **Grand** —, premier ministre. *Fig. Famil.* **Un** —, un despote.

VIZIRAT [vi-zi-rà] et, *vieilli*, **VIZIRIAT** [vi-zi-ryà; *en vers*, -ri-à] *s. m.*

[ÉTYM. Dérivé de vizir, § 254. ‖ Admis ACAD. 1762 (vizirat) et 1798 (viziriat).]

‖ Fonction de vizir; durée de cette fonction.

VOCABLE [vò-kàbl'] *s. m.*

[ÉTYM. Emprunté du lat. vocabulum, *m. s.* ‖ XVIᵉ s. **Sac est ung vocable commun en toute langue**, RAB. V, 45. Admis ACAD. 1878.]

‖ (T. didact.) Appellation. | 1. (Liturgie cathol.) Nom du saint sous le patronage duquel une église est placée. **Cette église est sous le** — **de saint Joseph.** | 2. Mot d'une langue. **Ne se faut soucier si les vocables sont gascons, normands**, RONS. *Art p.* (*Cf.* vocabulaire.)

VOCABULAIRE [vò-kà-bu-lêr] *s. m.*

[ÉTYM. Emprunté du lat. vocabularium, *m. s.* ‖ 1487. Texte dans DELB. *Rec.*]

‖ (T. didact.) ‖ **1°** *Vieilli.* Dictionnaire d'une langue. | *De nos jours.* Dictionnaire abrégé. ‖ **2°** *P. ext.* L'ensemble des mots qui appartiennent à une langue. **Le** — **des nations barbares est peu étendu.** | *Speciall.* L'ensemble des mots qui appartiennent à une science, à un art. **Le** — **de la chimie, de la médecine.**

VOCABULISTE [vò-kà-bu-lìst'] *s. m. et f.*

[ÉTYM. Dérivé de vocable, § 265. ‖ 1731. **Un vocabuliste doit sur toutes choses lire exactement les originaux**, *Mém. de Trév.* nov. p. 1888. Admis ACAD. 1762.]

‖ *Rare.* (T. didact.) Auteur d'un vocabulaire.

VOCAL, ALE [vò-kàl] *adj.*

[ÉTYM. Emprunté du lat. vocalis, *m. s.* (*Cf.* le doublet pop. voyelle.) ‖ XIIIᵉ s. **La vocal sillabe**, BRUN. LATINI, *Trésor*, p. 481.]

‖ (T. didact.) ‖ **1°** Qui appartient à la voix. **Les organes vocaux, qui produisent la voix. Les cordes vocales.** | **Musique vocale**, musique de chant. **Oraison vocale** (par opposition à mentale), prière. ‖ **2°** Qui appartient aux voix exprimées dans un vote. **Les vocaux**, ceux qui avaient droit de vote dans une communauté religieuse.

***VOCALIQUE** [vò-kà-lìk'] *adj.*

[ÉTYM. Dérivé du lat. vocalis, voyelle, § 229. ‖ *Néolog.*]

‖ (Gramm.) Relatif aux voyelles. **Dissimilation** — (d'une voyelle par rapport à une autre).

***VOCALISATION** [vò-kà-li-zà-syon; *en vers*, -si-on] *s. f.*

[ÉTYM. Dérivé de vocaliser, § 247. ‖ *Néolog.* Admis ACAD. 1835.]

‖ (Musique.) Action de vocaliser.

***VOCALISE** [vò-kà-lìz'] *s. f.*

[ÉTYM. Subst. verbal de vocaliser, § 52. ‖ *Néolog.*]

‖ (Musique.) ‖ **1°** Exercice de vocalisation. ‖ **2°** Trait, ornement, dans un morceau de chant.

VOCALISER [vò-kà-li-zé] *v. intr.*

[ÉTYM. Dérivé de vocal, § 267. ‖ *Néolog.* Admis ACAD. 1835.]

‖ (Musique.) Faire des exercices vocaux en chantant la note sans la nommer comme dans le solfège, et sans mettre des paroles sur le son. ‖ *P. anal.* Exécuter des traits, des ornements, dans un morceau de chant.

VOCATIF [vò-kà-tìf'] *s. m.*

[ÉTYM. Emprunté du lat. vocativus (s.-ent. casus, cas), m. s. || XIVe s. Qui gouverne le vocatif, dans THUROT, p. 272.]
|| (Gramm.) Cas de la déclinaison qu'on emploie quand on s'adresse à une personne ou à une chose personnifiée. Le —, en français, n'est indiqué que par la construction de la phrase.

VOCATION [vò-kà-syon; *en vers,* -si-on] *s. f.*
[ÉTYM. Emprunté du lat. vocatio, *m. s.* || XIIe-XIIIe s. *Dial. Gregoire,* p. 155.]
|| (T. didact.) || **1°** Action d'appeler qqn (en parlant de Dieu, qui invite à venir à lui). La — d'Abraham, appelé par Dieu à être le père du peuple élu. La — des Gentils, appelés par Dieu à la connaissance de l'Évangile. Il pose les fondements de son Église par la — de douze pêcheurs, BOSS. *Hist. univ.* II, 19.
|| **2°** *P. anal.* Mouvement intérieur par lequel on se sent appelé de Dieu à tel ou tel genre de vie. Elle suivit sa —, et jamais vie ne fut plus pure, FLÉCH. *Marie-Thérèse.* Tous les états du monde sont des vocations du ciel, BOURD. *Devoir des pères,* 1. | *Spécialt.* Mouvement intérieur par lequel on se sent appelé à la vie religieuse. Avoir la — religieuse. *Absolt.* Elle n'a pas la —. || *P. ext.* Disposition marquée que qqn sent en lui pour un certain genre de vie. Une — de peintre. Il a pour le théâtre une — décidée. Contrarier la — de qqn.

VOCIFÉRATION [vò-si-fé-rà-syon; *en vers,* -si-on] *s. f.*
[ÉTYM. Emprunté du lat. vociferatio, *m. s.* || XIIe s. Cantez a lui en vociferatiun, *Psaut. d'Oxf.* XXXII, 3. Admis ACAD. 1798, suppl.]
|| Parole accompagnée de cris de colère, de menace, etc. (S'emploie surtout au pluriel.)

VOCIFÉRER [vò-si-fé-ré] *v. intr.*
[ÉTYM. Emprunté du lat. vociferare, *m. s.* || XVe-XVIe s. Criant et vociferant, J. LE MAIRE, dans DELB. *Rec.* Admis ACAD. 1798, suppl.]
|| (T. didact.) Faire entendre des paroles accompagnées de cris de colère, de menace, etc. *Transitivt.* — des injures.

VŒU [veû] *s. m.*
[ÉTYM. Du lat. votum, *m. s.* devenu veu, §§ 325, 402 et 291, écrit plus récemment vœu par réaction étymologique, § 503. (*Cf.* le doublet vote.)
I. Promesse faite à la Divinité d'accomplir telle ou telle œuvre méritoire, si elle exauce une demande qu'on lui adresse. L'Escurial, qu'il (Philippe) avait fait — de bâtir en cas que ses généraux gagnassent la bataille de Saint-Quentin, VOLT. *Mœurs,* 166. Ces vœux dans l'orage formés, Qu'efface un prompt oubli quand les flots sont calmés, CORN. *Rodog.* II, 1. Il avait fait — d'aller en terre sainte. || *P. anal. Spéciall.* Vœux du baptême, promesse faite à Dieu par le catéchumène ou par le parrain pour un enfant qu'on baptise, de renoncer à Satan, à ses pompes et à ses œuvres. Vœux monastiques, faits par une personne qui entre en religion. Les trois vœux, de pauvreté, de chasteté et d'obéissance. Prononcer ses vœux. Délier qqn de ses vœux. || *Fig.* Engagement qu'on a pris avec soi-même. Je fis — cette nuit de ne me coucher point, RÉGNIER, *Sat.* 11.
II. *P. ext.* || **1°** Souhait qu'on a demandé à la Divinité d'exaucer. Il remerciait Neptune d'avoir écouté ses vœux, FÉN. *Tél.* 5. Le Seigneur a exaucé ses vœux. Par des vœux importuns nous fatiguons les dieux, LA F. *Fab.* VIII, 5. || *P. anal.* Souhait de voir s'accomplir qqch. Être au comble de ses vœux. C'est le — du peuple. Faire des vœux en faveur de qqn. Ils font des vœux pour nous qui les persécutons, CORN. *Poly.* IV, 6. Rodrigue a tous mes vœux, ID. *Cid,* V, 4. *Spécialt.* Souhait qu'on exprime à celle qu'on aime, d'être aimé d'elle. Du prince, en apparence, elle reçoit les vœux, RAC. *Baj.* I, 1. | *Fig.* Tromper les vœux de la nature, ce qu'elle demande. || *P. ext.* Vote. Les supérieurs consultèrent les gros bonnets à quatre vœux (qui avaient quatre voix), ST-SIM. I, 414.
|| **2°** Ce qu'on a promis à Dieu, s'il exauce la demande qu'on lui adresse. Tenir son —. || *P. anal.* Offrande promise. Sire Jupin, dit-il, prends mon —; le voilà, LA F. *Fab.* IX, 13. *Arch.* — rendu, ex-voto.

VOGUE [vòg'] *s. f.*
[ÉTYM. Subst. verbal de voguer, § 52. || 1480. Et pour le temps avoit renom en vogue, *Baratre infernal,* dans DELB. *Rec.*]
I. *Vieilli.* Action de voguer. Cette grosse flotte qui venait à pleine —, AMYOT, *Lysandre,* 20. || *P. ext.* Partie du platbord d'un bateau à rames qui reçoit les avirons.
II. *Fig.* Succès de ce qui a cours chez un grand nombre de personnes. En la plus grande — de son crédit, AMYOT. *Lucull.* 87. Et c'est l'opinion qui fait toujours la —, LA F. *Fab.* VII, 15. Être en —.

VOGUER [vò-ghé] *v. intr.*
[ÉTYM. Emprunté de l'ital. vogare, *m. s.* § 12. || 1337. Pour voguer les avirons, *Contrat entre la France et Gênes,* dans E. MOLINIER, *Chron. normande,* p. 211.]
|| *Vieilli.* (Marine.) Ramer. Vogue avant! commandement pour mettre en mouvement les rameurs d'une galère. || *P. ext. De nos jours.* Avancer sur l'eau. — à pleines voiles. *Fig.* — à pleines voiles, réussir pleinement. Lorsque sur cette mer (la fortune) on vogue à pleines voiles, LA F. *Élég. aux Nymphes de Vaux.* Vogue la galère! laissons les choses suivre leur cours. Nous voguons sur un milieu vaste (le monde où nous sommes jetés), toujours incertains et flottants, PASC. *Pens.* I, 1.

VOGUEUR [vò-gheûr] *s. m.*
[ÉTYM. Dérivé de voguer, § 112. || 1373. Lequel suppliant... nous a servi comme vaugueur en l'une de noz galees, dans DU C. vogherii.]
|| *Vieilli.* (Marine.) Rameur.

VOICI [vwà-si] *prép.*
[ÉTYM. Composé de voi, anc. forme de la 2e pers. sing. de l'impératif de voir, et ci, § 726. Jusqu'à la fin du XVIIe s. on s'est servi concurremment de véci, primitivement veez ci, composé avec la 2e pers. du plur. || XIe s. Veiez me ci en present, *Roland,* 329.]
|| Préposition qui désigne à l'attention la personne ou la chose dont on va parler, ou ce qui va arriver à l'instant. (*Cf.* voilà.) Le — qui vous dira le reste, CORN. *Poly.* III, 2. Les — venir, MOL. *Él.* V, 9. — venir la foudre, CORN. *Pomp.* II, 2. — le fait, RAC. *Plaid.* I, 7. Voilà tous mes forfaits; en — le salaire, ID. *Brit.* IV, 2. Mais — bien une autre fête, LA F. *Fab.* III, 18. *Ellipt. Famil.* Dans le même sens. En — bien d'une autre. | M'y —, LA F. *Fab.* I, 3. (*Cf.* voilà.)

VOIE [vwá] *s. f.*
[ÉTYM. Du lat. via, *m. s.* devenu veie, voie, §§ 309 et 291. (*Cf.* dévoyer, envoyer, etc. Dans claire-voie, voie paraît avoir une autre origine.)]
I. || **1°** Espace qui se prolonge dans une direction menant d'un lieu à un autre. La — publique. Une grande — de communication. Une — fréquentée. Être toujours par — et par chemin, ne s'arrêter nulle part. Frayer la — à qqn. Mettre qqn dans la bonne —. Les voies romaines, construites du temps des Romains. La — Appienne, Flaminienne. — ferrée, garnie de rails sur lesquels glissent les roues. Aller par la — de terre, de mer. Autre qu'un dieu n'eût pu prendre une telle — (les airs), CORN. *Andromède,* III, 4. || *Spécialt.* Direction suivie par le gibier qu'on poursuit et que marquent les traces qu'il a laissées. Mettre les chiens sur la —, sur les voies. Les chiens sont sur la —. Des chiens à bout de —, qui s'arrêtent, ne trouvant plus la voie. — doublée, sur laquelle l'animal est revenu. Brouiller la — (en parlant du gibier), essayer de donner le change aux chiens. | *Fig. Famil.* N'avoir ni vent ni — de qqn (par allusion à l'odeur et aux traces du gibier qui guident les chiens de chasse), n'avoir aucune nouvelle de qqn. Mettre qqn sur la —, lui donner des indications pour l'aider à atteindre son but. || Traces parallèles laissées par les roues d'une voiture. La — d'une charrette, espace compris entre ces deux traces. Une voiture qui n'a pas la —, dont les roues n'ont pas l'écartement nécessaire. | Espace compris entre les rails d'une voie ferrée. Traverser la —. | Espace compris entre les poutres de guindage d'un pont militaire. || *P. anal.* La — d'une scie, espace dans lequel une scie exécute son mouvement de va et vient. (*V.* chemin.) — d'eau, ouverture qui se produit à la carène d'un navire et par laquelle l'eau entre dans le bâtiment. Boucher une — d'eau. || (Astron.) La — lactée, trace lumineuse que forment dans le ciel des myriades d'étoiles presque invisibles, à cause de leur éloignement. || (Physiol.) Conduit que présentent certains organes. Les voies respiratoires, digestives. Les voies urinaires.
|| **2°** *P. ext.* Quantité de qqch qui se porte en un voyage. Une — de bois (environ 2 stères), une — de charbon (1 stère), ce que porte une voiture. Une — d'eau, ce que porte un homme en deux seaux.

II. *Fig.* Direction suivie pour atteindre un but. *Spécialt.* (Théol.) La — du salut. Être dans une — de perdition. La — étroite, la — du renoncement, qui conduit au salut. La — large, la — du plaisir, qui conduit à la perdition. L'impie s'est égaré dans ses voies, BOSS. *A. de Gonz.* Les voies de la Providence. Entrer dans les voies de Dieu. ‖ Toutes les voies furent bonnes pour parvenir à l'empire, MONTESQ. *Rom.* 21. Des biens gagnés par une — illégitime, PASC. *Prov.* 8. Vider un différend par la — des armes. Les voies pacifiques, légales. Les voies de droit, les moyens juridiques. — de fait, action de s'emparer par la force d'une chose sur laquelle on n'a pas de droit reconnu, et, *p. ext.* acte de violence. Être en — d'accommodement. Voies et moyens, ressources par lesquelles on pourvoit à certaines nécessités financières, administratives. Ouvrir la —, préparer les voies à qqn, à qqch, aplanir les premières difficultés. Être dans la bonne, dans la mauvaise —. ‖ (Chimie.) Manière d'opérer. Des essais par la — sèche, par la — humide.

VOILÀ [vwà-là] *prép.*
[ÉTYM. Composé de voi, anc. forme de la 2ᵉ pers. sing. de l'impératif de voir, et là, § 726. ‖ XIIIᵉ s. Sire, ves la Jehan, BEAUMAN. 204, Salmon.]
‖ Préposition qui désigne à l'attention la personne ou la chose dont on vient de parler, ou ce qui vient d'arriver. (*Cf.* voici.) — celui qui nous menait dans les hasards, BOSS. *Condé.* — les cris que je craignais d'entendre, RAC. *Iph.* IV, 5. — l'argent que vous avez demandé. Les sentiments humains, mon frère, que — ! MOL. *Tart.* I, 5. — mes saints! LA F. *Contes, Diable en enfer. Famil.* — mes gens, — comme il en faut user, MOL. *Tart.* I, 5. Ne —-t-il pas, et, ellipt, —-t-il pas? — pas? —-t-il pas Monsieur qui ricane déjà! MOL. *Tart.* I, 1. — pas le coup de langue? ID. *B. gent.* III, 12. Même locution, dans un sens partitif. — de mes damoiseaux, MOL. *Av.* I, 4. Ne — pas de mes mouchards! ID. *ibid.* I, 3. | Suivi d'un infinitif. — bien parler. — bien instruire une affaire! RAC. *Plaid.* III, 3. | L'autorité est belle, et te — bien appuyé! MOL. *Crit. de l'Éc. des f.* sc. 5. Le — donc enfin de l'Académie. — qui va bien. — qui est fait. En — assez. Ah! n'en — que trop, RAC. *Brit.* III, 7. ‖ S'emploie même pour qqch qui va suivre, dans un récit où l'on rappelle des faits passés. Et — qu'un nuage L'oblige de chercher retraite en quelque lieu, LA F. *Fab.* IX, 2.

VOILE [vwàl] *s. f.* et *m.*
[ÉTYM. Du lat. vēla, plur. du neutre vēlum, *m. s.* pris d'abord comme fém. sing. § 545, et devenu veile, voile, §§ 309 et 291. Plus récemment, voile a été fait masc. (au sens **II**) par réaction étymologique, § 503. CORN. l'emploie avec ce dernier genre même au sens **I** : Il venait à plein voile, *Pompée*, III, 1.]
I. *S. f.* Morceau de forte toile, ordinairement formé de plusieurs lés assemblés, qu'on attache aux vergues des mâts, et qui, déployé et orienté selon la force et la direction du vent, en reçoit une impulsion qui fait avancer le navire dans telle ou telle direction. Mettre à la —. Mettre la — au vent. Déployer, amener une —. Faire — vers le port. Caler la —. Navire qui est à la —, qui est sous —. Un navire à voiles (par opposition à un navire à vapeur). Faire force de voiles. Toutes voiles, toutes voiles déployées, toutes voiles au vent. | *Fig.* Mettre toutes voiles dehors, chercher à paraître dans tous ses avantages. Voguer à pleines voiles, réussir pleinement. ‖ *P. ext.* Une —, un navire. Une flotte de trente voiles.
II. *S. m.* Morceau d'étoffe destiné à dérober aux regards une chose, une personne. Le — du temple (de Jérusalem), pièce d'étoffe précieuse dérobant à la vue le sanctuaire où était l'arche. Derrière un —, invisible et présente, RAC. *Brit.* I, 1. Le — du calice, morceau d'étoffe qui le recouvre. | Morceau d'étoffe dont les femmes se couvrent le visage, pour se dérober aux regards, ou se garantir du froid, du vent, etc. Baisser, relever son —. Sortir sans —. Un — épais, transparent. Un — de gaze, de dentelle, de crêpe. *Spécialt.* Partie du costume des religieuses qui couvre la tête. Prendre le —, se faire religieuse. ‖ *P. ext.* Étoffe analogue à celle dont se font les voiles des religieuses. Une robe de —. ‖ *Fig.* | **1.** Apparence qui dérobe la connaissance de la réalité. D'un — d'équité couvrir mon injustice, RAC. *Andr.* IV, 5. Sous le — même de la vertu le vice s'insinue, BOURD. *Hypocrisie,* 1. Henriette, entre nous, est un amusement, Un — ingénieux, un prétexte, mon frère, A couvrir d'autres feux, MOL. *F. sav.* II, 3. | **2.** Ce qui obscurcit la

clarté, l'éclat de qqch. Ces voiles et ces ténèbres mystiques dont il (Jésus-Christ) se couvre volontairement dans l'eucharistie, BOSS. *R. d'Angl.* Quand sera le — arraché Qui sur tout l'univers jette une nuit si sombre? RAC. *Esth.* II, 8. *Poét.* Le — de la nuit. Le — de la mort se répand sur sa vue, VOLT. *Henriade,* 8. ‖ *P. ext.* (Physiol.) Le — du palais, cloison membraneuse située sur le prolongement de la voûte du palais, qui sépare la cavité de la bouche de l'arrièrebouche.

1. VOILER [vwà-lé] *v. tr.*
[ÉTYM. Du lat. vēlare, *m. s.* devenu veler, §§ 295 et 291, puis voiler, sous l'influence des personnes où l'e latin était frappé de l'accent tonique, § 615. ‖ XIIᵉ s. U en une abeie volt mielz estre velee, WACE, *Rou,* II, 2811.]
‖ **1°** Dérober aux regards en couvrant d'un voile. Le rideau qui voilait le sanctuaire. — les images d'une église. Se — la figure, la face. Une femme voilée.
‖ **2°** *Fig.* | **1.** Dérober à la connaissance en cachant la réalité sous qq apparence. Il voilait sous une apparente indifférence ses desseins ambitieux. Jésus-Christ dans l'eucharistie est voilé sous les espèces du pain et du vin. Ils ont dit que l'on n'entendrait point leur sens et qu'il était voilé, PASC. *Pens.* XVI, 7. | **2.** Obscurcir la clarté, l'éclat de qqch. Le soleil est voilé par un nuage. Cette allée Où la clarté du ciel semble toujours voilée, CORN. *Rodog.* V, 4. La tristesse voilait son regard. *P. anal.* Une voix voilée, dont la sonorité est sourde. ‖ (Technol.) Porcelaine voilée, dont la blancheur a été ternie par la flamme.

2. VOILER [vwà-lé] *v. tr.*
[ÉTYM. Dérivé de voile, § 154. ‖ 1611. Voilé, COTGR.]
I. Garnir de voiles (un navire).
II. (Technol.) *P. anal.* Déjeter en courbant (comme une voile gonflée par le vent). Le bois se voile à l'humidité.

VOILERIE [vwàl-ri ; en vers, vwà-le-rī] *s. f.*
[ÉTYM. Dérivé de voilier, §§ 65 et 68. ‖ Admis ACAD. 1762.]
‖ (Technol.) Atelier où l'on confectionne les voiles.

'VOILETTE [vwà-lĕt'] *s. f.*
[ÉTYM. Dérivé de voile, § 133. ‖ *Néolog.*]
‖ Petit voile que les femmes mettent à leur chapeau.

1. VOILIER [vwà-lyé] *s. m.*
[ÉTYM. Dérivé de voile, § 115. ‖ 1670. En présence du maistre voilier, COLBERT, *Mém. sur la police des arsenaux.*]
‖ (Technol.) Celui qui confectionne ou répare les voiles d'un navire. Un maître —.

2. VOILIER, 'VOILIÈRE [vwà-lyé, -lyèr] *adj.*
[ÉTYM. Dérivé de voile, § 115. ‖ 1611. COTGR.]
‖ (Marine.) Pourvu de voiles. *Substantivt.* Un bon, un mauvais —, un navire qui marche bien, mal à la voile. ‖ *P. anal.* Oiseau —, dont le vol est étendu. *Substantivt.* Grand —, albatros.

'VOILIÈRE [vwà-lyèr] *s. f.*
[ÉTYM. Dérivé de voile, § 115. ‖ 1812. MOZIN, *Dict. franç.-allem.*]
‖ (Géom.) Courbe d'une voile enflée par le vent.

1. VOILURE [vwà-lūr] *s. f.*
[ÉTYM. Dérivé de voile, § 111. ‖ 1678. GUILLET, *Dict. mar.*]
‖ (Marine.) Ensemble des voiles d'un navire. La — d'un brick. | Quantité de voiles que déploie un navire. Diminuer sa —.

2. 'VOILURE [vwà-lūr] *s. f.*
[ÉTYM. Dérivé de voiler 2, § 111. ‖ *Néolog.*]
‖ (Technol.) Courbure d'une planche, d'une feuille de métal qui se déjette.

VOIR [vwàr] *v. tr.*
[ÉTYM. Du lat. vidēre, *m. s.* devenu vedeir, veeir, veoir, §§ 342, 411, 309 et 291, voir, § 358.]
I. ‖ **1°** Percevoir les images que les rayons lumineux partant des objets éclairés forment au fond de l'œil, en venant converger sur la rétine. — qqn. — qqch. Faire — qqn, qqch. Se — dans un miroir. Se faire —. Laisser — qqch à qqn. Une chose qui se voit de loin. Je l'ai vu, vu de mes yeux, LA F. *Fab.* IX, 1. | *P. ext.* Assister à, être témoin de (qqch). J'ai vu votre malheureux fils Traîné par les chevaux que sa main a nourris, RAC. *Phèd.* V, 6. Je l'ai vu tomber. De Néarque il doit — le supplice, CORN. *Poly.* III, 3. Un soldat qui n'a jamais vu le feu, qui n'a jamais assisté à une bataille. *Fig.* L'Océan étonné de se — traversé, BOSS. *R. d'Angl.* Une fleur Qui n'a vu qu'une aurore, RAC. *Esth.* I, 5.

La mer qui vit tomber Icare, ID. *Phèd.* I, 1. Le pays qui l'a vu
naître. || *Absolt.* Être en état de voir, de percevoir les
images des objets. Mes yeux ne voyaient plus, RAC. *Phèd.*
I, 3. Auras-tu donc toujours des yeux pour ne point —? ID.
Ath. I, 1. — clair. Je n'y vois pas. *Famil.* Je n'y vois goutte.
— de loin, de près. *Fig.* — de loin, prévoir. *Famil.* Il n'y
voit pas plus loin que le bout de son nez, il a l'esprit borné.
Il a vu la mort de près, il a failli mourir. Il n'y voit que du
feu, il n'y comprend rien. — trente-six chandelles, avoir
un éblouissement. — le jour, l'aurore, le lever du soleil,
être levé de grand matin. *Dans un autre sens.* — le jour,
la lumière, être vivant. Tu vois le jour, Cinna, CORN. *Cinna,*
V, 1. Instruite que Joas voit encor la lumière, RAC. *Ath.* IV,
3. || *P. anal.* — Dieu face à face (dans le séjour des bien-
heureux). | — qqch en songe. Je l'ai vu, cette nuit, ce malheu-
reux Sévère, CORN. *Poly.* I, 3.

|| **2°** Aller voir, visiter (qqn, qqch). — du pays. Nous
avons vu les musées, les églises. Quiconque a beaucoup vu Peut
avoir beaucoup retenu, LA F. *Fab.* I, 8. Un malade, un prisonnier qu'on ne peut —. Comment se sont-ils vus? RAC. *Phèd.*
IV, 6. Une personne qu'on ne voit pas, avec laquelle on n'est
pas en relations de visite. Une personne qui n'est pas à —,
qui n'est pas à fréquenter. — bonne compagnie. Un médecin
qui va — ses malades. | *P. anal.* — qqu, recevoir la visite
de qqn. Il ne voit personne. Il n'est pas en état de — du monde.

|| **II.** *Fig.* || **1°** Saisir par la pensée, concevoir. Je vois
mon erreur. Pensent-ils avoir mieux vu les difficultés? BOSS.
A. de Gonz. Qu'ont-ils vu, ces rares génies, qu'ont-ils vu de
plus que les autres? ID. *ibid.* Je vois que rien n'échappe à
votre prévoyance, RAC. *Baj.* II, 1. Je vois où vous voulez en
venir. Comme je ne vois pas dans le fond de son cœur, CORN.
Sertor. III, 1. Je ne vois pas le sens de ce passage. Pour moi,
je ne vois pas ces exemples fameux, MOL. *F. sav.* IV, 3. *Absolt.*
Je vois, je sais, je crois, je suis désabusée, CORN. *Poly.* V, 5.
| *Specialt.* Constater un fait. Vous verrez dans une seule vie
toutes les extrémités des choses humaines, BOSS. *R. d'Angl.*
Je me vois aujourd'hui, pour avoir trop vécu, Recevoir un affront
et demeurer vaincu, CORN. *Cid,* II, 8. L'autre... A vu trancher
ses jours par un assassinat, ID. *Cinna,* II, 1. Junie... S'est vue
en ce palais indignement traînée, RAC. *Brit.* I, 3. J'ai pitié de
vous — la confusion que vous avez, MOL. *D. Juan,* I, 3. C'est
ce qu'il faudra —. Je voudrais bien — cela. Je te laisse trop
— mes honteuses douleurs, RAC. *Phèd.* I, 3. Je vous ferai
bien — que c'est à votre père Qu'il vous faut obéir, MOL. *F.
sav.* V, 2. Il ne s'est jamais vu rien de tel. On n'a jamais rien
vu de pareil. Je vais — s'il est revenu. *P. plaisant.* Pour
renvoyer qqn. Allez — là-bas si j'y suis. | *Loc. prov.* Va-t'en
— s'ils viennent, pour marquer qu'on ne croit pas une
chose. J'aime mieux le croire que d'y aller —, pour marquer
qu'une chose ne vaut pas la peine d'être vérifiée.

|| **2°** Examiner. C'est à vous de — si, par des nœuds si
doux, Madame, vous voulez m'attacher tout à vous, MOL. *Mis.*
V, 2. Voyons si, par mes soins sur le trône élevé, Il osera trahir
l'amour qui l'a sauvé, RAC. *Baj.* IV, 4. Mettez-vous en ma
place, et voyez ce que je puis faire, MOL. *Av.* IV, 1. *Au part.
passé pris substantivt.* Au vu et au su de tout le monde, à
la connaissance de tout le monde. Il faudra —. Ceci est à
—. Voyez notre espérance, CORN. *Poly.* IV, 3. — à faire qqch,
et, *vieilli,* de faire qqch, y faire attention. Et voyons à la
rendre favorable, MOL. *F. sav.* II, 4. Parlons à cœur ouvert, et
voyons d'arrêter, ID. *Mis.* II, 1. Voyez à ce qu'il ne manque
rien, et, *ellipt,* Voyez qu'il ne manque rien. Il n'a rien à —
là dedans, il n'a pas à s'en mêler. *P. ext.* Cela n'a rien à —
avec notre affaire, n'y a point de rapport.

|| **3°** Envisager, apprécier de telle ou telle manière. —
les choses en bien, en mal, sous un jour favorable. — tout en
beau. — les choses en noir. — qqn d'un bon, d'un mauvais
œil, d'une manière bienveillante, malveillante. — tout par
ses yeux, juger par soi-même. Ne — que par les yeux de
qqn. — juste, — faux. En matière d'honneur, ne voyez que
vous-même, CORN. *Agés.* II, 5. Vois mieux ce que tu dis quand
tu parles ainsi, ID. *Sertor.* I, 1. | Être bien vu, mal vu, être
considéré d'une manière avantageuse, désavantageuse.
| *Au part. passé pris adverbialt.* Vu, considérant. Vu les
pièces produites (formule juridique). Vu le prix dont il est,
LA F. *Fab.* VII, 10. Vu que, en considérant que. Ce discours
me surprend, vu que, CORN. *Hor.* I, 1. *Substantivt.* Sur le vu
des pièces.

VOIRE [vwàr] *adv.*

[ÉTYM. Du lat. vèra, plur. neutre de verum, vrai, em-

ployé adverbialement, § 726, et devenu veire, voire, §§ 309
et 291. || XII° s. Veire, volez mei foir? *Énéas,* 1680.]

|| *Vieilli.* Vraiment. — mais, comment serait-il possible?
AMYOT, *Lyc.* 31. — même, et, *ellipt,* —, même. Chapitres
de moines, — chapitres de chanoines, LA F. *Fab.* II, 2.

VOIRIE [vwà-ri] *s. f.*

[ÉTYM. Pour voyerie (ACAD. 1694-1740), § 351, dérivé
de voyer, §§ 65 et 68. || XIII° s. Par le seigneur qui la voierie
est, BEAUMAN. 722, Salmon.]

I. *Ancienn.* Charge de voyer.

II. || **1°** Partie de l'administration qui concerne le
tracé, l'entretien, la propreté des chemins, des rues. Grande
—, celle qui concerne les grandes voies de communication.

|| **2°** *P. ext.* Lieu où l'on jette les ordures, les immon-
dices d'une ville, pour en purger les rues. Jeter à la —.
P. ext. Ce qu'on jette dans ce lieu. Le loup dévore les voi-
ries les plus infectes, BUFF. *Loup.*

VOISIN, INE [vwà-zin, -zin'] *adj.*

[ÉTYM. Du lat. vïcïnum, *m. s.* devenu veisin, voisin, §§ 341,
382 et 291.]

|| Qui est situé à proximité. Les lieux voisins. Deux États,
deux peuples voisins. Être — de qqn, de qqch, et, *vieilli,* à
qqn, à qqch. Celui de qui la tête au ciel était voisine, LA F. *Fab.*
I, 22. | *Fig.* Tout vaincu que je suis et — du naufrage, RAC.
Mithr. II, 2. || *Substantivt.* Celui, celle qui habite à proxi-
mité de qqn. Nous sommes vos voisins, CORN. *Hor.* I, 3. Mon
—, ma voisine.

VOISINAGE [vwà-zi-nàj'] *s. m.*

[ÉTYM. Dérivé de voisiner, § 78. (*Cf.* l'anc. franç. visnage,
du lat. pop. *vicinaticum.) || 1240. Nus n'i espargne... cor-
nissance ne voisinage, J. DE TUIN, dans DELB. *Rec.*]

|| **1°** Situation de ce qui est à proximité. Le — d'une
fabrique est incommode. Être — de qqn. Je redoute son —. | *Fig.* Le — de la
mort, BOSS. *P. Bourgoing.*

|| **2°** *P. ext.* | 1. Lieux situés à proximité. Il demeure
dans le —. Un loup, qui commençait d'avoir petite part Aux
brebis de son —, LA F. *Fab.* III, 3. | 2. Ceux qui habitent à
proximité. Faire au larron d'honneur crier le —, MOL. *Sgan.*
sc. 16.

°VOISINANCE [vwà-zi-nàns'] *s. f.*

[ÉTYM. Dérivé de voisiner, § 146. || 1531. Bonne et mutuelle
voisinance, dans GODEF.]

|| *Vieilli.* Voisinage, situation de ce qui est à proximité.

VOISINER [vwà-zi-né] *v. intr.*

[ÉTYM. Dérivé de voisin, § 154. || XII° s. Qant a home sor-
pris, malement le voisine, J. BODEL, *Saisnes,* tir. 145.]

|| Fréquenter ses voisins. Elle aime à —.

VOITURE [vwà-tür] *s. f.*

[ÉTYM. Du lat. vectūra, *m. s.* de vehere, transporter, devenu veiture, voiture, §§ 345, 386 et 291.]

I. *Vieilli.* Mode, moyen de transport. La — des vivres
en son camp par la mer était longue, dangereuse, AMYOT,
Marius, 25. Votre — doit être la litière jusqu'à Roanne et la
rivière jusqu'à Briare, SÉV. 587. || *P. ext.* Chargement qu'on
transporte. Du baudet en cette aventure On lui fit porter la
—, LA F. *Fab.* VI, 16. Vous ferez venir cette petite — (un
envoi d'argent) dans son temps, SÉV. 1034. Lettre de —, qui
contient la note des marchandises que transporte un voiturier. *Fig.* Il sera maréchal de France à la première — (à la
première fournée), SÉV. 422.

II. *Specialt.* Véhicule pour transport consistant en une
caisse montée sur des roues, que traînent des chevaux,
mulets, etc., ou des hommes. Une — À deux, à quatre roues.
Une — suspendue, montée sur des ressorts qui empêchent
de sentir les cahots. Une — fermée, découverte, Une — à
âne. Une — à bras, traînée à bras d'homme. Une — automobile, et, *substantivt,* Une automobile, voiture sans chevaux, mue par un moteur mécanique. Une — de maître,
de louage. Une — de place, de remise. Aller, monter en —.
Tomber en —. Une — à foin. Une — d'enfant, dans laquelle
on traîne à bras un enfant.

VOITURER [vwà-tu-ré] *v. tr.*

[ÉTYM. Dérivé de voiture, § 154. || XIII°-XIV° s. Preudomes
sont Qui les porroient voiturier, B. DE CONDÉ, t, p. 11.]

|| **1°** *Vieilli.* Transporter des marchandises, des voya-
geurs, par un mode, un moyen quelconque. Nous vous
voiturerons par l'air en Amérique, LA F. *Fab.* X, 2.

|| **2°** *Specialt.* Transporter en voiture attelée.

VOITURIER [vwà-tu-ryé] *s. m.*

[Étym. Dérivé de voiture, § 115. (*Cf.* voiturin.) ‖ XIII° s. Voituriers estranges lesqueus il ne puet avoir pour tesmoignier, BEAUMAN. 820, Salmon.]

‖ **1°** Celui qui fait métier de transporter des marchandises, des voyageurs par un mode, un moyen quelconque. Les voituriers par terre et par eau, *Code civil*, art. 1782.

‖ **2°** Celui qui fait métier de transporter par voiture attelée. *Loc. prov.* A batelier et — il ne faut jamais se fier.

VOITURIN [vwà-tu-rin] *s. m.*

[Étym. Emprunté de l'ital. vetturino, *m. s.* rapproché du franç. voiture, §§ 12 et 507. ‖ 1690. Veturin, FURET. | 1694. Voiturin, ACAD.]

‖ (En Italie.) Conducteur de voitures légères de louage (pour le transport des voyageurs). | *P. ext.* La voiture elle-même. Voyager en —.

VOIX [vwà; *en liaison*, vwàz'] *s. f.*

[Étym. Du lat. vōcem, *m. s.* devenu voiz, vois, §§ 329, 384 et 281, écrit voix sous l'influence du nominatif lat. vox, § 503.]

I. ‖ **1°** Son que produit l'air chassé des poumons en traversant le larynx, qui lui imprime un mouvement de vibration. | 1. En parlant de certains animaux. Un chien qui donne de la —, qui aboie. | 2. En parlant de l'homme. La mue de la — (à l'époque de la puberté). Une — faible, forte, sonore, douce. Le son de la —. Le ton de — impose aux plus sages, PASC. *Pens.* III, 3. Une extinction de —. L'altération de la —. La — articulée. Parler à demi-—, à — basse, à haute et intelligible —. Une — cassée, chevrotante. Il grossit sa — à mesure qu'il approche, LA BR. 5. Élever la —, baisser la —. Être à portée de la —.

‖ **2°** Le son articulé, la parole. Avant que tous les Grecs vous parlent par ma —, RAC. *Andr.* I, 2. Elle crut entendre une — douce et paternelle, BOSS. *A. de Gonz.* Demeurer sans —, ne pouvoir parler. Une — éloquente. Ma triste — était donc réservée à ce déplorable ministère, BOSS. *D. d'Orl.* Je reconnais sa —. Entendre, écouter la — de qqn. Avoir des larmes dans la —, parler d'une voix émue. De vive —, en parlant (par opposition à par écrit). Élever la — en faveur de qqn. La porte du sérail à ma — s'est ouverte, RAC. *Baj.* III, 2. Des lâches flatteurs la — enchanteresse, ID. *Ath.* IV, 3. *Poét.* Les cent — de la renommée. ‖ *Fig.* Inspiration qui s'adresse à l'esprit, au cœur. Écouter la — de la raison. La — de la conscience. La — du sang, de la nature. ‖ *P. ext.* Expression de l'opinion. Le « Cid » n'a eu qu'une — pour lui à sa naissance, qui a été celle de l'admiration, LA BR. 1. Rome le louait d'une commune —, RAC. *Brit.* II, 6. La — publique. Il n'y a qu'une — sur son compte. | *Spécialt.* Expression de l'opinion de chacun dans un vote. Recueillir les —. Aller aux —. Décider qqch à la pluralité des —. Obtenir la pluralité des —. Il a eu pour lui toutes les —. Il n'a eu qu'un petit nombre de —. Donner sa — à qqn. Avoir — délibérative, avoir le droit de voter dans une réunion où l'on délibère. Avoir — consultative, pouvoir donner son avis sans avoir le droit de voter. Avoir — à l'assemblée, au chapitre, et, *fig.* Avoir — au chapitre, être de ceux que l'on consulte. *P. anal.* Donner sa — à qqch, y donner son assentiment. Et j'y donne ma —, MOL. *Amph.* I, 2.

‖ **3°** Le son modulé suivant l'échelle musicale, appropriée au chant. Une — juste, fausse, harmonieuse, discordante. Avoir de la —. Une — étendue. Une — haute, grave, basse. Une — de ténor, de baryton, de basse-taille. Une — de soprano, de contralto. Savoir conduire sa —. Une bonne émission de —. Une — bien posée. La — de poitrine. La — de tête, de fausset. — blanche. — sombrée. Enfler, diminuer sa —. Donner toute sa —. Chanter à pleine —. | Un nocturne à deux —, pour deux voix d'homme, de femme. Un canon à trois —. ‖ *Fig.* Son assimilé à la voix humaine. — humaine, jeu d'orgue qui imite la voix humaine. — angélique, jeu d'orgue qui donne l'octave au-dessus. | *Poét.* La lyre aux sept —, aux sept cordes. Si la — du torrent qui gémit dans l'abîme, LAMART. *Harmon.* I, 11. ‖ (Technol.) Son que rend une pièce de monnaie qu'on vérifie. — sourde, — fêlée.

II. *Fig.* (Gramm.) Forme de la conjugaison indiquant si l'action exprimée par le verbe est faite ou subie par le sujet. La — active, passive, moyenne.

1. VOL [vòl] *s. m.*

[Étym. Subst. verbal de voler 1, § 52. ‖ XII° s. Si li chel tot a un vol La lance et li escuz del col, CHRÉTIEN DE TROYES, *Charrette*, 775.]

‖ **1°** Mode de locomotion propre aux animaux qui se soutiennent et se meuvent dans l'air au moyen d'ailes (les oiseaux, la plupart des insectes) ou d'appareils analogues (chauves-souris, poissons volants). Prendre son vol. Tirer, tuer un oiseau au vol. *Spécialt.* (Fauconn.) Essor donné à l'oiseau de proie dressé à la chasse. Vol à la couverte, quand on lâche l'oiseau après s'être approché du gibier, à l'abri d'une haie. Vol à la source, quand on lâche l'oiseau au moment où la perdrix part. Vol à la renverse, quand on lâche l'oiseau à la rencontre de la perdrix. Oiseau de haut vol (le faucon), de bas vol (le tiercelet). Un oiseau de haut vol, qui vole haut. Distance à vol d'oiseau, par le chemin le plus direct, comme pourrait le faire un oiseau que n'arrête aucun obstacle. Vue prise à vol d'oiseau, comme on la verrait en planant au-dessus comme un oiseau. | *P. anal.* | 1. (Théâtre.) Action d'une machine qui fait monter ou descendre des personnages mythologiques qu'on représente comme volant dans les airs. Il ne faut point de vols, ni de chars, ni de changements aux Bérénices, LA BR. 1. | 2. (Blason.) Ornement figurant deux ailes d'oiseau déployées, comme dans le vol. ‖ *Fig.* | 1. Course rapide. Le vol irréparable du temps, BOSS. *Vol. de Monterby.* O temps, suspends ton vol, LAMART. *Médit.* I, 13. | 2. Essor de l'esprit, de la fortune de qqn. Je mesure mon vol à mon faible génie, BOIL. *Disc. au roi.* Prendre un vol hardi. Prendre un vol trop haut.

‖ **2°** Étendue que parcourt un oiseau sans se poser. Le premier, le second vol d'un oiseau que le chien a fait lever. (Féodal.) Vol du chapon, espace qu'un chapon pourrait franchir en un vol (environ un arpent), qui était donné à l'aîné, outre le manoir principal, dans un partage noble avec ses frères. | *Fig.* Portée d'esprit de qqn. Il n'est pas du vol des deux autres, J.-J. ROUSS. *Nouv. Hél.* I, 65. ‖ Distance qu'il y a entre les deux bouts des ailes déployées d'un oiseau. (*Syn.* envergure.)

‖ **3°** Troupe d'oiseaux qui arrivent ensemble dans un endroit. Un vol de cailles, d'alouettes. | *P. anal.* Un vol de sauterelles. ‖ (Fauconn.) Équipage d'oiseaux de proie qu'on entretient et qu'on dresse pour prendre du gibier. Avoir des vols pour le héron, pour la perdrix, etc. | *P. ext.* Chasse avec ces oiseaux.

2. VOL [vòl] *s. m.*

[Étym. Subst. verbal de voler 2, § 52. ‖ 1611. COTGR.]

‖ Action de voler, de s'approprier par ruse ou par force ce qu'on sait être la propriété d'autrui. Vol qualifié, accompagné de circonstances aggravantes (par opposition à vol simple). Vol domestique, commis au préjudice de qqn par une personne qui est à ses gages. Vol avec effraction, commis en escaladant, brisant et forçant quelque clôture. Vol à la tire, vol dans la poche de qqn. Vol au bonjour, vol dans une chambre d'hôtel. Vol à l'américaine, où le voleur, se donnant pour un étranger, demande qu'on lui change de l'or, des billets. Vol à main armée, sur les grands chemins. | *P. ext.* La chose volée. Quelle insolence de vouloir retenir le vol qu'il m'a fait ! MOL. *Av.* V, 3. ‖ *Fig.* Leurs écrits (des auteurs anciens) sont des vols qu'ils nous ont faits d'avance, PIRON, *Métrom.* III, 7. Ce qu'il me rend de soins outrage ses attraits; Elle veut que ce soit un vol que je lui fais, MOL. *Mis.* III, 3.

VOLABLE [vò-làbl'] *adj.*

[Étym. Dérivé de voler 2, § 93. ‖ XVII° s. *V.* à l'article. Admis ACAD. 1762.]

‖ *Rare.* A qui on peut voler qqch. Êtes-vous un homme —? MOL. *Av.* I, 3.

VOLAGE [vò-làj'] *adj.*

[Étym. Du lat. volaticum, *m. s.* §§ 389, 405, 290 et 291.]

‖ Qui quitte aisément une personne, une chose pour une autre. (*Syn.* mobile, inconstant.) La fortune est —. Tout un peuple —, RAC. *Phéd.* I, 4. | *Spécialt.* Inconstant en amour. — adorateur de mille objets divers, RAC. *Phéd.* II, 5. *Substantivt.* Punissez un —, CORN. *Hor.* II, 5. Ma — punie, ID. *Tite et Bér.* I, 3. ‖ *Fig.* (Technol.) Navire —, qui manque de stabilité. Boussole —, dont l'aiguille est trop mobile. *Vieilli.* Feu —, éruption passagère.

VOLAILLE [vò-lày'] *s. f.*

[Étym. Du lat. volatilia, plur. neutre de volatilis (*cf.* volatil) pris comme fém. sing. §545, devenu voledille, voleille, §§ 335, 402, 462 et 291, qui aurait dû aboutir à *volille (*V.* ce mot), § 358, mais dont la désinence régulière a été modifiée par confusion avec le suffixe aille, § 95.]

‖ Ensemble des oiseaux qu'on élève dans les basses-cours. Engraisser de la —. || *Famil.* Un de ces oiseaux. Une belle —. Une — rôtie.

1. VOLANT, ANTE [vò-lan, -länt'] *adj.*

[ÉTYM. Adj. particip. de voler 1, § 47. (*Cf.* cerf-volant, passe-volant.) || XII° s. Guivre volant, AIMON DE VARENNES, *Florimont*, dans GODEF.]

|| **1°** Qui peut voler, s'élever, se mouvoir dans les airs, à la manière des oiseaux. Un poisson —. Ce char — disparu dans la nue, CORN. *Méd.* V, 8. | *P. anal.* Fusée volante, qui s'élève dans les airs quand on y a mis le feu.

|| **2°** *Fig.* Qui peut aller d'une place à une autre. Des feuilles volantes, feuilles manuscrites ou imprimées détachées, qui ne sont pas en cahier, en volume. Table volante, petite table légère qu'on déplace à volonté. Escalier —, qu'on peut poser à un endroit, puis à un autre. Pont —, radeau flottant qui, fixé à un cordage ayant son point d'attache dans le lit même d'une rivière, passe d'une rive à l'autre par la seule force du courant. Camp —, petit corps d'armée qui fait des courses sur le territoire ennemi, passant d'un endroit à un autre. *Fig.* Être en camp —, n'avoir pas d'installation fixe. Escadron —, qui peut se porter facilement d'un point à un autre. | (Marine.) Manœuvres volantes, parties du gréement qui ne sont pas à demeure. | (Médec.) Petite vérole volante, variole légère.

2. VOLANT [vò-lan] *s. m.*

[ÉTYM. Subst. particip. de voler 1, § 47. || XIII° s. De tant que il muet a un volant, dans TAILLIAR, *Rec. d'actes*, p. 452.]

|| **1°** Petit cône de liège garni de peau, dont la partie supérieure est percée de trous où sont fixées en cercle de petites plumes égales (destinées à ralentir et à régulariser le mouvement), qu'on lance et qu'on renvoie alternativement avec une raquette. Jouer au —. Lancer, recevoir, renvoyer le —.

|| **2°** Aile d'un moulin, que le vent fait tourner. *P. plaisant.* A cause de l'écartement qui sépare les ailes les unes des autres. Marcher écarquillés ainsi que des volants, MOL. *Éc. des m.* I, 1.

|| **3°** Masse pesante animée d'un mouvement de rotation, qui régularise le mouvement d'une force motrice.

|| **4°** Bande d'étoffe plissée, froncée, etc., qui sert de garniture à une jupe, à un mantelet, à un fichu, et n'est arrêtée que par le haut.

VOLATIL, ILE [vò-la-til] *adj.*

[ÉTYM. Emprunté du lat. volatilis, qui vole. (*Cf.* volatile et volaille.) || XVe-XVI° s. Vif argent, Cil qu'est volatil et vulgal, *Nat. à l'alchim. err.* 28.]

|| (T. didact.) Qui s'évapore aisément (en parlant d'une substance solide ou liquide). Le camphre est —. L'alcali — (ammoniaque).

VOLATILE [vò-là-til] *s. m.*

[ÉTYM. Pour volatille, par confusion avec volatil (*cf.* volaille), §§ 502 et 503.]

|| *Famil.* Oiseau. Cet animal est du genre des volatiles.

VOLATILISATION [vò-là-ti-li-zà-syon; *en vers,* -si-on] *s. f.*

[ÉTYM. Dérivé de volatiliser, § 247. || Admis ACAD. 1762.]

|| (T. didact.) Action que subit un corps qu'on volatilise ou qui se volatilise.

VOLATILISER [vò-là-ti-li-zé] *v. tr.*

[ÉTYM. Dérivé de volatil, § 267. || 1611. COTGR. Admis ACAD. 1762.]

|| (T. didact.) Faire évaporer (une substance solide ou liquide). (*Syn.* vaporiser.)

VOLATILITÉ [vò-là-ti-li-té] *s. f.*

[ÉTYM. Dérivé de volatil, § 255. || 1641. Son inconstante volatilité, E. DE CLAVE, *Principes de nature*, dans DELB. *Rec.* Admis ACAD. 1762.]

|| (T. didact.) Propriété de ce qui est volatil. || *P. ext. Vieilli.* Propriété de ce qui prend une expansion subite. La — de la lumière.

VOLATILLE [vò-là-tïy] et **VOLATILE** [vò-là-til] *s. f.*

[ÉTYM. Forme à demi savante empruntée du lat. volatilia. (*Cf.* volaille.) || XII° s. La volatille del ciel, *Psaut. d'Oxf.* XLIX, 12.]

|| **1°** *Vieilli.* Ensemble des oiseaux (des animaux qui volent). Il est comme la volatille Toujours en l'air, BENSER. *Rondeaux*, p. 247.

|| **2°** *Spécialt.* Ensemble des oiseaux destinés à la table. Il ne leur donna à dîner que de la volatille, ACAD.

|| **3°** Oiseaux en général (par opposition aux animaux qui ne volent pas). Tantôt humains, puis volatilles, Ayant dans les airs leurs familles, LA F. *Fab.* XII, 12. || *Spécialt.* Oiseau domestique. La volatille échappe à sa tremblante main, LA F. *Phil. et Baucis.* La volatile malheureuse, ID. *Fab.* IX, 2.

VOL-AU-VENT [vò-lô-van] *s. m.*

[ÉTYM. Pour vole-au-vent, composé de vole (du verbe voler 1), au et vent, § 209. || *Néolog.* Admis ACAD. 1835.]

|| (Cuisine.) Pâtisserie feuilletée contenant de la viande délicate, du poisson, etc.

VOLCAN [vòl-kan] *s. m.*

[ÉTYM. Emprunté de l'ital. volcano, m. s. nom propre (Vulcain) pris comme nom commun, §§ 12 et 36. (*Cf.* vulcaniser.) || 1690. FURET. Admis ACAD. 1718.]

|| (T. didact.) Gouffre souterrain, placé d'ordinaire dans les flancs d'une montagne, qui lance, par une ouverture nommée cratère, des flammes, de la fumée, des cendres et des matières en fusion. Éruption d'un —. (*V.* lave.) — éteint, qui n'est plus en activité. || *Fig.* Être sur un —, dans une situation politique où une révolution est imminente. C'est un —, en parlant d'un homme d'un caractère impétueux.

VOLCANIQUE [vòl-kà-nïk'] *adj.*

[ÉTYM. Dérivé de volcan, § 229. || XVIII° s. Matières volcaniques, BUFF. *Matières volcaniques.* Admis ACAD. 1835.]

|| (T. didact.) Qui appartient aux volcans. Matières volcaniques (provenant des corps en fusion que renfermait un volcan).

VOLCANISÉ, ÉE [vòl-kà-ni-zé] *adj.*

[ÉTYM. Dérivé de volcan, § 267. || *Néolog.* Admis ACAD. 1835.]

|| (T. didact.) Qui a subi une action volcanique.

VOLE [vòl] *s. f.*

[ÉTYM. Paraît être le subst. verbal de voler 1, § 52. Souvent altéré en volte (RICHEL. 1680). || 1642. OUD.]

|| (T. de jeu de cartes.) Coup où l'on fait toutes les levées. Faire la —.

VOLÉE [vò-lé] *s. f.*

[ÉTYM. Subst. particip. de voler 1, § 45. || XIIe-XIII° s. Ne puet faire haute volee Oisiaus ki a une ele vole, RENCL. DE MOILIENS, *Miserere*, XXVIII, 11.]

1. || **1°** Essor de l'oiseau depuis le moment où il prend son vol jusqu'au moment où il se pose. Donner la — à un oiseau. Prendre sa —. Franchir un espace tout d'une —. | *Fig.* Élévation plus ou moins grande d'esprit, de condition, etc. Une personne de votre —. Des personnes de même —. Des gens de haute —, de première —.

|| **2°** *P. ext.* Troupe d'oiseaux qui volent ensemble. Une — de perdrix. | *Fig.* Quelquefois de fâcheux arrivent trois volées, BOIL. *Ép.* 6.

II. *P. anal.* Mouvement d'un projectile depuis le moment où il est lancé jusqu'au moment où il touche le sol (par opposition à bond, mouvement du projectile qui rebondit après avoir touché la terre). La — d'une balle de paume, d'un boulet de canon. *P. ext.* — d'un canon, partie de la pièce comprise entre la bouche et les tourillons. | Attraper une balle de paume à la —, entre bond et —, de bond ou de —. Le canon ne pouvait incommoder les ennemis de —, mais seulement de bonds, ST-SIM. XII, 136. *Fig.* A la —, sans prendre le temps de la réflexion. Ne rien faire, comme on dit, à la —, MOL. *Am. méd.* II, 5. Entre bond et —, en saisissant une conjoncture favorable. De bond ou de —, de quelque façon que ce soit. Soit de bond ou de —, pourvu que nous prenions la ville de gloire (le séjour de la béatitude), PASC. *Prov.* 9. Tirer (le canon) à toute —, sous le plus grand angle et avec la plus forte charge. Une — de canon, décharge d'un ou de plusieurs canons. Une des premières volées du canon moscovite emporta les deux chevaux du brancard, VOLT. *Ch. XII,* 4. *P. anal.* Donner, recevoir une — de coups de bâton, et, *ellipt*, Recevoir une —. || Oscillation complète d'une cloche mise en branle. Sonner plusieurs volées. Sonner à toute —, en donnant à l'oscillation de la cloche toute son amplitude. | Tour complet que décrivent les ailes d'un moulin à vent. | Retombée d'un marteau de forge. Une pièce de fer qui avait reçu quatre volées de coups de marteau, BUFF. *Minér.* introd. || Bancs de —, qui se détachent d'eux-mêmes dans une mine quand on a sapé la couche qui est au-dessous. | Semer à la —, en prenant une poignée de graines qu'on lance avec la main. | *Fig. Vieilli.* Juger une affaire à — de bonnet, par un simple mouvement de la tête, sans délibérer. || **Chevaux de —.** | **1.** Ceux qui, dans un attelage à quatre, courent en avant, attelés simplement à une pièce de bois transversale attachée au bout du timon. *P. ext.* **—**, cette pièce de bois. | **2.** Chevaux attelés, de chaque côté du timon, à une pièce de bois transversale (par opposition au cheval attelé seul entre deux brancards).

1. VOLER [vŏ-lé] *v. intr.*

[ÉTYM. Du lat. vŏlăre, §§ 347, 295 et 291.]

|| Se soutenir et se mouvoir dans l'air au moyen d'ailes (comme les oiseaux, la plupart des insectes) ou d'appareils analogues (comme les chauves-souris, les poissons volants). **Ne volez plus de place en place,** LA F. *Fab.* I, 8. *P. anal.* **Ce char semblait — sur la face des eaux paisibles,** FÉN. *Tél.* 4. **Dieu que la lumière environne, Qui voles sur l'aile des vents,** RAC. *Esth.* I, 5. | *Vieilli.* **Tirer un oiseau en volant,** pendant qu'il vole. **La belle proie A tirer en volant!** MOL. *Ét.* I, 5. *Fig.* **C'était une folie de prétendre attraper vos lettres en volant** (au passage), SÉV. 808. *Transitivt.* (Fauconn.) **— le héron, la perdrix,** etc., les poursuivre (en parlant de l'oiseau de proie dressé à la chasse, ou de ceux qui s'en servent). || *Fig.* | **1.** Aller d'objet en objet, comme le papillon. **Je suis chose légère et vole à tout sujet,** LA F. *Poés.* 69. | **2.** S'élever à un certain niveau moral. **Pourquoi ils (les hommes) ne peuvent — plus haut,** PASC. *Pens.* XXV, 99 *bis.* || *P. anal.* | **1.** Courir avec une extrême rapidité. **Faire — un char sur le rivage,** RAC. *Phèd.* I, 1. **Va, cours, vole,** CORN. *Cid,* I, 8. **Comme il vole ou à la victoire ou à la mort,** BOSS. *Condé. P. anal.* **La renommée la fait —** (la nouvelle) **de bouche en bouche,** FÉN. *Tél.* 8. **Le temps vole,** RAC. *Esth.* I, 3. | **2.** Être lancé avec une extrême rapidité. **Les traits volent de tous côtés. Hippolyte Voit — en éclats tout son char fracassé,** RAC. *Phèd.* V, 6. **Faire — la tête de qqn** (en l'abattant d'un coup). | **3.** *Poét.* Aller en obéissant à une impulsion très rapide. **Mon cœur pour le chercher volait loin devant moi,** RAC. *Iph.* II, 3. **Je vois — partout les cœurs à mon passage!** ID. *Brit.* IV, 3. **Et mon cœur tout entier vole à votre secours,** CORN. *Hér.* I, 4.

2. VOLER [vŏ-lé] *v. tr.*

[ÉTYM. La date récente à laquelle **voler** apparaît avec le sens de « s'approprier par ruse ou par force » ne permet pas de supposer que le lat. volare se soit employé à la place de involare. (*Cf.* **embler.**) Il est probable que voler 2 est originairement le même mot que voler 1, et que c'est la locution de fauconnerie **voler** le héron, la perdrix, etc., qui a amené la scission. || 1549. R. EST.]

|| S'approprier par ruse ou par force ce qu'on sait être la propriété d'autrui. **— qqch à qqn.** *Loc. prov.* **Bien volé ne profite pas. Restituer un objet volé.** *Absolt.* **— sur les grands chemins. — sur l'autel** (les vases sacrés), et, *fig.* n'avoir rien de sacré. *Ironiqt. Loc. prov.* **Il ne l'a pas volé,** il n'a que ce qu'il mérite. || *P. ext.* **— qqn,** s'approprier ce qu'on sait lui appartenir. **Que j'aurais de joie à le —!** MOL. *Av.* I, 3. *P. plaisant. Famil.* **Je suis volé,** frustré dans mon attente. || *Fig.* **— à qqn sa femme. Et, si quelque insolent lui volait sa conquête,** RAC. *Iph.* I, 3. **C'est un titre qu'en vain il prétend me —,** ID. *ibid.* V, 2. **— à un auteur ses idées, ses expressions. — un auteur.**

VOLEREAU [vŏl-ró; *en vers,* vŏ-le-ró] *s. m.*

[ÉTYM. Dérivé de voleur, §§ 63 et 128. || XVIIᵉ s. *V.* à l'article. Admis ACAD. 1798.]

|| Petit voleur. **Mal prend aux volereaux de faire les voleurs,** LA F. *Fab.* II, 16.

1. VOLERIE [vŏl-rî; *en vers,* vŏ-le-ri] *s. f.*

[ÉTYM. Dérivé de voler 1, § 69. || XIVᵉ-XVᵉ s. **Mainte beste sauvage Vy la passer et mainte volerie,** EUST. DESCH. II, p. 207.]

|| (Fauconn.) Chasse qu'on fait avec des oiseaux de proie, dressés à poursuivre le gibier. **Haute, basse —,** chasse avec des oiseaux de haut vol, de bas vol.

2. VOLERIE [vŏl-rî; *en vers,* vŏ-le-ri] *s. f.*

[ÉTYM. Dérivé de voler 2, § 69. || 1549. R. EST.]

|| *Famil.* Vol, suite de vols commis par qqn. **C'est une —. Vous souvient-il de cette —?** SÉV. 260.

VOLET [vŏ-lè] *s. m.*

[ÉTYM. Dérivé de voler 1, § 133. || XIIIᵉ-XIVᵉ s. **Des sains corporaus des yglises Faisoient volez et chemises,** G. GUIART, *Roy. lign.* mss franç. Bibl. nat. 5698, fᵒ 17.]

I. *Vieilli.* Chose qui flotte au gré du vent. (*Cf.* **bavolet** et **volette.**) **Leur visage couvert d'un — si délié qu'elles pouvaient bien voir parmi,** MATH. D'ESCOUCHY, *Chron.* II, p. 228,

de Beaucourt. || *P. anal.* | **1.** Carton garni d'une étoffe précieuse qui couvre le calice sous le voile. | **2.** Sorte de sas. (*Cf.* **volette.**) **Triés comme beaux pois sur le —,** RAB. III, 30. *Fig.* **Trié sur le —,** de premier choix. | **3.** Gaule pliante sur laquelle les pêcheurs montent le filet de la truble. | **4.** Boussole volante (portative) qui n'est point suspendue comme sur un navire. | **5.** Aileron d'une roue de moulin à eau.

II. *P. ext.* Panneau de bois plein qui, placé à l'intérieur ou à l'extérieur, peut se refermer sur la fenêtre. (*Cf.* **contrevent.**) **Ouvrir, fermer les volets. — de parement,** d'une seule pièce. **— de brisure,** qui peut se plier et se doubler dans le sens de la hauteur. || *Vieilli.* Petit ais servant à fermer l'ouverture d'une volière à pigeons, et, *p. ext.* la volière elle-même.

VOLETER [vŏl-té; *en vers,* vŏ-le-té] *v. intr.*

[ÉTYM. Dérivé de voler 1, § 167. (*Cf.* le lat. volitare, *m. s.*) || XIIᵉ s. **Li aigles purvocanz a voler ses pulcins e sur els voletanz,** *Psaut. de Cambridge,* p. 274.]

|| S'essayer à voler. **Les petits… Voletants, se culebutants,** LA F. *Fab.* IV, 22.

***VOLETTE** [vŏ-lèt'] *s. f.*

[ÉTYM. Dérivé de voler 1, § 133. || 1680. RICHEL.]

|| (Technol.) || **I.** Frange de cordelettes bordant le réseau dont on couvre quelquefois le cheval en été, et qui chasse les mouches quand il la secoue.

II. Petite claie sur laquelle on épluche la laine. (*Cf.* **volet 1.**)

VOLEUR, EUSE [vŏ-leùr, -leùz'] *s. m.* et *f.*

[ÉTYM. Dérivé de voler 2, § 112. || 1549. R. EST.]

|| Celui, celle qui pratique le vol. **— de grands chemins. — de nuit,** qui vole la nuit. **Au —!** cri pour appeler au secours contre un voleur. **Venir comme un —,** sans qu'on s'en aperçoive. **Être fait comme un —,** avoir ses vêtements en désordre. || *Famil.* Marchand, ouvrier qui surfait.

VOLIÈRE [vŏ-lyèr] *s. f.*

[ÉTYM. Dérivé de voler 1, § 115. || XIVᵉ-XVᵉ s. **Par ces quatre liens Ou par les deux est Brie en sa voliere,** EUST. DESCH. V, p. 85.]

|| Espèce de grande cage où l'on nourrit des oiseaux d'agrément. || Lieu où l'on nourrit des pigeons domestiques. **Pigeons de —.**

VOLIGE [vŏ-lij'] *s. f.*

[ÉTYM. Semble être pour voliche, forme normanno-picarde de volice, dérivé de voler 1, §§ 16 et 82. Le mot est un adj. pris substantivt, § 38. || 1690. **Les lattes pour l'ardoise… s'appellent lattes volices,** FURET. latte. | 1762. **Volige,** ACAD.]

|| (Technol.) || **1ᵒ** Latte, plus large que la latte ordinaire, qui porte les ardoises d'un toit.

|| **2ᵒ** Planche mince de bois blanc. (*Cf.* **volille.**)

***VOLILLE** [vŏ-lïy'] *s. f.*

[ÉTYM. *V.* **volaille** et *cf.* **volige.**]

|| *Vieilli.* (Technol.) Planche mince de bois blanc. *P. appos.* **Lattes volilles,** *Tarif de 1680,* dans LITTRÉ.

VOLITION [vŏ-li-syon; *en vers,* -si-on] *s. f.*

[ÉTYM. Dérivé du radical vol, qui se trouve dans le lat. volo, je veux, voluntas, volonté, etc. § 247. || XVIᵉ s. **Nolitions, volitions Qui ne valent pas deux oignons,** dans DELB. *Rec.* Admis ACAD. 1762.]

|| (T. didact.) Acte de volonté.

VOLONTAIRE [vŏ-lon-tèr] *adj.*

[ÉTYM. Emprunté du lat. voluntarius, *m. s.* (*Cf.* le doublet de formation pop. **volontiers.**) || XIVᵉ s. **Œuvres volentaires,** ORESME, *Éth.* V, 10, dans LITTRÉ.]

|| **1ᵒ** Qui vient de la volonté. **Acte, mouvement —. Cet aveu si honteux, le crois-tu —?** RAC. *Phèd.* II, 5.

|| **2ᵒ** Qui agit par sa volonté. **D'une lâche indolence esclave —,** BOIL. *Ép.* 11. *Spécialt.* Qui sert, qui s'engage sous les drapeaux, sans être obligé au service militaire. **Un engagé —,** et, *ellipt,* **Un —.** || *P. ext.* Qui ne veut faire que sa volonté. **Un enfant très —.**

VOLONTAIREMENT [vŏ-lon-tèr-man; *en vers,* -tère-…] *adv.*

[ÉTYM. Composé de volontaire et ment, § 724. || XIVᵉ s. ORESME, *Éth.* III, 1.]

|| D'une manière volontaire. **Aller — à la mort.**

VOLONTARIAT [vŏ-lon-tà-ryà; *en vers,* -ri-à] *s. m.*

[ÉTYM. Dérivé de volontaire, § 254. || *Néolog.* Admis ACAD. 1878.]

|| (T. milit.) État d'un engagé volontaire. *Spéciall.* Engagement d'un an contracté dans certaines conditions. Le — a été supprimé en France depuis peu.

VOLONTÉ [vò-lon-té] *s. f.*

[ÉTYM. Du lat. voluntatem, *m. s.* devenu voulonté, §§ 347, 348, 295, 402 et 291, puis, par réaction étymologique, volonté, § 503.]

|| **1°** Pouvoir de se déterminer à faire ou ne pas faire qqch. La — nous détermine, Non l'objet ni l'instinct, LA F. *Fab.* IX, 20, *Disc. à Mme de la Sablière.* — libre, pouvoir de se déterminer sans y être contraint par une force étrangère. Si vous ne voulez pas ce qu'il faut, votre — n'est pas réglée, BOSS. *Ambition,* 1. Il n'y a point de véritable — sans liberté, J.-J. ROUSS. *Ém.* 4. Les volontés sont libres, locution familière par laquelle qqn réclame le droit de faire ce qu'il lui plaît.

|| **2°** Énergie plus ou moins grande avec laquelle on exerce ce pouvoir. Une — énergique, débile, ferme, chancelante. Avoir beaucoup de —, et, *absolt,* Avoir de la —. Nous avons plus de force que de —, LA ROCHEF. *Max.* 30. Demi- —, volonté faible.

|| **3°** Intention déterminée de faire ou de faire faire qqch. Faire sa —. Telle est ma —. Ma — est que cela soit fait. Se conformer à la —, aux volontés de qqn. Le faible des grands politiques est leurs volontés chancelantes, BOSS. *A. de Gonz.* Un roi n'a d'autre frein que sa — même, RAC. *Ath.* IV, 3. La — du Ciel soit faite en toute chose! MOL. *Tart.* III, 7. Lire en un songe obscur les volontés des Cieux, RAC. *Esth.* II, 1. Les dernières volontés de qqn, ce qu'il veut qu'on fasse après sa mort. Acte de dernière —, testament. | N'en faire qu'à sa —, faire toutes ses volontés, ne vouloir écouter personne. Gagner les volontés, disposer les gens en sa faveur. Et je ne puis toucher les volontés d'un homme, CORN. *Méd.* III, 3. | Bonne —, intention de bien faire. *Loc. bibl.* Paix sur la terre aux hommes de bonne —. *Spéciall.* Bonne —, intention de se prêter, de travailler à qqch. Mauvaise —, intention contraire. Faire qqch de bonne, de mauvaise —. Être rempli de bonne —. Cet enfant a bonne —. Demander des hommes de bonne —, des hommes prêts à affronter le danger, la fatigue. || *Loc. adv.* A —. | 1. Quand il semble bon. Un billet payable à —, qu'on peut se faire payer quand on le juge à propos. Voiture à —, voiture qu'on peut louer quand on en a besoin. | 2. Comme il semble bon. Une pièce d'eau qu'on peut vider ou remplir à —. Arme à —, commandement à des soldats de porter l'arme comme il leur sera le plus commode.

VOLONTIERS [vò-lon-tyé] *adv.*

[ÉTYM. Du lat. voluntarie, *m. s.* devenu probablement *voluntaries de très bonne heure (par addition de l's dite adverbiale), d'où l'anc. franç. voulontiers, voulentiers, prononcé plus récemment volontiers par réaction étymologique, §§ 503 et 726.]

|| De bon gré. | 1. En parlant de ce que qqn nous invite à faire. Je le priai de me l'expliquer. Très —, dit-il, PASC. *Prov.* 4. | 2. En parlant de ce qu'une personne est portée à faire. — gens boiteux haïssent le logis, LA F. *Fab.* X, 2.

VOLTE [vòlt'] *s. f.*

[ÉTYM. Emprunté de l'ital. volta, *m. s.* doublet de voûte, § 12. (*Cf.* volte-face, virevolte, révolte.) || XVI° s. Tous deux dançans la volte, RONS. I, p. 252.]

|| **1°** Mouvement en cercle que le cavalier fait exécuter au cheval. Demi-—, demi-rond que fait le cheval. Serrer, élargir la —, rétrécir, élargir le cercle. — renversée, où le cheval a la tête tournée vers le centre de la volte.

|| **2°** Danse (ancienne) où le danseur fait tourner la dame plusieurs fois.

|| **3°** (Marine.) Action de virer pour changer de route.

|| **4°** (Escrime.) Action de changer de place pour éviter l'épée de l'adversaire. *Fig.* Mettre qqn sur ses voltes, l'engager à prendre ses précautions.

VOLTE-FACE [vòl-te-fàs'] *s. f.*

[ÉTYM. Emprunté de l'ital. volta faccia, *m. s.* proprt, « tourne visage », § 12. Qqns le font masc. || 1680. RICHEL. Admis ACAD. 1798.]

|| Action de se retourner de manière à faire face. L'ennemi fit —. | *Fig.* Une —, brusque changement d'opinion. Des — continuelles.

VOLTER [vòl-té] *v. intr.*

[ÉTYM. Dérivé de volte, § 154, d'après l'ital. voltare, *m. s.*

§ 12. || XVI° s. Volter soubz la zone torride, RAB. III, 51. Admis ACAD. 1762.]

|| **1°** (Manège.) Faire — un cheval, lui faire faire des voltes, des mouvements en cercle.

|| **2°** (Marine.) Virer de bord pour changer de route.

|| **3°** (Escrime.) Changer de place pour éviter l'épée de l'adversaire. *Fig.* Faire — qqn, lui faire faire des pas, des démarches.

VOLTIGE [vòl-tij'] *s. f.*

[ÉTYM. Subst. verbal de voltiger, § 52. || 1544. Voltiges et courses qu'il fist sur la terre des ennemys, MATHÉE, *Hist. de Theodorite,* dans DELB. *Rec.* Admis ACAD. 1835.]

|| (Technol.) Exercices gymnastiques pour s'accoutumer à sauter sans étriers sur un cheval, au pas, au trot, au galop. || Exercice, danse sur la corde lâche.

***VOLTIGEANT, ANTE** [vòl-ti-jan, -jänt'] *adj.*

[ÉTYM. Adj. particip. de voltiger, § 47. || XVII° s. *V.* à l'article.]

|| *Vieilli.* Qui voltige. Ces petites images voltigeantes, DESC. *Dioptr.* 1. Mousseline plissée, légère et voltigeante, ST-SIM. II, 300.

VOLTIGEMENT [vòl-tij'-man ; en vers, -ti-je-...] *s. m.*

[ÉTYM. Dérivé de voltiger, § 145. || XVI° s. Lycaon... est tenu en honneur pour avoir inventé le voltigement, DU PINET, *Hist. nat. de Pline,* dans DELB. *Rec.* Admis ACAD. 1762.]

|| (Technol.) Action de voltiger.

VOLTIGER [vòl-ti-jé] *v. intr.*

[ÉTYM. Emprunté de l'ital. volteggiare, faire de la voltige, de voltare, tourner, § 12. Le sens II s'est développé sous l'influence de voler, voleter. || XVI° s. Montoit sur un cheval barbe, le faisoit voltiger en l'air, RAB. I, 23.]

I. (Technol.) Faire de la voltige.

II. *P. ext.* Voler çà et là. Un papillon, un oiseau qui voltige. | *P. anal.* Les ombres légères qui voltigent autour de lui, FÉN. *Tél.* 18. | *P. ext.* Les cavaliers voltigeaient sur les flancs de l'armée, se portaient rapidement de côté et d'autre. | *Fig.* Ses cheveux voltigeaient au gré du vent. (L'homme) Voltige incessamment de pensée en pensée, BOIL. *Sat.* 8. — de belle en belle, être volage.

VOLTIGEUR, *VOLTIGEUSE [vòl-ti-jeür, -jeüz'] *s. m. et f.*

[ÉTYM. Dérivé de voltiger, § 112. || XVI° s. Le voltigeur de Ferrare, RAB. I, 23.]

I. (Technol.) Celui, celle qui fait de la voltige.

II. (T. milit.) Soldat d'une compagnie d'élite (créée par Napoléon Ier) qui, dans chaque bataillon, était destinée à se porter rapidement de côté et d'autre.

VOLUBILE [vò-lu-bil] *adj.*

[ÉTYM. Emprunté du lat. volubilis, *m. s.* (*Cf.* l'anc. franç. voluble et volubilis.) || XV°-XVI° s. Par la mer volubile, O. DE ST-GELAIS, *Énéide,* dans GODEF. Admis ACAD. 1878.]

|| (Botan.) Dont la tige grêle et flexible s'enroule autour d'un support. Le liseron est — de droite à gauche, et le houblon de gauche à droite.

VOLUBILIS [vò-lu-bi-lis'] *s. m.*

[ÉTYM. Emprunté du lat. des botanistes volubilis, *m. s.* (*Cf.* volubile.) || 1680. RICHEL. Admis ACAD. 1878.]

|| (Botan.) Nom scientifique du liseron.

VOLUBILITÉ [vò-lu-bi-li-té] *s. f.*

[ÉTYM. Emprunté du lat. volubilitas, *m. s.* || XV°-XVI° s. La volubilité per cas humains, CL. DE SEYSSEL, *Succ. d'Alex.* dans DELB. *Rec.*]

|| (T. didact.) || **1°** *Vieilli.* Facilité à tourner. *Fig.* Mobilité. Rien n'arrête la — de notre esprit, PASC. *Pens.* XXIV, 34.

|| **2°** *P. ext.* Facilité et rapidité extrême de parole. Les paroles ne lui coûtaient rien; quelle — de langue! LES. *Gil Blas,* III, 10.

VOLUME [vò-lum'] *s. m.*

[ÉTYM. Emprunté du lat. volumen, *m. s.* || XIII° s. Elchles bailla le volume a Saphram, *Bible,* mss franç. Bibl. nat. 899, dans GODEF. *Compl.*]

I. || **1°** (Antiq.) Réunion de feuilles manuscrites roulées autour d'un bâtonnet.

|| **2°** *P. ext.* Réunion d'un certain nombre de cahiers manuscrits ou imprimés, brochés ou reliés ensemble. Un ouvrage en dix volumes. Relier deux tomes en un —. Un — in-folio, in-quarto, in-octavo, etc. | *Fig.* Écrire des volumes, écrire beaucoup.

II. Développement d'un corps dans l'espace. Cette fontaine débite un — d'eau considérable. | *P. ext.* Le — de la

voix. | (Géom.) Portion de l'espace qu'occupe un corps. Le — de la sphère a pour mesure le produit de sa surface par le tiers du rayon.

VOLUMINEUX. EUSE [vò-lu-mi-neû, -neûz'] *adj.*
[ÉTYM. Dérivé de volume, à l'imitation du lat. voluminosus, dont le sens est un peu différent, § 251. || 1739. Un livre si volumineux, BRUZEN DE LA MARTINIÈRE, dans *Observ. sur les écrits mod.* XVIII, p. 27. Admis ACAD. 1762.]
|| (T. didact.) Qui a un volume considérable, qui occupe un grand espace.

VOLUPTÉ [vò-lŭp'-té] *s. f.*
[ÉTYM. Emprunté du lat. voluptas, *m. s.* || XIVᵉ-XVᵉ s. Les superflues voluptés, CHR. DE PISAN, *Ch. V*, 13.]
|| Plaisir des sens qui donne une vive jouissance. —, qui fus jadis maîtresse Du plus bel esprit de la Grèce! LA F. *Psyché*, 2. Que voulez-vous de moi, flatteuses voluptés? CORN. *Poly.* IV, 2. S'amollir dans les voluptés.

VOLUPTUAIRE [vò-lŭp'-tuèr ; *en vers*, -tu-èr] *adj.*
[ÉTYM. Emprunté du bas lat. voluptuarius, *m. s.* § 248. (*Cf.* l'anc. franç. voluptaire.) || Admis ACAD. 1835.]
|| (Droit.) Qui est pour le plaisir, non pour l'utilité. Rembourser à l'acquéreur toutes les dépenses, même voluptuaires ou d'agrément, que celui-ci aura faites, *Code civil*, art. 1635.

VOLUPTUEUSEMENT [vò-lŭp'-tueûz'-man ; *en vers*, -tu-eú-ze-...] *adv.*
[ÉTYM. Dérivé de voluptueuse et ment, § 724. || 1549. R. EST. Admis ACAD. 1718.]
|| D'une manière voluptueuse.

VOLUPTUEUX, EUSE [vò-lŭp'-tucû, -tueûz' ; *en vers*, -tu-...] *adj.*
[ÉTYM. Emprunté du lat. voluptuosus, *m. s.* || XIVᵉ s. Vie voluptueuse, PII. DE VITRY, dans *Hist. littér. de la France*, XXIV, p. 715.]
|| 1° Qui donne de la volupté. Des sensations voluptueuses. || *P. ext.* Qui exprime la volupté. Des peintures voluptueuses. Une langueur voluptueuse.
|| 2° Adonné aux voluptés. Une personne voluptueuse. Une vie voluptueuse. *Substantivt.* Othon, Sénécion, jeunes —, RAC. *Brit.* IV, 2.

VOLUTE [vò-lut'] *s. f.*
[ÉTYM. Emprunté de l'ital. voluta, lat. voluta, *m. s.* § 12. || 1545. Caulicules en volutes, VAN AELST, *Vitruve*, dans DELB. *Rec.*]
|| (T. didact.) Ornement en spirale d'un chapiteau de colonne (surtout dans l'ordre ionique), d'une console, d'un modillon, etc. || *P. ext.* Partie ronde à l'extrémité d'en bas d'un limon d'escalier, qui supporte le pilastre de la rampe. || *P. anal.* Coquille univalve à spire.

***VOLVOCE** [vòl-vòs'] *s. m.*
[ÉTYM. Emprunté du lat. volvox, de volvere, tourner, nom que donne PLINE à la chenille enrouleuse. || 1812. MOZIN, *Dict. franç.-allem.*]
|| (Hist. nat.) Animalcule (infusoire) qui se forme par agglomération de petits globules dans les eaux marécageuses. Les guerres du — Avec le vibrion, V. HUGO, *Châtim.* III, 5.

1. VOMIQUE [vò-mĭk'] *adj.*
[ÉTYM. Emprunté du lat. du moyen âge vomica (nux), *m. s.* de vomicus, adj. qui ne se trouve dans les auteurs classiques que dans l'expression vomicus morbus, synonyme de vomica, vomique. || XIIIᵉ s. Noix vomite (corr. vomice), *Simples medicines*, fᵒ 53, rᵒ.]
|| (Pharm.) Noix —, baie vénéneuse d'un arbrisseau de l'Inde.

2. VOMIQUE [vò-mĭk'] *s. f.*
[ÉTYM. Emprunté du lat. vomica, *m. s.* || 1611. COTGR. Admis ACAD. 1718.]
|| (Médec.) Amas de matière purulente qui se forme dans le poumon (chez les phtisiques) et est rejeté par une sorte de vomissement.

VOMIQUIER [vò-mi-kyé] *s. m.*
[ÉTYM. Dérivé de vomique 1, § 115. || 1812. MOZIN, *Dict. franç.-allem.* Admis ACAD. 1878.]
|| (Botan.) Arbrisseau de l'Inde dont le fruit (noix vomique) est une baie globuleuse grisâtre, à pellicule nacrée, qui a des propriétés vénéneuses.

VOMIR [vò-mîr] *v. tr.*
[ÉTYM. Du lat. pop. *vomire (class. vomere, § 629), *m. s.* §§ 347 et 291.]
|| 1° Rejeter convulsivement par la bouche (les matiè-

res solides et liquides contenues dans l'estomac). — son dîner. *Absolt.* Avoir envie de —. Cela est à faire —, cela est dégoûtant. || *P. ext.* — du sang, de la bile.
|| 2° *Fig.* Pousser hors de soi (qqch de mauvais). Le mont Etna cessa de — des tourbillons de flamme, FÉN. *Tél.* 2. L'onde... vomit à nos yeux, Parmi des flots d'écume, un monstre furieux, RAC. *Phèd.* V, 6. Lorsque... L'Aulide aura vomi leur flotte criminelle, ID. *Iph.* V, 4. — des injures, des menaces contre qqn. Des blasphèmes Qu'ils ont vomis tous deux contre Jupiter même, CORN. *Poly.* III, 2. | *P. hyperb.* Dans un sens analogue. — feu et flamme contre qqn.

VOMISSEMENT [vò-mîs'-man ; *en vers*, -mi-se-...] *s. m.*
[ÉTYM. Dérivé de vomir, § 145. || XIIIᵉ s. Li mastins qui gloutement Retourne a son vomissement, J. DE MEUNG, *Rose*, 12171.]
|| 1° Action de vomir. Provoquer le —. Avoir des vomissements. || *P. ext.* — de sang, de bile.
|| 2° Matières vomies. *Fig.* (T. biblique.) Retourner à son — (comme le chien), à ses anciens désordres.

VOMITIF, IVE [vò-mi-tif', -tîv'] *adj.*
[ÉTYM. Dérivé du lat. vomitum, supin de vomere, vomir, § 257. || XIVᵉ s. Medicine vomitive, *Somme Mᵉ Gautier*, mss franç. Bibl. nat. 1288, fᵒ 95, rᵒ.]
|| (T. didact.) Qui provoque le vomissement. (*Cf.* vomitoire.) Une substance vomitive, et, *substantivt, au masc.* Un —, substance qui a la propriété de provoquer le vomissement.

1. VOMITOIRE [vò-mi-twâr] *adj.*
[ÉTYM. Emprunté du lat. vomitorius, *m. s.* || 1555. Noix vomitoire, B. ANEAU, dans DELB. *Rec.*]
|| *Vieilli.* (T. didact.) Vomitif. *Substantivt.* Un —.

2. VOMITOIRE [vò-mi-twâr] *s. m.*
[ÉTYM. Emprunté du lat. vomitorium, *m. s.* || Admis ACAD. 1718.]
|| (Antiq. rom.) Large issue donnant passage aux spectateurs, dans l'amphithéâtre destiné aux jeux.

***VOMITURITION** [vò-mi-tu-ri-syon ; *en vers*, -si-on] *s. f.*
[ÉTYM. Dérivé du lat. vomitus, vomissement, d'après le modèle de parturitio, effort pour accoucher, par rapport à partus, accouchement, § 247. || *Néolog.*]
|| (Médec.) || 1° Nausée répétée où l'on vomit sans spasme une petite quantité de matière.
|| 2° Nausée où les matières remontent dans l'estomac sans être rejetées.

VORACE [vò-ràs'] *adj.*
[ÉTYM. Emprunté du lat. vorax, acis, *m. s.* || 1611. COTGR.]
|| Qui mange avec avidité.

VORACITÉ [vò-rà-si-té] *s. f.*
[ÉTYM. Emprunté du lat. voracitas, *m. s.* || XIVᵉ s. Quel que soit sa voracité, *Traité d'alch.* 177, dans LITTRÉ.]
|| Avidité à manger.

VOS [vò ; *en liaison*, vóz'] plur. de votre.

VOTANT, *VOTANTE [vò-tan, -tânt'] *adj.*
[ÉTYM. Adj. particip. de voter, § 47.] Admis ACAD. 1798.]
|| Qui vote. Les électeurs votants, les électrices votantes, et, *substantivt*, Les votants, les votantes.

VOTATION [vò-tà-syon ; *en vers*, -si-on] *s. f.*
[ÉTYM. Dérivé de voter, § 257. || Admis ACAD. 1762.]
|| Action de voter. La — par ordres, par tête.

VOTE [vòt'] *s. m.*
[ÉTYM. Emprunté de l'angl. vote, *m. s.* lat. votum, vœu, § 8. A distinguer de l'anc. franç. vote, vœu, tiré directement du lat. votum. || Admis ACAD. 1798.]
|| Dans une assemblée, une réunion où les décisions doivent être prises suivant l'avis de la majorité, acte par lequel chaque membre concourt à la décision à prendre en déposant un bulletin, une boule, etc., indiquant qu'il adopte ou rejette telle mesure. Le droit de —. Bulletin de —. Le — universel, où tous les citoyens sont appelés à exercer le droit de vote. Double —, privilège qu'avaient les électeurs des grands collèges de voter aussi dans les petits. (*Syn.* suffrage.)

VOTER [vò-té] *v. intr.*
[ÉTYM. Emprunté de l'ital. votare (comme terme religieux) et de l'angl. to vote (comme terme politique), qui tous les deux dérivent du lat. du moyen âge votum, proprt, vœu, §§ 8 et 12. || Admis ACAD. 1718.]
|| Concourir par son vote à une décision à prendre. — au scrutin secret, par assis et levé. — pour le service obligatoire. — pour l'élection d'un député, et, *ellipt*, — pour qqn,

pour son élection. || *P. ext. Transitivt.* — un projet de loi.
— le budget. || *Fig.* — des remerciements à qqn, déclarer
qu'il mérite des remerciements.

VOTIF, IVE [vò-tif', -tiv'] *adj.*
[ÉTYM. Emprunté du lat. *votivus, m. s.* || XIVᵉ-XVᵉ s. Vo-
tivus : votist, *Gloss. lat.-franç.* dans DU C. votivus. Admis
ACAD. 1718.]
|| (T. didact.) Destiné à acquitter un vœu. Bouclier —.
Tableau —. Offrande votive. || *P. anal.* Messe votive, qu'on
fait dire pour une intention particulière.

VOTRE [vò-tre; *devant une voyelle*, vòtr'] *au plur.*
VOS [vó; *en liaison*, vóz'] *adj. poss.*
[ÉTYM. Du lat. pop. *vòstrum (class. vestrum), m. s.* de-
venu vostre, votre, §§ 594 et 595. (*Cf.* notre.)]
|| Adj. poss. déterminatif qui se place avant le substantif.
|| **1º** Qui est à vous, qui se rapporte à vous. Mol, — ami?
MOL. *Mis.* I, 1. — main. C'est — ouvrage. — demeure. Donnez
tous — avis. Rayez cela de vos papiers, MOL. *Mis.* I, 1. ||
Suivi d'un comparatif qui prend alors le sens d'un super-
latif relatif. C'est — plus court chemin. Ce sont vos meilleurs
amis.
|| **2º** *P. ext. Famil.* Dont vous parlez. Voici — Mathan,
RAC. *Ath.* II, 4. Que voulez-vous dire avec — bon visage? MOL.
Mal. im. II, 3.

VÔTRE [vòtr'] *adj. poss.*
[ÉTYM. Du lat. pop. *vòstrum (class. vestrum), m. s.* devenu vostre, vôtre, §§ 594, 597. (*Cf.* nôtre.)]
|| Adj. poss. qualificatif qui se place après le subs-
tantif. Qui est à vous, qui se rapporte à vous. Ce qui est
véritablement —. *Ironiqt.* Messire Damon, je suis —, LA F.
Contes, Coupe enchantée. || En sous-entendant le subst.
déjà exprimé. Le —, la —, les vôtres. J'ai mon Dieu que je
sers, vous servirez le —, RAC. *Ath.* II, 7. || *Absolt. Au masc.
sing.* | 1. Le —, ce qui est à vous, votre bien. Il faudra y
mettre du —. *Fig.* Il faut y mettre du —, y apporter qqch
qui vienne de vous, de vos efforts. | 2. *Au masc. plur.*
Les vôtres, ceux qui vous tiennent de près, parents, amis,
compagnons, commensaux, etc. Tenez-moi des vôtres, MOL.
Impr. sc. 4. | 3. *Au fém. plur.* Vous allez faire des vôtres,
faire vos fredaines habituelles.

VOUER [vwó; *en vers*, vou-é] *v. tr.*
[ÉTYM. Dérivé de vœu, §§ 65 et 154. || XIIᵉ s. Vot voad al
deu de Jacob, *Psaut. d'Oxf.* CXXXI, 2.]
|| **1º** Promettre à Dieu par vœu. Il a donc fait ce qu'il
avait voué, PASC. *Lett. sur la mort de son père.* Fidèle observateur de la pauvreté qu'il a vouée, BOURD. *Pensées diverses sur l'état relig.* § dernier. Je lui voue au désert de nouveaux sacrifices, LA F. *Fab.* XI, 4. *Fig.* Je lui vouai dès lors
une amitié sincère, RAC. *Théb.* II, 1. — obéissance à qqn.
|| **2º** *P. ext.* Consacrer à Dieu. Se — au service de Dieu.
P. anal. — à la sainte Vierge. *P. ext.* Un enfant voué au bleu,
au bleu, à ne porter que du blanc, du bleu (couleurs de
la sainte Vierge) jusqu'à un certain âge. Se — à tel ou tel
saint. *Fig.* Ne savoir à quel saint se —, ne savoir à qui
avoir recours. || *Fig.* Je me suis voué à son service. Je me
suis voué à cette entreprise.

*VOUGE** [voùj'] *s. m.*
[ÉTYM. Du lat. pop. vidùbium, *m. s.* mot d'origine celtique (de vidu, bois, et bi, couper), § 3, devenu vedoge,
veoge, veouge, §§ 342, 411, 324, 356 et 291, vouge, § 358. (*Cf.*
le provenç. vezoch, besouch, qui a la même étymologie
que vouge, mais qui est sans rapport avec le franç. beso-
che.)]
|| *Dialect.* Serpe à long manche (employée autrefois
comme arme de guerre).

1. VOULOIR [vou-lwàr] *v. tr.*
[ÉTYM. Du lat. pop. *volère, m. s.* infinitif refait (au lieu
de l'infin. class. velle) d'après volo, je veux, etc., et devenu
voleir, vouloir, §§ 347 et 291.]
I. || **1º** Se déterminer à faire ou à ne pas faire qqch.
Dès que l'âme veut que le bras soit mû, le bras est mû, MA-
LEBR. *Rech. de la vérité*, II, I, 5. J'ai toujours la puissance
de —, non la force d'exécuter, J.-J. ROUSS. *Ém.* 4.
|| **2º** Exercer plus ou moins énergiquement le pouvoir
qu'on a de se déterminer. Il faut — ce qu'on veut. Un homme
qui ne sait pas —. *Loc. prov.* —, c'est pouvoir.
II. || **1º** Avoir l'intention déterminée de faire qqch.
Chacun veut en sagesse ériger sa folie, BOIL. *Sat.* 4. Ne veuillez pas vous perdre, et vous êtes sauvé, CORN. *Poly.* IV, 3. Et
vous reconnaîtrez mes soins, si vous voulez, RAC. *Andr.* IV,

3. Je veux mourir, si cela n'est pas vrai. Voulez-vous du public mériter les amours? (obtenir l'effet, le résultat voulu).
BOIL. *Art p.* 1. Il sort quand il veut, il fait comme il veut. Quand
je veux oublier cet outrage, RAC. *Mithr.* IV, 4. Que voulez-vous
dire? et, *p. anal.* Qu'est-ce que cela veut dire? | — bien faire
qqch, consentir à le faire. Je veux bien l'avouer, CORN. *Hor.*
III, 5. Je veux bien vous l'apprendre, ID. *Nicom.* II, 3. Voulez-
vous bien vous en fier à moi? ID. *ibid.* IV, 3. *Dans le même
sens.* Voulez-vous faire cela? Veuillez faire cela. Veuillez être
discret, MOL. *Éc. des f.* I, 4.
|| **2º** Avoir l'intention déterminée de faire faire qqch.
Je veux que cela soit, et cela sera. Je veux que vous obéissiez.
Voulez-vous que je le fasse venir? Je veux qu'il vienne. Je voudrais que toutes les âmes éloignées de Dieu fussent présentes
à ce discours, BOSS. *A. de Gonz.* Que voulez-vous qu'il fît contre
trois? CORN. *Hor.* III, 6. Mais, sérieusement, que voulez-vous
qu'on fasse? MOL. *Mis.* I, 1. Je veux qu'on soit sincère, ID.
ibid. Ô mon Dieu, dit-il, vous le voulez! que votre volonté soit
faite, BOSS. *Condé.* | *P. ext.* Admettre que qqch soit vrai.
Je veux qu'il en soit ainsi. Je le veux. Ce sera donc, si vous
voulez, ce même Alexandre, BOSS. *La Vall.* En exprimant
cette intention d'une manière impérative. Je le veux. Il a
dit : je le veux! Désobéirez-vous? CORN. *Cid*, II, 1. *Famil.* Le
roi dit : Nous voulons, locution dont on se sert pour railler
qqn qui dit : Je veux. || *P. anal.* En parlant des choses,
exiger. La raison veut que vous preniez ce parti. Un intérêt
pressant veut que je vous implore, RAC. *Esth.* II, 7. L'honneur
veut que vous obteniez une réparation. Le malheur a voulu qu'il
se trouvât là. Une telle offense veut une réparation. Un si rare
service... Veut l'honneur le plus rare et le plus éclatant, CORN.
Hor. V, 2. | *P. ext.* Pour être approuvés, De semblables projets
veulent être (ont besoin d'être) achevés, RAC. *Mithr.* III, 1.
Le peuple... d'un sceptre de fer veut être (a besoin d'être)
gouverné, ID. *Ath.* IV, 3.
III. || **1º** Avoir l'intention déterminée d'obtenir qqch.
Loc. prov. Ce que femme veut, Dieu le veut, une femme en
arrive toujours à ce qu'elle veut. C'est ma place que vous
voulez. Il voulait une éclatante réparation. Il veut de l'argent.
Que voulez-vous de moi? *Fig.* Que voulez-vous de moi, flatteuses
voluptés? CORN. *Poly.* IV, 2. Quel prix voulez-vous de votre
maison? Combien en voulez-vous? Qu'en voulez-vous? Il en veut
dix mille francs. *Dans un sens partitif.* — d'une chose. En
voulez-vous? Je ne veux pas de cela. Je ne veux point d'un
trône où je suis leur captive, CORN. *Oth.* III, 3. | *Loc. adv.* Il
y a là des fruits, en veux-tu, en voilà, en profusion. Être traité
à bouche que veux-tu, largement.
|| **2º** Avoir l'intention déterminée de procurer qqch à
qqn. Elle voulait le trône pour son fils. — de l'avancement
pour qqn. | — du bien, du mal à qqn, avoir de bonnes, de
mauvaises intentions à son égard. C'est me — du bien d'une
étrange manière! MOL. *Mis.* IV, 3. | *Vieilli.* Une personne mal
voulue, à qui on veut du mal. J'en serais mal voulu des hom-
mes et des dieux, CORN. *Mél.* II, 6. | *Ellipt.* En — à qqn, lui
vouloir du mal. En — à qqn de qqch, avoir du ressentiment contre lui. En — à la vie de qqn, avoir de mauvais
desseins contre lui, vouloir le tuer. Se — du mal, se —
mal, s'en — de qqch, se le reprocher. | *P. ext.* En — à qqn,
à qqch, avoir des projets sur qqn, sur qqch. N'est-ce point
qu'on en voudrait à mon argent? MOL. *Av.* I, 5. Comme il en
voulait à l'argent, LA F. *Fab.* I, 4. Un certain drôle qui, dit-on,
en veut à ma nièce, HAUTEROCHE, *Cocher supposé*, sc. 30.

2. VOULOIR [vou-lwàr] *s. m.*
[ÉTYM. Tiré de l'infin. de vouloir 1, § 49. || XIIᵉ s. Par
mun voleir, GARN. DE PONT-STE-MAX. *St Thomas*, p. 56,
Bekker.]
|| **1º** Acte de la volonté. Si c'eût été le — de Dieu, DESC.
Méth. 6.
|| **2º** Intention. Bon, mauvais —, bonnes, mauvaises inten-
tions. De votre bon — nous sommes assurés, CORN. *Nicom.*
I, 3. Un chat, qui... Contre toute la parenté D'un malin — est
porté, LA F. *Fab.* VI, 5. De vos malins vouloirs voilà la digne
issue, ID. *Florentin*, sc. 14.

VOUS [vou; *en liaison*, vouz'] *pron. pers.*
[ÉTYM. Du lat. vòs, *m. s.* § 591.]
|| Pronom personnel de la 2ᵉ personne du plur. (des deux
genres), qui s'emploie en parlant à plusieurs personnes
ou, par politesse, à une seule.
|| **1º** Employé comme sujet. — adorez en vain des mons-
tres impuissants, CORN. *Poly.* III, 2. || Après le verbe (dans
les propos. interrog. ou dans certaines constructions par-

ticulières.) Croyez-— qu'il suffit d'être sorti de moi? CORN. *Ment.* v, 3. — êtes prévenu ; aussi ferez-— bien d'aviser.

|| **2°** Employé comme complément direct. **Je — aime. Levez-—. Retirez-—. Le déciderez-—?**

|| **3°** Employé comme complément indirect, soit seul, soit avec une préposition. **Je — l'ai déjà dit. Il — veut du bien. La lettre qu'il — a adressée. Nous parlions de —. C'est à — que je parle, ma sœur,** MOL. *F. sav.* II, 7. || Explétif. **Il — prend sa cognée,** LA F. *Fab.* VI, 13.

VOUSSEAU [vou-só]. *V.* voussoir.

VOUSSOIR [vou-swàr] *s. m.*

[ÉTYM. Du lat. pop. *volsorium, m. s.* dérivé de *volsum (class. volutum), supin de volvere, tourner, devenu volsoir, §§ 113, 329, 356 et 291, voussoir, § 459. ACAD. donne aussi voussgau, forme sans grande autorité, sortie de voussoir par substitution de suffixe à une époque récente, §§ 62 et 126. || 1294. Treze vausoirs de terre, dans GODEF. volsoir. Admis ACAD. 1762.]

|| (Technol.) Pierre taillée en cône tronqué par le bas, qui concourt à former le cintre d'une voûte. **— à crossette,** dont la partie supérieure fait un angle pour se raccorder avec une autre assise. **— à branches,** qui est en fourche pour faire liaison avec le pendentif d'une voûte d'arête.

VOUSSURE [vou-sûr] *s. f.*

[ÉTYM. Du lat. pop. *volsûra, m. s.* §§ 459 et 291. (*Cf.* voussoir.) || XIIe s. Es uiseries, es volsures, *Énéas,* 512. Admis ACAD. 1762.]

|| (Technol.) | **1.** Courbure d'une voûte. (Se dit surtout de la courbure d'une voûte moindre que la demi-circonférence.) | **2.** (Menuiserie.) Toute partie cintrée en élévation, revêtant le haut d'une baie. | **3.** Partie d'un plafond qui forme liaison avec la corniche.

VOÛTE [vout'] *s. f.*

[ÉTYM. Du lat. pop. *volta, m. s.* subst. particip. de volvere, tourner, § 45, devenu volte, voute, voûte, §§ 459 et 291. (*Cf.* le doublet volte.) || XIIe s. Un piler et iluec, la volte ad sostenue, GARN. DE PONT-STE-MAX. *St Thomas,* 5409.]

|| Construction cintrée, formée d'un assemblage de pierres taillées en cône tronqué par le bas (*V.* voussoir), qui s'appuient l'une sur l'autre. **Clef de —,** voussoir du milieu, qui soutient tous les autres. **— en berceau. — d'arête.** (*V.* ces mots.) || *P. anal.* La **— d'une caverne. — d'arcasse,** prolongement du pont à l'arrière d'un vaisseau. **La — du ciel,** la partie du ciel qui est au-dessus de nos têtes. **— du crâne,** partie supérieure de la boîte osseuse du crâne. **— du palais,** cloison qui forme la partie supérieure de la cavité buccale. **Une — de feuillage.** | (Technol.) **— d'un fer à cheval,** la partie cintrée.

VOÛTER [vou-té] *v. tr.*

[ÉTYM. Dérivé de voûte, § 154. (*Cf.* le doublet volter.) A distinguer de l'anc. franç. volter, vouter, lat. volutare, tourner, vautrer. || XIIIe s. L'encastre Del puis qui ert vouté a plastre, *Renart,* IX, 509.]

|| **1°** Fermer par une voûte (le haut d'une construction). **— une cave. Un passage voûté.**

|| **2°** Courber en arc, comme une voûte. **Le diaphragme... se voûtant de bas en haut,** BOSS. *Conn. de Dieu,* II, 2. **— en fer à cheval. Une personne dont le dos se voûte,** et, *p. ext.* **Une personne voûtée.**

VOYAGE [vwà-yàj'] *s. m.*

[ÉTYM. Du lat. *viaticum,* qui dans la langue classique signifie « provision de route » (*cf.* viatique), et qui a dû prendre de bonne heure le sens actuel dans la langue pop., devenu veage, velage, voiage, voyage, §§ 342, 405, 389, 290 et 291.]

|| **1°** Déplacement où l'on parcourt un chemin plus ou moins long pour aller dans une autre ville, un autre pays. **Un — d'exploration. Un — autour du monde. Un — d'outremer. Un — d'agrément. Un — pour affaires. Partir en —. Revenir de —. Entreprendre Un — en lointain pays,** LA F. *Fab.* IX, 2. **Souhaiter à qqn un bon —. Une voiture, un nécessaire de —. Une relation de —.** *Ellipt.* **— pittoresque,** relation de voyage accompagnée de vues, de dessins. || *Fig.* **Le — de la vie. Mon beau — encore est si loin de sa fin,** A. CHÉN. *Jeune Capt.* **Faire le — de l'autre monde, le grand —,** mourir. **Le mari fait seul le —,** LA F. *Fab.* VI, 21.

|| **2°** Course que fait un voiturier, un porteur, pour transporter qqn, qqch d'un lieu à un autre. **Il n'a fait qu'un —. Les porteurs ont fait deux voyages.** | *P. ext.* **Un —** de bois, de charbon, la quantité de bois, de charbon qu'on porte dans un voyage.

1. VOYAGER [vwà-yà-jé] *v. intr.*

[ÉTYM. Dérivé de voyage, § 154. || XVe s. Nobles voyagoient, A. CHARTIER, dans LITTRÉ.]

|| **1°** Se déplacer en parcourant un chemin plus ou moins long pour aller dans une autre ville, un autre pays. **— pour s'instruire. — pour son agrément. — pour affaires. J'employai le reste de ma jeunesse à —,** DESC. *Méth.* 1. *Loc. prov.* **Qui veut — loin ménage sa monture, il faut ménager sa force, ses ressources, pour les faire durer.** || *P. anal.* **Les oiseaux voyagent en troupes.**

|| **2°** Être transporté d'un lieu à un autre. **Votre lettre a voyagé deux jours avant de m'arriver. Du vin qui ne peut pas —.**

2. *VOYAGER, ÈRE [vwà-và-jé, -jèr] *adj.*

[ÉTYM. Dérivé de voyage, § 115. || XIVe-XVe s. Estre graus voyagiers, EUST. DESCH. II, 339.]

|| *Anciennt.* Qui voyage. **Un vieillard — qui court de çà de là,** J. DU BELLAY, *Regrets. Fig.* **L'Église militante et voyagère,** ARNAULD, dans PASC. *Prov.* 16.

VOYAGEUR, EUSE [vwà-yà-jéur, -jeúz'] *s. m. et f.*

[ÉTYM. Dérivé de voyager, § 112. (*Cf.* voyager 2.) || XVe s. Dieu... de nous voyageurs fait son plaisir, CHASTELL. dans DELB. *Rec.*]

|| Celui, celle qui voyage. **Le — s'éloigne,** LA F. *Fab.* IX, 2. **Les relations des voyageurs. Un — de commerce. Le transport des voyageurs.** || *Fig.* (Théol.) **Nous ne sommes que des voyageurs en ce monde** (nous n'y sommes qu'en passant). || *Adjectivt.* Qui voyage. **Commis —,** qui voyage pour les affaires d'une maison de commerce. **Un commis — en vins.** | *P. anal.* **Oiseaux voyageurs,** qui changent de climat selon les saisons. **Pigeons voyageurs,** qu'on dresse à porter des messages d'un lieu à un autre.

VOYANT, ANTE [vwà-yan, -yânt'] *adj.*

[ÉTYM. Adj. particip. de voir, § 47. || XVe-XVIe s. Ou est la maison du voyant? *Myst. du Viel Testam.* dans DELB. *Rec.*]

|| **1°** Qui a le sens de la vue. (*Cf.* clairvoyant.) || *Spéciall. Substantivt.* **Un —, une voyante,** personne douée de seconde vue.

|| **2°** Qui attire la vue. **Une couleur voyante.** || *Substantivt, au masc.* (Technol.) | **1.** Réflecteur qu'on place la nuit sur les bouées aux passages difficiles. | **2.** Plaque mi-partie blanche et noire employée dans les opérations de nivellement pour déterminer la cote de chaque point.

VOYELLE [vwà-yèl] *s. f.*

[ÉTYM. Emprunté du lat. vocalis, *m. s.* rendu d'abord par voyel, puis par voyelle sous l'influence de voix, § 503. || XIIIe s. Trois manieres de signes : voieul, demi voieul et mus, J. DE MEUNG, *Art de chevalerie,* p. 83. | XIVe-XVe s. Nous avons cinq voyeulx principaulx, EUST. DESCH. VII, 273.]

|| (T. didact.) Son simple émis en laissant l'air sortir du larynx et traverser la bouche sans obstacle. *Spéciall.* Chacun des différents sons qui sont ainsi produits, selon la manière dont on ouvre la bouche pour les laisser sortir. **Les voyelles a, e, i, o, u.**

VOYER [vwà-yé] *s. m.*

[ÉTYM. Du lat. *vicarium* (*cf.* vicaire et viguier), qui a donné régulièrement veier, voyer, et qui s'est restreint peu à peu au sens actuel sous l'influence du mot voie, dont on l'a considéré à tort comme un dérivé.]

|| **1°** *Anciennt.* Lieutenant du comte, chargé de rendre la justice, de régler les détails divers de l'administration, etc.

|| **2°** *Spéciall.* (Technol.) Agent proposé à l'entretien ou à la police des rues, des chemins. (*Cf.* voirie.) **Henri IV avait créé pour Sully la charge de grand —.** || *P. appos.* **Architecte, agent —,** chargé de la construction, de l'entretien des chemins vicinaux.

VOYOU [vwà-you] *s. m.*

[ÉTYM. Mot d'argot qui semble se rattacher à voie, § 31. || *Néolog.*]

|| *Famil.* Gamin des rues (de Paris). **Le pâle — Au corps chétif,** A. BARBIER, *La Cuve.*

***VRAC** [vràk'] *s. m.*

[ÉTYM. Emprunté du holland. wrak, rebut, doublet de varech, § 10. || 1435. Herencq waracq, dans GODEF. warac. | 1606. Vrac, NICOT.]

|| (Technol.) **En —,** pêle-mêle. **Harengs en —,** jetés dans les barils, sans y être rangés par lits. **Expédier des pommes**

de terre en —, sans qu'elles soient en sac. Foin en —, non bottelé.

VRAI, AIE [vrè] *adj.*

[ÉTYM. Pour verai, mot qui se rattache au lat. **verum**, *m. s.* (*cf.* voire), mais dont la désinence n'est pas expliquée. || XIe s. Verai juise, *Roland*, 3368.]

|| **1°** Conforme à la vérité, à ce qui est réellement. Se faire une idée vraie de qqch. Il n'y a pas un mot de — dans cette histoire. Cela est-il —? Il y a quelque chose de — dans ce que vous dites, MOL. *B. gent.* I, 1. Il n'est que trop —. Il est trop — (pour affirmer une chose regrettable). Il est — de dire, il est — (pour préparer une restriction). Il commence, il est —, par où finit Auguste, Mais..., RAC. *Brit.* I, 1. | *Substantivt, au masc.* Le —, ce qui est conforme à la vérité. Discerner le — du faux. Chercher le —. Rien n'est beau que le —, BOIL. *Ép.* 9. Mon âme, en toute occasion, Développe le — caché sous l'apparence, LA F. *Fab.* VII, 18. Il y a du — dans ce qu'il dit. A dire le —. | *Famil. Loc. adv.* De —, pour de —, et, *vieilli*, Pour —, dans le —, au —, véritablement. Ce qu'elle me disait est, de —, fort étrange, CORN. *Ment.* V, 6. | *Adverbialt.* Dire —, dire la vérité. En disant —, vous mentiez en effet, CORN. *Ment.* V, 4. *Famil. Ellipt.* —, j'en suis bien aise. || *Spécialt.* Conforme à la vérité, à ce qui est réellement (par opposition à l'imitation, la contrefaçon, la fiction). Adorer le — Dieu. La vraie religion. Un diamant —. La vraie épreuve de courage N'est que dans le danger, LA F. *Fab.* VI, 2. C'est un — patriote. Le — esprit de la loi était prêt à se perdre, BOSS. *Hist. univ.* II, 17. (Littér.) Une peinture vraie. | (T. didact.) Le jour —, la durée exacte du jour solaire, variable selon les saisons (par opposition au jour moyen, jour idéal de durée constante, égale à la moyenne de tous les jours solaires vrais de l'année). Lieu —, où l'observateur verrait un astre, s'il était placé au centre de la terre.

|| **2°** Qui se montre, dans ses paroles, ses actions, tel qu'il est en réalité. Une personne vraie. Ah! qu'il y a peu de personnes vraies! SÉV. 185.

VRAIMENT [vrè-man] *adv.*

[ÉTYM. Pour vraiement, composé de vraie et ment, § 724. || XIIe s. Je cuit bien veraiement N'est encor pas morz mes amis, *Énéas*, 5166.]

|| **1°** D'une manière vraie. Un roi — roi, BOIL. *Ép.* 1. Rapport — funeste, CORN. *Rodog.* V, 4.

|| **2°** En vérité. —, je vous admire. *Ironiqt.* —? vous daignez y consentir?

VRAISEMBLABLE [vrè-san-blàbl'] *adj. et s. m.*

[ÉTYM. Composé avec vrai et semblable, à l'imitation du lat. verisimilis, *m. s.* § 179. || XIVe s. Ceste partie est la plus vraysemblable, ORESME, *Éth.* VI, 2.]

|| **1°** Qui a toutes les apparences de la vérité. Le vrai peut quelquefois n'être pas —, BOIL. *Art p.* 3.

|| **2°** Qui offre toutes les probabilités. Il était — que la France allait perdre deux provinces, VOLT. *S. de L. XIV*, 21. | *S. m.* Le — n'arrive pas toujours, VOLT. *S. de L. XIV*, 21.

VRAISEMBLABLEMENT [vrè-san-blà-ble-man] *adv.*

[ÉTYM. Composé de vraisemblable et ment, § 724. || XIVe-XVe s. En plus grant union... que ne pourroit vraisemblablement estre, GERSON, dans *Hist. littér. de la France*, XXIV, p. 377.]

|| D'une manière vraisemblable. | 1. Avec toutes les apparences de la vérité. Parler — de toutes choses, DESC. *Méth.* 1. | 2. Selon toutes les probabilités. Il acceptera —.

VRAISEMBLANCE [vrè-san-blâns'] *s. f.*

[ÉTYM. Composé de vrai et semblance, à l'imitation du lat. verisimilitudo, *m. s.* § 173. || XVIe s. Hors des bornes de la vraysemblance, AMYOT, *Thes.* 1.]

|| Caractère de ce qui est vraisemblable. En se contentant de la —, DESC. *Méth.* 6. | 1. Caractère de ce qui a toutes les apparences de la vérité. Le dénouement de cette pièce n'est pas conforme à la — dramatique. | 2. Caractère de ce qui offre toutes les probabilités. Il y a peu de — qu'il prenne un tel parti.

VRILLE [vrïy'] *s. f.*

[ÉTYM. Du lat. viticula, *m. s.* de vitis, vigne, devenu *veticla, vedille, veille, §§ 341, 360, 402, 462, 290 et 291, ville, § 359, vrille, § 361.]

|| **1°** Filament en spirale au moyen duquel les plantes grimpantes et sarmenteuses s'attachent aux corps voisins. Les vrilles de la vigne.

|| **2°** *P. anal.* Outil de fer à vis terminée en pointe, qui sert à percer le bois. Un trou de —. | *P. plaisant. Fig.* Des yeux percés en —, de petits yeux qui ressemblent à un trou de vrille.

VUE [vu] *s. f.*

[ÉTYM. Subst. particip. de voir, § 45. || XIe s. L'oïe pert e la veüe tute, *Roland*, 2012.]

I. || **1°** Faculté de voir, de percevoir les images des objets. Le sens de la vue. Avoir une bonne, une mauvaise vue. Avoir la vue basse, la vue longue. Une vue perçante. Avoir la vue trouble. Il a perdu la vue. Aussi loin que la vue peut porter. | *P. ext.* Les yeux, l'organe de la vue. Le soleil me donne dans la vue, et, *fig.* Donner dans la vue, charmer, éblouir. De quelque côté que je tourne la vue, RAC. *Mithr.* III, 4. A la vue simple, avec les yeux, sans verre grossissant. Lunette de longue vue, et, *ellipt*, Longue-vue, lunette d'approche. | *P. ext.* Partie de la visière du casque où étaient ménagées des ouvertures pour permettre de voir.

|| **2°** Perception par les yeux de ce qui est à la portée du regard. Avoir vue sur des jardins. On n'a de cette terrasse qu'une vue bornée. On a du sommet une vue très étendue. Une échappée de vue. Une vue plongeante. Une vue de côté. Point de vue, endroit où il faut se placer pour bien voir un objet. *P. ext.* Un beau point de vue, endroit d'où l'on a une belle vue, et, *fig.* Point de vue, manière d'envisager les choses, pour les juger. Du point de vue de l'intérêt, du devoir. Chacun juge selon le point de vue où il se place. L'on réunit sous un même point de vue les préceptes et les exemples, BOSS. *Polit.* X, 2. Avoir la vue du lac, des montagnes. Une maison d'où l'on n'a pas de vue, d'où l'on a une belle vue. || *P. ext.* Dessin, estampe, etc., représentant tel ou tel site. Des vues de Suisse, d'Italie. || (Droit.) Vue sur un voisin, ouverture donnant vue sur sa maison. Vue de servitude, de souffrance, qu'on est tenu de supporter, parce qu'il y a droit en vertu d'un titre. Vue droite, vue directe sur le voisin. Vue oblique, vue de côté. Perdre qqn, qqch de vue, ne plus pouvoir le voir, et, *fig.* Perdre qqn de vue, cesser d'être en relation avec lui. Perdre une chose de vue, cesser d'y prêter attention. | *Loc. adv.* A perte de vue, à une distance où l'on ne peut plus distinguer les objets, et, *fig.* Des raisonnements à perte de vue, dont on n'aperçoit pas la fin. A vue d'œil, visiblement pour les yeux. *P. hyperb.* Cet enfant grandit à vue d'œil. A vue de pays, à vue d'œil, à la seule inspection des lieux (sans indication autre). *Fig.* A vue de pays, sans examiner en détail. Tout d'une vue, en embrassant d'un seul regard. Connaître qqn de vue, pour l'avoir vu quelque part. En vue, à portée du regard. La terre est en vue. Tenir un navire en vue. Les deux armées étaient en vue. Mettre qqch en vue, de manière à ce qu'on le voie bien, et, *fig.* Être en vue, dans une position éclatante. Garder qqn à vue, sans le perdre de vue un seul moment. | (Chasse.) A la vue, à vue, en voyant la bête pendant qu'on la poursuit. Chasser à la vue. (*Cf.* avuer.) A la vue de, en la présence de. A la vue de tout le peuple. Je pâlis à sa vue, RAC. *Phéd.* I, 3. A la vue de cet autel et de ce tombeau, BOSS. *D. d'Orl.* | (Théol.) La vue de Dieu, le bonheur de voir Dieu face à face, de jouir de sa présence dans le séjour de la béatitude. | (Commerce.) Un billet payable à vue, sur la présentation du billet. | *Loc. adv.* D'une première vue, à la première vue, à première vue, au premier aspect, et, *fig.* au premier examen. *Spécialt.* (Musique.) Jouer, chanter un morceau à première vue, en le déchiffrant de suite, sans l'avoir étudié auparavant.

II. *Fig.* || **1°** Faculté de saisir par la pensée, de concevoir. Sa faible raison, de clarté dépourvue, Pense que rien n'échappe à sa débile vue, BOIL.. *Art p.* 4. La vue de notre esprit est à peu près semblable à celle de notre corps; je veux dire qu'elle est aussi superficielle et aussi bornée, NICOLE, *Essais mor.* I, 8.

|| **2°** Conception qu'a l'esprit de telle ou telle chose. Comme s'il (Dieu) avait, à notre manière, des vues générales et confuses, BOSS. *Marie-Thérèse.* || Manière d'envisager les choses. Tous ces auteurs ont des vues très différentes, BOSS. *Nouv. Myst.* I, 1. Votre lettre sur la langue et sur la musique... est pleine de vues fines et d'idées ingénieuses, VOLT. *Lett.* 8 janv. 1773.

|| **3°** Considération d'un objet qu'on se propose. Protésilas entre maintenant dans toutes vos vues sur le bien public, FÉN. *Tél.* 13. Un mépris de l'honneur dans la vue d'un vil intérêt, LA BR. *Théophr. Effronterie.* Avoir des vues, jeter ses vues sur qqn, sur qqch, avoir des intentions sur qqn, sur qqch. Avoir qqch en vue, se le proposer pour objet. J'ai en vue votre intérêt. Il avait en vue de vous être utile. Il a fait cela en vue de lui plaire.

VULCANIEN, IENNE [vŭl-kà-nyin, -nyèn'; *en vers*, -ni-...] *adj*.
[ÉTYM. Dérivé du lat. Vulcanus, Vulcain, feu, § 244. || *Néolog*. Admis ACAD. 1878.]
|| (T. didact.) Relatif au feu. *Spécialt*. (Géologie.) Théorie vulcanienne, qui attribue au feu la formation de la terre.

VULCANISATION [vŭl-kà-ni-zà-syon ; *en vers*, -sion] *s. f.*
[ÉTYM. Dérivé de **vulcaniser**, § 247. || *Néolog*. Admis ACAD. 1878.]
|| (Technol.) Action de vulcaniser.

VULCANISER [vŭl-kà-ni-zé] *v. tr*.
[ÉTYM. Dérivé du lat. Vulcanus, Vulcain, et feu, § 267.|| *Néolog*. Admis ACAD. 1878 sous la forme du part. pris adjectivt.]
|| (Technol.) Préparer (le caoutchouc) en l'immergeant dans du soufre fondu pour le rendre insensible aux variations de la température. Du caoutchouc vulcanisé.

VULGAIRE [vŭl-ghèr] *adj*.
[ÉTYM. Emprunté du lat. vulgaris, m. s. (*Cf*. l'anc. franç. vulgal.) || 1539. Vulgaire et commun, R. EST.]
|| **1°** Qui est admis, qui est mis en usage par le commun des hommes. Les préjugés vulgaires. Guéri par la raison des faiblesses vulgaires, MOL. *F. sav*. v, 1. Langue —, que l'on parle (par opposition à langue savante). Traduction de la Bible en langue —. Ère —, communément adoptée, l'ère chrétienne. Sortir de la route —, BOIL. *Ép*. 1. || Que rien ne distingue du commun des hommes. Aux mérites vulgaires, MOL. *Mis*. III, 1. C'est aux hommes vulgaires un trop grand effort, DOSS. *Le Tellier*. || *Substantivt, au masc*. Le commun des hommes. Les préjugés du —. Que j'ai toujours haï les pensers du —! LA F. *Fab*. VIII, 26. Je laisse au — adorer leurs caprices, RAC. *Baj*. 1, 1. Un génie inspiré Trouve loin du — un chemin ignoré, BOIL. *Ép*. 7.
|| **2°** *P. ext*. Commun, qui manque de distinction. Pensées, sentiments vulgaires. Ce — dessein vous peut monter en tête? MOL. *F. sav*. I, 1. Mon Dieu! que vous êtes —! ID. *Préc. rid*. sc. 4.

VULGAIREMENT [vŭl-ghèr-man ; *en vers*, -ghè-re-...] *adv*.
[ÉTYM. Composé de vulgaire et ment, § 724. || 1446. Clocque nommée vulgairement le clocque du dîner, dans DELB. *Rec*.]
|| D'une manière vulgaire. | **1.** D'une manière usitée chez le commun des hommes. On croit — que le nombre treize porte malheur. Jeanne d'Arc, dite — la Pucelle. | 2. D'une manière commune, qui manque de distinction. Apprenez, sotte, à vous déporter moins —, MOL. *Préc. rid*. sc. 6.

VULGARISATEUR, *VULGARISATRICE* [vŭl-gà-rizà-teur, -trîs'] *s. m. et f*.
[ÉTYM. Dérivé de vulgariser, § 249. || *Néolog*. Admis ACAD. 1878.]
|| (T. didact.) Celui qui vulgarise qqch, qui le rend accessible au vulgaire.

VULGARISATION [vŭl-gà-ri-zà-syon ; *en vers*, -sion] *s. f.*
[ÉTYM. Dérivé de **vulgariser**, § 247. || *Néolog*. Admis ACAD. 1878.]
|| (T. didact.) Action de vulgariser.

VULGARISER [vŭl-gà-ri-zé] *v. tr*.
[ÉTYM. Dérivé de **vulgaire**, § 267. || 1512. Publier et vulgariser, J. LE MAIRE, dans DELB. *Rec*. Admis ACAD. 1878.]
||(T. didact.) Rendre accessible au vulgaire. — la science.

VULGARITÉ [vŭl-gà-ri-té] *s. f.*
[ÉTYM. Emprunté du lat. vulgaritas, *m. s*. || XIVe s. Faveur de vulgarité, J. DE VIGNAY, *Miroir hist*. dans DELB. *Rec*. Paraît inusité aux XVIIe et XVIIIe s. Admis ACAD. 1878.]
|| (T. didact.) Caractère de ce qui est vulgaire, de ce qui manque de distinction. La — des manières ne peut ajouter à la force des idées, STAEL, *Littérat*. I, 19.

VULGATE [vŭl-gàt'] *s. f.*
[ÉTYM. Emprunté du lat. vulgata (s.-ent. versio), de vulgare, répandre, § 217. || XVIe-XVIIe s. La version vulgate, D'AUB. *Médit*. préf. Admis ACAD. 1718.]
|| (T. relig.) Version latine du texte hébreu de la Bible reconnue comme canonique. La version de la Bible que toute l'Église a reçue sous le nom de Vulgate, BOSS. *Hist. univ*. I, 11.

*VULGIVAGUE [vŭl-ji-vàg'] *adj*.
[ÉTYM. Emprunté du lat. vulgivagus, *m. s*. || XVIIIe s. *V*. à l'article.]
|| *Rare*. (T. didact.) Qui se prostitue. Des femmes vulgivagues, Cte DE CAYLUS, *Œuvres*, XII, p. 111. La Vénus — (la prostitution), PROUDHON, *Princ. de l'art*, p. 213.

VULNÉRABLE [vŭl-né-ràbl'] *adj*.
[ÉTYM. Emprunté du lat. vulnerabilis, *m. s*. (*Cf*. invulnérable.) || 1690. FURET.]
|| (T. didact.) Qui peut être blessé. Suivant la Fable, Achille n'était — qu'au talon. Trouver l'endroit —. | *Fig*. C'est son côté —, son côté sensible.

VULNÉRAIRE [vŭl-né-rèr] *adj*.
[ÉTYM. Emprunté du lat. vulnerarius, *m. s*. || XVIe s. Potion vulneraire, PARÉ, VIII, 22.]
|| (T. didact.) Qui guérit les blessures, les plaies. Plante —. Eau —. || *Substantivt*. | **1.** *Au masc*. Eau, médicament qui guérit les blessures, les plaies. Du — suisse. | 2. *Au fém*. Plante légumineuse à fleurs jaunes qui passe pour vulnéraire.

VULVE [vulv'] *s. f.*
[ÉTYM. Emprunté du lat. vulva, *m. s*. || XVIe s. PARÉ, XVI, 4. Admis ACAD. 1762.]
|| (Anat.) Orifice des parties génitales de la femme, de la femelle.

W

W [dou-ble-vé] *s. m.*
|| Lettre de l'alphabet anglais, allemand, etc., employée seulement dans quelques mots empruntés récemment aux langues étrangères. Le W se prononce tantôt comme v, tantôt comme ou.

WAGON [và-gon] *s. m.*
[ÉTYM. Emprunté de l'angl. wagon, *m. s*. § 8. Qqns écrivent vagon. || *Néolog*. Admis ACAD. 1878.]
|| Voiture employée sur les chemins de fer au transport des voyageurs et des marchandises. Un — de première, de deuxième, de troisième classe.

WARRANT [và-ran ; *selon d'autres*, wà-ran] *s. m.*
[ÉTYM. Emprunté de l'angl. warrant, *m. s*. doublet de garant, § 8. || 1671. Un mandement qu'ils appellent warrant, SEIGNELAY, *Mém. sur la marine d'Anglet*. Admis ACAD. 1878.]
|| (Commerce.) Récépissé délivré aux commerçants lorsqu'ils déposent des marchandises dans un entrepôt.

*WATERPROOF [wà-tèr-prouf] *s. m.*
[ÉTYM. Emprunté de l'angl. waterproof, *m. s*. proprt, « à l'épreuve (proof) de l'eau (water) », § 8. || *Néolog*.]
|| Manteau imperméable pour dames.

*WELCHE [vèlch']. *V*. velche.

WHIST [wïst'] *s. m.*
[ÉTYM. Emprunté de l'angl. whist, *m. s*. § 8. ACAD. 1798-1878 donne aussi wisk, forme altérée. || XVIIIe s. Un jeu anglais que j'ai beaucoup de peine à prononcer, car on l'appelle whisk, VOLT. *Homme aux quarante écus*. Admis ACAD. 1798 sous la forme wisk.]
|| Jeu qui se joue avec cinquante-deux cartes, à quatre personnes, deux contre deux, ou à trois avec un jeu découvert (dit le mort) qui sert de partenaire à un des joueurs, en parties liées (robre), le plus souvent en dix points, et quelquefois en cinq points seulement.

*WHISTER [wïs'-té] *v. intr*.
[ÉTYM. Dérivé de whist, § 154. || *Néolog*.]
|| *Famil*. Jouer au whist.

*WHISTEUR, EUSE [wïs'-teur, -teuz'] *s. m. et f*.
[ÉTYM. Dérivé de whister, § 112. || *Néolog*.]
|| *Famil*. Celui, celle qui joue au whist.

X

X [îks' ; *selon la nouvelle épellation,* kse] *s. m.*
[ÉTYM. Emprunté du lat. x, *m. s.* RICHEL. et TRÉV. font x du fém. || XIIIᵉ s. La manière dirai del x : Ceste lettre est an mains bons lieus, *Senefiance de l'A B C,* dans JUBINAL, *Nouv. Rec.* II, p. 286.]
|| Consonne double (ks), vingt-troisième lettre de l'alphabet français. L'x est tantôt sourd (taxer), tantôt sonore (exempt); parfois il représente s sourde (six), parfois s sonore (sixième); souvent il ne se prononce pas (choix). || Par allusion à son emploi en algèbre (pour désigner l'inconnue). Des x redoublés admirant la puissance, VOLT. *Ep.* 50. || *P. anal. de forme.* (Technol.) Tabouret à pieds croisés.

XÉRASIE [ksé-rà-zi] *s. f.*
[ÉTYM. Emprunté du grec ξηρασία, *m. s.* de ξηρός, sec. || Admis ACAD. 1835.]
|| (T. didact.) Maladie des cheveux, des cils, qui les rend semblables à un duvet couvert de poussière.

XÉROPHAGIE [ksé-rò-fà-ji] *s. f.*
[ÉTYM. Emprunté du grec ξηροφαγία, *m. s.* || Admis ACAD. 1762.]
|| (T. didact.) Abstinence de toute nourriture autre que le pain et les fruits secs. La — des premiers chrétiens. — médicale, diète sèche.

XÉROPHTALMIE [ksé-rŏf-tàl-mi] *s. f.*
[ÉTYM. Emprunté du grec ξηροφθαλμία, *m. s.* || Admis ACAD. 1762.]
|| (Médec.) Ophtalmie sèche (sécheresse de la conjonctive).

XIPHOÏDE [ksi-fò-id'] *adj.*
[ÉTYM. Emprunté du grec ξιφοειδής, *m. s.* de ξίφος, épée. || XVIᵉ s. PARÉ, I, 2. Admis ACAD. 1762.]
|| (T. didact.) En forme de glaive. *Spéciált.* (Anat.) Appendice —, prolongement cartilagineux qui termine l'extrémité inférieure du sternum.

XYLOGRAPHIE [ksi-lò-grà-fi] *s. f.*
[ÉTYM. Composé avec le grec ξύλον, bois, γράφειν, écrire, et le suffixe ία, § 279. || 1771. TRÉV. Admis ACAD. 1878.]
|| (T. didact.) ||1° Art d'imprimer avec des caractères en bois. La — a précédé la typographie.
|| 2° Art de graver sur bois.

XYLOGRAPHIQUE [ksi-lò-grà-fīk'] *adj.*
[ÉTYM. Dérivé de xylographie, § 229. || *Néolog.* Admis ACAD. 1878.]
|| (T. didact.) Relatif à la xylographie.

XYLOPHAGE [ksi-lò-fàj'] *adj.*
[ÉTYM. Emprunté du grec ξυλοφάγος, *m. s.* || *Néolog.* Admis ACAD. 1835.]
|| (T. didact.) Qui ronge le bois. Les insectes xylophages, et, *substantivt,* Les xylophages.

***XYLOPHONE** [ksi-lò-fòn'] *s. m.*
[ÉTYM. Composé du grec ξύλον, bois, et φωνή, voix.]
|| Sorte de claquebois. (*V. ce mot.*)

Y

1. Y [i-grĕk' ; *selon la nouvelle épellation,* i] *s. m.*
[ÉTYM. Emprunté du lat. y, *m. s.* qui est le grec υ, Υ. || XIIIᵉ s. La manière dirai du y : Deus lettres semble au non y, *Senefiance de l'A B C,* dans JUBINAL, *Nouv. Rec.* II, p. 287.]
|| Vingt-quatrième lettre de l'alphabet français, représentant le plus souvent le son de la voyelle i, soit simple (y, physique), soit double (pays, ennuyer). || *P. anal. de forme.* Bivoie. Placés à l'y du carrefour, TH. GAUTIER, *Bien public,* 10 mars 1872.

2. Y [i] *adv.* et *pron. rel.*
[ÉTYM. Du lat. IBI, *m. s.* devenu iv (*Serments de Strasb.*), i, écrit arbitrairement y, § 726.]
|| 1° *Adv.* En ce lieu. J'y suis, j'y reste. J'y cours. On y va. Vas-y. Retournes-y. Vous y pourriez rencontrer votre perte, RAC. *Mithr.* I, 3. *Absolt.* Il n'y est pas, il n'est pas chez lui. Je n'y suis pour personne. | *P. ext.* En ce temps. Il y a huit jours qu'il n'est venu. Il y aura demain trois semaines que je l'ai vu. | *Fig.* A ce point, au point voulu. Vous n'y êtes pas. N'y suis-je point encore? LA F. *Fab.* I, 3.
|| 2° *P. ext. Pron. rel.* En, sur, à cela. Il y faut, comme en tout, fuir les extrémités, MOL. *Éc. des f.* IV, 8. J'y souscris. Je n'y contredis pas. Dure à jamais le mal, s'il y faut ce remède, CORN. *Hor.* I, 2. Pensez-y bien. Y va-t-il de l'honneur? CORN. *Poly.* I, 2. | *P. ext.* En parlant de personnes, de choses déterminées. VADIUS : Je te renvoie à l'auteur des Satires. — TRISSOTIN : Je t'y renvoie aussi, MOL. *F. sav.* III, 3. Ils comptent les défauts pour des perfections Et savent y donner de favorables noms, ID. *Mis.* II, 4. (Droit.) Les pièces y afférentes (qui se rapportent à cela). | Explétif. Il n'y voit pas. On n'y voit goutte. Il y a longtemps. Il y en a peu comme lui.

YACHT [hyăkt' ; *selon d'autres,* hyăk', *ou, à l'anglaise,* hyŏt'] *s. m.*
[ÉTYM. Emprunté de l'angl. yacht, qui vient lui-même du néerland. jacht, *m. s.* § 8. || 1672. Sa majesté désirant avoir deux petits yachts, COLBERT, *Lett.* 13 mars. Admis ACAD. 1762.]
|| Bateau de plaisance. Un — à vapeur.

***YAK** [hyăk'] *s. m.*
[ÉTYM. Mot de la langue du Thibet, § 27. || 1812. MOZIN, *Dict. franç.-allem.*]
|| (Hist. nat.) Buffle à queue de cheval, originaire du Thibet.

YATAGAN [hyà-tà-gan] *s. m.*
[ÉTYM. Emprunté du turc yataghan, *m. s.* § 23. || *Néolog.* Admis ACAD. 1835.]
|| Sabre poignard à lame recourbée vers la pointe, arme des Arabes, des Turcs.

YÈBLE [yèbl']. *V.* hièble.

YEUSE [yeŭz' ; *en vers,* i-yeŭz'] *s. f.*
[ÉTYM. Emprunté du provenç. euse, subst. masc., qui est le lat. ilicem, *m. s.* § 11. Le mot est masc. à l'origine en français (encore dans TRÉV.) comme en provençal. § 550. || XVIᵉ s. L'yeuse ressemble plus au roure qu'au chesne, O. DE SERRES, VII, 9.
|| Chêne vert.

YEUX. *V.* œil.

YOLE [hyòl ; *vieilli,* i-òl] *s. f.*
[ÉTYM. Mot des côtes du Sud-Ouest, d'origine inconnue, § 16. (*Cf.* nef en aiolles, *Reg. de St-Jean-d'Angély,* I. p. 122, ann. 1332.) || Admis ACAD. 1835.]
|| (Marine.) Petit canot étroit et léger, à marche rapide. L'— aux triples flammes, V. HUGO, *Orient.* 4.

YPRÉAU [i-pré-ó] *s. m.*
[ÉTYM. Dérivé du nom de la ville d'Ypres (Belgique), en flamand Yperen, § 126. || 1616. Bois d'ypereaux, dans DELB. *Rec.*]

|| **1°** Espèce d'orme à feuilles larges. L'— se débite beaucoup en menuiserie, LIGER, *Nouv. Mais. rust.* dans DELB. *Rec.*
|| **2°** *Dialect.* Marsaux. || Peuplier blanc.
YUCCA [hyou-kà] *s. m.*
[ÉTYM. Emprunté de la langue des Caraïbes, § 30. On a dit aussi youc, auj. inusité. || 1568. Une racine ditte yuca, LOYS LE ROY, dans DELB. *Rec.* Admis ACAD. 1835.]
|| (Botan.) Plante vivace de la famille des Liliacées, à feuilles longues, étroites et dures, terminées par une pointe acérée, à fleurs blanches disposées en panicules sur une hampe allongée.

Z

Z [zòd'; *selon la nouvelle épellation,* ze] *s. m.*
[ÉTYM. Emprunté du lat. z, *m. s.* qui est le grec ζ. || XIIIᵉ S. En la kyriele au moustier Crions nous par z Dieu merci, *Senefiance de l'A B C,* dans JUBINAL, *Nouv. Rec.* II, p. 288.]
|| Consonne dentale spirante sonore, vingt-cinquième et dernière lettre de l'alphabet français. *Loc. prov.* Depuis a jusqu'à z, d'un bout à l'autre, complètement. || *P. anal. de forme.* Être fait comme un z, tordu, contrefait.
ZAGAIE [zà-ghè] *s. f.*
[ÉTYM. Mot d'origine berbère passé en français par l'intermédiaire de l'arabe et de l'espagnol, §§ 29, 22 et 13. || XIIIᵉ-XIVᵉ S. Aux lances et aus archegaies, G. GUIART, *Roy. lign.* 15340. | XVIᵉ S. Azagaie, RAB. III, prol. Zagaye, COTGR.]
|| Sorte de javelot des peuples sauvages.
ZAIN [zin] *adj. m.*
[ÉTYM. Emprunté de l'ital. zaino, qui vient de l'espagn. zaino, *m. s.* d'origine arabe, §§ 12, 13 et 22. || XVIᵉ s. L'Escuierie de F. Grisone, fᵒ 3, vᵒ, édit. 1575.]
|| (Manège.) Dont la robe, toute d'une couleur, n'a aucun poil blanc. Cheval —. || *P. anal.* Un braque —.
ZANI [zà-ni] *s. m.*
[ÉTYM. Emprunté de l'ital. zani (forme vénitienne de Giovanni, Jean), nom propre de bouffon, § 12. || XVIᵉ s. Un zani, G. BOUCHET, *Serées,* III, p. 178. Admis ACAD. 1762.]
|| *Vieilli.* Bouffon de comédie.
ZÈBRE [zèbr'] *s. m.*
[ÉTYM. Emprunté de la langue des indigènes du Congo, § 29. || XVIᵉ-XVIIᵉ s. Un animal que ces peuples appellent zebre, *Voy. de Fr. Drack,* p. 106, édit. 1641. Admis ACAD. 1762.]
|| (Hist. nat.) Animal (d'Afrique) voisin de l'âne, à robe jaunâtre rayée de bandes brunes.
ZÉBRÉ, ÉE [zé-bré] *adj.*
[ÉTYM. Dérivé de **zèbre**, §§ 65 et 118. || *Néolog.* Admis ACAD. 1835.]
|| (T. didact.) Rayé à la manière du zèbre.
ZÉBRURE [zé-brúr] *s. f.*
[ÉTYM. Dérivé de **zèbre**, §§ 65 et 111. || *Néolog.* Admis ACAD. 1878.]
|| (T. didact.) Rayure semblable à celle du zèbre.
ZÉBU [zé-bu] *s. m.*
[ÉTYM. Emprunté des langues de l'Inde, § 25. || XVIIIᵉ s. On le montrait à la foire à Paris en 1752 sous le nom de zebu ; nous avons adopté ce nom, BUFF. *Buffle.* Admis ACAD. 1835.]
|| (Hist. nat.) Bœuf à bosse, originaire de l'Inde.
ZÉLATEUR, TRICE [zé-là-teur, -trís'] *s. m.* et *f.*
[ÉTYM. Emprunté du lat. zelator, *m. s.* || 1398. Zelateur de la religion catolique, dans GODEF. *Compl.*]
|| (T. relig.) || **1°** Celui, celle qui montre beaucoup de zèle pour une cause. Ce roi selon le cœur de Dieu, — de sa sainte loi, FLÉCH. *M. de Montausier.*
|| **2°** *Specialt.* Religieux chargé de veiller sur les novices.
ZÈLE [zèl] *s. m.*
[ÉTYM. Emprunté du lat. zelus, grec ζῆλος, *m. s.* (*Cf.* jaloux.) || XIIIᵉ s. Le zel des almes, dans DELB. *Rec.*]
|| Empressement à agir pour le service de qqn, de qqch. Ne va point, par un — indiscret, Découvrir à ses yeux mon funeste secret, RAC. *Iph.* I, 1. Le — dont elle brûlait pour le rétablissement de cette foi, BOSS. *R. d'Angl.* S'acquitter d'une mission avec —. Faire du —, chercher à se montrer zélé. Pas de —, recommandation de Talleyrand à ses subordonnés. | *Specialt.* Zèle pour la religion. | (T. biblique.) Le — de la maison de Dieu le dévore. | Ces gens... Qui savent ajuster leur — avec leurs vices, MOL. *Tart.* I, 5. Troupe jeune et fidèle Que déjà le Seigneur embrase de son — (de zèle pour le Seigneur), RAC. *Ath.* I, 3. Faux —. D'un — trompeur à vos yeux revêtu, RAC. *Esth.* III, 4. || (Antiq. juive.) Jugement de —, lapidation infligée sur l'heure aux blasphémateurs, aux idolâtres.
ZÉLÉ, ÉE [zé-lé] *adj.*
[ÉTYM. Dérivé de **zèle**, §§ 65 et 115. || XVIᵉ S. Et veut qu'on l'estime zelé, *Sat. Ménipp. Ane ligueur.*]
|| Qui a du zèle. Un ministre si — pour la justice, BOSS. *Le Tellier.* D'adorateurs zélés à peine un petit nombre, RAC. *Ath.* I, 1. || *Substantivt.* Cent mille faux zélés, BOIL. *Sat.* 12.
ZÉNITH [zé-nít'] *s. m.*
[ÉTYM. Emprunté de l'arabe semt, *m. s.* corrompu par les scribes du moyen âge, § 22. || XIVᵉ s. Cenith, ORESME, dans MEUNIER, *Essai sur Oresme.*]
|| (Astron.) Le point où la verticale d'un lieu va rencontrer la sphère céleste. (*Cf.* nadir.) | *Fig.* Le point culminant des hauts esprits le leur est le —, RÉGNIER, *Sat.* 9. Sa fortune est au —.
ZÉNITHAL, ALE [zé-ni-tàl] *adj.*
[ÉTYM. Dérivé de zénith, § 238. || *Néolog.*]
|| (Astron.) Qui appartient au zénith. Distance zénithale d'un point, distance angulaire de ce point et du zénith du lieu.
ZÉOLITHE [zé-ò-lít'] *s. m.*
[ÉTYM. Emprunté du lat. scientif. zeolithus (CRONSTEDT), du grec ζεῖν, bouillir, et λίθος, pierre, § 279. Les minéralogistes inclinent à le faire fém. § 550. || 1771. TRÉV. Admis ACAD. 1835.]
|| (Minéral.) Silicate alumineux hydraté.
ZÉPHYR [zé-fír] *s. m.*
[ÉTYM. Emprunté du lat. zephyrus, grec ζέφυρος, *m. s.* ACAD. admet aussi l'orthogr. zéphire, surtout employée quand il s'agit de la personnification mythologique de ce vent. || 1515. Le doulx vent Zephyre, MAROT, *Temple de Cupido.*]
|| **1°** (Antiq.) Vent soufflant du couchant équinoxial.
|| **2°** *P. ext.* Tout vent léger et doux. Tout vous est aquilon, tout me semble —, LA F. *Fab.* I, 22. || *Fig.* (Danse.) Pas de —, pas où l'on se tient sur une jambe, en balançant l'autre.
ZÉRO [zé-ró] *s. m.*
[ÉTYM. Emprunté de l'ital. zero, primitivement zeffiro, de l'arabe cifron, *m. s.* proprt, « vide », §§ 12 et 22. (*Cf.* chiffre et o.) || 1515. La derniere se nomme nulle ou zero, LORTIE, *Arithm.* fᵒ 1, vᵒ.]
|| Chiffre en forme de qui, sans valeur par lui-même, placé à la droite d'autres chiffres leur donne une valeur dix fois plus forte, en tenant la place des unités décimales qui manquent. Ajouter des zéros à un compte, grossir la note. || *Fig.* Rien (le zéro n'ayant pas de valeur par lui-même). Sa fortune est réduite à —. Qu'il n'y manque pas un —, qu'il n'y manque rien. Cet homme est un vrai —, et, *abusivt,* un — en chiffre, cet homme est nul. (*Cf.* o.) || *P. anal.* (Physique.) Dans les instruments qui servent à mesurer la température, la pesanteur de l'air, etc., point d'où l'on part pour compter les degrés. Vingt degrés au-dessus, au-dessous de —.
ZEST [zèst'] *interj.*
[ÉTYM. Onomatopée, § 32. Qqns écrivent zeste. || 1611. COTGR.]

|| Interjection familière. | **1.** Pour rejeter lestement ce dont il est question. **Toutes vos belles résolutions, zeste,** BRUEYS, *Muet*, I, 10. | **2.** Pour marquer que qqch s'est fait lestement. **Zeste ! J'ai franchi le pas de la porte,** LEGRAND, *Belphégor*, II, 3. || *Substantivt.* **Être entre le zist et le —,** être dans une position incertaine, équivoque.

ZESTE et, *vieilli*, *ZEST [zĕst'] *s. m.*

[ÉTYM. Origine inconnue ; le rapprochement avec le lat. **schistus,** grec σχιστός (*cf.* **schiste**), n'offre aucune vraisemblance. || 1530. **Je n'en donne un zec,** ROGER DE COLLERYE, dans DELB. *Rec.* | 1611. **Zest,** COTGR.]

|| Cloison membraneuse qui divise en quatre l'intérieur d'une noix. || *P. anal.* Écorce extérieure jaune de l'orange et du citron. || *Fig.* Chose de mince valeur. **Je n'en donnerais pas un —.**

ZÉTÉTIQUE [zé-té-tĭk'] *adj.*

[ÉTYM. Emprunté du grec ζητητικός, *m. s.* || 1694. TH. CORN. Admis ACAD. 1762.]

|| (T. didact.) Qui procède par investigations. **La méthode —,** et, *substantivt*, **La —,** méthode d'investigation. *Spécialt.* (Mathém.) Méthode analytique.

ZÉZAIEMENT [zé-zè-man] *s. m.*

[ÉTYM. Dérivé de **zézayer,** §§ 65 et 145. || *Néolog.* Admis ACAD. 1878.]

|| Défaut de prononciation qui consiste à donner au j et au g doux le son du z.

ZÉZAYER [zé-zè-yé] *v. intr.*

[ÉTYM. Onomatopée, § 32. On a dit au commencement du XIX° s. **susseyer** dans le même sens. || *Néolog.* Admis ACAD. 1878.]

|| Avoir le défaut de prononciation qui consiste à donner au j et au g doux le son du z.

ZIBELINE [zĭb'-lin' ; *en vers*, zi-be-...] *s. f.*

[ÉTYM. Emprunté de l'ital. **zibellina,** *m. s.* d'origine slave, §§ 12 et 20. (*Cf.* **sable 2** et l'anc. franç. **sebelin.**) On trouve **zabelline** en 1556 (*V.* DELB. *Rec.*), et ACAD. 1694 écrit **zebeline.** || 1611. **Zibelline,** COTGR.]

|| Martre de Sibérie à poil très fin. || Peau de cet animal employée comme fourrure. **Un manchon de —.**

ZIGZAG [zĭg'-zàg] *s. m.*

[ÉTYM. Origine incertaine, peut-être emprunté de l'allem. **zickzack,** *m. s.* § 7. || 1680. RICHEL.]

|| **1°** Ligne brisée formant des angles alternativement saillants et rentrants. **Marcher en —.**

|| **2°** (Technol.) Assemblage de tringles mobiles de bois ou de fer en forme d'X ajoutées bout à bout, qu'on allonge ou qu'on raccourcit à volonté, mécanisme employé pour dévidoir, jouet d'enfant, etc. | *Spécialt.* (T. milit.) Tranchée conduite au moyen de coudes et de retours pour en dissimuler la longueur et la direction aux assiégés.

ZINC [zĭnk' ; *famil.* zĭng'] *s. m.*

[ÉTYM. Emprunté de l'allem. **zink,** *m. s.* var. inexpliquée de **zinn,** étain, §§ 6, 498 et 499. || 1680. **Zin ou zain,** RICHEL. | 1723. **Du spiauter qu'on nomme autrement du zinch,** SAVARY, *Dict. du comm.*]

|| Corps simple métallique, d'un blanc bleuâtre, de texture lamelleuse, ductile et malléable, qu'on trouve dans la nature soit à l'état de sulfure (*V.* **blende**), soit à l'état d'oxyde carbonaté ou de silicate hydraté (**calamine**), et qui, laminé, sert à faire des couvertures de toits, gouttières, tuyaux, baignoires, seaux, etc.

***ZINGAGE** [zin-gàj'] *s. m.*

[ÉTYM. Dérivé de **zinc,** §§ 64 et 78. || *Néolog.*]

|| Travail du zingueur.

ZINGUEUR [zin-ghěur] *s. m.*

[ÉTYM. Dérivé de **zinc,** §§ 64 et 112. || *Néolog.* Admis ACAD. 1878.]

|| (Technol.) Ouvrier qui travaille le zinc.

ZINZOLIN [zin-zò-lin] *s. m.*

[ÉTYM. Emprunté de l'ital. **gioggiolino, zuzzulino,** *m. s.* qui se rattache, par l'intermédiaire de l'espagn., à l'arabe **djoljolan,** sésame, §§ 12, 13 et 22. || 1599. **Velours couleur zizolin,** dans DELB. *Rec.* | 1611. **Zizolin,** COTGR. | 1642. **Gingeollin,** OUD. Admis ACAD. 1718.]

|| (Technol.) Couleur d'un violet rougeâtre (tirée de la semence de sésame).

ZIRCON [zir-kon] *s. m.*

[ÉTYM. Paraît se rattacher à **jargon 2.** || 1812. MOZIN, *Dict. franç.-allem.* Admis ACAD. 1878.]

|| Minéral cristallin de diverses couleurs, employé en bijouterie, dont les variétés d'un jaune rouge sont connues sous le nom d'**hyacinthe,** et dont les variétés incolores sont employées comme faux diamants sous le nom de **jargon.**

ZIST [zĭst']. *V.* **zest.**

ZIZANIE [zĭ-zà-ni] *s. f.*

[ÉTYM. Emprunté du lat. **zizania,** grec ζιζανία, *m. s.* d'origine sémitique, § 21. || XV° s. **Gens plains de zizanie,** J. CHARTIER, *Chron. de Ch. VII*, III, p. 112, Vallet de Viriville.]

|| (T. biblique.) Ivraie, mauvaise graine qui pousse au milieu du blé. || *Fig.* Mésintelligence qu'on fait naître au milieu de gens qui étaient unis. **On a semé la — parmi eux. Mettre la —.**

ZODIACAL, ALE [zò-dyà-kàl ; *en vers*, -di-à-...] *adj.*

[ÉTYM. Dérivé de **zodiaque,** § 238. || XVI° s. **Le conducteur du branle zodiacal des planetes,** MARNIX DE STE-ALDEGONDE, dans DELB. *Rec.* Admis ACAD. 1740.]

|| (Astron.) Qui appartient au zodiaque. **Les signes zodiacaux. Lumière zodiacale,** cône de lumière blanchâtre qu'on observe au lever et au coucher du soleil, dans la direction du zodiaque, vers les équinoxes.

ZODIAQUE [zò-dyăk' ; *en vers*, -di-ăk'] *s. m.*

[ÉTYM. Emprunté du lat. **zodiacus,** grec ζωδιακός, *m. s.* Au XII° s. PH. DE THAUN emploie la forme latine sans la modifier. || XIII° s. **Du zodiaque a la grant roe,** J. DE MEUNG, *Rose*, 17022.]

|| (Astron.) Zone céleste ayant huit ou neuf degrés d'étendue de chaque côté de l'écliptique, comprenant toutes les positions que prennent les planètes connues, et partagée en douze parties égales, qui ont reçu le nom des constellations les plus rapprochées, et qu'on appelle les douze signes du zodiaque.

ZOÏLE [zò-il] *s. m.*

[ÉTYM. Nom propre d'un critique grec, § 36. || 1620. **En me moquant de ces zoïles,** *Chron. de Bordeaux,* dans DELB. *Rec.* Admis ACAD. 1762.]

|| (Hist. littér.) Critique malveillant, injuste.

***ZONA** [zó-nà] *s. m.*

[ÉTYM. Emprunté du lat. **zona,** ceinture. (*Cf.* **zone.**) || *Néolog.*]

|| (Médec.) Éruption vésiculeuse qui se développe d'ordinaire, en forme de demi-ceinture, sur une seule moitié du corps, particulièrement le ventre ou la poitrine, et qqf les reins.

ZONE [zôn'] *s. f.*

[ÉTYM. Emprunté du lat. **zona,** grec ζώνη, *m. s.* proprt, « ceinture ». (*Cf.* **zona.**) || XII° s. **Les zones sunt posees Dedens,** PH. DE THAUN, *Comput*, 391.]

|| (T. didact.) || **1°** (Géom.) Portion de la surface d'une sphère formant comme une bande circulaire comprise entre deux plans parallèles.

|| **2°** (Géogr.) Chacune des grandes régions du globe terrestre, que séparent des cercles imaginaires parallèles à l'équateur, et dont le climat est relatif à la position qu'elles occupent par rapport au soleil. **Les deux zones glaciales,** du pôle au cercle polaire. **Les deux zones tempérées,** du cercle polaire au tropique. **La — torride,** entre les tropiques. || *P. anal.* | **1.** Région du ciel. **La — lumineuse d'une aurore boréale.** | **2.** Région d'une partie du monde, d'une contrée, considérée par rapport au climat, aux phénomènes météorologiques. **L'Asie n'a point précisément de — tempérée,** MONTESQ. *Espr. des lois*, XVII, 3. **La — des vents alizés. La — houillère.** || *P. ext.* Partie de territoire soumise à un régime spécial, dans un pays. **La — militaire,** terrain compris dans les fortifications militaires. **— des frontières, des douanes.** || *P. anal.* (Anat.) **— tendineuse,** partie circulaire blanchâtre au pourtour de l'orifice qui fait communiquer l'oreillette avec le ventricule du côté droit du cœur. **— vitelline,** partie circulaire externe de l'ovule d'un œuf.

ZOOGRAPHIE [zò-ò-grà-fi] *s. f.*

[ÉTYM. Emprunté du grec ζωογραφία, *m. s.* || Admis ACAD. 1762.]

|| (T. didact.) Zoologie descriptive, description des animaux.

ZOOLÂTRIE [zò-ò-lá-tri] *s. f.*

[ÉTYM. Composé avec le grec ζῷον, animal, et λατρεία, culte, § 279. || Admis ACAD. 1762.]

|| (T. didact.) Adoration des animaux.

ZOOLITHE [zŏ-ò-lĭt'] *s. m.*
[ÉTYM. Composé avec le grec ζώον, animal, et λίθος, pierre, § 279. || Admis ACAD. 1762.]
|| (Minéral.) Pétrification naturelle d'une partie d'animal.

ZOOLOGIE [zŏ-ò-lò-ji] *s. f.*
[ÉTYM. Composé avec le grec ζώον, animal, λόγος, discours, et le suffixe ία, § 279. || Admis ACAD. 1762.]
|| (T. didact.) Partie de l'histoire naturelle qui traite des animaux.

ZOOLOGIQUE [zŏ-ò-lò-jĭk'] *adj.*
[ÉTYM. Dérivé de zoologie, § 229. || *Néolog.* Admis ACAD. 1835.]
|| (T. didact.) Qui appartient à la zoologie.

ZOOLOGISTE [zŏ-ò-lò-jĭst'] *s. m. et f.*
[ÉTYM. Dérivé de zoologie, § 265. ACAD. donne aussi zoologue, qui tombe en désuétude. || *Néolog.* Admis ACAD. 1835.]
|| (T. didact.) Celui, celle qui s'adonne à la zoologie.

ZOOLOGUE [zŏ-ò-lòg']. *V.* zoologiste.

ZOOPHORE [zŏ-ò-fòr] *s. m.*
[ÉTYM. Emprunté du lat. zoophorus, grec ζωοφόρος, *m. s.* || 1547. Frizes dites zophores, J. MARTIN, dans DELB. *Rec.* Admis ACAD. 1762.]
|| (Antiq.) Frise de l'entablement (représentant souvent des figures d'animaux).

ZOOPHYTE [zŏ-ò-fĭt'] *s. m.*
[ÉTYM. Emprunté du grec ζωόφυτον, *m. s.* de ζώον, animal, et φυτόν, plante. || XVIe s. Herbes et zoophytes, RAB. III, 8.]
|| (T. didact.) Nom donné aux animaux inférieurs, voisins des plantes, formant le quatrième embranchement du règne animal (dont on a retiré de nos jours les protozoaires, pour en former un cinquième).

ZOOSPORE [zŏ-ŏs'-pòr] *s. m.*
[ÉTYM. Composé avec le grec ζώον, animal, et σπορά, spore, § 279. || *Néolog.*]
|| (T. didact.) Spore (corpuscule reproducteur) portant des cils vibratiles, chez certaines algues.

ZOSTÈRE [zŏs'-tèr] *s. m.*
[ÉTYM. Emprunté du lat. zoster, grec ζωστήρ, *m. s.* Les botanistes inclinent à faire le mot fém. || *Néolog.*]
|| (Botan.) Plante aquatique du bord de la mer, dont on emploie la feuille séchée pour matelas, sous le nom de crin végétal.

ZOUAVE [zwàv' ; *en vers,* zou-àv'] *s. m.*
[ÉTYM. Nom propre d'une tribu des Kabyles (Zaouaoua) qui a fourni les premiers soldats de ce corps, §§ 22 et 36. || *Néolog.* Admis ACAD. 1878.]
|| (T. milit.) Soldat d'un corps d'infanterie légère servant dans l'armée française d'Afrique.

ZYGOMA [zi-gò-mà], et, *vieilli,* **ZYGOME** [zi-gòm'] *s. m.*
[ÉTYM. Emprunté du lat. scientifique zygoma, grec ζύγωμα, *m. s.* proprt, « jonction ». || XVIe s. Zygoma, PARÉ, IV, 1. | 1694. Zygome, TH. CORN. Admis ACAD. 1835.]
|| (Anat.) Os de la pommette de la joue.

ZYGOMATIQUE [zi-gò-mà-tĭk'] *adj.*
[ÉTYM. Dérivé de zygoma, § 229. || 1812. MOZIN, *Dict. franç.-allem.* Admis ACAD. 1835.]
|| (Anat.) Qui appartient à la pommette de la joue. Arcade, muscle —. Ceux qui savent pourquoi cette espèce de joie qui excite le ris retire vers les oreilles le muscle —... sont bien savants, VOLT. *Dict. philos.* rire.

ZYMASE [zi-màz'] *s. f.*
[ÉTYM. Dérivé du grec ζύμη, ferment, § 282 *bis.* || *Néolog.*]
|| (Chimie.) Ferment soluble, non figuré.

ZYMOLOGIE [zi-mò-lò-ji] *s. f.*
[ÉTYM. Composé avec le grec ζύμη, ferment, λόγος, discours, et le suffixe ία, § 279. || 1771. TRÉV.]
|| (T. didact.) Partie de la chimie qui traite de la fermentation.

ZYMOTECHNIE [zi-mò-tĕk'-ni] *s. f.*
[ÉTYM. Composé avec le grec ζύμη, ferment, τέχνη, art, et le suffixe ία, § 279. || Admis ACAD. 1762 ; suppr. en 1878.]
|| (T. didact.) Art de développer la fermentation.

LISTE

DES PRINCIPAUX AUTEURS ET DES PRINCIPAUX OUVRAGES

CITÉS EN ABRÉGÉ[1]

ACAD. — *Dictionnaire de l'Académie française.* Première édition, 1694; 2º édit. 1718; 3º édit. 1740; 4º édit. 1762; 5º édit. 1798; 6º édit. 1835; 7º édit. 1878.

ACAD. *Histor.* — *Dictionnaire historique de la langue française,* publié par l'Académie française. (La lettre A a seule paru.)

A. CHART. — Alain Chartier (mort vers 1435).

A. CHÉN. — André-Marie de Chénier (1762-1794).

BALZ. — Jean-Louis Guez de Balzac (1597-1654).

B. DE ST-P. Bernardin de Saint-Pierre (1737-1814).

BEAUMAN. — Philippe de Remi, seigneur de Beaumanoir (mort en 1296). *Coutumes de Beauvaisis,* édit. Beugnot (nº du chapitre et du paragraphe), parue en 1842, ou, vers la fin du *Dict. gén.,* édit. Salmon (nº du paragraphe), parue en 1899-1900; les poésies sont citées d'après l'édition Suchier, parue en 1884 (Société des Anciens Textes).

BEAUMARCH. — Pierre-Augustin Caron de Beaumarchais (1732-1799).

BÉRANG. — Pierre-Jean de Béranger (1780-1857).

BOIL. — Nicolas Boileau-Despréaux (1636-1711).

BON. DES PER. — Bonaventure des Periers (mort vers 1544).

BOSS. — Jacques-Bénigne Bossuet (1627-1704).

BOURD. — Louis Bourdaloue (1632-1704).

BOURS. — Edme Boursault (1638-1701).

BOUTEILL. — Jean Bouteillier, ou Boutillier (mort vers 1417).

BRANT. — Pierre de Bourdeille, seigneur de Brantôme (mort vers 1614). Édit. Lalanne, Paris, Société de l'Histoire de France, 1868 et suiv.

BUFF. — Jean-Louis le Clerc, comte de Buffon (1707-1788).

CALV. — Jean Cauvin, dit Calvin (1509-1564).

C. DELAV. — Casimir Delavigne (1793-1843).

CHASTELL. — Georges Chastellain, ou Chastelain (1403-1475).

CH. D'ORL. — Charles, duc d'Orléans (1391-1465).

CH. EST. — Charles Estienne (1504-1564).

COMM. — Philippe de Commines (1445-1509).

CONDILL. — Etienne Bonnot de Condillac (1715-1780).

CORN. — Pierre Corneille (1606-1684).

COTGR. — Randle Cotgrave. *A Dictionarie of the French and English Tongues.* London, 1611.

CRÉB. — Prosper Jolyot de Crébillon (1674-1762).

D'AGUESS. — Henri-François d'Aguesseau, ou Daguesseau (1668-1751).

D'ALEMB. — Jean le Rond, dit d'Alembert, ou Dalembert (1717-1783).

DELB. *Matér.* — *Matériaux pour servir à l'historique du français,* par M. A. Delboulle, Paris, 1881.

DELB. *Rec.* — *Recueil de vieux mots,* ouvrage en préparation, de M. A. Delboulle.

DESC. René Descartes (1596-1650).

DESHOUL. — Antoinette Ligier de la Garde, dame des Houlières (morte en 1694).

DIDER. — Denis Diderot (1713-1784).

DU C. — Charles du Fresne, sieur du Cange (1610-1688). *Glossarium mediæ et infimæ latinitatis,* édit. L. Favre. Niort, 1883.

ENCYCL. — *Encyclopédie, ou Dictionnaire raisonné des sciences, des arts et des métiers* (sous la direction de Diderot). Paris, 1751-1771.

ENCYCL. MÉTH. — *Encyclopédie méthodique,* publiée par Panckouke. Paris, 1781-1832.

EUST. DESCH. — Eustache Morel, dit Deschamps (mort vers 1404). *Œuvres,* édit. De Queux de Saint-Hilaire et G. Raynaud (Société des Anciens Textes).

FÉN. — François de Salignac de la Mothe-Fénelon (1651-1715).

FLÉCH. — Esprit Fléchier (1632-1710).

FLOR. — Jean-Pierre Claris de Florian (1755-1794).

FONTEN. — Bernard le Bouvyer de Fontenelle (1657-1757).

FR. DE NEUFCH. — Nicolas-Louis François, comte de Neufchâteau (1750-1828).

FRÉD. II. — Frédéric II, roi de Prusse (1712-1786).

FROISS. — Jean Froissart (1337-1411). Ses poésies sont citées d'après l'édit. Scheler (Bruxelles, 1872); sa *Chronique,* soit d'après l'édition Siméon Luce (Paris, Société de l'Histoire de France, 1869 et suiv.), encore incomplète, soit d'après l'édition Kervyn de Lettenhove (Bruxelles, 1867 et suiv.) pour la partie non encore publiée dans l'édition Siméon Luce.

FURET. — Antoine Furetière (1619-1688). *Dictionaire universel contenant généralement tous les mots francais tant vieux que modernes et les termes de toutes les sciences et des arts ;* 1ʳᵉ édit., 1690; 2º édit. revue par Busnage de Bauval, 1701. — *Roman bourgeois* (1666), édit. Jannet-Picard, Paris, 1854.

GARN. DE PONT-STE-MAX. — Garnier de Pont-Sainte-Maxence (écrivait vers 1180).

GAST. PHÉBUS. — Gaston III, dit Phébus, comte de Foix (1331-1391).

GODEF. — Frédéric Godefroy (1826-1897). *Dictionnaire de l'ancienne langue francaise,* avec un *Complément.* Paris, 1880-1900. Les mentions abrégées *Suppl.* et *Compl.* s'appliquent également au *Complément.*

---

1. Nous ne pouvions songer à donner une bibliographie complète des ouvrages cités dans le *Dictionnaire général,* bibliographie dont l'étendue démesurée ne présenterait pas grande utilité pour le lecteur. Autant que possible, dans le corps des articles, les auteurs classiques ont été cités de manière à ce qu'on puisse facilement retrouver le passage dans n'importe quelle édition (acte et scène des ouvrages dramatiques, titre et point des sermons, livre et chapitre, etc.). A moins d'indication contraire, lorsque l'auteur cité a été réédité dans la *Collection des Grands Écrivains* publiée par la librairie Hachette, nous avons suivi le texte et les divisions de cette collection. Pour les auteurs cités en abrégé d'après une édition déterminée (Saint-Simon, Palissy, Hamilton, etc.), notre *Liste* contient les indications nécessaires. Nous avons jugé utile de joindre aux noms des auteurs les dates de leur naissance et de leur mort, de manière à mettre à la disposition du lecteur les éléments d'une chronologie sommaire de la littérature française.

HAMILT. *Gram.* — Antoine Hamilton (1646-1720). *Mémoires de la vie du comte de Grammont*, parus en 1713. Page de l'édit. Lemerre, Paris, 1876.

HERMAN DE VALENC. — Herman de Valenciennes (écrivait à la fin du XII° s.).

H. EST. — Henri Estienne (1531-1598).

J.-B. ROUSS. — Jean-Baptiste Rousseau (1671-1741).

J.-J. ROUSS. — Jean-Jacques Rousseau (1712-1778).

JOINV. — Jean, sire de Joinville (1224-1317). *Histoire de saint Louis*. N° du paragraphe de la petite édition Natalis de Wailly, Paris, Hachette, 1881.

LA BR. — Jean de la Bruyère (1645-1696).

LA C. — Jean-Baptiste de la Curne de Sainte-Palaye (1697-1781). *Dictionnaire historique de l'ancien langage français*, publié par L. Favre, Paris, 1875 et suiv.

LACÉP. — Bernard-Germain-Étienne de la Ville, comte de Lacépède (1756-1825).

LA F. — Jean de la Fontaine (1621-1695).

LAMART. — Alphonse de Lamartine (1790-1869).

LAMENN. — Hugues-Félicité Robert de Lamennais (1782-1854).

LA ROCHEF. — François, prince de la Rochefoucauld (1613-1680).

LE F. D'ETAPLES. — Jacques le Fèvre d'Étaples (mort en 1537).

LE FR. DE POMP. — Jean-Jacques le Franc, marquis de Pompignan (1709-1784).

LEIBN. — Godfried-Wilhelm Leibnitz (1646-1716).

LES. — Alain-René Lesage (1668-1747).

LITTRÉ. — Émile Littré (1801-1884). *Dictionnaire de la langue française.*

L. RAC. — Louis Racine (1692-1763).

MALEBR. — Nicolas Malebranche (1638-1715).

MALH. — François de Malherbe (1555-1628).

MARIV. — Pierre Carlet de Chamblain de Marivaux (1688-1763).

MAROT. — Clément Marot (1495-1544). *Œuvres*, édit. Pierre Jannet. Paris, 1868-1872.

MART. D'AUV. — Martial d'Auvergne (mort en 1508).

MASCAR. — Jules Mascaron (1634-1703).

MASS. — Jean-Baptiste Massillon (1663-1742).

Mᵐᵉ DE MAINT. — Françoise d'Aubigné, marquise de Maintenon (1635-1719).

Mᵐᵉ DE MOTTEV. — Françoise Bertaut, dame de Motteville (morte en 1689).

MÉN. — Gilles Ménage (1613-1692).

Ménagier. — *Le Ménagier de Paris.* Édit. Pichon, Paris, 1846.

M.-J. CHÉN. — Marie-Joseph de Chénier (1764-1811).

MOL. — Jean-Baptiste Poquelin, dit Molière (1622-1673).

MONSTREL. — Enguerrand de Monstrelet (mort en 1453).

MONTESQ. — Charles de Secondat, baron de Montesquieu (1689-1755).

N. DE LA CHESN. — Nicolas de la Chesnaye (1507).

NICOT. — Jean Nicot (mort en 1600). *Thresor de la langue françoyse, tant ancienne que moderne.* Paris, Douceur, 1606. — Jean Nicot a collaboré au *Dictionnaire françois-latin* publié en 1573 chez J. du Puy.

OUD. — Antoine Oudin (1585-1653). *Recherches italiennes et françoises.* Paris, A. de Sommaville, 1640. — *Seconde partie des recherches italiennes et françoises. Ibid.*, 1642.

PALISSY. — Bernard Palissy (mort en 1590). *Œuvres*, édit. Anatole France, Paris, Charavay, 1880.

PALSGR. — Jean Palsgrave (mort vers 1554). *L'éclaircissement de la langue française* (1530), édit. Génin, Paris, 1852 (*Collection de Documents inédits sur l'histoire de France*).

PARÉ. — Ambroise Paré (1516-1590). *Œuvres*, édit. Malgaigne, Paris, 1840.

PASC. — Blaise Pascal (1623-1662). Les *Pensées* sont citées d'après la 3ᵉ édit. Ernest Havet, Paris, 1881.

PASQ. — Étienne Pasquier (1529-1615).

P. D'ABLANC. — Nicolas Perrot d'Ablancourt (1606-1664).

RAB. — François Rabelais (mort vers 1553).

RAC. — Jean Racine (1639-1699).

RENCL. DE MOILIENS. — Barthélemy, dit le Renclus de Moiliens (vers 1220). Édit. Van Hamel, Paris, 1885.

R. EST. — Robert Estienne (1503-1559). *Dictionaire françois-latin.* Paris, 1539; 2° édit., 1549.

RICHEL. — Pierre Richelet (1631-1698). *Dictionnaire françois.* Genève, 1680.

Rois. — *Les quatre livres des Rois*, traduits en français du XII° siècle, édit. le Roux de Lincy, Paris, 1841.

ROLL. — Charles Rollin (1661-1741).

RONS. — Pierre de Ronsard (1524-1585). Édit. Blanchemin.

RUTEB. — Rutebeuf (mort vers 1290). *Rustebuef's Gedichte*, herausgegeben von A. Kressner. Wolfenbüttel, 1885.

Sat. Menipp — *La Satyre menippee* (1593), édit. Lemerre, Paris, 1877-1881.

SCARR. — Paul Scarron (1610-1660).

SÉV. — Marie de Rabutin-Chantal, marquise de Sévigné (1626-1696). *Lettres*, citées par le n° d'après l'édit. des *Grands Écrivains de la France.*

SOREL. — Charles Sorel (mort en 1674). *Francion* (1622), édit. Colombey, Paris, 1858.

ST-ÉVREM. — Charles de Marquetel, seigneur de Saint-Évremond (1613-1703).

ST-SIM. — Louis de Rouvroy, duc de Saint-Simon (1675-1755). *Mémoires.* Tome et page de l'édit. Chéruel, Paris, 1873, in-12.

T. DES RÉAUX. — Gédéon Tallemant des Réaux (1619-1692).

TH. CORN. — Thomas Corneille (1625-1709). *Dictionnaire des arts et des sciences;* 1ʳᵉ édit., 1694; 2° édit. revue par Fontenelle, 1731.

TOURNEF. — Joseph Pitton de Tournefort (1656-1708).

TRÉV. — *Dictionnaire universel français et latin, vulgairement appelé Dictionnaire de Trévoux.* Paris, 1771, 8 vol. in-fol. Les éditions antérieures (1704, 1721, 1732, 1752) sont citées avec la date.

VAUGEL. — Claude Favre de Vaugelas (1585-1650). *Remarques sur la langue française.* Paris, 1647, in-4°.

VAUQ. DE LA FRESN. — Jean Vauquelin de la Fresnaye (1535-1607).

VAUVEN. — Luc de Clapiers, marquis de Vauvenargues (1715-1747).

VILLEH. — Geoffroi, sire de Villehardouin (mort vers 1213). *Histoire de la conquête de Constantinople.* N° du paragraphe, édit. Natalis de Wailly, Paris, 1872.

VILLON. — François Villon (mort après 1463). *Œuvres*, édit. A. Longnon, Paris, Lemerre, 1892.

VOIT. — Vincent Voiture (1598-1648).

VOLT. — François-Marie Arouet, dit Voltaire (1694-1778).

10999-3-10

SOCIÉTÉ ANONYME D'IMPRIMERIE DE VILLEFRANCHE-DE-ROUERGUE